#  ロシア文字による五十音表

| あ | い | う | え | お |
|---|---|---|---|---|
| А | И | У | Э | О |

| か | き | く | け | こ |
|---|---|---|---|---|
| КА | КИ | КУ | КЭ | КО |

| が | ぎ | ぐ | げ | ご | | ぎゃ | ぎゅ | ぎょ |
|---|---|---|---|---|---|---|---|---|
| ГА | ГИ | ГУ | ГЭ | ГО | | ГЯ | ГЮ | ГЁ |

| さ | し | す | せ | そ | | しゃ | しゅ | しょ |
|---|---|---|---|---|---|---|---|---|
| СА | СИ | СУ | СЭ | СО | | СЯ | СЮ | СЁ |

| ざ | じ | ず | ぜ | ぞ | | じゃ | じゅ | じょ |
|---|---|---|---|---|---|---|---|---|
| ДЗА | ДЗИ | ДЗУ | ДЗЭ | ДЗО | | ДЗЯ | ДЗЮ | ДЗЁ |

| た | ち | つ | て | と | | ちゃ | ちゅ | ちょ |
|---|---|---|---|---|---|---|---|---|
| ТА | ТИ | ЦУ | ТЭ | ТО | | ТЯ | ТЮ | ТЁ |

| だ | ぢ | づ | で | ど |
|---|---|---|---|---|
| ДА | ДЗИ | ДЗУ | ДЭ | ДО |

| な | に | ぬ | ね | の | | にゃ | にゅ | にょ |
|---|---|---|---|---|---|---|---|---|
| НА | НИ | НУ | НЭ | НО | | НЯ | НЮ | НЁ |

| は | ひ | ふ | へ | ほ | | ひゃ | ひゅ | ひょ |
|---|---|---|---|---|---|---|---|---|
| ХА | ХИ | ФУ | ХЭ | ХО | | ХЯ | ХЮ | ХЁ |

| ば | び | ぶ | べ | ぼ | | びゃ | びゅ | びょ |
|---|---|---|---|---|---|---|---|---|
| БА | БИ | БУ | БЭ | БО | | БЯ | БЮ | БЁ |

| ぱ | ぴ | ぷ | ぺ | ぽ | | ぴゃ | ぴゅ | ぴょ |
|---|---|---|---|---|---|---|---|---|
| ПА | ПИ | ПУ | ПЭ | ПО | | ПЯ | ПЮ | ПЁ |

| ま | み | む | め | も | | みゃ | みゅ | みょ |
|---|---|---|---|---|---|---|---|---|
| МА | МИ | МУ | МЭ | МО | | МЯ | МЮ | МЁ |

| ら | り | る | れ | ろ | | りゃ | りゅ | りょ |
|---|---|---|---|---|---|---|---|---|
| РА | РИ | РУ | РЭ | РО | | РЯ | РЮ | РЁ |

| わ | | | | を | | ん |
|---|---|---|---|---|---|---|
| ВА | | | | О | | Н |

＊ポリヴァノフ式ロシア文字綴り方（現在の標準的翻字法）

# PROGRESSIVE
## РУССКО-ЯПОНСКИЙ СЛОВАРЬ

# プログレッシブ
# ロシア語辞典

●編集主幹●
中澤英彦

●編集委員●
嵐田浩吉
加藤　敏
北村　充
長谷川章

小学館

## はじめに

　20世紀、ロシアは二度にわたり世界を震撼させた。1917年の革命、ソ連邦の成立と1991年のソ連邦崩壊である。この世界史的な事件はロシア世界を根底から覆し、社会構造、生活形態、人間の意識などを激変させた。これはロシア語にも影響を及ぼさざるを得なかった。音声、語彙、形態、統語、文体のすべての面が変化したのである。とりわけ語彙面と言語意識の変化には眼を見張るものがある。一方、近年コーパス言語学が発達し、その研究により、従来の文法書、辞典が依拠したロシア語の規範がロシア語の現実に必ずしも即していないことが判明した。現在、ロシアでは規範の見直しが積極的に進められている。

　しかし、この激変を捉えた日本の辞典はほぼ皆無で、その必要性が叫ばれて久しい。新時代が新辞典を要求しているのである。この要求に応えようというのが本辞典である。

　執筆者一同は、21世紀のロシアの現実を反映し、初学者および、教育・研究・実務の第一線に立つ方が真に使える辞典の作成を目指した。したがって本辞典は以下を特徴とすることとなった。

1. 初学者の学習のために：
   - 最重要語には大辞典に準ずる丁寧な記述をし、必要に応じてカナ発音、英語対訳を付した。
   - 約1万項目の和露編を設け、緊急の必要に対応できるよう配慮した。
   - ハンディータイプの辞典にすることで旅行、滞在の際にも常時参照できるようにした。

2. 教育・研究・実務の第一線に立つ方のために：
   - 最新の文法研究、とくにコーパス言語学により精査された新しい規範の提示。現実に用いられているロシア語に即した記述の重視。
   - 社会の激変を反映した新語、俗語、口語、略語、IT用語、マスメディアの用語の積極的採用。
   - 第一線で活躍するために有用な百科事典（等身大のロシアのレアリア）的な情報の充実。
   - 拡大する日露の人的交流のための発信型情報の提供。
   - 中央のロシア語はもちろん、地方、とくに極東地方のロシア語への目配り。

　本年、ここにようやく新辞典を世に問う運びとなった。構想から十年余りである。このような短時日で完成を見たのは奇跡的と言えるであろう。これはひ

とえに執筆者の、研究者・教育者生命をかけた、文字通り献身的な努力の賜物であり、蓄積した研究成果・実務経験の活用、IT機器の存分な活用、語感の優れた母語話者4名の方の積極的参加のお蔭である。

考えてみれば、21世紀の我々の前には、江戸期の漂民伝兵衛、三右衛門、権蔵、大黒屋光太夫、そのほか馬場佐十郎、八杉貞利などの先賢、諸先輩の生涯をかけたロシア研究があるのである。我々はその恩恵を蒙っていることを忘れてはなるまい。先賢、諸先輩の知見に執筆者は敬意と細心の注意を払い、その知見と21世紀という時代の声に謙虚に耳を傾けたつもりである。もし我々のささやかな試みが先賢の知見に僅かでも加えるところがあり、ロシア理解を深めるのに寄与するところがあるとすれば我々の苦労は報われたと言えるであろう。

しかし、本辞典は現時点ではいかんせん中辞典である。中辞典にはおのずと限界があろう。一般に人間、人間集団のような生命体は誕生し、日々に成長を続けるものである。辞典も一種の生命体であり、誕生すれば、日々成長していくものである。今後、読者諸氏の温かいまなざしを得て、本辞典が、ロシア語の現実により肉薄し、より広範な需要に応える辞典に成長していくことを期待したいものである。

終りに、諸般の厳しい条件のもとでロシア語、ロシア研究に一石を投じる決断を下された小学館の英断、辛抱強く、慈悲の心をもって編集作業を遂行して下さった編集部の井面雄次氏、編纂作業に情熱と知性を惜しみなく注いで下さった池田裕香氏、福田知代氏に心よりの敬意と謝意を表したい。

2015年1月　　　　　　　　　　　　　　　　　　編集主幹　中澤英彦

## 編集スタッフ

● **編集主幹**
中澤英彦

● **編集委員**
嵐田浩吉　　加藤 敏　　北村 充　　長谷川章

● **校閲・執筆**
阿出川修嘉　　小川暁道　　柚木かおり

● **執筆**
秋山真一　　五十嵐陽介　岩原宏子　　岩本和久　　大須賀史和　大谷多摩貴
恩田義徳　　加藤栄一　　金子百合子　橘川玉枝　　小石吉彦　　小林 潔
田中孝史　　福間加容　　法木綾子　　前田和泉　　丸山由紀子　八島雅彦
吉川宏人

● **ロシア語校閲**
ガンナ・シャトーヒナ　　エカテリーナ・ダフコーワ
アナトーリー・オチリチャーニー　　エフゲーニー・ウジーニン

● **編集・調査・校正**
池田裕香　　福田知代

● **編集協力**
小田 健　　山田紀子

● **和露編集支援**
株式会社ジャレックス

● **見返し，地図**
鈴木さゆみ　　小学館クリエイティブ

● **装丁**
岡崎健二


**制作企画**　後藤直之
**制作**　鈴木敦子
**資材**　坂野弘明
**販売**　福島真実
**編集**　井面雄次

# この辞書の使い方

## 1. 記述上の補助記号
紙面を有効に活用するため, 以下のような記号類を使って簡潔に記述した。

① ～ (見出し語と同じつづりの代用)

　～ は見出し語と全く同じつづりが省略されていることを示す。この記号は, ペアになる見出し語, 派生語, 用例, 成句, 複合語, 注記で用いた。

**⁑инве́стор** [男1] ... **∥～ский** [形3]　(→ инве́сторский を表す)
**дурма́нить** ... [不完] / **о～** ... [完] ... **∥～ся** [不完]
　(→ одурма́нить と дурма́ниться を表す)
**⁑бале́т** [男1] ...: биле́т на ～ ... | му́зыка к ～у ...
　(→ биле́т на бале́т と му́зыка к бале́ту を表す)

② - (見出し語の一部のつづりの代用)と | (見出し語中でつづりの境界を示す区切り線)

　長めのハイフン - は, 見出し語中の | によって示された部分までのつづり字を表す。 - を使って記述されていれば, その省略部分は, 見出し語中の | によって明示されている。 - は, ～ の場合と同様, ペアになる見出し語, 派生語, 用例, 成句, 複合語, 注記で用いた。

**бòртпроводни́|к** [男2] / **-ца** [女3]　(→ бòртпроводни́ца を表す)
**⁑вы́ставк|а** [女2] ... посети́ть -*у*　(→ посети́ть вы́ставку を表す)
**⁑безрабо́тн|ый** [形1] ①... ② ～ [男名] / **-ая** [女名] 失業者
　(→名詞化した безрабо́тный と безрабо́тная を表す)
**⁑грандио́зн|ый** ... **∥-о** [副] **∥-ость** [女10]
　(→ грандио́зно と грандио́зность を表す)

③ ( )

・省略可能

**авока́до** ... アボカド(の実, 木)
　(→「アボカド, アボカドの実, アボカドの木」を表す)
**австрали́йский** ... オーストラリア(人)の
　(→「オーストラリアの, オーストラリア人の」を表す)
**⁑до¹** ...: жда́ть *до семи́* (часо́в)7時まで待つ
　(→ часо́в は省略できることを表す)

・補足

**⁑ава́рия** ... (機械の)故障, 破損, 損傷
**а́верс** ... (硬貨・メダルの)表, 表面
**⁑живо́тное** ... (人間に対して)動物

・注記, 補足説明

**⁑пиро́г** ... ピローグ(ロシア風パイ)
**ба́бка** ... おばあさん(ба́бушка)
**⁑а́д** ... 地獄(↔ра́й)
**⁑азо́т** 〖化〗窒素(記号 N)
**⁑а́томн|ый** ...: *-ая* электроста́нция 原子力発電所(略АЭС)

④ [ ]

・交換可能または言い換え

**благоду́шествовать** ... ゆったりと[のんびりと]過ごす
　(→「ゆったりと過ごす」と「のんびりと過ごす」を表す)

(7)

- ロシア語中で使用する [ ] は，直前の1語との交換を表す。直前の語が複数語の場合は，「で開始位置を示した。また，ロシア語の [ ] と日本語訳の[ ]が対応する場合がある。

  ※**владе́ть** ...: не *владе́ет* рука́ми [нога́ми] 身動きがならない
    (→ не *владе́ет* рука́ми と не *владе́ет* нога́ми の2つが同じ意味を表す)
  ※**бо́к** ...: с пра́вого [ле́вого] ~а 右[左]側から
    (→ с пра́вого ~а 右側から と с ле́вого ~а を表す)
  ※**боро́ться** ...: ~「до конца́ [упо́рно] 最後まで[我慢強く]戦う
    (→ ~ до конца́ 最後まで戦う と ~ упо́рно 我慢強く戦う を表す)

⑤ / (スラッシュ)
- 名詞の男性形と女性形がペアになる場合の区切り。
  ※**студе́нт** [男1]/**студе́нтка** [女2]
- 不完了体動詞と完了体動詞がペアになる場合の区切り。
  ※**чита́ть** [不完]/**прочита́ть** [完]
- 変化語尾，発音，アクセントが複数ある場合の区切り。バリアントがある場合，より使われる方を最初に挙げた。
  ※**ви́д**¹ ... -а/-у 前 о -е, в/на -е/-у́
  *алло́ [лё/ло́]
  де-фа́кто [э; а/о]

⑥ < 派生関係を表し，見出しとなっている形や語義番号の意味を示す。

  **ба́нный** [形1] < ба́ня   (→ ба́ня の形容詞であることを表す)
  *возиться ... ③[受身]< вози́ть①
    (→ вози́ть の①の受身の意味を表す)
  *горю́ч|ий ① 可燃性の ②... **//**—есть [女10] <①
    (→ горю́чий の①の名詞の意味「可燃性」を表す)
  бу́ковка [女2][指小]< бу́ква
    (→ бу́ква の指小形であることを表す)
  болва́н [男1] ① 偶像 ②... **//**~чик [男2][指小・愛称]<①
    (→ болва́н①「偶像」の指小・愛称形であることを表す)
  дня́[単数; 生格]< де́нь   (→ де́нь の単数生格形であることを表す)
  беру́[1単現]< бра́ть   (→ бра́ть の1人称単数現在形であることを表す)

## 2．見出し語

① この辞書では，一般語彙，人名・地名などの固有名詞，略語，語形成要素，接頭辞，接尾辞を見出し語として収録した。準見出し語の派生語を含め，6万余語を収録する。
② 見出し語はアルファベット順に配列した。同つづりの語がある場合は，小文字のものを先に，アクセントも同じ場合は，肩数字 ¹, ² で区別した。

  св         ※**ви́д**¹
  СВ         ※**ви́д**²
  св.

③ е と ё は慣例にならい，配列上は同じ字母として扱った。
  ※**далеко́**
  **далёко**

④ 基本語彙には星印を付けて区別した。最重要語(※)約3400語，重要語(*)約3000語がこれに相当する。これらの語彙の選定に際しては，Система лексических минимумов современного русского языка の語彙リスト，ウプサラ・コーパス(Частотный словарь современного русского языка)を元に作成したワードリスト，初学者用のロシア語教科書で用いられている語彙などを参考にしつつ，また編者の判断も加味した。その他の語彙は一般語として扱った。→20.主な参考文献内(31)(39)を参照

⑤名詞は，男性形と女性形がペアになる場合は，原則として男性形を見出しとし，スラッシュ（/）で区切って女性形を挙げた。

    **⁑студе́нт** [男1]/**студе́нтка** [女2]
    **благотвори́тель** [男5]/**~ница** [女3]
    *****бе́жен|ец** [男3]/**-ка** [女2]

⑥形容詞は，男性主格形を見出しとした。

⑦動詞は，不完了体動詞と完了体動詞がペアになる場合は，不完了体動詞を見出しとし，スラッシュ（/）で区切って完了体動詞を挙げた。ペアの完了体動詞は，空見出しを立てて不完了体動詞に送った。

    **⁑чита́ть** [不完]/**прочита́ть** [完]
    **прочита́ть** [完]→чита́ть

⑧ -ся 動詞は，原則として独立見出しとしたが，一般語で，意味が複雑でない -ся 動詞については，-ся のない語の派生語として扱った。また，不完了体動詞に -ся をつけて受身の意味を表すだけのものについては，〔受身〕とだけ表示して訳語は省略した。

    **деформи́ровать** [不完・完]〈図〉変形させる，歪める ...
    **∥~ся** [不完・完] 変形する，歪む
    **возгоня́ть** [不完]/**возгна́ть** [完]《化》〈図〉昇華させる
    **∥~ся** [不完]/[完] ①《化》昇華する ②[不完]〔受身〕
    **верши́ть** -шу́, -ши́шь [不完]《雅》①〈図〉解決する; ...
    **∥~ся** [不完]〔受身〕

⑨バリアントがある場合は，コンマで区切って並列して挙げた。

    **арабе́ск** [男2], **арабе́ска** [女2]

⑩バリアントがいくつかある場合は，一箇所にまとめて記述し，バリアント形は空見出しとしてそこに送った。

    **без..**, **безъ..**, **бес..**
    **безъ..** →без..
    **бес..** →без..

⑪つづり通りに発音されない部分がある場合は，その部分に下線を引いて，どのようなつづりの発音に相当するかを示した。

    **⁑гру́стно** [сн]
    **деи́зм** [э]

## 3．派生語

①名詞の形容詞形，形容詞や動詞の名詞形など意味が類推できる場合は，派生語として，記述の末尾に ∥ で挙げた。ここでいう派生語は，語と語の厳密な意味での派生関係を表しているわけではなく，準見出し語の意味合いで使用している。

②略記する場合は，見出し語の区切り線にしたがって ～, - を使い分けた。→1.記述上の補助記号を参照

    *****витами́н** [男1] ①ビタミン ... **∥~ный**
    **были́н|а** [女1]《文学》ブィリーナ ... **∥-ный** [形1]
    **анони́мн|ый** [形1] 匿名の ... **∥-ость** [女10]

③ ～と－ の部分のアクセントは, 見出し語とは異なる場合がある.

**гироско́п** [男1] ジャイロスコープ **∥～и́ческий** [形3]

**археоло́г|ия** [女9] 考古学 **∥～и́ческий** [形3]

④ 意味が複雑でない -ся 動詞は, -ся のない動詞の形態上の派生語として扱った.

**пла́вить** ... [不完]/**рас～** [完]〈対〉溶かす ...

　　**∥～ся** [不完]/[完] 溶ける ...

　　　　(→ここでの ～ся [不完]/[完] は, пла́виться [不完] と распла́виться [完] を表している)

⑤ -ся 動詞の形が, 不完了体動詞の受身として使われる場合は, [不完]〔受身〕として挙げた.

**расце́нивать** [不完]/**расцени́ть** [完]〈対〉① ...の価格を決める ... **∥～ся** [不完]〔受身〕

　　　　(→ここでの ～ся [不完] は, расце́ниваться [不完] を表す)

## 4. アクセント

①アクセントは, 母音の上に主アクセント(á), 副アクセント(à)を示した.

　**✽элѐктроста́нция** [女9]

②無アクセントの前置詞や助詞などを除き, 1音節語にもアクセントを付けた. また, 複音節からなる前置詞には, 副アクセントを付した.

　**✽ба́к** [男2]

　**✽мѐжду** [前]

　**чѐрез** [前]

③ ё にアクセントがある場合は, アクセント記号は省いた.

　**✽актёр** [男1]

　**✽безнадёжный** [形1]

　**твёрдока́менный** [形1]

④アクセントに揺れがある場合は, よく使われる方を最初に, 並べて示した.

　**ко́жанка, кожа́нка** [女2]

## 5. 発音と英語

①ロシア語の発音は, アクセントの位置がわかると発音できるため原則として示さなかった. ただし, 初学者の学習のために, 最重要語(✽)には, カナカナ発音を付けた. カタカナはあくまで便宜的な発音表示であり, 複雑な記号やひらがなを使い分けることはしなかった. アクセントのある音節には「ー」を付けた.

②略語の発音表示にもカタカナを使用した.

　**МГИМО** [ムギモー]《略》

　**п/я** [ペヤー]《略》

③初学者の理解を助ける場合には, 最重要語(✽), 重要語(*)については適宜, 意味の近い英単語を〔 〕に入れて示した.

　**✽широ́кий** [シローキイ] ... [形3]〔wide, broad〕

　**✽большо́й** [バリショーイ] ... [形7]〔big, large, great〕

④つづり字と発音が一致しない箇所は, その部分に下線を引いて, 読み方をつづり字で示した. なお, アポストロフィ付き ш (ш') は ш の軟音を表す.

　**✽ди<u>е</u>́та** [э]

　**ан<u>е</u>ст<u>е</u>зио́лог** [э; э]

**✽агéнтство** [ц] [アギェーンツトヴァ]
**✽счастли́в|ый** [щ; сл] [シスリーヴイ]
 **жа́лостливый** [сл]
 **жа́лостный** [сн]
 **большеви́стский** [сс]
 **исчислéние** [щ/ш'ч]

⑤省略表記をした派生語の下線部は，見出し語の語末部分を補った発音を示している。

 **✽бюрокрáт** … **∥~ский** [ц]　（下線部は бюрокрáтский を示す）
 **лейбори́ст** **∥~ский** [сс]　（下線部は лейбори́стский を示す）
 **✽стóимост|ь** … **∥–ный** [сн]　（下線部は стóимостный を示す）

## 6．品詞と語形変化のタイプ

①名詞の表示は，男性，女性，中性，複数の別で代用し，[男] [女] [中] [複] のように略記した。その際，格変化のタイプを示す番号を加えて，[男1]，[女2]，[中5] などのように示した。→16.名詞などを参照

②形容詞は [形] と略記し，名詞と同様 [形1]，[形2]，[形5] のように格変化のタイプの番号を添えて示した。→17.形容詞を参照

③動詞は，完了体動詞と不完了体動詞の別を [不完] [完] のように示した。→18.動詞を参照

④その他の品詞は，副詞 → [副]，代名詞 → [代]，接続詞 → [接]，前置詞 → [前]，数詞 → [数]，助詞 → [助]，無人称述語 → [無人述] のように略記した。

⑤変化しない語や性と語形変化のタイプが一致しない語，また合成語は以下のように示した。

 **à виашóу**（不変）[中]
 **✽дя́дя**（女5変化）[男]
 **Бáба-Ягá** [女1]-[女2]
 **би́знес-клáсс** [不変]-[男4]
 **парáд-аллé** [男1]-[不変]

## 7．意味と訳語

①語の意味（語義）は，語の定義ではなく，相当する訳語を挙げた。いくつかの意味に分けられる場合は，①②③ … で区分した。さらに下位区分がある場合は，(a)(b)(c) … で，上位概念として大きく分類する場合は，Ⅰ Ⅱ Ⅲ … で区分けした。

②訳語は，コンマ (,) で区切って並べて示し，多少意味の隔たりがある場合はセミコロン (;) で区切った。

③《複》は複数形での，《男》《女》はそれぞれ男性形と女性形のどちらかでの意味を示している。その他の文法・用法指示については，→13.文法・用法ラベルを参照。

 **✽вéщь**　①もの，物品 … ⑤《複》事情，事態
 　　（→⑤は複数形での意味を表す）
 **высóтни|к** [男2]/**–ца** [女3] ① … ④《男》高層ビル
 　　（→④は男性形 высóтник での意味を表す）
 **✽япóнец** [男3]/**япóнка** [女2] ①日本人 ②《女》日本車
 　　（→②は女性形 япóнка での意味を表す）

④意味によって大文字になる場合や，形容詞が名詞として用いられる場合などは，訳語の前に太字で示した。

> **\*би́блия** [女9] 〔bible〕 ① **Б~** 聖書 ② 特定の分野で権威として認めら
> れた書物　　　　　　　　(→①は Би́блия と大文字でつづる)
>
> **‡друг|о́й** [形4] ... **③~** [男名]/**-а́я** [女名]/**-и́е** [複名] 別の人，他の
> 人；他人；**-о́е** [中名] 別のこと，他のこと
>
> **престаре́л|ый** [形1] ①... **②-ые** [複名] 高齢者，老人

⑤意味によってペアになる完了体動詞が異なる場合は，その都度〔完 ...〕の形で挙げた。

> **‡плани́ровать²** [不完] ①〔完 **с~**〕〈対〉…の計画を立てる ... ②〔完
> **за~**〕〈対〉企画する ... ③〔完 **за~**，**с~**〕〔話〕〈不定形する〉つもりである ...

⑥《俗》(俗語表現)，《文》(文語表現)，《旧》(古い表現)などのラベルについては，→14. 文体・
語層ラベルを参照

⑦特定の専門分野での用語については，〖植〗〖医〗〖経〗などのラベルを付けて示した。→15.
専門語ラベルを参照

⑧同義語がある場合は，後ろに ( ) で示した。反義語あるいは対語がある場合は (↔ ) で示
した。

> **ауди́рование** ... 会計監査 (ауди́т)
>
> **‡до́лгий** ... 長い (↔коро́ткий)

⑨訳語とコロケーション →8. コロケーションを参照

## 8. コロケーション

①訳語はコロケーション (語と語の結びつき) と密接にかかわっている。何格の名詞と，あるい
はどの前置詞と結びつくのかを 〈 〉 に入れて示し，訳語もそれらに関連づけて記述した。
対格の名詞を「…を」で受ける場合は，訳語では「…を」を省略した。〈 〉 に入る語の具体
的な意味を記述する場合は，必ず同じ 〈 〉 で対応させた。

> **\*гаранти́ровать** [不完・完] ... 〈対〉保証する
>
> **ассигнова́ть** [不完・完] ... 〈対〉〈資金を〉割り当てる，支出する
>
> **‡па́мятник** [男2] ①〈生〉〈人の〉記念碑，記念像
>
> **‡дари́ть** [不完]/**подари́ть** [完] ①〈与に対を〉贈る，プレゼントする
> ②〈対に造を〉与える，贈る
>
> **‡ду́мать** [不完]/**поду́мать** [完] ①〈о前/над造のことを〉考える，
> 思う ... ②〈чтò節〉…と思う，考える ... ③〈о前のことを〉思う，評価する ...
> ④〈不定形〉…しようと思う, ...

②コロケーションの表示には，以下のような省略記号を用いた。これらは用例や成句などでも
使用した。

| | | | |
|---|---|---|---|
| 主 | 主格の名詞(句) | 比較級 | 形容詞・副詞の比較級 |
| 生 | 生格の名詞(句) | 従属節 | 従属節 |
| 与 | 与格の名詞(句) | чтò節 | чтò 節 |
| 対 | 対格の名詞(句) | чтòбы節 | чтòбы 節 |
| 造 | 造格の名詞(句) | как節 | как 節 |
| 前 | 前置格の名詞(句) | чéй-л., чья́-л.,<br>чьё-л., чьи́-л. | 所有形容詞 |
| 不定形 | 動詞の不定形 | где́-л. | 位置 |
| 命令形 | 動詞の命令形 | куда́-л. | 方向 |

③結びつく動詞の不定形が，不完了体か完了体の一方としか用いられない場合，不定形(不完)，
不定形(完) のように示した。また，特定の傾向がみられる場合は，注記の形で示した。

> **‡начина́ть** [不完]/**нача́ть** [完] ... ①〈対/不定形(不完)することを〉
> 始める，開始する

**удава́ться** [不完]/**уда́ться** [完] ... ②《無人称》〈与は不定形(完)〉 ...することに〉成功する, …することができる

**мочь²** ... ①〈不定形〉…する可能性がある, …しうる, …かもしれない, …しかねない (★通例不定形は完了体)

## 9. 用例

①用例は, 語義ごとにコロン (:) で始め, 用例と用例の区切は縦棒 (|) を使用した。
②用例中で見出し語に相当する部分は, 斜体字で示し区別できるようにした。
③見出し語のつづりがそのまま使われる場合は 〜 で, 一部分の場合は – を使って略記した (→1.記述上の補助記号を参照)。語頭が大文字になる場合は, *K~*, *K-oe* などのように示した。また, 用例中での動詞の活用形は省略しないで全書した。

**бли́зк|ий** : быть 〜 с 与 …と親しい

**безопа́сност|ь** ... : догово́р о *–и* 安全保障条約 | мѐждунаро́дная 〜 国際安全保障
　(→ *–и* は безопа́сности を, 〜 は безопа́сность の形を表す)

**компью́тер** ... : *K~* завис. コンピュータがフリーズした

**каспи́йск|ий** ... : *K-oe* мо́ре カスピ海

**навёртываться** [不完]/**наверну́ться¹** -нётся [完] ... : Слу́чай *наверну́лся* отли́чный. 絶好のチャンスが訪れた

## 10. 成句

①成句表現あるいはイディオムは, 語義ごとにではなく後ろに◆でまとめて示した。
②成句は, わかりやすさと初学者への配慮から, *г, д, т* のような斜体字を採用した。
③成句が多く連続する場合は, アルファベット順を原則とした。
④成句中での見出し語相当語句の省略表記については, 用例の場合と同様である。

**\*рыба́к** ... ◆ *P~ 〜á ви́дит издалека́.* 《諺》類は友を呼ぶ
　(→それぞれ大文字始まりの Рыба́к と рыбака́ を表す)

**рога́тк|а** ... ◆ *ста́вить* 与 *-и* 《話》…を妨害する, 邪魔する
　(→ рога́тки を表す)

## 11. 複合語

複数の語から成る語彙は, 記述の最後に太字で■にまとめた。

**гроте́сковый** ... ■ 〜 шрифт 〖印〗サンセリフ体

**\*ба́л** ... ■ 〜-маскара́д 仮面舞踏会

## 12. 語法・用法の注記とコラム欄

①語法や用法に関する注記は (★ ... ) や (語法 ... ) で可能な限り入れた。やや詳しい語法解説にはコラムを設けた。

**\*благодаря́** [前] ... (★ благодаря́ に続く3人称代名詞には н を前綴りしない)

**\*напра́во** ... : *H~!* 〖軍・スポ〗(号令) 右向け右! (★ [ナプラーヴォ] と発音)

**\*бли́зк|ий** ... 〈к 与に〉(時空・関係・内容が) 近い; 間近の (語法「…は近い」という文では主語の性・数とは関係なく бли́зко を用いる)

### \*má|й ...

> **語法** ①副詞的な「何月に」は в＋月名の前置格: поéхать в Кúев в *мáе* 5月にキエフへ行く
> ②《月日の表現》 日付は序数詞中性単数＋月名の生格: пéрвое *мáя* 5月1日; 副詞的な「何月何日に」は日付も生格: пéрвого *мáя* 5月1日に

②他の語との比較の解説には、比較の注記をつけた。

### \*космонáвт [男1] ... 宇宙飛行士（比較 ロシア・ソ連の宇宙飛行士は космонáвт; 日本, 米国などの宇宙飛行士は астронáвт）

### \*рýсск|ий¹

> **比較** на рýсском языкé は, по-рýсски より丁寧な言い方; по-рýсски は動詞とのみ用いられ, на рýсском языкé は名詞とも用いられる; по- の形がない場合は на のみを用いる: На какóм языкé онú говорят? 彼らは何語で話しているのですか

③関連語が一覧できる活用コラムを設けた。

### лосóсь [男5] ...

> **活用** горбýша カラフトマス | кетá シロザケ | кúжуч ギンザケ | нéрка ベニザケ | сёмга タイセイヨウサケ | симá サクラマス | форéль ブラウントラウト | чавычá マスノスケ

## 13. 文法・用法ラベル

| | | | |
|---|---|---|---|
| 《単》 | 単数形で | 《受現》 | 受動分詞現在形で |
| 《複》 | 複数形で | 《受過》 | 受動分詞過去形で |
| 《男》 | 男性形で | 《能現》 | 能動分詞現在形で |
| 《女》 | 女性形で | 《能過》 | 能動分詞過去形で |
| 《中》 | 女性形で | 《受身》 | 受動態 |
| 《述語》 | 述語として | [指小] | 指小形 |
| 《無人称》 | 無人称述語として | [指大] | 指大形 |
| 《挿入》 | 挿入語[句]として | [愛称] | 愛称形 |
| 《長尾》 | 長語尾で | [卑称] | 卑称形 |
| 《短尾》 | 短語尾で | | |

## 14. 文体・語層ラベル

| | | | |
|---|---|---|---|
| 《話》 | 口語表現 | 《詩》 | 詩歌表現 |
| 《俗》 | 俗語 | 《民話》 | 民話表現 |
| 《隠》 | 隠語, スラング | 《幼児》 | 幼児語 |
| 《卑》 | 卑語 | 《若者》 | 若者言葉 |
| 《粗》 | 粗野な表現 | 《戯》 | おどけて, 冗談で |
| 《文》 | 文語 | 《罵》 | ののしって |
| 《雅》 | 雅語 | 《蔑》 | 軽蔑的, 侮蔑的 |
| 《旧》 | 古い表現 | 《皮肉》 | 皮肉を込めた表現 |
| 《公》 | 公的な表現 | 《商標》 | 登録商標 |

## 15. 専門語ラベル

| | | | | | |
|---|---|---|---|---|---|
| 〔生〕 | 生物(名) | 〔光〕 | 光学 | 〔心〕 | 心理学 |
| 〔植〕 | 植物(名) | 〔印〕 | 印刷 | 〔哲〕 | 哲学 |
| 〔動〕 | 動物(名) | 〔鉄道〕 | 鉄道 | 〔史〕 | 歴史 |
| 〔鳥〕 | 鳥類 | 〔政〕 | 政治 | 〔露史〕 | ロシア史 |
| 〔魚〕 | 魚類 | 〔経〕 | 経済 | 〔考古〕 | 考古学 |
| 〔貝〕 | 貝類 | 〔財〕 | 財政 | 〔コン〕 | コンピュータ用語 |
| 〔茸〕 | キノコ類 | 〔金融〕 | 金融 | 〔IT〕 | IT用語 |
| 〔医〕 | 医学 | 〔商〕 | 商業 | 〔通信〕 | 通信 |
| 〔生理〕 | 生理学 | 〔法〕 | 法律 | 〔宗〕 | 宗教 |
| 〔解〕 | 解剖 | 〔社会〕 | 社会学 | 〔正教〕 | ロシア正教 |
| 〔薬〕 | 薬学 | 〔言〕 | 言語学 | 〔キリスト〕 | キリスト教 |
| 〔理〕 | 物理 | 〔音声〕 | 音声学 | 〔カトリ〕 | ローマ・カトリック |
| 〔化〕 | 化学 | 〔文学〕 | 文学 | 〔プロテ〕 | プロテスタント |
| 〔生化〕 | 生化学 | 〔修〕 | 修辞学 | 〔イスラム〕 | イスラム教 |
| 〔農〕 | 農業 | 〔劇〕 | 演劇 | 〔ユダヤ〕 | ユダヤ教 |
| 〔数〕 | 数学 | 〔映〕 | 映画 | 〔聖〕 | 聖書 |
| 〔天〕 | 天文 | 〔写〕 | 写真 | 〔古ギ〕 | 古代ギリシャ |
| 〔地〕 | 地学 | 〔楽〕 | 音楽 | 〔古ロ〕 | 古代ローマ |
| 〔鉱〕 | 鉱物 | 〔舞〕 | ダンス・舞踏 | 〔スラヴ神〕 | スラヴ神話 |
| 〔軍〕 | 軍事 | 〔バレエ〕 | バレエ | 〔ギ神〕 | ギリシャ神話 |
| 〔航空〕 | 航空 | 〔論〕 | 論理学 | 〔ロ神〕 | ローマ神話 |
| 〔海〕 | 海事・船舶 | 〔芸〕 | 芸術 | 〔スポ〕 | スポーツ |
| 〔建〕 | 建築 | 〔美〕 | 美術 | 〔サッカー〕 | サッカー |
| 〔工〕 | 工学 | 〔人類〕 | 人類学 | 〔トランプ〕 | カードゲーム |
| 〔技〕 | 技術 | 〔民話〕 | 民話・伝承 | 〔料理〕 | 料理 |

## 16. 名詞など

①代名詞，数詞を含む名詞類の格変化は，生格→与格→対格→造格→前置格，複数形も同様の順で記述し，格の名称は省いた。ただし，同じ形をまとめた場合は格の名称を記した。

⁑**мы́** нас, нам, нас, на́ми, нас [代]《人称》

⁑**пя́теро** -ры́х, -ры́м, -ро/-ры́х, -ры́ми, -ры́х [数]《集合》

⁑**до́чь** 生・与・前 до́чери 対 до́чь 造 до́черью 複 до́чери, дочере́й, дочеря́м, дочере́й, дочерьми́/дочеря́ми, дочеря́х [女]

⁑**вре́мя** 生・与・前 -мени 造 -менем 複 -мена́, -мён, -мена́м [中7]

②名詞の格変化は下記の変化のタイプによって，[男1] [男2] [女3] [中5] のように表記し，変化形は省いた。

⁑**космона́вт** [男1]

③部分的にアクセントや変化が異なる場合や，表からはわからない部分は，その部分のみ記述した。

*зо́нт -á [男1] ①傘

зооса́д 複 -ы́ [男1] 動物園

⁑**па́лка** 複生 -лок [女2]

⁑**земля́** 対 зе́млю 複 зе́мли, земе́ль, зе́млям [女5]

⁑**девяно́сто** 生・与・造・前 -ста 対 -сто [数]《個数》

④いわゆる第2生格は，生格の後に / (スラッシュ) で区切って示した。

⁑**ча́й¹** ... ча́я/ча́ю

⁑**са́хар** ... -а/-у

⑤前置詞とのつながりで，前置詞にアクセントが置かれる形がある場合は，最後にまとめて（　）内に示した。

**\*бóрт** ... 前о -е, на -ý 複-á (зá/нá борт, за/на бóрт)

⑥**男性名詞の格変化語尾**（\*不活動体名詞では対格形＝主格形，活動体名詞では対格形＝生格形となる）

| | | 単数 | | | | | | 複数 | | | | | |
|---|---|---|---|---|---|---|---|---|---|---|---|---|---|
| | | 主 | 生 | 与 | 対* | 造 | 前 | 主 | 生 | 与 | 対* | 造 | 前 |
| 男1 | - | - | -а<br>-á | -у<br>-ý | =生/主 | -ом<br>-óм | -е<br>-é | -ы<br>-ы́ | -ов<br>-óв | -ам<br>-áм | =生/主 | -ами<br>-áми | -ах<br>-áх |
| 男2 | ..г-<br>..к-<br>..х- | - | -а<br>-á | -у<br>-ý | =生/主 | -ом<br>-óм | -е<br>-é | -и<br>-и́ | -ов<br>-óв | -ам<br>-áм | =生/主 | -ами<br>-áми | -ах<br>-áх |
| 男3 | ..ц- | - | -а<br>-á | -у<br>-ý | =生/主 | -ем<br>-óм | -е<br>-é | -ы<br>-ы́ | -ев<br>-óв | -ам<br>-áм | =生/主 | -ами<br>-áми | -ах<br>-áх |
| 男4 | ..ж-<br>..ч-<br>..ш-<br>..щ- | - | -а<br>-á | -у<br>-ý | =生/主 | -ем<br>-óм | -е<br>-é | -и<br>-и́ | -ей<br>-éй | -ам<br>-áм | =生/主 | -ами<br>-áми | -ах<br>-áх |
| 男5 | -ь | -ь | -я<br>-я́ | -ю<br>-ю́ | =生/主 | -ем<br>-ём | -е<br>-é | -и<br>-и́ | -ей<br>-éй | -ям<br>-я́м | =生/主 | -ями<br>-я́ми | -ях<br>-я́х |
| 男6 | -й | -й | -я<br>-я́ | -ю<br>-ю́ | =生/主 | -ем<br>-ём | -е<br>-é | -и<br>-и́ | -ев<br>-éв | -ям<br>-я́м | =生/主 | -ями<br>-я́ми | -ях<br>-я́х |
| 男7 | -ий | -ий | -ия | -ию | =生/主 | -ием | -ии | -ии | -иев | -иям | =生/主 | -иями | -иях |
| 男8 | - | - | -а<br>-á | -у<br>-ý | =生/主 | -ом<br>-óм | -е<br>-é | -ья | -ьев | -ьям | =生/主 | -ьями | -ьях |
| 男9 | -ёнок<br>-óнок | -ёнок<br>-óнок | -ёнка<br>-óнка | -ёнку<br>-óнку | =生/主 | -ёнком<br>-óнком | -ёнке<br>-óнке | -я́та<br>-áта | -я́т<br>-áт | -я́там<br>-áтам | =生/主 | -я́тами<br>-áтами | -я́тах<br>-áтах |
| 男10 | ..н-ин | -ин | -ина | -ину | =生/主 | -ином | -ине | -е | -ам | =生/主 | -ами | -ах |

注）アクセントが移動するとき，アクセントが置かれる位置は原則的には以下のとおり。

1) 単数主格形（および同形の対格形）以外すべての形で語尾。

　　　［単］язы́к, языка́, языку́, ＝主, языко́м, языке́
　　　［複］языки́, языко́в, языка́м, ＝主, языка́ми, языка́х

2) 単数では語幹，複数では語尾。

　　　［単］сáд, сáда, сáду, ＝主, сáдом, сáде
　　　［複］сады́, садо́в, садáм, ＝主, садáми, садáх

3) 単数のすべての形および複数主格形（および同形の対格形）では語幹，その他の形では語尾。

　　　［単］во́лк, во́лка, во́лку, ＝生, во́лком, во́лке
　　　［複］во́лки, волко́в, волкáм, ＝生, волкáми, волкáх

4) 単数主格形（および同形の対格形）および複数主格形（および同形の対格形）では語幹，その他の形では語尾。

　　　［単］гво́здь, гвоздя́, гвоздю́, ＝主, гвоздём, гвозде́
　　　［複］гво́зди, гвозде́й, гвоздя́м, ＝主, гвоздя́ми, гвоздя́х

⑦**女性名詞の格変化語尾**（＊不活動体名詞では対格形＝主格形，活動体名詞では対格形＝生格形となる）

| | | 単数 | | | | | | 複数 | | | | | |
|---|---|---|---|---|---|---|---|---|---|---|---|---|---|
| | | 主 | 生 | 与 | 対 | 造 | 前 | 主 | 生 | 与 | 対* | 造 | 前 |
| 女1 | -a | -a<br>-á | -ы<br>-ы́ | -е<br>-é | -у<br>-ý | -ой<br>-ой | -е<br>-é | -ы<br>-ы́ | - | -ам<br>-áм | =生/主 | -ами<br>-áми | -ах<br>-áх |
| 女2 | ..г-а<br>..к-а<br>..х-а | -a<br>-á | -и<br>-и́ | -е<br>-é | -у<br>-ý | -ой<br>-ой | -е<br>-é | -и<br>-и́ | - | -ам<br>-áм | =生/主 | -ами<br>-áми | -ах<br>-áх |
| 女3 | ..ц-а | -a<br>-á | -ы<br>-ы́ | -е<br>-é | -у<br>-ý | -ей<br>-ей | -е<br>-é | -ы<br>-ы́ | - | -ам<br>-áм | =生/主 | -ами<br>-áми | -ах<br>-áх |
| 女4 | ..ж-а<br>..ч-а<br>..ш-а<br>..щ-а | -a<br>-á | -и<br>-и́ | -е<br>-é | -у<br>-ý | -ей<br>-ой | -е<br>-é | -и<br>-и́ | - | -ам<br>-áм | =生/主 | -ами<br>-áми | -ах<br>-áх |
| 女5 | -я | -я<br>-я́ | -и<br>-и́ | -е<br>-é | -ю<br>-ю́ | -ей<br>-ёй | -е<br>-é | -и<br>-и́ | -ь<br>-ей | -ям<br>-я́м | =生/主 | -ями<br>-я́ми | -ях<br>-я́х |
| 女6 | ..а-я<br>..у-я<br>..е-я | -я<br>-я́ | -и<br>-и́ | -е<br>-é | -ю<br>-ю́ | -ей<br>-ей | -е<br>-é | -и<br>-и́ | -й<br>-й | -ям<br>-я́м | =生/主 | -ями<br>-я́ми | -ях<br>-я́х |
| 女7 | -ия | -ия | -ии | -ие | -ию | -ией | -ие | -ии | -й | -иям | =生/主 | -иями | -иях |
| 女8 | -ья | -ья<br>-ья́ | -ьи<br>-ьи́ | -ье<br>-ьé | -ью<br>-ью́ | -ьей<br>-ьёй | -ье<br>-ьé | -ьи<br>-ьи́ | -ий<br>-ей | -ьям<br>-ья́м | =生/主 | -ьями<br>-ья́ми | -ьях<br>-ья́х |
| 女9 | -ия | -ия<br>-ия́ | -ии<br>-ии́ | -ии<br>-ии́ | -ию<br>-ию́ | -ией<br>-ией | -ии<br>-ии́ | -ии<br>-ии́ | -ий<br>-ий | -иям<br>-ия́м | =生/主 | -иями<br>-ия́ми | -иях<br>-ия́х |
| 女10 | -ь | -ь | -и | -и | -ь | -ью | -и | -и | -ей<br>-ей | -ям<br>-я́м | =生/主 | -ями<br>-я́ми | -ях<br>-я́х |
| 女11 | ..ж-ь<br>..ч-ь<br>..ш-ь<br>..щ-ь | -ь | -и | -и | -ь | -ью | -и | -и | -ей<br>-ей | -ам<br>-áм | =生/主 | -ами<br>-áми | -ах<br>-áх |

注）アクセントが移動するとき，アクセントが置かれる位置は原則的には以下のとおり。

1) -а および -я で終わる女性名詞のアクセントは，基本的に，単数主格形で語尾にアクセントが置かれるときに移動することがある（рукá, земля́ など）。アクセントは，単数では対格形のみで語幹に移ることがあり，一方，複数では主格形（および同形の対格形）で語幹に移ることがあり，また移ったアクセントがさらに与格形，造格形および前置格形で語尾に戻ることがある。

　　［単］рукá, руки́, руке́, рýку, рукóй, руке́

　　　参考：женá, жены́, жене́, женý, женóй, жене́

　　［複］рýки, рýк, рукáм, ＝主, рукáми, рукáх

　　　参考：жёны, жён, жёнам, ＝生, жёнами, жёнах

2) -ь で終わる女性名詞のアクセントが移動する場合，単数形のすべての形および複数主格形（および同形の対格形）では語幹，複数の生格形，与格形，造格形および前置格形では語尾。

　　［単］плóщадь, плóщади, плóщади, плóщадь, плóщадью, плóщади

　　［複］плóщади, площаде́й, площадя́м, ＝主, площадя́ми, площадя́х

## ⑦中性名詞の格変化語尾

|  |  | 単数 | | | | | | 複数 | | | | | |
|---|---|---|---|---|---|---|---|---|---|---|---|---|---|
|  |  | 主 | 生 | 与 | 対 | 造 | 前 | 主 | 生 | 与 | 対 | 造 | 前 |
| 中1 | -о | -о<br>-ó | -а<br>-á | -у<br>-ý | -о<br>-ó | -ом<br>-óм | -е<br>-é | -а<br>-á | - | -ам<br>-áм | -а<br>-á | -ами<br>-áми | -ах<br>-áх |
| 中2 | ..ц-е<br>..ж-е<br>..ч-е<br>..ш-е<br>..щ-е | -е | -а | -у | -е | -ем | -е | -а | - | -ам | -а | -ами | -ах |
| 中3 | -е | -е | -я | -ю | -е | -ем | -е | -я<br>-я́ | -ей<br>-éй | -ям<br>-я́м | -я<br>-я́ | -ями<br>-я́ми | -ях<br>-я́х |
| 中4 | -ье<br>-ьё | -ье<br>-ьё | -ья<br>-ья́ | -ью<br>-ью́ | -ье<br>-ьё | -ьем<br>-ьём | -ье<br>-ьé | -ья<br>-ья́ | -ий<br>-éй | -ьям<br>-ья́м | -ья<br>-ья́ | -ьями<br>-ья́ми | -ьях<br>-ья́х |
| 中5 | -ие | -ие<br>-иé | -ия<br>-ия́ | -ию<br>-ию́ | -ие<br>-иé | -ием<br>-иéм | -ии<br>-ий | -ия<br>-ия́ | -ий<br>-ий | -иям<br>-ия́м | -ия<br>-ия́ | -иями<br>-ия́ми | -иях<br>-ия́х |
| 中6 | -о | -о | -а | -у | -о | -ом | -е | -ья | -ьев | -ьям | -ья | -ьями | -ьях |
| 中7 | ..м-я | -я | -ени | -ени | -я | -енем | -ени | -ена́ | -ён | -ена́м | -ена́ | -ена́ми | -ена́х |

注）単数および複数それぞれにおいて，主格形以外のアクセントの位置は，原則的に主格形のアクセントの位置と同じ（語尾がない複数生格形を除く）。

[単]мéсто, мéста, мéсту, мéсто, мéстом, мéсте
[複]места́, мест, места́м, места́, места́ми, места́х
[単]письмó, письма́, письмý, письмó, письмóм, письмé
[複]пи́сьма, пи́сем, пи́сьмам, пи́сьма, пи́сьмами, пи́сьмах

## ⑧姓の格変化語尾

|  |  | 単数 | | | | | | 複数 | | | | | |
|---|---|---|---|---|---|---|---|---|---|---|---|---|---|
|  |  | 主 | 生 | 与 | 対 | 造 | 前 | 主 | 生 | 与 | 対 | 造 | 前 |
| 男姓 | ..ов-<br>..ев-<br>..ёв-<br>..ин-<br>..ын- | - | -а | -у | -а | -ым | -е | -ы | -ых | -ым | -ых | -ыми | -ых |
|  | ..и́н- | - | -á | -ý | -á | -ы́м | -é | -ы́ | -ы́х | -ы́м | -ы́х | -ы́ми | -ы́х |
| 女姓 | ..ов-а<br>..ев-а<br>..ёв-а<br>..ин-а<br>..ын-а | -а | -ой | -ой | -у | -ой | -ой | -ы | -ых | -ым | -ых | -ыми | -ых |
|  | ..ин-á | -á | -óй | -óй | -ý | -óй | -óй | -ы́ | -ы́х | -ы́м | -ы́х | -ы́ми | -ы́х |

注）ウクライナ系の -ко で終わる姓は不変化であるが，-енко で終わる男性の姓は，話し言葉では[男2]あるいは[中1]のように -ко, -ка, -ку, -ка, -ком, -ке または[女2]のように -ко, -ки, -ке, -ку, -кой, -ке と変化することがある。

## 17. 形容詞

① 形容詞は, 男性主格形を見出しとした。
② 形容詞は, 女性, 中性, 複数形, および格変化の仕方によって, 以下の変化表のように分類でき, [形1] [形3] のように品詞と変化のタイプを示した。
③ **形容詞長語尾の格変化語尾**（＊単数男性および全ての性の複数において, 不活動体名詞にかかる場合は対格形＝主格形, 活動体名詞にかかる場合は対格形＝生格形となる）

|  |  |  | 単数 | | | | | | 複数 | | | | | |
|---|---|---|---|---|---|---|---|---|---|---|---|---|---|---|
|  |  |  | 主 | 生 | 与 | 対* | 造 | 前 | 主 | 生 | 与 | 対* | 造 | 前 |
| 形1 | -ый | 男<br>女<br>中 | -ый<br>-ая<br>-ое | -ого<br>-ой<br>-ого | -ому<br>-ой<br>-ому | =生/主<br>-ую<br>-ое | -ым<br>-ой<br>-ым | -ом<br>-ой<br>-ом | -ые | -ых | -ым | =生/主 | -ыми | -ых |
| 形2 | -ой | 男<br>女<br>中 | -óй<br>-áя<br>-óе | -óго<br>-óй<br>-óго | -óму<br>-óй<br>-óму | =生/主<br>-ýю<br>-óе | -ы́м<br>-óй<br>-ы́м | -óм<br>-óй<br>-óм | -ы́е | -ы́х | -ы́м | =生/主 | -ы́ми | -ы́х |
| 形3 | ..г-ий<br>..к-ий<br>..х-ий | 男<br>女<br>中 | -ий<br>-ая<br>-ое | -ого<br>-ой<br>-ого | -ому<br>-ой<br>-ому | =生/主<br>-ую<br>-ое | -им<br>-ой<br>-им | -ом<br>-ой<br>-ом | -ие | -их | -им | =生/主 | -ими | -их |
| 形4 | ..г-ой<br>..к-ой<br>..х-ой | 男<br>女<br>中 | -óй<br>-áя<br>-óе | -óго<br>-óй<br>-óго | -óму<br>-óй<br>-óму | =生/主<br>-ýю<br>-óе | -и́м<br>-óй<br>-и́м | -óм<br>-óй<br>-óм | -и́е | -и́х | -и́м | =生/主 | -и́ми | -и́х |
| 形5 | ..ц-ый | 男<br>女<br>中 | -ый<br>-ая<br>-ее | -его<br>-ей<br>-его | -ему<br>-ей<br>-ему | =生/主<br>-ую<br>-ее | -ым<br>-ей<br>-ым | -ем<br>-ей<br>-ем | -ые | -ых | -ым | =生/主 | -ыми | -ых |
| 形6 | ..ж-ий<br>..ч-ий<br>..ш-ий<br>..щ-ий | 男<br>女<br>中 | -ий<br>-ая<br>-ее | -его<br>-ей<br>-его | -ему<br>-ей<br>-ему | =生/主<br>-ую<br>-ее | -им<br>-ей<br>-им | -ем<br>-ей<br>-ем | -ие | -их | -им | =生/主 | -ими | -их |
| 形7 | ..ж-óй<br>..ш-óй | 男<br>女<br>中 | -óй<br>-áя<br>-óе | -óго<br>-óй<br>-óго | -óму<br>-óй<br>-óму | =生/主<br>-ýю<br>-óе | -и́м<br>-óй<br>-и́м | -óм<br>-óй<br>-óм | -и́е | -и́х | -и́м | =生/主 | -и́ми | -и́х |
| 形8 | -ий | 男<br>女<br>中 | -ий<br>-яя<br>-ее | -его<br>-ей<br>-его | -ему<br>-ей<br>-ему | =生/主<br>-юю<br>-ее | -им<br>-ей<br>-им | -ем<br>-ей<br>-ем | -ие | -их | -им | =生/主 | -ими | -их |
| 形9 | -ий | 男<br>女<br>中 | -ий<br>-ья<br>-ье | -ьего<br>-ьей<br>-ьего | -ьему<br>-ьей<br>-ьему | =生/主<br>-ью<br>-ье | -ьим<br>-ьей<br>-ьим | -ьем<br>-ьей<br>-ьем | -ьи | -ьих | -ьим | =生/主 | -ьими | -ьих |
| 形10 | ..ов-<br>..ев-<br>..ёв- | 男<br>女<br>中 | -<br>-а<br>-о | -а<br>-ой<br>-а | -у<br>-ой<br>-у | =生/主<br>-у<br>-о | -ым<br>-ой<br>-ым | -ом<br>-ой<br>-ом | -ы | -ых | -ым | =生/主 | -ыми | -ых |
| 形11 | ..ин-<br>..ын- | 男<br>女<br>中 | -<br>-а<br>-о | -ого/-а<br>-ой<br>-ого/-а | -ому/-у<br>-ой<br>-ому/-у | =生/主<br>-у<br>-о | -ым<br>-ой<br>-ым | -ом<br>-ой<br>-ом | -ы | -ых | -ым | =生/主 | -ыми | -ых |
| 形12 | ..и́н- | 男<br>女<br>中 | -<br>-á<br>-ó | -á<br>-óй<br>-á | -ý<br>-óй<br>-ý | =生/主<br>-ý<br>-ó | -ы́м<br>-óй<br>-ы́м | -óм<br>-óй<br>-óм | -ы́ | -ы́х | -ы́м | =生/主 | -ы́ми | -ы́х |

④形容詞が名詞として用いられる場合は，変化のタイプと［男名］［女名］［中名］［複名］のように示した。

**※ру́сский²** (形3変化)［男名］/**ру́сская**［女名］

⑤短語尾は，見出しの直後に，短 ... のように挙げた。

- 女性・中性・複数形で，語幹に -a, -o, -ы の語尾が付くだけのものについては，男性形のみを挙げた。

  **※краси́вый** 短 -ив［形1］
  （→短語尾形は краси́в, краси́ва, краси́во, краси́вы）

- 出没母音がある場合やアクセントの移動がある場合は，必要なところまで記述した。また，バリアントがある場合は / で区切って示した。

  **\*бе́режный** 短 -жен, -жна［形1］
  （→短語尾形は бе́режен, бережна́, бе́режно, бе́режны）

  **※ва́жный** 短 -жен, -жна́, -жно, -жны/-жны́［形1］

  **※далёкий** 短 -лёк, -лека́, -леко́/-лёко［形3］
  （→短語尾形は далёк, далека́, далеко́/далёко, далеки́/далёки）

  **\*ги́бкий** 短 -бок, -бка́, -бко［形3］
  （→短語尾形は ги́бок, гибка́, ги́бко, ги́бки）

- 比較級，最上級は，比 ... 最上 ... のように挙げた。

  **※бли́зкий** ... 比бли́же 最上ближа́йший［形3］

⑥形容詞短語尾の格変化語尾

|   | 形1・2 | 形3・4 | 形5 | 形6 | 形8 |
|---|---|---|---|---|---|
| 男 | - | - | - | - | -ь |
| 女 | -a | -a | -a | -a | -я |
| 中 | -o | -o | -e | -e | -e |
| 複 | -ы | -и | -ы | -и | -и |

## 18. 動詞

①移動動詞での不定動詞，定動詞の表示は，品詞の直後に［定］［不定］を添えた。また，それぞれに対応する定動詞，不定動詞の形も挙げた。

**※лета́ть**［不完］［不定］〔定 **лете́ть**〕

**※идти́**［不完］［定］〔不定 **ходи́ть**〕

②一回体と多回体の表示も，品詞の直後に［一回］, [多回］を添えた。

**\*а́хать**［不完］/**а́хнуть**［完］［一回］

**га́щивать**［不完］［多回］

### ③動詞の変化一覧

|  | 第1変化 | 第1変化<br>不規則動詞 | 第1変化<br>不規則動詞<br>(アクセント移動あり) | 第2変化動詞 |
|---|---|---|---|---|
| 不定形 | чита́ть | вести́ | писа́ть | храни́ть |
| 現在形 | чита́ю<br>чита́ешь<br>чита́ет<br>чита́ем<br>чита́ете<br>чита́ют | веду́<br>ведёшь<br>ведёт<br>ведём<br>ведёте<br>веду́т | пишу́<br>пи́шешь<br>пи́шет<br>пи́шем<br>пи́шете<br>пи́шут | храню́<br>храни́шь<br>храни́т<br>храни́м<br>храни́те<br>храня́т |
| 命令形 | чита́й | веди́ | пиши́ | храни́ |
| 過去形 | чита́л<br>чита́ла<br>чита́ло<br>чита́ли | вёл<br>вела́<br>вело́<br>вели́ | писа́л<br>писа́ла<br>писа́ло<br>писа́ли | храни́л<br>храни́ла<br>храни́ло<br>храни́ли |
| 能動分詞現在 | чита́ющий | веду́щий | пи́шущий | храня́щий |
| 能動分詞過去 | чита́вший | ве́дший | писа́вший | храни́вший |
| 受動分詞現在 | чита́емый | ведо́мый |  | храни́мый |
| 受動分詞過去 | чи́танный | ведённый | пи́санный | хранённый |
| 副分詞 | чита́я | ведя́ |  | храня́ |

|  | 第2変化<br>歯音交代 | 第2変化<br>唇音交替 | 第2変化<br>(アクセント移動あり) | -СЯ動詞<br>[不完] |
|---|---|---|---|---|
| 不定形 | чи́стить | гото́вить | носи́ть | бра́ться |
| 現在形 | чи́щу<br>чи́стишь<br>чи́стит<br>чи́стим<br>чи́стите<br>чи́стят | гото́влю<br>гото́вишь<br>гото́вит<br>гото́вим<br>гото́вите<br>гото́вят | ношу́<br>но́сишь<br>но́сит<br>но́сим<br>но́сите<br>но́сят | беру́сь<br>берёшься<br>берётся<br>берёмся<br>берётесь<br>беру́тся |
| 命令形 | чи́сти | гото́вь | носи́ | бери́сь |
| 過去形 | чи́стил<br>чи́стила<br>чи́стило<br>чи́стили | гото́вил<br>гото́вила<br>гото́вило<br>гото́вили | носи́л<br>носи́ла<br>носи́ло<br>носи́ли | бра́лся<br>брала́сь<br>брало́сь<br>брали́сь |
| 能動分詞現在 | чи́стящий | гото́вящий | нося́щий | беру́щийся |
| 能動分詞過去 | чи́стивший | гото́вивший | носи́вший | бра́вшийся |
| 受動分詞現在 |  | гото́вимый | носи́мый |  |
| 受動分詞過去 | чи́щенный | гото́вленный | но́шенный |  |
| 副分詞 | чи́стя | гото́вя | нося́ | беря́сь |

|  | -ся動詞<br>[完] | -овать | -авать | -нуть |
|---|---|---|---|---|
| 不定形 | взя́ться | рисова́ть | дава́ть | гнуть |
| 現在形 | возьму́сь<br>возьмёшься<br>возьмётся<br>возьмёмся<br>возьмётесь<br>возьму́тся | рису́ю<br>рису́ешь<br>рису́ет<br>рису́ем<br>рису́ете<br>рису́ют | даю́<br>даёшь<br>даёт<br>даём<br>даёте<br>даю́т | гну́<br>гнёшь<br>гнёт<br>гнём<br>гнёте<br>гнут |
| 命令形 | возьми́сь | рису́й | дава́й | гни |
| 過去形 | взя́лся<br>взяла́сь<br>взяло́сь<br>взяли́сь | рисова́л<br>рисова́ла<br>рисова́ло<br>рисова́ли | дава́л<br>дава́ла<br>дава́ло<br>дава́ли | гнул<br>гну́ла<br>гну́ло<br>гну́ли |
| 能動分詞現在 |  | рису́ющий | даю́щий | гну́щий |
| 能動分詞過去 | взя́вшийся | рисова́вший | дава́вший | гну́вший |
| 受動分詞現在 |  | рису́емый | дава́емый |  |
| 受動分詞過去 |  | рисо́ванный |  | гну́тый |
| 副分詞 | взя́вшись | рису́я | дава́я |  |

・変化形の表示法の原則は，変化形のハイフン(-)直後の文字を不定形内にある同一の文字に接続することによって得られる。

  **маскирова́ть** -ру́ю, -ру́ешь   (→現在形は маскиру́ю, маскиру́ешь)

・完了体動詞が不完了体動詞に接頭辞が付いて作られる場合，現在形，命令形および過去形は，不完了体動詞にのみ表示。

  **♯смотре́ть** ... смотрю́, смо́тришь 命 -ри́ 受過 смо́тренный 副分 -ря́

  [不完] / **посмотре́ть** ... [完]

・追い込みで派生語として示された -ся 動詞の変化形は，-ся を除いた部分が，派生元の変化形と同じ場合は特に示さなかった。

  **\*вле́чь** ... // ~ся

④【現在形】

・第1変化規則動詞は変化形を示さない。

  **♯чита́ть**

・第1変化不規則動詞および第2変化動詞は1人称単数現在形および2人称単数現在形のみを示した。

  **♯жить** живу́, живёшь

  **♯говори́ть** -рю́, -ри́шь

・第1変化不規則動詞のうち3人称複数現在形の現在語幹が2人称単数現在形のそれと異なる場合は3人称複数形も示した。

  **♯лечь** ля́гу, ля́жешь, ... ля́гут

・最重要語(♯)のみ第2変化動詞のうち，歯音交替および唇音交替が起こる動詞は3人称複数現在形も示した(重要語(\*)およびその他の動詞は上と同じ)。

  **♯е́здить** е́зжу, е́здишь, ... е́здят

  **♯гото́вить** -влю, -вишь, ... -вят

・アクセントが移動する動詞も，表示法は上と同じ。

  **♯писа́ть** пишу́, пи́шешь

- その他特殊な変化をする動詞は適宜必要な形を示した。

    ※**да́ть** да́м, да́шь да́ст, дади́м, дади́те, даду́т

    ※**дви́гать** -аю/дви́жу, -аешь/дви́жешь

⑤【命令形】
- 第1変化規則動詞の命令形は示さない。
- 最重要語(※)のみ第1変化不規則動詞および第2変化動詞はすべての動詞において命令形を示した(重要語(*)およびその他の動詞は以下の場合を除き命令形を示さない)。

    ※**жи́ть** живу́, живёшь 命 живи́

    ※**говори́ть** -рю́, -ри́шь 命 -ри́

    ***ликвиди́ровать** -рую, -руешь

    ***уговори́ть** -рю́, -ри́шь

- 第1変化不規則動詞で現在語幹に子音交替があるとき、すべての動詞において命令形を示した。

    **сбере́чь** -регу́, -режёшь, … -регу́т 命 -реги́

- 現在語幹が子音連続で終わり命令形の語尾が -и になるとき、すべての動詞において命令形を示した。

    **припо́мнить** -ню, -нишь 命 -ни

- その他不規則な形の命令形をもつものはすべて示した。

    ※**дава́ть** даю́, даёшь 命 дава́й

⑥【過去形】
- 不定形の -ть を -л, -ла, -ло, -ли に換えて過去形が作られるものは示さない。
- 過去形が不規則な変化をする場合は(アクセントの移動も含む)、最後に提示されているものに則してその他の形も作られるものとして、最小限の情報を示した。

    ※**нести́¹** … 過 нёс, несла́

    ※**се́сть** … 過 сёл

    ※**зва́ть** зову́, зовёшь 過 зва́л, -ла́, -ло

⑦【能動分詞現在形】
- 能動分詞現在形は現在3人称複数形の -т を -щий に代えることにより得られ、そのアクセントは、第1変化動詞(第1変化不規則動詞を含む)は現在3人称複数形と同じ位置にあり、一方、第2変化動詞は不定形と同じ位置にある。能動分詞現在形は、この規則から外れるもののみを示した。能動分詞現在形は不完了体動詞においてのみ形成される。

    ※**мо́чь²** могу́, мо́жешь, … мо́гут … 能現 могу́щий

    ※**люби́ть** люблю́, лю́бишь … 能現 лю́бящий

⑧【能動分詞過去形】
- 能動分詞過去形は過去男性単数形の -л を -вший に替えることによって得られる。能動分詞過去形は、過去男性単数形の作り方が不規則であり、能動分詞過去形のあるもののみを示した。能動分詞過去形は不完了体動詞および完了体動詞の双方において形成される。

    ※**се́сть** … 過 сёл 能過 се́вший

⑨【受動分詞現在形】
- 受動分詞現在形は現在1人称複数形に語尾 -ый を付けることにより得られ、そのアクセントは現在1人称単数形と同じ位置に置かれる。受動分詞現在形は、この規則から外れるもので、受動分詞過去形のあるもののみを示した。受動分詞現在形は不完了体動詞のみにおいて形成される。

⁑**вести́** веду́, ведёшь ... 受現ведо́мый

⑩【受動分詞過去形】
- 受動分詞過去形はその形があるものはすべて示した。その短語尾形でアクセントが移動する場合, それも( )内に示した。

  ⁑**реши́ть** ... 受過-шённый (-шён, -шена́)

⑪【副分詞形】
- 不完了体副分詞形は現在3人称複数形の語幹に語尾 -я を付けることにより得られ, そのアクセントは現在1人称単数形と同じ位置に置かれる。不完了体副分詞形は, この規則から外れるもので, 副分詞形のあるもののみを示した。

  ⁑**лежа́ть** ... 副分лёжа

- 完了体副分詞形は過去男性単数形の -л を -в (-ся 動詞は -вши-) に替えることによって得られる。完了体副分詞形は, 過去男性単数形の作り方が不規則であり, 副分詞形のあるもののみを示した。

  **прийти́** ... 副分придя́

## 19. 和露編

巻末に, 約1万項目の和露辞典を付けた。名詞の性や動詞の不完了体, 完了体の表示は省略したので, 必要に応じて露和編を参照してほしい。

## 20. 主な参考文献

(1) Аванесов, Р.И. Русское литературное произношение. 6-е изд., перераб. и доп. М., 1984.
(2) Александрова, З.Е. Словарь синонимов русского языка: практический справочник: ок. 11000 синоним. рядов. 11-е изд., перер. и доп. М., 2001.
(3) Аникин, В.П. Русские пословицы и поговорки. М., 1988.
(4) АН СССР. Орфографический словарь русского языка. 13-е изд., исп. и доп. М., 1974.
(5) АН СССР. Русская грамматика / Гл. ред. Н.Ю. Шведова. М., 1980.
(6) АН СССР. Словарь современного русского литературного языка: в 17 т. М., 1948–1965.
(7) АН СССР. Словарь русского языка: в 4-х т. 2-е изд., испр. и доп. / Под ред. А.П. Евгеньевой. М., 1981–1984.
(8) Большой толковый словарь русского языка / Под ред. С.А. Кузнецова. СПб., 1998.
(9) Горбачевич, К.С. Словарь трудностей современного русского языка. СПб., 2003.
(10) Грачёв, М.А. Толковый словарь русского жаргона. М., 2006.
(11) Даль, В.И. Толковый словарь живого великорусского языка. Изд. 7-е. М., 1978-1980.
(12) Елистратов, В.С. Словарь русского арго: материалы 1980–1990 гг. М., 1994.
(13) Ефремова, Т.Ф. Современный толковый словарь русского языка: в 3 т. М, 2000.
(14) Зализняк, А.А. Грамматический словарь русского языка: словоизменение. 4-е изд., испр. и доп. М., 2003.
(15) Зарубин, С.Ф., Рожецкин, А.М. Большой русско-японский словарь. М., 2010.
(16) Иванова, Т.Ф. Новый орфоэпический словарь русского языка. Произношение. Ударение. Грамматические формы. 7-е изд., стереотип. М., 2011.
(17) Иллюстрированный словарь английского и русского языка с указателями.

М., 2003.
(18) Каленчук, М.Л., Касаткин, Л.Л., Касаткина, Р.Ф. Большой орфоэпический словарь русского языка. М., 2012.
(19) Квеселевич, Д.И. Толковый словарь ненормативной лексики русского языка: 16 тысяч единиц. М., 2003.
(20) Лингвистический энциклопедический словарь. 2-е изд., доп. / Гл. ред., В.Н. Ярцева. М., 2002.
(21) Львов, М.Р. Словарь антонимов русского языка / Под ред. Л.А. Новикова. М., 1997.
(22) Ляшевская, О.Н., Шаров, С.А. Частотный словарь современного русского языка. На материалах национального корпуса русского языка. М., 2009.
(23) Михельсон, М.И. Опыт Русской фразеологии. СПб., 1912.
(24) Мокиенко, В.М., Никитина, Т.Г. Большой словарь русского жаргона. СПб., 2000.
(25) Новые слова и значения: словарь-справочник по материалам прессы и литературы 70-х гг. / Под ред. Н.З. Котеловой. М., 1984.
(26) Новые слова и значения: словарь справочник по материалам прессы и литературы 80-х гг. / Под ред. Е.А. Левашова. СПб., 1997.
(27) Новые слова и значения. Словарь-справочник по материалам прессы и литературы 90-х гг XX века: в 2 т. / Отв. ред. Т.Н. Буцева. СПб., 2009.
(28) Ожегов, С.И., Шведова, Н.Ю. Толковый словарь русского языка. 4-е изд., доп. М., 1997.
(29) Орфоэпический словарь русского языка: произношение, ударение, грамматические формы / Под ред. Р. И. Аванесова. М., 1983.
(30) Регинина, К.В., Тюрина, Г.П., Широкова, Л.И. Устойчивые словосочетания русского языка. М., 1976.
(31) Система лексических минимумов современного русского языка. 10 лексических списков от 500 до 5,000 самых важных русских слов / Под ред. В.В. Морковкина. М., 2003.
(32) Словарь сокращений русского языка. 4-е изд., стереотип. / Под ред. Д.И. Алексеева. М., 1983.
(33) Словарь сочетаемости слов русского языка. 2-е изд., испр. / Под ред. П.Н. Денисова, В. В. Морковкина. М., 1983.
(34) Толковый словарь русского языка / Под ред. Д.В. Дмитриева. М., 2003.
(35) Фразеологический словарь русского языка. 4-е изд., стереотип. / Под ред. А.И. Молоткова. М., 1987.
(36) РАН. Большой академический словарь русского языка. М.; СПб., 2004–
(37) РАН. Толковый словарь современного русского языка. Языковые изменения конца XX столетия / Под ред. Г.Н. Скляревской. М., 2001.
(38) Толковый словарь русского языка: в 4-х т. / Под ред. Д.Н. Ушакова. М., 1935-1940.
(39) Частотный словарь современного русского языка / Под ред. Л. Лённгрена. Uppsala, 1993.
(40) Dmitry Yermolovich. Russian-English/English-Russian Practical Dictionary. New York., 2011.
(41) Oxford Russian Dictionary / Russian-English, ed. by Marcus Wheeler and Boris Unbegaun; English-Russian, ed. by Paul Falla; rev. and updated by Della Thompson. – 4th ed. – New York, 2007.

# A a

**а¹** (不変)[中] アルファベットの最初の文字 ◆**от а́ до зе́т** 始めから終わりまで

*****а²** [ア][接][and, but] ①〖対比・比較〗(a)…だが、一方；しかし、それに反して：Я инжене́р, **а** она́ учи́тельница. ぼくはエンジニアだが、彼女は教師だ (b)[не А, **а** В または В, **а** не Аの形で] А ではなくて В：Пиши́те ру́чкой, **а** не карандашо́м. ペンで書いて下さい、鉛筆ではなくて
②〖付加・展開〗そして、それから、次に：На горе́ — дом, **а** под горо́й — река́. 山の上に家があり、**(b)**[не А, **а** В 下には川があるまたはВ, **а** не Аの形で] А ではなくて В：Что́ ты́ сего́дня де́лал? А вчера́? きょうは何してた、じゃあきのうは
③〖文頭で〗話題の転換〗ところで：А ка́к ва́с зову́т? ところであなたのお名前は
④〖逆接・矛盾〗ところが、それなのに：Студе́нты собрали́сь, **а** преподава́теля ещё нет. 学生たちは集まったのに、先生はまだ来ていない
⑤〖譲歩〗…だ：Что́ ни говори́те, **а** всё-таки я́ не согла́сен. あなたが何と言おうと、それでもやっぱり私は賛成していません

◆**а то́** ①さもなければ、そうでないと(**ина́че**)：Спеши́, **а то́** опозда́ешь. 急ぎなよ、でないと遅れるよ ②ところが、実際には：Е́сли бы бы́ло та́к, **а то́** всё наоборо́т. そういうことならね、実際には正反対だ (3)…だから、…なので (потому́ что)：Закро́й окно́, **а то́** ду́ет. 窓閉めて、隙間から風が入るから (4)あるいは、それとも (и́ли)：Доба́вим в сала́т лу́к, **а то́** — чесно́к. サラダにネギを加えよう、それかニンニクだな (5)しばしば疑問代名詞と共にもちろんだ：Пойдёшь? — А то́ ка́к же, пойду́! 「行くかい」「もちろん行くとも」| **а то́ и** あるいは：Я ду́маю, го́да четы́ре-пять, **а то́ и** бо́льше. 4、5年あるいはもっとかな

**а³** [助] [話] ①〖注意を促して〗ねえ、おい ②〖聞き直し・返事の催促・驚き・驚嘆〗え？；何？；何ですって？；どうなの？

**а⁴** (★長く伸ばして発音) [間] 〖納得・驚き・いまいましさ・決断・絶望〗あああ；これはこれは；いやはや；よし

**а..** [接頭]〖名詞・形容詞〗「不…」「非…」「無…」：асимме́три́я 非対称 | амора́льный 不道徳な

**абажу́р** [男1] ①(照明器具の)笠、シェード；スクリーン ②〖建〗天窓、明かり窓

**абази́н** [男1] / **~ка** 複生 -нок [女2] アバザ人 **// ~ский** [形3]

**Абака́н** [男1] アバカン(ハカス共和国の首都；シベリア連邦管区)

**абба́т** [男1] ①カトリック大修道院長 ②(フランスで)カトリック神父、聖職者、師 **// ~ский** [ц] [形3]

**абба́ти́са** [女1] カトリック女子大修道院長

**абба́тство** [ц] [中1] カトリック大修道院；その領地

**аббревиату́ра** [女1] 〖文〗①複合略語；頭字語 ②略字 〖楽〗略符 **// ~ный** [形1]

**аберра́ция** [女9] ①〖理〗(レンズの)収差 ②〖天〗光行差 ③〖文〗(基準からの)逸脱、異常 ④〖生〗異常、変体

**абза́ц** [男3] 〖印〗①改行、字下り：нача́ть с **~а** 改行して始める ②段落、パラグラフ

**абза́цный** [形1] 〖印〗字下りの：**~** о́тступ 字下り

**абитурие́нт** [男1] / **~ка** 複生 -ток [女2] (大学・中等専門学校への)進学者、受験生 **// ~ский** [ц] [形3]

**абла́тив** [男1] 〖文法〗奪格

**абла́ут** [男1] 〖言〗母音交替；アブラウト

*****абонеме́нт** [男1] [subscription] (一定期間の)利用権、その証明書；(コンサートなどの)シリーズセット券、利用証 **// ~ный** [形1]

**абоне́нт** [男1] / **~ка** 複生 -ток [女2] 予約者、加入者 (по́льзователь)：спра́вочник **~ов** телефо́нной се́ти 電話帳 | А**~** вре́менно не досту́пен. おかけになった電話は現在おつなぎできません (携帯電話でのアナウンス) **// ~ский** [ц] [形3], **~ный** [形1]

**аборда́ж** [男4] 〖海〗接舷（戦） (旧式の海戦法) ◆**брать на ~** (皮肉) (人・物に対して)断固として、粘り強く行動する **// ~ный** [形1]

**абориге́н** [男1] / **~ка** 複生 -нок [女2] [話] ①先住民 ②〖生〗土着の動植物 **// ~ный** [形1]

**або́рт** [男1] 妊娠中絶、堕胎；流産：сде́лать **~** 中絶する

**абортивный** [形1] ①〖医〗流産をうながす；病勢を阻止する；頓挫性の ②〖生〗発育不全の、不稔の

**абрази́в** [男1] 〖工〗研磨材、研磨剤 **// ~ный** [形1]

**абракада́бра** [女1] ちんぷんかんぷんな言葉、アブラカダブラ；病を治すという呪文

**абрико́с** [男1] 〖植〗アンズの木；その実 **// ~овый** [形1]

**а́брис** [男1] ①(物・図形などの)輪郭、見取り図 ②(輪郭を主体にした)デッサン ③〖地〗(測量で)トラバース

**абсе́нт** [э] [男1] アプサン(リキュールの一種)

**абсентеи́зм** [э: э] [男1] 〖選挙・投票の際の〗棄権、(故意の)欠席、不参加

**абсентеи́ст** [э: э] [男1] 棄権者[欠席、不参加]者

**абсолю́т** [男1] ①〖哲〗絶対者 ②〖宗〗神；絶対的なもの、絶対

**абсолют|и́зм** [男1] ①専制主義；専制君主政体 ②絶対論、絶対説、絶対主義 **//~и́стский** [сс] [形3]

**абсолюти́ст** [男1] 絶対主義者

*****абсолю́тно** [アプサリュートナ] [副] [absolutely] 絶対(的)に；全く、全くもって：Я зна́ю э́то **~** то́чно. 私はこれをまったく知っている | Его́ **~** не интересу́ет поли́тика. 彼は政治に全く興味がない

*****абсолю́тн|ый** [アプサリュートヌイ] 短 -тен, -тна [形1] [absolute] 絶対の、無条件の、完全な、全くの：**~** ну́ль абсолю́тное нулево́е температу́ры (-273.15 ℃)；(ある領域で)全く無能な人 | **~** чемпио́н 〖スポ〗総合優勝者、無差別級優勝者 | **-ое** большинство́ 絶対的多数 | **-ая** величина́ 〖数〗絶対値 | **-ая** мона́рхия 絶対君主制 | **~** слу́х 〖楽〗絶対音感 **// -ость** [女10]

**абсорби́ровать** -рую, -руешь [不完・完]〈化〉吸収する **// абсо́рбция** [女9] 吸収

**абстине́нт** [男1] 禁酒家

**абстине́нция** [女9] 禁断症状 **// абстине́нтный** [形1]：**~** синдро́м 禁断症状

**абстраги́ровать** -рую, -руешь 受 被 -анный [不完・完]〖文〗〖哲〗概念的に〉抽象する；抽象的に扱う **// ~ся** [不完・完] ①〖文〗(少中で)を捨象する ②[不完]〖от〗のことを/無縁想〉忘れる；考えるのをやめる

*****абстра́ктн|ый** 短 -тен, -тна [形1] [abstract] 抽象的な：**-ое** иску́сство 抽象芸術 **// -ость** [女10]

**абстракциони́зм** [男1] 〖芸〗抽象主義 (20世紀の芸術理論の潮流)；抽象派

**абстракциони́ст** [男1] 〖芸〗抽象派芸術家、抽象主義者

**абстра́кция** [女9] ①抽象[捨象](すること)、抽象化、抽象作用 ②抽象概念 ③[話・蔑]曖昧な表現

**абсу́рд** [男1] ばかげた[無意味な]こと、戯言、不条理なこと：по́лный **~** のナンセンス ◆**довести́ де́ло до ~а** 物事をナンセンスな方向へ持っていく

**абсу́рдн|ый** 短 -ден, -дна [形1] ①ばかげた、ばかしい、無意味な、不条理な ②〖数〗不合理の **// -ость** [女10]

# абсцесс

**абсце́сс** [э] [男1] 〔医〕膿瘍; おでき

**Абу́джа** [女4] アブジャ (ナイジェリアの首都)

**абха́з** [男1], **~ец** -зца [男3] / **~ка** 複生 -зок [女2] アブハジア人 // **~ский** [形3]

**Абха́зия** [女9] アブハジア自治共和国 (ジョージア (グルジア); ロシアが実効支配)

**а́бы** (方・俗) [1] 〔接〕…するように (что́бы); ただ…でありさえしたら (лишь бы) ② [助] 《代名詞・副詞と共に》…でも: ~ кто [что] 誰 [何] でも | ~ куда́ どこへでも | ~ как 何とか, どうにかこうにか ◆не ~ что 尋常でない素晴らしい人 [もの]

***аванга́рд** [男1] [avant-garde] ①〔軍〕(部隊の) 前衛, 先鋒 (↔арьерга́рд) ② (ある社会集団の) 最先端 ③ 〔話〕= авангарди́зм ④ 〔話〕〔集合〕アヴァンギャルド芸術の作家 ◆в ~е 先頭に

**авангарди́зм** [男1] ① (社会集団が持つ) 指導的役割への志向性 ② 〔芸〕前衛芸術 [芸術], アヴァンギャルド

**авангарди́ст** [男1] / **~ка** 複生 -ток [女2] 前衛芸術家

**авангарди́стский** [сс] [形3] 前衛芸術 (家) の

**аванга́рдный** [形1] ① 前衛の ② 進歩的な, 先駆者的な, 前衛的な

**аванза́л** [男1] 大ホール前の控え室, (主室に通じる) 控えの間

**аванпо́рт** [男1] 外港

**аванпо́ст** [男1] ① 〔軍〕前哨; 前哨地 ② (ある活動の) 最前線 // **~ный** [сн] [形1]

**ава́нс** [男1] ① (賃金などの) 先払い, 前渡し; その金, 前金 ② (複) 〔隠〕(根拠のない・守られない) 約束 ◆де́лать 男 **~ы** (1) (自分に有利に) あらかじめ相手の気を引こうとする (2) (女性が) 男性に言い寄ってもらいたい素振りをする // **~овый** [形1] <①>

**аванси́ровать** -рую, -руешь 受過 -анный [不完・完] 〔旧〕前金として支払う, 先払いする, 前渡しする: ~ предприя́тие 企業に事前融資をする

**ава́нсом** [副] 〔話〕① 前金として ② 前もって, あらかじめ

**авансце́на** [女1] 〔劇〕舞台の前部 (観客席の方に少し突き出ている部分); エプロンステージ

**аванта́жный** [形1] (外見が) きちんとしている, すてきな, 小ぎれいな

**авантю́ра** [女1] 冒険; 投機

**авантюри́зм** [男1] 冒険主義

**авантюри́ст** [男1] / **~ка** 複生 -ток [女2] 冒険家; 山師

**авантюристи́ческий** [形3] 冒険的な, 山師的な

**авантю́рно-плутовско́й** [形4] 悪漢の, ピカレスク風の

**авантю́рн|ый** 短 -рен, -рна [形1] ① 冒険的な ② 〔文学〕(作品が) 思いがけない出来事 [奇譚] を題材とする // **-ость** [女10] <①>

**ава́р** [男1], **~ец** -рца [男3] / **~ка** 複生 -рок [女2] アヴァール人 // **~ский** [形3]

**авари́йка** 複生 -йек [女2] 〔話〕故障修理車, 事故救助用の車, 救難車

**авари́йно-спаса́тельный** [形1] 救命の

**авари́йность** [女10] (機械などに) 故障が起きること; 事故 [故障] 発生率

**авари́йн|ый** 短 -йен, -йна [形1] ① 故障の; 事故の, 遭難の; 〔保険〕海損の ② 応急修理用の; 避難救助用の ③ (故障・事故などに備えた) 予備の, 非常用の // **~ость** [女10] <①>

**авари́йщик** [男2] ① 〔話〕事故現場の撤去作業従事者, 海難救助隊員 ② 〔俗〕(事故をよく起こす) 怠慢な労働者

***ава́рия** [女9] [crash, accident, breakdown] ① (機械の) 故障, 破損, 損傷: потерпе́ть ~ю 破損する; 遭難する ② (①による) 事故, 遭難, 海難, 難破: попа́сть в ~ию 事故に遭う ③ 〔保険〕海損

**авата́ра** [女1] 〔コンピュータ〕アイコン (ико́нка)

**а́вгиев** [形10] アウゲイウス王 (А́вгий) の: **~ы коню́шни** 《文》ひどく汚い場所, 散らかし放題の部屋; 極度の散っちらかし

***а́вгуст** [アーヴグスト] [男1] [August] 8月 (★用法は→май) // **~овский** [形3]

**Авдо́тья** [女8] アヴドーチャ (女性名; 愛称 Ду́ня)

**а́верс** [男1] (硬貨・メダルの) 表, 表面

**а́виа** (不変) [中] エアメール, 航空郵便 (авиапо́чтой) ◆по ~ 航空便で

**а́виа..** 〔語形成〕「航空の」「空の」

**авиаба́за** [女1] 空軍基地

**авиабиле́т** [男1] 航空券

**авиадеса́нтный** [形1] 空挺攻撃の

**авиадиспе́тчер** [男1] 航空交通管制官

**авиакаскадёр** [男1] 曲芸飛行士

**авиакатастро́фа** [女1] 航空機 (墜落) 事故

**авиакомпа́ния** [女9] 航空会社

**авиаконстру́ктор** [男1] 航空機設計者

**авиакосми́ческий** [形3] 航空宇宙の

**авиала́йнер** [男1] 定期旅客機

**авиали́ния** [女9] 航空路線, 航空会社

**авиамеха́ник** [男2] 航空機整備士

**авиамодели́зм** [э] [男1] 模型飛行機の趣味

**авиамодели́ст** [э] [男1] 模型飛行機愛好者

**авиамоде́ль** [э] [女10] 模型飛行機 // **~ный** [形1]

**авианалёт** [男1] 空爆: соверши́ть ~ 空爆を行う

**авиано́с|ец** -сца [男3] 航空母艦, 空母 ◆дипломати́я -цев 軍艦外交 // **~ный** [形1] 航空母艦の, 艦載の

**авиапассажи́р** [男1] 航空機の乗客

***авиапо́чт|а** [女1] [air mail] 航空便: отпра́вить письмо́ **-ой** [по -е] 航空便で手紙を送る

**авиаре́йс** [男1] 航空便, フライト

**авиасало́н** [男1] 航空ショー

**авиаспо́рт** [男1] スカイスポーツ

**авиасъёмка** 複生 -мок [女2] 航空写真

**авиа́тор** [男1] 飛行士, パイロット // **~ский** [形3]

**авиатра́нспортный** [形1] 航空運送の, 空輸の

**авиатра́сса** [女1] 航空路

**авиауда́р** [男1] 空襲, 空爆: нанести́ ~ 空爆する

**авиацио́нно-косми́ческий** [形3] 航空宇宙の

**авиацио́нный** [形1] 航空の, 飛行の

***авиа́ция** [女9] [aviation, aircraft] ① 航空 (事業); 飛行; 航空理論 [技術] ②〔総称〕飛行機, 航空 [飛行] 隊

**авиача́сть** [女10] 航空部隊

**авиашко́ла** [女1] 航空学校

**авиашо́у** (不変) [中] 航空ショー

**ави́зо** (不変) [中] 〔商〕(送金・出荷・出航の) 通知書

**авитамино́з** [男1] 〔医〕ビタミン欠乏症 // **~ный** [形1]

**авока́до** (不変) [中] 〔植〕アボカド

**аво́сь** ① [助] 〔話〕(希望的に) たぶん, ひょっとして ② [男5]/(不変) [中] まぐれ当たり, 運任せ ◆на ~ 万一を当てにして, 運任せに, 当てずっぽうに

**аво́ська** 複生 -сек [女2] 〔話〕(編み目状の) 買い物袋

**авра́л** [男1] 〔海〕総員作業 ② (全員による) 緊急突貫作業 // **~ьный** [形1]

**авра́лить** -лю, -лишь [不完] 〔俗〕緊急に突貫作業をする, 総員作業をする

**авро́ра** [女1] 〔詩〕あけぼの, 曙光

**австрали́|ец** -и́йца [男3] / **~йка** 複生 -и́ек [女2] オーストラリア人; オーストラリア先住民

**австрали́йский** [形3] オーストラリア(人)の
**Австра́лия** [女9] オーストラリア(首都は Канбе́рра)
**австралоидный** [形1] オーストラロイドの
**австри́ец** -ийца [男3]/**-и́йка** 複生 -и́ек [女2] オーストリア人
**австри́йский** [形3] オーストリア(人)の
**А́встрия** [女9] オーストリア(首都は Ве́на)
**австроазиа́тск|ий** [ц] [形3] オーストロアジアの: -*ие языки́* [言]オーストロアジア語族
**австронези́йский** [形3] オーストロネシアの
**автарки́я, ава́ркия** [女9] 自給自足経済(政策), アウタルキー
**авто́** (不変)[中] [旧・話]車
**а́вто..** [語形成]「自動車・バスの」「自動の」「自走の」「自分(自身)の」
**автоава́рия** [女9] 交通事故
**автоа́тлас** [男1] 道路地図帳
**автоба́за** [女1] 自動車基地, 配車センター
**автоба́н** [男1] 高速自動車専用道路
**автобетòносмеси́тель** [男3] コンクリートミキサー
**автобиографи́ческий** [形3] 自叙伝の
**автобиографи́чн|ый** [形1] 自叙伝の; 自叙伝的な **//-ость** [女10]
***автобиогра́фия** [女9] [autobiography] 自叙伝, 自伝; 履歴(書)
**автоблокиро́вка** 複生 -вок [女2] [鉄道] 自動閉塞方式; 自動インターロック装置
‡**авто́бус** [アフトーブゥス] [男1] [bus, coach] バス; [話]ワゴン車: води́тель ~*а* バスの運転手｜городско́й ~ 市内バス, 市営バス｜войти́ [сесть] в ~ バスに乗る｜вы́йти из ~*а* = сойти́ с ~*а* バスから降りる｜е́хать 「на ~*е* [в ~, ~ом] バスで行く｜По э́той у́лице хо́дят ~*ы*. この通りはバスが運行している｜Э́тот ~ идёт до вокза́ла? このバスは駅へ行きますか **// авто́бусн|ый** [形1]: -*ая* остано́вка バス停
**АвтоВА́З** [アフタヴァース] [男1] アフトワズ社(ロシアの自動車メーカー)
**автовладе́лец** -льца [男3] 自動車所有者
**автовокза́л** [男1] 長距離バスターミナル **//-ьный** [形1]
**автово́р** [男1] [話]自動車泥棒
**автоге́н** [男1] ①ガス溶接[切断] ②[生]自生, 自生殖
**автоге́нный** [形1] [生]自発の
**автого́л** [男1] [スポ]オウンゴール
**автого́нка** 複生 -нок [女2] 自動車レース
**автого́нщи|к** [男2]/**-ца** [女3] 自動車レーサー
**автогра́д** [男1] 自動車産業の町
**автогражда́нка** 複生 -нок [女1] [話]自賠責保険, 強制保険(ОСАГО)
**авто́граф** [男1] ①自筆原稿, 肉筆 ②(通例記念の)サイン, 献詞: да́ть ~ サインする ③[工]自動記録器
**автоде́ло** [中] 自動車工学
**автодиза́йн** [男1] カーデザイン
**автодиза́йнер** [男1] カーデザイナー
**автодозво́н** [男1] [通信]自動リダイヤル(機能)
**автодоро́|га** [女2] 自動車道路 **//-жный** [形1]
**автодоро́жник** [男2] 道路工学技術者
**автодрези́на** [女1] レールバス
**автодро́м** [男1] 自動車試走場, レースコース
**а́втозавòд** [男1] 自動車工場 **//~ский** [ц] [形3], **~ско́й** [ц] [形4]
**автоза́к** [男2] [警察]護送車(автомоби́ль для перево́зки заключённых)

**а́втозапра́вка** 複生 -вок [女2] [話]ガソリンスタンド
**а́втозапра́вочн|ый** [形1] 給油の: -*ая* ста́нция ガソリンスタンド
**а́втозапра́вщик** [男2] ガソリンタンク車
**автоинспе́ктор** [男1] 自動車検査官
**автоинспе́кция** [女1] 交通検問
**автока́р** [男1] (エンジン駆動の)構内運搬車
**автокаранда́ш** [男1] シャープペンシル
**автокатастро́фа** [女1] 交通(死亡)事故
**автокефа́лия** [女1] [正教]独立正教会
**автокефа́льный** [形1] [正教]完全自治独立の
**автокла́в** [男1] 圧力釜, 高圧釜, レトルト, オートクレーブ; (医療器具)加圧減菌器 **//~ный** [形1]
**автоколо́нка** -нок [女2] 給油装置
**автоколо́нна** [女1] 自動車隊
**автокорри́да** [女1] ストックカーレース
**автокосме́тика** [女2] 自動車ケア用品
**автокра́н** [男1] ①移動式クレーン, クレーン車
**автокра́т** [男1] [政]独裁者
**автократи́ческий** [形3] 独裁的な
**автокра́тия** [女9] 独裁政治
**автокро́сс** [男1] [スポ]オートクロス
**автоку́хня** 複生 -хонь [女2] 移動式厨房車
**автола́вка** 複生 -вок [女2] 移動店舗
**автола́йн** [男1] [話]乗合タクシー(маршру́тка)
**автолюби́тель** [男5] 自動車愛好家
**автомагази́н** [男1] ①移動店舗 ②自動車販売店
**автомагистра́ль** [女10] 高速道路
**автомагнито́ла** [女1] カーオーディオ
**автомастерска́я** (形4変化)[名女] 自動車修理工場
*‡**автома́т** [アフタマート] [男1] [automatic machine] ①自動機械[器具, 装置], 自動販売機, 公衆電話: ~ по прода́же биле́тов 自動券売機｜и́гровые ~ 大型ゲーム機｜телефо́н-~ 公衆電話 ②自動小銃: стреля́ть из ~*а* 自動小銃を撃つ ③ロボット; [IT]オートマトン ④[学生・俗]出席点評価(試験免除を含む) **//~ный** [形1]
*‡**автоматиза́ция** [女9] [automation] 自動化, オートメーション(化)
**автоматизи́рованн|ый** [形1] 自動化された, 自動制御の ■-*ая* систе́ма управле́ния 自動制御装置(略 АСУ)
*‡**автоматизи́ровать** -рую, -руешь 受過 -анный [不完・完] [automate] [<他>] ①<作業などを>自動化する, オートメーション化する ②<動作などを>機械的[無意識的]なものにする **//~ся** [不完・完] ①自動化する ②[不完] [受身]
**автомати́зм** [男1] 自動[無意識]的行為; [生・生理]自動性; [心]無意識行為, 自動機制
*‡**автома́тика** [女2] [automation] ①(製造工程の)自動化理論研究, 自動化技術 ②自動機械設備[装置]
*‡**автомати́ческ|ий** [アフタマチーチスキイ] [形3] [automatic] ①機械的な: ~ перевóд [言]機械翻訳 ②自動の, オートメーションの: -*ая* дверь 自動ドア ③ = автомати́чный **//-и** [副]
**автомати́чн|ый** 短-чен, -чна [形1] 無意識の, 不随意かの **//-ость** [女10]
**автома́том** [副] [学生・話](成績優秀者が)試験を免除されて: Я получи́л зачёт ~. 僕は試験免除で合格をもらった
**автома́тчик** [男2] ①自動機器係員 ②自動小銃兵 ③[旧]何事にも素早い人 ④[学生・俗]平常点が良好で試験を免除されて履修証明をもらった人
**автомаши́на** [女1] [話] = автомоби́ль
**автомеха́ник** [男2] 自動車修理工
**автомобилевòз** [男1] 自動車運送用大型トラック

**автомобилестрое́ние** [中5] 自動車産業 ∥ **-йтельный**

**автомобили́зм** [男1] (自家用車での)ドライブ; 自動車スポーツ

**автомобили́ст** [男1] / **-ка** 複生 -ток [女2] (自動車の)運転手; モータースポーツをする人, レーサー

*__автомоби́ль__ [アフタビーリ] [男5] [automobile] 自動車, 車 (比較 автомоби́ль < автомаши́на < маши́на の順でより口語的): го́ночный ~ レーシングカー | грузово́й ~ トラック | откры́тый ~ オープンカー | легково́й ~ 乗用車 | электри́ческий ~ 電気自動車 | води́ть ~ = управля́ть -ем 車を運転する | е́хать на [в] -е 車で行く ∥ **~ный** [形1]

**автомоби́ль-бо́мба** (男5-女1) [男1] 自動車爆弾

**автомодели́зм** [э] [男1] モデルカーの趣味

**автомоде́ль** [э] [女10] モデルカー

**автомо́йка** 複生 -о́ек [女2] 洗車場

**автомотри́са** [женщ1] 〖鉄道〗気動車

**автонабо́р** [男1] 自動ダイヤル

**автоно́мия** [女9] ①自治(権) ②〖哲〗自律

*__автоно́мн|ый__ 短 -мен, -мна [形1] [autonomousy] ①自治[自決]権を持っている: -ая респу́блика 自治共和国 | -ая о́бласть 自治州 | ~ о́круг 自治管区 ②(機能的に)独立した, 自律した,〖コン〗スタンドアローンの ∥ **-ость** [女10]

**автоотве́тчик** [男2] 留守番電話

**автопавильо́н** [ё] [男1] バス待合所

**автопа́рк** [男2] ①(国・企業などの)自動車保有総数 ②(バスなどの)運輸会社

**автопило́т** [男1] (航空機・誘導弾の)自動操縦装置 ◆ **-ом** 自動的に, 機械的に | **включи́ть ~** しらぬふりをする | **на ~е** 〚話〛自動的に, 無意識に

**автопогру́зчик** [щ] [男2] フォークリフト(車)

**автопо́езд** [男1] トレーラートラック

**автопокры́шка** 複生 -шек [女2] (車の)タイヤ

**автопортре́т** [男1] 自画像

**автоприце́п** [男1] トレーラー

**автопробе́г** [男1] ラリー, 自動車レース

**автопроизводи́тель** [男5] 自動車メーカー

**автопроисше́ствие** [中5] 交通事故

**автопрока́тный** [形1] レンタカーの

*__а́втор__ [ア―クタル] [男1] [author] 著者(作品・案などの)制作者, 発明者; 張本人;〚スポ〛記録樹立者, 得点を上げた人: **рома́на** 長編の作者 | ~ **прое́кта** プロジェクトの立案者 | ~ **мирово́го реко́рда** 世界記録樹立者 ∥ **~ский** [形3]

**авторалли́** (不変) [中] 〖スポ〗カーラリー

**авторегули́рование** [中5] 〖機〗自動制御

**авторемо́нтный** [形1] 〖技〗自動車修理(の)

**автоферера́т** [男1] (筆者による学術論文の)要約, レジュメ

**авториза́ция** [女9] 委任, 公認

**авторизова́ть** -зую, -зуешь 受過 -о́ванный [不完・完] (原著者が出版・翻訳・複製などに)公式に承認[許可]する: **авторизо́ванный перево́д** 公式の翻訳

**авторитари́зм** [男1] 権威主義, 独裁主義

**авторита́рн|ый** 短 -рен, -рна [形1] 権威主義的な, 独裁的な ∥ **-ость** [女10]

*__авторите́т__ [アフタリチェ—ト] [男1] [authority] 権威; 権威者, 泰斗(たいと);〚俗〛闇社会の顔役: **кру́пный ~ в хи́мии** 化学界の大家 | **завоева́ть ~** 権威を獲得する | **по́льзоваться ~** 権威を持つ | **урони́ть [потеря́ть] ~** 権威を失墜する

*__авторите́тн|ый__ 短 -тен, -тна [形1] [authoritative] ①権威のある; 十分信頼の置ける ②高飛車な, 高圧的な ∥ **-ость** [女10]

*__а́вторск|ий__ [形3] ①著者の, 作者の: ~ **гонора́р** 印税, (歌曲・詩作品などの)使用料 | **-ое пра́во** 著作権 ②**-ие** [複名]〚話〛印税;(戯曲・作品などの)使用料 ◆ **-ое свиде́тельство** 発明証書(ソ連時代の特許証書の一つ)

**а́вторско-правово́й** [形2] 著作権のある; 版権で保護された

**а́вторство** [中1] 著者[作者, 発明者]であること

*__авторучка__ 複生 -чек [女2] ボールペン, 万年筆

**авторы́нок** [男2] 自動車(部品)市場(場)

**автосало́н** [男1] モーターショー, 新車展示会; 自動車販売店

**автосе́рвис** [男1] 自動車整備サービス

**автоспо́рт** [男1] モータースポーツ

**автоста́нция** [女9] 〖鉄道〗長距離バスの駅

**автосто́п** [男1] ①(汽車・電車などの)自動停止装置 ②ヒッチハイク ◆ **-ом** ヒッチハイクで, 通りがかった車で

**автостоя́нка** 複生 -нок [女2] 駐車場

*__автостра́д|а__ [女1] [interstate] highway] 高速道路, ハイウェイ ∥ **-ный** [形1]

**автосце́пка** 複生 -пок [女2] 〖鉄道〗自動連結器

**автотра́кторный** [形1] 自動車[トラクター]の

**автотра́нспорт** [男1] 自動車による輸送(業)

**автотра́сса** [女1] 幹線道路

**автотури́зм** [男1] 自動車旅行

**автотури́ст** [男1] 自動車旅行者

**автоугóн** [男1] 〖公〗自動車盗(ぬすみ)

**автоугóнщик** [男1] 〖話〗自動車泥棒

**автофурго́н** [男1] 有蓋[ボックス型]トラック

**автохто́н** [男1] ①先住民 ②その土地原産の動物[鉱物]; 土着種 ∥ **-ный** [形1]

**автоцисте́рна** [女1] タンクローリー

**автошко́ла** [女1] 自動車教習所

**авуа́ры** 複生 -ров [複名] 〖経〗資産, 資産, 持ち株

*__ага́__ [x] [aha, uh-huh] ①〚間〛(嘲笑・驚き)ははあ, なるほど ②〚助〛〚俗〛(同意)ええ, そう, うん

**ага́в|а** [女1] 〖植〗リュウゼツラン ∥ **-овый** [形1]

**ага́р-ага́р** [男1] 寒天

**ага́т** [男1] ①〖鉱〗メノウ ②〚詩〛黒い目; 黒い髪 ∥ **~овый** [形1]

**агглютинати́вн|ый** [形1] 〖言〗膠着の: -ые языки́ 膠着語

**агглютина́ция** [女9] 〖生〗凝集反応;〖言〗膠着

**а́генс** [男1] 〖言〗動作主

*__аге́нт__ [アギェント] [男1] [agent] ①代理人, 外交員 ②手先, 回し者; スパイ, 諜報員 ③〖言〗 = а́генс ∥ **~ский** [ц] [形3] <-с>

*__аге́нтство__ [ц] [アギェーンツトヴァ] [中1] [agency] (規模が小さい官営の)局, 出張所;(民営の)代理店, 取次店: **информацио́нное ~** 通信社 | **рекла́мное ~** 広告代理店 | **юриди́ческое ~** 法律事務所

**агенту́р|а** [女1] ①諜報勤務, 秘密情報活動, スパイ活動 ②〚集合〛秘密諜報員, スパイ ③代理業, 代理行為 ∥ **-ный** [形1]

**агиогра́фия** [女9] 聖人伝

**аги́т..** [語形成] 『情宣の』宣伝の

**агита́тор** [男1] ①煽動家, 宣伝員 ②〖化〗攪拌機

**агита́ция** [女9] ①(政治的な)煽動, 宣伝, アジ ②〚話〛説得(すること) ③〖化〗攪拌 ∥ **-ио́нный** [形1]

**агити́ровать** -рую, -руешь 受過 -анный [不完] ①<за圏>の宣伝活動をする, 煽動する ②〔完 с-〛〚話〛<圏>説得する, 口説く

**агитка** 複生 -ток [女2] 〚話〛(アジ用の)ビラ, ポスター, 劇, 芸術作

**агитпро́п** [男1] 〖露史〗(ソ連共産党)宣伝扇動部

**агитпу́нкт** [男1] 〖露史〗(選挙の際に各地に置かれる)宣伝[煽動]活動本部

**а́гнец** -нца [男3] ①《聖》子羊 ②温和で無害で寛大な人(я́гнёнок): беззащи́тный ～ か弱い人

**агно́стик** [男1]《哲》不可知論者

**агностици́зм** [男1]《哲》不可知論(法)

**аго́гика** [女2]《楽》アゴーギク(速度法)

**агонизи́ровать** -рую, -руешь [不完]〔臨終の際に〕苦しみ悶える, もがく; 断末魔の状態にある

**аго́ния** [女1] 臨終状態, 断末魔の苦しみ; 最後のあがき

**аграфо́бия** [女9]《医》広場恐怖症

**агра́рий** [男7]《文》①大地主 ②＝агра́рник ③《政》農業党員

**агра́рник** [男2] 農業専門家, 農学者

**агра́рн|ый** [形1] ①農地の, 農地の使用［所有]に関する; 農業の:《通例短尾》(人, 断地方)農業を主とする, 農作物を多産する: ~ые стра́ны 農業国

**агрега́т** [男1] ①(機械・装置の)連動機械[設備]一式; ユニット; (機械・設備の)部分, 装置 ②《化》集合体 ③《集》集合岩石 ④《生》集塊

**агрема́н** [男1](大使・公使などへの)アグレマン

**агресси́вн|ый** [アグリーシヴヌィ] 短 -вен, -вна [形1]〔aggressive〕攻撃的な, 侵略的な, 敵対的な, 打って出る;《化》侵食性の; (通例短尾)(人・断地方)攻撃的な状態にある: ~ая война́ 侵略戦争 | ~ая поли́тика 侵略政策 | ~ тон 食ってかかるような調子 | ~ челове́к 攻撃的な人 *//* **~о** [副] [文や] *//* **~ость** [女10]

**агре́ссия** [アグリェーシヤ] [女9]〔aggression〕攻撃, 侵略, むき出しの敵愾[攻]心

**агре́ссор** [男1] 侵略者, 攻撃者; 侵略国

**агро..**〔語根成分〕「農学の」「農業の」

**àгрокульту́ра** [女1] 農業技術改良策

**агроно́м** [男1] 農学者

**агроно́м|ия** [女1] 農学 *//* **~и́ческий** [形3]

**àгропромы́шленный** [形1] 農工業(型)の

**àгроте́хник** [男1] 農業技術者

**àгроте́хн|ика** [女2] 農業技術 *//* **~и́ческий** [形3]

**àгрохи́мик** [男2] 農芸化学の研究者

**àгрохимика́ты** -ов [複1]

**àгрохи́м|ия** [女1] 農芸化学 *//* **~и́ческий** [形3]

**àгроэколо́г|ия** [女1] 農業生態学 *//* **~и́ческий** [形3]

**агу́** [間]〔言葉を話せない乳児の発する〕ばぶばぶ, ばあばあ (乳児をあやりたりなだめたりする言葉)

**\*ад** 前 об -е, в -ý [男1]〔hell〕①地獄(↔рай): попа́сть в ад 地獄に落ちる ②耐えがたい状況[条件, 状態]; 苦悩, 苦痛; 騒音・苦悩の苦悩 | му́ки а́да 地獄の苦しみ | горе́ть в аду́ 苦悶する, 懊悩する | Благи́ми наме́рениями вы́мощена доро́га в ад. 意図するところも成功することがない《ある地獄への道は善意が敷き詰められている》◆ **ад кроме́шный** [批判的](1)生活条件が耐えがたいほど苦しい場所 (2)ひどい騒音, 雑踏, パニック

**ада́жио** [副](不変)[中]《楽》アダージョ(の曲)

**\*Ада́м** [男1]〔Adam〕《聖》アダム ◆**ве́тхий ～**〔旧・文〕性懲りもない人

**ада́мов** [形10] アダムの: ■**~о я́блоко**(1)喉仏 (2)リンゴの種類の一つ

**\*адапта́ц|ия** [女9]〔adaptation〕①《生》適応;《心》順応;「慣れ」: социа́льная ～ 社会復帰 ②(外国語学習のための原作の)書き直し, ダイジェスト *//* **~ио́нный** [形1]

**ада́птер** [男1]《写・工》アダプター

**адапти́вный** [形1] 適応の, 順応の

**адапти́рова|ть** -рую, -руешь 受過 -анный [不完・完] ①適応させる, 順応させる ②〈原作を〉(外国語学習者向けに)易しく書き直す *//* **~ться** [不完・完] ①《生》

〔圏に〕慣れる ②《不完》〔受身〕

**адвенти́ст** [男1]《宗》キリスト再臨論者

**адвербиализа́ция** [女9]《言》副詞化

**\*адвока́т** [アドヴァカート] [男1]〔lawyer〕①〔/〔話〕～ -е́сса [女1] 弁護士 ②庇護者, 擁護者, 味方 *//* **àдвока́тск|ий** [ц][形3]: ~ая де́ятельность 弁護士活動

**адвокату́ра** [女1] 弁護士の仕事, 弁護士業;《集合》弁護士

**Адди́с-Абе́ба** [女1] アディスアベバ(エチオピアの首都)

**аддо́н** [男1]《コン》アドオン

**\*адеква́т|ный** [э] 短 -тен, -тна [形1]〔adequate, identical〕《文》〈圏に〉相応する, (完全に)合致する: 正確な, 完全な *//* **~о** [無人述]〈圏に〉合致［一致]する *//* **~ость** [女10]

**адено́ид** [э][男1]《医》アデノイド, 腺様増殖(症) *//* **~ный** [形1]

**адено́ма** [э][女1]《医》腺腫

**аде́пт** [э][男1]〔文〕(ある教義・学説の)信奉者

**аджа́р|ец** -рца [男3] */* **～ка** 複生 -рок [女2] アジャール人 *//* **~ский** [形3] アジャール(人)の

**Аджа́рия** [女1] アジャリア[アジャール]自治共和国(ジョージア(グルジア))

**аджи́ка** [女1]《料理》アジカソース(肉・魚料理用の辛い調味料)

**админ** [男1]《IT》システムアドミニストレータ

**административный** [形1] 行政の, 行政機関の

**администра́тор** [男1]〔administrator〕①行政官 ②管理者, (集会などの)責任者 ③《IT》管理者 ④(ホテルの)フロント係, 受付, マネージャー *//* **~ский** [形3]

**администра́ция** [女9]〔administration〕①《政》行政, 行政機関: ～ упра́вы райо́на 地区庁 | ～ шко́лы 学校当局 | ме́стная ～ 地方行政機関 | ～ президе́нта 大統領府 ②(官庁・企業・団体の)管理機関, (工場の)管理部 ③《集合》管理者, 責任者

**администри́рова|ть** -рую, -руешь [不完] ①(行政官庁が)治める, 指導する ②(命令を出すだけで)官僚的に対処する *//* **~ние** [中5] 行政(指導); (官僚的)な事務処理

**\*адмира́л** [男1]〔admiral〕《軍》(ロシア海軍で)将官, 提督; 大将, 上級大将: ～ фло́та 上級大将, 大将 *//* **~ьский** [形3]

**адмиралте́йство** [中1]《帝政ロシア・英国の》海軍省 *//* **~ский** [形3]

**а́дов** [形10]《話》地獄(ад)の:〈地獄(ад)のように)恐ろしい

**адреналин** [男1]《生化》アドレナリン

**\*а́дрес** [アードリス] [男1]〔address〕①〈複 -а́〉宛先, 住所;《IT》アドレス: ～ электро́нной по́чты ＝ электро́нный ～ メールアドレス | обра́тный ～ 返信用住所 | ～ (перемени́ть) ～ 住所を移す[変える] | посла́ть письмо́ по ста́рому ~у 旧住所に手紙を送る ②〈単〉芸術作品が対象とする人々 ③〈複 -ы〉(文書の)祝辞: поднести́ ～ ...に祝辞を寄せる

◆**в ～ 田 ＝ по ~у 田**〔事務的〕...に宛てた: кри́тика в「 ～ дире́кции 田」 幹部への［私に対する]批判 ∥ **не по ~у** 《話》お門違いの人[所]に: **сде́лать замеча́ние не по ~у** お門違いの人に小言を言う | **прое́хаться по ~у 田** ...を笑いものにする | **пройти́сь [прокати́ться] по ~у 田** ...をぼろくそに言う

**адреса́нт** [男1]《公》送り主, 差出人

**адреса́т** [男1] (電報の)受信人, (手紙の)名宛人, (荷物の)荷受人;《言》(発話・メッセージの)受取手

**а́дресн|ый** [形1]《文》住所の: ～ стол ＝ ~ое бюро́ 住所案内所

# адресовать

**адресова́ть** -су́ю, -су́ешь 受过 -о́ванный [不完・完] 〈кого к кому〉① 〈手紙・電報などを…に〉宛てる, 宛てて出す ②〈質問などを…に〉向ける 〈кого к кому の所に〉差し向ける, 遣わす ∥ **~ся** [不完][受身]

**Адриати́ческое мо́ре** [形3]-[中3] アドリア海

**а́дск|ий** [ц] [形3] ① 地獄(а́д)の ②《話》おそろしい, 堪えがたい, ものすごい ③ 悪意のある, 陰険な, 腹黒い ◆ 《話》極端な ∥ **-и** [副]

**адсо́рбция** [女9] 《化》吸着

**адъекти́ва́ция** [女9] 《文法》形容詞化

**адъю́нкт** [ь] [男1] (軍関係の)大学院生

**адъюнкту́ра** [ь] [女1] (軍関係大学の)大学院

**адъюта́нт** [ь] [男1] 《軍》副官 ∥ **~ский** [形3]

**ады́г** [男2] 〈複〉《露失》《革命前》北カフカス人(アディゲ人 адыге́ец, カバルダ人 кабарди́нец, チェルケス人 черке́с を表す総称) (★ черке́з とも) ∥ **~ский** [形3]

**адыге́ец** -е́йца [男3] / **-йка** 複生 -е́ек [女2] アディゲ人, カバルダ人

**Адыге́я** [女6] アディゲ共和国(Респу́блика ~; 首都は Майко́п; 南部連邦管区)

**адюльте́р** [р] [男1] 《文》姦淫, 不倫

*\****аж** [even, so that]《俗》① [助] 《強意》…さえも(да́же): Он съел ~ две таре́лки борща́. 彼はボルシチを2皿も食べた ② [接] 《結果の文を導く》だから, その結果, …するほどに: Оби́дно, ~ пла́кать хо́чется. 泣きたくなるほどに

**а́жио** (不変)[中] 打歩, 両替差額

**ажиота́ж** [男1] ① 投機, 投機的買い入れ ② 人為的操作, 投機的動き ③ 〈ある事柄を巡る〉大騒ぎの, 一喜一憂 ∥ **ажиота́жный** [形1]: ~ спро́с 熱狂的需要

**а́жно, ажно́** [助] [接] 《俗・方》= аж

**ажу́р** ① [副] 《商》即日決済で ② [男1] 《話》完全な秩序のある状態 ∥ **в ~е** 《話》ちゃんとした(ある) | **по́лный ~** 完全な状態, 整然とした状態 | **учёт в ~е** 最新版決算

**ажу́рн|ый** [形1] ① 透けて見える, 透かし編みの, 編み[織り]目の粗い; 透かし彫りの ② 精巧な, 手の込んだ: ~ая рабо́та 精巧な作業

**аз**[1] [代](旧・戯) われ, 我が輩 ◆ **Мне отмще́ние, и аз возда́м.** 復讐するは我にあり, 我報いむ

**аз**[2] -а́ [男1] ① 字母 а のスラヴ語名 ② 《複》《話》初歩の知識, 初歩, 基礎 ◆ **начина́ть с ~о́в** (しばしば批判的)最初から始める | **ни ~а́ (в глаза́) не зна́ть [ви́деть, смысли́ть]** 一番簡単なことも知らない

**аза́лия** [女9] 《植》アザレア, セイヨウツツジ

**аза́рт** [男1] 熱中, 熱狂, 夢中

**аза́ртн|ый** 短 -тен, -тна [形1] ① 激しやすい, 熱しやすい, 熱烈な: ~ челове́к 激し易い人 | **-ая игра́** ばくち 之険な, リスクを伴う

*\****а́збука** [女2] [alphabet] ① アルファベット, 字母 ② (アルファベットを教えるための)初等読本. 「и́збука 読本」 ③ (物事の)基礎, 基本, 「いろは」; 常識 ∥ **~ Мо́рзе** モールス符号 | **но́тная ~** 音符 ∥ **а́збучн|ый** [形1] <①> ◆ **-ая и́стина** 当たり前のこと, 自明の理

**азбуко́вник** [男2] (13-18世紀ロシアの)匿名の手書き辞書

**Азербайджа́н** [男1] アゼルバイジャン(首都は Баку́) ∥ **~ский** [形3] アゼルバイジャン(人)の

**азербайджа́н|ец** -нца [男3] / **-ка** 複生 -нок [女2] アゼルバイジャン人

*\****азиа́т** [男1] / **~ка** 複生 -ток [女2] [Asian] アジア人 ∥ **~ский** [ц] [形3] アジア(人)の

**а́зимут** [男1] 《天・海》方位, 方位角

*\****А́зия** [女9] [Asia] アジア ■ **Ма́лая ~** 小アジア, アナトリア

**Азо́вское мо́ре** [形3]-[中3] アゾフ海

*\****азо́т** [男1] [nitrogen] 《化》窒素(記号 N) ∥ **~ный, ~истый** [形1]

**азо́тистоки́слый** [形1] 亜硝酸塩(エステル)の

**азо́токи́слый** [形1] 硝酸塩(エステル)の

**АЗС** [аzээс] (略) автозапра́вочная ста́нция ガソリンスタンド

**азу́** (不変) [中] 《料理》アズー (辛いソースをかけた細切れ牛肉の料理)

**аи́л** [男1] アイル, (キルギス・アルタイの)遊牧民の村

**аи́р** [男1] 《植》ショウブ

**а́ист** [男1] 《鳥》コウノトリ ∥ **а́истов|ый** [形1]: **-ые** 複名 《鳥》コウノトリ属

**аистёнок** -нка 複 -тя́та, -тя́т [男9] 《鳥》コウノトリの子

*\****ай** [男1] [oh!, ow!, ouch!] 《話》《驚き・痛み・非難・賞賛》あっ; ちぇっ; おや; まあ ◆ **ай-ай-ай** 《話・非難》おやまあ: おやおや | **ай-да** 《話》やあやあ, いやあ, こりゃまた, おお | **ай-люли** (民謡の囃子詞)ありゃありゃ

**Айвазо́вский** (形3変化)[男1] アイヴァゾーフスキー(Ива́н Константи́нович ~, 1817-1900; 後期ロマン主義の海洋画家)

**айва́** [女1] 《植》マルメロ; その実 ∥ **~о́вый** [形1]

**айда́** [間] 《俗》《勧誘・催促》さあさ, さあ出かけよう; さあ行け (айда́те) ② 《述語》《俗》早く!; 急いで! ③ 《述語》《熱の入った動作の開始》〈不定形(不完)〉…し始める: А~ гуля́ть! (犬・子どもに)さあ, お散歩に出発だ

**а́йе-а́йе** (不変) [中] 《動》アイアイ (サルの一種)

**айкидо́** (不変) [中] 《スポ》合気道

**айма́к** -а́ [男1] ① 地区 (ブリヤート, 中央アジアの国の行政単位) ② アイマク, 「県」(モンゴルの最大の行政単位)

**а́йнский** [形3] アイヌの: ~ язы́к アイヌ語

**а́йны** а́йн [複][単 а́йн[男1]] アイヌ(民族)

**а́йсберг** [男2] 氷山 ◆ **верху́шка ~а** 氷山の一角

**ай-яй-яй** [間] 《俗》あらら, あらまあ

**АК** [ʔaːкa] (略) автома́т кала́шникова カラシニコフ銃

**акаде́м** [男1] 《学生》(しかるべき理由で)大学を(通例1年)休学すること(академи́ческий о́тпуск): взять ~ 休学する

**академгородо́к** -дка́ [男2] 学術(研究)都市

**академи́зм** [男1] ① 理論第一主義, 研究至上主義 ② 保守《伝統》主義 ③《美》アカデミズム(19世紀中期以降の造形芸術における伝統墨守の保守主義)

*\****акаде́мик** [Акӑдеˇмˇик] [男1] [academician] ① 科学アカデミー正会員; 学士院[芸術院]会員(各アカデミーに選ばれていることを示す称号); акаде́мия の在校生 ② ボートレース (академи́ческая гребля́) の選手

*\****академи́ческ|ий** [形3] [academic] ① アカデミー(акаде́мия)の ② 学習の(учебный): ~ час (学校の時間割の)授業時間 | ~ год 学年度 ③ (学問・芸術で)講壇の, 伝統に忠実な古典主義的な: **-ая му́зыка** 芸術音楽(いわゆるクラシック; 民俗音楽, ポップスなどが新概念として) | ~ хо́р (芸術音楽の楽式・発声による)合唱団 (民俗合唱団と区別して) ④ 現実から遊離した, 純理論的な ⑤ (アマチュアから区別して)プロの: ~ наро́дный хо́р (プロの)民俗合唱団

**академи́чно** [副] (例伝・伝統・規則などに)忠実に従って

**академи́чн|ый** 短 -чен, -чна [形1] = академи́ческий③④ ∥ **-ость** [女17]

*\****акаде́мия** [Акӑдеˇмˇияˇ] [女9] [academy] アカデミー, (専門分野の)大学 (→вуз): ~ нау́к 科学アカデミー, 学士院 | ~ худо́жеств 芸術アカデミー | ~ медици́нских нау́к 医科大学 | вое́нно-медици́нская ~ 軍医大学

**акаде́мка** [ь] 複生 -мок [女2] = акаде́м

**а́канье** [中4] 《言》アーカニエ (アクセントのない о を а

(に近い音)で発音すること; ↔**о́канье**

**а капе́лла, акапе́лла** [副] 《楽》ア・カペラ

**а́кать** [不完] 《言》アーカニエで発音すること (↔**о́кать**)

**ака́фист** [男1] 《宗》アカフィスト(キリストなどに起立して行う讃歌の祈り) **//~ный** [形1]

*****ака́ц|ия** [女2] 《acacia》《植》アカシア属: бе́лая ～ ニセアカシア, ハリエンジュ

**аква..** [語形成] 「水中の」

**аквабайк** [男2] 水上バイク

**аквала́нг** [男1] 《アクアラング, スキューバ》

**аквалангист** [男1] **/~ка** 複生-ток [女2] アクアラング着用潜水者; スキューバダイバー

**аквамари́н** [男1] 《鉱》アクアマリン, 藍玉; その色 **//~овый** [形1] 藍玉の; 藍玉で作った; 藍玉色の

**акванавт** [男1] 《海》深海研究者, 潜水技術者

**аквапарк** [男2] ウォーターパーク, アクアパーク

**акваре́лист** [男1] **/~ка** 複生-ток [女2] 水彩画家

**акваре́|ль** [女10] 《watercolors》《集合》水彩絵の具; 水彩画; 水彩(画法): писа́ть **-ью** 水彩画を描く **//~ный** [形1]

**аква́риум** [男1] ① 養魚用水槽; 金魚鉢 ② 水族館, アクアリウム **//~ионный** [形1]

**акватория** [女1] 池沼, 海域; 水面区

**акведу́к** [男2] 《土木》水道橋, 水路橋; 水路, 水道

**аќба** [女1] 《動》ワモンアザラシ (ко́льчатая не́рпа)

**Акили́на** [女1] アキリーナ (女性名)

**АКК** [アカカー] 《略》авиацио́нно-косми́ческий ко́мплекс 航空宇宙コンプレクス

**акка́унт** [男1] 《話》《IT》アカウント

**акклиматиза́ция** [女9] 気候順応 (すること); (生物の)環境順化 **//~ио́нный** [形1]

**акклиматизи́ровать** -рую, -руешь 受過-анный [不完・完] 〈団〉〈人・動植物を〉 (新しい環境に) 順応させる, 慣らす **//~ся** [不完] 〈受身〉順応する, 適応する, 慣れる

**аккола́да** [女1] ① 賞賛, 栄誉賞 ② 《楽》連結括弧

**аккомода́ция** [女9] ① 適応, 順応 ② 《生理》調節 **//~ио́нный** [形1]

**аккомпанеме́нт** [男1] ① 《楽》伴奏 (すること); 伴奏の方法: без **-а** 無伴奏で | с **-ом** 伴奏付き ② (付随して起こる)現象, 出来事

**аккомпаниа́тор** [男1] 《楽》伴奏者

**аккомпани́ровать** -рую, -руешь [不完] 〈に間〉 на間に: 〈の間〉伴奏をする: ～ пе́сне на гита́ре ギターで歌の伴奏をする

**акко́рд** [男1] ① 《楽》和音, 協和音 ② 《軍隊・隠》急ぎの仕事 ◆**быть на -е** 〈隠〉軍隊隊員前の最後の課業を遂行する

**аккордео́н** [男1] 《楽》アコーディオン

**аккордеони́ст** [男1] アコーディオン奏者

**акко́рдный** [形1] 請負の, 出来高払いの

**аккредити́в** [男1] ① 《商》信用状; 信用手形; 預金証書 ② 《外交》信任状 **//~ный** [形1]

**аккредит|ова́ть** -ту́ю, -ту́ешь 受過-о́ванный [不完・完] ① 《商》信用状を与える ② (外交官に)信任状を与える, 任命する; 認める **//~а́ция** [女9]

**аккумули́ровать** -рую, -руешь [不完・完] 〈団〉蓄積 (貯蔵)する **//~ся** [不完] 〈受身〉

**аккумуля́тор** [男1] 蓄電池, バッテリー, アキュムレーター ② 貯蔵器, 貯蔵庫 **//~ный** [形1]

**аккумуля́ция** [女9] 蓄積, 累積

**аккура́т** [副] 《俗》正確に, ちょうどに, きっかりに (в ～)

**аккурати́ст** [男1] **/~ка** 複生-ток [女2] 几帳面な人, まじめな人

*****аккура́тно** [副] 《アクラートナ》 《exactly, tidily》きちんと, 几帳面に, 正確に, 慎重に (匿тща́тельно は秩序立った物理的動作のことをいう; тща́тельно は細部にいたるまで目が行き届いていることを示す): Он ～ оде́т. 彼はきちんとした服装をしている

**аккура́тность** [女10] 几帳面さ; きちんとしていること; 正確 (匿тща́тельно) なこと

*****аккура́т|ный** 《アクラートヌイ》 短 -тен, -тна [形1] 《tidy, neat, exact》 ① (人が)几帳面な, きちんとした: ～ учени́к 几帳面な生徒 ② きちんとした, 整理の行き届いた ③ 正確な, 綿密な: **-ая** рабо́та 綿密な仕事

**акмеи́зм** [男1] 《文学》アクメイズム (20世紀初頭のロシア詩学史上の一潮流)

**акмеи́ст** [男1] アクメイズムの信奉者

**акр** [男1] エーカー (英米の地積単位; 4047平方キロメートル)

**акри́ды** -ри́д [複] 《昆》バッタの一種

**акри́л** [男1] アクリル樹脂, アクリル繊維

**акри́ловый** [形1] アクリル性の, アクリル酸の: **-ая** кра́ска アクリル絵の具

**акрихи́н** [男1] 抗マラリア薬

**акроба́т** [男1] **/~ка** 複生-ток [女2] (サーカスなどの)軽業師

**акроба́т|ика** [女1] 《体操・サーカス》軽業, 曲芸, アクロバット **//~и́ческий** [形3]

**акро́ним** [男1] 頭字語 (単語の頭文字をつづった語)

**акро́поль** [女10] 《古代》アクロポリス (都市の丘の上の城砦)

**акрости́х, акро́стих** [男2] 《文学》沓冠体の詩

**аксака́л** [男1] (中央アジア・カフカスの)長老

**акселера́т** [男1] **/~ка** (話》**-ка** 複生-ток [女2] 早熟な子, ませた子, おませな

**акселера́тор** [男1] アクセル, 加速装置

**акселера́ция** [女9] ① 《理》加速 (度) ② (子どもの身体的・性的な)早熟 **//~ио́нный** [形1]

**а́ксель** [男5] 《フィギュア》アクセル (ジャンプ): тройно́й ～ トリプルアクセル

**аксельба́нт** [男1] 《通例複》飾緒

**аксессуа́р** [男1] ① 付属品, アクセサリー ② 《通例複》《絵・彫刻・文学》(主題の引き立て役となる)細部, ディテール ③ (舞台の小道具) **//~ный** [形1]

**аксиоло́гия** [女1] 《哲》価値論

**аксио́ма** [女1] 《数》公理; 自明の理

**аксиома́т|ика** [女2] (科学の体系としての)公理, 公理系; 公理学 **//~и́ческий** [形3], **//~и́чный** [形1]

*****акт** [アクト] [男1] 《act, deed, document》 ① 活動, 具体的行為, 行動: террористи́ческий ～ テロ活動 ② 《法》法令, 法規, 規約; (法的事実を示す)記録, 調書, 証書: нормати́вные **-ы** 法令 | обвини́тельный ～ 起訴状 | составля́ть ～ о несча́стном слу́чае 事故調書を作成する ③ 《劇》(芝居の)幕 (де́йствие): траге́дия в четырёх **-ах** 4幕の悲劇 ④ 《正教》決定書 ⑤ 《俗》性交 (сои́тие (↔**пассив**) ② 財産, 財産権 ③ 成果 ④ 《集合》(ある集団の)活動家, 積極分子 ⑤ 《文法》動作の能動相

■ **-ы гражда́нского состоя́ния** 戸籍簿

**акта́н** [男1] 参与者, (言)アクタント, 動詞の必須項

*****актёр** 《アクチョール》[男1] 《actor》① 俳優, 役者 (★ 女性は актри́са; ↔**арти́ст**匿) ② 《通例述語》《話》猫かぶりの人: Он ～ ! やつもなかなかの役者だ

**актёрка** 複生-рок [女1] 《俗》① 女優 (актри́са) ② 下手な女優, 大根役者

**актёрский** [形3] 俳優の; 俳優のような, 役者風の: **-ое** мастерство́ 演技力 | **-ие** же́сты わざとらしいジェスチャー

**актёрство** [中1] ① 俳優業 ② 《話》気取り, もったいぶっていること; 猫かぶり, ふりをすること, 演技

**акти́в** [男1] ① 《商》資産, 借方 (↔**пассив**) ② 財産, 財産権 ③ 成果 ④ 《集合》(ある集団の)活動家, 積極分子 ⑤ 《文法》動作の能動相

**актива́тор** [男1] 《化》活性剤

**актива́ция** [女9] 《化・生》活性化

**активиза́ция** [ж9] 活発化, 積極化
**активизи́ровать** -рую, -руешь 受過 -анный [不完・完]〈книж〉活発にする, 盛んにする **//~ся** [不完・完] ① 活発になる, 活気づく, 積極的に活動する ② 〔不完〕〔受身〕
**активи́ровать** -рую, -руешь 受過 -анный [不完・完]〈化・生〉〈техн〉活性化させる, 機能を高める ◆ **активи́рованный у́голь** 〔薬〕活性炭(食中毒時に服用)
**активи́ст** [男1] **/~ка** 複生 -ток [女2]（ある集団の）活動分子; 活動家 **//~ский** [сс][形3]
**акти́вничать** [不完]〈話〉過度に積極的に行動する
*акти́вно [副]〔actively〕積極的に, 活発に: Она́ — уча́ствует в обще́ственной рабо́те. 彼女は社会的な活動に積極的に参加している
*акти́вность [アクチーヴナスチ] [女10]〔activeness〕積極性; 活動的なさま; 活発な動き;〔化〕活性: ~ вулка́на 活発な火山活動 | со́лнечная ~ 太陽の活動
*акти́вн|ый [アクチーヴヌイ] [形] 短 -вен, -вна [形3]〔active, energetic〕① 積極的な, 活動的な, 活発な: ~ое избира́тельное пра́во 選挙権 | ~ у́голь〔薬〕活性炭 (активи́рованный у́голь) | ~ о́тдых 体を動かす余暇(登山, ゴルフ, 狩猟 など) | ~ проце́сс в лёгких 進行性肺結核 | принима́ть -ое уча́стие в ▦ …に積極的に参加する ② 活動中の, すぐ反応する ③〔言〕能動相の (↔пасси́вный) ④ 資産の, 貸方の
**акти́ния** [ж9] イソギンチャク
**актирова́|ть** -рую, -руешь 受過 -анный [不完・完] [完体 **за**~] (作業などの免除のために) 調書を作成する **//~ние** [中5]
**а́ктовый** [形1] ① 文書[証書, 法令]の: -ая за́пись 証明書 ② 集会用の: ~ зал 集会場, 講堂
*актри́са [ж1]〔actress〕俳優, 女優 (→актёр)
**актуализи́ровать** -рую, -руешь 受過 -анный [不完・完]〈文〉〈техн〉緊急問題[課題]化させる **//~ся** [不完・完]緊急問題になる
*актуа́льн|ый 短 -лен, -льна [形1]〔topical, current〕① 当面の, 切実な, 緊急の, 喫緊の: ~ вопро́с 焦眉の問題 ②〈文〉実在する, 現実の: -ые усло́вия 現状 **//~о** [副] **//~ость** [女10]
**аку́л|а** [ж1] ①〔魚〕サメ, フカ: -ы-моло́ты シュモクザメ属 ② 強欲な人: Э́тот адвока́т — ~. この弁護士は強欲だ ◆ **е́сть как** ~ むさぼり喰う **//~ий** [形5], **-овый** [形1] <?>
**Акули́на** [ж1] アクリーナ (女性名)
**Аку́нин** [男姓] アクーニン (Бори́с ~, 1956-; 作家, 評論家, 日本文学研究者; 本名 Чхартишви́ли)
**акупресу́ра** [ж1] 指圧療法; 指圧点, ツボ
**акупункту́ра** [ж1] 鍼療法, 刺鍼術
**аку́стик** [男1] ① 音響学者; 音響技師 ②〔話〕(潜水艦などで) 聴音機関
**аку́ст|ика** [ж1] ① 音響学 ② (劇場・講堂などの) 音響効果 **//~и́ческий** [形3]
**аку́т** [男1] ① 鋭アクセント, アキュート・アクセント
**акуше́р** [男1] **//~ский** [形3]
**акуше́рка** 複生 -рок [ж2] 助産婦
**акуше́рство** [中1] ① 助産学 ② 産科医[助産士]の仕事, 助産 士業
*акце́нт [男1]〔accent〕①〔言〕(ある言語・方言に特徴的な) 話し方, 発音, 訛り(言): говори́ть с ~ом [без ~а] 訛りのある[ネイティブのような]話し方をする | У него́ есть ~. 彼には訛りがある ②〔言〕アクセント, 力点, 強勢; アクセント記号 (ударе́ние) ③〔美〕(色・明暗の対比による) アクセント, 強調 ④〔楽〕アクセント, 強調, 特色, 引き立て ◆ **де́лать** ~ **на** ▦ …に力点を置く; …を強調する; …に注意を喚起する **//~ный** [形1]
**акценти́ровать** -рую, -руешь 受過 -анный [不完・完] ①〔言〕アクセントをはっきりと発音する; アクセント記号をつける ② 強調する, 前面に押し出す, 力説する: ~ внима́ние на ▦ …を(ことさら) 強調する **//~ся** [不完]〔受身〕
**акцентоло́г|ия** [ж9]〔言〕① アクセント論[学] ② (個別言語の) アクセント体系 **//~и́ческий** [形3]
**акце́пт** [男1] ①〔商〕(表約) 受諾 ② 為替決済
**акцептова́ть** -ту́ю, -ту́ешь 受過 -о́ванный [不完・完]〔商〕〈книж〉引き受ける, 受諾する
**акци́з** [男1]〔財政〕間接税, 消費税, 物品税 **//~ный** [形1]
**акциона́льный** [形1]〔言〕動作性を持った
**акционе́р** [男1]〔stockholder〕〔商〕株主 **//~ский** [形3]
**акционе́рн|ый** [形1] 株の, 株式の: ■ **-ое о́бщество** = **-ая компа́ния** 株式会社
*а́кц|ия [アークツィヤ] [ж9]〔stock〕①〔商〕株式, 株, 株券: размеще́ние -ий 株式の売り出し ②〔複〕評判, 名声; 意義, 重要性 ③〈文〉(目的達成の) 行動, 行為
**акы́н** [男1] (カザフスタン・キルギスなどの) 吟唱詩人
**Ала́ния** [ж9] = Осе́тия
**алба́н|ец** -нца [男3] **/~ка** 複生 -нок [ж2] アルバニア人 **//~ский** [形3] アルバニア(人)の
**Алба́ния** [ж9] アルバニア
**а́лгебр|а** [ж1]〔数〕代数学 ◆ **прове́рить -ой гармо́нию** 感情の世界に理性のメスを入れようとする(プーシキンの詩句) **//-аи́ческий** [形3]
*алгори́тм [男1]〔algorithm〕〔数〕互除法;〔IT〕算法化, アルゴリズム, 演算規則 **//~и́ческий** [形3]
**алё** [間] = алло́
**алеато́рика** [ж2]〔楽〕偶然性の音楽
**алеба́рда** [ж1] 斧槍 (訨)
**алеба́стр** [男1]〔建〕雪花石膏, アラバスター **//-овый** [形1] アラバスターの[でできた]; 乳白色の
**Алекса́ндр** [男1] アレクサンドル (男性名; 愛称 Са́ня, Са́ша, Шу́ра; 卑称 Са́шка, Шу́рка) ■ **- I** アレクサンドル1世 (1777-1825; ロシア皇帝 (1801-25); 1812年祖国戦争でナポレオンに勝利) | **- II** アレクサンドル2世 (1818-81; ロシア皇帝 (1855-81); 1861年農奴解放令; 1855年日露通交条約, 1875年樺太・千島交換条約)
**Алекса́ндра** [ж1] アレクサンドラ (女性名; 愛称 Са́ня, Са́ша, Шу́ра)
**александри́т** [男1]〔鉱〕アレクサンドライト
**Алексе́й** [男6] アレクセイ (男性名; 愛称 Алёша, Лёша)
**але́ксия** [ж9]〔医〕失読症, 読字障害
**Алёна** [ж1] アリョーナ (女性名; Еле́на の民衆形; 愛称 А́ля, Лёля; 卑称 Алёнка)
**але́ть** [不完] **/~ся** [不完] ① (真っ赤なものが) 目に見えている ②〔完 **по**~〕鮮紅色[真っ赤]になる
**алеу́т** [男1] **/~ка** 複生 -ток [ж2] アレウト族 **//алеу́тск|ий** [ц][形3]: *А́-ие острова́* アリューシャン列島
**Алёша** (ж4変化)[男][愛称] < Алексе́й ■ **- Попо́вич** アリョーシャ・ポポーヴィチ (ブィリーナ・былина に登場する勇者)
**Алжи́р** [男1] アルジェリア; (その首都の) アルジェ
**а́ли** [接]〔俗〕= и́ли
**алиа́с** [男1] ①〔俗〕あだ名, 通り名;〔IT〕ハンドルネーム ②〔コン〕エイリアス ③〔戯〕名前, 苗字
**а́либи** (不変)[中]〔法〕アリバイ, 不在証明
**алиготе́** [э]〔不変〕[中] アリゴテ (白ワイン)
**ализари́н** [男1]〔化〕アリザリン (木綿の染色用)
**алимента́рный** [形1]〔医〕栄養性の, 栄養不足の
**алиме́нтщик** [нщ] [男2]〔話〕養育費[扶助料]支払人

**алиме́нтщица** [нщ] [女3] 《話》養育費[扶助料]受取人(女性)

**алиме́нты** -ов [複] 《法》養育費, 扶助料

**Али́на** [女1] アリーナ(女性名)

**алкало́ид** [男1] 《化》アルカロイド, 植物塩基

**алка́ть** а́лчу/-а́ю, а́лчешь/-а́ешь [不完] 渇望する

**алкого́ль** ме́д -а [男5], **~ка** 複生-шек [女2変化] [男·女] 《俗》アルコール依存の人, 酔っ払い, 飲んだくれ

**алкоголи́зм** [男1] アルコール依存症, 病的な飲酒癖

**алкого́л|ик** [男2] / **-и́чка** 複生-чек [女2] アルコール依存の人, 飲んべえ

**алкоголи́ческий** [形3] アルコール依存症の

*__алкого́ль__ [男5] [alcohol] ① アルコール ② (一般に) 酒, アルコール飲料 (特に) ウォッカ ③ [複] 《化》アルコール類

**алкого́льный** [形1] [alcoholic] アルコールの; 酒の, アルコール飲料の: ~ напи́ток アルコール飲料

**алкоме́тр** [男1] 酒気検知器

**алкона́вт** [男1] 《俗》= алкаш

**алкоте́стер** [男1] アルコール [酒気] 検知器

**А́лла** [女1] アーラ(女性名)

**алла́х** [男2], **алла́** (不変) [男] アラー, アッラー(イスラム教の唯一神)

**аллегори́ческий** [形3] = аллегори́чный

**аллегори́чн|ый** мед -чен, -чна [形1] 比喩[諷喩]を含む; 寓意[寓話]的な **// -ость** [女10]

**аллего́рия** [女9] 比喩, 諷喩, 寓意, アレゴリー

**аллегре́тто** [副] (不変) [中] 《楽》アレグレット(の曲)

**алле́гро** [副] (不変) [中] 《楽》アレグロ(の曲)

**аллерге́н** [男1] 《医》アレルゲン(アレルギーを引き起こす物質)

**алле́ргик** [男2] 《医》アレルギー患者[持ちの人]

**аллерги́|я** [女6] **~ на** [対] 《медに》アレルギー, 異常敏感症; 《話》拒否反応: У меня́ ~ на тополи́ный пух. 私はポプラの綿毛のアレルギーがある **// -и́ческий** [形3]

**аллерго́лог** [男1] 《医》アレルギー専門医

**аллерголо́гия** [女9] アレルギー学

**алле́|я** [女6] [tree-lined path, avenue] 並木路; (庭園·公園の) 小径 **// -йный** [形1]

**аллига́тор** [男1] 《動》アリゲーター

**аллилу́|йя** 複生-у́й [女7] ① [間] ハレルヤ ② [複] ハレルヤ聖歌 ◆__пе́ть -ию__ (1) ハレルヤを歌う (2) 《口》を過度に褒める, ほめそやす

**аллитера́ция** [女9] 《修辞》頭韻法

*__алло́__ [ме/ло́] [間], [hello] ① [電話で] もしもし [ало́] という発音は事務的); 《話》 [呼びかけに] もしもし, そこの人 ② (サーカスで) 演技開始を知らせる掛け声

**алломо́рф** [男1] 《言》異形態

**аллю́в|ий** [男7] 《地質》沖積層, 沖積土 **// -иа́льный** [形1]

**аллю́зия** [女9] 《文》引喩

**аллю́р** [男1] ① (馬の) 歩調方 ② 《隠》歩き方 ③ 《隠》歩き方, 足どり ◆__~ом__ 早く, 直ちに, すぐに

*__алма́з__ [男1] [diamond] ① 《総称》ダイヤモンド, 金剛石 (宝石用に加工されたものは брилли́ант) ② ガラス切り, ダイヤモンドカッター **// алма́зн|ый** [形1]: -ая пыль 《気象》ダイヤモンドダスト

**Алматы́** (不変) [男] アルマトィ(カザフスタンの都市; 旧称 Алма́-Ата́)

**алоэ́** (不変) [中] 《植》アロエ; その葉の汁を煮詰めたもの(下剤などの薬用) **// ало́бный** [形1]

**алт|а́ец** -а́йца [男2] / **-а́йка** 複生-а́ек [女2] アルタイ人

**Алта́й** [男6] アルタイ共和国(Респу́блика ~; 首府は Го́рно-Алта́йск; シベリア連邦管区)

**алта́йский** [形3] アルタイ(人)の: А~ край アルタイ地方(首府 Барнау́л; シベリア連邦管区); | ~ язы́к アルタイ語

*__алта́рь__ -я́ [男5] [altar] ① 《キリスト》 (聖堂·会堂の) 至聖所 ② (原始民族の) 生け贄を供える壇, 祭壇 **// -ный** [形1] <①

*__алфави́т__ [男1] [alphabet] アルファベット(表): по ~у アルファベット順で

**алфави́тно-цифрово́й** [形2] 英数字の

**алфави́тный** [形1] アルファベット順の

**алхи́мик** [男2] 錬金術師

**алхи́м|ия** [女9] 錬金術 **// -и́ческий** [形3]

**а́лчн|ый** мед -чен, -чна [形1] 貪欲な, 欲張りな **// -ость** [女10]

*__а́л|ый__ мед аĺее [形1] [scarlet] 真っ赤な, 鮮紅色の, 真紅の: -ые ро́зы 真っ赤なバラ

**алыч|а́** [女4] 《植》ミロバランスモモ; 《集合でも》その果実 **// -о́вый** [形1]

**аль** [接] 《俗》= али

**альбатро́с** [男1] 《鳥》アホウドリ

**альбини́зм** [男1] アルビニズム, 白皮症

**альбино́с** [男1] / **~ка** 複生-сок [女2] ① 白皮症患者, アルビノ ② 《動植物の》白変種, アルビノ

*__альбо́м__ [男1] [album] ① アルバム, 写真[切手, 書画, 絵はがき帳]: ~ для фотогра́фий 写真アルバム ② 画集, 写真集 **// -ный** [形1]

**альвео́ла** [女1] 《解》歯槽

**альвеоля́рн|ый** [形1] 《音声》歯茎音の; 《解》歯槽の: -ая пиоре́я 《医》歯槽膿漏

**Аль-Ка́ида** [女1] アルカイダ

**алько́в** [男1] 《建》室内の入り込み, アルコーブ

**а̀льма-ма́тер** [э] (不変) [男] 《文》母校 (★ 愛称やおどけた意味としても)

**альмана́х** [男2] (文芸·評論) 文集, 雑誌 (不定期の刊行)

**альпака́** (不変) [男·女] 《動》アルパカ

**альпи́йский** [形3] アルプスの; 高山 (用) の: А-ие го́ры アルプス山脈

**альпина́рий** [男7] (高山植物を植えた公園内の) ロックガーデン

*__альпини́зм__ [男1] [mountaineering] 登山

**альпини́ст** [男1] / **~ка** 複生-ток [女2] 登山家, アルピニスト **// ~ский** [сс] [形3]

**А́льпы** [複] 《地》アルプス山脈

**альт** -а́ [男1] 《楽》 ① アルト ② アルト歌手 ③ ヴィオラ; アルト笛 **// -о́вый** [形1]

**альтера́ция** [女9] 《楽》アルテラシオン, アルテラツィオーネ

*__альтернати́ва__ [э] [女1] [alternative] ① 2つ (以上) の中から1つを選ぶこと, 二者[数者]択一: それによるジレンマ ② 選択肢; 他に取りうる方法, 代案: Пе́редо мной стои́т ~. 私は岐路に立っている

*__альтернати́вный__ [э] мед -вен, -вна [形1] [alternative] 二者[数者]択一の

**альтерна́ция** [女9] 《言》交替(чередова́ние)

**альтиме́тр** [男1] 高度計

**альти́ст** [男1] ヴィオラ奏者, 中音楽器奏者

**альтруи́зм** [男1] 《文》愛他主義

**альтруи́ст** [男1] / **~ка** 複生-ток [女2] 《文》愛他主義者

**альтруисти́ческий** [形3], **альтруисти́чный** мед -чен, -чна [形1]

**а́льфа** [女1] ① アルファ(ギリシャ字母の第1字) ② (物事の) 始め, 基礎 ③ 《天》(星座の) アルファ星, 主星 ◆ __~ и оме́га__ 《文·雅》物事の本質, 根幹

**а́льфа-..** [語形成] 「アルファ…」の: а́льфа-лучи́ アルファ

ア線

**альфо́нс** [男1]《旧》男妾

**алья́нс** [男1] ①《政》(条約に基づく)同盟, 連合；機構 ②《話》協定, 同盟, 申し合わせ, 談合；親密さ

**алюми́н|ий** [男7]《化》アルミニウム **‖-иевый** [形1]

**а-ля́** [副]《前置詞的に》〈田〉…風に [＜仏]

**аляпова́т|ый** 短 -а́т [形1] 出来の悪い, お粗末な；醜悪な **‖-ость** [女10]

**аля́ска** 複生 -сок [女2] ①《防寒用の》フード付きジャンパー (ку́ртка -~) ②《複》(前面にジッパーが付いた冬用の) 厚底ブーツ (特に婦人用)

**Аля́ска** [女2] アラスカ (米国の州；1867年ロシアより購入) **‖аля́скинский** [形3]

**ам** [間]《擬声》パクッ(食べるとき)

**амальга́м|а** [女1]《化》①アマルガム (水銀と金属の合金) ②アマルガム鉱 (雑多なものの) 混合(物) **‖-ный** [形1]

**ам-а́м** [間]《幼児》食べる, まんま

**а́мба** (不変) [女]《通例述語》〈俗〉〈田〉にとってこれで一巻の終わり, 参った。万事休す

**амба́л** [男1]《俗》のっぽで腕っ節の強そうな若者 [男]

**амба́р** [男1] 納屋, 倉庫

**амба́рн|ый** [形1] ①倉庫の ② [男名] 倉庫の勤務員 ③ -ое [中名] 倉敷料

**амбивале́нтный** [形1]《文》相反する；曖昧な；躊躇(ちゅうちょ)させる

**амби́ция** [女9] ①(過度の) 自尊心, うぬぼれ ②野心, 野望 **‖-ио́зный** [形 -зен -зна [形1]

**а́мбра** [女1] 龍涎香(りゅうぜんこう), アンバーグリス

**амбразу́ра** [女1] ①《軍》(砲・機関銃用の) 砲門, 砲眼, 銃眼 ②《建》朝顔形(外へ向けて外広がりになった開口部)；窓枠

**амбре́** [э] (不変) [中]《隠・戯》不快な臭い, 悪臭, 腐臭

**амбро́зия** [女9]《ギ神》神の食物, アムブロシア, 神饌

*__амбулато́рия__ [女9] [outpatient department] 外来患者用診療所 (比較поликли́ника より規模が小さい) **‖амбулато́рный** [形1]：～ больно́й [пацие́нт] 外来患者

**амбушю́р** [男1]《楽》アンブシュア

**амво́н** [男1]《正教》升壇, 高壇, 説教台

**амё́б|а** [女1]《生》アメーバ **‖-ный** [形1]

*__Аме́рик|а__ [アミェーリカ] [女2] [America] アメリカ国：Се́верная [Ю́жная] ～ 北[南]アメリカ ◆откры́ть -у （皮肉）わかりきったことを口にする

*__америка́нец__ [アミェリカーニェツ] -нца [男3] / **америка́нка** [アミェリカーンカ] 複生 -нок [女2] [American] アメリカ人, 米国人

**американизи́ровать** -рую, -руешь 受過 -анный [不完・完]〈田〉アメリカナイズ [米国化]する, 米国風にする **‖-а́ция** [女9]

**американи́зм** [男1] アメリカニズム, アメリカ英語特有の語法

**американи́стика** [女2] アメリカ学[研究] (★米国を対象とする)

**америка́нка²** 複生 -нок [女2] ①→америка́нка² ②《印》小型印刷機 ③競走用の2輪馬車 ④春蒔き小麦の一種 ⑤ジャガイモの一種 ⑥《話》(その場で修理する) 靴[服]の修理所 (америка́нская мастерска́я) ⑦《話》(1食の) 軽食堂 ⑧《隠》(ミニサッカーのような) 子どもの遊び

*__америка́нск|ий__ [アミェリカーンスキイ] [形3] [American] アメリカ (合衆国, 人) の；アメリカ大陸の；米語の：～ до́ллар 米ドル | -ие наро́ды アメリカ諸民族 | -ие стра́ны 米州諸国 | ～ дя́дя 棚ぼた式に遺産を当てにできる親戚（人）| ～ о́браз жи́зни アメリカ的ライフスタイル ■~ футбо́л アメリカンフットボール | -ие го́ры ジェ

ットコースターの一種

**амети́ст** [男1]《鉱》紫水晶, アメジスト **‖-овый** [形1]

**ами́н** [男1]《化》アミン **‖-ный** [形1]

**аминази́н** [男1]《医》アミナジン

**аминокислот|а́** 複 -о́ты [女1]《化》アミノ酸 **‖-о́тный** [形1]

**ами́нь** [副]《旧》① [助] [間] アーメン (祈禱(きとう) や説教の結語) ②[男5]《通例述語》《話》〈田〉が一巻の終わり

**аммиа́|к** [男1]《化》アンモニア；《話》アンモニア水 **‖-чный** [形1]

**аммона́л** [男1]《化》アンモナル (爆薬の一種)

**аммо́н|ий** [男7]《化》アンモニウム, アンモニウム塩基；炭酸アンモニウム **‖-иевый** [形1]

**амнези́я** [э] [女9]《医》健忘(症), 記憶喪失

**амнисти́ровать** -рую, -руешь 受過 -анный [不完・完]〈田〉に恩赦を与える **‖~ся** [不完] [受身]

**амни́стия** [女9] 恩赦, 大赦

**амора́лка** 複生 -лок [女2]〈俗〉①不品行, ふしだら ②不品行に対する叱責

**амора́льн|ый** 短 -лен, -льна [形1] 不道徳な, モラルを欠いた；道徳否定主義の **‖-ость** [女10]

**аморо́зо** [副]〈不変〉[中]《楽》アモローゾ (の作品)

**амортиза́тор** [男1] ①緩衝装置, ダンパー；《電》制動器 ②《化》緩衝剤；《機》緩衝材 **‖~ный** [形1] <①

**амортиза́ц|ия** [女9] ①(消耗による) 減価, 減損；減価償却 ②(減債基金による負債の償却償却 ③(証券などの) 無効宣告 ④(機械などの) 緩衝 **‖-ио́нный** [形1]

**амортизи́ровать** -рую, -руешь 受過 -анный [不完・完]〈田〉①減価償却を行う, 〈負債を〉割賦償却する ②《完また с~》衝撃などを緩和する, 和らげる **‖~ся** [不完] [受身]

**амо́рфн|ый** 短 -фен, -фна [形1] ①《化・鉱》無定形の；非結晶の, 非晶質の：-ое состоя́ние アモルファス, 非晶質 ②《文》《言》語形変化のない：-ые языки́ 孤立語 **‖-ость** [女10]

**ампе́р** 複生 -пе́р/-ров [男1] アンペア (電流の単位) **‖~ный** [形1]

**амперме́тр** [男1]《電》電流計, アンペア計

**ампи́р** [男1]《美》アンピール様式 (ナポレオン時代の建築・家具様式)：■ ста́линский [сове́тский] ～ スターリン[ソヴィエト]時代の建築様式 **‖-ный** [形1]

**амплиту́д|а** [女1] ①《理・電》振幅 ②《数》偏角 ③《天》天体出没方位角 ④《軍》射程, 着弾距離 ⑤範囲, 構成 **‖-ный** [形1]

**амплуа́** (不変) [中] ①《劇》(俳優の) 役柄；得意な役, はまり役：быть на ～ 田 …の役を務める ②仕事の範囲, 役割分担, 地位

**а́мпул|а** [女1]《医》アンブル：～ от алкоголи́зма アルコール依存症治療用アンプル ②《解》膨大 (部) ③《古口》両取っ手付きの細首の円形壺 **‖-ьный** [形1] <①

**ампута́ция** [女9]《医》切断, 切断術

**ампути́ровать** -рую, -руешь 受過 -анный [不完・完]〈田〉〈手・足などを〉(外科手術で) 切断する

**Амстерда́м** [э] [男1] アムステルダム (オランダの首都)

**амуле́т** [男1] お守り

**аму́р** [男1] А～ [ロ神] キューピッド, 愛の神 ◆разводи́ть ~ы 《俗・戯》情事にいそしむ | крути́ть ~ы 《俗》(男女が) いちゃいちゃする

**Аму́р** [男1] アムール川 **‖ аму́рск|ий** [形3]：А-ая о́бласть アムール州 (州都 Благове́щенск；極東連邦管区) | ～ ти́гр アムールトラ

**амфетами́н** [男1]《薬》アンフェタミン

**амфи́би|я** [女9] ①《通例複》《動》両棲類;《植》水陸両生植物 ②水陸両用車〔戦車, 飛行機〕 **//–йный** [形1]

**амфибра́х|ий** [男1] 〔詩〕(ロシア語で)弱強弱格; (古典詩で)短長短格 **//–и́ческий** [形3]

**амфитеа́тр** [男1] ①《古ギ・古ロ》円形競技場; 闘技場 ②(半円形劇場・ホールでの)階段席

**амфитеа́тром** [副] 半円形に

**а́н** [一接] 《俗》《予想に反して》ところが [二助] 《俗》《文頭に用い, いや, 反対・否定を強調》ところがどうして, いや

**Ан** [アーエン, エン] 〔略〕Анто́нов ソ連アントノフ設計局 (現ウクライナ, 同名航空宇宙技術複合体)製航空機 (★ Ан-124 (愛称 Русла́н); NATO コードネームは Condor; 世界最大の輸送量); Ан-225 (愛称 Мри́я; NATO コードネームは Cossack))

**анабио́з** [男1] 〔生〕蘇生, アナビオシス (クマムシなどの仮死状態) **//–ный** [形1]

**анабо́лик** [男2] 《話》蛋白同化ステロイド, 筋肉増強剤

**анаболи́ческий** [形3] 蛋白同化の: ~ стеро́ид 筋肉増強剤

**анагра́мма** [女1] アナグラム, つづり換え

**анада́ра** [女1] 〔貝〕アカガイ

**Ана́дырь** [男5] アナディリ (チュクチ〔チュコト〕自治管区の行政中心地; 極東連邦管区)

**анако́нд|а** [女1] 〔動〕アナコンダ **//–овый** [形1]

**∗ана́лиз** [アナーリス] [男1] 〔analysis〕①(科学・技術的)分析; 分析検査; 分析学: клини́ческий ~ 臨床分析学 | ~ кро́ви〔мочи́〕血液〔尿〕検査 | социологи́ческий ~ 社会学的分析 | да́ть ~ ……の分析〔検査〕をする ②(事態・行動・心理などの)分析; 反省

**анализа́тор** [男1] 分析者; 分析器

**∗анализи́ровать** -рую, -руешь 受過 -анный [不完] 〔analyze〕〔完 та про-~〕〔困〕① (科学的・技術的に)分析を行う ②〔数〕解析する ②〈事態・行動・心などを〉分析する; 反省する

**анали́тик** [男2] 〔analyst〕①(自分の行動・体験の)分析に長じた人; よく反省する人 ②科学的分析の専門家, 分析家 ③《話》解析幾何学の教師

**аналити́ческ|ий** [形3] 〔analytical〕①分析的な;〔数〕解析的な: -ая геоме́трия 解析幾何学 | -ая хи́мия 分析化学; 分析のための ②〔言〕分析的な: -ая фо́рма 分析的形式 | ~ язы́к 分析的言語 **//–и** [副]

**аналити́чный** 短 -чен, -чна [形1] = аналити́ческий

**∗ана́лог** [男2] 〔analogue〕①〔文〕類似物 ②〔数・IT〕アナログ

**аналоги́ческий** [形3] 類推的な

**∗аналоги́чн|ый** アナラギーチヌィ 短 -чен, -чна [形1] 〔analogous〕〈与に〉類似の, 同じような, 類似の, 相似の (схо́дный, подо́бный): Ана́логично зада́ча реша́ется –ым спо́собом. 次の問題は同じ方法で解きます | Приведу́ приме́р, ~ Ва́шему. あなたが挙げたのと同じような例を挙げましょう **//–о** [副] **//–ость** [女10]

**∗анало́гия** [女9] 〔analogy〕類似, 相似;〔論・言〕類推 **// по -ии** 類推で

**ана́логовый** [形1] アナログの

**ана́лого-цифрово́й** [形1] 〔電〕: ~ преобразова́тель AD (アナログ・デジタル)コンバーター

**аналой́** [男6] 〔宗〕経案 (ロシア正教会の経机)

**анальги́н** [男1] 〔薬〕アナルギン (鎮痛・解熱剤)

**ана́льный** [形1] 肛門の; 尻の

**анамне́з** [男1] 〔医〕既往歴, 病歴

**анана́с** [男1] 〔pineapple〕①〔植〕パイナップル; アナナス属; その果実 ②贅沢〔豊穣〕の象徴 (20世紀初頭) **//–ный, –овый** [形1]

**ана́пест** [男1] 〔詩〕(ロシア詩で)弱弱強格; (古典詩で)短短長格 **//–и́ческий** [形3]

**анархи́зм** [男1] 〔哲〕無政府主義, アナーキズム

**анархи́ст** [男1] 複生 -ток [男2] 無政府主義者, アナーキスト **//~ский** [сс] [形3]

**анархи́ческий** [形3] 無政府主義(者)の; 無政府主義的な

**анархи́чный** 短 -чен, -чна [形1] 無秩序の

**ана́рхия** [女1] ①(社会の)無政府状態; アナーキズムによる政府[国家]否定; 無計画性 ②《話》無秩序, 混乱

**ана́рхо-синдикали́зм** [男1] 〔政〕アナルコ・サンディカリズム **//–и́стский** [сс] [形3]

**Анастаси́я** [女9] アナスタシヤ (女性名; 愛称 На́стя, Ста́ся, А́ся)

**ана́том** [男1] 解剖学者

**анатоми́рова|ть** -рую, -руешь 受過 -анный [不完・完] 〔困〕〈死体を〉解剖する **//–ние** [中5]

**анатоми́ческ|ий** [形3] ①解剖学の ②-ая [女名] ②[旧]解剖室 ②(1)[旧]解剖室 (2)《俗》ストリップショー; ポルノグラフィー | **-ая бли́зость** 《俗》性的関係

**анато́мичка** 複生 -чек [女2] 《話》解剖(実験)室 (анатоми́ческий теа́тр)

**Анато́лий** [男7] アナトリー (男性名; 愛称 То́ля)

**анато́мия** [女9] ①解剖(学) ②(解剖学的)構造 ③分析

**ана́фема** [女1] ①(宗)(教会の)呪い, アナテマ; 破門 ②《話・俗・罵》ろくでなし

**анафема́тствовать** [ц] -твую, -твуешь [不完] 〔困〕《廃・雅》破門する, 宣言する

**ана́фора** [女1] ①〔文学〕首句反復(法) ②〔言〕前方照応

**анахоре́т** [男1] 隠者, 世捨て人

**анахрони́зм** [男1] ①時代遅れのもの〔考え方〕; 時代錯誤, アナクロニズム ②記時錯誤 (歴史上の時代や年月を間違って記録すること)

**анахрони́ческий** [形3], **анахрони́чный** 短 -чна, -чна [形1] 時代遅れの

**анаша́** [女4] ①〔植〕ハシシ ②〔隠〕大麻, マリファナ

**ангажи́рованность** [女10] 〔報道〕傾倒, 偏向

**анга́р** [男1] ①(航空機の)格納庫 ②船内の水中機器の上げ下ろし室 **//–ный** [形1] < ①

**∗а́нгел** [アンギェル] [男1] 〔angel〕①天使 (★姓に мо́й, 愛する人や子どもへの呼びかけ) ②化身, 権化: ~ красоты́ 美の権化 | ~ во пло́ти (天使のような)善人 | **де́нь ~а** 名の日 (имени́ны; 自分の洗礼名にあやかった聖人の命日)

**а́нгельск|ий** [形3] 天使の; 天使のような ◆-**ая пыль** 《俗》合成麻薬の一種 (フェンサイクリジンなど)

**ангидри́д** [男1] 〔化〕無水物

**ангидри́т** [男1] 硬石膏, 無水石膏

**анги́н|а** [女1] 〔医〕扁桃炎, アンギーナ **//–о́зный** [形1]

**англизи́ровать** -рую, -руешь 受過 -анный [不完・完] 〔困〕英国風にする, 英語化する

**∗англи́йск|ий** [アングリーイスキイ] [形3] 〔English〕イギリス(人・語・風)の: ~ язы́к 英語 | -ая ло́шадь サラブレッド | ~ ключ シリンダー錠 | ~ парк 自然公園 | ~ рожо́к 〔楽〕イングリッシュホルン | -ая боле́знь くる病

**англика́нск|ий** [形3] 英国国教の[に属する]: ~ая це́рковь 英国国教会

**англика́нство** [中1] 英国国教会

**англици́зм** [男1] 〔言〕英語からの借用語句

**∗англича́нин** [アングリチャーニン] [男10] / **англича́нка** [アングリチャーンカ] 複生 -нок [女2] 〔Englishman, Englishwoman〕英国人, イギリ

ス人 ②《女》《話》女姓の英語教師

\*Áнглия [アーングリヤ] [女9] (England) ①イングランド ②英国, イギリス(首都は Ло́ндон)

англо(-).. [語形成]「英国の, イギリスの」「英語の」

англоговоря́щий [形3] 英語を話す, 英語使用者の

англома́н [男1] 英国心酔者

англома́ния [女9] 英国狂, 英国かぶれ

а̀нглоса́кс [男1] アングロサクソン // -о́нский [形3]

англофи́л [男1] 親英派, 英国びいきの人

англофо́б [男1] 英国嫌いの人

англоязы́чный [形1] 英語を話す, 英語使用者の

анго́рск|ий [形3] : -ая ше́рсть アンゴラ(ウール)

анда́нте [з] [副] [楽] アンダンテ(の曲)

андегра́унд [э] [男1] 《俗》前衛, アングラ

Андо́рра [女1] アンドラ(公国)(首都は Андо́рра-ла-Ве́лья)

андре́евский [形3] : ~ флаг 聖アンドレイ旗(ロシア海軍旗)

Андре́й [男6] アンドレイ(男性名; 愛称 Андрю́ша)

андро́ид [男1] ①アンドロイド ②融通の利かない人, 臨機応変に対応できない人

Андро́пов [男姓] アンドロポフ(Юрий Влади́мирович~, 1914-84; 政治家, 共産党書記長)

Андрю́ша [男4変化] [愛称] < Андре́й

А́нды Анд [複] アンデス山脈

аневри́зма, аневри́зма [女1] [医] 動脈瘤

\*анекдо́т [アニクドート] [男1] (anecdote, story) ①アネクドート, 小話, 一口話;《話》作り話 ②《話》(小話のネタになるような)出来事, 話種(は̌) : Со мной случи́лся ~. 私に滑稽な出来事が起こった ◆скве́рный ~ 《話》嫌な出来事 // -ец -тца [男1] [指小]

анекдоти́ческий [形3] ①アネクドートの[に関する] ② = анекдоти́чный

анекдоти́чн|ый 短 -чен, -чна [形1] ありそうもない, 疑わしい; ばかばかしい // -ость [女10]

анекдо́тчик [男2] 話し上手

анеми́ческий [形3], анеми́чный 短 -чен, -чна [形1] [医] 貧血症の

анеми́я [女9] [医] 貧血(症)

анемо́н [男1] [植] アネモネ ◆ морско́й ~ [動] イソギンチャク

анеро́ид [男1] アネロイド式気圧計(水銀を用いない)

анестезио́лог [э : э] [男2] [医] 麻酔医

анестезиоло́г|ия [э : э] [女9] [医] 麻酔学 // -и́ческий [形3]

анестези́ровать [э : э] -рую, -руешь 受過 -анный [不完・完] [跑] <кого/о>に麻酔をかける

анесте|зи́я [э : э] [女9] [医] ①無感覚(症), 知覚麻痺 ②麻酔(法) // -ти́ческий [形3]

ани́ка-во́ин [男1] ①《話》(力・強さ・皮肉)力自慢の人, 豪傑(ロシアの口碑文学の主人公の名前から) ②《皮肉》うぬぼれ屋

анили́н [男1] [化] アニリン(染料・合成樹脂原料)

анимали́ст [男1] 動物画家; 彫刻家

анимали́стский [形3] アニメ作家の

анима́ц|ия [女9] アニメーション // -ио́нный [形1]

а́ниме [з], animé [з] (不変) [中] /[男] アニメ

аними́зм [男1] [哲・心] アニミズム, 精霊崇拝, 物活論 // -исти́ческий [形3]

ани́с [男1] [植] アニス(香辛料・薬用) ②リンゴの一種 // -овый [形1]

ани́совка слав.-вок. [女1] アニス酒 ② = ани́с(①)

Анкара́ [女1] アンカラ(トルコの首都)

\*анке́т|а [女1] (questionnaire) ①アンケート用紙; 調査表 ②アンケート調査(опро́с) // -ный [形1]

анкети́рова|ть -рую, -руешь 受過 -нный [不完・完] [跑] <кого́ о・完 про~><о ком/чем>のアンケート調査をする // -ние [中5]

анкла́в [男1] [国際法] 飛び地, 包領 // ~ный [形1]

анли́м [男1] 《話》[IT](インターネット)常時接続の料金コース

А́нна [女1] アンナ(女性名; 愛称 А́ня, Аню́та, Ню́ра, Ню́ша; 卑称 Аны́тка, Нюхта)

анна́лы -ов [複] 年代記, 年鑑; 紀要, 学術定期刊行物 ■ Шко́ла «Анна́лов» [史] アナール学派

аннекси́ровать -рую, -руешь 受過 -анный [不完・完] [跑] <государ.-территорий>を併合する

анне́ксия [э] [女9] (国家・領土の)強制的な併合, 略奪

Анниба́лов [形10] ハンニバル(カルタゴの名将)の ◆а кля́тва ハンニバルの誓い, 最後まで戦い抜く決意

аннота́ция [女9] (本・論文などの)短評, 注釈 // -ио́нный [形1]

анноти́рова|ть -рую, -руешь 受過 -анный [不完・完] [跑] <本・論文など>の短評を行う, 注釈する // -ние [中5]

аннули́рова|ть -рую, -руешь 受過 -анный [不完・完] [跑] を無効にする, 取り消す, 破棄する, 廃棄する // -ние [中5]

аннуля́ция [女9] [文] (条約などの)破棄, 無効宣言

ано́д [男1] [電・化] 陽極, アノード // -ный [形1]

аноди́рова|ть -рую, -руешь 受過 -анный [不完・完] [跑] <金属>を陽極酸化処理する // -ние [中5]

анома́ли|я [女9] ①変則, 異常, 変態 ②[理] 偏差; [天] 近点角

анома́льный 短 -лен, -льна [形1] 異常な, 普通でない

анони́м [男1] ①匿名の筆者[作者], 無名氏 ②匿名の手紙[作品]

анони́мка 複生 -мок [女2] 《話・蔑》匿名の手紙

анони́мн|ый 短 -мен, -мна [形1] 無署名の, 匿名の // -ость [女10]

анони́мщик [男2] 《話・蔑》匿名の手紙の差出人

ано́нс [男1] ①(芝居・音楽会などの)広告, 予告 ②広告ビラ, ポスター ③[映] 予告編

анонси́рова|ть -рую, -руешь 受過 -анный [不完・完] [跑] [文] <о/□ ком/чем>について広告する, 予告する // -ся [不完] [受身]

анора́к [男2] アノラック, ヤッケ

анорекси́я [女9] 食欲不振

анорма́льный 短 -лен, -льна [形1] 異常な

\*анса́мбл|ь [男5] (ensemble) ①(芸能家の)アンサンブル, 集団; その成員 : ~ пе́сни и пля́ски 歌と踊りのアンサンブル ②(演技・演奏・建造物などの)調和, まとまり; その全体的な調和 ③(少人数による)音楽作品; 合唱 // -евый [形1]

антагони́зм [男1] 対立, 敵対, 反目

антагони́ст [男1] ①対立者, 敵対者 ②[複] [解] 対抗筋, 拮抗筋

антагонисти́ческий [形3] 対立の; 敵対的な

Антаркти́да [女1] 南極大陸

Анта́рктика [女2] 南極地方(南極大陸とその周辺) // антаркти́ческий [形3]

\*анте́нн|а [з] [女1] (antenna) ①アンテナ, 空中線 ②(通例複)(昆虫の)触角, 触毛 // -ный [形1] < ①

анте́нщик [男2] アンテナ設置専門技師

анти.. [語形成]「反…」「非…」「排…」「抗…」「対…」の意

антиалкого́льный [形1] 過度の飲酒に反対する; 節酒の

антибио́т|ик [男2] [薬] 抗生物質 // -и́ческий

**антивещество́** [中1]《理》反物質
**антиви́рус** [男1]《IT》アンチウイルス　**//~ный** [形1]《医・IT》抗ウイルスの, アンチウイルスの
**антивое́нный** [形1] 反戦の
**антигеро́й** [男6] アンチヒーロー
**антигистами́н** [男1]《薬》抗ヒスタミン剤
**антигистами́нн|ый** [形1]《薬》抗ヒスタミンの: ~ препара́т = **-ое сре́дство** 抗ヒスタミン剤
**антиглобали́ст** [男1] 反グローバル主義者
**антидемократи́ческий** [形3] 反民主主義の
**антидепресса́нт** [男1]《薬》抗鬱(⽇)薬
**антидо́пинговый** [形1]: ~ контро́ль 薬物[ドーピング]検査
**антизапотева́тель** [男5] 霜取り剤
**антиистори́|зм** [男1] 反歴史主義　**//-и́ческий** [形3]
**антиква́р** [男1] 古物商, 骨董屋; 骨董愛好家, 古物収集家
**антиквариа́т** [男1]《集合》骨董品　② 古物商, 骨董商
**антиква́рный** [形1] ① 古くて価値のある　② 骨董の, 骨董屋の　◆**~ ба́йн** [隠]全くのナンセンス, たわ言
**антикоммуни́зм** [男1] 反共産主義, 反共
**антило́па** [女1]《動》アンテロープ, 羚羊(ポメ)
**антими́р** 複-ы́ [男1] ①《理》反世界　②（内容・性格の点で）反対物
**антинау́чный** 短-чен, -чна [形1] 非科学的な
**антиноми́я** [女9]《哲・論》二律背反　**//-и́ческий** [形3]
**антиобледени́тель** [男5] 防氷剤
**антипати́чн|ый** 短-чен, -чна [形1] 不愉快な, 反感[反発]を覚える, いけすかない　**//-ость** [女10]
**антипа́тия** [女9]《話》反感　②《話》嫌いな人
**антипо́д** [男1] ① 地球の正反対（対蹠(☆)地）に住む人, 対蹠人　②《⽐⽳よ》（信条・性格・趣味などの）正反対の人, 正反対の学者体　**//-ный** [形1]
**антиправи́тельственный** [形1] 反政府の
**антипригара́нный** [形1] 焦げ付き防止の
**антирелигио́зный** 短-зен, -зна [形1] 反宗教的な
**антисанитари́я** [女9] 非衛生, 不衛生な状態
**антисанита́рный** 短-рен, -рна [形1] 非衛生的な, 不衛生な
**антисеми́т** [男1] / **~ка** 複-ток [女2] 反ユダヤ主義者
**анти|семити́зм** [男1] 反ユダヤ主義, ユダヤ人排斥運動　**//-семи́тский** [ц][形3] 反ユダヤ主義(者)の
**антисе́птик** [э][男2] 防腐剤（傷の化膿止め用など）
**антисе́птика** [э][女2] ①《化》防腐[医》防腐, 制毒(法), 消毒(法)　②《集合》防腐剤
**антисепти́ческий** [э][形3] 防腐[消毒](用)の
**антисовети́зм** [男1]《旧》反ソ主義, 反ソ政策
**антиста́тик** [男2]《理》静電（気）防止剤（ポリマーの静電気発生を抑える）　**//-и́ческий** [形3]
**антите́за** [э][男1] ①（物・現象の）対象, 正反対　②《修辞》対象法; 対句　③《哲・論》= антите́зис
**антите́зис** [э][男1]《哲・論》反定立, 反立, アンチテーゼ
**антите́ло** 複-а́, -те́л, -ам [中1]《医》抗体
**антитерро́р** [男1] テロ対策; テロ活動防止　**//-исти́ческий** [形3] テロ対策の; 反テロ活動の
**антитеррористи́ческий** [э][形3] 反テロの, 反政府の
**антиуто́п|ия** [女9] 反ユートピア, ディストピア　**//-и́ческий** [形3]
**антифаши́ст** [男1] 反ファシスト　**//~ский** [сс][形3] 反ファシズムの

**антифо́н** [男1]《複》耳栓　②《正教》倡和詞（アンティフォン）;《カトリ》交唱（アンティフォナ）
**антифри́з** [男1] 不凍剤
**анти́христ** [男1] **А~**《宗》反キリスト（キリスト再臨前に偽救世主として現れるとされる）　②《俗・蔑》（呼びかけ）ろくでなし, きさま
**антицикло́н** [男1]《気象》高気圧(圏); その圏内で起こる大循環　**//-а́льный** [形1]
**античелове́ческий** [形3] 冷酷な, 非人間的な
**анти́чность** [女10] 古代ギリシャ・ローマの文化世界, 古典古代　② 古典美, 古雅
*\***анти́чн|ый** 短-чен, -чна [形1]〔apathetic〕① 古代ギリシャ・ローマの: **-ая филосо́фия** 古代哲学　②（ギリシャ彫刻のように）端正な, 整った, 古雅な
**антоло́г|ия** [女9]《文学》名詩選, 詞華集, アンソロジー　**//-и́ческий** [形3]
**Анто́н** [男1] アントン（男性名）
**анто́ним** [男1]《言》対義語, 反義[反意]語（↔сино́ним）　**//-и́ческий** [形3]
**антоними́я** [女9]《言》対義(性), 反意[反義](性)
**Анто́нина** [女1] アントニーナ; 愛称 Тóня
**анто́нов** [形10]: ~ ого́нь《俗》壊疽(え), 脱疽
**анто́новка** 複送 -вок [女2] アントーノフカ（大粒で香りのよいロシアの代表的なリンゴ）
**антра́кт** [男1] ①（劇・音楽会・サーカスなどの）幕間(⼠), 休憩時間, 中入り: **~ на де́сять мину́т** 10分間の休憩（休憩時の定型アナウンス）　②《楽》（幕間に演奏する）間奏曲, アントラクト　**//-ный** [形1]
**антраци́т** [男1] 無煙炭　**//-овый, -ный** [形1]
**антраша́** (不変) [男1]《バレエ》アントルシャ
**антреко́т** [男1]（牛の両肋骨の間の）ステーキ（肉）
**антрепрене́р** [р] [男1]（劇団・サーカスなどの）興行主, 座長
**антрепри́за** [女1] 劇場事業を行う企業
**антресо́ль** [女10]《通例複》（天井の高い部屋の壁面に設けられた手すり付きの）2階席　②《話》吊り棚;（屋根裏角の板張り）物置　**//-ный** [形1]
**антропо..**《語形結》「人の」「人類の」
**антропоге́нный** [形1] 人為改変の
**антропо́ид** [男1] 類人猿
**антропо́лог** [男2] 人類学者
**антрополо́гия** [女9] 人類学, 人間学: культу́рная [социа́льная] ~ 文化[社会]人類学 **// антрополо́гический** [形3]　■**~ фо́рум**『人類学フォーラム』（ロシアの学術雑誌）
**антропомо́рф|изм** [男1]《哲》（自然・動植物の）擬人観;《宗》神人同形同性説, 神人同論説　**//-и́ческий** [形3]
**антропомо́рфный** [形1] 擬人化された, 擬人観の
**антура́ж** [男4]《文》環境;《集合》周囲, 仲間
**а́нус** [男1]《解》肛門（за́дний прохо́д）
**анфа́с** [男1]《副》(見ている人に)正対して, 正面から　②（不変）正面; 正面から見た顔（写真）
**анфе́льция** [女9]《植》イタニソウ（寒天の原料）
**анча́р** [男1]《植》ウパス, ウパスノキ（ジャワ産のクワ科の高木; その樹液には毒がある）
**анчо́ус** [男1]《通例複》カタクチイワシ科の小魚, アンチョビー; その缶詰: ~ **япо́нский**《魚》カタクチイワシ　**//-ный** [形1]
**анчу́тка** 複-ток (女2変化) [男・女]《俗》①《時に戯》悪戯悪魔　② 不潔な人, だらしない人
**аншла́г** [男2] ①（劇場などの）「満員御礼」「札止め」　②（新聞の大見出し, 《俗》素晴らしい[感銘を与えるような, 美しい]もの　◆**пройти́ с ~ом**（催し物が）大成功を収める　**//-овый** [形1]《話》
**а́ншлюс** [男1]《政・史》アンシュルス, 併合（特にナチスドイツによるオーストリア併合）

**Анюта** [女1]〔愛称〕<А́нна

**аню́тки** -ток, -ткам [複]〔話〕パンジー(аню́тины гла́зки)

**А́ня** [女5]〔愛称〕<А́нна

**АО** [アオー](略)акционе́рное о́бщество 株式会社

**АОН** [アオーン](略)автомати́ческий определи́тель но́мера 発信者番号通知サービス

**ао́рист** [男1]〔言〕アオリスト

**ао́рт|а** [女1]〔解〕大動脈 **∥-а́льный**[形1]

**апартаме́нт** [男1] ①(通例複)(数部屋から成る)豪華な住居;〔戯〕部屋 **∥-ный**[形1]

**апати́т** [男1]〔鉱〕燐灰(ﾘﾝｶｲ)石(過燐酸石灰の原料) **∥-овый**[形1]

**апати́чн|ый** 短 -чен, -чна [形1] 無感動の;無関心な,冷淡な,無気力な **∥-ость** [女10]

**апа́тия** [女9] 無感動;無関心,無気力

**апа́ш** [男4] ①(通例複)(フランスで)無頼漢, 愚連隊, ごろつき ②(不変)(後置して形容詞的に)開襟の: руба́шка ― 男性用開襟シャツ

**апгре́йд** [э] [男1]〔話〕(IT)アップグレード

**апгре́йдить** [э] ①(1単現なし)-дишь [不完・完] 〔IT〕〈対〉アップグレードする

**апеллирова|ть** -рую, -руешь [不完・完]〔法〕控訴[上告, 上訴]する ②〈к与〉に指示を求める, アピールする **∥-ние** [中5]

**апелля́нт** [男1]〔法〕上訴人

**апелля́ция** [女9] ①〔法〕控訴,上告;(上部機関への)抗告: пода́ть –ии 控訴[上告]する ②(支持を得るための)訴願,訴え;抗議,異議申し立て **∥апелляцио́нн|ый**[形1]〔法〕< ①: -ая жа́лоба 控訴[上告]申立 ǀ ~ суд 控訴裁判所

**апельси́н** [アピリスィーン] [男1]〔orange〕オレンジ(の木,実);かんきつ類 ◆**как свинья́ в ~ах разбира́ется [понима́ет]**〔俗・皮肉〕とんと見当がつかない, 皆目わからない

**апельси́новый** [形1] オレンジの; オレンジ色の

**Апенни́ны** -ни́н [複] [地]アペニン山脈

**аперити́в** [男1]〔食〕食前酒,アペリチフ ②〔医〕緩下剤

**АПЛ** [アペーエール] (不変)[女]〔軍〕原子力潜水艦 (а́томная подво́дная ло́дка)

*аплодирова́ть [アプラディーラヴァチ] -рую, -руешь 命 -руй [不完]〔applaud〕〈与〉に拍手する: Слу́шатели бу́рно *аплодирова́ли* люби́мому певцу́. 聴衆は大好きな歌手に拍手喝采した

*аплодисме́нт|ы -ов [複]〔applause〕拍手, 喝采: бу́рные ~ 嵐のような拍手

**апло́мб** [男1] (行動・会話について)自信過剰, 思い上がり: держа́ться с ~ом 自信を持って振る舞う ǀ У него́ не хвата́ет ~a. 彼は自信が足りない.

**апноэ́** (不変)[中]〔医〕無呼吸: синдро́м со́нного ~ [医]睡眠時無呼吸症候群

**апоге́й** [男6] ①〔天〕遠地点 ②頂点, 絶頂, 最盛期

**апока́лип|сис** [男1] ①〔宗〕黙示, 啓示, 天啓 ②〔聖〕(ヨハネの)黙示録 ③(一般に)啓示文学 ④世界(経済)破滅の脅威 **∥-си́ческий, -ти́ческий**[形3]

**апо́криф** [男1] ①〔宗〕(正統派が正典と認めない)経典外聖書, (旧約)聖書外典, アポクリファ ②(一般に)典拠の疑わしい文書, 偽作 **∥-и́ческий** [形3] 典拠外の;外典の

**аполити́чн|ый** 短 -чен, -чна [形1] 政治に無関心な, ノンポリの **∥-о** [副] **∥-ость** [女10]

**Аполло́н** [男1] ①**А**-〔ギ神〕アポルン, アポロ(太陽と光の神) ②美男子 ③〔昆〕アポロウスバシロチョウ

**апологе́т** [男1]〔文〕(ある思想・学説の)擁護者

**апологе́тика** [女2] 弁証学, 護教論

**аполо́г|ия** [女9]〔文〕(人・教養・思想などの)擁護,弁解 **∥-ети́ческий** [形3]

**апопле́кс|ия, апоплекси́я** [女9]〔医〕(脳)卒中, 脳溢血 **∥-и́ческий**[形3]

**апо́рт** [男1] 〔植〕アポルト(中央アジア産のリンゴの一種; その実)

**апостерио́ри** [э] [副]〔哲・論〕経験に基づいて, アポステリオリに; 後天的に, 帰納的に(↔априо́ри)

**апостерио́рный** [э] [形1]〔哲・論〕後天的な, 経験的な, アポステリオリ的な; 帰納的な(↔априо́рный)

*апо́стол [男1] 〔apostle〕①(キリストの)使徒;〔正教〕聖使徒経; 〔文〕(教義・主義などの)唱導者, 伝道者, 使徒 ②〔聖〕使徒行伝 **∥апо́стольск|ий** [形3] ■ **А-ие дея́ния**〔聖〕使徒行伝

**апо́стольник** [男2] ベール, ウィンプル

**апостро́ф** [男1] アポストロフィ(')

**апофео́з** [男1] ①〔古ﾛ・古ｴ〕(帝王などを)神に祭ること, 神化 ②(人・出来事などの)賛美, 礼賛

*аппара́т [アパラート] [男1]〔apparatus, appliance〕①器具, 機器, 装置: лета́тельный ~ 航空機 ǀ телефо́нный ~ 電話機 ②器官: пищевари́тельный ~ 消化器 ③機関, 機構;〔集合複〕機関の職員: администрати́вный ~ 行政機関 ǀ госуда́рственный ~ 国家機関 ǀ ~ Прави́тельства 連邦政府官房 ④〔単〕付属データ(書物の注・索引など): нау́чный ~ 研究データ, 参考資料 **∥аппара́тн|ый**[形1]: -ые сре́дства〔IT〕ハードウェア

**аппара́тная** (形1変化)[女名] 器具室; 制御室, 運転室

**аппара́тно-програ́ммн|ый** [形1] ファームウェアの: -ые сре́дства ファームウェア

*аппарату́р|а [女1]〔apparatus, equipment〕《集合》①器具, 機器, 装置, 機材 ②(実験室・工場などの)設備 ③〔コン〕ハードウェア **∥-ный**[形1]

**аппара́тчик** [男2] ①(器具・機械の作動状況の)監視員, オペレーター ②〔話・しばしば蔑〕国家機関の勤務員, 党務専従員, 党機関従事者

**аппе́ндикс** [男1]〔解〕(盲腸の)虫様突起 ②〔工〕(飛行船・気球の)ガス補給[調節]筒

**аппендици́т** [男1]〔医〕虫垂炎

**апперко́т** [男1]〔スポ〕(ボクシングで)アッパーカット

*аппети́т [アピチート] [男1]〔appetite〕食欲;〔通例複〕〈к与〉購買・生産などの〉意欲; 色欲: хоро́ший ~ 食欲旺盛 ǀ есть с ~ом うまそうに食べる ǀ отсу́тствие ~a 食欲不振 ǀ У меня́ нет ~a. 私は食欲がない ǀ переби́ть [потеря́ть] ~ 食欲をなくす ǀ ~ улучша́ется 食欲がよくなる ǀ умери́ть ~ы 欲望を抑える ◆**~ прихо́дит во вре́мя еды́**〔諺〕事を始めれば意欲も湧いてくる ǀ **во́лчий ~**(狼のように)猛烈な食欲 ǀ **Прия́тного ~a!** おいしく召し上がれ(食事する人への挨拶)

**аппети́тн|ый** 短 -тен, -тна [形1] ①食欲をそそる,おいしそうな, おいしそうな, そそる, そそる **∥-ость** [女10]

**аппликату́ра** [女1]〔楽〕運指法, 運指記号

**апплика́ция** [女9] アップリケ; その模様; アップリケ細工 **∥-ио́нный**[形1]

**аппликэ́** (不変)[形] めっきした, 板金で覆われた

**аппрету́ра** [女1]〔工〕仕上げ

**апре́ль** [アプリェーリ] [男5]〔April〕4月(★用法は→ май) ◆**дежу́рный по ~ю** 恋に落ちている(状態) ■ **пе́рвое -я** 4月1日; エイプリルフール **∥~ский**[形3]

**априо́ри** [副] ①〔哲・論〕経験によらずに, 先験的に, アプリオリに;演繹的に ②前もって, よく検討せずに(↔апостерио́ри)

**априо́рный** short -рен, -рна [形1]【哲・論】先験的な、演繹的な、アプリオリな (↔апостерио́рный)

**апроба́ция** [女9] (公式の)承認、認定、認可

**апроби́ровать** -рую, -руешь 受過 -анный [不完・完]〈園〉① 公式に承認[認定]する ② 〈農〉農作物播種地の等級評価をする **//~ся** [不完] [受身]

**апси́да** [女1]【建】アプス、後陣

**апте́к|а** [アプチェーカ] [女1]【建】[pharmacy] 薬局、薬屋、薬店；薬箱、救急箱：дежу́рная ~ 24時間営業の薬局 ◆ *как д ~-е* (廠)超正常

**апте́карский** [形3] 薬局の；薬剤師の

**апте́карь** [男5] 薬剤師

\***апте́чк|а** [女1 -чек [女2] [first-aid kit][指小<апте́ка] 救急箱

**апте́чный** [形3] 薬局 (апте́ка) の；薬用の

**апчхи́** [間]【擬声】ハックション (くしゃみ)

**áр** [男1] アール (面積の単位)

**áра** [不変] [女2]【鳥】コンゴウインコ

\***ара́б** [男1] **/ ~ка** 複生 -бок [女2] [Arab, Arabian] アラブ人

**арабе́ск** [男2], **арабе́ска** 複生 -сок [女2] ① アラビア風装飾模様、唐草模様 ②【複】【文】【楽】アラベスク；【文学】小品集 ③【バレエ】アラベスク

**араби́ст** [男1] アラビア学 [研究] 者

**араби́стика** [女2] アラビア学 [研究]

\***ара́бск|ий** [形3] [Arab, Arabian] アラブ (人) の、アラビア語の：*-ие ци́фры* アラビア数字； *~ язы́к* アラビア語； *-ая ло́шадь* (馬の) アラブ種

**арави́йский** [形3] アラビアの、アラブの：*А~ полу́остров* アラビア半島

**Ара́вия** [女1] アラビア (半島)

**ара́к** [男2] アラック (蒸留酒の一種)

**аракче́евщина** [女1] 〈露史〉アラクチェーエフ体制；独裁体制；専横、横暴

**араме́йский** [形3] アラム (語) の

**аранжи́ровать** -рую, -руешь 受過 -анный [不完・完] 〈園〉 アレンジする；【楽】編曲する

**аранжиро́вка** 複生 -вок [女2] アレンジ；【楽】編曲

**ара́п** [男1] ① (俗) ペテン師、いかさま師 ② [旧] 黒人 ～ цвето́в 生け花

**ара́пник** [男2] (猟犬用の長い) 革鞭

**ара́т** [男1] (モンゴルで) 畜産農民；勤労者、人民

**араука́рия** [女9]【植】ナンヨウスギ、チリマツ

**ара́хис** [男1]【植】ラッカセイ；【集合的】その実、ピーナッツ **/ ~овый** [形1]

**арба́** 複 -ы́, а́рб, -а́м [女1] (クリミア・カフカス・ウクライナ南部) (遊牧民が使う) 頑丈な高輪2輪 [4輪] 荷馬車

**арбале́т** [男1] (中世の) 石弓；クロスボウ

**арби́тр** [男1] ①【法】(軽微な紛争の) 調停員；(仲裁裁判所の) 仲裁員 ②【スポ】審判員、レフェリー、ジャッジ

**арбитра́ж** [男4] ① 調停、仲裁；調停 (仲裁) 裁判所 ②【商】鞘取、裁定取引；裁定 **/ ~ный** [形1]

\***арбу́з** [男1] [watermelon] 【植】スイカ；その果実 ◆ *проглоти́ть ~* (廠)(1) 太ってくる (2) 妊娠する

**арбу́зный** [形1] スイカの： *-ая боле́знь* (スイカのように) 腹が出てくること；肥満

**аргама́к** [男2] ① 中近東産の乗用馬の旧称；トルクメニスタン原産の競走馬 ② ハンドル付き荷車

**Аргенти́на** [女1] アルゼンチン (首都は Буэ́нос-А́йрес)

**арго́** (不変)【中】【言】(特殊な職業仲間の) 合言葉、符丁、隠語 **/ ~ти́ческий** [形3]

**арго́н** [男1]【化】アルゴン (記号 Ar) **/ ~овый** [形1]

**арготи́зм** [男1]【言】(標準語になった) 隠語的 (表現)

\***аргуме́нт** [アルグウエーント] [男1] [argument] ① 論拠、理由 ②【数】独立変数、引数；(複素数の) 偏角

■ А-ы и фа́кты 論拠と事実 (ロシアの大衆紙名)

**аргумента́ция** [女1] ①【論】論証 (すること)；論拠の提示 ② (論証のための) 論拠全体、論拠

**аргументи́рова|ть** -рую, -руешь 受過 -анный [不完・完] 〈園〉 (証拠と共に) 論証する：~ отка́з ... によって拒否の理由を論証する **/ ~ся** [不完] [受身] **/ -ние** [中5]

**ареа́л** [男1] (動植物の) 分布圏；【文】(現象・鉱物などの) 分布圏, ...圏 **/ ареа́льный** [形1] ■ -ая лингви́стика [言] 地域言語学

\***аре́н|а** [女1] [arena] ① (古代) 円形闘技場；(サーカスの) 演技場；(一般に演技・活動を行う) 場、ステージ ② 活動舞台、檜舞台：вы́йти на нау́чную *-у* 学界に出る ↑ уйти́ с нау́чной *-ы* 学界を去る **/ -ный** [形1]

\***аре́нд|а** [女1] [lease] ① (不動産の) 賃貸借：~ земли́ 土地の賃貸借；сдать в *-у* 賃貸しする；взять [снять] в *-у* 賃借りする ② (不動産の) 賃貸借料：плати́ть [вноси́ть] *-у* 賃貸料を払う

**аренда́тор** [男1] 賃借人、借地人、借家人；小作人

**аре́ндн|ый** [形1] <аре́нда: *-ая пла́та* 賃貸料、レンタル料金 **/ ~ догово́р** 賃貸借契約

**арендова́ть** -ду́ю, -ду́ешь 受過 -о́ванный [不完・完] 〈園〉 賃借りする **/ ~ся** [不完] [受身]

**арендода́тель** [男5] 大家、貸主

**арео́метр** [男1]【化】液体比重計、浮き秤；流速計

**арео́па́г** [男1] (古代アテネの) 最高法廷 ②【文・皮肉】(問題解決のための) 権威者の集まり

\***аре́ст** [男1] [arrest] ① 逮捕、捕捉、検挙、検束、拘引：о́рдер об ~ 逮捕状 | под *-ом* 拘束されて | взять под ~ ... を拘留する、拘束する | вы́пустить и́з-под *-а* 釈放する | дома́шний ~ 自宅拘禁 ② 差し押さえ：наложи́ть ~ на (対) ... を差し押さえる | снять ~ с (生) ... の差し押さえを解く **/ ~ный** [сн] [形1]

**ареста́нт** [男1] 複生 -то́к [女2] [旧] 逮捕者、検挙者、拘留者；囚人

**аресто́ва́нтская** [ц] (形3変化) [女名] 留置所；独房

\***арестова́ть** -ту́ю, -ту́ешь 受過 -о́ванный [不完・完、不完はアресто́вывать] [arrest] 〈園〉 ① 逮捕する、検挙する：~ на кра́жу ... を窃盗の罪で逮捕する | ~ по подозре́нию в уби́йстве ... を殺人の疑いで逮捕する ② 差し押さえる **/ ~ся** [不完] [受身]

\***аресто́ванн|ый** (形1変化)[男名] **/ -ая** [女名] [arrested] 逮捕者、検挙者；囚人

**ари́ец** -и́йца [男3] **/ ари́йка** 複生 -и́ек [女2] アーリア人 **/ ари́йский** [形3]

**Ари́на** [女1] アリーナ (女性名)

**арио́зо** (不変) [中]【楽】アリオーゾ、詠叙唱

**аристокра́т** [男1] **/ ~ка** 複生 -ток [女2] 貴族 **/ ~ский** [ц] [形3] [話]

**аристократи́зм** [男1] ① 貴族主義、貴族堅気、貴族趣味 ② 貴族階級

**аристократи́ческий** [形3] ① 貴族 (階級) の ② 貴族風の、貴族的な；優雅な、洗練された

**аристократи́чн|ый** short -чен, -чна [形1] 貴族風の、貴族的な **/ -ость** [女10]

**аристокра́тия** [女9] ① 貴族階級；特権階級 ②【史】貴族政治

**аритми́чный** short -чен, -чна [形1] 不規則な；律動的でない

**аритми́|я** [女9] ①【医】不整脈 ②【文】リズミカルでないこと；(試合などの) リズム [テンポ] の変更、緩急自在 **/ -и́ческий** [形3] <①

\***арифме́т|ика** [女2] [arithmetic] ① 算数；整数論；算数の教科書 ② 勘定、計算 ③ (データとしての) 数字 ④ 簡単明快なこと；不可解なこと ◆ *проста́я ~* 〈述語〉 簡単である、わかっている、理解している、明らかである **/ -и́ческий** [形3] <①

**арифмо́метр** [男1] (初期の)卓上計算機
**а́рия** [女9] 〖楽〗アリア
**а́рка** 複生 а́рок [女2] 〖建〗アーチ;アーチ形門,弓形門
**арка́да** [女1] ①〖建〗拱廊(ミボラ);アーチを連ねた回廊,アーケード ②〖俗〗コンピュータゲームの一種 ‖ **арка́дный** [形1]: ~*-ая игра́* アーケードゲーム(ゲームセンターにある大型ゲーム機)
**Арка́дий** [男1] アルカーディー(男性名;愛称 Арка́ша)
**Арка́дия** [女9] ①アルカディア(古代ギリシャの地方名) ②理想郷,桃源郷 ‖ **арка́дский** [u] [形3]: ~ *пастушо́к* 〈文・戯〉アルカディアの牧童(牧歌的生活を送る若者)
**арка́н** [男1] 投げ縄,輪縄;〈隠〉首綱 ◆ **тяну́ть** [*та-щи́ть*] *на* ~*е* 無理に連行する,強制する
**арка́нить** -ню, -нишь 受過 -ненный [不完] / **за-** [完] 〈図〉投げ縄[輪縄]で捕らえる
**Арка́ша** (女ж女形)[男] (愛称)< Арка́дий
**А́рктика** [女2] 北極地方
**аркти́ческий** [形3] 北極の,北極地方の
**арлеки́н** [男1] 〖劇〗アルレッキーノ(イタリアの喜劇に登場する道化役);ピエロ
**арлекина́да** [女1] 〖劇〗(арлеки́н が主役の)道化芝居;道化の仕事[いたずら]
**арма́да** [女1] 大艦隊;大編隊;大戦車部隊 ■ **Непобеди́мая** ~ 〖史〗(スペインの)無敵艦隊
**армади́л** [男1] 〖動〗アルマジロ
**армату́р|а** [女1] ①〈集合〉(機器などの)取付[付属]部品;付属品 ②〖建〗(補強材としての)鉄筋,鉄骨 ‖ ~**ный** [形1]
**армату́рщик** [男2] 鉄筋[鉄骨]組立工
**арме́ец** -е́йца [男3] 軍人;陸軍将兵
**арме́йка** [女2] 〖話〗軍服
**арме́йский** [形3] 軍(а́рмия)の,軍隊の;軍人の
**Арме́ния** [女9] アルメニア(首都 Ерева́н)
⁂**а́рм|ия** [ア-ルミヤ][女9] 〔army〕 ①〖軍〗軍隊,軍;陸軍,軍:Росси́йская ~ ロシア軍 | Сове́тская ~ ソ連軍 | та́нковая ~ 戦車軍 | Кра́сная ~ 赤軍(1918 -46年) | пойти́ в ~*ию* 入隊する | призва́ть ᔔ в ~*ию* …を軍隊に召集する | служи́ть в ~*ии* 軍務に就く,兵役を勤める | коси́ть от ~*ии* 徴兵を逃れる | верну́ться из ~*ии* 軍役から戻る ②(共通特性をもつ)大集団: ~ чита́телей 読者大衆
**армре́стлинг** [сл] [男2] アームレスリング
**армя́к** -а́ [男1] (農民が着た厚ラシャ製の)外套
**армяни́н** 複-я́не, -я́н [男10] / **армя́нка** 複生 -нок [女2] アルメニア人
**армя́нский** [形3] アルメニア(人)の: ~ *язы́к* アルメニア語 | ~ *конья́к* アルメニア・コニャック ◆ *А~ пиро́жо́к* 〈隠〉薬莢の一種
**а́рника** [女2] ①〖植〗ウサギギク属: *сахали́нская ~* オオウサギギク ②〖医〗アルニカチンキ
⁂**арома́т** [男1] 〔fragrance, aroma〕 ①芳香,香り,香気 ②(特有の)香り,気品,趣き,風格:*духи́ с ~ом ро́зы* バラの香りのする香水
**ароматерапе́вт** [男1] アロマテラピスト
**ароматерапи́я** [女9] アロマテラピー
**ароматиза́тор** [男1] 香料,香味料
**аромати́ческий** [形3] = арома́тный: ~ *чай* ハーブティー
**арома́тичн|ый** 短 -чен, -чна [形1] = арома́тный ‖ ~**ость** [女10]
**арома́тн|ый** 短 -тен, -тна [形1] 香りのよい,芳香を放つ ‖ ~**о** [副]
**а́рочный** [形1] (< а́рка)アーチ形の
**арпе́джио** [副] 〈不変〉〖中〗〖楽〗アルペジオ,アルペッジョ

**арсена́л** [男1] ①兵器庫 ②貯え;(大量の)ストック;装備,大量 ‖ ~**ьный** [形1]
**Арсе́ний** [男1] アルセーニー(男性名;愛称 Се́ня)
**арт..** 〖語形成〗「砲」の「砲兵の」「芸術の」
**арта́читься** -чусь, -чишься [不完] ①(馬が)強情を張る,〖話〗(人が)言うことを聞かない,わがままを言う
**артезиа́нск|ий** [э] [形3] ■ ~ *коло́дец* 掘抜き井戸,自噴井 | ~*ая вода́* 被圧地下水,深井戸水 | ~ *пласт* 透水層
**арте́ль** [女10] ①(社会主義的集団経営のための)協同組合,アルテリ ②(肉体労働者の)同業組合 ③〖俗〗(人々の)一団 ‖ ~**ный** [形1]
**Артём** [男1] アルチョーム(男性名;愛称 Тёма)
**Арте́мий** [男1] アルテミー(男性名;愛称 Тёма)
**артериосклеро́з** [э][男1] 〖医〗動脈硬化(症)
**арте́ри|я** [э][女9] ①〖解〗動脈 ②重要な交通路;幹線パイプライン ‖ ~**а́льный** [形1]
**артефа́кт** [э][男1] (自然の物に対して)人工物,人為産物
**арти́кль** [男5] 〖文法〗冠詞
**арти́кул** [男1] (製品・商品の)型,種類;その番号,文字記号 ‖ ~**ьный** [形1]
**артикули́ровать** -рую, -руешь 受過 -анный [不完] 〖音声〗〈図〉調音する,発音する
**артикуля́ция** [女9] 〖音声〗調音(位置);〖楽〗アーティキュレーション ‖ ~**ио́нный** [形1]
*\***артиллери́йский** [形3] 〔artillery〕大砲の;砲兵(隊)の;砲術の
**артиллери́ст** [男1] 砲兵
*\***артилле́р|ия** [女9] 〔artillery〕 ①〖集合〗砲,大砲:*карма́нная ~* [男] (兵科としての)砲兵隊,砲兵 ③砲術 ◆ *тяжёлая ~* ~(1)〈戯〉(重機のように)動きの鈍い[腰の重い]人 ②奥の手,切り札
**арти́ст** [アルチ-ст][男1] / ~**ка** 複生-ток [女2] 〔artist〕 ①(舞台)芸術家,舞台人,芸能人,役者(胝駅): *арти́ст*とは舞台に立つ人一般を,*актёр, певе́ц* などは具体的な俳優・歌手を意味する): ~ *теа́тра* 劇場の俳優 | ~ *бале́та* バレエダンサー | ~ *эстра́ды* エンタテイナー,歌手 | *о́перный ~* オペラ歌手 | *драмати́ческий ~* 劇の俳優 | *цирково́й ~* サーカス団員 ②〖話〗〈B⃝〉〈ある分野の〉達人,名人: ~ *в своём де́ле* その道の大家 ■ **Заслу́женный** ~ 〖称号〗功労芸術家 | **Наро́дный** ~ 〖称号〗人民芸術家
**артисти́зм** [男1] 芸術的才能,能力;(芸術家の)妙技,名人芸
**артисти́ческий** [形3] ①芸術家の,芸能人の;芸術家特有の;俳優[芸能人]用の ②巧みな,名人芸の
**артисти́чный** 短 -чен, -чна [形1] = артисти́ческий②
**арти́стка** → арти́ст
**артишо́к** [男2] 〖植〗チョウセンアザミ,アーティチョーク の頭状花蕾(食用)
**артри́т** [男1] 〖医〗関節炎
**АРФ** [アェルエ-フ] 〖略〗Региона́льный Фо́рум АСЕАН ASEAN 地域フォーラム
**а́рфа** [女1] ①〖楽〗ハープ,竪琴 ②〈話〉穀粒選別機
**арфи́ст** [男1] / ~**ка** 複生 -ток [女2] ハープ奏者
**архаизи́ровать** -рую, -руешь 受過 -анный [不完・完] 〈図〉(文学・芸術分野で)…の古典(的手法)を模倣する ‖ ~**а́ция** [女9]
**архаи́зм** [男1] ①古語,擬古体,古風な表現 ②過去の遺物,昔の名残
**арха́ика** [女2] ①古代,古代性,古代に見られる特徴;〖蔑〗時代遅れ,「化石」 ②〈集合〉古代の遺物,遺品 ③〖古ギ・エジプト〗芸術様式発展の初期
**архаи́ческий** [形3] ①古代の,昔の ②古風な,古臭い,時代遅れの;廃れた

**архаи́чн|ый**短-чен, -чна [形1] = архаи́ческий② ∥**-ость** [女10]

**архалу́к** [男2] (昔の農民・商人の)裾の短い緩やかな男性用上衣

**арха́нгел** [男1] 〖宗〗大天使, 天使長

**Арха́нгельск** [男2] アルハンゲリスク(同名の州都) ∥ **арха́нгельск|ий** [形1] : *А-ая область* アルハンゲリスク州(北西連邦管区)

**архар** [男1] 〖動〗アルガリ(中央アジアなどの山地に生息する野生の羊)

**архе́й** [男1] 始生代 ∥ **~ский** [形3]

**археограф** [男1] 古文献学者

**археогра́фи|я** [女9] 古文献学 ∥ **-и́ческий** [形3]

**архео́лог** [男1] 考古学者

**археоло́ги|я** [女9] 考古学 ∥ **-и́ческий** [形3]

**архети́п** [男1] 原型, 元版, オリジナル;〖言〗祖形

**архи..** [接頭] ①「最も」「最大の」「最高の」② 〖宗〗「最高位の」「首…」「長」「大…」

*****архи́в** [アルヒーフ] [男1] 〔archive〕① 古文書館, 古文書[公文書]保管庫 ② (官庁の)文書課 ③ (機関・個人の活動の)記録, 資料集;〖IT〗アーカイブ, 圧縮ファイル ◆*сда́ть в ~* 〖話〗① 古い事, お払い箱にする, お蔵入りとする, 廃止する ② (人に)暇を出す ∥ **-ный** [形1]

**архива́риус** [男1] 古文書館員, 古文書保管者

**архива́ция** [女9] 圧縮, 記録;〖IT〗(ファイル・データの)圧縮

**архиви́ровать** -рую, -руешь 受過 -анный [不完・完] 保管[記録]する;〖IT〗〈ファイル・データ〉を圧縮する

**архиви́ст** [男1] / **~ка** 複生 -ток [女2] 古文書専門家

**архидиа́кон, архидья́кон** [男1] 〖宗〗助祭長, 大執事 ∥ 〖正教〗長輔祭

**архиепи́скоп** [男1] 〖正教〗大主教 ∥ **~ский** [形3]

**архиере́й** [男6] 〖正教〗高位聖職者(主教, 大主教, 府主教・総主教の総称) ∥ **~ский** [形3]

**архимандри́т** [男1] 〖正教〗掌院, 大修道院長

**архипела́г** [男2] 群島, 列島;群島のある海

**архитекто́н|ика** [女2] ①〖建〗建築様式;(建築物の)調和のとれたまとまり;〖文学・楽〗構成, 様式;調和のとれた作品構成 ②〖地〗地殻構造 ③〖医〗組織学 ∥ **-и́ческий** [形3]

*****архите́ктор** [男1] 〔architect〕 建築家 ∥ **~ский** [形3]

*****архитекту́ра** [女1] 〔architecture〕 建築;建築様式;建築学

*****архитекту́рный** [形1] 建築(様式)の;建築学の

**арши́н** [男1] アルシン(昔のロシアの長さの単位:0.711メートル, 16ヴェルショーク *вершо́к* に相当);アルシン尺 ②〖俗〗背の高い人 ◆*ме́рить на свой ~* 〖俗〗~を自分の尺度で測る;自分勝手に判断[評価]する | *как проглоти́л* 〖話〗体をぴんとする

**арши́нный** [形1] アルシンの ② 〖話〗非常に長い, 大きな

**ары́к** [男2] (中央アジアの)灌漑用の水堀

**арьерга́рд** [男1] 〖軍〗後衛 (↔ава́нгард) ∥ **-ный** [形1]

**ас** [男1] ① 敵機撃墜の名手, 戦闘機の名パイロット, (敵艦撃沈の)潜水艦長 ②〖転〗B面から〉名手, 達人

**асбе́ст** [男1] アスベスト, 石綿 ∥ **-овый** [形1]

**АСЕАН** [アシアーン] [男1] Ассоциа́ция госуда́рств Ю́го-Восто́чной А́зии ASEAN, 東南アジア諸国連合

**асе́птика** [э] [女2] 〖医〗無菌(法), 防腐(法), 消毒 ∥ **-и́ческий** [形3]

**асимметри́ческий** [形3] = асимметри́чный

**асимметри́чн|ый** 短-чен, -чна [形1] 非対称な, 不均整な ∥ **-ость** [女10]

**асимметри́я** [女9] 非対称, 不均整

**аске́т** [男1] 禁欲主義者;苦行者;行者

**аскет|и́зм** [男1] 禁欲主義 ∥ **-и́ческий** [形3]

**аскорби́нка** [女2] 〖話〗〖化〗アスコルビン酸

**аскорби́новый** [形1] : *-ая кислота́* 〖化〗アスコルビン酸(ビタミン C)

**асмоде́й** [男6] 非合法の高利貸し

**асоциа́льный** 短 -лен, -льна [形1] 反社会的な

*****аспе́кт** [アスペークト] [男1] 〔aspect, viewpoint〕①〖文〗見地, 見解, 視点 (то́чка зре́ния);面, 側面 (сторона́): *юриди́ческие и экономи́ческие ~ы* 法的および経済的観点 | *разли́чные ~ы междунаро́дного сотру́дничества с Росси́ей* ロシアとの国際協力の様々な様相 ② 〖植〗相観 ③〖言〗(動詞の)アスペクト, 体(たい) ◆*в ~е чё* …の見地[視点]から ∥ **-ный** [形1] <①

**аспектоло́гия** [女9] 〖言〗アスペクト論[研究]

**аспекту́ал|ьность** [女10] 〖言〗アスペクト性, アスペクト表現 ∥ **-ный** [形1]

**а́спид** [男1] ①〖動〗エジプトコブラ ②〖俗・罵〗卑劣な人, 極悪なやつ,「毒へび」の[旧]〖鉱〗粘板岩

**а́спидный** [形1] ① 石版(製)の ② 石版色の, 黒ずんだ

*****аспира́нт** [男1] / 〖話〗 **~ка** 複生 -ток [女2] 大学院生;(研究所の)特別研究生 ∥ **~ский** [形3]

*****аспиранту́ра** [女1] ① 大学院, 準博士(кандида́т)養成課程 ② 〖集合〗大学院生

**аспири́н** [男1] 〖薬〗アスピリン

**ассамбле́я** [女6] ① (国際機関の)総会 ②〖露史〗(ピョートル1世時代の)舞踏会 ■ **Генера́льная А~** 『Организа́ции Объединённых На́ций [ООН]』国連総会

**ассениза́тор** [男1] (都市屎尿(にょう)・汚水の)清掃夫 ∥ **~ский** [形3]

**ассениза́ц|ия** [女9] (都市の)環境衛生(下水対策, 汚水処理)が ∥ **-ио́нный** [形3]

**ассигнова́ние** [中5] (資金の)割り当て, 支出;割当金, 支出金

**ассигнова́ть** -ну́ю, -ну́ешь 受過 -о́ванный [不完・完] 〈資金を〉割り当てる, 支出する

**ассигно́вка** 複生 -вок [女2] 〖金融〗譲渡;譲渡証書

**ассимили́ровать** -рую, -руешь 受過 -анный [不完・完] 〈廻〉①(自国の文化・生活様式・言語などに)同化させる ②〖生理〗同化する, 吸収する **-ся** [不完・完] <①廻/同化する ② 〖不完〗〈受身〉

**ассимиля́ц|ия** [女9] ①(民族・文化・言語などの)同化 ②〖言〗(音の)同化 ③〖生理〗同化, 吸収 ∥ **-ти́вный** [形1]

*****ассисте́нт** [男1] / **~ка** 複生 -ток [女2] 〔assistant〕①(職名として大学の)助手, その職の人 ②(教授・医師などの)助手;試験官助手;アシスタント ③〖軍〗旗手補 ∥ **~ский** [ц] [形3]

**ассисти́ровать** -рую, -руешь [不完] 助手としての職責にある;〈廻〉の助手を務める

**ассона́нс** [男1] 〖詩〗母音韻, 母音反復法;その類韻

**ассорти́** [不変] [中] 詰め合わせ: *шокола́дное ~* チョコレートの詰め合わせ

**ассортиме́нт** [男1] 〔assortment, range〕(商品・製品の)種類, 品目, 品数;取りそろえ ∥ **-ный** [形1]

**ассоциати́вн|ый** 短-вен, -вна [形1] 〖心〗連想の, 連合の;② 連合の;③ 結合の ∥ **-ость** [女10]

*****ассоциа́ция** [アサツィアーツィヤ] [女9] 〔association〕 ① 会, 協会;協同組合 ② 〖化〗(分子の)会合 ③ 〖心〗連想, 連関, 連関 ④〖植〗群集, 群叢;〖天〗(星の)群集

■ **A~ госудáрств Юго-Востóчной Áзии** 東南アジア諸国連合, ASEAN (略 АСЕАН)

**ассоции́рованный** [形1]《政・経》付随する;準会員の

**ассоции́ровать** -рую, -руешь 受過 -анный [不完・完]〈кого́ с кем〉① 《心》結びつける, 連想させる ② 〈協会などに〉統合する　**~ся** [不完・完]〈с кем〉①《心》(連想によって)…と結びつく ②〈協会などに〉統合する《不完》[受身]

**Астанá** [女1] アスタナ (カザフスタンの首都)

**астени́ческий** [э] [形3]《医》無力(症)の; 虚弱体質の

**астени́чный** [э] 短 -чен, -чна [形1] = астени́ческий

**астени́я** [女9]《医》無力(症), 虚弱

**астеро́ид** [男1]《天》(主に火星と木星の軌道間にある)小惑星, 小遊星 ②《生》ヒトデ ③《数》アステロイド //**~ный** [形1]

**астигмати́зм** [男1] ①《医》乱視 ②《光》(レンズの)非点収差 //**-и́ческий** [形3]

**áстма** [女1]《医》喘息, (ぜん息)(★[см] と発音されることもある) //**-ти́ческий** [形3]

**астмáт|ик** [男2] /《話》**-и́чка** 複生 -чек [女2] 喘息患者(★[см] と発音されることもある)

**áстр|а** [女1]《植》キク科シオン属 (コンギク, ヨメナ, シオン, アスター) //**-овый** [形1]

**астрáльный** [形1]《文》星の; 神秘的な

**Астрахáнь** [女10] アストラハン (同名州の州都) /**астрахáнск|ий** [形3]: *А-ая óбласть* アストラハン州 (南部連邦管区)

**áстро..** (語形成)「星の, 天体の」「天文の」

**астро́лог** [男1] 占星家, 占星術師

**астроло́г|ия** [女9] 占星術 //**-и́ческий** [形3]

**астроля́бия** [女9]《天》アストロラーベ

**астронáв|т** [男1] /**~ка** 複生 -ток [女2] 宇宙航空学者 ②宇宙飛行士 (→космонáвт [比較])

**астронáвтика** [女2] 宇宙飛行; 宇宙航行学

**астроно́м** [男1] 天文学者

*__астроно́м|ия__ [女9] [astronomy] 天文学 //**-и́ческий** [形3]

**астрофи́зика** [女2] 天体物理学

**АСУ** [アスー] (略) **автоматизи́рованная систе́ма управле́ния** 自動制御装置

*__асфáльт__ [男1] [asphalt] アスファルト; アスファルトで舗装された道路

**асфальти́рова|ть** -рую, -руешь 受過 -анный [不完・完] 〔完は за~〕〈что́〉道路を〜; アスファルトで舗装する //**-ние** [中5], **асфальти́ровка** [女2]

**асфáльтов|ый** [形1] アスファルトの; [を含有する]; ◆ **-ая боле́знь** в [戯]…は「アスファルト病」だ(よく転ぶ人, 酩酊状態の時に転んでできたとか擦り傷)

**асфи́ксия**, [医]**асфикси́я** [女9] 仮死, 窒息

**асци́дия** [女9]《貝》ホヤ

**ась** [助]《俗》①(聞き返して)何?;何だって? ②(返事を促して)どう?;どうだね?

**Áся** [女5] [愛称] アーシャ (女性名; 愛称 Áсенька) ② 〔愛称〕 < *Анастаси́я*

**атав|и́зм** [男1]《生》隔世遺伝, 帰先遺伝, 先祖がえり //**-исти́ческий** [形3]

*__атáк|а__ [アターカ] [女2] [attack] ①(軍隊の)突撃, 襲撃, 急襲: подня́ться [пойти́] в ~у 突撃する | ~ на ви́рус ウイルスへの攻撃・ゲームなどでの攻め, ユリ: психи́ческая ~ 心理攻撃 ③(病気の)発作 ④《楽》アタック ◆ **мозгова́я ~** 問題の積極的検討, 熟慮

*__атакова́ть__ -ку́ю, -ку́ешь 受過 -о́ванный [不完・完] 〔attack, charge, assault〕〈кого́〉① …に突撃する, 襲撃する, 攻撃する ②《スポ》アタックする, 攻撃する ③《話》…にしつこく迫る　**~ся** [不完] [受身]

**атамáн** [男1] ①《史》(コサックの行政区・部隊の)長 ②《民話・詩》首領, かしら //**-ский** [形3]

**атáс** (学生・俗)《》① [間] 気をつけろ, 注意しろ, 逃げろ ②〈述語〉素晴らしい, すごい ◆ **стоя́ть на ~е** 注意を怠らない; 警戒している

**ата-тá** ◆ **дáть** [*сде́лать*] **~** [俗]〈кого́〉罰する, 厳しく叱責する

**атеи́зм** [э] [男1] 無神論 //**-исти́ческий** [形3]

**атеи́ст** [э] [男1] /**~ка** 複生 -ток [女2] 無神論者

*__ателье́__ [男1] (不変) [fr] [studio] ①《画家・彫刻家などの》アトリエ, 仕事場 ②仕立屋, 洋装店: заказáть пла́тье в ~ 洋装店でワンピースをオーダーメイドする

**атлáн|т** [男1] ◆ **A~** 《ギ神》アトラス (両肩と頭で天の蒼穹を支える) ②《建》男像柱, アトランティーズ

**Атлáнтика** [女2] 大西洋

**атланти́ческий** [形3] 大西洋の: ~ *лосóсь* [魚] タイセイヨウサケ

**áтлас** [男1] ①地図帳 ②(動植物の)図鑑 ③ **A~**《ギ神》 = атлáнт ■ **диалектологи́ческий ~**《言》方言地図 | **лингвисти́ческий ~**《言》言語地図

**атлáс** [男1] サテン, 繻子(しゅす)

**атлáсн|ый** 短 -сен, -сна [形1] ①サテンの[でできた] ②(サテンのように)つやのある, 滑らかな

**Атлáсские го́ры** (形3-女1) [複] アトラス山脈

**атле́|т** [男1] ①(力業をする)サーカスの芸人; 力持ち ②運動選手, 競技者, アスリート, スポーツマン

**атлети́зм** [男1] 筋骨隆々の美しい体格; (そのための)肉体訓練, ボディビル

**атле́т|ика** [女2] 体育実技, 運動競技: **лёгкая ~** 陸上競技 | **тяжёлая ~** 重量挙げ //**-и́ческий** [形3]

*__атмосфе́р|а__ [アトマスフェーラ] [女1] [atmosphere] ①《天》大気圏; 《気象》大気; (天体を取り巻く)ガス体 ②《話》空気, ③雰囲気 //**-и́ческий** [形3]

**атмосфе́рный** [形1] < атмосфе́ра >: ~ **фро́нт**《気象》前線 | **-ая о́птика**《気象》大気光学現象

**ато́лл** [男1]《地》環礁 //**~овый** [形1]

*__а́том__ [男1] [atom] ①《理・化》原子: ~ *ура́на* ウラン原子 ②微量のもの

**атомáрный** [形1]《理・化》原子の; 原子の形で存在する

**атом|и́зм** [男1], **-и́стика** [女2]《理・化》原子論, 原子説; 《哲》原子論 //**-исти́ческий** [形3]

**áтомка** 複生 -мок [女2]《話》原子力発電所

**áтомник** [男2]《話》①原子力研究者; 原爆使用賛成論者

**áтомн|ый** [形1] [atomic, nuclear] ①《理・化》原子の: ~ **вéс** 原子量 | **-ая фи́зика** 原子物理学 | **-ое ядро́** 原子核 ②原子力の; 核兵器の: **-ая бо́мба** 原子爆弾 | ~ **век** 原子力時代 | ~ **гри́б** (原爆の)キノコ雲 | ~ **по́греб** 核兵器貯蔵庫 | ~ **котёл** [**реа́ктор**] 原子炉 | **-ая электростáнция** 原子力発電所 (АЭС) | **-ая эне́ргия** 原子力エネルギー

**атомохо́д** [男1] 原子力船 //**~ный** [形1]

**áтомщик** [男2]《話》① = áтомник ②《蔑》核戦争支持者

**атонáльн|ый** [形1]《楽》無調の, 調性のない: **-ая мýзыка** 無調音楽 //**-ость** [女10]

*__атрибу́т__ [男1] [attribute] ①(通例複)《文》特性; 象徴的な付属物: **неотъе́млемый ~** 必須アイテム | **Музе́й собира́ет сва́дебные ~ы.** その博物館は婚礼用品を収集している ②《哲》属性; 《文法》修飾語(定語)

**атрибути́вн|ый** [形1]《文法》定語的, 修飾語的,

限定的: -*ые* отношéния слов 語の限定的結合
**атрибу́ция** [女9]①〖芸〗鑑定(真偽,作者など)②(博物館で収集品目の整理・展示の際の)属性情報の記述 ③〖心〗帰属理論
**а́триум** [男1]〖建〗アトリウム
**атропи́н** [男1]〖薬〗アトロピン
**атрофи́рованный** [形1] 萎縮した,退化した
**атрофи́роваться** -руется [不完・完] 萎縮する,退化する
**атрофи́я** [女9]①〖医〗(筋肉などの)萎縮 ②感覚喪失;(良心などの)麻痺
**АТС** [アテエース] (略) альтернати́вная торго́вая систе́ма 〖商〗(電子商取引の)代替取引システム; автомати́ческая телефо́нная ста́нция 〖通信〗自動電話交換局; авиацио́нно-техни́ческая слу́жба 航空技術課
**атта́чмент** [男1]〖IT〗添付ファイル
**аташе́** [不変][男1]①〖政〗(ある専門分野の)大〖公〗使館員,アタッシェ: ~ по вопро́сам культу́ры [по культу́ре] 文化担当官 ②вое́нный ~ 防衛駐在官 ③(国際会議・国際機関での)専門分野の政府代表,外交官補
**аташе́-ке́йс** [不変]-[男1] アタッシェケース
**аттенуати́в** [男1]〖言〗弱化相
*аттеста́т [男1]〔certificate〕①(中等教育の)卒業証書;成績証明書;資格証明書: ~ о сре́днем образова́нии 中等教育の卒業証書 ②〖軍〗(俸給・支給品の)受領証明書 ③〖動〗血統証明書 **//-ный** [形1]
**аттестацио́нн|ый** [形1] 称号〖資格〗を与える;評価〖評点〗を与える: -*ая* коми́ссия 審査委員会
**аттестова́ть** -ту́ю,-ту́ешь ①〈団に〉証明する,推薦する ②〈団に 圓という〉称号〖資格〗を与える ③〈団の〉学力を評価する,評点を付ける ◆~ *себя́* 自分を売り込む,自分の力量を披瀝(%)する **//**
**аттеста́ция** [女9]①(興行での)呼び物,アトラクション ②(通例複)(遊園地での)遊戯施設
**ату́** [間] ◆*А~ его́!* 捕まえろ(猟犬をけしかけて)
**а́ть-два́** [間]〖軍〗おいっち,にいち
**АТЭС** [アテエース] (略) Азиа́тско-Тихоокеа́нское экономи́ческое сотру́дничество アジア太平洋経済協力, APEC
**ау́** [間] おーい(森などで呼び合う声)
**аугме́нт** [男1]〖文法〗(印欧諸語で)動詞に付く接頭辞
**аудие́нц-за́л** [э] [不変]-[男1]〖公〗謁見の間
**аудие́нция** [女9]〖国家〗などとの公式な会見,接見,謁見: дать ~*ию* 謁見を許す | получи́ть ~*ию* у 団 …に謁見する
**а́удио..** [造成] 「オーディオの」「音声の」
**аудиовизуа́льный** [形1]〖話〗視聴覚の: -*ое* образова́ние 視聴覚教育
**аудиоза́пись** [女10] オーディオ録音(したもの)
**аудиокассе́та** [女1] オーディオカセットテープ
**аудиокни́га** [女1] 朗読録音本,オーディオブック
**аудиоме́трия** [女9]〖医〗聴力検査(法)
**аудиопла́та** [女1]〖コン〗サウンドカード
**аудиоплёнка** 複生-нок [女1] 音声〖録音〗テープ
**аудирова́ние** [中5]〖教育〗ヒアリング,リスニング ②会計監査(аудит)
**ауди́т** [男1] 会計検査
**ауди́тор** [男1] 会計検査官;検査役 **//~ский** [形3]
*аудито́р|ия [女9]〔auditorium〕①(大学の)教室,講義室,大教室(↔класс) ②〖集合〗(講義・報告などの)聴衆,聴講者: широ́кая ~ (専門外の)一般の聴衆 **//-ный** [形1] <①

**ау́кать** [不完] / **ау́кнуть** -ну,-нешь 命-ни[完];一回(話) おーい(ау́)と叫ぶ **//-ся** [不完];一回(話) ((圓と))互いにおーい(ау́)と呼び合う ②(完)(圓に)悪い影響がある〖現れる〗
**аукцио́н** [男1] ①競売,オークション;入札: стать победи́телем ~*а* 落札する | прода́ть 団 с ~*а* …をオークションで売る | вы́ставить 団 на ~ …を出品する ②(遊び形式で行われる,青年労働者の)生産合理化競争 **//-ный** [形1] <①
**аукциони́ст, аукционе́р** [男1] 競売人
**аул́** [男1] (カフカス・中央アジアなどの)村,部落;(遊牧民の)テント村 **//-ный** [形1]
**а́ура** [女1]〖医〗前兆, オウラ; その際の覚醒〖恍惚〗感
**а́ут** [男1]〖スポ〗アウト; ノックアウト
**аутенти́ческий** [形3]〖文〗= аутенти́чный
**аутенти́ч|ный** [э] 短-чен, -чна [形1] 真正の; 原文に即した,正式の **//-ость** [女10]
**аути́зм** [男1]〖医〗自閉症
**аутоге́нный** [形1] 自生の,自発的な;〖医〗内生的な
**аутоиммуни́тный** [形1]〖医〗自己免疫の
**аутопси́я** [女9] 死体解剖,検死
**аутотре́нинг** [男2] 自己トレーニング; 自律訓練法
**аутса́йдер** [э] [男1] ①〖商〗アウトサイダー ②〖スポ〗最下位のチーム〖選手〗; ダークホース ③社会通念〖常識〗にとらわれない人
**афа́зия,** 〖医〗**апази́я** [女9] 失語症
**афали́на** [女1]〖動〗バンドウイルカ
**аф-а́ф** [間] (幼児)犬,わんわん,わんちゃん
**Афга́н** [男1] (俗) = Афганиста́н ②**а~**〖動〗アフガン・ハウンド
**афга́н|ец** -нца [男3] / **-ка** 複生 -нок [女2] ①アフガニスタン人 ②(通例複)(話)アフガニスタン戦争(1979-89年)からの帰還兵
**Афганиста́н** [男1] アフガニスタン(首都は Кабу́л)
**афга́нск|ий** [形3] アフガニスタン(人)の ■-*ая* борзая́〖動〗アフガン・ハウンド
**афе́ра** [女1] いんちき仕事〖取引〗; 詐欺
**афери́ст** [男1] / **-ка** 複生-ток [女2] 詐欺師, ペテン師
**Афи́ны** Афи́н [複] アテネ(ギリシャの首都)
*афи́ш|а [女1]〔poster, placard〕(催し物の)ポスター,貼り紙,ビラ: театра́льная ~ = ~ теа́тров 劇場の演目のポスター **//-ный** [形1]
**афиши́ровать** -рую,-руешь [不完] 宣伝する
**афори́зм** [男1] アフォリズム, 警句, 金言, 格言 **//-исти́ческий** [形3], **-исти́чный** [形1]
**афрази́йский** [形3] = áфро-азиа́тский
*А́фрика [女2] 〔Africa〕アフリカ ■ Экватори́альная ~ 赤道アフリカ | Ю́жная ~ アフリカ南部
**африка́анс** [男1] アフリカーンス語
**африка́нер** [男1] アフリカーナー(南ア生まれの白人)
**африка́н|ец** -нца [男3] / **-ка** 複生-нок [女2] アフリカ人
**африкани́стика** [女2] アフリカ学〖研究〗
**африка́нск|ий** [形3] ①アフリカ(人)の, アフリカに関する ②燃えるような, 熱烈な: -*ая* жара́ 猛烈な暑さ | -*ая* кровь 激烈な気性 ■-*ое* де́рево〖植〗アフリカンメープル ■-*континент* アフリカ大陸
**а́фро-азиа́тский** [ц] [形3] アフロ・アジアの
**афроамерика́н|ец** -нца [男3] / **-ка** 複生 -нок [女2] アフリカ系アメリカ人 **//-ский** [形3]
**Афроди́та** [女1]〖ギ神〗アフロディーテ(愛と美の女神)
**аффе́кт** [男1] 興奮; 〖医・心・法〗(一時的な)錯乱状態 **//-и́вный** [形1]
**аффекта́ция** [女9] 意図的わざとらしさ, 気取り
**аффекти́рованный** [形1] わざとらしい, 気取った
**а́ффикс** [男1] 〖言〗接辞(接頭辞, 接尾辞など) ②

**аффилиация**

{数}付随値 **//-а́льный** [形1]
**аффилиа́ция** [女9]《政・経》① 提携, 合併 ② 加入, 加盟
**аффили́рованный** [形1]《政・経》提携[合併]した, 傘下の, 支配の
\***ах** [間][助] [ah!, oh!] ①《驚き・喜び・感嘆・悲嘆・慎慨》ああ, まあ, いやはや《強意》(思い出して)ああそうか | *Ах вот как!* あーそうですか | *Ах как жа́рко!* 全く暑いなぁ ② **а́хи** -ов[複] áx という叫び声 (áханье)
**а́ханье** [中4]《話》áx と叫ぶこと; その声
\***а́хать** [不完]/**а́хнуть** -ну, -нешь [命-ни] [一回] ①《話》áx と叫ぶ; 鋭い大きな音を出す ②《完》[終] (音を立てて・急に) 殴る
**ахилле́сов** [形10] アキレスの: ~*а пята́* アキレスの踵(かかと); 唯一の弱点, 急所
**ахи́ллов** [形10]: ~о *сухожи́лие*《解》アキレス腱
**ахине́|я** [女6]《話》でたらめ, ナンセンス: *нести́* [*поро́ть*] —*ю* でたらめを言う
**Ахмаду́лина** [女姓] アフマドゥーリナ(Бе́лла Аха́товна, 1937-2010; 詩人; 「雪解け」世代の象徴的存在)
**Ахма́това** [女姓] アフマートヴァ(А́нна Андре́евна~, 1889-1966; 詩人; 連作詩『*Ре́квием*』『レクイエム』)
**а́ховый** [形1]《俗》① 驚くべき, ありそうもない ②《物が》悪い, ひどい ③《人が》手の付けられない, 腕白
**ахромати́ческий** [形3] 無色の
**ахтерште́вень** [з; ж] [男5]《海》船尾材
**ахти́** [間]・俗《強い不安・心配・悔やみ・驚き》あっ; *не* — (*как*, *како́й*) ①あまりよくない ②《他の修飾語を修飾して》それほど…ない
**а́хтунг** [男2]《ネット》注目, ノシ(コメントへの注意喚起)
**ацета́т** [男1]《化》アセテート, 酢酸塩 **//-ный** [形1]
**ацетиле́н** [男1]《化》アセチレン **//-овый** [形1]
**ацето́н** [男1]《化》アセトン **//-овый** [形1]
**Ашгаба́д** [男1] = *Ашхаба́д*
**ашу́г** [男2] (主にカフカス地方の) 吟遊詩人
**Ашхаба́д** [男1] アシガバット(トルクメニスタンの首都)
**аэра́|ция** [女2] (土壌・水などを)空気にさらすこと, 通風, 換気 **//-ио́нный** [形1]
**аэро..** [語形成] 「航空の」「空気の」
**аэро́бика** [女2] エアロビクス / **аэро́бн|ый** [形1]: —*ая гимна́стика* エアロビクス運動
**аэро́бус** [男1] エアバス
**аэровокза́л** [男1] エアターミナル; そのビル **// ~ный** [形1]
**аэро́граф** [男1] エアブラシ
**аэродина́мика** [女2] 空気動力学
\***аэродро́м** [アエラドローム] [男1] [aerodrome] 飛行場: *на* ~ 飛行場で | *гражда́нский* [*вое́нный*] ~ 民間 [軍用] 飛行場 **// ~ный** [形1]
**аэрозо́ль** [男5] エアロゾル, エアゾール, 噴霧剤
**аэрокосми́ческий** [形3] 航空宇宙の
**аэро́лог** [男2] 高層気象学者
**аэроло́г|ия** [女9] 高層気象学 **//-и́ческий** [形3]
**аэромеха́ника** [女2] 空気力学
**аэро́н** [男1] 乗り物酔い止め薬 [錠剤]
**аэрона́вт** [男1]《文》(気球の) パイロット(воздухопла́ватель)
**аэрона́втика** [女2] 航空学; 飛行術
\***аэропо́рт** [アエラパールト] 前 *об -е*, *в -ý* [男1] [airport] 空港: *междунаро́дный* [*вну́тренний*] ~ 国際空港 | *встре́титься в ~ý*〈人を〉空港で出迎える | *вы́лететь из ~а* 空港を離陸する | *прибы́ть в* ~ 空港に到着する **//**

~**о́вый** [形1], ~**о́вский** [形3]
**аэроса́ни** -е́й [複] プロペラ(付き)そり
**аэросни́мок** -мка [男2] 航空写真
**аэроста́т** [男1] 気球 **//-ный** [形1]
**аэроста́т|ика** [女2] 気体静力学 **//-и́ческий** [形3]
**Аэрофло́т** [男1] アエロフロート・ロシア航空
**аэрофотосъёмка** 複生 -мок [女2] 航空写真測量
**аэроэкспре́сс** [男1] アエロエクスプレス(ロシア主要都市の都心と空港を結ぶ高速鉄道); **A~** その会社
\***АЭС** [アエース]《略》*а́томная электроста́нция* 原子力発電所
**аятолла́** (女1変化) [男]《イスラム》アヤトラ(シーア派などで最高指導者)

# Б б

**б** (通例母音で終わる語の後で)《話》= бы
**б.**《略》*бы́вший*
**ба́** [間] 《何かを思い出して; 驚いて》あっ
\***ба́ба** [女1] ①《俗》既婚の農婦 《小春日和》 ②《幼児》ばあば, おばあちゃん(ба́бушка) ③《俗》妻;《戯・蔑》女 ④ (雪・石でできた) 像: *ка́менная* ~ 石像 | *сне́жная* ~ 雪だるま ⑤《機》(殴打系工作機械の) 対象に打ち当たる部分 ⑥ 円錐形のパン菓子: *ро́мовая* ~ ラム酒を使ったケーキ
**баба́х** [間]《話》《擬音》ドスン, ドン, バン(重いものの転倒, 落下, 発砲など)
**баба́хать** [不完] / **баба́хнуть** -ну, -нешь [命 -ни] [完]《話》音を立ててぶつかる [落ちる]
**Ба́ба-Яга́** [女2] 《昔話》ヤガー婆さん(妖婆)
**бабби́т** [男1] 錫 [鉛] の合金
**бабёнка** 複生 -нок [女2]《俗》若く元気な女性
**ба́б|ий** [形1]《< ба́ба》(既婚の)農婦の, 女の: ~ *век* 《戯》女性の人生で最も美しい時期 | —*ьи ска́зки* [*спле́тни*] 信じがたいこと, ふざけたこと
■ **ба́бье ле́то** (1) (秋の初めごろの) 小春日和 (2) 【暦】バービエ・レータ(8月上旬に一気に涼しくなった気候に暖かさが一旦戻り, 女たちが衣出しなどをしたことから) | **Ба́бьи ка́ши** (1)《民俗》妊産婦のカーシャの日 (1月8日 [旧暦12月26日]; 産婆と妊産婦にカーシャを振る舞って祝う; スラヴ人の祝日); **Ба́бий день** とも (2)《正教》生神女(しょうしんじょ)の出産お披露目の集い(*Собо́р Пресвято́й Богоро́дицы*) | **молодо́е —*ье ле́то*** バービエ・レータ前半 (8月21[旧暦8]日 — 9月14[旧暦1]日) | **ста́рое —*ье ле́то*** バービエ・レータ後半 (9月14[旧暦1]日 — 21[旧暦8]日)
**ба́бк|а** 複生 -бок [女2] ① おばあさん(ба́бушка) ② ひざの上の関節;その部分の骨 (遊びに使われる) ③《複》《俗》お金 (де́ньги): *де́лать* —*и* もうける | —*и подби́ть*《俗》総計する
**ба́бник** [男1]《俗》女たらし
**ба́бонька** 複生 -нек [女2]《話》《愛称》< ба́ба, ба́бка①
\***ба́бочка** [女2] [butterfly] ①《昆》チョウ ②《話》蝶ネクタイ (*галсту́к-*~)
**бабу́ин** [男1]《動》キイロヒヒ
**бабу́лька** 複生 -лек [女2], **бабу́ля** [女5], **бабу́ся** [女5]《愛称》< ба́бушка
**бабу́ш|и** -бу́ш [複][単 -а][女4] 柔らかい履物, (モロッコの) バブーシュ, スリッパ
\***ба́бушк|а** [バーブシュカ] 複生 -шек [女2] [grandma] 祖母;《呼びかけ》おばあさん;《俗》産婆 ◆ — *на́двое сказа́ла* まだわからない, 何とも言えない | *Расскажи́ э́то свое́й —е.* 誰がそんなのを信じるものか, 嘘をつけ

**//бáбушкин** [形11] 祖母の

**бабьё** [中4] 《俗》《集合》既婚の農婦, 女ども

**Бавáрия** [女9] バイエルン (ドイツ南部の州)

**баг** [男2] 《IT》バグ, プログラム上のミス

*__багáж__ [バガーシ] -á [男2] 《baggage, luggage》《単》①《集合》(旅客) 手荷物: ручнóй ~ (飛行機の機内持ち込み手荷物) — о́м 手荷物で, 荷物として | сдавáть в ~ 手荷物として預ける ②(知識・経験などの)蓄積: пополня́ть [увелúчивать] ~ 知識を増やす | жить стáрым —о́м 古い知識のままで活動する ③《旧》《軍》(軍の) 輜重

**багáжный** [形1] , -ая квитáнция 手荷物引換証

**багáжник** [男2] (自動車の)トランク; (オートバイ・自転車の)荷台 **//-чек** [男2] [指小]

**багатéль** [女10] 《楽》バガテル

**багги** (不変) [男1] バギー, バギーカー

**Багдáд** [男1] バグダード (イラクの首都)

**багéт** [男1] (絵画などの)装飾が施された額

**багóр** -грá [男1] , 鈎竿 (ざ)

**багрéц** -á [男3] 赤紫色, 深紅色

**багрóво..** 《語形成》「赤紫色の」「深紅の」

**багрóвый** [形1] 赤紫色の, 茜 (あか) 色の, 赤黒い

**багранéть** [不完]《文》赤紫色[深紅]になる

**багрянéц** -нцá [男3]《文》赤紫色, 深紅

**багря́ник** [男2] 《植》ハナズオウ属

**багряни́ца** [女3] 《史》緋衣

**багря́ник** [男2] 《植》カツラ属

**багряно..** 《語形成》「赤紫色の」「深紅の」

**багря́ный** 短 -я́н [形1] 《文》赤紫の, 深紅の (багрóвый)

**багýльник** [男2] 《植》①イソツツジ属 ②(極東ロシアで)ツツジ属;エゾムラサキツツジ

**БАД** [バート]《略》биологи́чески акти́вная добáвка 栄養補助食品, サプリメント

**бадáн** [男1] 《植》ヒマラヤユキノシタ属

**бадéйка** 複生 -éек [女3] 《話》[指小] < бадья́

**бадминтóн** [男1] 《スポ》バドミントン **//~ный** [形1]

**бадминтони́ст** [男1] **/-ка** 複生 -ток [女2] バドミントン選手, バドミントンをする人

**бадья́** [女8] 手桶, たらい

**бадьян** [男1] 《植》トウシキミ; スターアニス, 八角 (香辛料)

**бадя́га** [女2] 《俗》= бодя́га

*__бáз|а__ [バーザ] [女2]《base, basis》①基底, 基礎, 土台, 礎: материáльная ~ 物質的基礎 ②本拠地, 根拠地, 拠点: сырьевáя ~ 原料本拠[産地] | энергети́ческая ~ エネルギー供給源 ③倉庫, 貯蔵施設: овощнáя ~ 野菜貯蔵所 ④《軍》基地 (воéнная ~): воéнно—морскáя ~ 海軍基地 ⑤《スポ》ベース, キャンプ: тури́стская ~ ツーリストキャンプ ⑥《IT》データベース: ~ дáнных データベース ⑦《数》底辺 ⑧《化》塩基 ♦**на** -е [в] ...に基づいて | **подводи́ть** -y **под** ~ 基礎を築く

**базáльт** [男1]《鉱》玄武岩 **//~овый** [形1]

*__базáр__ [男1]《market》①(南ロシア・近東の定期的・祝日前に立つ)市, 大売出し, バザー (ры́нок): благотвори́тельный ~ 慈善バザー | кни́жный ~ в НОВОГÓДНИЙ ~ 正月用品市 | купи́ть мя́со на ~ 市場で肉を買う ②《単》《俗》騒ぎ声; おしゃべり; 大混乱, ごたごた: устрóить [поднимáть] ~ 大騒ぎする • пти́чий ~ (海岸の)海鳥の大営巣地

**базáрчик** [男2] 《話》 [指小]

**базáр|ить** -рю, -ришь [不完] **/за-** [完]《俗》①バザーで物を売る ②《話》騒々しくまくしたてる

**базáрн|ый** [形1] ①市の, 市場の: ~ день 市の立つ日 ②無作法な, 下品な: -ая бáба 《俗》がなり立てるがさつな女

**Бáзедов** [形10] : Б—а болéзнь 《医》バセドウ病 (甲状腺機能亢進症の一種)

**Бáзель** [男1] バーゼル (スイスの都市)

**базили́к** [男2] 《植》バジル, バジリコ

**бази́лика, базили́ка** [女2] バジリカ建築

**бази́рован|ие** [中5] < бази́ровать(ся) ■ ракéта назéмного [морскóго] —ия 地上[海上] 発射ミサイル

**бази́ровать** -рую, -руешь 受過 -анный [不完] 《文》①《на прен》...に基礎を...の上に置く ②《на прен》...を...に基づかせる: ~ промы́шленность на мéстном сырье́ 産業基盤を現地の資源に置く ③《軍》基地を置く

**бази́роваться** -руюсь, -руешься [不完] 《на прен》①《文》...に基づく,...に自らの基礎を置く; ...を根拠とする ②《軍》基地を置く

*__бáзис__ [男1] (basis) ①《建》礎石, 基礎, 土台 (бáза) ②基礎, 根拠 ③《経・哲》下部構造 (↔ надстрóйка); 基盤, 土台 ④《測量》基線; 《数》底線 **//~ный** [形1] (社会の)下部[基礎]構造の, 下部構造に関する

*__бáзов|ый__ [形1] (basic) ①基礎の, 基幹の, 基本の: ýровень 基礎レベル ① —ые óтрасли промы́шленности 基幹産業 ②《軍》基地の: ~ лáгерь 基地, キャンプ

**базýка** [女2] バズーカ砲

**бáиньки** (不変) [間] 《幼児》寝る, おねんねする

**бай, бай-бáй** [間] ①ねんねんころり (子守歌の繰り返しの部分) ②《幼児》おねんね(する)

**байбáк** -á [男2] ① 《動》ボバクマーモット ② 《話》動きの鈍い怠け者; 独り身の人

**байбáчество** [中1] 怠惰な生活

**байдá** [女1] 《俗》ばかげたこと, たわ言 (ерундá, чушь)

**байдáр|ка** 複生 -рок [女2] カヌー, カヤック **//-очный** [形1]

**байдáрочни|к** [男2] **/-ца** [女3] カヌーをする人, カヌー愛好者, カヤック選手

**бáйер** [男1]《経》バイヤー, 仕入れ係

**бáй|ка** 複生 бáек [女2] ①《話》作り話, 面白いがあり得そうもない小話 (бáсня) ②毛羽立たせた綿布の一種

**Байкáл** [男1] バイカル湖 **//б—ьский** [形3]

**Байконýр** [男1] バイコヌール (カザフスタンにある宇宙開発基地)

**байрáм** [男1]《イスラム》バイラム (祭日の一つ): Уразá— ~ ラマザン・バイラム (断食月の終わりを祝う) | Курбáн— ~ クルバン・バイラム, 犠牲祭

**байрон|и́зм** [男1] バイロン主義 (失望や悲観を特徴とする) **//-и́ческий** [形3]

**байстрю́к** -á [男2] 《旧》非嫡男, 婚外の子

**байт** 複生 -ов/байт [男1] 《IT》バイト (データの単位)

**бáйховый** [形1] ~ чай 乾燥茶葉

**бак** [男2] (tank, cistern) ①タンク, 水槽: водонапóрный [нефтянóй, бензи́новый] ~ 貯水[石油, ガソリン]タンク ②《海》船のデッキ先端部分 **//~овый** [形1]

*__бакалáвр__ [男1]《bachelor》①学士号; その所持者, 学士 ②(フランスで)バカロレア (中等学校を卒業し, 大学入学資格を持っているか)

**бакалавриáт** [男1] 学士課程; そのコース (ロシアでは3年制, 日本や欧米では4年制)

**бакалéйщик** [男2] 食料雑貨商

*__бакалéя__ [女2]《groceries》《集合》(乾燥) 食料品, 乾物 (好) (お茶, コーヒー, 小麦粉, 干し菓子など) **//-ный** [形1]

**бакаýт** [男1]《植》グヤック, ユソウボク

**бакели́т** [男1] ベークライト (熱硬化性樹脂)

**ба́кен** [男1] (浅瀬・航行箇所を知らせる)ブイ, 浮標
**бакенба́рды** -ба́рд [複] 頬ひげ
**ба́кенщик** [男2] ブイ (ба́кен)を監視[管理]する人
**ба́ки** ба́к [複]《話》(短い)頬ひげ (бакенба́рды)
**баки́нский** [形3] < Баку́
**баккара́** (不変) [中] バカラ(高級クリスタルの一種); その製品 ② [形] バカラで作られた ③ [女]《トランプ》バカラ
**бакла́га** [女2] 小さく平らな水筒 **//бакла́жка** 複生-жек [女2]《話》[指小]
**баклажа́н** [男1] [植]ナス **//~ный** [形]
**бакла́н** [男1] [鳥]鵜; 《複》ウ属 **//~овый** [形]
**бакла́нить** -ню, -нишь [不完]《俗》声を上げる, たわ言を言う
**баклу́ша** [女4] 小物を作るための木片 ◆**би́ть ~и**《話》無為に[だらだら]過ごす
**ба́ксы** -ов [複]《俗》米ドル
**бактериа́льный** [е/э] [形1] バクテリア[細菌]の
**бактерио́лог** [е/э] [男2] 細菌学者
**бактериоло́гия** [е/э] [女3] 細菌学
**//бактериологи́ческ//ий** [形3] : **-ое ору́жие** 生物兵器
**бактериофа́г** [е/э] [男2]《生・医》バクテリオファージ, ファージ (細菌を死滅させるウイルス)
**бактерици́д** [е/э] [男1] [医] 殺菌性のある物質 (アルコールや抗生物質など)
**бактерици́дн//ый** [е/э] [形1]《生・医》細菌を殺菌する, 殺菌性の **//~ость** [女5]
***бакте́р//ия** [е/э] [女9] 複побес-рии/-рий [bacterium]《生・医》バクテリア, 細菌 (микро́б); ばいきん: **патоге́нные [болезнетво́рные] ~ии** 病原菌 **| уничто́жить ~ии** 殺菌[滅菌]する
**Баку́** (不変) [男] バクー(アゼルバイジャンの首都)
**Баку́нин** [男姓] バクーニン (Михаи́л Алекса́ндрович ~, 1814-76; 革命家, 無政府主義者; 第一インタナショナル参加)
**бакши́ш** [男1]《旧・戯》賄賂, 袖の下
***ба́л** 前 о-е, на-у́ 複-ы́ [男1] [ball] 舞踏会 : **выпускно́й ~** 卒業式後のダンスパーティー | **да́ть [устро́ить] ~** 舞踏会を開く | **пригласи́ть** 囡 **на ~** ～を舞踏会に招待する ◆**~ пра́вит** 囲 (皮肉) …が取り仕切っている | **Ко́нчен ~.** 一巻の終わりだ | **попа́сть с корабля́ на ~**《文・戯》(1)長期間の休みから突然祝宴に出席することになる (2)状況が急速に変化する ■**~-маскара́д** 仮面舞踏会
**балабо́л** [男1] = балабо́лка
**балабо́лить** -лю, -лишь [不完]《俗》<無補語>〖囡〗無駄話をする
**балабо́лка** 複生-лок (女2変化) [男・女]《俗》= болту́н[1]
**балага́н** [男1] ① (コミカルな演劇・曲芸から成る)大衆劇 (市や祭りで催す) ② 《話》ふざけた[ふまじめな]行為 ③ (旧)仮設小屋, (仮設の)見せ物小屋 **//~чик** [男2]《話》[指小・愛称] **//~ный** [形1]
**балага́нить** -ню, -нишь [不完]《話》道化をする, ばかなまねをする
**балагу́р** [男1]《話》陽気でおしゃべりな人, 道化者
**балагу́рить** -рю, -ришь [不完]《話》陽気に冗談交じりにおしゃべりをする **//~ство** [中1]《話》
**балака́ть** [不完]《方》ぺちゃくちゃしゃべる, おしゃべりをする
**балала́ечни//к** [男2] **/-ца** [女3] バラライカ奏者
***балала́й//ка** 複生-а́ек [女2] [楽]バラライカ(ロシアの民俗撥弦楽器) **//-ечный** [形1]
**бламу́т** [男1] 騒動を起こす人, トラブルメーカー; 騒ぎの種
**баламу́тить** -у́чу, -у́тишь [不完]; **вз~** 受過-му́ченный [完]《話》〖囡〗①〈水・液体を〉濁らせる ②混乱させる, 騒動を起こす
**бала́нда** [女1]《俗》①薄くてまずいスープ ②たわ言
***бала́нс** [男1] [balance] ① バランス, 釣り合い ② (経・商)収支, (収入と支出の)差額, バランス; 国際収支; 帳尻; 貸借対照表 ③ (プリペイド携帯電話サービスなどの)残高 **//-овый** [形1]
**балансёр** [男1] 軽業師(ロープ, ボールなどの上で曲芸をする)
**баланси́р** [男1] ① (綱渡りでバランスをとるための)竿 (棒) ②[機] (時計などの)平衡装置 ③[海] (船のバランスを保つ)おもり, バラスト ④シーソー (遊具)
**баланси́рова//ть** -рую, -руешь [不完]; **с~** 受過-анный [完] ① 〈на -чём〉で /〈между -чем〉バランス[平衡]を保つ ② 〈綱渡り・玉乗りなどの〉曲芸を披露する ③《機》〈囡〉〈船・機械などの〉バランスを保つ: балансирующая доска́《海》(船のバランスを保つ)おもり, バラスト ④〈на -чем/между -чем〉〈2つの状態の間で〉揺れる: **~ на гра́ни жи́зни и сме́рти** 生死の境をさまよう | **~ на гра́ни войны́** (戦争をちらつかせて)瀬戸際外交を進める **//-ние** [中5]
**балансиро́вка** [女2] (船・機械などの)バランスをとる[保つ]こと
**бала́хон** [男1] 長くゆったりした上着
**балда́** (女1変化)[男・女]《俗・罵》ばか, とんま ②[女]《旧》大槌, ハンマー ③[女]《俗》頭 ◆**без -ы́**《俗》冗談でなく, まじめに
**балдахи́н** [男1] (玉座・ベッドなどの)天蓋
**балдёж** -джа́ [男4]《俗》歓喜, 大喜び **//~ный** [形1] すごくよい
**балде́ть** [不完]《俗》① 恍惚となる; (酒・麻薬などで)意識が朦朧となる ② 楽しむ
**балери́на** [女1] バレリーナ (★男性は арти́ст бале́та, танцо́вщик)
**балеру́н -а́** [男1] 《戯・皮肉》バレエダンサー
***бале́т** [バリェート] [男1] [ballet] (舞台芸術の)バレエ; バレエの公演; バレエ団: **арти́ст ~а** (男性の)バレエダンサー | **соли́ст ~а** バレエ団のソリスト | **биле́т на ~** バレエのチケット | **му́зыка к ~у** バレエ音楽 | **смотре́ть ~** バレエを見る | **танцева́ть в ~е** バレエを踊る | **пойти́ [пое́хать] на ~** バレエを見に行く ■**~ на льду́** アイスショー **//-ный** [形1] バレエの
**бале́тки** -ток, -ткам [複]《話》バレエシューズ
**балетме́йстер** [е/э] [男1] バレエの振付師[演出家] **//-ский** [形3]
**балетома́н** [男3] **/-ка** 複生-нок [女2] 熱狂的なバレエファン
**ба́л//ка** 複生-лок [女2] ①[建]梁, 桁(けた) ②窪地, 干上がった河床 (胡床) **//-очный** [形1]
**балкани́стика** [女2] バルカン学
**балка́нский** [形3] バルカン(半島)の ■**Б~ полуо́стров** バルカン半島 | **Б~ языково́й сою́з** [言] バルカン言語連合
**Балка́ны** -ка́н [複] バルカン山脈[半島]
**балка́р//ец** -рца [男3] **/-ка** 複生-рок [女2] バルカル人 (Каба́рдино-Балка́рия の主要構成民族) **//-ский** [形3]
***балко́н** [バルコーン] [男1] [balcony] バルコニー; [劇] (舞台正面の張り出した)階上席 **//-ный** [形1]
***ба́лл** [男1] [mark, point] ① (風・地震などの)等級, 風力: **ве́тер в пять ~ов** 風力5 | **землетрясе́ние си́лой (в) четы́ре ~а** 震度4の地震 ② (学校の)評価, 点数; 〔スポ〕得点, (体操などの)評価点; (買い物の際に付く)ポイント: **проходно́й ~** 合格点 | **получи́ть хоро́ший ~** いい点をもらう | **набра́ть наибо́льшую су́мму ~ов** 最高得点を取る
**балла́да** [女1]【文学】(歴史的・伝説的題材による)叙情詩, 叙事詩; [楽] (その性格を持つ)独奏[独唱]曲

**-ный** [形1]

**балла́ст** [男1] ① (船・気球を安定させる)荷, バラスト ② 《文》不必要に負担をかけるもの ③ 《鉄道》(枕木の下に敷く)砕石, 砂利 **∥~ный** [сн] [形1]

**балли́стик** [男1] 弾道学専門家

**балли́стика** [女2] 弾道学 **∥-и́ческий** [形3]

**ба́ловый** [形1] <ба́л

**балло́н** [男1] ① (気体・液体などの)ボンベ ② (自動車・自転車の)タイヤ ③ 《航空》(気球の)気嚢 **∥~ный** [形1]

**балло́нчик** [男2] 《話》護身用スプレー

**баллоти́ров|ать** -лю́юсь, -лу́ешься 受 過 -анный [不完] 《文》秘密[無記名]投票で選ぶ ◆ **~ся** [不完] [身受] **∥-ние** [中5]

**баллоти́ровка** [女1] 秘密投票, 表決 **∥баллотиро́вочный** [形1]: ~ бюллете́нь 投票用紙 | ~ я́щик 投票箱

**ба́ловень** -вня [男2] ①甘やかされている人, 気に入られている人 ②《俗》いたずら好きな人

**бало́вни|к** -а́ [男2] **/-ца** [女3] 《話》いたずら好きな人, いたずらっ子

**баловство́** [中1] ①甘やかすこと ②悪戯, 悪ふざけ

**бало́к** -лка́ [男2] (シベリア・極北地方の)掘っ立て小屋

*Балти́йск|ий** [形3] [Baltic] バルト海[バルチック]の ■ **Б~ флот** バルチック艦隊 | **Б~ое мо́ре** バルト海 | **~ие языки́** バルト語派

**Ба́лтика** [女2] ①《話》バルト海, バルト海沿岸 ②ロシアのビール会社; その銘柄

**Ба́лтия** [女2] バルト諸国

**балы́к** -а́ [男2] チョウザメなどの塩漬け[燻製, 天日干し]された背の部分 **∥~о́вый** [形1]

**ба́льза** [女1] 《植》バルサ

**бальза́ковский** [形3] バルザックの: ~ во́зраст (女性の)30代

**бальза́м** [男1] ①バルサム, 香油 (軟膏, 香水, 化粧品, 工業用) ②(香草の入った)果実酒, 薬草酒 ◆ **пролива́ть ~ на́ душу** 心を和ませる, 慰める **∥бальза́мный** [形1]: **-ое де́рево** バルサムを分泌する(亜)熱帯の木

**бальзами́н** [男1] 《植》ホウセンカ **∥~овый** [形1]

**бальзами́р|овать** -рую, -руешь [不完・完] [完には **за-**] 〈死体に〉防腐処置を施す **∥-ние** [中5]

**бальзами́ческий** [形3] バルサム(бальза́м)の ②心地よい香りの

**бальне́о..** [語形成] 「温泉の」「鉱泉の」「鉱泥の」

**бальнеоло́гия** [女9] 温泉研究[学], 鉱泉治療学 **∥бальнеологи́ческий** [形3]: ~ куро́рт 温泉地, 温泉郷

**ба́льный** [形1] <ба́л

**БАМ** [バーム] (不変) 《話》男1 女1 [変化し] [女] バム (バイカル・アムール)鉄道 (Байка́ло-Аму́рская магистра́ль)

**бамбу́к** [男1] 竹, 竹林 **∥бамбу́ковый** [形1]: ~ медве́дь ジャイアントパンダ

**ба́мпер** [男1] (自動車の)バンパー **∥~ный** [形1]

**бан** [男1] 《話》《IT》《口》(チャット・ゲーム・フォーラムなどへの)参加の)禁止; (サイトの)検索システムのリストからの排除

**бана́льность** [女10] 月並なこと [表現, 思想]

*бана́льный** 短 -лен, -льна [形1] [banal] 月並な, 独創性のない

**бана́льщина** [女1] 《話・蔑》月並な表現

*бана́н** [男1] [banana] バナナ; バナナの木 **∥~овый** [形1] バナナ(の木)の; 《俗名》バショウ科

**Бангко́к** [男1] バンコク(タイの首都)

**Бангладе́ш** [男4] バングラデシュ (首都は Да́кка)

**бангладе́ш|ец** -йца [男2] **/-ка** 複生 -шек [女2] バングラデシュ人

**бангладе́шский** [形3] バングラデシュ(人)の

*ба́нда** [女1] [band, gang] ギャング団, ならず者集団, 不良武装集団

**банда́ж** -а́ [男4] ①《医》コルセット, サポーター ②《機》(強度向上・磨耗減少のための)金属製の輪 **∥~ный** [形1] <②

**банда́на** [女1] (頭に巻く)バンダナ

*бандеро́ль** [э] [女10] [wrapper] (印刷物郵送で用いる)帯封, 開き封; 書籍簡易小包郵便物

**ба́нджо** (不変) [中] 《楽》バンジョー

*банди́т** [男1] **/-ка** 複生 -ток [女2] [bandit] 《話》不良武装集団 (ба́нда) のメンバー, ならず者; 《軍》武装勢力の構成員 **∥~ский** [形3]

**бандити́зм** [男1] 不良武装集団 (ба́нда) による犯罪行為

**банди́тствовать** [ц] -твую, -твуешь [不完] 暴れまわる

**банду́ра** [女1] ①《楽》バンドゥーラ(ウクライナの民俗多弦楽器) ②《俗》かさばる荷物

**бандури́ст** [男1] **/-ка** 複生 -ток [女2] バンドゥーラ奏者

**ба́н|ить** -ню, -нишь [完] **за-** 受 過 -ненный [完] 《話》《IT》《口》〈チャット・ゲームなどへの参加を〉禁止する; 〈サイトを検索システムのリストから排除する

*ба́нк** [バーンク] [男1] [bank] ① [金融] 銀行: госуда́рственный ~ 国立銀行 (略 Госба́нк) | комме́рческий ~ 商業銀行 | довери́тельный ~ 信託銀行 | ~ ге́нов 遺伝子バンク | ~ да́нных [информа́ции] データベース, データバンク | ~ (до́норской) кро́ви 血液銀行 | опера́ции ~а 銀行取引業務, 事務 | ~ де́лать вклад [положи́ть де́ньги] в ~ 銀行に預金する | откры́ть счёт в ~е 銀行に口座を開設する | снять вклад в -е 銀行から預金を下ろす
②〈トランプ〉銀行賭博; (胴元の)掛け金
■ **Б~ Росси́и** ロシア銀行(ロシアの中央銀行) | **Всеми́рный ~** 世界銀行 | **Междунаро́дный ~ реконстру́кции и разви́тия** 国際復興開発銀行 | **Б~ междунаро́дных расчётов** 国際決済銀行

*ба́нка** [バーンカ] 複生 -нок [女2] [jar, can] ①瓶, 缶: консе́рвная ~ 缶詰 | ~ варе́нья [с варе́ньем] ジャムの瓶 ②《俗》酒瓶の1瓶; ビールのジョッキ ③《通信複》吸い球, 吸角 ④《複》(手足の)筋肉 ⑤《サッカー・ホッケー》ゴール ⑥《海》浅瀬, 礁 ⑦船の漕ぎ手の席

*банке́т** [バンキェート] [男1] [banquet] (ディナーの)祝宴, 晩餐会, 宴会パーティー: дать [организова́ть, устро́ить] ~ 晩餐会を催す | в честь встре́чи ~ 歓迎会を開催する | проща́льный ~ 送別会 **∥банке́тный** [形1]: **зал** 宴会場

**банке́тка** 複生 -ток [女2] (背もたれのない, クッション付きの)スツール

**ба́нкинг** [男2] 《金融》銀行業務, バンキング

**банки́р** [男1] 銀行の大株主

**банки́рск|ий** [形3]: ~ дом = **-ая конто́ра** (民営の)銀行

**банкно́т** [男1], **-а** [女1], 紙幣

*ба́нковск|ий** [形3] [bank] 銀行の: **-ая кни́жка** 銀行通帳 | **-ая систе́ма** 銀行システム | ~ счёт 銀行

**ба́нковый** [形1] < банк

口座 | ～ аккредити́в 巡回(銀行)信用状 | ～ креди́т банковский ローン | ～ сотру́дник(служащий) 銀行員 | -ие биле́ты 紙幣, 銀行券(банкно́ты) | -ое де́ло 銀行業 | ～ перево́д 銀行振替 | ～ проце́нт 利率

**ба́нковый** [形1] < банк

*ба́нкома́т [男1] [cash machine] 現金自動預け払い機, ATM (ба́нковский автома́т)

*банкро́т [男1] [bankrupt] 破産者, 倒産した企業 // **～ский** [ц] [形3]

**банкро́тить** -о́чу, -о́тишь [不完] [金融] <обр> 破産させる

**банкро́титься** [不完] -о́чусь, -о́тишься / **о-** [完] ① 破産(倒産)する ② 無力になる, 失敗に終わる, (論理などが)すたれる

*банкро́тство [ц] [中1] [bankruptcy] 破産, 倒産, 破滅, 破綻: потерпе́ть ～ 破産する, 破綻する

**ба́нная** (形1変化) [女名] 浴室

**ба́ннер** [э] [男1] [IT] バナー広告

**ба́нник** [男2] [スラヴ神] バンニク (ба́ня の精) [妖怪]

**ба́нный** [形1] < ба́ня ◆ **приста́ть как ～ лист** (俗)しつこく付きまとう

**ба́ночка** 複 -чек [女2] [指小] < ба́нка

**ба́ночный** [形1] < ба́нка

**бант** [男1] リボン, ちょう結び // **ба́нтик** [男2] [指小]: гу́бки ～ом 突き出した[すぼめた]唇

**ба́нту** (不変) [複] バントゥー語群；バントゥー系民族

**ба́нщи|к** [男2] / **-ца** [女3] バーニャ(ба́ня)の接客係

*ба́ня [女5] [bath, bathhouse] ①(ロシア式)サウナ, バーニャ, 風呂；風呂小屋；(話)入浴: пойти́ в ～ю к ба́не (себе́) | до (по́сле) -и 入浴前(後)に | туре́цкая ～ ハマム, トルコ式風呂 | фи́нская ～ サウナ ②(湯・蒸気による)暖房(加熱)(装置) ◆ **зада́ть(устро́ить) ～ю** [与]-у ①…を強くしかりつける ②…をひどく殴る // **ба́нька** 複 -нек [女2] [話] [指小]

**баоба́б** [男1] [植] バオバブ // **～овый** [形1]

**бапти́зм** [男1] [キリスト] バプテスト派の教義

**бапти́ст** [男1] / **-ка** 複 -ток [女2] バプテスト派の信者 // **～ский** [сс] [形3]

**баптисте́рий** [й] [男7] 洗礼堂

*бар¹ [ба́р] [男1] [bar] ① バー, 酒場；(バーの)スタンド, カウンター ② 酒瓶を置く棚 ③ 沿岸の浅瀬

**бар²** 複生 бар [男1] バール(気圧の単位)

*бараба́н [男1] [drum] 太鼓, ドラム；[機・建] ドラム(円筒形・多面体の構造物)/[解] 鼓室(бараба́нная 〜 = больша́я ～)太鼓: би́ть в ～ 太鼓を打つ // **～ный** [形1]

**бараба́нить** -ню, -нишь [不完] / **про-** [完] ① 太鼓[ドラム](бараба́на)を叩く(演奏する) ② < 与 по 与 > …を続けざまに叩く ③ <対>ピアノを(下手に大きな音で)弾く ④ (話) <対> (大声でたて続けに)話す, 読む

**бараба́нщи|к** [男2] / **-ца** [女3] 鼓手；ドラマー

**бараба́лька** 複生 -лек [女2] (黒海などに棲む) ハゼ科の一種

**бара́к** [男2] 仮小屋, 簡易宿舎, バラック

*бара́н [男1] [sheep] ①[動] 雄羊(↔овца́)；山岳羊, 羊毛, 羊の毛皮 ② 頑固者, 愚か者 ◆ **смотре́ть как на но́вые воро́та** [与] 呆然として…を見る | **ста́до ～ов** (俗・蔑) 烏合の衆 | **Верне́мся к на́шим ～ам.** 本題に戻ろう // **бара́ний** [形9]: -ья голова́ (俗) ばか者

*бара́нина [女1] [lamb] (子)羊肉, マトン

**бара́нк|а** 複生 -нок [女2] ① 環型のパン ② (話)(自動車の)ハンドル: сиде́ть за -ой ハンドルを握る, 車を運転する | крути́ть -у 車を運転する；運転手をする ③ (話) (スポ) 0点

**барахли́ть** -ли́т [不完] [俗] (機械・心臓などが)うまく働かない, 動かない

**барахло́** [中1] (俗) (集合) がらくた

**бараха́лка** 複生 -лок [女2] (俗) がらくた(小物)市

**барахо́льный** [形1] (俗) つまらない, 取るに足らない

**барахо́льщик** [男2] (話) ① 古物商 ② 拝物主義者

**бара́хтаться** [不完] (話) (倒れて・水中で) もがく

**бара́шек** -шка [男2] [指小] < бара́н ① (話) 子羊 (ягнёнок) ② 子羊の毛 ◆ **～ в бума́жке** [旧] 賄賂

**бара́шки** -ов [複] 泡立つ小さな波；小さな綿雲

**бара́шковый** [形1] 子羊の皮でできた

**барбари́с** [男1] [植] メギ属, バーベリー(赤い実から作る飴が有名) // **～овый** [形1]

**барбекю́** (不変) [中] バーベキュー

**барбо́с** [男1] ① 番犬 ② (俗) 粗野な男

**барви́н|ок** -нка [男2] [植] ツルニチニチソウ属 // **-ковый** [形1]

**баргузи́н** [男1] [気象] バルグジン(バイカル湖中部に吹く山おろし)

**бард** [男1] ①(ケルトの)吟遊詩人 ②(主に叙事詩を作る)詩人 ③ シンガーソングライター

**барда́** [女1] 酒かす

**барда́к** -á [男1] (俗) 混乱, ごたごた；(俗) 売春宿

**бардачо́к** -чка́ [男2] グローブボックス

**ба́рдовский** [形1] (楽) シンガーソングライター(ба́рд)の: -ая пе́сня 自作の弾き語りの歌

**барелье́ф** [男1] [美] 薄肉彫(↔горелье́ф)

**Ба́ренцево мо́ре** [中10] [地ソ] バレンツ海

**ба́ржа** 複生 барж, **баржа́** 複生 -е́й [女4] 平底の舟, だるま船；艀(はしけ)

**барйба́л** [男1] [動] アメリカグマ

**ба́рий** [男7] [化] バリウム(記号 Ba) // **-иевый** [形1]

**ба́рин** 複 ба́ре/бары, ба́р, ба́рам [男1] (露史) (革命前) 地主, 貴族特権階級の人, 高官；そのように振る舞う人 ◆ **держа́ть себя́ ～ом** 尊大に振る舞う | **жи́ть ～ом** (話) 優雅ににんのびり暮らす | **ле́зть в ба́ры** (俗) ～om 上がろうとする | **сиде́ть ～ом [как ～]** 人を働かせて自分は安閑としている

**бари́т** [男1] [鉱] 重晶石(バリウムの原料となる)

**барито́н** [男1] [楽] バリトン；バリトン歌手；バリトンの音域の楽器 // **-ный** [形1]

**баритона́льный** [形1] (楽) (声が) バリトンに近い

**ба́рич** [男4] ① ((露史) (革命前) 貴族(ба́рин) の) その子ども ②(話・蔑) 仕事を他人に押しつけて何もしない人

**барк** [男2] バーク(帆船)

**ба́рка** 複生 -рок [女1] (木製の) 艀(はしけ)

**баркаро́ла** [女1] [楽] バルカロール, 舟歌

**барка́с** [男1] ①(港湾内の輸送を行う) ランチ, 小型船 ② 大型漕艇船

**баркенти́на** [女1] バーケンティン(帆船)

**ба́рмен** [е/э] [男1] / **-ша** [女4] ① バーのオーナー ② バーテンダー // **～ский** [形3]

**Барна́ул** [男1] バルナウル(アルタイ地方の首府；シベリア連邦管区)

**ба́рный** [形1] < бар¹: -ая сто́йка バーカウンター

**баро..** (語形成) 「圧力の」

**баро́граф** [男1] 自動気圧記録装置

**баро́|кко** (不変) [中] バロック様式 // **-чный** [形1]

**баро́метр** [男1] ① (露史) バロメーター, 晴雨計 ② 指標, バロメーター // **-и́ческий** [形3]

**баро́|н** 男爵(の爵位)；その爵位を持つ人 // **～ский** [形3]

**бароне́сса** [э] [女1] 男爵の妻, 男爵の娘

**баронéт** [э] [男1] 準男爵(英国の最下級爵位)
**барóнство** [中1] 男爵領
**бáрочный** [形1] 艀(はしけ)(бáрка)の
**барóчный** [形1] バロック様式(барóкко)の
**барráж** -a/-á [男4] 《軍》①防空気球, 阻塞気球(敵機の飛来を阻止する) ②哨戒飛行 ③(山間部で豪雨から鉄道を守るための)障壁
**барражи́ровать** -рую, -руешь [不完] 《軍》(戦闘機が)哨戒する, パトロールをする
**барракýда** -/-á [女5] 《魚》カマス属
**бáррель** [男5] バレル(容量の単位)
**баррикáда** [女1] バリケード **/-ный** [形1]
**баррикади́ровать** -рую, -руешь [不完]/**за-** 受動-анный [完] 〈図〉①バリケードで封鎖する ②《完》(重く大きなもので)さえぎる, ふさぐ
**баррикади́роваться** -руюсь, -руешься [不完]/**за-** ①バリケードで封鎖してたてこもる ②《完》(重く大きなもので)ふさがれる
**баррé** [不変] [中] 《楽》(ギターなどの)バレー, セーハ
**барс** [男1] 《動》ユキヒョウ **//-овый** [形1]
**барсéтка** 複生 -ток [女2] = борсéтка
**бáрский** [形1] < бáрин
**бáрственный** 短 -ен, -енна [形1] ①貴族の ②尊大な, 横柄な
**бáрство** [中1] ①貴族的ない弱さ[怠惰さ] ②他人に対する尊大で見下した態度 ③《旧》《集合》貴族
**бáрствовать** -твую, -твуешь [不完] 物に不自由なく貴族らしく暮らす
**барсýк** -á [男2] 《動》アナグマ **//-чий** [形9]
**бáртер** [э] [男1] 《経》物々交換, バーター **//-ный** [形1]
**бархáн** [男1] バルハン砂丘, 三日月形砂丘
**бáрхат** -a/-у [男1] ビロード, ベルベット
**бáрхатец** -тцы [男3] 《植》マリーゴールド; 《複》コウオウソウ属
**бархати́стый** 短 -и́ст [形1] ビロードのように柔らかい
**бáрхатка** 複生 -ток [女2] ビロードのリボン
**бáрхатный** [形1] ①ビロード(бáрхат)の ②軟らかい, 心地よい: ～ сезóн (南ロシア保養地の)初秋 ③平和的方法で行われる, 衝突や混乱のない
**бархáтка** 複生 -ток [女2] = бáрхатка
**барчýк** -á [男2], **барчóнок** -нка 複 -чáта, -чáт [男9] 《話》①《旧》貴族家庭の男の子 ②《蔑》お坊ちゃん
**бáрщина** [女1] ①(農奴制下で)地主の土地への強制労働, 賦役 ②《話》苦しく退屈な仕事
**барь́іга** (女2変化)[男・女] 《俗》《蔑》ブローカー, 投機家, 売人
**бáрыня** [女5] ①《露史》《革命前》(地主・貴族の)奥様(★男は бáрин); 上流階級の婦人 ②《楽・舞》バールィニャ(ロシア農民の古い民謡, 踊り) **//-ька** 複生 -нек [女2] 〈卑称〉
**бары́ш** -á [男4] 《話》利益, もうけ
**бары́шник** [男1] 《話》ブローカー, 仲買人
**бары́шнический** [形1] 利益をもたらす, 実入りのいい
**бары́шня** 複生 -шень [女2] ①《露史》《革命前》(貴族の)未婚の娘 ②《話》(苦労・労働とは無縁の)お嬢様
*__барьéр__ [男1] [barrier] ①柵, 遮断機; 《スポ》(競技で)ハードル, 障害物 ②(心理的・抽象的な)壁, 障害: взять ～ 障害を乗り越える[取り除く] ③《旧》(決闘で)2人を分ける線: вызывáть [стáвить] 図 «к ～у [на ～]» 他を決闘に挑む[呼び出す]
**барьери́ст** [男1] /~ка 複生 -ток [女2] ハードル選手
**барьéрный** [形1] < барьéр: ～ риф 沿岸の珊瑚礁 | ～ бег 《スポ》ハードル競技

**бас** 前 о -е, в -е/-ý 複 -ы́ [男1] 《楽》①バス ②バス歌手 ③低音の(管[弦])楽器, ベース
**бас-гитáра** [女1] ベースギター
**бас-гитари́ст** [不変] [男1] ベースギター奏者
**бáсенка** 複生 -нок [女2] [指小] < бáсня
**бáсенный** [形1] 寓話(бáсня)の
**баси́ст** [男1] /~ка 複生 -ток [女2] ベース奏者
**баси́стый** 短 -и́ст [形1] 声の低い, 低音の
**баси́ть** башý, баси́шь [不完]/**про-** [完] 《話》〈図〉無補語〉低音で話す[歌う]
**баск** [男2] /-**óнка** 複生 -нок [女2] バスク人
**бáскский** [形1] バスク(人, 語)の
*__баскетбóл__ [男1] [basketball] 《スポ》バスケットボール: игрáть в ～ バスケットをする **/~ьный** [形1]
**баскетболи́ст** [男1] /~ка 複生 -ток [女2] バスケットボール選手
**бáсма** [女1] 髪の染料
**басмá** [女1] 金属に装飾を施す技術 **//бáсменный** [形1]
**басмáч** -á [男4] バスマチ蜂起参加者
**басмáчество** [中1] バスマチ運動[蜂起](1920年代初頭に中央アジア各地で起きた反ソヴィエト運動)
**баснопи́сец** -сца [男3] 寓話作者
**баснослóвный** 短 -вен, -вна [形1] 信じがたいほどの, あり得ないような
*__бáсня__ 複生 -сен [女5] [fable, fairy story] ①寓話, 寓話詩 ②《話》作り話; 《複》無駄なおしゃべり
**басови́тый** 短 -и́т [形1] = баси́стый
**басóвый** [形1] バス[低音部]の: **~ ключ** ヘ音記号
**басóк** -скá [男2] 《話》《楽》弱く柔らかいバス, 低音
*__бассéйн__ [э/э] [バシェーヌ, セー] [男1] [pool, basin] ①プール ②内湾, (川の)流域; (海の)沿岸, 海域: Дальневостóчный ～ 極東海域 | Каспи́йский ～ カスピ海海域 | Азóво-Черномóрский ～ アゾフ・黒海海域 ③鉱物の埋蔵地 **//-овый** [形1]
**бáста** [間] 《話》十分だ, うんざりだ
**бастáрд** [男1] ①《生》(種間の)雑種 ②《史》(中世ヨーロッパで国王などの)庶子, 非嫡出(ひちゃくしゅつ)子
**бастиóн** [男1] (古代の)要塞, 砦 **//-ный** [形1]
**бастовáть** -тýю, -тýешь [不完] ①ストライキをする ②《話・戯》拒否する
**бастурмá** [女1] 《料理》半生スパイシー干し肉
**бастýющий** (形容動化) [男1] ストライキ参加者
**бат** [男1] バーツ(タイの通貨単位)
**баталúст** [男1] 戦争画家
**батáлия** [女6] ①《旧》争い, 戦い, 闘争 ②《話・戯》(騒々しい)口げんか, バトル
**батáльный** [形1] 戦争を描く: ～ жанр 《美》戦争画
*__баталь́óн__ [ё] [男1] [battalion] 《軍》大隊; 隊伍 **~ный** [形1] 大隊の | **-ный командúр** 大隊長
**баталéец** -лéйца [男3] 《話》砲兵
*__батарéйка__ [バタレーイカ] 複生 -éек [女2] [battery] 《話》電池, 乾電池 **//-ечный** [形1]
*__батарéя__ [バタレーヤ] [女6] [radiator, battery] ①《軍》砲兵中隊, 砲台 ②《電》ラジエーター, バッテリー: ～ паровóго отоплéния スチーム暖房のラジエーター ③同じ物の多数 **//-йный** [形1]
**батáт** [男1] 《植》サツマイモ
**бáтенька** -нек (女2変化)[男] 《話》①《旧》お父様 ②《男性への愛情こもった呼びかけ》ねえ, あなた
**бáтик** [男2] バチック(東南アジアの布の染色法; その染色された布)
**батискáф** (自走式)[男1] 海底探査艇
**бати́ст** [男1] バチスト(高級な木綿または麻の布) **//~овый** [形1]

**батисфе́ра** [女1] 潜水球(海底探査用装置)
**ба́тник** [男1] 折襟のシャツ
**бато́г** -á ﾉﾚ -и́/-á [男2] 棒、杖
*****бато́н** [男1] [loaf] 棒状のパン(菓子) **// ~чик** [男1]
**бато́**[ｧ] 〈指小〉チョコバー
**батра́**[к -á [男2]/**~чка** 複生 -чек [女2] 小作農
**батра́чество** [中1] ①小作農の仕事 ②《集合》小作農
**баттерфля́й** [э] [男6] 《スポ》バタフライ(泳法)
**бату́т** [男1] トランポリン **//~ный** [形1]
**батути́ст** [男1] トランポリン競技者(トルコ・カフカス・中央アジアで)英雄
**баты́р** (女5女化)[男1]
**ба́тька** 複生 -тек (女2女化) [男] 《俗》おやじ、おっとっ (оте́ц) ②《蔑》司祭、神父、坊主
**ба́тюшка** -шек(女2女化)[男] ①〈旧〉《民話・詩》おやじ、おとう (оте́ц): бы́ть [пойти́] в -у 父親似である | по -е 父称で (по о́тчеству) ②《話》《敬意を込めて》司祭様、神父様 ③〈旧〉《男性への親愛の情を込めて》ねえ ◆**Б-и мой!** 《話》〈驚き・喜び〉おや
**ба́т**[я (女5女化)[男] [指小] ①おやじ、とうさん ②《老人へ親しみを込めて》ねえ ③《俗》司祭、神父 ④軍の司令官
**ба́уэр** [男1] 《フィギュアスケート》バウアー
**бау́л** [男1] 旅行用のトランク; 衣装ケース
**ба́х** [間] 《話》①《擬音語》ドサッ、バタン、ガチャン(急激な強い低音) ②《述語》ドサッ[バタン、ガチャン]と動きがする ③そう思いきや、ということがどっという(急激な状況変化)
**ба́хать** [不完]/**ба́хнуть** -ну, -нешь 命 -ни [完] 《話》①(鋭く短く途切れる低い音で)鳴る ②〈俗〉(音を立てて)投げる、ぶつける
**ба́хаться** [不完]/**ба́хнуться** -нусь, -нешься [完] 《話》(音を立てて)落ちる
**бахва́**[л [男1]/**~ка** 複生 -лок [女2] 《話》自慢話ばかりする人、自慢屋
**бахва́литься** -люсь, -лишься [不完] 《話》自慢話をする **//бахва́льство** [中1] 自慢話
**бахи́л**[ы -хи́л [複] 〈単 -а [女1]〉①(脚が腿まである)皮製のブーツ ②(靴の上に履く)覆い、カバー
**ба́хнуть**[ся] [完] → ба́хать[ся]
**Бахре́йн** [男1] バーレーン(首都は Мана́ма)
**бахр**[ома́ [女4] ①(衣類の袖や裾・ショール・カーテンなどの)ひも状の縁飾り ②《話・戯》衣服の裾、袖のほつれ **//-о́мка** 複生 -мок [女2] 《話》[指小・愛称]
**бахро́мчатый** 短 -ат [形1] ひも飾りのある、ひも飾りに似た
**Ба́хус** [男1] 〈ロ神〉バッカス(豊穣・ぶどう酒・酩酊の神)
**бахча́** 複生 -че́й [女4] (メロン・ウリなどの畑) **//бахчево́й** [形2]
**бахчево́д** [男1] メロン[ウリなど]を栽培する人
**бахчево́дство** [ц] [中1] メロン[ウリなど]の栽培
**ба́ц** [間] 《話》= ба́х
**ба́цать** [不完] 《話》= ба́хать
**баци́лла** 複生 -и́лл [女1] ①〈医〉桿菌、バチルス(赤痢菌・大腸菌・結核菌など) ②〈IT〉コンピュータウイルス
**бациллоноси́тель** [男5] (桿菌の)保菌[感染]者
**ба́чки** -чек, -чкам [複] 〈指小・愛称 < ба́ки〉頬ひげ
**бачо́к** -чка́ [男2] 《話》〈指小・愛称 < ба́к〉小タンク
**ба́ш ◆ ~ на ~** 〈俗〉1つに対し1つで、おまけなしで
**ба́шенка** 複生 -нок [女2] 〈指小 < ба́шня〉①
**ба́шенный** [形1] < ба́шня
**башибузу́к** [男2] 〈旧・話〉強盗、悪党
**башка́** [女4] 〈俗〉脳天、どたま ★ 単用法は голова́ に準ずる ②(ある性質の)人: у́мная ~ 頭のいい[賢い]人
**башки́р** 複生 -ки́р [男1]/**~ка** 複生 -рок [女2] バシキール人 **// ~ский** [形3]

**Башки́рия** [女9] = Башкортоста́н
**башкови́тый** [形1] 《話》賢い、頭の切れる
**Башкортоста́н** [男1] バシコルトスタン共和国(Респу́блика ~; 首都は Уфа́; 沿ヴォルガ連邦管区)
**ба́шли** -ле́й [複] 〈隠〉金、銭
**башлы́к** -á [男2] (帽子の上に着用する)防寒頭巾
**башма́к** -á [男2] ①(通例短)短靴 ②(柱・マストなどの土台・(カメラの)ホットシュー、ソケット ③〈鉄道〉手歯止め、輪止め ◆ **под ~о́м быть [находи́ться] у** 〈話〉(夫が)〈妻から〉尻に敷かれている | **держа́ть под ~о́м** 〈話〉(妻が)〈夫を〉尻に敷いている **// башма́чный** [形1] **башмачо́к** -чка́ [男2] [指小] 〈話〉
**башма́чник** [男1] 〈旧〉靴職人 ②〈鉄道〉手歯止めをかませる係り
*****ба́шня** [バーシニャ] 複生 -шен [女5] [tower, turret] ①塔、タワー: タワー状のもの: Э́йфелева ~ エッフェル塔 ②〈軍〉砲塔: броневáя ~ 装甲砲塔 ③《話》高層建築、(超)高層ビル ◆ **~ из слоно́вой ко́сти** 象牙の塔(現実からかけ離れた憧れの塔)
**башта́н** [男1] 〈方〉= бахча́ **//~ный** [形1]
**ба**ю́**кать** [不完]/**у-** [完] 〈徐〉無補語〉子守歌を歌う; 子守歌で〈子どもを〉寝かしつける; 落ち着かせる
**бая́н** [男1] 〈楽〉バヤン(大型のボタン式アコーディオン) = боя́н **//~ный** [形1]
**баяни́ст** -а [男1]/**~ка** 複生 -ток [女2] バヤン奏者
**бде́ть** (1人称なし) бди́шь [不完] 〈旧〉①寝ずに起きている ②絶えず注意して監視[観察]する **// бде́ние** [中5]: всено́щное ~ 終夜祈祷〈リ〉式(всено́щная)
**бди́тельн**[ый 短 -лен, -льна [形1] 警戒を怠らない、用心深い、油断しない **//-ость** [女10] 警戒心、用心
**бе** [э] [不変][中] 羊の鳴き声 ◆ **ни бе ни ме́ (ни кукаре́ку)** 〈俗〉ちんぷんかんぷん、全くわからない
**бе-бе́** [間] 〈幼児〉いや、やだやだ; 嫌なもの
*****бег** 前 о е-, на -ý 複 -á [男2] [running, race] ①走ること、走り: ランニング: бы́стрый ~ 速く走ること: лёгкий на -ý (動物などが)足の速い[足どりの軽い] | на -ý 走りながら; 大急ぎで | в -áx 忙しく走り回って ②(乗り物・風・時・時間などの)速い動き、移動、移り変わり、速度、速いスピード: на всём [по́лном] -ý 高速で、全速力で(走りながら) ③〈数〉走ること、移動、進行、競走: ~ на сто́ ме́тров 100メートル走 ④《複》競馬; (動物による)レース、犬ぞりレース; 《話》そのレース場、競馬場: игра́ть на -áx レース賭博をする ⑥〈軍〉〈旧〉逃走 ◆ **~ на ме́сте** 駆け足での足踏み; 結果の伴わない活動 ■ марафо́нский ~ マラソン | **~ на дли́нные [коро́ткие] диста́нции** 長[短] 距 離 走 | **~ на конька́х** スピードスケート | **~ с препя́тствиями** 障害物競争 | **~ трусцо́й** ジョギング
**бе́ганье** [中4] 走ること、奔走すること
*****бе́гать** [ビェーガチ] [不完] [不定] [定 бежа́ть] [run] ①(人・動物などが)走り回る、ランニングする: ~ в саду́ [по са́ду] 公園の中を走る | ~ по ле́су 森の中を走る | ~ трусцо́й ジョギングする | ~ на лы́жах [коньках́] スキー[スケート]競争する 〈обычно с ...〉〈от〉...を避ける、... から逃げる; 奔走する ③(杙(°)・眼球が)せわしく動き回る ④《俗》〈за〉...に付きまとう、〈女性に言い寄る〉; 〈カモを〉探す、盗む: Он за ней бе́гает. 彼は彼女の尻を追い回している
**бегемо́т** [男1] 〈動〉カバ
**беги́** [命令] < бежа́ть
**бегле́ц** -á [男3]/**бегля́нка** 複生 -нок [女2] 逃亡[脱走]者; 家出人
**бе́гло** [副] ①流暢に、滑らかに ②ざっと、ぞんざいに
**бе́гл**[ый 短 бегл [形1] ①逃亡[脱走]した ②滑らかな、流暢な ③ぞんざいな、雑な ■ **-ые гла́сные** 〈文法〉出没母音

**бегля́нка** →бегле́ц
**бегово́й** [形2] (速く)走るための; (競技としての)競争用の — *-ы́е коньки́* [лы́жи] スピードスケート [スキー]
\***бего́м** [副] [running] 走って ◆~ *бежа́ть* 全速力で走る
**бего́ни|я** [女9] [植] シュウカイドウ属, ベゴニア // *-иевый* [形1]
**беготня́** [女5] 《話》走り回ること, 奔走
\***бе́гство** [中1] [escape] 敗走; 逃走, 脱走, 家出; 《金融》流出: ~ *де́нег* [капита́лов] 資金[資本]の海外流出 | обрати́ть в ~ 敗走させる, 撃退する | обрати́ться в ~ 敗走する
**бегу́** [1単現]<бежа́ть
**бегу́н** *-а́* [男1] / **бегу́нья** 複生 *-ий* [女8] ランナー, 陸上トラック競技者
**бегуно́к** *-нка́* [男2] ①《話》(退職者に交付される)無負債証明書(обхо́дный лист) ②(機関車の動輪に対して)先輪, 従輪 ③[機](紡績機の)糸より器 ④(ファスナーの)金具
**бегу́чий** 短-уч [形6] 流動性の; 速く流れる
**бегу́щ|ий** [形6] ①[コン]画面移動する: *-ая строка́* スクロールテキスト; (テレビ画面で流れる)テロップ ②~ */ая/* ランナー
\***бед|а́** [ビダー] 複 бе́ды [女1] [tragedy, misfortune] ①不幸, 災い, 困難: *вы́ручить из -ы́* 苦境から救い出す | помо́чь дру́гу в *-е́* 困っている友人を助ける | попа́сть в *-у́* 不幸に陥る | Случи́лась ~. 不幸が起こった ②[述語]極めて多い, 膨大だ: 《話》苦境にある: Б- *мне с ней.* 《話》あの娘にはほとほと手を焼く ◆~ *как* 《俗》非常に: Б- *как уста́л.* くたくたに疲れた | *на* (*ту́*) *~́* 《話》不幸にも, 不幸なことに | *Не велика́ ~!* = *Что за ~!* 《話》大したことない | Б- *не прихо́дит одна́.* 弱り目に祟り目 | *в том, и* Б- 困ったことに | *Лиха́ ~ нача́ло.* 何事も始めが困難 | *Пришла́ ~ — отворя́й воро́та.* 《諺》一難去ってまた一難 | *Про́сто ~.* 《話》万事休すだ | *Семь бед — оди́н отве́т.* 《諺》毒を食らわば皿まで
**бедла́м** [男1]《話》①精神科病院 ②劣悪な状況に多くの人がいる場所 ③混乱, ごたごた
**бе́дненький** [形3]《話》[指小]<бе́дный
**бедне́ть** [不完]/**о~** [完] 貧しくなる
**бе́дно** [副] 貧しく; 貧弱に
\***бе́дность** [女10] [poverty] 貧しさ, 貧乏; 乏しい[貧弱な]こと: Б- *не поро́к.* 貧乏は恥ではない
**беднота́** [女1] ①[集合]貧乏人, 貧民 ②貧しさ, みすぼらしいこと
\***бе́дн|ый** [ビェードヌィ] 短 *-ден, -дна́, -дно, -дны́*/*-дны* 比 *-не́е* 最上 *-не́йший* [形1] [poor] ①貧しい, 貧乏な ②乏しい, 貧弱な: ~ое *воображе́ние* 乏しい想像力 | *-ая приро́да* 単調な自然 | *Река́ -а́ ры́бой.* 川は魚類が乏しい ③[長尾]哀れな, かわいそうな, みじめな
**бедня́га** (女2変化)[男・女]《話》かわいそうな人[動物] // **бедня́жка** 複生 *-жек* (女2変化)[男・女]《話》[指小・愛称]
**бедня́|к** *-а́* [男2] / **-чка** 複生 *-чек* [女2] ①貧乏人; 貧農 (<бога́ч) ②かわいそうな人 // **-цкий** [形3]
**бедо́вый** 短 *-о́в* [形1]《話》大胆な, 恐れを知らない
**бедоку́р** [男1]《話》(悪さ・いたずらで)騒ぎを起こす人
**бедоку́рить** *-рю, -ришь* [不完] / **на~** [完] (悪さ・いたずらで)騒ぎを起こす
**бедола́га** (女2変化)[男・女]《俗》かわいそうな人, 同情をさそう人 (бедня́га)
**бедро́** 複 бё́дра, бё́дер [中1] [解]ふともも, 太腿 //
**бе́дренный** [形1]
**бе́дствен|ный** [ц] 短 *-ен, -енна* [形1] 非常につらい, 悲惨な, 痛ましい
\***бе́дств|ие** [ц] [男5] [calamity] 災難, 災害; 悲惨な不幸: *терпе́ть* ~ 遭難する | *стихи́йное* ~ 災害, 天災 | *зо́на -ия* 被災地
**бе́дствовать** [ц] *-твую, -твуешь* [不完] 非常に貧しく暮らす, 困窮している
**бе́дствующий** [ц] [形6] ①被災した ②非情に貧しい, 困窮した
**бедуи́н** [男1] / **~ка** 複生 *-нок* [女2] ベドウイン(アラブの遊牧民) // **~ский** [形3]
**беж** (不変) [形] ベージュ色の
\***бежа́ть** [ビジャーチ] бегу́, бежи́шь, ... бегу́т 命 беги́ 副分 бежа́в I [不完] [完] [不定 **бе́гать**] [run] ①走る: ~ *ры́сью* トロットで走る ②(物が)急速に移動[経過]する: *Вре́мя бежи́т.* 時はあっという間に過ぎる ③(液体・雲などが)流れる: *Облака́ бегу́т.* 雲が my いる
II [不完・完] ①逃げる, 避難する: ~ *из пле́на* 囚われの身から逃れる ②[不完] (с・из)脱走する
**бе́жевый** [形1] ベージュ色の
\***бе́жен|ец** *-нца* [男3] / **-ка** 複生 *-нок* [女2] [refugee] 避難者, 難民 // **-ский** [形3]
**бе́женство** [中1] ①集団避難, 集団疎開 ②難民身分の状態 ③難民
\***без** [ビス, ビズ] (★特定の結合では[ビェーズ, ビェース]), **безо** [ビゾ] (★特定の子音連続の前では: безо всех, безо всякого, безо льда など) [前] [without] ①(~が)[欠如・不在]なしに, …を除き, …の留守に (↔при, с): ~ *о́тдыха* 休まないで | ~ *сомне́ния* 疑いなく | ~ *тебя́* 君の留守に, 君を連れずに | ~ *се́рдца* 残酷な | ~ *созна́ния* 意識を失って | *ко́фе* ~ *са́хара* 砂糖を入れないブラックコーヒー | *скуча́ть* ~ *му́жа* 夫がいなくて寂しい | ~ *пяти́ два* = (в) *два* ~ *пяти́* 2時5分前(に) | *до пяти́ два́* 2時5分前ではない
◆~ *того́, что́бы не ...* …せずには(…しない) | *и* ~ *того́* それでなくとも, ただでさえ | *не* ~ [+生] …がないわけではない: *не* ~ *интере́са* 幾分か興味が
**без..**, (я, е, ё, ю の前で) **безъ..**, 《無声子音の前で》 **бес..** [接頭] 《名詞・形容詞》「…のないこと」 「…を欠いていること」 「…不足(の)」 「…不」 「…非…」 「…無…」 : *безъя́дерный* 核のない | *беспоря́док* 無秩序, 混乱
**безава́рийный** 短 *-ие́н, -и́йна* [形1] 事故のない
**безала́берный** 短 *-рен, -рна* [形1] (生活などが)混乱した, (性格・仕事が)いい加減な
**безалкого́льный** [形1] ノンアルコールの, アルコールを含まない; ②禁酒の, 節酒の
**безапелляцио́нный** 短 *-о́нен, -о́нна* [形1] ①[長尾]上告を許さない ②断固とした, 反論を認めない
**безато́мный** [形1] 非核の, (безъя́дерный)
**безба́шенный** [形1] 頭がおかしなような
**безбе́д|ный** 短 *-ден, -дна* [形1] (生活が金銭的に)平穏な, 困窮しない
**безбиле́тни|к** [男2] / **-ца** [女3]《話》無賃乗車の客, チケットを持っていない客
**безбиле́тный** [形1] 切符を持っていない
**безбо́жие** [中5] 無神論
**безбо́жни|к** [男2] / **-ца** [女3]《話》無神論者
**безбо́жно** [副]《話》①不信仰にも, ばちあたりにも ②とても, 極端なまでに
**безбо́жный** 短 *-жен, -жна* [形1] ①神を認めない ②《話》不信神な, ばちあたりな
**безболе́зненный** 短 *-ен, -енна* [形1] ①無痛の ②不快なこと(関係悪化, 対立)を引き起こさない // **-ость** [女10]
**безборо́дый** [形1] あごひげを生やしていない; 若い
**безбоя́зненный** 短 *-ен, -енна* [形1]《文》恐れを知らぬ, 大胆な, 大胆不敵な

**безбра́чие** [中5]《文》非婚, 独身生活
**безбра́чный** [形1] 独身の, 結婚していない
**безбре́жн|ый** кр.ф. -жен, -жна [形1] 果てしない, 広大な **//-ость** [女10]
**безбро́вый** кр.ф. -óв [形1] 眉毛の薄い, 眉毛のない
**безве́рие** [中5] 不信神, 神を信じないこと
**безве́стн|ый** [сн] кр.ф. -тен, -тна [形1]《文》①誰にも知られていない, 無名の **//-ость** [女10]
**безве́тренно** [無人述] 風がない
**безве́тренн|ый** кр.ф. -ен, -енна [形1] 無風の, 凪の, 穏やかな **//-ость** [女10]
**безве́трие** [中5] 無風状態
**безви́зовый** [形1] 査証免除の, ビザなしで行ける
**безвку́сица** [女3] 趣味の良さの感じられないこと
**безвку́сный** кр.ф. -сна [形1] 味[趣き]のない
**безвла́стие** [中5] 無政府状態, 無権力状態
**безвла́стный** [сн] кр.ф. -тен, -тна [形1] 権力のない, 統率のもたない
**безво́дный** кр.ф. -ден, -дна [形1] ①水の乏しい, 水のない ②《長尾》無水の, 水を用いない
**безво́дье** [中4] 水不足; 水不足の土地
**безвозвра́тный** кр.ф. -тен, -тна [形1]《文》①戻ることのない, 取り返しのつかない ②《長尾》返済義務のない **//-ость** [女10] <①>
**безвозду́шн|ый** кр.ф. -шен, -шна [形1] 真空の ♦быть [оказываться] в —ом простра́нстве 周囲からの支援のない[つながりのない]状態に陥る
**безвозме́здн|ый** [зн] кр.ф. -ден, -дна [形1]《文》無償の, 無料の **//-о** [副] **//-ость** [女10]
**безво́лие** [中5] 意志薄弱
**безволо́сый** кр.ф. -óc [形1] 髪のない, 禿げた
**безво́льн|ый** кр.ф. -лен, -льна [形1] ①意志の弱い ②《話》生気のない, 弱々しい **//-ость** [女10]
**безвре́дн|ый** кр.ф. -ден, -дна [形1] 無害の, 害を及ぼさない **//-ость** [女10]
**безвре́менник** [男2]《植》イヌサフラン属
**безвре́менн|ый** кр.ф. -ен/-енен, -енна [形1]《雅》(人の死などが) 早すぎる
**безвре́менье** [中4]《旧》社会や文化の停滞, つらい時期
**безвы́ездн|ый** [зн] [形1] (居住地·滞在地から) 離れない **//-о** [副]
**безвы́лазный** [形1]《話》外出しない, その場から離れない, 家から出ない
**безвы́ходн|ый** кр.ф. -ден, -дна [形1] ①出口[逃げ場]のない; 打開策のない; 絶望的な ②外出しない 打開策[出口]のない状態
**безглавый** [形1]《雅》頭のない, 首のない
**безглаго́льный** кр.ф. -лен, -льна [形1] 無言の(=безмо́лвный)
**безгла́зый** [形1] 目のない(ような)
**безгла́сный** кр.ф. -сен, -сна [形1] ①自分の考えを言わない; 声を上げない; 投票権のない ②非公開の
**безголо́вый** кр.ф. -óв [形1] ①頭のない ②《話》粗忽な, 頭の悪い
**безголо́сный** [形1]《音声》無声音の
**безголо́сый** кр.ф. -óс [形1] ①声の出ない ②(歌手が) 声の美しくない
**безгражда́нство** [中1] 無国籍
**безгра́мотный** кр.ф. -тен, -тна [形1] ①読み書きのできない ②(言葉遣い·文章に) 間違いの多い ③(ある領域に) 詳しくない, 精通していない
**безграни́чный** кр.ф. -чен, -чна [形1] 果てしない; 無限の; とどまる所を知らない; この上ない
**безгре́шн|ый** кр.ф. -шен, -шна [形1]《文》①罪のない ②無垢な, 純粋な, 悪意のない **//-о** [副] **//-ость** [女10]

**безгу́бый** [形1] 唇の薄い
**безда́рность** [女10]《通例述語》(話·蔑) 才能のない, 凡人
**безда́рный** кр.ф. -рен, -рна [形1] 才能のない, 才気の感じられない
**бе́здарь** (女10変化) [男·女]《話·蔑》才能のない人, 凡人
**безде́йственный** кр.ф. -ен/-енен, -енна [形1] 活動していない; 活動的でない
**безде́йствие** [中5] 活動が行われていないこと, 活動的でない状態
**безде́йствовать** -твую, -твуешь [不完] 活動していない; 不活発な状態にある
**безде́йствующий** [形6] 停止中の, 作動していない
**безде́лица** [女3]《話》つまらないこと[もの]; どうでもよい事情(пустя́к)
**безде́лка** 複生 -лок [女2]《話》① = безде́лица ② = безделу́шка
**безделу́шка** 複生 -шек [女2]《話》装飾用の小物; (芸術作品としての) 小品
**безде́лье** [中5] 何もしないで怠けること, のらくら
**безде́льни|к** [男2] -ца [女3]《話》怠け者, ぐうたら
**безде́льничать** [不完]《話》無為に過ごす, 何もしないで[できないで]いる, ぐうたらする
**безде́льн|ый** кр.ф. -лен, -льна [形1] ①《話》無為なることのない ②《旧》つまらない, 意味のない
**безде́нежн|ый** кр.ф. -жен, -жна [形1] ①《長尾》現金を使用しない ②《話》金を持っていない, 金が少ししかない **//-ость** [女10]《話》<②>
**безде́нежье** [中4] 金のない状態
**безде́тность** [女10] 子どもがいないこと; (女性が)子どものできないこと, 不妊
**безде́тный** кр.ф. -тен, -тна [形1] 子どものいない
**безде́ятельн|ый** кр.ф. -лен, -льна [形1] 何もしていない, 活動的でない, 不活発な **//-ость** [女10]
*****бе́здн|а** [女1] (abyss, chasm) ①(底の見えない)深源: смотре́ть в —у 深淵を覗き込む ②無限の広がり, 無限の時 ③(危険な)深い状態; над —ой 危険な状態で, 崖っぷちで ④《旧》地獄 ⑤《話》<庫>大量(のもの): ~ прему́дрости《戯·皮肉》深い知恵
**бездо́ждье** [中4] 長く雨の降らない状態
**бездоказа́тельн|ый** кр.ф. -лен, -льна [形1] 証拠のない **//-ость** [女10]
**бездо́льн|ый** кр.ф. -лен, -льна [形1]《民話·詩》不幸な, 不幸な運命の
**бездо́мн|ый** кр.ф. -мен, -мна [形1] ①家のない ②家族を持たない, 寄る辺ない
**бездо́нн|ый** кр.ф. -óнен, -óнна [形1] 底なしの, 非常に深い ♦—ая бо́чка《話》(1)費用の際限なくかかるもの (2)酒を際限なく飲める人, 「ざる」
**бездоро́жный** кр.ф. -жен, -жна [形1] 道のない
**бездоро́жье** [中4] 道の悪い状態; 悪路
**бездохо́дный** [形1] 収益を生まない, 利益の出ない
**безду́мно** ①[副] よく考えずに ②[無人述] のんきだ; 気楽に
**безду́мный** кр.ф. -мен, -мна [形1] ①ものを深く考えない ②(芸術作品が) 中身のない
**безду́мье** [中4] (はっきりとした) 考えのない状態, 放心状態 ②のんきなこと
**бездухо́вный** кр.ф. -вен, -вна [形1] 道徳的な価値観の欠けた, 精神面を重視しない, 中身が知的でない
**безду́шие** [中5] 思いやりのないこと
**безду́шн|ый** кр.ф. -шен, -шна [形1] ①思いやりのない ②感情のこもっていない
**безды́мный** [形1] 煙の出ない, 無煙の
**бездыха́нный** кр.ф. -áнен, -áнна [形1]《雅》①息の

ない、死んだ ②息をひそめた

**безé** [э] (不変) ①[中]〔料理〕メレンゲでできたケーキ ②[形](ケーキが)メレンゲでできた ③[男][旧]キス

***безжа́лостный** [сн] 短-тен, -тна [形1]〔ruthless〕無慈悲な、残酷な(жесто́кий)

**безжи́зненность** [女10] 生命のない状態; 生きとしていない状態

**безжи́зненный** 短-ен, -енна [形1] ①生命のない、死んだ ②人の住まない; 人けのない

**беззабо́тн|ый** 短-тен, -тна [形1] ①苦労のない、のんきな; のんきそうな、屈託のない **//-ость** [女10]

**беззаве́тный** [形1] 献身的な、没我の

**беззако́ние** [中5] ①無法状態 ②[複複] 違法行為

**беззако́нник** [男2] (民法・商法などの)市民法を順守しない人、道徳規範に則らない人

**беззако́нный** 短-о́нен, -о́нна [形1] 法に反する

**беззасте́нчивый** 短-ив [形1] 厚かましい、遠慮のない

**беззащи́тн|ый** 短-тен, -тна [形1] ①守られていない、寄る辺ない、自衛できない

**беззвёздный** [зн] 短-ден, -дна [形1] 星のない、星の見えない

**беззву́чие** [中5] 音のない状態、静寂、沈黙

**беззву́чный** 短-чен, -чна [形1] 無音の、静かな; 響きのよくない

**безземе́лье** [中4] (農業を行う上での)土地不足

**земéльный** 短-лен, -льна [形1] (農業用の)土地のない

**беззло́бный** 短-бен, -бна [形1] 悪意のない、善良な

**беззу́бка** 複生-бок [女2]〔貝〕ドブガイ属(螺鈿細工に使われる)

**беззу́бый** 短-у́б [形1] ①歯のない ②[話] 鋭さの足りない

**беле́сный** 短-сен, -сна [形1] 森のない

**безли́к|ий** 短-и́к [形3] 個性や特徴のない、顔のない **//-ость** [女10]

**безлими́тный** [形1] 無条件の、無制限の

**безли́стный** [сн], **безли́ственный**, **безли́стый** [形1] 葉のない

**безли́чность** [女10] ①個性や特徴のないこと ②《文法》無人称性、非人称性

**безли́чный** [形1]《文法》無人称の、非人称の

**безлоша́дный** [形1] ①馬を持っていない ②[俗・戯] 自家用車を持っていない

**безлу́нный** 短-у́нен, -у́нна [形1] 月の出ていない

**безлю́дный** 短-ден, -дна [形1] 人が住んでいない、無人の; 人が少ない; 人がいない、人けのない

**безлю́дье** [中4] 人がいないこと; 人手[人材]不足

**безме́н** [男1] さお[天秤]ばかり; バネばかり

**безме́рный** 短-рен, -рна [形1]〔文〕巨大な、限りのない、この上ない

**безмо́зглый** 短-о́згл [形1][話・蔑] 頭の悪い、鈍い

**безмо́лвие** [中5] 沈黙 静寂: бе́лое ~ (ツンドラ地帯・氷の海などの)雪や氷に覆われた広大な空間

**безмо́лвн|ый** 短-вен, -вна [形1] ①無言の、沈黙した; 静寂の ②言葉を伴わない **//-о** [副] 無言で、黙々と

**безмо́лвствовать** [ст] -твую, -твуешь [不完]《文》沈黙する、黙り込む

**безмоло́чный** [形1] 乳製品の入っていない

**безмоти́вный** 短-вен, -вна [形1] 動機のない、原因のない

**безму́жний** [形8]《話》《女》夫のいない、夫を亡くした ②夫のいない女性に特有の

**безмы́слие** [中5] ①考えていない状態、ぼんやりとした状態 ②深い考えのないこと

**безмяте́жн|ый** 短-жен, -жна [形1] 穏やかな **//-ость** [女10]

**безнадёга** [女2]《俗》絶望的な状況、絶体絶命

**безнадёжно** [副] ①希望なく、絶望的に、見込みなく ②[話]ひどく

***безнадёжн|ый** 短-жен, -жна [形1]〔hopeless〕①希望のない、絶望的な; 見込みのない、どうしようもない、手のつけようのない **//-ость** [女10] <①

**безнадзо́рный** 短-рен, -рна [形1] 監視のない、監督[庇護]されていない

**безнака́занн|ый** 短-ан, -анна [形1] 処罰されない、罰せられたままの、野放しの **//-ость** [女10]

**безна́л** [男1], **~и́чка** [女2]《話》現金ではない金 (↔на́л): -ом 現金によらず; 振り替えで

**безнали́чный** [形1]《経・商》現金によらない

**безнало́говый** [形1] 非課税の

**безнача́лие** [中5]《文》無政府状態、統率する者のない混乱状態

**безно́г|ий** 短-о́г [形3] ①(人が)足のない; [話](家具が)脚のない ②[複名]〔動〕無足類

**безно́сый** [形1] 鼻のない

**безнра́вственн|ый** 短-ен, -енна [形1] ①不道徳な、モラルに反する(↔нра́вственный) ②淫蕩な、ふしだらな **//-ость** [女10] 不道徳; ふしだら; 淫蕩三昧

**безо** →без

**безоби́дн|ый** 短-ден, -дна [形1] 無邪気な、罪のない; 無害な、危険のない: -ая шу́тка 悪気のない冗談

**безо́блачный** 短-чен, -чна [形1] ①雲のない ②《文》曇りのない、何の陰りもない

**безоболо́чный** [形1] カバー[外被]のない

***безобра́зие** [中5]〔ugly〕醜い外見; 醜さ; 目を覆いたくなるほどの醜い事物[行為], 無様

**безобра́зить** -ра́жу, -ра́зишь [不完] **о~** [完] ①醜くする、台無しにする ②[不完]《俗》ぶしつけに振る舞う

**безобра́зни|к** [男2]/**-ца** [女3]《話》ぶしつけな振る舞いをする人

**безобра́зничать** -аю, -аешь [不完] 無作法に振る舞う、ぶしつけな行為をする、乱暴をする

**безобра́зный** 短-зен, -зна [形1]《文》明確な形を持たない、曖昧な

***безобра́зн|ый** 短-зен, -зна [形1]〔ugly〕①醜い、不格好な; みっともない ②-ое [中名] 醜悪なもの

**безогля́дный** 短-ден, -дна [形1] ①よく考えずに行なわれる、軽はずみな ②果てしない、広大な

**безогово́рочный** 短-чен, -чна [形1] 無条件の、絶対の: -ая капитуля́ция 無条件降伏 **//-о** [副]

***безопа́сност|ь** [ビゼパースナスチ]〔safety, security〕[女10]〔単〕安全(性), 公安, 保安: догово́р о -и 安全保障条約 | междунаро́дная ~ 国際安全保障 | ~ реа́кторов 原子炉の安全性 | те́хника -и 防犯グッズ | сре́дства ~ 安全施設 | ~ доро́жного движе́ния 交通安全 | обеспе́чить ~ 安全を保障する | урегули́ровать ~ | быть в по́лной -и 全くの安全である

*  **безопа́сн|ый** 短-сен, -сна [形1]〔safe〕安全な、危険のない、無害な: -ое лека́рство 副作用のない薬 **//-о** [副]

**безору́жн|ый** 短-жен, -жна [形1] ①武器を持たない、非武装の、丸腰の ②理論武装していない、論拠のない

**безоснова́тельн|ый** 短-лен, -льна [形1] 根拠のない **//-ость** [女10]

**безостано́вочный** 短-чен, -чна [形1] 止まる[停車する]ことのない、ノンストップの

**безо́стый** [形1]〔農〕(麦・稲などの)のぎのない

**безотве́тный** 短-тен, -тна [形1] ①反応のない、返事の得られない ②反論できない、おとなしい、従順な

**безотве́тственн|ый** [ц] 短-ен/-енен, -енна [形1] 無責任な、責任を負わされた

**безотка́зный** 短-зен, -зна [形1] ①(機械などが)故

**безотлага́тельный**

障しない, 正常に動く ② 《話》(人が)頼みごとを断らない, 頼まれたら断れない

**безотлага́тельный** 短 -лен, -льна [形1] 《文》緊急の, 先延ばしにできない

**безотлу́чно** [副] 絶えず

**безотлу́чный** 短 -чен, -чна [形1] (人・場所から)離れずにいる

**безотноси́тельный** 短 -лен, -льна [形1] (他とは)無関係な, 独立した, 単独で評価される
**//безотноси́тельно** [副] ◆ **~ к** [与] …に関係なく, 関わらず

**безотра́дный** 短 -ден, -дна [形1] 《文》喜びのない, 喜びをもたらさない, 陰鬱な

**безотры́вный** [形1] 絶え間ない, 途切れない

**безотхо́дный** [形1] 廃棄物を出さない

**безотцо́вщина** [女1] ① 《話》父親のいない家庭状況, 母子家庭 ② 《俗》《集合》父親なしで育った子ども

**безотчётный** 短 -тен, -тна [形1] 《文》説明のつかない, 無意識的な, 本能的な ② 《旧》自由に処理できる, 自由裁量の

**безоши́бочный** 短 -чен, -чна [形1] 間違いのない, 間違いを犯さない **//-о** [副]

**※безрабо́тица** [ビズラボーチッツァ] [女3] [unemployment] 失業(状態): посо́бие по -е 失業手当 | У́ровень -ы вы́рос [упа́л] до 5% (пяти́ проце́нтов). 失業率が5%まで上昇[低下]した

**※безрабо́тный** [形1] [unemployed] ① 無職の; 失業した ② **~** [男名]/**-ая** [女名] 失業者

**безра́достный** 短 -тен, -тна [形1] 喜びのない, 悲しみを誘う

**безразде́льный** 短 -лен, -льна [形1] 《文》分割不可能な, 分有不可能な

**※безразли́чие** [中5] [indifference] 無関心, 無頓着; 無気力, 倦怠

**безразли́чно** ① [副] 無関心に; 無頓着に ② [無人述] 《与に》どうでもいい: Это нам ~. それは私たちにはどうでもよい

**※безразли́чный** 短 -чен, -чна [形1] [indifferent] ① 無関心な, 無頓着な ② 《для/для [生]》…にとって重要でない, どうでもよい **//-ость** [女10]

**безразме́рный** [形1] 《話》伸縮性のある, フリーサイズの

**безрассу́дный** 短 -ден, -дна [形1] 分別のない, 無分別な, 理性の欠けた **//-ость** [女10]

**безрассу́дство** [中1] 分別のないこと, 無分別

**безрезульта́тный** 短 -тен, -тна [形1] 結果の伴わない, 無意味な **//-о** [副]

**безре́льсовый** [形1] レール[軌道]によらない

**безро́гий** [形3] 角のない

**безро́дный** 短 -ден, -дна [形1] ① 親[兄弟, 親類]のいない ②(旧)家柄のよくない

**безро́потный** 短 -тен, -тна [形1] 不平を言わない, 従順な

**безрука́вка** 複వ -вок [女2] 《話》ノースリーブの服

**безрука́вный** [形1] (服が)ノースリーブの

**безру́кий** [形3] ① 手のない ② 《話》下手な, 手際のよくない

**безры́бье** [中4] 魚のいない[少ない]こと; 魚の獲れない時季 ◆ **на ~** 他に選択肢がない時には | **на ~ и рак ры́ба** 《諺》魚を獲るのでコウモリ, 鯛なくばエソ

**безубы́точный** 短 -чен, -чна [形1] 損害[損失]をもたらさない **//-ость** [女10]

**безуда́рный** 短 -рен, -рна [形1] 《言》アクセントを持たない

**безуде́ржный** 短 -жен, -жна [形1] 《文》抑えられない, こらえられない

**※безукори́зненный** 短 -ен, -енна [形1] 非の打ちどころのない, 申し分のない **//-о** [副]

**безу́мец** -мца [男3] 《文》理性的でない人, 常軌を逸した人, 狂人

**безу́мие** [中5] 精神錯乱, 狂気

**безу́мно** [副] ① 常軌を逸して; 無謀に; 恐ろしく, ひどく ② 《話》とても, ものすごく, 並はずれて

**※безу́мный** 短 -мен, -мна [形1] [mad, wild] ① 正気でない, 常軌を逸した ② 無謀な, 無鉄砲な ③ 《話》法外な: -ые це́ны 法外な値段[代価] **//-ость** [女10]

**безу́мство** [中1] 常軌を逸した考え[行為]

**безу́мствовать** -твую, -твуешь [不完] 《話》常軌を逸した行動をとる; (自然などが)荒れ狂う

**безупре́чный** 短 -чен, -чна [形1] 非の打ちどころのない, 非難の余地のない **//-о** [副]

**безуса́дочный** [形1] 収縮しない, 縮まない

**※безусло́вно** [副] [certainly] 《挿入》(質問の答えとして)もちろん, 言うまでもなく

**безусло́вный** 短 -вен, -вна [形1] [unconditional] 無条件の, 完全な, 絶対的な: **~ рефле́кс** 《生理》無条件反射

**безуспе́шный** 短 -шен, -шна [形1] 不首尾に終わった, うまくゆかなかった, 徒労の

**безуста́нный** 短 -а́нен, -а́нна [形1] 《雅》たゆみなく, 途切れることない

**безу́сый** 短 -у́с [形1] 口ひげのない; まだ若い

**безуте́шный** 短 -шен, -шна [形1] 《文》何にも楽しみ[慰み]を見出さない; (悲しみが)慰めることのできない

**безу́хий** [形3] 耳のない

**безуча́стие** [中5] 無関心[冷淡]な態度

**безуча́стный** [сн] 短 -тен, -тна [形1] 同情のこもっていない, 冷淡[無関心]な

**безъ..** → **без..**

**безъя́дерный** [形1] ① 《生》核のない ② 核兵器のない, 非核の

**безъязы́кий** 短 -бы́к [形3] ① 言葉を話せない, 《話》外国語が話せない ②(書かれたものが)不明瞭な

**безыде́йный** 短 -е́ен, -е́йна [形1] 思想のない

**безызве́стный** [сн] 短 -тен, -тна [形1] 知られていない(неизве́стный) **//-ость** [女10] 不明

**безымя́нный** 短 -я́нен, -я́нна [形1] 名の知られていない, 無名の: -ая моги́ла 名のない墓 ■ **~ па́лец** 薬指

**безынициати́вный** 短 -вен, -вна [形1] 自ら進んで行おうとしない, 主体性[自主性]のない

**безынтере́сный** 短 -сен, -сна [形1] 面白くない, つまらない(неинтере́сный)

**безыску́сный** 短 -сен, -сна [形1] 単純な; 純真な

**безыску́сственный** 短 -ен/-енен, -енна [形1] わざとらしさ[人工物らしさ, 飾り気]のない

**безысхо́дный** 短 -ден, -дна [形1] 《文》(悲しみなどが)出口[終わり]のない, 果てしない

**бей** ① [命令] < би́ть ② [男2] = бек¹

**бе́йдж** [男4], **~ик** [男2] (吊り下げ)名札, ネームタグ

**бе́йка** 複వ бе́ек [女2] 《話》(衣服の縁取り・装飾のための)リボン状の布

**Бейру́т** [男1] ベイルート (レバノンの首都)

**бейсбо́л** [男1] 《スポ》野球 **//-ьный** [形1]

**бейсболи́ст** [男1], **~ка** [女2] 野球選手

**бейсбо́лка** 複వ -лок [女2] 野球帽

**бек¹** [男2] ベク(中近東, 中央アジア, 南カフカス諸国で有力者や指導者の称号)

**бек²** [э] [男2] (サッカーなどで)バック

**бека́р** [男1] 《楽》ナチュラル(♮)

**бека́с** [男1] 《鳥》タシギ属 **//-и́ный** [形1]

**беке́ша** [女4] (腰にひだのある)男性用毛皮外套

**беко́н** [男1] ベーコン **//-ный** [形1]

**беккере́ль** [男1] 《理》ベクレル(放射能の単位; 記号

Bq)

**Белару́сь** [女10] ベラルーシ共和国 (Респу́блика ~; 1991年からの正式名称; Белору́ссия とも; 首都は Ми́нск)

**Бе́лгород** [男1] ベルゴロド (同名州の州都) **// белгоро́дск|ий** [ц] [形3]: *Б-ая о́бласть* ベルゴロド州 (中央連邦管区)

**Белгра́д** [男1] ベオグラード (セルビアの首都) **// белгра́дский** [ц] [形3]

**белёк** [男1] アザラシの子; その毛皮

**белена́** [女1] [植]ヒヨス (ナス科の植物; 有毒; 医薬品としても) ◆*-ы́ объе́лся* [俗]気が狂った

**бележе́ние** [中5] 漂白, 白くすること

**белёный** [形] ①(白亜・石灰などで)白く塗られた ②漂白された

**бе́леньк|ий** [形3] ①[指小・愛称]<бе́лый ② *-ая* [名女] [俗]ウォッカ

**беле́со..** [語構成]「白っぽい」

**белесова́тый** 短*-а́т* [形1] 白っぽい

**беле́с|ый** 短*-е́с*, [話] **белёсый** 短*-е́с* [形1]:  *~ые* мо́лния・髪・眉毛などの)白っぽい

**беле́ть** [不完]**/по~** [完] ①白くなる ②[不完]白く見える (白いものが見える) ③[不完][無人称でも]夜が明ける **// -ся** [不完] [話](白いものが)見える

**бе́ли** *-лей* [複] [医](帯下・炎症が原因の)おりもの

**белиберда́** [女1] [話]ばかげたこと

**белизна́** [女1] 白さ (↔чернота́)

**бели́л|а** *-ил* [複] ①(鉱物を含む)白色顔料: *свинцо́вые* ~ 白鉛, 鉛白 | *ци́нковые* ~ 酸化亜鉛 ②[旧] (鉛白の含まれた)おしろい

**бели́льный** [形] 白く塗るための, 漂白(用)の

**Бели́нский** (形3変化) [男] ベリンスキー (Виссарио́н Григо́рьевич ~, 1811-48; 文芸・社会評論家)

**бели́|ть** белю́, бе́лишь/бе́лишь *-ёшь* 過 *-ле́н̇ный*, (*-лён*, *-лена́*) [不完] (кого́) [完**по~**] (白亜・石灰で)白く塗る ②[完**на~**]白く化粧する ③[完**вы́~**]漂白する **// -ся** белю́сь, бе́лишься/бели́шься [不完]**/на~** [完] ①(自分の顔に)おしろいを塗る, (自分の顔を)白く化粧する ②[受身]<①

***бе́лка** 複生 *-лок* [女2] [squirrel] [動]リス ◆*верте́ться [крути́ться] как ~ в колесе́* こまねずみのようにあくせく動き回る[あくせく働く] **// бе́личий** [形3]

**белкови́на** [女1] [化]アルブミン

**белко́в|ый** [形1] タンパク質の: *-ые веще́ства* タンパク質

**белладо́нна** [女1] [植]ベラドンナ (ナス科の有毒植物); それから作られる薬

**беллетри́ст** [男1] 作家, 小説家

**беллетри́ст|ика** [女2] ①[集合][文芸作品, (特に)小説 ②[話]軽い読み物, ライトノベル ③[話](中身のない)見栄えだけの文章 **// -и́ческий** [形3]<①

**бело́..** [語構成]「白の」「白衛軍の」

**белоборо́дый** 短*-о́д* [形1] あごひげの白い

**белобры́сый** 短*-ы́с* [形1] [話] (髪・眉などが)明るい金髪の

**белова́тый** 短*-а́т* [形1] 白っぽい, 白みがかった

**белови́к** *-а́* [男2] 清書した原稿 (↔чернови́к)

**белово́й** [形2] 清書された

**беловоло́сый** 短*-о́с* [形1] ①明るい金髪の ②白髪の

**белогварде́|ец** *-е́йца* [男3] [露史](革命時の)白衛軍兵士 **// -йский** [形3]

**белогварде́йщина** [女1] [話・蔑][集合][露史]白衛軍軍人, 白衛軍部隊

**белогла́з|ый** 短*-а́з* [形1] 明るい色の目をした

**белоголо́вый** 短*-о́в* [形1] = беловоло́сый

**белогри́вый** 短*-и́в* [形1] ①白い[明るい色の]たてがみをした ②波瀾の白い

**Бе́лое мо́ре** [形1]-[中3] 白海

**белозо́р** [男1] [植]ウメバチソウ属

**белозу́б|ый** *-у́б* [形1] 歯の白い: *-ая улы́бка* 白い歯を見せて笑う笑い方

***белок** *-лка́* [男2] [protein] ①[生・化]タンパク質 ((卵の) 白身, 卵白(↔желто́к)) ②[通例複]白目 ③(南シベリアなどの)万年雪に覆われた山の頂 ④= белёк

**белока́менн|ый** [形1] 白石でできた: *Москва́-ая* 白亜のモスクワ (★かつてクレムリンの白い石でできていた)

**белоко́жий** 短*-о́ж* [形6] 肌[皮膚]の白い

**белокопы́тник** [男2] [植]フキ属

**белокро́вие** [中5] [医]白血病 (лейко́з)

**белоку́рый** 短*-у́р* [形1] 金髪の, ブロンドの: *-ая де́вушка* 金髪のお嬢さん | *-ые во́лосы* 金髪

**белоле́нтчик** [男2] 反プーチン派の人 (2011年以降), ベローレントチニキ

**белоли́ц|ый** 短*-и́ц* [形1] 顔の肌の色がとても白い(美人の象徴)

**беломра́морный** [形1] 白い大理石でできた

**белопе́нный** [形1] (波が)白い泡でいっぱいの

**белору́с** [男1]**/-ка** 複生*-сок* [女2] ベラルーシ人

**Белору́ссия** [女9] ベラルーシ (Белару́сь)

**белору́сский** [ц] [形3] ベラルーシの

**белору́чка** 複生*-чек* (女2変化)[男・女][話・蔑]きつい仕事を避ける人

**белоры́бица** [女3] [魚]インクヌー (カスピ海に生息するサケ科の魚)

**Белосне́жка** [女2] 白雪姫

**белосне́жн|ый** 短*-жен*, *-жна* [形1] 雪のように白い **// -ость** [女10]

**бе́лочка** 複生*-чек* [女2] ①[指小]<бе́лка ②[俗・戯]強度のアルコール依存 (бе́лая горя́чка)

**белоше́йный** [形1] 手の込んだ衣類[日用品]の (下着・テーブルクロスなど)

**белоэмигра́нт** [男1]**/-ка** 複生*-ток* [女2] (ロシア革命当時の)ロシアからの亡命者, 白系ロシア人 **// -ский** [ц] [形3]

**белу́г|а** [女2] [魚]オオチョウザメ, ベルーガ (カスピ海, アゾフ海, 黒海, アドリア海にも生息) ◆*реве́ть -о́й* 狂ったように叫ぶ[泣く] **// белу́жий** [形9]

**белу́ха** [女2] [動]シロイルカ, ベルーガ **// белу́ший** [形9]

***бе́л|ый** [ビェールイ] 短 бел, -ла́, -ло/-ло́ 比 беле́е 最上 беле́йший [white] ①白い, 明るい, 白色の: ~ хлеб 白パン | *-ое вино́* 白ワイン | [俗]ウォッカ | *-ые но́чи* 白夜 ②白人の; ~ [男名] *-ая* [女名] 白人, 白系の人 ③[長尾][露史](革命時の)白衛軍隊の: *-ая а́рмия* 白軍 | *-ая гва́рдия* 白衛軍 | *-ые* [複名] [チェス]白いチェッカー, 白チーム ④ *-ый та́нец* 女性から男性に誘いかけるダンス; その合図 ◆*бе́лым-бело́* [話]この上なく白く | *по -у све́ту* 世界中を | *средь [средь] -а дня* [話]白昼に, 真っ昼間に | *~ биле́т* [話]兵役免除証 [手帳] | *Б~ до́м* ロシア政府; (米)ホワイトハウス | *~ая кни́га* 白書

**Бе́лый** [男1] ベールイ (Андре́й ~, 1880-1934; 詩人, 作家, 批評家; 本名 Бори́с Никола́евич Буга́ев)

**бельведе́р** [男1] [建]ベルベデーレ, 建物上部の展望台, 望楼

**бельги́|ец** *-и́йца* [男3]**/-и́йка** 複生*-и́ек* [女2] ベルギー人 **// -и́йский** [形3] ベルギー(人)の

**Бе́льгия** [女9] ベルギー (首都は Брюссе́ль)

***бельё** [ビリョー] [中4] [linen, washing] [単][集合]リネン, 下着; 洗濯物: ни́жнее ~ 下着(パジャマを含む) | посте́льное ~ 寝具類 | столо́вое ~ テーブルクロス, 手拭類 | гла́дить ~ 洗濯物にアイロンをかけ

стира́ть [суши́ть] ~ 下着類を洗う[乾かす]
◆**ры́ться** [**копа́ться**] **в чужо́м** [**гря́зном**] **-ьé**《話》私生活を暴く // **белы́шко** 複 -шки, -шек, -шкам [中1]〔卑称〕

**бельев|о́й** [形2] ① < бельё: *-а́я* верёвка 物干しロープ ② *-а́я* [女名]〔病院などのシーツ類の保管部屋, リネン室

**белька́нто** [e/a]〈不変〉[中][楽]ベルカント唱法

**белько́вый** [形1] アザラシの子[毛皮] (белёк)の

**бельме́с** [男1]: ни ~ не ~ ...не ...(話) 一切 …ない

**бельмо́** 複 бéльма [中1] ①[医]角膜白斑 ②《複》《俗》目 ◆ **как ~ на глазу́** 目の上のたんこぶ

**бельчо́нок** -нка [男2]〔…-ча́та, -ча́т [男3]〕リスの子

**бельэта́ж** [le] [男4] ①（一戸建て家屋の）最もよい階（通例2階）②劇場の2階席

**беля́к** -á [男4] ①[動]ユキウサギ ②《話・歴》白衛軍兵士

**беля́нка** 複 -нок [女2] ①《詩》明るい金髪の[色の白い]女性 ②[茸]シロカラハツタケ（食用）③《複》《話》シロチョウ科

**беля́ш** -á [男4]《通例複》[料理]小さい丸い肉のせピロシキ（肉入り）ピロシキ

**бемо́ль** [男5][楽]フラット (♭) (→do² 活用]: **ля́**-ра・フラット(の音)

**бенга́л|ец** -льца [男3] / **-ка** 複生 -лок [女2] ベンガル人（バングラデシュの主要構成民族）

**бенга́льск|ий** [形3] ベンガル(人)の ■**Б**~ зали́в ベンガル湾 | **-ие огни́** 多色花火

**бенеди́ктин** [男1] ベネディクチン（フランスのリキュール酒）

**бенеди́ктин|ец** -нца [男3] ベネディクト会の修道士 // **-ский** [形3]

**бенефи́с** [男1]（俳優・演奏家に敬意を表し行われる）記念公演: устра́ивать ~ 記念公演を行う；《話・戯》嫌がらせをする // **~ный** [形1]

**бенефициа́нт** [男1] / **-ка** 複生 -ток [女2] 記念公演の対象となっている俳優[演奏家]

**бенефициа́рий** [男7][法]信託受益者

**бенефи́ций** [男7][教会]聖職禄

\***бензи́н** [ビンジン] [男1]〔benzine, petrol〕① ガソリン, 揮発油: ~ без свинцо́вых доба́вок 無鉛ガソリン ② [化]ベンジン // **~овый** [形1] ガソリン（用）の; ~ный [形1]

**бензинопрово́д** [男1] ガソリンパイプ

**бензо..** [語形成]「ガソリン［ベンゼン, ベンゾール］の」

**бензоба́к** [男2] ガソリンタンク

**бензово́з** [男1] タンクローリー // **~ный** [形1]

**бèнзозапра́вка** 複生 -вок [女2]《話》①ガソリンスタンド ②燃料給油車(bензозапра́вщик)

**бèнзозапра́вочн|ый** [形1] 給油（のための）: *-ая* ста́нция ガソリンスタンド

**бèнзозапра́вщик** [男2]（飛行機・戦車などへの）燃料給油車

**бèнзоколо́нка** 複生 -нок [女2] ①（ガソリンなどの）給油装置 ②《話》ガソリンスタンド

**бензо́л** [男1] ベンゼン, ベンゾール // **~ьный** [形1]

**бèнзопила́** 複 -пи́лы [女1] チェーンソー

**бèнзопрово́д** [男1] 給油管 ② パイプライン

**бèнзохрани́лище** [中2] ガソリンタンク

**бенуа́р** [男1] 劇場で1階アリーナ席の周囲にある升席 (ло́жа *~а*)

**бербе́р** [男1] / **~ка** 複生 -рок [女2] ベルベル人（北アフリカに住む民族）// **~ский** [形3]

**бергамо́т** [男1] ①[植]ベルガモット（ミカン科の木；エッセンシャルオイルは香水や菓子類に利用）②梨の一種

**берда́нка** 複生 -нок [女2] ①ベルダン銃（1868-91年ロシア軍で使用された）②旧式の銃

**берды́ш** -á [男4] 三日月斧, 半月斧, バルディッシュ（15-17世紀ロシア軍で使用された）

\***бе́рег** [ビェーリク] 前 o -e, на -у́ 複 -á [男2]〔shore, bank〕岸；《漁師の間で》陸(ホョ)；《複》沿岸, 沖: друго́й [тот] ~ 対岸 | у *-о́в* Сомали́ ソマリア沖で | отдыха́ть на -у́ мо́ря 海岸で保養する | выйти из *-о́в* (川が)氾濫する | вы́йти на ~ 上陸する

**берегов|о́й** [形2] < бéрег: ~ ве́тер 陸風 | *-а́я* ли́ния 海岸線 | *-а́я* оборо́на 海防 | *-а́я* слу́жба 沿岸警備隊；（日本の）海上保安庁 | *-а́я* фа́уна 水棲動物 ■*-ая* охра́на 沿岸警備隊；（日本の）海上保安庁

**бèрегоукрепл|éние** [中5] 護岸 // **-и́тельный** [形1] 護岸のための

**береди́ть** -ежу́, -еди́шь [不完] / **раз-** [完]〈図〉①《話》<痛むところを>触って刺激する ②精神的な痛みを呼び起こす

**береги́(сь)** [命令] < бере́чь(ся)

**берегу́(сь)** [1単現] < бере́чь(ся)

**бережёный** [形1]《俗》①大切に守られている；大事にされている ②用心深い

**бережёшь(ся)** [2単現] < бере́чь(ся)

**бережли́в|ый** 短 -и́в [形1] 出費に慎重な, 無駄使いをしない // **-о** [副] // **-ость** [女10]

\***бе́режн|ый** 短 -жен, -жна [形1]〔careful〕注意深い, 慎重な；丁寧な // **-о** [副] // **-ость** [女10]

**бережо́к** -жка́ 前 -жке́, на -жку́ [男2]〔指小〕< бéрег

\***берёза** [ビリョーザ] [女1]〔birch (tree)〕白樺；《集合的》白樺, 白樺林 (★ロシア, 生命, 娘の象徴) // **берёзка** 複生 -зок [女2]《話》〔指小・愛称〕

**березня́к** -á [男4]《集合的》白樺林

**берёзовик** [男2](旧)[茸] = подберёзовик

**Берёзовский** [形3変化][男] ベレゾフスキー (Бори́с Абра́мович ~, 1946-2013; 企業家, 政治家)

\***берёзов|ый** [形1]〔birch〕白樺 (берёза)の: ~ сок 白樺ジュース | *-ая* ро́ща 白樺の林

**беpе́йтор** [男1][馬術] ①調馬師, 調教師 ②乗馬のトレーナー

**бере́менеть** [不完] / **за-** [完] 妊娠する

\***бере́менн|ая** 短 -енна [形1]〔pregnant〕妊娠している；[女名] 妊婦

**бере́менность** [女10] 妊娠: ло́жная ~ 想像妊娠

**берескле́т** [男1][植]ニシキギ属 // **~овый** [形1]

**бе́рест** [男1][植]ヨーロッパニレ(вяз ма́лый)

**берёста, береста́** [女1] ①白樺の樹皮 ②(берéста)白樺文書 (берестяны́е гра́моты) // **берестяно́й, бересто́вый** [形1]

**берестян|о́й** [形2] 白樺文書の: *-ы́е* гра́моты 白樺文書（白樺樹皮に書かれた 11-15世紀ロシアの古文書）

**бере́т** [男1] ベレー帽: Зелёные ~*ы* グリーンベレー（米軍特殊部隊）// **~ик** [男2]《話》〔指小・愛称〕

**бере́тка** 複生 -ток [女2]《俗》= бере́т

\***бере́чь** [ビリェーチ] -регу́, -режёшь, ... -регу́т 命 -реги́ 過 -рёг, -регла́ 能過 -рёгший 受過 -режённый (-жён, -жена́) [不完] / **сбере́чь** [スビリェーチ] 副分 -ре́гши [完]〔keep, be careful with〕〈図〉①（失わないよう）大事にする: ~ дете́й 子どもを守る | ~ здоро́вье 健康に気をつける | ~ своё вре́мя 自分の時間を大切にする | ~ свою́ репута́цию 自分の名声を守る | ~ та́йну 秘密を明かさないでおく ②〈図〉<от 生><от 造>から>守る: ~ лес от пожа́ра 森を火事から守る ◆ **береги́(те) себя́** お大事に（別れの挨拶後） | **береги́(те)сь** 気をつけて（注意喚起）

\***бере́чься** -регу́сь, -режёшься 命 -реги́сь 過 -рёгся, -регла́сь [不完] / **по-** [完] 〔be careful, take care〕①〈無補語〉用心する, 警戒する：|〈不定形しないよう〉用心する, 警戒する：Береги́сь автомоби́ля. 自動車にご注意 | ~ просту́ды 風邪にかからぬよう用心する ②《不完》《受身》 < бере́чь | **-береги́(те)сь** → бере́чь (成句)

берёшь 〔2単現〕< бра́ть

бе́ри-бе́ри [ё; ё]《不変》〔女〕《医》脚気

бери́лл [男1]《鉱》緑柱石

бери́лл|ий [男1]《化》ベリリウム(記号 Be) **//-иевый**

бе́рингов [形10] ■ **Б~ зали́в** ベーリング海峡 | **Б-о мо́ре** ベーリング海

бери́сь(ся) 〔命令〕< бра́ть(ся)

бе́ркли|й [男1]《化》バークリウム(記号 Bk)

бе́ркут [男1]《鳥》イヌワシ **/~иный** [形1]

Берли́н [男1] ベルリン(ドイツの首都) **// берли́нск|ий** [形3]: **-ая лазу́рь** 紺青, ベルリンブルー

берло́га [女2] ① 熊の巣穴 ②《話》(汚く散らかった)住居

берму́дск|ий [ц] [形3]: **Б~ треуго́льник** バミューダトライアングル | **-ие острова́** バミューダ諸島

берму́ды -ов [複] ①《話》バミューダ・ショーツ ②**Б~** バミューダ諸島(Бермудские острова́)

Бёрн [男1] ベルン(スイスの首都)

беру́ 〔1単現〕< бра́ть

берцо́в|ый [形1]: **больша́я -ая кость** 脛骨 | **ма́лая -ая кость** 腓骨

\*бес [男1] [demon] ① 悪魔, 悪霊: изгоня́ть **~а [-ов]** ...の悪魔払いの儀式をする | одержи́мый **~ом [-ами]** 悪魔にとりつかれた ②《話》すばしこい人(動物);ずる賢い人 ◆**к~у попа́л** あっちへ, (挿入)...というのもおごがましいが ②《話》彼は魔がさした | **~а те́шить** よくない[不道徳な]ことをする | **ме́лким ~ом рассыпа́ться пе́ред** 圀 ...にうまく取り入る, おもねる, こびへつらう

бес.. → без..

\*бесе́да [ビシェーダ] [女1] [talk, discussion] 会談, 対話, 座談会;講義, 講話;記者会見, インタビュー

бесе́дка -док [女2] ① (庭園·公園の)あずまや ②《高層建築現場の》ゴンドラ

\*бесе́довать [ビシェードヴァチ] -дую, -дуешь 命 -дуй [不完] /побесе́довать [パビシェードヴァチ] [完] [talk, converse] 対話[対談]をする: **~ по душа́м** くつろいで話す

бесёнок -нка 複 -сеня́та, -ня́т [男9]《話》① [指小] < бес ② いたずら小僧

беси́ть бешу́, бе́сишь [不完] / **вз-** ... 受過 -ешённый (-шён, -шена́) [完]《話》怒らせる, 激怒させる

беси́ться бешу́сь, бе́сишься [不完] / **вз-** [完] ① 《動物が》狂犬病にかかる ②《話》《на кого-л.》に激怒する, 狂ったように振る舞う;《自然現象が》荒れ狂う ③《不完》《俗》はしゃぎまわる ◆**с жи́ру** ~ 贅沢な生活をして好き嫌いが激しくなる

беска́мерн|ый [形1] チューブのない: **-ая ши́на** チューブレスタイヤ

бескла́ссовый [形1] (社会に)階級のない

бескозы́рка 複 -рок [女2] (海兵隊員などの)縁が硬くつばのない制帽

бескомпроми́сс|ный 短 -сен, -сна [形1] 妥協のない, 妥協しない **//-ость** [女10]

\*бесконе́чно [副] [endlessly] 際限なく, 無限に: **~ больша́я [ма́лая] (величина́)**《数》無限大[小] | **~ рад** この上なくうれしい

\*бесконе́чност|ь [女10] [endlessness, infinity] 無限;《数》無限大: **спо́рить до -и** 際限なく議論する

\*бесконе́чн|ый [бискани́чнхй] 短 -чен, -чна [形1] [endless] 無限の, 果てのない, 尽きることない, 限りない, 無上の: **-ая дробь**《数》無限小数 | **~ ряд**《数》無限級数 | **-ые спо́ры** 切りのない議論 | **-ая не́жность** 無上の優しさ

бесконта́ктный [形1] 無接点の;非接触の

бесконтро́льн|ый 短 -лен, -льна [形1] 制御のきかない;監査を受けない **//-ость** [女10]

бесконфли́ктный 短 -тен, -тна [形1] (小説などに)葛藤のない

беско́рмица [女3]《旧》飼料不足, 餌不足

бескоры́стие [中5]《話》私利私欲[打算]のないこと

\*бескоры́стный [сн] 短 -тен, -тна [形1] [disinterested] 私利私欲のない, 欲得ずくでない

беско́стный [сн] 短 -тен, -тна [形1] 骨のない(ような)

бескра́йний 短 -аен, -айня [形8] 限りない, 果てしない

бескра́сочный 短 -чен, -чна [形1] 色のない, 精彩のない

бескро́вн|ый 短 -вен, -вна [形1] ① 血のない, 血の気のない ② 流血のない: **-ая револю́ция** 無血革命

бескры́лый [形1] ① 《長尾》翼[羽]のない;無翅の ② 創造性[想像の翼]のない

бескульту́рный [形1] 無教養な, 野蛮な, 文化的でない

бескульту́рье [中4]《話》文化のないこと, 教養のないこと

беснова́т|ый 短 -ат [形1] ①《話》ひどく興奮した ②《旧》精神異常の

бесн|ова́ться -ну́юсь, -ну́ешься [不完] ①《話》ひどくいらいらする, 怒る ② 興奮する ③《旧》狂ったように振る舞う **//-ние** [中5]

бесо́вский [形3] 悪魔(бес)の(ような)

беспа́лый 短 -áл [形1] 指のない

беспа́мятн|ый 短 -тен, -тна [形1]《話》① 忘れっぽい ② 気絶した ③《愛情などが》とても強い, 強烈な

беспа́мятство [ц] [中4] ①《意識のない[気絶した]状態, 意識不明 ② 呆然とした[熱中した]状態

беспардо́нн|ый 短 -о́нен, -о́нна [形1]《話》厚かましい, 礼儀をわきまえない **//-ость** [女10]

беспарти́йн|ый [形1] 党に属さない, 無所属の, 無党派の: **~ -** [男名]/**-ая** [女名] 無党派の人; **-ые** [複名] 無党派の層) **//-ость** [女10]

беспа́спортный [形1] パスポートを持っていない, 身分証明書のない

беспа́тентный [形1] 無免許の, 無許可の

бесперебо́йный 短 -о́ен, -о́йна [形1] 間断[途切れること]なく行われる

беспереса́дочный [形1] 乗り換え[乗り継ぎ]のない

бе́с перечь [副]《旧·方》絶えず, 絶え間なく

бесперспекти́вный 短 -вен, -вна [形1] 先の見通しのない

беспе́чность [女10] のんき;気楽さ

беспе́чн|ый 短 -чен, -чна [形1] のんきな;こだわりのない, 無責任な;心配事のない **//-о** [副]

беспило́тник [男2]《話》無人(航空)機

беспило́тный [形1] (飛行機などが)自動操縦の

беспи́сьменный [形1] 文字を持たない

беспла́менный [形1] 無炎の, 炎を出さない

беспла́новый [形1] 無計画な

\*беспла́тно [副] [for free] 無料[無償]で, ただで

\*беспла́тн|ый [ビスプラートヌイ] 短 -тен, -тна [形1] [free] 無料の, 無償の: **-ое обуче́ние** 無償の教育 | **вход ~** 入場無料 **//-ость** [女10]

беспло́дие [中5] ① (植物が)実をつけないこと ② (人·動物の)不妊(症) ③ (土壌の)栄養価の低いこと

беспло́дн|ый 短 -ден, -дна [形1] ① (人·動物が)子孫を残せない;(植物が)実をつけない;(土地が)収穫をもたらさない: **-ая смоко́вница** 子どものできない女性;成果をあげられない人 ② 結果を残さない, 成果につながら

**бесплотный**

ный ∥**-о** [副] <2> ∥**-ость** [女10]
**бесплóтн|ый** 短 -тен, -тна [形1] 肉体を持たない
**бесповорóтн|ый** 短 -тен, -тна [形1] 翻す[覆す]ことのできない; 最終的な ∥**-о** [副]
**бесподóбный** 短 -бен, -бна [形1] 《話》比類なき, 非常に優れた
**беспозвонóчн|ый** [形1] ① 無脊椎の ② **-ое** [中名] 《動》無脊椎動物
‡**беспокóить** [ビスパコーイチ] -кóю, -кóишь 命 -кóй [不完] (trouble, disturb) ① (〜の) 面倒をかける, 邪魔する: (頭・足などが) 痛み[不快感]を引き起こす: Вас беспокóит .... (電話で) こちらは…と申します | Что́ вас беспокóит? (医師の質問) どこが痛みますか | Опя́ть ногá беспокóит? また足が痛みますか ② [完 **о-**] 心配させる
‡**беспокóиться** [ビスパコーイッツァ] -кóюсь, -кóишься 命 -кóйся [不完] (worry) ① [完 〜, **за-**] 〈о圓/что́ 節〉…のことを心配する, 案ずる: 〜 о де́тях〈…〉о де́тях детя́х) 子どものことを心配する | 〜 о здорóвье 健康を心配する ② [完 **по-**] 気配りする, 面倒を見る: Не беспокóйтесь, я cáм сде́лаю. お構いなく, 自分でできますから
**беспокóйн|ый** 短 -óен, -óйна [形1] ①不安な, 落ち着きのない: 〜 человéк そわそわした人 ② 面倒な, 厄介な; (物・道具などが) 面倒な: -ая слу́жба 厄介な任務 ③ (川・海・天候が) 荒れる: -ая дорóга 悪路 ∥**-о** [副] ∥**-ость** [女10]
***беспокóйство** [中5] ①不安, 心配 ② 迷惑: Извини́те за 〜. ご迷惑[お手数]をおかけしてすみません
***бесполе́зно** ① [無人述] 無駄だ, 効果がない ② [副] 無駄に, 効果なく
***бесполе́зн|ый** [ビスパリェーズヌィ] 短 -зен, -зна [形1] (useless) 無益な, 無駄の, 効果のない, 役立たずの: -ая трáта де́нег 無駄遣い | 〜 тру́д 徒労 ∥**-ость** [女10]
**беспóлый** [形1] 中性的の ② (生物が) 無性の
***беспóмощн|ый** 短 -щен, -щна [形1] (helpless, week) 頼りない;〈пéред圓 に対して〉無力で, 助けのない; (作品が) 下手な, へたな: 〜 ребёнок いたいけな子ども | бы́ть в -ом состоя́нии 無力である | -ые стихи́ 下手くそな詩 ∥**-ость** [女10]
**беспонтóвый** [形1] 《俗》つまらない, 取るに足らない; 当てにならない, 望みのない
**беспорóдный** 短 -ден, -дна [形1] 優良種でない, 雑種の
‡**беспоря́док** [ビスパリャーダク] -дка [男2] (disorder, disturbances) ① 乱雑; 乱雑な状態, 規律のない様子: в -ке 乱雑に, 混乱したまま ② 〈複〉(社会的な) 反乱
**беспоря́дочн|ый** 短 -чен, -чна [形1] 無秩序な, 雑然とした, ちらかった, 乱雑な ∥**-о** [副]
**беспосáдочный** [形1] 無着陸の
**беспóчвенн|ый** 短 -вен, -енна [形1] 根拠のない
**беспóшлинн|ый** [形1] 無税の ∥**-о** [副]
***беспощáдн|ый** 短 -ден, -дна [形1] (merciless) 容赦のない, 無慈悲な, 完膚なきまでの ∥**-о** [副] ∥**-ость** [女10]
**беспрáвие** [中5] ① 無法状態 ② 無権利状態
***беспрáвн|ый** [形1] (without rights) (政治的に・市民として) 権利のない; 十分な権利のない ∥**-ость** [女10]
**беспреде́л** [男1] 《話》極限的な無法[混乱] 状態: В странé твори́тся 〜. 国内が混乱状態に陥っている
**беспреде́льный** 短 -лен, -льна [形1] 果てしない, 限りない
**беспредмéтн|ый** 短 -тен, -тна [形1] 特定の対象[目的, 内容] のない: -ое иску́сство 《美》無対象芸術 (20世紀初頭)

**беспрекослóвный** 短 -вен, -вна [形1] 有無を言わさぬ, 異議を挟ませない
**беспремéнно** [副] 《旧・俗》必ず
**беспрепя́тственный** [ц] 短 -ен, -енна [形1] 障害のない, 妨害されない
**беспреры́вн|ый** 短 -вен, -вна [形1] 途絶えることのない, 途切れることなく続く ∥**-о** [副]
**беспрестáнн|ый** 短 -áнен, -áнна [形1] 《文》途切れることなく[しばしば] 繰り返される ∥**-о** [副]
**беспрецедéнтн|ый** 短 -тен, -тна [形1] 《文》前例のない, 前代未聞の
**беспри́быльный** 短 -лен, -льна [形1] 収益をあげない, 収益をもたらさない
**беспридáнница** [女3] 《旧》持参金のない花嫁
**беспризóрни|к** [男2] **/-ца** [女3] 浮浪児, ストリートチルドレン
**беспризóрн|ый** 短 -рен, -рна [形1] ① 管理[世話] をする人のない; 打ち捨てられた ② (子どもが) 家[家族のない, 《話》面倒を見る人のいない ③ 〜 [男名]/**-ая** [女名] 浮浪児
**беспримéрн|ый** 短 -рен, -рна [形1] 比肩[匹敵] するもののない ∥**-о** [副]
**беспри́месный** [形1] まじりっけのない, 生粋の
**беспринци́пн|ый** 短 -пен, -пна [形1] 一貫性のない, 一貫した方針のない ∥**-ость** [女10]
**беспристрáстие** [中5] 公平, 公正, 不偏不党
**беспристрáстн|ый** [сн] 短 -тен, -тна [形1] ひいきのない, 偏見のない; 公平な, 公正な ∥**-ость** [女10]
**беспричи́нн|ый** 短 -и́нен, -и́нна [形1] 原因[理由, 根拠] のない; 原因の見当たらない
**бесприю́тный** 短 -тен, -тна [形1] ① 安心して住める家のない ② (土地が) 安住できそうにない
**беспроблéмный** [形1] 問題のない
**беспробу́дн|ый** 短 -ден, -дна [形1] ① (眠りが) 深い, 目覚めることのない ② 《話》度を越した
**беспроводнóй** [形1] コードのない: 〜 телефóн コードレスの電話 | 〜 Интернéт ワイヤレスインターネット
**беспровóлочный** [形1] 《話》無線の
**беспрои́грышный** 短 -шен, -шна [形1] 損のない, はずれのない
**беспросвéтный** 短 -тен, -тна [形1] ① (闇が) 真っ暗な ② 希望[喜び, 光明] の全くない
**беспроцéнтный** [形1] 無利子の, 無利息の
**беспу́тный** 短 -тен, -тна [形1] 放蕩な
**беспу́тство** [ц] [中1] 放蕩な生活; 礼儀をわきまえない行為
**Бессарáбия** [女9] ベッサラビア
**бессвя́зн|ый** 短 -зен, -зна [形1] (話などが) 前後の脈絡のない, 飛びとびの
**бессемéйный** [形1] 家族のない
**бессемя́нный** [形1] 無核の; 種無しの
**бессердéчн|ый** 短 -чен, -чна [形1] 思いやりのない ∥**-ие** [中5], **-ность** [女10]
**бесси́лие** [中5] ① (肉体的な) 無力, 虚弱: полово́е 〜 インポ ② (精神的な) 無力感, 無力なこと
***бесси́льн|ый** 短 -лен, -льна [形1] (weak, impotent) ① 体力のない; (手足・体に) 力の入らない ② [しばしば短尾] 無力で: 〈不定圏〉無力で…できない ∥**-о** [副]
**бессимптóмный** [形1] 無症状の, 症状の現れない
**бесси стемный** 短 -мен, -мна [形1] 体系的でない, 整えられていない
**бесслáвие** [中5] 不名誉
**бессла́вить** -влю, -вишь [不完] 〈圓〉誹謗中傷する
**бессла́вн|ый** 短 -вен, -вна [形1] 《雅》恥ずべき
**бесслéдн|ый** [形1] 跡を残さない, 跡形もない ∥**-о** [副]
**бесслёзный** [形1] ① 涙を流さない ② 涙を流す必

**бессловéсн|ый** 短 -сен, -сна [形1] ① (動物・物が) 言葉を話さない, 言葉を持たない ② 寡黙な, 自分の考えを言わない ③ 無言の: **-ая роль** (演劇)で無言の役

**бессмéнный** 短 -енен, -éнна [形1] ① 交代のない, 代替要員のいない ② 途切れることのない, 連続の

**бессмéртие** [中5] ①《雅》死後の栄誉 ② (主に魂の) 不死

**бессмéртник** [男2] 〔植〕ムギワラギク属, ヘリクリサム (ドライフラワーに適す)

*бессмéртн|ый 短 -тен, -тна [形1] [immortal] ① 不死身の, 不死の ② 不朽の, 不滅の **//-о** [副] **-ость**

*бессмы́сленно [senselessly, foolishly] ① [無人述語] 無意味な,ばかげている (★ 不定形が結合する場合は通例不完了体): Б- стрóить мост до середи́ны реки́. 川の真ん中で橋を作るというのは意味がない ② [副] 無意味に, わけもわからず, 無訳に

*бессмы́сленн|ый 短 -ен, -енна [形1] [senseless, meaningless] ① 無意味な, 中身のない, ばかげた ② 何を意味[意図] しているか不明な; 理由のわからない **-ость** [女10] <①>

**бессмы́слие** [中5] 無意味さ

**бессмы́слица** [女3] 《話》ナンセンス, ばかばかしいこと, 無意味なこと

**бессне́жный** [形1] 雪が降らない, 雪がない, 雪の少ない

*бессóвестн|ый [сн] 短 -тен, -тна [形1] [unscrupulous, shameless] 良心のかけらもない, 恥知らずな, 不遜な **//-о** [副] **-ость** [女10]

**бессодержáтельный** 短 -лен, -льна [形1] 中身の [深みの]ない

*бессознáтельн|ый 短 -лен, -льна [形1] [unconscious] ① [長尾] 意識[気] を失った ② 無意識の, 無意識的な; -ое [中名]《心》無意識 (のもの) ③《話》(政治的・社会的) 意識の低い **//-о** [副] <②> **-ость** [女10] <②③>

**бессолевой** [形2] 無塩の, 塩が使われていない

**бессóлнечный** [形1] 太陽の出ていない[見えない]

**бессóнница** [女3] 不眠 (症)

**бессóнн|ый** [形1] 眠らない, 不眠(不休)の **//-о** [副]

**бессою́з|ие** [中5]《文学・言》接続詞 [連結辞, 連辞]省略 **//-ный** [形1]

**бесспóрно** [副] ①< **бесспóрный** ②〔挿入〕言うまでもなく, 明らかに

**бесспóрный** 短 -рен, -рна [形1] 議論の余地のない, 明らかな

**бессребренник** [男2] 金銭に無欲な人, 無頓着な人

**бессрóчный** 短 -чен, -чна [形1] 無期限の

**бессточный** [形1] (湖が) 水の流れ出る川のない

**бесстрáстие** [中5] 冷静, 冷静な状態

**бесстрáстный** [сн] 短 -тен, -тна [形1] 冷静な, 感情の起伏のない

**бесстрáшие** [中5] 恐怖感を抱かないこと, 怖いもの知らず, 豪胆さ

**бесстрáшн|ый** 短 -шен, -шна [形1] 恐れを知らない **//-о** [副]

**бессты́дни|к** [男2]/**-ца** [女3]《話・罵》恥知らず

**бессты́дн|ый** 短 -ден, -дна [形1] ① 恥知らずな, ふしだらな ② 欲情をそそる [隠さない] ③ 厚かましい, 不遜な **//-о** [副]

**бессты́дство** [ц] [中1] ① 恥ずかしさを感じない こと ② 恥知らずな行為[言動]

**бессты́жий** [ж-ыж] [形6]《俗》= **бессты́дный**

**бессубъéктный** [形1] 主体のない; 《文法》無主語の

**бессчётный** [щ/щ] 短 -тен, -тна [形1] 数えられない, 無数の

**бессюжéтный** 短 -тен, -тна [形1] (小説などの) 筋書きのない

**бестáктность** [女10] 無神経な振る舞い, 時と場所をわきまえない言動

**бестáктн|ый** 短 -тен, -тна [形1] 機転の利かない; 状況に応じた言動の取れない **//-о** [副]

**бесталáнн|ый** 短 -áнен, -áнна [形1] ①《民話・詩》不幸な, 苦しい状況に立たされた ②《話》才能のない **-ость** [女10] <②>

**бестелéсный** 短 -сен, -сна [形1] ① 体のない, 肉体のない ② とても痩せた, がりがりの

**бестеневóй** [形2] (ライティングが) 影を生じさせない: **-áя лáмпа** (手術用などの) 無影灯

**бéстия** (女5変化) [男・女]《俗》ペテン師, 古狸

**бестолкóвщина** [女1]《話》混乱, ごたごた

**бестолкóв|ый** 短 -кóв [形1] ① (人が) ものわかりの悪い, 愚鈍な ② (説明・行動などが) 筋の通っていない, わけのわからない

**бéстолочь** [女11]《話》① 混乱, ごたごた ②[男・女] わからずや

**бестрепéтный** 短 -тен, -тна [形1]《雅》① 冷静な, 冷淡な ② 恐れを知らぬ, 大胆な, 豪胆な

**бестсéллер** [э] [男1] ベストセラー

**бесфóрменный** 短 -рен, -рна [形1] 一定形の, 輪郭のはっきりしない

**бесхарáктерный** 短 -рен, -рна [形1] ① 性格の弱い, 他人の影響を受けやすい ②《旧》特徴のない

**бесхвóстый** [形1] 尻尾のない, 尾のない

**бесхи́тростный** [сн] 短 -тен, -тна [形1] 率直な, 純真な **-ость** [女10]

**бесхóзн|ый** 短 -зен, -зна [形1]《話》所有者のない

**бесхозяйный** [形1]《旧》= **бесхóзный**

**бесхозяйственный** 短 -ен, -енна [形1] 経営能力のない, 健全な経営から外れた

**бесхребéтный** 短 -тен, -тна [形1]《話・蔑》(性格・行動的に) 芯の通ってない, 背骨のない

**бесцвéтный** 短 -тен, -тна [形1] ① 無色の ② 生き生きとした色彩のない, 精彩のない

**бесцéльн|ый** 短 -лен, -льна [形1] 無目的な; 無益な, 無意味な **//-о** [副]

**бесцензу́рный** [形1] 検閲のない; 検閲されていない

**бесцéнн|ый** 短 -éнен, -éнна [形1] ① 値段の付けられない, 極めて高価な ② (人が) とても大切な

**бесцéнок** [男2] **♦за —** 《話》とても安く, 二束三文で

**бесцеремóнный** 短 -óнен, -óнна [形1] 礼儀を無視した, 無慈悲な

**бесчеловéчн|ый** [щ'] [形1] 非人間的な, 残酷な, 無慈悲な **//-о** [副]

**бесчéстить** [щ'] -чéщу, -чéстишь 命 -сти [不完] / **о—** 過受 -чéщенный [文] 侮辱する, 恥をかかせる, 泥を塗る: <女性を> 辱める

**бесчéстн|ый** [щ': сн] 短 -тен, -тна [形1] 恥ずべき, 不名誉な, 誠実さのない, 汚れた **//-о** [副] **-ость** [女10]

**бесчéстье** [щ'] [中4] 名誉毀損, 侮辱; その言動

**бесчи́нство** [щ'] [中1] 秩序を乱暴にかく乱する行為

**бесчи́нствовать** [щ'] -твую, -твуешь [不完] 秩序を乱暴にかく乱する

*бесчи́сленн|ый [щ'] 短 -ен, -енна [形1] [innumerable] 無数の, 数多くの: **-ое мнóжество** 甲 非常に多くの… **//-о** [副]

**бесчу́вственн|ый** [щ': ст] 短 -ен/-енен, -енна [形1] ① 意識をなくした, 失神した; 無感覚の: **-ое тéло** 死体 ② 無感情の, 冷淡な **//-о** [副] <②> **-ость** [女10]

**бесчу́вств|ие** [щ': ст] [中5] ① 失神, 意識不明 (の

**бесшаба́шн|ый** кр-шен, -шна [形1]《話》① (人が) 気が気でない、向こう見ずな、向こう見ず ②抑えのきかない、豪胆な、豪快な **‖ -ость** [女10]《話》

**бесшо́вный** [形1] 継ぎ目 [縫い目, 溶接] のない

**бесшу́мный** кр-мен, -мна [形1] 騒音を立てない

**бе́та** [э] [女1] ギリシア文字 B, β: ～ ве́рсия [IT] ベータ版

**бе́та(-)..** [э] [語形成]「ベータ…」

**бѐта-распа́д** [э] [不変]-[男1]《理》ベータ崩壊

**бѐта-части́ца** [э] [不変]-[女3]《理》ベータ粒子

*бето́н -а/-у [男1] コンクリート **‖ ～ный** [形1]

**бетони́рова|ть** -рую, -руешь 受過 -анный [不完・完] [完また за-] [他] コンクリートで固める **‖ ～ся** [不完] [受身] **‖ ～ние** [中5]

**бето́нка** 複生 -нок [女2]《話》コンクリートで舗装された道路 [滑走路]

**бетоново́з** [男1] コンクリート輸送用トラック

**бетòносмеси́тель** [男5] ① コンクリートミキサー ② ミキサー車、トラックミキサー (автобетòносмеси́тель)

**бето́нщик** [男2] コンクリート工事をする人

**Бетхо́вен** [男2] ベートーヴェン (Лю́двиг ван ～, 1770-1827; ドイツの作曲家)

**бефстро́ганов** (不変) [男]《料理》ビーフストロガノフ

**бечев|а́** [女1] 撚 (よ) って作ったひも [ロープ]; (特に船曳用の) ロープ **‖ ～о́й** [形2]

**бечева́я** (形2変化) [女名] 船曳人夫が船を引く時に通る道

**бечёвка** 複生 -вок [女2] 細いひも [ロープ]

**бечёвочный** [形1] < бечёвка

**бешаме́ль** [女10]《料理》ベシャメルソース

**бешбарма́к** [男2]《料理》(チュルク系民族の) 野菜や麺を煮込んだ肉料理

**бе́шенство** [中1] ① [医] 狂犬病 ② 激怒, 憤怒, 狂暴: приходи́ть [впада́ть] в ～ 激怒する | приводи́ть [入れる] в ～ кого́-л. 激怒させる **‖ коро́вье ～** 狂牛病

*бе́шен|ый [形1] [rabid, furious] ① 狂犬病にかかっている ② (人が) 怒りやすい; 狂ったような, 荒れ狂う ③ 並はずれて強い [激しい, 速い]; -ые це́ны《話》法外な値段 | -ые де́ньги《話》大金; あぶく銭 **‖ ～о** [副] < ② ③

**бешме́т** [男1] (チュルク系・モンゴル系・カフカスの諸民族の着る) 服, 上着

**БЗ** [ベゼー] [中1] (略) большо́й зал 大ホール

**бзик** [男2]《俗》奇妙な性癖

**БЗК** [ベゼーカー] [中1] (略) большо́й зал консервато́рии 音楽院大ホール

**биатло́н** [男1]《スポ》バイアスロン

**биатлони́ст** [男1] / **～ка** 複生 -ток [女2] バイアスロン競技者 [選手]

**бибабо́** (不変) [中] 指人形

**биби́** [中]《幼児》自動車, ブーブー

**библеи́зм** [男1] 聖書的な表現

*библе́йский [形1] [biblical] 聖書の (Би́блия) の

**библио́..** [語形成]「本の」「図書」の

**библио́граф** [男1] 書誌学者

**библиогра́фия** [女1] ① 書誌学 ② 文献一覧 **‖ библиографи́ческ|ий** [形3]: -ая ре́дкость 入手困難となった出版物, 希少書

*библиоте́к|а [ビブリアチェーカ] [女2] [library] 図書館, 図書室; 蔵書; 書庫; 叢書, 文庫シリーズ: госуда́рственная [городска́я] ～ 国立 [市立] 図書館 | де́тская [передвижна́я] ～ 児童 [移動] 図書館 | нау́чная ～ 科学図書館 | публи́чная [университе́тская] ～ 公共 [大学] 図書館 | ～ путеше́ствий 旅シリーズ | абонеме́нт -и для́ книг | катало́г -и абоне́мент | брать кни́ги в -е 図書館から本を借りる | верну́ть [сдать] кни́ги в -у 図書館に本を返す | записа́ться в -у 図書館に登録する ■ **Росси́йская госуда́рственная ～** ロシア国立図書館 (国会図書館; 1925年-92年1月は旧称 Госуда́рственная ～ СССР и́мени В. И. Ле́нина) **‖ библиоте́чка** 複生 -чек [女2] [指小] **‖ библиоте́чн|ый** [形1]: -ое де́ло 図書館事業

**библиоте́кар|ь** [男5] / 《話》**-ша** [女4] [図書館] 司書

**библиотекове́дение** [中5] 図書館学

**библиофи́л** [男1]《話》愛書家, 蔵書家

*Би́блия [女1] [bible] ① Б～ 聖書 ② 特定の分野で権威として認められた書物

**бива́к** [男2] (①) (軍隊の) 野営, 露営 ② (登山などで) ビバーク, 露営

**бива́ть** (現在形用いず) [不完] [多回] 〈旧/無補語〉 叩く, 打つ, 殴る (бить)

**бива́чн|ый** [形1] ① < бива́к ② 十分考えられていない, 仮の, 一時的な: -ая жи́знь 不安定な生活

**би́вень** -вня [男5]《動》(哺乳動物の) 牙

**бивуа́|к** [男2] = бива́к **‖ ～чный** [形1]

**би́гль** [男5]《動》ビーグル (犬種)

**бигуди́** -е́й [複] (髪を巻きつける) ロッド, カーラー

**биде́** [э] (不変) [中] ビデ

**бидо́|н** [男1] (灯油・牛乳を入れる) 円筒形の容器 **‖ ～чик** [男2]《話》[指小・愛称]

**бие́ние** [中5] ① 打つこと; (泉が) 湧くこと; (心臓が) 鼓動すること; 動悸 ②《理》共鳴

**биенна́ле** (不変) [女]/[中] ビエンナーレ (2年に1度開かれる催し)

**бижуте́рия** [э] [女9]《集合》(金属・ガラス製の) アクセサリー

**биза́нь** [女10]《海》ミズンマスト, ミズンセル

*би́знес [э] [男1] [business] ビジネス, 企業活動: занима́ться ～ом ビジネスをする

**би́знес-..** [э] [語形成]「ビジネスの」

**би́знес-кла́сс** [э] [不変]-[男1] ビジネスクラス

**би́знес-ла́нч** [э] [不変]-[男4] ランチセット (安価なセットメニュー)

*бизнесме́н [э] [男1] [businessman] ビジネスマン, 企業家 (★ 女性には бизнесву́мен (ビジネスウーマン) や би́знес-ле́ди (ビジネスレディ) を使うことも)

**бизо́н** [男1]《動》バイソン, バッファロー **‖ ～ий** [形9]

**бикарбона́т** [男1] 重炭酸塩, 重曹

**бики́ни** (不変) ① [中] ビキニ (の水着) ② Б～ [男] ビキニ環礁

**бикфо́рдов** [形10]: ～ шнур 旧式の導火線

**билабиа́льный** [形1] 《音声》両唇 (音) の

**билбо́рд** [男1] 広告塔

*биле́т [ビリェート] [男1] [ticket] ① 切符, チケット, 乗車券 (語法 一般に交通機関には ～ на 対, 施設には ～ в 前): ～ на по́езд [самолёт] 列車 [飛行機] の切符 | ～ на стадио́н [като́к, матч] スタジアム [スケートリンク, 試合] のチケット | ～ в цирк [о́перу] サーカス [オペラ] のチケット | ～ в кино́ [музе́й, теа́тр] 映画 [博物館, 劇場] のチケット | ～ теа́тра 劇場のチケット (★ 施設内で話題にするときは ～ в 前 となる) | ～ по предвари́тельной прода́же 前売り券 | входно́й ～ 入場券 | сезо́нный [ме́сячный] ～ 定期 [1か月] 券 | еди́ный проездно́й ～ 市内交通共通切符, 統一切符 | ～ от Москвы́ до Ки́ева モスクワからキエフまでの切符 | ～ туда́ и обра́тно 往復切符 | ～ в одну́ сто́рону = ～ в оди́н коне́ц 片道切符 | ～ на за́втра あしたの切符 | ～ на семь часо́в 7時の切符 | купи́ть [доста́ть] ~ 切符を買う[入手する] | прове́рить ~ 検札する ②証明カード; 証書: чле́нский ~ 会員証 | студе́нческий ~ 学生証 | профсою́зный ~ 労組組合員証 ③(各種の)券: пригласи́тельный ~ 招待状 | экзаменацио́нный ~ 試験問題(券) | отвеча́ть по ~у 試験問題(券)に答える | лотере́йный ~ 宝くじ券 | счастли́вый ~ 幸せの切符, 当たり券

билетёр [男1] /~ша [女4] (劇場・映画館で)入場券のもぎり

биле́тик [男2] [指小] < биле́т: Нет ли ли́шнего ~a? (話)チケット余っていませんか(劇場の入り口などで)

биле́т|ный [形1] 切符売りの; 切符(биле́т)の: ~-ая ка́сса 切符売り場 | ~ контролёр 検札係 | ~-ая ка́сса 切符売り場

били́нг|в [男1], ~a [女1変化] [男・女] バイリンガル

би́ллинг [男1] ビリング, 勘定作成 /~овый [形1]

билль [男5] [政](英米などの)法案

би́ло [中1] ①(時刻・集合などの合図に打ち鳴らす)金属板, 機械の打ち鳴らす部分, ピーター

бильбоке́ (不変) [中] (けん玉みたいな遊具)

би́льман [男1] [フィギュア]ビールマンスピン

билья́рд [男1] ビリヤード: игра́ть <в ~ на ~e> ビリヤードをする /~ный [形1]

билья́рди́ст [男1] /~ка 複生 -ток [女2] ビリヤードの選手, ビリヤードをする人

билья́рдная [女1変化] [女名] ビリヤード場

бимета́лл [男1] バイメタル(2種類の金属または合金が接合されたもの) /~и́ческий [形3]

бимс [男1] [船]梁

бина́рный 短 -рен, -рна [形1] 2つの要素から成る, 2項の; [数・IT]2進法の, 2値の

*бино́кл|ь [男5] [binoculars] 双眼鏡 ■театра́льный ~ オペラグラス

бинокуля́рный [形1] 両目で見るための

бино́м [男1] 二項式 ◆~ Нью́тона こんな楽勝だ, 頭を悩ませうる問題ではない

*бинт -а́ [男1] [bandage] 包帯 /~ово́й [形2]

бинт|ова́ть -ту́ю, -ту́ешь [不完] /за- 受過 -о́ва-нный [完], по- -о́вка [女1] [指小]

био.. [語形成] 「バイオ…」「生物の」「生命の」「人生の」

биоге́нный [形1] 生命活動に影響する

биогеоцено́з [男1] [通例複] 積まれた駒から他の駒を動かさないように1つ1つフック状の道具で取ってゆく遊び; その駒 ②(話)つまらないの ◆игра́ть в ~ いまらないことをする; 無駄に時を過ごす

био́граф [男1] 伝記作者, 伝記作家

*биогра́фи|я, -ия [女9] [biography] 伝記; 履歴書; 生涯: кра́ткая ~ Льва́ Толсто́го レフ・トルストイ略伝 | слу́чай из ~ии 生涯の1こま /~ческий [形3]

биодоба́вка 複生 -вок [女2] サプリメント, 栄養補助食品

биоинжене́рия [女9] 生体工学

био́лог [男2] 生物学者

биоло́ги|я [女9] 生物学, 生物 /~биологи́ческ|ий [形3]: ~-ое ору́жие 生物兵器

биома́сса [女1] 生物量, バイオマス

биомедици́нский [形3] 生物医学的な

биометри́ческий [形3] 生体測定[認識]の
■~ па́спорт バイオメトリック・パスポート(生体認証情報チップが埋め込まれた)

биоме́три|я, -ия [女9] 生体[生物]測定学, 生体認証

биомеха́ника [女2] 生体力学, 生物力学, バイオメカニクス

био́ник [男2] 生体工学者

био́ник|а [女2] 生体工学, バイオニクス /~и́ческий [形3]

биопо́ле [中3] 生体エネルギー場

биополиме́р [男1] 生体高分子, 生体ポリマー

биопотенциа́л [э] [男1] 生体電流

биопси́я [女9] 生体組織検査, 生検, バイオプシー

биоресу́рсы 複-ов [複] 生物資源

биори́тм [男1] バイオリズム

биоси́нтез [э] [男1] [生]生合成

биоста́нция [女9] 生物学研究所

биосфе́р|а [女1] 生物圏 /~ный [形1]

биотехноло́гия [女9] バイオテクノロジー

биото́п [男1] ビオトープ, 生物(生息)空間

биото́пливо [中1] [理]生物燃料

биофа́к [男1] (話)生物学部(биологи́ческий факульте́т)

биофи́зик [男2] 生物物理学者

биофи́зика [女2] 生物物理学

биохи́мик [男2] 生化学者

биохи́мия [女9] 生化学, 生化学

биоцено́з [男1] (生物空間に形成される)生物全体

биоци́д [男1] 殺生物剤, バイオサイド

биоэнерге́тика [女2] 生体エネルギー学

бипатри́д [男1] [公] (国際法で)二重[多重]国籍者

бипла́н [男1] 複葉機

биполя́рн|ый [形1] [理]両極の, 二極の /~ость [с 10] [女9] [理]両極性, 二極性

БИПЦ [би́-п́цэ́] [略] ба́зовый и́ндекс потреби́тельских цен コア消費者物価指数, Core CPI

*би́рж|а [ビールジャ] [女1] [exchange] ①証券取引所; (外国為替・金融商品の)取引所: игра́ть на ~е 相場を張る | това́рная ~ 商品取引所 | фо́ндовая ~ 株式取引所 | чёрная ~ 闇取引, 闇相場 ②職業紹介所: ~ труда́ 国営職業紹介所 /~би́ржевой [形2]

биржеви́к -а́ [男2] (株式の)トレーダー, 相場師

би́рка 複生 -рок [女2] ①(名札・値札などの)プレート ②(旧)記録棒, 記録板(仕事量, 金銭授受などを記録した木片) /~би́рочка 複生 -чек [女2] [指小]

бирма́нец -нца [男3] /~ка 複生 -нок [女2] ビルマ族の人 /~ский [形3]

Биробиджа́н [男1] ビロビジャン(ユダヤ自治州の州都; 極東連邦管区)

бирюза́ -ы́ [女2] [鉱]トルコ石

бирюзо́вый [形1] ①<бирюза́ ②ターコイズブルーの, 青緑色の

бирю́к -а́ [男2] ①[方](単独行動をとる)狼 ②(話)人付き合いの悪い人, 一匹狼

бирю́льк|а 複生 -лек [女2] ①(通例複)積まれた駒から他の駒を動かさないように1つ1つフック状の道具で取ってゆく遊び; その駒 ②(話)つまらないの ◆игра́ть в ~и つまらないことをする; 無駄に時を過ごす

бис [間] [男1] アンコール: на ~ アンコールに応えて

бисексуа́л [男1] /~ка 複生 -лок [女2] (話)バイセクシャル

бисексуа́льн|ый 短 -лен, -льна [形1] バイセクシャルの /~ость [с 10] [女9]

би́сер [男1] [集合]ビーズ ◆Мета́ть ~ пе́ред сви́ньями. 豚に真珠

би́серин|а [女1] ビーズの一粒 /~ка 複生 -нок [女2] (話)[指小・愛称]

би́серный [形1] ビーズの; 微小の, とても小さい

бисирова́ть -ру́ю, -ру́ешь [不完・完] [又/無補語] (アンコールに応えて)歌う, 演奏する

бискви́т [男1] ①[料理]スポンジケーキ ②素焼きの(焼きもの) /~ный [形1]

биссектри́са [女1] [数] (角の)二等分線

бистро́ (不変) [中] ①(主に西欧で)ビストロ, 簡食堂

бит [男1] ①[IT]ビット(情報の単位) ②[楽]拍子, ビート /~овый [形1]

би́та, би́та́ [女1] (競技用の)打つ道具, バット

*би́тва [女1] [雅] [battle] 会戦, 戦闘; 闘争, 戦い: ~

**Биткоин**

за ро́дину 祖国のための戦い | ~ под Полта́вой ポルタワの戦い | ~ при Бородине́ ボロジノの戦い

**Битко́ин** [男1] 《IT》ビットコイン

**битко́м** [副] ◆~ наби́тый 圏 …でいっぱいの、…がこれ以上詰め込めないほど | ~ наби́ться куда́-л. …にぎゅうぎゅうに詰めて入る

**Битлз** (不変) [複男] ビートルズ

**бито́к** -тка́ [男2] ①《通例複》《料理》ビトーチキ(ビトーチキ) ②《ビリヤード》突き球, 手球

**биточки** -ов [複] 〜ed **биточки** -чка [男2]《料理》ビトーチキ (小さな丸いハンバーグに似る)

**биту́м** [男1]《通例複》瀝青(石), 瀝青材, ビチューメン (天然の炭水化合物の総称; 天然アスファルト, 石油アスファルトなど) // **~ный, ~ино́зный** [形1]

**би́тый** 短 бит [形1] 割れた, 壊れた ◆ ~ *час* 《話》丸一時間, 長い時間

*\***би́ть** [ビーチ] бью, бьёшь 命 бей [不完] 《beat, break》 ①《完 по-》 в/о圉/по圉 を打つ; 《スポ》キックする, ゴールに打ち込む; 〈肉〉打つ, 殴る; 〈銃〉撃つ, 狙う: ~ молотко́м по гвоздю́ ハンマーで釘を打つ | бо́льно ~ хлыстом ひどく殴る | ~ по воро́там ゴールに打ち込む | ~ проти́вника 敵を負かす | ~ в цель [ми́мо це́ли] 的に当たる[外す]《ク比喩的にも》

②《完 про-》-бьёт 過 проби́л/-и́л, -и́ла, про́било/-и́ло [無人称でも]〈時〉打つ音を出す, 何かを告げる: Часы́ *бьют* по́лдень. 時計が正午を打つ | *Бьёт* шесть часо́в.《無人称》6時の鐘などが鳴る | в ко́локол звонят | в ла́дошах 拍手する | в бараба́н 太鼓を叩く | *Бьют* зени́тки. 高射砲が咆哮(%)する

③《完 раз-》〈物〉打って壊す: ~ стёкла [посу́ду] ガラス[食器]を割る

④《不完》〈獣〉狩猟[狩漁]をする, 撃ち殺す: ~ пти́цу 鳥を撃つ | ~ ры́бу (銛(())などで)突いて魚を捕る

⑤《из圉》〈ライフルなど〉で射撃する;《по圉/無補語》…に打撃を与える, 及ぶ: Ружьё *бьёт* на ты́сячу ме́тров. 銃は射程が千メートルだ | Зако́н *бьёт* по права́м гра́ждан. その法は市民権を脅かしている | Э́то ~ по на́шим интере́сам それは我々の利益を損なうものだ | ~ по карма́ну 財布を直撃する, 財布が痛む

⑥《3人称》《俗》〈肉〉震えさせる: Его́ *бьёт* озно́б. 彼は悪寒で震えている

⑦《無補語》〈水・精力・意欲などが〉ほとばしり出る: *Бьёт* фонта́н. 噴水が吹き上がっている | ~ ключо́м (泉が)こんこんと湧き出ている; 〈情熱・意欲が〉どんどん湧いてくる

⑧《из圉/工場で》製造する: ~ моне́ту 貨幣を鋳造する | ма́сло バターを作る | ~ шерсть ウールを梳(()く

⑨《на圉》〈何か〉を獲得しようとする: ~ на эффе́кт 効果を狙う

⑩《圉》羽ばたく, 〈尾を〉激しく振る

◆ ~ трево́гу 警報[警鐘]を鳴らす | ~ наверняка́ 慎重には慎重を期して行動する ★**бить|ё** [中4] ◆ ~ посу́ды 食器を壊すこと

*\***би́ться** [ビーッツア] бьюсь, бьёшься 命 бе́йся [不完] 《beat, be breakable》 ①〈в圉〉にぶつかる; 〈в圉 o 圉〉にぶつける: Пти́ца *бьётся* в кле́тку. 鳥が篭にぶつかっている ②(食器などが)割れる: (波などが当たって)砕ける ③《完 за~》体を震わせる, のたうつ; (心臓が)鼓動する: Се́рдце *бьётся*. 心臓が脈打つ ④〈с圉〉と闘う, 試合する: ~ с враго́м 敵と戦う ⑤〈над/с圉〉に努力する, 頭を折る | ~ над [с] реше́нием зада́чи 問題を解こうと頭をひねる ⑥(性質として)割れやすい, 脆い: Стекло́ *бьётся*. ガラスは割れ物だ ⑦〈в圉〉をノックする ⑧《受身》~ бить ◆ ~ голово́й о [об] сте́ну 頭を壁に打ちつける; 悪あがきをする | ~ как ры́ба об лёд 生活苦から逃れようと四苦八苦する

**битю́г** -а́ [男2] ①ロシア産の馬の一種 (輓馬用; 産地の川の名より) ②《話》頑強な男

**бифока́льный** [形1]《眼鏡・レンズが》遠近両用用の

**бифурка́ция** [女9] (流れが)2つに分かれること

**бифште́кс** [э] [男1]《料理》ビーフステーキ

**бихевиори́зм** [男1]《心・言》行動主義

**би́цепс** [男1]《解》二頭筋

**бич** -а́ [男4] ①鞭 ②強烈な批判 ③不幸 [不快感]をもたらすもの: ~ бо́жий《皮肉・戯》頻繁に不幸 [不快感]をもたらす人 // **бичево́й** [形2]

**бичева́ть** -чу́ю, -чу́ешь -чёванный [不完] ①(旧)鞭で打つ ②《文》強烈に批判する: *бичу́ющая* сати́ра 痛烈な批判[風刺, あざけり] ③《隠》浮浪者生活をする, 放浪する // **бичева́ние** [中5]

**Бишке́к** [男2] ビシケク (キルギスの首都)

**бишь** [小詞] (思い出そうとして)えーと: то́ ~ 《話》つまり (то́ есть)

*\***бла́г|о¹** [中1] 《benefit》《雅》善, 幸福, 福祉; 《複》精神的・物質的満足をもたらし恵み, 財貨 ◆**на ~** 《雅》…のためにに | *Всех благ!*《話》御機嫌よう

**бла́го²** [接]《話》ましてや, だから

**бла́го..** [語形成]《善の、良い》

**благове́рная** (形1変化) [女2] 《話・戯》妻

**благове́рный** (形1変化) [男1] 《話・戯》夫

**благове́ст** [男1] (礼拝・儀式の前に鳴らす)鐘の音

**благове́стить** -вещу, -вестишь [不完] / **отблагове́стить** [完] (礼拝などが始まるのを告げる)鐘を鳴らす

**благове́щен|ие** [中5] 受胎告知 ■**Б~ Пресвято́й Богоро́дицы**《正教》生神女(🌫)福音祭 (3月25日, 旧暦4月7日; 12受胎告知の祝祭 12 [暦]春を迎える第3回目の日) // **благове́щенск|ий** [形3]: *-ая* просфора́《正教》生神女福音祭の聖パン

**Благове́щенск** [男2] ブラゴヴェシチェンスク (アムール州の州都; 極東連邦管区)

**благови́дный** 短 -ден, -дна [形1] ①(旧)見た目のよい (見目なにがい)十分根拠のある, もっともらしい

**благоволе́ние** [中5]《文》①好意, 同情 ②寵愛, 厚遇

**благоволи́ть** -лю, -ли́шь [不完]《文》〈与/к圉〉好意的に対する, 厚遇する ◆**благоволи́те** 不定形 《旧》どうか [何とぞ]…して下さい

**благово́ние** [中5]《旧》芳香;《複》芳香を発するもの

**благово́нный** 短 -о́нен, -о́нна [形1]《文》よい香りのする, 芳しい

**благовоспи́танный** 短 -ан, -анна [形1]《旧》行儀[しつけ]のよい, 上品に振る舞える

**благовре́менный** [形1] 折よい, 時宜を得た

**благоглу́пость** [女10]《皮肉》まじめなふりをしてばかげたこと

**благогове́йный** 短 -е́ен, -е́йна [形1]《雅》畏敬の念にあふれた, 恭しい, 敬虔な

**благогове́ние** [中5] 深い尊敬, 畏敬の念

**благогове́ть** [不完]《雅》《пе́ред圉》敬度の念を抱く, 恭しく接する

**благодаре́ние** [中5]《旧・雅》感謝 (благода́рность): ~ Бо́гу《挿入》おかげさまで

*\***благодари́ть** [ブラガダリーチ] -рю́, -ри́шь 命 -ри́ 受身-рённый (-рён, -рена́) [不完] / **поблагодари́ть** [ブラブラガダリーチ] [完] 《thank》 〈対〉…のことで《за+対・言葉で》感謝する, お礼を言う, 謝辞を述べる: ~ за пода́рок [по́мощь, угоще́ние] プレゼント[援助, ご馳走]に感謝する | *Благодарю́* вас. 《公》ご清聴ありがとうございます | *Благодарю́* за внима́ние. 《公》ご清聴ありがとうございます | *Благодарю́ поко́рно.*《皮肉》お言葉ですが, 同意しかねます

*\***благода́рност|ь** [ブラガダールナスチ] [女10] [grati-

tude, thanks〕感謝(の念)，謝意；《複》謝辞；感謝状，表彰：вы́разить [принести́] глубо́кую [и́скреннюю] ~ 与 …に深甚な[心からの]謝意を表明する | Не сто́ит -и́. お礼には及びません | объяви́ть [получи́ть] ~ 感謝する［される］| приня́ть 与 с -ью ~ を感謝して受け取る | рассыпа́ться в -ях 謝辞を振りまく |「в знак -и [в ~ ] за 与 …に対するお礼の気持ちとして

\*благода́рн|ый 短 -рен, -рна [形1]〔grateful〕① 感謝の気持ちある：（記憶などが）温かい気持ちにさせる；〈長尾〉〈与 に за 対を感謝している：-ое письмо́ 感謝状 ② やりがいのある；（資金など）価値のある

благода́рственн|ый [形1]《旧・雅》感謝の念を表す：-ое письмо́ 感謝状，礼状 | -ое сло́во 謝辞

благода́рствовать -твую, -твуешь [不完]〈与 に за 対を〉感謝する(благодари́ть) ◆ благода́рствуй(те) = благода́рствую = благода́рствую ありがとう

\*благодаря́ [благадаря́] [前]〔thanks to〕〈与〉通例よいことの〉おかげで(→за-)：Оте́ц вы́здоровел ~ забо́там враче́й. 父は医師たちの尽力によって快復した | Она́ спасла́сь ~ ему́. 彼女は彼のおかげで助かった |《благодаря́ に続く3人称代名詞には н も付け加わらない》◆ ~ тому́(,) что ... …のおかげで：Сын образо́ван ~ тому́, что мно́го чита́л. 息子はたくさん読書したおかげで教養がある

благода́тный -тен, -тна [形1] ① 《雅》豊かに恵まれた，恵みをもたらす ② 《旧》God mの恵みに満ちた

благода́ть [女10]《話》豊かな天の恵み① 《述語》（場所が）とてもよい，素晴らしい ② 《宗》（神から与えられたものとしての）力：ти́шь да гладь, да бо́жья ~ 平穏無事な様子

благоде́нствие [中5]《文》= благополу́чие
благоде́нствовать -твую, -твуешь [不完]《旧》平穏無事に暮らす

благоде́тель [男5]《旧》(ある人に)好意を寄せる人, 善良なる庇護者

благоде́тельный 短 -лен, -льна [形1]《文》よい結果をもたらす, 有益な

благоде́тельствовать -твую, -твуешь [不完]《文》〈与 に〉庇護［援助］を与える

благодея́ние [中5]《雅》善行, 援助, 庇護
благоду́шествовать -твую, -твуешь [不完] ゆったりと[のんびりと]，くつろいだ気分で過ごす

благоду́шие [中5] 心の穏やかさ, くつろぎ, 満足感
благоду́шный 短 -шен, -шна [形1] 穏やかな, くつろいだ

благожела́тель [男5]《旧》（ある人に）好意を寄せる人, 善意を表して接する人

благожела́тельный 短 -лен, -льна [形1]《文》好意的な, 善良なる(доброжела́тельный)

благозву́чие [中5]（言葉や音楽などの）響きのよさ
благозву́чный 短 -чен, -чна [形1] 耳に心地よい, 響きのよい

благ|о́й 短 благ, -á, -го [形4]《旧・皮肉》よい(хоро́ший) ◆ -и́е пожела́ния 希望的観測, 甘い考え | -и́м ма́том あらん限りの声で

благонадёжный 短 -жен, -жна [形1]《文》信頼できる, 信頼し得る

благообра́зный 短 -зен, -зна [形1] 見た目のよい, 品のある // благообра́зие [中5]

\*благополу́чие [中5]〔welfare〕平穏な暮らし；（物質的な）ゆとり ② 《話》問題ない状態, 順調

\*благополу́чно [副] 平穏に, 無事に；問題なく, 順調に；首尾よく

\*благополу́чный 短 -чен, -чна [形1]〔successful, safe〕① 平穏な；順調な, 上首尾な ② (人が)無事な, 不安［心配事］のない // -ость [女10]

благоприобре́|тенный 短 -тен, -тена, -тённый 短 -тён, -тена́ [形1] ① （財産が）（遺伝ではなく）自分で築いた ② （病気・性格が）（遺伝ではなく）後天的な

благопристо́йный 短 -о́ен, -о́йна [形1] 礼儀作法に適した

благоприя́тн|ый [блaгaприя́тный] [形1]〔favorable〕最適な, 都合のよい, 望ましい：упусти́ть ~ слу́чай 好機を逃す | -ое отве́т [о́тзыв] 色よい返事 [好評] | -ые усло́вия 好条件 | -ое экономи́ческое положе́ние 好景気 // -ость [女10]

благоприя́тствовать [ц] -твую, -твуешь [不完]《文》〈与 にとって〉（天気・状況などが）好都合に作用する

благоприя́тствован|ие [ц] [中5] ■ наибо́льшее ~ = режи́м наибо́льшего -ия [貿易]最恵国待遇

благоразу́мие [中5] 思慮, 分別
благоразу́мный 短 -мен, -мна [形1] （人・言動が）思慮深い // -о [副] // -ость [女10]
благорасположе́ние [中5]《旧》〈к 与 への〉好意, 共感

благорастворе́ние [中5] ◆ ~ возду́хов《雅·戯》空気の新鮮な様子, 気持ちのよい天気

благоро́дие [中5] ◆ ва́ше [его́, её, их] ~ 《露史》《革命前》（敬称として）閣下, 奥様

\*благоро́дн|ый [благаро́дный] [形1]〔noble〕① 高潔な, 優美な, 気品のある, 上品な：-ые це́ли 崇高な目的 | -ое де́ло 崇高な事業 |《長尾》究極の：-ая простота́ 清楚さ | -ая красота́ 究極の美, 究極の美 ②《長尾》《旧》貴族の：-ая кровь [кость] 貴族, 高貴な家柄の人 |《男名》-ая[女名] 貴族；田 из -ых …は貴族の出である ■ -ые га́зы 不活性気体(ине́ртные га́зы)

благоро́дство [ц] [中1] ① 高潔[高尚]なこと ② 上品さ, 洗練 ③《旧》貴族の出であること

благоскло́нн|ый 短 -о́нен, -о́нна [形1]《文》〈к 与 に〉好意的, 好意的な, 共感を持っている // -о [副] // -ость [女10] 好意, 共感, 同情

\*благослове́н|ие [中5]〔blessing〕祝福 ◆ с -ия 生 …の祝福[同意]を得て

благослове́нный 短 -е́н/-е́нен, -е́нна [形1]《雅》天の恵みにあふれた, 多幸な, 幸福をもたらす

благословля́ть [不完] / благослови́ть -влю́, -ви́шь 受動 -влённый (-лён, -лена́) [完]〈対〉①（十字を切って）神の加護があるように祝福する ②（門出を）祝福する ③ 感謝する ④ 《主に両親が子どもの結婚式で》祝福の儀式を行う // -ся [不完] ①〈у 生〉の祝福を受ける ② 祈りを捧げる

\*благосостоя́ние [中5]〔welfare〕福利, 福祉：~ дете́й [инвали́дов, престаре́лых] 児童[障かい者, 高齢者]福祉 | материа́льное ~ 物質的繁栄 | повы́сить ~ наро́да 国民の福祉を向上させる

бла́г|остный [сн] 短 -тен, -тна [形1]《旧》穏やかな, 落ち着いた, 静かな安らぎをもたらす

бла́гость [女10]《旧》慈悲, 慈愛
благотвори́тель [男5] / ~ница [女3] 慈善家
благотвори́тельность [女10] 慈善行為[事業], チャリティー

\*благотвори́тельный [形1]〔charitable〕慈善行為の, チャリティーの

благотво́рный 短 -рен, -рна [形1]《文》有益な, 好結果をもたらす

благоустра́ивать [不完] / благоустро́ить -ро́ю, -ро́ишь 命 -ро́й 受動 -ро́енный (-о́ен, -о́ена) [完]〈対〉居住場所・職場などを〉快適なものにする, 整備する

**благоустро́енный** 短 -ен, -енна [形1] 設備の整えられた;(生活・仕事に)利便性の優れた

**благоустро́йство** [中1] ①(住居・職場の)整備 ②(快適に過ごすための)設備, 装備品

**благоуха́ние** [中5] 〈文〉芳香, よい香り(を発すること)

**благоуха́нный** 短 -а́нен, -а́нна [形1]〈旧〉芳香のする

**благоуха́ть** [不完]〈文〉«⛁の／無補語»よい香り[芳香]を発する

**благочести́вый** 短 -и́в [形1]（宗教・教会などの教えを）きちんと守る, 敬虔な, 信仰心の厚い // **благоче́стие** [中5]

**благочи́ние** [中5]（教会で）礼儀正しく手本となるような行為

**благочи́нный** 短 -и́нен, -и́нна [形1]〈旧〉①（教会で）礼儀正しい ②[男名] いくつかの教会[管区]を管理する聖職者

\***блаже́нный** 短 -ён, -е́нна [形1] [blissful] ①至福の, この上なく幸福な ②〈話〉少し変わった者, 珍妙な, ばかっぽい ③〈宗〉聖···; 佯狂(ようきょう)の: Собо́р Васи́лия Б-ого 聖ワシリー大聖堂 ◆**в -ом неве́дении**《皮肉》知らぬが仏: 知らないなんてお気楽だ

**блаже́нство** [中1] 至福: быть на верху́ -а この上ない幸福感に浸る

**блаже́нствовать** -твую, -твуешь [不完] 至福感を味わう

**блажи́ть** -жу́, -жи́шь [不完]〈俗〉ばかげたことをする, 自分勝手な振る舞いをする

**блажно́й** [形2]〈俗〉常軌を逸した, ばかげた

**блажь** [女11]〈話〉ばかげた考え

\***бланк** [男2] [form] ①記入用紙, 書込み式用紙 ②レターヘッド ③〈コン〉(メールの)ステーショナリー // **бла́нковый** [形1] : -ая по́дпись《金融》《譲渡裏書の》サイン

**бланманже́** (不変) [中]〈話〉《料理》ブランマンジェ

**блат** [男1] ①〈不正な〉コネ: по -у コネで ②《席》犯罪者[裏]社会

**блатн|о́й** [形2] ①< блат: -ми́р 犯罪者[裏]社会 | -а́я пе́сня《席》盗賊の歌（ロシアの民謡のジャンル）②[男名] 泥棒, 裏社会の人間

**блева́ть** блюю́, блюёшь [不完]〈俗〉吐く, 嘔吐する

**блево́тина** [女1]〈俗〉吐瀉物, げろ, へど

\***бледне́ть** [プリドニェーチ] /**побледне́ть** [パブリドニェーチ] [不完]〈(grow) pale〉青ざめる;あせる, 見劣りして見える: ~ от стра́ха 恐怖のあまり青ざめる

**бле́дно(-)..**《語形成》「鮮やかさのない」「(色などが)はっきりしない」

**бледноли́цый** 短 -и́ц [形5] 顔色の悪い

\***бле́дн|ый** [ブリェードヌイ] 短 -ден, -дна́, -дно, -дны/-дны́ [形1] [pale, dull] ①青白い; 精彩を欠く, (色・光が)うすぼんやりした: -ое лицо́ 青白い顔 | -ое не́бо 薄暗い空 | мёртвенно ~ 血の気の失せた | расска́з ~ ぱっとしない物語

**блези́р** [男1] ◆**для -у**〈俗〉見せかけのために

**бле́йзер** [э] [男1]〈話〉ブレザー

\***блеск** -а/-у [男2] [brilliance, shine] ①輝き: до -у びかぴかになるまで | наводи́ть ~ на ⛁···をぴかぴかにする ②(才能などが)きらめき ③〈俗話〉豪華さ ④〈通話〉すごい, 豪華だ, 素晴らしい ◆**во всём -е** 栄華の極み, 真っ盛り | **с -ом** きらきらと, 見事な ■**сере́бряный ~** 輝銀鉱

**блесна́** 複 блёсны, блёсен, блёснам [女1] ルアー, 釣り用の疑似餌

\***блесте́ть** [プリスチェーチ] блещу́, блести́шь/бле́щешь, блестя́т/бле́щут ⛓ **блести́** 副分 блестя́ [不完] / **блесну́ть** [プリスヌーチ] -ну́, -нёшь 命 -ни́ [一回] ⟨shine, sparkle⟩〈⛁の〉···で輝く, きらめく·ピカピカ光る, きらめく: В до́ме всё **блести́т**. (清潔で)家中がぴかぴかだ | Глаза́ **блестя́т ра́достью** [от ра́дости]. 目が喜びできらきら輝いている |《不完現 блеще́шь》異彩を放つ, 抜きん出る ◆🇹 **не бле́щет умо́м** ···は知恵が足りない | **Не всё зо́лото, что блести́т**.《諺》光るもの必ずしも金ならず

**блёстка** 複 -и, -ток, -ткам [女1]《通例複》①《服飾》スパンコール ②きらめき, きらきら輝くもの

**блестя́ще..**《語形成》「輝く(ような)」「きらびやかな」

**блестя́ще** [副] 素晴らしく, 素晴らしい結果で

\***блестя́щий** [プリスチャーッシチ] 短 -я́щ [形6] ⟨shining⟩ ①輝く ②まばゆいばかりの; 豪華な ③(才能などが)輝くばかりの: ~ успе́х 輝かしい成功

**блеф** [男1]〈話〉はったり, こけ威し, から威張り

**блефова́ть** -фу́ю, -фу́ешь [不完] はったりを利かせる, 強そうに見せて威嚇する

**бле́ять** [不完]（山羊・羊が）メーと鳴く

\***ближа́йш|ий** [形6] ⟨nearest, next⟩ ①《最上》< бли́зкий: -ая ста́нция метро́ 最寄りの地下鉄の駅 最近の, 最も緊急を要する ③直属の, 直接の ④より丁寧な, 作業に丹念な: при -ем рассмотре́нии さらに調べてみると ◆**в -ее вре́мя** 近いうちに

**бли́же** [ブリージェ] [形] [副] < бли́зкий, бли́зко) より近い, より近くに: Я верну́лся на ро́дину, что́бы быть ~ к семье́. 家族のそばにいたいので帰国した

**бли́жне..**《語形成》「近い」

**ближневосто́чный** [形1] 近東の, 中近東の

\***бли́жн|ий** [形8] ⟨near, neighboring⟩ ①近い, 隣の: ~ бой 接近戦 ②（距離などが）短い: ~ свет（自動車の)ロービーム | не ~ свет〈俗〉近くない ③〈旧〉近親の, 非常に近い ④ ~ [男名]/-яя [女名] (a)親戚 (b)《キリスト》隣人 ■Б~ Восто́к 近東, 中近東

**близ** [前]〈旧〉①···の近くに(→у¹): Вечера́ на ху́торе ~ Дика́ньки ディカニカ近郷夜話（ゴーゴリ）②〈旧〉およそ, 約

**бли́зиться** [不完]〈к⛁に〉近づく: ~ к концу́ 完成／終了に間近だ

\***бли́зк|ий** [プリースキイ] 短 -зок, -зка́, -зко, -зки/-зки́ 比 бли́же 最上 ближа́йший [形3] ⟨nearby, imminent⟩①〈к⛁に〉(時空・関係・内容が)近い; 間近の(語法「···は近い」という文では主語の性・数とは関係なく бли́зко を用いる): -ая опа́сность 間近に迫った危険 | круги́, -ие к президе́нту 大統領に近い筋 | -ие взгля́ды 近い見解 | -ие интере́сы ほぼ一致する利害関係 | -ое расстоя́ние 近距離 | -ое бу́дущее 近い将来 | Весна́ -а́. 春はもうすぐだ ②〈к⛁に〉···によく似た, 類似の: О́ба фи́льма -и́ по⛁似ている. どちらの映画も内容が似ている ③〈с⛁と〉親しい: ~ друг 親友 | -ое ~ с нами 親しい仲 ④〈к⛁に〉緊密に結びついている, 自由に接近できる ⑤《尾長》近親の ⑥ ~ [男名]/-ая [女名] 内輪の人, 親戚

**бли́зко** ①[副] 近くに; 間近に; 親しく ②《述語》近い: Дом ~ к метро́. 家は地下鉄に近い

**близлежа́щий** [形6] 近くにある, 位置する

**близнецы́** -о́в [複]〔単 близне́ц [男3]〕⟨twin⟩ ①双子, 双生児: бра́тья-[сёстры-] ~ 双子の兄弟[姉妹] ②Б~ [天]《占星》ふたご座 // **близнецо́вый** [形1]

**близня́шка** 複生 -шек [女1] 双子のうちの1人

**близору́к|ий** [形3] ①近視の ② ~ [男名]/-ая [女名] 近視の人 ③（政治などが）先見の明がない // **-ость** [女10] 近視

**бли́зость** [女10] 近いこと；親密な関係

**близь** [女10] 近く (↔вдаль)

**блик** [男2] ① (通例複)光の斑点, 反射 ② (絵画の)光を受けて輝いて見える部分

*__**блин**__ [ブリーン] -а́ [男1] [pancake] ① (通例複) 【料理】 ブリヌイ(ロシア風クレープ；謝肉祭 Ма́сленица の常食)：печь ~ы́ ブリヌイを焼く ②〈若者・俗〉CD, DVD ③〈俗〉ちくしょう, くそっ ◆ __Пе́рвый ~ всегда́ ко́мом.__ 初めは失敗するもの (← 最初のブリヌイは小麦粉の固まりになるもの) ___//__ ~**ный** [形1]

**блинда́ж** -а́ [男4] [軍] (屋根を備えた)防弾塁

**бли́нная** (形1変化) [女名] ブリヌイ(блин)を出す軽食堂

**бли́нчатый** [形1] ブリヌイ(блин)を重ねたような：~ лёд 〔気象〕蓮葉氷

**бли́нчик** [男2] (通例複) ① (小さくて薄い)ブリヌイ(блин), クレープ；それに肉やチーズを包んだ料理 ② (水切り遊びでできる水面の)輪の連続

**блиста́тельный** 短 -лен, -льна [形1] 輝かしい, 素晴らしい, 燦然 (←блиста́ть)

**блиста́ть** -а́ю/блещу́, -а́ешь/бле́щешь 副分 -а́я/бле́ща [不完] 〈雅〉 ① …で輝く (блесте́ть) ② …で秀でる, 際立つ ◆ __~ свои́м отсу́тствием__ 《皮肉》当てつけに〔意思表示するために〕欠席する

**блиц** [男3] ① (短時間で行われる)チェスの試合 ② 〔写〕フラッシュバルブ

**блиц..** [語形成] 「電撃的な」「短時間の」

**блицкри́г** [男2] 電撃戦

**блог** [男3] 〔IT〕ブログ

**блогглер** [男1] 〔IT〕ブロガー

**блогосфе́ра** [女1] 〔IT〕ブロゴスフィア, ブログ圏

**Блок** [男2] ブローク (Алекса́ндр Алекса́ндрович ~, 1880-1921；詩人, 象徴主義の代表者の一人)

**блок..** [語形成] 「閉塞の」「ブロックの」「ユニットの」

*__**блок**__ [男2] [block] ①【工】滑車 ②【政】陣営, ブロック, 連合体, 連盟 ③ (プレハブ住宅の)ユニット ④ (単一の部屋, 建物 ⑤【建】(コンクリート)ブロック, 石塁 ⑥ (機械の)ユニット ⑦〔スポ〕(バレーボールの)ブロック ⑧ (機械の)障害, 問題 ⑨ (田の字状に連なるひと組の)切手 ⑩ (包装用の大きな)紙包, (たばこの)カートン ⑪ 〔IT〕テキストブロック, プログラムユニット ⑫ 封鎖, 遮断 ___//__ ~**овый** [形1]

**блока́д|а** [女1] ① 封鎖, 包囲：~ Ленингра́да 〔露史〕レニングラード封鎖 (1941年9月8日 – 44年1月27日) ② (政治的・経済的な)封鎖 ③〔医〕(神経インパルス遮断による)臓器などの不全；神経ブロック〔局所〕麻酔(による治療) ___//__ ~**ный** [形1]

**блока́дни|к** [男2] / -**ца** [女3]〈話〉レニングラード包囲戦を経験した市民

**блокба́стер** [男1] (巨費を投じた)超大作映画, 大ヒット作

**блокга́уз** [男1] 小要塞, 丸太要塞, ブロックハウス

**блокира́тор** [男1] 電話回線切替器

**блоки́рова|ть** -рую, -руешь 受過 -анный [不完・完] 〔完とも __за__~〕〈諷〉① 包囲する, 封鎖する ②〔スポ〕〈相手を〉ブロックする ③〔IT〕(SNSなどで)ブロックする ④ (事故防止のために)〈機械を〉ある状態のまま停止する ___//__ ~**ся** [不完・完] ① 陣営に加わる；〈с通で〉陣営を形成する ② [不完] 〈受身〉 ___//__ ~**ние** [中5]

**блокиро́вка** 複生 -вок [女2] ① = блокиро́вание ② (事故防止のための)停止システム

*__**блокно́т**__ [男1] [notepad] ① メモ帳 ② 〔IT〕メモ帳 ___//__ ~**ный** [形1] ___//__ ~**ик** [男2]〈話〉[指小・愛称]

**блокпо́ст** -а́ [男1] 検問所

**блок-схе́ма** [不変]-[女1] フローチャート, 流れ図

*__**блонди́н**__ [男1] / -**ка** 複生 -нок [女2] [fair-haired man] 金髪の人, ブロンドの人

**блонди́нистый** 短 -ист [形1] 〈話〉金髪の, ブロンドの

**блох|а́** 複 бло́хи, блох, блоха́м [女2] 〔昆〕ノミ ◆ __~ý подкова́ть__ 仕事を精巧に仕上げる｜__иска́ть [лови́ть] блох__ 本質的でない細かいことに注意を向ける, 重箱の隅をつつく｜__ло́вля блох__ あら探し ___//__ **бло́шка** 複生 -шек [女2] [指小・愛称]

**бло́чный** [形1] ＜блок

**блоши́|ный** [形1] ＜блоха́：-ые уку́сы ノミにかまれること；〈蔑〉ちょっとした言いがかり〔侮辱〕｜~ ры́нок 蚤の市

**блуд** [男1] 〔旧〕放蕩, 淫蕩 ___//__ **блу́дный** [形1]：~ сын〔文〕放蕩息子

**блуди́ть**[1] -ужу́, -у́дишь [不完] ① 身をもちくずす, 放蕩をする ② (猫が)こっそり盗む

**блуди́ть**[2] -ужу́, -у́дишь [不完]〈俗〉歩きまわる, さまよい歩く

**блудли́вый** 短 -и́в [形1]〈話〉① 淫乱な, 身持ちの悪い, 放蕩な ② 盗み癖のある, 泥棒好きな

**блудни́|к** -а́ [男2] / -**ца** [女3]〔旧〕放蕩者, 淫乱

**блужда́|ть** [不完] ① (当てもなく・道を探して)さまよう：~ в потёмках 暗中模索する ② 放浪する ③ (川床が)絶えず位置を変える；(微笑が)現れては消える；絶えず移る, ころころ変わる ___//__ ~**ние** [中5]

**блу́за** [女1] ゆったりしたシャツ(ズボンに入れずに着る)

*__**блу́з|ка**__ 複生 -зок [女2] [blouse] (女性用)ブラウス ___//__ ~**очка** 複生 -чек [女2] [指小] ___//__ ~**очный** [形1]

**блю́дечк|о** 複 -чки, -чек, -чкам [中] [愛称] ＜блю́дце 小皿 ◆ __как на -е__ (1)はっきりと, 明らかに (2) 皮肉やすやすと, 何の苦労もなしに｜__на -е с голубо́й каёмочкой__ 〈話・蔑〉自由にどうぞとばかりに(差し出す)

*__**блю́д|о**__ [中1] [dish] ① 大皿 ② (食事の)一品, 料理：пе́рвое ~ (コース料理の)スープ｜второ́е ~ (コース料理の)メインディッシュ ◆ __подноси́ть [преподноси́ть] на -е__ ...を準備万端かなえた状態で差し出す

**блю́дце** 複生 -дец [中2] 小皿, (コーヒーカップなどの)受け皿

**блюз** [男1]【楽】ブルース ___//__ ~**овый** [形1]

**блю́минг** [男2] 〔冶〕(ブルームを作る)工作機械；延圧機 ___//__ ~**овый** [形1]

**блюсти́** блюду́, блюдёшь 過 -ю́л, -юла́ 能過 -ю́дший [不完] / **со**~ 受過 -юдённый (-дён, -дена́) [完] 〈雅〉〈文〉 保持〔保護〕する ② [不完] 監視する

**блюсти́тель** [男5] 〔旧・皮肉〕保護者；(因習などをかたくなに)守ろうとする人｜~ поря́дка 警察官

**блядь** [1間]〈卑〉くそっ (→ма́т[参看]) [女10] 売春婦, 娼婦

**бля́мба** -ы [女1]〈俗〉表面から突き出た物(こぶなど)

**бля́ха** [女2] ① (留め金・装飾用の)金属プレート ② (主に警察用の)ネームプレート ___//__ **бля́шка** 複生 -шек [女2] 〈話〉[指小・愛称]

**БМД** [ベエムデー] (略) боева́я маши́на деса́нта〔軍〕空挺戦闘車

**БМП** [ベエムペー] (略) боева́я маши́на пехо́ты〔軍〕歩兵戦闘車

**боа́** [o] [不変]①[男]【動】= уда́в ① ② [中]〔旧〕女性用襟巻(毛皮・羽毛でできている)

*__**боб**__[1] [男1] [bean] ① (複)〔植〕マメ科：туре́цкие ~ы́ ベニバナインゲン (фасо́ль о́гненно-кра́сная) ② 豆；(豆の)さや：кака́о-~ы́ カカオ豆 ③ (複)豆入りの料理 ◆ __~ы́ [на ~а́х] разводи́ть__ 〈話〉無駄話をする｜__гада́ть на ~а́х__ 根拠のない仮定を言う, 当て推量をする｜__оста́ться [сиде́ть] на ~а́х__〈話〉見当違いをする；無一文である｜__проводи́ть [3] на ~а́х__ …をだます, ごまかす

**бо́б²** [男1] ボブスレー(бо́бслей)のそり

**бобёр** -бра́ [男1] 《話》①ビーバー; その毛皮(бобр) ②《複》ビーバーの毛皮でできた襟 [服]

**бо́бик** [男1] 《話》犬, 子犬

**боби́на** [女1] (ミシンの)ボビン; (一般に)巻き取るための筒

**бобо́в|ый** [形1] ① < боб¹ ②-ые [複名] 【植】マメ科

**бобо́к** -бка́ [男2] 《話》(一粒の)豆

**бобр** -á [男1] 【動】ビーバー

**бо́брик** [男1] ①(表面を毛羽立てた厚手の)毛織布 ②(前髪を立てた)男性の髪型 **∥-овый** [形1]

**бо́бриком** [副] 角刈りにして

**бобслеи́ст** [男1] **-ка** 複生 -ток [女2] ボブスレー選手

**бобсле́й** [男6] 【スポ】ボブスレー **∥-ный** [形1]

**бобыль** -я́ [男5] / **-ка** 複生 -лок [女2] 《話》家族のいない(独り身の)人

*__бог__ [x] [ボーフ] (★生格以降は г のまま発音) бо́га 呼 бо́же 複 бо́ги, бого́в [男3] 《God》 [男1] Б~(特にキリスト教の)神 ②(神をかたどった)像 ③絶対的権威を持つ人; 天賦の才を持つ人 ④崇拝の対象

◆ 《主格》 **~ в по́мощь** 《相手に》うまくいきますように | **~ войны́** 大砲; 砲兵 (артилле́рия) | **Б~ ты мой!** (旧・話) 《驚き・ためらい・喜びなど》ああ | **~ с тобо́й** (ва́ми)」 万事うまくいきますように; 道中ご無事で | **~ с тобо́й** (ва́ми, ни́м, не́й, ни́ми) 《同意・和解》仕方ないだろう, まあいいだろう | 《不同意・非難》何てこと, 何を言っている[している]」 | **~ весть** [無頭詞] 誰も知らない, 誰にもわからない | **~ даст** 《願望》うまくいき, 首尾よく終える | **~ зна́ет что** とんでもない事; とんでもない | 不愉快な事 | **ви́дит Б~** [挿入] これは確かだ, 間違いなく | **дай Б~ ...** 《よいことを願って》…がありますように, ~でありますように | **дай Б~ ка́ждому** 《話》 とてもよい, 申し分ない: Здоро́вье у него́ ― дай Б~ ка́ждому. 彼はとてつぶ健康だ | **как ~ на ду́шу поло́жит** いい加減に, 思いつくままに | **как ~ даст** 《話》 なるようになる | **не ~ весть како́й** それほど…ない; あまりよくない: Здоро́вье ― не ~ весть како́е. 健康状態は芳しくない | **не дай** [приведи́] **~** (1 К[不定形] するなんてまっぴらだ, 御免蒙る ② すさまじい, ひどい | **сам ~ вéлeл** [不定形] …は…である[する]のが当然である, しなければならない | **Челове́к предполага́ет, а ~ распола́гает.** ②人の思ったとおりにはならない

《生格》 **от Бо́га** 天賦の才能を与えられた: хокке́ист от Бо́га 天才的アイスホッケー選手 | **побо́йся** [побо́йтесь] **~а** 《戒め》 何ということをしている[してる]のですか | **ра́ди ~** (Бо́га) 《懇願》 お願いですから | 《同意・許可》 わかりました, どうぞ

《与格》 **сла́ва ~у** [Б~у] →сла́ва | **одному́ ~у изве́стно** 神のみぞ知る, 知る者はいない | **отдава́ть ~у ду́шу** (旧)死ぬ

《対格》 **благодари́ Бо́га** 《話》天に幸運を感謝しなさい | 《造格》 **всё под ~ом хо́дим** 《話》 誰も自分の身に何が起こるかわからない | **как пе́ред ~ом** 隠しだてせずに | **с ~ом** 《成功・無事を祈って》うまくいきますように, 無事でありますように

《複数》 **не ~и горшки́ обжига́ют** やってできないことはない, 生まれながらの長者なし

**бога́де́льня** 複生 -лен [女5] 《話・皮肉》怠け者などが集まる施設 (組織, 国家)

**богате́й** [男6] 《俗・蔑》金持ち

**бога́тенький** [形3] 《愛称》 < бога́тый

**богате́ть** [不完] ①[完 раз~]金持ちになる ②(土地などが)豊かになる

*__бога́тство__ [u] [バガーツトヴァ] [中1] 《wealth, richness》①(経済的・精神的な)富, 豊かさ, 贅沢さ; (ある人にとって)大切なもの ②《通例複》(天然資源や自然の)豊かさ

*__бога́т|ый__ [バガーティ] 短 -а́т に бога́тое 最上 -е́йший [形1] 《rich》①富んでいる, 裕福な; <畑から豊富な; [艮尾] бога́тая ―-ая обстано́вка 贅沢な調度品 | ~ урожа́й 豊作 | ~ желе́зом 鉄分の多い | Во́лга -а ры́бой. ヴォルガ川は魚が多くいる | ~ го́лос 声量のある声 ②~ [男名]/ **-ая** [女名] お金持ち **∥-о** [副]

**богаты́рск|ий** [形3] < богаты́рь① ; **-ое сложе́ние** 立派な体格 | ~ рост 高い身長 | ~ сон 熟睡, 快眠

**богаты́рство** [中1] 英雄的資質

*__богаты́рь__ -я́ [男6] ①[文学](Были́наの)英雄, 勇者 ②屈強な男; ~ ду́хом 精神的に強い人 | ~-ба́ба 《話》女傑 ③ (話)健康で丈夫な子ども ④傑出した人物

**бога́ч** -а́ [男4] / 《話》 **-ка** 複生 -чек [女2] 金持ち (↔бедня́к)

**бога́че** [比較] < бога́тый, бога́то

**Богда́н** [男1] ボグダン(男性名)

**Боге́ма** [女1] ボヘミアン(安定した生活より自由奔放に暮らす人々, 主に芸術家たち); またその生活様式 **∥боге́мный** [形1]

**Боге́мия** [女9] ボヘミア(チェコのほぼ西側半分) **∥ боге́мский** [形3]

*__боги́ня__ [女5] 《goddess》(多神教の)女神 (★比喩的にも)

**богобоя́зненный** 短 -енен, -енна [形1] 神を畏怖し教義に忠実な

**богоизбра́нный** [形1] : ~ наро́д 神の選民, ユダヤ人

**Богома́терь** [女10] 聖母マリア (Богоро́дица)

**богомо́л** [男1] 【昆】カマキリ

**богомо́л|ец** -льца [男2] / **-ка** 複生 -лок [女2] ①祈禱(⁽ど⁾)する人 (教会へ祈りに)訪れる人 ②巡礼者

**богомо́лье** [中4] 巡礼: ходи́ть [е́здить] на ~ 巡礼する, 聖地を訪れる

**богомо́льный** 短 -лен, -льна [形1] 頻繁に祈りを捧げる, 信仰心の篤い

**богоподо́бный** 短 -бен, -бна [形1] (旧・文)神のような, 神々しい

*__Богоро́диц|а__ [女3] 《the Virgin》聖母マリア, 生神女(⁽エ゙⁾⁽⁾⁾) (Богома́терь) ■ **Рождество́ Пресвято́й -ы** = Ма́лая Пречи́стая 【正教】生神女生誕祭(9月21日[旧暦8日]) | **Собо́р Пресвято́й -ы** 【正教】生神女の出産お披露目の集い

**богосло́в** [男1] 神学者 (тео́лог)

**богосло́вие** [中5] 神学 (теоло́гия)

**богосло́вский** [形3] 神学の; 神学者の, 宗教者の

**богослуже́ние** [中5] (聖職者による)祈禱(⁽ず⁾), 勤行; 【正教】奉神礼 **∥-е́бный** [形1]

**богоспаса́емый** [形1] (旧・皮肉)神に守られた, 平穏な, 平和な

**Богота́** [女1] ボゴタ(コロンビアの首都)

**боготвори́ть** -рю́, -ри́шь 受過 -рённый (-рён, -рена́) [不完] (что) ①神格化する, 神として崇める ②溺愛する, 神のように崇める

**богоуго́дный** 短 -ден, -дна [形1] (旧)神の意に沿う: **-ое заведе́ние** (皮肉)福祉施設(病院, 老人ホーム)

**богоху́льник** [男2] 神を冒瀆(⁽ど⁾)する人

**богоху́льный** [形1] 神を冒瀆(⁽ど⁾)する

**богоху́ль|ствовать** -твую, -твуешь [不完] 神を冒瀆(⁽ど⁾)する **∥-ство** [中1]

**богочелове́к** [男1] 【神学】 イエス・キリスト (人の姿をした神) **∥-е́ческий** [形3]

**Богоявле́ние** [中5] キリストの洗礼, 洗礼祭

**бод** 複生 -ов/бод [男1] 【通信】ボー(伝送速度単位)

**бода́ть** [不完] / **за~** [完], **боднуть** -ну́, -нёшь

**бок**

[完] [一回] 〈囲〉角で突く，角で突くような動きをする ‖ **~ся** [完] 〈囲〉角で突く癖のある，角で突き合う

**бо́ди** (不変) [中] ボディースーツ (女性用補正下着)

**бо́ди-а́рт** [不変] [男1] ボディーアート

**бодиби́лдер** [男1] ボディービルダー

**бодиби́лдинг** [男2] ボディービルディング

**бодига́рд** [男1] ボディーガード

**бодли́вый** [形1] 角で突く癖のある

**бодну́ть** [完] →бода́ть

**бодри́ть** -рю́, -ри́шь [不完] 〈囲〉元気づける; 〈気分を〉フレッシュにする ‖ **~ся** [不完] 自分を奮い立たせる，奮い立っているように見せる

**бо́дрствова|ть** -твую, -твуешь [不完] ①〈文〉寝ずに起きている; 休まずに活動している ②〈旧〉〈над〉見張る ‖ **-ние** [中5] <①

**бо́дрость** [女10] 元気, 活発, 利発

**бо́др|ый** 短 бо́др, -ра́, -ро, -ры [形1] 元気な, 活力[喜び]に満ちた, 活気[喜び]を与える: ~ го́лос 元気な声 ‖ **-о** [副]

**бодýн** [男1] ①角で突く動物 ②〈俗〉二日酔い: с -á 二日酔いで

**бодя́га** [女2] 〈俗〉①〔植〕淡水カイメンの一種 ②中身のない冗談 [おしゃべり]

**бое..** [語形成]「戦いの」「戦闘 (用) の」

*бо**еви́к** -а́ [男2] [fighter] ①(反政府側・テロ集団の) 武装戦闘員 ②(アクションものの) 娯楽映画

**боеви́тый** [形1] 〈話〉揺るがぬ決意に満ちた，断固として行動する, ファイターの (議論などが) 挑戦的である

**боев|о́й** [バイヴォーイ] [形2] [fighting] ①〔軍〕戦闘の, 戦争の, 実戦用の: ~ вы́лет 作戦飛行 ｜ ~ клич とき の声，喊声 ｜ ~ патро́н 実包 ｜ ~ поря́док 戦闘隊形 ｜ ~ това́рищ 戦友 ｜ ~ уста́в 操典 ｜ **-а́я голо́вка** (ミサイルの) 弾頭 (боеголо́вка) ｜ **-а́я гото́вность** 臨戦態勢 ｜ **-а́я мощь** 戦闘力 ｜ **-а́я подгото́вка** 戦闘訓練 ｜ **-о́е зада́ние** 戦闘任務

②大陸な: 闘志に満ちた, 勇敢な; 好戦的な: ~ дух 闘志 ｜ ③緊急を要する, 火急の: ~ вопро́с ｜ **-а́я зада́ча** 喫緊(ポ)の課題 ④最も重要な

■ **-ые иску́сства** 武道, 武術

**боеголо́вка** 複生 -вок [女2] 〔軍〕(ミサイルの) 弾頭

**боегото́вность** [女10] 〔軍〕戦闘準備, 戦闘態勢

**боезапа́с** [男1] 予備弾薬

**боёк** бойка́ [男2] 撃鉄の一部

**боекомпле́кт** [男1] 〔軍〕(兵器, 戦車, 戦闘機などの) 弾薬の標準積載量

**боепита́ние** [中5] 〔軍〕兵器や弾薬の補給

**боеприпа́сы** -ов [複1] 〔軍〕弾薬

**боеспосо́бный** 短 -бен, -бна [形1] 戦闘能力のある, 戦闘可能な

*бо**е́ц** бойца́ [男3] [soldier, fighter] ①戦士, 兵士, 戦闘員: команди́ры и бойцы́ 将兵 ｜ бойцы́ ты́ла 銃後の守り手 ②〔スポ〕闘士, ファイター ③(組織の) メンバー: футбо́льной ~ サッカーチームのメンバー ④食肉処理業者

*бо́**же** [o my God] ①〔呼格<бог〕神よ ②〔間〕〔喜び・驚き・憤り〕ああ (~ пра́вый) ◆**ни~ мой** 〔旧〕決して…ない ｜ **(го́споди)~ (мой)** 〔驚き・喜び・悲しみ〕ああ, 何てこと ｜ **~ сохрани́ [упаси́]** 〔危惧・警戒〕気をつけて, 困ったことにならなければいいが ｜ 〔強い否定〕決して…ない; 〔好ましくない状況で〕何てことだ ｜ **~ ты мой!** 〔旧・話〕〔驚き・ためらい・喜び〕ああ ｜ **дай Б~!** ≪よいことを願って≫…がありますように, …でありますように

**бо́женька** [名2変化] [男] 〔指小・愛称〕<бог

**боже́ск|ий** [形3] ①神 (бог) の: наказа́ние **-ое** つらいこと, 苦しみ ②〈話〉(値段・条件などが) 適当な, 受け入れ可能な, リーズナブルな

*бо**же́ственн|ый** 短 -ен, -енна [形1] [divine] ①神の, 神からの ②宗教の, 教会の ③並はずれた ④素晴らしい ‖ **-о** [副] <③

**божество́** [中1] ①神 (бог) ②崇拝の対象

*бо́**ж|ий** [形3] [God's] 神 (бог) の: ~ по́сланец 天使 (а́нгел) ｜ ~ челове́к 巡礼者; 聖愚者; а́гнец Б~ = Иису́с Христо́с; おとなしく従順な人 ｜ раб ~ 神のしもべ; キリスト教徒 ◆**ма́терь -ья** ≪驚き・憤り≫ああ, 何てこと ｜ **-ьей ми́лостью** 天賦の才の与えられた ｜ **с -ьей по́мощью** 〈話〉好ましい状況によって ｜ **на свет Б~ появи́ться [яви́ться]** 生まれる; 世に出る; (出版物として) 出る ｜ **я́сно, как – день** 火を見るより明らかだ ｜ **~ суд** 〔中世の〕決闘 ; (火・水などによる) 試験 (生き残った者が正しいとされた)

**божи́ться** -жу́сь, -жи́шься [不完] / **по~** [完] 〈話〉神にかけて誓う, 断言する

**божни́ца** [女3] イコンを置く棚 [箱]

**божо́к** -жка́ [男2] ①(主に多神教の) 神 ② (小さな) 偶像 ③崇拝の対象

*бой **[бо́й-]** -я/-ю 前 о -е, в -ю́/-е 複 бои́, боёв [男6] [beating, battle] ①連打すること, 打つ音: ~ бараба́на = бараба́нный ~ 太鼓を打つ音 ｜ ~ часо́в 時計が打つ音

②〔前 в бою́〕戦闘, 戦い, 一騎打ち; 〈俗〉つかみ合い: возду́шный [у́личный] ~ 空中戦 [市街戦] ｜ ~ быко́в [петухо́в] 闘牛 [闘鶏] ｜ ~ за пра́вое де́ло 正義のための戦い ｜ ~ за го́род 都市争奪戦 ｜ ~ с та́нками 対戦車戦 ｜ К бо́ю! [Изгото́вься!] 〔号令〕攻撃(開始)! ｜ на по́ле бо́я 戦場で ｜ разве́дка бо́ем 〔軍〕威力偵察 ｜ наступа́тельный ~ 攻撃戦 ｜ вступи́ть в ~ 戦場に入る ｜ вести́ [приня́ть] ~ 戦う [応戦する] ｜ идти́ в [я́вку] на ~ 攻撃する, に挑む ｜ игра́ть в морско́й ~ 海戦遊びをする ｜ брать с бо́ю [бо́ем] ～を奪取する, 攻め落とす

③〔前 в бое́〕〔単〕〔集合〕 (ガラスなどの) 割れた破片 ④猟, 屠(誤)殺; (銃の) 威力, 命中率

‖ **-ный** [形1] 1対1で闘うための

**бой-ба́ба** 〔不変〕[女1] 〈俗〉女傑, 男まさり

**бо́йк|ий** 短 бо́ек, бойка́, бо́йко, бо́йки/бойки́ 比 бо́йче/бойче́е [形3] ①機敏な, 素早い; ～ сло́г うまい文章 ｜ 囲 на слова́х [язы́к] ...は言葉が当意即妙だ 〔長尾〕〈話〉にぎやかしい ②活発な, 往来の多い ‖ **-о** [副] ‖ **-ость** [女10] <①

**бойко́т** [男1] (同盟しての) 無視, 排除, ボイコット: объяви́ть ~ ボイコットすると宣言する

**бойкоти́ровать** -рую, -руешь 受過 -анный [不完・完] 〈囲〉…をボイコットする

**бо́йлер** [男1] ボイラー ‖ **-ный** [形1]

**бо́йлерная** [形1変化] [女名] ボイラー室

**бо́йня** 複生 бо́ен [女5] ①食肉処理場 ②殺戮

**бойска́ут** [男1] ボーイスカウトのメンバー

**бо́йся** [命令] <боя́ться

**бойфре́нд** [男1] 〈話〉ボーイフレンド

**бойцо́вский** [形3] <бое́ц 〕 断固とした, 勇敢な

**бойцо́в|ый** [形1] (動物が) 闘うために育てられた: **-ая ры́бка** [魚] ベタ, 闘魚, ランブルフィッシュ

**бо́йче, бойче́е** [比] <бо́йкий, бо́йко

**бои́шься** [2単長] <боя́ться

*бо**к** [бо́к-] -а/-у 前 о -е, в на -у́ 複 -а́/-и [男2] [side] 脇, 胴腹; 側面: поверну́ться на ~ 寝返りを打つ ｜ лежа́ть на ~у́ 横向きになっている; 怠ける ｜ ру́ки в ~и стоя́ть 〈話〉胸を張り腰に手を当てて立つ ｜ У меня́ боли́т ~ [ко́лет] 〈話〉脇腹がちくちく痛む ｜ упа́сть на ~ 横向にになる ｜ с како́го ~у [-а] どのような眺めから ｜ с ле́вого [пра́вого] ~ 右 [左] 側から, 右左に ◆**бок о бок** 〈話〉並んで, 一緒に; すぐそばに, ぴったりと: Я живу́ бок о́ бок с живо́тными. 私

**бока́л** [男1] 〔wine glass〕ワイングラス; その一杯分の量 ◆ **~ подня́ть - за** 両親に|**~** …を祝して乾杯する **∥ -ьчик** [男2] 《指小・愛称》

**бокови́на** [女1] (タイヤなどの)側面

*боково́**й** [形1] 〔side, flank, lateral〕①脇[横]にある; 脇[横]からの: -ы́м зре́нием 横目で|-а́я ка́чка 横揺れ|~ свет = -о́е освеще́ние 横からの照明|-о́е ме́сто (3等列車の)通路側の座席 На -у́ю (отпра́вля́ться) зиго́ть. ②《話》傍系の

**боку́шка** 複生 -шек [女2] 《話》脇の(小さな)部屋

**бо́ком** [副] 横向きで; 斜めに、肩を突き出して、半身で: пройти́ в дверь ~ 横向きになってドアを通る ◆ **вы́шло ~** 《俗》失敗だ

*бокс [男1] 〔boxing〕①《スポ》ボクシング ②病院などの無菌室 ③(車庫の)1台分の区画 ④(もみあげと襟足を短く刈った)髪形 **∥ -овый** [形1]

**боксёр** [男1] ①《スポ》ボクサー ②《動》ボクサー犬 《複》ボクサーパンツ **∥ -ский** [形3]

**бокси́ровать** -рую, -руешь [不完] ボクシングをする

**бокси́т** [男1] 《鉱》ボーキサイト **∥ -овый** [形1]

**болва́н** [男1] ①偶像 ②周囲を粗く削られた木の株 ③(帽子・かつらの)型 ④《話・罵》ばか、あほう **∥ -чик** [男2] 《指小・愛称》<①

**болва́нка** 複生 -нок [女2] ①(製品に加工される前の)鋳型で成型された鉄 ②加工前の木材[素材] ③(帽子・かつらの)型 ④《印》下書き、たたき台 ⑤《話・罵》ばか、あほう(女性に対して) ⑥《IT》空のディスク

**болга́р∥ин** 複 -а́ры, -а́р [男1] / **-ка** [女2] 複生 -рок [女2] ブルガリア人

**Болга́рия** [女9] ブルガリア (首都は Со́фия)

**болга́рский** [形3] ブルガリア(人、語)の

**болево́й** [形1] 痛み[痛苦 (боль)]の: -ы́е ощуще́ния 痛みの感覚 | ~ приём 《スポ》関節技 | -а́я то́чка 難題

*бо́лее [ボーリェェ] 〔比較 < большо́й, вели́кий, мно́го〕[副] 〔more〕①《数量・程度》…以上, より…だ(бо́льше): ~ ча́су 一時間以上 ②《形容詞・副詞と共に; 比較級を形成》より…: ~ ва́жный [ва́жно] より重要な[重要だ] ◆ **~ и́ли ме́нее** 多少なりとも, 大なり小なり(★ ме́нее は誤用) | ~ [*бо́льше*] *того́* (挿入)そのため, さらに: Умна́, ~ *того́*, тала́нтлива. 賢明でその上才能がある | ~ [*бо́льше*] *чем* 非常に, 極めて: ~ *чем* поле́зно 極めて有益である | *всё ~ и* ~ますます, どんどん | *не ~, как* = *не [бо́льше] чем* せいぜい, たかだか | *не ~ того́* それ以上ではない, でしかない, にしすぎない | *тем ~* 《強意・区別》ましてや, とりわけ | *тем ~*(, что) ……だからなおさら

*боле́зненн∥ый 短 -ен, -енна [形1] ①病気がちな; 病的な, 異常な, 病気が原因の ②痛みを伴う, 痛みによる **∥ -о** [副] **∥ -ость** [女10]

**болезнетво́рный** 短 -рен, -рна [形1] 《文》病気を引き起こす: ~ органи́зм 細菌, 病原菌

**боле́зный** [形1] 《方》哀れな

*боле́з∥нь [バリェーズニ] [女10] 〔illness, disease〕病気, 病; 病態; 痛み: тяжёлая ~ 重病, 大病 | хрони́ческая ~ 持病, 慢性病 | душе́вная [психи́ческая] ~ 精神障がい | зара́зная ~ 感染症 | морска́я ~ 船酔い | профессиона́льная ~ 職業病 | глазна́я ~ 眼病 | ~ по́чек [се́рдца] 腎臓[心臓]病 | ро́ста 成長痛, 産みの苦しみ | излечи́ться [опра́виться] от -и 病気が治る | перенести́ ~ 病気になる | пропусти́ть заня́тия по -и 授業を病気である(★ по -и 病気で; この句では具体的病名は使えない)

*боле́льщи∥к [男2] / -ца [女3] 〔fan〕《話》ファン, サポーター, 信奉者, 共鳴者: ~ за кома́нду «Дина́мо» ディナモチームのファン | футбо́льные -ки サッカーファン

**болеро́** (不変) [中] 《舞・楽》ボレロ(スペインの民族舞踊・音楽)

*боле́ть¹ [バリェーチ] [不完] 〔be ill〕~《圆を》病んでいる: ~ гри́ппом インフルエンザにかかっている ②《о圆/за圆のことを》心配する: ~ за пору́ченное де́ло 任務のことを心配する | ~ душо́й за до́чку 心底娘を気遣っている ③《話》《スポーツなどで》~《за圆の》ファンである: За кого́ ты́ боле́ешь? 君はどこのファン

*боле́ть² [バリェーチ] [不完] 〔ache, hurt〕(無人称でも)痛む: У меня́ боли́т рука́ (боля́т ру́ки). 私は手[両手]が痛い | Что [Где] у вас боли́т? どこが痛みますか | Боли́т под ло́жечкой. 《無人称》みぞおちが痛い | Душа́ боли́т. 胸が痛む

**болеутоля́ющий** [形6] ①鎮痛性の, 痛み止めの **∥ -ее** [中名] 鎮痛剤

**болиголо́в** [男1] 《植》ドクニンジン

**боли́д** [男1] ①《天》火球; 非常に明るい彗星 ②(F1 などの)レーシングカー

**боло́нка** 複生 -нок [女2] 《動》ボロンカ・ツヴェトナ(ロシア原産の愛玩犬種)

**боло́н∥ья** -ий [女8] 撥水性のナイロン様の化学繊維;《複》それでできたコート **∥ -ьевый** [形1]

**боло́тина** [女1] 《俗》沼, 沼沢地

**боло́тистый** 短 -ист [形1] 沼の, 沼の多い

**боло́тн∥ый** [形1] <боло́то: -ая руда́ 沼鉄鉱 | ~ газ メタンガス, 沼気 ②かすかに茶色がかった濃い緑色の ■ **-ое движе́ние** 反プーチン政権の大衆抗議運動 (2011-13)

*боло́т∥о [バロータ] [中1] 〔marsh, bog〕沼, 沼沢地; 泥沼; 停滞状態: торфяно́е ~ 泥炭地 | выта́щить из -a 泥沼から引き出す | залёзть в -e 泥沼にはまる | затяну́ть (засоса́ть, тащи́ть) в ~ 泥沼に引っ張り込む **∥ -це** 複生 -тцев [中1]

**болта́нка** [女2] 《話》(乱気流による)飛行機の揺れ; (波による)船の揺れ

*болта́ть¹ [不完] / **болтну́ть¹** -ну́, -нёшь [完] -ну́ [stir, shake] ①《圆を》液体をかき混ぜる ②《話》《圆を》揺らす: нога́ми 足を揺らす ③《無人称》《話》《飛行機などを》揺らす **∥ -ся¹** [不完] 《話》①揺れる; (服)がだぶだぶである ②ぶらつく; 無為に過ごす; 住む場所を点々とする

*болта́ть² [不完] / **болтну́ть²** -ну́, -нёшь [完] -ну́ [回] [chatter, jabber] ①《完は **про**-》《圆/無補語》おしゃべりする; (鳥などが)さえずる, (木の葉が)ざわめく; ~ вздор [пустяки́, глу́пости] つまらないことを言う | ~ языко́м 無駄話をする ②《圆×噂話などを》する; 秘密のことを話す: ~ ра́зное [вся́кое] 好き勝手に言う | Не болта́й ли́шнего. 不要なことを言え ③ (外国語で) すらすらと話す **∥ -ся²** [不完] 《無人称》《話》自然に気兼ねなく話せる

**болтли́вый** [形1] おしゃべりな, おしゃべり好きな, 口の軽い, 秘密の守れない **∥ -ость** [女10]

**болтовня́** 複生 -ней [女5] 《話》おしゃべり; 無駄話; くだらない話; (木の葉・水の)ざわめき

**болтоло́гия** [女9] 《話・皮肉》(中身のない)おしゃべり (болтовня́)

**болту́н** -а́ [男1] ①(/ -ья 複生 -ий [女8])《話》おしゃべりな人 ②《話》(親鳥が温めて食用にならなくなった)無精卵

**болту́шка** 複生 -шек [女2] ①《男・女》《話》= болту́н ① ②小麦粉と水 [牛乳, クワス] を混ぜて作ったスープ ③(工業用・医療用の)溶液

*бо́л∥ь [ボーリ] [女10] 〔pain, ache〕痛み, 痛手: голов-

**на́я ~ = ~ в голове́** 頭痛｜**душе́вная ~** 心痛｜**о́страя ~** 〈俗〉**тупа́я** (**си́льная**) **~** 鈍痛(激痛)｜**причини́ть** 〈完〉 **~** を痛める, 痛くする｜**испы́тывать ~** 痛む, 痛みを覚える ◆**знако́мо до́ ~и** 〈話・皮肉〉(他人の嘆き・愚痴への反応で)ひどすぎるよな: なんというつらさ
**больне́е** [比較] < **бо́льно**
**больни́ц|а** [バリニーツァ] [女3] [hospital] (入院患者用の)病院: **де́тская ~** 小児病院｜**лечь в ~у** 入院する｜**лежа́ть в ~е** 入院している｜**вы́писаться из ~ы** 退院する **//больни́чка** 複生-чек [女2] 〈話〉(指小)
**больни́чный** [形1] <**~ая ка́сса** 健康保険組合>｜**~ лист** 診断書 = **па́лата** 病室
*бо́льно [ボーリナ] 比-не́е[painfully, badly] Ⅰ[副] ①痛く, 〈俗〉ひどく(очень) Ⅱ[無人述] **~ за друга́** 友人のことを思うと心が痛む｜**сде́лать** 〈完〉 **...~** くする｜**уши́бить** 〈完〉**ноги́ и бить Мне ~ глота́ть.** 私は物を飲み込むのが痛い
**больн|о́й** [短-лен, -льна́] [形2] [sore, unhealthy] 病気の, 病んでいる, 〈長尾〉病的な, 異常な: 〈短尾〉〈図〉~ **о病気である(★「病気」を「長尾＋造格」，「病気である」を「長尾＋造格」, 「病気の心臓」) | **Он бо́лен гри́ппом.** 彼はインフルエンザだ
②~ [男名]/-**а́я** [女名] 病人, 患者: **~ гри́ппом** インフルエンザ患者｜**прие́м ~ы́х гость** 患者受付
◆**~ вопро́с** 難問｜**-ое воображе́ние** 妄想｜**-о́е ме́сто** 患部; 弱点｜**~ с головы́ на здоро́вую вали́ть** 責任を転嫁する
**больша́к** -а́ [男2] ①(通例舗装されていない)街道｜②〈方〉家長, 大黒柱
*бо́льше [ボーリシェ] [比較 < **большо́й**, **вели́кий**, **мно́го**] [副] [more] ①もっと[余計に]大きい[多い]: **всех ~ бо́льше** いちばん多く｜**~ чём кто́-либо** 何よりも, 何よりも[прежде] かつてなかったほど
②(超過・凌駕)〈図〉<…の数量>以上, もっと, 今後: **Я тебя́ ~ не ви́жу.** とってとうすう｜**Сто́ит ~ ста́ рубле́й.** 100ルーブル以上の値段だ｜**Спаси́бо, я ~ не могу́.** (食卓で)もうこれ以上は結構です｜**Б~ не бу́ду.** 〈話〉もうしません｜**Б~ нет вопро́сов?** もう質問はありませんか ③〈話〉たいてい, 大体
◆**~ всего́** 何よりも, 第一に｜**гора́здо** (**немно́го**, **ещё**) **~** はるかに[少し, さらに]多い｜**всё ~ и ~** ますます, どんどん｜**как мо́жно** (**нельзя́**) **~** できるだけ多く｜**чем ~ , тем лу́чше** 多ければ多いほどよい｜**того́** それどころか｜**~ бо́лее** чем 以上に, 極めて｜**~ чем доста́точно** 十分すぎるくらい, たっぷり, 十二分に｜**не ~ чем** せいぜい, たかだか｜**ни ~ ни ме́нше как** ぴったり, 正確に: **Опозда́л ни ~ ни ме́нше как на час.** ちょうど1時間遅刻した｜**и ~ ничего́** 〈話〉これで全部
**бо́льше-...** 〈語形成〉「大きな」「大…」
**большеви́зм** [男1] 〈露史〉ボリシェヴィズム
*большеви́к -а́ [男2]/〈話〉**-чка** 複生-чек [女2] ボリシェビキ, ボリシェビキ党員
**большеви́стский** [сс][形3] 〈露史〉ボリシェヴィズムの, ボリシェビキ(党員)の
**большегла́зый** 短-áз [形1] 目の大きい
**большеголо́вый** 短-о́в [形1] 頭の大きい
**большегру́зный** [形1] 大量積載可能な; (トラック・船が)大型の
*бо́льш|ий [ボーリシイ] [形6] [greater, larger] [比較く **большо́й**, **вели́кий**] より大きい; より大きい; **-ее** [中名] より大きいもの, それ以上: **-ая часть** 大部分
◆**са́мое -ее** 最大で, 最多で; たかだか, せいぜい: **Ей са́мое -ее три́дцать лет.** 彼女にせいぜい30歳だ
*большинств|о́ [バリシンストヴォー] [中1] [majority]

〈単〉〈集合〉大多数, 大部分: **абсолю́тное** [**подавля́ющее**] **~** 絶対[圧倒的]多数｜**~ прису́тствующих** 出席者の大多数｜**просты́м -о́м** 単純多数決で｜**-о́м в 80 голосо́в** 80票の過半数で｜**-о́м в три че́тверти** 4分の3の過半数
◆**в -е́** (**своём** [**слу́чаев**]) 大体は｜**реше́ние -ом голосо́в** 多数決
*больш|о́й [バリショーイ] 比 **бо́льший, бо́льше** [形7] [big, large, great] ①(数量・程度・年齢・重要性・関係が)大きい, degr 多い; 高い; 桁はずれの, 図抜けた(<-**ма́ленький**): **~ добря́к** 底抜けのお人好し｜**-а́я температу́ра** 激しい高熱｜**~** (**пропи́сная**) **бу́ква** 大文字｜**-а́я доро́га** 大道, 街道｜**-а́я земля́** 大陸｜**-а́я побе́да** 大勝利｜**-а́я ра́дость** 大喜び｜**-а́я ско́рость** 高速｜**-о́е значе́ние** 大きな意義｜**-о́е расстоя́ние** 遠路, 長距離｜**-ие де́ньги** 大金｜**~ писа́тель** 大作家｜**~ челове́к** 大人物, ひとかどの人物
②**~** [男名]/**-а́я** [女名] 大人, 〈話〉幼児期を過ぎた子: **когда́ вы́расту ~** 成人したら｜**слу́шаться -и́х** 大人の言うことに従う
③〈楽〉長 (↔**ма́лый**): **-а́я те́рция** 長3度
◆**-а́я рука́** 大人物, 高位高官｜**-а́я рука́ у** …は後ろ盾 [コネ] がある｜**от -о́го ума́** 〈話・皮肉〉愚かにも｜**с -о́й бу́квы** 大文字始まりの; 最高の, 賞賛に値する
■**-а́я ко́мната** 大部屋｜**Б-а́я Медве́дица** 大熊座｜**Б~ теа́тр** ボリショイ劇場｜**Б-а́я Дми́тровка** 露上院 (所在地名から)
**больш|у́щий** [形6] 〈話〉非常に大きい, 巨大な
**боля́чка** 複生-чек [女2] 〈話〉(かさぶたに覆われた治りかけの)傷
**боля́щий** [形6] 〈話・戯〉①病気の ②[男名]/**-ая** [女名] 病人
*бо́мб|а [ボームバ] [女1] [bomb] ①爆弾, 手投げ弾, 火山弾: **водоро́дная ~** 水素爆弾｜**вулкани́ческая ~** 火山弾｜**глуби́нная ~** 爆雷｜**зажига́тельная** (**зажёгательная**) **~** 焼夷弾｜**~ заме́дленного де́йствия** 時限爆弾｜**кассе́тная** [**оско́лочная**] **~** クラスター[破片]爆弾｜**напа́лмовая ~** ナパーム弾｜**самоде́льная ~** 手製爆弾｜**"по по́чте** [**в автомоби́ле**] **" бо́мба** 手紙[自動車]爆弾｜**подложи́ть -у** "**куда́-л.** [**под** 与]**" бо́мбой** …に仕掛ける｜**сбра́сывать -у** 爆弾を投下する｜**Б~ взорвала́сь.** 爆弾が炸裂した
②〈俗〉酒旅, (全問の答を記したカンニングペーパー)
◆**-ой вы́лететь** すっ飛びだす
**бомбарди́р** [男1] 〈露史〉(帝政ロシア軍の)砲撃手, 〈話〉(サッカー・アイスホッケーなどで)優れたフォワード選手, 点取り屋 **//-ский** [形3] < ①
**бомбардирова́ть -ру́ю, -ру́ешь** 受過**-о́ванный** [不完・完] 〈図〉①(地上・空から)爆撃する, 砲撃する ②〈話・戯〉〈図〉を絶えめなく打つ: **~** 図 **вопро́сами** …を質問攻めにする ③〈理〉〈原子〉に衝撃を与える ④〈俗〉大便をする **//-ся** [不完]〈受身〉
**бомбардиро́вка** 複生-вок [女2] 爆撃(すること) **//-очный** [形2] 爆撃(機)の
*бомбардиро́вщик [男2] [bomber] (戦略)爆撃機; 〈話〉爆撃機乗員
**бомбёжка** 複生-жек [女2] 〈話〉爆撃, 空爆
**бомби́ла** (女1変化)[男] 〈俗〉白タク運転手
*бомби́ть **-блю́, -би́шь** 受過**-блённый** ( **-лён, -лена́**) [不完] [bomb] ①〈図〉爆撃する, 空爆する ②〈俗〉個人で運送業をする
**бо́мбо-...** 〈語形成〉「爆弾の」
**бомбово́з** [男1] 〈旧〉爆撃機 (бомбардиро́вщик)
**бо́мбовый** [形1] 爆弾(бо́мба)の
**бо́мбодержа́тель** [男5] 爆弾懸吊架
**бо́мбомета́тель** [男5] 爆弾投下, 爆撃
**бо́мбомета́ние** [中5] 爆弾投下, 爆撃

**бòмбоубе́жище** [中2] 防空壕

**бо́мбочка** 複生-чек [女2]《話》[指小・愛称] < бо́мба

**бомж** -а́/-а́ [男4]/**-и́ха** [女2]《俗》住所不定者, ホームレス(без определённого ме́ста жи́тельства)

**бомжа́тник** [男2]《話》ホームレスの住みか; みすぼらしい家

**бомжева́тый** [形1]《俗》(外見が)ホームレス風の

**бомжева́ть** -жу́ю, -жу́ешь [不完]《俗》ホームレスの生活をする

**бомо́нд** [男1]《文》上流社会; (社会の)支配層

**бонапарти́зм** [男1]《文》ボナパルティズム

**бонвива́н** [男1] 美食家, グルメ; 贅沢者

**бонда́рь** -я́, бо́ндарь -я [男5] 桶[たらい など]を作る職人

**бо́нза** (女1変化) [男1] ①《文・蔑》仏教の僧 ②《話》尊大な役人

**Бони́нск|ий** [形3] : -ие острова́ 小笠原諸島 (острова́ Огаса́вара)

**бонитéт** [男1]《林》植林地の気象や土壌による等級

**бонса́й** (不変) [男1] 盆栽

**бо́нус** [男1]《経》特典, 景品, ボーナス, 割引

**бо́ны**[1] бо́н [複] 〔単 **бо́на** [男1]〕 ① 〔国・地方・企業が発行する〕臨時の金券, 臨時紙幣 ② (コレクションの対象となる)古紙幣

**бо́н|ы**[2] -ов [複] 〔単 **бон** [男1]〕 ① (港湾の防衛・木材流送のための)水に浮かべる柵 ②《海》ブーム, 帆桁 **-овый** [形]

**бор**[1] -а/-у, 前 о -е, в -у́ 複 -ы́ [男1] 針葉樹林(主に松林) ◆ **с ~у по со́сенке** (構成員が)寄せ集めの

**бор**[2] [男1] ① (歯科用の)ドリルの刃 ②《化》ホウ素(記号 B)

**бо́ра, бора́** [女1]《気象》ボーラ(山から吹き下ろす寒冷の強風)

**борде́ль** [э] [男5]《俗》① 売春宿 ② 混乱(状態)

**бордо́** (不変) ①《形》赤ワイン色の, 赤紫色の ② [中] ボルドー産ワイン

**бордо́вый** [形2] 赤ワイン色の, 赤紫色の ■ **-ая обло́жка**《公》赤い卒業証書(優等生の卒業証書; 表紙の色から)

**бордю́р** [男1] ① 壁・壁紙などの縁 ② (庭園の)舗道(芝生, 花壇)の縁の柵 (道路の縁石

**боре́ние** [中5]《詩・雅》つかみ合い; 戦い, 闘争 (борьба́)

***боре́ц** борца́ [男3] 〔fighter, wrestler〕 ① 闘士, 戦士 ②《スポ》格闘家: ~ за мир 平和の戦士〔守り手〕 | ~ сумо́ 相撲の力士 | ~ лёгкого (сре́днего, тяжёлого) ве́са 軽量〔中量, 重量〕級の選手 ③《植》トリカブト属

**бо́решься** [2単現] < боро́ться

**боржо́м** [男1] = боржо́ми

**боржо́ми** (不変) [男]/[中] ボルジョミ水 (ジョージア (グルジア)のボルジョムでとれるミネラルウォーター)

**борза́я** (形2変化) [女]《動》ボルゾイ犬(ロシアの猟犬) // **борз|о́й** [形2] ◆ **-ы́ми щенка́ми брать** 《話・皮肉》金以外のもので賄賂を受け取る

**борзопи́сец** -сца [男3]《皮肉》乱筆家, 中身のないものを早書きする著述家

**бо́рзый** [形2] борза́, -зо́, [旧] 速い, 俊敏な

**Бори́с** [男1] ボリス(男性名); 愛称 Бо́ря

**Борисла́в** [男1] ボリスラフ(男性名); 愛称 Бо́ря, Сла́ва

**борма́шина** [女1] 歯科用ドリル

**бормота́ние** [中5]《話》(早口の・聞き取れない)おしゃべり

***бормота́ть** -мочу́, -мо́чешь [不完] / **про-** [完] 〔mutter〕(低く早口で)つぶやく, もぐもぐ言う

**бормоту́ха** [女2]《俗》安物の果実酒

**борн|ый** [形1] < бор[2] ② : **-ая кислота́**《化》ホウ酸

**борови́к** -а́ [男4] ヤマドリタケ(бе́лый гриб)

**борово́й** [形2] < бор[1]

***борода́** [パラダーC] 対 бо́роду 複 бо́роды, боро́д, -а́м [女1] 〔beard〕 あごひげ; (動植物の)あごひげ様のもの: бри́ть бо́роду ひげをそる | носи́ть [отпусти́ть] бо́роду ひげを伸ばす[伸ばす] | густа́я [окла́дистая] ~ 濃い[顔一面の]ひげ ◆ **говори́ть [смея́ться] в бо́роду**《話》小声で話す, くすくす笑う | **с -о́й**《話・戯》(小話などが)陳腐な, 月並な; 十八番の

**бородёнка** 複生-нок [女2]《話》[卑称]; **бороди́ща** [女4]《話》[指大]

**борода́вка** 複生-вок [女2]《医》いぼ; (毛皮・樹皮・葉の上の)小突起, こぶ

**борода́вчатый** [形1] いぼに覆われた

**борода́тый** 短-а́т [形1] あごひげの生えた

**борода́ч** -а́ [男4] ①《話》立派なあごひげをたくわえた人 ②《鳥》ヒゲワシ

**боро́дка** 複生-док [女2] ①《話》[指小・愛称] < борода́ ② 鍵の端に付いた歯

**Бороди́н** [男1] ボロディン (Алекса́ндр Порфи́рьевич ~, 1833-87; 作曲家, 化学者: オペラ《Кня́зь И́горь》«イーゴリ公»)

**борозда́** 対 бо́розду 複 бо́розды, -ро́зд, -а́м [女1] ① (畑の)うね, 溝, 条(じ); 耕転跡; 航跡; 深い皺(じ) ② 《通例複》《解》(脳の)半球野の)裂

**борозди́ть** -зжу́, -зди́шь [不完] / **вз-** [完] 受遇 -рождённый (-дён, -дена́) [完] ① うねを作りながら耕す ② (水面などに)うねのような跡を残して進む ③《不完》(しわ・わだちが表面を覆う, (道路・谷が)横切る, (稲妻・弾丸が)行き交う

**боро́здка** 複生-док [女2] [指小] < борозда́ (表面にできた)しわ

**борозда́тый** [形1] しわのある, 溝のある

**борона́** 対 бо́рону/-у́ 複 бо́роны, -ро́н, -а́м [女1] まぐわ, 耕転機

**борони́ть** -ню́, -ни́шь [不完] / **вз~, за~** [完] 〈鋤〉まぐわ[耕運機]で耕す

**борнова́ние** [中5] まぐわ[耕運機]で耕すこと

**борнова́ть** -ну́ю, -ну́ешь 受遇 -о́ванный [不完] / **вз~, за~** [完] = борони́ть

***боро́ться** [パラーツァ] борю́сь, бо́решься 命 бори́сь [不完] 〔wrestle, fight〕① 闘う, 格闘する: ~ до конца́ [упо́рно] 最後まで[徹底的に]闘う | ~ сме́ло 勇敢に闘う ② 根気よく闘う〈за団 の獲得を目指して〉闘う: ~ за пе́рвое ме́сто 1位を目指して戦う | ~ за мир 平和のために戦う ③〈с団〉〈…と相手に〉闘う〈感情などに〉抗う〈про́тив 団 に対して〉闘う: ~ с боле́знью 病気と闘う, 闘病する | ~ с конкуре́нтами ライバルと戦う | ~ про́тив предрассу́дков 偏見と戦う | ~ со сном 眠気[睡魔]と戦う

**борсе́тка** 複生-ток [女2] (男性用)セカンドバッグ

***борт** [ボールト] 前 о -е, на -у́ 複 -а́ (за/на борт, за/на борту́) [男1] 〔side〕 ① 《船》《文脈により》船舷, 航空機, 側壁, 防壁, 縁: ле́вый [пра́вый] ~ 左[右]舷 | взять на́ борт 機内[船内]に持ち込む | самолёт с пассажи́рами на -у́ 乗客を乗せた飛行機, ~ трота́р 歩道の縁石 ② (衣服の前の)合わせ部分 ◆ **~ о́ борт** 接舷して | **бро́сить [вы́кинуть] за борт** 締め出す, 追い出す, お払い箱にする | **ле́во [пра́во] на́ борт** 取り舵[面] 舵 | **оказа́ться [оста́ться] за ~о́м** 外に置かれる, 除外される, 蚊帳の外に置かれる(★アクセント注意) ~ик [指小]

**борт..** 〔語形成〕「船・飛行機の」「船・飛行機で働く」

**бòртжурна́л** [男1] 航海[飛行]日誌

**бо̀ртинже́нер** [男1], **бо̀ртмеха́ник** [男2] 航空機関士

**бортово́й** [形2] <борт: ～ журна́л 航海日誌, 飛行日誌

**бортпроводни́|к** -а́ [男2] **/-ца** [女3] (旅客機の)客室乗務員, キャビンアテンダント

**борцо́вка** 複生 -вок [女2] ①《スポ》レスリングウェア ②マッスルタンクトップ

**борцо́вский** [形3] <боре́ц

*****борщ** [ボールシ] [男1] [料理]ボルシチ **//борщо́к** -щка́ [男2] 《話》[指小] **//-о́вый** [形1]

*****борьба́** [バリバー] [女1] [fight, wrestling] 〈単〉[за団を求める, に対する闘い, 闘争, 戦闘, 葛藤; [スポ]格闘技, レスリング, 相撲: ～ за мир 平和のための闘い | ～ за существова́ние 生存競争 | ～ с захва́т￣чи￣ками ～争奪戦 | ～ с алкоголи́змом アルコール中毒撲滅運動 | ～ на ковре́ レスリング | вести́ -у́ 闘争する ■во́льная (класси́ческая) ～ フリー(グレコローマン)スタイルレスリング | кла́ссовая ～ 階級闘争

**борю́сь** [1人現] <боро́ться

**Бо́ря** (ち5変化)[男]《愛称》< Бори́с, Борисла́в

**босано́ва** [女1]《楽》ボサノバ

**босико́м** [副] 裸足で, 素足で

**боске́т** [男1] (公園・庭園などの)木立, 植え込み

**босни́|ец** -и́йца [男3] **/-и́йка** 複生 -и́ек [女2] ボスニア人

**босни́йский** [形3] ボスニア(人)の; ボсни́я・Герцего́винаの

**Бо́сния и Герцего́ви́на** [女9]-[女1] ボスニア・ヘルツェゴビナ(首都は Сара́ево)

**бос|о́й** 短 бос, -а́, -о, -о [形2] 裸足の, 素足の: на -у́ю но́гу 裸足で, 素足で

**босоно́гий** [形3] 裸足の, 素足の

**босоно́жка** 複生 -жек [女2] 《話》裸足[素足]の女性

**босоно́жк|и** -жек, -жкам [複]〈単 -а [女2]〉女性用サンダル

*****босс** [男1]《boss》《話》ボス, 上司;（企業の）オーナー

**босто́н** [男1] ①トランプ遊びの一種 ②ウール生地 ③ ボストン（社交ダンスの一種）

**Босфо́р** [男1] ボスポラス海峡

**бося́|к** -а́ [男2] **/-чка** 複生 -чек [女2] 浮浪者

**бот** [男1] ①《古》(小型の)船 ②《話》ロボット ③ (ゲームの)バーチャルプレイヤー

**бота́ник** [男2] 植物学者

**бота́ника** [女2] 植物学;《俗》植物学教科書

**//ботани́ческий** [形3]: ～ сад 植物園

**бо́тать** [不完] ①（水面を竿(ǎ)で叩いて）魚を追い込む ②《俗》猛勉強する

**ботва́** [女1] (根菜類・ジャガイモの)地上に出ている部分 (茎, 葉など)

**ботви́нья** [女8] [料理] (魚・ビーツ・ホウレンソウなどが入った) 冷製スープ

**бо́тик** [男1]《話》[指小・愛称]<бот①

**бо́тики** -ов [複] オーバーシューズ

*****боти́нк|и** -нок, -нкам [複] **-ок** [男1] [boot] (くるぶしまでの)短靴 **// боти́но|чки** -чек, -чкам [複]〈単 **-чек** -чка [男2]〉《話》[指小・愛称]

**бо́товый** [形1] ボート(бот①)の

**бо́улинг** [男1]《スポ》ボウリング

**бо́цман** 複-ы/-а́ [男1]《海》甲板長

**боча́г** -а́ [男1]《方》川底・湖底の窪み

**бо́чар** -а́ [男1] 桶屋, 樽製造者

*****бо́чк|а** 複生 -чек [女2] 〈barrel〉①（通例木製の）樽(ś); 樽一杯の分量; ボチカ (旧液量単位: 約490リットル, 40ヴェドロ ведро́ に相当): ～ для воды́ 水樽 ② 《空》横転, ロール (アクロバット飛行の一種) ◆-у кати́ть на 《話》…を叱る | как сельди́ в -е すし詰め状態で | на порохово́й -е сиде́ть 一触即発の状態である **//бо́чечка** [女2]《話》[指小]

**бо́чечный, бо́чковый** [形1] :-ое пи́во 生ビール

**бочко́м** [副]《話》= бо́ком: сесть ～ 椅子に横に浅く坐る

**бочо́к** [男2] [指小] <бок

**бочо́нок** -нка [男2] 小さい樽

**боязли́в|ый** 短 -ив [形1] 臆病な, 気の小さい **//-ость** [女10]

**боя́зно** [無人述]《俗》怖い

*****боя́знь** [女10] [fear] 〈中〉[за団/пе́ред団 に対する]恐怖心, 心配, 不安;《医》恐怖症: [不定形]するのではないかという不安: ～ высоты́《医》高所恐怖症

*****боя́|ться** [バヤーッツァ] бою́сь, бои́шься 命 бо́йся [不完] [fear, be afraid] ①[完 по-] 〈団 を /[不定形] するのではないか〉不安である, 心配する;〈за団 のことを〉気にかかる (慣法 -а/-я には終わる語を対格にするのは話し言葉): Я бою́сь грозу́. 私は雷が怖い。 ～ просту́ды [простуди́ться] うっかり風邪をひきたくない | ～ опозда́ть 遅刻するのではないかと心配する (危惧の念が強い): ～ опа́здывать 遅刻するのが嫌だ | ～ за до́чку 娘を気にかかる

②〈[不定形]しないよう〉警戒する: Бою́сь сказа́ть. 断言できません

③〈что̀ / как бы ...〉〈...しないか〉危惧する: Бою́сь, что̀ он простуди́тся [как бы он не простуди́лся]. 彼が風邪をひくのではないかと私は気をもんでいる

④〈団〉湿気などを嫌う, …に弱い: Плёнка бои́тся сы́рости. フィルムは湿気に弱い, 湿気を嫌う

◆ *бою́сь совра́ть*《話》間違っているかもしれないけど, 確か | *Волко́в ～ — в лес не ходи́ть*.《諺》虎穴に入らずんば虎児を得ずⅠ《喩》怖がりも者には[には]

**БПЦ** [ベペツェー]《略》Белору́сская правосла́вная це́рковь ベラルーシ正教会

**бра** (不変) [中] 壁に取り付けられた燭台

**брава́да** [女1]《文》虚勢, (見せかけの)強がり

**брави́ровать** -рую, -руешь [不完]《文》〈団/無補語〉虚勢を張る, 強がって見せる, 平気なふりをする

**бра́во** [間] 素晴らしい, ブラボー

**braву́рный** 短 -рен, -рна [形1] 《音楽・歌》勇壮な, 長調の, アップテンポの

**бра́вый** 短 брав [形1] 勇敢な, 雄々しい, 若々しく恐れ知らずの

**бра́га** [女2] ブラーガ (低アルコールの自家製ビール) **// бра́жный** [形1]

**брадобре́й** [男6]《雅・戯》床屋, 理髪師

**бра́жка** [女2]《話》= бра́га

**бра́жник** [男2] ①《旧》酒飲み ②《複》《昆》スズメガ科

**бра́жничать** [不完]《雅・戯》酒を飲んでは酔う, 酒盛りをして楽しく過ごす

**бразда́** (複生なし) [女1] ① = борозда́ ②《旧・詩》轡(くつ)(馬具) **■-ы правле́ния**《雅》権力

**брази́л|ец** -льца [男3] **/-ья́нка** -нок [女2] ブラジル人 **//-ьский** [形3] ブラジル(人)の

**Брази́лия** [女9] ブラジル;（その首都の）ブラジリア

**Бра́йль** [男5] ブライユ (点字法を考案したフランスの教

育): шрифт -*я* 点字

**\*брак¹** [男2] 〔marriage〕 結婚；《正教》婚配: вступи́ть в ~е 結婚する | расто́ргнуть ~ 離婚する | состоя́ть в ~е 結婚している | церко́вный ~ 教会結婚 |《話》 фактúвный ~ 事実婚 | ~ по любви́ 恋愛結婚 | ~ по расчёту 勘定づくの結婚 | интернациона́льный ~ 国際結婚 | незарегистри́рованный ~ 事実婚, 内縁関係 | фикти́вный ~ 偽装結婚 | зако́н о ~ 婚姻法 | регистра́ция ~а 結婚の届け出 | ребёнок от второ́го ~а 再婚してできた子ども

**\*брак²** [男2] 〔spoilage〕 欠陥製品, 不良品, ロース; (製品の)きず: костю́м с ~ом 傷もののスーツ

**брако́ванный** [形] 欠陥のある: ~ това́р 不良品

**бракова́ть** -кую, -куешь 受過 -ованный (-ован, -ована) [不完] / **за~** [完] 〈他〉① 不良品と判定する ②《話》不適格者 [不良品] とみなす **//-ся** [不完] 〔受身〕 || **брако́вка** [女2]

**бракоде́л** [男1] 不良品ばかり作るまじめな労働者

**браконье́р** [男1] 密猟 [漁] 者, 不法な伐採をする人

**браконье́р|ство** [中1] 密猟 [漁], 不法な樹木の伐採 **//-ский** [形3]

**браκоразво́дный** [形1] 離婚の

**бра́косочета́ние** [中5] 《文》 婚姻, 結婚式

**брам-ре́й** [不変] [男6] 《海》 トゲルンヤード

**бра́мсель** [男5] 《海》 トゲルンセール

**бра́ндва́хта** [т] [女1] 警備船, 巡視艇

**брандмайо́р** [男1] 〈旧〉① 防火壁 ② 建物の窓のない壁 (巨大広告が貼られる) ③ 《ΙΤ》ファイアウォール

**брандме́йстер** [男1] 〈旧〉 消防隊長

**брандспо́йт** [男1] ① ポータブルポンプ ② 消火用ホースの先端のノズル

**брани́ть** -ню́, -ни́шь 受過 -нённый (-нён, -нена́) [不完] / **вы́~** [完] 〈他〉 叱る, 小言を言う; 非難する: ~ за ша́лость いたずらを叱る

**брани́ться** -ню́сь, -ни́шься [不完] ①〈с+ 造〉 〔完 по~〕〈с+ 造〉 とののしり合う, 口汚く言い争う ②〔完 вы́~〕 ののしる, 汚い言葉で感情を吐き出す

**бра́нчли́вый** 短 -ли́в [形1] 《話》 (人が) しょっちゅう口汚くののしる; (言葉などが) ののしりを含んだ

**брань** [女10] ① ののしり (の言葉) ② 〈旧・詩〉 戦い

**брас** [男1] 《船》 ブレース, 転杭索

**брасле́т** [男1] ブレスレット; 腕時計の金属ベルト: часы́ на ~е 金属製ベルトの時計 **//-ик** [男2], **-ка** [女3] 《話》《指小・愛称》 || **-ный** [形1]

**брасс** [男1] 《スポ》 平泳ぎ

**\*брат** [ブラート] 複 бра́тья, -ьев, -ьям [男8] 〔brother〕① 兄弟, 弟, 兄; 同胞, 仲間;《話》 (呼びかけで) 兄貴, あんた: ста́рший ~ 兄 | мла́дший ~ 弟 | моло́чный ~ 乳兄弟 | на́званый ~ 義兄弟 | родно́й ~ 実兄 [弟] | сво́дный ~ 異母 [父] 兄弟 | двою́родный ~ 従兄弟 [従姉妹] | трою́родный ~ 再従兄弟 (はとこ) | ваш [наш, их] ~ 《話》 あなた方 [我々, 彼ら] (вы, мы, они́) ② 《通例複》《雅》 《по+与に関する》 同志: ~ милосе́рдия 《教》 看護師 | ~ья по ору́жию 戦友 ③ 《宗》 修道士 (宗教団体員); ブラザー: ~ья во Христе́ キリスト教徒

♦на ~а 《話》 1人につき [から], 1人頭に [から] | (сам) чёрт не ~ 圀 ... には怖くない, 平気だ | свой ~ 《話》 仲間の, 味方 | ~ья на́ши ме́ньшие 《冗》 獣, 四足 ■ **Б-ья Карама́зовы** 『カラマーゾフの兄弟』 (ドストエフスキーの長編小説)

**брата́н** [男1] 《俗》 兄, 弟

**брата́ться** [不完] / **по~** [完] 〈с+造〉①《話》 兄弟のような仲のよい関係になる, 兄弟の契りを交わす ② (戦場で敵兵同士が) 共感し合い戦闘をやめる **// брата́ние** [中5] 〈②〉

**братва́** [女1] 《俗》 《集合》 仲間

**бра́тец** -тца [男3] 《指小・愛称》, **бра́тик** [男2] 《話》 《指小・愛称》 (★ 主に子どもついて) < брат

**бра́тина** [女1] 〈古代の〉 大盃

**Братисла́ва** [女3] ブラチスラバ (スロバキアの首都)

**брати́шка** 複生 -шек (女2変化) [男] 《話》《指小》 < брат

**бра́тия** [女9] 《集合》 ① (1つの修道院の) 修道士全体 ② 同業者, 業界仲間

**брато́к** -тка́ [男1] 《俗》 (男性への馴れ馴れしい呼びかけ) よう, なあ, 兄ちゃん

**братоуби́йство** [中1] 〈旧・雅〉 兄弟 [同胞] 殺し

**братоуби́йца** (女3変化) [男・女] 〈旧〉 兄弟殺し犯, 同胞 [仲間] を殺した者

**\*бра́тск|ий** [ц] [形3] 〔brotherly, fraternal〕 ① 兄弟の, 同胞に基づく; 友好的な ② 共通の, 共同の: -ая моги́ла = -ое кла́дбище (災害・戦争などで死者を葬る) 共同墓地 **//-и** [副] <①②>

**бра́тство** [ц] [中1] ① 同盟, 結社 ② 教団

**бра́тчина** [女1] 《民俗》 酒盛り

**\*брать** [ブラーチ] беру́, берёшь 命 бери́ 過 бра́л, -ла́, -ло [不完] / **взять** [ヴジャーチ] возьму́, возьмёшь 命 возьми́ 過 взя́л, -ла́, -ло 受過 взя́тый (-ят, -ята́, -ято) [完] (→взять) 〈他〉 ① 取る, つかむ: ~ кни́гу со стола́ 机から本を取る | Бери́те пече́нье. クッキーをお取り下さい | ~ грибы́ きのこを取る | ~ тру́бку 受話器を取る | ~ ору́жие 武器を取る [武装する] | ~ за́ руку [за плечи́] ~の手を取る [肩をつかむ] | ~ ребёнка на́ руки 子どもを両手に抱きかかえる | Ла́сточка берёт соло́минку в клюв. ツバメがわらをくわえる

② 食べる, 摂取する: Соба́ка берёт с руки́ [рук]. 犬が手から餌を食べる | Ры́ба хорошо́ берёт. 魚の食い付きがいい | Ребёнок не берёт грудь. 赤ちゃんが乳を吸わない

③ 持って [運んで, 連れて] 行く: ~ лека́рства в доро́гу 旅に薬を持って行く | ~ с собо́й дете́й 子どもたちを連れて行く | ~ рабо́ту на́ дом 仕事を自宅に持ち帰る

④ 捕まえる, 逮捕する: ~ в плен [зало́жники] ~ を捕虜にする [人質に取る] | ~ под аре́ст 逮捕する

⑤ 借りる, 雇う, 注文する: ~ кни́ги в библиоте́ке 図書館で本を借りる | ~ де́ньги в долг [взаймы́] 金を借りる | ~ маши́ну напрока́т レンタカーを借りる | ~ такси́ タクシーを拾う | ~ биле́т в теа́тр 劇場のチケットを買う

⑥ 受け取る, 引き取る, 手に入れる, 採取する: ~ взя́тку [пода́рок] у 生 ... から賄賂 [プレゼント] を受け取る | ~ специали́ста на рабо́ту 専門家を仕事に採用する

⑦ 〈テーマなどとして〉 取り上げる: ~ те́му для иссле́дования 研究テーマを選ぶ

⑧ 奪う, 奪取する, 占領する: ~ го́род [кре́пость] 都市 [要塞] を占領する

⑨〈圀〉で目的を達する, うまくやる: ~ не число́м, а уме́нием 数ではなく知恵で勝負する

⑩ 飛び [乗り] 越える, クリアする, 克服する, 打ち勝つ: ~ барье́р ハードルを飛び越す | ~ круто́й подъём 急坂を乗り越える

⑪ 徴収する, 取り立てる: ~ нало́ги [по́шлину, штраф] 税金 [関税, 罰金] を徴収する | ~ пла́ту за электри́чество 電気料金を徴収する

⑫ 〈無補語〉 (弾丸が) よく効く, 使える, (刃物が) 切れる, (武器の射程が) 届く: Брита́ва берёт. かみそりがよく切れる | Ружьё берёт на ты́сячу шаго́в. 銃の射程距離は1000歩だ

⑬ 〈時間・労力・物資などを〉 必要とする: Подгото́вка берёт мно́го вре́мени. 準備には時間がかかる

⑭ 〈無補語〉 (ある方向へ) 進む, 針路をとる: ~ нале́во [напра́во] 左 [右] へ曲がる

⑮ (感情が) 捉える、襲う: Их берёт сомнéние [страх]. 彼らは疑念[恐怖]にとらわれている ⑯《ある種の動詞と共に》…する: ~ на учёт 団 …を見積もる; 登録する; 調べる | ~ начáло 始まる

◆~ на себя́ 引き受ける、責任を負う; ~ обязáтельство на себя́ 義務を引き受ける | Нáша [Вáша] берёт [взяла́]. こっち[そっち]の勝ちだ | ~ обрáтно [назáд] 取り消す、取り戻す

\*брáться [ブラーッツァ] берýсь, берёшься 命 бери́сь 過 брáлся, -лáсь, -лóсь/-лось [不完] / взя́ться [ヴジャーッツァ] возьмýсь, возьмёшься 命 возьми́сь 過 взя́лся, -лáсь [完] ① ⟨за団を⟩つかむ、つかまる、⟨手を⟩取り合う: ~ зá руки 互いに手を取り合う、手をつなぐ | ~ за верёвку ロープにつかまる

② ⟨за団に⟩着手する、取りかかる: ~ за чтéние [рýсский язы́к] 読書 [ロシア語の学習] に取りかかる | ~ за перó 筆を執る、執筆に取りかかる | ~ за вёсла 櫂を取る、漕ぎ始める

③ ⟨за団に対して⟩対策 [措置] をとる: ~ за нарушителей дисциплины 規律違反者への対策に取り組む

④ ⟨за団/不定形⟩…を引き受ける: ~ за рабóту 仕事を引き受ける | ~ почини́ть телеви́зор テレビの修理を買って出る

⑤ [話] 現れる、発生する、起こる: Откýда у негó дéньги берýтся? 彼の金はどこから湧いて出るんだ ⑥《不完》⟨受身⟩

◆~ за шáпку (帽子を手に取って) 立ち去ろうとする

брáтья ①〔複数; 主格〕< брат ②〔複8〕= брáтия

брáузер [э] [男1]【IT】ブラウザ

брáунинг [男2] ブローニング社製のピストル

брахмани́зм [男1] バラモン教

\*брáчный [形1] [marriage, conjugal] ① 結婚(婚礼)の ②（動物が）繁殖期の

брачýющиеся （形6変化）[複6]《公》新郎新婦

бревéнчатый 短-ат [形1] 丸太の、丸太でできた

бревн|ó 複 брёвна, брёвен, брёвнам [中1] [log] ① 丸太 ②《話・蔑》ぼんくら、うすのろ ③《スポ》平均台: упражнéния на -é そのの練習 ∥брёвнышко 複-шки, -шек, -шкам [中1]〔指小〕< брéвна

брег 複-á [男2] [旧・詩] = бéрег

\*бред 前о-е, в-ý [男2] [delirium] ①うわごと; うわごとを伴う意識状態;【医】譫妄: в-ý うわごとを言いながら ②[話] 熱中、没頭 ③《ばかげた話》[判断]

брéдень -дня [男5] (2人で引きながら魚を獲る) 網

брéдить брéжу, брéдишь [不完] ①【医】うわごとを言う ②⟨団に⟩熱中して…のことばかり考える [話す] ③[話] ばかげたことを言う

брéдни -ей [複] [話] 絵空事、くだらない空想

бредовóй [形2]< бред

бредóвый [形1] [話] ばかげた、くだらない

брéешься < бри́ться

Брéжнев [男姓] ブレジネフ (Леонид Ильич ~, 1906-82; ソ連の政治家; ソ連共産党第一書記、党書記長、ソ連邦最高会議幹部会議長)

брéзгать [不完] /по~ [完] = брéзговать

брезгли́в|ый 短 -и́в [形1] 潔癖な、毛嫌いする、嫌そうな ∥-ость [女10] (衛生的・倫理的に) 潔癖なこと (不衛生・不倫理を本能的[生理的]に嫌うこと

\*брéзговать -гую, -гуешь [不完] /по~ [完] 〈団/不定形/無補語⟩を嫌がる、嫌悪する; 軽視する: не ~ деньгáми [приношéниями] 金[贈り物]、賄賂を受け取る | не ~ ничéм (目的のために) 手段を選ばない

брезéнт [男1] 防水布、ズック ∥~овый [形1]

брéзжить -жит [不完] ① ⟨無人称でも⟩(夜が明けほのかに光る、かすかに明るくなる ② （考えなどが）ぼんやり浮かぶ

бре́йк [э] [男2], брейк-дáнс [э] [不変]-[男1] ブレークダンス

брелóк -лóка/-лкá [男2] 下げ飾り (懐中時計の鎖やブレスレットに付ける)

брéмя 生-в・доп-мени 造 -менем [中7] [文] 負担: взять на себя непоси́льное ~ 手に負えない重責を背負い込む | нести́ своё ~ 重荷を負う、重責を担う | под брéменем 団 …の重圧で

бренд [男2] ブランド ∥~овый [形1]

брéнди [э] [不変] [男]/[中] ブランデー

брéндинг [男2]【商】ブランディング、ブランドの構築

брéнн|ый (男なし) -énна [形1] [旧・詩] 腐朽を免れ得ない、はかない ∥-ость [女10]

бренчá|ть -чý, -чи́шь [不完] ①〈団/無補語⟩(金属のぶつかるような) 小さな音を出す、カチャカチャ音がする ②[話] (楽器が) 奇妙な音を出す、⟨на団⟩⟨楽器を⟩下手に「ぞんざいに」弾く ∥-ние [中5]

брести́ бредý, бредёшь 過 брёл, брелá 能過 брéдший 副分 бредя́ [不完] ① ⟨брoди́ть(やっとのことで・どうにか・とぼとぼ)歩く (идти с трудом) ◆~ кудá глазá глядя́т 目の向くまま気の向くまま歩く

бретéлька [э] [女2]-лек [複2] (衣服の) 肩ひも

бретёр [男1] [旧] けんかっ早い男、トラブルメーカー

брёх [男2] [俗] ①（犬の) 吠え声 ② = брехня́

брехá|ть брешý, брéшешь/брехнýть -нý, -нёшь [一回] [俗] ①（犬が） 吠える ②嘘をつく、ほらを吹く; 無駄話する

брехли́вый 短 -и́в [形1] ① (犬が) よく吠える ② (人が) ほら吹きの、おしゃべりな

брехня́ 複生 -éй [女5] [俗] 嘘、ほら; 無駄話

брехýн -á [男2] [俗] ほら吹き、おしゃべり

брешь [女11] ① (弾丸・大砲の開けた) 穴 ② 損失、不足 ◆пробивáть ~ ⑴ 突破口を開く ⑵ (議論で) 相手の弱点を突く

брéюсь [1単現] < бри́ться

брéющий [形6] 超低空の、地上すれすれの

бриг [男2] ブリッグ (2本マストの帆船の一種)

\*бригáд|а -дия [女1] [brigade] ① [軍] 旅団、船団、船隊; 作業班; (列車) 乗務員; クルー: ~ крéйсеров 巡洋艦隊 | концéртная ~ (コンサートなどの) 公演団 | произвóдственная ~ 生産班 | рабóчая ~ 労働作業班 | поездная ~ 列車乗務員 ∥~ный [形1]

\*бригади́р [男1] [team leader] 班長、組長;【軍】(18世紀ロシア帝国陸軍の) 旅団長、准将 ∥~ский [形3] 班長の、作業チームリーダーの

бригадни́к [男2] (旅団・大部隊などの) 隊員

бригантина [女1] ブリガンティン (2本マストの帆船の一種)

бри́дер [男1]【理】増殖炉

бридж [男4] 【トランプ】ブリッジ

бри́джи -ей [複] (膝下がすぼまった) ズボン (もと乗馬用) ② (スポーツ用の膝までの) 半ズボン

бриз [男1]【気象】海陸風 (昼は海から陸へ、夜は陸から海へ吹く)

бризáнтный [形1] 爆発性の、破裂性の、破片で傷つける性質を持つ

БРИКС [ブリークス] [略] ブリックス、BRICS (ブラジル、ロシア、インド、中国、南アフリカの新興5か国)

брикéт [男1] ブロック化 (状に固められた物) (練炭など)

бриллиáнт [男1] (研磨された) ダイヤモンド (→алмáз比較) ∥~ик [男2] [指小・愛称] ∥бриллиáнтовый [形1] ■ -ая свáдьба ダイヤモンド婚式

бриоли́н [男1] 整髪剤、グリース

британ|ец -нца [男3] /-ка 複生-нок [女2] 英国人; 英国住民

**Брита́ния** [ж9] [Britain] 英国

**\*брита́нск|ий** [形3] [British] 英国(人)の: *-ие острова́* プリテン諸島

**бри́тв|а** [ブリーтヴァ] [ж1] [safety razor] かみそり: *безопа́сная ~* 安全かみそり | *электри́ческая ~*, *электри́ческая ~* 電気ひげそり, シェーバー (электробри́тва) | *ле́звие -ы* かみそりの刃 | *о́страя ~* 切れ味のよい[悪い]かみそり | *чини́ть* 短 *-ой* …かみそりで尖らせる
◆ ~ **О́ккама** オッカムのかみそり **‖ бри́твенный** [形1] ~ *прибо́р* かみそりセット

**бритоголо́в|ый** [形1] ① 髪を剃った ② *-ые* [複名] [話] スキンヘッドのグループ、ナショナリストの若者

**брит|ый** 短 *-бри́т* [形1] ひげなどを剃った

**брить** бре́ю, бре́ешь 受過 -тый [不完] / **по-** [完] 〈対〉頬(*ч*)を ~ бо́роду [во́лосы, лицо́] а́ба́нӯ [頭, 顔]を剃る ② [話] 気の利いた答えをする
■ **Бре́ющий полёт** 超低空飛行(地上5-50 m)

**бритьё** [中4] 剃ること; 剃ってもらうこと

**\*бри́ть|ся** [ブリーтьсヵ] бре́юсь, бре́ешься 命 бре́йся [不完] / **по-** **побри́ться** [バブリーッツァ] [完] [shave] (自分で)ひげを剃る、ひげを生やしていない; 剃ってもらう

**\*бри́финг** [男2] [briefing] (手短で簡単な)記者会見、ブリーフィング

**бри́чка** 複生-чек [ж2] (半篷)軽4輪馬車

**брова́стый** 短 -а́ст [形1] [俗] 眉毛の濃い

**брова́|ть** -во́к [ж2] [話] ① [指小] < **бровь** ② (土手・道の)へり、縁

**\*бров|ь** [ブローヴь] 複前 о -и, на -я́х, -е́й [ж10] [eye-brow] 眉毛、眉: сро́сшиеся -и つながった眉毛 | подня́ть [хму́рить] -и 眉をあげる[ひそめる] ◆*не в ~, а в глаз* まさに図星だ | *на -я́х (прийти́)* [俗] (酔っぱらいが)酩酊状態で[やっとの事で](たどり着く) | *-ью не повести́* [моргну́ть, шевельну́ть] 眉ひとつ動かさない; 常に冷静、動じない **‖ -ный** [形1]

**брод** -а/-у [男1] (河川湖沼の)浅瀬, 津: *иска́ть ~* 浅瀬を探す | *идти́ ~ом* 浅瀬を渡る ◆ *Не зна́я ~ы, не су́йся в во́ду.* [諺] 転ばぬ先の杖

**Бродве́й** [男6] ブロードウェイ

**броди́льный** [形1] 発酵の; 発酵用の

**\*броди́ть¹** брожу́, бро́дишь [不完] [不定] [定 **брести́**] [wander, roam] ① ぶらぶらする, そぞろ歩きする, 放浪する (以較 **ходи́ть** は歩行一般を表し, **броди́ть** は目的をもたず楽しく歩くことを言う): *~ по ле́су* 森を散歩する | *~ от не́чего де́лать* 手持ち無沙汰でぶらつく ② (微笑・考えが)おぼろに浮かぶ, 漂う (блуда́ть③) ◆*кровь бро́дит в* 圏 〈人の〉血が躍る

**броди́ть²** бро́дит [不完・完] 発酵している; ≪в圏≫〈人に〉(若さ・力が)感じられる

**Бро́дский** (形変化) [男] ブロツキー (Ио́сиф Алекса́ндрович ~, 1940-96; 詩人, 随筆家; ノーベル文学賞 (1987))

**\*бродя́г|а** (女2変化) [男・女] [vagant] (家・職業を持たない)放浪者, 浮浪者, ホームレス; 風来坊; [話] 旅好きな人 **‖ бродя́жка** 複生-жек (女2変化) [男・女] [話] [指小・愛称]

**бродя́ж|ий** [形6] 浮浪者の, ホームレスの, 放浪癖のある

**бродя́жнич|ать** [不完] ① 浮浪者[ホームレス]の生活をする ② 放浪(の旅)をする ③ [話] 仕事[住居]を頻繁に変えて生活する **‖ -ество** [中1] 放浪生活

**бродя́ч|ий** [形6] 常に移動している: *-ая соба́ка* 野良犬 | *~ сюже́т* 多くの民話に共通に見られる筋

**броже́ние** [中5] ① 発酵 ② (人々・社会の中に徐々に膨らむ)不満

**бро́йлер** [男1] ブロイラー (食肉用の幼鶏) **‖ -ный** [形1]

**бро́кенский** [形3]: ~ *при́зрак* [気象] ブロッケン現象, 光輪

**\*бро́кер** [男1] [broker] ブローカー, 仲買人, 仲介業者: *страхово́й ~* 保険代理店 **‖ ~ский** [形3]

**бро́керство** [中1] 仲介業, 仲買い

**бро́кколи** (不変) [女] ブロッコリー

**бром** [男1] [化] 臭素 (記号 Br) **‖ ~истый** [形1]

**бром..** (語形成) [化] 「臭素…」,「臭素の」

**броми́д** [男1] [化] 臭化物

**броне..** (語形成) 「装甲の」, 「防弾の」, 「機甲の」

**бронеавтомоби́ль** [男5] [軍] 装甲自動車 [車両]

**бронебо́йный** [形1] [軍] 対装甲用の, 破甲の, 防弾装備を打ち破る

**бронебо́йщик** [男2] [軍] 対装甲射撃手

**броневи́к** -а́ [男2] [軍] [話] = бронемаши́на

**бронево́й** [形2] бронь (бр)(броня́)の

**бронежиле́т** [男1] 防弾チョッキ

**бронемаши́на** [ж1] [軍] (歩兵運搬用)装甲車

**броненосе́ц** -сца [男3] ① [軍] 装甲船, 軍艦, 戦艦 ② [動] アルマジロ

**брононо́сный** [形1] [軍] (船舶が)装甲された

**бронепо́езд** 複 -а́ [男1] [軍] 装甲列車

**бронестекло́** 複 -тёкла, -тёкол, -тёклам [中1] 防弾ガラス

**бронета́нков|ый** [形1] [軍] ① 機甲の ② *-ые* [複名] (戦車・自走砲を中心に据えた)軍隊

**бронете́хника** [ж1] [軍] 装甲車両

**бронетранспортёр** [男1] [軍] 装甲兵員輸送車 (略 БТР)

**\*бро́нза** [ж1] [bronze] 青銅, ブロンズ; 《集合的》青銅器, ブロンズの作品; 【スポ】[話] 銅メダル: *Мне доста́лась ~.* 私は銅メダルを獲得した

**бронзирова́ть** -ру́ю, -ру́ешь 受過 -анный, **бронзирова́ть** -ру́ю, -ру́ешь 受過 -о́ванный [不完・完] 〈対〉ブロンズ色にする, 青銅めっきする

**бронзово..** (語形成)「ブロンズの」「青銅(色)の」

**бро́нзов|ый** [形1] < бро́нза: *-ая ста́туя* 銅像 | *-ая меда́ль* 銅メダル | *~ призёр* 銅メダル受賞者 ② 青銅色の; (肌が)日焼けした ■ ~ *век* 青銅器時代

**брониро́ванный** [形1] 装甲された, 強化された

**\*брони́рова|ть** -ру́ю, -ру́ешь 受過 -анный [不完] [完] **за-**] [reserve] 〈対〉予約する, あらかじめ確保しておく **‖ -ние** [中5]

**бронирова́|ть** -ру́ю, -ру́ешь 受過 -о́ванный [不完・完] [完 **за-**] 〈対〉装甲する **‖ -ние** [中5]

**бронтоза́вр** [男1] ブロントサウルス (恐竜)

**бронх** [男2] [通例複] [解] 気管支 **‖ бронхиа́льн|ый** [形1]: *-ая а́стма* [医] 気管支喘息

**бронхи́т** [男1] [医] 気管支炎

**бронь** [ж10] [話] = броня́

**бро́ня** [ж5] 予約

**броня́** 複生 -е́й [ж2] [軍] [armor] (車両の)装甲

**броса́ние** [中5] < броса́ть(ся)

**броса́тельный** [形1] 投てき用の: ~ *коне́ц* (係留に際して)船から岸に投げるロープの端

**\*броса́|ть** [ブラサーть] / **бро́сить** [ブローсить] бро́шу, бро́сишь, ... бро́сят 命 брось 受過 бро́шенный [完] [throw] ①〈対〉[случ] 投げる: ~ *снежко́м в окно́* 窓に雪の玉を投げつける | ~ *тру́бку* 電話を乱暴に置く | ~ *жре́бий* くじ引で決める
②〈対〉(投げ)落とす: ~ я́корь 錨をおろす
③〈対〉捨てる; ぞんざいに扱う: ~ *де́ньги на ве́тер* 金を浪費する | ~ *ору́жие* 武器を捨てる
④〈対〉〈橋などを架ける; [話]〈軍隊などを〉急いで配備する; 《受過》ある, 置かれている
⑤ 無人称《対》強く揺れる
⑥〈対/不定形(不完)〉…と別れる, …を見捨てる; 〈仕事など〉

брю́хо

…を辞める；<土地などから>離れる, 去る: *Брось(те)!* (話)(発言などを遮って)いい加減にしろ！ | ~ кури́ть たばこをやめる

⑦ [図]<光・影などを>投げかける；《通例例》<視線を>投げかける: ~ свет на … …に光をあてる；明るみに出す, わかりやすくする | ~ тень на … …に陰をおとす, …を非難する, …に汚点を付ける | бро́сить взгляд на … …をちらと見る

⑧ [図]<言葉などを>投げつける: ~ обвине́ние [図] [в а́дрес [図] …を非難する, …を告訴する | ~ мысль 提案する, 考えを述べる | ~ вы́зов … …に対して挑発的に振る舞う

⑨《無人称でも》[図]急にある状態にする: ~ [図] в кра́ску …が急に赤くなる

◆ ~ гря́зь [гря́зью] в [図] …を非難[中傷]する | ~ за́ борт …を捨てる, お払い箱にする | ~ ка́мень в [図] …を非難する | ~ на ча́шу весо́в [図] …で一か八かの勝負にでる

*броса́ться [ブラサーッツァ] [不完] / бро́ситься [ブローシッツァ] бро́шусь, бро́сишься, … бро́сятся 命 бро́сься [完] 〚throw oneself〛

① [図]を投げ込む

②〚図〛を浪費する, ぞんざいに扱う, 使い捨てにする: ~ деньга́ми 金を浪費する | ~ рабо́тниками 労働者を使い捨てにする

③ 飛び出す, 飛びかかる, 飛び降りる；<不定形>いきなり…しだす, 急に…に取りかかる: ~ на коле́ни [в но́ги] = ~ к нога́м …の足元にひざまずいて頼む | ~ «под колёса [в ре́ку]» 車[川]に飛び込み自殺をする

④ [図]夢中になって取りかかる: ~ на еду́ がつがつ食べ始める

⑤〚話〛[図]を深く考えずに言う: ~ слова́ми (根拠もなく)請け合う

⑥《不完》《受身》< броса́ть

◆ ~ в глаза́ [図]の目に飛び込んでくる | ~ в нос (臭いが)…の鼻につく | ~ на ше́ю [図]の首に抱きつく；(女が)…に取り入ろうとする | кровь бро́силась [図] в го́лову [лицо́] (怒り・恥ずかしさのあまり)赤くなる, 動揺する

бро́ский 短 -сок, -ска́/-ска, -ско 比 -сче [形3] 〚話〛① 目立つ, 人目を引く ② (動きが)突発的な, いきなりスピードを上げる

броско́м [副] 一気に, ダッシュで

бро́совый [形1] ① 廃棄物の ②〚話〛粗悪品の, 使いものにならない ③ (価格が)非常に低い, 低価格の: ~ э́кспорт [経・商]ダンピング

бросо́к -ска́ [男1] ① 投げること, 投てき ② (船・飛行機の)激しい揺れ ③〚スポ〛(手・足の)急激で素早い動き, ダッシュ, スパート: Пры́жок в …, гол!（実況で）パス, シュート, 決まった ④ 軍家の迅速な移動 ‖ броско́вый [形1] : ~ое испыта́ние 発射実験

бро́шенный [形1] 見捨てられた

бро́шка 複生 -шек [女2], брошь [女11] ブローチ

брошу́(сь) 〚1単末〛< броса́ть(ся)

брошю́ра [女1] パンフレット；小冊子 ‖ ~ка 複生 -рок [女2] 〚指小〛

брошюрова́ть -ру́ю, -ру́ешь 受過 -о́ванный [不完] / с~ [完] [図]<印刷された紙を>冊子に綴じる, 仮綴じにする ‖ брошюро́вка [女2] 〚話〛

брошюро́вочный [形1] 冊子に綴じるための

брудерша́фт [男1] ‖ пить на ~ — 兄弟の契りの杯を交わす（グラスを持つ腕を交差させて酒を飲む）

Бруне́й [男6] ブルネイ（首都は Ба́ндар-Се́ри-Бегава́н）

брус 複 -ья, -ьев [男8] ① 角材 ②〚複〛[体操]平行棒 ‖ ~овый [形1]

бруско́вый [形1] < брусо́к

брусни́ка [女1] 〚単〛[植]コケモモ（低木, 実） ‖

—чка 複生 -чек [女2] 〚愛称〛

брусни́чник [男2] ① コケモモの生えている場所 ② コケモモの葉

брусни́чный [形1] コケモモ(色)の；深いピンク色の

брусо́к -ска́ [男1] ① (長方形に固めた製品(チーズ, 石けんなど) ② (一般に)長方形のもの ‖ бруcóчек -чка [男2] 〚指小・愛称〛<②

брустве́р [男1] [軍]（堡塁防御用の）胸壁, 胸土

бруча́тка [щ] [女1] ①《集合》(舗装用の)長方形の石のブロック ②《話》① で舗装された道路[広場]

бруча́тый [щ] [形1] ① 石のブロックで舗装された ② 角材でできた

Брут [男1] 〚史〛ブルートゥス, ブルータス ◆ *И ты́, ~!* ブルータス, お前もか（予期せぬ裏切り, 移り気に対して）

брута́льный [形1] 〈文〉野蛮な, 残酷な, 獣のような ‖ ~о [副] ‖ -ость [女10]

бру́тто (不変) [形] [商](重量が)グロスの, 包装も含んだ重さの(↔не́тто) : вес ~ 総重量

бруцеллёз [男1] ブルセラ症（家畜の伝染病）

бры́згалка 複生 -лок [女2]《話》① 噴水装置, 霧吹き ② 水鉄砲

бры́згать -зжу, -зжешь [不完] / бры́знуть -ну, -нешь -ели [完] [一回] ①[不完][複 -аю, -аешь]〈[図]を/無補語〉〈水・火の粉などを〉はねかける, はね[飛び]散らす；<スプレーなどを>シュッと吹きかける: ~ слюно́й 口角泡を飛ばす ②[不完]〈[図]を/散る〉(小雨が)降りだす ③〚感情が〛ほとばしる, 急に現れる：〈сме́хом 急に笑いだす ④（水・涙・血・光などが）急に流れ出す ⑤〚話〛(人・動物などが)方々に走りだす

бры́згаться [不完] 〚話〛① 〈[図]を/無補語〉はねかける；散り散らす〈水などを〉はねかけ合う: ~ слюно́й 唾を飛ばす, 激しく言う

*бры́зги* -бзг [複] 〚splashes〛 ① 水や液体のしぶき, 飛沫 ②〈ガラスなどの〉飛び散る破片

брызгу́н -а́ [男1] 〚話〛水をかけてふざけるのが好きな人 ② [魚]テッポウウオ

бры́знуть → бры́згать

брык [間] 〚擬音〛ドスン, バタン（突然の急激な動作）

брыка́ться -а́юсь, -нёшься [完] -一回 〈[図]/無補語〉①（馬などが）後ろ足で蹴る ②〈俗〉（人が抵抗のため）…を足でばたつかせる, 強情を張る, 強く抵抗する

бры́нза [女1] 羊の乳でできたチーズ

брысь [間] 〚話〛（猫を追い払って）しっ

Брю́гге (不変) [男] ブルージュ（ベルギーの都市）

брюзга́ (女2変化) [男・女] 〚話〛いつも不満ばかり言う人

брюзгли́вый 短 -и́в [形1] 〚話〛いつも不満を口にしている, 不満たらたらの, 不満の気持ちのこもった

брюзжа́ть -жу́, -жи́шь [不完] 〈[図]/на[図]のことで/что節と/無補語〉不満を言う, ぶつくさ言う

*брю́ки* -юк [複] 〚trousers〛 ズボン, パンツ: ходи́ть в ~ax ズボンをはいて行く | наде́ть [снять] ~ ズボンをはく[脱ぐ]

*брюне́т* [男1] / ~ка 複生 -ток [女2] 〚話〛ブリュネット, 黒髪の人 ‖ —очка 複生 -чек [女2] 〚指小〛

Брюссе́ль [э] [男5] ブリュッセル（ベルギーの首都）

брюссе́льск|ий [形1] : ~ая капу́ста 芽キャベツ

брют [男1] ［形］(シャンパンが)糖分含有率が最低の

брюха́н [男1] 〚俗〛太鼓腹の人

брюха́тый -а́т [形1] ① 〚俗〛太鼓腹の, 腹の大きい ②〚旧・俗〛妊娠した

брю́х|о [中1] ①（動物の）腹 ②〚俗〛（人の）腹, (特に)太った大きな腹 ③（飛行機・自動車の）車体下部 ◆ *лежа́ть кве́рху —ом* 無為に過ごす | *по́лзать*

**брюхоногие** [形6変化]《動名》《動》腹足類

**брюхови́на** [女1]《話》ズボン (брю́ки) の片足の部分

**брю́чки** 複生 -чек, -чкам [複]《指小》< брю́ки

**брю́чный** [形1] ズボン (брю́ки) の： ～ костю́м (女性用)パンツスーツ

**брюшн|и́на** [女1]《解》腹膜 **//-ный** [形1]

**брюшко́** 複 -и́, -о́в [中1] ①《愛称》< брю́хо ②《話》(人・動物の)腹; (特に)太った大きな腹 ③《昆虫》の腹

**брюшно́й** [形2] 腹の： ～ пресс 腹筋

**бря|к** [男2]《話》①ガチャガチャいう音 ②《間》《擬音》ガチャ, ガチャガチャ ③《述語》ガチャ[ガチャガチャ]という音を立てる

**бря́|кать** [不完] **/ бря́кнуть** -ну, -нешь [一回]《話》①(金属・ガラスがぶつかるような)ガチャガチャという音が出る:《画》в о《画》о《画》に о《画》にぶつけてガチャガチャという音を立てる ②《戯》《на ーіт》バラライカをかき鳴らす ③《画》(音を立てて)落とす, 投げる, 置く ④《話》うっかり多言する: ～ языко́м うっかり失言する ⑤《完》《画》に電話をかける **// ～ся** [完] /[不完]《画》に電話を立てて) 倒れる, 転ぶ **// -нье** [中4]

**Брянск** (同名州の州都)《
**бря́нск|ий** [形3]: Б-ая о́бласть ブリャンスク州 (中央連邦管区)

**БРЭ**《ベェルエー》《略》Больша́я росси́йская энциклопе́дия ロシア大百科事典

**бряца́|ние** [中5] ①< бряца́ть ②《楽》(バラライカの)打鈴奏法

**бряца́ть** [不完] (金属性の音が)ガチャガチャ鳴る;《画》《金属性の音を》ガチャガチャ鳴らす ◆ ～ ору́жием 武力を背景に脅す

**БСЭ**《ベエスエー》《略》Больша́я сове́тская энциклопе́дия ソヴィエト大百科事典

**БТР**《ベテエール》(不変)[男]《軍》装甲兵員[人員]輸送車 (бронетранспортёр)

**б/у**《ベウー》《略》бы́вший в употребле́нии 中古

**бу́бен** -бна [男1]《楽》タンバリン

**бубенц|ы́** -цо́в [複](乗用の)鈴: тро́йка с ーа́ми 鈴を付けたトロイカ ②《楽》スレイベル **// бубе́нчик** [男2]《話》《指小》

**бу́блик** [男1] ドーナッツ型のパン ◆ ды́рка от ーа 《話・戯》中身のないもの

**бу́бна** 複 -ен, бу́бен/бубён, -нам/-бна́м [女1]《通例複》《話》トランプの♦印

**бубни́ть** -ню́, -ни́шь [不完] **/про～** [不完]《話》①《о/про画》のことをぶつぶつ小声で言う ②《画》(暗記するために)小声で繰り返す

**бубо́н** [男1]《医》横痃(よこね), 横痃(びんか)(鼠径部や腋の下にできるリンパ節腫脹) **// бубо́нн|ый** [形1]: -ая чума́ 腺ペスト

**буга́й** [男6] ①《方》種牛 ②《俗》頑強で時に粗暴な男

**буге́ль** -ля/-я [男5]《技》(路面電車の)パンタグラフ **// ～ный** [形1]

**бугенвилле́я** [女6]《植》ブーゲンビリア属

**бу́ги-ву́ги** (不変)[男] ブギウギダンス (ダンス・音楽)

**буго́р** -гра́ [男1] ①丘, 小山:(地表・体表の)隆起, こぶ, 結節 ②《通例複》丘陵, 高波 ③《俗》親分, ボス ◆ за ～ 《俗》外国へ| за бугро́м 《俗》外国で| из-за бугра́ 《俗》外国から **// бугоро́чек** -чка [男2]《話》《愛称》

**бугоро́к** -рка́ [男2] ①《話》《指小・愛称》< буго́р ②(人・動物の)突起, こぶ ③《解》(器官・組織にできる)結節; 骨の隆起した部分

**буго́рчатый** 短 -ат [形1] こぶで覆われた; 表面が凸凹の

**бугри́стый** 短 -и́ст [形1] ①丘の多い, 丘が点在する ②こぶで覆われた; 表面が凸凹の

**бугри́ться** -и́тся [不完] 表面が盛り上がる

**Будапе́шт** [男1] ブダペスト(ハンガリーの首都)

***Бу́дда** (女1変化)[男] [Buddha]《宗》仏, 仏陀

***будди́зм** [男1] [buddhism]《宗》仏教 **// будди́йский** [形3]: ～ храм 仏教寺院, 寺

**будди́ст** [男1] **/～ка** 複生 -ток [女2] 仏教徒

**буддле́я** [女6]《植》フジウツギ属, ブッドレア

**бу́де** [接]《未来における条件》[旧・俗・皮肉]もし…なら (е́сли)

**будёновка** 複生 -вок [女2] 赤軍の軍帽の一種

**бу́дет**¹ 〔3単末〕< быть

***бу́дет**² [男][助] [that's enough]《話》十分だ, うんざりだ; (問い詰めに)やめなさい: ～ с него́ 彼にとっては うんざりだ| Брось(те) шути́ть! Бу́дет ～! 冗談はやめなさい, いい加減にしなさい

**бу́дешь** 〔2単末〕< быть

***буди́льник** [男2] [alarm clock] 目覚まし時計;《宗》(修道院の)目覚まし係: по ー у встава́ть [просыпа́ться] 目覚まし時計で起床する[目覚める]| завести́ [поста́вить] ～ на шесть часо́в чаcа́ 目覚まし時計を6時にセットする | звени́т [звони́т] ～ 目覚まし時計が鳴る

**буди́ровать** -рую, -руешь [不完/完]《旧》に不満を表す, 怒る, ふくれる ②《画》不満を表すために…を無視する

**буди́ть** [ブヂーチ] бужу́, бу́дишь, … бу́дят 命буди́ 被過 бужённый [不完] ①《wake》[不完] ①《完 раз ～》起こす, 目覚めさせる ②《完 про ～》《感情などを呼び起こす, 覚醒させる》: ～ жела́ние [интере́с] к 画 …への願望 [関心]を呼び起こす

**бу́дка** -док [女2] (通例木造の)番小屋, ボックス: полице́йская ～ 交番 | соба́чья ～ 犬小屋 | суфлёрская ～ (劇場の)後見席

***бу́дни** 複生 -ей [複] [weekdays] ①平日, ウィークデー ②日常生活 ③単調な生活

**бу́дний** [形8] 平日の：～ день 平日

**бу́дничный** 短 -чен, -чна [形1] ①平日の (бу́дний) ②日常の, 単調な

**будора́жить** -жу, -жишь [不完] **/ вз～** 受過 -жен-ный [完] ①《画》不安にする, 混乱させる **// ～ся** [不完] /[完]《俗》不安になる, 混乱する

**бу́дочка** 複生 -чек [女2]《話》《指小》< бу́дка

**бу́дочный** [形1] < бу́дка

***бу́дто** [ブータ] [接] [apparently, as if] ①《比較・比喩》まるで, あたかも, …のかうに(★より信憑性が低い): Он говори́т, ～ сам ви́дел. 彼は自分で見たかのように話した| Я уста́л, ～ рабо́тал це́лый день. 丸1日働いたように疲れた

②[助]《推測》…のようだ

③《話》(通例疑問文で, 反語)まさか…: Уж ～ вы так спеши́те? そんなにお急ぎでもないせに

④《話》(否定文で)…していないはずはない

◆ как ～ (бы) 《話》まるで…のように：Он молчи́т, как ～ ничего́ не зна́ет. 彼はまるで何も知らないかのように黙っている | как ～ и не́ было まるでなかったように

**бу́ду** [1単末]< быть

**будуа́р** [男1](上流家庭の豪華な家で)婦人の居室

**будуа́рный** [形1] ①< будуа́р ②(小説などが)娯楽用の③《俗》の

***бу́дущ|ее** [ブードゥッシェエ] (形6変化)[中名] [the future] 未来, 将来, 将来性: в ーем 将来, 今後, 後日 | в ближа́йшем [далёком] ー ем 近い[遠い]将来において | Это на ー. これは今後のために (反省会などで)

***бу́дущ|ий** [ブードゥシィ] [形6] [future, next] 未来の, 将来の, 今後の: -ая неде́ля 来週 | ～ ме́сяц [год] 来月[来年] ■ -ее вре́мя 《文法》未来時制

**бу́дущность** [女10] 未来, 将来, 未来像, 展望

**будь** [命令 < быть] ◆ будь то́ それが…であろ

**буёк** буйка [м2] 《指》= буй
**бу́ер** 複-á [м1] 氷上ヨット
**буера́к** [м2] 《話》小さな窪地
**бу́жик** -а造-ом [м4] 《医》探り針、消息子
**бужени́на** [ж1] 《料理》ブジェニーナ、ロシア風（冷製）ローストポーク
**бужу́** 〔1 単現〕< буди́ть
**буза́** [ж1] ①《方》(クリミア・カフカスで)軽アルコール飲料｜②《俗》騒ぎ、騒動
**бузи́ла** (ж1 変化) [м・ж] = бузотёр
**бузин|а́** [ж1] ①《植》ニワトコ属；その実 ②①の花のエキス (発汗・利尿剤) **∥–и́нный, –и́новый** [形1]
**бузи́ть** (1 単現なし) -зи́шь [不完]《俗》騒ぎを起こす
**бузотёр** [м1] 《俗》騒ぎを起こす人
**бу́й** 複 буи́, буёв, буя́м [м6] 《海》ブイ
**бу́йвол** [м1] 《動》水牛 **∥ ~иный, ~овый** [形1]
**буйволи́ца** [ж3] 雌の水牛 [形1]
**бу́йн|ый** 短 бу́ен, бу́йна/бу́йна́, бу́йно 比 -нéе [形1] ① けんかっ早い；勇ましい；(集団が)興奮した: _-ая голова́_ [_головýшка_] 《民話・詩》勇猛な人 ②《感情・想像などが》抑えられない ③《風・流れなどが》激しい ④《話》《植物が》生い茂った；(髪が)ふさふさとした **∥ -о** [副]
**бу́йство** [中1] 粗暴な振る舞い、粗暴さ
**бу́йствовать** -твую, -твуешь [不完] ①《人が》粗暴に振る舞う ②《天気・嵐が》荒れ狂う ③《話》《植物・花が》勢いよく茂る [咲く]
**бук** [м2] ①《植》ブナ属 ②Б~ ブーク (旧ソ連開発の地対空ミサイル)
**бу́к|а** (ж2変化) [м・ж] ①《旧》お化け (子どもを怖がらせる) ②《話》人と打ち解けようとしない人 **◆-ой** 仏頂面で
**бука́ш|ка** 複生 -шек [ж2] ①小さな虫 [甲虫] ②《話》目立たない人、取るに足らない人 **∥ -ечка** 複生 -чек [ж2] 《愛称》
*__бу́кв|а__ [ブークヴァ] [ж1] [letter] ①文字: прописна́я [больша́я] ~ 大文字｜строчна́я (ма́ленькая) ~ 小文字｜писа́ть сло́во с большо́й ~и 単語を大文字で始める ②《単》字句、外面: сле́довать ~е зако́на 法律の字句に従う
**◆~ в ~у** 一句違わず、正確に ｜ **мёртвой -ой быть [оста́ваться]** 《文》死文化している、空文のままである ｜ **ста́вить крест [ста́вить печа́ть] с большо́й -ы** 高潔な人、人格者
**буквали́зм** [м1] 形式主義、物事の表面だけを重視する考え方 **∥ -и́ст** [м1] 形式主義者
*__буква́льно__ [ブクヴァーリノ] [副] [literally] 字句通りに、正確に、実際；《話》全く: ~ на мину́ту きっちり1分間
*__буква́льн|ый__ 短 -лен, -льна [形1] [literal] 字句通りの、正確な、本義の: ~ перево́д 逐語訳、直訳｜в -ом смы́сле сло́ва 語の本来の意味で **∥ -ость** [ж10]
*__буква́р|ь__ -я́ [м5] [ABC book, primer] 初頭読本；《IT》マニュアル本 **∥ -ный** [形1]
**бу́квенно-цифрово́й** [形1] 文字数字式の
**бу́квенный** [形1] 文字の (бу́ква の)
**бу́квица** [ж3] 文章の最初の特に大きく印刷[装飾]された文字
**буквое́д** [м1] 《蔑》形式主義者、物事の表面だけを重視する人
**буквое́дство** [ц] [中1] 《蔑》形式主義、物事の表面だけを見て理解しようとすること
**бу́квочка** 複生 -чек [ж2] 《話》《指小・愛称》< бу́ква
*__буке́т__ [м1] [bouquet, aroma] ①花束、ブーケ: ~ (из) роз バラの花束｜преподнести́ ~ награждённому 受賞者に花束を贈呈する ②(嗜好品などの)香り、風味: ~ вина́ ワインの香り[風味] ③《単》(通例よくないものの)集まり: це́лый ~ двое́к 落第点のオンパレード **∥ -а/-и** (中2変化) [м] 《指大》**∥ буке́тный** [形1] **∥ -а́рий** [м8] 造花家
**букини́ст** [м1] 古本屋店主、古書売買商
**букинисти́ческ|ий** [形3] 古書の: ~ магази́н 古本屋 ｜ **-ая кни́га** 稀覯(きこう)本
**букле́** (不変) [中] 表面が平滑でない糸；それで織った布、ブークレ
**букле́т** [м1] (1枚の大きな紙を折り畳んだ)パンフレット、チラシ
**бу́кл|и** -ей [複]《旧》(結婚式で新婦の) 巻き髪
**букме́кер** [м1] ブックメーカー (競馬などの胴元)
**бу́ковка** [ж2] 《指小》< бу́ква
**бу́ков|ый** [形1] -ые [複名]《植》ブナ科
**буко́лика** [ж2] 《文学》(主に古代の)田園詩、牧歌
**буколи́ческий** [形3] ①< буко́лика ②平和な、牧歌的な ③《旧》情緒的な、感傷的な
**букс** [м1] 《植》ツゲ属 (самши́т)
**бу́кс|а** [ж3] (鉄道車両の) ロシアヤ
**букси́р** [м1] ①(曳航用の)ロープ、ワイヤロープ ②曳航船、タグボート **◆брать на ~** 《話》…を援助する｜**идти́ на ~у** 《話》ロシア、援助してもらって行う **∥ -ный** [形1]
**букси́р|овать** -рую, -руешь 受過 -анный [不完] 〔他〕〈船・自動車を〉牽引する、押して進ませる **∥ -ся** [不完] [受身] **∥ -ование** [中5], **-о́вка** [ж2]
**букси́ровщик** [м1] 曳航船；牽引する船 [自動車]
**буксова́|ть** -су́ю, -су́ешь [不完] ①(車輪が) 空回りする、空回りして動けないでいる ②(物事が) 空転して進まないでいる **∥ -ние** [中5]
**булава́** [ж1] ①棍棒、槌矛 (古代・中世に軍隊トップの権威を象徴した) ②《新体操》クラブ、こん棒 ③Б~《軍》ブラヴァー (潜水艦発射弾道ミサイル SLBM の一つ)
**Була́вин** [男姓] ブラーヴィン (Кондра́тий Афана́сьевич, 1660?-1708: ロシア・ツァーリ国に対し反乱 (1707-08) を起こしたドン・コサック)
**була́в|ка** 複生 -вок [ж2] (留め) 針、ピン: ~ для га́лстука ネクタイピン ■ **англи́йская ~** 安全ピン ∥ **-ка-ка** 複生 -чек [ж2] 《愛称》
**була́вочн|ый** [形1] < була́вка **◆с-ую голо́вку** ごくごく小さい｜**-ый уко́л** ピンかった、針の一刺し；ちくちくと刺す嫌み、皮肉
**була́ный** [形1] (馬の毛が) 全体的に明るい赤茶色の ②(動物の毛・鳥の羽が) 黄色っぽい、クリーム色の
**була́т** [м1] ①《史》ダマスカス鋼 ②《民話・詩》鋼の刀
**Булга́ков** [男姓] ブルガーコフ (Михаи́л Афана́сьевич, 1891-1940; 劇作家；«Ма́стер и Маргари́та» 『巨匠とマルガリータ』)
**булими́я** [ж6] 《医》過食症
*__бу́лка__ 複生 -лок [ж2] (切れ目のある小円形の) 白パン
**бу́лла** [ж1] (中世ヨーロッパで) 勅書の一種
**булли́т** [м1] 《スポ》(ホッケーの) ペナルティーショット
**бу́лочка** 複生 -чек [ж2] 《指小》< бу́лка
*__бу́лочн|ая__ (ж1 形2変化) [ж] [bakery] ベーカリー、パン屋: зайти́ в -ую パン屋に寄る
**бу́лочн|ик** [м1] **/-ца** [ж3] 《話》パン職人
**бу́лочный** [ш] [形1] < бу́лка
**булты́х** [間] 《話》①《擬音》ザブン、チャポン (水に飛び込む音) ②《述語》ザブンと飛び込んだ
**булты́хаться** [不完] / **булты́хнуться** -ну́сь, -нёшься [完] [一回] 《話》①音を立てて水に飛び込む ②[不完] 水の中でもがく ③(液体が容器の中で) 揺れて音を立てる

**булы́жник** [男2]〔集合でも〕(道路舗装用の)丸石 **‖~ный** [形1]

**бульва́р** [ブリヴァール] [男1] 〔boulevard〕並木道: Тверско́й ~ トヴェーリ並木道(モスクワ) **‖~чик**

**бульва́рный** [形1] ①並木道の ②〔話〕(小説・新聞などが)大衆向けの, 下世話な

**бульдо́г** [男1] ①〔動〕ブルドッグ(犬種) ②回転式拳銃[リボルバー]の一種 **‖бульдо́жий** [形9] <①: -ья хва́тка 非常に強いかみ付き方

**бульдо́зер** [男1] ブルドーザー **‖~ный** [形1] **‖~и́ст** [男1] ブルドーザー操車係

**бу́лька|ть** [不完] / **бу́лькнуть** -ну, -нешь 命 -ни [完][一回] ①(液体が)ぼぼぼと流れ落ちる, ぽこぽこと沸き立つ(яで液体が)とくとくと注がれる ②〔話〕(水の中に)ざぶんと飛び込む, 落ちる **‖~нье** [中4]

***бульо́н** [е]-а/-у [男1] 〔broth, stock〕①〔料理〕ブイヨン, 出汁(だ): ~ из мя́сной капу́сты [сушёного тунца́] 昆布[鰹]だし | свари́ть суп [рис] на курином ~е チキンブイヨンでスープをつくる[ご飯を炊く] ②〔医〕(細菌の)培養液 **‖~ный** [形1]

**бультерье́р** [э] [男1] 〔動〕ブルテリア(犬種)

**бум** [男1] ①ブーム, 一時的な活況 ②〔体操〕平均台 ③〔間〕〔話〕〔擬音〕ドン, バン, バーン (太鼓や鐘の音, 発砲音など) **♦ни ~~** 全く…ない

***бума́г|а** [ブマーガ] [女2] 〔paper〕①紙: газе́тная ~ 新聞紙 | обёрточная ~ 包装紙 | почто́вая ~ 便箋 | руло́нная ~ ロール紙 | пи́счая ~ 印刷用紙, コピー用紙 | туале́тная ~ トイレットペーパー | ~ в лине́йку [кле́тку] 罫線紙 [方眼紙] | клочо́к [лист] -и 紙一切れ [1枚] | заверну́ть пода́рок в -у プレゼントを包む ②文書: официа́льная ~ 公文書 ③〔旧〕証明書; (書きかけの)原稿, 手稿 ④〔旧〕綿; 綿花: хлопча́тая ~ 綿 **♦остаётся на -е, что́…** は…は死文化している

**бумагодела́тельный** [形1] 製紙業の

**бумагодержа́тель** [男5] ①〔金融〕有価証券所有者 ②紙ばさみ, ペーパーホルダー

**бумагома́рание** [中5] 駄文を書くこと

**бумагома́ратель** [男5]〔話〕二流作家

**бумагопряди́льный** [形1] 綿糸紡績の

**бумаготво́рчество** [中1] 〔話・蔑〕不要な書類を作ること, 官僚主義

**бума́же́нция** [女9]〔話・戯・蔑〕〔卑称 <бума́га〕 ①(公的な)文書, 書類 ②紙幣

***бума́жк|а** [ブマーシカ] 複生 -жек [女2] 〔piece of paper〕①紙切れ, 紙片; 〔話〕紙幣, おれ: сторублёвая ~ 百ルーブル紙幣 ②〔指小くбума́га〕〔皮肉・戯〕書類 **♦по -е** 原稿を見ながら(話す) **‖бума́жечка** 複生 -чек [女2]〔話〕〔愛称〕

**бума́жник** [男2] ①札入れ, 財布 ②〔話〕製紙工

***бума́жный** [形1] 〔paper〕①紙の; 紙製の: -ые де́ньги 紙幣 ~ паке́т 紙袋 ②綿の

**бумажо́нка** 複生 -нок [女2]〔卑称<бума́га〕〔話・蔑〕文書, 書類

**бумазе́я** [女6] 毛羽立った綿布, ビロード, ファスチャン

**бумера́нг** [男2] ブーメラン **♦-ом [как ~] возвраща́ться** 〔文〕しっぺ返しを食らう

**бу́нгало, бунга́ло** [不変] [中] バンガロー

**бундесра́т** [男1] (ドイツの)連邦参議院(上院)

**бундеста́г** [男1] (ドイツの)連邦議会(下院)

**Бу́нин** [男姓] ブーニン(Ива́н Алексе́евич ~, 1870-1953; 作家, 詩人; ノーベル文学賞; «Жи́знь Арсе́ньева»「アルセーニエフの生涯」)

**бу́нкер** 複 -ы, -а́ [男1] ①(穀物・石炭の)貯蔵庫 ②(船に貯えた)燃料 ③地下壕 **‖~ный** [形1] <①

**бункеро́вка** [女2] 船に燃料を補給すること

**бунт¹** [男1] 暴動, 騒動, 反乱

**бунт²** [男1] ①束 ②(商品を詰めた)箱 [袋] ③山

**бунта́рство** [中1] 反抗行為, 反抗的態度

**бунта́р|ь** -я́ [男5] / 〔話〕**-ка** 複生 -рок [女2] ①〔雅・詩〕〔旧〕[暴動] 者 ②反抗的な人 **‖~ский** [形1]

**бунтова́ть** -ту́ю, -ту́ешь [不完] ①〔完 вз~ся〕反乱を起こす; (感情・自然現象などが)荒れ狂う ②〔話〕憤りを表す ③(完 вз~ 受過 -о́ванный) 〔公〕反乱を起こさせる

**бунтовско́й** [形4] <бунт¹ ②反乱を煽る

**бунтовщи́к** -а́ [男2] 暴動の参加者, 暴徒

**бунчу́к** -а́ [男2] ①(コサックの長などが権力の象徴とした)飾りの付いた短い竿(ず), 権標 ②(馬の尾の飾りが付いた竪琴形の)軍楽隊の打楽器

**бур** [男1] 〔техн〕掘削機 = африка́нер

**бура́** [女1]〔化〕ホウ砂

**бура́в** -а́ [男1] 穿孔用の器具, きり **‖~чик** [男1] 〔指小・愛称〕

**бура́вить** -влю, -вишь [不完] / **про~** 受過 -вленный [ㇼ] 〔技〕①穿孔する, (きりなどで)穴を開ける ②〔不完〕じっと見つめる

**бура́н** [男1] (大)吹雪, 雪嵐 **‖~ный** [形1]

**Бурати́но** [不変] [男] プラチノ (ロシア版「ピノキオ」)

**бургоми́стр** [男1] ①〔史〕(西欧・18-19世紀ロシアで)市長 ②〔鳥〕シロカモメ

**бурда́** [女1] 〔話〕まずいスープ[飲み物]

**бурдо́н** [男1] 〔楽〕ドローン **‖бурдо́нный** [形1]: -ая струна́〔楽〕ドローン弦

**бурдю́к** -а́ [男2] (ワインの保存・運搬用の)革袋

**буреве́стник** [сн] [男2] 〔鳥〕ミズナギドリ

**бурево́й** [形2] <бу́ря

**бурело́м** [男1] 〔集合で〕嵐で倒れた木々, 嵐で木々が倒れた森 **‖~ный** [形1]

**буре́ние** [н5] 〔техн〕穿孔, ボーリング: разве́дочное ~ (石油・ガスなどの)試掘

**бурёнк|а** 複生 -нок [女2] 〔話〕(特に褐色の)牝牛 **‖-ушка** 複生 -шек [女2]〔話〕〔愛称〕

**буре́ть** [不完] / **по~** [完] ①褐色になる ②〔不完〕褐色に見える

**буржуа́** [不変] [男] ブルジョアジー(階級の人)

***буржуази́я** [女9] 〔bourgeoisie〕ブルジョア: кру́пная ~ 大ブルジョア | ме́лкая ~ 小ブルジョア, プチブ

***буржуа́зный** [形1] 〔bourgeois〕ブルジョアの, ブルジョア的な

**буржу́й** [男6] / **-ка** 複生 -уек [女2] ①〔話・蔑〕ブルジョアジーの階級の人, ブルジョア ②〔女〕〔話〕金属性の小型ストーブ **‖~ский** [形3]

**бурида́нов** [形10] : ~ осёл〔文〕2つの事柄の間で選択のできない人

**бури́льный** [形1] 掘削の, ボーリングの

**бури́льщик** [男2] 掘削工, ボーリング工

**буриме́** [э] [不変] [中] ①題韻詩 (脚韻が与えられ, それに適するように作られた詩) ②題韻詩あそび

**бури́ть** -рю́, -ри́шь [不完] / **про~** 受過 -рённый (-рён, -рена́) [ㇼ] 〔技〕掘削する, ボーリングする, (鉱山などで)穿孔する

**бу́рка** 複生 -рок [女2] ①(カフカス地方の)ヤギ[羊]の フェルト製の外套 ②〔昔〕褐色の毛の馬 ③〔土木〕発破用に開けた穴, 発破孔

**бу́ркалы** -ал [複]〔俗〕目, 目ん玉

**бу́ркать** [不完] / **бу́ркнуть** -ну, -нешь 命 -ни [完] [一回] 〔話〕〔ㇼ〕что́と不明瞭に[不明瞭で]言う

**бу́рк|и** -рок, -ркам [複] [単 -а [女2]] フェルト製のブーツ

**бурла́к** -а́ [男2] 船曳き人夫

**бурла́цкий** [形3] <бурла́к : -ая пе́сня〔楽〕船曳き唄 (ロシアの民謡のジャンル;「"ヴォルガの舟唄 Эй,

**ухнем!**」が有名 [中5]
**бурле́ние** [中5] < бурли́ть
**бурле́ск** [男1], **бурле́ск|а** 複生 -сок [女2] 〔劇・詩〕バーレスク(パロディ喜劇の一種) **∥-ный** [形1]
**бурли́вый** 短 -и́в [形1] ①沸き立つ, 荒れ狂う ②騒々しい
**бурли́ть** -ли́т [不完] ①沸き立つ, 煮えたぎる ②(感情)が激しく高まる ③〈感情〉[不満]を表す
**бурну́с** [男1] ①(アラブの)フード付き外套 ②《旧》(婦人用の)ゆったりした外套
\***бу́рный** 短 -рен, -рна́/-рна, -рно [形1] 〔stormy〕①嵐のような, 荒れ狂う:~ аплодисме́нт 割れんばかりの拍手 ②激しい, (意見などが)激しくぶつかり合う ③目まぐるしく様々なことが起こる **∥-о** [副] **∥-ость** [女10]
**буро..** 《語形成》「褐色の」
**бурова́тый** 短 -а́т [形1] 褐色がかった
**бурова́я** (形2変化)[女名]ボーリングタワー
**буровзрывно́й** [形2]岩盤爆破の
**урови́к** -а́ [男1]ボーリング技師
**бурово́й** 接尾 [形1]ボーリング[の], 穿孔の: -а́я вы́шка ボーリングタワー
**бурозу́бка** 複生 -бок [女2] 〔複〕〔動〕トガリネズミ属
**бурт** -а́ [男1] (冬期貯蔵のために防水布などで覆った)野菜の山; その貯蔵施設
**буру́н** -а́ [男1] ①(浅瀬・岩場の)白波; (船の運航ででき)波 ②〔軍〕(波紋のできる)砂丘
**бурунду́|к** -а́ [男1] 〔動〕シマリス **∥-чо́к** -чка́ [男2] 〔指小・愛称〕 **∥-ко́вый** [形1]
**бурча́|ть** -чу́, -чи́шь [不完] **/про-** [完] 《話》①〈что〉節と/無補語)不明瞭に言う; (怒って小声で)不満を表す ②〔回〕〈無人称でも〉グツグツいう音がする: В животе́ бурчи́т. 腹がなる **∥-ние** [中5]
**бу́рый** 短 бур, -ра́/-ра, -ро [形1] 褐色の; 赤茶色の; 灰色がかった茶色の
**бурья́н** [男1] 背の高い雑草の総称
\***бу́ря** [女5] 〔storm, burst〕 ①〔気象〕嵐, 暴風[雨], (★比喩的にも): песча́ная [магни́тная] ~ 砂[磁気]嵐 | сне́жная ~ 吹雪 | душе́вная ~ 心の嵐(ひどく心配・動揺・興奮している) | ~ восто́ргов 歓喜の嵐 | ~ аплодисме́нтов 割れんばかりの拍手 ■ Б~ и на́тиск シュトルムウントドランク, 疾風怒涛 (18世紀末のドイツ文学運動)
**буря́т** род мн буря́т/-ов [男1] **∥-ка** 複生 -ток [女2] ブリヤート人(モンゴル系) **∥-ский** [ц] [形3]
**Буря́тия** [女9] ブリャート共和国(Респу́блика ~; 首都は Ула́н-Удэ́; シベリア連邦管区)
**бу́син|а** [女1] (真珠・ガラス玉・ビーズなどの)一粒 **∥-ка** 複生 -нок [女2] 〔指小・愛称〕
**буссо́ль** [女10] 測地用測量器具 (垂直方向の角度を測量する); (大砲発射のための)角度計
**бу́стер** [э] [男1] ブースター (出力を上げる装置)
**бу́сы** бус [複] ビーズ飾り (ネックレス, ブレスレット)
**бут** [男1] 〔建〕礎石, 石の塊
**бута́н** [男1] 〔化〕ブタン (炭化水素の一種の気体)
**Бута́н** [男1] ブータン王国
**бутафо́р** [男1] 〔劇〕小道具係
**бутафо́р|ия** [女9] ①〔劇〕小道具 ②模造品, 見せかけのもの **∥-ный** [形1], **-ский** [形3]
\***бутербро́д** [э] [男1] 〔料理〕オープンサンドイッチ: ~ с колбасо́й [сы́ром] ソーセージ[チーズ]オープンサンド ②《俗・卑》(男2人女1人での)性交, 3P (~ сéкс) **∥-ный** [形1] **∥-ик** [男2] 〔指小・愛称〕< ①
**бутербро́дная** (形2変化) [女名] サンドイッチ屋
**бути́к** [男1] ブティック
**бути́л** [男1] 〔化〕ブチル
**бутиле́н** [男1] 〔化〕ブチレン
**бутили́ровать** -рую, -руешь 受過 -анный [不完・完] 〈団〉〈во́ду〉をボトル詰めする, 〈ви́но〉を瓶に詰める
**бутилкаучу́к** [男1] ブチルゴム
**бути́ть** бучу́, бути́шь [不完] **/за-** [完] -бу́ченный (-чён, -чена́) [完] 〔建〕〈団〉礎石を敷きつめる, 石で埋める
**буто́н** [男1] ①つぼみ ②《話》にきび **∥-чик** [男2] 《話》〔指小・愛称〕
**бутонье́рка** 複生 -рок [女2] (ジャケットのボタン穴・ドレスに付けた)花
**бу́тсы** [ц] бутс/бу́ц [複] サッカーシューズ
**буту́з** [男1] 《話》健康で太った子ども **∥-ик** [男2] 〔愛称〕
**буты́лёк** -лька́ [男2] 《話》〔指小・愛称〕 < буты́ль
\***буты́лк|а** [*プティールカ*] 複生 -лок [女2] 〔bottle〕瓶, ボトル; ブチルカ (旧液量単位, 0.6リットル): ви́нная [моло́чная] ~ ワインの[牛乳]瓶 | ~ вина́ ワイン1瓶(分) | ~ с со́ской 哺乳瓶 **◆ в -у лезть** 《俗》くだらない事で腹を立てる
**буты́лочка** 複生 -чек [女2] 〔指小・愛称〕 < буты́лка) 小瓶
**буты́лочный** [形1] 瓶の; 瓶詰めの: ~ цвет 暗い緑色
**буты́ль** [女10] 大きな瓶; 細口のかめ
**бу́фер**複 -а́ [男1] ①バッファー, バンパー, 緩衝装置 ②緩衝するもの **∥бу́ферный** [形1]: -ая па́мять 〔コ〕バッファーメモリ, クリップボード
\***буфе́т** [男1] ①ビュッフェ, (軽食飲料の)スタンド, 屋台 ②食器戸棚 **∥-ный** [形1]
**буфе́тная** (形2変化)[女名] 食料品[食器類]を貯蔵する小室
**буфе́тчи|к** [男2]**/-ца** [女3] ビュッフェの店員
**буфф** [男1] ①道化役; 道化役者 ②(不変)[形] 《...-буфф》喜劇の: о́пера-~ 喜歌劇, オペラブッファ
**буффона́да** [女1] 道化的演技, 道化的芝居; 演技の道化的技法
**бу́фы** буф [複] (ドレスの袖・スカートなどの)ふくらみをもたせるためのひだ; クッションなどの装飾
**бух** [間] 《話》〔擬音語〕バン, バリ, 打撃, 発砲, 雷鳴など) ②〔述語〕(幼児)ドンと音を立てて落ちる[落とす, 倒れる] ③何と, ところがまあ (思いがけない事態の展開)
**буха́нка** 複生 -нок [女2] (長方形の箱型に焼いた)パン (通例黒パン)
**Бухаре́ст** [男1] ブカレスト (ルーマニアの首都)
**бу́ха|ть** [不完] **/бу́хнуть**[1] -ну, -нешь 命 -ни [完] [一回] [完] ①鈍い音を立てる, (団)〈鈍い音を立てて〉殴る, 叩く ②轟く, 〈団〉〈音楽などを〉轟かせる ③〈団〉鈍い音を立てて置く〔落とす〕 ④〈団〉ふさわしくない言葉を思わず言って, 口を滑らせる **∥-ся** [不完] [完] [一回] ドサッと音を立てて倒れる (ぶつかる, 落ちる): ~ в но́ги (謝罪・依頼のために)土下座をする
**буха́ть** [不完] **/бухну́ть** -ну́, -нёшь [完] 《俗》飲む, 一杯やる
\***бухга́лтер** [r] [男1] **/-ша** [女4] 〔account-ant〕会計士[係]; 簿記係: ~ по нало́гам 税理士
\***бухгалте́рия** [r] [女9] 〔accountancy〕①簿記: двойна́я ~ 複式簿記; 《話》二枚舌, 二重帳簿 ②会計課, 経理課
\***бухга́лтерский** [r] [形3] 〔account, bookkeep-ing〕①簿記の, 帳簿の, 会計の: ~ бала́нс 貸借対照表 ②会計士の
**бу́хнуть**[2] -нет 過 бух/-ул, -хла 能過 -увший [不完] (水気を吸収して)膨れる ②→ бу́хать
**бухну́ть** [完] → буха́ть
**бухо́й** [形1] 《俗》ひどく酔った
**бу́хт|а** [女1] ①小さな入り江[湾] ②巻かれたロープ **∥-очка** 複生 -чек [女2] 《話》〔指小〕 < ①
**бухте́ть** -хчу́, -хти́шь [不完] 《俗》ぶつぶつ言う
**бу́хты-бара́хты ◆ с ~** 《話》いきなり, 突然, 唐突に

**бу́ча** [女4] 《俗》騒ぎ, 騒動

**бу́чить** -чу, -чишь [不完] 〈紡〉《繊維業・製糸業で》灰汁入りの熱湯で煮る

**бушева́ть** -шу́ю,-шу́ешь [不完] ① 《豪雨・暴風・火事などが》荒れ狂う, 猛威をふるう ② 《人》怒る, 怒って騒ぎたてる

**бушла́т** [男1] (ラシャ製の)水兵のコート

**бушме́н** [男1] /**~ка** 複生 -нок [女2] ブッシュマン, サン // **~ский** [形3]

**бу́шприт, бушпри́т** [男1] 《海》バウスプリット, 船首斜檣(しゃ)

**Буэ́нос-А́йрес** [э] [男1] ブエノス・アイレス(アルゼンチンの首都)

**буя́н** [男1] 《話》乱暴者, 暴れん坊

**буя́нить** -ню, -нишь [不完] 乱暴を働く, 騒ぎを起こす // **буя́нство** [中1]

\***бы** [бʲі] 《通例母音で終わる語のあとで》**б** [助] 《動詞過去形・不定形・無人称語と用いて; 仮定法・非現実法を形成》 ① (a)《仮定法》 もし…であれば, …であったのに: Бы́ло бы вре́мя, пришёл бы ра́ньше. 時間があったらもっと早くお邪魔したのに | Сказа́л бы. 言ってくれればよかったのに (b)《丁寧な希望・助言・提案》…すればよいのに (c)《не+完了体動詞と用いて》《危惧の念》…しなければよいが: Не опозда́ть бы. うっかり遅れたくないものだ | Не простуди́лся бы ты. 君が ひっかい風邪をひかなければよいが

② 《願望》…できればなあ, …であればなあ: Отдохну́ть бы! 休息できればなあ | Дожи́ть бы! 生きながらえたいなあ | Поти́ше бы! もっと静かだったらなあ

③ 《疑問詞+бы ни で》《譲歩》いくら…しても: ка́к бы ни стара́лся いくら努力しても | что́ бы ни случи́лось 何が起ころうと

◆**во что́ бы то ни ста́ло** どうしても, 何が何でも | **кто́ бы э́то мо́г бы́ть** そんな人って一体誰だろ | **е́сли бы не** (実在しているものを) …がなかったら: Е́сли бы не ты – я не́ был бы та́к счастли́в. もし君がいなかったら私はこれほど幸せではなかったでしょう

**быва́ть** [быва́т-] [不完] よくあることだが

**быва́ло** (★文中では無アクセント) [助]《挿入》《完了体現在形, 不完了体現在・過去形と用いて; 遠い過去の反復動作を回想するのに》よく…したものだ: Ся́дет на край крова́ти, ~, и начнёт расска́зывать. ベッドの端に座ると物語を始めたものだった

**быва́лый** [形1] ① 経験豊かな, <В圏…に>精通した ② 《話》かつてよくあった, 普通の

**быва́льщина** [女1] 実話, 実体験

\***быва́ть** [быва́т-] [不完] [be] 《経験・頻度数・傾向・性質・種類をあらわす》(3人称; 無人称述語に用いて, たまたま)ある, 起こる; 〈…に〉ある頻度で行く[来る], 滞在する; 《連辞》…ことが多い: Быва́йте (здоро́вы)! 《俗》《別れの挨拶》あばよ, 元気でな | В жи́зни быва́ет вся́кое. 人生には何でも起こりうるよ | Я ча́сто быва́л в теа́тре. よく劇場に行ったものだった | Борщи́ быва́ют как горя́чие, та́к и холо́дные. ボルシチには熱いものも冷たいものもあります | Его́ слова́ ре́дко быва́ют пра́вдой. 彼の言葉が正しいことはめったにない ◆**Быва́ет.** 《話》ありがちな話だ, よくあることだ | **как не быва́ло** 囲 《話》…がきれいさっぱりなくなった: Бо́ли ка́к не быва́ло. 痛みが嘘のように消えた | **как ни в чём не быва́ло** 《話》何事もなかったように, 平然と, 悠然と | **не ~** 《話》…は起こり得ない: Э́тому не ~. | **кто не быва́ет?** 《話》誰だって間違いはしてしまう | **Ничу́ть не быва́ло.** 《話》とんでもない

\***бы́вш|ий** [ㇼィーフシイ] [形6] [former, ex-] ① 過去の, 前の, 元の: ~ мини́стр 前[元]大臣 ② **~** [男名]/-**ая**

[女名]《話》過去の人, 斜陽族

\***бы|к** -á [男2] ① 《動》牡牛; (大型有角獣の)オス; Б- (干支の)牛; 《複》ウシ族: настоя́щие **~и́** ウシ属 ② 《通例複》《経》ブル, 相場に対する見方が強気のトレーダー(←медве́дь) ③ 《土木》橋脚 ④ 《俗》体が頑強で頭が空っぽの男 ◆**здоро́в как ~** 完全に健康である | **взя́ть [схвати́ть] ~а́ за рога́** 《話》難問の核心にずばり切り込む

**были́н|а** [女1] 《文学》ブィリーナ(古代ロシアの英雄叙事詩) / **~ный** [形1]

**были́нка** 複生 -нок [女2] 草の茎

**были́чка** 複生 -чек [女2] 《文学》ブィリーチカ(妖怪や不思議な出来事の目撃譚)

\***бы́ло** (★無アクセント) [助] ① 《話》《動詞過去形と用い, 中断された動作, 結果が生じなかった動作を表す》: Хоте́л **~** пое́хать, но пото́м разду́мал. 出かけようとしたがそのあと断念した | Чу́ть **~** не упа́л. 危うく倒れそうだった ② 《能過短は受け身と化して》: забы́тый ~ разгово́р しばらく忘れていた話 ◆**бы́ (б)** [不定形] 《話》すべきだったに: Б-**~** тебе́ помолча́ть. 君は少し黙っているべきだったのに | **Не ту́т-то ~.** うまくいかなかった

\***бы́л|о́й** [形2] [past] 《雅》① 過去の, 過ぎ去った ② **-óе** [中名] 過去, 過ぎ去ったこと

**бы́ль** [女10] ① 過去にあったもの ② (作り話ではなく)実際にあったこと

**бы́ль|ё** [中4] 《方》《集合》草, 草の茎 ◆**~ём поросло́** 《話》完全に忘れ去られた

\***быстре́е** [ブィストリェーィ] [形] [сравн] [比較 < бы́стрый, бы́стро] より, より速く: Из Москвы́ до Каза́ни **~** добра́ться на самолёте, чем на по́езде. モスクワからカザンへ行くには, 電車よりも飛行機を使った方が速く着く

**бы́стренький** знач. нек. -нька [形3] 《話》《愛称》< бы́стрый // **-о** [副] 《愛称》< бы́стро

**быстрина́** 複 -ри́ны [女1] 川の急流; 流れの速い所

\***бы́стро** [フィーストラ] [в-ре́е] [副] [quickly] 速く, 迅速に, スピーディーに; 《楽》プレスト: гото́вить **~** и вку́сно 手早くおいしい物を作る | Иди́ **~**! さっさと行け ◆**бы́стро-бы́стро** 《強調》さっさと

**бы́стро..** [語形成] 「高速の」

**быстрогла́зый** [形1] 目の動きの速い, 目の生きした; 目ざとい

**быстроде́йствие** [中5] 《技》レスポンス(タイム), 応答(時間)

**быстроде́йствующий** [形6] 高速処理の; 《薬》即効性の

**быстрозаморо́женный** [形1] 急速冷凍された

**быстрокры́лый** [形1] 《鳥・飛行機が》高速で飛べる

**быстролётный** 短 -тен, -тна [形1] ① 高速で飛ぶ ② すぐに移り変わる

**быстроно́гий** 短 -óг [形3] 足の速い

**быстроразвива́ющийся** [形6] 急速に発展[成長]している

**быстрораствори́мый** [形1] (液体に)溶けやすい; インスタントの

**быстрорасту́щий** [形6] 《植物が》成長の早い, (産業などが)急成長の

**быстроре́жущий** [形6] 高速カットの

**быстросбо́рный** [形1] 速成組み立ての

**быстросо́хнущий** [形6] 速乾性の

**быстросхва́тывающийся** [形6] すぐに固まる

**быстрот|а́** [女1] ① 速さ, 素早さ; 速度, スピード; (頭の回転の)速さ: с -о́й мо́лнии 素早く, 電光石火の早業で | на -у́ 《話》できるだけ早く

**быстротеку́щий** [形1] ① 流れの速い ②《詩》 つかの間の, すぐに過ぎ去ってしまう

**быстроте́чный** 短-чен, -чна [形1]《雅・詩》①流れの速い②《古》すぐに過ぎ去ってしまう、はかない

**быстрохо́дный** 短-ден, -дна [形1] 高速の, 高速回転の: ～ ка́тер 高速モーターボート

**※бы́стр|ый** [ヴィーストル] 短 быстр, -рá/-ра, -ро, -ры/-ры́ 比 -ре́е 最上 -ре́йший [形1] [fast, quick] 速い, 素早い; さぎきぱした; 活発な; すばしこい: ~ая ре́чь 早口 | ~ взгля́д 一瞬の視線 | ~ рост 急成長 | ~ шаг 早足 | -ая ре́чка 流れの急な川

**※быт** [ブィート] 単 [-е, -ý] [way of life]《単》暮らし, 生活様式, 生活習慣, 世態風俗: дома́шний ~ 家庭の暮らし | войти́ в ~ 生活に定着する | слу́жба ~а 便利屋, 日常生活サービス

**※быти|е́** [中5] [existence]《文》①［哲］存在 ②（社会の基盤として）存在, 生活環境 ③《詩・雅》生活, 人生, 暮らし **‖-́йный** [形1]

**бы́тность** [女10]《文》◆в ~ где́-л.〈人が場所にいる時に: в ~ сестры́ в Москве́ 妹のモスクワ滞在中に | в ~ (чьём-л.)〈人が…であった時に: в ~ свою́ студе́нтом я жил в общежи́тии. 私は学生のとき寮に住んでいた

**бытова́|ть** -тует [不完] ある, いる, 広く行き渡っている **‖-́ние**[中5]

**бытови́зм** [男1]《文》風俗や日常の行きすぎた描写

**бытови́к** -á [男2]《話》風俗作家, 日常を描く作家 (бытописа́тель)

**бытовка** 複生 -вок [女2]《話》（作業員のための）控え室、更衣室, 休憩室

**※бытов|о́й** [形2] 〈быт〉 [everyday, domestic] ①日常生活の, 家庭用の: -ы́е электроприбо́ры 家電製品 | -ы́е сто́ки 生活排水 | -áя тра́вма 日常生活での負傷 | -ы́е усло́вия 生活条件 | -ы́е услу́ги 生活に関わる様々な代行サービス（修理, 掃除, ベビーシッターなど）②~ жанр 風俗画俗

**бытову́ха** [女2]《俗》日常生活 (быт)

**бытописа́ние** [中5]《古》①（旧）歴史の記述 ②（文学作品における）風俗や日常の記述

**бытописа́тель** [男5]《古》①（旧）歴史家 ②風俗や日常を描く作家, 風俗作家

**※бы|ть** [ブィーチ] 現 (3人称のみ) 単 есть,《旧・文》複 суть бу́дь 過 был, была́, бы́ло (否定 не́ был, не была́, не́ было, не́ были) 未 бу́ду, бу́дешь, бу́дет, бу́дем, бу́дете, бу́дут 能過 бы́вший 副分 бу́дучи [不完] [be] I ①存在する, 生存する: У вас не бу́дет ме́лочи? （支払いの際に）細かいのはないでしょうか

②発生する, 起こる: Вчера́ была́ гроза́. きのうは雷雨があった | что была́ [бы́ло] どうなるか, 何が起こるか

③…にいる, 存在する（★ 行・来ると翻訳可）: За́втра бу́ду у вас в гостя́х. 明日おじゃまします | А кто́ ещё бу́дет? で, ほかに誰が来るの

④〈на〉〈в〉〈身に着けている: На нём бы́ло пальто́. = Он был в пальто́. 彼はコートを着ていた

⑤〈в〉〈ある感情・状態に〉ある: ~ в восто́рге 大喜びしている

⑥（未来形で；希望・同意）《話》〈団〉〈国〉を食べる, 飲む: Я бу́ду пельме́ни.（レストランの注文で）私はペリメニにします | Суп [Су́пу] не бу́ду. スープは結構です（丁寧な表現）

II（連辞）[名詞・形容詞は通例造格；主格は事実確認のみ］…である: Хочу́ ~ врачо́м. 私は医者になりたい, 医者のままだい | Он был [бу́дет, был бы] врачо́м. 彼は医者だった（だろう, になっていただろう） | Кем быть? 何（職業）になるべきか

⑦《話》（未来形で連辞として; 出身, 姻戚関係, 社会的地位を推量）…でしょうか: Вы бу́дете Ива́н Васи́льевич? イヴァン・ヴァシーリエヴィチさんでいらっしゃいますか | Вы бу́дете худо́жник? 画家さんでしょうか

III（助動詞）[不完了体不定形を伴って, 合成未来を形成]（a）〈未来・意志〉…だろう, …つもりである: Что бу́дете де́лать за́втра? 明日は何をしますか | Ве́чером бу́дем смотре́ть телеви́зор. 今晩はテレビを見よう | Вы бу́дете пить чай и́ли ко́фе? 紅茶になさいますか, コーヒーになさいますか | Я не бу́ду с тобо́й спо́рить. お前と議論するつもりはない（b）〈誘い・希望・同意〉: Бу́дешь игра́ть? 遊ばない?

②（до́лжен, мо́жно, на́до, ну́жно などと共に；無人称文の時制を示す）: Ну́жно бы́ло сде́лать. しなければならなかった | За́втра бу́дет хо́лодно. 明日は寒くなるだろう | Ей не́зачем бы́ло идти́ туда́. 彼女はそこへ行く必要がなかった

IV（命令形で）…だったら（е́сли）: не бу́дь я здесь もし私がここにいなかったら

◆бо́льше не бу́ду《話》もうしません | Бу́дем! 《俗》乾杯（→見出し） | Бу́дь здоро́в (1)（別れの際に）お達者で (2)（くしゃみをした人に）お大事に | бу́дь то …にせよ | Будь что бу́дет.《話》何が起ころうが, 何はともあれ | ~ не ~ 国 …は避けられない: Б~ дождю́! 絶対に雨になる! | ~ за 国 …の味方である | Была́ не была́!《話》ええ八か十ってみるか | Б́и́ли не ~? 生きるべきか死ぬべきか | Жи́л-бы́л [Жила́-была́, Жи́ли-бы́ли] …《話》（動詞の性・数は主語に一致；主は後置される）昔々…がいました | как в чём был そのままで; 裸で | Как ~? どうしたらよいのか | как не ~ ええもちろん |《疑問詞》был бы то ни был [бы́ло]《譲歩》どんな…であろうとも: где бы то ни бы́ло どこであろうと | так и ~ そうしておきましょう

**бытьё** [中4]《古・俗》生活, 暮らし

**быча́чий, бы́чий** [形9]〈бык〉: быча́чья ше́я 猪首（ᅶ）

**бы́чи|ться** -чусь, -чи́шься [不完]《俗》不機嫌[陰気]な顔をする

**бычо́к** -чка́ [男2] ①指か〈бык①〉雄の子牛 ②[魚]ハゼ ③[土木]橋脚 ④《通例述語》頑固な若者 ⑤《俗》（途中まで吸われた）たばこの吸殻 ◆ска́зка про бе́лого ~ка́ 同じ話の繰り返し

**бьеф** [男1][土木]（川・池・ダムなどの）堰（ᄧ）に接する部分

**бьёшь(ся)** [2単現]〈би́ть(ся)〉

**бью(сь)** [1単現]〈би́ть(ся)〉

**бэ** (不変)[п] = б

**бэка́п** [男1]《話》[IT]バックアップ

**бэка́пить** -плю, -пишь [不完]《話》[IT]〈団〉バックアップする

**бэр** 複生 -ов/бэр [男1][理]レム（放射線量の単位; биологи́ческий эквивале́нт рентге́на)

**бэу́шный** [形1] 〈< б/у〉《俗》中古の

**бюва́р** [男1] デスクマット

**бюве́т** [男1] 鉱泉水飲み場

**※бюдже́т** [ビュジェット] [男1] [budget]（国家・自治体・企業などの）予算: быть [состоя́ть] на ~ госуда́рственный бюджет 国家予算で賄われている

**бюдже́тник** [男2]《話》（国家予算で運営される組織の）職員, 公務員（教員, 兵士, 警察官など）

**※бюдже́т|ный** [形1] [budgetary] 予算の: ~ год 会計年度 | -ая дисципли́на 財政規律

**бюллете́нить** -нишь [不完]《話》（病気のため）に診断書をつけて仕事を休む

**бюллете́н|ь** [男5] ①（公的な）報告（書）; 定期報告書, 会報 ②〈投票用紙: обрабо́тка ~ей 開票作業 | недействи́тельные -и 無効票, 白票 ③（労働が不可能であることを証明する）診断書: быть [находи́ться] на -e（診断書により正式に）休んでいる

**бюре́тка** 複生 -ток [女2]《化》ビュレット

**\*бюро́** (不変)[中][bureau, office] ①(組織・指導・統括の)部, 課, ビューロー; (公共的な)組織: ~ до́брых услу́г 人材センター(日常生活に密着したサービスを提供) | ~ нахо́док 拾得物保管所 | ~ пого́ды 天気案内 | спра́вочное ~ 案内所 | похоро́нное ~ 葬儀社(場) | тури́стское ~ ツーリストビューロー | ~ путеше́ствий 旅行代理店 ②(引き出し付きの)事務用机

**\*бюрокра́т**[男1][bureaucrat] ①(主に大物の)官僚 ②官僚主義者, お役所仕事する役人 **‖ ~ский**[ц][形3]

**бюрократиза́ция**[女9] 官僚主義化(すること)

**бюрократ|и́зм**[男1] ①官僚制度 ②官僚主義, 形式主義; そのような仕事ぶり **‖ -и́ческий**[形3], **-и́чный** 短-чен, -чна [形1] <2>

**бюрокра́тия**[女9] ①官僚制度; 官僚主義, 形式主義 ②《集合》官僚(主義者), 役人, 官僚上層部

**\*бюст**[男1][bust, bosom]《彫刻》半身像, 胸像; (女性の)胸 ～ Пу́шкина プーシキン胸像 **‖ бю́стик**[男2][指小]

**бюстга́льтер**[зг; э][男1] ブラ, ブラジャー

**бюстье́**(不変)[中] ビスチェ(女性用下着の一種); (アウターとして)ビスチェ風キャミソール

**бязь**[女10] 厚手の綿織物 **‖ бя́зевый**[形1]

**бя́ка**(б2変化)[男・女]《幼児》嫌な人[もの]

# В в

**\*в**[ʏ, ɤ], **во¹**[ʏɐ](★特定の子音連続, 特に в, ф の前で: во весь, во вся́кой, во дворе́, во ско́лько, во сне́, во Фра́нции など)(★特定の結合では[ʏoɐ̯]: как кур во щи, во сто крат など)[前] (↔из)[in, into, at] **I**《前》(a)〜へ, 〜に(贏去仕事, 工場・郵便局・停車場などの施設, 広場, 道, 海, 湖, 川, 山, 島, 半島, その他の地名なども〜на): вход в теа́тр 劇場の入り口 | пое́хать в Ки́ев キエフに向かう | положи́ть часы́ в стол 時計を引き出しに入れる | пода́ть заявле́ние в о́фис 事務所に願書[申請書]を提出する | разорва́ть в клочки́ 切れ切れに[裂く]| заверну́ть в бума́гу 紙に包む | погрузи́ться в чте́ние 読書にふける | оде́ться в пальто́ コートを着る | бить в бараба́н 太鼓を叩く | стреля́ть в неприя́теля вне́мя めがけて射撃する | стуча́ть в дверь ドアをノックする (b)《動作名詞と共に》被る動作...を受ける: поступи́ть в продаве́ц 販売員に

②《職業・身分》(特定の活動体名詞で, 複数主格と同形の複数対格と共に) ...に(なる): пойти́ в го́сти お客(遊び)に行く | пойти́ в солда́ты 兵隊になる | баллоти́роваться в президе́нты[депута́ты, мэ́ры] 大統領[議員, 市長]に立候補する

③《度量衡・数的構成》: дом в два́ этажа́[двух этаже́й] 2階建ての家 | отря́д в сто челове́к 100人の部隊 | температу́ра в пять гра́дусов моро́за マイナス5度の温度

④《寸法》: два ме́тра в ширину́[длину́, высоту́] 幅[長さ, 高さ]2メートル

⑤《в 数詞 раз の形で》...倍: в три ра́за бо́льше 3倍大きい[多い]| во мно́го раз бо́льше 何倍も大きい

⑥《周期》...つき, 毎に: раз в неде́лю 週に1回

⑦《時・時間》(時刻・時間帯) ...に: в два часа́ 2時に | (в) че́тверть второ́го 1時15分に | в по́лдень 正午に | в сре́ду 水曜日に | в ночь на сре́ду 水曜日にかけての夜 | в эпо́ху Петра́ I ピョートル1世時代に

⑧《時》季節の天気・時を示す名詞と》: во хоро́шую пого́ду 好天気の時に | в до́ждь 雨の時, 雨で(★во вре́мя дождя́ は時間の意味なので; 修飾語+жара́, пого́да, хо́лод などは ~ で時間読み可能) | в э́тот год 今年に | (в) пе́рвый раз 初めて

⑨《所要時間・短期完成を強調》 ...のうちに: в одну́ мину́ту 一瞬で | в оди́н день 1日で | в срок 期間内に | вы́полнить пятиле́тку в три го́да 5か年計画を3か年で達成する(★短期間の完了期間を示す в за に代わつている)

⑩《透過・通過》: смотре́ть в окно́[зе́ркало] 窓越しに見る[鏡を見る]

⑪《形状》: га́лстук в горо́шек 水玉模様のネクタイ | тетра́дь в лине́йку 罫線付きノート | увели́чить в длину́ 伸ばす; 長さに伸ばす

⑫《ある感情のために》...として: в насме́шку あざけって | сказа́ть в шу́тку 冗談で言う

⑬《スポーツ・ゲームの対象》: игра́ть в ша́хматы[футбо́л] チェス[サッカー]をする

⑭《А весь в В で》(主に家族親族間の類似)АはВに似た; Вに瓜ふたつ: Сын весь в мать. 息子は母親にそっくりである

⑮《同語反復・成句的》: душа́ в ду́шу 仲睦まじく | мину́та в мину́ту 正確に, ぴったりに

**II**《前》①《動作・存在の場所, 活動場所, 物・状態の存在・内部》 ...の中に, ...で(→на): Бума́ги лежа́т в столе́. 書類は引き出しの中にある | жить в Ки́еве[Сиби́ри] キエフ[シベリア]に住む | отдыха́ть в гора́х 山で休暇を過ごす | учи́ться в шко́ле 学校で学んでいる; 生徒である | держа́ть ру́ку в карма́не ポケットに手を入れている | В году́ 365 (три́ста шестьдеся́т пять) дней. 1年は365日ある | В тка́ни три́дцать проце́нтов хло́пка. 生地には30パーセントの綿が含まれる

②《状態・特徴》: в по́лном цвету́ 満開である | широ́кий в плеча́х 肩幅の広い | ма́льчик в весну́шках そばかすだらけの少年 | ра́зница в года́х 時代差 | ра́зница во вре́мени 時差 | знато́к в литерату́ре 文学通 | лека́рство в порошка́х 粉薬 | не́бо в ту́чах 黒雲に覆われた空 | Все па́льцы в черни́лах. 指はインクだらけ | чемпио́н в бе́ге на коро́ткие диста́нции 短距離走のチャンピオン | недоста́ток в овоща́х 野菜不足 | быть в дру́жбе с 圖 ... と仲がいい | в роди́тельном падеже́《文法》生格で | в еди́нственном числе́《文法》単数で

③《着用》: чита́ть в очка́х 眼鏡をかけて読む | Она́ вся́ в чёрном. 彼女は全身黒ずくめである | Де́вочка была́ в санда́лиях. 少女はサンダルをはいていた

④《状態の持ち主》: В ма́льчике зре́ет пиани́ст. 少年はピアニストになりつつある

⑤《...から成る》: коме́дия в трёх а́ктах 3幕(もの)のコメディー

⑥《年・月・週・時間帯・距離》 ...に: в январе́ 1月に | в про́шлом году́ 去年 | в тре́тьем часу́ 2時過ぎ | в полови́не шесто́го 5時半に | в де́тстве 子どもの頃に | в двух шага́х от до́ма 家からすぐ近くに | в пяти́ мину́тах езды́ от до́ма 家から乗り物で5分の所に

⑦《特定の活動体名詞で, 複数前置格と共に》: быть в гостя́х ...のところでお客[遊び]に来ている[行っている]

**в** 《略》вольт

**в.** 《略》век; восто́чный

**в..,**(й, о, г 子音+ь, г 子音連続の前で)**во..**(接詞), 《仮音, я の前で》**въ..**(接詞) **I**【動詞】①《内部へ》: входи́ть 中へ(歩いて)入る | вбежа́ть 駆け込む | (-ся動詞)「極限まで」「没頭して」「とことん」: всмотре́ться じっと見入る | вслу́шаться 聞き入る | вчита́ться 読み込む, 熟読する **II**【副詞を形成】①(時間

валить

的意味)「…に」② (空間的意味)「…に」「…へ」③ (様子の意味)「…に」「…で」
**ва-ба́нк** [副] (トランプゲームで) 掛け金置き場にある全金額を賭けて ◆**идти́ [ста́вить, игра́ть] ~** あらゆるリスクを冒して思い切って行う, 勝負をする
**ба́ва** [女1]《幼児語》けが, 痛いところ
**Вавило́н** [男1]《史》バビロン (古代都市; 退廃の象徴)
**вавило́нск|ий** [形3] バビロンの / **~ая ба́шня** バベルの塔; 非常に高い建造物 / **~ая блудни́ца** ふしだらな女 / **~ое столпотворе́ние** 無秩序, 大混乱
**Ва́гнер** [男] ワーグナー (Ри́хард ~, 1813-1883; ドイツの作曲家)

‡**ваго́н** [ヴァゴーン][男1] 〔car〕 車両, 貨車, (貨車1台分の) 積載量; 《話》 車両: пассажи́рский ~ 客車 | **~-рестора́н** 食堂車 | **~-сало́н** (列車の) 特別車, 展望車 | спа́льный ~ (一等) 個室寝台車 (略 СВ) | купи́йный ~ (二等) 個室寝台車 | плацка́ртный ~ 開放式 (大部屋タイプ) の寝台車 | това́рный [бага́жный] ~ 貨車 ◆**у ~а́ вре́мени** 《話》 《人には》 時間はたんとある ◆**~ и ма́ленькая теле́жка** 《話·滑稽》 …が腐るほどある // **ваго́нный** [形1]: **~ па́рк** (鉄道用) 車両
**вагоне́тка** 複生 -ток [女2] 無蓋貨車, トロッコ
**вагоновожа́тый** (形1変化) [男名] / **-ая** [女名] 路面電車の運転手
**вагончик** [男2] ① [指小<ваго́н] 《話》小さな車両 ② (作業場などの) 移動式宿舎; 仮設屋匣
**вагра́нка** 複生 -нок [女2] (銑鉄を溶かす) 高炉
**Вади́м** [男1] ヴァジム (男性名; 愛称 Ва́дя)
**ва́женка** 複生 -нок [女2] トナカイの雌
**важне́йший** [形6]《最上<ва́жный》極めて重要な
**ва́жничать** [不完] / **за-** [完] ①《話》横柄に振る舞う; 堂々たる風采をとる ②＜造＞**пе́ред**＜造＞の前で自慢する

‡**ва́жно** ти-нée [1]《副》重々しく, 尊大に ②《無人述》重大だ: **Э́то не ~.** そんなことどうでもいい
*‡**ва́жность** [女10] ① 重要性 ② 尊大, 傲慢 ◆**Велика́** ~! 気にすることじゃないことじゃないの, どうでもいい
‡**ва́жн|ый** [ヴァージヌィ]  短 -жен, -жна́, -жно, -жны/-жны́ 比 -не́е 最上 -не́йший [形1] 〔important〕 ① 重要な, 重大な: ~ вопро́с 大事な問題 / **-ая ши́шка** 《話》 もったいぶった, 尊大な人 ② ＜⽂＞〔予期される〕高位の, 権威ある ◆**осо́бо -ая персо́на** VIP, 重要人物, 貴賓
**ВАЗ** [ヴァース][男] 《略》Во́лжский автомоби́льный заво́д ヴォルガ自動車工場 (АвтоВАЗ 社の旧名) | АвтоВАЗ 社製の乗用車 (ラーダ LADA シリーズなど) // **ва́зовский** [形3]
*‡**ва́з|а** [女1] 〔vase, bowl〕 ① 花瓶: поста́вить цветы́ в **~у** 花を花瓶に活ける ② 菓子鉢, フルーツボウル // **ва́зочка** 複生 -чек [女2] [指小<~] // **ва́зовый** [形1]
**вазели́н** -a/-y [男1] ワセリン // **~овый** [形1]
**вазо́н** [男1] ① (やや旧) 植木鉢 ② (庭園·通りで用いられる) 装飾用の花瓶
**ва́йя** 複生 ва́ий [女7] 〔植〕シダの葉
**ВАК** [ヴァーク] 《略》Вы́сшая аттестацио́нная коми́ссия (国の学位·称号の) 最高審査委員会
**вака́нсия** [女9] 空きのポスト, 職; 求職
**вака́нтн|ый** ти -тен, -тна [形1] (席·ポストが) 誰もついていない, 後任がいない: **-ое ме́сто** 欠員, 空き, 就職口
**ва́кса** [女1] 靴磨き用ワックス, 靴墨
**ва́куум** [男1] ① 真空; 真空度〔率〕; (気体の) 希薄化, 減圧 ② 空白, 空虚; ＜転＞の欠如
**вакуум(-)...** 《接頭形成》「真空の」
**ва́куум-ка́мера** [不変]-[女1] 真空室

**вакуумме́тр** [男1] 真空圧力計
**ва́куумн|ый** [形1] 真空の: в **-ой упако́вке** 真空パック (包装) の
**вакхана́лия** [女9] ①《古ギ·古ロ》バッカス祭 ② どんちゃん騒ぎ; (極度の) 無秩序 // **вакхи́ческий** [形3]
**вакха́нка** 複生 -нок [女2] 《史》バッカスに仕える巫女 // [形1変化] ＜転＞ 肉欲的な女
**вакци́н|а** [女1] 《医》ワクチン; 〔コン〕 (ウイルス駆除の) プログラム: ввести́ **-у** де́тям 子どもに予防接種をする // **~ный** [形1]
**вакцина́ция** [女9] 予防接種, ワクチン注射
**вакцини́ровать** -рую, -руешь 受過 -анный [不完] / [完]＜対＞にワクチンを接種する

*‡**вал** 前 о-е, на -у́ 複 -ы́ [男1] [bank, billow] ① 土塁, 長くて高い堆な: земляно́й ~ 土塁 ② ＜転＞ (空気·雨·水·人·動物などの) 大量の流れ; 大衆運動の高まり: **~ом повали́ть** 怒涛のように押し寄せる ③ (機械の) 回転軸, シャフト ④《経》総生産量 ◆**девя́тый ~** (1) ＜⽂＞〈怒ろこぼの〉最も激しい現れ ◆＜創作活動·創造の成果の絶頂, ピーク
**вала́ндаться** [不完]《俗》《с＜造＞》のんびりと〔悠々と〕…する: Ско́лько мо́жно ~ с маши́ной? 車の修理まだ終わらないの

**Валда́йский клуб** [形3] - [男1] バルダイ·クラブ (ロシア内外の有識者, ジャーナリストによる国際討論クラブ; 2004年より; ロシアの国内·対外政策を議題とし, ロシアのイメージアップが目的の一つ)
**вале́жник** -a/-y [男1]《集合》地面に横たわっている枯れ枝, 小さな枯れ木
**валёк** -лька́ [男2] ① (柄の付いた) 洗濯板 ② (副馬の引き手を固定する) 太い棒 ③ (ローラー機に用いる木製·金属製の) 丸棒 ④ オールの太くなった上部

*‡**ва́ленок** -нка [男2]《複》(羊毛のフェルト製の) 防寒ブーツ ②《若者·蔑》経験不足の〔よくわかっていない〕人
**Валенти́н** [男1] ヴァレンチン (男性名; 愛称 Ва́ля)
**Валенти́на** [女1] ヴァレンティーナ (女性名; 愛称 Ва́ля)
**валенти́нка** 複生 -нок [女2]《話》バレンタインカード
**вале́нтн|ость** [女10] ①《化》原子価, イオン価 ②《言》結合価, ヴァレンツ // **~ый** [形1]
**валеоло́гия** [女9]《医》予防医療
**валёр** [男1]《美》ヴァルール, 色価
**валериа́на, валерья́на** [女1] 《植》カノコソウ属: **~ лека́рственная** セイヨウカノコソウ (薬用; 和名は纈草(けっそう), 吉草(きっそう)) // **валериа́новый** [形1]: **-ые ка́пли** オミナエシ
**Вале́рий** [男1] ヴァレーリー (男性名; 愛称 Ва́ля, Ле́ра)
**Вале́рия** [女7] ヴァレーリヤ (女性名; 愛称 Ва́ля, Ле́ра)
**валерья́нка** [女2]《話》カノコソウを原料とした鎮静剤, バレリアン
**вале́т** [男1] ① (トランプで) ジャック (★→фигу́ра[活用]) ② ＜旧＞ 少年 ③ ＜俗·皮肉·蔑＞, あほう ◆**спа́ть ~ом** ( 《話》**вале́тиком**〉(2人一緒に同じ寝床で) 頭を互いの足の方向に向けて寝る // **~ный** [形1]
**вале́ц** -льца́ [男3] (ローラーを装備した) 圧延機, 砕鉱機, 製粉機
**ва́лик** [指小<вал] ①《話》土塁 ② 円柱形のもの ③ (機械の) 小型のローラー, シリンダー, シャフト
**вали́ть¹** валю́, ва́лишь 受過 ва́ленный [不完] / **с~** [完]〈対〉 ① 倒す! ~ дере́вья 木を倒す. 暴風が木々をなぎ倒した | ~ с ног 根こそぎ [徹底的に] 倒す | Уста́лость ва́лит с ног. 疲労で倒れそうだ | Эпиде́мия ва́лит скот. 家畜が伝染病にかかる 〈木を〉切り倒す: ~ лес 森を伐採する ③《話》〈大量のものを〉無秩

**вали́ть** 序に投げる, 置く; ~ ве́щи в я́щик 物を箱の中にぶち込む ❷ 《話》〈на +対〉責任[罪]を押しつける; ~ всё на обстоя́тельства 全てを状況のせいにする ◆~ всё в одну́ ку́чу 全部をひっくるめる

**вали́ть²** -ли́т [不完] / **по~** [完] ①《話》ゆっくりと動く: Толпа́ вали́т на пло́щадь. 群衆が広場の方へ動いている | ~ то́лпами 大勢で行く ②（雪が）降り積もる; (煙が）もくもくと立ち上がる ◆**Вали́(те)!** 《俗》やれ, 行け | **Вали́м!** 《俗》やろう, 行こう

**вали́ться¹** валю́сь, ва́лишься [不完] / **с~**, **по~** [完] ①落ちる; 倒れる, 傾く; 《話》崩れてばらばらになる ②疲労困憊する, (疲労・病気で)動けない: ~ от уста́лости 疲労で動けない ③[不完]《受身》< вали́ть¹ ◆**~ с ног** へとへとになる, 倒れそうになる | **у** 囲 **всё из рук** …は何をやってもうまくいかない, やる気が出ない

**вали́ться²** вали́тся [不完] = вали́ть¹

**ва́лка** [女2] ①（木などを）倒すこと ②フェルト作り (валя́ние)

**ва́лк|ий** 短 -лок, -лка́/-лка, -лко 比 -лче/-льче [形3] 不安定で倒れやすい; 体を左右に揺らして歩く **//-о** [副] **//-ость** [女10]

**валово́й** [形1]《経》総生産量の: ~ вну́тренний проду́кт 国内総生産, GDP | ~ дохо́д 総収入, 総収益 | ~ национа́льный проду́кт 国民総生産, GNP

**вало́к** -лка́ [男2] ①ローラー; 《複》《機》2連式ローラー 一部分 ②（列を成した）刈り取った草の山

**вало́м** [副] ◆**~ вали́ть** (1)（人・動物が）大勢で[集団で]歩く, 移動する (2)（雪・煙などが）大きな流れとなって上昇[下降]する

**валто́рна** [女1]《楽》（フレンチ）ホルン

**валто́рнист** [男1] ホルン奏者

**валу́й** -я́ [男6]《茸》ベニタケ科の食用キノコ

**валу́н** -а́ [男1] 大きな丸石, 巨岩, 巨礫 **//-ный** [形1]

**ва́льдшнеп** [льш; э] [男1]《鳥》ヤマシギ

**вальс** [男1]（ダンスの）ワルツ《楽》ワルツ

**вальси́ровать** -рую, -руешь [不完]《文囲》ワルツを踊る

**вальцева́ть** -цу́ю, -цу́ешь 受身 -цо́ванный [不完]〈対〉ローラーで引き延ばす[押しつぶす]

**вальцо́вка** 複生 -вок [女2] ローラーによる圧延[粉砕]; その機械; 《話》その作業を行う仕事

**вальцо́вочный** [形1] 圧延工の: ~ стано́к 圧延機

**вальцо́вщик** [男2] ①圧延工 ②圧延の機械

**валья́жный** 短 -жен, -жна [形1] 多くの長所を持つ, 威厳のある, 堂々とした, 風格のある

*валю́т|а [ヴァリュータ] [女1] [currency]《単》通貨, 正貨; 外貨: обме́н -ы 両替 | чёрная ~ （不法に得た）外貨収入 ②通貨単位; 貨幣制度; конверти́руемая ~ 《経》ハードカレンシー（他の通貨と交換性のある米ドル, ユーロ, 円など）③通貨の代わりになり得る[高く評価されている]もの

**валю́тно-фина́нсовый** [形1]《経》通貨・金融の

**валю́тно-экономи́ческий** [形3]《経》通貨・経済の

*валю́тн|ый [形1] [currency] 通貨の, 通貨制度の; 為替の, 外貨の: ~ курс 為替レート | ~ ры́нок 為替市場 | ~ кри́зис 通貨危機 | -ое ограниче́ние 為替制度 | ~ го́лод 外貨不足 | -ые резе́рвы 外貨準備金 | -ая опера́ция 為替操作

**валю́тчик** [男1]《俗》外貨の不正取引をする人

**Ва́ля** (女5変化) [男・女]《愛称》< Валенти́на, Валенти́на, Вале́рий, Вале́рия

**валя́льный** [形1] フェルト(作り)の

**валя́льщи|к** [男2] / **-ца** [女3] フェルト工[職人]

**валя́ние** [中5] フェルト作り

**валя́ный** [形1] フェルト[製]の

*валя́ть [不完] / **с~** 受身 -а́лянный [完] [roll, drag] ①〈対〉転がす; 《無人称》揺り動かす: ~ оде́яло по по́лу 床に毛布を転がす ②《対》羊毛の毛・綿毛を転がして）〈フェルトを〉作る ③〈対〉〈в対〉転がしてまぶす: ~ кусо́чки ры́бы в муке́ 魚の切り身に小麦粉をまぶす ④《俗》ぐんぐに[急いで]する ⑤《命令形で》《俗》やってもよい; 行け

*валя́ться [不完] [roll] ①転がる: Соба́ка лю́бит ~ в снегу́. 犬は雪の中で転がるのが好きだ ②（怠惰で）ごろごろしている, (物が無造作に)投げ散らかしてある ③《話》（病気で）横になっている: це́лый день ~ на дива́не 一日中ソファーで横になる | Кни́ги валя́ются по всей ко́мнате. 本が部屋に散らかしてある ③[不完]《受身》< валя́ть①②③ ◆**~ со́ смеху [от сме́ха]** 笑いころげる | **на доро́ге не валя́ется** （人・物が）ただでは手に入らない, めったにお目にかかれない

**вам** [与格] < вы

**ва́ми** [造格] < вы

**вамп** [不変] [女]《話》妖婦, 男たらし, バンプ

*вампи́р [男1] [vampire] ①/-ша [女4] 吸血鬼 ②冷酷[残忍]な人 ■**обыкнове́нный ~**《動》ナミチスイコウモリ **//-ский** [形3]

**вампири́зм** [男1] 吸血鬼の(ような)行動

**вампи́рить** -рю, -ришь [不完]《話》〈対〉のエネルギー[生命力]を吸い取る

**вана́дий** [男7] 《化》バナジウム (元素 V)

**ванда́л** [男1] / **-ка** 複生 -лок [女2] ①《複》《史》ヴァンダル人 ②（歴史的建造物・文化遺産の）破壊者; 無教養人

**вандали́зм** [男1] 歴史的文化遺産の破壊; 暴力[破壊]行為, 蛮行

**вани́лин** -а/-у [男1]《化》バニリン; バニラの香料

**вани́ль** [女10] ①《植》バニラ ②バニラビーンズ ③《話》= вани́лин **//-ный** [形1]

*ва́нн|а [ヴァーンナ] [女1] [bath] ①浴槽, バスタブ; 入浴: принима́ть -у = сесть в -у 入浴する ②《通例複》《医》（洗浄・医療用の）…浴: со́лнечные [возду́шные, грязевые] -ы 日光浴[空気浴, 泥浴] | сидя́чая ~ 腰湯, 座浴 ③《工》（溶液・反応用の）槽 **//-ый** [形1] **//-очка** 複生 -чек [女2] [指小]

*ва́нная (形1変化) [女名] [bathroom] 浴室, 風呂場

**ва́нта** [女1]《海》横静索 (船綱), シュラウド

**ва́нька** 複生 -нек (女2変化) [男] ①《旧・話》（馬を装具も粗末な）辻馬車の御者 ②《俗》純朴であまり利口でない人 ◆**валя́ть [лома́ть] -у** （1)悪ふざけする; ばかな振る舞いをする (2)無為に時間を過ごす

**ва́нька-вста́нька** 複生 ва́нек-вста́нек (女2-2) [男] 起き上がりこぼし; 災禍からくじけず立ち上がる人

**Ва́ня** (女5変化) [男]《愛称》< Ива́н

**вар** -а/-у [男1] ①松やに類の入った樹脂 ②《俗》煮えたぎる熱湯 ③《方》猛暑, 灼熱

**вара́н** [男1]《動》オオトカゲ

**ва́рвар** [男1] ①《通例複》《古》野蛮人 ②（文化的遺産・自然を）破壊する人; 乱暴者; 無学な人

**Варва́ра** [女1] ヴァルヴァラ(女性名; 愛称 Ва́ря)

**варвари́зм** [男1]（外国語由来の）破格の単語（表現）

**ва́рварский** [形3] ①< ва́рвар ②（外国語に由来する）破格の表現[単語]に満ちた, 不正確な; (言葉遣い・発音などが)標準的でない

**ва́рварство** [中1] 文化的遺産に対する無理解な態度; 残忍[愚かな]行為; 未開期

**варга́нить** -ню, -нишь [不完] / **с~** 受身 -ненный [完]《話》〈対〉急いで[いい加減に]する[作る]

**ва́рево** [中1]《俗》スープ; 煮物

\***варежк|а** 複生 -жек [女2]〔mittens〕(通例複)ミトン；(ミトン様の)論みつかみ；健康スポンジ ◆**закры́ть –у**〔俗・粗〕黙る｜**откры́ть [раскры́ть] –у**〔俗・粗〕(1)口を開く，話し[騒ぎ]始める (2)不注意になる，あくびする

**варене́ц** -нца́ [男2]〔料理〕ワレネーツ(煮沸かした牛乳をスメタナ smetána で発酵させた飲み物；ря́женка)

**варе́ние** [中5] = **ва́рка**

**варе́ник** [男2]〔通例複〕〔料理〕ワレーニキ(カッテージチーズやベリー類のジャムを包んだ水餃子)

**варёнки** -нок, -нкам [複]〔服飾〕ブリーチ[脱色]ジーンズ，ケミカルウォッシュ

\***варён|ый** [варё́ныj] [形1]〔boiled〕① 煮た，沸かした，ゆでた：**–ое яйцо́** ゆで卵 ② [俗]だるい

**варе́н|ье** [варе́н'jэ] [中4]〔jam, jelly〕(果実・ベリー類の原形が残る)ロシアジャム，プレザーブ；ジャム(варе́ние)；мали́новое　＝　**из мали́ны** キイチゴジャム｜**чай с –ьем** ジャムを食べながら飲む紅茶｜**вари́ть ～** ジャムを[煮て]作る

**вариа́нт** [вариjа́нт] [男1]〔variant, version〕① 変形，変種，ヴァリエーション ②〔文学・音楽作品などの〕一般的な〔作品の個々の部分の〕変形；異文，異本 ◆**без ～ов**〔話〕もちろん，おっしゃる通り // **～ный** [形1]

**вариати́вн|ый** 短 -вен, -вна [形1] 変種の，変形の，ヴァリエーションの // **–ость** [女10]

**вариа́ци|я** [女9] ①〔内容・意匠は保った上での〕部分的変形[変更] ②〔通例複〕〔楽〕変奏曲，変奏 ③〔生〕〔個体の〕変異，変種 // **–ио́нный** [形1]

**варико́з** [男1]〔医〕静脈瘤 // **–ный** [形1]

**вариообъекти́в** [男1]〔写〕ズームレンズ

\***вар|и́ть** [варь́т] [男1] варю́шь, варя́т, вари́-ри [不完] / **свари́ть** [сваршть] 受過 -а́ренный [完][boil]〈飲〉 ① 煮沸かする，(煮て・沸かして・ゆでて)料理する；〈ビールを〉醸造する：**～ ко́фе** コーヒーを沸かす｜**～ карто́фель [яйца́]** ジャガイモ[卵]をゆでる ② 消化する ③〔冶〕(溶解・融解して)作る，接合する ◆**у** 囲 **голова́ ва́рит**〔俗〕は頭が切れる

**вари́ться** варю́сь, ва́ришься [不完] / **с～** [完] ① (料理・飲み物が)煮てできる ②(加熱・溶解などして)製造される ③〔話〕〈В囲〉〈ある環境の中で〉暮らす，常に…と交流する，…と関係にある：**～ в како́м-л. котле́** 常に…と関わりを持つ｜**～ в со́бственном соку́** 他人と交流せずに[他人の経験を生かさずに]生活する[働く]

**ва́рка** [女2] (煮て・沸かして・ゆでて)料理すること，煮沸，醸造 // **ва́рочный** [形1]

**Варша́ва** [女1] ワルシャワ(ポーランドの首都) // **варша́вский** [形3]

**Варшавя́нка** [女2] ポーランドとロシアのプロレタリートの革命歌(20世紀初頭に広く普及した)

**варьете́** [э] (不変) [中1]〔バラエティーショーなどの軽い出し物する〕演芸場

**варьи́рова|ть** -рую, -руешь 受過 -анный [不完] ①〈団〉変容[変形]させる，多種化させる：**～ музыка́льную те́му** 変奏する ②〔無補語〕変形する，多様になる // **～ся** [不完] 多様になる // **–ние** [中5]

**Ва́ря** [女5]〔愛称〕< Варва́ра

**варя́г** [男2]〔露史〕ワリャーグ人，バイキング

**вас** [代1]〔生・対[前置]の〕< **вы**

**василёк** -лька́ [男2]〔植〕ヤグルマギク，ヤグルマソウ

**Васи́лий** [男7]〔ヴァシーリー(男性の名；愛称 Ва́ся)

**Васили́са** [女1]〔ヴァシリーサ(女性の名；愛称 Ва́ся)

**васили́ск** [男2] ①〔動〕バシリスク(アメリカの熱帯地域のトカゲ) ② 伝説上の怪物〔蛇〕(一瞥しただけで殺せるという)

**Васи́льев** [形10] ① ヴァシーリエフ(姓) ② ヴァシーリー(Васи́лий) の ③ 聖大ワシリイの ■ **– ве́чер**〔正〕聖大ワシリイの夜(大晦日；子豚料理を食べる)｜**– день**〔暦〕聖大ワシリイの日(元日)

**василько́вый** [形1] ① < василёк ② 鮮やかな濃い青

**васса́л** [男1] ①〔史〕臣下 ②〔文〕従属者

**вась-вась** [述語] ((俗))<C囲>と仲がいい

**Ва́ська** (女2変化) [男]〔指小・愛称〕< Васи́лий (★ 猫に付ける愛称) ◆**а ～ слу́шает да ест**〔皮肉〕ちっとも耳を貸さない，聞き流す

**Ва́ся** (女5変化) [男・女]〔愛称〕< Васи́лий, Васили́са

**ва́та** [女1] ① 綿，脱脂綿 ②〔建・化〕天然[人工]繊維素材 ■ **са́харная ～** 綿あめ

**вата́г|а** [女2] ((話)) 騒々しい大きな集団，若者[子ども]のグループ；人の群れ；チーム(特に漁業) ◆**–ой** 群になって，徒党を組んで

**ватерли́ния** [э] [女9]〔海〕喫水線

**ватерпа́с** [э] [男1] 水準器，水平器

**ватерполи́ст** [э] [男1] / **–ка** 複生 -ток [女2] 水球選手

**ватерпо́л|о** [э] (不変) [中]〔スポ〕水球(во́дное по́ло) / **–ьный** [形1]

**вати́н** [男1] (防寒服の)中綿 // **–овый** [形1]

**ва́тка** 複生 -ток [女2]〔指小〈ва́та〉 ((話))小さな綿

**ва́тман** [男1] ワットマン紙 // **–ский** [形3]

**ва́тник** [男2]〔話〕キルティングジャケット

**ва́тн|ый** 短 ва́тен, -тна́, -тно, -тны/-тны́й [形1] ① 綿の；綿に色[形]が似た ② 固さ[弾力性]を失った；(手足が)弱った

**ватру́шка** 複生 -шек [女2]〔料理〕ワトルーシカ(周囲が盛り上がり，中央にカッテージチーズやジャムを盛った円形のパン)

**ва́тт** 複生 ва́тт/ва́ттов [男1]〔電〕ワット(電力単位；記号 Вт)

**ва́ттность** [女10]〔電〕ワット数

**ва́учер** [男1] ① バウチャー，商品券，(商品・サービスの)引換券 ② (1990年代，ロシア連邦国民に株の取得，国有財産の私有化のために発行された)小切手 // **–ный** [形1]

**ва́фельница** [女3] ワッフルを焼くための器

**ва́фельный** [形1] ① ワッフルの[を作るための，作られた] ②(布などが)ワッフル素材の

**ва́фля** 複生 -фель [女2] ワッフル，ウエハース

**ва́хт|а** [女1] ①〔海〕(船上での)当直，ワッチ；当直班 ② (困難な状況で自己犠牲を強いるような)仕事 ③ (特定の地区で継続して働く)交代要員　// **–енный** [形1] ■ **сдать ключи́ на –у** 守衛に鍵を返す

**ва́хтенн|ый** [形1] ①〔海〕(船上で)当直の　② — [男2]/**–ая** [女名] 当直(人)

**вахтёр, ва́хтер** [男1]/ **вахтёрша** [女4] 公共施設(『гла́ние] などの)の守衛

\***ва́ш** [ва́ш] (男) ва́шего [ва́], ва́шему, ва́ш/ва́шего, ва́шим, ва́шем, **ва́ша** (女) ва́шей, ва́шей, ва́шу, ва́шей, ва́шей, **ва́ше** [ва́шэ] (中) ва́шего, ва́шему, ва́ше, ва́шим, ва́шем, **ва́ши** [ва́шэ] 《複》ва́ших, ва́шим, ва́ши/ва́ших, ва́шими, ва́ших 〔代〕《所有》(★ вы に対応する所有代名詞)〈your〉① あなたの(★ 1人の相手に対する敬意・遠慮を表す丁寧な表現；手紙やメールでは大文字始まりの Ва́ш とする)；あなたがた[きみたち]の：**Это ва́ше де́ло.** それはあなたの問題だ(私には関係ない)｜**Это не ва́ше де́ло.** あなたには関係ないことだ ②**ва́ше** [中名]〔話〕あなたのもの ③《比較級短語尾形 + ва́шего で》あなたよりも：**Я зна́ю не бо́льше ва́шего.** 私はあなたほどは知らない ④ **– [男名]/ва́ша** [女名]/**ва́ши** [複名] あなたのご家族(お仲間) ◆**ваш с ним [ней]** あなたと彼[彼女]の

**Вашингто́н** [нкт/нт] [男1] ワシントン(米国の首都)

\***вая́тель** [男5]〔雅〕彫刻家(ску́льптор)

**ваятельный**

**ва́ятельный** [形1] 彫刻の
**ва́я|ть** [不完] / **из-** /-**янный** [完] 〈又〉彫刻する // **-ние** [中5]
**ВБ** [ヴェーベー] 〔略〕Всеми́рный ба́нк 世界銀行
**вбега́ть** [不完] / **вбежа́ть** -егу́, -ежи́шь, -егу́т命 -еги́ [完] ① 駆け込む: ~ в по́езд 駆け込み乗車する ② 駆け上がる: ~ на крыльцо́ 正面階段を駆け上がる
**вбива́ть** [不完] / **вби́ть** вобью́, вобьёшь 命 вбе́й 受過 вби́тый 〈又〉打ち込む; 突き刺す: ~ гвоздь в сва́ю 杭に釘を打ち込む | ~ в зе́млю地面に杭を打ち込む ◆ ~ в го́лову [башку́] 困 ...を頭に叩き込む, 吹き込む, 教え込む | ~ себе́ в го́лову [башку́] 困 ...を確信する
**вбира́ть** [不完] / **вобра́ть** вберу́, вберёшь 命 вбери́ 過 вобра́л, -ла́, -ло 受過 во́бранный [完] 〈又〉①(少しずつ) 吸い込む: ~ в грудь во́здух ゆっくり深呼吸する ②含める; 1つにする;〈直訳〉収容する: Река́ вобрала́ во́ды всех свои́х прито́ков. 川は全ての支流の水を集めた ③受け入れる; 記憶にとどめる; 知識[経験]を得る, 物にする: ~ но́вые впечатле́ния 新たな印象をもつ
*вблизи́ [close by] [副] 近くで: В~ разда́лся крик. 近くで叫び声が上がった [前] 〈生〉...の周囲で, 近くで, そばで(→у́): отдыха́ть ~ мо́ря 海辺で休養する ◆ ~ от 固 ...の近くで: Шко́ла нахо́дится ~ от до́ма. 学校は家の近くにある
**вбок** [副] ~ 脇へ
**вбра́сыва|ть** [不完] / **вбро́сить** -о́шу, -о́сишь 受過 -о́шенный [完] ①中へ投げ込む; 〈スポ〉審判の合図でボール・パックを投げこむ: ~ мяч в по́ле スローインする // **-ние** [中5]
**вброд** [副] (向こう岸へ渡るのに)歩いて, 乗り物を使って, 泳がずに
**вбро́сить** [完] → вбра́сывать
**вбу́хать** [完], **вбу́хнуть** -ну, -нешь 命 -ни 受過 -тый [完][一回]《俗》〈又〉一度にどっさり中へ入れる[注ぐ]; 散財する

**вв.** [略] века́(век の複数)
**вва́ливать** [不完] / **ввали́ть** -алю́, -а́лишь 受過 -а́ленный [完] 〈又〉放り込む
**вва́ливаться** [不完] / **ввали́ться** -алю́сь, -а́лишься [完] ①〈в固〉へ落ちる ② 沈む, 下降する; くぼむ ③《俗》騒々しく《突然》入ってくる
*введе́ние [ヴヴィヂェーニエ] [中5] [introduction] ①導き入れること, 案内; 導入, 入力; 稼動, 開始;《法》認定: ~ в эксплуата́цию《действие》稼動, 操業開始 ② 〈筆, 作品の〉導入部分; 序, 序文, 序論: ~ к уче́бнику 教科書の序文 ③《入門》: ~ в языкозна́ние 言語学入門(書名; 科目名) ■ В- во храм Пресвято́й Богоро́дицы [正教]生神女(しょうしんじょ)進堂祭(12月4日[旧暦11月21日]; 十二大祭の一つ)
**ввезти́** [完] → ввози́ть
**ввек** [副] ①《動詞の否定と共に》《話》決して...ない ②《旧》常時, 永遠に
**вверга́ть** [不完] / **вве́ргнуть** -ну, -нешь 命 -ни 過 вверг /-ул, -гла 能過 -ший/-гший 受過 -тый 副過 -ув [完] 〈又〉〈人を好ましくない・危険なことに〉引き入れる: ~ страну́ в войну́ 国を戦争に引き込む // **~ся** [不完] / [完] 〈в固〉〈不快・危険・困難な状態に〉 巻き込まれる, 陥る
**вве́рить(ся)** [完] → вверя́ть
**ввёртывать** [不完] / **вверну́ть** -ну́, -нёшь 受過 ввёрнутый [完], **вверте́ть** -ерчу́, -е́ртишь [不完без наст.] 《вора́чивать》〈話〉〈в固〉①ねじ入れる, ねじ込む ②《話》口を挟む
*вверх [ヴヴェールフ] [副] [upward(s)] 上へ, 上部へ, 上流へ(↔вниз): Он посмотре́л ~. 彼は上を見た | поднима́ться ~ по скло́ну горы́ 山道を登る ~ дном さかさまに, あべこべに | ~ нога́ми さかさまに | иди́ть ~! 出せます | Ру́ки ~! (威嚇して)手を挙げろ | ~ (и) вниз 上下に, アップダウンで
*вверху́ [ヴヴィルフー] [above, overhead] ①[副] 上に, 上で: Вво́здух в ко́мнате ~ тепле́е. 部屋の空気は上の方が温かい ②[前] 〈生〉...の上に, 上で: Ю́ноша укрепи́л флаг ~ зда́ния. 若者が建物の上に旗をしっかりとくくりつけた
**вверя́ть** [不完] / **вве́рить** -рю, -ришь 受過 -ренный [完] 〈文〉〈与〉に信用して任せる, 預ける:《文》〈秘密·考えを〉打ち明ける // **~ся** [不完] / [完] 〈文〉〈与〉を完全に信頼する, 当てにする
**ввести́** [完] → вводи́ть
**ввива́ть** [不完] / **ввить** вовью́, вовьёшь 命 вве́й 過 вви́л, -ла́, -ло 受過 вви́тый (-и́т, -á, -о) [完] 〈又〉編み込む
*вви́ду [副] [in view of] 〈生〉...を考慮に入れて, ...の理由で: В- снегопа́да заня́тия отменя́ются. 大雪により授業が休講になる | сократи́ть потребле́ние ~ эконо́мии ресу́рсов 資源の節約を念頭に消費を削減する ◆ ~ того́, что... ...だから
**вви́нчивать** [不完] / **ввинти́ть** -нчу́, -нти́шь 受過 ввинчённый [完] 〈в固〉に〈又〉[入れる]
*ввод [男1] [introduction, lead-in, input] ①導き入れること, 案内; 稼動, 開始: 《法》認定: ~ в эксплуата́цию《действие》稼動, 操業開始 | ~ в де́йствие зако́на 法律の発効 ②(電気・ガス・電話線などの)引き込み口: ка́бельный ~ ケーブル引き込み ③《IT》データの読み込み: устро́йство ~а 入力装置(キーボード, マウスなど) ④《IT》(パソコンの)「Enter」キー
**вводи́ть** [ヴヴァヂーチ] -ожу́, -о́дишь [不完] / **ввести́** [ヴヴィスチー] -еду́, -едёшь 命 -еди́ 過 ввёл, ввела́ 能過 -е́дший -е́денный (-дён, -дена́) 副過 введя́ [完] [lead in, introduce] 〈в固〉〈又〉①導き入れる, 導入する, 案内する, 連れ込む: ~ го́стя в гости́ную 客間にお客さまを通す | ~ све́жие войска́ в бой 新手部隊を戦線に投入する | ~ ло́шадь в коню́шню 馬を厩に引き入れる
②導入する, 挿入する;《IT》〈データを〉入力する: ~ препара́т в ве́ну 薬剤を静脈に注射する | ~ паро́ль パスワードを入力する
③有効化する, 稼働させる; 開始する: ~ в строй но́вые предприя́тия 新たな事業を開始する | ~ объе́кт в эксплуата́цию 施設を稼働させる | ~ в употребле́ние но́вое лека́рство 新薬の使用を開始する
④(より重大な・深刻な状況に) 導く, 至らせる, つながる: ~ в расхо́д 無駄に出費[散財]させる | ~ в заблужде́ние 誤解させる
⑤わからせる, 紹介する: ~ сотру́дника в курс де́ла 職員に事態を解かせる
⑥〈又〉確立する: ~ свои́ поря́дки 自分のやり方を確立する | ~ но́вую мето́дику преподава́ния 新たな教授法を確立する
⑦《法》公的に認定する:「во владе́ние [в насле́дство] 所有権[相続権]を認定[付与]する
**вводи́ться** вво́дится [不完] / **ввести́сь** -едётся 過 вве́лся, ввела́сь 能過 ввёдшийся 副過 введя́сь [完] ①要素[部分]として導入される; 使用されるようになる, 一般的になる ②加わる, 根づく ③成立する, 確立する ④《不完》《受》 < вводи́ть
**вво́дный** [形1] ①(電気・ガスなどの)引き込み口の ②導入の; 事前の: ~ тон《楽》導音 ③挿入用の: -ое сло́во〔предложение〕《文法》挿入句[文]
**ввоз** [男1] ①< ввози́ть ②輸入(↔вы́воз); 輸入品の総数[総額]
**ввози́ть** -ожу́, -о́зишь [不完] / **ввезти́** -зу́, -зёшь 過 ввёз, ввезла́ 能過 ввёзший 受過 -зённый (-зён, -зе-

на) 副分 ввезя́ [完] 〈団〉① 輸送[運送]によって運び込む： ～ дрова́ во двор 薪を中庭に運び込む ② 乗り物を使って運び上げる **//～ся** [不完]/[受身]
**вво́зн|ый** [形1] 輸入の, 輸入の際に徴収される: *-ая* по́шлина 輸入関税
**вво́лю** [副] 《話》完全に満足するまで，欲しいだけ; 思う存分 ② 《述語》囲から豊富だ
**ввора́чивать** [不完] = вве́ртывать
**ввосьмеро́** [副] 8倍; 8分の1
**ввосьмеро́м** [副] 8人で
**в-восьмы́х** [副] 《挿入》第8に
**ВВП** [ヴェヴェペー] 《略》валово́й вну́тренний проду́кт 国内総生産, GDP
**ВВС** [ヴェヴェエース] 《略》вое́нно-возду́шные си́лы 〖軍〗空軍
**ВВЦ** [ヴェヴェツェー] 〈不変〉〖男〗全ロシア博覧センター (ГАО Всеросси́йский вы́ставочный центр)
**ввысь** [副] 高い所へ, 上へ
**вви́зка** 複生 -зок [女2] ①編み込むこと ②編み込まれたもの
**ввя́зывать** [不完] / **ввяза́ть** ввяжу́, ввя́жешь 受過 ввя́занный [完]〈団〉① в団 に〉編み込む ②《話》巻き込む: Зачем ты ввяза́л меня́ в э́то де́ло? 何のために君は私をこの件に引き込んだのか
**ввя́зываться** [不完] / **ввяза́ться** -яжу́сь, -я́жешься [完] 〈団〉①〈в団〉〉よくないことに〉首を突っ込む, 介入する: ～ в дра́ку けんかに加担する
**вгиба́ть** [不完] / **вогну́ть** -ну́, -нёшь 受過 во́гнутый [完] 〈団〉中へ押し込む, 歪曲させる
**вглубь** [副] 深く
*вгля́дываться [不完] / вгляде́ться -яжу́сь, -яди́шься [完] [peer at] 〈в団〉を注意深く見て識別しようとする; じっと見る: ～ в темноту́ 暗闇に目を凝らす
**вгоня́ть** [不完] / **вогна́ть** вгоню́, вго́нишь 命 вгони́ 過 вогна́л, -ла́, -ло 受過 во́гнанный [完]〈団〉① 〈в団へ〉追い立てる，追い込む ②〈団〉に力ずくで押し込む: ～ гвоздь в сте́ну 壁に釘を打ちつける ②《話》(困難・不快な状態へ)追い込む: ～ в слёзы 泣かせる | ～ в пот 汗をかかせる, 全力を尽くさせる | ～ в тоску́ 退屈にする, 憂鬱にさせる
**вгрыза́ться** [不完] / **вгры́зться** -зу́сь, -зёшься 命 -зи́сь 過 -ы́зся, -ы́злась 能過 -зши́йся 副過 -зши́сь [完] 《話》①〈в団〉深く噛みつく ②《通例不完》〈в団〉に食い込む, 没頭する
**ВГТРК** [ヴェゲテエールカー] 《略》Всеросси́йская госуда́рственная телевизио́нная и радиовеща́тельная компа́ния 全ロシア国営テレビラジオ放送会社
**вдава́ться** вдаю́сь, вдаёшься [不完] / **вда́ться** вда́мся, вда́шься, вда́стся, вдади́мся, вдади́тесь, вдаду́тся 命 вда́йся 過 вда́лся, -ла́сь, -ло́сь [完] ①〈団〉囲の奥の方に〉位置する: Зали́в далеко́ вдаётся в бе́рег. 入り江が岸に深く入り込んでいる ②《話》〈в団〉に入る, 熱中する: ～ в подро́бности [то́нкости] 極めて詳細に研究する[詳述する] | не ～ в смысл 囲 …の意味を理解しようとしない | ～ в кра́йности 限度を越えて熱中する | ～ в кра́йность 自分の見解[振る舞い]を180度変える
**вда́вливать** [不完] / **вдави́ть** вдавлю́, вда́вишь 受過 вда́вленный [完] 〈団〉①〈в団へ〉押し込む ②押して[叩いて]へこませる
**вда́лбливать** [不完] / **вдолби́ть** -блю́, -би́шь 受過 -блённый (-лён, -лена́) [完] 〈団〉①〈в団へ〉打ち込む, 固定する ②〈囲〉に(何度も繰り返して・説明して)理解させる, 習得させる, 覚えさせる
**вдалеке́** [副] = вдали́
*вдали́ [副] [far off, in the distance] 〈от団から〉離れて, 遠くで: жить ～ от це́нтра 都心から離れて暮らす

**вдаль** [副] ①遠くへ ②遠い未来へ
**вда́ться** [完] →вдава́ться
**ВДВ** [ヴェデヴェー] 《略》возду́шно-деса́нтные войска́ 空挺部隊
**вдвига́ть** [不完] / **вдви́нуть** -ну, -нешь 受過 -тый [完]〈団〉〈в団へ〉動かす, 入れる, 置く: ～ я́щик в стол 机の引き出しを閉める **//～ся** [不完]/[完] 詰めて何とか入る, 収まる
**вдви́нуть(ся)** [完] →вдвига́ть
*вдво́е [副] (twice, double) ①《比較級, 増減の動詞と共に》2倍, 2分の1; 《副》遙かに, 何倍も: ～ деше́вле 半値で, 半額で ② 2層[2列]に; 半々に: сложи́ть письмо́ ～ 手紙を2つ折りにする
*вдвоём [ヴドヴァヨーム] [副] (the two together) 2人で; 〈с団〉と〉2人で: В-ле́гче приня́ть реше́ние. 2人だと決めやすい
**вдвойне́** [副] 2倍多く[大きく]; ずっと多く: В-прия́тно. 倍うれしい
**вдева́ть** [不完] / **вде́ть** вде́ну, вде́нешь 受過 вде́тый [完] 〈団〉〈в団に〉〈…を狭い所に〉差し込む;〈糸などを〉通す: ～ ни́тку в иго́лку 針に糸を通す
**вде́ять** [完] →вдева́ть
**вде́веро** [副] 9倍; 9分の1
**вдевятеро́м** [副] 9人で
**в-девя́тых** [副] 《挿入》第9に
**вде́лывать** [不完] / **вде́лать** 受過 -анный [完] 〈団〉〈в団の中へ〉固定して設置する, はめ込む
**вдесятеро́** [副] 10倍; 10分の1
**вдесятеро́м** [副] 10人で
**в-деся́тых** [副] 《挿入》第10に
**вде́ть** [完] →вдева́ть
**ВДНХ** [ヴェデエンハー] 〈不変〉〖女〗国民経済達成博覧会 (1959-92年7月, 以後 ВВЦ; モスクワ地下鉄駅名;Вы́ставка достиже́ний наро́дного хозя́йства)
**вдоба́вок** [副] 《話》〈К团に〉加えて, 補足して
**вдова́** 複 вдо́вы [女1] (widow) 未亡人, 後家, 寡婦: ～ Андре́я Ивано́ва アンドレイ・イワノフの未亡人 ◆*совреме́нная* ～《戯》一時的に夫と別居している妻
**вдо́вий** [形9] / **вдо́вушка** 複生 -шек [女2] 《指小》
**вдове́ц** -вца́ [男3] (妻を亡くした)男やもめ, 寡夫
**вдо́воль** [副] 《話》①すっかり満足して, 好きなだけ ②《述語》囲から豊富だ, たっぷりある
**вдовство́** [中1] 配偶者を亡くして独身でいること
**вдо́вый** [形1] やもめ[男やもめ] (вдова́, вдове́ц) の
**вдого́н** [副] 《俗》(去りつつあるもの, 離れていくものに)追いつこうとして, …の後から (вдого́нку)
**вдого́нку** [副] 《話》〈за団〉追いつこうとして; すぐ後から ②《俗》ついでに, おまけに
**вдолби́ть** [完] →вда́лбливать
*вдоль [ヴドーリ] [gen.] (lengthwise, along) (↔поперёк) ①[副] 縦方向に:〈по団〉に沿って: разреза́ть огуре́ц ～ キュウリを縦に切る | по доро́ге [реке́] 道[川]に沿って ②〈囲〉に沿って: ～ бе́рега 岸に沿って ◆*～ и попере́к* あちこち, 至る所; 徹底的に, 詳細に
**вдо́сталь** [副] 《俗》①十分に, 心ゆくまで (вдо́воль) ②《述語》《俗》囲から豊富だ
**вдох** [男2] 吸う息; 息を吸うこと (↔ выдох)
**вдохнове́ние** [中5] ひらめき, インスピレーション; (精神状態の) 高揚
**вдохнове́нн|ый** 短 -éнен/-ён, -éнна [形1] 創作意欲に燃えている; 精神が高揚した **//~о** [副]
**вдохнови́тель** [男5] / **~ница** [女3] 創作意欲を与える人, 鼓舞する人; 《話》首謀者
*вдохновля́ть [不完] / вдохнови́ть -влю́, -ви́шь 受過 -влённый (-лён, -лена́) [完] (inspire) 〈団〉〈人の創作意欲をかき立てる; 元気にする〈на団〉に〉駆り立てる: ～ 団 на по́двиг 〈人に〉偉業を達成するよう

鼓舞する **~ся** [不完] / [完] ① 創作意欲に満ちあふれる ② [不完] [受身]

**вдохну́ть** [不完] →вдыха́ть

**вдре́безги** [副] ① 粉々に ② 《話》完全に,すっかり

**вдруг** [ヴドルーク] [副] [suddenly] 突然,いきなり: $B$- за окно́м мелькну́ла чья́-то тень. ふいに窓の外に人影がちらついた │ Он ~ ре́зко оберну́лся. 彼は急にぱっと振り向いた ② [話] もし…したら: $B$- он оши́бся? もし彼が間違えたら

**вдры́зг** [副] 《俗》① 細かく, 粉々に ② 完全に, すっかり

**вдува́|ть** [不完] / **вду́ть** -ну, -нешь 受過 -тый [完], **вду́ть** вду́ю, вду́ешь 受過 вду́тый [完] 〈в圏に〉〈в圏に〉(送風器で)吹き入れる **~ние** [中5]

**вду́мчивый** 短 -ив [形1] 考え深い: ~ чита́тель 思慮深い読者

**вду́мываться** [不完] / **вду́маться** [完] 〈в圏について考える, 探求する ◆*е́сли вду́маться* 《挿入》考えてみれば, そういえば

**вду́нуть, вду́ть** [完] →вдува́ть

**вдыха́тельный** [形1] [医] 呼吸(性)の, 呼吸器官の

**вдыха́ние** [中5] 息を吸うこと (↔выдыха́ние)

*вдыха́|ть [不完] / **вдохну́ть** -ну́, -нёшь [breath in, inspire] ① 〈圏を〉空気・蒸気などを吸い込む: ~ во́здух в себя́ ちょっと息を吸い込む │ [完] 生きる意欲を起こさせる: 〈圏を в圏に〉吹き込む, ある感情をある心に希望をあたえる: ~ наде́жду в его́ уста́лую ду́шу 彼の疲れた心に希望をあたえる **~ся** [不完] [受身]

*ве́б [э] [男1] [the Web] 《話》[IT] ウェブ, World Wide Web

**веб-диза́йн** [э] [不変]-[男1] [IT] ウェブデザイン

**веб-диза́йнер** [э] [不変]-[男1] [IT] ウェブデザイナー

**веб-сайт** [э] [不変]-[男1] [IT] ウェブサイト

**веб-сёрфинг** [э] [不変]-[男1] [IT] ネットサーフィン

**веб-страни́ца** [э] [不変]-[女3] [IT] ウェブページ

**веб-таксофо́н** [э] [不変]-[男1] [IT] ウェブ電話

**вегетариа́н|ец** -нца [男2] / **-ка** 複生 -нок [女2] [vegetarian] ベジタリアン, 菜食主義者;《皮肉》穏和な人

**вегетариа́н|ство** [中1] ベジタリアン食, 菜食 **~ский** [形3]

**вегетати́вн|ый** [形1] ①《生》植物の;動植物の生理機能に関係する ②《医》人体の成長,栄養と関係する: *-ое размноже́ние* [生] 栄養繁殖

**вегета́ция** [女9] 〔植〕植物の生育 **~ио́нный** [形1]

*ве́дать [不完] [know, manage] ① 《通例詩》知っている; 《否定文で》自覚しない, 意識しない: 理解しない: (оди́н) бог *ве́дает* 誰にもわからない, 神のみぞ知る ② 《通例詩;否定文で》経験したことがない: не ~ печа́ли この身に悲しみを知らない │ не ~ любви́ 恋を感じた[味わった]ことがない ③ 〈圏を〉管理する, 取り仕切る: Кто *ве́дает* убо́ркой у́лиц? 街路清掃の責任者は誰ですか ◆*зна́ть не зна́ю, ~ не ве́даю* そんなことは知らない

*ве́ден|ие [中5] [jurisdiction] 管轄, 管理, 権限, 取り仕切る: Э́ти вопро́сы не в моём *-ии*. この問題は私の管轄外の事だ

**веде́ние** [中5] [conduct(ing)] 〈с вести́〉遂行, 執行; 業務: ~ документа́ции (金融関係の) 記録, 記録の保存

**веде́рный** [形1] <ведро́

**веде́шь** [単現] <вести́

**ведо́м|а** ◆*без ~* 圏 〈人の〉知らないうちに[ところで], …に無断で │ *с ~* 圏 〈人の〉 了承を得て

*ве́домость 複 -и, -ей [女10] [list, register] ① データ表 [報告書]: платёжная ~ 賃金台帳 ②《複》報知 (定期刊行物の名称) ③ B~ ヴェードモスチ (ロシアの新聞名)

**ве́домственно-бюрократи́ческий** [形3] 《蔑》高級官僚の

**ве́домственн|ый** 短 -ен, -енна [形1] < ве́домство ② ある国家機関職員専用の; 閉鎖的な ③《蔑》自分が所属する国家機関の利益に限定する; 門地[地元]優先主義の **~ость** [女10]

*ве́домство [中1] [department] 国家機関, 省, 部局, 当局 ◆*не по моему́[твоему́]* *-у* 私には[君には]関係ないことだ

**ведо́м|ый** 短 -о́м [形1] ①(a)(飛行機・飛行士が)誘導機[操縦士]に先導される (b) ~ [男名]/**-ая** [女名] 随伴機の操縦士 ② 主要な[誘導的な]ものによって動かされる

*ведр|о́ [ヴィドロー] 複 вёдра, вёдер, вёдрам [中1] [bucket] ① バケツ: ~ для му́сора ごみ箱 ② 〈ведро́-〉(旧液量単位: 約12リットル) ◆*Льёт как из -á.* (雨が)土砂降りで

**веду́** [1単現] < вести́

**веду́н** -á [男1] / **-ья́** 複生 -ий [女8] 薬草を用いて治療をされる人, 民間療法医師; まじない治療師; 魔法使い

*веду́щий [ヴィドゥーシチ] [形6] [能 現 < вести́] [leading] ① 先を行く; 先導的, 先頭の: ~ самолёт 先導機 ② ~ [男名]/**-ая** [女名](グループの)指導者, 主; 誘導機のパイロット;(コンサート・放送などの)司会者, MC, コメンテーター, 進行係: ~ конце́рта コンサートの司会 ③ 最も重要な; 主要な, メインの; 指導的な, 主導的な, 長の; 最ももっとも質が高い, 最高の: игра́ть -ýю роль в разрабо́тке прое́кта 企画の立案で主導的役割を果たす ④ (メカニズム全体または一部を)動かす;《機》駆動の, 原動力の: *-ее колесо́* 動 動輪

**ведь** [ヴィチ] [小 ★無アクセント] [接] だって, …だから: Ложи́сь спать пора́ньше, ~ за́втра на рабо́ту. 明日は仕事があるから早めに寝なさい │ Ты ~ уже́ обе́дал? お昼ご飯はもう食べたでしょう? *да ~* 《感嘆》あら, まあ, おや

*ве́дьм|а [女1] [witch] ① 魔女: охо́та 「за ~*ами* на ве́дьм] 魔女狩り;組織的な追跡 ②《俗・罵》意地悪で口やかましい[醜悪な]女

**~инский** [形3], **~овско́й** [形4]

**ве́ер** 複 -á [男1] ① 扇, 扇子 ② 扇形[半円形]のもの ◆*~ом* 扇形に **~ный** [形1]

**веерообра́зный** 短 -зен, -зна [形1] 扇形の

*ве́жлив|ый [ヴェージリヴィ] 短 -ив [形1] [polite] 丁寧な, 礼儀正しい: ~ челове́к 礼儀正しい人 │ ~ отка́з 丁寧な断り **~о** [副] **~ость** [女10] 礼儀正しさ

*везде́ [ヴィズヂェー] [副] [everywhere] どこでも, 至る所に: ~ и всю́ду 至る所に │ ~ уже́ лежи́т снег. もう一面雪だらけだ

**вездесу́щий** [形1] ①(a)《宗》至る所にいる(『神を表す表現) (b)[男名] 神 ②《話》(通例戯・皮肉)どこへでも駆けつける

**вездехо́д** [男1] (難所・悪路で使える)万能車

**вездехо́дный** [形1] どんな難所[悪路]も走れる

**везе́ние** [中5] 《話》幸運な巡り合わせ

*везти́[1] [ヴィスチー] везу́, везёшь 過 вёз, везла́ 過 везу́щий 受過 везённый (-зён, -зена́) [不完] [定] (不定 вози́ть) [carry] ① 〈圏に〉〈物・貨物・人を〉(車などで)運ぶ, 運搬する, 連れて行く[来る]: Ло́шадь везёт седока́. 馬が騎手を乗せて歩く │ Грузови́к везёт молоко́ в го́род. トラックが牛乳を町へ運んでいる │ ~ нефть в та́нкерах 石油をタンカーで運ぶ │ ~ шко́льников в авто́бусе 生徒をバスで送る ③ 〈重責・重荷を〉1人で背負い込む: Всю рабо́ту везу́ на себе́. 仕事を1人で抱え込んでいる **~сь** [不完] [受身]

**везти²** [ヴィスチー] везёт 過 везло [不完] / **повезти́** [パヴィスチー] [be lucky] [無人称に] ①[в圜に/на圜に]運がいい([話]подвезти́):*Везёт* ʺво всём [ʺвообщеʺ]ʺ. 万事運がよい | Ей *повезло́* ʺс му́жемʺ [ʺна экза́менеʺ]. 彼女は夫運[試験運]が良かった
◆**не везёт, так не везёт** これが運の尽きだ | **Везёт же людям** [не́которым]! 幸運な人もいるもんだ

**везу́нчик** [男2] [話]常に運のいい[成功する]人
**везу́ч||ий** кратк.-ýч [形6] [話]運がいい, 成功している ∥ **-есть** [女10]

**вейкбо́рдинг** [男2] [スポ]ウェイクボード
**вейкбордист** [男1] [スポ]ウェイクボーダー

*****век** [ヴェーク] -а/-у 前 о е, на -ý 複 -á/-и, -о́в [男2] [century] ①世紀:тре́тий ~ до на́шей э́ры 紀元前3世紀 ②100年 ③[定形詞を伴って]…時代:ка́менный ~ 石器時代; 過去の[廃れた]もの | бро́нзовый [желе́зный] ~ 青銅器[鉄器]時代 | золото́й ~ 黄金時代 | косми́ческий ~ 宇宙時代 ④[話]長い間:Не ~ же тебя́ дожида́ться. いつまでも待たせるわけにもいかない | жда́ть пи́сем це́лый ~ 首を長くして手紙を待つ | В~ до́ма сиди́т. 家に引きこもっている | Этот день показался ему́ ~ом. その1日が彼には永遠のように感じられた ⑤[単][通例修飾語と共に]間, 生きている間:На своём ~ý мно́го повида́л. これまでの人生で色々なことを経験した | отжи́ть ~ кончи́ть свой ~ 生涯を閉じる | Недо́лог ~ моты́лька. チョウの一生は儚い | Ве́ка [Ве́ку] бог не дал 圜. …は夭逝(ようせい)した, 早すぎる死だった ◆на ~áх (просла́виться, жить) [雅]いつの時代も(称賛される, 生きている):Сла́ва геро́ев живёт в ~áх. 英雄たちの名声は時を越えて語り継がれている | В~ живи́ ― ~ учи́сь, дурако́м умрёшь. 生きていれば学ぶことも色々あるもんだ; 長生きするもんだ | в ко́и-то ~и時々, めったに…ない:в ко́и-то ~и наве́сти́ть めったに訪わない | из ~а в ~ 何百年にもわたって(繰り返し) | на ~á = на ~вéчные [雅]永遠に | от ~а [с] ~ом 大昔から, 太古の昔から | с ~ом нара́вне = в но́гу с ~ом 時代に遅れずに

**века́ми** [副] 何世紀にもわたって
**ве́ко** 複 -и, век [中1] [eyelid] まぶた
**векова́ть** -ку́ю, -ку́ешь [不完] [話](変わりなく)一生を過ごす:<圜として>一生を送る
**векове́чный** кратк. -чен, -чна [形1] [雅]昔からの, 数世紀にも渡る; 恒久の, [戯・皮肉]いつもの
**веково́й** [形2] 何世紀も[非常に長い間]生きている, 存在している[ある]; [話]長年の, 長い間の
..**веково́й** [語形成] ʺ…世紀におよぶʺ: двухвеково́й 2世紀間の

**ве́кселеда́тель** [男5] [商・経]手形振り出し人
**ве́кселедержа́тель** [男5] [商・経](手形などの)受取人
**ве́ксел||ь** 複 -я́/-и, -éй/-ей [男1] (決まった時期に一定の金額が支払われる)有価証券, 手形:просто́й ~ 約束手形 | перево́дный ~ 為替手形(тра́тта) | вы́дать ~ [-я́] 約束する ∥ **~ный** [形1]

**ве́ктор** [男1] ①[数]ベクトル ②イデオロギー上の方向, 思想の方向性 ∥ **ве́кторн||ый** [形1]: -ое исчисле́ние ベクトル解析

**вёл** [過去形 男] < вести́
**веле́невый** [形1]: -ая бума́га 高品質のアート紙
**веле́ние** [中5] 命令すること, 要求すること
**веле́но** [無人述] [旧・話] 命じられている
**велере́чивый** кратк. -и́в [形1] [旧・皮肉]雄弁な, 大げさな
**Веле́с** [男1] [スラヴ神]ヴェレス(龍神; 富と家畜の神)

*****веле́||ть** -лю́, -ли́шь 命 -ли́ [過は完のみ] [不完・完] [order] [圜に不定形/чтобы節する よう]命ずる, 言いつける; [話]依頼する, 頼む ②[否定文で][話]<圜に不定形で>するな:Зе́ркало не *веля́т* тро́гать рука́ми. 鏡を手で触ることは許されない

◆**Долг вели́т.** 心の命じるままに | **Кто́ тебе́ [вам] вели́т?** [不満]誰の言いつけだと言うんだ

**вели́к** [男2] [話](若者・俗]自転車(велосипе́д)
**велика́н** [男1] ―**ша** [女4] ①非常に背が高い人; 巨人, 大男; 非常に大きな[動物, 植物] ②傑出している物[人] ∥ **~ский** [形3]

**вели́к||ий** [ヴィリーケイ] кратк. бо́льше, бо́лее, бо́льший или бо́льший [形3] [great] ①[長形]великий, велика́/велика́, велико́, велики/велики] 偉大な, 傑出した: -ая держа́ва 強国, 大国 | ~ писа́тель 文豪 | -ие лю́ди 偉人 ②[短形のみ, великá, велика́, велико, великú/великú] 非常に大きな; 大きすぎる:~ пальто́ は большо́й の短語尾としても使用):-ая ра́дость 狂喜 | У стра́ха глаза́ -и́. [諺]幽霊の正体見たり枯れ尾花 | -ая побе́да 大勝利, 大勝 | Юбка ей -á. スカートは彼女には ぶかぶかや ◆-ое мно́жество 極めて多い | от мáла до велика ([話]子どもから大人まで, 老若の別なく ■ В~пост[正教]→ пост

**Вели́кий Но́вгород** [形3]-[男1] ヴェーリーキー・ノヴゴロド(ノヴゴロド州の州都; 北西連邦管区; 1999年までは Вели́кий なしで呼ばれた)
**Великобрита́ния** [女9] 大ブリテン, 英国
**великова́тый** кратк. -а́т [形1] [話]大きめの
**великовозра́стн||ый** [сн] кратк. -тен, -тна [形1] (年齢の割に)子どもじみた: -ое дитя́ 大きな子ども
**великодержа́вный** [形1] 他の民族[国]に対する優越感に満ちた
**великоду́шн||ый** [中5] 寛大さ, 懐の深さ[大きさ]:прояви́ть ~ 懐の深さを見せる ∥ **-ный** кратк. -шен, -шна [形1]

**великоле́пие** [中5] 豪華さ, 壮麗さ; 美しさ, 雄大さ; 素晴らしさ, 見事さ
*****великоле́пн||ый** [ヴィリカリェープヌィ] кратк. -пен, -пна [形1] [splendid, magnificent] ①豪華絢爛な; 壮麗な; (自然が)荘厳な:~ вид 絶景 ②[話]素晴らしい; 最高級の, 抜群の:~ обе́д 豪勢なディナー ∥ **великоле́пно** [副]:чу́вствовать себя́ ~ 気分は最高だ

**великому́чени||к** [男2] **―ца** [女3] ①[正教]大殉教者(聖者の称号) ②困難[困窮]に見舞われている人
**великопо́стный** [сн] [形1] [宗]大斎(おおものいみ)の
**великосве́тский** [ц] [形3] [旧]貴族階級の, 上流社会の

**велича́в||ый** кратк. -áв [形1] ①壮麗な, 荘厳な ②(人が)堂々たる風貌をした ③秀でた, 傑出した ∥ **-ость** [女10]
**велича́йший** [形6] [最上<вели́кий]最上の, 極上の, 最大の
**велича́льный** [形1] 祝歌[賛歌]の: -ая пе́сня (誰かを祝して歌われる)民衆の儀式の歌
**велича́||ть** [不完] ①〔斑〕<圜に敬意をもって…と呼ぶ;(皮肉・戯)必要以上に敬意を込めた名で呼ぶ ②父称を付けて呼ぶ ③(結婚式・祝いの儀式で)その人の名前で歌を歌う ∥ **-ние** [中5]
**велича́ться** [不完] ①[自身]<велича́ть ②〔圜〕を自慢する
**вели́чественн||ый** кратк. -ен/-енен, -енна [形1] ①荘厳な美しさ[壮大さ]に満ちた, 威厳ある ②風采が堂々としている; (人が)背が高い, 態度が大きい ③秀でている ∥ **-ость** [女10]
*****вели́чество** [中5] [majesty] ①(ва́ше, их, его́, её ь と共に)陛下, 殿下, 閣下(君主やその妻に対する称号):Его́ ~ царь 皇帝陛下 ②[皮肉]重要性が高く影響力を持つ人[物] ③[旧]偉大さ, 立派さ
*****вели́ч||ие** [中5] [greatness] ①(深い敬意の念・感銘

を招く)際だった重要性, 力, 美しさ ②(人の外見・振る舞いの)高雅さ, 優雅さ, 華々しさ ③(自然の荘厳な美しさ, 雄大さ | **ма́ния [бре́д]-ия** 誇大妄想

**величина́** [ヴィリチナー] 複-и́ны [女1] [size] ①大きさ, 寸法, 数値, 数量;《数》値, 量, 数: -о́й 2 на 4 ме́тра 2掛ける4メートルの大きさ | неизве́стная ～ 未知数 | переме́нная ～ 変数 | бесконе́чно больша́я ～ 無限大 | измери́ть -у́ 大きさを計測する | в натура́льную -у́ 等身大の, 実物大の ②重鎮, 大家: мирова́я ～ 世界的権威

**вело..** [語形成]「自転車の」
**велого́нка** 複-нок [女2] 競輪(велосипе́дная го́нка)
**велого́нщи|к** [男2]/**-ца** [女3] 競輪選手
**велодро́м** [男1] 自転車競技用トラック
**велокро́сс** [男1]《スポ》シクロクロス
**велопробе́г** [男2] 自転車レース

**велосипе́д** [ヴィラシピェート] [男1] [bicycle] 自転車: е́здить на -е 自転車に乗る | ката́ться на -е 自転車で走る ♦*изобрета́ть* ～ 時間や労力をかけてわかりきっていることをする, 無益なことをする ■**во́дный** ～ 水上自転車, ペダルボート ∥ **велосипе́дный** [形1] ～ спо́рт《スポ》≒велоспо́рт

**велосипеди́ст** [男2]/**-ка** 複-ток [女2] 自転車に乗る人, 競輪選手
**велоспо́рт** [男1]《スポ》サイクルスポーツ, 自転車競技
**велотре́к** [男2] 自転車専用道路, サイクリングロード
**велотренажёр** [男1] エアロバイク
**вельбо́т** [男1] ホエールボート(両端の尖った細長い高速ボート)
**вельве́т** -a/-y [男1] ベルベット ∥ **-овый** [形1]
**вельмо́ж|а** (女3変化) [男] ①《露史》《革命前》裕福な名門高官 ②傲慢で無能な公務員, 役人 ∥ **-ный** [形1] <① ②(役人が)傲慢で愚かな
**велю́р** -a/-y [男1] ①ベロア, ビロード状の布 ②ビロード状になめした皮, スエード ∥ **-овый** [形1]
**велириза́ция** [女9]《言》軟口蓋(音)化
**велири́ный** [形1]《音》軟口蓋音の
**ве́н|а** [女1]《解》静脈: взя́ть кро́вь из -ы 静脈から採血する

**Ве́на** [女1] ウィーン(オーストリアの首都)
**венге́рка¹** 複-рок [女2] ①《植》プルーンの品種 ②《楽》ハンガリー舞踊[舞曲] ③→**венгр**
**венге́рский** [形3] ハンガリー(人)の: ～ та́нец《楽》ハンガリー舞曲
**венгр** [男1]/**венге́рка²** 複-рок [女2] ハンガリー人
**Ве́нгрия** [女9] ハンガリー(首都は Будапе́шт)
**венде́тта** [9] [女1]《文》血の復讐, 敵討ち(месть)
**Вене́ра** [女1]《天》金星;《ロ神》ヴィーナス
**венериа́нский** [形3] 金星(Вене́ра)の
**венери́ческ|ий** [形3]《医》性病の: -ие боле́зни 性感染症
**венеро́лог** [男2]《医》性感染症専門医
**венероло́г|ия** [女9]《医》性感染症学 ∥ **-и́ческий** [形3]

**вене́ц** -нца́ [男3] ①《単》《雅》(苦難の象徴としての)冠: терно́вый ～ [вено́к]《文》苦難, 受難 ②王冠: ца́рский ～ 皇帝の冠 ③《教会》(結婚の)冠;《単》《話》結婚(式), 結婚: пойти́ под ～ [《単》≒ под -е́ц](女性が)…と教会で結婚する | повести́ 完 под ～ (男性が)…と教会で結婚する | сыгра́ть -е́ц [вене́ц] 婚礼の直後に《雅》最高峰, 頂点: Коне́ц — де́лу ～.《諺》終わりよければ全てよし ⑤花冠風三つ編み [編み込み] ⑥《天》(太陽・月などの)光冠, コロナ: ～ вокру́г со́лнца 日光冠 ⑦(イコンの聖人の頭部の)光輪 ⑧(ログハウスの壁を成す)丸太1列

**вене́чн|ый** [形1] ①< вене́ц ②《解》冠状の: -ые сосу́ды се́рдца 心臓の冠状動脈
**ве́нзел|ь** 複-я́ [男5] モノグラム; 署名 [名前と姓, 名前と父称]の頭文字を図案化したもの; 制服[文書]などに機関 [学校] の名称の頭文字を描いたもの ♦*-я́ писа́ть* 千鳥足で歩く, よろめきながら歩く ∥ **-евый** [形1]
**Вениами́н** [男1] ヴェニアミーン(男性名; 愛称 -ня)
**ве́ни|к** [男2] ①(蒸し風呂で使用する)細枝や葉付きの枝の束;《話・戯・蔑》出来の悪い花束(で床を掃くための)細枝の束, ほうき ∥ **-чный** [形1]
**венко́м** [] ①円を描いて ②(頭の回りの三つ編みが)王冠のように
**вено́зный** [形1] 静脈(ве́на)の
**вено́|к** -нка́ [男2] (花・葉・枝で作った)輪, 花冠: лавро́вый ～ 月桂冠 ∥ **-чный** [形1]
**ве́нский** [形3] ウィーン(Ве́на)風の: ～ сту́л 曲げ木製の椅子 | В～ конгре́сс ウィーン会議 | ～ вальс (競技ダンスの)ウインナーワルツ | ко́фе по-*ве́нски* ウインナーコーヒー
**ве́нтер|ь** 複-и/-я́, -ей/-е́й [男5]《漁》氷下網, 袋網
**вентили́ровать** -руешь 不完 ①《不完→完》換気する ②《話》解明[検討]する
**ве́нтиль** 複-и/-я́, -ей/-е́й [男5] ①バルブ, 弁 ②《楽》(金管楽器の)ミュート
**вентиля́тор** [男1] 扇風機, 換気扇, 換気[空調]装置 ∥ **-ный** [形1]
**вентиля́ц|ия** [女9] 換気; 換気装置 ∥ **-ио́нный** [形1]
**венцено́сец** -сца [男3]《旧》(式辞・祝辞で)君主
**венча́ние** [中5] ①(教会での)結婚の儀式 ②戴冠式 ∥ **венча́льный** [形1]: -ое кольцо́ 結婚指輪
**венча́ть** 受過 венча́нный [不完] <《回》①《完 по-, об-》(教会で) 結婚式を行う: *Венча́ны* неда́вно. 最近結婚した ②《完しても》《完また у～》…の戴冠式を行う: (称号・褒賞を月桂冠を被せる) ②…に花冠を飾る ③…の頭に戴せる: *побе́дителя* Олимпи́йских игр ла́врами オリンピックの勝者に月桂冠を被せる ③…の頂点を飾る: Це́рковь венча́ет золото́й ку́пол. 金のねぎ坊主が教会のてっぺんを飾っている ④首尾よく行う: Коне́ц венча́ет де́ло.《諺》終わりよければ全てよし
**венча́ться** [不完] ①《完 по-, об-》《ロ回と》《в 回》(教会儀式により)結婚する: Они́ венча́лись в э́той це́ркви. 彼らはこの教会で結婚式を挙げた ②《完しても》王位に就く ③《回》頭上が飾られる
**ве́нчик** [男1] ①《調理》泡立て器: взби́ть ～ *om* бел́ка́ 卵白を泡立て器で泡立てる ②《植》花冠(花弁の総称) ③[指小・愛称] < вено́к ④教会葬で死者の額に巻く聖約を記した絵や文言が書かれた細布
**ве́нчурный** [形1]《金融》(投資などが)ベンチャーの
**вепрь** [男5] (通例神話・伝説の)猪
**вепс** [男1] ヴェプス人 ∥ **-ский** [形3] ヴェプス(人)の

**ве́р|а** [ヴェーラ] [女1] ①[faith, belief] 〈в⚫︎への信, 信仰, 信用: ～ в побе́ду [успе́х] 勝利[成功]への信じること, 信用 | ～ в себя́ 自信 | утра́тить -у у люде́й 人への信用をなくす ②〈в⚫︎への信仰, 信念: ～ в Бо́га 神への信仰 | ～ в бессме́ртие 不死信仰 ③《話》宗教; 宗派: христиа́нская ～ キリスト教 | правосла́вная ～ 正教 ④《話》信頼: вы́йти из -ы́ 信頼を失くす | Нет тебе́ -ы́. お前なんか信用してない ⑤主義, 学説: канти́анская ～ カントの学説 ♦*-ой и пра́вдой* 正直に, 忠実に | **приня́ть на -у** うのみにする ■**това́рищество на -е**《商》信託会社
**Ве́ра** [女1] ①ヴェーラ(女性名) ②(愛称)< Веро́ника

**веранд|а** [女1] (しばしばガラス張りの)テラス ∥ **-ный** [形1]

**вéрба** [女1] 〘植〙ヤナギ属(и́ва)のうち綿毛状の花穂を持つ数種(ネコヤナギなど) ■ **крáсная ~** カスピエヴォヤナギ(краснотáл)

**вербализáция** [女9] 〘言〙動詞化

**вербáльн|ый** [形1] ①口頭の, 口上の 〘言〙動詞の ∥ **-о** [副] 言葉で

**вербéн|а** [女1] 〘植〙バーベナ属, クマツヅラ属 ∥ **-овый** [形1]

**верблю́д** [男1] 〘動〙ラクダ ◆ **Откýда? — От-á.** 「どこから?(なぜ?)」「ラクダから」(理由を説明したくないときのぞんざいな言い表現)

**верблю́дица** [女3] 雌のラクダ

**верблю́жий** [形1] ラクダ(верблю́д)の; ラクダの毛で作られた ②らくだ色の

**верблюжóнок** -нка 複 -жáта, -жáт [男9] ラクダ(верблю́д)の子

**вéрбн|ый** [形1] < вéрба ■ **В-ая недéля** 〘正教〙聖枝祭( 略 大斎の第6週)

**вербовáть** -бýю, -бýешь 受過 -óванный [不完] / **за~** [完] 〘対〙 ①(軍関係の仕事に)雇う ②〘話〙(活動・団体に)引き入れる

**вербóвк|а** 複生 -вок [女2] 徴募, 傭兵募集 ∥ **вербóвочный** [形1] : ~ пýнкт 志願兵受付所, 徴募所

**вербóвщи|к** [男2] **-ца** [女3] 徴募官, 募兵官

**вербóв|ый** [形1] < вéрба : -ая корзи́на ヤナギの枝の籠

**верди́кт** [男1] ①(陪審員が下す)評決: вы́нести ~ 表決を下す ②〘話〙意見, 判断, 結論 ③〘スポ〙審判の判定

*** верёвк|а** [ヴィリョーフカ] 複生 -вок [女2] 〔rope〕縄, 綱, (撚った)ひも, ロープ: ~ для белья́ 洗濯「物干し」ロープ | перевяза́ть ~ой ロープで縛る | привяза́ть на ~у ~にロープに結びつける | вести́ 〘対〙 на ~é ひもを付けて~を引っ張る | ~и вить из 〘生〙 …をあごで使う, 意のままにする | мы́лить ~у 〘話〙 最悪の結末に対して備える | привести́ 〘対〙 на -е ~を無口的で連れていく

**верёвочк|а** 複生 -чек [女2] 〔指小〕 < верёвка: пры́гать че́рез ~у 縄跳びをする ∥ **верёвочный** [形1] : -ая ле́стница 縄ばしご

**верени́ца** [女3] 続いた物・人の列, 連なり; (一連の)現象[事件]; (次々に浮かぶ)考え, イメージ

**вéреск** [男2] 〘植〙ヘザー, ヒース ∥ **-овый** [形1]

**веретенó** 複 -тёна [中1] (手紡ぎ用の)つむ ②〘紡績機の〙紡錘, スピンドル ③心棒, 車軸 ∥ **веретёнце** 複生 -нец [中2] 〔指小〕

**вереща́ть** -щý, -щи́шь [不完] 〘話〙 ①鋭く甲高い音を出し続ける ②〔電話が〕けたたましく〔しつこく〕鳴る

**верзи́л|а** [男9, 女] 非常に背の高い人

**вери́ги** -ри́г [複] 〘宗〙(熱狂的信徒が体を痛めつけるために身に着ける)鎖, 枷(かせ)

**вери́тельный** [形1] 委任[委託]を証明する: -ая гра́мота 〘外交〙信任状

*** вéрить** [ヴェーリチ] ве́рю, ве́ришь 命 верь [不完] / **по-вéрить** [パヴェーリチ] 〘与〙〔believed〕 ①〈В〘対〙〉…の実現[実在]を信じる, …は期待に応えられると信じる: ~ в побéду 勝利を信じる | ~ в люде́й 人々の仲なびと信じる | ~ в себя́ [свои́ си́лы] 自信がある | ~ в любо́вь [дру́жбу] 愛[友情]を信じる ②〈В〘対〙 или /無補語〉…を信じる: ~ в Бо́га 神を信じる ③〈〘与〙・人を信用する, 〔噂などを〕信じる: Верь мне! 私を信じて! | Ты́ вéришь вся́ким слу́хам. 君は何でも信じるよ ◆ **не вéрить ни в бо́га, ни в чёрта** 何も信じない; 神を信じない, 無神論者である | **не ~ свои́м глаза́м**

[уша́м] 自分の目[耳]を疑う, 見間違い[聞き間違い]ではないかと思う | **хоти́те вéрьте, хоти́те нéт** 〘挿入〙信じるか信じないかは, こんなことを言っても信じられないけど ∥ **~ся** [不完] / [完] 〘無人称〙信じられる: Ве́рится с трудо́м. 信じがたい。

**верли́бр** [男1] 〘文学〙自由詩

**вермише́л|ь** [女10] バーミセリ(スパゲッティよりも細い棒状のパスタ) ∥ **-евый** [形1] 〘話〙

**вéрмут** -а/-у [男1] ベルモット(リキュールの一種)

**верне́е** [ヴィルニェーイェ] ①〔比較〕< вéрно, вéрно и вéрно правильно: действовáть ~ より信頼できる ②(というより)むしろ: Он живопи́сец, ~ акваре́лист. 彼は風景画家というよりむしろ水彩画家だ ◆ **~ всегó** 正確には: мýжа | ~ сказáть 〘挿入〙より正確には; というか: Ты́ устáл, а ~ сказáть, переутоми́лся. 君は疲れたというよりろげんなりしちゃったんだね

**верниса́ж** [男4] ①〘公〙(芸術家・文化人を招待して行われる)展覧会のオープニングセレモニー ②В~ ヴェルニサージュ(モスクワの大型土産物市場) ∥ **-ный** [形1]

**вéрно** [副] ①正確に: Часы́ иду́т ~. 時計は正確に動いている ②忠実に: На́ша соба́ка Па́льма ~ охраня́ла до́м. パリマという我が家の犬は忠実に家の番をしていた | служи́ть иску́сству 芸術に忠実に奉仕する ③〘挿入〙確かに: Он, ~, не придёт. 確かに, 彼は来ない ④〘助〙そうだ, 事実: Он прекра́сный пиани́ст. ~. 確かに彼は素晴らしいピアニストだ ◆ **В~!** その通り | **ме́дленно, но́ ~** ゆっくりだが着実に

**вернопо́данническ|ий** [形3] : -ие чу́вства 忠誠心

**вернопо́данный** [形1] 〘旧〙君主に忠実な

*** вéрность** [女10] 〈与〉への忠義, 忠節, 貞節, 正確さ, 確かさ: ~ Ро́дине 祖国愛, 愛国心 | самура́ев своему́ сюзере́ну 侍の主人への忠 | соблюда́ть ~ 忠義を尽くす, 忠節[貞節]を守る | ~ своему́ сло́ву 約束を守ること ◆ **для (бо́льшей) -и** 〘話〙念のため, 安心のため, 念には念を入れて

*** верну́ть** -ну́, -нёшь [完] (★不完了体は通例 возвраща́ть で代用) 〔return〕 ①返す: ~ до́лг 借金を返す | ~ кни́гу в библиоте́ку 本を図書館に返す ②取り戻す, 取り返す: ~ поте́рянное なくした物を取り戻す | ~ себе́ то́, что у ~ отня́ли ~が奪われたものを取り戻す ③返させる, 戻させる, 再訪を許す: ~ беглеца́ домо́й 家出人を家に呼び戻す | ~ отца́ де́тям 父親を子どものところに戻させる | ~ жи́знь 〘与〙 …に活気を取り戻させる | ~ ве́ру в себя́ 〘与〙 …に自信を取り戻させる

*** верну́ться** -ну́сь, -нёшься [完] (★不完了体は通例 возвраща́ться で代用) 〔return〕 ①帰る, 戻る: ~ домо́й 家に帰る | Верну́лось сча́стье. 幸せが戻ってきた | К больно́му верну́лось созна́ние. 患者に意識が戻った ②〈к 〘与〙〉に立ち戻る: ~ к первонача́льному реше́нию 当初の決定に立ち戻る

*** вéрн|ый** [ヴェールヌイ] 短 -рен, -рна́, -рно -рны/-рны́ 比・最上-не́йший [形] 〔faithful, correct, right〕 ①〔短形 -рны́/-рны〕(期待・予想・信頼を)裏切らない, 信頼できる, 忠実な, 貞節: -ая жена́ 貞淑な妻 | -ая опо́ра ~の支え | ~ друг 忠実な友人 | Соба́ка ~ друг челове́ка. 犬は人間の忠実な友 | Они́ -ы́ своему́ сло́ву. 彼らは絶対に約束を守ります | ~ сы́н ро́дины 母国の忠義な赤子 ②〔長尾〕不可避の, 避けられない: идти́ на -ую ги́бель 確実な破滅の道を行く | пойти́ на -ую сме́рть 死を迎える ③〔短尾 -рны〕正しい, 正確な: -ое реше́ние 正解

**верня́к** -á [男1] 〘話〙〘通例述語〙確実なこと[成功], 疑いのもので, 当てになるもの

**вéрование** [中5] ①〘複〙信念, 観点; 宗教観 ②

## веровать

**веров|а́ть** -рую, -руешь [不完] ① 神を信じる, 信仰している ② 《雅》《в與》を信頼する: 確信している, 信じ切っている ③ 《旧》《в与》を信用する, 当てにする

**вероисповéдан|ие** [中5]《宗》宗教[教会]への正式な所属; 信教, 信仰告白: свобо́да –*ия* 信教の自由

**вероло́мный** [形1] 誓い[義務]を破る, だます, 裏切る; 狡猾な

**вероло́мство** [中1] 制約[義務]を破ること; 背信行為

**веро́ника** [女2]《植》クワガタソウ属 (イヌノフグリなど)

**Верони́ка** [女2] ヴェロニカ(女性名; 愛称 Ве́ра, Ни́ка)

**вероотсту́пни|к** [男2] /**-ца** [女3]《宗》信仰[宗教]を放棄した人, 背教者 **//-чество** [中1]《宗》信仰[宗教]の放棄, 背教

**веротерпи́мость** [女10]《宗》信仰の自由を認めること; 宗教的寛容

**вероуче́ние** [中5]《宗》教義の総体

**вероучи́тель** [男5]《宗》教義に精通した人, 講釈する人, 布教師; (通例東洋の教義の)創始者 **// ~ный** [形1]

*‡**вероя́тно** [ヴィラヤートナ] [副] 〔probably〕おそらく, たぶん: В~, я сего́дня задержу́сь. たぶん今夜は遅くなるよ | Вполне́ ~, что ты прав. 君の方が正しいってことは十分ありうる

*‡**вероя́тност|ь** [ヴィラヤートナスチ] [女10] 〔probability〕① 実現[存在]の客観的可能性; 実現の見込み: В~ выпадéния снéга сохрани́тся. 雪が降る可能性はまだあるでしょう ② 仮説, 仮定; 《哲》蓋然性;《数》確率 ◆*по всéй –и* 恐らく, 十中八九 | *теóрия –и* 確率論

*‡**вероя́тн|ый** 短 -тен, -тна [形1] 〔probable〕実現の可能性がある; 予想される; 仮想の: ~ претендéнт на золоту́ю медáль 金メダルの最有力候補

**Верса́ль** [男5] ヴェルサイユ **// верса́льский** [形3]: *В~ догово́р* ヴェルサイユ条約

**версифика́тор** [男1] ① 《旧》詩人 ② 《文》(作詩法は心得るも才能のない)詩人 **// ~ский** [形3]

**версифика́ция** [女9]《文》詩を作ること

*‡**вéрс|ия** [ヴェールシヤ] [女9] 〔version〕(ある現象・出来事に対する)説, 見方: но́вая ~ 新説, 新版 | прове́рить все –*ии* 全ての説をチェックする ②(バージョン, 版: демонстрацио́нная ~ (програ́ммы)〔IT〕(プログラムの)デモ版 | электро́нная ~ 電子版

**верст|á** 複 вёрсты [女1] ヴェルスタ (昔の長さの単位; 1.06キロメートル, 500サージェン сáжень に相当): в трёх –áх от гóрода 町から3ヴェルスタのところに (★数詞と共に用いるとアクセント注意) ◆*За семь вёрст киселá хлебáть*. 〔諺〕割が合わぬくたびれもうけ

**верста́|к** -á [男2] (木工・金属細工などの)作業台 **// -чный** [形1]

**верста́ть** [不完] /**с-** 受過 свёрстанный [完]〔印〕〈本・新聞などの〉組版[製版]をする, ページアップする

**вёрстка** 複生 -ток [女2] ①(本・新聞などの)組版, 製版, ページアップ ② 校正刷り

**вéртел** 複 -á [男1] ① 串焼き用の金属棒, 焼き串 ≒ вертéльный **// -ьный** [形1]

**вертéп** [男1] ①《旧》(主に宗教劇の)箱型人形劇場 ② 犯罪者のたまり場; 巣窟(そうくつ) ③ 《旧》洞穴, 洞窟 **// -ный** [形1]

*‡**вертéть** верчу́, вéртишь 受過 вéрченный [不完]〔turn〕①《印》回す, 円を描くように動かす: ~ партнёршу (ダンスの)パートナーをターンさせる ②《印》《脱》回転させる; 回す: ~ голово́й [шéей] 頭[首]を回す ③《вин+》〈もの〉を巻いて作る, 用意する ④《話》自分の裁量で取り仕切る ⑤《話》穴を開ける ◆*Как ни верти́* いずれにせよ, ともあれ

*‡**вертéться** верчу́сь, вéртишься [不完]〔turn〕① 回る, 回転する ②(考え・会話・議論などが)常に同じこと[テーマ]に戻る: ~ "в головé [на умé]" しつく頭[意識]にのぼる ② あちこちに向きを変えて落ち着きなく座る[立つ, 横になる]: ~ пéред зéркалом 長い間[しょっちゅう]鏡で自分を見る ③《話》付きまとう, そばをうろちょろする: ~ "на глазáх [на виду́, пéред глазáми]" у 與 〈人に〉付きまとって自分を思い出させる, うんざりさせる ④《話》答えをはぐらかす; ずるく振る舞う ⑤《話》いつも忙しくする, 苦労する ⑥《不完》《受身》= вертéть ◆*А всё-таки онá вéртится*. それでも地球は回っている (ゆるぎない真理について) | *~ как бéлка в колесé* 様々なことで休みなく多忙にする, せかせかする

**вертика́л** [男1]《天》天頂

**вертика́л|ь** [女10] ①《数》垂線; 縦軸, 縦 (↔горизонта́ль) ②(役職・組織・企業などの)序列の: ~ влáсти 権力の垂直的統合, 中央集権化 ◆*по –и* (1)縦方向に (вертика́льно): читáть *по –и* 縦に読む (2)序列で, 縦割りで

**вертика́льно** [副] 縦に, 垂直に (↔горизонта́льно)

*‡**вертика́льн|ый** 短 -лен, -льна [形1] 〔vertical〕垂直な; 縦軸に沿った (↔горизонта́льный): привести́ спи́нку крéсла в –*ое* положéние (離着陸時に)座席を元の位置[垂直]に戻す ②(役職・組織・企業の)序列を反映した ③《経》(生産・販売面での)垂直的に統合された **// -ость** [女10] <①

**вертихво́стка** 複生 -ток [女2]《俗》軽率な[思慮の浅い]女

**вёртк|ий** 短 -ток, -ткá/-тка, -тко [形3]《話》① 素早い, 機敏な; 機動的な; (ボートが)不安定な, ぐらぐらする ② どんな状態でも解決策を見つける; (通例否定的に)ずる賢い, 要領のいい **// -ость** [女10] <①

**вертлу́|г** -á [男2]《解》(大腿骨の)転子; (昆虫の脚の)転節 **// -жный** [形1]

**вертлю́|г** -á [男2] (2つの部分を結合する) 回り継ぎ, スイベル **// -жный** [形1]

**вертля́вый** 短 -я́в [形1]《話》① 活発に動きすぎる, 落ち着きのない; (ボートが)安定しない ②(通例女性が)馴れ馴れしい, うち解けすぎる, 屈託のない

**вертодро́м** [男1] ヘリコプター発着所, ヘリポート

*‡**вертолёт** [ヴィルタリョート] [男1] 〔helicopter〕ヘリコプター: боево́й ~ 圕 戦闘ヘリ | Туда́ мо́жно добрáться то́лько на ~*е*. そこへはヘリコプターでしか行けない **// ~ный** [形1]

**вертолётоно́се|ц** -сца [男3] ヘリポートを備えた軍艦

**вертолётчи|к** [男2] /**-ца** [女3] ① ヘリコプター操縦士 ② [複] ヘリコプター製造に携わっている人

**вертопрáх** [男2]《話》軽率で深く考えない人

**верту́шка** 複生 -шек [女2] ① 《話》回転装置: дверь ~ 回転ドア ② 《話》周回線 ③ 《話》2地点を結ぶ往復列車 ④《話》ヘリコプター ⑤《話》軽率で思慮が浅い女性 ⑥《俗》手巻きたばこ ⑦《若者》CDプレイヤー

*‡**вéрующ|ий** [形6] 〔believer〕① 神の存在を信じる ② ~ [男名] /**-ая** [女名]《宗教》の信者; 神を信仰している人; 信心深い人

**верфь** [女10] 造船[修理]会社

*‡**вéрх** [ヴェールフ] -а/-у, 前 о -е, на -у́ 複 -и́ [男2] 〔top〕① 最上(部), 頂点, 頂上 (↔низ): ~ горы́ 山頂 ② (車の)ルーフ, 屋根, (馬車の)ほろ ③《単》(布地・素材の)表; (衣服の)表地 ④《複》頂上部, 首脳部 (↔ни́зы): встрéча на ~áх トップ会談 ⑤《複》《話》うわべだけの知識: нахвата́ться по ~áм (物事の)うわっつらをなぞる ⑥《単》《圕》の絶頂: ~ глу́пости 愚の骨頂 ⑦《単》《話》優位: взять ~ над 圕 …に勝つ, 優る | Чей

~, того́ и во́ля. 《諺》勝てば官軍 ⑧ 《通例複》《複 -á/-ы́》 《話》高音の歌声

**верхне..** [語形成]「上部の」「上方の」「上流の」: *верхнево́лжский* ヴェルガ川上流の

**ве́рхн|ий** [ヴェールフニイ] [形8] [upper] (< верх) ①上の, 上に位置する: *-ее пла́тье* 上着 | *-яя пала́та* (国会の) 上院 | *-ее тече́ние (реки́)* (川の) 上流 | *-яя Во́лга* 上ヴォルガ (ヴォルガの上流域)

**верхове́нство** [中1] [旧] 主導権, 支配

**верхо́вн|ый** [ヴィェルホーヴヌィ] [形1] [supreme] 最高の: *-ое кома́ндование* 《軍》最高統帥 (権)

**верхови́к** [男1] / **~ка** 複生 -док [女2] 《話》支配する人, 首謀者

**верховоди́ть** -о́жу, -о́дишь [不完] 《話》《圏》を指導する, 支配する

**верхово́й** [形2] ①上方へ移動する (ための) ②高い所にある; 風・吹雪が高い所で発生し動いている; (鳥が) 高い所を飛んでいる ③騎乗の: *-а́я ло́шадь* 乗用馬 ④ — [男名] / **-а́я** [女名] 《圏》高所作業員 ⑤ (川の) 中・村の) 川の上流に位置する

**верхо́вый** [形1] = верхо́вье

**верхо́вье** 複生 -ьев [中4] 川の上流, 上流付近

**верхогля́д** [男1] 《話》物事のうわべしか見ない人; 浅はかな人 ②《魚》コイ科の魚

**верхогля́дство** [u] [中1] 《話》物事の表面にしか見ない《深く考えない》態度; 物事の本質を捉えない「表面的な」理解

**верхола́з** [男1] 非常に高い所で働く人, 高所作業員 **//~ный** [形1]

**ве́рхом** [副] ①上方で, 高い所で (↔ни́зом) ②《話》山盛りに

**верхо́м** [副] (馬などに) またがって, 馬乗りになって: *сесть ~* 《人を自分の思い通りにする; 命令する

**верхоту́ра** [女1] 《話》上部, 建物の上階

*ве́рху́шк|а** 複生 -шек [女2] [top] ①上部, 頂上, 山頂; (木の) 梢: **~ а́йсберга** (問題などの) 氷山の一角 ② 《話》(社会・組織の) 上層部 ③《複》表面的な知識 ④《話》《楽》高音 **//-ечный** [形1] < ①②

**верче́ние** [中5] < верте́ть 回転, 旋回

**ве́рша** [女4] 《漁》(柳の枝を編んだ) 漁具, やな

*верши́н|а** [ヴィルシーナ] [女1] [top, peak] ①頂上, 頂点; ト́ ~ холма́ 丘のてっぺん | дости́чь -ы сла́вы 栄光の頂点に達する ②《数》頂点 **//-ный** [形1]

**верши́тель** [男5] 《雅》物事を決定する [他を支配する] 人 [物]

**верши́ть** -шу́, -ши́шь [不完] 《雅》①《圏》解決する; 《圏》を支配する: ~ судьба́ми 運命を支配する ②《圏》完遂する **//-ся** [不完] 《受身》

**вершки́** -о́в [複] (< верх) **◆хвата́ть ~** うわべだけの知識を得る, 真剣に取り組まない

**вершо́к** -шка́ [男2] ヴェルショーク (昔の長さの単位, 4.45センチメートル)

*вес** [ヴェース] -а/-у 前 о -е, на -у́ 前 -á [男1] [weight] ①重さ, 重量; 重力, 重み; 重力 | [スポ]ウエイト: в оди́н грамм 重量1グラム | в~ измеря́ют то́ннами. 重さはトン単位で計測される | прода́ть на ~ー (話) < ~у》目方で売る | боре́ц тяжёлого ~а ヘビー級レスラー | Како́й у тебя́ ~ ? 君の体重はどれくらい ?

②重み, 価値, 影響, 重み, 責賞: *руководи́тель с больши́м ~ом* 大物リーダー | **име́ть ~** 影響力がある

**◆на -ý** ①ぶらさがった状態で, 空中に浮いて ②どっちつかず〔宙ぶらりん〕の状態である | **на ~ зо́лота** 《目方》で有益だ, 千金に値する: *цени́ть на ~ зо́лота* …を非常に高く評価する

■ **~ бру́тто [не́тто]** 総 [正味] 重量 | **пусто́й [мёртвый] ~** 自重 | **уде́льный ~** 比重 |

**живо́й [чи́стый] ~** 《畜産》生体[正味] 重量

**веселе́е** ①[比較] <весёлый, ве́село ②[間] 元気出して!

**весёленький** [形3] [指小] < весёлый

**весели́ть** [不完] / **по~** [完] 気持ちをなぐさめる, 元気にさせる

*весели́ть** -лю́, -ли́шь [不完] / **раз~** 受過 -лённый (-лён, -лена) [完] 元気にさせる; 楽しませる: ~ пу́блику 観客を楽しませる

*весели́ться** -лю́сь, -ли́шься [不完] / **раз~** [完] 楽しく過ごす, 楽しむ: ~ как де́ти 子どものようにはしゃぐ

*ве́село** [ヴェーシラ] 比 -ле́е (merrily) ①[副] 愉快に, 陽気に: ~ проводи́ть вре́мя 楽しく時を過ごす | ~ смея́ться 陽気に笑う ②[無人述]: *На ве́чере нам бы́ло ~.* 私たちはパーティーが楽しかった

*весёл|ый** [ヴィショールィ] 短 ве́сел, -ла́, -ло, -лы/-лы́ 比 -ле́е [形1] [cheerful, merry] ①陽気な, 楽しい, 快活な: ~ хара́ктер ほがらかな性格 | *-ое настрое́ние* 上機嫌 | 《長尾》楽しくさせる, 明るい: ~ спекта́кль 陽気な劇 | *-ая му́зыка* 気分を明るくし, うきうきさせてくれる音楽 **//-ость** [女10] 陽気, 快活, 楽しい気分

**весе́лье** [中1] ①底抜けに明るい様子, 活気 ②陽気な振やかさ; 気晴らし

**весе́льный, вёсельный** [形1] < весло́

**весельча́к** -а́ [男2] 《話》陽気な人, 楽しむことが好きな人

**веселя́щий** [形6] : ~ газ [化] 笑気

*весе́нн|ий** [ヴィシェーンニィ] [形8] <весна́》春の: *-яя вода́* = *-ие во́ды* 雪解け水 | ~ сев 春播種

*ве́сить** [ヴェーシチ] ве́шу, ве́сишь, … ве́сят 命 весь [不完] (weigh) ①[圏] (重さが…) ある, 目方がある: *Ры́ба ве́сит три килогра́мма.* 魚は3キロ目方がある | *Груз ве́сит пять тонн.* この荷物は5トンある ②《俗》量る

**ве́ск|ий** 短 -сок, -ска 比 ве́сче [形3] 説得力のある, 真剣な: ~ до́вод 有力な論拠 **//-о** [副] **//-ость** [女10]

**весло́** 複 вёсла, вёсел, вёслам [中1] (船の) オール: *идти́ [плыть] на вёслах* オールを漕ぐ | *сесть на* [*за*] *вёсла* 漕ぎ手になる **◆суши́ть вёсла** (1) 《海・スポ》イージーオール (漕ぐのをやめ, オールを水の上に上げた状態にせよ》の際の掛け声) (2) 《若者・俗》動きを止める; 仕事を中断する; けんかをやめる

*весна́** [ヴィシュナー] 複 вёсны, вёсен, вёснам [女1] (spring) 春, 最盛期: *по́здняя [ра́нняя, дру́жная]* ~ 晩春 [早春, ポカポカと暖かい] 春 | *по -е́* 《俗》春に | ~ *жи́зни* 人生の春 | *-кра́сная* うららかな喜びに溢れる春; 春の女神 | В~ *идёт.* 春がやって来ている | *Пришла́ [Наступи́ла] ~.* 春が来た | *Приходи́, ~!* 春よ来い ■ **за́клик [закли́кание, клика́ние] -ы́** [民俗] 春を呼ぶ儀式

**весно́й** [ヴィスノーイ] [副] [in the spring] 春に: *Са́кура цветёт ~.* 桜は春に咲く

**весну́шк|и** -шек, -шкам [複] そばかす: *ма́льчик в -ax* そばかすだらけの少年

**весну́шчатый** [щ] [形1] そばかすのある

**весня́нка** 複生 -нок [女2] ①《民俗》(南スラヴで) 春の叙情的な儀礼歌 ②《昆》カゲロウ; 《複》蜉蝣(紀) 目

**весов|о́й** [形2] ①重さの: *-а́я катего́рия* 【スポ】重量によって区わけられる階級 [等級] | *-а́я де́ньги* 重量や宛先までの距離に応じてかかる手紙 [小包] の料金 ② 計量の ③ *-а́я* [女名] 計量室

**весо́вщи́|к** -а́ [男2] / **-ца** [女3] 荷物の重さを量る人, 計量員

**весо́м|ый** [形-óм] [形1] ①重さのある ②重そうな ③重みのある, 説得力のある **//-ость** [女10]

**вест** [男1] 《海》①西 ②西風

**веста́лка** 複生 -лок [女2] ①〖ロ神〗ヴェスタの処女 ②〖話〗処女を守り通す女; 修道女

**ве́стерн** [э] [男1] 〖映〗西部劇, ウエスタン

*вести́ [ヴィスチー] веду́, ведёшь 命веди́ 過вёл, вела́ 過過 ве́дший 受過 ведо́мый (-дён, -дена́) [不完] [定] 〔不定 води́ть〕[lead, take] ⑩ ①導く, 連れて行く, 先頭に立つ, 指揮する;〖スポ〗リードする: ~ де́да под [за] ру́ку 祖父に手を貸して [手を引いて] 連れて行く | ~ солда́т в бой 兵士を率いて戦闘に赴く ②〔乗り物を〕運転〔操縦〕する: ~ маши́ну [по́езд, самолёт, су́дно] 車 [列車, 飛行機, 船舶] を運転 [操縦] する ③仕切る, 管理する: ~ кла́сс クラスを担当する | ~ хозя́йство 経営する, 家計を切り盛りする | ~ больно́го по́сле опера́ции 病人の術後の管理をする | ~ собра́ние 集会の司会をする
④〔委 **привести́**〕(階段・通りなどが) 通じる, 至る;〈に〉(物・事が結果として) 至る: Э́та дверь ведёт в ку́хню. このドアは台所に通じている | Все доро́ги веду́т в Рим. 全ての道はローマに通ず
⑤〔完 **провести́**〕〈道路・電線などを〉敷く;〈面で何かを〉動かす, 擦る: ~ нефтепрово́д в Евро́пу 石油パイプラインを欧州へ敷く | ~ па́льцем по стро́чке 行を指でなぞる
⑥〔特定の名詞と共に〕…を行う: ~ войну́ 戦争する | ~ дневни́к 日記をつける | ~ жи́знь 生活を送る | ~ протоко́л 議事録をとる | ~ ого́нь 射撃する
◆~ де́ло [речь] к … へ話題を持って行く | ~ нача́ло от … に始まる, 端を発する | ~ но́сом [не] … を探りだそうとする | ~ себя́ прили́чно [гру́бо] 行儀よく [粗暴に] 振る舞う

**Ве́сти** (不変) [中1] 〖ヴェースチ〗(全ロシア国営テレビ ВГТРК の主要ニュース番組)

**вестибуля́рный** [形1]: ~ аппара́т [解]〖内耳〗の前庭器官

*вестибю́ль [男5] [entrance hall] ロビー, エントランスホール: встре́титься в ~ е ロビーで待ち合わせる

*вести́сь [ヴィスチーシ] ведётся, веду́тся 過вёлся, вела́сь 過過 ве́дшийся [不完] ①行われる, 発生する, 起こる;〔無人称〕〖話〗一般的である: Та́к ведётся набо́р сотру́дников. 職員募集や! Та́к ведётся испоко́н. 大昔からそうしてきた ②〔受身〕〈に〉付き従う

**ве́стник** [сн] [男2] ①〖雅〗知らせて [ニュース] をもたらす人; 主唱者 ②〖劇〗(古代演劇・古典悲劇で) 観客に舞台の外で起こっている出来事を伝える人 ③報知, 紀要

**вестово́й** [形2] ①〖旧〗伝言〖合図〗を伝える ■[男名] 伝令兵

*ве́сть [複 -и, -е́й [女10] 知らせ, 便り, 通知, ニュース: Нет -е́й — до́брые -и. 便りのないのはよい便り | ~ о сме́рти 死亡通知 ◆ пропа́сть бе́з вести 消息不明になる, 行方不明になる ∥ **ве́сточка** 複生 -чек [女2]〖指小〗〖話〗

**весы́** -о́в [複] [scales] ①量り, 体重計 ②В~〖天〗天秤座

*весь [ヴェーシ] [男] всего́ [ヴォー], всему́, всего́/весь, всем, обо всём, **вся** [フシャー] [女] всей, всю, всей, всей, обо всей, **всё** [フショー] [中] всего́, всему́, всё, всем, обо всём, **все** [フシェー] [複] всех, всем, всех, всеми, обо всех [代] [all] ①全ての, 全体の, あらゆる;〈数詞と共に〉丸…; 完全に, すっかり: весь день [ве́чер] 一日中 [一晩中 (寝るまで)] | вся семья́ 家族全員 | всё вре́мя いつも | все слова́ 全単語 | во всём ми́ре 全世界で, 世界中で | всю́ но́чь 一晩中ずっ と | всё в пыли́. 彼は全身ほこりまみれ

匯法 单数では1つの全体, 複数では全成員を表す: весь наро́д 一民族全体 | все наро́ды ми́ра 世界の全民族 | вся страна́ 国中が, 国を挙げて | все стра́ны 全国

②всё [中名] → всё [1]
③все [名] 全ての人, 全員: Оди́н за всех, все за одного́. 1人は万人のために, 万人は1人のために | все до одного́ ひとり残らず ④〔単一比較＋всего́ [всех] で〕一番 [最も] …: Э́то лу́чше всего́. これが一番いい | Бо́льше всех ра́довалась Алекса́ндра. 誰よりも喜んでいたのはアレクサンドラだった ◆ весь [вся] в [話] …にそっくりである: Она́ вся в па́пу. 彼女は父親似だ | всего́ хоро́шего [до́брого], 〖俗〗лу́чшего] ご機嫌よう (別れの際に; 時に до свида́ния に添えて) | всем бра́ть [話] 全ての美点を兼ね備えている: Она́ всем берёт — и красото́й и умо́м. 彼女は才色兼備だ | весь [все] и вся [話] 1人残らず, 1つ残らず, ことごとく | со всем тем [話] = 〖滑稽〗при всём при то́м それにもかかわらず | по всему́ [話] あらゆる点からみて: По всему́ ви́дно, что́ он пра́в. あらゆる点からみて, 彼が正しいことは明らかだ

*весьма́ [ヴィシマー] [副] 《文語》 すごぶる, 至って, 大いに (★ 否定詞とは用いない): В~ вероя́тно. 大いにあり得る | В~ по́льщен ва́шим визи́том. お越し下さりことのほかわれしく存じます

**вет..** [語形成]〖獣医学の〕

**ветви́стый** 短 -и́ст [形1] ①枝がたくさんある ②〖話〗(筆跡・手紙の文体などが) 凝った, 飾り立てた

**ветви́ться** -ви́тся [不完]〖話〗①枝を作る; 枝分かれする ②〖話〗(道路・川などが) 分岐する

**ветвра́ч** [男4] 獣医

*ветвь [複 -и, -е́й [女10] [branch] ①枝: ~ и берёзы 白樺の枝 ②枝分かれ [分岐] したもの: ~ желе́зной доро́ги 鉄道の支線 | боковая ~ ро́да 一族の傍系 ■ -и трахе́и〖解〗気管支

*ве́тер -тра/-тру на́ о -тре, на -тру́ 複 -тры -тра́ (по ве́тру, по ве́тру; на́ ветер, на ве́тер) [男1] [wind]〖気象〗風: ско́рость ве́тра 風速 | си́льный [лёгкий] ~ 強[微]風 | попу́тный ~ 追い風, 順風 | ме́стный ~ 地方風 | стоя́ть на ветру́ 吹きさらしにいる | ~ со ско́ростью 3 м/с (три ме́тра в секу́нду) 秒速3メートルの風 | Неожи́данно ~ подня́лся. 不意に風が立った

◆ броса́ть слова́ на ~ 放言 [放談] する, 約束しておいて守らない | броса́ть де́ньги на ~ 金を湯水のように浪費する | ~ в голове́ у … は軽薄だ | ~ переме́н〖文〗新潮流 | вы́бросить 圃 на ~ 〈金など を〉無駄に遣う | держа́ть нос по ве́тру 〖話〗日和見を決め込む, 風向き次第で有利な方へ動く | идти́ [смотре́ть] куда́ ~ ду́ет 右顧左盼 (さゅん), 風向き次第で有利な方へ動く, 八方美人, 腰が据わっていない | ищи́ ве́тра в по́ле 探しても無駄だ, 絶対に見つからない | Каки́м ве́тром вас [тебя́] сюда́ занесло́? (これは珍しい, ) どんな風の吹き回しでここにいらしたのか | по́ ветру [по ве́тру] разве́ять 圃 … をよく考えもせずに無駄遣いする | подби́тый ве́тром [1]〖話〗頭の空っぽな人 (2)〖滑稽〗季節はずれの薄手の上着 | поня́ть, отку́да [куда́] ~ ду́ет〖話〗風向き [動向, 形勢] を知る

**ветера́н** [男1] [veteran] ①退役軍人 ②功労者 ■меда́ль «В~ труда́» 功労者メダル (農業, 科学, 文化の分野で長年の功労があった者に受領年齢に達した後に授与される) ∥ **~ский** [形3]

**ветерина́р** [男1] 獣医 ∥ **~ский** [形3]

**ветерина́рия** [女9] 獣医学 ∥ **ветерина́рный** [形1]: ~ ые и фитосанита́рные ме́ры 動植物検疫措置

**ветеро́к** -рка́ [男2] 〔指小＜ве́тер〕そよ風 ◆ с ~ко́м (乗り物で) 早く

*ве́тка 複生 -ток [女2] [branch] ①小枝 ②〖話〗(鉄道・地下鉄の) 路線, 支線: кра́сная ~ метро́ 赤色で

示された路線

**ветл|á** 複 вётлы, вётел, вётлам [女1]《植》セイヨウシロヤナギ(и́ва бе́лая) **//-о́вый** [形1]

**ве́то** (不変) [中1] ①《法》拒否権: наложи́ть ~ на 圐 …に対して拒否権を行使する, …を拒否する ②《話》拒否, 禁止

**ве́точка** 複生 -чек [女2] 小枝

**вето́шка** 複生 -шек [女2] 古い服やシーツのぼろ布, 古い布きれ

**вéтошь** [女11]《集合》古着; 古い布の切れ端, 廃棄処分の生地 **//вето́шный** [形1]

**ветрени́ца** [女5]《植》アネモネ

**ветрен|ый** 短 -ен [形1] ①風を伴う: -ая пого́да 風の強い天気 ②(人が)軽薄な, お天気屋 **//-ость** [女10] **/ ве́трено** [副][無人述]: Сего́дня ~. きょうは風がある

**ветри́ло** [中1]《通例詩》帆船 ②《俗》強風

**ветро..**《語形成》風の

**ветро́вка** 複生 -вок [女2]《話》(フード付き)ウインドブレーカー

**ветров|о́й** [形2] 風の; 風の影響で起こった; 風から守る: -о́е стекло́《車》フロントガラス

**ветрогенера́тор** [男1] 風力発電機; 風力タービン

**ветрого́н** [男1]《話》軽薄な人, お天気屋

**ветроме́р** [男1]《理》風速計, 風力計

**ветросило́вой** [形2] 風力の

**ветроуказа́тель** [男5]《航空》吹き流し

**ветроэнерге́тика** [女2] 風力エネルギー

**ветря́к** -á [男1]《話》風車小屋; 風力発電機

**ветря́нка** 複生 -нок [女2]《話》①風車小屋 ②《医》水疱瘡

**ветрян|о́й** [形2] 風の, 風力による: -áя ме́льница 風車, -áя электроста́нция 風力発電所 | воева́ть [сража́ться] с –ы́ми ме́льницами 見せかけの危険[架空の敵]と戦って無益な労力を使う(★『ドン・キホーテ』より)

**ве́трян|ый** [形2] 風まかせの ■ -ая о́спа《医》水疱瘡

**вéтх|ий** 短 ветх, -хá, -хо [形3] ①古い; 年老いた ②《旧》古くからある ■ В~ Заве́т 旧約聖書 **//-ость** [女10]

**ветхозаве́тный** [形1] ①旧約聖書の ②古い, 旧式の, 廃れた

**ветша́ть** [不完]/**об~** [完] 老朽化する, 廃れる

**вёх** [男1]《植》ドクゼリ, ドクニンジン

**ве́ха** [女2] ①(道順・境界などを示す)標識棒; 《海》(海路・水路の)標識柱 ②《通例複》《雅》転換点, 分岐点

*****вéчер** [ヴェーチェル] 複 -á [男1] [evening, party] ①晩, 夕, 宵 (日没後から就寝まで, 5-12時ごろ): в пять часо́в ~а 午後5時に | к ~у 夜にかけて | ~ом,《話》под вéчер 夕方ごろに | с утрá до ~а 朝から晩まで
②夜会, 夕べの集い, 夜のパーティー: на -е па́ртии で | литерату́рный [танцева́льный] ~ 作品朗読会 [ダンスパーティー] | ~ япо́нской культу́ры 日本文化の夕べ | выпускно́й ~ 卒業パーティー | зва́ный ~ 招待夜会 ◆**~ жи́зни** 晩年 | **До́брый** ~! こんばんは ◆ **ещё не** ~ まだまだ枯れてはいない, まだチャンスはある, 先は長い

**вечере́ть** [不完]/**за~** [完] 夕方近くなる, 日が暮れる, 夕方になる: 夕方[夜]の光景になる

**вечери́нк|а** 複生 -нок [女2]《party》ミニパーティー, 飲み会(ве́чер): Дава́йте устро́им -у на мой день рожде́ния. 僕の誕生日会をしよう(★ロシアでは通例誕生日の人が会を催す)

**вече́рка** 複生 -рок [女2]《話》夕刊

**вечерко́м** [副] 夕方に, 晩に

*****вече́рн|ий** [形8] [evening] ①晩[夕, 宵]の: -яя заря́ 夕焼け | -яя газе́та 夕刊紙 | -ее пла́тье イブニングドレス | ~ звон 夕べの鐘, 晩鐘 ②(学校の)夜間の, 二部の: -яя шко́ла 夜間学校 | ~ те́хникум 夜間専門学校 | -ее отделе́ние институ́та 大学の夜間学部[第二部] | -ее обуче́ние 夜間教育

**вече́рни|к** [男2] **/-ца** [女3]《話》夜間学校の生徒

**вече́рня** 複生 -рен [女5]《宗》夕べの奉神礼, 晩課

**вечеро́к** -рка [男2]《愛称<ве́чер》夕べ

**вечеро́м** [ヴェーチラム] [副][in the evening] 晩に, 夕方に: вчера́ ~ 昨晩 | ложи́ться по́здно ~ 夜遅く就寝する

**вече́ря** [女5]《旧》《宗》晩餐 ■ Та́йная ~ 最後の晩餐

*****ве́чно** [ヴェーチナ] [副][forever] ①永遠に: люби́ть ~ 永遠に愛す ②《話》いつも, 四六時中: Ты ~ опа́здываешь. 君はいつも遅れて来るよな | Она́ ~ вме́шивается в на́ши дела́. 彼女は私達の事に絶えず口出ししてくる

**вечнозелёный** [形1]《植》常緑の

*****вéчность** [女10] [eternity] ①永続性; 超時間性 ②《話》(個人的な感覚での)うんざりするほど長く続く時間: це́лая ~ だいぶ以前から ◆**отойти́ [пересели́ться] в** ~ 亡くなる

*****ве́чн|ый** [ヴェーチヌィ] 短 -чен, -чна [形1] [eternal] 永遠の, 終わりない, 永遠に続く; 不変の; 終生の: -ая мерзлота́ 永久凍土層 | -ая па́мять《正教》永遠に記憶されんことを | ~ капита́л 固定資本 | засну́ть -ым сном 永遠の眠りにつく, 死ぬ | кля́сться в -ой любви́ 永遠の愛を誓う

*****ве́шалк|а** 複生 -лок [女2] [coat hanger] ①ハンガースタンド, 壁面用ハンガーフック; ハンガー: пове́сить руба́шку на -у シャツをハンガーに掛ける ②コートの内衿に(フックに掛けるための)ひも ③《話》クローク ◆**висе́ть [болта́ться] как на -е** (着ている服が)サイズが大きい

*****вéша|ть¹** [ヴェーシャチ] [不完] 受過 -анный [完]〔hang〕 **пове́сить** [パヴェーシチ] -éшу, -éсишь, …-есят 命 -éсь 受過 -éшенный [完]〔hang〕〈圐〉 ①掛ける(★何かを外す場合は снять, есть, убра́ть): ~ бельё на верёвку 洗濯物をロープにつるす | ~ карти́ну на сте́ну 絵を壁に掛ける | ~ тру́бку телефо́на 受話器を置く
②絞首刑にする
③《不完》(若者・蔑》嘘をつく, だます
◆**~ собáку** 責任転嫁する, 濡れ衣を着せる

*****вéшание** [中5]

*****вéша|ть²** [不完]/**с~** 受過 -шанный [完]〔weigh (out)〕①計量する, 秤にかける: ~ хлеб [сáхар] パン [砂糖] の目方を量る ②《話》自身の体重を量る **//-ся¹** [不完]〔受身〕自分の体重を量る

**вéша|ться²** [不完]/**пове́ситься** -éшусь, -éшишься 命 -éсься [完] ①《話》(人・物)の手をつかむ, ぶら下がる ②《話》誰かの好感を得ようとして, しつこくする ③首つり自殺する ④《受身》<вéшать¹

**вéшка** 複生 -шек [女2]《指小》<вéха

**вéшний** [形8]《通例詩》春の(весéнний)

**веща́ние** [中5] ①予言, 前兆 ②放送

**веща́тельн|ый** [形1] 放送の: **Япо́нская –ая корпора́ция** 日本放送協会, NHK

**веща́ть** [不完] 〈圐〉 ①[完 **про~**]《旧・詩》予言する; (自然現象を)…の前兆となる ②《雅》重要なことを言う ③(ラジオ・テレビを)放送する

**вещдо́к** [男2]《警察・俗》物証(веще́ственное доказа́тельство)

**вещев|о́й** [形2] 物の: ~ ры́нок 日用品を扱う常設

市場 | ~ мешо́к 物を保管する[運ぶ]ための背負い袋, リュックサック | -а́я лотере́я 賞品が当たる福引き, くじ | -о́е дово́льствие《軍》制服[衣料品]の無料支給

**веще́ственн|ый** 短 -ен/-енен, -енна [形1] ①物質の, 肉体の, ~ые доказа́тельства 物的証拠 ②有機の ③《長尾》[言]物質の: -ое и́мя существи́тельное 物質名詞 ‖ -ость [女10] <亡>

‡**вещество́** [ヴィシシトヴォー] 複生веще́ств [中1] [substance, matter] 物質, 素材: твёрдое [жи́дкое, газообра́зное] ~ 固[液, 気]体 | органи́ческое [неоргани́ческое] ~ 有[無]機物 | просто́е ~ 単体 | сло́жное ~ 化合物 | обме́н веще́ств 《生理》新陳代謝

**вещи́зм** [男1] 《文・貶》物質主義

**ве́щий** 複 вещ [形6] ①《旧》(人が)賢い ②《口承文芸》予言できる: -ее сло́во 予言 | ~ сон 予知夢

**вещи́ца** [女3] 〈指小・愛称形〉◁ вещь

**вѐшмешо́к** -шка́ [男2] 背負い袋, リュックサック (вещевой мешо́к)

**вещу́н** -а́ [男1] / **~ья** 複生 -ий [女8] 《民間信仰》予言者

‡**вещ|ь** [ヴェーシ] 複 -и, -е́й [女11] ①[thing] もの, 物品, 荷物 ②私物, 衣料品, 衣類; 《複》所持品, 持ち物, 財産: чужи́е -и 他人の持ち物 ③《話》もの, 芸術作品: уда́чная ~ 見事な作品 ④もの, 事: Произошла́ непоня́тная ~. 面倒なことが起こった | Прекра́сная ~ — тури́зм! 観光旅行というのは素晴らしい | Интелле́кт и образова́ние — ра́зные -и. 知性と教養は別のものだ ⑤《複》事情, 事態: положе́ние -е́й 事態, 事情 | в поря́дке -е́й 当然の理である ◆Вот э́то ~! これこそ本物[極上品]だ | ~ в себе́ 《哲》物自体; 周りの人にはよくわからないこと

**ве́шалка** 複生 -лок [女2] 唐箕(とうみ)(穀物をもみ殻などから風選するための農具)

**ве́яние** [中5] ①弱い風が吹くこと, (何かが訪れる)兆し, 気配 ②社会の新たな風; 新風 ③穀物を風選すること

**ве́ять** ве́ю, ве́ешь 受過 ве́янный [不完] ①〈弱い風が〉吹く, (匂いが)空気中に広がる: Ве́ет ветеро́к. そよ風が吹いている |《無人称でも》〈△〉(そよ風によって)〈暖気・冷気・匂いを〉運ぶ;《無人称でも》(接近・到来が)感じられる: С поле́й ве́ет арома́том трав. 草原から草の香りがする | В во́здухе ве́ет весно́й. 春の匂いがする ②風に揺れる, (旗・垂れ幕が)はためく, 翻る: Ве́ют фла́ги. 旗がはためいている ③〈⑤〉〈穀物を〉(自然の風・唐箕(とうみ)を利用して)風選する

**вжа́ть(ся)** [完] → вжима́ть

**вжива́ться** [不完] / **вжи́ться** -иву́сь, -ивёшься 命 -иви́сь 過 вжи́лся, -ла́сь [完] <в⑥に>次第に慣れる, 身につける ‖ **вжива́ние** [中5]

**вживля́ть** [不完] / **вживи́ть** -влю́, -ви́шь 受過 -влённый (-лён, -лена́) [完] 〈⑥〉〈異種の物体を〉(生体組織に)導入する, 埋め込む ‖ **вживле́ние** [中5]

**вживу́ю** [副] 《話》直接に, じかに: исполне́ние ~ 生演奏 | уви́деть ~ 自分の目で見る

**вжик** [間] 《話》(擬音)鋭く甲高い音, ヒューン, ピューン

**вжима́ть** [不完] / **вжать** вожму́, вожмёшь 受過 -тый [完] 〈⑦〉押し込める ‖ **~ся** [完] ①〈в ⑥〉に押し入る, 割り込む ②《不完》《受身》

**вжи́ться** [完] → вжива́ться

**вз..,** (й, 子音連続の前で)**взо..,** (е, ю, я の前で) **взъ..,** (無声子音の前で)**вс..** [接頭] Ⅰ《動詞で》①「上へ」「上げる」「上がる」 ②「ある動作の」「限界まで」 ③「突然」「急に」 ④ 「激しく」 Ⅱ《名詞で》「…の上」

**взад** [副] 《話》後方へ, 後ろへ ◆~ и вперёд = ~-вперёд 行ったり来たり, 行って帰って; あちらこちらへ

**взаи́мно** [副] ①お互いに, 相互に ②(お祝い・祈りなどの言葉への返答として) あなたもね, こちらこそ: О́чень прия́тно с ва́ми познако́миться. — В~! 「お知り合いになれてうれしいです」「私の方こそ」

**взаи́мность** [女10] ①相互性;《法》相互主義 ②相思相愛, 相互の友情

‡**взаи́мн|ый** [ヴザイームヌィ] 短 -мен, -мна [形1] [mutual] 相互の, お互いの: -ая любо́вь 相思相愛 | -ая по́мощь 互助 | -ое нерасположе́ние 反発しあい

**взаимо..** 《語形成》「相互の」

**взаимовлия́ние** [中5] 相互作用

**взаимовы́годный** 短 -ден, -дна [形1] 相互に有益な

**взаимовы́ручка** [女2] 《話》助け合い

‡**взаимоде́йствие** [ヴザイマヂェーイストヴィエ] [中5] [interaction] ①相互作用;相互関係: ~ челове́ка и окружа́ющей среды́ 人間と環境の相互関係 ②《軍》合同作戦

**взаимоде́йствовать** -твую, -твуешь [不完] <с ⑦ と> ①相互に作用する, 相関関係にある ②《軍》戦闘任務遂行のために協調行動をとる

**взаимозави́симость** [女10] 相互依存

**взаимозави́симый** [形1] 相互に依存しあう

**взаимозаменя́емый** 短 -ем [形1] 交換可能な, 互換性のある

**взаимозачёт** [男1]《経》(企業間の)相互決済

**взаимоисключа́ющий** [形6] 非両立性の

**взаимообусло́вленность** [女10] 相互制約

‡**взаимоотноше́ни|е** [ヴザイマアトナシェーニエ] [中5] [interrelation] 《通例複》相互関係: доброcосе́дские [дру́жественные] -ия 善隣[友好的相互]関係

‡**взаимопо́мощь** [女11] 相互援助: оказа́ние -и 互いに援助し合うこと | экономи́ческая ~ 経済面の相互援助

‡**взаимопонима́ни|е** [中5] 相互理解: в ду́хе -ия 相互理解の精神で | прийти́ к -ию 相互理解に達する | -ия в семье́ 家族の相互理解

**взаиморасчёт** [щ] [男1]《通例複》《経》(企業間取引での)相殺

**взаимосвя́занный** 短 -ан, -ана [形1] 相互に関係のある, 相関の

**взаимосвя́зь** [女10] 相互の結びつき, 相互依存

**взаимоуваже́ние** [中5] 相互に尊敬[尊重]しあうこと

**взаимоуважи́тельный** [形1] 相互尊重の

**взаймы́** [副] 借金として, 後で返済するものとして

**взалка́ть** -а́ю/взалчу́, -а́ешь/взалчешь [完] 《文》 〈⑤〉 ①無性に食べたい, 飢餓を感じる ②熱烈に欲しがる

‡**взаме́н** [instead] [前] ①〈⑤〉引き替えに: присла́ть ~ 回 引き替えに…を派遣する ②《前》…の代わりに: вы́дать спра́вку ~ дипло́ма 学位記の代わりに証明書を交付する

**взаперти́** [副] ①閉じられた扉の向こうで; 監禁されて ②境界から出ずに; ひとりで

**взапра́вдашний** [形8] 《俗》本物の, 真の

**взапра́вду** [副] 《俗》実際に, 本当に

**вза́пуски** [副] 《話》互いに追い抜こうとして; 先を争って

**взасо́с** [副] 《話》①あたかも吸い込むようにして長々と: целова́ться ~ 長く激しいキスを交わす ②熱中して, 中断しないで

**взатя́жку** [副] ◆кури́ть ~ 《話》煙を深く吸い込んで喫煙する

**взахлёб** [副] 《話》①慌てて, 息せき切って; (泣きながら)しゃくりあげて; (笑いながら)むせて ②熱中して, 熱烈に, 没頭して

**взашей, взаше́й** [副] 《俗》手荒く叩き出して, つま

み出して

**взба́дривать** [不完] / **взбодри́ть** -рю́, -ри́шь 受過-рённый (-рён, -рена́) [完] 〔他〕 ①〔話〕元気にさせる ②〔俗〕手早く作る, 準備する *∥* **~ся** [不完] / 〔完〕 ①自分を元気にする, 元気になる ②〔不完〕〔身受〕◁〔他〕

**взбаламу́тить** [完] →баламу́тить

**взбалмо́шн|ый** 短-шен, -шна [形1] 〔話〕無分別な, 落ち着きのない *∥* **–ость** [女10]

**взба́лтывать** [不完] / **взболта́ть** 受過-о́лтанный 〔他〕器を振って〈液体を〉混ぜる: 種類の異なる液体を混ぜて1つにする: Перед употребле́нием взба́лтывать. 使用前によく振ること *∥* **~ся** [身受] *∥* **–ние** [中5]

**взбега́ть** [不完] / **взбежа́ть** -егу́ -ежи́шь, -егу́т 命-еги́ [完] 〔自〕 ①駆け上がる: ~ на холм 丘に駆け上がる ②(道路・小道が)上り坂になっている;(蔓性植物が)上に伸びる

**взбелени́ться** -ню́сь, -ни́шься [完] 〔俗〕激怒する

**взбеси́ть(ся)** [完] →беси́ть(ся)

**взбешённый** 短-шён, -шена́ [形1] 激怒した, 怒り狂った

**взбива́лка** 複生-лок [女2] 泡立て器

**взбива́ть** [不完] / **взбить** взобью́, взобьёшь 命взбе́й 受過-тый [完] 〔他〕 ①叩いてふかふかにする, 柔らかくする: ~ поду́шки 枕を叩いてふかふかにする (かき混ぜて)泡立たせる, 均質にする: ~ сли́вки ми́ксером ミキサーでクリームを泡立てる

**взбира́ться** [不完] / **взобра́ться** взберу́сь, взберёшься 過-а́лся, -ала́сь, -ало́сь/-а́лось 〔на 対〕の上に〕〔苦労して・障害を乗り越えて〕上がる, よじ登る, 這い上がる: ~ на го́ру 登山する

**взби́т|ый** 短-и́т [形1] 〔受過〕◁**взбить**: -ые сли́вки ホイップクリーム

**взбить** [完] →взбива́ть

**взбодри́ть(ся)** [完] →взба́дривать

**взболта́ть** [完] →взба́лтывать

**взборозди́ть** [完] →борозди́ть

**взборони́ть** [完] →борони́ть

**взборонова́ть** [完] →боронова́ть

**взбрести́** [完] -еду́, -едёшь 過-рёл, -рела́ 能過-éдший 副分-едя́ [完] 〔自〕〔話〕やっとの思いで上がる, 上へ歩く: ~ в го́лову [на ум] 偶然頭に浮かぶ

**взбудора́жить(ся)** [完] →будора́жить

**взбунтова́ть** [完] →бунтова́ть

**взбунтова́ться** -ту́юсь, -ту́ешься [完] ①(権力に対して)暴動を起こす ②〔詩〕(海・川などが)波立つ

**взбуха́ть** / **взбу́хнуть** -нет -ух, -у́хла [完] (水分で)重くなる;(川などが)水かさを増す

**взбу́чка** 複生-чек [女2] 〔話〕大目玉; 殴打

**взва́ливать** [不完] / **взвали́ть** -алю́, -а́лишь 過-а́ленный [完] 〔他〕〔на 対〕に〕①重い物を持ち上げる: ~ рюкза́к на пле́чи リュックを肩に背負う ②〔話〕〔на 対〕に〕難しいことを命じる: ~ вину́ 罪をかぶらせる, 責任転嫁する

**взве́сить(ся)** [完] →взве́шивать

**взвести́** [完] →взводи́ть

**взвесь** [女10]〔化〕サスペンション, 懸濁液, 懸濁気 ②〔化〕浮遊

**взве́шенн|ый** 短-шен, -шена [形1] あらゆる状況を考慮に入れて熟考した *∥* **–ость** [女10]

\***взве́шивать** [ヴズヴェーシヴァチ] [不完] / **взве́сить** [ヴズヴェーシチ] -е́шу, -е́сишь, ... -е́сят, -е́сьте 受過-е́шенный [weigh] 〔他〕 ①秤を使って重さ〔量〕を確かめる: ~ на руке́ [в руке́] (秤を使わずに)およその重さを

みる | ~ ребёнка 赤ん坊の体重を計る ②あらゆる角度から検討する, 評価する: Сле́дует ~ всё мне́ния. すべての〔受過〕微粒化した, 浮遊している: взве́шенные части́цы 浮遊粒子(状物質) *∥* **~ся** [完] [身受] ①体重を体重計で確かめる ②〔不完〕〔身受〕

**взвива́ть** [不完] / **взвить** взовью́, взовьёшь 命взвей 過взвил, -ила́, -ило 受過-и́тый (-и́т, -ита́/-и́та, -и́то) [完] 〔他〕(空中で旋回させながら)急速に上昇させる *∥* **~ся** [完] 〔自〕 ①急速に上る, 飛び立つ, 離陸する;(馬が)急に後ろ足で立つ ②突然激昂する

**взви́зг** [男2]〔話〕金切り声; 犬の甲高い鳴き声

**взви́згивать** [不完] / **взви́згнуть** -ну, -нешь 命-ни [完] [1回] 断続的な金切り声を出す

**взвинче́нный** [形1]〔受過〕◁**взвинти́ть** ②興奮した, いらいらした

**взви́нчива|ть** [不完] / **взвинти́ть** -нчу́, -нти́шь 受過-и́нченный [完] 〔他〕 ①〔話〕神経質にさせる, 興奮させる ②〔話〕〔на/за 対〕に対する〕値段・賭け金を急激につり上げる *∥* **–ние** [中5]

**взвить(ся)** [完] →взвива́ть

**взвод**[1] [男1] ①◁взводи́ть ②〔軍〕(銃の)遊底発条 *∥* **–ный** [形2]

\***взвод**[2] [男1] [platoon] ①〔軍〕小隊 ②〔話〕(仕事などの)グループ *∥* **–ный** [形1]

**взводи́ть** -ожу́, -о́дишь [不完] / **взвести́** -веду́, -ведёшь 過-вёл, -вела́ 能過-ве́дший 受過-ведённый (-дён, -дена́) 副分-ведя́ [完] 〔他〕〈銃を〉発射可能な状態にする

\***взволно́ванн|ый** 短-ан, -анна [形1] [anxious, worried] 不安な; 動揺〔心配〕している *∥* **–ость** [女10]

**взволнова́ть(ся)** [完] →волнова́ть(ся)

**взвыва́ть** [不完] / **взвыть** взво́ю, взво́ешь [完] ①(動物が)遠吠えする; 吠え始める ②〔話〕(人が)叫び始める; 吠えるような声を出し始める ③(通例文)(大声で)文句〔不平〕を言い始める

\***взгляд** [ヴズグリャート] [男1] [look, glance] ①視線, 一瞥: обменя́ться ~ами 視線を交わす | бро́сить ~ на 対 …を一瞥する, ちらっと見る | с пе́рвого ~а | на пе́рвый ~ 一目で, 一見して, 第一印象に | на ~ 〔話〕外見で
②目つき, 眼差し: ла́сковый [суро́вый] ~ 優しい[険しい]目つき | расте́рянный ~ 途方に暮れたような眼差し
③考え, 意見; 〔複〕見解, 視点, 判断, 信念, 見地: ~ на жизнь 人生観 | здра́вый ~ 常識 | нау́чные [передо́вые] -ы 科学的な[進んだ]考え | пра́вильный ~ на ве́щи 正しいものの見方 | выска́зать свои́ -ы 自分の考えを述べる | на мой [наш] ~ — 私[私たち]の考えでは | разойти́сь во ~ах 考えが食い違う | име́ть о́бщие -ы 共通の見解を持つ | разделя́ть -ы 他 …と同意見である

\***взгля́дывать** [ヴズグリャーディヴァチ] [不完] / **взгляну́ть** [ヴズグリヌーチ] -яну́, -я́нешь 命-яни́ [完] [look at, cast a glance] 〔на/в 対〕 ①…をちらりと見る, 一瞥する, 覗く; ~ в зе́ркало 鏡をちらっと覗く | ~ на часы́ 時計をちらりと見る ②〔完〕〔на 対〕…に注意する; 値踏みする: ~ на де́ло про́сто 物事を簡単に考える

**взго́рье** 複生-рий [中4] 小さな高台, 丘, 小山

**взгре́ть** 受過-тый [完] 〔俗〕叱責する, 罵倒する, 殴る

**взгромозжда́ть** [不完] / **взгромозди́ть** -зжу́, -зди́шь 受過-можде́нный (-дён, -дена́) [完] 〔他〕〔на 対〕〈重たい・場所をとるものを〉苦労して上へ持ち上げて置く *∥* **~ся** [完] / [不完]〔話〕苦労して上にのぼって場所を占める〔陣取る, 座る〕

**взгрустну́ть** [сн] -ну́, -нёшь [完]《話》少し気分が落ち込む, 憂鬱になる **//~ся** [完]《無人称》《話》〈図〉は不意に憂鬱になる

**вздва́ивать** [不完] →двои́ть

**вздёргивать** [不完] **/вздёрнуть** -ну, -нешь 命-ни 受過-тый [完]〈匣〉① 急激に[素早く]上へ上げる ②《俗》〈絞り首などで〉つりものをつる (穴に通す) ③《俗》絞首刑に処す ◆**вздёрнутый нос** 反り鼻

**вздор** [男1] 大したことない物, 注意を引かない物; ばかげたこと: нести́ **/моло́ть** ~ くだらないことを言う

**вздо́рить** -рю, -ришь [不完] **/по~** [完]《話》〈скем〉と言い争う, ののしり合う

**вздо́рный** -рен, -рна [形1] ① 無意味な, 根拠のない ②〈人が〉言い争いを好む, けんか好き

**вздорожа́ть** [完] →дорожа́ть **//вздорожа́ние** [中5] : ~ жи́зни 全ての商品[サービス]が例外なく値上がりすること

\***вздо́х** [男2] [deep breath] 深い呼吸; ため息: глубо́кий [тяжёлый] ~ 悲しい[重苦しい]ため息 ◆**испусти́ть после́дний** ~ 息を引き取る

**вздохну́ть** [完] →вздыха́ть

**вздра́гивать** [不完] **/вздро́гнуть** -ну, -нешь [完] 急激に震える, びくっと身震いする, 震えが走る

**вздремну́ть** -ну́, -нёшь [完]《話》少し眠る

**вздува́ть** [不完] **/вздуть** -дую, -дуешь 受過-тый [完]〈匣〉① 吹き上げる: Ве́тер *вздул* ли́стья. 風が落ち葉を舞い上げた ②《無人称》大きくする; ふくらます: *Вздуло* щёку. 〈不満で〉頬っぺたがふくらんだ ③《話》〈値段・料金を〉急激にする: ~ це́ны [зарпла́ту] 値上げ[賃上げ]する ④《完》《俗》〈匣〉打ちのめす, 叩く **//вздува́ние** [中5]

**вздува́ться** [不完] **/взду́ться** -дуюсь, -ду́ешься [完] ① 風で吹き上がる, 舞い上がる ② 大きく膨れ上がる; 脹れる: Щека́ *вздула́сь* от уку́са осы́. スズメバチに刺されて頬が腫れた | Лёд на о́зере *взду́лся*. 湖の氷が隆起した ③《話》〈値段・料金が〉急激に上がる

**взду́мать** [完] ①《話》不意に思いつく, …したくなる, …すると決める: не *вздумай(те)* 不定形 …することは断固お断り ②〈旧・俗〉《熟慮の上で》…すると決心する, 思いつく

**взду́маться** [完]《無人称》《話》〈匣〉〈急に〉…したくなる, 思い立つ: когда́ [где́, кому́, что́] *вздумается* いつ[どこ, 誰, 何]でもどうぞ

**взду́т|ие** [中5] ← вздува́ться: ~ живота́ 鼓腸 | ~ цен 値段の高騰 **/ ~я** [複] ふくらみ, 腫れ物

**взду́тый** 短 -ýт [形1] 受過← вздуть) 膨れ上がった, 〈値段が〉騰貴した, 不当につりあげられた

**взду́ть(ся)** [完] →вздува́ть(ся)

**взды́бливать** [不完] **/взды́бить** -блю, -бишь 受過-бленный [完]〈匣〉〈動物を後ろ脚で立たせる; 逆立ちさせる〉 **//~ся** [不完] / [完] 後ろ脚で立つ

**вздыма́ть** [不完]〈匣〉《雅》上に上げる: Ве́тер *вздыма́ет* пыль. 風が土ぼこりを舞い上げている **//~ся** [不完]①《雅》上に上がる ②〈人の胸・動物の腹が〉深い[苦しい]呼吸でふくらむ

**вздыха́тель** [男5]《話・皮肉》崇拝者, ファン

\***вздыха́ть** [ヴズダィハーチ] [不完] **/вздохну́ть** [ヴズダフヌーチ] -ну́, -нёшь 命-ни́ [完] [一回] [breathe deeply] ① 深く呼吸する: ~ тяжело́ 深いため息をつく ②《話》〈о匣〉/[по匣] を懐かしむ, 惜しむ, 悲しむ: ~ о проше́дшей мо́лодости 過ぎ去りし若かりし日を懐かしむ | ~ по друзья́м ю́ности 若いころの友人たちを懐かしむ ③《完》少し休む, 一休みする ◆**вздохну́ть свобо́дно** [**облегчё́нно**] ほっとする | **не́когда** [**ни**] **вздохну́ть** 非常に忙しい, 息つく暇もない

**взима́|ть** [不完]《公》〈匣〉(行政機関が)…の代金[税金]を受け取る, 徴収する **//-ние** [中5]

**взира́ть** [不完]《雅》〈на匣を〉見る ◆**не взира́я на** 匣 …にも関わらず | **не взира́я на ли́ца** 公平無私に

**взла́мывать** [不完] **/взлома́ть** 受過-о́манный [完]〈匣〉① 壊して開ける, こじ開ける ②《軍》〈敵の防衛を〉強襲で突破する ③〈隠〉[IT]ハッキングする

**взлеза́ть** [不完] **/взле́зть** -зу, -зешь 過-лёз, -ле́зла [完] (木・はしごに)よじ登る

**взлеле́ять** [完] →лелея́ть

\***взлёт** [男1] [flight, take-off] ① 飛翔, 離陸: самолёт вертика́льного ~а и поса́дки 垂直離着陸機, VTOL ②〈匣の〉高揚, 高まり: ~ тво́рческой мы́сли 創作意欲の高まり ◆**~ы и паде́ния**（商売・出世などの) 浮き沈み

\***взлета́ть** [不完] **/взлете́ть** -лечу́, -лети́шь [完] [fly up, take off] ①〈鳥・昆虫が〉飛んで上昇する;（航空機が）飛び立つ, 離陸する: Ста́я *птиц взлете́ла*. 鳥の群れが飛び立った ② ものすごい勢いで上昇する: ~ на [в] во́здух 爆発する, 爆発により破壊される ③《話》勢い駆け上がる ④《通例完》《話》〈価格が〉急上昇する: ~ в цене́ 値段が上がる

**взлётно-поса́дочн|ый** [形1] 離着陸用の: -ая полоса́ 滑走路

**взлётн|ый** [形1] < взлёт: -ая полоса́ 滑走路

**взлом** [男1] ① 押し込み, 不法侵入 ②〈隠〉[IT]ハッキング

**взлома́ть** [完] →взла́мывать

**взло́мщик** [男2] ① 押し込み強盗 ②《俗》[IT]ハッカー

**взлохма́чивать** [不完] **/взлохма́тить** -а́чу, -а́тишь 受過-а́ченный [完]〈匣〉毛むくじゃらにする, もじゃもじゃにする **//-ся** [不完] / [完] 毛むくじゃら[もじゃもじゃ]になる

**взлущи́ть** [完] →лущи́ть

**взма́ливаться** [不完] **/взмоли́ться** -олю́сь, -о́лишься [完]〈о匣〉熱烈に懇願し始める

**взмани́ть** [完] →мани́ть

**взмах** [男2]（手を）振ること,（翼を）羽ばたかせること,（櫂で）漕ぐこと: по ~у флажка́ 小旗を振るのを合図に ◆**одни́м ~ом** 一振りで

**взма́хивать** [不完] **/взмахну́ть** -ну́, -нёшь [完] [一回]〈匣を〉(通例上方向へ)振る ②《完》勢いよく飛び上がる ③《完》上方へ高く上げる

**взмета́ть**[1] [不完] **/взмести́** -мету́, -мете́шь 過-мёл, -мела́ 能過-мёвший 受過-метённый (-тён, -тена́) 過-метя́ [完]〈匣〉= взмётывать

**взмета́ть**[2] [不完] **/взметну́ть** -ну́, -нёшь [完] [一回]〔完また **взмета́ть**[2] -ечу́, -е́чешь 受過-мётанный〕〈匣〉放り上げる ~ 〈匣を〉振る

**взмета́ться** [不完] **/взметну́ться** -ну́сь, -нёшься [完] ① ものすごい勢いで上昇する, 一気に飛び[舞い]上がる ②《話》急に立ち上がる

**взмета́ть** [不完] **/взмести́** →взмета́ть[1]

**взмока́ть** [不完] **/взмо́кнуть** -ну, -нешь 過-о́к, -о́кла [完] 湿る, 濡れる;《通例完》汗だくになる

**взмоли́ться** [完] →взма́ливаться

**взмо́рье** 複生-ий [中4] ① 海辺 ② 海岸

**взму́чивать** [不完] **/взмути́ть** -учу́, -учи́шь 受過-у́ченный [完]〈匣〉(動かして·振って)液体を濁らせる

**взмыва́ть** [不完] **/взмыть** -мо́ю, -мо́ешь [完] ①〈鳥・飛行機が〉ハイスピードで飛び立つ, 離陸する; 急上昇する; 上に広がる ②〈音・声・歌が〉急に広がる, 音が大きくなる, 遠くに聞こえるようになる

**взмы́ливать** [不完] **/взмы́лить** -лю, -лишь 受過-ленный [完]〈匣〉①〈洗浄のため〉泡立てる ②〈馬を〉泡を吹くほど疲労させる;《話》〈人を〉こき使う

**взмы́ть** [完] →взмыва́ть

\***взно́с** [男1] 〔payment, fee〕① 支払い, 納付: де́лать ~ы в ба́нк 銀行に支払いをする 《(しばしば複)支払いのためのお金, 銀行金, 会費, 申込金: вступи́тельный ~ 入会費 | су́мма ~ов 支払い総額 | плати́ть чле́нский ~ 会費を支払う

**взну́здывать** [不完] / **взнузда́ть** 受過 -у́зданный 〔完〕 ①〈馬に〉轡(くつわ)をはませる ② 《話》自分に服従させる, 従順にさせる

**взо́..** [接頭] 《й, 子音連続の前で》= вз..

**взобра́ться** [完] →взбира́ться

**взойти́** [完] →всходи́ть

**взопре́ть** [完] →пре́ть

**взор** [男1] 〔look, glance〕視線, 眼差し, 目の表情, 目つき: обрати́ть ~ на … …に目を向ける | потупи́ть ~ 目を伏せる | устремля́ть ~ 注視する | Моему́ ~у откры́лся краси́вый вид. 美しい景色が私の眼前に広がった

**взорва́ть(ся)** [完] →взрыва́ть¹(ся)

**вза́щивать** [不完] / **взрасти́ть** -ащу́, -асти́шь 受過 -ащённый (-щён, -щена́) [完] 《雅》〈図〉育てる, 育て上げる; 養育する

**взреве́ть** -ву́, -вёшь [完] ①〈動物が〉突然吠えだす, 吠え始める; 〈自動車・オートバイ・飛行機が〉騒音を立てる ②〈痛み・驚きのあまり〉大声を上げる

**взреза́ть**, **взре́зывать** [不完] / **взре́зать** -éжу, -éжешь 受過 -éзанный [完]〈物〉切れ目を入れる, 切断[切開]する; 〈船が〉水面を切り裂く

**взросле́ть** [不完] **по-** [完] 大人になる, 成長する

**взросли́ть** -ли́т [不完] 《話》〈図〉大人っぽくする

\***взро́сл|ый** [ヴズロースルィ] 短 -о́сел, -о́сла 比 -ле́е [形1] 〔grown-up, adult〕① 大人の, 成人(用)の; 成熟[成体]の: ~ ю́ноша 成年男子 | ~ые осо́би 成熟個体 | доста́точно ~ 十分大人の ② 《男名》-**ая** [女名] 大人, 成人: слу́шаться -ых 大人の言うことを聞く | 《長尾》成人(用)の: ~ фильм 成人向け映画, アダルト映画 //**-ость** [女3]〈1〉

\***взрыв** [ヴズルィーフ] [男1] 〔explosion〕爆発《★比喩的にも》; 《理》バースト: я́дерный [а́томный] ~ 核爆発 | предупрежде́ние о ~е 爆破予告 | ~ аплодисме́нтов 割れんばかりの拍手 | ~ собра́ния 集団の抗議活動 ■**Большо́й** ~《天》ビッグバン | **демографи́ческий** ~ 人口爆発

**взрыва́тель** [男5] 起爆装置

\***взрыва́ть¹** / **взорва́ть** -ву́, -вёшь 過 -а́л, -ала́, -а́ло -о́рванный [完] 〔blow up〕〈図〉爆発させる; 《完》《無人称》爆発する: ~ мо́ст динами́том 橋をダイナマイトで爆破する ②《通例完》激怒させる, 怒りを招く: Его́ гру́бость меня́ взорва́ла. あいつの無礼な態度に私は爆発したよ

**взрыва́ть²** / **взрыть** взро́ю, взро́ешь 受過 -тый [完]〈地面・雪などを〉掘り起こす, 穴を作る, 軟らかくする; ぐちゃぐちゃにする

**взрыва́ться** [不完] / **взорва́ться** -ву́сь, -вёшься 過 -а́лся, -ала́сь [完] 〔explode, blow up〕① 爆発を伴って粉々になる: Бо́мба [Грана́та] взорва́лась. 爆弾[手榴弾]が爆発した ②《通例完》自爆する; 《話》爆死する ③《話》突然激怒する: ~ от я́вной несправедли́вости あまりの不公平さに激怒する ④《不完》《受》= взрыва́ть¹

**взрывни́к** -а́ [男2] 爆破技術者

**взрывно́й** [形1] ① 爆発の, 爆弾の: -о́е устро́йство 爆発物 ② 感情を爆発させやすい; (行動に)エネルギッシュな; 嵐のように激しい

**взрыво́..** [語形成] 「爆発の」

**взрывоопа́сный** [形1] ① 爆発の危険性がある; 武装衝突の, 集団抗議活動の

**взрывоте́хник** [男2] 爆発物処理専門家

**взрывча́тка** 複生 -ток [女2] 《話》爆薬

**взры́вчатый** 短 -ат [形1] ① 爆発を引き起こす ② 《話》社会的衝撃を引き起こす ③ 《話》感情を爆発させる傾向がある

**взрыть** [完] →взрыва́ть²

**взрыхля́ть** [不完] / **взрыхли́ть** -лю́, -ли́шь 受過 -лённый (-лён, -лена́) [完]〈図〉〈土地・土壌を〉軟らかくする

**взъ..** [接頭] 《е, ю, я の前で》= вз..

**взъеда́ться** [不完] / **взъе́сться** -е́мся, -е́шься, -е́стся, -еди́мся, -еди́тесь, -едя́тся 命 -е́шься 過 -е́лся [完] 《話》〈図〉…に反感を持って[腹を立てて]ののしる, 虐待する

**взъезжа́ть** [不完] / **взъе́хать** -е́ду, -е́дешь [完]〈乗り物・動物に乗って, 山などを〉登る

**взъерепе́ниться** [完] →ерепе́ниться

**взъеро́шить(ся)** [完] →еро́шить

**взъерши́ться** [完] →ерши́ться

**взъе́сться** [完] →взъеда́ться

**взъе́хать** [完] →взъезжа́ть

**взъяри́ться** -рю́сь, -ри́шься [完] 《俗》激怒する, かっとなる

**взыва́ть** [不完] / **воззва́ть** -зову́, -зовёшь [完] 大声で[しつこく]呼びかける; 〈к図〉に о図を懇願する, お願いする

**взы́грывать** [不完] / **взыгра́ть** [完] ① 気分が高揚する; はしゃぎ始める; 《完》強く表れる, 感知できるようになる ②〈川が〉氾濫して荒れる

**взыска́н|ие** [中5] ① (代金・借金・罰金の)徴収: пода́ть [предъяви́ть, предста́вить] ко -ию 裁判によって代金[借金, 罰金]に対する]罰: администрати́вное ~ 行政処分 | дисциплина́рное ~ 懲戒処分

**взыска́тельный** -лен, -льна [形1] 要求が高い, 注文の多い

**взы́скивать** [不完] / **взыска́ть** взыщу́, взы́щешь 受過 взы́сканный [完] ①《通例公》〈с図に図を〉支払わせる ②〈с図に за図に対する〉責任を問う; 処罰する: не взыщи́(те). 大目に見て下さい; 罰しないで下さい

**взыску́ющий** [形6] 《旧》① 理想に燃える ②《雅》要求が高い, 熱烈な

**взя́тие** [中5]〈взять: ~ под стра́жу 逮捕 | ~ кре́пости 要塞占領

\***взя́тк|а** 複生 -ток [女2] 〔bribe〕① 賄賂; 賄賂の強要: дать [взять] ~y 賄賂を渡す [取る] | осуждён за ~y 賄賂で有罪判決を受ける ②〔トランプ〕取ったカード
◆**~и гла́дки с ⓒ** … から取るものがない; 何も得ない

**взяткода́тель** [男5] 《法》賄賂提供者

**взяткода́тельство** [中1] 《法》賄賂提供

**взяткополуча́тель** [男5] 《法》収賄者

**взяткополуча́тельство** [中1] 《法》収賄

**взя́точни|к** [男2] / **-ца** [女3] 収賄者

**взя́точнический** [形3] 収賄(者)の, 贈収賄の

**взя́точничество** [中1] 収賄, 贈収賄

\***взять** [ヴジャーチ] возьму́, возьмёшь 命 возьми́ 過 взя́л, -ла́, -ло взя́тый (-я́т, -ята́, -я́то) [完] ①=**бра́ть** ②〈~ (да) и ... 〉《話》《主体の恣意的動作》不意に, だしぬけに: ~ Возьму́ и ска́жу. 俺が言ってやるよ | Взял да унёс. ひょいと持って行った

③〈受形, возьми́(те), возьмём の形で, 通例хоть, хотя́ бы と共に; 次に来る話題に注意を向ける〉《話》〈図〉 …をとってみよう, あげると: Возьмём зарпла́ту: она́ невели́ка. 給料一つとってみても, わずかなものだ

◆**С чего́ [Отку́да] ты взя́л?** — 一体どうしてそんな風に考えたんだ? | **Что с него́ взя́ть?** 彼に何を期待しているんだ?

**взя́ться** [完] →бра́ться

**виаду́к** [м2] (谷間・渓谷・鉄道などにかかる)橋
**вибра́то** (不変) [楽]ヴィブラート
**вибра́тор** [м1] (機械・電磁気などの)振動を起こす装置 **//-ный**
**вибрафо́н** [м1] [楽]ビブラフォン
**вибра́ция** [ж9] 振動、震え、バイブレーション **//-ио́нный** [形1]
**вибрио́н** [м1] [生]ビブリオ属の細菌
**вибри́ровать** -рует [不完] / **за-** [完] 振動する
**ви́бро..** [語形成] 「振動の」
**вибромасса́ж** [м4] [医]振動マッサージ
**вибромасса́жёр** [м1] [医]振動マッサージ器
**вива́рий** [м1] 実験用動物の飼育小屋
**виве́рра** [ж1] [動]ジャコウネコ
**вивисе́кция** [ж9] 生体解剖
**вигва́м** [м1] ウィグワム (北米先住民のドーム型のテント小屋)
**виго́н**|**ь** [ж10] ①[動]ビクーニャ ②ビクーニャ(①の毛)の織物[布地]; (類似の)薄くて柔らかい布 ③綿毛混合の低級な紡績 **//-евый** [形1] <②③>

*#**вид**[1] [ви́-т] -а/у 前 о-е, в/на -е/-у [look, appearance] ①外見、外観: больно́й [здоро́вый] ~ 病気のような[健康な]外見 ②形、姿、格好: Вещь не име́ет ~а. その品物は形を成していない(ぎえなさそうに見えない) ③景、眺め: открыться с краси́выми ~ами и реки́вого пейзажа景色の絵葉書 ④状態: Ру́копись сохрани́лась в отли́чном ~е. 手書き原稿はよい状態で保存されていた ⑤ <на>на день> 将来などへの> 展望、見通し: ~ы на бу́дущее 将来の展望

◆ в ~е 田 …として、…という形で ／ вида́ть ~ы (1)人生で色々な経験をする　(2)うまく使い古す ／ де́лать ~, что … …のふりをする ／ име́ть ~ы на … …に目をつけている、気がある ／ име́ть ~ы на … …に似ている、…みたいだ ／ име́ть в ~у́ … を念頭に置く、意図する ／ име́ться в ~у́ 念頭にある、考慮されている ／ запропа́сынный ~ 身なりがだらしない ／ на~ 見た感じでは ／ на ~у́ у 田 …が見ている所で ／ не пода́ть [показа́ть] ~а [~у], что … …のそぶりを見せない ／ ни под каки́м ~ом 決して…ない ／ под ~ом 田 (1)…という口実のもとで (2)…に変装して、…の装いで ／ потеря́ть [упусти́ть] 田 из ви́ду [из -у, из ~а] …を見失う[見過ごす] ／ при (одно́м) ~е … …を一目見ただけで、見たとたんに ／ с ~у 外見上は ／ скры́ться из ви́ду [из ~у, из ~а] 見えなくなる

**вид**[2] [ви́-т] [м1] [kind] ①タイプ、種類: но́вый ~ обезья́н 新種のサル ｜ Каки́м ~ом спо́рта вы занима́етесь? あなたはどんなスポーツをやっていますか　②[生]種: исчеза́ющий ~ 絶滅危惧種　③[文](動詞の)体(たい)、アスペクト: соверше́нный [несоверше́нный] ~ 完了[不完了]体

**вида́к** -á [м2] [隠]ビデオテープレコーダー

*##**вида́ть** -а́ю 受動вида́нный [不完] / **по-, у-** [完] [see] 田 ①[話]見る、経験する: Тако́го я не вида́л. そんなものは見たことない　②《不完・不定形で》[話]《無人称で》見える: Отсю́да его́ не вида́ть. ここからは見えない　③《不完・不定形で》[話]《挿入》見た感じ、らしき: Вида́ть, она́ уста́ла. どうやら彼女は疲れたようだ **//-ся** [不完][話]―緒にいる、会う

*#**ви́дение** [中5] [vision] ①視力　②周囲を評価する能力; 視点、見方; ビジョン: худо́жественное ~ 美術を見抜く目

**виде́ние** [中5] 幽霊、幻覚

*#**ви́део** [a/o] [ви́-дэ-о] (不変) [中] [video] ①ビデオ、動画、映像: снять ~ смартфо́ном スマートフォンで動画を撮る ｜ учи́ться та́нцам по ~ 動画でダンスを学ぶ ②[話]ビデオフィルム (видеофильм)

**ви́део..** [語形成] 「ビデオの」「映像の」

**видеоаппарату́ра** [ж1] 《集合》ビデオ(録画、編集、視聴、上映)機器
**видеовдво́йка** 複生 -о́ек [ж2] ビデオ付きテレビ
**видеоза́пись** [ж10] ビデオ録画、録画映像
**видеоигра́** 複 -и́гры [ж1] コンピュータゲーム
**видеоизображе́ние** [中5] ビデオ画像
**видеоинсталля́ция** [ж9] [美]モニター画面表示による展示(品)
**видеоинформа́ция** [ж9] モニター画面による案内表示
**видеока́мера** [ж1] ビデオカメラ
**видеокана́л** [м1] ①ビデオデータの送受信用回線 ②テレビチャンネル; ビデオ録画を流すテレビ番組
**видеока́рта** [ж1] [IT]ビデオカード
**видеокли́п** [м1] ビデオクリップ
**видеоконфере́нция** [ж9] テレビ[ビデオ]会議
**видеомагнитофо́н** [м1] ビデオデッキ
**видеоматериа́л** [м1] ①ビデオ教材　②(実際の出来事・事件の)ビデオ録画
**видеонаблюде́ние** [中5] 防犯カメラによる監視
**видеообраще́ние** [中5] ビデオ声明
**видеопира́тство** [ц] [中1] (映像作品の)海賊版の製造[販売、レンタル]
**видеоплёнка** 複生 -нок [ж2] ビデオテープ
**видеоприложе́ние** [中5] (雑誌・新聞などの)付録のビデオ
**видеопрогра́мма** [ж1] 教育用[紹介用]ビデオ
**видеопрока́т** [м1] ①(ホールでの)ビデオ上映　②ビデオレンタル; レンタル店
**видеоро́лик** [м2] 短編ビデオフィルム
**видеосъёмка** 複生 -мок [ж2] ビデオ撮影
**видеосюже́т** [м1] 映像によるトピック[あらすじ]
**видеоте́ка** [ж2] ビデオフィルムコレクション[保管所]
**видеотелефо́н** [м1] テレビ電話
**видеотермина́л** [м1] 映像端末、ディスプレー
**видеотехника** [ж2] ビデオ関連機器
**видеофи́льм** [м1] ビデオフィルム

*#**ви́деть** [ви́-деть] ви́жу, ви́дишь, … ви́дят 《命なし》 受動過 ви́денный [不完] / **уви́деть** [уви́-деть] 命 уви́дь [完] [see] ①[団]/как 節 /что節 が見える、見てとる: ~ вдали́ го́ру 遠くに山が見える ｜ ~ сон 夢を見る ｜ ~ во сне 夢を見る ｜ Он ви́дел, как де́ти бе́гают во дворе́. 彼は子どもたちが中庭で走り回っているのを見た
②《как 節 /что節》を意識する、認識する、知覚する、わかる: ~ в нём дру́га 彼を友人とみなす ｜ Мы ви́дели, что Он прав. 私たちは彼が正しいことを言っているとわかっていた ｜ Вы уви́дете, ка́к они́ сча́стливы. 彼らがどんなに幸せかあなたにもわかるでしょう
③[団]に会う: Вчера́ я ви́дел его́ в теа́тре. きのう劇場で彼に会った ｜ Рад вас ~. お目にかかれて光栄です
④[団]体験する、味わう: Мно́гое ви́дел на своём веку́. 人生で色々な体験をした
⑤[団]鑑賞する、見る(смотре́ть): ~ пье́су [фи́льм] 劇を[映画を]見る
⑥《不完》視力がある、見える: хорошо́ [пло́хо] ~ 目がいい[よく見えない] ｜ Со́вы ви́дят но́чью. フクロウは夜目がきく

◆ ~ не могу́ [мо́жешь] 見るのも嫌だ、見たくない ／ не ви́дит све́та 多忙を極めている、追われている ／ ви́дишь (ви́дите) ли 《挿入》あのね、いい: Ему́, ви́дите ли, не́когда позвони́ть. あのねぇ、彼には電話をかけてる暇なんて全然ないんだよ ｜ Вот ви́дишь (ви́дите)! ほらね、言った通りでしょう ｜ Вот уви́дишь (уви́дите) [話]今に見てろよ ｜ как вы ви́дите 《挿入》ご覧の通り、おわかりの通り ｜ То́лько его́ [её, их] и ви́дел. あっという間に消えてしまった

како́го [како́й, каки́х] не ви́дел ми́р [свет] 誰も見たことがないような｜уви́деть свет 日の目を見る，実現する；出版される；《話》ほっとする｜Что я ви́жу.《喜び・驚き・怒り》まったく，何てことを

*ви́деться [ヴィーヂッツァ] ви́жусь, ви́дишься, … ви́дятся [不完] ①《完 с～》（人・愛称 с～）に会う；再会する：ви́делись. （会うのは）久しぶりである ②見える，目にはいる ③《完 при～》《в роли に想像される，思われる：《話》認識される：во сне́ мне его́ ви́дится ◆(как) ви́дится《挿入》《俗》おそらく，たぶん

виджей [男6] ビデオジョッキー，音楽番組の司会者
ви́дик [男2] [разг] ①《指小・愛称 <ви́д》眺め，景色 ②《皮肉・戯》（通例魅力的でない）人間の外見 ③ビデオデッキ

ви́димо [ヴィーヂマ] [副]《apparently》おそらく…らしい，…のように見える：В～, он хоте́л со мно́й поговори́ть. どうやら彼は私と話がしたかったようだ

ви́димо-неви́димо [副]《話》無数に

*ви́димост|ь [女3] 〈visibility, outward〉 ①視力；視界：плоха́я ～ 見通しの利かないこと｜по́ле ~и 視界 ②見せかけ；外見上似ている：для ~и 見せかけのために ◆по (всей) ви́димости《挿入》《話》おそらく，たぶん

*ви́дим|ый [形1]〈visible〉①可視の：～ мир 目に見える世界 ②明らかな：поссо́риться без ~ой причи́ны これといった理由もなくけんかする ③うわべだけの：-ое сочу́вствие 見せかけの同情

*видне́ться [不完] 見える，視覚で捉えられる：Вдали́ видне́ются го́ры. 遠くに山々が見える

*ви́дно [ヴィーダナ] ①[述] (よく) 見える ②《話》《挿入》目に見えて，明らかに：У меня́ слома́лся велосипе́д. В～, придётся покупа́ть но́вый. 自転車が壊れた，新しいのを買わないといけないようだ ③《述部動詞として》：До́ма еще́ не́ было ～. 家はまだ見えなかった ◆как ～ 明らかに｜Оно́ и ～. (良くないことが) 見え見えだ｜по всему́ ～, что … 全てが…ということを示している｜Там ～ бу́дет. 様子を見ようか，時がくれば明らかになる

*ви́дн|ый [ヴィードヌィ] 短 -ден, -дна́, -дно, -дны́; -дне́е, -дне́йший [形1]〈visible, prominent〉①目に見える：На горизо́нте -а́я ту́ча. 地平線に雨雲が見える ②著名な，目立つ：～ специали́ст по фолькло́ру 民俗学の有名な専門家 ③たくましい体つきの：～ мужчи́на 体格のよい男性 ◆Тебе́ [Вам] видне́е. あなたの方がよくご存じだ

видов|о́й [形2]〈вид〉 -ые поня́тия [論]種概念（↔родовы́е поня́тия）

видоизмен|я́ть [不完] / видоизмени́ть -ню́, -ни́шь 受過 -нённый (-нён, -нена́) [完]《助》外見 [容貌]を変化させる；内容に変更を加える：種類 [特徴]を変える ‖ -ся [不完 | 完] 変化する [変形する]，特徴を獲得 [消失] する ‖ видоизмене́ние [中5]

видоиска́тель [男5] ①ファインダー ②〈写生で〉描く範囲を決めるための枠

видообразова́ние [中5]〈生〉種形成，種分化
ви́дывать [不完] [多回]《話》〈助〉< ви́деть①④
видю́ха, видя́ха [女2]《話》= видеока́рта
ви́ж(сь) [不完]・[命] < ви́деть(ся)

*ви́з|а [ヴィーザ] [女1]〈visa〉 ①ビザ，査証；出入国〔通過〕の許可：въездна́я [выездна́я, транзи́тная] ～ 入国［出国，通過］ビザ｜тури́стская [уче́бная, делова́я] ～ 観光 [留学，商用] ビザ｜ча́стная [гостева́я] ～ 私人訪問ビザ｜офо́рмить -y ビザの手続きをする｜получи́ть -y ビザの取得する ②承認するか否かを証明する担当官の署名，検印 ‖ -овый [形1]

визави́ ①[副] 向かい合って ②(不変) [男・女] 向か

いにいる人

виза́ж [男4] メイクアップアート ‖ -ный [形1]
визажи́ст [男1] / ~ка 複生 -ток [女2] メイクアップアーティスト

византи́йский [形3] ビザンツ (様式) の

виз|г -а/-у [男2] ①金切り声 ②不快な音楽；（金属・木がこすれる際の）甲高い不快な音；（弾丸・爆弾などの）高速で飛ぶ［落ちる］際の鋭い音

визгли́вый 短 -ив [形1] 高く鋭い音の，甲高い；頻繁に甲高い音で鳴いている

визгу́н -а́ [男1] / ~ья 複生 -ий [女8]《俗》しょっちゅう金切り声を上げる人

визж|а́ть -жу́, -жи́шь [不完] / ви́згнуть -ну, -нешь 命 -ни [完] [一回]（人・動物・金属・楽器が）甲高い音を出す，キーキー言う：Щено́к ра́достно визжи́т. 子犬がうれしそうにキャンキャン吠えている ②《通例不完》《俗》〈助〉金切り声で歌う

визи́га [女2] チョウザメ類の背骨周りの腱や軟骨から作る食材

визи́р [男1] ①ビデオカメラの液晶画面［ファインダー］，スコープ ②《武器・測量機の》照準器，覗き穴；《話》測量機器 ‖ -ный [形1]

визи́рова|ть -рую, -руешь 受過 -анный [不完・完]〈助〉[《完た за～》]①身分証明書などを査証する；責任者の署名をする ②…に照準を合わせる ‖ -ние [中5]

визи́рь [男5] （イスラム教国で）高官，大臣

*визи́т [ヴィジート] [男1]〈visit〉《公》（公的な仕事上の）訪問 [医師] 私的な訪問や接待時：прийти́ [прие́хать] с ～ом 訪問する，来訪する｜нанести́ [сде́лать] ~ 公式訪問する

визитёр [男1]《旧・戯・皮肉》公式訪問者
визи́тка 複生 -ток [女2] ①モーニングコート ②《話》名刺 (визи́тная ка́рточка) ③《話》(男性用) セカンドバッグ

визи́тница [女3] 名刺入れ
визи́тн|ый [形1] < визи́т ◆-ая ка́рточка (1) 名刺 (2)（その人を代表する）代名詞：Э́та пе́сня -ая ка́рточка арти́ста. この歌はその歌手の代名詞だ

*визуа́льн|ый -лен, -льна [形1]〈visual〉視覚で捉えられた；肉眼 [光学機器]で見える：-ое наблюде́ние 肉眼による観察 ‖ -о [副]

ви́к|а [女2] 〈植〉ソラマメ属（ゴロシェック）：～ посевна́я カラスノエンドウ ‖ -овый [形1]

Ви́ка [女2] 《愛称》< Викто́рия

вика́рий [男7] 《正教》主教管区を管轄する高位聖職者の代理 [補佐] をする主教；《カトリ》司教 [教区の聖職者] の補佐

ви́кинг [男2] ヴァイキング，海賊
вико́нт [男1] / виконте́сса [э] [女1] 子爵
виктимоло́г|ия [女9] 被害者学 ‖ -и́ческий [形3]

Ви́ктор [男1] ヴィクトル (男性名；愛称 Ви́тя)
викто́рина [女2] クイズ
викто́ри|я [女9] ①〈植〉オオオニバス (スイレン科の水生植物) ②〈植〉ラズベリーの大粒のイチゴの品種
Викто́рия [女9] ヴィクトリヤ (女性名；愛称 Ви́ка)

*ви́лк|а [ヴィールカ] 複生 -лок [女2]〈fork〉①フォーク：есть ~ой フォークで食べる ②フォークを模した器具；《電》プラグ

ви́лла [女1] ヴィラ (庭園付き) 豪華別荘
вил|о́к -ка́ [男2]《話》キャベツの結球；キャベツ玉 ‖ вилко́вый [形1]

вилообра́зный [形1] 二股の

ви́лы вил [複] ①（農具・フォークリフトの）フォーク，熊手：захва́тные ～ （フォークリフトの）ツメ，フォーク ②[聞]《若者》ちくしょう ◆ви́лами по воде́ пи́сано 将来のことは予測できない，（実現の可否は）まだ不明だ

## Вильнюс

**Ви́льнюс** [男1] ヴィリニュス(リトアニアの首都)

**виля́ть** [不完] / **вильну́ть** -ну́, -нёшь [完] [一回] ①《圏》くしっぽを振る;一方から他方へ急に転換しながら動く ②曲がりくねって動く ③《話》急カーブをする,(道・川が)曲がりくねる ④《不完》《話》答えをはぐらかす;狡猾に振る舞う ◆ **ВИЛЬНУ́ТЬ ХВОСТО́М** すぐに隠れる,姿を消す ∥ **виля́ние** [中5]

**вина́** *ВИ́НЫ* 複 *ВИ́НЫ* [女1] ①過失:без -*ы́* вино́ва́тый 人の過失の尻拭いをしなければならない|поста́вить в -*у́* 圏 …に[過失に対する責任]があると考える|свали́ть [возложи́ть] -*у́* на 圏 人に罪をかぶせる|Э́то не твоя́ ~. 君が悪いのではない ②(望ましくないこと)の原因:*Вино́й* тому́ [всему́] была́ си́льная жара́. その[すべての]原因は猛暑にあった ◆ ***по-е́*** 圏 …のせいで

**винд..** [語形成]《コン》ウィンドウズ, Windows: рабо́тать ′из-под -*ы́* [под -*а́ми*] ウィンドウズの環境下で働かされる ∥ **ви́ндо́вский** [形1]

**виндсёрфер** [нс] [男1]《話》《スポ》セイルボード,ウインドサーフィン用具一式

**виндсёрфинг** [нс] [男2] ①《スポ》ウインドサーフィン ②セイルボード

**виндсёрфингист** [нс] [男1] ウインドサーファー

*****винегре́т** [男1] [料理]ビネグレット(ビーツと刻んだ野菜,肉などを混ぜ合わせたサラダ) ②《話》多種多様なものの寄せ集め;ごた混ぜ

**вини́л** [男1] ①ビニール ②《若者》レコード盤 ∥ **~овый** [形1]

**вини́тельный** [形1]: ~ паде́ж [文法] 対格,目的格

**вини́ть** -ню́, -ни́шь [不完] <圏 в圏/за圏>…に対して罪がある[悪い]と考える;…を…のことで非難する: Во всём *вини́* самого́ себя́. 全てにおいて自分が悪いと思え|Не *вини́(те)* меня́ за опозда́ние. 私が遅刻したのを責めないで下さい

**вини́ться** -ню́сь, -ни́шься [不完] / **по-** [完]《旧・話》<в圏/пе́ред圏>…に対して罪を認める

**ви́нкель** 複 -я́ [男1] 曲尺(がんじゃく),直角定規

**виннока́менн|ый** [形1]《化》酒石の: *-ая* кислота́ 酒石酸

**ви́нный** [形1] <вино́: ~ ка́мень《化》酒石 | ~ по́греб 酒蔵 ■ **~ спи́рт**《化》エチルアルコール,エタノール

*****вино́** *ви́на* 複/*ви́на* (稀) [中1] [wine] ①酒類,(主に)ワイン: армя́нское ~ アルメニアワイン | бе́лое [кра́сное, ро́зовое] ~ 白[赤,ロゼ]ワイン | сла́дкое [сухо́е, столо́вое] ~ 甘口[辛口, テーブル]ワイン | кислое ~ 新味のワイン | ри́совое ~ 日本酒 | хле́бное ~ ウォッカ | но́вое [молодо́е] ~ フェーデルヴァイサー | сорта́ бе́лого ~ 白ワインの種類 ②《俗》ウォッカ ◆ **И́стина в -е́.** 酔っ払いは真実を話す(←真実はワインの中にあり) ∥ **ви́нцо́** [中1] [指小]

**вино..** [語形成]「ワインの」「酒類の」

**винова́то** [副] 申し訳なさそうに;《挿入》ごめんなさい: *В~, я, ка́жется, опозда́л.* ごめん,私はどうやら遅刻したようだ

*****винова́т|ый** [ヴィナヴァーティイ] 短 -ат [形1] ①《通例短尾》<вино́: で~ пе́ред圏 …に対して悪い: *Я винова́т в небре́жности.* 僕がいい加減なのが悪い | *Я не винова́т.* 僕じゃない | *Я чу́вствую себя́ -ым пе́ред ва́ми.* 私はあなたに申し訳なく思っている ②申し訳なさそうな: *-ое лицо́* 申し訳なさそうな顔[表情] | *Она́ бро́сила ~ взгляд на учи́теля.* 彼女は申し訳なさそうな眼差しで先生の顔を見た

**вино́вни|к** [男2] / **-ца** [女3] ①罪を犯した人 ②<圏>…の原因となる人[もの]: *Микро́бы — -ки́ э́той боле́зни.* それらの細菌がこの病気の原因だ ◆ **~ торжества́**《話》パーティー[祝い事]の主役

*****вино́вн|ый** [ヴィノーヴヌイ] 短 -вен, -вна [形1] [guilty] <в圏>…の罪[罪状]を犯した,罪深い: *вино́вен в кра́же* 盗みの罪を犯した ∥ **-ость** [女10]

*****виногра́д** -a/-y [男1] [vine, grapes] [植] ①ブドウ,葡萄: ~ япо́нский ヤマブドウ | ~ культу́рный ヨーロッパブドウ ②ブドウの実 ∥ **~ный** [形1], **~овый** [形1] <①

**виногра́дарство** [中1] ブドウ栽培

**виногра́дарь** [男5] ブドウ栽培に携わる人

**виногра́дина** [女1]《話》ブドウの実1粒

**виногра́дник** [男2] ブドウ園;ブドウの植えつけ ∥ **~овый** [形1]

**виноде́л** [男1] ワイン[果実酒]醸造者

**виноде́лие** [中5] ワイン[果実酒]醸造

**виноку́р** [男1] 蒸留酒製造者

**виноку́ре́ни|е** [中5] 蒸留酒製造 ∥ **-ный** [形1]

**виноте́ка** [女2] ワインコレクション

**ви́нт¹** -а́ [男1] [screw, spiral] ①ねじ: вверну́ть [вы́вернуть] ~ ねじを締める[はずす] ②スクリュー,プロペラ ③[フィギュア]スピン: обы́чный [прямо́й] ~ スクラッチスピン ④ピント(トランプゲームの一つ) ⑤ [IT] = винче́стер ◆ **да́ть ~á**《話》逃げ出す

**ви́нтик** [男2]《話》①[指小・愛称] <ви́нт ②目立たない役割を果たす人

**винти́ть** -нчу́, -нти́шь [不完] ①<圏>のねじを締める[緩める] ②《話》[トランプ]ピント(винт)をする

**винто́вка** [女1]《軍》[rifle] ライフル銃

**винтов|о́й** [形2] ねじ[スクリュー]の, らせん状の: *-а́я ле́стница* らせん階段

**винтокры́л** [男1] 回転翼;ヘリコプター ∥ **~ый** [形1]

**винтомото́рный** [形1] 回転翼によって飛ぶ

**винтообра́зн|ый** -зен, -зна [形1] ねじの形をした;らせん形の,渦巻状の

**винче́стер** [男1] [IT] ウィンチェスターディスク(装置)

**виньетка** 複生 -ток [女2] (本の扉・アルバムなどの)小さな絵,唐草装飾

**вио́ла** [女1]《楽》ヴィオラ・ダ・ガンバ ②[植]ヴィオラ

**виолончели́ст** [男1] / **~ка** 複生 -ток [女2] チェロ奏者

**виолонче́ль** [女10]《楽》チェロ ∥ **~ный** [形1]

**ВИП** [ヴィープ] [不変] [男] [形]《話》 VIP: ~-зал 貴賓室

**ви́ра** [間] (荷役作業で)揚げろ!; 上へ! (↔ма́йна²)

**вира́ж¹** -а́ [男4] ①急カーブ: заложи́ть ~ 急カーブする ②(車の)ターンスピン;(飛行機の)急旋回;方向転換: круто́й ~ 大きな旋回 | сде́лать ~ ターンスピンする,急な方向転換をする ∥ **~ный** [形1]

**вира́ж²** [男1]《写・映》(フィルムの)増感剤

**виртуа́л** [男1]《話》[IT] ①《ネット上の》仮想世界 ②アバター(ネット上の自分の分身としてのキャラクター)

*****виртуа́льн|ый** 短 -лен, -льна [形1] [virtual] ①可能な,潜在的な;(一定の条件下で)現れる, 起こる ②仮想の,バーチャルの,見かけの: *-ая па́мять* バーチャルメモリ | *-ая реа́льность* バーチャルリアリティ ∥ **-ость** [女10]

**виртуо́з** [男1] ①(技術を完璧に身につけた)芸術家, 音楽家,ヴィルトゥオーソ ②高い技術を持った人

**виртуо́зн|ый** -зен, -зна [形1] 技術を完璧に身につけた;熟練技を必要とする,極めて難しい: *-ое произведе́ние* [楽]超絶技巧作品 ∥ **-ость** [女10]

**вируле́нтный** [形1] [医] 悪性の,伝染性の強い

*****ви́рус** [男1] [virus] ①[医] ウイルス: зарази́ться [инфици́рованный] ~ом ウイルスに感染した ②(例単) 否定的な社会的[心理的] 現象を引き起こすもの

③〖IT〗コンピュータウイルス(компью́терный ~) **//~ный**
вирусо́лог [男2] ①〖医〗ウイルス学者 ②〖IT〗コンピュータウイルス専門家[対策家]
вирусоло́г|ия [女9] ①〖医〗ウイルス学 ②〖IT〗コンピュータウイルス研究 **//-и́ческий** [形3]
вирусоноси́тель [男5] 〖医〗保菌者
вирусописа́тель [男2] 〖話〗〖IT〗コンピュータウイルスを作り出すプログラマー
ви́селица [女3] ①〖旧〗絞首刑台 ②〖話〗絞首刑
ви́сельник [男2] ①〖旧〗絞首刑に処された人; 〖話〗首つり自殺者 ②〖話〗悪党, 犯罪者
*висе́ть [ヴィシェーチ] вишу́, виси́шь, ... вися́т 命 виси́ [不完]〖hang〗①掛っている, ぶら下がっている: Карти́на виси́т на стене́. 絵が壁に掛っている｜Пла́тье виси́т на ве́шалке. ドレスがハンガーにかけてある
②〖話〗(衣服が)だぶだぶである: Этот пиджа́к на тебе́ виси́т. このジャケットは君にはだぶだぶだ
③〈над⊕〉の上方でうろついている, 浮いている; 低く覆っている: Над озером виси́т луна́. 湖の上に月が浮かんでいる ④〖話〗〈над⊕〉を脅かす Беда́ виси́т над голово́й. 災難が重くのしかかっている
⑤〈на⊕〉の負担となる, 心配事となる На фи́рме виси́т долг. その会社は負債が重い負担になっている
⑥〖コン〗フリーズする(зави́снуть) **◆ ~ на ше́е у** ⊕ …の厄介になる
*ви́ски [不変][中]〖whisky〗ウィスキー
виско́з|а [女1] ①ビスコース(人工繊維・セロファンの原料) ②人工シルク, ビスコース(レーヨン) ③〖話〗ビスコースで作られた製品[服] **//-ный** [形1]
Ви́сла [女1] ヴィスワ川(ポーランドの川)
вислоу́хий [形3] ①〔動物が〕垂れ耳の, ②〖俗〗愚かな, まぬけな
ви́смут [男1] ①〖化〗蒼鉛 ②蒼鉛を含む鉱物 ③蒼鉛を含む薬品 **//~овый** [形1]
ви́снуть -ну, -нешь 過 висну́л/-ул, -сла 能過 -у́вший [不完]/**по-** ①吊り下げられている, 垂れ下がっている: Во́лосы ви́снут на глаза́. 前髪が目にかぶさっている 〈非喩〉〈на⊕〉…をしつこく追う, …の好意を得ようとする ②〖俗〗〖IT〗(システムが)フリーズする
висо́|к -ска́ [男2] ①〖解〗こめかみ ②〈複〉(側頭部の)髪, もみあげ部分 **//-чек** 複生 -чек [男2] 〖指小・愛称〗<②> **//-чный** [形1]
високо́сный **◇-го́д** [形1] ■ **~ год** 閏年
виcт [男1] ①ホイスト(トランプゲームの一つ) ②パスをする必要のないカードの組み合わせ ③〖間投詞的に〗(ホイストなどトランプゲームで)やります, パスしません
висю́лька 複生 -лек [女1] 小さな下げ飾り
вися́чий [形6] 吊り下がっている, 吊り下げることができる **◆ ~ мост** 吊り橋 **◇мо́к** 南京錠
*Вита́лий [男7] ヴィターリー(男性名; 愛称 Ви́тя)
*витами́н [男1]〖vitamin〗ビタミン: В-**С** ビタミン**С**(**С**は「ツェー」と読む) ②〈複〉〖話〗ビタミンを含む野菜[果物] **//~ный**
витаминизи́ровать -рую, -руешь 受過 -анный [不完]/**на-** ⊕にビタミンを添加する, ビタミンをより多く含ませる **//-а́ция** [女2]
витаминотерапи́я [女9] 〖医〗ビタミン療法
вита́ть [不完] 〖雅〗①(香り・煙などが)周囲に広がる, 漂う: В во́здухе вита́ет за́пах весны́. 辺りは春の匂いが漂っている ②目に見えない形で存在する, どこかで感じられる: Смерть вита́ет над ним. 彼には死相が現れている ③〖喩〗周囲の現実を忘れて没頭する, 心がどこかに飛ぶ: **~ в облака́х [ме́жду не́бом и землёй]** 無益にで空想する, 夢見る; 現実離れしている
витиева́тый 短 -а́т [形1] 奇抜さが際立った, 装飾などが複雑な; 手のこんだ, 凝った; 〔言葉・文体が〕大げさな表現[美辞麗句]に富んだ **//-ость** [女10]
вити́йство [中1]〖旧・詩〗雄弁・国民的自覚に溢れる〕雄弁; 雄弁の才 ②〖皮肉〗(大げさで言葉だけが多い)空虚な話, 考察
вити́йствовать -твую, -твуешь [不完]〖旧〗雄弁に語る; 〖皮肉〗(大げさに)空虚な話をする
вити́я [男6] 〖皮肉〗(仰々しく・大げさに)優れた〕弁論家と話をする人
вито́й [形2] 綯(な)われた, 撚(よ)られた, らせん状の
вито́|к -тка́ [男2] ①(螺旋・らせん状のの)1周; (人工衛星の)周回 ②(包帯・針金などの)一巻き ③〈⊕/⊞〉…の発展[形成]の一段階
витра́ж -а́ [男4] ステンドグラス **//-ный** [形1]
витри́н|а [女1] 〖window〗①ショーウインドー: вы́ставить на **-е** ショーウインドーに展示する ②ショーケース, 陳列ケース: в **-е** ショーケースに **//-ный** [形1]
ви́ть вью, вьёшь 命 вей 過 вил, -ла́, -ло 受過 ви́тый (ит, -ита́, -ито) [不完] /**с**вить, совью́шь [完] ①〈⊞〉撚(よ)る, 綯(な)う, 編む; (草・枝を編み込んで)巣を作る ②〖旧〗〈⊞〉(体・その一部を)曲げる ③(吹雪が)舞う, 吹き荒れる **◆ ~ верёвки из** ⊞ …を意のままにする **//витьё** [中4]
ви́ться вьюсь, вьёшься 命 вейся 過 ви́лся/-лась, -ло́сь/-лось [不完] ①巻きつく (体・その一部が)くねる, よじれる; (髪の毛が)カールする; (道・川が)蛇行している ②〈旧〉(3人称)(手に入れようと)うろつく, (ハチなどが群れとぶ); 〖話〗振る舞う (3人称)(蚊・アブなどが)回りながら飛ぶ, 旋回する; (ほこり・煙などが)巻き上がる; (旗が)ひるがえる
витю́тень, вития́тень [男5] 〖鳥〗モリバト (вя́хирь)
Ви́тя (女5変化) [男][愛称]< Ви́ктор, Вита́лий
вихля́ть [不完] 〖話〗①よろよろ歩く, よろめく, ふらつく ②ジグザグに動く; (道が)曲がりくねる ③だます, 狡猾に振る舞う **//-ся** [不完] 〖俗〗= вихля́ть
вихо́р -хра́ [男1] ①(特に男の頭の)巻き毛, 立った毛 ②〈複〉(通例立った・乱れた)髪の毛
вихра́стый 短 -а́ст [形1] 〖話〗髪の毛が立っている, 巻き毛の
вихрево́й [形2]〖理〗渦巻き(状)の; 旋回する
ви́хриться -рится, вихри́ться -ри́тся [不完] (3人称)(風・竜巻などで)舞う, 吹き荒れる
ви́хр|ь [男5] ①〖気象〗旋風, 竜巻; ホワールウインド; пы́льный [песча́ный] ~ 塵旋風, 砂嵐 ②〈⊞〉の急激な流れ[発展, 発達, 交代]: ~ мы́слей 渦巻く思考 **◆ -ем** 旋風のように素早く ■ **~ Мерсе́нна**〖数〗メルセンヌ・ツイスタ(MT)
ви́це-... 〖語形成〗「副」…「次」…「…代理」
ви́це-адмира́л [不変]-[男1] 〖軍〗(ロシア海軍で)中将 **//~ьский** [形3]
ви́це-губерна́тор [不変]-[男1] 副知事
ви́це-ко́нсул [不変]-[男1] 副領事
ви́це-коро́ль [不変]-[男5] 副王, 総督
ви́це-президе́нт [不変]-[男1] 副大統領
ви́це-президе́нтство [不変]-[中1] 副大統領職
ви́це-мэр [不変]-[男1] 副市長
ви́це-премье́р [不変]-[男1] 副首相
ВИЧ [ヴィーチ] [男1] ヒト免疫不全ウイルス, エイズウイルス, HIV(ви́рус иммунодефици́та челове́ка)
ВИЧ-инфе́кция [女9]〖医〗HIV感染
ВИЧ-инфици́рованн|ый [形1]〖医〗①HIV[エイズウイルス]に感染した ②~ [男名]-**ая**[女名] HIV感染者
ви́шенка 複生 -нок [女2]〖指小〗< ви́шня ②サクランボの実1粒 **◆ на то́рте** 有終の美, 水際立った完成

**вишнёвка** 複生 -вок [ж2] 《話》(自家製の)サクランボ酒

**вишнево-..** [語形成] 「桜っぽい」

**вишнево-коричневый** [形] チェリーブラウンの

**вишнево-красный** [形] チェリーレッド色の

**вишнёвый** [形] ① 桜の ② サクランボの

\***вишн|я** 複生 -шен [ж5] 〔cherry〕①《植》サクラ亜属: ~ колокольчатая カンヒザクラ(★ソメイヨシノは日本の亜種で、対応のロシア語はない) | Са́кура — дальневосто́чная разно́вид́ность ~и. 桜はサクラ亜属の極東の亜種である 《集合》①の実; サクランボ: варе́нье из ~и [ви́шен] サクランボのジャム

**вишу́** [1人称現] < висе́ть

**вишь** [助]《俗》①《驚き·不満·いまいましさ》ほら、見てごらん: ~ ты 《驚き·不満》おい見ろよ［聞けよ］ ②《挿入》ほらね、わかるでしょ

**вка́лывать** [不完] / **вколо́ть** вколю́, вко́лешь 受過 вко́лотый [完] ① ⟨四⟩ を先の尖った・細いものを)刺し通す，突き刺す **//~ся** [不完]〔受身〕

**вка́пывать** [不完] / **вкопа́ть** 受過 вко́панный [完] ⟨四⟩穴の中に入れる，埋める: ~ столб в зе́млю 柱を地中に埋める **//~ся** [完] / [完] ① (掘って)潜り込む; 穴を掘る ②［不完]〔受身〕

**вка́тывать** [不完] / **вкати́ть** вкачу́, вка́тишь 受過 вка́ченный [完] ① ⟨四⟩転がして移動する［入れ込む］ ②《通例完》《話》〈無補語〉転がり込む ③《通例完》《俗》〈部下などに〉嫌がらせをする、悪い評価を下す、処罰する: ~ дво́йку 落第点を付ける ④《通例完》《薬·飲み物などを》飲ませる ⑤《通例完》《俗》力いっぱい殴る，叩く **//~ся** [不完] ① 転がって入り込む; 素早く入る; 駆け込む; (波·空気などが)入り込む ②［不完]〔受身〕<

**вкл.** (略)включи́тельно; включено́

\***вкла́д** [フクラート] [м1] 〔investment〕① 預金: сде́лать ~ и вы́дача де́нег 現金の預け入れと引き出し | сро́чный ~ 定期預金 ② 投資、出資金 ③ 〈в 四へ⟩の寄与，貢献: внести́ [вложи́ть] ~ в разви́тие нау́ки 科学の発展に貢献する

**вкла́дка** 複生 -док [ж2] 《話》① 挿入(すること) ②《図·表·絵など》本の綴じ込みページ; 新聞の折り込み ③《印》綴込み製本

**вкладно́й** [形] ① 預金の ② 折り込みの、綴じ込みの: ~ лист 綴じ込みページ

**вкла́дчи|к** [м2] / **-ца** [ж3] 預金者

\***вкла́дывать** [フクラーディヴァチ] [不完] / **вложи́ть** [ヴラジーチ] вложу́, вло́жишь 受過 вло́женный ・ вло́жен [完] 〔insert, enclose〕⟨四⟩を ⟨в 四へ⟩の中に入れる，挿入する: ~ письмо в конве́рт 手紙を封筒に入れる ② 投資［出資］する，預金する: ~ капита́л в недви́жимость 不動産に出資する ③〈労働·知識などを…に⟩提供する, 捧げる; (言葉·作品など)で伝える, 表現する: ~ ду́шу в рабо́ту 仕事に心血を注ぐ ④［完]〔四〕①入り込む; 収まる ②［不完]〔受身〕

**вкла́дыш** [м4] ① 挿入物, 付録 ② 自動車の装備, 装置 ③《若者》(インナー型の)イヤホン

**вклеива́ть** [不完] / **вкле́ить** -е́ю, -е́ишь 受過 -е́енный [完] ⟨四⟩糊をつけて封印する **//~ние** [ср5]

**вкле́йка** 複生 -е́ек [ж2] ① 糊づけをして封印すること (вкле́ивание) ② 封が閉じられているもの: (本·雑誌に綴じ込まれた)挿絵, 図解，印刷全紙の一部

**вкли́нивать** [不完] / **вкли́нить** -ню, -нишь 受過 -ненный, **вклини́ть** -ню́, -ни́шь 受過 вклинённый (-нён, -нена́) [完] ⟨四⟩ ①《楔のように》はめ込む，差し込む ②《話》他人の話に言葉［コメント]を差し挟む

**вкли́ниваться** [不完] / **вкли́ниться** -нюсь, -нишься, **вклини́ться** -ню́сь, -ни́шься [完] 〈в 四⟩ ①…の中へ入り込む(楔形·細い帯状に)入り込む, 刺さる ② (敵陣に)侵入する, 突入する: ~ в толпу́ 群衆の中に入る ③《話》他人の話を遮って割り込む ④［不完]〔受身〕

\***включа́ть** [フクリュチャーチ] [不完] / **включи́ть** [フクリュチーチ] -чу́, -чи́шь 受過 -чённый (-чён, -чена́) [完] 〔include〕① ⟨四⟩ を ⟨в 四へ⟩の含める, 入れる: ~ в себя́ …を含む | ~ 四 в спи́сок …をリストに入れる | ~ в число́ свои́х друзе́й 友人に加える, 友人と認める ② ⟨四⟩のスイッチを入れる, オンにし, 始動させる: ~ телеви́зор テレビをつける

\***включа́ться** [不完] / **включи́ться** -чу́сь, -чи́шься [完] ⟨в 四⟩ ①…に含まれる, …の構成要素になる(←исключа́ться); 加わる, 参加する ② 機能し始める, ⟨システム·回線⟩につながる ③［不完]〔受身〕

\***включа́я** [フクリュチャーヤ] [前] 〔including〕⟨四⟩…を含めて, …と共に: ~ старико́в и дете́й 老人も子供も含めて | на всю неде́лю, ~ воскресе́нье 日曜も含めて週いっぱいの予定

**включено́** ①〔受過·短尾·中〕< включа́ть: всё ~《旅行》オールインクルーシブ ②《無人述》電源が入っている

\***включи́тельно** [副] 〔inclusive〕(最後に挙げたものを)含めて (↔исключи́тельно): с пе́рвого по деся́тое число́ ～ 1日から10日まで(★10日を含む)

**включи́ть(ся)** [完] →включа́ть(ся)

**вкола́чивать** [不完] / **вколоти́ть** -очу́, -о́тишь 受過 -о́ченный [完] ⟨四⟩ ①《話》叩いて中に入らせる; 叩き込む: вколо́чивать шаги́ やっとのことで歩く ② ⟨в 四⟩に頻繁に［根気強く]繰り返して習得［暗記、理解]させる **//вколоти́ть себе́ в го́лову** 《話》思い込む **//~ся** [不完]〔受身〕

**вколо́ть** [完] →вка́лывать

**вконе́ц** [副]《話》完璧に, 完全に, 最終的に

**вкопа́ть(ся)** [完] →вка́пывать

**вкорени́ться** [不完] / **вкорени́ться** -ню́сь, -ни́шься [完] (性向·考えなどが)根づく, 定着する, 習慣になる

**вкось** [副]《話》① 斜めに, 斜交いに ② 悪く, 不正確に

**вкра́дчивый** 短 -ив [形1] おべっか［巧みな振る舞い］で自分に好感を抱かせる, 信用させる; 取り入るのがうまい: ~ го́лос 媚び入るような声

**вкра́дываться** [不完] / **вкра́сться** -аду́сь, -адёшься а о́ -а́лся 他過 -а́вшийся ся́ 副分 -а́вшись [完] ① こっそりと入り込む, (泥棒が)忍び込む ② (誤り·誤植などが)気づかれずに［偶然]現れる ③〈в 四⟩無意識に〈ついつの間にか]…に現れる［起こる]: (考え·感情などが)湧く: В го́лову мне вкра́лось сомне́ние. 私の頭に疑念がわいた

**вкра́пливать** [不完] / **вкра́пить** -плю, -пишь 受過 -пленный [完] (作品·話などに)ちりばめる, 導入する, 引用する **//~ся** [不完]〔受身〕**//вкрапле́ние** [ср5]

\***вкра́тце** [副] 〔briefly〕手短に, 簡潔に: ~ рассказа́ть 簡単に述べる

**вкривь** [副]《話》① 斜めに, 曲がって ② 誤ったやり方で; 歪曲して

**вкруг** (旧) ① [副] 周りを, 周りを ② [前] 〈生⟩…の周りを，…の周りに

**вкругову́ю** [副] ①《話》ぐるぐると, 円を描きながら; 回して ②《俗》概して, おおよそ

**вкруту́ю** [副] (卵を)固ゆでに (↔всмя́тку)
**вкру́чивать** [不完] / **вкрути́ть** -учу́, -у́тишь 受過-у́ченный [完] ①〈что в что〉回して設置する, 転がして入れる, ねじ込む ②《俗》〈кому〉疑わしいことを吹き込む; 信じ込ませる ②《話》〈что〉[明らかな嘘]を信じ込ませる **// ~ся** [不完]《受身》
**вку́ривать** [不完] / **вкури́ть** -урю́, -у́ришь [完]《若者》〈что〉理解する, わかる

*вкус [フクース] [男1] [taste] ①味, 味覚, 風味: про́бовать ~ на ~ …の味見をする | На́питок со ~ом лимо́на レモン風味の飲み物 | Это де́ло ~а. それは好みの問題だ | Это мне не по ~у. 私にはこれはあまり好みじゃありません ②趣き, 趣味, 趣向: Э́то [в] мо́ём ~е. [式] ④〈к чему〉への傾向, 関心
◆ со ~ом おいしく; 喜んで | войти́ во ~ ⑧ …の味わいがわかるようになる | на ~ …の好みでは: на мой ~ 私の好みでは | в ~е …の好みに合って: Ты не в моём ~е. あなたは私の好みじゃない | На ~ и цвет това́рищей нет. = О ~ах не спо́рят. 《諺》十人十色; 蓼(た)食う虫も好き好き (…ものの好みは議論できない)

**вку́сно** [フクースナ] ① [副] [tasty, delicious] おいしく: Он гото́вит ~. 彼は料理がうまい | Па́хнет о́чень ~! おいしそうな匂いだ! | В э́том рестора́не ~ гото́вят. このレストランは飯がうまい ②楽しげに, 夢中になって ③ [無人述] おいしい: О́чень [безумно] ~! とてもおいしい, すごくうまい | Спаси́бо, бы́ло о́чень ~. ごちそうさまでした

**вку́сность** [女10] ①《複》《話》おいしい料理, 美食 ②《通例単》美味
**вкусноти́а** [女1]《話》とてもおいしい物, 舌を満足させるもの **// -и́ща** [女4] 《指大》

*вку́сн|ый [フクースヌィ] 短-сен, -сна́, -сно, -сны/-сны́ 比-не́е 最上-нейший [形1] [delicious] ①おいしい, うまい, 食欲をそそる ★年配者には, 「うまく調理された」ととるので, 「~ чай おいしい紅茶」は不適とする人がいる: ～ое блю́до おいしい料理 ②〈что〉喜びを与える: ～ая кни́га お気に入りの本

**вкусня́тина** [女1] 《単》《話》おいしい料理, うまいもん
**вкусово́й** [形2] <вкус: -ы́е вещества́ 調味料
**вкусовщи́на** [女1]《話》主観的[偏見による]評価

**вкуша́ть** [不完] / **вкуси́ть** вкушу́, вкуси́шь/вку́сишь 受過вкушённый (-шён, -шена́), [完]/-оте́д [完]《雅》 ①食べる, 飲む ②体験する, 感じる, 味わう: ~ го́ре [сла́вы] 悲哀 [栄光] を味わう
◆~ плоды́ ⑧ …で得られた成果を利用する | от дре́ва позна́ния добра́ и зла́ 様々なことを見知る

**ВКЭ** [ヴェカエ] 《略》ви́русу клещево́го энцефали́та ダニ媒介性脳炎ウイルス

*вла́га [女2] (何かに含まれる) 液体, 水分, 湿気: живи́тельная [о́гненная] ~ 生命の水, ワイン

**влага́лище** [中2] ①《解》(女性の)膣 ②《植》葉鞘(よう), はかま **// -ный** [形1]
**влага́ть** [不完] = вкла́дывать①
**вла́го..**〈語形成〉「水の」「水分の」
**влаголюби́вый** [形1] 好水性の, 好湿性の
**влагоме́р** [男1] 水分計: ~ древеси́ны [зерна́] 木材 [穀物] 水分計

**Вла́да** [女1] ヴラーダ (女性名; 愛称 Ла́да)
**владе́|лец** [ヴラデーリツ] -льца [男3] / **-ица** [女3] [owner] 所有者; 主人: ~ магази́на 店のオーナー **// -ьче́ский** [形3]

*владе́ние [中5] [ownership, possession] ① (<владе́ть)《略》②の所有, 保有, 使用能力 ②自制, 克己 ~ ору́жием 武器使用能力 ②不動産, 所有地, 領土: колониа́льные -ия 植民地

**владе́тель** [男5] / **-ница** [女3] 《旧》①封建制国家[公国]の統治者 ②=владе́лец/владе́лица

**владе́тельный** [形1] 統治者の継承権を持つ
*владе́|ть [ヴラデーチ] [不完]《略》 ① 〈чем〉財産・資源・能力・天賦の才を所有する (име́ть, облада́ть): ~ ору́диями произво́дства 生産財を保有している | ~ да́ром слов 弁舌の才がある
② 支配[占有, 掌握]する, 意のままにする, (感情・思想が)虜にしている: одна́ мы́сль владе́ет им …はある考えで頭がいっぱいだ | душо́й владе́ет 圈 …が心をとらえてなさい | ~ собо́й [свои́ми чу́вствами] 自制している | ~ ситуа́цией 事態を掌握している
③ 自在に操れる, 上手である: ~ перо́м 文才がある, 筆が立つ | ру́сским языко́м 圈 ロシア語が堪能である | не владе́ет рука́ми 身動きがとれない, 動けない

**Владивосто́к** [男2] ウラジオストク (沿海地方の首都; 極東連邦管区) **// владивосто́кск|ий** [形3] **■ -ое вре́мя** ウラジオストク時間 (UTC + 10)

**Вла́дик** [男2] ①《愛称》< Владисла́в ②= Владивосто́к

**Владикавка́з** [男1] ウラジカフカス (北オセチア・アラニヤ共和国の首都; 北カフカス連邦管区)

**Влади́мир** [男1] ①ヴラジーミル (男性名; 愛称 Во́ва, Воло́дя) ②ウラジーミリ (同名州の州都) **// влади́мирск|ий** [形3] <②: В-ая о́бласть ウラジーミリ州 (中央連邦管区)

**Владисла́в** [男1] ヴラジスラフ (男性名; 愛称 Вла́дик, Сла́ва), 卑称 Сла́вка)

**влады́|ка** (女2変化) [男1] / **-чица**¹ [女3] 《雅》①君主, 統治者, 支配者; 何でも思い通りにできる人; 《動》ボス ②《正教》高位聖職者 (総主教, 府主教, 大主教, 主教) などの敬称

**влады́чество** [中1] 統治, 主権
**влады́чествовать** -твую, -твуешь [不完]《雅》①国を統治する; 強い影響を及ぼす ②支配的である, 主流である

**влады́чица**² [女3] ①→влады́ка ②В-《正教》聖神女に対する敬称

**влажне́|ть** -ёет [不完] / по- [完] [от-で]湿る, 濡れる

**вла́жность** [女10] 湿り気, 湿気, 湿度; 水を含むこと: ~ во́здуха 湿度 | абсолю́тная [относи́тельная] ~ 絶対[相対]湿度 **// -ный** [形1]

*вла́жн|ый [ヴラージヌィ] 短-жен, -жна́, -жно, -жны/-жны́ 比-не́е [形1] [humid, damp] ①湿った, じめじめした, 水分を含んだ; 保湿の (→мо́крый比級): ~ая земля́ 湿った土 ②泣き濡れた: -ые от слёз глаза́ 涙で濡れた瞳

**вла́мываться** [不完] / **вломи́ться** -омлю́сь, -о́мишься [完] (抵抗・障害を克服して) 力ずくで入り込む; 突入する; 《話》騒ぎをまっしぐらに入る

**вла́ствовать** -твую, -твуешь [不完]《雅》〈над圈〉①〈кем〉国家を統治する ②~を取り仕切る, 管理する, 意のままにする; 自分の影響下におく 〈他のものより〉高くそびえたっている ◆~ собо́ю 自制する

**власте|ли́н** [男5] / **-ли́нша** [女3] 《雅》= властели́н / -и́ца 3 ~ свое́й судьбы́ 己の運命の統治者となる

**власти́тель** [男5] / **-ница** [女3] = властели́н / -и́ца 人, (国・地方機関)の長

*вла́стн|ый [プラースヌィ] 短-тен, -тна, -тна́, -тно [形1] ①命令[指揮]する権利がある: ~ о́рган 権力機関 | -ые структу́ры 権力構造 ②命令[指揮]しがちな: ~ хара́ктер あれこれ指図したがる性格 ③ 《通例短尾》〈над圈〉感情・思考・希望などを服従させる[魅了する]ことができる; 《通例否定文で》影響しない: Я не вла́стен над судьбо́ю. ぼくは運命を操れない **// -ость** [女10]

**властолю́бец** -бца [男3] 権力欲の強い人

**власто|люби́вый** [形1] 権力志向の強い，権力欲がある **//-люби́вие** [中5]

**‡вла́ст|ь** [グラースチ] 複 -и, -е́й [女10] [power] ① 権力，権威；力: верхо́вная ~ 最高権力 | три ве́тви госуда́рственной ~и (国家の)三権 | исполни́тельная (законода́тельная, суде́бная) ~ 行政(立法，司法)権 | ~ Четвёртая ~ 第四権力，マスコミ | име́ть ~ над 圈 …に対して権力を有する | употреби́ть ~ 権力を行使する | Я сде́лаю всё, что в мое́й ~и, что́бы помо́чь вам. あなたを救うためにあらゆる手をつくします

② 政権，政府; (通例複)当局: сове́тская ~ ソヴィエト政権[政府] | прийти́ к ~и = взять [захвати́ть] ~ 政権を握る | моне́тарные ~и 金融当局

◆**в –и́** 回 …の自由だ，勝手だ | **твоя́ [ва́ша] ~** あなたのお好きなように | **отда́ться – и** 回 服従する | **потеря́ть – над собо́й** 自制心を失う | **у –и** 権限がある，政権を握っている

**влачи́ть** -чу́, -чи́шь [不完] ⟨他⟩ ①〔旧・詩〕引きずって，引っ張って進む: Зимо́й медве́дь под де́рево и лёг, волоча́ за собо́й обры́вок це́пи. 冬になると熊は木の下に横たわり，鎖の切れ端を引きずっていた ② (雅)(陰鬱で，困窮・悲しみに満ちた)生活を送る: ~ жа́лкое существова́ние みじめな生活を送る

**влачи́ться** [不完] ① 遅れずについて行く; [詩] 苦労して，のろのろと進む ② (時間・人生などが)続く，長引く

**вле́во** [副] [to the left] ① 左へ(нале́во); ↔ впра́во; ⟨от 図⟩ …の左側で(слева): поверни́те ~ 左へ曲がる | В ~ от доро́ги нахо́дится це́рковь. 道の左側に教会がある ② (政治的に)左翼へ，左派へ

**＊влеза́ть** [不完] / **влезть** -зу, -зешь 過 -ез, -езла 能過 -ёзший [完] ⟨в 図⟩ [climb, get on] ① よじ登る (залеза́ть/зале́зть): ~ на де́рево [кры́шу] 木[屋根]によじ登る ② (話)⟨в 図⟩乗り物に乗り込む; …に(無理やり・深く)入り込む | (潜り)込む: ~ в ваго́н [душу́] 車両[心]の中に入り込む | ~ в во́ду 水に潜る | ~ в рабо́ту 仕事にのめりこむ | ~ в чужу́ю карма́н 他人の懐に入る，すりを働く ③ うまく収まる: Ноутбу́к влез в су́мку. ノートパソコンはかばんの中に収まった ④ (話)(小さい衣服に)体を通す: ~ в джи́нсы ジーパンが何とかはける

◆**ско́лько (в ду́шу) ни влеза́ет** 好きなだけ，気のすむまで | **не вле́зешь в 図** …の本心は理解できない | **~ в ко́жу [шку́ру]** …の立場に立って考える

**влепля́ть** [不完] / **влепи́ть** влеплю́, вле́пишь 受過 влепле́нный ① 何か粘着性のものを使ってはめ込む; (話)粘着性のものを投げて付ける: ~ в сте́ну моза́ику モザイクを壁にはめ込む ②〔完〕(俗)⟨他⟩ 不快なことをする: ~ вы́говор 小言を言う

**влёт** ① [副] (射撃の目標物が)飛行中で ② [男1] 飛んで入ること

**влета́ть** [不完] / **влете́ть** влечу́, влети́шь [完] ① 飛んで内部に入る: В ко́мнату влете́л кома́р. 部屋に蚊が入った ② (話)一目散に[猛スピードで]飛び込む，駆け込む: ~ в по́езд в после́днюю мину́ту 駆け込み乗車をする ③ (通例完)(無人称)〔話〕⟨Ю⟩ от 図⟩に厳しい罰を受ける，叱責される

**влече́ние** [中5] ⟨к 図⟩への強い欲求，愛着: сле́довать своему́ -ию 自分の性向に従う

**＊вле́чь** влеку́, влечёшь, влеку́т 過 влёк, влекла́ 能過 вле́кший 受過 влеко́мый 受過 влечённый (-чён, -чена́) [不完] ⟨他⟩ ① [詩] ⟨к 図⟩へ(引く，誘う・希望が)引き寄せる: Меня́ к ней влечёт. 私は彼女に惹かれている ②〔с по~〕結果として有する；呼び起こす: Что влечёт за собо́й? どんな結果をもたらすか

**вле́чься** влеку́сь, влечёшься, ... влеку́тся 過 влёкся, влекла́сь 能過 влёкшийся [不完] ① 足を引きずって歩く ② ⟨к 図⟩(心)が引き寄せられる ③ (時間が)ゆっくり過ぎていく

**влива́ние** [中5] ① 資金注入〔援助〕②〔医〕注入，注射; 注入〔注射〕液

**влива́ть** [不完] / **влить** волью́, вольёшь 命 влей 過 влил, -ла́, -ло 受過 вли́тый (-и́т, -ита́, -ито) [完] ⟨в 図⟩ ① 注ぎ込む，注入する; (薬などを)注射する，輸血する ② (感情・勇気・力を)吹き込む ③ (話)補充する; 〈企業・会社に〉資金援助する ◆**но́вое вино́ в ста́рые мехи́ [меха́]** 古い形態に新しい風を吹き込む

**влива́ться** [不完] / **вли́ться** волью́сь, вольёшься 命 вле́йся 過 вли́лся, -ла́сь, -ло́сь/-лось [完] ⟨в 図⟩ ① 注ぎ込まれる; 流れ込む; (空気・光・音などが)入り込む ② (感情・考えが)浸透する，定着する; (道路・通りなどが)…に入る，…とつながる ③ (補充として)加わる

**влипа́ть** [不完] / **влипну́ть** -ну, -нешь 過 вли́п, -пла 能過 -ший [完] ⟨в 図⟩ ① 粘り気のあるもの・べとべとしたものの中に落ちる，ひっつく ② (俗)(不愉快・困難な状態に)陥る; (よからぬことに)巻き込まれる: Ну и влип же ты! お前，厄介なことに巻き込まれたな

**влить(ся)** [完] → влива́ть(ся)

**＊влия́ние** [グリヤーニェ] [中5] [influence] 影響，影響力: си́льное ~ 強い影響 | ~ челове́ка на приро́ду 人間の見本の人間への影響 | подчини́ть своему́ -ию 回 …を自らの影響下に置く | попа́сть [подпа́сть] под ~ 回 = подда́ться -ию 回 …の影響下に入る | вы́йти из-под -ия 回 …の影響から逃れる ◆**под -ием** 回 …の影響下に: **под ~ем вина́** 酒の[酔った]勢いで | **оказа́ть ~ на 図** …に影響を与える | **по́льзоваться -ием** 影響力がある

**влия́тельн|ый** 短 -лен, -льна [形1] 影響力のある，有力な **//-ость** [女10]

**влия́ть** [グリヤーチ] [不完] / **повлия́ть** [パヴリヤーチ] [完] [influence] ⟨на 図⟩ …に影響を与える，…を感化する: ~ на дете́й 子どもに影響を与える | Э́то благотво́рно влия́ет на здоро́вье. これは健康によい影響を与えている

**＊вложе́ние** [中5] [investment, enclosure] ① 挿入，封入; 封入物; 投資，出資，預金: бандеро́ль с това́ром ~ем 商品見本の入った小型型動物 | оце́нка -ия 封入物の評価額 | ⟨複〕(事業を新設・拡張・改変するための)資金，投資 ③〔IT〕添付ファイル

**вло́женный** [形1] 〔受過〕< вложи́ть: ~ файл [IT] 添付ファイル

**вложи́ть(ся)** [完] → вкла́дывать

**вломи́ться** [完] → вла́мываться

**влюби́ть(ся)** [完] → влюбля́ть(ся)

**влюблён|ный** 短 -лён, -лена́ [形1] ⟨в 図⟩ ① 恋している，ほれ込んでいる: -ые па́рочки 相思相愛のカップル | быть по у́ши -ым в 図 …に首ったけである | Он влюблён в тебя́. 彼はおまえにぞっこんだ ② 専念している，夢中になっている ③ ~ [男名] **-ая** [女名] 恋する人: День -ых 恋人の日(2月14日; День свято́го Валенти́на とも) **//-ость** [女10]

**влюбля́ть** [不完] / **влюби́ть** влюблю́, влю́бишь 受過 влюблённый (-лён, -лена́) [完] ⟨в 図⟩ にほれさせる; 強い関心を起こさせる

**＊влюбля́ться** [不完] / **влюби́ться** влюблю́сь, влю́бишься [完] ⟨в 図⟩ [fall in love with] …にほれる，恋に落ちる，愛するようになる; 熱中する，夢中になる: ~ с пе́рвого взгля́да 一目ぼれする | Я влюби́лся. ぼくは恋に落ちた

**влюбчи́в|ый** 短 -ив [形1] ほれっぽい，恋多き **//-ость** [女10]

**вля́пываться** [不完] / **вля́паться** [完] 〔俗〕 ⟨в 図⟩ ① ぬかるみにはまる ② ⟨不快・困難な状態に〉陥る

**вма́зывать** [不完] / **вма́зать** вма́жу, вма́жешь

受過 вмáзанный [完] ① 〈囲を в囲に〉くはめ込んだもの を〉(接着剤で)固定する ②《通例完》《俗》打撃を与える, 殴る ③《若者》囲を〉一杯やる **/~сь** [不完]〈① 《俗》麻薬を打つ ②《不完》〔受身〕＜① **// вмáзка** [女2]〈①

**вменя́емый** 短 -яем [形1]〔法〕行動に責任が持てる；責任能力がある **// -ость** [女10]

**вмени́ть** [不完] / **вмени́ть** -ню́, -ни́шь 受過 -нённый (-нён, -нена́) [完]《公》〈囲を囲に〉考える, 認める、 — 囲 ~ в обя́занность〔不定形〕…するよう命じる, 強制する | ~ емý это в винý このことを彼の罪とみなす, 告訴[起訴]する **// -ся** [不完]〔受身〕**// вмене́ние** [中5]

**вмерза́ть** [不完] / **вмёрзнуть** -ну, -нешь 命 -ни 過 вмёрз, -зла 能過 -зший [完]〈в囲〉(寒さで)雪・氷の塊となって)凍る, 硬くなる

*  **вме́сте** [ヴミェースチェ] [副]〔together〕一緒に, 共に; 同時に, — ・ー緒に歌いましょう | Как бу́дете рассчи́тываться, ~ и́ли отде́льно?（支払いで）皆さんご一緒ですか, それとも銘々ですか | всё ~ взя́тое 全てひ合算で ◆ ~ с 囲 (1)…と一緒に ②…と同時に | ~ с тем それと同時に | а [но] ~ с тем それと同時に, しかし言え. | Де́ти росли́, а ~ с ни́ми росли́ их запро́сы. 子どもは大きくなるにつれ, 要求も大きくなった

**вмести́лище** [中2] 貯蔵庫, 容器
**вмести́мость** [女10] 収容量
**вмести́тельный** 短 -лен, -льна [形1] 大収容の; 容積の大きい **// -ость** [女10]
**вмести́ть(ся)** [完] → вмеща́ть

*  **вме́сто** [ヴミェースタ] [前]〔instead of〕〈囲〉…の代わりに; положи́ть мёд ~ са́хара 砂糖の代わりに蜂蜜を入れる ◆ ~ того́, что́бы〔不定形〕…する代わりに; …するくらいなら: В~ того́, что́бы сиде́ть до́ма за компью́тером, вы́шел бы на у́лицу погуля́ть. 家でパソコンばかりしていないで、外に散歩にでも行け

**вмётывать** [不完] / **вмета́ть** -а́ю / -ечу, -аешь / -ечешь 受過 вмётанный / вмётанный [完]〈囲〉仮縫いする

*  **вмеша́тельство** [中1]〔interference〕①介入; 侵入; 関与, 調停: ~ óрганов охра́ны поря́дка 治安機関の調停[協力] | вооружённое ~ 武力干渉 | ~ во вну́тренние дела́ 内政干渉 |〈危険などを〉阻止[停止]させる行為: хирурги́ческое [операти́вное] ~ 外科的措置, 手術

**вме́шивать** [不完] / **вмеша́ть** 受過 вме́шанный [完]〈囲〉①〈囲に〉混ぜて加える ②《話》(年齢・立場にはふさわしくないところに)引き込む

*  **вме́шиваться** [不完] / **вмеша́ться** [完]〔interfere〕〈в囲〉①…に入り込む: ~ в толпу́ 群衆に紛れる ②…に介入する, 干渉する: ~ в чужу́ю жизнь 他人の生活に干渉する | Не вме́шивайся! 手を出すな, お節介を焼くな ③…を仲裁する: ~ в спор [дра́ку] 論争[けんか]の仲裁をする ④《不完》〔受身〕← вме́шивать

*  **вмеща́ть** [不完] / **вмести́ть** вмещу́, вмести́шь 受過 вмещённый (-щён, -щена́) [完] ①〈囲〉(…を入れるための)十分な大きさがある, 収容できる: Зал вмеща́ет пятьсо́т челове́к. ホールは500人を収容する ②〈в囲〉の中に入れる, 収める |〈в囲〉箱などに収めてしまう ③《不完》ある容量[収容量]がある **// -ся** [不完] / [完]〈в囲〉囲の中に収まる, 入りきる; 含まれる

**вмиг** [副] 一瞬で, すぐに
**вмина́ть** [不完] / **вмять** вомну́, вомнёшь 受過 вмя́тый [完]〈囲〉①〈в囲〉押し込む: ~ минда́ль в те́сто アーモンドを生地に押し込む ② 押してへこみを作る: За́днее крыло́ вмя́то. リアフェンダーがへこんでいる
**вмонти́ровать** -рую, -руешь 受過 -анный [完]〈機械・装置に〉内蔵させる;《話》〈講演・コンサート・

曲目などを〉構成に加える, 別のジャンルの作品に挿入する

**ВМС** [ヴェエメース]《略》вое́нно-морски́е си́лы (米国などの)海軍; внутрима́точная спира́ль 子宮内避妊器具

**вмуро́вывать** [不完] / **вмурова́ть** -ру́ю, -ру́ешь 受過 -о́ванный [完]〈囲を в囲に〉(石積み・粘着剤によって)据える, 固定する

**ВМФ** [ヴェエメーエフ]《略》вое́нно-морско́й флот (ロシアなどの)海軍

**вмя́тина** [女1] (打撃・圧迫による)へこみ; (人間・動物の体にある)へこんだ所

**вмять** [完] → вмина́ть

**вна́глую** [副]《俗》強引に, 図々しく

**внаём, внаймы́** [副] ①賃貸, 賃貸しで ②《俗》雇われて

**внаки́дку** [副] (袖を通さず)肩にかけて

**внакла́де** [副]《俗》損をして

**внакла́дку** [副]《話》(お茶の飲み方に): пить чай ~ (粉末状の)砂糖を入れて紅茶を飲む (↔ вприку́ску) ② (上から・表面に) 置いて

*  **внача́ле** [ヴナチャーリェ] [副]〔in the beginning〕最初のうちは: В~ я сомнева́лся. 最初私は疑っていた

**вне** [ヴニェ] [前]〔outside〕〈囲〉①〔空間・時間など〕…外で: ~ о́череди 順番待ちせずに | ~ по́ля зре́ния 視界の外で; 注意[興味]の対象にならない | ~ игры́《スポ》オフサイド | ~ вре́мени и простра́нства 生活条件に合わせないで, 現実を考慮せずに; いつかなるところでも
② …なしで, …の他に, …以外に: быть ~ себя́ 非常に興奮[激怒, 大喜び]している | ~ вся́ких сомне́ний 疑いの余地なしに

**вне..** 〔語形成〕「…外の」「範囲外の」

**внебра́чный** [形1] 婚姻外の: ~ ребёнок 婚外子 | -ая связь 不倫, 私通

**внебиржево́й** [形2]《金融》取引所外で行われる; 取引所を介さないでなされる: ~ оборо́т 仲介業者を通して行われる取引

**внебюдже́тный** [形1]《財政》予算外の: ~ фонд 予算外基金 (年金基金, 雇用基金, 国家保険基金など)

**вневе́домственный** [形1] (省庁の)管轄外の; 外部の専門家から成る

**вневойсково́й** [形2] 軍隊外の: -а́я подгото́вка 隊外[民間]軍事訓練

**вневре́менный** 短 -енен, -енна [形1] 時間の枠を超えた **// -ость** [女10]《言》超時間性

**внедоро́жник** [男2]《話》オフロード車, クロスカントリー車, 多目的スポーツ車, SUV

*  **внедре́ние** [中5] 導入, 活用, 適用, 反映: ~ нау́чных достиже́ний в пра́ктику 学術成果の現場への導入

*  **внедри́ть** [不完] / **внедри́ть** -рю́, -ри́шь 受過 -рённый (-рён, -рена́) [完]〈囲〉①〈в囲〉…を導入する, 実地で用いる;〈心・記憶に〉深く刻み込ませる: ~ но́вую техноло́гию 新しい技術を取り入れる | ~ 囲 в пра́ктику ~を実践に用いる | ~ разве́дчика в ста́вку проти́вника スパイを敵陣営に送り込む

**внедри́ться** [不完] / **внедри́ться** [完]〈в囲〉に〉①根づく, 定着する: ~ в созна́ние …の意識に根を下ろす ②《話》割り込む: ~ в разгово́р 会話に割り込む《話》← внедри́ть

*  **внеза́пно** [ヴニザープナ] [副]〔suddenly〕突然, いきなり, 思いがけなく: В~ пошёл дождь. 突然雨が降りだした

**внеза́пность** [女10] ① < внеза́пный: по́лная ~ 全く思いがけないこと ②《通例複》《話》突然の出来事: Жизнь полна́ -ей. 人生は不測の出来事でいっぱいだ

*  **внеза́пный** 短 -пен, -пна [形1]〔sudden〕突然の,

**внеземно́й**

不意の, 思いがけない: *-ая* сме́рть 不慮の死 | ~ поры́в ве́тра いきなりの突風
**внеземно́й** [形2] 地球外の, 宇宙(から)の
**внекла́ссный** [形1] 学校の授業時間外に行われる
**внекла́ссовый** [形1] 社会的階級と関係ない
**внеко́нкурсный** [形1] (映画祭などで)コンペティション外の
**внема́точн|ый** [形1] 〖医〗子宮外の: *-ая* бере́менность 子宮外妊娠
**внеочередно́й** [形2] 臨時の, 予定外の
**внеочерёдность** [女10] 番外, 臨時
**внепи́ковый** [形1] 閑散期の
**внепла́новый** [形1] 計画外の
**внесе́ние** [中5] ① 持ちこむこと ② 払い込み, 預金 ③ 記入, 登録 ④ 提出
**внести́** [完] →вноси́ть
**внестуди́йный** [形1] スタジオ外の, ロケ地での
**внеуро́чный** [形1] 課外の
**внешко́льный** [形1] 学校外の
**вне́шне** [副] 外見上は, 見かけは, ぱっと見
*****вне́шнеполити́ческ|ий** [形3] 対外政策の, 外交の: ~ курс 外交方針 | *-ое* ве́домство 外務省
**вне́шнеторго́вый** [形1] 外国貿易の: ~ оборо́т 貿易総額
**вне́шнеэкономи́ческ|ий** [形3] 外国と経済関係で結ばれている, 対外経済の: *-ая* поли́тика 対外経済政策 | *-ие* свя́зи 対外経済関係 | *-ая* де́ятельность 対外経済活動
*****вне́шн|ий** [ヴニェーシニイ] [形8] 〔outer〕① 外の, 外部の; 外面的な(↔ вну́тренний); 本質とは無関係の: ~ вид 外見 | су́дя по *-ему* ви́ду 外見から判断すると | ~ слой по́чвы 土壌の表層 | *-ие* да́нные (人の)外見, 見た目 | *-им* о́бразом 外見上は ② 国外の: *-яя* поли́тика 対外政策 | *-яя* торго́вля 外国貿易
*****вне́шност|ь** [ヴニェーシナスチ] [女10] 〔appearance〕外見, 見かけ; 容貌: ~ зда́ния 建物の外観 [行まい] | симпати́чная [привлека́тельная] ~ すてきなルックス [容姿] | *В-* не важна́. 見た目は重要ではない
♦ по ~и 表面上は, 外見は; 容貌は
**внешта́тник** [男2] 〖話〗フリーランサー, 非常勤職員
**внешта́тный** [形1] 非正規職員の, 非常勤の
**Внешэконо́мба́нк** [男2] ロシア開発対外経済銀行 (Ба́нк разви́тия и внешнеэкономи́ческой де́ятельности; 略 ВЭБ)
*****вниз** [ヴニース] [副] 〔down(wards)〕下へ, 下部へ; 階下へ; 下流へ(↔ вверх): спусти́ться по ле́стнице ~ 階段を下りて行く | уда́р ~ (撥弦楽器で)ダウンストローク | плы́ть по Во́лге ~ ヴォルガ川の川下りをする
♦ па́дать [кати́ться] ~ 堕落する; 劣化する, 悪くなる
*****внизу́** [ヴニズー] [〔below, downstairs〕①] [副] 下に, 下部に; 階下に(↔ вверху́): Встре́тимся ~. 下で落ち合いましょう ② [前] 〈生〉…の下に, 下部に: ~ страни́цы ページ下に
**вника́ть** [不完] / **вни́кнуть** -ну, -нешь 過 -ик/-ул, -и́кла 能過 -кший/-увший [完] 〈в 対〉 …の意味・内容を)咀嚼(おしゃ)する | ~ в слова́ 言葉をかみ砕いて理解する
*****внима́н|ие** [ヴニマーニエ] [中5] 〔attention〕注意, 注目; 配慮, 親切: центр *-ия* 注目の的 | слу́шать с *-ием* 注意して聞く | привле́чь ~ к 与 …に注意を引く | отвле́чь ~ от 生 …から注意をそらす | удели́ть (большо́е) ~ 与 …に注意を払う, 配慮する | обрати́ть ~ на 対 …に注意を向ける, 気にする | оста́вить 対 без *-ия* …を無視する | приня́ть [взять] 対 во ~ …を考慮に入れる | прояви́ть ~ к 与 …への興味を示す; …に配慮する | держа́ть в по́ле *-ия* 対 …に常に注意を向けている ♦ *В-*! (注目・静粛・傾聴をうながし

て)こちらに注目; 静粛に | *В-ию* слу́шателей [зри́телей]! (パンフレットなどで)聴衆[観客]の皆さまへ | заслу́живающий [досто́йный] *-ия* 注目すべき: кни́га, досто́йная *-ия* 注目に値する本 | *Я весь [весь] -ия*! ちょっと聞いて | Благодарю́ [Спаси́бо] за ~. ご清聴ありがとうございました
*****внима́тельно** [ヴニマーチェリナ] [副] 〔carefully〕注意深く; 親切に, 思いやりをもって: слу́шать ~ 注意深く聞く, よく聞く
*****внима́тельн|ый** [ヴニマーチェリヌイ] 短 -лен, -льна [形1] 〔attentive〕① 注意深い: ~ учени́к 集中して聞く生徒 | ~ взгля́д 注意深い眼差し ② 〈к 与/に対して〉よく気のつく, 親切な: ~ муж 気の回る夫 | ~ с гостя́ми 客によく気配りができる | Бу́дьте *-ы* к своему́ здоро́вью! ご自分の健康にお気をつけ下さい; ご自愛下さい | *-ое* отноше́ние к лю́дям 人への思いやりある接し方 *‖* **-ость** [女10]
**внима́ть** -а́ю/внимлю́, -а́ешь/вне́млешь 命 -а́й/внемли́/вне́мли [不完] / **вня́ть** (未来形・命令形なし) 過 внял, -ла́, -ло 〖雅〗〈与〉 ① …を注意深く [興味を持って] 聞く ② (助言・依頼・警告などを)考慮に入れる
*****вничью́** [副] 〔drawn〕(試合・ゲームが)引き分けで, 同点で: сыгра́ть ~ 引き分けになる
**вно́ве** [話] ① [副] 再び, 新たに ② [無人述] 〖話〗〈与〉にとって〉新しい, 慣れない
*****вновь** [ヴノーフィ] [副] 〔afresh, newly〕① 〖文〗再び (сно́ва) ② 〖通例分詞(形動詞)と共に〗最近 (неда́вно); 新たに, 更に: ~ прибы́вший 新参者
♦ ~ испечённый できたての, ほやほやの
*****вноси́ть** -ошу́, -о́сишь [不完] / **внести́** -су́, -сёшь 過 внёс, внесла́ 命 внеси́ 被過 внесённый -сён, -сена́ 副分 -еся́ [完] 〈в 対〉 ① 〈в 対 の中に〉 …に入れる: ~ ве́щи в но́мер 荷物を(ホテルの)部屋に入れる ② 加える: ~ в догово́р измене́ния [попра́вки] 契約書に修正を加える | ~ "свой вклад [свою́ до́лю]" в 対 …に貢献する, 寄与する ③ 支払う: ~ де́ньги в банк 預金する | ~ пла́ту за обуче́ние 授業料を払う ④ 呼び込む: ~ в дом сча́стье 家に福を呼ぶ ⑤ 提出する: ~ вопро́с на обсужде́ние 問題を審議にかける ♦ ~ я́сность в 対 …を明快にする, 釈明する
**ВНП** [ヴェエヌペー] 〖略〗валово́й национа́льный проду́кт 国民総生産, GNP
*****внук** [ヴヌーク] [男2] / **вну́чка** [ヴヌーチカ] [女2] 〔grandson, granddaughter〕① 孫, 孫娘; 〖話〗姪孫: У меня́ роди́лся пе́рвый ~. 初孫が生まれた ② (複)子孫: переда́ть на́шу культу́ру де́тям и *-ам* 我々の文化を子孫に伝える
*****вну́тренн|ий** [ヴヌートリンニイ] [形8] 〔inner〕① 内部の, 内側の; 内的な(↔ вне́шний): *-ие* боле́зни 内科疾患 | ~ двор 中庭 | ~ телефо́н 館内電話, 内線電話 | *-яя* информа́ция (会社などの)内部情報 | для *-его* употребле́ния (薬が)内服用の | *-ее* у́хо 〖医〗内耳 | *-ее* мо́ре 〖地〗(数)内海 | ~ у́гол 〖数〗内角 | *-яя* сторона́ 内面, 内面世界 | *-яя* си́ла 内に秘めた力, 内なる力 | *-ее* противоре́чие 自己矛盾 ② 国内の: *-яя* поли́тика 内政 *■* Министе́рство *-их* дел 内務省 | *-ие* войска́ 内務省軍, 国内軍 *‖ -e* [副] 内心では
**вну́тренности** [女10] ① (動物・容器などの)中, 内部 ② 中身; (現象・理解・人間の心象などの)本質を成すもの ③ 〖解〗内臓; 〖話〗集中的内部
*****внутри́** [ヴヌトリー] 〔inside〕① [副] 中で, 内部[内側]で(↔ снару́жи): покра́сить дом ~ 家の内装をする ② [前] 〈生〉 …の中[内部, 内側]で: ~ до́ма 屋内で | ~ себя́ [меня́, …] 心の中で; 頭の中で

**внутри..** 《語形成》「内部で, 内部へ」
**внутрироссийский** [形3] ロシア国内の
***внутрь** [ヴヌートリ] 《副》 〔inwards〕 ①内部へ, 真ん中へ, 奥へ; 体内へ; 心 [意識] の奥へ (↔нару́жу): не для приёма ~ (薬の) 外用の | Окно́ открыва́ется ~. 窓は内開きだ ②《前》《⊠》…の中へ, 内部へ: прони́кнуть ~ до́ма 建物内部に侵入する
**внуча́тый** [形1] 〜-пле́мянник 姪孫(穴)
**внуче́к** -чка [男2] / **внуче́нька** 複-нек [女2] 〔指小・愛称〕 ← внук/вну́чка
**вну́чка** → внук
**внучо́к** -чка́ [男2], **внучо́нок** -нка 複 -ча́та, -ча́т [男2] 〔指小・愛称〕 ← внук
**внуша́емость** [女10] 被暗示性
***внуша́ть** [不完] / **внуши́ть** -шу́, -ши́шь 受過-шённый (-шён, шена́) [完] 〔inspire〕 《⊠に を》思想・感情などを吹き込む, 暗示する: ~ дове́рие 信頼 [信用] させる | ~ 囮 опасе́ние …に不安を抱かせる | ~ 囮 страх …への恐怖をかき立てる | ~ уваже́ние 尊敬の念を抱かせる **//~ся** [不完] 〔受身〕
**внуше́ние** [中5] ①説得, 暗示 (態度などを) 吹き込むこと; [医] 心理療法 ②訓戒, 叱責
**внуши́тельный** 短 -лен, -льна [形1] ①風格のある, 堂々とした, 重みがある ②《話》(大きさ・サイズ・力・量などの) 程度が高い **//-ость** [女10]
**внуши́ть** [完] → внуша́ть
**внюхиваться** [不完] / **внюхаться** [完] 《話》《⊠のにおいを》一嗅ぎする, 嗅ぎ分ける
**вня́тный** -тен, -тна [形1] ①よく聞こえる, よく響く ②納得できる, わかりやすい
**внять** [完] → внима́ть
**во, во..** → в, в..
**во¹** [助] 《俗》 ①〔指示〕ほら (вот) ②《како́й, ка́к と共に》 〔強調〕極めて, 非常に: Ты надое́л мне во вот! (手で首を切るジェスチャーをして) お前にはほとほとうんざりだ ③〔狂喜・感嘆〕素晴らしい; 〔同意・発言の正しさを表し〕まさに, その通り: То́ртик — во! (親指を立てるジェスチャーをしながら) そのケーキ, すごくおいしい
**во́бла** [女1] ①《魚》ボブラ (カスピ海のコイ科の小型魚, 干物にして賞す; 通例 wóблaの食) ②《述語》《話》痩せて骨張った女性
**вобра́ть** [完] → вбира́ть
**ВОВ** [ヴォーヴ] 《略》Вели́кая Оте́чественная война́ 大祖国戦争 (1941-45年の独ソ戦)
**Во́ва** (女1 愛称) [男] 〔愛称〕← Влади́мир
**вове́к, вове́ки** [副] ①《通例詩》常に, 永遠に ②《話》《通例否定文で》一度も…ない ◆ **вове́ки веко́в** 《通例否定文で》決して, どんなことがあっても
***вовлека́ть** [不完] / **вовле́чь** -еку́, -ечёшь 命 -еки́ 過 -лёк, -лекла́ 能過 -лёкший 受過 -ечённый (-чён, чена́) 副分 -лёкши [完] 〔draw in〕 《⊠ в⊠》 ①引き込む: ~ в разгово́р 会話に引き入れる | ~ рабо́чих в обще́ственную рабо́ту 労働者を社会奉仕活動に引き込む ②《動力などを》一緒に運び去る **// вовлече́ние** [中5], **вовлечённость** [女10] 没頭
**вовлека́ться** [不完] / **вовле́чься** -еку́сь, -ечёшься, -еку́тся 過 -ёкся, -екла́сь, -екли́сь 能過 -лёкшийся 副分 -лёкшись [不完] ①《в⊠》…に熱中する ②[不完] 《受身》 ← вовлека́ть
**вовне́** [副] 《通例対概念と共に》…の外で, 圏外で
**вовнутрь** [副] 〔前〕 《話》《⊠》 = внутрь
*****во́время** [ヴォーヴリミャ] [副] 〔in [on] time〕 ちょうどよい時に, 遅れずに, 時間通りに: прийти́ [верну́ться] ~ 時間通りに来る [戻る] | не ~ タイミングの悪い時に, 折悪しく | успе́ть ~ ちょうど間に合う
*****во́все** [ヴォーフシ] [副] 〔completely, not at all〕《否定文で》《話》完全に, 全く; 全然 [決して] …ない: ~ нет 全然違う | Ты бои́шься? — Нет, ~. 「怖いかい」「いや, ちっとも」
**вовсю́** [副] 《話》力いっぱい, とても強く: Рабо́та кипи́т. 〜. 仕事が盛んに進行中だ
*****во-вторы́х** [ヴァフタルィーフ] [副] 〔secondly〕 〔挿入〕 次に, 第二に: Во-пе́рвых, она́ краси́ва и, ~, умна́. 彼女はきれいだし, 頭もいい
**вогна́ть** [完] → вгоня́ть
**во́гнутый** 短 -нут [形1] (表面が弧形で) 凹んでいる (↔ вы́пуклый): —ое зе́ркало 凹面鏡
**вогну́ть** [完] → вгиба́ть
**вогу́л** [男1] / **~ка** [女1] マンシ人 (ма́нси) の旧称 **// ~ский** [形3]
*****вода́** [ヴァダー] 対 во́ду во́ды, вод, во́дам / 《旧》 во-да́м (на/под во́ду, на/под во́ду) [女1] 〔water〕 ①水, 水分: питьева́я ~ 飲料水 | жёсткая [мя́гкая] ~ 硬 [軟] 水 | морска́я ~ 海水, 塩水 (なれ) | пре́сная ~ 淡水 | речна́я ~ 川の水 | водопрово́дная ~ = ~ из-под кра́на 水道水 | тяжёлая ~ 重水 | стака́н —ы́ グラス1杯分の水 | Воды́, пожа́луйста! 水を下さい! (★通例生格で) | ходи́ть за —о́й [《俗》 по́ во́ду] 水汲みに通う (囲 со́юз 水は熱い順に: кипято́к [кипя́щая вода́] 熱湯, 沸騰した湯 > горя́чая вода́ 熱い湯 > тёплая вода́ 温かい湯 > кипяти́льник [кипячёная вода́] 湯冷まし > холо́дная вода́ 冷水)
②(果汁・化粧用などの) 液体: фрукто́вая ~ 果汁 | брусни́чная ~ コケモモジュース | туале́тная ~ オードトワレ | ро́зовая ~ バラ水, ローズウォーター
③水位, 水嵩 (河川・湖沼・海の) 面; 《スポ》(ボート競技など) 水路: по -е́ 船旅で, 船便で | е́хать —о́й 船旅をする | высо́кая [ма́лая] ~ 高い [低い] 水位 [潮位] | В село́ идёт больша́я ~. 村に洪水が押し寄せてくる | спусти́ть ло́дку на́ воду [на во́ду] ボートを水路に下ろす | опусти́ться под во́ду [по́д воду] 水に潜る | уйти́ под во́ду 潜水する; 沈没する
④《複》水域, 海域: вну́тренние во́ды 内国水域 | территориа́льные во́ды 領海
⑤《複》流れ, 水流: весе́нние во́ды 春の雪解け水 | грунто́вые во́ды 地下水
⑥《複》鉱泉, 温泉, その保養地: лечи́ться на во́дах 湯治する | минера́льные во́ды 鉱泉 | пое́хать на во́ды 温泉地へ出かける
⑦《単》空疎な言葉の羅列; 《話》駄弁, 無駄: в те́ксте мно́го —ы́ 本文には無駄が多い ⑧《宝石の》 純度
◆ **—ой не разольёшь** 囲 《人の》親友である, 水も漏らさぬ中である | **вози́ть во́ду на ком** 《話》…に尻を持ち込む, 気の弱い相手に押しつける | **вы́вести на чи́стую во́ду** 白日の下にさらす | **как в во́ду гляде́л** 《話》見てきたかのように言い当てる [予言する] | **как в во́ду опу́щенный** 《話》意気消沈し, しょげた | **лить во́ду** 長々と無益な話をする, 油を売る | **лить во́ду на ме́льницу** 囲 〈人の有利になるよう言う〉[計らう] | **Мно́го —ы́ утекло́.** 《話》長い月日がたった | **концы́ в во́ду** 行方をくらます, 足跡を隠す | **толо́чь во́ду в сту́пе** 《話》油を売る
■ **околопло́дные во́ды** 〔医〕羊水 | **жёлтая [зелёная] ~** 〔医〕緑内障 (глауко́ма) | **тёмная [чёрная] ~** 〔医〕黒内障 (びく)
**водворя́ть** [不完] / **водвори́ть** -рю́, -ри́шь 受過 -рённый (-рён, рена́) [完] 《⊠》 ①(通例強制的に) 住まわせる, 入れる; ②(на ме́сто を伴って) 元の [定められた] 場所に置く, 設置する, 戻す ③(秩序・静寂などを) 確立する, 回復させる **//~ся** [不完] [完] ①(住居に) 落ち着く, 入居する: 陣取る ②(秩序・静寂・平穏などが) 確立する, 訪れる **// водворе́ние** [中5]

**водеви́ль** [e/э] [男5] 〖劇〗ヴォードヴィル(歌と踊りを交えた風刺的な短い軽喜劇) **//~ный** [形1]

**води́л|а** (女1変化) [男2] **/-ка** 複生 -лок [女2] 〖若者・俗〗運転手

*води́тель** [男5] /〖話〗**~ница** [女3] 〔driver〕 一般に陸上の乗り物の運転手、ドライバー (匪劔近年 води́тель の方が шофёр より多用され, шофёр はプロの運転手のイメージがある): ~ авто́буса [такси́] バス [タクシー] の運転手

**води́тельск|ий** [形1] 運転の: -ие ку́рсы 自動車教習 | -ие права́ 運転免許証

**води́тельств|о** [中1] 〈旧・雅〉統率, 指導: под -ом 圂 …の統率の元に

*води́ть** [ヴァヂーチ] вожу́, во́дишь, ..., во́дят 命 -ди́ [不完] [形1] 〔lead, conduct〕①〖定 вести́〗(職業・習慣・状態・能力・好みで, 一往復・何度も) 導く, 連れて行く, 先頭に立つ, 指揮する, 運転 [操縦] する: ~ экску́рсию по го́роду 街の案内をする | Как вы во́дите маши́ну? 運転はお上手ですか | ~ хорово́д 〖民謡〗円舞を踊る

② 〈話〉〈по 与〉の上を〉 さする; 引きずる: ~ ладо́нью по голове́ 掌で頭を撫で回す | ~ смычко́м по стру́нам 弓で弦を擦る

③ 〈話〉〈c圂との間で 圂〉 〈交際を〉 保つ: ~ дру́жбу 友情を保つ, 付き合っている | ~ знако́мство [компа́нию] c 圂 〖しばしば軽〗 …と親しくする, 付き合う | ~ хлеб-соль с 圂 …とは昵懇(ﾝﾞ)の間柄である

④ (子どもの遊びで) 親 [鬼] の役目をしている ⑤ 〈俗〉〈動物を〉飼育する

◆ **~ за нос** 圂 …をばかにする

*води́ться** вожу́сь, во́дишься [不完] 〔inhabit, keep company〕① (動物・鳥が) 生息する; (人が) いる ② 〈話〉〈y圂〉に所有されている, …の元にある ③〈за圂〉(性格・行動・習慣などが) …に特有である; 習わしだ: Это как во́дится. このようなことはよくある; 慣例 [習慣] だ | не во́дится [не води́лось] 〖無人称〗ない [なかった] ④ 〈話〉〈c圂〉と付き合い [親交] がある ⑤ 〈受身〉＜ води́ть①
◆ **В ти́хом о́муте че́рти во́дятся**. 〖諺〗人は見かけによらぬもの (＝静かな淵には悪魔が棲む)

**води́ца** [女3], **води́чка** [女2] 〔指小・愛称〕< вода́

*во́дка** [ヴォートカ] 複生 -док [女2] 〔vodka〕ウォッカ: Это одна́ из лу́чших росси́йских во́док. これは最高ロシア産ウォッカのうちの1つです | пшени́чная ~ 小麦を原材料としたウォッカ | пить ~ ウォッカを飲む | кре́пкая ~ 硝酸

**во́дник** [男2] 〖集〗水上交通機関の従業員

**воднолы́жник** [男2] **/-ца** [女3] 水上スキーヤー

**воднолы́жный** [形1] 水上スキーの: ~ спорт 〖スポ〗水上スキー

**во́дность** [女10] (貯水池などの) 水量

*во́дн|ый** [形1] 〔water〕水の; 水辺に生息する; 水運の: -ые живо́тные 水生動物 | -ая кра́ска 水性塗料 | -ые о́киси 〖化〗水酸化物 | ~ тра́нспорт 水運 | -ое по́ло 〖スポ〗水球 | -ые лы́жи 〖スポ〗水上スキー | ~ путь ＝ -ая арте́рия 水路, 運河

**водо..** 〖語形成式〗「水の」

**водобоя́знь** [女10] 狂犬病, 恐水病 (бе́шенство) ② 〖話〗水恐怖症

**водово́з** [男1] (飲用・灌漑用などの) 水を運ぶ人

**водово́зный** [形1] 水を運ぶための

**водоворо́т** [男1] ① (川・湖などの) 渦; (速くて無秩序な) 動き, 移動 ② 他人を巻き込む事件

**водогре́йный** [形1] 湯沸かし用の

**водоём** [男1] 人工 [天然] 貯水池; 水域

**водозабо́р** [男1] ① (貯水池・送水施設からの) 水の供給 ② (水の供給のための) 水力工学施設

**водозащи́тный** [形1] ① 水の浸透 [作用] から守る, 防水用の ② 貯水池を守るための

**водока́чка** 複生 -чек [女2] 水の供給施設

**водоизмеще́ние** [中5] (船の) 排水量

**водола́з** [男1] ① 潜水士, ダイバー; 〖話〗泳いだり潜ったりできる動物 ② 水難救助犬

**водола́зка** 複生 -зок [女2] 〖話〗タートルネックセーター

**водола́зный** [形1] 潜水士 (用) の

**водоле́й** [男6] ① (航海中の船への) 供水船 ② (古い時代の) 洗面器 (通例鳥獣の頭部をかたどっている) ③ 〖民謡〗降水量の多い季節, 気象 ④ 〖話〗言葉数は多いが内容がないことを話す [書く] 人 ⑤ **В-** 〖天〗水瓶座

**водолече́бница** [女3] 水治療専門施設

**водолече́ние** [中5] (入浴・シャワー・灌水などによる) 水治療 **// водолече́бный** [形1]

**водолюби́вый** [形1] 〖植〗水を好む, 好湿性の

**водоме́р** [男1] 水位計, 水量計 **//~ный** [形1]

**водоме́рка** 複生 -рок [女2] 〖昆〗アメンボ

**водомёт** [男1] (デモ鎮圧用) 高圧放水砲

**водомо́ина** [女1] 水流によってできた地面の穴

**водонапо́рн|ый** [形1] 圧力で水を供給するための: -ая ба́шня 給水塔 | -ая коло́нка 給水栓

**водонепроница́ем|ый** 短 -ем [形1] 耐水性の, 防水性の **//-ость** [女10]

**водоно́с** [男1] 水を運ぶ人; 水を売る人

**водоно́сный** 短 -сен, -сна [形1] ① 水を含む; (川が) 水でいっぱいの ② 水を運ぶための

**водоосвяще́ние** [中5] 〖正教〗聖水式

**водоотво́д** [男1] 排水装置, 排水系統, 水系

**водоотво́дный** [形1] 水流の方向を変えるための

**водоотли́в** [男1] 排水

**водоотли́вный** [形1] 排水用の

**водоотта́лкивающий** [形6] ① 湿ることを防ぐ, 水 [水] を通さない ② 防水加工された;〖話〗防水加工素材で作られた

**водоочисти́тельный** [形1] 浄水用の

**водоочистно́й** [形2], **водоочи́стный** [сн] [形1] 浄水用の

**водопа́д** [男1] ① 滝 ② (人に対して向けられる) 大量のもの **//~ный** [形1]

**водопла́вающий** [形6] (鳥が) 水かきを持った; 泳げる: -ая маши́на 水陸両用車

**водоподъёмный** [形1] 水を上げるための

**водопо́й** [男6] ① (動物の) 水飲み場 (川, 湖など) ② 家畜に水を飲ませること

**водопо́льзование** [中5] 利水, 治水, 水利

*водопрово́д** [男1] 水道管;〖話〗水道の蛇口: Прорва́лся ~. 水道管が破裂した

**водопрово́дн|ый** [形1]: -ая магистра́ль 水道本管 | -ая сеть 上水道, 水道設備 | -ая ста́нция 浄水場, 給水所

**водопрово́дчик** [男2] 水道管技師

**водопроница́емый** [形1] 水を通しうる

**водоразбо́рный** [形1] 水道から水を供給するための

**водоразде́л** [男1] ① 分水嶺 ② 分岐点, 分かれ目

*водоро́д** [男1] 〔hydrogen〕水素 (記号 H) **//~ный** [形1]

**во́доросл|ь** [女10] ① 〖藻〗морски́е -и 海藻 ② 〖話〗水中植物全般 **//-евый** [形1]

**водосбро́с** [男1] (貯水池の) 余水路, 排水路 **//~ный** [形1]

**водосвя́тие** [中5] 〖正教〗＝ водоосвяще́ние

**водосли́в** [男1] (ダムの) 放水口 **//~ный** [形1]

**водоснабже́ние** [中5] 給水, 上水道

**водоспу́ск** [男2] (ダムから水を流す)水路
**водосто́йкий** [形3] 耐水[防水]性の
**водосто́|к** [男1] ① 斜面上の水の流れ ② (屋根の樋(とい); (水を送る)水路 **∥-чный** [形1]
**водотру́бный** [形1] パイプの中で水を加熱するための: ～ коте́л 水管ボイラー
**водоусто́йчивый** [形1] 耐水[防水]性の
**водохлёб** [男1] 《話》水[茶]を大量に飲む人
**водохрани́лище** [中2] (人工)貯水池
**во́дочка** [女1] 《愛称》← во́дка
**водоэмульсио́нн|ый** [形1] -ая кра́ска エマルションペイント, ラテックス塗料
**водружа́ть** [不完] водружу́, водрузи́шь 受過 -ужённый (-жён, -жена́) [完] 《固》《雅》(高い所に)設置する, 固定する: ～ зна́мя побе́ды 戦勝旗を掲揚する
**водяни́стый** 短 -и́ст [形1] ① 水分[湿気]をたっぷり含んだ; (食べ物が)水っぽい ② 無色[淡い色]の ③ 《話》(文学作品・報告が)冗長で内容の薄い
**водя́нка** 複-нок [女2] ①《医》水腫 ② 浮輪, 浮標
**водян|о́й** [形2] ① 水の, 液体を含む, 水性の; (水のように)透明な: ～ знак (紙の)透かし模様 ② 水中[水面, 水辺]に生息する ③ 水の: -о́е отопле́ние 熱湯による暖房システム ④ [男名] 《スラヴ神》ヴァジャノーイ(老人の姿をした水の精[妖怪]) ⑤ 《旧・話》(文学作品・報告が)冗長で; 生彩のない
**водя́ра** [女1]《若者・俗》ウォッカ(во́дка)

*воева́ть [ヴァイェヴァーチ] вою́ю, вою́ешь 命 вою́й [不完] 〈с кем〉 〈про́тив кого́〉 に対して 〈за кого́〉 のために) ① 戦う: ～ с захва́тчиками [кри́зисом] 侵略者と[危機と]闘う | ～ всю войну́ 戦争を通して戦う | ～ за ро́дину 祖国のために戦う ② 撲滅[根絶]しようとする: ～ с предрассу́дками 偏見と闘う ③ 克服しようとする: ～ со свое́й судьбо́й 自らの運命に乗り越えようとする ④ 《話》ののしり合う, 暴れる: ～ с дома́шними 家族とけんかする
**воево́да** [男1] ①《露史》(中世ルーシ, 15-17世紀モスクワ公国で)軍の統帥者, 軍司令官; (モスクワ公国, 16-17世紀ロシアで)地方長官 ② (ポーランドの)県知事
**воево́дство** [ц] [中1] ①《露史》(肩書き・官職名として)軍司令官, 地方長官 ②《露史》地方長官が治める町[地方] ③ (ポーランドの)県 **∥-ский** [ц] [形3]
**воедино́** [副]一緒に
**военача́льник** [男2] 兵団の司令官; 陸軍[海軍]司令官
**военизи́ровать** -рую, -руешь 受過 -анный [不完・完] ① 軍事化する, 軍需化する ② 武装する **∥-ениза́ция** [女9]
**воёнка** 複 -нок [女2] 《学生》 ① 軍事学科 ② 軍事学の授業
**военко́м** [男1] 《話》軍事委員部代表
*военкома́т [男1] 軍事委員部: получи́ть призы́в из ～а 軍事委員部から徴兵の召集令状を受け取る
**военко́р** [男1] 従軍記者 (вое́нный корреспонде́нт)
**военно(-)..** [語形成] 「軍の」
**воённо-возду́шный** [形1] 空軍の
**воённо-морск|о́й** [形4] 海軍の
**военнообя́занн|ый** (形1変化) [男名] /-ая [女名] 兵役義務者, 予備兵
**военнопле́нн|ый** (形1変化) [男名] /-ая [女名] 〘軍〙捕虜となった兵士; 戦時捕虜
**воённо-полево́й** [形2] 戦争時に存在[機能]する: ～ суд 軍法会議
**воённо-промы́шленный** [形1] 軍事産業の: ～ ко́мплекс 軍産複合体; 軍需産業
*военнослу́жащ|ий (形6変化) [男名] /-ая [女名]〔serviceman, servicewoman〕現役軍人
**воённо-уче́бный** [形1] 軍事教育の
*вое́нн|ый [ヴァイェーンヌイ] [形1]〔military, war, army〕
① 戦争の, 戦時の: -ое вре́мя 戦中, 戦時 | -ая пе́сня 戦時歌謡 (「カチューシャ」ともしび, など)
② 軍の, 軍に関係する, 軍備の: -ое де́ло 軍事 | ～ пара́д 軍事パレード | -ая промы́шленность 軍事産業 | ～ врач 軍医 (военвра́ч) | -ая фо́рма 軍服 | -ая шине́ль 軍用外套 | -ая фура́жка 軍帽 | ～ самолёт 軍用機 | -ая те́хника – технологи́я 軍事技術 | -ая ко́сточка 筋金入りの軍人 | -ая нау́ка 兵学 | -ая слу́жба 兵役
③ ～ [男名] /-ая [女名] 軍人
■ ～ биле́т 兵役証明書, 軍隊手帳 | -ая акаде́мия 陸軍大学校 | -ое положе́ние 戒厳令: ввести́ -ое положе́ние 戒厳令下におく
**военру́к** -а́ [男2] 軍事教育者 (вое́нный руководи́тель)
**вое́нщина** [女1] (攻撃的気運の)軍部;《集合》(軍人としての知識・関心しか持たない)軍人
**вожа́к** -а́ [男2] ① リーダー, 道案内人; 群れを率いる動物[鳥] ②《話》大衆の指導者, 組織者
**вожа́т|ый** (形1変化) [男名] /-ая [女名] ①《やや旧》道案内人 ②《話》路面電車の運転手
**вожделе́нный** 短 -ён, -е́нна [形1] [旧] 熱望される; 待ちこがれている
**вожделе́|ть** [不完] [旧] 〈к кому〉 ① 熱望する, ...したがる ② ...に強い愛着を感じる **∥-ние** [中5]
**вожде́ние** [中5] ← води́ть] 案内, 運転, 指揮
**вожди́зм** [男1]《政》1人の人物を絶対的指導者として立てる政治
*вожд|ь -я́ [男5]〔leader〕(政治・信条・種族などの)長(ちょう), 指導者, 師;《雅》司令, 領袖(りょうしゅう), 統率者, 旗頭: ～ револю́ции 革命の旗手 [リーダー]
**вожж|а́** 複 во́жжи, -е́й [女2] (馬の)手綱; 〈у кого〉 支配[指揮, 抑圧]するための手段: держа́ть -и в рука́х 手綱を握る, 自分に権力を集中させる | держа́ть на -а́х 手綱を引く, 抑制する, 自由にさせない
**вожу́** [1単現] ← води́ть, вози́ть
**во́з** -а/-у 前 о во́зе, на возу́ 複 -ы́ [男1] ① 荷を積んだ馬車, そり, 荷車, 荷ぞり ② 《話》大量のもの, たっぷり: це́лый ～ новосте́й 山ほどたくさんのニュース
♦ **А [Да то́лько] ～ и ны́не там.** 《話》埒が明かない, にっちもさっちもいかない, 事が一向に進まない | **вести́ [тяну́ть] (свой) ～** 困難にもかかわらず自分の義務を懸命に[自然的に]遂行する
**ВОЗ** [ヴォース] 〘略〙 Всеми́рная организа́ция здравоохране́ния 世界保健機関, WHO
**воз..,** (й, 子音連続の前で)**возо..,** (е, ю, я の前で) **возъ..,** (無声子音の前で) **вос..,** (接頭) [動詞] ① 「上へ」: вознести́ 上へ運ぶ ②「再び」「新たに」: возроди́ть 復興する ③「急激に始める・始まる」: возгоре́ться 急激に燃え上がる ④「完全に」「最後まで」: воспрепя́тствовать 阻止する
**возблагодари́ть** -рю́, -ри́шь 受過 -рённый (-рён, -рена́) [完]《雅》〈о чем〉感謝する: ～ судьбу́ 運命に感謝する
**возбран|я́ть** [不完] / **возбрани́ть** -ню́, -ни́шь 受過 -нённый (-нён, -нена́) [完]《廃》〈что〉 禁止する, 許可しない (запрети́ть)
**возбраня́ться** [不完]《旧・文》 禁止される
**возбуди́м|ый** 短 -и́м [形1] ① 興奮しやすい ②〘細胞〙が外部の刺激に反応する **∥-ость** [女10]
**возбуди́тель** [男5] ① 興奮させるもの, 発生の原因; 刺激[鼓舞]する人 ②〘医〙病原菌
*возбужда́ть [不完] / возбуди́ть -бужу́, -буди́шь 受過 -уждённый (-дён, -дена́) [完]〔excite〕

〈雅〉①〈感情を〉かき立てる, 刺激する, そそる, その気にさせる, 煽(ゟ)る: ~ аппети́т 食欲をそそる | ~ наде́жду 希望を抱かせる | ~ удивле́ние 驚かせる | ~ любопы́тство 好奇心を掻き立てる ②〈精神的・性的に〉興奮させる; 〈若い坊〉興奮させる ③歯向かわせる, 反抗させる ④提起する: ~ вопро́с 問題提起する | ~ и́ск 提訴する | ~ хода́тайство 請願する | ~ де́ло про́тив 田 …を告発する

**возбужда́ться** [不完] / **возбуди́ться** -бужу́сь, -буди́шься [完] ①興奮する ②〈感情が〉起こる ③[不完]〔受身〕< возбужда́ть

**возбужда́ющ|ий** [形6] 〔現〕< возбужда́ть: -ее сре́дство〔医〕興奮剤, 刺激剤

*возбужде́ние [中5] [excitement] 興奮, 動揺, 興奮; 喚起, 惹起: испы́тать ~ 興奮する

**возбужде́нн|ый** 短-ён, -ённа [形1] 興奮している, 興奮した様子の: Он был си́льно возбужде́н. 彼はひどく興奮していた | ~ вид 興奮した様子 **‖-ость** [女10]

**возбужа́ть** [不完] 〈若者・蔑〉に〈на田に〉反論する, 非難する, とがめる

**возведе́ние** [中5] ①(階級が)上がること: ~ в сан 昇級 ②建設 ③〔数〕累乗: ~ во втору́ю сте́пень 〔数〕2乗

**возвели́чи|ть** / **возвели́чить** -чу, -чишь 受過-ченный [完] 〈雅〉①称賛する, 過大に評価する; 誇張して話す **‖-ние** [中5]

**возвеща́ть** [不完] / **возвести́ть** -вещу́, -вести́шь 受過-вещённый (-щён, -щена́) [完] ①公布する ②〈雅〉宣言する

**возводи́ть** -вожу́, -во́дишь [不完] / **возвести́** -веду́, -ведёшь 過-вёл, -вела́ 受過-ведённый (-дён, -дена́) [完] ①〈кого〉を〈в田に〉与える, 報いる: ~ хвалу́ 称賛する | ~ до́брым за зло 悪に善で報いる **‖-ние** [中5] / [完] 〈雅〉表彰される, 褒賞を受ける, 報いを受ける

*возвра́т [男1] [return, repayment] 返還, 返却, 帰, (ローンなどの)返済; 〈借りた物の〉返品: ~ боле́зни 病気の再発 | без ~а 最終的に, 永久に **■~ со́лнца** 〔天〕(太陽の)至(ʻ), 至点

**возврати́ть(ся)** →возвраща́ть(ся)

**возвра́тн|ый** [形1] ①後へ導く; 帰りの ②戻す意の: -ая та́ра 繰り返し使われる容器 ③〔医〕定期的に現れる, 繰り返される ④〔文法〕再帰の: -ое местоиме́ние 再帰代名詞

*возвраща́ть [ヴァズヴラシチャーチ] [ヴァズヴラチーチ] -ащу́, -ати́шь, … -атя́т 命-ати́ 受過-ащённый (-щён, -щена́) [完] [return] 返す, 戻す, 返済する: 回収[回復]する(верну́ть) ~ долг 借金を返済する | ~ мо́лодость 若さを取り戻す | ~ ру́копись а́втору 著者に手書き原稿を返す | ~ те́хнику в строй 装置を直す

*возвраща́ться [ヴァズヴラシチャーッツァ] [不完] / **возврати́ться** [ヴァズヴラチーッツァ] -ащу́сь, -ати́шься, … -атя́тся 命-ати́сь [完] [return] 〈к田に〉戻る, 復帰する(верну́ться): ~ в институ́т [на ро́дину] 大学[祖国]に戻る | ~ из а́рмии 兵役から戻る | ~ с прогу́лки 散歩から戻る ②[不完]〔受身〕< возвраща́ть

**возвращ́н|ец** -нца [男3] / **-ка** 複生-нок [女2] 《話》自発的に祖国へ帰国した移民, 海外で活躍したスポーツ選手

*возвраще́ние [中5] [return] ①返却, 返還 ②帰化; 帰宅, 帰還: ~ на Зе́млю 地球への帰還 ③再び着手すること: ~ к пре́рванному разгово́ру 中断した話に戻ること ④再会議, 再来

**возвыша́ть** [不完] / **возвы́сить** -ы́шу, -ы́сишь 受過-ы́шенный (-шен, -шена) [完] ①〈社会的地位・意義を〉高める ②〈声を〉張り上げる, 荒げる **‖-ся** [不完] / [完] ①(社会的地位・意義が)高まる, 高い評価を得る ②[不完]そびえている

**возвыше́ние** [中5] ①高める[高まる]こと ②高台; 演壇

**возвы́шенность** [女10] 丘陵 **■Среднеру́сская ~** 中央ロシア高地 **Приво́лжская ~** 沿ヴォルガ台地[高地]

**возвы́шенн|ый** 短-ен, -ена [形1] ①(周囲より)高い所にある; 高くそびえる: -ое ме́сто 高台 ②〈人が〉詩的な, ロマンチックな ③高貴な: ~ слог 高尚な文体

*возглавля́ть [不完] / **возгла́вить** -влю, -вишь 受過-вленный [完] 〈кого〉率いる, 先頭に立つ: ~ па́ртию 党首を務める | ~ строи́тельство 建設の指揮をとる **‖-ние** [中5]〔受身〕

**во́зглас** [男1] ①大きな叫び声 ②(聖職者が声を高く強く繰り発する)祈願(ᵍ)の結びの言葉

**возглаша́ть** / **возгласи́ть** -ашу́, -аси́шь 受過-ашённый (-шён, -шена́) [完] 〈雅〉(大きな声で・荘厳に)述べる

**возго́нка** 複生-нок [女2]〔化〕昇華

**возгоня́ть** [不完] / **возгна́ть** -гоню́, -го́нишь 受過во́згнанный [化]〔再〕昇華させる **‖~ся** [不完] / [完] ①〔化〕昇華する ②[不完]〔受身〕

**возгора́ем|ый** [形1] 可燃性の **‖-ость** [女10] 燃焼性, 引火性

**возгора́ние** [中5]〔機〕発火, 伝火: то́чка -ия 引火点

**возгора́ться** [不完] / **возгоре́ться** -рю́сь, -ри́шься [完] ①〈旧〉燃え上がる, 炎上する |〔詩〕何らかの輝き[色, 色彩]を帯びる ②〈文〉(論争・闘い・戦争などが)突然起こる, 始まる ③〈雅〉〈田〉不意に強い感情[欲望]にとらわれる: ~ уча́стием в 田に急に思い込つ

**возгорди́ться** -ржу́сь, -рди́шься [完] 〈田〉を自慢し始める; 尊大になる: ~ свои́ми успе́хами 自分の成功を鼻にかけるようになる

**воздава́ть** -даю́, -даёшь 命-ва́й 副分-ва́я [不完] / **возда́ть** -да́м, -да́шь, -да́ст, -ади́м, -ади́те, -аду́т 命-ай 過-а́л, -ала́, -а́ло 受過во́зданный (-ан, -ана́, -ано) [完] 〈雅〉〈кого〉を〈田に〉与える, 報いる: ~ хвалу́ 称賛する | ~ до́брым за зло 悪に善で報いる **‖~ся** [不完] / [完] 〈雅〉表彰される, 褒賞を受ける, 報いを受ける

**воздая́ние** [中5]〈雅〉賞賛; (悪行に対する)報い

**воздвига́ть** [不完] / **воздви́гнуть** -ну, -нешь 過-ни 過-иг/-ул, -и́гла [完] 〈雅〉〈高層・巨大建造物を〉建てる, 建設する **‖~ся** [不完] / [完] ①そびえ立つ; 高まる ②〔受身〕

**Воздви́жение** [中5] **■~ Креста́ Госпо́дня** 〔正教〕十字架挙栄祭 (9月27日[旧暦14日], 〔暦〕バービエ・レータ 婆(ᵢ)夏の終わり, 秋の始まり)

*возде́йствие [ヴァズヂェーイストヴィエ] [中5] [influence] 影響, 働きかけ, 感化: ~ радиа́ции на органи́зм 放射線の人体への影響 | оказа́ть ~ на обще́ственное мне́ние 世論に働きかける

*возде́йствовать -твую, -твуешь [不完・完] [influence] 〈на田〉〈人・行動・発展〉に影響を与える, 働きかける; 説得する: ~ на ма́ссы 大衆に働きかける

**возде́лыва|ть** [不完] / **возде́лать** 受過-анный [完] ①耕す ②培養する **‖-ние** [中5]

**воздержа́вшийся** [形6] 〔能過〕< воздержа́ться [名2] (投票の)棄権者

**воздержа́ние** [中5] 〈от田〉の節制, 差し控え, 拒否: ~ от употребле́ния алкого́ля 禁酒

**возде́ржанн|ый** 短-ан, -анна [形1] 〈в田に〉節度ある, 控えめな: ~ на язы́к 口数を抑えている | ~ в свои́х оце́нках 自己評価に控えめな **‖-ость** [女10]

**возде́рживаться** [不完] / **воздержа́ться** -ержу́сь, -е́ржишься [完] 〈от田〉①〈酒・たばこなどを〉

## возмуща́ться

控える, 我慢する: ~ от куре́ния 禁煙する ②〈投票などを〉棄権する, 保留する: ~ от голосова́ния 投票を棄権する

**※во́здух** [ヴォーズドゥフ] -a/-y [男2] 〔air, atmosphere〕① 大気, 空気, 空中; 空中: температу́ра -a 気温 | загрязне́ние -a 大気汚染 | обсле́дование с -a 航空調査 | подня́ть на ~ 爆破する, 持ち上げる | взлете́ть на ~ 爆発する, 空中に飛散する | война́ в -e 空中戦 | В-! 〔軍〕空襲警報! ②〔比喩的にも〕空気, 戸外: дыша́ть чи́стым -ом きれいな空気を吸う | све́жий ~ すがすがしい空気 | быва́ть на -e 外にいる | вы́йти на ~ 戸外に出る | на откры́том [чи́стом] -e 青空の下で, 露天で | как ~ ну́жен …は空気と同じぐらいなくてはならない存在だ ③ 空気感, 雰囲気: ~ свобо́ды 自由の気風 | в -e чу́вствуется 田 …の雰囲気が漂っている, …が感じ取れる ④ В- 〔哲〕(水・土・火と並ぶ四元素としての)風

◆висе́ть [пови́снуть] в -e ペンディング[宙ぶらりん]の状態である: Вопро́с виси́т в -e. 問題は手つかず[未解決]になっている | **де́лать из -a** 何もないところから…を作り出す[する]

**воздухо..** [語形成] 「空気の」

**воздухообме́н** [男2] 換気(すること)

**воздухоочисти́тель** [男5] 空気清浄機

**воздухопла́вание** [中5] (気球・飛行船での)飛行, 飛行術; 航空学

**воздухопла́ватель** [男5] 気球・飛行船の飛行士 *∥* **~ный** [形1]

**воздухопроница́емый** [形1] 通気性のよい

**возду́шка** 複生 -шек [女2] 〔俗〕空気銃, エアガン

**возду́шно-деса́нтный** [形1] 空挺の

**возду́шно-косми́ческий** [形3] 航空宇宙の

**※возду́шн|ый** [ヴァズドゥーシヌイ] 短 -шен, -шна [形1] 〔air, light〕① 空気の, 大気の: ~ шар 風船, 気球 | ~ змей 凧 | -ое су́дно 航空機 | ~ насо́с 空気ポンプ | -ая о́пухоль 〔医〕肺気腫 | ~ сосу́д 〔解〕気管 | ~ то́рмоз 排気ブレーキ | -ая уда́рная волна́ 衝撃波 | -ая я́ма エアポケット | -ая ли́ния свя́зи 〔電〕架空線路, 地上線路 | -ая ма́сса 〔気象〕気団 ② 航空(機)の; -ая боле́знь 飛行機酔い | -ая оборо́на 防空, 空の守り | -oe сообще́ние 空の便 | ~ флот 空軍の戦力 | -ая трево́га 空襲警報 ③ 空気のように軽い; -ое пла́тье ふわふわのドレス | ~ зефи́р マシマロ

**воздыха́ние** [中5] 〔旧〕深呼吸, ため息

**возжига́ть** [不完] / **возже́чь** -жгу́, -жжёшь 命 -жги́ 過 -жёг, -жгла́ 能過 -жжённый 受過 -жжённый (-жен, -жена́) 副分 -жёгши 〔雅〕〈田〉① 点火する ②(ある感情を)呼ぶ, 起こさせる

**воззва́ние** [中5] (口頭・書面による)呼びかけ

**воззва́ть** [完] → взыва́ть

**воззре́ние** [中5] (通例複)考え方, 視点

**воззри́ться** -рю́сь, -ри́шься [完] 〔旧・話〕〈на田〉を凝視する, じっと見る

**※вози́ть** [ヴァジーチ] вожу́, во́зишь, во́зят -зи́ 受過 во́женный [不完] 〔carry, draw〕〔定 **везти́**〕①(乗り物・車輪を用いて)運ぶ, 運搬する: ~ пассажи́ров 乗客を運ぶ | ~ по́чту [郵便]を運ぶ | ~ маши́ну по пути́ в ки́нотеатр に遊ぶ ②〔話〕引きずる: ~ руко́й по столу́ 手で机をなでる

**※вози́ться** вожу́сь, во́зишься [不完] ①(子どもが)はしゃぎまわる ②〔話〕〈с田〉にかかりきりになる, 手間どる ③〔受身〕← вози́ть

**во́зка** 複生 -зок [女2] ①(乗り物で)運ぶこと ②〔話〕運搬の1回分

**※возлага́ть** [不完] / **возложи́ть** -ожу́, -о́жишь 受過 -о́женный [完] 〔lay, entrust〕〈田〉①〔雅〕…の上に厳かに置く: ~ цветы́ на моги́лу 墓に花を供える ②〈на田〉(公的な発言で)命じる, …の義務とみなす: ~ вину́ на 田 за 田 …にその罪を負わせる | ~ отве́тственность на 田 за 田 …にその責任を負わせる

◆ **наде́жды** на 田 …に希望を託す *∥* **~ся** [不完] 〔受身〕

**※во́зле** [ヴォーズリ] 〔near, nearby〕〔前〕〈田〉…のすぐ近くに: жить ~ ре́чки 川のそばに住む 〔副〕すぐ近くに: В- стои́т чемода́н. 横にスーツケースが置いてある

**возлега́ть** -а́ю, -а́ешь [不完] / **возле́чь** -ля́гу, -ля́жешь, -ля́гут 過 -лёг, -легла́ 能過 -лёгший 副分 -лёгши 〔文〕横になる

**возликова́ть** -ку́ю, -ку́ешь [完] 〔文〕歓喜する

**возлия́ние** [中5] ① 献酒(神に葡萄酒を注ぐ儀式) ②〔戯〕飲酒

**возложе́ние** [中5] 置くこと, (義務)を課すこと: ~ цвето́в 献花

**возложи́ть** [完] → возлага́ть

**возлюби́ть** -люблю́, -лю́бишь 受過 -лю́бленный [完] 〔文〕〈田〉好きになる

**возлю́бленн|ый** [形1] ①〔文〕愛しい ② ~ [男名] -ая [女名] 好きな人; 恋人

**возме́здие** [中5] 〔文〕復讐, 報復

**возме́здный** [зн] [形1] 〔経〕補償を規定している, 有償

**возмечта́ть** [完] 〔文〕(通例実現不可能な)夢を見る: おぼれ始める

**возмеща́ть** [不完] / **возмести́ть** -ещу́, -ести́шь 受過 -ещённый (-щён, -щена́) [完] 〈田〉不足しているものを〉補う, 置き換える: 補償[弁済]する

**※возмеще́ние** [中5] 〔compensation〕補填, 置き換え; 補償[弁済](金): ~ убы́тков 損害賠償 | ~ изде́ржек 費用の弁済

**※возмо́жно** [ヴァズモージナ] 〔possibly〕①〔無人述〕…かもしれない: Вполне́ ~, что он прав. 彼が正しいということは十分あり得る ②〔挿入〕おそらく, たぶん…だろう (мо́жет быть, вероя́тно): Мне́, ~, придётся плати́ть бо́льше. 私はもっと多く支払うことになるかもしれない ③〔副〕(比較級を伴って)できる限り: ~ лу́чше できるだけよく

**※возмо́жност|ь** [ヴァズモージナスチ] [女10] 〔possibility, opportunity〕① 可能性, 実現性: держа́ться до после́дней -и 最後の可能性を信じて踏ん張る | Нет никако́й -и помо́чь ему́. 彼を助けることは不可能だ ② 機会, チャンス: дать ~ 田 田 …にチャンスを与える | Появи́лась ~ отдохну́ть. 休養の機会ができた ③(複)手段; 資力, 資金 financial means を見いだす | **по (ме́ре) -и** 可能な限り

**※возмо́жн|ый** [ヴァズモージヌイ] 短 -жен, -жна [形1] 〔possible〕① 起こり得る, その後に当然あり得る結果: На доро́гах -a гололе́дица. (天気予報で)路面凍結の可能性がある ② 実現可能な: Всё каза́лось -ым. 何でもできるように思われた | -oe [中名] できること: сде́лать всё -oe できる限りの手を尽くす

**возмужа́л|ый** [形1] 身体的に成熟する; (人が)大人になる *∥* **-ость** [女10]

**возмужа́ть** [完] → мужа́ть

**возмути́тель** [男5] / **-ница** [女3] 騒ぎ[暴動]を起こす人: ~ споко́йствия トラブルメーカー

**возмути́тельн|ый** 短 -лен, -льна [形1] 慣慨させる, 怒りを招く: ~ посту́пок けしからぬ行為 *∥* **-ость** [女10]

**※возмуща́ть** [不完] / **возмути́ть** -ущу́, -ути́шь 受過 -ущённый (-щён, -щена́) [完] 〔anger, outrage〕〈田〉不快感[怒り]を招く; 怒らせる: Меня́ возмути́л его́ отве́т. 彼の返答が私を怒らせた

**※возмуща́ться** [不完] / **возмути́ться** -ущу́сь,

-утишься [完] [be indignant] 〈圖に〉憤慨する: ～ новостью ニュースに憤慨する

**возмуще́ни|е** [中5] [indignation] ① 憤慨, 怒り ② 〖天・理〗 摂動 ③ 〖気象〗擾乱(じょうらん): магни́тные ~ия 磁気擾乱 [嵐] (магни́тная бу́ря)

**возмущённый** 短-ён, -ённа [形1] ① 憤慨した: Он *возмущён* мое́й шу́ткой. 彼は私の冗談に怒っている ② 〖理〗 < возмуще́ние ②③

**вознагражда́ть** [不完] / **вознагради́ть** -ажу́, -ади́шь [完] -аждённый (-дён, -дена́) [完] 褒賞する, 報いる: ～ себя́ за 団 自分に…の褒美を与える

**вознагражде́ние** [中5] [reward] ① 褒賞 ② 褒美, 報奨金; де́нежное ～ 現金報酬, 給料 | ～ за сверхуро́чную рабо́ту 時間外労働手当

**вознаме́риваться** [不完] / **вознаме́риться** -рюсь, -ришься [完] [不定形] …する気になる

**вознегодова́ть** -ду́ю, -ду́ешь [完] 〖文〗〈на 囲 に〉激怒する

**возненави́деть** -и́жу, -и́дишь [完] 〈囲〉…に嫌悪を感じるようになる, 嫌いになる

**вознесе́ние** [中5] [旧] < возноси́ть① ② 
■ В~ Госпо́дне 〖正教〗主の昇天祭(しょうてんさい)〖復活大祭の40日後の木曜日; 十二大祭の一つ; 夏の始まり〗 *//вознесе́нский* [形3]: В~ собо́р 昇天大聖堂

**вознести́(сь)** [完] → возноси́ть(ся)

**возника́ть** [不完] / **возни́кнуть** -кну, -кнешь про- -кший -ший, -зни́кла 副能 -зни́кнув 副被 -зни́кший [完] [arise, appear] 起こる, 生じる; 〈考えなどが〉浮かぶ; 〖話〗現れる: *Возни́к* конфли́кт [пожа́р]. 対立に[火事が]起きた | В душе́ *возни́к* вопро́с. 心の中に疑問が湧いた | У меня́ *возни́кла* иде́я. 私にはアイディアが浮かんだ

**возникнове́ние** [中5] [rise] 発生, 生起, 出現: ～ жи́зни на Земле́ 地球上の生命の起源

**возни́ца** (女3変化) [男] 御者

**возни́|я** [女5] 〖話〗 ① (通例騒音を伴った) 大騒ぎ ② 気苦労, 面倒 ③ 秘密の行動, 情事

**возо..** [接頭] → воз..

**возоблада́ть** [完] 〖文〗〈над 囲〉より優位に立つ, 優勢である

**возобновля́емый** [形1] 再生可能な

**возобновля́ть** [不完] / **возобнови́ть** -влю́, -ви́шь 受過-влённый (-лён, -лена́) [完] (中断後に)再開する; 繰り返す: ～ перегово́ры 交渉を再開する *//~ся* [不完] / [完] 再開される *//возобновле́ние* [中5]

**возомни́ть** -ню́, -ни́шь [完] 〖通例 себя́, о себе́ と共に〗 (自分を)高く評価する; 〈囲 を 囲 だと〉買い被る

**возра́доваться** -дуюсь, -дуешься [完] 〖話〗〈囲〉に大喜びする

**возража́ть** [ヴァズラジャーチ] [不完] / **возрази́ть** [ヴァズラジーチ] -ажу́, -ази́шь, по- -ази́ 過 -ази́л [完] [object, retort] ① 〈про́тив囲/на囲〉反論する: ～ на заявле́ние отве́тчика 被告人の供述に反論する | Я не *возража́ю*. 《もったいった賛成》私は反対ではない | Если вы не *возража́ете* ご異存がなければ ② 〖完〗言い返す

**возраже́ние** [中5] [objection] 〖複〗異議, 反論

**во́зраст** [ヴォーズラスト] [男1] [age] (生物(類)の)年齢: младе́нческий [де́тский] ～ 幼年[少年]期 | перехо́дный [ю́ношеский] ～ 思春[青年]期 | сре́дний ～ 中年期 | зре́лый ～ 壮年期, 熟年期 | прекло́нный [пожило́й] ～ 高齢期 | ста́рческий ～ 老齢期 | ～ Луны́ 〖天〗月齢 | уво́литься по преде́льному ~у 定年退職する | студе́нт в ~е двадцати́ лет 20歳の学生 | быть одного́ ~а с 団 …と同い年だ | в моём ~е この歳で | вне зави́симости от ~а 年齢不問 ◆войти́ в ～ 〖話〗成人[一人前]になる | *в ~е* 成人に達している | *на ~е* 《話》(娘が)年頃になっている, (青年が)一人前だ

**возраста́ние** [中5] 成長

**возраста́ть** [不完] / **возрасти́** -сту́, -стёшь 過 -ро́с, -росла́ -ро́сший [完] [grow, increase] (数・量が) 増加[増大]する: *Возраста́ет* населе́ние страны́. 国の人口が増えている | *Возраста́ет* интере́с к Росси́и. ロシアへの関心が高まっている

**возрастно́й** [сн] [形2] < во́зраст: -о́е ограниче́ние 年齢制限 | ～ ценз 資格年齢

**возрожда́ть** [不完] / **возроди́ть** -ожу́, -оди́шь 受過-ождённый (-дён, -дена́) [完] [regenerate] 〈囲〉 ① 復興[再建]する; 再開する: ～ города́ из пе́пла 街を灰から蘇らせる ② 〖話〗〈人を〉生き返らせる, 元気にする

**возрожда́ться** [不完] / **возроди́ться** -ожу́сь, -оди́шься [完] ① 復興[復活]する: ～ к жи́зни 更生する; (精神的に)生き返る ② (活力・エネルギーが)みなぎる: ～ по́сле о́тдыха 休養から復帰する ③ 〖完〗〖受身〗 < возрожда́ть①

**возрожде́ни|е** [中5] [regeneration] ① < возрожда́ть(ся) ② В～ ルネサンス(Ренесса́нс) ■ эпо́ха В~ия ルネサンス時代

**во́зчик** [щ] [男2] 荷馬車などで荷物を運ぶ人; 運送人

**возъ..** [接頭] → воз..

**возыме́ть** [完] 〖文〗〈囲〉 ① 得る ② 《抽象名詞と共に》…を始める, 遂行する: ～ результа́т 結果をもたらす | ～ успе́х 成功に終わる | ～ ожида́емое де́йствие 期待通りの影響を及ぼす[作用をする]

**возьмёшь(ся)** [命令] < взять(ся)

**возьми́сь(ся)** [命令] < взять(ся)

**возьму́(сь)** [1単未] < взять(ся)

**во́ин** [男1] [warrior] 〖雅〗戦士, 〖兵士同士・皮肉〗兵 (へい) ◆*Оди́н в по́ле — не ~.* 〖諺〗1人では何もできない

**во́инск|ий** [形3] [military, martial] 軍の, 軍人の; 戦争の: -ая часть 部隊 | го́род -о́й сла́вы 戦争栄光都市(都市に対する称号) | -ая пови́нность 兵役義務

**вои́нственный** 短-ен/-енен, -енна [形1] ① 戦争の ② 好戦的な, 攻撃的な; 勇敢な; 〖話・皮肉〗けんか腰の: -ые племена́ 好戦的な種族 | ～ вид [тон] けんか腰の様子[口調] *//~ость* [女10]

**вои́нство** [中1] 〖雅〗軍, 軍勢 (войска́)

**вои́нствующий** [形6] 攻撃的な, 譲らない

**вои́стину** 〖雅〗 ① 〖古〗本当に, 真実: В～ воскре́с(е)! 〖正教〗まことに蘇り給えり (→ воскреса́ть) ② 《挿入》実際, 本当に

**во́итель** [男5] */~ница* [女3] ① 〖旧〗戦士, 兵 (во́ин) ② 〖皮肉〗けんか早い人

**вой** [男6] [howl(ing)] ① (動物の)長い吠え声; 唸り声: во́лчий ～ 狼の遠吠え | ～ сире́ны (戦時中のよう な)陰鬱なサイレンの音 ② 〖話〗大きな泣き声 ③ 長く延びる音: ～ ве́тра 風のうなるような音 ④ 《話・批判的》声を荒げる抗議, 悪口, 怒り

**во́йло|к** -а/-у [男2] フェルト **//-чный** [形1]

**во́йн|а** [ヴァイナー] 複 во́йны [女1] 〔war〕 вести́ -у́ 戦争をする｜объяви́ть -у́ 宣戦布告する｜вступи́ть в -у́ 戦争に突入する｜пойти́ на -у́ 戦争に行く｜верну́ться с -ы́ (Ки́ев で終点に): речно́й [морско́й] ～ 川の[海の]乗船場｜на Яросла́вском-е ヤロスラヴリ駅で **//-ьный** [形1]

**войти́** [完] →входи́ть

**вока́л** [男1] 〔話〕声;歌手;〔楽〕声楽;(バンドの)ボーカル **вока́льный** [形1] : -ая му́зыка 声楽

**вокализ** [男1] 〔楽〕ヴォカリーズ

**вокали́зм** [男1] 〔言〕(言語・語族の)母音体系

**вокали́ст** [男1] / **~ка** 複生 -ток [女2] 〔楽〕声楽家, 歌手

**\*вокза́л** [ヴァグザール] [男1] 〔station〕(鉄道, バス, 飛行機の)ターミナル, 中央駅(↔ста́нция) (★建物・諸施設を持つ始発地で, 鉄道駅の名称は終点の名を冠する: на Ки́евском ～ キエフ駅へ｜ Ки́ев で終点): речно́й [морско́й] ～ 川の[海の]乗船場｜на Яросла́вском-е ヤロスラヴリ駅で **//-ьный** [形1]

**вокóдер** [э] [男1] 〔IT・楽〕ヴォコーダー

**\*вокру́г** [ヴァクルーク] 〔around〕① [副] 周囲に: осмотре́ться ～ 周囲を見回す ② [前] 〈属〉…の周りに: Земля́ враща́ется ～ Со́лнца. 地球は太陽の周りを回っている ◆～ све́та 世界中で｜ходи́ть ～ да о́коло 遠まわしに言う, 奥歯にものの挟まった言い方をする

**вол** -а́ [男1] 農業で使用する去勢牛 ◆-á крути́ть [верте́ть] 〔俗〕ばかげたことを主張する, くだらないことを言う

**вола́н** [男1] ① 〔スポ〕(バドミントンの)シャトル ②〔複〕(婦人のブラウス・ドレスに付ける)フリル

**Во́лга** [女2] ① ヴォルガ川(ロシアを流れるヨーロッパ最長の川) ② ロシア国産軽自動車のブランド名

**волга́рь** [男5] 〔話〕= волжа́нин

**Во́лго-Вя́тский** [ц] [形3]: ～ экономи́ческий райо́н ヴォルゴ・ヴャトカ経済地域

**Волгогра́д** [男1] ヴォルゴグラード (同名州の州都) **// волгра́дский** [ц] [形3]: B-ая о́бласть ヴォルゴグラード州 (南部連邦管区)

**Во́лго-Донско́й** [形4]: ～ кана́л ヴォルガ・ドン運河

**во́гл|ый** [形1] 湿った **//-ость** [女10]

**во́гнуть** -ну, -нешь 過 -гнул, -гла [不完] 湿る

**волды́рь** -я́ [男5] (虫さされ, やけどなどによる)皮膚の膨れ, 水ぶくれ: B-вскочи́л. 水ぶくれができた

**волев|о́й** [形2] ① 意志の, 意志に基づいた ② 意志の強い ③ 幹部[首脳陣]の意向によって決定される, 実際の需要を考慮しない; 権威主義的な: -ы́е реше́ния 上の判断による決定

**волеизъявле́ние** [中5] 〔文〕意思表示

**волейбо́л** [男1] 〔スポ〕バレーボール **//-ьный** [形1]

**волейболи́ст** [男1] / **~ка** 複生 -ток [女2] バレーボール選手

**во́ле-нево́лей** [副] いやおうなしに

**волжа́н|ин** 複 -а́не, -а́н [男10] / **~ка** 複生 -нок [女2] ヴォルガ川(の中下流域)地方の住人

**во́лжский** [ц] [形3] ヴォルガ川(Во́лга)の

**Во́лжский** [形3変化] [男名] ヴォールシスキー (ヴォルゴグラード州の中都市; 沿ヴォルガ連邦管区)

**\*волк** [ヴォールク] 複 -и, -о́в [男2] 〔wolf〕 [動]オオカミ ◆голо́дный как ～ おなかがぺこぺこだ｜с ~а́ми жить, по-во́лчьи выть [諺]郷に入っては郷に従え

**волкода́в** [男1] [動]ウルフハウンド (狼狩りや家畜の群れを守る大型犬)

**\*волн|а́** [ヴァルナー] 複 во́лны, волн, -а́м/-ам [女1] 〔wave〕① 波, 波状のもの: во́лны бушу́ют [шумя́т] 波が荒れ狂う[ざわめく]｜～ хо́лода 寒波｜бу́рные во́лны 怒涛｜высо́кая ～ 高波｜шум во́лн 潮騒｜гре́бень -ы́ 波頭｜пе́рвая ～ атаку́ющих 攻撃の第1波｜Бьётся о бе́рег ～. 岸に打ちつける｜кача́ться на волна́х [волна́х] 波間を揺れる ② 〔理〕波動, 電波, 周波数: взрывна́я ～ 爆風｜дли́на -ы́ 波長｜звуковы́е [электромагни́тные] ～ 音[電磁]波｜сейсми́ческая уда́рная ～ 地震衝撃波｜дли́нные [сре́дние] во́лны 長[中]波｜коро́ткие [ультракоро́ткие] во́лны 短[超短]波｜ультразвуковы́е во́лны 超音波｜переда́ча на коро́тких волна́х 短波放送 ③ (主に集団の感情・状態の)急激な高まり, 高揚, うねり: ～ восто́рга 歓喜の波｜～ герои́зма ヒロイズムの高まり

**\*волне́ние** [中5] 〔choppiness, agitation〕① 波動, (水面の)波立ち ② 強い動揺, 興奮, 感激, 不安, 心配: испы́тывать [прийти́] в ～ 興奮[感激]する｜приведи́ в ～ 興奮[感激]させる｜с -ием 手に汗を握って, はらはらして ③ (通例複)〔政〕(集団の)騒動, 暴動, さわぎ

**волни́ст|ый** 短 -и́ст [形1] 波のような; 起伏のある; (髪の毛が)縮れている, うねっている: -ая равни́на 起伏のある平地 **// ~ попуга́й** 〔鳥〕セキセイインコ **//-ость** [女10]

**волни́тельный** 短 -лен, -льна [形1] 〔話〕 = волну́ющий

**\*волнова́ть** [ヴァルナヴァーチ] -ну́ю, -ну́ешь 命 -ну́й 受過 -о́ванный [不完] 〔excite, worry〕〈対〉① [完 вз~] 受過 взволно́ванный(水面・心を強く波立たせる: Её го́лос волну́ет ду́шу. 彼女の声は心を揺さぶる ② 動揺[心配, 興奮, 感激]させる: Что вас волну́ет? 何が心配なのですか

**\*волнова́ться** [ヴァルナヴァーッツァ] -ну́юсь, -ну́ешься 命 -ну́йся [不完]〔worry, be excited〕① [完 вз~](水面・心が)波立つ: Мо́ре волну́ется. 海が波立っている ② 動揺[興奮, 心配]する, 不安になる: ～ из-за пустяко́в つまらないことに気をもむ｜Не волну́йся, всё бу́дет хорошо́! 心配は要らない, 全てうまくいく

**волнов|о́й** [形2]: ～ волна́＜ : -а́я тео́рия 〔理〕波動説

**волноло́м** [男1] 防波堤

**волнообра́зный** 短 -зен, -зна [形1] ① 波状[形]の ② 波状に起こる: (音が)大きくなったり小さくなったりする

**волноре́з** [男1] 防波堤

**волну́шка** 複生 -шек [女2] 〔茸〕カラハツタケ(食用) : ～ бе́лая シロカラハツタケ(食用)

**волну́ющий** [形6] 興奮させる, 胸躍る

**воло́в|ий** [形6] < вол : ～ язы́к 牛の舌 ◆-ье сча́стье 非常な幸福

**Воло́гда** [女1] ヴォログダ (同名州の州都) **// волого́дский** [ц] [形3]: B-ая о́бласть ヴォログダ州 (北西連邦管区)

**Воло́дя** (女5変化) [男] [愛称] < Влади́мир

**во́лок** [男2] ① (舟を引いて別の河川に移るための)連

水路路 ②（伐採した木を運び出すための）帯状の空き地
**волоки́та** [女1] ①《話》(行政手続き・裁判事務の)遅延 ②[男] 女好き
**волокни́стый** 短-и́ст [形1] 繊維(質)の
**волокно́** 複-о́кна, -о́кон [中1] ①《集合でも》繊維, ファイバー ②《通例 複》(細胞・組織の)繊維(質); не́рвные воло́кна 神経繊維 **// волоко́нце** 複生-нцев/-нец [中5]
**волоково́й** [形2] 連水陸路(用)の ◆ -о́е окно́ (古い農家の)引き戸窓; (煙出しの)窓
**воло́ком** [副] (地面・浅い水を)引きずって
**волоко́нно-опти́ческий** [形3] : ~ ка́бель 光ファイバーケーブル
**волоко́нный** [形1] < волокно́
**волоку́ша** [女4] ①(簡便な)荷ぞり(干し草・丸太などを運ぶ) ②「耕作地を均すための」鋤 ③〈干し草・わらをかき集める〉道具
**волонтёр** [男1]/《話》**-ка** 複生-рок [女2]《文》= доброво́лец **// волонтёрск|ий** [形3] : -ая организа́ция ボランティア団体
**волоо́кий** [形3]《民話・詩》大きくて穏やかな[潤んだ]目をした
*волос [ヴォーラス] 複 во́лосы, воло́с, -а́м [男1] [hair] ①（人の）毛髪, (哺乳類の)体毛: выóщиеся [прямы́е] ~ы 巻き[直]毛 | дли́нные [коро́ткие] ~ы 長い[短い]毛 | густы́е [ре́дкие] ~ы 濃い[薄い]毛 | ры́жие [ру́сые, све́тлые] ~ы 赤[亜麻色の, ブロンドの]毛 | седы́е [тёмные, чёрные] ~ы 白髪の[ブルネットの, 黒髪の]毛 | вы́мыть [завяза́ть, кра́сить] ~ы 髪を洗う[結う, 染める] | отпуска́ть [постри́чь, причеса́ть] ~ы 髪を伸ばす[刈る, 調髪する] | 「髪を切る」は подстри́чься) | уха́живать за -а́ми 髪の手入れをする | сре́дство для роста [удале́ния] воло́с 育毛[脱毛]剤
②《集》(動物の)剛毛, (馬の尾, たてがみの)毛: ко́нский ~ 馬の毛
◆ ~ы (встаю́т) ды́бом 毛が逆立つ, 驚愕する | рвать на себе́ ~ 《話》地団太踏んで悔しがる, 絶望する | схвати́ться [за́ волосы [за волосы]]《話》髪をつかむ (と (恐れ・驚きで) 仰天する | до седы́х воло́с 老齢まで | притяну́ть 図 за́ волосы …をこじつける, 牽強付会((きょうふ))に解釈する | ни на ~《話》少しも, 毫も…も…ない (ниско́лько, ничу́ть)
**волоса́тый** 短-а́т [形1] 毛[髪の毛]で覆われた; 毛むくじゃらの
**волоси́нка** 複生-нок [女2]《話》1本の小さな毛
**волосно́й** [形2] 毛のようにとても細い
**волос|о́к**, -ска́ [男2] ①細くて短い髪の毛 ②(植物の)産毛 ③(電球の)フィラメント, 細いワイヤー ◆ на ~ от сме́рти 死に直面している | висе́ть [повисну́ть] на ~ке́ 首の一枚でつながっている
**во́лость** 複-и, -е́й [女10]《史》①(中世ルーシで公国の)支配下にある領域 ②郷 (帝政ロシアおよび1930年以前の行政区画); その役場; 住民
**волося́ной** [形2] 毛製の
**волочи́ть** -очу́, -о́чишь 受過-о́ченный (-чён, -чена́) [不完]〈図〉①《по図 の上を》引きずる, 引きずっていく: ~ но́гу 足をひきずって歩く | воло́к [е́ле, чу́ть]~ но́ги やっとのことで歩く ②金属素材を延ばして糸[金, 筒]状にする **// воло́чение** [中5]
**волочи́ться** -очу́сь, -о́чишься [不完] ①《по図 の上を》引きずる, 伸びる; ゆっくりと移動する ②[2単 воло́чишься]《話》《за図》《女性に》(軽い気持ちで)言い寄る
**воло́чь** -локу́, -лочёшь 命 -локи́ 過 -ло́к, -локла́ 受過-ло́ченный (-чён, чена́) 副分-ло́кши [不完] ①〈図〉= волочи́ть① ②《若者・隠》《в図 を》よく理解する **// ~ся** [不完]《話》= волочи́ться①

**волча́нка** [女2]《医》狼瘡
**волча́тник** [男2] オオカミ狩りの猟師
**волче́ц** -чца́ [男3]《植》アザミ
**во́лч|ий** [形9] オオカミの(ような); 強欲な: ~ аппети́т 非常に強い食欲 | -ьи зако́ны 暴力による違法行為 | -ья хва́тка 目的達成のための容赦ない行為 ◆ билет [па́спорт] 悪い評価が記された勤務態度[素行]証明書
**волчи́|ха** [女2], 《話》**-ца** [女3]《動》雌オオカミ
**волч|о́к** -ка́ [男2]①《指小・愛称》< волк ②独楽 ③《技》ジャイロスコープ ④若枝, 若芽, 新芽 ⑤「フィギュア」シットスピン (враще́ние си́дя) ◆ верте́ться [крути́ться] -ко́м [как ~] (1)とても忙しい (2)非常に速く行われる, 生じる
**волчо́нок** -нка 複 -ча́та, -ча́т [男7] 狼の子
*волше́бни|к [男2]/-ца [女3]《wizard》魔法使い, 魔術師; зна́ющий [зна́тель, ме́лец]で意する人: ~ конца́ ве́ка 世紀末の魔術師(Г名探偵コナン)
*волше́бн|ый -бен, -бна [形1]《magic(al)》①〈長尾〉奇跡[魔法]で起こる; 空想的な: -ая ска́зка おとぎ話; 魔法[おとぎ話]で起こるような出来事 | -ая па́лочка 魔法の杖 ②素晴らしい, うっとりさせる, 魅了する: ~ го́лос 魅惑的な声
**волшебство́** [中1] ①魔法, 魔術 ②魅了すること; 魅惑
**волы́нить** -ню, -нишь [不完]《話》(バグパイプの音のように)長引かせる; だらだらやる
**волы́нка** 複生-нок [女2] ①《楽》バグパイプ ②《話》だらだらやること, 遅滞 ③《話》《通例述語》厄介な仕事
**волы́нщи|к** [男2]/-ца [女3] ①バグパイプ奏者 ②《話》のろのろと仕事をしない人
**вольго́тн|ый** 短 -тен, -тна [形1] 自由気ままな, 気楽な: 広々とした: -ая жизнь 自由気ままな人生
**вольéр** [男1], **вольéра** [女1] (鳥・毛皮獣の)金網で囲った檻
**во́льница** [女3] ①《史》自由民 (逃亡農奴) ②《話》[男・女]《話》わがままで言うことを聞かない子ども
**во́льничать** [不完]《話》気ままに振る舞う, 自分のいようにする
**во́льно** [副] 自分の意思で, 自由に; 《軍》《号令》休め! (← см. вёрно)
**вольно́** [副] [無人述]《話》《図》自分が悪い; …すべきではなかった
**вольноду́м|ец** -мца [男3] /《話》**-ка** 複生 -мок [女2]《旧》自由思想家
**вольноду́м|ство** [中1] (19世紀初頭の思潮としての) 自由思想 **// -ный** [形1]
**вольнолюби́вый** 短-и́в [形1] 自由を愛する
**вольнонаёмный** [形1]《軍》(軍隊には就かない)軍隊[軍当局]勤務の ②[男名]《の》勤務の人
**вольноотпу́щенник** [男2]《史》解放奴隷[農奴]
**вольноотпу́щенный** [形1]《史》農奴[奴隷状態]から解放された
*во́льн|ый 短-лен, -льна́, -льно, -льны [形1] 《free》①自由な, 独立している; (鳥・動物が)飼われていない; (発言・流れ・普及が)制限を受けない: ~ го́род《史》自由都市 | на ~ом во́здухе 屋外で, 広々とした空間で ②世間一般の行動規範からはみ出た; 無遠慮な ③《短尾》《長尾》(規範・規則・枠に)とらわれない, 手段[方法]の選択を許す: ~ перево́д 意訳 | ~ стиль (水泳の)自由形 ⑤-ая [女名]《史》農奴解放証 ◆ -ая пти́ца = ~ каза́к 誰にも依存しない[自由な]人 **// -ость** [女10]
**вольт**[1] = во́льт [男1]《電》ボルト (電圧の単位)
**вольт**[2] 複生-ов [男1] ①(乗馬練習場で騎手が走る)

円, 周;乗馬しながらの急カーブ ②〖体操〗宙返り;〖フェンシング〗攻撃から身をかわすこと ③〖話〗激しい動き

**во́льта** [女1]〖楽〗(反復時の)括弧: пе́рвая ～ 1括弧

**вольта́ж** [男4]〖旧〗〖電〗電圧

**вольте́ровск|ий** [э] [形3] ヴォルテールの: -ое кре́сло (深くて背もたれの高い)安楽椅子

**вольтижиро́вка** [女1] 曲馬, 軽乗ブランコ

**вольтме́тр** [男1]〖電〗電圧計

**вольфра́м** [男1]〖化〗タングステン(記号W) // **-овый** [形1]

**волюнтар|и́зм** [男1] ①〖哲〗自由意志論 ②独断的行動〖決定〗 // **-исти́ческий** [形3] <①; -**и́стский** [сс] [形3] <②

*во́л|я [女1]①〖十分に〗〖will〗意志: желе́зная [сла́бая] ～ 鉄の〖弱い〗意志 | У него́ си́льная ～. 彼は意志が強い | по свое́й -е 自分の意志で
◆**в** ～ **ю** ＋与〖在〗 | **во́льному** ～ 好きなようにしてください, どうぞご自由に | **да́ть** ～**ю** 与〖歳〗…にしたいようにさせる | **на** ～**е** (1)(犯罪者が)逃亡中で; 出獄して, 脱獄して (2)(動物が)野放しで | **про́тив** ～ 与 意に反して | **бу́дь моя́** ～ もし選択肢があるなら, 自分で決めてもよいなら

**вон**¹ [ヴォーン] [副]〖off, away〗向こうへ, あっちへ: В～ отсю́да! うせろ! ◆**из рук** ～ **пло́хо** 極端にひどく

**вон**² [ヴォーン] [助]〖(over) there〗ほらあそこ: В～ он идёт. ほらあそこ彼が歩いている ◆**тáм** ほらあそこ | **Вон оно́ что** [**кáк**]**!**〖話〗〖驚き〗そうなのか | **лезть из ко́жи** ～〖話〗最善を尽くす, 全力を出す | **С глаз доло́й** — **из се́рдца** 〖諺〗去る者は日々に疎し

**во́на** [女1] ウォン(韓国・北朝鮮の通貨単位)

**вонза́ть** [不完] / **вонзи́ть** -ку́, -зи́шь 受過 -зённый (-зён, -зена́) [完]①〖В 対〗〈鋭利なもの〉を突き刺す ②〈鋭い視線など〉を向ける, 執拗に見る ◆～ **нож в се́рдце**〈人〉の心を傷つける, 苦しめる

**вонза́ться** [不完] / **вонзи́ться** -ку́сь, -зи́шься [完]①〈В 対〉(鋭利なものが)…に深く突き刺さる ②〖話〗を凝視する ③～ 与〖вонзи́ться (в ду́шу)〗心の痛み[苦しみ]を呼び起こす, 胸に突き刺さる

**воню́чий** [形6]〖話〗ひどい悪臭を放つ

**воню́чка** керуть -чек [女1]①〖動〗スカンク(スクンス) ②〖話〗〖植〗ルイヨウショウマ属(嫌な臭いの出る草;воро́нец) ③[男・女]〖俗〗悪臭を放っている人

**воня́ть** [不完]〖話〗〖от 生〗ひどい悪臭を放つ

**вообража́емый** [形1] 想像上の, 架空の

**вообража́ла** [女1]变化[男・女]〖話〗自惚れ屋

*вообража́ть [不完] / вообрази́ть -ажу́, -ази́шь 受過 -ажённый (-жён, -жена́) [完]〖imagine〗①〈кого́/чтó節/как節〉想像する: ～ своё бу́дущее 自分の将来を描く | ～, что внутри́ ∅ に何かあるか想像する ②〖В 対と 造と, чтó節/как節〗(間違って)思い込む, 妄想する: ～ себя́ геро́ем 自分を英雄だと思い込む ◆*Вообрази́* (*себе́*). (1) 想像してごらん (2) まあ〖驚いた〗, あきれた | ～ **о себе́** うぬぼれる, いい気になる // ～**ся** [不完]〖通例無人称〗思われる

*воображе́ние [ヴァアブラジェーニエ] [中5]〖imagination〗①想像力; 空想; その産物: тво́рческое [бога́тое] ～ クリエイティヴな〖豊かな〗想像力

**вообрази́ть(ся)** [完] →вообража́ть

**вообще́** [ヴァアプシェー] [副]〖in general, always〗①総じて, 全体的に, 全体として: говори́ть о му́зыке ～ 音楽全般について話をする ②いつも: Игра́ть с огнём ～ опа́сно. 火遊びは危険なものだ ③〖通例否定文で〗全く, 全然(…ない)(совсе́м): Я ～ не пью. 私は酒は全くやりません ◆～ **говоря́** 概して; 実は; 一体

**воодушевле́ние** [中5] (心の)高揚, 鼓舞; 熱中

**воодушевлённый** 短 -ён, -ённа [形1] 熱心な, 熱狂的な

**воодушевля́ть** [不完] / **воодушеви́ть** -влю́, -ви́шь 受過 -влённый (-лён, -лена́) [完]〈на 対〉を〈感情・行為〉に起こさせる, 高揚させる, 鼓舞する, 奮い立たせる; インスピレーションを得る: Эта мысль меня́ воодушеви́ла. この考えは私を奮い立たせた

**воодушевля́ться** [不完] / **воодушеви́ться** -влю́сь, -ви́шься [完]〖造によって〗〖на 対に向かって〗奮い立つ; インスピレーションを得る: ～ но́вой иде́ей 新しいアイディアで奮起する

*вооружа́ть [不完] / вооружи́ть -жу́, -жи́шь 受過 -жённый (-жён, -жена́) [完]〖arm, equip〗①〖対〗を〖造で〗(戦闘のために)武装させる: ～ совреме́нной вое́нной те́хникой 最新の軍備で武装させる ②〖対〗を〖造で〗〈理論など〉を教える, 備えさせる: ～ студе́нтов на́выками 学生たちに経験を積ませる ③〈про́тив対〉に敵対させる

**вооружа́ться** [不完] / **вооружи́ться** -жу́сь, -жи́шься [完]①〈造で〉武装する, 装備する: ～ зна́ниями 知識を装備する ②〈造に〉備える ③〈про́тив対に対して〉反抗[反対]する ④〖不完〗〖受身〗

*вооруже́н|ие [ヴァアルジェーニエ] [中5]〖arming, armament〗武装, 武器, 軍備: я́дерные -ия 核兵器 | но́вые ви́ды -ия 新種の兵器 | сокраще́ние -ия 軍備縮小 ◆**взя́ть на** ～ (ある方法を)採用する

**вооружённость** [女10] ①武装度 ②(機械・器具などの)装備率

*вооружённый [ヴァアルジョーンヌイ] [形1]〖armed〗①武装した; 戦闘状態にある: -ые си́лы 軍隊(国家が有する陸・海・空軍の総称) | (неизве́стной) -ое формирова́ние 非合法武装集団 | ～ нейтралите́т 武装中立 | ～ до зубо́в 完全に武装した ②軍事行動を伴う; 武器の侵攻: -ое нападе́ние 軍事的侵入 | -ое восста́ние 武装蜂起 ③(観察のために)光学機器を装備した; 光学機器を用いる: -ым глáзом 光学機器で(顕微鏡, 望遠鏡など)

**вооружи́ть(ся)** [完] →вооружа́ть(ся)

**вочо́чию** [副]〖文〗①自分の目で ②一目瞭然に, はっきりと

*во-пе́рвых [ヴァビェールヴィフ] [副]〖first of all〗(挿入)〖まず, 初めに: В～ тóфу - этó поле́зно, а во-вторы́х, вку́сно. 豆腐は健康によい, おいしい

**вопи́ть** -плю́, -пи́шь [不完]①〖話〗大声で〖感情をあらわに〗泣く, 叫ぶ; 〔楽器・ラジオなどが〕甲高い音〖大音量〗を出す ②〖俗〗〈по/о生〉死者を思って号泣する

**вопию́щий** [形6]〖文〗激しい怒りを招く; 許しがたい

**вопия́ть** -ию́, -ие́шь [不完] 大声で叫ぶ;〖雅・皮肉〗〈神・天〉に懇願する

*воплоща́ть [不完] / воплоти́ть -ощу́, -оти́шь 受過 -ощённый (-щён, -щена́) [完]〖embody〗〖文〗〈対〉理念・夢などを実現する; 具体化する: ～ 対 в жи́знь [действи́тельность] ～を実現[現実化]する

**воплоща́ться** [不完] / **воплоти́ться** -ощу́сь, -оти́шься [完]〈В 対において〉具体化する: (構想などが)実現する: ～ в жи́знь 実現する ②〖不完〗〖受身〗<воплоща́ть

*воплоще́ние [中5]〖embodiment〗①具体化, 具体的表現; 体現, 権化: получи́ть своё ～ 実現する | худо́жественное ～ о́браза 形象の芸術的体現 | ～ добра́ [зла] 善〖悪〗の権化 ②〖正教〗藉身(しゃくしん); 〖カトリ・プロテ〗受肉

**воплощённый** [形1]①…を具現化している; …的象徴になる: -ое добро́ [зло] 善〖悪〗の権化 ②〖宗〗(肉体を持たない存在・魂・神などが)肉体をまとう, 人間の姿を得た: ～ Христо́с 人の姿をとたキリスト

**вопль** [男5](長く伸びる)甲高い悲鳴〖声, 音〗

\*вопреки́ [前] [in spite of] 〈旧〉…に反して: ~ ожида́нию 予期[期待]に反して | ~ сове́там врача́ 医師の助言に反して ◆~ тому́, что … …に反して: В~ тому́, что предска́зывали, прода́жи вы́росли. 予測に反して売り上げが伸びた

\*вопро́с [ヴァプロース] [男1] [question, problem] 問い, 質問; 疑問, 問題, 設問; [複]諸問題: зада́ть ~ 質問する | отве́тить на ~ 質問に答える | ~ вре́мени 時間の問題 | ~ жи́зни и сме́рти 死活問題 | Это ещё ~. それは未解決だ。まだ疑問だ | ~ы филосо́фии 哲学の諸問題 | статья́ по ~ам эконо́мики 経済の諸問題に関する論文 ◆под ~ом 不確かな | поста́вить ~ под ~ …に疑いを抱く, 疑問を感じる | что за ~ 〈話〉もちろん | по ~y 田 …に関して | Нет ~ов. 〈話〉全て明白だ

вопроси́тельный [形1] 疑問の: ~ знак 疑問符 (?) | ~ взгляд けげんそうな面持ち

вопро́сник [男2] 質問リスト

вопро́сный [形1] 質問形式の: ~ лист 質問票, アンケート用紙

вопроша́ть [不完] / вопроси́ть -рошу́, -ро́сишь 受過 вопрошённый (-шён, шена́) [完] 〈旧〉〈文〉(通例命令的・重々しい語調で)質問する

\*вор [ヴォール] 複 -ы, -о́в [男1] / воро́вка 複生 -вок [女2] [thief] ①泥棒, 盗人 ②〈旧〉裏切り者, 悪党 ◆~ в зако́не [че́стный] 犯罪社会で暗躍する犯罪者 | на во́ре и ша́пка гори́т.〈諺〉自分の秘密を自分で明かしてしまう

вор-барсе́точник [男1] [男2] ひったくり; 車上荒らし

ворва́ться [完] → врыва́ться²

вори́шка 複生 -шек [女2]〈蔑〉こそ泥

воркова́ть -ку́ю, -ку́ешь [不完] ①(鳩が)クークー鳴く ②〈旧〉柔らかく[優しく]話す; 甘く会話を交わす

воркотня́ [女5] [雅]小言, 愚痴, 不平

вор-медвежа́тник [男1] [男2]〈隠〉耐火金庫をこじ開ける泥棒

\*воробе́й -бья́ 造 -бьём 複 -бьи́, -бьёв, -бья́м [男6] [sparrow] [鳥] スズメ | ста́рый [стре́ляный] ~ 経験豊かな人 | Сло́во не ~, вы́летит — не пойма́ешь.〈諺〉慎重に発言せよ (←言葉は雀ではない, 飛び立ったもう捕まえられない) ∥ воробы́шек -шка [男2] [指 小]

Воробьёвы го́ры (形10-女1)[複] 雀が丘 (モスクワ大学がある)

воробьи́ный [形1] ①雀の; 雀らしい[のような] ②-ые [複名] 雀類 ◆-ая ночь 夏の雷の夜(ひっきりなしに雷鳴がとどろき, 稲光がしている) | ~ сон 〈話〉短くて不安な眠り

воробьи́ха [女2] 〈話〉雀の雌

воро́ванный [形1] 盗まれた

ворова́тый 短 -áт [形1]〈話〉①盗み癖のある, 不誠実な, 疑わしい ∥ -ость [女10]

\*ворова́ть -ру́ю, -ру́ешь 受過 -о́ванный [不完] / c- [完] [steal] ①〈旧〉〈俗〉盗む: ~ де́ньги 金を盗む ②[不完]盗みを働く

воро́вка → вор

воровски́ [副]〈話〉泥棒のように; こっそりと

воровско́й [形4] 泥棒の(ような); 盗んで手に入れた

воровство́ [中1] 盗み, 窃盗; 〈旧〉ぺてん, いかさま, 詐欺

во́рог [男2]〈旧〉〈民俗·詩〉敵

вороже́йка [女1]〈民俗〉占い師(гада́ние); まじない師

вороже́й [男6] / вороже́я 複生 -éй [女6]〈民俗〉占い師(гада́лка); まじない師(колду́нья)

ворожи́ть -жу́, -жи́шь [不完] / по~ [完] 占いをする(гада́ть)

\*во́рон [男1] [raven] ①[鳥]ワタリガラス; B-〈天〉カラス座 ②不吉なことを告げる鳥 ◆~ у гла́з не выклю́ет〈諺〉同悪相憐む(←悪人は悪人の悪事を暴かない)∥ во́ронов [形10]

\*воро́на [女2][話][鳥]カラス: се́рая ~ ズキンガラス(黒と灰色の羽のロシアで一般的なカラス) | чёрная [большеклю́вая] ~ ハシボソ[ハシブト]ガラス(黒一色の羽の日本の留鳥) ◆бе́лая ~ [しばしば蔑] 周囲から浮いている人, 変り者 | воро́н лови́ть 何もしないでいる

Воро́неж [男4] ヴォロネジ (同名州の州都) ∥ Воро́нежск|ий [形3] : B-ая о́бласть ヴォロネジ州(中央連邦管区)

вороне́ц [男3] [植] ルイヨウショウマ属 (臭いがきつく有毒)

воронёный [形1] ブルーイング[青焼法]を施された

воро́нить -ню, -нишь [不完] / про~ [完]〈俗〉ぼんやりしている

ворони́ть -ню́, -ни́шь 受過 -нённый (-нён, нена́) [不完]〔治〕(鉄にブルーイング[青焼法]を施す ∥ вороне́ние [中5]

воро́ниха [女2]〈話〉[鳥]ワタリガラス(во́рон)の雌

воро́нка 複生 -нок [女2] ①じょうご, 漏斗 ②〈軍〉爆発のあと地面にできる穴

воронкообра́зный 短 -зен, -зна [形1] 漏斗の, 円錐形の

вороно́й [形10](馬が)黒毛の

воронь|ё [中4] [集合]カラスの群れ

\*во́рот [男1] [collar] ①襟ぐり; 衿 ②〔機〕ウインチ, 巻揚機 ◆тяну́ть [держа́ть] 回 за́ ворот [за во́рот] …人に強要する, 強いる

\*воро́т|а [ヴァロータ] [復生][男1] [gate, goal] 門, 門扉: ~ в кре́пость 要塞へのゲート | пройти́ в [че́рез] ~ 門を通る | стоя́ть в -áх [у воро́т] 門のところに立つ ②[スポ]ゴール: футбо́льные [хокке́йные] ~ サッカー[ホッケー]のゴール | уда́рить по -áм ゴールにシュートする ◆ни в каки́е ~ (не ле́зет)〈話〉無価値の, 見込みのない | да́ть от воро́т поворо́т …を門前払いする, 断固拒否する

вороти́ла [女1変化] [男2] 〈話〉事業家; 〈蔑〉やり手

вороти́ть¹ -очу́, -о́тишь [完]〈民俗·詩〉〈旧〉帰らせる, 戻す: Было́е нельзя́ ~. 過去を取り戻すことはできない ∥ -ся [完] 〈旧〉戻る: Солда́т не вороти́лся домо́й. 兵士は家に戻らなかった

вороти́ть² -очу́, -о́тишь [不完]〈俗〉(顔・目などを)脇へそらす; ~ нос от 田 …に軽蔑したような態度をとる

\*воротни́к -á [男2] [collar] 襟, カラー: стоя́чий ~ = ~-сто́йка 立襟, スタンドカラー | отложно́й ~ 折返し襟, ターンダウンカラー

воротничо́к -чка́ [男2] [指 小]< воротни́к ◆бе́лые -ки́ ホワイトカラー, 事務職 | си́ние -ки́ ブルーカラー, 労働者

во́рох 複 -а́/-и [男1] ①(藁・干し草などの)山, 堆積; ~ ли́стьев 落ち葉の山 ②〈話〉田〉大量の…: ~ дел たくさんの用事

воро́ча|ть [不完]〈話〉①〈旧〉〈俗〉<重い物をあちこちへ動かす, 向きを変える: ~ ка́мни 石を動かす ②(大企業・資金などを)操る, 管理する ◆~ умо́м [мозга́ми]〈話〉判断できる, わかる

воро́чаться [不完] ①様々な方向へ向きを変える, 転がる: ~ с бо́ку на́ бок 寝返りを打つ ②(3人称)回転する, 動く

вороши́ть -шу́, -ши́шь 受過 -шённый (-шён, -шена́) [不完]〈俗〉 ①<干し草・藁をかき回す; ひっくり返しながら動かす ②〈嫌な・つらいことを〉思い出す ∥ вороше́ние [中5] <①

ворс [男1] (布の)けば ②(植物の茎・葉を覆う)うぶ毛 ∥ ~овый [形1], ~ово́й [形2]

**ворси́нка** 複生 -нок [女2] ① 細い短い毛；(布の)けば ② (植物の茎・葉を覆う)うぶ毛1本 ③ 〖通例複〗〖解〗腸の粘膜にある柔突起

**ворси́стый** 短 -и́ст [形1] ① (布がけばで覆われた；けばがぎっしりのある) ② 〖話〗(植物の茎・葉が)うぶ毛で覆われた **‖-ость** [女10]

**ворсова́ть** -су́ю, -су́ешь 受過 -о́ванный [不完] /**на~** [完] 〖織〗<布>にけばを立たせる

**ворси́нка** 複生 -нок [女2] 〖植〗ナベナ属：~ лесна́я ラシャカキグサ, オニナベナ

**ворча́ть** -чу́, -чи́шь /**за~** [完] ①<на图><人に対する>不満を言う：~ себе́ под нос [про себя́, сквозь зу́бы] 不満をぶつぶつ言う ② (動物が不満・威嚇を示して)低くうなる **‖ворча́ние** [中5]

**ворчли́вый** 短 -и́в [形1] ぶつぶつ言う, 文句たらたらの；不満ありげな

**ворчу́н** -а́ [男1] /**~ья** [女8] 〖話〗不平ばかり言う人

**ворю́га** -и [男/女] [男・女] 〖俗・蔑〗泥棒, こそ泥

**вос-** (接頭) → воз-

**восвоя́си** [副] 〖話・皮肉〗家へ (к себе́ домо́й)

**восемна́дцатиле́тний** [形8] ① 18年間の ② 18歳の

**восемна́дцатый** [形1]〖序数〗18番目の

**восемна́дцать** [ヴァシナーッツァチ] 生・与・前 -и 対 -ь 造 -ью [数]《個数》[eighteen] 18 (★ → пять 語法)

**во́семь** [ヴォーシェミ] 生・与・前 восьми́ 対 во́семь/восьмью́/восьмью́ (за/на во́семь, за/на восьми́) [数]《個数》[eight] 8 (★ → пять 語法) | **Гру́ппа восьми́** 〖政〗主要8か国首脳会議, G8 (Больша́я восьмёрка)

**во́семьдеся́т** [ヴォーシミヂシャト] 生・与・前 восьми́десяти 対 во́семьдесят造 восьмью́десятью/восьмью́десятью [数]《個数》[eighty] 80 (★ → пять 語法): ~ оди́н 81

**восемьсо́т** [м] [ヴァシムソート] восьмисо́т, восьмиста́м, восемьсо́т/восьмью́ста́ми/восьмью́ста́ми [数]《個数》[eight hundred] 800 (★ → пять 語法): заплати́ть ~ до́лларов 800ドル払う | девяно́сто пять 895

**во́семью** [造格] < во́семь

**во́семью** [副] 8倍して

**воск** -а/-у [男1] 蜜蝋, ワックス: свеча́ из ~а 蜜蝋ろうそく ♦**мя́гкий как ~** (人が)蜜蝋のように柔和な

**воскли́кнуть** → восклица́ть

**восклица́ние** [中5] 叫び声 ② (関心をひくために感嘆文を用いる)修辞的表現手段

**восклица́тельный** [形1] ①強い感情・不安を表す叫び声の；〖言〗感嘆を表す： -ое предложе́ние 感嘆文 | ~ знак 感嘆符 (！) | без -ых знако́в 余計な感情を込めずに, 理性的に

*восклица́ть [不完] / воскли́кнуть -ну, -нешь 命 -ни [完] (exclaim) 叫ぶ: Она́ восто́рженно воскли́цнула: «Как краси́во!» 彼女は感激して「なんてきれいなの」と叫んだ | «Что ж со мно́й бу́дет?!» — испу́ганно воскли́кнул он. 彼はぎょっとして「私はいったいどうなるんだ」と声をあげた

**воско́вка** 複生 -вок [女2] ① 蝋(ぷ)引き紙, パラフィン紙 ② 〖テク〗(ロストワックス鋳造の)蜜蝋を使った完成品；蜜蝋モデル

**восково́й** [形2] ① 蝋(ぷ)引きの, ワックスの: -а́я бума́га 蝋引き紙 ② (肌が)蝋色[薄黄色]の；(顔色が)蒼白な： -о́е лицо́ 死人のように蒼ざめた顔 | -а́я спе́лость [зре́лость] 〖農〗黄熟 (穀物で完熟前の段階) ■ -о́е де́рево 〖植〗サクラン；ハゼノキ

**воскреса́ть** [不完] / **воскре́снуть** -ну, -нешь 過 -éс, -е́сла [完] ① 〖宗・神秘〗復活する, 生き返る；〖話〗死んだと思った者が生き返る ② (重病・つらい体験の後)再び元気になる, 生気を取り戻す；(道徳的に)清められる: ~ ду́шой (精神的に)元気になる ③ (事柄が)記憶によみがえる；(感情が)以前と同じようによみがえる；(忘れ去られたものが)復活する ♦**Христо́с воскре́с(е)! Вои́стину воскре́с(е)!** 主は蘇り給え, まことに蘇り給えり (復活祭の挨拶)

*воскресе́ние [中5] [resurrection] 復活: Све́тлое Христо́во ~ 復活大祭 (Па́сха)

*воскресе́нье [ヴァスクリシェーニエ] 複生 -ий [中4] [Sunday] ① 日曜日 (ロシアでは週の最終日；略 Вс, 〖宗〗в ~ 日曜日に | в сле́дующее ~ 次の日曜日に | ка́ждое ~ = по -ья́м 毎週日曜日に ②〖正教〗主日 | **Све́тлое ~**〖正教〗復活大祭の主日 (Па́сха) | **Фомино́ ~**〖正教〗フマの主日 (復活大祭の次の日曜日；Кра́сная го́рка) | **Ве́рбное ~**〖正教〗聖枝祭 (大斎第6週の日曜日), 十二大祭の一つ) | 〖カトリ〗枝の主日；〖プロテ〗棕櫚(ᴷ°)の主日 **‖воскре́сный** [形1] : ~ не́ (復活祭の)

**воскре́сник** [男2]〖露史〗(ソ連時代)日曜日に行われる社会奉仕；社会奉仕の日

**воскре́снуть** [完] → воскреса́ть

**воскреша́ть** [不完] / **воскреси́ть** -ешу́, -еси́шь 受過 -ешённый (-шён, -шена́) [完] ① 〖宗〗<死者を>生き返らせる, よみがえらせる ② <人の>元気を取り戻させる；復活させる ③ <記憶などを>呼び戻す

**воскуря́ть** [不完] / **воскури́ть** -рю́, -ри́шь, -ури́шь 受過 -у́ренный [完] 〖廃〗〖宗〗<香>を焚く

**вослéд** [副] = всле́д

*воспале́ние [中5] [inflammation]〖医〗炎症に: ~ лёгких 肺炎

**воспалённый** 短 -лён, -лена́ [形1] ① 炎症を起こしている；(色が)炎症を起こして赤い: ~ го́рло 炎症で赤くなった喉 ② 興奮している

**воспаля́ть** [不完] / **воспали́ть** -лю́сь, -ли́шься [完] ① 炎症を起こしている ② ひどい興奮状態にある

**воспаря́ть** [不完] / **воспари́ть** -рю́, -ри́шь [完]〖民話・詩〗① 飛翔する ② 〈쩚〉舞い上がる: ~ду́шой [ду́хом] 元気になる, 奮い立つ

**воспева́ть** [不完] / **воспе́ть** -пою́, -поёшь 命 -пой 受過 -тый [完]〖詩・歌で〗称賛する, 讃える: ~ геро́ев 英雄たちを讃える

*воспита́ние [ヴァスピターニエ] [中5] [raising, training] ① 教育, しつけ: дома́шнее ~ 家庭でのしつけ | шко́льное ~ 学校教育 | физи́ческое ~ 体育 | духо́вное ~ 道徳教育 | отда́ть 回 на ~ …の養育を…に依頼する；…のところへ養子[里子]に出す ② 教養；礼儀: хоро́шее [плохо́е] ~ 高い[低い]教養 | челове́к без -ия 教養のない人, なっていない人

**воспи́танни|к** [男2] /**~ца** [女3] ① 被扶養者, 被養育者 (引き取られた子) 孤児, 養子 ② 生徒, 卒業生

**воспи́танный** [形1] しつけの行き届いた, 育ちのよい: ~ ребёнок きちんとしつけられた子ども | челове́к 教養ある人；人間としてできている人 **‖-ость** [女10]

**воспита́тель** [男1] /**~ница** [女3] 養育者, 扶養者；(修養学校・寄宿制学校の)教師, 指導者 **‖-ский** [形3]

**воспита́тельный** [形1] 教育[養育]の

*воспи́тывать [不完] / воспита́ть -пи́танный [完] [bring up, cultivate] 〈爘〉① 養育する, 育てる: ~ ребёнка 子どもを養育する | ~ до́брым челове́ком 気のついた人に育てる ② 養う, 培う: ~ вку́с センスを養う | ~ чу́вство отве́тственности 責任感を培う **‖~ся** [不完] ① 育つ, 教育を受ける ② [受身]

**воспламене́ние** [中5] 点火, 発火

**воспламени́ть(ся)** [完] → воспламеня́ть

**воспламеня́ем|ый** [形1] 燃えやすい, 火のつきやすい **‖ -ость** [女10]

**воспламеня́ть** [不完] / **воспламени́ть** -ню́, -ни́шь 受過 -нённый (-нён, нена́) [完] 〈図〉① 燃やす, 点火する: ~ га́з に火をつける ② (感情・感覚で) 燃え上がらせる: ~ кро́вь [се́рдце] 血[心]を沸かせる **‖ ~ся** [不完] ① 燃え出す, 灯り始める ② (感情・感覚で) 燃え上がる

**восполня́ть** [不完] / **восполнить** -ню, -нишь 受過 -ни́мый 受過 -ненный [完] 〈図〉補充する; 補償する, 償う

**воспо́льзоваться** -зуюсь, -зуешься [完] 〈+造〉自分の(利益の)ために用いる; 仕事で用いる

*__воспомина́н|ие__ [ヴァスパミナーニエ] [中5] [memory] ① 思い出: ~ де́тства 子どもの頃の思い出 | Оста́лось одно́ ~. 残ったのは思い出だけ ② [複] 回想(録), 追憶: ве́чер ~ий 追憶の夕べ

**воспрепя́тствовать** [完] →препя́тствовать

**воспреща́ть** [不完] / **воспрети́ть** -ещу́, -ети́шь 受過 -ещённый (-щён, -щена́) [完] 〈公〉許可しない, 禁止する: [forbid, prohibit] 〈公〉許可しない, 禁止する: Вход воспрещён. 入室[入場]を禁ず **‖ ~ся** [不完] 禁止されている: Кури́ть воспреща́ется. 禁煙

**воспреще́ние** [中5] 禁止

**восприе́мни|к** [男2]/-**ца** [女3] 〈旧〉《キリスト》代父; 代母(洗礼の際に幼児を洗礼盤から抱き上げる)

**восприи́мчивый** 短-и́в [形1] ① 感受性の強い, 敏感な, 理解力がある: ~ у́м 鋭い知性 | ~ к му́зыке 音楽に敏感な ② 病気にかかりやすい: ~ к просту́де ребёнок 風邪をひきやすい子

*__восприн|има́ть__ [ヴァスプリニマーチ] [不完] / **восприня́ть** [ヴァスプリニャーチ] -иму́, -и́мешь 命 -ими́ 過 -и́нял, -иняла́, -и́няло 能過 -я́вший 受過 -и́нятый (-ят, -ята́, -ято) 過 〈図〉① [apprehend, interpret] 受け取る; 理解する, …と評価する: Он воспринима́ет её слова́ как шу́тку. 彼は彼女の言葉を冗談と捉えている ② (感覚器官が) 感知する, 感じる: ~ зву́ки [за́пахи] 音[匂い]を感じる **‖ ~ся** [不完] 〈図〉① 受け取られる, 会得する ② 〈図〉感じられる

*__восприя́тие__ [ヴァスプリヤーチエ] [中5] [perception] 受容, 感受, 理解: це́лостное [де́тское] ~ 包括的な [幼稚な]理解 | ~ красоты́ 美の感受 | ~ жи́зни 人生の受容 | 体・心知覚, 感知

**воспроизводи́тельный** [形1] 再現の, 再生産の

*__воспроизводи́ть__ -ожу́, -о́дишь [不完] / **воспроизвести́** -еду́, -едёшь 過 -вёл, -вела́ 受過 -едённый (-дён, -дена́) [完] [reproduce] ① 再生産する; 繁殖する ② (見本に従って) 造る, 描く, 模写[模倣, コピー]する; 復元する: ~ мело́дию 旋律を再現する | ~ карти́ну 絵を模写する ③ 再生する: (記憶の中で) 再現する: ~ му́зыку [фи́льм] 音楽[映画, 音声]を再現する | ~ его́ слова́ в па́мяти 彼の言葉を記憶の中で再現する **‖ воспроизведе́ние** [中5]

**воспроизво́дство** [ц] [中1] 〈 воспроизводи́ть: ~ я́дерного то́плива 核燃料の再処理 |《経》再生産: просто́е ~ 単純再生産 | ~ рабо́чей си́лы 労働力の再生産

**воспроти́виться** [完] →проти́виться

**воспря́нуть** -ну, -нешь [完] 〈文〉再び気力を得る: ~ ду́хом [душо́й] 元気を取り戻す | ~ ото сна́ 眠りから覚める; 元気づく

**воспыла́ть** [完] 〈文〉〈図〉〈+造〉(強い感情で)いっぱいになる

**воссед|а́ть** [不完] / **воссе́сть** -ся́ду, -ся́дешь 過 воссе́л [完] 〈雅〉(上座・主賓席に) 重々しく座る: восся́ть на престо́л [трон] 即位する

**воссия́ть** [完] 〈雅〉光り始める, 輝き始める

**воссла́вить** [完] / **воссла́вля́ть** -влю, -вишь 受過 -вленный [完] 〈旧〉〈図〉讃える, 称賛する

**воссоедине́ние** [中5] 〈 воссоединя́ть(ся) ② 《正教》再統合

**воссоединя́ть** [不完] / **воссоедини́ть** -ню́, -ни́шь 受過 -нённый (-нён, нена́) [完] 〈図〉с +造 と再統合させる, 再合併させる **‖ ~ся** [不完] [完] 再統合する, 再合併する

**воссозда|ва́ть** -даю́, -даёшь 命 -ва́й 副分 -ва́я [不完] / **воссозда́ть** -а́м, -а́шь, -а́ст, -ади́м, -ади́те, -аду́т 命 -а́й 過 -а́л, -ала́, -а́ло 受過 -о́зданный (-ан, -ана́/-ана, -ано) [完] 〈図〉① 再建する: ~ дре́вний храм 古代の寺院を再建する ② 芸術的に再現する: ~ в рома́не жизнь в дворце́ 長編小説で宮中の暮らしを再現する ③ [記憶[想像]の中で再現する; 想起する: ~ в па́мяти про́шлое 過去を思い起こす **‖ воссозда́ние** [中5]

**восстава́ть** -таю́, -таёшь 副分 -ва́я [不完] / **восста́ть** -а́ну, -а́нешь [完] ① 〈про́тив+造〉蜂起する ② 〈雅〉〈про́тив+造〉に異議を唱える; 〈話〉反対する ③ 〈雅〉起きる, 立ち上がる: ~ ото сна́ 目覚める | ~ из мёртвых 復活する

*__восстана́вливать__ [ヴァススターナヴリヴァチ] [不完] / **восстанови́ть** [ヴァススタナヴィーチ] -овлю́, -о́вишь, …о́бят -ого -ови́ 受過 -о́вленный [完] [restore] 〈図〉① 以前の状態に戻す, 復興[復活]させる, 回復させる: ~ разру́шенный го́род 破壊された街を復興する | ~ поря́док [власть] 秩序[権力]を取り戻す | ~ дипломати́ческие отноше́ния 外交関係を回復させる | ~ в до́лжности 復職させる | ~ здоро́вье [си́лы] 健康[活力]を取り戻す ② 〈про́тив+造〉に反対させる, 敵対させる: ~ студе́нтов про́тив преподава́теля 学生たちを教師にはむかせる ③ 《化》還元する **‖ ~ся** [不完] [完] ① 復興[復活, 回復]する ②《不完》

*__восста́ние__ [中5] [uprising] 暴動, 反乱: подня́ть ~ 暴動を起こす ■ **— декабри́стов** 《露史》デカブリストの乱 (1825) | **— Пугачёва** 《露史》プガチョフの乱 (1773-75)

**восстанови́тель** [男5] ① 修復[復興]作業員 ②《化》還元剤: ~ для воло́с 毛髪用還元剤(髪色戻し)

**восстанови́тельный** [形1] 復興の, 復旧作業の

**восстанови́ть(ся)** [完] = восстана́вливать

*__восстановле́н|ие__ [ヴァスタナヴレーニエ] [中5] [restoration, renewal] ① 復活, 復興: рабо́та по ~ию го́рода 都市復興作業 | ~ зре́ния 視力の回復 ② 想起: ~ забы́того слу́чая в па́мяти 忘れていた出来事の想起 ③ 復帰: ~ в права́х 復権 ④ 《化》還元

**восстано́вленный** [形1] (濃縮)還元された

**восстановля́ть** [不完] = восстана́вливать

**восста́ть** [完] →восстава́ть

*__восто́к__ [ヴァストーク] [男2] [east] ① 東: ~ го́рода 市の東部地区 | находи́ться к ~у от го́рода 市の東方に位置する | Ве́тер ду́ет с ~а [на ~]. 風が東から[に向かって]吹いている ② **В—** 東洋 ■ **Да́льний В—** 極東 | **Бли́жний В—** 近東, 中近東

**востокове́д** [男2] 東洋学者, 東洋研究者

**востокове́дение** [中5] 東洋学 **‖ -ный** [形1] 〈旧〉, **-ческий** [形3]

*__восто́рг__ [ヴァストールク] [男2] [rapture] 有頂天, 歓喜: быть в ~е от +造 …に歓喜する | приходи́ть в ~ от +造 …で有頂天になる

**восторга́ть** [不完] 〈図〉歓喜[感嘆]させる **‖ ~ся** [不完] 〈+造〉に歓喜する, 感嘆する

**восто́рженн|ый** 短 -ен, -енна [形1] 有頂天になりやすい; 歓喜に満ちた **‖ -о** [副]

**восторжествова́ть** -тву́ю, -тву́ешь [完] 《雅》〈над圖〉に勝利を収める

**восто́чнее** [1] [副] 東方へ ② [前] 〈圓〉より東側に

**восто́чно(-).** ..《語形成》「東の」: *восто́чноевропе́йский* 東欧の | *восто́чнославя́нский* 東スラヴの

*восто́чн|ый [ヴァストーチヌィ] [形1] 〔eastern〕東の, 東方の: ～ ве́тер 東風 | ～ая Евро́па 東スラヴ人 ■ **В-ая Евро́па** 東欧 | **Космодро́м В**～ ボストチヌィ宇宙基地(極東のロケット発射場) | **В-ая це́рковь** 東方教会

**востре́бован|ие** [中5] 引き渡し要求: *До* -*ия* (郵便州)局留めで | *вклад до* -*ия* 《金融》 要求払預金

**востре́бовать** -бую, -буешь 受過 -анный [完] 《公》〈圓〉の引き渡しを要求する

**востро́** [副] ◆**держа́ть у́хо** ～ 《話》たやすく信用しない, 警戒する, 注意を怠らない

**восхваля́ть** [不完] / **восхвали́ть** -алю́, -а́лишь 受過 -алённый (-лён, -лена́) [完] 《文》〈圓〉讃える: ～ *до небе́с* 最高に褒め上げる // **восхвале́ние** [中5]

**восхити́тельный** 短 -лен, -льна [形1] 感嘆させる, 魅了する

**восхища́ть** [不完] / **восхити́ть** -ищу́, -ити́шь 受過 -ищённый (-щён, -щена́) [完] 〈圖〉を感嘆させる, 有頂天にさせる: ～ пу́блику свои́м пе́нием 歌で聴衆を魅了する

*восхища́ться [不完] / восхити́ться -ищу́сь, -ити́шься [be delighted] …で有頂天になる, に感嘆する: ～ приро́дой [иску́сством] 自然[芸術]に感嘆する

*восхище́н|ие [中5] 〔admiration〕歓喜, 嘆美, 感激: *быть в* -*ии* [приходи́ть в ～] *от* 圓 …に感嘆する

**восхищённый** 短 -ён, -ённа [形1] うっとりしている, 感激している //-**о** [副]

*восхо́д [男1] 〔rising〕のぼること(↔за́ход): *на* -*е со́лнца* 日の出の頃に; 早朝に | *пе́ред* -*ом со́лнца* 日の出前, 夜明け前 | ～ *луны́* 月の出

**восходи́тель** [男5] /-**ница** [女3] 登山家, アルピニスト

**восходи́ть** -ожу́, -о́дишь [不完] / **взойти́** йду́, -йдёшь 過 -оше́л, -ошла́ 能過 -оше́дший 副分 -йдя́ [完] ① 歩いて上がる ② (天体が)地平線から昇る; (煙・霧などが)立ち上る ③ 《К圓》に起源に持つ

**восходя́щий** [形6] 上りつつある, 上昇する(↔нисходя́щий): *-щая* [*крива́я*] (増大・成長などを図示する)上昇線[カーブ] | *-ая звезда́* | *-ее свети́ло* 名声を得始めた人; 新星 | ～ *звукоря́д* 《楽》上昇音階 ◆**Страна́** -*его со́лнца* 日出ずる国(日本の別称)

**восхожде́ние** [中5] のぼること: ～ *на го́ру* 登山 | *идти́ на* ～ *на Фудзи́* 富士登山に行く | ～ *со́лнца* 日の出

**восше́ствие** [中5] 《文》登ること; 上昇: ～ *на престо́л* 即位

**восьмери́к** -а́ [男2] ① (ロシアの古い計量法で)8つの部分から成るもの; 《建》八角堂: ～ *му́ки* 重さ8プードの穀粉

**восьмери́чный** [形1] ① 8倍の; ② 8を表す

**восьмёрка** 複生 -рок [女2] ① (数字の)8; 8の字 ② 《話》8番路線の交通機関(路面電車, バスなど) ③ 《話》[4つのペア] ④ 《トランプ》8のカード ■ **Больша́я** ～ 《政》主要8か国首脳会議, G8

**во́сьмеро** -ры́х, -ры́м, -ры́/-ры́х, -ры́ми, -ры́х [数] 《集合》8人, 8個, 8組(★→**дво́е**〔語法〕)

**восьми́**〚生・与・前置格〛< **во́семь**

**восьми́..** 《語形成》「8の」

**восьмиуга́ть** [男2] 《数》八面体

**восьмидесятиле́тие** [中5] ① 80年間 ② 80周年

**восьмидесятиле́тний** [形8] ① 80年間の ② 80歳の

**восьмидеся́т|ый** [形1] 《数序》 80番目の: -*ые го́ды* 80年代

**восьмикла́ссни|к** [男2] /-**ца** [女3] 8年生

**восьмикра́тный** [形1] 8倍の; 8倍の

**восьмиле́тие** [中5] ① 8年間 ② 8周年

**восьмиле́тний** [形8] ① 8年間の ② 8歳の

**восьмиме́сячный** [形1] ① 8か月間の: ～ ребёнок 予定より1か月早く生まれた赤ん坊, 早生児 ② 生後8か月の

**восьмисотле́т|ие** [中5] ① 800年 ② 800周年 // -**ний** [形8]

**восьмисо́тый** [形1]《序数》800番目の

**восьмиты́сячный** [形1] ①《序数》8000番目の ② 8000から成る ③《話》8000ルーブルの

**восьмиуго́ль|ник** [男2]《数》八角形 //-**ый** [形1]

**восьмичасово́й** [形1] ① 8時間の ② 8時の

*восьм|о́й [ヴァシモーイ] [形1] 〔eighth〕①《序数》第8の, 8番目の: -*о́е ма́рта* 3月8日 | *де́сять мину́т* -*о́го* 7時10分 | -*а́я* [女名] 8分の1(-*а́я ча́сть* [*до́ля*]): *одна́* -*а́я* 8分の1

**восьму́шка** 複生 -шек [女2] 《話》①《旧》8分の1フント; 《印》全紙の8分の1サイズの用紙[本] ②《楽》8分音符

*вот [ヴォート] [助] 〔here, there〕① ここ: *Вот мой дом*. ほらこれが私の家です ②《強調》まさにその: *Вот э́ти ту́фли ей понра́вились*. 彼女は気に入ったのは他でもないその靴だ | *Вот э́тот фильм я хоте́л смотре́ть*. 私が見たかった映画というのはまさにこれだ ◆**Вот кто́ ма**: ここにいる人が: *Вот кому́ до́лжен ты подража́ть*. まさにこの人を手本にすればいい | *Вот ещё!*《話》(従いたくない時に)嫌だね; あきれた: *Позвони́ ему́!* ― *Вот ещё!* «彼に電話して» «嫌だよ» | *Вот и всё!* それだけだ, それで終わりだ | *Вот как?*《話》ほんと?; そう?; 本当に? | *вот не ду́мал*. ただしく思わなかった | *Вот он*.《主文の主語となる名詞と *он* の性を一致させて挿入句的に》こりゃ, ほらほら: *Ах, вот он, сюрпри́з*. こりゃ驚いた | *Вот он я*.《戯》「どこ?」「ほらここだよ」: *Анто́н, ты где?* ― *Вот он я́*. | *Вот оно́ [как]!* そうなか | *Вот та́к та́к*《話》何てこった | *Вот ..., так ..*. 実に素晴らしい, で, 申し分ない…: *Вот стихи́, так стихи́*.実に素晴らしい詩だ | *Вот те на́!* あれっ, おやおや, まさか | *Вот тебе́ и* ...《話》(意外なことに驚いて)何という… | *Вот что* こういうこと, まさにこれ; 見て[聞いて]下さい | *Вот э́то да!* = *Вот э́то я понима́ю!*《話》すごいじゃない, 大したものだ | *Вот я'тебя́* [*его́, её, их*]!《脅し》この野郎, いまに見てやがれ

*вот-во́т [副]《話》① 今にも, もうすぐに: ～ *пойдёт до́ждь*. これは雨になるぞ ② まさにその通りだ

**воти́ровать** -рую, -руешь 受過 -анный [不完・完]〈圓〉(国会・会議で)決議する, 採決する: ～ *дове́рие* [*недове́рие*] 圓 採決により信任[不信任]を表明する

**вотка́ть** -ку́, -кёшь 過 -а́л, -ала́, -а́ло 受過 во́тканный [完]〈圓〉織り合わせる, 編み込む

**воткну́ть** [完] → **втыка́ть**

**во́тум** [男1] 票決, 決議: ～ *дове́рия* [*недове́рия*] 圓 …に対する信任[不信任]決議案

**во́тчина** [女1]《歴史》(18世紀までの)世襲領地

**вотще́** [副]《旧》無駄に(*напра́сно*)

**вотя|к** -á [男2] / **-чка** 複生 -чек [女2] ヴォチャーク人(удму́рт の旧称) **//-цкий** [形]

**воцаря́ться** [不完] / **воцари́ться** -рю́сь, -ри́шься [完] ①〔旧〕即位する ②〔静寂などが〕訪れる, 支配する：Воцари́лась тишина́. 静まり返った

**воцерковля́ться** [不完] / **воцерко́виться** -влюсь, -вишься [完] 教会(生活)に親しむ(定期的に教会に通い始める, 精進を守るようになるなど)

**вошёл** [過去・男] < войти́

**вошь** в́-у -ей про́шей 造во́шью 複вши, вшей [女10] 〔昆〕シラミ **//во́шка** 複生 -шек [女2]〔指小〕

**вощан́ка** 複生 -нок [女2] ①〔話〕蠟(ﾛｳ)引ヒｷ, 蠟紙(ﾛｳｼ), パラフィン紙 ②〔糸の蠟引きに使う固形の蠟

**вощёный** [形] 蠟(ﾛｳ)を塗った, 蠟が染み込んだ：~ая ни́тка 蠟引き糸

**вощи́н|а** [女1]〔養蜂〕①〔巣礎(ｿ)(巣箱に貼るシート) ②〔巣箱から取り出したままの〕未精製蜜蠟 **//-ный** [形]

**вощи́ть** -щу́, -щи́шь 受過 -щённый (-щён, -щена́) [不完] / **на~** [完] ①〈に蠟(ﾛｳ)を引き込む, 蠟(ﾛｳ)ックス〉で磨く：~ бума́гу 紙に蠟引きをする | ~ пол 床にワックスをかける ②〔養蜂〕巣礎(ｿ)を巣箱に貼る

**вою́ю** [1単現] < воева́ть

**во́я́ка** (女2変化) [男1] ①〔旧〕百戦練磨の勇士 ②〔皮肉・戯〕下手な戦いをする人 ③〔若者・皮肉〕軍人

*\***впада́ть** [不完] / **впа́сть** впаду́, впадёшь 過впа́л 能過впа́дший 副分впа́в [完] [lapse, sink] [完] ①〈体・顔の一部が〉へこむ, くぼむ：Щёки впа́ли. 頬がこけた ②〈в困〉困難な状態に陥る. в отча́яние 絶望に陥る ③〔間違った思想などに〕陥る, 走る：~ в кра́йность 極端に走る ④〔不完〕[川・小川が〈湖・海・川〉に流れ込む, (道路が)交差する, ひとつになる：Во́лга впада́ет в Каспи́йское мо́ре. ヴォルガ川はカスピ海に注いでいる

**впаде́ние** [中5] ① < впада́ть ②〔河川, 合流点：Ни́жний Но́вгород располо́жен при -ии Оки́ в Во́лгу. ニージニー・ノヴゴロドはオカ川がヴォルガ川に合流する地点にある

**впа́дин|а** [女1] ①〔地〕盆地, 窪地, 海溝：Оймяко́нская ~ オイミャコン盆地(世界最低気温を記録) | Мариа́нская ~ マリアナ海溝 ②〔顔・体などの〕落ちくぼんだ場所 ③穴, くぼ地；周囲よりもへこんだ場所 **//-ка** 複生 -нок [女2]〔指小〕

**впа́ивать** [不完] / **впая́ть** 受過 впа́янный [完] ①〈в困〉はんだ付けする ②〔完〕〔俗〕〈に困〉厳しく罰する

**впа́йка** 複生 впа́ек [女2] はんだ付け(されたもの, 箇所)

**впа́лый** [形] -а́л [形] へこんでいる；くぼんだ形

**впа́ривать** [不完] / **впа́рить** -рю, -ришь [隠]〈に困〉人を騙わて…を買わせる, …に…を持っていかせる

**впа́рхивать** [不完] / **впорхну́ть** -ну́, -нёшь [完] (チョウ・鳥が)飛んで入る；軽々と(素早く)入る

**впасть** [完] → впада́ть

**впая́ть** [完] → впа́ивать

**впервой** [副] = впервы́е

*\***впервые** [フピルヴィ́ーエ][副] [for the first time] 初めて(в пе́рвый раз)：~ в исто́рии 史上初 | ~ в жи́зни 生まれて初めて | В~ слы́шу об э́том. それは初耳だ

**вперего́нки** [副] 我先に(напереги́бки)

*\***вперёд** [フピリョ́ート][副] [forward(s), ahead] ①真っすぐ前に(↔наза́д)；未来へ：Иди́! ~. 前に進め | взад и ~ 前後に ②さらさに, 前進して, 事前に：заплати́ть ~ 前払いする ③以後, 今後：В~ э́того бо́льше не де́лайте. 今後そんなことをしないで下さい ④[間]〔軍〕〔号令前に進め！；進め！ ◆ **часы́ иду́т ~** 時計が進んでいる

*\***впереди́** [フピリディ́-][フピリディー][in front of, in future] ①[副] 前方に, 先に(↔позади́): В~ боло́то. 前方は沼だ ②今後, 未来に: Всё ~. まだまだこれからだ ③[前]〈生〉…の前に：идти́ ~ всех 誰よりも早く行く

**впередсмотр́ящий** [形6変化] [男] 〔海路〕見張り番：(話) 先見の明がある人

**вперемё́жку** [副] 交互に, 代わる代わる

**вперем́ешку** [副] ごちゃごちゃに, ばらばらに

**впере́ть(ся)** [完] → впира́ть

**впереха́т** [副] 〔俗〕① 手繰りながら ② きつく締めて

**вперя́ть** [不完] / **впери́ть** -рю́, -ри́шь 受過 -рённый (-рён, -рена́) [完] 〔話〕 ◆ ~ **взгля́д** 〔взор, глаза́〕**на** 対 凝視する **// -ся** [不完] 〔話〕〈в対〉(視線が)…に向けられている; …を凝視する

**вπечатле́ние** [フピチトレ́ーニエ] [中5] [impression] ① [複] 印象, 感銘; その記憶：-ия де́тства 子どもの頃の印象 | доро́жные -ия 旅の印象 | Каковы́ ва́ши -ия от Москвы́? モスクワの印象はいかがですか ② 影響, 作用：находи́ться под -ием фи́льма 映画の余韻に浸っている ③ 感想; 感じ：дели́ться (обме́ниваться) -ями 感想を語り合う | Па́рень оста́вил благоприя́тное ~. その青年は好印象だった ◆ **произвести́** ~ **на** 対 …に感銘を与える

**впечатли́тельный** 短 -лен, -льна [形1] 感受性の強い, 敏感な, 感じやすい: ~ челове́к 感受性の強い人 **//-ость** [女10]

**впечатля́ть** [不完] 〔話〕〈対の心に〉印象を残す：Эта карти́на не впечатля́ет. この絵は印象に残らない

**впечатля́ющий** 短 -ющ [形6] 印象的な, 強い印象(感銘)を与える

**впива́ть** [不完] / **впить** вопью́, вопьёшь 命впей 過впи́л, -ла́, -ло [完] 〔文〕〔旧〕① 吸収する：~ во́здух 深呼吸する | ~ арома́т (за́пах) 香りを楽しむ ② 〔通例…に〕享受する, 受容する

**впива́ться** [不完] / **впи́ться** вопью́сь, вопьёшься 命впе́йся 過впи́лся, -лась, -лось/-лось [完] ①〈в困〉噛みつく, (虫が)刺す, 吸いつく：~ зуба́ми 噛みつく | Клещ впи́лся в ше́ю. ダニに首を噛まれた ② 刺さる, 突き刺さる：О́стрый шип ро́зы впи́лся мне в па́лец. 鋭いバラの棘が私の指に刺さった ③ 〔話〕〈в困〉〈仕事・趣味に〉没頭する：~ в кни́гу に没頭する ④ 〔話〕〈в対〉執拗に凝視する：Его́ глаза́ впи́лись в меня́. 彼の視線は私にじっと注がれていた

**впира́ть** [不完] / **впере́ть** вопру́, вопрёшь 過впёр, впёрла [完] 〔話, 蔑〕〈в対・かさばるものを〉引きずり込む, 押し込む **//-ся** [不完][完] 押しかける, 無理に入る

**впи́санный** [形1]〔数〕内接の: ~ треуго́льник 内接三角形

**впи́сывать** [不完] / **вписа́ть** -ишу́, -и́шешь 受過 -и́санный [完]〈в困〉① 書き入れる：~ фами́лию в спи́сок 姓をリストに書き入れる ② 書き加える: ~ про́пущенное сло́во 書き落とした語を書き加える ③〔数〕〈図形などを〉内接させる ◆ **вписа́ть я́ркую страни́цу в** 対〔雅〕…に輝かしい〔新しい〕1ページを書き加える

**впи́сываться** [不完] / **вписа́ться** -ишу́сь, -и́шешься [完] ①〈в困〉調和する, 合う：Цвет не впи́сывается в о́бщий стиль жилья́. その色は住居全体の様式と合っていない ②〈…に加わる, なる：~ в ряд 列に入る ◆ ~ **в поворо́т** (車で急な)カーブの形状にうまく合わせて曲がる

**впита́ть** [不完] / **впита́ть** 受過 -и́танный [完]〈対〉①〈水分・熱などを〉摂取する, 吸収する：Вещество́ впи́тывает вла́гу. その物質は湿気を吸収する ② 理解する, 習得する **//-ся** [不完][完]〈в困〉吸収される

**впи́ть(ся)** [完] → впива́ть(ся)

**впиха́ть** [完]《話》= впихну́ть

**впи́хивать** [不完]/**впихну́ть** -ну́, -нёшь 受過 -и́хнутый [完]《話》〈В完を в完に〉(Nカで)押し込む, 突っ込む

**ВПК** [ヴェーペーカー]《略》вое́нно-промы́шленный ко́мплекс 軍產複合体, 軍需產業

**впла́вь** [副] 泳いで

**вплета́ть** [不完]/**вплести́** -лету́, -летёшь -лёл, -лела́ 能過 -лётший 受過 -летённый (-тён, -тена́) 副分 -летя́ [完]〈В完を в完に〉① 編み込む: ~ цветы́ в вено́к 花冠に花を編み込む ② 加える, 入れる

**вплотну́ю** [副] ① 接触するほど近く; ぴったりとついている: ~ к [с完] …にくっついて | вста́ть ~ друг к дру́гу お互いにくっついて立つ | подходи́ть ~ к 完 …の実現が間近である;〈ある時期・年齢に〉近づきつつある ② (服が体に)フィットしている ③《話》真剣に: взя́ться за де́ло ~ 本腰で仕事にかかる ④《俗》腹いっぱい

**вплоть** [副] すぐ(ずっと); …を含めて: ~ до две́ри ドアの前まで案内する | сня́ть всё ~ до руба́шки シャツまでも脱ぐ ◆ ~ *до того́, что* … …するまで, …するほど

**вплыва́ть** [不完]/**вплы́ть** -ыву́, -ывёшь 過-ы́л, -ыла́, -ы́ло [完]〈в完〉① …に泳いで[航行して]入る: ~ в зали́в 湾内に入る ②《話》ゆっくりと[流れるように]現れる

**внова́лку** [副]《話》ばらばらに: спа́ть на полу́ ~ 床に雑魚寝する

**вполгла́за** [副]《話》薄目を開けて, 直視線を向けずに: наблюда́ть ~ за 完 …を横目で観察する | спа́ть ~ 眠りが浅い, 軽くまどろむ

**вполго́лоса** [副] しっかりと声を出さずに; 小声で

**вполза́ть** [不完]/**вползти́** -зу́, -зёшь過 вполз, -зла́ [完]〈в/на完に〉① 這って中へ入る; 滑り込む: Змея́ *вползла́* в пеще́ру. ヘビは洞窟の中に入っていった | ~ в полуфина́л 準決勝に何とか進む | Черв сомне́ния *вполз* в ду́шу. 疑いの念が心に忍び込んだ ② 這って登る, 苦労して登る: Та́нки *вполза́ли* на высоту́. 戦車は高所に這い上ろうとしていた

**вполнака́ла** [副] ① 薄暗く, 本来の明るさでなく ②《話》全力でなく, 手を抜いて

*****вполне́** [フパルニェー] [副]〔fully, entirely〕十分に, 完全に, 全く: ~ доста́точно [возмо́жно] 十分足りる[あり得る]

**вполоборо́та** [副]〈к完に〉半分向きを変えて

**вполови́ну** [副]《話》半分で

**вполси́лы** [副]《話》全力を出さずに, 手を抜いて

**вполу́ха** [副]《話》注意力散漫に; うわの空で

**впопа́д** [副]《話》折よく, ちょうどよい時に(↔невпопа́д)

**впопыха́х** [副] 慌てて, 急いで: ~ забы́ть ключи́ 慌てていて鍵を忘れる

**впо́ру** [副]《話》①(服が)ぴったりだ: Сапоги́ мне ~. このブーツは私にサイズがぴったりだ ②〔不定形〕…するしかない: ~ распла́каться 泣くしかない

**впорхну́ть** -ну́, -нёшь [完]〈в完〉(飛んで・飛ぶように)舞い込む

*****впосле́дствии** [ц] [フパスリェーツトヴィイ] [副]〔afterwards〕その後で; 後になって: В~ она́ не раз меня́ла своё мне́ние. その後彼女は何度も自分の意見を変えた

**впотьма́х** [副]《話》暗い所で

**ВПП** [ヴェーペーペー]《略》взлётно-поса́дочная полоса́ 滑走路

**впра́вду** [副]《話》本当に, 実際に

*****впра́ве** [副]〔have a right to〕《述語》〔不定形〕権利がある, 根拠がある: Он ~ та́к поступа́ть. 彼はそう振る舞う権利がある

**впра́вить** [完] → вправля́ть

**вправле́ние** [中5]《医》(脱臼の)整復

**вправля́ть** [不完]/**впра́вить** -влю, -вишь 受過-вленный [完] ①〈В完〉(脱臼・ずれたものを)元の位置に戻す: ~ плечо́ 肩の脱臼を戻す ②《通例受過》《話》押し込む; 埋め込む

*****впра́во** [副]〔to the right〕① 右へ(напра́во; ↔ вле́во)〈от完の〉右側へ, 右側に(спра́ва): поверну́ть руль ~ ハンドルを右に切る | В~ от доро́ги стои́т па́мятник. 道路の右側に記念碑が立っている ②(政治的に)右側へ, 右翼側へ

*****впредь** [副]〔in future〕将来的に, 今後: В~ будь осторо́жен. 次からは気をつけよう ◆ ~ *до* 完《公》〈時期・出来事が〉訪れるまで; 追って …まで

**впригля́дку** [副]《話・戯》(お茶の飲み方; вприку́ску, вприя́дку に対して): пить чай ~ 砂糖を眺めながら[砂糖を入れずに]飲む

**вприку́ску** [副]《話》(お茶の飲み方): пить чай ~ 角砂糖をかじりながら紅茶を飲む(↔внакла́дку)

**вприпры́жку** [副]《話》飛び跳ねながら(走る, 歩く)

**вприся́дку** [副](コサックダンスなどで)交互に足を投げ出してしゃがみながら

**вприти́рку** [副]《話》ぎゅうぎゅう詰めに;〈к完にぴったりと〉: Го́сти сиде́ли ~. お客たちは肩を寄せ合って座っていた

**впритя́к** [副]《話》〈к完/с完と〉(空間的・時間的に)(前後・隣が接する)隙間なくぎりぎりのところで; 顔を突き合わせて, くっついて: стоя́ть ~ ぴったりくっついて立つ | Ле́кции шли ~. 講義は立て続けに行われた | успе́ть ~ ぎりぎり間に合う

**впро́голодь** [副] 腹を空かせて; 十分食べずに

**впрок** [副] ① 万が一の時のために; 《話》将来のために, 将来用に: загото́вить ~ …を貯蔵用にする ②《述語》《話》利益になる: идти́ ~ 完 …の利益になる, …に役に立つ

**впроса́к** [副]: попа́сть ~《話》自分のミス[無知]により失敗する, 笑いものになる

*****впро́чем** [フプローチム] [接]〔however, or rather〕① にもかかわらず, だがしかし: Посо́бие хоро́шее, ~ не во всех частя́х. 教材はよい, しかし全項目というわけではない ②〈挿入〉むしろ…: ~ не зна́ю, решай сам. 私はむしろ関係ない, 自分で決めたらいいよ

**впры́гивать** [不完]/**впры́гнуть** -ну, -нешь 命-ни [完] 飛び込む, 飛び乗る

**впры́скивание** [中5] 注射: подко́жное ~ 皮下注射 | де́лать ~ -ия [完] 注射をする

**впры́скивать** [不完]/**впры́снуть** -ну, -нешь 命-ни 受過-тый [完] [一回]〈完〉注射する: ~ больно́му ка́мфару́ 患者にカンフル注射をする

**впряга́ть** [不完]/**впрячь** -ягу́, -яжёшь 命-яги́ 過-яг, -ягла́ 能過 -я́гший 受過 -яжённый (-жён, -жена́) 副分 -ягши [完]〈В完〉〈в完〉〈馬車などに〉付ける: ~ ло́шадь в теле́гу 馬を荷車に付ける ②《話》長時間の重労働をさせる〈В完〉〈в完〉〈馬車などに〉付けられる ◆ ~ *в рабо́ту* [де́ло] 長時間にわたる重労働に取りかかる

**впряму́ю** [副]《話》単刀直入に, 率直に; 直接的に

**впрямь** [副] ①《通例и と共に》実際に, 本当に ②《助》《相手の言葉を裏付けて》はい, もちろん

**впря́чь(ся)** [完] → впряга́ть

**впуск** [男2] 入場許可

**впуска́ть** [不完]/**впусти́ть** впущу́, впу́стишь 受過 впу́щенный [完]〈В完を в完の中へ〉入らせる, 入ることを許す: ~ пу́блику в зал 観客をホールに入れる // **-ние** [中5]

**впускно́й** [形2] ①取入れ用の, 注入用の: ~ кла́пан 吸気弁 ②入場の: ~ день (病院の)面会日

**впусту́ю** [副]《話》無駄に

**впу́тывать** [不完]/**впу́тать** [完]〈В完を в完に〉

## впятеро

① 編み込む ② 《話》〔通例よからぬこと・危険なことに〕巻き込む **//**  [不完] **/-ся** [完] 巻き込まれる

**впя́теро** [副] 5倍; 5分の1
**впятеро́м** [副] 5人で
**в-пя́тых** [挿入] 第5に
\***враг** [ヴラーク] -á [男2] [enemy] 《集合でも》敵, 敵軍: ~ наро́да 人民の敵 ◆*Лу́чшее* — ~ *хоро́шего*. 最良のものは良いものの敵
**вражда́** [女] 悪意, 敵意: пита́ть -ý к [与] …に敵意を抱く
\***вражде́бный** ゼ -бен, -бна [形1] [hostile] 敵意のある, 敵対する, 敵の: ~ взгля́д 敵意ある視線 | -ое отноше́ние 敵対関係 **//** -о [副] **//** -ость [女10]
**враждова́ть** -ду́ю, -ду́ешь [不完] 《交》敵対する: ~ друг с дру́гом 《между собо́й》互いに敵対する
\***вра́жеский** [形] [enemy, hostile] 《軍》敵《軍》の
**вра́жий** [形9] 敵の
**вра́з** [副] 《俗》① 同時に, 一斉に ② すぐに
**вразби́вку** [副] 《話》無作為に, アトランダムに
**вразбро́д** [副] 《話》= вразнобо́й
**вразбро́с** [副] ① 〔手作業で〕ばらばらに: се́ять ~ ばらばらと種を蒔く ② 《話》《⑬に》無秩序に
**вразва́лку** [副] 《話》足元をふらつかせながら
**вразно́бой** [副] 《話》ばらばらに, 協調せず, 反目して
**вразно́с** [副] 《話》行商で
**вразнотык** [副] 《話》ばらばらに, 無秩序に
**вразре́з** [副] 《⑬に》逆らって, 《⑬と》矛盾して ◆*идти́ ~ с* [造] …と一致しない, 齟齬をきたす
**вразря́дку** [副] 《印》スペース組 (разря́дка) で 〔文字間にスペースを入れて強調する〕
**вразуми́тельный** 短 -лен, -льна [形1] 明確にはっきりと述べられた; わかりやすい
**вразумля́ть** [不完] / **вразуми́ть** -млю́, -ми́шь 受過 -млённый (-лён, -лена́) [完] 《⑬に》正しい理解へと導く; 説得する, 教え諭す: ~ упря́мца 頑固者を説き伏せる
**вра́ки** врáк [複] 《話》嘘, でたらめ
**враль** -я́ [男5] 《話》嘘つき
**вранье́** [中4] 《話》① 嘘をつくこと ② 嘘, でたらめ
**враска́чку** [副] 《話》① 左右に揺れながら ② 《話》急がずに, のろのろと
**врасплóх** [副] 不意に, 思いがけなく
**рассыпну́ю** [副] 四方八方へ, 様々な方向に
**враста́ть** [不完] / **врасти́** -ту́, -тёшь 過 врóс, -слá 能過 врóсший 副過 врóсши [完]《в+⑬》① (奥深く) 入り込む; (地中に) めり込む: Но́готь врóс. 爪が皮膚に食い込んだ ② 《⑬に》根をおろす; 〈環境などに〉適応する: ~ в быт 日常生活に定着する; 当たり前のことになる **//** **вро́сший но́готь** 《医》陥入爪(ｶﾝﾆｭｳｿｳ)*
**врастя́жку** [副] ① 手足を伸ばして ② (音・言葉を) 延ばして
**врата́** врáт, -тáм [複] ① 《詩》門 (ворóта) ② 《正教》〔聖堂・至聖所への〕入り口: цáрские ~ (イコノスタシスの) 王門
**врата́рь** -я́ [男5] 《スポ》ゴールキーパー (голки́пер) **//** **-ский** [形3]
\***врать** [ヴラーチ] вру, врёшь 命 ври! 過 врáл, -лá, -ло [不完] / **навра́ть** [ナヴラーチ] 受過 нáвранный, **совра́ть** [サヴラーチ] 受過 сóвранный [完] [lie] 《話》① 嘘をつく 〈на+④を〉誹謗 [中傷] する: Врут! 間違えた (自分の発言の直後に間違いに気づいた時に) | Ври, да не завира́йся. 《諺》嘘も休み休み言え ② 《器具・表などが》誤って示す: Часы́ врут. 時計の表示が間違っている ③ 〈歌・演奏で〉間違う
\***врач** [ヴラーチ] -á [男4] [doctor, phisician] 医師, 医者 (★女性にも用いる): *ле́чащий* ~ 主治医 | *семе́йный* ~ かかりつけ医 | *идти́ к* -ý 医者に診てもらいに行く | *Я хочу́ стать* -óм. 私は医者になりたい ■ **Врачи́ без грани́ц** 国境なき医師団
**враче́бный** [形1] 医者の; 医者らしい: ~ осмо́тр 健康診断 | *-ая тáйна* 守秘義務
**врачева́тель** [男5] / **~ница** [女3] 民間療法士 (医師ではない)
**врачева́ть** -чу́ю, -чу́ешь [不完] 《文》 〈④を〉 (民間療法で) 治療する; 〈精神的苦痛を〉癒やす **//** **-ние**
**врачи́ха** [女2] 《話・皮肉》女医さん
**враща́тельный** [形1] 回転の, 回転式の
**враща́ть** [不完] 〈④を〉(軸・点を中心に) 回す: ~ кре́сло 椅子を回転させる ② 《話》《④を》様々な方向へ回す: ~ глаза́ми 目をきょろきょろさせる
\***враща́ться** [不完] [revolve] ①〈о́коло/вокру́г ⑭の周りを〉回転する: *Луна́ враща́ется вокру́г Земли́.* 月は地球の周りを回っている ② 交流がある: ~ в кругу́ [кругáх] サークルに出入りする | ~ *среди́ молодёжи* 若者と交流する ③《不完》《受身》~ враща́ться
**враща́ющийся** [形6] 回転式の: *-аяся дверь* 回転ドア
**враще́ние** [中5] ① 回転 ②《フィギュア》スピン: ~ стоя́ [си́дя] アップライト [シット] スピン
\***вред** [ヴリェート] -á [男1] [harm, damage] 《単》損傷, 損失, 害; 害になる: *причини́ть* ~ [与]…に損害を被らせる | *наноси́ть* ~ [与] …に損害を与える | ~ *здоро́вью* 健康への害 ◆*ни ~á ни по́льзы от* [生] 《話》…は全く役に立たない, 毒にも薬にもならない | *во* ~ [与] …の害となって
**вреди́тель** [男5] ①《農》害虫 ② 害をもたらす人 **//** **~ский** [形3]
**вреди́тельство** [中1] 損害を与えること, 破壊行為, 妨害行為
\***вреди́ть** -ежу́, -еди́шь [不完] / **по~, на~** [完] [injure, hurt] 〈与に〉損害 [損失, 損傷] をもたらす, 害する, 損害 [損傷] を与える, 有害である: *Куре́ние вреди́т здоро́вью.* 喫煙は健康に有害である
**вре́дничать** [不完] 《話》《与に》嫌がらせをする, 侮辱する
**вре́дно** ① [副] 有害に ② [無人述] 〈不定形(不完)〉 するのは害がある: *В~ ли спать на животе́?* うつぶせに寝るのはよくないか | *Кури́ть* ~. 喫煙は健康に害がある
**вре́дность** [女10] ① 毒 ②《通例公》健康を害する生産条件
\***вре́дный** [ヴリェードヌイ] 短 -ден, -днá, -дно, -дны́/ -дны 比-нéе 最上 -нéйший [形1] [harmful] 有害な, 害のある: ~ *для здоро́вья* 健康に悪い | *-ые привы́чки* 悪癖 |《長尾》底意地の悪い
**вредоно́сный** 短 -сен, -сна [形1] 害がある, 害をもたらす, 有害な **//** **-ость** [女10]
**вре́зать** [不完] / **вре́зать** вре́жу, вре́жешь 受過 вре́занный [完] ①《⑬に》裂け目〔割れ目〕にはめ込む, 埋め込む: ~ *замо́к в дверь* ドアに錠前を取り付ける ②〈⑬を в⑬に〉〈記憶・心に〉強く刻み込む ③《⑬に память 記憶に刻みつける ③《俗》《⑬を》強く叩く 〔⑬に〕手厳しく言う: *Пойду́ вре́жу ему́.* あいつをぼこぼこにしに行く | ④ 《完》《⑬ に 〔по животу́〕》腹を殴る **//** **-ние** [中5]
**вреза́ться** [不完] / **вре́заться** вре́жусь, -жешься [完] 《в+④》① …に突き刺さる ②《話》力ずくで入り込む ③《記憶・心に》刻み込まれる ④ 《完》《旧・俗》…にほれ込む
**вре́зка** 複生 -зок [女2] ① < вреза́ть① ② 突き刺さったもの ③《新聞》リード ④《映》〔芸術的目的で〕追加されたカット; 〔地図の隅に印刷された〕小さな大縮約地図
**времена́ми** [副] 時々 (иногда́), 一時: *В Москве́ сего́дня о́блачная пого́да,* ~ *пройдёт снег.* モス

クワは今日は曇りで、時々雪が降るでしょう

**временни́к** -á [男2] ① 《史》年代記 ② 《定期刊行物の表題として》報知

**вре́менно** [副] 暫定的に、臨時に: Вы́ход ～ закры́т. 出口は一時的に閉鎖されている

\***вре́менн|о́й** [形2] [temporal] ① 時間の: ～ отре́зок 時間間隔 | ～ пре́ссинг 時間的プレッシャー | 《文法》時制の、時の | ～*ая* локализо́ванность [нелокализо́ванность] 時間的定位性 [非定位性]

\***вре́менн|ый** 短 -ден, -енна [形1] (provisional) 一時の、暫定的な、臨時の (↔постоя́нный): ～*ая* пропи́ска 一時滞在用居住証明書 | ～*ое* явле́ние 一時的な現象 | ～*ое* прави́тельство 暫定政府

**временщи́к** [男2] 《話》短期滞在で[労働]者

**вре́мечко** [中1] 《指小<вре́мя》時間、時; 《話》素晴らしいひと時

\***вре́мя** [ヴリェーミャ] 生・与・前 -мени 造 -менем 複 -мена́, -мён, -мена́м [中7] (time) ① (空間に対する)時間、時: ～ и простра́нство 時空、時間と空間 | ле́тнее ～ 夏時間 (などで) | ра́зница во вре́мени 時差 | по Моско́вскому [ме́стному] вре́мени モスクワ[現地]時間で | ～ идёт 時は進む | ～ лети́т [бежи́т] 時が早く進む | ～ ползёт [тя́нется] 時がのろのろ進む | ～ не ждёт 歳月人を待たず、ぐずぐずしてはいられない | ～ пока́жет 時が明らかにしてくれる ② (ある長さの)時間: ве́село провести́ ～ 楽しく時を過ごす | уби́ть [сэконо́мить] ～ 時間をつぶす[節約する] | сократи́ть [увели́чить] ～ 時間を短くする[長くする] | ～ сна 睡眠時間を減らす[増やす] | уделя́ть мно́го *вре́мени* учёбе 多くの時間を学習に掛ける | Рабо́та занима́ет [тре́бует] ～. その仕事は時間を要する | У меня́ не хвата́ет *вре́мени*. 私は時間が足りない

③ (時刻としての)時間、時刻; (1年)季節、時代; 夕刻 vs 夕刻時間 | вече́рнее ～ 夕刻 | Ско́лько *вре́мени*? 今何時ですか (Кото́рый час?) | назна́чить ～ 時間を指定する | в удо́бное для вас ～ ご都合のよい時間

④ 《不定形》する)暇: в свобо́дное ～ 暇な時に | Есть ～ поболта́ть. おしゃべりの時間がある

⑤ (無人述)《不定形》する)好機、チャンス: не ～ 「для [不定形]」…の時機ではないよ(★[不定形]は不完了体) | не ～ сиде́ть сложа́ ру́ки 手をこまねいて座視する時ではない

⑥ (通例複)紀、世、時代(перио́д, эпо́ха): в настоя́щее [на́ше] ～ 今、現在は | в то́т ～ その時 | в вое́нное [ми́рное] ～ 戦時中[平時]に | во ～ [времена́] Петра́ I ピョートル大帝時代に | во все́ времена́ いつの時代も、常に | (всегда́) | на все́ времена́ 永遠に (навсегда́)

⑦《スポ》(成績)タイム、記録

⑧《言》時制: настоя́щее [проше́дшее, бу́дущее] ～ 現在[過去、未来]時制 | прича́стие настоя́щего ～ 現在分詞

◆ **в ближа́йшее ～** = **в ско́ром вре́мени** 近く、近々、近い将来 | **во** ～ 中 …の時に | **в реа́льном вре́мени** = **в режи́ме реа́льного вре́мени** リアルタイムで、即時に、同時に | **(в) после́днее ～** 最近、近頃は | **в пре́жнее ～** 昔、往時 | **~ от вре́мени** = **по времена́м** = **времена́ми** 時々 | **в своё ～** (1)かつて、昔 (2)時期が来れば、適当な時に | **всё ～** 絶えず、絶時、ひっきりなしに、ずっと | **всему́ своё ～** 《諺》どんなものにも旬がある | **в то́ ～ ка́к [когда́]** (接続詞的)(1)同時期に (2)それに対して | **в то́ же ～** (接続詞的)同時に、ある時きで | **(до поры́) до вре́мени** しばらくの間、ある時まで | **во вре́мя** 適時に、適切に | **на ～** しばらく、少しの間 | **одно́ ～** あるとき、一時、かつては | **со вре́менем** 時がたてば | **со вре́мени** 中 …以来 | **тем вре́ме-**

**нем** そのうちに、ちょうどその時

**времяисчисле́ние** [ш], [中5] 暦法

**вре́мянка** 複生 -нок [女1] 《話》仮暖炉; 仮小屋; (概して)仮設物

**времяпрепровожде́ние** [中5] 時間の過ごし方

**врёшь** [2単現]<вра́ть

**врио́** [不変] [男・女] 臨時代行(вре́менно исполня́ющий обя́занности)

**вро́вень** ① [前] <с中>…と同じ水準[高さ、長さ]で: рабо́тать ～ с молоды́ми 若い人並みに働く ② [副] 《話》同様に、並んで、並走して

\***вро́де** [グローヂェ] 《like》 [前] <р̣> ① …のような、…に似た: что́-то ～ воспомина́ний 何やら回想めいたもの ② [助] 《話》ようだ、…みたいだ、…らしい: В～ ничего́, неплохо́й парни́шка. あまり取り立てて悪いところのない若者のようだ | В～ он это́ уже́ говори́л. 彼はすでにそのことを言ったと思うが ◆ **~ бы** [**как**] … まるで…のようだ、どうやら…らしい

**врождённ|ый** 短 -дён, -дена́ [形1] 生まれつきの: ～*ая* боле́знь 先天的な病気 | ～ тала́нт 天賦の才

**врозь** [副] 《民話・詩》 ① 四方八方に ② 《話》<от中>は>別々に ◆ **Вме́сте те́сно, а ～ ску́чно.** 《諺》けんかするほど仲のよい

**БРПЛ** [ベエルペーエル] 《略》 Баллисти́ческие раке́ты подво́дных ло́док 潜水艦発射弾道ミサイル、SLBM

**вру́** [1単現]<вра́ть

**вру́б** [男1] 《鉱》縦入れ(採掘の際に開ける穴) // **~овы́й** [形1]

**вруба́ть** [不完] / **вруби́ть** врублю́, вру́бишь 受過 вру́бленный [完] <в中> ① <溝・穴に>埋め込む、はめ込む; 突き刺す: ～ перегоро́дку в сте́ну 壁に間仕切りをはめ込み取りつける ② 《若者・話》電気を入れる

**вруба́ться** [不完] / **вруби́ться** врублю́сь, вру́бишься [完] ① 切りながら進む、深く分け入る: ～ в у́гольный пласт 炭層まで掘り進める ② 《話》作動する ③ 《若者・俗》<в中>から始める: ～ в пробле́му 問題の本質がわかってくる ④ [不完] 〈受身〉<вруба́ть

**Вру́бель** [男5] ヴルーベリ(Михаи́л Алекса́ндрович ～, 1856-1910; 画家、移動派): ⟪Царе́вна-лебёдь⟫⟪白鳥の王女⟫

**врукопа́шную** [副] (けんか・戦闘で)素手で、白兵(刀、剣、槍など)を使って

**врун** -á [男1] / **вру́нья**複生 -ий [女8] 《話》嘘つき // **вруни́шка**-шек (女2変化) [男] 《指小》

\***вруча́ть** [不完] / **вручи́ть** -чу́, -чи́шь 受過 -чённый (-чён, -чена́) [完] [hand, entrust] <д> ① <р̣>に>手渡す; 授与する: ～ телегра́мму 電報を手渡す | ～ о́рден 勲章を授与する ② 《文》～ свою́ судьбу́ 自らの運命を委ねる // **~ся** [不完] 〈受身〉

**вруче́ние** [中5] 手渡し、授与(式): ～ дипло́мов 卒業証書授与

**вручи́ть** [完] ～>вруча́ть

\***вручну́ю** [副] [by hand] 手作業で、機械を使わずに: пересчита́ть ～ 暗算で計算する

**врыва́ть** [不完] / **врыть** вро́ю, вро́ешь 命 врой受過 -тый [完] <в中> (穴に埋めて)立てる、固定する: ～ столб в зе́млю 地面に柱を立てる

**врыва́ться**[1] [不完] / **врыться** вро́юсь, вро́ешься [完] <в中> (掘って)潜り込む; 壕に身を隠す

**врыва́ться**[2] [不完] / **ворва́ться** -ву́сь, -вёшься -а́лся, -ала́сь, -ало́сь/-а́лось [完] ① 一目散に駆け込む; 無理やり中に入る; (列などに)割って入る: ～ в зал засе́даний 会議場に駆け込む | ～ в чужо́й дом 他人の家に侵入する ② (音・匂いなどが)急速に入り込む: Ве́тер ворва́лся в окно́. 風が窓からどっと吹き込ん

\***вря́д (ли)** [ヴリャート(リ)] [副] [hardly] 《話》…しそうも

ない、ほとんど…の見込みがない: Они́ ~ ли приду́т. 彼らは恐らく来ないだろう | По́нял ли он? — Вря́д ли. 「彼は理解したかね」「駄目でしょう」

**Вс** 〔略〕воскресе́нье

**ВС** [вэ́-э́с] 〔略〕вооружённые си́лы 軍隊: Верхо́вный суд 最高裁判所

**вс..** 〔接頭〕→вз..

\***вса́дни|к** [男2] **/-ца** [女3] 〔horseman〕① 騎乗者: -ки́ ко́нной поли́ции (モスクワの)騎馬警官 ② 〔露史〕(特権階級としての)騎士

**вса́живать** [不完] /**всади́ть** всажу́, вса́дишь 過 вса́женный [完] 〈что〉 ① (力を込めて)突き刺す, 打ち込む: ~ лопа́ту в зе́млю 力いっぱい地面にに鋤を入れる ② 〔話〕命中させる;〔スポ〕叩き込む, 打ち込む: ~ пу́лю в мише́нь 弾を的に打ち込む | ~ мяч в воро́та ゴールに球を叩き込む ③ 〔俗〕〈в что〉〈во что〉金をぶち込む

**всамде́лишный** [形1] 〔俗〕本物そっくりの, 本物の

**вса́сыва|ть** [不完] /**всоса́ть** -су́, -сёшь 受過 -о́санный [完] 〈что〉 ① 吸い込む: Пылесо́с вса́сывает пыль. 掃除機がほこりを吸い込んでいる ② 吸収する, 摂取する ◆**всоса́ть ~ с молоко́м (ма́тери)** …を子どものときから身につける **//-ние** [中5]

**вса́сываться** [不完] /**всоса́ться** -сётся [完] ① 染み込む; 刺す, 吸いつく ② 吸収される

**всё** 〔複数:主・対格〕<весь

\***всё** [фшо́] 〔always, still〕 ① 〔代〕〔定〕〔中性; 主・対格〕<весь: ~ и вся́ 全部 | сде́лать ~ возмо́жное 全力を尽くす ② 〔中〕〔всего́, всему́, всё, всем, обо всём〕全てのもの, 万物; 〈для田〉〈кому〉かけがえのない全てのもの: для неё ты ~ (стал всем). 彼女にとって君が全てだ | оста́ться без всего́ 全てを失う | всего́ понемно́гу 全て「いろんなもの」を少しずつ ③ 〔副〕いつも: Он ~ за́нят. 彼はいつも忙しい ④ 〔副〕まだ: Он ~ бо́лен. 彼はまだ病気だ ⑤ 〔接〕⟨~ же⟩〔что〕それでも、それでも私か ⑥ 〔副〕〔強調〕ずっと、はるかに: ~ бо́льше и бо́льше ますます多く ⑦ 〔話〕〔話〕なくなった、これで全部(ко́нчено); 終わり、終了: Хлеб ~, ко́нчился, на́до покупа́ть. パンがなくなったから買いに行きなさい | мо́жете идти́. 終了、行ってよろしい | Я ~ сказа́л. = У меня́ ~. 以上、これで(話すことは)終わりです | Вот и ~.〔話〕最後でおしまい

♦**~ равно́** →**равно́** | **~ равно́ что** 〔как〕〔比喩〕…のようなもの, …と同じ: Ма́сленица для ру́сских — ~ равно́ что карнава́л для брази́льцев. ロシア人にとってのマースレニッツァはブラジル人にとってのカーニバルのようなものだ | **за [на] ~ про ~** 〔俗〕誰に対しても、何に対しても

**все..** 〔語形成〕 ① 「全ての」: всероссий́ский 全ロシアの |「各…」「毎…」: вседне́вный 日々の

**всеве́дение** [中5] 〔文〕全知, 博識

**всеве́дущий** [形6]〔文・皮肉〕全てを知っている(神の枕詞として): ~ Бог〔キリスト教〕全知の神

**всеви́дящий** [形6]〔文〕全てを見透かす: -ее о́ко〔キリスト教〕全てを見通す目(＝神)

**всевла́стие** [中5]〔文〕絶大な権力, 専制

**всевла́стный** 短-тен, -тна [сн]〔文〕全能の, 全権の, 全権を有する

\***всевозмо́жн|ый** [形1]〔all kinds of〕〔通俗複〕考えられるすべての, ありとあらゆる: на -ые лады́ 様々な方法で

**Все́волод** [男1] フセーヴォロド(男性名; 愛称 Сёва)

**Всевы́шний** [男3] 神に称して; [男名]〔キリスト教〕神

\***всегда́** [副]〔always〕いつも, 常に: Он ~ хорошо́ оде́т. 彼はいつも着こなしがよい | В~ гото́в! いつでも

大丈夫(ソ連時代のピオネールの Будь гото́в! に対する合言葉) ♦**как ~** いつもの通り: Вы, как ~, остроу́мны. あなたは相変わらず鋭いですね | **не ~** 必ずしも…というわけではない: Де́ньги не ~ прино́сят сча́стье. 金が必ずしも幸せをもたらすとは限らない

**всегда́шний** [形8]〔話〕いつもの, 恒常的な

\***всего́** [в] 〔фшево́〕 ① 〔что〕<весь ② 〔代〕〔男・中性; 単・生格〕<весь: В~ хоро́шего [до́брого]! ごきげんよう ② 〔副〕全部で, 合計で: ~ лишь …だけ, たった: … | то́лько и ~, всё и -то… そしてそれだけのことだ | ~ ничего́〔話〕ないも同然、ほぼゼロに等しい | ~ де́сять страни́ц 合計10ページ

**Вседержи́тель** [男5]〔キリスト教〕神

**вседозво́ленность** [女10] やりたい放題

**в-седьмы́х** 〔挿入句〕第7に

**всезна́йка** 複生-а́ек (女2変化) [男・女]〔話・皮肉〕自分は何でも知っていると思っている人, 知ったかぶり

**всей** [女性; 生・与・造・前置格]<весь

**всекита́йск|ий** [形3]: ~ое собра́ние наро́дных представи́телей 中華人民共和国全国人民代表大会, 全人代 ВСНП

\***вселе́нн|ая** [фсилье́нная] (形1変化)[女名]〔universe〕 ① 〈пис В~〉〔哲・天〕宇宙, 森羅万象: та́йны В-ой 宇宙の秘密 ② 地球全体, 全世界 ◆**крича́ть на всю В-ую** 全世界に響くような大声で(叫ぶ) | **мисс В~** ミス・ユニバース

**вселе́нский** [形3] ① 全宇宙の ② 全世界の ■~ собо́р〔史・キリスト教〕公会議

**вселя́|ть** [不完] /**всели́ть** -елю́, -е́лишь/ -ели́шь受動-лённый (-ён, -лена́)[完]〈что〉 ① 住まわせる, 居住させる ② 〔雅〕〈что〉 考えを吹き込む; **~ уве́ренность в новичка́** 新人に自信を持たせる **//вселе́ние** [中5]

**вселя́ться** [不完] /**всели́ться** -лю́сь, -ли́шься [完] ① 居を定める, 居住する ② (感情・考えが)根づく; 住みつく ♦**сло́вно бес всели́лся в кого́** あたかも悪魔が…に住みついたような(突発的にその人らしくない振る舞いをした人について)

**всем** [男・中性; 造格], [複数; 与格]<весь

**всём** [男・中性; 前置格]<весь

**всеме́рный** [形1] あらゆる策を講じた, 手を尽くした, あらん限りの

**все́меро** [副] 7倍; 7分の1

**всеме́ром** [副] 7人で

**все́ми** [複数; 造格]<весь

\***всеми́рн|ый** [形1]〔world(wide)〕 ① 世界的な, 全世界の, 全世界で認められた: ~**ая паути́на** [IT] ワールドワイドウェブ, World Wide Web | **~-ая сеть**〔話〕インターネット | **~-ая па́ути́на** 世界時, グリニッジ標準時 | В-ое (координи́рованное) вре́мя 協定世界時, UTC | **-ая вы́ставка** 万国博覧会 (ЭКСПО) ② 宇宙の法則に基づいた

**всемогу́щ|ий** [形6] ① 全能の ② В~ [男名]〔雅〕〔キリスト教〕神 **//-ество** [中1] 全能

**всему́** [男・中性; 与格]<весь

**всенаро́дный** [形1] ① 全国民の ② 公開の[で行われる] **//-о** [副]

**всено́щная** (形1変化)[女名]〔正教〕徹夜禱(主日や大祭の前夜に夜通し行われる)

**всено́щн|ый** [形1] 徹夜の: -ое бде́ние〔正教〕夜徹禱

**всео́буч** [男4] 一般義務教育(всео́бщее обуче́ние)

\***всео́бщ|ий** [фсио́бщий] [形6]〔universal, general〕普遍的な, 全般的な, 共通の: **зако́н приро́ды** 普遍的な自然法則 | **-ая исто́рия** 世界史 | ~ **люби́мец** みんなに好かれている人 | **-ее го́ре** 万人の悲しみ

② [中名] [哲] 普遍 (↔еди́ничное, осо́бенное)
■ В-ая деклара́ция прав челове́ка 《史》世界人権宣言 (1948)

**всеобъе́млющий** 短 -ющ [形6] 《雅》包括的な、全体をカバーする

**всеору́жие** [中5] ◆**во -ии** (1) 戦闘態勢が整った；…をする用意が調った (2)《軍》に完全装備して

**всепого́дный** [形1] 全天候対応の

**всепроще́ние** [中5] 《文》全て許すこと

*всеросси́йский [形3] [All-Russian] 全ロシアの；ロシア全土に広がる：～ ко́нкурс [конгре́сс] 全ロシアコンクール [大会]

*всерьёз [副] [seriously]《話》真剣に、まじめに、冗談ではなく；しっかりと：приня́ть мои́ слова́ ～ 私の言葉を額面通りに受け取る | взя́ться за де́ло ～ 物事に真剣に取り組む

**всеси́льный** 短 -лен, -льна́ [形1] = всемогу́щий **‖всеси́лие** [中5]

**всесою́зный** [形1] 《史》全ソヴィエト連邦の、ソヴィエト連邦全土の：～ съезд 全ソ大会

*всесторо́нн|ий 短 -о́нен, -о́ння [形8] [comprehensive] 全面的な、あらゆる側面から検討する；(方法などが) 多方面の：～ ана́лиз あらゆる面からの分析 | ～-яя по́мощь 全面的な協力 | ～-ее разви́тие ли́чности 多面的な個性の発展 **‖ -е** [副] **‖-ость** [女10]

*всё-таки [フショータキ] [接] [но] [for all that, however] (通例а, и, но と共に) それにしても、それでもやはり、にもかかわらず：Я реши́ла, ～ пойду́ на конце́рт. やはり、コンサートに行くことにした | И ～ я ей ве́рю. それにも関わらず、彼女を信じている

**всеуслы́шание** [中5] 《文》**во ~** 声高に、公開で；公に

**всеце́ло** [副]《話》全く、すっかり

**всея́дн|ый** 短 -ден, -дна [形1] ① (動物が) 雑食の ②《転》節操のない **‖-ость** [女10]

**Всея́ Руси́** (後ろから修飾して) (大公・皇帝・教会が) 全ロシアの：госуда́рь ～《露史》モスクワ大公 | патриа́рх Моско́вский и ～《正教》ロシア総主教

**вска́кивать** [不完] / **вскочи́ть** -очу́, -о́чишь [完] [leap up] ①《в/на圈に》飛び込む、飛び乗る；《с圈から》飛び起きる：～ на коня́ 馬に飛び乗る | ～ с крова́ти ベッドから飛び起きる ②《話》(こぶなどが) できる：На лбу вскочи́ла ши́шка. 額にこぶができた

**вска́пывать** [不完] / **вскопа́ть** 受過 -о́панный [完]《園》地面を耕す：～ зе́млю [огоро́д] 土 [菜園] を耕す **‖-ние** [中5]

**вскараби́каиваться** [不完] / **вскараби́каться** [完]《話》よじ登る；(苦労して) 昇る：～ на четвёртый эта́ж 4階までうっちらおっちら上がる

*вска́рмлива|ть [不完] / **вскорми́ть** -ормлю́, -о́рмишь 受過 -о́рмленный [完]《園》《家畜などを》飼育する、育て上げる ② (通例完)《話》(しばしばспо́ить と共に) 育て上げる：Оте́ц нас вскорми́л и вспои́л. 父は私たちを育て上げた **‖-ние** [中5]

**вска́чь** [副] ギャロップで；非常に速く

**вски́дывать** [不完] / **вски́нуть** -ну, -нешь 受過 -тый [完] ① (通例完) 高くに放り投げる；投げ上げる：～ рюкза́к на спи́ну リュックをひょいと背負う ② 素早く上に上げる：～ глаза́ [взгляд] на кого́ …に素早く目線を向ける [目をやる] **‖ вски́дывание** [中5], **вски́дка** [女2] <②>

**вски́дываться** [不完] / **вски́нуться** -нусь, -нешься [完]《話》(動物が) 飛び上がる：в испу́ге ～ с ме́ста 驚いてその場で飛び跳ねる ②《話》《на圈に》(悪態・おどしと共に) 飛びかかる：Ты за что вски́нулся на меня́? お前なんで俺にいちゃもんつけたんだ

*вскипа́|ть [不完] / **вскипе́ть** -плю́, -пи́шь [完] [boil up] ① 沸騰し始める：Вскипе́л ча́йник. 《話》やかんのお湯が沸いた ② (怒りで) かっとなる：～ от гне́ва いきり立つ **‖-ние** [中5]

**вскипяти́ть(ся)** [完] → кипяти́ть(ся)

**всклоко́чивать** [不完] / **всклоко́чить** -очу, -очишь 受過 -оченный [完]《頭・髪・毛をぐちゃぐちゃにする、もじゃもじゃにする：Кот всклоко́чен. その猫は毛もくじゃらだ

**всклю́чить** [不完] / **всклю́чить** -чу, -чишь [完] = всклоко́чивать

**всколы́хивать** [不完] / **всколыхну́ть** -ну́, -нёшь 受過 -хнутый [完]《転》① ふと揺らす ② 動揺させる；行動に駆り立てる：～ се́рдце 動揺させる

**всколыхну́ться** -нётся [完] ① 揺れる：Вода́ в о́зере всколыхну́лась. 湖面がふっと揺れた ② 動揺する；行動に駆り立てられる ③ (記憶などに) よみがえる

**вскользь** [副] 一瞬、ちらりと；ついでに、軽く

**вскопа́ть** [完] → вска́пывать

*вско́ре [フスコーリェ] [副] [soon]《話》じきに、まもなく、すぐ後に (скоро)：В～ по́сле того́, как ты уе́хал домо́й в Росси́ю, на́чался сезо́н дожде́й. 君がロシアに帰国してすぐ後に梅雨が始まった

**вскорми́ть** [完] → вска́рмливать

**вско́рости** [副]《俗》= вско́ре

**вскочи́ть** [完] → вска́кивать

**вскри́кивать** [不完] / **вскри́кнуть** -ну, -нешь 命 -ни [一回] 突然叫ぶ、大声を上げる：～ от бо́ли 痛みで大声を上げる

**вскрича́ть** -чу́, -чи́шь [完] 《文》叫ぶ

**вскружи́ть** -ужу́, -ужи́шь/-у́жишь [完] ◆**~ го́лову**  (健全な判断能力を奪うほど) <人を>夢中にさせる

**вскрыва́ть** [不完] / **вскры́ть** -ро́ю, -ро́ешь -ро́й 受過 -тый [完]《園》①《閉められたものを》開ける：～ конве́рт 封書を開封する ② 解明する：～ причи́ну ава́рии 事故の原因を明らかにする ③《医》切開する：～ нары́в 腫物を切開する | ～ себе́ ве́ны 静脈を切って自殺する ④《トランプ》めくってカードの表を見せる

**вскрыва́ться** [不完] / **вскры́ться** -ро́ется [完] ① (腫れ物が) 潰れる ② (春に氷結が割れて河川・湖が) 口を開ける ③ 明らかになる：～ причи́ну …の原因が明らかになる ④《トランプ》表が上になって置いてある

**вскры́тие** [中5] ① 開ける [開く] こと ②《法・医》検死解剖

**вскры́ть(ся)** [完] → вскрыва́ть(ся)

**всла́сть** [副]《話》喜んで；心ゆくまで

*вслед [フスリェート] [after] ① [副] 後を追って：кри́кнуть ～ 後ろから叫ぶ ② [前] <与>の後を追って、…にならって：смотре́ть ～ по́езду 列車を見送る | идти́ ～ за ке́м-л.《転》…について行く [従う] | **~ за тем** その後 | **~ за тем, как …** …の後：Заявле́ние прозвуча́ло ～ за тем, как президе́нт подписа́л зако́н. 声明は大統領が法律に署名した後に発表された

*всле́дствие [ц] [フスリェーツトヴィエ] [前] [in consequence of]《文》<生>の原因で、…のため：Аэропо́рт закры́ли ～ си́льного снегопа́да. ひどい降雪の影響で空港が閉鎖された | **~ того́, что …** …した結果 | **~ чего́ [э́того]** そのため、その結果

**вслепу́ю** [副] ① (何も見ないで) печа́тать ～ ブラインドタッチで入力する ② (よく考えずに) 状況を極めずに：поку́пка ～ 衝動買い | свида́ние ～ ブラインドデート

*вслух [副] [aloud] 声に出して：чита́ть ～ 音読する | ду́мать ～ 思ったことを口に出す

**вслу́шиваться** [不完]/**вслу́шаться** [完]‹в 圉›に耳を澄ます, 聞き耳を立てる

**всма́триваться** [不完]/**всмотре́ться** -отрю́сь, -о́тришься [完] ‹в圉›をじっと見る, 見つめる

**всмя́тку** [副] 〈卵が〉半熟で(↔вкруту́ю) ②〔話〕粉々に, 骨抜きに: Маши́на разби́лась ~. 車は大破してぐちゃぐちゃになった ◆*сапоги́* ~ 無意味なこと, ばかげたこと

**ВСНП** [ヴェエスエヌペー]〔略〕Всеки́тайское Собра́ние наро́дных представи́телей 中華人民共和国全国人民代表大会, 全人代

**всо́вывать** [不完]/**всу́нуть** -ну, -нешь 命 -нь 受過 -тый [完] ‹в圉›中へ入れる, 差し込む: ~ ру́ки в карма́ны 両手をポケットに突っ込む | ~ запи́ску в ру́ки 囲‹人の手にメモを握らせる

**всоса́ть(ся)** [完] → вса́сывать(ся)

**вспа́ивать** [不完]/**вспои́ть** -ою́, -ои́шь 命 -о́й 受過 -оённый (-оён, -оена́) [完] = **вспои́ть и вскорми́ть** [話] 育て上げる

**вспа́рхивать** [不完]/**вспорхну́ть** -ну́, -нёшь [完] ①〈鳥などが〉素早く〔軽々と〕飛び立つ (煙などが) 舞い上がる ②〔話〕〈人が〉軽々と〔素早く〕起き上がる, 立ち上がる

**вспа́рывать** [不完]/**вспоро́ть** -порю́, -по́решь 受過 -о́ротый [完] ‹в圉›引き裂く, 切り開く

**вспаха́ть** [完] → паха́ть

**вспе́нивать** [不完]/**вспе́нить** -ню, -нишь 受過 -ненный [完] ①泡で覆う, 泡で覆う: ~ бока́лы グラスに発泡性の酒をなみなみと注ぐ ‖ **~ся** [不完]/[完] 泡で覆われる

**всплакну́ть** -ну́, -нёшь [完] ‹о圉›のことを思って少し泣く

**всплеск** [男2] あがった水音; (断続的にあがる)声, 笑い, 音: ~ во́лн 波の音

**всплёскивать** [不完]/**всплесну́ть** -ну́, -нёшь [完] ①‹圉›中に水を跳ねさせる: Ры́бка всплесну́ла хвосто́м. 魚が尾びれでぴしゃんと水をはねた ②(声・笑い・歌などが)断続的にあがる ◆ ~ *кры́льями* (ぱたぱたと)羽ばたく | ~ *рука́ми* 手を広げてお手上げだというジェスチャーをする

**вспло́шну́ю** [副]〔話〕 = сплошь

**всплыва́|ть** [不完]/**всплы́ть** -ыву́, -ывёшь 過 -ы́л, -ыла́, -ы́ло [完] ①(深い)水中から水面に上がる: *Всплыла́ подво́дная ло́дка*. 潜水艦が浮上した ②〈3人称〉ゆっくりと上にのぼる: *Всплыва́ет со́лнце*. 日が昇った ③明るみに出る: *Всплыли оши́бки*. ミスが露呈した ④〈意識〔記憶〕にのぼる〉: *В голове́ всплыва́ли все подро́бности разгово́ра*. 頭の中にやりとりの一部始終が思い出された ⑤[話]再び現れる; どこかで現れて有名になる ‖ **–ние** [中5]

**вспои́ть** [完] → вспа́ивать

**вспо́лох, вспо́лох** [男2] まばゆい光

**всполоши́ть(ся)** [完] → полоши́ть

*****вспомина́|ть** [フスパミナーチ] [不完]/**вспо́мнить** [フスポームニチ] -ню, -нишь 命 -ни [完]‹ 受圉› о圉›…を思い出す, 思い出す: ~ мо́лодость 若い頃を思い出す | ~ о ва́жном де́ле 大事な用を思い出す | *Вспо́мнил, что обеща́л позвони́ть*. 電話する約束をしていたのを思い出した ‖ **~ся** [不完]/[完] ①思い出される: *Вспо́мнилось про́шлое*. 昔のことが思い出される

**вспомога́тельный** [形] 援助[支援]のための; 補助的な: ~ глаго́л 〔言〕助動詞

**вспоможе́ние, вспомощёствование** [中5]〔文〕①援助, 手助け ②金銭的な援助

**вспомяну́ть** -яну́, -я́нешь 受過 -я́нутый [完] [旧・話] = вспо́мнить

**вспоро́ть** [完] → вспа́рывать

**вспорхну́ть** [完] → вспа́рхивать

**вспоте́ть** [完] → поте́ть

**вспры́гивать** [不完]/**вспры́гнуть** -ну, -нешь 命 -ни [完] 飛び乗る; 飛び上がる; (心臓が)激しく打ち始める

**вспры́скивать** [不完]/**вспры́снуть** -ну, -нешь 命 -ни 受過 -тый [完] ‹圉› ①しぶきを浴びせる; ‹液体を›振りかける ②[話・戯] 酒を飲んで祝う: ~ встре́чу 知り合ったことを祝って飲む

**вспу́гивать** [不完]/**вспугну́ть** -ну́, -нёшь 受過 -угнутый [完] ‹圉› ①‹人を›驚かせて飛び上がらせる, 追い払う ②…の実現を妨げる: ~ тишину́ [сон] 静けさ[眠り]を破る

**вспуха́ть** [不完]/**вспу́хнуть** -ну, -нешь 命 -ни 過 вспух, -хла 能過 -хший 副分 -нув [完] 腫れる, 膨張する

**вспу́чить(ся)** [完] → пу́чить

**вспыли́ть** -лю́, -ли́шь [完] [話] 突然怒りだす

**вспыльчивый** 短 -ив [形] すぐにかっとなる

*****вспы́хивать** [不完]/**вспы́хнуть** -ну, -нешь 命 -ни [完] [flash, burst] ①(急に)着火[発火]する, 燃え上がる; 赤面する: *Вспы́хнул пожа́р*. 火災が発生した | *Вспы́хнула спи́чка*. マッチに火がついた ②(恐怖・怒りなどの感情が)湧き上がる, 火がつく: ~ гне́вом [от гне́ва] 激高する ③(事件が)勃発する, 突発する: *Вспы́хнула война́*. 戦争が勃発した

*****вспы́шка** 複生 -шек [女2]〔flash〕①(突発の急な)発火, 閃光;〔天〕フレア: ~ мо́лнии 稲妻, 電光 | со́лнечная ~〔天〕太陽フレア ②〔医〕集団感染 ③ある強い感情が急激に起こること ④〔話〕〔写〕フラッシュ, ストロボ

**вспять** [副]〔文〕後ろへ, 逆に, 元へ

*****встава́|ть** [フスタヴァーチ] встаю́, встаёшь 命 встава́й 副分 встава́я / **встать** [フスターチ] вста́ну, -нешь 命 вста́нь [完]〔get up, rise〕①立ち上がる, 起きる, 起床する; (病人が)起き上がる;★起床は подъём); (太陽が)昇る; (持ち場に)就く, 決起する: ~ из-за стола́ 食卓から立つ | ра́но ~ 早起きする | Больно́й встал. 病人は病床を離れた | ~ на защи́ту дете́й 児童養護のために立ち上がる
② (立った状態で)止まる
③〔話〕(ある位置・状態)に立つ: ~ на коле́ни 跪く | ~ на́ голову 逆立ちする
④出現する, 立ち現れる: *Пе́ред на́ми вста́ла больша́я пробле́ма*. 私たちの前に大問題が立ちはだかった
⑤(動く物が)停止する, 止まる, (河川が)凍結[結氷]する: *Часы́ вста́ли*. 時計が止まった

◆ ~ *на́ ноги* (1)(病人が)回復する (2)独立する | ~ *на ме́сто* …に代わる | ~ *с ле́вой [не с той] ноги́* 不機嫌である

**вста́вка** 複生 -вок [女2] ①はめること, 入れること ②はめられたもの ③補足 ④〔言〕音挿入 (эпенте́за)

*****встав|ля́ть** [フスタヴリャーチ] [不完]/**вста́вить** [フスターヴィチ] -влю, -вишь, ‥ 命 -вь 受過 -вленный [完] 〔put in, insert〕‹в圉に›挿入する, はめ込む: ~ ба́нковскую ка́рточку キャッシュカードを挿入する | ~ зу́бы 義歯を入れる ‖ **~ся** [不完] /[完] ①[話] はまる, 収まる ②〈不完〉(受身)

**вставно́й** [形]①はめ込まれた, 内部から補強するための: (眼・歯などが) 人工の ②補足的な

**встарь** [副]〔旧〕昔々, 遠い昔に

**встать** [完] → встава́ть

**ВСТО** [ヴェエステオー]〔略〕東シベリア・太平洋石油パイプライン (→ нефтепрово́д)

**встопо́рщить(ся)** [完] → топо́рщить(ся)

*****встра́ивать** [不完]/**встро́ить** -о́ю, -о́ишь 命

-ой 受過 -о́енный [完] [build in] 〈コ〉内に建てる, 中に造りつける: *встро́енный* шкаф 壁埋め込み式の棚 **// встро́йка** [女2]

**встреба́ть** [不完] **// встря́ть** -я́ну, -я́нешь [完] 《俗》首を突っ込む: ~ в дра́ку 人のけんかに首を突っ込む

**встрево́женный** 短 -ен, -енна [形1] 心配な, 気がかりな

**встрево́жить(ся)** [完] → трево́жить

**встрёпанный** [形1] 《話》(髪の毛が) もじゃもじゃの; (人が) 興奮している ◆ *как* ~ 驚いて, 一目散に

**встрепену́ться** -ну́сь, -нёшься [完] [睡眠|虚脱] 状態から抜け出す; 活気づく; 奮い立つ; (感情・考えが) 起こる

**встре́тить(ся)** [完] → встреча́ть(ся)

**встре́ч|а** [フストリェーチャ] [女4] [meeting, reception] ① 出会い, 遭遇; 出迎え, 会見, 会合, 歓迎会; 別れ: ~ и разлу́ка 出会いと別れ | ~ [-и] студе́нтов с космона́втами 学生と宇宙飛行士との交歓 [歓迎] パーティー | ~ в верха́х トップ会談, サミット | ~ на вы́сшем у́ровне 首脳会談 | случа́йная ~ 偶然の出会い | организова́ть [устро́ить] серде́чную [торже́ственную] ~ у-(心からの) 盛大な [歓迎] を行う ② 《スポ》対戦, 試合 (マッチ, 競技会, соревнова́ние): вы́играть [проигра́ть] ~ у 試合に勝つ [負ける] | очередна́я ~ футболи́стов サッカーの定期戦 ③ В~ 《民俗》出迎えの日 (マースレニツァ週の月曜日) ◆ *Но́вого го́да* 新年を迎えるパーティー | *До ~ и!* さようなら (また会うときまで), それじゃまた | *Кака́я ~!* これは珍しい (久しぶりの再会)

**встреча́ть** [フストリェチャーチ] [不完] **/ встре́тить** [フストリェーチチ] -е́чу, -е́тишь, ... -е́тят 命 -е́ть 受過 -е́ченный [完] [meet, come across] ① 〈コ〉に会う, 出くわす ② 出迎える, 迎える: *Встреча́й меня́ в аэропорту́!* 空港に迎えに来てね! | *Но́вый год* 新年を迎える [祝う] ③ 迎える, 遇する: ~ госте́й раду́шным приёмом 客を歓迎する

**встреча́ться** [フストリチャーッツァ] [不完] **/ встре́титься** [フストリェーチッツァ]-е́чусь, -е́тишься, ... -е́тятся 命 -е́ться [完] [meet, encounter] ① 〈с コ〉と落ち合う, 会う; (親しく) 付き合う: *Мы встреча́лись ве́чером о́коло теа́тра.* 私たちは晩に劇場の近くで落ち合った | *Они́ на́чали встреча́ться в ию́не.* 彼らは7月から付き合い始めた ② 〈с コ〉に遭遇する: ~ с тру́дностями 困難に遭う ③ ... を発見する: *Учёным встре́тился но́вый вид хамелео́на.* 学者はカメレオンの新種を発見した ④ 集まる: *Мы встреча́емся в 5 (пять) и идём в кино́.* 私たちは5時に集合して映画を見に行く ⑤ 試合する ◆ ~ *глаза́ми* 目と目が合う | *Это ча́сто встреча́ется.* よくあることだ

**встре́чн|ый** [形1] [opposite, oncoming] ① 相対した: ~ *бой* 〈軍〉遭遇戦 | *-ое наступле́ние* 〈軍〉遭遇戦 | *марш* 〈軍〉歓迎行進曲 (軍楽隊による) ② こちらに向かってくる: *-ая волна́* 寄せる波 ③ 呼応する: ~ *план* 〈ソ連で〉国が策定した計画への対案 | ~ *иск* 〈法〉反訴 ◆ *-ый пе́рвый* 通りすがりの人, 赤の他人 | ~ *-попере́чный* 全ての人

**встро́енн|ый** 短 -ен, -ена [形1] 組み込まれた, 内蔵の: *-ая програ́мма* 〈IT〉ファームウェア

**встро́ить** [完] → встра́ивать

**встря́ска** 複生 -сок [女2] ① 《話》激しい振動, 衝撃 ② 《転》激しい動揺

**встря́ть** [完] → встреба́ть

**встряхну́т|ь** [不完] **/ встряхну́ть** -ну́, -нёшь 受過 -я́хнутый [完] 〈コ/囲〉... を上下 [左右] に振る; (ほこりなどを) 振り払う ② 激しく揺さぶる, 振動を起こさせる:

~ пла́тье от пы́ли 服のほこりを払う | *Война́ встряхну́ла ма́ссы.* 戦争は大衆に衝撃を与えた ② 《通例完》《話》〈人〉を元気付ける **// ~ся** [不完] [完] ① 体を揺すり動かす, 震えさせる ② 《通例完》《話》《囲》元気になる, 活気 [活動的] になる ③ 《完》気を休め, 気分転換する **// -ние** [中5]

**вступа́ть** [フストゥパーチ] [不完] **/ вступи́ть** [フストゥピーチ] -уплю́, -у́пишь, ... -у́пят 命 -и́ть [完] [enter, join] ① 〈в コ〉に入る; 参加する: *Войска́ вступи́ли в го́род.* 部隊が街に侵攻した | ~ в круг друзе́й 仲間に入る ② 《文》《抽象名詞と共に》〈в コ〉に入る, ... を始める: ~ в диску́ссию [спор] 議論 [論戦] に入る | ~ в брак 結婚する | ~ в до́лжность ... の任に就く | ~ в де́йствие [строй] 活動し始める | ~ в си́лу 有効になる | ~ 〈на コ〉始めに歩みのぼる ⑤ 〈完〉パートを演奏し始める **// ~ся** [不完] [完] 〈за コ〉を擁護する

**вступи́тельный** [形1] ① 入るための, 入学 [入社] の: ~ экза́мен 入試 | ② 導入の, 開始の: *-ое сло́во* 前書き | ~ звук 〈楽〉... の起動音

**вступи́ть(ся)** [完] → вступа́ть

**вступле́ние** [中5] [entry, joining] ① 〈文〉〈в コ〉に入ること, 始めること: ~ в брак 結婚する ② 序文, 序章 (↔ заключе́ние); 〈楽〉序曲

**встык** [副] 隙間なく

**всуе́** [副] 《文》無駄に

**всу́нуть** [完] → всо́вывать

**всухомя́тку** [副] 《話》(食事の) 汁物 [飲み物] なしで

**всуху́ю** [副] ① 油を塗らずに; 酒 (ウォッカ) を飲まないで ② 《スポ》0点で

**всу́чивать** [不完] **/ всучи́ть** -чу́, -чи́шь 受過 -у́ченный (-чен, -чена́), -чённый (-чён, -чена́) [完] 〈囲〉① 糸を撚 (よ) って編み込む ② 《俗》押しつける, 受け取らせる, 売りつける

**всхлип** [男1] 《話》むせび泣く [しゃくりあげる] 声

**всхли́пывать** [不完] **/ всхли́пнуть** -ну, -нешь 命 -ни [完] [一回] ① むせび泣く, しゃくりあげる

**всходи́ть** [フスハヂーチ] -хожу́, -хо́дишь 過 взошёл, взошла́ 能過 взоше́дший 副分 взойдя́ [不完] **/ взойти́** -йду́, -йдёшь [完] [ascend, rise] ① 歩いてのぼる; (煙・蒸気・霧が) 上へ行く: ~ на́ гору 山に登る ② (天体が) 地平線の上に昇る ③ (植物が) 芽を出す ④ 《話》(パン生地が) ふくらむ

**всхо́ды** -ов [複] 《農》発芽

**всхо́жий** [形6] 《農》(種が) 発芽する

**всхра́пывать** [不完] **/ всхрапну́ть** -ну́, -нёшь [完] [一回] ① 断続的にいびきをかく; (馬が) 鼻息を出す ② 《完》 少し眠る

**всыпа́ть** [不完] **/ всы́пать** -плю, -плешь -пешь, ... -плют -пят 受過 -анный [完] ① 〈コ〉《囲》粉状のものを撒き入れる: ~ со́ли в суп 塩をスープに入れる ② 《完》《話》〈囲〉を за〈囲〉のとがで罵倒する ◆ ~ *по пе́рвое число́* 厳しく罰する

**всю** [女性; 対格] < весь

**всю́ду** [フシュードゥ] [副] [everywhere] そこらじゅうに, あらゆる場所に: ~ су́ёт свой нос. 彼はどこにでも首を突っ込む

**вся** [女性; 主格] < весь

**вся́к|ий** [フシャーキィ] (形3変化) [代] 《定》 [any] ① どんな ... も: В~ раз одно́ и то́ же. いつでも同じことの繰り返しだ ② 様々な, あらゆる: *-ие кни́ги* いろんな本 | *Хо́дят тут -ие.* 〈蔑〉ここにはいろんなのがいるよねえ ③ ~ [男名] / *-ая* [女名], 誰でも; *В~ зна́ет.* 誰でも知っている ④ *-ое* [中名] 何でも, どんなことも ◆ *без -их* つべこべ言わずに | *без -ого труда́* 労力をかけずに | *без -ой по́льзы* 無駄に | *без -их за-*

**труднéний** 苦もなく

**всякó** [副]《俗》色々と

*****вскáчески** [副]〔in every way〕ありとあらゆるやり方で，八方手を尽くして

*****вскáческий** [形3]〔all kinds of〕《話》ありとあらゆる

**всячин|а** [女1]《話》様々なもの(の集まり)〔総体〕: **вскáкая ～ 多種多様なもの //-ка** [女2][指小]

**Вт** (略) втóрник

**втáйне** [副] こっそりと, 秘密に

**втáлкивать** [不完] / **втолкнýть** -нý, -нёшь 過 -óлкнутый [完][⟨他⟩を в⟨対⟩に押し込む

**втáптывать** [不完] / **втоптáть** -очý, -óпчешь 受過 -óптанный [完] ⟨他⟩を в⟨対⟩に足で押し込む, へこませる

**втáскивать** [不完] / **втащи́ть** втащý, втáщишь 受過 втáщенный [完] ⟨他⟩を в⟨対⟩へ) ①引きずって中へ運び入れる: ～ чемодáн в хóлл отéля スーツケースをホテルのロビーへ運び入れる ②引きずって下ろす

**втáчива|ть** [不完] / **втачáть** 受過 втáчанный [完] ⟨他⟩ (刺し縫いして)縫いつける **//-ние** [中5]

**втащи́ть** [完] →втáскивать

**втекáть** [不完] / **втéчь** втечёт, втекýт 命 втекú, втеклá 能過 втéкший 副分 втéкши [完] 流れ込む

**темáшивать** [不完] / **темáшить** -шу, -шишь 受過 -шенный [完] ⟨他⟩ ⟨他⟩⟨他⟩わからせる **//-ся** [不完]《俗》《蔑》頭にこびりつく

**втерéть(ся)** [完] →втирáть(ся)

**втéчь** [完] →втекáть

**втирáние** [中5] ①＜втирáть(ся) ②《集》皮膚に塗るもの；塗り薬, 軟膏

**втирáть** [不完] / **втерéть** вотрý, вотрёшь 過 втёр, -рла 能過 втéрший 受過 втёртый 副分 втéрши [完] ⟨他⟩⟨他⟩に擦り込む, 塗って浸透させる: ～ мазь в кóжу 軟膏を皮膚に塗る ②《俗》(不正・策略によって)送り込む ◆～ очкú ⟨与⟩ よく見せかけてだます

**втирáться** [不完] / **втерéться** вотрýсь, вотрёшься 過 втёрся, -лась 能過 втéршийся 副分 втéршись [完] ①⟨в⟨対⟩⟩に塗られて浸透する ②《話》(不正・策略によって)入り込む, (望ましくないことが)いつの間にか入り込む ◆～ в довéрие к ⟨与⟩ …にうまく取り入って信頼を得る

**втискивать** [不完] / **втиснуть** -ну, -нешь 過 -ни 受過 -тый [完]《話》⟨他⟩を в⟨対⟩へ / мéжду⟨造⟩の間に)(狭いところへ)押し込む; (満員のところへ)手伝って押し入れる **//~ся** [不完]《話》⟨в⟨対⟩へ / мéжду⟨造⟩の間に)(狭いところへ)何とか入り込む

**втихаря́** [副]《俗》こっそりと, 他人に気づかれずに

**втихомóлку, втихýю** [副]《俗》= втихаря́

**ВТБ** [ヴェテベー] (略) Внешторгбáнк: Бáнк ～ VTB 銀行(旧外国貿易銀行)

**ВТО** [ヴェテオー] (略) Всемúрная торгóвая организáция 世界貿易機関, WTO; Всемúрная турúстическая организáция 世界観光機関, UNWTO

**втолкнýть** [完] →втáлкивать

**втолкóвывать** [不完] / **втолковáть** -кýю, -кýешь -óванный [完]《話》⟨他⟩を ⟨与⟩に説明して理解させる

**втопи́ть** -плю́, -пишь [完]《車》ぶっ飛ばす, 猛スピードで行く

**втоптáть** [完] →втáптывать

*****вторгáться** [不完] / **втóргнуться** -нусь, -нешься 過 -óргся, -óрглась 能過 -гшийся 副分 -гшись [完]〔invade〕⟨в⟨対⟩⟩ ①⟨無理矢理⟩侵入する: ～ на чужýю территóрию 他国の領土に侵入する ②無遠慮に介入する: ～ в чужýю жизнь 他人の生活に干渉する ③広く普及する ④強い興味を抱く

*****вторжéние** [中5]〔invasion〕⟨в⟨対⟩への⟩侵入, 干渉

**вторúть** -рю, -ришь [不完] ⟨与⟩ ①⟨言葉などを⟩繰り返す, 再現する ②…に完全に賛成する

**вторúчно** [副] 再び, 繰り返して

*****вторúчн|ый** 短 -чен, -чна [形1]〔second, secondary〕①⟨長尾⟩2度目の; 再度の; 再利用の: ～ рынок 仲介者が売っている市場 | -ая перерабóтка 再利用, リサイクル | -óе сырьё リサイクル資源 ②⟨長尾⟩第2期の ③二次的な; 副次的な: -ые половúе прúзнаки 第2次性徴 **//-ость** [女10]

**втóрник** [フトールニク] [男2]〔Tuesday〕火曜日(略 Вт, вт): во ～ 火曜日に | кáждый ～ = по -ам 毎週火曜日に ■ **Велúкий (Страстнóй)** ～ 《正教》聖大火曜日(復活大祭前の火曜日) **/ втóричный** [形1]

**вторó..** [語形成]「第2の」「2番目の」

**второгóдни|к** [男2] **/ -ца** [女3] 落第生, 留年生

**второгóдничество** [中1] 落第, 留年

**■вторóе** [フタローエ] (形2変化) [中名]〔main cource〕①(コース料理で)メインディッシュ: На ～ у нáс сегóдня котлéты. 今日のうちのメインディッシュはメンチカツです ②《話》(2つ挙げたうちの)後者

**■вторóй** [フタローイ] [形2]〔second〕①⟨序数⟩第2の, 2番目の: -óе сентября́ 9月2日 | -óго клáсса 2等の | -óго разря́да 二流の | заня́ть -óе мéсто 2位になる | чéтверть -óго 1時15分 **/ -óе** [中名] ①= вторóе ②**-áя** [女名] 2分の1 (-áя чáсть (дóля), половúна): однá -áя 2分の1 | пять -ы́х 2分の5 ◆из -ы́х рук (1)人づてに, 間接的に (2)中古で

**второклáсcни|к** [男2] **/ -ца** [女3] (小学校)2年生

**второклáсcный** [形1] ①(小学校)2年生の ②《廃》二流の

**второкýрсни|к** [男2] **/ -ца** [女3] (大学)2年生

**второпя́х** [副]《話》急いで, あわてふためいて

**второразря́дный** [形1]《話》二流の; 平凡な

**второсóртн|ый** 短 -тен, -тна [形1]《話》二流の; 平凡な **//-ость** [女10]

*****второстепéнн|ый** 短 -éнен, -éнна [形1]〔secondary〕2次的な, 副次的な: -ые члéны предложéния《言》文の二次的成分《話》二流の

**вторсырьё** [中4]《話》《集》再利用可能な廃材〔製品〕(вторúчное сырьё, утúль)

**втрáвливать** [不完] / **втрáвить** -авлю́, -áвишь 受過 -áвленный [完]《狩》《狩猟用の犬·鳥に》狩り出しを教え込む ②《俗》…を⟨悪事に⟩引き込む

**втрéскиваться** [不完] / **втрéскаться** [完]《俗》⟨в⟨対⟩⟩…にすっこんだ込み, …のことが(突然·激しく)好きになる

**в-трéтьих** [フトリェーチイフ] [副]〔thirdly〕〔挿入〕第3に: В-, это запрещенó. 第3に, これは禁止されている

**втридóрога** [副]《話》3倍の値段で

**втрóе** [副] 3倍に; 3分の1: ～ дорóже 3倍高値で

*****втроём** [副]〔three together〕3人で

**втройнé** [副] 3倍で; 《話》ずっと多く

**втуз** [男1] 高等技術学校 (вы́сшее технúческое учéбное заведéние)

**втýлка** 複生 -лок [女2]〔工〕(機械部品の)ブッシュ, スリーブ, 栓 **/ втýлочный** [形1]

**втýне** [副]《文》結果が得られずに, 無駄に

**в т.ч.** в тóм числé で

**вты́к** [男2]《俗》大目玉, 厳しい叱責: сдéлать [получúть] ～ 大目玉を食らわす〔食らう〕

**втыкáть** [不完] / **воткнýть** -нý, -нёшь 受過 вóткнутый [完] ⟨他⟩を в⟨対⟩に) ①突き刺す ②(穴·繋け目に)はめる, 入れる; (狭いところへ)押し込む: ～ вúлку в розéтку プラグを差し込み口に入れる ③《俗》⟨与⟩に(言葉・嘲笑などで)ぐさっとやる **//~ся** [不完] 突

**втыка́ться** [不完] / **втю́риться** -рюсь, -ришься [完] 〔通例不完〕《俗》〈в団に〉① 偶然落ちる;〈困難な状態に〉陥る ② 〈激しく〉恋に落ちる

**втю́хивать** [不完] / **втю́хнуть** [完]《若者》〈в団を〉...売ってもらえる

**втя́гивать** [不完] / **втяну́ть** -яну́, -я́нешь 受過 втя́нутый [完] ① 引き上げる, 引き込む: ~ ло́дку на бе́рег ボートを岸に引き上げる ② 〈頰・お腹を〉へこませる,〈空気を〉吸い込む ③ 〈в団に〉引きずり込む: ~ в спо́р 口論に巻き込む

**втя́гиваться** [不完] / **втяну́ться** -яну́сь, -я́нешься [完] ① 〈в団〉…に徐々に入る, 深く入り込む; (道が)…へ延びている ② (頰・腹などが)中に引っ込む, 落ちくぼむ ③ 《話》〈в団に〉参加し始める; 慣れる

**втяжно́й** [形2]《機》吸い込み式の

**втя́нутый** 短 -ут [形1] (頰・腹が)落ちくぼんでいる

**втяну́ть(ся)** [完] → втя́гивать(ся)

**вуайери́зм** [男1]《医》窃視症

**вуайери́ст** 窃視症の人

**вуале́тка** 複生 -ток [女2] (婦人用の帽子に付ける)小さな短いベール

**вуали́ровать** -рую, -руешь 受過 -анный [不完] / **за-** [完]〈в団〉ベールで覆う, 隠蔽する

**вуа́ль** [女10] ① ベール ②《写》(ネガ・印画紙の)かぶり

*  **вуз** [ヴース] [男1] 大学 (вы́сшее уче́бное заведе́ние) (★ университе́т, институ́т, акаде́мия, консервато́рия の総称; 日本の高等専門学校, 短期大学含まず): В э́тот ~ всегда́ большо́й конку́рс. この大学の入試はいつも競争率が高い **//-овский** [形3]

**вулка́н** [男1] 火山: изверже́ние $-а$ 火山の噴火
◆ **жить (как) на ~е** 不安(危険)な暮らしをする
■ **де́йствующий** — 活火山, **поту́хший** — 死火山

**вулканизи́ровать** -зую, -зуешь [不完・完]〈団〉加硫する **//-ние** [中5]

**вулкани́зм** [男1]《地質》火山活動

**вулкани́ческ|ий** [形3]《地質》火山の: ~ пе́пел 火山灰 / -ие поро́ды 火山岩 / -ое землетрясе́ние 火山性地震 / ~ ку́пол 溶岩ドーム / о́стров $-ого$ происхожде́ния 火山起源の島

**вулкано́лог** [男2] 火山学者

**вулканоло́гия** [女9] 火山学

**вульгаризи́ровать** -рую, -руешь [不完・完]〈団〉通俗化する, 卑俗化する **//-а́ция** [女9]

**вульгари́зм** [男1] (標準文章語で使われる)卑俗な語 [表現]

**вульга́рн|ый** 短 -рен, -рна [形1] 卑俗な, 低級な: ~ вкус 低級な趣味 ■ **- материали́зм** 《哲》俗流唯物論 **//-ость** [女10]

**вундерки́нд** [э] [男1] 神童

**вурдала́к** [男2] 吸血鬼(вампи́р)

**ВФ** [ヴェーエフ] [略] возду́шный флот 空軍

* **вход** [フホート] [男1] (↔вы́ход) [entry, entrance] ① 入場, 入ること: пла́та за ~ 入場料 | ~ свобо́дный 入場料[無料] | ~ воспрещён 立ち入り禁止
② 入り口: ~ в дом 家の入り口 | встре́титься у $-а$ 入り口で待ち合わせをする | предъявля́ть биле́т на $-е$ 入り口で入場券を見せる
◆〔IT〕入力, インプット: на ~е 入力時に
◆ **знать все ~ы и вы́ходы** 一部始終を知っている; 何にでも通暁している | **зайти́ с чёрного $~а$ [хо́ду]** 裏口から入る (2)法の網目をかいくぐる

* **входи́ть** [フハヂーチ] -ожу́, -о́дишь, … -о́дят 命 -оди́ [不完] / **войти́** (ヴァイチー) войду́, войдёшь, … войду́т, войду́т, войдёт, … войду́т, войду́т, войду́т [完] (↔выходи́ть) 〈в団に〉① 入る: ~ в дом 建物に入る
② 入る, 加わる: ~ в коми́ссию 委員会に入る
③ 入る, 収まる: (ある状態に)なる: Сло́во не вошло́ в слова́рь. その単語は辞書に収録されなかった | ~ в конта́кт 連絡をとる | ~ в употребле́ние 使われるようになる

◆ **~ в положе́ние** 団 …の立場を理解する

* **входно́й** [形2] [entrance] 入り口の; 入力の: ~ биле́т 入場券 | $-а́я$ дверь 入り口のドア

**входя́щий** [形6] входя́щий (↔ исходя́щий): $-а́я$ по́чта 〔IT〕(メールの)受信箱

**вхожде́ние** [中5] 入ること, 参入, 参加

**вхо́ж|ий** 短 вхож [形6]: быть $-им$ в 団 [к 団] … に容認された, 広く受け入れられた, …と親しい

**вхолосту́ю** [副] 効果なしに: рабо́тать ~ (機械が)空回りする

**ВЦ** [ヒェツェー] [略] вычисли́тельный центр 計算センター

**вцепля́ться** [不完] / **вцепи́ться** -еплю́сь, -е́пишься [完]《話》〈в団に〉しがみつく, すがりつく

* **вчера́** [フチラー] [副] (不変) [中] [yesterday] きのう, 昨日; この間, 先ణ: ~ у́тром (днём, ве́чером) 昨朝[きのうの昼, きのうの晩] | В~ был четве́рг. きのうは木曜日だった(★ 主語は曜日) | В~ был ученико́м, а сего́дня — уже́ ма́стер. この間は見習いだったのに, 今はもう親方だ | вчера́ — я (= прош.) (★名詞以外のものを名詞扱いするときは中性扱い)

**вчера́сь** [副]《俗・方言その他》

* **вчера́шн|ий** [フチラーシニイ] [形8] [yesterday's] きのうの; 過去の; 廃れた: ~ день 昨日 | $-ие$ шко́льники きのうの小学生 | $-яя$ мо́да 廃れたモード[流行]
◆ **иска́ть ~ день [$-его$ дня]**《俗》むないもの, 取り戻せないものを取り戻したいと思う
**// по-вчера́шнему** [副] きのうのまま, 昨日同様に

**вчерне́** [副] 下書きで, あらかた: Прое́кт гото́в ~. 草案の下書きはできている

**вче́тверо** [副] 4倍; 4分の1

**вчетверо́м** [副] 4人で

**в-четвёртых** 〔挿入〕 [副] 第4に

**вчисту́ю** [副]《話》完全に, きれいさっぱり

**вчи́тываться** [不完] / **вчита́ться** [完]〈в団を〉読み込む, 熟読する

**ВЧК** [ヴェチェカー] [略] Всеросси́йская чрезвыча́йная коми́ссия《史》全ロシア非常委員会

**вше́стеро** [副] 6倍; 6分の1

**вшестеро́м** [副] 6人で

**вшива́ть** [不完] / **вшить** вошью́, вошьёшь 命 вшей 受過 -тый [完]〈в団を в団に〉縫い込む: ~ рука́в в руба́шку シャツに袖を縫いつける **// вши́вка** 複生 -вок [女2]

**вшивно́й** [形2] 縫いつけられた

**вши́вый** [形1] シラミ(вошь)だらけの

**вширь** [副] 広く広がって

**вшить** [完] → вшива́ть

**въ..** (接頭) → в..

**въеда́ться** [不完] / **въе́сться** -е́мся, -е́шься, -е́стся, -еди́мся, -еди́тесь, -едя́тся 命 -е́шь 過 -е́лся, [完] 〈в団に〉染み込む, こびりつく

**въе́дливый** [形1] ① 浸透性の, 刺激性の ② 口やかましい

**въе́дчивый** [形1] = въе́дливый

**въезд** [男1] 乗り入れ; 乗り入れ口; (自動車道路の)合流: ~ в страну́ 入国 | ~ запрещён 進入禁止 (交通標識)

**въездно́й** [зн] [形2] 乗り入れのための: $-а́я$ ви́за 入国ビザ

* **въезжа́ть** [жж] [不完] / **въе́хать** -е́ду, -е́дешь 命

**въесться** [完] →въеда́ться

**въе́хать** [完] →въезжа́ть

**вы** [ヴィー] вас, ва́м, вас, ва́ми, вас [代]《人称》(you)《2人称複数；単数はты》あなた(★1人の相手に対する敬意・遠慮を表す丁寧な表現：手紙やメールでは大文字のВыとする)；あなたがた，君たち：Что с ва́ми? どうなさいましたか | Ва́м пло́хо? 気分が悪いのですか

◆**на «вы»** 尊称で，ты ではなく вы で：обраща́ться на «вы» 尊称で接する | *переходи́ть на «вы»* 親称から尊称に代える | *бы́ть на «вы»* с 圏《人と》尊称で会話する：Он с тобо́й *на «вы»*? 彼は君とは尊称で話しているの

**вы..** [接頭]【動詞】(★完了体動詞は必ず вы- にアクセントがある)①「完全に」達成する | выч.. выучить 習得する | выяснить 解明する ②「内から外へ」出る，出す；выйти 出る | выгнать 追い出す ③「外す」除去する；вывинтить ひねって抜く ④「-ся動詞」「十分に」「存分に」：выспаться ぐっすり眠る

**выба́лтывать** [不完] / **вы́болтать** [完]《話》〈圏〉口を滑らす：～ секре́т 秘密を漏らす

*выбега́ть [不完] / вы́бежать -егу, -ежишь, -егут 命 -еги [run out] 走り出る，飛び出す：～ из до́ма [из дому] 家を飛び出す

**вы́белить** [完] →бели́ть

*выбива́ть [不完] / вы́бить -бью, -бьешь 命 -бей 受過 -тый [完] [knock out] 〈圏〉①(叩いて)取り除く，たたき出す：～ сте́ну 壁を取り除く | ～ врага́ из го́рода 敵を街から叩き出す | ～ ковёр 絨毯を叩いてほこりを落とす ②刻印して作る：～ на́дпись на ка́мне 石に文字を刻む ③《話》伝票を打つ ④《俗》(苦労して)手に入れる ◆~ **из коле́и** 調子を狂わせる，脱線させる | **по́чву из-под но́г у** 田…の基盤を奪う，自信を失わせる

**выбива́ться** [不完] / **вы́биться** -бьюсь, -бьешься 命 выбейся [完]〈из圏〉から〉①やっと抜け出る：～ из толпы́ 人込みから抜け出る ②はみ出る，〔不完〕〔受身〕 ◆~ **из си́л** 力尽きる | **~ из гра́фика** 作業予定を破る | **~ из коле́и** 正道からはずれる | **~ в лю́ди** 世の中へ出る，出世する

*выбира́ть [ヴィビラーチ] [不完] / **вы́брать** [ヴィーブラチ] -беру, -берешь 命 -бери 受過 -анный [完]〔choose, select〕〈圏〉①選ぶ，選り分ける：【コン】〈文字列を〉選択する：～ те́му для дипло́мной рабо́ты 卒業のテーマを選ぶ | ～ сори́нки из я́год ノイチゴからごみを選別する ②選挙の，〈圏〉に選出する：～ председа́теля 議長を選出する〈時間を得る，見つける〉：～ вре́мя 暇を見つける ◆*выбира́ть не прихо́дится* 選択の余地がない，選ぶ必要がない

*выбира́ться [不完] / **вы́браться** -берусь, -берешься [完]〔get out〕①やっと抜け出る：～ из ле́са на доро́гу 森を抜けて道に出る ②引っ越す ③《話》時間をかけて行く ④《話》(時間などが)見つかる ⑤〔不完〕〔受身〕〈 выбира́ть

**вы́бить(ся)** [完] →выбива́ть(ся)

**вы́боина** [女1] (道路の)穴，へこみ，くぼみ

**вы́болтать** [完] →выба́лтывать

*вы́бор [ヴィーバル] [男1]〔choice, selection〕①選択，選定(されたもの)：останови́ть свой ～ на 圏 …を選ぶ，選びすぎる，厳選する | нет ино́го ~а, как ... ～するより仕方がない | по ~у 選択によって | ～ пал на 圏 …に白羽の矢が立った | де́лать плохо́й ～ 選択を誤る ②〈単〉(商品などの)品数：большо́й ～ това́ров 豊富な品ぞろえ ③〈複〉選挙：～ы президе́нта 大統領選挙 | ~ы в госуда́рственную ду́му 下院議員選挙 | досро́чные ~ы 任期満了前の選挙 | повто́рные [дополни́тельные] ~ы 再[補欠]選挙

◆**без ~а** 無差別に，選り好みせずに | **на ~** よりどり

**вы́борка** 複生 -рок [女2]〈圏〉抜粋，引き揚げ ②〈統計〉標本，サンプル

**вы́борность** [女10] 選任制：～ суде́й 判事の選出

**вы́борн|ый** [形1]①選挙による：-ая до́лжность 選出制の役職 ②[男名]選出者，代表者 ③《楽》(バヤン(баян)などで)フリーベースの(↔гото́вый)：-ая клавиату́ра フリーベース

**вы́борочн|ый** [形1]抜き取りによる：-ое обсле́дование 抜取り調査

**вы́борщи|к** [男2] **/-ца** [女3] (間接選挙の)選挙人，選出者

**выбрако́вывать** [不完] / **вы́браковать** -кую, -куешь [完]〈圏〉不良品(бра́к)を取り除く

**выбрани́ть(ся)** [完] →брани́ть(ся)

*выбра́сывать [ヴィブラースィヴァチ] [不完] / **вы́бросить** [ヴィーブラシチ] -ошу, -осишь, ..., -осят 命 -ось/-ось 受過 -ошенный [完]〔throw out〕〈圏〉①投げ出す，投げ捨てる：～ нену́жные ве́щи いらないものを捨てる ②掲げる：～ бе́лый флаг 降伏する ③放出する：Вулка́н *вы́бросил* столбы́ пе́пла. 火山が噴煙を上げた | ～ това́ры на ры́нок 商品を市場に出す ④《俗》捨てる，解雇する：～ щенка́ на у́лицу 犬を捨てる

◆**~ де́ньги (на ве́тер)** 無駄遣いをする，浪費する | **~ из головы́ [па́мяти]** 忘れようとする

**выбра́сываться** [不完] / **вы́броситься** -ошусь, -осишься [完]①飛び降りる，飛び出す，飛び込む：～ с парашю́том パラシュートで飛び降りる ②飛び散る(船が岸に)乗り上げる ④〔不完〕〔受身〕〈 выбра́сывать

**вы́брать(ся)** [完] →выбира́ть(ся)

**выбрива́ть** [不完] / **вы́брить** -рею, -реешь [完]〈圏〉剃り上げる **//-ся** [不完] / [完] 自分のひげを剃り上げる

**вы́брос** [男1]①(ガス，蒸気，放射エネルギーなどの)放出，噴出，排出：радиа́ции с АЭС 原発からの放射性物質の放出 ②〈複〉排出物質，放出物 ③《フィギュア》スローオジャンプ

**вы́бросить(ся)** [完] →выбра́сывать(ся)

**выбыва́ние** [中5]〈スポ〉予選

**выбыва́ть** [不完] / **вы́быть** -буду, -будешь [完]〈官庁〉転出[退職，退学]する，退職する **// выбы́тие** [中5]

**выва́ливать** [不完] / **вы́валить** -лю, -лишь [完]《話》〈圏〉放り出す，転がって落とす **//-ся** [不完] / [完] 転げ落ちる；《俗》(群衆が)どっと外に出る

**выва́ривать** [不完] / **вы́варить** -рю, -ришь 命 -ри 受過 -ренный [完]〈圏〉①煮て作る：～ со́ль из морско́й воды́ 海水を煮詰めて塩を取り出す ②よく煮る；煮する

**выведе́ние** [中5] 連れ出し，追放，導出：～ пя́тен 染み抜き

**выве́дывать** [不完] / **вы́ведать** 受過 -анный [完]〈圏〉探り出す，嗅ぎつける

**вы́везти(сь)** [完] →вывози́ть

**вы́верить** [完] →выверя́ть

**вы́верка** 複生 -рок [女2] (綿密な)チェック，点検

**вы́вернуть(ся)** [完] →выве́ртывать(ся)

**вы́верт** [男1] 不自然に格好つけた身のこなし；奇言，奇行

**выве́ртывать** [不完] / **вы́вернуть** -ну, -нешь 命 -ни 受過 -тый [完]〈圏〉①回して外す：～ ви́нт ねじ

を外す ② 裏返す: ～ карма́ны ポケットを裏返す ③《話》捻る、くじく、脱臼する: ～ ки́сть〈人の〉手首をくじる **∥ -ся**［不完］／［完］①（ねじなどが）抜ける ② 裏返しになる ③《話》(自分の手首などを) 捻る、脱臼する

**вы́верить**［完］→выве́шивать

**вы́веска|а** 複生-сок［女2］ 看板: пове́сить -у看板を出す ②《話》うわべ、見せかけ: под -ой 田〈蔵〉…を装って

**вы́вести(сь)**［完］→выводи́ть(ся)

**выве́тривание**［中5］①〈地質〉風化 ② 風に当てること

**выве́тривать**［不完］／**вы́ветрить** -рю,-ришь 命-ри 受過-ренный［完］①〈地質〉風化させる ② 風に当てて消す: ～ за́пах 臭いを消す **∥ -ся**［不完］／［完］①〈地質〉風化する ② 風に当たって消える；(記憶から) 消え去る

**выве́шивать**［不完］／**вы́весить** -ешу,-есишь 受過-ешенный［完］① 外につるす、〈旗〉を掲げる ②（お知らせを）掲示する、貼り出す

**вывинчивать**［不完］／**вы́винтить** -нчу,-нтишь命-нти受過-нченный［完］〈ねじなど〉を回して抜く〔外す〕

**вы́вих**［男2］〈医〉脱臼；《話・戯》ねじれ、異常

**вывихивать**［不完］／**вы́вихнуть** -ну,-нешь 命-ни［完］〈医〉脱臼させる: ～ себе́ но́гу 足を脱臼する

\***вы́вод**［ヴィーヴァト］［男1］〔conclusion〕① 結論、帰結: де́лать ～ 結論を下す│приходи́ть к -у 結論にいたる ② 撤退、引揚げ ③〔工〕出力、アウトプット

\***выводи́ть**［ヴィヴァヂーチ］-ожу,-о́дишь 命-оди́［不完］／**вы́вести**［ヴィーヴィスチ］-еду,-едешь 命-еди 過-ел,-вела 受過-еденный 副分-едя［完］〔lead out, bring out〕〈図〉① 連れ出す、引き出す: ～ дете́й на прогу́лку 子どもたちを散歩に連れ出す│～ войска́ изве́тки 軍隊を駐屯地から引き揚げる│Шоссе́ вы́вело к ле́су. 街道を行くと森に出た

② 除名する、外す: ～ из соста́ва коми́ссии 委員会から除名する

③《из田》〈ある状態から〉逸脱させる: ～ реа́кторы из эксплуата́ции 原子炉を廃炉にする

④ 除去する、駆除する

⑤（結論などを）導き出す: Из ска́занного мо́жно ～, что … 上記のことから…という結論が導き出せます

⑥〈ひなを〉孵す、産む、栽培する

⑦ 建てる、築く ⑧ 丹念に描く

◆～ **в лю́ди**〈人を〉世間へ出す│**～ нару́жу** 明るみに出す│**～ из себя́** …を激怒させる、かっとさせる│**～ из стро́я** 戦力外通告をする│**～ на чи́стую во́ду** 暴露する、正体を暴く

**выводи́ться** -о́дится［不完］／**вы́вестись** -едется（《3人称》）①（習慣などが）廃れる、絶える ② なくなる、いなくなる: Пятно́ вы́велось. 染みが消えた ③（鳥・虫などが）かえる、生まれる ④《不完》〔受身〕<выводи́ть>

**вы́водка**［女2］孵化

**вы́воз**［男1］運び〔連れ〕出すこと、搬出、輸出（↔вво́з）、出荷

\***вывози́ть** -ожу́, -о́зишь［不完］／**вы́везти** -зу, -зешь 過-ез,-езла 過-зший 受過-зенный 副分-езя［完］〔take out, export〕〈図〉①（乗物で）連れ出す、運び出す（〈経〉輸出する〈эксполти́ровать〉）: ～ дете́й за́ город 子どもたちを郊外に連れ出す│～ това́ры из страны́ 商品を輸出する ②《話》(苦境から) 救い出す **∥ -ся**［不完］-сь ①《話》財産をまとめて立ち退く ②《不完》〔受身〕

**вы́возка**［女2］搬出

**вывозно́й**［形1］ 搬出の、輸出の: ～ това́р 輸出品

**выволакивать**［不完］／**вы́волочь** -локу, -лочешь 命-локи 過-лок, -локла［完］《俗》〈図〉引きずり出す

**вы́волочка**［女2］《話》お仕置き、叱責

**вывора́чивать**［不完］／**вы́воротить** -рочу, -ротишь 命-ти 過-роченный［完］〈図〉① = вывёртывать ②（曲がり角から）飛び出す ③ = вывора́чивать ◆**～ ду́шу (наизна́нку) пе́ред** 圖 …に本音を言う〔吐く〕

**вы́воротный**［形1］ 裏返しの；〈印〉反転の: ～ шрифт 白黒反転フォント

**вывя́зывать**［不完］／**вы́вязать** -яжу,-яжешь 命-яжи 受過-анный［完］編んで作る

**выга́дывать**［不完］／**вы́гадать**［完］〈図〉節約する: вре́мя 時間を節約する

**вы́гиб**［男1］ 湾曲部、屈曲部

**выгиба́ть**［不完］／**вы́гнуть** -ну,-нешь 命-ни 受過-гнутый［完］弓形に曲げる、湾曲させる: ～ спи́ну背をそらす **∥ -ся**［不完］／［完］弓形に曲がる、湾曲する

**вы́гладить**［完］→гла́дить

\***вы́глядеть**[1]［ヴィーグリヂチ］-яжу,-ядишь, … -ядят［不完］〔look (like)〕見える、様子をしている: Вы хорошо́ вы́глядите. お元気そうですね；（社交で）今日もすてきですね│Как она́ вы́глядит? 彼女はどんな外見をしてますか│Он мо́лодо вы́глядит. 彼は若く見える

**вы́глядеть**[2] -яжу, -ядишь 命-яди［完］《話》〈図〉嗅ぎつける、見つける

**вы́гля́дывать**［不完］／**вы́глянуть** -ну, -нешь 命-ни［完］〈図〉① 覗く ② 姿を見せる

**вы́гнать**［完］→выгоня́ть

**вынива́ть**［完］／**вы́гнить** -нию,-ниешь［完］腐って駄目になる

**вы́гнутый**［形1］①〔受過〕＜вы́гнуть ② 曲がった、凸面の

**вы́гнуть(ся)**［完］→выгиба́ть

**выгова́ривать**［不完］／**вы́говорить** -рю, -ришь 命-ри 受過-ренный［完］〈図〉①（声に出して）言う: Он не мог вы́говорить ни сло́ва. 彼は一言も口にできなかった ② 留保する ③《不完》《話》〈属〉を叱る、たしなめる **∥ -ся**［不完］／［完］①《話》言い尽くす、思っていることを全て言う ②《話》発音される、述べられる ③《不完》〔受身〕

\***вы́говор**［男1］〔reprimand, accent〕① 叱責、注意、処分: стро́гий ～ 厳しい処分 分処分 ② 発音

**вы́говорить(ся)**［完］→выгова́ривать

\***вы́год|а**［女1］〔profit, advantage〕利益、得；(通例複)メリット: получа́ть〈извлека́ть〉-у 利益を得る

**вы́годно**〔advantageously〕①〔副〕有利に ②〔無人述〕利益になる

\***вы́годн|ый**［ヴィーガドヌィ］ 短-ден,-дна［形1］〔advantageous〕① 有利な、得になる: ～ догово́р 得な契約 ◆**предста́вить в -ом све́те** よいところだけを見せる

**вы́гон**［男1］①（家畜の）追い出し ② 放牧地

**вы́гонка**［女2］① 促成栽培 ② 蒸留: ～ спи́рта アルコールの蒸留

**выгоня́ть**［不完］／**вы́гнать** -гоню,-гонишь 命-гони 受過-анный［完］〈図〉①〔drive out〕追い出す、追い立てる: ～ скот в по́ле 家畜を放牧地に追い立てる│～ с рабо́ты クビにする│～ из университе́та 大学を退学させる ② 促成栽培する ③《俗》蒸留する **∥ -ся**［不完］〔受身〕

**выгора́живать**［不完］／**вы́городить** -рожу, -родишь 命-ди 過-роженный［完］〈図〉① 柵で囲う、仕切る ② かばう、弁護して救う

**выгора́ть** [不完] / **вы́гореть** -рю, -ришь [完] ① 燃え尽きる，(火事で)焼ける ② 色があせる，変色する: Во́лосы вы́горели на со́лнце. 髪が日焼けして変色した ③ [完] [話] うまくいく: Де́ло не вы́горело. うまくいかなかった

**вы́городить** [完] →выгора́живать

**вы́гравировать** [完] →гравирова́ть

**выгреба́ть** [不完] / **вы́грести** -бу, -бешь 命 -би 過 -еб, -ебла [完] ① [он] かき出す: ~ му́сор ごみをかき出す ② (船で)漕ぎ出す

**выгребн|о́й** [形1] かき出すための: -а́я я́ма 汚物溜め

**вы́грести** [完] →выгреба́ть

**выгружа́ть** [不完] / **вы́грузить** -ужу, -узишь 命 -узи 受過 -уженный [完] 〈он〉〈荷を〉おろす: ~ бага́ж из маши́ны 車から荷物をおろす **‖ ~ся** [完] ① 荷おろしする ② (多くの人が)下船[下車]する

**вы́грузка** [女2] ① 荷おろし ② 下船，下車

**выгрыза́ть** [不完] / **вы́грызть** -зу, -зешь 過 -ыз, -ызла 受過 =зенный [完] 〈он〉かじって穴を開ける

**вы́гул** [男1] 放牧；散歩: ~ соба́к 犬の散歩

**выгу́ливать** [不完] / **вы́гулять** [完] 〈он〉〈ペットを〉散歩に連れ出す **‖ ~ся** [不完] / [完] (家畜が)牧草地で肥え太る

*****выдава́ть** [ヴィダヴァーチ] -даю́, -даёшь 命 -ва́й [不完] / **вы́дать** [ヴィーダチ] -дам, -дашь, -даст, -дадим, -дадите, -даду́т 命 -дай 受過 -данный [完] [issue, produce] ① (組織，役所が)交付する，発給する，出す，与える，引き渡す: ~ ви́зу [па́спорт, про́пуск] ビザ[パスポート，通行証]を発給する | Кем вы́дан докуме́нт? 身分証はどの部署の発行か | ~ зарпла́ту 給料を支給する | ~ престу́пника 犯罪者を引き渡す
② (実態を)明かす，さらけ出す，(敵に)売る: ~ секре́т 秘密を明かす | ~ дру́га 友人を裏切る
③ 偽る，見せかける: ~ себя́ за писа́теля 作家のふりをする
④ 製造する，産出[生産]する，産み出す
⑤ [俗] 意外なことをいう[やる]
◆ **~ себя́ (с голово́й)** 正体を現す，本心をさらけだす | **~ (за́муж)** 嫁にやる

**выдава́ться** -даю́сь, -даёшься 命 -ва́йся [不完] / **вы́даться** -дамся, -дашься 命 -дайся [完] ① 突き出る，張り出す ② [話] (時・天候が)…となる: Вы́дался хоро́ший денёк. 好天に恵まれた ③ [話] 抜きん出ている，秀でている ④ 〈в он〉に似ている ⑤ [不完] [受身] →выдава́ть

**выда́вливать** [不完] / **вы́давить** -влю, -вишь 命 -ви 受過 -вленный [完] 〈он〉① 搾り出す: ~ лимо́н レモンを搾る ② [話] 無理に表情[言葉]に出す: ~ улы́бку 作り笑いをする ③ 押して壊す ④ 押して[印を]付ける

**выда́ивать** [不完] / **вы́доить** -ою, -оишь 命 -ои 受過 оенный [完] 〈он〉〈乳を〉搾る；搾り取る

**выда́лбливать** [不完] / **вы́долбить** -блю, -бишь 命 -би 受過 -бленный [完] 〈он〉① くり抜く，くり抜いて作る ② [俗] 暗記記する

**выда́ть(ся)** [完] →выдава́ть(ся)

*****вы́дач|а** [女4] [giving, issuing, production] ① 引渡し，交付，支給: да́та ~и 交付日 | subsidy за ~у нали́чных (де́нег) [金融] 現金引出し手数料 ② 産出，生産 ③ 暴露，漏えい ④ 交付金，支給額

*****выдаю́щийся** [ヴィダユーッシィシャ] [形6] [prominent] 抜きんでた，優れた，秀でた: ~ писа́тель 大作家，文豪

*****выдвига́ть** [不完] / **вы́двинуть** -ну, -нешь 命 -ни/-нь 受過 -тый [完] [move [pull] out] 〈он〉① 押し出す，引き出す: ~ вперёд 前進させる ② 起案する，提出する: ~ законопрое́кт 法案を提出する ③ 抜擢する: ~ кандидату́ру на пост мини́стра ～を大臣に起用する ◆ **~ на пе́рвый пла́н** 先頭に据える，最先端に置く

**выдвига́ться** [不完] / **вы́двинуться** -нусь, -нешься 命 -нись/-ньcя [完] ① (前・外に) (押されて)出る，突き出る ② 頭角を現す ③ [不完] [受身] 可動式である，動く ④ [不完] [受身] →выдвига́ть

**выдвиже́нец** -нца [男3] / **-ка** 複生 -нок [女2] [皮肉] (ソ連時代の) 優良労働者

**выдвиже́ние** [中5] ① 提起，提出 ② 抜擢，起用

**выдвижно́й** [形2] 引き出せる: ~ я́щик 引出し

**вы́двинуть(ся)** [完] →выдвига́ть(ся)

**выдворя́ть** [不完] / **вы́дворить** -рю, -ришь 命 -ри -ренный [完] 〈он〉追い出させる

**вы́делать** [完] →выде́лывать

*****выделе́ние** [中5] [isolation] ① 分離，選抜，分与；[生] 分泌；[IT] 選択 ② [通例複] [生] 分泌物，排泄物

**выделе́нка** -нок [女2] [話] [IT] 専用回線

**вы́деленн|ый** [形1] [IT] 専用の: -ая ли́ния 専用回線

**выдели́тельный** [形1] [生] 分泌の，排出の

**вы́делить(ся)** [完] →выделя́ть(ся)

**вы́делка** 複生 -лок [女2] ① 仕上げ，加工: ~ ко́жи 製革 ② (織物の)レリーフ模様

**выде́лывать** [不完] / **вы́делать** 受過 -ланный [完] ① (加工して)仕上げる，(丹念に)作り上げる: ~ ко́жу 皮をなめす ② [話] やらかす

*****выделя́ть** [ヴィデリャーチ] [不完] / **вы́делить** [ヴィーヂリチ] -лю, -лишь 命 -ли 受過 -ленный [完] [pick [single] out] ① 分ける，取り分ける: ~ ча́сть иму́щества 財産を分ける | ~ гла́вное 主な部分を取り出す ② 区別して示す，〈он〉[図に]目立たせる: ~ сло́во курси́вом 単語をイタリックにする ③ 分泌[排出]する

*****выделя́ться** / **вы́делиться** -люсь, -лишься 命 -лись [完] [split off, stand out] ① 独立する，離れる ② [図で]抜きん出る，目立つ: ~ свои́м мастерство́м 技量の高さで他から抜きん出る ③ 分泌[排出]される ④ [不完] [受身] →вы́делять

**выдёргивать** [不完] / **вы́дернуть** -ну, -нешь 命 -ни 受過 -тый [完] 〈он〉引き抜く: ~ ви́лку из розе́тки コンセントからプラグを抜く

**вы́держанн|ый** 短 -ан, -анна [形1] ① [長尾]長熟の: -ое вино́ 長熟ワイン (↔молодо́е вино́) ② 自制心のある，忍耐強い ③ [長尾]不動の，一貫した **‖ -ость** [女10]

*****выде́рживать** [ヴィデェルジヴァチ] [不完] / **вы́держать** [ヴィーデルジャチ] -жу, -жишь 命 -жи 受過 -жанный [完] [bear] 〈он〉① 持ちこたえる，耐える: ~ боль痛みをこらえる | ~ моро́з 寒下に耐える | Не́рвы не вы́держат. 神経が持たない | Она́ не вы́держала и рассмея́лась. 彼女はこらえきれずに笑いだした ② 守り通す，貫く: ~ незави́симый тон 無関係という調子を通す ③ (審査)に合格する；(時の審判)に耐える: ~ экза́мен 試験に合格する | ~ не́сколько изда́ний 何度か再販される ④ [話] 留め置く ⑤ 長熟させる ⑥ (一定期間)保つ: ~ па́узу 沈黙する **‖ ~ся** [不完] / [完] 守られる，鍛えられる ④ [不完] [受身]

*****вы́держка** 複生 -жек [女2] [endurance, excerpt] ① 忍耐，自制 ② [複] 抜粋 ③ [写] 露出時間

**вы́дернуть** [完] →выдёргивать

**выдёргивать** [不完] →вы́дергивать

**выдира́ть** [不完] / **вы́драть** -деру, -дерешь -дери 受過 -дранный [完] [俗] 〈он〉[из 国]から破り取る，むしり取る: ~ лист из тетра́ди ノートのページを破り取る **‖ ~ся** [不完] / [完] [話] 何とか抜け出る

**вы́доить** [完] →выда́ивать

**вы́долбить** [完] →выда́лбливать

**вы́дох** [男2] 息を吐くこと(↔вдо́х); 呼気
**вы́дохну́ть(ся)** [完] →выдыха́ть(ся)
**вы́дра** [女1] ①【動】カワウソ ②《俗》痩せた醜い女 ■ морска́я ~【動】ラッコ
**вы́драть** [完] →выдира́ть, дра́ть
**вы́дрессирова́ть** [完] →дрессирова́ть
**вы́дубить** [完] →дуби́ть
**выдува́ть** [不完] / **вы́дуть** -ую, -уешь 受過 -тый [完]〈 他 〉吹き払う, 吹き飛ばす
**вы́думанный** [形1] 架空の, でっちあげの
**вы́думать** [完] →выду́мывать
**вы́думка** 複生 -мок [女2] ① 嘘, 作り事 ②《話》工夫, 思いつき
**вы́думщи|к** [男2] **-ца** [女3]《話》工夫[思いつき]の名人; はら935こき
**выду́мывать** [不完] / **вы́думать** 受過 -анный [完]〈 他 〉① 作り出す, でっちあげる ②〈 не定形 することを〉思いつく, 考え出す ◆ *не выду́май* 不定形 …してはいけない
**вы́дуть** [完] →выдува́ть
**выдыха́ние** [中5] 息を吐くこと(↔вдыха́ние)
*__**выдыха́ть**__ [不完] / **вы́дохнуть** -ну, -нешь 命 -ни 受過 -тый [完][breathe out]〈 他 〉(息を)吐く; 大きなため息をつく
**выдыха́ться** [不完] / **вы́дохнуться** -нусь, -нешься 命 -нись 過 -охся, -охлась 形副 -хшийся 副分 -хшись [完] ① 気が抜ける, 香りが抜ける ②(才能などが)枯渇する
**выеда́ть** [不完] / **вы́есть** -ем, -ешь, -ест, -едим, -едите, -едят 命 -ешь 過 -ел, -ела 受過 -еденный [完]〈 他 〉① 中身を食べる ② 腐食する; (煙などが)(目に)染みる
*__**вы́езд**__ [男1][departure, exit] ①(乗物による)出発; 出ること, 出発: ~ *за грани́цу* 出国 | про́пуск на ~ (車の)退出許可証 | ~ *на поло́су встре́чного движе́ния* 対向車線へのはみ出し ② 転出 ③ 出口: ~ *с Садо́вого кольца́ на Тверску́ю у́лицу* 環状線からトヴェーリ通りへの出口
**вы́ездить** [完] →выезжа́ть[2]
**вы́ездка** 複生 -док [女2] 馬の調教; 馬術競技
**выездн|о́й** [зн][形2] ① 外出用の; 乗用の: -*а́я ви́за* 出国ビザ ② [男2] 外国に出ることのできる人 ③ 出張開催の;《スポ》(試合が)アウェーの
*__**выезжа́ть**__[1] [жж][ヴィイジジャーチ] [不完] / **вы́ехать** [ヴィーイハチ] -еду, -едешь, -едут命 -езжа́й [完][depart, drive out] ①(乗物で)出る, 出発する: ~ *из го́рода* 町から出る | ~ *за грани́цу* 国外へ出る ② 引っ越す, 転居する ③《話》〈на 前〉…を利用する, 食いものにする: ~ *на помо́щнике* 助手にやらせる
**выезжа́ть**[2] [жж] [不完] / **вы́ездить** -зжу, -здишь命 -зди受過 -зженный [完]〈 他 〉(若い馬を)調教する
**вы́емка** 複生 -мок [女2] ① 取り出すこと, 採掘;【法】押収 ② くぼみ, へこみ
**вы́есть** [完] →выеда́ть
**вы́ехать** [完] →выезжа́ть[1]
**выжа́ривать** [不完] / **вы́жарить** -рю, -ришь命 -ри 受過 -ренный [完]〈 他 〉① 強火で焼く **//~ся** [不完]《話》よく焼ける; (容器が)熱せられる
**вы́жать** [完] →выжима́ть, выжина́ть
**вы́ждать** [完] →выжида́ть
**вы́жечь** [完] →выжига́ть

---

поране́ный *вы́жил*. 重傷者は一命をとりとめた ②《話》〈 他 〉追い出す: ~ *жильца́* 借家人を追い出す ◆ *из ума́* (年をとって)ぼける, 忘れっぽくなる, もうろくする
**вы́жига** (女2変化)[男・女]《俗》ペテン師, 悪人
**выжига́ние** [中5] ① ~ выжига́ть: ~ *по де́реву*【美】焼き絵 ②【医】灸, 焼灼
**выжига́ть** [不完] / **вы́жечь** -жгу, -жжешь命 -жги 過 -жег, -жгла 受過 -жженный [完]〈 他 〉① 焼き払う, 焼き尽くす: та́ктика *вы́жженной земли́*【軍】焦土戦術 ② 焼いて掃除する ③ 焼きつける: ~ *клеймо́* 焼印を押す
**выжида́тельный** [形1] 静観の, 日和見的な
**выжида́ть** [不完] / **вы́ждать** -жду, -ждешь命 -жди 受過 -анный [完]〈 他 〉待ち受ける, 待機する: ~ *удо́бный слу́чай* 好機を待つ, 機会をうかがう
**выжима́ть** [不完] / **вы́жать**[1] -жму, -жмешь命 -жми 受過 -тый [完]〈 他 〉① 搾る, 搾り出す, 搾り取る: ~ *лимо́н* レモンを絞る | ~ *сок из апельси́на* オレンジの汁を搾る ②《話》〈成果を〉引き出す ③《スポ》(重量挙げで)挙げる, 持ち上げる ◆ ~ *со́ки из* 前 …をこき使う | *хоть выжима́й* ずぶ濡れで **//~ся** [完](果汁などが)搾られ出る
**вы́жимка** 複生 -мок, -мков [女2] ①《複》搾りかす ②《話》ごく短い要約
**выжина́ть** [不完] / **вы́жать**[2] -жну, -жнешь命 -жни 受過 -тый [完]〈 他 〉刈り取る
**вы́жить** [完] →выжива́ть
**вы́зва́ть(ся)** [完] →вызыва́ть(ся)
**вызволя́ть** [不完] / **вы́зволить** -лю, -лишь命 -ли 受過 -ленный [完]《俗》(苦境から)救い出す
*__**выздора́вливать**__ [不完] / **вы́здороветь** [完][recover] 回復する, 全快する: Скоре́е *выздора́вливайте*! どうぞお大事に, 早く元気になって下さい
**выздора́вливающ|ий** (形6変化)[男名] **-ая** [女名] 回復期にある病人
**выздоровле́ние** [中5] 回復, 全快
*__**вы́зов**__ [ヴィーザフ] [男1][call, summons] ① 呼ぶこと: ~ *врача́* 往診の依頼 ②《公》召喚命令; 招待: ~ *в суд* 裁判所出頭命令 ③ 挑戦: бро́сить ~ 前 …に挑戦する ◆ *с ~ом* 挑戦的に, 不敵に
**вызола́чивать** [不完] / **вы́золотить** -лочу, -лотишь命 -лоти 受過 -лоченный [完]〈 他 〉金めっきする
**вызрева́ть** [不完] / **вы́зреть** [完] (果物が)完熟する
**вызу́бривать** [不完] / **вы́зубрить** -рю, -ришь命 -ри 受過 -ренный [完]《話》〈 他 〉丸暗記する
*__**вызыва́ть**__ [ヴィズィヴァーチ] [不完] / **вы́звать** [ヴィーズヴァチ] -зову, -зовешь命 -зови受過 -званный [完][call (out)] ① 呼び出す: ~ *ско́рую по́мощь* 救急車を呼ぶ ② 申し込む, 挑戦する: Он *вы́звал* меня́ на спор. 彼は私に議論を挑んだ ③ 引き起こす: ~ *гнев* 怒りを招く | ~ *сомне́ние* 疑惑を招く ◆ ~ *к жи́зни* 前 …を呼び起こす | ~ *на открове́нность* (情報などを)うまく引き出す, 打ち明けさせる | *вы́званный необходи́мостью* 余儀なく, 必要に迫られて
**вызыва́ться** [不完] / **вы́зваться** -зовусь, -зовешься命 -зовись 〈不定形 することを〉申し出る, 買って出る: ~ *помо́чь* 前 〈人の〉助けを買って出る ②《話》《受》→ вызыва́ть
**вызыва́юще** [副] 挑戦的に, けんか腰で: ~ *вести́ себя́* 挑戦的に振る舞う
**вызыва́ющ|ий** 短 -ющ [形6] 挑戦的な, 挑発的な: ~ *то́н* 挑戦的な口調
*__**выи́грывать**__ [ヴィーイグルィヴァチ] [不完] / **вы́играть** [ヴィーイグラチ] 受過 -анный [完][win]〈 他 〉① 勝つ(↔

## выигрываться

проигрывать): ~ матч [войну, пари] 試合[戦争, 賭け]に勝つ | ~ у 田 〈人・チームに勝つ〉 | ~ в карты トランプで勝つ | ~ партию в 田 у 田 …の〈ゲーム〉で…に勝つ | ~ в суде 裁判で勝つ | ~ на [в] чемпионате мира 世界選手権で勝つ
② (懸賞などで)当てる: ~ холодильник в лотерею 宝くじで冷蔵庫を当てる
③ もうける; <от田>から利益を得る: ~ много денег 大金をもうける | ~ от снижения цен 値下げで利益を得る
④ <в田>で好評を博する: ~ во мнении окружающих 世間の好評を得る | Он выиграл в моих глазах. 私の<от田>彼の好感度が上がった
◆ ~ время (1)時間稼ぎをする (2)時間を節約する

**выйгрываться** [不完] / **выиграться** [完] 〈(楽器が)長年使い込まれて音がよくなる ③〈完〉(酒が)十分発酵する, 発酵しすぎる ③〈不完〉〈受身〉< выигрывать

\*вы́игрыш [男4] [win, winning] ① 勝利(↔про́игрыш) ② もうけ ③ 賞金, 賞品 ◆быть в ~е 勝つ, 得をする

вы́игрышн|ый 短-шен, -шна [形1] 勝ちの, もうけのある; 勝てる見込みのある: ~ но́мер 当選番号 | -ое положе́ние 有利な状況

выи́скивать [不完] / вы́искать -ищу, -ищешь 命 -ищи 受過 -анный [完] <田> 〈入念に調べて〉探し出す, ほじくり出す: ~ предло́г 口実を見つける ∥ ~ся [不完] / [完] 《話》見つかる, 現れる

вы́йти [完] →выходи́ть

выка́зывать [不完] / вы́казать -кажу, -кажешь 命 -кажи 受過 -занный [完] 〈田〉示す, 見せる: ~ хра́брость 勇敢なところを見せる ◆~ себя́ 〈田〉 [как …] …らしく見せかける

выка́лывать [不完] / вы́колоть -лю, -лешь 命 -ли 受過 -тый [完] 〈田〉 ① 突き刺す: ~ глаз 目玉を突き刺す ② (刺して)模様を描く

выка́пывать [不完] / вы́копать 受過 -опанный [完] 〈田〉 ① 掘る, 掘り出す ② 探し出す, 見つける

выкара́бкиваться [不完] / вы́карабкаться [完] やっと這い出る: ~ из затруднения 難局を切り抜ける

выка́рмливать [不完] / вы́кормить -млю, -мишь 命 -ми 受過 -мленный [完] 〈田〉育て上げる

вы́катать [完] →ката́ть

выка́тывать [不完] / вы́катить -ачу, -атишь 命 -ати 受過 -аченный [完] ① 〈田〉転がして出す: ~ мотоци́кл オートバイを押し出す ② 《話》飛び出す; (丸いものが)出てくる: ~ глаза́ 《俗》目を丸くする

выка́тываться [不完] / вы́катиться -ачусь, -атишься 命 -атись [完] ① 転がり出る ② 《話》飛び出る, 急に出てくる ③ 《俗》いなくなる, 去る ◆Глаза́ вы́катились. 《俗》(驚いて)目ん玉が飛び出た

выка́чивать [不完] / вы́качать 受過 выкачанный [完] ① (ポンプで)汲み(吸い)出す ② 《話》徐々に吸い上げる: ~ де́ньги из роди́телей 親の金を少しずつ巻き上げる

выка́шивать [不完] / вы́косить -ошу, -осишь 命 -оси 受過 -ошенный [完] 〈田〉 刈り尽くす

\*выки́дывать [不完] / вы́кинуть -ну, -нешь 命 -ни/-нь 受過 -тый [完] [throw out] 〈田〉 ① 捨てる, 投げ捨てる(выбра́сывать) ② 掲げる: ~ бе́лый флаг 白旗を掲げる ③《話》流産する ◆ ~ но́мер [шту́ку] 《話》奇妙奇天烈なことをする ∥ ~ся [不完] / [完] ① 飛び出す, 噴出する ②《不完》〈受身〉

вы́кидыш [男4] [医] 流産, 堕胎; 流産児: де́лать ~ 堕胎する

вы́кинуть(ся) [完] →выки́дывать

**выкипа́ть** [不完] / **вы́кипеть** -пит [完] 沸騰して蒸発する

**вы́кладк|а** 複生 -док [女2] ① 張ること, 敷くこと ② 《通例複》計算: математи́ческие ~и 数学の計算 | статисти́ческие ~и 統計上の算定 ③ 《軍》行軍装備

\*выкла́дывать [不完] / вы́ложить -жу, -жишь 命 -жи 受過 -женный [完] [lay [spread] out] 〈田〉 ① 〈в/на田〉に取り出して〈横に〉置く: ~ ка́рты на стол トランプをテーブルに並べる ② 《話》打ち明ける ③ 〈田で〉(表面を)覆う; 敷く, 敷き詰める: ~ доро́жку га́лькой 小道に玉砂利を敷き詰める ④ 去勢する ∥ ~ся [不完] / [完] ① 全力を出す ② 《不完》〈受身〉

выклёвывать [不完] / вы́клевать -анный [完] 〈田〉(くちばしで)つつき出す

выклика́ть [不完] / вы́кликнуть -ну, -нешь 命 -ни 受過 -тый [完] 〈田〉大声で呼ぶ, 叫ぶ: ~ по спи́ску 点呼を取る

выключа́тель [男5] スイッチ

\*выключа́ть [ヴィクリュチャーチ] [不完] / вы́ключить [ヴィークリュチチ] -чу, -чишь 命 -чи 受過 -ченный [完] [turn [switch] off] 〈田〉 ① スイッチを切る: ~ компью́тер [телефо́н] PC[電話]の電源を切る | ~ свет 明りを消す | Аппара́т абоне́нта вы́ключен. (電話)お掛けになった電話は電源が入っていません ② 除く, 除名する: ~ из спи́ска 名簿から除く ◆Вы́ключено. 電源が切れている

выключа́ться [不完] / вы́ключиться -чусь, -чишься 命 -чись [完] ① スイッチが切れる ② 《若者》(疲労・泥酔などで)気を失う ③《不完》〈受身〉< выключа́ть

выключе́ние [中5] スイッチオフ, 遮断, 除名

вы́ключить(ся) [完] →выключа́ть(ся)

вы́ключка [女2] [印] 文字揃え: ~ вле́во [впра́во] 左[右]揃え | ~ по це́нтру [форма́ту] 中央[両端]揃え

вы́клянчить [完] →кля́нчить

выко́вывать [不完] / вы́ковать -кую, -куешь 受過 -анный [完] 〈田〉 ① 〈金属を〉鍛えて作る ② 《雅》〈精神を〉鍛え上げる

выкове́ривать [不完] / вы́ковырять 受過 -янный [完] 〈田 из田から〉ほじくり出す

выкола́чивать [不完] / вы́колотить -лочу, -лотишь 命 -лоти -лоченный [完] 〈田〉 ① 〈из田〉から叩いて抜く, 出す ② 叩いてきれいにする: ~ ковёр 絨毯を叩く ③ 《俗》苦労して稼ぎ出す, 取り立てる

выколоси́ться [完] →колоси́ться

вы́колоть [完] →выка́лывать

вы́копать [完] →копа́ть, выка́пывать

вы́кормить [完] →выка́рмливать

выкорчёвывать [不完] / вы́корчевать -чую, -чуешь 受過 -анный [完] 〈田〉根ごと引き抜く; 根絶する

вы́косить [完] →выка́шивать

выкра́дывать [不完] / вы́красть -аду, -адешь 命 -ади -ал 受過 -аденный [完] 〈田〉盗み出す

выкра́ивать [不完] / вы́кроить -ою, -оишь 命 -ои 受過 -оенный [完] 〈田〉 ① 裁つ, 裁断する ② 《話》捻出する: ~ вре́мя 時間を割く

вы́красть [完] →выкра́дывать

выкра́шивать [不完] / вы́красить -ашу, -асишь 命 -си/-сь 受過 -ашенный [完] 塗り上げる, 染め上げる

вы́крик [男2] 叫び声

выкри́кивать [不完] / вы́крикнуть -ну, -нешь 命 -ни 受過 -тый [完] 〈田〉大声で叫ぶ

вы́кристаллизова́ться [完] →кристаллизова́ться

**вы́кроить** [完] →крои́ть, выкра́ивать
**выкро́йк|а** 複生-оек [女2] 型紙、パターン：ши́ть по ~е 型紙を使って縫製する
**выкрута́с|ы** -ов [複] 〔話〕変な身振り、変な言い回し；говори́ть с ~ами 回りくどく話す
**выкру́чивание** [中5] ◆~ рук 無理強い、強制
**выкру́чивать** [不完] / **вы́крутить** -учу, -утишь 命 -ути 受過 -ученный [完] 〔話〕① ねじる、ねじって取る ② 絞る：~ бельё 洗濯物を絞る ◆~ ру́ки …に無理強いする
**//~ся** [不完] / [完] 〔話〕① (ねじ・電球などが) 抜け落ちる ② 切り抜ける
**вы́крюк** 複生-ов2] 〔フィギュア〕カウンター（ターン）
**вы́куп** [男1] 〔法〕買取り、身請け ② 買戻し金、身代金：~ за неве́сту áтыном結納金 ■сва́дебный ~ 〔民俗〕(婚礼の) 花嫁の身請け
**вы́купать(ся)** [完] →купа́ть(ся)
**выкупа́ть** [不完] / **вы́купить** -плю, -пишь 命 -пи 受過 -пленный [完] 買戻す、身請けする、買収する
**выку́ривать** [不完] / **вы́курить** -рю, -ришь 命 -ри 受過 -ренный [完] 〔図〕① 〈たばこを〉吸い終える、一服する ② いぶし出す；(煙で) 追い払う：~ пчёл из у́лья 蜜蜂を巣箱からいぶし出す
**выку́сывать** [不完] / **вы́кусить** -ушу, -усишь 命 -си 受過 выкушенный [完] 〔図〕食いちぎる、かじって食べる
**выла́вливать** [不完] / **вы́ловить** -влю, -вишь 命 -ви 受過 -вленный [完] 〔図〕① (水中から) 引き上げる ② 〈獲物を〉捕り尽くす
**вы́лазка** 複生-зок [女2] 〔軍〕出撃、攻撃 ② 遠出、遠征、ハイキング
**вы́лакать** 受過 -анный [完] 〔図〕① (犬・猫などが) ぴちゃぴちゃ飲み干す ② 〔話〕〈大量の酒を〉飲み干す
**выла́мывать** [不完] / **вы́ломать** -анный, **вы́ломить** -млю, -мишь 命 -ми 受過 -мленный [完] 〔図〕破って壊す：~ дверь ドアをぶち破る
**выле́живать** [不完] / **вы́лежать** -жу, -жишь 命 -жи [完] ① 寝そべって休む ② (必要な期間) 寝ている **//~ся** [不完] ねかせて熟成させる

\***вылеза́ть** [不完] / **вы́лезти** -зу, -зешь 命 -зи 過 -ез, -езла 能過 -зший 副過 -зши [完] 〔crawl [climb] out〕① 這い出る：~ из норы́ 巣穴から這い出る ② 降りる：~ из ваго́на 車両から出る ③ (穴などか抜け出す、(外に) はみ出す：Он не вылеза́ет из долго́в. 彼は借金から抜け出せない ④ (繊維・髪が) 抜け落ちる ⑤ 〔話〕余計なことをする ◆~ из ко́жи 熱心にやる、努力する
**вы́лепить** [完] →лепи́ть
\***вы́лет** [男1] 〔take-off, departure〕① 飛び立つこと、離陸(взлёт) ② (空港での)出発(⇔прилёт)：зал ~а 出発ロビー｜табло́ ~а 出発便案内(板)｜вре́мя ~а 出発時間
\***вылета́ть** [不完] / **вы́лететь** -лечу, -летишь 命 -лети 受過 -леченный [完] 〔fly out, take off〕① 飛び立つ、離陸する、飛んで出る：Самолёт вы́летел по расписа́нию. 飛行機は定刻に離陸した ② 〔俗〕やめさせられる、首になる：~ с рабо́ты 仕事で首が飛ぶ ◆~ в трубу́ 〔話〕破産する、無駄になる｜вы́летело из головы́ 〔話〕すっかり忘れた
**выле́чивать** [不完] / **вы́лечить** -чу, -чишь 命 -чи 受過 -ченный [完] 全治させる、全快させる
**выле́чиваться** [不完] / **вы́лечиться** -чусь, -чишься 命 -чись [完] 全治する、全快する：~ от ревмати́зма リウマチが全治する
**вылива́ть** [不完] / **вы́лить** -лью, -льешь 命 -лей 受過 -тый [完] 〔図〕① 注ぎ出す：~ вино́ из буты́лки

в бока́л ワインを瓶からグラスに注ぐ ② 〈感情を〉吐露する ③ 鋳造する
**вылива́ться** [不完] / **вы́литься** -льется [完] ① 流れ出る ② 現れ出る：~ нару́жу 表面化する
**выли́зывать** [不完] / **вы́лизать** -ижу, -ижешь 命-ижи 受過 -анный [完] ① なめてきれいにする ② 〔話〕きれいに片付ける
**вы́линять** [完] →линя́ть
**вы́литый** [形1] よく似た：Сын — ~ оте́ц. 息子は父親そっくりだ
**вы́лить(ся)** [完] →вылива́ть
**вы́лов** [男1] 捕獲、漁獲；捕獲[漁獲]量
**вы́ловить** [完] →выла́вливать
**вы́ложить(ся)** [完] →выкла́дывать
**выла́мывать**, **вы́ломить** [完] →выла́мывать
**вы́лощенный** [形1] ① つやのある ② 洗練された、上品な
**вы́лудить** [完] →луди́ть
**вылу́пливать** [不完] / **вы́лупить** -плю, -пишь 命 -пи 受過 -пленный [完] ① 〈ひな〉かえる ② 〔俗〕(目を)丸くする **//~ся** [不完] / [完] ① (ひなが) かえる ② 〔俗〕(目が) 丸くなる
**вылу́щивать** [不完] / **вы́лущить** -щу, -щишь 命 -щи 受過 -щенный [完] ① …の殻[皮]をむく ② 〔医〕切除する、摘出する
**вы́мазаться** [完] →ма́заться
**выма́зывать** [不完] / **вы́мазать** -мажу, -мажешь 命 -мажи/-мажь 受過 -анный [完] 〔図〕① 〈に〉塗る ② 汚す
**выма́ливать** [不完] / **вы́молить** -лю, -лишь 命 -ли受過 -ленный [完] 〔図〕せがんで手に入れる
**выма́нивать** [不完] / **вы́манить** -ню, -нишь 命 -ни受過 -ненный [完] 〔図〕① 誘い出す、おびき出す ② だまし取る、まきあげる
**вы́марать(ся)** [完] →выма́рывать, мара́ть
**вымарива́ть** [不完] / **вы́морить** -рю, -ришь 命-ри 受過 -ренный [完] 〔図〕駆除する
**выма́рывать** [不完] / **вы́марать** 受過 -анный [完] 〔俗〕〔図〕① 汚す ② (書いたものを) 消す
**вы́матывать** [不完] / **вы́мотать** 受過 -анный [完] 〔話〕〔図〕① 巻き取る ② へとへとにさせる **//~ся** [不完] / [完] 〔話〕へとへとになる
**выма́хивать** [不完] / **вы́махать** 受過 -анный [完] 〔話〕① 〈手で〉追い払う ② 〔図〕振り回して傷める ③ 〔図〕育つ、背が高くなる
**выма́чивать** [不完] / **вы́мочить** -чу, -чишь 命 -чи 受過 -ченный [完] 〔図〕① すっかり濡らす ② (水・液に) 浸ける **//~ся** [不完] / [完] ずぶ濡れになる
**выме́нивать** [不完] / **вы́менять** 受過 -янный [完] 〔図〕〈на 対に〉取り替える、交換する：~ проду́кты на оде́жду 食料品と服を交換する
**вы́мереть** [完] →вымира́ть
**вымерза́ть** [不完] / **вы́мерзнуть** -нет -ни 過 -ерз, -ерзла 能過 -зший 副分 -ув [完] (昆虫などが) 凍死する、(植物が) 霜枯れする
**вы́мерить** -рю, -ришь 命 -ри, -рь 受過 -ренный [完] 〔話〕〔図〕念入りに測定する
**вы́мерший** [形6] 絶滅した：~ вид [生] 絶滅種
**вымеря́ть** = выме́ривать
**вы́мести** [完] →вымета́ть
**вы́местить** [完] →вымеща́ть
**вымета́ть** [完] →вымётывать$^{1,2}$, мета́ть$^{1,2}$
**вымета́ть** [不完] / **вы́мести** -ету, -етешь 命 -ети 過 -ел 能過 -етший 受過 -етенный 副分 -етя [完] 〔図〕掃き出す、掃き掃除する
**вымётывать**$^1$ [不完] / **вы́метать**$^1$ -ечу, -ечешь -чи 受過 -анный [完] 〔図〕〈網などを〉放る、放

**вымётывать**

り投げる
**вымётывать**[2] [不完] / **вы́метать**[2] -аю, -аешь 受過-анный [完] 〈шв〉かがる, かがり縫いをする
**вымеща́ть** [不完] / **вы́местить** -ещу, -естишь 命-ти 受過-ещенный [完] 〈шв〉...の腹いせをする
**вымира́ние** [中5] 〖生〗絶滅, 死滅
**вымира́ть** [不完] / **вы́мереть** -мрет, -мрут 過-мер, -мерла 能過-рший 副分-рев [完] ①〖生〗絶滅 [死滅]する ②(飢饉などで)住人がいなくなる
**вымога́тель** [男5] 強要者, ゆすり, 恐喝犯
**вымога́тельство** [中1] ゆすり, たかり, 強要, 恐喝
**вымога́ть** [不完] 〈шв〉ゆする, 強要する
**вы́моина** [女1] (水・降雨でできた)溝, 穴
**вымока́ть** [不完] / **вы́мокнуть** -ну, -нешь 過-ни -ок, -окла 過-кший [完] ①〈液体に浸かって〉性質が変わる: Селёдка *вы́мокла*. ニシンの塩抜きができた ②〖完〗ずぶ濡れになる: ~ до (после́дней) ни́тки 濡れ鼠になる
**вы́молвить** [完] 〈話〉〈шв〉言う, 口にする
**вы́молить** [完] →выма́ливать
**вымора́живать** [不完] / **вы́морозить** -рожу, -рожишь 命-розь 受過-роженный [完] 〈шв〉①冷気で駆除する
**вы́морить** [完] →выма́ривать, мори́ть
**вы́морозить** [完] →выма́раживать
**вы́морочный** 短1 [形] 〖公〗〖法〗相続人のいない
**вы́мостить** [完] →мости́ть
**вы́мотать(ся)** [完] →выма́тывать
**вы́мочить(ся)** [完] →выма́чивать
**вы́мпел** [男1] 軍艦旗, ペナント, 小旗
**вы́мученный** [形1] (笑顔などが)不自然な, 無理に作った ②(文体が)ぎこちない
**выму́чивать** [不完] / **вы́мучить** -чу, -чишь 命-чи/-чь/-чай 受過-ченный [完] 〈話〉〈шв〉苦心して作る
**вы́муштрова́ть** [完] →муштрова́ть
**вы́мысел** -сла [男1] ①空想, 虚構 ②作り事, 嘘
**вы́мыть(ся)** [完] →мы́ть(ся)
**вымышленный** 短-ен, -енна [形1] 虚構の, 架空の
**вымышля́ть** [不完] / **вы́мыслить** -лю, -лишь 命-ли, 過-шленный [完] 〈шв〉ねつ造する, でっちあげる
**вы́мя** 生・与・前-мени 造-менем 複-мена́, -мён, -мена́м [中7] (動物の)乳房
**вына́шивать** [不完] / **вы́носить** -ошу -осишь 命-оси 過-ошенный [完] 〈шв〉①胎内で育む ②熟考する ③世話して育てる
**вынесе́ние** [中5] ①搬出 ②決断; 表明, 提起, 言い渡し
**вы́нести(сь)** [完] →вы́носи́ть(ся)
*вынима́ть [不完] / **вы́нуть** -ну, -нешь сов вы́нь 受過-тый [完] [take out, pull out] 〈шв〉①引き出す, 取り出す: ~ ка́рточку カードを(ATMから)取り出す | ~ пиро́г из духо́вки パイをオーブンから取り出す ◆*вы́нь да поло́жь* 今すぐこの場で || **~ся** [不完] [受身] ①抜ける ②《不完》〈受身〉< вынима́ть
**вы́нос** [男1] 運び出すこと ◆*на ~* 持ち帰り, テイクアウトで
**вы́носить** [完] →выноси́ть
**выноси́ть** [ヴィナシーチ] -ошу́, -о́сишь, ... -о́сят 命-оси́ [不完] / **вы́нести** [ヴィーニスチ] -есу, -есешь 命-еси -нес, -несла 能過-сший 過-есенный 副分-еся [完] [carry out (away)] 〈шв〉①持ち出す, 運び出す; 《無人称》《車の》車線からはみ出る: ~ ве́щи из ваго́на 荷物を車外に運び出す | ~ примеча́ния в коне́ц 注を末尾に回す

②〖公〗〈決定などを〉下す, 公表する; 提案 [上程] する: ~ пригово́р 判決を下す | ~ благода́рность 謝意を表明する | ~ вопро́с на обсужде́ние 問題を審議にかける
③我慢する: не ~ позо́ра 恥をかくのは我慢ならない
④得る, 受ける: ~ впечатле́ние 印象を受ける
**выноси́ться** -ошу́сь, -о́сишься [不完] / **вы́нестись** -есусь, -есешься -сися 過-несся, -слась [完] ①勢いよく飛び出す ②《不完》〈受身〉< выноси́ть
**вы́носка** 複生-сок [女2] ①持出し, 搬出 ②傍注, 吹き出し
**выносли́вый** 短-ив [形1] [hardy] 忍耐強い, 耐久性のある ‖**-ость** [女10]
**выносно́й** [形2] ①(ケーブルなどが)着脱可能な, (機器が)可搬可能な: -*а́я* ка́мера ワイヤレスカメラ ②傍注 [吹き出し] に入っている ③(馬車で)補助の: -*ы́е* ло́шади 副馬
**вы́ношенный** [形1] 成熟した, 熟慮した
*вынужда́ть [不完] / **вы́нудить** -ужу, -удишь 命-ди 過 受過-ужденный [-ден, -дена] [完] [force, compel] 〈шв〉〈不定形〉することを/〈шв〉に刀を強いる, 余儀なくさせる: Его́ *вы́нудили* уе́хать из страны́. 彼は国外退去を余儀なくされた | Я был *вы́нужден* плати́ть нало́ги. 私はやむなく税金を払う羽目になった
②〈шв〉〈自白などを〉強要する ‖**~ся** [不完] [受身]
*вы́нужденный [フィーヌゥジデンヌィ] 短-ен, -ена [形1] [forced] やむを得ない, 強いられた: -*ая* поса́дка 不時着
**вы́нуть(ся)** [完] →вынима́ть
**выныря́ть** [不完] / **вы́нырнуть** -ну, -нешь 命-ни [完] ①(水面に)浮上する, 浮き出る ②〈話〉ぬっと現れる
**вынюхивать** [不完] / **вы́нюхать** 受過-анный [完] ①嗅ぎつける, 嗅ぎあてる
**вынянчивать** [不完] / **вы́нянчить** -чу, -чишь 命-чи 受過-ченный [完] 〈шв〉育て上げる
**вып.** (略) вы́пуск (書籍の)版
**вы́пад** [男1] ①落下, 転落, 脱落 ②〖スポ〗突き出し, 踏み込み; ランジ ③攻撃的発言
*выпада́ть [不完] / **вы́пасть** -аду, -адешь 命-ади 過-ал 能過-авший 副分-ав [完] [fall (out)] ①〈из-ген〉から転げ落ちる, 落ちる, 脱落する: ~ из сане́й そりから落ちる ②(歯・髪などが)抜ける: *Вы́пали* во́лосы. 髪が抜けた ③(雪・雨などが)降る: *Вы́пал* пе́рвый снег. 初雪が降った ④当たる, 巡り合わせになる: Мне *вы́пало* сча́стье 不定形. 私は...する幸運に恵まれた ⑤(季節・昼夜などが)生じる, やってくる
**выпада́ющий** [形6] 〖IT〗ドロップダウンの: -*ее* меню́ ドロップダウンメニュー
**выпаде́ние** [中5] ① выпада́ть ②脱落, 降下; 〖医〗下垂, (子宮・腸などの)脱出: ~ ма́тки 〖医〗子宮脱 | ~ прямо́й кишки́ 〖医〗直腸脱, 脱肛
**выпа́ливать** [不完] / **вы́палить** -лю, -лишь 命-ли 過 受過-ленный [完] 〈話〉①発射する ②(一気に)しゃべる
**выпа́лывать** [不完] / **вы́полоть** -лю, -лешь 命-ли 過 受過-тый [完] 〈шв〉雑草を引き抜く
**выпа́ривать** [不完] / **вы́парить** -рю, -ришь 命-ри 受過-ренный [完] ①〈шв〉(蒸気で)消毒する ②〈шв〉蒸発させる, 煮詰める, 濃縮させる ③〈шв〉(海水などから)塩を採る ④(蒸し風呂で)垢を落としてさっぱりする ‖**~ся** [不完] / [完] ①蒸発する ②〈話〉(蒸し風呂で)さっぱりする
**выпа́рхивать** [不完] / **вы́порхнуть** -ну, -нешь 命-ни [完] ①(鳥・チョウが)さっと飛び立つ ②〈話〉ひらりと駆け[飛び]出す
**выпа́рывать** [不完] / **вы́пороть** -рю, -решь 命

-ри 受過 -тый [完] 〈四〉(縫い目をほどいて)取り出す

**вы́нуть** [男1] [不完] / **вы́ну-** **-но́й** [形2]
[完] ①放校 ②仕上げ

**выпаса́ть** [不完] / **вы́пасти** -су, -сешь 命 -си 過 -ас, -асла 受過 -сенный [完] 〈四〉放牧地に家畜を追う, 放牧する

**вы́пасть** [完] →выпада́ть

**выпа́хивать** [不完] / **вы́пахать** -пашу, -пашешь 命 -паши 過 -ханный [完] ①(土地を使いすぎて)痩せさせる ②十分に耕す; 掘り起こす

**вы́пачкать** [完] 過 -канный [完] 〈話〉〈四〉汚す // **~ся** [完] 〈話〉汚れる

**выпека́ть** [不完] / **вы́печь** -еку, -ечешь 過 -ек, -екла 能過 -екший 受過 -еченный 副分 -екши [完] ①(ある量を)焼き上げる, 焼いて作る ②十分に焼く // **~ся** [完] 焼き上がる

**выпе́ндриваться** [不完] 〈話・蔑〉(人の注意をひこうと)気取る, えらぶる // **вы́пендрёж** [男4]

**вы́переть** [完] →выпира́ть

**вы́печка** [女2] ①(パンなどを)焼き上げること ②〈集合〉(焼き上げた)パン, 菓子類

**выпечно́й** [形2] パン〔焼き菓子〕(用)の

**вы́печь(ся)** [完] →выпека́ть

*\***выпива́ть** [ヴィピヴァーチ] [不完] / **вы́пить** ヴィーピチ -пью, -пьешь 命 -пей 受過 вы́питый [完]〈drink〉〈四〉①(ある量を)飲む, 飲み干す ②酒を飲む; 乾杯する: ~ за ва́ше здоро́вье あなたの健康に乾杯する ③酒を好んで飲む, 酒好きである: Муж выпива́ет. 夫は酒飲みである // **~ся** [不完][受身]

**вы́пивка** 複生 -вок [女2] 〈俗〉①酒盛り ②〈集合〉アルコール飲料, 酒

**вы́пивон** [男1] 〈話・戯〉①酒盛り ②酒

**выпи́ливать** [不完] / **вы́пилить** -лю, -лишь 命 -ли 受過 -ленный [完] 〈四〉(のこぎりで)切り抜く; 挽(ひ)いて作る

**выпира́ть** [不完] / **вы́переть** -пру, -прешь 命 -при 過 -пер, -перла 能過 -перший 受過 -ртый [完] ①〈話〉〈四〉押し出す ②〈俗〉追い出す, 除名する ③〈不完〉〈俗〉〔腹などが〕出る

**выпира́ться(ся)** [完] →выпи́сывать(ся)

**вы́писка** 複生 -сок [女2] ①<выпи́сывать ②抜き書き, 抜粋, 引用: ~ из кни́ги 本からの抜粋 ③除籍; 脱出, 退院

*\***выпи́сывать** [不完] / **вы́писать** -ишу, -ишешь 命 -иши 受過 -анный [完] 〈write out, copy out〉〈四〉①書き抜く: ~ а́дрес в записну́ю кни́жку 住所をメモ帳に書き出す ②(文字・数字などを)丁寧に書く ③(短い文書を)作成する ④〈新聞・雑誌を〉購読する, 取り寄せる ⑤(リストから)除名する

**выпи́сываться** [不完] / **вы́писаться** -пишусь, -пишешься 命 -пишись [完] ①脱退する, (病院から)退院する: ~ из больни́цы 退院する ②〈不完〉〔受身〕<вы-пи́сывать

**вы́пить** [完] →выпива́ть, пить

**выпи́хивать** [不完] / **вы́пихнуть** -ну, -нешь 命 -ни 受過 -тый [完] 〈話〉〈四〉 追い出す, 押し出す

**вы́плавить(ся)** [完] →выплавля́ть

**вы́плавка** [女2] 〈冶〉①精錬 ②精錬された金属

**выплавля́ть** [不完] / **вы́плавить** -влю, -вишь 受過 -вленный [完] 〈四〉精錬して得る // **~ся** [不完] [完] 精錬されてできる

**выпла́кивать** [不完] / **вы́плакать** -лачу, -лачешь 命 -лачь 受過 -канный [完] ①苦しみ・悲しみを流して晴らす, 泣きながら訴える: ~ го́ре 悲しみを打ち明けて心を軽くする ②目を泣き腫らす: ~ все глаза́ 存分に泣く ③〈話〉〈四〉泣き落とす, 泣いてねだり取る // **~ся** [不完] [完] 〈話〉思う存分泣く, (苦しみ・悲しみを)泣いて晴らす //

*\***вы́плата** [女1] [payment] 支払い, 返済

*\***выпла́чивать** [不完] / **вы́платить** -ачу, -атишь 命 -ати 受過 -аченный [完] [pay out [off]] 〈四〉①支払う, (給料を)支給する: ~ зарпла́ту [гонора́р] 給料[ギャラ]を支払う ②(借金を)完済する: ~ долг 借金を完済する // **~ся** [不完] [受身]

**выплёвывать** [不完] / **вы́плюнуть** -ну, -нешь 命 -ни/-нь 受過 -тый [完] 〈四〉〈口の中のものを〉ぺっと吐き出す

**выплёскивать** [不完] / **вы́плескать** -ещу, -ещешь 命 -ещи 受過 -анный [完] 〈四〉液体をざぶっと[ばしゃっと](注ぎ)出す // **~ся** [不完] / [完] 〈液体が〉はねてこぼれる

**вы́плеснуть** -ну, -нешь 命 -ни [一回] 〈四〉①どっと出す: ~ из стака́на оста́тки чая コップの中のお茶の飲み残しをさっと捨てる ②(波・流れなどが)打ち上げる ◆ ~ (вме́сте) с водо́й (и) ребёнка 《文》本末転倒 // **~ся** [完] 〈水などが〉①はねて[揺れて]こぼれる ②(魚などが)水中から跳ね上がる ③突然飛翔する, 騒がしく出てくる

**выплета́ть** [不完] / **вы́плести** -ету, -етешь 命 -сти 過 -ел 能過 -тший 受過 -тенный [完] 〈四〉編んであるものをほどいて取り出す

**выплыва́ть** [不完] / **вы́плыть** -ыву, -ывешь 命 -ыви [完] ①〈水面に〉浮上する ②(問題などが)生じる, 表面化する: Выплы́ли подро́бности де́ла. ことの詳細が表に出た ③(人が)泳ぎ出る, (船が)航行し出す: ~ в откры́тое мо́ре 外海に漕ぎ出す ④(太陽・月が雲間に)現れる

**вы́плюнуть** [完] →выплёвывать

**выпола́скивать** [不完] / **вы́полоскать** -лощу, -лощешь 命 -лощи 受過 -анный [完] 〈四〉すすぎ落とす

**выполза́ть** [不完] / **вы́ползти** -зу, -зешь 命 -зи 過 -олз, -олзла 能過 -зший [完] ①這い出る ②〈話〉(のろのろ)やってくる, (やっと)出る

*\***выполне́ние** [ヴィパルニェーニエ] [中5] [carrying-out, fulfillment] 遂行すること, 履行, 達成, 実行: ~ догово́ра 条約の履行 ~ зада́ния 任務の遂行, 課題の達成 ~ пла́на 計画達成 ~ рабо́ты 仕事の遂行

**выполни́мый** 短 -и́м [形1] 実行[遂行, 履行]可能な

*\***выполня́ть** [ヴィパルニャーチ] [不完] / **вы́полнить** [ヴィーパルニチ] -ню, -нишь 命 -ни 受過 -ненный [完] [carry out, fulfill] 〈四〉①実行[遂行, 履行]する, 果たす: ~ «свой долг [своё обяза́тельство]» 自分の義務を果たす ~ про́сьбу 依頼を果たす ~ цель 目的を達成する ~ суде́бное реше́ние 判決を執行する ②〈受過〉仕上げられた, 制作された: хорошо́ вы́полненный чертёж よくできた図面

*\***выполня́ться** -ни́тся 命 -ни́сь [完] [be carried out] ①実現する, 遂行される: загру́зка выполня́ется ダウンロード中 ②[不完] [受身] <выполня́ть

**вы́полоскать** [完] →выпола́скивать, полоска́ть

**вы́полоть** [完] →выпа́лывать, поло́ть

**вы́пороть** [完] →выпа́рывать, поро́ть³

**вы́порхнуть** [完] →выпа́рхивать

**вы́потрошить** [完] →потроши́ть

**вы́править(ся)** [完] →выправля́ть

**вы́правка** [女2] 〈話〉①真っすぐにすること ②背筋がピンと伸びたよい姿勢

**выправля́ть** [不完] / **вы́править** -влю, -вишь 命 -ви/-вь 受過 -вленный [完] 〈四〉①真っすぐに直す, 改善する; 校正する: ~ ру́ку (楽器演奏などで)手の形を直す ②〈話〉〈服・髪を〉(きちんと)外に出す //

**~ся** [不完]/[完] ①《話》= выпрямля́ться ② 回復する, よくなる

**выпра́шивать** [不完]/**вы́просить** -ошу, -осишь 命 -си 受過 -ошенный [完]〈対/из〉懇願して得る, 懇願すれば, せびる: ~ игру́шку おもちゃをねだる | ~ де́нег 金をせびる[せびり取る]

**выпровá живать** [不完]/**вы́проводить** -вожу, -водишь 命 -води 受過 -воженный [完]《話》〈対よく〉追い出す, 出て行ってもらう

**вы́просить** [完] →выпра́шивать

**выпры́гивать** [不完]/**вы́прыгнуть** -ну, -нешь 命 -ни [完]飛び出す: ~ за́муж 不意に嫁に行く

**выпряга́ть** [不完]/**вы́прячь** -ягу, -яжешь -ягя 過 -яг, -ягла 能過 -яг̇ший 受過 -яженный [完]〈対〉馬などを(馬車 から)外す

**выпрями́тель** [男5]《電》整流器

**выпрямля́ть** [不完]/**вы́прямить** -млю, -мишь 命 -ми -мленный [完]〈対〉曲がったものを真っすぐにする[伸ばす] **∥ ~ся** [不完]/[完] 姿勢を正す, 真っすぐになる

**вы́прячь** [完] →выпряга́ть

**вы́пукло-вогнутый** [形1]《理》凸凹の

**вы́пуклость** [女10] 突起, 出っ張り

**вы́пукл|ый** 短 -укл [形1] ①ふくらんだ, 凸の(↔вогнутый): -ая ли́нза 凸レンズ | -ая крива́я 《数》凸曲線 ②浮き出た, 前に突き出た ③鮮明な

*§**вы́пуск** [ヴィーブスク] [男2]〔output, emission, issue〕 ①出すこと, 放出 ②生産高, 出荷量 ③出版, 刊行; (書籍の)版 (略 вы́п.): ~ 2 (второ́й) 第2版 ④(ラジオ・テレビ番組の)第...話, 第...回 ⑤卒業; 《集合》同期の卒業生: ~ прошлого́дний ~ 昨年度の卒業生

§**выпуска́ть** [ヴィプスカーチ] [不完]/**вы́пустить** [ヴィープスチチ]-ущу, -устишь, ...-устят 命 -сти 受過 -ущенный [完]〔let out, release〕〈対〉
①(外に)出す, 開放する: ~ ребёнка погуля́ть 子供を外で遊ばせる | ~ на свобо́ду [во́лю] 解放する
②卒業させる: Университе́т выпуска́ет специали́стов ра́зных специа́льностей. その大学は様々な分野の専門家を輩出する
③射る, 放つ: ~ снаря́д 発砲する | ~ стрелу́ 矢を射る ④生産[制作]して出す: ~ изде́лие в прода́жу 製品を発売する | ~ рома́н [фи́льм] 長編小説[映画]を発表する ⑤〈衣服の丈を長くする; 表に出す〉~ < 下書きの一部>を削除する

◆ ~ из ви́ду 見落とす | ~ дух 息を引き取る
**∥ ~ся** [不完]/[完] ①《完》卒業する ②落ちる ③外へ出る ④《不完》《受身》

*§**выпускни́|к** -á [男2]/**-ца** [女3]〔final-year student〕①(卒業を控えた)最高学年生 ②卒業生

**выпускн|о́й** [形1] 排出の, 卒業の: ~ экза́мен 卒業試験 ◇ **-ы́м** [男6]/**-áя** [女6]《話》= выпускни́к

**вы́пустить(ся)** [完] →выпуска́ть

**выпу́тывать** [不完]/**вы́путать** 受過 -анный [完]《話》〈対〉①〈絡んでいるものをほどく〉: ~ из се́ти 網に絡まっているものをほどく ②《話》(苦境から)救い出す
**∥ ~ся** [不完]/[完] ①(絡んでいるものが)ほどける ②(苦境から)抜け出る, 自由になる

**выпу́чивать** [不完]/**вы́пучить** -чу, -чишь 命 -чи -ченный [完]〈対〉①《人称》ふくらます ②《話》前に突き出す ③《驚きのあまり》<目>を大きく見開く: ~ глаза́ 目を見開く **∥ ~ся** [不完]/[完] ①突き出る, 膨らむ ②《話》(目が)大きく開く

**выпы́тывать** [不完]/**вы́пытать** 受過 -анный [完]《話》〈対〉<を у из> から探り出す, 聞き出す

**вы́пушка** 複生 -шек [女12] 縁飾り(«縫い»)

**вы́пь** [女10]《複》《鳥》サンカノゴイ属: больша́я ~ サンカノゴイ

**вы́пью** 〔1単未〕< вы́пить

**выпя́ливать** [不完]/**вы́пялить** -лю, -лишь 命 -ли 受過 -ленный [完]《俗》〈対〉大きく開く: ~ глаза́ 目玉をひんむく

**выпя́чивать** [不完]/**вы́пятить** -ячу, -ятишь 命 -яти 受過 -яченный [完]《話》〈対〉①突き出す: ~ гу́бы 唇をとんがらせる ②《殴》目立たせる: ~ себя́ ええかっこいいする **∥ ~ся** [不完]/[完]①突き出る ②《殴》目立つ

*§**выраба́тывать** [不完]/**вы́работать** 受過 -отанный [完]〔produce, manufacture〕〈対〉①(研究して)作り上げる, 開発する: ~ но́вый ме́тод 新しい方法を練り上げる ②(修行によって)育む, 鍛え上げる: ~ привы́чку 習慣つける ③<水準・数量>に達する: ~ но́рму ノルマをこなす ④《話》稼ぐ, 働いて手に入れる

**выраба́тываться** [不完]/**вы́работаться** [完]①(経験・修練によって)出来上がる, 形成される ②《話》(疲労などで)働けなくなる ③(鉱物が)枯渇する ④《不完》《受身》< выраба́тывать

*§**вы́работка** 複生 -ток [女2]〔manufacture, production〕①製造, 生産, 制作 ②生産物, 生産高 ③《話》稼ぎ高 ④仕上げ 仕上げ ⑤《通俗複》採掘場

**выра́внивание** [中5] 平らにすること; 平滑化, むら取り

**выра́вниватель** [男5] 均圧器

**выра́внивать** [不完]/**вы́ровнять** 受過 -вненн [完]〈対〉平らにする, 真っすぐにする, 整える, 整列させる: ~ доро́гу 道を平らにらす | ~ дыха́ние 呼吸を整える ◆ ~ шаг 歩調を揃える **∥ ~ся** [不完]/[完] 平らになる, 真っすぐになる, 整列する; (精神的に)成長する

*§**выража́ть** [ヴィラジャーチ] [不完]/**вы́разить** [ヴィーラジチ] -ажу, -азишь, ...-азят 命 -ази 受過 -аженный [完]〔express〕〈対〉(外に・形に・言葉に)表現する, 示す, 表示する: ~ благода́рность [соболе́знование] 謝意 [弔意] を表明する | ~ жела́ние [мысль] 希望 [考え]を表現する | ~ неудово́льствие 不満を漏らす | ~ слова́ми 言葉に表す | не найти́ слов вы́разить всю свою́ призна́тельность 感謝の意を尽くす言葉が見つからない | ~ мо́щность в ва́ттах 出力をワット表示する

*§**выража́ться** [ヴィラジャーッツァ] [不完]/**вы́ра-зиться** [ヴィーラジッツァ] -ажусь, -азишься, ...-азятся 命 -зись [完]〔express oneself〕①述べる, ある言い方をする: гру́бо выража́ясь 《挿入》遠慮のない言えば | е́сли мо́жно так выража́ться 《挿入》こういう古い言い方を使ってもよいものならば, 言ってみれば, いわば | мя́гко выража́ясь 《挿入》控え目に言えば
②現れる: На лице́ вы́разилось удивле́ние. 顔には驚きの色があった
③《単位・数量》...の額になる: Эконо́мия выража́ется в су́мме пяти́ рубле́й. 節約金額は5ルーブルになる ④《不完》《話》口汚くののしる ⑤《不完》《受身》< выража́ть

*§**выраже́ние** [ヴィラジェーニエ] [中5]〔expression〕①表現(すること), 発現: Цена́ — де́нежное ~ сто́имости това́ра. 値段は商品価値の貨幣的表現である ②表情, 顔つき, 色, 表示: у́мное ~ глаз 賢そうな目つき ③表現, 言葉, 言葉遣い, 言い回し: гру́бое [ре́зкое] ~ 乱暴な[どぎつい]言い方 | ходя́чее ~ 慣用句 | Выбира́й -ия. 言葉遣いに気をつけて話せ
④《数》式, 表式 ◆**без -ия** 感情を押し殺して, 一本調子に(↔**с чу́вством**) | **в ине́нном -ии** 円換算で(в ине́нах) | **в реа́льном -ии** 実質的には | **извини́ть за** ~《挿入》こんな言い方をして失礼ですが | **не стесня́ться в -ях** = **не выбира́ть -ий** ずけずけ

[遠慮なく]言う, ずばりと言う | **с -ием** 《話》表現力豊かに, 感情を込めて

\***выраженный** [形1] [pronounced] 明白な, 著しい
**вырази́тель** [男5] / **~ница** [女3] 代弁者, 表現者
**вырази́тельно** [副] 表現豊かに; 《楽》エスプレッシーヴォ

\***вырази́тельн|ый** 短 -лен, -льна [形1] [expressive] ① 表情豊かな ② 表現力に富んだ ③ 意味ありげな ④ 表現のための: **-ые сре́дства му́зыки** 音楽の表現法 **‖ -ость** [女10] 表現力

\***вы́разить(ся)** [完] →**выража́ть(ся)**

\***выраста́ть** [不完] / **вы́расти** -ту, -тешь 命 -сти 過 -рос, -росла -росший -росши [完] 〈圏〉 [grow up] ① 成長する, 大きくなる, 伸びる: ~ из пелёнок 《戯》大人になる ② (人間的に) 成長する, 育つ; 〈в圏〉〈ある水準・質に〉達する: в учёного ~ 学者に育つ | Посёлок **вы́рос** в го́род. 町が大きくなって都市になる ③ 幼年時代を過ごす, 育つ ④ (背や髪が伸びて) 〈服が合わなくなる〉: Ма́льчик вы́рос из пальто́. 少年は背が伸びてコートのサイズが合わなくなった ⑤ 増大する ⑥ 現れる, できる: На лбу вы́росла ши́шка. 額にこぶができた ⑦ (眼前に背の高い植物が) 生える, 〈前に〉出現する

**выра́щивать** [不完] / **вы́растить** -ащу, -астишь 命 -сти 受過 -ащенный [完] 〈圏〉 [breed, cultivate, rear] ① 〈動植物を〉飼育する, 栽培する ② 〈人を〉養育する, 育てる, 育成する **‖ ~ся** [不完] ① 起こる, 生える, 育つ ② 《不完》 [受身]

**вырва́ть(ся)** [完] → **вырыва́ть¹(ся²), рвать²**
**вы́рез** [男1] ① 切り取ること, 切り抜き ② 襟ぐり, ネックライン

\***выреза́ть** [不完] / **вы́резать** -ежу, -ежешь 命 -ежи, -ежь 受過 -анный [完] [cut out, engrave] 〈圏〉 ① 切り抜く, 切り取る: 〈統計を〉, ~ статью́ из журна́ла 雑誌の記事を切り抜く | ~ о́пухоль 腫瘍を切除する ② 切り[削り] 取って作る ③ 彫る, 刻み込む ④ 《話》刃物で皆殺しにする **‖ ~ся** [不完] [完] ①(切断・裁断して) 出来る ②くっきり現れる ③ 《不完》 [受身]

**вы́резка** 複生 -зок [女2] ① 切り取ること, 切り抜き ② 切り取ったもの [箇所]; 〈複〉(新聞・雑誌などの) 切り抜き: ~и из газе́ты 新聞の抜粋 ③ 最高級肉, 上等ヒレ肉

**вырезно́й** [形2] 刻んだ, 切り込みのある
**вырезы́вать** [不完] = **выреза́ть**

**вырисо́вывать** [不完] / **вы́рисовать** -сую, -суешь 受過 -анный [完] 〈圏〉 細部まで丁寧に描く **‖ ~ся** [不完] [完] くっきり現れる, (輪郭が) 見えてくる, 次第に現れる

**вы́ровнять(ся)** [完] → **выра́внивать**

**вы́родок** -дка [男2] 《蔑》もてあましもの, できそこない

**вырожда́ться** [不完] / **вы́родиться** -ожусь, -одишься 命 -дись [完] 衰える, 退化する

**вы́родeнец** -нца [男1] 堕落した人
**вырожде́ние** [中5] 退化

**вы́ронить** -ню, -нишь 命 -ни 受過 -ненный [完] 〈圏〉落とす, (落として) 失くす: Он сло́ва не **вы́ронил**. 《話》彼は一言も言葉を発しなかった

**вы́рост** [男1] ①《俗》成長 ② 瘤(こぶ), 突起 ◆**на ~** 成長するのを見込んで

**вы́росток** -тка [男2] 子牛の皮, 子牛革

**выруба́ть** [不完] / **вы́рубить** -блю, -бишь 命 -би 受過 -бленный [完] 〈圏〉 ① 伐採してしまう, 伐採して木を空ける: ~ са́д 庭木をすっかり切りつくす ② 選んで切る: ~ хоро́шую ёлку よいモミの木を選んで切る ③ 切って [刻印して] 作る: ~ фигу́ру из ка́мня 石を刻んで像を作る ④《ナイフスイッチで》電源を切る ⑤ 〈鉱石・石炭を〉採掘する ◆**Напи́санное перо́м не вы́рубишь топоро́м**. 書いたものは残る (←ペンで書かれたものを斧で切ることはできない)

**вы́рубиться** [不完] / **вы́рубиться** -блюсь, -бишься 命 -бись [完] ① 道を切り開いて出る ②《若者・俗》意識を失う; (疲れて) 寝入る ③《不完》[受身] < **выруба́**

**вы́рубка** 複生 -бок [女2] ① 伐採 ② くぼみ, 刻み目 ③ 伐採地

**выруга́ть(ся)** [完] → **руга́ть(ся)**

**выру́ливать** [不完] / **вы́рулить** -лю, -лишь 命 -ли 受過 -ленный [完] 〈圏〉 ①〈乗り物を運転してある所に出る〉 ②〈飛行機を滑走させる, 〈車を〉寄せる ③ 《俗》 〈из圏〉〈窮地から〉脱け出す

**выруча́лочка** [女2] ◆**па́лочка-~** 《話·戯》救いとなるもの; 助け人

\***выруча́ть** [不完] / **вы́ручить** -чу, -чишь 命 -чи受過 -ченный [完] [help out] 〈圏〉 ① (窮地を) 救う: **Вы́ручи меня́ до зарпла́ты**. 給料日まで立て替えて (借金の申し込み) ② 〈代金・もうけを〉手に入れる **‖ ~ся** [不完] [完] ① (窮地から) 脱出する ② (代金・もうけが) 手に入る ③ 《不完》 [受身]

**вы́ручк|а** [女2] ① もうけ, 売上金 ② 救出, 救援 ◆**идти́ на ~** 救出に行く

\***вырыва́ть¹** [不完] / **вы́рвать** -рву, -рвешь 命 -рви 受過 -анный [完] [pull out, tear out] 〈圏〉 ① (一気に) 抜き, 引き抜く, 引いて取る; 引いたら: ~ листо́к из записно́й кни́жки 手帳からページを引き破る | ~ зу́бы 歯を抜く ② 抜き出す, 抜き取る: ~ отде́льный факт 1つの事実のみを抜き出す ③《話》(無理強いして) 手に入れる: ~ призна́ние 強引に認めさせる | ~ из го́рла 《話》強引に手に入れる ◆**~ из се́рдца [души́]** 強いて忘れ去る

\***вырыва́ть²** [不完] / **вы́рыть** -рою, -роешь 命 -рой 受過 -тый [完] 《話》[dig up] 〈圏〉 ① 掘り出す, 探し出す, 発掘する **‖ ~ся¹** [完] ① 掘って出る ② くぼむ, 深く入り込む ③ 《不完》 [受身]

**вырыва́ться²** [ヴィールヴァーッツァ] [不完] / **вы́рваться** [ヴィールヴァッツァ] -рвусь, -рвешься 命 -рвись [完] [tear away, get away] ① (振り払って) 逃げる, 脱出する: ~ из тюрьмы́ 脱獄する ②《話》(隙を見つけて) 抜け出す: ~ в теа́тр 劇場に行く眼ができる ③ (煙などが一気に) 噴出す: Из трубы́ **вы́рвалась** струя́ кипятка́. パイプから熱湯が勢いよく噴き上がった ④《話》滑り落ちる: Блю́дце **вы́рвалось** из рук и разби́лось. 皿が手が滑って小皿が割れた ⑤ (言葉などが) 思わず出る: **Вы́рвался смех**. 思わず笑いが出た ⑥《不完》[受身] < **выра́ва** ◆**~ вперёд** 躍り出る, 先頭に立つ

**вы́рыть(ся)** → **вырыва́ть²**

**выряжа́ть** [不完] / **вы́рядить** -яжу, -ядишь 命 -ди 受過 -яженный [完] 〈圏〉豪奢に着飾らせる, ТРО にそぐわない格好をさせる **‖ ~ся** [不完] [完] 《話》着飾る

**выса́дить(ся)** [完] → **выса́живать**

**вы́садка** [女2] ① 下船, 下車 ② (部隊の) 上陸: ~ в Норма́ндии 《史》ノルマンディー上陸 ③ (植物の) 植え替え, 移植 ④《冶》ヘッディング, 頭部据え込み: холо́дная ~ 冷間頭部据え込み

**выса́живать** [不完] / **вы́садить** -жу, -дишь 命 -ди 受過 -аженный [完] 〈圏〉 ① 下車 [下船, 上陸] させる: ~ пассажи́ров 乗客を降ろす ② (露地に) 植え替える: ~ расса́ду помидо́р в откры́тый грунт トマトの苗を露地に植え替える ③《俗》叩き壊す, 叩き出す **‖ ~ся** [不完] [完] ① 下車 [下船, 上陸] する ② 《不完》 [受身]

\***выса́сывать¹** [不完] / **вы́сосать** -осу, -осешь 命 -оси 受過 -анный [完] 〈圏〉**из**圏 からの〉 ① 吸い出す, 吸い取る, 搾り出す **‖** ②《話》搾り取る, 巻きあげる ◆**~ все со́ки [кровь] из** 圏 …を苦しめる, 疲れはては

## высверливать

る | ～ **из па́льца** でっちあげる ‖ **～ся** [不完] [受身]
**высве́рливать** [不完] / **вы́сверлить** -лю, -лишь 命 -ли 受過 -ленный [完] (ドリル・錐で)穴を開ける ‖ **～ся** [不完] / [完] (ドリル・錐で)穴が開く
**высвеча́ивать** [不完] / **вы́светить** -ечу, -етишь 命 -ти 受過 -еченный [完] (暗闇の中で)照らし出す ‖ **～ся** [不完] / [完] (照らし出されて)現れる, 浮かび出る
**высви́стывать** [不完] / **вы́свистеть** -ищу, -ищешь 命 -ищи 受過 -анный [完], **вы́свистеть** -ищу, -истишь 命 -исти -исть 受過 -стенный [完] 《話》〈対〉(口笛で)呼ぶ
**высвобожда́ть** [不完] / **вы́свободить** -божу, -бодишь 命 -ди 受過 -божденный [完] 〈対〉 ① (狭いところから)引き出す ② (場所・時間などを)空かす, 浮かす ‖ **～ся** [不完] / [完] ① (狭いところから)抜け出る ② (場所・時間などが)空く
**высева́ть** [不完] / **вы́сеять** -сею, -сеешь 命 -сей -янный [完] 〈対〉 ある量の種を蒔く
**высека́ть** [不完] / **вы́сечь** -еку, -ечешь 命 -еки 過 -ек, -екла 受過 -ченный [完] 〈対〉 ① (石に)刻む, (石で)彫刻する ◆ **～ ого́нь (и́скру)** (火打ち石で)火を出す | **～ из самого́ себя́** (皮肉)自分の首を自分で絞める; 身から出た錆
**выселе́ние** [中5] (強制的な)立ち退き
**вы́селок** -лка [男2] 《露史》分村, (移民の)小部落
**выселя́ть** [不完] / **вы́селить** -лю, -лишь 命 -ли 受過 -ленный [完] 〈対 из 生から〉立ち退かせる, 移住させる: ～ **жильцо́в из кварти́ры** アパートから住民を立ち退かせる ‖ **～ся** [不完] / [完] 立ち退く, 移住する
**вы́серебрить** [完] → серебри́ть
**вы́сечь** [完] → высека́ть, сечь¹
**вы́сеять** [完] → высева́ть
**выси́живать** [不完] / **вы́сидеть** -ижу, -идишь 命 -ди -иженный [完] 〈対〉 ① (卵を)かえす ② (長時間)じっと座り通す ③ 《俗》《戯》 (長く座り続けて)書き上げる
**выситься** -сится ―― 高くそびえる
**выска́бливать** [不完] / **вы́скоблить** -лю, -лишь 命 -ли 受過 -ленный [完] 〈対〉 削って (表面を研磨して)取り除く
**вы́сказать(ся)** [完] → выска́зывать(ся)
\***выска́зывание** [ヴィスカーズィヴァニエ] [中5] [speaking out, opinion] ① 発言(すること) ② **～ своего́ мне́ния** 自分の意見を述べること ② 〈複〉意見, 見解, 所論: **―ия учёных о пробле́ме безрабо́тицы** 失業問題についての学者の意見 ③ 〔言〕発話 ④ 《数》命題
\***выска́зывать** [ヴィスカーズィヴァチ] [不完] / **вы́сказать** [ヴィースカザチ] -кажу, -кажешь 命 -кажи, -кажите 受過 -занный [完] [express, state] 〈対〉〈考え・思い・感情などを〉口に出して言う, 言い表す, 表に表す (**что** 節が伴わない): **Тру́дно вы́сказать** всё, **что у меня́ на се́рдце.** 私の心にあること全てを言葉で言い表そうようとするは難しい
\***выска́зываться** [不完] / **вы́сказаться** -кажусь, -кажешься 命 -кажись [完] [speak, express mind] ① (意見・感情などを)述べる; 〈за対〉に賛成する; 〈про́тив生〉に反対する: ― **о прое́кте** 企画について意見を言う ② → выска́зывать
\***выска́кивать** [不完] / **вы́скочить** -чу, -чишь 命 -чи [完] [jump out, leap out] ① 飛び出る: ～ **из ваго́на** 列車から飛び出る ② 《話》(急に)飛び出す, 不意に現れる: **За́яц вы́скочил из кусто́в.** ウサギが茂みからぴょんと飛び出した ③ 《話》抜け落ちる, 飛んでいく: **Ча́шка вы́скочила из рук.** カップが手から滑り落ちた ④ 《話》(急に表面に)現れる: **Вы́скочила сыпь.** 発疹

が出た ⑤ 《話》しゃばる, しゃしゃり出る ⑥ 《話》(長持ちせずに)消える, 切れる: **Хмель ра́зом вы́скочил.** 酔いが一気に吹っ飛んだ ◆ **～ за́муж** 《話・皮肉》(軽率に突然)お嫁に行く | **～ в лю́ди** 急に出世する
**выска́льзывать** [不完] / **вы́скользнуть** -ну, -нешь 命 -ни [完] ① (手から)滑り落ちる ② 《話》(こっそり)抜け出す
**вы́скоблить** [完] → выска́бливать, скобли́ть
**вы́скочить** [完] → выска́кивать
**вы́скочка** 複生 -чек(女2)女(男2)男 [男・女] 〈蔑・蔑〉 しゃばり (コネなどで)不当に出世した者, 成り上がり
**вы́скрести** [完] → скрести́
**вы́сланный** (形[1変化])[男名] 被追放者, 流刑者
**вы́слать** [完] → высыла́ть
**высле́живать** [不完] / **вы́следить** -ежу, -едишь 命 -ди 受過 -еженный [完] (尾行して)突き止める, 探し当てる
**вы́слуг|а** [女2] (一定の)勤続: **за ―у лет** 《公》(年功により

**выслу́живать** [不完] / **вы́служить** -жу, -жишь 命 -жи 受過 -уженный [完] ① 《話》勤め上げる ② 〈対〉(勤め上げて)獲得する ‖ **～ся** [不完] / [完] ① 《話》勤めて昇進する ② → пресмыка́ться
**вы́слушать** [完] → выслу́шивать, слу́шать
**выслу́шивание** [中5] [医]聴診
\***выслу́шивать** 受過 -анный [完] [hear out, listen to] 〈対〉 ① (終わりまで)聞く, 話をじっくり聞く: ～ **собесе́дника** 相手の言うことをよく聞く ② [医]聴診する ‖ **～ся** [不完] [受身]
**высма́тривать** [不完] / **вы́смотреть** -рю, -ришь 命 -ри 受過 -ренный [完] 〈対〉 ① (丹念に)見る, 観察する ② (よく探して)見つけ出す ③ 目を輝かせる
**высме́ивать** [不完] / **вы́смеять** -ею, -еешь 受過 -янный [完] 嘲笑する, 笑い物にする (осме́ять) ‖ **～ся** [不完] [受身]
**вы́смолить** [完] → смоли́ть
**вы́сморкать(ся)** [完] → сморка́ть
**вы́смотреть** [完] → высма́тривать
**высо́вывать** [不完] / **вы́сунуть** -ну, -нешь 命 -ни 受過 -тый [完] 〈対〉突き出す: ～ **язы́к** (ばかにして)舌を出す ◆ **(бежа́ть) вы́сунув язы́к** 《話》一目散に(走る, 逃げる) | **нельзя́ но́су вы́сунуть (из до́му)** 表へ出られない
**высо́вываться** [不完] / **вы́сунуться** -нусь, -нешься 命 -нись / -нься [完] ① 身を乗り出す, 出てくる, 姿を現す ② でしゃばる
\***высо́к|ий** [ヴィソーキイ] 短 -о́к, -ока́, -о́ко / -око́ 比較 вы́ше 最 вы́сший, высоча́йший [形3] [high, tall] (↔ **ни́зкий**) ① 高い: **-ая трава́** 丈の高い草 | **-ие дома́** 高層建築 | **～ челове́к** = челове́к **-ого ро́ста** 背の高い人 | **-ие потолки́** 高い天井 | **-ая вода́** = **～ у́ровень (прили́ва)** ハイレベル | **-ая температу́ра** 熱熱 | **～ (кровяно́е) давле́ние** 高血圧 | **-ое** = **-ая производи́тельность труда́** 高い労働生産性 | **-ие це́ны** 高価 | **～ проце́нт** 高利 | **Со́лнце высоко́.** 日は高い
② [短尾] 高すぎる: **Э́тот стул малышу́ высо́к.** この椅子は小ちゃんが坐るには高すぎる
③ [文] 上位の, 非常に重要な: **-ая отве́тственность** 重責 | **～ пост** 高位, 高官 | **-ая те́мпера** 非常に光栄, とても栄誉ある | **～ гость** VIP, 賓客, 貴賓
④ [文] 高潔な, 崇高な, 高雅な: **-ая мысль** 気高い思想, 考え
⑤ 非常に優れた: **-ие оце́нки** 高い評価 | **-ое мастерство́** 卓越した技量, 匠の技 | **това́ры** -ого **ка́чества** 高級品
⑥ [楽] 高音の: ～ **го́лос** 高声部, ソプラノ

◆**бы́ть** *—ого мне́ния о* 圓 …を高く評価する、かっている | *разгова́ривать на -их нота́х* 大声でイライラ話す

■ *-ая мо́да* ハイファッション、オートクチュール | *-ие догова́ривающиеся сто́роны*《公》両締約国

*высоко́, вы́соко* [副] ①〔highly〕①高く、高度に ②〔無人述〕高い

**высоко́..** 〔語形成〕「高度に」「高い」

**высокого́рный** [形1] 高山の：*~ кли́мат* 高山気候

**высокодохо́дный** [形1] 高利潤の

**высокока́чественный** 短 -ен/-енен, -енна [形1] 高品質の

**высококвалифици́рованный** [形1] 高度な技術を持つ：*высокотехни́ческий* 高技能専門家の

**высокоме́рие** [中5] 傲慢、思い上がり、横柄

**высоко-куче́в|о́й** [形1]《気象》：*-ые облака́* 高積雲

**высокоме́рный** 短 -рен, -рна [形1] 傲慢な、横柄な

**высокооплачива́емый** [形1] 高給の

**высокопоста́вленн|ый** [形1] 社会的地位の高い、高位の

**высокопреосвяще́нство** [中1]《正教》(*ва́ше, его́, их* と共に) 座下 (大主教、府主教の尊称)

**высокопрепо́добие** [中5] 《ва́ше, его́, их と共に》《正教》神父（長司祭、修道司祭、典院、掌院、首司祭の尊称）

**высокоразви́тый** [形1] 高度に発展した

**высокосло́ист|ый** [形1]《気象》：*-ые облака́* 高層雲

**высокотехнологи́чный** [形1] ハイテクの

**высокочасто́тный** [形1]《電》高周波数の

**вы́сосать** [完] →*выса́сывать, соса́ть*

**высот|а́** [ヴィサター] 複 *-о́ты* [女1]〔height, altitude〕①《単》高さ、高度：*~ горы́* 山の高さ｜*на -е́ в три ме́тра над у́ровнем мо́ря* 海抜3メートルのところに｜*Небе́сное де́рево Тóкио име́ет -у́ 634 (шестьсо́т три́дцать четы́ре) ме́тра.* 東京スカイツリーは高さ634メートルである｜*Вулка́н вы́бросил столб пе́пла -о́й 1 км.* その火山は1キロメートルの噴煙を上げた ②高地、高所、(発展などの) 高み、高み：*достига́ть но́вых высо́т* 新しい極致に達する｜*набира́ть (тера́ть) -у́* (飛行機などが) 高度を増す〔減ずる〕 ③《数》垂線 ◆*(бы́ть, оказа́ться) на -е́* 最高の状態〔極致〕にある

**вы́сотка** 複 *-ток* [女2] 高台、小高い丘；《話》高層ビル《建築》

**высо́тни|к** [男2] / *-ца* [女3] ①高層建築作業員 ②高跳びの選手 ③《話》高層ビル

**высо́тн|ый** [形1] 高所の、高地の：*-ая боле́знь* 高山病 ②高層の ③高空の

**высотоме́р** [男1] 《航空》高度計；《林業》樹高計

**вы́сохнуть** [完] →*высыха́ть*

**вы́сохший** [形] 干からびた；しなびた、しわくちゃの

**Высо́цкий** (形3変化)[男] ヴィソツキー (Влади́мир Семёнович ~, 1938-1980; ソ連の詩人、歌手、俳優)

**высоча́йший** [形6]〔最上〕<*высо́кий* ②〔露史〕《革命前》皇帝の：*~ ука́з* 勅令

**высоче́нный** [形1]《俗》とても高い

**высо́чество** [中1]《皇族への尊称として *Ва́ше, Егó, Её* を冠して》殿下、妃殿下

**вы́спаться** [完] →*высыпа́ться²*

**выспра́шивать** [不完] / **вы́спросить** -ошу, -осишь 命 -си 受過 -ошенный [完]〔話〕《в》*о/про* こまごまと聞く、聞き出す

**вы́ставить(ся)** [完] →*выставля́ть(ся)*

**вы́ставк|а** [ヴィースタフカ] 複生 -вок [女2]〔exhibition, show〕①展覧会、展示会、博覧会、品評会、見本市：*кни́жная ~* 書籍展｜*~ молоды́х худо́жников* 若手画家展｜*побыва́ть на -е* 展覧会を訪れる｜*посети́ть (осмотре́ть) -у* 展覧会を訪れる【見る】②展示、陳列すること ③《集合》展示品、陳列品 ■**Карти́нки с -и** 展覧会の絵 (ムソルグスキーの楽曲)

**выставля́ть** [不完] / **вы́ставить** -влю, -вишь 命 -ви/-вь 受過 -вленный〔pull [move] out, post〕①外へ出す、突き出す：*~ цветы́ на балко́н* 花をベランダに出す ②取り外す ③《話・粗》追い出す：*~ за дверь* 追い払う ④ (目につくように) 前に出す、並べて出す、提出する：*~ на стол угоще́ние* テーブルにごちそうを並べる｜*~ на аукцио́н* オークションに出品する｜*~ тре́бования* 要求する｜*~ напока́з* 見せびらかす｜*~ на посме́шище* 笑い者にする｜*~ кандидату́ру* 候補者に立てる｜*~ счёт* 勘定書を出す ⑤《体の一部を》前に突き出す ⑥配署に就かせる：*~ охра́ну* 警備を置く ⑦記入する：*~ отме́тки (оце́нки)* 成績をつける

**выставля́ться** [不完] / **вы́ставиться** -влюсь, -вишься 命 -вись/-вься [完]〔話〕①突き出る、出っ張る、現れる ②(展覧会などに) 出展する ③自分が目立つような振る舞いをする 【受身】<*выставля́ть*

**выставно́й** [形] 移動できる、取り外しできる

**вы́ставочный** [形1] <*вы́ставка*

**выста́ивать** [不完] / **вы́стоять** -ою, -оишь 受過 《В》[完] ①ある時間立ち通す ②持ちこたえる // **~ся** [不完] / [完] 熟成する、(長く寝かされて) 芳醇になる

**вы́стегать** [完] →*стега́ть*

**вы́стирать** [完] →*стира́ть*

**вы́стлать** -стелю, -стелешь 命 -стели受過 -анный [完]《В》の表面を隙間なく覆い尽くす、舗装する

**вы́стоять(ся)** [完] →*выста́ивать*

**вы́страдать** 受過 -данный [完] ①《В》苦しみ【悲しみ】をさんざん味わう、辛酸をなめる ②《В》苦しんで手に入れる

*вы́страивать* [不完] / **вы́строить** -ою, -оишь 受過 -оенный [完]〔draw up, build〕《В》①整列させる ②建設する、建設し尽くす // **~ся** [不完] / [完]《В》①整列する ②建設されて建つ ③《В》(建物を)

**выстра́чивать** [不完] / **вы́строчить** -чу, -чишь 命 -чи 受過 -ченный [完] 〔不完また **строчи́ть**〕ミシン縫いする

**вы́стрел** [ヴィーストリル] [男1]〔shot〕射撃、発射、発砲：*звук ~а* 銃声｜*произвести́ ~ из винто́вки* ライフルを発射する、射撃する｜*Разда́лся ~.* 銃声〔砲声〕がとどろいた｜*боево́й ~* 実包(発射)｜*холосто́й ~* 空砲｜*про́бный ~* 試射｜*подпусти́ть (В) на ~* …を射程内に引き寄せる ◆**Одни́м ~ом уби́ть двух за́йцев.**《諺》一石二鳥 (←1発で2羽のウサギをしとめる)

**вы́стрелить** -лю, -лишь 命 -ли 受過 -ленный [完] 発砲する、《в》めがけて発射する

**вы́стрелять** 受過 -янный [完] 《話》《В》射ち尽くす (*исстреля́ть*)

**выстрига́ть** [不完] / **вы́стричь** -игу, -ижешь, ...-игут 過 -иг, -игла -игла 受過 -иженный [完] 《В》《髪・羊毛》を切る、刈る、刈り込む

**вы́строить(ся)** [完] →*стро́ить, выстра́ивать*

**вы́строчить** [完] →*выстра́чивать*

**выстужа́ть** [不完] / **вы́студить** -ужу, -удишь 受過 -уженный [完]《話》《В》(暖気を出して) 冷やす

**выстуки́вать** [不完] / **вы́стукать** 受過 -анный [完]《話》《В》①叩いて合図する、伝える ②《医》打診する

**вы́ступ** [男1] 突出物, 突起, 出っ張り

*****выступа́ть** [ヴィストゥパーチ] [不完] / **вы́ступить** [ヴィーストゥピチ] -плю, -пишь, ... -пят 命 -пи [完] [come forward, act, make a speech] ① 進み出る: ~ из толпы́ 人込みから進み出る
② 出発する; (軍) 出撃[出動]する: ~ в похо́д 進軍する
③ 突き出る, 突出する, はみ出る, (水が)あふれ出る: Мыс далеко́ выступа́ет в зали́в. 岬は湾にずっと突き出ている
④ 出演[出場, 登場, 登壇]する; ~ инициа́тором イニシアチブを取る | ~ с докла́дом 報告する | ~ по ра́дио ラジオに出る | Выступа́ет изве́стная арти́стка. 有名な歌手が登場する
⑤ スピーチをする, 演説をする (★長い though 動作と考えられ具体的な1回の演説も通例不完了体を使う): ~ в газе́те с конкре́тным предложе́нием 新聞で具体的な提案をする | ~ про́тив своего́ оппоне́нта 論敵に対して論陣を張る ◆ (不完) (若者・族) 威張って[気取って]歩く

*****выступле́ние** [ヴィストゥプレーニエ] [中5] [action, speech] ① 打って出ること, 進み出ること, 進撃, 反乱: ~ войск 軍隊の進撃 ② パフォーマンス: ~ орке́стра オーケストラの演奏 | ~ актёра 俳優の演技 ③ スピーチ, 演説, 論説: ~ Президе́нта РФ на тре́тьем [3-ем] са́ммите 第3回サミットにおけるロシア大使の演説

**высу́живать** [不完] / **вы́судить** -ужу, -удишь 命 -ди 過 -уженный [完] (俗) 〈対〉 (裁判で)手に入れる, 勝ち取る

**вы́сунуть(ся)** [完] →высо́вывать(ся)

**выс́ушивать** [不完] / **вы́сушить** -шу, -шишь 命 -ши 過 -шенный [完] ① すっかり乾かす, からからす ② やつれさせる, 衰弱させる

**выс́ушивать(ся)** [不完] →высу́шивать, суши́ть(ся)

**высчи́тывать** [щ] [不完] / **вы́считать** [щ] 過 -анный [完] 〈対〉① 算定する, 算出する ②(話) 差し引く **// ~ся** [不完] / [受身]

*****вы́сш|ий** [ヴィースシィ] [形6] [highest]
① [最上く высо́кий]最高の: ~его со́рт 最高級 | -ая ме́ра наказа́ния 最高刑, 極刑 | -ая то́чка ピーク, 頂点
② 最重要な, 指導的な: о́рган госуда́рственной вла́сти 国権の最高機関 | -ая суде́бная инста́нция 上級審 | -ее кома́ндование 高級指揮官, 最高司令部
③ 最上位の: -ее о́бщество 上流社会 | -ее образова́ние 高等教育 | -ие уче́бные заведе́ния 高等教育施設(вуз)

◆ в -ей сте́пени 極度に, 非常に

■ -ая ли́га [スポ]メジャーリーグ, 1部[トップ]リーグ

*****высыла́ть** [不完] / **вы́слать** вы́шлю, вы́шлешь 命 вы́шли 過 -анный [完] [send (out)] 〈対〉発送する, 発送する ② 派遣する, 向かわせる ③ 退去を命じる, 追放する **// ~ся** [不完] / [受身]

**высы́лка** 複生 -лок [女2] ① 発送 ② 追放; [法] (外国人の)退去強制(デポルタ́ция)

**высыпа́ть** [不完] / **вы́сыпать** -плю, -плешь/-пешь, ... -плют/-пят 命 -пи/-пь 過 -анный [完] ① 〈対〉〈内のものを〉こぼして出す, 入れ物を空ける: ~ грибы́ из корзи́ны キノコを籠からばらっと出す ② (話) (群衆が)どっと出る ③ (話) いっせいに現れる **// ~ся¹** [不完] / [受身] こぼれ出る

*****высыпа́ться²** [不完] / **вы́спаться** -плюсь, -пишься 命 -пись [完] 充分眠る: Я вы́спался. よく寝た

*****высыха́ть** [不完] / **вы́сохнуть** -ну, -нешь 過 -нул/-ох, -охла 能過 -хший [完] [dry out [up]] ① 乾燥する | Белье́ вы́сохло. 衣服が乾いた ② 干からびる, しおれる: Слёзы вы́сохли. 涙も枯れた ③(話) 痩せこける

**вы́сь** [女10] ① 空の高み, 上空 ② (複) 山頂

**выта́лкивать¹** [不完] / **вы́толкать** 受過 -анный [完] 〈対〉(何度もつついて)押し出す, 突き出す **// ~ся** [不完] [受身]

**выта́лкивать²** [不完] / **вы́толкнуть** -ну, -нешь 命 -ни 受過 -тый [完] (一気に)押し出す **// ~ся** [不完] [受身]

**выта́пливать** [不完] / **вы́топить** -плю, -пишь 命 -пи 過 -пленный [完] ①(話)焚く, 暖める: ~ пе́чь печка(炉)を焚く ② 加熱して搾る, 溶出させる **// ~ся** [不完] ① 温まる ② 溶出する

**выта́птывать** [不完] / **вы́топтать** -пчу, -пчешь 命 -пчи 過 -анный [完] 〈対〉踏み荒らす, 踏みにじる; 〈雪などを〉踏み固める **// ~ся** [不完] [受身]

**выта́скать** [完] →выта́скивать²

*****выта́скивать¹** [ヴィターSキヴァチ] [不完] / **вы́тащить** [ヴィータッシチ] -щу, -щишь 命 -щи 受過 -щенный [完] [drag out, pull out]
① 引き出す, 引き抜く: ~ гво́здь 釘を抜く
② (話) 取り出す ③ (完)〈話〉盗む: ~ кошелёк 財布をする ◆ ~ из гря́зи 泥の中から引き上げる; みじめな境涯から救い出す

**выта́скивать²** [不完] / **вы́таскать** 受過 -канный [完] 〈対〉(何回かに分けて)引っ張り出す **// ~ся** [不完] [受身]

**выта́скиваться** [不完] / **вы́тащиться** -щусь, -щишься 命 -щись [完] ①(引っ張られて)抜ける ②(話)外へ出る ③(完)(話) (受身) < выта́скивать¹

**вы́тачать** [完] →тача́ть

**выта́чивать** [不完] / **вы́точить** -чу, -чишь 命 過 -ченный [完] 〈対〉旋盤で作る, 仕上げる **// ~ся** [不完] [受身]

**выта́чка** 複生 -чек [女2] [服飾] ダーツ

**вы́тащить(ся)** [完] →выта́скивать¹(ся)

**вытверди́ть** [完] →тверди́ть

**вытворя́ть** [不完] / **вы́творить** -рю, -ришь 命 -ри 過 -ренный [完] (話)〈対〉〈妙なこと・よからぬこと〉をしでかす, やらかす **// ~ся** [不完] / (話) 起こる, 生じる

**вытека́ть** [不完] / **вы́течь** -течет, -текут 命 -теки 過 -тек, -текла 能過 -текущий 副分 -текши [完] [flow out, run out] ① 流れ出る ② (不完) (河川が)源から流れ出る ③ (不完) 結論が出る: из э́того вытека́ет, что ... という結論が出る

**вы́теребить** [完] →тереби́ть

**вы́тереть(ся)** [完] →вытира́ть(ся)

**вытерпли́вать** [不完] / **вы́терпеть** -плю, -пишь 命 過 -пленный [完] 我慢する, 耐え抜く, こらえる

**вы́тертый** [形1] 擦り切れた, みすぼらしい

**вытесне́ние** [中5] ①(心)抑圧 ② 転換, 変換; (理)転位

**вытесни́ть** [不完] / **вы́теснить** -ню, -нишь 命 -ни 受過 -ненный [完] 〈対〉押し出す, (圧迫して)追い出す: ~ непро́шенного го́стя 招かれざる客を居づらくして追い出す | ~ ста́рое 古きものを追い出す **// ~ся** [不完] [受身]

**вы́течь** [完] →вытека́ть

**вытира́ть** [不完] / **вы́тереть** -тру, -трешь -три 過 -тер, -терла 過 -тый, 過 -терев/-терев, -терши [完] 〈対〉① 〈表面を〉拭う, 払う: ~ ру́ки полоте́нцем 手をタオルで拭く | ~ до́ску 黒板を拭く | ~ пыль со стола́ テーブルからほこりを拭き取る ②(受過)(話)すり切れた, すり減った: Ку́ртка вы́терта на локтях. そのコートは両肘が擦り切れている

**вытира́ться** [不完] / **вы́тереться** -трусь, -трешься 命 -трись 過 -терся, -терлась 能過 -тёрший-ся 副分 -тершись [完] ①自分の体を拭う ②《話》(衣服などが)擦れる、擦り切れる: Брю́ки вы́терлись. ズボンが擦り切れた ③《不完》(受身) → вытира́ть

**вы́ткать** -тку, -ткешь 命 -тки 過 -анный [完] ①(ある量を)織り上げる ②《模様を》織り込む

**вы́толкать** [完] → выта́лкивать[1]

**вы́толкнуть** [完] → выта́лкивать[2]

**вы́топить** [完] → выта́пливать

**вы́топтать(ся)** [完] → выта́птывать

**выторго́вывать** [不完] / **вы́торговать** -гую, -гуешь 受過 -анный [完] 《話》①値切る ②(交渉して)譲歩させる

**вы́точенный** [形1]〈顔立ちが〉はっきりした、〈スタイル〉がいい

**вы́точить** [完] → выта́чивать, точи́ть

**вы́травить(ся)** [完] → выра́вливать, трави́ть

**вытра́вливать** [不完] / **вы́травить** -влю, -вишь 命 -ви 受過 -вленный [完] 〈田〉①(薬品などで)駆除する、消す ②〈染みなどを〉抜く **//~ся** [不完] / [完] (薬剤で)取れる、消える、落ちる

**вы́требовать** -бую, -буешь 受過 -анный [完]《話》〈田〉①要求して得る、受け取る ②呼び寄せる、召喚する

**вытрезвля́ть** [不完] / **вы́трезвить** -влю, -вишь 命 -ви 受過 -вленный [完] 酔いをさまさせる **//~ся** [不完] / [完] 酔いからさめる

**вытряса́ть** [不完] / **вы́трясти** -су, -сешь 命 -си 過 -яс, -ясла 能過 -сший 受過 -сенный 副分 -сши [完]〈田〉(ほこり・砂などを)振って払い落とす ◆ **карма́н** ~ 財布の底をはたく | **~ ду́шу из** ...を震撼させる

**вытря́хивать** [不完] / **вы́тряхнуть** -ну, -нешь 命 -ни 受過 -тый [完] ①振り落とす, 振り払う ②《俗》追い出す, 追い払う **//~ся** [不完] ②(揺られて)落ちる

**выть** во́ю, во́ешь [不完] ①(オオカミ・イヌなどが)吠える ②《民話・詩》(声を限りに)泣く ③《話》泣きわめく **// вытьё** [中4]

**выта́гивание** [中5] 引くこと, 引っ張ること

*выта́гивать [不完] / вытянуть -ну, -нешь 命 -ни [pull out, stretch] [完] ①《話》引き出す、引き抜く: не́вод 網を引く ②引き広げる、引き伸ばす: ко́жу 皮を伸ばす | ~ спи́ну [ше́ю] 背[首]を伸ばす(ストレッチ) ③(引っ張り、吸引して)除去[排除]する: ~ дым 排煙する ④《話》ゆっくり飲み干す ⑤真っすぐに伸ばす:свобо́дно ~ но́ги のびのびと足を伸ばす ⑥《俗》〈ひも状の物で〉打つ: кнуто́м で打つ ⑦《話》持ちこたえる、頑張る: Больно́й до́лго не *вы́тянет*. 患者は長くもちそうにない ⑧《話》やっと仕上げる、助ける ◆ **слова́ не вы́тянешь из** ... はなかなか口を開かない、… は口数が届い | **~ ли́цо** いましい面持ちをする | **~ все жи́лы у** … は精も根も尽き果てる

**вытя́гиваться** [不完] / **вы́тянуться** -нусь, -нешься 命 -нись [完] ①(引っ張られて・吸われて)外に出る、抜ける ②長くなる、伸びる ③線上に長く連なる ④《話》大きくなる、成長する ⑤《話》長々と腰をかける ⑥《話》直立不動の姿勢をとる ⑦《不完》(受身) ◆ **лицо́ вы́тянулось у** ... は浮かない[不機嫌な]顔をしている

**вытяже́ние** [中5] 伸張; [医] 牽引, 牽引療法

**вытя́жка** 複生 -жек [女2] ①〈＜вытя́гивать〉吸引 ②排出 ③《金属》抽出物, エキス ④通気口 **// вытяжно́й** [形2]

**вы́тянуть(ся)** [完] → вытя́гивать(ся)

**выу́живать** [不完] / **вы́удить** -ужу, -удишь 命 -ди 受過 -уженный [完]〈田〉①釣り上げる ②《話・戯》(苦労して)だまし取る, 手に入れる **//~ся** [不完]〈受身〉

**вы́утюжить** [完] → утю́жить

*выу́чивать [不完] / вы́учить -чу, -чишь 命 -чи 受過 -ченный [完] [teach, learn] 〈田〉①〈田〉/与を/〈不定形を〉教える、教え込む ②〈田〉学ぶ, 学びきる 覚える, 暗記する: ~ стихи́ 詩を覚える | ~ наизу́сть 暗記する **//~ся** [不完] / [完] ①習得する ②学業を終える **//~ся** [不完]〈受身〉

**вы́учка** [女2]《話》修行 ①習得された能力[技術]

**выха́живать** [不完] / **вы́ходить** -ожу, -одишь 命 -оди 受過 -оженный [完] ①歩きまわる ②(よくなるまで)看病する, 介抱する

**выхва́ливать, выхваля́ть** [不完] / **вы́хвалить** -лю, -лишь 命 -ли 受過 -ленный [完]《話・蔑》〈田〉褒めそやす **//~ся** [不完] ②自慢する, 自賛する

**выхва́тывать** [不完] / **вы́хватить** -ачу, -атишь 受過 -аченный [完] 〈田〉①ひったくる, 奪いとる: ~ из рук су́мку у... (人の)手からバッグを奪う ②(素早く)引き出す ③《俗》(布を裁つ時に)多く切りすぎる ④《話・蔑》〈話・事実を〉取り出す ⑤《話》さっと照らし出す ◆ **~ из огня́ [воды́]** 危ないところを救う | **~ из жи́зни** 実物そっくりの

**вы́хлоп** [男1] ①《機》排気管, 排気装置; その音 ②《若者・皮肉》[商]もうけ, 純益 **//~ной** [形2]

**выхлопа́тывать** [不完] / **вы́хлопотать** -по-чу, -почешь 命 -почи 受過 -анный [完] 〈田〉請願して得る

**вы́хлопнуть** -нет 命 -ни [完] 〈田〉(エンジンが)排気ガスを出す

**вы́хлопотать** [完] → выхлопа́тывать

*вы́ход [ヴィーハト] [男1] [going out, departure, exit] ①出ること, 外出, 出発, 出口; 出口; 解決策, 活路: ~ опа́сный — 非常口 | ~ в го́род (地下鉄の標識で)外への出口 | ~ в мо́ре 海への出航 | на ~ 出向[出航] | ~ из боя́ 戦線離脱 | ~ из метро́ 地下鉄の出口 | стоя́ть у ~а 出口近くに立っている | найти́ ~ из положе́ния 事態の打開策を見つける

②登壇, 登場, 出版, (映画の)公開, 発売; (軌道への)投入; 退職, 脱退, 退会: Ваш ~! 《役者・話》あなたの出番です | ~ на сце́ну 舞台に登場すること | ~ кни́ги в свет 本の出版 | ~ но́вой моде́ли の…新モデルの発売 | ~ на орби́ту Земли́ 地球軌道への投入 | ~ из па́ртии 脱党, 離党

③〔技・理・化〕収穫量, 取れ高; 出力(端子); 〔経〕生産高 ④〔IT〕ログオフ, (プログラムの)終了

⑤《俗》コネ, つながり

◆ **дать ~** …の自由に任せる: дать ~ гне́ву 怒りに任せる | **на ~е** 〔IT〕数値を受けて | **на ~ах** 《役者》セリフのない役で | **~ на рабо́ту** 出社, 出勤 | **~ из печа́ти** 出版, 発売 | **нет друго́го ~а** ほかにしようがない

**вы́ходец** -дца [男2] 〈田〉①からの移住者 ②〈他の身分・階層からの〉出身者

**вы́ходить** [完] → выха́живать

*выходи́ть [ヴィハヂーチ] -ожу́, -о́дишь, ... -о́дят 命 -ди́ [不完] / **вы́йти** [ヴィーイチ] -йду, -йдешь 命 -йди 過 вы́шел, -шла вы́шедший 副分 -йдя [完] 〔go [come] out〕(↔входи́ть 〈с〉/〈с田〉から) ①〈田〉 (a)(閉鎖的空間・状態・事態から)出る: ~ из до́ма [до́му] 家を出る, 外出する | ~ из-за стола́ 食卓[机]を離れる | Река́ вы́шла из берего́в. 川が氾濫した | ~ на сце́ну 舞台に出る | ~ на прогу́лку 散歩に出る | ~ пляса́ть 前に出て踊る (b)(乗物から)降りる: Где мне *выходи́ть*? 私はどこで降りたらよいのでしょうか | Вы *выхо́дите* (на сле́дующей ста́нции) [оста-

# выходка

нóвке])? (混雑した乗物で降車時に他の乗客を押し分けて) 次 (の停留所) で降りますか (c)(一時的に) 離れる: Он вы́шел. Ско́ро бу́дет. 彼は席を外しています. じき戻ります (★長期的な不在は ушёл) (d) (組織・メンバーから) 離脱する, 失権する: ~ из бо́я [игры́] 戦線を離脱する [ゲームから抜ける] | ~ из соста́ва коми́ссии 委員会のメンバーから離脱する | ~ из кру́га друзе́й 友と絶つ | ~ на незнако́мую у́лицу 知らない通りに出る | ~ в мо́ре 海に出た (f)(競技などで)次の段階に進む, 出せする: На́ша кома́нда вы́шла в фина́л. うちのチームは決勝戦に進んだ

② (書類・命令・許可などが) 出る: ~ в свет 出版される | Кни́га вы́шла из печа́ти. 本が刊行された | Фильм вы́шел на экра́на. 映画が公開された

③ 出尽くす, 尽きる: У меня́ вы́шли все де́ньги. 私はお金が全て尽きた | Срок вы́шел. 期限が切れた, 満了した

④《話》〈за囲〉に〉嫁ぐ; (女性が) 結婚する: ~ (за́муж) за врача́ 医師と結婚する

⑤〈в囲〉(人・物が) …に出来上がる, なる: Из него́ ничего́ не вы́йдет. 彼は物にはなるまい | из отстаю́щих ~ в число́ передовы́х 落ちこぼれが優等生になる | Сын вы́шел в отца́. 息子は父親にそっくりになった

⑥《無人称でも》《囲/что囲》(結果が) …となる, 生じる: ~ победи́телем в состяза́нии 競技会の勝者となる | вы́шло, что … という結果になった | из э́того выхо́дит, что … これは…という結果になる | Вы́шли неприя́тности. 嫌なことが起きた

⑦《完》〈из囲〉〈出身地・出身校から出る, 輩出する: ~ из крестья́н [просты́х] 農民 [庶民] 出身である

⑧《完》〈из囲〉〈на囲〉にようやく接触する, 当たる: ~ пря́мо на дире́ктора やっとのことで社長までたどり着いた

⑨〈из囲〉を逸脱する: ~ за ра́мки зако́на 法律の枠外に出る

⑩〈不完〉(家などが) 向いている, 面している: Дом выхо́дит фаса́дом в парк. 家は正面が公園に面している

♦ выхо́дит 《挿入》(帰結として) どうやら…らしい, …ということになる: Выхо́дит, ты прав. 君が正しいということになる | ~ на рабо́ту 出勤する | ~ из во́зраста ある年齢を超える, オーバーする | ~ из себя́ かっとなる, 怒りに我を忘れる | Как бы чего́ не вы́шло. 《話・皮肉》何も面倒なことにならないように | не вы́шел ро́стом 《話》しかるべき身長が低い, 背が低い | ничего́ не вы́шло из э́того …は失敗に終わった, 白紙になった

**вы́ходка** 複生 -док [女2] 《貶》非常識な行動, 悪ふざけ

\***выходн|о́й** [ヴィハドノーイ] [形2] [exit] ①出ることの, 出口の: ~-óе отве́рстие [生】排出孔, 出口 | ~ люк 出口用ハッチ ② よそ行きの, 外出用着の, 一張羅の, 晴れ着の: ~-óе пла́тье 外出着 ③ 解雇時の 退職金の: ~-óе посо́бие 退職手当 ④ 休日の: ~ день 休日 (土曜や日曜) ⑤ (a) [男名] 休日, 非番の日: ежедне́вные выходны́е 休日以外は毎日 (b) — [男名]/-а́я [女名] 休み [非番] の人 ■ -ы́е да́нные [印] 出版事項; [IT] 出力カテゴリー

**выхола́живать** [不完] / **вы́холодить** -ложу, -лодишь 命 -ди 受過 -ложенный [完] 《話》冷やす (вы́студить) ‖ **~ся** [不完] [完] 冷える, 冷え込む

**выхола́щивать** [不完] / **вы́холостить** -лощу, -лостишь 命 -сти 受過 -лощенный [完] 《囲》① 去勢する ② 骨抜きにする ‖ **~ся** [受身]

**вы́холенный** [形1] 身だしなみが整っている, 手入れのよく行き届いている

**вы́холить** -лю, -лишь 命 -ли 受過 -ленный [完] 大切に育てる, 手入れをする

**вы́холостить** [完] →выхола́щивать

**вы́хухоль** [男5]/[女10] 《動》ロシアデスマン (モグラ科; 毛皮は革製品に利用)

**выцара́пывать** [不完] / **вы́царапать** 受過 -панный [完] ① 引っかいてとる ②《話》苦労して手に入れる ③ (釘などで引っかいて) 書く, 描く ‖ **~ся** [不完] / [完] 《俗》① (よじ登って) 脱出する ② (やっと) 苦境を脱出する

**выцвета́ть** [不完] / **вы́цвести** -ету, -етешь 命 -ети 過 -ел 能過 -етший 副分 -етши [完] (歳月がたって) 色あせる

**выце́живать** [不完] / **вы́цедить** -ежу, -едишь 命 -ди 受過 -еженный [完] 〈液体を〉静かに注ぐ [移す]

**вычёркивать** [不完] / **вы́черкнуть** -ну, -нешь 命 -ни 受過 -тый [完] 《囲》削除する, 抹消する
♦ **~ из па́мяти** (意図的に) 忘れ去る | **~ из свое́й жи́зни** いないものと考える

**вычёрпывать** [不完] / **вы́черпать** 受過 -анный [完] 《囲》(すっかり) 汲み尽す

**выче́рчивать** [不完] / **вы́чертить** -рчу, -ртишь 命 -рти 受過 -рченный [完] 《囲》製図する

**выче́ртиться** [不完] / **вы́чертиться** -рчусь, -ртишься [完] ① (図面が) 仕上がる ② くっきりと現れる

**вы́честь** [完] → вычита́ть

**вычёсывать** [不完] / **вы́чесать** -ешу, -ешешь 命 -еши 受過 -есанный [完] 《囲》梳(す)って取る, 梳いてどかす

**вы́чет** [男1] ① 差し引き, 控除 ② 差引額, 控除額
♦ **за ~ом** 囲 …を除いて, 差し引いて

**вычисле́ние** [中5] 計算, 算出

**вычисли́тель** [男5] 計算機 ② 計算技術者

\***вычисли́тельн|ый** [形1] [calculating, computing] 計算(用)の: -ая те́хника 計算機, コンピュータ | -ая матема́тика 《数》数値解析 | электро́нная -ая маши́на 電子計算機, コンピュータ (略 ЭВМ)

\***вычисля́ть** [不完] / **вы́числить** -лю, -лишь 命 -ли 受過 -ленный [完] [calculate, compute] 〈что囲〉① 算定[算出]する, 計算する: 数値の情報処理をする: ~ сто́имость постро́йки 建設費を算出する ② 《俗》見極める ‖ **~ся** [不完] [受身]

**вы́чистить(ся)** [完] → вычища́ть

**вычита́емое** (形1変化) [中名] 《数》減数

**вычита́ние** [中5] 《数》引算, 減法

**вычита́ть** [不完] → вычи́тывать

**вычита́ть** [不完] / **вы́честь** -чту, -чтешь 命 -чти 過 -чел, -чла 受過 -чтенный 副分 -чтя [完] 《囲》〈из囲〉① 引く, 減ずる: ~ семь из десяти́ 10から7を引く ② 差し引く, 控除する ‖ **~ся** [不完] [受身]

**выч́итывать** [不完] / **вы́читать** 受過 -анный [完] 《囲/что囲》① 読んで知る ② 校正する

\***вычища́ть** [不完] / **вы́чистить** -чищу, -чистишь 命 -сти 受過 -чищенный [完] ① [clean, purge] 《囲》(完全に) きれいにする ‖ **~ся** [不完] / [完] ① (自分の体・衣服を) きれいにする ②《不完》[受身]

**вычленя́ть** [不完] / **вы́членить** -ню, -нишь 命 -ни 受過 -ненный [完] 《文》《囲》分割する (вы́делить)

**вы́чурный** 短 -рен, -рна [形1] 手の込んだ, 凝り過ぎの

**выша́гивать** [不完] / **вы́шагнуть** -ну, -нешь 命 -ни [完] ① 《話》(ゆっくり) 歩きまわる ② 《完》《話》一歩踏み出す

**выша́к** -ка́ [男2] 《俗》① 最高刑, 極刑 ② 最高刑の受刑者 ③《学生》高等数学

**вышвы́ривать** [不完] / **вы́швырнуть** -ну, -нешь 命 -ни 受過 -тый [完] 《話》《囲》(乱暴に) 放り出す; 追い放つ

\***вы́ше** [ヴィーシェ] (↔ни́же) [higher] Ⅰ [形] (比較

< высо́кий) より高い: Она́ ~ сестры́ (ро́стом). 彼女はお姉さんより背が高い

II [副] ① [比較<высоко́] より高く, 上へ[に]; 上流へ[に]: Самолёт поднима́лся всё ~. 飛行機はどんどん上へ上がっていった | Он подня́лся ~ по ле́стнице. 彼は階段をもっと上へのぼった ② (文章で) 以上に, 前に: см. (смотри́) ~ 上記を参照せよ | Об э́том упомина́лось ~. このことは先に述べた

III [前] 〈匣〉…より高く, …より上へ[に]; …より上流へ[に]: Э́то ~ моего́ понима́ния. これは私の理解を超えている, 私には理解できない

◆ В~ го́лову! 元気を出して; くよくよしないで | ~ головы́ 多すぎる

вы́ше .. [語形成] 「前に」「以上の」「上方の」「上位の」
вышеизло́женный [形1] (文)上記の, 前記の
вы́шена́званный [形1] (文)上述の, 前記の
вышеприведённый [形1] (文)上述の, 上記の
вышеска́занный [形1] (文)前述の (ска́занное вы́ше)
вышестоя́щий [形6] 〈公〉〈政〉上位の, 上級の
вышеука́занный [形1] (文)前述の (ука́занное вы́ше)
вышиба́ла (女1変化) [男] 《俗 · 蔑》(酒場などの)用心棒
вышиба́ть [不完] / вы́шибить -бу, -бешь 命 -би 受過 -бленный [完] 〈話〉〈匣〉叩き落とす, 叩き出す, 追い払う ◆ ~ ду́шу [дух] 〈俗〉殴り殺す | кли́ном [коло́м] не вы́шибешь …の考えをどうしても変えさせられない **// ~ся** [不完] 〔受身〕
вышива́льн|ый [形1] 刺繍の: -ая маши́на 刺繍ミシン
вышива́льщи|к [男2] / -ца [女3] 刺繍師
вышива́ние [中5] 刺繍すること; 刺繍したもの
*вышива́ть [不完] / вы́шить -шью, -шьешь 命 -шей 受過 -тый [完] [embroider] ①〈匣〉на 面に刺繍する: ~ инициа́лы на платке́ ハンカチにイニシャルを刺繍する | 〈匣〉に沿って刺繍する: ~ поду́шку шёлком кушо́ну に絹糸で刺繍する **// ~ся** [不完] 〔受身〕
вы́шивка -вок [女2] ①刺繍 ② 刺繍した模様
вышивно́й [形2] 刺繍した
вышина́ [女1] ①高さ ② 高所
вы́шить [完] →вышива́ть
вы́шк|а 複生 -шек [女2] ① (建物上部の)塔, やぐら ② 塔, やぐら, 台: суде́йская ~ 〔スポ〕(テニスなどの)審判台 ③ 〔話〕極刑: быть под -ой 死刑執行を待つ ④ 〔学生〕高等数学 ⑤〔スポ〕1部リーグ, トップリーグ
вышко́лить [完] →шко́лить
выщербля́ть [不完] / вы́щербить -блю, -бишь 命 -би 受過 -бленный [完] 〈話〉〈匣〉ぎざぎざにする
выщи́пывать [不完] / вы́щипать -плю, -плешь/-пешь, ...-плют/-пят 命 -пи 受過 -анный [完] 〈匣〉むしり取る: ~ бро́ви まゆ毛を(抜いて)整える
выявить(ся) [完] →выявля́ть
вы́я [女5] (旧・詩) 首 (ше́я)
*выявле́ние [中5] [revelation] 公表, 暴露, 発現
*выявля́ть [不完] / вы́явить -влю, -вишь 命 -ви 受過 -вленный [完] [display, reveal] 〈匣〉来を現す, 発揮する, 明るみに出す, 暴露する, 発見する: ~ недоста́тки 欠点を明るみに出す | у неё вы́явлен рак в нача́льной ста́дии …には初期のがんが発見された | Прокурату́ра вы́явила наруше́ния законода́тельства. 検察当局は法律違反を摘発した **// ~ся** [不完] / [完] ①明らかになる, 現れる ②〔受身〕
выясне́ние [中5] 解明, 説明
вы́яснить[1] -нит [完] 〔話〕晴れる, 天気がよくなる

*выясня́ть [不完] / вы́яснить[2] -ню, -нишь 命 -ни 受過 -ненный [完] [clarify, clear up] 〈匣/что〉を明らかにする, 突き止める, 解明する, 調査する: ~ положе́ние дел 事態を解明する | ~ усло́вия 条件を明らかにする | ~ отноше́ния 互いの事情 [立場] を明らかにする; 上下[優劣]関係をはっきりさせる
выясня́ться [不完] / вы́ясниться -нюсь, -нишься 命 -нись [完] 明らかになる, はっきりする, 解明される, 調査される: Причи́на ава́рии выясня́ется. 事故原因は調査中

Вьетна́м [男1] ベトナム (首都は Хано́й) // вьетна́мский [形3]
вьетна́м|ец -мца [男3] / -ка [女2] 複生 -мок [女2] ベトナム人
вьетна́мки -мок, -мкам [複] ビーチサンダル

вью́га [女2] (地面を這う)吹雪 (мете́ль): Подняла́сь ~. 吹雪になった // вью́жный [形1]
выю́жить -жит [不完] 〈無人称〉吹雪が吹き荒れる
вьюк -а́ [男2] (牛馬に乗せる)1袋にした荷物
вьюн -а́ [男1] ①〔魚〕ドジョウ ② すばしっこい人 [動物]
вьюнко́в|ые (形1変化) [複名] 〔植〕ヒルガオ科 (アサガオはサツマイモ属 ипоме́я)
вьюно́к -нка́ [男2] 〔植〕セイヨウヒルガオ属: полево́й ~ セイヨウヒルガオ
вьюрко́вые (形1変化) [複名] 〔鳥〕アトリ科 (アトリ, ウソ, ヒワ, снеги́рь など)
вьюрок -рка́ [男2] 〔鳥〕アトリ
вью́чить -чу, -чишь [不完] / на~ 受過 -ченный [完] 〈匣〉〈牛馬に〉に荷を積む
вью́чный [形1] 荷運び用の; 動物[人力]で荷を運ぶ
вью́шка 複生 -шек [女2] (ペチカ・暖炉の煙突の) 調節弁; 〔船〕ロープリール
вью́щийся [形6] カールした: -иеся во́лосы 巻き毛 | -иеся расте́ние 蔓植物
ВЭБ [вэ́б] 〔略〕Ви́рус Эпштейна-Барр Эпстайнバール・ウイルス; Внешэкономба́нк ロシア開発対外経済銀行 (VEB)
вя́жущий [形6] ①(味が)渋い ② 粘着性の
вяз [男1] 〔植〕ニレ // -овый [形1]
вяза́льн|ый [形1] 編み物の: ~ крючо́к かぎ針 | -ая спи́ца 編み棒
вяза́льщи|к [男2] / -ца [女3] 編む人, 編み物師
вяза́ние [中5] 編むこと; 編んだもの
вя́заное -ное [複生 -ное] [女2] 〈俗〉ニットウェア
вяза́нка 複生 -нок [女2] (薪・わらなどの)束
вя́заный [形1] 編んだ, 編んで作った
вяза́нье [中4] 編んだ物, 編物; ニットウェア (вя́занка)
*вяза́ть вяжу́, вя́жешь 命 вяжи́ 受過 вя́занный 副分 вяжа́ [不完] / с~ [tie, bind] ①〈匣〉束ねる, 縛る: ~ снопы́ (刈り取った)穀物を束ねる ② [編む]: ~ крючко́м [на спи́цах] かぎ針 [編み棒] で編む ③ 〔不完〕渋い味がする ④ 〔建〕接着する
вяза́ться вяжу́сь, вя́жешься [不完] 〔否定文で〕〔話〕〈匣〉…と一致しない, 合わない: Слова́ не вя́жутся с де́лом. 言行不一致である ② 〈匣〉〈к 匣〉からむ, まつわる; 〈匣〉〈в/匣〉…に関わる ③〔受身〕<вяза́ть
◆ де́ло не вя́жется うまくいかない
вя́зка -зок [女2] ① 束ねること; 編むこと ② 編み方 ③ 〈俗〉束 (свя́зка)
вя́зкий 短 -зок, -зка́/-зка -зко 比 вя́зче [形3] ①べたつく, 粘着性の ②〈匣〉渋い
вя́знуть -ну, -нешь 命 -ни 過 вяз/-ул, -зла [不完] / за~ [完] 〈в 匣〉①(ぬかるみなどに)はまる: ~ в боло́те [снегу́] 湿地[雪]にはまる ②〔話〕(食べ物が歯に)挟まる

**вязь** [女10] ① 装飾文字 ② 《俗》ぬかるみ
**вя́кать** [不完] / **вя́кнуть** -ну, -нешь 命 -ни [完] 《俗》《方》(犬・猫などが) 鳴く ② くだらないことを言う
**вя́леный** [形1] 野天干しの: -ая ры́ба 魚の干物
**вя́лить** -лю, -лишь [不完] **про~** 受過 -ленный [完] 《釣》野天干しにする **∥ -ся** [不完] [完] 野天干しになる

**вя́лый** 短 вял [形1] [長尾]しおれた, しぼんだ: ~ цвето́к しおれた花 ② 活気のない, 無力な: つまらない: -ая от жары́ соба́ка 暑さで元気のない犬 | -ое настрое́ние どうでもいい気分 | ~ разгово́р 意味のない会話 **∥ -ость** [女10]

*вя́нуть -ну, -нешь 過 вя́нул / ул, вя́ла [不完] **за~** [完] (fade, wither) ① しおれる, しぼむ: Ро́зы вя́нут от моро́за. 寒さでバラがしおれる ② (完また у~) 元気がなくなる: Красота́ завя́нет, а сча́стье не обма́нет. 美しさは色褪せるが, 幸せは嘘をつかない
◆ У́ши вя́нут. (つまらなくて) 聞く気がしない

**вя́хирь** [男5] 《鳥》モリバト
**Вячесла́в** [男1] ヴャチェスラフ (男性名; 愛称 Сла́ва)
**вя́щий** [形6] 《旧・戯》なお一層の

# Гг

**г** 《略》грамм
**г.** 《略》год; го́ра; господи́н; госпожа́; губе́рния; го́род
**га** 《略》гекта́р
**ГА** [ゲーアー] 《略》Генера́льная Ассамбле́я: ~ ООН 国連総会
**Гаа́га** [女2] ハーグ (オランダの都市) **∥ гаа́гск|ий** [形3]: *Г-ая* конве́нция ハーグ条約
**габарди́н** -a/-y [男1] ギャバジン (布地の一種) **∥ габарди́новый** [形1]: ~ пальто́ ギャバジン (製) のコート
**габари́т** [男1] ① 外寸, 限界寸法: ~ы станко́в 工作機械の外寸 ② 《複》大きさ, サイズ; 《話》(人の大きな) 図体 ③ 《鉄道》軌間形; 車両限界
**габари́тный** [形1] 外寸の, 限界寸法の: ~ фона́рь 車幅灯 ② 《話》大型の; (人が) 図体のでかい
**ГАБТ** [ガーブテー] 《略》Госуда́рственный академи́ческий Большо́й теа́тр ボリショイ劇場
**гав** [間] ワン (犬の鳴き声)
**гава́ец** -а́йца [男2] / **гава́йка** 複生 -а́ек [女2] ① ハワイ人 ② 《女》アロハシャツ
**Гава́йи** (不変) 《複》ハワイ; ハワイ州
**гава́йск|ий** [形3] ハワイ (人) の: -ие острова́ ハワイ諸島 | -ая гита́ра 《楽》ウクレレ
**Гава́на** [女1] ハバナ (キューバの首都) **∥ гава́нск|ий** [形3]: -ие сига́ры ハバナたばこ
*гавань [女10] [harbor] 港, 港湾: есте́ственная ~ 天然港
**гав-га́в** [間] 《幼児》わんわん, 犬 (аф-áф)
**га́вка** 複生 -вок [女2] 《話》犬
**га́вкать** [不完] / **га́вкнуть** -ну, -нешь 命 -ни [完] [一回] 《俗》① (犬が) 吠える ② 《на 格》/ 無補語で 悪態をつく, のしる, 叱りとばす
**гаво́т** [男1] 《舞・楽》ガヴォット (昔のフランスのダンス; その曲)
**Гаврии́л** [男1] ガヴリイール (男性名)
**га́врик** [男2] 《俗》やつ, 若者, いたずらっ子
**га́га** [女2] 《鳥》ケワタガモ属: обыкнове́нная ~ 《鳥》ケワタガモ **∥ гага́чий** [形9]
**га-га́** [間] 《話》① 《擬声》ガアガア (ガチョウの鳴き声)

② 《幼児》ガチョウ ③ わいわいやがやや (おしゃべり)
**гага́кать** [不完] [只話] [рыб] (ガチョウが) ガアガア鳴く
**гага́ра** [女1] 《鳥》アビ (海鳥) **∥ гага́рий** [形9]
**Гага́рин** [形1] 変化] [男] ガガーリン 《Ю́рий Алексе́евич ~, 1934-68; 人類初の宇宙飛行士, 大佐》
**гага́рка** 複生 -рок [女2] 《鳥》オオハシウミガラス
**гага́т** [男1] 《鉱》黒玉
**гад** [男1] ① 《通例複》爬虫類と両生類 ② 《俗》不快感を与える小動物や昆虫; 汚らわしい [嫌な] やつ: фаши́стские *-ы* ファシストの悪党ども ③ 《複》《俗》重くて履きづらい靴
**гада́лка** 複生 -лок [女2] ① 女占い師 ② 《俗》どっちつかずの状態
**гада́ние** [中5] ① 《通例 гада́нье [中4])で占い ② 推測, 推量 ◆ **на кофе́йной гу́ще** = **~ на боба́х** 根拠のない憶測 (←コーヒーかす [豆] で占う)
**гада́тельный** 短 -лен, -льна [形1] ① 推測の域を出ない, 疑わしい: Успе́х гада́телен. 成功は当てにできない ② [長尾] 占い用の
*гада́ть [不完] [tell fortune] ① [完 по~] 占う: ~ по руке́ 手相で占う | ~ на ка́ртах トランプで占う 《о 前》意図などを) 推測する, 推察する
**гадёныш** [男4] 《俗》汚らわしいやつ, 嫌なやつ
**га́денький** [形3] 《話》ろくでもない, 悪い, 不快な
**Гаде́с** [男1] 《ギ神》ハーデース, 冥界の王
**га́джет** [男1] 《IT》ガジェット
**га́дина** [女1] 《俗》汚らわしい [嫌な] やつ
**га́дить** га́жу, га́дишь [不完] **на~** 受過 нагажженный [完] ① 《話》(鳥獣が) 糞をする; (人が) 排便する ② 《俗》《刷》汚す ③ 《俗》《Д に》嫌がらせをする, 害を与える **∥ -ся** [不完] 《受身》
*га́дк|ий 短 -док, -дка́, -дко 比 га́же [形3] [nasty, loathsome] ① 忌まわしい, 不快な, 嫌悪すべき ② 醜悪な, 卑劣な, 卑劣な: ~ челове́к 卑劣漢 | -ие посту́пки 醜悪な行為
**га́дко** 比 га́же [terribly] ① 《副》不快に, 忌まわしく; 醜悪に, 卑劣に ② 《無人述》《Дにとって》不快で, 嫌でたまらない
**гадли́вость** [女10] 嫌悪感, 軽蔑, 憎悪
**гадли́вый** 短 -ив [形1] ① 嫌悪にみちた: -ое чу́вство 嫌悪感 ② 《旧》(人が) 嫌悪を感じている
**га́достный** [сн] 短 -тен, -тна [形1] [сн] = га́дкий
*га́дость [女10] [nastiness] ① 忌まわしさ, 不快さ, 醜悪さ, 卑劣さ ◆ 《Кака́я ~! 何と忌まわしいことか ◆ **де́лать -и** 下劣な行為を働く | **говори́ть -и** 汚い [侮辱的な] 言葉を吐く
**га́дский** [ц] [形3] 《俗》= га́дкий
**га́дствовать** [ц] -твую, -твуешь [不完] / **по~** [完] 《俗》下劣な行為を働く, 卑劣なことをする
**гадю́ка** [女2] ① 《動》クサリヘビ (毒蛇) ② 《俗》卑劣 [醜悪] な人 (通例女性) **∥ гадю́чий** [形9] <①
**гадю́чник, гадю́шник** [男2] ① クサリヘビ (гадю́ка) の生息地 ② 《俗》敵意 [憎悪] が渦巻く集団 ③ 《俗》溜り場, 巣窟; 貧弱で不潔な家; 下等な居酒屋 [軽食堂]
**га́ер** [男1] ① 道化役, ピエロ (かつて貴族の館や芝居小屋に仕えていた) ② 《話》ひょうきん者
**га́ерничать** [話] おどけてふざける, ひょうきんな仕事をする
**га́ерск|ий** [形3] ① 道化役 [ピエロ] の: -ое сосло́вие 道化役の身分 ② おどけた, ひょうきんな
**га́ерство** [中1] 道化, おどけた仕草
**га́ерствовать** -твую, -твуешь [不完] 《話》= га́ерничать
**га́ечный** [形1] ナット [雌ねじ] (га́йка) の: ~ ключ スパナ
**га́же** [比較] < га́дкий, га́дко

**газ¹** [ガース] -a/-y 前 о -е, на -е/-ý [男1] 〔gas〕①気体、ガス: удушливый ～ 窒息性ガス | слезоточивый ～ 催涙ガス | отработанный ～ 排気ガス | парниковый ～ 温室効果ガス | угарный ～〈化〉一酸化炭素
②炭酸ガス: минеральная вода́`с ～ом [без ～а]` 炭酸入り[無]ミネラルウオーター
③(燃料用)ガス: добыча ～а ガス採掘 | месторождение ～а ガス鉱床 | запасы ～а ガス埋蔵量 | природный ～ 天然ガス | сжиженный ～ 液化ガス | сланцевый ～ シェールガス | плата за ～ ガス代 | магистральный ～ 配管供給ガス | баллонный ～ ボンベ入りガス
④(話)ガス器具: включить [выключить] ～ ガスをつける[消す] | поставить чайник на ～ やかんをガスにかける
⑤(複)腸内ガス、屁: выпустить ～ы おならをする
◆**дать** [**прибавить, наддать, нажать на**] ～〈話〉(車で)猛スピードを出す | **сба́вить** ～〈俗〉(車などの)スピードを緩める | **на по́лном [всём]** ～у́〈俗〉全速力で | **на ма́лом [сре́днем]** ～у́〈俗〉低[中]速で

**газ²** -a/-y [男1] ①紗(ﾉ)、ガス織 ②〔話〕紗[ガス織]の衣装

**ГАЗ** [ガース]〔略〕[男1] Го́рьковский автомоби́льный заво́д ゴーリキー自動車工場、GAZ 社

**газ.** 〔略〕газе́та; газе́тный

**газава́т** [男1]〔イスラム教徒の〕聖戦

**газану́ть** [完]→газова́ть

**газа́ция** [女9] = газирование

**газго́льдер** [э] [男1] ガスタンク

**газе́ль** [女10] ①ガゼル(ロシア国産車; 小型バス、ライトバン、トラックなど; 乗合タクシー、救急車にも用いられる) ②〔文学〕ガゼル(アラビア語やペルシャ語による叙事詩) ③ガゼル(仏のヘリコプター) ④〔動〕ガゼル属

*газе́т|а [ゼェータ] [女1]〔newspaper〕新聞; 新聞紙; 新聞紙: ежедневная ～ 日刊紙 | еженедельная ～ 週刊紙 | общественно-политическая ～ 社会政治紙 | спортивная ～ スポーツ紙 | федеральная ～ 連邦紙 | центральная ～ 中央紙 | региональная ～ 地方紙 | отраслевая ～ 業界紙 | студенческая ～ 学生新聞 | стенная ～ 壁新聞 | корреспондент ～ы 新聞記者 | редакция ～ы 新聞社の編集員 | свежий номер ～ы 新聞の最新号 | электронная версия ～ы 新聞の電子版 | экстренный выпуск ～ы 新聞の号外 | тираж ～ы 新聞の発行部数 | подписаться на ～у 新聞を定期購読する | по сообщению ～ы «Известия» = как сообщает ～ «Известия» 『イズベスチヤ』紙の報道によると | завернуть в мя́тую ～у しわくちゃの新聞紙に包む
◆**жива́я [ходя́чая]** ～〈戯・皮肉〉ニュースに明るくそれを広めて回る人、噂好きな人

*газе́тн|ый [形1]〔newspaper〕新聞の; 新聞特有の: -ая статья 新聞記事 | -ая бумага 新聞紙 | язык [стиль] -ого 新聞調

**газе́тчи|к** [男2] **/-ца** [女3]〔話〕①新聞記者 ②新聞の売り子

**га́зик** [男1]〔話〕ジープ(商標); ГАЗ 社の自動車

**газиро́ванн|ый** [形1] 炭酸ガス入りの: -ая вода́ 炭酸水

**газиро́ва|ть** -рую, -руешь 受過 -анный, **газирова́ть** -рую, -руешь 受過 -о́ванный [不完・完]〈飲〉〈液体に炭酸[ガス]を含ませる〉**//-ся** [不完]〔受身〕**//-ние** [中5]

**газиро́вка** [女2] ①= газирование ②〔話〕炭酸水

**газифика́ция** [女9]〔gasification, supply with gas〕①(固形・液体燃料の)ガス化 ②(産業・住居などの)ガス化、ガス化、ガス化供給、ガス化

**газифици́ровать** -рую, -руешь 受過 -анный [不完・完]〈畑〉①〈固形・液体燃料をガス化する〉: уголь 石炭をガス化する: ～ся ②〈産業・住居などをガスに移行する、ガス化する〉: ～ завод 工場のガスに切り換える | ～ кварти́ры 住宅にガスを引く **//-ся** [不完]〔受身〕

**газо..** [語形成]「ガス、ガスの」

**газобалло́н** [男1] ガスタンク、ガスボンベ

**газова́ть** -зую, -зуешь 受過 -о́ванный [不完] / **газану́ть** -ну́, -нёшь [完]〔一回〕〈自〉①(自動車・バイク・飛行機などの)スピードを上げる;《通例命令形》(人が)速く走る

**газо́вщи|к** -а́ [男2] **/-ца** [女3] ガス工事作業員、ガス器具取扱者

*га́зов|ый [形1]〔gas〕①ガス[気体]の; ガス燃料の: ～ заво́д ガス工場 | ～ая горе́лка [плита́] ガスバーナー[コンロ] | ～-ое освеще́ние ガス照明 ②毒ガスの[を用いる]: ～-ая война́ [ата́ка] 毒ガス戦[攻撃] | ～ пистоле́т 毒ガス銃 | ～-ое ору́жие 毒ガス兵器 ③(スカーフなどが)紗の、ガス織の

**газогенера́тор** [男1] ガス発生器、ガス化装置

**газоли́н** [男1] (未精製の)ガソリン(★車などの燃料用はбензи́н) **//-овый** [形1]

**газоме́р** [男1] ガスメーター

**газомёт** [男1]〔軍〕窒息[有毒]ガス放出装置

**газомото́р** [男1]〔機〕ガスエンジン、ガス機関

**газо́н** [男1] 芝生

**газонепроница́емый** [形1] ガス漏れしない

**газоноко́силка** 複生-лок [女2] 芝刈り機

**газоно́сность** [女10] 天然ガス含有度、天然ガス埋蔵量

**газоно́сный** 短 -сен, -сна [形1] 天然ガスを含有する: ～ пласт 天然ガス含有層

**газообра́зный** 短 -зен, -зна [形1] ガス状の、気体の

**газопрово́д** [男1]〔gas pipeline〕①ガス配管 ②ガスパイプライン: строи́тельство ～а ガスパイプラインの敷設 **//-ный** [形1]

**газопрово́дчик** [男2] ガス配管工

**газоубе́жище** [中2] 毒ガス避難所

**газохрани́лище** [中2] ガス貯蔵所

**Газпро́м** [男1] ガスプロム(天然ガスを生産・供給するロシアの企業)

**ГАИ** [ガーイー]〔略〕(不変)[女] Госуда́рственная автомоби́льная инспе́кция〔話〕交通警察 (ГИБДД)

**Гаи́ти** (不変) ①[男] ハイチ島 ②[女] ハイチ共和国 (Респу́блика ～)

**гаи́шник** [男2]〔俗〕交通警察官

**гаи́шный** [形1]〔俗〕交通警察の

**гайдама́к** [男1]〔史〕①(17-18世紀のウクライナのコサック兵(ポーランドからの独立運動を展開) ②(1918-20年国内戦時代のウクライナの)反革命騎兵

**Гайда́р** [男1] ガイダル(Его́р Тимофе́евич ～, 1956-2009; 政治家)

**гайду́|к** -а́ [男2]〔史〕①(トルコ統治時代のバルカン・ハンガリーの)パルチザン反乱者 ②(18-19世紀ロシアの)貴族の従者

*га́йк|а¹ 複生га́ек [女2]〔nut, wing〕ナット、雌ねじ;《若・俗》大きな指輪 ◆～ **слаба́ у** 囲〔俗〕…には能力が足りない | **подкрути́ть [закрути́ть, завинти́ть]** ～**y [-и]**〔俗〕規律を引き締める、気合を入れる

**га́йка²** [女2] (極東で)外夷 [＜日]

**гала-..** [語形成]「盛大な、華麗な」

**гала́-конце́рт, га́ла-конце́рт** [不変] [男1] ガラコンサート、祝賀記念演奏会

**\*гала́ктика** [女2] 〔galaxy〕《天》① (銀河系外の)銀河; 星雲 ②Г~ 銀河系

**галантере́йный** 短 -е́ен, -е́йна [形1] ①《長尾》小間物の: ~ това́р 小間物 ②《旧・話・皮肉》ばか丁寧な, 腰の低い

**галантере́я** [女6] ①《集合》小間物(ピン, ボタン, ペン, 手袋など) ②《話》小間物店, 小間物売場

**гала́нтн|ый** -тен, -тна [形1] 礼儀正しい, 丁寧な, 慇懃(いんぎん)な **∥-ость** [女10] 礼儀正しさ, 慇懃さ

**гала́-представле́ние, rа́ла-представле́ние** [不変] [中5] ガラ公演

**гала́ты** 複-ов [複]《聖》ガラテヤ人

**галдёж** -ежа́ [男1]《俗》がやがや騒ぐ声

**галде́ть** (1人称なし) -ди́шь [不完]《俗》がやがや騒ぐ

**галё́р|а** [女1] ①《史》ガレー船 ②《複》ガレー船労役 **∥-ный** [形1]

**\*галере́я** [女6]〔gallery〕① 渡り廊下, 回廊, 遊歩廊 ②《旧》劇場の天井桟敷(галёрка) ③ 坑道, 地下通路 ④ 画廊, ギャラリー: карти́нная ~ 画廊; 美術館 ⑤ 《類》<類型・形象などの一群, 連なり>: ~ литерату́рных типо́в 一連の文学上の典型的人物

**галери́ст** [男1] / **-ка** 複-ток [女2] (画廊で絵画の売買をする人)

**галё́рк|а** 複-рок [女2] ①《話》劇場の天井桟敷(галёрея); その観客 ②《俗》尻

**гале́т|а** [女1] 乾パン **∥-ка** 複-ток [女2]《指小》

**га́леч|ник** [男2] 磔岩(れき);《集合》じゃり, 丸石 **∥-ный** [形1]

**галиматья́** [女8]《話》ばかげたこと, たわ言, ナンセンス

**гали́мый, голи́мый** [形1] ①《俗》悪い, ろくでもない ② 完全な, 絶対の

**Гали́на** [女1] ガリーナ (女性名; 愛称 Га́ля)

**галифе́** [不変] [複]/[中] 膝から上がだぶだぶのズボン

**Гали́ция** [女9] ガリツィア (ウクライナ西部とポーランド南東部の古来からの地名)

**\*га́лка** 複-лок [女2]〔daw, jackdaw〕《鳥》コクマルガラス **∥га́лочий** [形9]

**галл** [男1] ① ガリア(ゴール)人 ②《詩・旧》フランス人 **∥~ский** [形3]

**га́ллий** [男7]《化》ガリウム (記号 Ga)

**галлици́зм** [男1] ガリシズム (フランス語からの借用句, フランス語風言い回し)

**галлома́н** [男1] フランスびいきの人

**галлома́ния** [女9] フランスびいき

**галло́н** [男1] ガロン (液量単位; 米3.78リットル; 英4.54リットル)

**галлюцина́торн|ый** [形1]《医》幻覚の[による]: -ое состоя́ние 幻覚状態 | ~ бред 幻覚性譫(せん)妄

**галлюцина́ция** [女9]《医》幻覚: слухова́я ~ 幻聴 | зри́тельная ~ 幻視

**галлюцини́ровать** -рую, -руешь [不完] 幻覚を見る[起こす]

**галлюциноге́н** [男1]《医》幻覚誘発剤[物質]

**галлюциноге́нн|ый** [形1]《医》幻覚を誘発する, 幻覚発性の: -ые препара́ты 幻覚誘発剤 ②《俗》素晴らしい, すてきな, いかす

**гало́** 《不変》[中]《天・気象》暈(かさ): ~ вокру́г луны́ 月暈(がさ) (「げつうん」とも)

**галоге́н** [男1]《化》ハロゲン

**гало́п** [男1] ①《馬術》ギャロップ, 駆歩: скака́ть ~ом (馬が)ギャロップで走る ②《舞・楽》ギャロップ(2拍子もしくは4拍子で急速なテンポを持つ舞踏; その曲) ◆ **~ом по Евро́пам**《戯》駆け足で簡単に紹介する

**галопи́ровать** -рую, -руешь [不完] ①(馬が)ギャロップで走る; (人が)馬で疾駆する ② ギャロップを踊る ③《話》急速化する, 飛躍的に変化[進行]する: Инфля́-

ция *галопи́рует*. インフレが急速に強まる | Це́ны *галопи́руют*. 物価が跳ね上がる

**галопи́рующ|ий** [形6]《話》急速な, 飛躍的な, 急性の: ~ рост цен 急速な物価の上昇 | -ая чахо́тка 急性の肺病

**га́лочк|а** 複-чек [女2] チェックマーク(✓): поста́вить -у チェック印を付ける ◆**для [ра́ди] -и** 体裁上

**гало́ш|и** -ош [複]/(単 -а [女1])オーバーシューズ (кало́ши)

**\*га́лстук** [ガールストゥク] [男2]〔tie〕ネクタイ: наде́ть [снять] ~ ネクタイを着ける[取る] | завяза́ть [развяза́ть] ~ ネクタイを結ぶ[ほどく] | неформа́льная встре́ча «без ~ов» глав стран СНГ CIS 首脳らの非公式「ノーネクタイ」会談 ◆**заложи́ть [зали́ть] за ~** 《俗》大酒を飲む

■ **~ ба́бочкой = ~-ба́бочка** 蝶ネクタイ | **пионе́рский [кра́сный] ~** ピオネール団員章の赤い襟飾り

**га́лстучный** [形1]: ~ у́зел ネクタイの結び目

**галу́н** -а́ [男1] モール, モール織りの飾章

**галу́шка** [女2]《通例複》《料理》ガルーシキ (ウクライナ料理, 煮団子の一種)

**гальваниза́ция** [女9] 電気療法; 電気めっき

**гальванизи́ровать** -рую, -руешь 受過 -анный [不完・完]《医》① 電流を通す ② 電気めっきを施す ③ 元気づける, 活気づける, 刺激する: ~ стремле́ние 意欲を刺激する ◆**~ труп**《本・皮肉》無力なもの[人]をよみがえらせようとして無駄な努力をする **∥-ся** [不完]《受》

**гальвани́ческ|ий** [形3] ①《電》化学反応による電流発生の: ~ элеме́нт 電池 ② 電気めっきの: -ое покры́тие 電気めっき ③ 電気療法の

**гальвано́метр** [男1]《理》検流計

**гальванопла́стика** [女1]《電》電気めっき

**га́лька** 複-лек [女2]《集合でも》じゃり, 円磔

**галью́н** [男1]《海》船首の便所

**галю́ники** -ов [複]《俗》幻覚

**Га́ля** [女5]《愛称》< Гали́на

**гам** -а/-у [男1]《話》大勢で騒ぐ声, 喧騒

**гамадри́л** [男1]《動》マントヒヒ

**гама́к** -а́ [男1] ハンモック

**га́мать, га́маться** [不完]《<В語/無補語》コンピュータゲームをする

**гама́ш|и** -máш [複] ①《捨て駒を打って指し始める》② ゲートル, 脚絆

**гамби́т** [男1]《チェス》捨て駒を打って指し始める

**Га́мбург** [男2] ハンブルク (ドイツの都市) **∥ га́мбургск|ий** [рс/ркс] [形3] ◆**~ пету́х**《俗》流行の服を着た人, しゃれ者 | **по -ому счёту**《話》厳しい基準に従って判断すれば

**га́мбургер** [男1] ハンバーガー

**га́мер** [男1]《コン》ゲーマー

**га́мить(ся)** -млю(сь), -мишь(ся) [不完]《話》大声で話す; コンピュータゲームをする

**Га́млет** [男1] ハムレット (シェークスピア劇の主人公)

**га́мма** [女1] ①《楽》音階: мажо́рная [мино́рная] ~ 長[短]音階 ② 色系系列(色調の): тёплая [холо́дная] ~ 暖[寒]色系 ③ (同種のものの)連なり, 取り合わせ: ~ пережива́ний 一連の経験 ④ ガンマ (γ; ギリシャ語アルファベット)

**га́мма(-)...** 《語形成》「ガンマ…」: **га́мма-лучи́** ガンマ線

**гамо́вер** [男1]《コン》ゲームオーバー

**Га́нг** [男2], **Га́нга** [女2] ガンジス川

**га́нглий** [男7]《解》神経節

**гангре́н|а** [女1]《医》壊疽(えそ), 脱疽 **∥-о́зный** [形1]

**га́нгстер** [е/э] [男1] ギャング, 悪党: полити́ческие ~ы 政治ギャング (戦争に犯罪的手段を用いる政治家)

**гарцева́ть**

◆ **~ы пера́** 悪徳ジャーナリスト // **~ский** [形3]

**гангстери́зм** [е/э] [男1] ギャング犯罪, 組織的犯罪; полити́ческий ～ 犯罪的政争手段

**гандбо́л** [男1] 《スポ》ハンドボール // **гандбо́льный** [形1] : *-ая* площа́дка ハンドボールコート | *-ая* кома́нда ハンドボールチーム

**гандболи́ст** [男1] / **~ка** 複生 -ток [女2] ハンドボール選手

**гандика́п** [男1] 《スポ》ハンディキャップ

**га́нджа** [男4], **га́нджа** [女4] 《若者・隠》ハシシ, 大麻樹脂

**ганджуба́с** [男1] 《若者・隠》ハシシ, 大麻樹脂, 軽い麻薬; ウォッカ, ワイン

**гандо́н** [男1] 《俗》コンドーム(кондо́м)

**Ганиме́д** [男1] ①《ギ神》ガニメデウス ②《天》ガニメデ(木星の第3衛星)

**ганниба́лов** [形10] = анниба́лов

**ганте́ль** [э] [女10] ダンベル, 亜鈴: трёхкилограммовая ～ 3 kg のダンベル | упражне́ния с *-ями* ダンベル体操

**ГАО** [ГАО́] (不変) [中] 国営株式会社(госуда́рственное акционе́рное о́бщество)

**гаоля́н** [男1] 《植》コウリャン // **~овый** [形1]

**гаплоло́гия** [女9] 《言》重音脱落

**гаплы́к** -а́ [男2] 終わり, 失敗, もう駄目だ: Всё ～ . もうおしまいだ

*****гара́ж** -а́ [男1] [garage] ①ガレージ, 車庫 ②《俗》《知らない人への呼びかけ》おいちゃんと, ねえ // **гара́жный** [形1] : *-ая* пло́щадь ガレージの面積 | ～ коопера́тив ガレージ経営協同組合

**гара́жник** [男2] 《俗》ガレージの持ち主; ガレージで働く人

**гара́нт** [男1] ①《法》保証人 ②保証を与える人 [国]

**гаранти́йка** 複生 -йек [女2] 《俗》①(保証付き商品も修理する)修理屋 ②保証; 保証期間; 保証修理

**гаранти́рованный** [形1] [guaranteed] ①(法律・契約により)保証された: ～ за́работок 保証賃金 ②確実な, 安定した: *-ые* дохо́ды 安定収入

*****гаранти́ровать** -рую, -руешь 受過 -анный [不完・完] [garantee] ①《кого-что》保証する: ～ про́чность това́ра 商品の耐久性を保証する | ～ безопа́сность 《кого-чего》(人の身の安全を保証する) ②《文》《что》от 《чего》から〕守る | ～ от вся́ких неожи́данностей あらゆる不測の事態から…… | Никто́ не *гаранти́рован* от оши́бок. 失敗しない保証のある人などいない // **~ся** [不完] 《受身》

**гаранти́йный** [形1] 保証の: ～ срок 保証期間 | ремо́нт ～ 保証修理 | ~ое письмо́ 保証書

*****гара́нт|ия** [ГАРАНТ́Я] [女9] [guarantee] 保証; 保証書: ～ про́чности 耐久性保証 | часы́ с *-ией* 保証書付き時計 | да́ть *-ию* 保証する: при э́том усло́вии обеспе́чится то, что: Просве́т на за́паде служи́л *-ией*, что пого́да разгуля́ется. 西の空が明るくなったことは, 天候が回復する証だった

*****гардеро́б** [ГАРДЕРО́П] [男1] [wardrobe, cloakroom] ①(劇場・レストランなどの)ロッカー; сдать пальто́ в ～ コートをクロークに預ける ②衣装戸棚, 洋服ダンス ③(個人・家族などが所有する)衣服, 持ち衣装: обнови́ть ～ 衣服を新しくする | мо́дный ～ на ле́то 夏のおしゃれ着の装い | зи́мний ～ 冬着 | ～ арти́стки 女優の持ち衣装 // **~ный** [形1]

**гардеро́бная** [形1変化] [女名] (劇場・レストランなどの)クローク(гардеро́б)

**гардеро́бщи|к** [男2] / **-ца** [女3] クローク係

**гарди́н|а** [女1] (窓掛け)カーテン // **-ный** [形1]

**га́ревый** [形1], **гаревой** [形2] 石炭殻(га́рь)の: *-ая* доро́жка シンダートラック

**гаре́м** [男1] ハレム, イスラム教徒(多妻制)の婦人部屋 ②《集合》ハレムの女性たち ③《動》1匹の雄を取り巻く雌の群れ

**га́ркать** [不完] / **га́ркнуть** -ну, -нешь 命 -ни [完] [一回] ①《俗》《何》無語》大声で叫ぶ; <на 囵》大声で怒鳴りつける ②《方》<что》大声で呼ぶ

**гармониза́ция** [女9] ①調和させること ②《楽》(単旋律に)和音をつけること, 和音づけ; (そのようにして作った)伴奏

**гармонизи́ровать** -рую, -руешь 受過 -анный, **гармонизова́ть** -зу́ю, -зу́ешь 受過 -о́ванный [不完・完] 《что》《楽》(～に)和音をつける: ～ наро́дные мело́дии 民謡の旋律に和音付ける // **~ся** [不完] [受身]

**гармо́ник|а** [女2] ①《楽》(総称としての)フリーリードの気鳴楽器 | ～ гу́бная ～ ハーモニカ ②《гармо́нь の蛇腹のような》ひだ, 折れ目 ③《話》《鉄道》(連結部の)ほろ ◆ *-ой* = *в-у* ひだを付けた, ひだの付いた: сапоги́ *-о́й* [в-у́] 胴にひだのできた長靴

*****гармони́ровать** -рую, -руешь [不完] [harmonize] 《с 囲》[合致, 一致] する: Слова́ *гармони́руют* с посту́пками. 言うこととやることが一致している

**гармони́ст** [男1] ガルモニ(гармо́нь)奏者

**гармони́ческ|ий** [形3] ①調和のとれた: ~ое разви́тие ли́чности 人格の調和のとれた発達 ②《旧》快い音調の ③《楽》和声の, 和声のある ④周期的に反復する, 規則性のある

**гармони́чн|ый** 短 -чен, -чна [形1] ①調和のとれた(音)快い音調の // **~ость** [女10]

*****гармо́ния** [女9] [harmony] ①調和: ～ интере́сов 利害の調和 | предустано́вленная ～ 《哲》予定調和 ②佳調, 音調の良さ ③《楽》和声学 [法]; 和音 ④《旧・話》《楽》ガルモニ(гармо́нь)

**гармо́нь** [女10] 《話》《楽》ガルモニ(ボタン式アコーディオン; ロシアの国民的楽器): ту́льская ～ トゥーラ式ガルモニ(製作地名が冠される) | пляса́ть под ～ ガルモニの伴奏で踊る ■ **Игра́й, ～ люби́мая!** 響け, 愛しのガルモニ!」(1986年から放映されている人気長寿テレビ番組) // **гармо́нный** [形1] 《話》: ма́стер ～ ガルモニの製作者

**гармо́шк|а** 複生 -шек [女2] 《話》①《楽》(指小・愛称) < гармо́нь: игра́ть на *-е* ガルモニを弾く ②《学生・隠》(蛇腹状に折った)カンニングペーパー

*****гарнизо́н** [男1] 《軍》①駐留軍[軍] ②守備隊, 警備隊; ～ кре́пости 要塞警備隊 // **~ный** [形1]

*****гарни́р** -а/-у [男1] 《料理》付け合わせ(肉・魚料理に添える野菜, マカロニなど): котле́ты с овощны́м *-ом* 野菜の付け合わせ付きカツレツ ③《話》付随物

*****гарниту́р** [男1] [set, suite] セット, 一揃い: ме́бельный ～ 家具一式

**гарниту́ра** [女1] ①〔印・コン〕フォント ②(マイク付)イヤホン(特に携帯電話用)

**га́рпия** [女9] ①《ギ神》ハルピュイア(女面鳥身の怪物) ②たちの悪い女

**гарпу́н** -а́ [男1] ガー[男1] 銛(キ)(狩猟具) // **гарпу́нный** [形1] : ～ трос 銛の付いたロープ | *-ая* пу́шка 銛撃ち砲

**гарпунёр** [男1] = гарпу́нщик

**гарпу́нить** -ню, -нишь [不完] 《что》海獣・大型魚などを銛で捕獲する

**гарпу́нщик** [男2] 銛(キ)撃ち砲手

**Га́рри По́ттер** [э] 〔不変〕 [男1] ハリー・ポッター

**гарсо́н** [男1] ①(フランスのレストラン・ホテルの)給仕, ボーイ ②《俗》(船の)コック, 給仕係

**га́рус** [男1] ①梳毛糸(ホ)(刺繍・編物用毛糸) ②(手触りが毛織物のような), 繻織物の一種 // **~ный** [形1]

**гарцева́ть** -цу́ю, -цу́ешь [不完] ①さっそうと[巧みさ

**гарь** [女10] ① 焼け焦げ, 燃えかす, 燃え殻 ② 固形燃料の燃え殻, 石炭殻, 炭殻 ③ 森林の焼け跡 ④《旧·방》燃やすこと, 焼くこと

**гас** [男1]《방》強烈な一撃

\***гаси́ть** гашу́, га́сишь 能現 га́сящий/гася́щий 受過 га́шенный [不完] [put out, extinguish] 〈완 по~〉 ① [完 по~, за~] (火·明かりなどを)消す, 消灯する;《人称》消させる: ~ ла́мпу [газ] 明かり[ガス]を消す [完 по~] 〈声などを〉聞こえなくする, かき消す: Ве́тер га́сит крик. 風が叫び声をかき消す ③ [不完]〈感情·嫉妬·能力など〉を抑える, 抑制する: ~ за́висть 嫉妬心を抑える ④ [完 по~]〈動作·作用·能力〉を弱める, 〈速度を落とす: ~ ско́рость スピードを抑える ⑤ [完 по~] 無効にする;〈債務を〉清算する;〈切手などに〉消印を押す: ~ долги́ 負債を一掃する ⑥ [完 по~]〈活性度を下げる: ~ и́звесть (水を注いで)石灰を消和する ⑦ [完 за~]《俗》殴る, やっつける: Гаси́ его́, гаси́! やっつぼしぼこにぶちのめせ ◆ ~ вино́ 酒を飲み干す ‖ [不完] [受身]

**гаси́ться** гашу́сь, га́сишься [不完]《俗》① 遊ぶ ② コンピュータゲームをする ③ 隠れる ④ 酒を飲む

**га́снуть** -ну, -нешь 過 га́с/-ул, га́сла 能過 -сший/-увший [不完] / **у~** -сший 副 -ув [完] ① [完まれ **по~**]《話》за~](光·燃焼が)消える: Свет га́снет. 光が消える. Звёзды га́снут. 星が消えていく ② [完 **по~**] 日が暮れていく ③ [完また **по~**]〈動作·作用·能力〉が止まる, 止む: Разгово́ры га́сли. 会話が止んだ ③ [完 **по~**] (感情·能力など)が尽きる, 消える ④ 衰弱する, 弱る

**гастарба́йтер** [э] [男1] 外国人出稼ぎ労働者

**гастри́т** [男1]《医》胃炎 ②《俗》(胃炎を起こしかねない質の悪い)肉入りピロシキ ‖ **гастри́тный** [形1] < ①: -ые бо́ли 胃炎の痛み

**гастриче́ск|ий** [形3]《旧》《医》胃炎の: -ие припа́дки 胃炎の発作

**гастролёр** [男1]/《話》**-ша** [女4] ① 客演俳優, 旅芸人 ②《話》住居[職業]を頻繁に変える人 ③《俗》様々な地域で犯罪を犯す犯罪者

\***гастро́л|и** -ей [複] [tour, engagement] ① 公演, 出張公演: приезжа́ть на ~ 公演に来る | находи́ться на ~ях 公演中である ②《俗》犯罪を犯すために他の地域に行くこと;《同性愛·隠》パートナーと会うために[を探しに]別の地域に行くこと ‖ **гастро́льный** [形1]: ~ репертуа́р 出張公演のレパートリー

**гастроли́ровать** -рую, -руешь [不完] ① 客演[出張公演]する ②《俗》住居[職業]を頻繁に変える ③《俗》犯罪を犯すために他の地域に行く

\***гастроно́м** [男1] [food store, gourmet] ① 食料品店: сходи́ть в ~ за проду́ктами 食料品店に食料を買いに行ってくる ② 食通, 美食家, グルメ ③《俗》酒とつまみ, もてなし

**гастроно́мия** [女9] ① 高級食料品(主として前菜) ② 美食趣味, 美食に関する知識 ‖ **гастрономи́ческ|ий** [形3]: -ие деликате́сы 高級珍味 | -ие магази́ны 食料品店 | -ие наклоне́ния 美食傾向

**гати́ть** гачу́, гати́шь 受過 га́ченный [不完] / **за~** [完] <沼地>に柴や丸太を敷いて通路を作る: ~ боло́то 湿地に木道を敷く |《방》〈池に〉堤防[堤]を作る ‖ **-ся** [不完] [受身]

**гать** [女10] ① (湿地帯に柴や丸太を敷いた)木道 ②《방》湿地, 沼地 ③《방》堤防, 堤

**га́убица** [女5] ①《軍》榴弾砲 ②《俗》尻 ‖ **га́убичный** [形1] <①: ~ ствол 榴弾砲の砲身

**гауптва́хта** [女1]《軍》① 営倉 ②《旧》衛兵所 ③《旧》警備隊長

**га́фель** [男5]《海》ガフ, 斜桁

**га́ч|и** -ей [複] [単 -а 女4]《방》ズボン ② 臀部, 大腿部

**гаш** [男4]《俗》ハシシ, 大麻樹脂(гаши́ш)

**гаше́ние** [中5] (<гаси́ть) 消印

**гашёный** [形1] 消印を押された: -ая ма́рка 消印済の切手 ②《化》消和した: -ая и́звесть 消石灰 ③《俗》(酒·大麻で)意識を失った ④《俗》物わかり[察し]の悪い

**гашётк|а** 複生 -ток [女2] (ミサイルの)発射ボタン; (銃砲の)引金: нажа́ть на -у (ミサイルの)発射ボタンを押す, (銃砲の)引金を引く

**гаши́ш** [男4] ハシシ, 大麻樹脂(麻薬)

**гаши́шник** [男2]《俗》ハシシの吸飲者[売人]

**гашу́** [1単現] < гаси́ть

**га́щивать** (現在形用いず) [不完] [多回] < гости́ть

**ГАЭС** [ガエス] [女9] гидроаккумули́рующая электроста́нция 揚水式発電所

**Гб** (略) гигаба́йт; гигаби́т; ги́льберт

**ГБ** [ゲベー] [不変]《방》国家保安(госуда́рственная безопа́сность)

**гва́здаться** [不完] / **за~** [完]《俗》(自分の体を)汚す, 汚れる

**гвалт** -а/-у [男1]《話》わめき声, 騒ぎ

**гварде́ец** -е́йца [男3] ① 親衛隊員, 近衛兵 ② 体格が立派でりりしい人

**гварде́йский** [形3] 親衛隊(員)の, 近衛(兵)の

\***гва́рдия** [女9] [Guards] ① 親衛隊, 近衛軍; 精鋭部隊: служи́ть в **-ии** 親衛隊に勤務する | **-ии** полко́вник = полко́вник **-ии** 親衛大佐 ② 精鋭集団: ста́рая ~ 老練の活動家たち, ベテラン ■ **бе́лая** ~ 白衛軍 | **кра́сная** ~ 赤衛軍

**Гвине́я** [女6] ギニア(首都 Конакри)

**гво́здик** [男2] ①《指小》<гвоздь; ②《通例複》《話》細長いもの

**гвозди́ка** [女2] ①《植》ナデシコ; カーネーション ② クローブ, 丁子(香辛料) ‖ **гвозди́чный** [形1]: -ое де́рево《植》チョウジ

**гвозди́ть** -зжу́, -зди́шь [不完]《俗》<완> ① 強くたたく[叩く] ② しつこく繰り返す

\***гвозд|ь** -я́ 複 -и, -е́й [男5] [nail] ① 釘: вколоти́ть ~ молотко́м かなづちで釘を打ち込む | вы́тащить ~ 釘を抜く ② 目玉, ハイライト: ~ програ́ммы [сезо́на] 番組[シーズン]の呼び物(コンサートなどで)大評判のナンバー, スター ◆ **-ём сиде́ть [засе́сть] в голове́ [в мозгу́]** (考えなどが)頭から離れない | **(и) никаки́х -е́й!** それだけだ, それ以上何もない ‖ **гвоздево́й, гвоздяно́й** [形2]

**гг.** (略) го́ды 年; господа́ 紳士方

**Ггц** (略) гигаге́рц

\***где** [ゲヂェー] I [1] [where, wherever] ①《疑問》どこで, どこに: Где вы живёте? あなたはどこに住んでいますか | Где мы встре́тимся? ではどこで落ち合うことにする | Я не зна́ю, где она́ рабо́тает. 私は彼女がどこで働いているのか知らない

②《通例вот》まさにここで, この場所に: Вот где он у́мер. ここが彼の亡くなった場所だ

③《不定》《話》どこかで, どこかに: Не ви́дел ли ты где мою́ тетра́дь? 私のノートをどこかで見なかったかい

④《不定》(где ..., где ... で)あるところでは ..., またあるところでは ...: Где мо́жно, а где нельзя́. できるところもあれば, できないところもある

⑤《関係》(場所を示す従属節を導く)...する[である](場所): Я бу́ду жить там, где захочу́. 私は住みたいところに住む | Го́род, где он роди́лся, нахо́дится в Сиби́ри. 彼が生まれた町はシベリアにある

⑥《ни, бы ни を伴って; 譲歩の従属節を導く》どこで[に]…しても: *Где бы челове́к ни был, он всегда́ вспомина́ет свой дом.* 人はどこにいてもいつでも自分の家を思い出す

**II** [助]《話》《通例不定形と; 時にуж, (уж) там, (уж) тут を伴って》どうして…できようか, …できるものか: *Где уж ему́ поня́ть!* 彼なんかにどうしてわかるものか

◆*где бы то ни́ было* どこであろうと, どんな場所でも | *где ни на есть*《俗》どこでも, どこでも好きなところで | *где попа́ло* どこでも構わず | *Где э́то ви́дано [слы́хано]!* こんなことがあっていいのか, 前代未聞だ

**где́-либо** [副] = где́-нибудь

*\*где́-нибудь** [гдʼэ́-нʼибутʼ] [副][somewhere]《どこでも》どこかで, どこかに: ~ в друго́м ме́сте どこかほかの場所で | Встре́тимся ещё ~. どこかでまたお会いしましょう

*\*где́-то** [гдʼэ́-та] [副][somewhere] ①《はっきりしないが特定の》どこかで, どこかに: ~ поёт жа́воронок. どこかでヒバリが鳴いている ②《話》およそ, いくらか, ある程度: Она́ пришла́ ~ о́коло восьми́. 彼女は8時ごろやって来た

**ГДР** [гэдээ́р]《略》Герма́нская Демократи́ческая Респу́блика ドイツ民主共和国(旧東ドイツ)

**геби́ст, гэби́ст** [男1]《話》KGB(КГБ)職員, 諜報員

**гебраи́стика** [女2]《言》古代ヘブライ語学《研究》

**гегемо́н** [男1]《文》(通例国家・階級などの)指導者, 主導者

**гегемони́зм** [男1]《文》覇権主義

**гегемо́ния** [女9]《文》ヘゲモニ─, 主導権, 支配権

**гедони́зм** [男1] 快楽主義

**гедони́ст** [男1] 快楽主義者

**гедонисти́ческий** [形3] 快楽主義的な[者の]

**гее́нна** [男1]《宗》ゲヘナ, 地獄 ◆*~ о́гненная*(旧・文)(1)灼熱地獄 (2)堪えがたい苦痛を受ける場所 //**гее́нский** [形3]

**гей** ① [男1] やあ, これ ② [男6]《話》ゲイ

**ге́йгеровский** [形3]: ~ счётчик《理》ガイガーカウンター(放射線量計測器; счётчик Ге́йгера)

**гейзер** [э/е] [男1] 間欠泉 //**~ный** [形1]

**гейм** [男1]《スポ》(テニスなどの)セット中の1ゲーム

**ге́ймер** [男1] コンピューターゲームをする人[愛好者], ゲーマー

**ге́йша** [女4] (日本の)芸者

**гекза́метр** [男1]《詩》6歩格 //**~и́ческий** [形3]

**гекко́н** [男1]《動》ヤモリ

**гекта́р** 複生-ов [男1] ヘクタール: пло́щадь в пять ~ов 5ヘクタールの面積 //**~ный** [形1]

**гекто..**《語形成》ヘクト…「100(倍)の」: *гектова́тт* ヘクトワット(100ワット)

**гекто́граф** [男1] こんにゃく版

**гектопаска́ль** [男5] ヘクトパスカル(気圧の単位; 記号 гПа)

**ге́л|ий** [男7]《化》ヘリウム(記号 He) //**~иевый** [形1]

**гелио..**《語形成》「太陽の」「太陽エネルギーの」

**гѐлиобатаре́я** [а/о] [女6] 太陽電池

**гелио́граф** [男1] 日光反射信号機, 日照計, ヘリオグラフ

**гелиоско́п** [男1] ヘリオスコープ

**гѐлиоста́нция** [а/о] [女9] 太陽熱発電所 (*со́лнечная электроста́нция*)

**гѐлиоте́хн|ика** [а/о] [女2] 太陽熱工学 //**~и́ческий** [形3]

**гелиотро́п** [男1] ①《植》ヘリオトロープ ②《鉱》血石, 血玉髄 //**~ный** [形1]

**гѐлиоцентри́ческий** [а/о] [形3]《天》太陽中心

の

**гель** [男5] ゲル, ゼリ─状のもの; (毛髪用)ジェル: ~ для сти́рки 洗濯用液体洗剤

**гемато́лог** [男2] 血液学者, 血液病専門医

**гематоло́гия** [女9] 血液学 //**~и́ческий** [形3]

**гемоглоби́н** [男1]《生理》ヘモグロビン //**~ный** [形1]

**гемодиа́лиз** [男1]《医》人工透析

**геморраги́ческий** [形3]《医》出血性の

**геморрои́дальный** [形1] 痔の(гемо́ррой の)

**гемо́ррой** [男6] ①《医》痔 ②《若者・隠》心配事, 問題, 不快なこと ◆*нажи́ть себе́ ~*(避けられたはずの)問題に直面する //**~ный** [形1]

**гемофили́я** [女9]《医》血友病

*\*ген** [男1][gene]《生》遺伝子

**ген..**《語形成》「主要な」「全般的な」

**Ге́на** (女1変化) [男]《愛称》< Генна́дий

**ге́ндер** [男1]《言》ジェンダー, 社会的・文化的性

**ге́ндерн|ый** [形1]《言》ジェンダー(社会学的)の[に関する] ■**-ая лингви́стика**《言》ジェンダー言語学

**гендире́ктор** [男1] (CIS 諸国で, 会社の)重役, 管理職(*генера́льный дире́ктор*; 代表取締役, 社長, CEO にあたる)

**генеало́г|ия** [女9] ①系譜, 系図, 家系 ②系譜学 //**~и́ческий** [形3]

**гене́зис** [э] [男1] 発生, 起源; 生成史, ジェネシス

*\*генера́л** [ɡʼɪнʼэра́л] [男1][general]《軍》(ロシア軍・警察で) 将官, 将軍: ~ а́рмии 上級大将, 大将 | ~-полко́вник 大将, 上級中将 | ~-лейтена́нт [-майо́р] 中[少]将 ◆*сва́дебный ~*《皮肉》見栄を張るために招待された人物 //**~ьский** [形3]

**генера́л-бас** [不変]《楽》通奏低音

**генера́л-губерна́тор** [不変]- [男1]《露史》(革命前)総督; (英連邦諸国などの)総督 //**~ский** [形3]

**генерали́ссимус** [男1]《軍》大元帥

**генералите́т** [男1]《集合》将官団

*\*генера́льн|ый** [ɡʼɪнʼэра́лʼный] [形1][general] ①主要な, 基本的な; 決定的な: *-ая ли́ния па́ртии* 党の基本路線 ②全体の, 全般的な, 全面的な: *-ая убо́рка* 大掃除 | ~ план реконстру́кции 再建のマスタープラン | *-ая па́уза*《楽》ゼネラル・パウゼ, G.P. ③長を務める, 指導する: ~ прокуро́р 検事総長 | ~ дире́ктор 代表取締役, 社長, CEO

**генера́льский** [形3] 将官 (генера́л) の

**генера́льша** [女4] 将軍婦人

**генерати́вн|ый** [形1]《言》生成的な, 生成する; 生成(主義)の: *-ая грамма́тика*《言》生成文法 | *-ая лингви́стика*《言》生成言語学 | *-ая сема́нтика*《言》生成意味論

**генера́тор** [男1] ①《電》発電機 ②発生装置

**генера́ция** [女9] ①世代, ジェネレーション ②発生, 生産

**генери́ровать** -рую, -руешь [不完]《団》生み出す, 発生させる

**гене́тик** [э] [男2] 遺伝学者

**гене́тика** [э] [女2] 遺伝学

*\*генети́ческ|ий** [э] [形3][genetic] ①発生に関する ②遺伝子の: *-ая* (насле́дственная) информа́ция 遺伝情報 | *-ая* экспертиза DNA 鑑定 | ~ ма́ркер《医》遺伝子マーカー, DNA マーカー //**~и** 遺伝子的に

*\*гениа́льн|ый** [ɡʼɪнʼиа́лʼный] 短-лен, -льна [形1][ingenious] ①天才の, 天賦の才を有する: ~ компози́тор 天才作曲家 ②(作品などが)天才的な, 天才らしい ③《話》非常にうまい //**~ость** [女10]

*\*ге́н|ий** [ɡʼэ́нʼий] [男7][genius] ①天賦の才能: литерату́рный ~ Че́хова チェーホフの優れた文才 ②

**генконсул** 〔с -ия〕天才の人: Пу́шкин бы́л -*ием*. プーシキンは天才である ④〔с -ия〕〘口神〙守護神; 権化, 化身: ~-храни́тель 守護神 | ~ красоты́ 美の権化 | злой ~ 悪魔, 悪い感化を与える人 ◆~ *ме́ста* 土地の守り神; 土地の雰囲気, 土地柄

**генко́нсул** [男1] 総領事(генера́льный ко́нсул)
**Генна́дий** [男1] ゲンナジー(男性名; 愛称 Ге́на)
**ге́нн|ый** [形1] 遺伝子(rén)の: -*ая* терапи́я 遺伝子治療 | -*ая* генети́ческая инжене́рия 遺伝子工学 | -*ая* модифика́ция 遺伝子組み換え
**генномодифици́рованн|ый** [形1] 遺伝子組み換えの: -*ые* проду́кты 遺伝子組み換え食品
**ге́но..** 〘語形成〙「遺伝子の」
**гено́м** [男1] 〘生〙ゲノム
**генотерапи́я** [女9] 遺伝子治療
**геноти́п** [男1] 遺伝子型
**генофо́нд** [男1] 遺伝子給源, 遺伝子プール
**геноци́д** [男1] 集団殺戮, ジェノサイド *∥*~**ный** [形1]
**генпла́н** [男1] マスタープラン(генера́льный пла́н)
**генпрокурату́ра** [女1] 最高検察庁
**ге́нсе́к** [男1] 書記長(генера́льный секрета́рь)
**ге́нсове́т** [男1] 総評議会(генера́льный сове́т)
**Ге́нуя** [女6] ジェノヴァ(イタリアの都市)
**геншта́б** [男1] 参謀本部(генера́льный шта́б)
**гео..** 〘語形成〙「地球の」「地の」「地質の」
**гео́граф** [男1] 地理学者
*\***географи́ческ|ий** [形3]〔geographical〕地理学の; 地理上の: ~ а́тлас 地図帳 | -*ое* положе́ние 地理的位置
*\***геогра́фия** 〔ギリグラーフィヤ〕 [女9]〔geography〕① 地理学; 地理: физи́ческая ~ 自然地理学 | ~ Евро́пы ヨーロッパの地理 ② 配置, 分布
**геодези́ст** [э] [男1] **/-ка** 複生 -ток [女2] 測地学者
**геоде́з|ия** [э] [女9] 測地学 *∥*~**и́ческий** [形3]
**гео́лог** [男2] 地質学者
**геологи́ческ|ий** [形3] 地学の, 地質の: -*ая* ка́рта 地質図
**геоло́гия** [女9] 地質学
**геологоразве́дка** 複生 -док [女2] 地質調査 *∥* **геологоразве́дочный** [形1]
**геологоразве́дчи|к** [男2] **/-ца** [女3] 地質調査員
**гео́метр** [男1] 幾何学者
*\***геометри́ческий** [形3]〔geometric(al)〕① 幾何学の ② 幾何学的な: ~ орна́мент 幾何学的装飾
*\***геоме́трия** [女9]〔geometry〕幾何学: аналити́ческая ~ 解析幾何学
**геополи́т|ика** [女2] 地政学 *∥*~**и́ческий** [形3]
**гео́ргиевский** [形3] 聖ゲオルギーの■: ~ **кре́ст** (帝政時代の)聖ゲオルギー十字勲章 | ~ **кавале́р** 聖ゲオルギー十字勲章帯勲者
**Гео́ргий** [男7] ゲオルギー(男性名; 愛称 Жо́ра, Го́ша, Го́ра)
**георги́н** [男1], **-а** [女1] 〘植〙ダリア *∥*~**ный** [形1]
**геостациона́рн|ый** [形1] 地球から見て不動の: -*ый* спу́тник 静止衛星 | -*ая* орби́та 静止軌道
**геофи́зик** [男2] 地球物理学者
**геофи́з|ика** [女2] 地球物理学 *∥*~**и́ческий** [形3]
**геохроноло́гия** [女9] 地質年代学
**гепа́рд** [男1] 〘動〙チーター *∥*~**овый** [形1]
**гепати́т** [男1] 〘医〙肝炎 *∥*~**ный** [形1]
**Гера́кл** [男1] 〘ギ神〙= геркуле́с①

**гера́льд|ика** [女2] 紋章学 *∥*~**и́ческий** [形3]
**гера́н|ь** [女10] 〘植〙ゼラニウム *∥*~**(и)евый** [形1]
**герб** -а́ [男1] 紋章: госуда́рственный ~ 国章
**герба́р|ий** [男7] 植物標本集; 植物標本館 *∥*~**ный** [形1]
**гербици́д** [男1] 〘通例複〙〘化〙除草剤 *∥*~**ный** [形1]
**ге́рбов|ый** [形1] ① 紋章の; 紋章入りの ② 印紙税の: ~ сбо́р 印紙税
**Ге́ргиев** [男生] ゲルギエフ(Вале́рий Аби́салович ~, 1953-; 指揮者)
**гериатри́ческий** [形3] 老人病学の
**геркуле́с** [男1] ①〘ギ神〙ヘラクレス ② 大力無双の者, 力持ち ③ ひき割りオート麦; オートミール *∥*~**овский** [形3] <①②; ~**овый** [形1] <③
**Ге́рман** [男1] ゲルマン(男性名)
**герма́н|ец** -нца [男3] **/-ка** 複生 -нок [女2] ① ゲルマン人 ② ドイツ人の旧称
**германизи́ровать** -рую, -руешь 受過 -анный [不完・完] 〘図〙ドイツ化する *∥* **германиза́ция** [女9]
**германи́зм** [男1] ドイツ語からの借用語[表現], ドイツ語風の言い回し
**герма́ний** [男7] 〘化〙ゲルマニウム(記号 Ge)
**германи́ст** [男1] **/-ка** 複生 -ток [女2] ゲルマン[ドイツ]学者
**германи́стика** [女2] ゲルマン[ドイツ]学
**Герма́ния** 〔ゲルマーニヤ〕 [女9]〔Germany〕ドイツ(首都はБерли́н)
**герма́но(-)..** 〘語形成〙「ドイツの」「ゲルマンの」
**германофи́л** [男1] ドイツ[人]びいき, 親独主義者
**германофо́б** [男1] ドイツ嫌いの人, 嫌独主義者
**герма́нск|ий** [形3] ① ゲルマン(人)の ②〘話〙ドイツ(人)の: *Г-ая* Демократи́ческая Респу́блика ドイツ民主共和国(旧東ドイツ; 略 ГДР)
**гермафроди́т** [男1] 両性具有者; 雌雄同体 *∥* ~**ский** [ц] [形3]
**гермафродити́зм** [男1] 両性具有; 雌雄同体現象
**гермафродити́тный** [形1] 両性具有(者)の; 雌雄同体(現象)の
**герметизи́ровать** -рую, -руешь 受過 -анный [不完・完] **/за~** [完] 〘図〙ひび割れなどをふさぐ, 密閉する
**герметизи́ческий** [形3] 密閉された, 気密の *∥* **герметически** [副]: ~ закры́тый 密閉された
**гермети́чн|ый** 短 -чен, -чна [形1] = герметический *∥*~**ость** [女10]
**гермо..** 〘語形成〙「密閉された, 気密の」
**гермошле́м** [男1] 〘航空〙気密ヘルメット
**герои́зм** [男1] 英雄の精神[行為], ヒロイズム
**геро́ика** [女2] 英雄的側面(内容), 勇壮さ
**герои́н** [男1] ヘロイン(麻薬) *∥*~**овый** [形1]
**герои́нщик** [男2] 〘話〙ヘロイン中毒者
*\***герои́ня** [女5]〔heroine〕①〔女性の〕英雄, 女勇士 ②(芸術作品の)女主人公, ヒロイン ③ 注目の的, 崇拝の対象となる女性
**герои́чески** [副] 英雄的に, 勇敢に
*\***герои́ческ|ий** [ギリイーチェスキイ] [形3]〔heroic〕① 英雄的な, 勇敢な, ヒロイックな: ~ посту́пок 英雄的行為 ② 英雄[勇士]を扱った: ~ э́пос 英雄叙事詩 ③ 極度の, 思いきった: -*ие* уси́лия 精いっぱいの努力
**герои́чн|ый** 短 -чен, -чна [形1] = герои́ческий *∥*~**ость** [女10]
**геро́|й** [ギローイ] [男6]〔hero〕① 英雄, ヒーロー: национа́льный ~ 国民的英雄 | пасть как ~ 英雄として斃(たお)れる ②(芸術作品の)主人公; 主要登場人物: ~ рома́на 長編小説の主人公 ③(時代・社会の)代表

的人物, 典型的人物 ④ 注目の的, 崇拝[模倣]の対象となる人, 彼~*éм* молодёжи. 彼は若者の憧れだった ◆*- не моего романа* 私の好みのタイプじゃない ■Г~ Росси́йской Федера́ции ロシア連邦英雄(ロシア政府が市民に授与する最高の名誉称号) | Г~ Труда́ 勤労英雄(名誉称号: 1928-38, 2013-)

геро́йский [形3] 英雄的な; 勇敢な

геро́йство [中1] 英雄的行為; 勇敢さ

геронто́лог [男2] 老年学者

геронтоло́гия [女1] 老年学, 老人学

ге́рпес [男1] 〖医〗疱疹, ヘルペス

геру́ндий [男7], геру́ндив [男1] 〖文法〗動名詞, ジェランド

герц 複生ге́рц [男3] ヘルツ(振動数の単位; 記号 Гц)

Герцегови́на [女1] ヘルツェゴビナ(→Бо́сния и ~)

Ге́рцен [男1] ゲルツェン(Алекса́ндр Ива́нович ~, 1812-70; 革命的民主主義者)

ге́рцог [男2] (西欧の)公, 公爵: вели́кий ~ 大公 //~ский [形3]

герцоги́ня [女5] (西欧の)公(爵)の妃[令嬢]

ге́рцогство [中1] ① (西欧の)公国, 公爵領 ② 公(爵)の位

геста́по [a/o] (不変)[中] 〖史〗ゲシュタポ(ナチス・ドイツの秘密警察) //~вский [形3]

геста́повец -вца [男3] ゲシュタポ員

Гёте [a/o] (不変)[男] ゲーテ(Ио́ганн Во́льфганг фон ~, 1749-1832; ドイツの詩人, 劇作家, 政治家)

гетероге́нный [形1] 異種の, 不均質の

гетеросексуа́л [э] [男1] /~ка [女2] 異性愛者

гетеросексуали́зм [э] [男1] 異性愛

гетеросексуа́льный [э] 短-лен, -льна [形1] 異性愛の

гетерофо́ния [э] [女9] 〖楽〗ヘテロフォニー

ге́тр|ы ге́тр [複] 〖単 -а〗[女1] ゲートル, 脚絆(きゃはん)

ге́тто [a/o] (不変)[中] ゲットー, 隔離居住地区

геше́фт [男1] 〖俗〗取引

г-жа́ (略)госпожа́(女性に対する敬称)

гжель [女10] 〖集合〗グジェリ焼き; グジェリ焼きの陶器 //~ский [形3]

гиаци́нт [男1] ① 〖植〗ヒヤシンス ② 〖鉱〗ヒヤシンス, 風信子石 //~овый [形1]

гиббо́н [男1] ① 〖動〗テナガザル, ギボン ② 〖戯・皮肉〗交通警察の職員

ГИБДД [ギベデデー́] (略)Госуда́рственная инспе́кция безопа́сности доро́жного движе́ния 交通警察(内務省管轄); 1998年に ГАИ から改称; 〖話〗では時に ГАИ とも呼ばれる

*ги́бел|ь [ギービリ] [女10] 〔death, destruction〕 ① 滅亡, 破滅, 非業の死; 崩壊, 破壊: ~ корабля́ 船の難破 | быть на краю́ -и 破滅に瀕している | идти́ на ве́рную ~ 決死の覚悟で行く ② 耐えられないこと[の] ② 〖話〗無数, 大量

ги́бельный 短-лен, -льна [形1] 破滅的な, 破滅を招く, 致命的な

*ги́бк|ий 短-бок, -бка́, -бко 比-бче [形3] 〔flexible〕 ① 弾力のある, よく曲がる, 柔軟な, しなやかな: ~ прут しなる細枝 | -ие па́льцы しなやかな指 ② (声・言葉・詩などが) 変化に富む, ニュアンスの豊かな: ~ го́лос 抑揚のある声 ③ 融通のきく, 柔軟性のある, 臨機応変の: -ая поли́тика 柔軟な政策 ■~ (-магни́тный) диск 〖コン〗フロッピーディスク //~ость [女10]

ги́блый [形1] 〖話〗① (土地が)危険な, 通行できない ② 駄目な, 見込みのない, 何の役にも立たない

*ги́бнуть [不完] -нешь 命-ни 過-ул/-ул, поги́бнуть [完] [perish] ① 滅亡する, 破滅する, 非業の死を遂げる
| ~ на войне́ 戦死する ② 破綻する, 駄目になる: Его́ тала́нт ги́бнет. 彼の才能は駄目になりつつある

гибралта́рский [形3] ■~ проли́в ジブラルタル海峡

гибри́д [男1] 〖生〗雑種, ハイブリッド //гибри́дный [形1]: ~ автомоби́ль ハイブリッド車

гибридиза́ция [女9] 〖生〗異種交配, 交雑

ги́бче [比較] <ги́бкий

гиг [男2] 〖コン〗ギガバイト

гига.. 《語形成》「ギガ…」「10億(倍)の」「無数の」

гигаба́йт [男1] 〖IT〗ギガバイト (略 Гб) //~ный, ~овый [形1]

гигаби́т [男1] 〖IT〗ギガビット, Gb (略 Гб)

гигаге́рц [男3] ギガヘルツ, GHz (略 Ггц)

гига́нт [男1] 〔giant〕 ① 巨人 ② 巨大なもの; 巨大企業: заво́д-~ マンモス工場 ③ 偉人: ~ мы́сли 思想界の巨人

гигантома́ния [女9] 巨大マニア

*гига́нтск|ий [ц] 〖ギガ́ーンツキイ〗 [形3] 〔gigantic〕 ① 巨大な: -ая плоти́на 巨大ダム | -ое землетрясе́ние 大地震 ② 並はずれた, 法外な: -ие уси́лия 非常な努力 ◆-ими шага́ми идти́ [дви́гаться] вперёд 長足の進歩を遂げる ■-ие шаги́ ジャイアントブランコ

*гигие́н|а [女1] 〔hygiene〕 ① 衛生学; 衛生(法): ~ труда́ 労働衛生 | соблюда́ть пра́вила -ы 衛生規則を守る ② エコロジーの保全

гигиени́ческий [形3] 衛生学の; 衛生的な

гигиени́ст [男1] 衛生学者, 衛生医

гигиени́чный 短-чен, -чна [形1] 衛生的な, 衛生にかなった

ги́говый [形1] 〖コン〗ギガバイトの

ги́гро.. 《語形成》「湿気の」「湿度の」

гигро́метр [男1] 湿度計

гигроскопи́ческ|ий [形3] 吸湿性の: -ая ва́та 脱脂綿

гигроскопи́чн|ый 短-чен, -чна [形1] = гигроскопи́ческий //~ость [女10]

*гид [男1] /〖話〗гиде́сса [э] [女1] 〔guide (person)〕 ガイド, 案内人: взя́ть ~а ガイドを雇う

ги́др|а [女1] ① Г~ 〖ギ神〗ヒュドラ ② 〖動〗ヒドラ ③ 〖文〗退治しがたいもの

гидра́влика [女2] 水力学, 水理学

гидравли́ческий [形3] ① 水力学の ② 水力の, 水圧[油圧]の

гидра́нт [男1] 消火栓, 給水

гидра́т [男1] 〖化〗水和物: ~ мета́на メタンハイドレート

гидро.. 《語形成》「水の」「水力の」「水利の」

гидро́граф [男1] 水路学者

гидрогра́фия [女9] 水路学

гидродина́мика [女2] 流体力学

гидрокостю́м [男1] ウエットスーツ, 潜水服

гидро́лиз [男1] 〖化〗加水分解

гидроло́гия [女9] 水文学, 水理学

гидролока́тор [男1] ソナー, 水中音波探知機

гидромасса́ж [男4] ジェット水流マッサージ //гидромасса́жн|ый [形1]: -ая ва́нна 渦流浴, ジャグジー

гидрометеороло́гия [女9] 水文気象学

гидроме́трия [女9] 液体比重測定法, 流量測定

гидрометстанция [女9] 気象台

Гидрометце́нтр [男1] 気象局; 気象庁

гидромеха́ника [女2] 流体力学

гидронефро́з [男1] 〖医〗水腎症

гидроо́кись [女10] 〖化〗水酸化物

гидропо́ника [女2] 水栽培, 水耕法

гидропу́льт [男1] 手押し散水器, 噴霧器

# гидропу́льт

**гидроразры́в** [м1]〔採掘〕水圧破砕
**гидросамолёт** [м1] 水上飛行機
**гидроста́нция** [ж9] = гидроэлектроста́нция
**гидроста́тика** [ж2] 流体静力学
**гидросфе́ра** [ж1] 水圏, 水界
**гидроте́хник** [м1] 水力工学者, 水力工技師
**гидроте́хника** [ж1] 水力工学
**гидроу́зел** -зла́ [м1] 水力利用複合施設(運河, ダム, 水力発電所など)
**гидрофо́н** [м1]〔海〕水中聴音機
**гидроци́кл** [м1] 水上バイク, ジェットスキー
**гидроэлектри́ческий** [形3] 水力発電の
**гидроэлектроста́нция** [ж9] 水力発電所(略 ГЭС)
**гие́на** [ж1]〔動〕ハイエナ **‖-овый** [形1]
**ги́канье** [中4], **гик** [м2] 喊声, 鋭い叫び声
**ги́кать** [不完]/**ги́кнуть** -ну, -нешь 命-ни [完] [一回]〈話〉鋭く叫ぶ, 喊声を上げる
**ги́льберт** [м1]〔理〕ギルバート(電磁単位; Гб)
**ги́льди|я** [ж9] ① 〔史〕(中世ヨーロッパの)ギルド, 同業組合 ② 〔露史〕(帝政ロシアの)商人の階級 ③ 組合, 協会, 連盟 **‖-е́йский** [形3]
**ги́льз|а** [ж1] ① 薬莢(ケース)
) ② 紙巻きたばこの巻紙 ③ 筒状の部品 **‖-овый** [形1]
**гильоти́н|а** [ё/я] [ж1] ギロチン, 断頭台 **‖-ный** [形1]
**гильотини́ровать** [ё/я] -рую, -руешь 受過-анный [不完・完]〈книжн〉ギロチンで処刑する
**гиля́к** -á [м2] / **гиля́чка** 複生-чек [ж2] ギリヤーク人(ни́вх/ни́вхкаの旧称) **‖гиля́цкий** [形3]
**Гимала́|и** -ев [複] ヒマラヤ山脈 **‖-йский** [形3]
*****ги́мн** [м1] ①(国家・社会的団結のシンボルとしての)歌; 国歌: госуда́рственный ~ 国歌 ②〈旧〉~ の賛歌, 頌歌; 賛美, 称賛: ~ победи́телям 勝利者たちへの賛歌
**гимнази́ст** [м1] / **~ка** 複生-ток [ж2] ギムナジウム(гимна́зия)の生徒
*****гимна́з|ия** [ж9] [high school] ギムナジウム, 高等中学校 **‖-и́ческий** [形3]
**гимна́ст** [м1] / **~ка** 複生-ток [ж2] 体操選手; (サーカスの)曲芸師
**гимнастёрка** 複生-рок [ж2] 詰め襟の上着
*****гимна́стик|а** [ж1] [gymnastics] ① 体操; (競技としての)体操: занима́ться **-ой** 体操をする | ~ на снаря́дах 器械体操 | худо́жественная ~ 新体操 ② サーカスの曲芸 **‖гимнасти́ческий** [形3]
**гимна́стка** →гимна́ст
**гинеко́лог** [м1] 婦人科医
**гинеколо́г|ия** [ж9]〔医〕婦人科学 **‖-и́ческий** [形3]
**гип-ги́п-урá!** [間] フレーフレー, エイエイオー
**ги́пер..** [語形成]「超過の」「過度の」「ハイパー」
**гипе́рбол|а** [ж1] ②〔文学〕誇張法; 誇張 ②〔数〕双曲線 **‖-и́ческий** [形3]
**Гири́н** [м1] 吉林(中国の省または都市)
**гиперинфля́ция** [ж9]〔経〕ハイパーインフレーション, 超インフレ **‖-ио́нный** [形1]
**гиперма́ркет** [м1] 大型スーパー, ハイパーマーケット
**гиперо́ним** [м1]〔言〕上位語(пу́дельに対する犬соба́каなど)
**гиперонимия** [ж9]〔言〕上位関係
**гиперте́кст** [м1] [IT] ハイパーテキスト **‖гиперте́кстовый** [形1] -ая ссы́лка ハイパーリンク
**гиперто́ник** [м1] 高血圧症の人
**гипертон|и́я** [ж9]〔医〕高血圧; 過緊張 ②《話》高血圧症 **‖-и́ческий** [形3]
**гипертрофи́рованный** [形1] 肥大した, 異常発達した; 過度の
**гипертрофи́ровать** -рую, -руешь 受過-анный [不完・完]〈文〉〈医〉肥大させる, 異常発達させる
**гипертроф|и́я** [ж9] ①〔医〕肥大 ②〈文〉異常発達, 過剰 **‖-и́ческий** [形3]
**гипно́з** [м1] ①催眠状態: впа́сть в ~ 催眠状態に入る ②催眠, 催眠術 ③感化力, 魅力 ◆**быть под ~ом** В …に魅せられている
**гипнотерапи́я** [ж9] 催眠療法
**гипнотизёр** [м1] 催眠術師; 催眠療法医 **‖ ~ский** [形3]
**гипнотизи́рова|ть** -рую, -руешь [不完]/**за-** 受過-анный [完]〈книжн〉 ① …に催眠術をかける ② 魅了する, そのままにする **‖-ние** [中5], **гипнотиза́ция** [ж9]
**гипнотизм** [м1] 催眠現象, 催眠術
**гипно́тик** [м1] 催眠薬; 催眠術にかかりやすい人
**гипноти́ческий** [形3] ① 催眠の, 催眠術の ② 影響力の強い, 催眠術的な
**гипо́..** [語形成] ①〔下の〕「過小の」「低…」「…低下」「…不足」②〔化〕「次亜…」
**гипоаллерге́нный** [形1]〔医〕低刺激性の, アレルギー反応を起こしにくい
**гипо́ним** [м1]〔言〕下位語(犬 соба́каに対するプードル пу́дельなど)
**гипоними́я** [ж9]〔言〕下位関係, 包摂関係
**гипота́ксис** [м1]〔言〕従属(подчине́ние); 従属構文
*****гипо́теза** [ж9] [hypothesis] ① 仮説: Наша ~ подтверди́лась. 我々の仮説が立証された ② 推測, 仮定
**гипотену́за** [ж9]〔数〕直角三角形の斜辺
**гипотерми́я** [э] [ж9]〔医〕低体温症 ② 低体温法
**гипотети́ческий** [э] [形3]《文》① 仮説に基づく, 仮説の ② 推測の, 仮定的な
**гипотети́чн|ый** [э] 短-чен, -чна [形1]《文》= гипотети́ческий **‖-ость** [ж5]
**гипото́ник** [м1] 低血圧症の人
**гипото́н|ия** [ж9]〔医〕低血圧; 緊張低下 **‖-и́ческий** [形3]
**гиппопота́м** [м1]〔動〕カバ(бегемо́т)
**гипс** [м1] ① 石膏 ② 石膏像: скульпту́ра из ~а 石膏の彫刻 ② 石膏像, 石膏模型 ③〔医〕ギプス: наложи́ть ~ на́ ногу 足にギプスをはめる **‖-овый** [形1]
**гипсова́|ть** -су́ю, -су́ешь [不完] / **за-** 受過-о́ванный [完]〈医〉①ギプスをする ②《不完》〔農〕石灰を施肥する **‖-ние** [中5]
**гипю́р** [м1] 模様の浮き出たレース, 糸レース **‖ ~ный, -овый** [形1]
**гире́вик** -á [м2]〔スポ〕ウエイトリフティング選手(鉄亜鈴を使用)
**Гири́н** [м1] 吉林(中国の省または都市)
**ги́рло** [м1] (黒海およびアゾフ海に注ぐ河川の)河口分流 **‖-вый** [形1]
**гирля́нд|а** [ж1] ① (鎖状の)花飾り, 花輪; 花輪状の飾り(模様): ~ ла́мпочек (クリスマスツリーの)電飾 ② 鎖状のもの **‖-ный** [形1]
**гироко́мпас** [м1] ジャイロコンパス, 回転羅針儀
**гироско́п** [м1] ジャイロスコープ **‖-и́ческий** [形3], **~ный** [形1]
**ги́р|я** [ж5] ① 分銅, おもり ② (機械類の)分銅, 振り子 ③ ダンベル, 鉄亜鈴 **‖ги́рька** 複生-рек [ж2] (指小)
**гирево́й** [形1]
**гистерэктоми́я** [ж9] 子宮摘出術
**гистогра́мма** [ж1] 柱状グラフ, ヒストグラム

**гисто́лог** [男2]《生》組織学者
**гистоло́г|ия** [女9]《生》組織学 **‖ ~и́ческий** [形3]
*__**гита́р|а**__ [ギターラ]《楽》[guitar]《楽》ギター: Он хорошо́ игра́ет на ~е. 彼はギターを弾くのがうまい ■ **семистру́нная** ～ 七弦ギター (ジプシーギター; ロシアでギターというと通例こちらを指す) | **шестистру́нная** ～ 六弦ギター (日本の普通のギター) | **гита́рн|ый** [形1] : _-ые_ приёмы《楽》ギター奏法
**гитари́ст** [男1] ギトラー [Ádolfu ~], 1889-1945; ドイツの独裁者, ナチ党党首
**Ги́тлер** [男1] ギトラー [Á
**ги́тлеров|ец** -вца [男3] ヒトラー主義者 **‖ ~ский** [形3]
**ги́чка** 複生 -чек [女2] 競漕用小ボート, ギグ
**ГК** [ゲカー]《略》гражда́нский ко́декс 民法
**ГКО** [ゲカオー]《不変》《複》短期国債 (госуда́рственные краткосро́чные облига́ции)
**ГКЧП** [ゲカチェペー]《略》Госуда́рственный комите́т по чрезвыча́йному положе́нию《史》国家非常事態委員会 (1991年8月にクーデターを試みた集団)
**гл.** 《略》глава́; гла́вный
**глав..** [語形成]「主要な」「…主任」「…長」「…本部」
*__**глава́**__ [グラヴァー] 複 гла́вы [女1] [head, chief, chapter] ①《旧・雅》頭, 頭部 (голова́) [男・女]《口》の長, 頭 (ど), リーダー: ~ администра́ции 行政長官 | Г~ госуда́рства 国家元首 | ~ прави́тельства 政府首班 [議長], 首相 | ~ семьи́ 家長 | ~ упра́вы 地区長 | ~ администра́ции президе́нта США 米国大統領首席補佐官 ②《教会の円屋根をもつ大聖堂: собо́р с пятью́ _гла́вами_ 5つの円屋根をもつ大聖堂 ④《物などの》章: Кни́га состои́т из семи́ _глав_. その本は7章からなっている **‖ ◆во-é и пе́рвых**, ~の先頭に立って, ~を率いて: Он стоя́л _во -é_ движе́ния. 彼は運動の先頭に立っていた | **во -é с** 2…を先頭に | **поста́вить [положи́ть] во -ý угла́** 最重要視する, 主眼とする
**глава́рь** -я́ [男5] 首謀者, 首領, 頭目
**главбу́х** [男2] 会計主任, 経理部門責任者, 会計検査官 (гла́вный бухга́лтер)
**главвра́ч** [男2] 医長 (гла́вный врач)
**главе́нство** [中1] 優位, 支配権, 主導権
**главе́нствовать** -твую, -твуешь [不完] ①支配的地位を占める, 君臨する ②そびえる
**главк** [男2] 中央委員会 (гла́вный комите́т)
**гла́вка** 複生 -вок [女2] ＜глава́③
**гла́вное** [グラーヴナェ] (形1変化) [中名] ①大切なこと, 要点 ②《挿入》大事なことは, 要は: Г~, что́бы бы́ло интере́сно. 要は, おもしろくなければいけないということだ
**главнокома́ндующий** (形6変化) [男名]《(陸軍)の》総司令官, 司令長官
**гла́вн|ый** [グラーヴヌイ] [形1] [main, principal, chief] ①主な, 主要な, 最も重要な: _-ое_ де́йствующее лицо́ 主要な登場人物 | _-ая_ у́лица メインストリート ②長である, 主任の; 最上位の, 主体となる: ~ бухга́лтер 会計主任 | ~ врач 病院長, 院長 | ~ инжене́р 主任技師 | ~ приз 大賞 | ~ реда́ктор 編集長 | ~ штаб 参謀本部 | _-ое_ управле́ние 中央当局 ③~гла́вное 2 **◆ гла́вное де́ло** 《話》 (挿入)大事なことは, 要は | _-ое_ **предложе́ние**《文法》主文, 主節 | _-ым о́бразом_ 主として, 主に
*__**глаго́л**__ [男1] [verb]《文法》動詞: _-ы_ соверше́нного [несоверше́нного] ви́да 完了 [不完了] 体動詞 ②《旧・雅》言葉 **‖ ~ьный** [形1]
**глаго́лить** -лю, -лишь [不完]《戯・皮肉》[話す]話す
**глаго́л|ица** [女3] グラゴール文字 **‖ -и́ческий** [形3]

**глаго́ль** [男5] 文字 г の旧称
**гладиа́тор** [男1]《古》剣闘士, グラジエーター
**гладио́лус** [男1]《植》グラジオラス **‖ ~ный** [形1]
**глади́льный** [形1] アイロン用の
*__**гла́дить**__ -а́жу, -а́дишь 受過 -а́женный [不完] [iron, press] ①《完 **вы-**》…にアイロンをかける: ~ руба́шку シャツにアイロンをかける | _вы́глаженная_ руба́шка アイロンのかかったシャツ ②《完 **по-**》撫でる: ~ до́чку по голо́ве 娘の頭を撫でる **◆ по голо́вке** 甘やかす **‖ ~ по ше́рсти [ше́рстке]** へつらう **‖ про́тив ше́рсти** 神経を逆なでする **‖ ~ся** [不完] ①アイロンがかかる [利く] ②《受身》
*__**гла́дк|ий**__ [グラートキイ] 短 -док, -дка́, -дко ; ср гла́же [形3] [smooth, straight, plain, fluent] ①平らな, 滑らかな: _-ая_ доро́га 平らな道路 | _-ая_ ко́жа 滑らかな肌 ②(髪が)撫でつけた, 真っすぐな: _-ая_ чёлка 真っすぐな前髪 ③(布地が)無地の, 単色の; (衣服が)シンプルな, 飾りのない: ~ сати́н 無地のサテン | _-ое_ пла́тье シンプルなワンピース ④《話》なめらかな: _-ая_ речь 流暢な話しぶり ⑤順調な: Не _гла́док_ был путь писа́теля. 作家の道は平坦ではなかった ⑥《話》(人が)おとなしい, 従順な ⑦《俗》太った, 栄養十分な **◆ взя́тки -и с** □《話》…からは何も取れない **‖ -ость** [女10]
*__**гла́дко**__ 比較級 гла́же [副] [smoothly, fluently] ①滑らかに, 平らに; (髪が)撫でつけて ②流暢に, よどみなく; 順調に, 支障なく: ~ говори́ть よどみなく話す | Всё прошло́ ~. 何もかも順調にいった
**гладко..** [語形成]「滑らかな」「無地の」「単色の」
**гладкоство́льный** [形1] (銃身が)施条のない
**гладкошёрстный** [сн][形1] (動物が)毛の滑らかな
**гладь** [女10] ①広々として滑らかな水面 [平面] ②サテンステッチ **◆ ~ да тишь, тишь да ~《古・皮・俗》**平穏無事
**гла́же** (比較) < гла́дкий, гла́дко
**гла́женье** [中4],《話》**гла́жка** [女2] アイロンをかけ, アイロン仕上げ
**гла́женый** [形1] アイロンのかかった
**гла́жу** [1単現] < гла́дить
*__**глаз**__ [グラース] -а/-у 前о -е, в/на -у́ 複 гла́за́, -а́м [男1] [eye, eyesight] ①目, 眼: пра́вый [ле́вый] ~ 右 [左] 目 | близору́кие -а́ 近眼 | У неё голубы́е -а́. 彼女は青い目をしている
②視力, 視覚; 《単》眼力, 眼識: У него́ плохи́е -а́. 彼は目が悪い
③視線, 眼差し, 目つき: встре́титься -а́ми 視線が合う | подня́ть -а́ 目を上げる [向ける]
④《単》監視 [監督] の目: хозя́йский ~ 主人の目, 行き届いた目つき
**◆ бро́ситься [бить]** □ **в -а́** …の目に飛び込んでくる, 目立つ, 目につく | **в -а́** 面と向かって: брани́ть пря́мо в -а́ 面と向かってののしる | **в -а́ не вида́л [ви́дел]** …を全然知らない [会ったことがない] | **в -а́х** □ …の見るところでは, 目には: _В -а́х_ ма́тери он ещё дитя́. 母親から見たら彼はまだ子どもだ | **взгляну́ть [посмотре́ть] одни́м -ом** ちらと見る | **~ да ~ ну́жен за** □ …には目をつけるいる | **Г-á боя́тся, а ру́ки де́лают.**《諺》習うより慣れろ | **-а́ бы (мои́) не смотре́ли [гляде́ли, ви́дели] на** □《話》…などもうたくさんだ, 見たくもない | **-а́ (и зу́бы) разгоре́лись на** □《話》…がほしくてたまらなくなる | **де́лать больши́е [кру́глые] -а́**（驚いて）目を丸くする | **дурно́й** □ 邪眼, 悪魔の目 | **за -а́** ①陰で, 陰口で: Она́ руга́ет вас _за -а́_. 彼女は陰であなたの悪口を言っている ②あらかじめ, 調べないで ③《話》《副詞述語で, ～ хва́тит などと》十分だ | **закры́ть -а́ на** □ …を見て見ぬふりをする, …に目をつむる | **куда́ -а́ гля-**

**глазастый** — **глотка**

дя́т 気の向くままに、足の向くままに | *лезть в [на] ~á* 目立とうとする、目につく | *ма́льчики крова́вые в ~áх* 目がちらちく | *на ~á попа́сть [попа́сться]* 偶然…の目につく | *на ~áх* 見る見るうちに、急速に: *на ~áх [у 围] ...* …の見ている前で: *на ~áх у всех* みんなの見ている前で | *в голубо́м ~у́* (話・皮肉) (純真で何も知らず)完全に信頼しきって、そのふりをして | *наско́лько [куда́] хвата́ет ~* 目の届くかぎり、見渡すかぎり | *ни в одно́м ~у́* (話)少しも酔っていない | *откры́ть [раскры́ть] 围 ~á на* …に対する目を開かせる、…の真実をわからせる: *Этот слу́чай откры́л мне ~á на мно́гое.* この出来事によって私は多くのことに気がついた | *положи́ть ~ на 围* (俗)…に目を付ける、注意を向ける | *ра́ди прекра́сных [краси́вых] ~ = за прекра́сные [краси́вые] ~á* (話・皮肉)損得抜きで、無償で | *с ~ доло́й* (通例命令文)出て行け、消え失せろ | *с ~ доло́й — из се́рдца вон.* (諺)去る者は日々に疎し | *с ~у́ 'на [на́] глаз* 一対一で、差し向かいで | *с закры́тыми ~áми* 目をつぶって、よく考えずに、無謀にも | *смотре́ть [гляде́ть] во все ~á* 目を見開いてじっと見つめる | *смотре́ть на 围 ~áми 围* …を(自分の意見をもたずに)…の目で見る、…についての意見を真に受ける | *смотре́ть [гляде́ть] 围 в ~á* …を直視する、恐れない | *хло́пать ~áми* (1) (目をぱちくりさせながら)きょとんとながめている (2) (答えに窮して)目をぱちくりさせている | *хоть ~ [~á] вы́коли [коли́]* 真っ先も見えない

**глаза́ст|ый** -áст [形1] (話) ① 目の大きな、出目の ② 目のよくきく、目ざとい

**глазёнки** -нок, -нкам [複] [指小] < *глаз* [男1]

**глазе́т** -а/у [男1] 金襴(きんらん), 銀襴 **// -овый** [形1]

**глазе́ть** [不完] (俗)(~ на 围) ぼんやりと眺める

**глазирова́ть** -рую, -руешь 受過 -ованный [不完・完] <围> ① 菓子などにアイシング(糖衣)をするける ② …に光沢を付ける、つや出しをする ③ (食品) (冷凍魚介・野菜などに)グレーズ(氷衣)を付ける **// глазиро́вка** [女2]

**глазни́к** -á [男2] (話)眼医者

**глазни́ца** [女3] (解)眼窩(か) **// -чный** [形1]

**глазн|о́й** [形2] 目の、眼の: *-óе я́блоко* 眼球 | *-ы́е ка́пли* 眼薬

**глазо́к¹** -зка́ [男2] ① (昆虫・鳥などの)丸い斑点; (布地の)水玉、ドット ② のぞき穴; 監視孔 ③ (合図用のランプ ④ (接ぎ木用の)芽、目; (ジャガイモの)へそ

**\*глазо́к²** -зка́ 複 глазки, -зок, -зкам [男2] [指小] < *глаз* 同意③ | *де́лать [стро́ить] 围 гла́зки* …に色目をつかう | *на ~* 目分量で、およそ *гла́з?* ■ *аню́тины гла́зки* (植)パンジー, サンシキスミレ

**глазоме́р** [男1] 目測(能力), 目分量 **// -ный** [形1]

**глазу́нья** 複生 -ий [女8] 目玉焼き

**глазурова́ть** -рую, -руешь 受過 -ованный [不完・完] <围に>うわ薬をかける **// глазуро́вка** [女2]

**глазу́р|ь** [女1] ① うわ薬、釉薬(ゆうやく) ② (菓子などの)アイシング、糖衣 ③ (食品)(冷凍魚介・野菜などのグレーズ、氷衣 **// -евый, -ный** [形1]

**глайд** [男1] (言) 渡り音 ≒ 半母音

**гламу́рн|ый** 短 -рен, -рна [形1] 魅惑的な, 派手な **// -о** [副]

**гла́нд|а** [女1] (通例複)扁桃腺, (話)扁桃腺炎 **// -овый** [形1]

**глас** [男1] (旧・雅) 声: ~ *наро́да* 民の声 | *бо́жий ~* 神の声 ② [複 -ы́/-ы́] (複) (楽)(教会音楽の)旋法; (雅)歌の旋律 ✦ ~ *вопию́щего в пусты́не* (文)荒野に呼ばれる者の声, むなしい訴え

**\*гласи́ть** -си́т [不完] (文)<围> ① (法律・諺などが)述べる, 伝える ② 宣言する, 布告する

**гла́сность** [女10] ① 公開(性), 公表: *преда́ть 围 -и* …を公表[公開]する ② (史・政)グラースノスチ(情報の公開と自由な討論)

**гла́сн|ый¹** [形1] 公開の, 公然の: *~ суд* 公開裁判 **// -о** [副]

**гла́сн|ый²** [形1] (言) ① 母音の ② ~ [男6] 母音: *-ые под ударе́нием* アクセント母音 ③ *-ая* [女6] 母音; 母音文字

**глауко́м|а** [女1] (医)緑内障 **// -ный** [形1]

**глаша́та|й** [男6] ① (史)触れ役, 伝令官 ② (雅)布告者, 宣布者

**Глеб** [男1] グレープ(男性名)

**\*гли́н|а** [女1] (clay) 粘土: *бе́лая ~* カオリン, 白陶土 | *меси́ть -у* 粘土をこねる ② 粘土地 **// -яный** [形1]

**гли́ни́ст|ый** 短 -ист [形1] ① 粘土を含む, 粘土質の ② 粘土色の **// -ость** [女10] <①

**Гли́нка** (形2変化)[女] グリンカ(Михаи́л Ива́нович, 1804–57; 作曲家)

**глиноби́тный** [形1] (わら・砂利・砂を混ぜた)粘土で作った

**глинозём** [男1] (化)酸化アルミニウム, アルミナ **// -ный** [形1]

**глинтве́йн** [é/э] [男1] グリューワイン(赤ワインに香料などを加えた温かい飲み物)

**глисса́ндо** (不変) (中) (楽)グリッサンド

**гли́ссер** [男1] 水上滑走艇

**гли́ст** -á [男1] 腸内寄生虫: *кру́глый ~* 回虫 | *ле́нточный ~* 条虫, サナダ虫 **// -ный** [сн] [形1]

**глиста́** [女1] (1) (話) = глист ② (俗)痩せっぽち ♦ *худа́я как ~* (俗)痩せせっぽち

**глистого́нный** [形1] 虫下しの, 駆虫の

**глицери́н** -а/у [男1] (化)グリセリン **// -овый** [形1]

**глици́н|ия** [女9] (植)フジ **// -иевый** [形1]

**глобализа́ция** [女9] グローバル化, グローバリゼーション

**глоба́льно** [副] 全世界的に, グローバルに; 全面的に

**\*глоба́льн|ый** [グラーバリヌイ] 短 -лен, -льна [形1] (global) ① (長尾)全世界的な, 地球規模の, グローバルな: *в -ом масшта́бе* 地球規模で | *-ое потепле́ние* 地球温暖化 ② 全体的な, 全面的な ③ (話)根本的な, 決定的な **// -ость** [女10]

**гло́бус** [男1] 地球儀; 天球儀 **// -ный** [形1]

**глода́ть** -ожу́/-аю, -о́жешь/-аешь 受過 -о́данный 副分 -ожа́/-ая [不完] <围> かじる ② 苦しめる, 苛(さい)む

**гло́кеншпиль** [男5] グロッケンシュピール, 鉄琴

**ГЛОНА́СС** [グラナース] [略] Глоба́льная навигацио́нная спу́тниковая систе́ма 全地球航法衛星システム(ロシアの衛星測位サービス)

**гло́сса** [女1] (言) 注釈, 注記, 注解, 用語解説, グロス

**глосса́рий** [男7] 用語集, 術語辞典

**глоссема́тика** [女2] (言) 言理学

**\*глота́|ть** [不完] / **проглоти́ть** -лочу́, -ло́тишь 受過 -ло́ченный [完], **глотну́ть** -ну́, -нёшь [完] [一回] 〈swallow〉 ① 飲み込む, 飲み下す ~ *пи́щу* 食物を飲み込む ② (話)むさぼり食う[飲む]: *Не глота́й, жуй как сле́дует!* がつがつしないで, ちゃんと噛みなさい ③ (話)早口で不明瞭に発音する: ~ *концы́ фраз* 言葉の最後がはっきりしない ④ (話)むさぼり読む ⑤ [вз] (不快なことを) おとなしく黙って聞く ♦ ~ *во́здух* 口を開けて空気を吸い込む | ~ *слёзы* 涙を抑える, 泣くのをこらえる **// гло́тание** [中5] (無人称でも)のどを通る ② [受身] **// глота́ние** [中5]

**гло́тк|а** 複生 -ток [女2] ① (解)咽頭 ② (俗)喉 ♦ *во*

**глухой**

*всю́ -у* 声を限りに | *заткну́ть -у [ро́т]* 〘俗〙…を黙らせる、…の口をふさぐ | *промочи́ть -у* 喉を湿らせ、軽く飲む **//гло́точный** [形1]

*****гло́т|о́к** -тка́ [男2] [gulp, mouthful] ① 飲み込むこと、(1回の)嚥下(%ん); пи́ть больши́ми -ка́ми がぶがぶ飲む ② 〘曲〙の一飲み[一口]の量;〈飲み物の〉少量: Да́йте ~ воды́ 一口水を下さい

**глотта́льн|ый** [形1] -*ая тео́рия* 〘言〙声門化音理論

**глоттогене́з** [男1] 〘言〙自然言語の発生[進化]プロセス

**глоттого́ния** [女9] 〘言〙自然言語の発生[進化]プロセス研究

**глоттохроноло́гия** [女9] 〘言〙言語年代学

*****гло́хнуть** -ну, -нешь; сов. -них -ул/-ухл, -охла [不完] ① *сов.* **о~** 耳が聞こえなくなる、聴力を失う: Она́ совсе́м *огло́хла*. 彼女はすっかり耳が聞こえなくなった ② [完 **за~**] (a)(音が)聞こえなくなる、静まる: Шу́м постепе́нно *гло́хнет*. 騒音は徐々に弱まってきている (b)(火が)消える (c)〈証〙(エンジンなどが)止まる、動かなくなる (d)(草などが)荒れる、雑草が生い茂る

*****глу́бже** [比較]< глубо́кий, глубоко́

*****глубин|а́** [女́ины] [女1] [deapth] ① 深さ、深度: ~ *реки́* 川の深さ | *измере́ть -у́ реки́* 深さを測る | *о́зеро -о́й в* (*на*) *сто́ ме́тров* 深さ100メートルの湖 | *находи́ться на -е́ в два́дцати ме́трах* 20メートルの深さにある

② (通例複) 深い所、深部: в *морски́х глуби́нах* 深海に

③ 奥、奥深い所: *скры́ться в -е́ ле́са* 森の奥に隠れる

④ (意識・感情などの)奥底、深層: *таи́ться в -е́ созна́ния* 意識の奥底に秘められている

⑤ (思考・意義などの)深さ、深遠さ: 深刻さ: ~ *ана́лиза* 分析の深さ | ~ *кри́зиса* 危機の深刻さ

◆ *в -е́ веко́в* 遠い昔に、太古の時代に | *в -е́ души́* 心の奥底で、内心では | *до -ы́ души́* 非常に、心底まで | *из -ы́ веко́в* 大昔から | *из -ы́ души́* 心の底から、衷心から

**глуби́нка**複生 -нок [女2] 〘話〙へき地、奥地

**глуби́нн|ый** [形1] ① 深い所にある、深部で活動する: ~ *ло́в ры́бы* 深海漁業 ② 中心地から遠い、奥地の ③ 深層の、奥底の: ~ *структу́ра* 〘言〙深層構造

**глубиноме́р** [男1] 深度計、深さゲージ

*****глубо́к|ий** -о́к, -ока́, -о́ко, -о́ки/-и́ 比 глубоча́йший *та́к же* глубоча́йший [形3] [deep]

① 深い(↔ме́лкий); 深い所に及ぶ、深く積もっている: -*ая река́* 深い川 | -*ий сне́г* 深い雪 | -*ая таре́лка* スープ皿 | *Байка́л — са́мое -ое о́зеро в ми́ре*. バイカル湖は世界で最も深い湖だ

② (深い所にある、深所から発する): ~ *вздо́х* 深いため息

③ 奥深い、奥まった: -*ая прови́нция* へき地

④ (時間的に)遠い、昔の: -*ая старина́* 遠い昔

⑤ 深遠な、秘められた: 深刻な、重大な: -*ая мы́сль* 深遠な思想 | -*ая оши́бка* 重大な誤り

⑥ 極度の、強い、深い; (時間的に)遅い、進んだ: -*ая заморо́зка* 極深 | -*ая но́чь* 深夜 | -*ое отча́яние* 深い絶望 | ~ *со́н* 深い眠り | -*ое сожале́ние* 〘外交〙強い遺憾 | -*ая ста́рость* 高齢、円熟期

*****глубоко́, глубо́ко** [глу́бка́-, глу́бако́-] 比 глу́бже [deep(ly), profoundly] ① [副] 深く、奥深く、深い所に、深度に: ~ *ныря́ть* 深く潜る ② [無人述] 深い(↔ме́лко): *До дна́ ~*. 底までは深い

**глубоко́..** [語形成] 「深部・奥地にある」「極度の」

**глубоково́дный** 短 -ден, -дна [形1] ① 水の深い ② (長尾)深海で行われる、深海専門の

**глубоково́дье** [中4] 水位が高いこと、水が深いこと

**глубокомы́сленн|ый** 短 -ен, -енна [形1] ① 思慮深い; 意味深長な ② 真剣な、まじめな **//-ость** [女10]

**глубокомы́слие** [中5] 思慮深さ、深慮

**глубокосне́жье** [中4] 雪の深い時期

**глубокоуважа́емый** [形1] 深く尊敬する、敬愛する(丁寧な公的呼びかけとして用いる)

**глубоча́йший** [最上]< глубо́кий

**глу́бь** 前 о -и, в -и́ [女10] 深い所、深部; 奥、奥深い所(глуби́ны) ◆ *в – веко́в* 〘文〙遠い昔へ | *из -и веко́в* 〘文〙大昔から

**глумёж** [男4] (話) あざけり、愚弄、嘲笑

**глуми́ться** -млю́сь, -ми́шься [不完] <над圈> 愚弄する、あざける

**глумле́ние** [中5] 愚弄、嘲笑

**глумли́вый** [形1] 〘話〙ばかにした

**глупе́ть** [不完] **/по~** ばかになる、ばかげる

**глупе́ц** -пца́ [男3] 愚か者、ばか

**глупи́ть** -плю́, -пи́шь [不完] **/с~** [完] 〘話〙ばかなことをする[言う]

*****глу́по** [foolish, stupid, silly] ① [副] 愚かに、ばかのように: *поступи́ть ~* 愚かに振る舞う ② [無人述] 愚かだ、ばかだ

**глупова́тый** 短 -а́т [形1] ばかっぽい、ばかみたいな

**глу́пость** [глу́пасьть] [女10] [foolishness, stupidity] ① 愚かさ、愚鈍: *по-~* 愚かなために ② ばかげた行為[言葉、考え]: *сказа́ть ~и* ばかなことを言う ③ (通例複) 〘話〙ばかげたこと、つまらないこと: *Г~и!* ばかばかしい

*****глу́п|ый** [глу́пый] 短 -у́п, -упа́, -у́по, -у́пы/-упы́ 比 -пе́е 最 -пе́йший [形1] [foolish, stupid, silly]

① 愚かな、頭の鈍い、ばかな; 〘話〙聞き分けのない、分別のない: ~ *челове́к* 愚かな人 | *Я́ бы́л -у́п, что́ пове́рил ему́*. 彼を信用するとは私は愚かだった | *Не счита́й други́х -пе́е себя́*. 他人を自分よりばかだと思わないように

② 愚かさを見てとれる、ばかっぽい: -*ая физионо́мия* ばかっぽい顔つき

③ ばかばかしい、くだらない、ばかげた; 〘話〙ばかばかしい: -*ый рома́н* くだらない小説 | *попа́сть в -ое положе́ние* ばかげた状況に陥る

**глупы́ш** -а́ [男4] **/-ка** 複生 -шек [女2] 〘話〙おばかさん(がんぜない子どもに親しみを込めて言う)

**глуха́р|ь** -я́ [男5] ① 〘鳥〙オオライチョウ ② 〘俗〙耳の聞こえない人 ③ ねじの一種 ④ 〘警察・俗〙未解決犯罪 ⑤ 〘若者・俗〙何か秘密のこと **//-на́ -а́я** [形1] 十分な根拠で、完全に (2) 致命的な **//-и́ный** [形1] <①

*****глу́хо** 比 глу́ше [副] ① (音が)低く、鈍く ② ぴったりと、隙間なく

**глухова́тый** 短 -а́т [形1] やや耳が遠い、難聴の、はっきり聞こえない

*****глух|о́й** [глу́хо́й] 短 глух, -ха́, -хо, -хи/-хи́ 比 глу́ше [形4] [deaf, muffled] ① 耳の遠い、耳の不自由な: ~ *стари́к* 耳が聞こえない老人 | *О́н ~ на пра́вое у́хо*. 彼は右耳が聞こえない

② ~ [男名]/-*а́я* [女名] 耳の聞こえない人、聾(%): *шко́ла для -и́х* 聾学校

③ (通例短尾) <к⑤> に無関心だ: *Она́ глуха́ к мое́й про́сьбе*. 彼女は私の頼みに耳を貸さない

④ (音が)低い、鈍い、こもった: ~ *сто́н* 低いうめき声 | ~ *вы́стрел* 鈍い銃声

⑤ はっきりしない、漠然とした; 秘められた: -*ая непри́язнь* 陰にこもった敵意

⑥ 紛れもない、完全な: -*ая но́чь* 深夜、真夜中

⑦ 密生した、鬱蒼とした: -*ие за́росли* うっそうとした茂み | ~ *ле́с* 密林

⑧ 塞がれた、ふさがれた、隙間のない: -*ая стена́* めくら壁

⑨ へき地にある、へんぴな: ~ *полуста́нок* 片田舎の小駅 | -*ая дере́вня* ど田舎

**глухомань**

⑩ 人けのない、ひっそりとした: –*а́я у́лица* 人けのない通り ⑪《通例短尾》絶望的だ、八方ふさがりの
■ **~ согла́сный (звук)**《言》無声子音 | **–а́я пора́** 沈滞期、衰退期

**глухома́нь** [女10] ① 密林; 無人の地 ② 人里離れた所、へき地

*\**глухоне́м|о́й** [形2]〔deaf and dumb〕① 聾唖($\overset{ろう}{あ}$)の: *~ ребёнок* 聾唖の子ども ② *~* [男名]／**–а́я** [女名] 聾唖者

**глухонемота́** [女1] 聾唖

**глухота́** [女1] ① 耳が聞こえない［遠い］こと ② 思いやりのないこと、無関心

**глуша́к** –*а́* [男2] ①（自動車・バイクの）消音装置《若者・俗》武器の消音装置

**глу́ше**［比較］< **глухо́й, глу́хо**

**глуши́тель** [男5] ① 消音装置、サイレンサー、マフラー;《楽》弱音器 ② 抑圧者、圧殺者

*\**глуши́ть** –шу́, –ши́шь [不完]／[完 о–]（打撃・大きな音で）気絶させる、気を遠くさせる [完 за–]（音を）小さくする，聞こえなくする: *~ шаги́* 足音を消す ③（…の）成長を妨げる; 抑圧する、抑えつける: *Сорняки́ глуша́т са́д.* 雑草が庭木の成長を妨げている　～ *инициати́ву* 創意を抑圧する ④ [完 за–]（火を）消す（エンジンなどを）止める: ~ *мото́р* モーターを止める ⑤《俗》（酒を）浴びるように飲む; 過度に摂取する: ~ *во́дку* ウォッカをあおるように飲む

**глушня́к** –*а́* [男2] ① 野生の若木の林 (глухо́й ле́с) ② 人里離れた所、へき地

**глушь** –и́ 造 –ью [女11] ① 濃い茂み ② 人里離れた所、へき地

**глы́б|а** [女1] 塊: ~ *льда* 氷塊 **∥–овый** [形1]

**глюк** [男2] ①［俗］①《コン》グリッチ、トリップ ②《コン》グリッチ、トラブル、厄介な事態 ◆**пойма́ть ~** （麻薬で）幻覚を見る

**глю́кать** [不完] ①（七面鳥が）鳴く ②《コン》トラブルが生じる ③ 奇妙な行動をする

**глюко́з|а** [女1]《生化》グルコース、ブドウ糖 **∥–ный** [形1]

**глю́чить** –чу, –чишь [不完] ①《俗》《コン》トラブルが生じる ②《無人称》《若者・俗》《与に》見える ③《話》《与に》…が気にかかる

**глю́читься** –чится [不完]《無人称》《与に》見える、感じられる

**глю́чный** [形1]《若者》奇妙な、異常な、幻覚に似た

*\****гляде́ть**［グリヂェーチ］–жу́, –ди́шь, ..., –ди́т 命 –ди́ 過分 –я́дя [不完]〔look at, peer at, gaze〕① [完 по–]〈в/на団〉…を見る、眺める、…に視線を向ける: ~ *на у́лицу* 通りを眺める | ~ *вперёд* 前方を見る

② [完 по–]〈на団〉…に留意する、…を考慮する: *Не́чего на него́ гляде́ть.* あいつのことを気にする必要はない ③《話》〈на団〉…を見習う、まねする: *Не гляди́ на безде́льников.* 怠け者を見習うな

④ [完 по–]〈на団〉…の態度をとる、…の見方をする: ~ *на дело́ тре́зво* 物事を冷静にみる

⑤《話》〈за団〉…を見守る、監視する: …の世話をする: ~ *за поря́дком* 秩序を守る | ~ *за детьми́* 子どもたちの面倒をみる

⑥《話》現れる、顔をのぞかせる: *Из-за ту́ч гляде́ло со́лнце.* 雲間から太陽が顔をのぞかせていた

⑦〈в/на団〉（…に）向いている、…に面している: *О́кна гляди́т на ю́г.* 窓は南向きだ

⑧《話》…のように見える、…の様子をしている: ~ *бо́дро* 元気そうに見える

◆ **гляди́(те)**［間投詞的］気をつけろ、用心しろ: *Гляди́, не опозда́й!* いいか、遅刻するんじゃないぞ! | *гляжу́ = гляди́шь*〔挿入〕《話》きっと、おそらく: *Ты́, гляжу́, меня́ не слу́шаешь.* 君はどうやらぼくの言うことを聞いていないようだ | **гля́дя по**《与》…に応じて、…次第で | **на́ ночь гля́дя** 夜遅く | **не гля́дя на**

…を気にせずに | **та́м погляди́м**《話》いずれわかるだろう | **того́ и гляди́, дождь пойдёт.** 今にも雨が降り出しそうだ

**гляде́ться** –яжу́сь, –яди́шься [不完]《話》① [完 по–]〈в団〉映して〉自分の姿を見る ②（物が）すてきに見える、見栄えがする

**гляды́**［間］《話》（意外・驚き）おや、あれ、これは驚いた

**гля́дя**［副分］< **гляде́ть**

**гля́нец** –нца [男3] 光沢、つや: *наводи́ть ~ на …* の最後の仕上げをする

*\**гля́нуть** –ну, –нешь [完][一回] < **гляде́ть** ① ② ③ ⑥ ⑧: ~ *на фотогра́фию* 写真を一瞥する

**гля́нуться** –нусь, –нешься [不完]《俗》《与の》気に入る

**глянцева́ть** –цу́ю, –цу́ешь 受過 –цо́анный [不完]／**на–** [完]〈団〉つやを出しにする、光沢を与える

**глянцеви́тый** 短 –и́т [形1]（少し）光沢のある **∥–ость** [女1]

**глянцев|ый** [形1] ① 光沢［つや］のある (↔ма́товый): *–ая бума́га* 光沢紙 ② よく光る
■ **~ журна́л** ファッション雑誌

**глясе́** [э][不変][形]: **ко́фе ~** コーヒーフロート

**гляциоло́г** [男2] 氷河学者

**гляциоло́г|ия** [女9] 氷河学 **∥–и́ческий** [形3]

**гм**［間］《話》（疑い・不信・皮肉）ふん、ふむ、うむ

**ГМО**［ゲエーモ］《略》**гене́тически модифици́рованный органи́зм** 遺伝子組み換え生物

**г-н**《略》**господи́н**《氏》〔様、殿〕

*\****гнать**［グナーチ］гоню́, го́нишь 命 гони́ 過 гна́л, –ла́, –ло [不完][定]〔不定 **гоня́ть**〕〔chase, drive, dash〕①（一定の方向に）追いやる、移動させる、走らせる、駆り立てる: ~ *ста́до* 家畜の群れを追う | *Ве́тер го́нит ту́чи.* 風が雨雲を追いやっている

② 速く走らせる、せき立てる;《話》（乗物で）疾走する、飛ばす: ~ *ло́шадь во ве́сь ду́х* 馬を全速力で走らせる | ~ *на велосипе́де* 自転車で飛ばす

③《話》…に（仕事などを）せき立てる、急がせる: *Он го́нит нас с рабо́той.* 彼は私たちに仕事をせかせている

④《話》運ぶ、運ぶ: ~ *лес* 木材を浮送する

⑤ 獲物などを追う、狩りたてる

⑥ 追い払い払う: ~ *из до́му* 家から追い出す

⑦（考え・感情などを）追い払う、払いのける: ~ *трево́гу* 不安を追い払う

⑧《俗》〈ра́зг. нрк〉–*ую про́дукцию* 製品をどんどん作る ⑨ 蒸留して作る: ~ *самого́н* 自家製の酒を作る ⑩《通例 гони́(те) の形で》《俗》よこせ: *Гони́ де́ньги!* 金をよこせ ⑪《俗》…のふりをする ⑫《若者・俗》嘘をつく、だます ⑬《若者・俗》〈на団〉を非難する、叱責する

*\****гна́ться** гоню́сь, го́нишься 過 гна́лся, –ла́сь, –ло́сь, –лось [不完][定]〔不定 **гоня́ться**〕〔pursue, strive (for)〕〈за団〉①（一定の方向に）…を追いかける、追跡する: ~ *за банди́тами* ギャングを追う ②《話》…を得ようとする、追い求める: ~ *с тобо́ю* 同等になろうとする: ~ *за при́былью* 利益を追求する

**гне́в** [男2]〔anger, rage〕憤怒、激怒: *вспы́шка ~а* 怒りの爆発 | *не по́мнить себя́ от ~* 怒りのあまり我を忘れる ◆**смени́ть ~ на ми́лость** 怒りをおさえる

**гне́ваться** [不完]〈на団〉に激怒する

**гне́вный** 短 –вен, –вна́/–вна, –вно [形1] ① 激怒した、憤怒の ② 怒りをきわめた、怒りに満ちた **∥–о** [副]

**гнедо́й** [形2]（馬が）栗毛の

**гнезди́ться** –ди́тся [不完] ①（鳥が）巣を作る、巣くう ②（虫が）大量に巣くう ③（考え・感情が）離れない、住みつく

*\****гнезд|о́**［グニズドー] 複 гнёзда [中1]〔nest〕①（鳥の）巣;（動物・昆虫の）ねぐら、巣: *воробьи́ное ~* スズメの

巣 | Ла́сточки сви́ли ~ под кры́шей. ツバメが軒下に巣を作った ②{住居、家；隠れ家、巣窟；《学生》寮: родимое ~ 生家 | воровское ~ 盗賊の巣窟

③《動物》一家；ひとかえりのひな；《動物》ひと腹の子；《話》一族；ひとかたまり – 狼の一家

④《植物・キノコなどの》群生、一群: ~ грибо́в 群生しているキノコ

⑤《物を差し込む》穴、受け口；ソケット: гнёзда для патро́нов 弾薬筒入れ

⑥掩蔽部；〈言〉ピルメーチョの – 機関銃座 ⑦〈言〉同一語根の語群 ⑧〈歯科〉虫歯で開いた穴

◆~ сви́ть (себе́) ① 身を落ち着ける，家庭を築く (2)（考え・感情などが）巣くう、根ざく / **–о́вой** [形2] ④ ⑤⑦ // **гнёздышко** 複-шки, -шек, -шкам [中1][指小] <①②④

**гнездова́ться** -ду́ется [不完] 営巣する，巣作りをする // **–ние** [中5]

**гнездо́вье** [中4] 営巣地, 巣作りの場所

**гнейс** [男1]〈鉱〉片麻岩

**гнести́** гнету́, гнетёшь（過去形用いず）[不完]〈類〉苦しめる, 苛む, 憂鬱にする

*gнёт [男1]〔weight, oppression〕① おもし: положи́ть грибы́ под ~ キノコにおもしをのせる ② 圧迫, 圧制, 重圧: ~ тоталитари́зма 全体主義の重圧

**гни́да** [女1] ① シラミの卵 ②《俗・罵》つまらないやつ、汚らわしいやつ

**гние́ние** [中5] 腐敗, 腐朽

*гнило́|й 短-и́л, -ила́, -и́ло [形2]〔rotten, damp, unhealthy〕① 腐った, 腐敗した: –ые проду́кты 腐った食料品 | ~ зуб 虫歯 ② じめじめした, 雨の多い: –а́я о́сень 雨の多い秋 ③（社会的に）不健全な、退廃した：《若者》悪い, 質の悪い, ろくでもない: –ые настрое́ния 有害な気運 ④《話》病弱な ⑤《若者・俗》あさましい // **гни́лость** [女5]

**гни́лостный** [сн] 短-тен, -тна [形1] ① 腐敗によって生じる ② 腐敗を起こす

**гнилу́шка** 複生-шек [女2]《話》朽木（のかけら）、腐ったもの

**гниль** [女10] ① 腐ったもの, 腐敗物；かびの生えたもの ② 退廃, 不健全さ ③《植物》腐敗病

**гнилье́** [中4]《話》《集合》腐ったもの

**гнильца́** [女3]《話》少しの腐り, 腐りかけ: … с –о́й 腐りかけの…

*гнить гнию́, гниёшь 過 гни́л, -ла́, -ло [不完] / **с–** [完] ① 腐る, 腐敗する ② ひどい暮らしをする

**гное́ние** [中5] 化膿

**гнои́ть** -ою́, -ои́шь [不完] / **с–** 受過-оённый (-оён, -оена́) [完] ① 腐らせる, 腐敗させる ②〈人に〉ひどい暮らしを送らせる,〈人を〉幽閉する

**гнои́ться** -ои́тся [不完] 化膿する, 膿む

*гно|й -я/-ю (о е, в е/-ю) [男6]〔pus〕膿: выделе́ние –я 膿（うみ）の分泌

**гно́йник** -а́ [男2] ① 膿瘍, 腫れ物 ② 悪の根源

**гно́йничо́к** -чка́ [男2][指小]

**гно́йный** [形1] 化膿した, 化膿性の

**гном** [男1]《西歐の神話の》地の精, ノーム（地中で宝を守るあごひげを生やした小人）// **–ик** [男2][指小]

**гносеоло́ги|я** [女10]〈哲〉認識論 // **–и́ческий** [形3]

**гно́стик** [男2] グノーシス主義者

**гностици́зм** [男1] グノーシス主義

**гну** (不変)[男・女]〈動〉ヌー

**гнус** [男1]《集合》血を吸う羽虫の群（蚊、ブヨ、アブなど）

**гнуса́вить** -влю, -вишь [不完] 鼻声で話す[歌う]

**гнуса́в|ый** 短-а́в [形1]（声が）鼻にかかった, 鼻声の // **–ость** [女5]

**гну́сно** ① [副] 忌まわしくも, 卑劣に ② [無人述] 不快だ, 忌まわしい // **–ость** [女10] ① 醜悪さ, 卑劣さ ② 嫌悪すべき行為[言葉]

*гну́сн|ый 短-сен, -сна́, -сно [形1] 嫌悪すべき, 忌まわしい, 醜悪な；卑劣な: –ая клевета́ 悪意ある中傷

**гну́тый** [形1] 曲げて作った；曲げた, 湾曲した

**гнуть** гну, гнёшь у вас -тый, -та́я [不完] / **со–** согну́тый [完]〈類〉① 曲げる, たわめる：曲げて作る: про́волоку 針金を曲げる ②[完用 по–] 受過 по́гнутый] 傾かせる，下に垂らす: Бу́ря гнёт дере́вья. 嵐で木々がたわんでいる ③[完用]к/на–] ④ 意図する, もくろむ ◆~ спи́ну [ше́ю, хребе́т] пе́ред ⟨誰⟩ …にぺこぺこする, 平身低頭する

**гну́ться** гнусь, гнёшься [不完] / **со–** [完] {完用 по–} ① 曲がる, たわむ, しなう ② 屈服する；へつらう《不完》[受身] < гнуть

**гнуша́ться** [不完] / **по–** [完] 〈類/曲/不定形〉 … {すること}を忌避する, 嫌悪する: ~ лжи́ 嘘を忌み嫌う

**го** (不変)[中] 碁

**гобеле́н** [男1] ゴブラン織り, タペストリー

**Го́би** (不変)[女] ゴビ砂漠

**гобои́ст** [男1] / **~ка** 複生-ток [女2] オーボエ奏者

**гобо́й** [男1]〈楽〉オーボエ

**гова́ривать**（現在形用いず）[不完][多回]《話》< говори́ть②③

*говори́ть [ヴァリーチ] -рю́, -ри́шь 命-и́ 受過-рённый (-рён, -рена́) [不完]〔speak, talk, say〕① 話す（能力がある）, 口をきく, しゃべる；〈ある言語を〉話す: Ребёнок ещё не говори́т. | Она́ хорошо́ говори́т по-ру́сски. 彼女はロシア語を上手に話す

② [完 сказа́ть]〈о/曲/что́ вол〉話す, 言う, 述べる: ~ пра́вду 本当のことを言う | ~ с уве́ренностью 自信をもって言う | Он всегда́ говори́т, что за́нят. 彼は忙しいといつも言っている

③〈с⟨語⟩話をする, 会話する: ~ с дру́гом по телефо́ну 電話で友人と話す

④〈о 曲〉を話題にする, …について議論する；噂する: Весь го́род говори́т то́лько об э́том. 町中がその噂で持ちきりだ

⑤{3人称複数現在形・複数過去形で}…という話だ[だった]: Говоря́т, что зима́ бу́дет суро́вой. この冬は寒さが厳しくなるらしい

⑥{与に}（感情・考えなどを）呼び起こす, 語りかける；（予感・考えなどが）…を思わせる: Э́то произведе́ние ничего́ не говори́ло мне. その作品は私の心に何も訴えかけてなかった

⑦〈о⟨語⟩証明する, 物語る: Да́нный факт говори́т о его́ невино́вности. この事実は彼の無罪を物語っている

⑧〈в⟨語⟩行動・言葉などに）現れる: В тебе́ говори́т тщесла́вие. 君の言動には虚栄心が現れている

⑨〈на⟨語⟩〈廃〉鳴く, あやしむ

◆… говоря́ 〔挿入〕（副詞・名詞の斜格を伴って）…と言えば: ина́че говоря́ 言い換えれば, 換言すれば | ме́жду на́ми говоря́ ここだけの話だが | говорю́[говорю́] вам [тебе́] …と言っているんだ（発言・命令を強調

**говори́ться**

する) | (*Да*) *что́ вы говори́те?* 何ですって(強い驚き) | *И не говори́(те)!* (話)全くその通りだ、もちろんだ | *кто́ бы говори́л = Кто́ говори́т!* お前なんかに言われたくないよ | *не говоря́ уже́ о …* …は言うまでもなく、もとより | *не́чего и ~* 〈挿入〉言うまでもない | *са́м за себя́ говори́т* 自明である、説明の必要もない | *что́ и ~* (話)(1) 〈挿入〉もちろん、本当に: Фа́кты, *что́ и ~*, упря́мая вещь. 事実というのはもちろん、動かせないものだ (2) 言うまでもない | *что́ [ка́к] ни говори́* がしかし、どう言おうと、いずれにせよ

// **говоре́ние** [中5] <①②③>

*говори́ться -ри́тся [不完] ① 語られる;述べられている: *Говори́лись* приве́тственные ре́чи. 祝辞が述べられた | *О чём говори́тся в письме́?* 手紙にはどんなことが書いてあるかです ② 〈無人称〉話す気分になれる: Мне́ не *говори́тся* от уста́лости. 私は疲れていて口をきく気になれない ③ 〈受身〉 *говори́ть*②

◆ *как говори́тся* 〈挿入〉いわゆる、俗に言う

**говори́вость** [女10] おしゃべり、饒舌、多弁
**говорли́вый** 短-и́в [形1] おしゃべりの、話好きな
**говору́н** -а́ [男1] / **~ья** [女8] 〈複生-ий〉おしゃべりな人、話好きな人

*говя́дина [女1] 《beef》牛肉 // **говя́жий** [形9]

**го́голь** [男5] 〔鳥〕ホオジロガモ ◆ *ходи́ть [выступа́ть] ~ем* 気取って歩く

**Го́голь** [男5] ゴーゴリ (Никола́й Васи́льевич ~, 1809-52; 作家; «Шине́ль»『外套』)

**го́голь-мо́голь** [男5] ゴーゴリ・モーゴリ (卵黄と砂糖をかき混ぜ、ラム酒などを加えたデザート)

**го́гот** [男1] ① (俗)大爆笑 ② 〔擬声〕ガアガア (ガチョウの鳴き声)

**гогота́ть** -гочу́, -го́чешь [不完] ① (俗)大笑いする ② (ガチョウが)ガアガア鳴く // **~нье** [中4] <②>

*го́д [男1] -а/-у 前 о-е, в -у мн -ы/-а́, -о́в/ле́т, -а́м (на́/за́ го́д, на/за́ го́д) [year] (複生ле́т) ① 年、年: э́тот [про́шлый, тот] *го́д* 今年[昨年] | [сле́дующий [бу́дущий] *го́д* 来年 | с ка́ждым *~ом* 年ごとに | Прошло́ три́ *~а*. 3年経った | Я роди́лся в ты́сяча девятьсо́т девяно́сто четвёртом *~у́*. 私は1994年に生まれた | пя́ть ле́т наза́д 5年前 | че́рез пя́ть ле́т 5年後

② 〔複 ле́т〕(年齢)…歳: Ско́лько тебе́ *ле́т*? — Мне́ пя́ть *ле́т*. 「ぼく、いくつ?」「5歳だよ」| Мне́ испо́лнилось [испо́лнится] три́дцать оди́н ~. 私は満31歳になった[なる] | в се́мь *ле́т* 7歳の時に

用法「…年」および「…歳」は、最後の数詞が оди́н なら го́д, два́, три́, четы́ре なら го́да, それ以外なら ле́т となる

③ 〔複生 -о́в〕年度: уче́бный *го́д* 学年度 | фина́нсовый *го́д* 会計年度

④ 〔複 -ы, -о́в〕〔複〕〈序数詞と共に〉(世紀の各10年代の)年代: восьмидеся́тые *~ы* двадца́того ве́ка 20世紀の80年代

⑤ 〔複 -ы〕〔複〕時代、時期: де́тские *~ы* 幼年時代 | в *~ы́* гражда́нской войны́ 国内戦の時代に

⑥ 〔複 -ы, -о́в〕〔複〕年頃: в твои́ *~ы* 君の年頃で

◆ *~а́ми* 何年も | *бе́з году неде́ля* (話·戯)ついさっき; ごく短期間 (★ アクセント注意) | *в* …*го́да* 初老に、いい年に | *времена́ = четы́ре времена́ ~а* 四季 | *го́д на́ го́д не прихо́дится* 1年1年気ならない | *го́д от го́ду = го́д от го́да [го́да]* 年々、年と共に | *из го́да в го́д = из го́ду в го́д* 来る年も来る年にも | *не по ~а́м* 年の割に | *с ~а́ми* 年と共に、歳月を経て | *с ~у на́ го́д* 1年1年と | *С Но́вым ~ом!* 新年おめでとう

**го́дик** [男2] 〔指小〕< *го́д*①

**годи́на** [女1] ① (雅)(事件のあった)時期 ② 年忌、周忌

**годи́ть** рожу́, годи́шь [不完] 《俗》何もしないで待つ

*годи́ться [гДА́ ТЦЦА] рожу́сь, годи́шься, … годя́тся [不完] 〔be fit/suited (for)〕① 《в因/на因/для因》…に[として]適している: Э́ти до́ски *годя́тся* для постро́йки. この板は建築用に使える

② 《в отцы́, в ма́тери, в сыновья́ と共って》 《因 とって》…くらいの年齢だ: Он ей *годи́тся* в отцы́. 彼は彼女にとって父親くらいの年令だ

③ 《не или 〈否定文で〉с 〈不定形〉》 …してはいけない: Та́к поступа́ть не *годи́тся*. そんなふうに振る舞ってはいけない

◆ *~годи́тся* 《俗》いいよ、オーケー | *Куда́ э́то годи́тся?* それが何の役に立つのか (何の役にも立たない) | *никуда́ не годи́тся* 何の役にも立たない

**годи́чный** [形1] ① 年間の、1か年の ② 年1回の

**годко́вщина, годко́вщина** [女1] 《海軍・俗》新兵いじめ

**го́дность** [女10] 適格性、有効性;有効期間: сро́к *-и* (食品の)消費[賞味]期限

*го́дн|ый 短-ден, -дна́, -дно, -дны́/-дны [形1] 〔suitable〕《к因/для因/на因》…に適した、役立つ、有効な: вода́, *-ая* для питья́ 飲用に適した水 | ~ к вое́нной слу́жбе 兵役に適する ◆ *го́ден до* 賞味期限、使用期限

**годова́лый** [形1] 1歳の; (酒などが)1年物の

*годово́й [形1] 〔annual, yearly〕年間[年度]の; 1か年分の: ~ дохо́д 年収

**годовщи́на** [гАдАвщи́НА] [女1] 〔anniversary〕(年ごとの)記念日、記念祭; 年忌: ~ сва́дьбы 結婚記念日

**годо́к** -дка́ [男2] ① 〔愛称〕< *го́д*① ② 同い年 (пове́сник)

**гой** [男1] 《旧》おお ◆ *— еси́* お元気で、ご機嫌よう

**гойде́льск|ий** [形3] ゲール族[語]の; ゴイデリック諸語の: *-ие* языки́ ゲール(語)諸

**го́л** -а/-а́ име -ы́ [男1] 〔スポ〕ゴール、得点

**гола́вль** [男5] 〔魚〕チャブ (コイ科の魚)

**Голго́фа** [女1] 〔聖〕ゴルゴダ (イエスが十字架にかけられた地)

**голена́ст|ый** 短-а́ст [形1] ① 細長い足の ② *-ые* 〔複名〕〔鳥〕渉禽(ショウキン)類 (ツル、コウノトリなど)

**голени́ще** [中2] 長靴のすねの部分

**голеносто́пный** [形1] 距離の: ~ суста́в 足首の関節

**го́лень** [女10] 〔解〕脛(ハギ)、むこうずね

**го́ленький** [形3] 〔愛称〕< *го́лый*

**голе́ц** -льца́ [男5] ① 〔魚〕ヒゲドジョウ (淡水魚); アルプスイワナ (サケ・マス類の海水魚) ② (俗)未成年犯罪者

**голи́мо** [無人述] 《若者》気分が悪い、嫌だ

**голи́мый** [形1] 〔俗〕① 困窮している ② 乞食をしている ③ろくでもない (гали́мый)

**голки́пер** [男1] 〔サッカー〕ゴールキーパー (врата́рь)

**Голла́нд|ец** -дца [男3] / **-ка¹** 複生-док [女2] オランダ人 ◆ *Лету́чий ~* 〔バレエ戯〕(1)いつも旅をしている人 (2)落ち着きのない人、せっかちな人

**Голла́ндия** [女9] オランダ (Нидерла́нды の俗称)

**голла́ндка²** [女2] ①→ *голла́ндец* ② タイルで覆った (オランダ風の)ペチカ ③ オランダ種の牛[鶏]の雌

**голла́ндский** [нс] [形3] オランダ(人)の

**Голливу́д** [男1] ハリウッド // **голливу́дский** [ц] [形3]

*голова́ [гАлАВа́] 対 го́лову 複 го́ловы, голо́в, голова́м (на/за го́лову, на/за́ го́лову) [女1] 〔head〕頭、頭部、頭頂: больша́я ~ 大きな頭 | седа́я ~ 白髪頭 | би́ть по -е́ 頭を殴る | наде́ть ша́пку на *го́лову*

頭に帽子をかぶる | кача́ть -ой 首を振る | У меня́ боли́т ~. 私は頭が痛い

② 頭脳, 知力: челове́к с -ой 頭のいい人 | Мне в го́лову пришла́ интере́сная мысль. 面白い考えが私の頭に浮かんだ

③（ある特質をもった）人間: све́тлая ~ 頭脳明晰な人 | горя́чая ~ 熱血漢

④ 頭(ﾄｳ)（家畜を数える単位）: ста́до в две́сти голо́в 200頭の家畜

⑤［男］《対 го́лову》《話》頭(ｶｼﾗ), 親玉, リーダー;《革命前》(役職としての）長: са́м себе́ ~ 自分が自分の主人だ | городско́й ~ 市長

⑥ 先頭, 先端: ~ коло́нны 縦列の先頭

⑦ 球状［円錐形］の食品

◆без -ы́ 愚かだ, 頭が悪い | в -а́х 枕元に | в пе́рвую го́лову まず最初に, 何よりもまず | не идёт 'в го́лову（仕事などが）する気になれない,（考えなどが）思い浮かばない | пове́сить го́лову《話》うなだれる, 肩を落とす; がっかりする, 落胆する | всему́ ~ 《話》一番重要だ | вы́скочить [вы́лететь] из -ы́ すっかり忘れる, 忘れきる | ~ боли́т у О о́... ...のことで頭を痛めている[悩ませている] | -о́й [на́ го́лову] вы́ше 囲 …より段の面ではるかに優れている | -ы́ не жале́ть 命を惜しまない | из -ы́ вон《話》忘れてしまった | закры́ть [вскру́жить] го́лову 囲 …にぞっこん入れ込む, 恋のとりこにする | на мою́ го́лову (1) 私の責任で (2) 私にとって運悪く | на свою́ го́лову 自分に不利を招くように | Не бери́ в го́лову!《話》気にするな | не выходи́ть [идти́] из -ы́ 囲 …のことが頭から離れない, 忘れられない: Она́ не выхо́дит у меня́ из -ы́. 彼女のことが私の頭から離れない | о двух -а́х 命知らずの, 無鉄砲な | отвеча́ть [руча́ться] -о́й за Ч …を首にかけて請け合う, に全責任をもつ | с -о́й погрузи́ть [окуну́ться, уйти́] в Ч …に没頭する: с -о́й погрузи́ться в чте́ние 読書に没頭する | с -ы́ 一人あたりから | с [от] -ы́ до ног [пят] ⇔ с ног до -ы́ 頭のてっぺんからつま先まで; 完全に | сади́ться на́ голову 囲 …を自分の意のままにする | сня́ть го́лову 囲 …を窮地に陥れる | схвати́ться за́ голову [за го́лову] 頭をかかえる, 恐ろしくなる | теря́ть го́лову (1) 頭が混乱する, 度を失う (2) 首にかけになる | ходи́ть на -е́（通例子どもが）騒ぎまわる, ふざけまわる | хоть кол на -е́ теши́ 囲《俗》頑固な人, 石頭 | че́рез го́лову …の頭ごしに, …に無断で

голова́стик［男2]《話》① あたまでっかち ② 《動》おたまじゃくし ③《話・蔑》赤ん坊

голова́стый 短 -а́ст［形1] ① あたまでっかちの ② 利口な, 賢い

голове́шка 複生 -шек［女2] ① 燃えさし ② 《魚》カワアナゴ科の魚（ドンコに近い）

голови́зна［女1]（チョウザメなどの）粗, 頭, 中落ち部分

*голо́вк|а 複生 -вок［女2]〔little head〕①《指小》< голова́ ②《口語》頭: ~ ма́тча の先端, 頭, ヘッド; ~ гвоздя́ 釘の頭 ③ 弾頭: ~ раке́ты ミサイルの弾頭 ④（クローバーなどの）頭状花:（キャベツ・たまねぎの）球状の食用部分; 球状の小さな塊: ~ сы́ру チーズの塊 ⑤《話》指導部, 幹部連 ⑥《解》亀頭 ◆гла́дить по -е́ ほめる; 甘やかす

*голов|но́й［形2] ① 頭の, 頭部の: -а́я боль 頭痛 ② 先頭の; 指導的, 中心的な: -о́е предприя́тие 指導的な企業

головня́ 複生 -е́й［女5] ① 燃えさし ②（麦などの）黒穂病

головня́к -а́［男2]《若者・戯》（解決すべき）問題, トラブル

*головокруже́ние [中5]〔giddiness〕めまい, 眩暈 ~: чу́вствовать ~ めまいがする ◆от успе́хов 成功に酔いしれること

*головокружи́тельный 短 -лен, -льна［形1]〔dizzy, diggy〕① めまいするような, 目のくらむような: -ая высота́ 目がくらむような高さ ② 驚異的な: ~ успе́х とてつもない成功

головоло́мка 複生 -мок［女2] パズル, 難問

головоло́мный［形1] 頭を使う, 難しい

головомо́йка 複生 -о́ек［女2] きびしい小言

головоно́гие（形3変化)［複名］《動》頭足類（タコ, イカなど）

головоре́з［男1] ① 命知らずの人 ② 人殺し, 悪党

головотя́п［男1]《話》てきとうな人, でたらめな仕事をする人

головотя́пство［中1]《話》(仕事などが）適当なこと

голо́вушка 複生 -шек［女2]《愛称》< голова́ ①③

Голла́ма［女1] ホログラム, ホログラム像

голографи|я［女9] ホログラフィー //-и́ческий [形3]

*го́лод［ゴーラト］-а/-у［男1]〔hunger, starvation〕① 空腹(感): утоли́ть ~ 空腹を癒やす ② 飢餓, 飢え: умере́ть 'с -у [от -а] 餓死する ③ 飢饉: из-за за́сухи 干ばつによる飢饉 ④ 不足, 欠乏: энергети́ческий ~ エネルギー不足 ◆не тётка《戯》ひどい空腹

голода́ние［中5] 飢えること, 飢餓, 絶食

голода́ть［不完］〔starve, fast〕① 飢える ② 絶食［断食］する: ~ це́лый де́нь 丸1日絶食する

голода́ющ|ий（形6変化）[男名]/-ая［女名] 飢えた人

го́лодно ① [副] < голо́дный ② [無人述] ひもじい, 飢えて

*голо́дный［ゴロードヌイ］短 го́лоден, -дна́, го́лодно, -дны/-дны́ не -не́е［形1]〔hungry, scanty〕① 空腹の, 飢えた: Я о́чень го́лоден: ещё не обе́дал. 私はとても腹がすいています, 昼ご飯を食べていないので

② -ые глаза́ 飢えているような目, 飢えによる; смотре́ть -ыми глаза́ми ひもじそうな目で見る | -ая смерть 餓死

③ [長尾] 飢饉の, 食糧不足の: ~ год 飢饉の年

④ [長尾] 満腹にならない, とぼしい: ~ обе́д 貧しい食事

голодо́в|ка 複生 -вок［女2] ①《話》飢餓 ② ハンガーストライキ: уча́ствовать в -е ハンガーストライキに参加する

Голодомо́р［男1] ホロドモール（1932-33年にウクライナで起きた大飢饉)

голодра́нец -нца［男3]《俗》乞食, 貧乏人

голоду́ха［女2]《俗》飢え, 飢餓

гололёд［男1]《気象》路氷(ｼﾞﾛﾋ);《話》= гололе́дица

гололе́диц|а［女3]（路面の）凍結;《気象》薄氷: На доро́гах ~. 道路は路面凍結している | в -у 薄氷の張っているとき

голоно́гий［形1] 裸足の;（動物などの）毛に被われていない足の

голопу́зый［形1]《俗》(子どもが）お腹を丸出しにした

*го́лос［ゴーラス］-а/-у 複 -а́［男1]〔voice〕① 声,（歌唱の）声; 歌唱能力;（楽器の）音響: высо́кий [ни́зкий] ~ 高い［低い］声 | говори́ть гро́мким ~ом 大声で話す | Я узна́л его́ по ~у. 私は声で彼だとわかった | потеря́ть ~ 声が出なくなる, 歌えなくなる

② [楽]声部, パート; 声楽: соната для -а с орке́стром 声楽とオーケストラのための組曲 | рома́нс для двух -о́в 2声のためのロマンス

③ 音, 響き: ~ мо́ря 海の音

④（心などの）声, 呼び声: ~ со́вести 良心の声 | вну́-

**голоси́стый**

тренний ~ 内心の声
⑤意見, 発言: ~ проте́ста 抗議の声
⑥投票権, 発言権; 票, 投票: реша́ющий ~ キャスティングボート | подсчёт ~о́в 開票 | подсчита́ть ~а́ 票を集計する | отда́ть ~ に賛成する | пода́ть ~ 「за ⑬ [про́тив ⑬] に賛成[反対]の票を投じる
◆**крича́ть [пла́кать] в ~** 《俗》大声で叫ぶ[泣く] | **в ~е** 声の調子がよい | **в оди́н ~** 声を揃えて, 異口同音に | **во весь ~** (1)大声で, 声を限りに (2)公然と, 声を大にして | **не свои́м ~ом** 大声で, 狂ったように | **подня́ть ~** 自らの意見を述べる

■**Г~ Росси́и** ロシアの声(ВГТРК 系列の国外向け放送; 1994年モスクワ放送から改称; 2014年11月10日 Ра́дио Спу́тник に改称; → **Росси́я**)

**голоси́стый** [形ист [形1] 声の通る, よく響く

**голоси́ть** -лошу́, -лоси́шь [不完]《俗》大声で歌うで[叫ぶ]; 号泣する

**голосло́вный** 短 -вен, -вна [形1] 証拠のない, 事実無根の

**голосни́к** -а́ [男2] ①《楽》(弦楽器のサウンドホール) ②《建》(音響上の工夫から教会の壁に埋め込まれたツボ; (穴のように見えるその)口

*голосова́н|ие [中5] [voting, poll] 投票, 表決: та́йное [откры́тое] ~ 無記名[記名]投票 | досро́чное ~ 期日前投票 | ко́мплекс электро́нного ~ия 電子投票システム | повто́рное ~ 決選投票 | ста́вить на ~ 投票にかける, 表決に付する

*голосова́ть -су́ю, -су́ешь [不完] / про~ 受動 -со́ванный [完] [vote] ①投票する, 表決にかける: ~ 「за резолю́цию [про́тив резолю́ции] 決議に賛成[反対]票を投じる | ~ за Ивано́ва イヴァノーフに投票する ②《旧》投票にかける, 表決する: ~ предложе́ние 提案を採決する ③《話》手を挙げて通りがかりの車を止める **~ся** [不完] [受動]

**голосово́й** 声の; 音声の: -ы́е свя́зки 声帯

**голосо́к** -ска́ [男2; 指小] < го́лос(1)

**голоце́н** [男1] 《地質》完新世 **~овый** [形1]

**голубе́ть** [不完] ①青く見える ②[完 по~]青色になる

**голубизна́** [女1] ①(海・空の)青色 ②《若者・戯》同性愛

**голуби́ка** [女2] 《植》クロマメノキ

**голуби́ный** [形1] ①鳩の: -ая по́чта 伝書鳩郵便 ②おとなしい, 温和な: ~ хара́ктер 温和な性格

**голу́бить** -блю, -бишь [不完] 《民話・詩》《かわいがる, 愛撫する

**голу́бка** 複生 -бок [女2] ①雌鳩 ②《女性への呼びかけ》かわいい人

**голубогла́зый** 短 -а́з [形1] 青い目の

*голубо́|й [ガルボーイ] [形2] [pale blue, sky-blue] ①淡青色の, 空色の, 水色の: -о́е не́бо 青い空 | У неё -ы́е глаза́. 彼女は青い目をしている ②《話・皮肉》牧歌的な, のんきな: -а́я мечта́ 牧歌的な夢想 ③《話》(男性の同性愛の); ~ [男名] 同性愛者 ◆**у** ⑬ **-а́я кровь** = ⑬ ~ **кро́ви** は貴族の血筋だ, 貴族の家の出である
■~ **экра́н** テレビスクリーン | -ы́е ка́ски 国連軍 維持軍 | -ы́е магистра́ли 大河川

**голубо́к** -бка́ [男2] ①《指小・くго́лубь》《鳥》小鳩 ②《植》オダマキ(キンポウゲ科)

**голубцы́** -о́в [複] 《料理》ロールキャベツ

*голу́бчик [男2] / голу́бушка 複生 -шек [女2] 《話》《呼びかけ》愛する人, かわいい人: Г~ ты мой! 私の愛するあなた

*го́|лубь [ゴールブィ] 複 -и, -е́й [男5] [pigeon, dove] ①《鳥》ハト: почто́вый ~ 伝書鳩 | ми́ра 平和の鳩 ②《政》ハト派

**голубя́тник** [男2] ①鳩好きな人 ②(鳩狩りの)鷹 ③鳩舎(голубя́тня)

**голубя́тня** 複生 -тен [女5] ①鳩舎 ②《若者・戯》上階 ③(ウラジオストクの)ディスコ

*го́л|ый [ゴールイ] 短 го́л, -ла́, -ло, -лы/ -лы́ [形1] [naked, bare] ①裸の, 裸体の, 露出した: -ое те́ло 裸体 | -ые но́ги 素足, はだし | Не ходи́ с -ой ше́ей. 首を出したままにしておくな
②植物の生えていない, 不毛の; 毛[羽, 葉など]が生えていない: -ая степь 不毛のステップ | ~ че́реп 禿げ頭
③《旧喩》覆いのない, むきだしの: спать на -ом полу́ じかに床の上で眠る
④《旧喩》ありのままの, あからさまな: -ая и́стина ありのままの真実 | -ые ци́фры なまの数字
⑤《旧喩》《話》まじりけのない, 純粋な: ~ спирт 生(き)のアルコール
◆**-ыми рука́ми** 素手で, 徒手で

**голытьба́** [女1] 《俗》《集合》貧民

**голы́ш** -а́ [男4] 《俗》① 〔/~ка́ 複生 -шек [女2]〕裸の子ども, 裸んぼう, 裸の人 ②小石, 玉石 ③無性卵

**голы́шка**[2] [男・女] 《指小》< голы́ш[1]

**голышо́м** [副] 裸で: ходи́ть ~ 裸でいる

**голь** [女10]《賤》《集合》貧乏人 ◆**Г~ на вы́думки хитра́.** 《諺》窮すれば通ず(←貧乏人はうまいこと思いつく)

**голь|д** [男1] ナナイ人(нана́ец)の旧称 **~ски́й** [ц] [形3]

**голье́** [中4] ①(食用に皮をはいだ)動物の四肢や内臓 ②(なめす前の)生皮革

**голье́м** [副] つるつるに, すべすべに

**го́льф**[1] [スポ]《スポ》ゴルフ: игра́ть в ~ ゴルフをする

**го́льфы** -ов [複] 〔単 го́льф[2] [男1] 〕(膝下までの)ストッキング, ハイソックス

**голя́к** -а́ [男2] = голы́ш[1] ②[述語]《若者》《у ⑬ には ⑬》全くない: У него́ голя́к с ба́бками. 彼にはお金が全くない

**гомеопа́т** [男1] 同種療法医, ホメオパシスト

**гомеопа́т|ия** [女9] 同種療法, ホメオパシー **~и́ческий** [形3]

**гомери́ческий** [形3] 堂々とした, 壮大な: ~ смех 豪快な笑い(ホメロス「イーリアス」での神のような笑い)

**го́мик** [男2] 《話》同性愛者, ホモセクシュアルの人

**гомоге́нн|ый** [形1] 《文》同質の, 同一の: ②均質の: -ая систе́ма 均質組織 | ~ реа́ктор 均質炉

**го́мон** [男1] ざわめき, 喧騒: пти́чий ~ 小鳥のさえずり | ~ на у́лице 通りの喧騒

**гомони́ть** -ню́, -ни́шь [不完]《俗》がやがやする, 大声で話す

**го́мо са́пиенс** (不変) ホモサピエンス

**гомосе́к** [男1]《俗》同性愛者, ホモ

**гомосексуа́л** [男1] 同性愛者

**гомосексуали́зм** [男1] 同性愛, ホモセクシュアル **гомосексуа́льный** [形1]

**гомосексуали́ст** [男1] 同性愛者, ホモ

**гомофо́ния** [女1] 《楽》ホモフォニー

**гон** [男1] ①追跡 ②(動物の)発情 ③一敵(ミ)の長さ, 宿場間の距離 ④《若者》嘘, ごまかし

**гонг** [男1] ゴング, 銅鑼(ビ): уда́рить в ~ = 銅鑼を鳴らす

**гондо́ла** [女1] ゴンドラ

**гондолье́р** [男1] ゴンドラの漕ぎ手, ゴンドリエーレ

**гондо́н** [男1]《俗》= гандо́н

**гоне́ние** [中5] 迫害, 弾圧: ~ия на христиа́нство キリスト教徒への迫害 | подве́ргнуться ~ию 迫害される

**гоне́ц** [男1] ①急使, 飛脚 ②《若者・俗》パシリ

**гони́** [命令] < гнать

**гони́тель** [男5] 迫害者, 弾圧者

**\*го́нк|а** 複生 -нок [女2] [haste, hurry] ①《話》追い立て, かり立て, 追跡; 疾走, 疾駆: ~ коро́в 牛の追い立て ②大あわて, てんてこまい ③《通例複》レース, 競走: автомоби́льные ~и 自動車レース ◆зада́ть -у 《俗》…をしかりつける ■~ вооруже́ний 軍拡競争

**го́нкий** 短 -нок, -нка́, -нко [形3] ①《狩》(猟犬の)足が速い, すばしっこい ②(樹木など)育ちが早い

**Гонко́нг** [男1] ホンコン(Сянга́н, 香港)

**Гонолу́лу** (不変) [男1] ホノルル

**гоно́р** [男1] 《話》うぬぼれ, 高慢: сби́ть ~ с 圉 …の鼻をへし折る

**\*гонора́р** [男1] [fee, honorarium] (作家・画家・弁護士・医師などへの)報酬金: а́вторский ~ 原稿料, 印税 **∥~ный** [形1]

**гоноре́я** [女6] 《医》淋病

**го́ночный** [形1] レース[競走]用の

**гонт** [男1] 《集合》屋根板, こけら板 **∥~ово́й** [形2]

**гонча́р** [男1] 陶工, 陶芸家

**гонча́рный** [形1] 陶器作りの: ~ горн (陶)窯 | ~ круг ろくろ

**го́нч|ий** [形6] ①(猟犬が)足の速い, 訓練されている: ~ая соба́ка 猟犬 | Го́нчие Псы 《天》猟犬座 ② -ая соба́ка [女名] 猟犬

**го́нщи|к** [男2] / -ца [女3] ①(モータースポーツなどの)レーサー ②牧夫, 牧童 ③(タール・ワインなどを蒸留する人

**гоньба́** [女1] 《話》追跡, 追いでて ②駆除, 駆逐; (獲物の)駆り立て

**гоню́** [1単現] < гнать

**гоня́ть** [不完] [不定] [chase, drive] ①《定 гнать》《団》(反復しいて・不定方向に)移動させれる, 追う, 駆り立て る; 速く走らせる; 送る; 狩りたてる; 追い出す: ~ ста́до家畜の群れを追う, 放牧する | ~ на велосипе́де 猛スピードで自転車を乗り回す | ~ птиц с огоро́да 鳥を野菜畑から追い払う ②《話》《団》(何度も)使いにやる, 行かせる: Я два ра́за гоня́л сы́на встреча́ть вас. 私は2度息子をあなたの迎えにやった ③《話》(通例子どもが当てもなく)走りまわる, ほっつき歩く: ~ по двору́ 中庭を 行ってくる ④《団》質問攻めにする ⑤《話》《団》(ボールなどを)追い回す

◆~ голубе́й 鳩を飛ばす |~ лодыря́ 《俗》のらくらする |~ чай 《俗》のんびりお茶を飲む

**\*гоня́ться** [不完] [不定] [定 гна́ться] [chase, pursue] 《за+造》①(反復しいて・不定方向に)追い回す, 追跡する: ~ за соба́кой 犬を追い回す ②得ようとする, 追い求める: ~ за почестя́ми 栄誉を追い求める ③《不完》《受身》< гоня́ть

**гоп¹** [間] ぴょん, ホップ("ホップ・ステップ・ジャンプ"の)

**гоп²** [男1] 《若者》不良グループのメンバー

**го́пать** [不完] ①《俗》野宿する ②路上を徘徊する

**гопа́|к** -á [男2] 《舞・楽》ホパーク, ゴパク(ウクライナの舞踊; その曲): пляса́ть ~ ゴパックを踊る

**гопкомпа́ния** [女9] 《話》むさくるしい連中

**го́пни|к** [男2] / -ца [女3] 《俗》チンピラ, 不良 ②《隠》安宿で暮らす人; 浮浪者; 盗みを繰り返す犯罪者

**гоп-сто́п** [不変] -[男1] 《俗》ひったくり ◆взять на ~ 強奪する; 強盗する

**гопсто́пник** [男2] 《隠》強盗

**гор.** 略.

**гор|á** [ガラー] 対 го́ру 複生 гор, гора́м (за/на/под) го́ру, за/на/под го́рой) [女1] [mountain, hill] ①山; 丘: крута́я ~ けわしい山 | верши́на ~ы́ 山頂 | подниматься [взбираться] на́ гору [на го́ру] 山に登る | спуска́ться с ~ы́ 山を下る ②《複》山岳地帯, 山地; 丘陵; 山脈: Они́ живу́т в ~а́х. 彼らは山地に暮らしている ③(スキーやそりで滑り降りるための)小山, 滑降台 ④《話》(たくさんの物の)山, 大量: ~ книг 本の山

◆Г~ роди́ла́ мышь.《諺》大山鳴動して鼠一匹 | го́ру [го́ры] свороти́ть [сдви́нуть] (山を動かすほどの)大きな[困難な]仕事をする | идти́ [поднима́ться] в го́ру (1) (人が)出世する (2) (状況が)よくなる, 上り調子である | идти́ [кати́ться] под го́ру (1) (状況が)悪くなる, 下り坂である (2) (命が)終わりに近づく | (как) ~ с плеч (свали́лась) 肩の荷がおりた | на [за] Куды́кину го́ру 《俗・戯・皮肉》ちょっとどこまで("どこへ行くの"という質問にはぐって答えたくない時に) | не за ~а́ми (距離的に)遠くない; (時間的に)もうすぐだ: Ста́рость не за ~а́ми. 老年はもう遠くない | пир-о́й ~ 《話》(山のように)たくさん | стоя́ть [встать, стать] ~о́й за 対 …を全力で守る[擁護する] | Ура́льские го́ры ウラル山脈 | Алта́йские го́ры アルタイ山脈

**гора́зд** -да [形] [短尾] [述語形] [不定形/на対] うまい, 上手な/[動]/в前 に: Он ~ на вы́думки. 彼は思いつきが好きなように, それが自分の能力 [肌]に合うように)別々に ◆кто во что ~ 誰もが好きなように, それが自分の能力 [肌]に合うように別々に

**\*гора́здо** [ガラーズダ] [副] [much, by far] (比較級を強調)はるかに, ずっと: ~ лу́чше ずっとよい | Он ~ ста́рше меня́. 彼は私よりずっと年上だ

**горб** -á -é, на -у́ [男1] ①こぶ ②突起, でっぱり

**горба́тить(ся)** -чу(сь), -тишь(ся) [不完] 《若者・皮肉》休ませ[たくさん, 身を削る思いで]働く

**\*горба́т|ый** -áт [形1] ①背にこぶのある; 猫背の: ~ мужчи́на せむし男 ② ~ [男名] / -ая [女名] 背にこぶのある人 ③隆起した, 盛り上がった: ~ нос 鉤鼻

◆Г-ого моги́ла испра́вит. 馬鹿は死ななきゃ治らない

**горба́ч** -á [男4] 《話》=горбу́н ②《動》ザトウクジラ

**Горбачёв** [男姓] ゴルバチョフ(Михаи́л Серге́евич, 1931-; 政治家; ソ連共産党書記長(85-91), ソ連大統領(90-91); ノーベル平和賞(1990))

**горби́нк|а** 複生 -нок [女2] 小さな突起: нос с -ой 鉤鼻

**го́рбить** -блю, -бишь 受過 -бленный [不完] / с- [完] ①曲げる, 丸める: ~ спи́ну 背中を丸める **~ся** [不完] / [完] 曲がる; (背中を)丸める; 歪む: Мать с года́ми совсе́м сго́рбилась. 母は年と共にすっかり背中が曲がってしまった

**горбо́м** [副] でっぱって

**горбоно́сый** [形1] 鉤鼻の

**горбу́н** [男1] こぶのある動物; せむし男

**горбуно́к** -нка́ [男2] [指小] < горбу́н ②《魚》タツノオトシゴ

**горбу́ша** [女4] 《魚》カラフトマス(→лосо́сь[活用])

**горбу́шка** 複生 -шек [女2] (まだ切っていない)パンの一片

**горбы́ль** -я́ [男5] 《集合》丸太を切ったとき両端にできる曲面のある板, 背板

**горделиво́сть** [女10] 高慢さ, えらぶった態度

**горделиво́** 短 -ив [形1] 誇り高い, えらぶった, 高慢な

**горде́ц** -á [男3] 高慢な男

**го́рдиев** [形10] : го́рдиев у́зел ゴルディオスの結び目 ◆разруби́ть ~ у́зел 難問を解決する, 快刀乱麻を断つ

**\*горди́ться** [ガルヂーッツァ] -ржу́сь, -рди́шься, ... -рдя́тся 命 -ди́сь [不完] [be proud (of)] 《+造》誇る, 自慢する: ~ успе́хами 成功を誇る | Мне не́чем ~. 私には誇るものが何もない ②高慢ちきである, えらぶる

**\*го́рдо** [副] [proudly] 誇りをもって; 誇らしげに, 得意げに, 堂々と: держа́ться ~ 誇らしげに振る舞う

**\*го́рдост|ь** [ゴールダスチ] [女10] [pride] ①誇り, 自尊心, プライド: оскорби́ть ~ 誇りを傷つける | Г~ не

## гордый

позволя́ла ему́ приня́ть мою́ по́мощь. 自尊心のあまり彼は私からの援助を受け入れられなかった
② 自慢, 得意: говори́ть с ~ью 得意になって話す
③ 誇りとなる人[物], 自慢のたね: Она́ была́ –ью семьи́. 彼女は家族の誇りだった //《成》高慢, 傲慢

**го́рд|ый** [ゴールディイ] 短 го́рд, -да́, -до, -ды/-ды́ [形1] (proud) ① 誇りをもった, 自尊心のある: ~ наро́д 誇り高い民族
② 〈圏/за圏〉…を誇っている, …が自慢の: Роди́тели го́рды свои́ми детьми́. 両親は自分の子どもたちを誇りに思っている
③ 誇らしげな, 誇りに満ちた, 得意げな: ~ вид 誇らしげな様子
④《文》気高い, 崇高な: -ая мечта́ 崇高な夢
⑤《話》高慢な, 尊大な: Кака́я она́ -ая! 彼女はなんてお高くとまっているんだ

**горд я́чка** 複生 -чек [女2] お高くとまった女性
**го́р|е** [中3] (sorrow) ① 深い悲しみ, 悲嘆, 悲哀: неуте́шное ~ 慰めようのない悲しみ | испыта́ть ~ 悲しみを味わう | уби́тый –ем 悲しみに打ちひしがれた | Мы глубоко́ сочу́вствуем ва́шему –ю. 私たちはあなたの悲しみに深く同情いたします
② 不幸, 不運, 悲しい出来事: Случи́лось большо́е ~. 大変な不幸が起こった
③ 〔述語〕 〈圏〉にとって困ったことだ; 不幸だ: Г~ мне с тобо́й! お前には困ったものだ
◆ **~ лу́ковое** 〔旧・戯・皮肉〕 頑迷な人, 疫病神, ドジな人 | **Г~ не беда́!** 〔話・戯〕 悲しみは災いではない（悲しんでいる人を慰める言葉）| **Г~ ты́ моё!**〔話〕困った人だ | **и -я ма́ло**〔話〕…は何とも思わない, 平気の平左だ | **на ~**〔圏〕…にとって悲しい[不幸な]ことに | **помо́чь –ю** 困っているのを助ける, 苦境から救う | **с -ем пополáм**〔話〕どうにかこうにか, やっとのことで | **хвати́ть [хлебну́ть] -я** 辛酸をなめる, 多くの不幸を経験する

**горе-..** 〔語形成〕〔皮肉〕「悪い」「駄目な」「下手な」: го́ре-рыболо́в ヘぼ釣り師
**горева́ть** -рю́ю, -рю́ешь [不完] ① 〈о圏 о чтó節 ことだ〉とか圏〉と悲しむ, 悲しく思う ② 貧乏な暮らしをする
**горе́лка** 複生 -лок [女2] バーナー; gáзовая ~ ガスバーナー
**горе́лки** -лок, -лкам [複] ゴレールキ(鬼ごっこの一種; 逃げる側はペアになる): игра́ть в ~ ゴレールキをする
**горе́л|ый** [形1] ① 焦げた, 半焼けの -ое [中3] 焦げたもの ② 腐食した, 腐った (пре́лый)
**горельéф** [男1] 《美》 高肉彫 (↔ барелье́ф)
**горемы́ка** (女2変化) [男・女] ついていない人
**горемы́чный** 短 -чен, -чна [形1] 不運な, 不幸な, ついてない
**горе́ние** [中5] ① 燃焼, 燃えること ② (明かりが) ついていること ③ (強い感情の) 燃え上がり ④ (むれて) 腐ること
**го́рестный** [сн] 短 -тен, -тна [形1] ① 悲しい, 悲しげな ② 惨めな, 不幸ですばらしい
**го́ресть** [女10] ① 悲しみ, 悲哀 ② 〔複〕 災い, 災難, 不幸な出来事

**горе́ть** [ガリェーチ] -рю́, -ри́шь 命 -ри́ [不完] (burn, be on fire) ① 〔完 с~〕燃える;（火事で）焼ける: В печи́ гора́т дрова́. 暖炉でまきが燃えている | Дом сгоре́л дотла́. 家が全焼した (暖炉が) 燃えている
③ 〔完 с~〕 焦げる: Пиро́г гори́т. ピロ́ーグが焦げている
④ (明かりが) ともる, ついている: В ко́мнате гори́т свет. 部屋には明かりがついている
⑤ (体や体の一部が) 火のように熱い, 熱がある: Больно́й весь гори́т. 病人は全身が火のように熱い
⑥ (充血して) 赤くなる, ほてる: У́ши горя́т от моро́за. 寒さで耳が真っ赤だ
⑦ 〈圏/от圏〉強い感情に燃える, とらわれる; 〈強い感情を〉表す: ~ не́навистью 憎悪に燃える | ~ от любопы́тства 好奇心に燃える
⑧ 〔完 с~〕没頭する, 熱中する: ~ на рабо́те 仕事に燃える
⑨ 光る, 輝く: Глаза́ горя́т от ра́дости. 目が喜びに輝いている
⑩ 〔完 с~〕（むれて）腐る
⑪ 〔完 с~〕〔話〕〈на圏 が使う〉（衣服・靴が）すぐ駄目になる, 破れる: Обу́вь гори́т на ма́льчишке. その男の子はすぐ靴を駄目にする
⑫ 〔話〕期限が迫っている, 急を要する
⑬ ゴレールキ (горе́лки) で鬼になる
◆ **голова́ [душа́, сéрдце] гори́т у** 圏 …はひどく興奮している | **~ жела́нием** 〔不定形〕…したくてたまらない | **гори́ (всё) (сини́м) пла́менем** 〔俗〕勝手にしろ; くたばっちまえ | **земля́ гори́т под нога́ми у** 圏 …の足元に火がついたようだ (急いで走っている人, 逃げようとしている人について) | **Это не гори́т.** 急ぐことはない | **рабо́та [де́ло] гори́т в рука́х у** 圏 …の手にかかると仕事がすらすら運ぶ

**го́р|ец** -рца [男3] /-**я́нка** 複生 -нок [女2] 山の住民
**го́речь** [女11] (bitterness) ① 苦み ② 〔話〕苦いもの ③ 苦い気持ち, 失望, 悔しさ
**горже́тка** 複生 -ток [女2] (女性用の) 毛皮の襟巻き
**горжу́сь** [1単現] < горди́ться
**Горизбирко́м** [男1] 〔政〕 市選管 (Городска́я избира́тельная коми́ссия)
**горизо́нт** [ガリゾーント] [男1] (horizon) ① 地平線, 水平線; 地平線 [水平線] 上の空: мгли́стый ~ もやのかかった地平線 | на ~ е 水平線上に | Кора́бль скры́лся за ~ ом. 船は水平線の向こうに姿を消した
② 視界, 眼界: С горы́ открыва́ется широ́кий ~. 山の上からは広い視界が開けている
③ (知識などの) 範囲, 視野: учёный с широ́ким ~ом 視野の広い学者
④ 〔複〕将来の活動範囲, 可能性: больши́е ~ы 将来の可能性
⑤ 水位: ~ по́чвенных вод 地下水位
⑥ 〔地・鉱〕層位; 採鉱層
◆ **появи́ться на** каком-л. **~е** …の仲間[社会]に姿を現す

**горизонта́л ь** [女10] ① 水平線, 横軸線, 横 (↔ вертика́ль) ② 〔地理〕等高線 ◆ **по -и** 横方向に, 水平に (горизонта́льно): чита́ть по -и 横に読む
**горизонта́льн|ый** 短 -лен, -льна [形1] (horizontal) 水平な; 横軸に沿った, 横の (↔ вертика́льный): -ая ли́ния 水平線 //-о [副]
**гори́лла** [女1] 〔動〕ゴリラ: го́рная ~ マウンテンゴリラ
**гори́ст|ый** 短 -и́ст [形1] 山地の: -ая ме́стность 山地
**горихво́стка** 複生 -ток [女2] 〔鳥〕ジョウビタキ属
**горицве́т** [男1] 〔植〕センノウ属
**го́рк|а** 複生 -рок [女2] (hill, cabinet, climb) ① 〔指小 < гора́〕①③④〕すべり山: —ка〕（児童用）すべり台, スライダー | америка́нская ~ ジェットコースター ② ガラス張り食器戸棚 ③ (山地戦闘用) 軍装 ④ 〔航空〕急上昇: сде́лать –у 急上昇する ⑤ 〔鉄道〕鉄道ハンプ操車場 ⑥ 〔農〕穀物選別機
**го́ркнуть** -нет 過 го́рк/-ул, -кла [不完] / **про~** [完] 苦くなる
**горко́м** [男1] 市委員会 (городско́й комите́т)
**горла́н** [男1] 〔俗〕声の大きい人, 大声の人
**горла́нить** -ню, -нишь [不完] 〔俗〕〈圏/無補語〉大声で歌う
**горла́стый** 短 -а́ст [形1] 〔俗〕声の大きい
**го́рлинка** 複生 -нок [女2], **го́рлица** [女3] 〔鳥〕

コキジバト

**го́рл|о** [ゴールラ] [中1] [throat] ①〔首の前部の〕喉; 咽喉, 喉: уку́тать ~ ша́рфом 喉をマフラーでくるむ | схвати́ть за ~ 喉元をつかむ | полоска́ть ~ うがいをする | в ~ сóхнет. 喉が渇く
②〔瓶などの〕首: ~ буты́лки 瓶の首
③〔湾・入り江などの〕口; 河口
◆**в три ~а есть** [話] たらふく食う | **взять —ом** [話] 怒鳴って目的を達成する | **взять** [**схвати́ть**] **за ~** [話]…に無理強いする | **во всё ~** 声を限りに, 大声で | **перегры́зть ~** …に厳しい制裁を加える, …を滅ぼす | **по ~** (1)〔深さが〕首まで (2)非常に, 極度に (3) [話]〔量が〕たくさん, どっさり: Дéл по ~. 用事が山ほどある | **промочи́ть ~** 喉を湿らす, 軽く飲む | **с ножо́м к—у приста́ть** [話] しつこく求める | **стать** [**встать**] **поперёк -а** [話]…をいらいらさせる, うんざりさせる | **сыт по ~** (1) すっかり満腹だ (★〈くつろいだ雰囲気の食卓以外では〉 Спаси́бо, но бо́льше не могу́. 「ありがとう, でももう頂けません」と言うのが無難) (2) [皮]…は十分すぎる, 飽き飽き [うんざり] している

**горло́вик** -а [男2] [話] 咽喉医科
**горлови́на** [女1] 深くて先細りの穴; 深くて狭い通路
**горлово́й** [形2変化] [形]
**горлодёр** [男1] [俗] 声の大きい人, 大声で話す人
**горлопа́н** [男1] [俗] 大声の人 (горла́н)
**го́рлышк|о** 複 -шки, -шек, -шкам [中1] ①〔指小〕<го́рло①-③ ②〔瓶などの〕細い首: пить из -а ラッパ飲みをする
**гормо́н** [男1] [医] ホルモン //**-а́льный** [形1]
**горма́** [副]: ~ горе́ть [俗] 激しく燃える
**горн** [男1] ①炉, 窯 ②[楽] ビューグル, クラリオン (軍の信号ラッパ)
**горни́ло** [中1] [雅] 厳しい試練
**горни́ст** [男1] [軍] ラッパ手
**го́рничная** [形変化] [女名] (ホテルなどの) 客室係
**го́рница** [女1]《旧》部屋
**го́рно-** [語形成]「鉱山の」「採鉱の」
**Го́рно-Алта́йск** [不変]-[男2] ゴルノ・アルタイスク (アルタイ共和国の首都; シベリア連邦管区)
**горново́й** [形1] ①溶鉱炉の [男名] ②溶鉱炉で働く人
**горнозаво́дский** [ц] [形3] 鉱業の
**горнолы́жни|к** [男2]/**-ца** [女3] アルペンスキー競技者, スキーヤー
**горнолы́жный** [形1] アルペンスキーの: -спорт アルペンスキー (競技)
**го́рно-обогати́тельный** [形1] 採掘の, 選鉱の
**горнопромы́шленн|ый** [形1] 鉱業の //**-ость** [女10] 鉱業
**горнопроходче́ск|ий** [ц] [形3] 坑道掘進の: -ие рабо́ты 坑道掘進作業
**горнорабо́чий** [形6変化] [男名] 鉱山作業員
**горноспаса́тель** [男5] 鉱山保安員
**горноста́й** [男6] [動] オコジョ; エゾイタチ //**горноста́евый** [形1]: ~ мех オコジョの毛皮
*го́рн|ый [ゴールヌイ] [形1] [mountainous, mineral] ①山の; 山地の: ~ хребе́т = -ая цепь 山脈 | -ая страна́ 山国 ②地中からとられる, 鉱物の: -ые поро́ды 岩石 | лён 石綿 ③鉱山の, 鉱業の: ~ая промы́шленность 鉱業 ■-ая боле́знь [医] 高山病 | -ые лы́жи 《スポ》アルペンスキー
**горня́к** -а́ [男2] ①鉱山技師, 鉱山学科の学生 ②《スポ》鉱山作業員 (горнорабо́чий) ③《スポ》山岳スキーヤー //**-цкий** [形3]
**горовосходи́тель** [男5] 登山家
*го́род [ゴーラト] 複 -а́ [男1] [town, city] ①都市, 都会, 町; …市: кру́пный [большо́й] ~ 大都市 | областно́й ~ 州都 | жить в -е 都会に住む | Молодёжь стреми́тся в ~. 若者は都会に出たがる | ~ Москва́ モスクワ市
②[話] 都市の中心部; 旧市街
③[話] 都市の住民: Весь ~ зна́ет об э́том. 町中がそのことを知っている
④[史] 内城; 城塞
⑤ ゴロトキー (городки́) などでの陣地
◆**-а́ и ве́си** [文] 周囲全て | **за́ городом** (**жить, быть**) 郊外に (住む, ある) | **за́ -ом и ве́сям** [文] どこでも, 方々で | (★ アクセント注意) | (**пое́хать**) **за́ город** [**за ~**] 郊外 [町外れ] へ (行く) ■**~-герой** 英雄都市

**городи́ть** -рожу́, -ро́дишь; -роди́шь 受過 -ро́женный [不完]《方》 ① 垣で囲む ◆**огоро́д ~** [話] むやみに大騒ぎする | **~ чепуху́** [**чушь**] [話] ばかな事を言う

**городи́шко** 複 -шки, -шек, -шкам (男1変化)[男][卑称] <го́род ①-③ 田舎町, さえない町
**городи́ще** (中2変化) [男] [指大] <го́род ①-③ 大都市, ばかでかい町
**городки́** -о́в [複] ① ゴロトキー (棒倒し遊びの一種) ②ゴロトキーで使う棒
*городо́к [ガラドーク] -дка́ [男2] [small town] ①[指小] <го́род ①-③ ②〔同じ目的の〕建物の群: университе́тский ~ 学園都市
**городо́шник** [男2] ゴロトキー (городки́) をする人
*городско́й [ц] [ガラツコーイ] [形1] [urban, municipal] 都市の, 市の: -о́е населе́ние 都市の住民 | -о́е хозя́йство 市の行政 | -тeáтр 市立劇場 | -тра́нспорт 市内交通機関 (バス, 路面電車など)
**городьба́** [女1] ①柵で囲むこと ②《方》柵, 垣
*горожа́н|ин 複 -жа́не, -жа́н, -жа́нам [男1]/**-ка** 複 -нок [女3] 都会人, 市の住人
**гороско́п** [男1] ホロスコープ, 天宮図
*горо́х [ガローフ] -a/-y [男2] ①[植] エンドウ属: ~ посевно́й エンドウ | туре́цкий ~ ひよこ豆 (нут) ②《集合》エンドウ豆: стручо́к -а エンドウのさや | вари́ть ~ エンドウ豆を煮る ③〔複〕 エンドウ畑 ④〔複〕(大きい) 水玉模様 ◆**как об сте́ну** [**об сте́нку**] **~** [話] 無益だ, 蛙の面に水, どこ吹く風
**горо́ховый** [形1] ①エンドウ (豆) の ②エンドウ色の, 緑がかった
**горо́шек** -шка/-шку [男2] ①〔指小〕<горо́х ①② ②[植] ソラマメ属 ③水玉模様
**горо́шин|а** [ц], **-ка** 複生 -нок [女2] ①えんどう豆の1粒 ②水玉模様
**го́рск|ий** [形3] <го́рец: -ая дере́вня 山岳民族の村
**горсове́т** [男1] 町[市]議会 (городско́й сове́т)
**го́рстка** 複生 -ток [女2] [話] ひとつまみ, 少量 (горсть)
*го́рст|ь 前 -е, в -и́ 複 -и, -е́й [女10] [cupped hand, handful] ①手のひらに丸めた形 [にした手のひら]: держа́ть ру́ку -ью 手を受け皿のようにする ②ひとつかみ, ひと握り: две -и муки́ ふたつかみの粉 ③(人が)ごく少数, ひと握り: ~ мяте́жников ひと握りの暴徒 //**-очка** 複生 -чек [女2] [指小]
**горта́нный** [形1] ①咽喉の ②[音声] 喉門で調音される: ~ взрыв 声門破裂音 ③喉音の多い
**горта́нь** [女10] [解] 咽喉
**горта́тив** [言] 勧め誘法
**горте́нзия** [з] [女9] [植] アジサイ
**гору́шка** 複生 -шек [女2] [話] ①[指小・愛称] <гора́ ②小さな丘
**горча́йший** [形6] [比較] <го́рький

**го́рче** [比較]< го́рький, го́рько

**горчи́нк|а** [女2] 苦味: с -ой 苦味のある

**горчи́ть** -чи́т [不完] 苦味のある: Во рту́ горчи́т. [無人称] 口の中が苦い

*\***горчи́ц|а** [女3] [mustard] ① [植]カラシナ ② からし, マスタード: нама́зать -у からしを塗る

**горчи́чк|а** [女2] [指小]< горчи́ца ◆**с -ой** [話・戯] 辛辣に, わざげをきかせて

**горчи́чник** [ш] [男2] からし膏薬; [《俗》[《サッカー》]イエローカード

**горчи́чница** [ш] [女3] からし入れ

**горчи́чный** [ш] [形1] からしで作った, カラシナの: -ое ма́сло からし油

**горше́чник** [男2] 陶工

*\***горш|о́к** -шка́ [男2] [pot] ① 土製の鍋[つぼ, かめ]: поста́вить ~ в пе́чь 土鍋をかまどにかける ② 植木鉢(цветочный ~) ③ おまる, 尿瓶(ночно́й ~): посади́ть ребёнка на ~ 子どもをおまるにかからせる

◆**об ~ и в сто́роны** [話・戯] はじめって絶交する | **от -ка́ два [три] вершка́** [話・戯] とても小さい, 背が低い | **стри́чь под ~** おかっぱにする **// горшо́чек** -чка [男2] [指小] **// горше́чный** [形1];  **горшо́чный** [形1] : **-ое растение** 鉢植え

*\***го́рьк|ий** [ゴーリキイ] 短 -рек, -рька́, -рько, -рьки; -рьки́ 比較 го́рше, го́рче/го́рше 最上 горча́йший [形3] [bitter] ① [горько]苦い, 刺激の強い: лека́рство 苦い薬 | Огуре́ц го́рек на вкус. キュウリは苦い味がする

② [比喩 го́рший, го́рший]つらい, 苦しい, 痛ましい, 悲しい: ~ о́пыт 苦い経験 | -ая до́ля つらい運命 | -ая и́стина 苦い真実

③ [話]不幸な ④ **-ая** [女名] [話]ウォッカ

◆**~ пья́ница** [話]手の付けられない飲んだくれ | **пи́ть -ую** 大酒をあおる | **проглоти́ть -ую пилю́лю** 非難[苦言]を聞き入れる

**Го́рький** (形3変化) [男] ゴーリキー(Макси́м ~, 1868-1936; 作家, 劇作家, 本名 Алексе́й Макси́мович Пешко́в; 戯曲《На дне́》『どん底』)

*\***го́рько** 比 го́рче, го́рше(bitterly) **I** [副] ① ②つらく, 痛ましく, 悲しく: ~ пла́кать さめざめと泣く
**II** [無人述] ① 苦い: Во рту́ ~. 口の中が苦い ② つらい, 痛ましい, 悲しい: Мне́ бы́ло ~ смотре́ть тако́е зре́лище. あんな光景を見るのはつらかった

◆**Г~!** 苦いぞ!(結婚式で新郎新婦にキスをうながす掛け声)

**го́рько-солёный** [形1] 塩辛い

*\***горю́чий** -юч [形6] [combustible, inflammable] ① 可燃性の: **-материа́л** 可燃物 **-ее** [中名] 燃料, 燃える物: жи́дкое **-ее** 液体燃料 ■**-ие слёзы** [話]悲嘆の涙 **// -есть** [女10]< ①

**горя́нка** ② < го́рец

*\***горя́ч|ий** [ガリャーチィ] 短 -я́ч, -яча́ [形1] [hot, heated] ① 熱い, 高温の, 熱した(↔холо́дный): **-ая вода́** お湯 (★熱湯は кипято́к) | ~ исто́чник 温泉 | гла́дить **-им** утюго́м 熱いアイロンをかける

② 情熱的な, 熱烈な, 激しい: **-ая любо́вь** 熱愛 | ~ спо́р 激論

③ 興奮しやすい, 短気な; (馬が)気性の荒い: В мо́лодости он был о́чень горя́ч. 若いころ彼はとても短気だった

④ [長尾]高温で行われる, 熱を利用した: **-ее** копче́ние 熱燻製

⑤ [長尾](時期が)多忙な: **-ие дни́** 多忙な日々

⑥ **-ее** [中名] 温かい料理, スープ

◆**по -им следа́м** ①真新しい足跡を追って ② (事件発生)直後に, ただちに | **под -ую ру́ку (попа́сть, подве́ргнуться)** ちょうど怒っているところに(でくわす)

■**-ая ли́ния** ホットライン | **-ая то́чка** 紛争地帯, ホットスポット | **-ие де́ньги** [経]ホットマネー

**горячи́ть** -чу́, -чи́шь 受過 -чённый -чён, -чена́ [不完] [разгоря́чи́ть] ① 暖める, 熱くする ② [完 раз~]興奮させる

*\***горячи́ться** -чу́сь, -чи́шься [不完] / **раз~** [完] [get excited] 興奮する, いきり立つ:<от чего́>(с体)で熱くなる, ほてる: ~ по пустяка́м つまらないことで熱くなる

**горя́чка** [女2] ① [話]熱病 ② [話]躍起になり切り・出奔前などの]熱狂状態 ③ [男・女] すぐに熱くなる人
◆**бе́лая ~** [医]強度のアルコール依存症, フーゼル油中毒

**горя́чность** [女10] 熱が入りやすいこと, かっとなること, 短気

*\***горячо́** [ガリチョー] ① [副] 熱く; 熱烈に, 激しく: ~ спо́рить 激しく言い争う | Он ~ лю́бит её. 彼は彼女を熱烈に愛している ② [無人述] 熱い(↔хо́лодно): Мне́ ~. 私は体が熱い

**горя́чущ|ий** [能攻]< горе́ть ② (ツアー・チケットなどが)出発直前の

**гос..** [語形成] 「国家の」「国立の」

**госаппара́т** [男1] 国家機関(госуда́рственный аппара́т)

**Госба́нк** [男2] 国 立 銀 行(госуда́рственный ба́нк)

**госбюдже́т** [男1] 国家予算(госуда́рственный бюдже́т)

**госде́п** [男1] = госдепарта́мент

**Госдепарта́мент** [男1] (米)国務省

**Госду́ма** [女1] 国家院(ロシアの国会の下院; Госуда́рственная Ду́ма)

**госзака́з** [男1] [経](国側の)発注(госуда́рственный зака́з)

**госинвести́ция** [女9] [経]国家投資

**госкорпора́ция** [女9] 国営[国有]企業(госуда́рственная корпора́ция)

**Госналогслу́жба** [女1] 内国税庁; 内国歳入庁, 国税庁(Госуда́рственная нало́говая слу́жба)

**гособлига́ция** [女9] 国 債(госуда́рственная облига́ция)

**го́спел, го́спелс** [男1] [楽]ゴスペル

**госпитализа́ция** [女9] 病院収容, 入院

**госпитализи́ровать** -рую, -руешь 受過 -анный [不完・完] 病院[に]収容させる

*\***го́спиталь** 複 -и, -е́й/-ей [男5] (主に軍隊の)病院: полево́й ~ 野戦病院

**Госпла́н** [男1] ゴスプラン(ソ連国家計画委員会 Госуда́рственная пла́новая коми́ссия)

**господа́** [複数; 主格]< господи́н

**господе́нь** (男) -дня, -дню, -день/-дня, -дним, -днем, **господня** [女]の生・与・造・前 -дней 対 -дним, -днем, **госпо́дне** [中] -днем, -дним, -дни, **госпо́дни** [複] -дних, -дним, -дни/-дних, -дними, -дних [教会]主の, 神の(бо́жий): моли́тва **госпо́дня** 主の祈り

**го́споди** [г/х] [間]< госпо́дь ① (時に「Г~」)主よ ② [間] 〔驚き・意外・不満〕おやまあ, なんとなあ: Г~, ка́к же э́то случи́лось? いやはや, どうしてそんなことになったのか

*\***господи́н** [ガスパヂーン] 複 -ода́, -о́д, -ода́м [男1] (gentleman, master, Mr.) ① 紳士, 上流社会の人: За столо́м сиде́л ~ лет сорока́. 40歳くらいの紳士がテーブルについていた ② (姓・肩書き)の前に〕氏[諸君, 殿] (略 г., г-н); 《敬》(呼びかけ)皆様: ~ Моро́зов モロゾフさん | ~ посо́л 大使閣下 | Да́мы и господа́! 紳士淑女のみなさん ③ 主人, 領主: ра́б и ~ 奴隷と主人 ④ (転)…の支配者, …を左右できる人: ~ положе́ния 状況を左右できる人 ◆**са́м себе́ ~** 自主独立の人 **// госпо́дский** [ц] [形3] < ⑤

\***госпо́дство** [ц] [中1] [supremacy, dominion] ① 支配, 覇権: завоева́ть ~ 支配権を獲得する | ~ в во́здухе 制空権 ② 優位, 優勢

\***госпо́дствовать** [ц] -твую, -твуешь [不完] [hold sway, exercise domination] ① 支配権を持つ, 君臨する: В эконо́мике *госпо́дствует* ма́фия. 経済を牛耳っているのはマフィアだ ② 支配的である, 優勢である: Тако́е мне́ние *госпо́дствует*. そのような意見が優勢である | С декабря́ по февра́ль *госпо́дствует* зима́. 12月から2月は冬の支配下にある [冬が君臨する] ③〈над 造〉にそびえ立つ: ~ над ме́стностью 一帯にそびえ立つ

**госпо́дствующий** [ц] [形6] ① 支配している, 権力をもつ: ~ класс 支配階級 ② 支配的な, 優勢な, 主要な: -ее мне́ние 支配的[主要]な意見 ③ そびえ立つ

**Госпо́дь** го́спода, -у, -а, -ом, -е́ о нём [男] [God, the Lord] (神) (敬)主, 神: *Го́споди!* 主よ ◆*не дай го́споди* [話] そんなことにはなりませんように | *Сла́ва тебе́ го́споди* [話] ありがたいことに, おかげさまで ‖ **госпо́дний** [形8]

**госпожа́** [女4] [lady, mistress, Mrs., Ms.] [女性<господи́н] 淑女; ... さん[様, 女史, 夫人] (略 г-жа): (丁寧な呼びかけ)奥様: ~ Моро́зова モロゾヴァさん, モロゾワ夫人

**госпо́шлина** [女1] (国の施設・機関を利用した際に徴収される)税金

**го́ссек** [男2], **го́ссекрета́рь** -я́ [男5] (米)国務長官(госуда́рственный секрета́рь)

**го́ссекрета́рь** -я́ [男5] 国務長官

**госслу́жащий** (形6変化)[男名]国家公務員(госуда́рственный служащий)

**Госсове́т** [男1] [法]国家評議会

**госстра́х** [男2] ①「Г~」国家保険局 ②国家保険

**ГОСТ** [ゴースト] [男1] GOST[国家標準]規格(Госуда́рственный станда́рт); CIS 諸国間の標準規格

**ГОСТ Р** [ゴースト エール] [男1] GOST-R[ロシア国家標準]規格(Госуда́рственный станда́рт РФ)

**гостево́й** [形2] 招待客の, 来賓用の

\***гостеприи́мн|ый** 短 -мен, -мна [形1] [hospitable] 客好きな, もてなしのよい: ~ хозя́ин 客好きな主人 ‖ **-о** [副] ‖ **-ость** [副]

**гостеприи́мство** [中1] 客好き; (客への)歓待, 接待: Спаси́бо за ~. ご接待ありがとうございました

\***гости́н|ая** (形1変化)[女2] [living room] ①客間, 応接間:жда́ть в -ой 客間で待つ ②客間の家具一式, 応接セット ③ (寮・ホテルなどの)ラウンジ, 応接室

**гости́нец** -нца [男2] (俗)(菓子などの)手みやげ

\***гости́ниц|а** [ガスチーニッツァ] [女3] [hotel] ホテル, 旅館: останови́ться [жи́ть] в -е ホテルに泊まる | Он заказа́л но́мер в первокла́ссной -е. 彼は一流ホテルに部屋を予約した

**гости́ничный** [形1] ホテルの

**гости́ный** [形1] (俗)客の, 客のための

\***гости́ть** гощу́, гости́шь [不完] [be on a visit (to)] 客になる, 客として滞在する: ~ у родны́х 親戚の家に滞在する

\***го́ст|ь** [ゴースチ] 複 -е́й [男5] [guest, visitor] ①客, 来客: неожи́данный ~ 不意の来客 | принима́ть -е́й 客を迎える | угоща́ть -я́ ча́ем 客を茶でもてなす | В -я́х хорошо́, а до́ма лу́чше. [諺]我が家にまさるところなし(←客になるのはいいが, 家にいるのもよい) ② 《ре́дкий, ча́стый, случа́йный などと》姿を現わす人, やってくる人: ча́стый ~ на Кра́йнем Се́вере. この病気は極北地方ではふつうに見られるものだ ③ 招待客, 来賓 《(IT) (未登録の)ゲスト》:почётный ~ 賓客 ◆*бы́ть в -я́х у* …の家に行く, …宅にお邪魔する | *верну́ться из -е́й* 訪問先から帰る | *идти́ в -и к* 与 …のところ[お宅]にお邪魔する | *пригласи́ть* 対 *в -и* …を客に招く

**го́стья** 複生 -ий [女8] 女性の客

**госуда́рственник** [男2] 国家主義者

**госуда́рственность** [女10] 国家体制; (機構および制度としての)国家

\***госуда́рственн|ый** [ガスダールストヴィヌィ] [形1] 国家の, 国家的な; 国営の, 国立の: ~ флаг [герб, ги́мн] 国旗[国章, 国歌] | ~ строй 国家体制 | -ая та́йна 国家機密 | университе́т им. Пу́шкина プーシキン記念国立大学 ②国家に参与している, 国家的規模の: ~ челове́к 為政者 ■ **Де́нь Г-ого фла́га Росси́йской** ロシア国旗の日(8月22日) | **Г-ая Ду́ма** 国家院(ロシア国会の下院)

\***госуда́рств|о** [ガスダールストヴァ] [中1] 国家, 国: демократи́ческое ~ 民主国家 | европе́йские -а ヨーロッパ諸国 | Президе́нт управля́ет -ом. 大統領が国家を統治している | ~-член ООН 国連加盟国 | ~ в -е 国家内国家; 組織内の独立した組織 ■ **«Исла́мское ~»** 「イスラム国」(イスラム過激派組織)

**госуда́рыня** [女5] 女帝, 女王; 皇后, 王妃; 陛下

\***госуда́рь** [男5] [sovereign] 君主, 皇帝, 国王; 陛下

**го́сы** -ов [複] (学生・俗)国家試験

**гот** [男1] ゴート人; (複)ゴート族 ‖ **го́тский** [ц] [形3]: ~ язы́к ゴート語

**го́тика** [女2] [建]ゴシック様式

**готи́ческий** [形3] [建]ゴシック様式の; (日)ゴシック体の

**готи́чно** [副] 陰鬱に, 悲しげに, 神秘的に

**готи́чн|ый** [形1] (ゴスサブカルチャー風に)神秘的な, 陰鬱な, 暗黒の ‖ **-о** [副]

**гото́ва́льня** 複生 -лен [女5] 製図用具一式

\***гото́вить** [ガトーヴィチ] -влю, -вишь, ... -вят 受過 -вленный [不完] / **пригото́вить** [プリガトーヴィチ] [完] [prepare] 〈対〉①〈к 与〉に向けて準備する, 用意する, ととのえる: ~ посте́ль 寝床の用意をする | ~ стано́к к пу́ску 工作機械の稼働準備をする | ~ уро́ки 予習[宿題]をする | Он *гото́вит* статью́ в газе́ту. 彼は新聞に掲載する記事を書いている ②[完または **под-**] 養成する, 教育する, 訓練する: Институ́т *гото́вит* учителе́й. この大学は教員を養成している ③ [完また(話) **с~**]〈食事を〉作る, 調理する: ~ борщ ボルシチを作る | Моя́ жена́ хорошо́ *гото́вит*. 私の妻は料理がうまい ④ 計画[準備]する, 企てる: ~ переворо́т クーデターを企てる

**гото́виться** [ガトーヴィッツァ] -влюсь, -вишься, ... -вятся -вься [不完] ① [完 **при-**] 〈к 与〉〈不定形する〉準備[用意]をする, 支度をする: ~ к отъе́зду 出発の用意をしている | ~ [поступа́ть] в университе́т 大学に入る準備をする ② (事件・自然現象などが)迫っている, 起ころうとしている: *Гото́вились* ва́жные собы́тия. 重大な事件が起ころうとしていた ③ 《不定形》[受身] < гото́вить

**гото́вка** [女2] (話)食事の用意, 料理

\***гото́вность** [ガトーヴナスチ] [女10] ① 準備[用意]ができていること: боева́я ~ 戦闘準備完了状態 ② 進んでやる気持ち, 心がまえ, 覚悟: изъяви́ть ~ помо́чь 援助の意を表明する ◆*с -ью* 進んで, 喜んで

**гото́во** [無人述] (話)準備はできた, これでよし

\***гото́в|ый** [ガトーヴィ] 短 -ов [形1] [ready, prepared] ①〈к 与〉のための [不定形する] 準備[用意]のととのった: ~ к пое́здке 旅行の準備ができている | Я ещё не *гото́в* к экза́менам. 私はまだ試験の準備ができていない ②〈на 対〉〈不定形する〉用意[覚悟]がある; いまにも... し

そうな: Она́ всегда́ ~а помо́чь вам. 彼女はいつでもあなたを助ける用意がある | По́чки ~ы распусти́ться. つぼみがいまにもほころびようだ
③〘通例短尾〙用意ができている,出来上がった: Обе́д гото́в. 食事の用意ができた
④〘長尾〙完成した,既製の;(思想・表現などが)既成の,出来合いの: ~ое пла́тье 既製服 | ~ые поня́тия 既成概念
⑤〘男名〙〘話〙酔っ払い
⑥〘楽〙(バヤンなど)ストラデラベースの(↔вы́борный): ~ая клавиату́ра ストラデラベース
◆ (жить) на всём ~ом〘話〙(人の世話になって)何の心配もなく(暮らす)
**//гото́венький** [形3]〘指小〙<④

**гофре́** [з](不変)[中] ギャザー,ひだ [形] ギャザーの付いた

**гофрирова́ть** -ру́ю, -ру́ешь 受過 -ованный [不完・完] ギャザー[ひだ]を付ける: гофриро́ванная ю́бка ギャザースカート

**гофриро́вка** 複生 -вок [女2] ① ギャザー[ひだ]を付けること ② ギャザー(=гофре́)

**Го́ша** 〘女4変化〙[男]〘愛称〙<Гео́ргий, Его́р

**гПа** 〘略〙гектопаска́ль

**ГПУ** [ゲペウー]〘略〙Госуда́рственное полити́ческое управле́ние〘露史〙国家政治局, GPU

**граб** [男1]〘植〙クマシデ属

**граба́р** [男1] 古典アルメニア語

**грабёж** -бежа́ [男4] 強盗, ひったくり, 窃盗; 掠奪: взять грабежо́м 強奪する

**граби́тель** [男5]/**~ница** [女3] 強盗, 略奪者

**граби́тельский** [形3] 強奪的な

**граби́тельство** [中1] 略奪行為; 搾取

*** гра́бить** -блю, -бишь 受過 -бленный [不完] / **о-** [完] (rob, burgle)〘四〙① 盗む, 強奪する, 略奪する: ~ магази́н 店に強盗に入る ② 〘話〙(重税・賄賂などで)絞り上げる〘完〙<**~**〙/〘四〙相手でかき集める

**гра́блены** [形1] 略奪して得た: ~ые ве́щи 盗品

**гра́бли** -ей [複] 熊手, まぐわ, レーキ; 〘戯〙手, 指
◆наступи́ть на ~ 墓穴を掘る, 自ら災いを招く

**гравёр** [男1] 版画家, 版画彫刻家 **//~ный** [形1] 版画家の; 版画の

**гра́в|ий** [男1] 砂利, 磔(&) **//-ийный** [形1]

**гравирова́льный** [形1] 彫刻の

**гравирова́ть** -ру́ю, -ру́ешь 受過 -ованный [不完] 〘四〙① 〘完 вы́-, на-〙<木・金属などに>彫刻する ② 製版する

**гравиро́вка** 複生 -вок [女2] 彫刻(すること)

**гравиро́вщи|к** [男2]/**-ца** [女3] = гравёр

**гра́вис** [男1]〘言〙重[低, 鈍]アクセント; グレイヴ・アクセント; アクサングラーヴ

**гравита́ц|ия** [女1]〘理〙重力, 引力 **//-ио́нный** [形1]

*** гравю́р|а** [女1][engraving, etching] ① 版画; グラビア: ~ на де́реве [меди́] 木[銅]版画 ② 〘美〙版画芸術, 刷り物, プリント **//-ный** [形1]

*** град¹** -а/-у [男1] [hail] 〘気象〙雹(%²): Вы́пал ~. 雹が降った | ~ разме́ром с кури́ное яйцо́ 鶏卵ほどの大きさの雹 ② 多量, 多数: ~ упрёков 非難の雨がふり ◆~ом [1] (1)大粒の滴となって (2)大量に, 雨あられのように **//~ово́й** [形1]

**град²** [男1]〘詩〙= го́род

**града́ция** [女1] ① 段階的変化, ぼかし, グラデーション ② 〘修〙漸次法

**гради́ент** [男1] 傾斜

**гради́на** [女1]〘話〙雹(%²)の1粒

**гради́р|ня** 複生 -рен [女5] ① 製塩所, 製塩装置 ② 温水冷却塔 **//-ный** [形1]

**градоби́тие** [中5] 雹害(%²³)

**градонача́льник** [男2] 〘旧〙特別市長

**градострое́ние** [中5] = градострои́тельство

**градострои́тель** [男5] 都市建設者, 都市計画技師 **//~ный** [形1]

**градострои́тельство** [中1] 都市建設[計画]; 都市工学

**градуи́ровать** -рую, -руешь 受過 -анный [不完・完] 〘四〙口径を測定する, 目盛りを付ける

*** гра́дус** -а [男1] [degree] ① 度(角度の単位): у́гол в пятьдеся́т ~ов 50度の角 | поворо́т на сто восемьдеся́т ~ов 180度の転回 | на долгаты́ [широты́] 経[緯]度 | пятьдеся́т пять ~ов се́верной широты́ 北緯55度 | три́дцать семь ~ов восто́чной долготы́ 東経37度
② 度(温度の単位): плюс [ми́нус] де́сять ~ов = де́сять ~ов тепла́ [моро́за] プラス[マイナス]10度 | три ~а по Це́льсию 摂氏3度 | На у́лице де́сять ~ов моро́за. 外は零下10度だ | Во́здух прогре́ется до двух ~ов тепла́. 気温はプラス2度まで上がるでしょう
③ 度(液体の濃度): конья́к в со́рок ~ов 40度のコニャック ④ 〘話〙程度, 含合い
◆ под ~ом〘話〙ほろ酔い気分で **//~ный** [形1]

*** гра́дусник** [男2] [thermometer] 温度計, 体温計: поста́вить больно́му ~ 病人に体温計をあてる | изме́рить температу́ру ~ом 体温計で熱を測る

*** граждан|и́н** [グラジダニーン] 複 гра́ждане, -дан, -данам [男10]/**гражда́нка** 複生 -нок [女2] [citizen] ① 公民, 市民, 国民: гра́ждане Росси́и ロシア国民 | права́ и обя́занности гра́ждан 市民の権利と義務 ② 大人, 成人男性; 〘敬称・呼びかけとして〙…さん; もしもし, みなさん: ~ Ивано́в イヴァノフさん | Гра́ждане пассажи́ры! 乗客のみなさん ③ 〘雅〙高潔な市民 ④ 〘女〙〘話〙(軍人から見た)一般市民の生活

*** гражда́нск|ий** [グラジダーンスキイ] [形3] [citizen's, civil] ① 公民の法的地位に関する, 民事の: ~ ко́декс 民法典 | ~ иск 民事訴訟 ② 公民[市民]の, 公民[市民]としての; 社会性のある: ~ие права́ 公民権 | ~ долг 公民の義務 ③ (軍人に対して)民間の, 一般市民の: ~ая авиа́ция 民間航空 ④ (教会に対して)俗世の, 教会儀式によらない: ~ая панихи́да 無宗教の告別式
■ -ая война́ 内戦 | ~ шрифт 世俗文字(1708年にピョートル大帝が導入した一般向け文書に用いた活字)

**гражда́нственн|ый** [形1] ① 国家機構の ② (国家に対する)公民意識の **//-ость** [女10]

*** гражда́нство** [中1] [nationality, citizenship] 国籍, 市民権: : двойно́е [мно́жественное] ~ 二重[多重]国籍 | приня́ть ~ 市民権を取る

**грамза́пись** [女10] 録音, レコーディング; 録音テープ

*** грамм** 複生 -ов/грамм [男1] [gram] グラム: сто ~ов мя́са 肉100グラム ◆ ни ~а (нет) 〘話〙…が全くない **//~о́вый** [形1]

**..граммо́вый** 〘語形成〙「…グラムの」: двухсотграммо́вый 200グラムの

*** грамма́тик|а** [女2] [grammar] ① 文法: описа́тельные и нормати́вные ~и ру́сского языка́ ロシア語記述および規範文法 | Он иссле́дует ру́сскую ~у. 彼はロシア語の文法を研究している ② 文法学: сравни́тельная [трансформацио́нная] ~ 比較[変形]文法 ③ 文法書, 文典 ④ 基本的な規則

**граммати́ст** [男1] 文法家, 文法学者

**граммати́ческ|ий** [形3]〘言〙文法(上)の: ~ая оши́бка 文法的な誤り | ~ая катего́рия 文法(的)カテゴリー | ~ая фо́рма 文法形式 | ~ая едини́ца 文法単位 | ~ое значе́ние 文法的意味

**граммéма** [女1]〘言〙文法素

**граммофо́н** [男1] 蓄音機

**граммофо́нн|ый** [形1]: **-ая пласти́нка** レコード盤

*****гра́мот|а** [女1] [reading and writing] ① 読み書き(能力): **вы́учиться -е** 読み書きを覚える ② (公的な)証書, 文書: **вери́тельная ~** [政]信任状 | **почётная [похва́льная] ~** 賞状, 表彰状 ◆**кита́йская ~** [話]全く理解できないもの, ちんぷんかんぷん | **фи́лькина ~** [皮肉] (書式ででたらめに)無効な文書

**грамоте́й** [男6]/**-ка** 複生 **-е́ек** [女2] [話] 教養のある人; 読み書きのできる人

**гра́мотно** [副] ① 文法的に正しく ② 正しく, そつなく, しかるべく

**гра́мотность** [女10] ① 読み書きができること ② 素養, 精通していること: **полити́ческая ~** 政治的素養 ③ 誤りがないこと

*****гра́мотн|ый** 短 **-тен, -тна** [形1] ① 読み書きのできる; 文法的に正しく書ける: **-ая учени́ца** 読み書きができる女子生徒 ② 必要な知識をそなえた, 精通した: **~ инжене́р** 優秀な技師 ③ 誤りのない, しっかりした: **~ чертёж** きちんと書かれた図面

**грампласти́нка** 複生 **-нок** [女2] レコード(граммофо́нная пласти́нка)

**гран** 複生 **-ов/гран** [男1] グレーン(重さの単位; 1ポンドの7000分の1; ≒ 0.062グラム) ◆**ни ~а** 田 …のかけらもない

**грана́т** [男1] ① [植]ザクロ; ザクロの実 ② [鉱]ざくろ石, ガーネット

*****грана́т|а** [女1] [grenade] ① 手榴(りゅう)弾, 榴弾 ② [スポ] (投てきトレーニング用の)榴弾 ∥ **грана́тный** [形1]: **~ ого́нь** 砲火, 砲撃

**грана́товый** [形1] ザクロ色の, 鮮紅色の

**гранатомёт** [男1] 擲弾(てきだん)筒

**гранатомётчик** [男2] 擲弾(てきだん)兵, 手榴弾兵

**гранд** [男1] ① (スポーツなどで)グランドチャンピオン ② (スペインの)大公

*****грандио́зн|ый** 短 **-зен, -зна** [形1] [grandiose] 壮大な, 堂々たる, 大規模な: **-ое зре́лище** 壮大な光景 ∥ **-о** [副] ∥ **-ость** [女10]

**гране́ние** [中5] 宝石・ガラスなどのカッティング

**гранёный** [形1] (グラスなどが)カット面のある; 多面的な ② (宝石などが)研磨(カット)された

**грани́льный** [形1] 宝石細工の, 玉彫りの

**грани́льня** 複生 **-лен** [女5] 宝石商; 宝石細工屋

**грани́льщи|к** [男2]/**-ца** [女3] (宝石などの)研磨工

**грани́т** [男1] 花崗岩, 御影石 ∥ **~ный** [形1]

**грани́ть -ню́, -ни́шь** 受過 **-нённый (-нён, -нена́)** [不完]/**на~, о~** [完] <回>研磨する; <宝石などを>カットする

**гранлёный** [形1] 罫線で分けられた, 欄にされた

*****грани́ца** [グラニーツァ] [女1] [frontier, border] ① 境, 境界線; 国境: **госуда́рственная ~** 国境 | **ме́жду Евро́пой и А́зией** ヨーロッパとアジアの境界線 ② (物事の)境目, はざま: **на -е двух эпо́х** 2つの時代のはざまで ③ (通例複) 限界, 限度: **Его́ самолю́бие не зна́ет грани́ц.** 彼の自尊心は限度を知らない

◆**в -ах** 田 …の範囲内で | **в -ы** 田 …の範囲内へ | **за -ами** 田 …の範囲外で 外国で: **Они́ до́лго жи́ли за -ей.** 彼らは長い間外国で暮らした | **за -у** 田 …の範囲外へ 外国へ: **пое́хать за -у** 外国に出かける | **за -ей** 田 …の範囲外で 外国で | **из-за -ы** 外国から: **прие́хать из-за -ы** 外国からやって来る; 帰国する

*****грани́чить -чит** [不完] [border] <с...①> ①…と境を接する: **Росси́я грани́чит с Кита́ем.** ロシアは中国と国境を接している ②…に近い, 同然である: **испу́г, гра-**

**ни́чащий с у́жасом** ほとんど恐怖に近い驚き

**грани́чный** [形1] 境界の; 国境の

**гранови́т|ый** [形1] 多面体の: **Г-ая пала́та** グラノヴィータヤ宮殿(モスクワのクレムリン内の建造物の一つ)

**гра́нка** 複生 **-нок** [女2] [印] ゲラ刷り, 棒組み

**гран-при́** (不変) [男] (コンクールなどの)大賞, グランプリ

**грант** [男1] (研究のための)補助金, 奨学金; 無償資金協力

**грану́л|а** [女1] 顆粒, 一粒 ∥ **-ёзный** [形1]

**грануля́ровать -рую, -руешь** 受過 **-анный** [不完・完]<回> 顆粒状にする

**грануля́ция** [女9] ① 顆粒状化 ② [天] (太陽の)粒状斑 ③ [医]肉芽 ∥ **-ио́нный** [形1]

*****гра́н|ь** [女10] [face, edge, border] ① (多面体などの)面: **~ ку́ба** 立方体の面 ② 側面, 特質: **неожи́данная ~ её хара́ктера** 彼女の性格の意外な一面 ③ 境, 境界, 差異: **стира́ть ~ ме́жду физи́ческим и у́мственным трудо́м** 肉体労働と精神労働の区別をなくす ④ (宝石などの)面付け, カット

◆**на -и́** …の瀬戸際に, …に瀕して: **на -и́ сме́рти** 瀕死の状態で, 生死の境にいる | **на -и́ фанта́стики** とても信じがたい, 奇跡のような

**грасси́рова|ть -рую, -руешь** [不完] ロシア語の рの音をフランス語風に発音する ∥ **-ние** [中5]

**граф** [男1] 伯爵 ∥ **~ский** [形3]

**графа́** 複生 **-áы/-áы** [女1] (表などの)欄 ② 項目, 段落: **~ в анке́те** アンケートの項目

**графе́ма** [女1] [言]書記素

*****гра́фик** [男2] [graph, chart, schedule] ① グラフ, 図表: **~ фу́нкции** 関数のグラフ ② 作業予定表(**~ рабо́ты**) ③ 線画家

**гра́фика** [女2] ①[芸]グラフィック(素描, 版画を含む); 線画, デッサン ② **и жи́вопись** 絵画と絵画 ③ [言](文字による)書記法, 文字体系: **ру́сская ~** ロシア文字体系

**графи́н** [男1] [carafe] 首長の水差し: **хруста́льный ~** クリスタルガラスの水差し ∥ **~чик** [男2] [指小] ∥ **~чик** [形1]

**графи́ня** [女5] 伯爵夫人

**графи́т** [男1] ①[鉱]黒鉛 ② 鉛筆の芯 ∥ **~овый, ~ный** [形1]

**графи́ть -флю́, -фи́шь** 受過 **-флённый (-лён, -лена́)** [不完]/**на~, раз~** [完] 罫線を引く, 罫線を引いて欄に分ける

*****графи́ческ|ий** [形3] [graphic] ① グラフの; 図表による: **~ знак** ロゴマーク | **-ое реше́ние** 図解 ② 画面の ③ 書記法上の

**графлёный** [形1] 罫線で分けられた, 欄にされた

**графо́лог** [男2] 筆跡学者

**графоло́г|ия** [女9] 筆跡学 ∥ **-и́ческий** [形3]

**графома́н** [男1] ① 書症患者 ② [皮肉] 才能のない多作家

**графома́ния** [女9] 書狂, 著作狂

**графопострои́тель** [男5] [IT]プロッター(自動作図機)

**графопрое́ктор** [男1] オーバーヘッドプロジェクター, OHP

**гра́фство** [中1] ① 伯爵の称号 ② 伯爵領 ③ (英国などの)州

**гра́ффити** (不変) [複] 落書きで(★歴史的・考古学的意義を持つものも含む)

**граффи́тчик** [男2] [若者]エッチング・アーティスト

**грацио́зный** 短 **-зен, -зна** [形1] ① (身のこなし・姿形が)優雅な, 上品な ② (芸術作品などが)優雅な

**гра́ция** [女9] ① (身のこなし・姿形の)優雅さ, 上品さ ② (女性用)胴当て ③ **Г-** [ギ神話]カリス(美の女神)

**гра́ч** -á [男4]〔鳥〕ミヤマガラス

**гребёнк|а** [<sub>ё</sub>] ホタテガイ | **петуши́ный** [植] ケイトウ = гребень①②

◆ **стричь (всех) под одну́ -у** 〈違いを考慮せず〉十把ひとからげに扱う

**гребе́нчатый** [形1] 櫛形の

*__гре́бень__ -бня [男5] [comb, hackle] ① 櫛(౽): воткну́ть ~ в у́зел воло́с 髪の結い目に櫛を刺す ② [工] 櫛形の工具 [装置]: пряди́льный ~ 梳毛[綿]機 ③〈雄鶏の〉とさか ④ 上端, 頂上: ~ гор 山の尾根

**гребе́ц** -бца́ [男3] / **гребчи́ха** [女2] 〈ボートなどの〉漕ぎ手; 競技者

**гребешо́к** -шка́ [男2] [指小] < гре́бень ■ **морско́й ~** [貝] ホタテガイ | **петуши́ный ~** [植] ケイトウ

*__гребл|я́__ [女5] [rowing] ① 漕ぐこと; 漕艇 ② ボートレース, レガッタ: соревнова́ния по -е ボート競技

**гребни́стый** [形1] とさかのある

**гребно́й** [形2] ① 漕艇の, ボートの ② 漕いで移動する ③ 漕ぐための: ~ винт スクリュー

**гребо́к** -бка́ [男2] ① 一漕ぎ, ストローク ② 〈舵用の〉櫂(ポリ) ③〈船の〉外輪, 水車

**гребчи́ха** → гребе́ц

**грёз|а** [女1] 明るい夢, 幻視, 夢想: погрузи́ться в -ы́ 空想にふける | «Г-ы» Шу́мана シューマンの「トロイメライ」

**грёзить** -е́жу, -е́зишь [不完] <о <sup>무</sup> / <sup>口</sup> / 無補語>(…を)空想する, 夢想する, 夢に見る: ~ сце́ной 舞台の~見る

**грёзиться** -е́жусь, -е́зишься [不完] / **при~** [完] <与に>空想が思い浮かぶ, 夢に出る

**гре́йдер** [э] [男1] ① 地ならし機, グレーダー ② グレーダーでならした道路: гре́йдерная доро́га

**гре́йпфрут** [э], **гре́йпфру́т** [э] [男1] グレープフルーツ; その木

**грек** [男1] / **греча́нка** 複生 -нок [女2] ギリシャ人

**греко..** [語形成] 「ギリシャの」

**гре́ко-ри́мск|ий** [形3] [Greek] ギリシャ・ローマ式の: -ая борьба́ [レスリング] グレコローマンスタイル

**гре́лка** 複生 -лок [女2] 湯たんぽ

*__гре́меть__ -млю́, -ми́шь [不完] / **про~** [完] (thunder, roar) ① とどろく, 鳴り響く: Гром греми́т. 雷が鳴っている ② 大きな音を立てる: <圆>がちゃがちゃ鳴らす: ~ ключа́ми 鍵をがちゃがちゃさせる ③〈圆〉とどろく:〈名声などが〉とどろく, 響き渡る: Его́ и́мя греме́ло по всей Евро́пе. 彼の名はヨーロッパ中にとどろいていた

**грему́ч|ий** 短 -у́ч [形6] とどろく, 鳴る: -ая змея́ ガラガラヘビ

**грему́шка** 複生 -шек [女2] ①〔玩具〕ガラガラ(погрему́шка) ②〈馬具用の〉小さい鈴

**гре́нки** -ов, 〈話〉**гренки́** -ов [複] 〈スープに入れる〉クルトン

**гренла́нд|ец** -дца [男3] / **-ка** 複生 -док [女2] グリーンランドに住む(エスキモーの)人

**Гренла́ндия** [女9] グリーンランド // **гренла́ндский** [нс] [形3]

*__грести́__ -ебу́, -ебёшь 過 грёб, гребла́ 能通 грёбший [不完] ①〔rake〕<圆>かき集める: ~ се́но 干し草をかき集める ②〔row, paddle〕漕ぐ: ~ вёслами オールを漕ぐ ③〈与に〉<手>(手)でかく ④〈若者・隠〉出かける, 戻ってくる //**~сь** [不完] [受身] <①

*__гре́ть__ 受過 -тый [不完]〔warm〕① 暖かくする, 熱を与える: Со́лнце гре́ет. 日差しが暖かい ②〈衣服が〉保温する, 寒さを防ぐ: Пальто́ совсе́м не гре́ет. このコートは少しも暖かくない ③<圆>暖める: ~ ру́ки над огнём 火にかざして手を暖める ④<圆>温める, 熱する: ~ во́ду 湯を沸かす ◆ **~ ру́ки на** <圆> <不正なやり方で>ぼろもうけする, 私腹を肥やす

*__гре́ться__ [不完] ①〔warm oneself〕暖をとる, 自分の体を暖める: ~ у костра́ たき火で暖まる ② 温かくなる, 熱くなる ③〈不完〉〈受身〉< гре́ть②

*__грех__ [грʼех̄] -а́ [男2]〔sin〕①〈宗教上の〉罪, 罪悪: перворо́дный ~ 原罪 | ка́яться в ~а́х 罪を悔める ② あやまち, 過失; 欠点: ~и́ мо́лодости 若気のあやまち ③〈述語〉〈話〉<不定形するのは>罪深いことだ, いけないことだ: 《否定で》…してもよい, …しても悪くはない: Над ста́ростью смея́ться ~. 年寄りをあざ笑うのはいけないことだ | Не ~ бы отдохну́ть немно́го. ひと休みしても悪くはないだろう

◆ **брать ~ на́ душу** よくない行いをする | **~ жа́ловаться** 〈話〉<不完>ふしぎなことだ | **~ попола́м** 〈俗〉両成敗 | **до́лго ли до -á** 〈話〉いまにも大変なことがおきる | **(и) смех и ~** 〈話〉おかしいやら悔しいやら | **как на ~** 〈話〉まるでわざとのように, 運悪く | **как сме́ртный ~ (стра́шен, некраси́в)** 〈話〉(人が)おそろしく醜い | **от -á (подальше)** 不愉快なことを避けて | **с ~о́м попола́м** 〈話〉どうにかこうにか, やっとのことで | **что́ -а́ таи́ть** 〈話〉何を隠そう, 実は, 正直言うと // **грешо́к** -шка́ [男2] [指小] <①

**грехо́вный** 短 -вен, -вна [形1] 罪深い

**греховоди́чать** [不完] ふしだらな振る舞いをする

**грехопаде́ние** [中5] 罪に落ちること;〈アダムとイブの犯した〉原罪;〔文・皮肉〕堕罪, 罪

**греци́зм** [男1] ギリシャ表現のまね, ギリシャ語からの借用; ギリシャ語法

*__Гре́ция__ [女9] [Greece] ギリシャ(首都は Афи́ны)
◆ **в Гре́ции всё есть** 〈戯・皮肉〉うちには何だってあるさ!(特に, 話者の手元にあるものなら必要でない状況でも)

**гре́цк|ий** [形3] : -ая гу́бка 地中海産の海綿 | -ий оре́х くるみ

**гре́ча** [女4], 〈話〉**гре́чка** [女2] ①〔植〕ソバ (гречи́ха) ② そばのひき割り

**греча́нка** → грек

*__гре́ческ|ий__ [形3] [Greek] ギリシャ(人)の: -ая мифоло́гия [филосо́фия] ギリシャ神話[哲学]

**гречи́ха** [女2]〔植〕ソバ

**гре́чнев|ый** [形1] ソバの; そば粉を使った: -ая ка́ша そば粥(ﾌ) | -ая лапша́ (麺)のそば

**греши́ть** -шу́, -ши́шь [不完] ① 〈完 **со~**〉〈宗教的・道徳的に〉罪を犯す, 戒律を犯す; [正教] 陥穽する ② 〈完 **по~**〉 <против<圆>にそむく ③ 〈不完〉 <圆>欠陥を持つ

**гре́шни|к** [男2] /**-ца** [女3] 罪深い人

**гре́шн|ый** 短 -шен, -шна́, -шно, -шны / -шны́ 比 -не́е [形1] ① 罪深い ②〔短尾〕〈話〉責任がある, 悪い

◆ **-ым де́лом** 〈挿入〉恥ずかしい話だが, 罪なことだが

*__гриб__ [грʼип̄] -а́ [男2] [fungus, mushroom] ① キノコ: съедо́бный [ядови́тый] ~ 食用[毒]キノコ | пойти́ в лес за ~а́ми キノコ狩りに行く ② 木のこぶ ③〈複〉菌類 ◆ **расти́ [выраста́ть] как ~ы́** 雨後のたけのこのように急速にたくさん現れる ■ **бе́лый ~** 〔茸〕ヤマドリタケ, ポルチーニ〔学名称でも特に珍味される〕 | **кра́сный ~** 〔茸〕アカエゾキンチャヤマイグチ(食用; похо́довник) | **а́томный [я́дерный] ~** 〈原爆の〉きのこ雲

**грибко́вый** [形1] 真菌様の, キノコ状の

**грибни́к** -á [男2] ①〈話〉キノコ狩りが好きな人 ②〈話〉キノコ入りピローグ

**грибни́ца** [女3] ① 菌糸体 ② キノコ栽培用の温室 ③〈俗〉キノコ入りスープ

*__грибно́й__ [形2] [mushroom] キノコの; キノコの入った: ~ год キノコの豊富な年 | ~ суп キノコのスープ
◆ **~ дождь** お天気雨, 狐の嫁入り(雨の後キノコが伸びることから)

**грибоварный** [形1] キノコ加工の

**грибова́рня** 複生 -рен [女5] キノコ加工場(キノコを

**громкий**

塩漬け, 酢漬けにする)

**григориа́нск|ий** -ден, -дна [形1] キノコ型の; キノコのような: -ое о́блако きのこ雲

**грибо́к** -бка́ [男1] ①〖指小〗<гриб ②菌, 菌類 ③ (キノコ型の)雨よけ, あずまや ④《話》水虫

**гри́ва** [女1] ①たてがみ; 首 ②〖気象〗層雲 ③ 木の生えた細長い丘陵 ④刈り残した草〖穀物〗

**грива́ст|ый** -а́ст [形1] 《話》たてがみの長い

**гри́венник** [男2]《話》10コペイカ(硬貨)

**гри́вистый** [形1] (動物が)たてがみのある

**гри́вн|а** 複生 -вен [女1] ①フリヴニャ(ウクライナの通貨単位) ②〖史〗古代ルーシの貨幣〖重さ〗の単位

**григориа́нск|ий** [形3] グレゴリオ暦の
∎ ~ календа́рь -ое летоисчисле́ние グレゴリオ暦 | -ое пе́ние〖楽〗グレゴリオ聖歌

**Григо́рий** [男7] グリゴリー (男性名; 愛称 Гри́ша)

**гри́зли** (不変) [男]〖動〗灰色熊, グリズリー

**грилъ** [男5] グリル

**гриль-ба́р** [男-不変]-[男1] グリルルーム, 西洋風軽食堂

**грилья́ж** [男4] (クルミ・アーモンド入りの)チョコレートキャンディー

**грим** [男1] ①(舞台用の)化粧, メイク ②化粧用品, ドーラン: игра́ть в ~е 化粧をして演技する

**грима́са** [女1] ①しかめ面 ②醜悪な側面: ~ жи́зни 生活の醜悪面

**грима́сник** [男2] しかめ面の人

**грима́сничать** [不完] しかめ面[渋い顔]をする

**гримёр** [男1] メイク係

**гримёрн|ый** [形1] メイク用の; -ая [女名] (劇場などの)化粧室, メイク室

**гримирова́ть** -ру́ю, -ру́ешь 受過 -о́ванный [不完] ①〖完 на~〗メイクをする: ~ себе́ лицо́ 自分の顔にメイクする ②〖完 за~〗<反>に扮させる, メイクする ③<反>のように見せる, らしくする ∥ ~ся [不完] ①〖完 на~〗自分にメイクをする ②〖完 за~〗<何>…らしくする

**гримиро́вка** [女2]〖劇〗メイク, メイクアップ

**грим-убо́рная** (形1変化) [女名] (劇場などの)化粧部屋

**Гри́нвич** [男4] グリニッジ ◆ по ~у グリニッジ標準時で / **гри́нвичский** [形3]: Г~ меридиа́н グリニッジ子午線

*** грипп** [ГРИ́П] [男1] [flu, influenza] 〖医〗インフルエンザ, 流行性感冒: Она́ заболе́ла ~ом. 彼女はインフルエンザにかかった | пти́чий (свино́й) ~ 鳥[豚]インフルエンザ / **гриппо́зный** [形1]: ~ больно́й インフルエンザ患者

**гриппова́ть** -пу́ю, -пу́ешь [不完]《話》インフルエンザにかかる

**гриф** [男1] ①〖ギリ神〗グリフォン(の像像や絵) (頭と羽根が鷲で胴が獅子の怪物) ②〖楽〗(有棒弦楽器の)ネック, 棹 ③署名印, 印章 ④ (文書・出版物の)公印 ⑤〖スポ〗(レスリングの)つかみ, グリップ

**гри́фель** [男5] ①鉛筆の芯 ②石筆 ∥ **~ный** [形1]

**грифо́н** [男1] ①グリフォン ②〖動〗グリフォン猟犬

**Гри́ша** [男1 変化] [男] 〖愛称〗<Григо́рий

*** гроб** 前 о-е́, в-у́; на-у́; 複 -ы́ [男1] ①〖coffin〗棺, 棺桶: лежа́ть в ~у́ 棺の中に眠っている ②〖述語〗《俗》破滅だ, おしまいだ: Тепе́рь ему́ ~ по́лный ~. もうこの件は完全におじゃんだ! ◆ вогна́ть в ~《俗》…を死に追いやる | до ~а 死ぬまで, 終生 | за ~ом (встре́титься, уви́деться) あの世で(会う) | идти́ за ~ом 野辺の送りをする, 出棺を見送る | по ~ жи́зни《俗》死ぬまで, 終生 | в ~у́ ви́деть 団《俗》…など嫌で仕方ない ∥ **~ик** [男2] 〖指小〗

**гро́бить** -блю, -бишь 受過 -бленный [不完] / **у~, за~**〖完〗壊す, 台無しにする

**гробни́ца** [女3] 霊廟, 陵墓

**гробово́й** [形2] 棺の: до ~ доски́ 死ぬまで

**гробовщи́к** -а́ [男1] 棺桶職人

**грог** -а/-у [男2] グロッグ (ラム酒やコニャックに砂糖を混ぜお湯で割った飲み物)

*** гроза́** [ГРАЗА́] 複 гро́зы [女1] [storm] ①雷雨: ле́тние гро́зы 夏の雷雨〖夕立〗 | Разрази́лась ~. 急に雷雨になった ②激動的な事件, 災厄, 危険; 激しい不満 [怒り]: Над страно́й нави́сла ~. 国に災厄が降りかかろうとしていた ③恐れられている人[物]: Дире́ктор был ~о́й шко́лы. 校長は学校で恐れられていた

**гроздь** 複 -и/-ья, -ей/-ьев [女10] (果実や花の)房: ~ бана́на バナナの房

**грози́ть** [ГРАЗИ́Т'] -ожу́, -ози́шь, ...озя́т 命 -зи́ [不完] [threaten] ①〖完 при~〗<反>に〖不定形〗するぞと脅す, 脅迫する, 威嚇する: сумо́м ~ 訴えると言って脅す | Они́ пригрози́ли ему́ сме́ртью [его́ уби́ть]. 彼らは殺すぞと言って彼を脅した ②〖完 по~〗<反>に<何>で脅すようなしぐさをする: ~ па́льцем шалуну́ 腕白小僧を人差し指を立てて叱している ③<何>〖不定形する〗恐れ[危険]がある, いまにも…しそうだ: Скала́ грози́т обва́лом. 岩がいまにも崩れそうだ ④<反>に(よくないこと)が迫っている: Ему́ грози́т банкро́тство. 彼は破産しかかっている

**грози́ться** -ожу́сь, -ози́шься [不完] / **по~** [完]《話》= грози́ть①②

**гро́зно** [副] 恐ろしく, 脅すように; 厳しく

**гро́зн|ый** [ГРО́ЗНЫЙ] 短 -зен, -зна́, -зно, -зны́/-зны [形1] [dread, terrible, menacing] ①厳しい, 峻厳な, 苛酷な: ~ прави́тель 峻厳な統治者 ②恐ろしい, 恐るべき, 脅すような: ~ взгляд 恐ろしい目つき | -ое письмо́ きつい内容の手紙 ③危機的の迫った ∎ Ива́н Г~ イヴァン雷帝(→ Ива́н)

**Гро́зный** (形1変化) [男名] グロズヌイ (チェチェン共和国の首都; 北カフカス連邦管区) ∥ **гро́зненский** [形3]

**грозов|о́й** [形2] 雷雨の; 雷雨の多い: -а́я ту́ча 雷雲

*** гром** [ГРО́М] 複 -ы, -о́в [男1] [thunder] ①雷, 雷鳴: бли́зкие раска́ты ~а 近い雷鳴 | Греми́т ~. 雷が鳴っている ②轟音, とどろき: ~ аплодисме́нтов 万雷の拍手 ◆ (как) ~ среди́ я́сного не́ба 晴天の霹靂 (の比) | как ~ом поражённый 雷にうたれたように | мета́ть ~ы и мо́лнии (通例弱者に対して)激昂する, わめき散らす | (Пока́) ~ не гря́нет, мужи́к не перекре́стится. 〖諺〗のんびり者は切羽詰まらないとわからない

**грома́да** [女1] (船舶・建物・山など)巨大なもの, 群れ

**грома́дина** [女1] 〖話〗でかぶつ, とても大きいもの

*** грома́дн|ый** [ГРАМА́ДНЫЙ] 短 -ден, -дна [形1] [huge, enormous, colossal] ①巨大な, とても大きな: ~ го́род 巨大都市 ②大量の, 莫大な: -ые убы́тки 莫大な損失 ③絶大な: ~ успе́х 大成功 ∥ **~ость** [女5]

**громи́ла** (女1変化) [男]《話》①押し込み強盗 ② (ユダヤ人などの)異民族排斥運動の参加者 ③とても大きい人

**громи́ть** -млю́, -ми́шь [不完] / **раз~** 受過 -гро́мленный/-громлённый (-лён, -лена́) [完]〖反〗<建物など>を襲撃する, 略奪する〖反〗<敵>を粉砕する, 撃破する ②《話》非難する, 激しく批判する

*** гро́мк|ий** [ГРО́МК'ИЙ] 短 -мок, -мка́, -мко 比 гро́мче [形3] [loud, famous] ①大声の, 大きな音の (↔ти́хий): ~ го́лос 大声 | -ая му́зыка 大音量の音楽 ②広く知られた, 評判の: -ая сла́ва 音に聞こえた名声 ③大げさな, 仰々しい: -ие фра́зы 美辞麗句

\*гро́мко比 гро́мче [副] [loudly] 大声で、大きな音で: крича́ть ～ 大声で叫ぶ

гро̀мкоговори́тель [男5] 拡声器、スピーカー

гро̀мкоголо́сый 短 -ос [形1] 大声の

гро́мкость [女10] 音の大きさ、音量、ボリューム

громово́й [形1] 雷の、雷のような、耳をつんざく ③激しい、破壊力のある

громогла́сный 短 -сен, -сна [形1] ① 大声の、大きな音の ② 公然とした ∥-ость [女10]

громозди́ть -зжу́, -зди́шь [不完] / на~ 受 過 -можде́нный [-де́н, -дена́] [完] [他] ① 乱雑に積み上げる、積み重ねる ② 乱用する

громозди́ться -зжу́сь, -зди́шься [不完] ① [完 на~] 乱雑に[何層にも]積み重なる ② [完 вз~] よじ登る

громо́здкий 短 -док, -дка [形3] ① (荷物など)場所をとる、かさ張る、重たい ② 体の大きい

громоотво́д [男1] 避雷針

громоподо́бный 短 -бен, -бна [形1] 雷のような、轟(とどろ)くような

\*гро́мче [比較] < гро́мкий, гро́мко: Говори́те ～. もっと大きな声で話してください

громыха́ть [不完] / про~ [完], громыхну́ть -ну́, -нёшь [完] [一回] [話] ごろごろ鳴る、轟(とどろ)く

гросс [男1] [商] グロス (12 ダース)

гроссбу́х [男2] 元帳、台帳、原簿

гроссме́йстер [е/э] [男1] (チェスなどの)グランドマスター

грот [男1] ① (入り口が大きくてあまり深くない)洞窟 ② [海] メーンスル、大しょう帆

гроте́ск [э] [男2] [芸] ① グロテスクな作品、怪奇趣味 ② (不変) [形1] グロテスクな ∥-ный [形1]

гроте́сковый [э] [形1] グロテスクな、怪奇な ■～ шрифт [印] サンセリフ体

гро́хать [不完] / гро́хнуть -ну, нешь 命 -и [完] [一回] ① 《話》激しい音を立てる、ドスンと音を立てる; ばたんと倒れる ② 殺す ③ 《若者・俗》 [他] 殺す ④ [コン] ソフトウェアを開く ∥～ся ① (重い物が)どしんと落ちる、ばたんと倒れる ② [コン] 故障する

‡гро́хот [グローハト] [男1] [crash, din] ① 轟音、爆音、とどろき: ～ ору́дий 砲声 ② (目の粗い)ふるい、篩(ふるい) ∥～а́ние [中4] 轟音、地鳴り

грохота́ть -хочу́, -хо́чешь [不完] / про~, за~ [完], грохотну́ть -ну́, -нёшь [完] [一回] 大きな音を出す; 轟音(ごうおん)を出す

грош [男1] ① グロシュ(昔の通貨単位; 時代により 2 コペイカ、半コペイカに相当) ② [複] [話] 銭、はした金 ♦ ～цена́ 一文[何]の価値もない | счита́ть ка́ждый ～ けちる | ни в ～ не ста́вить [他] …を軽視する、尊重しない | нет ни -а́ (за душо́й) ひどく貧乏で、無一文だ

грошо́вый [形1] ① 安物の ② 卑小の

ГРУ [グェルウ́] = Гла́вное разве́дывательное управле́ние 情報総局 (参謀本部付属)

\*грубе́ть [不完] / за~, по~, о~ [完] [grow rude/hard] ① 荒れる、かさかさ[ごわごわ、ざらざら]になる: Ко́жа загрубе́ла. 皮膚がかさかさになった ② (声が)荒れる、かさがさになる ③ 粗野になる、がさつになる: Чу́вства грубе́ют. 気持ちが鈍感になっていく

груби́ть -блю́, -би́шь [不完] [完 на~] 《о》に暴言を吐く、無礼な事をする ② (スポ) 反則をする、ラフプレーをする

груби́я́н [男1] / ~ка 複生 -нок [女2] [話] 乱暴者[スポ] ラフプレーをする人

груби́янить -ню, -нишь [不完] / на~ 《о》に無補語・暴言を吐く、無礼も働く

\*гру́бо [副] [rudely, roughly] ① 乱暴に、無作法に: Он ～ отно́сится к свои́м роди́телям. 彼は両親に対して乱暴に、そんざいに: ～ сде́ланный стол 雑な作りのテーブル ③ おおまかに: ～ говоря́ [挿入] おおまかに言って ④ ひどく

грубова́тый 短 -а́т [形1] 乱暴っぽい、そんざいな感じの

гру́бость [女10] [rudeness, rude remark] ① 粗野[乱暴]であること、粗雑、粗暴 ② ～обраще́ния 取り扱いの乱暴さ ② 粗野[無作法]な言葉[行為]; ラフプレー: сказа́ть ～и 暴言を吐く

грубошёрстный [сн] [形1] (羊が)粗毛の

\*гру́б|ый [グループィ] 短 -уб, -уба́, -убо, -у́бы/-убы́ 比 -бе́е 最上 -бе́йший [形1] [coarse, rough, rude] ① 粗野な、粗暴な、無作法な: ～ челове́к 粗野な人 | -ая игра́ [スポ] ラフプレー | Он был груб с ней. 彼は彼女に対して無礼だった ② 粗製の、荒削りの、粗末な; 繊維の粗い: -ая ме́бель 粗末な家具 | -ая рабо́та 雑な仕事 ③ 頑丈な; 大衆向けの ④ (触感が)ざらざらした、粗い: -ая шерсть ごわごわした羊毛 | -ая ко́жа 鮫肌 ⑤ (声・笑いが)(低くて)耳障りな: ～ го́лос どら声 ⑥ おおまかな、およその: ～ подсчёт 概算 ⑦ 許しがたい、ひどい、重大な: -ая оши́бка ひどい間違い | -ое искаже́ние фа́ктов 許しがたい事実の歪曲

гру́да [女1] 堆積、積み重ね: ～ книг 本の山

груда́стый 短 -а́ст [形1] 《俗》(胸が)厚く広い、胸の張った

груди́на [女1] ① 胸肉 ② [解] 胸骨

груди́нка [女1] ① [料理] バラ肉 (主に牛、豚)

гру́дка 複生 -док [女2] [指小・愛称] < грудь ② [料理] (鶏の)胸肉

грудки́ [男2] ♦ взять [схвати́ть, трясти́] за ～ [他] …の胸ぐらをつかむ

грудни́к -а́ [男2] 乳飲み子

грудни́ца [女1] [医] 乳腺炎

грудничо́к -чка́ [男2] 《話》乳児

\*грудн|о́й [形2] [chest, breast] ① 胸の: -о́е молоко́ 母乳 | -а́я кле́тка [解] 胸郭 ② 授乳期の: ～ ребёнок 乳児

грудобрю́шный [形1] 胸と腹の ■ -ая прегра́да [解] 横隔膜

гру́д|ь [グルーチ] 生·与·前·単 造 -ью 複 -и, -е́й [女10] [chest, breast, bosom] ① 胸、胸部: широ́кая ～ 広い胸 | дыша́ть по́лной -ью 胸いっぱい深く息をする | Он прижа́л дочь к -и́. 彼は娘を胸に抱きしめた ② 乳房、バスト: пы́шная ～ ふくよかな胸 | дать ～ ребёнку 赤ん坊に乳を吸わせる ③ (衣服の)胸部 ♦встать [стоя́ть, стать] в ～ь за ～ …を身を挺して守る | приня́ть на ～ お酒を飲む (выпить)

гружёный [形1] 荷物を積んだ、積荷のある

‡груз [グルース] [男1] [weight, load, burden] ① 重さ、重量; 重い物: поле́зный ～ 正味重量 ② 貨物、積み荷: и́мпортный [экспортный] ～ 輸入[輸出]貨物 | хозя́ин ~а 荷主 ③ 負担、重圧: ～ воспомина́ний 記憶の重荷 ♦ Г-200 (две́сти) [軍] 遺体(搬送) | Г-300 (три́ста) [軍] 負傷兵(搬送)

груздь -я́ [男5] [茸] チチタケ属 (食用)
♦Назва́лся ~ём, полеза́й в ку́зов. 《諺》乗りかかった船 (一キノコを名乗るなら籠に手でおとなしく登れ)

грузи́ло [中1] [魚] (魚釣り・網の)おもり

грузи́н 複生 -зи́н [男1] / ~ка 複生 -нок [女2] ジョージア人、グルジア人

\*грузи́нск|ий [形3] [Georgian] ジョージア(人、語)の、グルジア(人、語)の: -ое вино́ ジョージア(グルジア)ワイン

‡грузи́ть [グルジーチ] -ужу́, -у́зишь/-узи́шь, ... -узя́т, -узя́т 命 -зи́ 受過 -у́женный / -ужённый [-жён, -жена́] [不完] [load, lade] ① [完 на~, за~] [他] を積む (貨物の

で)いっぱいにする, …に…を積載する: ～ су́дно ле́сом 船に木材を積み込む ③ [по ～] [完] 積み込む, 乗せる: ～ зерно́ в ваго́ны 穀物を貨車に積み込む ③ [コン] [団] (大きな容量を)書き込む; 多くの情報を伝える ④ 《若者・俗》意味のない会話をする

**грузи́ться** гружу́сь, гру́зишься/грузи́шься [不完] /**по～** [完] ① (乗物が)積み込みを行う ② 荷物を持って乗船する ③ 《不完》[受身] < грузи́ть

**Гру́зия** [女9] ジョージア, グルジア (首都は Тбили́си; 2015年グルジアからジョージアに改称の予定)

**гру́знуть** -ну, -нешь 命-ни 過груз/-ул, -зла [不完] /**по～** [完] 沈む, 沈下する

**гру́зный** 短 -зен, -зна́, -зно, -зны/-зны́ [形] ① 重い, 足どりの重い ② (荷物などが)張る, 重い ③ 重い荷物を積んだ

**грузо..** [語形成]「貨物の」

*грузови́к [グルゥグヴィーク] -а́ [男2] [truck, lorry] トラック, 貨物自動車: води́ть ～ トラックを運転する | ～ привезли́ това́ры в го́род. トラックが商品を町に運んできた

**грузовладе́лец** -льца [男3] 荷主

**грузово́й** [形2] 貨物の; 貨物輸送用の: ～ ваго́н 貨物車

**грузооборо́т** [男1] 貨物輸送量, 貨物取扱量

**грузоотправи́тель** [男5] 発送人

**грузопассажи́рский** [形3]: ～ автомоби́ль ミニバン, ステーションワゴン, ピックアップトラック

**грузоподъёмность** [女10] (クレーンの)吊り上げ能力; (車・船の)積載能力

**грузоподъёмный** [形1] 貨物吊り上げ用の

**грузополуча́тель** [男5] 荷受人

**грузопото́к** [男1] (一定期間の)貨物の動き, 荷動き

**грузотакси́** [不変] [中] トラックタクシー

**грузчик** [щ] [男2] [-ца] 荷役労働者

**грум** [男1] 厩番, 馬番

**грунт** [男1] ① 土地; 土壌; 底土; [海] 海底 ② 下塗り; 下地 ③ 背景 ‖**-ово́й** [形2], **～о́вый** [形1]

**грунтова́ть** -ту́ю, -ту́ешь 受過-о́ванный [不完] / **за～, на～, о～** [完] 下塗りをする

**грунтовка** 複生 -вок [女2] ① (絵の)下塗り ② [話] (舗装されていない)道

**групо́рг** [男1] (政党・社会団体などの)リーダー (группово́й организа́тор)

*гру́ппа [グルゥーパ] [女1] [group] ①群れ, 一団, グループ; (芸術作品などの)群像: ～ тури́стов 観光客のグループ | Наро́д толпи́тся -ами. 群衆はいくつかのグループに分かれて群がっている ②集団, 団体, グループ, (学校の)組, 班, クラス: обще́ственные -ы 社会的グループ | уда́рная ～ войск 突撃隊 | рабо́чая ～ ワーキンググループ | ～, изуча́ющая ру́сский язы́к ロシア語学習クラス ③部類, 型, 等級: ～ кро́ви 血液型 | ～ хими́ческих элеме́нтов 化学元素群 ‖**гру́ппка** 複生 -пок [女2] [指小] <①②

**группе́тто** [不変] [中] [楽] グルペット, ターン

**группирова́ть** -ру́ю, -ру́ешь 過 受-о́ванный [不完] /**с～** [完] 分類する, グループ分けする ‖**-ся** [不完]/[完] グループになる, 集まる ②[不完] [受身]

*группиро́вка 複生 -вок [女2] [grouping] ①分類, グループ分け ② (軍隊などの)集結, 配置 ③グループ, 集団 ④ (水泳)かかえこみ (高飛び込みのポーズの一種)

**группово́д** [男1] グループリーダー

*группово́й [形2] [group] グループの, 集団の: -ы́е и́гры 集団遊戯

**группову́ха** [女2] 《若者・俗》①集団での性交 ② (主に強姦などの)グループ犯罪

**группо́вщина** [女1] 派閥主義

**грусти́нк|а** [女2] 《話》軽い憂鬱 [哀愁]: с -о́й 物憂げに

*грусти́ть -ущу́, -усти́шь [不完] /**за～** [完] <о ком/по ком> …を悲しむ; …を恋しがる, 懐かしむ: Не *грусти́*! 悲しまないで, 悲しがらないで

**гру́стнеть** [сын] /**по～** [完] 悲しくなる

**гру́стно** [сн] [グルゥースナ] ① [sadly] [副] 悲しげに, 寂しそうに: ～ улыбну́ться 寂しげに微笑む ② [述] 悲しい, 寂しい: Мне ～ расстава́ться с ва́ми. 私は君たちと別れるのがつらい

*гру́стн|ый [сн] [グルゥースヌィ] 短 -тен, -тна́, -тно, -тны/-тны́ 比 -не́е 最上 -не́йший [形1] [sad] ①悲しい, 悲しげな, 寂しそうな: ～ взгляд 悲しそうな眼差し | Почему́ вы так -ы́? どうしてそんなに悲しそうなんですか ②悲しみ [寂しさ]を誘う, 哀れな: ～ пейза́ж 寂しげな風景 ③悲しむべき, いまいましい: ～ ито́г 残念な結果

*грусть [女10] [sadness] 悲しみ, 寂しさ, 憂愁: предава́ться -и́ 悲しみにひたる ◆в-и́ [俗] -я́х) 悲しげに

*гру́ш|а [グルゥーシャ] [女4] [pear (tree)] ①[植] セイヨウナシ, その果実: варе́нье из -и 洋ナシのジャム ②セイヨウナシ形のもの: боксёрская ～ パンチングボール ‖ **-евый** [形1] <①

**грушеви́дный** 短 -ден, -дна [形1] 洋ナシ形の

**грушо́вка** 複生 -вок [女2] ①梨酒 ②グルショフカ (リンゴの一種)

**грыжа** [女4] [医] ヘルニア, 脱腸 ‖**грыжево́й** [形2]; **гры́жевый** [形1]: ～ банда́ж 脱腸帯, ヘルニア帯

**гры́зло** [中1] ① (馬具)(轡(くつわ))のはみ ②《俗・蔑》口, あご, 顔, 喉

**грызня́** [女5] ① (動物の)咬み合い ② 口げんか, 些細なけんか

*грызть [グルィースチ] -зу́, -зёшь 命-зи́ 過грыз, -зла 能過 -ущий 受過 -зенный [不完] [gnaw, nibble, nag] <что> ①[完 раз～] かじる, 噛む, 噛み砕く: ～ ко́сть 骨をかじる | ～ оре́хи クルミをかみくだく食べる ②[話] …に絶えずがみがみ言う ③[話] 苛(さいな)む, 悩ます: Меня́ грызла́ со́весть. 私は良心がとがめた

**грызться** -зу́сь, -зёшься 過 грызся, -злась [不完] /**по～** [完] ① (動物が)咬み合う ② 《俗》いがみ合う, ののしり合う

**грызу́н** -а́ [男1] ①[動] げっ歯類 (リス, ネズミなど) ② [コン] マウス

**гряд|а́** [女1] (複 -ы, гряд, -а́м) ①山並み, 連山; <田>の連なり: ～ острово́в 列島 ② [複 гря́ды, гряд, гря́дам] (畑の)畝(うね) ‖**гря́дка** 複生 -док [女2] [指小]

*гряду́щий [形6] [coming] ①[雅] 来るべき, 将来の ② -ее [中名] 未来, 将来 ◆на сон ～ [話] 寝る前に

**грязе..** [語形成]「泥の」

**грязев́ой** [形2] 泥の; 泥浴の

**гря́зе-каменный, грязека́менный** [形1] 石の混じった泥の, 土石の

**грязелече́бница** [女3] 泥浴治療場

**грязелече́ние** [中5] 泥浴治療

**грязне́ть** [不完] 泥だらけになる

*грязни́ть -ню́, -ни́шь 受過 -нённый (-нён, -нена́) [不完] [make dirty, litter] ①[完 за～] [完] 汚す, 泥だらけにする: <кого・что>を汚す: ～ пол 床を汚す | ～ своё и́мя 自分の名を汚す ② [完 на～] ごみだらけにする, 散らかす

**грязни́ться** -ню́сь, -ни́шься [不完] /**за～** [完] ① 汚れる ②[不完] [受身] < грязни́ть

**гря́зно** ① [副] 汚く, 汚らしく: Он ～ пи́шет. 彼は字が汚い ② [無人述] 泥だらけだ, ぬかるんでいる; 汚い, 汚れている: На у́лице ～. 道はぬかるんでいる

**грязну́ля** (女5変化), **грязну́ха** (女2変化) [男・

**грязный**

女]《話]不潔な人

**гря́зн|ый** [グリャーズヌィ] 短 -зен, -зна́, -зно, -зны/-зны́ 比 -не́е 最上 -не́йший [形1] [muddy, dirty] ①泥だらけの, ぬかるんだ: -ая доро́га ぬかるんだ道 ②汚れた, 汚い, 不潔な: -ое белье́ 汚れた下着類 | Не тро́гай -ыми рука́ми. 汚い手で触るな ③(道徳的に)汚い, 汚らわしい, 卑しい: -ая ли́чность 品性の卑しい人物 | ~ анекдо́т 下品なアネクドート ④泥色の, (色が)濁った: -ые тона́ 土色の色調 ⑤ごみ〔汚物〕用の: -ое ведро́ ごみバケツ ◆放射能に汚染された

**грязь** [グリーシ] 前 о -и, в -и́ [女10] [mud, dirt] ①泥, 泥濘(でい), ぬかるみ: непрола́зная ~ 通れないほどのひどいぬかるみ | обрыза́ться -ью 泥をはねかける | На дворе́ ~. 外はぬかるみだ ②ごみ; 汚れ: В ко́мнате ~. 部屋が汚れている ③〔複〕(泥浴用の)泥; 泥浴療法; 泥浴療養地 ④道徳的な汚さ, 破廉恥なこと: ду-ше́вная ~ 心の汚さ ◆**закида́ть** [обли́ть] ~ью = смеша́ть с ~ью 団 = втопта́ть в ~ 団 …の顔に泥を塗る, 侮辱する

**гря́ну|ть** -ну, -нешь [完] [一回] ①〔雷・銃声などが〕大きな音が鳴る, 大きな音が鳴り始める ②〔戦争などが〕突発する **//-ся** [完]〔話〕ばたんと倒れる

**грясти́** -яду́, -яде́шь [不完]〔雅〕近づく, 到来する(★不定形, 過去形は用いない)

**ГУ** [ゲウー] Гла́вное управле́ние 総局

**гуайа́ва** [女11]〔植〕グアバ

**ГУАМ** [グアーム] Организа́ция за демокра́тию и экономи́ческое разви́тие 民主主義と経済発展のための機関, GUAM(機構名は加盟国ジョージア(グルジア), ウクライナ, アゼルバイジャン, モルドバの頭文字から)

**Гуанду́н** [グウーン] カントン(広東: 中国の省)

**гуа́но** [不変]〔肥料〕グアノ; (無人島に堆積する)海鳥のフン

**гуа́шь** [女11]〔美〕ガッシュ, 不透明水彩

**губ|а́** [グーバー] 複 гу́бы, губ, губа́м [女1] [lip] ①唇: ве́рхняя [ни́жняя] ~ 上[下]唇 | сжать гу́бы 唇を結ぶ | куса́ть гу́бы 唇を噛む | У неё пу́хлые гу́бы. 彼女はふっくらした唇をしている ②〔複〕(ペンチ・万力などの)先端 ③(大河の流れ込む)湾, 入り江 ④〔植〕キクラゲ ⑤〔軍隊・俗〕衛兵所, 営倉 ⑥〔隠〕刑務所, 牢屋 ◆**губа́ не ду́ра у** 囲〔俗〕…は舌が肥えている, 目が無い[付けている](★アクセント注意) | **ду́ть [наду́ть] гу́бы**〔話〕口をとがらす, ふくれっ面[不満げな表情]をする | **по ~а́м пома́зать** 団〔俗〕…に空約束をする, …を甘言で釣る

**губа́стый** 短 -а́ст [形1]〔話〕唇の厚い

**губерна́тор** [グベルナートル] [男1] [governor](県・州の)知事; 総督: ~ Санкт-Петербу́рга サンクトペテルブルクの市長 | ~ То́кио 東京都知事 **//~ский** [形3]

**губерна́торство** [中1] 知事の職(にあること)

**губерна́торша** [女1]〔話〕知事〔総督〕夫人

**губе́рн|ия** [女9]〔露史〕県(18世紀初頭から1929年までの地方行政単位) **//-ский** [形3]

**губи́тель** [男5] **/~ница** [女3] 迫害者; 破壊者

**губи́тельн|ый** 短 -лен, -льна [形1] 破壊的な, 有害な **//-ость** [女10]

*губи́ть гублю́, гу́бишь [不完] / по~,〔話〕за~, с~ 受過 -гу́бленный [完] [destroy, spoil]〔俗〕①滅ぼす, 駄目にする | ~ здоро́вье 健康をそこなう ②殺す, 破滅させる **//~ся** [受身]

*гу́бка 複生 -бок [女2] ①〔指小〕< губа́ ②〔動〕海綿虫 ③海綿, スポンジ

**губн|о́й** [形2] ①唇の: -а́я пома́да 口紅 ②〔音声〕唇で調音される: -ы́е согла́сные 唇音

**губошлёп** [男1]〔話〕まぬけ, 愚図(ぐず); ぼかんとした人

**губчатый** [形1] 海綿状の, スポンジ状の

**ГУВД** [ゲウヴェデー]〔略〕Гла́вное управле́ние вну́тренних дел 内務総局

**гувернёр** [男1] **/гуверна́нтка** 複生 -ток [女2]〔旧〕(貴族の子どもの)家庭教師

**Гугл** [男1]〔IT〕グーグル: ~ Хром グーグルクローム [<英 Google]

**гу́глить** -лю, -лишь [不完] **/по~** [完]〔話〕〔IT〕グーグルで探す(иска́ть в Гу́гле)

**гугни́вый** [形1] 鼻声の

**гугу́** ◆**ни ~** 何もどの言わない; 何も言うな

**гуд** [男1]〔俗〕ブーンとうなること: ~ом гуде́ть ものすごくうなる

**гудёж** -дежа́ [男4]〔若者〕酒盛り, (酒を飲んでの)どんちゃん騒ぎ **//-ный** [形1]〔若者〕飲酒にふけっている

**гуде́ние** [中6] ぶーんとうなること: その音

*гуде́ть гужу́, гуди́шь, … гудя́т 命 -ди́ [不完] [drone, hoot] ①〔完 про~〕長く単調な音を出す・うなる; (汽笛・サイレンなどが)鳴る: Ве́тер гуди́т в трубе́. 煙突の中で風がうなっている ②〔完 за~〕汽笛[サイレン]を鳴らす: Заво́ды гудя́т. 工場がサイレンを鳴らしている ③〔完 за~〕〔話〕うずく, ずきずき痛む: У меня́ но́ги гудя́т. 私は足がずきずきする ④〔完 за~〕〔若者・隠〕大酒を飲む

*гудо́к -дка́ [男2] [horn, siren] ①汽笛, サイレン, クラクション: автомоби́льный ~ 自動車のクラクション ②汽笛[サイレン, クラクション]の音, うなるような音 ③〔楽〕グドーク(中世ロシアの民俗擦弦楽器)

**гудро́н** [男1] (道路工事用の)タール;〔話〕アスファルト道路 **//гудро́нн|ый** [形1]: -ое шоссе́ アスファルト舗装の幹線道路

**гудрони́ровать** -рую, -руешь 受過 -анный [不完]〔完また за~〕〔техн〕アスファルト舗装する

**гуж** -а́ [男2] ①(馬などの)引き革, 革ひも ②(馬車やリなどの)輸送 ③〔隠〕養育費, 扶養料

**гужево́й** [形2]〔分も〕引き革の ②(馬車など)輸送用の

**гу́зно** 複生 -зен [中1]〔俗〕ぐず, のろ, とんま

**гу́кать** [不完] **/гу́кнуть** -ну, -нешь 命 -ни [一回]〔話〕(ホーホー, グーグーなど)音を断続的に鳴らす

*гул [男1] ざわめき, うなり: подзе́мный ~ 地鳴り | ~ одобре́ния 賛成のざわめき

**ГУЛАГ** [グラーグ] [男2] 矯正労働収容所総管理局 (Гла́вное управле́ние исправи́тельно-трудовы́х лагере́й): Архипела́г ~ 《収容所群島》(А.И. Солжени́цынの著作) **//гула́говский** [形3]

**гулёна** (女2変化)[男・女] 遊び好きな人

**гу́ли** [間]〔擬声〕クークー(鳩の鳴き声の)

**гу́ли-гу́ли** [間]〔幼児〕①お散歩, おんも ②ハトさん, ぽっぽ

**гу́лкий** 短 -лок, -лка́, -лко 比 гу́льче [形3] ①(音が)響く, 鳴り響く ②よく反響する, 音響のよい

**гулли́вый** 短 -ив [形1]〔民話・俗〕いつも遊んでいる, 遊び好きな

**гуля́ка** (女2変化)[男・女]〔話〕遊び人, 遊び好き

**гуля́нка** 複生 -нок [女2] ①(野外での)祭り ②宴会

**гуля́нье** 複生 -ий [中4] ①散歩, 散策 ②〔民俗〕(野外での)祭り〔遊び〕, グリャーニェ: наро́дное ~ 民衆のお祭り(市が立ち, 様々なアトラクションを伴う)

*гуля́ть [グリャーチ] [不完] **/погуля́ть** [完] [walk, take a walk] ①散歩する, 散策する, ぶらつく: ~ по са́ду 庭を散歩する | ~ с соба́кой 犬を連れて散歩する | Пойде́м гуля́ть! 散歩に行こう ②様々な方向に動く, 動きまわる; 広まる: По ко́мнатам гуля́ет ве́тер. 風が部屋から部屋へと吹いている ③安定していない, 揺れ動く: У вас вес гуля́ет. あなたは体重が減ったり増えたりする

④《話》(仕事が)休みである, 働かずにいる；(機械などが)遊んでいる ⑤《俗》酒を飲んで騒ぐ, 浮かれ騒ぐ: ~ на сва́дьбе 結婚披露宴で飲み騒ぐ ⑥《俗》<c頃>と付き合う ◆-по рука́м 次々と人手に渡る；(女が)次々と男を変える

гуля́ш -а/-а́ [男1]《料理》グリャーシ(シチューの一種)

гуля́щий [形6] ①《俗》遊び好きの, 放蕩の ②《女性が》身持ちの悪い, ふしだらな -ая [女名] 売春婦

ГУМ [グーム] [男1] 国営百貨店 (госуда́рственный универса́льный магази́н)

гуманиза́ция [女9] 人間的なものにすること, ヒューマニズムの浸透

гуманизи́ровать -рую, -руешь [不完・完]〈対〉人間的なものにする, …に人間味を持たせる

*гумани́зм [男1]〔humanism〕①〔ルネサンス期の〕人文主義, ヒューマニズム ②ヒューマニズム, 人道主義: испове́довать ~ 人文主義を奉じる

гумани́ст [男1] ①〔ルネサンス期の〕人文主義者 ②ヒューマニスト, 人道主義者

гуманисти́ческий [形3] 人文主義(者)の, 人道主義(者)の

гуманита́р [男1]《俗》人文系専攻者

*гуманита́р|ный [形1]〔humane〕①人文(学科)の, 文科系の: -ая по́мощь 人文支援 ②人道的な: -ое поведе́ние 人道的な態度 //-о

гума́нность [女10] 人間性, 人情, ヒューマニティ

*гума́н|ный短 -ен, -енна, -а́нна [形1]〔humane〕①人道的な, 人間味のある, ヒューマンな: -ое поведе́ние 人道的な態度 //-о

гумано́ид [男1] ヒューマノイド

гумно́ 複 гу́мна, гу́мен/гумён, гу́мнам [中1] ①穀物小屋 ②打穀場, 脱穀場

гу́мус [男1]《農》堆肥

гунди́ть -до́шу, -до́сишь [不完]《俗》鼻声で話す

гундо́сый [形1]《俗》鼻声の

гу́рия [女9] (イスラム教の) 極楽天女

гурма́н [男1] /~ка 複生 -нок [女2] 食通, 美食家, グルメ

гурма́нство [中1] 食道楽, 美食趣味

гурт -а́ [男1] 家畜の大きな群れ

гуртовщи́к -а́ [男1] 家畜番, 牛追い

гурто́м [副]《話》大量に, 卸で, まとめて

гу́ру [男不]《宗》〔ヒンドゥー教などの〕導師, 教師

гурьб|а́ [女9] (人の)群, 一団 ◆-о́й 集団で騒がしく

гуса́к -а́ [男2] ガチョウの雄

гуса́р 複生 гуса́р/-ров [男1]《露史》《革命前》軽騎兵

гусёк -ська́ [男2]《指小》< гусь

гу́сем [副] 一列になって

гу́сеница [女3] ①《虫》あおむし, 毛虫, いもむし ②キャタピラー //-чный [形1]: -чный тра́ктор [хо́д] キャタピラトラクター[駆動]

гусёнок -нка 複 -ся́та, -ся́т [男1] ガチョウの子

гуси́ный [形1] ガチョウの: -ая ко́жа 鳥肌

гу́сли -ей [複]《楽》グースリ (ロシアの民俗多弦撥弦楽器)

гусля́р -а́/-а́ 複 -ы́ [男1] グースリ奏者

*густе́ть [不完]〔thicken, get denser〕①〔完 по-〕密生する, 茂る; 濃くなる, 密になる, 深くなる: Лес густе́ет. 森が濃くなっている | Тума́н густе́ет. 霧が深くなる ②（液体が）濃くなる

густи́ть гущу́, густи́шь 受過 гущённый (-шён, -щена́) [不完] / с~, за~ [完]《話》<対>濃くする //-ся

гу́сто.. [語形成]「濃い」「濃密な」

*гу́сто比 гу́ще ①[副] 濃く, 濃厚に；密に, 密生して, 密集して: Г~ растёт пшени́ца. 小麦が密生している ②[無人述] たくさんある, 豊富にある: У меня́ де́нег не ~. 私はお金があまりない

густоволо́сый 短 -о́с [形1] 髪のふさふさした；毛深い

*густ|о́й [グストーイ] 短 густ, -та́, -то, -ты/-ты 比 гу́ще [形2] ①〔thick, dense, deep〕①密生した, 濃く茂った: -а́я за́росль うっそうたる茂み | -ы́е бро́ви 濃い眉毛 | -ы́е райо́ны с -ы́м населе́нием 人口稠密地帯 ②(液体が)濃い, 濃厚な: ~ мёд 濃厚なハチミツ ③(色が)濃い, 鮮やかな: ~ цвет 濃い色 ④(雲・霧などが)濃い, 深い ⑤(音・声が)低くてよく響く, 太い

густонаселённый [形1] 人口が集中している

густота́ [女5] ①密生, 繁茂 ②濃厚[濃密]なこと ③(音・声の)太さ ④密度；密集度

гусы́ня [女5] ガチョウの雌

*гусь -я/-я́ 複 -и, -е́й 複 -я́м5〔goose〕①《鳥》ガン属, (特に)ガチョウ (дома́шний ~): белобро́вый ~ ган | бе́лый ~ ハクガン | се́рый ~ ハイイロガン | го́рный ~ インドガン | Горо́чет ~. ガチョウがかあかあ鳴いている ②《学校・学生・戯》(5段階評価の)2, うれしくない評点 ③《隠・犯・隠》(犯罪・隠)被告者；扇動者 ◆-е́й дразни́ть わざと怒らせる | ~ ла́пчатый《俗》ずる賢いやつ | как с ~я вода́ 慣 … | Хоро́ш [Каков, Ну и, Что за] ~!《俗》食えないやつだ

гусько́м [副] 一列になって

гуся́тина [女5] ガチョウの肉

гуся́тник [男2] ガチョウ用の檻, 囲い

гуся́тница [女3] ①ガチョウ番の女 ②(ガチョウの蒸し煮用の分厚い)鍋

гутали́н -а/-у [男1] 靴墨 //-овый [形1]

гуттапе́рч|а [女4] グッタペルカ (電気絶縁やカメラの周り, 歯科治療などに用いるゴム様のもの) //-евый [形1]

*гу́щ|а [女4]〔dregs, thick〕①沈殿物, かす: кофе́йная ~ コーヒーかす ②スープなどの濃い[かたい]ところ, 澱(おり) ③濃い茂み ④(群集・事件などの)真ん中: быть в -е собы́тий 事件のまっ只中にいる

гу́ще [比較] < густо́й, гу́сто

густина́ [女1] ①濃厚なこと；密生具合；密度 ②茂み；密集

га́льский [形3] ゲール人[語]の: ~ язы́к スコットランド・ゲール語

ГЭС [ゲース]《略》гидроэлектроста́нция

гюрза́ [女1]《動》トルコクサリヘビ

гяу́р [男1] (イスラム教徒から見た)邪教徒

# Д д

д. 《略》да́тельный (паде́ж); де́йствие; день; дере́вня; долгота́; до́ля; дом; дюйм

*да́¹ [男1] ①〔肯定・同意〕はい, そうです, イエス (↔нет): У тебя́ есть сего́дня свобо́дное вре́мя? — Да́, есть. 「きょう空いている時間ある？」「うん, あるよ」 | Скажи́те я́сно, да и́ли нет. イエスかノーか, はっきり言って下さい

②(話題の転換・想起)ああ, そう, ところで: Да, ещё одна́ но́вость. そうそう, もう一つニュースがあった | Что-то я ещё забы́л. Да, зо́нтик. もっと何か忘れたような, ああ, かさだ

③(確認・同意を求める問いとして) そうでしょう, …だよね: Ты прие́дешь, да? 君, 来るよね | Я измени́лась, да? 私, 変わったでしょう

④《話》(不信・反対)まさか, とんでもない: Я найду́ тебе́ кни́гу. — Да, найдёшь! 「君のために本を見つけてやるよ」「君が見つけるなんて, まさか」

⑤(疑問)本当ですか, そうですか: Вы зна́ете, он же-

# да

нился? — *Да?* А я́ и не знал. 「彼が結婚したって知っていますか」「本当に?うちっとも知りませんでした」
⑥《話》《呼びかけに対する返答》はい, 何ですか: Ива́н Ива́нович! — *Да?* Что хоти́те?「イヴァン・イヴァーノヴィッチ!」「はい, 何ですか?」

◆Вот э́то да! 《話》素晴らしい, 見事だ | **ни да ни нет** どうちか 《話》(1)《強い肯定・賛意》もちろん, その通り (2)《不信・疑念など》そうかな: Она́ без тебя́ скуча́ет. — *Ну да!* 「彼女は君がいなくて寂しがってるよ」「そうかな」

**да²** [助] ①《通例文頭に置いて; 強調》一体, 本当に; もちろん: *Да*, мо́жет ли э́то быть? 一体そんなことがあり得るだろうか ②《3人称現在・未来形動詞と共に》《命令・願望》…せしめよ, …するように, であらんことを (пусть): *Да* здра́вствует враг! 敵が滅びますように!

◆*Да* здра́вствует 国! …万歳 | **Да ну**? 《話》まさか, 本当かな | **Да ещё как**! そんなもんじゃない, それ以上にもっとだ | **Да ты** [**вы**] **что**! 冗談じゃない, ご冗談を, とんでもない | へえ〜, 驚いた

*да³ [接] [and] ①…と…, および: день да ночь 昼と夜, そのうえ: Купи́л кни́гу, *да* ещё каку́ю интере́сную. 本を買ったし, しかもとても面白い本を ③ しかし, だが: Она́ обеща́ла прийти́, *да* не пришла́. 彼女は来ると約束したが, 来なかった ◆**да и** 《話》そしてに, とうとう: Ду́мал, ду́мал, *да и* наду́мал. 考えに考えてついに思いついた | **да и то́** しかも, それも | **да и то́лько** 《話》(1)…するばかりで: Пла́чет, *да и то́лько*. ただ泣くばかりだ ②

**дабл** [男1] ダブル, 2倍 《若者・俗》トイレ

**дава́ла** (女1変化)[男・女]《俗》出資者, 資金提供者, スポンサー

**дава́ть** [ダヴァーチ] даю, даёшь 命 дава́й 受 дава́емый 副 дава́я [不完] / **дать** [ダーチ] дам, дашь даст, дади́м, дади́те, даду́т 命 дай 過 дал, дала́, да́ло/дало́, да́ли (не が付くと以下のように не дал, не дала́, не да́ло受 данный (дан, -на́; не が付くと以下の не дан, не дана́, не дано́) [完] 〔give〕

① 《対》を《与》に与える, あげる, 贈る, 手渡す: 〜 биле́т дру́гу 友達にチケットをあげる | 〜 образова́ние 《与》に 〜 о́рден 勲章を授与する | Он *дал* ма́льчику свою́ кни́гу. 彼は男の子に自分の本をあげた

②《対》を《与》に貸す: *Дай* мне ру́чку на мину́ту. ちょっとペンを貸して

③《対》を《与》に知らせる, 教える: 〜 но́мер телефо́на 電話番号を教える

④《対》支払う, 払う: 〜 две́сти рубле́й за журна́л 雑誌に200ルーブル払う

⑤《対》提供する, 供与する: 〜 помеще́ние 部屋を提供する

⑥《与》に《不定形》させる, 許す, 可能にする: 〜 поня́ть 《与》…に理解させる | *Да́йте* мне поду́мать. ちょっと考えさせて下さい

⑦《対》(ある結果)をもたらす, 与える: 〜 большо́й дохо́д 巨額の収入をもたらす | Земля́ *дала́* бога́тый урожа́й. その土地は豊かな収穫をもたらした

⑧《対》を《与》に催す, 開催する: 〜 конце́рт コンサートを開く | Что сего́дня *даю́т* в теа́тре? 今日劇場で何をやっていますか

⑨《対》《動作を意味する名詞を伴って》〈その動作〉をする, 行う: 〜 согла́сие 同意する | 〜 разреше́ние 許可する | Учи́тель *дал* мне поле́зный сове́т. 先生は私に有益なアドバイスをしてくれた

⑩ 《対》《与》にくらわす: 〜《与》《по/в対》を殴る, 打つ: 〜 пощёчину 横面を張る

⑪《与》の年齢を推定する: Ско́лько лет вы мне *дади́те*? 私はいくつぐらいだと思いますか

⑫ [不完]《通例3人称複数》《対》(売店などで)売る,

販売する: Прости́те, где бана́ны *даю́т*? すみません, バナナはどこで売ってますか

◆**Вот [Во́] даёт**! 《驚き・賛辞》やるね, やるじゃん | **〜 знать о** 圏 …に〜を知らせる | **〜 ру́ку** 圏 …に手を貸す; 手を差し出す | **〜《与》** 《話》《勢いよく》…し始めた (★[不定形]は不完了体): Он *дава́й* бежа́ть. 彼はいっきに駆け出した | **Дава́й, дава́й**! 《俗》さあ, やったやった, 早くしろ | **Дава́й(те)** 《不定形未来形や動詞1人称複数未来形と共に》…しよう, しましょう: *Дава́й* игра́ть в другу́ю игру́. 別のゲームをしましょう | *Дава́й(те)* посиди́м и поговори́м. しばらく座わって話をしよう | **дава́й(те)** 《命令形》《話》さあ, しなさい: *Дава́й* сади́сь. さあ, すわりなさい, 降参する | **Дава́й(-ка)** 《動詞1人称単数未来形と共に》よし, …するぞ: *Дай* слета́ю в Москву́. さあ, モスクワに行ってみるか | **Крути́ педа́ли, пока́ не да́ли**! 拳骨が飛んでくる前に逃げろ | **ни дать ни взять** 《話》そっくり, うりふたつの | **Я тебе́ дам**! おぼえてろよ, 今に見てろよ

**дава́ться** даю́сь, даёшься 命 дава́йся 副 дава́ясь [不完] / **да́ться** дамся, да́шься, даётся, дади́мся, дади́тесь, даду́тся 命 да́йся 過 дал́ся/далса́, дала́сь, дало́сь/далось [完] 〔be caught〕《話》①《通例否定語を伴って》捕えられる, つかまる: 屈する, 降参する: 〜 в ру́ки つかまらない; 屈しない | Не *да́мся* я в обма́н. 私はだまされないぞ ②《与とって》(習得・理解などが)容易である, うまくいく: Ему́ тру́дно *даётся* англи́йский язы́к. 彼は英語がなかなかものにならない 〔完了体3人称過去形で〕《話》〜 в《対》(皮肉をこめて) …がとても気になる: *Дала́сь* тебе́ э́та пти́ца. お前はよっぽどこの鳥が好きなんだね ④《不完》行われる: *Даётся* представле́ние. 上演中だ ◆**ди́ву 〜** ＊

**да́веча** [副] 《俗》先ほど, つい今しがた

**да́вешний** [形8] 《俗》先ほどの, 先刻の

**Дави́д** [男1] ダヴィド (男性名)

**дави́ловка** [女] 《俗》①押し合いへし合い, 人込み ②精神的な圧迫

*дави́ть** давлю́, да́вишь 能動 да́вящий/дави́щий 受動 да́вленный [不完] 〔press, pinch〕①《на対》…に重み[圧力]を加える, …を圧する: Снег *да́вит* на кры́шу. 雪が屋根を圧迫している, 押しつける, 締めつける; 苦しめる, 気を滅入らせる: Сапо́г *да́вит* но́гу. 靴が足を締めつける | Тоска́ *да́вит* мне грудь. 私は気が滅入る ②《対》圧迫する, 抑圧する: 〜 инициати́ву 創意を押えつけている ④《対》《果実などを》しぼる: 〜 лимо́н レモンをしぼる ⑤ [完 раз〜]《対》(虫などを)つぶす, 押しつぶす: 〜 мух ハエをつぶす ⑥ [完 раз〜, за〜]《対》轢(ひ)く, 轢き殺す: 〜 прохо́жего 通行人をひく ⑦ [完 у〜]《対》絞め殺す 〜 шарфом マフラーで絞め殺す

*дави́ться** давлю́сь, да́вишься [不完]〔choke〕① [完 по〜]《対》の喉につかえる: 〜 ко́стью 骨を喉につかえる ②《圏 от чего》〈せき・笑いなどで〉息が詰まりそうになる 〜 от сме́ха おかしくて息がつまりそうだ ③ [完 у〜] 《話》首つり自殺をする ④《俗》押し合いへし合い

*да́вка** [女2] 〔throng, crush〕押し合いへし合い; 雑踏, 混雑: попа́сть в 〜 雑踏に行き当たる

*давле́ние** [ダヴリェーニエ] [中5] 〔pressure〕①重み[圧力]をかけること, 押すこと: Под *−ием* сне́га ру́хнула кры́ша парко́вки. 雪の重みで駐車場の屋根が崩れ落ちた ②《理》圧力: атмосфе́рное 〜 気圧 | 〜 воды́ 水圧 ③《話》血圧 (кровяно́е 〜); 《話》高血圧: прове́рить 〜 у больно́го 病人の血圧を測る ④圧迫, 抑圧, プレッシャー: 〜 полити́ческое 〜 政治的圧力 | Они́ ока́зывались на нас. 彼らは私たちに圧力を加えている ◆**под −ием** 〜に押されて, 圧迫されて: *под −ием* обще́ственного мне́ния 世論に押されて

**да́вленый** [形1] ①つぶれた, 押しつぶされた ②《狩猟》(鳥獣が)しめ殺された

**давне́нько** [副]《話》だいぶ以前に[から]

*__да́вний__ [形8] ①《ancient》以前の, 昔の: *-ие собы́тия* 昔の出来事｜*-их пор* [*времён*] ずっと以前から ②だいぶ前からある, 古い: ~ *друг* 旧友

**давни́шн|ий** [形6]《話》= да́вний

*__давно́__ [ダヴノー] [副] 〖long ago, for a long time〗 ①だいぶ以前, ずっと前に: *Война́ ~ зако́нчилась*. 戦争はとうの昔に終わっている ②ずっと前から, 長い間: *Он ~ здесь живёт*. 彼はここに昔から住んでいる｜*Д~ не ви́делись с тобо́й!* 久しぶりだね ◆*Д~ бы так!*《話》ついにやったね, もっと早くそうしていればよかったのに

**давнопроше́дший** [形6] 遠い昔の

**да́вност|ь** [女10] ①《存在・生起が》遠い過去であること, 古さ ②《存在・所有・使用などの》《時間が》長いこと ③《法》時効: *срок -и* 時効期間

**давны́м-давно́** [副]《話》かなり以前に, とうの昔に

**да́вящий, дави́щий** [形6] 重苦しい, つらい

**Дагеста́н** [男1] ダゲスタン共和国 (Респу́блика ~; 首都は Махачкала́; 北カフカス連邦管区)

**дагеста́не|ц** -нца [男3] /-ка 複生-нок [女2] ダゲスタン人 *||-ский* [形3] ダゲスタン(人)の

**да́ги** (不変)[複] ダゲスタンのイスラム教を信仰する民族

**дади́м** [1複未] < да́ть

**дади́те** [2複未] < да́ть

**даду́т** [3複未] < да́ть

**даёшь** [2単現] < да́ть

**Да́жбог, Да́ждьбог** [男2]《スラヴ神》ダジボグ(太陽神)

*__да́же__ [ダージェ] [助] 〖even if〗 ①…さえ, …すら, …でも: *Д~ он придёт*. 彼ですらやって来るだろう｜*Тако́е вы́говорить стра́шно*. こんなことは口にするのさえ恐ろしい ②《接続詞的用法》(あまりに…なので)…するほどだ, …なほどだ: *Я так уста́л, ~ у́жинать не мог*. 私はひどく疲れて晩御飯を食べることさえできなかった｜*Он бо́льшую часть своего́ вре́мени проводи́л за чте́нием, ~ испо́ртил и́м зре́ние*. 彼は自分の時間の大半を読書に費やし, そのせいで視力を損なったほどだ
◆*~ е́сли* = *е́сли* ~ たとえ…だとしても: *Сло́жно заговори́ть на англи́йском, ~ е́сли вы зна́ете мно́го слов*. たとえ単語をたくさん知っていても, 英語を話せるようになるのは難しい｜*~ не зна́ю* 見当もつかない, 自信がない｜*~ как* [*чем*] … ほかならぬ, つい: *не ~ как вчера́* つい昨日の

**дай** ①[命令] < да́ть (→дава́ть) ②[間]《幼児》ちょうだい

**да́йвинг** [男2]《スポ》ダイビング

**да́йджест** [男1] ダイジェスト, 要約版

**дактилоло́гия** [女9] 手話法, 指話法

**дактилоскопи́я** [女9] 指紋鑑定(法)

**да́ктиль** [男5]《詩》長短短格, 強弱弱格

**дала́й-ла́ма** (不変 -ы)[男] ダライラマ (チベット仏教ゲルク派教主の尊称)

*__да́лее__ [ダーリェェ] [further] [副] (= да́льше) ①より遠くに: *Видны́ в отдале́нии берёзовые ро́щи и ещё ~ — леси́стые холмы́*. 遠くに白樺の木立が見え, 更に森に覆われた丘が見える ②それから, 今後, 以後: *Мы бу́дем уча́ствовать во всех ко́нкурсах, плани́руемых на 2015 (две ты́сячи пятна́дцатый) год и ~*. 私たちは2015年とそれ以後に予定されているコンクールの全てに参加します ③先へ, さらに続けて: *чита́ть ~ продолжа́ть* 続きを読む ◆《IT》(「ブラウザの」)進む
◆*и так ~* …など, …(略 и т.д.)｜*не ~ как чем́ …* ほかならぬ, つい: *не ~ как вчера́* つい昨日の

*__далёк|ий__ [ダリョーキイ] 短 -лёк, -лека́, -леко́/-лёко比 да́льше [形3] ①《距離的に》遠い, 遠く離れた; 長距離の(↔бли́зкий): *-ие стра́ны* 遠い国々｜*~ путь* 長い道程｜*Астроно́мы обнару́жили самые ~ие объе́кты во Вселе́нной*. 天文学者たちは宇宙で最も遠くにある物体を発見した
②《時間的に》遠い, 遠く隔たった ～: *-ое бу́дущее* 遠い未来｜*-ое про́шлое* 遠い過去
③《関係的に》遠い, かけ離れた, 縁遠い: *Мы с ни́м лю́ди ~ие*. 私と彼とは縁もゆかりもない｜*Его́ слова́ далеки́ от и́стины*. 彼の言葉は真実からかけ離れている
④《通例短尾》《*от*国》…する気持ちがない, …するつもりはない: *Я далёк от мы́сли е́хать туда́*. 私はそこへ行くつもりはない
⑤《否定副詞およびсли́шком, о́чень, весьма́などと共に》《話》賢い, 利口な: *Он не о́чень ~*. 彼はあまり賢くない

*__далеко́__ [ダリコー] 比 да́льше Ⅰ [副] 〖far, far off〗 (距離的に) 遠く, 遠くに, 遠くへ, 遠く離れて: *Он живёт ~ от ста́нции*. 彼は駅から遠いところに住んでいる｜*Я просну́лся ~ до рассве́та*. 私は夜の明けるずっと前に目をさました
Ⅱ [無人述]《от》 ①《距離的・時間的に》遠い, 遠く隔たっている: *До го́рода ~*. 町までは遠い｜*До зимы́ ещё ~*. 冬まではまだ遠い ②《в до国》遠く及ばない, ほど遠い: *Друго́му ~ до него́*. 彼の右に出る者はいない
◆*~ за* 国 ～をはるかに過ぎて, はるかに越えて: *Ему́ ~ за со́рок*. 彼は40歳をはるかに越えている｜*~ иду́щий* (*計画などが*) 遠大な｜*~ не*《話》全然…でない｜*~ не уе́дешь 'с* [*на* 国] …では大したものは得られない｜*~ зайти́* 度を越す, 行きすぎる, やりすぎる｜*~ пойти́* 出世する, 成功者となる｜*~ ходи́ть* [*иска́ть*] *не ну́жно* [*на́до, прихо́дится*] 遠くへ行く必要はない, 手近にある: *За приме́рами ~ ходи́ть не на́до*. 例は身近などこにでもある

**далеко́** = далеко́

**далма́тин** [男1]《動》ダルメシアン (犬種)

**Далма́ция** [女9] ダルマチア (クロアチアの沿岸地方)

**да́ль** 前 о -и, в -и́ [女3] ① 《бли́зь》 ①目にも見えるかな広がり, 遠景: *тума́нная ~* もやにかすんだ遠景 ②遠く離れた地方, 遠隔地

**Да́ль** [男5] ダーリ (Влади́мир Ива́нович ~, 1811-72; ロシア語学者, 民俗学者)

**да́льне..** [《語形成》「遠い」「遠く離れた」]: *да́льнебомбардиро́вочный* 遠距離爆撃の

*__дальневосто́чный__ [形1] [Far Eastern] 極東 (Да́льний Восто́к)の: *~ая приро́да* 極東の自然

*__дальне́йший__ [ダリニェーイシイ] [形6] 〖further, furthest〗 その後の, 今後の, その次の; それ以上の, さらなる: *~ план де́йствий* 今後の行動計画｜*Д-ее обсужде́ние не ну́жно*. これ以上の審議は必要しない
◆*в -ем* 今後, これから先; (書籍・文書などで) 下記で: *ООО «А», имену́емое в -ем Продаве́ц* 有限会社「A」, 以下「売主」と称する

*__да́льн|ий__ [ダーリニイ] [形8] 〖distant, remote〗 ①《距離的に》遠い, 遠く離れた; 長距離の (↔бли́жний): *-ее село́* 遠い村｜*автобу́с -его́ сле́дования* 長距離バス｜*Они́ уе́хали в -ие края́*. 彼らは遠い地方へと去って行った ②《時間的に》遠い, 遠く隔たった: *-ее про́шлое* ③《親等・血縁的に》遠い縁の: *~ ро́дственник* 遠い親戚 ◆*без -их слов* [*разгово́ров*] つべこべ言わずに, 単刀直入に

**Да́льний** (形3変化)[男] 大連 (→Даля́нь)

**дальнобо́й** [男6] 《俗》長距離トラック

**дальнобо́йный** [形1]《軍》長距離射撃の

**дальнобо́йщик** [男2] ① 《俗》長距離トラックの運転手 ② 《俗》出稼ぎ人 ③ 《俗》長期的な構想[計画]を持っている人

**дальнови́дн|ый** 短 -ден, -дна [形1] 先見の明ある, 将来を見越した *||-о* [副] *||-ость* [女10]

**дальнозо́рк|ий** 短 -рок, -рка [形3] ①遠視の; 老眼の: *очки́ для -их* 遠視用眼鏡, 老眼鏡 ②先見の明

ある **//–ость** [女1] <①

**дальноме́р** [男1] 距離測定器, 距離計, 測距儀

**да́льность** [女10] 遠いこと, 遠く離れていること；距離

**дальня́к** -á [男2] 《俗》①へき地の労働キャンプ[コロニー] ②トイレ ③遠距離射撃

**дальтони́зм** [男1] 色覚異常

**дальто́ник** [男2] **/–и́чка** 複生 -чек [女2]《話》色覚異常の人

*да́льше [ダーリシェ] **I** [形] [副] [further][比較<дале́кий, далеко́/далёко) ①より遠くの；より遠くに：Д– е́хать не могу́. これより遠くには行けない
**II** [副] ①それから, これから, その後：Никто́ не зна́ет, что бу́дет. それからどうなるかは, 誰も知らない
②先へ, さらに続けて：Расска́зывай ~. その先を話して
◆~ – бо́льше それから先は大変だ！ **| ~ (е́хать) не́куда** 《話》最悪だ, もうどうにもならない **| не ~ как [чем]**... ほかならぬ, つい

**Даля́нь** [男2] 大連 (中国遼東半島の港湾都市；1898年ロシアが租借地として Да́льний と命名)

**да́м** [1単未]<**да́ть**

*да́м|а [ダーマ] [女1] [lady]①(一般に)女性, 婦人, 奥様, レディー：пропусти́ть -y вперёд 女性を先に通す ②(ダンスの)女性パートナー ③(トランプ)クイーン(→ фигу́ра[活用])：пи́ковая ~ = ~ пик スペードのクイーン ④[旧]貴婦人, 淑女 ◆**Да́мы и господа́!**(呼びかけ)紳士淑女のみなさん！

**дама́ск** [男2]《織》ダマスク織

**Дама́ск** [男2] ダマスカス(シリアの首都)

**да́мба** [女1] ダム, 堰($\frac{\text{せき}}{}$), 堤防

**да́мка** 複生 -мок [女2] (チェス)成駒

**дамо́клов** [形10] ◆~ меч ダモクレスの剣, 絶えず身に迫る危険 (ギリシャ故事より)

**да́мпинг** [男2] (産業廃棄物の)投棄

**да́мский** [形3] 女性の, 婦人の；女性用の

**Дании́л** [男1] ダニイル(男性名)

**Дани́ла** (女1愛化)[男1] ダニーラ(男性名)

**Дани́лов** [男姓] ダニーロフ(Ки́рша ~, 18-19世紀；初のブィリーナ были́на など古謡集の編者)

**Да́ния** [女9] デンマーク(首都は Копенга́ген)

**да́нность** [女10]《文》所与のもの, 現実

*да́нные [ダーンヌィエ] (形1変化)[複2] [data]①データ, 資料；根拠, 材料：цифровы́е ~ 数値デー タ | нет никаки́х –ых предполага́ть, что ... ~ と仮定する根拠は何もない ②素質, 資質, 才能：У него́ есть акте́рские ~. 彼には俳優としての素質がある

*да́нн|ый [ダーンヌィ] [形1] [given, present] この, 当該の, 問題の, 今の場合は | в ~ моме́нт現時点では ■-ая величина́ 《数》既知数

**да́н|ь** [女10] ①《史》年貢, 貢物 ②《文》当然なす[報いる]べきこと：принести́ ~ уваже́ния 5 ~ にしかるべき敬意を表する ③《転》の譲歩, 屈伏, 追従 ◆**отдава́ть ~** (1) ~ を十分に評価する (2) ~ に譲歩する, 従う

*да́р 複 -ы́ [男1] [gift, donation] ①《雅》贈り物, 進物, 贈呈品：приноси́ть в ~ ... を贈呈する **| –ы́ приро́ды** 自然の恵み ②才能, 天賦の才：литерату́рный ~ 文才 ◆~ ре́чи [сло́ва] (1)発話能力 (2)弁舌の才 | **потеря́ть ~ ре́чи** 言葉を失う

**дарви́низм** [男1]《生》ダーウィン説, ダーウィニズム

**дарвини́ст** [男1] **/–ка** 複生 -ток [女2] ダーウィン説信奉者

**Дарданне́ллы** [э] -е́лл [複] ダーダネルス海峡

**дарёный** [形1]《話》贈られた

**дари́тель** [男5] **/–ница** 複生 -ниц [女3] 贈与者, 寄贈者

*дари́ть [ダリーチ] -рю́, да́ришь 命 дари́ [不完] **/по-дари́ть** 受過 -да́ренный [完]《present》①<［与］に［対］を>贈る, プレゼントする：~ часы́ 時計をプレゼ ントする | Жена́ подари́ла му́жу на день рожде́ния руба́шку. 妻は夫の誕生日にシャツを贈った
②《転》《対》を贈る：~ улы́бкой ...に微笑みかける

**дармое́д** [男1] **/–ка** 複生 -док [女2]《話》居候, 寄食者, 怠け者

**дармое́дство** [ц] [中1]《話》居候, 寄食

**дарова́ние** [中5] ①才能, 天賦の才；才能豊かな人 ②[旧]贈与, 下賜

**дарова́ть** -ру́ю, -ру́ешь 受過 -о́ванный [不完・完]《別》《雅》《対》贈る, 下賜する

**darови́тый** 短 -и́т [形1] 才能豊かな **//–ость** [女10]

**дарово́й** [形1]《話》ただの, 無料の：~ биле́т 無料券

*да́ром [ダーラム] [副] [free, in vain] ①ただで, 無料で：получи́ть ~ ただでもらう | Отдам́ ~ котя́т в хоро́шие ру́ки. よい子ねこの引き手に子猫あげます
②無駄に, むなしく, いたずらに：Все труды́ пропа́ли ~. 全ての労力が無駄になった ◆~ не пройдёт 田...は…でただでは済まない：Это ему́ ~ не пройдёт. それは彼にとってただではすまない **| ~ что ...** 《俗》...にもかかわらず, ...だけれども：Д– что ле́то, а тепла́ ещё нет. 夏だというのに, まだ暖かくない

**дароно́сица** [女3]《教会》聖体容器

**дарохрани́тельница** [女3]《教会》聖櫃, 天蓋付壁龕(がん)

**да́рственный** [形1] 贈与を証明する

**да́ртс** [ц] [男1] ダーツ

**Да́рья** [女8] ダリヤ(女性名；愛称 Да́ша)

**да́ст** [3単未]<**да́ть**

*да́т|а [ダータ] [女1] [date] 日付, 年月日, 期日：~ рожде́ния 生年月日 | письмо́ без -ы 日付のない手紙 | Определена́ ~ вы́боров президе́нта РФ. ロシア連邦大統領選挙の日が決まった

**да́тельный** [形1]：~ паде́ж《文法》与格

**дати́ровать** -рую, -руешь 受過 -о́ванный [不完・完]《対》①...に日付を入れる, 年月日を記入する：~ письмо́ 手紙に日付を入れる ②《対》[日時]を確定する

**датиро́вка** [女2] 日付を入れること；年代の確定

**да́тский** [ц] [形3] デンマーク(人)の

**датча́нин** 複 -а́не, -а́н [男10] **/–ка** 複生 -нок [女2] デンマーク人

**да́тчик** [男2] センサー

**да́ть(ся)** [完] → **дава́ть(ся)**

**да́ун** [男1]《俗》①気のふさぎ, 憂鬱, ダウン状態 ②[コン]不作動状態, ダウン ③ダウンジャケット ④ダウン症の人 ⑤のろま, ばか ◆**синдро́м Да́уна** ダウン症候群

*да́ч|а¹ [ダーチャ] [女4] [dacha] (通例夏用の)別荘, ダーチャ；別荘地：постро́ить -y 別荘を建てる | Мы жи́ли на -e всё ле́то. 私たちは夏の間ずっと別荘で暮らした

**да́ча²** [女4] ①森林地, 森林地区 ②与えること ③1回に与えられる量

**дачевладе́лец** -льца [男3] **/–ица** [女3] ダーチャ(да́ча¹)の所有者

**да́чка** 複生 -чек [女2] [指小]<да́ча¹

**да́чни|к** [男2] **–ца** [女3] (夏季に)ダーチャ(да́ча¹)で暮らす人

**да́чный** [形1] 別荘の, ダーチャ(да́ча¹)の

**Да́ша** [女1] (愛称)<Да́рья

**да́шь** [2単未]<**да́ть**

**даю́** [1単現]<**дава́ть**

**дБ** [略]《電・理》デシベル

**ДВ** [デェヴェー]《略》**Да́льний Восто́к** 極東；дли́нные во́лны《電・理》長波；длинноволно́вый

**два** [ドヴァー] 《男・中》/ **две** [ドヴェー] 《女》двух, двум, два/две/двумя, двумя, двух (за два/две/на два/две; на два/две; по два/две, по́ два/две) [数] 《個数》 [two] ① 2: **два студе́нта** 学生2人 | **две тре́ти** 3分の2 | **в два часа́ но́чи** 夜中の2時に | **Два и четы́ре — шесть.** 2+4＝6 | **Поэте́сса вы́пустила сра́зу две но́вые кни́ги.** その女流詩人は一度に2冊の本を出した | **Ну́жно обновля́ть регистра́цию ка́ждые два го́да.** 2年毎に登録を更新する必要がある

[語法] «два́, три, четы́ре と名詞の数と格»
①主格および対格に等しい対格の場合—単数生格: **два ме́сяца** 2か月 | **две же́нщины** 2人の女性
②他の格の場合—数は変化に一致: **по двум** причи́нам 2つの理由で | **на двух у́лицах** 2つの通りで

[語法] «два́, три, четы́ре と形容詞の数と格»
①主格および対格に等しい対格の場合—男性・中性は複数生格, 女性は複数主格が普通だが, 複数生格の場合もある: **два де́тских са́да** 2つの幼稚園 | **две но́вые ста́нции** 2つの新駅
②その他の格の場合—数は複数, 格は数詞の変化に一致: **из двух больши́х групп** 2つの大きなグループから | **ме́жду двумя́ небе́сными тела́ми** 2惑星間で

② 《話》 (5段階評価の成績) 2点 (двойка; ★ — **хорошо́** 参考): **Я получи́л два за дикта́нт.** 私は書き取りで2をもらった | 《話》 少しの, わずかの: **сообщи́ть в двух слова́х** 手短に伝える | **Он живёт в двух шага́х от меня́.** 彼は私のすぐ近所に住んでいる
◆**два-три** ＝ **две-три** 2, 3の; **дня́-три́** дня́ 2, 3日 | **ни два ни полтора́** 《話》 どっちつかずの, 中途半端

**двадцати́..** [語形成] 「20の」
**двадцатиле́тие** [中5] ①20年間 ②20周年
**двадцатиле́тний** [形8] ①20年間の ②20歳の
**двадца́тка** [女2] 《俗》 20という数に関連するもの (の20ルーブル, 20km, 2万 (двадцать ты́сяч) ルーブルなど)
■ **Больша́я ~** 《政》 20か国首脳会合および財務相・中央銀行総裁会議, G20
**двадца́т|ый** [ドヴァーッツァテイ] [形1]《序数》 [twentieth] 20番目の: **~ век** 20世紀 | **-ая страни́ца** 20ページ | **-ые го́ды** (世紀の)20年代 | **-ое декабря́ 12** 月20日
**два́дцать** [ドヴァーッツァチ] 生・与・前・対 と 造 -ью́ [数]《個数》[twenty] 20 (★ → **пять** 語法): **пять 25**
◆**~ раз** 何度も, 繰り返し繰り返し: **Д~ раз тебе́ говори́л.** 口がすっぱくなるほどお前に言った
■ **~ одно́** ブラックジャック (トランプゲームの一種) | **Гру́ппа -и́** 《政》 G20 (Больша́я двадца́тка)
**двадца́тью** [副] 20倍すれば
**два́жды** [副] 《twice》①2回, 2度に: **~ в неде́лю** 週に2度 ②2倍ずつ: **Д~ пять — де́сять.** 5の2倍は10
◆**как ~ два́ (четы́ре)** 《話》 (2掛ける2が4であるように)明白な, わかりやすい
**две** → **два**
**двенадцатиле́тний** [形8] ①12年間の ②12歳の
**двенадцатипёрстн|ый** [сн] [形1]: **-ая кишка́** 《解》 十二指腸
**двена́дцат|ый** [ドヴィナーッツァテイ] [形1]《序数》 [twelfth] 12番目の: **но́чь с оди́ннадцатого на -ое января́** 1月11日から12日にかけての真夜中 | **че́тверть -ого** 12時4分過ぎ | **ча́сть -ая** 12分の1
**двена́дцать** [ドヴィナーッツァチ] 生・与・前・対 と 造 -ью [数]《個数》[twelve] 12 (★ → **пять** 語法)
**две́рка** 複生 -рок [女2] (две́ри) ①《指小》 < дверь ② = две́рца

**дверн|о́й** [形2] ドアの, 扉の: **-ая ру́чка** ドアノブ
**две́рца** 複生 -рец [女3] [door] (通例両開きの小さな) 扉, ドア: **пе́чная ~** 暖炉の扉
**две́р|ь** [ドヴェーリ] 前 о -и, в/на -и́/-и 複 -и, -е́й 複生 -я́ми/-ьми́ [女3] [door] ドア, 扉, 戸口: **деревя́нная ~** 木のドア | **автомати́ческая ~** 自動ドア | **откры́ть [закры́ть] ~** ドアを開ける[閉める] | **Незнако́мый челове́к стоя́л в -я́х.** 見知らぬ人が戸口に立っていた ◆**(жить)** ~ в ~ 《話》 すぐそばに, 向かい合せに (住む) | **Закро́й ~ с той стороны́.** 《話》 出て行け | **показа́ть [указа́ть] на ~** …に退出を要求する, 立ち去れと言う | **при откры́тых [закры́тых] -я́х** 公開 [非公開] で | **стуча́ться в ~** (1) ドアをたたく; (頼みごとがあって) 扉を叩く, 訪れる, 頼む: **стуча́ться в ~ рабо́тода́телей в по́исках рабо́ты** 仕事を求めて雇用者を訪ねる (2) 迫る, 近づいてくる | **у -е́й** すぐ近くに, 間近に: **Зима́ у -е́й.** 冬は間近だ | **хло́пать -ью́** (ドアをバタンと閉めて) 憤慨して立ち去る
**две́сти** [ドヴェースチ] двухсо́т, двумста́м, две́сти, двумя́ста́ми, двухста́х [数]《個数》[two hundred] 200 (★ → **пять** 語法): **~ рубле́й** 200ルーブル | **самолёт с двумя́ста́ми пассажи́рами** 200名の乗客を乗せた飛行機
**дви́гател|ь** [ドヴィーガチリ] [男5] [motor, engine] ①エンジン, 発動機, 機関, モーター: **ди́зельный ~** ディーゼルエンジン | **парово́й ~** 蒸気機関 | **пусти́ть [останови́ть] ~** エンジンを始動させる [止める] ②《転》 原動力, 推進力: **~ прогре́сса** 進歩の推進力
**дви́гательн|ый** [形1] 運動の, 運動を起こさせる: **-ые не́рвы** 運動神経 | **-ая си́ла** 原動力
**дви́га|ть** [ドヴィーガチ] -аю/дви́жу, -аешь/дви́жешь, -ай 能現 -ающий/дви́жущий 受現 движи́мый 受過 дви́нутый 副分 дви́гая [不完] / **дви́нуть** [ドヴィーヌチ] -ну, -нешь 命 -нь [完] [move] ①《不完通例 -аю, -аешь》《団》 移動する, …の位置を変える: **~ ме́бель** 家具を動かす | **Они́ дви́гали стол в у́гол ко́мнаты.** 彼らはテーブルを部屋の隅に移動させていた ②《不完現 -аю, -аешь》《団》 (軍隊などを) 前進させる, 差し向ける: **~ батальо́н в ата́ку** 大隊を攻撃に向ける ③《不完現 -аю, -аешь》《団》 を動かす, 揺り動かす: **~ плеча́ми** 肩を動かす ④《不完現例 дви́жет》《団》 発展させる, 推進する: **~ нау́ку** 科学を発展させる | **дви́жущие си́лы прогре́сса** 進歩の推進力 ⑤《不完》《不完現例 дви́жет》《団》 (物が) 動かす, …の原動力となる: **Пружи́на дви́жет часово́й механи́зм.** ゼンマイが時計を動かしている ⑥《不完》《不完現例 дви́жет》《団》 につき動かす, 駆り立てる: **Им дви́жет тщесла́вие.** 彼は虚栄心に動かされている ⑦ [不完現通例 -аю, -аешь]《俗》出発する, 出かける ⑧《俗》 《団》 殴る, 打つ, 殴る: **~ сопе́рника кулако́м** 相手をこぶしで殴る
**дви́га|ться** [ドヴィーガッツァ] -аюсь/дви́жусь, -аешься/дви́жешься, -айся 能現 -ающийся/дви́жущийся 副分 дви́гаясь [不完] / **дви́нуться** [ドヴィーヌッツァ] -нусь, -нешься 命 -нься [完] ①動く, 移動する ②進む, 前進する; 発展する: **Ваго́н ме́дленно дви́гался вдоль перро́на.** 車両はゆっくりとプラットホームにそって動いていた | **Компью́терная инду́стрия дви́жется стреми́тельными те́мпами.** コンピュータ産業は猛烈なテンポで発展している ②《不完現通例 -аюсь, -аешься》出発する, 出かける: **~ в путь** 旅に出る ③身動きする; (体の部分が) 動く: **Рука́ по́сле опера́ции пло́хо -а́лась.** 手術の後, 手がうまく動かない
◆**~ по слу́жбе** 昇進する, 出世する
**движе́н|ие** [ドヴィジェーニエ] [中5] [movement, motion] ①(物体の) 運動, 動き; 移動: **враща́тельное ~** 回転運動 | **~ плане́ты** 惑星の運行 | **~ ледников**

氷河の移動 | Давле́ние ма́сла приво́дит в ～ по́ршень. 油圧がピストンを動かす
② 〖哲〗(物質の存在様式としての)運動
③ (交通機関などの)運行, 運転; 交通: расписа́ние -ия поездо́в 列車運行ダイヤ | по пра́вой [ле́вой] стороне́ 右[左]側通行 | Неожи́данный снегопа́д заблоки́ровал ～ по основно́му шоссе́. 予期せぬ降雪が幹線道路の交通を遮断した
④ (体の)動き, 動作, 運動, 身振り: нело́вкое ～ руки́ ぎこちない手の動き | лежа́ть без -ия 身動きせずに横たわっている
⑤ (心・内面的な)動き: серде́чное ～ 心の動き
⑥ (事態の)推移, 進展, 発展, 成長: ～ собы́тий 事件の推移 | ～ народонаселе́ния 人口動態
⑦ (社会的・政治的)運動: национа́льно-освободи́тельное ～ 民族解放運動
⑧ (文学作品における)進展, 動き: В пье́се ма́ло -ия. この戯曲は波乱に乏しい

**дви́жимость** [女10] 動産

**дви́жим|ый** [形1] ① 動かせる, 可動の; 動産の(↔ неви́жимый) ② -ое иму́щество 動産 ②〖雅〗(心に)動かされた, かり立てられた

**дви́житель** [男5] 〖機〗駆動装置, 推進装置(プロペラ, 車輪など)

**движо́к** -жка́ [男2] ①〖機〗機械の軸に沿って動く部分, 滑動部 ②〖話〗小型発動機 ③ 雪かき用の木製シャベル

**дви́жущий** [形6] 動かす, 動因となる: -ая си́ла 原動力, 起動力

**дви́нутый** [形1] 〖俗〗気の狂った, 頭のおかしい

**дви́нуть(ся)** [完] →дви́гать(ся)

\***дво́е** двои́х, двои́м/двои́х, двои́ми, двои́х [数]〖集合〗〔two〕①〔人を示す男性名詞・複数名詞または人称代名詞複数形と共に, または単独で〕ふたり, 2人(★ 女性だけの場合は個数詞を用いる: две́ сестры́ 2人の姉妹): ～ бра́тьев 2人の兄弟 | ～ дете́й 子どもふたり | Нас бы́ло ～. 我々は2人だった
②〔複数形のみの名詞と共に〕2つ, 2個: ～ су́ток 2昼夜 | ～ часо́в 時計2個 | ～ но́жниц はさみ2丁

⸺⸺⸺⸺⸺⸺⸺⸺⸺⸺⸺⸺⸺⸺⸺⸺⸺⸺⸺
題| 結合する名詞・形容詞の数と格
①主格および主格に等しい対格の場合一複数生格: дво́е сынове́й 2人の息子
②他の格の場合一数は複数, 格は数詞の変化に一致: двум сыновья́м 2人の息子に
⸺⸺⸺⸺⸺⸺⸺⸺⸺⸺⸺⸺⸺⸺⸺⸺⸺⸺⸺

③〔主・対格で; 対 の物と示す名詞と共に〕2対, 2組: наде́ть ～ чуло́к ストッキングを2枚重ねてはく

♦ **(рабо́тать, есть) за двои́х** 2人分, 2人前(働く, 食べる) | **на свои́х (на) двои́х** 〖戯〗歩いて, 徒歩で

**двое..**  〖語形成〗「2の」「二重の」

**двоебо́рье** [中4]〖スポ〗2種競技, 複合種目
■ -**лы́жное** ～ ノルディックスキー複合競技

**двоевла́стие** [中5] 二重権力, 二重政権

**двоето́чие** [中5] コロン(:)

**дво́ечни|к** [男2] -**ца** [女3]〖話〗いつも2点(落第点)ばかり取っている生徒, 劣等生

**двои́ть** -ою́, -ои́шь 命 -ой [不完] ⟨рд⟩ ① 2つに分ける, 二分する ② [完 вз-] 〖農〗再耕耘(ごう)する

**двои́ться** -ою́сь, -ои́шься [不完] ① 2つに分かれる ② 二重に見える: В глаза́х двои́тся. 〖無人称〗物が二重に見える

**двои́чный** [形1] 〖数〗2進の: -ая систе́ма счисле́ния 2進法

\***дво́йка** [ドヴォーイカ] 複生 дво́ек [女2] 〔two, №2〕① (数字の)2: написа́ть -у 2を書く ②〖話〗バス・路面電車などの系統を示す〕2番: Я дое́хал до ста́нции на -е. 私は2番のバスで駅まで行った ③ 〔5段階の成績評価の)2点(不合格点; ★→хорошо́ 参考): поста́вить -у 2点を付ける | Мой сын получи́л -у по арифме́тике. 私の息子は算数で2をとった ④〖トランプ〗2のカード: черво́нная ～ ハートの2 ⑤ 2人漕ぎボート, ペア: па́рные -и ダブルスカル

\***двойни́к** [男2] 〔double〕① そっくりな人, 生き写し; 分身: Вы ― его́ ～. あなたは彼の生き写しだ ② 2倍[2重]になったもの

\***двойн|о́й** [形2] 〔double〕① 2倍の, ダブルの: -а́я пла́та 2倍の料金 | в -о́м разме́ре 2倍にして ② 二重の, 2つの同様のものから成る: -о́е дно́ 二重底 | ～ подборо́док 二重あご ③ どっちつかずの, 曖昧な, 裏表のある: вести́ -у́ю игру́ 二股膏薬(ニラニラ)の態度をとる

**двойня́** 複生 двое́н [女7] 双生児

**двойня́шка** 複生 -шек(女2変化)[男・女]〖通例複〗〖話〗双生児, ふたご

**дво́йственн|ый** 短 -ен, -енна [形1] ① 矛盾した, どっちつかずの, 相反する: -ое чу́вство 相反する感情 ② 表裏のある, 偽善的な ■ -ое число́ 〖文法〗双数, 両数 // -ость [女10]

\***двор** [ドヴォール] -а́ [男2] 〔yard, homestead〕
① 中庭, 庭; 構内: вход со -а́ 中庭への入り口 | Де́ти игра́ют во -е́. 子どもたちは中庭で遊んでいる
② 農家, (農家の単位としての)戸, 世帯: дере́вня в три́ста -о́в 300戸の村 ③ 小屋: ско́тный ～ 家畜小屋 ④ (公共の)施設, 局: моне́тный ～ 造幣局[廷]
⑤ 宮廷, 朝廷: ца́рский ～ ツァーリの宮廷

♦ **на -е́** (天候・季節などが)戸外では, 外は: На -е́ моро́з. 外は厳しい寒さだ | **(прийти́сь) не ко -у́** ふさわしくない, そぐわない | **сходи́ть [сбе́гать] на -** 〖俗〗屋外で用を足す | **ни кола́, ни -у́** 田〖慣〗素寒貧だ 〖慣用句〗[кол の項参照]

\***дворе́ц** [ドヴァリェーツ] -рца́ [男3] 〔palace〕① 宮殿, 御殿: Зи́мний ～ 冬宮 ② 会館: ～ культу́ры 文化会館 | Д― бракосочета́ния 結婚式場

**дворе́цкий** (形3変化) [男2] 執事, 家令

**дво́рник** [男2] ① 屋敷番, 掃除番 ②〖話〗(自動車の)ワイパー

**дво́рничиха** [女2] (女性の)屋敷番, 掃除番

**дворня́** [女2], **дворня́жка** 複生 -жек [女2]〖話〗(雑種の)番犬

**дворово́й** (形2変化)[男名] ドヴォロヴォイ(家畜小屋の精[妖怪])

**дворо́в|ый** [形1] ① 屋敷の, 屋敷内にある, 中庭の: -ая соба́ка 番犬 ② (農奴が)地主屋敷付きの

**дворцо́в|ый** [形1] 宮殿の, 宮廷の

**дворяни́н** 複生 -я́не, -я́н [男10] / **дворя́нка** 複生 -нок [女2] 貴族: пото́мственный ～ 世襲貴族 // **дворя́нский** [形3]

**дворя́нство** [中1] 貴族階級; 貴族の身分

**двою́родн|ый** [形1] いとこの: -ый брат (男の)いとこ, 従兄弟 | -ая сестра́ (女の)いとこ, 従姉妹

**двоя́к|ий** [形3] 2様の, 二重の, 2通りの // -**о** // -**ость** [女10]

**двояково́гнутый** [形1] 〖理〗両凹の

**двояковы́пуклый** [形1] 〖理〗両凸の

**двоякоды́шащие** (形6変化)〖複名〗〖魚〗肺魚類

**дву..**, **двух..** 〖語形成〗「2の」「2つの」

**двубо́ртный** [形1] (洋服が)ダブルブレストの

**двугла́вый** [形1] 頭を2つ持つ, 双頭の: ■ -**ая мы́шца** 〖解〗二頭筋

**двугла́сный** [形1]〖音声〗① 二重母音の ② [男名] 二重母音

**двугорбы́й** [形1]: ～ верблю́д〖動〗フタコブラクダ

**двудо́льный** [形1] 2つの部分から成る

**двудо́мный** [形1]〖植〗雌雄異株の

**двуеди́ный** [形1] 2つのものが一体となった

**двужи́льный** [形1]〖話〗我慢強い, 頑強な

**двузна́чн|ый** [形1] ①2つの記号[数字]から成る, 2桁の: -*ое* число́ 2桁の数 ②2つの意味をもつ
**двуко́лка** 複生 -лок [女2] 2輪馬車
**двукра́тный** [形1] 2回の, 2度の; 2倍の
**двукры́лые** (形1変化) [複名] 【昆】双翅(じ)類
**двули́кий** [形3] 〖文〗2つの顔を持つ, 裏表のある, 偽善的な ◆~ **Я́нус** 裏表のある人, 偽善者
**двули́чие** [中5] 裏表のあること, 偽善, 不誠実
**двули́чн|ый** 短 -чен, -чна [形1] 裏表のある, 偽善的な, 不誠実な **∥-ость** [女10]
**двум** 〔与格〕<два
**двумя́** 〔造格〕<два
**двунадеся́тый** [形1] : -*ые* пра́здники 〖正教〗12大祭
**двуно́гий** [形3] 2本足の
**двуо́кись** [女10] 【化】二酸化物
**двупа́лый** [形1] (手・足が)2本指の
**двуперсти́е** [中5] (十字を切る際に右手の人差指と中指の)2本指による
**двупо́лый** [形1] 雌雄同体の 【植】両性の
**двуру́чный** [形1] 取手[柄]が2つある
**двуска́тный** [形1] 2斜面ある, 切妻型の
**двусло́жный** 短 -жен, -жна [形1] 〖言〗2音節から成る
**двусме́нный** [形1] 2交代制の
**двусмы́сленность** [女10] ①両義性, 曖昧さ ②下品な言葉, 卑猥な表現
**двусмы́сленн|ый** 短 -ен/-енен, -енна [形1] ①二重の意味をもつ, 両義的な, 曖昧な: ~ отве́т あやふやな答え ②下品な, 卑猥な
**двуспа́льный** [形1] 2人で寝るための: -*ая* крова́ть ダブルベッド
**двуство́лка** 複生 -лок [女2] 2連銃
**двуство́льный** [形1] 幹[銃身, 立坑]が2つある
**двуство́рчатый** [形1] (開閉するものが)2枚から成る, 両開きの
**двусти́шие** [中5] 〖文学〗2行詩; 2行連句
**двусторо́нн|ий** [形8] ①同一の両面をもつ, リバーシブルの ②両面の, 両側の ③相互的な, 双方の, 2国間の: -*ее* соглаше́ние 双務協定 **∥-ость** [女10]
**двута́вровый** [形1] 〖エ〗I 字形の断面をもつ
**двууглеки́сл|ый** [形1] 【化】重炭酸塩の, 炭酸水素塩の: ~ на́трий, -*ая* со́да 重炭酸ソーダ, 炭酸水素ナトリウム, 重曹
**двуутро́бка** 複生 -бок [女2] 【動】有袋類
**двух** 〔生・対・前置格〕<два
**двух..** →дву..
**двухгоди́чный** [形1] 2年間の
**двухгодова́лый** [形1] 2歳の
**двухдне́вный** [形1] ①2日間の ②2日分の
**двухкилометро́вый** [形1] ①2キロメートルの ②縮尺20万分の1の
**двухколе́йный** [形1] 〖鉄道〗複線の
**двухколёсный** [形1] 2輪の
**двухко́мнатный** [形1] (キッチン以外に)2部屋ある; 1LDKの
**двухле́тие** [中5] ①2年間 ②2周年
**двухле́тний** [形8] ①2年間の ②2歳の ③【植】二年生の
**двухлитро́вый** [形1] 2リットル入りの
**двухме́рный** [形1] 2次元の
**двухме́стн|ый** [形1] 2座席の, 2人乗りの, 2人用の: ~ но́мер ツインルーム, ダブルルーム
**двухме́сячный** [形1] ①2か月間の ②生後2か月の ③隔月刊の
**двухнеде́льный** [形1] ①2週間の ②生後2週間

の ③隔週刊の
**двухпала́тный** [形1] 〖政〗(議会が)二院制の: ~ парла́мент 二院制議会
**двухпарти́йный** [形1] 〖政〗2つの政党の
**двухра́зовый** [形1] 2回の, 2度の
**двухря́дный** [形1] ①2列の ②(アコーディオンなど)複列の
**двухсотле́т|ие** [中5] ①200年間 ②200周年, 200年祭 **∥-ний** [形8]
**двухсо́тый** [形1] ①〖序数〗200番目の ②[男名] 〖軍〗遺体
**двухта́ктный** [形1] ①〖楽〗2拍子の ②〖エ〗2サイクルの
**двухто́мник** [男2] 2巻本
**двухто́мный** [形1] 2巻から成る, 2巻の
**двухты́сячный** [形1] ①〖序数〗2000番目の ②2000から成る ③〖話〗2000ルーブルの
**двухцве́тный** [形1] 2色の
**двухчасово́й** [形2] ①2時間の ②2時の
**двухэта́жный** [形1] ①2階建ての ②(言葉・文章が)複雑な, 手のこんだ
**двучле́н** [男1] 〖数〗2項式
**двучле́нный** [形1] 〖数〗2項式の ②2項[成分]から成る
**дву́шка** 複生 -шек [女2] ①〖俗〗2コペイカ硬貨 ②〖不動産・俗〗2間[1LDK]の部屋 ③〖学生・俗〗不可, 落第点
**двуязы́чие** [中5] ①2言語併用 ②バイリンガルであること
**двуязы́чный** 短 -чен, -чна [形1] ①2言語併用の, バイリンガルな ②2言語で編まれた
**де** [助] 〖俗〗(他人の言葉の引用して)…と(де́скать, мол): Я слы́шал, что она́ -*де* учи́тельница. 彼女は教師なのだと(だそうだ)
**де..**, (母音の前で) **дез..** (接頭) 〖名詞・動詞〗「除去」「廃止」「中止」「反対の動作」: декодирова́ть 暗号解読 [デコード] する | декомпре́ссия 減圧 | дезинфе́кция 消毒
**дебарка́дер** [э: э] [男1] ①浮き桟橋 ②(屋根のある)プラットホーム
**дебати́ровать** -рую, -руешь 受過 -анный [不完] 〖書〗討論する, 討議する
**деба́ты** -ов [複] 討論, 討議, ディベート
**дебе́т** [é/э] [男1] 〖簿記〗借方(↔креди́т) **∥дебето́в|ый** [形1] : -*ая* ка́рта デビットカード
**дебетова́ть** -ту́ю, -ту́ешь 受過 -о́ванный [不完・完] 〖簿記〗〖書〗借方に記入する
**дебил** [男1] **/ ~ка** 複生 -лок [女2] 精神薄弱者
**деби́льный** [形1] 精神薄弱な
**дебит** [é/э] [男1] (水・石油・ガスの)産出量, 噴出量
**дебито́р** [е/э] [男1] 〖簿〗債務者, 借方
**деблоки́ровать** -рую, -руешь 受過 -анный [不完・完] 〖軍〗の封鎖を解く
**дебо́ш** [男4] 〖話〗乱暴, 狼藉, 大騒ぎ
**дебоши́р** [男1] 〖話〗(水・石油・ガスの)暴れ者
**дебоши́рить** -рю, -ришь [不完] **на~** [完] 〖話〗乱暴を働く, 暴れる, 大騒ぎする **∥ дебоши́рство** [中5]
**дебри** -ей [複] ①密林 ②複雑で難解な箇所
**дебюрократиза́ция** [女9] 非官僚主義化
*****дебю́т** [男1] [début, opening] ①デビュー, 初舞台, 初登場: ~ молодо́го писа́теля 若い作家のデビュー ②(チェスなどの)初手 **∥ ~ный** [形1]
**дебюта́нт** [男1] **/~ка** 複生 -ток [女2] デビューする人, 初舞台を踏む人, 新人
**дебюти́ровать** -рую, -руешь [不完・完] デビューする, 初舞台を踏む, 初登場する

**\*де́ва** [女1] [the Virgin] ① Д～[宗]聖母マリア ② Д～[天]乙女座 ③[詩]乙女, 処女 ④[俗]娘, 女の子

**дева́йс** [男1] [話][コン]デバイス, 周辺機器

**девальва́ция** [э/е] [女9] [経]平価切り下げ, デノミ //**-ио́нный** [形1]

**девальви́ровать** [э/е] -рую, -руешь 受過 -анный [不完・完] [経]〈что〉…の平価を切り下げる

**\*дева́ть** [不完] / **де́ть** де́ну, де́нешь 受過 де́тый [完] (★ **дева́ть** の過去は完了体) [put, do with] 《話》[捨]隠す, しまう, 片付ける. 置く: Куда́ ты дел слова́рь? 辞書をどこへやったんだ ◆～ не́куда 十二分に, 多すぎるほど | не зна́ть, куда́ себя́ ～ 居場所[行き場]がない, 落ち着かない

**\*дева́ться** [不完] / **де́ться** де́нусь, де́нешься [完] [disappear, get to] 《話》消える, なくなる, 隠れる: 身を置く: Куда́ он де́лся? 彼はどこへ行ってしまったんだろう ◆～ не́куда どうしようもない | куда́ дева́ться 《反語的》どうしようというのか(どうしようもない): Куда́ ты де́нешься! お前に逃げ場はない | не́куда ～ от 圜 …から逃れられない

**де́верь** 複 -ья́, -е́й, -ья́м [男5] 夫の兄弟

**девиа́ция** [э] [女9] [機] ① (コンパスの)自差, 偏差 ② (砲弾・飛行機・船などの)コースのずれ

**деви́з** [男1] ①モットー, 標語 ② (コンクールの際に作者が付ける)仮名, 応募名

**деви́ца** [女3] 《旧》乙女, 娘

**деви́ческий** [形3] = де́вичий

**деви́чество** [中1] 娘時代, 娘[独身]時代

**де́вич|ий** [形9] 乙女の: -ья фами́лия 旧姓 ◆-**ья па́мять** 《戯》物覚えが悪い

**деви́чник** [ш] [男2] [民俗] (婚礼前の)花嫁の女友達との夜会

**де́вк|а** 複生 -вок [女2] 《俗》① 若い未婚の女性, 娘 (де́вушка) ② 売春婦 ◆**бе́гать** [ходи́ть, шля́ться] **по** -**ам** 女の尻を追い回す | **по́ртить де́вок** 《俗・粗》処女を奪う | **оставля́ться** [**засиде́ться**] **в** -**ах** 《俗》いつまでも嫁に行けずにいる

**\*де́вочк|а** [デェーヴァチカ] 複生 -чек [女2] [(little girl) 女の子, 少女: ми́лая ～ かわいい女の子 | Д～ лет десяти́ сиде́ла на сту́ле. 10歳ぐらいの女の子が椅子に座っていた ◆**ме́жду на́ми, -ами** 《俗》正直に言うけど, ここだけの話

**де́вственник** [男2] 童貞の男
**де́вственница** [女3] 処女
**де́вственн|ый** 短 -ен, -енна [形1] ① 処女の; 純潔な ② 人の手の入っていない, 未開の: ～ лес 原生林 //**-ость** [女4]

**\*де́вушк|а** [デェーヴシカ] 複生 -шек [女2] [(unmarried girl) ① 若い未婚の女性, 娘: симпати́чная ～ 感じのよい娘 | Он влюби́лся в э́ту -у по у́ши. 彼はこの女の子に首ったけだ ②《話》[呼びかけ]お嬢さん, お ねえさん ③《話》彼女, ガールフレンド

**девча́та** -ча́т [複] 娘たち, 女の子たち
**девчо́нка** 複 -нок [女2] 《卑称》< де́вочка
**девчу́рка** 複生 -рок, **девчу́шка** 複生 -шек [女2] 《親》[指小] < де́вочка

**\*девяно́сто** [デヴィノースタ] 生・与・造・前 -ста 対 -сто [数] 《個数》 (ninety) 90 (★→ **пять** 語法): Ей за ～. 彼女は90歳を超えている | ～ пя́ть 95

**девяно́ст|ый** [形1] 《序数》 90番目の: -ые го́ды 90年代

**девяностоле́тие** [中5] ① 90年間 ② 90周年
**девяностоле́тний** [形8] ① 90年間の ② 90歳の

**девянадцатилетн|ий**… → 19 行下

**де́вятеро** -ры́х, -ры́м, -ры́ми, -ры́х [集合]9人, 9個 (★ → **дво́е** 語法)

**девяти́..** [語形成] 「9の」

**девятикла́ссни|к** [男2] / -**ца** [女3] 9年生

**девятикра́тный** [形1] 9回の; 9倍の
**девятиле́тие** [中5] ① 9年間 ② 9周年
**девятиле́тний** [形8] ① 9年間の ② 9歳の
**девятисотле́т|ие** [中5] ① 900年間 ② 900周年 //**-ний** [形8]

**девятисо́тый** [形1]《序数》900番目の
**девятиты́сячный** [形1] ①《序数》9000番目の ② 9000から成る ③《話》9000ルーブルの

**девятичасово́й** [形1] ① 9時間の ② 9時の
**девятиэта́жка** 複生 -жек [女2]《話》9階建ての建物

**девя́тк|а** 複生 -ток [女2] ① (数字の)9 ②《話》(バス・電車の)9番(系統): Она́ прие́хала на -е. 彼女は9番のバスでやって来た ③《話》9人[個]から成るひと組 ④《トランプ》9 ⑤《話》(サッカーなどの)ゴールの上方隅

**девятна́дцатилетн|ий** [形8] ① 19年間の ② 19歳の

**девятна́дцатый** [形1]《序数》19番目の

**девятна́дцать** [デヴィトナーッツァチ] 生・与・前 -и 対 -ть 造 -ью [数]《個数》 (nineteen) 19 (★ → **пять** 語法)

**\*девя́т|ый** [デヴャータィ] [形1]《ninth》《序数》第9の, 9番目の: -ое а́вгуста 8月9日 | ～ том 第9巻 | полови́на -ого 8時半 Д～[女2] 9分の1 (-ая часть [до́ля]): одна́ -ая 9分の1

**\*де́вять** [デェーヴィチ] 生・与・前 -и́ 対 -ть 造 -ью́ (за́/на́ девять, за/на девять) [数]《個数》(nine) 9 (★ → **пять** 語法)

**\*девятьсо́т** [ц] [デヴィツソ́т] девятисо́т, девятиста́м, девятьюста́ми, девятиста́х [数]《個数》 (nine hundred) 900 (★→**пять** 語法): ～ киломе́тров 900 километров | ～ три́дцать шесть 936 | дать ка́ждому по **девятисо́т** [《話》**девятьсо́т**] рубле́й 各々に900ルーブルずつあげる

**девятью́** [副] 9倍して

**дегаза́тор** [э/е] [男1] ① 有毒ガス除去装置 ② 有毒ガス除去作業員

**дегаза́ция** [э/е] [女9] 有毒ガス[物質]除去, 除去 //**-ио́нный** [形1]

**дегази́ровать** [э/е] -рую, -руешь 受過 -анный [不完・完]〈что〉有毒ガスを除去する

**дегенера́т** [男1] / -**ка** 複生 -ток [女2] ① 退化した人 ② 変質者 ③ ばか, ぼんくら, 脳タリン

**дегенерати́вный** 短 -вен, -вна [形1] 退化した, 変質した: 退化の兆候を示す

**дегенера́ция** [э/е] [女9] 退化, 変質

**дегенери́ровать** [э/е] -рую, -руешь [不完・完] 退化する, 変質する

**дёготь** -гтя/-гтю [男5] タール: каменноуго́льный ～ コールタール ◆**ма́зать дёгтем** 《話》中傷する

**деграда́ция** [э] [女9] 衰微, 劣化, 墜落

**дегради́ровать** [э] -рую, -руешь [不完・完] 衰微する, 劣化する, 墜落する

**дёгтема́з** [男1] 《話》誹謗者, 中傷者

**дегтя́рн|ый** [形1] タールの: -**ое мы́ло** タール石けん

**дегуста́тор** [э/е] [男1] (味・匂いなどの)鑑定人

**дегуста́ция** [э/е] [女9] (味・匂いなどの)鑑定, テイスティング //**-ио́нный** [形1]

**дегусти́ровать** [э/е] -рую, -руешь 受過 -анный [不完・完]〈что〉…の味[匂い]を鑑定する, …をテイスティングする

**\*де́д** [デート] [男1] [grandfather] ① 祖父: ～ по отцу́ 父方の祖父 ② 《話》老人, おじいさん: К ва́м приходи́л како́й-то ～. どこかの老人があなたを訪ねてきました ③ 《複》祖先 ◆**де́ды** [◊]《俗》古参兵 //**де́дка** 複 -док (女2 変化) [男1] 《愛称》< ① ②

**де́да** [間]《幼児》じいじ, おじいちゃん

**де́довский** [形3] ① 祖父の ② 祖先の, 先祖伝来の ③ 古めかしい, 廃れた

**дедовщи́на** [女1] 軍隊内の上官による下級兵へのいじめ[暴力]

**деду́кция** [э/е] [女9] [論]演繹法 (↔**инду́кция**) ∥**дедукти́вный** [э/е] [形1]

**де́душ|ка** (女5変化) [男]〔愛称〕<**де́д**①② おじいさん, おじいちゃん: Мой ～ на пе́нсии. 私の祖父は年金暮らしです

**дедуци́ровать** -рую, -руешь 受過 -анный [不完・完]〔論〕к〔文法〕演繹する

\***дежде́** [デューデックス] 複生 -шек (女2変化) [男]〔grandpa〕〔愛称〕<**дед**①②〕おじいさん, おじいちゃん: Мой ～ на пе́нсии. 私の祖父は年金暮らしです

**дееприча́стие** [中5]〔文法〕副分詞, 副動詞

**дееспосо́бный** 短 -бен, -бна [形1] ①〔文〕活動能力のある ②〔法〕行為能力のある ∥**-ость** [女10]

**дежу́рить** -рю, -ришь [不完][be on duty] ① 当直[当番]を勤める: ～ но́чью 宿直する ② 長く離れずにいる, つきっきりでいる: ～ у большо́го 病人に付き添う ③ 警備する

**дежу́рка** 複生 -рок [女1]〔俗〕当直室; [軍]兵舎小屋

\***дежу́рн|ый** [デジュールヌイ] [形1]〔on duty〕① 当直の, 当番の; 夜間や休日に営業している: ～ врач 当直医 | -ая апте́ка 当直薬局 | あらかじめ用意された, 〔非難〕お決まりの, いつもの: -oe блю́до 定食 | -ые цита́ты お決まりの引用句 ③ ～ [男名]/-ая [女名] 当直者, 当番: ～ по кла́ссу 学級当番 | Кто сего́дня ～? 今日の当直は誰ですか

**дежу́рство** [中1] 当直勤務, 当番: **боево́е** ～〔軍〕警戒監視; 実戦配備

**дез..** →**де..**

**де́за** [女2]〔若者・蔑〕デマ, 虚報

**дезавуи́ровать** [э] -рую, -руешь 受過 -анный [不完・完]〔公〕<кого>否認する, 取り消す, 撤回する; …の権限を剥奪する

**дезактива́ция** [э] [女9][工]放射能除去, 除染 ∥**-ио́нный** [形1]

**дезактиви́ровать** [э] -рую, -руешь 受過 -анный [不完・完]除染する, …から放射性物質を除去する

**дезерти́р** [男1][軍]① 脱走兵; 徴兵忌避者 ② 公的義務の回避者

**дезерти́ровать** -рую, -руешь [不完・完] ①〔軍〕脱走する; 徴兵を忌避する ② 公的義務を回避する

**дезерти́рство** [中1] ①〔軍からの〕脱走; 徴兵忌避 ② 公的義務の回避

**дезинсе́кция** [э] [女9] 害虫駆除, 殺虫 ∥**-ио́нный** [形1]

\***дезинфе́кция** [э] [女9][医]消毒, 殺菌: произвести́ -ию 消毒する ∥**дезинфекцио́нный** [形1]: -oe сре́дство 消毒剤

**дезинфици́ровать** -рую, -руешь 受過 -анный [不完 完も про～][医]消毒する, 殺菌する: ～ оде́жду 衣服を消毒する

**дезинформа́ция** [э; ы] [女9] 虚報, デマ; 虚報でまどわすこと ∥**-ио́нный** [形1]

**дезинформи́ровать** [э; ы] -рую, -руешь 受過 -анный [不完・完]<кого>虚報でまどわす

**дезодора́нт** [э/е] [男1] 消臭[防臭]剤, デオドラント

**дезорганиза́ция** [э/е] [女9]〔組織・秩序などの〕破壊, 攪乱(乱), 混乱

**дезорганизова́ть** [э/е] -зу́ю, -зу́ешь 受過 -о́ванный [不完・完]〔国〕<组织・秩序を>破壊する, 混乱させる

**дезориента́ция** [э/е] [女9] 方向感を失わせること, 迷わせること

**дезориенти́ровать** [э/е] -рую, -руешь 受過 -анный [不完・完]〔国〕…に方向感を失わせる, …を迷わせる

**дезу́ха** [女2]〔若者・蔑〕デマ, 虚報

**деидеологиза́ция** [女9] 脱イデオロギー化

**деи́зм** [э] [男1]〔哲〕理神論, 自然神論

**деинсталли́ровать** [э] -рую, -руешь 受過 -анный [不完・完]〔IT〕<кого>アンインストールする

**деи́ст** [男1] 理神論者

**де́йксис** [э]〔言〕ダイクシス, 直示

**де́йственн|ый** 短 -ен/-енен, -енна [形1] 有効な, 効果的な; 活動的な, 積極的な ∥**-ость** [女10]

\***де́йств|ие** [デェーイストヴィェ] [中5][action, operation] ① 活動, 行動, 動作; 〔機械などの〕運転, 動き: реши́тельное ～ 断固たる行動 | маши́на в -ии 運転中の機械 | план в -ии 計画実行中

② 〔通例複〕行為, 振る舞い: самово́льные -ия 自分勝手な振舞い

③ 〔法律などの〕効力: вступи́ть в ～ 発効する | продли́ть ～ догово́ра 契約の有効期間を延長する | срок -ия биле́та 切符の有効期間

④ 作用, 影響, 効果: вре́дное ～ 有害な影響 | Лека́рство оказа́ло своё ～. 薬が効いた.

⑤ 〔物語・演劇などの〕出来事, 事件: Д— рома́на происхо́дит в двадца́том ве́ке. この小説の物語は20世紀のことである ⑥〔演劇の〕幕: пье́са в пяти́ -иях 5幕の戯曲 ⑦〔数〕演算, 算法: четы́ре -ия арифме́тики 四則(加減乗除) ◆под -ием 国 …の作用[影響]で ■**вое́нные -ия** 軍事行動, 戦闘

\***действи́тельно** [デイストヴィーチェリナ]〔really, indeed〕①〔副〕本当に, 実際に: Она́ ～ заболе́ла. 彼女は本当に病気になった ②〔挿入〕実際, 実は: На э́тот раз, ～, он прав. 確かに今回は彼が正しい ③〔助〕本当だ, その通りだ

\***действи́тельность** [デイストヴィーチェリナスチ] [女10]〔reality〕① 現実にあること[もの], 事実: Это не сон, а ～. これは夢ではなく, 現実だ ② 現実: совреме́нная ～ 現代 | Литерату́ра отража́ет ～. 文学は現実を反映する ③ 効力, 有効性: подтвержде́ние -и 有効証明 ◆в -и 実際に, 現実には; 実際は, 本当は

\***действи́тельн|ый** 短 -лен, -льна [形1]〔real, actual, valid〕① 現実の, 実際の; 真の: -ая жизнь 実生活 | Это не вы́думка, а – факт. これは作り話ではない, 紛れもない事実だ ②〔通例短尾〕(法的に)効力のある, 有効な: Удостовере́ние -о три го́да. この証明書は3年間有効である ■**-ая слу́жба**〔軍〕現役, 兵役 | **-ое число́**〔数〕実数 | ～ **зало́г**〔言〕能動相 | ～ **член** 正会員

\***де́йствовать** [デェーイストヴァヴァチ] -твую, -твуешь 命 -твуй [不完][act, operate] ① 行動する, 活動する: ～ осторо́жно 慎重に行動する | Ну́жно ～ неме́дленно. 即刻行動に出なければならない ②〈国〉動かす, 操作する; 使う, 利用する: ～ рычага́ми レバーを操作する

③ 〔機械などが〕動く, 働く, 機能する: Механи́зм хорошо́ де́йствует. 装置は順調に動いている

④ 〔法律などが〕効力をもつ, 有効である: Это пра́вило уже́ не де́йствует. この規則はもう無効だ

⑤ [完 по~]〈на кого〉に作用[影響]する, 効果がある, 効く: Лека́рство на него́ не де́йствует. この薬は彼には効かない

\***де́йствующ|ий** [デェーイストヴゥッシィ] [形6]〔active, working〕 活動する, 行動する; 有効な: -ая систе́ма 現行制度 | ～ зако́н 現行法

■**-ая а́рмия** [軍]現役軍, 前線部隊 | **-ее лицо́**〔戯曲・小説など〕登場人物; 〔事件などの〕参加者, 関係者 | ～ **вулка́н** 活火山

**дейте́рий** [э; э] [男7][化]重水素

**де́ка** [э] [女2]〔楽〕〔弦楽器の〕共鳴板

**дека..** [語形成]「10(倍)の」

**декабри́ст** [男1] 【史】デカブリスト(1825年12月武装蜂起を行った革命的貴族): Восста́ние ~ов デカブリストの乱. **‖~ский** [cc] [形3]

**дека́брь** [デカーブリ] -я́ [男5] [December] 12月 (★用法は→май) **‖~ский** [形3]

**дека́д|а** [е/э] [女1] ①10日間, 旬(ミッ*) : пе́рвая [втора́я, тре́тья] ~ 上[中, 下]旬 ②旬刊 **‖~ный** [形]

**декада́нс** [э] [男1] 退廃, デカダンス

**декаде́н|т** [э: э́/е; ц] [男1] **‖~ка** 複生 -ток [女2] デカダン派の芸術家, デカダン

**декаде́нтский** [э: э́/е; ц] [形3] デカダン主義(者)の

**декаде́нтство** [э: э́/е; ц] [中1] デカダン主義, デカダンス

**декали́тр** [э] [男1] デカリットル(10リットル)

**дека́н** [е/э] [男1] (大学の)学部長: ~ филологи́ческого факульте́та 文学部長 **‖~ский** [形3]

**декана́т** [э] [男1] (大学の)学部事務局; 学部事務室: ~ по рабо́те с иностра́нными студе́нтами [уча́щимися] 留学生センター

**деквалифика́ция** [э] [女9] 資格[技能]喪失

**деквалифици́роваться** [э] -руюсь, -руешься [不完·完] 資格[技能]を失う

**деклама́тор** [男1] / 《話》 **~ша** [女4] (文芸作品の)朗読者; 朗読家, 詩吟家

**деклама́ция** [女9] (文芸作品の)朗読, 朗唱; 朗読法 **‖~ио́нный** [形1]

**деклами́ровать** -рую, -руешь 受過 -анный [不完] / **про-** [完] ①〈他〉〈文芸作品〉を朗読する, 朗唱する ②〈不完〉大げさな話し方をする

**деклара́тивный** 短 -вен, -вна [形1] ①宣言[声明]の形をとった; 荘重な ②口先だけの, うわべだけの

**деклара́ция** [女9] (declaration) ①宣言, 宣布; 宣言書: ~ прав челове́ка 人権宣言 | Д~ незави́симости США アメリカの独立宣言 ②申告(書): тамо́женная ~ 税関申告書 **‖~ио́нный** [形1]

**деклари́ровать** -рую, -руешь [不完·完] 〈他〉宣言する, 声明する, 布告する

**деклассиро́ванный** [е/э] [形1] 階級から脱落した; 堕落した

**деко́дер** [э: э] [男1] ①(暗号などの)解読器 ②【電】デコーダー

**декоди́ровать** [э] -рую, -руешь [不完·完] 〈他〉〈暗号〉を解読する; デコードする

**декольте́** [э: э́] [中] (不変) [中] デコルテ(婦人服の肩や背中を露出した大きな襟): пла́тье с ~ ローブデコルテ [形] デコルテ仕立ての

**декомпре́ссия** [女9] 減圧

**декомпре́ссор** [男1] (エンジンの)減圧装置

**декорати́вно-прикладно́й** [形2]: -о́е иску́сство 【芸】応用芸術, 装飾芸術

**декорати́вн|ый** 短 -вен, -вна [形1] ①装飾用の: -ые расте́ния 観賞用植物 ②絵のように美しい ③舞台装置の **‖-ость** [女10] ②

**декора́тор** [男1] ①舞台装置家, 舞台美術家 ②室内装飾家, インテリアデザイナー

**декора́ция** [女9] ①舞台装置 ②装飾, デコレーション ③粉飾, 虚飾 **‖-ио́нный** [形1]

**декори́ровать** -рую, -руешь 受過 -анный [不完·完] [完また **за-**] 〈他〉装飾する, 飾りつける

**деко́рум** [男1] ①法令, 政令 ②《話》産休(декре́тный о́тпуск): Она́ в ~e. 彼女は産休中だ

**декрети́ровать** -рую, -руешь 受過 -анный [不完·完] 〈他〉法令化する, 法令[政令]として出す

**декре́тный** [形1] 法令によって定められた ■**~ о́тпуск** 産前産後休暇

**дѐкриминализа́ция** [э] [女9] 犯罪的要素の除去, 非犯罪化

**декстри́н** [男1] 【化】糊精, デキストリン

**де́ланный** 短 -ан, -анна [形1] 不自然な, わざとらしい

**де́ла|ть** [デェーラチ] [不完] / **сде́лать** [ズヂェーラチ] 受過 -анный [完], (他) ①作る, 製造する; 創作する: ~ ме́бель 家具を作る | Посу́да сде́лана из пластма́ссы. 食器はプラスチック製だ
② 〈себе́ と共に〉注文して作る, あつらえる: ~ себе́ костю́м в ателье́ 洋装店でスーツを作る
③する, 行う; 《動作名詞と共に》…を行う, する: ~ уро́ки 予習復習をする | Что вы де́лаете? 何をしているのですか | Мы сде́лали всё для побе́ды. 私たちは勝利のためにできる限りのことをやった | ~ попы́тку 試みる | ~ оши́бку 間違いをする
④振る舞う, 行動する, する: ~ по-сво́ему 自分の思い通りにやる | ~ до́бро лю́дям 人によくしてやる | Что нам сде́лать? 我々は何をなすべきか
⑤《数量を示す語と共に》動く, 走行する: Колесо́ де́лает сто оборо́тов в мину́ту. 車輪は1分間に100回転する ⑥〈из 囲を伴って〉…とする: Они́ сде́лали из тебя́ посме́шище. 彼らは君を笑いものにしていた
⑦〈他〉囮にする: Очки́ де́лают его́ смешны́м. 眼鏡をかけると彼は滑稽に見える
⑧《若者·俗》打ち負かす

◆**де́лать жизнь с** 囲《話》…を手本にする | **де́лать не́чего** = **не́чего де́лать** (挿入) どうしようもない, 仕方がない ② (何の用もない) | **~ под себя́** (子ども·病人が) ベッドでおもらしをする | **от не́чего де́лать** 何もすることがなくて, 退屈しのぎに

**де́ла|ться** [デェーラッツァ] [不完] / **сде́латься** [ズヂェーラッツァ] [完] [become, happen] ①〈他〉になる: ~ знамени́тостью 名士になる | Де́лается жа́рко. 《無人称》暑くなってくる ②起こる, 生じる, 行われる: Хоте́лось бы знать, что там де́лается. あそこで何が起こっているのか知りたいものだ ③《話》できる, 現れる: На ко́же де́лаются пя́тна. 皮膚に斑点ができている
④〈不完〉[受身] < де́лать: На заво́де де́лаются автомоби́ли. 工場では自動車が製造されている

◆**Что ему́ [тебе́, мне́ ...] де́лается!**《話》彼[君, 私...]に何が起こるものか, 変わったことなどあるものか

**делега́т** [男1] / **~ка** 複生 -ток [女2] [delegate] 代表(委員), 代議員: ~ конфере́нции 会議の代議員 | ~ы Япо́нии 日本の代表 **‖~ский** [ц] [形3]

**делега́ция** [デリガーツィヤ] [女9] [delegation] 代表団, 使節団: торго́вая ~ 通商使節団 | посла́ть -ию 代表団を派遣する

**делеги́ровать** -рую, -руешь 受過 -анный [不完·完] 〈他〉《文》①代表として派遣する ②〈全権を〉委譲する

**делёж** -лежа́ [男4], **~ка** 複生 -жек [女2] 《話》分割, 分配

**деле́н|ие** [中5] [division] ①分けること, 分割; 分類; 区分: ~ на три ча́сти 3分割 | администрати́вно-территориа́льное ~ 行政区画[区分]
②分けられること 《生》分裂: ~ кле́тки 細胞分裂
③【数】割り算, 除法: знак -ия 割り算の記号 (÷)
④(計器の)目盛り: -ия термо́метра 温度計の目盛り

**деле́ц** -льца́ [男3] 〈蔑〉(実業面での)辣腕(ミェ)家, 事業家: биржево́й ~ 相場師

**Де́ли** [э] (不変) [男] デリー(インドの首都)

**деликате́с** [э́] [男1] 珍味, 凝った食べ物

**делика́тно** [副] 丁寧に, デリケートに

**делика́тн|ый** 短 -тен, -тна [形1] ①礼儀正しい, 丁寧な, 物腰の柔らかい ②慎重さを要する, 厄介な, デリケ

—тна: ~ вопро́с デリケートな問題 ③《話》か弱い、きゃしゃな **//-ость** [女10]

**дели́мое** [形1変化] [中名] 〔数〕被除数

**дели́мость** [女10] ①分裂能力 ②〔数〕割り切れること, 整除性

**дели́тель** [男5] 〔数〕除数; 約数: о́бщий ~ 公約 | наибо́льший о́бщий ~ 最大公約数

*дели́ть [ヂリーチ] делю́, де́лишь 命 дели́ [不完] / **раздели́ть** [ラズヂリーチ] 受過-лённый (-лён, -лена́) [完] 〔divide〕〈В⟩ ①〔完また по—〕分ける, 分割する, 分配する; 分類する: ~ ученико́в на гру́ппы 生徒をグループ分けする | ~ иму́щество 財産を分配する | Река́ де́лит го́род на две ча́сти. 川が町を2分している ②〈В⟩ с〈Т⟩分け合う, シェアする; (感情などを)共にする: ~ хлеб с това́рищем パンを仲間と分け合う | ~ го́ре и ра́дость 悲しみも喜びも共にする ③〔数〕割る, 除する(↔умножа́ть): ~ де́сять на два 10を2で割る

◆⇒ дели́ть не́чего …にはいかんする理由がない

*дели́ться делю́сь, де́лишься [不完] 〔divide into〕①〔完 раз—, по—〕(a) 分かれる, 分割する: ~ на три гру́ппы 3つのグループに分かれる (b) 分岐する, 枝分かれする: Доро́га де́лится на две. (с) с〈Т⟩財産を分割する: ~ с сонасле́дниками 共同相続人と財産を分割する ②〔完 по—〕(a) 〈Т⟩ с〈Т⟩と分け合う, 共にする: ~ с дру́гим после́дним куско́м хле́ба パンの最後のひとかけらで友人と分かち合う (b) 〈Т⟩を伝える, 話す; 交換し合う: ~ впечатле́ниями 印象を伝える ③〔完 раз—〕〔数〕割り切れる: Де́сять де́лится на пять. 10は5で割り切れる

*де́л|о [ヂェーラ] 短-йт, дел, дела́м [中1] 〔business, affair〕①仕事, 業務, 活動: привы́чное ~ いつもの仕事 | приня́ться за ~ 仕事に取りかかる | Он за́нят сро́чным -ом. 彼は急ぎの仕事で忙しい ②行動, 実践; 事業: не на слова́х, а на -е 言葉ではなく行動で | ~ воспита́ния молодёжи 青少年教育事業 ③用事, 用件: ча́стное ~ 個人的な用件 | У меня́ к вам (есть) ~. あなたに用事があります ④関係すること, 任務, 管轄事項; 問題: Э́то ~ нача́льства. それは上司のやることだ | со́вести ~ 良心の問題 |《話》име́ть ~ 〔наде́ть, бит.ς〕 говори́ть ~ 大事なことを話す | Вот э́то ~! それが肝心なことだ ⑤職業, 専門業務: изда́тельское ~ 出版業 ⑥事業, 商売: нача́ть ~ 事業をおこす ⑦訴訟事件, 裁判, 審理: уголо́вное ~ 刑事事件 | возбуди́ть ~ про́тив〈Р〉…に対して訴訟を起こす ⑧(ある件・人物に関する)文書一式; 書類ファイル: ли́чное ~ 特定の個人に関する記録ファイル | подши́ть докуме́нты к -у 書類をファイルにとじ込む ⑨出来事, 事件, 《話》(時・状況を示して)こと: невероя́тное ~ 信じがたい出来事 | Д~ бы́ло о́сенью. それは秋のことだった ⑩《話》事態, 状況, 事情: положе́ние дел 事態 | Дела́ улучша́ются. 事態は好転している ⑪もの, こと: Жизнь ~ сло́жное. 人生は複雑なものだ ⑫《俗》(犯罪者の)仕事, 犯行: мо́крое ~ 殺人 ⑬《複》生理, 月経 ⑭(形容詞を伴って; 挿入)…なことに: стра́нное ~ 奇妙なことに | гла́вное ~ 主要なことに

◆в са́мом -е 本当に, 実際に: Он в са́мом -е большо́й у́мница. 彼は本当にとても頭がいい | В чём ~? どうしたのか | Вот в чём ~. そういうわけだ | гре́шным -ом 残念ながら, 困ったことに | в то́м, что ... 実は…だから, …問題は, …ということは | де́лать〈В〉働く, 仕事をする | за〈Т〉重要[有益, 必要]なことを | за〈В〉 それは… 次第だ: Д~ за ним. 事は彼の出方次第だ | ~ идёт〈о П〉…のことが問題になっている; ~ состои́т [заключа́ется] в то́м, что ... 重要[肝心]なのは…ということだ | ~ ста́ло за〈Т〉…(l)訳あって, 当然のことして ②〔号令〕仕事にかかれ | И всё дела́!《話》これで全てだ, これでおしまい | име́ть ~ с〈Т〉…と関係[かんけい]をもつ | К -у! = Бли́же к -у! 本題から離れないように, 脱線するな | Как дела́? 調子はどうですか | како́е〈Д⟩ ~〈до Р〉…には関係ない, …の知ったことではない | мое́ [твоё, ва́ше, его́] ~ 私[君, あなた, 彼]の問題だ, 私[君, あなた, 彼]の勝手だ | не мое́ [твоё, ва́ше, его́] ~ 私[君, あなた, 彼]には関係がない, 知ったことではない | на (са́мом) -е 実際には, 現実には: На -е всё оказа́лось про́ще. 実際には全てがもっと単純だった | Не в то́м ~. 問題[本質]はそこにあるのではない | не ~《話》すべきではない, よくない | (говори́ть) не по -у《俗》話から外れたことを(しゃべる) | нет -а〈до Р⟩にとって…は関係[関わり]がない, 構わない: Ему́ -а нет до окружа́ющих. 彼は周りの人などどうでもよい | не в де́л〈В⟩…に使っていない, 失業している | пусти́ть в ~ 使用する, 利用する | сдать дела́ 仕事を引き渡す | то́ и ~ 頻繁に, 何度も, しきりに | то́ ли де́ло〈Т⟩(の方が)ずっといい, 格別に | до́хлое ~ = глу́хо ~〈Р⟩…は絶望的な[困った]状況, 困った事態 | Есть тако́е ~.《話・戯》そうだよ, その通り: Ты́ чё́, вы́пил? – Есть тако́е –. 「お前飲んだのか」「そうだよ」

**делови́т|ый** 短-и́т [形1] 仕事のできる, 有能な; 実務的な, まじめな **//-о** [副] **//-ость** [女10] 敏腕; 実務能力

*делов|о́й [ヂラヴォーイ] [形2] 〔business, work〕①仕事にかかわる, 業務[事務]上の, ビジネスの: -о́е письмо́ 業務上の手紙 | -ы́е сре́дства 仕事上の財源 | -о́е предложе́ние ビジネスプロポーザル ②実務に通じた, 有能な; 事務的な, 実務的な: ~ руководи́тель 実務にたけたリーダー | ~ тон 事務的な口調 ③加工用の: -а́я древеси́на 加工用材

**делопроизводи́тель** [男5] / **~ница** [女3] 事務員, 書記

**делопроизво́дств|о** [ц] [中1] 事務, 事務処理 **//-енный** [形1]

*де́льн|ый 短-лен, -льна [形1] 〔practical, business-like〕①仕事のできる, 有能な: ~ рабо́тник 有能な職員 ②実務的な, まじめな, 有益な; 要領を得た: ~ прое́кт 実際的な計画 ③ = делово́й **//-о** [副] **//-ость** [女10] <①②

**дельт|а** [э] [女1] デルタ, 三角州 **//-овый** [形1]

**дельтапла́н** [э] [男1] ハンググライダー

**дельтапланери́зм** [э] [男1] (スポーツとしての)ハンググライダー

**дельтапланери́ст** [э] [男1] / **~ка** 複生-ток [女2] ハンググライダー競技者

**дельфи́н** [男1] ①〔動〕イルカ ②《水泳》ドルフィンキック **//-ий** [形9], **-овый** [形1] <①

**дельфина́рий** [男7] イルカ用プール; イルカ館

**дельфинёнок** -нка 複生-ня́та, -ня́т [男9] 子イルカ

**де́льце** 複生-лец [中2] 〔指小〕<де́ло

**деля́на** [女1] ①伐採用地 ②(活動・影響の及ぶ)範囲

**деля́нка** 複生-нок [女2] (耕作・建築などの)用地; 伐採用地

**деля́че|ство** [中1] 狭い功利主義, 実利優先主義 **//-ский** [形3]

**демаго́г** [男2] デマゴーグ, 民衆扇動者, 扇動政治家

**демагоги́ческий** [形3] デマの, 扇動的な
**демагоги́чн|ый** 短-чен, -чна [形1] = демагоги́ческий
**демаго́гия** [女9] ①デマ, 悪宣伝；民衆扇動 ②一方的判断［要求］
**демарка́ция** [e/э] [女9] ①境界設定；国境画定 ②【医】分画, 分界 **// демаркацио́нн|ый** [э/е] [形1]：*-ая ли́ния* 境界線
**демарш** [e/э] [男4]（外交上の）声明, 申し入れ, 措置
**демаскирова́ть** -ру́ю, -ру́ешь 受過-анный [不完・完]〈対〉の偽装［カムフラージュ］をはがす, 暴露する **//-ся** [不完]〔受身〕
**дембельва́ться** -лю́юсь, -лю́ешься [不完] / **дембельну́ться** -ну́сь, -нёшься [完] 〈軍〉兵役を終えて除隊される
**де́мбель** [男5]〈俗〉①動員解除, 除隊 ②除隊間近の兵士 **// ~ский** [形3]
**дембло́к** [男2] 民主主義陣営 (демократи́ческий бло́к)
**деме́нция** [э] [女9]【医】認知症（приобретённое слабоу́мие）
**демилитариза́ция** [э/e] [女9] 非武装［軍事］化
**демилитаризова́ть** -зу́ю, -зу́ешь 受過-о́ванный [不完・完]〈対〉非武装化する, 非軍事化する
**демисезо́нн|ый** [形1] 合着の, 春・秋用の：*-ое пальто́* スプリングコート
**демиу́рг** [男2]【哲】デミウルゴス, 創造主
**демобилиза́ция** [э/e] [女9] ①戦時体制解除 ②動員解除, 復員 ③意気消沈 **// -ио́нный** [形1]
**демобилизова́ть** -зу́ю, -зу́ешь 受過-о́ванный [不完・完]①…の戦時体制を解除する ②…の動員を解除する, 復員させる **//-ся** [不完・完] 動員解除になる, 復員する
**де́мо-ве́рсия** [э] [不変]-[女9]〔コン〕(プログラムの) 体験版
**де́мограф** [男1] 人口統計学者
**демогра́фия** [女9] ①人口統計学 ②人口動態, 人口統計
*демокра́т [男1]/~ка 複生-ток [女2]〔democrat〕①民主主義者 ②民主党員
**демократиза́ция** [女9] 民主化
**демократизи́ровать** -рую, -руешь 受過-анный [不完・完]〈対〉民主化する：~ администрати́вные о́рганы 行政機関を民主化する **//-ся** [不完・完] 民主的になる, 民主化される
**демократи́зм** [男1] ①民主主義 ②庶民［大衆］性
*демократи́ческ|ий [デモクラチーチェスキイ] [形3]〔democratic〕①民主主義の, 民主的な：~ стро́й 民主主義体制 | *-ая респу́блика* 民主主義共和国 ②庶民的な, 平民的な：~ о́браз жи́зни 庶民的な暮らしぶり
**демократи́чн|ый** 短-чен, -чна [形1] ①庶民的な, 平民的な ②気さくな, 親しみやすい ③民主的な
*демокра́тия [デモクラーチヤ] [女9]〔democracy〕①民主主義, 民主制：нару́шение *-ии* 民主制の破壊 ②民主的機構［運営］：внутрипарти́йная ~ 党内民主主義 | христиа́нская ~ キリスト教民主主義
**демокра́тка** → *демокра́т*
*де́мон [男1]〔demon〕悪魔 **//~ский** [形3]
**демони́ческий** [形3] 悪魔の, 悪魔的な
**демонополиза́ция** [э] [女9] 非独占化
**демонстра́нт** [男1]/~ка 複生-ток [女2]〔政〕デモ参加者
**демонстрати́вный** 短-вен, -вна [形1] ①示威的［挑戦的］な, これみよがしの ②実物説明の ③〔軍〕陽動の
**демонстра́тор** [男1] 実演者, デモンストレーター
*демонстра́ция [デマンストラーツィヤ] [女9]〔demonstration〕①展示, 公開, デモンストレーション：~ фи́льма 映画の上映 ②現れ, 証明：~ патриоти́зма 愛国心の現れ ③デモ, 示威行進：антивое́нная ~ 反戦デモ | уча́ствовать в *-ии* デモに参加する ④（抗議・反対などの）意思表示, 行動：устро́ить 図-ию …に抗議の意思表示をする ⑤〈軍〉陽動 **//-ио́нный** [形1]
*демонстри́ровать -рую, -руешь 受過-анный [不完・完]〔demonstrate〕①デモをする, デモに参加する：~ по у́лицам го́рода 町をデモで行進する ②（完た пpo~）展示する, 公開する；誇示する, 見せびらかす, はっきりと示す：Э́ти собы́тия демонстри́руют их отста́лость. これらの事件は彼らの後進性を明示するものだ
**демонта́ж** [男4] 分解, 解体, 撤去 (↔монта́ж)
**демонти́ровать** -рую, -руешь 受過-анный [不完・完]【機】〈対〉分解する, 解体する, 撤去する
**деморализа́ция** [э/e] [女9] ①道徳的退廃, 堕落 ②士気阻喪
**деморализо́ванный** [不完・完]〈対〉①道徳的に退廃させる, 堕落させる ②士気阻喪させる
**демосоциали́ст** [男1] 民主社会主義者
**де́мпинг** [男1]〈経〉ダンピング **//~овый** [形1]
**де́мпфер** [男1] ダンパー, 緩衝器
**дѐмцентри́стский** [cc] [形3] 民主中道派の
**денатура́т** [男1]【化】変性アルコール
**денатури́ровать** -рую, -руешь 受過-анный [不完・完]【化】〈対〉変性させる
**дѐнационализа́ция** [e/э] [女9] 非国有化, 民有化
**дѐнационализи́ровать** [è/э] -рую, -руешь 受過-анный [不完・完]〈対〉非国有化する, 民有化する
**де́нге** [э]（不変）[中] ■ лихора́дка ~【医】デング熱
**де́нди** [э]（不変）[男] ■ ダンディー, しゃれ男
**дендра́рий** [э] [男7] 樹木園
**дендро..**〔語形成〕『樹木の』：*дендроса́д* 樹木園
**дендро́лог** [男1] 樹木学者
**дендроло́гия** [э] [女9] 樹木学 **//-и́ческий** [形3]
**де́нежка** 複生-жек [女2] ①〔話〕硬貨 ②〔話〕〔指小〕<де́ньги
*де́нежн|ый [デェーニジヌイ] [形1]〔monetary〕①金銭の, 貨幣の, 金銭による：-ая систе́ма 貨幣制度 | -ая едини́ца 通貨単位 | ~ ры́нок 金融市場 | ~ знак 紙幣 ②〔話〕金持ちの, 裕福な：~ мешо́к お金持ち(の男性)
**денёк** -нька́, **денёчек** -чка [男2] 〔指小〕<день
**дензна́к** [男2] 紙幣 (де́нежный знак)
**Де́нис** デニス (男性名)
**денни́к** -а́ [男2]（厩舎内の）馬1頭分の仕切り
**де́нно** [副] ♦ ~ *и но́щно* 〔雅〕昼も夜も, 絶えず
**деномина́ция** [э] [女9]〔経〕デノミネーション
**денонса́ция** [女9]〔外交〕(条約などの) 廃棄通告
**денонси́ровать** [э] -рую, -руешь 受過-анный [不完・完]【外交】〈対〉条約などの廃棄を通告する
**денота́т** [男1]〔言〕①指示物 (референт) ②外延 (экстенсиона́л) ③記号内容 (десигна́т)
**денота́ция** [女9]〔言〕(語・記号の) 明示的意味 (↔ конноту́ция)
**денти́н** [男1]（歯の）象牙質
*де́нь [デェーニ] дня (за́/на день) [男5]〔day〕①昼間, 日中 (↔ ночь)：со́лнечный ~ 晴れた日 | в два часа́ дня 午後2時に ②1日, 1昼夜：три ра́за в ~ 1日に3

回 | счи́танные дни 数日 | Я ви́жу её че́рез ка́ждые два дня́. 私は2日おきに彼女に会う ③曜日: Како́й сего́дня ～? きょうは何曜日ですか ④(特定の)日: (何かを記念する)日: выходно́й ～ 休日 | С днём рожде́ния 誕生日おめでとう | пода́рок ко дню восьмо́го ма́рта 国際婦人デーのプレゼント ⑤(5つのうちの特定の)時間: сократи́ть рабо́чий ～ 労働時間を短縮する ⑥(某)時代,時期;人生: дни ю́ности 青春時代 | в э́ти [на́ши] дни このごろ,現代では | око́нчить свои́ дни 生涯を終える,人生の幕を閉じる

◆～ в ～ きっちり予定の日に | ～ за́ день 来る日も来る日も変わらず,単調に | ～ ото дня́ 日に日に,日ましに | дни сочтены́ 余命いくばくもない | дня́ми (1)明日:Он дня́ми не появля́лся до́ма. 彼は何日も帰ってこなかった (2)→(見出し) | До́брый ~! こんにちは | и́зо дня́ [и́зо дня] в день 来る日も来る日も | на дню́ 1日のうちに | на (э́тих) днях (1)近日中に,2,3日中に (2)先日,2,3日前に | на днях и́ли ра́ньше (話・戯) (言い逃れとして)近いうちに | со дня на́ день (1)一日一日と;откла́дывать отъе́зд со дня́ на́ день 出発を日一日と延ばす (2)もうすぐのうちに | тре́тьего дня́ 一昨日 | Д～ на́ день не прихо́дится. (諺)毎日が同じとは限らず

**деньга́** [女2] 〔単・集合〕= де́ньги

*де́ньги [дье́ньги] де́нег, деньга́ми [複]〔money〕
①お金,金銭:металли́ческие [бума́жные] ～ 硬貨 [紙幣] | нали́чные [живы́е] ～ 現金 | зарабо́тать ～ 金を稼ぐ | Он потра́тил ～ на кни́ги. 彼は本代に金を使った ②資金,資産

◆бе́шеные ～(話)(1)途方もない大金 (2)あぶく銭 | лёгкие ～(俗)不正に入手した金 | не при деньга́х (話)金がない,金を持ち合わせがない | не па́хнут 金の出どころはどうでもよい (←金は臭わぬもの) | Д～ де́ло наживно́е. 金は天下の回りもの | ～ счёт лю́бят. (諺)親しい間柄でも勘定は勘定 (←金は勘定を好む) | за ～ 金ずくで | игра́ть на ～ 金をかけて勝負する | Не в деньга́х сча́стье. (諺)幸せはお金で買えない (←お金の中に幸せはない) | ни за каки́е ～ いくら金を出しても駄目だ

**деньжа́та** -жа́т [複] (俗) = де́ньги

*департа́мент [男1]〔department〕①(各省の)局,部:нача́льник ～а 局長 ②(米国・ロシアの)省:Госуда́рственный ～ 国務省 ③(フランスの)県 // ～ский [ц] [形3]

**депе́ша** [女4] (外交・軍事上の)至急便

**депо́** [э/е] (不変) [中] ①(鉄道)機関車,車庫 ②消防車庫

**депози́т** [男1] 〔金融〕寄託金,供託金;預金 // ～ный [形1]

**депози́тор** [男1] 〔金融〕預金者,供託者

**деполитиза́ция** [è/э] [女9] 非政治化,脱政治化

**деполитизи́ровать** [è/э] -рую,-руешь 受過-анный [не.完・完] 〔政〕非政治化する

**депоне́нт** [男1] 〔金融〕寄託者,預金者

**депони́ровать** -рую,-руешь 受過-анный [不完・完] (法・金融) (図) 寄託する,預金する

**депорта́ция** [女9] 国外追放,強制退去

**депорти́ровать** -рую,-руешь 受過-анный [不完・完] (図) 国外追放する

**депресси́вный** 短-вен,-вна [形1] ①意気消沈した;鬱(うつ)した,憂鬱な ②〔経〕不景気の

*депре́сс|ия [女9]〔depression〕①意気消沈,憂鬱(鬱)病:впасть в -ию 鬱になる ②(経)不景気,不況:экономи́ческая ～ 経済不況

**депрессу́ха** [女2] (若者・俗) 鬱(う)状態

*депута́т [дэпута́т] [男1] / (話) -ка 複生 -ток [女2]〔deputy, delegate〕①代議員,議員:наро́дный ～ 人民代議員 | вы́боры ～ов 代議員選挙 ②代表,使節 // ~ский [ц] [形3]

**депута́ция** [女9] 代表団,派遣団

**дерба́нщик** [男2] (俗) ひったくり

**де́рби** [э] (不変) [中] ダービー (競馬)

**де́рвиш** [э] [男4] イスラム教の托鉢僧

**дёрг** [述語] (話) дёргать(ся) / дёрнуть(ся) の過去形の代用

*дёргать [不完] / дёрнуть¹ -ну,-нешь 受過-нутый [一回] (図) 〔pull, tug〕①(受過-нутый) (持続的に)引っ張る:～ бра́та за́ руку 兄の袖を引っ張る ②(話)(図) 引き抜く:～ зу́бы 歯を抜く ②(⦿)(体の一部を)ぴくりとさせる,ぴくつかせる:～ бро́вью 眉をぴくりとさせる ③(不完)(話)(図)引き抜く ④(無人称)(⦿)は)痙攣(けいれん)する,引きつる:Его́ дёргает. 彼は痙攣を起こしている ⑤(不完)(図) (つまらぬ頼み・言いがかりなどで)煩わす,じゃまをする | ⑥(完) дергану́ть -ну́,-нёшь [一回] (俗) 去る,逃げる

**дёргаться** [不完] / дёрнуться -нусь,-нешься [完] [一回] ①震える,振動する;痙攣(けい)する,引きつる ②心配する,いらいらする

**дерга́ч** -а́ [男4] ①(鳥) ウズラクイナ ②(俗)釘抜き;(ピッキングに用いる) 解錠器具

**деревене́ть** [不完] / за～,о～ [完] ①木質化する;硬くなる ②無感覚になる,しびれる

*дереве́нский [形3]〔village, rural〕村の,農村の,田舎の;農村風の,田舎じみた:～ пейза́ж 農村風景

**дереве́нщик** [男2] 農村派作家

**дереве́нщина** [女1変化] [男・女] (俗・蔑) 田舎者,がさつ者

*дере́вн|я [дье́ревнья] 複生 -ве́нь,-ве́нь,-вня́м [女5]〔village, country〕①村,村落,農村:сосе́дняя ～ 隣村 ②(集合)(都市に対する)農村,田舎:жить в -е 田舎で暮らす | го́род и ～ 都市と農村 | Мои́ роди́тели живу́т в -е. 私の両親は田舎に住んでいる ③(集合)村民,農民
// деревёнька 複生 -нек [女2] [指小] < ～

*де́рево [дье́рева] 複дере́вья,-вьев,-вьям [中6]〔tree, wood〕①木,樹木:хво́йные [ли́ственные] дере́вья 針葉[広葉]樹 | посади́ть ～ 木を植える | Ма́льчик взобра́лся на ～. 男の子は木によじ登った ②(⦿)木材,木材:кра́сное ～ マホガニー材 ◆~ро́дословное ～ 系統樹 | За дере́вьями [и́з-за дере́вьев] ле́са не ви́деть. 木を見て森を見ず

**де́рево..** [語形成] "木の","木材の"

**деревообде́лочник** [男2] 木工職人

**деревообде́лочный** [形1] 木工の

**деревообраба́тывающий** [形6] 木材加工の

**деревообрабо́тка** [女2] 木材加工

**дереву́шка** 複生-шек [女2] [指小] < дере́вня

**де́рев|це** 複生-ви́ц,дере́вцев [中2], **деревцо́** 複生-ве́ц/-цо́в [中1] [指小] < де́рево

**дере́вья** [複数;主格] < де́рево

**деревяни́стый** 短-и́ст [形1] ①(長尾) 木質の,木に似た ②硬い,まずい

*деревя́нн|ый [дьеривя́нный] [形1]〔wooden〕①木製の,木造の:～ мост 木造の橋 | ру́сское -ое зо́дчество ロシアの木造建築 ②不自然な,ぎこちない;無表情の,鈍感な:-ое выраже́ние лица́ 無表情な顔つき | -ое ма́сло (ランプ用の特に粗悪な)オリーブ油 ③-ые [複玉](皮肉)ロシアの通貨,ルーブル (-ая валю́та)

**деревя́шка** 複生-шек [女2] ①木片 ②木工品;(話) (木製の) 義足

**дерёшься** [2単現] < дра́ться

\*держа́в|а [女1] [power] ①《政》国家; 強国: вели́кие ~ы 大国, 列強 | я́дерная ~ 核保有国 ②《史》帝王の権標

держа́вный [形1]《雅》最高権力を有する; 強大な, 堂々たる

держа́тель [男5] [/~ница [女3]]《金融》有価証券の所有者 ②ホルダー

\*держа́ть [デルジャーチ] держу́, де́ржишь 命держи́ 受過 де́ржанный [不完] [hold, support] 〈対〉①(手などに)持っている, 握っている; くわえている: ~ кни́гу в руке́ 手に本を持っている | ~ ребёнка на рука́х 子どもを抱いている | ~ сигаре́ту в зуба́х たばこをくわえている ②捕まえている, 押さえている: ~ во́ра 泥棒を捕まえている ③保持する, 保つ: ~ пе́рвенство 選手権を保持する ④支える, 押しとどえる: Свод де́ржат четы́ре коло́нны. 4本の柱が丸天井を支えている
⑤ひきとめておく, とどめておく; つないでおく: Я тебя́ не держу́. ぼくは君をひきとめない
⑥(ある状態に)置いておく: ~ зри́телей в напряже́нии 観客をはらはらさせている | ~ в секре́те 秘密にしておく ⑦(ある位置・状態のままに)しておく, 保つ: ~ о́кна откры́тыми 窓を開けたままにしておく | Не держи́ ру́ки в карма́нах. 手をポケットに入れたままにしておくな ⑧守る, 遵守する ⑨(ある場所に)置いておく, 保存する: ~ молоко́ в холоди́льнике 牛乳を冷蔵庫に入れておく | ~ де́ньги в ба́нке 金を銀行に預けておく
⑩《動物などを》飼う; 所有する 〈使用人などを〉置く, 雇う ⑫経営する, 営む ⑬《無制限に》動いているものをある方向に行く; (ある方向に)行く: ~ путь на се́вер 北に向かう ⑭《ある種の名詞と共に》…をする, 行う: ~ речь 演説する | ~ экза́мен 試験を受ける ⑮《俗》〈対〉за〈造〉だと思う, 勘違いする: Ты что меня́ за дурака́ де́ржишь? お前俺のことばかだと思ってるのか

◆ ~ в уме́ [голове́, мы́слях] …のことを思っている, 覚えている | ~ курс 針路をとる | ~ (своё) сло́во 約束を守る | ~ себя́ 振る舞う, 身を処する | ~ себя́ в рука́х 自制する | ~ сто́рону [ру́ку] 〈生〉…の味方をする, 側につく | Держи́те меня́! [話·戯] ほんとに驚いた | Так ~! その調子だ; いけいけ

\*держа́ться [デルジャーッツァ] держу́сь, де́ржишься 命держи́сь [不完] [hold, be supported] ①〈за対〉につかまっている, つかまっている: ~ рука́ми за пери́ла 両手で手すりにつかまっている | Ма́льчик держа́лся за мать. 男の子は母親にしがみついていた ②〈за対〉に手を当てている, 押さえている: ~ за щёку 頬に手を当てている ③〈за対〉に執着する, しがみつく: ~ за привиле́гии 特権にしがみつく ④〈на対〉で支えられている, 固定されている: Пу́говица де́ржится на одно́й ни́тке. ボタンは糸1本でくっついている ⑤(ある状態・姿勢を)保っている, (ある状態に)ある: ~ на воде́ 水に浮いている | Он де́ржится пря́мо. 彼は背筋を伸ばしている
⑥振る舞う, 態度をとる: ~ уве́ренно 自信ありげに振る舞う ⑦続く, 保たれる: Неде́лю держа́лась высо́кая температу́ра. 高温が1週間続いた
⑧持ちこたえる, 頑張る: ~ до прибы́тия подкрепле́ния 増援部隊が来るまで持ちこたえる
⑨〈田/за囲〉〈ある方向を〉保つ, 〈ある方向に〉進む: ~ пра́вой стороны́ 右側を進む ⑩〈田〉〈ある考え・習慣〉に従う, 守る: ~ стро́гих пра́вил 厳しい規則に従う ◆ ~ за карма́н 1ポケットを押さえている (2)けちである | Держи́сь! = Толъко держи́сь! 頑張れ; しっかりしろ

дерза́ние [中5]《雅》大胆な希求, 勇気

дерза́ть [不完]《雅》大胆に希求する, 敢然と行動する

дерзи́ть (1人称用いず) -и́шь [不完] / на~ [完]《話》失礼なことを言う, 無礼な口をきく

де́рзк|ий 短 -зок, -зка́, -зко 比 де́рзче [形3] ①無礼な, 図々しい, あつかましい: ~ ма́льчишка 無礼な小僧 ②大胆な, 勇敢な, 不敵な //~о [副]

дерзнове́нный 短 -ён/-е́нен, -е́нна [形1]《雅》大胆な, 勇敢な, 不敵な

де́рзость [女10] ①無礼, あつかましさ; 大胆さ ②無礼な振る舞い[言葉]

дерива́т [男1]《機》誘導体

дерива́ция [э/е] [女9] ①《軍》(弾丸の)偏差 ②導水, 分水 ③《言》派生

дермати́н [男1] 模造革 //~овый [形1]

дермати́т [е/э] [男1]《医》皮膚炎

дермато́лог [е/э] [男2] 皮膚科医, 皮膚病学者

дерматоло́гия [е/э] [女9]《医》皮膚病学

дёрн -a/-y [男1] 芝生; 芝地 //дерно́вый [形1]

дерни́на [女1] [тур] (1枚の)芝生

дерни́стый [形1] 草の根[芝草]の多い

дернова́ть -ну́ю, -ну́ешь [不完]〈対〉芝生で覆う

дёрг(ся) [不完] →дёргать(ся)

дёрнуть² ну, -нешь 受過-тый [完] ①急激に動き出す ②《話》(唐突に)出かける ③《俗》飲む, 一杯やる

дёру [述語]《俗》= дра́ла

деру́сь [1単現] < дра́ться

дерьмо́ [中1]《俗》①〈くそ〉②忌まわしい人[物]

дерьмо́вый [形1]《俗》ひどい, 忌まわしい

деса́нт [男1]《軍》①(部隊の)上陸; 空中降下 ②上陸部隊; 空挺部隊 ③《俗》(モスクワにやって来た)おのぼりさんたち, 田舎っぺ //~ный [形1]

деса́нтни|к [男2] /-ца [女3] 上陸隊員; 空中降下隊員

\*десе́рт [男1] [dessert] デザート: пода́ть пиро́жное на ~у デザートにケーキを出す //~ный [形1]

десигна́т [男1]《言》所記, 記号内容, 意味

де́скать [術]《挿入》《俗》(他人の言葉を引用して)…だそうだ (→мол): У него́ де́нег, ~, нет. やつには金がないんだそうだ | Я попроси́л его́ помо́чь, а он говори́т, ~, вре́мени нет. 彼に手伝ってってお願いしたんだけど, 彼は時間がないんだって

дескрипти́вный [形1] 記述的な

деско́п [男1] ①机上用パソコン ②デスクトップ

десна́ 複 дёсны, -сен, -снам [女1]《解》歯茎, 歯肉

дѐсоветиза́ция [女9] 非ソヴィエト化, 国家機関としてのソヴィエトの解体[図式]

де́спот [男1] ①(古代オリエントの)専制君主 ②横暴な人, 暴君

деспоти́зм [男1] ①専制政治, 圧制 ②横暴, 専横

деспоти́ческий [形3] ①専制政治の; 専制国家の ② = деспоти́чный

деспоти́чный 短 -чен, -чна [形1] 横暴[暴君的]な

деспоти́я [女9] 専制国家

дестабилиза́ция [女9] 不安定化

дестабилизи́ровать -рую, -руешь 受過 -анный [不完·完]〈対〉不安定化する

дѐстализинация [女9] 非スターリン化

деструкти́вн|ый [形1] 破壊的な //~ость [女]

деструкция [女9] 破壊

де́стеро -ры́х, -ры́м, -ро-/-ры́х, -ры́ми, -ры́х [数]《集合》1)10人, 10個, 10匹 2) = дво́е [集活]

десяти́.. [語形成]「10の」

десятиба́лльный [形1] ①(風力·震度などが)10等級の ②10段階評価の

десятибо́рец -рца [男3]《スポ》10種競技の選手

десятибо́рье [中4]《スポ》10種競技

десятидне́вка 複生 -вок [女2] 10日間, 旬日

десятикла́ссни|к [男2] /-ца [女3] 10年生

десятикра́тный [形1] 10回の, 10倍の

\*десятиле́тие [中5] [decade] ①10年間 ②10周

**десятиле́тний** [形1] ①10年間の ②10歳の

**десяти́на** [女1] デシャチーナ(旧面積単位;約1.09ヘクタール)

**десятиты́сячный** [形1] 〔序数〕1万番目の | 1万から成る ③ *-ая* [女名] 1万分の1 (*-ая ча́сть до́ля*) ④[話]1万ルーブル

**десятичасово́й** [形1] ①10時間の ②10時の

**деся́тичный** [形1] 10進法の

**деся́тк|а** [ヂシャータク] -тки [女1] 〔数字の〕10 ②〔話〕(バス・電車などの)10番(系統) ③ 10人[個]から成るひと組 ④〔トランプ〕10 ⑤〔話〕10ルーブル ◆*попа́сть в -у* [話]ずばり当てる

**деся́ток** [ヂシャータク] -тка [男1] [ten(s)] ①〔数量の単位としての〕10, 10個 ~ яи́ц 卵10個 | не́сколько *-ков солда́т* 数十人の兵士 ②10歳:*Ему́ пошёл пя́тый ~*. 彼女は40代に入った ③〔複〕〔数〕10の位 ④〔複〕何十, 多数:*-ки люде́й* 何十人もの人々 ◆*не ро́бкого* [*тру́сливого*] *-ка* [話]度胸がある

**деся́т|ый** [ヂシャーティ] [形1] 〔序数〕 第10の, 10番目の *-ое ию́ля* 7月10日 | *-ые го́ды* (ある世紀の)10年代 | *в -ых чи́слах ма́рта* 3月中旬(10日から)| *в пять мину́т -ого* 9時5分 ③ *-ая* [女名] 10分の1 (*-ая ча́сть до́ля*): *три́ -ых* 10分の3 ◆*Э́то де́ло -ое*. それは重要でない[二の次だ]

**де́сять** [ヂェーシチ] 生·与·前-и́ 対-ь 造-ью (за/на/по-сять, за/на сять) [数][数詞][ten] 10(★→*пять* 〔語法〕) ~ ты́сяч 1万 ◆*в девяти́ слу́чаях из -и́* 十中八九

**деся́тью** [副] 10倍して

**дет..** [語形成]「子どもの」

**детализа́ция** [女9] 詳細な検討

**детализи́ровать** -рую, -руешь [不完·完] 〈対〉詳細に検討する

**дета́л|ь** [ヂターリ] [女10] [detail] ①詳細, 細目, ディテール: *-и собы́тия* 事件の詳細 | *изложи́ть со все́ми -я́ми* こと細かに述べる ② *велосипе́дные ~* 自転車の部品

**дета́льн|ый** 短 -лен, -льна [形1] 詳細な, 詳しい *-о* [副] **//~ость** [女10]

**детва́** [女1] 〔集合3〕ミツバチの子〔幼虫〕

**детвора́** [女1] 〔話〕〔集合3〕子どもたち

**детдо́м** 複-а́ [男1] 孤児院(*де́тский дом*) **//~овский** [形3]

**детдо́мов|ец** -вца [男3] */-ка* 複生 -вок [女2] [話]孤児院の子

**дете́й** [複数;生·対格] < *де́ти*, *дитя́*, *ребёнок*

*детекти́в* [э;э] [デテクチーフ] [男1] [detective] ①刑事, 探偵: *рабо́та ~а* 探偵の仕事 ②探偵小説[映画], サスペンス: *Он лю́бит ~ы*. 彼は推理小説が好きだ

**детекти́вный** [э;э] [形1] 推理ものの, 探偵ものの

**дете́ктор** [э;э] [男1] ①[電]検波器, 検出器: *~ лжи* うそ発見器 **//~ный** [形1]

**детёныш** [男4] 動物の子

**детермина́нт** [男1] ①[数]行列式 ②決定要因, 決定(子) ③[生]決定基

**детерминати́в** [男1] [言]限定符;限定詞

**детерминати́зм** [э;э] [男1] [哲]決定論(↔*индетермини́зм*)

***де́ти** [ヂェーチ] дете́й, де́тям, дете́й, детьми́, де́тях [複] [children] ①〔本来は *дитя́* の複数形で, ~ *の複数形としても用いる*〕(大人に対する)子ども, 児童;〔動物·鳥の)子: *воспита́ние дете́й* 子どもの養育 | *кни́га для дете́й* 児童図書 | *Д~ иду́т в шко́лу.* 子どもたちが登校している ②(親に対する)子ども: *Ско́лько у вас дете́й?* お子さんは何人いらっしゃいますか ③[話]若者, 若い人 ④(環境·時代などの)子: *~ своего́ ве́ка* 時代の子 **//дети́шки** -шек, -шкам [複] 〔愛称〕< ①②

**дети́на** (女1変化)[男] [話] 背の高い屈強な若者

**дети́ще** [中2] 労苦の所産

**де́тка** 複生 -ток (女2変化)[男·女] 《《小さな子どもへの呼びかけ》》いい子

**детона́тор** [男1] ①[機]①起爆薬 ②雷管 ③〔事件などの〕導火線, 発端

**детона́ц|ия** [女9] ①爆発;[化]爆鳴 ②[工]ノッキング **//~ио́нный** [形1]

**детони́ровать** -рует [不完] 爆発する, 爆裂する

**деторожде́ние** [中5] 出産

**детоуби́йство** [中1] [詩] 殺し, 子ども殺し

**детоуби́йца** (女3変化)[男·女] 嬰児[子ども]殺害者

**де́точка** 複生 -чек (女2変化)[男·女] 《《話》》〔愛称〕< *де́тка*

**детплоща́дка** 複生 -док [女2] 子どもの遊び場, 児童公園 (*де́тская площа́дка*)

**детса́д** 前 о-е, в-у́ 複-ы́ [男1] 幼稚園 (*де́тский сад*)

***де́тская** [ц] (形3変化)[女名] [nursery] ①子ども部屋 ②子ども部屋用家具セット

***де́тск|ий** [ц] [形3] [child's, children's] ①子どもの, 児童の;子どもに向きの: *-ие го́ды* 幼年時代 | *~ ле́пет* 赤ちゃん言葉 | *-ие и́гры* 子どもの遊び | *-ая больни́ца* 小児科病院 ②子どもらしい[子どもっぽい, 子どもじみた: *-ие рассужде́ния* 幼稚な議論 | *ю́ноша с -ими глаза́ми* 子どもらしい目をした青年 ■ *~ дом* 子どもの家(孤児院) | *~ сад* 幼稚園 | *-ие я́сли* 託児所 | *-ое ме́сто* [解]胎盤(*плаце́нта*) **//~ость** [女10] <②

***де́тств|о** [ц] [ヂェーツヴァ] [中1] [childhood] 幼年時代, 子ども時代: *в -е* 幼年時代に | *провести́ ~ в дере́вне* 幼年時代を田舎で過ごす ◆*впа́сть в ~* (1)もうろくする (2)子どもじみた振る舞いをする

**деть(ся)** [完] → *дева́ть(ся)*

**детьми́** [複数;造格] < *де́ти*, *дитя́*, *ребёнок*

**де́тях** [複数;前置格] < *де́ти*, *дитя́*, *ребёнок*

**де-фа́кто** [э: а/о] [副] [ラ]事実上, 実際に

**дефе́кт** [男1] 欠陥, 欠点, きず

**дефекти́вный** 短 -вен, -вна [形1] (身体的·精神的に)欠陥のある, 健常でない

**дефе́ктный** [形1] 欠陥のある, きず物の

**дефекто́лог** [男2] 障がい児教育学者

**дефектоло́гия** [女9] 障がい児教育学

**дефиле́** [э] (不変)[中] [軍]隘路(ﾎﾟﾘ)

**дефили́ровать** -рую, -руешь [不完] [文]行進する, 練り歩く

**дефини́ция** [女9] [文]定義

**дефи́с** [男1] ハイフン(-)

***дефици́т** [男1] [deficit] ①[経]欠損, 赤字(↔*профици́т*): *увеличе́ние -а* 赤字の増大 ②不足, 欠乏 ③不足品, 欠乏品

**дефици́тный** 短 -тен, -тна [形1] ①[経]赤字の, 欠損の ②不足している, 欠乏の

**дефля́ц|ия** [э] [女9] [経]デフレーション, 通貨縮小 **//~ио́нный** [形1]

**дефо́лт** [男1] [金融]債務不履行, デフォルト

**деформа́ция** [е/э] [女9] 変形, ゆがみ, ひずみ

**деформи́ровать** [е/э] -рую, -руешь 受過 -анный [不完·完] 〈対〉変形させる, 歪める, デフォルメする **//~ся** [不完·完] 変形する, 歪む

**де́цел** [男1] [俗] ①小さい[取るに足らない]もの;ちび ②少量, ほんの少し

**децентрализа́ция** [э/е] [女9] 地方分権；集中排除, 分散化

**децентрализова́ть** [э/е] -зу́ю, -зу́ешь 受 過 -о́ванный [不完・完] 〘от〙地方分権化する；分散させる

**деци-..** 《língshì》「デシ…」「10分の1の」

**деци́бел** [э] 複 生 -лов/-бéл [男1] 〘理〙デシベル（略 дБ）

**децили́тр** [男1] デシリットル

**децима́льный** [э] [形1] 10進法の

**дециме́тр** [男1] デシメートル

**дешеве́ть** [不完]/**по-** [完] 安くなる, 価格が下がる

**дешеви́зна** [女1] 安値(状態), 物価下落, 物価安 (↔дороговизна)

**дешёвка** [女2]《話》①安価, 廉価 ②《蔑》安っぽいもの, くだらないもの

**деше́вле** [比較] <дешёвый, дёшево

*дёшево [ヂョーシヴァ] 比 деше́вле (cheap(ly)) I [副] ①安価で, 安く：продáть [купи́ть] ～ 安く売る[買う] ②容易に, やすやすと II [無人述] 安い～！：Óчень ～! すごく安い ◆～ и серди́то 〘戯・皮肉〙値段もそこそこ品質も悪くない, お買い得だ

*дешёв|ый [ヂショーヴィ] 短 дёшев, дешевá, дёшево 比 деше́вле [形1] (cheap, worthless) ①安価な, 安い：-ые товáры 安い商品 | Я купи́ла óвощи по -ой цене́. 私は野菜を安値で買った ②『貶』つまらない, くだらない；～ успе́х やっぽい成功 **//-енький** [形3] 〘指小〙

**дешифри́ровать** [е/э] -рую, -руешь 受 過 -анный [不完・完] 〘вТ〙対象を確定する

**дешифрова́ть** [е/э] -рую, -руешь 受 過 -о́ванный [不完・完] 〘вТ〙解読する **// дешифро́вка** [е/э] 複 生 -вок [女2]

**деэскала́ция** [э] [女9] 〘軍・政〙段階の縮小

**де-ю́ре** [э: э] [副] 〘文〙法律上, 法的に

**де́ян|ие** [中5] 〘雅〙行為, 所業

*де́ятель [男5]/**-ница** [女3] [agent] 活動家；полити́ческий ～ 政治家 | ～ нау́ки 科学者 | ～ иску́сства 芸術家

*де́ятельность [ヂェーイチェリナスチ] [女10] [activity, activities] ①活動, 事業, 仕事：обще́ственная ～ 社会的活動 | ～ в о́бласти эконо́мики 経済分野での活動 ②（器官・自然力などの）働き, 作用：～ се́рдца 心臓の働き

*де́ятельн|ый 短 -лен, -льна [形1] [active, energetic] 活動的な, 活発な, 精力的な：-ая натýра 活動的な気質

**де́яться** де́ется [不完]/**по-** [完]《俗》起こる；行われる

**джаз** [男1]『楽』①ジャズ ②ジャズバンド

**джаз-..** [語形成]「ジャズの」

**джаз-ба́нд** [不変]-[男1]『楽』ジャズバンド

**джази́ст** [男1]/**-ка** 複 生 -ток [女2] ジャズ演奏家

**джазме́н** [男1] = джази́ст

**джа́зовый** [形1] ジャズの (<джаз)

**Джака́рта** [女1] ジャカルタ（インドネシアの首都）

**джаку́зи** (不変)[男]/[中] ジャグジー

**джéзва** [女1] ジェズベ (tы́rka)

**джейра́н** [男1]『動』コウジョウセンガゼル

**джем** -а/-у [男1] ジャム

**джéмпер** 複 -ы/-á [男1] ニットの上着, セーター

**джем-се́йш(е)н** [不変]-[男1]『楽』ジャムセッション

*джентльме́н [э] [男1] [gentleman] ①紳士, ジェントルマン ②紳士的な人 ◆-ы удáчи『話・戯』山師連中

**джентльме́нск|ий** [э] [形3] 紳士の；紳士的な：-ое соглашение 紳士協定

**джéрс|и, джéрси** (不変)①[中] ジャージー(布地)；ジャージー製の服 ②[形] ジャージー製の **//-овый** [形1] <①

**джиги́т** [男1] ①乗馬の名手 ②カフカス[中央アジア]出身者

**джигитова́ть** -ту́ю, -ту́ешь [不完] (馬の)曲乗りをする

**джигито́вка** [女2] (馬の)曲乗り

**джин** -а/-у [男1] ジン(酒)

**джи́нн** [男1] イスラム神話の神霊, 悪魔

**джинсá** [女1], **джинсо́вка** [女2]《俗》デニム生地；デニム生地の服

**джи́нсовый, джинсо́вый** [形1] デニム(製)の, ジーンズの

*джи́нсы [ヂーンスィ] -ов [複] [jeans] ジーンズ, ジーパン：Онá надéла мо́дные ～. 彼女は流行のジーンズをはいた

**джип** [男1] ジープ（小型の4輪駆動車）

**джипс** -á [男1]《若者》ジプシー

**джи́у-джи́тсу** [u] (不変)[中] 柔術

**джиха́д** [男1] 『イスラム』（異教徒に対する）聖戦, ジハード

**джо́ггинг** [男2] ジョギング

**джо́йстик** [男2] (テレビゲームなどの)コントローラー

**джо́кер** [男1]『トランプ』ジョーカー（→фигýра 活用）

**Джомолу́нгма** [女1] チョモランマ（世界最高峰, 8848メートル）；別名 Эвере́ст

**джо́нка** 複 生 -нок [女2] ジャンク（中国の帆船）

**джо́уль** [男5]『理』ジュール

**джýнгл|и** -ей [複] ジャングル：закóн -ей 弱肉強食 | бетóнные ～ コンクリートジャングル | игрово́й ко́мплекс Д～ ジャングルジム（滑り台や階段などが組み合わされている）

**джут** [男1]『植』ジュート, 黄麻 **//-овый** [形1]

**дзен-будди́зм** [э] (不変)-[男1]『宗』禅

**дзот** [男1]『軍』簡易トーチカ (деревоземляна́я огнева́я тóчка)

**дзюдо́** (不変)[中] 柔道

**дзюдои́ст** [男1]/**-ка** 複 生 -ток [女2] 柔道選手, 柔道家

**диабе́т** [男1]『医』糖尿病 **//-и́ческий** [形3]

**диабе́тик** [男2]『医』糖尿病患者

*диа́гноз [男1] [diagnosis]『医』診断；判定：поста́вить ～ 診断を下す **//-сти́ческий** [形3]

**диагно́ст** [男1] 診断専門医；診断の上手な医者

**диагно́стика** [女2] ①『医』診断学, 診断法 ②（機械などの）診断, 点検

**диагности́ровать** -рую, -руешь 受 過 -анный [不完・完]〘вТ〙①『医』診断する ②（機械などを）診断する, 点検する

**диагности́ческий** [形3] 診断の；診断学の

**диагона́л|ь** [女10] ①『数』対角線 ②綾織り ◆*по -и* 斜めに

**диагона́льный** [形1] 対角線の；斜めの

**диагра́мм|а** [女1] 図表, 図式, ダイヤグラム **//-ный** [形1]

**диаде́ма** [э] [女1] 女性用の冠型髪飾り

**диа́кон** [男1] = дья́кон

**диакрити́ческий** [形3]：～ знак『言』付加［読み分け］記号；ダイアクリティカルマーク

**диале́кт** [男1] 方言, なまり：говори́ть на -е 方言で話す **//-ный** [形1]

**диалекти́зм** [男1]『言』（標準語で用いられる）方言的語彙[表現]

**диале́ктик** [男2]『哲』弁証法主義者

**диале́ктика** [女1] ①『哲』弁証法 ②弁証法的発展過程 **// диалекти́ческий** [形3]：～ материаали́зм 弁証法的唯物論

**диалекти́чн|ый** 短 -чен, -чна [形1] 弁証法的に発展する

**диалекто́лог** [男2] 方言学者

**диалектоло́ги|я** [言]方言学 **// диалектологи́ческ|ий** : -*ая* ка́рта 方言地図

**диа́лиз** [男1] [医]人工透析

*діало́г [dialog] [男2] [dialog] 対話, 会話, 対談: вести́ ~ 対話する | ~ ме́жду госуда́рствами 国家間の対話 ②[IT]ダイアログ

**диалоги́ческий** [形3] 対話の; 対話体の

**диало́гов|ый** [形1] [IT]ダイアログの: -*ое* окно́ [IT]ダイアログボックス

*діа́метр [男1] [diameter] [数] 直径: Труба́ име́ет в ~*е* два́дцать сантиме́тров. このパイプは直径20センチです

**диаметра́льн|ый** 短 -лен, -льна [形1] ① 直径の ② 完全な, 全くの **//-о** [副] < ② >

**Диа́на** [女1] ディアナ(女性名)

**диапазо́н** [男1] ① 音域, 声域 ②[理]域, 範囲; [電]周波数帯 ③ (知識・関心などの)範囲, 幅, 広さ

**диапозити́в** [男1] [写]スライド **//-ный** [形1]

**диа́спора** [女1] 離散した民族, ディアスポラ

**диате́з** [з] [男1] [医]素質, 素因

**диате́за** [з] [女1] [文法]態, ヴォイス

**диато́ника** [女1] [楽]全音階(法)

**диатони́зм** [男1] [楽]全音階(法) **// диатони́ческ|ий** [形3] : -*ая* га́мма = -*ий* звукоря́д 全音階列

**диафи́льм** [男1] スライド映画

**диафра́гма** [女1] ①[解]横隔膜 ②[理]遮光板; (カメラの)絞り

**диахрони́ческий** [形3] [言]通時的な(↔ синхрони́ческий)

**диахрони́|я** [女9] [言]通時性, 通時的研究(↔ синхрони́я)

*діва́н [男1] [divan, sofa] ソファー: сесть на ~ ソファーに座る | ~-крова́ть ソファーベッド | Он лежа́л на ~*е* и смотре́л телеви́зор. 彼はソファーに寝ころんでテレビを見ていた **//-ный** [形1]

**диверса́нт** [男1] 破壊工作者

**диверсифика́ция** [女1] [経]分散投資, 経営の多角化

**диве́рси|я** [女9] ①[軍]後方攪乱 ② 破壊工作, 攪乱(かくらん)活動 **//-о́нный** [形1]

**дивертисме́нт** [男1] [劇]幕間の出し物

**дивиде́нд** [男1] [商]配当(金) **//-ный** [形1]

**дивизио́н** [男1] ①[軍]砲兵[ロケット]大隊 ②[海](同種の艦船から成る)艦隊

**дивизио́нный** [形1] 師団の; 大隊の

*дивизия [女9] [division] ①[軍]師団: та́нковая ~ 戦車師団 ②[海]艦隊

**диви́ться** -влюсь, -ви́шься [不完] / **по-** [完] (俗) [на/на́ ко́го]驚く, びっくりする, 驚嘆する

**ди́вн|ый** 短 -вен, -вна [形1] (話)素晴らしい, 見事な

**ди́в|о** [男1] (話)驚くべき[もの], 奇跡 **◆-*у* да́ться** 驚く, びっくりする | **на ~** 見事に, 素晴らしく

**ди́вчина, дивчи́на** [女1] (俗) = де́вушка, де́вочка

**дидакти́зм** [男1] 《文》教訓主義

**дида́ктик** [男2] 教授法学者

**дида́ктика** [女1] 教授法, 教授学

**дидакти́ческий** [形3] ① 教授法の ②《文》教訓的な, 教訓を垂れるような

**дидакти́чн|ый** 短 -чен, -чна [形1] = дидакти́ческий ②

**диджє́й** [男6] ディスクジョッキー, DJ

**дие́з** [з] [男1] [楽]シャープ, 嬰記号(♯) (→ до²活用) [語形成] 「ダイエットの」

*діе́т|а [диэ] [diet] 食餌療法, ダイエット: сиде́ть на -*е* ダイエット中だ ■ **кремлёвская [очко́вая] ~** (ロシア版)低炭水化物ダイエット

**диете́тика** [диэ] [女1] = диетоло́гия

**диети́ческ|ий** [э] [形3] 食事療法の, ダイエットの: -*ая* пи́ща ダイエット食

**дието́лог** [э] [男2] 食餌療法専門医

**диетоло́ги|я** [э] [女9] [医]食餌療法学 **//-и́ческий** [形3]

**диетотерапи́|я** [э: э/е] [女9] 食餌療法

**диетопроду́кты** [э] -ов [複1] ダイエット食品

*діза́йн [男1] [design] デザイン, 設計: ~ интерье́ра インテリアデザイン

**диза́йнер** [男1] [designer] デザイナー, 設計者

**ди́зель** 複 -и/-я́, -ей/-е́й [男5] ディーゼル機関 **//-ный** [形1]

**ди́зель-электрохо́д** [不変]-[男1] ディーゼル電気船

**дизентери́|я** [女9] [医]赤痢 **//-и́йный** [形1]

**дика́р|ь** -я́ [男5] /-**ка** 複生 -рок [女2] ① 原始人 ② 無教養な人, 野蛮人 ③ (話)人嫌いの人, 引っ込み思案な人 ④ (男)(話)利用権なしで保養地に行く人 **//-ский** [形3]

*ди́к|ий [形1] 短 ди́к, -ка́, -ко́ / ди́че/диче́е [形3] [wild, savage] ① 野生の, 未開の, 自然のままの: -*ие* живо́тные 野生動物 | -*ая* я́блоня 野生のリンゴ | -*ие* леса́ 原生林 ② 粗野な, 乱暴な, 抑制のない; 粗暴な性格 ③ (話)とてつもない, 異常な: ~ восто́рг 有頂天 ④ 野生の, 野蛮な: -*ие* нра́вы 野蛮な風習 ⑤ (話)奇妙な, ばかげた: Д-*ая* мысль пришла́ в го́лову. ばかげた考えが頭に浮かんだ ⑥ 内気な, 人嫌いの: -*ая* де́вочка 内気な女の子 ⑦ (話)組織とは関係のない, 私設の, 無首領の

**ди́ко** [副] ① 野生の状態で; 粗野に; 奇妙に; ひどく: ~ расти́ 野生する ② (話)恐ろしく, おそろしく

**дикобра́з** [男1] [動]ヤマアラシ

**дико́вина, дико́винка** 複生 -нок [女2] (話)奇妙な[驚くべき]もの

**дико́винный** [形1] (話)奇妙な, 珍しい, 驚くべき

**дикорасту́щий** [形3] [植]野生の

**дикоро́с** [男1] (通例複)[植]野生有用植物

**ди́кость** [女10] ① 野生; 未開, 野蛮さ ② 粗野, 粗暴 ③ 奇妙なこと, ばかげたこと ④ 人嫌い

*дикта́нт [男1] [dictation] 書き取り, ディクテーション: писа́ть ~ 書き取りをする **//-ный** [形1]

**дикта́т** [男1] [政](弱者への)押しつけ, 強制

**дикта́тор** [男1] ① 独裁者 ② 独裁的な人, ワンマンな人 **//-ский** [形3]

**диктату́ра** [女1] 独裁, 独裁政権: ~ пролетариа́та プロレタリア独裁

*диктова́ть -ту́ю, -ту́ешь [不完] / **про-** 受過-о́ванный [完] [dictate] ⟨что⟩ ① 口述する, 書き取りをさせる: ~ стихотворе́ние 詩を口述し書き取らせる ② 有無を言わさず命じる, 押しつける: ~ свои́ усло́вия 自分の条件を押しつける ③ 示唆する, ほのめかす: Так ему́ диктова́ла со́весть. 良心がそのように彼に命じた

**дикто́вк|а** 複生 -вок [女2] ① 口述: писа́ть под -*у* 口述筆記する ② (話)書き取り

**ди́ктор** [男1] /-**ша** [女4] アナウンサー **//-ский** [形3]

**диктофо́н** [男1] (口述用)ボイスレコーダー

**ди́кция** [女9] (スピーチ・朗読・歌などの)発音

**диле́мм|а** [女1] ①[論]ジレンマ, 両刀論法 ② 板挟

み、窮地:стоя́ть пе́ред ~ой 板挟みになる、ジレンマに陥る **//~ский** [形3]

\***ди́лер** [男1] 〔dealer〕① (車などの)ディーラー、取扱店 ② (証券・外貨などを扱う)銀行、証券会社；その社員 **//~ский** [形3]

**дилета́нт** [男1]/**~ка** 複生 -ток [女2] (芸術・学問の) 素人愛好家、ディレッタント、好事家 **//~ский** [ц][形3]

**дилетанти́зм** [男1], **дилета́нтство** [ц][中1] ディレッタンティズム、素人的芸術趣味

**дилижа́нс** [男1] 乗り合い馬車、駅馬車

**дило́гия** [女9] 〔文〕(文学・音楽などの) 2部作

**Ди́ма** (女1変化) [男1] 《愛称》< Дми́трий

**ди́на** [女1] 〔理〕ダイン(力の単位)

**динами́зм** [男1] ①ダイナミズム、躍動感 ②〔哲〕力本説、力動説

**дина́мик** [男2] (電気式の) 拡声器

\***дина́мика** [女9] 〔dynamics〕①〔理〕力学、動力学 (↔ста́тика) ②動態、発展過程；動き、変化、進展：~ обще́ственного разви́тия 社会の発展過程｜~ цен 〔金融〕値動き 〔楽〕音の強さ

**динами́ст** [男1]/**~ка** 複生 -ток [女2] 《若者》嘘つき、ペテン師

**динами́т** [男1] ダイナマイト **//~ный** [形1]

**дина́ми|ть** -млю, -мишь [不完] / **про~** [完] 《若者》《圏》…の約束を破る、…をだます

\***динами́ческ|ий** [形3] 〔dynamic〕①力学的な、動力学の ②動的な、ダイナミックな、躍動感のある: -ое иску́сство ダイナミックな芸術

**динами́чный** 短 -чен, -чна [形1] = динами́ческий

**дина́мо** (不変) [中1] ①〔旧〕ダイナモ、発電機 ②Д-ディナモ(ソ連時代から続く著名なスポーツクラブ) ③《俗》ペテン師、嘘つき；詐欺、嘘 **//~вский** [形3] <②

**дина́мов|ец** -вца [男3]/**~ка** 複生 -вок [女2] ディナモ(Дина́мо)の選手

**динамо́метр** [男1] 動力計；筋力測定計

**дина́р** [男1] ディナール(セルビア、イラク、クウェートなどの通貨単位)

**дина́ст|ия** [女9] ①王朝: ~ Рома́новых ロマノフ王朝(1613-1917)｜~ Рю́риковичей リューリク朝(862-1598) ②(技能・伝統を伝承してきた)家族、家系: вое́нная ~ 代々軍人の一家 **//~и́ческий** [形3]

**ди́нго** (不変) [男・女] 〔動〕ディンゴ(オーストラリア産の野犬)

**диноза́вр** [男1] 〔古生〕恐竜

**динь-ди́нь** [間] 〔擬音〕リンリン、シャンシャン、ガンガン(鈴、タンバリン、金属のぶつかる音)

**дио́д** [男1] 〔電子〕ダイオード、2極管: светоизлуча́ющий ~ 発光ダイオード、LED **//~ный** [形1]

**диоптри́я, дио́птрия** [女9] 〔光〕ジオプトリー(レンズの屈折力の単位)

**диора́ма** [女1] ①透視画 ②ジオラマ(風景などの)立体模型

**дип..** 《語形成》「外交の」: дипка́рта 外交カード

**дипко́рпус** [男1] 外交団(дипломати́ческий ко́рпус)

**дипкурье́р** [男1] 外交伝書使(дипломати́ческий курье́р)

‡**дипло́м** [デプローム] [男1] 〔diploma〕①卒業証書、(学位・資格などの) 免許状: университе́тский ~ 大学卒業証書｜~ профе́ссора 教授資格免許状 ②賞状: ~ междунаро́дного ко́нкурса 国際コンクールの賞状 ③《話》卒業論文: защити́ть ~ 卒業論文の審査に合格する ■кра́сный ~ 《話》赤い卒業証書(優等生の卒業証書；公式には бордо́вая обло́жка)｜си́ний ~ 紺色の卒業証書(普通の卒業証書)

**диплома́нт** [男1]/**~ка** 複生 -ток [女2] ①(コンクールなどの)受賞者 ②卒業論文準備中の学生

\***диплома́т** [男1] 〔diplomat〕①外交官: о́пытный ~ 経験豊かな外交官 ②〔/**~ка** 複生 -ток [女2]〕《話》如才なく交際上手の人、外交家 ③《話》アタッシェケース **//~ский** [ц][形3]

\***дипломати́ческ|ий** [形3] 〔diplomatic〕①外交の、外交官の: -ая неприкоснове́нность 外交特権｜-ое представи́тельство 在外公館｜~ язы́к 外交辞令｜~ па́спорт 外交官旅券｜-ие номерны́е зна́ки 外交官車両のナンバープレート ②外交的な、かけひきのうまい、如才ない

**дипломати́чный** 短 -чен, -чна [形1] = дипломати́ческий ②: ~ отве́т そつのない答え

**диплома́тия** [女9] ①外交: многосторо́нняя ~ 全方位外交｜наро́дная ~ 市民外交 ｜~ кано́нерок 砲艦外交 ②《話》かけひき、策略

**диплом|ирова́ть** -ру́ю, -ру́ешь 受 過 -анный [不完・完] 〔文〕〈圏〉証書[免状]を授与する

**диплόмни|к** [男2]/**-ца** [女3] 卒業論文準備中の学生

**дипло́мн|ый** [形1] 卒業証書の、免許状の；それを取得するための: -ая рабо́та 卒業論文(の制作)

**директи́ва** [女1] (上部機関からの)指令、命令

**директи́вный** [形1] ①指令の、命令の ②有無を言わせぬ、断固とした

‡**дире́ктор** [ディリェクタル] 複 -á [男1]/《俗》**~ша** [女4] 〔director〕(官庁・企業・教育機関などの、主として責任者、支配人): ~ заво́да 工場長｜~ шко́лы 校長 **// ~ский** [形3]

**директора́т** [男1] (大企業の)役員会、重役会

**дире́кция** [女9] (官庁・企業・教育機関などの)管理機関、指導部

**дирижа́бль** [男5] 飛行船

\***дирижёр** [男1] 〔conductor〕(オーケストラ・合唱団などの)指揮者 **//дирижёрск|ий** [形3]: -ая па́лочка 指揮棒

**дирижи́ровать** -рую, -руешь [不完] 〔楽〕〈圏〉オーケストラ・合唱団などを指揮する

**дис..** 《接頭》「欠如」「反対」「分離」「不…」「非…」「否…」: дисгармо́ния 不協和音｜дискомфо́ртный 心地の悪い｜дисконти́ровать 値引きする

**дисгармони́ровать** -рую, -руешь [不完] 〔楽〕不協和音となっている <с圏>と調和しない

**дисгармони́чный** 短 -чен, -чна [形1] 不協和音をもたらす、不調和な

**дисгармо́ния** [女9] ①〔楽〕不協和音、不協和 ②不調和、不一致: ~ во взгля́дах 見解の不一致

‡**диск** [ディースク] [男2] 〔disc, disk〕①円盤；円盤状の物: мета́ние ~а (陸上競技の)円盤投げ｜~ автома́та 自動小銃の円盤状弾倉 ②〔コン〕ディスク: компа́ктный ~ コンパクト・ディスク、CD｜цифрово́й многоцелево́й ~ DVD、デジタル多用途ディスク ③レコード

**диска́нт** [男1] 〔楽〕①ボーイソプラノ ②ボーイソプラノ歌手 **//~о́вый** <①

**дисквалифика́ция** [女9] 資格剥奪(ﾊｸﾀﾞﾂ)、失格

**дисквалифици́ровать** -рую, -руешь 受 過 -анный [不完・完] 〈圏〉の資格を剥奪(ﾊｸﾀﾞﾂ)する、失格させる: ~ спортсме́на 選手を失格にする **//~ся** [不完・完] 資格を失う、失格する

**дискéта** [女1] 〔コン〕フロッピーディスク

**диск-жоке́й** [不変] [男6] ディスクジョッキー、DJ

**ди́ско** (不変) [男・][中] 〔楽〕ディスコ・ミュージック

**дискобо́л** [男1]/**~ка** 複生 -лок [女2] 円盤投げ選手

**дисково́д** [男1] 〔コン〕ディスクドライブ

**ди́сковый** [形1] 円盤状の, 円形の; ディスクの: ~ то́рмоз ディスクブレーキ
**дискогра́фия** [女9] ディスコグラフィー
**дискоклу́б** [男1] ディスコクラブ
**дискомфо́рт** [男1] 不便, 不快 **∥-ный** [形1]
**диско́нт** [男1]〔金融〕手形割引(料)
**дисконти́ровать** -рую, -руешь 受過 -ирован [不完・完]〔金融〕〈団〉値引きする
*дискоте́к|а** [女2]〔disco(theque)〕① ディスコ, クラブ; そこでのダンス: пойти́ на ~у ディスコへ行く ② CD[レコード]ライブラリー
**дискредита́ция** [女9] 信用失墜, 評判の下落
**дискредити́ровать** -рую, -руешь 受過 -ирован [不完・完]〈団〉の信用を失墜させる, 評判を落とせる
**дискре́тный** 短 -тен, -тна [形1] 断続的な, 不連続の;〔数〕離散的な
**дискримина́ция** [女9] 差別: ра́совая ~ 人種差別 | применя́ть ~ию 差別する **∥-ио́нный** [形1]
**дискримини́ровать** -рую, -руешь 受過 -ирован [不完・完]〈団〉差別する
**диску́рс** [男1] ①〔言〕談論, 言述 ②〔哲〕(思想表現としての)言説, ディスクール
**дискурси́вный** [形1] 論証的な, 推論的な; 言説(上)の
**дискуссио́нный** 短 -о́нен, -о́нна [形1] ① 討論の, 議論の ② 議論の余地がある, 疑わしい
*дискуссия** [女9]〔discussion〕討論, 議論, ディスカッション: горя́чая ~ 白熱した討論 | Они́ вступи́ли в ~ию по вопро́сам эколо́гии. 彼らはエコロジーに関する討論に入った
**дискути́ровать, дискусси́ровать** -рую, -руешь 受過 -ирован [不完・完]〈団〉о /о ком /無補語〉議論する, 討議する
**дислекси́я** [女9] ディスレクシア, 読字障がい
**дислока́ция** [女9] ①〔軍〕(部隊・艦隊の) 配置 ②〔地〕断層, 地滑り ③〔医〕脱臼
**дислоци́ровать** -рую, -руешь 受過 -ирован [不完・完]〈団〉〈部隊・艦隊〉を配置する
**Диснейле́нд** [э] [男1] ディズニーランド
**диспансе́р** [э] [男1]〔医〕予防診療所
**диспансериза́ция** [女9] (予防診療所による) 予防医療, 健康管理
**диспе́псия** [女9]〔医〕消化不良
**диспе́тчер** [男1] (交通機関の)運行管理者, 係, 操車係; ディスパッチャー **∥-ский** [形3]
**диспе́тчерская** (形3変化)〔女名〕運行管理室
**диспле́й** [男6]〔コン〕ディスプレイ **∥-ный** [形1]
**диспози́ция** [女9]〔軍〕(艦隊・部隊の)配置計画
**диспропо́рция** [女9] 不均衡, アンバランス **∥-иона́льный** [形1]
**ди́спут** [男1] 公開討論, 論争
**диспути́ровать** -рую, -уешь [不完・完]《文》〈団〉公開討論に参加する, 討論する
**ди́ссер** [男1]〔俗・蔑〕〈修士〉論文
**диссерта́нт** [男1] **~ка** 複生 -ток [女2] 学位論文提出者
*диссерта́ция** [女9]〔dissertation〕学位論文: до́кторская ~ 博士論文 | защища́ть [защити́ть] -ию 学位論文の公開審査を受ける[に合格する] **∥-ио́нный** [形1]
**диссиде́нт** [男1] **~ка** 複生 -ток [女2] ① (国教からの)離教者, 背教者 ② (主にソ連時代の)反体制派の人, 異論派 **∥-ский** [ц][形3]
**диссиде́нтство** [ц] [中1] 反体制運動, 異論派的姿勢
**диссимиля́ция** [女9] ①〔言〕(音声の)異化 ②〔生〕異化作用
**диссона́нс** [男1] ①〔楽〕不協和音 (↔консона́нс) ② 不調和, 不一致
**диссони́ровать** -рую, -руешь [不完]〔楽〕不協和音になる
**дистанцио́нн|ый** [形1] 遠距離の, 遠隔の: -ое управле́ние 遠隔操作, リモートコントロール(略 ДУ) | -ое обуче́ние 遠隔教育, e ラーニング ②(鉄道・道路など交通上の)管区の
*диста́нция** [女9]〔distance〕① 距離, 間隔: соблюда́ть -ию 距離を保つ ②(鉄道・道路など交通上の) 管区 ③〔スポ〕(スタートとゴールの間の)距離; (競技が行われる)区画: бег на коро́ткие [сре́дние, дли́нные] -ии 短[中, 長]距離競走 | сойти́ с -ии 競技を棄権する
**дистилли́ровать** -рую, -руешь 受過 -ованный [不完・完]〈団〉蒸留する
**дистилля́ция** [女9] 蒸留
**дистрибути́в** [男1]〔言〕配分相
**дистрибью́тер** [э][男1] ディストリビューター, 販売代理店, 配給会社
**дистри́кт** [男1] (米英などの行政・司法・選挙の)区
**дистро́фик** [男1] ジストロフィー患者
**дистрофи́я** [女9]〔医〕ジストロフィー, 異栄養症, 栄養失調 **∥-и́ческий** [形3]
**дисфу́нкция** [女9]〔医〕機能障がい
*дисципли́н|а** [дэсцыпли́нa] [女1]〔discipline〕① 規律, 規則; 風紀, 綱紀; 鍛錬: вои́нская ~ 軍規 | шко́льная ~ 校則 | соблюда́ть [наруша́ть] -у 規律を守る[破る] ② (学問の)分野, 科目, 学科: истори́ческие -ы 歴史関連諸科目
**дисциплина́рный** [形1] 規律の; 懲罰の, 懲戒の: -ое взыска́ние 懲戒処分
**дисциплини́рованный** 短 -ан, -анна [形1] 規律正しい, 規律をよく守る **∥-ость** [女10]
**дисциплини́ровать** -рую, -руешь 受過 -анный [不完・完]〈団〉規律正しくさせる, しつける; 鍛える
**дитя́** 生・与・前 дитя́ти 対=主 造 дитя́тею 複 де́ти, дете́й, де́тям, детьми́, де́тях (★ 複数は主格以外まれ) [中] ①〘旧〙子ども, 赤ん坊 ② (ある環境・時代などの特徴を具現する)子, 人間: ~ ве́ка 時代の子
**дифира́мб** [男1]〔古ギ〕(酒神ディオニュソスに捧げる)賛歌, 頌歌 ②〘文〙過度の称賛, べたぼめ ◆ петь -ы ~をほめあげる
**дифра́кция** [女9]〔理〕(光・音などの)回折
**дифтери́т** [男1] = дифтери́я **∥-ный** [形1]
**дифтери́я** [女9] ジフテリア **∥-и́йный** [形1]
**дифто́нг** [男2]〔言〕二重母音
**диффама́ция** [女9]〔法〕名誉毀損
**дифференциа́л** [男1] ①〔数〕微分 ②〔工〕差動ギア
**дифференциа́льн|ый** [形1] ①〔数〕微分の: -ое уравне́ние 微分方程式 ② 差別的な, 条件によって変動する; 示差的な: ~ тари́ф 差別開閉税率
**дифференциа́ция** [女9] 区別化, 差異化, 細分化
**дифференци́рова|ть** -рую, -руешь 受過 -анный [不完・完]〈団〉① 区別する, 等級をもうける, 細分する ②〔数〕微分する **∥-ние** [中5]
**диффу́зия** [女9]〔理〕拡散
**диффу́зный** [形1]〔理〕拡散した, 分散した
**дихотоми́я** [女9]〔論〕二分法
**дича́ть** [不完] **о-** [完]〘話〙野生化する; (人が)人間嫌いになる: Сад одича́л. 庭が荒れてきた
**дичи́ться** -чу́сь, -чи́шься [不完]〘話〙〈団〉を避ける, 交際嫌いになる, 人見知りする
**дичо́к** -чка́ [男2] ① 実生(みしょう)の若木 (接ぎ木ではなく

種から育った木で移植に使う) ②《話》人見知りする子, はにかみ屋

**дичь** [女11] ①《集合》(狩りの対象としての)野生の鳥獣: лесна́я ～ 森の野鳥 ②野生の鳥獣の肉 ③《話》くだらない話, たわ言: нести́ ～ たわ言を言う ④《話》田舎, へんぴな場所

**диэле́ктрик** [男2]《電》誘電体, 絶縁体

**＊длин|а́** [ドリナー] 複 дли́ны [女1] [length] ①(空間・距離的)長さ, 奥行き, 縦(↔ширина́): о́бщая ～ 全長 | реки́ 川の長さ | доска́ ～ о́й (в) три́дцать сантиме́тров 長さ30センチの板 | Д～ тунне́ля два киломе́тра. = Тунне́ль име́ет два киломе́тра в ～у́. トンネルの長さは2キロある ②(時間的)長さ: ～ расска́за 物語の長さ

**длинно..** 《語形成》「長い」

**длиннова́тый** 短 -óв [形1] やや長い

**длинново́лновый** [形1]《電》長波の

**длиннокры́лый** [形1] 翼の長い ‖ **-ые** [複名]《鳥》アマツバメ目

**длинноно́гий** [形3] 足の長い

**длиннору́кий** [形3] 手の長い

**длиннота́** 複 -о́ты [女1] ①長いこと, 長さ ②《複》(文学作品などの)冗長な部分

**＊дли́нн|ый** [ドリンナイ] 短 -и́нен, -инна́/-и́нна, -и́нно 比 -нне́е 最上 -нне́йший [形1] [long, lengthy] ①長い(↔коро́ткий): -ая у́лица 長い街路 | -ые во́лосы 長い髪 | -oe письмо́ 長い手紙 ②[短 -и́нен, -инна́] 長すぎる: Ю́бка длинна́. スカートが長すぎる ③《話》背が高い: ～ па́рень のっぽの青年 ④(時間的に)長い: -ое путеше́ствие 長い旅 | Зимо́й но́чи -ые. 冬は夜が長い ◆ ～ рубль《俗》ぼろもうけ | ～ язы́к 余計なことまで話す, おしゃべり

**дли́тельность** [女10] (時間の)長さ, 継続時間

**дли́тельный** 短 -лен, -льна [形1] [long, protracted] (時間的に)長い, 長期の: -ое молча́ние 長い沈黙 | ～ о́тпуск 長期休暇

**＊дли́ться** дли́тся [不完] / **про-** [完] [last] 継続する, 長引く: Боле́знь дли́тся тре́тий ме́сяц. 病気は3か月目に入った

**＊для** [ドリャ] [前] [for] ①《利益の対象》…のために: жить для люде́й 人々のために生きる | Я купи́л биле́т на конце́рт для неё. 彼女のためにコンサートのチケットを買った ②《目的》…のために: для побе́ды прави́тельства のために | Для чего́ ты пришёл? 何のために君は来たんだ ③《用途》…向けの: куса́чки для ногте́й 爪切り | шампу́нь для сухи́х воло́с 乾燥髪用シャンプー ④《状態の主体》…にとって: Э́то вре́дно для здоро́вья. それは健康に悪い | Для ма́тери все де́ти равны́. 母親にとって子どもはみんな等しい ⑤《不相応》…にしては: Для февраля́ тепло́. 2月にしては暖かい ◆ **для того́,** ～ **что́бы** 不定形 …するために: Я пришёл для того́, что́бы договори́ться. 私は話し合うために来たのです | **для чего́** 何のために, どうして | **не для чего** 不定形 …する理由がない, 不要だ | **не для чего** торопи́ться. 急ぐ必要はない

**ДМБ** [デエムべー]《略》де́мбель 動員解除, 除隊 (兵士にとって最大の言葉と言われている)

**Дми́триев** [形10] ⇒ **Дми́трий** ②《正教》テッサロニキの聖デメトリオスの(Дми́трий Солу́нский)の ‖ -**день**《正教》聖デメトリオスの日(11月8日[旧暦10月26日]; 殉教者追悼の日, [暦]秋の結婚式シーズンの最終日; 冬の始まり)

**Дми́трий** [男7] ドミトリー(男性名; 愛称 Ди́ма, Ми́тя)

**днева́лить** -лю, -лишь [不完]《話》当直勤務をする

**днева́льный** (形1変化) [男名]《軍》当直兵

**днева́ть** днюю, днюёшь [不完] (軍隊の中で)一日休息を取る ◆ ～ **и ночева́ть**《話》入り浸る

**дневка** 複生 -вок [女2] 行軍中の一日の休息

**＊дневни́к** [ドニヴニーク] -а́ [男2] [diary] ①日記, 日誌: вести́ ～ 日記をつける | запи́сать в ～ 日記に書きこむ ②(生徒が宿題を書く)学習帳(教師はここに宿題や素行の評価を記入する) ③《俗》昼間部の学生 ‖ **-о́вый** [形1] <①

**＊дневн|о́й** [ドニヴノーイ] [形2] [day's, daily] ①昼の, 日中の; 昼に行われる: ～ свет 昼の光 | в -о́е вре́мя 昼間 | ～ спекта́кль マチネー(昼間の興行) ②一日(分)の: ～ за́работок 一日の稼ぎ | ～ рацио́н 一日分の食糧 ③(動物が)昼行性の

**..дне́вный**《語形成》「日間の」: пятидне́вный 5日間の

**дней**〔複数; 生格〕< день

**＊днём** [ドニョーム] ①〔副〕[in the daytime] 昼に, 日中に, 午後に: ～ и но́чью 昼も夜も | Она́ прие́дет за́втра ～. 彼女は明日の午後にやって来る ②〔単数; 造格〕< день ◆ **с огнём не найдёшь [отыщешь]** 慣 …はめったに見つからない: Тако́го челове́ка ～ **с огнём не найдёшь.** あんな人はちょっと見つかるもんじゃない

**Днепр** -а́ [男1] ドニエプル川(ウクライナを流れ黒海に注ぐ)

**Днестр** -а́ [男1] ドニエストル川(ウクライナ, モルドバを流れ黒海に注ぐ)

**дни**〔複数; 主格〕< день

**ДНК** [デエヌカー]《略》дезоксирибонуклеи́новая кислота́ デオキシリボ核酸, DNA

**＊дн|о́** [ドノー] 複 до́нья, -ьев, -ьям [中6] 〔通例単〕[bottom] ①〔単〕水底; (土地などの)凹部の底, 底部: ～ реки́ [коло́дца, овра́га] 川[井戸, 谷]の底 ②(容器・箱・船などの)底: ～ корабля́ 船底 | двойно́е ～ 二重底 | Она́ положи́ла де́ньги на ～ су́мки. 彼女はバッグの底にお金をしまった ③(比喩的)(社会の)底辺, どん底: ～ о́бщества 社会の底辺 ◆ **вверх дном**《話》真っ逆さまに; めちゃめちゃに: В до́ме всё **вверх дном**. 家中がてんやわんやだ | **до дна** 底まで, しまいまで: **выпить до дна** 飲み干す | **золото́е** ～ 尽きることのない財源, 金づる | **лечь на** ～《俗》(好機を待って)隠れる, 身をひそめる | **идти́ ко дну**《俗》没落する; 落ちぶれる | **ни дна ни покры́шки**《俗》…なんかくたばっちまえ, どうにでもなれ ‖ **до́нышко** 複 -шки, -шек, -шкам [中1] 指小

**дноочисти́тельный** [形1] 水底をさらう, 底を掃除する

**дноуглуби́тельный** [形1] 浚渫(しゅんせつ)の, 水底を深く掘る

**дня**〔単数; 生格〕< день

**дня́ми** [副] ①近いうちに: Я ～ прие́ду. 近日中に着きます ②数日前に: Он ～ заходи́л ко мне. 彼は2, 3日前にうちに寄った

**ДНЯО** [ドニャーオ]《略》догово́р о нераспростране́нии я́дерного ору́жия 核拡散防止条約

**＊до**[1] [ダ]《特定の結合では[ドー]》[前]〈属〉[to, up to, as far as] ①《空間の限界》…まで: дойти́ до реки́ 川に到達する | до Москвы́ доплы́ть до плеч 肩までとどく髪 | От Москвы́ до Санкт-Петербу́рга шестьсо́т пятьдеся́т киломе́тров. モスクワからサンクトペテルブルクまで650キロある ②《時間的限界》…まで(→по 前置). ждать до семи́ (часо́в) 7時まで待つ | отложи́ть до ве́чера 夕方まで延期する | До отхо́да по́езда оста́лось пять мину́т. 列車の発車まであと5分だ | с пе́рвого ма́я до пе́рвого ию́ня 5月1日から5月31日まで(★厳密には5月1日を含まず)

③《数・程度の限界・限度》…まで, …に至るまで: де́ло дошло́ до ⊡ …するに至る, …ということよ | счита́ть до пяти́ 5まで数える(5を含む) | крича́ть до хрипоты́ 声が枯れるほど叫ぶ | промо́кнуть до косте́й ずぶ濡れになる | Она́ смея́лась до слёз. 彼女は涙が出るほど笑った

④《時間的先行》…より前に, …の前に: до войны́ 戦前に | за де́сять мину́т до нача́ла уро́ка 授業開始の10分前に | Мы успе́ли всё сде́лать до тебя́. 私たちは君より前に全て仕上げることができた

⑤《概数》およそ, 約: За́л вмеща́ет до ты́сячи челове́к. ホールは約千人を収容できる

⑥ …未満の: Де́тям до шестна́дцати ле́т вхо́д воспрещён. 16歳未満の子どもは入場禁止

⑦《接触などが》…まで: до руки́/ до тебя́ до меня́ до тебя́ до меня́/ руки́/腕に触れる | У меня́ до тебя́ де́ло. 君に用がある

◆*До за́втра!* またあした | *до си́х по́р* いままで | *до те́х по́р* その時まで | *до те́х по́р, пока́… не…* …するまで: Надо ждать до те́х по́р, пока́ о́н не придёт. 彼が来るまで待たなければならない | *до того́(,) как…* …する前に: На́до реши́ть вопро́с до того́ как он придёт. 彼が来る前に問題を解決しなければならない | *до того́, что…* …するほど, あまりに…で…: О́н был до того́ умён, что не попа́лся на обма́н. 彼は非常に頭が良かったので, 詐欺には引っかからなかった | *до чего́* [話]どこまで, どんなに, ひどく:*До чего́ жа́рко!* 暑いったらないね | *не до …* …どころではない: Мне не до э́того. 私はそれどころではない | *что до …* …に関しては, …はどうかというと

до² (不変) [中] [楽] (音階の)ド

[活用] «音階» до́ ド; ре́ レ; ми́ ミ; фа́ ファ; со́ль ソ; ля́ ラ; си́ シ; дие́з シャープ; бемо́ль フラット

до… (接頭) **I** (動詞) ① 「達成「到達」する, 「終える」: дописа́ть 書き終わる | добежа́ть …まで走る ② 「追加「補充」する」: докупи́ть 買い足す ③ 「(-ся動詞) 「…しすぎて否定的な結果になる」: доигра́ться 悪い結果になる **II** (形容詞) …以前の: дово́енный 以前の **III** (名詞) …以前: доисто́рия 先史時代 **IV** (副詞を形成) 「ある状態[地点, 時点]まで」: докра́сна 赤くなるまで | досю́да ここまで

**ДОБ** [ドーブ] (不変)[中] [薬] プロラクフェタミン, DOB (麻薬)

**доба́вить(ся)** [完] →добавля́ть

**доба́вк|а** 複生 -вок [女2] ①追加[補足]したもの; 添加物; пищевы́е ～ 食品添加物

**добавле́ние** [中5] ①追加, 付加, 補足 ②追加[補足]したもの; ◆*в ～ к ⊡* …に加えて

**доба́вленн|ый** [形1] [受過] <доба́вить: нало́г на *-ую* сто́имость 付加価値税 (略 НДС)

*доба́вля́ть [ダバヴリャーチ] [不完]/доба́вить [ダバーヴィチ] -влю, -вишь, … -вят ➌ -вь -вленный [ダバーヴリンヌィ] (add) [⊡-[⊡]] ①付け加える, 補う, 足す: - де́нег お金を追加する | Доба́вьте со́ли в су́п по вкусу. 好みに応じてスープに塩を足して下さい ②補足する, 言い足す, 書き足す: ～ не́сколько сло́в к письму́ 手紙に数語書き足す | Всё я́сно, не́чего доба́вить. 全て明確で, 何も補足はない **//-ся** [不完] [完] 増える, 加わる: Доба́вились но́вые пробле́мы. また新たな問題が増えた

**доба́вочн|ый** [形1] 追加の, 補足の; 付加された: *-ое вре́мя* [スポ] 延長時間, ロスタイム

**добега́ть** [不完]/**добежа́ть** -егу́, -ежи́шь, … -егу́т [до⊡] …まで走る, 駆けつける: ～ до до́ма 家まで走る

**добела́** [副] 純白になるまで; 白熱するまで

**доберма́н** [男1], **доберма́н-пи́нчер** [男1]—[男1] [動] ドーベルマン (大型犬)

**добива́ть** [不完]/**доби́ть** -бью, -бьёшь ➌ -бе́й 受過-би́тый [完] ①(傷ついたものを)殺す, 息の根を止める; 打ちのめす ②(食器などを)完全に壊す, 壊し尽くす

*добива́ться [ダビヴァーッツァ] [不完]/**доби́ться** [ダビーッツァ] -бью́сь, -бьёшься ➌ -бе́йся [完] (get, obtain) [⊡を] (努力して)得る, 勝ち取る, 獲得する: ～ успе́ха 成功をおさめる | Они́ доби́лись побе́ды. 彼は勝利を勝ち取った ◆*～ своего́* 自分の望みを遂げる

**добира́ть** [不完]/**добра́ть** -беру́, -берёшь ➌ -бери́ -бра́л -ала́, -ало, -а́ло 受過 до́бранный [完] [⊡/⊡] ①不足分を取る, 集める, 補充する ②取り終わる, 集め終わる

**добира́ться** [ダビラーッツァ] [不完]/**добра́ться** [ダブラーッツァ] -беру́сь, -берёшься ➌ -бери́сь -а́лся, -ала́сь, -а́лось/-ало́сь [完] (get, reach) [до⊡] ①(に(何とか)たどり着く, 到達する; …を突きとめる: Мы́ с трудо́м добрали́сь до гости́ницы. 私たちはやっとのことでホテルにたどり着いた ～ до су́ти де́ла 事の本質をようやく理解する, 突きとめる ② …を思うままにできる; 懲らしめる: Я доберу́сь до тебя́! そのうち思い知らせてやるからな

**доби́ть(ся)** [完] →добива́ть(ся)

**добле́стный** [сн] -тен, -тна [形1] [雅] 勇敢な, 栄誉ある; 献身的な

**до́блесть** [女10] [雅] 勇敢さ, 栄誉ある行為; 献身

**добра́сывать** [不完]/**добро́сить** -о́шу, -о́сишь 受過 -о́шенный [完] 〈(ある地点まで)投げる, 投げ届ける

**добра́ть(ся)** [完] →добира́ть(ся)

**добра́чный** [形1] 婚前の, 結婚前の

**добре́** [助] [俗] よし, 結構だ

**добреда́ть** [不完]/**добрести́** -еду́, -едёшь 過 -рёл, -рела́ 能過 -ре́дший 副分 -едя́ [完] [до⊡に] たどり着くまで, ぶらぶら歩いて行き着く

**добре́ть** [不完] [完 по-] 善良になる, 優しくなる [完 раз-] [話] 太る

*добро́¹ [ダブロー] [中1] [good] ① 善, 良いこと, 有益なこと(↔ зло); 善行: де́лать ～ 善をなす | Она́ жела́ет ва́м -а́. 彼女はあなたによいことがあるよう願っています | От -а́ -а́ не и́щут. [諺] 今がよければだれ以上の高望みはするな 《～善から善を求めるな》

② [話] 財産, 家財, 持物: чужо́е ～ 他人の物

③ [話] 役に立たないもの, つまらないもの: Тако́го -а́ и да́ром не на́до. そんなもの, ただでも要らない

◆*да́ть [получи́ть] ～ на ⊡* [話] …についての許可[同意] を与える[もらう] | *Д～ пожа́ловать!* [歓迎の挨拶] よくいらっしゃいました, ようこそ | *не к -у́* [話] ろくなことにならない, 縁起が悪い | *помина́ть ⊡ -о́м* …がいい人だったことを思い出して言う, 偲ぶ

**добро́²** [述語] [俗] よし, 結構だ (хорошо́)

**добро́³** [接] [6, 6ь と共に] [話] [接] …ならばともかく: Д～ бы са́м сде́лал, а то́ всё на други́х перело́жил. 自分でやるならまだしも, 全部人に押しつけた

**доброво́лец** -льца [男3] ①義勇兵, 志願兵 ②進んで仕事を引き受ける人, ボランティア

**доброво́льно** [副] 自発的に, 志願して, ボランティアで

**доброво́льно-принуди́тельный** [形1] 半強制的な

*доброво́льн|ый [ダブラヴォーリヌィ] 短 -лен, -льна [形1] [voluntary] 自発的な, 志願の, ボランティアの, 有志の: ～ помо́щник よろこんで手伝ってくれる人 | -ая де́ятельность ボランティア活動 | на -ых нача́лах 自発的原則に基づいて **//-ость** [女10]

**доброво́льческий** [形3] 義勇兵の, 志願の

**доброде́тель** [男5] 徳, 高潔

**доброде́тельный** [形] 短 -лен, -льна 徳のある、高潔な

**добро́душие** [中5] 温厚であること、優しさ

*__добро́душн|ый__ 短 -шен, -шна [形] [good-natured] 温厚な、人柄のよい、親切な: ~ хара́ктер 温厚な性格 **//-о** [副]

**доброжела́тель** [男5] **/~ница** [女3] 好意を寄せる人、共感してくれる人

**доброжела́тельн|ый** 短 -лен, -льна [形] 好意の、親切な: -ое отноше́ние 好意的な態度 **//-о** [副], **-ость** [女10]

**доброжела́тельство** [中1] 好意、親切

**доброка́чественн|ый** 短 -ен, -енна [形] ①品質がいい、良質の ②〈医〉良性の: -ая о́пухоль 良性腫瘍 **//-о** [副], **-ость** [女10]

**Добролю́бов** [男姓] ドブロリューボフ(Никола́й Алекса́ндрович ~, 1836-61; 文芸批評家)

**добро́м** [副] 〈話〉①自発的に、進んで ②穏便に

**добропоря́доч|ный** 短 -чен, -чна [形] きちんとした、礼儀正しい **//-ость** [女10]

**доброserdéчн|ый** 短 -чен, -чна 心のこもった、思いやりのある、優しい **//-о** [副], **-ость** [女10]

**добро́сить** [完] →добра́сывать

**доброcо́вестн|ый** [сн] 短 -тен, -тна [形] 誠実な、良心的な、まじめな **//-о** [副] **//-ость** [女10]

**доброcосе́дство** [ц] [中5] 善隣(関係)

**доброта́** [女1] 人柄の良さ、善良さ、親切

**добро́тн|ый** 短 -тен, -тна [形] ①上質な、上等の、丈夫な **//-о** [副], **-ость** [女10]

*__до́бр|ый__ [ドーブルィ] 短 добр, -ра́, -ро, -ры́/-ры 比 добре́е 最上 добре́йший [形] [good, kind] (人柄)が良い、善良な、親切な、優しい: -ая де́вушка 気立てのいい女の子 | -ые глаза́ 優しそうな眼 | Он добр ко мне. 彼は私に親切だ

②うれしい、幸せな: -ая весть うれしい知らせ

③(道徳的に)よい、親切な、好意ある: -ые дела́ 善行 | -сове́т 親切な助言

④親しい、親密な: мой ~ знако́мый 私の懇意にしている知人

⑤立派な、素晴らしい、申し分のない: ~ конь 駿馬 | Он в -ом здоро́вье. 彼は至って健康だ

⑥非の打ちどころがない、名誉ある: -ое и́мя 名声 | оста́вить о себе́ -ую па́мять 良き名を残す

⑦〈話〉(数量が)たっぷりの、十分の: 大きな、かなりの: До у́жина оста́лось -ых два часа́. 夕食までかれこれ2時間あった

◆бу́дьте -ы! すみませんが、恐れ入りますが (丁寧に頼む際に): Бу́дьте -ы!, позвоните поздне́е. すみませんが、また後で電話して下さい | В ~ час! 幸運を祈ります、お気をつけて | Всего́ -ого! さようなら、ごきげんよう | Д-ого здоро́вья! どうぞお元気で (別れの挨拶) | Д-ого пути́! 道中ご無事で | Д-ое у́тро! おはよう | Д- день! こんにちは | Д- ве́чер! こんばんは | Д-ое вре́мя су́ток! 《ネット》こんにちは(一日中いつでも使える) | по -му 〈話〉(凡庸だが)愛すべき人物、好い人物 | по -ой во́ле 自分の意志で、自発的に | чего́ -ого 〈話〉(悪いことを予期して)ひょっとすると、もしかしたら: Мы, чего́ -ого, опозда́ем на по́езд. ひょっとして私たちは列車に乗り遅れるんじゃないか

**Добры́ня Ники́тич** [女5-男4] [男] ドブルィニャ・ニキーチチ (ビリーナ былины に登場する勇者)

**добря́|к** -а́ [男2] **/-чка** 複生 -чек [女2] 〈話〉善人、いい人

*__добыва́|ть__ [ダブィヴァーチ] [不完] **/ добы́ть** [ダブィーチ] -бу́ду, -бу́дешь 過 -бы́л/добы́л, добыла́, добы́ло/добы́ло 受過 добы́тый (добы́т/добы́т, добы́та/добыта́, добы́то/добыто́) [完] [get, obtain]

〈限〉①入手する、得る、稼ぐ; 捕獲する: ~ ну́жный инструме́нт 必要な道具類を入手する | Удало́сь добы́ть немно́го де́нег уро́ками. 個人レッスンで少し金を稼ぐことができた

②採掘する、採取する: ~ нефть 石油を採掘する | добыва́ющая страна́ (石油・天然ガスなどの) 産出国 **//-ние** [中5]

**добы́тчи|к** [男2] **/-ца** [女3] ①採掘者、採取者; 猟師、漁師 ②〈俗〉稼ぎ手

**добы́ть** [完] →добыва́ть

*__добы́ч|а__ [女4] [catch, mining, booty] ①入手、獲得; 捕獲: пойти́ на -у 獲物を獲りに行く ②採掘、採取; 産出量: ~ не́фти 石油の採掘(量) ③獲得物、入手品: вое́нная ~ 戦利品 ◆стать -ей 田 … の餌食になる: Дом стал -ей огня́. 家は火事にあって焼けた

**добы́члив|ый** 短 -ив [形] 〈俗〉(採集・狩猟・漁などの)腕前がいい、稼ぎが多い; 獲物が多い: ~ лов 豊漁、大猟

**довезти́** [完] →довози́ть

*__дове́ренн|ость__ [女10] [warrant] 委任状、信任状: ~ на получе́ние де́нег 金銭受領の委任状
◆по-и [代] で、委任で

**дове́ренн|ый** [形] ①委任された、信任された: -е лицо́ 受託者、代理人 ②[男名] 受託者、代理人

*__дове́ри|е__ [ダヴェーリエ] [中5] [trust, confidence] 信用、信頼、信任: ~ к роди́телям 両親への信頼 | войти́ в ~ 信用を得る | пользоваться -ием 信用を得ている | ци́фры, не внуша́ющие -ия 信用できそうにない数字 | оказа́ть 国 … …を信頼する | Он потеря́л ~. 彼は彼女の信頼を失った

**довери́тель** [男5] **/-ница** [女3] 委任者、委託者

**довери́тельн|ый** 短 -лен, -льна [形] 信用した、信頼している: ~ тон 信用した口調 **//-о** [副]

**дове́рить(ся)** [完] →доверя́ть

**до́верху** [副] 頂上まで、上まで

**дове́рчив|ый** 短 -ив [形] 信じやすい、だまされやすい、信頼しきった; 信頼に基づいた: -ое отноше́ние 信頼関係 **//-о** [副], **-ость** [女10]

**доверша́ть** [不完] **/ доверши́ть** -шу́, -ши́шь 受過 -шённый (-шён, -шена́) [完] 〈限〉やり遂げる、完成させる、仕上げる

**доверше́ние** [中5] 完成、完遂、仕上げ ◆в ~ |к -ию| всего́ そのうえ、あげくの果てに

*__доверя́ть__ [ダヴェリャーチ] [不完] **/ дове́рить** [ダヴェーリチ] -рю, -ришь 命 -рь 受過 -ренный [完] [entrust, trust] 〈限〉①(кому́/что/不定形)を委ねる、任せる; 打ち明ける: Я дове́рил сестре́ получи́ть де́ньги. 私は金の受け取りを妹に任せた | ~ дру́гу та́йну 友達に秘密を打ち明ける ②〈不完〉信頼する、信用する: Он мне во всём доверя́ет. 彼はどんなことでも私を信用してくれる
◆Доверя́й, но проверя́й! 用心に越したことはない、転ばぬ先の杖

**доверя́ться** [不完] **/ дове́риться** -рюсь, -ришься [完] 〈限〉を信頼する、信用する

**дове́сок** -ска [男2] (必要な重さにするために) 追加したもの、付け足し

**довести́(сь)** [完] →доводи́ть(ся)

**Довла́тов** [男姓] ドブラトフ (Серге́й Дона́тович ~, 1941-90; 作家; 1978年亡命後ニューヨークに移り住む)

**довле́ть** [不完] 〈над 造〉を支配する、圧迫する

*__до́вод__ [男1] [argument] 論拠、理由: Ва́ши ~ы неубеди́тельны. あなたの論拠は説得力がない

*__доводи́ть__ -ожу́, -о́дишь [不完] **/ довести́** -еду́, -едёшь 過 -вёл, -вела́ 能過 -е́дший 受過 -едённый (-дён, -дена́) 副分 -едя́ [完] [lead, accompany] ①〈限〉

を до囲まで>連れて行く, 案内する, 送る: Она́ довела́ стару́ху до вы́хода. 彼女は老人を出口まで連れて行った ②〈кого́ до чего́〉延長する, 到達させる: ~ доро́гу до мо́ря 道路を海まで延ばす | ~ де́ло до конца́ 仕事を完成させる ③〈кого́ до чего́〉〈ある状態に〉至らせる: ~ до слёз 涙を流させる | ~ до сме́рти 死に至らせる ④〈кого́ до чего́〉に知らせる, 通知する: ~ до солда́т распоряже́ние 兵士に命令を伝える ⑤〈俗〉怒らせる: Ты реши́л меня́ сего́дня довести́! おい, きょうは俺を怒らせることにしたのか | 〈кого́〉〈кого́ до чего́〉に知らせる, 通知する // ◆ ~ до све́дения ⑨…に知らせる, 通知する //

**дово́дка** 複生 -док [女2]

*дов**оди́ться** -ожу́сь, -о́дишься [不完] / **довести́сь** -едётся 過 -ело́сь [完] [have occasion to]《話》① [無人称]〈кого́ 不定形する〉ことに(たまたま)なる, 機会がある: Мне довело́сь встре́титься с ней. 私はたまたま彼女に会ったことがある ②[不完]〈кому́〉に《囲に》(血縁関係が)当たる: Он мне дово́дится дя́дей. 彼は私にとって叔父に当たる

**довоева́ться** -вою́юсь, -воюю́шься [完]《話》戦って負ける

**довое́нный** [形1] 戦前の

*дов**езти́** -ожу́, -ози́шь 過 до ⑨зти до вёз, -везла́ [完]〈кого́ до чего́〉(乗物で)運ぶ, 乗せる: ~ до до́ма 家まで乗せて行く, 送る

**довол**а́кивать [不完] / **доволоч**и́ть -очу́, -о́чишь 過 -локи́ 過 -о́ченный 受過 -о́ченный [完]《俗》**дово**ло́чь -локу́, -лочёшь, ... -локу́т 過 -ло́к, -локла́ 受過 -лочённый (-чён, -чена́) [完]《話》〈кого́〉〈ある地点まで〉引きずって行く, やっと運んで行く

*дов**о́льно** [дaválʹrɪɡ] I [副] [contentedly, enough, quite] ① 満足して, 満足げに, 満ち足りて: Она́ улыба́лась. 彼女は満足げに微笑んでいた ② 十分に, かなり, 相当に: Он говори́т по-ру́сски ~ хорошо́. 彼はかなり上手にロシア語を話す ③ 〈囲〉かなりの…, 十分な…: Прошло́ уже́ ~ вре́мени. もうかなりの時間が経った II [無人称] ①〈囲/不定形〉…で十分だ, 足りる: С тебя́ и э́того ~. 君にはこれでも十分だ ② [不定形]…はたくさんだ, やめろ: Д – спо́ров! 議論はもうたくさんだ | Д – тебе́ пла́кать! 泣くのもういやめろ

*дов**о́льн**|**ый** [дa-vɔ́lʹnɪj] 短 -лен, -льна [形1] [contented, satisfied]〈囲に〉満足している; 満足げな, 満ち足りた: Я дово́лен рабо́той. 私は仕事に満足している | ~ вид 満足げな様子

**дово́льствие** [中5]《軍》給与(食料, 物資の支給を含む)

**дово́льств**|**о** [中1] ① 物質的な充足, 裕福: жить в ~е 何不自由なく暮らす ② 満足, 満足感: испы́тывать ~ 満足する

**дово́льствовать** -твую, -твуешь 受過 -анный [不完]《軍》〈囲に〉給与を与える

**дово́льствоваться** -твуюсь, -твуешься [不完] ① [完 у~]〈囲/不定形〉…で満足する ②《軍》給与を受ける

**ДОВСЕ** [дaφʃeː]《略》Догово́р об обы́чных вооружённых си́лах в Евро́пе 欧州通常戦力[CFE]条約

**довы́боры** -ов [複] 補欠選挙

**дог** [男2] 作業犬(犬種の一つ; 特に大型のグレートデーン, セントバーナードなど)

**догада́ться** [完] → дога́дываться

**дога́дк**|**а** 複生 -док [女2] ① 推測, 推量, 憶測: по -ам 推測によって ②《話》洞察力, 判断力, 機転 ◆ **теря́ться в -ах** 理解にとどまる

**дога́дливый** 短 -ив [形1] 洞察力がある, 機転が利く, 頭の回転が速い // **–ость** [女10]

*дог**а́дываться** [дaɡádɨvʲɪtsːʌ] [不完] / **догада́ться** [дaɡadátsːʌ] [完] [guess]〈о囲/不定形/что節〉推量する, 気づく, 察する; 思いつく, 当てる: О причи́не ссо́ры П ге́нкой原因を推測する | Вы не дога́дывались, почему́ она́ не пришла́? どうして彼女が来なかったのか, 思い当たりませんか

**догля́дывать** [不完] / **догляде́ть** -яжу́, -яди́шь 過 〈за кем, ある所まで〉見る, 見終わる ②《俗》〈за囲〉を監督する, 見守る

**до́гма** [女1] ドグマ, 教条

**до́гмат** [男1] (宗教上の)教義, 奥義

**догмати́зм** [男1] 教条主義; 独断的主張

**догма́тик** [男2] 教条主義者; 独断的主張者

**догмати́ческий** [形3] ① 教条主義的な, ドグマに基づいた ② 独断的な, 断固とした

**догмати́чный** 短 -чен, -чна [形1] 教条的な; 独断的な

**догна́ть** [完] → догоня́ть

**догова́ривать** [不完] / **договори́ть** -рю́, -ри́шь 受過 -рённый (-рён, -рена́) [完]〈囲〉話し終わる, 最後まで言う: Ты чего́-то не догова́риваешь. 何か言ってないこと[隠し事]があるんじゃないか

*дог**ова́риваться** [дaɡavárʲɪvʲɪtsːʌ] [不完] / **договори́ться** [дaɡavarʲítsːʌ] -рю́сь, -ри́шься 命 -ри́сь [完] [come to an agreement] ①〈о囲/不定形〉…について交渉する, 話し合う; 〈с кем〉合意に達する, 取り決める: Мы договори́лись встре́титься в пять часо́в. 私たちは5時に会うことにした | Договори́лись? – Договори́лись! うん, でていいかな[う, オッケー] ②〈до囲〉(おしゃべりが過ぎて)〈極端な所にまで〉達する: ~ до абсу́рда 話がばかげたものになる

*дог**ово́р** [дaɡavɔ́r], 《話》**до́говор** [男1] [agreement, treaty] 条約, 契約: ми́рный ~ 平和[講和]条約 | торго́вый ~ 通商条約 | ~ о нераспростране́нии я́дерного ору́жия 核拡散防止条約(略 ДНЯО) | заключи́ть ~ 条約[契約]を結ぶ | нару́шить ~ 契約を破る, 契約に違反する | Он расторѓнул ~ о страхова́нии. 彼は保険契約を解消した

*дог**овор**ённость| [女10] [agreement, in accord] ① (話合いによる)合意, 了解: на осно́ве ~и に基づいて | дости́гнуть -и 了解に達する ② (外交上の)合意, 協定

**договорено́** [無人述]〈о囲〉合意ができている

**договори́ть(ся)** [完] → догова́ривать(ся)

**догово́рник** [男2] 契約職員[社員]

**догово́рн**|**ый** [形1] 契約[条約]の, 契約[条約]に基づいた: –ая цена́ 協定価格

**до́гола** [副] 丸裸になるまで

*дог**оня́ть** [дaɡanʲátʲ] [不完] / **догна́ть** [дaɡnátʲ] -гоню́, -го́нишь 命 -гони́ 過 -áл, -ала́, -áло 受過 -áнный 命 -гна́нный [完] [catch up with, drive to] ①〈кого́〉に追いつく: Мы догна́ли его́ на бли́жней ста́нции. 私たちは次の駅で彼に追いついた | ~ передовы́е стра́ны 先進国と肩を並べる

②〈кого́ до囲〉に追い立てる, 移動させる: ~ ста́до до ле́са 家畜の群れを森まで追い立てる

③《話》〈кого́ до囲〉まで増やす, 高める: ~ вы́работку до двух норм 生産高を2倍に高める

④《俗》〈囲〉理解する, 察する

**догора́ть** [不完] / **догоре́ть** -рю́, ри́шь [完] (最後まで・ある所まで)燃える; 燃え尽きる, 消える

**догружа́ть** [不完] / **догрузи́ть** -ужу́, -у́зишь; -узи́шь 受過 -ужённый/-у́женный (-жён, -жена́) [完] ①〈囲に〉荷物を積み終える ②〈囲/囲〉を積み足す

*доб**ав**л**я́ть** -даю́, -даёшь 命 -вай [不完] / **доба́вить** -да́м, -да́шь, -да́ст, -дади́м, -дади́те, -даду́т 命 -да́й до́дал, -ла́, -ло 受過 до́данный (-ан, -ана́/-ана, -ано)

[完]〈到⧹田〉を〈不足分・残りを〉与える, 支払う

**доде́лка** 複生-лок [女2] 補足的加工, 仕上げ

**доде́лывать** [不完] / **доде́лать** 受過-анный [完]〈到⧹田〉① 最後までする, 仕上げる ② …に補足の加工をする, 補修する

**доду́мываться** [不完] / **доду́маться** [完]〈до田〉を思いつく, 考えつく

**доеда́ть** [不完] / **дое́сть** -е́м, -е́шь, -е́ст, -еди́м, -еди́те, -едя́т 命-е́шь 過-е́л 受過-е́денный [完]〈到⧹田〉を食べ終わる, 残らず食べる

***доезжа́ть** [жж] [ダイジャーチ] [不完] / **дое́хать** [ダイェーハチ] -е́ду, -е́дешь 命-езжа́й [完] [reach, arrive] ①〈до田まで〉〈乗物で〉行く, 着く：〜 до ме́ста назначе́ния 任地に到着する | Как дое́хать до вокза́ла? 駅へはどう行ったらいいんでしょうか ②〈俗〉〈到⧹田〉苦しめる, 参らせる ③《俗》〈鈍い人より〉やっと理解する

**доезжа́чий** [жж] [形5変化] [男名]《狩猟》猟犬係長

**дое́ние** [中5] 搾乳

**дое́сть** [完] → доеда́ть

**дое́хать** [完] → доезжа́ть

**дожа́ривать** [不完] / **дожа́рить** -рю, -ришь 受過-ренный [完]〈到⧹田〉よく炒める[焼く, 揚げる], 炒め[焼き, 揚げ]終わる

**дожда́ться** [完] → дожида́ться

**дождева́ние** [中5] 散水, 人工降雨 ‖ **дожде-ва́льный** [形1]

**дождеви́к** -á [男2]《茸》ホコリタケ ②《話》レインコート

**дождево́й** [形2] 雨の；雨の多い；雨用の：-а́я вода́ 雨水

**дождеме́р** [男1] 雨量計

**до́ждик** [男2]《話》雨, 小雨, 通り雨

**дожди́нка** 複生-нок [女2]《話》雨粒

**дожди́ть** -ди́т [不完] [3人称]《話》雨が降る(特に長雨)：С утра́ дожди́т. 朝から雨が降っている

**до́ждичек** -чка [男2] [指小] < до́ждик ♦ по́сле до́ждичка в четве́рг《俗》いつのことだかわからない

***дождли́вый** [жд л; жл] [形1] [rainy] 雨の多い；雨降りの：〜 день 雨の日 | -ое ле́то 雨の多い夏

***дождь** [шть; щ] [ドーシチ, ドーッシ] -я́ [男5] [rain] ① 雨：Д— идёт. 雨が降っている | проливно́й 〜 豪雨 | внеза́пный 〜 にわか雨 | грибно́й 〜 [きのこの生える頃に降る](→слепо́й) 〜 天気雨 | 〜 со сне́гом《気象》霙(あられ) | Д— льёт как из ведра́. 土砂降りの雨が降っている ② 大量に降り注ぐもの, (…の)雨：〜 конфе́тти 大量の紙吹雪 | 〜 похва́л 称賛の雨

■ **звёздный [метеори́тный] —**《天》流星雨

**дожива́ть** [不完] / **дожи́ть** -иву́, -ивёшь 過до́жил -и́л, -ла́, до́жило -и́ло 受過до́житый (-и́т, -ита́, -и́то) [完]〈до田〉〈до田〉まで生きる, 暮らす：〜 до глубо́кой ста́рости 高齢まで生きる ②〈到⧹田〉残りの時間を過ごす ‖ **-ся** [不完] / [完]《話》落ちぶれる, なり下がる

***дожида́ться** [ダジダーッツァ] [不完] / **дожда́ться** [ダジダーッツァ] -ду́сь, -дёшься 命-ди́сь 過-да́лся, -дала́сь, -дало́сь/-да́лось [完] [wait for]〈到⧹田〉①〈…が来るのを〉待つ, 待ち受ける：〜 бра́та 兄が来るのを待つ | Они́ пошли́ пешко́м, не дожда́вшись авто́буса. 彼らはバスを待ちきれなくなって, 歩き出した ②〈俗〉〈自分の行いが原因で〉不愉快な目に遭う：Ты у меня́ дожди́шься! 今に見ていろ, ひどい目に遭わせてやるからな ♦ **жда́ть не дожда́ться** 田《話》…が待ちきれない, …をじりじりして待つ

**дожи́нки** -нок, -нкам [複]《民俗》刈り入れの最終日 (у́спенки)

**дожи́тие** [中5] 余生, 余命；残りの滞在期間

**дожи́ть(ся)** [完] → дожива́ть(ся)

***до́за** [女1] (dose) ①《薬の1回分の》服用量, 投与量：сме́ртельная 〜 致死量 ②《理》線量：〜 излуче́ния 放射線量 ③《話》程度, 少し：〜 иро́нии 若干の皮肉 ♦ *лошади́ная* —《話・戯》とてつもない分量

**дозапра́вка** [女2] 給油, 燃料補給

**дозарива́ть** [不完]《園芸》〈到⧹田〉〈果実を〉追熟させる

**доза́тор** [男1]《工》自動計量器

**дозва́ниваться** [不完] / **дозвони́ться** -ню́сь, -ни́шься [完]〈到⧹田〉(電話をかけて・呼び鈴を鳴らして) 応答を得る：Я звони́л к тебе́, но не дозвони́лся. 君に電話したけど, 通じなかった

**дозва́ться** [完] → дозыва́ться

**дозвони́ться** [完] → дозва́ниваться

**дози́метр** [男1] 《理》線量計

**дози́рова́ть** -ру́ю, -ру́ешь 受過-анный [不完・完]〈田〉(1回の服用量に) 分ける, 量り分ける ‖ **-ние** [中5], **дозиро́вка** [女2]

**дозна́ватель** [男5] 《法》捜査官, 取調官

**дознава́ться** [不完], **-знаёшься** [不完] / **дозна́ться** [完] 《話》突き止める, 探り出す

**дозна́ние** [中5] 《法》尋問, 審理, 取り調べ, 捜査

**дозо́р** [男1] ① 巡察, パトロール ② 巡察隊

**дозо́рный** [形1] ① 巡察(隊)の, パトロールの ② [男名] 巡察兵

**дозрева́ть** [不完] / **дозре́ть** [完] (果実が) 完熟する

**дозре́лый** [形1] 完熟した

**дозыва́ться** [不完] / **дозва́ться** -зову́сь, -зовёшься 過-а́лся, -ала́сь, -ало́сь/-а́лось [完] 《通例否定形で》 《話》〈到⧹田〉呼び出そうとする, 来させようとする：Его́ не дозовёшься. 彼は呼んでも来ない[出ない]だろう

**дои́грывать** [不完] / **доигра́ть** 受過-и́гранный [完]〈到⧹田〉〈遊び・競技・演奏などを〉終える

**дои́грываться** [不完] / **доигра́ться** [完] 《話》〈до田〉〈軽はずみな舞いで〉不愉快な事態を〉招く, 〈悪い結果に〉なる

**дои́льный** [形1] 搾乳用の

**дои́льщик** [男2] / **-ца** [女3] 搾乳者, 乳搾り

**дои́скиваться** [不完] / **доиска́ться** -ищу́сь, -и́щешься [完]《話》〈到⧹田〉① 見つける, 探し当てる ② 突きとめる

**доистори́ческий** [形3] 先史時代の(↔истори́ческий)：-ие времена́ 先史時代

**дои́ть** дою́, дои́шь/до́ишь 命дои́ 受過-до́енный [不完] / **по-** [完] ①《話》〈家畜の乳を〉搾る, 搾乳する ②《話》〈家畜の〉乳を出す ③《俗》〈到⧹田〉〈から金を搾り取る ♦ *Говоря́т, что ку́р до́ят.* 人の話を鵜呑みにしてはいけない(←烏が牛の乳を出すらしい) ‖ **~ся** [不完] (家畜が) 乳を出す

**до́йка** 複生-до́ек [女2] 搾乳

**до́йный** [形1] (家畜が) 乳を出す, 搾乳用の ♦ *—ая коро́ва* (1) 乳牛 (2)《話》金づる

**дойти́** [完] → доходи́ть

**док** [男2] ① ドック, 船渠(ふな)：плаву́чий 〜 浮ドック ②《コ》ドキュメント, 文書

**до́ка** (女2変化) [男・女]《俗》達人, 大家, 通

**доказа́тельный** 短-лен, -льна [形1] 証拠が十分な, 説得力がある

***доказа́тельств**|**о** [ダカザーチリストヴァ] [中1] [proof, evidence] ① 証拠：веще́ственное 〜 物的証拠 | Это слу́жит *—ом его́ невино́вности*. それは彼が無実である証拠となる ②《論》証明法：Теоре́ма име́ет не́сколько *доказа́тельств*. この定理にはいくつかの証明法がある

**доказу́емый** 短-ем [形1]《文》証明可能な：〜 те́зис 証明可能な命題

***дока́зывать** [ダカーズィヴァチ] [不完] / **доказа́ть** [ダ-

каѓешь -кажу́, -ка́жешь 命 -кажи́ 受過 -ка́занный [完]〔prove, demonstrate〕証明する, 立証する: ~ теоре́му 定理を証明する | Он доказа́л пра́вильность свои́х взгля́дов фа́ктами. 彼は自己の見解の正しさを事実によって証明した

дока́нчивать [不完] / доко́нчить -чу, -чишь 命 -чи́ ченный [完] 完成させる, 終わらせる

дока́нывать [不完] / докона́ть [完]〔話〕〔卸〕破滅させる, すっかり弱らせる

дока́пываться [不完] / докопа́ться [完]〈до́-〉① 掘って…に達する, …を掘り当てる ②〔話〕探し当てる, 突きとめる

дока́тывать [不完] / докати́ть -качу́, -ка́тишь 受過 -ка́ченный [完]〈ある所まで〉転がして運ぶ

дока́тываться [不完] / докати́ться -качу́сь, -ка́тишься [完] ①〈ある所まで〉転がる ②〔話〕〈大きな音が〉届く, 聞こえる ③〔話〕〈до́まで〉なり下がる, 転落する

до́кер [男1] 港湾労働者

доки́дывать [不完] / доки́нуть -ну, -нешь [完]〈ある所まで〉投げる

\*докла́д [ドクラ́ート] [男1]〔lecture, address〕①〔公開の場での〕報告, 演説, 講演: нау́чный ~ 学術講演 | ~ об экономи́ческом разви́тии Росси́и ロシアの経済発展に関する報告 | чита́ть [де́лать] ~ = выступа́ть с ~ом 報告する[講演]する ②〔上司への口頭・文書による〕報告, 上申, 報告書: ~ дире́ктору 所長への報告 ③〔来客の〕取り次ぎ: Без ~а не входи́ть! 無断入室禁止

докладн|о́й [形1] ① 上申の, 報告の ② -а́я [女名] 上申書, 報告書: пода́ть ~у́ю 報告書を提出する

докла́дчи|к [男1] -ца [女3] 報告者, 演説者

\*докла́дывать [不完] / доложи́ть -ложу́, -ло́жишь 受過 -ло́женный [完]〈卸〉о/об …について報告する, 知らせる: ~ обстано́вку 状況を報告する〈卸〉о чём〈о 次の〉: о прихо́де посети́теля 来訪者を取り次ぐ 〈卸〉о ком〈к о〉を加える, 足す ∥ -ся [不完] /〔話〕〈卸〉に 自分の来訪[到着] を知らせる

докла́ссовый [形1] 社会階級形成以前の, 前階級的な

докона́ть [完] → дока́нывать

доко́нчить [完] → дока́нчивать

докопа́ться [完] → дока́пываться

докраса́, докра́сна [副] 赤くなるまで

докри́киваться [不完] / докрича́ться -чу́сь, -чи́шься [完] ①〔話〕〈卸〉に (大声で呼ぶと) 応答させる, 来させる ②〈до́〉叫びすぎて〈悪い状態になる〉: до хрипоты́ 叫びすぎて声がかれる

**ДОЛГИЙ**

не … するまで

\*докуме́нт [ダクメ́ント] [男1]〔document〕① 書類, 文書, 証書: официа́льный ~ 公文書 | секре́тный ~ 秘密文書 | составля́ть ~ы 書類を作成する ② (通例複) 身分証明書: прове́рка ~ов 身分証の検査 | Предъяви́те ~ы. 身分証明書を見せて下さい ③ 文献, 資料, ドキュメント: истори́ческие ~ы 史料

документали́ст [男1] ドキュメンタリー制作者

\*документа́льн|ый 短 -лен, -льна [形1]〔documentary〕① 書類の, 文書の: 文書に基づいた, 記録した, ドキュメンタリーの: ~ фильм ドキュメンタリー映画 ② 文書的な: ~ая то́чность 文書的な正確さ

\*документа́ция [女9]〔documentation〕① 文書での証明, 文書化 ②〔集合〕文書, 書類: техни́ческая ~ 技術関連書類

документи́ровать -рую, -руешь 受過 -анный [完・不完]〈卸〉文書で証明する, 文書化する

докупа́ть [不完] / докупи́ть -уплю́, -у́пишь 受過 -у́пленный [完]〈卸〉を買い足す

докупа́ться [不完] / докупа́ться [完] ① 入浴[水浴]し終える, 〈ある時間まで〉入浴[水浴]する ②〈до́〉 (入浴・水浴しすぎて)〈悪い結果に〉なる: ~ до просту́ды 水浴しすぎて風邪をひく

докупи́ть [完] → докупа́ть

докури́вать [不完] / докури́ть -урю́, -у́ришь 受過 -у́ренный [完]〈卸〉〈たばこを〉吸い終える, 〈ある程度まで〉吸う ∥ -ся [完] ①〈たばこの火が〉消える ②〔喫煙しすぎて〕〈悪い結果に〉達する

докуча́ть [不完]〈卸〉でうんざりさせる

доку́чливый 短 -ив [形1] うるさい, しつこい

доку́чный -чен, -чна [形1]〔話〕うんざりさせる, 退屈な

долбану́ть -ну́, -нёшь [完]〔話〕強く打つ ∥ -ся [若者]〈о〉にぶつかる

долби́ть -блю́, -би́шь 受過 -блённый (-лён, -лена́) [完] ①〔完 **про**~〕…に穴をあける, 穴をあける ②〔完 **вы**~〕穴をあけて作る ③〔卸〕〈卸/卸по〉〈長い間しつこく〉打つ, 叩く ④〔話〕耳にたこができるほど繰り返す ⑤〔話〕〔俗〕丸暗記する

долблёный [形1] くりぬいて作った

\*долг[^1] [ドールク] [男1]〔duty〕〈単〉義務, 責任, 本分: гражда́нский ~ 市民としての義務 | чу́вство отве́тственности 責任感 | Он вы́полнил свой ~ пе́ред роди́телями. 彼は両親に対する義務を果たした ♦ отда́ть после́дний ~〈卸〉…に別辞する, …の葬儀に参列する | пе́рвым ~ом〔話〕まず手始めに, 最初に | по ~у 田 : по ~у слу́жбы 職務上

\*долг[^2] [ドールク] [男2] -а/-у 前 е -у́ 複 -и́ [男2]〔debt〕借金, 負債, 債務: огро́мный ~ 巨額の借金 | отдава́ть [верну́ть] ~ 借金を返還する | Она́ не выхо́дит из ~о́в. 彼女は借金から抜け出せない

♦быть по́ уши в ~а́х 借金で首が回らない | быть в ~у́ (1)〈у〉に借金がある (2)〈у пе́ред у〉に恩義がある : Я в большо́м ~у́ пе́ред ней. 私は彼女に大きな恩義がある | взять в ~〈卸〉借金する : Я взял у него́ в ~ ты́сячу рубле́й. 私は彼に1000ルーブル借りた | войти́ [влезть, зале́зть] в ~〔卸〕たくさん借金する | дать в ~〈卸〉(金を) 貸す | жить в ~〔卸〕借金で生活する | не оста́ться в ~у́ у〈пе́ред 卸〉…にお返しをする | Долг платежо́м кра́сен. 〔諺〕借りは返さねばならない（←借りは支払うことで立派になる）

\*до́лг|ий [ドールギイ] 短 -лог, -лга́, -лго 比 до́льше, до́лее [形3]〔long〕長い (↔коро́ткий): До́лгими зи́мними вечера́ми я слу́шал ба́бушкины расска́зы. 冬の長い夜に私は祖母の昔話を聞いていた | уе́хать на -ое вре́мя 長期滞在の予定で出かける

◆**-ая пе́сня** 長ったらしいこと | **отложи́ть в -я́щик** 棚上げする、先延ばしにする | **Д-ие про́воды — ли́шние слёзы.** (諺)見送りはほどほどに(←長い別れは涙の無駄)

**до́лго** [ドールガ] [副] 〔a long time〕長く、長い間:**Я́ ~ не мо́г запо́мнить э́ту фо́рмулу.** 私はこの公式がずっと覚えられなかった

**долгове́чный** [形] 永続する、耐久性のある
**долгов|о́й** [形2] 借金の、負債の: **-о́е обяза́тельство** 借用証書 | **-о́й вексель** 約束手形
**долговре́менный** [形1] 長期の、長引く
**долговя́зый** [形2] (話)ひょろっとした
**долгожда́нный** [形1] 待ちに待った、待望の
**долгожи́тель** [男5]/**~ница** [女3] 長寿の人
**долголе́тие** [中5] 長寿、長命
**долголе́тний** [形8] 長年の
**долгоно́сик** [男2] [昆]ゾウムシ
*__долгосро́чный__ [形1] 〔long-term〕長期の: **~ креди́т** 長期クレジット
**долгота́** [女1] ①長さ ② [地理] 経度 (↔широта́): **восто́чная ~** 東経
**долготерпе́ние** [中5] 忍耐、辛抱強さ
**долево́й** [形2] ①縦方向の、長い ② <до́ля
**до́лее** [比較] <до́лгий, до́лго
**долета́ть** [不完] / **долете́ть** [完] -лечу́, -лети́шь [完] <до [по́]まで>飛んで達する
**доле́чивать** [不完] / **долечи́ть** -ечу́, -е́тишь [完] <кого>①全快させる ② [皮]下手に治療して悪い結果に至らせる **// -ся** [不完] / [完] ①全治する ②長い治療で悪い結果を招く

*__до́лжен__ [ドールジェン] (-жна́, -жно́, -жны́) (述語) <不定形>①…しなければならない: **Она́ должна́ была́ отказа́ться.** 彼女は断らねばならなかった。 | **Автомоби́ли не должны́ отравля́ть во́здух выхлопа́ми.** 自動車は排気ガスで大気を汚染してはならない (★не ~ 不定形 は、禁止の意味の場合には 不定形は 不完了体)
②…するはずだ: **По́езд ~ прибы́ть в 2 (два́) часа́.** 列車は2時に着くはずだ | **Он не ~ оши́бка ться [опозда́ть, обману́ть нас].** 彼が間違える[遅刻する、私たちをだます]はずはない
③ <у>に負債がある、借金がある

**должниќ|** -а́ [男2] / **-ца** [女3] 債務者、借方
*__до́лжно__, **до́лжное** [中5] <до́лжен> ◆**-быть** (挿入) きっと、たぶん: **Должно́ быть, она́ уже́ до́ма, уже́ 11 (оди́ннадцать) ве́чера.** もう夜の11時なので、彼女はすでに帰ってきている
*__до́лжностн|о́й__ [сн] [形2] 〔official〕職務の: **-о́е лицо́** 公務員 | **-о́е преступле́ние** (法)不正行為、違法行為
*__до́лжность__ [ドールジナスチ] [女10] 〔post, office〕職、職務、地位: **вступи́ть в ~ президе́нта** 大統領に就任する | **оста́вить ~** 辞職する | **отстрани́ть [отл] от -и** …を解任する
*__до́лжный__ [形1] 〔due, proper〕①しかるべき、適切な: **-ым о́бразом** きちんと、しかるべく ② **-ое** [中名] 正当なもの、当然のもの ◆**отда́ть -ое** 正当に評価する
**должо́к** -жка́ [男2] [指小] <долг²
**долива́ть** [不完] / **доли́ть** -лью́, -льёшь долле́й до.ли́л, -лила́, -ло́, доли́ло / -ло́ и до долйт́ый (-и́т, -ита́, -ито) / доли́тый (-и́т, -ита́, -ито) (皮)>注ぎ足す
*__доли́н|а__ [女1] 〔valley〕谷、谷間;盆地: **плодоро́дная ~** 肥沃な谷 | **Мы́ спусти́лись в живопи́сную ~.** 私たちは絶景の谷に下りた **// -ный** [形1]
**доли́ть** [完] →долива́ть
**долл.** (略) до́ллары

*__до́ллар__ [男1] 〔dollar〕ドル: **ку́рс ~а до́лл** ドル為替相場 **// -овый** [形1]
**доложи́ть(ся)** [完] →докла́дывать
**долби́й** [副] 去れ、退け: **Д—ы войну́!** 戦争反対
**доло́то** -ло́та / пл -ло́т, -та́м [中5] ノミ、たがね: ピット
**до́лька** 複生 -лек [女2] ①[指小]<до́ля ① ②(ミカンなどの中の) 房
**до́льше** [比較] <до́лгий, до́лго
*__до́л|я__ [ドーリャ] 複 -и, -е́й [女5] 〔part, portion, share〕①部分;分け前、取り分、分け前: **раздели́ть на ра́вные -и** 均等に分ける | **Я получи́л свою́ ~ю.** 私は自分の取り分をもらった | **В его́ слова́х есть ~ пра́вды.** 彼の言葉には一面の真理がある
②運命:**счастли́вая [го́рькая] ~** 幸運[悲運]
◆**-бы́ть в** (事業などに)参加している | **войти́ в -ю** (事業などに)参加する | **вы́пасть [прийти́сь, доста́ться] на -ю** ⌐ …の羽目になる、巡り合わせになる: **На мою́ -ю вы́пало мно́го испыта́ний.** 私の身に多くの苦難が降りかかってきた | **льви́ная ~** 過分な分け前、うまい汁

*__до́м__ [ドーム] -а/-у 前 о -е, на -у́ 複 -а́ (до до́му, до до́му; из до́ма, из до́му, из до́му) [男1] 〔house, home〕①建物、ビル、アパート、マンション:**жило́й ~** 住宅 | **ка́менный ~** 石造の建物 | **В -е во́семь этаже́й.** そのビルは8階建てだ | **Ты́ живёшь в -е?** 今家の(外ではなく)中にいるのか <до́ма (比較)>
②家、自宅、住居、家屋、家庭: **родно́й ~** 生家 | **тоска́ по -у́** ホームシック | **Сего́дня у́тром о́н вы́шел из -у [и́з дому] в шесть часо́в.** 彼は今朝6時に家を出た
③家庭、家族;家政、家事:**хозя́ин -а** 一家の主人 | **Она́ ведёт ве́сь ~.** 彼女は家政一切を取り仕切っている
④(公共施設の名称として)会館、(…の)家: **~ культу́ры** 文化会館 | **~ о́тдыха** 休息の家、保養所
⑤王朝、一族、…家: **~ Рома́новых** ロマノフ家
◆**ввести́ в ~** (家に)連れてくる、家族に紹介する | **жи́ть свои́м ~ом** 独立して暮らす、所帯を持つ | **на́ дом** 家 [自宅]へ: **бра́ть рабо́ту на́ дом** 仕事を家に持ち帰る | **на дому́** 家で:**занима́ться шитьём на дому́** 家で縫い物をして稼ぐ ■**Бе́лый ~** = (1)ホワイトハウス(アメリカ大統領官邸) (2)ベーリイ・ドーム(ロシア連邦政府庁舎)

**дом..** [語形成] 「家屋の」「家庭の」
*__до́ма__ [ドーマ] [副] 〔at home〕①自宅で、家で、家に;**сиде́ть ~** (外出せずに)家にいる[こもる]、自宅で過ごす | **Ты́ сейча́с ~?** 今家(自宅)にいるのか <比較 до́ма は「自宅で」; в до́ме は「屋内で」) | **За́втра его́ не бу́дет ~.** あす彼は家にいない ②故郷で、祖国で
◆**~ как ~** くつろいで、遠慮なしに:**Бу́дьте как ~.** どうかご遠慮なく、おくつろぎ下さい | **не ве́с ~ у** (話) …には少し頭が足りない、変わっている | **В гостя́х хорошо́, а ~ -лу́чше.** (諺)我が家に勝るところなし
**дома́шка** 複生 -шек [女2] 「学校・俗]宿題
*__дома́шн|ий__ [ダマーシニイ] [形8] 〔home, domestic〕①家の、家庭の: **~ а́дрес** 自宅の住所 | **-ее зада́ние** 宿題、家庭学習 ②家族の、家族の;自家製の: **-яя хозя́йка** 主婦 | **~ хле́б** 自家製のパン | **Она́ зава́лена -ими дела́ми.** 彼女は家事に追われている ③家で飼育される: **-ие живо́тные** 家畜 ④**-ие** [複名] 家族
■**-яя страни́ца** [コン]ホームページ
**домбра́** [女1] [楽]ドンブラ(カザフの民俗撥弦楽器)
**доме́н** [男1] [コン]ドメイン **// ~ный** [形1]
**доме́нный** [形1] 溶鉱(炉)の: **-ая пе́чь** 溶鉱炉
*__до́мик__ [男2] [指小] <до́м ①
**домина́нта** [女1] ①(文)支配的なもの[思想]、基本的特徴 ②[楽]ドミナント、属音
**домини́ровать** -рую, -руешь [不完] (文) ①支配

する, 優勢を占める ②〈над圏の上に〉そびえ立つ

**домино́** [不変][中] ①〈仮面舞踏会の〉ドミノ仮装衣；それを着用した人 ②〔ゲーム〕ドミノ

**доми́шко** 複 -шки, -шек, -шкам (中1変化)[男] 〔卑称〕< до́м①〉ちっぽけな家, あばら家

**домко́м** [男1] 住宅運営委員会 (до́мовый комите́т)

**домкра́т** [男1]〔機〕ジャッキ, 押し上げ万力

**до́мна** 複生 -мен [女1] 溶鉱炉

**до́мо‥**〔語根成分〕＝ до́ма

**домови́тый** 短 -и́т [形1] やりくり上手な

**домовладе́л|ец** -льца [男3]／**-ица** [女2] 家屋所有者, 家主

**домовладе́ние** [中5]〔公〕家屋敷；家屋所有

**домовни́чать** [不完]〔話〕留守番をする

**домово́дство** [ц][中1] 家政, 家事, 家計

**домово́й**（形2変化)[男名]《スラヴ神》ドモヴォイ（家の精[妖怪]）

**домо́вый** [形1] 家屋の, 建物の： -áя кни́га（1つの建物の）居住者名簿

**домога́тельство** [中1] 執拗にねだること, 懇願, 懇請：сексуа́льное 〜 セクハラ

**домога́ться** [不完]〈囲を〉執拗にねだる, せがむ, 懇請する

**домоде́льный** [形1]〔話〕自家製の, 手製の

*__домо́й__ [ダモーィ][副]〔home, homewards〕家へ, 自宅へ；故郷へ, 祖国へ：позвони́ть 〜 家に電話する｜ по доро́ге 〜 家に帰る途中で｜ Обы́чно он возвраща́ется 〜 в семь часо́в. 普段彼は7時に帰宅する

**доморо́щенный** [形1] ①自宅栽培の ②〔皮肉〕凡庸な, 幼稚な, 素朴な

**домосе́д** [男1]／**-ка** 複生 -док [女2] 家にいるのが好きな人, 出無精の人

**домостое́ние** [中5] ①住宅[ビル]建設 ②〔公〕家屋, 建造物

**домостои́тель|ство** [中1] 住宅[ビル]建設 //**-ный**

**домотка́ный** [形1] 家で紡いだ, 手織りの

**домоуправле́ние** [中5] 住宅局；住宅運営委員会

**домофо́н** [男1] インターホン

**домохозя́ин** 複 -я́ева, -я́ев [男1] ①家主 ②専業主夫

*__домохозя́йка__ 複生 -я́ек [女2]〔housewife〕①主婦, 専業主婦：Моя́ ма́ть 〜. 私の母は専業主婦です ②女性の家主

**до́мра** [女1]〔楽〕ドムラ（ロシアの民俗古楽器；それを元に復原された撥弦楽器）

**домрабо́тница** [女3] 家政婦, お手伝いさん

**дому́шни|к** [男2]／**-ца** [女3]〔俗〕空き巣

**домча́ть** -чу́, -чи́шь [完]〈囲〉敏速に送り届ける ②〔話〕＝ домча́ться //**-ся** 素早く到着する

**до́мысел** -сла [男1] 推測, 憶測

**Дон** [男1] ドン川（ロシア南西部の大河）

**донага́** [副] 丸裸に, 全裸に

**дона́шивать** [不完]／**доноси́ть**¹ -ошу́, -о́сишь 受過 -о́шенный [完]〈囲〉①運び終わる ②着古す, はきつぶす ③〔月満ちて〕分娩する //**~ся** [不完]／[完] ①ぼろぼろになる ②〔話〕〈до囲を〉（受身）

**Донба́сс** [男1] ドンバス（ウクライナのドネツク州とルガンスク州の一部からなる地域；ドネツ炭田が有名）

**доне́льзя** [副]〔話〕この上なく, 極度に

**донесе́ние** [中5] 報告

**донести́(сь)** [完] → доноси́ть²(ся)

**доне́ц** -нца́ [男1] ①ドン・コサック ②ドン種の馬

**донжуа́н** [男1] ドンファン, プレイボーイ

**до́низу** [副] 一番下まで, 底まで

**донима́ть** [不完]／**доня́ть** дойму́, дойме́шь 命 дойми́ 過 до́нял, -ла́, -ло 受過 до́нятый (-я́т, -ята́, -я́то)[完]〈囲〉苦しめる, へとへとにする

**донкихо́т** [男1] 非現実的な理想主義者, ドン・キホーテ（セルバンテスの小説の主人公の名から）

**донкихо́тствовать** -твую, -твуешь [不完] ドン・キホーテ「夢想家」のように振る舞う

**до́нный** [形1] 底〈дно〉の

**до́нор** [男1]（血液・臓器などの）提供者, ドナー（↔ реципие́нт）

**доно́с** [男1] 密告

**доноси́ть¹** [完] → дона́шивать

*__доноси́ть²__ -ошу́, -о́сишь 過 -оси́л, -оси́ла [不完]／**донести́** -су́, -сёшь 過 -нёс, -несла́ 受過 -сённый (-сён, -сена́) 副 -ся́ [完]〔carry〕①〈囲〉（ある場所まで手に持って）運ぶ, 運び届ける：〜 ве́щи со ко́мнаты в ко́мнату 部屋から荷物を運ぶ ②〈囲〉〈音・匂いを〉運ぶ, 届ける：Ве́тер донёс за́пах хле́ба. 風がパンの匂いを運んできた ③〈囲〉わからせる, 伝える ④〈о囲を〉報告する： 〜 о приближе́нии проти́вника 敵の接近を報告する // на 知を密告する

*__доноси́ться__ -о́сится [不完]／**донести́сь** -сусь, -сёшься 過 -нёсся, -несла́сь [完]〔reach〕①（音・匂い・噂などが）伝わる, 届く：Донёсся слу́х. 噂が伝わってきた ②〔完〕〔話〕素早く到着する, 駆けつける

**доносчи́|к** [男2]／**-ца** [女3] 密告者

**доны́не** [副]〔雅〕今まで, 現在に至るまで

**до́нышко** 複 -шки, -шек, -шкам [中1]〔指小〕< дно②〉

**доня́ть** [完] → донима́ть

**доокта́брьский** [形3] 十月革命以前の

**допека́ть** [不完]／**допе́чь** -еку́, -ечёшь 命 -еки́ 過 -пёк, -пекла́ 受過 -чённый (-чён, -чена́) [完]〈囲〉①十分に焼く, 焼き上げる ②〔話〕悩ませる, 苦しめる

**допере́ть** -пру́, -прёшь 過 -пёр, -пéрла [完]〈до囲を〉〔俗〕やっと理解する

**допетро́вский** [形3] ピョートル大帝の治世以前の

**допеча́тывать** [不完]／**допеча́тать** 受過 -анный [完]〈囲〉①印刷し終える, タイプし終える ②刷り足す, 増刷する

**допе́чь** [完] → допека́ть

**допива́ть** [不完]／**допи́ть** -пью, -пьёшь 命 -пе́й 過 допи́л/-и́л, -ила́, допи́ло/-и́ло 受過 до́питый (-и́т, -ита́, -и́то)/допи́тый (-и́т, -ита́, -и́то) [完]〈囲〉飲み干す, 飲み尽くす ②〔до囲を〕〈до囲〉飲みすぎて〔悪い結果に〕なる ◆ допи́ться до бе́лой горя́чки 飲みすぎてへべれけになる

**до́пинг** [男2] ドーピング //**-овый** [形1]

**до́пинг-контро́ль** [不変][男5] ドーピング検査

**дописывать** [不完]／**дописа́ть** -ишу́, -и́шешь 受過 -и́санный [完]〈囲〉①書き上げる ②書き足す

**допи́ть(ся)** [完] → допива́ть

**допла́та** [女1] ①残金の支払い, 追加支払い ②未払いの残金, 追加料金

**доплати́|ой** [形2] 追加払いの： -о́е письмо́ 料金不足の手紙

**допла́чивать** [不完]／**доплати́ть** -ачу́, -а́тишь 受過 -а́ченный [完]〈囲〉払い足す, 未払い分を支払う

**доплета́ться** [不完]／**доплести́сь** -ету́сь, -етёшься 過 -нёлся, -нелла́сь 能過 -лётшийся [完]〔話〕〈до囲〉やっとたどり着く

**доплыва́ть** [不完]／**доплы́ть** -ыву́, -ывёшь 過 -ы́л, -ыла́, -ы́ло [完]〈до囲を〉泳いで行く, 航行して行く；（匂い・音が）ゆっくり漂って[聞こえて]くる

**доподли́нный** [形1]〔話〕本当の, 確実な //**-о** [副]

**допоздна́** [зн][副]〔話〕遅くまで

дополна́ [副]《話》いっぱいになるまで, なみなみと

*дополне́ние [中5] [supplement] ①補足, 補充, 追加 ②[文法]補語:прямо́е [ко́свенное] ~ 直補語 [斜格補語];直接[間接]目的語 ◆в~к [与] …に加えて

*дополни́тельно [副] [in addition] 補足的に, 補加して:Тебе́ ну́жно занима́ться ~. 君は補習しないといけないよ | ~ оплати́ть услу́гу 追加料金を払う

*дополни́тельн|ый [ダパルニーチェリヌィ] [形1] [supplementary] ①補足の, 補充の, 追加の: -ая пла́та 追加料金 | Мы тре́буем -ого разъясне́ния. 我々は補足説明を要求する ②[文法]補語の役をする: ~ прида́точное предложе́ние 補語的従属節

*дополня́ть [ダパルニャーチ] [不完] / допо́лнить [ダポールニチ] -ню, -нишь 命 -ни 受動 -ненный [完] [supplement, add] 〈[対]に[造]を〉補充する, 補充する, …に付け加える:Он дополня́ет свою́ статью́ но́выми материа́лами. 彼は自分の論文に新しい資料を付け加えている | испра́вленное и допо́лненное изда́ние 改訂増補版 ◆~ друг дру́га 互いに補い合う, 補完し合う ‖ ~ся [不完] ①加わる ②[受身]

допото́пный [形1]《話》時代遅れの, 古くさい

*допра́шивать [不完] / допроси́ть [ダプラシーチ] -ошу́, -о́сишь 受動 -о́шенный [完] [interrogate, question] 〈[対]を〉尋問する, 取り調べる: ~ обвиня́емого 被告人を尋問する ②《不完》…にしつこく尋ねる, 問いただす ‖ ~ся [完]《話》①[通例否定辞と共に][与]/[不定形]に懇願して手に入れる[達成する]

допризы́вник [男2] 初歩の軍事訓練を受けている徴兵適齢前の若者

допризы́вный [形1] 徴兵前の: ~ во́зраст 徴兵適齢未満

*допро́с [男1] [examination, interrogation] ①[法]尋問, 取り調べ: ~ свиде́телей 証人尋問 | подве́ргнуть ~у …を尋問する ②《話》しつこい質問 ‖ ~ный [形1]

допроси́ть(ся) [完] → допра́шивать(ся)

допры́гаться [完]《話》〈до [生]〉(軽率な行動で)〈災難を〉招く

до́пуск [男2] ①通行[立ち入り, 入場, 使用, 利用]許可: его́ свиде́тельство ②[工](規格の)許容誤差, 公差

*допуска́ть [ダプスカーチ] [不完] / допусти́ть [ダプスチーチ] -ущу́, -у́стишь, …устя́т 受動 -у́щенный [完] [admit] ①〈[対]の〉〈к [与]/в [対]への〉〈入場[面会, 参加]を〉許可する, 入れてやる: ~ к ко́нкурсу コンクールへの参加を認める | В больни́цу к отцу́ его́ не допусти́ли. 彼は病院にいる父への面会を許されなかった ②〈[対]を〉〈[生]を〉許す, 容認する: ~ внести́ попра́вки 訂正を許可する ③〈[対]間違いなどを〉犯す, 起こす: ~ оши́бку 間違いを犯す ④〈[対]〉あり得ると思う, 仮定する: Я допуска́ю, что́бы она́ та́к поступи́ла. 彼女がそんな振舞いをしたとは考えられない

♦ допу́стим, что … [挿入]仮に…としよう: Допу́стим, что э́то та́к. 仮にそうだとしよう | допу́стим ма́ же, そうかもね ‖ ~ся [完][受身]

*допусти́м|ый 短 -и́м [形1] [permissible] 許しうる, 許容しうる: Э́то не -о. それは許しがたいことだ

допусти́ть [完] → допуска́ть

допуще́ние [中5] ①(入場・通行・参加などの)許可, 認可 ②[文]仮定, 仮説

допы́тываться [不完] / допыта́ться [完]《話》(問いただして)訊き出す, 探り出す, 嗅ぎ出す

допья́на́, до́пьяна [副]《話》ぐでんぐでんに[すっかり]酔うまで

дор- [語形成]「道路の」

дораба́тывать [不完] / дорабо́тать 受動 -анный [完] ①〈до [生]〉〈ある時まで〉働く ②〈[対]〉仕上げる, 完成する

дораба́тываться [不完] / дорабо́таться [完]《話》①〈до [生]〉働きすぎて〈不快な結果に〉なる ② = дораба́тывать①

дорабо́тка [女1] 仕上げ, 完成

дораста́ть [不完] / дорасти́ -ту́, -тёшь 過 -ро́с, -росла́ 能過 -ро́сший 副分 -ро́сши [完]〈до [生]〉…まで成長する, 成長して…で達する

дорва́ться [完] → дорыва́ться

дореволюцио́нный [形1] 革命前の; (1917年の)十月革命前の

дорефо́рменный [形1] 改革前の; (ロシアで1861年の)農奴制廃止以前の

дорисо́вывать [不完] / дорисова́ть -су́ю, -су́ешь 受動 -о́ванный [完] 描き終える, 描き上げる

доро́г|а [ダローガ] [女2] [road, way] ①道, 道路; (特定の交通機関としての)路;(何かが通った後に残る)跡, 航跡:автомоби́льная ~ 自動車道 | желе́зная ~ 鉄道 | пла́тная ~ 有料道 | объе́здная ~ う回路 | перейти́ (через) -у 道路を渡る ②通り道, 通路: уступи́ть -у 道を譲る ③進路, 道路:Покажи́те мне -у на ста́нцию. 駅へ行く道を教えて下さい | сби́ться с -и 道に迷う ④旅; 道中; 移動: до́лгая ~ 長旅 | Он на -е. 彼は移動中だ | Я с -и. 私は旅から帰ってきたところだ | оплати́ть -у 交通[旅]費を払う | дать еду́ в -у 道中に食べるべき食料を渡す ⑤(活動・行動などの)方向, 進むべき道: найти́ свою́ -у 自分の進むべき道を見出す

♦ всю -у (1)道中ずっと: Он проспа́л всю -у. 彼は道中ずっと眠っていた (2)《俗》いつも, 絶えず | вы́йти на широ́кую -у 世に出る, 有名になる | дать [ダ́ть] -у (1) …に道を譲る: Да́йте мне -у. 通して下さい (2)活躍の機会を与える | -и разошли́сь 進む道が分かれる, 縁が切れる | забы́ть -у куда́-л. …へ行く[通う]のをやめる | идти́ прямо́й -ой 真っすぐな道を行く, 誠実な生き方をする | идти́ свое́й -ой 我が道を行く, 自分の思い通りにやる | перебежа́ть [перейти́] -у …を出し抜く | по -е (1)途中で …: По -е домо́й я зашёл в кни́жный магази́н. 家に帰る途中, 私は本屋に立ち寄った (2)[与] с[造]と (行き先・目的・意見が)同じ方向に: Мне́ бы́ло по -е с ней. 私は彼女と行先が同じ方向だった | ста́ть [встать, стоя́ть] на -е [与] попере́к [-и] …のじゃまをする, 行く手に立ちはだかる | туда́ и ~ [与] …には当然の報いだ, いい気味だ

*до́рого [ドーラガ] 比 доро́же Ⅰ [副] [expensive] ①高い値段で, 高価に: прода́ть [купи́ть] ~ 高く売る[買う] ②多くの犠牲[努力]を払って: Успе́х ему́ ~ доста́лся. 成功は彼にとって高くついた Ⅱ [無人述] (値段が)高い, 高価だ: Э́то сли́шком ~. これは高すぎます

♦ себе́ доро́же (сто́ит) 割に合わない | любо́-~ [不定形] …するのは楽しい, 気持ちがいい | я́ бы ~ о́тдал, что́бы … 何としても…したいものだが

дороговизна́ [女1] 物価高 (↔ дешеви́зна)

дорого́й [副] (旅・歩行の)途中で

*дорог|о́й [ダラゴーイ] 短 до́рог, -а́, до́рого 比 доро́же [形1] [expensive, costly] ①高価な, (値段が) -ие часы́ 高価な時計 | прода́ть по ~ цене́ 高値で売る | Э́тот костю́м для меня́ до́рог. このスーツは私には高すぎる ②多大な犠牲[努力]を要した: -а́я побе́да 高くついた勝利 ③大切な, 貴重な: -ие воспомина́ния 大切な思い出 | Вре́мя до́рого. 時間は貴重だ ④いとしい, 親愛な, 愛する: Д-и́е друзья́! 親愛なる友よ ⑤ ~ [男名]/-а́я [女名]《親しい呼びかけ》大事な人 ♦ -о́го сто́ит 重要である

дорогу́ша (女4変化)[男・女]《話》《親愛の情を伴う

た呼びかけ〕あなた、きみ; ねえ、なあ
**дорого́щий** 短-ро́г [形6] 《話》極めて高額な, ばか高い
**доро́дный** 短-ден, -дна [形1] 大柄でがっしりした, でっぷりした
**дорожа́ть** [不完] / **вз~, по~** [完] 値が上がる, 高くなる
**доро́же** 〔比較〕< доро́го́й, до́рого
\***дорожи́ть** -жу́, -жи́шь [不完] 〔value〕《⑤を》大切にする, 大事にする, 重んじる: ~ ка́ждой мину́той 1分1分を大切にする
**дорожи́ться** -жу́сь, -жи́шься [不完]/**по~** [完] 《俗》高値をふっかける
\***доро́жк|а** -жек [女2] 〔path, walk〕①〔指小〕< доро́га ② (庭園・公園などの)遊歩道; 小道, 細道: лесна́я ~ 森の小道 | гуля́ть по -е 遊歩道を散歩する ③ (スポーツ競技・飛行場の)路, トラック, コース, レーン: бегова́я ~ 走路, トラック | во́дная ~ (水泳の)コース | скоростна́я ~ 滑走路 | ша́гов ~〔フィギュア〕ステップシークエンス ④ 細長い絨毯〔敷物〕; 細長いテーブルセンター ⑤ (先端に釣針・ルアーのついた)長い釣り糸 ⑥ 細長い溝; (録音するための)トラック: звукова́я ~ サウンドトラック
**доро́жни|к** [男2] /《話》**-ца** [女3] 道路〔鉄道〕建設技師
**доро́жно-тра́нспортн|ый** [形1] 道路交通の: **-ое происше́ствие** 交通事故 (略 ДТП)
\***доро́жн|ый** [形1] ①道路の: **-ое строи́тельство** 道路建設 | **-ые знаќи** 道路標識, ②旅行の, 旅行のための: **-ые расхо́ды** 旅費 | **-ый чек** トラベラーズチェック
-**ая ка́рта** ロードマップ
**доры́ваться** [不完] / **дорва́ться** -ву́сь, -вёшься -а́лся, -ала́сь, -ало́сь/-а́лось [完]《俗》《до⑥》①…をやっと手に入れる, にありつく, 飛びつく ②《軽率な行動で》災難を招く
**доры́дывать** [隠]《до⑥/無補語》(通例大変な困難を伴って)《…に》到着する, 達する
\***доса́д|а** [女1]〔vexation〕いまいましさ, 悔しさ, 腹立たしさ: Она́ чуть не пла́чет с -ы. 彼女は悔しさのあまり泣かんばかりだ
**досади́ть** [完] → досажда́ть
**доса́длив|ый** 短-ив [形1] いまいましそうな, 悔しそうな //**-о** [副]
**доса́дно** ① [副] 腹立たしげに, いまいましげに ② [無人述] 腹立たしい, しゃくに障る, いまいましい
**доса́дн|ый** 短-ден, -дна [形1] いまいましい, 悔しい, 腹立たしい: **-ое недоразуме́ние** いまいましい誤解
**досажда́ть** -да́ю, -да́ешь [不完] / **по~** [完] 《на⑥に対して》腹立たしく〔いまいましく〕感じる〔思う〕
**досвида́нькаться** [不完]《俗》《с⑤を》さよなら (До свида́ния.) を言う, 別れる
**досажда́ть** [不完] / **досади́ть** -ажу́, -ади́шь [完] いまいましく思わせる, いらいらさせる
**до́синя** [副] 青味を帯びるほど
\***доск|а́** [ダスカ́] 対 до́ску/доску́ 複 до́ски, досо́к/до́сок, /доска́м [女2]〔board, plank〕①板: то́нкая ~ 薄い板 | дубо́вая ~ 樫の板
②板状のもの, 盤, パネル: мра́морная ~ 大理石板 | ша́хматная ~ チェス盤 | ~ объявле́ний 掲示板 (★ネット上の「掲示板」を指す)
③黒板: Преподава́тельница написа́ла но́вые слова́ на -е́. 先生は黒板に新しい単語を書いた
④《若者》スケボー, スノボー, サーフボード
♦ **до гробово́й доски́** 死ぬまで | ~ **почёта** = **кра́сная ~** 表彰板 | **как ~** 板のように痩せた | **от -и́ до -и́ (прочита́ть, вы́учить)** 初めから終わりまで, 隅から隅まで (読む, 覚える) | **свой в до́ску**《俗》気さくな, とっつきやすい | **ста́вить с ⑤ на**

**одну́ до́ску** …を…と同列に置く, 同等に扱う | **стать на одну́ до́ску с ⑤** …と同列に並ぶ, 肩を並べる
■ **интеракти́вная ~** 〔IT〕電子黒板
**доска́зывать** [不完] / **досказа́ть** -кажу́, -ка́жешь 受過 -ка́занный [完]《⑤を》最後まで話す, 話し終える
**доска́кивать** [不完] / **доскака́ть** -скачу́, -ска́чешь 《до⑥まで》跳ねて〔馬に乗って〕達する
**доскона́льн|ый** 短-лен, -льна [形1] 詳細な, 綿密な, 徹底的な //**-о** [副]
**досла́ть** [完] → досыла́ть
**доследовать** [完·不完] 《⑤を》補充審理〔取り調べ〕する, 追審にかける //**-ние** [中5]
**досло́вн|ый** [形1] 逐語的な, 字句通りの: ~ **перево́д** 逐語訳, 直訳 //**-о** [副]
**дослуживаться** [不完] / **дослужи́ться** -ужу́сь, -у́жишься [完]《до⑥》勤務して…の地位を得る, …まで勤め上げる
**дослу́шивать** [不完] / **дослу́шать** 受過 -анный [完]《⑤を》終わりまで聴く, 聴き終わる
**досма́тривать** [不完] / **досмотре́ть** -отрю́, -о́тришь 受過 -о́тренный [完] ① 最後まで見る, 見終える ② 検査する, 点検する
**досмо́тр** [男1] 検査, 点検: **предполётный ~** 搭乗前保安検査
**досмотре́ть** [完] → досма́тривать
**досмо́трщи|к** [男2] /**-ца** [女3] 税関の検査官
**досове́тский** [ц] [形2] ソヴィエト政権以前の
**досо́чный** [形1] 板の
**доспа́ть** [完] → досыпа́ть¹
**доспе́хи** -ов [複] ①具足, 甲冑(ホッチゥ) ②《話·戯》重装備
\***досро́чно** [副]〔ahead of schedule〕期限より前に: ~ **вы́полнить план** 期限前に計画を遂行する | ~ **освободи́ться (из тюрьмы́)** 刑期短縮〔減刑〕される, 早く釈放される
**досро́чн|ый** [形1] 決められた期限より前の: **-ое освобожде́ние** 期限前釈放
\***достава́ть** [ダスタヴァーチ] -стаю́, -стаёшь 命 -ва́й 受現 -ва́емый 副分 -ва́я [不完] / **доста́ть** [ダスターチ] -ста́ну, -ста́нешь 命 -ста́нь [完]〔fetch〕①《⑤》(手をのばして) 取り出す〔取り上げる〕; …から取る 本棚から本を取る | Она́ доста́ла плато́к из карма́на. 彼女はポケットからハンカチを取り出した
②《⑤/⑥》を入手する, 手に入れる: ~ **биле́т на конце́рт** コンサートのチケットを手に入れる
③《⑤/⑥》に触れる, 届く: **Он достаёт руко́й до потолка́.** 彼は天井に手が届く
④《無人称》《話》《⑥が》十分だ, 足りる: **Сил у нас доста́нет.** 我々の力量で足りるだろう
⑤《俗》《⑤を》…に追いつく; (付きまとうなどして)うんざりさせる, 辟易させる: **Ты меня́ доста́л, Петро́в.** ペトロフ, あんたうぜぇのよ
\***достава́ться** -стаю́сь, -стаёшься 命 -ва́йся [不完] / **доста́ться** -ста́нусь, -ста́нешься [完]〔pass〕《⑤》①…の手に入る, …のものになる: **Дом доста́лся ему́ по насле́дству.** 遺産として家が彼のものになった ②(運命として) …になっている, めぐり合わせになる: **Ей доста́лась тяжёлая судьба́.** 彼女には苦難の運命がおとずれた ③《無人称》《話》…がちになる, 罰を受ける: **Ему́ доста́лось за ша́лости от отца́.** 彼はいたずらをして父親に叱られた ④《無人称》《不定形》…することになる
\***доста́вк|а** 複生 -вок [女2]〔delivery〕配達, 送付: ~ **на́ дом** 宅配
\***доставля́ть** [不完] / **доста́вить** -влю́, -вишь 受過 -вленный [完]〔deliver〕《⑤》① 運び届ける, 配達

**доставщи́к** [男2] /**-ца** [女3] 配達人

**доста́т|ок** -тка [男2] ①裕福さ，富裕，豊かさ ②〔複〕収入，所得；財産 ◆**в -ке** 十分にある，豊富だ

**#доста́точно** [ダスターターチナ] 〔enough〕 I [副] 十分に，豊富に；かなり，相当： ～ горя́чий 十分に熱い II [無人述] 〈甲〉…が十分ある，…で足りる： У нас ~ вре́мени. 私たちは時間が十分ある | Для э́того де́ла ~ ча́са. この仕事には1時間もあれば十分だ
② 不定形 …すれば足りる，…しさえすればいい： Д~ уви́деть, что́бы поня́ть. 見さえすれば分かる
③〈甲〉は /甲(不定)〉するのはもうたくさん，やめなさい： Д~ болтовни́! おしゃべりはもうたくさんだ
III [助] たくさんだ，もう十分だ

**#доста́точный** [ダスターターチヌイ] 短 -чен, -чна [形1] 〔sufficient〕①十分な，豊富な： -ое коли́чество 十分な量 | де́ньги, -ые для того́, что́бы купи́ть ту́фли 靴を買うのに十分な金 ②十分に根拠[理由]のある： -ые основа́ния для отка́за 断るのに十分な理由 **∥ -ость** [女10]

**доста́ть(ся)** [完] →достава́ть(ся)

**#достига́ть** [不完] / **дости́чь** [ダスチーチ]，**дости́гнуть** [ダスチーグヌチ] -и́гну, -и́гнешь 命 -и́гни 過 -и́г/-и́гнул, -и́гла 能過 -и́гший/-и́гнувший 受過 -и́гнутый 副分 -и́гнув/-и́гши [完] 〔reach〕〈甲〉 ①…に行き着く，到達する： ～ ле́са 森に行き着く | Мы наконе́ц дости́гли верши́ны горы́. 我々はついに山頂に到達した ②(音・噂などが)…に伝わる，届く： Слу́хи дости́гли ро́кот прибо́я. 波のくだける音が聞こえてきた ③(ある水準・人数・量などに)達する： Моро́з дости́г тридцати́ гра́дусов. 寒さは零下30度に達した ④(ある年齢に)達する，…まで生きる： ～ совершенноле́тия 成年に達する ⑤(努力により)…を達成する，獲得する： ～ успе́ха 成功を収める | успоко́иться на дости́гнутом 小成に安んずる **∥ -ся** [不完] 受身 /〈5〉

**#достиже́н|ие** [ダスチジェーニエ] [中5] 〔achievement, attainment〕①達すること，到達： ～ договорённости 合意に達すること ②成果，業績： -ия в о́бласти культу́ры 文化の領域での成果

**достижи́мый** 短 -и́м [形1] 達成できる，実現できる

**дости́чь** [完] →достига́ть

**достове́рность** [女10] 確実性，信憑性(シンピョウセイ)

**\*достове́рн|ый** 短 -рен, -рна [形1] 〔reliable〕確実な，確かな，信頼できる： све́дения из -ых исто́чников 確かな筋からの情報 **∥ -о** [副]

**Достое́вский** (形3系)[男] ドストエフスキー(Фёдор Миха́йлович, 1821-1881; 作家: «Преступле́ние и наказа́ние»『罪と罰』, «Бра́тья Карама́зовы»『カラマーゾフの兄弟』)

**#досто́инств|о** [ダストーインストヴァ] [中1] 〔merit, virtue, dignity〕①長所，取り柄，良い点： -а и недоста́тки 長所と短所 | У неё мно́жество досто́инств. 彼女にはいいところがたくさんある ②尊厳，品位； 体面，沽(コ)券：威厳のある様子： чу́вство со́бственного -а 自尊心 | говори́ть с -ом 威厳をもって話す ③(紙幣・有価証券の)額面，値価： ба́нковский биле́т -ом в сто рубле́й 100ルーブルの銀行券

◆**ни́же чье́й-л.** ～ …の沽券にかかわる | **оцени́ть по -у** …を真価に従って[正当に]評価する

**\*досто́йно** [副] 〔suitably〕しかるべく，ふさわしく： вести́ себя́ ～ しかるべく振る舞う

**#досто́йн|ый** [ダストーイヌイ] -о́ин, -о́йна [形1] 〔worth of, deserved, adequate〕①〈甲〉…に値する，…の価値がある： челове́к, ~ похвалы́ 称賛に値する人 | Его́ посту́пки -ы порица́ния. 彼の行為は非難されるにたるぎだ ②〔長尾〕当然の，正当な： -ая награ́да 当然の褒賞 | -ое наказа́ние 当然の罰 ③〔長尾〕立派な，ふさわしい： -ая ли́чность 立派な人物 | ~ проти́вник 好敵手

**достопа́мятный** 短 -тен, -тна [形1] 〔文〕記憶に値する，忘れがたい

**#достопримеча́тельност|ь** [ダストプリミチャーチリナスチ] [女10] 〔sight, place〕(観光)名所; 旧跡： осма́тривать -и 観光名所を見物する

**\*достоя́ние** [中5] 〔property〕①財産，資産： Кро́шечный до́мик — его́ еди́нственное ~. ちっぽけな家が彼の唯一の財産だ ②(精神的な)財産，共有物： наро́дное ~ 国民の共有財産

**\*до́ступ** [ドーストゥプ] [男1] 〔access, admission〕①(近づくための)通路，道： В уще́лье нет ~. 峡谷へ行く道はない ②入場，通行，立入り，訪問： Д~ на перро́н закры́т. プラットホームへの立ち入りは禁じられている ③利用，閲覧，アクセス： получи́ть ～ к секре́тным докуме́нтам 極秘文書の閲覧許可を得る | ～ в Интерне́т インターネットアクセス ④流入，浸透： ～ све́жего во́здуха в помеще́ние 新鮮な空気の室内への流入 ◆**найти́ ～ к се́рдцу** 〈甲〉…の好意を勝ちとる

**досту́пно** [副] わかりやすく，平明に

**#досту́пн|ый** [ダストゥープヌイ] 短 -пен, -пна [形1] 〔accessible, available〕①通行できる，立ち入ることのできる： места́, -ые для тури́стов 観光客が立ち入り可能な場所 ②手軽に入手できる，利用可能な；(値段などが)手ごろな： -ые це́ны 手ごろな値段 | Кни́га -а всем. その本は誰にでも手が届く
③わかりやすい，平易な：изложи́ть свои́ мы́сли в -ой фо́рме 自分の考えをわかりやすい形で述べる
④親しみやすい，気さくな： Он прост и досту́пен. 彼は率直で気さくだ ◆**-ому зре́нию [глазу, взо́ру]** 肉眼で見える，視野に入る **∥ -ость** [女10]

**достуча́ться** -чу́сь, -чи́шься [完] 〈в/до 甲〉ノックして…の応答[反応]を得る

**\*досу́г** [男2] 〔leisure time〕余暇，暇，レジャー： провести́ свой ～ 余暇を過ごす ②〔述語〕〔話〕〈甲は 不定形〉暇がある： Д~ мне толкова́ть! 説明なんかしてる暇はない ◆**на ～** 暇な時に

**досу́жий** [形6] 〔話〕①暇な ②閑人の，空虚な

**до́суха** [副] すっかり乾くまで，水気がなくなるまで

**досыла́ть** [不完] /**досла́ть** -шлю́, -шлёшь 受過 до́сланный [完] 〈甲〉①追加[補足]で送る，送り足す ②(軍)(銃弾などを)こめる

**досыпа́ть¹** [不完] /**доспа́ть** -плю́, -пи́шь 命 -али́, -ало́ [完] 〈до甲まで〉眠る ②〔話〕〈否〉眠り通す

**досыпа́ть²** [不完] /**досы́пать** -плю, -плешь, -пешь, ...-плют -пят 命 -пь受 -панный [完] 〈甲〉〔話〕粉などを入れ足す

**до́сыта，досы́та** [副] 腹いっぱい，たらふく；心ゆくまで

**досье́** (不変)[中] 一件書類，関係書類，ファイル

**досю́да** [副] 〔話〕ここまで

**досяга́емост|ь** [女10] 到達範囲，射程，着弾距離 ◆**в преде́лах ～** 射程内で，手の届くところに

**дот** [男1] (軍)永久トーチカ(долговре́менная огнева́я то́чка)

**дота́скивать** [不完] /**дотащи́ть** -ащу́, -а́щишь 受過 -а́щенный [完] 〈до 甲 まで〉引きずっていく **∥ -ся**

**дота́ция** [女9] 補助金, 助成金

**дотемна́** [副] 暗くなるまで

**доти́ровать** -рую, -руешь 受過 -анный [不完·完]〈кого/что〉補助金[助成金]を支給する  **~ся**〈кому/чему〉補助金[助成金]を受給する

**дотла́** [副] ことごとく, すっかり: сгоре́ть ~ 丸焼けになる

**дото́шный** [形1] 詮索好きな, 何でも知りたがる

**дотра́гиваться** [不完]/**дотро́нуться** -нусь, -нешься [完]〈до кого/чего〉…に触れる, 触る: ~ руко́й до воло́с 手で髪に触る

**доту́да** [副]《俗》そこまで

**дотя́гивать** [不完]/**дотяну́ть** -яну́, -я́нешь 受過 -я́нутый [完] ①〈кого/что до чего〉…まで伸ばす, 張る, 引く: ~ ру́ку до по́лки 棚に手を伸ばす ②〈кого/что до чего〉引きずっていく ③《話》飛行機・自動車などを何とか操縦する ④《話》〈до чего〉苦労してたどり着く: Самолёт едва́ дотяну́л до аэродро́ма. 飛行機は辛うじて空港にたどり着いた ④《話》〈что до чего〉…まで引き延ばす, 遅らせる ⑤《話》〈до чего〉…まで過ごす, 生きながらえる ⑥《話》〈до чего〉…まで金をもたせる, 食いつなぐ  **~ся** [不完]/[完]〈до чего〉①(体・手を伸ばして)届く, 触れる, 達する ②《話》やっと到達する, 至る

**До́у-Джо́нс** [男1] ダウ平均株価

**доу́чивать** [不完]/**доучи́ть** -учу́, -у́чишь 受過 -у́ченный [完] ①教え終わる ②学び終わる, 覚え終わる  **~ся** [不完]/[完] ①教育(勉強)に終わる ②〈до чего〉ある時まで学ぶ ③〈до чего〉(勉強のしすぎで)好ましくない結果になる

**доха́** 複доха́ 毛を表裏ともに毛皮のある外套

**До́ха** [女2] ドーハ(カタールの首都)

**доха́живать** [不完] (妊婦が)出産直前の数週間[数日]過ごす

**до́хл|ый** 短 до́хл, -ла/-ла́, -ло [形1] ①(動物・虫が)死んだ, 死んでいる ②病弱な, 虚弱な, 病弱な
 ◆ -ое де́ло = ~ но́мер《俗》見込みのないこと

**дохля́тина** [女1]《俗》①(動物の)死骸, 屍肉 ②[男]《俗》ひ弱な人

**до́хнуть** -ну, -нешь 過дох/-ул, -хла [不完]/**из-, по-, с~** [完] ①(動物・虫が)死ぬ ②《俗》(人が)死ぬ, くたばる ③《俗》(パソコンなどが)故障する, こわれる

**дохну́ть** -ну́, -нёшь [完] ①息をする, 息を吸う[はく]
 ◆ ~ не́когда (忙しくて)息つく暇もない | не сме́ть ~ (恐怖のあまり)息もできない, 息を押し殺す

*__**дохо́д**__ [дахо́т] [男1] [income, revenue] 収入, 所得; 歳入: ме́сячный (годово́й) ~ 月収[年収] | национа́льный ~ 国民所得 | -ы и расхо́ды 収入と支出 | Мои́ -ы значи́тельно уме́ньшились. 私の収入はいちじるしく減少した

*__**доходи́ть**__ [дахаˊ́ди́ч]  -хожу́, -хо́дишь, … -хо́дят 命 -ходи́ [不完]/**дойти́** [дайч́ˊи́] -йду́, -йдёшь 過 -шёл, -шла́ 能動過分 -ше́дший 副分 -йдя́ [完] [reach]
 ①〈до чего〉(歩いて・乗物で)行く, 到達する; 届く, 着く: ~ до ста́нции 駅まで行く | Парохо́д дошёл до бе́рега и останови́лся. 汽船は岸に着いて停止した | Письмо́ дошло́ бы́стро. 手紙はすぐ届いた
 ②〈до чего〉(音・噂などが)達する, 広まる; (遺物などが)伝わる, 残る: До нас дошёл слух, что они́ развели́сь. 彼らが離婚したという噂が私たちの耳に入った
 ③〈до чего〉〈ある水準・限度に〉達する: Температу́ра дошла́ до сорока́ гра́дусов. 温度が40度に達した
 ④《話》〈до кого〉…の意識[心]に届く, 理解される: Пье́са дошла́ до се́рдца зри́телей. その戯曲は観客の心に届いた | Дошло́? わかったか
 ⑤《俗》〈до чего〉極端な・否定的な状態に達する, 至る: ~ до истоще́ния 憔悴する | ~ до бе́шенства 激昂する
 ⑥《俗》(料理が)出来上がる, 煮える, 焼ける; (植物が)熟する: Пироги́ дошли́. ピローグが出来上がった
 ⑦《俗》へばける, へとへとになる: Он совсе́м дошёл от недоеда́ния. 彼は十分に食べていないのですっかりへばった
 ◆ не доходя́ (до) …の近くで, 近くに: не доходя́ двух шаго́в от ...

**дохо́дность** [女10] 収益があること; 収益性[率]

**дохо́дн|ый** 短 -ден, -дна [形1] ①収入の, 所得の ②収益[収入]の多い, もうかる: -ое предприя́тие 収益の多い企業

**дохо́дчив|ый** 短 -ив [形1] わかりやすい  **~о**

**дохристиа́нский** [形3] キリスト教伝来以前の

**доце́нт** [男1] 准教授, 助教授

**доценту́ра** [女1] ①准[助]教授職, その地位 ②《集合》准[助]教授(陣)

**дочерна́** [副] 黒味を帯びるまで

**доче́рний** [形1] ①娘の ②分離してできた: -яя компа́ния 子会社

**до́чиста** [副] ①きれいに ②残らず, すっかり

**дочи́тывать** [不完]/**дочита́ть** 受過 -и́танный [完]〈что〉読み終える

\***до́чк|а** [-ч-ка] 複复-чек [女2]《話》① = дочь: Моя́ ми́лая ~! 私のかわいい娘よ ②《呼びかけ》お嬢さん, お嬢ちゃん: Что ты де́лаешь, ~? お嬢さん, 何をしてるの

**до́чки-ма́тери** (不変)《複》《話》人形を使った女の子の遊び; おままごと

\***дочь** [до́-ч] 生/与-ери, дочере́й, дочеря́м, дочерьми́/дочеря́ми, дочеря́х [女] [daughter] ①(親子関係としての)娘 ②娘と息子: еди́нственная ~ 一人娘 | У него́ две до́чери. 彼には娘が2人いる ③《雅》(ある民族・時代・環境などの特徴的な性質を具現化した)女性, 娘: ~ гор 山の娘  **до́ченька** 複复-нек [女2], **дочу́рка** 複复-рок [女2]《指小・愛称》

**дошколёнок** -нка 複 -ля́та, -ля́т [男9]《話》《指小》< дошкольник

**дошко́льни|к** [男2] **-ца** [女3] 就学前の子ども ②《集合》就学前児童の教育者

**дошко́льный** [形1] 就学前の

**до́шлый** [形1]《話》抜け目のない, 機転の利く

**дошути́ться** -учу́сь, -у́тишься [完]《話》〈до чего〉ふざけすぎて悪い結果を招く

**доща́ник** [男2] 大型の平底船

**доща́тый** [形1] 板でできた, 板製の

**доще́чка** 複复-чек [女2] ①《指小・愛称》< доска́ ②《話》小さい薄板

**доя́р** [男1]/**-ка** 複复-рок [女2] 牛の搾乳[世話]をする人

**ДР** (不変)[男]《俗》誕生日(день рожде́ния)

**др.** (略)друго́й; други́е

**драбада́н** [男1]《俗》ひどい酩酊状態

**дра́га** [女2] ①浚渫(しゅんせつ)機[船] ②深海から動植物を採取するための機具

**драги́ровать** -рую, -руешь 受過 -анный [不完·完]〈что〉①浚渫(しゅんせつ)する ②(浚渫して鉱物を採取する); (海底から動植物を)採取する

**драгмета́ллы** -ов [複] 貴金属(драгоце́нные мета́ллы)

**драгоце́нность** [女10] ①高価[貴重]であること; 高価なもの, 貴重品 ②貴金属, 宝石 ③貴重なもの, 宝物

\***драгоце́нн|ый** 短 -е́нен, -е́нна [形1] [precious] ①非常に高価な: ~ ка́мень 宝石 | -ые мета́ллы 貴金属 ②非常に重要な, 貴重な: Мы потеря́ли -ое вре́мя. 私たちは貴重な時間を失ってしまった ③《呼びかけ》親愛なる, いとしい: Мой ~ друг! 親愛なるわが

友よ
**драгу́н** 複生《集合》драгу́н,《個々人》драгу́нов [男1]（帝政ロシア・その他の国の）龍騎兵 **∥–ский** [形3]

**драже́**（不変）[中] ①ドラジェ（糖衣菓子の一種）②糖衣錠

**дразни́лка** 複生 -лок [女2]（子どもの）からかい歌、言葉遊び

*дразни́ть -азню́, -а́знишь [不完]〔tease, stimulate〕〈В〉①怒らせる、からかう: ~ попуга́я オウムをからかって怒らせる ②〈Вの怒〉…をおかしな名で呼ぶ、…と呼んでからかう: Рыжего ма́льчика дразни́ли морко́вкой. 赤毛の少年はにんじんと呼ばれた ③〈欲望・感情を〉刺激する、そそる: ~ аппети́т 食欲をそそる **∥–ся** [不完]（まねをして）からかう

**драи́ть** -а́ю, -а́ишь 受過 -а́енный [不完] **на~** [完]〈В〉磨く、きれいにする、洗う

**драйв** [男1] ①《スポ》（テニスなどで）ドライブ；《楽》ドライブ感 ②《俗》高揚した精神状態、ハイな状態；

**дра́йвер** [男1] ①《IT》ドライバー ②《俗》運転手

*дра́к|а [女2]〔fight〕①殴り合い、つかみ合いのけんか: затея́ть ~у けんかを始める ②戦闘、戦い ◆Что за шум, а -и нет (не́ту)? 何の騒ぎだ；一体どうしたの | после -и кулака́ми не ма́шут 《諺》後の祭

**драко́н** [男1] ①（伝説上の）竜、ドラゴン ②《動》トビトカゲ

**драко́новский** [形3] 厳しい、苛酷な

**дра́па** (述語)《俗》逃げた、ずらかった ◆дать ~ 逃げる、ずらかる

*дра́м|а [ドラーマ] [女1]〔drama〕①（文学ジャンルとしての）劇文学、ドラマ ②戯曲、脚本: -ы Че́хова チェーホフの戯曲 | Ско́ро поста́вят его́ но́вую -у. もうじき彼の新しい戯曲が上演される ③劇的な事件、不幸、悲劇: пережи́ть -у 劇的な事件を経験する

**драматиза́ция** [女9] 戯曲化、脚色、劇的にすること

**драматизи́ровать** -рую, -руешь 受過 -анный [不完/完] ①〈В〉戯曲化する、脚色する ②劇的に表現する

**драмати́зм** [男1] ①劇的な要素、演劇性 ②重苦しさ、(息詰まるような)緊迫状態

*драмати́ческий [ドラマチーチスキイ] [形3]〔dramatic, theatrical〕①演劇の、戯曲の: -ая актри́са 舞台女優 | ~ кружо́к 演劇サークル ②芝居がかった、大げさな: -ие же́сты 大げさな身振り ③劇的な、ドラマチックな: ~ исхо́д 劇的な結末 ④《楽》(歌手の声質が)力強い: -ое сопра́но ソプラノ・ドラマティコ

**драмати́чный** 短 -чен, -чна [形1] = драмати́ческий②③

*драмату́рг [男2]〔playwright〕劇作家

**драматурги́|я** [女9] ①演劇芸術；ドラマトゥルギー、作劇法 ②（ある作家・民族・時代などの）演劇作品の総体 ③（演劇・映画の）筋立て **∥–и́ческий** [形3]

**драмкружо́к** [男2]《話》演劇サークル（драмати́ческий кружо́к）

**дра́мс** 複-ы [男1]《楽》ドラム（セット）

**драмси́ст** [男1]《楽》ドラム奏者、ドラマー

**драндуле́т** [男1]《話・戯》ガタ馬車；ポンコツ車

**дра́нка** 複生 -нок [女2]《建》木ずり、木舞（こまい）；こけら

**дра́ный** [形1]《話》破れた、ぼろの、着古した

**драп¹** [男1]（上着用の）ラシャ

**драп²** -а/-у [男1] 退散、逃亡

**дра́пать** [不完] **/ драпану́ть** -ну́, -нёшь [完][一回]《話》急いで退散する、逃亡する

**драпирова́ть** -ру́ю, -ру́ешь 受過 -о́ванный [不完] **/за~** [完]〈В〉①布で飾る、覆う ②（ドレープ状にして）くるむ、まとわせる **∥–ся** [不完]《в+対》①布で飾られる（覆われる）②（ドレープ状に）まとう、羽織る

**драпиро́вка** 複生 -вок [女2] ①（布などで）飾ること；（ドレープ状に）くるむ《まとう》こと ②（ドレープ状の）掛け布、カーテン

**дра́повый** [形1] ラシャ(製)の

**дра́при**（不変）[中]（厚地の）カーテン、幕

**дра́тва** [女1]（靴・革製品用の）ろう引き糸

*драть деру́, дерёшь, 過 драл, -ла́, -ло [不完]〔tear off〕①[完 разо~]《話》〈В〉引き裂く、引きちぎる：〈衣服・靴を〉穴が開くまで着る「はく」、着古す、はきつぶす: ~ бума́гу 紙を引き裂く | ~ обу́вь 靴をはきつぶす ②[完 со~]〈В〉〈皮などを〉はぐ、むく: ~ кору́ с де́рева 木の皮をはぐ ③[完 за~]〈В〉（猛獣が）裂き殺す、噛み殺す: Волк дерёт ове́ц. 狼が羊をかみ殺している ④[完 вы́~]《話》〈В〉鞭打つ；〈В〉за《対》（こらしめるために）〈耳・髪などを〉引っ張る: ~ ма́льчика за́ уши 男の子の耳を引っ張ってこらしめる ⑤[完 со~]（高値を）吹っかける、ふんだくる、ぼる: В э́том ба́ре деру́т ужа́сно. そのバーはものすごくぼる ⑥〈В〉（かいばり）削る、こする: 引っかく、引っかき傷をつける: ~ спи́ну моча́лкой 背中をあかすりでこする | Бри́тва дерёт. かみそりが(切れなくて)ひっかかる ⑦〈В〉刺激する、痛み《不快感》を与える: Мы́ло дерёт глаза́. せっけんで目がひりひりする ⑧(-рю́, -рёшь)〈В〉と覆る, やる ◆~ го́рло [гло́тку]《俗》大声を出す、大声で叫ぶ | ~ зу́бы《俗》歯を引き抜く | ~ нос《俗》一目散に逃げる | ~ со всех ног《俗》一目散に逃げる | ~ с живо́го и мёртвого《俗》(税金などを)情け容赦なく取りたてる | ~ шку́ру [две шку́ры, по три шку́ры] с《Р》…から(財産などを)すっかり巻き上げる、とことん搾り取る **∥–ся** [不完]〔受身〕＜①②③

*дра́ться [ドラーッツァ] деру́сь, дерёшься, 命 дери́сь, 過 дра́лся, -ла́сь, -ло́сь/-лось [不完]〔fight〕①[完 по~]殴り合う、けんかをする：《不完》《話》殴る、ぶつ: Ма́льчишки деру́тся. 男の子たちがけんかをしている | ~ ремнём ベルトで打つ ②〈с+造〉闘う；決闘する: ~ с враго́м 敵と戦う | ~ на дуэ́ли 決闘する ③《話》〈за+対〉を得ようと》努力する、格闘する: ~ за высо́кий урожа́й 高収穫を上げようと努力する ④〔受身〕<дра́ть①②③

**драч** -а́ [男4]《俗》麻薬（通例大麻を指す）

**драчли́вый** 短 -и́в [形1] けんかっ早い、けんか好きな

**драчу́н** -а́ [男1] **/–ья** [女8]《話》けんか好きな［けんかっ早い］人

**дребеде́нь** [女10]《話》くだらないこと、ばかげたこと；《集合》くだらない物、がらくた

**дре́безг** [男2] がちゃん（金属・ガラスなどのぶつかりあう音）◆в ме́лкие ~и《話》粉々に、みじんに | с ~ом がらがらと、がちゃんと

**дребезжа́ть** -жи́т [不完] がちゃがちゃ鳴る

**древеси́на** -жи́т [不完] ①木質部 ②《集合》（丸太・板などの）木材、用材

**древе́сница** [女3] ①《動》ヨーロッパアマガエル ②《昆》ボクトウガ科の昆虫；その幼虫

**древе́сный** [形1] ①木の、樹木の ②木から採れる: ~ спи́рт 木精、メチルアルコール | ~ у́голь 木炭

**дре́вко** 複-и, -ов [中1]（槍・旗などの）柄、竿 (1)

**древне..**〔語形成〕「古代の」: древнеру́сский 古代ロシアの

*дре́вн|ий [ドレーヴニイ] 短 -вен, -вня, -вне 比 -нее 最上 -не́йший [形8]〔ancient〕①古代から存在する、昔からの、古来の: -яя ру́копись 古文書 | ~ боя́рский род 古い貴族の家系 ②古代に存在した、古代の、はるか昔の: -яя исто́рия 古代史 | -ие времена́ [века́] 古代に、遠い昔に **–ие** [複名] 古代人: обы́чаи -их 古代人の風習 ③非常に古い；老齢の、老いさらばえた: -ий стари́к よぼよぼの老人

*дре́вность [女10]〔antiquity〕①年代が古いこと、

**дре́во** 複древеса́, древесо́в [中1] [詩] 木, 樹 (де́рево) ■**~ жи́зни** 生命の樹 | **~ позна́ния** 知恵の樹

**дре́во..** [語形成] 「木の」「木材の」「森の」

**древови́дный** 短-ден, -дна [形1] 樹木状の

**древонасажде́ние** [中5] 植樹, 植林;〔通例複〕植樹林

**дредно́ут** [男1] [軍] ドレッドノート型戦艦

**дрези́на** [女1] トロッコ, 軌道車

**дрейф** [男1] ①〔海・航空〕(風・潮流によって)針路からそれること, 偏流, 漂流 ②〔船などの〕漂流, 浮遊, ドリフト ③ (外的な力によるゆっくりとした)移動

**дре́йфить** -флю, -фишь [不完] / **с~** [完] [俗](困難を前にして)尻込みする

**дрейфова́ть** -фу́ю, -фу́ешь [不完] (風・潮流によって)針路からそれる; 漂流する, 浮遊する ◆ **дрейфу́ющий лёд** 流氷 | **дрейфу́ющая ста́нция** 漂流ステーション(北極海の氷上の観測基地)

**дрель** [女10] [機] ドリル

**дрёма** [女1] まどろみ, 居眠り (дремо́та)

*****дрема́ть** дремлю́, дре́млешь [不完] [doze, slumber] ①〔完 **за~**〕居眠りする, まどろむ, うとうとする: ~ по́сле обе́да 昼食の後にうとうとする ②(感情・能力などが発現されずに)眠っている, 動かないでいる: Чу́вства дре́млют. 感覚が眠っている ◆ **не ~** ぼんやりしない, 警戒を怠らない: На то и щу́ка в мо́ре, что́бы кара́сь не дрема́л. [諺] 油断大敵(フナが油断しないようにカマスが海にいる) // **-ся** [無人称] < 口 > 眠くなる, うとうとする

**дремо́та** [女1] 居眠り, まどろみ, うたたね

**дремо́тн|ый** [形1] 眠たげな, 眠りを誘うような // **-о** [副]

**дрему́чий** 短-у́ч [形6] ①うっそうとした, 繁茂した ②(否定的な性質につき)全くの, 完全な

**дрена́ж** -а́ [男4] ①〔工〕排水; 排水設備 ②〔医〕排膿(法), ドレナージ | **~ный** [形1]

**древса́** [女1] 砂礫(サレキ), 砂利

**дрессиро́ванный** [形1] 調教された, 訓練された

**дрессирова́ть** -ру́ю, -ру́ешь [不完] / **вы́~** -анный [完] 〔図〕調教する, 訓練する

**дрессиро́вка** [女2] 調教, 訓練

**дрессиро́вщи|к** [男2] **-ца** [女3] 調教師

**дресс-код** [不変]-[男1] ドレスコード

**дри́блинг** [男2] 〔スポ〕ドリブル

**дринк** [男2] [俗] ①酒, アルコール飲料 ②飲み会, 宴会

**ДРЛОиУ** [デェルエルオーイウー] [略] да́льнее радиолокацио́нное обнару́жение и управле́ние 早期警戒管制: самолёт ~ 早期警戒管制機

**дроби́лка** 複生-лок [女1] [機] 破砕機, 粉砕機, クラッシャー

**дроби́льный** [形1] 破砕(用)の

**дроби́н|а** [女1] 散弾(の1粒) // **-ка** 複生 -нок [女2] [指小]

**дроби́ть** -блю́, -би́шь 受過 -блённый (-лён, -лена́) [不完] / **раз~** 受過 -обле́нный (-лён, -лена́) /-о́бленный [完] 〔図〕①細かく砕く, 粉砕する ②分ける, 分割する ③ [舞・民俗] 足で床上で連打する // **-ся** 〔図〕 ①砕ける, 粉々になる ②分かれる, 分割[分裂]する

**дроблёный** [形1] 細かく砕いた, 細かくなった

*****дро́бн|ый** 短-бен, -бна [形1] [separate, subdivided] ①細分された, 分割された: ~ пе́речень 細分されたリスト ②小刻みな, せかせかした: ~ шаг 小刻みな足どり ③[長尺][数]分数の: **-ое число́** 分数 // **-о** [副]

**дробови́к** -а́ [男2] (狩猟用の)散弾銃

*****дробь** -и, -е́й [女10] [fraction] ①[数]分数, 小数: прави́льная [непра́вильная, сме́шанная] ~ 真[仮, 帯]分数 | **деся́тичная ~** 小数 ②[集合]散弾 ③[単]細かな断続音; 連打: бараба́нная ~ 太鼓のロール打ち

*****дрова́** [ドロヴァー] дров, -ва́м [複] [firewood] ①薪(まき): сухи́е ~ 乾いた薪 | берёзовые ~ シラカバの薪 | Он ко́лет ~. 彼は薪割りをしている ②〔戯・皮肉〕古いモデルのパソコン ◆ **налома́ть дров** 〔俗〕ばかげたこと[間違い]をさんざんやらかす | **кто в лес, кто по ~** ばらばらに, 不揃いに // **дрови́шки** -шек, -шкам [複] [指小]

**дрове́ц** [複数: 生格] [話] [愛称] <дрова́ (★ 他の格は用いない)

**дровяни́к** -а́ [男2] [話] 薪小屋

**дровяно́й** [形1] 薪による

**дро́га** 対дро́гу 複дро́ги [女1] (馬車の前後の車軸を結ぶ)桁(ケタ)材

**дро́ги** -о́г [複] 長い荷馬車(前後の車軸を桁(ケタ)で結んだ車体のないもの)

**дро́гнуть**[1] -ну, -нешь 命 -ни 過 -о́г/-ул, -о́гла [不完] / **про~** [完] 凍える, 冷える

*****дро́гнуть**[2] [ドローグヌッチ] -ну, -нешь 命 -ни [完] [shake, move, waver] ①<дрожа́ть> ②: **У па́льцы дро́гнули**. 彼女の指がぴくりと動いた ②退却を始める ◆ **у ~ рука́ не дро́гнет** [不定形] …に…することを何とも思わない, 平然と…する

**дрожа́ние** [中5] 震えること, 震動, 振動

**дрожа́тельный** [形1] 震える, 震えを伴った

**дрожа́ть** -жу́, -жи́шь 命 -жи́ [不完] [tremble, shiver] ①〔完・一回 **дро́гнуть**〕震える, 揺れる, 振動する: ~ от хо́лода [стра́ха] 寒さ[恐怖]で震える | **У неё ру́ки дрожа́т**. 彼女は手が震えている ②〔完・一回 **дро́гнуть**〕(光・声が)震える: **дрожа́щий свет** ゆらめく光 | **Его́ го́лос дрожа́л от гне́ва**. 彼の声は怒りで震えていた ③〔непереход〕恐れおののく, びくびくする: **Подчинённые дрожа́т пе́ред ним**. 部下の者たちは彼にびくびくしている ④〔за 対〕…のことを心配する, 気遣う, 危惧する: ~ за свои́х роди́телей 両親のことを気遣う ⑤〔над 造〕…を大事にする, 気にかける; けちけちする, 惜しむ: ~ над ка́ждой копе́йкой わずかな金も出し惜しむ

**дрожжев|о́й** [形2] 酵母の, イーストの: **-ы́е грибки́** イースト菌

**дро́жж|и** -ей [複] 酵母, イースト: **те́сто на -а́х** イースト入りのパン生地 ◆ (**расти́, поднима́ться**) **как на -а́х** 急速に(成長する, ふくれる)

**дро́жки** -жек, -жкам [複] ドロシキ(無蓋の軽4輪馬車)

*****дрожь** [女11] [shivering, trembling] (寒さ・病気などによる)体の震え, 身震い, 悪寒: **Меня́ в ~ броса́ет**. 私は身震いがする

**дрозд** -а́ [男2] [鳥] ツグミ ◆ **дать** (**зада́ть**) **~а́** [俗] 叱責する // **дроздо́вый** [形1]: **-ые** [複名] ツグミ科

**дрок** [男2] [植] ヒトツバエニシダ

**дромаде́р** [男1] [動] ヒトコブラクダ

**дро́ссель** [男5] [機] スロットル, 絞り弁

**дро́тик** [男2] ダーツの矢 (柄の短い)槍, 投げ槍

**дрофа́** 複дро́фы [女1] [鳥] ガン

**дроче́на** [女1] [料理] ロシア風卵焼き (牛乳, 小麦粉, すったジャガイモ入り)

**дрочи́ть** -очу́, -о́чишь/-о́чишь [不完] [俗] ①オナニーをする ②〔対〕<無駄なことを, 無益に努力を費やす

**дро́чка** [女2] [俗] ①オナニー ②厄介で無駄なこと

**друг¹** [ドルーク] 複 друзья́, -зе́й, -зья́м [男8] [friend] ① 親友, 友人, 友達: бли́зкий ～ 近しい友人, 親友 | ～ по ду́ху 義兄弟, 心のつながった人 | ～ де́тства 子ども時代の親友 | завести́ друзе́й 友達をつくる | Он всегда́ был ве́рным ～ом. 彼はいつでも誠実な友だった | Ста́рый ～ лу́чше но́вых двух. [諺] 1人の古い友は2人の新しい友にまさる ② 好きな人, 恋人 | ～ 〈中〉の支持者, 擁護者, 味方: ～ дете́й 子どもの味方 | ～ свобо́ды 自由の擁護者 ④ 〈親しい呼びかけ, あなた〉: Д～ мой! ねえ君 | Здра́вствуйте, дороги́е друзья́! みなさん, こんにちは
◆бу́дь ～ом [～]. (懇願して) すまないが, お願いだから | ～ до́ма ① 家族全員の親しい友人 ② 《戯》その家の奥さんの愛人

**друг²** [ドルーク] 生 -и др́уга др́угу др́уга др́угом друго́м о др́уге или о дру́ге (★先行の друг は不変, 後続の друг は構文に応じて друг¹ と同様の単数格変化をする; 前置詞は両者の間におく) お互いを, 互いに: люби́ть друг дру́га 愛し合う | помога́ть друг дру́гу 互いに助け合う | сиде́ть друг про́тив дру́га 向かい合って座る | Они́ забо́тятся друг о дру́ге. 彼らは互いに気遣い合っている

**друго́й** [ドルゴーイ] [形4] [other, anoter, different] ① 他の, 別の, これ [それ] 以外の: -и́е стра́ны 他の国々 | Моя́ ба́бушка живёт в -о́м го́роде. 私の祖母は別の町に住んでいる ② 異なる, 別の, 違った: У неё -о́е мне́ние. 彼女は別意見だ | Он стал совсе́м не́е-. 彼はすっかり別人になった ③ ～ [男名]/-а́я [女名]/-и́е [複名] 別の人, 他の人; 他人: -о́е [中名] 別のこと: забо́титься о -о́м 他の人のことを心配する | Не обраща́йте внима́ния на -и́х. 他の人のことを気にするな | Он ду́мает одно́, а говори́т -о́е. 彼は考えていることと言うことが違う ④ 反対側の, もう一方の, 向こう側の: перейти́ на -у́ю сто́рону у́лицы 通りの向こう側に渡る ⑤ 次の, ふたつ目の: на ～ день その翌日に | в ～ раз この次の時に ⑥ (тот, оди́н, ино́й などと連関・対置して) 他方の, 他のもの [者]: Я возьму́ и тот и -о́е. 両方ともらもらう | Одни́ прихо́дят, -и́е ухо́дят. 来る者もいれば去る者もいる ⑦ 《俗》ある種の, 別の, 人によっては: Д～ челове́к не так понятли́в, как э́та соба́ка. 人によってはこの犬以上に利口ではない ♦-и́ми слова́ми 言い換えれば | и тот и ～ 両方とも, いずれも | ни тот ни ～ どちらも (…ない) | тот или ～ いずれかの, あれやこれや: под тем или -и́м предло́гом あれやこれやの口実をつけて | оди́н за -и́м 次々に, 相次いで: Он реша́ет одну́ зада́чу за -о́й. 問題を次々に解いている

**дру́жб|а** [ドルージバ] [女1] [friendship] ① 友情, 友好, 親交: про́чная ～ 固い友情 | завя́зывать -у 親交を結ぶ | порва́ть -у 絶交する | Он в ～е с Пе́тей. 彼はペーチャと仲がいい ② 《民族, 国家間の》[親善 (関係)]: ～ ме́жду Япо́нией и Росси́ей 日ロ間の親善 ♦не в слу́жбу, а в ～у 義理ではなく友情から (…してほしい)

**дружба́н** [男1] 《俗》友人, ダチ

**дружелю́бие** [中5] 好意, 親しみ, 友情

**дружелю́бн|ый** [形1] 友意的な, 友情あふれる, 親切な **//-о** [副]

**дру́жески** [副] 友人らしく, 親密に

**дру́жеск|ий** [ドルージェスキイ] [形3] [friendly] ① 友人の; 友情の: -ая подде́ржка 友人の支え ② 友情あふれる, 親密な, 好意ある: ～ тон 親しげな口調 | Встре́ча прошла́ в -о́й атмосфе́ре. 会談は友好的な雰囲気の中で行われた ♦быть на -о́й ноге́ с ～ と親しい間柄である

**дру́жественн|ый** [ドルージェストヴィンヌイ] [短 -ен/-енен, -енна [形1] [friendly] ① 《民族・国家間が》友好的な: -ая страна́ 友好国 | -ые отноше́ния ме́жду Япо́нией и Росси́ей 日ロ間の友好関係 ② 友意ある, 好意ある, 親密な: -ое рукопожа́тие 親しみのこもった握手 **//-о** [副] **//-ость** [女10]

**дружи́на** [女1] ① 《露史》(中世ロシア貴族の) 従士団, 親兵隊 ② 《露史》(帝政ロシアで) 民兵隊, 義勇隊 ③ (ある目的のための自発的な) 団, 隊: пожа́рная ～ 消防自警団

**дружи́нни|к** [男2]/**-ца** [女3] (自発的社会団体の) 団員, 隊員

**дружи́ть** [ドルジィーチ] -ужу́, -у́жишь/-у́жишь 命 -жи́ [不完] [be friends with] ① 〈с 造〉と友人関係にある, 仲がよい: ～ с ним с де́тства. 私は子どもの頃から彼と仲良くしている ② 〈с 造〉を愛好している, 好きである: Мой сын дру́жит со спо́ртом. 息子はスポーツが好きだ

**дружи́ться** -ужу́сь, -у́жишься/-у́жишься [不完] 〈с造と〉 | [完 по-] 友人になる, 親しくなる ② 《俗》友達である, 仲がよい

**дружи́ще** (中2変化) [男] [話] (親しい呼びかけ) 友よ

**дру́жка¹** 複生 -жек (女2変化) [男] [民俗] (婚礼での) 新郎の介添え人

**дру́жка²** 生 дру́жки дру́жки о дру́жке́ друг о дру́жке (★先行の дру́жка は不変, 後続の дру́жка は構文に応じて дру́жка¹ と同様の単数格変化をする; 前置詞は両者の間におく) [話] お互いを, 互いに: сове́товаться друг с дру́жкой 相談し合う

**дру́жно** [副] [harmoniously] ① 仲良く, むつまじく: Они́ жи́ли ～. 彼らは仲むつまじく暮らしていた ② いっせいに, 一致協力して: ～ взя́ться за де́ло いっせいに仕事に取りかかる ③ いちどきに, どっと

**дру́жн|ый** [ドルージヌイ] 短 -жен, -жна́, -жно, -жны/-жны [形1] [amicable, harmonious] ① 仲のよい, むつまじい: -ая семья́ 仲のよい家族 | Сёстры -ы ме́жду собо́й. 姉妹は仲良しだ ② いっせいの, 一致団結した: -ые аплодисме́нты いっせいに巻き起こる拍手 ③ 急激な, 一気に生じる: -ая весна́ 一気に訪れる春

**дружо́|к** -жка́ [男2] 《愛称》 <друг¹ ①② ② (悪い) 友達, 仲間 **//-чек** -чка [男2] 《愛称》

**друзе́й** [複数; 生格] <друг

**друзья́** [複数; 主格] <друг

**дры́гать** [不完]/**дры́гнуть** -ну, -нешь 命 -ни [完] [一回] [話] 〈造〉通例足を) びくびく動かす

**дрызга́ть** -ну, -нешь [不完] [一回] [話] 〈造〉を) はねかける, こぼして汚す ② [完 дры́знуть -нешь] 〈俚/因〉 (通例大量に) 酒を飲む

**дры́хнуть** -нешь 命 -ни 過 дрых/-ул, хла [不完] 《俗・蔑》惰眠を貪る

**дрю́чить** -чу, -чишь [不完] / **вз-**, **с-** [完] 《俗》〈因〉 ① 殴る, 棒で打つ ② こっぴどく叱る, しつこく説教する

**дря́блый** 短 -ябл, -ябла́/-ябла, -ябло [形1] しなびた, たるんだ; 生気のない

**дря́бнуть** -ну, -нешь 命 -ни 過 дряб/-ул, -бла [不完] **/о-** [完] [話] しおれる, たるむ, 衰える

**дря́зги** -язг [複] [話] 些細ないさかい, いざこざ

**дря́нн|ой** -я́нен, -янна́, -янно, -янны/-янны́ [形1] [話] 悪い, ひどい, ろくでもない

**дрянь** [女10] ① 《集合》がらくた, くず ② ろくでなし, ひどいやつ; くだらないこと, ひどいもの ③ 《俗》麻薬, ハシシ ♦де́ло ～ うまく行かない

**дряхле́ть** [不完] **/о-** [完] 老いぼれる, 老衰する; 老朽化する

**дря́хл|ый** 短 -я́хл, -яхла́, -я́хло [形1] 老いぼれた, 老衰した; 老朽化した **//-ость** [女10]

**ДТП** [デテペー] [略] доро́жно-тра́нспортное происше́ствие 交通事故

**дуайе́н** [男1]（外交団の）首席

**дуали́зм** [男1]〔哲〕二元論；二元性，二重性 // **-исти́ческий** [形1]

*дуб [ドゥープ] 複前 o -е, на -е́/-у́ 複 -ы́ [男1] [oak] ①〔植〕（総称）ブナ科の樹木，オーク；コナラ属：~ зубча́тый каши́́ ～ остроли́стый каши́ ～ желе́зистый каши́ ②〔単〕〔生 -а/-у〕オーク材 ③〔話〕とんま，でくのぼう ◆*да́ть* ~а〔俗〕くたばる // дуб-дубо́м でくのぼうのように

**дуба́к** -а́ [男2]〔俗〕①ばか，のろま ②ひどい寒さ: дать ~а́ 凍える

**дуба́сить** -а́шу, -а́сишь [不完]/**от-** [完]①〔対〕ぶん殴る ②〔不完〕〔по/в対〕…を強く叩く

**дубе́ть** [不完]/**за-** [完]〔俗〕①ばかになる ②こごえる，かじかむ

**дуби́ло, дубло́** [中1]〔俗・蔑〕（買い物袋から盗む）すり

**дуби́льный** [形1] 皮なめし用の

**дуби́на** [女1]①太い棍棒 ②〔俗・罵〕でくの坊

**дуби́нка** 複生 -нок [女2] 棍棒；警棒: ~ телескопи́ческая 伸縮式の警棒

**дуби́нушка** 複生 -шек [女2] ①〔民謡・詩〕[指小・愛称] < дуби́на ②**Д-** ドゥビーヌシカ（歌の題名）

**дуби́тель** [男5] なめし剤

**дуби́ть** -блю́, -би́шь [不完]/**вы́-** 受過 -бленный [完]〔対〕革をなめす

**дубле́ние** [中5]（革をなめすこと，皮なめし

**дублёнка** 複生 -нок [女2] なめし革[スエード]のコート

**дублёный** [形1]①なめした，なめし革の ②肌が荒れた，ざらざらの

**дублёр** [男1]/〔話〕**-ша** [女4] ①交代要員，代役 ②（映画・ドラマなどの）吹き替え声優

**дубле́т** [男1] ①副本；複製物 ②2連銃の同時発射

**дублика́т** [男1] ①副本，謄本，写し

**Дубли́н** [男1] ダブリン（アイルランドの首都）

**дубли́рование** [中5]（映画・ドラマなどの）吹き替え，／〔コン〕バックアップする

**дубли́рованный** [形1] 吹き替えられた

**дубли́ровать** -рую, -руешь [不完] **с-, про-** 受過 -anный [完] ①〔対〕同じ・類似の仕事を並行して行う ②〔対〕…の代役を務める ③〔不完〕（映画・ドラマなどの）吹き替えをする ④〔コン〕バックアップする

**дубль** [男5] ①（映画・ドラマのシーンの）撮り直し，テイク ②〔スポ〕ダブル勝利 ③〔楽〕ダブルの: ~ бемо́ль ダブルフラット ｜ ～ дие́з ダブルシャープ

**дубля́ж** [男1] 吹き替え

**дубня́к** -а́ [男2]〔集合〕カシワ[カシ, ナラ]の森

**дуба́тый** -а́т [形1]〔話〕やや荒削りの；〔愚昧〕な

**дубо́вый** [形1] ①カシワ[カシ, ナラ]の，オークの ②〔話〕粗野な；鈍い ③〔話〕硬い，（硬くて）食べられない

**дубо́к** -бка́ [男2], **дубо́чек** -чка [男2] [指小] < дуб①

**дубра́ва** [女1] カシワ[カシ, ナラ]の森；広葉樹の木立

**Ду́врский проли́в** [形3] -[男1] ドーバー海峡

**дуг|а́** [女2] ①弧，円弧，弓形: Мяч, описа́в -у́ в во́здухе, попа́л в корзи́ну. ボールは弧を描いてバスケットゴールに入った ②（弓状の）馬の頸木（くびき）③アーク（electríческая）: **~-о́й** 弓なりに，弧を描いて: бро́ви -о́й 三日月眉 ｜ гнуть в -у́ [три́ -и́]…を屈服させる // **-ово́й** [形2]

**дугообра́зный** 短 -зен, -зна [形1] 弓の，弓状の

**дуда́** [女2]〔俗〕笛

**дуде́ть** (1単現なし) -ди́шь [不完]〔話〕笛を吹く；（低く鈍い音を）鳴らす ◆*~* в одну́ дуду́ 同じことを繰り返す；一丸となって行動をとる

**ду́дк|а** [女2] ①〔楽〕（民俗楽器の）縦笛 ②水夫長のホイッスル ◆*пляса́ть под -у* 対 …の意のままになる，…に踊らされる: пляса́ть под чужу́ю -у 他人の意のままになる // **ду́дочка** 複生 -чек [女2] [指小] < 

**ду́дки** [間詞]〔話〕〔拒絶・不賛同〕とんでもない，何をおっしゃいますやら

**ду́дочный** [形1] 笛の

**ду́дчатый** [形1] 管状の

**ду́жка** 複生 -жек [女2] 小さな弓形のもの；（バケツなどの）弧状の取っ手；眼鏡のつる

**ду́ло** [中1] 砲口，銃口；砲身，銃身

**ду́льце** 複生 -лец [中2]（管楽器の）吹き口，歌口

**ду́л|я** [女5]〔俗〕①〔何を~де́лаете? 握った拳の人差し指と中指の間から親指を出して見せる侮辱の仕草 ◆*показа́ть* -ю …を侮辱する

*ду́м|а [ドゥーマ] [女5] [parliament] ①議会，会議，ドゥーマ; **Д-** 国家院（ロシア連邦議会の下院）; Госуда́рственная **Д-**) ②思い，思念，思考：предава́ться -ам 思いにふける ③ウクライナの歴史民謡

*ду́мать [ドゥーマチ] [不完]/**поду́мать** [パドゥーマチ] [完] [think] ①〈対/над囲〉のことを/囲を〉考える，思う: ~ о бу́дущем 将来のことを考える ｜ ~ над зада́чей 問題を考える ｜ О чём вы ду́маете? 何を考えているんですか ｜ тут не́чего ~ 何も考えることはない

②〈что節〉…と思う，考える: Я ду́маю, что он прав. 私は彼が正しいと思う ｜ Мы не ду́маем, что она́ бу́дет счастли́вой. 私たちは彼女が幸せになるとは思わない ③〈о囲のことを〉思う，評価する: Она́ ду́рно ду́мает обо мне́. 彼女は私のことを悪く思っている

④〈不定形〉…しようと思う，…するつもりである: Ду́маю оста́ться до́ма. 家に残ろうと思う

⑤〔話〕〈на対〉…に嫌疑をかける，…を疑う: Ты ниско́лько не винова́т, а он на тебя́ ду́мает. 君は少しも悪くないのに，彼は君を疑っている

⑥〈о囲のことを〉気遣う，心配する: На́до бо́льше ~ о де́тях. もっと子どもたちのことを考えてやらねばならない

◆*До́лго ду́мал?* 〔話・非難〕よく考えてから言ってくれ ｜ **и ~ забы́ть о** 囲 …のことを考えるのをやめる，忘れる ｜ И не ду́май(те)! 〔話〕絶対にしないでおくれ ｜ Каки́м ме́стом ду́мал? 〔俗・非難〕どこに頭をつけてるんだ ｜ мно́го о себе́ ~ うぬぼれる，ふたつ返事で ｜ Что бы вы ду́мали? 〔話〕驚くではあろうが，そりゃそうだとも ｜ Я ду́маю! もちろんだとも，そりゃそうだとも

**ду́маться** [不完]/**по-** [完] [seem]〔無人称〕①〈与に従属節と〉思われる，…のような気がする: Мне так ду́мается. 私にはそんな気がする ②〔不完〕考えることができる，よく考えられる ◆*ду́мается* 〔挿入〕思われる

**ду́мец** -мца [男3]〔話〕国会[下院]議員

**ду́мка** 複生 -мок [女2] ①[指小] < ду́ма②③ ②〔話〕小さな枕

**ду́мский** [形1] 国家院の；国家院[下院]の

**Дуна́й** [男6] ドナウ川

**дунга́нин|ин** 複 -а́не, -а́н [男10] **-ка** 複生 -нок [女2] ドゥンガン人（カザフスタン，キルギス，ウズベキスタンに住む）

**дунове́ние** [中5]（風の）そよぎ；息吹，気配: ~ весны́ 春の息吹

**ду́нуть** [完] → ду́ть

**Ду́ня** [女5]〔愛称〕< Авдо́тья

**ду́пель** 複 -я́ [男7]〔鳥〕ヨーロッパジシギ

**дупли́стый** 短 -и́ст [形1] 大きな空洞のある；空洞の多い

**дупло́** 複 ду́пла, ду́пел, ду́плам [中1] ①（樹木の）うろ，空洞 ②（虫歯の）穴

*ду́р|а [女1] [fool, ass] ①〔話・罵〕ばか女 ②女道化 ③〔俗〕大きくてずっしり重い物 // **ду́рочка** 複生 -чек [女2] [指小]

‡**дура́к** [ドゥラーク] -á [男2]〔fool, ass〕①〘話・罵〙ばか，あほう：Он не ~. 彼はばかじゃない｜Ну и ~ же ты! お前はなんてばかなんだ ②(昔の宮廷などに仕えていた)道化 ③トランプゲームの一種，「ばか」◆**без ~о́в** 〘俗〙ふざけないで，まじめに｜**валя́ть** [**лома́ть**] **~á** 〘話〙(1)ばかの[わからない]ふりをする (2)おどける，ふざける (3)ばかなまねをする，へまをやらかす (4)ぶらぶらして過ごす｜**~о́м** 大ばか者｜**включи́ть ~á** 〘若者語〙ばかなふりをする，関係ないふりをする｜**Нашёл** [**Нашла́, Нашли́**] **~á!** 〘不賛成・拒否〙そんなにばかじゃないよ，とんでもない，嫌なこった｜**не ~** 〔不定形〕〘話〙…するのが好きだ，達者だ：Он не ~ вы́пить. 彼は酒がいける口だ｜**оста́вить в ~áх** (1)トランプで「ばか」で負かす (2)だます，こけにする｜**оста́ться в ~áх** (1)トランプで「ばか」で負ける (2)だまされる，ばかをみる｜**Дурака́м зако́н не пи́сан.** 〘諺〙ばかに理性のある行動を期待しても無駄だ

**дуракова́тый** 短 -áт [形1] ややまぬけな，奇行を持った

**дурале́й** [男6]〘話〙おばかさん，おまぬけ

**дура́нда** [女1] 油粕[かす]

**дурати́в** [男1]〘言〙持続相

*‡**дура́ц|кий** [形3]〔stupid, idiotic〕①ばかの；道化の②ばかげた，滑稽な：*-ая* **привы́чка** ばかげた習慣

**дура́чество** [中1] ばかげた行為；いたずら

**дурачи́на** (女1変化) [男]〘話〙ばか，あほう

**дура́чить** -чу, -чишь [不完] / **о~** 受過 -ченный [完] 〘話〙だます，…にいっぱいくわせる

**дура́читься** -чусь, -чишься [不完] 〘話〙ばかなまねを(して)楽しむ，ふざける

**дурачо́к** -чка́ [男2]〘話〙①〔指小〕< **дура́к** ②〔子どもへの呼びかけ〕おばかさん ■**Ива́нушка-~** 〘民話〙イヴァヌシュカ

**дурачьё** [中4]〘俗〙〔集合〕ばかども

**дура́шка** 複生 -шек (女2変化) [男・女]〘話〙= дурачо́к

**дура́шливый** 短 -ив [形1]〘話〙①うすばかな ②いたずら好きの，ふざけた

**дурдо́м** [男1]〘話〙精神科病院

**дуре́й** (述語)〘俗〙〔*его́, тебя́* などと共に〕…よりばかだ

**ду́рень** -рня [男5]〘話〙ばか，あほう

**дуре́ть** [不完] / **о~** [完]〘話〙①ばかになる ②意識がもうろうとなる

**дурёха** [女2]〘俗・蔑〙ばか女

**ду́р|ий** [形] *-ья* **голова́** [башка́]〘俗〙ばか，あほう

**дури́ть** -рю́, -ри́шь [不完]〘話〙①ばかげたことをする；ふざける ②強情を張る ◆**~ю́ го́лову** 〘話〙…をまごつかせる

**ду́рка** 複生 -рок [女2]〘俗〙精神病院；精神障がい者

**дурковéд** [男1]〘俗〙(女性のバッグから盗む)すり

**дурма́н** [男1]①〘植〙チョウセンアサガオ ②理性を麻痺させるもの，麻薬

**дурма́нить** -ню, -нишь [不完] / **о~** 受過 -ненный [完]〈酒〉の頭をぼんやりさせる，意識を麻痺させる // **~ся** [不完]〈意識が〉もうろうとなる

**дурне́ть** [不完] / **по~** [完] 美しくなくなる，ぶさいくになる

*_**ду́рно** 〔badly, evilly〕①[副] 悪く；不快に；不道徳に：*Д-* па́хнет. 悪臭がする ②[無人述] 気分が悪い，気が遠くなる：Ей сде́лалось ~. 彼女は気分が悪くなった

*_**дурн|о́й** 短 ду́рен/дурён, -рна́, -рно, -рны/-рны́ [形2]〔bad, evil, nasty〕①悪い，不良の；粗野な，不快な：*-ы́е* **зна́ки** 悪天候｜~ **вкус** 悪趣味｜*-ы́е* **мане́ры** 粗野な態度 ②(道徳的に)悪い，不道徳な，非礼すべき：~ **посту́пок** 非行｜**пода́ть** ~ **приме́р** 悪い手本を示す ③不吉な：*-а́я* **приме́та** 不吉な前兆 ④醜い：Она́ *не -á собо́й.* 彼女はぶさいくだ ⑤〔長尾〕〘俗〙愚かな，ばかの：~ **па́рень** ばかなやつ

**дурнота́** [女1] めまい，吐き気

**дурну́шка** 複生 -шек [女2]〘話〙ぶす

**ду́рость** [女10]〘俗〙愚かさ

**дуршла́г** [男1]〘調理用〙こし器，水切り

**дурь** [女10]〘話〙①ばかげたこと，ばかな考え ②〘俗〙麻薬，ハシシ，アヘン ◆**вы́быть из ~ из головы́** 回〘俗〙…にばかな考えを捨てさせる，…を正気に返らせる｜**вы́бросить** [**вы́кинуть**] **~ из головы́** 〘俗〙ばかな考えを捨てる，目が覚める｜**-ью маяться** [**мучиться**] 〘俗〙ばかげたことをする

**дурья́н** [男1]〘植〙ドリアン

**ду́тик** [男2]〘俗〙①(通例複)スノーブーツ ②ダウンジャケット

**ду́т|ый** [形1]①〔受過〕< **дуть** (ガラス製品が)吹いて作られた，中空の ③空気のつまった，ふくらませた ④誇張した，大げさな；偽りの，水増しした

*‡**дуть** [ドゥーチ] ду́ю, ду́ешь 命 дуй 〔blow〕① / **ду́нуть** -ну, -нешь 命 -ни [完][一回]〔blow〕(1)(風が)吹く；〘無人称〙すきま風〈冷気〉が吹き込む：Ду́ет си́льный ве́тер. 強い風が吹いている｜Ду́ет от окна́. 窓から冷気が入ってくる (2)(息を)吹く；<в吹>に<楽器>を吹く：~ на све́чу ろうそくに息を吹きかける｜~ в трубу́ トランペットを吹く ② [完 **вы~**] [工] <в吹>〈ガラス製品を〉吹いて作る：~ стака́н ガラスのコップを作る ③ [完 **вы~**] 〘俗〙大量に飲む：~ во́дку ウォッカをがぶがぶ飲む ④ 〘俗〙疾走する：Он дул впереди́ всех. 彼は必死に先頭を走っていた ⑤〘俗〙<в吹>〈勝負事などを〉夢中になってやる：Она́ так и ду́ет на роя́ле. 彼女はピアノを夢中になって弾いている

**дутьё** [中4]①(ガラス製品を)吹いて作ること ②送風

**ду́ться** [不完]〘話〙〈на吹〉にふくれっ面をする，腹を立てる ②〘俗〙<в吹>〈勝負事などを〉夢中になってやる

*‡**дух¹** [ドゥーフ] -a/-y [男2]〔spirit, mind〕①精神, 心；物質と精神 | В здоро́вом те́ле здоро́вый ~. 健全な肉体には健全な精神が宿る
②意気，士気，元気，勇気：боево́й ~ 戦意 | У меня́ не хвата́ет *-a* говори́ть об э́том. 私にそのことを話す勇気がない ③霊魂，魂(の諸)
④本質, 真髄，精神；気風, 風潮, 流儀：~ зако́на 法の精神 | соотве́тствовать *-у* вре́мени 時代の精神に合致する | у Достое́вского ドストエフスキー風に ⑤精霊，霊：Святой *Д-* 聖霊 | злой ~ 悪霊, 悪魔 ⑥〘蔑〙(軍)(兵役について6か月未満の)新兵 ⑦〘蔑〙(アフガニスタンの)イスラム原理主義派ゲリラ
◆~ **в e** 機嫌がいい | **в то́м же ~ е** 同じ方向で，同様に | ~ **вон у [из]** ⊞ …は死んだ | **как на ~ у** 簡単に | **не в ~ e** (1)機嫌が悪い：Сего́дня она́ *не в ~ e*. 彼女はきょう不機嫌だ (2)〔不定形〕…する気がしない，…したくない | **пасть [поникнуть] ~ом** がっかりする, 意気阻喪する | **подня́ть ~** …を励ます, 元気づける | **святы́м ~ом** 〘話・戯〙ひょんなことで

*‡**дух²** [ドゥーフ] -a/-y [男2]〔breath〕①〘話〙呼吸，息：У меня́ ~ захва́тывает. 私は息がつまりそうだ
②〘話〙空気：дыша́ть лесны́м *-ом* 森の空気を吸う ③〘俗〙匂い，香り：грибно́й ~ キノコの香り
◆**(бежа́ть, мча́ться) во весь ~ [что есть ~ у]** 〘話〙全速力で，一目散に(走る) | **одни́м [еди́ным] ~ом** ⊞ (1)瞬時に，素早く (2)一気に, ひと息に | **перевести́ ~** ⊞ (1)深呼吸する, 呼吸を整える (2)ひと息つく, ひと休みする | **что́бы ~у не́ было ~ чтобы ~ом** ⊞ **не па́хло** 〘話〙…はさっさと出て行け, 見るのも嫌で

**духа́н** [男1]①(カフカス・近東の)居酒屋，小食堂 ②〘俗〙不快な匂い

*_**дух|и́** **-о́в** [複] 〔perfume〕香水：Каки́ми *-а́ми* вы ду́хитесь? あなたはどんな香水をつけていますか

**духобóр** [男1] / **~ка** 複生 -рок [女2]《宗》ドゥホボール教徒

**дýхов** [形10] **Д~ день**〔正教〕聖霊降臨祭(聖霊降臨祭の翌日)

**духовéнство** [中1]《集合》聖職者: чёрное ~ 修道士 | бéлое ~ 修道士でない(妻帯できる)聖職者

**духови́тый** 短 -и́т [形1]《俗》よい香りの

**духóвка** 複生 -вок [女2] オーブン, 天火

**духовни́к** -á [男2]《宗》懺悔聴聞司祭

**духóвно** [副] 精神的に

**духóвность** [女10] 精神性, 霊性, 心性

*\***духóвн|ый** [ドゥホーヴヌィ] [形1]〔spiritual, religious〕① 精神の, 心の: ~ мир человéка 人間の精神世界 ② 宗教上の, 教会の: -ая мýзыка 宗教音楽 | -ая акадéмия 神学大学 | -ое звáние 聖職 | -ые стихи́《文学》巡礼霊歌

**духов|óй** [形2] ① (楽器が)吹奏の: ~ инструмéнт 管楽器 | ~ оркéстр 吹奏楽団, ブラスバンド ② 熱した空気による: ~ шкаф ~ -áя печь オーブン (духóвка) ③ 空気圧で作動する

**духотá** [女1] ① むっとする空気 ② 蒸し暑さ

*\***душ** [ドゥーシ] [男4]〔shower〕① シャワー: холóдный ~ 冷水シャワー | приня́ть ~ シャワーを浴びる | мы́ться под ~ем シャワーで体を洗う ② シャワー室

*\***душ|á** [ドゥシャー] 対дýшу 複dýши (зá/нá дýшу) [女4]〔soul, feeling, spirit〕① 霊魂, 魂: ~ и тéло 霊魂と肉体 | дýши умéрших 死者の魂 ② 心, 内心, 胸中: чистотá -и́ 心の清らかさ | Я не знáю, что твори́тся в её -é. 彼女の心の中で何が起こっているのか私は知らない | У меня́ бы́ло тяжелó на -é. 私は気が重かった ③ 気質, 気立て, 人柄, (特定の性質の) 人: простáя -á 素朴な人柄 | человéк дóброй -и́ 心優しい人 ④ 熱情, 感情, 心: говори́ть с -óй 心をこめて語る | В егó пéнии нет -и́. 彼の歌には心がない ⑤《国》中心人物, 主唱者, 花形: 本質, 核心, 精髄: ~ теáтра 劇団の中心人物 | Онá былá -óй óбщества. 彼女は集いの花だった | ~ науки 学問の真髄 ⑥《話》(通例人数を数える際に)…人, 1人: семья из пяти́ -и́ 5人家族 | У негó на ю́ге -и́ нет. 家の中には1人もいない | по ста рублéй с -и́ 1人から100ルーブルずつ ⑦ 農奴 ⑧《話》(通例моя́と共に, 親しい呼びかけ)お前, あなた: моя́ ~ お前

♦ **без -и́** …を込めずに, いい加減に | **брать [хватáть] зá душу** 強く動揺させる; 感動させる | **брать [принимáть] нá душу [на свою́ дýшу]** …の責任とする | **вдохну́ть дýшу** …をよみがえらせる, …に生気を取り戻させる | **в -é** (1)…の中で, 心ひそかに (2)生来, 天性として: Он поэ́т в -é. 彼は生まれながらの詩人だ | **влезть [залéзть] в дýшу** (1)…の心中を探る: Он всегдá влезáет в чужу́ю дýшу. 彼は常に他人の腹を探っている (2)…の心を奪う | **вложи́ть дýшу в** 国 …に打ち込む, 心血を注ぐ | **в чём -á дéржится**《話》骨と皮ばかりで, やっと生きている | **вы́вернуть дýшу наизнáнку пéред** 国 …に心の内を打ち明ける | **вы́трясти дýшу из** 国 …を脅す, ゆすぶる | **для -и́**《話》自分の満足のために, 心のすさびに | **-á боли́т за** 国 **[о** 国**]** …のことで心を痛める, …のことを心配する: У неё ~ боли́т за тебя́. 彼女は君のことで心を痛めている | **(жить) в дýшу в дýшу** 仲良く, むつまじく(暮らす) | **Д~ мéру знáет.**《話》もうこれで十分だ(飲みすぎだ) | **-á нараспáшку у** 国《話》…はあけっぴろげな人だ, 率直な人だ | **-á не лежи́т к** 国 …に気乗りしない | **-á не принимáет** 国 …を全然食べ［飲み］たくない | **-á ушлá [ухóдит] в пя́тки у** 国《話》…は胆をつぶした, 腰を抜かした | **-á-человéк**《話》好人物, よい人 | **-и́ не чáять в** 国 …を愛している, 大好きだ | **заглянýть в** 国

…の心中を探る, 心の中をのぞく | **зá -ой у** 国 …は持っている, …は持ち合わせている | **зá -ой у** 国 …は持っていない: У негó ни копéйки зá -ой нет. 彼は1銭も持っていない | **закры́ть [заперéть] дýшу на замóк** 心を閉ざす | **идти́ в мою́ дýшу**《話》進んで, 喜んで, ためらわずに | **зáячья ~** 臆病者 | **золотáя ~** 優しい〔思いやりのある〕人 | **как -é угóдно** 好きなように | **-и́ ни в ком не винoвáт**《話》少しも, 全く(悪くない) | **отвести́ дýшу** (1)胸の内を打ち明ける (2)気を晴らす | **от (всей) -и́ = всей -и́** 心から, 衷心から, 熱烈に: Желáю вам счáстья от всéй -и́. 心より幸せをお祈りいたします | **откры́ть [раскры́ть] дýшу** …に心の内を明かす | **отпусти́ть дýшу на покая́ние**〔戯〕そっとしておく | **(говори́ть, бесéдовать) по -áм** 率直に, 腹を割って(話す) | **по -é** …の気に入る: Рабóта емý **по -é**. 彼はこの仕事が気に入っている | **плю́нуть [насрáть] в дýшу** ひどく侮辱する | **положи́ть дýшу за** 国 …のために命を賭ける, 命を犠牲にする | **положи́ть дýшу в** 国 …に打ち込む, 心血を注ぐ | **с дорогóй -óй**《話》大喜びで, 進んで | **с -óй** 熱心に, 熱中して | **скóлько -é угóдно**《話》思う存分, 心ゆくまで | **с открытой -óй** 誠実に, 信頼して | **стоя́ть [торчáть] над -óй у** 国 …にうるさく付きまとう; しつこくせがむ | **тянýть дýшу из** 国 **= тянýть зá душу**《話》(1)…を苦しめる, 悩ます (2)…をうんざりさせる, へとへとにさせる

**Душанбé** [э] (不変) [男] ドゥシャンベ(タジキスタンの首都)

**душевáя**〔形2変化〕[女名] シャワー室(душевáя каби́на)

**душéвно** [副] 心から; 思いやりをもって

**душевнобольн|óй** [形2] ① 精神障がいにかかった ② ~ [男名] / **-áя** [女2] 精神障がい者

*\***душéвн|ый** 短 -вен, -вна [形1] 〔mental, sincere〕 ① 心の, 精神の; 魂の: -ое состоя́ние 精神状態 | -ые болéзни 精神障がい ② 心のこもった: с -ым приско́рбием 心からの哀悼の意を込めて ③ 思いやりのある, 親切な: ~ человéк 心の温かい人 ‖ **-ость** [女10]

**душевóй** [形2] ① シャワーの ② 1人当たりの

**душегýб** [男1]《話》人殺し, 悪党

**дýшенька** 複生 -нек [女]《話》〔指小・愛称〕< душá①② [男・女]《主に女性に対して》かわいい人

**душераздирáющий** 短 -ющ [形6] 胸の張り裂けるような, 恐ろしい, 悲痛な

**дýшечка** 複生 -чек(女2変化)[男・女]《話》= дýшенька②

**душещипáтельный** 短 -лен, -льна [形1]《話・皮肉》あまりに感傷的な, センチメンタルな

**души́ст|ый** 短 -и́ст [形1] いい匂いのする, 香しい
■ ~ **горóшек**《植》スイートピー | **-о** [副]

**души́тель** [男5]《文》抑圧者, 圧殺者

**души́ть**[1] душý, дýшишь [不完] / **за-** 受動 -дýшенный [過]《国》① 絞め殺す, 絞殺する: ~ рукáми 両手で絞め殺す ② 息苦しくさせる, 窒息させる: Дýшит кáшель. せきが出て息が苦しい ③ 抑圧する, 弾圧する: ~ свобóду 自由を抑圧する ♦ ~ **в объя́тиях** 息がつまるほど抱きしめる ‖ **-ся**[1] [不完] ① 首をくくって死ぬ ②《不完》《話》息苦しい思いをする

**души́ть**[2] душý, дýшишь [不完] / **на-** 受動 -дýшенный [過]《国》に香水をふりかける ‖ **-ся**[2] [不完] / [完] 〈過〉(自分に)香水をかけつける

**дýшка** 複生 -шек(女2変化)[男・女]《話》= дýшенька②

*\***дýшно** [ドゥーシナ]〔stuffy, stifling〕① [副] 息苦しく, 暑苦しく ② [無人述](a)蒸し暑い, むっとする: Лéтом в

**душный** Япо́нии ~. 日本の夏は蒸し暑い (b)〈俗〉息苦しい, 息がつまりそうだ: Мне ~. 私は息苦しい

**‡ду́шн|ый** [ドゥーシヌィ] 短 -шен, -шна́, -шно, -шны/-шны́ [形1] ⦅stuffy, stifling⦆ 息苦しい, むっとする; 蒸し暑い, 暑苦しい: ~ во́здух むしむしする空気 | -ое помеще́ние 蒸し暑い部屋

**душо́к** -шка́ [男2]〈話〉① [指小]＜дух①; 腐りかかった臭い ②〈考え方などの〉傾向, 匂い

**душо́нка** 複生 -нок [女2]〈話〉〈卑称〉＜душа́①＜③

**дуэ́ль** [女10] ①決闘 ②〈二者間の〉対決, 決戦

**дуэля́нт** [男1] 決闘者; 決闘好き

**дуэ́т** [男1] ①〖楽〗二重奏(曲), 二重唱(曲), デュエット: ~ом 二重奏［唱］で, デュエットで | 〖スポ〗ペア競技者 ǁ **~ный** [形1]

**ДФО** [デエフオー]〈略〉Дальневосто́чный федера́льный о́круг 極東連邦管区

**ды́биться** -бится [不完] ①〈馬が〉後脚で立つ, 棒立ちになる ②〈髪・毛が〉逆立つ

**ды́бом** [副]〈話〉〈髪・毛が〉逆立って

**дыбы́** ♦ **встать [стать] на** ~ (1)〈馬が〉後脚で立つ, 棒立ちになる(2)〈人が〉怒って言うことを聞かない

**дык** [男2に似る]〈俗〉①〈非難〉何でまた, どうしてそんな ②その通り, もちろんだ

**ды́лда** (女1変化)[男・女]〈俗〉のっぽ

**‡дым** [ディーム] -a/-y 前 о -е, в -у́ 複 -ы́ [男1] ⦅smoke⦆ ①煙: густо́й ~ 濃い煙 | ~ (от) пожа́ра 火事の煙 | Из трубы́ идёт ~. 煙突から煙が出ている | Нет ~a без огня́.〈諺〉火のないところに煙は立たぬ ②幻, 幻影: Всё ~ и сон. 全ては幻と夢だ ♦ **в ~**〈俗〉ひどく, 徹底的に

**дыми́ть** -млю́, -ми́шь [不完] **на**- [完] ①煙る, くすぶる, よく燃えない ②〈たばこなどを〉ゆらす: ~ папиро́сой たばこをゆらす ③蒸気［湯気］を立てる

**дыми́ться** -мится [不完] ①煙を出す, くすぶる ②蒸気［湯気］を立てる

**ды́мка** 複生 -мок [女2] ①靄(もや), 霞(かすみ) ②覆い, ヴェール

**ды́мковск|ий** [形3] ■ **-ие игру́шки** ディムコヴォ土人形 (ディムコヴォ Ды́мково 村生まれの民芸品)

**дымно́** ①〈述〉煙を出して, くすぶって ②[無人述] けむい

**ды́мный** [形1] 煙る, くすぶる; 煙を出す, 有煙の | 煙でいっぱいの, 煙だらけの | 〈煙のように〉軽やかな, おぼろげな

**дымо..** [語形成]「煙の」

**дымов|о́й** [形1] 煙の; 煙を出す: -а́я труба́ 煙突 | -а́я заве́са 煙幕

**дымога́рный** [形1]〖工〗煙管の

**дымо́к** -мка́ [男2] [指小]＜дым; 小さい［細い］煙

**дымохо́д** [男1] 煙道

**дымча́то..** [語形成]「煙色の」

**ды́мчатый** 短 -ат [形1] 煙色の, うすい灰色の

**ды́нный** [形1] メロンの: ■ **-ое де́рево**〖植〗パパイア(папа́йя)

**‡ды́ня** [女5] ⦅melon⦆ ①メロン, マクワウリ ②〈俗〉頭 ǁ **/ды́нька** 複生 -нек [女2] [指小]

**‡дыр|а́** [ディーラ] 複 ды́ры [女1] ⦅hole⦆ ①穴, 裂け目, 割れ目: карма́н с -о́й 穴の開いたポケット | заткну́ть -у́ 穴をふさぐ; 急場しのぎをする ②〈話〉欠点, 弱点, 欠陥 ③〈話〉へき地, 片田舎: жить в -е́ へんぴなところに住む | **озёрная ~** オゾールィ湖 | **чёрная ~**〖天〗ブラックホール ǁ **/ды́рочка** 複生 -чек [女2] [指小]＜①

**ды́ркa** 複生 -рок [女2] ①小さな穴, 孔 ②〈俗〉膣 ♦ **ле́зть во все -и** あらゆることに首を突っ込む, 何でも自分でやろうとする

**дыроко́л** [男1] 穴開け器, 穴開けパンチ

**ды́рчатый** [形1] 多孔の, 穴のあいた

**дыря́в|ый** 短 -я́в [形1] 穴の開いた, 破れた, 裂けた ♦ **-ая голова́**〈話・戯〉物忘れのひどい人, 忘れん坊

**дых** [男2] ♦ **уда́рить под ~**〈俗〉みぞおちを殴る

**дыха́лка** [女2]〈俗〉気管, 肺; 持久力, スタミナ

**дыха́ло** [中2]〈鯨などの〉鼻孔, 噴気孔

**дыха́льце** 複生 -лец [中2]〈通例複〉〈昆虫の〉気門

**дыха́н|ие** [ディハーニェ] [中5] ⦅breathing⦆ ①呼吸, 息; о́рганы -ия 呼吸器 | ро́вное ~ おだやかな息づかい | Д~ спёрло. 息がつまった | У него́ ~ останови́лось. 彼の呼吸が止まった ②息吹き, 気配, 匂い: ~ весны́ 春の息吹き ♦ **второ́е ~** (戻ってきた)気力, 元気 | **затаи́ть ~** 息を殺す | **на одно́м [еди́ном] -ии** 一気に, 集中して

**дыха́тельн|ый** [形1] 呼吸の: -ое го́рло〖解〗気管

**дыша́ть** [ディシャーチ] дышу́, ды́шишь 命 -ши́ [不完] ⦅breathe⦆ ① [完・一回 дыхну́ть -ну́, -нёшь]呼吸する, 息をする: ~ лёгкими 肺で呼吸する | Она́ дыша́ла тяжело́. 彼女は苦しそうに息をしていた ②空気を通す: Рези́новая о́бувь не ды́шит. ゴム靴は空気を通さない ③⦅圖⦆…を生きがいにする, …に没頭する: Чем ты ды́шишь? 君は何を生きがいにしているのか ④⦅圖⦆の息吹きを漂わせる, 気配を感じさせる: Не́бо ды́шит ле́том. 空には夏の気配が漂っている ⑤⦅圖⦆に満ちている, あふれている, 漂っている: Его́ письмо́ ды́шит не́жностью. 彼の手紙は優しさに満ちている ♦ **~ на ла́дан** 死にかかっている, 虫の息である | **неро́вно [глубоко́] ~**〈俗〉大好きだ, ぞっこんだ ǁ **~ся** [不完] (無人称) 息ができる, 息をする

**ды́шло** [中1] ①連接棒, シャフト ②〈2頭立ての馬の中間の〉ながえ

**‡дья́вол** [男1] ⦅devil⦆ ①悪魔, 悪鬼 ②〈話・罵〉鬼, 人でなし | **Иди́ к ~у!** ⦅罵⦆うせろ, くたばれ | **как ~**〈話〉ものすごく: Он хитёр **как** ~. あいつはものすごく賢い | **како́го ~a = за каки́м ~ом = на ко́й ~** ⦅俗⦆何のために, どうして | **Что за ~!**〈俗〉⦅いらだち・当惑⦆何ということだ

**дьяволёнок** -нка 複 -ля́та, -ля́т [男9]〈話〉①小悪魔 ②腕白小僧, 悪がき

**дья́вольск|ий** [形3] ①悪魔の ②悪魔のような, 悪意に満ちた ③〈話〉ものすごい, 異常なほどの ǁ **-и** [副]＜②③

**дья́вольщина** [女1]〈話〉信じがたい事の成り行き, 悪魔のしわざ

**дья́кон** [男1]〖正教〗輔祭(輔祭, 長輔祭, 修道輔祭, 首輔祭の総称とっしても) ǁ **~ский** [形3]

**дьячо́к** -чка́ [男2]〖正教〗副輔祭

**дю́жий** 短 дю́ж, -жа́, -же [形6]〈俗〉堂々とした体躯の, たくましい

**дю́жина** [女1] ダース: ~ ло́жек スプーン1ダース ♦ **чёртова ~** ⦅戯⦆(不吉な数としての)13

**дю́жинный** [形1] 平凡な, 月並みな

**дюйм** [男1] インチ(=2.54cm) ǁ **~о́вый** [形1]

**Дюймо́вочка** [女2]「おやゆび姫」(アンデルセン童話)

**дю́на** [女1]〈通例複〉〈海岸の〉砂丘, 砂山

**дюралюми́ний** [男7], **дюра́ль** [男5] ジュラルミン ǁ **~евый** [形1]

**дюше́с** [男1]〖植〗デュシェス(西洋ナシの一種)

**дя́гиль** [男5]〖植〗トウキ

**дя́денька** 複生 -нек, **дя́дечка** 複生 -чек(女2変化)〔愛称〕＜дя́дя

**дя́дька** 複生 -дек(女2変化)[男]〈卑称〉＜дя́дя

**дя́дюшка** 複生 -шек [男] (女2変化)〔愛称〕＜дя́дя①

**‡дя́д|я** [ヂャーヂャ] 複生 -ей(女5変化)[男] ⦅uncle⦆ ①〈父

также《俗》-ья, -ьёв》おじ, 伯父, 叔父(↔тётя); おばの夫: ~ по ма́тери 母方のおじ; 《幼児》おじちゃん: Ма́льчик окли́кнул незнако́мого -ю. 少年は知らないおじさんを呼び止めた
③《戯》大男, 力持ち ◆до́брый ~《話・皮肉》(他人の金で)気前のいい人 | ~ Стёпа《話・戯》のっぽさん (C. Михалко́вの童話詩)|《俗・非難》赤の他人のために[誰のためかわからずに](する, 働く) | на -ю наде́яться《俗・皮肉》(人に)成り行きを当てにする

**дя́тел**, -тла〔男1〕①〔鳥〕キツツキ, ケラ ②《俗》密告者, 告げ口屋 ③《俗》ばか, 頭の悪いやつ

# Е Ё е ё

**ЕАЭ́С**〔ɪeaɛ́s〕《略》Евразий́ский экономи́ческий сою́з ユーラシア経済共同体, EAEC

**ЕАС**〔ɪeás〕《略》Евразий́ский Сою́з ユーラシア連合〔同盟〕

**е-ба́нкинг**〔男2〕e-バンキング, ネットバンキング

**еба́ть** ебу́, ебёшь; ебёл/ебла́, ебло́/ебла́〔過 ебáный/ёбаный〕〔不完〕《卑》〚он〛人を犯す ◆Ёб твою́ мать! 《卑・罵》くそっ, この野郎(★男性が私的な場で使用するが野卑な言葉; 婉曲表現の Мать твою́!, ёлки-па́лки もある) → **мат**〔参考〕

**Е́ва**〔女1〕エヴァ〔女性名〕

**ева́нгели|е**〔ɪevángilije〕〔中5〕〔the Gospels〕①《集合》〔宗〕福音書: канони́ческое [апокрифи́ческое] ~ 正典〔外典〕福音書 | ~ от Матфе́я [Ма́рка, Луки́, Иоа́нна] マタイ[マルコ, ルカ, ヨハネ]による福音書 ②《戯》学説の真髄などを述べた基本文献 **// -ьский**〔形3〕〚cc〛〔形3〕

**евангелиза́ция**〔女9〕キリスト教の伝道[布教]

**евангели́ст**〔男1〕①福音書の著者: апо́стольск ~ы 福音書の使徒 (マタイ, マルコ, ルカ, ヨハネ) ②〚/~ка 複生 -ток〔女2〕〛福音派 (プロテスタントの分派) の信徒, 福音教会信徒 **// -ский**〔形3〕

**евангели́ческ|ий**〔形3〕①福音派の, 福音教会の: -ие це́ркви 福音教会 (プロテスタント, 特にルーテル派の教会の総称) ②福音主義の

**Евге́ний**〔男7〕エフゲニー〔男性名; 愛称 Же́ня〕

**евге́ника**〔女2〕優生学

**Евге́ния**〔女9〕エフゲニャ〔女性名; 愛称 Же́ня〕

**е́вну|х**,〔旧〕**евну́|х**〔男2〕宦官(イスラム教徒のハーレムに勤める去勢された男)**// -шеский**〔形3〕

**евразий́ский**〔形3〕ユーラシアの

**евразий́ство**〔中1〕〔哲〕ユーラシア主義

**Евра́зия**〔女9〕ユーラシア

**ЕврАзЭ́С**〔不変〕 (略)Евразий́ское экономи́ческое соо́бщество; 加盟国はロシア, ベラルーシ, カザフスタン, キルギス, タジキスタン, ウズベキスタン

**евре́й**〔男6〕/ **~ка** 複生 -е́ек〔女2〕ユダヤ人: украи́нские ~ ウクライナのユダヤ人

**евре́йск|ий**〔形3〕ユダヤ(人)の: ~ погро́м ユダヤ人虐殺 | Е-ая автоно́мная о́бласть ユダヤ自治州 (州都 Биробиджа́н); 極東連邦管区

**евре́йство**〔中1〕①《集合》ユダヤ人 ②ユダヤ民族

*__е́вро__ [不変]〔男〕 (euro) ユーロ(通貨単位, €): обме́нный курс ~ ユーロ為替相場

**е́вро(-)**〔語形成〕「ヨーロッパの」

**евровалю́та**〔女1〕〔金融〕ユーロカレンシー

**Еврови́дение**〔中5〕欧州放送連合, その放送; 連年主催国際歌唱コンテスト(Ко́нкурс пе́сни ~; ESC (Eurovision Song Contest); 第1回は1956年春にスイスのルガーノ)

**Еврозо́на**〔女1〕ユーロ圏

**Евромайда́н**〔男1〕ユーロマイダン(ウクライナで2013年11月に起きた反政府デモ)

*__Евро́п|а__〔ɪevrópa〕〔女1〕〔Europe〕①ヨーロッパ, 欧州: путеше́ствовать по -е ヨーロッパを旅行する ②〔話〕西欧 ◆окно́ в -у〔文〕ヨーロッパへの窓 (サンクトペテルブルクの別名) ■ Сове́т Евро́пы 欧州評議会

**Европарла́мент**〔男1〕欧州議会

*__европе́|ец__, -е́йца〔男3〕/ **-йка** 複生 -е́ек〔女2〕〔European〕ヨーロッパ人

**европеиза́ция**〔女9〕西欧化

**европеизи́ровать** -рую, -руешь 受 過 -анный [不完・完]〔他〕西欧化する

*__европе́йск|ий__〔形3〕〔European〕①ヨーロッパ(人)の: -ие страны́ ヨーロッパ諸国 | -ая часть Росси́и ヨーロッパ・ロシア ②ヨーロッパ的な, 西欧の: -ое образова́ние 西欧の教養 | -ая систе́ма образова́ния 西欧の教育体系

**европео́идн|ый**〔形1〕①白色人種の, 白人の: -ая ра́са 白色人種 ②〚~〔男名〕/-ая〔女名〕〛白色人種の人, 白人

**ЕС**〔ɪeɛs〕《略》欧州連合, EU (по EC)

**еврорембо́нт**〔男1〕(部屋などを)西欧風に修理[改装]すること

**евроскеп́тик**〔男2〕欧州統合懐疑論の人

**Евросою́з**〔男1〕〔European Union〕EU, 欧州連合 (Европе́йский сою́з)

**еста́хиев**〔形10〕: -а труба́〔解〕耳管, エウスタキオ管

**Евфра́т**〔男1〕ユーフラテス川

**евхари́стия**〔女9〕《正教》聖体機密;《プロテ》聖餐式;《カトリ》聖体, 聖体秘儀 **// евхаристи́ческ|ий**〔形3〕: -ая моли́тва = евхари́стия

**е́герь** 複 -я́〔男5〕①狩猟官 ②〚旧〕雇われ猟師 ③猟騎兵

**Еги́пет**, -пта〔男1〕エジプト(首都は Каи́р) **// еги́петский**〔形3〕エジプト(人)の

**египтоло́гия**〔女9〕エジプト学

**египтя́н|ин** 複 -я́не, -я́н〔男10〕/ **-ка** 複生 -нок〔女2〕エジプト人

**его́** [в]〔ɪevó〕 ①〔代〕〔所有〕(★он, оно́ に対応する所有代名詞; 変化しない)〔his, its〕彼の, それの(★→свой〚語法〛): ~ оте́ц [мать, письмо́, ве́щи] 彼の父[母, 手紙, 所持品] | Я позвоню́ ~ сестре́. 彼のお姉さんに電話してみます ②〔代〕〔人称〕〔男・中性; 生・対格〕← он ◆по ~〔話〕(1)彼の意向[望み]で (2)彼のする通り

**егоза́**〔女1〕変化に富む, 片時もじっとしておれない人(通例子ども)

**егози́ть** -ожу́, -ози́шь〔不完〕〔話〕①せかせかと落ち着きなく振る舞う ②〚пе́ред 造〛おべっかを使う

**егозли́вый** 短 -и́в〔形1〕〔話〕せかせかした, 落ち着きのない

**Его́р**〔男1〕エゴール(男性名; Гео́ргий の民衆形; 愛称 Жо́ра, Го́ша)

**Его́рий**〔形9〕 < Его́р;《正教》聖ゲオルギイの ■ ~ день = Его́рьев [Ю́рьев] день〔暦〕聖ゲオルギイの祝日 (年に2回) | ~ ве́шний [тёплый]〔暦〕春の聖ゲオルギイの日 (5月6日[旧暦4月23日]; 放牧を始める日) | ~ зи́мний [осе́нний, холо́дный]〔暦〕冬の聖ゲオルギイの日 (12月9日[旧暦11月26日]; その年の農作業の最終日; 農奴 (19世紀頃) はこの祝日の前後1週間住み替えができた)

**ЕГЭ**〔ɪegɛ́〕《略》Еди́ный госуда́рственный экза́мен (高校卒業資格の)統一国家試験

*__еда́__〔ɪedá〕〔女1〕〔meal, food〕①食べること, 食事: во вре́мя -ы́ 食事の時に | Мо́йте ру́ки пе́ред -о́й 食

**еда́ть** (過去形のみ) [不完] [多回] [<есть¹] 食べる

**едва́** [イドヴァー] 〔hardly〕 **I** [副] ① 辛うじて, やっと, どうにか: Он ~ стоя́л. 彼は立っているのがやっとだった | Я ~ успе́л на экза́мен. 私は辛うじて試験に間に合った ② かすかに, わずかに: ~ освещённая ко́мната かすかに明かりのともった部屋 | Он ~ жив. 彼は虫の息だ ③ …したばかりで: Ей ~ испо́лнилось два́дцать лет. 彼女は20歳になったばかりだ

**II** [接] ① ~ то́лько, ~ лишьの形でも …するやいなや: Е~ мы вы́шли на у́лицу, как пошёл дождь. 私たちが外へ出たとたんに, 雨が降り出した

◆ **~ ли** おそらく…ないだろう: Е~ ли он придёт ско́ро. おそらく彼はすぐには来ないだろう | **~ ли не** たぶん…だろう: Э́та кни́га ~ ли не са́мая интере́сная. おそらくこの本が一番面白いだろう | **~ не** もう少しで, あやうく …するところで: Мы ~ не опозда́ли на по́езд. 私たちもあやうく列車に遅れるところだった

**едва̀-едва́** [副] [強意] = едва́

**е́дешь** [2単現]<е́хать

**еди́м** [1複現]<есть¹

**едине́ние** [中5] [雅] 団結, 同盟, 結合, 統一: ~ церкве́й 教会の統合

*****еди́ни|ца** [イディーニッァ] [女3] 〔one, unit〕 ① (数字の) 1 ②《旧》① の位の数, 一桁の数: сложи́ть ~ы 一桁の数を足す ③ 1点 (学校の5段階評価の最低): ★→хорошо́ [参考]: Он получи́л ~у по арифме́тике. 彼は算数で1を取った ④ (数量などの) 単位: ~ измере́ния 計測単位 | ~ длины́ 長さの単位 | де́нежная ~ 通貨単位 ⑤ (組織などの中の) 部分, 単位; (同類のグループの中の) 一員, 一個: боевы́е ~ы фло́та 艦隊の戦闘単位 ⑥ [複] 少数の人[物]: Таки́х люде́й ~ы. そんな人たちはほんのひと握りだ ⑦ [言] 単位: **~ хране́ния** (古文書などひとまとまりの資料の) 番号, ID (略 ед. хр.): **В музе́е ты́сячи едини́ц хране́ния.** その博物館には数千点が所蔵されている

**едини́чн|ый** 短 -чен, -чна [形1] ① ただ1つだけの, 唯一の: ~ приме́р на ~ое явле́ние 個々の, 個別的な, ごくわずかの: ~ые фа́кты 個々の事実 | ~ые экземпля́ры ごくわずかな見本 ② 単位の: ~ вес 単位重量 ④ -ое [中5] [哲] 個別的 (↔всеобщее, особенное) **//-ость** [女10]

**едино..** [語形成] 「1つの」「単一の」「一回の」「単独の」「同一の」

**единобо́жие** [中5] [文] 一神教 (монотеи́зм; ↔многобо́жие)

**единобо́рств|о** [中5] 一騎討ち: вы́йти на ~ 一騎討ちに出る | восто́чные -а 徒手格闘技, 護身術 (合気道, 柔道など) | спорти́вные ~а 一対一のスポーツ試合 (ボクシング, フェンシングなど) | вступи́ть в ~ с кем …と一騎討ちする

**единобра́чие** [中5] 一夫一妻制 (монога́мия)

**единове́р|ец** [男3]/-**ка** 複生-рок [女2] [文] 同じ宗教[宗派]の信者 **//-ческий** [形3]

**единове́рие** [中5] [文] 同じ宗教[宗旨]を信奉すること **//-ный** [形1]

**единовла́стие** [中5] 独裁, 専制 (↔многовла́стие) **// единовла́стн|ый** [сн] [形1]: -ое правле́ние 独裁

**единовре́менн|ый** 短 -енен, -енна [形1] ① 一回だけの, 臨時の: -ое посо́бие 一時手当金 ② 同時的な (одновре́менный) **//-о** [副]

**единогла́сие** [中5] 満場一致: прийти́ к ~ию 満場一致する

*****единогла́сн|ый** 短 -сен, -сна [形1] 満場一致の, 全会一致の: -ое мне́ние 一致した意見 | -ое избра́ние 満場一致での選出 **// единогла́сно** [副]: при́нято ~ 満場一致で採択される

**еди́нодержа́в|ие** [中5] [旧] 君主制, 独裁 **// -ный** [形1]

**единоду́шие** [中5] (意見・感情などの) 一致, 合意

**единоду́шн|ый** 短 -шен, -шна [形1] 一致した, 全員一致の, 満場一致の: ~ое пожела́ние みんなの一致した願い **// единоду́шно** [副]: ~ согласи́ться 全員一致で同意する

**еди́ножды** [副] [旧] 一回, 一度 (одна́жды)

**единоже́нство** [中1] 一妻多義

**единокро́вн|ый** 短 -вен, -вна [形1] ① 異母の, 腹違いの: -ые бра́тья 異母兄弟 ② 同種族の: -ые наро́ды 同種族 **// единокро́вие** [中5]

**единоли́чни|к** [男2]/-**ца** [女3] 個人農, 個人経営農民

**единоли́чн|ый** [形1] 単独で行われる: -ое реше́ние 単独決定 | -ое крестья́нское хозя́йство [露史] (1917-30年代後半の) 個人農業 (хозя́йство единоли́чника) **//-ость** [女10]

**единомы́слие** [中5] [文] 同意見, 意見の一致

**единомы́шленни|к** [男2]/-**ца** [女3] ① 同思想[意見, 信念]の人, 同志 ② 仲間, 共謀者

**единонасле́дие** [中5] [法] 長子相続権 (制)

**единонача́л|ие** [中5] [旧] (企業などで) 単独責任制, ワンマン制: при́нцип ~ия 単独責任の原則

**единообра́зн|ый** 短 -зен, -зна [形1] ① [文] 均一の, 画一的な: -ая систе́ма отчётности 画一的な会計制度 ② [旧] 単調な (однообра́зный): ~ пейза́ж 単調な風景 **// единообра́зие** [中5] 均一性, 画一性

**единопле́менни|к** [男2]/-**ца** [女3] [雅] 同種族 [同民族] の人 (соплеме́нник) **//-ческий** [形3]

**единопле́менный** [形1] 同種族の, 同民族の

**единоро́г** [男2] ① [動] イッカク ② 一角獣; **Е~** [天] 一角獣座 ③ 三角砲

**единоро́сс** [男1] [政] 統一ロシア (Еди́ная Росси́я) 党員

**единоро́дный** [形1] [旧] (息子・娘が) 一人っ子の

**единоутро́бный** [形1] 異父の, 胤 (たね) 違いの: ~ брат 胤違いの兄[弟]

*****еди́нственно** [only] ① [副] ただ1つ, 唯一: ~ возмо́жный спо́соб 唯一可能な手段 ② [助] ただ, …だけに: Э́тим мы обя́заны ~ ему́. これはひとえに彼のおかげだ

*****еди́нственн|ый** [イディーンストヴィンヌイ] 短 -ен/-енен, -енна [形1] 〔only, sole〕 ① 唯一の, ただ1つ[1人]の: ~ сын 一人息子 | ~ое исключе́ние 唯一の例外 | Э́то ~ вы́ход из положе́ния. これがこの状態から抜け出す唯一の方策だ ②〔名詞の複数形と共に〕この例のこれ1つの, これ限りの: -ые свиде́тели катастро́фы 大事故の無二の証人 ③ 比類ない, 無比の: ~ в своём ро́де たぐいまれな ◆**еди́н~ чи́сло** ■-ое **число́** [文法] 単数 **//-ость** [女10] < ③

*****еди́нств|о** [イディーンストヴァ] [中1] 〔unity〕 ① 統一, 団結, 一体性: ~ на́ции 民族の団結 | В па́ртии нет ~а. 党は結束していない ② 一致, 共通性: ~ взгля́дов 見解の一致 | прийти́ к ~у 考えが一致する ③ 不可分性, 結合: ~ тео́рии и пра́ктики 理論と実践の統一 ④ 集中: ~ руково́дства организа́цией 組織の管理の集中 ■ **День наро́дного ~а** 民族統一の日 (11月4日)

*****еди́н|ый** [イディーヌイ] 短 -и́н [形1] 〔united, common, single〕 ① 統一された, 不可分の, 一体となった: ~ фронт 統一戦線 | Они́ составля́ют -ое це́лое. それらは不可分の一体を成している ② 共通の, 同一の: ~ (проездно́й) биле́т (全ての公共交通機関で使える) 共通フリーパス | -ая цель 共通の目的 | -ое окно́ ワ

**ей**

нстопсервис(必要な手続きを一か所でまとめて行えるサービス) : Он не сказа́л ни -*ого* сло́ва. 彼は一言も発しなかった ◆всё до -*ого* 1人残らず, 最後の1人まで | всё -*о* どうでも構わない, 同じことだ

■ -*ая* Росси́я [政]統一ロシア(政党名) | ~ госуда́рственный экза́мен (高校卒業資格の)統一テスト(略ЕГЭ)

**еди́те** [2複現]<есть¹

*\***е́дк|ий** [形3] ①腐食性の, 腐食性の: -*ая* кислота́ 腐食性の酸 | ~ на́трギ苛性ソーダ ②刺激性の, ぴりぴりする: ~ за́пах つんとくる臭い ③《感情などが》激しい, *-ое* чу́вство несправедли́вости チクチク感じる不当感 ④辛辣な, 毒のある: -*ая* шу́тка 辛辣なしゃれ **//-о** [副] <②-④ **//-ость** [女1]

**едо́к** -*а́* [男2] ①《公》(食糧配給・消費の単位としての)1人: распредели́ть по -*а́м* 一人ひとりに配給する | семья́ из пяти́ -*о́в* в семье́ пять -*о́в* 5人家族 ②《俗》食べる人: сто́лик на четверы́х -*о́в* 4人掛けの食卓 | Не кра́сен обе́д пирога́ми, кра́сен -*а́ми* 《諺》食事は料理ではなくそれを食べてくれる人で楽しくなる

**е́ду** [1単現]<е́хать

**еду́н** -*а́* [男1] ①《話・戯》食欲: На ☒ ~ напа́л.《戯》…に食欲がわいてきた ②[/-ья 複性 -ий [女8]=ва́ва-

**ед. хр.** [略]едини́ца хране́ния (展示で)…点;(資料の)番号, ID

**ед.ч.** [略]еди́нственное число́ 単数

**е́дче** [比較]<е́дкий, е́дко

**едя́т** [3複現]<есть¹

*\****её** [йо-] ①[代][所有] ☒ она́ に対応する所有代名詞; 変化しない)(her, its) 彼女の, それの(★~свой[慣法]): ~ оте́ц, письмо́, ве́щи彼女の父[母, 手紙, 所持品] | Я не зна́ю о ~ рабо́те. 私は彼女の仕事のことは何も知らない ②[代][人称][女性;生・対格]<он ◆по-~ (☒)①彼女のように ②彼女の望むとおりに

**ёж** ежа́ [男4] [動]ハリネズミ: обыкнове́нный ёж ヨーロッパハリネズミ **//(и) понятно́, что ...** …ということは全く明らかだ | **ежо́м** (髪などが)逆立っている ■морско́й ёж [生]ウニ **//ежо́вый** [形1]; **ежо́в|ый** [形1]; -*ые* (鍼)ハリネズミ科

**еже-** [語形成] 毎: ежеве́чне 毎晩の

**ежеви́ка** [女2] [植]ブラックベリー, デューベリー **//ежеви́чный** [形1]

**ежеви́чник** [男2] [集合]ブラックベリーの茂み

**ежего́дник** [男2]年1回の刊行物;年報, 年鑑: статисти́ческий ~ 統計年鑑

*\****ежего́дно** [副] [annually, yearly] 毎年, 年1回に: издава́ть ~ 毎年刊行する

*\****ежего́дный** [形1] [annual, yearly] 毎年, 年1回の: ~ отчёт 年次報告

**ежеде́вник** [男2]手帳(システム)手帳

**ежедне́вно** [副] [daily, everyday] 毎日: занима́ться ~ 毎日勉強している

*\****ежедне́вный** [イジドニェーヴヌィイ] [形1] [daily, everyday] 毎日の: -*ые* трениро́вки 毎日のトレーニング ②日々の物事: -*ые* забо́ты 日々の厄介事 | наря́д -*ая* оде́жда 平服 **//-ость** [女10]

**ежекварта́льник** [男2]季刊誌

**ежекварта́льный** [形1]年4回の, 四半期ごとの

**е́жели** [接] [旧・俗] =е́сли

**ежеме́сячник** [男2] 月刊誌

**ежеме́сячно** [副]毎月, 月1回

*\****ежеме́сячн|ый** [形1] [monthly] 毎月の, 月1回の: -*ое* посо́бие 毎月の手当

**ежемину́тн|ый** [形1; -*тен*, -*тна*] [形1]毎分の, 1分ごと

の, とても頻繁な, 絶え間ない: -*ые* напомина́ния 絶え間ない催促 **//-о** [副]

**еженеде́льник** [男2] 週報, 週刊雑誌, 週刊出版物

**еженеде́льно** [副] 毎週, 週1回

*\****еженеде́льн|ый** [形1] [weekly] 毎週の, 週1回の: ~ журна́л 週刊誌

**ежено́щный** [形1] [旧・文]毎晩の

**ежесеку́ндн|ый** [形1]毎秒の, 非常に頻繁な: -*ые* замеча́ния ひっきりなしの注意

**ежесу́точный** [形1]毎日の

**ежеча́сный** [形1]毎時間の

**ёжик** [男2]《指小・愛称》<ёж ②《若者》クルーカット **//стри́чься ~ом** 短い角刈り[クルーカット]にする ■**Ё-в тума́не** 霧の中のハリネズミ(Ю. Норштейн監督のアニメーション作品; 1975年)

**ёжиться** ёжусь, ёжишься [不完] ①寒さで身を縮める; (恐怖などで)畏縮する ②《若者》腹を立てる, 神経質になる

**ежи́ха** [女2] [動]雌のハリネズミ

**ежо́вщина** [女1] [歴史]エジョフ体制(内務人民委員 Ежо́в による1937-38年の大粛清)

*\****езда́** [女1] [riding, driving] ①乗り物に乗って行くこと, 乗り物で: ~ на маши́не 車に乗って行くこと, ドライブ | верхова́я ~ 騎行 ②《時を示す名詞を共に)乗り物で…の道のり: До вокза́ла де́сять мину́т -*ы́* на трамва́е. 駅までは路面電車で10分だ

*\****е́здить** [イェーズヂチ] е́зжу, е́здишь, ... е́здят 命езди [不完] [不定] <def **е́хать**) [go in/on a vehicle] ①《反復して・不定方向に》(乗り物で) 行く, 来る, 乗ってまわる, (乗り物で)通う: Вчера́ мы -*е́здили* по го́роду на маши́не. 昨日は私たちは車で町中を走りまわった | ~ е́здит на рабо́ту на метро́. 彼は地下鉄で仕事に通っている ②《反復して・不定方向に》(乗り物が)行く, 来る, 走りまわる. На э́той у́лице день и ночь е́здят маши́ны. この通りは昼も夜も車が通る

③ (乗り物で)行って来る, 訪れる: ~ в го́сти お客に行って | Э́тим ле́том она́ е́здила на ро́дину. この夏彼女は帰省してきた

④ (乗り物に)乗れる, 運転できる: Ма́льчик хорошо́ е́здит на велосипе́де. その男の子は自転車に上手に乗れる ⑤ [話] (固定されずに)動く, すべる: От ка́чки чемода́ны е́здят взад и вперёд. 揺れのためスーツケースが前後に動いている

◆~ (верхо́м) на ⓓ …を思いのままにする, 〈人を〉利用する: Он е́здит на свои́х подчинённых. 彼は自分の部下を意のままにしている

**е́здк|а** 複性 -*док* [女2] 《俗》(荷物・乗客などの)一回の運送: перевезти́ зерно́ в две -*и* 穀物を2回に分けて運ぶ

**ездов|о́й** [形1] ①乗行の, 乗行用の: -*ы́е* са́ни 乗行用のそり ②役獣(車につながれて運送に利用される動物)の: -*а́я* соба́ка 荷車用の犬 ③[男名]荷車を引く馬を御する兵隊

**ездо́к** -*а́* [男1] ①乗行者(運転手と乗客): запозда́лый ~ 遅参の乗行者 ②《述語》乗行が得意な人: -*на* велосипе́де 優秀なサイクリスト ◆не ~ куда́-л. 《俗》…へ行きたく[来たく]ない, 行くまい[来まい]: Он к тебе́ бо́льше не ~. 彼は君のところには来ない

**ежа́ть** [不完] [多回] <е́здить

**ёзжен|ый** [ж] [形1] 《俗》乗り慣らされた: -*ая* ло́шадь 乗り慣らされた馬 | -*ая* доро́га 乗り物が頻繁に通る跡のある道 ②《俗》[述語] (乗り物で) 行かなければならない: По э́тим доро́гам -*ено-*переъ́ежено. この道を何度も通わなければならない

**е́зживать** [不完] [多回] <е́здить

**е́зжу** [1単現] <е́здить

**ей** [女性; 与・造格] <он

**ей-бо́гу** [間]《旧・俗》神に誓って, 本当に

**ей-е́й** [間]《俗》= ей-бо́гу

**ей-же-е́й** [間]《俗》= ей-бо́гу ◆ ~ *не вру́* 本当だ, 嘘じゃない

**Екатери́на** [女1] エカチェリーナ (女性名; 愛称 Ка́тя, Катю́ша; 卑称 Ка́тька). ■ ~ II (втора́я) エカチェリーナ2世 (1729-96; ウラル連邦管区); ドイツ出身, 夫はピョートル3世; 啓蒙君主).

**Екатеринбу́рг** [男2] エカチェリンブルク (スヴェルドロフスク州の州都; ウラル連邦管区) // **екатеринбу́ргск|ий** [pc/ркс] [形3] : ~-ое вре́мя エカチェリンブルク時間 (UTC+6)

**ёка|ть** [不完] / **ёкну|ть** -ну, -нешь 命 -ни [完] ① しゃっくりに似た音を出す ② 心臓が止まるほど狼狽えた, ドキドキする : Се́рдце ~нуло. 心臓が飛び出しそうだった

**Екклесиа́ст** [男1]《キリスト》(旧約聖書中の) コヘレト : кни́га ~а コヘレトへの言葉, 伝道の書

**ектенья́** 複生 -ий [女8], **ектени́я** 複生 -ий [女9]《正教》(死者への) 連禱;(信者を代表して輔祭や司祭が奉献式で発する一連の祈り) : Вели́кая ~ 大連禱

**ёл** [過去・男] < **есть**[1]

**éле** [エーレ] [副] 〔hardly, scarcely〕① やっと, 辛うじて : Мы ~ дошли́. 私たちはやっとのことでたどり着いた ② かすかに, わずかに : Он ~ ды́шит. 彼は虫の息だ

**éле-éле** [副]《éлеを強めて》やっとのことで, どうにかこうにか, 辛うじて ◆ ~ *душа́ в те́ле*《俗》やっと「なんとか」生きている

**еле́й** [男6]《正教》聖膏 (祈禱に用いる) 用の聖油 (オリーブ油) : пома́зать ~ем 塗油

**еле́йн|ый** [形1] < еле́й ② 機嫌を取るような, 甘ったるい : -ое выраже́ние лица́ 媚びるような顔色 // **~ость** [女10]

**Еле́на** [女1] エレーナ (女性名; 愛称 Ле́на; 卑称 Ле́нка)

**елеосвяще́ние** [中5]《正教》聖傳機密, 塗油式 : исполня́ть ~ 聖傳機密を行う

**Елизаве́та** [女1] エリザヴェータ (女性名; 愛称 Ли́за)

**ели́ко** [副] = ско́лько : ~ возмо́жно《旧・戯》できるだけ, 力の及ぶ限り

**елисе́йский** [形3] エリジャ [エリゼ] (Елисе́й)の : ~ дворе́ц (パリの) エリゼ宮 (フランス大統領官邸)

**ёлк|а** [ヨールカ] 複生 -лок [女2] 〔fir tree, Christmas tree〕① ⇒ ель ② ヨールカ (新年やクリスマスを迎えるために立てる装飾を施したトウヒ ель の木) : Нового́дняя [Рожде́ственская] ~ 新年 [クリスマス] のヨールカ : укра́сить ~у ヨールカを飾る : зажечь ~у ヨールカに点灯する (新年とクリスマスのヨールカ祭り) : Вчера́ мы бы́ли на -е. きのうぼくたちはヨールカ祭りに行ってきた ◆ ~-*па́лки* = ~-*зелёные* = ~-*мота́лки*《俗》(喜び・怒り・興奮) なんてこった

**ело́в|ый** [形1] < ель : ~ лес トウヒ [エゾマツ] 林 : -ая ши́шка トウヒ [エゾマツ] の球果

**ело́зи|ть** -о́жу, -о́зишь [不完]《俗》這う, あちらこちら動き回る : ~ по полу́ 床を這う

**ёлочк|а** 複生 -чек [女2] 〔指小・愛称〕< ёлка ①②: Гори́, ~! = Ё~, зажги́сь! 燃えろ [光り出せ], ヨールカよ (ツリー点灯時の掛け声) ② (模様で) ヘリンボーン

**ёлочный** [形1] ヨールカの; ヨールカ祭りの

*** ель** [女1] 〔fir tree〕 【植】 トウヒ, エゾマツ, ハリモミ (マツ科トウヒ属の総称) : голуба́я ~ アメリカハリモミ // **е́левый** [形1]

**е́льни|к** [男2] ① ель の林 ② 〔集合〕切り落とされた ель の枝 // **~чный** [形1]

**Е́льцин** [男姓] エリツィン (Бори́с Никола́евич ~, 1931-2007; 政治家; ロシア連邦初代大統領 (1991-99))

**ём** [1単現] < **есть**[1]

**Емелья́ненко** (不変) [男] エメリヤーネンコ (Фёдор Влади́мирович ~, 1976- ; サンボ選手, 総合格闘家; 日本でのリングネームはエミリヤーエンコ・ヒョードル).

**еме́л|я** 《сл多変化》 [男]《俗》おしゃべりな人

**ёмкий** 短 ёмок, ёмка 比 ёмче [形3] ① たくさん入る ② 内容が豊かな

*** ёмкост|ь** [女10] 〔capacity, cubic〕① 容量, 容積 : Ё~ цисте́рны четы́реста ли́тров. タンクの容量は400リットルだ ② 内容が豊かなこと ③ 〔複〕 容器, タンク : -и для пищевы́х проду́ктов 食料品用容器

**ё-моё** [間]《俗》《罵り・怒り》この野郎!; あーあ

**ему́** [男・中性; 与格] < **о́н**

**ёмче** [比較] < **ёмкий**

**ендова́** [女1] ①《露史》(中世の) 片口 (銅製) ②【建】屋根の継ぎ目

**Енисе́й** [男6] エニセイ川 // **е~ский** [形3]

**ено́т** [男1]【動】アライグマ; その毛皮 // **ено́то́в|ый** [形1] : -*ые* [複名] アライグマ科

**епанча́** 複生 -че́й [女4]《露史》(中世の) フード付きマント (男性); (後に) 毛皮のクローク (女性用) // **~ о́вый** [形1]

**епа́рхи|я** [女8]《正教》大主教 [府主教] 管轄区域 : Э́то уже́ не по друго́й ~-ии.《俗》それはもう私の領分じゃない // **~иа́льный** [形1]

*** епи́скоп** [男1] 〔bishop〕《正教・カトリ》司教, 《聖公会・英国国教会》主教 // **~ский** [形3]

**епископство** [中1] 主教 [司教, 監督] の職 [地位]

**епитимь|я́** 複生 -и́й [女8]《正教・カトリ》懲戒 (破戒者に対する教会の罰) : наложи́ть ~ю́ 破戒者を罰する

**ер** [男1] 《旧》イェル (ъ の古い名前)

**ЕР** [イェエール] 〔略〕Еди́ная Росси́я 統一ロシア (政党名)

**ерала́ш** [男4] ①《俗》無秩序, 混乱 : устро́ить ~ 混乱をもたらす, ごたごたにする ② 昔のトランプ遊びの一種 // **~ный** [形1] < ②

**Ерева́н** [男1] エレヴァン (アルメニアの首都)

**ерепе́ни|ться** -нюсь, -нишься [不完] / **взъ~** [完]〔不完また **взъеро́шиваться**〕《俗》〔図〕小うるさくする, 強情を張る

**е́рес|ь** [女10] ① 宗教的異端, 邪教 : впасть в ~ 異端に陥る ② 異説, 邪論 ③《俗》嘘, ばかげたこと : Что ́~! ~! いったいばかげたことだ! | нести́ [говори́ть] ~ ばかげたことを言う

**ерети́|к** -á [男2] / **-чка** 複生 -чек [女2] 異端者, 異教徒; 異説を唱える人

**ерети́ческ|ий** [形3] < е́ресь① ②: -*ие* ре́чи 異説 ② < ерети́к

**ёрзать** [不完]《話》そわそわする

**ермо́лка** 複生 -лок [女2] (ユダヤ人男性がかぶる) キッパー

**еро́шить** -шу, -шишь 受過 -шенный [不完] / **взъ~** [完]〔不完また **взъеро́шивать**〕《俗》〔図〕頭髪などをかきまじらす, くしゃくしゃにする ;(動物が) 〔毛を〕逆立てる // **~ся** [不完] (頭髪・毛などが) 逆立つ

*** ерунд|а́** [女1] 〔nonsense, rubbish〕《話》① ばかげたこと, 戯言 : моло́ть вся́кую ~у́ ありとあらゆる無駄口を叩く ② 取るに足らないこと : Си́льно поре́зался? — Е~! 「ひどい切り傷をしたのか」「大したことないさ」// **~о́вский** [形3]《話》= ерунди́стый

**ерундо́в|ый** [形1]《話》ばかげた, くだらない : ~ вопро́с くだらない [取るに足らない] 質問 | -*ая* цара́пина 大したことのないかすり傷

**ёрш** [男1] ①【魚】スズキ科ペルカ科 (ラフなど) ②《話》ウォッカとビールを混ぜた飲料

**ерши́стый** 短 -и́ст [形1]《俗》① (頭髪が) 逆立っている ② 強情な // **~ость** [女10]

**ерши́ться** -шу́сь, -ши́шься [不完] / **взъ~** [完]

《俗》激昂する, かっとなる

**ерь** [男5] 《旧》イェリ (文字 ь の名前)

**ЕС** [イェエース] 《不変》[男] EU, 欧州連合 (Европе́йский сою́з) **‖ЕСовский** [イェエーサフスキイ] [形3]

**есау́л** [イェサウール] [男] (コサック集団の) 副長, 副官; (ロシア帝国陸軍の) コサック一等大尉

**Есе́нин** [男姓] エセーニン (Серге́й Алекса́ндрович ～, 1895-1925; 詩人)

**еси́** →**гой**

*е́сли** [イェースリ] [接] {if} ① (現実的な条件・仮定) もし…ならば, 仮に…とすれば: Е́～ за́втра бу́дет до́ждь, я бу́ду чита́ть до́ма. あした雨なら, 私は家で読書します ｜ ～ мо́жно та́к сказа́ть こう言ってよければ ② (助詞 бы と共に) (事実に反する仮定) もし…であっ[あった]ならば: Е́～ бы вы пришли́ вчера́, то́ вы бы заста́ли меня́ до́ма. きのういらっしゃれば, 家でお会いできたのですが ｜ Е́～ бы она́ зна́ла об э́том, она́ могла́ бы на́м оказа́ть большу́ю по́мощь. もし彼女はそのことを知っていたら, 私たちを大いに助けてくれるはずだ ③ (理由・根拠) …するからには, …とすれば: На́до слу́шаться, ～ у́ж вра́ч предписа́л поко́й. 医者が安静と言ったのだから, その通りにしなければならない ④ (通例接続詞 и, または и と共に) 《強調》もし…とすれば: А ～ кто и винова́т в случи́вшемся, то́ то́лько о́н оди́н. 起こったことに対して誰かが責めを負うべきであるなら, それは彼１人だ ⑤ (対比) …であるのに対して ｜ Е́～ брусни́ка растё́т в сыры́х места́х, то́ земляни́ка предпочита́ет со́лнечные места́. コケモモは湿った場所で生育するのに対し, オランダイチゴは日当たりのよい場所を好む ⑥ (助詞 и, же, да́же と共に) 《譲歩》たとえ…としても: Е́～ она́ и была́ та́м, то́ я её не ви́дел. たとえ彼女がそこにいたとしても, 私は彼女に会わなかった ⑦ (助詞 бы と共に, 通例間投詞 ах または то́ を伴って) 《強い願望》…すればいいのに, …してほしいものだ: Ах, ～ бы у́тро скоре́е наступи́ло! ああ, 早く朝にならないかな ｜ Е́～ бы ты́ была́ ря́дом! 君がそばにいてくれたらなあ ◆**(а) ～ что́...** もしも…としたら: **А что́, ～ на Ма́рсе е́сть жи́знь?** もし火星に生物が存在していたらどうする ｜ ～ **бы да кабы́** 《話・戯》もしもでは何にもならない (実現が望み薄なのを皮肉る表現) ｜ ～ **бы [б] не ...** もし…がなかったら ｜ ～ **(и) не ..., то́ [та́к] ...** でないとしても, しかし… ｜ **Ве́щь, ～ не дорога́я, но́ хоро́шая.** この品物は高価なものではないが, よいものだ ｜ ～ **то́лько** …さえすれば ｜ ～ **хоти́те [хо́чешь, уго́дно]** (挿入) …かもしれないが, (そう言ってもよければ) …と言ってもよい ｜ ～ **что́** 何かあれば, 困った時は: Е～ что́, позвони́ мне. 何かあったら電話ちょうだい

**Ессентуки́** -о́в [複] ①エセントゥキ (カフカス山脈の鉱泉水産地) ② е～ エセントゥキの鉱泉

**ест** [3単現] ←**е́сть¹**

*есте́ственни|к** [男2] **-ца** [女3] 自然科学者, 自然科学系の学生

*есте́ственно** [イスチェーストヴィンナ] [副] {naturally} ① 自然に, 正常に, いつものように {vesti сebé} ～ 自然に振る舞う ② [無人述] 当然だ, 当たり前だ: Э́то вполне́ ～. それは全く当然だ ｜ ～, что́ ... ～ のは当然だ ③ (挿入) 当然, もちろん: Я́, ～, отказа́лся. もちろん私は断った

*есте́ственн|ый** [イスチェーストヴィンヌイ] 短 -ен/-енен, -енна [形1] {natural} ① (長尾) 自然の, 自然界に属する; 自然研究に関する: -ые бога́тства страны́ 国の天然資源 ｜ -ые нау́ки 自然科学 ｜ -ые зако́ны 自然法則による: -ая сме́рть 自然死 ｜ ～ отбо́р 自然淘汰 ② (長尾) 自然のままの, 天然の: ～ цве́т 自然色 ③ 当然の, 当然な: ～ вы́вод 当然の帰結 ｜ Э́то ～ хо́д веще́й. それは自然の成り行きだ

⑤ いつもの, 自然な, わざとらしくない: ～ же́ст 自然な身振り **‖-ость** [女10] <②-⑤>

**естество́** [中1] 《旧》① 本質 ② = приро́да

**естествозна́ние** [中5] 自然科学

**естествоиспыта́тель** [男2]**/~ница** [女3] 自然科学者, 自然研究者, 博物学者 **‖-ский** [形3]

*е́сть¹** [イェースチ] ём, ешь, е́ст, еди́м, еди́те, едя́т, пов ешь 過 е́л 能現 едя́щий 能過 е́вший 副受 е́в/ши [不完] / **съе́сть** [スイェースチ] 受過 съе́денный [完] {eat, corrode} 《飲》① (完まで **по-**) 食べる, 食う: (不完) 食事にする: ～ мя́со 肉を食べる ｜ ～ бо́рщ ло́жкой ボルシチをスプーンで食べる ｜ Мне́ хо́чется ～. 私はお腹がすいている ｜ не е́вши 食べずに, 飲まず食わずで ｜ Он не е́ст сыро́го. 彼は生ものを食べない

② (注) 虫が刺す, 噛む; 食う: Ле́том скоти́ну едя́т слепни́. 夏にはアブが家畜を刺す

③ (ネズミ・虫などが) かじる, 食う: Мо́ль е́ст ме́х. 毛皮がシミに食われた

④ 腐食する: Ржа́вчина е́ст желе́зо. さびが鉄を腐食する

⑤ (不完) (煙・匂いなどが) ひりひりさせる, 染みる: Лу́к е́ст глаза́. タマネギが目に染みる

⑥ (不完) 《話》(病気・心配事などが) 苦しめる, 悩ます: Тоска́ е́ст се́рдце. 憂愁が胸を苦しめる ｜ ～ поде́лом 《俗》しかって当然だ ｜ ～ **дома́шних** 家の者にがみがみ言う言う, 叱りつける: ～ **дома́шних** 家の者にがみがみ言う
◆～ **глаза́ми** 穴の開くほど見つめる, 見つめ入る ｜ **С про́шлого го́да ничего́ не е́л.** 《話・戯》去年から何も食べていない (映画 «Иро́ния судьбы́» のセリフから) ｜ **С че́м э́то едя́т?** 《話》これはどう料理したらいいんだい ｜ **Съе́л?** 《俗》しくじったか (失敗した人への意地悪な質問)

*е́сть²** [イェースチ] (語法) 本来は быть の 3 人称単数現在形だが, 他の現在変化形が失われたため, 主語の人称・数にかかわらず常にこの形で用いる) {be, there is/are}

① ある, いる, 存在する: Е́～ наде́жда. 希望がある ｜ У него́ ～ вну́ки. 彼には孫がいる ｜ Мне ～ что́ рассказа́ть. 私には話すべきことがある

② (連辞) …である: Что́ ～ и́стина? 真理とは何か ｜ Зако́н ～ зако́н. 法律は法律だ ｜ Жи́знь ～ жи́знь, ～ всё равно́ прекра́сна. あるがままの人生はそれでも十分素晴らしい

◆**Е́～!** 「満足・喜び》やった！; うれしい！ ｜ **Е́～ тако́е де́ло!** 《俗》(1) いいとも, オーケーだ (2) そうだ, その通り ｜ **и ～** (応答で相手の言葉を繰り返して) そうだったか: **Ты чуда́к! — Чуда́к и ～.** 「お前は変わり者だね」 「そうさ, 変わり者さ」 ｜ **како́й ни (на) ～** どんなものでも構わない ｜ **кто́ ни (на) ～** 誰にでも, 誰でも ｜ **са́мый что́ ни (на) ～** 《形容詞と共に》最も ｜ **та́к и ～** {話} 本当にその通りだ

**е́сть³** [間] 《軍》 はいっ: Выполня́йте прика́з! — Е́～! 「命令を遂行せよ」「はいっ」

**ефре́йтор** [男1] 《軍》(ロシア軍で) 上等兵 (兵卒 рядово́й より序列が 1 つ上) **‖-ский** [形3]

*е́хать** [イェーハチ] е́ду, е́дешь, пов поезжа́й (!) езжа́й/е́дь/еха́й) 副учи [不完] [定] [不定 е́здить] {go in/on a vehicle} ① (一定の方向に) 〔乗り物に乗って〕 行く, 来る: ～ на по́езде [по́ездом, тро́йкой] バス[列車, トロイカ] で行く ｜ Куда́ вы е́дете? — Я е́ду в университе́т. 「どこに行くんだい」 「大学へ行くところです」 ｜ Она́ е́хала на рабо́ту на велосипе́де. 彼女は自転車で仕事へ行くところだった ② (乗り物が) 行く, 進む, 走る: Грузови́к е́дет по шоссе́. トラックが幹線道路を走って行く ③ (乗り物で) 旅行する, 行く: ～ за грани́цу 外国へ行く ｜ ～ здесь ездо́ить 無賃乗車 [密乗] する ｜ За́втра мы́ е́дем в Москву́. あす私たちはモスクワへ行く ④ 《話》 ずれる, すべる, ずり落ちる: Ша́пка е́дет на́бок. 帽子が横っちょにずれている ⑤ 《話》《на чём》 乗りものにする, 利用する ◆**да́льше ～ не́куда** 《俗》もうよ

手上げだ, 最悪だ | *Ти́ше е́дешь — да́льше бу́дешь*. 急がば回れ〔諺〕

**ехи́дна** [女1] ①〘動〙ハリモグラ ②〘動〙オーストラリア産のコブラ科の毒ヘビ(чёрные зме́и) ③〘ギゾ〙エキドナ(上半身は美女, 下半身はヘビで背中に翼がある) ④[男・女]〘俗〙毒舌で腹黒い人(ехи́дина)

**ехи́дничать** [不完]/**съ~** [完]〘俗〙毒舌を振るう

**ехи́дн|ый** 短-ден, -дна [形1]〘俗〙毒々しい, 腹黒い: ~ хара́ктер 腹黒い性格 ‖ **ехи́дно** [副]: ~ улыба́ться 棘のある笑みを浮かべる

**ехи́дство** [中] 悪意, 毒舌, 狡獪

**ехи́дц|а** [女3]〘俗〙一抹の意地悪さ: отве́тить с ~ей 意地悪そうに答える

**ЕЦБ** [イェツェベー] (略) Европе́йский центра́льный банк 欧州中央銀行

**ещё** [イッショー]〘still, yet〙 **I** [副] ①さらに, もっと; また, 再び: У меня́ есть ~ оди́н вопро́с. もう1つ質問があります | Да́йте мне ~ ча́шку ко́фе. コーヒーをもう一杯下さい | Наде́юсь, ~ уви́димся. また会えるのを期待しています ②(и, да と共に)そのほか, 加えて: Она́ купи́ла мя́со, ры́бу и ~ фру́кты. 彼女は肉と魚, それから果物を買った | Я не пойду́: уста́л, да ~ и до́ждик. 私は行きません, 疲れているし, おまけに雨だし ③まだ, 今のところ: Она́ ~ молода́. 彼女はまだ若い | Я ~ не был в Росси́и. 私はまだロシアに行ったことがない ④すでに, もう, また: Она́ уе́хала ~ неде́лю наза́д. 彼女はもう1週間前に去った | Е~ издалека́ мы уви́дели мо́ре. まだ遠くから私たちには海が見えた ⑤きっと, まさに: Мы ~ бу́дем жить сча́стливо. 私たちはきっと幸せに暮らせるだろう ⑥(形容詞・副詞の比較級と共に)なおいっそう, さらに: ~ лу́чше さらによく | Она́ ста́ла ~ краси́вее. 彼女はいっそうきれいになった

**II** [助] ①〘疑問代名詞・副詞と共に; 強調〙一体: Где́ ~ нам с э́тим вози́ться! こんなにかかずらっている暇が一体どこにあるんだ! ②(知っている人・物を確認して)ほら: Ты его́ зна́ешь, ~ ры́жий, высо́кий тако́й. 彼を知ってるだろ, ほらあの赤毛の背の高い人だよ

◆ ~ **и** ~ 何度も何度も, 幾度も幾度も | ~ раз 〘話〙〘非難・皮肉〙また, だなんて, …のくせに | **Вот ~!** とんでもない, 嫌だ | **всё ~** 依然として, 相変わらず: Он всё ~ ждёт тебя́. 彼は相変わらず君を待っている | ~ **бы** (1)もちろん, 当然だ: Пойдёшь с на́ми? — Е~ бы! 「私たちと一緒に行くかい?」「もちろんさ」 (2)…とんでもない, …としたらどうする: Е~ бы ты отказа́лся! 断るなんてとんでもない | **Е~ како́й [как]!** 〘話〙大したものだ, 素晴らしい | ~ **ничего́** 〘話〙まだまし, まだ大したことはない | ~ **раз** もう一度 | **Е~ чего́!** 〘話〙とんでもない, 冗談じゃない | **тот ~** 大した, どえらい, とんでもない

**ёшь** [2単現], [命]〘← е́сть¹〙

**ЕЭС** [イェエーエス] (不変) ヨーロッパ経済共同体 (Европе́йское экономи́ческое соо́бщество) ②[女] 統一エネルギーシステム (Еди́ная энергети́ческая систе́ма)

**есо́вский** [形3] EU の(ЕСовский)

# Ж ж

**ж** = же

**Ж** (略) же́нский (туале́т) 女性用(トイレ)

**жа́ба¹** [女1]〘動〙ヒキガエル ◆ ~ *ду́шит [да́вит]* 〘若者〙(1)〘皮肉・蔑〙…はけちだけちてる, みみっちい (2)…は残念に[惜しいと]思う ‖ **-ий** [形9]

**жабо́** (不変) [中]〘服飾〙ジャボ(レース製の胸飾り)

**жа́бр|ы** жабр [複]〔単 **-а** [女1]〕〘動〙鰓(えら)

◆ *взять за* ~ 〘俗〙…の首根っこを押さえる

‖ **жа́берный** [形] *-ое дыха́ние* 〘動〙鰓呼吸

***жа́воронок** -нка [男2]〘lark〙 ①〘鳥〙ヒバリ ②朝型人間, 早起きの人(↔ сова́) ③〘通例複〙〘民俗〙ヒバリの形をしたクッキー(春を呼ぶ儀式で用いる)

**жад** [男1]〘鉱〙翡翠(ひすい)

**жаде́ит** [男1]〘鉱〙翡翠(ひすい)輝石, 硬玉

**жа́дина** [女1変化][男・女]〘話・蔑〙欲張り, けちんぼ

**жа́дничать** [不完]〘話〙欲張る, けちけちする

***жа́дн|ый** [ジャードヌイ] 短-ден, -дна́, -дно, -дны/-дны́ [形1]〘greedy, avid〙 ①欲張りな, けちな 受配 〈на〉/к〙/〘話〙до田 …を渇望[切望]している, …に貪欲な: ~ к деньга́м [на де́ньги, 〘話〙до де́нег] 金銭欲の強い | ~ к зна́ниям 知識欲にあふれる ‖ **-о** [副] ‖ **-ость** [女10] けち, 貪欲; 渇望

***жа́жд|а** [女1]〘thirst〙 ①(喉の)渇き: утоли́ть ~у 渇きを癒やす ②〘雅〙〘田/不定形〙への熱望: ~ жи́зни 生への渇望

**жа́ждать** -ду, -дешь [不完]〘雅〙〘田/不定形〙…(すること)を渇望する ②〘旧〙喉が渇く

**жаке́т** [男1],〘話〙~ка -ток [女2] (通例女性用)ジャケット, カーディガン

**жакка́рдовый** [形1] ジャカード織の

**жале́йка** 複生 -е́ек [女2]〘楽〙ジャレイカ(ロシアの民俗楽器; リード楽器; 牧夫が使う)

***жале́ть** [ジャリェーチ] [不完]/**пожале́ть** [パジャリェーチ] [完]〘pity, regret〙 ①〘田〙哀れむ, 憐れむ, 同情する: Родны́е жале́ют его́ большо́го. 身内は病人を憐れんでいる | Не на́до меня́ жале́ть! 私に同情なんかしないで | Ей ничего́ не говори́ли, жале́я её. 気の毒がって, 彼女には何も伝えられていなかった ②〈о厕〉田/что厕〉を悲しむ, 嘆く: Жале́ю, что мы не встре́тились ра́ньше. 私たちがもっと早くに出会わなかったことを残念に思う | Я ни о чём не жале́ю. 私は何にも嘆き悲しまない ③〘配〙惜しむ: ~ де́ньги お金を出し惜しみする

**жа́лить** -лю, -лишь 受配 -ленный [不完]/**у~** [完]〘田〙(虫の針・ヘビの牙で)刺す: Его́ бо́льно ужа́лила пчела́. 彼はミツバチにしたたかに刺された

***жа́лкий** -лок, -лка́, -лко 比 жа́лче/жа́льче [形1]〘pitiful, pathetic〙 ①哀れみ[同情]を誘う, かわいそうな: ~ взгля́д 哀れみを誘う目つき | ~ челове́к かわいそうな人 ②みっともない, みすぼらしい: ~ до́мик みすぼらしい小屋 ③取るに足らない

***жа́лко** [ジャールカ]〘sorry, pathetic〙 ①[無人述]〈旦にとって 田/不定形〉чтó が かわいそうだ, 気の毒だ; 残念だ: 惜しい: Мне ~, что ты не бу́дешь с на́ми. 私はしこの犬らがいそうだ | На́м ~, что ты не бу́дешь с на́ми. 君が僕らと一緒に来ないなんて残念だ, 悲惨だ ②[副] 哀れなほど, みじめに, 悲惨に

**жа́ло** [中] (昆虫などの) 棘(とげ), 針, (ヘビの)舌

***жа́лоб|а** [女1]〘complaint〙〈на 皿〉に関する ①不平, 不満; 泣きごと, 愚痴, 嘆き: ~ на судьбу́ 運命への嘆き ②苦情; 陳情: бюро́ жа́лоб 苦情受付窓口 ③〘法〙告訴, 訴訟: пода́ть ~у на кого́ …を告訴する | кассацио́нная ~ 控訴 | апелляцио́нная ~ 上告 | надзо́рная ~ 抗告

**жало́бн|ый** -бен, -бна [形1] ①苦情(жа́лоба)の: -ая кни́га 苦情処理簿 ②悲しげな, 嘆くような ‖ **жа́лобно** [副] — прости́ть 哀願する

**жа́лобщи|к** [男2] **-ца** [女3] 苦情を言う人; 原告

**жа́лованн|ый** [形1]〘旧〙授与された: -ая гра́мота〘史〙特許状(歴史上の文書名)

**жа́лование** [中5], 〘旧〙**жа́лованье** [中4] 報酬, 給料, 賃金, 奨学金; 給付金

**жа́ловать** -лую, -луешь [不完] ①〘通例否定文〙〘話〙〘配〙好意[敬意]を持つ: Тут его́ не жа́луют. 彼

はここでは好かれていない ②〔完 **по~**〕〔旧〕〈回に 回 / 回に〉授与する ◆*Про́шу люби́ть и (да) ~.* よろしくお引き立てのほどを | *Добро́ пожа́ловать!* ようこそ、いらっしゃい

**жа́ловаться** [ジャーラヴァッツァ] -луюсь, -луешься 命 -луйся [不完] / **пожа́ловаться** [パジャーラヴァッツァ] [完]〔complain〕〈на回のことで〉①不平を言う、愚痴をこぼす〈на回のことで〉: ~ ма́ме на жизнь 母に人生を嘆く | ~, что нездоро́в 不健康であることを嘆く ②〈в回の場に〉訴える、苦情を言う: ~ в иск 告訴する | ~ на спам スパム報告をする ③〔話〕〈на回を〉告げ口する: ~ учи́телю на однокла́ссника 先生にクラスの子の告げ口をする

**жа́ростли́вый**[сл] 短 -ив [形1]〔話〕思いやりのある、いたわるような

**жа́лостный**[сн] 短 -тен, -тна [形1]《話》①同情するような、哀れむような ②悲しげな、嘆くような

**Жалсара́ев**[男1] ジャルサライフ:〔Да́мба Зо́двич ~, 1925-2002〕ブリヤートの詩人、同共和国国歌作詞者〕

**жа́лост|ь** [ж10] [pity, compassion] ①哀れみ、同情: из *-и* к回 …を気の毒に思って、…への同情心から | к回 сказа́ть с *-ью* 同情して言う、憐憫、哀憫

**жаль** [ジャーリ]〔pity, feel sorry〕**I**〔無人述〕〈回にとって〉①〈回/不定形を〉哀れだ: Мне ~ её. 彼女がかわいそうだ | ~ что?роди́/е́сли кого́ что?残念だ: Ж~, что вас не́ было. あなたがいらっしゃらなかったのが残念です ③〈回/不定形が〉惜しい、もったいない: Мне не ~ де́нег. 金なんて惜しくない | На́м ~ расстава́ться с ва́ми. 私達はあなた方とお別れするのが残念です **II**〔挿入〕残念ながら: Я люблю́ путеше́ствовать, ~, вре́мени не хвата́ет. 私は旅行が大好きですが、残念ながら、時間がない

**жалюзи́** (不変)[中]/[複] ブラインド
**жанда́рм** [男1] 憲兵 **//-ский** [形3]
**жандарме́рия** [ж6]① 憲兵隊:〈集合的〉憲兵

**жанр** [ジャーンル] [男1] [genre] ①ジャンル ②《美》風俗画 ③様式、スタイル: стихотворе́ние в *-е* балла́ды バラードの様式の詩 **//-овый** [形1] <①②>

**жанри́ст** [男1] 風俗画家

*жар** -а/-у 前 о -е, в/на -ý [男1] [heat, fever] ①熱気(зно́й); 熱い場所: Обдало́ *-ом*. 私達でむんむんしていた | ~ ле́тнего по́лдня 夏の正午の熱気 ②〔話〕火のついた炭: как ~ (горе́ть) -のように光る ③高熱: У ребёнка ~. 子どもが高熱を出している | Больно́й в *-ý*. 病人は高熱に浮かされている ④熱気、ほてり ⑤熱意、意気込み(пыл): с *-ом* 熱心に、意気込んで ◆*в -ý* 回 …が白熱して | *зада́ть (дать) -у* 回 〔話〕(1)あれこれ非難を言いつけて苦しめる (2)しかりつける | *Чужи́ми рука́ми - загреба́ть.* 〔諺〕他人の褌(fundoshi)で相撲をとる | *бро́сить (ки́нуть) в - и* …は頭に血が上る **//жаро́к** -рка́ [男2] [指小] <③>

*жар|á** [ж4] [heat] (天候・室内温度の)暑さ(зно́й): в -ý 炎天下で | Стои́т ~ уже́ неде́лю. 暑さはもう1週間も続いている | От *-ы́* хо́чется пить. 暑さで喉が渇く | Ж~ спада́ет (ослабева́ет). 暑さは収まりつつある

**жарго́н** [男1] 隠語、符丁 **//-ный** [形1]
**жардинье́рка** 複生 -рок [ж2] 花台、室内用フラワースタンド

*жа́рен|ый** [形1] [roast, fried] ①焼いた、揚げた: ~ карто́фель с гриба́ми ジャガイモとキノコの炒め物 | *-ая* ку́рица 鶏のソテー〔丸焼き〕、フライドチキン | *-ое* [中名] 焼いた[揚げた]料理 ③〔話〕世間を沸かせる: *-ые* фа́кты センセーショナルな出来事 ◆*па́хнет* [запа́хло] *-ым* 〔話・皮肉〕危険な香りがする、やばそう

*жа́рить** -рю, -ришь 受過 -ренный 副分 -ря [不完] [roast, fry] (回を)〔受〕①焼く、焙(あぶ)る、揚げる、炒める: ~ ры́бу на ма́сле 油をひいて魚を焼く | ~ пирожки́ в ма́сле ピロシキを揚げる | ~ о́вощи 野菜を炒める ②〔炒る〕: ~ се́мечки ヒマワリの種を炒る ③〔無人称でも〕〔話〕(太陽が)照りつける ④〔俗〕〈回にペチカなどを〉がんがん焚く ⑤〔俗〕素早くやる、全力でする: ~ на гармо́шке ガルモニをばりばり弾く | *Жарь во всю.* 全力で走れ **//жаре́нье** [中4] <②>

**жа́риться** -рюсь, -ришься [不完] ①(食べ物が)焼かれる、焼ける、揚げられる、炒められる;〔完 **за-, из-**〕焼きあがる ②〔話〕かんかん照りのところでいる、炎天下で過ごす: ~ на со́лнце 日光浴をする ③《不完》〔受身〕 <жа́рить>

**жари́ща** [ж4][指大 <жара́>]〔話〕猛暑、うだるような暑さ、厳しい暑さ

**жарки́** -о́в [複] [植]キンポウゲ属(купа́льница のシベリア・極東での名)

*жа́рк|ий** [ジャールキイ] 短 -рок, -рка́, -рко 比жа́рче 最上 жарча́йший [形3] [hot, ardent, tropical] ①暑い、熱い(↔холо́дный); *-ое* ле́то 暑い夏 | ~ ого́нь костра́ たき火の熱い炎 ②情熱的な、燃えるような、激しい: ~ поцелу́й 熱いキス | ~ бой 激しい戦闘 ③南の、熱帯の;熱帯地方の国々: ~ по́яс [地理]熱帯

*жа́рко** 比жа́рче [無人述]〈回にとって〉①暑い、熱い(↔хо́лодно): На у́лице о́чень ~. 外はとても暑い | Вам не ~. 暑くないですか | А́вгуст бу́дет жа́рче обы́чного. 8月は例年より暑くなるだろう ②〔副〕熱く、激しく: Костёр ~ гори́т. たき火が勢いよく燃えている | ~ спо́рить 激論を交わす ◆*ни ~ ни хо́лодно* 〔話・皮肉〕どうでもいい、気にしない

**жарко́е**(形4変化)[中] 肉のソテー、肉と野菜の煮込み[つぼ焼き]

**жаро́вня** 複生 -вен [ж5] ①バーベキュー用のコンロ ②シャロパーン、浅型の両手鍋: чугу́нная ~ ダッチオーブン

**жарово́|й** [形2] ①暑さによる ②〔技〕高温の作業で使う機器の: *-ые* тру́бы 煙管

**жаровыно́сливый** [形1] (植物が)暑さに強い

**жаропонижа́ющий** [形6] [医]解熱作用のある: *-ее* сре́дство 解熱剤

**жаропро́чный** [形1] 耐熱性のある: *-ые* материа́лы 耐熱(性)素材 **//-ость** [ж10] 耐熱性

**жаросто́йкий** [形3] [技]耐熱性のある、耐火性のある: *-ие* спла́вы 耐熱合金 **//-ость** [ж10]

**жар-пти́ца** [ж-ж2]〔露民〕〔スラヴ神話〕火の鳥 ◆*найти́ (доста́ть) перо́ -ы* 幸せ[成功]を手にする

**жасми́н** [男1] [植]ジャスミン〔参考〕一般にはバイカウツギ чубу́шник を誤ってжасми́н と呼ぶこともある) **//-овый** [形1]

**жа́тв|а** [ж4] ①刈り入れ、収穫; [期]収穫期間(7月21日[旧暦8]~8月28日[旧暦15日]): рабо́тать на *-е* 刈り入れ作業をする ②収穫物 **//жа́твенн|ый** [形1] <①>: *-ая* маши́на 刈入れ機、刈取機

**жа́тка** 複生 -ток [ж2] 刈取機

*жа́ть**[1] жму, жмёшь 受過 -тый [不完] [press, be tight, squeeze] ①〔回を〕握る、握りしめる、握りつける: ~ ру́ку 〔~ плечо́м на дверь (他者の)肩をつかんでドアに押しつける〕 ②(靴・靴下が)きつい: Ту́фли жму́т. 靴がきつい ③絞る、絞り出す: ~ лимо́н レモンを絞る ◆*Жми́!* 〔話〕(車を)ぶっ飛ばせ、急げ! | ~ *на то́рмоз (тормоза́)* 止める、やめる

*жать**[2] жну, жнёшь 受過 -тый [不完] / **с~** сожну́, сожнёшь 受過 сжа́тый [完]〔回〕稲・麦などを刈り取る

**жа́ться** жму́сь, жмёшься [不完] ①〔完 **с~**〕小さくなる、縮こまる: ~ в углу́ [углу́] 隅っこで縮こまる | ~ от

Ж

хо́лода 寒さで身をすくめる ②〈к囲〉…に擦り寄る, 近くに寄る ③〈俗〉ぐずぐずする, ためらう ④〈話〉けちけちする ⑤〔受身〕< жа́ть[1,2]

**жа́хать** [不完] / **жа́хнуть** -ну, -нешь 命-ни [完] 〈俗〉①〈囲〉強く叩きつける, ぶっ叩く ②〈囲〉〈通例複を〉大量に使う

**жбан** [男1] ①(飲み物を入れる木製の)ふたつきピッチャー ②〈隠〉500mlのジョッキ ③〈俗・戯〉酒瓶 ◆получи́ть в ~〈若者・隠・戯〉ポコられる

**жва́чк|а** 複-чек [女2] ①〈話〉ガム, チューインガム ②反芻(物) <жева́ть -у うんざりするほど同じことを繰り返す

**жва́чн|ый** [形1] ①(動物が)反芻する ②-ые [複名]〔動〕ウシ亜目, 反芻亜目

**жгла** [過去・女] < жечь

**жгу** [1 単現] < жечь

**жгут** -а́ [男1] ①組み紐, 編み紐 ②〔医〕止血帯 (кровоостана́вливающий ~) ‖ **жгу́тик** [男2]〔指小〕〔生〕鞭毛

**жгу́ч|ий** -гу́ч [形6] ①燃える[焼ける]ような, 熱い, 灼けつく: -ее со́лнце 灼熱の太陽 | -ая боль ずきずき[ひりひり]する痛み (灼熱痛) ②強烈な, 甚だしい ◆~ брюне́т 濡れ羽色の[漆黒の]髪の人 | ~ вопро́с 喫緊の問題 ‖ -есть [女10]

**ж/д**〈略〉желе́зная доро́га 鉄道; железнодоро́жный

**жда́ть** [ジダーチ] жду, ждёшь 命жди 過-а́л, -ала́, -а́ло 受過жда́нный [不完]〔wait, expect〕①〈囲/不定形〉を待つ, 時間をとる: ~ де́вушку 彼女を待つ | ~ письма́ [пи́сем] 手紙を待つ | ~ ребёнка 赤ん坊が生まれるのを待つ | ~ из а́рмии 兵役から戻るのを待つ | жду́ не дожду́сь …が待ちきれない | Извини́те [Прости́те], что заста́вил вас ~. お待たせして申し訳ありません ②〈囲〉を期待する, 得ようとする: ~ награ́ды 賞与を期待する ③〈囲/что節〉…を予期する, …と考える, みなす: Я жду́, что он вернётся. 私は彼がきっと戻って来ると思う ③(3人称)待ち受けている, 予定する: Что ждёт меня́ за́втра? 明日は何が起こるだろう ◆Вре́мя не ждёт. ぐずぐず[のろのろ]するな | **того́ и жди**〈話〉いつなんどき, 今すぐにでも; …しそうだ, 以かねない

**же¹** [ジェ], 〈話〉**ж** [ジ] [but, and, after all] **I**[接] ①〈対比〉一方: Она́ ушла́, я же оста́лась. 彼女は去ったが私は残った ②〈挿入文と共に; 直前の語を強調〉: После того́ как я об э́том узна́ла, узна́л же и об э́том позавчера́, не могу́ споко́йно спа́ть. それを知ってからというもの, おとといの一昨日ㄧㄧのことだが, 私は穏やかに眠れない あの人は一昨日だったの | Говори́ же! 話せって **II**[助] ①〈既知のことを強調〉まさにその; だって, …じゃないか; でも(и́менно, ведь, но): Я же тебе́ говори́л об э́том. だから私が言ったじゃないか | Ты́ же на рабо́те до́лжен быть? あなた今仕事中のはずじゃなかったの ②〈直前の語を強調〉一体, 何は, 全く, 結局: Где́ же ты́? 君は一体どこにいるの | Что же ты де́лаешь? 一体何をしてるの | Кто́ же э́то был? あの人は一体誰だったの | Говори́ же! 話せって ③〈同じこと〉同じ(ような): оди́н и то́т [тако́й] же ... 同じ… (★…は名詞など) | тó же что´ê 全く同じもの[こと] | **сра́зу же** すぐに | **та́м же** 同じ場所で, (論文で)前掲書 (また т.ж.) | У меня́ така́я же ю́бка, как у тебя́. 私はあなたとそっくりのスカートを持っている | Влади́мир, о́н же Во́ва ウラジーミル, またの名をヴォーヴァ

**же²**, **жэ** (不変) [女]〈俗・蔑〉= жо́па (★検閲に通る省略形) ◆**Ну́ ты́ (и) же́!** この野郎

**жёванный** [形1] 噛まれてくしゃくしゃの

**жева́тельн|ый** [形1] 咀嚼(ξ,)の; よく噛むための: -ая рези́нка ガム | -ая табака́ 噛みタバコ

**жева́ть** жую́, жуёшь 受過 жёванный [不完]〈囲〉①噛む: Ло́шадь жуёт се́но. 馬が干し草を食んでいる ②〈話〉長く[くどくどと] 議論する, 繰り返す: Хва́тит о э́ту те́му! その話はもううんざりだ ③〈話〉むにゃむにゃ話す ‖ -ну́ [完]

**жева́чка** 複-чек [女2]〈話〉チューインガム (жва́чка)

**жёг** [過去・男] < жечь

**жезл** -а́/-а [男1] ①杖, 職杖;〔正教〕ジェーズル, 権杖 ②〔鉄道〕(単線区間の)通票 ③(交通整理の)誘導棒

\***жела́ем|ый** [形1]〔文〕〔受身〕< жела́ть ②-ое [中名] 願望 ◆**вы́дать -ое за действи́тельное** よく見せようとする | **приня́ть -ое за действи́тельное** 勘違いする

\***жела́ние** [ジラーニエ] [中5]〔wish, desire〕望み, 希望, やる気, 願い: ~ учи́ться 勉強したいという希望 | Нет -ия — нет результа́та. その気がなければ成果はあがらない | испо́лнить ~ 願いを叶える | Ж~ испо́лнилось. 願いごとが叶った ◆**по -ию** 必要に応じて, 選択肢として | **при всём -ии** 望っては望ましいのはやまやまだが

\***жела́нн|ый** 短-а́нен, -а́нна [形1]〔wished for, desired〕①望まれた, 望望の: ~ гость 望望の客 ②(旧)(呼びかけ)愛しの

\***жела́тельно** [無人述]〔文〕〈不定形/чтóбы節〉…することが〉望ましい, 願わくば; 妥当だ, 必要だ, 賢明だ: Ж~ реши́ть всё пробле́мы ми́рным путём. あらゆる問題を平和的手段で解決することが望ましい

\***жела́тельн|ый** 短-лен, -льна [形1]〔desirable, advisable〕望ましい, 期待される, 望ましい, 妥当な ②〔文法〕希求の ‖ **-ость** [女10]

**желати́н** [男] ゼラチン; 膠(ミ;) ‖ **-овый** [形1]

\***жела́ть** [ジラーチ] [不完] / **пожела́ть** [バジラーチ] [完]〔wish, want, desire〕①〈囲/不定形/чтобы節〉であることを望む, 希望する: Жела́ю, что́бы он верну́лся. 彼が戻ってくることを望む | Я не жела́ю разгова́ривать с Ва́ми. あなたとはお話ししたくありません (★否定の時は〈不定形は不完了で〉③〈与に/不定形/不定形〉を望む: Жела́ю Ва́м здоро́вья [уcпе́ха, уда́чи]. ご健康[ご成功, ご幸運]をお祈りします | Жела́ю тебе́ скоре́е попра́виться. 早く元気になってね ③〈囲〉**оставля́ет ~ лу́чшего (мно́гого)**〔文〕まだ不十分だ, 改善の余地がある: Мой ру́сский оставля́ет ~ лу́чшего. 私のロシア語はまだまだだ

\***жела́ющий** [形変化] [男名]〔volunteer〕希望者: Есть -ие пое́хать на экску́рсию? ツアーの参加希望者はいますか

**желва́к** -а́ [男2] ①腫れ, できもの ②頰の笑いじわ, 法令紋

**желе́** (不変) [中]〔料理〕①ゼリー ②煮こごり

\***желе́йный** [形1]

**желез|а́** 複 же́лезы, желёз, железа́м [女1]〔解〕腺; 〈複〉〔医〕扁桃腺: же́лезы вну́тренней секре́ции 内分泌腺

**желе́зистый** [形1] ①鉄 (желе́зо) を含む: ~ исто́чник ②鉄泉 ②〔解〕腺 (железа́) の: ~ эпите́лий 腺上皮

**желе́зка** 複-зок [女2]〔指小〕< желе́зо

**желёзка** 複-зок [女2]〔指小〕< железа́

**желе́зно**〔副〕〈俗〉きっと, 絶対に, 必ず: обеща́ть ~ 固く約束する

**железнодоро́жни|к** [男2] / **-ца** [女3] 鉄道員

\***железнодоро́жн|ый** [形1]〔railroad〕鉄道の: ~ биле́т 鉄道乗車券 | -ая ка́рта 鉄道路線図 | ~ перее́зд 踏切 | -ая ве́тка 鉄道の支線 | -ая перево́зка 鉄道輸送 | -ое полотно́ 鉄道路盤 | ~ путь

鉄道線路, 軌道

◆~ *зу́бов* 真っ白な歯

**желе́зн|ый** [ジェレーズヌイ] [形1] [iron, ferric] ① 鉄の: -*ая доро́га* 鉄道 | ~ *век* 鉄器時代 ② 硬い, 強い, 頑丈な, 頑強な: -*ое де́рево* 〖植〗鉄木(ツゲなど幹が硬い木の総称) | -*ые не́рвы* 強靭な神経 ③ 固い, 揺るぎない, 不屈の: -*ая во́ля* 鉄の意志 | -*ая гара́нтия* 確固たる保証 ■~ *блеск* 〖鉱〗赤鉄鉱(гематит)

**железня́к** -á [男2] 〖形容詞と共に〗〖鉱〗鉄鉱石: *кра́сный* ~ 赤鉄鉱 | *магни́тный* ~ 磁鉄鉱

**желе́з|о** [中1] [iron] ①〖化〗鉄(記号 Fe): *о́кись* -*а* 酸化鉄 ②鉄製品 ③鉄分, 鉄分を含んだ薬 |〖俗・戯〗[コン]ハードウェア ④〖俗〗〖スポ〗(ボディビル訓練用)ダンベル, 鉄亜鈴, バーベル: *занима́ться* -*ом* = *таска́ть* ~ 〖俗〗ボディビルをやる ⑤〖俗〗自動車の金属部分

**желе́зо..** 〖語形成〗「鉄の」

**железобето́н** [男1] 〖技・建〗鉄筋コンクリート *//* ~*ный* [形1]

**железя́ка** [女2] 〖話〗金物類, 金属製品

**желна́** [女1] 〖鳥〗クマゲラ

**жёлоб** 複 желоба́ [男1] ①排水管; (樋:) *водосто́чный* ~ 雨樋 ②〖地〗海溝: *Кури́ло-Камча́тский* ~ 千島・カムチャツカ海溝 *//* ~*ный* [形1]

**/желобо́к** -бка́ 〖指小〗

**жело́нка** 複 -нок [女2] 〖土木〗ベイラー

**желте́ть** [不完] | [完 *по~*] ①黄色くなる, 黄ばむ: *Ли́стья на дере́вьях пожелте́ли.* 木々の葉が黄色く色づいた ②(黄色い物が)見える

**желтизна́** [女1] 黄色(であること)

**желти́ть** -лчу́, -лти́шь [不完] / **вы́-** 受 -лчен-ный, **за-** 受 -лчённый -чён, -чена́ [完] 〖料〗黄色くする, 黄色を塗る

**желтова́тый** 短 -áт [形1] 黄色っぽい

**желто́к** -тка́ [男2] (卵の)黄身, 卵黄 (↔ *бело́к*) *// желтко́вый, желто́чный* [形1]

**желторо́тый** 短 -о́т [形1] ①(鳥が)くちばしの黄色い ②〖話〗経験のない, 未熟な

**желту́ха** [女2] 〖医〗黄疸 *// желту́шный* [形1]

**/жёлт|ый** жёлт, желта́, жёлто/желто́, жёлты/ желте́е 最上 желте́йший [形1] [yellow] ①黄色い, 黄金色の: -*ая ка́рточка* (サッカーの)イエローカード ② 〖蔑〗イエロージャーナリズムの: -*ая пре́сса* イエローペーパー ■-*ая ра́са* 黄色人種 | -*ая лихора́дка* 〖医〗黄熱病 | *Ж-ые страни́цы* タウンページ, 業種別電話帳 | ~*ый биле́т* 〖露史〗〖革命前〗黄札(売春婦に手渡されていた)

**/желу́док** -дка [男2] [stomach] 胃: *расстро́йство* -*ка* 下痢 | *несваре́ние* -*ка* 消化不良, 胃潰瘍

**желу́дочек** -чка [男2] 〖指小〗< *желу́док* ②〖解〗(心臓の)心室: ~ *мо́зга* 脳室

**желу́дочно-кише́чный** [形1] 胃腸の

**желу́дочный** [形1] 胃の: ~ *сок* 胃液

**жёлудь** 複 -ди, -де́й/-дей [男5] 〖植〗殻斗(カッピ)果(ドングリやクヌギの実) *// желудёвый* [形1]

**желчека́менн|ый** [形1] -*ая боле́знь* 〖医〗胆石症

**жёлчн|ый, же́лчн|ый** [形1] ①(жёлчь)の: ~ *пузы́рь* 胆嚢 | ~ *ка́мень* 胆石 ②〖医〗胆汁の ③辛辣な, とげとげしい *//* -*ость* [女10] <②

**жёлчь, же́лчь** [女10] ①〖医〗胆汁 ②悪意, 憎悪

**жема́ниться** -нюсь, -нишься [不完] 〖話〗気取る, 取り澄ます: *Хва́тит* ~! 気取るのはもうよせ

**жема́ниться** = **жема́ниться**

**жема́нн|ый** 短 -áнен, -а́нна [形1] 気取った, 取り澄ました: -*ые мане́ры* 気取った仕草 *// жема́нство* [中1] 気取り, 気取った仕草

**жемчу́г** 複 -á [男2] 真珠: ~ *на ше́е* 真珠のネックレス

◆ **~ *зубо́в*** → (上部参照)

**жемчу́жина** [女1] ①真珠の粒 ②〖雅〗〈田のうちの〉最良の物, 珠玉: ~ *ру́сской му́зыки* ロシア音楽の珠玉の作品

**жемчу́жница** [女3] 真珠貝(日本ではアコヤガイだが, ロシアではカワシンジュガイ属の貝)

**жемчу́жн|ый** [形1] 真珠の; 真珠のような ◆-*ая пе́на* 真っ白な泡

**жен..** 〖語形成〗「女性の」

**жен|á** [ジナー] 複 жёны [女1] [wife] ①(↔ *муж*): *Он прие́хал с* -*о́й.* 彼は嫁さんと一緒にやって来た | *Все колле́ги бы́ли с* **жёнами.** 同僚の皆は奥さん連れで出掛けた ②〖雅〗女性, 婦人 ◆ *жёны и же́ны* 乙女と婦人 ◆ *быть под каблуко́м у -ы́* 妻の尻に敷かれている 〖指小〗 **жёнка** 複 -нок [女2] 〖俗〗〖指小〗, **жёнушка** 複 -шек [女2] 〖話〗〖愛称〗

**жена́тик** [男2] 〖俗・戯〗(新婚の)既婚男性

**жена́т|ый** [ジナートィ] 短 -áт [形1] [married] (男性が)既婚の, 妻のある (↔ *за́мужний*) | 〖短形〗〈на前〉と結婚している: ~ *мужчи́на* 既婚男性 | *Он жена́т на мое́й сестре́.* 彼は私の妹と結婚している

**Жене́ва** [女1] ジュネーブ(スイスの都市) *// жене́вский* [形1]

**жени́ть** женю́, же́нишь [不完・完] [marry] [完また *по~*] 〈田 *на*〉〈男性を女性と〉結婚させる: ~ *Петра́ на А́нне* ピョートルをアンナと結婚させる ◆ *без меня́ меня́ жени́ли* 知らない間に巻き込まれていた, そんなの聞いていない

**жени́тьба** [女1] 嫁取り, (男性の)結婚

**/жени́ться** [ジニーッツァ] женю́сь, же́нишься 命 -ни́сь [不完・完] [get married] [完また *по~*] ①〈田〉(男性が)…と結婚する (★「女性が結婚する」は *вы́йти за́муж*): ~ *по любви́* 恋愛結婚する | ~ *по расчёту* 打算で結婚する | ~ *на де́ньгах* 金目当てで結婚する ② [完] (1単用*сл*)(男女が)結婚する: *Сосе́д с сосе́дкой же́нятся.* 隣同士で結婚する

**/жени́х** [ジニーフ] -á [男2] [bridegroom, fiancé] ①花婿 (↔ *неве́ста*): *Ж-* *был в бе́лом.* 花婿は白い服を着ていた ②結婚適齢期の男性, 求婚者: *найти́ для до́чери бога́того* -*á* 娘のために金持ちの婚約者を見つける ③ 年頃の男性: *Вну́к ваш уже́ …* お孫さんはもう年頃だね

**женоненави́стник** [сьн] [男2] 〖文〗女嫌い

**женоненави́стничество** [сьн] [中1] 〖文〗女性嫌悪, 女性不信 *// -ский* [形3]

**женоподо́бн|ый** 短 -бен, -бна [形1] (男性の外見が)女みたいな, 女っぽい: *У него́ бы́ли мя́гкие -ые черты́ лица́.* 彼は顔立ちの柔らかい女性的だった

**же́нск|ий** [ジェーンスキイ] [形3] [woman's, female] 女性の: ~ *вопро́с* 婦人問題 | -*ие дела́* 〖話〗月経 | -*ие боле́зни* 〖医〗婦人病 | ~ *монасты́рь* 女性修道院 ◆ -*ая ло́гика* 〖戯・皮肉〗女の論理(感覚に根ざした) | *Междунаро́дный* ~ *день* 国際女性デー (3月8日) | ~ *пол* (性別としての)女性 | -*ая ри́фма* 〖詩〗女性韻(後ろから2つ目にアクセントがある) | ~ *род* 〖文法〗女性 | ~ *язы́к* 〖言〗女性語

**же́нственн|ый** 短 -ен, -енна [形1] 女性らしい *//* -*ость* [女10] 女らしさ

**же́нщин|а** [ジェーンシナ] [女1] [woman] ①女性 (↔ *мужчи́на*): *молода́я* [*пожила́я*] ~ 若い[年配の]女性 ② (成人した)女性, 婦人, 婦女 (指・呼びかけ)どちらの女性: *Она́ ста́ла настоя́щей* -*ой.* 彼女は一人前の女性になった ◆ *Ищи́те -у!* 〖戯〗事件の陰に女あり (←女を探せ) | *роково́я ~* ファム・ファタール, 傾国傾城

**Жёны-мироно́сицы, Жёны-мироно́сицы** (女1-女3) [複] 〖正教〗携香女(かぐう) (★教会スラヴ語では *Жёны-..*) ■ *День Жён-мироно́сиц*

**[Жён-мироно́сиц]** 〔正教〕携香女の日(復活大祭後の第3週の日曜日; 女性の祝日)

**женьше́нь** [男5] 〔植〕オタネニンジン(朝鮮人参)

**Же́ня** (女5変化)[男・女]〔愛称〕< Евге́ний, Евге́ния

**жердь** 複造 -де́й [女10] 棒, さお, ポール ♦ **худо́й, как** ~ がりがりにやせた ‖ **жёрдочка** 複造 -чек [女2]〔指小〕

**жеребёнок** -нка 複 -бя́та, -бя́т [男9] (2-3歳までの)子馬, ラグビなどの子 ‖ **жереба́чий**

**жеребе́ц** -бца́ [男3]①雄馬, 種馬 ②〔俗・皮肉〕頑丈でたくましい若い男性: Ты́ уже́ це́лый ~, а рабо́тать не хо́чешь. お前はもういい大人なのに働きたくないなんて ③〔俗・蔑〕それ助, 女たらし, 遊び人: Во́т ~, опя́ть кого́-то кле́ит. あのスケベ野郎, また誰かをナンパしてるぞ

**жереби́ться** -би́тся [不完] / **о~** [完] (馬などが)子を産む

**жеребьёвк|а** 複造 -вок [女2] 抽選[くじ引き]を行うこと; その会: провести́ -у́ くじ引きする ‖ на ~е ко́нкурса コンクールの出演順を決める抽選会で

**же́рех** [男2]〔魚〕コイ科の種(黒海周辺の川に生息; 通称ジェレフ)

**жерли́ца, жерлица́** [女3] (カマスなど肉食魚魚釣り用)の仕掛け

**жерло́** [中1]①砲口, 炉口 ②(火山の)噴火口

**жёрнов** 複 жернова́ [男1] ひき臼用の石

*__же́ртв|а__ [же́ртва] [女1]〔sacrifice, victim〕①生贄(にえ); принести́ -у ... を生贄を捧げる ②〔雅〕犠牲, 献身: принести́ в -у ... の犠牲とする ‖ па́сть -ой 田 ... の犠牲となる ③(戦争・犯罪などの)犠牲者, 被害者: ~ войны́ 戦争の犠牲者

**же́ртвенник** [男2]①祭壇 ②〔正教〕奉献台

**же́ртвенн|ый** 短 -ен/-енен, -енна [形1]〔雅〕献身的な ②〔旧〕生贄(にえ)の

*__же́ртвовать__ -твую, -твуешь [不完] / **по~** 受過 -анный [完]〔sacrifice, make a donation〕①〈в囲を〉犠牲にする: ~ собо́й [жи́знью] 自己[命]を犠牲にする ②〔旧〕〈в囲〉寄贈する

**жертвоприноше́ние** [中5] 生贄(にえ)を捧げる儀式

**жеру́ха** [女2]〔植〕オランダガラシ(クレソン)

*__же́ст__ [жест] [男1]〔gesture〕①身振り, 手振り, ジェスチャー: теа́тр -ов パントマイム劇場 ②見せかけの行動, ポーズ: Ва́ша похвала́ — не бо́лее че́м краси́вый ~. あなたの賞賛は単なる美しいポーズに過ぎない

■ язы́к ~о́в 手話

**жестикули́ровать** -рую, -руешь [不完] 身振り手振りで話をする ‖ **жестикуля́ция** [女9]

*__жёстк|ий__ [жо́сткий] 短 -ток, жестка́, -тко 比 же́стче [形1]〔hard, tough, strict〕①硬い, がちがちした(↔ мя́гкий); (手触りが)ごわごわした: -ие во́лосы 硬い髪 | -ая посте́ль 硬いベッド | ~ ди́ск 〖コン〗ハードディスク ②激しい, きつい, 称しない: ~ хара́ктер [взгля́д] きつい性格[目線] ③柔軟性のない, 融通がきかない: ~ гра́фик やりくりのないスケジュール ④〔若者〕最高の, 強烈な印象の ‖ **-о** [副] / **жёстко́сть** [女10]

**жесткокры́л|ый** [形1] -ые [複名]〔虫〕甲虫類(コウチュウ目の総称; 甲虫)

**же́стовый** [形1] -жест ■~ язы́к〔言〕手話

*__жесто́к|ий__ [жэсто́кий] 短 -о́к, -ока́/-о́ка, -о́ко 比 -о́чее 最上 -а́йший [形1]〔cruel, brutal〕残酷な, 容赦ない: ~ челове́к 残忍な人 ②ひどい, 猛烈な: ~ моро́з 猛烈な冷え込み ♦ **рома́нс** 〖楽〗残酷なロマンス(悲劇的結末で終わるロシア・ロマンスの1ジャンル) ‖ **-о** [副]

*__жесто́кость__ [女10]〔cruelty, brutal〕残酷, 残忍, 非道, 薄情

**же́стче** [шч/щ] [比]< жёсткий

**жесть** [女10]①ブリキ ②〔若者〕〔驚き・賛嘆など〕最低, ダサい; 最高, すげえ: Это про́сто ~! そりゃヤバいな ‖ **жестяно́й** [形2]

**жестя́нка** 複造 -нок [女2]①ブリキ製品 ②《話》ブリキの破片

**жестя́нщик** [男2] ブリキ職人

**жето́н** [男1] ジェトン, 記念メダル, バッジ, (乗車用)コイン: ~ на метро́ (サンクトペテルブルクの)地下鉄乗車用コイン

*__жечь__ [же́чь] жгу, жжёшь, ... жгу́т 命 жги 過 жёг, жгла 能過 жёгший 受過 жжённый (жжён, жжена́) [不完] / **сжечь** [жжэч] [жечь] сожгу́, сожжёшь, ..., сожгу́т сожги́ сжёг, сожгла́ сжёгший сожжённый (-жён, -жена́) 部分 сжёгши [完]〔burn〕〈В〉①焼く, 焼却する: ~ ста́рые пи́сьма 昔の手紙を燃やす ②点火する: ~ костёр たき火に火をつける | ~ спи́чки マッチを擦る ③ (紫外線・寒冷などが皮膚に)痛みを感じさせる, 痕を作る: Пе́рец жжёт язы́к. トウガラシで舌がひりひりする: Хо́лод жёг но́ги. 寒さで足に霜やけができた ④〔隠〕強烈な印象を与える, うまく[効果的に]やる

**же́чься** жгу́сь, жжёшься 2е жгётся過 жёгся, жгла́сь能過 жёгшийся [不完]①ちくちく刺激する, ひりひりさせる: Крапи́ва жжётся. イラクサがちくちくする ②〔話〕やけどする ③〈受身〉< же́чь

**ЖЖ** [ж-ж] 〔略〕Живо́й Журна́л Live Journal (ブログサービス)

**жже́ние** [中5]①燃やすこと ②焼けるような暑さ

**жжёнка** [女2] ラム酒[コニャック]に砂糖などを加えて熱した飲み物

**жжёный** [形1] 焼いた, あぶった: ~ ко́фе 焙煎コーヒー | ~ са́хар カラメル, 焦がし砂糖

**жжёшь** [2单現]< же́чь

**жжо́ш(ь)** [間]〔ネット〕うまいこと言ったなぁ

**жива́ть** (現なし)[不完] [多回]《話》< жи́ть③⑥

**живе́ц** -вца́ [男3] (釣りの餌用の)小魚

**живе́ц** [2单現]< жи́ть

**живи́** [命令]< жи́ть

**живи́тельный** 短 -лен, -льна [形1] 活気づける, 生き生きとする: ~ во́здух すがすがしい空気

**живи́ть** -ви́, -ви́шь [不完]《文》元気づける, 活気づける, 生気を与える

**живи́ца** [女3] 針葉樹からとれる含油樹脂

**жи́вность** [女10]《話》〔集合 or 個〕動物; 家禽

**жи́во** 比 живе́е, живе́й [副] ①はっきりと, 際立って, 鋭く, 強烈に: ~ по́мнить де́тство 子どもの頃のことを鮮明に覚えている ②生き生きと [楽] ヴィーヴォ ③《話》素早く ♦ **Ж-!** = **Живе́й!**《話》早くしろ, ぼやぼやするな

**живодёр** [男1]《話・蔑》残忍な人

*__жив|о́й__ [жыво́й] 短 жи́в, -ва́, -во́, -во́ более最上-ве́йший [形1]〔living, alive, active〕①生きている, 生命のある: -а́я приро́да 動植物界 | -а́я си́ла 〖軍〗(機械に対して)人間, 動物 | -а́я цепь 人間の鎖 | -о́е преда́ние 言い伝え | Не́ было ви́дно ни одно́й (-о́й) души́. 人っ子一人いなかった | быть (верну́ться) -ы́м 生存している[生きて帰る] ②〔長尾〕本物の, 真の: ~ приме́р ... の生きた手本 ③生き生きとした, 生きた, 生き生きとした, 熱心な: ~ у́м 回転の速い頭 | проявля́ть ~ интере́с к 〈Д〉 ... に強い関心を持つ | принима́ть -о́е уча́стие в 〈囲〉 ... に精力的に関わる ④表現力に富む, 豊かな, 鮮明な: -о́е изложе́ние 鮮明な描写 ⑤〔長尾〕切実な, 緊要な ⑥はっきりとした, 強烈な: -о́е любопы́тство 強烈な好奇心 ⑦〔短尾〕〈囲〉に頼りに生きている: Она́ жива́ -о́ [副]

детьми́. Она́子供が生きがいだ | Чем то́лько он жив? 彼は何を糧に生きているのか | 《楽》生演奏の ◊ **-о́е** [中名]: всё ~ 生きとし生けるもの

◆ **в -ы́х (заста́ть, оста́ться)** 生き残る: Он оста́лся в -ы́х. 彼は生き残った | **жи́в-здоро́в = жив и здоро́в** 無事に: Роди́тели жи́вы-здоро́вы. 両親は達者だ | **Живы́ бу́дем — не помрём!** [話・戲] 負けるもんか(困難な状況で自分を鼓舞する言葉) | **-а́я вода́** [民話]命の水(死者を復活させられる) | **-а́я ра́на** 生傷 | **ни жив ни мёртв** 死にそうで, 半死半生で | **~ портре́т** [話]そっくりだ, うりふたつだ, 生き写しだ | **за -о́е заде́ть** [話]狼狽させる, 痛いところを突く | **-о́е сло́во** [話]①生きた言葉 ②(聞き手を引きつける)面白い話 | **~ язы́к** [言] (日常話者が存在する)現代語 (↔мёртвый язы́к)

*жи́вость [女10]

живопи́сец -сца [男3] 絵描き, 画家

*живопи́сн|ый -сен, -сна [形3] ①[pictorial, picturesque] ①絵画の: **-ая вы́ставка** 絵画展 ②絵に描いたような, 美しい: **пейза́ж** 絵のような風景 ③(表現などが)はっきりとした, 鮮やかな: **~ сюже́т** 鮮烈なストーリー **//-ость** [女10] <②③>

*жи́вопись [ジーヴァピシ] [女10] [painting] ①絵画: **ма́сляная ~** [美]油彩画 ②〔集合〕絵画(作品): **стенна́я ~** 壁画

живородя́щий [形3] 〔動〕胎生の;〔植〕母体発芽の

живорожде́ние [中5] 〔動〕胎生

*живо́т [ジヴォート] -á [男1] [stomach] ①お腹: боль в ~е́ 腹痛 | ~ растёт у ... [話]…のお腹が出てきている(メタボ) | лежа́ть на ~е́ 腹ばいに[うつ伏せ]になる (↔на спине́) ②胃, 腸: ~о́м ма́яться [му́читься] 《俗》下痢になる, 胃が痛む ◆ **с ~о́м** 妊娠している

■ **та́нец ~á** ベリーダンス [男3] [指小]

животво́рный -рен, -рна [形1] [雅]元気[生命力]を与える

животворя́щий [形6] [詩]生命[生気]を与える

живо́тина [女1] [俗]家畜

животново́д [男1] 畜産学者

животново́дство [ц] [中1] 畜産業; 畜産学 **//-ческий** [形3]

*живо́тн|ое [ジヴォートナエ] (形1変化)[中] [animal] ①動物: хи́щные **-ые** 肉食動物 ②(人間に対して)動物: дома́шние **-ые** ペット ③[話・蔑]粗野で愚かな悪い人

*живо́тн|ый [形1] [animal, bestial] ①生き物の, 動物の; 動物性の: ~ **жир** 動物性脂肪 | ~ **мир** (動物を擬人化した)寓話 ②生理的な, 肉体的な, 動物的な: ~ **страх** 身の危険に関わる恐怖

животрепе́щущий [形6] 差し迫った, 緊急の

живу́ [1単現] → жить

живу́ч|ий -ч, -ча [形6] ①生命力のある, 忍耐強い ②伝統のある, しっかりした **//-есть** [女10]

жи́вчик [男2] ①[話]元気[威勢]のいい人 ②[生]精子 ③こめかみの血管がピクピクすること

живьём [副] ①[話]生きている状態で, 生け捕りにして ②《楽》[俗]生演奏で

жиголо́ [男不] [話] ジゴロ

Жигули́ -е́й [複] ①ジグリ丘陵 (Жигулёвские го́ры) ②ジグリ(ロシア国内向けのАвтоВАЗ 社製の乗用車のブランド; 輸出名はラーダ LADA) ③[商標]ジグリ (モスクワのビール)

**Жигули́** [話] = Жигули́①

жид -á [男1] **/~о́вка** 複生 **-вок** [女2] 《話・蔑》ユダヤ人 ■ **Ве́чный ~** [文]さまよえるユダヤ人

*жи́дк|ий -док, -дка́, -дко ⑩ 比 жи́же [形1] [liquid, fluid] ①液体の: **-ое то́пливо** 液体燃料 ②水分の多い, 液状の; 水っぽい: **~ клей** 液体のり | **-ие обо́и** 塗り壁 ③まばらな, (髪が)薄い ④不十分な, 弱々しい, 貧弱な: **-ая стате́йка** 内容が薄い記事

жидкокристалли́ческий [形3] 液晶の (略 ЖК); **-ий диспле́й** [монито́р] 液晶ディスプレイ, LCD

жи́дкостный [сн] [形1] [技]液体の: **~ раке́тный дви́гатель** 液体燃料ロケットエンジン(略 ЖРД)

*жи́дкость [ジートカスチ] [女10] [liquid, fluid] ①液体: **мо́ющая ~** 液体洗剤 | **корректи́рующая ~** 修正液 ②水分の多さ, 液状であること; (濃度・密度が)薄いこと: **~ во́лос** 薄毛, 髪の薄いこと

жи́жа [女4] ①ねばねば, どろどろ ②[話](スープの具に対して)汁

жи́зне.. [語形成] 「生命の」「生活の」

жизнедея́тельность [女10] [生]生活機能

*жи́зненн|ый [ジーズニンヌイ] 短 -ен, -енна [形1] [life, vital] ①生命の, 人生の, 生活の: **~ о́пыт** 人生経験 | **~ путь** 人生の道のり ②現実に近い, 真に迫った, 生々しい: **-ое выраже́ние** 生き生きとした表現 ③社会的[生命維持]に必要な, 生死にかかわる: **-ая фо́рма** [生]生活形 | **-ая ёмкость лёгких** 肺活量 **//-о** [副] **//-ость** [女10]

жизнеобеспе́чен|ие [中5] 生命維持: **систе́ма -ия** 生命維持装置

жизнеописа́ние [中5] 伝記 (биогра́фия)

жизнера́достн|ый 短 -тен, -тна [形1] 楽天的な, 陽気な, 生きる喜びに溢れた **//-ость** [女10]

жизнеспосо́бн|ый 短 -бен, -бна [形1] 生命力[生活力]のある; 成長[発展]し得る **//-ость** [女10]

жизнесто́йкий 短 -о́ек, -о́йка [形3] [文]生命力のある; 粘り強い

жизнеутвержда́ющий [形6] [雅]前向きな, 楽天的な, 人生肯定的な

*жи́зн|ь [ジーズニ] [女10] [life, existence] ①生命: **возникнове́ние -и на Земле́** 地球上の生命の誕生 ②一生, 人生; 命: **рискова́ть -ью** 命を危険にさらす | **лиши́ть ~** 命を奪う, 殺す | **спасти́ ~** 命を救う | **ме́жду -ью и сме́ртью** 生死の境をさまよって | **положи́ть ~ за ...** [雅]……のために命をささげる | **До́лгих лет -и!** 長生きして下さい ③生活: **о́браз -и** 生活様式, 生き方, ライフスタイル | **сто́имость -и** 生活費 ④実際, 現実, 事実: **провести́** [воплоти́ть, претвори́ть] **в ~** 実行に移す, 実施する ⑤活気, 活力: **Го́род по́лон ~и.** 街は活気にあふれている

◆ **вопро́с -и и сме́рти** 死活問題 | **дать ~** ① [雅]……を生む ②[俗]……を引き起こす, もたらす | **дарова́ть ~** ……を赦免する | **Ж~ моя́!** 愛しい人よ | **Ж~ бьёт ключо́м и всё по голо́ве.** [話・皮肉]ついてない, 運が悪い | **Как ~?** [話]調子はどう | **не на ~, а на смерть** 必死に, 決死の覚悟で | **по ~и** [話]一般に, 大抵; 実際に | **поговори́ть за ~** [話・戱]人生について心おきなく語り合う | **при ~и** 生存中に | **Такова́ ~!** それが人生ってもんだ, 仕方ないよ | **уйти́ из ~и** 他界する, この世を去る ■ **«Ж~ за царя́»** 「皇帝に捧げた命」(グリンカのオペラ; 当初の題名は «Ива́н Суса́нин»)

жиклёр [男1] [技]噴出口, ノズル; その穴

жи́л|а [女1] ①[解]血管, 腱 ②[鉱]岩脈, 鉱脈 ◆ **тяну́ть -ы из** [⑤] ……を苦しめる, 悩ませる

жиле́т [男1], **~ка** 複生 **-ток** [女2] ベスト, チョッキ ◆ **пла́каться в жиле́тку** [⑤] [話・戯](……の同情を引こうとして)愚痴をこぼす, 泣きつく

*жиле́ц -льца́ [男3] / **жили́ца** [女3] [tenant] 間借り人; 住人: **сдать ко́мнату жильцу́** 間借り人に部屋を貸す ◆ **не ~ (на бе́лом све́те)** [話]もう長くは生きていない, 老い先短い

жи́листый 短 -ист [形1] ①筋の多い, 筋張った ②血管が浮き出ている, 痩せぎすの, 筋骨隆々の

**жи́лить** -лю, -лишь [不完] 《俗》〈団〉横取りする

*__жили́ще__ [中2] 〔dwelling〕住宅；住処：пла́та за ~ 家賃｜пра́во на ~ 居住権

**жили́щно-бытово́й** [形2] 住環境の

**жили́щно-коммуна́льный** [形1]：-ое хозя́йство 住宅公共サービス(略 ЖКХ)

**жили́щно-строи́тельный** [形1]〔housing〕住宅建設の：-ое о́бщество [това́рищество] 建築[住宅]組合

*__жили́щн|ый__ [形1]〔housing, living〕住宅の：-ые усло́вия 住宅事情，住環境

*__жи́лка__ 養生 -лок [女2]〔vein〕① 細い血管［腱］；それで作った糸 ② 木目，石目 ③（虫の羽の）翅脈，〔植物の〕葉脈 ④ 傾向，才能

**жилма́ссив** [ジリョー] [中4] 《公》住宅地,住宅地《жило́й масси́в》

**жил|о́й** [形2]〔dwelling, residential〕① 住宅用の，居住用の：~ до́м 住宅｜~ кварта́л 住宅地｜-а́я пло́щадь ＝жилпло́щадь ② 人が住んでいる

**жилпло́щадь** [女10] 居住スペース，床面積《жила́я пло́щадь》

**жилфо́нд** [男1]《公》(組織・団体などの)住宅総保有量《жили́щный фо́нд》

*__жильё́__ [中4]〔dwelling, habitation〕① 人が住んでいる場所，住居 ②《話》住宅《жили́ще》：эли́тное [типово́е] ~ 高級[平均的]マンション ③《話》滞在，居住《житьё》

**жи́льный** [形1] ① 血管，腱の［で作った］：-ые стру́ны〔楽〕ガット弦 ②〔地〕鉱脈の

**жим** [男1]《スポ》(ベンチ)プレス

**жи́молость** [女10]〔植〕スイカズラ属：~ голуба́я [си́няя] クロノミ(この変種にハスカップがある)

*__жир__ -а/-у 前 o -е, в -е/-у́ 複 [男1]〔fat, grease〕脂肪，油，油脂 ◆**Не до ~у (бы́ть бы жи́ву).**《話・戯》貰い物には目は言えない，もらえるだけでもありがたい｜**от ~у ло́паться**《俗・非難》でっぷり太る，むちむちになる｜**с ~у беси́ться**《話》生活が豊かすぎてわがままになる *__жиро́к__ -рка́ [男2]〔指小〕

**жира́ф** [男1]，**жира́фа** [女1] ①〔動〕キリン ② 痩せているのは、ему́ видне́й!《話・戯・皮肉》問題を熟知している，精通している (В. Высо́цкийの歌より)｜**до** 国 **дохо́дим, как до ~а**《俗》…は理解が遅い，鈍い

**жире́ть** [不完] **о~**, **раз~** [完] 太る，肥える

**Жирино́вский** 〔形3変化〕［男1］ジリノフスキー(Влади́мир Во́льфович ~, 1946-；政治家)

**жирномоло́чность** [女10] 乳脂肪分

**жи́рность** [女10] 脂肪(分)：молоко́ ни́зкой -и 低脂肪乳

*__жи́рн|ый__ [ジールヌイ] 短 -рен, -рна́, -рно, -рны/-рны́ [形1]〔fatty, greasy〕① 油[脂肪]が多い，脂っこい：~ су́п 脂っこいスープ｜-ая ко́жа 脂性[オイリー]肌 ② 太っている，でっぷりした：~ живо́т メタボ腹 ③ 油で汚れた：~ое пятно́ 油染み ④ 油でできた ⑤ 豊かな，肥沃な ⑥ 太字の：~ шри́фт 太字，ボールド体｜отме́тить -ыми шрифта́ми 太字のフォントで示す

◆**-о бу́дет**《俗》やりすぎだ，度が過ぎる

**жирова́ть** -ру́ю, -ру́ешь 受過 -о́ванный [不完] ①〔獣〕脂肪(分)を含ませる ②（動物が）肥える ③（植物が）蔓延びする **// жирова́ние** [中5]：~ ко́жи〔乾燥・老化した〕肌への油分の補給

**жирови́к** -а́ [男2]〔医〕脂肪腫

**жиров|о́й** [形2] 脂肪を含む：-а́я тка́нь 脂肪組織｜-ы́е вещества́ 脂肪性物質 ② 油脂加工の，製油の

**жите́йск|ий** [形3] ① 日常的な，ありふれた ② 世俗の，世の中の：-ая му́дрость 処世術 ◆**Де́ло -ое!**《話》普通のことでしょ，なに驚いてるの

*__жи́тел|ь__ [ジーチリ] [男5]／**~ница** [女3]〔inhabitant〕住人，住民：ми́рные -и 一般市民，民間人｜-и го́рода 町[都市]の住人

*__жи́тельств|о__ [中1]〔residence〕《公》居住：ме́сто -а 住所，居住地｜постоя́нное ме́сто -а 定住所，緊急連絡先の住所(出張・留学の際の留守宅[実家]の住所)｜ви́д на ~ 永住許可証

**житие́** [中5]〔教会〕伝記 ■**Жития́ святы́х** 聖人伝記

**жи́тница** [女3]《雅》穀倉地帯；《廃》穀物庫：Куба́нь ~ Росси́и. クバン地方はロシアの主要な穀倉地帯だ

**жи́тник** -а́ [男2]〔植〕イネ科の飼料用穀物(ステップ，森林ステップに植生)

**жи́то** [中1]〔単〕穀物 **// -ный** [形1]

*__жи́ть__ [ジーチ] живу́, живёшь ⟵ живи́ 過 жи́л, жила́, жи́ло, жи́ли（否定 не́ жил, не жила́, не́ жило, не́ жили）[不完]① 生きる，生きている：Челове́к не мо́жет ~ без воды́. 人間は水なしでは生きられない ②《в⚪ についての》(考えなどが) 存在する：В челове́ке живёт уве́ренность, что́ о́н всё смо́жет. 人には自分は何でもできるという自信がある ③ 住む：Я живу́ в Япо́нии. 私は日本に住んでいる ④《⚪/на⚪で》暮らす，生活する：~ свои́м трудо́м 自分で働いて暮らす｜~ на де́ньги от сда́чи кварти́ры 家賃収入で暮らす ⑤《с⚪》にかかわりである：~ с мы́слью о разво́де 離婚のことばかり考えている ⑥《⚪として》生活する，暮らす ⑦《с⚪》(何らかの)関係にある：Ребя́та, дава́йте ~ дру́жно!《話・戯》皆さん，仲良くやろうよ(ソ連のアニメ『レオポルド』より) ◆**~ да** — 国 …は死ぬのが早すぎた｜**—пожива́ть** 何の「つつがなく」暮らす｜**жи́л-бы́л ...**《民話》昔々あるところに…が住んでいました｜**Чтоб я́ так жи́л!**《戯》神に誓って ②《話》…するかな，まさか

**житьё́** [中4] ①《話》暮らし(жи́знь) ②《話》⚪にとっての快適な暮らし ③ 滞在，居住 ◆**-ья́ не́т от** 国 …は厄介だ，邪魔くさい，うるさい｜**~-бытьё́**《話》生活，暮らしぶり

**жи́ться** живётся 過 жило́сь [不完]《話》⚪ は》① 暮らす：Пу́сть ва́м сча́стливо живётся! あなたがたが幸せに暮らせますように ②《否定文で》暮らせない：Не живётся мне́ ту́т. 私はここでは暮らせない

**ЖК** [ジェカー]（略）жидкокристалли́ческий

**ЖК-диспле́й** [男6]，**ЖК-монито́р** [男1] 液晶ディスプレイ，LCD

**ЖКХ** [ジェカハー]（略）жили́щно-коммуна́льное хозя́йство 住宅公共サービス

**жлоб** -а/-а́ [男1]《俗・蔑》頑強な乱暴者；けち，守銭奴

**жло́бство** [中1]《俗・蔑》乱暴[けち]な行為；低級な性格

**жмёшь** [2単現] < жа́ть¹

**жми** [命令] < жа́ть¹

**жмо́т** [男1]《俗・蔑》けち，守銭奴

**жму** [1単現] < жа́ть¹

**жму́р** [男1]《俗・隠》死者；遺体

**жму́р|ить** -ю, -ишь ~, **-ик** [男2]《俗・隠》死ぬ，くたばる

**жму́рить** -рю, -ришь 受過 -ренный [不完] **за~** [完]〈団〉(日差しなどに)〈目を細める **// ~ся** [不完] ① 目を細める ② まぶしがる

**жму́рки** -рок, -ркам [複] 目隠し鬼（子どもの遊び）；騙し合い：игра́ть в ~ 目隠し鬼をする

**жмых** -а́ [男2]《通例複》〔農〕油かす

**жне́ц** -а́ [男3]/**жни́ца** [女3]（穀物を）刈り取る人

**жнёшь** [2単現] < жа́ть²

**жни** [命令] < жа́ть²

**жну** [1単現] < жа́ть²

**жоке́й** [男6]（競馬の）騎手，ジョッキー **// ~ский** [形3]

**жо́м** [男1] ①圧搾機 ②搾りかす
**жонглёр** [男1] (サーカスの)ジャグラー
**жонгли́рова|ть** -рую, -руешь [不完] 〈圏〉①ジャグリング[お手玉]をする: ～ буты́лками 瓶でジャグリングする ②巧みにさばく, 上手にやりくりする: ～ ци́фрами 数字をごまかす **//–ние** [中5]
**жо́п|а** [女1] 《卑》尻(за́дница, за́д) ◆***ду́мать –ой*** 《俗・粗・戯》ばかなことをしでかす | ***Иди́*** [***Пошёл***] ***в –у!*** 《俗・粗》嫌なこった, 何言ってやがる, くたばっちまえ | ***как из –ы*** 《俗》しわくちゃの | ***лени́вая ～*** ぐうたら野郎, 怠け者 | ***пья́ный в –у*** 泥酔した **//жопе́нь** [女10] 《俗・戯》〔指大〕; **жо́пка** 複生 -пок [女2] 《話・戯・卑》〔指小・愛称〕
**жо́р** [男1] ①(魚の)強い食いつき ②《話》強い食欲: Что́-то на меня́ ～ напа́л. 何だかガッツリ食べたい気分だ
**Жо́ра** (女1変化) [男] 〔愛称〕< Гео́ргий, Его́р
**Жо́стово** [中1] ジョストヴォ(モスクワ郊外の村) **//жо́стовск|ий** [形1] ■**Ж–ая ро́спись** ジョストヴォ塗り(伝統工芸品)
**жратва́** [女1], 《若者》**жра́чка** 複生 -чек [女2] 《俗》食い物
**жра́ть** жру́, жрёшь 過 -а́л, -ала́, -а́ло [不完] / **со～** 受過 со́жранный [完] 《俗》〈図〉①(主に動物が)がつがつ食う, むさぼり食う ②酒を飲みすぎる
**ЖРД** [ジェエルデー] 《略》 жи́дкостный раке́тный дви́гатель 液体燃料ロケットエンジン
**жре́б|ий** [男7] くじ: тяну́ть [вы́нуть] ～ くじを引く | броса́ть ～ さいころを投げる | доста́ться по *–ию* くじで当たる | вы́боры по *–ию* くじによる抽選[選挙] ◆***～ бро́шен*** 賽(さい)は投げられた, 決まった | 囨 ***вы́пал ～*** 不定形 …は…する運命になる
**жре́ц** -а́ [男3] (生贄(いけにえ)を捧げて儀式を行う)祭司 **//жре́ческий** [形3]
**жуёшь** 〔2単現〕< жева́ть
**жу́желица** [女3] 〔虫〕オサムシ
**жужжа́|ть** -жжу́, -жжи́шь [不完] ブンブンと音がする: Пчёлы *жужжа́т*. ハチがブンブンいっている | В компью́тере *жужжи́т*. パソコンがブーンと音を立てている | *Жужжи́т* в у́хе. 耳鳴りがする **//–ние** [中5]
*__жу́к__ -а́ [男2] 〔beetle〕①〔昆〕甲虫類(жесткокры́лые); (頑丈な外骨格を持つ)虫(カブトムシ, テントウムシなど): ～-носоро́г サイカブト | ～-оле́нь (ヨーロッパミヤマ)クワガタ (рога́ч) | ма́йский ～ コフキコガネ(樹木の害虫) | колора́дский ～ コロラドハムシ(ジャガイモの害虫) ②《俗・蔑》ずる賢い人
**Жу́ков** [男姓] ジューコフ(Гео́ргий Константи́нович ～, 1896-1974; 軍人, ソ連邦元帥)
**Жуко́вский** (形3変化) [男] ジュコーフスキー(Васи́лий Андре́евич ～, 1783-1852; ロマン主義を代表する詩人, 翻訳家)
**жу́лик** [男2] ①《話》こそ泥 ②いかさま師, ずるいやつ
**жу́лить** -лю, -лишь [不完] 《話》 = жу́льничать
**жульё** [中4] 《話》《集合》こそ泥
**жу́льничать** [不完] / **с～** [完] 《話》いかさまをやる
**жу́льничество** [中1] 《話》いかさま, ずる
**жураве́льник** [男2] 〔植〕フクロソウ属(薬用; гера́нь)
**журавлёнок** -нка 複 -ля́та, -ля́т [男9] ツルのひな
**жура́влик** [男5], **жура́вушка** 複生 -шек [女2] 〔指小〕< жура́вль: бума́жные *~и* 折り鶴, 千羽鶴(ロシアには被爆少女佐々木禎子のエピソードで伝わる)
**журавли́н|ый** [形1] ツル(жура́вль)の: ～ кли́н ツルの V 字隊列 ◆***–ые но́ги*** 長い足
**жура́вль** -я́ [男5] ①〔鳥〕ツル: япо́нский ～ タンチョウ ②(井戸の)はねつるべ
**жури́ть** -рю́, -ри́шь 受過 -рённый (-рён, -рена) [不完] 《話》〈図〉叱る, 非難する
****журна́л** [ジュルナール] [男1] 〔magazine, journal〕①雑誌: же́нский ～ 女性誌 | еженеде́льный ～ 週刊誌 ②日誌, 記録簿: ～ заседа́ний 議事録 | судово́й [ва́хтенный] ～ 航海日誌
**журнали́зм** [男1] = журнали́стика
****журнали́ст** [ジュルナリースト] [男1] / **~ка** 複生 -ток [女2] 〔journalist〕 ジャーナリスト, 記者: сканда́льный ～ スキャンダルを書き立てる記者 | места́ для *~ов* 記者席 **//~ский** [cc] [形3]
**журнали́стика** [女2] ①報道業, ジャーナリズム ②《集合》定期刊行物
*__журна́льный__ [形1] 〔magazine〕 雑誌の ■**～ сто́лик** コーヒーテーブル
**журфа́к** [男2] 《話》ジャーナリズム学部(факульте́т журнали́стики)
**журча́|ть** -чи́т [不完] (水が)サラサラと音を立てる; (話し声が)ひそひそ聞こえる **//–ние** [中5]
*__жу́тк|ий__ 短 -ток, -тка́, -тко 比 жу́тче [形3] 〔terrible〕 ①怖い, つらい, 嫌な: *–ая* тишина́ 気味の悪い静寂 | *–ое* зре́лище 凄惨な光景 ②《俗》ものすごい, ひどい: ～ моро́з すごい冷え込み **//–о** [副] **//–ость** [女10]
**жу́т|ь** [女10] 《俗》 ①恐怖感: ～ берёт [охва́тывает] ぞっとする ②《述語》嫌だ, とても怖い ③《述語》《как, како́йなどと共に》たくさん, とても: *Ж～* как постаре́л. 何とまあ老けたことか | *Ж～* како́й весёлый. 随分ご機嫌なことで ◆***до –и*** ひどく, この上なく: Уко́лов бою́сь *до –и*. 私は注射がとてつもなく怖い
**жу́хлый** [形1] (葉が)しおれた, 枯れた; (色が)あせた
**жу́хнуть** -нет 過 жу́х/-ул, -хла [不完] / **за～** [完] (葉が)しおれる, 枯れる; (色が)あせる
**жу́чить** -чу, -чишь 受過 -ченный [不完] 《話》〈図〉叱る, 小言を言う, 罵る
**жу́чка** 複生 -чек [女2] ①《話》(通例黒色の)飼い犬, 番犬 ②**Ж～** ジューチカ(飼い犬の一般的な呼び名)
**жучо́к** -чка́ [男2] ①〔指小〕< жу́к ②盗聴器, 隠しマイク ③〔コン〕バグ
**жую́** 〔1単現〕< жева́ть
**Жэньми́нь жиба́о** (不変) [女] 人民日報(中国共産党の機関紙)
**жюлье́н** [男1] 〔料理〕①グラタン(коко́т): ～ с ку́рицей и гриба́ми 鶏肉とキノコ入りグラタン ②千切り
**жюри́** (不変) [中] 《集合》(コンクールなどの)審査員(団): чле́н ～ 審査員

# З з

**З** 《略》за́пад
****за** [ザ] (★特定の結合では[ザー]: за́ день など) [前] 〔behind, beyond〕 **I** 〈図〉①…の向こうへ, 外へ, 後ろへ: за́ борт 船外へ, 水面へ | за́ реку 川の向こうへ | ступи́ть *за* поро́г 敷居をまたぐ, 外に出る | уе́хать *за́* го́род [*за* грани́цу] 郊外[外国]へ去る
②《従事》…に向かって, 取り組んで: се́сть *за* сто́л テーブルに着く, 机に向かう | приня́ться *за* рабо́ту 仕事に取りかかる ③《つかむ・触る対象》…を: взя́ть 囨 *за́* ру́ку …の手をとる | Она́ дёргала меня́ *за* рука́в. 彼女は私の袖を引っ張った ④《数量の超過》…を超えて, …以上: Ему́ *за* со́рок. 彼は40歳過ぎだ | моро́з *за* три́дцать гра́дусов −30℃以下の寒さ
⑤《距離的へだたり》…離れて: *за* де́сять киломе́тров отсю́да ここから10キロの所に ⑥《時間的へだたり, しばしばдо囯と共に》…だけ前に: *за* пя́ть дне́й до сро́ка 〆切の5日前に | *за* ча́с до отхо́да по́езда 列車の出る1時間前に ⑦《期間, 特に完了に要する期間》…の間で, …

のうちに(★完了体動詞と共に；習慣, 反復動作は不完了体動詞も用いられる)：зарабо́тать за́ год 1年間の給料, 年俸 ｜ за после́дние сто лет 過去百年間 ｜ Это мо́жно сде́лать за день. これは1日ですることができる ⑧《毀損などの根拠》…のゆえに, …のために：наказа́ть за 団 …のことで罰する ｜ Благодарю́ вас за по́мощь. ご支援に感謝します ⑨《擁護・行為の目的》のために：сража́ться за Ро́дину 祖国のために闘う ｜ За ва́ше здоро́вье!《乾杯の言葉》ご健康のために ｜ голосова́ть за …に賛成票を投じる ⑩《感情の起因》…のことを(思って)：беспоко́иться за дете́й 子どものことを心配する ｜ ра́доваться за дочь 娘のことで喜ぶ ⑪《責任・保証の対象》…に対して, …のために：руча́ться за успе́х 成功を請け合う ⑫と交換で, …の代償として：плати́ть за кварти́ру 家賃を払う ｜ рабо́тать за двои́х 2人分働く ｜ уплати́ть за рабо́ту 賃金を支払う ｜ Она́ купи́ла ту́фли за ты́сячу рубле́й. 彼女は靴を1000ルーブルで買った ⑬…の代わりに, …として：Я за тебя́ всё сде́лаю. 君の代わりに私が…する ｜ приня́ть за знако́мого …を知人と見間違える ⑭《嫁ぐ相手》…と, …に：вы́йти (за́муж) за …と結婚する, …に嫁ぐ ｜ Её вы́дали за старика́. 彼女は年寄りのところに嫁がされた ⑮《主に新聞の日付》газе́та за 28/III 2013 г. (два́дцать восьмо́е ма́рта две ты́сячи трина́дцатого го́да) 2013年3月28日付の新聞 (匿裁 от は刊行月, 文章一般に用いられる)

**II** 《動》 ①…の向こう側に, 外に, 後ろに：стоя́ть за поро́гом 敷居の向こう側[外]に立っている ｜ жить 'за го́родом [за грани́цей] 郊外[外国]に住む ｜ за преде́лами 団 …の範囲外に ②…に向かって, 取り組んで：сиде́ть за столо́м テーブルに着いている, 机に向かっている ｜ сиде́ть за рабо́той 仕事をしている ③…の直後に, …に続いて(★ドアの前で「お先にどうぞ」は, за でなく Пожа́луйста!)：Иди́те за мной. 私の後について下さい ｜ Прочита́йте за мной сло́во «да». 私に続いて да という語を読みなさい ｜ год за го́дом 年々, 年を追って ④《従事・動作》…している時に, …の間：поговори́ть за обе́дом [за ча́шкой ча́я] 昼食をとりながら[お茶を飲みながら]話す ⑤《移動・追求の目的》を求めて, 得るために：идти́ за водо́й 水を汲みに行く(★по́ воду は俗語的) ｜ посла́ть за врачо́м 医者を迎えにやる ⑥…のゆえに, …の理由で：за отсу́тствием вре́мени 時間不足で ｜ За шу́мом не слы́шно звонка́. 騒音でベルの音が聞こえない ⑦《注意・監視・保護の対象》…のことを：наблюда́ть за детьми́ 子どもを見守る ｜ следи́ть за чистото́й 清潔さを保つ ⑧《所有・所属・依存》の(もの)：О́чередь за тобо́й. 君の番だ ｜ Это за ней вно́сится. 彼女にはそういう癖がある ⑨《時にза́мужем を省略, 女性について》…と結婚して, …に嫁いで：Она́ за́мужем за сослужи́вцем. 彼女は同僚と結婚している ⑩《書類などの番号・署名などについて》…のある：прика́з за но́мером 30 (три́дцать) 命令第30号

**III** 《述語》⑪《что за?》賛成だ(←про́тив)：Кто за? 賛成の人 **IV** (不変)《中》《話》賛成すべき点, プラス面：взве́сить всё за́ и про́тив 賛成と反対の論拠を全てはかりにかける

**за..** 《接頭》 **I** 《動詞》 ①「…し始める」：заболе́ть 痛みだす ②「途中で」：зайти́ 立ち寄る ③「範囲を超えて」「むこうへ」：захвали́ть 褒めすぎる ｜ загна́ть 追いやる ④「満たす」「覆う」：зама́зать 塗りつぶす ⑤「つかむ」「なぐ」：захвати́ть つかむ ｜ …「過度な」：за-дари́ть たくさん贈り物をする ⑥《完了体を形成》 **II** 《名詞》「…の向こうの, 後方, 外」：Закавка́зье 外[南]カフカス **III** 《名詞》「繰り返される動作の個々の一回」：забе́г (1回の)競走 **IV** 《形容詞》「…様子の残っ

た」：запла́канный 泣きはらした **V** 《副詞を形成》①《時間的な限定》「…前に」, 「…前から」：за́ранее 前もって ｜ за́темно 未明に ②《質的特徴》「…様子で」：заме́тно 目に見えて ｜ за́живо 生きながら

**зааксити́ровать** [完] →акти́ровать
**заале́ть** [完] 真紅になり始める, 深紅に見える
**заарка́нить** [完] →арка́нить
**заарта́читься** -чусь, -чишься [完]《話》(特に馬が)強情を張りだす
**заасфальти́ровать** [完] →асфальти́ровать
**заатмосфе́рный** [形] 大気圏外の
**заба́ва** [女1] 気晴らし, 慰み, 遊び：пуста́я ～ 暇つぶし ｜ де́тская ～ 子どもの遊び；《比喩でも》児戯
**забавля́ть** [不完] 〈囲〉楽しませる, 面白がらせる
**забавля́ться** [不完] 〈囲を手段に〉楽しく過ごす, 気晴らしをする
**заба́вни|к** [男2] **/-ца** [女3]《話》面白い人, ひょうきんな者
*забавно ①[副] 滑稽に, 面白く：～ расска́зывать 面白おかしく話す ②[無人述] 滑稽だ, 愉快だ：3～ смотре́ть на щенка́. 子犬をみているのは面白い
*заба́вн|ый 短-вен, -вна [形1] [amusing, funny] 滑稽な, おかしい；面白い：-ая карти́нка 滑稽な絵 **-ость** [女10]
**забази́ровать** [完] →бази́ровать
**Забайка́лье** [中4] ザバイカリエ(外バイカル, バイカル湖東岸の地域) **// забайка́льский** [形3]：3～ край 同地方(中心都市 Чита́; シベリア連邦管区)
**забалде́ть** [完]《俗》①満ち足りた気持ちになる ②酔っ払う
**забаллоти́ровать** -рую, -руешь 受過 -анный [完]〈囲〉…に反対票を投じる, …を落選させる
**заба́лтывать** [不完] **/ заболта́ть** 受過 -бо́лтанный [完]《話》①〈囲〉混ぜ入れる, かき混ぜる ②[完]〈囲〉かき混ぜ始める ③[完]〈囲〉をぶらぶらさせ始める；揺らし出す
**заба́лтываться** [不完] **/ заболта́ться** [完]《話》①おしゃべりに夢中になる：Заболта́лся по телефо́ну и пропусти́л переда́чу. 電話でおしゃべりに夢中になり, テレビ番組を見逃してしまった ②[完] 揺れ出す
**забальзами́ровать** [完] →бальзами́ровать
**заба́нить** [完] →ба́нить
**забарахли́ть** -лю́, -ли́шь 受過 -лённый (-лён, -лена́) [完]《俗》①(機械などが)調子が悪くなる ②〈囲〉(ごみなどで)いっぱいになる
**забаррикади́ровать(ся)** [完] →баррикади́ровать(ся)
**забастова́ть** -ту́ю, -ту́ешь [完] ストライキを起こす
*забасто́вк|а -вок [女2] [strike] ストライキ：всео́бщая ～ ゼネスト ｜ объяви́ть [устро́ить] ～у ストを宣言する[起こす] **// забасто́вочный** [形1]
**забасто́вщи|к** [男2] **/-ца** [女3] ストライキ参加者
**заба́хать, заба́цать** [完]《俗》〈囲〉①一気に作る[やる] ②演奏する
**забве́н|ие** [中5] ①[文] 忘却：преда́ть -ию 团 忘却にゆだねる ②軽視, 無視 ■ **Река́ -ия** [詩] 忘却の川
**забе́г** [男2] [スポ] 競走, レース：～ на 100 (сто) ме́тров 100メートル競走
**забега́ловка** 複生 -вок [女2]《俗》アルコール類も出す軽食堂, 居酒屋
**забе́гать** [完] 走り出す, 駆け出す
*забега́ть [不完] **/ забежа́ть** -егу́, -ежи́шь, …, -егу́т 命 -еги́ [完] [run in, drop in]〈囲〉駆け込む：Они́ забежа́ли во двор. 彼らは庭に駆け込んだ ②〈囲〉立ち寄る：～ к знако́мым 知人のところへ立ち寄る ③遠くへ走り去る：～ далеко́ в лес 森奥くへ走り去る ④《話》迂回して[脇から]駆け寄る：～ сбо́ку 脇から

# заботить

ら駆け寄る ◆~ **вперёд** (1)《話などを》先走る (2)先回りする, 出し抜く

**забе́гаться** [完]《話》走り疲れる

**забежа́ть** [完] →забега́ть

**забеле́ть** [完] 白い姿を現す, 白く見える

**забе́л|ивать** [不完] / **забели́ть** -елю́, -е́лишь/-ели́шь 命 -ели́ 過 -лённый (-лён, -лена́) [完]《мн》① 一面白く塗る ② (スープ類に)サワークリーム[牛乳]を入れる

**забере́менеть** [完] →бере́менеть

**забеспоко́иться** -о́юсь, -о́ишься [完] 心配しだす

**забетони́ровать** [完] →бетони́ровать

*__**забива́ть**__ [不完] / **заби́ть**¹ -бью́, -бьёшь 命 -бе́й 受過 -тый [完] 〔drive in〕《мн》① 《深く・最後まで》打ち込む:~ **гвоздь** 釘を打ち込む /《ボールを打ち込む, 入れる》: ~ **гол** ゴールを決める / ~ **мяч в воро́та проти́вника** 相手のゴールにボールを入れる ② …にいっぱい詰め込む, 塞ぐ: **Шкаф заби́т веща́ми**. 戸棚は物であふれんばかりだ ③ ふさぐ: ~ **окно́ доска́ми** 板を打って窓をふさぐ /《話》(繁茂して他の植物の)成長を妨げる: **Сорня́к заби́л газо́н**. 雑草のせいで芝生が駄目になってしまった ⑤《俗》打ち負かす, 打に勝つ: **Этот бегу́н всех заби́л**. このランナーが皆を打ち負かした ⑥《俗》(度を超えて)殴りつける, 打ちのめす: ~ **до́ смерти** 殴り殺す ⑦《屠殺場·狩猟で》殺す: ~ **скот** 家畜を屠殺する ⑧《俗》《на+造》で確保する ⑩《俗》《話》《на+造》で約束する: **Заби́ли на шесть ве́чера**. 晩の6時ということで話がついた ⑪《俗》《на+造》をやめる, 放り出す: **Я вчера́ заби́л на пе́рвую па́ру**. 《学生》ゆうべの1限サボっちゃった

◆~ **го́лову** 《+造》《…で余計なことばかり》頭をいっぱいにする / ~ **себе́ в го́лову** 過《話》(信念などに)固執する, 凝り固まる

**забива́ться** [不完] / **заби́ться**¹ -бью́сь, -бьёшься 命 -бе́йся [完] ①《話》(狭い空間に)身をひそめる, 隠れる ② 詰まる, ふさがる ③《俗》《с+造》と (会う)約束をする ④《完》震えだす, 身を震わせだす ⑤《完》(心臓・脈が)鼓動し始める

**забинтова́ть** [完] →бинтова́ть

*__**забира́ть**__ [забира́ч] [不完] / **забра́ть** [забра́ч] -беру́, -берёшь 命 -бери́ 過 -а́л, -ала́, -а́ло 受過 за́бранный [完] 〔take, pick up〕《мн》① つかむ, つかみ取る: ~ **вожжи́** 手綱をつかむ / ~ **свои́ ве́щи** 自分のものを取る ② 持って行く[くる], 連れて行く[くる]: ~ **ребёнка из де́тского са́да** 幼稚園から子供を迎えに行く ③《話》取り上げる, 奪い取る; 逮捕する: ~ **па́спорт** パスポートを取り上げる / **Его́ забра́ли пря́мо на у́лице**. 彼は路上で逮捕された ④《話》(考え・感情が)捉える: **Забра́ла охо́та жени́ться**. 何でも何でも結婚したくなった ⑤ (衣服を詰める, 短くする: ~ **рукава́** 袖を詰める ⑥ ふさぐ: ~ **окно́ доска́ми** 窓を板でふさぐ

◆~ **си́лу** 《俗》力を得る, 影響力を持つようになる / ~ **себе́ в го́лову** 過《話》(信念などに)固執する

**забира́ться** [不完] / **забра́ться** -беру́сь, -берёшься 過 -а́лся, -ала́сь, -а́лось/-а́лось [完] ① よじ登る; 入り込む, 潜り込む ② 遠くへ行く; 隠れる 《不完》〔受身〕←забира́ть

**заби́тый** [形1] 打ちのめされた, おどおどした

**заби́ть(ся)**¹ →забива́ть(ся)

**заби́ть**² -бью́, -бьёшь 命 -бе́й 受過 -тый [完] ① 打ち始める, 叩き始める ② 打ち鳴らし始める ③ 撃ち始める ④ 震えさせ始める ⑤ 湧き出す, ほとばしる

**заби́йка** (女2変化)[男・女]《話》けんかっ早い人, けんか好き

**заблаговре́менн|ый** 短 -енен, -енна [形1] 前もってなされた, 早めの **// -о**

**заблагорассу́диться** -ится [完]《無人称》に浮かぶ, 思いつく, 必要[適当]だと思う

**заблесте́ть** -ещу́, -ести́шь/-е́щешь [完] 輝きだす, 光りだす

**заблоки́ровать** -рую, -руешь 受過 -анный [完]《мн》閉じ込める, ブロックする

*__**заблуди́ться**__ [заблуди́ч·ч·а] -ужу́сь, -у́дишься, …-у́дятся 命 -ди́сь [完]〔get lost〕道に迷う: **Мы заблуди́лись в лесу́**. 私たちは森の中で道に迷った ◆~ **в трёх со́снах** 《皮肉》初歩的なことで混乱する, 単純なことに対処できない

**заблу́дший** [形6]《文》正道を踏み外した

**заблужда́ться** [不完] 判断を誤る, 誤解する

**заблужде́н|ие** [заблужде́ньйэ] [中5] 〔delusion〕 ① 見当違い, 誤解: **ввести́ 団 в ~** …の判断を誤らせる, 惑わせる ② 誤った考え, 謬見: **боро́ться с ~ями** 間違った考えと戦う

**забода́ть** [完] →бода́ть

**забо́й** [男6]《鉱》切羽(はっぱ); 坑内 ② 屠殺

**забо́йн|ый** [形1] ① 切羽(はっぱ)の ②《若者》素晴らしい, いかした

**забо́йщик** [男2]《鉱》採掘作業員, 先山(さきやま) (↔навалообо́йщик)

**забола́чивать** [不完] / **заболо́тить** -ло́чу, -ло́тишь 受過 -ло́ченный [完]《мн》沼沢化する **// -ся** [不完] 沼沢地になる

**заболева́емость** [女10]《医》発病率, 罹患率

**заболева́н|ие** [заболева́ньйэ] [中5] 〔disease〕① 病気(боле́знь); тяжёлое — 重病 / о́стрые респирато́рные ~**ия** 急性呼吸器疾患 (略 ОРЗ) ② 発病, 罹病: **предупрежде́ние от** ~**ия** 病気を予防すること

*__**заболева́ть**__ [заболева́ч] [不完] / **заболе́ть**¹ [заболе́ч] -е́ю, -е́ешь [完] 〔get sick〕① 発病する;《что》の病気になる, かかる: ~ **гри́ппом** インフルエンザにかかる / **Его́ оте́ц серьёзно заболе́л**. 彼の父は重病にかかった ②《話》(何かに)熱中する, 病みつきになる: **заболе́ть са́дом** 庭いじりに熱中する

*__**заболе́ть**__² [заболе́ч] -ли́т [完]《begin to hurt》痛みだす: **У меня́ заболе́ла голова́**. 私は頭が痛かれた

**забо́лонь** [女10] 辺材, 白太(しらた)

**заболоти́ть(ся)** →забола́чивать

**заболо́ченный** [形1] 沼沢化した

**заболта́ть(ся)** →забалтывать(ся)

**забомби́ть** -блю́, -би́шь [完] ゴールを決める

*__**забо́р**__ [забо́ур] [男1] 〔fence〕① (通例木製の)塀, 柵, 囲い: **доща́тый ~** 板塀 / **Сад окружён ~ом**. 庭は塀で囲われている ② 持って行くこと

◆**на́шему ~у двою́родный плете́нь** 《話·戯》無関係だ, 縁もゆかりもない

**забори́стый** 短 -ист [形1]《俗》(酒・たばこなどが)強い, きつい ② 辛辣な, 下品な

**забо́рн|ый** [形1] ① 塀の, 柵の ②《話》下品[卑猥]な

**забо́ртный** [形1] 舷外の, 船外の

*__**забо́т|а**__ [забо́уа] [女1]〔anxiety, care〕① 心配, 心配事, 面倒, 厄介: **жить без ~** 気楽に暮らす / **У меня́ мно́го ~**. 私には心配事がたくさんある ② 配慮, 気づかい, 心配り, 世話: ~ **о челове́ке** 人への気づかい / **Спаси́бо за ~у**. お世話になりありがとうございました ③ 仕事, 課題: **Твоя́ ~ — устро́ить ребёнка в я́сли**. 君がやらなければならないのは子供を保育所に入れることだ ◆~**ами** 《+属》のおかげで, 尽力により: **Запове́дник со́здан ~ами учёных**. この自然保護区は学者たちの尽力によってできた / **мне́ бы ва́ши ~ы** 《話·戯》私の方がずっとつらい / **Не́ было ~!** 《話》厄介なことが, それだけはごめんだ / **не моя́ (твоя́, его́) ~** 《話》私(君, 彼)の知ったことではない / **Что за ~!** 《話》気にすることはない

*__**забо́тить**__ -о́чу, -о́тишь [不完] / **о~** 受過 -о́ченный

[完] [worry] 〈他〉…に心配をかける, わずらわす: Что тебя́ *забо́тит*? 君は何が心配なの?

‡**забо́титься** [ザボーチッツァ] -о́чусь, -о́тишься, -о́тятся 命 -о́ться [不完] / **позабо́титься** [パザボーチッツァ] [完] [take care, worry] 〈о働〉 ◆ …のことを気にかう, 配慮する, …の世話をする: ~ о здоро́вье 健康に気にくばる | ~ о де́тях 子どもたちの面倒を見る ② 心配する, 不安に思う: Она́ *забо́тится* о свое́м бу́дущем. 彼女は自分の将来を案じている [完] 〈否定文で〉〈不定形〉しようとしない

*забо́тлив|ый 短 -ив [形1] [thoughtful] 思いやりのある, 気がつく, 気くばりの行き届いた: -ая хозя́йка よく気がつく女主人 **∥ -о** [副4] **∥ -ость** [女10]

**забра́л|о** [中1] ① (兜の) 面頬(鎧), (ヘルメットなどの) シールド, バイザー ② 保塁壁 ◆ **с откры́тым [по́днятым] -ом** 公然と, 包み隠さず

**забра́сывать**¹ [不完] / **заброса́ть** 受過 -о́санный [完] 〈他〉働〉① 投げかけて満たす, 積める, ふさぐ: ~ я́му землёй 穴を土で埋める ② 〈質問などを〉浴びせる ◆ **~ гря́зью** 侮辱する, 泥を塗る

*забра́сывать² [不完] / **забро́сить** -о́шу, -о́сишь 受過 -о́шенный [完] [throw, send] 〈他〉① (遠くへ) 投げる: ~ мяч на кры́шу ボールを屋根にほうり投げる ② 送り届ける, 送りこむ: ~ разве́дчика 諜報部員を送りこむ ③ 〈話〉やめる, 投げ出す, ほったらかす: ~ учёбу 勉強をやめる | ~ дете́й 子どもをほったらかしにする

**забра́ть(ся)** [完] →забира́ть(ся)

**забреда́ть** [不完] / **забрести́** -еду́, -едёшь 過 -брёл, -брела́ 能過 -е́дший 副分 -едя́ [完] 〈話〉ふらりと入りこむ, 迷いこむ

**забре́зжить** [жж] -жит [完] かすかに光り[輝きだ]す; 〈無人称〉夜が明けだす

**заброни́ровать** [完] →брони́ровать
**заброни́рова́ть** [完] →брони́рова́ть
**заброс** [男1] 送り届けること, 派遣; やめること, 放棄
**заброса́ть** [完] →забра́сывать¹
**забро́сить** [完] →забра́сывать²
**забро́шенный** [形1] 放置された, うち捨てられた
**забры́згать**¹ -зжет [完] 〈話〉しぶきを上げだす, ほとばしりだす
**забры́згивать** [不完] / **забры́згать²** 受過 -анный [完] 〈他〉働〉を一面にはねかける
**забубённый** [形1] 〈俗〉向こう見ずの, 無分別な
**забуго́рный** [形1] 〈俗〉外国の, 外国製の
**забуго́рье** [中4] 〈俗〉外国
**забу́дешь** [2単未] <забы́ть
**забу́ду** [1単未] <забы́ть
**забу́дь** [命令] <забы́ть
**забулды́га** (女2変化) [男・女] 〈俗〉放蕩者, 飲んだくれ
**забурева́ть** [不完] / **забуре́ть** [完] 〈俗〉① あつかましくなる, ずうずうしくなる; うるさく付きまとう, 脅す ② 出世する, えらくなる
**забути́ть** [完] <бути́ть
**забуха́ть** [不完] / **забу́хнуть** -нет 過 -бу́х, -хла [完] 湿気[水分] を含んで膨らむ

‡**забыва́ть** [ザブィヴァーチ] [不完] / **забы́ть** [ザブィーチ] -бу́ду, -бу́дешь 命 -бу́дь 受過 -тый [完] [forget] ① 〈他〉о働〉…を忘れる, 失念する: ~ но́мер телефо́на 電話番号を忘れる | о пору́чении 頼まれごとを忘れる | Не *забыва́йте* меня́! 私のことを忘れないで下さい
② 〈что節 /不定形〉うっかり忘れる, …し忘れる: Я *забы́л* купи́ть молоко́. 私は牛乳を買うのを忘れた
③ 〈他〉置き忘れる, 忘れてくる: ~ зо́нтик в электри́чке 電車に傘を置き忘れる

◆ **не ~ себя́** 〈話〉自分の利益を忘れない | **Что я́ [ты, он] та́м забы́л?** 〈話〉私[君, 彼]はそんなところには何の用もない, そんなところへ行ったって何もすることはない

**забыва́ться** [不完] / **забы́ться** -бу́дусь, -бу́дешься [完] ① うとうとする, まどろむ; 人事不省に陥る ② 物思いにふける ③ 〈話〉自制心を失う, 常軌を逸する ④ 〈不完〉〈受身〉<забыва́ть

**забы́вчив|ый** 短 -ив [形1] 忘れっぽい, すぐに忘れる **∥ -ость** [女10]

**забы́ть(ся)** [完] →забыва́ть(ся)
**забытьё** [中4] ① うとうとしていること, まどろみ ② 人事不省, 失神
**зав** [男1] 〈話〉管理者, 主任, ボス (заве́дующий)
**зав..** 〈語形成〉「管理者」「支配人」「主任」: *зав*се́ктором 部局長
**зава́жничать** [完] 〈話〉いばりだす, 横柄に振る舞いだす
**зава́л** [男1] ① 倒す[倒れる]こと, 倒壊 ② (行く手を遮るような) 堆積物, たまったもの: расчи́стить сне́жный ~ на доро́ге 道で積もり積もった雪を処理する[雪かきする] ③ 〈話〉(仕事などの)山: На рабо́те по́лный ~. 職場には山ほど仕事がある ④ 〈俗〉素晴らしいもの, ヤバいもの; 失敗, ピンチ

*зава́ливать [不完] / **завали́ть** -алю́, -а́лишь 受過 -а́ленный [完] [fill up, ruin] 〈他〉① 埋める, 埋め立てる, ふさぐ: ~ я́му песко́м 穴を砂で埋める ② 一面に散らかす; いっぱいにする: Наш до́м *зава́лен* игру́шками. 家中おもちゃであふれかえっている ③ 倒す, 壊す, 傾ける: ~ забо́р 塀をつぶす ④ 〈俗〉しくじる, だいなしにする: (…の試験を) 落とす: ~ рабо́ту 仕事を駄目にする | ~ матема́тику 数学を落とす ⑤ 〈俗〉勝つ, 打ち負かす ⑥ 〈俗〉殺す

**зава́ливаться** [不完] / **завали́ться** -алю́сь, -а́лишься [完] ① 〈за働〉の後ろへ落ちる ② 〈俗〉ごろっと横になる ③ 倒れる, 傾く ④ 〈俗〉失敗する, しくじる; 試験で落ちる ⑤ 〈俗〉〈働〉があり余るほどある ⑥ 〈不完〉〈受身〉<зава́ливать ◆ (хо́ть) **завали́сь** 〈俗〉どっさりと, 山ほど

**зава́линка** 複生 -нок [女2] (農家の外壁に沿った) 盛土
**завали́ть(ся)** [完] →зава́ливать(ся)
**зава́лка** [女2] 埋め立て, ふさぐこと ② 〈冶〉(溶鉱炉への) 装入
**за́валь** [女10] 〈話〉〈集合〉店ざらしの商品, 売れ残り
**завалю́шка** 複生 -шек [女2] 〈俗〉あばら家
**завали́ться** [完] 長い間放置される
**зава́лящий** [形6] 〈俗〉長く放置されている, 何の役にも立たない, 粗悪な
**зава́ривать** [不完] / **завари́ть** -арю́, -а́ришь 受過 -а́ренный [完] 〈他〉働〉① 〈茶など〉を煎じる: ~ чай お茶を入れる ② 〈エ〉くび・穴を〉溶接で埋める ③ 〈俗〉〈面倒な事を〉おっぱじめる: ~ ка́шу 〈話〉厄介なことをしでかす
**зава́риваться** [不完] / **завари́ться** -а́рится [完] ① (茶などが) 煎じられる, でる ② 〈話〉(面倒なことが) 始まる
**зава́рка** 複生 -рок [女2] ① 熱湯をかけること, (茶などを) 煎じること ② 〈エ〉溶接補修 ③ 〈話〉ポット1回分の茶葉; 煎じ出した茶
**заварно́й** [形1] 煎じて出すための: ~ ча́йник ティーポット ② 溶接用の ③ 煮て[熱湯をかけて] 作った
**завару́ха, завару́шка** 複生 -шек [女2] 〈俗〉ごたごた
**завга́р** [男1] 〈話〉ガレージ管理者 (заве́дующий гаражо́м)

‡**заведе́ние** [ザヴィデーニエ] [中5] [institution] 施設, 機関: уче́бное ~ 教育施設, 学校 | вы́сшее

учéбное ~ 高等教育機関 (вуз)

**завéдова|ть** -дую,-дуешь [不完] 〖圖を〗管理する, 指導する, 運営する **//-ние** [中5]

**завéдом|ый** [形1] (よくないことで)周知の, 疑う余地のない **//-о** [副]

*\***завéдующ|ий** [男6] / **-ая** [女名] (形6変化) [manager] 管理者, 支配人, 主任, …長: ~ отдéлом продáж [сбыта] [不完] ~ филиáлом 支店長

**завезти́** [完] →завози́ть¹

**завербовáть** [完] →вербовáть

**заверéние** [中5] 請け合うこと, 保証

**завéрить** [完] →заверя́ть

**завéрка** [女2] 認証, 証明

**заверну́ть(ся)** [完] →завёртывать

**заверте́ть** -ерчу́,-éртишь 受過 -éрченный [完] ① 〈圖を〉回し始める; 〈圖を〉ひねり回し始める; 〈圖を〉意のままに動かし始める ② 〖話〗〈圖を〉夢中にさせる, …の心を奪う

**заверте́ться** -ерчу́сь, -éртишься [完] ① 回転し始める, 回りだす ② 〖話〗〈圖を〉あくせく動き回る, てんてこ舞いした

**завёртка** 複生 -ток [女2] ① 〖話〗包むこと, 包装: ひねって締めること ② 〖俗〗包装紙, 包み紙

**завёрточный** [形1] 包装用の: ひねって締めるための

*\***завёртывать, заворáчивать** [不完] / **заверну́ть** -ну́,-нёшь 受過 -вёрнутый [完] [roll up, turn] ① 包む, くるむ, 包装する: ~ поку́пки в бумáгу 買った物を紙に包む ② 〖話〗〈圖を〉ひねって締める, 締めて плотно: ~ крáн 蛇口を締める ③ 〈圖を〉折り曲げる, まくり上げる: ~ рукáв 袖をまくり上げる ④ 曲がる, 向きを変える: ~ за́ угол 角を曲がる ⑤ 〖話〗立ち寄る: ~ к прия́телю 友人のところへ立ち寄る ⑥ 〖話〗急激に始まる: Заверну́ли моро́зы. 急に厳寒が到来した ⑦ 〖俗〗〈圖を〉〈不定形を〉きついことを言う **//-ся** [不完] / [完] ① 〈圖に〉くるまる ② 〖話〗回って締まる ③ 折れ曲がる, まくり上がる ④ 〖不完〗[受身]

*\***заверши́ть** [ザヴィルシーチ] -шу́,-ши́шь 命 -ши́ 受過 -шённый (-шён, -шенá) [完] [complete] 〈圖を〉完了する, 完成する, 終える: ~ проéкт プロジェクトを完遂する | Они́ заверши́ли экску́рсию у́жином в рестора́не. 彼らは観光の最後をレストランでの夕食で終えた

*\***заверша́ться** [不完] / **заверши́ться** -и́тся [完] [complete, end] 〈圖に〉終る, 完了する: Испыта́ние заверши́лось неудáчей. 実験は失敗に終わった ④〈不完〉[受身] →завершáть

**заверша́ющий** [形6] [能戒<заверша́ть] 最後の, 最終の: ~ этáп 最終段階

*\***заверше́ние** [中5] [completion, end] 完成, 完了: ~ рабóты 仕事の完了 ◆**в ~** の最後に, 終わりの後で: В ~ концéрта дéти подари́ли цветы́ арти́стам. コンサートの最後に子どもたちから演奏者に花束が贈られた

**заверше́нный** [形1] 〔受過<заверши́ть〕完成した, 完了した

**заверши́ть(ся)** [完] →заверша́ть(ся)

**заверя́ть** [不完] / **завéрить** -рю,-ришь 受過 -ренный [完] ① 〈圖に〉в圖を信じ込ます, 保証する, 信じさせる ② 〈圖〉(署名・押印で)認証する, 証明する

**завéс|а** [女1] 覆い隠すもの, ヴェール: приподня́ть -у над 圖 …を明るみに出す, ~のヴェールを取り払う

**завéсить** [完] →завéшивать¹

**завести́(сь)** [完] →заводи́ть(ся)

*\***завéт** [男5] [covenant] 〖雅〗遺訓, 教訓, 遺言: -ы отцóв 父祖の遺訓 ■ **Вéтхий [Нóвый] З~** 旧約[新約]聖書

**завéтн|ый** 短 -тен, -тна [形1] [cherished] ① 胸に秘めた, 心からの: **-ая мечтá** 宿願 ② きわめて大切な, 思い出深い, とっておきの: **-ая тетрáдь** 思い出のつまったノート ③ 秘密の, 秘蔵の: ~ клад 秘宝

**завéтренный** [形1] ① 風下の, 風の当たらない ② 干からびた

**завéтреть** [完] 〖話〗(食べ物が)干からびる

**завечерéть** [完] →вечерéть

**завéшивать¹** [不完] / **завéсить** -éшу, -éсишь 受過 -éшенный [完] 〈圖を〉(幕などで)覆う, …に(幕などを)掛ける

**завéшивать²** [不完] / **завéшать** 受過 -анный [完] 〈圖を〉一面に掛ける, 掛けめぐらす

*\***завеща́ние** [中5] 遺言状, 遺言: оставить ~ 遺言を残す

**завеща́тель** [男5] / **-ница** [女3] 〖公〗遺言者, 遺産譲渡人

**завеща́тельный** [形1] 遺言(状)の

**завеща́|ть** -áю, -áешь 受過 -áнный [不完, 完] ① 〈圖を圖に〉遺言によって譲渡する, 遺贈する ② 〈圖に不定形を〉遺言する

**завзя́тый** [形1] 〖話〗熱狂的な, 根っからの

**завива́ть** [不完] / **зави́ть** -вью́, -вьёшь 命 -вéй 過 -и́л, -илá, -и́ло 受過 завитый (завит, -итá, -ви́то/-и́то) [完] ① らせん状に巻く, 絡らせる ② 〈毛髪を〉ウェーブさせる, パーマをかける ◆**~ го́ре верёвочкой** 〖話・戯〗陽気をよそおう ■ **~ -ся** [不完] ① 縮れる, 球状に巻く ② 〈自分の髪に〉パーマをかける

**зави́вка** 複生 -вок [女2] ① 巻くこと, 縮らす[縮れる]こと ② ウェーブ[パーマ]のかかった髪, ウェーブした髪型

**зави́д|еть** -и́жу,-и́дишь 受過 -енный [完] 〖俗〗〈圖を〉遠くから見つける

**~ки** [複] ◆**~ беру́т** 圓 〖俗〗…は羨ましくなる

**зави́дно** ① [副] 羨ましいほど ② [無人述] 圓は羨ましい

**зави́дный** 短 -ден, -дна [形1] うらやましい, 人もうらやむほどの

**зави́д|овать** [ザヴィーダヴァチ] -дую,-дуешь 命 -дуй [不完] / **позави́довать** [パザヴィーダヴァチ] [完] [envy] 〈圓をうらやむ, ねたむ〉: ~ чужо́му успéху 人の成功をうらやむ | Я вам зави́дую. あなたがうらやましい

**завиду́щий** [形6] 〖話〗貪欲な, ねたましげな

**завизжа́|ть** [жж] -жу́,-жи́шь [完] 金切り声[キイキイいう音]を出し始める: Дéти завизжа́ли при ви́де кры́сы. 子どもたちがネズミを見てキャーキャー言った

**завизи́ровать** [完] →визи́ровать

**зави́нчивать** [不完] / **завинти́ть** -инчу́, -инти́шь/-и́нтишь 受過 -и́нченный [完] 〈圖を〉ねじで締める, 〈ねじ〉を締める

**завира́льный** [形1] 〖話〗嘘偽りの, ばかげた

**завира́ться** [不完] / **заврáться** -ру́сь, -рёшься 過 -áлся, -алáсь, -ало́сь/-ало́сь [完] 嘘をつく, でたらめばかり並べたてる: Он уже́ совсéм заврáлся. 彼はもう嘘っぱちばかり言っている

**зависа́ть** [不完] / **зави́снуть** -ну, -нешь 過 -и́с, -и́сла [完] ① 〖航空〗空中で停止する, ホバリングする ② 〖コン〗フリーズする: Компью́тер опя́ть зави́с. パソコンがまたフリーズした ③ 〖俗〗(一定期間)いる, 留まる: Вчера́ вéсь вéчер зависа́ли в бáре. 昨日は一晩中バーにいた ④ 〖俗〗夢中になる, 熱狂する

*\***зави́с|еть** [ザヴィースィチ] -и́шу, -и́сишь, …-и́сят 命 -и́сь [不完] [depend] 〈от圓〉…に依存する, 従属する: Он во всём зави́сит от роди́телей. 彼は何でも親に頼っている ② ...次第だ, …に左右される: Успéх дéла зави́сит от нас сами́х. 事の成否は私たち自身にかかっている

\*зави́симост|ь [ザヴィーシマスチ] [女10] 〔dependence〕 ① 依存（関係），依存性：～ ры́ночных цен от спро́са 市場価格と需要との依存関係 ② 従属，隷属：материа́льная ～ 物質的従属 | Она́ в постоя́нной ～и от му́жа. 彼女はいつも夫の言いなりになっている ◆в -и от 囲 …に従って，…次第で | в -и от того́, что́ [кто́, ка́к, како́й, где́, когда́, куда́] 何が[誰が，いかに，どんな，どこで，いつ]…であるかにより，次第で：Реше́ние бу́дет при́нято в -и от того́, что скажет председа́тель. この議案の採択は議長が何を言うかにかかっている | вне -и от 囲 …とは関係なく

**зави́сим|ый** 短 -им [形1] 依存している，…次第の ② 従属している：-ые стра́ны 従属国

зави́снуть [完] →зависа́ть

зави́стлив|ый [сл] 短 -ив [形1] うらやましさのこもった，うらやましがりの，ねたましげな //-о [副]

зави́стни|к [сьн] [男2] / -ца [女3] うらやましがり，ねたみ屋，やっかみ屋

\*за́вист|ь [女10] 〔envy〕 羨望，うらやみ，嫉妬，ねたみ：Она́ сде́лала э́то из [от] ～и. 彼女がそんなことをしたのはねたみからだ ◆на ～ [話] うらやむらしく，素晴らしく

завито́й [形2] ① 縮れた，カールした ② らせん状の，渦巻型の

завито́к -тка́ [男2] 巻いた[カールした]形状のもの（巻き毛，飾り書き，渦巻模様など）

завиту́шка 複生-шек [女2] 《話》= завито́к

зави́ть(ся) [完] → завива́ть

завихре́ние [中5] ① 舞い上がること，旋回 ② 〔理〕 （液体・気体の）渦，渦流 ③ 《話・戯》（思考・判断の）突飛な展開，急変

завихри́ться -ри́тся, завихри́ться -ри́тся [完]（つむじ風によって）舞い上がる，旋回しだす

завладева́ть [不完] / завладе́ть [完] ‹囲› ① …をわがものとする，奪取する，占有する ② （関心などを）引きつける，虜にする

завлека́тельный 短 -лен, -льна [形1] 《話》興味を引きつける，心をそそる

завлека́ть [不完] / завле́чь -еку́, -ечёшь, …-еку́т 命 -еки́ 過 -лёк, -лекла́ 能過 -лёкший 受過 -лечённый (-чён, -чена́) 副過 -лёкши ‹囲› 誘惑する，誘いこむ：～ в свои́ се́ти …を罠にかける

завма́г [男2] 店長，店の支配人（заве́дующий магази́ном）

\*заво́д[¹] [ザヴォート] [男1] 〔factory, plant〕 ① （特に重工業の）工場，プラント（→фа́брика[比較]）：автомоби́льный ～ 自動車工場 | Мой оте́ц рабо́тает на ～е. 私の父は工場で働いている ② 飼育場，繁殖場：ко́нный [ко́нский] ～ 養馬場 ③ （機械の）始動；（ねじを）巻くこと ④ 動力装置，ぜんまい ⑤ （印）1回の印刷部数 ◆(и) в ～е нет [話]はまだかつてためしがない

завóди́ла （女1変化）[男・女] 《話》リーダー，音頭取り

\*заводи́ть [ザヴァヂーチ] -ожу́, -о́дишь, … -о́дят 命 -оди́ [不完] / завести́ [ザヴィスチー] -еду́, -едёшь 命 -еди́ 過 -вёл, -вела́ 能過 -ве́дший 受過 -ведённый (-дён, -дена́) 副過 -ведя́ [完] 〔lead, establish〕 ‹囲› ① 連れて行く（来る），引き入れる：～ ло́шадей в коню́шню 馬を馬小屋に入れる | ～ маши́ну в гара́ж 車を車庫に入れる ② ついでに（途中で）連れて行く，送り届ける：Он заве́л до́чку в де́тский сад, а сам отпра́вился на рабо́ту. 彼は娘を幼稚園へ連れて行き，自分は仕事に向かった ③ 遠く[とんでもないところ]へ連れて行く；悪い[望ましくない]方向へ導く：～ в глубь ле́са 森の奥へ連れて行く | Таки́е рассужде́ния мо́гут далеко́ завести́. このような議論はとんでもない方向へ向かう恐れがある ④ 脇[前，後，上]に動かす：～ ру́ки за́ спину 両手を背中の後ろに回す ⑤ 定める，設ける，導入する：～ но́вые поря́дки 新たな規律を導入する | У нас так заведено́. うちではそうすることになっている ⑥ 手に入れる，持つ，整える：～ соба́ку 犬を飼う | ～ но́вое обору́дование 新型機器を備える ⑦《名詞を伴って》〈動作・状態を〉始める：～ разгово́р 会話を始める | ～ знако́мство 知り合いになる ⑧ （機械を）動かす，始動させる；〈ねじを〉巻く：～ мото́р エンジンをかける ⑨ 《俗》いらつかせる，怒らせる

◆как заведённый = как заведённая маши́на （機械の）ように休みなく，絶え間なく

заводи́ться -ожу́сь, -о́дишься [不完] / завести́сь -еду́сь, -едёшься 過 -вёлся, -вела́сь 能過 -еди́вшийся 副過 -едя́сь ① 現れる，発生する ② （機械などが）動き出す，始動する：Маши́на ника́к не заво́дится. 車がなかなか動かない ③ 《俗》かっとなる，キレる：Ну вот, опя́ть завёлся. ほら，またカッカした ④ 《不完》〈受身〉< заводи́ть

заво́дка 複生-док [女2] 《話》（機械の）始動；（ねじを）巻くこと

заводно́й [形2] ① ぜんまい仕掛けの，動力付きの ② 《俗》じっとしていない，活発な，気短な

заводоуправле́ние [中5] 工場管理部

\*заводск|о́й [ц] [形3], заводск|и́й [ц] [形3] 〔factory〕 工場の：-и́е [-и́е] корпуса́ 工場の建物 ② 飼育場の：～ жеребёц 種馬

заводча́нин 複-а́не, -а́н [男10] [話] 工場労働者

заво́дчи|к [男2] / -ца [女3] ① 工場主 ② 種畜家，ブリーダー

за́водь [女10] （川・湖の）小さな入り江，淀(よど)

завоева́ни|е [中5] ① 征服，獲得 ② 《通例複》成果，業績，獲得されたもの：～ нау́ки 科学の成果

завоева́тель [男5] / ~ница [女3] 征服[勝利]者

завоева́тельный [形1] 侵略的な，征服の意図を持った

\*завоёвывать [不完] / завоева́ть -оюю, -оюешь 受過 -оёванный [完] 〔conquest, win〕 ‹囲› ① 征服する，戦い取る：～ страну́ 国を征服する ② 獲得する，勝ち取る：～ дове́рие 信頼を得る // -ся [不完] 〈受身〉

завóз [男1] 配達，配送

завози́ть[¹] -ожу́, -о́зишь [不完] / завезти́ -зу́, -зёшь 過 -вёз, -везла́ 能過 -ве́зший 受過 -зённый (-зён, -зена́) 副過 -езя́ ‹囲› ① （乗り物で）ついでに（送り）届ける ② （乗り物で）遠くへ運ぶ，とんでもないところに連れて行く ③ 配達する，配送する

завози́ть[²] -ожу́, -о́зишь 受過 -о́женный [完] 《俗》汚(よご)れひどくする

зова́ливать [不完] / заволо́чь -локу́, -ло́чешь, …-локу́т 過 -ло́кий и -ло́к, -локла́ 能過 -ло́кший 受過 -очённый (-чён, -чена́) [完] ① （雲・霧などが）おおい隠す，見えなくする ② 《俗》引きずっていく // -ся [不完] / [完]（雲・霧などで）おおい隠される，見えなくなる

Заво́лжье [中4] ① ザヴォルジエ地方（ヴォルガ川，ウラル，北方丘陵，カスピ海沿岸地方に囲まれた地域）② ザヴォルジエ市（ニージニー・ノヴゴロド州；沿ヴォルガ連邦管区）

заволнова́ться -ну́юсь, -ну́ешься [完] 興奮しはじめる，心配しだす

завопи́ть -плю́, -пи́шь [完] 《話》わめき出す

завора́живать [不完] / заворожи́ть -жу́, -жи́шь 受過 -жённый (-жён, -жена́) [完] ‹囲› ① …にまじない[魔法]をかける ② 魅了する，うっとりさせる

завора́чивать [不完] ① = завёртывать ② 《俗》仕切る，指揮する，支配する

завора́чиваться [不完] = завёртываться

заворожи́ть [完] →завора́живать

за́ворот [男1] 〔医〕 捻転，反転：～ кишо́к 腸捻転

заворо́т [男1] ① 曲がること，急回転；折り曲げるこ

②《話》急な曲がり角

**заворо́ти|ть** -очу́, -о́тишь 受過 -ро́ченный [完]《俗》① 曲がる, 向きを変える ② 〈図〉折り曲げる, まくり上げる

**заворо́ченный** [形1]《俗》① 変な, いかれた ② 複雑な, 込み入った

**заворо́шка** 複生 -шек [女2]《俗》紛糾, ごたごた

**заворча́ть** [完] →ворча́ть

**завра́ться** [完] → завира́ться

**завсегда́** [副]《俗》いつも, 常に

**завсегда́тай** [男6]《話》常連, なじみ客

*за́втра [ザーフトラ]*[tomorrow]
① [副] あした, 明日; 近い将来: $\sim$ бу́дет дождь. 明日は雨だろう | Они́ прие́дут $\sim$ у́тром. 彼らは明日の朝到着するだろう
② 《不変》[中] 明日, あすという日; 近い将来: $\sim$ была́ война́. すぐに戦争になった | Не откла́дывай на $\sim$ то́, что мо́жно сде́лать сего́дня. 今日できることを明日に延ばすな | на́ше $\sim$ 私たちの明日 [将来]
◆**До $\sim$!**

*за́втрак [ザーフトラク]* [男2] [breakfast] 朝食, 朝ごはん; 朝食に出される食物: ра́нний $\sim$ 早い朝食 | Он чита́ет газе́ту за $\sim$ом. 彼は朝食を食べながら新聞を読んでいる ②《外交》(ディナーほどではなく, 日本の通常の昼食程度の)昼食: второ́й $\sim$ 昼食, 2番目の朝食
◆**ко́рмить $\sim$ами**《話·蔑》(明日明日と言って)空約束をする

*за́втракать [ザーフトラカチ]* [不完] / поза́втракать [パザーフトラカチ] [完] [have breakfast] 朝食をとる: Она́ обы́чно не за́втракает. 彼女は普段朝食を食べない

*за́втрашн|ий [形8]* [tomorrow's] 明日の, 近い将来の: -яя пое́здка 明日の旅行 | -ие специали́сты 明日の専門家 | $\sim$ **день** 近い将来, 明日: забо́титься о $\sim$ем 明日のことを心配する

**завуали́ровать** [完] →вуали́ровать

**заву́ч** [男4]《話》教務主任 (заве́дующий уче́бной ча́стью)

**завхо́з** [男1]《話》経理部長 (заве́дующий хозя́йством)

**завыва́|ть** [不完]（物悲しげに）吠える, うなる // $-$**ние** [中5]

**завы́сить** [完] →завыша́ть

**завы́ть** -во́ю, -во́ешь [完] 吠え始める, うなりだす

**завыша́|ть** [不完] / **завы́сить** -ы́шу, -ы́сишь 受過 -ы́шенный [完]〈図〉(必要以上に)高くする, 上げすぎる, つり上げる // **завыше́ние** [中5]

**завяза́ть(ся)** [完] → завя́зывать(ся)

**завязи́ть** (1人称なし) -зи́шь [完]《話》〈図〉(ぬかるみなどに) はまりこませる

**завя́зк|а** 複 -зок [女2] ① 結ぶこと, 縛ること ② 結ぶ [縛る] もの (ひも, リボンなど) ③ 始まり, 発端, 端緒 ④《俗》つながり, コネ ◆**быть в $\sim$е** 〈図〉《話》...をやめる, ...と縁を切る | **под [по] (са́мую) $\sim$у**《俗》たくさん, めいっぱい

**завя́знуть** [完] →вя́знуть

*завя́зывать [不完]* / **завяза́ть** -яжу́, -я́жешь 受過 -я́занный [完] [tie up, give up] ① 結ぶ, 縛る: $\sim$ га́лстук ネクタイを結ぶ ②（巻きつけて・包んで）しばる, 包帯にする: $\sim$ больно́й па́лец 痛む指に包帯を巻く | $\sim$ конфе́ты в плато́к キャンディをハンカチに包む ③（相互の動作・関係を）始める: $\sim$ бой 戦闘を開始する | $\sim$ знако́мство 知り合いになる ④《俗》〈с 造〉...と縁を切る: $\sim$ с нарко́тиками 麻薬から足を洗う // $-$**ся** [不完] / 〈不完〉[受身] ① ある結び方に結ばれる ②（相互の動作・関係が）始まる ③（果実が）つく, 結実する ③ 〈不完〉[受身]

**за́вязь** [女10]《植》子房

**зава́нуть** [完] → ва́нуть

**зага́дить** [完] → зага́живать

*зага́дк|а* [ザガートカ] 複生 -док [女2] [riffle, mystery] ① 謎, なぞなぞ: загада́ть $\sim$у 謎をかける | разгада́ть $\sim$у 謎を解く ② 不可解なこと, 理解できないこと: Где он пропада́ет $\sim$ э́то $\sim$. 彼がどこに姿を消すのかは全然わからない ◆**говори́ть $\sim$ами** 謎めいた言い方をする, 遠まわしに言う

*зага́дочн|ый* -чен, -чна [形1] [mysterious] ① 謎の, なぞなぞの: -ая карти́нка 判じ絵 ② 謎めいた, 不可解な, 神秘的な: $\sim$ое явле́ние 不可解な現象 // $-$**о** [副] $-$**ость** [女10]

**зага́дывать** [不完] / **загада́ть** 受過 -га́данный [完]《俗》① 謎をかける, なぞをかける ② 心に思い浮かべる, 占う ③《話》予測する, もくろむ

**зага́живать** [不完] / **зага́дить** -а́жу, -а́дишь 受過 -а́женный [完]《俗》〈図〉汚す; けがす

**загазо́ванный** 短 -ан, -ана [形1] (大気が) ガスで汚染された

**зага́р** [男1]（皮膚の）日焼け

**зага́с** [男1] ◆**быть в $\sim$е**《若者・仕事》授業をサボる

**загаси́ть** [完] → гаси́ть

**зага́снуть** [完] → га́снуть

**загати́ть** [完] → гати́ть

**зага́шник** [男2]《俗》① 隠しポケット; 秘密の隠し場所 ② 予備, 蓄え

**загва́здать** [完]《俗》〈図〉ひどく汚す

**загва́здаться** [完] → гва́здаться

**загво́здка** 複生 -док [女2]《話》障害, 邪魔

**загерметизи́ровать** [完] → герметизи́ровать

**заги́б** [男1] ① 折り曲げ [折り曲がる] こと ② 折れ曲がった箇所, 折れ目 ③《話》偏向

**загиба́ние** [中5] 折り曲げ [折り曲がる] こと; 曲がること, 方向を変えること

*загиба́|ть* [不完] / **загну́ть** -ну́, -нёшь 受過 загну́тый [完] ① 〈図〉(...の端を) 折る, 折り曲げる: $\sim$ страни́цу ページの隅を折る ②《話》曲がる, 方向を変える ③《俗》〈図〉《とんでもないこと》を言う // $-$**ся** [不完] / 〈不完〉① (端が) 折れ曲がる ②《俗》死ぬ, くたばる

**загипнотизи́ровать** [完] → гипнотизи́ровать

**загла́вие** [中5]（作品の）タイトル, 題名

**загла́вн|ый** [形1]〈図〉表題の出ている: $\sim$ лист (書籍の) 扉, タイトルページ | -ая [**прописна́я**] **бу́ква** 大文字 | -ая **роль** タイトルロール (映画・演劇などで題名になっている人物の役)

**загла́живать** [不完] / **загла́дить** -а́жу, -а́дишь 受過 -а́женный [完] ① 平らにする, 滑らかにする, ...のしわを伸ばす ② 償う, 和らげる

**загла́зн|ый** [形1]《話》本人のいないところで言われた [行われた], 陰での // $-$**о** [副]

**заглата́тывать** [不完] / **заглота́ть** 受過 -о́танный [完], **заглотну́ть** -нёт [完]〈一回〉(魚が) 飲み込む

**загло́хнуть** [完] → гло́хнуть

**заглубля́ть** [不完] / **заглуби́ть** -блю́, -би́шь 受過 -блённый (-лён, -лена́) [完]《土木・建》〈図〉深くに埋め込む [設置する]

**заглуша́|ть** [不完] / **заглуши́ть** -шу́, -ши́шь 受過 -шённый (-шён, -шена́) [完]〈図〉(音を) 小さくする, 聞こえなくする

**заглуши́ть** [完] → глуши́ть, заглуша́ть

**заглу́шка** 複生 -шек [女2]《話》栓, ふた

**загляде́нье** [中4]《話》見とれてしまうほど美しい人 [物], 目の保養

**загляде́ться** [完] → загля́дываться

**загля́дывать** [ザグリャーディヴァチ] [不完] / **загляну́ть** [ザグリヌーチ] [完] [peep, look] さっと見る, 盗み見る, のぞき見る: ~ за шкаф 戸棚の後をのぞきこむ | Она́ загляну́ла в чужу́ю тетра́дь. 彼女は人のノートを盗み見た ◆ちょっと立ち寄る: ~ к прия́телю 知人のところに立ち寄る ◆**загляну́ть [зайти́] на огонёк к** 回 …のところにちょっと立ち寄る

**загля́дываться** [不完] / **загляде́ться** -яжу́сь, -яди́шься [完]〈на回〉に見とれる, 見ほれる

**загляну́ть** [完] →загля́дывать

**загна́ивать** [不完] / **загнои́ть** -ою́, -ои́шь 命 -ой 受過 -оённый (-оён, -оена́) [完]《話》〈回〉腐らせる: 化膿させる ∥**-ся** [不完] / [完]《話》〈回〉腐りだす

**за́гнанный** [形1] ①〔馬などが〕駆り立てられて疲弊した ②しいたげられた, 踏みにじられた

**загна́ть** [完] →загоня́ть[1]

**загнива́ние** [中5] 腐敗

**загнива́ть** [不完] / **загни́ть** -ию́, -иёшь 過 -и́л, -ила́, -и́ло [完] 腐りだす

**загнои́ть(ся)** [完] →загна́ивать

**загну́ть(ся)** [完] →загиба́ть

**загова́ривать** [不完] / **заговори́ть[1]** -рю́, -ри́шь〈кого́-что́〉[完] ①〔-рён, -рена́〉[完]《話》《回》話でうんざりさせる ②《何》…にまじないをかける, 呪文で封じる ③[不完]〈с回〉…と話をしようとする, 話しかける ◆~ **зу́бы**《話》…に対して話をはぐらかす, ごまかす

**загова́риваться** [不完] / **заговори́ться** -рю́сь, -ри́шься [完] ①話に夢中になる ②《話》余計なことを言う, ほらを吹く ③《不完》《老齢・病気などで》意味不明なことを言う

**за́говенье** [中4]《宗》斎期の前日 (非精進食が食べられる最後の日) ◆**до морко́вкина [морко́вкина] -ья** いつかわからない, 永遠に〔実現しない〕: Бу́дешь его́ жда́ть *до морко́вкина -ья*. 彼を待っても無駄だよ

**загови́ться** [不完] / **загове́ться** [完]《宗》斎期の前日に最後の非精進食を食べる

***за́говор** [男1]〔conspiracy〕①密約, 陰謀, 共謀: антиправи́тельственный ~ 反政府的陰謀 ②呪文, まじない: ~ от боле́зни 病除けのまじない ◆~ **молча́ния**《文》暗黙の了解で黙っていること

**заговори́ть[1]** [完] →загова́ривать(ся)

***заговори́ть[2]** [ザガヴァリーチ] -рю́, -ри́шь 命 -ри́ [完]〔start a conversation〕①話し始める, 話し出す: Все *заговори́ли* сра́зу. みんないっせいにしゃべりだした ②話せるようになる: Мой сын ско́ро *заговори́т*. うちの息子はもうじき話せるようになる ③〈感情・良心など〉わき上がる, 目ざめる: И тут во мне *заговори́ла* со́весть. その時私に良心が語りかけてきた

**загово́рщи|к** [男2] **-ца** [女3] 陰謀の一員, 共謀者

**загово́рщицкий, заговорщи́ческий** [形3] 陰謀家の, 陰謀家じみた; 謎めいた, 神秘的な

**загу́лина** [女1]《話》くねった書体

**за́годя** [副]《話》前もって, 早めに

**заголи́ть(ся)** [完] →заголя́ть(ся)

***заголо́в|ок** [ザガローヴァク] -вка [男2]〔title, headline〕表題, タイトル, 見出し; 〔電子メールの〕ヘッダー: ~ гла́вы 章題 | заме́тка под бро́ским -ком 派手なタイトルの記事 ∥**-очный** [形1]: ~ файл[コン]ヘッダーファイル

**заголубе́ть** [完] 青みがかってくる; 青く見えてくる

**заголя́ть** [不完] / **заголи́ть** -лю́, -ли́шь 受過 -лённый (-лён, -лена́) [完]〈回〉(体の一部を) 露出する, むき出しにする

**заголи́ться** [不完] / **заголи́ться** -лю́сь, -ли́шься [完]〈回〉(体の一部が) あらわになる: *заголи́вшееся* коле́но むき出しの膝

**заго́н** [男1] ①〔家畜などの〕追い込み ②〔囲いのある〕家畜場 ③《俗》予備製品 ◆**в ~е**《話》ほったらかしにされて

**заго́нщи|к** [男2] **-ца** [女3] ①家畜を追い立てる人 ②《男》〔狩〕勢子

**загоня́ть[1]** [不完] / **загна́ть** -гоню́, -го́нишь 過 -а́л, -ала́, -а́ло 受過 за́гнанный〈回〉①追い込む, 追いやる, 入れる ②《俗》〈釘を打ち込む〉③《完》〔馬などを〕駆り立てて疲弊させる, 乗りつぶす ④《俗》売っ払う

**загоня́ть[2]** [完]〈回〉へとへとにさせる, 酷使する

**загора́живать** [不完] / **загороди́ть** -ожу́, -о́дишь/-оди́шь 受過 за́гороженный [完]〈回〉柵, フェンスで囲う, 柵〔塀, フェンス〕をめぐらす ②遮断する, さえぎる, ふさぐ ∥**-ся** [不完] / [完] ①自分のいるところを柵で囲む〔仕切る〕 ②自分をさえぎる, 隠れる

***загора́ть** [不完] / **загоре́ть** -рю́, -ри́шь [完]〔tan〕①日焼けする: За ле́то он *загоре́л*. 夏の間に彼は日焼けした ②《話・戯》しなければならない何もしないでいる

***загора́ться** [不完] / **загоре́ться** -рю́сь, -ри́шься [完]〔catch fire, light up〕①燃え出す, 火がつく; (灯火が) ともりだす; 輝き出す: Вдали́ *загоре́лся* огонёк. 遠くで灯がともった ②〈回/от回〉(心・目が) 燃え出す: Глаза́ у него́ *загоре́лись* ра́достью. 彼の目は喜びに輝いた ③《完》《無人称, кому́》《不定形》…たくてたまらなくなる: *Загоре́лось* посмотре́ть самому́. どうしても自分の目で見てみたくなった

**заго́рбок** -бка [男2]《俗》両肩の間の背中の上部

**загорди́ться** -ржу́сь, -рди́шься [完] 高慢になる, 天狗になる

***загоре́л|ый** [形1]〔tanned〕日焼けした, 小麦色の: **-ое лицо́** 日焼けた顔

**загоре́ть(ся)** [完] →загора́ть(ся)

**за́город** [男1]《話》郊外, 近郊

**загороди́ть** [完] →загора́живать

**загоро́дка** 複生-док [女2]《話》柵, 塀, 囲い, フェンス

**за́городный** [形1] 郊外にある, 郊外で行われる

**загости́ться** -ощу́сь, -ости́шься [完]《話》(客に行って) 長居をする

**загот..**〔語形成〕「調達」「調達の」

**загота́вливать** [不完] →загота́вля́ть

**загото́витель** [男5] 調達係, 調達機関

**загото́вительный** [形1] 準備の, 調達の; 貯蔵の ◆**-ая ко́вка** 複生-вок [女2]〔複〕〈国・組合による農産物の買い付け, 調達 ②半製品

**заготовля́ть** [不完] / **загото́вить** -влю, -вишь 受過 -вленный [完]〈回〉①事前に準備する; 調達する ②貯蔵する, 蓄えておく ∥**заготовле́ние** [中5]

**загото́вщи|к** [男2] **-ца** [女3] ①半製品を作る職人 ②調達者

**заграба́стывать** [不完] / **заграба́стать** 受過 -станный [完]《俗》強奪する, 自分のものにする

**загради́тель** [男5]〔海〕機雷敷設艦

**загради́тельный** [形1] 遮断〔阻止〕するための

**загражда́ть** [不完] / **загради́ть** -ражу́, -ради́шь 受過 -раждённый (-дён, -дена́) [完]〈回〉遮断する, 妨げる, 阻止する

**загражде́ние** [中5] ①遮断, 阻止, 妨害 ②〔人為的に作られた〕障害物: проволо́чные **-ия** 鉄条網

**загран..**〔語形成〕「外国の」「海外の」: *загранкомандиро́вка* 海外出張

**заграни́ца** [女3]《話》外国

***заграни́чн|ый** [形1]〔foreign〕外国の, 国外の: **-ая пое́здка** 外国旅行

**загра́нка** 複生 -нок [女2]《俗》海外出張；(船員の間で) 外国 [遠洋]航海

**заграпа́спорт** [男1] 国際パスポート，国外旅行用パスポート (заграни́чный па́спорт)

**За́греб** [男1] ザグレブ (クロアチアの首都)

**загреба́ть** [不完] / **загрести́** -ребу́, -ребёшь 過 -рёб, -ребла́ 能過 -рёбший 受過 -ребённый (-бён, -бена́) [完] ① 《話》《когоかき集める，かき寄せる；〈金などを〉手に入れる，大もうけする ② 《不完》(オールで) 漕ぐ ③ 《不完》(手で) 水をかく

**загребн|о́й** [形1] 漕ぐための：-о́е весло́ 艇尾に最も近いオール，ストロークオール ② ~ [男2]/-а́я [女2] [ボート]整調，ストローク

**загребу́щий** [形6] 欲深い，強欲な

**загреме́ть** -млю́, -ми́шь [完] ① とどろき始める，大きな音を立て始める ②《俗》大きな音を立てて落ちる [倒れる] ③《俗》突然首になる，解任される ④《俗》失敗する ⑤《俗》刑を食らう

**загрести́** [完] → загреба́ть

**загри́вок** -вка [男2] ① 馬のたてがみの下部 ②《俗》首の後ろ，首根っこ

**загримирова́ть(ся)** [完] → гримирова́ть

**загро́бить** [完] 《話》

**загро́бный** [形1] ① 死後の，来世の ② (声などが) 低くうつろな

**загроможда́ть** [不完] / **загромозди́ть** -зжу́, -зди́шь 受過 -можде́нный (-де́н, -дена́) [完] 〈кого〉(かさばる物で)いっぱいにする，ふさぐ **// загроможде́ние** [中5]

**загрубе́лый** [形1] ① (皮膚などが) 硬い，荒れた，ザラザラした ② 粗野な，冷淡な

**загрубе́ть** [完] → грубе́ть

*__загружа́ть__ [不完] / **загрузи́ть** -ужу́, -у́зишь/-узи́шь 受過 -у́женный/-ужённый (-жён, -жена́) [完] [load]〈кого〉① (荷を)…にいっぱい積む：грузови́к това́рами トラックに商品を満載する ② 仕事に十分な役目を課する：рабо́чий си́льно заня́т 就業日にたっぷり仕事を与える ③《コン》ロードする，読み込む：~ файл ファイルをダウンロードする ~-**СЯ** [不完] [完] ① 〈кого・что〉(船・車などが) 荷を積む ②《コン》データをロードする [読み込む]

**загру́женность, загружённость** [女10] ① 積み荷がいっぱいであること；貨客輸送量 ② 仕事が山積していること；仕事の量

**загру́з** [男1]《通例複》《若者》鬱状態

**загрузи́ть(ся)** [完] → загружа́ть

**загру́зка** 複生 -зок [女2] ① いっぱいに積むこと；十分な仕事を課すこと ②《コン》ロード，読み込み：~ файла ファイルのダウンロード

**загру́зочный** [形1] ① 積載用の ② [IT]起動の，立ち上げの

**загрунтова́ть** [完] → грунтова́ть

**загрусти́ть** [完] → грусти́ть

**загрыза́ть** [不完] / **загры́зть** -зу́, -зёшь 過 -ы́з, -ы́зла 能過 -зший 受過 -зенный 副分 -зши [完] 〈кого〉① 噛み殺す ②《完》《話》苦しめる，苛 [さいな] む

*__загрязне́ние__ [中5] [pollution] 汚すこと；汚染：~ окружа́ющей среды́ 環境汚染

**загрязнённ|ый** [形1] 《完 < загрязни́ть》汚れた；汚染された **// -ость** [女10]

**загрязни́тель** [男5] 汚染源，汚染物質

**загрязни́ть(ся)** [完] → загрязня́ть(ся), загрязня́ть

*__загрязня́ть__ [不完] / **загрязни́ть** -ню́, -ни́шь 受過 -нённый (-нён, -нена́) [完] [soil] 〈что〉① 汚す，けがす：~ оде́жду 服を汚す ② 汚染する：~ по́чву радиоакти́вными отхо́дами 放射性廃棄物で土壌を汚染する **// ~СЯ** [不完] [完] ① 汚れる；汚染される

② 《不完》《受身》

**ЗАГС, за́гс** [男1] 戸籍登録課 (за́пись а́ктов гражда́нского состоя́ния)

**загуби́ть** -ублю́, -у́бишь 受過 -у́бленный [完] 《話》〈кого〉① 滅ぼす，破滅させる，だいなしにする ② 浪費する

**загу́бник** [男2] (ダイビング用)マウスピース

**загуде́ть** -ужу́, -уди́шь [完] ① → гуде́ть ② 《俗》酒びたりになる，アル中になる

**загудрони́ровать** [完] → гудрони́ровать

**загу́л** [男1] (дить)飲酒，乱痴気騒ぎの酒盛り

**загу́ливать** [不完] / **загуля́ть** [完] 飲酒にふける，乱痴気騒ぎをする

**загу́ливаться** [不完] / **загуля́ться** [完] 《話》 ① あまりにも長く散歩しすぎる，散歩に夢中になる ② 必要以上に長く飲み騒ぐ

**загусте́ть** [完] → густе́ть

**загусти́ть** -ущу́, -усти́шь 受過 -ущённый (-щён, -щена́) [完] 濃くする，濃密にする

*__за́д__ -а/-у, 前 о -е, на/в -у́ 複 -ы́ [男1] [back] ① 後部，背面，裏側：~ автомоби́ля автомobilの後部 ② 尻，臀部 ③ (動物の)後ろ足 ④ 《複》(屋敷の)裏手，裏庭：идти́ ~а́ми 裏庭を進んで行く ④ 《複》《話》前におぼえたこと，わかりきったこと

**задабривать** [不完] / **задо́брить** -рю, -ришь 受過 -ренный [完] 〈кого〉…の機嫌を取る，丸めこむ，籠絡 (ろうらく) する

**задава́ка** (女2変化), **задава́ла** (女1変化) [男・女] 《俗》高慢ちき，うぬぼれ屋

*__задава́ть__ [ザダヴァーチ] -даю́, -даёшь 命 -ва́й 副分 -ва́я [不完] / **зада́ть** [ザダーチ] -да́м, -да́шь, -да́ст, -дади́м, -дади́те, -даду́т 命 -да́й 過 за́дал, -ла́, -ло за́данный (-дан, -дана́, -дано) [give] 〈кому〉① 〈что〉に課する，与える，出す：Она́ задала́ ученика́м дома́шнее зада́ние. 彼女は生徒たちに宿題を出した｜~ вопро́с 質問をする ②〈что〉指示する，指定する，定める：~ темп テンポを指示する ｜ за́данная величина́ 所定の寸法 ③《話》催す，開催する：~ пир 宴会を催す ④《話》《что》(嫌なことを)くらわす, (嫌な目に)遭わせる：~ стра́ху こわがらせる ｜ Я тебе́ зада́м! …にはおかないぞ ⑤《話》《что》(飼料として)与える：~ овса́ лошадя́м 馬に燕麦をやる

*__задава́ться__ -даю́сь, -даёшься 命 -ва́йся 副分 -ва́ясь [不完] / **зада́ться** -да́мся, -да́шься, -да́стся, -дади́мся, -дади́тесь, -даду́тся се -да́йся за -да́лся, -ла́сь, -ало́сь/-а́лось [set oneself] ① 《話》《что》…を課題・目標を自分に課す, …に取り組む：~ це́лью око́нчить университе́т че́рез год 1年後に大学を卒業するという目標を立てる ②《話》(機会などが) 生じる；うまくいく：Де́ло не зада́лось. 事がうまく運ばなかった ③《不完》《話》いばる，高慢な態度をとる ④《不完》《受身》< задава́ть

**зада́вить** [完] → дави́ть

*__зада́ние__ [ザダーニエ] [中5] [task, mission] 任務，課題：произво́дственное ~ 生産課題｜дома́шнее ~ 宿題 ｜ Он не смог вы́полнить ~. 彼は任務を遂行することができなかった

**зада́ривать** [不完] / **задари́ть** -арю́, -а́ришь 受過 -а́ренный [完] 〈кого〉…に山ほど贈り物をする；買収する

**зада́ром, 《俗》задарма́** [副] 《話》① ただで；ただ同然で ② 無駄に，いたずらに

**зада́ток** -тка [男2] ① 手付金, 頭金 ② 《複》(才能・性質の)萌芽，素質

**зада́ть(ся)** [完] → задава́ть(ся)

*__зада́ч|а__ [ザダーチャ] [女4] [task] ① 課題，任務，目標：очередна́я ~ 当面の課題 ｜ поста́вить -у 《数学なこと》にてる (数学などで) 問題：Он реша́ет алгебраи́ческую -у. 彼は代数の問題を解いている ③《話》実行が

**зада́чник** [男2] 問題集: ~ по а́лгебре 代数学の問題集

**задвига́ть** [不完] 動かし始める

**задвига́ть** [不完] / **задви́нуть** -ну, -нешь 受過 -тый [完] [函] ①〈カーテン・引き戸などを〉引いて閉める ② 〈奥・下・陰に〉押し込み, 押しやる ③〈移動できamong のもので〉さえぎる, 隠す ④《俗》〈嘘を混ぜながら〉話す, ほらを吹く ⑤《俗》やめる, 投げ出す ∥~ся [不完] [完] ①〈カーテン・引き戸など〉が閉まる ②〈奥・下・陰に〉押し込まれる, 収まる ③《俗》頭がいかれる

**задви́жка** 複生 -жек [女2] ① かんぬき, 戸締り具 ② 仕切り弁, 開閉装置

**задвижно́й** [形2] 引き戸式の, スライド式の

**задви́нутый** [形1] ①《若者》〈на囲に〉熱狂した;[男名] 頭のいかれた人 ②《若者》〈芸術作品が〉難解な

**задви́нуть(ся)** [完] → задвига́ть

**задво́рки** -рок, -рок [複] ①〈農家屋敷の〉裏手, 裏庭 ②〈町・集落の〉はずれ, 片隅

**задева́ть**[1] [完] [函] しまい込む, 置き忘れる ∥~ся[1] [完] 姿を隠す, なくなる

*__задева́ть__[2] [不完] / **заде́ть** -е́ну, -е́нешь 受過 -тый [完] [touch, hurt] [函] ①〈за 囲に〉触れる, 当たる, 引っかかる: ~ рукаво́м за гвоздь 袖を釘に引っかける ②〈ある感情を〉刺激する, かき立てる: ~ любопы́тство 好奇心をかき立てる ③侮辱する, 傷つける: Э́ти слова́ си́льно заде́ли меня́. その言葉は私をひどく傷つけた ④〈病気が〉…に拡大する

◆ ~ **за живо́е** 囲《話》…の痛いところを突く ∥~ся[2] [不完] [受動]

**заде́йствовать** -твую, -твуешь 受過 -анный [完] [函] 作動させる, 稼働させる

**задекори́ровать** [完] → декори́ровать

**заде́л** [男1] ① ストック用の製品 ② やりかけの仕事

**заде́лка** [女2] ふさぐこと, 埋めること

**заде́лывать** [不完] / **заде́лать** 受過 -анный [完] [函] ①〈すきま・穴を〉ふさぐ ②〈種・肥料を〉一定の深さにまく ③《話》催す, 開く ∥~ся [不完] [完] 《俗》〈囲に〉なる

**задёргать** 受過 -анный [完] ①〈函/囹〉を引っぱり始める; 痙攣(けい)させ始める;〈体の一部を〉小刻みに動かし始める ②〈函〉〈囹〉〈しつこい要求・いじわるな態度で〉苦しめる, ひどく悩ます ∥~ся [完] ①小刻みに動きだす, 震えだす ②《話》(心労・仕事が重なり)へとへとになる, 疲れ果てる

**задёргивать** [不完] / **задёрнуть** -ну, -нешь 受過 -тый [完] ①〈カーテンなどを〉引く, 閉じる ②〈囹〉〈カーテンなどで〉覆う, 閉ざす ∥~ся [不完] [完] (カーテンなどが)引かれる, 閉じられる

**задереве́лый** [形1]《話》① 木のように硬くなった ② 無感覚になった, まひした

**задереве́ть** [完] → деревене́ть

**задержа́ние** [中5] ① 阻止, せき止め ② 延期; 遅延 ③ 拘留, 逮捕

*__заде́рживать__ [不完] / **задержа́ть** -ержу́, -е́ржишь 受過 -е́ржанный [完] [detain, delay] [函] ①…の進行を阻止する, 食い止める, せき止める: ~ по́езд 列車を止める ② 引き留める, 残らせる: Извини́те, что задержа́л вас. お引き留めしてすみませんでした ③ 延期する, 中止する: 〈回答・支払い・配達などに〉遅らせる, 延滞する: ~ поса́дку 着陸を延期する ⎮ ~ упла́ту до́лга на ме́сяц 借金の支払いを1か月延ばす ④〈動きを〉抑える, 一時的に止める: ~ шаги 歩調をゆるめる ⑤ 拘留する, 逮捕する; 差し押さえる: ~ престу́пника 犯人を逮捕する

*__заде́рживаться__ [不完] / **задержа́ться** -ержу́сь, -е́ржишься [完] [be detained] ① 立ち止まる, 動きが止まる[遅くなる]: ~ у две́ри ドアのところで立ち止まる ② 長居する, 必要以上に留まる, ぐずぐずする: ~ в гостя́х 客間で行って長居する ③ 遅くなる, 一時的に止まる: Дыха́ние задержа́лось. 少しの間息が止まった ④〈с 囲に〉手間どる, 遅れる: ~ с рабо́той 仕事に手どる ⑤ [不完] [受動] < заде́рживать

*__заде́ржка__ 複生 -жек [女2] [delay] ① 阻止, 引き留め; 延期, 停止, 停滞 ② 遅滞, 停滞, 遅延: без заде́ржек 滞りなく

**задёрнуть(ся)** [完] → задёргивать

**заде́ть** [完] → задева́ть[2]

**за́дешево, задёшево** [副]《俗》安く, 安価で

**задира́** [名1変化] [男·女]《話》けんか好き

**задира́ть** [不完] / **задра́ть** -деру́, -дерёшь 過 -а́л, -ала́, -а́ло 受過 за́дранный [完] [函] ①〈皮などを〉はぐ, むく ②《話》上げる, もたげる; まくり上げる ③: ~ руба́шку シャツをまくりあげる〈猛獣が〉噛み殺す: Медве́дь задра́л охо́тника. 熊が狩人を噛み殺した ④《俗》うんざりさせる

**задира́ться** [不完] / **задра́ться** -деру́сь, -дерёшься 過 -а́лся, -ала́сь, -а́лось/-а́лось [完] ①〈皮などが〉むける, はがれる, ささくれる ②《話》まくれ上がる: Пла́тье задрало́сь от поры́ва ве́тра. ドレスが風のおかげでまくれ上がった ③ [不完]《けんかを売ろうとして》つっこむ, 因縁をつける: К нему́ всё вре́мя задира́лся одноклассник. 一人の同級生がいつも彼にからんでいた

**задири́стый** 短 -ист [形1]《話》① すぐつっかかる, けんか腰の ② 威勢のいい, 勇ましい ∥~о [副]

**заде́йствовать** → задира́ть см. задира́ть

**за́дне..**[接辞構成] 「後ろの」「後部の」

**задненёбный** [形1] [医] 軟口蓋の

**задненёбный** → задненёбный

**за́днеязы́чный** [形1] [言] 後舌の

*__за́дн|ий__ [ザードニィ] [形8] [back] 後ろの, 後部の, 後方への: ~ее колесо́ 後輪 ⎮ Маши́на дала́ ~ ход. 車がバックした ◆ **без ~их ног** [話・戯]足が棒になって, ひどく疲れて; ぐっすり(泥のように)眠る ⎮ ~ **им умо́м кре́пок** 気がつくのが遅い, 下種(げす)の後知恵 (ちえ) ⎮ ~ **им число́м** (1)実際より前の日付で, さかのぼって (2)《話》後になって, 遅まぎで ⎮ ~ **яя мысль** 腹の内, 魂胆 ■ **-ие гла́сные** [音声] 後方母音 ⎮ ~ **проход** [解] 肛門

**за́дник** [男2] ① 靴の後部(かかとの部分) ② [劇] 舞台背景 ③《俗》尻, けつ ④《俗》ズボンの後ろポケット

**за́дни|ца** [女2]《俗》尻, けつ ◆ **Иди́ [Пошёл] (ты) в ~у!** あっち行け, うざい ⎮ **оказа́ться [быть] в ~е** 困る, 問題がある: Мы в по́лной ~е. ああ, 困ったなあ

**задо́брить** [完] → задо́бривать

**задо́к** -дка́ [男2] (車などの)後部

**задолба́ть** 受過 -ан, -ёшь [完]《俗》疲れさせる, うんざりさせる: Отста́нь, ты меня́ уже́ задолба́л! うざいなあ, おれにもうほうっておけよ

**задо́лго** [副]〈до 囲の〉ずっと前に, はるか以前に

**задолжа́ться** [完]《俗》たくさん借金をする

*__задо́лженность__ [女10] [debt] 借金があること, 借金, 債務; 義務の不履行, 借り: погаси́ть [ликвиди́ровать] ~ 借金を返す

**задо́лжник|а** [男2]/-ца [女3]《話》借金がある人, 滞納者

**за́дом** [副] 後ろ向きに, 背を向けて

**задо́р** [男1] ① 熱意, 血気 ② 短気, けんか腰

**задо́рина** [女1] 表面のざらつき, 掻き傷

**задо́рин|ка** 複生 -нок [女2] 指小《задо́рина》 ◆ **без сучка́ без ~и = ни сучка́ ни ~и**《話》何の支障もなく, 順調に

**задо́рный** 短 -рен, -рна [形1] ① 血気盛んな, 情熱的な ② けんか腰の, 挑戦的な, 激しやすい

**задохну́ться** [完] →задыха́ться

**задразни́ть** [不完] / **задразни́ть** -азню́, -а́знишь 受過 -нённый (-нён, -нена́) [完] 《話》〈對〉からかっていじめる

**задра́ивать** [不完] / **задра́ить** -а́ю, -а́ишь 受過 -а́енный [完] 〈海〉〈図〉ハッチ・丸窓などを密閉する

**задрапирова́ть(ся)** [完] →драпирова́ть

**задра́ть(ся)** [完] →драть, задира́ть(ся)

**задрёмывать** [不完] / **задрема́ть** -емлю́, -е́млешь [完] まどろむ, うとうし寝する

**задри́панный** [形1]《俗・蔑》よれよれの, 汚い

**задрожа́ть** -жу́, -жи́шь [完] 震えだす；ゆらめきだす；びくびくする

**задро́т** [男1] **/~ка** 複生 -ток [女2]《若者・蔑》ブサイクス, ブス；ばかげ, やなやつ

**задубе́ть** [完]《俗》① 硬くなる, こわばる: Я уже́ задубе́ла на э́том хо́лоде. 寒すぎて体が動かなくなっちゃった ② 立ちすくむ, 呆然とする

**задува́ть** [不完] / **заду́ть** 受過 -тый [完] ①〈図〉吹き消す ②〈治〉〈図〉溶鉱炉に火入れする ③〈図〉(風が)吹き寄せる ④《完》(風が)吹き始める ⑤《不完》(風が)吹きこむ, 吹きつける

**заду́ть** [女2]〈治〉溶鉱炉の火入れ

**заду́мать(ся)** [完] →заду́мывать(ся)

**заду́мка** 複生 -мок [女2]《俗》① 望み, 願い ② 計画, もくろみ

**заду́мчиво** [副] 物思いにふけって, 物思わしげに

*__заду́мчивый__ 短 -ив [形1]〔thoughtful〕物思いにふけっている, 物思わしげな: ~ вид 物思いに沈んでいる様子 **/~ость** [女10]

*__заду́мывать__ [不完] / **заду́мать** 受過 -анный [完]〔conceive, plan〕〈図〉〈図/不定形〉思いつく, 思い立つ, …しようと企てる〔決める〕: ~ преступле́ние 犯罪を思いつく ②(頭の中で)考える, 選ぶ: Заду́май любу́ю ци́фру! 何か数字を思い浮かべてみて

*__заду́мываться__ [ザドゥームィヴァッツァ] [不完] / **заду́маться** [完]〔think〕
① 〈над/о/圆〉のことを考えこむ, 熟考する；物思いに沈む: ~ над зада́чей 問題をじっくり考える | О чём ты заду́мался? 何を考えこんでいるんだい
②《話》(しばしば否定詞を伴って)〈不定形〉することを)ためらう, 迷う: Он не заду́мался сказа́ть пра́вду в глаза́. 彼はためらいずに面と向かって真実を告げた
③《不完》〔受身〕< заду́мывать

**задури́ть** [完] / **задуря́ть** -рю́, -ри́шь 受過 -рённый (-рён, -рена́) [完]《俗》〈図〉惑わす, 混乱させる

**заду́ть** [完] →задува́ть

**задуше́вный** 短 -вен, -вна [形1] 心からの, 心のこもった, 心に秘めた **/~о** [副] **/~ость** [女10]

**задуши́ть(ся)** [完] →души́ть¹

**задыми́ть** -млю́, -ми́шь 受過 -млённый (-лён, -лена́) [完] ① 煙り始める, くすぶり出す ②〈図〉(煙で)すすけさせる, 黒くする **/~ся** [不完] くすぶり始める, すすける

**задыха́ться** [不完] / **задохну́ться** -ну́сь, -нёшься [完] ① 窒息死する ② 息を切らす, 息苦しくなる ③ (劇感情で)息づまる, 苦悶する

**задыша́ть** -ышу́, -ы́шишь [完] 呼吸し始める

**заеда́ть** [不完] / **зае́сть** -е́м, -е́шь, -е́ст, -еди́м, -еди́те, -едя́т, -е́л 能過 -е́вший 受過 -е́денный 副分 -е́в [完] ①《話》噛み殺す；(虫が)刺す ②《俗》〈図〉責め・言いがかりなどで)苦しめる, うんざりさせる ③〈図〉口直しする ④《しばしば人称》〈図〉(締めつけて・引っかけて)動かなくする: Зае́ло мо́лнию. ファスナーが引っかかった ⑤《通例無人称》《俗》〈図〉の気持ちを傷つける

◆*тоска́ зае́ла* 図《話》…はふさぎの虫にとりつかれた, ふさぎこんでいる **/~ся** [不完]／[完]《話》(ぜいたくな食に慣れて)好みがうるさくなる, 口がおごる

**зае́зд** [男1] ①(乗り物)立ち寄ること, 連れ取りに来ること, 脇から〔回り道をして〕来ること ②《スポ》レース, 競走 ③(団体客の)到着

**зае́здить** [完] →заезжа́ть

*__заезжа́ть__ [жж] [不完] / **зае́хать** -е́ду, -е́дешь 命 заезжа́й [完]〔drop in〕①(乗り物)立ち寄る: ~ к знако́мым 知人のところに立ち寄る ②〈за圆へ〉(乗り物で)連れ〔取り〕に来る: До́чь зае́хала за детьми́. 娘が子どもたちを迎えにきた ③ 脇から〔回り道をして〕乗りつける: ~ со стороны́ Тверско́й у́лицы トヴェルスカヤ通りから回って来る ④《図》遠く〔とんでもないところ〕へ行く, 入りこむ: Они́ зае́хали далеко́ в лес. 彼らは森の奥深くへ入りこんでしまった ⑤《俗》〈圆 в圆〉を殴る: ~ в физионо́мию 顔を殴る

**зае́зженный** [жж] [形1] ①《話》陳腐な, 使い古された ② 疲れ切った

**зае́зживать** [жж] [不完] / **зае́здить** -зжу, -здишь 受過 -зженный [完] ①〈馬を〉乗って疲れさせる, 乗りつぶす ②《俗》〈手に負えない仕事などで〉苦しめる, へとへとにする

**зае́зжий** [жж] [形6]《話》一時的に立ち寄った, よそから来た

*__заём__ за́йма [男1] [loan] ① 借りること: ~ де́нег 金を借りること ② 借金, ローン, 公債: де́лать ~ 借金をする | госуда́рственный ~ 国債

**заёмный** [形1] 借り入れの, 借金の: -ое письмо́ 借用証書

**заёмщик** [男2] 借り手, 債務者

**зае́сть(ся)** [完] →заеда́ть

**зае́хать** [完] →заезжа́ть

**зажа́рить(ся)** [完] →жа́рить(ся)

**зажа́ть** [完] →зажима́ть

**зажда́ться** -ду́сь, -дёшься 過 -а́лся, -ала́сь, -ало́сь/-а́лось [完]《話》〈図〉を待ちくたびれる, 待ちあぐむ

**зажелте́ть** [完] 黄色く染り始める, 黄色に見えだす

**зажелти́ть** [完] →желти́ть

**заже́чь(ся)** [完] →зажига́ть(ся)

**зажива́ть** [不完] / **зажи́ть** -иву́, -ивёшь 過 за́жил/-и́л, -ила́, за́жило/-и́ло [完] ①(傷が)治る, 癒(")える ②《完》生活を始める, 暮らし始める ◆*До сва́дьбы заживёт.*《話・戯》結婚式までには治るさ (けがした人への慰めの言葉)

**зажива́ться** [不完] / **зажи́ться** -иву́сь, -ивёшься 過 -и́лся, -ила́сь, -ило́сь/-и́лось [完]《話》(普通より・思ったより)長生きする[長く暮らす]

**заживля́ть** [不完] / **заживи́ть** -влю́, -ви́шь 受過 -влённый (-лён, -лена́) [完]〈傷などを〉治す

**за́живо** [副] 生きたまま, 生きながら

**зажига́лка** 複生 -лок [女2] ① ライター: ~ для га́зовой пли́ты́ ガスコンロ着火用点火棒[ライター] ②《話》焼夷弾 弾

**зажига́ние** [中5] ① 火をつけること, 点火, 点灯 ②〈工〉(内燃機関の)点火装置

**зажига́тельный** 短 -лен, -льна [形1] ①《長尾》点火用の, 発火用の: ~ фити́ль 導火線 ② 感情をかき立てるような, 扇動的な

*__зажига́ть__ [不完] / **заже́чь** -жгу́, -жжёшь, ... -жгу́т 命 -жги́ 過 -жёг, -жгла́ 能過 -жёгший 受過 -жжённый (-жжён, -жжена́) 副分 -жёгши [light]〈図〉①…に火をつける, 点火する, 点灯する: ~ ого́нь 火をつける ◇ свет 明かりをつける ②〔雅〕感情を燃え立たせる, かき立てる, 鼓舞する: Его́ слова́ зажгли́ аудито́рию. 彼の言葉は聴衆の心に火をつけた

**зажига́ться** [不完] / **заже́чься** -жгу́сь,

**зажиливать**

-жжёшься, ... -жгутся -жги́сь 過 -жёгся, -жгла́сь 能過 -жёгшийся -жёгшись 〔不完〕① 燃え出す, 火がつく, (灯火が)ともる; 輝き出す ② 〔雅〕〈強い感情が〉現れる, 燃え立つ;〈△圖〉〈強い感情に〉とらわれる, 襲われる: ～ гне́вом 激しい怒りにとらわれる ③〔不完〕〔受身〕< зажига́ть①

**зажи́ли|вать** [不完] / **зажи́л|ить** -лю, -лишь 受過 -ленный [完] 〔俗〕〈△圖〉着服する, 借りた物を返さない

**зажи́м** [男1] ① 締めつけること; 抑えつけること ② 締めつける[押さえつける]道具, クリップ, クランプ: ～ для га́лстука ネクタイピン

*__зажима́ть__ [不完] / **зажа́ть** -жму́, -жмёшь 受過 -тый [完] ① 締めつける, 押さえ込む [grip, hold]; 握りしめる: ～ каранда́ш в руке́ 鉛筆を握りしめる ② (押さえつけて)ふさぐ: ～ у́ши 耳をふさぐ ③〔△圖〕抑圧する, 抑えつける: ～ кри́тику 批判を抑えつける ④〔俗〕隠す, 着服する, あげない: ～ долг 借金を隠す ⑤〔完〕〔若者・隱〕分け合わない, あげない ◆~ рот [△圖] 〔話〕〈誰かの〉口を封じる [ふさぐ] **//~ся** [不完] / [受身] / **зажима́ться** [中5]<①②

**зажи́мщи|к** [男2] -**ца** [女3] 〔話〕抑圧者

**зажи́нки** -нок, -нкам [複] 〔民俗〕鎌入れ(7月21日[旧暦8]日; 刈り入れの開始の儀式)

**зажи́точн|ый** 短 -чен, -чна [形1] 裕福な **//-о** [副] **//-ость** [女10]

**зажи́ть(ся)** [完] →зажива́ть(ся)

**зажму́рить(ся)** [完] →жму́рить(ся)

**зажурча́ть** -чу́, -чи́шь [完] 〈水の流れが〉サラサラ[チョロチョロ]と音を立て始める; 〈話し声が〉静かに響きだす

**зазва́ть** [完] →зазыва́ть

**зазвене́ть** -ню́, -ни́шь [完] (金属性の)音がし始める; 鳴らせる

**зазвони́ть** -ню́, -ни́шь [完] (鐘・鈴・電話などを)鳴らしだす; 鳴りだす

**зазвуча́ть** -чи́т [完] 音[声]がしだす, 響き始める

**здра́вный** [形1] 健康を祝しての, 健康祈願の

**зазёвываться** [不完] / **зазева́ться** [完] 〔話〕(見とれて)ぼかんとする

**зазелене́ть** [完] 緑に色づきだす; 緑色のものが見えてくる

**зазеленя́ть** [不完] / **зазелени́ть** -ню́, -ни́шь 受過 -нённый (-лён, -нена́) [完] 〔△圖〕(緑色で)汚す

**заземле́ние** [中5] 〔電〕アース, 接地; アース装置

**заземля́ть** [不完] / **заземли́ть** -лю́, -ли́шь 受過 -лённый (-лён, -лена́) [完] 〔電〕〈△圖〕アースする, 接地する **//~ся** [不完] / [受身] 〔電〕アースする

**зазимова́ть** -му́ю, -му́ешь [完] 越冬する, 冬を過ごす

**зазнава́ться** -наю́сь, -наёшься 命 -нава́йся 副分 -нава́ясь [不完] / **зазна́ться** [完] 〔話〕高慢になる, 傲慢になる, うぬぼれる

**зазна́й|ка** 複生 -а́ек(女2変化)[男・女] 〔話〕高慢ちき, うぬぼれ屋

**зазна́йство** [中1] 〔話〕高慢, うぬぼれ

**зазна́ться** [完] →зазнава́ться

**зазо́р** [男1] 〔工〕隙間, 間隙, あそび

**зазо́рн|ый** [形1] ① < зазо́р ② 〔俗〕恥ずべき, 非難されるべき **//-о** [副] < ②

**зазре́ние** [中5] ♦**без** (**вся́кого**) **~ия** (**со́вести**) [話〕恥ずかしげもなく, 平気で

**за́зр|ить** [完] ♦**Со́весть за́зрит** [за́зрила]. 〔俗〕良心がとがめる [とがめた]

**зазря́** [副] 〔俗〕 = зря①

**зазу́бренный** [形1] ぎざぎざのある, 刃こぼれした

**зазу́брина** [女1] ぎざぎざ, 刃こぼれ

**зазыва́ла** [女1変化][男・女] 〔話〕客引き, 呼び込み

**зазыва́ть** [不完] / **зазва́ть** -зову́, -зовёшь 過 -а́л,

---

-ала́, -а́ло 受過 за́званный [完] 〔話〕〔△圖〕しつこく招く, 来るようにせがむ

**зазя́бнуть** [完] →зя́бнуть

**заи́грывать** [不完] / **заигра́ть** 受過 -и́гранный [完] ①〔完〕遊び始める; 演奏し始める, 演じ始める; きらめきだす ②〔△圖〕使い古す, 使い物にならなくする ③〔△圖〕〈演奏・上演いすぎて〉陳腐にする, あきあきしたものにする ④〔不完〕〔話〕〈с△圖〉…をちやほやする, …といちゃつく ⑤〔不完〕〔話〕〈с△圖〉に媚びる, 取り入る

**заи́грываться** [不完] / **заигра́ться** [完] 遊びに夢中になって時を忘れる

**заи́ка** (女2変化)[男・女] 吃音の人, どもり

**заика́ние** [中5] ① どもること; 口ごもること ② 吃音(症), どもり

**заика́ться** [不完] / **заикну́ться** -ну́сь, -нёшься [完]〔不完〕どもる, 口ごもる ②〔話〕〈o△圖〉…をほのめかす, …に軽く触れる: да́же не ~ おくびにも出さない

**займообра́зн|ый** [形1] 貸借の[による] **//-о** [副]

**заи́мствование** [中5] ① 借りること, 借用 ② 借りたもの ③ 〔言〕借用語, [表現]

**заи́мствовать** -твую, -твуешь 受過 -анный [不完・完] 〔△圖〕借りる, 借用する: заи́мствованное сло́во 借用語

**заи́ндеветь** [完] →и́ндеветь

**заинтересо́ванность** [女10] 興味, 関心; 利害関係

‡**заинтересо́ванн|ый** [ザインテリソーヴァンヌイ] [形1] [interested] 受過<заинтересова́ть〕興味[関心]のある; 利害関係を有する: с -ым ви́дом 興味のありそうな様子で | -ые ли́ца 当事者, 利害関係者

*__заинтересо́вывать__ [不完] / **заинтересова́ть** -су́ю, -су́ешь 受過 -о́ванный [完] [interest] 〔△圖〕①…に興味[関心]をそそる: ～ слу́шателей расска́зом 話で聴衆の関心を引く ②(利益で)引きつける: Он не заинтересо́ван в э́том де́ле. 彼はこの件に利害関係がない

*__заинтересо́вываться__ [不完] / **заинтересова́ться** -су́юсь, -су́ешься [完] [become interested] ①〈△圖〉興味[関心]を持つ: ～ му́зыкой 音楽に関心を持つ ②〔不完〕〔受身〕< заинтересо́вывать

**заинтригова́ть** [不完] / **заинтригова́ть** -гу́ю, -гу́ешь -о́ванный [完] 〔△圖〕の好奇心[興味]をそそる

**за́инька** 複生 -нек(女2変化)[男] 〔指小〕<за́яц①

**заи́скивать** [不完] <пе́ред△圖>おもねる, 取り入る

**за́йка** 複生 за́ек(女2変化)[男] 〔指小〕<за́яц①

**за́йма** [単数: 生格] <заём

**займёшь(ся)** 〔2単未〕<заня́ть(ся)

**займи́(сь)** 〔命令〕<заня́ть(ся)

**за́ймовый** [形1] 借り入れの, 借金の

**займода́вец** -вца [男3] 債権者, 貸し手

**займодержа́тель** [男5] 債権所有者

**займу́(сь)** 〔1単未〕<заня́ть(ся)

**зайти́(сь)** [完] →заходи́ть¹(ся)

**за́йца** 〔単数: 生格〕<за́яц

**зайча́тина** [女1] (食用の)ウサギ肉

**за́йчик** [男2] ①〔指小〕<за́яц① ② 日光の斑点, 反射光

**зайчи́ха** [女2] 雌ウサギ

**зайчо́нок** -нка 複 -ча́та, -ча́т [男9] 子ウサギ

**закабаля́ть** [不完] / **закабали́ть** -лю́, -ли́шь 受過 -лённый (-лён, -лена́) [完] 〔△圖〕隷属させる, 奴隷にする **//~ся** [不完] 〔完〕隷属する, 奴隷になる **закабале́ние** [中5]

**Закавка́зье** [中4] ザカフカジエ, 南カフカス(ジョージア(グルジア), アルメニア, アゼルバイジャンの3国) **//закавк-**

**ка́зский** [形3]

**закавы́ка, закавы́чка** 複生-чек [女2]《話》①障害, 妨害, 邪魔 ②ずるさ, 巧妙なほのめかし

**закадри́ть** -рю́, -ри́шь [完]《俗》〈団〉〈女の子と〉知り合う

**зака́дровый** [形1]《映画・テレビの音声》の）画面外の

**закады́чный** [形1]《話》とても親しい

**закажи́**〔単未〕< заказа́ть

**закажу́**〔1単未〕< заказа́ть

*_**зака́з**_ [ザカース] [男1] [order] ①注文, 発注, 申込み: получи́ть ～ 注文を受ける│オンライン～ オンライン注文 ②注文品: ~ уже́ гото́в. 注文の品はもうできています ◆**на**～ 注文で, オーダーメイドで: обувь на ～ オーダーメイドの靴│**по**~**у** 注文「依頼」で

**заказа́ть** [完] →зака́зывать

**зака́зник** [男2] 野生生物保護区, 自然保護区

*_**зака́зн|о́й**_ [形2] [made-to-order, registered] ①注文による, オーダーメイドの: -ы́е блю́да 注文が入ってから作る料理│-о́е уби́йство 依頼殺人 ②書留の: -о́е письмо́ 書留郵便 ③（伐採・狩猟などが）禁止された, 保護下にある

**зака́зчи|к** [щ] [男2] **-ца** [女3] [costomer, client] 注文主, 顧客: прете́нзия -ка 注文主のクレーム

*_**зака́зывать**_ [不完] / **заказа́ть** -кажу́, -ка́жешь 受過-ка́занный [完]〈団〉[order] 注文する, 発注する, 申し込む: ～ борщ ボルシチを注文する│Я хочу́ заказа́ть биле́т на воскресе́нье. 日曜日のチケットを予約したいのですが ②《俗》…の殺しを依頼する **//~ся** [不完]〔受身〕

**зака́иваться** [不完] / **зака́яться** -ка́юсь, -ка́ешься [完]《話》〈完で〉二度と…しないと自分に誓う

**зака́л** [男1]《（金属の）焼き入れ, 硬化》②鍛練; 不屈さ, 頑強さ: челове́к ста́рого ~а 古いタイプの人間

**зака́ливать, закаля́ть, закали́ть** -лю́, -ли́шь 受過-лённый [-лён, -лена́] [完]〈団〉①〈金属に〉焼き入れする, 硬化させる ②〈体・精神を〉鍛える, 鍛錬する **//~ся** [不完]〈団〉①〈金属が〉焼きが入る, 硬化する ②〈体・精神が〉きたえられる, 強健になる

**зака́лка** [女2]〈（金属の）焼き入れ, 硬化〉②鍛練; 不屈さ, 頑強さ, 忍耐力

**зака́лывать** [不完] / **заколо́ть** -колю́, -ко́лешь 受過-о́лотый [完]〈団〉①突き刺す, 刺し殺す, 串刺しする ②〈とがったもので〉留める ③[完]〈無人称〉刺すように痛みだす: Заколо́ло в боку́. 脇腹がちくちく痛みだした **//~ся** [不完] ①自分を刺して死ぬ

**закала́ть(ся)** [不完] = зака́ливать(ся)

**закамуфли́ровать** [完] →камуфли́ровать

*_**зака́нчивать**_ [ザカーンチヴァチ] [不完] / **зако́нчить** [ザコーンチチ] -чу, -чишь 命-чи 受過-ченный [完] [finish, complete] 〈団〉〈下定形〉終える, 終了する, 完了する: ～ рабо́ту 仕事を終える│Он зако́нчил речь шу́ткой. 彼はスピーチを冗談で締めくくった

*_**зака́нчиваться**_ [ザカーンチヴァッツァ] [不完] / **зако́нчиться** [ザコーンチッツァ] -чится [完] [end] ①終わる, 終了する, …で終わる: Ссо́ра зако́нчилась примире́нием. 言い争いは仲直りで終わった ②《受身》< зака́нчивать

**зака́пывать**[1] [不完] / **зака́пать** 受過-анный [完]〈団〉には ねかける, はねかけて汚す ②《話》〈団〉〈したらして入れる ③《完》したたり始める

**зака́пывать**[2] [不完] / **закопа́ть** 受過-о́панный [完]〈団〉①埋める, 埋め立てる **//~ся** [不完] [完] ①自分の体に砂をかける, 埋もれる ②《話》手間どる

**зака́рмливать** [不完] / **закорми́ть** -ормлю́, -о́рмишь 受過-о́рмленный [完]〈団〉〈食物[えさ]を与えすぎる, 食べさせすぎる

*_**зака́т**_ [男1] [sunset] ①（太陽などが）没すること, 日没, 日の入り; 日没時: Она́ верну́лась на ~е. 彼女は夕暮れ時に帰ってきた ②夕焼け, 夕映え: любова́ться ~ом 夕焼けに見とれる ③終わり, 最後, 衰退: Жизнь бли́зится к ~у. 人生が終わりに近づいている **//~ный** [形1]

**заката́ть** [完] →зака́тывать[1]

**заката́ть(ся)** [完] →зака́тывать[2](ся)

**зака́тка** [女2] 巻いてあること; ローラーでならすこと; 密封

**зака́тывать**[1] [不完] / **заката́ть** 受過-а́танный [完]〈団〉①〈в что〉巻きこむ, くるむ ②ローラーでならす, 平らにする ③《話》〈袖などを〉まくり上げる ④《俗》（遠くへ）追いやる, 送りこむ ⑤（缶などを）密封する ⑥《俗》普通でないことをする ⑦《俗》録音「録画」する ⑧《完》転がる始める; こねて丸めだす;（洗濯物のローラーで）しわを伸ばし始める

**зака́тывать**[2] [不完] / **закати́ть** -ачу́, -а́тишь 受過-а́ченный [完]〈団〉①転がって入れる[しまう], 転がしこむ: ~ маши́ну в гара́ж 車を車庫に入れる ②《俗》（力をこめて）やる,（気合いを入れて）催す ◆~ **глаза́**（失神などで）白目をむく

**зака́тываться** [不完] / **закати́ться** -ачу́сь, -а́тишься [完]①《3人称》転がりこむ ②（天体が）沈む, 没する; 終わる ③（遊びに）出かける ④《話》（笑い・涙・せきなどで）ひどく出始める, とまらない: ～ сме́хом 笑いころげる

**закача́ть** [完] →зака́чивать

**закача́ть** [完] ①揺れ出す ◆**Зака́чаешься [Зака́чаетесь]!**《話》（くらっとするほど）すごい, 驚くほどだ

**зака́чивать** [不完] / **закача́ть** 受過-а́чанный [完]〈団〉①ゆすってめまい［吐き気］を起こさせる, 揺りこむ ②《俗》（モデムで）送信する ③《完》〈団/自〉…を揺り動かし始める；くみ上げ始める

**зака́шливаться** [不完] / **зака́шляться** [完] ひどくせき込みだす

**зака́шлять** [完] せきをしだす

**зака́яться** [完] →зака́иваться

**заква́сить** [完] →ква́сить, заква́шивать

**заква́ска** 複生-сок [女2] ①発酵, 酵母, イースト ②《話》（教育・環境などの）気質, 素質

**заква́сочный** [形1] 発酵の; 酵母の

**заква́шивать** [不完] / **заква́сить** -а́шу, -а́сишь 受過-а́шенный [完]〈団〉発酵させる, 発酵によりすっぱくする

**закида́ть** [完] →заки́дывать[1]

**заки́дка** [女2]（遠くへ）投げること

**закидо́н** [男1]《俗》奇行, おかしな言動; わがまま, うぬぼれ

**заки́дывать**[1] [不完] / **закида́ть** 受過-и́данный [完]〈団/圖〉〈で〉①投げかけて満たす, 埋める ②（質問などを）浴びせる

**заки́дывать**[2] [不完] / **заки́нуть** -ну, -нешь 受過-тый [完]〈団〉①〈遠くへ・力を込めて〉投げる ②（意思にかかわりなく）行かせる, 送りこむ ③（持ち上げて）位置を変える: ~ но́гу на́ ногу 足を組む ◆ ~ **слове́чко** [**сло́во**]《話》ほのめかす, それとなく触れる│~ **у́дочку**《話》探りを入れる **//~ся** [不完] [完] ①（後ろへ）位置が変わる, 反り返る ②（馬が）急に飛びのく, 斜行する

**закипа́ть** [不完] / **закипе́ть** -пи́т [完] 沸騰し始める；沸き立ち始める

**закиса́ть** [不完] / **заки́снуть** -ну, -нешь 過-и́с, -и́сла 能過-сший 副分-снув [完] ①（発酵して）すっぱくなる ②《話》無気力になる, 不活発になる

**за́кись** [女10]《化》亜酸化物

**закла́дка** 複生-док [女2] ①起工, 基礎を置くこと; 貯

**закладывать**
蔵; (馬を馬車に)つけること ② (本の)しおり

**＊закла́дывать** [不完] / **заложи́ть** -ожу́, -о́жишь 受過-о́женный [完] 〔put, found〕〈который〉① 後ろに置く, 入れる: ～ подушку за го́лову 頭に枕をする ② 内部(奥深く)に置く, 入れる; 〔話〕しまい込む, 置き忘れる: Куда́ ты заложи́л кни́гу? 本をどこへやったの ③ ふさぐ, いっぱいにする: ～ стол кни́гами机の上をでいっぱいにする ④ 起工する, …の基礎を置く (資質など)を植えつける: ～ но́вый ко́рпус 新館を起工する | ～ в ду́ше ребёнка любо́вь к прекра́сному 子どもの心に美に対する愛を植えつける ⑤ 貯蔵する, 蓄える: ～ карто́фель на зи́му 冬に備えてじゃがいもを蓄える ⑥ (馬を馬車に)つける; (馬車の)用意をする ⑦ …にしおりを挟む, 目印を置く: ～ страни́цу ページにしおりを挟む ⑧ 質に入れる, 抵当に付する: ～ часы́ 時計を質に入れる ⑨《無人称》〔話〕(胸・鼻・耳を)詰らせる: У меня́ нос заложи́л. 私は鼻がつまった ⑩ 〔俗〕裏切る, 密告する
◆～ **за воротни́к [га́лстук]** 《俗》大酒を飲む

**закла́дываться** [不完] / **заложи́ться** -ожу́сь, -о́жишься [完] ①《俗》自首する; 白状する ②《不完》受身〈закла́дывать
◆в～ 最後に, 終わりに, 締めくくりとして
■**обвини́тельное ～** 起訴状

**заклева́ть** [完] →клева́ть

**заклёвывать** [不完] / **клева́ть** -люю́, -люёшь 受過-ёванный [完] ①(鳥が)つつき殺す, つついて傷だらけにする ②《完》〔話〕(言いがかり・非難などで)苦しめる, いじめる

**закле́ивать** [不完] / **закле́ить** -е́ю, -е́ишь -е́енный [完] 〈который〉貼ってふさぐ; …に封をする

**закле́йка** [女2] 貼ってふさぐこと; 封をすること

**заклейми́ть** [完] →клейми́ть

**заклёпать** [完] →заклёпывать

**заклёпка** [女2] ①(リベットの)頭を叩きつぶすこと, (リベットなどによる)接合 ②リベット, 鋲 (びょう)

**заклёпывать** [不完] / **заклепа́ть**受過-лёпанный [完] 〈который〉リベットなどの頭を叩いてつぶす; (リベットなどで)留める, 接合する

**＊заклина́ние** [中5] 〔spell〕①呪文をかけること ②呪文, まじない: произноси́ть -ия 呪文を唱える

**заклина́тель** [男5] / **-ница** [女3] 呪術師, 祈祷(きとう)師

**заклина́ть** [不完] / **закля́сть** -яну́, -янёшь -я́л, -яла́, -я́ло 被-я́тый (-я́т, -ята́, -я́то), -я́в [完] ①呪文を唱えて調伏する, …に呪文を唱える ②《不完》〔雅〕〈кого́〉かけて…に懇願する

**закли́нивать** [不完] / **закли́нить** -ню, -нишь 受過-ненный, **заклини́ть** -ню́, -ни́шь 受過-нённый (-нён, -нена́) [完] ①〈который〉…にくさびを打ち込み, くさびを打って留める ②動かなくする ③〈который〉〔話〕俺えなどに)取りつかれる, 凝り固まる //～**ся** [不完] / [完] (機械などが)動かなくなる

**заклуби́ть** -би́т [完] 〈который〉ほこり・煙）を立ちのぼらせる, 舞い上げる //～**ся** [完] (ほこり・煙)が立ちのぼる, 舞い上がる

**＊заключа́ть** [ザクリュチャーチ] [不完] / **заключи́ть** [ザクリュチーチ] -чу́, -чи́шь 命-чи́ 受過-чённый (-чён, -чена́) [完] 〔put, conclude〕①〈который〉入れる, 置く; 拘束する, 抑留する: ～ сло́во в ско́бки 単語をカッコに入れる | ～ под стра́жу 連捕する, 拘禁する ②〈что〉断じる, 結論する, 判断する: Отсю́да я заключи́л, что он прав. このことから私は彼が正しいと結論づけた ③〈что〉囲って終える, 締めくくる: ～ речь приве́тствиями в а́дрес го́стя スピーチを歓迎の言葉で締めくくる ④〈что〉締結する, 結ぶ: ～ ми́рный догово́р 平和条約を締結する ⑤《不完》〈в себе́ и т. п.〉含む, 含有する: Письмо́ заключа́ло в себе́ о́чень ва́жные све́дения. 手紙には非常に重要な情報が含まれていた

**＊заключа́ться** [ザクリュチャーッツァ] [不完] / **заключи́ться** [ザクリュチーッツァ] -чи́тся [完] 〔consist〕①《不完》〈в чём〉(事の本質が)…にある, …に存する, …ということだ: Де́ло заключа́ется в том, что у нас не хвата́ет вре́мени. 問題は我々には時間が足りないことだ ②《不完》〈в чём〉(中に)ある, 入っている, 含まれている: В его́ слова́х заключа́ется глубо́кий смысл. 彼の言葉には深い意味が込められている ③〈чем〉終わる, 締めくくる: Письмо́ заключи́лось пожела́ниями сча́стья. 手紙は幸せを祈る言葉で終わっていた ④《不完》〔受身〕<заключа́ть

**＊заключе́ние** [ザクリュチェーニエ] [中5] 〔conclusion〕①監禁, 禁固, 拘留: быть (находи́ться) в -ии 監禁[拘留]されている | Он приговорён к тюре́мному -ию. 彼は禁固の判決を言い渡された ②(カッコなどに)入れること: ～ в кавы́чки 引用符に入れること ③結論, 帰結, 判断: прийти́ к ва́жному -ию 重要な結論に至る ④終わりの部分, 結び, 結末 (↔вступле́ние): интере́сное ～ рома́на 小説の面白い結末 ⑤締結: ～ контра́кта 契約の締結
◆**в～** 最後に, 終わりに, 締めくくりとして
■**обвини́тельное ～** 起訴状

**заключённый**¹ [形1] 含まれている

**＊заключённый**² (形1)変化 [男名] / **-ая** [女名] 〔prisoner〕囚人, 収監者: переда́чи для -ых 囚人への差し入れ品

**＊заключи́тельный** [形1] 〔final, concluding〕最後の, 結びの, 最終の: -ое сло́во 結びの言葉

**заключи́ть(ся)** [完] →заключа́ть(ся)

**закля́сть** [完] →заклина́ть

**закля́сться** -яну́сь, -янёшься過-я́лся, -яла́сь, -я́лось [完] 〔俗〕〈不定形しないと〉誓う

**закля́тый** [形1] (敵が)和解できない, 不倶戴天の

**закова́ть** [不完] / **закова́ть** -ку́ю, -куёшь 受過-о́ванный [完] ①…に鎖や枷をつける, つなぐ ②(氷でおおって)凍結させる ③〔獣医〕装蹄により馬の足を傷つける

**закову́ристый** 短-ист [形1] 〔話〕巧妙な, 手のこんだ, ひねった

**закодирова́ть** [完] →коди́ровать

**зака́лчивать** [不完] / **заколоти́ть** -лочу́, -ло́тишь -о́ченный [完] ①打ち込む, 叩き込む; (板などを打ちつけて)ふさぐ; 〔俗〕(死ぬほど)殴りつける, 打ちのめす ②《完》強く打ち始める, 叩きだす; 〔話〕震えさせ始める

**заколдо́вывать** [不完] / **заколдова́ть** -ду́ю, -ду́ешь -до́ванный [完] 〈который〉魔法にかける; 魅惑する
◆**заколдо́ванный круг** どうにもならない状態, 悪循環

**заколеба́ться** [完] ①→колеба́ться ②〔俗〕うんざりする, くたびれる

**зако́лка** 複生-лок [女2] ①(とがったもので)留めること ②ヘアピン; ネクタイピン

**заколо́ть** [完] →зака́лывать

**заколо́ть(ся)** [完] →зака́лывать

**закольцева́ть** [完] →кольцева́ть

**закомплексо́ванный** [形1] 〔俗〕内気な, 他人の目を気にする

**закомпости́ровать** [完] →компости́ровать

**＊зако́н** [ザコーン] [男1] 〔law〕①法則, 原理: ～ всеми́рного тяготе́ния 万有引力の法則 | ～-ы обще́ственного разви́тия 社会発展の法則 ②法, 法律, 法令: соблюда́ть ～-ы 法律を順守する | Конститу́ция — основно́й ～ госуда́рства. 憲法は国家の基本法である ③法, 規範, 慣習: ～-ы нра́вственности 道徳律 | непи́саный ～ 不文律 ④規則, ルール: ～-ы правосла́вия 正教法 ⑤(宗教上の)教義, 信仰: ～ Бо́жий 神の法; 神学 (科目名) ◆**вне ～-а** 〔公〕法の保護の外に | ～ **бутербро́да** 〔話〕2つのうち悪い方が起

こること | **~ не пи́сан** 古《話》…は自分の思う通りにする，好き勝手に振る舞う；**Дурака́м ~ не пи́сан.**《諺》愚か者は自分勝手に振る舞う（←法律はばかを相手に書かれてはいない）

**зако́нни|к** [男2] **/ -ца** [女3]《話》① 法律通；法律家 ② 法律尊重主義者，法律一点張りの人

**зако́нность** [女10] ① 合法であること，合法性；当然であること，正当性 ② 法律が順守されていること，法秩序

*\*зако́нн|ый** 短 -о́нен, -о́нна [形1] 〔legal〕① 法《規則》にかなった，適法の，合法の：*-ое основа́ние* 法的根拠 | **~ насле́дник** 法定相続人 ② 正当な，当然な，道理にかなった：**~ упрёк** もっともな非難 ③〈婚姻が〉法的に有効な，正式な：**~ брак** 正式な結婚

**законове́д** [男1] 法学者，法律家
**законода́тель** [男5] **/ -ница** [女3] ① 立法者；立法機関 ②《慣習・流行などを》作り出す人，リードする人
*\*законода́тельный** [形1] 〔legislative〕立法の，法律制定の：**~ о́рган** 立法機関
*\*законода́тельство** [ザカナダーチリストヴァ] [中1] 〔legislation, law〕①（一国の・ある分野の総体についての）法，法律：**уголо́вное ~ кри́ли́с ~ РФ** ロシア連邦法 ② 立法，法律の制定［公布］
*\*закономе́рность** [女10] 〔regularity〕合法則性；理にかなっていること：**~ приро́ды** 自然の合法則性
*\*закономе́рн|ый** 短 -рен, -рна [形1] 〔logical, natural〕① 合法則的な，もっともな，当然な：*-ое явле́ние* 合法則的な現象 ② 理にかなった，もっともな：**Ваш вопро́с** *закономе́рен.* あなたのご質問もっともです。 **‖ -о** [副]

**законопа́тить** [完] →конопа́тить
**законоположе́ние** [中5]（ある分野の）法律，法（全体）
**законопрое́кт** [з] [男1] 法案
**законсерви́ровать** [完] →консерви́ровать
**законспекти́ровать** [完] →конспекти́ровать
**законспири́ровать** [完] →конспири́ровать
**законтрактова́ть** [完] →контрактова́ть
**зако́нченный** [形1] ① 完成した，完結した ② 完成の域に達した，円熟した ③（否定的なことが）このうえない，救いようのない
**зако́нчить(ся)** [完] →зака́нчивать(ся)
**закопа́ть(ся)** [完] →зака́пывать(ся)
**закопёрщи|к** [男2] **/ -ца** [女3]《俗》首謀者，張本人
**закопоши́ться** -шу́сь, -ши́шься [完] うごめき始める，もぞもぞ動き出す
**закоптева́ть** [不完] **/ закопте́ть** [完] 煤(す)だらけになる，すすける
**закопте́лый** 短 -те́л [形1] 《話》煤だらけの，すすけた
**закопте́ть** [完] →закоптева́ть
**закопти́ть** [完] →копти́ть
**закопти́ться** -пчу́сь, -пти́шься [完] ① 煤まみれになる ② 燻(くん)製になる
**закорене́лый** 短 -е́л [形1] 根深い，頑固な，手に負えない
**закорене́ть** [完] ①（習慣などが）根づく，定着する ②〈в 前〉悪習などに〉染まる，凝り固まる
**закорени́ть(ся)** [完] →корени́ть(ся)
**зако́рк|и** -рок, -ркам [複]《話》背中の上部：**сесть на ~ а́ осаживать** | **нести́ на ~** 肩車つぎ〈
**закорми́ть** [完] →зака́рмливать
**закорю́чка** 複-чек [女2] ①《《鉤(か)形のもの；飾り書き ②《俗》邪魔，障害；策略，トリック ③《俗・戯》署名，サイン
**зако́с** [男1]《俗》①（仕事などから）逃れること，さぼり ② 仮病，さぼる ③《俗》ふり［まね］をすること
**закоси́ть** -ошу́, -о́сишь 受過 -о́шенный [完] ①

〈団〉刈り始める；なぎ倒し始める ②〈団〉斜めにしだす ③《俗》逃れる，さぼる ④《俗》〈под 団〉のふり［まね］をする
**закосне́лый** -ел [形1] 頑固な，凝り固まった，手に負えない
**закосне́ть** [完] →косне́ть
**закостене́лый** 短 -е́л [形1] 硬くなった
**закостене́ть** [完] →костене́ть
**закося́чить** -чу, -чишь [完]《若者・俗》①〈団〉台無しにする，駄目にする ② 卑劣な振る舞いをする
**заќоу́лок** -лка [男2] ① 狭くて寂しい横町，路地 ②《話》（建物の中などの人目につかない）片隅，秘密の場所
**закочене́лый** 短 -е́л [形1] かじかんだ，こごえた
**закочене́ть** [完] →кочене́ть
**закра́дываться** [不完] **/ закра́сться** -аду́сь, -адёшься過-а́лся能過-а́вшийся受過-а́вшись [完] ① 忍び込む ②（感情・考えが）いつの間にか生じる，浮かぶ
**закра́ивать** [不完] **/ закро́ить** -ою́, -ои́шь 命 -о́й 受過 -о́енный [完] 〔団〉（布地などを）裁つ，裁断する
**закра́сить** [完] →закра́шивать
**закрасне́ть** [完] 《話》① 赤くなり始める，赤らむ ②（赤いものが）見えだす，赤く見え始める
**закрасне́ться** [完] 《話》① = закрасне́ть ② 赤面する，顔を赤らめる
**закра́сться** [完] →закра́дываться
**закра́шивать** [不完] **/ закра́сить** -а́шу, -а́сишь, -а́сив 受過 -а́шенный [完] 塗りつぶす
**закрепи́тель** [男5] 〔写〕定着液（フィクサ́ж）
**закрепи́ть** [完] →закрепля́ть
**закре́пка** 複-пок [女2] 固定するための道具
**закрепле́ние** [中5] 固定；確立；定着；確保
*\*закрепи́ть** [不完] **/ закрепи́ть** -плю́, -пи́шь 受過 -плённый (-лён, -лена́) [完] 〔fasten〕①〈団〉しっかり取り[結び，打ち]つける，固定する：**~ до́ску гвоздём** 板を釘づけにする ② ゆるぎないものにする，確固たるものにする：**~ успе́х** 成功を確かなものにする ③〔写〕定着させる ④〈за 団〉（権利などを）認める，確保する，あてがう：**~ за собо́й но́мер в гости́нице** ホテルの部屋を確保する **‖-ся** [完] ① しっかり取り[結び，打ち]つけられる ② ゆるぎないものになる，確立する，確固なものになる ③《軍》（占領した陣地にとどまって）防備を固める ④ [不完] [受身]
**закрепоща́ть** [不完] **/ закрепости́ть** -ощу́, -ости́шь 受過 -ощённый (-щён, -щена́) [完] ①〔史〕農奴にする ② 隷属させる，奴隷化する **‖ закрепоще́ние** [中5]
**закристаллизова́ть(ся)** [完] →кристаллизова́ть
*\*закрича́ть** [ザクリチャーチ] -чу́, -чи́шь 命 -чи́ [完] 〔begin to shout〕叫び出す，わめき出す；叫び声を上げる，大声を上げる，どなる：**Он** *закрича́л* **от бо́ли.** 彼は痛さのあまり悲鳴を上げた

**закро́ешь** [2単未] < закри́чать
**закро́и́ть** [完] →закра́ивать
**закро́й**[1] [命令] < закры́ть
**закро́й**[2] [男6]（布地などの）裁断 **‖ -ный** [形1]
**закро́йщи|к** [男2] **/ -ца** [女3] 裁断師
**за́кром** 複-а́ [男1] ①（納屋の中の）穀物置き場 ②《複》《雅》（穀物の）貯蔵庫
**закро́ю** [1単未] < закры́ть
**закругле́ние** [中5] ① 丸くする[なる]こと；（文章などを）ととのえる[まとめる]こと ② 丸くなった箇所；カーブ，曲線部分
**закруглённый** [形1] ① 丸い，丸みを帯びた ②（表現などが）よく整った，滑らかな
**закругля́ть** [不完] **/ закругли́ть** -лю́, -ли́шь 受過 -лённый (-лён, -лена́) [完] ① 丸くする，丸みをつける ②（文章などを）ととのえる，まとまりをつける **‖**

**~ся** [不完] / [完] ① 丸くなる, 丸みを帯びる ② 《話》(話などを)はしょる, さっさと切り上げる

**закружи́ть** -ужу́, -у́жишь/-ужи́шь 受過 -уженный (-жён, -жена́) / -у́женный [完] ① 〈対〉回しだす, 回転させ始める ② (旋回し始める) ③ 《話》(迷いに迷って)さまよいだす ③ 《話》〈対〉(ぐるぐる回して)疲れさせる, めまいを起こさせる **//~ся** [完] ① 回りだす, 回転[旋回]し始める ② (目が)回りだす, めまいを起こす ③ 《話》(奔走して)へとへとになる

**закрути́ть(ся)** [完] →крути́ть(ся)

**закру́ченный** [形1] 《俗》① 複雑な, わけのわからない ② (とりつかれたように) 夢中になった

**закру́чивать** [不完] = крути́ть①②③

**закручи́ниться** [完] →кручи́ниться

*\***закрыва́|ть** [ザクルィヴァーッチ] [不完] / **закры́ть** [ザクルィーチ] -ро́ю, -ро́ешь 命 -ро́й 受過 -тый [完] [close] 〈対〉① ふた・扉・窓などを閉める, 閉じる: ~ чемода́н スーツケースを閉める | Мо́жно закры́ть окно́? 窓を閉めていいですか ② 覆う, 隠す; かぶせる, 掛ける: ~ лицо́ рука́ми 顔を手で覆う | ~ ребёнка одея́лом 子どもに毛布をかけてやる ③ 〈開いたものを〉閉じる, 閉じあわせる: ~ кни́гу 本を閉じる | Она́ закры́ла глаза́. 彼女は目をつぶった ④ 閉鎖する, 遮断する: ~ прохо́д 通行止めにする ⑤〈供給を〉止める, 停止する: ~ газ ガスを止める ⑥〈活動・事業を〉終わりにする, 閉じる: ~ заседа́ние 会議を閉会する | Закры́то на учёт. 棚卸しにつき休業

*\***закрыва́|ться** [ザクルィヴァーッツァ] [不完] / **закры́ться** [ザクルィーッツァ] -ро́юсь, -ро́ешься 命 -ро́йся [完] [close, shut] ① (ふた・扉・窓などが)閉まる, 閉じる: Дверь закры́лась. ドアが閉まった ② (自分の体を)覆う, くるむ, 包む; 覆われる, 隠れる, 見えなくなる: Она́ закры́лась простынёй. 彼女はシーツにくるまった | Со́лнце закры́лось ту́чами. 太陽が雲に隠れた ③ (開いたものが)閉じる: Зо́нтик пло́хо закрыва́ется. この傘はうまく閉まらない ④ 閉じこもる, 閉鎖的になる: ~ у себя́ в ко́мнате 自分の部屋に閉じこもる ⑤ 閉鎖になる, 閉ざされる: Аэропо́рт закры́лся. 空港が閉鎖された ⑥〈活動・事業が〉終わりになる, 閉まる: Во ско́лько закрыва́ется магази́н? 店は何時に閉まりますか ⑦ (傷口が)癒える, 塞着する ⑧ [不完] 〔受身〕

*\***закры́т|ие** [中5] [closing, shutdown] ① 閉じること, 閉鎖, 停止, 終了, 閉店: вре́мя *-ия* магази́на 閉店時間 ② 《軍》遮蔽物 [陣地]

*\***закры́т|ый** [ザクルィーティイ] [形1] [closed, shut] 〔受過 < закры́ть〕① 閉じた, 閉まった, 閉ざされた (↔откры́т): *-ое* окно́ 閉じた窓 ② 壁や屋根のある, 覆われた, 囲われた, 屋内の: ~ бассе́йн 屋内プール | в *-ом* помеще́нии 屋内で ③ 非公開の, 秘密の, 関係者のみの: *-ое* заседа́ние 非公開会議 | *-ое* голосова́ние 秘密投票 | *-ые* плечи́ [ше́и, спи́ны] 肩[首, 腰]を露出しない ④ 襟の詰まった, 首まで覆う ⑤ 《医》潜在性の, 閉鎖性の: ~ перело́м 閉鎖骨折 ■ *-ое* мо́ре 領海, 閉鎖海域 | *-ое* уче́бное заведе́ние 全寮制学校

**закры́ть(ся)** [完] →закрыва́ть(ся)

**закули́сный** [形1] 楽屋の, 舞台裏の ② 内密の, 秘密裏の

**закупа́ть** [不完] / **закупи́ть** -уплю́, -у́пишь 受過 -у́пленный [完] 〈対〉① (大量に・卸で)買い込む, 買い付ける ② 〈対/generic〉買いくわえる, 仕入れる

**заку́пка** 複生 -пок [女2] (大量に・卸で)買い込むこと, 買い付け; 買い込め

**заку́поривать** [不完] / **заку́порить** -рю, -ришь 受過 -ренный [完] 〈対〉① …に栓をする, ふさぐ ② 閉じ込める **//~ся** [不完] / [完] ① 栓がされる, ふさがる ② 《話》閉じこもる

**заку́порка** 複生 -рок [女2] ① 栓をする[栓がされる]こと ② 《医》閉塞

**заку́почный** [形1] 買い付けの, 仕入れの

**заку́пщи|к** [男2] **-ца** [女3] 買い付け人, バイヤー

*\***заку́ривать** [不完] / **закури́ть** -урю́, -у́ришь 受過 -у́ренный [完] [light a cigarette] 〈対〉① たばこなどを〉(火をつけて)吸いだす: ~ сигаре́ту たばこを吸い始める ② (習慣として)たばこを吸い始める, 喫煙者になる: Он закури́л ещё в шко́ле. 彼は学校時代からもうたばこを吸うようになった ③ 《話》〈対〉(たばこの煙でいっぱいにする[むかむかさせる]: заку́ренное помеще́ние たばこの煙がもうもうの部屋 **//~ся** [不完] / [完] ① (たばこなどに)火がつく ② (火山などが)噴煙を上げだす

**заку́рк|а** [女2] ♦*на -у* 《俗》(たばこを)一服するために, 一服分の

**закуса́ть** 受過 -у́санный [完] 《話》〈対〉(犬・虫などが)ひどく噛む[刺す], 噛んで[刺して]苦しめる

**закуси́ть(ся)** [完] →заку́сывать(ся)

*\***заку́ск|а** 複生 -сок [女2] [appetizer, snack] ① 軽く食べること, 軽食 ② 前菜, オードブル; 酒のさかな, つまみ: пое́сть заку́сок 前菜を食べる ♦*на -у* (1) 前菜に, つまみに (2) 《話・戯》 最後に, 締めに

**заку́сочный** [形1]

**закусо́н** [男1] 酒のさかな, つまみ

**заку́сочная** (形1 変化) [女] 軽食堂, スナック

*\***заку́сывать** [不完] / **закуси́ть** -ушу́, -у́сишь 受過 -у́шенный [完] [get a bite, have a snack] ① 軽く[急いで]食べる, つまむ: ~ пе́ред доро́гой 旅行の前に軽く食べる ② 〈造〉…の口直し[つまみ]に…を食べる: ~ во́дку селёдкой ウォッカのつまみに塩漬けニシンを食べる ③ 〈対〉噛む: ~ губу́ 唇を噛む ♦*~ удила́* 夢中になる, 抑えがきかなくなる | закуси́ть язы́к 《話》急に黙りこむ **//~ся** [不完] 〔受身〕

**заку́сь** [女10] 《俗》前菜, つまみ

**заку́тать(ся)** [完] →ку́тать(ся)

**закуто́к** -тка́ [男2] 《話》人目につかない場所, 片隅

**заку́тывать** [不完] = ку́тать①

*\***за́л** [ザール] [男1] [hall] ① (公共用の)ホール, 広間, …室: конце́ртный ~ コンサートホール | ~ ожида́ния 待合室 | Зал вмеща́ет пятьсо́т челове́к. このホールは500人の収容能力がある ② (私邸の)応接間, 大広間

**зала́дить** -а́жу, -а́дишь [完] ① 同じことを繰り返して話し出す ② 《不定法》執拗に…し始める

**зала́живаться** [不完] →зала́живаться

**залажа́ть** [完] →лажа́ть

**зала́живаться** [不完] / **зала́диться** -адится [完] うまくいく

**залакирова́ть** [完] →лакирова́ть

**зала́мывать** [不完] / **заломи́ть** -омлю́, -о́мишь 受過 -о́мленный [完] ① 折り曲げる ② 《話》〈法外な値を〉吹っかける ♦*~ ша́пку* 帽子を横っちょにかぶる

**заласка́ть** 受過 -а́сканный [完] 〈対〉かわいがりすぎてうんざりさせる

**залата́ть** [完] →лата́ть

**заля́ять** -ла́ю, -ла́ешь [完] 吠えだす

**залега́ние** [中5] ① 長時間横になること ② 《地質》(鉱物などの)成層, 賦存

**залега́ть** [不完] / **зале́чь** -ля́гу, -ля́жешь, …, -ля́гут 命 -ля́г 過 -лёг, -легла́ 能現 -лёгший 副分 -лёгши [完] ① 長時間横になる [寝る] ② 隠れる, 身を伏せる ③ (資源などが)ある, 埋蔵されている ④ (しわなどが)くっきりと刻まれる

**заледене́лый** 短 -е́л [形1] 氷の張った

**заледене́ть** [完] →леденеть

**заледени́ть** [完] →ледени́ть

**залежа́лый** 短 -а́л [形1] 《話》長い間放っておかれた,

たなざらしの

**залёживаться** [不完] / **залежа́ться** -жу́сь, -жи́шься [完] ① あまりにも長く寝ている；たなざらしになる ② 長期の保存でいたむ

**за́лежь** [女10] ① 〔鉱〕 (有用鉱物の)層，鉱床 ② 〔農〕 休閑地 ③ 長い間放置されたもの [堆積] ④ 《話》 《集合》 たなざらし品，売れ残り品 **‖-ый** [形1] <①②

*залеза́ть [不完] / зале́зть -зу, -зешь 過-е́з, -е́зла 能過 -зший 副分 -зши [完] 〔climb, get into〕 ① <на団> によじ登る，上る：～ на де́рево 木によじ登る ② 《話》 <в団> 入る，入りこむ；忍びこむ：～ в ваго́н 車両に乗り込む | ～ в чужо́й карма́н 他人のポケットに手を突っ込む

**залепля́ть** [不完] / **залепи́ть** -леплю́, -ле́пишь 受過 -ле́пленный [完] ① 塗ってふさぐ，貼ってふさぐ ② …の一面に貼る ③ 《俗》 <与に> (殴打を)くらわせた

**залепу́ха** [女2] 《俗》 ① 尋常ではないもの，特別なこと ② へま，ばかな真似

**залета́ть** [不完] / **залете́ть** -лечу́, -лети́шь [完] ① 飛んでくる，飛びこむ ② 遠くへ飛び去る，高く飛び上がる ③ (飛行の途中で)立ち寄る，着陸する ④ 《若者》 厄介な状況に陥る；誤って妊娠する **‖ залёт**

**залётный** [形1] よそから飛んできた，偶然飛んできた

**зале́чивать** [不完] / **залечи́ть** -ечу́, -е́чишь 過 -е́ченный [完] <対> ① 治療する，癒やす ② 《話》 拙劣な治療で悪化させる **‖-ся** [不完] [完] ① 治る，癒える ② 拙劣な/過度の治療で病状が悪くなる

**зале́чь** [完] → залега́ть

*зали́в [男1] 湾，入江 ■Фи́нский ～ フィンランド湾 | Токи́йский ～ 東京湾

*залива́ть [不完] / **зали́ть** -лью́, -льёшь 過 за́лил/-и́л, -ила́, за́лило/-и́ло 能過 -и́вший 受過 за́литый (-ит, -ита́, -ито)/зали́тый (-и́т, -ита́, -и́то) [完] 〔flood, pour over, fill〕 <対> ① あふれて水浸しにする；満たす，水中に没する：Река́ залила́ луга́. 川があふれて草原が浸水した | Пло́щадь залита́ наро́дом. 広場は群衆であふれかえっている ② こぼして汚す；～ ска́терть вино́м ワインをこぼしてテーブルクロスを汚す ③ (水で)消す，消火する：～ ого́нь 火を消す ④ (液状のもので)覆う，かぶせる，詰める：～ доро́гу асфа́льтом 道路をアスファルトで舗装する ⑤ 注入して満たす：～ горю́чее в бак タンクに燃料を満たす ⑥ 《俗》 酒を飲む，酔っ払う ⑦ 《不完》 《俗》 嘘をつき，でたらめを言う

**залива́ться** [不完] / **зали́ться** -лью́сь, -льёшься 命-лейся 過 -и́лся, -ила́сь, -ило́сь/-и́лось [完] ① 水浸しになる，あふれる ② (液体で)汚れる，自分にはねかける ③ 流れこむ ④ (顔が)紅潮する；蒼白になる ⑤ (音調を変えながら)歌い[吠え]だす，(大声で激しく)泣き[笑い]だす ⑥ 《不完》《受身》 ← залива́ть ③④⑤
◆ ～ слеза́ми 泣きくずれる

**зали́вистый** 短-ист [形1] (音調を変えながら)かん高く響く

**зали́вка** [女2] ① (液状の固まるもので)覆うこと；舗装 ② 注入して満たすこと

**заливн|о́й** [形2] ① (氾濫時に)水をかぶる，冠水する ② 《料理》 ジュレを用いた ③ **-о́е** [中名] ②の料理

**зали́зывать** [不完] / **зализа́ть** -ижу́, -и́жешь 受過 -и́занный [完] ① <傷>を舐める，舐めて治す ② 《話》 <髪>を舐めたようにとかす，なでつける

**зали́ть** [完] → залива́ть

**залихва́тский** [ц] [形3] 《話》 威勢のいい，向こう見ずの

**залихора́дить** -дит [完] 《無人称》 <対>…に悪寒を起こさせる；(熱狂のあまり)混乱させ始める

*зало́г [男2] [deposit, token] ① 抵当，担保：отда́ть зе́млю в ～ 土地を抵当に入れる ② 抵当物，担保物件；保証金：взя́ть ～ 抵当をとる ③ 証拠，保証：в ～ дру́жбы 友情のしるしに ④ 〔文法〕態，相：действи́тельный [страда́тельный] ～ 能動 [受動] 態 **‖-овый** [形1] <①④

**залогода́тель** [男5] 抵当権設定者，質入れ人

**залогодержа́тель** [男5] 質権者，債権者

**заложи́ть** [完] → закла́дывать

*зало́жни|к [男2] **/-ца** [女3] 〔hostage〕人質：взя́ть [освободи́ть] ～ов 人質をとる [解放する]

**зало́м** [男1] 〔魚〕 (カスピ海産の)大型ニシン

**заломи́ть** [完] → зала́мывать

**залосни́ться** -и́тся [着古して] てかてかになる

**за́лп** [男1] 一斉射撃

**за́лпом** [副] ① 一斉射撃で ② 《話》 一気に，ひと息に

**залубене́ть** [完] → лубене́ть

**залупи́ться** -у́пится [完] はがれる，むける

**залуча́ть** [不完] / **залучи́ть** -учу́, -учи́шь 受過 -чённый (-чён, -чена́) [完] 《話》 <対> 誘いこむ，おびき寄せる

**залы́сина** [女1] 額のはげ上がった部分

**за́льный** [形1] ホールの；大広間の

**залюбова́ться** -бу́юсь, -бу́ешься [完] <圖/на団 に> 見惚れる

**заля́пывать** [不完] / **заля́пать** 受過-анный [完] 《俗》 <対> (はねかけ・こぼして) 汚す

**зам** [男1] 次席者，次長 [副]…(заме́ститель)

**зам..** [語形成] "次席者" "次長" "副…"

**зама́за(ся)** [完] → зама́зывать

**зама́зка** [女2] ① 塗りつぶすこと；塗りふさぐこと，パテ，充填剤 ② 《俗》 大敗，大失敗 ③ 《俗》 コネ

**зама́зывать** [不完] / **зама́зать** -а́жу, -а́жешь 受過 -анный [完] <対> ① 塗りつぶす (パテなどで)塗りふさぐ ② 《話》 意図的に隠す，糊塗(とう)する ③ (不注意または ма́зать) で汚す **‖-ся** [不完] [完] [俗] 汚れる

**зама́й ♦не-** 団 《俗》 …に触るな，構うな

**зама́ливать** [不完] / **замоли́ть** -олю́, -о́лишь 受過 -лённый (-лён, -лена́)/-о́ленный [完] <対の> 許しを神に祈る[乞う]

**зама́лчивать** [不完] / **замолча́ть¹** -чу́, -чи́шь [完] <対> 意図的に知らせない，黙殺する

**зама́нивать** [不完] / **замани́ть** -аню́, -а́нишь 受過 -а́ненный/-анённый (-нён, -нена́) [完] <対> おびき寄せる，誘いこむ

**зама́нчивый** 短-ив [形1] 心を引きつける，魅力的な，誘惑的な

**замара́(ся)** [完] → мара́(ся)

**замара́шка** 複生-шек (g2変化) [男・女] 《主に子どもが》 汚らしい格好をした人

**заминирова́ть** [完] → минирова́ть

**замаскирова́ть(ся)** [完] → маскирова́ть(ся)

**зама́сливать** [不完] / **зама́слить** -лю, -лишь 受過 -ленный [完] <対> 油 [脂] で汚す **‖-ся** [不完] [完] ① 油 [脂] で汚れる ② 《話》 (目が) 輝きだす

**заматере́лый** 短-е́л [形1] ① 成熟した；盛りを過ぎた ② 凝り固まった，度しがたい

**зама́тывать** [不完] / **замота́ть** 受過-о́танный [完] <対> ① 巻く，巻きつける ② 《話》 (仕事・気苦労などで) ヘとへとに疲れさせる ③ 《俗》 返さないで) くすねる，着服する **‖-ся** [不完] [完] ① 巻きつく ② 《話》 (仕事・気苦労などで) 疲れる，くたくたになる

**зама́х** [男2] (打つために手などを) 振り上げること

**зама́хивать** -машу́ -ха́ю, -ма́шешь -ха́ешь [完] <圖 を> 振り始める

**зама́хиваться** [不完] / **замахну́ться** -ну́сь, -нёшься [完] ① <圖 を на団 に向かって> (打つために) 振り上げる：～ па́лкой на соба́ку 犬に向かって棒を振り上げる ② <на 団 <困難・重大なことを> しようと決心す

**зама́чивать** [不完] / **замочи́ть** -очу́, -о́чишь 受過 -о́ченный ⟨他⟩ ①濡らす, 湿らす ②水につける [浸す] ③《俗》殺す

**зама́шка** 複生 -шек [女2]《話》(悪い意味での)癖, やり方, 態度

**зама́яться** -ма́юсь, -ма́ешься [完]《俗》ひどく疲れる, へとへとになる

**замедле́ние** [中5] 遅くする[なる]こと, 減速

**заме́дленн|ый** [形1] (普通より)遅い, ゆっくりした: бо́мба -ого де́йствия 時限爆弾

**замедля́ть** [不完] / **заме́длить** -лю, -лишь 受過 -ленный [完] ⟨他⟩ ①(速度を)ゆるめる ②⟨с圈/不定形⟩…が遅れる, …に手間どる: Отве́т не заме́длит прийти́. 返事はすぐ来るだろう **∥-ся** [不完] / [完] 遅くなる, (速度が)ゆるくなる

**заменя́ть** [不完] / **замени́ть** -лю́, -ли́шь 受過 -лённый (-лён, -лена́) [完]《話》⟨他⟩白墨で塗りつぶす

*‡**заме́н|а** [女1] [substitute] ①取り替え, 代替, 交代: ~ игрока́ 選手交代 ②代わりの人[物], 交替者, 代用品: найти́ себе́ -у 自分の代わりを見つける

**замени́мый** 短 -и́м [形1] 容易に替えられる, 代替可能な

**замени́тель** [男5] 代用品

‡**заменя́ть** [ザミニーチ] [不完] / **замени́ть** [ザミニーチ] -еню́, -е́нишь 舎-ни́ 受過 -нённый (-нён, -нена́) [完] ⟨他⟩ [replace, substitute] ①⟨圈⟩に換える, 取り替える: ~ дета́ль 部品を取り替える | ~ мета́лл пластма́ссой 金属をプラスチックに換える ②…の代理を務める, 代わりになる: Сестра́ замени́ла мне мать. 姉は私の母親代わりになった ③…に取って代わる, …と交代する: Молоды́е заменя́т ветера́нов. 若者がベテランに取って代わるだろう **∥-ся** [不完] / [完] ①⟨圈⟩に交代する ②⟨不完⟩〔受身〕

**замере́ть** [完] →замира́ть

**замерза́н|ие** [中5] 凍結, 氷結; こごえ, 凍死 ◆ **на то́чке -ия** 行き詰まって, 膠着状態に

‡**замерза́ть** [ザミルザーチ] [不完] / **замёрзнуть** [ザモールズヌチ] -ну, -нешь 舎-ни 過-ёрз, -ёрзла 能過 -зший 副分 -ув [完] [freeze] [不完は **мёрзнуть**] ①凍る, 凍結する: Вода́ замёрзла. 水が凍った ②ひどくこごえる, かじかむ: Я замерза́ю. 寒くて死にそうだ ③凍死する; 寒さで駄目になる: Же́нщина заблуди́лась и замёрзла на́смерть. 女性は道に迷って凍死した

**замерива́ть**, **замеря́ть** [不完] / **заме́рить** / **заме́рять** -рю, -ришь 受過 -ренный [完] ⟨他⟩ 測定する, 測量する

**за́мертво** [副] 意識を失って, 死んだように

**заме́с** [男1] ①〔工〕練る事, 混合; こねたもの ②《俗》殴り合い ③《俗》面倒な状況; 特別で記憶に残るようなできごと

**замеси́ть** [完] →заме́шивать², меси́ть

**замести́** [完] →замета́ть¹

‡**замести́тель** [ザミスチーチェリ] [男5] / **~ница** [女3] [substitute, deputy] ①代わりに任務を遂行する人, 代理者, 後任者: Он нашёл себе́ -я и ушёл со слу́жбы. 彼は自分の代わりの人を見つけて退職した ②次席, 次長, (事務)次官, 副…: ~ дире́ктора шко́лы 副校長 | пе́рвый ~ мини́стра 第一次官 | ~ мини́стра культу́ры по圈 文化省で…担当次官

**замести́ть** [完] →замеща́ть

**замета́но** [助]《俗》いいよ, 決まった, そうしよう

**замета́ть¹** [不完] / **замести́** -ету́, -етёшь 過 -мёл, -мела́ 能過 -мётший 受過 -етённый (-тён, -тена́) 副分 -етя́ [完] ⟨他⟩ ①掃き寄せる, 掃き集める ②(雪・砂などで)覆う, 埋める ③《俗》逮捕する, パクる

**замета́ть²** [完] →замётывать

**замета́ться** -ечу́сь, -е́чешься [完] ①のたうち回り始める ②駆けずり回りだす

**заме́тить** [完] →замеча́ть

‡**заме́тк|а** [ザミェートカ] 複生 -ток [女2] [mark, note] ①しるし, マーク: ~ на де́реве 木につけたしるし ②メモ, 覚え書き, 備考: Он сде́лал -и на поля́х кни́ги. 彼は本の余白に書き込みをした | головна́я ~ ボイスメモ ③(新聞などの)小さな記事, 雑報: газе́тная ~ 新聞記事 ◆ **бра́ть на -у**《話》覚えておく, 書きとめる | **быть на -е у** 囲《話》…に注目[マーク]されている

‡**заме́тно** [ザミェートナ] [副] [noticeably] ①目に見えて, 目立って: Она́ ~ похуде́ла. 彼女はめっきり痩せた ②[無人述] 目につく, わかる, 明らかだ: ~, что он уста́л. 彼が疲れているのは明らかだ

‡**заме́тн|ый** [ザミェートヌイ] 短 -тен, -тна [形1] [noticeable, visible] ①目に見える, 見てとれる: На снегу́ -ы следы́. 雪の上に足跡が見える ②目立つ, 明らかな; 感じとれるような: ~ недоста́ток 明らかな欠陥 | Ра́зница весьма́ -а. 違いは歴然としている ③〔長尾〕群を抜いた, 卓越した, 著名な: -ая ли́чность 卓越した人物

**замётывать** [不完] / **замета́ть²** 受過 -мётанный [完] ⟨他⟩ 粗い目で縫い合わせる, 仕付ける

‡**замеча́н|ие** [ザミチャーニエ] [中5] [remark] ①(簡単な)意見, 批評, コメント: -ия реце́нзента 批評家のコメント | Он просмотре́л ру́копись и вы́сказал свои́ -ия. 彼は原稿に目を通して自分の意見を述べた ②(過ちに対する)注意, 叱責, 非難: получи́ть ~ 叱責を受ける ◆ **быть на -ии у** 囲《話》…にマーク[監視]されている

**замеча́тельно** ①[副] 素晴らしく, 見事に ②[無人述] 素晴らしい, 見事だ

‡**замеча́тельн|ый** [ザミチャーチリヌイ] 短 -лен, -льна [形1] [wonderful] 優れた, 素晴らしい, 非凡な, 傑出した: -ая пого́да 素晴らしい天気 | У э́того ма́льчика ~ слух. この少年には非凡な音感がある

‡**замеча́ть** [ザミチャーチ] [不完] / **заме́тить** [ザミェーチチ] -е́чу, -е́тишь, ...-е́тят 舎-е́ть 受過 -е́ченный [完] ⟨他⟩ [notice] ①⟨圈/что⟩に気づく, …を認める, 見つける, 見てとる: ~ далеко́ впереди́ что-то 遠くに小さい何かを見つける | Он заме́тил, что слу́шатели уста́ли. 彼は聴衆が疲れていることに気がついた ②⟨他⟩覚えておく, 心にとめておく: ~ ме́сто и вре́мя 場所と時間を覚えておく ③(意見を)言う, 指摘する: остроу́мно ~ 軽妙に言う

**замеча́ться** [不完] ①現れる, 見てとれる ②《不完》〔受身〕 ←замеча́ть

**замечта́ться** [完] 空想にふける

**заме́шательство** [中5] 混乱, 動揺, 困惑, 狼狽

**заме́шивать¹** [不完] / **замеша́ть** 受過 -е́шанный [完] ⟨他⟩ в В圈に(よくないことに)巻きこむ **∥~ся** [不完] / [完] ①(よくないことに)巻きこまれる, かかわる ②(人込みに)紛れ込む

**заме́шивать²** [不完] / **замеси́ть** -ешу́, -е́сишь 受過 -е́шенный [完] ⟨他⟩こねる, こねてつくる

**заме́шкать** [完] →ме́шкать

**заме́шкаться** [完]《話》ぐずぐずする, 手間どる; 長居する

**замеща́ть** [不完] / **замести́ть** -ещу́, -ести́шь 受過 -ещённый (-щён, -щена́) [完] ⟨他⟩ ①⟨圈⟩に換える, 取り替える ②〈空位・空席を埋める, 補充する ③《不完》一時的に…の職務を代行する, 代理を務める

**замина́ть** [不完] / **замя́ть** -мну́, -мнёшь 受過 -тый [完]《話》⟨他⟩打ち切る, もみ消す; 〈話を〉そらす ◆ **Замнём для я́сности!**《話·戯》そのはもうやめておこう **∥-ся** [不完] / [完] 言葉につまる, 口ごもる

**замини́ровать** [完] →мини́ровать

**зами́нка** 複生 -нок [女2]《話》①停滞, 遅延, 故障 ②口ごもり, 言いよどみ

**замира́н|ие** [中5] 動かなくなること,止まること,やむこと ◆**с -ием се́рдца** (期待に)胸をどきどきさせながら,固唾を飲んで

*__замира́ть__ [不完] / __замере́ть__ -мру́, -мрёшь 過 за́мер, -рла́, -рло 能過 заме́рший/заме́рший 副分 -ре́в/-ре́вши [完] 〔freeze〕① 動かなくなる,動けなくなる,(呼吸・心臓が)止まりそうになる: ~ от стра́ха 恐怖のあまり動けなくなる ② (動きなどが)止まる,途絶える;やむ,静まりかえる: Движе́ние на у́лицах за́мерло. 通りの往来が途絶えた

**за́мкну|тый** 短-ут [形1]〔closed, unsociable〕① 閉鎖的な,孤立した,世間から隔絶した:-ая среда́ 閉鎖的な環境 ② 非社交的な,交際嫌いの,内向的な: ~ хара́ктер 非社交的な性格 **// -ость** [女10]

**замкну́ть(ся)** [完] →замыка́ться

**за́ммини́стра** (不変) [男] 副大臣, (事務)次官 (замести́тель мини́стра)

**замоги́льный** [形1]〔話〕(声が)低くて陰気な

**за́м|ок** -мка [男2]〔castle〕城;宮殿;中世の城, 中世の城の塔 ◆**стро́ить возду́шные -ки** 空中楼閣を築く,空想する **// за́мковый** [形1]

*__зам|о́к__ [ザモーク] -мка́ [男2]〔lock〕① 錠, 錠前, ロック: ключ от -ка́ 錠の鍵 | запере́ть дверь на ~ ドアをロックする ② (チェーン・ブレスレットなどの)留め金: Слома́лся ~ мо́лнии. ファスナーの留め金が壊れた ③ (砲砲の)閉鎖機, 撃発装置 ④〔建〕嵌め込, 接, 段接, ジョイント ⑤〔建〕(丸天井・アーチの)要(か)石, キーストーン ⑥〔俗〕代理, 副…; 副小隊長 ◆**быть на -ке́** 錠がかかっている, ロックされている : Грани́ца на -ке́. 国境の守りは固い **// замко́вый** [形1] ③④⑤

**замока́ть** [不完] / **замо́кнуть** -нет 完 -о́к, -о́кла [完] 濡れる, 湿る

**замо́лвить** -влю, -вишь [完] ◆**~ сло́во** [сло́вечко] 'у **кн** [пе́ред **圈**] **за 圈**〔話〕…のために口を利いてやる, 口添えする

**зама́ливать** [不完] →зама́ливать

**замолка́ть** [不完] / **замо́лкнуть** -ну, -нешь 命 -ни 過 -о́лк, -о́лкла 能過 -о́лший/-о́лкший [完] 話すのをやめる, 黙りむ; (音が)静まる, 静まる

**замолча́ть¹** [完] →зама́лчивать

*__замолча́ть²__ [ザマルチャーチ] -чу́, -чи́шь 命 -чи́ [完]〔stop talking〕(話・歌・叫びなどの)音声を出すことをやめる, 黙る, 沈黙する: Ребёнок до́лго пла́кал, пото́м замолча́л. 子どもは長いこと泣いていたがそれから黙りこんだ

**замо́р** [男1]〔漁〕(酸欠・毒物による)魚の大量死

**замора́жива|ть** [不完] / **заморо́зить** -ро́жу, -ро́зишь 受過 -ро́женный [完]〈対〉① 凍らせる, 冷凍する: ~ ры́бу 魚を冷凍する ②〔話〕酒などをキンキンに冷やす ③〔医〕…に局部麻酔をする ④ それまでの水準のままにしておく, 凍結する;利用せずにおく, 遊ばせておく: ~ це́ны 価格を凍結する **//-ние** [中5], **заморо́зка** [女2]

**замордова́ть** [完] →мордова́ть

**замори́ть** [完] →мори́ть

**замори́ться** -рю́сь, -ри́шься [完]〔俗〕疲れる, へとへとになる

**заморо́женный** [形1] 凍った, 冷凍された

**замо́розить** [完] →замора́живать, моро́зить

**за́морозки** -ов [複](春・秋の)朝の冷え込み, 朝寒

**заморо́чить** [完] →моро́чить

**замо́рыш** 複生 -шей [男1]〔話〕面倒, 厄介事

**замо́рыш** [男1]〔話〕ひ弱な[発育不全の]人 [生物]

**замости́ть** [完] →мости́ть

**замо́танный** [形1]〔話〕疲れた, へとへとの

**замота́ть(ся)** [完] →зама́тывать

**замочи́ть** [完] →зама́чивать, мочи́ть

**замо́чка** [女2] 水につけること[浸すこと]

**замо́чный** [形1] 錠の

**зампре́д** [男1] 副議長, 議長代理 (замести́тель председа́теля)

**замудо́хать(ся)** [完] →мудо́хать

*__за́муж__ [ザームシ]〔副〕〔marry〕◆**вы́йти ~ за 圈** (女性)の…と結婚する, …に嫁ぐ: А́нна вы́шла ~ за врача́. アンナは医者と結婚した | **вы́дать [отда́ть] ~ за 圈** (女性)の…を…に嫁がせる: Он о́тдал до́чь ~ в про́шлом году́. 彼は去年娘を嫁がせた

*__за́мужем__ [ザームジム]〔副〕〔be married〕〈за圈〉(女性が)結婚している: Моя́ сестра́ ещё не ~. 私の姉はまだ結婚していない | Она́ ~ за мои́м дру́гом. 彼女は私の友人と結婚している ◆**не пе́рвый год ~**〔俗・戯〕初心者というわけではない

**заму́жество** [中1] (女性の)結婚, 結婚生活

**заму́жняя** [形8] (女性形のみ) ① (女性が)結婚している, 既婚の ② [女名] 既婚女性

**заму́рзанный** [形1]〔俗〕汚い, だらしない

**замуро́в|ывать** [不完] / **замурова́ть** -ру́ю, -ру́ешь 受過 -о́ванный [完]〈対〉(石などで)ふさぐ, 埋める; 隠す

**замусо́ливать** [不完] / **замусо́лить** -лю, -лишь 受過 -ленный [完]〔話〕〈対〉(唾・手あかで)汚す **// -ся** [不完]〔完〕(唾・手あかで)汚れる

**замусо́ривать** [不完] / **замусо́рить** -рю, -ришь 受過 -ренный [完]〈対〉ごみだらけにする, 散らかす **// -ся** [不完]〔完〕ごみだらけになる, 散らかる

**замути́ть(ся)** [完] →мути́ть(ся)

**замухры́шка** 複生 -шек (女2変化) [男・女]〔俗〕みすぼらしい人, 身なりのだらしない人

**заму́чивать** [不完] / **заму́чить** -чу, -чишь 受過 -ченный [完]〈対〉① 苦しめて殺す, 虐殺する ② 苦しめる, 苛(な)む

**заму́читься** [完] →му́читься

**за́мш|а** [女4] スエード(皮) **// -евый** [形1]

**замше́лый** 短-е́л [形1] 苔(こけ)におおわれた

**замше́ть** [完] 苔に覆われる, 苔むす

**замыва́ть** [不完] / **замы́ть** -мо́ю, -мо́ешь 受過 -тый [完]〔話〕〈対〉(汚れたところを)洗う, 洗い落とす

**замы́згивать** [不完] / **замы́згать** 受過 -анный [完]〔俗〕〈対〉使い古す, ぼろぼろにする, 汚す

**замыка́ние** [中5] ① 錠がかかること ② 両端が合わさること, 連結 ■ **коро́ткое ~**〔電〕ショート

**замыка́ть** [不完] / **замкну́ть** -ну́, -нёшь 受過 за́мкнутый [完]〈対〉①〔俗〕…に錠を下ろす, (錠・鍵で)閉ざす ② 両端を合わせる, つなげる, 閉じる ③《不完》(列などの)最後尾を行く[占める]

**замыка́ться** [不完] / **замкну́ться** -ну́сь, -нёшься [完] ①〔俗〕(錠が)下りる, かかる, 閉まる ② 両端が合う, つながる, 閉じる ③〈в 圈/в 圈〉に閉じこもる, 孤立する: ~ в себе́ 自分の殻に閉じこもる | Круг замыка́ется. どうにもならない状況に陥る

*__за́мысел__ -сла [男1]〔plan, concept〕① 計画, 企図, もくろみ: осуществи́ть ~ 計画を実現する ② (作品の)主想, 構想, 理念: ~ пье́сы 戯曲の主想

**замы́слить** [完] →замы́шлять

**замыслова́тый** 短-а́т [形1] 手のこんだ, 凝った, わかりにくい

**замыта́рить(ся)** [完] →мыта́рить

**замы́ть** [完] →замыва́ть

**замышля́ть** [不完] / **замы́слить** -лю, -лишь 受過 -ы́шленный [完]〈対/不定形〉計画する, 企てる, もくろむ

**Замя́тин** [男姓] ザミャーチン (Евге́ний Ива́нович ~, 1884-1937; 作家)

**замя́ть(ся)** [完] →замина́ть

**\*за́навес** [男1] [curtain] (舞台の)幕, 緞帳(どんちょう) ～ подня́ть [опусти́ть] ～ 幕を上げる[下ろす] ◆**под** ～ 終わり頃に, 幕切れに ■**желе́зный** ～ [政]鉄のカーテン **//～ный** [形1]

**занаве́сить** [完] →занаве́шивать

‡**занаве́ск|а** [ザナヴェースカ] 複生 -сок [女2] [curtain] カーテン, 窓掛け ～ окна́ная —窓用カーテン | Она́ задёрнула -у. 彼女はカーテンを閉めた **//занаве́сочный** [形1]

**занаве́шивать** [不完] / **занаве́сить** -е́шу, -е́сишь 受過 -е́шенный [完] 〈который カーテン[ブラインド]で覆う, …にカーテン[ブラインド]をかける

**зана́чка** 複生 -чек [女2] 《俗》隠し場所; 隠したもの

**зана́шивать** [不完] / **заноси́ть**[1] -ошу́, -о́сишь 受過 -о́шенный [完] 〈который 着古す, (着古すほど)よれよれにする **//～ся**[1] [不完] 着古される, (着古される)よれよれになる

**занеме́ть** [完] →неме́ть

**занемо́чь** -огу́, -о́жешь 過 -о́г, -огла́ 能過 -о́гший [完] 《俗》病気になる

**занесе́ние** [中5] 持ちこみ, 運びこみ; 持ち上げること, どけること; 記入, 書き込み

**занести́(сь)** [完] →заноси́ть[2](ся[2])

**занижа́ть** [不完] / **занизи́ть** -и́жу, -и́зишь 受過 -и́женный [完] 〈который 低くしすぎる, 下げすぎる

**занима́тельный** 短 -лен, -льна [形1] 興味[関心]をひく, 面白い

‡**занима́ть** [ザニマーチ] [不完] / **заня́ть** [ザニャーチ] займу́, займёшь 命 займи́ 過 за́нял, -ла́, -ло 能過 -я́вший 受過 за́нятый [-ят, -ята́, -ято] 〈который ①(空間・場所を)占める, 占有する, 確保する; 占領する: Кни́ги за́няли всю по́лку. 棚は本でいっぱいになった | ～ сы́ну ме́сто у окна́ 息子に窓際の席をとってやる
②(地位・順位などを)占める, 就く: ～ пост мини́стра 大臣のポストに就く | ～ пе́рвое ме́сто в бе́ге на сто́ метров 100メートル走で1位となる
③(時間が)かかる, 要する: Дома́шнее зада́ние за́няло у меня́ три часа́. 宿題をやるのに私は3時間かかった | Доро́га от Москвы́ до Петербу́рга занима́ет де́вять часо́в. モスクワからペテルブルクまで9時間かかる ④…にやとわれる, (使役に)使う, 雇う: ～ молоды́х актёров в но́вом спекта́кле 新しい芝居に若手俳優を起用する ⑤…の興味[関心]をひく, 楽しませる: Его́ заняла́ мысль о пое́здке. 彼は旅行のことで頭がいっぱいだ ⑥借りる, 借用する: ～ ты́сячу рубле́й у това́рища 友人に1000ルーブルを借りる ◆**у** 〈у дух за́няло 《俗》…で息がつまる, 息が止まる 田 **не занима́ть (стать)** 田 《話》…には…が十二分にある

‡**занима́ться**[1] [ザニマーッツァ] [不完] [study, work] ①勉強する, 学ぶ, (知的分野の)仕事をする: ～ в библиоте́ке 図書館で勉強する | Она́ у́чится хорошо́, потому́ что мно́го занима́ется. 彼女はたくさん勉強するから, 成績がいい
②〈которыми〉従事する, 取り組む, 研究する: ～ пробле́мами эколо́гии エコロジーの問題に取り組む

**\*занима́ться**[2] [不完] / **заня́ться** займу́сь, займёшься 命 -йми́сь/-я́лся́, -ла́сь, -ло́сь 能過 -я́вшийся [完] 〈которым [begin, assist, devote] ①〈которым に取りかかる, 着手する, …を始める: ～ чте́нием 読書を始める | Он реши́л серьёзно заня́ться спо́ртом. 彼は本気でスポーツをすることにした
②〈с которым (勉強など)で…を助ける, …の面倒をみる: ～ с отстаю́щим ученико́м 遅れている生徒の勉強をみてやる ③〈которым に関心を持つ, 注意を向ける: ～ собо́й 自分のこと(外見や健康など)に気を遣う ④[不完] [受身] ＜занима́ть ◆**дух заня́лся́** 《話》息苦しくなる, 息ができなくなる

**\*за́ново** [副] [anew] もう一度, 新たに, 改めて: написа́ть ～ 書き直す

**зано́за** [女1] ①皮膚に刺さった木[金属]などの細片, とげ ②[男・女] 《話》口やかましい人, とげのある人

**зано́зистый** 短 -ист [形1] 《話》とげとげしい, 辛らつな

**занози́ть** -ожу́, -ози́шь [完] 〈который にとげを刺す

**зано́с** [男1] ①(雪・砂などで)埋める[ふさぐ]こと ②(雪・砂などの)吹き寄せられた山, 吹きだまり

**заноси́ть(ся)** [完] →занаша́ть

**заноси́ть**[2] -ошу́, -о́сишь [不完] / **занести́** -су́, -сёшь 過 -нёс, -несла́ 能過 -нёсший 受過 -сённый (-сён, -сена́) 副過 -еся́ [完] 〈который ①ついでに持ってくる[持っていく, 届ける] ②遠くへ(とんでもないところへ)持って行く, 連れて行く: Судьба́ занесла́ его́ на се́вер. 運命は彼を北へ追いやった ③持ちこむ, 運びこむ ④持ち上げる: ～ но́гу 足を上げる ⑤書きこむ, 記入する ⑥(砂・雪などで)埋める, 覆う ⑦[無人称]《話》…に自制心を失わせる, (興奮のあまり)余計なことを言わせる

**заноси́ться**[2] -ошу́сь, -о́сишься [不完] / **занести́сь** -су́сь, -сёшься 過 -нёсся, -несла́сь 能過 -нёсшийся [完] ①〈которым 夢中になる, うぬぼれる ②(空想などに)ふける ③[完] (鳥が)産卵し始める

**зано́счив|ый** щ 短 -ив [形1] 傲慢な, 尊大な **//-о** [副] **//-ость** [女10]

**заночева́ть** -чу́ю, -чу́ешь [完] 《話》泊まる, 夜を過ごす

**зану́да** (女1変化)[男・女] 《俗・蔑》退屈でうんざりさせる人

**зану́дливый** 短 -ив [形1] 《俗》 = зану́дный

**зану́дный** 短 -ден, -дна [形1] 《話》退屈な, うんざりさせるような

**занумерова́ть** [完] →нумерова́ть

**заныка́ть** [完] →ны́кать

**заны́ть** -но́ю, -но́ешь [完] ①うずき始める, 痛みだす ②もの悲しげな音を出し始める ③愚痴をこぼしだす

**заню́ханный** 短 -ан, -ана [形1] 《俗》新鮮さ[清潔さ]を失った, みすぼらしい

‡**заня́т|ие** [ザニャーチエ] [中5] [occupation] ①(場所・地位・順位などを)占めること, 占領, 就任: ～ го́рода 都市の占領 | ～ до́лжности дире́ктора 所長職への就任 ②仕事, 職業, やっていること: вре́мени род -ий 職種, 職業 ③(通例複)授業, レッスン; 訓練: -ия по ру́сскому языку́ ロシア語の授業 | Он ча́сто пропуска́ет -ия. 彼はよく授業を休む

**заня́тн|ый** 短 -тен, -тна [形1] 《話》興味をそそられる, 面白い **//-о** [副]

**\*занято́й** [形2] [busy] 忙しい, 多忙な: ～ челове́к 多忙な人

**\*за́нятост|ь** [女10] [being busy] ①多忙であること: из-за -и 多忙のため ②雇用, 就業; 就業率: по́лная ～ 完全雇用

‡**за́нят|ый** [ザーニティイ] 短 -ят, -ята́, -ято [形1] [busy] ①《短尾形》忙しい, 仕事中である: Я за́нят, зайди́те по́зже. 忙しいので, 後で来て下さい ②使用中である, ふさがっている: Все места́ -ы. 席は全部ふさがっている

**заня́ть(ся)** [完] →занима́ть(ся)

**ЗАО** [ザーオ] [略] закры́тое акционе́рное о́бщество 閉鎖型[非公開]株式会社

**зао́блачный** [形1] ①雲の向こうの, はるかかなたの ②現実離れした

**заодно́** [副] [at one] ①一致[協調]して, 一緒に: де́йствовать ～ с ... 田 …と一体となって行動する ②《話》ついでに: купи́ть ～ и журна́л ついでに雑誌も買う

**заокеа́нский** [形3] 海の向こうの, 海外の, 舶来の

**заоргани зова́ть** [-зу́ю, -зу́ешь 受 過 -о́ванный [完]] 《話》〈冏〉形骸化する, 杓子(ごく)定規にする

**заострённость** [女10] 鋭さ, とがっていること

**заостря́ть** [不完] / **заостри́ть** [-рю́, -ри́шь 受過 -рённый (-рён, -рена́) [完]] ①とがらせる, 鋭くする ②強調する, 明確にする, 先鋭化する: ~ внима́ние на 圓 …に注意を集中する **//-ся** [不完] / [完] ①とがる, 鋭くなる ②明確になる, 先鋭化する

**зао́чник** [男2] / **-ца** [女3] 通信教育受講生

**зао́чно** [副] ①当事者不在で ②通信教育で

*\**зао́чн|ый** [形1] [absent] ①当事者不在で行われる, 欠席の: ~ суд 欠席裁判 ②通信教育の: -ое обуче́ние 通信教育

‡**за́пад** [ザーパト] [男1] [west] ①西, 西方; 西の空: Со́лнце захо́дит на ~е. 太陽は西に沈む ②西部(地域): жить на ~е Сиби́ри シベリア西部に暮らす ③ **3~** 西欧, 西洋, 西側諸国: иску́сство 3~а 西欧の芸術

**запада́ть** [不完] / **запа́сть** [-аду́, -адёшь 過 -а́л [完]] -а́вший -а́дши [完] ①(中へ)落ちる, 落ち込む ③(心・記憶に)刻み込まれる ④《俗》〈на 圓/圓〉ぞっこんになる, 惚れこむ

**запа́дло** [《俗》[無人述]〈不定形〉]…したくない;…するのが恥ずかしい

**за́паднее** [1] [副] 西方へ ② [前] 〈生〉…より西側に

**за́падник** [男1] (19世紀中葉のロシアの)西欧主義者, 西欧派の人

**за́падниче|ство** [中1] (19世紀中葉のロシアの)西欧主義, 西欧派 **//-ский** [形1]

**за́падно(-)..** [形3] 「西の」

**за́падноевропе́йский** [形1] 西欧の

‡**за́падн|ый** [ザーパドヌィ] [形1] [western] ①西の, 西方の, 西方からの: -ая грани́ца 西国境 | ~ ве́тер 西風 | 3-ая Евро́па 西ヨーロッパ ②西欧の, 西洋の, 西側諸国の: ~ мир 西側世界

**запа́дня** 複生 -е́й [女5] ①(鳥獣用の)わな, しかけ ②策略, わな

**запа́здывать** [不完] / **запозда́ть** [完] 少し遅れる

**запа́ивать** [不完] / **запая́ть** 受過 -а́янный [完] 〈冏〉はんだで修理する, はんだ付けする

**запа́йка** [複生 -а́ек] [女2] はんだでの修理, はんだ付け

**запако́вывать** [不完] / **запакова́ть** -ку́ю, -ку́ешь 受過 -о́ванный [完] [不完また пакова́ть] 〈冏〉包装する, (箱などに)詰める

**запа́костить** [完] →па́костить

**запа́л** [男1] ①火をつけること, 点火 ②発火装置, 信管, 導火線 ③《話》(感情の)激発, 激情 ④(主に馬の)肺気腫, ぜんそく

**запа́ливать** [不完] / **запали́ть** -лю́, -ли́шь 受過 -лённый (-лён, -лена́) [完] 《俗》〈冏〉①…に火をつける, 点火する ②《完》(興奮した馬に水を飲ませすぎる) ③《完》(馬を駆り立ててへたばらせる, 乗りつぶす

**запа́льник** [男2] 発火装置, 点火装置

**запа́льный** [形1] 発火の, 点火用の

**запа́льчив|ый** 短 -ив [形1] ①怒りっぽい, 激しやすい, 短気な ②怒りに満ちた **//-о** [副] **//-ость** [女10]

**запамя́товать** -тую, -туешь [完] 〈冏〉忘れる

**запанибра́та** [《話》]対等に, 気さくに, 馴れ馴れしく, 気安く

**запанико́вать** -ку́ю, -ку́ешь [完] 《俗》パニックに陥る, 慌てふためく, あわて始める

**за́пань** [女10] 木材の保存と選別のために河川などに作られた柵

**запа́ривать** [不完] / **запа́рить** -рю, -ришь 受過 -ренный [完] ①〈冏〉蒸気〈熱湯〉で処理する, 熱湯につける ②《話》〈冏〉(蒸し風呂で)へとへとになるまで蒸す, くたくたにさせる ③〈冏〉〈馬を〉汗だくになるまで走らせる, (走らせて)へたばらせる ④《俗》うんざりさせる, 飽き飽きさせる ⑤《完》《無人称》暑さで蒸し始める

**запа́риваться** [不完] / **запа́риться** -рюсь, -ришься [完] ①〈冏〉蒸気〈熱湯〉で処理される ②《話》(蒸し風呂に入りすぎて)へとへとになる ③《話》《俗》〈仕事で〉駆り立てられて汗だくになる ④《俗》(仕事で)ひどく疲れる

**запа́рка** 複生 -рок [女2] ①蒸気〈熱湯〉処理 ②《俗》ひどく疲れること ③《俗》大忙し, てんてこ舞い: ~ с отчётом 報告書作成でてんてこ舞い

**запа́рывать** [不完] / **запоро́ть** -орю́, -о́решь 受過 -о́ротый (-ро́т, -ро́та) [完] ①《俗》鞭打って殺す ②《俗》(下手な・いい加減な仕事で)駄目にする

‡**запа́с** [ザパ́ス] [男1] [stock, supply] ①蓄え, 備蓄, 在庫, ストック: ~ проду́ктов 食料品の備蓄 | ~ това́ров 商品の在庫 | У нас ещё два часа́ в ~е. 私たちにはまだ2時間の余裕がある ②保有量, 埋蔵量: -ы не́фти 石油の埋蔵量 | золото́й ~ 《経》金保有量 ③(知識・能力などの)たくわえ, 蓄積: ~ у него́ большо́й ~ слов. 彼は語彙力が豊富だ ④(衣服の)縫いしろの余裕, あげ: рука́вас ~ом 縫いしろをたっぷりとった袖 ⑤《軍》予備役: уво́лить в ~ 予備役に回す | капита́н -а 予備役大尉 ◆про ~ 必要〔万が一〕に備えて

**запаса́ть** [不完] / **запасти́** -су́, -сёшь 過 -па́с, -пасла́ 能過 -а́сший -пасши́ 受過 -сённый (-сён, -сена́) 副分 -а́сши [完] 〈冏/生〉を蓄える, 貯蔵する **//-ся** [不完] / **-сь** [完] 〈生〉を自分のために蓄える, 用意しておく

**запа́ска** 複生 -сок [女2] 《話》スペアタイヤ

*\**запасли́в|ый** 短 -ив [形1] [thrifty] たくわえを心がける, 倹約的な: -ая хозя́йка 倹約家の主婦 **//-ость** [女10]

**запа́сник** [男2] (博物館・美術館の)保管室, 保管庫

**запасни́к** -а́ [男2] 《話》予備役兵

**запасн|о́й** [男2], **запа́сный** [形1] [spare] ①蓄えの, 予備の, スペアの: запасна́я ши́на スペアタイヤ | запасно́й игро́к 控えの選手 | запа́сно́й вы́ход 非常口 | запасно́й ключ 合鍵, スペアキー | запасны́е ча́сти 予備の部品 ②《軍》予備役の: ~ -о́й [男名] 予備兵, 予備役軍人; 補ぐ: призы́в -ы́х 予備役の召集

**запасти́(сь)** [完] →запаса́ть

**запа́сть** [完] →запада́ть

**запатентова́ть** [完] →патентова́ть

**за́пах** [ザーパフ] -а/-у [男1] [smell] 匂い, 香り: ~ се́на 干草の匂い | У цвето́в прия́тный ~. 花はいい香りがする

**запа́х** [男1] 衣服の裾の重なり, 打ち合わせ

**запа́хивать**[1] [不完] / **запаха́ть** -ашу́, -а́шешь 受過 -а́ханный [完] 《農》①耕す, 鋤(す)き起こす ②鋤きこむ

**запа́хивать**[2] [不完] / **запахну́ть** -ну́, -нёшь 受過 -а́хнутый [完] 〈冏〉〈衣服の〉前を重ねる, かき合わせる **//-ся** [不完] / [完] (自分の衣服の)前をかき合わせる, くるまる

**запахну́ть** -ну́, -нёшь 命 -ни 過 -а́х, -а́хла 能過 -хший 副分 -ув [完] 〈圓〉の匂いがしだす; 気配がし始める

**запахну́ть(ся)** [完] →запа́хивать(ся)

**запа́чкать(ся)** [完] →па́чкать(ся)

**запашистый** 短 -ист [形1] いい匂いの

**запа́шка** 複生 -шек [女2] 《農》①耕すこと, 鋤(す)きこむこと ②耕地; 耕作面積

**запа́шник** [男2] 《農》浅耕用鋤(すき); まいた種に土をかぶせる道具

**запашо́к** -шка́ [男2] 《話》かすかな悪臭

**запая́ть** [完] →запа́ивать

**запе́в** [男1] 《楽》歌の出だし, 導入部

**запева́ла** (女1変化)[男・女] ①《楽》(合唱の歌い出しの)独唱者, リード歌手 ②《話》音頭取り

**запева́ть** / **запе́ть** -пою́, -поёшь 受過 -тый [完] ① 歌い始める ②《団》歌い古す ③《完》《俗》〔脅されて・罰を受けて, 困って〕ごちゃごちゃ言う ④《不完》《楽》(合唱の歌い出しの)独唱部を歌う

**запе́вка** 複生 -вок [女2]《楽》(民謡の)歌い出し

**запека́нка** 複生 -нок [女2] ① オーブンで焼いた料理(グラタン, パイなど) ② 香料入りのベリー酒

**запека́ть** [不完] / **запе́чь** -еку́, -ечёшь, … -еку́т 命 -еки́ 過 -пёк, -пекла́ 能過 -пёкший 受過 -чённый (-чён, -чена́) 副分 -пёкши 〔団〕 ① (オーブンなどで)こんがりと焼く ② 生地にくるんで焼く

**запека́ться** / **запе́чься** -ечётся, … -еку́тся 過 -пёкся, -пекла́сь 能過 -пёкшийся 副分 -пёкшись [完] ① こんがりと焼き上がる ② (血が)凝結する, 固まる ③ (唇などが)乾いてかさかさする

**запелена́ть** [完] → пелена́ть

**запеленгова́ть** [完] → пеленгова́ть

**запе́ниваться** [不完] / **запе́ниться** -ится [完] 泡立ち始める

**запере́ть(ся)** [完] → запира́ть(ся)

**запестре́ть** [完] 色とりどりになりだす; まだらに見え始める

**запе́ть** [完] → запева́ть

**запеча́тать** [完] → запеча́тывать

**запечатлева́ть** [不完] / **запечатле́ть** 受過 -лённый (-лён, -лена́) [完]〔団〕 ① 描写する, 表現する ② 《в画》記憶などに長くとどめる, 刻みこむ **//~ся** [不完] / [完]〔記憶などに〕深く刻みこまれる

**запеча́тывать** [不完] / **запеча́тать** 受過 -анный [完]〔団〕 ① 封印する, 印を押す ② (手紙などに)封をする, 封緘(ふうかん)する

**запе́чный** [形1] 暖炉の後ろにある[生息する]

**запе́чь(ся)** [完] → запека́ть(ся)

**запива́ть** [不完] / **запи́ть** -пью́, -пьёшь 命 -пе́й 受過 запи́тый (-и́т, -ита́/-и́та, -и́то) [完] ① [完過 за́пил, -ла́, -ло] 大酒を飲みだす ② [完過 запи́л, -ла́, -ло]〔団〕食事のすぐ後に〕飲む: ~ табле́тку водо́й 錠剤を水で飲む

**запили́ть** [完] → пили́ть

**запина́ться** [不完] / **запну́ться** -ну́сь, -нёшься [完] ① つまずく ② 言葉につまる, 口ごもる

**запи́нка** 複生 -нок [女2]《話》言葉につまること, 口ごもり

**запира́тельство** [中1] 頑強な否認

\***запира́ть** [不完] / **запере́ть** -пру́, -прёшь 過 за́пер, -рла́, -рло 能過 запе́рший 受過 за́пертый (-ерт, -ерта́, -ерто) 副分 -ре́в/за́перши [完]〔lock〕〔団〕 ① (錠・鍵などで)閉じる, 閉じこめる: …に鍵をかける: ~ ко́мнату 部屋に鍵をかける | ~ дверь на ключ ドアに鍵をかける ② (錠・鍵などをかけて)閉じこめる, 幽閉する; 封鎖する: ~ ко́шку в чула́не 猫を物置に閉じこめる

**запира́ться** [不完] / **запере́ться** -пру́сь, -прёшься 過 заперся́/запёрся, -рла́сь, за́перло́сь, -рло́сь 能過 запе́ршийся 副分 -рши́сь/-ре́вшись [完] ①〔鍵などをかけて〕閉じこもる ② 錠[鍵]がかかる, 鍵[鍵]で閉まる ③ [完過 запёрся, запёрла́сь, -ло́сь] 自分の非を認めない, しらを切る ④《不完》《受身》 → запира́ть

**записа́ть(ся)** [完] → запи́сывать(ся)

\***запи́ск|а** [ザピースカ] 複生 -сок [女2]〔note〕 ① 書きつけ, メモ, 短い手紙: ~ с а́дресом 住所を書いたメモ | Переда́йте ей э́ту ~y. 彼女にこのメモを渡して下さい ② (短い)文書: докладна́я ~ 報告書 | дипломати́ческая ~ 外交上の覚え書, メモランダム ③ 《複》(書き込みをした)ノート: чита́ть ле́кции по -ам ノートをもとに講義する ④ 《複》手記, 日記, 回想録: «3-и охо́тника» Турге́нева ツルゲーネフの「猟人日記」 ⑤ 《複》(学術誌の名称として)紀要: учёные -и университе́та 大学紀要

**записн|о́й** [形2] ① 書きつけるための, メモ用の: -а́я кни́жка 手帳 ② 〔団〕名うての, 札つきの: 熱心な

\***запи́сывать** [ザピースヴァチ] [不完] / **записа́ть** [ザピサーチ] -ишу́, -и́шешь 受過 -и́санный [完]〔write down, record〕《団》 ① 書きとめる, ノート[メモ]にとる, 記録する: ~ свои́ мы́сли в тетра́дь 自分の考えをノートに書きとめる | Студе́нты не́хотя запи́сывают ле́кцию. 学生たちはいやいや講義のノートをとっている ② 録音する, 録画する; [IT]書きこむ: ~ конце́рт コンサートを録音する | ~ телепереда́чу на диск テレビ番組をディスクに録画する ③ リストにのせる, 登録する, 加入させる, 予約する: ~ сы́на в шко́лу 息子の入学手続きをとる | Запиши́те меня́ на приём к врачу́. 診察予約をお願いします ◆та́к и запи́шем [話] (1)〔戯〕いいよ, 決まった, そうしよう (2)〔非難〕覚えとけ, いまに見てろ

\***запи́сываться** [ザピースィヴァッチャ] [不完] / **записа́ться** -ишу́сь, -и́шешься [完]〔record〕 ① (自分を)登録する, 加入する, 予約する: ~ в библиоте́ку 図書館利用の登録をする ② (自分を)録音[録画]する: ~ на диск ディスクに自分の声を録音する ③《話》書くことに夢中になる ④《不完》《受身》 → запи́сывать

\***за́пис|ь** [ザーピシ] [女10]〔writing, record〕 ① 書きとめること, メモすること, 記録; 書きとめたもの, メモ; 手記: тетра́дь с -ями メモ帳 | Она́ серьёзно ведёт -и. 彼女は真剣にメモを取っている ② 録音, 録画; 録音[録画]したもの; [IT]書き込み: слу́шать но́вую ~ 新しい録音を聴く | Ди́ск защищён от -и. このディスクは書き込み禁止である ③ 登録, 加入, 予約: ~ а́ктов гражда́нского состоя́ния (出生・結婚・死亡などの)戸籍上の登録

**запи́ть** [完] → запива́ть

**запи́хивать** [不完] / **запиха́ть** 受過 -и́ханный [完]《話》《団》押しこむ, 突っこむ

**запихну́ть** -ну́, -нёшь 受過 -и́хнутый [完]《話》《団》 = запиха́ть

**запла́канный** [形1] 涙の跡のある, 泣きぬれた

\***запла́кать** -а́чу, -а́чешь [完]〔begin to cry〕泣きだす: ~ от оби́ды 悔しくて泣きだす

**заплани́ровать** [完] → плани́ровать[1]〔指小〕

**запла́т|а** [女1] 継ぎ布, つぎ **//-ка** 複生 -ток [女2]〔指小〕

**заплати́ть** [完] → плати́ть

**заплёвывать** [不完] / **заплева́ть** -лю́ю, -лю́ёшь 受過 -лёванный [完]〔団〕唾で汚す, 唾だらけにする

**заплёскивать**[1] [不完] / **заплеска́ть** -ещу́/-а́ю, -е́щешь/-а́ешь 受過 -лёсканный [完]《話》〔団画〕 …にをはねかける, を~で水浸しにする

**заплёскивать**[2] [不完] / **заплесну́ть** -ну́, -нёшь 受過 -лёснутый [完]《話》〔団〕(はねあげて)水浸しにする

**заплёсневелый** [形1] かびにおおわれた, かびだらけの

**заплёсневеть** [完] → пле́сневеть

**заплесну́ть** [完] → заплёскивать[2]

**заплета́ть** [不完] / **заплести́** -лету́, -летёшь -лёл, -лела́ 能過 -лётший 受過 -етённый (-тён, -тена́) 副分 -етя́ [完]〔団〕 ① (髪をお下げに)編む ② (つるなどで)びっしり覆う; (つるなどが) …に絡みつく

**заплета́ться** [不完] ① (つるなどが)巻きつく, 絡みつ

**запрещённый**

く ②(足が)よろよろする, もつれる; (舌が)もつれる, まわらない

**заплéчный** [形1] 背負い式の, 背中にかつぐ: ~ мешóк リュックサック (рюкзáк)

**заплéчье** [中4] 〔解〕背中の上部, 肩の後ろの部分

**запломбировáть** [完] →пломбировáть

**заплутáться** [完]〔俗〕道に迷う

**заплы́в** [男1]〔スポ〕(競泳・ボートの1回のレース: ~ брáссом на сто мéтров 平泳ぎの100メートルレース

**заплывáть** [不完] / **заплы́ть** -вý, -вёшь命 -ы́л, -ыла́, -ы́ло [完] ① 泳いで[船で]行く[出る], (向こうへ・遠くへ)泳ぎ去る ②〈圏〉どろどろしたものに覆われる; 腫れる, 膨れる

**запнýться** [完] →запинáться

**заповéдать** [完] →запóведовать

*__заповéдник__ [男2]〔reserve〕(自然・文化財などの)特別保護区域, 禁猟[禁漁, 禁伐採]区: леснóй ~ 森林保護区 | ры́бный ~ 禁漁区

**заповéдный** [形1] ① 保護された, (狩猟・伐採などが)禁止された ② 秘密の, 秘めらた ③ 特別保護区域の

**заповéдовать** -дую, -дуешь [不完] / **заповéдать** -аный [完]①〔雅〕(訓戒のこととして)言い残す, 遺言する ② 特別保護区域にする, (狩猟・伐採などを)禁止する

*__зáповедь__ [女10]〔precept〕(宗教・道徳上の)戒律, 戒め: дéсять -ей 十戒 ②〔雅〕絶対的規則, 指針, 命令

**запогáнить** [完] →погáнить

**заподáзривать** [不完] / **заподóзрить** -рю, -ришь 受過-ренный [完]①〈圏〉в にの嫌疑をかけ始める ②〈圏〉疑い始める, …ではないかと思う

**запоéм** [副] ①(飲酒につき)立て続けに, とめどなく ②〔話〕読み続けに, 夢中になって

**запоздáлый** [形1]〔話〕遅れた, 手遅れの

**запоздáть** [完] →запáздывать

**запо́й** [男6] (アルコール依存症による)周期的暴飲, アルコール中毒 //~ный [形1]

**заполáскивать** [不完] / **заполоснýть** -нý, -нёшь -óснутый [完]〔俗〕すすぎ洗いする

**заползáть** [完] 這いまわり始める

**заползáть** [不完] / **заползти́** -зý, -зёшь 過 -óлз, -олзла́ 能過 -óлзший 能過 -óлзши [完] 這いこむ, 潜りこむ

**заполнéние** [中5] いっぱいにする[なる]こと; 書きこむこと, 記入

**заполни́тель** [男10]〔工〕充填剤

‡**заполня́ть** [ザポルニャーチ] [不完] / **запóлнить** [ザポールニチ] -ню, -нишь 命 -ни 受過 -ненный [完]〔fill〕① 満たす, いっぱいにする: ~ свобóдное врéмя чтéнием 暇な時間を読書で埋める | Зри́тели заполнили зал. ホールは観客でいっぱいになった ②…に必要事項を書きこむ, 記入する: ~ анкéту アンケートに記入する

**заполня́ться** [不完] / **запóлниться** -нится [完] いっぱいになる, 埋まる ②〈圏〉〔受身〕

**заполоня́ть** [不完] / **заполони́ть** -ни́т 受過 -нённый (-нён, -нена́) [完]〈圏〉(自分・自分のもので)いっぱいにする, 埋める

**заполоснýть** [完] →заполáскивать

**заполóшный** [形1]〔俗〕せかせかした, 気まぐれな

**заполучáть** [不完] / **заполучи́ть** -учý, -учишь 受過 -учéнный [完]〈圏〉手に入れる

**заполя́рный** [形1] 極圏内の

**Заполя́рье** [中4] 極圏内の地域

**запоминáемость** [女10] 記銘性, 記憶される率

**запоминáние** [中5] 記憶すること;〔コン〕記憶

‡**запоминáть** [ザパミナーチ] [不完] / **запóмнить**[1] [ザポームニチ] -ню, -нишь 命 -ни受過 -ненный [完]〔memorize〕〈圏〉記憶する, 覚える, 記憶にとどめる: ~ стихи́ 詩を覚える | Запóмни, что я тебé сказáл. 私の言ったことを覚えておきなさい ■ **запоминáющее устрóйство** 〔コン〕記憶装置

*__запоминáться__ [不完] / **запóмниться** -нюсь, -нишься [完]①記憶に残る: Это лицó мне хорошó запóмнилось. この顔はよく覚えている ②〈圏〉〔受身〕<запоминáть

**запóмнить**[2] -ню, -нишь [完]〔話〕〔否定文で〕〈圏〉を覚えていない, 思い出せない

**запóнка** 複生 -нок [女2] カフスボタン

**запóр** [男1] ① 錠[鍵]をかけること ② 戸締りの器具(錠, かんぬきなど) ③ 便秘 ④ = запорóжец

**запорáшивать** [不完] / **запороши́ть** -ши́т受過 -шённый (-шён, -шена́) [完]〈圏〉(粉・雪などが)覆う, ふさぐ, 埋める ②〈圏〉(粉雪が)降りだす

**запорóжец** -жца [男3] ①〔史〕ザポロージエ・コサック ② ザポロージェツ(ザポロージエ自動車工場製の小型乗用車)

**запорóть** [完] →запáрывать

**запороши́ть** [完] →запорáшивать, пороши́ть

**запости́ть** [完] →пости́ть

**запотéлый** [形1]〔話〕(蒸気で)くもった, 汗をかいた

**запотéть** [完] →потéть

**запрáвила** (女1変化)[男]〔俗〕ボス, 親分

**запрáвить(ся)** [完] →заправля́ть

**запрáвка** [女2] ① 差しこむこと, 挿入 ②(機械などの)整備;給油, 燃料補給 ③ 調味料を入れること ④〔話〕調味料

**заправля́ть** [不完] / **запрáвить** -влю, -вишь 受過 -вленный [完]〈圏〉①(…の端を)差しこむ, はめこむ ②(機械などに)燃料めるなどを入れて)整備[準備]する ③〈圏〉に調味料を入れる: ~ борщ сметáной ボルシチにサワークリームを入れる ④[不完]〔俗〕〈圏〉支配する, 牛耳る, 取りしきる ∥~**ся** [不完]〔話〕①(自分の車に)給油する, 燃料を補給する ②〔話・戯〕たらふく食べる, 腹ごしらえする

**заправочный** [形1] 給油のための: -ая стáнция ガソリンスタンド

**запрáвский** [形3]〔話〕本物の, まさにそうあるべき

**заправщик** [男2] ① 給油係 ② 給油装置

**запрáшивать** [不完] / **запроси́ть** -ошý, -óсишь 受過 -óшенный [完]①(公的に)…に問い合わせる, 照会する, 質問する ②〔話〕(高値を)吹っかける

**запревáть** [不完] / **запрéть** [完] (蒸れて)腐り始める

**запредéльный** [形1] 限界を越えた; 現実離れした

*__запрéт__ [男1]〔prohibition〕禁止, 禁制, 差し止め; 差し押さえ(запрещéние): наложи́ть ~ на что を禁止する; 差し押さえる

**запрети́тельный** [形1]〔文〕禁止の, 禁制の

**запрети́ть** [完] →запрещáть

**запрéтный** [形1] 短 -тен, -тна 〔話〕(利用・立入りが)禁じられた, 禁断の ■ ~ **плод** 〔聖〕禁断の木の実

**запрéть** [完] →запревáть

‡**запрещáть** [ザプリッシャーチ] [不完] / **запрети́ть** -ещý, -ети́шь, -етя́т 命 -ти́ 受過 -ещённый (-щён, -щенá) [完]〔forbid〕①〈圏〉/不定形〕…(することを)禁ずる, 禁じる: Врач запрети́л пациéнту кури́ть. 医者は患者に喫煙を禁じた | Вход запрещён. 立入禁止 ②〈圏〉(刊行・流布などを)禁止する, 差し止める: ~ журнáл 雑誌を発禁にする ∥~**ся** [不完]①禁止されている ②〔受身〕

**запрещéние** [中5] 禁止, 差止め; 差し押さえ

**запрещённый** [形1] 禁止された, 許されない

**запри́** 〔命令〕< запере́ть

**запримéтить** -éчу, -éтишь 受過 -éченный [完]《俗》〈飆〉①…に気づく, 見てとる ②覚えておく

**заприхо́довать** [完] →приходовать

**запрограмми́ровать** [完] →программи́ровать

**запродава́ть** -даю́, -даёшь за -ва́й [不完] / **запрода́ть** -а́м, -а́шь, -а́ст, -ади́м, -ади́те, -аду́т 命 -а́й 過 -о́дал, -ода́ла, -о́дало 能過 -а́вший 受過 -о́данный (-ан, -ана́/-ана, -ано) [完]〈飆〉の先物契約をする, 販売契約を結ぶ

**запрода́жа** [女4] 先物販売, 販売契約

**запрода́ть** [完] →запродава́ть

**запроекти́ровать** [完] →проекти́ровать

**запроки́дывать** [不完] / **запроки́нуть** -ну, -нешь 受過 -тый [完]〈飆〉後ろへ投げる[そらす] **//~ся** [不完] / [完] 後ろへ傾く[そる]

**запропасти́ться** -ащу́сь, -асти́шься 過 -и́лся [完]《話》消える, なくなる, 姿を消す

**запропа́сть** -аду́, -адёшь 過 -а́л 能過 -а́вший [完]《話》= запропасти́ться

**‡запро́с** [ザプロース] [男1] 〔inquiry, requirements〕 ①(公的な)照会, 質問, 問い合わせ; 照会状, 質問状: обрати́ться с ~ом 照会する | Они́ посла́ли ~ в госуда́рственное учрежде́ние. 彼らは官庁に照会状を送った ②〈複〉要求, 需要, 関心: культу́рные ~ы молодёжи 若者の文化的欲求
③《話》掛け値, 吹っかけた値段: це́ны без ~а 掛け値なしの値段

**запроси́ть** [完] →запра́шивать

**за́просто** [副]①儀式ばらずに, 気軽に, 遠慮なく ②《俗》やすやすと, 難なく

**запротестова́ть** -ту́ю, -ту́ешь [完] 抗議し始める

**запротоколи́ровать** [完] →протоколи́ровать

**запру́** 〔1単未〕< запере́ть

**запру́да** [女1] ①堤防 ②貯水池

**запруди́ть** [完] →запру́живать, пруди́ть

**запру́живать** [不完] / **запруди́ть** -ди́т 受過 -у́женный/-ужённый (-жён, -жена́) [完] ①満たす, いっぱいにする ②= пруди́ть

**запряга́ть** -а́ю, -а́ешь [不完] / **запря́чь** -ягу́, -яжёшь, ..., -ягу́т 過 -я́г, -ягла́ 能過 -я́гший 受過 -яжённый (-жён, -жена́) 副分 -я́гши [完]〈飆〉①〈馬などを〉(車に)つける ②〈馬などを〉〈車などの〉用意をする

**запря́жка** 複生 -жек [女2] ①馬を車につけること ②馬などのつけ方 ③馬などをつけた車 ④馬具

**запря́тывать** [不完] / **запря́тать** -я́чу, -я́чешь 受過 -анный [完]《話》〈飆〉隠す, しまう **//~ся** [不完] / [完] 隠れる, 身を隠す

**запря́чь** [完] →запряга́ть

**запу́ганный** [形1] おびえた, びくびくした

**запу́гивать** [不完] / **запуга́ть** 受過 -у́ганный [完] おびえさせる, こわがらせる, 恐れさせる

**запу́дривать** [不完] / **запу́дрить** -рю, -ришь 受過 -ренный [完]〈飆〉におしろいを塗る[塗って隠す]

**\*за́пуск** [男2] 〔launch, start-up〕①打ち上げ, 発射, 揚げること: ~ косми́ческого корабля́ 宇宙船の打ち上げ ②始動, 起動: ~ дви́гателя エンジンの始動 ③(魚などを)放すこと

**\*запуска́ть** [不完] / **запусти́ть** -ущу́, -у́стишь 受過 -у́щенный [完] 〔hurl, launch, neglect〕〈飆〉①《話》/〈в飆〉に向かって投げる, 投げつける: Ма́льчик запусти́л ка́мень [ка́мнем] в окно́. 男の子は窓に石を投げつけた ②揚げる, 打ち上げる: ~ иску́сственный спу́тник 人工衛星を打ち上げる ③〈機械などを〉始動させる, 起動させる; (…の生産を)開始する: ~ мото́р エンジンをかける | ~ в произво́дство生産を開始する ④差しこむ, 突き刺す: ~ ру́ку в чужо́й карма́н 他人のポケットに手を突っこむ, 人のものを盗む ⑤《話》(魚などを)放す, 入れる: ~ карасе́й в пруд フナを池に放す ⑥放っておく, 荒廃させる: ~ сад 庭を荒れるに任せる ⑦(放っておいて)悪化させる: ~ боле́знь 病気を悪化させる ◆~ глаза́《俗》チラ見する, のぞき見する **//~ся** [不完] / [完] 〔受身〕

**запусте́ние** [中5] 荒廃, 人けがないこと

**запусте́вать** [不完] / **запусте́ть** [完] 荒廃する, 人気がなくなる

**запусти́ть** [完] →запуска́ть

**запу́танный** 短 -ан, -анна [形1] 複雑な, 込み入った, わかりにくい

**запу́тывать** [不完] / **запу́тать** 受過 -анный [完]〈飆〉①もつれさせる, からませる ②複雑にする, わかりにくくする, 紛糾させる ③《話》迷わせる, 混乱させる, まごつかせる ④《話》(不愉快なことに)巻きこむ, 引き入れる **//~ся** [不完] / **запу́таться** [完]①もつれる, こんがらがる ②〈в飆〉に引っかかる, からまる ③複雑になる, わかりにくくなる, 紛糾する ④《話・考えなどの脈絡を失って)混乱する, まごつく, しどろもどろになる ⑤《話》困難な状況になる, にっちもさっちもいかなくなる ⑥《話》道に迷う

**запуши́ть** -ши́т 受過 -шённый (-шён, -шена́) [完]〈飆〉(雪・霜が)ふんわりとおおう

**запу́щенный** [形1] ①放置された, 荒廃した ②(病気が)放っておいて悪化した, 慢性の

**запча́сти** -е́й [複] スペアパーツ, 予備の部品 (запасны́е ча́сти)

**запыла́ть** [完] ①赤々と燃え始める; (顔などが)赤くなりだす; (激情に)燃えだす

**запыли́ть(ся)** [完] →пыли́ть

**запыха́ться** [不完] / **запыха́ться**, **запы́хаться** [完] (急な歩行・疲労で)息を切らす, 呼吸が苦しくなる

**запыхте́ть** -хчу́, -хти́шь [完] ①あえぎだす, 息を切らし始める ②(煙・蒸気を)ぽっぽっと吐き出し始める

**запьяне́ть** [完] →пьяне́ть

**запьянцо́вский** [形3] 《俗》手のつけられないほど飲む, 飲んだくれの

**запя́стье** [中4] 手首

**\*запята́я** (形2変化) [女名] [comma] ①コンマ ( , ): поста́вить ~ую コンマを打つ | то́чка с ~о́й セミコロン ( ; ) ②《話・戯》障害, 困難 ◆до после́дней ~о́й《話》細大もらさず, 隅から隅まで詳細に

**запя́тнанный** [完] →пятна́ть

**\*зараба́тывать** [ザラバーティヴァチ] [不完] / **зарабо́тать** [ザラボータチ] 受過 -анный [完] 〔earn, begin to work〕①〈飆〉(働いて)得る, 稼ぐ: Он зараба́тывает сто ты́сяч рубле́й в ме́сяц. 彼は1か月に10万ルーブル稼ぐ | ~ пра́во на о́тпуск 働いて休暇の権利を得る ②《俗・皮肉》〈好ましくないことを〉こうむる, 受ける: ~ вы́говор 譴責(ﾄﾞ)を受ける ③〈完〉動き始める; (機械などが)作動し始める **//~ся** [不完] / [完]《話》①働きすぎて疲れる ②夢中になって(時間を忘れて)働く ③〈不完〉〔受身〕

**\*зарабо́танный** [形1] 〔wage〕労働に対する: ~ая пла́та 賃金, 給料 (зарпла́та)

**\*зарабо́ток** -тка [男2] 〔earnings〕 賃金, 給料, 稼ぎ: годово́й ~ 年収

**зара́внивать** [不完] / **заровня́ть** 受過 -о́вненный [完] (埋めて)平らにする, 均す

**заража́ть** [不完] / **зарази́ть** -ажу́, -ази́шь 受過 -ажённый (-жён, -жена́) [完] 〔infect, pollute〕〈飆〉 〈飆を〉①(病気を)感染させる, 伝染させる;〈飆〉〈飆〉で汚染する: Мой брат зарази́л меня́ гри́ппом. 兄が私

にインフルエンザをうつした ② (感情などを)うつす; (病気に)感染させる, かける: ~ весе́льем 陽気な気分を伝染させる

\*заража́ться [不完] / зарази́ться -ажу́сь, -ази́шься [完] 〈接〉 [contract] 〈画〉(病気に)感染する, かかる: ~ ко́рью はしかにかかる ② (感情などに)染まる, うつる: ~ энтузиа́змом окружа́ющих 周囲の熱狂に染まる ③ [不完] (受身] < заража́ть

зараже́ние [中5] 感染, 伝染; 汚染

зараже́нный [形1] 感染した; 汚染された // -ость [女10]

зара́з [副] 《俗》いっぺんに, 一気に

зара́за [女1] ① 病原菌, 伝染(病) ② [男・女] 《俗・蔑》疫病神, ろくでなし

зарази́тельн|ый 短 -лен, -льна [形1] 伝染性の ② (感情などが)うつりやすい, 人を引きこむ // -о [副] < ②

зарази́ть(ся) [完] →заража́ть(ся)

зара́зный 短 -зен, -зна [形1] 伝染性の, 感染性の

\*зара́нее [ザラーニエ] [ザラーニィエ] [beforehand] 前もって, 事前に, あらかじめ: ~ обду́манный あらかじめ考えられた, 計画的な | Он сообщи́л о своём прие́зде ~. 彼は自分の到着を前もって知らせた

зарапортова́ться -ту́юсь, -ту́ешься [完] 《話・皮肉》くだらない[余計な]ことをべらべらしゃべる

зараста́ть [不完] / зарасти́ -ту́, -тёшь 過 -ро́с, -росла́ 能過 -ро́сший 副分 -ро́сши [完] ① 〈画〉植物で(覆われて)繁茂する 〈接〉〈髪・毛などで〉覆われる, 〈植物が〉密生する ③ 《話》(傷などが)癒える, なおる

зарва́ться [完] →зарыва́ться²

зарде́ться [完] 赤くなる, 紅潮する

заре́ванный [形1] 《話》涙の跡のある, 泣きぬれた

зареве́ть -ву́, -вёшь [完] ① 吠え始める, うなりだす ② 《話》泣きわめき始める

за́рево [中5] (火事・炎・朝焼け・夕焼けなどの)空への照り返し, 空焼け

зарево́й [形2] 朝焼けの, 夕焼けの

зарегистри́ровать(ся) [完] →регистри́ровать(ся)

заре́з [男1] 〈述語〉《話》災難だ, お手上げだ ◆до ~y ものすごく, ひどく

заре́зать [完] →ре́зать

заре́заться -е́жусь, -е́жешься [完] 《話》のどをかき切って自殺する

зарезерви́ровать [完] →резерви́ровать

зарека́ться [不完] / заре́чься -еку́сь, -ечёшься, -еку́тся 過 -ёкся/-екла́сь 能過 -рёкся, -рекла́сь, бывший 副分 -рёкшись [完] 《話》(不定形しないと)誓う, 誓いをたてる

зарекомендова́ть -ду́ю, -ду́ешь 受過 -о́ванный [完] 〈接〉推奨する, 売り込む

заре́чный [形1] 川向こうの, 対岸の

заре́чье [中4] 川の向こう側, 川向こう

заре́чься [完] →зарека́ться

заржа́веть, заржаве́ть [完] →ржаве́ть

заржа́вленный 短 -ен, -ена [形1] 錆(さび)びた, さびだらけの

заржа́ть -жу́, -жёшь [完] ① (馬が)いななき始める ② 《話》ばか笑いし始める

зари́н [男1] 《化》サリン

зарисова́ть [完] →зарисо́вывать

зарисова́ться -су́юсь, -су́ешься [完] 《話》時間を忘れて夢中で描き始める

зарисо́вка 複生 -вок [女2] ① 絵を描くこと, 写生, スケッチ ② 《しばしば複数》写生画, スケッチ画

зарисо́вывать [不完] / зарисова́ть -су́ю, -су́ешь 受過 -о́ванный [完] 描く, スケッチする: ~ с нату́ры 写生する

зари́ться -рю́сь, -ришься [不完] / по~ [完] 《俗》〈на接〉うらやむ, 欲しがる

зарни́ца [女3] (雷鳴の伴わない)遠くで光る稲光

заробе́ть [完] 《俗》怖気づく, びびりだす

заровня́ть [完] →зара́внивать

зароди́ть(ся) [完] →зарожда́ть(ся)

заро́дыш [男4] ① 胎児; 胚, 胚子 ② 初め, 発端, 萌芽状態 // ~евый [形1] < ①

зарожда́ть [不完] / зароди́ть -ожу́, -оди́шь 受過 -ождённый (-дён, -дена́) [完] 〈接〉(感情・思想を)起こさせる, 呼び起こす // ~ся [不完] / [完] 生じる, 発生する // зарожде́ние [中5]

зарозове́ть [完] バラ色に見え始める;バラ色になり始める

заро́к [男2] (何かをしないという)誓い, 約束

зарони́ть -оню́, -о́нишь 受過 -о́ненный/-онённый [完] ① 〈接〉(心中に火の気をうっかり落とす ② 〈感情などを〉起こさせる, 呼び起こす

за́росль [女10] 〈しばしば複数〉薮, やぶ

зарпла́т|а [ザルプラータ] [女1] [pay] 賃金, 給料 (за́работная пла́та): ме́сячная ~ 月給 | Вчера́ она́ получи́ла ~y. 昨日彼女は給料をもらった

заруба́ть [不完] / заруби́ть -ублю́, -у́бишь 受過 -у́бленный [完] 〈接〉(斧・剣などで)斬り殺す ② …に刻み目[切りこみ]をつける ③ 《完》(случно)拒否する, 駄目にする; 落第させる ◆ Заруби́ себе́ на носу́ [лбу́]. 《話》よく覚えておけ

зарубежа́ка 複生 -жек [女2] 《俗》① (大学の科目としての)外国文学 ② 外国

\*зарубе́жн|ый [ザルビェージヌイ] [ザルビェージヌィ] [形1] [foreign] 外国の, 海外の: -ые стра́ны 諸外国 | Вчера́ прие́хали -ые го́сти. 昨日海外からの客が到着した

\*зарубе́жь|е [中4] [foreign countries] ① (諸)外国; обще́ственное мне́ние -ья 海外の世論 | бли́жнее ~ 旧ソ連諸国 ② 《集合》亡命者, 移住者; その生活と文化: ру́сское ~ ロシアからの亡命者たち

заруби́ть [完] →заруба́ть

зару́бка 複生 -бок [女2] ① 刻み目[切りこみ]をつけること ② 刻み目, 切りこみ

зарубцо́вываться [不完] / зарубцева́ться -цу́ется [完] 〈傷跡を残して〉治る, 癒着する

заруга́ть 受過 -у́ганный [完] 〈接〉罵倒される

зару́ливать [不完] / зарули́ть -лю́, -ли́шь [完] 《俗》立ち寄る

зарумя́нить(ся) [完] →румя́нить

заруча́ться [不完] / заручи́ться -чу́сь, -чи́шься [完] 〈接〉支援・同意などを〉あらかじめ得る, 確保する

зару́чка 複生 -чек [女2] 《俗》援助を受けられる見込み, 当て

зарыба́ть [不完] / зары́бить -блю, -бишь 受過 -бленный [完] 〈接〉《漁》(魚を)養殖する; …に魚を放流する

зарыва́ть [不完] / зары́ть -ро́ю, -ро́ешь 受過 -тый [完] 〈接〉埋める, 埋め込む

зарыва́ться¹ [不完] / зары́ться -ро́юсь, -ро́ешься [完] ① 自分の体を埋める, 埋もれる ② 没頭する

зарыва́ться² [不完] / зарва́ться -ву́сь, -вёшься 過 -а́лся, -ала́сь, -ало́сь/-а́лось [完] 《話》(自分の力量を越えるほど) 度を越してやる, 無茶なことをする

зарыда́ть [完] 号泣し始める

зары́сить (1単未なし) -сишь [完] 《話》(馬が)速歩で走り出す

зары́ть(ся) [完] →зарыва́ть(ся)¹

\*зар|я́ [女5] 複 зо́ри, зорь, зо́рям [5у] [dawn] ① (日の出・日没後の)空焼け, 朝焼け, 夕焼け: у́тренняя [вече́рняя] ~ 朝焼け[夕焼け] | на -е́ 明け方に |

**встáть с ~ éй** 夜明けと共に起きる ② 始め, 発生, あけぼの, 黎明(%): ~ нóвой жúзни 新生活の幕開け ③〔вся зорю́〕《軍》起床・消灯のラッパ〔太鼓〕 ◆**от ~ú до ~ú** 朝から晩まで, 一日中; 一晩中, 夜通し

**заряби́ть** -би́т [完]〈团〉さざ波を立て始める ②《無人称》(目が)ちかちかしだす

*заря́д [男1] [charge] ① (1回分の)爆薬, 弾薬, 装薬: разрывно́й ~ ⑤ 炸〔爆〕薬 ②《感情・能力などの》くわえ, ストック ③電荷; 充電: положи́тельный ~ 陽電荷 ◆снéжный ~ 急な大雪 //~ный [形1]

**заряди́ть¹** -яжу́, -яди́шь [完]《話》①〈团/不定形〉同じことを繰り返す ② (雨などが)ひっきりなしに降りだす

**заряди́ть(ся)** [完] → заряжа́ть(ся)

*заря́дк|а 複生 -док [女2] [charging] ①装填, 装填(π): ~ винто́вки ライフルに弾を込めること, 装填 ③充電: ~ аккумуля́тора バッテリーの充電 ④健康体操: де́лать -у 体操をする

**заряжа́ние** [中5] 装填, 装塡; 使えるように準備する こと, 装備; 充電

**заряжа́ть** [不完] / **заряди́ть²** -яжу́, -я́дишь; -яди́шь 過 -я́женный/-я́женный [-жен, -жена́] [完]〈团〉①…に弾丸を込める, 装填する: ~ ружьё 銃に弾を込める ②《使えるように》準備する, 装備する ③充電する ④《俗》取る, だまし取る; …に賄賂を渡す

**заряжа́ться** [不完] / **заряди́ться** -яжу́сь, -я́дишься/-я́дишься [完] ①弾丸が込められる ②《使えるように》準備される ③充電される ④《話》自分自身に元気をつける ⑤《俗》酒を飲む

**заря́нка** 複生 -нок [女2]《鳥》ヨーロッパコマドリ

**заса́да** [女1] ①待ち伏せ, 襲うために隠れること ②伏兵隊 ③《話》厄介な状態, 面倒

**заса́живать** [不完] / **засади́ть** -ажу́, -а́дишь 過 -а́женный [完] ①〈团に团を〉植える, 植えつける: ~ клу́мбу цвета́ми 花壇に花を植える ②〈团/不定形〉閉じこめる, 監禁する ③〈に за团を〉長時間やらせる ④《話》〈团に〉(深く)突き刺す, 打ちこむ

**заса́живаться** [不完] / **засе́сться¹** -ся́ду, -ся́дешь 過 -се́л 能過 -се́вший 副分 -се́в [完]〈за团/不定形〉…にじっくり腰をすえて取り組む

**заса́ливать¹** [不完] / **засали́ть** -лю, -лишь 受過 -ленный [完]脂で汚す // **~ся** [不完]/[完]脂で汚れる

**заса́ливать²** [不完] / **засоли́ть** -олю́, -о́лишь/-оли́шь 受過 -о́ленный [完]〈团〉塩漬けにする

**заса́сывать** [不完] / **засоса́ть** -осу́, -осёшь 過 -о́санный [完]〈团〉①《話》(乳を)吸って弱らせる, ヘとへとにさせる ②引きこむ, 吸いこむ; (環境が)駄目にする ③《俗》…にキスする ④吸い始める: 鈍痛を感じさせ始める

**заса́харивать** [不完] / **заса́харить** -рю, -ришь 受過 -ренный [完]〈团〉砂糖〔シロップ〕漬けにする // **~ся** [不完]/[完] 糖化する; 砂糖漬けになる

**засверка́ть** [完]光り始める, きらめきだす

**засвети́ть¹** -ечу́, -е́тишь 受過 -е́ченный [完]《話》〈团に〉(照明のために)点火する, ともす ②《俗》強く殴る, ぶん殴る

**засвети́ть(ся)** [完] → засве́чивать

**засвети́ться¹** -е́тится [完]光りだす, 輝きだす

**за́светло** [副]まだ明るいうちに, 暗くならないうちに

**засве́чивать** [不完] / **засвети́ть²** -ечу́, -е́тишь 受過 -е́ченный [完]〈团〉《フィルムなどを》光にあてて駄目にする // **~ся²** [不完]/[完] ①光にあたって駄目になる ②(まずいことが)ばれる, 知られている

**засвиде́тельствовать** [完] → свиде́тельствовать

**засе́в** [男1] 種蒔き, 播種

**засева́ть, засе́ивать** [不完] / **засе́ять** -е́ю, -е́ешь 受過 -я́нный [完]〈团に团を〉…の種子を蒔く: ~ поля́ пшени́цей 畑に小麦を蒔く

‡**заседа́н|ие** [ザシダーニェ] [中5] [meeting] 会議: ~ редколле́гии 編集会議 | Он сейча́с на -ии. 彼は今会議中

**заседа́тель** [男5] 裁判委員, 陪審員

**заседа́тельский** [形3] ①裁判委員の ②会議の

**заседа́ть** [不完] ①会議を開く, 会議に出席する ②《俗》(長時間)トイレにいる

**засе́ивать** [不完] → засева́ть

**засе́ка, за́сека** [女2] 逆茂木(筏)

**засека́ть** [不完] / **засе́чь** -еку́, -ечёшь, … -еку́т 命 -еки́ 過 -сёк, -секла́/-се́кла -сёкший/-се́кший 受過 -чён-ный [-чён, -чена́] / -ченный 副分 -сёкши/-се́кши [完]〈团〉①…に刻み目をつける, 切りこみを入れる ②(位置を測って地図に)記入する; (時間を)記録する, チェックする ③《話》見つける, 発見する ④(馬が歩行中に脚をぶつけて)脚を〔傷つける〕⑤鞭打って殺す // **~ся** [不完]/[完] (馬が歩行中に脚をぶつけて)傷つける

**засекре́чивать** [不完] / **засекре́тить** -е́чу, -е́тишь 受過 -е́ченный [完]〈团〉①機密にする, 機密扱いにする ②極秘任務にあたらせる, 機密文書にアクセスさせる

**заселе́ние** [中5] 入居, 入植, 移住

**заселя́ть** [不完] / **засели́ть** -елю́, -ели́шь/-е́лишь 受過 -лённый [-лён, -лена́] [完]〈团〉①入居する, 入植する ②〈团を入居させる, 入植させる

**засе́сть¹** [完] → заса́живаться

**засе́сть²** -ся́ду, -ся́дешь 過 -се́л 能過 -се́вший 副分 -се́в [完] ①ゆったりと腰をおろす ②長い間いる, 腰をすえる ③ひそむ, 潜伏する ④〈в团に〉深く突き刺さる, 入って抜けなくなる

**засе́чка** 複生 -чек [女2] ①刻み目, 切りこみ ②(馬がぶつけて作った)脚の傷〔けが〕

**засе́чь(ся)** [完] → засека́ть

**засе́ять** [完] → засева́ть

**заси́живать** [不完] / **засиде́ть** -ди́т [完]《話》〈团〉(虫・鳥が)糞(禿)で汚す

**заси́живаться** [不完] / **засиде́ться** -ижу́сь, -ди́шься [完]《話》長居する, 長く居座る

**засилосова́ть** [完] → силосова́ть

**заси́лье** [中4] 圧倒的影響, 圧力

**засине́ть** [完]青いものが見え始める, 青く見えだす

**заси́нивать** [不完] / **засини́ть** -ню́, -ни́шь 受過 -нённый [-нён, -нена́] [完]〈团〉(洗濯物を)(蛍光染料で)青くしすぎる ②青く塗る, 青くする

**засия́ть** [完] 輝き始める

**заска́кивать** [不完] / **заскочи́ть** -очу́, -о́чишь [完] ①《話》跳んで入る, 跳びこむ ②《俗》ちょっと立ち寄る

**заскирдова́ть** [完] → скирдова́ть

**заско́к** [男2]《話》(行動・思考の)おかしなところ, アブノーマルな点

**заскору́злый** [形1] ①ざらざらの, かさかさの, 硬くなった ②頑迷な, 時代遅れの

**заскору́знуть** -ну, -нешь 過 -у́з, -у́зла [完] ①硬くなる, ざらざらになる ②時代遅れになる, 停滞する

**заскочи́ть** [完] → заска́кивать

**заскрежета́ть** -жещу́, -же́щешь [完] きしむ音を立て始める

**заскуча́ть** [完] 退屈しだす; 淋しがりだす, 恋しがり始める

**засла́ть** [完] → засыла́ть

**засле́живать** [不完] / **заследи́ть** -ежу́, -еди́шь 受過 -е́женный [完]《話》〈团〉足跡で汚す

**засло́н** [男1] ①防壁, 遮蔽(ぷ)物 ②《軍》掩護(ぷ)部隊 ③妨害, 障害, 抵抗

**заслони́ть(ся)** [完] →заслоня́ть

**заслóнка** 複生-нок [女2] (炉・ストーブの) 焚口の扉

**заслоня́ть** [不完] / **заслони́ть** -оню́,-они́шь/-они́шь 受過-нённый (-ён,-ена́) [完] ①さえぎる、見えなくする ②かばう、おおい隠す ③押しだす、…に取ってかわる **//~ся** [不完] / [完] 身をかばう(覆う)

*заслу́г|а [女] (merit) 功績, 功労, 手柄: ~ пéред Рóдиной 祖国に対する功績 ◆*по –ам* (1)功労により, 功績に応じて: награди́ть *по –ам* 功労により賞を授けて (2)当然の報いとして

*заслу́женн|ый [形1] ①多大な功績のある, 名誉を受けるべき; (称号としての) 功労…: ~ учёный 功績のある学者 | ~ арти́ст 功労芸術家 ②功労による, (受けて) 当然の, 正当な: -ая награ́да 当然の褒賞 | ~ упрёк 当然の非難 **//~о** [副] <②>

*заслу́живать [ザスルージヴァチ] [不完] / **заслу́жи́ть** [ザスルジーチ] -ужу́, -у́жишь 過-жи́л 受過-у́женный (-ён, -ена́) [完] ① <回> (自分の行動にふさわしく) 得る, …にふさわしくなる: ~ довéрие 信頼を得る | Он сра́зу *заслужи́л* дурну́ю сла́ву. 彼はすぐさま悪評を買った ② <回> 勤務によって得る, 稼ぐ: ~ команди́рское зва́ние 指揮官の称号を得る《不完》<生> に値する; ~ уваже́ния 尊敬に値する **//~ся** [不完] [受過] <①②>

**заслу́шивать** [不完] / **заслу́шать** 受過-анный [完] <回> (公の場で) 聞く

**заслу́шиваться** [不完] / **заслу́шаться** [完] <生を> 夢中になって聞く, 聞きほれる

**заслы́шать** -шу, -шишь 受過-анный [完] <俗> ① 聞きつける; 嗅ぎつける ② <о回/что節> …のことを聞き知る, 情報を得る

**заслюни́ть** [完] →слюни́ть

**засма́ливать** [不完] / **засмоли́ть** -лю́, -ли́шь受過-лённый (-лён, -лена́) [完] ①…に樹脂 [ター ル] を塗る ②樹脂 [タール] で汚す ③ [完] <俗> たばこを吸い始める

**засма́триваться** [完] <話> <в回を>のぞきこむ ◆~ лB глаза́ [лицу́] …の顔色をうかがう

**засмотрéться** [不完] / **засмотрéться** -отрю́сь, -отришься [на回に]見とれる, 見ほれる

**засмéивать** [不完] / **засмéять** -ею́, -еёшь 受過-е́янный [完] <話> 笑いものにする, あざ笑う

*засмея́ться [ザスミヤーッツァ] -ею́сь, -еёшься 命-ейся [完] (start laughing) 笑いだす: *Bсе засмея́лись*, когда́ он заговори́л. 彼が話し出すとみんな笑い出した

**засмоли́ть** [完] →засма́ливать

**засморка́ть** 受過-óрканный [完] <俗> <鼻をかんで> ハンカチなどを汚す

**засмотрéться** [完] →засма́триваться

**заснéженный** 短-ен, -ена [形1] 雪におおわれた, 雪に埋もれた

**заснима́ть** [不完] / **засня́ть** -ниму́, -ни́мешь 過-я́л, -яла́, -я́ло 受過-я́тый (-я́т, -я́та́, -я́то) [完] <回> 写真を撮る, 撮影する

**засну́ть** [完] →засыпа́ть²

**засня́тый** 短-я́т, -я́та́, -я́то [形1] (フィルムが) 撮影済みの

**засня́ть** [完] →заснима́ть

**засо́в** [男1] かんぬき

**засовéститься** -ещусь, -естишься [完] <話> 恥ずかしい思いをする, どぎまぎする

**засо́вывать** [不完] / **засу́нуть** -ну, -нешь 受過-тый [完] <回> 押しこむ, 突っこむ, しまう

**засо́л** [男1] ① 塩漬けにすること ② 塩加減

**засо́ление** [中5] <農> 塩類集積, 塩類蓄積

**засоли́ть** [完] →заса́ливать

**засо́лка** [女2] <話> = засо́л

**засо́лочный, засо́льный** [形1] 塩漬け用の

**засо́ня** (女5変化) [男・女] <話>寝坊助, 寝るのが大好きな人

**засори́ть** [不完] / **засори́ть** -рю́, -ри́шь 受過-рённый (-рён, -рена́) [完] <回> ① <不必要な, ごみで汚す ② (中に何かが入って) 害する, 傷める, 詰まらせる: ~ глаза́ (ごみが入って) 目を傷める ③ [完] <不必要・不要なもので> いっぱいにする, けがれす **//~ся** [不完] / [完] ごみで汚れる [詰まる, 害される] **//засорéние** [中5]

**засо́с** [男1] ① 引きこむこと, 吸い込み ② <俗> 激しいキス; キスマーク

**засоса́ть** [完] →заса́сывать

**засо́хнуть** [完] →со́хнуть

**за́спанный** 短-ан, -анна [形1] 寝ぼけた, 眠りから覚めきらない

**заспа́ть** -плю́, -пи́шь 過-а́л, -ала́, -а́ло 受過 за́спанный [完] <俗><回> ① 眠って忘れる ② <乳児を>添い寝中に窒息死させる **//~ся** [完] <話> 普段よりたくさん寝る

**заспеши́ть** -шу́, -ши́шь [完] 急ぎだす; (時計が) 進み始める

**заспиртóвывать** [不完] / **заспиртова́ть** -ту́ю, -ту́ешь 受過-óванный [完] <回> アルコール漬けにする

**заспо́рить** -рю, -ришь [完] 言い争いを始める

**заспо́риться** -и́тся [完] <話> (仕事などが) うまく行きだす

**засрами́ть** -млю́, -ми́шь受過-млённый (-лён, -лена́) [完] <俗> <回> 恥じ入らせる, 辱める

**засра́ть** -ру́, -рёшь [完] <俗><回>汚す

**заста́ва** [女1] ① <史> (都市の入口の) 関 (所), 関門 ② <軍> 前哨部隊, 守備隊 ③ <軍> 国境警備隊 (погра- ни́чная ~)

*застава́ть -таю́, -таёшь не-ва́й 副分-ва́я [不完] / **заста́ть** -а́ну, -а́нешь [完] (find) <回>(ある場所・状態で) 人を, ある時に, 捕まえる, 出会う, 見つける: Я *заста́л его́ до́ма*. 彼を訪ねて行ったら家にいた | ~ на мéсте преступлéния 犯行現場で見つける

**заставля́ть** [完] →заставля́ть¹,²

**заста́вка** 複生-вок [女2] ① (本・章などの冒頭を飾るページ幅の) 装飾カット ② (テレビ放送の) オープニング画像; (テレビ・ラジオ放送の番組間を埋める) 画像 [音楽]

*заставля́ть¹ [ザスタヴリャーチ] [不完] / **заста́вить¹** [ザスターヴィチ] -влю, -вишь, ... -вьте 受過-вленный [完] (make, force) <回に不定形することを> 強いる, 余儀なく…させる: ~ отвеча́ть 無理に答えさせる | *До́ждь заста́вил нас верну́ться домо́й*. 雨のため私たちは家に帰らざるを得なかった

**заставля́ть²** [不完] / **заста́вить²** -влю, -вишь 受過-вленный [完] <回を圆で> いっぱいにする [置く, 入れる]: ~ ко́мнату мéбелью 部屋いっぱいに家具を置く ②ふさぐ, 遮断する **//~ся** [不完] / [完] ①自分を覆う, 隠れる ②<不完>[受身]

**заста́иваться** [不完] / **застоя́ться** -ою́сь, -ои́шься [完] <話> ①あまりにも長時間立っている, じっとしている ②同じ場所にずっといる, ぐずぐずする ③ (長期間そのままなため) 新鮮さを失う, 悪くなる

**застарéлый** [形1] 根深い, 凝り固まった, 直しがたい

**заста́ть** [完] →застава́ть

**застеба́ть** [完] <俗> <回> うんざりさせる

*застёгивать [不完] / **застегну́ть** -ну́, -нёшь 受過-тёгнутый [完] <fasten> <回> のボタン [ホック, ファスナー] を掛ける, (シートベルト) を締める: ~ пальто́ コートのボタンを掛ける | ~ мо́лнию ファスナーを締める **//~ся** [不完] / [完] ①自分の服のボタン [ホック, ファスナー] を掛ける ② (ボタンなどが) 掛かる ② <不完> [受身]

**застёжка**複生 -жек [女2] 留める道具(ボタン, ホック, バックル, ファスナーなど)

**застекля́ть** [不完] / **застекли́ть** -лю́, -ли́шь 受過 -лённый (-лён, -лена́) [完]〈他〉…にガラスをはめる, ガラス張りにする

**застели́ть** -елю́, -е́лешь 受過 -е́ленный [完] = застла́ть①

**застенографи́ровать** [完] →стенографи́ровать

**засте́нок** -нка [男2] 拷問室

\***засте́нчив|ый** 短 -ив [形1] [shy] 内気な, 恥ずかしがりの: -ая де́вочка 内気な女の子 **‖ —о** [副] **‖ —ость** [女10]

**застесня́ться** [完]《話》とまどいだす, はにかむ

**застига́ть** [不完] / **засти́гнуть, засти́гнуть** -ну, -нешь 命 -ни 過 -и́г/-ул, -и́гла 受過 -тый [完]〈他〉(不意に)捕まえる, 見つける, 襲う

**застила́ть** [不完] / **застла́ть** -телю́, -те́лешь 過 за́стланный [完]〈他〉①〈圏を…で…で覆う, …に…を敷く〉: по́л ковро́м ки́ли кови́рду́пом'у敷く②(霧・涙などが)おおい隠す;(涙が)くもらせる **‖ ~ся** [不完] / [完] 覆われる; おおい隠される

**застира́ть** -аю, -аешь, -а́нный [完]〈他〉①つまみ洗いする②洗い方が悪くて駄目にする

**за́стить** за́щу, за́стишь [不完]《俗》〈他〉〈光を〉さえぎる

**засти́чь** [完] →застига́ть

**застла́ть(ся)** [完] →застила́ть

**засто́|й** [男6] ①よどんで悪くなること: ~ кро́ви うっ血 ②停滞, 不振, 沈滞 ③(社会の)停滞期: пери́од -я 停滞の時代(ブレジネフ時代のこと)

**засто́йный** [形1] ①よどんで悪くなった ②停滞した, 沈滞した ③売れ行きの悪い, 需要のない

**застолби́ть** -блю́, -би́шь 受過 -блённый (-лён, -лена́) [完]〈他〉①…に標柱を立てる, (自分用に)囲い込む ②《話》申請する, 提示する

**засто́лье** [中4]《話》祝祭日の食卓[ごちそう];〈集合〉それを囲む人々

**засто́льн|ый** [形1] ディナー[宴会, パーティー]の席での: -ая ре́чь テーブルスピーチ

**застона́ть** -ону́, -о́нешь [完] うめき始める:《話》愚痴りだす

**засто́порить(ся)** [完] →сто́порить(ся)

**засто́ялый** 短 -я́л [形1] 長時間立っている, じっとしている

**застоя́ться** [完] →заста́иваться

**застра́ивать** [不完] / **застро́ить** 受過 -о́ган-ный [完] 〈他〉かんなをかけて平らにする[とがらせる]

**застра́ивать** [不完] / **застро́ить** -о́ю, -о́ишь 過 -о́енный [完]〈他〉〈ある場所に〉(いくつもの)建物を建てる **‖ ~ся** [不完] / [完] (ある場所が)建物でふさがる, 建物がいっぱい建つ

**застрахо́ванный** [形1] ①保険のかかっている ②[男名] 被保険者

**застрахова́ть(ся)** [完] →страхова́ть(ся)

**застра́чивать** [不完] / **застрочи́ть** -очу́, -о́чишь/-о́чишь 受過 -о́ченный [完]〈他〉①ミシンで縫い合わせる ②《完》ミシン[細かい縫い目]で縫い始める; 走り書きし始める;(機関銃などが)撃ち始める

**застра́щивать** [不完] / **застраща́ть** 受過 -а́щанный [完]《俗》〈他〉おびえさせる, こわがらせる

**застрева́ть** [不完] / **застря́ть** -я́ну, -я́нешь [完] ①はまりこむ, 入りこんで抜けない: 足止めを食らう ②《話》長居する, ひっかかる ◆ **~ в го́рле** (言葉)がのどにつかえて出てこない

**застре́ливать** [不完] / **застрели́ть** -елю́, -е́лишь 受過 -е́ленный [完]〈他〉射殺する, 撃ち殺す **‖ ~ся** [不完] / [完] (銃・ピストルなどで)自殺する

**застре́льщи|к** [男2] / **-ца** [女3] 主唱者, 提唱者, 発案者, 発起人

**застре́ха** [女2] (農家の)庇(ひさし); 庇を支える角材

**застрога́ть** [完] →застра́гивать

**застро́ить(ся)** [完] →застра́ивать

**застро́йка** 複生 -о́ек [女2] (ある場所に)建物を建てること, 建築

**застро́йщи|к** [男2] / **-ца** [女3] 個人住宅建築家; 施工主

**застрочи́ть** [完] →застра́чивать

**за́струга, застру́га** [女2]《気象》サスツルギ(風が織りなす雪の浮彫: ロシア語起源の国際気象用語)

**застру́гивать** [不完] / **заструга́ть** 受過 -у́ган-ный [完] = застра́гивать/застрога́ть

**застря́ть** [完] →застрева́ть

**засту́живать** [不完] / **застуди́ть** -ужу́, -у́дишь 受過 -у́женный [完]《話》〈他〉①こごえさせる, 冷やして痛める ②風邪をひかせる **‖ ~ся** [不完] / [完]《話》風邪をひく

**засту́кивать** [不完] / **засту́кать** [完]《俗》〈他〉犯行現場で捕まえる

**за́ступ** [男1] シャベル

**заступа́ть** [不完] / **заступи́ть** -уплю́, -у́пишь 受過 -у́пленный [完]《話》①〈圏の〉職務につく ②〈на 圏〉(交代して)…の勤務につく

\***заступа́ться** [不完] / **заступи́ться** -уплю́сь, -у́пишься [完] [stand up for] 〈за 圏〉…を擁護する, …に味方する: ~ за же́нщину 女性の味方をする

**засту́пни|к** [男2] / **-ца** [女3] (社会の)擁護者

**засту́пнический** [形3] 擁護(者)の, 庇護(者)の

**засту́пничество** [中1] 擁護, 庇護

\***засты́ва́ть** [不完] / **засты́ть, засты́нуть** -ы́ну, -ы́нешь 過 -ы́л 能過 -ы́вший 副分 -ы́в/-ы́нув [完] [thicken] ①冷えて固まる, 凝固する: Цеме́нт засты́л. セメントが固まった ②《話》(水が)凍る, 氷が張る: Вода́ в ведре́ засты́ла. バケツの水に氷が張った ③ひどくこごえる, かじかむ: Ру́ки засты́ли. 手がかじかんだ ④(死体が)冷たくなる, 硬直する ⑤動かなくなる, 身動きできなくなる: ~ от восто́рга 感激のあまり立ちすくむ

**застыди́ть** -ыжу́, -ыди́шь 受過 -ыжённый (-жён, -жена́) [完]〈他〉〈圏に〉恥ずかしい思いをさせる, 恥じ入らせる **‖ ~ся** [完] 恥ずかしい思いをする, どぎまぎする

**засты́нуть, засты́ть** [完] →застыва́ть

**засуди́ть** [完] →засу́живать

**засуети́ться** -ечу́сь, -ети́шься [完] あくせくし始める

**засу́живать** [不完] / **засуди́ть** -ужу́, -у́дишь 受過 -у́женный [完]《俗》〈他〉有罪の判決を下す

**засу́нуть** [完] →засо́вывать

**засупо́нивать** [不完] / **засупо́нить** -ню, -нишь 受過 -ненный [完]〈他〉(馬を車につける際)〈首輪の革紐を〉引き締める

**засу́слить** [完] →су́слить

**за́суха** [女2] 干ばつ, 日照り

**засухоусто́йчивый** 短 -ив [形1] (植物が)干ばつに強い

**засу́чивать** [不完] / **засучи́ть** -учу́, -у́чишь/-у́чишь 受過 -у́ченный [完]〈他〉…の袖[裾]をまくり上げる, 折り返す

**засу́шивать** [不完] / **засуши́ть** -ушу́, -у́шишь 受過 -у́шенный [完]〈他〉①乾かす, 乾燥させる ②《話》…の生気を奪う; やつれさせる

**засу́шливый** 短 -ив [形1] 干ばつの, 日照りの; 干ば

つをこうむった

**засчи́тывать** [щ] [不完] / **засчита́ть** [щ] 受過 -и́танный [完] 〈囲〉算入する, 勘定に入れる

**засыла́ть** [不完] / **засла́ть** зашлю́, зашлёшь 受過 за́сланный [完] 〈囲〉① 遠くへ[間違ったところへ] 送る ② (秘密の目的で)送りこむ, 差し向ける ∥ **засы́лка** [女2]

**засыпа́ть**[1] [不完] / **засы́пать** -плю, -плешь -пешь, ... -плют -пят 命 -пь 受過 -анный [完] 〈囲〉① (粒・粉状のもので)埋める, ふさぐ: ～ я́му 穴を埋める ② (粒・粉状のもので)覆う ③〈囲に 囲〉たくさん向ける, 浴びせる: ～ докла́дчика вопро́сами 報告者を質問攻めにする ④〈囲〉〈囲〉(ドア・窓などに)入れる, まいて入れる ⑤〈囲〉試験で落とす ∥ **～ся** [不完] / [完] ① (粒・粉状のものが)入る ② (粒・粉状のもので)覆われる, 埋まる ③〔話〕失敗する, 試験に落ちる ④〔俗〕(罪が)ばれる, つかまる ⑤ [不完] [受身]

***засыпа́ть**[2] [不完] / **засну́ть** -ну́, -нёшь [完] (fall asleep) ① 寝入る, 眠りにおちる: Она́ кре́пко засну́ла. 彼女はぐっすりと寝入った ② (魚が)息をしなくなる, 死ぬ ◆ **ве́чным [после́дним] сном** 永眠する

**засы́пка** 複生 -пок [女2] (粒・粉状のものを)埋める[覆う]こと; (粒・粉状のものを)入れること; 〔話〕試験で落とすこと

**засыха́ть** [不完] (植物などが)枯れる, しおれる

**затави́ть** [不完] →тavри́ть

**затаённый** [形1] 秘められた, 心に秘めた

**зата́ивать** [不完] / **затаи́ть** -аю, -аи́шь 命 -ай 受過 -аённый [完] 〈囲〉(感情などを)隠す, 心に秘める ◆ **～ дыха́ние** 息を殺す, 息をひそめる

**зата́лкивать** [不完] / **затолка́ть** -а́ю -олканный [完] 〔話〕〈囲〉① 押しつけがをさせる, 痛みを与える ② 押しこむ, 突っこむ

**зата́пливать** [不完] / **затопи́ть**[1] -оплю́, -о́пишь 受過 -о́пленный [完] 〈囲〉(暖炉などをたきつける, 火をつける ∥ **～ся** [不完] / [完] (暖炉などが)燃えだす, 火がつく

**зата́птывать** [不完] / **затопта́ть** -опчу́, -о́пчешь 受過 -о́птанный [完] 〈囲〉① 踏みつける, 踏みつぶす, 踏みならす ② 踏みつけて押しこむ ③ 踏み殺す ④〔話〕踏んで汚す, 足跡をつける ◆ **～ в грязь** 〔話〕中傷する, ...の顔に泥を塗る

**зата́ривать** [不完] / **затари́ть** -рю, -ришь [完] ① 量り分けて包装する ②〈囲〉...を積み込む, ...でいっぱいにする ③〔俗〕〈囲〉酒を買う, 買いだめする ∥ **～ся** [不完] / [完] 〔俗〕〈囲〉酒を買う, 買いだめする

**зата́сканный** [形1] 〔受過<затаска́ть〕使い古された, 陳腐な

**зата́скивать**[1] [不完] / **затаска́ть** 受過 -а́сканный [完] 〔話〕〈囲〉① 着古す ② 使い古す, 陳腐[月並み]にする ③〈完〉引っぱりまわして疲れさせる ∥ **～ся** [不完] / [完] ①〈完〉着古されてぼろぼろになる ②〈完〉〔俗〕あちこちまわって疲れる

**зата́скивать**[2] [不完] / **затащи́ть** -ащу́, -а́щишь 受過 -а́щенный [完] 〈囲〉① 引っぱって運ぶ, 引きずりこむ ②〔話〕(説得して・強引に)連れてくる, 引っぱりこむ

**зата́чивать** [不完] / **заточи́ть** -очу́ -о́чишь 受過 -о́ченный [完] 〈囲〉とがらせる, 研(`)ぐ

**затащи́ть** [完] →зата́скивать

**затащи́ться** -ащу́сь, -а́щишься [完] 〔俗〕大満足する, 大喜びする

**затвердева́ть** [不完] / **затверде́ть** [完] 硬くなる, 固形化する

**затвердéлость** [女10] ① 硬化, 凝固 ② ＝затвердéние ②

**затвердéлый** [形1] 硬くなった, 固まった

**затвердéние** [中5] ① 硬くなること, 硬化, 凝固 ②〔医〕硬化, 硬結部

**затверде́ть** [完] →затвердева́ть

**затверди́ть** [完] →тверди́ть

**затво́р** [男1] ①〔話〕戸締りの器具 (錠, かんぬきなど) ② 様々な機器[建造物]の開閉装置 (銃の遊底, カメラのシャッター, ダムの水門など)

**затвори́ть(ся)** [完] →затворя́ть

**затво́рни|к** [男2] / **-ца** [女3] ① 隠遁僧＝隠遁者, 世捨て人

**затво́рнический** [形3] 隠遁(者)の, 世を捨てた

**затво́рничество** [中1] 隠遁生活

**затворя́ть** [不完] / **затвори́ть** -орю́, -о́ришь 受過 -о́ренный [完] 〈囲〉(ドア・窓などが)閉じる, しめる ∥ **～ся** [不完] / [完] ① (ドア・窓などが)閉じる, しまる ② 閉じこもる; 引きこもる

**затева́ть** [不完] / **зате́ять** -е́ю, -е́ешь 受過 -я́нный [完] 〔話〕〈囲〉〈不定形〉...を始める, 企てる, 取りかかる ∥ **～ся** [不完] / [完] 始まる, 起こる

**зате́йливый** 短 -ив [形1] 手のこんだ, 変に凝った

**зате́йни|к** [男2] / **-ца** [女3] ① 〈囲〉面白いことを考えつく人, アイディアマン ② (レクリエーションの)リーダー

**затека́ть** [不完] / **зате́чь** -ечёт, -еку́т 過 -тёк, -текла́ 能過 -тёкший 副分 -тёкши [完] ① 流れこむ, 流入する ② 腫(は)れる, 膨れる ③ しびれる

***зате́м** [ザチェーム] [副] [then] ① そのあと, その後で: Мы вошли́ в прихо́жую, ～ в ко́мнату. 私たちは玄関に入って, それから部屋に入った ② さらに, 次に, 続いて: З ～ ,— продолжа́л ора́тор, — перейдём ко второ́му вопро́су. 次に 2 つ目の問題に移ろう, と講演者は続けた ③ そのために, そのためで: Поговори́ть, ведь я ～ и пришёл. 話し合おう, そのために私は来たのだから ◆ **～ что́бы ...** ...するために, ...する目的で

**затемне́ние** [中5] ① 暗くする[なる]こと; 曖昧にする[なる]こと ② 遮光(沐)設備 ③ 黒くなったところ, 影

**затемни́ть** [完] →затемня́ть

**затемно́** [副] 〔話〕まだ暗いうちに; 暗くなってから

**затемня́ть** [不完] / **затемни́ть** -ню́, -ни́шь 受過 -нённый (-нён, -нена́) [完] 〈囲〉① 暗くする, 遮光する ② 曖昧にする, 不明瞭にする

**затеня́ть** [不完] / **затени́ть** -ню́, -ни́шь 受過 -нённый (-нён, -нена́) [完] 〈囲〉影で覆う, 陰にする; <光源を>さえぎる

**зате́пливать** [不完] / **зате́плить** -лю, -лишь 受過 -ленный [完] 〈囲〉(灯明・ろうそくなどを)灯す

**зате́плиться** -ится [完] ともり始める, ほのかに燃え始める

**затере́ть(ся)** [完] →затира́ть

**зате́ривать** [不完] / **затеря́ть** 受過 -е́рянный [完] 〈囲〉なくす, 紛失する ∥ **～ся** [不完] / [完] 〔話〕① なくなる, 紛失する ② 見えなくなる, 姿を消す, 紛れこむ

**затéрянный** [形1] 忘れられた, うち捨てられた

**затеря́ть(ся)** [完] →зате́ривать

**затёсывать** [不完] / **затеса́ть** -ешу́, -е́шешь 受過 -тёсанный [完] 〈囲〉削ってとがらせる ∥ **～ся** [不完] / [完] 〔俗〕(人込みに)入りこむ, 紛れこむ

**зате́чь** [完] →затека́ть

**зате́|я** [女6] ① もくろみ, 企て, 思いつき ② 遊び, 気晴らし ◆ **без ～й** 〔話〕簡単に, 飾り気なしに

**зате́ять** [完] →затева́ть

**затира́нить** -ню, -нишь 受過 -ненный [完] 〔俗〕〈囲〉虐待する

**затира́ть** [不完] / **затере́ть** -тру́, -трёшь 過 -тёр, -тёрла 能過 -тёрший 受過 -тёртый 副分 -терёв -тёрши [完] 〈囲〉① こすり消す, 塗り消す, 拭い取る ②〔俗〕すりつぶして[こねて]つくる ③ (押しつけて)動けなくする ④

**затискивать** 《俗》…の出世の邪魔をする **//~ся** [不完] / [完] 《話》入りこむ、見えなくなる

**затискать** [不完] / **затиснуть** -ну, -нешь 命-ни 受過-тый [完] 《関》押しこむ、詰めこむ

**затихать** [不完] / **затихнуть** -ну, -нешь 命-ни 過-их, -ихла 能過-хший 副分-хши/-ув [完] ① 静かになる、静まる ② (音が)弱まる、やむ ③ 落ち着く、おとなしくなる、気分が弱まる

**затишек** -шка [男2] 《関》風の当たらない場所

**затишье** [中5] ① 風・音・動きなどが一時的に止まる[弱まる]こと、凪(なぎ)、静寂、小やみ

**заткать** -ку́, -кёшь 過-а́л, -ала́/-а́ла, -а́ло 受過за́тканный [完] 《関》の全面に模様を織りつける

**заткнуть(ся)** [完] →затыкать

**затмевать** [不完] / **затмить** (1単なし) -ми́шь [完] 《関》① さえぎる、見えなくする ② 凌駕(りょうが)する、まさる

**затмение** [中5] ① 《天》食: лу́нное ~ 月食 | по́лное со́лнечное ~ 皆既日食 ② 《話》一時的な意識もうろう

**затмить** [完] →затмевать

**зато** [ザトー] [接] [but then] ① 時にно́, аを伴って)…の代わりに、…ではあるが: Наш дом ма́ленький, ~ удо́бный. 我が家は小さいが、その代わり快適だ ② それ故に、それだから

**затоваривать** -рю, -ришь 受過-ренный [完] 《関》《商》滞貨させる、在庫過剰にする **//~ся** [不完] / [完] 《商》滞貨する、在庫過剰になる **//~ние** [中5]

**затолкать** [完] →заталкивать

**затолкнуть** -ну́, -нёшь 受過-о́лкнутый [完] 《話》《関》= заталкнуть

**затон** [男1] ① (岸に入りこんだ)川の入江、淀(よど) ② 川の船舶の停泊[修理]所 ③ 《隠》居心地のよい「人目につかない」場所

**затонуть** -ону́, -о́нешь [完] (船が)沈む、沈没する

**затопить(ся)** [完] →затапливать, затоплять

**затопление** [中5] 浸水、冠水、沈没

**затопить** [不完] / **затопить²** -оплю́, -о́пишь 受過-о́пленный [完] ① 水浸しにする、冠水させる ② (船などを)沈める、沈没させる

**затоптать** [完] →затаптывать

**затоптаться** -опчу́сь, -о́пчешься [完] 《話》足踏みし始める

**затор** [男1] 渋滞; (動きを妨げる)固まり

**заторможенный** 短-ен, -енна, **заторможённый** 短-ён, -ённа [形1] 緩慢な、動きの鈍い、生気のない

**затормозить(ся)** [完] →тормозить

**затормошить** -шу́, -ши́шь 受過-шённый (-шён, -шена́) [完] 《話》① 引っぱって苦しめる[疲れさせる] ② (頼みごと・要求などで)苦しめる、うんざりさせる

**заторопиться** -оплю́сь, -о́пишься [完] 《話》急ぎ始める

**затосковать** -ку́ю, -ку́ешь [完] ふさぎこむ; 恋しく思い始める

**заточенный** [形1] 《コン》調整された、特別仕様の

**заточить** [完] →затачивать

**заточка** [女2] 《工》研磨、研削

**затошнить** -ит [完] 《無人称》《関》に吐き気を起こさせる

**затравить** [完] →травить

**затравк|а** [女2] 複生-вок [1] ① 《俗》きっかけ、呼び水 ◆для –и = на –у 手始めに

*затрагивать** [不完] / **затронуть** -ну, -нешь 過-тый [完] [touch] 《関》① (入り込んで)…に触れる、触る: Пу́ля затро́нула кость. 弾丸は骨をかすめた ② (感情を)刺激する、傷つける: ~ самолю́бие 自尊心を傷つける ③ 《文章・話》…に触れる、言及する: ~ ва́жный вопро́с 重要な問題に言及する ◆**~ за живо́е** 痛いところを突く **//~ся** [不完] [受身]

**затрапезный** 短-зен, -зна [形1] 《話》日常の、普段の; 着古した

*затрат|а** [ザトラータ] [女1] [expenditure] ① 消費、支出、出費: ~ средств 資金の消費 | ~ физи́ческих сил 体力の消耗 ② 《通例複》費用、経費: Они́ сократи́ли –ы на оборудование. 彼らは設備費を削減した

**затратить(ся)** [完] →затрачивать

**затратный** [形1] ① 支出の、製造費に基づく ② 損失をもたらす、赤字の

*затрачивать** [不完] / **затратить** -ачу, -атишь 受過-аченный [完] [spend] 《関》на ...に費やす、消費する、支出する: ~ сре́дства на строи́тельство зда́ний 建設に資金を投じる **//~ся** [不完] [受身]

**затребовать** -бую, -буешь 受過-анный [完] 《公》《関》の提出[送付, 出席など]を要求する

**затрепать** / **затрепать** -еплю́, -е́плешь 受過-рёпанный [完] 《話》《関》① 着古す、使い古す、陳腐にする

**затрепетать** -ещу́, -е́щешь [完] 揺れ始める、震えだす

**затрещать** -щу́, -щи́шь [完] (割れて)バリバリいい始める; (はぜて)パチパチいいだす; ぺちゃくちゃしゃべりだす

**затрещина** [女1] 《俗》びんた、平手打ち

**затронуть** [完] →затрагивать

*затруднение** [中5] [difficulty] ① 困難、面倒、障害、邪魔: ~ в дыха́нии 呼吸困難 | устрани́ть ~ 障害を取り除く ② 困難な状態、苦境: Он был в большо́м –ии. 彼は大変な苦境にあった

**затруднительный** 短-лен, -льна [形1] 困難な、面倒な、厄介な **//–о** [副]

*затруднить** [不完] / **затруднить** -ню́, -ни́шь 受過-нённый (-нён, -нена́) [完] [trouble] 《関》① …に面倒をかける、…をわずらわせる、困らせる: Если вас не затрудни́т, переда́йте ему́ э́то от меня́. ご迷惑でなければこれを彼に渡していただけませんか ② 困難にする、難しくする: ~ перехо́д 横断を難しくする

**затрудниться** [不完] / **затрудниться** -ню́сь, -ни́шься [完] 《関》《否定形》(…すること)に困る、困惑する: ~ отве́тить 返答に窮する

**затрясти́сь** -сусь, -сёшься 過-я́сся, -ясла́сь 能過-я́сшийся副分-я́сшись [完] 揺れ始める、震えだす; (乗り物で)出かける; 気づかい始める

**затуманить(ся)** [完] →туманить

**затупить(ся)** [完] →тупить

**затуркать** 受過-анный [完] 《俗》= затюкать

**затусоваться** -суюсь, -суешься [完] 《若者》たまり場に顔を出し始める、たまり場に集まるようになる

**затухать** [不完] / **затухнуть** -нет 過-у́х, -у́хла 能過-хший 副分-хши/-ув [完] ① (火が)徐々に消える ② (弱まりながら)やむ、静まる **//~ние** [中5]

**затушевать** [完] →затушёвывать

**затушёвка** [女2] 陰影をつけること; 目立たなくすること

**затушёвывать** [不完] / **затушевать** -шую, -шуешь 受過-шёванный [完] 《関》① …に陰影をつける ② 目立たなくする、うやむやにする

**затушить** [完] →тушить

**затхлый** 短зáтхл [形1] ① かび臭い、腐った臭いのする ② 沈滞した、活気のない

**затыкать** / **заткнуть** -ну́, -нёшь 受過зáткнутый [完] 《関》① 《関》…を…でふさぐ、栓をする: ~ буты́лку про́бкой ビンに栓をする ② 《за関》に突っ

む, 差しこむ ◆~ за́ пояс [за по́яс] 〘図〙〘話〙…に優に勝る, …を凌駕する ‖~ся [完]/[完] ①〘俗〙黙る, 口に栓をする

**заты́л|ок** -лка [男2] [back of the head] 後頭部, 首筋, うなじ; чеса́ть ~ [в -ке] 首筋をかく; (困惑して)頭をかく | Она́ уда́рила его́ по -ку. 彼女は彼の後頭部を殴った ◆в ~ (縦に)一列になって ‖-о́чный [形1]

**заты́чка** 複生 -чек [女2] 〘俗〙ふさぐもの, 栓, プラグ

**затю́кать** 受過 -анный [完] 〘話〙〘図〙おびえさせる, おじけづかせる

**затя́гивать** [不完]/**затяну́ть** -яну́, -я́нешь 受過 -я́нутый [完] ①固く結ぶ, しばる: ~ у́зел 結び目を固く結ぶ ②きつく締める, 引き締める ③吸いこむ ④引き入れる, 引っぱりこむ ⑤〘圖〙ですっかり覆う ⑥«в ⑤»〘図〙などにぴったりとくるむ: рука́, затя́нутая в ко́жанную перча́тку 皮手袋をびっちりはめた手 ⑦〘話〙〘図〙c〘圖〙…を長引かせる, 引き延ばす ⑧〘話〙(ゆっくりと)歌い出す

**затя́гиваться** [不完]/**затяну́ться** -яну́сь, -я́нешься [完] ①(自分の体をベルトなどで)締める ②きつく締まる, 固く結ばれる ③すっかり覆われる ④長引く, 遅延する ⑤たばこの煙を吸いこむ

**затя́жка** 複生 -жек [女2] きつく締めること; 長引かせ[長引く]こと; たばこの煙を吸いこむこと

**затяжно́й** [形2] 長く続く, 長引く

**затяну́ть(ся)** [完]→затя́гивать(ся)

**зау́лок** -лка [男2] 〘俗〙(狭くて寂しい)横町, 路地

**зау́мный** 短 -мен, -мна [形1] 意味不明な, 無意味な

**зау́мь** [女10] 無意味な[わけのわからない]こと, たわ言

**заупоко́йный** [形1] 〘宗〙死者の冥福を祈る, 追善の

**заупря́миться** -млюсь, -мишься [完] 強情を張りだす

**Заура́лье** [中4] ザウラーリエ(ウラル山脈以東地方) ‖**заура́льский** [形3]

**заура́дный** 短 -ден, -дна [形1] 平凡な, 月並みな

**заусе́н|ец** -нца [男3], **заусе́ница** [女3] ①(爪の)逆むけ, ささくれ ②〘エ〙まくれ, ばり

**зау́треня** [女5] 〘宗〙早朝の祈禱(ఁఃహ), 早課

**заутю́живать** [不完]/**заутю́жить** -жу, -жишь -женный [完] 〘図〙にアイロンをかける

**зауча́ивать** [不完]/**заучи́ть** -учу́, -у́чишь 受過 -у́ченный [完] 〘図〙①暗記する, 覚えこむ ②〘話〙(過度な・ひどい教育で)苦しめる, 駄目にする ‖~ся [不完]/[完] 〘話〙勉強しすぎて頭が働かなくなる

**зауша́тель|ство** [中1] 中傷的な批評, 酷評 ‖-**ский** [形3]

**зау́шник** [男2] メガネのつる

**зау́шница** [女3] 〘医〙流行性耳下腺炎, おたふく風邪

**зафарширова́ть** [完]→фарширова́ть

**зафига́** [副]〘俗〙= зафи́гом

**зафига́чивать** [不完]/**зафига́чить** -чу, -чишь [完]〘俗〙①集中してさっとやる ‖~ся [不完]/[完]〘俗〙なくなる, いなくなる

**за́фигом** [副]〘俗〙何で, 何のために

**зафикси́ровать** [完]→фикси́ровать

**зафрахтова́ть** [完]→фрахтова́ть

**зафренди́ть** [完]→френди́ть

**заха́живать** [不完][多回]<заходи́ть① ②

**заха́ивать** [不完]/**заха́ять** -ха́ю, -ха́ешь 受過 -ха́янный [完] 〘俗〙〘図〙(ののしって)陥れる

**заха́ркать** 受過 -анный [完] ①(たん・唾・血を)吐き始める ②〘俗〙〘図〙(たん・唾・血を吐いて)汚す

**заха́ять** [完]→заха́ивать

**захва́ливать** [不完]/**захвали́ть** -алю́, -а́лишь 受過 -а́ленный [完] 〘話〙〘図〙ほめすぎる, ほめすぎてつけあがらせる

**захва́рывать** [不完]/**захвора́ть** [完]〘話〙病気になる

**\*захва́т** [男1] [seizure] ①つかむこと, つかみ取ること ②奪取, 占領, 強奪; 捕獲: ~ вла́сти 権力の奪取 | ~ самолёта ハイジャック

**захвата́ть** [完]→захва́тывать[1]

**захвати́ть** [完]→захва́тывать[2]

**захвати́ческий** [形3] 略奪的な, 侵略的な

**захва́тчик** [男2] 略奪者, 侵略(主義)者

**захва́тывать**[1] [不完]/**захвата́ть** 受過 -а́танный [完]〘話〙何度も触って汚す, 手垢で汚す

**\*захва́тывать**[2] [不完]/**захвати́ть** -ачу́, -а́тишь 受過 -а́ченный [完] [seize] ①奪取する, つかむ; 引っかける: ~ го́рсть конфе́т お菓子をひとつかみ取る | Колесо́ захвати́ло край оде́жды. (無人称) 服の端が車輪に引っかかった ②持って行く[来る], 連れて行く[来る]: ~ дете́й с собо́й 子どもたちを連れて行く[来る] ③奪い取る, 占領する; 捕まえる: ~ чужу́ю террито́рию 他国の領土を占領する ④…に広がる, 拡大する: Эпиде́мия захвати́ла це́лые райо́ны. 伝染病の流行は全域に及んだ ⑤…の関心を強く引きつける, …の心を奪う, 魅了する: ~ зри́телей 観客を魅了する ⑥〘話〙出くわす, 見つける, 捕まえる: По пути́ домо́й нас захвати́ла гроза́. 家に帰る途中私たちは雷雨にあった ⑦〘話〙(手遅れにならないうちに)処置する, 食い止める: ~ пожа́р в са́мом нача́ле 火事をごく初期のうちに消し止める ◆**дух захвати́ло** 〘話〙(激しい運動・興奮などで)息が苦しくなった, 息をのんだ ‖~**ся** [不完] [受身]

**захва́тывающий** [形6] 強く心を引きつける, 魅了する

**захвора́ть** [完]→захва́рывать

**захиле́ть** [完]→хиле́ть

**захире́ть** [完]→хире́ть

**захлами́ть** [完]→захламля́ть

**захламлённый** [形1] 〘話〙がらくたでいっぱいの, ごみだらけの

**захламля́ть** [不完]/**захлами́ть** -млю́, -ми́шь 受過 -млённый (-лён, -лена́) [完] 〘話〙〘図〙がらくたでいっぱいにする, ごみだらけにする

**захлёбывать** [不完]/**захлебну́ть** -ну́, -нёшь [完]〘図〙を飲みこむ

**захлёбываться** [不完]/**захлебну́ться** -ну́сь, -нёшься [完] ①(水・煙などで)むせる, 窒息する ②(感情のたかぶりなどで)息が詰まる, むせぶ: ~ от слёз 涙にむせぶ ③(反撃を受けて)攻撃が失敗する

**захлёстывать**[1] [不完]/**захлеста́ть** -ещу́, -е́щешь 受過 -лёстанный [完]〘話〙①(むちなどで)打つ ②〘話〙(むちなどで)打ち始める; (水が)ほとばしりだす, (雨が)激しく降り始める; が云飲れ始める

**захлёстывать**[2] [不完] / **захлестну́ть** [сн -ну́, -нёшь 受過 -лёстнутый [完] ①〘図〙(縄などを投げかけて)巻きつける, 巻きつけてしばる ②〘図〙(波などが)かぶさる, 襲いかかる ③(水しぶきをあげて)入りこむ

**захло́пать** [完]→захло́пывать[1]

**захло́пнуть(ся)** [完]→захло́пывать[2]

**захлопота́ться** -очу́сь, -о́чешься [完] 〘話〙あれこれ奔走する, 奔走して疲れる

**захло́пывать**[1] / **захло́пать** [完] ①〘話〙〘図〙(手を打ったり騒いだりして)黙らせる ②〘完〙打ち始める, 叩き始める; 激しい[はじけるような]音を立て始める; 拍手し始める

**захло́пывать**[2] / **захло́пнуть** -ну́, -нешь 命 -ни -тый [完] 〘図〙ばたんと閉める ‖~**ся** [不完]/ [完] ばたんと閉まる

**захмелéть** [完] →хмелéть

**захóд** [男1] ① 立ち寄ること; 迂回; 遠くへ行きすぎること; 隱れること ② 《天体が》沈むこと, 日没 (↔восхóд) ③ 《話》試み, トライアル

**заходи́ть**¹ [ザハヂーチ] -ожý, -óдишь, ... -óдят 命-ди́ [不完] / **зайти́** [ザイチー] -йдý, -йдёшь 命-йди́ 過 зашёл, зашлá 能過 зашéдший 副分-йдя́ [完] (come in, drop in) ① 《途中で・ちょっと》寄る, 立ち寄る: ~ к приятелю 友人のところに立ち寄る | По дорóге домóй онá зашлá в супермáркет. 家に帰る途中彼女はスーパーに寄った ② 《за囲》を取りに〔連れに〕来る〔行く〕: ~ за кни́гой 本を取りに来る | ~ в я́сли за ребёнком 保育所に子どもを迎えに行く

③ 脇から〔回り道をして〕行く, 迂回する: ~ спрáва 右側から行く | ~ с другóй стороны́ 別の側から行く

④ 遠く《とんでもないところ》へ行く, 迷いこむ; 度を越す: ~ далекó в лес 森の奥深くへ入りこむ | Спóр зашёл сли́шком далекó. 議論はあまりにも行きすぎたものになった ⑤《за囲の》後ろ〔向こう〕へ行く, 隱れる: 《天体が》沈む: ~ за ýгол 角を曲がる, 角に隱れる | Сóлнце зашлó. 太陽が沈んだ

⑥ 《話などが》始まる: Речь зашлá о полити́ке. 話は政治のことになった

**заходи́ть**² -ожý, -óдишь [完] ① 歩き始める ② 歩きだす, ぐらぐらしだす

**заходи́ться** -ожýсь, -óдишься [不完] / **зайти́сь** -йдýсь, -йдёшься 過 зашёлся, зашлáсь 能過 зашéдшийся 副分-йдя́сь [完] 《話》感覚がなくなる, しびれる, 麻痺する ② とめどなく《苦しくなるほど》笑う〔泣く, 咳込む〕

**захóжий** [形6] 《俗》よそから来た, 通りすがりの

**захолýстный** [сн] 短 -тен, -тна [形1] へき地の, へんぴな

**захолýстье** [中4] へき地, 辺地

**захорáнивать, захорони́ть** [不完] / **захорони́ть** -оню́, -óнишь 受過-óненный [完] ① 埋める; 埋葬する ◇《放射性廃棄物を》埋蔵する
**//захоронéние** [中5]

**захотéть** [ザハチェーチ] -очý, -óчешь, -óчет, -оти́м, -оти́те, -отя́т 命-оти́ [完] [want] ①《囲が欲しくなる: ~ воды́ 水が欲しくなる ②《不定形》...したくなる: ~ спать 眠くなる | Онá захотéла прочитáть расскáзы Чéхова. 彼女はチェーホフの小説を読みたくなった ③《чтóбы節》…であることを願うようになる, ...てほしくなる: Я захотéл, чтóбы ты пришёл. 君に来てほしくなった

**захотéться** [ザハチェーッツァ] -óчется [完] [want] 《無人称》《囲は囲・不定形》чтóбы節》...がほしくなる, ...したくなる: Мне захотéлось пи́ть [есть]. 私は喉が渇いた〔お腹がすいた〕

**захребéтни**|**к** [男2] **-ца** [女3] 《話》居候(ﾇﾛｳ), 寄食者

**захудáлый** 短-áл [形1] ① おちぶれた, 零落した ② 《話》取るに足らない, ひどい

**зацáпывать, зацáпать** 受過-анный [完] [俗]《囲》捕まえる, つかみ取る

**зацвести́** [不完] / **зацвести́** -етёт 過-вёл, -велá 能過-éтший 副分-éтши [完] ① 《花が》咲き始める ② 《水面が藻などで》おおわれ始める

**зацеловывать** [不完] / **зацеловáть** -лýю, -лýешь 受過-óванный [完] 《話》《囲に》...にキスを浴びせる, キス攻めする

**зацементи́ровать** [完] →цементи́ровать

**зацени́ть** -еню́, -éнишь 受過-нённый (-нён, -ненá) [完] 《若者》《話》真価に従って評価する, 称賛する

**зацепи́ть(ся)** [完] →зацепля́ть

**зацéпка** 複生-пок [女2] ① 《話》《鉤(ｶ)・つめなどの》引っかけるもの ② 《話》口実, 理由 ③ 《話》障害, 邪魔 ④ 《俗》縁故, コネ

**зацепля́ть** [不完] / **зацепи́ть** -еплю́, -éпишь 受過-éпленный [完] 《囲を》① 引っかける, 《引っかけて》持ち上げる ②《話》《囲》za囲に》うっかり当たる〔引っかかる〕, つまずく: ~ ногóй за порóг 敷居に足を引っかける, 敷居でつまずく ③ 《話》…の心を傷つける ◆**~ за живóе** 囲 《話》…の痛いところを突く **//-ся** [不完]/[完] ① 引っかかる ② 《話》つかむ, つかまる

**зацикливаться** [不完] / **зацикли́ться** -люсь, -лишься [完] ① 《話》しつこく同じことを繰り返す ② 《俗》《на囲》《考えなどに》とりつかれる, こだわる

**зачарóванный** [形1] 魔法にかかった; 魅了された, うっとりした

**зачарóвывать** [不完] / **зачаровáть** -рýю, -рýешь 受過-óванный [完] ① 魔法にかける ② 魅了する, うっとりさせる

**зачасти́ть** -ащý, -асти́шь [完] 《話》頻繁になる; 激しくなる, テンポが速まる; しばしば行く〔来る〕ようになる: ~ в гóсти 足しげく遊びにくようになる

**зачáтие** [中5] 受胎, 懐胎

**зачá́то**|**к** -тка [男2] ① 胎児; 胚 ② 《生》痕跡器官 ③ 《通例複》萌芽, 芽生え, 端緒 **//-чный** [形1]

**зачáхнуть** [完] →чáхнуть

**зачéм** [ザチェーム] [副] [what for] ① 《疑問》何のために, 何の目的で: 3~ ты э́то сдéлал? お前はどうしてこんなことをしたんだ 何の目的で: Я не знáю, ~ он приходи́л. 何のために彼が来たのかは私は知らない

**зачéм-либо, зачéм-нибудь** [副] 《何でもよい》何かのために, 何らかの目的で

**зачéм-то** [ザチェーム-タ] [副] [for some reason or other] 何かのために, 何らかの目的で: Тебя́ ~ вызывáют. 君は何かで呼び出されているよ

**зачервивéть** [完] →червивéть

**зачёркивать** [不完] / **зачеркнýть** -нý, -нёшь 受過-чёркнутый [完] 《cross out》《囲を》線を引いて》消す, 抹消する: ~ нéсколько строк в тéксте 本文の数行を線で消す **//-ся** [完] 《受身》

**зачернéть** [完] 《黒いものが》見えだす, 黒く見え始める

**зачерни́ть** [完] →черни́ть

**зачéрпывать** [不完] / **зачерпнýть** -нý, -нёшь 受過-éрпнутый [完] 《囲/za囲を》《ある量》汲み取る, すくう

**зачерствéть** [完] →черствéть

**зачéрчивать** [不完] / **зачерти́ть** -ерчý, -éртишь 受過-éрченный [完] 《囲を》一面に線を引く, 線で描きつぶす

**зачёс** [男1] 《一方向に》なでつけた髪

**зачесáть** [完] →зачёсывать

**зачéсть(ся)** [完] →зачи́тывать¹

**зачёсывать** [不完] / **зачесáть** -ешý, -éшешь 受過-чёсанный [完] 《髪を》《一方向に》なでつける, とかしつける

**зачёт** [ザチョート] [男1] ① [reckoning, test] 算入, 計算に入れること: ~ процéнтов в уплáту дóлга 利子を借金返済に充てること ② 《演習などの合否判定の》テスト, 試験; 合格印: ~ по иностра́нному языкý 外国語のテスト | сдáть ~ テストにパスする

**зачётка** 複生 -ток [女2] 《話》成績簿 (зачётная кни́жка)

**зачётн**|**ый** [形1] 算入の; テストの: ■-ая кни́жка (学生が所持する) 成績簿

**зачехли́ть** [不完] / **зачехли́ть** -лю́, -ли́шь 受過 -лённый (-лён, -ленá) [完] 《囲に》カバーをかける

**зачи́н** [男1] 《俗》初め, 口あけ ②《文学》(フォークロアの伝統的な)出だし, 冒頭詞

**зачина́тель** [男5] 開祖, 創始者

**зачина́ть** [不完]《雅》団始める, 先鞭をつける

**зачи́нивать** [不完] / **зачини́ть** -иню́, -и́нишь 受過 -и́ненный [完]〈団〉① 《話》修理する, 修繕する ② (鉛筆を)削る, とがらせる

**зачи́нщи|к** [男2] **/-ца** [女3] (よからぬことの)首謀者, 仕掛け人

**зачисле́ние** [中5] 員数に加えること, 登録; 算入

**зачисля́ть** [不完] / **зачи́слить** -лю, -лишь -ленный [完]〈団〉① 員数に入れる, 登録する: ~ на слу́жбу …を勤務に就かせる ②《簿》算入する, 繰り込む **//-ся** [不完]《公》一員となる, 登録される

**зачи́стить** [完] →зачища́ть

**зачи́стка** 複生 -ток [女2] ① 研磨, 仕上げ加工 ②《話》武装集団などを排除すること

**зачита́ть(ся)** [完] →зачи́тывать²

**зачи́тывать¹** / **заче́сть** -чту́, -чтёшь -чёл, -чла́ 受過 -чтённый (-тён, -тена́) 副分 -чтя́ [完]〈団〉① 算入する, 計算に入れる〈за+対〉で計算する ② 合格とする **//-ся¹** [不完] / [完] 算入される, 繰り入れられる

**зачи́тывать²** [不完] / **зачита́ть** 受過 -и́танный [完]〈団〉① (公開の場で)読み上げる ② 〈団〉〈本を〉借りたまま返さない ③《話》何度も〔長時間〕読んでぼろぼろにする **//-ся²** [不完] / [完]〈回〉夢中になって読む, 読みふける

**зачища́ть** [不完] / **зачи́стить** -и́щу, -и́стишь 受過 -и́щенный [完]〈団〉①〈表面・先端を〉磨く, 平らにする, きれいにする ②《話》武装集団などを排除する

**зачёд, зачёт** [男1]〈ネット〉いいね, 素晴らしい

**зачумлённ|ый** [形1] ペストに感染した ◆ **бежа́ть как от –ого** 恐れをなして逃げ出す

**зачу́ханный** [形1]《俗》汚い, だらしない

**зачу́ять** -у́ю, -у́ешь 受過 -я́нный [完]《話》〈団〉嗅ぎつけ始める, 感じる

**зашага́ть** [完] 歩きだす

**заша́ркивать** [不完] / **заша́ркать** 受過 -анный [完] ①《話》〈団〉(歩いて)よごす〔傷つける〕②[完]こすれる音を立て始める; 殴りだす

**зашвы́ривать¹** [不完] / **зашвырну́ть** -нёшь 受過 -ы́рнутый [完]《話》〈団〉ほうり投げる, 投げつける

**зашвы́ривать²** [不完] / **зашвыря́ть** [完] ①〈団〉に〈回〉を投げつける ②《話》〈団〉〈回〉を投げつけはじめる

**зашевели́ть** -елю́, -ели́шь/-е́лишь [完]〈団〉を軽く動かし始める **//-ся** [完] かすかに動き出す

**заше́|ек** -ейка [男2], **заше́ина** [女1] 《俗》後ろ首, 襟首; 馬のたてがみの下部

**зашёл** (過去・男) →зайти́

**зашершаве́ть** [完] →шершаве́ть

**зашиба́ть** [不完] / **зашиби́ть** -бу́, -бёшь -ши́б, -ши́бла 受過 -и́бленный [完]《俗》①〈団〉打って傷める ②〈団〉大金をかせぐ, もうける ③[完] 《俗》大酒を飲む **//-ся**《俗》ぶつけてけがをする ◆ **зашиби́сь**《若者》最高, 素晴らしい

**зашива́ть** [不完] / **заши́ть** -шью́, -шьёшь -ше́й 受過 -ты́й [完]〈団〉① 縫い合わせる, 繕〔う〕 ② (縫い合わせて)包装する, 縫い閉じる

**зашива́ться** [不完] / **заши́ться** -шью́сь, -шьёшься 命 -ше́йся [完]《俗》(多すぎて)手に負えなくなる

**зашифро́вывать** [不完] / **зашифрова́ть** -ру́ю, -ру́ешь 受過 -о́ванный [完]〈団〉暗号化する, 暗号で書く

**зашка́ливать** [不完] / **зашка́лить** -лю, -лишь [完] ① (計器の針が)振り切れる ② 《話》極度に高まる, 限度を超える

**зашнурова́ть** [完] →шнурова́ть

**зашо́ренный** [形1] ① (馬が)目隠し(шо́ры)をつけている ② 視野の狭い, 色眼鏡で見る

**зашпаклева́ть** [完] →шпаклева́ть

**зашпи́ливать** [不完] / **зашпи́лить** -лю, -лишь 受過 -ленный [完]〈団〉ピンで留める

**зашта́тный** [形1]《話》極めて平凡な, 取るに足らない

**заштемпелева́ть** [完] →штемпелева́ть

**заштопа́ть** [完] →што́пать, зашто́пывать

**зашто́пывать** / **заштопа́ть** 受過 -анный [完]〈団〉かがる, 繕う

**зашто́ривать** [不完] / **зашто́рить** -рю, -ришь 受過 -ренный [完]〈団〉カーテンで閉じる

**заштрихова́ть** [完] →штрихова́ть

**заштукату́ривать** [不完] / **заштукату́рить** -рю, -ришь -ренный [完]〈団〉に漆喰(しっくい)を塗る, 漆喰でふさぐ

**зашуга́нный** [形1]《若者》びくびくした, おどおどした

**зашуме́ть** -млю́, -ми́шь [完] ざわめきだす, 騒音を立て始める; 騒ぎだす

**защекота́ть** -очу́, -о́чешь 受過 -о́ченный [完]〈団〉くすぐって苦しめる

**защёлка** 複生 -лок [女2] ①《話》(扉の)掛け金, かんぬき ② (機械類の)爪, 鍵をかける突起部

**защёлкать** [完] パチン[カチッ]という音を立て始める

**защёлкивать** [不完] / **защёлкнуть** -ну, -нешь 受過 -тый [完]〈団〉に〈カチッと〉掛け金〔錠〕をかける **//-ся** [不完] / [完] (カチッと) 掛け金〔錠〕がしまる

**защемля́ть** [不完] / **защеми́ть** -млю́, -ми́шь 受過 -млённый (-лён, -лена́) [完]〈団〉① 挟む, 締めつける ② [完]《話》うずくような痛みを与え始める; 憂鬱にさせ始める

**защёчный** [形1] 頬の内側にある

**защипа́ть** -ипл́ю́, -и́плешь/-ипе́шь, … и́плют/ -и́пят 命 -пли́ 受過 -и́панный [完]〈団〉① つねって苦しめる ② ひりひり[ぴりぴり]させ始める

**защи́пывать** [不完] / **защипну́ть** -ну́, -нёшь 受過 -и́пнутый [完]〈団〉団〉を挟み取る, つまみ取る

*<u>**защи́т|а**</u> [ザシーター] [女1] [defense] ① 防御, 防衛, 擁護; 保護, 防止;〈学位論文などの〉公開審査を受けること: ~ кре́пости 要塞の防衛 | ~ окружа́ющей среды́ 環境保護 | 防御となるもの, 遮蔽〈から〉; 物, おおい, シールド: ~ от со́лнца 日除け | Будь мне –ой. 私を守って下さい ② 弁護;《集合》弁護人側: выступле́ние –ы 弁護人側の発言 ③《スポ》ディフェンス, バックス, 後衛: игра́ть в –е ディフェンスでプレーする

**защити́тельный** [形1] 防御の, 擁護の, 弁護の

**защити́ть(ся)** [完] →защища́ть

\***защи́тни|к** [男2] [defender, advocate] ① (/-ца [女3] 防御者, 擁護者, 庇護者, 守護者: ~ Ро́дины 祖国の守り手たち ② 弁護者, 弁護人: колле́гия –ков 弁護士会 ③《スポ》ディフェンダー, バック, 後衛: заме́на –ка ディフェンダーの交代

\***защи́тн|ый** [形1] [protective, camouflage] ① 防御の, 保護の, 防護の: –ые очки́ 防護メガネ, ゴーグル | 保護色の, カーキ色の: –ая окра́ска《動》保護色

\***защища́ть** [ザシシシャーチ] [不完] / **защити́ть** [ザシチーチ] -ищу́, -ити́шь, -итя́т 受過 -ти́ -щён, -щена́) [defend] ① (攻撃・侵害などから)守る, 防御する, 擁護する: ~ го́род от врага́ 町を敵から守る | ~ свои́ права́ 自分の権利を擁護する ② 保護する, 防ぐ, 予防する: Она́ но́сит очки́, что́бы защити́ть глаза́ от со́лнца. 彼女は目を保護するためにサングラスをかけている ③《意見などを》堅持する, 貫き通す: ~ свою́ то́чку зре́ния 自分の観点を押

**заява** [ж1] 《俗》申請，要求

**заяви́тель** [男5] / **~ница** [ж3] 《公》申請者，届出人

**заяви́ть(ся)** [完] →заявля́ть

\***зая́вка** 複性-вок [ж2] [claim, request] ①(權利の)申請：～ на изобрете́ние 発明の特許申請 ②請求，申し込み，リクエスト，エントリー：～ на биле́ты チケットの申し込み

\***заявле́ние** [ザイヴリェーニエ] [中5] [statement] ①声明，宣言，ステートメント：～ прави́тельства 政府声明｜сде́лать ～ 声明を出す ②(書面による)届出，申請(書)，願書：～ по́дал — об о́тпуске. 彼は休暇願を提出した

\***заявля́ть** [ザイヴリャーチ] [不完] / **заяви́ть** [ザイヴィーチ] -явлю́, -я́вишь, …-я́вят 命 -ви́ 受過 -я́вленный [完] [declare] ①〈囲/о囲/что囲〉…を[ということを]言明する，声明する，表明する：～ о своём согла́сии 賛意を表明する｜Ре́ктор заяви́л, что о́н ухо́дит с рабо́ты. 学長は辞任すると言明した ②〈囲/о囲/что囲〉…を[ということを]届け出る，申請する，願い出る：～ в мили́цию о кра́же 警察に盗難届を出す ③〈себя́ с чем〉《文》(自己の特質)を表明する：Худо́жник заяви́л себя́ тала́нтливым пейзажи́стом. 画家は風景画家としての優れた才能を発揮した ④《スポ》《俗》〈к чем〉に》エントリーする **//~ся** [不完] / [完] ①《話》(不意に)現れる，やって来る ②《話》〈受身〉

**зая́длый** [形1] 《話》熱狂的な，熱狂

\***за́яц** [ザーイツ] за́йца [男3] [hare] ①《動》野ウサギ；その毛皮：～-беля́к ユキウサギ｜О́н труси́в как ～. 彼はウサギのように臆病だ ②《話》無切符の乗客[入場者]，ただ乗り，もぐり：е́хать за́йцем 無賃乗車する

◆**За двумя́ за́йцами пого́нишься — ни одного́ не пойма́ешь.** 《諺》二兎を追うものは一兎をも得ず｜**уби́ть двух за́йцев** 一石二鳥を得る，一挙両得する ◆**морско́й ~** アゴヒゲアザラシ

**зая́чий** [形9] ①野ウサギの；ウサギの毛皮の ②《話》臆病な，小心な

\***зва́ние** [ズヴァーニエ] [中5] [title] ①称号，肩書，職階名：во́инское ～ 軍人の階級称号｜О́н име́ет ~ заслу́женного арти́ста. 彼は功労芸術家の称号を持っている ②(帝政ロシアで)階級，身分 ◆**то́лько (одно́) ~** 《話》名ばかり，名前だけ：То́лько (одно́) ~, что помо́щник, а на де́ле — безде́льник. 彼は人とは名ばかりで実際は怠け者だ｜**одно́ ~ оста́лось от** 囲 《話》…に残っているのは名前だけで，…には何も残っていない

**зва́ный** [形1] ①招待された ②招待客とともにする，式典の

**зва́тельный** [形1] : ～ паде́ж 《文法》呼格

\***зва́ть** [ズヴァーチ] зову́, зовёшь 命 зови́ 過 зва́л, -ла́, -ло [不完] / **позва́ть** [パズヴァーチ] 受過 по́званный [完] [call, ask] ①〈囲〉呼ぶ，呼び寄せる，呼び出す：Ва́с зову́т к телефо́ну. 電話ですよ｜～ на по́мощь …に助けを求める ②招く，招待する：～ в го́сти 客に招く ③〈不完〉〈囲/囲と〉名付ける，呼ぶ：Ка́к ва́с зову́т? あなたのお名前は｜Меня́ зову́т Са́ша. 私はサーシャと言います｜Ребёнок зовёт ня́ню ма́мой. その子はベビーシッターをママと呼んでいる ◆**Помина́й ка́к зва́ли.** 跡形もなく消え失せた

**зва́ться** зову́сь, зовёшься 過 -а́лся, -ала́сь, -а́лось/ -а́лось [不完] 〈囲と〉称される，呼ばれる

\***звезда́** [ズヴィズダー] 複 звёзды [ж1] [star] ①星：На не́бе сия́ют звёзды. 空には星が輝いている ②運，運勢，星回り：ве́рить в свою́ -у́ 自分の星回りを信じる ③スター，花形：～-экра́на 映画スター｜восходя́щая ～ 新星，ホープ ④星形，星形のもの，星印：пятиконе́чная ～ 五芒(ぼう)星｜гости́ница три-зё́з 3つ星ホテル

◆**~ пе́рвой величины́** 1等星；第1級の人物｜**звёзд с не́ба не хвата́ть** 凡庸だ，大した人物ではない｜**роди́ться под счастли́вой -о́й** 幸運の星の下に生まれる ■**морско́й ~** 《生》ヒトデ

**звездану́ть** -ну́, -нёшь [完] 《俗》強く殴る，ぶん殴る

**звёздн|ый** [зн] [形1] ①星の，星がいっぱいの：-ая ка́рта 星座表，天体図｜-ое не́бо 星空 ②宇宙の，宇宙的な，スターシップ ③星形の：～ пробе́г 星形競走 ◆**~ ча́с** 《雅》正念場｜**-ая боле́знь** 《話》(スター選手の)うぬぼれ，病癖｜**-ые во́йны** スターウォーズ｜**~ до́ждь**《天》流星群

**звездопа́д** [男1] 流星群 (звёздный до́ждь)

**звёздочка** 複性-чек [ж2] ①〔指小〕< звезда́①④ ②〔印〕星印，アステリスク

**звезда́тка** 複性-ток [ж2] 《植》ハコベ属：～ сре́дняя コハコベ

**звене́ть** -ню́, -ни́шь [不完] / **про-** [完] (金属性の)音を立てる；(金属性の)音が鳴る：Звени́т колоко́льчик. 鈴が鳴っている ◆**В уша́х звени́т.** 《無人称》耳鳴りがする

\***звено́** 複 зве́нья, -ьев, -ьям [中6] [link, section] ①(鎖の)輪：цепь из двадцати́ зве́ньев 20の輪から成る鎖 ②構成部分，環，ひとこま：～ управле́нческого аппара́та 行政機構の一環 ③(組織の最小単位，班，組：～ самолётов (3機から成る飛行機の)編隊 ④太鼓組み枠の1個

**звеньев|о́й** [形2] ①班の，組の ②~ [男名]/**-а́я** [女名] 班長，組長

**зверёк** -рька́ [男2] 〔指小〕< зверь 小動物

**зверёнок** -нка 複 -ря́та, -ря́т [男9] 《話》 = зверёныш①

**зверёныш** [男4] 《話》①野獣の子 ②乱暴な子ども

**звере́ть** [不完] / **о~** [完] 《話》(野獣のように)狂暴になる

**звери́ный** [形1] ①野獣の；獣のような ②残酷な，過酷な，凶暴 ③凶暴な，猛烈な

**зверо..** [語形成] ①「野獣の；獣のような」②「毛皮獣飼育の」

**зверобо́й** [男6] ①海獣狩猟者 ②《植》オトギリソウ **//~ный** [形1]

**зверово́д** [男1] 毛皮獣飼育者

**зверово́дство** [ц] [中1] 毛皮獣飼育(業)

**зверолов** [男1] 野獣狩猟業者

**зверолов́ство** [中1] 野獣狩猟(業)

**звероподо́бный** 短-бен, -бна [形1] 野獣に似た，獣のような

**зверофе́рма** [ж1] 毛皮獣飼育場

**звёрск|ий** [形1] ①残酷な，凶暴な，けだもののような ②《話》猛烈な，ものすごい **//~и** [副]

**зве́рство** [中1] ①残虐さ，凶暴さ ②残虐な行為

**зве́рствовать** -твую, -туешь [不完] 残忍な行為をする，凶暴に振る舞う

\***зве́рь** [ズヴェーリ] 複 -и, -е́й [男5] [animal, beast] ①野獣，獣：хи́щный ~ 肉食獣，猛獣｜пушно́й ~ 毛皮獣 ②残忍［凶暴］な人間，ひどい人：О́н ~. あいつは人間じゃない，けだものだ ③《на 囲 に》熱中している人

**зверьё** [中4] 《集合》野獣

**зверю́га** (女2変化)[男・女]《俗》= зверь①②

**звон** [男1] [ringing] ①(金属・ガラスが出す)音: ～ колоколá 鐘の音 ～ бокáлов ワイングラスの触れ合う音 ②《話》デマ

**звонáрь** -я́ [男5] ①(教会の)鐘つき人 ②《俗》おしゃべり, ゴシップ屋

*__звони́ть__ [ズヴァニーチ] -ню́, -ни́шь 命 -ни́! [不完] / __позвони́ть__ [パズヴァニーチ] [ring] ①〈в圜〉を鳴らす: ～ в колокол 鐘を鳴らす | Кто-то звонит в звонок. 誰かが呼び鈴を鳴らしている ②鳴る, 音を立てる: Телефон звонит. 電話が鳴っている ③〈与圜〉に電話をかける; 電話で話す: ～ на рабóту 職場に電話する | ～ по смартфóну スマートフォンで電話する | Позвоните мне зáвтра ýтром. 明日の朝電話して下さい ④《不完》《話》〈o圜〉…を言いふらす, …の噂を広める: Об этом звоня́т повсю́ду. いたるところその噂で持ちきりだ
◆**звони́ть во все колоколá** 《俗》鳴り物入りで触れまわる **//-ся** [不完] / [完] 《話》ドアの呼び鈴を鳴らす

*__звóнк|ий__ [形3] 短 -нок, -нкá, -нко 比 звóнче [形3] [ringing] ①よく響く, 響きのたった: ～ гóлос よくとおる声 ②共鳴する, 反響する: ～ свод 音が反響する円天井
■ **-ая монéта** 硬貨 | **～ соглáсный (звук)** 《言》有声子音 **//-о** [副]

**звонкоголóсый** 短 -óс [形1] 声のよくとおる, 声の大きな

**звóнница** [女3] 鐘楼

*__звон|óк__ [ズヴァノーク] -нкá [男2] [bell] ①呼び鈴, ベル, ブザー: дверной ～ 戸口のベル | нажáть кнóпку -ká ベルのボタンを押す ②呼び鈴[ベル, ブザー]の音: на урóк звонóк 授業開始のベル | Он проснýлся от -ká. 彼はベルの音で目がさめた ③(事務的で短い)電話での会話: ～ из Москвы́ モスクワからの電話 ◆**от -ká до -ká** 初めから終わりまで **//-кóвый** [形1]

**звóнче** [比較] < звóнкий

**ЗВР** [ズヴェーヴェーエール] 《略》золотовалю́тные резе́рвы 外貨保有高

*__звук__ [ズヴーク] [男2] [sound] ①音, 音声, 音響: грóмкий ～ 大きな音 | скóрость ～а 音速 ②《言》音(ネネ): глáсный [соглáсный] ～ 母[子]音
◆**без -а** 《話》何の異論もなく, すんなりと: Он согласился без -а. 彼はすんなりと同意した | **ни -а** すっかり黙って, 静まりかえって

**звýко..** [語形成]「音の, 音声の」: звýковоспроизведéние 音響再生 | звýкозапи́сывающий 録音の

**звуков|óй** [形2] ①音の, 音声の: -áя волнá 音波 ②音をだす, 音を録音[再生]する

**звукоизáпись** [女10]

**звукоизоля́ция** [女9] 防音(性), 遮音(性); 防音装置[設備] **//-и́онный** [形1]

**звукомаскирóвка** [女2] 音偽装; (銃砲の)消音

**звуконепроницáемый** [形1] 音を通さない, 防音の

**звукооперáтор** [男1] 録音技師

**звукооформи́тель** [男5] (演劇などの)音響係

**звýкопись** [女10] 《文学》反復や韻による音的手法

**звукопоглоти́тель** [男5] 吸音材

**звукоподражá|ние** [中5] 擬音, 擬声; 《言》擬声語 **//-тельный** [形1]

**звукопроводи́мость** [女10] 伝音性, 音響伝導性

**звукопроводя́щий** [形6] 音を通す, 伝音性の

**звукопроницáемый** [形1] 音を通しやすい

**звукорежиссёр** [男1] 録音編集者

**звукорежиссýра** [女1] 録音編集

**звукоря́д** [男1] 《楽》音階

**звукоснимáтель** [男5] 《電》ピックアップ

**звукосочетáние** [中5] 音結合

**звукоулáвливатель** [男5] 音波探知機

*__звучá|ние__ [中5] ①響くこと, 鳴ること; 音, 響き: ～ струн 弦の響き ②反響, 意義: общéственное ～ кни́ги その本の社会的反響

*__звучáть__ [ズヴーチャーチ] -чý, -чи́шь 命 -чи́! [不完] [sound] ①音をだす; (音・声が)聞こえる, 響く: Гитáра звучи́т. ギターが鳴っている | В кóмнате звучáли голосá. 部屋の中で声がしていた ②(声などが)…の音がする, …を表している: Её гóлос звучи́т трево́жной. 彼女の声には不安の響きが現れている, 感じ取られる ③(感情・意味が)表れる, 感じ取られる: В его́ вопрóсе звучáло сомнéние. 彼の質問には疑念がこめられていた ④《話》素晴らしく聞こえる, 聞こえうる

**звýчн|ый** 短 -чен, -чнá/ -чна, -чно, -чны/ -чны́ [形1] よく響く, 響きのよい **//-о** [сл10]

**звя́кать** [不完] / **звя́кнуть** -ну, -нешь [完] [一回] ①がちゃがちゃ鳴る; 〈с圜〉がちゃがちゃ鳴らす ②《俗》〈与圜〉に電話する

**зги ◆ни ～ (не ви́дно)** 真っ暗だ, 一寸先も見えない

*__здáние__ [ズダーニエ] [中5] [building] 建物, 建築物, ビル: ～ библиотéки 図書館の建物 | Здесь строят многоэтáжное ～. ここでは高層ビルが建設中だ **//здáньице** [中2] [指小]

*__здесь__ [ズヂェーシ] [副] [here] ①ここに, ここで, この場所で: З～ теплó. ここは暖かい | Я бýду ждать вас ～. ここであなたを待っています ②この場合, この時, この点: З～ нет ничегó удивительного. この場合驚くべきことは何もない | З～ ты не прав. この点で君は間違っている ③《話》そこで, その時: З～ рассказчик замолчал. そこで語り手は黙りこんだ

*__здéшн|ий__ [形3] [here] ここの, この土地の: -ие обычаи この土地の風習 [男6] この土地の人, 現地の人: Вы ～? 地元の方ですか

*__здорóваться__ [ズダロ́ーヴァッツァ] [不完] / **поздорóваться** [パズダロ́ーヴァッツァ] [完] [greet] 〈с圜〉と挨拶をかわす: Он поздорóвался с сосéдом. 彼は隣の人と挨拶をかわした | ～ за рýку 挨拶の握手をする

**здоровéнный** [形1] 《俗》①背が高くがっしりした ②でっかい, 大きい

**здоровéть** [不完] / **по~** 健康[丈夫]になる

**здорови́ла** (女)1変化)[男・女] 《俗》背が高くて頑健な人

*__здóрово__ [副] [very much, splendidly] 《俗》①ものすごく, 非常に: Он устáл. 彼はひどく疲れた ②とてもよく, みごとに: З～ сдéлано. みごとにできた ③[無人述] 素晴らしい, すてきな

**здорóво** [間] 《俗》やあ, こんにちは ◆**з～ живёшь [живёте]!** 《俗》やあ, こんにちは | **за ～ живёшь** 《俗》(1)わけもなく, 何の理由もなく (2)ただで

**здоровскóй** [形3] 《若者》素晴らしい, 最高の

*__здорóв|ый¹__ [ズダロ́ーヴィ] 短 -óв [形1] [healthy] ①健康な, 元気な, 丈夫な: ～ ребёнок 健康な子ども | Он -á ужé совсéм. 彼女はもうすっかり元気だ | В ～ом тéле ～ дух. 健全な肉体に健全な精神が宿る ②(長尾)健康そうな, 健康をものがたる: ～ румя́нец 健康そうな頬の赤み ③健康に良い, 健康的な: -ая пища 健康食 ④(長尾)健全な, 正常な: -ая идéя 健全な考え
◆**Бýдь здорóв!** (1)お達者で, お大事に(別れ・乾杯の時やくしゃみをした人に言う言葉) (2)《俗》大したものだ, びっくりするほどだ

*__здорóв__² [ズダロ́ーヴ] 短 -óв, -овá [形1] [strong] 《俗》①(体格が)がっしりした, たくましい: ～ пáрень たくましい体つきの若者 ②(長尾)力強い, 力のすごい: ～ морóз ものすごい寒さ ③[短尾・述語]〈不定形/на圜〉…(すること)がうまい, 上手だ: Он здорóв плясáть. 彼はダンスがうまい

*__здорóв|ье__ [ズダロ́ーヴィエ] [中4] [health] ①健康: состоя́ние -ья 健康状態 | укрепи́ть ～ 健康を増進す

る | расстро́ить ~ 健康を害する ② 健康状態, 体の具合: кре́пкое [сла́бое] ~ 丈夫[病弱]な体 | Ка́к ва́ше ~? ご機嫌いかがですか ◆*(За) ва́ше [твоё] ~!* 健康を祝して(乾杯の挨拶) | **на** ~ (1)どうぞ召し上がれ; (こちらのお礼に対して)どういたしまして (2) 《命令形と共に》どうぞ…してください, ご自由に

**здоровя́|к** [男2] **/-чка** 複生 -чек [女2]《話》頑健な人

**здрав..**《語形成》「健康の・保健の」: *здра́вотде́л* 保健部

**здра́вица** [女3]《雅》乾杯(の言葉)

**здра́вница** [女3] 保養所, 療養所

**здра́во** [副] 理性的に, 分別をもって

**здравомы́слие** [中5]《文》常識, 良識, 分別

**здравомы́слящий** [形6]《文》良識[分別]のある

*\*здравоохране́н|ие* [中5] 保健: *Министе́рство -ия* 保健省 **//здравоохрани́тельный** [形]

**3 здравпу́нкт** [男1] 医務室, 保健室

**здра́вствовать** [ст] -твую, -твуешь [不完]《文》健康である, 健在である, 元気である ◆*Да здра́вствует...!*...万歳: *Да здра́вствует свобо́да!* 自由万歳

*\*здра́вствуй(те)* [ст] [ズドラーストヴイ(チェ)] [hello] [聞] ①《挨拶》こんにちは, おはよう, こんばんは: *Здра́вствуйте, друзья́!* みんな, こんにちは ②《驚き・不満などを表して》こりゃ驚いた, まあ: *Здра́вствуйте ва́м, я же и не зна́л.* これや驚いた, 私の方が驚いたとは

*\*здра́в|ый* 短 -áв [形1] [senseible] ①理性的な, 分別のある, 健全な: ~ *ум* 健全な頭脳 ②健康な ◆*в -ом рассу́дке* 正気で; 気は確かだ

**здра́сьте** [間]《俗》やあ, こんちは

**зе́бра** [女1] [動]シマウマ ②(縞模様の)横断歩道

**зев** [男1] ①[動]咽頭(ﾅﾝﾄﾞ)

**зева́ка** (女2変化)[男・女]《話》暇人, のらくら者, やじ馬

**зева́|ть** [不完] **/зевну́ть** -ну́, -нёшь [完][一回] ①あくびをする: ~ *во ве́сь рот* 大あくびをする ②《不完》《話》ぼかんと見とれる, ぼんやりながめる ③《完また *про~*》《話》《駆》チャンスを逃す, 失う **//-ние**

**зево́к** -вка́ [男2]《話》①あくび; その音 ②へま, しくじり, 失敗

**зево́т|а** [女1] あくび: *сде́рживать -у* あくびをこらえる **//-ный**

**Зе́вс** [男1]《ギ神》ゼウス

**зек** [男2]《俗》= зэк

**зелене́|ть** [不完] **/по-** [完] ①緑色になる; (怒りなどで)顔が青ざめる ②(草木が緑になる;《不完》新緑に覆われる ③《不完》緑色のものが見える, 遠くに見える

**зелени́|ть** -ню́, -ни́шь [不完] **/по-** 受-нённый (-нён, -нена́)[完] ①《駆》緑色にする, 緑色に塗る[染める]

**зеле́нка** 複生 -нок [女1] ①(緑色の)液体皮膚薬 (消毒薬) ②茂み, やぶ

**зелен|о́й** [形2] 野菜の, 青物の: *-áя ла́вка* 八百屋

**зелено́..**《語形成》 緑色の: *-глáзый* 八百屋の目をした

**зеленова́тый** 短 -áт [形1] 緑がかった, 青みを帯びた

**зеленщи́|к** -á [男1] **/-ца** [女3] 青物商, 八百屋

*\*зелён|ый* [ジリョーヌィ] 短 зе́лен, -нá, -но, -ны/-ны́ [形1] [green] ①緑色の, 緑色をした: *~ая трава́* 緑の草原 | ~ *свет (светофо́ра)* 青信号 | ~ *чай* 緑茶 ②(顔色)蒼白な, 青ざめた: *-óе лицо́* 青ざめた顔 ③《長尾》植物の, 緑の樹木が作る; 新鮮な野菜で作った, 青物の: *-ая алле́я* 緑の並木道 | ~ *корм* 青草の飼料 ④(果実)まだ熟していない, 青い: *Я́блоки ещё зе́лены.* リンゴはまだ熟していない
⑤《話》若くて経験の浅い, 青臭い: ~ *юне́ц* 青二才
⑥(環境保護(主義)の) ⑦*-ые* [複名]《俗》米ドル, 外貨: *расплати́ться -ыми* 米ドルで払う

◆*до -ого зми́я*《話》べろべろになるまで | *-ая тоска́* 深い憂愁, このうえない退屈 白い塗料に緑色のもの | *-ая у́лица*《話》(1)青信号の続く道[線路] (2)物事の進行に障害がないこと, 順風満帆 | ~ *друг* 緑の友(植物, 樹木のこと)
■ *движе́ние «-ых»* グリーンムーブメント(人と自然の調和・環境保全を掲げる)

*\*зе́лен|ь* [女10] {green, greens} ①緑色, 緑色の塗料, 緑色のもの: *доба́вить -и в бели́ла* 白い塗料に緑色を加える ②《集合》植物, 草木, 緑葉: *утопа́ть в -и* 緑にうもれる ③《集合》野菜, 青物: *прода́жа све́жей -и* 新鮮な野菜の販売 ④《俗》外貨, 米ドル

**зёма** (女1変化)[男・女]《俗》同郷人

**земе́ль** [語形成]《古》< земля́

*\*земе́льный* [形1] [land] ①土地の, 所有地の: ~ *уча́сток* 所有地, 地所 ②土地[利用]に関する: *-ое законода́тельство* 土地関連法

**земле́..**《語形成》「地球・地面・土・土地の」

**землеби́тный** [形1] 固練りの土で作った

**землева́|ть** -лю́ю, -лю́ешь [不完]《農》《駆》に客土する

**землеве́д** [男1] 自然地理学者

**землеве́дение** [中5] 自然地理学

**землевладе́л|ец** -льца [男3] **/-ица** [女3] 土地所有者, 地主 **//-ьческий** [形3]

**землевладе́ние** [中5] 土地所有;《公》所有地

**земледе́л|ец** -льца [男3] 農業者, 農民

*\*земледе́л|ие* [中5] {arable farming} ①農業, 農耕, 耕作: *занима́ться -ием* 農業に従事する ②生産農学

**земледе́льческий** [形3] 農業の, 耕作の; 農民の

**землеко́п** [男1] 土木作業員, 土方

**землеко́пный** [形1] 土木作業の

**землеме́рный** [形1] 土地測量の, 境界設定の

**землепа́шество** [中1] 農業, 耕作

**землепа́шец** -шца [男3] 農民, 耕作者

**землепо́льзование** [中5] 土地利用

**землеро́йка** 複生 -óек [女2] [動]トガリネズミ

**землеро́йный** [形1] 土掘りの, 土を掘る作業の

**землесо́с** [男1] ドレッジポンプ

**землесо́сный** [形1] 浚渫(ｼｭﾝｾﾂ)用の

*\*землетрясе́н|ие* [ジェムリトリェニエ] [中5] {earthquake} 地震: *оча́г* ~ 震源 | *ощути́мое* ~ 有感地震 | ~ *в 3 магниту́дой пять произошло́ вчера́ в Япо́нии.* 昨日マグニチュード5の地震が日本で起こった

**землеустрои́тель** [男1] 土地整理士

**землеустро́йство** [中1] 土地整理, 土地開発

**землече́рпалка** 複生 -лок [女2] 浚渫機[船]

**землечерпа́ние** [中5] 浚渫(ｼｭﾝｾﾂ)

**земли́стый** 短 -и́ст [形1] ①土を多く含む, 土壌成分の多い ②(顔の)土色の

*\*земл|я́* [ジェムリャー] 対 зе́млю 複 зе́мли, земе́ль, зе́млям [女5] {earth, land, soil} ①З~ 地球: *З~ дви́жется вокру́г Со́лнца.* 地球は太陽の周りを回っている
②(天にかわる)地, 地上, この世: *рай на -é* 地上の楽園
③陸, 陸地: *На корабле́ уви́дели зе́млю.* 船から陸が見えた ④地面, 地表, 大地, 土地: *паха́ть зе́млю* 土地を耕す | *Они́ се́ли на зе́млю.* 彼らは地面に座った
⑤土, 土壌: ~ *с песко́м и гли́ной* 砂と粘土の混じった土 ⑥(所有されている)土地, 領地, 農地: *госуда́рственная [ча́стная]* ~ 国有[私有]地
⑦《雅》国, 国土, (…の) ~: *родна́я* ~ ~ 祖国

◆~ *ушла́ из-под но́г* 世…の足場[支え]がなくなる | *из-под* ~ *доста́ть [добы́ть]*回 (さんざん探してやっと)手に入れる | *как сквозь зе́млю провали́лся*《話》跡形もなく消え失せた | *от -и не вида́ть* とても背が低い ■ *З~ Фра́нца-Ио́сифа* フランツ・ヨーゼフ諸島(北極海の群島; ロシア最北端のルドルフ島

о́стров Рудо́льфа がある; 北西連邦管区) | **больша́я ~** (極東・サハリン・島々から見た)ロシア本土

*земл|я́ -и́ [女2]/**-чка** 複生-чек [女2] 〔fellow-countryman〕同郷人: Мы с ним **-ки́**. 彼とは同郷です

*земляни́ка [女2] 〔Fragaria〕【植】オランダイチゴ属, イチゴ; 《集合》その実: садо́вая **~** オランダイチゴ, イチゴ

земля́н|ин 複-я́не,-я́н [男10] 地球人, 人類

земляни́чный [形1] ①オランダイチゴの ②イチゴ色の

земля́нка 複生-нок [女2] 地中に掘られた住居, 穴小屋

земл|я́|о́й [形2] 地面の, 土地の; 土の, 土でできた: **-ы́е** рабо́ты 土木作業

земля́чество [中1] ①同郷であること ②同郷人会

земново́дный [形1] ①水陸両生の ② **-ые** [複名] 【動】両生類

*земн|о́й [ジムノーイ] [形2] 〔terrestrial〕①地球の; 陸地の: **~** шар 地球 | **-а́я** кора́ 地殻 ②この世の, 地上の, 現世の; 世俗的な: **-ы́е** бла́га 現世の幸福
◆**~ покло́н** (і) (地面に頭がつくほどの)深々とした御辞儀 ②〈区〉への〉深い感謝

земснаря́д [男1] 浚渫機【船】(землесо́сный снаря́д)

зе́мство [中1]《露史》(帝政ロシアの)地方自治会, ゼムストヴォ // **зе́мский** [形3]

зени́т [男1] ①【天】天頂 ②頂点, 絶頂

зени́тка 複生-ток [女2] 《話》高射砲

зени́тный [形1] ①【天】天頂の: **-ая** дуга́ 【気象】環天頂弧, 逆さ虹 ②【武器】が高射(用)の: **-ая** раке́та 対空ミサイル

зени́тчи|к [男2]/**-ца** [女3] 高射砲兵

зени́ца [女2] 《旧》＝зрачо́к: как **-у о́ка** 掌中の珠のように, 後生大事に

зе́нки -нок, -нкам [複] 《俗》目, 目ん玉

*зе́ркало [ジェールカラ] 複-а́ла́, -а́л, -а́ла́м [中1] 〔mirror〕①鏡, ミラー: стенно́е **~** 姿見 | Она́ смо́трит на себя́ в **~**. 彼女は鏡に自分の姿を映しているの (鏡のような)滑らかな水面: **~** пруда́ 鏡のようにおだやかな池の水面 ③反映, 映し だすもの: Глаза́ **—** ду́ши. 目は心の窓 ④表面, 表層: **-гру́нтовых вод** 地下水面

зерка́льный 短-лен, -льна [形1] ①鏡の; 鏡の付いた ②鏡のように滑らかで光り輝く: 【長尾】鏡像の ■ **~ карп**【魚】カガミゴイ

зерка́льце 複生-лец [中2] 〔指小〕＝зе́ркало

зерни́стый [形1] ①多くの穀粒を含んだ ②粒状の

*зерн|о́ [ジルノー] 複зёрна, зёрен, зёрнам [中1] 〔grain, seed〕①穀物の実, 穀粒, 種子: произво́дство **-а́** 穀物生産 ②ライ麦の実 | ко́фе в зёрнах (挽いていない)コーヒー豆 ③《集合》穀物, 穀類: **-ые** культу́ры 穀物 ④粒, 粒状のもの: же́мчужные **~** 真珠の粒 ⑤《文》萌芽, 核: **~** и́стины 真実の萌芽

зерно.. 〔語形成〕「穀粒の, 穀物の」

зернобо́бов|ый [形1] 豆類の: **-ые** культу́ры 豆果(類)

зерново́й [形2] 穀物の: **-ы́е** культу́ры 穀物 | **-ы́е** [複名] 穀物, 穀類

зернодроби́лка 複生-лок [女2] (穀物の)ひきわり機

зерноочисти́тельный [形1] 穀物をふるい分ける

зерносуши́лка 複生-лок [女2] ①穀物乾燥室 ②穀物乾燥機

зерноубо́рочный [形1] 穀物収穫(用)の

зернохрани́лище [中2] 穀物貯蔵庫

зёрнышко 複-шки, -шек, -шкам [指小] ＝зерно́①③

зёт [з] [男1] Z(ラテンアルファベット最後の文字)

зефи́р [男1] ①《詩》そよ風, 微風; 【古ギ】西風 ②ゼフィール(マシュマロ風の菓子) ③薄地の木綿織物

зигза́г [男1] ジグザグ, Z 字形 ◆**~ом** ＝**~ами** ジグザグに: подни́маться (по го́рному скло́ну) **~ом** (山道を)ジグザグに登っていく

зигзагообра́зный 短-зен, -зна [形1] ジグザグ形の, Z 字形の

зи́ждиться -дется [不完]《雅》〈на🄳〉に〉基づく, 立脚する

*зим|а́ [ジマー] 対зи́му 複зи́мы [女1] 〔winter〕冬: суро́вая **~** 厳しい冬 | всю **зи́му** 冬の間 | на **зи́му** 冬に備えて | В э́том году́ **~ наступи́ла** ра́но. 今年は冬の到来が早かった ◆**Ско́лько лет, ско́лько зим!**《話》久しぶりですね

*зи́мн|ий [ジームニイ] [形8] 〔winter〕冬の, 冬季の: **~** пейза́ж 冬景色 | В 2014 (две тысячи четы́рнадцатом) году́ **-ие** Олимпи́йские и́гры проводи́лись в Со́чи. 2014年に冬季オリンピックがソチで開催された

зи́мник [男2] 冬に雪の上につくられた道

зимова́ть -му́ю, -му́ешь [不完]/**пере~** [完] 冬を過ごす, 越冬する; 冬眠する

зимо́вка 複生-вок [女2] ①冬を過ごすこと, 越冬; 冬眠 ②冬を過ごす場所, 越冬地

зимо́вник [男2] (動物・ミツバチの)越冬小屋

зимо́вщи|к [男2]/**-ца** [女3] 越冬者, 冬営者

зимо́вье [中2] ①冬を過ごす場所, 越冬地 ②(動物・魚が)冬ごもり［冬眠］する場所

*зимо́й [ジモーイ] [副] 〔in winter〕冬に, 冬季に: прошлой **—** 去年の冬に | З**~** дни коро́ткие. 冬は日が短い

зиморо́док -дка [男2] 【鳥】カワセミ

зимосто́йкий 短-о́ек, -о́йка [形1], зимоусто́йчивый 短-ив [形1] (植物が)耐寒性の

Зи́на [女1] 〔愛称〕＝Зинаи́да

Зинаи́да [女1] ジナイーダ(女性名; 愛称 Зи́на)

зипова́ть -пу́ю, -пу́ешь [不完] 〔コン〕ZIP 形式の圧縮ソフトを使う

зия́ние [中5] ①(穴などが)ぱっくり口を開けていること ②〔言〕母音接続

зия́ть -я́ет [不完]《文》(穴などが)ぱっくり口を開けている

злак [男2] 〔通例複〕【植】イネ科植物: хле́бные **-и** 穀類 // **зла́ков|ый** [形1] イネ科植物の: **-ые** расте́ния 穀草

злат [男2] 《旧・詩》＝зо́лото

зла́то.. 〔語形成〕「金・金色の」: златокуд́рый 金色の巻き毛の

златове́рхий [形3]《詩》金色の円屋根の

златоко́ваный [形1]《詩》鍛造された金でできた

златоу́ст [男1] 《戯・皮肉》能弁家, 雄弁家

злей́ший [形6] 〔最上〕＜злой: **~ враг** 不倶戴天の敵

зле́ть [不完]《話》悪くなる, 凶悪になる

зли́ть злю, злишь [不完]/**разо~, обо~, о~** 受動[過(-лён, -лена́)] [完]〈区〉怒らせる

*зли́ться злюсь, злишься [不完] /**разо~, обо~, о~** [完]〈на区〉に〉怒る, 悪意を抱く: Она́ **зли́тся** на меня́. 彼女は私に腹がたっている

зло¹ [ズロー] 複зол [★複は生格のみ] [中1] 〔evil, harm〕①悪, 害悪, 悪事, 悪い＜добро́＞: боро́ться со **~** 悪と闘う | неизбе́жное [необходи́мое] **зло** 必要悪 ②不幸, 災厄, 災い: От его́ по́мощи то́лько **зло**. 彼の助けは迷惑にしかならない ③《転》悪意, 恨み, いまいましさ: со **зла** しゃくに障って, 腹立たしまぎれに | З**ло́ берёт его́**. 彼は腹を立てている ◆**зла́ не хвата́ет на**〈区〉…にものすごく腹を立てている

зло² [副] ①悪意をもって, 意地悪く ②ひどく, 激しく,

**злоба** [女1] [malice] 悪意, 敵意, 憎悪, 恨み: Она́ пита́ет ~у про́тив меня́. 彼女は私に敵意を抱いている ■ ~ дня́ 当面の [焦眉の] 関心事, 時事問題

**зло́биться** -блюсь, -бишься [不完] 《俗》 = зло́бствовать

*зло́б|ный [短 -бен, -бна́ [形1] [malicious] 悪意 [敵意] に満ちた, 意地の悪い, 憎々しげな: ~ тон とげとげしい口調 *//*-о [副] *//*-ость [女10]

**злободне́вный** 短 -вен, -вна [形1] 焦眉の, 差し迫った, 緊急の

**зло́бствовать** -твую, -твуешь [不完] 悪意を抱く, 憎悪する

**злове́щ|ий** 短 -ещ [形6] 不吉な, 不気味な *//*-е [副]

**злово́ние** [中5] 悪臭

**злово́нный** 短 -о́нен, -о́нна [形1] 悪臭を放つ

**зловре́дный** 短 -ден, -дна [形1] 非常に有害な

**злоде́й** [男6] / **~ка** 複生 -е́ек [女2] ①悪人, 犯罪者 ②《話・罵》悪党

**злоде́йский** [形3] 悪人の, 悪党の; 悪事の, 非道な

**злоде́йство** [中1] 《雅》悪事, 悪行, 犯罪行為

**злоде́йствовать** -твую, -твуешь [不完] 《雅》悪事をはたらく, 悪行をなす

**злодея́ние** [中5] 《雅》 = злоде́йство

*зло́|й зол, зла́, зло́, 比 зле́е 最上 зле́йший [形2] [evil, bad] 悪い, 邪悪な, 悪意の, 不幸をもたらす, 忌まわしい: ~ у́мысел 悪だくみ | зла́я до́ля 不幸な運命 ②悪意に満ちた, 意地の悪い; 辛辣な, 毒のある: ~ челове́к いじわるな人 | ~ взгляд 毒々しい目つき | ~ язы́к 毒舌 ③(動物が)獰猛な, 凶暴な: зла́я соба́ка 猛犬 ④《話》痛みを与えるほどの, 強烈な, 激しい: зла́я тоска́ ひどい憂愁 | зла́я горчи́ца よくきからし ⑤[短尾]《на+対》…に怒っている, 憎悪を抱いている: Я о́чень зол на тебя́. 私は君にすごく腹を立てている ⑥《на+前》…に熱心な, ひたむきな: Она́ зла́ на рабо́ту [до рабо́ты]. 彼女は仕事熱心だ

**злока́чественн|ый** 短 -ен, -енна [形1] 悪性の, 生命にかかわる: ~ая о́пухоль 悪性腫瘍(とよ)

**злоключе́ние** [中5] 《文》不幸な出来事, 不運, 災難

**злонаме́ренный** 短 -ен, -енна [形1] 《文》悪意ある, 悪意のある, 悪だつな

**злопа́мятный** 短 -тен, -тна [形1] 執念深い, いつまでも恨みを忘れない

**злополу́чный** 短 -чен, -чна [形1] 不運な, 不幸な, ついていない

**злопыха́тель** [男5] / **~ница** [女3] 悪意 [敵意] を抱く人

**злопыха́тельский** [形3] 悪意 [敵意] ある, 陰険な

**злопыха́тельство** [中1] 悪意 [敵意] に満ちた態度, 陰険さ

**злопыха́тельствовать** -твую, -твуешь [不完] 悪意 [敵意] ある態度をとる

**злора́дн|ый** 短 -ден, -дна [形1] 他人の不幸や失敗を喜ぶ, 底意地の悪い *//*-о [副]

**злора́дство** [ц] [中1] 他人の不幸や失敗を喜ぶ気持ち

**злора́дствовать** [ц] -твую, -твуешь [不完] 他人の不幸や失敗を喜ぶ

**злосло́вие** [中5] 悪口, 陰口, 中傷

**злосло́вить** -влю, -вишь [不完] 悪口を言う, 中傷する

**зло́стн|ый** [сн] 短 -тен, -тна [形1] ①悪意に満ちた ②非良心的な, 悪質な ③根っからの, 札つきの *//*-о [副]

猛烈に

**зло́ст|ь** [女10] [malice, fury] ①悪意, 敵意, 憎悪, 怒り: говори́ть со ~ью 憎しみをこめて話す ②闘志, 意気込み

**злосча́стный** [щ; сн] 短 -тен, -тна [形1] 不幸な, 不運な

**зло́тый** (形1変化) [男名] ズウォティ, ズロチ(ポーランドの通貨単位)

**злоумы́шленник** [男2] 犯罪者, 犯人

**злоупотреби́ть** [完] →злоупотребля́ть

**злоупотребле́ние** [中5] ①悪用, 乱用; 過度の摂取 ②(通例複)(権利乱用による)不法行為

*злоупотребля́|ть [不完] / **злоупотреби́ть** [完] -блю́, -би́шь [完] [abuse] 《+造》 ①悪用する, 乱用する: ~ вла́стью 職権を乱用する ②使いすぎる, 摂取しすぎる: ~ сла́дким 甘いものを食べすぎる

**злы́день** -дня [男5] / **злы́дня** 複生 -ден [女5] 《俗》悪人, 悪党

**злю́ка, злю́чка** 複生 -чек(女2変化) [男・女]《話》いつも怒っている人, おこりんぼう

**злю́щий** [形6] 《話》気性の荒い, ひどくどう猛な

**змееви́дный** 短 -ден, -дна [形1] ヘビ形の

**змееви́к** -а́ [男2] ①蛇管, コイル管 ②《鉱》蛇紋石

**змеело́в** [男1] ヘビ狩りをする人, ヘビ捕り

**змеёныш** [男4] ①ヘビの子, 子ヘビ ②《俗・罵》ずる賢い子ども [若者]

**змеи́ный** [形1] ①ヘビの ②狡猾(ぶ)な, 陰険な

**змеи́ться** -и́тся [不完] 蛇行する, 曲がりくねる

**змей** [男6] ①《民話》蛇身有翼の竜 ②凧(たこ): возду́шный ~ 凧; 気象観測用凧 ■ З- Горы́ныч《スラヴ神》ズメイ・ゴルイニチ(火を噴く多頭竜; 悪の象徴)

**змеи́ка** ука [女2] [指小] < змея́

**змею́ка** [女2] 《俗》《動》ヘビ

**зме|я́** 複 зме́и, змей, зме́ям [女6] [snake] ①《動》ヘビ: ядови́тая ~ 毒ヘビ | грему́чая ~ ガラガラヘビ | очко́вая ~ インドコブラ ②狡猾(ぶ)な, 陰険な人 ♦извива́ться -е́й (1)身をくねらす, くねくねと動く (2)取り入る, 追従する | **отогре́ть [пригре́ть] ~ю́ на (свое́й) груди́** 飼い犬に手を噛まれる(←ヘビを懐で暖める)

**знава́ть** (現なし) [不完] [多回]《話》< знать¹ ③

*знак [знак] [男2] [sign] ①印, 記号, 符号, マーク, 標識; [言]記号: математи́ческий ~ 数学記号 | вопроси́тельный [восклица́тельный] ~ 疑問 [感嘆]符 | това́рный ~ 商標 | доро́жный ~ 道路標識 ②しるし, 現れ, 兆候, 証拠: дурно́й ~ 凶兆 | Молча́ние — ~ согла́сия. 沈黙は同意のしるし ③[章, バッジ]: университе́тский ~ 大学の記章 ④(身振りなどによる)合図: Она́ мне де́лала ~и глаза́ми. 彼女は私に目配せしていた ♦ в ~ 〈生〉 …のしるしとして: Я подари́л ему́ фотогра́фию в ~ дру́жбы. 私は友情のしるしに彼に写真をプレゼントした | **под ~ом** 〈生〉…の旗のもとで | ~ **отли́чия** 勲功章(勲章・メダルなどの総称) | **~ и разли́чия** 階級章

**зна́ковый** [形1] 記号の, 符号の; しるしとなる

*знако́мить -млю, -мишь [不完] / **по~** 受格-млен-ный [形1] [acquaint] ①〈対〉を 〈с+造〉に, 知り合わせる: Он познако́мил меня́ со свои́ми роди́телями. 彼は私を自分の両親に紹介した ②[完の ~, о~] 〈対〉 に 〈с+造〉について〉知らせる, 情報 [知識] を与える: ~ гру́ппу тури́стов с исто́рией кра́я 観光客の一団にその地方の歴史を紹介する

*знако́миться [зна́комиццъ] -млюсь, -мишься, -мятся о -мься [不完] / **познако́миться** [пъзнъко́-мицца] [完] [become acquainted with] 〈с+造〉 ①…と 知り合う, 知り合いになる: ~ с но́выми сослужи́вцами 新しい仕事仲間と知り合う | Познако́мьтесь, э́то моя́ сестра́ О́ля. 紹介します, 妹のオーリヤです |

Давáйте познакóмимся! お近づきになりましょう ② 〔完понимать о-〕…について情報〔知識〕を得る，知る，見学する｜~ с обстанóвкой 状況を知る

**знакóмств|о** [ズナコームストヴァ] [中5] [acquaintance] ① 知り合いにさせる〔知り合いになる〕こと，知り合い：с пéрвого -а 最初に知り合った時から ②〈с圏〉との知り合いの間柄，知己関係，交際，つきあい：завязáть 〔водúть〕 ~ 始める〔続ける〕｜Я порвáл вся́кое ~ с ним. 私は彼とのつきあいを一切断った ③ 知り合いの人々，知己 ④〈с圏〉…の知識，精通すること：хорóшее ~ с литератýрой 文学に精通していること

◆шáпочное ~ 会釈をする程度の仲，ただの顔見知り

**знакóм|ый** [ズナコーム-] 短 -ом [形1] [familiar] ①〈巪にとって〉知っている，見なれた〔聞きおぼえ〕のある，なじみの：-ая мелóдия 聞きおぼえのあるメロディー｜Её лицó мне -о. 彼女の顔には見おぼえがある ②〈с圏〉…を知っている，経験している，…に通じている：Охóтник знакóм с кáждой тропúнкой. その猟師は全ての小道に通じている ③ 知り合いの：~ - человéк 知り合いの人｜Мы с ней давнó -ы. 私と彼女は昔からの知り合いだ ④[男名]/**-ая** [女名] 知人，知り合い：стáрый ~ 古い知人｜У меня́ здесь мнóго [мáло] -ых. 私はここには知人が多い〔少ない〕

**знамёна** [複数; 主格] ⇨ знáмя

**знаменáтел|ь** [男5]〔数〕分母 ◆привестú к однóму -ю [慣]〔名〕共通する，同列に扱う

**знаменáтельн|ый** 短 -лен, -льна [形1] ① 重要な，意義深い [自]自立的な意味を持つ：-ые словá 自立語 **//-о** [副]

**знамéни** [単数；生・与・前置格] ⇨ знáмя

**знамéние** [中5] [文]前兆，兆候；徴，しるし

**знаменúтость** [女10] 有名であること，高名 ② 有名人，名士，セレブリティ

*знаменú|тый* [ズナミニートィイ] 短 -úт [形1] [famous] 著名な，有名な：~ писáтель 著名な作家｜Гóрод знаменúт своúм теáтром. この町は劇場で有名だ

**знаменовáть** -нýет [不完][文][他]意味する，証する

**знаменóсец** -сца [男3] 旗手

**знамёнщик** [男2]〔軍〕旗手

*знáмя* 生・与・前 -мени 造 -менем 複 -мёна, -мён, -мёнам [中7] [flag] ① 旗：полковóе ~ 連隊旗｜друзúть ~ побéды 勝利の旗を掲げる ② 旗印，理念：под знáменем 田 …の下に ◆высóко держáть ~ 田 …の旗印を高く掲げる，理想〔遺訓〕を守る **//знамёный** [形1]

**знáни|е** [ズナーニエ] [中5] [knowledge] ① 知っていること，知識を持っていること，通暁，知識：глубóкое ~ жúзни 深い人生経験｜3~ - сúла. 知は力なり ②〔複〕（ある分野の）知識，学識：жáжда ~ ий 知識欲｜Его́ больши́е -ия по архитектýре. 彼は建築の知識が豊富だ ③［集］知識；学問：разли́чные о́бласти -ий 学問の様々な分野

**знáтно** [副] 素晴らしく，最高に

**знáт|ный** 短 -тен, -тна́, -тно, -тны/-тны́ [形1] [長尾]著名な，高名な ② 高貴な，名門の ③〔俗〕素晴らしい；ものすごい

**знатóк** -á [男2] [expert] （ある分野に）通暁〔に〕している人，専門家，通〔に〕：~ мýзыки 音楽通

*знать*[1] [ズナーチ] [不完][他][o圏/圏直義圏][know]（情報・知識として）知っている：Он хорошó знáет об э́том. 彼はそのことをよく知っている｜Ты знáешь, где онá живёт? 彼女がどこに住んでいるか知ってる｜[直義圏] 知識として持っている，知っている，理解している：~ рýсский язы́к ロシア語を知っている｜Я знáю, зачéм вы пришлú ко мне. 君たちがどうして来たのか，私は知っている ② [直義圏]知り合いである，知己である：Я знáю её с дéтства. 私は子どもの頃から彼女を知っている｜Онá не знáет покóя. 彼女は心の休まる時を知らない｜~ гóре 苦しみを知る ⑤ 考慮する，心得る，わきまえる：~ мéру ほどを知る

◆**давáть себя́** ~ 自分の存在を知らしめる：Стáрая рáна даёт себя́ ~. 古傷がうずきだす｜**знáю =** **знáете** 〔挿入〕（相手の注意を引いて）のね，いいかい｜**Знай нáших!** 〔話〕どんなもんだい，すごいだろ｜**знай (себé)** 〔話〕わき目もふらず，そしらぬ顔で｜**знал бы я {ты, он}** [話][強調]〜が本当に…: *Знал бы ты, когó я там встрéтил!* 一体そこで誰に会ったと思う｜**~ не знáю** よく知らない｜**знáю я тебя́ {вас, их}** [話] 非難・不信 なんたることか，いかに｜**интерéсно ~** [話] 知りたいもの｜**как ~** [挿入] 案外…かもしれない，ひょっとしたら…ないとも限らない｜**как знáешь {знáете}** [話] 好きなように，したいように｜**Кто (eгó) знáет.** [話] 誰が知るものか，わかるもんか｜**~ не ~ границ {предéлов}** 限度を知らない，際限がない｜**не знáю {знáют, знáют} как** [俗] ものすごく，とても: *Я егó не знáю как уважáю.* 私は彼をものすごく尊敬している｜**так и знай** いいか，忘れるなよ｜**Так я и знал!** どうせそんなことだろうと思ってた，こうなるのは目に見えていた

**знать**[2] [女10] 貴族階級，上流階級

**знать**[3] [挿入] [俗] たぶん，おそらく

**знáться** [不完]〔с圏〕と つきあう，交際する

**знáхар|ь** [男5]/**знáхарка, знахáрка** 複生 -рок [女2] まじない治療師

*значéни|е* [ズナチェーニエ] [中5] [meaning, significance] ① 意味，内容: буквáльное ~ 文字通りの意味｜определúть ~ слóва この語の意味を定義する ② 意義，重要性，価値: истори́ческое ~ 歴史的な意義｜не имéть -ия 重要ではない｜Мы придаём большóе ~ э́тим фáктам. 我々はこれらの事実を重要視している ③ 影響，役割，使命: ~ писáтеля в о́бществе 社会における作家の役割

*знáчимость* [女10] [significance] [文] 意義，重要性: социáльная ~ воспитáния 教育の社会的重要性

*знáчим|ый* [形1] [significant] ① 意味を有する: -ые чáсти слóва 語の意味を担った部分 ② 重要な，意義のある: -ая роль 重要な役割

*знáчит* [ズナーチト]〔挿入〕[so, then] ① つまり，すなわち，で: Она́ отверну́лась в сто́рону, ~, рассерди́лась. 彼女はそっぽをむいた，つまり，怒ったのだ ②〔連辞として〕…ということである: Прости́ть ~ забы́ть. 許すとは忘れるということだ

*значи́тельно* [ズナチーチリナ] [副] [far, much] ① 著しく，かなり，はるかに: ~ улýчшиться かなりよくなる｜прóще ~ ずっと簡単だ ② 意味ありげに: Она́ ~ посмотрéла на негó. 彼女は意味ありげに彼を見た

**значи́тельность** [女10] 大きいこと，著しいこと ② 重要性，意義深さ

*значи́тельн|ый* [ズナチーチリヌィイ] 短 -лен, -льна [形1] [considerable] ① 〈大きさ・規模・数量などが〉大きな，かなりの: -ая сýмма 多額｜в -ой стéпени かなりの程度，著しく ② 重要な，意義のある: -ое собы́тие 重要な事件｜Дирéктор заво́да ~ - человéк. 工場長は大立者だ ③ 意味深長な，意味ありげな: ~ взгляд 意味ありげな眼差し

*знáч|ить* [ズナーチチ] -чу, -чишь [不完] [mean] ①〈圏 /圏定形/圏直義圏〉意味する，表す: Кивóк головы́ знáчит согла́сие. うなずきは同意を意味する ② 重要である: Его́ обещáние ничего́ не знáчит. 彼の約束なんて何の意味もない ◆**что знáчит** 田 …ということだ［моно］

**знáчиться** -чусь, -чишься [不完]《公》(リストなど

に)記載[登録]されている,(ある状態に)ある

**значки́ст** [男1] バッジの所有者

**значки́стка** 複生 -ток [女2] (能力などを証する)バッジの所有者

\***значо́к** -чка́ [男2] 〔badge, mark〕① バッジ,記章: приколо́ть ～ バッジをつける ② 符号,略号,しるし: математи́ческий ～ 数学の記号

**зна́ющий** [形6] 博学な,精通した,学識のある

**зноби́ть** -би́т [不人称]囲は悪寒がする,発熱している

**зной** [男6] ひどい暑さ,炎暑,暑熱

**зно́йный** 短 -о́ен, -о́йна [形1] ① 非常に暑い,焼けつくような ② 熱烈な,情熱的な

**зоб** 前 о-е, в-е́/-у́ 複 -ы́ [男1] ① (鳥・昆虫などの)餌袋,嗉嚢(そのう) ②〔医〕甲状腺腫 ③〔俗〕あごのところのふくれた首

**зоба́стый** 短 -а́ст [形1] 《話》= зоба́тый

**зоба́тый** 短 -а́т [形1] ① 嗉嚢(そのう)の大きな ② 甲状腺腫のある

**зов** -а/-у [男1] ① 呼ぶこと,呼びかけ;招待 ② 呼び声,叫び声 ◆～ кро́ви [雅]〔血縁的な〕血の叫び

**зовёшь** 〔2単現〕< звать

**зови́** 〔命令〕< звать

**зову́** 〔1単現〕< звать

**зодиа́к** [男2] 〔天〕黄道帯: знаки ～а 黄道十二宮 // ～а́льный [形1]

**зо́дчество** [中1] 建築(術) // -ский [形3]

**зо́дчий** (形変化) [男] 建築家

**зол** -a/-y [男1] ①《複》生ある ② < злой

**зола́** [女6] 灰,燃えかす

**золи́ть** -лю́, -ли́шь 受過 -лённый (-лён, -лена́) [不定] 〔皮〕(獣皮を)灰汁(あく)処理する

**золо́вка** 複生 -вок [女2] 夫の姉[妹],こじゅうとめ

**золота́рь** -я́ [男5]《俗》故買(こばい)人

**золоти́сто-..**〔語形成〕「金色の,金色を帯びた」

\***золоти́стый** 短 -и́ст [形1]〔golden〕金色の,黄金色の: -ые во́лосы 金髪

**золоти́ть** -лочу́, -лоти́шь [不定] / **по-** 受過 -ло́ченный/-лочённый (-чён, -чена́) [完]〈囲〉①(金または)～に,…に金めっきする,金箔をほどこす ②(照らして)金色にする,金色に染める // -ся [不定] ① 金色になる ② 金色に見える;輝く

**золоти́шко** [中1]〔指小・卑称〕< зо́лото①

**зо́лотко** [中1]《話》(呼びかけで)かわいい人,大切な人

**золоти́ник** -а́ [男2] ① ゾロトニク(旧重量単位,約4.26グラム) ②〔工〕すべり弁,スライドバルブ ◆Мал ～, да до́рог. 《諺》山椒は小粒でもぴりりと辛い(←ゾロトニクは小さいが価値がある)

\***зо́лот|о** [ゾーラタ] [中1] 〔gold〕① 金,黄金,ゴールド: чи́стое ～ 純金 | изде́лия из -а 金製品 | Не всё то ～, что блести́т. 《諺》 輝くもの必ずしも金ならず ② 《集合》金製品,金箔;金糸;《話》金メダル: носи́ть ～ в уша́х 耳に金のイヤリングをつけている | шить -ом 金糸で刺繍する ③ 《集合》金貨: уплати́ть -ом 金貨で支払う ④ 貴重な人[もの], 優れた人[もの](呼びかけで)大切な人,愛する人: Рабо́тник он ～ ! 彼は素晴らしい働き手だ

◆ на вéс ～а とても価値あるものとして ■мя́гкое ～ 高価な毛皮 | чёрное ～ 石油

**золото́..** 〔語形成〕「金の,金糸の,金色の」

**золотоиска́тель** [男2] 金鉱探索者,金掘り人

\***золот|о́й** [ザラトーイ] [形2]〔gold, golden〕① 金の,ゴールドの,金製の;金貨の: ～ сли́ток 金塊 | -о́е кольцо́ 金の指輪 | Он завоева́л -у́ю меда́ль. 彼は金メダルを獲得した ② 金色の,黄金色の: -ы́е лучи́ со́лнца 金色の陽の光 | -а́я о́сень 黄金の秋
③ 素晴らしい,優れた: -ы́е ру́ки 素晴らしい腕前
④ 幸福な,輝かしい: -ы́е дни ю́ности 青春時代の幸

せな日々 | ～ век 黄金時代
⑤ (呼びかけで) 大切な,いとしい: 3～ мой! 私のいとしい人 ◆ -а́я молодёжь 金持ちの放蕩青年たち | -а́я середи́на 黄金の中庸 | -о́е дно́ 尽きない収入源,金づる | -о́е сече́ние ラセン | -о́й дождь 苦もなく手に入れた大金,多額の収入 | сули́ть [обеща́ть] -ы́е го́ры …に金の山を約束する,夢のような約束をする ■-а́я сва́дьба 金婚式

**золотоно́сный** 短 -сен, -сна [形1] 金を含有する,金の豊かな

**золотопромы́шленник** [男2] ① 金坑夫 ② 金鉱所有者,金鉱経営者

**золотопромы́шленн|ость** [女10] 採金業,金鉱業 // -ый [形1]

**золототы́сячник** [男2]〔植〕シマセンブリ

**золотошве́йный** [形1] 金糸刺繍(ししゅう)の

**золоту́ха** [女2] るいれき

**золоту́шный** 短 -шен, -шна [形1] るいれきの;るいれきにかかった

**зо́лотце** [中2]《話》①〔指小〕< зо́лото① ② = зо́лотко

**золоче́ние** [中5] 金めっき,金箔

**золочёный** [形1] 金めっきした,金箔をかぶせた

**зо́лушка** 複生 -шек [女2] ① 3～ シンデレラ ② 親から愛されずいじめられている娘

**зо́льник** [男2] ① 灰受け,灰取り口 ② (獣皮を浸す)灰汁(あく); そのための大桶

**зо́льный** [形1] 灰の,燃えかすの

**зо́мби** (不変)[男] ①ゾンビ ②《話》盲目的に他人の意思に従う人,生ける屍(しかばね)

**зомби́ровать** -рую, -руешь [不完・完]〈囲〉盲目的に他人の意思に従わせる,生ける屍にする

\***зо́н|а** [ゾーナ] [女1]〔zone, area〕① 地帯,帯,地域,ゾーン: лесна́я ～ 森林帯 | пограни́чная ～ 国境地帯 | Они́ вто́рглись в запре́тную -у. 彼らは立ち入り禁止地域に侵入した ②《話》収容所

**зона́льный** [形1] 地帯の,地帯の;その地域特有の

**зонд** [男1] ①〔医〕ゾンデ,消息子 ②〔工〕土壌探査用器具,ラジオゾンデ ③〔気象〕気象観測気球,ラジオゾンデ ④〔天〕(宇宙・小惑星)探査機「はやぶさ」など)

**зонда́ж** [男4] ゾンデによる診察[探査,調査]

**зонди́ровать** -рую, -руешь 受過 -анный [不完]〈囲〉① ゾンデで用いて調べる ②〈文〉…に探りを入れる, 打診する ◆ ～ по́чву 探りを入れる

**зо́нн|ый** [形1] 地域の,地帯の,ゾーンごとの: -ая защи́та ゾーンディフェンス

\***зонт** [男1]〔umbrella〕① 傘 (зо́нтик) ② ひさし,軒,(日・雨よけ用)パラソル: торгова́ть под ～ом パラソルの下で[屋外で]商売する

\***зо́нтик** [男2]〔umbrella〕① 傘: складно́й ～ 折り畳み傘 | ～ от со́лнца 日傘 | раскры́ть [закры́ть] ～ 傘を開く[閉じる] | Она́ идёт под ～ом. 彼女は傘をさして歩いている ②〔植〕散形花序 ◆ как ры́бке ～ ну́жен《話・戯》全く無用である

**зо́нтичный** [形1] ① 傘の;傘形の ② -ые [複名]〔植〕セリ科

**зоо..**〔語形成〕「動物の,動物学の」: зоофе́рма 動物飼育場

**зоогеогра́фия** [女9] 動物地理学

**зоо́лог** [男2] 動物学者

**зоологи́ческий** [形3] ① 動物学の;動物学的な ② 粗野な,凶暴な,動物的な

**зооло́гия** [女9] 動物学

**зоомагази́н** [男1] ペットショップ

\***зоопа́рк** [男2] 〔zoo〕動物園 (зоологи́ческий парк): экску́рсия в ～ 動物園の見学

**зооса́д** 複 -ы́ [男1] 動物園 (зоологи́ческий сад)

**зоотéхник** [男2] 畜産専門家

**зоотéхн|ика** [女1894-1958; 作家], **зоотехн|и́я** [女9] 畜産学 **//-и́ческий** [形3]

**зóри** [複数; 主格] < заря́

**зóрк|ий** 短 -рок, -рка́/-рка, -рко 比 зо́рче [形3] ① 視力のある、目ざとい ② 炯眼(けいがん)の、透徹した、注意深い **//-ость** [女10]

**зóрко** 比 зо́рче [女2] 目ざとく、鋭敏に、注意深く

**зороастри́зм** [男1] ゾロアスター教, 拝火教

**зóрька** 複生 -рек [女2] 〔指小〕< заря́①

**Зóщенко** (不変) [男] ゾーシチェンコ (Михаи́л Миха́йлович~, 1894-1958; 作家)

**Зóя** [女5] ゾーヤ (女性名)

**зрáзы** -áз [複] 〔料理〕ズラーズィ (詰め物をしたミートパイ)

**зра́ч|ок** -чка́ [男2] 瞳(ひとみ), 瞳孔 **//-ко́вый** [形1]

***зрéлище** [中2] 〔sight, scene〕① 光景, 風景, 様子: удиви́тельное ~ 驚くべき光景 ② ショー, 芝居, 興行: пра́здничное ~ 祝日興行

**зрéлищный** 短 -щен, -щна [形1] ① ショーの, 興行の ② 強い印象を与える, 見事な

**зрéлость** [女10] ① 熟していること ② 成熟; 成熟期 ③ 円熟, 完成

***зрéл|ый** -éл, -ела́/-éла, -éло 比 зрелéе [形1] 〔ripe, mature〕① 熟した, うれた: -ые я́блоки 熟したリンゴ ② 成熟した, 大人になった: ~ челове́к 大人 ③ 完成した, 完成した: ~ худо́жник 円熟の画家 ④ 熟慮された, 考え抜かれた: -ое реше́ние 熟慮の上での決定

**зре́н|ие** [ズリェーニエ] [中5] 〔sight, vision〕 視覚, 視力: слáбое ~ 悪い視力 | Стари́к лиши́лся -ия. 老人は視力を失った ◆*то́чка* -ия 観点, 視点, 見地: У ка́ждого своя́ то́чка -ия. 人はそれぞれの見方を持っている | *у́гол* -ия 〔文〕観点, 視点

***зрéть** [不完] / *co-* [完] 〔ripen, mature〕① 熟する, 成熟する: Я́блоки зре́ют. リンゴが熟してきた ② 《不完》 (考えなどが)熟する, 到来する: Зре́ют пла́ны. 計画は熟しつつある

**зри́м|ый** 短 -и́м [形1] 《文》 ① 目に見える, 可視の ② 明白な, はっきりした **//-о** [副]

**зри́тел|ь** [ズリーチェリ] [男3] / **зри́тельница** [ズリーチェリニッア] [女3] 〔spectator, audience〕観客, 観衆, 見物人; театра́льные ~и 劇場の観客 | *3-и* аплоди́ровали актёрам. 観衆は俳優たちに拍手をおくった **//-ский** [形3]

***зри́тельн|ый** [形1] 〔visual〕① 視覚の, 視力の: ~ нерв 視神経 ② 観客用の: ~ зал 観客席

***зря** [ズリャー] [副] 〔in vain〕① むだに, いたずらに, むなしく: ~ тра́тить вре́мя 時間を浪費する | Я не стара́лся ~. むだに努力したわけではない

**зряче слы́шащий** [形] 視聴覚を持つ

**зря́чий** 短 -я́ч [形4] 視覚のある, 目の見える

**зря́шный** [形1] 〔話〕① 無駄な, むなしい ② 役に立たない, くだらない

***зу́б** [ズープ] [男1] 〔tooth〕① [複 зу́бы, зубо́в] 歯: пере́дние -ы 前歯 | -ы му́дрости 親知らず | иску́сственный ~ 義歯 | чи́стить -ы 歯をみがく | У меня́ боли́т ~. 私は歯が痛い | -ы ши́фером (者)歯並びの悪い歯 ② [複 зу́бки, зубо́в] (機械の, ぎざぎざの)刃, ぎざぎざ (зубéц): -ья пилы́ のこぎりの歯 ◆*вооружённый до* -о́в 〔非難〕完全に (に)武装している | (*глаза́ и*) -ы разгоре́лись на ⑷ 〔話〕…を喉から手が出るほど欲しくなる | ~ на́ зуб не попада́ет у ⑷ (寒さ・恐怖などで)歯の根が合わない | -ы съéсть на ⑷ …に熟練している, 経験豊富だ | име́ть ~ про́тив ⑷ [на ⑷] 〔話〕…に恨み[悪意]を抱く | кла́сть [положи́ть] -ы на по́лку 〔話〕食うや食わずの生活をする, 貧乏する | на ~ по-

про́бовать [взять] ⑷ 〔話〕…を実際に試してみる | навя́зло в -а́х ⑶ あきあきした, うんざりだ | *не по* -а́м ⑶ (1) 1人には物が(硬くて)噛み切れない (2) 人には…は…は歯が立たない, 力がおよばない: Э́та зада́ча тебе́ не по -а́м. この問題は君なんかには難しすぎる | *ни в* ~ (*толкну́ть*) = *ни в но́гой* ⑷ 《俗》全く知らない, さっぱりわからない | *показа́ть* -ы ⑷ (1)歯をむく (2)意地の悪い正体を現す; 反抗[反撃]しようとする | *сквозь* -ы говори́ть 〔話〕口ごもって[ぶつぶつ, いやいや]言う | *точи́ть* [~-ы] *на* ⑷ 〔話〕…に敵意を抱く, 害を加えようとする

**зуба́стый** 短 -áст [形1] 《話》 ① (大きくて頑丈な)歯を持つ ② 毒舌の, 口の悪い

**зуба́тка** 複生 -ток [女2] 〔魚〕オオカミウオ

**зуба́тый** [形1] 歯の多い 「大きい」

**зубéц** -бца́ [男3] ① (道具・機械などの)歯, ぎざぎざ ② (通例複) 城壁上のぎざぎざの突起

**зуби́|ло** [中1] [工]のみ, たがね

**зубн|о́й** [形2] 〔dental〕① 歯の: ~ врач 歯科医 ② 〔音声〕歯音の

**зубо́вн|ый** [形1] ◆*скре́жет* ~ 〔文〕歯ぎしり, 憤懣(た): *со скре́жетом* -ым 〔文〕歯ぎしりして, 不承不承

**зубоврачéбный** [形1] 歯科の, 歯科治療の

**зубоврачева́ние** [中5] 歯科治療

**зубодёр** [男1] 〔俗〕歯医者

**зуб|о́к** -бка́ [男2] ① [複 зу́бки, зубо́к] 〔指小〕< зуб ① ② (зу́бки, зубо́к) (機械の歯, ぎざぎざの)刃 ◆*подари́ть на* ~ 新生児に贈り物をする | *попа́сть на* ⑷ 〔話〕…の物笑い[噂, 非難]の的になる

**зуборéзный** [形1] 〔工〕歯切り用の

**зубоска́л** [男1] / **-ка** 複生 -лок [女2] 《俗》嘲笑癖のある人, からかい好きな人

**зубоска́лить** -лю, -лишь, **зубоска́льничать** [不完] 《俗》嘲笑する, からかう, 冗談を言う

**зубоска́льство** [中1] 《俗》嘲笑, からかい

**зуботы́чина** [女1] 〔俗〕げんこつで歯[口]を殴ること

**зубочи́стка** [女2] ようじ

**зубр** [男1] ① 〔動〕ヨーロッパバイソン ② 頑迷固陋(ろう)な人 ③ 〔話・戯〕ベテラン, 熟練者

**зубрёжка** [女2] 〔話〕丸暗記

**зубри́ла** (女1変化), **зубри́лка** 複生 -лок (女2変化) 〔男・女・非難〕ただ単に丸暗記ばかりする人

**зубри́ть** зубрю́, зубри́шь/зу́бришь [不完] / *за-* 受過-зу́бренный [完] 〈⑷〉① ぎざぎざにする, 刃こぼれさせる ② 《完また вы́-》〔話〕丸暗記する

**зубро́вка** 複生 -вок [女2] ① 〔植〕コウボウ, バイソングラス ② ズブロッカ (① を漬けこんだウォッカ)

**зубча́тка** 複生 -ток [女2] 歯車

**зубча́тый** [形1] 歯の付いた, ぎざぎざのある: -ое колесо́ 歯車

**зу́бчик** [男2] 〔指小〕< зубе́ц ①

**зуд** [男1] ① かゆみ, むずがゆさ ② 《話・皮肉》抑えがたい欲望, 熱望

**зуда́** (女1変化) 〔男・女〕《俗》うんざりさせる人

**зуде́ть¹** -ди́т [不完] 〔話〕① かゆい, むずがゆい ② (何かしたくて)うずうずする

**зуде́ть²** зужу́, зуди́шь, **зуди́ть** зужу́, зуди́шь [不完] 〔話〕① 単調でかん高い音を出す ② うんざりさせる, しつこく付きまとう

**зулу́** (不変) [男] [複] ① ズールー族 ② [男] ズールー語

**зу́ммер** [男1] ブザー

**зурна́** [女1] 〔楽〕ズルナ (西アジアの木管楽器)

**зы** (不変) 〔戯〕[コン] PS, 追伸 (キーボードでロシア語の з と ы が英語の p と s の位置にあることから)

**зы́биться** -блется [不完] 揺れている, そよぐ; さざ波が立

**зы́бкий** -бок, -бка́/-бка, -бко 比 -бче [形3] ① 揺れやすい, ぐらぐらする; 軽く揺れている, さざ波の立っている ② 不安定な, 当てにならない

**зыбу́н** -á [男1] 湿原, ぬかるみ

**зыбу́ч|ий** 短 -у́ч [形6] = зы́бкий①:-ие пески́ 流砂

**зыбь** [女10] さざ波; (植物の)さざ波のような揺れ

**зык** [男1] 《俗》短く鋭い声 [叫び]

**зы́кать** [不完] / **зы́кнуть** -ну, -нешь 命 -ни [完] 《話》① <на団>を大声でどなる ② 鋭く響く音を出す

**зы́рить** -рю, -ришь [不完] 《俗》<на団/на団>を見る, 見守る, 監視する

**зы́ркать** [不完] / **зы́ркнуть** -ну, -нешь 命 -ни [完] [一回] 《俗》<на団>をちらちら [ちらっと] 見る, 盗み見する

**зы́чный** 短 -чен, -чна [形1] (声・音が)大きい, よく響く

**зэк** [男2] / **зэ́чка** 複生 -чек [女2] 《俗》囚人

**//~овский** [形3]

**Зюга́нов** [男姓] ジュガーノフ(Генна́дий Андре́евич ~, 1944- ; 代表的な左派政治家)

**зюзя** 複生 -ей(८/६変化) [男・女] ◆как ~ = = ~ей 《俗》ずぶぬれで; へべれけに酔って

**зюйд** [男1] 《海》① 南 ② 南風

**зя́бк|ий** 短 -бок, -бка́/-бка, -бко 比 -бче [形3] 《話》寒さに敏感な, 寒がりの **//-о** [副]

**зя́блик** [男2] 《鳥》ズアオアトリ

**зя́бнуть** -ну, -нешь 過 зяб/-ул, зя́бла 能過 зя́бший/ -увший [不完] / **о~** [完] 寒さを感じる, 寒さに苦しむ, こごえる

**зябь** [女10] (春蒔きのための)秋耕地

**зять** 複 зятья́, -ьёв [男5] 娘の夫; 姉 [妹] の夫

# И и

**\*и¹** [и] 〈and〉 [接] ①《並列》と, また: тео́рия и пра́ктика 理論と実践 | всё бо́льше и бо́льше ますます多く | Нас бы́ло тро́е: Фе́дя, Ко́ля и я. 私たちは フェージャ, コーリャ, そして私の, 全部で3人だった(★и は列挙の最終要素の直前のみ) ②《時間的前後関係》そして, すると: Вы́нули вторы́е ра́мы, и весна́ ворвала́сь в ко́мнату. 2つ目の窓枠が外されると春が部屋の中に飛び込んできた ③《因果関係》すると: Появи́лись наде́жды, и он вновь стал ве́сел. 希望が見えたことで彼はまた気分が明るくなった ④《先行部分と反対の状況の発生》でも, それなのに: В мо́лодости когда́-то хоте́л стать литера́тором и не стал. 若いころには文学者になりたかったが, なれなかった ⑤《付加・添加》それに: Он за́нят рабо́той, и совсе́м ску́чной. 彼は仕事に追われ, それも全く面白くもない仕事に ⑥《疑問・感嘆》全く, 本当に: И как он служи́л! それに彼の勤めぶりといったら! ⑦《文中の述語の直前に置いて, 前文とのつながりを強調》те́ми, тако́й, так, ту́т[и т.д.を強調》: Э́тим разгово́р и ко́нчился. 会話はこれで終わりになっていた ⑧《譲歩》…ではあっても: И рассказа́л бы тебе́, да ты не поймёшь. 話してみても君にはわからないだろう ⑨《話》《楽》(拍を数える際に弱拍を示し), ウン: раз и два и 1と2と

◆**и...(,) и...** …も…も: Рабо́та и му́чит, и ко́рмит, и у́чит. 《諺》仕事は苦しいが, 日々の糧も, 知恵も与えてくれる | **и вот** というわけで, このようにして | **и то** それも, 加えて; …さえ, …すら | **как (что) и** …と同じように | **не то́лько ..., но и ...** ばかりでなく…もまた | **ста́вить [расставля́ть] то́чки над [на] и** (言い残しがないように)きちんと言う, 話を詰める

**и²** [и] ①《文間で, 直後の語を強調》本当に: И охо́та тебе́ занима́ться пустяка́ми? 本当にそんなつまらないことに関わり合いたいのか ②《文中で, 直後の語を強調》…さえ, …も: Мы сиде́ли в тени́; но и в тени́ бы́ло ду́шно. 私たちは日陰に腰を下ろしていたが, その日陰も蒸し暑かった | Не посиде́в и пяти́ мину́т, он вста́л из-за стола́. 彼は5分とじっとしていることなくテーブルから立ち上がった ◆**бу́дет** [**дово́льно, хва́тит**] **и того́, что ...** …だけでも十分だ | **и то́ сказа́ть** 言うまでもなく

**и³** [間] (★しばしば и-и, и-и-и のように書き, 長く伸ばして発音される) 《話》①《相手の発言への不同意》何をばかなことを, まさか: И по́лно(те). 十分だ, やめなさい(★ по́лноте は 女 に対して) ②《程度が激しい状況で》何でたくさん [色々]

**ИАТА** [略] = МАВТ

**Иафе́т** [男1] 《聖》(旧約聖書で)ヤペテ(ノアの三男)

**ибери́йско-кавка́зск|ий** [形3] : -ие языки́ 《旧》イベリア・カフカス諸語, カフカス諸語(каска́зские языки́)

**Ибе́рия** [女9] 《史》イベリア(ジョージア(グルジア)東部の古名, スペインの古名)

**и́бис** [男1] 《複》《鳥》トキ亜科: краснопо́гий ~ トキ **//и́бисовый** [形] : -ые [複名] 《鳥》トキ科

**\*и́бо** [接] 〈for〉 [文] なぜなら(потому́ что) : Согла́сен, ~ фа́кты бесспо́рны. 私は賛成です, 何といっても事実に議論の余地はありません

**ИБП** [ибеэпэ́] [略] = исто́чник бесперебо́йного пита́ния 無停電電源装置, UPS

**и́ва** [女1] 《植》ヤナギ属: плаку́чая [вавило́нская] ~ シダレヤナギ | ~ ло́мкая ポッキリヤナギ | ~ бе́лая セイヨウシロヤナギ | ~ тонкосто́лбиковая ネコヤナギ | ~ остроли́стная カスピエヴヤナギ **//и́вовый** [形] : -ые [複名] 《植》ヤナギ科

**Ива́н** [男1] ① イヴァン(男性名; 愛称 Ва́ня), 卑称 Ва́нька) ② 《若者・蔑》ばか, 頭の鈍いやつ: ~, не по́мнящий родства́ 祖国の歴史や過去などを重んじない人 | ~ Ива́нович и Ники́форович 《皮肉・蔑》長い間仲たがいしている人

■ ~ **IV** (четвёртый) イヴァン4世 (1530-84; モスクワ大公, 初代ツァーリ; Ива́н Гро́зный Ива́н雷帝とも呼ばれる) | **~-дура́к** 《民話》イヴァンのばか (同名民話の主人公) | **~-Царе́вич** 《民話》イヴァン王子

**ива́н-да-ма́рья** [女8] 《植》ヤシキスミレなど, 1つの株に異なる色の花が咲く植物の民間名(★兄妹が知らずに結ばれ, それを知った後に花になったという言い伝えから; イヴァン・クパーラの祭りのために手折る)

**Ива́нов** [男1] < Ива́н **И~ день**, **И~-день** 聖ヨハネ祭(7月7日, 旧暦6月24日) | ~ **по́бег** 夏の半ばに伸びる若い枝 | ~ **червячо́к** 《昆》グローワーム(イヴァン・クパーラ Ива́н Купа́ла の夜に現れるとされるホタル; обыкнове́нный светля́к)

**Ивано́в, Ивано́в** [男姓] イワノフ ◆~, **Петро́в**, **Си́доров** 任意の誰か (★この3姓が連続すると「特定の人でなく誰か」という意味になる)

**Ива́ново** [中1] イワノヴォ (同名州の州都)

**Ива́новск|ий** [形3] ① イヴァン(Ива́н)の ②《民俗》イヴァン・クパーラ (Ива́н Купа́ла) の: -ие тра́вы イヴァン・クパーラの夜に採る薬草 (病気を治すとされる) ③ < Ива́ново: И-ая о́бласть イワノヴォ州 (州都 Ива́ново; 中央連邦管区) ◆**во всю́ -ую** 《話》大声で, 大きな音を出して; 全力で

**Ива́нушка** 複生 -шек(乞女変化) [男] 《話》まぬけ: ~-дурачо́к 《蔑》人を信じやすいばか

**ива́н-ча́й** [不変] 《植》ヤナギラン属: ~ узколи́стый ヤナギラン

**иваси́** (不変)[女]〖魚〗イワシ, (特に)マイワシ
**//ивасёвый** [形1]

**ивня́к** -á [男2]〖集合〗ヤナギ(и́ва)の林; ヤナギの枝
**/ ~о́вый** [形1]

**и́волг|а** [女2]〖複〗〖鳥〗コウライウグイス属: ~ обыкнове́нная ニシコウライウグイス **//-ин** [形1]; **и́волгов|ый** [形1]: -ые [複形]〖鳥〗コウライウグイスの

**иври́т** [男1] 現代ヘブライ語 **//~ский** [ц][形3]

**\*игл|á** 複и́глы [女2]①[needle]針;(裁縫用の)針: швейная ~ 縫い針 | 刺, 刺; 針状のもの(編み棒, 針葉, ハリネズミの毛, 氷の針など) ~ ёлки トウヒの葉 | ледяны́е и́глы〖気象〗細氷; 針状晶氷 ③〖麻薬〗注射器 ◆посади́ть 完 на -ý を麻薬依存にする | сесть на -ý 麻薬依存するようになる | сиде́ть на -é 麻薬に依存している

**игли́стый** 短 -и́ст [形1] 針[刺]で覆われた; 針[刺]のように刺った: ~ ка́ктус 刺のあるサボテン

**иглова́тый** [形1]〖話〗針とげの, ちくちくする

**иглови́дный** 短 -ден, -дна [形1] = иглообра́зный

**иглодержа́тель** [男5] (外科手術用)持針器

**иглокóжие** (形6変化)[複形]〖動〗棘皮動物(ヒトデ, ウニなど)

**иглообра́зный** 短 -зен, -зна [形1] 針[刺]のような形をした

**иглорефлексотерапе́вт** [男1] 鍼治療師

**иглорефлексотерапи́я** [女9], **иглоука́лывание** [中5] 鍼治療

**Игна́т** [男1] イグナート (男性名)

**Игна́тий** [男7] イグナーティー (男性名)

**игно́р** [男1]〖IT〗無視(チャット, トークなどの設定)

**\*игнори́рова|ть** -рую, -руешь 受過 -анный [不・完][ignore]〖完〗無視する, 軽視する: ~ фа́кт事実を見ないふりをする **//-ся** [不完]〖受身〗**//-ние** [中5]

**и́го** [中1]①(重い)圧制, 抑圧, 隷属: под и́гом колониали́зма 植民地支配下で ②くびき: **иго тата́рское** —〖史〗タタールのくびき(ロシアにおいて13-15世紀のモンゴルによる支配の時代; монго́ло-тата́рское ~ と も)

**и-го-го́** [間]①〖擬声〗ひひーん(馬のいななき) ②〖幼〗おうまさん

**\*иго́лк|а** 複 -лок [女2] [needle] 針, 刺; 針のような形のもの ◆как на -ах居ても立ってもいられない | как ни́тка с [за]-ой切っても切れない, いつも一緒の | как ни́тка с [за]-ой, туда́ и ни́тка かたくきれも離れず | с -и (服が)新しく見事な (с иго́лочки) **// иго́лочный** [形1]

**иго́лочк|а** 複 -чек [女2]〖話〗指小<иго́лка 針, 針山 ◆с -и (оде́т) (服が)新しく見事に仕立てられた; そのような服を着た

**иго́льник** [男2] 針入れ, 針山;〖集合〗(地面に落ちた)針葉

**иго́льница** [女3] 針入れ, 針山 (иго́льник)

**иго́льн|ый** [形1] 針(игла́)の: -ое у́шко 針穴

**иго́льчатый** [形1] 針[刺]の; 針[刺]のような形の ■ -при́нтер〖コン〗ドットプリンタ

**иго́рный** [形1] <игра: ~ до́м 賭博場 | ~ стол 賭博台

**И́горь** [男5] イーゴリ (男性名)

**\*игр|á** [игра́] 複 и́гры [女1] [play, playing]①遊び, 戯れ, ゲーム; スポーツをすること; 駆け引き: ~ в ка́рты トランプゲーム | ~ в те́ннис テニスをすること | аза́ртная ~ 賭博, カジノゲーム | че́стная ~ フェアプレー | ~ тяжёлая 試合;〖複〗競技会: Олимпи́йские и́гры オリンピック大会 ③遊び道具(一式) ④シミュレーション: воен-
ная ~〖軍〗作戦演習 ⑤(有価証券取引所などの)投機: бир-
жева́я ~(証券取引所を通しての)投機 ⑥策謀, だまし, 細工: двойна́я ~ 二心, 二心, 二枚舌, 詐欺 | ~ на пу́блику(見ている人に特定の感情を引き起こすための)演技, 演出 | раскрыва́ть -ý 圧 ...の真意を暴く ⑦(舞台での)演技, (楽器の)演奏: ~ на фортепиа́но ピアノの演奏 ⑧(光・色・炭酸の泡などの)移ろい: ~ цветов 色の変転 ◆вне́ -ы́〖サッカー〗オフサイド | вне́ -ы́は...は無関係だ | выходи́ть из -ы́関係から手を引く | в одни́ воро́та (相手からの反応がない)一方的行為 | ~ воображе́ния 空想の産物 | ~ му́скулов [му́скулами](力を出し入れすることにより)筋肉を見せつけること; 軍事力の誇示 | ~ не сто́ит свеч 努力や金などを使うことに値しない | ~ приро́ды 珍しい現象, 自然の戯れ, 奇形, 変種 | ~ слов 言葉遊び, 洒落 | ~ сýдьбы [слу́чая] 運命のいたずら | ~ пра́вила -ы́ ゲームのルール; 守らなければならない暗黙の了解 | тео́рия игр〖数・経〗ゲーム理論

**игра́льн|ый** [形1] 遊具の, ゲーム用の: -ые ко́сти サイコロ, ダイス трамп | -ые ка́рты

**\*игра́|ть** [игра́ть] [不完] / **сыгра́ть** [сыгра́ть] 受過 сы́гранный [完] [play] ①〖不完〗遊ぶ, 戯れる, ふざける, じゃれる;<в 圧>...遊びをする, ...ごっこをする: ~ в револю́цию 革命ごっこをする ②<в 圧>スポーツ・ゲームをする: ~ в те́ннис テニスをする | ~ в ша́хматы チェスをする ③〖完〗演奏をする, <на 画>(楽器を)弾く;〖完〗(楽器で)(音)の音を出す;〖無補語〗(音楽が)奏でられる: ~ вальс ワルツを演奏する | ~ на скри́пке ヴァイオリンを弾く | ~ трево́гу 警報を奏でる | Игра́ет му́зыка. 音楽が流れている. ④<в 圧>(役を)演じる; 上演する ⑤〖不完〗<в 圧>...のふりをする, 偽る: ~ в великоду́шие 寛大なふりをする ⑥〖投機取引をする: ~ на би́рже 株の投機取引をする | ~ на повыше́ние [пониже́ние](а́кций)相場が上がる[下がる]ように株を売買する ⑦<на 画>(感情・感情)に作用する, 触れる: ~ на не́рвах ...をわざといらいらさせる ⑧〖不完〗〖圧〗<体の一部の>動かす: ~ хвосто́м 尻尾を振る ⑨〖不完〗<с/圧>...を弄ぶ: ~ со́рванным цвето́чком 摘んだ花を手で弄ぶ | ~ чу́вствами 気持ちを弄ぶ, いい加減に扱う ⑩<圧>〖道具を〗巧みに<軽々と〗操る, 扱う; (道具が)軽々と動く, 扱われている ⑪〖不完〗(光・色・炭酸の泡などが)移ろう, 不規則に動く: Улы́бка игра́ла на её лице́. 微笑みが彼女の顔に浮かんだ. ⑫〖不完〗(考え・想像などが)自由に[生き生きと]駆け巡る; (若さ・健康などが)現れ出る, 映し出される

◆~ в зага́дки 含みのある[曖昧な]言い方をする | ~ в опа́сную игру́ 危険を冒す | ~ на стру́нах души́ (感情など)に作用する, 影響する | ~ на́ руку 圧 <敵>を(間接的に)援助する, ...の思うつぼにはまる | ~ глаза́ми 目で表現する, 目力を使って伝える | ~ слова́ми 洒落を言う, (真の)真意を隠す | ~ сва́дьбу 圧 (結婚式)をとり行う | кровь игра́ет у 圧 血潮がたぎる, 生命力[エネルギー]に溢れている

**игра́ться** [不完]①〖無人称; 否定文で〗〖話〗遊ぶ[楽しむ]気になれない ②〖俗〗(結婚式が)とり行われる ③(演劇が)上演される, (音楽が)演奏される

**игра́ючи** [副]〖話〗やすやすと; 気軽に, 楽しげに: ~ реши́ть зада́чу やすやすと問題を解く

**игра́ющий** [形6](俳優・演奏家などが)活動している, 現役の; 腕前のある

**и́грек** [男2]①(ラテン文字の)y ②〖数〗第2未知数(х (икс)と共に用いられる)

**игре́невый** [形1](馬の毛色が)赤茶色でたてがみと尾が白っぽい

**игри́в|ый** [形1]①快活な, はしゃいだ, 活発な ②軽薄な **//-о** //**-ость** [女10]

**игри́ст|ый** 短 -и́ст [形1]①(飲料が)発泡性の, 炭酸

入りの ②-ое [中名] 発泡性ワイン, シャンパン

**и́грище** [中2]《俗》(ゲーム・歌・ダンスを楽しむ)若者のパーティー

*\***игрово́й** [形2] ①遊びの, 遊びに使う: де́тская -áя площа́дка 子どもの遊び場 (スポーツで)戦略が多岐にわたる ③〈演劇などで〉動きの多い ④〈映画などが〉ドキュメンタリーでない, 俳優の演技による ■ **～ автома́т** スロットマシーン

*\***игро́к** [イグローク] -á [男1] [player] ①《スポ・ゲーム》プレーヤー, 選手: ～ и́ в ла́пту ラプターの選手 ②ばくち打ち, 賭博師 (аза́ртный ～) ③《話》奏家, 弾き手

**игроте́ка** [女2] 貸出し用遊具; それが備えつけられた部屋, 遊戯室, 娯楽室

**игру́н** -á [男1]／**игру́нья** 複生 -ий [女8]《話》やたらとじゃれたがる子ども [動物]

**игру́шечка** 複生 -чек [女2] ①《話》〔指小・愛称〕<игру́шка ②洗練されて美しいもの

**игру́шечный** [形1] ①おもちゃ[玩具]の ②(本物とは思えないほど)小さい, 嘘っぽい

*\***игру́шк|а** [イグルーシカ] 複生 -шек [女2] [toy, plaything] ①おもちゃ, 玩具; 慰みもの ②《述語》美しいもの, 洗練されたもの ③他人や大勢の意のままに動く人: бы́ть -ой в рука́х ④ …に完全に従属している ④《コン》コンピュータゲーム ◆ **э́то не -и** 大事なことだ
■ ёлочные -и (クリスマスツリーの)飾り

**и́грывать** (現在形用いず) [不完] [多回]<игра́ть

**игуа́на** [女1]《動》イグアナ科の動物: зелёная ～ グリーンイグアナ, イグアナ ‖ **игуа́нов|ый** [形1] : -ые [複名]《動》イグアナ科

**игу́мен** [男1]《正教》僧院, 修道院長 ‖ **～ский** [形3]

**игу́менья** 複生 -ий [女8]《正教》女子修道院長

*\***идеа́л** [イデアール] [男1] [ideal] ①理想, 理想像, 美化 ②《田》から完全に具現化されたもの: ～ добро́ты 善の極み

**идеализа́ция** [女9] 理想化, 美化

**идеализи́ровать** -рую, -руешь 受過-анный [不完・完]《文》⟨回⟩理想化する, 実際よりもよいものとみなす, 美化する ‖ **～ся** [不完] [受身]

**идеали́зм** [男1] ①《哲》観念論 ②理想主義 ③(現実の)理想化, 美化

**идеали́ст** [男1]／**~ка** 複生 -ток [女2] ①[男]《哲》観念論者 ②理想主義者 ③夢想家

**идеалисти́ческий** [形3] 観念論(者)の: 理想主義(者)の ‖ **~и** [副] 理想主義的に, 空想的に

**идеалисти́чн|ый** 短 -чен, -чна [形1] 観念論的な, 理想主義的な ‖ **~о** [副] ‖ **~ость** [女10]

*\***идеа́льн|ый** [イデアーリヌィ] 短 -лен, -льна [形1] [ideal] (<идеа́л) ①理想的な, 完璧な; 《話》素晴らしい ②非現実的な, 理想主義的な ‖ **~ость** [女10]

**идеёвка** 複生 -еек [女2] ①〔指小・卑下〕<иде́я

**иде́йн|ый** 短 -еен, -éйна [形1] ①<иде́я ②進歩思想を持った, 進歩的な ‖ **~о** [副] ‖ **~ость** [女10]

**идентифика́тор** [э] [男1] 識別する人, 鑑定士; (個人・物を)認証[特定]するための特徴; 認証システム

**идентифика́ция** [э] [女9] ①同定, 特定, 本人確認, 同一の認識とすること: ～ челове́ка по сосуда́м ладо́ни 手のひら[静脈]認証 ②《心》同一化, 同一視

**идентифици́ровать** [э] -рую, -руешь 受過-анный [不完・完]《文》⟨回⟩[特定]する, 同一人[物]であると認める, 同一視する ‖ **~ся** [不完・完] 同一視される, 一致する

**иденти́чность** [э] [女10] ①一致 ②《心》アイデンティティ

**иденти́чн|ый** [э] 短 -чен, -чна [形1]《文》同一の, 完全に一致する

**идеогра́мма** [女1]《言》表意文字

**идеогра́фия** [女9]《言》表意文字法[体系] ‖ **~и́ческий** [形3]

**идео́лог** [男1] (イデオロギーの)理論家, 擁護者, イデオローグ

*\***идеологи́ческ|ий** [形3] [ideological] イデオロギー[思想]の[に関する], 思想的な, 思想上の ‖ **~и** [副]

**идеоло́гия** [イデアローギヤ] [女9] [ideology] ①イデオロギー, (社会的・歴史的立場に制約された)観念体系

**иде́фикс** [э] (不変) [女] 固定観念 (иде́я фи́кс)

**идёшь** [2単現]<идти́

**иде́|я** [イデェーヤ] [女6] [idea, concept] ①考え, アイディア: выи́шивать -ю アイディアを持っている | подава́ть (подки́дывать) -ю アイディアを出す | ～ фи́кс 脅迫観念, 固定観念 (навя́зчивая ～) ②〈述語〉いい考えだ ③ (作品などの)中心思想, 着想, 構想: ～ рома́на 小説のテーマ ④意図: полити́ческие -и 政治思想 ⑤《哲》理念, 観念, イデア: ～ добра́ 善のイデア ◆ **по-е** 理論的には; 《話》おそらく, きっと

**иди́** [命令]<идти́

**иди́лл|ия** [女6] ①田園詩, 牧歌的な詩 ②(しばしば皮肉)牧歌的な生活, 平穏な暮らし ‖ **~и́ческий** [形3]<～

**идилли́чный** 短 -чен, -чна [形1] (暮らしが)平穏な

**идиоле́кт** [男1]《言》個人語, 個人言語

**идио́ма** [女1]《言》イディオム, 慣用句 (фразеологи́зм)

**идиома́тика** [女1] ①慣用句論 ②(ある言語の)慣用句全体: ру́сская ～ ロシア語の慣用句(全体)

**идиомати́ческий** [形3] <идио́ма, идиома́тика

**идиосинкрази́|я** [女9] ①《医》特異体質, アレルギー ②毛嫌い, 強い嫌悪感 ‖ **~и́ческий** [形3]

*\***идио́т** [男1]／**~ка** 複生 -ток [女2] [idiot] ①《医》重度の知的障がい者 ②《話・罵》ばか, 薄のろ; 白痴

**идиоти́зм** [男1] ①《医》重度知的障がい ②《話》ばかげたこと, 愚かな言動

**идиоти́ческ|ий** [形3] ①<идиоти́зм① ②《話》ばかげた, 愚かな言動

**идио́тск|ий** [ц] [形3] ①<идио́т① ②《話》ばかげた, 愚かな ‖ **~и** [副]

**идио́тство** [ц] [中1] 《話》愚かさ, 愚かな言動

**и́диш** [男4] イディッシュ語

**и́дол** [イードル] [男1] [idol] ①偶像 ②崇拝の対象 ③《罵》ぼうっとしている人, とんま: стоя́ть [сиде́ть] ～ ом と突っ立って[腰抜けて]いる ■ маврита́нский ～ 〔魚〕ツノダシ ‖ **~ский** [形3] ‖ **~ище** (中4変化) [男] [中] 〔指大〕 (大きな)偶像

**идолопокло́нни|к** [男2]／**-ца** [女3] 偶像崇拝者, 異教徒

**идолопокло́нство** [中1] ①偶像崇拝, 異教 ②〈перед 圈 に対する〉度を超えた崇拝 ‖ **~нический** [形3]

*\***идти́** [イッチー] иду́, идёшь идёт, идём, идёте, иду́т 命 иди́ 過 шёл, шла, шло шли 過能 ше́дший 過副 идя́ [不完] 不定 **ходи́ть** (運法)目的(地)が明示される場合, пойти́ がペアの完了体扱いになる: После́ шко́лы я пошёл домо́й. 放課後私は家に[学校から]つきました ｜ После́ шко́лы я сра́зу иду́ домо́й. 放課後すぐに家[に向かいます]

I《移動》①〈人・生きものが〉移動する, 歩いて行く (運法)ロシア語では「行く・来る」の区別は文脈による)： ～ пешко́м 歩いて行く ｜ Отку́да ты *идёшь*? どこから帰るところなの ｜ ～ на костыля́х 松葉づえをついて歩く ｜ ～ в но́гу 歩調を合わせて歩く ② (乗り物が)進む, 移動する (運法)идти́ は, 移動や進捗のみを表す; 特に移動する人, 乗物, 乗客を問題にするときは, これに特化した е́хать, лете́ть などを用いる): Наш самолёт идёт на посáдку. 本機はただいま着陸態勢に入りました(亜団)機内では飛行機が空を飛ぶことは問題にならないのです | Наш автóбус идёт бы́стро. 私たちのバスはすばやく進んでいる | Бáржа *идёт* по реке́. 艀(はし)が川を進んでいる | Трамвáй нóмер два *идёт* до музéя. 2番の路面電車は博物館まで行く 《雲・天体・水面の氷などが》移動する

II 《空間的延長》① 《道・野・森などが》続いて[伸びて、広がって]いる、ある: Доро́га шла пóд гору. 道は下り坂になっていた ② 《文章・筆跡・署名などが》続いている

III 《時間的進行》① 《時間・年齢が》進む、過ぎる: *Идёт* день за днём. 時が1日1日と過ぎてゆく ② 行われている、進展[展開、進行]している: Делá заседáния. 会議が進行中です | Делá мой *иду́т* хорошó. 私の方は万事順調です | *Идёт* зáпись. 録音[録画]中です | Ти́хо, *идёт* зáпись. 録音[録画]中ですから静かに (ホールやスタジオ内の掲示) ③ 《劇が》[上演]されている: В Большóм теáтре *идёт* премьéра балéта. ボリショイ劇場ではあるバレエの初演が行われている ④ 《о劇について》《話・議論などが》進行している: О чём *идёт* речь? 何の話をしているの | Переговóры *иду́т* тру́дно. 交渉は難航している ⑤ 《機械が順調に》動く、作動する: Часы́ *иду́т*. 時計は動いている (観察時点で → ходи́ть ⑫) ⑥ 《成績が》である: Он шёл в пéрвых по учéнию и в послéдних по поведéнию. 彼は成績はトップクラスだが、素行は最悪の部類だった

IV 《目的に向けられた移動》① 《к田/в田/на田》…へ行く《不定形》…しに行く: ~ в библиотéку позанимáться 図書館へ勉強しに行く | ~ в мóре 海へ行く | ~ на рыбнáлку 漁に行く | ~ на концéрт コンサートへ行く 《抽象的に》向かう: Мы *идём* к глобализáции. 我々はグローバリゼーションの道を歩んでいる | Он *шёл* чуть ли не в замминистра. 彼は次官になりそうな勢いであった ③ 《話》《罠・網・えさに》かかる ④ 《仕事・学業・結婚などに》踏み切る、入る: ~ в доброво́льцы 志願兵になる | ~ на математи́ческий факультéт 数学科に入る | ~ на инженéра エンジニアを目指す | ~ на сцéну 舞台に上がり、俳優になる | 《зáмуж》 за 団 《女性が》…と結婚する ⑤ 《特定の活動体名詞で、複数名詞と同形の複数対格と共に》《в団》…に行く: ~ в гóсти 客になる、遊びに行く | ~ в инженéры エンジニアになる ⑥ 《на団》…敢えて向かう; 《прóтив田》…に反する: ~ на риск リスクを冒す | ~ на мировýю 和解を結ぶようにする ⑦ 《за団》…を取りに[買いに、迎えに]行く; …をまねている、に倣う: ~ за но́вой кни́гой 新しい本を買いに行く | ~ за символи́стами 象徴主義者のまねをする 《в/на田》に供される、使われる: ~ в продáжу [печáть, но́мер] 販売[印刷、掲載]される | ~ в дéло 役に立つ、使える

V 《発生》① 《煙・音・噂などが》広がる、流れる、漂う: От земли́ шёл пар. 地面から蒸気が上がっていた | 《на田》《お金・時間などが》使われる、費やされる ③ 《利子・罰金などが》発生する: С какóго числá *иду́т* пéни? 延滞料はいつから発生するのか ④ 《涙などが》流れる: Кровь *идёт*. 血が出ている ⑤ 生える、成長する

VI 《到着》① 《手紙などが》届く、《人が》来る、着く; 《時が》近づく、やって来る; 《話》《否定文で》《眠気が》訪れない、《言葉などが》思い浮かばない: Дóлго *идёт* пóчта. 郵便がなかなか届かない | Пóсле лéта *идёт* óсень. 夏の後は秋が来る | Сон не *шёл*. どうも眠気がこなかった | В головý ничегó не *идёт*. 何も思いつかない 《ガ・ガスなどが》配管などを流れる、送られてくる: Газ *идёт*. ガスが来ている ② 《話》《給与・手当などが》定期的に出る、供与される

VII 《その他》① 行動する: ~ врóзь ばらばらに行動する ② 需要がある、売れている: Каки́е газéты здесь бóльше *иду́т*? ここで一番よく売れている新聞は何ですか ③ 《話》《しばしば否定文で》うまくいかない: Рабóта не шлá. 仕事はうまくいかなかった ④ 《за団》とみなされている、考えられている: Эти дворцы́ *иду́т* за простýе домá. それらの宮殿は普通の家と同じだと思われている ⑤ 《雨・雪が》降る: *Идёт* снег. 雪が降っている ⑥ 《押されて・叩かれて》入る、進む: Гвоздь легкó *идёт* в стéну. 釘は壁に簡単に打ち込める ⑦ 《チェス》《駒を》動かす、《トランプ》《札を》出す: ~ конём ナイトを進ませる ⑧ 《無人称でも》《к/д団》に似合う、適する: Вам *идёт* рóзовая рубáшка. そのピンクのシャツ似合いますね ⑨ 《比較級・名詞と共に》:に続く: Камы́ш всё ши́ре и гýще с лéвой стороны́ дорóги. 道の左側では葦がますます深く茂っていた

◆*Идёт*. 《話》 《案・考えが》いいだろう、それで行こう | ~ **к дéлу** 関係[関連]がある | *сам идёт (в рýки) к* 団 …にはたやすく手に入る | **речь *идёт* о** 団 …が問題になる、…が重要だ; 話題は… | Иди́ ты́ **к чёрту!** 《話》 いらっしゃないでくれ、とっとと失せろ

**иду́** [1単現] ← идти́

**Иего́ва** [女1 変化し] [男] 《宗》エホバ、ヤハウェ、ヤーウェ (ユダヤ教の唯一神)

**иегови́ст** [男1] / **~ка** 複生 -ток [女2] 《複》《宗》エホバの証人 (キリスト教の一派; свиде́тели Иего́вы); その信者 *‖* **~ский** [ц] [形3]

**иезуи́т** [男1] / **~ка** 複生 -ток [女2] ① [男] イエズス会士 ② 狡猾な人、偽善者 *‖* **~ский** [ц] [形3]

**иезуи́тство** [ц] [中1] 偽善、狡猾な行動

**иéна** [女1] 円 (日本の通貨単位): манéтка пяти́ *иéн* 5円玉 в *иéнах* 円換算で *‖ иéнов|ый* [形1]: в -ом выражéнии 円換算で

**иерáрх** [男2] 《正教》《主教以上の》最高位聖職者

*иерáрх|ия* [女2] 〔hierarchy〕《正教》《ピラミッド型の》階層制、階層化された集団、ヒエラルキー (иерархи́ческая лéстница) *‖ -и́ческий* [形3]

**иерéй** [男6] 《正教》司祭 *‖ ~ский* [ц] [形3]

**иерихóнск|ий** [形3] 《声・音が》大きい ◆*-ая трубá* とんでもなく大きい声[音]; 声の大きな人

**иеродиáкон**, **иеродья́кон** [男1] 《正教》修道輔祭

**иерóглиф** [男1] ① 象形文字; 漢字; ヒエログリフ ② 《通例複》《戯》判読できない文字 *‖ ~и́ческий* [形1]

**иерогли́фика** [女2] 象形文字による書法[体系]

**иеромонáх** [男2] 《正教》修道司祭 *‖ иеромонáшеский* [形3]

**Иерусали́м** [男1] エルサレム *‖ и́~ский* [ц] [形3]

**ИжÁвто**, **Иж*а*вто** [イジャーフタ] 《略》Ижéвский автомоби́льный завóд イジェフスク自動車工場、イジアフト工場

**иждивéн|ец** -нца [男3] / **~ка** 複生 -нок [女2] ① 被扶養者 ② 他人の援助を当てにしている人

**иждивéни|е** [中5] 援助 (すること); 生活費: быть [состоя́ть] на **–ии** …に扶養されている

**иждивéнств|о** [中1] 《公》扶養 (されていること): спрáвка об **–е** 扶養家族証明

**иждивéнческий** [形3] (人が) 他人の援助を当てにしている; 扶養されている

**иждивéнчество** [中1] 《蔑》他人の援助を当てにすること

**Ижéвск** [男2] イジェフスク (ウドムルト共和国の首都; 沿ヴォルガ連邦管区)

**и́жиц|а** [女3] 《古ロシア語の》アルファベット最後の文字の名称 ◆*но́ги –ей* 《話》Х 脚 | *от аза́ до –ы* 最初から最後まで

*из* [イズ,イス] (★特定の結合では[イーズ]: *из лесу* など)、**изо** [イザ] (★特定の子音連続の前で: изо всéх, изо дня́, изо льда, изо рта́ など) [前] 〔from, out of, of〕 《田》① 《起点・出発地》…から、の中から (↔в): тури́ст *из* Москвы́ モスクワからの旅行者 | вы́йти *из* до́ма [и́з дому] 家から出る ②《出身・帰属》…の, …出身の, …元…の: чай *из* Индии インド産の紅茶 | профе́ссор *из* МГУ モスクワ大学の教授 | челове́к *из* сре́днего кла́сса 中流出の人 ③《全体の構成要素》…できた: буке́т *из* роз バラの花束 | семья́ *из* шести́ челове́к 6人家族 ④《主に意識的な行為の動機・理由》…ゆえに, …なので(→от⑤): рабо́тать *из* любви́ к де́лу その仕事が好きで | помога́ть *из* жа́лости かわいそうだと思って助ける ⑤《材料》…でできた: пла́тье *из* шёлка 絹のドレス | шка́ф *из* стекла́ и бето́на ガラスとコンクリートでできた建物 ⑥《容器》…から: доста́ть плато́к *из* карма́на ハンカチをポケットから取り出す | пить чай *из* ча́шки 紅茶をカップで飲む ⑦《情報源》…から: узна́ть *из* письма́ 手紙で知る ⑧《同種の一部》…のうちの: оди́н *из* них 彼らのうちの1人 | А́рия *из* о́перы オペラの中のアリア ⑨《変化の起点》…から(になる): *Из* него́ вы́йдет хоро́ший врач. 彼はいい医者になる | Ве́тер *из* осе́ннего преврати́лся в зи́мний. 秋の風は冬のそれへと変わった

**из..,** *пр. дг.* т-ь, т-с *пр. дг.* б-ь, *пр. дг.* м, н の前で] **изо..,** (е, ё, ю, я の前で) **изъ..,** 《無声子音の前で》 **ис..**, 《接頭》 **I**《動詞》①《極限まで「すっかり」の意》**изна́шивать** 着古す, 履きつぶす ②《内から外へ》: **изве́ргнуть** 投げ出す | **избра́ть** 選ぶ ③《全体的に「まんべんなく」の意》: **изреза́ть** 切り刻む ④《完了体を形成》 **II**《副詞を形成》 "…色を帯びて": **изжелена́** 緑色がかって

**\*избá** *к и́зб*у/*изб*ý/и́збу *мн* и́збы [女1]①《丸太で作った》農家, 百姓家: бе́лая [чёрная] ~ 暖炉に煙突の付けられた[付けられていない]百姓家 ②《露史》(モスクワ公国時代の)官庁, 役所 ◆**выноси́ть сор и́з** ~ 内輪のもめごとを表沙汰にする **//избёнка** *мн* -нок [女2]《話》〔卑称〕

**избави́тель** [男5]/**~ница** [女3] 救済者, 援助者 **//~ский** [形3]

**\*избавля́ть** [不完]/**изба́вить** -влю, -вишь 受過-вленный [完] (save, deliver) 〈О〉を〈от Ч から〉救う, 助け出す, 逃れさせる: ~ от сме́рти …を死から救う ◆**изба́вь(те)** 〔話〕そっとしておいて下さい, 私を巻き込まないで下さい **//избавле́ние** [中5]

**\*избавля́ться** [不完]/**изба́виться** -влюсь, -вишься [完] (be saved, escape) 〈от Ч から〉逃れる, 解放される: ~ от сме́рти 死の危険を脱する | ~ от хлопо́т 厄介から逃れる ②《不完》〔受身〕<избавля́ть

**избало́ванный** *кр.* -ан, -анна [形1] 甘やかされて育った, わがままな

**\*избало́вывать** [不完]/**избалова́ть** -лу́ю, -лу́ешь 受過-о́ванный [完] (spoil) 〈О〉甘やかしてわがままにする; 〈圆〉を増長させる: ~ ребёнка свои́м внима́нием 気をつかいすぎて子供をわがままに育てる

**избало́вываться** [不完]/**избалова́ться** -лу́юсь, -лу́ешься [完] ①自分に対して甘くなる ②《話》(主に子どもが)わがままになる; 《俗》自堕落な生活を送るようになる

**избáч** -á [男4]《露史》**изба́-чита́льня** の職員

**изба́-чита́льня** [女1]-[女5]《露史》(ソ連60年代まで)農村読書室, 農村文化センター(60年代以降は公民館, クラブ, 図書館に移行)

**избе́гать** [完]《話》〈圆〉の方々を走り回る: ~ весь го́род 町中を走り回る

**\*избега́ть** [イズビガーチ] [不完]/**избежа́ть** [イズビジャーチ] -егý, -ежи́шь, ..., -егýт *пов* -еги́ [完] & **избе́гнуть** [イズビェーグヌチ] -ну, -нешь *пов* -ни *пр.* -ег [-гнул], -е́гла 能過-гший/-увший 受過-тый *副分* -ув [回] (avoid, escape) 〈Р〉を〈不定形(不完 するのを, 話〉を避ける: ~ беды́ 難を逃れる | ~ встре́чи с 〈Т〉 ...と会うのを避ける | Она́ *избега́ла* смотре́ть в мою́ сто́рону. 彼女は私の方を見るのを避けた **//~ся** [不完][受身]

**избежа́ние** [中5] 避ける[回避する]こと ◆**во** ~ 〈Р〉 …を避けるために, …が起きないように: *во* ~ недоразуме́ний 誤解が生じないように

**избежа́ть** [完] →избега́ть

**избела́-..** [《語形成》"白っぽい, 白みがかかった": *избела́*-голубо́й 薄い水色の

**избива́ть** [不完]/**изби́ть** избью́, избьёшь *пов* избе́й 受過 -тый [完] ①散々殴る, 殴打する: ~ до полусме́рти 半殺しにする | ~ в кровь 殴って血まみれにする ②《通例受過》〈回〉などを傷める, 〈靴などを〉履きつぶす ③《話》〈手足を〉(何かで打って)傷つける **//~ся** [不完][自] 《話》①ぶつかってけがをする ②殴られてぼろぼろになる; (靴などが)履き潰される

**избие́ние** [中5] 殴打; 《法》暴行 ◆**~ младе́нцев** 〔戯〕(若者・新参者への)厳しすぎる措置〔要求〕; いじめ

**избира́тель** [男5]/**~ница** [女3] (voter, elector) 有権者, 投票者, 選挙人: я́вка **-ей** 投票率 | спи́сок **-ей** 選挙人名簿 **//~ский** [形3]

**\*избира́тельн|ый** [形1] (selective, electoral) ①《文》選択的な: **-ое** де́йствие лека́рств 薬の選択的効用 ②選挙の: **-ая** кампа́ния 選挙運動 | ~ бюллете́нь 投票用紙 | ~ зало́г 供託金 | **-ая** коми́ссия 選挙管理委員会 | ~ марафо́н 長期間の選挙戦 | ~ о́круг 選挙区 | **-ая** у́рна = я́щик 投票箱 | ~ уча́сток 選挙区; 投票所 **//-о** [副] <①> **/-ость** [女10] <①>

**\*избира́ть** [イズビラーチ] [不完]/**избра́ть** [イзブラーチ] -берý, -берёшь *пов* -бери́ *пр.* -ра́л, -рала́, -ра́ло 受過 и́збранный [完] (choose, elect) 〈В〉を選ぶ, 選択する: ~ опа́сный путь 危ない道を選ぶ | ~ ли́дера движе́ния (社会的)運動のリーダーを選ぶ ②選挙で選ぶ, 選出する: ~ депута́тов 議員を選出する | пра́во *избира́ть* 選挙権 **//~ся** [不完][受身]

**изби́т|ый** [形1] ①(道などが)踏み固められた, 多くの人が通る ②(言葉・表現が)よく使われていて陳腐な: **-ые** фра́зы 使い古された言葉 **//-ость** [女10]

**изби́ть** [完] →избива́ть

**изболе́ться** -ли́тся [完] 《俗》(悩んで)疲れ果てる: ~ душо́й [се́рдцем] = душа́ [се́рдце] *изболи́тся* 悩んで疲れ果てる

**избо́рник** [男2]《史・文学》(古代ロシアの)諸テキストの選集写本

**избоpозди́ть** -зжý, -зди́шь 受過-рождённый (-дён, -дена́) [完] 〈В〉①耕耘跡[航跡]を残す: Зуба́стый крокоди́л *избороздя́л* всё по́ле. (なぞなぞ)歯のたくさんある刀が畑を一面にひっくり返してしまった (答え: плуг プラグ; 耕運機) | Он *избороздя́л* моря́ и океа́ны. 彼は海という海に航跡を残した ②線状のもので覆う: Морщи́ны *избороздя́ли* лицо́. 顔は皺だらけだった ③《話》ある場所を歩き[走り]回る: ~ всю страну́ 国中を歩きまわる

**избоче́ниваться** [不完]/**избоче́ниться** -нюсь, -нишься [完] 《話》①(片方の腰を前に突き出し, または片手を腰に)勇ましげな姿勢をとる ②傾く

**избра́ние** [中5] 選出, 選定, 選挙

**избра́нни|к** [男2]/**-ца** [女3] ①選ばれた人: ~ судьбы́ 幸運児 | ~ наро́да = наро́дные **-ки** 代議士 | найти́ своего́ **-ка** 未来の夫を見つける ②《雅》才能豊かな人, 何かに卓越した人 **//-ческий** [形3]

**и́збранн|ый** [形1] ①(а)選び出された; (大統領などが)選ばれた, 次期の: то́мик **-ых** стихотворе́ний Пу́шкина プーシキン選詩集 (b) ~ [男6]/-**ая** [女名]

**избра́ть** [完] →избира́ть
**избу́шка** 複生-шек [女2]《話》《指小》← изба́
**\*избы́ток** -тка [男2]〔surplus, excess〕① 余剰, 剰余; 残余: ~-ки запа́сов ストックの余分, 必要以上のストック ② 豊富, たっぷりある様子: ~ си́л みなぎる力
◆ **в ~ке** = **с ~ком**《話》たっぷりと, 必要以上 | **от ~ка се́рдца (чувств)** 感無量で | **жить в ~ке** 豊かに暮らす
**избы́точн|ый** 短-чен, -чна [形1] < избы́ток ② 必要以上の, 余分な, 余計な ‖ **-о** [副] <②
**изва́ливать** [不完] / **изваля́ть** [完]《話》《俗》(泥・雪の中で転がして)汚す ‖ **~ся**《話》(泥・雪の中で転がって)汚れる
**извая́ние** [中5] 彫像; 彫刻: ка́менное ~ 石像
◆ **стоя́ть как ~** 微動だにせず立っている
**изва́ять** [完] → вая́ть
**изве́дывать** [不完] / **изве́дать** 受過-ведан-ный [完]《通例完》《雅》《穀》経験する, 経験してみる, 理解する: ~ го́ре 悲しみを知る | Мно́гое изве́дал на свое́м веку́. 一生の間に多くのことを経験した
**и́зверг** [男2] 残忍な人, 〔罵〕非人: ~ ро́да челове́ческого〔罵〕人間の屑
**изверга́ть** [不完] / **изве́ргнуть** -ну, -нешь 命-ни, 過-е́рг/-ул, -е́ргла 能過-нувший/-ший 受過-тый 副分-ув [完] ① <溶岩・灰などを>噴出させる, 噴出させる: Вулка́н изве́рг пе́пел. 火山が噴煙を吐いた ②（中から外へ）投げ出す, 吐き出す:<ののしり・脅しの言葉を>吐く, 言う: ~ преда́теля из свое́й среды́ 裏切り者を自分らの仲間から追い出す
**изверга́ться** [不完] / **изве́ргнуться** -нусь, -нешься 過-е́ргся/-улся, -е́рглась 能過-гшийся/-увшийся 副分-увшись [完] 〔溶岩・灰などが〕噴出する, 流れ出る: Ла́ва изве́рглась из вулка́на. 溶岩が火山から流出する
**изверже́ние** [中5] ① 噴出, 流出; 噴火: ~ вулка́на 火山の噴火 ②《複》噴出[排出]物; 排泄物
**изве́рженн|ый**〔地質〕火山活動でできた: -ые го́рные поро́ды 火成岩（層）
**изве́риваться** [不完] / **изве́риться** -рюсь, -ришься [完] 〈в誰に対する〉信頼をなくす: ~ в друзья́х 友人たちを信じられなくする
**изверну́ться** [完] → извора́чиваться
**изверте́ть** -верчу́, -ве́ртишь [完]《話》① （ねじって, 回転させて）駄目にする ② 長い間動き回る;（見ようとして）あちら体を動かす
**изверта́ться** [不完]《話》= извора́чиваться
**извести́(сь)** [完] → изводи́ть(ся)
**\*изве́ст|ие** [изве́с'т'ийэ][中5]〔news〕① 知らせ, ニュース; 消息: после́дние ~ия 最新のニュース | име́ть ~ о ... ...についての便りがある ②《複》会報, 会誌: ~ о́бщества «А»「А」学会会報 ③ **И-ия**〔複〕イズベスチヤ（新聞名）
**извести́ть** [完] → извеща́ть
**и́звестка** [女2] 石灰モルタル;《俗》石灰(и́звесть)
‖ **-сточный** [形1]
**известкова́ть** -ку́ю, -ку́ешь 受過-о́ванный [不完・完]〔農〕〈в土壌を〉石灰で施肥する
**известко́вый** [形1] 石灰の(ような); 石灰でできた
**\*изве́стно** [сн][изве́сна]〔無人述〕① <与に>知られている: ~, что ... ということは知られている | О приро́де э́того архипела́га ~ немно́го. この群島の自然についてはあまり知られていない ②《話》《挿入》もちろん, 言うまでもない ◆ **наско́лько мне ~** 私の知る限り | **как ~** ご存知の通り, 周知の通り | **и кому́ не ~** 田...のことは誰もが知っている
**\*изве́стность** [сн][女10]〔fame, reputation〕有名, 著名, 名声, 評判: приводи́ть в ~ ... を明らかにする | ста́вить в ~ ... に ... について知らせる | по́льзоваться -ью 名声を博する
**\*изве́ст|ный** [изве́сный][сн] 短-тен, -тна [形1]〔(well-)known as...〕① <与に 造に>知られている: -ое всем собы́тие 誰もが知っている事件 | Го́род изве́стен тексти́льной промы́шленностью. その都市は繊維工業で有名だ | Он изве́стен как сказа́тель были́н. 彼はブィリーナの語り手として有名だ
② 有名な; 著名な
③ **-ое** [中名] 知られている（わかっている）事柄;〔数〕既知数（⇔неизве́стное）
④〔長尾〕一定の: в ~ час 特定の時間に
⑤ ある, とある: мужчи́ны -ого со́рта ある種の男たち | -ым о́бразом ある方法で | до -ой сте́пени = в -ой ме́ре ある程度 ◆ **-ое де́ло**《挿入》もちろん（коне́чно）
**известня́к** [сн] -á [男2]〔鉱〕石灰岩 ‖ **-о́вый** [形1]
**и́звесть** [女10]〔化〕石灰: гашёная ~ 消石灰（水酸化カルシウム）| негашёная ~ 生石灰（酸化カルシウム）| хло́рная ~ さらし粉（次亜塩素酸カルシウム）
**изве́чн|ый** 短-чен, -чна [形1]《文》ずっと昔からある, 古くからの ‖ **-о** [副]
**извеща́ть** [不完] / **извести́ть** -ещу́, -ести́шь 受過-ещённый (-щён, -щена́) [完] <与に о̀誰に>知らせる, 伝える, 通報する: ~ о прие́зде 到着を知らせる | письмо́м ~ 手紙で知らせる
**извеще́ние** [中5] ① < извеща́ть ② 通知(状), 報告(書): ~ о собра́нии 集会の通知
**изви́в** [男1] ① 湾曲, うねり, カーブ: ~ы реки́ 川の湾曲 ②《通例複》〔思考・感情の〕屈折, 揺れ, 変化
**извива́ть** [不完] / **изви́ть** извью́, извьёшь 命-ве́й -ви́л, -вила́, -ви́ло 受過-ви́тый (-ви́т, -вита́/-ви́та, -ви́то) [完]〔稀〕① <波型・螺旋状に>湾曲させる, 丸める: Змея́ изви́ла хвост кольцо́м. ヘビが尾を丸めた ② 全部撚(より)って使いきる
**извива́ться** [不完] / **изви́ться** извью́сь, извьёшься 命-ве́йся 過-ви́лся, -вила́сь, -ви́лось, -ви́лись/-вили́сь [完] ① <体を>くねらせる: ~ змеёй [ужо́м] ~ как змея́ [уж] ヘビのように体をくねらせる | ~ 「от бо́ли」 в му́ках] 痛くて苦しくて」のたうちまわる ②（道・川などが）曲がりくねっている；（隊列などが）曲がりくねった道を進む
**изви́лин|а** [女1] ① 湾曲, 屈曲, カーブ: ~ы доро́ги 道路のカーブ ②《通例複》心の揺れ〔動き〕: все ~ы се́рдца〔души〕心のあらゆる動き ③《話》〔通例複〕〔解〕脳回 ~ голово́го мо́зга ◆ **шевели́ть -ами**《戯》頭を働かせる, 考える | **У него́ всего́ две -ы.**《戯》やつは頭の働きが鈍い
**изви́л|истый** -ист [形1] 曲がりくねった: ~ путь = -ая доро́га くねった道; 平坦ならぬ人生行路
**извине́ние** [中5] ① 許し; 許しを求める言葉: приноси́ть свои́ -ия <与に>《文》... に許しを求める | прошу́ -ия お許し下さい ②（事情を斟酌して）罪を問わないこと, 情状酌量 ③ 口実
**извини́тельный** -лен, -льна [形1] ① 許されてよい: Така́я оши́бка -а. そのようなミスは許されてしかるべきだ ②〔長尾〕許しを求める: ~ тон 許しを乞う口調 | -ое письмо́ 詫び状
**\*извиня́ть** [извин'а́ч'] [不完] / **извини́ть** [извин'и́ч'] -ню́, -ни́шь 命-ни́ 受過-нённый (-нён, -нена́) [完]〔excuse〕許す《通例》<в за誰を>許す, 許容する: ~ шалуна́ 腕白坊主を許す | ~ за оши́бку <与の>...のミス

を許す ② 事情を斟酌して罪を問わない: ~ посту́пок молодо́стью 若さゆえ大目に見る

◆*Извини́(те)!* すみません; 《話》《反対・抗議・異議》それは御免蒙りたい: Гуля́ть под дождём? Нет уж, *извини́те.* 雨の中を散歩しようって? それはちょっとね | *извини́ — подви́нься* 《俗》《不同意・拒否》とんでもない | *извини́(те) за выраже́ние* 《話》こんな言い方をしては何ですが

*извиня́ться [不完] / извини́ться -ню́сь, -ни́шься [完] [apologize] ① 許しを乞う: ~ за опозда́ние 遅刻の許しを乞う ② ~ пе́ред дру́гом 友人に謝罪する ② 〔旧・文〕〈画〉により事情を斟酌してもらう ~ боле́знью 病気を理由に情状酌量を申し出る ③《不完》〔受動〕< извиня́ть ≡ *извиня́юсь* = извини́(те) (★軽いめで敬意を示す必要のある相手には不向き)

извиня́ющийся [形6] すまなそうな、おもねるような

изви́ть [完] → извива́ть

*извлека́ть [不完] / извле́чь -еку́, -ечёшь, ..., -еку́т 命-еки́ 過-лёк, -лекла́ 能過-лёкший 受過-чённый (-чён, -чена́) 副分-лёкши [完] 〈图〉[extract] ① 引き出す、抜き出す、取り出す; 〈金を〉送金させる、呼び出す: ~ звук 音を出す | ~ сок из расте́ния 植物から樹液を採る | ~ по́льзу [вы́году] 利用する、利益を生む | ~ уро́к [уро́ки] из чего ···から教訓を引き出す、学ぶ | ~ ко́рень [数]根を求める ■ извлека́емые запа́сы 可採埋蔵量 *//~ся* [不完] / [完] ① 抜き出される、抜け出る ②《不完》〔受動〕

извлече́ние [中5] ①< извлека́ть ②〔文〕(文章の) 書き抜き、断片: ~ из ру́кописи 現行の一部

извле́чь [完] → извлека́ть

извне́ [副] 〔文〕① 外から: Звук проник ~. 音が外から聞こえてきた ② よそから: жда́ть по́мощи ~ よそからの援助を待つ

изво́д [男1] ① 浪費; 疲弊: пусто́й ~ де́нег 金の無駄遣い | С э́тим безде́льником оди́н ~. この怠け者には本当にうんざりさせられる ②〔文学〕(古代スラヴ語の写本で特定の言語的特徴を示す)異本

изводи́ть -вожу́, -во́дишь [不完] / извести́ -еду́, -едёшь 過-вёл, -вела́ -ве́дший 受過-едён-ный (-дён, -дена́) 副分-едя́ [完] ①《話》使い果たす、浪費する: ~ мно́го де́нег 大金を浪費する ②《俗》殺す; 滅ぼす: ~ тарака́нов ゴキブリを駆除する ③《俗》疲れさせた: 〈画〉で落ち着かなくさせる、苦しめる: ~ наcме́шками 图 ···をばかにしていら立たせる ④《俗》(手足などを)痛める、不自由にする

изводи́ться -вожу́сь, -во́дишься [不完] / извести́сь -еду́сь, -едёшься 過-вёлся, -вела́сь 能過-вёд-шийся 副分-едя́сь [完] ①《話》(大量に)使われる ②(動物などが)いなくなる、滅びる ③疲れきる; 苦しむ; 落ち着かなくなる

изво́з [男1] 《話》自家用車のタクシー営業、白タク

изво́зчик [щ] [男2] ① 辻馬車、馬車; その御者 ②(御者付きの)辻馬車 ③《話》(小型飛行機・近距離飛行の)パイロット (возду́шный ~) ④《話》個人タクシー業、白タク業者

изво́лить -лишь [不完] ①(1人称なし; 聞き手、第三者へのへりくだった態度)〔旧・皮肉〕〔否定形〕···なさる (★不定形に現れるべき法、時制、人称、数が *изво́лить* に現れる): Ба́рыня *изво́лят* гне́ваться. 奥様がお怒りになっております | Не *изво́льте* беспоко́иться. ご心配には及びません ②《不満・苛立ち》〔*изво́ль*で〕〔不定形〕···せざるを得ない ③《断固たる命令》〔изво́ль(те)で〕〔…しなさい: *Изво́льте* вы́йти. ただいま出て行っていただきましょう ◆*Изво́ль(те).* 《同意》よろしい〔どうぞ〕(хорошо́, ла́дно), (手渡しながら)どうぞ(пожа́луйста) | *изво́льте ра́доваться* 《話》《不満・落胆》どこって | *изво́льте (ли) ви́деть* 《注意を引く〔ために〕いいですか、ご覧の通り

извора́чиваться [不完], 《話》извёртываться [不完] / изверну́ться -ну́сь, -нёшься [完] ① 急に向きを〔方向を〕変える ②《話》(苦しい状況を)うまく切り抜ける、巧みに振る舞う

изворо́т [男1] ①〔旧〕カーブ、湾曲: ~ы реки́ 川の湾曲 ②〔複例複〕(人生における)紆余曲折: (考え・感情の)変化、移ろい ③ 術策、策謀、トリック: ~ы в спо́ре 議論における詭弁

изворо́тливый 短-ив [形1] ①(動作が)すばしっこい ② 機転のきく、頭の回転が速い: ~ у́м 機転のきく頭

извраща́ть [不完] / изврати́ть -ащу́, -ати́шь 受過-ащённый (-щён, -щена́) [完] 〈图〉歪める: 歪めて見せる; 曲解する: ~ фа́кты 事実を歪める; 事実を曲解する *//~ся* [不完] / [完] ① 歪む、歪んで見える ②《不完》〔受動〕

извраще́н|ец -нца [男3] / -ка 複生 -нок [女2] 変質者、変態

извраще́ние [中5] ① 歪める[歪む]こと ② 標準からの極端な〔病的な〕逸脱: полово́е ~ 性的倒錯

извраще́нн|ый 短-ён, -ённа [形1] 歪んだ; 標準から極端に〔病的に〕逸脱した、異常な: гастроно́м с ~ым вку́сом 変わった趣味〔味覚〕の美食家

изга́живать [不完] / изга́дить -а́жу, -а́дишь 受過-а́женный [完] 《俗》① 汚す: Мы́ши *изга́-дили* еду́. ネズミが食で食物を駄目にした ② 損なう、駄目にする: ~ пра́здник お祝いを台無しにする *//~ся* [不完] / [完] ①《俗》汚れる ② 損なわれる、駄目になる ③《不完》〔受動〕

изгаля́ться [不完]〈над图〉からかう、ばかにする

изги́б [男1] ① カーブ、湾曲、曲線: ~ доро́ги 道路のカーブ | ~ те́ла 体の曲線〔ライン〕 ②〔しばしば複〕変化、移ろい: ~ы души́ 心の揺らぎ

изгиба́ть -ну́, -нёшь 受過-о́г-нутый [完] 〈图〉曲げる、撓(しな)める: ~ спи́ну 背中を丸める | ~ дуго́й [в дугу́] 弓なりに曲げる

изгиба́ться [不完] / изогну́ться -ну́сь, -нёшь-ся [完] ① 曲がる、撓む、しなう: (口・顔の線が)歪む ②〈图〉曲げる、かがむ ③(道・川などが)曲がりくねる ④《不完》〔受動〕

изгла́живать [不完] / изгла́дить -а́жу, -а́дишь 受過-а́женный [完] 〔文〕〈图〉①(表面を擦って)線などを目立たなくする: Вре́мя *изгла́дит* следы́. 時と共に跡が消える ②〈印象・記憶を〉弱める、忘れさせる: ~ из па́мяти [се́рдца] 图 ···を記憶〔心〕から消す *//~ся* [不完] / [完] ①(跡などが)表面から消える;(古く用いて)使いものにならなくなる ②(記憶・感情などが)消える

изгна́ние [中5]〔文〕①< изгоня́ть ② 亡命〔流刑〕(状態、生活): жи́ть в ~ии 亡命〔流刑〕生活を送る

изгна́нни|к [男2] -ца [女3] 追放された人、流刑者、亡命者 *//-ческий* [形3]

и́згнанный (形1変化)[男6] 追放された人

изгна́ть [完] → изгоня́ть

изго́й [男6] 社会から逸脱した人: влачи́ть жи́знь -я 社会から外れた生活をする

изголо́вье 複生 -ий [中4] ①(寝床で)頭の置かれる場所、枕元: стоя́ть в ~ 枕元に立つ ② 枕(の代わりとなるもの)

изголода́ться [完] 《話》①(長い間食べずに)すっかり腹を減らす: ~ в пути́ 道中食事をとらず腹ぺこになる ②〈по图〉(長期間触れられず)···が無性に欲しくなる:

~ по хоро́шей кни́ге いい本を読みたくて仕方がない

**изгоня́ть** [不完] / **изгна́ть** -гоню́, -го́нишь прош -а́л, -ала́, -а́ло受過-изгнанный [完] ① 追い出す, 追い払う, 追放する: ~ пчёл и ос ミツバチやスズメバチを追い払う | ~ из страны́ 国から追放する ② 除去する, 削除する, なくす: ~ вульгари́змы из употребле́ния 卑俗な言葉が使われないようにする | ~ из головы́ [па́мяти, се́рдца] 図 ~を頭[記憶, 心]から消し去る

**и́згородь** [女10] (杭・板などによる) 垣根: жива́я ~ 生垣

**изгота́вливать(ся)** [不完] = изготовля́ть(ся)

**изготови́тель** [男5] 製造者, メーカー

**изгото́вить(ся)** [完] →изготовля́ть(ся)

**изгото́вк|а** 複生-вок [女2] ① <изготовля́ть(ся) ②《軍・スポ》用意, 構え ③ 作成, 製作, 調理 ◆на -y (銃を) 構えて, 殴り合いに備えて, けんかにいつでも大丈夫なように

*изготовле́н|ие** [中5] 〔manufacture〕生産[製造, 作成] (する・されること), 組み立て; 準備 (を整えること); 料理 (すること): ~ дета́лей 部品の製造 | материа́л для ~ия ме́бели 家具製造のための資材 | приступи́ть к -ию 製造にとりかかる

*изготов|ля́ть** [不完] / **изгото́вить** -влю, -вишь 受過-вленный [完] 〔manufacture, prepare〕〈⦿〉① 生産[製造]する, 作る: Заво́д *изготовля́ет* подсо́лнечное ма́сло. この工場はひまわり油を生産している ② 作成する (соста́вить) ③ 《食事を作る》④《完》《軍》準備する, 用意を整える: *изгото́вить* автома́т (к бо́ю) 自動小銃の発射準備をする **‖ -ся** [不完] [完] ①《軍・スポ》(自分自身の) 準備を整える ② 《完》[不完] 〔受身〕

**изгрыза́ть** [不完] / **изгры́зть** -зу́, -зёшь прош -ы́з, -ы́зла 受過-ы́зенный [完] 〈⦿〉① 表面を噛む, 噛んで駄目にする: ~ изгры́зенные но́гти 噛んでぼろぼろになった爪 ② (病気・悲しみが) 苦しめる, 苛む **‖ -ся** [不完] 〔受身〕

**изда́ние** [中5] (光・匂い・音などの) 放出, 散発

*издава́ть** [イズダヴァーチ] -даю́, -даёшь 命-ва́й 受被-ва́емый прич -ва́я / **изда́ть** [イズダーチ] -да́м, -да́шь, -да́ст, -дади́м, -дади́те, -даду́т прош -да́л, -дала́, -да́ло 受过и́зданный (-дан, -дана́/-дана́, -дано) [完] 〔publish〕 ① 出版する, 発行する, 刊行する; 〈法令などを〉公布[発布]する: ~ сбо́рник стихо́в 詩集を出版する | ~ постановле́ние 法令を発布する ② (光・匂い・音を) 発する, 出す: Цвето́к *издаёт* сла́бый арома́т. 花がかすかに芳香を放っている **‖ -ся** [不完] [完] ① (本などが) 出る ② 〔不完〕〔受身〕 出る, 放出される

**и́здавна** [副] ずっと昔から

**изда́лбливать** [不完] / **издолби́ть** -блю́, -би́шь 受过-до́лбленный [完]《話》〈⦿〉に (一面に・たくさん) 穴を開ける

*издалека́,《話》издалёка** [副]〔from afar〕① 遠くから見える ② 遠まわしに: *начина́ть* разгово́р [заговори́ть] ~ 重要[本質的]でないことから話し始める

*и́здали** [副]〔from afar〕遠くから, 遠方から (издалека́, издалёка)

*изда́н|ие** [イズダーニエ] [中5] 〔publication, edition〕① 出版, 刊行, 発行: приступи́ть к -ию 出版にこぎつける | электро́нное ~ 電子出版 ② 出版物: периоди́ческое ~ 定期刊行物 ③ 版: пе́рвое [испра́вленное, репри́нтное] ~ 初 [改訂, リプリント] 版 | Слова́рь вы́держал два́дцать -ий. この辞書は20版を重ねている

*изда́тель** [男5] / **~ница** [女3] 〔publisher〕出版者, 発行人

*изда́тельство** [中1] 〔publishing house〕① 出版社, 発行所: И~ э́того словаря́ — Сёгакукан. この辞書の発行所は小学館です ② = изда́ние ①

**изда́тельск|ий** [形3] 出版者[社]の: -ое де́ло 出版 | -ая фи́рма 出版社

**изда́ть(ся)** [完] →издава́ть

**издева́тель** [男5] / **~ница** [女3]《話》嘲笑[愚弄]好きな人

**издева́тельск|ий** [形3] 嘲笑する, 愚弄する **‖ -и** [副]

**издева́тельств|о** [中1] ① <издева́ть ② 嘲笑 [愚弄] する言動; いじめ, 虐待: терпе́ть -а = подверга́ться -ам 笑いものにされる; いじめられる

*издева́ться** [不完]〔mock, scoff〕〈над⦿〉①…を嘲笑 [愚弄] する: В свои́х стиха́х поэ́т *издева́ется* над о́бществом потребле́ния. この詩人は自らの詩によって消費社会を嘲笑している ②…を卑しめる, 侮辱する; いじめる: Над ним постоя́нно *издева́ются* в шко́ле. この子はいつも学校でいじめられている | Ско́лько мо́жно *издева́ться* над роди́телями! いくら両親を苦しめれば気が済むの

**издёвка** 複生-вок [女2]《話》<над⦿〉嘲笑, 愚弄

*издéл|ие** [イズヂェーリエ] [中5] 〔make, manufacturing〕製作, 製造, 作ること: това́р куста́рного -ия 職人の手業による商品 ② 製品, 作られたもの: ремо́нт металли́ческих -ий 金属製品の修理

**изде́рганный** 短-ан, -анна [形1]《話》① 引き抜かれた, むしり取られた ② (病的に) いらいらする, 倦み疲れた: ~ челове́к 癇癪持ち

**изде́ргивать** / **изде́ргать** 受過-ганный [完] 《話》〈⦿〉①〈ひもなどを〉引っ張って使い古す ② (病的なまでに) 苛立たせる, 疲れさせる **‖ -ся** [不完] [完] 《話》① 引っ張られて使い古される ② (病的なまで) 苛立つ, 疲れる; (神経が) まいる

**изде́рживать** [不完] / **издержа́ть** -ержу́, -е́ржишь 受过-е́ржанный [完] 〈⦿〉〈金・労力などを〉使う, 消費する: ~ все де́ньги 金を全て使う **‖ -ся** [不完] [完] 《話》(自分の金を) 使い果たす

*изде́ржк|а** 複生-жек [女2] ①〔expenses, costs〕(通例複) 出費, 支出: де́ньги на ~ в дуги́ | без *изде́ржек* 無料で | -и произво́дства 生産にかかる経費 | суде́бные -и 訴訟費用 ②(複) 悪い結果

**издира́ть** [不完] / **изодра́ть** издеру́, издерёшь прош -а́л, -ала́, -а́ло 受过-о́дранный [完]《話》〈⦿〉① 細かくばらばらに引き裂く: ~ в клочи́ [кло́чья] 囲 ~をずたずたに裂く ②〈肌を〉(細かい傷で) 傷だらけにする **‖ -ся** [不完] [完]《話》① ずたずたに破れる ② (体が) 傷だらけになる

**издолби́ть** [完] →изда́лбливать

**издо́хнуть** [完] →издыха́ть, издыха́ть

**издре́вле** [副]《文》昔から, 太古から: ~ укорени́вшиеся обря́ды 大昔から根付いている儀式

**издыха́ние** [中5]《文》最後の最後まで; 死ぬまで: ① быть на после́днем -ии 《文》今にも絶えそうだ | при после́днем -ии 《文》死に際に, 臨終に; まさに終わろうとしている時に

**издыха́ть** [不完] / **издо́хнуть** -ну, -нешь прош -о́х, -о́хла 能過-хший 副分 -хши [完] (動物が) 死ぬ;《俗・蔑》くたばる

**изжа́рить** -рю, -ришь 受過-ренный [完] 〈⦿〉🅑 →жа́рить ②《話・戯》(熱・暑気などで) 暖めすぎる, 照りつける; 日焼けさせる **‖ -ся** [完] ① →жа́риться ②《話》(暑さで) 焼かれる: とても暑い思いをする

**изжёвывать** [不完] / **изжева́ть** -жую́, -жуёшь 受過-жёванный [完] 〈⦿〉① 噛み砕く, 噛みつぶす ②《話》〈表現などを〉(何度も使って) 陳腐にする

**и́зжелта-..** 〔語形成〕「黄色みがかった」

**изжива́ть** [不完] / **изжи́ть** -живу́, -живёшь -жи́л, -жила́, -жи́ло 受過 -жи́тый (-и́т, -ита́, -и́то) [完] 〔過〕① 〔旧〕慣れて乗り越える ② 〈よくないものを〉避ける; 根絶する: ~ недоста́тки 欠点をなくす [克服する] ◆~ себя́ 古臭くなる, 不要になる **∥~ся** [不完] / [完] ①（時が）過ぎる ②（不幸なども）慣れて感じられなくなる ③ [完]（自分の財産などを）使い果たす **∥-ние** [中5]

**изжо́га** [女2] 胸焼け: си́льная ~ 酷い胸焼け | У меня́ ~. 私は胸焼けがする

*_из-за_ [イズイ́] [前5] [from behind] 〔造〕①（背後からの動作）…の陰から: ~ ле́са 森の向こうから | ~ грани́цы [рубежа́] 外国から ② 〈相手・従事していたものから の離脱〉…から: вста́ть [подня́ться] ~ стола́ テーブルを離れる ③ 〈否定的な結果・望ましくない行為の原因, 理由〉…のせいで（圧縮 из-за, по は悪因・凶因の意味で, ただし前者は外的理由, 後者は人間主語の性格・特質が多い; よいことが原因の場合は благодаря́）: ~ дождя́ 雨のため | ссо́риться ~ де́нег 金のことでけんかする | И~ шу́ма ничего́ не слы́шно. 騒音で何も聞こえない ◆ из-за того́, что ... 〔原因, 理由〕…せいで: Друг не прие́хал из-за того́, что не шёл по́езда. 列車が不通で友人は来なかった | из-за того́, что́бы ... 〔目的〕…ために: Не сто́ит идти́ из-за того́ что́бы услы́шать отка́з. 断りの返事を聞くために行く必要はない | И~ чего́? 何の理由で; 何のために

**изза́бнуть** -ну, -нешь 完 изза́б, изза́бла [完] [話] すっかり凍える

**изла́вливать** [不完] / **излови́ть** -ловлю́, -ло́вишь 受過 -ло́вленный [完] [話] 〔過〕①（追いかけて）捕まえる ②〈на чём〉で摘発する

*_излага́ть_ [イズラガ́チ] [不完] / **изложи́ть** [イズラジ́ィチ] -ожу́, -о́жишь 命 -жи́ 受過 -о́женный [完] [state, set forth] 〔造〕①（口頭・書面で）叙述する: ~ де́ло事情を説明する ②〈小説などの内容を〉要約して語る: Уче́ние Христа́, изло́женное для дете́й 子どもに聞かせるキリストの教説 **∥~ся** [不完]〔受身〕

**изла́зить** -а́жу, -а́зишь [完] 〔過〕何かを探して〈難し道い〉回る: ~ все углы́ くまなく歩き回れる

**изла́мывать** [不完] / **излома́ть** 受過 -о́манный [完] 〔過〕① 壊す, 折る: ~ игру́шку おもちゃを壊す ~ но́гу 骨折する ②〔難過〕身体障がい者にする；（病気などが）疲れさせる ③ [話]（よくない生活や教育で）駄目にする, 損なう: ~ хара́ктер 性格を歪める **∥~ся** [不完] / [完] ① 壊れる, 折れる, 使いものにならなくなる ② [話] わざとらしく振る舞う, もったいぶる

**излёт** [男1] 落下直前の飛行運動; [話] 落ちる直前のもの: на ~е（飛ぶものが）落ちる直前の; もうすぐ終わりそうな; (人が) 人生の終わりに近づいている

**излече́ние** [中5] ① 恢復, 快癒: по́лное ~ 全快, 快癒 ②《公》治療 (лече́ние): находи́ться на -ии в го́спитале 入院治療中である

**изле́чивать** [不完] / **излечи́ть** -лечу́, -ле́чишь 受過 -ле́ченный [完]《文》①〔過〕 от〔造〕を治療する, 治す: ~ от долговре́менной боле́зни 長年の病気を治療する ②〈病気を〉治す: ~ стеноке́рдию 狭心症の治療をする ③〔過〕 от〔造〕〈よくないものを〉取り除く: ~ от вре́дной привы́чки …に悪癖を絶たせる

**изле́чиваться** [不完] / **излечи́ться** -лечу́сь, -ле́чишься [完]《文》①〈от〔造〕〉病気が治る, よくなる ②（不完）治療して治る: Не все боле́зни излечи́ваются. 治療しても治らない病気もある ③〈от〔造〕〉〈よくないものがなくなる〉: ~ от поро́ков 欠点なくなる

**излечи́мый** кратк -и́м [形1] 治療可能な: -ая боле́знь 治り得る病気

**излечи́ть(ся)** [完] → изле́чивать(ся)

**излива́ть** [不完] / **изли́ть** изолью́, изольёшь -ле́й過 -ли́л, -лила́, -ли́ло 受過 -ли́тый (-и́т, -ита́, -и́то) [完] ①〈感情などを〉吐露する: ~ тоску́ 寂しさを吐露する | гнев на ... に怒りをぶちまける | ду́шу ... に心のうちを明かす ②《文》〈光・音・匂いなどを〉出す, 放つ

**излива́ться** [不完] / **изли́ться** изолью́сь, изольёшься 過 -ли́лся, -лила́сь, -ли́лось [完] ① 流れ出る ②《文》〈光・音・匂いなどが〉出る ③〈пе́ред〔造〕〉自分の心情を表す（計えて）～〈в〔造〕の形で〉/〈на〔造〕に対して〉（怒り・喜びの感情が）現れる, 露わになる: ~ в благода́рностях 感謝の気持ちを表す

**изли́шек** -шка [男2] 余り, 余剰; 必要以上のもの[量]: с-ком 必要以上に

**изли́шество** [中1] ①[複]〈必要以上の〉使用; [通例複] 贅沢: архитекту́рные -a 建築 (の費用を上げるためだけ) の華美な装飾 | без -a 適度に

**изли́шествовать** -твую, -твуешь [不完]《文》贅沢を尽くす

**изли́шне** ① [副] 必要以上に: ~ мно́го 必要以上に多く ②[述語] 不要だ, 余計だ: Его́ прису́тствие ~. 彼がいる必要はない

*_изли́шний_ кратк -шен, -шня [形8] [excessive] 余計な, 過剰な, 必要以上の: -яя осторо́жность 用心のしすぎ ◆ коммента́рии изли́шни わかったわかった, 説明は不要だ

**излия́ние** [中5] < излива́ть: дру́жеские ~ 友情のこもった打ち明け話 | пусти́ться в -ия свои́х чувств 感情を吐露したする

**излови́ть** [完] → изла́вливать

**изловчи́ться** [不完] / **изловчи́ться** -чу́сь, -чи́шься [完] [話]〔不定形〕うまくやる, 要領よくやる

*_изложе́ние_ [中5] [exposition] ①< излага́ть 叙述 (された、もの): после́довательное ~ 首尾一貫した叙述 | кра́ткое ~ 概略, あらまし ②（教育手段としての）再話

**изло́женный** [形1] 〔受過〕< изложи́ть: ~ вы́ше [ни́же] 前述 [後述] の

**изложи́ть** [完] → излага́ть

**изло́жница** [女3] 〔冶〕（主にインゴットの）鋳型

**изло́м** [男1] ① 折ること, 挫ぐ (§) こと: на ~（腕などを）折り上げて ② 破壊場所, 折れた場所 ③（特に急な）カーブ, 湾曲; その箇所 ◆ -ом 曲がって

**изло́манный** [形1] ①〔受過〕① 壊れた, 折られた ② 曲がった;（動き・歩き方が）ぎこちない;（筆跡が）角ばった;（言葉遣いが）正しくない ③（性格などが）ひねくれた, 挫折した: -ая жизнь 挫折だらけの人生

**излома́ть(ся)** [完] → изла́мывать

**излуча́тель** [男5]（光・熱・音などを）放射するもの **∥~ный** [形1]

*_излуча́ть_ [不完] / **излучи́ть** -чу́, -чи́шь 受過 -чённый (-чён, -чена́) [完] [emanate] 〔過〕①〈光・熱・音などを〉発する, 放射する: ~ свет 光を発する ②（目・人が）〈感情・優しさなどを〉放つ, 溢れさせる: ~ ра́дость 嬉しそうだ, 喜びを見せる **∥~ся** [不完] / [完] ①（光・熱・音などが）放射される, 流れ出る ②（目などから感情・優しさが）溢れ出る ③ [不完]〔受身〕

*_излуче́ние_ [中5] [radiation] 〔現〕① 放射, 放出: со́лнечное ~ 日射, 太陽放射 | косми́ческое ~ 宇宙線 | ультрафиоле́товое [инфракра́сное] ~ 紫 [赤] 外線 | рентге́новское ~ X 線 | тепла́ ~ 熱放出 | радиово́лн ~ 電波 [電磁波] 放射 ② 放射線: радиоакти́вное ~ 放射線（放射）| до́за -ия 放射線量

**излу́чина** [女1]（特に川の急な）カーブ, 湾曲 ;（複）（状況・出来事の）急展開, 急変

**излюбленный** кратк -ен, -ена [形1] お気に入りの,（気

に入って)よく使っている: ～ приём 常套手段

**изма́** 複[生 -ов] [男1] [通例複](肉)イズム, 様々な主義

**изма́зывать** [不完] / **изма́зать** -ма́жу, -ма́жешь [完] [話] 〈団〉 ① 〈団に〉塗って汚す; べとべとにする: Гу́бы бы́ли изма́заны шокола́дом. 唇にはチョコレートがべっとりついていた ② 塗って使い切る ◆ ～ дёгтем 侮辱する, 恥をかかせる **//～ся** [不完] / [完] [話] ① 汚れる; べとべとになる ② 〈塗られて〉なくなる

**изма́тывать** [不完] / **измота́ть** 受過 -о́танный [完] [話] 〈団〉 ① [団]を疲れさせる: ～ врага́ в боя́х 闘いで敵をバテさせる [疲弊させる] **//～ся** [不完] / [完] [話] ひどく疲れる

**измельча́ть** [完] → мельча́ть

**измельча́ть** [不完] / **измельчи́ть** -чу́, -чи́шь 受過 -чённый (-чён, -чена́) [完] 〈団〉 ① 細かくする; 砕いたものにする: супру́жеская ～ [麻条・俗] 細かくする, 矮小なものにする: ～ ще́бень 砂利を細かく砕く **/ ～ся** [不完] / [完] 細かくなる, 小さくなる **//измельче́ние** [中5]

**измельчи́тель** [男5] ① (飼料・肥料の)破砕機; ～ пищевы́х отхо́дов ごみ処理機, クラッシャー

**измен|а** [女10] [betrayal] [中5] 〈団に対する〉裏切り, 背信: ～ ро́дине 祖国に対する裏切り | ～ убежде́ниям 信念の放棄 | супру́жеская ～ 不倫 ② [麻条・俗] (不安, 恐怖感などの禁断[離脱]症状 ◆ сесть [подсе́сть, упа́сть] на ～у [麻条・俗] (薬効が切れて)不安になる, 恐怖感に襲われる | сиде́ть [быть] на ～е 《若者・俗》怖がる, 恐れる

*** измене́ние** [ізміне́ніє] [中5] [change, alternation] ① 変える[変わる]こと, 変更, 改正: борьба́ с -ием кли́мата 気候変動との闘い, 気候変動への取り組み ② [通例複]修正: внести́ -ия в текст 文書に手を加える | коренные -ия в жи́зни о́бщества 社会生活における根本的変化

**измени́ть(ся)** [完] → изменя́ть(ся)

**изме́нни|к** [男2] / -ца [女3] 〈団に対する〉裏切り者, 背信者: ～ ро́дины 売国奴

**изме́нчивость** [女10] ① 変わり[移ろい]やすさ ② 推移, 変化 (сме́на, переме́на) ③ 《生》変異

**изме́нчивый** [形1] 変わり[移ろい]やすい

**изменя́емый** [形1] 変化しうる: -ые слова́ 《言》活用する語 | -ые величи́ны 《数》変数 **//-ость** [女10]

*** изменя́ть** [ізміня́ч] [不完] / **измени́ть** [ізміні́ч] [完] -еню́, -е́нишь 命 -ни́ 受過 -нённый (-нён, -нена́) [完] [change, betray] 〈団〉 ① 変える, 変更[改正, 修正]する: ～ причёску 髪形を変える | ～ отноше́ние к 団 ...への関わり方を変える 〈団〉 ② [団]を裏切る, ...に背信行為を行う: ～ ро́дине 国を売る | (само́му) себе́ 自分の信念や習慣に反した行動をとる | ～ му́жу [жене́] 浮気[不倫]する | ～ (своему́) сло́ву 約束を反故にする ③ 〈団〉〈人の〉(視力・聴力・記憶・運など)が弱くなる, 離れる: Па́мять ему́ измени́ла. 彼は記憶力が落ちた | е́сли не изменя́ет па́мять 記憶に間違いがなければ | сча́стье [уда́ча] изменя́ет 団 ...はつきが落ちている

*** изменя́ться** [ізміня́ч́ься] [不完] / **измени́ться** [ізміні́ч́ься] -еню́сь, -е́нишься 命 -ни́сь [完] [change, alter] ① 変わる: ～ к лу́чшему [ху́дшему] よく[悪く]なる, よい[悪い]方に変わる | ～ в лице́ 顔つき[顔色]が変わる ② (語尾が)変化する ③ 《不完》[受身] = изменя́ть

*** измере́ни|е** [中5] [measurement] ① 測定, 計測 ② 《数》次元: три -ия 3次元

**измери́тель** [男5] ① 測定器, 計器, メーター ② 指標 (показа́тель) ③ 測量する人

**измери́тельн|ый** [形1] 計測[測定]用の: -ые прибо́ры 計測器具

*** измеря́ть** [不完] / **изме́рить** -рю, -ришь 受過 -ренный [完] [measure] 〈団〉 ① 測る, 測定する: ～ температу́ру 気温[体温]を測る | ～ глаза́ми [на глаз] 目測する | ～ мы́сленно 概算する | ～ 〈価値を〉測る, 評価する: ～ (презри́тельным [уничтожа́ющим]) взгля́дом [взо́ром] 団 ...を(じろじろ見て)品定めする [蔑む] **//～ся** [不完] / [完] ① (量などがある); 総計が〈団〉に達する: Запа́сы измеря́ются миллио́нами тонн. 埋蔵量は何百万トンにも及ぶ ②《受身》

**изможде́ние** [中5] 疲労[消耗, 疲弊](した状態)

**изможде́нный** 短 -дён, -дена́ [形1] 疲れ切った, 疲弊した, 憔悴した

**измока́ть** [不完] / **измо́кнуть** -ну, -нешь 命 -ни過 -о́к, -о́кла 能過 -кший 副分 -кши [完] [話]びしょ濡れになる

**измо́р** -a/-у [男1] 〈俗〉飢えて死に, 餓死 ◆ **взять** 団 **～ом** [団] ① を兵糧攻めで降伏させる: ② ...をじわじわと攻め落とす, 泣き落とす

**и́зморозь** [女10] [気象] 霧氷; 樹霜: криста́ллическая ～ 樹氷 | зерни́стая ～ 粗氷 | берёза в -и 樹氷に覆われた白樺 **//-евый** [形1]

**и́зморось** [女10] [気象]霧雨

**измота́ть(ся)** [完] → изма́тывать

**изможа́ливать** [不完] / **измоча́лить** -лю, -лишь 受過 -ленный [完] [話]〈団〉 ① ぼろぼろにする: ～ верёвку ひもが擦り切れるまで使う ② [無人称でも]疲労困憊させる **//～ся** [不完] / [完] [話] ① ぼろぼろになる ② 疲労困憊する

**изму́ченный** [形1] へとへとに疲れた, (表情などが)苦しそうな: ～ вид 疲労困憊した様子

**изму́чивать** [不完] / **изму́чить** -чу, -чишь 受過 -ченный [完] [話]〈団〉疲労困憊させる, (へとへとになるまで)苦しめる: ～ постоя́нными пристава́ниями いつも付きまとって辟易させる | Его́ изму́чили пы́тками до полусме́рти. 彼は拷問で半殺しの目に遭った **//～ся** [不完] / [完] へとへとになる

**изму́чить(ся)** [完] → му́чить(ся), изму́чивать

**измыва́ться** [不完] [話]〈над団〉をばかにする, からかう, 嘲笑する (издева́ться)

**измы́згивать** [不完] / **измы́згать** 受過 -анный [完] 〈団〉ひどく汚す, 擦り切れさせる, ぼろぼろにする

**измы́слить** [完] → измышля́ть

**измышле́ние** [中5] ① 〈измышля́ть ② [通例複]空想, 絵空事, 作り話: обы́дные -ия 侮蔑的なデマ

**измышля́ть** [不完] / **измы́слить** -лю, -лишь 受過 -мы́шленный [完] 〈団〉 ① 空想する, ねつ造する (выду́мывать) ② [話]思いつく (приду́мывать) **//～ся** [不完] [受身]

**измя́тый** [形1] (顔・外見が)疲れの見える

**измя́ть** изомну́, изомнёшь 受過 -тый [完] 〈団〉 ① → мять ② 表面から凸凹にする ③ (通例受過)〈団〉に疲れの跡を残す, やつれさせる ④ [通例受過] (精神的に)痛めつける **//～ся** [完] → мя́ться

**изна́нк|а** 複生 -нок [女3] ① (布・服の)裏側(↔лицо́): вы́вернуть -у вверх (裏を表側に)裏返す | «на -у» [наизна́нку] наде́ть 裏返しに着る ② [話]隠れた部分, 裏

**изнаси́лование** [中5] 強姦, 性的暴行

**изнаси́ловать** -лую, -луешь 受過 -анный [完] 〈団〉 ① 無理に従わせる ② → наси́ловать

*** изнача́льно** [副] [initially, primordially] 《文》そもそも, 初めから, 太古から, 本来的に: У него́ ～ есть друга́я профе́ссия. 彼はそもそも別の仕事がある

**изнача́льный** 短 -лен, -льна [形1] 《文》初めからある, 太古からの

**изна́шиваемость** [女10] 摩耗度, 摩滅度; 耐久性

## изнашивать

**изна́шива|ть** [不完] / **износи́ть** -ошу́, -о́сишь 受過-ошенный [完]〈斜〉〈衣服・靴を〉着古す;〈機械を〉(不調になるまで)使い尽くす; ~ до дыр ...を穴が開くまで着る〖履く〗 **∥-ние** [中5]

**изна́шиваться** [不完] / **износи́ться** -ошу́сь, -о́сишься [完]〈衣服・靴・機械が使われて〉使いものにならなくなる: Сапоги́ *износи́лись*. ブーツが履きつぶされている

**изне́женн|ый** 短 -ен, -ена [形1]（甘やかされて・安楽な状況に慣れて〉ひ弱な, か弱い **∥-о** [副]

**изне́живать** [不完] / **изне́жить** -жу, -жишь 受過 -женный [完]〈甘やかして・過保護などで〉ひ弱にする: ~ ребёнка 子どもを甘やかして柔弱にする

**изнемога́ть** [不完] / **изнемо́чь** -могу́, -мо́жешь 過 -мо́г, -могла́ 能過 -мо́гший 受過 -мо́женный (-жён, -жена́) 副分 -мо́гши 疲労き(疲れて)力が出なくなる: ~ от жары́ 暑さでぐったりする

**изнеможе́н|ие** [中5] 疲労困憊(の状態): рабо́тать до *~ия* くたくたになるまで働く

**изнемо́чь** [完] →изнемога́ть

**изне́рвничаться** [完]《話》ひどく神経質になる,いらいらして疲れ果てる

**изничтожа́ть** [不完] / **изничто́жить** -жу, -жишь 受過 -женный [完]《話》〈斜〉① 絶滅させる,根絶やしにする ② 徹底的に批判する

**изно́с** -а/-у [男1] ① 着[使い]古すこと: до по́лного ~а 完全に着古す〖使いもの, 駄目になる〗まで | на ~ 《話》疲れ果てるまで | мора́льный ~（ニューモデルが出るなどして）古くさくなること | нет [не знать] ~а [~у] 《話》とても丈夫だ ②（体・器官の）老化

**износи́ть(ся)** [完] →изна́шивать(ся)

**износосто́йк|ий** [形3], **износосусто́йчив|ый** [形1] 摩耗に強い, 耐摩耗性の **∥-ость** [女10]

**изно́шенн|ый** 短 -ен, -ена [形1] ①（服が）着古した,（靴が）履き古した;（機械が）使い古された: -ая оде́жда 着古した服 ②（年齢の割に）老けた

**изнуре́ние** [中5] 過度の疲労, 疲労困憊

**изнурённый** 短 -ён, -ённа [形1]〈くたくたに疲れた,疲労困憊した, 疲れ切った

**изнури́тельн|ый** 短 -лен, -льна [形1]〈くたくたに疲れさせる, 疲労困憊させる;（戦争などが）消耗戦の: -ая боле́знь [医]《気力さえ奪えさせる》消耗病

**изнури́ть** [不完] / **изнури́ть** -рю́, -ри́шь 受過 -рённый (-рён, -рена́) [完]〈くたくたに疲れさせる,疲労困憊させる: ~ физи́ческие си́лы 体力を消耗させる | ~ се́рдце〖ду́шу〗心を疲れさせる

*изнутри́* [副] [from within] ① 内側[内部]から, 中から（↔снару́жи）: Дверь за́перта ~. ドアは内側から鍵がかけられている ②〈斜〉の内側[内部], 中から: пробо́ина ~ тюрьмы́ 刑務所内部から開けられた穴

**изныва́ть** [不完] / **изны́ть** -но́ю, -но́ешь [完]〈от斜/в斜で〉悩む, 疲れる: ~ от жары́ 暑さでうだる | ~ в тоске́ 寂しさに耐えられない思いをする ◆~ по 斜 ...を思慕する

**изо..** →из

**изоба́р|а** [女1]《気象》等圧線 **∥-и́ческий** [形3]

**изоби́л|ие** [中5] 豊富さ, 豊富, 潤沢: в ~ии 豊富に, 豊かに | рог ~ия《ギ神》豊穣の角 | ~ плодо́в земны́х《戯》たいそうな馳走

**изоби́ловать** [不完]〈斜で〉豊富にある: О́зеро *изоби́лует* ры́бой. 湖には魚がたくさんいる

**изоби́льн|ый** 短 -лен, -льна [形1] 豊かな, 豊富にある: страна́, -ая леса́ми 森の豊かな国 **∥-о** [副]

**изоблича́ть** [不完] / **изобличи́ть** -чу́, -чи́шь 受過 -чённый (-чён, -чена́) [完]《文》〈斜〉① 暴く, 暴露する, 摘発する;〈斜 в斜を〉明るみに出して非難する: ~ ложь 嘘を暴く | ~ сосе́да в воровстве́ 隣人の盗みを見つけて摘発する ②《不完》〈в斜のとしての〉真の姿を示す: Произноше́ние *изоблича́ло* в нём иностра́нца. 発音で彼が外国人であることがわかった

**изобличе́ние** [中5] 暴露, 摘発

**изобража́ть** [イザブラジャーチ] [不完] / **изобрази́ть** [イザブラジーチ] -ражу́, -рази́шь, -разя́т 命 -зи́ 受過 -ражённый (-жён, -жена́) [完] [depict, represent]〈斜〉① 造形する,（芸術作品による）表現, 再現する,（言葉で）表現する: Живопи́сец хорошо́ *изобрази́л* морску́ю даль. 画家は海の彼方を巧みに描いている ②（舞台上で）演じる;〈仕草・身ぶりをまねる, 模倣をする: まねをして遊ぶ〉: ~ на сце́не скупца́ 舞台でけちな人を演じる ③〈感情などを〉表す: ~ на своём лице́ сочу́вствие 表情で同情の気持ちを表す ◆ ~ *из себя́* 自分を...のように見せる: ~ *из себя́* вели́кого учёного 自分が偉大な学者であるかのように見せる **∥~ся** [不完] ①（表情などに）現れる: На лице́ *изобрази́лось* удивле́ние. 顔には驚きの表情が現れた ②《不完》[受身]〈①②〉

*изображе́ние* [イザブラジェーニエ] [中5] [representation] ① 造形,（芸術作品による）表現, 再現 ② 絵画・彫刻などの〉造形物; 芸術形象; 像: ка́менное ~ 石像 | уви́деть своё ~ в зе́ркале 鏡で自分の姿を見る

**изобрази́тельн|ый** 短 -лен, -льна [形1] ① 視覚に訴える, 視覚的な, 図表〖模型〗などを用いて行われる ② 造形の **∥-ые иску́сства** 視覚芸術, 造形芸術; 美術（絵画, 建築, 絵画, 写真の総称）: музе́й *~ых иску́сств* 美術館 **∥-о** [副]〈①〉

**изобрази́ть(ся)** [完] →изобража́ть

**изобрести́** [完] →изобрета́ть

**изобрета́тель** [男5] / **~ница** [女3] 発明者 **∥ ~ский** [形3]

**изобрета́тельн|ый** 短 -лен, -льна [形1] 発明の才のある, 創意工夫する力のある **∥-ость** [女10]

**изобрета́тельство** [中1] 発明活動

*изобрета́ть* [不完] / **изобрести́** -рету́, -ретёшь 過 -рёл, -рела́ 能過 -ре́тший 受過 -ретённый (-тён, -тена́) 副分 -ретя́ [完] [invent, devise]〈斜〉① 発明する,〈新しいものを〉（創意工夫して）作りだす: ~ но́вую маши́ну 新しい機械を発明する ②《話》考えつく; 嘘をつく ◆ ~ *велосипе́д* わかりきったことを思いつく **∥~ся** [不完] [受身]

*изобрете́ние* [中5] [invention] ① 発明; 創意工夫 ② 発明品: пате́нт на ~ 発明に対する特許

**изогло́сса** [女1]《言》等語線

**изо́гнутый** [形1] 曲がった, 湾曲した

**изогну́ть(ся)** [完] →изгиба́ть

**изодра́ть(ся)** [完] →издира́ть

**изойти́** [完] →исходи́ть²

**изоли́ния** [女9]《地理・理》等値線（等高線, 等圧線）

**изоли́рование** [中5] 孤立化

**изоли́рованн|ый** [形1] ① 孤立した, 隔離された: ~ уча́сток 他から隔離された区域 ② 個別の: -ые фа́кты 相互に関連のない〖ばらばらの〗事実 ③《技》絶縁された ④《言》孤立した: ~ язы́к 孤立言語 **∥-о** [副] **∥-ость** [女10]

**изоли́ровать** -рую, -руешь 受過 -анный [不完・完]〈斜〉①〈от斜から〉孤立させる, 隔離する, 絶縁する: ~ больно́го 病人を隔離する | ~ ребёнка от вре́дных влия́ний 子どもを悪影響を与えるものから遠ざける ②《電》絶縁する, 遮断する: ~ электри́ческий про́вод рези́новой оболо́чкой 電線をゴムのカバーで絶縁する **∥~ся** [不完・完] ①〈от斜から〉孤立する, 隔絶される,（他との）連絡を絶つ ②《不完》[受身]

**изоли́рующий** [形6]《電》絶縁性の ■ **~ язы́к**

《言》孤立語

**изоли́рованность** 複生 -вок [女2] ①《技》絶縁 ②《話》絶縁テープ

**изолиро́вочный** [形1] 絶縁用の

**изоля́тор** [男1] ①《技》絶縁体, 誘電体 ②碍子(ｶﾞｲｼ): подвесно́й ～ 懸垂碍子 ③断熱材 ④隔離用の部屋, 隔離病室: ～ вре́менного содержа́ния〔法〕(警察の)留置場

**изоляцио́нный** [形1]: -ая ле́нта〔技〕絶縁テープ

**изоля́ция** [女9] ①孤立, 隔離 ②《電》絶縁(体), 絶縁装置: рези́новая ～ на про́воде 電線を覆うゴムの絶縁体

**изомери́я** [女9]《化》異性

**изоме́р** [男1]《通例複》《化》異性体 **//～ный** [形1]

**изомери́я** [女9]《化》異性

**изоморф|и́зм** [男1] ①《化・鉱》同形 ②《数》同型 ③《言》同形性 ④〔一般に〕構造の類似 **//～ный** [形1]

**изорва́ть** [完] →изрыва́ть²

**изосту́дия** [女9] (絵画・彫刻制作用の)教室, アトリエ

**изоте́рма** [з] [女1]《地理・理》等温線

**изотерми́я** [з] [女9]《地理・理》恒温, 定温

**изотерми́ческий** [з] [形3] 恒温[定温]の;《地理・理》等温線の: ～ проце́сс《力学》等温過程 | ～ конте́йнер 定温保持器 | ～ ваго́н 冷蔵車

**изото́п** [男1]《理・化》同位体, 同位元素, アイソトープ **//～ный** [形1]

**изощрённ|ый** 短 -ён, -ённа [形1] ①(頭脳・視覚・聴覚などが)研ぎ澄まされた, 非常に優れた: ～ вкус [слух] [ча́сти] 敏感な味覚[聴覚] ②巧妙に作られた **//изощрённо** [副]: ～ издева́ться (ひどく傷つくように)巧みに愚弄する

**изощря́ть** [不完] / **изощри́ть** -рю́, -ри́шь 受過 -рённый (-рён, рена́) [完]〈閉〉感覚を鋭くする, 頭脳・想像力をたくましくする: ～ слух 聴覚を研ぎ澄ます

**изощря́ться** [不完] / **изощри́ться** -рю́сь, -ри́шься [完] ①(感覚が)研ぎ澄まされる ②〈в чём〉(人が) …がうまくなる, …に熟達する: ～ в мастерстве́ 腕前が上がる

*из-под [イスパト], из-подо [イスパダ] (★特定の子音連続の前で: из-подо всех, из-подо лба, из-подо льда́ など) [前]〔from under〕〈生〉 ①…の下から: из-под ног足元から | из-под но́су鼻の先から | ～ стола́ 机の下から | смотре́ть ～ руки́ [ладо́ни] 手をかざして見る | вы́йти ～ руки́ [пера́] …によって書かれた, …の手[筆]になって生み出された ②〈生〉…近郊から: ～ Москвы́ モスクワ近郊から ③…が入っていた: ба́нка ～ варе́нья プレザーブの空瓶 ④…から取れた, 分離された: гу́ща ～ ква́са クワス(の残り)かす 〈抑圧・影響などから〉解放された: ～ гнёта [и́га, ярма́]〈田〉の圧政から(解放されて) | освободи́ться ～ влия́ния …の影響を受けなくなる ◆**-пáлки** 迫られて, 無理やり

**израз|е́ц** -зца́ [男3] (絵などが彫られた)タイル **//-цо́вый** [形1]

**Изра́иль** [男5] イスラエル **//и～ский** [形3]

**израильтя́н|ин** 複 -я́не, -я́н [男10] **/-ка** 複生 -нок [女2] イスラエル人

**изра́н|ить** -ню, -нишь, 過 -ненный [完]〈閉〉①たくさんの傷をつける: изра́ненный бое́ц 傷だらけの戦士 ②(精神的に)傷つける, 痛めつける

**израсхо́дование** [中5] (金・労力を)使い果たすこと

**израсхо́довать(ся)** [不完/完] →расхо́довать

**изрежа́ть(ся)** [不完] →изре́живать

*и́зредка [副]〔now and then〕まれに, 時々; ところどころに: ～ встреча́ться 忘れたころに[時折]会う

**изрежённый** 短 -жён, -жена́, **изре́женный** 短 -ен, -ена [形1] (植物の)まばらな, 芽の出がよくない

**изре́живать** [不完] / **изреди́ть** -режу́, -реди́шь 過 -режённый (-жён, жена́) /-ре́женный [完]〈閉〉〈植物を〉まばらにする, 間引く

**изреза́нный** [形1] (海岸線が)入り組んだ, (土地が)凸凹の, 山や谷が連続する;〈図〉が刻まれた

**изре́зывать** [不完], 《話》**изреза́ть** [不完] / **изре́зать** -режу, -режешь 過 -резанный [完]〈閉〉①切り刻む: ～ на куски́ 切って細かくする ②表面を傷だらけにする: ～ стол ножо́м で机を傷だらけにする ③ぎざぎざ[でこぼこ]の(地形・形を)形成する

**изрека́ть** [不完] / **изре́чь** -еку́, -ечёшь, …-еку́т 命 -еки́ 過 -рёк, -рекла́ 能過 -ре́кший 受過 -чённый (-чён, чена́) 副 -ре́кши /-ре́кши [文]おごそかに言う;《皮肉》もったいぶって言う

**изрече́ние** [中5] 金言, 格言

**изреше́чивать** [不完] / **изрешети́ть** -шечу́, -шети́шь 過 -шечённый (-чён, чена́) /-ре́шенный [完]〈閉〉穴だらけにする: изрешечённый пу́лями銃弾で蜂の巣にされた

**изрисо́вывать** [不完] / **изрисова́ть** -су́ю, -су́ешь 過 -ованный [完]〈閉〉〈図を〉〈…に〉絵・記号を たくさん書き込む

**изруби́ть** -рублю́, -ру́бишь 過 -ру́бленный [完]〈閉〉①切り刻む: ～ на куски́ …を細かく刻む ②(刀・斧などで)切り殺す ◆**～ в капу́сту**《話》…をなぶる

**изрыва́ть¹** [不完] / **изры́ть** -ро́ю, -ро́ешь 過 -тый [完]〈閉〉…の一面を掘り返す; ～ (車輪などで)凸凹にする;〈顔に〉凸凹をつける: лицо́ изры́тое о́спой顔はあばた面

**изрыва́ть²** [不完] / **изорва́ть** -рву́, -рвёшь 過 -а́л, -ала́, -а́ло 受過 изо́рванный [完]〈閉〉①ずたずたに裂く[破く], 〈服〉などを穴だらけにする: ～ в клочки́[клю́чки] 〈を〉裂いて[破いて]ばらばらにする

**изрыга́ть** [不完] / **изрыгну́ть** -ну́, -нёшь [完] 〈閉〉①(中から)吐き出す: ～ пи́щу 食べたものを吐く | Вулка́н изрыга́ет ла́ву. 火山が溶岩を噴き出している ②〈悪口・ののしり言葉を〉吐く, 叩きつける

**изры́ть** [完] →изрыва́ть¹

**изря́дн|ый** 短 -ден, -дна [形1]《話》(数量・程度の)大きい, 多い: -ая су́мма де́нег 大金 | ～ хо́лод ひどい寒さ **//-о** [副]

**изуве́р** [男1] **/～ка** 複生 -рок [女2] ①〔残忍な行為も厭わない〕狂信者 ②残忍な人

**изуве́рский** [形3] ①狂信的な ②残忍な

**изуве́рство** [中1] ①狂信の; 残忍さ; 残忍な行為

**изуве́чивать** [不完] / **изуве́чить** -чу, -чишь 受過 -ченный [完]〈閉〉障がいを負わせる, (回復不能なまでに)めちゃめちゃに壊す **//-ся** [不完/完] 体に障がいを負う

**изукра́шивать** [不完] / **изукра́сить** -а́шу, -а́сишь 受過 -а́шенный [完]〈閉〉(多くのもので)飾り立てる **//～ся** [不完/完] (多くのもので)自分を飾る

*изуми́тельный 短 -лен, -льна [形1] 〔amazing〕驚くべき, 感嘆させられる, 驚くほど素晴らしい: ～ тала́нт 驚くべき才能 **//изуми́тельно** [副]: Она́ поёт ～. 彼女の歌は素晴らしい

*изумле́н|ие [中5] 〔amazement〕驚き, 驚嘆: прийти́ в ～ 非常に驚く | поверну́ть [привести́] в ～ …をびっくりさせる | к (вели́кому) моему́ [своему́] -ию とても驚いたことに

**изумля́ть** [不完] / **изуми́ть** -млю́, -ми́шь 受過 -млённый (-лён, лена́) [完]〈閉〉非常に驚かせる, 驚嘆させる: ～ всех свои́м посту́пком 自分の行動で皆

**изумру́д** [男1] エメラルド: кольцо́ с ~ом エメラルドの指輪

**изумру́дный** 短-ден, -дна [形1] ① <изумру́д ② エメラルド色の, 鮮やかな緑色の

**изуро́довать** [完] →уро́довать

‡**изуча́ть** [不完]/**изучи́ть** [изучи́ть -учу́, -у́чишь 命-чи́ -чи́ 受過-у́ченный] [完] ⟨learn, study⟩ ⟨В⟩ ① 勉強する, 習得する: ~ иностра́нный язы́к 外国語を学ぶ ② 研究する: ~ тво́рчество Пу́шкина プーシキンの創作を研究する ③ よく調べる, 観察する: ~ ка́рту (地形などを) 地図で詳細に検討する | ~ инстру́кцию 説明書を熟読する | ~ обстано́вку 状況を調べる **‖-ся** [不完] [受身]

‡**изуче́ние** [изуче́ние] [中5] ⟨study⟩ 勉強, 学習; 研究; 調査, 観察: ~ фолькло́ра [приро́ды пусты́нь] フォークロア [砂漠の自然] の研究

**изу́ченный** [形1] ① [受過] <изучи́ть ② よく知っている, 熟知の

**изучи́ть(ся)** [完] →изуча́ть

**изъ..** [接頭] →из-.

**изъеда́ть** [不完]/**изъе́сть** [-е́ст, -едя́т 過-е́л, -е́вший 受過-е́денный 副-е́в] [完] ⟨книжн⟩ ① (虫が食う, 食って駄目にする: Моль изъе́ла мех. シミに食われて毛皮が駄目になった ② (湿気・酸・塩分などが) 傷める, 駄目にする

**изъе́здить** -е́зжу, -е́здишь 受過-е́зженный [完] ⟨разг⟩ ⟨В⟩ ① (乗り物で) 方々に行く ② ⟨道・畑を⟩ (乗り物で乗りまわして) 荒らす

**изъе́сть** [完] →изъеда́ть

**изъяви́тельный** [形1]: -ое наклоне́ние ⟨文法⟩直説法

**изъявля́ть** [不完]/**изъяви́ть** -явлю́, -я́вишь 受過-я́вленный [完] ⟨公⟩ ⟨В⟩ 表明する: ~ согла́сие 賛成の意を示す **‖изъявле́ние** [中5]

**изъясня́ть** [不完]/**изъясни́ть** -ню́, -ни́шь 受過-влённый (-лён, -лена́) [完] ⟨книжн⟩ ⟨医⟩ 潰瘍で [ただれ] で覆う **‖изъязвле́ние** [中5] 潰瘍化

**изъя́н** [男1] 欠陥, 不備; 損傷, 傷: това́р с ~ом 欠陥商品

**изъя́т|ие** [中5] ⟨文⟩ ① <изыма́ть ② 例外, 除外: без -ия 例外なしに ③ 押収, 没収, 差し押さえ

**изыма́ть** [不完]/**изъя́ть** изыму́, изы́мешь 受過-тый [完] ⟨公⟩ ⟨В⟩ ⟨文⟩取り除く: ~ оско́лки из ра́ны 傷口から破片を取り除く | ~ из обраще́ния ⟨経⟩の流通を止める ② ⟨公⟩押収 [没収] する: ~ в по́льзу госуда́рства 押収する, 没収する **‖-ся** [不完] [受身]

**изы́ск** [男2] ⟨文⟩⟨しばしば蔑⟩ (芸術における上辺だけの) 革新

**изыска́ние** [中5] ① <изы́скивать ② ⟨複⟩ 学術研究 ③ ⟨複⟩ 事前調査: геологи́ческие -ия 地質調査

**изы́сканн|ый** 短-ан, -анна [形1] 洗練された: ~ наря́д 優雅な衣装 **‖-о** [副] **‖-ость** [女10]

**изыска́тель** [男5] (建築・鉱物採掘などの) 調査官 **‖изыска́тельск|ий** [形3]: -ая па́ртия 調査隊

**изы́скивать** [不完]/**изыска́ть** изыщу́, изы́щешь 受過изы́сканный [完] ⟨文⟩ (努力して) 見つける: ~ сре́дства 資金を工面する

**изю́м** -а/-у [男1] ⟨集合で⟩ほしぶどう, レーズン: бу́лочка с ~ом 干しぶどうパン ◆**не фунт ~у** ⟨戯⟩大変なこと, 冗談ではすまされないこと **‖-ный** [形1]

**изю́мина** [女1] 干しぶどうの1粒

**изю́минк|а** 複生-нок [女2] ① 魅力, 面白み, 華: с -ой (人が) 魅力のある | В нём не хвата́ет -и. 彼は面白みのない男だ | В э́том са́мая ~ расска́за. これがこの短編の魅力の源泉だ ② ⟨指小・愛称⟩<изю́мина

**изя́щество** [中1] 優雅さ, 洗練, 品: ~ движе́ний 身のこなしの優雅さ

‡**изя́щн|ый** 短-щен, -щна [形1] ⟨elegant⟩ 優雅な, 優美な, 洗練された, 品のある: ~ по́черк 上品な筆跡 | -ое реше́ние зада́чи 課題のスマートな解決 **‖-о** [副] **‖-ость** [女10]

*Иису́с呼-е [男1] ⟨Jesus⟩ ⟨宗⟩イエス (~ Христо́с)

**ик** [間] ⟨擬音⟩ヒック (しゃっくりの音)

**ИК** [ика́-] ⟨略⟩интонацио́нная констру́кция ⟨音声⟩イントネーションの型: ИК-1 断定文に典型的な型

**Ика́р** [男1] ⟨ギリシア神話⟩イカロス

**Ика́рус** [男1] イカルス (ハンガリー製のバス車両)

**ика́ть** [不完] アクセントのない я, е を и と発音する **‖и́канье** [中4]

**ика́ть** [不完]/**икну́ть** -ну́, -нёшь [完] [一回] しゃっくりをする **‖и́канье** [中4]

**ика́ться** [不完]/**икну́ться** -нётся [完] [一回] ⟨無人称⟩ ⟨разг⟩ ⟨В⟩しゃっくりが出る: Ему́, наве́рное, сейча́с ика́ется. あいつは今頃しゃっくりが出ているな (参考)ロシアでは噂をされている人はしゃっくりが出るという

**икеба́на** [女1] 生け花: иску́сство -ы (芸術としての) 生け花 ② (生け花の要領で作る) ブーケ

‡**ико́н|а** [ико́на] [女1] ⟨icon⟩ ① ⟨宗⟩イコン (東方教会で発展した礼拝用画像, 聖像画) ② ⟨コン⟩アイコン **‖-ный** [形1]

**ико́нка** 複生-нок [女2] ⟨話⟩ ① ⟨指小・愛称⟩<ико́на ② ⟨コン⟩アイコン

**иконогра́фия** [女9] ⟨単⟩ ① 図像学, イコノグラフィー ② ⟨集合で⟩ (特定の人物・出来事を描く) 図像: ~ Геркуле́са ヘラクレスの図像 (全体) ③ (宗教画・神話に基づく絵を描く際の) 規則 (全体) **‖-и́ческий** [形3]

**иконопи́сец** -сца [男3] イコン [聖像] 画家

**иконопи́сный** 短-сен, -сна [形1] ① イコン作品 [聖像画] の ② (顔がイコンに描かれているように) 厳かな美しさのある

**и́конопись** [女10] ⟨美⟩イコン作品, 聖像画

**иконоста́с** [男1] ① ⟨教会・美⟩イコノスタス, 聖壁 (東方教会の内陣と身廊を仕切るイコンが掛けられた障壁) ② ⟨戯・皮肉⟩胸に付けられたたくさんの勲章 **‖-ный** [形1]

**ико́та** [女1] しゃっくり: ~ напа́ла на ГП ⟨В⟩…は急にしゃっくりが出た

*икр|а́¹ [女1] ⟨roe, spawn⟩ ① (水生動物の) 卵, 卵塊 ② 魚卵, イクラ: кра́сная ~ イクラ | чёрная ~ キャビア | ~ сельди 鰊の子 | ~ минта́я 助子(゚ﾃﾞ) (スケトウダラの卵; たらこ, 明太子の原料) ③ ⟨料理⟩キノコや野菜の刻み料理: баклажа́нная ~ ナスのみじん切り [ペーストに他の野菜を加えた料理] ◆**мета́ть -у́** (1) (水生動物が) 卵を立てる (2) 腹を立てる, ひどくいらする **‖ико́рка** [女2] ⟨話⟩ ⟨愛称⟩<②③ **‖ико́рный** [形1] <②③

**икра́²** 複икры [女1] ⟨解⟩ふくらはぎ

**икри́нка** 複生-нок [女2] 1粒の魚卵

**икри́стый** [形1] (魚が) たくさんの卵を抱えた

**икромета́ние** [中5] (魚の) 産卵

**икряно́й** [形2] (魚が) 卵を抱えている

**и́кс** [男1] ① (ラテン文字の) х ② ⟨数⟩未知数, 変数 (и́грек), z (зет) と共に用いられる) ③ 未知のもの: ~ы и игреки (多くの) 未知なるもの

**и́л** -а [男1] (水底の) 泥, 沈泥, 汚泥 **‖-овый** [形1]

**Ил, ИЛ** [ил-] ⟨略⟩Илью́шин ソ連イリューシン設計局 (現同名記念航空複合体) 製航空機

\*и́ли [イーリ], иль [イーリ] I [接] ①《相互の排除関係》または, あるいは: за́втра ～ послеза́втра あすか明後日 ② 《列挙されるもののうち最後の成分の直前に置いて》あるいはまた, でなければ: Поищи́ на столе́, на по́лках ～ в шкафу́. 机の上か, 棚の上か, そうでなければクローゼットの中を探しなさい ③ さもないと: Уйди́, ～ мы поссо́римся. ここから去りなさい, そうしないと言い合いになってしまう ④《(...), или ...》または, 言い換えるなら, つまり: Япо́ния, ～ страна́ восходя́щего со́лнца 日本, あるいは日出ずる国 II [助] 《口語》《文頭で》あるいはまさか, 本当に, もしかして(ра́зве, неуже́ли, мо́жет быть): И́-ты не зна́ешь об э́том? 本当にそのことを知らないのか || ～ **A**, **～ B** — **A** か **B** か: И́-, **он уйдёт**, ～я́. 彼がここから去るか, 私が去るかのどちらかだ | **бо́лее ～ ме́нее** 多かれ少なかれ | **ра́но ～ по́здно** 遅かれ早かれ | **во́льно ～ нево́льно** 好むと好まざるとにかかわらず | **～ ～** 二者択一で | **И́- как?** あるいは他にいい方法[考え]はあるか

и́листый 短 -ист [形1]《< ил》沈泥[シルト]で覆われた, 沈泥を多く含む

Илия́ [女8変化] [男] イリヤ(男性名; Илья́ の異形) ■ ～ Проро́к = Илья́-проро́к《正教》預言者イリヤ(紀元前4世紀)

илл. 《略》иллюстра́ция

иллокути́вный [形1]《言》発話[発話]内の: ～ **акт** 発話[発話]内行為

иллюзиони́ст [男1] / -ка 複生 -ток [女2] 手品師, マジシャン **～ский** [形3]

\*иллю́зи|я [女9] (illusion) ① 幻覚, 幻想: опти́ческая ～ 幻視 | стро́ить [создава́ть] себе́ **-ии** 空想する | быть во вла́сти **-ий** 幻覚に捕われる ② 手品(の演目), イリュージョン **～о́нный** [形1] 《②》

иллюзо́рн|ый 短 -рен, -рна [形1] ①《< иллю́зия》②《文》幻想にとれる, 現実にはない

иллюмина́тор [男1] ①《海・航空》(船・飛行機の)窓 ②(イルミネーションの)飾りつけ係 **～ный** [形1]《①》

иллюмина́ци|я [女9] イルミネーション **～о́нный** [形1]

иллюмини́ровать -рую, -руешь 受身 -анный [不完・完]《四》①イルミネーションで飾る ②《美》版画などに彩色する

иллюстрати́вный 短 -вен, -вна [形1] 図解した, 可視化してわかりやすくした

иллюстра́тор [男1] イラストレーター, 挿絵画家 **～ский** [形3]

\*иллюстра́ци|я [女9] (illustration) ①《< иллюстри́ровать》イラストレーション, イラスト, 挿絵, 図解: кни́га с **-ями** イラスト[挿絵]入りの本 | ботани́ческая ～ 植物画 ②(考え・事物をわかりやすく説明する)例: литерату́рное произведе́ние音楽: жива́я ～ 生きた実例 **～о́нный** [形1]《②③》

иллюстри́рованный [形1] イラスト[挿絵]付きの[の入った]: ～ **журна́л** イラスト[挿絵]入りの雑誌

иллюстри́ровать -рую, -руешь 受身 -анный [不完・完 完た про-]《四》①《文章に》イラスト[挿絵]を入れる: ～ **расска́з** 短編小説にイラストを入れる ②(具体的例によって)説明する: ～ **свою́ мысль приме́ром** 自分の考えを例を使って説明する ／ **-ся** [不完] 《受身》 **-ние** [中5]

и́ль [接] 《話》 = и́ли

Ильи́н [形12] ■ ～ **день** 《正教》預言者イリヤの日(8月2日[旧暦7月20日]; 《暦》夏から秋への転換点; 川で泳がなくなる)

Ильи́ч -а́ [男4] / **Ильи́нична** [女1] イリヤ(Илья́) から作られる父称

и́льк|а 複生 -лек [女2] 《動》 フィッシャー(テン科の一種); その毛皮 **～овый** [形1]

и́льм [男1] [植]ニレ(属) / **и́льмов|ый** [形1] -ые [複名] ニレ科

Илья́ (女8変化) [男] イリヤ(男性名; 愛称 Илю́ша, Илю́ся, Лю́ся) ■ ～ **Му́ромец** イリヤ・ムーロメツ(ブィリーナ были́на に登場する勇者) | **Илья́-проро́к → Илия́**

Илю́ша (女4変化) [男] 〔愛称〕 < Илья́

им. 《略》и́мени [男] ... 名称, 記念: **музе́й** им. **Пу́шкина** プーシキン美術館

ИМ [男・中性; 造格], 〔複数; 与格〕< **он**

имажини́зм [男1]《文学》イマジニズム

има́м [男1]《イスラム》イマーム(宗教的指導者)

имби́рн|ый [形1] ショウガの: ～ **эль** ジンジャーエール **／ -ые ча́и** [植]ショウガ科

имби́рь -я́ [男5] [植]ショウガ(科); その薬味: марино́ванный ～ (寿司に添える)ガリ **／ имби́рн|ый** [形1]: **-ые ча́и** [男1] [植]ショウガ科

име́йл [з] [男1]《IT》電子メール; 電子メールアドレス

имени́ [単数; 生・与・前置格] < и́мя

имени́нни|к [男2] / -ца [女3] 名の日(имени́ны) に当たる人 ◆ **сиде́ть как** ～ 他の人が働いている時に働かないでいる | **смотре́ть [ходи́ть] -ком** 満足した[上機嫌な]様子である

\*имени́н|ы -ни́н [複] [name day] 名の日; 洗礼名の祝日 ◆ ～ **(в) зна́чении того, что ...** 誕生日の意味で用いられるのは誤用; その祝い ◆ **(ма́йский) день**, ～ **се́рдца** 《戯》うれしい出来事, その起きた日 **～ный** [形1]

имени́тельный [文法]: ～ **паде́ж** 主格

имени́тый 短 -и́т [形1] 社会的身分の高い, 家柄のいい, 尊敬すべき; 《話》有名な: ～ **писа́тель** 高名な作家

\*и́менно [イーミンナ] [助] ① まさにその, 他でもない: И́-**э́ту кни́гу я ищу́.** まさにこの本を探しているのだ ② 〔肯定して〕 その通り: **Он ве́рный друг. — И́-.** 「彼は信頼できる友人です」「その通りだ」 ③ 〔しばしば **а ～ の形で**〕つまり, すなわち: **ли́ственные дере́вья, а ～: дуб, берёза и т. д.** 広葉樹, つまり樫, 白樺など ④ 〔疑問文で〕一体: **Кто ～?** 一体誰なのか | **О чём ～?** それってどのことですか ◆ **～ так = вот ～** まさにその通り

и́менн|о́й [形2] ① 持ち主の名の書いてある, 特定の人に宛てて出された: ～ **про́пуск** 記名された通行[入構]証 | **-ы́е часы́** (報奨として与えられた)特別な時計 | **-ы́е а́кции** 《金融》記名株 | ～ **чек** 譲渡不能手形 ②《文法》名詞(類)の: **-ы́е кла́ссы** 《言》名詞のクラス

\*именова́|ть -ну́ю, -ну́ешь 受身 -нуемый [不完] / **на-** 受身 -но́ванный [完] [name] 《文》《四》《与》と名付ける, 呼ぶ: **Его́ имнова́ли Петро́м [Пётр].** 彼はピョートルと名付けられた(ピョートルは主格で用いられることもある) | **Как его́ имну́ют?** 彼の名前は何ですか ■ **имено́ванное число́** 《数》名数(単位や助数詞の付けられた数; 2кг = 2 kg など) **～ние** [中5]

именова́ться -ну́юсь, -ну́ешься [不完] / **на-** [完] ①《文》《造》と... と名付けられる, その名である: **Ху́тор имну́ется Холмика́ми [Холмики́].** 小村の名はホルミキという ②《不完》《受身》 < именова́ть

имну́емый ① ... да́лее [в дальне́йшем] ～ (注記などで)以下 ... という

\*име́|ть [イミェート]《have》《四》① 所有する, 持っている: ～ **да́чу** 別荘を持っている ② 〔抽象名詞と共に〕持っている: ～ **авторите́т** 権威がある | ～ **де́рзость [сме́лость]** 図々しくも [大胆にも] ... する | **не** ～ **ду́ха [ду́ху]** 〔不定形〕どうしても思い切って ... できない | ～ **зада́чей [це́лью]** 《造》 ... を課題[目的]としている ③ (サイズが) ... である: **Ба́шня име́ет сто ме́тров в высоту́.** タワーの高さは100メートルだ ④《動詞派生の

名詞と共に; もとの動詞の意味を表す): ~ влия́ние на 圈 …に影響を与えている | не ~ поня́тия о 圈 …の概念がない, …をわかっていない ⑤ 〔若者・隠〕<感>と性的関係をもつ, ヤル ◆~ *бле́дный вид* みすぼらしい姿をさらす | ~ *зуб* '*на* 圏 [*про́тив* 圏] …に悪意を抱く | *не* ~ *ничего́ про́тив* 圏 …に異議はない, 賛成だ

**\*име́ться** [イミェーッツァ] [不完] 〔be (present)〕《文》(3人称)ある, いる, 存在する: ~ на лицо́ すぐそこにある, 鼻の先にある | в виду́ 予想している | Препя́тствий не *име́ется*. 障害は存在しない

**име́ющ|ийся** [形6] 入手[利用]可能な: -*иеся* фа́кты 入手[利用]可能な事実

**и́ми** [複数; 造格] < óн

**\*и́мидж** [男4] 〔image〕《文》イメージ: ~ телевизио́нного веду́щего テレビのアナウンサーのイメージ[印象] | рабо́тать над свои́м ~*ем* 期待に応える仕事をする **//~евый** [形]

**имиджме́йкер** [э] [男1] イメージアップの専門家, イメージコンサルタント

**имита́тор** [男1] ①ものまねのうまい人; ものまね芸人 ②シミュレーター

**имита́ц|ия** [女9] ①<ими́тировать ②模造品, イミテーション: ~ же́мчуга イミテーションの真珠 ③《楽》模倣 **//~ио́нный** [形]

**имити́ровать** -рую, -руешь [不完] **/ сыми́тировать** 受過-рованный [完] <圏> ①模倣する, まねる: ~ голоса́ живо́тных 動物の鳴き声をまねる ②シミュレーションをする, 模擬実験をする ③模造品を作る ④《楽》模倣する **//~ся** [不完] [受身]

**иммане́нтный** 短-тен, -тна [形3] 《文》《哲》内在する, 内在的な (↔трансценде́нтный)

**иммигра́нт** [男1] ① [/-ка 複生-ток[女2]] 移民 ②〔複〕外来種, 帰化生物 **//~ский** [形3] [ц]

**иммигра́ция** [女9] ① <иммигри́ровать ②(動植物の) 移入, 移入 ③ 〔集合〕移民 **//иммиграцио́нный** [形] : -*ое* бюро́ (日本の) 入国管理局

**иммигри́ровать** -рую, -руешь [不完・完] (外国へ) 移住する

**иммобилиз|ова́ть** -зу́ю, -зу́ешь 受過-о́ванный [不完・完] 《医》<圏> (ギプスなどで) 固定する **//-а́ция** [女9]

**иммуниз|и́ровать** -рую, -руешь 受過-и́рованный [不完・完] <圏> ① 《医》免疫処置を施す ② 《法》…に (不逮捕などの) 特権を与える **//-а́ция** [女9] <①

**иммуните́т** [男1] ①《医》免疫: (一般に) 抵抗力: получи́ть ~ 免疫ができる ②《法》(不逮捕などの) 特権: дипломати́ческий ~ 外交特権

**имму́нный** [形1] 《医》免疫の: -*ая* реа́кция органи́зма 生体の免疫反応 | -*ая* систе́ма 免疫系

**иммунодефици́т** [男1] 《医》免疫不全: синдро́м приобретённого ~*а* エイズ(略 СПИД)

**иммуно́лог** [男2] 免疫学者

**иммуноло́г|ия** [女9] 免疫学 **//-и́ческий** [形3]

**иммунотерапи́я** [е/э] [女9] 免疫療法

**императи́в** [男1] ①《文》命令: категори́ческий ~ Ка́нта カントの定言命令 ②〔言〕命令法 **//-ный** [形1]

**\*импера́тор** [イムピラータル] [男1] 〔emperor〕皇帝(の位); 《露史》皇帝(ца́рь の称号と併用): Пе́рвый ~ в Росси́йской импе́рии — Пётр I (пе́рвый). ロシア帝国初代皇帝はピョートル1世だ | ~ Свяще́нной Ри́мской импе́рии 神聖ローマ帝国皇帝 | ~ Япо́нии 天皇 **//-ский** [形3]: -*ая* семья́ Никола́я Второ́го ニコライ2世皇帝一家

**императри́ца** [女3] ①女帝: ~ Екатери́на II 女帝エカテリーナ2世 ②皇帝の妻, 皇后

**империали́зм** [男1] 帝国主義

**империали́ст** [男1] 帝国主義者; (帝国主義時代の) 大資本家, ブルジョア政治家 **//~и́ческий, ~ский** [形3]

**\*импе́р|ия** [イムピェーリヤ] [女9] 〔empire〕 ①帝国: Византи́йская ~ ビザンチン帝国 | во вку́се (времён) -*ии* ナポレオン時代風の ②《比喩的》帝国, 独占状態 ■ Росси́йская ~ 《露史》ロシア帝国(1721-1917) **//-ский** [形3] <①

**имперфе́кт** [男1] 〔言〕インパーフェクト, インペルフェクト

**имперфекти́в** [男1] 〔言〕未完了相

**и́мпичмент** [男1] 〔法〕弾劾

**импланта́т** [男1] 〔医〕体内に埋め込む器具, 人工歯根, インプラント

**импланти́ровать** -рую, -руешь 受過-анный [不完・完] 《医》<圏> …(臓器・歯に) などを埋め込む: ~ кардиостимуля́тор 心臓ペースメーカーを埋め込む **//-ся** [不完] [受身] **//-а́ция** [女9]

**импоза́нтный** 短-тен, -тна [形1] 《文》堂々とした, 畏敬の念を呼び起こす: -*ая* вне́шность 堂々とした外見 **//-о** [副] **//-ость** [女10]

**импони́ровать** -рую, -руешь [不完] 《文》<圏> 畏敬の念を呼び起こす, 好印象を与える: Мне *импони́ровало* его́ выска́зывание. 私は彼の意見に好感を持った

**\*и́мпорт** [男1] 〔import〕 (↔э́кспорт) ①輸入: ~ капита́ла 資本の流入 ②〔話〕〔集合〕輸入品 ③〔コン〕(データの) インポート, 読み込み, 変換

**импортёр** [男1] 輸入業者, 輸入国: стра́ны -*ы* 原料輸入国

**импорти́ровать** -рую, -руешь 受過-анный [不完・完] (↔экспорти́ровать)<圏> 〔コン〕インポートする, 読み込む **//-ся** [不完] [受身]

**и́мпортн|ый** [形1] 輸入の: -*ые* по́шлины 〔経〕輸入関税

**импоте́нт** [男1] ①(男性の)性的不能者 ②〔話〕生産的活動ができない者

**импоте́нц|ия** [е/э] [女9] ① 《医》インポテンツ, 勃起不全 ②〔話〕生産的活動ができないこと **//-ный** [形1] <①

**импреса́рио** (不変) [男] 興行主

**импрессиони́зм** [男1] 《美》印象主義

**импрессиони́ст** [男1] /-ка 複生-ток [女2] 《美》印象派の画家[芸術家] **//~ский** [cc] [形3]

**импри́нтинг** [男2] 〔動〕刷り込み, インプリンティング

**импровиза́тор** [男1] 〈話〉-ша [女4] 即興詩人[演奏家]; その場で文章を作れる人 **//~ский** [形3]

**импровизацио́нный** [形] 即興の, 即興で作られた[演奏された]

**импровиза́ция** [女9] 即興創作[演奏]; その作品

**импровизи́ровать** -рую, -руешь 受過-анный [不完] **/ сымпровизи́ровать** [完] <圏> ①即興で作る[演奏する] ②(その場で)<話>を作る

**\*и́мпульс** [男1] 〔impulse〕 ①《文》<圏>への衝動, 衝撃: ~ к тво́рчеству 創造への衝動 ②〔理〕力積 ③〔電〕衝撃電流, 波 ④ 《生理》神経衝撃 ◆~*ами* 突発的に, 断続的に **//-ный** [形1]

**импульси́вный** 短-вен, -вна [形1] 衝動的な, 直情的な **//-о** [副]

**и́мут** ◆*мёртвые сра́ма* [*сра́му*] *не* ~ 《雅》故人 (特に戦死者) を悪くは言わないものだ

**\*иму́ществ|о** [イムーシチストヴァ] [中1] 〔property, belongings〕所有物, 資産, 財産; 日用品: недви́жимое ~ 〔法〕不動産 | госуда́рственное [казённое] ~ 国有財産 | ча́стное ~ 私有財産 | о́пись -*а* 財産目

録 **//иму́щественный** [形1]：～ ценз【法】(選挙権による政治的権利を得るための)財産的条件「選挙」

иму́щий [形6]《文》多くの財産を持つ；**-ие** [複名] 有産階級(の人々)：～ класс 有産階級｜вла́сть *-ие* 権力人

**ИМЭМО** [イメーモ]〔略〕Институ́т мирово́й эконо́мики и междунаро́дных отноше́ний 世界経済国際関係研究所

*и́мя [イーミャ] 生・与 и́мени 造 и́менем 複 имена́, имён, имена́м [中7]① [первое ～] (姓に対する名) (→фами́лия [参考])（姓と父称を含めた）名：по́лное ～（愛称形でなく正式な)名前｜МГУ и́мени М. В. Ломоно́сова ロモノーソフ記念モスクワ国立大学 ② あだ名, 呼び名, (物の)名前 ③ 名声；評判：приобрести́ [завоева́ть, созда́ть] ～ 名声を獲得する｜челове́к с мировы́м и́менем 世界的な有名人｜до́брое ～ 優しいという評判 ④ 有名人, 名のある人 ⑤【文法】名詞：～ прилага́тельное 形容詞｜～ существи́тельное 名詞｜～ числи́тельное 数詞

◆**во**～《雅》..の名で；..の名の下に：**во** ~ **сла́вы ро́дины** 祖国の栄誉のために｜**на**～..に宛てられた；..の名義の：*На моё* ~ *заброни́рован но́мер.* 私の名前でホテルの部屋が予約されている｜**от и́мени**..の名で；..の立場から｜**и́менем** ⊕ の権威により｜**назва́ть ве́щи свои́ми (пря́мыми, настоя́щими) имена́ми** 白は白, 黒は黒と言う；真実を隠さず率直に言う｜**и́мечко** 複 -чки, -чек, -чкам [中1]《話》指小・愛称

и́мя-о́тчество [中7]-[中1]《話》名と父称：звать по и́мени-о́тчеству 名と父称で呼ぶ

ин..., ино.. 〔語形成〕「外国の」「異なる」「外の」

инако.. 〔語形成〕「別様な」

инакомы́слие [中5]《文》多数派や体制側とは異なった考えや信念, 異端[反体制]的な考えや信念

инакомы́слящий [形1]①異なった考えを持った；異端[反体制的]な考えの **-ка**―[男名]/**-ая** [女名] 異端[反体制]の人

инаугура́ция [女9]（選挙で選ばれた高官の)就任式：～ президе́нта Росси́и ロシア大統領就任式 **//-ио́нный** [形1]

*и́наче [イナーチェ], **ина́че** ① [副] 他の方法で, 別様に：～ поступи́ть こうとは違った振る舞いをする ② [接]〔しばしば　*а*～〕そうでなければ：*Беги́*, ～ *опозда́ешь.* 急ぎなさい, そうしないと遅れますよ ◆～, **как** [**не́жели**] ... ～とは違って；*вести́ себя́ ~, чем друѓие* 他の人とは違った振る舞いをする｜~ **говоря́** [**сказа́ть**] 別の言い方をすると, すなわち｜**Как не ~!** 他にやりようがない, 当たり前だ｜**не ~, как**《俗》他でもなく, まさに｜**та́к и́ли ~** 何らかの方法で；いずれにせよ

**инва́зия** [女9]【医】(寄生虫・病原菌の体内への)侵入, 浸潤

*инвали́д [男1]/**-ка** 複生 -док [女2] 〔invalid, disabled person〕身体障がい者：ме́сто для ～ов (交通機関の)優先席 **//-ский** [щ][形3]

инвали́дн**ый** [形1] 身体障がい者の：-ая коля́ска 車椅子 **//-ость** [女10]

инвалю́т**а** [女1] 外貨, 外国の通貨 (иностра́нная валю́та) **//-ный** [形1]

инвариа́нт [男1]①【数】不変式②【理】不変量③【言】不変体, 不変形

инвариа́нтн**ый** 短 -тен, -тна [形1] 不変の, 変わらないままである **//-о** [副] **//-ость** [女10]

инвекти́ва [女1]《文》激しい非難, ののしり, 罵言

инвентаризи́рова**ть** -рую, -руешь 受過 -анный [不完・完]〈対〉〈財産の目録を作成する；〈在庫を〉チェックする, 棚卸する **//-а́ция** [女9]

инвента́р**ь** -я́ [男5]（企業・組織などの）財産, 設備用具・備品などの全体；(何かのための)用具一式；その目録：сельскохозя́йственный ～ 農機具(一式)｜торго́вый ～ 店舗在庫 ◆**живо́й**《集合》家畜, 牛馬｜**мёртвый** ～ 農機具一式 **//-ный** [形1]

инве́рси**я** [女9] ①【言】語順転倒, 倒置【法】；【理】(地球磁場の)逆転；【生】逆位；【気象】(気温の)逆転；【数・理】反転；【楽】転回③飛行機雲 **//-ио́нный** [形1]

инверти́рова**ть** -рую, -руешь 受過 -анный [不完・完]〈対〉反転させる, 変換する **//-ся** [不完]〈受身〉**//-ние** [中5]

инве́ртор [男1]【電・コン】インバーター

инвести́рова**ть** -рую, -руешь 受過 -анный [不完・完]【経】〈対〉〈資金を〉投資する

*инвестицио́нный [形1]【経】投資の：～ фо́нд 投資ファンド｜～ кли́мат 投資環境

*инвести́ция [女9] 〔investment〕【経】(特に長期的)投資：прямы́е [ко́свенные] ―и 直接[間接]投資｜привлека́ть ～ 投資を呼び込む

инве́стор [イングヴェースタル][男1] 〔investor〕【経・金融】投資家, 投資機関 **//-ский** [形3]

ингаля́тор [男1]【医】(薬の)吸入器 **//-ный** [形1]

ингаля́ция [女9]【医】(薬の)吸入

ингредие́нт [男1]①構成要素, 成分；(料理の)材料 ②部分；なくてはならないもの **//-ный** [形1]

ингу́ш -а́ [男1]/**-ка** 複生 -шек [女2] イングーシ人 **//-ский** [形3]

Ингуше́тия [女9] イングーシ共和国 (Респу́блика ～; 首都 Мага́с; 北カフカス連邦管区)

и́нда, и́ндо《俗》①[助] さえ(да́же) ②[接] それで, そして

индеве́ть [不完]/**за**～[完] (霜・薄氷・雪で)覆われる

*инде́ец -де́йца [男3]/**индиа́нка**[1] 複生 -нок [女2] 〔Native American〕インディアン, インディオ **//инде́йский** [形3]

инде́йка 複生 -де́ек [女2]【鳥】七面鳥；その肉；その肉料理：《複》シチメンチョウ属 ◆**судьба́-**～《話・戯》不運, 不幸な運命

*и́ндекс [э] [男1]〔index〕① 目録, 索引 ②（整理番号体系）：почто́вый ～ 郵便番号(システム)③【経】指数：～ цен 物価指数｜До́у-Джо́нса ダウ式平均株価 ④添え字：ве́рхний [ни́жний] ～【IT】上付き[下付き]文字 **//-ный** [形1]

**индекса́ция** [э] [女9] 〔indexing〕《文》①（整理番号による)整理；再計算 ②整理記号の体系；添え字による表記

*индекси́ровать [э] -рую, -руешь 受過 -анный [不完・完] 〔index〕〈対〉①（整理番号を付けて)整理する ②（物価指数に合わせて）〈給料・年金額を〉再計算する **//-ся** [不完]〈受身〉

индетермин**и́зм** [этэ] [男1]【哲・心】非決定論(↔детермини́зм) **//-исти́ческий** [形3]

индиа́нка → инде́ец

инди́в**ид** [男1]《文》= индиви́дуум

индивидуали́ст [男1]/**-ка** ①個人[利己]主義者(индивидуали́ст) ② 自営業主, 個人業主

индивидуализи́рова**ть** -рую, -руешь 受過 -анный [不完・完]〈対〉個性化[個別化]する, 個性を与える[明らかにする] **//-ся** [不完・完]① 個性が表れる, 個別化する ②〈受身〉 **//-а́ция** [女9]

индивидуали́зм [男1] 個人主義；利己主義

индивидуали́ст [男1]/**-ка** 複生 -ток [女2] 個人主義者；利己主義者 **//-и́ческий** [形3]

*индивидуа́льность [女10] 〔individuality〕①

個性, ある人や物に固有の特質: сохрани́ть ~ 個性を保つ ②《文》個人; я́ркая ~ 卓越した個性

**индивидуа́льн|ый** [インヂヴィドゥアーリヌィ] 短 -лен, -льна [形1] [individual] ①個性的な, 個に特有の: ~ по́черк 独特な筆跡 ②(人が)個性的な, 変わった ③個別的な: в -ом поря́дке 個別に ④個人(用)の, 個人による: -ое хозя́йство 個人経営 | подхо́д 個人的に扱うこと; -ое хозя́йство 個人経営 | подхо́д 個人的に扱うこと ⑤個々の: ~ слу́чай 個別の事例 //-о [副]

**индиви́дуум** [男1]《文》《生》個体 ②個人

**инди́го** (不変)①[中] インディゴ(青色の染料) ②[形] 藍色の: бере́т ~ 藍色のベレー帽 | цвет ~ 藍色 //-**вый** [形1] = инди́го②

**инди́ец** -и́йца [男3] / **индиа́нка²** 複生 -нок [女2] インド人

**инди́й** [男7]《化》インジウム(記号 In)

**инди́йский** [形3] インド(人)の

**индикати́в** [男1]《文法》直説法

**индика́тор** [男1] ①《エ》インジケーター, 表示計器 [装置], メーター: светово́й ~ 表示灯 ②《化》指示薬 ③指標, 尺度 //-**ный** [形1] <①②

**индика́ция** [女9]《コン》ディスプレー, 表示

**индифференти́зм** [男1]《文》無関心〔冷淡〕(な態度)

**индифференти́н|ый** 短 -тен, -тна [形1]《文》《к与》に対して無関心な, 冷淡な: ~ тон どうでもよさげな口調 ②《化·生》不活性の, 反応しない, 作用を及ぼさない //-**о** [副] **-ость** [女10]

**И́ндия** [女9] インド(首都は Де́ли)

**индоевропе́йск|ий** [形3] インド・ヨーロッパ語族の: -ие языки́ インド・ヨーロッパ語(の諸言語)

**индоевропеи́стика** [女2]《言》印欧語学

**Индокита́й** [男6] インドシナ半島

**индонези́|ец** [е/э] -зи́йца [男3] / -**йка** 複生 -зи́ек [女2] インドネシア人

**Индоне́з|ия** (é/э) [女9] インドネシア(首都はДжака́рта) //-**ийский** [形3] インドネシア(人)の

**индоссаме́нт** [男1]《商·金融》(手形·小切手など)指図証券の)裏書き

**индоссант** [男1]《商·金融》(指図証券の)裏書人

**индосса́т** [男1]《商·金融》(指図証券の)受取人

**индосси́ровать** -рую, -руешь 受過 -анный [不完·完]《金融》《図》裏書きする

**индпоши́в** [男1]《服·靴の》注文仕立て

**индуи́зм** [男1] ヒンドゥー教

**индуи́ст** [男1] / **-ка** 複生 -ток [女2] ヒンドゥー教徒

**индуи́стский** [сс] [形3] ヒンドゥー教(教徒)の

**инду́кти́вн|ый** -вен, -вна [形1]《論·哲·数》帰納的(法)の: ~ ме́тод 帰納法 //-**ость** [女10]

**инду́ктор** [男1] ①《電磁》インダクター, コイル ②《電》誘導子, 加熱コイル ③誘導〔誘発〕するもの //-**ный** [形1]

**индукцио́нный** [形1]《理·電》誘導の: -ая кату́шка 誘導コイル

**инду́кция** [女9] ①《論》帰納(法) (↔деду́кция) ②《理·電》誘導: электромагни́тная ~ 電磁誘導

**индульге́нция** [女9]《カトリ》(教会の出す)免罪符: вы́дать [дать] -ию 免罪符を与える; 許可する

**инду́|с** [男1] / **-ка** 複生 -сок [女2] ヒンドゥー教徒 //-**ский** [形3]

**индустриализи́ровать** -рую, -руешь 受過 -анный [不完·完]《図》工業〔産業〕化する //-**ся** [不完·完] ①工業〔産業〕化する ②《不完》受身 //-**а́ция** [女9]

*индустриа́льн|ый 短 -лен, -льна [形1] [industrial] 工業の, 産業の: -ые стра́ны 工業国

*индустри́я [女9] [industry] 産業, 工業(промы́шленность)

**индуци́рованный** [形1] 誘発された

**индю́к** -á [男2] (雄の)七面鳥 ♦ **надува́ться как ~** 腹を立てる, むっとする //-**индюша́чий, индю́шечий** [形9]

**индюша́тина** [女1] 七面鳥の肉

**индю́шка** 複生 -шек [女2]《話》①(雌の)七面鳥 (инде́йка) ②七面鳥の肉(индюша́тина)

**индюшо́нок** -нка -ша́та, -ша́т [男7]《話》七面鳥のひな

**и́не|й** [男6] ① (単)《気象》霜: И́~ покры́л 圏. 霜が…に降りた ②白髪: Голова́ покры́та -ем. 頭に白いものが混じっている //-**евый, ~ный** [形1]

**ине́ртность** [э] [女10] ①< ине́ртный ②《理》慣性(ине́рция)

**ине́ртн|ый** [э] 短 -тен, -тна [形1] ①《長尾》慣性の[を有する] ②《長尾》《化》不活性の: -ые га́зы 不活性ガス, 希ガス ③活発さのない, 惰性的な, 消極的な

**ине́рция** [э] [女9]《理》慣性, 惰性: зако́н -ии 慣性の法則 ♦ **по -ии** 慣性で, 惰性で; 無意識に, 習慣で //-**ио́нный** [形1]

**Ине́т, Ине́т** [э] [男1]《話》インターネット(Интерне́т)

**инже́ктор** [男1]《機·エ》インジェクター, 燃料噴射装置, 噴射給水器 //-**ный** [形1]

**инже́кция** [女9]《電子》(少数キャリアの)注入 ②《エ》噴射

*инжене́р [インジニェール] [男1] [engineer] エンジニア, 技術者, 技師: ~ -меха́ник 機械技師 | ~ -строи́тель 土木技師 //-**ский** [形3]

**инжене́рия** [女9]《旧》①工学 ②《集合》エンジニア

*инжене́рн|ый [形1] [engineering] 技術(者)の; エンジニアリングの: -ые войска́《軍》工兵隊 | -ое де́ло エンジニアリング

**инжини́ринг** [男2] ①エンジニアリング ②技術コンサルタント業 //-**овый** [形1]

**инжи́р** [男1]《集合》《植》イチジク(фи́говое де́рево); その実(фи́га)

**и́нистый** [形1] 霜に覆われた

**инициа́л** [男1] ①《複》(名前の)イニシャル: ло́жка с -ами «Ф.Д.» Ф.Д.というイニシャルの入ったスプーン ②《印》(章などの最初の)大文字, 飾り文字 //-**ьный** [形1]

*инициати́в|а [イニツィアチーヴァ] [女1] [initiative] ①イニシアチブ, 自発的(内発的)衝動: по со́бственной -е 自発的に ②主導権: взять [захвати́ть, перехвати́ть] -у (в свой ру́ки) 主導権を握る | потеря́ть [упусти́ть] -у 主導権を失う ③《公》発議, 提議 ④積極性: прояви́ть -у 積極性を発揮する

**инициати́вн|ый** -вен, -вна [形1]《長尾》発案〔発議, 主導〕する; 積極的な: -ая гру́ппа 発起人会 //-**о** [副]

**инициа́тор** [男1] 発起人, 発案者

**инициа́ция** [女9]《民俗·人類》通過儀礼, イニシエーション

**инкасса́тор** [男1]《金融》貴重品運搬〔輸送〕警備員 //-**инкасса́торский** [形3]: ~ броневтомоби́ль 現金輸送車

**инквизи́тор** [男1] ①宗教裁判の審問官 ②残忍な人, 迫害者 //-**инквизи́торский** [形3]: ~ взгля́д 残忍そうな目つき

**инквизи́ция** [女9] ①宗教裁判, 異端尋問 ②《宗》拷問, 迫害 //-**ио́нный** [形1]

**инклюзи́в** [男1]《言》(代名詞類の)包括形

**инко́гнито** (不変)①[副] 偽名で, 匿名で ②[男1] [中] 偽名を使っている人 ③[中] 偽名を使うこと: откры́ть [раскры́ть] своё ~ 自分の本名を明かす

**инкомплети́в** [男1]《言》未完結相

**инкорпора́ция** [女9] ①(領土、会社などの)併合、編入；合併：~ Крыма в состав России クリミア地方のロシアへの編入 ②《法》(諸法の)統合 ③《言》抱合

**инкорпори́ровать** -рую, -руешь 受過 -анный [不完・完]⑧編入する、併合する **//~ся** [不完]〔受身〕

**инкримини́ровать** -рую, -руешь 受過 -анный [不完・完]《文》⟨与に因⟩の罪を負わせる：~ уби́йство 囚 …に殺人の罪を負わせる、…を殺人罪で告発する **//~ся** [不完]〔受身〕

**инкруста́тор** [男1]《美》象眼細工師 **//~ский** [形3]

**инкруста́ция** [女9]《美》象眼細工；その品：шкату́лка с перламу́тровой **-ией** 螺鈿(らでん)の手箱 **//-ио́нный** [形1]

**инкрусти́ровать** -рую, -руешь 受過 -анный [不完・完]《美》⟨因⟩象眼する **//~ся** [不完]〔受身〕

**инкуба́тор** [男1] 孵卵器 **//~ский** [形3], **~ный** [形1]

**инкубато́рий** [男7] 孵卵器室、人工孵化室

**инкуба́ция** [女9] ①(病気の)潜伏期間 ②(孵卵器による)人工孵化 **//инкубацио́нный** [形1]：~ пери́од (病気の)潜伏期間 (инкуба́ция)

**инкуби́ровать** -рую, -руешь 受過 -анный [不完・完]⟨因⟩孵化させる **//~ся** [不完]〔受身〕**//-ние** [中5]

**ИНН** [イェヌヌ] (不変) [男] 納税者確認番号 (идентификацио́нный но́мер налогоплате́льщика)

**И́нна** [女1] インナ (女性名)

**иннерва́ция** [э] [女9]《医・解》神経支配

**иннерви́ровать** [э] -рует 受過 -анный [不完・完]《医》⟨因⟩…に神経を分布する、神経を支配する

**иннова́ция** [女9] ①(通例複)イノベーション、技術革新、(新技術などの)導入 ②《言》新語、あらたな現象 **//-ио́нный** [形1]

**Инноке́нтий** [男7] イノケンティー (男性名；愛称 Ке́ша)

**ино-** [語形成]⇒ин..

**инобытие́** [中5]《哲》他在、異相実在

**инове́рец** -рца [男3]《宗》異教徒

**инове́рие** [中5] 異教信仰 **//-ный** [形1]

\***иногда́** [イナグダー] [副] [sometimes] 時々、時には：Нельзя́ ча́сто, но́ ~ мо́жно. 頻繁には駄目だが、たまにならい

**иногоро́дн|ий** [形8] ①他の町(市)に住む、他の町(市)から来た ② [男2]/**-яя** [女名] 他の町(市)から来た人

**инозе́м|ец** -мца [男3]/**-ка** 複生 -мок [女2]《旧》外国人、よその土地の者

**инозе́мный** [形1] 外国の、よその土地の (иностра́нный)

\***ин|о́й** [イノーイ] [形2] [different, other] ①別の、他の (друго́й): -а́я фо́рма 他の形式で ②ある；《иной ..., ино́й ... の形で》…の人もいれば…の人もいる ③~ [男名] /**-а́я** [女名] 他の人、ある人；**-о́е** [中名] 他のもの、別のこと：Ино́му э́то мо́жет не понра́виться. 中にはこれが気に入らない人もいるかもしれない

◆**-о́е де́ло ...** ... は別の話だ：Ино́е де́ло де́ти. 子どもたちのなると話は別だ | **-ы́ми слова́ми** (挿入)別の言い方をすれば | **не 「кто́ — [что́ ино́е], как ~** 他ならぬ…：Это не что -о́е, как ложь. そんなのは決まっている | **никто́ — [ничто́ ино́е], как ~** …に他ならない、それは紛れもなく…：Вы ~ [наш] или — ра́з 時々、時折(порой) | **смотре́ть [гляде́ть, взгля́дывать] -ы́ми глаза́ми на** 旁 …を別の見方で[視点から]見る | **по-ино́му** 別のやり方で

---

**и́нок** [男2] /**~иня** [女5]《正教》修道士；修道女 (мона́х/мона́хиня)

**иноле́рка** 複 -рок [女2]《話》外車

**инопланéтный** [形1]《天》他の惑星の、地球外惑星の

**инопланетя́н|ин** 複 -я́не, -я́н [男10] /**-ка** 複生 -нок [女2] [foreigner] 異星人、宇宙人

**иноро́дн|ый** -ден, -дна [形1] 異種の、異質の：**-ое те́ло**《医》異物；(人としての)異分子

**иносказа́ние** [中5] アレゴリー、寓意；諷喩

**иносказа́тельный** -лен, -льна [形1] アレゴリー[諷喩]による(を含む)、それとなくほのめかす

\***иностра́н|ец** [イナストラーニェツ] [男3] /**-ка** 複生 -нок [女2] [foreigner] 外国人

\***иностра́нн|ый** [イナストラーンヌイ] [形1] [foreign] 外国の、外国産の；外交の：~ язы́к 外国語 | Министе́рство **-ых** дел 外務省(略 МИД) | по-иностра́нному (話) 外国(人)風に；外国語で | институт **-ых** языко́в 外国語大学 (略 иняз)

**иностра́нщина** [女1]《俗》外国物(流行や文化)

**инофи́рма** [女1]《話》外国企業、外資系企業 (иностра́нная фи́рма)

**иноходе́ц** -дца [男3] 側対歩で走る馬

**и́ноходь** [女10] (馬の)側対歩；(人の)体を左右に揺らす走り方

**и́нохески** [副], **и́ноческий** [形3] < и́нок

**и́ночество** [中1] 修道院生活、修道士であること (мона́шество)

**иноязы́чн|ый** [形1] 外国語の、外国語で書かれた、外国語を話す：**-ое сло́во** 外来語

**инса́йд** [男1]《サッカー・ホッケー》(フィールドセンター寄りの)フォワード

**инса́йдер-тре́йдинг** [男2]《経》インサイダー取引

**инсектици́д** [男1] 殺虫剤 **//~ный** [形1]

**инсемина́ция** [女9]《医》非配偶者間人工授精

**инсинуа́ция** [女9]《文》(中傷する)作り話

**инсоля́ция** [女9]《気象》日射(量)

**инспекти́ровать** -рую, -руешь 受過 -анный [不完；完に **про-**]⟨因⟩監督する、視察する **//~ся** [不完]〔受身〕**//-ние** [中5]

\***инспе́ктор**複 -а́/-ы [男1] [inspector] 監督官、査察官、検査官：нало́говый ~ 税務署員

**инспе́кция** [女9] [inspection] ①監督、視察、査察 ②監督[監査]機関 ③《話》(集合)監督官 (инспе́кторы) **//инспекцио́нный** [形1]

**инспири́ровать** -рую, -руешь 受過 -анный [不完・完]《文》⟨因⟩①<考えなどを>吹き込む、教唆する ②(教唆して)引き起こす **//~ся** [不完]〔受身〕**//-а́ция** [女9]

**инсталля́ция** [女9] ①《美》インスタレーション ②《IT》インストール(すること)

\***инста́нция** [女9] [law instance] ①(国家機関などの序列の)一階層、(裁判所の)審級：вы́сшая ~ 最上級審 ②《複》役所、裁判所：ходи́ть по **-иям** 方々の役所に足を運ぶ ③《話》仲介(となる人) ◆**и́стина в после́дней -ии** これ以上議論の余地のない真理 ■ **кома́ндная ~** 指揮[命令]系統 **//-ио́нный** [形1]

\***инсти́нкт** [男1] [instinct] ①本能：~ самосохране́ния 自己保存本能 ②本性、性向；勘：матери́нский ~ 母性本能

**инстинкти́вный** 短 -вен, -вна [形1] ①本能の ②本能的な、無意識的な **//-о** [副]

\***институ́т** [インスチトゥート] [男1] [institute, institution] ①単科大学 (= -ву́з)：педагоги́ческий ~ 教育大学 ②研究所、研究施設：И~ языкозна́ния РАН ロシア科学アカデミー言語学研究所 ③《文》(ある領域の)制度：~ ча́стной со́бственности 個人所有制度 | ~

**институт**

бра́ка 婚姻制度 | ～ семьи́ 家族制度 ‖ **~ский** [ц][形3]

**инструкта́ж** [男4]〔話〕①指図すること ②〘集合〙指図

**инструкти́вный** 短 -вен, -вна [形1] 指図を含む, 指導的な

**инструкти́рова|ть** -рую, -руешь 受過 -анный [不完·完]〔完未 **про**~〕⟨対⟩…に指図を出す: ～ дежу́рных 当直者に指図を出す ‖ **~ся** [不完]〔受身〕‖ **~ние** [中5]

\***инстру́ктор** [男1]〔instructor〕教官, インストラクター; 指導員, 指導係 ‖ **~ский** [形1]

\***инстру́кц|ия** [インストルークツィヤ] [女9]〔instructions〕①指令書, 指令集, マニュアル: ～ к телеви́зору〘集〙от телеви́зора〙テレビの取り扱い説明書 | ～ по примене́нию лека́рственного сре́дства 薬の使用説明書 ②指図: получи́ть необходи́мые ~ии 必要な指示を受ける ‖ **~ио́нный** [形1]

\***инструме́нт** [インストルゥミェーント] [男1]〔instrument, tool〕①〘工〙(手仕事の)道具, 工具: хирурги́ческий ～ 手術用具 ②〘楽〙楽器 (музыка́льный ～)

**инструментали́ст** [男1] / **~ка** 複生 -ток [女2]〔楽〕(楽器の)演奏者; 器楽曲の作曲家, 器楽研究者 ‖ **~ский** [сс] [形3]

**инструмента́льн|ый** [形1] ①道具[工具]の ②〘楽〙楽器の: -ая му́зыка 器楽 | **-ая** [女名] 道具部屋 ‖ **-о** [副] 道具を使って

**инструмента́льщи|к** [男2] / **-ца** [女3] 道具[工具]製造工[職人]

**инструмента́рий** [男7] 道具一式

**инструментова́ть** -тую, -туешь 受過 -о́ванный [不完·完]〘楽〙⟨対⟩(合奏用に)編曲する ‖ **~ся** [不完]〔受身〕

**инструменто́вка** 複生 -вок [女2] ①〘楽〙(合奏用の)編曲 ②〘楽〙管弦楽法 ③〘詩〙語音調べ

**инсули́н** [男1]〘医〙インスリン; インスリン製剤 ‖ **~овый** [形1]

**инсу́льт** [男1]〘医〙脳卒中 (апоплекси́я) ‖ **~ный** [形1]

**инсцени́ровать** -рую, -руешь 受過 -анный [不完·完]⟨対⟩①〈文学作品を〉舞台[映画, テレビドラマ]化する ②〘文〙…を装う: ～ о́бморок 気絶したふりをする ‖ **~ся** [不完]〔受身〕

**инсцениро́вка** 複生 -вок [女2] 舞台, テレビドラマ]化(された作品)

**инсцениро́вщик** [男2] 脚本家

**интегра́л** [э] [男1]〘数〙積分

**интегра́льн|ый** [э] 短 -лен, -льна [形1] ①⟨ интегра́л: -ое исчисле́ние〘数〙積分学 ②〘文〙一体となった, 不可分の: -ая схе́ма 集積回路

**интегра́тор** [э] [男1] ①積分器, 積算器 ②〘文〙統合するもの

\***интегра́ция** [女9]〔integration〕①統合 ②国家間の経済的統合

**интегри́рова|ть** [э] -рую, -руешь 受過 -анный [不完·完]⟨対⟩①〘数〙積分する ②統合する ‖ **~ние** [中5]

\***интелле́кт** [男1]〔intellect〕知性, 知能: иску́сственный ～〘コン〙人工知能, AI (略 ИИ)

**интеллектуа́л** [男1] /〘話〙**-ка** 複生 -лок [女2] インテリ, 知識人; 頭脳労働者

**интеллектуализа́ция** [女9]〘心〙知性化 (防衛機制の一種)

**интеллектуали́зм** [男1] ①〘哲〙主知主義 ②(芸術作品などの)思想性

\***интеллектуа́льн|ый** [インチリクトゥアーリヌィイ] 短 -лен, -льна [形1]〔intellectual〕①知性の, 知能[知的なもの]に関する: -ая со́бственность 知的財産 ②知的な, 頭のいい; (肉体ではなく)頭を使う: -ые запро́сы 知的欲求 | ～ рабо́тник 頭脳労働者 ‖ **-о** [副] ‖ **-ость** [女10]

\***интеллиге́нт** [男1] / **~ка** 複生 -ток [女2]〔intelligentsia〕知識人, インテリ

\***интеллиге́нтн|ый** 短 -тен, -тна [形1]〔cultured, educated〕①知識人[階級]の, インテリ(層)の ②(人が)教養のある, 文化的な ‖ **-о** [副] ‖ **-ость** [女10]

**интеллиге́нтский** [ц] [形3]〘蔑〙インテリの

\***интеллиге́нц|ия** [インチリギェーンツィヤ] [女9]〔intelligentsia〕〘集合〙インテリゲンチヤ, 知識階級, 知識層;〘話〙知識人 (интеллиге́нты)

**интенда́нт** [男1]〘軍〙主計官 ‖ **~ский** [ц] [形3]

**интенда́нтство** [ц] [中1]〘軍〙主計局 (интенда́нтская слу́жба)

\***интенси́вн|ый** [э] 短 -вен, -вна [形1]〔intensive〕①集中した, 強い, 激しい: -ая терапи́я 集中治療(室) ②(色が)濃い, 鮮やかな, 濃い ③〘経済〙集約的で(高効率な) (↔экстенси́вный): -ая систе́ма се́льского хозя́йства 集約的農業 ‖ **-о** [副] ⟨①② ‖ **-ость** [女10] ⟨②

**интенсифика́ция** [э] [女9] 効率化, 集約化

**интенсифици́ровать** [э] -рую, -руешь 受過 -анный [不完·完]〘文〙⟨対⟩(集中·集約して)高効率化する, 効率をよくする ‖ **~ся** [不完·完]〘文〙集中する, 強まる

**инте́нция** [э] [女9]〘文〙志向, 意図, 意向

**интер..** [э]〔語形成〕「…間」「国際間」

**интеракти́вный** [э] [形1] インタラクティヴな, 双方向の, 対話型の

\***интерва́л** [э] [男1]〔interval〕①(空間的·時間的)間隔, インターバル: ～ ме́жду стро́чками 行間のスペース | с ～ом в пять мину́т 5分の休憩を挟んで ②〘楽〙音程 ‖ **~ьный** [形1]

**интерве́нт** [э] [男1]〘政〙(武力による国際的)干渉者

**интерве́нц|ия** [э] [女9]〘政〙(国際的主に武力による)干渉: вое́нная ～ 武力干渉 ‖ **-ио́нный** [形1]

**Интервиде́ние** [э] [中5] インターヴィジョン (国際中継ネットワーク)

\***интервью́** [э]〔インテルヴューー〕(不変)[中]〔interview〕インタビュー, 記者会見; インタビュー記事: взять [получи́ть] ～ у 生 = име́ть ～ с 造 …にインタビューをする | дать ～ [取材]を受ける

**интервьюе́р** [э] [男1] インタビューアー

**интервьюи́рова|ть** [э] -рую, -руешь 受過 -анный [不完·完]〔完 **про**~〕⟨対⟩にインタビューをする ‖ **~ние** [中5]

**интердево́чка** 複生 -чек [女2] (外貨目当ての)売春婦

\***интере́с** [インチリェース] [男1]〔interest〕①興味, 関心; 重要性: большо́й ～ (большая, большо́е)生き生きした興味; 強い関心 | ～ к собесе́днику〘話〙相手に対する興味 | потеря́ть [утра́тить] ～ 興味を失くす; 重要性を失う, どうでもよくなる | для [из] ～a [-y]〘~y〙+ なにかの好奇心で | с ～ом をもって | без ～a [~y]〘中〙…にとってどうでもよい ②〘通例複〙利益: защити́ть свои́ ~ы 自分の利益を守る ③もうけ, 益: како́й [что] за ～ (そんなことして)何になる ④〘複〙関心[興味]の対象: созда́ть клу́бы по ~ам 興味の対象別にクラブを作る ⑤〘通例複〙欲求: духо́вные ~ы 精神的欲求 ◆в ~ах 生 …のために: де́йствовать в ~ах де́ла 状況改善のために行動する | Это не в ва́ших ~ах. これはあなたのためにならない | игра́ть на ～ 金を賭けて勝負事をする | из [ра́ди] *спорти́вного ~а* 力試しに; 本気でなく | *оказа́ться [оста́ться] при пи́ковом ~е* 何の得もないことに気づく, 何の得もないさま

\*интере́сно [インテリェースナ] [interesting] ①[副] 面白く, 興味を持って ②[無人述] 面白い, 興味がある: *Ребя́там ~ бы́ло послу́шать об Илье́.* 若者たちはイリヤについての話を聞くのが楽しかった ③[間] 《話》《気のない相槌の言葉として》へえ ④[無人述]《疑問文で》…かな, だろうか: *И~, кто э́то?* あれは誰かしら ◆ *зна́ть* 知りたいものだ: *Ей ~ зна́ть, что я чита́ю.* 彼女は私が何を読んでいるか知りたがっている

\*интере́сн|ый [インテリェースヌィイ] 短 -сен, -сна [形1] [interesting] ①面白い, 興味深い: *~ое заня́тие* 面白い仕事 | *Ка́ждый го́род чем-нибудь интере́сен.* どんな町でも面白いところがあるものだ ②[話]魅力的な

\*интересова́|ть [インテリェサヴァーチ] -су́ю, -су́ешь 命 -су́й [不完] [interest] 《圀》の興味[関心]を引く: *Его́ интересу́ет те́хника.* 彼は工学に関心を持っている

\*интересова́|ться [インテリェサヴァーッツァ] -су́юсь, -су́ешься 命 -су́йся [不完] [be interested in]①《圀》に興味[関心]を持っている: *~ теа́тром* 演劇に関心がある ②[話]《圀》…に気を引かれている, …が好きである ③[по-] 《話》(興味・関心があって)尋ねる, 質問する

интерлю́дия [э] [女9] [楽]間奏(曲)

интерме́дия [э] [女9] ①[劇]（劇劇的な性格の）幕間劇; （サーカスで）ピエロが演じる短い寸劇 ②= интерлю́дия

интерме́ццо [э] (不変) [中] [楽]間奏曲

интерн [э] [男1]《医》インターン, (医学部を卒業した)実習生

\*интерна́т [э] [男1] [boarding house[school]]①(学校の)寮 ②全寮制の学校 ③(老人ホームなどの)定住型福祉施設

интернату́ра [э] [女1] インターン(制度), (医学部卒業生の)実習

интернациона́л [э] [男1] ①*И~*《史》インターナショナル(社会主義運動の国際組織; また1871年にフランスで作られた革命歌) ②多くの国籍[民族]の集まり

интернационализи́ровать [э] -рую, -руешь 受過 -анный [不完・完] 国際化する *//~ся* [不完・完] ①国際化する ②《不完》[受身] *//-а́ция* [女9]

интернационали́зм [э] [男1] ①[言]国際主義 ②[言]国際語(複数の言語でほぼ同じ意味で用いられるようになった語)

интернациона́ли́ст [э] [男1] */~ка* 複生 -ток [女2] 国際主義者 */~ский* [cc] [形3]

интернациона́льн|ый [э] 短 -лен, -льна [形1] ①国際的な(междунаро́дный) ②国際主義的な, 国際主義に沿った */-ость* [女10]

\*Интерне́т [э] [男1] [心]《心》[Internet] インターネット: *до́ступ в ~* インターネットアクセス | *найти́ информа́цию в ~е* インターネットで情報を見つける | *смотре́ть TB че́рез ~* インターネットでテレビを見る */~ный* [形1]

интерне́товский [э; э] [形1]

интерне́т-.. [э; э] [語形成]「インターネットの」: *интерне́т-кафе́* インターネットカフェ | *интерне́т-кио́ск* インターネットカフェ（立ち台式） | *интерне́т-магази́н* オンラインショップ | *интерне́т-прова́йдер* インターネット接続業者[サービスプロバイダ] | *интерне́т-техноло́гия* ウェブテクノロジー

интерни́рование [中5]《国際法》抑留; 強制収容

интерни́ровать [э] -рую, -руешь 受過 -анный [不完・完]《国際法》抑留する; 一時拘束する */~ся* [不完・完]《不完》[受身]

Интерпо́л [э] [男1] インターポール(国際刑事警察機構) */и-овский* [形3]

интерпрета́тор [э] [男1]《文》解釈者, 解説者

\*интерпрета́ция [э] [女9] [interpretation] 解釈, 説明

интерпрети́ровать [э] -рую, -руешь 受過 -анный [不完・完]《文》《圀》解釈する; （演奏家が）《作品を》解釈する: *~ текст* 文章の意味を示す */~ся* [不完]《受身》

интерсе́кс [э] [男1]《生》間性

Интерфа́кс [男1] インターファクス(ロシアの通信社名)

\*интерфе́йс [э; э] [男1] [interface] [IT]インターフェイス */~ный* [形1]

интерфере́нция [женский9]《言》干渉, 言語転移

интерфи́кс [э] [男1]《言》接合辞, 中間接辞

\*интерье́р [э] [男1] [interior] ①(建物・部屋の)内装, インテリア: *оформле́ние ~а* 建物内[室内]の装飾 ②[美]室内画 */~ный* [形1]

инти́м [男1]《話》①親密さ, 親密な関係[状況] ②風俗関係

инти́мность [女10] ①< инти́мный ②（特に男女間の）親密な関係 ③〔複〕《話》ごく私的なこと[事情], プライバシー

\*инти́мн|ый 短 -мен, -мна [形1] [intimate] ごく私的な: *~ые отноше́ния* ＝ *~ая бли́зость* (男女の)性的関係 | *~ разгово́р* 極めてプライベートな会話 */-о* [副]

интифа́да [жен1]《軍》インティファーダ, 蜂起

интоксика́ция [женский9]《医》中毒 */-ио́нный* [形1]

интонацио́нно [副] イントネーションによって

\*интона́ция [женский9] [intonation] ①《言》(文の)イントネーション: *вопроси́тельная ~* 疑問文のイントネーション ②口調: *вла́стная ~* 威圧的な口調 ③(作家などの文章の)個人的特徴, 個性 ④《楽》抑揚 */-ио́нный* [形1]

интони́рова|ть -рую, -руешь 受過 -анный [不完・完]《圀》調子をとる, 抑揚をつける */~ся* [不完][受身]

\*интри́г|а [女2] [intrigue] ①(通例複)陰謀, 奸計; 構想: *плести́ -и* 謀(はかりごと)を練る | *вести́ -у про́тив ▦* …に対する陰謀を企てる ②《圀》(小説などの)プロット[筋] ③《旧》アバンチュール, 火遊び

интрига́н [男1] */~ка* 複生 -нок [女2]《蔑》策略家, 陰謀を企てる人 */~ский* [形3]

интригова́|ть -гу́ю, -гу́ешь [不完] ①(про́тив ▦)陰謀を企てる, 策をめぐらす ②《圀》(不思議さ・不可解さで)興味を抱かせる

интригу́ющ|ий [形6] 興味をそそられる, 面白そうな: *-ие подро́бности* 好奇心をくすぐる個々の点 */-е* [副] 興味をかきたてるように

интрове́рт [男1]《心》内向型の人（↔экстраве́рт） */~ный* [形1]

интроду́кция [女9] ①《楽》導入部, 序奏 ②《生》帰化, 移入

интуити́вн|ый 短 -вен, -вна [形1] 直感的な, 直観的な */-о* [副]

\*интуи́ция [女9] [intuition] ①直感, 勘: *челове́к с си́льной -ей* 勘の鋭い人, 鼻のきく人 ②《哲》直観

интури́ст [男1] */~ка* 複生 -ток [女2] 外国人旅行者, 外国人観光客 (иностра́нный тури́ст)

инфа́ [女1]《俗》情報

инфантили́зм [男1] ①《医》幼稚症 ②《文》(大人の)子どもっぽい行動

инфанти́льный 短 -лен, -льна [形1] ①《医》幼稚症の ②《文》(大人が)子どもっぽい, 幼稚な

инфа́ркт [男1]《医》梗塞, 《話》それによる病気: *~ миока́рда* 心筋梗塞 (инфа́ркт миока́рда)

\*инфе́кция [女9] [infection]《医》感染; 感染症, 伝染病; 《話》病原体: *возбуди́тель -ии* 病原体 |

**инфикс**

óстрые респирато́рно-ви́русные *-ии* 急性ウイルス性呼吸器感染症(略 ОРВИ) **// инфекцио́н|ный** [形1] : *-ая* больни́ца 隔離病院

**и́нфикс** [男1] 〖言〗接中辞

**инфинити́в** [男1] 〖言〗不定形, 不定詞

**инфици́рованн|ый** [形1] ① 感染した ② [男名]/*-ая* [女名] 感染者 **// -ость** [女10]

**инфици́рова|ть** -рую, -руешь 受-авн [不完・完] 〖医〗⟨対⟩感染させる: Органи́зм *инфици́рован*. 組織に感染している **// ~ся** [不完] 〖医〗[受身] **// -ние** [中5]

\***инфля́ция** [女9] 〖inflation〗 〖経〗インフレーション ② 〖文〗(使い過ぎや頻繁な発生による)価値[重要性]の低下 **// -ио́нный** [形1]

**информаге́нтство** [ц] [中1] 通信社(информацио́нное аге́нтство)

**информа́нт** [男1] 〖人類〗インフォーマント

**информати́в|ный** 短-вен, -вна [形1] 情報量の多い: *-ая* заме́тка 役立つ情報を含んだ記事

**информатиза́ция** [女9] コンピュータ化, 情報化

**информа́тик** [男2] 情報科学者

**информа́тика** [女2] 情報科学

**информа́тор** [男1] ① 情報提供者；諜員 ② (情報・数値の)表示[記録]装置 **// -ский** [形3]

**информацио́нно-поиско́в|ый** [形1] : *-ая* систе́ма 情報検索システム

**информацио́нно-спра́вочн|ый** [形1] : *-ая* слу́жба 情報案内サービス

\***информацио́нный** [インファルマツィオーンヌィ] [形1] 情報の, 情報伝達の: ~ го́лод 情報不足 ~ бюллете́нь ニュース抄録

\***информа́ция** [インファルマーツィヤ] [女9] 〖information〗 ① 情報: получи́ть *-ию* 情報を得る *-ии* 情報を持っている *-ией* 情報として | теóрия *-ии* 情報理論 ② 情報伝達, 報道: сре́дства ма́ссовой *-ии* マスメディア(略 СМИ)

**информбюро́** (不変) [中] 〖史〗(第2次世界大戦時の)情報局(информацио́нное бюро́)

**информи́рованный** [形1] 情報に精通した

**информи́рова|ть** -рую, -руешь 受 過 -анный [不完・完] [完また **про-**] ⟨対⟩に情報を伝える: ~ о положе́нии дел 状況を伝える **// ~ся** [不完] ⟨о 前について⟩情報を得る ② [不完] [受身] **// -ние** [中5]

**инфракра́сн|ый** [形1] 〖理〗赤外の: *-ое* излуче́ние = *-ые* лучи́ 赤外線

\***инфраструкту́ра** [女1] 〖infrastructure〗 〖経〗インフラストラクチャー: ба́зовая [коммуна́льная, произво́дственная] ~ 基礎[公共, 産業]インフラ **// -ный** [形1]

**инфузо́рия** [女9] 〖生〗滴虫類(繊毛虫の総称)

**инфузо́р|ный** [形1] : *-ая* земля́ 〖地質〗珪藻土, 滴虫土

**инхоати́в, инцепти́в** [男1] 〖言〗起動相

**инце́ст** [男1] 近親相姦

**инциде́нт** [男1] (不愉快な)出来事, 事件: пограни́чный ~ 国境紛争 | *И*~ исче́рпан. 騒ぎは収まった

**инъе́к|ция** [女9] ①〖医〗注射 ②〖土木〗(地盤強化のための)注入, 貫入 ③〖経〗(資本の)注入 **// -ио́нный** [形1]

**инь** (不変) [中] (中国哲学で陰陽の)陰 (↔ян)

**иня́з, Иня́з, ИНЯ́З** [イニャース] [男1] 〖話〗外国語大学, 外大(институ́т иностра́нных языко́в)

**и. о.** (不変) [男] 代行(исполня́ющий обя́занности): *и. о.* президе́нта 大統領代行

**Иоа́нн** [男1] 〖聖〗ヨハネス: ~ Крести́тель 洗礼者ヨハネ | ~ Ле́ствичник 階梯者イオアン(579-649；正教の聖人)

**Иов, Ио́в** [男1] 〖聖〗ヨブ

**ио́д** [男1] = йод

**ио́н** [男1] 〖化〗イオン **// ио́нн|ый** [形1] : *-ая* связь 〖化〗イオン結合

**иониза́тор** [男1] 〖化〗イオン化[イオン発生]装置, イオナイザー

**иониза́ция** [女9] 〖化・理・医〗イオン化, 電離

**иониза́цио́н|ный** [形1] : *-ая* ка́мера 電離箱

**иониз|и́ровать** -рую, -руешь *-ованный* [不完・完] 〖化・理・医〗⟨対⟩イオン化する, 電離させる: *иониз́и́рующее* излуче́ние 〖理〗電離放射線 **// ~ся** [不完] ① イオン化する, 電離する ② [不完] [受身]

**иони́йск|ий** [形3] イオニアの: *-ая* филосо́фия イオニア哲学

**иони́ческий** [形3] ① = иони́йский ②〖建〗イオニア様式の: ~ о́рдер イオニア式オーダー

**ионообме́н** [男1] 〖化〗イオン交換 **// -ный** [形1]

**ионосфе́р|а** [女1] 〖気象〗電離層 **// -ный** [形1]

**Иорда́н** [男1] ヨルダン川

**иорда́н|ец** -нца [男3]/-ка 複生-нок [女2] ヨルダン人 **// -ский** [形3] ヨルダン(人)の

**Иорда́ния** [女9] ヨルダン

**Ио́сиф** [男1] ヨシフ(男性名)

**иподиа́кон, ипо́диа́кон** [男1] 〖教会〗副輔祭

**ипоме́я** [女6] 〖植〗サツマイモ属(アサガオなど)

**ипоста́сь** [女10] ①〖正教〗(三位一体の各)位格 ②⟨奥の⟩現れ ◆ в *-и* ...として, ...の役で: в *-и* адвока́та 弁護士として

**ипоте́к|а** [女2] 〖法・経営〗(不動産に設定された)抵当権, 住宅ローン **// ипоте́чный** [形1] : ~ креди́т 抵当貸し

**ипохо́ндрик** [男2] 〖医〗心気症患者

**ипохо́ндр|ия** [女9] 〖医〗心気症, ヒポコンドリー **// -и́ческий** [形3]

**ипподро́м** [男1] 競馬場 **// -ный** [形1]

**и пр.** 《略》 и про́чее その他

**иприт** [男1] 〖化〗マスタードガス

**ИПЦ** [イペツェー] 《略》 и́ндекс потреби́тельских цен 消費者物価指数, CPI

**ир..** 〖接頭〗「不..」 「非..」 : *ирр*еа́льный 非現実的な | *ирр*егуля́рный 不規則な

**И́ра** [女1] 〖愛称〗⟨ Ира

**Ира́к** [男2] イラク(首都はБагда́д) **// ира́кский** [形3] イラク(人)の

**ира́к|ец** -кца [男3] イラク人(★女性形はない；жи́тельница Ира́ка とする)

**Ира́н** [男1] イラン(首都はТегера́н) **// ира́нский** [形3] イラン(人)の

**ира́н|ец** -нца [男3]/-ка 複生-нок [女2] イラン人

**и́рбис** [男1] 〖動〗ユキヒョウ(сне́жный ба́рс, сне́жный леопа́рд)

**ири́д|ий** [男7] 〖化〗イリジウム(記号 Ir) **// -иевый** [形1]

**Ири́на** [女1] イリーナ(女性名；愛称 И́ра)

**и́рис** [男1] 〖植〗アヤメ(属): ~ гла́дкий カキツバタ | ~ ложноаи́рный кыштʼу́ : ~ щетини́стый ヒオウギアヤメ | ~ ру́сский コキツバタ | ~ япо́нский шага́й | ~ герма́нский ジャーマンアイリス | ~ (単)(編み物・刺繍用の)撚り糸 **// и́рисов|ый** [形1] : *-ые* [複名] アヤメ科

**ири́с** [男1] 〖集合で〗 [菓子]トフィー

**ири́ска** 複生-сок [女2] 〖話〗1粒のトフィー

**Ирку́тск** [男1] イルクーツク(同名州の州都) **// ирку́тск|ий** [ц] [形3] : *И*~*ая* о́бласть イルクーツク州(シベリア連邦管区) ■ *-ое* вре́мя イルクーツク時

間(UTC+9; 日本時間と同じ)

**ирла́нд|ец** -дца [男3] **/~ка** 複性-док [女2] アイルランド人

**Ирла́ндия** [女9] アイルランド(首都は Ду́блин)

**ирла́ндск|ий** [нс] [形3] : ～ се́ттер [動]アイリッシュセッター(猟犬) | *-ие* та́нцы アイリッシュ・ダンス

**ироке́з** [男1] **/~ка** 複性-зок [女2] ①イロコイ族の人(アメリカ先住民) ②パンクヘアー, モヒカン刈り 《若者・戯》アップスタイル(髪型) **//~ский** [形3]

**иронизи́ровать** -рую, -руешь [不完] 〈над田〉...を皮肉る: ～ над собесе́дником 話し相手に向かって皮肉を言う

**ирони́ческ|ий** [形3] 皮肉な; 反語の **//~и** [副]

**ирони́чн|ый** 短-чен, -чна [形1] 皮肉な, 皮肉っぽい: ～тон 皮肉たっぷりな口調 **//~о** [副]

*****иро́н|ия** [女9] 〔irony〕①皮肉, 当てこすり: с —ией 皮肉を込めて | по зло́й —ии 皮肉なことに ②《修辞》反語(法) ◆～ *судьбы́* わけのわからない成り行き

**иррадиа́ция** [女9] ①《光》光滲(しん) ②《医》(神経インパルスの)拡延, 放散 ③(損傷部位以外の痛みの)拡散 ④《理》順応

**иррационали́зм** [男1]《哲》非合理主義

**иррациона́льн|ый** 短-лен, -льна [形1] ①《文》(a)非合理な, 合理的に理解されない (b) ～ое [こと] 合理的なもの[こと] ②《数》無理数の: *-ое* число́ 無理数 **//-о** [副] **<① —ость** [女10]

**иppeáльн|ый** 短-лен, -льна [形1]《文》非現実的な, あり得ない **//—ость** [女10]

**иppeгyля́pн|ый** 短-рен, -рна [形1] ①《文》不規則な ②《軍》非正規の, 不規則軍である

**ирредент́изм** [э] [男1] 失地回復主義, 民族統一主義

**ирригацио́нный** [男1] 灌漑技師

**ирригация** [女9] 灌漑 **//—ио́нный** [形1]

**Иртыш** [男4] イルティシ川(オビ川の支流)

**Исаа́к** [男1] イサーク(男性名) **//исаа́киевский** [形3] : И— собо́р 聖イサアク大聖堂(サンクトペテルブルク)

**ис...** →из...

*****иск** [男2] 〔suit, action〕《法》民事訴訟: встре́чный ～ 反訴 | предъяви́ть ～ про́тив 田 ...を告訴する | отказа́ть в ～e 要求を拒絶する

**искажа́ть** [不完] **/исказ́ить** -кажу́, -кази́шь 受過-ка́женный (-жён, -жена́) [完] ①歪める, 醜くする: Боль исказ́ила лицо́. 痛みで顔が歪んだ ②曲げる, 歪める, 曲解する: ～ мысль слов 田 ...の言葉の意味を曲げて理解する[伝える]

**искажа́ться** [不完] **/искази́ться** -зи́тся [完] ①(表情や外見が)歪む, 歪んだ表情になる: ～тревоѓой [от бо́ли]. 不安[痛み]で顔が歪んだ ②曲がる, 歪む: Фра́за при переводе́ исказ́илась. 言葉の意味が翻訳で変わってしまっている **//《不完》**[受身]

**искаже́ние** [中5] ①< искажа́ть ②《通例複》間違い, ミス

**искази́ть(ся)** [完] →искажа́ть

**искале́ченный** [形1] 手足に障がいのある

**иска́ние** [中5] ①< иска́ть ②《通例複》(学問・芸術における)創造的探究

**искарио́т** [男1] 《蔑》(金目当ての)裏切り者

**иска́тель** **/~ница** [女3] ①探す人: ～ же́мчуга 真珠採り | ～ приключе́ний アバンチュール・外見を求める人 ②《学問・芸術の》探究者 ③[男]探知機, 自動発見装置 **//~ский** [形3] <①

**иска́тельн|ый** 短-лен, -льна [形1] おもねるような, 取り入ろうとするような **//—о** [副]

*****иска́ть** [иска́ч] ищу́, и́щешь 命ищи́ [不完] 〔look for〕①〈田〉具体的な物を〉探す: ～ ну́жную кн́игу 必要な本を探す | ～ глаза́ми [взо́рами] 田 ...を目で探す ②〈田/田〉(頭で考えて)探す: ～ вы́ход [вы́хода] (状況の)打開策を探る | ～ отве́т [отве́та] 答えを探す | ～ пути́ [для 田 к 田] ...の方法を探す 《通/田》得ようとする: ～ защи́ту [защи́ты] 庇護を求める | ～ сло́ва [слов] 言葉を探す 《学問の分野で》探究する: и́щущий худо́жник 探究する芸術家 ⑤〈田〉《古》訴える ⑥《法》告訴する;〈田/田 с田〉告訴して得ようとする ◆*ищ́и-свищ́и* = 《話》*ищ́и да свищ́и* 田 ...を探しても無駄だ; ...はとっくになくなっている | *недалеко́ ～* ...の例ならいくらでもある, 例を見つけるのは簡単だ **//~ся** [不完] [受身]

**иска́шивать** [不完] **/искоси́ть** [完] 〈田〉斜めにする, 曲げる, 歪める **//~ся** [不完] [受身] 斜めになる, 曲がる, 歪む

**исклёвывать** [不完] **/исклева́ть** -клю́ю, -клюёшь 受過-кле́ванный [完] 〈田〉①(くちばしで)突いて傷だらけにする ②(残らず)つつき食う

*****исключа́ть** [イスクリュチャーチ] [不完] **/исключи́ть** [イスクリュチーチ] -чу́, -чи́шь 命-чи́ 受過-чённый (-чён, -чена́) [完] 〔exclude, eliminate〕①〈из田から〉取り除く, 排除[除外, 除名]する: ～ из спи́ска リストから除く ②(存在の)可能性を排除する: Восто́рг исключа́ет споко́йствие, необходи́мое предкра́сного. 熱狂にあっては美の必要条件である平静さが失われてしまう ③《受過短尾》あり得ない, 考えられない: Тако́й вы́ход исключён. そうした解決法はあり得ない[あってはならない] | Он опозда́ет? — Исключено́! [Не исключено́!] 「彼は遅刻でしょうか」「そんなことは絶対ありません[十分あり得る]」 | ～ исключено́, что он заблуди́лся. 彼が道に迷ったことも十分考えられる **//~ся** [不完] / [完]〈из田から〉いなくなる; あり得なくなる

*****исключа́я** [前] 〈田〉...を除いて, ...の他は: все́, одного́ 1人を除いて全員 | рабо́тать всю неде́лю, ～ выходны́е 休日の他は1週間ずっと働く ◆не ～ 田 ...を含めて(включа́я): рабо́тать всю неде́лю, не ～ пра́здников 祝日も含めて一週間働き続ける

*****исключе́ние** [イスクリュチェーニエ] [中5] 〔exception〕①例外, 特別(特殊)な人[存在]: в ви́де —ия 例外的に | как ～ 例外的として | и́з —ия 例外なしに ②《表セ》排除, 除外, 除名 ◆*за —ием* 田 ...を除いて | *Нет пра́вила без —ия*. 《諺》例外なき規則なし

*****исключи́тельно** [イスクリュチーチリナ] [副] 〔very, exclusively〕①とても, 非常に: ～ одарённый челове́к とても才能のある人 ②[助] 専ら, 単独で: за́нят ～ собо́й 自分のことしか考えていない, 自分のことにしか関心がない ③《文》含まないで(↔включ́ительно): с пе́рвого до пя́того числа́ 1日から4日まで 《★5日を除く》

*****исключ́ительн|ый** 短-лен, -льна [形1] 〔exceptional〕①《長尾》例外的な, 特別な, 稀な: ～ слу́чай 例外的なケース (よくも悪くも)抜きんでた: 《話》とても: ～ ум 卓越した知性 | ～ неве́жда どうしようもない無学者 | изде́лие —ого ка́чества 上質の品 ③《長尾》1人[1つ]にのみ及ぶ, 独占的な, 排他的な: —ое пра́во (販売・使用などの)独占権 ④《長尾》唯一の ■ —ая экономи́ческая зо́на 排他的経済水域(略 ИЭЗ) **//—ость** [女10]

**исключ́ить(ся)** [完] →исключа́ть(ся)

**искове́рканн|ый** [形1] 〔受過< искове́ркать〕①破損した ②ひねくれた ③誤用の; 間違って発音された: —ое сло́во 《言》転訛(か)語

**искове́ркать** [完] →кове́ркать

**исков|о́й** [形2] < иск: —о́е заявле́ние 《法》請求

**исколеси́ть** -лешу́, -леси́шь 受過 -лешённый (-шён, -шена́) [完]《話》⦅団⦆<場所>をくまなく巡る: 〜 вдоль и поперёк [из конца́ в коне́ц] …を縦に横に[端から端まで]巡り歩く

**иско́м|ый** [形1]《文》求められる(べき), 探し出されるべき: 〜ая величина́《数》未知量 [数] ② -ое [中名]《数》未知数

**искони́** [副]《雅》ずっと昔から, 古来

**иско́нн|ый** 短 -о́нен, -о́нна [形1]《文》ずっと昔からの, 太古からの ∥ -о [副]

**ископа́ем|ый** [形1] ① (地中から)採掘される; -ые [複名] 鉱物: -ое то́пливо 化石燃料 | поле́зные -ые 鉱物資源 ② 化石の; 古生物の; -ое [中名] 化石: -ые живо́тные животных, (古生物である)動物 ③《話》時代遅れの, 古めかしい: 〜 [男名]/-ая [女名] 時代遅れの人; -ое [中名] 時代遅れのもの

**искорёживать** [不完] / **искорёжить** -жу, -жишь 受過 -женный [完]《無人称でも》《話》⦅団⦆ぐしゃりと曲げる ∥ **〜ся** [不完] / [完]

**искорене́ние** [中5] 根絶, 撲滅, 一掃

**искорен|я́ть** [不完] / **искорени́ть** -ню́, -ни́шь 受過 -нённый (-нён, -нена́) [完] ⦅団⦆根絶する, 根こそぎ取り除く: 〜 дурны́е привы́чки 悪習を一掃する ∥ **〜ся** [不完] / [完] 絶滅やしになる: *Искорени́лись ста́рые предрассу́дки.* 古い偏見はすっかりなくなった ② [不完] [受身]

**и́скор|ка** 複生 -рок [女2]《話》指小・愛称 < и́скра

**и́скоса** [副] 横目で: гляде́ть [смотре́ть] 〜 横目で見る; 不審そうな目つきで見る

*и́скр|а [女1] [spark, flash] ① 火花, 火の粉: -ы из костра́ たき火から出る火の粉 | электри́ческая 〜 火花放電 ② 一瞬きらっと輝くもの: -ы гнева́ 雪のきらめき ③《話》《集合》(布の)明るい斑点 ④ (感情・才能・思想などの)ひらめき, 萌芽: 〜 тала́нта 一瞬垣間見られた才能 ◆ **есть** [име́ется] ~ **(бо́жья)** [в ⦅団⦆ у ⦅団⦆] 〜 才能がある | **сы́плются** [посы́плются] -ы**из глаз** ⦅団⦆у ⦅団⦆ (頭を強く打って)目から火が出る | **мета́ть** -ы **на** ⦅団⦆ …を憎々しげに見る

*и́скренне [副] [sincerely] 心から, 真心を込めて: 〜 жела́ю Вам ⦅団⦆ 心より…をお祈り申し上げます | 〜 благодарю́ Вас за ⦅団⦆ 心より御礼申し上げます | *И́ 〜 Ваш* [Ва́ша] (手紙で, 署名の直前に添える丁寧な表現)

*и́скренн|ий [イースクリン:ィ] 短 -енен, -енна, -енне/-енно, -енни/-енны [形2] [sincere] 偽りのない, 衷心の, 誠実な: -ее призна́ние 嘘偽りのない告白 | 〜 друг 心からの友 | -яя дру́жба 真の友情 ∥ **-о** [副] = искренне ∥ **и́скренность** [女10] с~ью 誠実に, 心を込めて

**искрив|и́ть(ся)** [完] → искривля́ть

**искривле́ние** [中5] 歪み, たわみ, 湾曲; その箇所 ② (規範・規則からの)逸脱

**искривлённ|ый** [形1] 歪められた, 事実[現実]とは異なる ∥ **-о** [副]

**искривл|я́ть** [不完] / **искриви́ть** -влю́, -ви́шь 受過 -влённый (-лён, -лена́) [完] ⦅団⦆曲げる, たわめる, 歪める: 〜 гвоздь 釘を曲げてしまう | 〜 лицо́ 顔を歪める ∥ **〜ся** [不完] [受身]

**и́скрист|ый** 短 -ист, -и́стый [形1] ① (火花・火の粉のように)輝く; (目が)輝く; (知性などが)才気あふれる ② (飲料が)発泡性の(イグリースツイ)

**искри́ть** -ри́т [不完] ①《無人称でも》火花を出す, 火の粉を散らす; 輝く, ひらめく ②《電》スパークする, (放電などで)火花を出す

**и́скриться** -рится, **искри́ться** -ри́тся [不完] 輝く, ひらめく; <⦅団⦆で> 際立つ, 異彩を放つ: *Вино́ и́скрилось.* ワインが泡立っていた | *искря́щийся тала́нт* まばゆいばかりの才能 | *Спекта́кль и́скрится весе́льем.* この演劇は陽気さで際立っている ∥ **и́скрение** [中5]

**искрово́й** [形2] < и́скра ①: 〜 разря́д [電] 火花放電 | 〜 промежу́ток [電] 火花ギャップ

**искромётн|ый** 短 -тен, -тна [形1]《文》① 火花[火の粉]を放つ; 輝き[ひらめき]を放つ ② (ワインが)発泡性の ③ 異彩を放つ ∥ **-ость** [女10]

**искромса́ть** [完] → кромса́ть

**искроши́ть(ся)** [完] → кроши́ть

**искупа́ть(ся)** [完] → купа́ть(ся)

**искуп|а́ть** [不完] / **искупи́ть** -куплю́, -ку́пишь 受過 -ку́пленный [完] ⦅団⦆ ① <⦅団⦆で> <罪・過ちを> 贖(あがな)う, 許しを得る ② (物が)をさます: *Прямота́ мно́гое искупа́ет.* 率直であれば多くのことが許される ②《文》<不足・欠点などを> 補う, 代償する: 〜 усі́дчивостью недоста́тки спосо́бностей 根気強さで不足を補う ∥ **〜ся** [不完] / [完] ① <⦅団⦆で> 補われる, 代償される ② [不完] [受身] ∥ **искупле́ние** [中5]

**искупи́тель** [男5] / **-ница** [女3]《神学》(罪を)贖(あがな)ってくれる人; 犠牲者: голго́фский И~ ゴルゴダの犠牲者 (イエス・キリスト)

**искупи́тельн|ый** [形1]《文》罪の償いのための, 贖罪(ぐの): -ая же́ртва お供え物の動物; (何かのために)苦しみを背負わされた人 ∥ **-о** [副]

**искупи́ть(ся)** [完] → искупа́ть

**иску́с, -а** [男1]《雅》① 鍛錬 ② 試練 (もとは修道階を目指す人に課せられた)

**искуса́ть** [完] → иску́сывать

**искуси́тель** [男5] / **-ница** [女3]《文》誘惑者, 悪魔 ■ **Змий**-[Зме́й-]~ イヴをリンゴで誘惑したヘビ

**искуси́тельный** 短 -лен, -льна [形1] 誘惑する, 惑わすような

**искуси́ть** [完] → искуша́ть

**иску́сни|к** [男2] / **-ца** [女3]《話》上手な人, 名人

**иску́сн|ый** 短 -сен, -сна [形1] ① (人・技が)巧みな, 熟練した: 〜 портно́й 熟練した仕立屋 ② 巧みに作られた: -ая рабо́та 熟練の技で作られた作品

**иску́сственни|к** [男2] / **-ца** [女3]《話》(母乳でなく) 人工乳で育てられている乳児

*иску́сственн|ый [イスクーストヴィンヌィ] -ен/-енен, -енна [形1] [artificial] ① 人工の, 人工的な, 人為的な; 偽の (↔натура́льный): 〜 жемчуг 人工真珠 | -ое дыха́ние 人工呼吸 | 〜 спу́тник земли́ 人工衛星 | 〜 отбо́р 人為淘汰 | 〜 язы́к《言》人工言語 ② 不自然な, 無理やりに作った: -ая бо́дрость から元気 | 〜 смех 作り笑い ∥ **-о** [副] ∥ **-ость** [女10] <②

*иску́сство [イスクーストヴァ] [中5] [art, skill] ①《単》芸術: *произведе́ние -а* 芸術作品 ② 芸術(の各分野): *изобрази́тельные -а* 美術 ③ 技術, 技: *боевы́е -а*《古》格闘技 | *вое́нное 〜* 戦術, 兵学, 軍学 | 〜 *шитья́* 裁縫の腕 **◆ из любви́ к -у**《話・戯》(目的云々よりも)そのこと自体が好きで

**искусствове́д** [男1] 芸術学者

**искусствове́ден|ие** [中5] 芸術学: *до́ктор -ия* 芸術学博士 ∥ **искусствове́дческий** [形3]

**искусствозна́н|ие** [中5] = искусствове́дение ■ **Госуда́рственный институ́т -ия** 国立芸術学研究所 (モスクワ)

**искуса́ть** [不完] / **искуса́ть** 受過 -ку́санный [完] ⦅団⦆そこらじゅうを噛む

**искуш|а́ть** [不完] / **искуси́ть** -кушу́, -куси́шь 受過 -кушённый (-шён, -шена́) [完] ⦅団⦆⦅団⦆で> 誘う, 誘惑する: 〜 зама́нчивыми обеща́ниями 魅力的な約束として誘う

**искуше́ние** [中5] 誘惑: ввести́ в 〜 ⦅団⦆ …を誘惑

する | преодоле́ть ~ 誘惑に打ち勝つ | подда́ться ~ию 誘惑に負ける

**искушённый** -шён, -шена́ [形1] 〈в⑪の〉経験を積んだ, 知識を備えた;*иску́шен в поли́тике* 政治に精通した [詳しい, 通暁した]

*\***исла́м** [男1] [Islam]【宗】イスラム教: *шии́тское [сунни́тское] направле́ние ~a* シーア [スンニ]派

**исла́м/и́зм** [男1] イスラム教の教義体系 [教義全体]; イスラム主義 **//-и́стский** [сс] [形3] イスラム主義(者) の

**исла́ми́ст** [男1] **~ка** 複生 -ток [女2] イスラム教徒; イスラム主義者

**исламове́д** [男1] イスラム学者 [研究者]

**исламове́дение** [中5] イスラム学 [研究]

**исла́мский** [形3] イスラム (教) の

**исла́нд/ец** -дца [男3] **~ка** 複生 -док [女2] アイスランド人

**Исла́ндия** [女9] アイスランド (首都は Рейкья́вик)

**исла́ндский** [нс] [形3] アイスランド (人, 語) の: ~ язы́к アイスランド語; ~ мох アイスランド苔, エイランタイ; ~ шпат 【鉱】氷州石, アイスランドスパー

**испа́костить** [完] →па́костить

**испа́н/ец** -нца [男3] **~ка** 複生 -нок [女2] ①スペイン人 ②【女】スペイン風邪 (1918-19年世界的に大流行した)

**Испа́ния** [女9] スペイン (首都は Мадри́д)

*\***испа́нский** [形3] [Spanish] スペイン (人, 語) の: ~ язы́к スペイン語 | ~ та́нец スペイン舞踊

**испаре́ние** [中5] ①蒸発, 気化 ②〖通例複〗(気化・蒸発した) 気体

**испа́рин|а** [女9] 大量の汗 (特に発熱による): *в -e* 汗をかいて

**испари́тель** [男5]【工】蒸発器, ペーパーライザー

**испаря́ть** [不完] / **испари́ть** -рю́, -ри́шь 受過-рённый (-рён, -рена́) 〈囵〉蒸発 [気化] させる

**испаря́ться** [不完] / **испари́ться** -рю́сь, -ри́шься [完] ①蒸発 [気化] する: *Вода́ испари́лась*. 水が蒸発した ②《話》消える, なくなる; 〈戯〉(人が) いなくなる ③ [不完]《受身》

**испа́чкать** [完] →па́чкать

**испепеля́ть** [不完] / **испепели́ть** -лю́, -ли́шь 受過-лённый (-лён, -лена́) 《雅》〈囚〉 ①灰にする, 焼き尽くす; (暑さなどが)〈植物を〉枯らす ②心・力などを〈消耗させつくさせる〔殺す〕 **//~ся** [完]《雅》①灰になる, 焼けてなくなる ② [不完]《受身》

**испепеля́ющий** [形6]《雅》①(暑さ・炎が) 焼きつくような ②(視線が) 敵意 [怒り, 憎しみ] のこもった; (批判が) 容赦のない

**испестри́ть** [不完] / **испестри́ть** -рю́, -ри́шь 受過-рённый (-рён, -рена́) 〈囚〉まだらな模様をつける: *испестрённый морщи́нами* いっぱいにしわのよった

**испе́чь(ся)** [完] →пе́чь¹

**испещря́ть** [不完] / **испещри́ть** -рю́, -ри́шь 受過-рённый (-рён, -рена́) 〈囚〉①まだらに模様を付ける; (表面に記号や線を) たくさん書き込む: ~ ру́копись попра́вками 原稿にたくさん修正を書き入れる | Доро́жка *испещрена́* следа́ми. 道にたくさんの足跡があった **//~ся** [完] ① (表面に) 斑点 (線, 穴など) で覆われる ② [不完]《受身》

**испива́ть** [不完] / **испи́ть** изопью́, изопьёшь 命 -пе́й 過 -пи́л, -пила́, -пи́ло 受過 -пи́тый (ит, -ита́/-ита, -и́то)〈囚〉① (ある量)飲む, 少し飲む: ~ ква́су クワスをちょっと飲む ②《雅》〈苦難を〉経る: ~ го́ре до дна [конца́] (雅) 悲嘆にくれる | ~ *испи́ть* го́рькую (свою́) ча́шу 《雅》 辛酸をなめる

**испи́сывать** [不完] / **исписа́ть** -пишу́, -пи́шешь 受過 -пи́санный [完]〈囚〉① (紙・ページなどを) 文字で埋め尽くす: ~ всю тетра́дь ノート1冊全部使って書く | ~ стиха́ми (紙・ページなどを) 詩で埋め尽くす ② (紙・鉛筆を) 書いて使う, 使い果たす: ~ мно́го бума́ги 書いて紙をたくさん使う | ~ каранда́ш 鉛筆1本を使い切る **//~ся** [不完] / [完]《3人称》①書いて使い切る ②《話》(作家・作曲家などが), 才能が尽きるなどして書けなくなる ③ [不完]《受身》

**испито́й** [形2]《話》疲れきった, 衰弱した

**испи́ть** [完] →испива́ть

**испове́дальный** 短 -лен, -льна [形1] ①〈и́споведь ②《雅》宗教・口調などが〉心からの, 誠実な

**испове́дальня** 複生 -лен [女5]【カトリ】懺悔室

**испове́дание** [中5] 《文》① 〈<испове́довать〉 懺悔 (ザ︰) ②宗教, 信教; 宗派 ③信奉

**испове́дать** 受 -данный [完] = испове́довать ①②

**испове́даться** [完] = испове́доваться

**испове́дни/к** [男2] **~ца** [女3]《宗》①《男》懺悔を受ける聖職者 ②懺悔する人

**испове́довать** -дую, -дуешь 受過 -анный [不完・完]〈囚〉①《宗》〈罪などを〉懺悔する ②正直に打ち明ける: ~ *дру́гу* свои́ заду́шевные мы́сли 友人に秘めた考えを明かす ③〔不完〕《文》〈宗教を〉信じる, 信仰する; 〈宗教の教えに〉従う: ~ исла́м イスラム教を信じる ④《文》〈信条などに〉従う, 固く信じる **//~ся** [不完] [完]《宗》〈囚/у̉の/у̉би́な〉①懺悔をする ②〈у̉/пе́ред囮な〉に白状する

*\***и́сповед/ь** [女10] [confession] ①《宗》懺悔: *быть на -и* 懺悔に行く ②《文》(胸に秘めていたものの) 告白

**испо́д** [男1] 裏面, 裏側, 下面

**и́сподволь** [副] ①少しずつ ②こっそりと

**исподлобья** [副] 眉をひそめて, 疑わしそうに, うさん臭そうに

**исподни/й** [形7]《話》①下着の, 肌着の; 下からの, 裏の: *-яя сторона́* 裏の側 **-ee** [中名] (主に男性用) 下着; **-ие** [複名] ズボン下, 股引

**исподтишка** [副]《俗》こっそりと, ひそかに, 隠れて: *де́йствовать ~* こっそりと活動する

**испоко́н** [副] ずっと昔から ♦ **~ веко́в | ве́ку**《話》ずっと昔から: *Так повело́сь ~ веко́в*. 大昔からそうすることになっている

**испо́лзать** [完]《話》方々を這いまわる; 訪れる

**исполи́н** [男1]《文》①巨人 (★比喩的にも): *~ы нау́ки*《雅》知の巨人たち ②巨大なもの

**исполи́нск/ий** [形3] ①〈исполи́н〉 ②巨大な, とても大きい ③《雅》偉大な: *-ие зада́ча вне́шние мы́сли* 優れた業績 | *де́лать ~ шаг* = *идти́* [*дви́гаться*] *-ими шага́ми* 大きな進歩をとげる

**исполко́м** [男1] 執行委員会 (исполни́тельный комите́т) **//-овский** [形3]《話》

*\***исполне́ние** [イスパルニェーニェ] [中5] [fulfillment, execution] 実行, 執行, 遂行; 演技, 演奏: *привести́ в ~* …を実行[執行]する | *при -ии* (служе́бных обя́занностей) (時に složных 熱心に仕事に従事している | *в ~* …の遂行[実行, 執行] のため | *изде́лие в экспо́ртном -ии* 輸出用工芸品 | *по -ии сро́ка* 期限満了と共に

**испо́лненный** [形1] 〈囗で〉満たされた, いっぱいの

**исполни́мый** 短 -ми́м [形1] 実現可能な

*\***исполни́тель** [男5] **-ница** [女3] [executor, performer] ①実行 [遂行, 執行] 者: *суде́бный ~* 執行官 ②(音楽の) 演奏者, (役などの) 演者 **//-ский** [形3] 〈②〉

*\***исполни́тельный** 短 -лен, -льна [形1] ①執行の; 行政の: *-ые о́рганы госуда́рственной вла́сти* 国家の行政機関 | ~ лист 令状 | ~

комитет執行委員会 ②仕事熱心な

**исполни́тельств|о** [中7] 演奏, 活動: исто́рия –а на ∏ 楽器名の演奏史

*__исполня́ть__ [イスパルニャーチ] (イスポルニチ) -ню, -нишь 受過 -ненный [完] 〔carry out, fulfill〕 〈他〉①遂行［実行］する, 実現する, 成し遂げる, 果たす: ~ прика́з命令を遂行する | ~ про́сьбу頼みを叶えてやる | ~ свой долг自分の義務を果たす | ~ обя́занности田 …の職務を代行する ②《作品を》演奏する, 歌う, 《役を》演じる: 〈場画受過〉創る：~ рома́нс ロマンスを歌う | ~ ро́ль Га́млета ハムレットの役を演じる ③《文》〈田〈田〉満たす

*__исполня́ться__ -я́ется [不完] / __испо́лниться__ -нится [完] 〔be fulfilled〕①実現する, 成し遂げられる: Жела́ние испо́лнилось. 望みが叶った ②〈田〉＋〈年齢〉に …になる：〈無人称で〉(ある時間が) 過ぎる：Ско́лько лет тебе́ испо́лнилось? 君はいくつになったの | Сего́дня исполня́ется 300 (три́ста) лет со дня рожде́ния вели́кого компози́тора. 今日その偉大な作曲家は生誕300年を迎える ③〈田〉〈田〉〈他〉(感情などに)とらわれる, 満たされる ④[不完][受身] < исполня́ть

__исполня́ющий__ [形6]〔能現〕< исполня́ть ■ **~ обя́занности** 代行 (略 и.о.) : ~ обя́занности мини́стра 大臣代行

__исполосова́ть__ [完] →полосова́ть

*__испо́льзование__ [中5]〔use, utilization〕使用, 利用: повто́рное ~ リサイクル

*__испо́льзовать__ [イスポーリザヴァチ] -зую, -зуешь 命 -зуй 受過 -анный [不完・完]〔use〕〈他〉使う, 使用［利用］する: ~ специали́ста 専門家を使う | ~ о́пыт мастеро́в 名工の経験を活用する | ~ во всю 十分に利用する

__испо́льзоваться__ [イスポーリザヴァッツァ] -зуюсь, -зуешься 命 -зуйся [不完・完] ①使われる, 利用される: Морски́е во́доросли широко́ испо́льзуются в япо́нской ку́хне. 海藻は日本料理で幅広く使われている《不完》〔受身〕< испо́льзовать

__испо́ртить(ся)__ [完] →по́ртить(ся)

__испо́рченный__ [形1] ①(人が)堕落した, 腐敗した(気分が)損なわれた；(商品が)欠陥がある, 腐った ③(子どもが)甘やかされてわがままに育った ④《コン》〔データ・ファイルが〕破損した ■ **~ телефо́н** 伝言ゲーム

__испоха́бить__ -блю, -бишь 受過 -бленный [完]《俗》〈他〉すっかり駄目にする

__исправи́мый__ 短 -и́м [形1] 修正できる, 回復できる, 取り返しのつく

__исправи́тельно-трудово́й__ [形2] 矯正労働の
__исправи́тельно__ [副] 矯正のために
__исправи́тельный__ [形1] 矯正の, 再教育の；改良［修正］の: ~ дом — -ое учрежде́ние 矯正施設, 少年院

__испра́вить(ся)__ [完] →исправля́ть(ся)

__исправле́ни|е__ [中5] ① < исправля́ть(ся) ②〈しばしば複〉訂正(箇所): внести́ –ия в текст 文章を訂正［訂正］する

__испра́вленн|ый__ [形1] ①〔受過〕< испра́вить ②修正された: -ое изда́ние 改訂版

*__исправля́ть__ [イスプラヴリャーチ] [不完] / __испра́вить__ [イスプラーヴィチ] -влю, -вишь, … -вят 命 -вь 受過 -вленный [完] 〔rectify, correct〕〈他〉①直す, 修正する, 訂正する: ~ оши́бку 間違いを直す | ~ контро́льную рабо́ту 答案の直しをする | ~ тро́йку (再試で評価の)3を上に上げる

②修理する: ~ прибо́р 器具を直す ③誤り・罪を償う ④〈性格などを〉直す, 矯正する: ~ хара́ктер [нрав]田 …の性格を直す **//~ся** [不完] ①(人が)直る,

よくなる, 矯正される；(病気の箇所が)治る ②[不完][受身]

__испра́вн|ый__ 短 -вен, -вна [形1] ①欠損［毀損］のない, 順調な, 正常な: ~ вид — -ое состоя́ние 正常な状態 ②(人が)熱心な, 勤勉な, 誠実な；熱心［誠実, 勤勉］に作られた ③《俗》(農民が)豊かな, 金持ちの **//-о** [副] **// испра́вност|ь** [女10] : в по́лной –и 完全に正常な

__испражне́ние__ [中5] ①排便 ②《複》大便
__испражня́ться__ [不完] / __испражни́ться__ -ню́сь, -ни́шься [完] 大便をする, 排便する

__испра́шивать__ [不完] / __испроси́ть__ -прошу́, -про́сишь 受過 -ро́шенный [旧・文]〈他〉〈他〉〈願い出て・嘆願して〉得る: ~ разреше́ния [позволе́ния] 『на田 …する許可を得る **//~ся** [完]〔受身〕

__испро́бовать__ -бую, -буешь 受過 -анный [完]〈他〉①〈性質・性能・適性などを〉検査する ②(自分の経験で)知る, 理解する ③[完] 試食する

__испу́г__ -а/-у [男2] 驚き, 驚愕 ◆**в ~е = от ~а = с ~y** 驚いて | **отде́латься лёгким ~ом** ちょっと怖い思いをしただけで済む；《話》罰を受けずに済む | **взять на ~** …を脅して (何かを) させる

*__испу́ганн|ый__ [形1]〔scared〕①〔受過〕< испуга́ть ②驚いた, 驚愕した: –ое ста́до おびえた群れ | ~ взгляд おびえた眼差し **//-о** [副]

__испуга́ть(ся)__ [完] →пуга́ть(ся)

__испуска́ть__ [不完] / __испусти́ть__ -ущу́, -у́стишь 受過 -у́щенный [完]〈文〉〈他〉〈熱・光・音・匂いなどを〉出す, 発する, 拡散させる: ~ арома́т 芳香を発する | ~ крик 叫び声を上げる ◆**после́дний вздох**《旧》息を引き取る **//~ся** [不完] (熱・光・音・匂いなどが)出る, 拡散する ②[不完]〔受身〕

*__испыта́ни|е__ [イスプィターニエ] [中5]〔test, trial〕①試験, テスト: я́дерные –ия 核実験 | ~ трубопроводо́в на гермети́чность 配管の気密性の検査 | быть на ~и 研究中［実験中］である ②〈通例複〉(人生における)試練: тя́жкие –ия つらい経験 | вы́держать ~ времён いつまでも古くならない, いつまでも自らの価値を保つ | Ей вы́пали до́лгие –ия. 彼女には長きにわたる試練がのしかかった

__испы́танный__ [形1] テスト済みの, 信頼性のある；(人が)経験を積んだ, 様々な試練を経てきた: ~ приём (テストをして)信頼性の確認のとれた方法

__испыта́тель__ [男5] **/ -ница** [女3] 検査官, 検査係: лётчик-~ 試験飛行士

__испыта́тельный__ [形1] 試験的な, 試験の: ~ срок 試用期間

__испыта́ть__ [完] →испы́тывать

__испыту́емый__ [形1] ①(性能などを)テストされる ②~《男名》/ -ая《女名》被験者

__испыту́ющий__ [形6] (眼差しが) 探るような **//-е** [副]

*__испы́тывать__ [イスプィーティヴァチ] [不完] / __испыта́ть__ [イスプィターチ] 受過 -пы́танный [完]〔test〕〈他〉①(性能・耐久性について)テストをする, 《新参者・新製品などを》テストする: ~ самолёт 試験飛行をする | ~ но́вого рабо́чего 新しい従業員を試用する ②〈体験［経験］する, 体験して知る：~ го́лод 飢えを経験する ◆**испыта́ть на свое́й [со́бственной] шку́ре** 身を以って体験する | ~ свою́ судьбу́ 覚悟を決めて［思い切って］やってみる **//~ся** [不完]〔受身〕

__испятна́ть__ -пя́тнанный [完] 《話》〈他〉斑点だらけにする, 斑点で表面を覆う **//~ся** [完] 《話》斑点だらけになる

__иссека́ть__ [不完] / __иссе́чь__ -еку́, -ечёшь, … -еку́т 命 -еки́ 過 -сёк, -секла́ 能過 -се́кший/-сёкший 受過

-чённый (-чён, -чена́)/-се́ченный 副分 -се́кши/-сёкши [完]〈雅〉〈文〉〈雅〉[石・大理石などに]彫る, それらで作る ② [医] 切除する ③ (通例受過)(体・顔に)切り傷をつける; 〈表面を〉傷だらけにする ④ (通例受過)(しわ・傷跡・ひびなどが)表面を覆う **// ~ся** [不完][受身]

иссече́ние [中5] 切りかかった

и́ссиня [副] 薄みがかった

исследи́ть(ся) [完] →иссле́живать

*иссле́дование [イッスレ́ーダヴァニエ] [中5][research] ① <иссле́довать 調査: проводи́ть ~ 調査を行う | по ру́сской исто́рии ロシア史研究

*иссле́дователь [男5] / ~ница [女3] 研究者, 探検家 **// ~ский** [形3]

*иссле́довать [イッスレ́ーダヴァチ] -дую,-дуешь 命 -дуй 受過 -анный [完] 〈団〉 [investigate, research into] ① よく調べる, 〈病人を〉(詳しく)診察する ② (学術的に)研究する: ~ зако́н 法律を研究する **// ~ся** [不完][受身]

иссо́п [男1] [植] ヤナギハッカ属, ヒソップ: ~ лека́рственный ヤナギハッカ **// ~овый** [形1]

иссо́хнуть [完] →иссыха́ть

и́сстари [副] ずっと昔から, だいぶ前から(и́здавна)

исстрада́ться [完] 苦しみすっかり疲れ果てる: ~ душо́й [се́рдцем] 心から疲れ果てる

исступле́ние [中5] 極度の興奮: в -ии 興奮して | прийти́ в ~ ひどく興奮する

иссту́пленный [形1] ① 極度に興奮した: ~ взгляд 熱に浮かされたような眼差し ② 度を超した **// ~о** [形1]

иссуша́ть [不完] / иссуши́ть -сушу́, -су́шишь 受過 -су́шенный [完] 〈団〉 ① すっかり乾燥させる, 干上がらせる ② 〈心・精神などを〉無感覚[無感動]にする: Го́ре её иссуши́ло. 彼女は悲しみあまり涙も枯れ果て疲れてしまった **// ~ся** [不完] ① すっかり乾燥する, 干上がる ② [受身] **// иссуше́ние** [中5]

иссыха́ть [不完] / иссо́хнуть -ну,-нешь 過 -о́х,-о́хла 能過 -ший 副分 -ув [完] ① (川・沼・土地などが)水分を失う, 干上がる ② 〈話〉〈от-〉(…が原因で)すっかり痩せる ③ 〈俗〉(誰かのために)寂しがる

иссяка́ть [不完] / исся́кнуть -нет 過 -я́к,-я́кла 能過 -кший/-у́вший 副分 -я́кнув [完] ① (水が)枯れる, 枯渇する: Ручéй исся́к. 小川の水が枯れた ② 〈蓄えなどが〉尽きる, (会話などが)途絶える: Терпе́ние исся́кло. 忍耐が限界に来る ③ [完] 〈何かを指し示さないまま〉

иста́ивать [不完] / иста́ять -та́ю,-та́ешь [完] ① (雪・氷・蝋などが)溶ける ② (雲・霧などが)消える, なくなる, (輪郭が)見えなくなる ③ 〈話〉(金などが)使われなくなる, (数・量が)少なくなる ④ 〈話〉急激に痩せる, 体力を失う

Истанбу́л [男1] = Стамбу́л

иста́пливать [不完] / истопи́ть -топлю́,-то́пишь 受過 -то́пленный [完] 〈団〉 ① (暖炉を)焚く, (サウナを)暖める ② 〈話〉(新などの燃料を)消費する ③ 〈話〉(蝋・ラードなどを)(温めて)溶かす

иста́пывать [不完] / истопта́ть -топчу́,-то́пчешь 受過 -то́птанный [完] 〈団〉 ① 踏み荒らす, 踏んで駄目にする: Кто́-то истопта́л снег вокру́г до́ма. 誰かが家の周りの雪を踏み荒らしている ② 足跡を付けて汚す ③ (靴を)履きつぶす **// ~ся** ① 〈話〉(靴が)履きつぶされる ② [不完][受身]

иста́сканный -кан,-анна [形1] ① (服・靴・絨毯などが)擦り切れた, 使い古された ② (言葉・表現などが)言い古された, 陳腐な ③ (不摂生な生活で)疲れた, やつれた

иста́скивать [不完] / истаска́ть 受過 -та́сканный [完] 〈話〉〈団〉 ① (服などを)着古す, (靴などを)履き古す: ~ сапоги́ 靴を履きつぶす ② (言葉・表現などを)使い古す, 陳腐にする **// ~ся** [不完] / [完] 〈話〉 ① (服・靴などが)使い古される ② (3人称)(不摂生な生活で)疲れる, やつれる **// [不完][受身]**

иста́чивать [不完] / источи́ть¹ -очу́,-о́чишь 受過 -о́ченный [完] ① 研ぎ減らす, 研いで薄くする ② (虫・ネズミなどが)かじって駄目にする; (水が)侵食する, 削る **// ~ся** [不完] / [完] ① (研いで)薄くなる ② 〈不完〉[受身]

иста́ять [完] →иста́ивать

истеблишмент [и] [男1] 〈文〉(社会の)体制; 支配層: полити́ческий ~ 政治支配層

истека́ть [不完] / исте́чь -еку́, -ечёшь, ... -еку́т 命 -еки́ 過 -тёк, -текла́ 能過 истёкший 副分 истёкши [完] ① 〈文〉流れ出る ② (能過 истёкший 副分 истёкши)(期間・期限・時間が)終わる, 満了する: Срок догово́ра истёк. 契約期間が満了する ③ 〈文〉(大量に)流れ出す; ~ слеза́ми 大泣きする ◆ ~ кро́вью 大量に出血する, 出血で死ぬ; 〈戦いで〉大敗を喫する

исте́кший [形6] 〈公〉最近の: ~ год ここ1年間

истере́ть(ся) [完] →истира́ть

истёрзывать [不完] / истерза́ть 受過 -те́рзанный [完] 〈団〉 ① ずたずたに引き裂く: Зверь истерза́л свою́ же́ртву. 獣は獲物を引き裂いた ② 徹底的に苦しめる: ~ упрёками 非難を浴びせかけて立ち直れなくする **// ~ся** [不完] / [完] 苦しんで疲れ果てる

исте́рик [男2] / ~и́чка 複生 -чек [女2] 〈話〉ヒステリー患者; ヒステリックな人

*исте́рик|а [女2] [histerics] 〈話〉ヒステリーの発作; ヒステリックで自己制御できない状態: закати́ть [устро́ить] -у в -у ヒステリーを起こす | би́ться в -е ヒステリーを起こして暴れる | С ней начала́сь (случи́лась) -. 彼女にヒステリーの発作が始まる

истери́ческий [形3] ① <исте́рия, исте́рика ② ヒステリーを思わせる; ヒステリックな ③ (ヒステリー状態のような)極度に興奮した: ~ смех ヒステリックな笑い

истери́чн|ый 短 -чен, -чна [形1] = истери́ческий ②③: -ая же́нщина ヒステリックな女性 **// ~о** [副] **// ~ость** [女10]

истери́я [女9] [医] ヒステリー: ма́ссовая ~ 集団ヒステリー ② 極度の病的興奮状態

истёртый [形1] ① 〈着[履き]古された, 擦り切れた ② (言葉などが)使い古された, 陳腐な

исте́ц -тца́ [男3] / исти́ца [女3] [法] (民事訴訟の)原告 (↔отве́тчик/отве́тчица)

истече́ние [中5] ◆ с исте́чением сро́ка [вре́мени] 期限[時間]切れのため | по -ии 围 〈文〉 (ある時間・期間の)経過の後: по -ии ме́сяца 1か月後

исте́чь [完] →истека́ть

*и́стин|а [イースチナ] [女1] [truth] ① [哲] 真理: абсолю́тная (относи́тельная) ~ 絶対的(相対的)真理 ② 真実, 事実(пра́вда); 正しさ: зерно́ [крупи́ца] -ы 一粒の真実 ③ (経験・実践によって確かめられた)判断, 命題: непрело́жная (прописна́я, ве́чная, ста́рая) ~ 疑いないこと | избита́я [расхо́жая] ~ わかりきったこと ◆ в после́дней инста́нции 疑いの余地のない真理 | свята́я [су́щая] ~ 〈文〉議論の余地のない事実 | напра́вить на пу́ть -ы 围 (忠告するなどして)正しい方向に向ける, 正しく振る舞うように促す | погреши́ть про́тив -ы 間違って覚える; 嘘を言う

и́стинно [副] ① 真に, 本当に ② (挿入)〈俗〉本当に, 間違いない, 嘘じゃない

*и́стинн|ый [イースチンヌイ] 短 -инен, -инна [形1] [true] ① 真の, 本当の, 真実の; 本物の; -ое [中名] 真なるもの: ~ худо́жник 真の芸術家[画家] | узна́ть [пости́чь] -ую це́ну 围 …の本当の価値を知る ② 科

学的根拠に基づいた、真…: ~ое со́лнечное вре́мя 真太陽時 ◆~ая пра́вда ~ бог [крест] 《話》(言ったことを強調して) 本当だ、嘘じゃない | ви́деть [предста́вить] в ~ом све́те 図 …の真の姿を見る [示す] **~ость** [女10]

истира́|ть [不実] / истере́ть изотру́, изотрёшь 過 -тёр, -тёрла 能過 -тёртый 受過 -тёртый (-тёрт, -тёрта) [完] ① 最後まで擦りおろす: ~ хрен на тёлке おろし金でセイヨウワサビをおろしきる ② 擦り切れさせる, 擦って駄目にする ◆ ~ в порошо́к 図 …を擦って粉状にする; こてんぱんにやっつける **~ние** [中5]

истира́|ться [不実] / истере́ться изотрётся 過 -тёрся, -тёрлась 能過 -тёршийся 副分 -тёршись [完] ① 擦って使い終わる [なくなる] ② 擦って傷む, 傷んで使えなくなる ③ [受身] < истира́ть

исти́ца → исте́ц

истлева́|ть [不実] / истле́ть [完] ① 朽ち果てる ② くすぶりながら燃える

и́стовый 短 -ов [形1] 《文》 (本来あるべき姿, 思想, 感情, 伝統などに) 忠実であろうとする, 熱心な, 勤勉な

*исто́к [男2] [source] ① 水源, 源流: от ~а до у́стья 水源から河口まで ② 《通例複》🔃 発生源, 出発点: ~и дре́вней культу́ры 古代文化の源

истолкова́ние [中5] 解釈, 解説

истолкова́ть [完] → истолко́вывать

истолкова́тель [男5] **~ница** [女3] 《文》 解釈者, 解説者

истолко́выв|ать [不実] / истолкова́ть -ку́ю, -ку́ешь -о́ванный [完] 解釈 [解説] する: по-сво́ему 自己流に解釈する | ~ себе́ 図 …を理解する **~ние** [中5] [副]

истоло́чь -лку́, -лчёшь, … -лку́т 命 -лки́ 過 -ло́к, -лкла́ 能過 -ло́кший 受過 -лчённый (-чён, -чена́) 副分 -ло́кши [完] ① 砕いて粉にする ② 《話》 〈道路の舗装を〉傷める

исто́м|а [女1] [心地よい] 倦怠 (感), 疲労, だるさ: в сла́дкой ~е 心地よい疲労を感じながら

истомля́|ть [不実] / истоми́ть -млю́, -ми́шь 過 -млённый (-лён, -лена́) [完] 疲れ果てさせる: ~ ожида́нием 図 …を待たせて不安にさせる

истомля́ться [不実] / истоми́ться -млю́сь, -ми́шься [完] 疲れ果てる: ~ от жары́ 暑くてぐったりなる | ~ ожида́нием 待ちくたびれる

исто́м|ный [形1] 〈истома ② 物憂くさせる, 気怠さを催させる **~о** [副]

источа́|ть [不実] / источи́ть² -чу́, -чи́шь 過 -чённый (-чён, -чена́) [完] ① 《雅》 涙を流す ② 《不実》 《文》 光・匂いを発する ③ 《文》 感情を表す **~ся** [不実] 《文》 ① (光・匂いが) 出る, 放出される ② [受身]

источи́ть(ся) [完] → иста́чивать, источа́ть

*исто́ч|ник [男2] [spring, source] ① 泉, 源泉: горя́чий ~ 温泉 | ~ минера́льной воды́ ミネラルウォーターの源泉 ② 源: ~ тепла́ 熱源 | Кни́га ~ зна́ния. 本は知識の源泉である ③ 情報源, ソース: досто́верный ~ 確かなよりどころ ④ (学術研究の) 典拠, 資料, 原典: истори́ческие ~и 歴史資料, 史料 ⑤ 原資料

источникове́дение [中5] 史料学

источнико́вый [形1] 史料の

исто́шный 短 -шен, -шна [形1] 《話》 (声などが) 甲高く必死な

истоща́|ть [不実] / истощи́ть -щу́, -щи́шь -щённый (-щён, -щена́) [完] 図 ① 〈体を〉消耗, 衰弱させる: Боле́знь истощи́ла органи́зм. 病気で体が弱っている ② 〈土地を〉痩せさせる ③ 資金などを使い果たす **~ся** [不実] [完] ① (体力が) 消耗する, 疲れ果てる ② (土地が) 痩せる ③ 〈資金が〉 尽きる ④ [不実] [受身] ◆ чьё-л. терпе́ние истоща́ется …の堪忍袋の緒が切れそうだ, 我慢が限界に近づいている

истоща́|ться² [山・土地の] 痩せる

истощ|е́ние [中5] ① 衰弱: не́рвное ~ 神経衰弱 | дойти́ до по́лного ~ия すっかり衰弱しきる | умере́ть от ~я 衰弱死する ② (土地が) 痩せること ③ 消耗, 枯渇, 使い尽くすこと: ~ приро́дных ресу́рсов 天然資源の枯渇

истра́чива|ть [不実] / истра́тить -ра́чу, -ра́тишь 過 -ра́ченный [完] 〈(何らかの目的のために) 費やす, 使い果たす〉: ~ на доро́гу три часа́ 移動に3時間を費やす **~ся** [不実] [完] ① 尽きる ② 《話》散財

*исто́р|ия [イストーリヤ] [女9] [history] ① 歴史: войти́ в ~ию 歴史に名を刻む | поверну́ть наза́д колесо́ ~и 歴史を逆戻りさせる ② (事件などの) 経過, 展開, いきさつ; 時系列に沿った記述: ~ на́шего го́рода わが町の沿革史 | ~ боле́зни (カルテに記載された) 病歴 | ~ пе́рвой любви́ 初恋のいきさつ ③ (記憶に保存されている) 過去: ~ и совреме́нность 歴史と現在 | уйти́ [отойти́] в ~ию (歴史の中へ) 消え去る ④ (学問・科目としての) 歴史, 歴史学: ~ Росси́и ロシア史 ⑤ [話] 物語: расска́зывать ра́зные смешны́е ~и 色々な面白い話をする ⑥ (通例不愉快な) 出来事: подня́ть [завести́] ~ию 騒ぎを起こす

◆ ве́чная [обы́чная, та́ же (са́мая)] ~ 《話》 同じこと, 変わらない状況, いつも繰り返されること | совсе́м друга́я ~ 全く別の状況 | Вот так ~! 《話》 これは驚いた, 何てことだ！ | Вот кака́я ~! 《話》 なるほどそういうことか

истоскова́ться -ку́юсь, -ку́ешься [完] 《話》 〈по 与〉 がいない [ない] 寂しさで精神的に疲れる

① 時系列に沿った [沿って記述された]: ~ о́черк 歴史概説 ② 歴史の [有す] 時代の (↔ доисторический); 《話・皮肉》 ひどく古い: ~ая эпо́ха 有史 [歴史] 時代 ③ 実在した, 実際にあった: ~ факт 史実 ④ 過去の人物に [事件に] 関する: ~ рома́н 歴史小説 | ~ жанр 《美》歴史画面のジャンル ⑤ 歴史的に重要な: ~ собы́тие 歴史的大事件 | ~ слу́чай в жи́зни 一生の大事件 ⑥ 歴史の, 歴史学の: до́ктор ~их нау́к 歴史学博士 | ~ факульте́т 歴史学部 | ~ое иссле́дование 歴史学の研究 (史)

истори́чески [副] 歴史的に, 時系列に沿って

истори́чный 短 -чен, -чна [形1] 歴史主義に則した ② (芸術家などが) 歴史的事実に忠実な

\***истреби́тель** [男5] [destroyer, fighter] ① 〈围を〉駆除[せん滅]する人; 戦闘機のパイロット ② 戦闘機 ■ ~-**перехва́тчик** 迎撃機 | ~-**бомбардиро́вщик** 戦闘爆撃機

**истреби́тельн|ый** 短 -лен, -льна [形1] 駆除[駆逐, せん滅]する(ための): -*ая* авиа́ция《軍》戦闘機部隊

**истребля́ть** [不完] / **истреби́ть** -блю́, -би́шь 受過 -блённый (-лён, -лена́) [完] 〈囲を〉駆除[駆逐, せん滅, 壊滅]させる; [話] 残さず食べる[飲む] // ~**ся** [不完] ① 完全にいなくなる, すっかり駆除される ②[不完][受身] ‖ **истребле́ние** [中5]

**истрёпанный** [形1] [話] ぼろぼろの, 擦り切れた; 使い古された

**истрёпывать** [不完] / **истрепа́ть** -еплю́, -е́плешь 受過 -ёпанный [完] 〈囲を〉ぼろぼろにする: ~ оде́жду 服を使い古す | ~ не́рвы 神経をすり減らす // ~**ся** [不完] ① ぼろぼろになる ② [不完][受身]

**иструхля́веть** [完] 完全に崩れる[朽ちる]

**истука́н** [男1] ① (異教の)偶像 〈書〉 ② [話・蔑] でくの坊; 感情のない人 ◆ **стоя́ть [сиде́ть]** ~**ом** [как ~] ぼうっと突っ立って[座っている]

**иступи́ть** -туплю́, -ту́пишь 受過 -ту́пленный [完] 〈囲を〉鈍くする, 鋭さ[切れ]をなくさせる // ~**ся** [完] 鈍る, 鋭くなくなる

**и́стый** [形1] 本当[本物, 真]の: ~ джентльме́н 真の紳士

**исты́кивать** [不完] / **исты́кать** -канный [完] [話] 〈囲を〉一面に刺す, 刺して穴を開ける

**истяза́н|ие** [中5] 拷問, 虐待; 厳しい責め苦: подве́ргнуться -ию 拷問を受ける

**истяза́тель** [男5] / ~**ница** [女3] [文] 拷問する人, 苦しめる人[もの]

**истяза́ть** [不完] 〈囲を〉拷問にかける, (肉体的・精神的に)苦しめる // ~**ся** [不完] ① 自分を肉体[精神]的に責める ② [受身]

**истязу́ем|ый** [形1] 拷問される: ~ [男名] / -**ая** [女名] 拷問される人

**исхитря́ться** [不完] / **исхитри́ться** -рю́сь, -ри́шься [完] [話] [不定形] うまく[ずるく] やる

**исхлёстывать** [不完] / **исхлеста́ть** -лещу́, -лёщешь 受過 -лёстанный [完] ① 〈囲を〉(鞭などで打って)傷だらけにする ②〈鞭などを〉打って駄目にする, 使い古す

**исхлопа́тывать** [不完] / **исхлопота́ть** -очу́, -о́чешь 受過 -о́танный [完] 〈囲を〉請願して得る

**исх. №** (略) исходя́щий но́мер 参照番号

\***исхо́д** [男1] [outcome] ① 出ること, 脱出 ② (困難な状況の)解決策, 脱出策: иска́ть [находи́ть] ~ [из/для 囲] 〈…の〉解決策を探る ③ 終わり, 週末: `На -е [к ~у]` 囲 〈…の〉終わりかけで | Горю́чее на -е. 燃料がいまにも終わりそうだ ④ 結果: ~ бо́я 戦いの結果 | зави́сит от ~а 結果による ⑤ И-《聖》エジプト記 ◆ **дать** ~ 囲 …にはけ口を与える

**исхода́тайствовать** -твую, -твуешь 受過 -анный [完] 《公》〈囲を〉請願して得る

**исходи́ть**[1] -хожу́, -хо́дишь 受過 -хо́женный 副分 исходи́в [完] 〈囲/по 囲〉 〈…を〉いろなところを歩いて回る: ~ `вдоль и поперёк [из конца́ в коне́ц]` くまなく歩きまわる

\***исходи́ть**[2] [イスハヂーチ] -ожу́, -о́дишь, ... -о́дят 命 -ди́ из исходя́ [不完] [イザイチー] 〈イザイチー〉 изойдя́ [完], изошла́, изошло́, изошла́ 能過 изоше́дший [完] ① [不完][из 囲/от 囲] (光・熱などが)出る, 源を発する: (話・уい匂いなどが)生じる: Из ку́хни исхо́дит вку́сный за́пах. 台所からよい匂いがしている | Све́дения исхо́дят из ве́рных исто́чников. 情報は信頼できる筋からもたらされている ② [不完][из 囲]に基づける, 基づきを置く: ~ из ве́рного предположе́ния 正しい仮定に基づいている | исходя́ из … …に基づいて, … から出発して ③ 〈囲〉血・汗・涙などを大量に流す, 〈光・熱などを〉発する, 放出する, 〈叫び声を〉上げる: Сосна́ исхо́дит смоло́й. 松はヤニを大量に出す | ~ слеза́ми 大泣きする, 大泣きして疲れきる

**исхо́дник** [男2] [コン] ソースコード

\***исхо́дн|ый** [イスホードヌィ] [形1] [initial] 始めの, 開始の: -ая то́чка 出発点 | ~ пункт рассужде́ния 推論の出発点 | -*ое* положе́ние (動作開始直前の姿勢; (軍隊の)攻撃直前の陣形; (機械の)準備が整った状態 | -ая пози́ция《軍》攻撃開始直前の陣形 | ~ рубе́ж《軍》作戦開始のライン

**исходя́щ|ий** [形6] 《公》(手紙・書類などが)発信の, 発送用の: ~ **вход[исхо́д]я́щий**: -ая (по́чта) 出状郵便 | ~ но́мер 発信控え番号, 参照番号 | -ие 《сообще́ния》[コン] 送信群

**исхуда́лый** 短 -а́л [形1] すっかり痩せ細った

**исхуда́ть** [完] 病的に痩せる, げっそりする

**исцара́пывать** [不完] / **исцара́пать** -панный [完] 〈囲を〉引っかき傷だらけにする, 引っかき傷を残す // ~**ся** [不完] [完] ① 傷だらけになる ② [不完][受身]

**исцели́тель** [男5] / ~**ница** [女3] [文] 治療者

**исцели́ть(ся)** [完] → исцеля́ть(ся)

**исцеля́ть** [不完] / **исцели́ть** -лю́, -ли́шь 受過 -лённый (-лён, -лена́) [完] [文]〈囲を ОТ囲を〉人の病気などを治す; 癒やす: ~ больно́го 病人を治療する // ~**ся** [不完]〈от 囲〉〈病気などが〉治る; 癒やされる ② [不完][受身] ‖ **исцеле́ние** [中5]

**исча́дие** [中5] [щ/ч]《文》: ~а́да 嫌悪[不快]感を催させる人

**исча́хнуть** -ну, -нешь 過 -а́х, -а́хла 能過 -хший 副分 -ув [完] すっかり衰弱する, ひ弱になる

\***исчеза́ть** [щ/ч] [イシシェーチ, インチー] [不完] / **исче́знуть** [щ/ч] [イシシェーズヌチ, インチュー] -ну, -нешь 命 -ни 過 -е́з, -е́зла 能過 -ущий 副分 -уть [完] ① (3人称)消える, なくなる; 見えなくなる: Страх [Снег] исче́з. 恐怖[雪]が消えた | 「со две́ра [лица́ земли́] 地上からなくなる[なくなる] | Кора́бль исче́з в тума́не. 船は霧の中に消えていった ② 現れなくなる; [話] (どこかに行って)いなくなる ◆ ~ **из глаз** [**ви́да, по́ля зре́ния**] = ~ **из ви́ду** 視界から見えなくなる | ~ **из па́мяти** 忘れ去られる ■ **исчеза́ющий вид**《生》絶滅危惧種 (вымира́ющий вид)

**исчезнове́ние** [щ/ч] [中5] 消失, 消滅, 失踪

**исче́знуть** [щ/ч] →исчезать

**исче́ркивать** [щ] [不完] / **исчерка́ть** [щ], **исчёркать** [щ] 受過 -черканный [完] ①〈原稿・ノートなどを〉たくさん訂正する, 訂正して汚す ② 汚い字で一面を書き汚す ③ (しばしば受過)一面を(線を描くように)塗る

**и́счерна-...** [щ] [語形成]「黒っぽい」

\***исчерпа́ть** [щ] 受過 -черпанный [完] / **исче́рпать** [щ] [不完]〈囲を〉① (通例完)使い果たす: ~ все сре́дства 底をつくまで資金を使う | ~ весь потенциа́л экономи́ческого разви́тия 経済発展の潜在能力を全て使いきる | ~ терпе́ние собесе́дника 相手をついに怒らせる ② 余すところなく尽くす: 《文》зада́ние и тема Программа конце́рта исче́рпана. コンサートの全演目が終了した | Инциде́нт исче́рпан. 事件はすっかり解決した // ~**ся** [不完] ①《文》尽きる, 終わる ②《囲》尽きる, 全てである, 全て言い表される ② [不完][受身]

**исче́рпывающ|ий** [ш'] [形6] 余すところのない, 完全な, 全面的な. *-ие све́дения* 完全な情報 | *-ее доста́точно по́лной информа́ции отве́т* 十分な情報が含まれている回答 **// исче́рпывающе** [ш'] [副]: *~ изучи́ть вопро́с* 問題を多角的に検討する

**исче́рчивать** [ш] [不完] / **исчерти́ть** [ш] [完] -черчу́, -че́ртишь 受過-че́рченный [完] 〈聞〉① (線・記号で)表面を覆う; いっぱいにする ②《話》(文字などを書いて)ペンなどを使い果たす

**исчисля́ть** [ш] [不完] / **исчи́слить** [щ/ч] [完] -лю, -лишь 受過-ленный [完] 〈文〉〈聞〉算出する, 算定する: *~ сто́имость ремо́нта* 修理費を算定する

**исчисля́ться** [ш] [不完] 〈文〉〈聞〉: 数字で表される: *Дохо́ды исчисля́ются миллио́нами рубле́й*. 収益は数百万ルーブルにのぼる ② [受身] < исчислять

**исчисле́ние** [щ/ч] [中5] 算出, 算定 ■ **интегра́льное ~**〈数〉積分(法) | **дифференциа́льное ~**〈数〉微分法

**ИТ** [イテー] (略) информацио́нные техноло́гии 情報技術, IT

**ита́к** [イターク] [接] そういったわけで, というわけで: *И~, вопро́с решён.* ということで問題解決というわけだ

**\*Ита́лия** [女9] 〔Italy〕イタリア (首都は Ри́м)

**\*италья́н|ец** -нца [男3] / **-ка** 複生 -нок [女2]〔Italian〕イタリア人

**\*италья́нск|ий** [形3]〔Italian〕イタリア(人, 語)の: *~ язы́к* イタリア語 | *-ая забасто́вка* (職場には出勤するが仕事はしない)ストライキ | *~ шрифт* イタリック体

**ИТАР-ТАСС** [イタール-タース] (略) Информацио́нно-телегра́фное аге́нтство Росси́и ИТА́Р-ТА́СС イタルタス通信 (ロシアの主要旧国営通信社)

**и т. д.** (略) и та́к да́лее など, 等

**ительме́н** [э/ль] [男1] / **-ка** 複生 -нок [女2] イテリメン人, カムチャダール人 (カムチャッカ半島に住む少数民族) **// -ский** [形3]

**итерати́в** [男1] 〔言〕反復相

**ИТК** [イテカー] (略) Исправи́тельно-трудова́я коло́ния 矯正労働コロニー; Исто́рико-теорети́ко-композито́рский факульте́т 〔音〕音楽理論学部, 楽理科

**\*ито́г** [イトーク] [男2]〔sum, total〕① 総計, 合計, 総額 ② 結果; 結論: *в (коне́чном) -е* 結局, 最終的に ◆ **подвести́ ~** [-и́] 合計する, 総計を出す 〈田/国〉 **~ чего́** を総括する, …の結論を出す **// ито́гов|ый** [形1]: *-ая су́мма* 総計

**итого́** [в] [副] 合計すると, 全部で

**ито́жить** -жу, -жишь [不完] / **подыто́жить** -жу, -жишь 受過-женный [完] 〈聞〉① 合計する, 総計〔総額〕を出す ②《話》総括する, まとめる **// -ся** [不完] [受身]

**и т. п.** (略) и тому́ подо́бное など, 等

**ИТР** [イテエール] (略) инжене́рно-техни́ческий рабо́тник 技術員

**итте́рбий** [男7]〔化〕イッテルビウム (記号 Yb)

**и́ттрий** [男7]〔化〕イットリウム (記号 Y)

**Итуру́п** [男1] 択捉島 (日本式表記は Эторофу)

**ить** [助]〈俗〉= ведь

**иу́д|а** (女1変化) [男] ① И~ ユダ (男性名) ②〈俗・罵〉裏切り者, 背信者: *Опаса́лся -ы*. 裏切りには気をつけろ ◆ **поцелу́й Иу́ды** ユダの接吻 (行為があるように装って人を裏切ること)

**иудаи́зм** [男1] ユダヤ教

**иудаи́ст** [男1] / **~ка** 複生 -ток [女2] ユダヤ教徒者 **// ~ский** [сс] [形3] ユダヤ教 (徒)の

**иуде́й** [男6] / **~ка** 複生 -е́ек [女2]〈文〉ユダヤ人

**иуде́йск|ий** [形3] ① < иуде́й, Иуде́я ②〔史・宗〕(古代)ユダヤの, ユダヤ教の: *~ кано́н* 旧約聖書 | *-ое вероиспове́дание* ユダヤ教 (иудаи́зм)

**иуде́йство** [中1] = иудаи́зм

**Иуде́я** [女6] ユダヤ

**иу́дин** [形12] < иу́да: *~ грех* 裏切り, 背信行為 | *-о пле́мя*〈罵〉裏切り者たち | *~ поцелу́й* = поцелу́й Иу́ды (→иу́да) ■ **~о де́рево** 〈植〉セイヨウハナズオウ | **~о у́хо** [хъ] キクラゲ (ユダが縊死した木から生えたと言われる)

**иу́душка** 複生 -шек [女2] (親切なふりをして意図を隠す) 裏切り者

**\*их** [イーフ] ①〔代〕〔所有〕(★они́ に対応する所有代名詞;変化しない) [their] 彼らの〔彼女ら, それら〕の;〈旧〉(敬語として)彼〔彼女, あの方〕の (★ → свой[語法]) ②〔代〕〔人称〕[複数] 生・対格 < они́ ◆ **по-(~)и́х**《話》彼らの望むように; 彼らのする通り: *Вы́шло по-и́х*. 彼らの望む通りの結果になった | **с и́х**《話》彼らと同じくらいたくさん

**и́хний** [形8]〈俗〉彼〔彼女, それ〕らの (и́х)の: *по-и́хнему* 彼らの望む通りに; 彼らのする通りに;〔挿入〕彼らの考えでは

**ихтио..** [語形成] 「魚の」

**ихтиоза́вр** [男1]〈動〉魚竜

**ихтио́лог** [男2] 魚類学者

**ихтиоло́г|ия** [女2] 魚類学 **// -и́ческий** [形3]

**ИЧП** [イチェペー] (略) индивидуа́льное ча́стное предприя́тие 個人企業, 個人事業

**иша́к** -а́ [男2] ①〈動〉ロバ;《方》ラバ ②《話・蔑》頑固者, 愚か者; 重労働を黙々とする人: *Что я ~? 《俗》*なきつい仕事なんかやってられるか ③《話》戦闘機ポリカルポフ И-16 (И-16) **// иша́чий** [形9] **// ишачо́к** -чка́ [男2]《話》[指小・愛称]

**ишеми́|я** [女9]〔医〕虚血, 乏血 **// -и́ческий** [形3]

**и́шиас** [男1]〔医〕座骨神経痛

**ишь** [助]《話》①〔しばしば как, како́й, что, ты などと共に〕〔驚き・喜び・不快などを表して〕何だって: *~ ты!*《話》何だって ②〔注意を向けて〕ほら, 見て

**ище́йка** 複生 -ще́ек [女2] 捜索用の犬: полице́йская ~ 警察犬

**и́шешь** [単現] < иска́ть

**ищи́** [命令] < иска́ть

**ищу́** [1単現] < иска́ть

**и́щущий** [形6] [能現] < иска́ть: *~ взгляд* 鋭い〔請うような〕目つき

**ИЭЗ** [イエゼー] (略) исключи́тельная экономи́ческая зо́на 排他的経済水域, EEZ

**\*ию́ль** [イユーリ] [男5] 〔July〕7月 (★用法は→ма́й) **// ~ский** [形3]

**\*ию́нь** [イユーニ] [男5]〔June〕6月 (★用法は→ма́й) **// ~ский** [形3]

# Й й

**Йе́мен** [е/э] [男1] イエメン (首都は Са́на)

**йог** [ё] [男2] ヨーガ行者, ヨーガ哲学者 **// -овский** [形3]《話》

**йо́га** [ё] [女2] (哲学・健康法としての)ヨーガ

**йо́гурт** [ё] [男1] ヨーグルト (★1990年代まではйогу́рт)

**йод** [ё] [男1] ①〔化〕ヨウ素 (記号 I) ②《話》ヨードチンキ **// -истый, -ный** [形3]

**йодофо́рм** [ё] [男1]〔化〕ヨードホルム

**Йокога́м|а** [ё] [女1] 横浜: *в -е* 横浜で

**йоркши́р** [ё] [男1] (複)ヨークシャー種の豚 **// ~ский** [形3]

**йот** [ё] [男1] [言]発音記号 [j] で表される子音の名称

**йо́т|а** [ё] [女1] ①ギリシャ文字のイオタ ②[話]ごく小さい[少ない]もの ◆**ни на -у** 少しも…ない

**Йошка́р-Ола́** [ё] [不変]-[女1] ヨシカル・オラ(マリ・エル共和国の首都; 沿ヴォルガ連邦管区)

# К к

**※к** [ク], **ко** [カ] (★特定の子音連続の前で: ко двору́, ко сну́ など) [前] 〈与〉 ①《移動の方向》…の方へ, …に向かって, …に対して: ко мне 私の方へ | идти́ к за́паду 西に向かって | идти́ к дру́гу 友達の所へ行く | обрати́ться к студе́нтам с ре́чью 学生に向かって演説する | к лу́чшему 快方に向かって | к ху́дшему 悪化して | спуск к реке́ 川への下り坂 | ходи́ть от до́ма к до́му 家から家へと歩きまわる
②《時間》…頃に: к двум часа́м 2時までに |通例15分程度前から2時まで] | Пожа́р потушн́ли к утру́. 火事は朝までに消し止められた | к отлёту самолёта 飛行機の出発までに到着する
③《目的・目標》…のために: гото́виться к экза́мену 試験勉強をする | стреми́ться к достиже́нию це́ли 目標の達成を目指す
④《目的・用途》…に付いた, …のための: торт к ча́ю 茶受け用のケーキ | пода́рок ко дню рожде́ния 誕生日のプレゼント | пу́говица к руба́шке シャツのボタン
⑤《適応》…に(似合う, 合う): Э́то пла́тье вам к лицу́. このドレスはあなたに似合う | не ко вре́мени 時期に合わない | говори́ть к ме́сту 場に合わせて話す
⑥《付加》…に(加える, 足す): к двум приба́вить пять 2に5を足す | к тому́ же その上
⑦《所属》…に(所属・参加する): принадлежа́ть к па́ртии 政党に所属する | присоедини́ться к большинству́ 多数派に付く | Туберкулёз отно́сится к числу́ зара́зных боле́зней. 結核は伝染病の一つである ⑧《感情の対象》…に対する: интере́с к спо́рту スポーツに対する | любо́вь к му́зыке 音楽に対する愛好 | не́нависть к врага́м 敵への憎悪
⑨《論文などの表題》…によせて: к вопро́су о ⃞ …の問題について ⑩《出現・号令・命令》…へ, …に: К ору́жию! 武器を取れ! | К побе́де! 勝利を目指せ!
⑪《語順反復・成句的》: нос [но́сом] к но́су ぴったり向き合って] | лицо́м к лицу́ 面と向かって, 直面して | плечо́ [плечо́м] к плечу́ 肩を並べて
⑫《感情を表す語とまた挿入句を作って》…なことに: к удивле́нию 驚いたことに ◆**э́то не ко мне** 私は関係ない | **э́то ни к чему́** 無益だ, 役に立たない

**※-ка** [助] ①《命令形などと共に; 命令の語調をやわらげる》: Скажи́-ка мне. ほら, 言ってごらん ②《1人称単数と共に; 煮えきらない意を示す》: Напишу́-ка ей письмо́. 彼女に手紙を書こうかな

**каба́|к** -á [男2] ①居酒屋 ②[話]カフェ, レストラン ③[話・非難的]乱雑さ, 汚さ, 騒がしさ **//-цкий** [形3]

**кабала́** [女1] 《露史》債務奴隷(制度) ②隷属

**каб(б)али́ст|ика** [女1] ①《宗》カバラ(中世ユダヤ教の神秘主義) ②《文・皮肉》難解な[謎めいた, 不可解な] **//-и́ческий** [形3]

**каба́льный** 短 -лен, -льна [形1] ① < кабала́ ② 極めて不利な

**каба́н** -á [男1] ①《動》イノシシ ②雄ブタ **//-ий** [形3] **/-~и́к** [男2] [指小]

**каба́ниха** [女1] 《動》雌イノシシ

**кабарга́** 複生 -ро́г [女2] 《動》ジャコウジカ

**кабарди́н|ец** -нца [男3] **/-ка** 複生 -нок [女2] カバルダ人 **//-ский** [形3]

**Кабарди́но-Балка́р|ия** [女9] カバルダ・バルカル共和国(Респу́блика ~; 首都は На́льчик; 北カフカス連邦管区) **//-ский** [形3]

**кабаре́** [э] [不変] [中] キャバレー

**кабачо́к** -чка́ [男2] 《植》ペポカボチャの一種, ズッキーニ

***ка́бель** [男5] (cable) ケーブル: подво́дный ~ 海底ケーブル | возду́шный ~ 空中[架空]ケーブル | волоко́нно-опти́ческий ~ 光ファイバーケーブル **// ка́бельн|ый** [形1] :-**ое** телеви́дение ケーブルテレビ

**кабельто́в** (形10変化) [男] 《海》ケーブル(長さの単位; 185.2 メートル)

***каби́н|а** [女1] (cabin, booth) (特別な用途の)小部屋, ブース: ~ лётчика (トラックなどの)運転台 | пило́та コックピット | ~ для голосова́ния 投票ボックス **/-ный** [形1] **//-ка** [女2] [指小]

***кабине́т** [男1] (study, office) ①書斎, 仕事部屋, 執務室: рабо́тать в ~е 書斎で仕事をする | ~ дире́ктора 所長室 ② [集合的] 書斎の家具一式 ③(学校・病院などの)特別な部屋, 研究室, 実験室, 治療室: физи́ческий ~ 物理実験室 | рентге́новский ~ レントゲン室 | лингафо́нный ~ LL 教室 ④(レストランの)個室 ⑤《政》内閣(~ мини́стров): сформи́ровать ~ 組閣する

**кабине́тный** [形1] ①書斎[執務室]の: ~ роя́ль 小型グランドピアノ ②書斎[特別室, 研究室]で行われる | その実地を見ていない, 理論派の, 安楽椅子の: ~ учёный 安楽椅子学者

**каблогра́мма** [女1] 《電》海底電信, 海外電報

**каблу́к** -á [男2] (靴の)かかと: ту́фли на высо́ких ~áх ハイヒールの靴 ◆**держа́ть му́жа под ~о́м** [話]夫を尻に敷く | **быть под ~о́м у жены́** [話]女房の尻に敷かれている **//каблу́чный** [形1] **//каблучо́к** -чка́ [男2] [指小]

**кабми́н** [男1] 《政》内閣(кабине́т мини́стров)

**кабота́ж** [男4] 《海》沿海国内航海, 沿岸航海; 沿岸貿易 **//-ный** [形1] : ~ое су́дно 沿岸貿易船 | -**ая** торго́вля 沿岸交易

**кабриоле́т** [男1] オープンカー, カブリオレ

**Кабу́л** [男1] カブール(アフガニスタンの首都)

**кабы́** (★無アクセント) 《俗》①[接] もし…ならば: ~ я была́ цари́ца ...もし私が女皇[皇后]だったら… ② [助] 《感嘆文で》《強い願望》…ならいいのに ◆**е́сли бы да кабы́** 夢のような話だ(実現不可) (★この表現ではアクセントあり)

**кавале́р** [男1] ①勲章所持者, 受勲者 ②(ダンスで)女性のパートナーとなる男性; [話] (女性の)取り巻き

**кавалери́йский** [形3] 騎兵の; 騎兵隊の

**кавалери́ст** [男1] 騎兵

**кавале́рия** [女9] [集合的] 騎兵隊

**кавалька́да** [女1] 騎馬の集団

**карда́к** [男2] [話] 混乱, ごたごた, 無秩序

**кавати́на** [女1] 《楽》カヴァティーナ

**ка́вер-ве́рсия** [不変]-[女9] カバー曲

**ка́верза** [女1] ①企み, 陰謀; [略式]悪巧み, 悪意

**ка́верзный** 短 -зен, -зна [形1] ①[話]悪だくみをする, 狡猾な; 意地の悪さをもつ ②ややこしい, 面倒な: ~ вопро́с ややこしい問題

**каве́рна** [女1] 《医》空洞 ②《地質》空洞

**Кавка́з** [男1] カフカス, コーカサス: пое́хать на ~ カフカスへ行く ■**Большо́й ~** 大カフカス山脈

**кавка́з|ец** -зца [男3] **/-зка** 複生 -зок [女2] カフカス人, コーカサス人

***кавка́зский** [形3] [Caucasian] カフカス(人)の, コーカサス(人)の

**кавы́чк|и** -чек, -чкам [複] 〔単 -**а** [女2]〕 引用符《«», " "》: взять цита́ту в ~ 引用文を引用符に入れる

◆ **в** ~ **ах** 《皮肉》かっこ付きの, 名前だけの, いわゆる

**кагóр** -a/-y [男1] (正教会の儀式で用いられる)デザートタイプの赤ワイン

**кагэби́ст**, 《話》**кэгэби́ст** [男1], **кагэбэ́шник**, 《話》**кэгэбэ́шник** [男2] КГБ職員

**КАД** [カード] (略) кольцевáя автодорóга 環状自動車道

**кадáстр** [男1] 〔法〕課税台帳: земéльный ~ 土地台帳 | вóдный ~ 河川台帳, 湖沼台帳

**кадéнция** [女1] カデンツァ, カデンツア

**кадéт**¹ 複生 кадéт/-ов [男1] 軍人養成学校生徒

**кадéтский** [ц] [形3] : ~ кóрпус 軍人養成学校

**кадéт**² [男1] 〔史〕立憲民主党員(конституциóнный демокрáт)

**кади́ло** [中5] 振り香炉

**кади́ть** кажý, кади́шь [不完] ①〔キリスト〕(振り香炉を振って)香をくゆらす ②《話》〈与に〉へつらう, ほめそやす

**кáдка** 複生 -док [女2] (木製の)桶

**кáдочный** [形1]

**кáдми|й** [男7] ①〔化〕カドミウム ②カドミウムイエロー(краски) *∥* **~евый** [形1]

**К** **кáдр** [カード] [男1] [frame, shot] ①(フィルムの)1コマ; (動画の)1フレーム: удáчный ~ よく撮れた写真 ②(映画の)カット, ショット, シーン: послéдние ~ы фи́льма 映画の最終カット | гóлос за ~ом ナレーターの声, 語り ③〔話・戯〕働き手; 《若者》若者, 男, ずるい[如才ない]やつ, 友人, パートナー

**кадри́ль** [女10] 〔舞〕カドリーユ

**кадрови́к** -á [男2] [話] ①常備兵; 基幹要員 ②人事課員

\***кáдровый** [形1] [regular, skilled] ①〔軍〕常備[正規]兵の; 正規職員の ②(労働者が)技術[能力]のある

\***кáдр|ы** [カードルы] -ов [複] [establishment, personnel] ①〔軍〕常備兵員, 正規兵員 ②正規職員, 基幹要員; 技術者 — 技術要員 | отдéл -ов 人事課 | подготóвка -ов 人材育成

**кадýшка** 複生 -шек [女2] 小桶

**кадýк** -á [男2] [話] 喉仏

**каёмка** 複生 -мок [女2] 《話》細い縁[へり]

**кажде́ние** [中5] 〔教会〕香を焚くこと

**кáждо..** [語形成] 「毎…」「…ごと」

**каждодне́вный** [形1] 毎日の, 日々の

\***кáждый** [カージディй] (形1変化)〔代〕〔定〕[every, each] ①(通例単数で; 通例複数形のみの名詞または複数詞との結合に伴う時に)各々の, それぞれの, 毎…: ~ день 毎日 | -oe ýтро 毎朝 | -ую суббóту 毎土曜日に | -ые два дня 1日おきに | К~ член семьи́ имéет свои́ обя́занности. 家族の一人ひとりが自分の仕事を持っている ②~ [男名]/-ая [女名] [単] 各人, 一人ひとり, どなたも: слýшать -ого 一人ひとりの話を聞く | К~ из мáльчиков получи́л по два я́блока. 男の子たちはみんなリンゴを2個ずつもらった | К~ому своё. 人それぞれだ ◆ **всéх и -ого = всéм и -ому**, **-ому и -ой** だれもかれも全員; 一人ひとり全員に, 誰にでも | **на ~ день** 日用の

**кáжется** [3単現] < кáзаться

**кажи́сь** 《挿入》《俗》たぶん…らしい, どうも…のようだ

**кажу́сь** [1単現] < кáзаться

**кажу́щийся** [形6] 見せかけの, うわべだけの: ~ успéх 見せかけの成功

\***казáк** -á 複 -и/-и́ [男2] 〔複 -и/-и́〕①コサック(15世紀以降ウクライナ, 南ロシアに形成された社会集団; 農耕生活を送り, 兵力を持つ; 18世紀にロシア帝国に組み込まれ, 19世紀に各地に兵師団が編成された): донскóй ~/-и́ ドン・コサック ②〔史〕(ロシア帝国陸軍の)コサック兵 ◆ **вóльный ~** 自由気ままな人 | Терпи́, ~, атамáном бýдешь! 《諺》待てば海路の日和あり *∥* **казáцкий** [形3]

**казаки́-разбóйники** (男2-男2) [複] コサックと泥棒ごっこ(ケイドロ遊びの一種)

**казáн** -á [男1] 〔方〕大釜

**Казáнь** [女10] カザン(タタルスタン共和国の首都: 沿ヴォルガ連邦管区)

**казáнск|ий** [形3] < Казáнь ■ Собóр К-ой икóны Бóжей Мáтери = К~ собóр カザン聖堂, カザン大聖堂(サンクトペテルブルク) | день К~ой икóны Бóжей Мáтери = К-ая [正教・暦]カザンの生神女(しょうしんじょ)の日(7月21[旧暦8]日をイコン発見の日, 11月4日[旧暦10月22日]をモスクワ伝来の日として祝う); [暦]11月4日[旧暦10月22日]; 秋の結婚式シーズンの終盤; 冬の一種の初め

**казáрка** 複生 -рок [女2] 〔鳥〕コクガン属: чёрная ~ コクガン

**казáрм|а** [女1] 兵舎, 兵営 *∥* **-енный** [形1]

**казáть** кажý, кáжешь [不完] 《俗》〈対を〉見せる ◆ **не ~ глаз (нóсу)** [口] 姿を見せない, 現れない

\***казáться** [カザーッッァ] кажу́сь, кáжешься [不完] / **показáться** [パカザーッッァ] [完] [seem, appear] ①〈造のように〉見える, 感じられる: Он казáлся устáлым. 彼は疲れているように見えた | Онá кáжется молóже свои́х лет. 彼女は年よりも若く見える ②〈無人称〉〈与には что дать…〉 — と思われる, — という気がする: Мне кáжется, что мы ужé где́-то встречáлись. どこかでお会いしたことがあるような気がします ◆ **кáжется** [挿入] (1) …のようだ, …らしい: Он, кáжется, соглáсен. どうやら彼は賛成らしい ②【強意】… と思うが, …のはずだが | **казáлось** [挿入] …のようだった, …らしかった | **казáлось бы** 見たところ, 外見上は

**каза́|х** [男2] / **-шка** 複生 -шек [女2] カザフ人 *∥* **-зáхский** [形3] カザフ(人)の: ~ язы́к カザフ語

**Казахстáн** [男1] カザフスタン(首都は Астанá)

**казачéство** [中1] 〔集合〕コサック

**казáч|ий** [形9] コサックの: -ье войско コサック軍 | -ья станица コサック村

**казáчка** 複生 -чек [女2] コサックの妻[娘]

**казачóк** -чкá [男2] ①[話]〈指小〉< казáк ②[舞・楽]カザチョーク(コサックの民俗舞踊: その音楽)

**казеи́н** [男1] 〔化〕カゼイン *∥* **~овый** [形1]

**казема́т** [男1] ①〔軍〕防寒施設; (軍艦の)装甲砲塔 ②〔露史〕(帝政期の政治犯用の)独房 *∥* **-ный** [形1]

**казённый** 短 -ёнен, -ённа [形1] ①国庫の, 国有の, 官費の: на ~ счёт 国費で ②官僚的な, 形式的な; 紋切り型の: ~ подхóд к дéлу お役所的な仕事ぶり ③銃砲の薬室の: -ая часть (銃砲の)薬室

**казёнщина** [女1] 〔話〕形式主義, お役所ぶり

**казинó** (不変) [中] カジノ

**казнá** [女1] ①国有財産, 国庫 ②資金, 金銭

**казначéй** [男6] ①出納係, 会計係 ②[露史] (帝政期の)出納役員 *∥* **~ский** [形3] 出納係の; 財務局の

**казначéйство** [中1] 出納局, 財務局

**казни́ть** -ню́, -ни́шь [完不] 受過 -нён (-нён, -нена) [不完・完] 〈対を〉 ①死刑に処する; 処刑する: Престýпника казни́ли. 犯人は処刑された ②《図》こらしめる, 苛(さいな)む *∥* **~ся** (自分の罪・過ちに)苦しむ, 悔悟する

**казнокрáд** [男1] (公金・官品の)横領者, 着服者

**казнокрáдство** [ц] [中1] (公金・官品の)横領, 着服

\***казн|ь** [女10] [execution] 極刑: смéртная ~ 死刑 | приговори́ть 対 к (смéртной) -и́ … に死刑を宣告する

**казуи́стика** [女2] 〔文〕①決疑論 ②詭弁

**кáзус** [男1] (裁判上の)難解な事件 ◆ **~ бéлли** 開戦理由 *∥* **~ный** [形1]

**кáин** [男1] 人殺し; 人でなし(旧約聖書で弟を殺したカイ

ンの名から)
**Каи́р** [男1] カイロ(エジプトの首都)
**кайло́** [中1], **кайла́** [女1]〔鉱〕つるはし
**кайм|а́** 複生 каём [女1] 縁, へり; 縁どり: плато́к с кра́сной *-о́й* 赤い縁どりのスカーフ
**кайнозо́й** [男6]〔地質〕新生代
**кайнозо́йск|ий** [形3] : *-ая* э́ра 新生代
**ка́йра** [女1]〔鳥〕ウミガラス属
**ка́йф** [男1] ①《話》いい気分 ②《隠》麻薬 ◆***в ~ = по ~у*** 心地よく, うれしく, 満足して | ***бы́ть под ~ом*** 「ハイ」になる, ぼうっとする | ***лови́ть [пойма́ть] ~*** 酔う, 恍惚感に浸る
**кайфова́ть** -фу́ю, -фу́ешь 受過 -о́ванный [不完]《話》①(麻薬などで)「ハイ」になる ②満足する, くつろぐ, 安逸をむさぼる
**кайфо́в|ый** [形1]《若者》素晴らしい, わくわくさせる **//-о** [副]《若者》わくわくして
⁂**ка́к** [カーク]〔how, however〕 **I** [副] ①《疑問》どのように, どんなふうに: *К~* вы́ провели́ кани́кулы? 休暇はどのように過ごしましたか | Скажи́те, пожа́луйста, ~ пройти́ на Кра́сную пло́щадь? すみません, 赤の広場へはどう行けばいいんでしょうか
②《疑問》どのくらい, どれほど: *К~* до́лго вы́ изуча́ете ру́сский язы́к? ロシア語はどれくらい勉強してますか | *К~* ча́сто о́н быва́ет зде́сь? どのくらい頻繁に彼はここに来るのか ③《疑問文・感嘆文で》‹ка́к (же) 与 不定形›《不可能》どうして…できようか: *К~ же* мне́ не ра́доваться успе́ху? どうして成功を喜ばずにいれようか ④《感嘆》何と, とても: *К~* краси́во в лесу́! 森の中はなんてきれいなんだろう | *К~* я ра́д тебя́ ви́деть! 君に会えて本当にうれしい ⑤《話》何らかの方法で, 何とかして
**II** [助] ①《驚き・憤慨》何だって, えっ: *К~*, она́ умерла́? えっ, 彼女が死んだって ②《相手の言葉を問い返して》何ですって ③《話》《完了体現在形と共に; 過去の動作の突発性》突然, いきなり: О́н ~ закричи́т! 彼は突然怒鳴りだした
**III** [接] ①…のように, …と同じように: бе́лый ~ сне́г 雪のように白い | О́н говори́т по-ру́сски, ~ ру́сский. 彼はロシア人のようにロシア語を話す
②…のように, …の通りに: Де́лай, ~ я тебе́ говорю́. 私の言う通りにしなさい ③《какを挟んで同一語を繰り返して》ありふれた, ごく普通の: го́род ~ го́род ありふれた町 ④…として: Я́ ва́м сове́тую ~ дру́г. 友人としてあなたに忠告します ⑤…によれば, …の通り: ~ сообща́ет газе́та 新聞の報じるところによれば | ~ изве́стно 周知の通り ⑥…するのを, …するさまを: Я́ ви́дел, ~ она́ бежа́ла. 私は彼女が走って行くのを見た | Мы́ не заме́тили, ~ ве́тер ути́х. 私たちは風がやんだのに気づかなかった ⑦…する時: Что́ о́н ска́жет, ~ узна́ет об э́том? これを知ったら彼は何て言うだろうか ⑧…してから, …以来: Прошёл го́д, ~ мы́ ви́делись. 私たちが出会ってから1年が過ぎた ⑨《話》もし…ならば ⑩《否定辞と共に》…以外に, …を除いて: Кто́ помо́жет мне́, ~ не вы́? あなたでなくて誰が私を助けてくれるでしょう
◆***~ бы*** (1)あたかも…のように: Она́ отве́тила ~ *бы* не́хотя. 彼女はまるで不本意であるかのように答えた (2)‹不定形›どうにかして…したい (3)《話》(断言しないで)…みたいな, …っぽい | ***~ бы не*** …しはしないかと, …なのではないかと: Мы́ беспоко́ились, ~ *бы не* опозда́ть. 私たちは遅刻するのではないかと心配した | ***К~ (бы) не та́к!*** 《俗》そんなことがあるものか, とんでもない | ***~ (бы) ни*** どんなに…しても, いかに…であっても: *К~* я *ни* прошу́, она́ не соглаша́ется. どんなに私が頼んでも, 彼女はうんとは言わない | ***~ бы то̀ ни́ было*** いずれにせよ, とにかく | ***~ вдру́г*** すると突然 | ***~ е́сть*** 《俗》全く | ***~ же*** 《話》(1)もちろんだ (2)とんでもない | ***~ и*** …と同じく, …同様: Я́, ~ *и* ты́, люблю́ её. 私は君と同じく彼女を愛している | ***~ и что́*** 《話》どんな具合か | ***~ когда́ = когда́ ~*** その時その時で異なる | ***~ кому́ = кому́ ~*** 人によって色々だ | ***~ мо́жно*** 比較級 →мо́жно | ***~ наприме́р*** 例として挙げると, 例えば | ***~ нельзя́*** 比較級 →нельзя́ | ***~ оди́н челове́к*** みんな一緒に, 一斉に | ***~ ра́з*** (1)ちょうど, まさに: Э́то ~ *ра́з* то́, что̀ я хоте́л узна́ть. それこそまさに私が知りたかったことだ (2)ちょうどよい時に, ちょうどその時に: Мы́ прие́хали ~ *ра́з* во́время. 私たちはちょうどよい時に着いた (3)(服などが)ぴったり合う | ***~ сказа́ть*** 《話》(1)さあ, 何と言ったらいいか (2)そうはなるまい, どうだろう | ***~ та́к*** 《話》…とはどういうことか | ***~ ..., та́к*** …と同時に: *К~* зима́, *та́к* о́н бо́лен. 冬になるとすぐに彼は病む | ***~ ..., та́к и*** …も…も, …と同様…もまた: Собрали́сь ~ взро́слые, *та́к и* де́ти. 大人も子どもも集まった | ***~ то́лько*** …するやいなや, …するとすぐ: О́н лёг спа́ть, ~ *то́лько* верну́лся домо́й. 家に着くとすぐに彼は寝た | ***К~ (ту́т) бы́ть?*** どうしたらいいのか | ***до того́(,) ~*** …する前に | ***(ну) ~ же!*** もちろん! | ***пѐред те́м(,) ~*** …する前に: *Пѐред те́м* ~ уйти́ из до́ма, запри́ две́рь на клю́ч. 家を出る前にドアに鍵をかけなさい | ***по̀сле того́(,) ~*** …した後で: *По̀сле того́* ~ до́ждь переста́л, они́ пошли́ гуля́ть. 雨がやんでから彼らは散歩に出かけた | ***с те́х по́р(,) ~*** …してから, …以来
**ка́ка** [間]《幼児》ばっちいもの; うんち
**какаду́** (不変) [男]〔鳥〕オウム科; カカトゥア属:носа́тый ~〔鳥〕テンジクバタン
***кака́о** [о] (不変) [中]〔cocoa (tree)〕①〔植〕カカオの木: ~-бобы́ カカオ豆 ②ココア(粉末または飲料)
**ка́кать** [不完]/**на~** [完]《幼児》うんちする
⁂**ка́к-либо** [カーク・リバ] [副] = ка́к-нибудь①
⁂**ка́к-нибудь** [カーク・ニブチ] [副]〔somehow, anyhow〕①何らかの方法で, 何とかして: На́до ~ помо́чь е́й. 何とかして彼女を助けてやらなければならない ②《話》どうにかこうにか, いい加減に: О́н всё де́лает ~. 彼は何でもいい加減にやる ③《話》いずれそのうちに
**как-ника́к** [副]《話》とにかく, それでもやはり, 結局
⁂**како́в** [カコーフ] -ва́, -во́, -вы́ [代]〔what, of what sort〕《述語》①《疑問》どんな(ふう, 具合)か: *Каково́* ва́ше мне́ние? あなたのご意見はどうですか ②《感嘆文・疑問文で》何という…だろう: *К~* хитре́ц! なんて狡猾なやつなんだ ③《通例во́тと共に》こんなふうだ ④《しばしば主文のтако́в, тако́йと呼応して》《関係》…であるような: Принима́й меня́, *какова́* я е́сть. あるがままの私を受け入れて下さい ◆***~ собо́й [из себя́]*** どんな, いかなる
**каково́** [副] ①どのように, どんなふうに ②[無人述] どうか, どんな状態か: *К~* на у́лице? 外はどうですか ③《驚き・感嘆・憤慨》何たることか
⁂**как|о́й** [カコーイ] (形4変化) [代]〔what, how〕①《疑問》(性質・特徴などが)どのような, いかなる: *К~* о́н челове́к? 彼はどんな人ですか | *Како́го* вы́ мне́ния об э́том? これについてあなたはどう思われますか
②《疑問》(選択・順序が)どの, どちらの: *Како́е* сего́дня число́? きょうは何日ですか | *Кака́я* из э́тих кни́г интере́снее? この中のどの本が面白いですか
③《感嘆》なんて, 何という: *Како́е* сча́стье! なんて幸せなんだろう | *К~* си́льный ве́тер! なんて強風なんだろう
④《修辞的疑問文・感嘆文で完全な否定を表す》どんな…だというのか, …などでは全くない: *К~* о́н знато́к му́зыки! 彼が音楽通だなんてとんでもない
⑤《否定文で》…でないものはない: *Кака́я* де́вушка не лю́бит сла́дости? 甘い物が好きじゃない女子なんていない ⑥《通例во́тと共に》このような; 次のような: *Во́т* ~ слу́чай вы́пал. こんなチャンスが到来した
⑦《話》何らかの ⑧《関係》…ところの; 《通例то́т, тако́йと呼応して》…(する)ところの, …のような: Я́ никогда́ не ви́дел его́ таки́м, *-и́м* о́н бы́л вчера́. きのうのような

彼を私は1度も見たことがなかった
**9 ~-ое** [助] (口話)(しばしばtámと共に)とんでもない
◆ ~ *(бы) ни* どんな…にせよ:いかなる:*За ~ое дéло он ни возьмётся, всё дéлает хорошó*. 彼はどんな仕事をやっても全てうまくこなす | **~ бы ты ни был [бы́ло]** どんな…も, あらゆる | **~ ни (на) есть** (口話)何でもいいから, 何らかの | **~ такóй** (口話)一体どんな | **гдé [когдá, кому́] ~** 〔時, 人〕によって様々な | **ни в у́ю** (口話)何が何でも | **хоть ~** どんなのでも | **-ѝм бы то ни было о́бразом** 何らかの方法で

**какóй-либо** [カコーイ・リバ] [形4-不変][代][不定] = какóй-нибудь

**как|óй-нибудь** [カコーイ・ニブヂ] [形4-不変][代][不定] [some, any] ① 〔何でもいいから, 何らかの, ある:*Споúте нам ~ ромáнс*. 何かロマンスを歌って下さい ② (口話)取るに足らない, つまらない, しがない
③ (数量を示す語と) (口話)せいぜい…くらい, ほんの…ほど:*Он решúл задáчу за ~úх-нибудь пять минýт*. 彼はほんの5分かそこらで問題を解いた

**какóй-никакóй** [形4-形4][代][不定] どんなものであるにしても, つまらぬものであるにしても ◆ *хоть ~* 何でも

**какóй-то** [カコーイ・タ] [形4-不変][代][不定] [some] ①(正確には定義できないが具体的な)ある, さる, 何らかの:*Какáя-то дéвушка тебя́ ждёт*. どこかの女の子が君を待っているよ ② …に似た, …のような, 一種の:*Он ~ чудáк*. 彼は一種の変人だ ③ (口話) = какóй-нибудь③ ④全く, あきれた, なんという, 一体どのような

**какофóния** [女2] 〔文〕不協和音；音調の悪さ

**кá́к-то** [カーク・タ] Ⅰ [副] [somehow, how] ①何とか, どうにかして:*Он ~ умéл уладúть тру́дное дéло*. 彼は何とかむずかしい仕事を片付けることができた ②なんとなく, どういうわけか:*Здесь ~ неую́тно*. ここは何だか居心地が悪い ③かつてある時, いつだったか(= *рáз*):*Онá зашлá ко мне ~ вéчером*. ある晩彼女は私のところに立ち寄った ④一体どんな風に Ⅱ[助]すなわち, 例えば

**ка́ктус** [男1] [植]サボテン **~овый** [形1]
**кал** [男1] 大便, 糞 **~овый** [形1]
**каламбу́р** [男1] 語呂合わせ, だじゃれ, 地口 **~úст** [男1] 語呂合わせが〔だじゃれ〕をよく言う人
**каламбу́рить** -рю, -ришь [不完] / **с-** [完] 語呂合わせ〔だじゃれ〕を言う
**калáн** [男1] 〔動〕ラッコ
**каланчá** 複生 -éй [女4] ①火の見やぐら ②(話・戯)のっぽ
**калáч** -á [男4] カラーチ(円形・リング状の白パン)
◆ *ён не заманúшь* (口話)…にどんな手を使っても誘い出せない | *тёртый ~* (口話)海千山千の人
[男2] [指小]
**калáчиком** [副] (口話)体を丸めて
**калгáн** [男1] 〔植〕コウリョウキョウ(薬用)
**калейдоскóп** [男1] ①万華鏡 ②めまぐるしい変化:*~ впечатлéний* めまぐるしく変わる印象 **~úческий** [形3] 万華鏡の；めまぐるしく変わる
**калéка** (女2変化) [男2・女2] 身体障がい者
**календáрик** [男2] ミニカレンダー(統一規格は7×10センチ)

**календáр|ь** [カリンダーリ] -я́ [男5] [calendar]
①カレンダー, こよみ:*настóльный ~* 卓上カレンダー | *повéсить ~ на стéну* カレンダーを壁にかける
②暦法:*юлиáнский [григориáнский] ~* ユリウス[グレゴリオ]暦 | *сóлнечный [лýнный] ~* 太陽[太陰]暦 | *земледéльческий ~* 農事暦 | *год Петухá по китáйскому ~ю́* (干支の)酉の年 ③日程, 行事予定 **~ный** [形1]

**календýла** [女1] 〔植〕キンセンカ；それから作った薬剤(殺菌作用がある)

**калéн|ие** [中5] ①強く熱すること；炒ること ②(発光色になる)加熱度:*крáсное ~* 赤熱 ◆ *довестú до бéлого ~ия* …を激怒させる
**калёный** [形1] ①赤熱した ②焼きを入れて鍛えた ③あぶった, 炒った
**калéчить** -чу, -чишь [不完] / **ис-** 受 -ченный, (話) **по-** 受 -ченный [完] ①(人を機能障がいにする) ②損なう, 害する:*~ харáктер* 性格を歪める **// ~ся** [不完] / [完] ①障がいを負う ②(不完)[受身]
**калúбр** [男1] ①(銃砲の)口径 ②(工)標準寸法, ゲージ ③(工)測定器, ゲージ ④大きさ, 形；(話)(人としての)質, 価値 **// ~овый** [形1]
**калибровáть** -рую, -руешь 受 -óванный [不完]〔工〕〔技〕①…のゲージを測定する ②(測定器の)目盛りを点検する **// калибрóвка** -вок [女2]
**кáлий** [男7] 〔化〕カリウム(記号 К) **// ~евый, ~ный** [形1]
**калúна** [女1] 〔植〕ガマズミ属の潅木；その実(白い花, 赤い実をつける):*~ обыкновéнная [крáсная]* カンボク(実は酸味あり, 樹皮は薬用) **// ~овый** [形1]
**калúнка** 複生 -нок [女2] [指小] < калúна
**Калинингрáд** [男1] カリーニングラード(同名州の州都) **// калинингрáдск|ий** [形3]：*К-ая о́бласть* カリーニングラード州(北西連邦管区) ■-*ое врéмя* カリーニングラード時間(UTC+3)
**калúтка** 複生 -ток [女2] ①木戸, くぐり戸 ②(俗)(ズボンの)ファスナー, ジッパー
**калúть** -лю́, -лúшь -лённый (-лён, -лена́) [不完] [既] ①強く熱する, 赤熱する ②あぶる, 炒る
**калúф** [男1] = халúф
**кáлла** [女1] 〔植〕ヒメカイウ(白粉ミズバショウ)
**каллигрáф** [男1] カリグラファー, 書家, 達筆な人
**каллигрáф|ия** [女9] カリグラフィー, 書法, 書道 **// ~úческий** [形3]
**калмы́|к** -á-á [男2] / **-чка** 複生 -чек [女2] カルムイク人 **// ~цкий** [形3]
**Калмы́кия** [女9] カルムイク共和国(Респýблика ~；首都はエリスタ；南部連邦管区)
**каломéль** [女10] 〔化・薬〕甘汞, 塩化第一水銀
**калорúйность** [女10] ①カロリー(含有量) ②熱量
**калорúйн|ый** 短 -úен, -úйна [形1] 高カロリーの：*-ая пúща* 高カロリー食品
**калориметр** [男1] 〔理〕熱量計
**калориметрúя** [女9] 〔理〕熱量測定(法)
**калорúфер** [男1] 暖房(乾燥)装置, ヒーター **// ~ный** [形1]
**калóрия** [女9] カロリー(熱量単位)
**калóш|и** 複生 -лóш [女4] 〔複〕オーバーシューズ ◆ *посадúть в -у* 気まずい思いをさせる, 恥をかかせる | *сесть в -у* 気まずい思いをする, 恥をかく
**Калýга** [女2] カルーガ(同名州の州都) **// калýжский** [形3]：*К-ая óбласть* カルーガ州(中央連邦管区)
**калýжница** [女3] 〔植〕リュウキンカ属の：*~ болóтная* リュウキンカ
**калы́м** [男1] ①〔民俗〕(チュルク系諸民族で)花嫁の買取り(儀礼)；婚資 ②(口話)裏収入, 賄賂
**калы́мить** -млю, -мишь [不完] (俗)裏金を稼ぐ
**калы́мщик** [男2] (俗)裏で稼ぐ人
**кальвинúзм** [男1] 〔キリスト〕カルヴァン主義
**кальвинúст** [男1] カルヴァン教徒
**кальвинúстский** [сс] [形3] カルヴァン主義〔教徒〕の
**кальдéра** [э] [女1] 〔地〕カルデラ

**ка́лька** 複生 -лек [女2] ①トレーシングペーパー, 透写紙 [布] ②トレースされたもの ③〖言〗翻訳借用語[表現]

**кальки́ровать** -рую, -руешь 受 過 -анный [不完] [完また с-]〈囲〉トレースする: ~ чертёж 図面をトレースする ②〖言〗翻訳借用する

**калькули́ровать** -рую, -руешь 受 過 -анный [不完]/с- [完]〈囲〉原価・価格などを計算する

**калькуля́тор** [男1] ①計算係 ②計算尺; 電卓 | ~ский [形3] <①; ~ный [形1] <②

**калькуля́ция** [女7]〖会計・経〗(原価・売価などの)計算 // **калькуляцио́нный** [形1] ~ая ве́домость〖会計・経〗原価計算表

**кальма́р** [男1]〖動〗ツツイカ目; (一般に)イカ

**кальсо́ны** -о́н [複] ズボン下

**ка́льций** [男7]〖化〗カルシウム // **-евый** [形1]

**кальци́т** [男1]〖鉱〗方解石

**калья́н** [男1] 水煙管, 水たばこ

**каля́кать** [不完]/по- [完]〈俗〉おしゃべりする, だべる

**каля́ный** [形1]〈話〉(濡れて布地が)固くなった

**Ка́ма** [女1] カマ川(ヴォルガ川支流)

**КамАЗ, Кама́з** [男1] カマズ社; カマ自動車工場(で作られたトラック)(Ка́мский автомоби́льный заво́д)

**кама́ринская** (形3変化)[女1]〖楽・舞〗カマリンスカヤ(ロシア農民の古い民謡, 踊り); кама́ринский [形1]

**ка́мбал|а**,〈話〉**камбала́** [女1]〖魚〗(総じて)カレイ: морска́я ~ プレイス | речна́я ~ カワリバマガレイ | звёздчатая ~ ヌマガレイ | желтопёрая ~ コガネガレイ | двухцве́тная ~ イシガレイ // **-овый** [形1]

**Камбо́джа** [女4] カンボジア(首都は Пномпе́нь)

**камбоджи́|ец** -и́йца [男3]/-**йка** 複生 -и́ек [女2] カンボジア人 // **-йский** [形3] カンボジア(人)の

**ка́мбуз** [男1] 船の調理室 // **-ный** [形1]

**камво́льный** [形1] 梳毛の; 梳毛を加工する

**каме́дь** [女10] 粘着性樹液, ゴム

**камелёк** -лька́ [男2]〔指小〕< ками́н小さな暖炉

**каме́лия** [女9]〖植〗ツバキ: ~ япо́нская ヤブツバキ; эвгено́лсая [са́санква] サザンカ

**камене́ть** [不完]/**о-** [完] 石のように硬くなる, 石化する 2動かなくなる, こわばる, 生気を失う: ~ от у́жаса 恐怖でこわばる ③無関心[冷酷]になる

**камени́стый** [形1] ①石の多い, 石だらけの ②石のような, 結石の

**ка́менка** 複生 -нок [女2] ①(煙突のない)石造りの炉 ②バーニャ (ба́ня)の炉石(水をまいて湯気を出す)

**каменноу́гольный** [形1] 石炭の: ~ бассе́йн 炭田 | ~ пери́од〖地質〗石炭紀

**※ка́менн|ый** [カーミンヌィ] [形1] [stone.., stony] ①石の, 岩の, 石造りの: ~ мост 石橋 ②生気のない, こわばった, 無表情の: с ~ым лицо́м 無表情で ③冷淡な, 無情な: ~ое се́рдце 冷酷な心 ④確固とした, ゆるぎない *как за ~ой стено́й* 安心して ■-**ая соль** 岩塩

**каменоло́мный** [形1] 採石の, 石を切り出す

**каменоло́мня** 複生 -мен [女5] 採石場, 石切り場

**каменотёс** [男1] 石切り工

**кам(м)е́нт** [男1]〈俗〉コメント: К~ы жгу́т! 素晴らしいメントだ!

**ка́менщик** [男2] 石工, 煉瓦職人 ■**во́льный ~** フリーメーソン

**※ка́м|ень** [カーミニ] -мня 複 ка́мни, камне́й [男5] [stone, tartar] ①(集合的)石, 岩石, 石材: до́м из ~я 石造りの家 | Доро́га вы́мощена -нем. 道は石で舗装されている ②石, 岩: подбира́ть -ни 石を拾う | драгоце́нный ~ 宝石 | Мы се́ли на -ни. 私たちは石の上に腰を下ろした ③墓石 ④(心の)重荷: У меня́ ~ с души́ свали́лся. 私は心の重荷がとれた ⑤〈複〉〖医〗結石: -ни в по́чках[医]腎臓結石 ◆**броса́ть ~** [-**нем**] **в** 囲 …に石を投げつける; …を中傷する | броса́ть -ни в чужо́й огоро́д 中傷する | держа́ть -ни (име́ть) ~ **за па́зухой на** 囲 | ~ **про́тив** 囲 …に対してひそかに悪意を抱く | ~ **преткнове́ния** 〈文〉つまずきの石, 障害 | -**ня на -не не оста́вить** ①徹底的に破壊する ②容赦なく批判する | *краеуго́льный ~* (1)基礎 (2)基盤となる考え ■**зубно́й ~** 歯石 | **филосо́фский ~**〈文〉(1)賢者の石(非貴金属を金に変え, 病気を治し, 老人を若者にすることができる) (2)全ての始まり

**ка́мера** [カーミラ] [女1] (chamber, cell) ①(特定の用途の)部屋, 室: ~ хране́ния (駅などにある)手荷物預り所 ②(器具, 機械などの)内部部, 室; (器官の)室: ~ сгора́ния 燃焼室 ③(タイヤ・ボールなどの)チューブ ④カメラ: телевизио́нная ~ テレビカメラ | скры́тая ~ 隠しカメラ

**камера́льный** [形1] 研究室内で行われる

**камерге́р** [男1] 侍従

**камерди́нер** [男1] 侍僕

**камери́стка** 複生 -ток [女2] 侍女

**ка́мерн|ый** [形1] ①< **ка́мера**②③ ②室内の: -**ая му́зыка**〖楽〗室内楽 ③少数の聴衆のための

**камерто́н** [男1]〖楽〗音叉

**Камеру́н** [男1] カメルーン(首都は Яу́нде)

**ка́мешек, ка́мушек** [男2]〔指小〕< **ка́мень**①②

**каме́я** [女6] カメオ

**камика́дзе** [э] (不変) [男1] ①〖史〗神風特攻隊員 ②[男・女] 無謀なことをしかす人

**камила́вка** 複生 -вок [女2]〖正教〗(聖職者の)円筒帽; (修道士の)帽子

**※ками́н** [男1] [fireplace] ①壁暖炉 ②(暖炉型のストーブ): электри́ческий ~ 電気ストーブ ③(岩壁のくぼみ, チミニー // **ками́нн|ый** [形1]: -**ая по́лка** マントルピース | -**ая решётка** 火よけ衝立

**камко́рдер** [э] [男1] 〖IT〗カムコーダー

**камне-**〖語形成〗「石の」

**камнело́мка** -мок [女2]〖植〗ユキノシタ属: сахали́нская ~ ヤマハナソウ

**камнеобрабо́тка** [女1] 石材加工

**камнепа́д** [男1] 岩崩れ, 落石

**ка́мня** [単数]; ► < **ка́мень**

**камо́рка** 複生 -рок [女2]〈話〉小部屋, 物置

**※кампа́ния** [カンパーニヤ] [女9] [campaign] ①〖軍〗戦役 ②(航行期間; 艦隊の作戦期間) ③(政治的・社会的な)キャンペーン, 運動: избира́тельная ~ 選挙運動 | провести́ -ию キャンペーンを行う

**камса́** [女1] = **хамса́**

**камуфли́ровать** -рую, -руешь 受 過 -анный [不完]/**за-** [完]〖軍〗〈囲〉カムフラージュする, 目立たなくする

**камуфля́ж** [男4]〖軍〗①カムフラージュ, 迷彩 ②偽装 // **-ный** [形1]

**ка́мушек** -шка [男2]〔指小〕< **ка́мень**①②

**камфара́, ка́мфора** [女1] 樟脳, カンフル // **камфа́рный, ка́мфорный** [形1] ■-**ое де́рево**〖植〗クスノキ

**камчада́|л** [男1]/-**ка** 複生 -лок [女2] カムチャダール人 // **-льский** [形3]

**камча́тка** [女2] ①〖史〗麻製緞子(ドス) ②教室の(最)後尾席; そこに座る劣等生

**Камча́тка** [女2] カムチャツカ(半島) // **камча́тский** [ц] [形3]: К~ край カムチャツカ地方(首府 Петропа́вловск-Камча́тский; 極東連邦管区)

**камы́ш** -а́ [男4]〖植〗①ホタルイ属 ②ガマ属 (ро-

го́з) ③《通例複》②の茂み
**камы́шевка, камышо́вка** 複生 -вок [女2]《鳥》ヨシキリ属: боло́тная ~ ヌマヨシキリ
**камы́шница** [女3]《鳥》バン
**ка́на, кана́** (不変)[女]《言》仮名(かな)
**кана́в|а** [女1] 溝, どぶ: сто́чная ~ 排水溝 **//-ный** [形1]
**Кана́да** [女1] カナダ(首都は Отта́ва)
**кана́д|ец** -дца [男3] **/-ка** 複生 -док [女2] カナダ人
**кана́дский** [形3] カナダ(人)の
*__кана́л__ [カナール][男1]《canal, channel》① 運河, 用水路: плы́ть по ~у 運河を航行する | ороси́тельный ~ 灌漑用水路 | суэ́цкий ~ スエズ運河 ②《工》細長い管状のもの ③《解》管: мочеиспуска́тельный ~ 尿道 ④ 回線, チャンネル: смотре́ть телеви́зор по шесто́му ~у 6チャンネルのテレビを見る ⑤《通例複》手段, 方途, ルート: получи́ть ~ами информа́цию по дипломати́ческим ~ам 外交ルートで情報を得る ■ Пе́рвый ~ 第1チャンネル, チャンネル1(ロシアの国営テレビ局) **//-ьный** [形1]

**канализа́ция** [女9] 下水(道), 下水設備 **//-ио́нный** [形1]

**кана́лья** 複生 -ий(й8変化)[男・女]《話・罵》詐欺師, ぺてん師

**канаре́|йка** 複生 -ре́ек [女2]《鳥》カナリア **//-ечный** [形1] ① カナリアの ② 鮮黄色の

**кана́т** [男1] ロープ, ケーブル: сталево́й ~ ワイヤロープ | **кана́тный** [形1]: -ая доро́га ロープウェイ

**канатохо́дец** -дца [男3] (サーカスの)綱渡り師

**Канбе́рра** [女1] キャンベラ(オーストラリアの首都)

**канва́** [女1] ① クロスステッチ用布 ② あらまし, 骨組み, 輪郭: ~ собы́тия 事件のあらまし

**кандалы́** -о́в [複] (手・足の)かせ

**канделя́бр** [男1] 枝付き燭台

*__кандида́т__ [カンデダート][男1] /《話》**-ка** 複生 -ток [女2]《candidate》① 候補者: ~ в депута́ты 代議員候補者 | выступа́ть ~ом 立候補する ②《男》準博士号(英訳は PhD; ロシアに独自の博士号は до́ктор): ~ филологи́ческих нау́к 文学準博士 | **кандида́тск|ий** [ц] [形3]: -ая диссерта́ция 準博士論文 | ~ ми́нимум 準博士号請求論文審査必修単位

**кандидату́р|а** [女1] ① 候補資格, 候補: вы́ставить свою́ ~у 立候補する ②《話》候補者

*__кани́кулы__ [カニークル·ィ]-ул [複]《vacation》(通例学校・大学の)休暇: Я провёл ле́тние ~ за грани́цей. 私は夏休みを国外で過ごした | **каникуля́рный** [形1]

**Канди́нский** (形3変化)[男] カンジンスキー(Васи́лий Васи́льевич ~, 1866-1944; ロシア出身の画家, 抽象絵画の創始者)

**кани́стра** [女1] (石油・オイルなどの)缶

**каните́ль** [女10] ① (刺繍用などの)金糸, 銀糸, モール ②《話》退屈でだらだらと続く仕事

**канифо́лить** -лю, -лишь [不完] **/на-** 受過-ленный [完]〈茵に〉松やに[ロジン]を塗る

**канифо́ль** [女10] 松やに, ロジン **//-ный** [形1]

**канниба́л** [男1] ① 食人種 ② 非常に残忍な人 **//**〔動〕共食い **//-ьский** [形3]

**каннибали́зм** [男1] 人食い, 共食い, カニバリズム

**каной́ст** [男1] カヌー漕者, カヌーイスト

**кано́н** [男1] ①《文》規範, 規準 ②《宗》宗規; 正典集; 賛美歌 ③《楽》カノン

**канона́да** [女1] (長く激しい)砲撃

**каноне́рка** 複生 -рок [女2] 砲艦 **// каноне́рск|ий** [形3]: -ая ло́дка 砲艦

**канониз|и́ровать** -рую, -руешь 受過-анный [不完/完] ①《文》〈что〉規範とする, 権威として認める ②《宗》聖人の列に加える **//-а́ция** [女9]

**кано́ник** [男2]《カトリ》聖堂参事会会員

**кано́нир** [男1]《露史》(革命前)砲手

**канони́ческий** [形3] ①《カトリ》②《文》規範的な, 厳密に定められた: ~ текст 定本

**каноэ́** [中] カヌー

**кант** [男1] ① (衣服の)縁どり, 縁飾り ② (絵・写真などの)縁どり ③《楽》(17-18世紀ロシアの)賛歌 ④《通例複》(巡礼者・盲人・乞食が歌う, 宗教的な)

**канта́т|а** [女1] ①《楽》カンタータ ②《詩》(18-19世紀ロシアの)頌詩 **//-ный** [形1]

**кантова́ть** -ту́ю, -ту́ешь 受過-о́ванный [不完] **/о-** [完] ①《技》〈кого-чего́〉〈へ〉を付ける ②《技》(運送際などに)ひっくり返す, さかさにする ◆ **Не ~!** 天地無用

**ка́нтор** [男1] ①《カトリ・プロテ》カントル ② (ユダヤ教会の)第1歌手

**кану́н** [男1] ① 祭日の前日: ~ Но́вого го́да 大晦日 ② (ある出来事の)前日, 前夜, 直前: на ~е [~] …の前夜に

**ка́нуть** -ну, -нешь [完] 跡形もなく消える, いなくなる
♦ **как в во́ду ка́нуть** 跡形もなく消え失せた | **~ в Ле́ту** [ве́чность] 世に忘れ去られる

**канцеляри́зм** [男1]《言》業務文体; 官庁用語(表現, 文体)

**канцеля́рия** [女9] 事務局, 事務室; 官房

**канцеля́рск|ий** [形3] ① 事務用の: **-ие** принадле́жности [това́ры] 文房具 ② 事務的な, 形式ばった: ~ слог [язы́к] 事務的な物言い

**ка́нцер** [男1]《医》がん(рак)

**канцероге́н** [男1]《医》発がん性物質 **//~ный** [形1]

**ка́нцлер** [男1] ① 首相; 大臣 ②《露史》(革命前)最高文官

**канцтова́ры** -ов [複] 文房具(канцеля́рские това́ры)

**каньо́н** [ё] [男1]《地理》峡谷 ■ **Большо́й ~** グランドキャニオン

**каню́к** -а́ [男2]《鳥》ノスリ亜科: мохноно́гий ~ アシノスリ | обыкнове́нный ~ ヨーロッパノスリ

**каню́чить** -чу, -чишь [不完]《俗》しつこくねだる, せがむ

**каоли́н** [男1]《鉱》カオリン, 白陶土 **//~овый** [形1]

**кап, кап-ка́п** [男1]《擬音》(液体の滴る音)ピチャン

*__ка́пать__ [不完] **/на-** [完]《drip, drop》①〔完〕**ка́пнуть** -ну, -нешь [完] 滴る, 滴となって落ちる: Из глаз ка́пают слёзы. 目から涙が滴り落ちている ②〈茵〉滴らせる; こぼす ③《俗》〈на茵に〉密告する, 内通する

**капе́лла** [э́] [女1] ①《カトリ・英国教会の》小礼拝堂, チャペル: ~ Богома́тери 聖母礼拝堂 ② 合唱団, 合唱隊 ◆ **a** ~《楽》アカペラで

**капелла́н** [男1]《カトリック・英国教会の》礼拝堂つき牧師

**ка́пель** [複数; 生格] < ка́пля

**капе́ль** [女10] 雪が解けて滴り落ちること; 雪解けの滴

**ка́пельк|а** 複生 -лек [女2] ① 〔指小〕< ка́пля ②《呼びかけ》おちびちゃん ◆ **ни -и** (否定文で)少しも[ちっとも](…ない): Вре́мени нет ни -и. 時間は少しもない

**ка́пельку** [副] ほんの少し

**капельме́йстер** [男1]《楽》軍楽隊長

**ка́пельница** [女3] ① 滴瓶 ② 点滴器 ③ ピペット

**ка́пельный** [形1] ① < ка́пля① ②《話》ごく小さな

**ка́перс** [男1]《植》フウチョウボク属: ~ колю́чий

ケッパー, トゲフウチョウボク ②《複》ケッパーの酢漬け

**капилля́р** [男1] ①毛(細)管 ②《解》毛細血管 **//~ный** [形1]

**капилля́рность** [女10] 毛細管現象

*капита́л [カピタール] [男1] 〔capital〕①資本; 資金; 元金: фина́нсовый ~ 金融資本 | основно́й [теку́щий] ~ 固定[流動]資本 | вкла́дывать ~ в 団 …に投資する | ~ и проце́нт 元利 ②《通例単》《話》《話》大金, まとまった金: К~ов у меня́ нет, что́бы таки́е поку́пки де́лать. そんな買い物をする金はない ③財産, 資産

**капитализа́ция** [女9] ①《経》資本化; 投資 ②資本主義化

**капитализи́ровать** -рую, -руешь 受過 -анный [不完・完]〈団〉①《経》資本化する; 投資する ②資本主義化する

*капитали́зм [男1] 〔capitalism〕資本主義: перехо́д к ~у 資本主義への移行

**капитали́ст** -а/-ка 複生 -ток [女2] ①資本家 ②《話》金持ち

*капиталисти́ческ|ий [形3] 〔capitalistic〕資本主義の: -ое о́бщество 資本主義社会 ②資本家の

**капиталовложе́ни|е** [中5] 基本投資, 投資金: фина́нсовые ~я 財政投融資

*капита́льн|ый 短 -лен, -льна [形1] 〔main, capital〕基本の, 根本的な; 主要な, 重要な: -ые вложе́ния 基本投資 | ремо́нт 全面的改修, 大修理, オーバーホール | -ая стена́ 主壁, 基礎壁 | -ое строи́тельство 基本建設 **//~ость** [女10]

**капита́н** [カピターン] [男1] 〔captain〕①《軍》(ロシア軍・警察で)大尉: ~-лейтена́нт (ロシア海軍で)大尉 ②《軍》(ロシア海軍で)佐官: ~ тре́тьего ра́нга 少佐 | ~ второ́го ра́нга 中佐 | ~ пе́рвого ра́нга 大佐 ③船長, 艦長: ~ да́льнего пла́вания 遠洋航海の船長 ④(スポーツ・チームの)キャプテン, 主将: ~ япо́нской кома́нды 日本チームのキャプテン **//~ский** [形3]

**капите́ль** [ё] [女10] 〔建〕柱頭

**капитули́ровать** -рую, -руешь [不完・完] ①降伏する, 投降する ②屈服する

**капитуля́ция** [女9] ①降伏, 投降: безогово́рочная ~ 無条件降伏 ②屈服, 譲歩

**ка́пище** [中2] 異教の神殿

**капка́н** [男1] (動物を捕まえる)罠(わな): ста́вить ~ы 罠を仕掛ける | попа́сть в ~ 罠にかかる

**каплу́н** -á [男1] (食肉用の)去勢鶏

*ка́пл|я [カープリャ] 複生 -пель [女6] 〔drop〕①滴: ~ воды́ 水滴 | У него́ на лбу вы́ступили ~и по́та. 彼の額に汗のたまが浮かんだ ②《単》《話》《困》のほんの少量, ちょっとした量: ~ в мо́ре 焼け石に水 ③《複》点滴薬: зака́пывать ~и в глаза́ 目薬をさす ◆би́ться [боро́ться, сража́ться] до после́дней ~и кро́ви《雅》命のある限り最後まで戦う | до (после́дней) ~и水一滴残さず | как ~и воды́ (похо́жи) 瓜二つの | ~и в рот не брать 酒を一滴も口にしない | в мо́ре ~ 大海の一滴 | ~ за ~ей 一滴ずつ; 少しずつ | ни ~и 少しも(…ない): У тебя́ нет ни ~и терпе́ния. 君は忍耐というのがまるでない

**ка́пнуть** [完] →ка́пать

**ка́пор** [男1] (あごの下で結ぶ)子ども[婦人]用の帽子

**капо́т** [男1] 〔工〕①(機械装置などの)覆い, フード; ボンネット

**капра́л** [男1] 《軍》伍長

**капра́льство** [中11] (階級として)伍長

**капремо́нт** [男1] 大修理(капитальный ремо́нт)

**капри́з** [男1] ①気まぐれ, むら気, わがまま ②思いがけない変化: ~ судьбы́ 運命の気まぐれ ③《楽》奇想曲, カ

при́с

**капри́зничать** [不完]/**по~** [完] ①気まぐれを起こす, わがままをする, 気まぐれである ②《完》しばらくだだをこねる

*капри́зн|ый 短 -зен, -зна [形1] 〔capricious〕①気まぐれの, わがままな: ~ ребёнок だだっ子 ②変わりやすい ③風変わりな, 凝った **//-ость** [女10]

**капризу́ля** (名5変化) [男・女]《話》だだっ子

**капричи́о, капри́ччо** (不変) [中] 《楽》カプリッチオ, 狂想曲, 奇想曲

**капро́н** [男1] カプロン(合成繊維); カプロン製品 **//~овый** [形1]

**ка́псул|а** [女1] ①カプセル, 気密容器 ②(薬の)カプセル: лека́рство в -ах カプセル薬 ③《解》被膜 **//~ьный** [形1]

**ка́псюль** [男5] 《軍》雷管 **//~ный** [形1]

**капте́рка** 複生 -рок [女2] 《話》(軍隊などの)倉庫

*капу́ст|а [カプースタ] [女1] 〔cabbage〕①《植》キャベツ: ~ коча́нная); その葉: коча́ны -ы キャベツ玉 | шинкова́ть -у キャベツをきざむ ②《植》アブラナ属: брюссе́льская ~ 芽キャベツ | куд́рявая ~ · ки́ ~ | спа́ржевая ~ ブロッコリー (бро́кколи) | цветна́я ~ カリフラワー ③《俗》(金亀) ■ **морска́я ~** コンブ (лами-на́рия) **//капу́стный** [сн] [形1] キャベツの

**капу́стник** [сн] [男2] ①キャベツ畑 ②キャベツにつく虫 ③キャベツ入りのパイ ④学生[俳優]のパーティー

**капу́стница** [сн] [女3] ①《昆》オオモンシロチョウ ②キャベツのスープ

**капу́т** (不変) [男] ①《話》破滅, 死 ②《述語》〈…はおしまいだ, もう駄目だ

**капуцин** [男1] 〔動〕オマキザル

**капучи́но** (不変) [男]/[中] カプチーノ

**капюшо́н** [男1] ①(コートなどの)フード: плащ с ~ом フード付きコート ②〔動〕(コブラの)フード

**ка́ра** [女1] 《雅》罰, 報い: бо́жья ~ 天罰

**караби́н** [男1] ①カービン銃, 騎兵銃 ②留め金, かぎ, フック

**кара́бкаться** [不完]/**вс~** [完] よじ登る, はい上がる: ~ на́ гору 山によじ登る

**карава́й** [男6] 大型の丸パン

**карава́н** [男1] ①キャラバン, 隊商 ②船団: тра́нспортный ~ 輸送船団 ③(泥炭・れんがの)積み重ねた山, パイル

**карава́н-сара́й** [不変]-[男1] キャラバンサライ

**карага́ч** -а́/-а [男4] 《植》ヨーロッパニレ (вяз ма́лый)

**карагё́д** [男1] 《旧》= хорово́д

**караи́м** [男1]/-**ка** 複生 -мок [女2] カライム人(クリミア, ポーランド, リトアニアなどに住むチュルク系民族) **//~ский** [形3] カライム人(の)

**каракалпа́к** [男2]/-**чка** 複生 -чек [女2] カラカルパク人 **//~ский** [形3] カラカルパク(人)の

**Каракалпакста́н** [男1] カラカルパクスタン共和国 (Респу́блика ~); ウズベキスタン内にある自治共和国; 首都は Нуку́с)

**карака́тица** [女3] ①《動》コウイカ属 ②[男・女]《話》足が短く不格好な人

**кара́кул|ь** [男5] カラクル(カラクル種の子羊からとる高級毛皮) **//-евый** [形1]

**кара́кульск|ий** [形3]: -ая овца́ カラクル羊

**кара́кул|я** [女5] 《通例複》字の下手, 悪筆, 殴り書き: писа́ть -ями 殴り書きする

**Кара́кумы** -ов [复] カラクム砂漠(トルクメニスタン)

**карамбо́ль** [男5] 《ビリヤード》キャノン

**караме́л|ь** [女10] ①《集合》キャラメル ②カラメル ③カラメル麦芽 **//-ный** [形1]

**карамелу́|я** 複生 -лек [女2] 《話》キャンディー[キャ

ラメル]1個

**каранда́ш** [カランダーシ] -á [04] 〔pencil〕① 鉛筆, ペンシル: писа́ть ～о́м 鉛筆で書く | автомати́ческий ～ シャープペンシル | гримирова́льный ～ メイクアップ用ペンシル ② 〘単〙鉛筆画 ◆**бра́ть** 随 **на** ～ メモする, 書き留める | **в**-**е́** 鉛筆書きの *//*-**ный** [形1]

**каранти́н** [м1] ①〘医〙(伝染病患者の)隔離; 検疫; 閉鎖する: К～ про́йден. 検疫済みだ | объяви́ть ～ в 国 ～を閉鎖する ② 検疫所 | **каранти́нный** [形1]: -ое свиде́тельство 〘海〙(船員・船客)健康証明書

**карао́ке** (不変) [中] カラオケ: пе́ть в ～ カラオケで歌う | [副] カラオケで

**карапу́з** [м1; 戯] ふとった子ども, おでぶちゃん

**кара́с|ь** -**я́** [м5] ①〘魚〙フナ属: золото́й ～ ヨーロッパブナ | сере́бряный ～ ギベリオブナ ②〘漁師・軍隊俗〙(短期間雇いの)漁師, 水兵

**кара́т** 複生 -ов/кара́т [м1] カラット *//*-**ный** [形1]

**каратэ́** [э], **карате́** (不変) [中] 空手

**кара́тель** [м5] 懲罰隊

**кара́тельный** [形1] 懲罰の: ～ отря́д 懲罰隊

**карати́ст** [м1] / ~**ка** 複生 -ток [ж2] 空手選手, 空手家; 空手ファン

**кара́ть** (不完) /**по**~ 受過 -ка́ранный [完]〘雅〙〈雅〉罰する, 懲罰する

*кара́ул [м1] 〔guard, watch〕① 衛兵隊, 護衛, 警備隊; выставить ～ 衛兵をおく | почётный ～ 儀仗兵 ② 警備, 警護, 見張り ◆ **Карау́л!** 〘話〙助けてくれ | **взя́ть под** ～ 拘禁する | **взя́ть на** ～ 捧げ銃(ろ)をする | **хо́ть** ～ **кричи́** (助けてくれと叫びたいほどの)苦境にある

**карау́лить** -лю, -лишь [不完]〘話〙見張る, 監視する, 警備する ②〘話〙待ち伏せする, 待ちうける

**карау́льный** [形1] < карау́л: -ая бу́дка 哨舎, 番兵バコ

**карача́ев|ец** -вца [м3] / -**ка** 複生 -вок [ж2] カラチャイ人 *//*-**ский** [形3] カラチャイ(人)の

**Карача́ево-Черке́сия** [ж9] カラチャイ・チェルケス共和国 (Респу́блика ～; 首都は Черке́сск; 北カフカス連邦管区)

**кара́чк|и** [複] ◆ **на**-**ах** 〘俗〙四つんばいになって

**ка́рбас, карба́с** [м1] (北極地方の)小型帆船

**карби́д** [м1]〘化〙カーバイド, 炭化物 *//*-**ный** [形1]

**карбо́ловый** [形1]: -**ая кислота́**〘化〙石炭酸, フェノール

**карбона́д** [м1]〘料理〙ロースハム

**карбона́т** [м1]〘化〙炭酸塩

**карбюра́тор** [м1]〘工〙キャブレター, 気化器 *//*~**ный** [形1]

**карбюра́ция** [ж9]〘工〙気化

**карга́** [ж2]〘話・罵〙鬼ばばあ, 意地悪ばばあ

**кардамо́н** [м1]〘植〙カルダモン, ショウズク; その種子 *//*~**ный** [形1]

**карда́н** [м1]〘工〙カルダンシャフト (карда́нный вал); 自在継手 (карда́нный механи́зм) *//*-**ный** [形1]

**кардина́л** [м1] ①〘カトリ〙枢機卿 ② (不変) [形] 紅色の ◆〘鳥〙ショウジョウコウカンチョウ ◆ **се́рый** ～ 黒幕, 陰の実力者 *//*-**ьский** [形3] < ①

**кардина́льно** [副] 全く, 根本的に: ～ но́вое 斬新なもの

**кардина́льный** 短 -лен, -льна [形1]〘文〙重要な, 重大な, 基本的な *//*-**ость** [ж10]

**кардио..**〘語形成〙「心臓の」「心臓病学の」

**кардиогра́мма** [ж9]〘医〙心電図, 心拍曲線

**кардио́лог** [м2]〘医〙心臓病専門医

**кардиоло́г|ия** [ж9]〘医〙心臓病学 *//*-**и́чес-кий** [形3]

**кардиостимуля́тор** [м1]〘医〙ペースメーカー

**кардиохиру́рг** [м2] 心臓外科医

**кардиохирурги́я** [ж9] 心臓外科学

**каре́** [э] (不変) [中] ①〘軍〙四角い襟ぐり ② [形] 四角形の ③ ボブ (女性の髪形) ④〘軍〙方陣

**карегла́зый** [形1] 褐色の眼をした

**каре́л** [м1] / ~**ка** 複生 -лок [ж2] カレリア人 *//*-**ьский** [形3] カレリア(人)の ■ **К**~ **пере́шеек** カレリア地峡

**Каре́лия** [ж9] カレリア共和国 (Респу́блика ～; 首都は Петрозаво́дск; 北西連邦管区)

**каре́т|а** [ж1] (русск) カリョータ (ばね付き4輪の箱馬車) ◆ ～ **ско́рой по́мощи** 救急車 *//*-**ный** [形1]

**каре́тка** 複生 -ток [ж2] ①〔指小〕< каре́та ②〘工〙(機械の)運び台, キャリッジ

**кариати́да** [ж1]〘建〙女人像柱

**кари́бск|ий** [形3] カリブ人の ■ **К-ое мо́ре** カリブ海

**ка́риес** [э] [м1]〘医〙虫歯, カリエス

*ка́рий [形8] 〔brown〕(目が)褐色の; (馬が)暗い栗毛の

**карикату́р|а** [ж1] ① カリカチュア, 戯画, 風刺画: ～ **на президе́нта** 大統領に対する風刺画 ② 滑稽で貧弱な類似[模倣]

**карикатури́ст** [м1] / ~**ка** 複生 -ток [ж2] カリカチュア画家, 風刺画家

**карикату́рный** 短 -рен, -рна [形1] ① カリカチュア[風刺画]の ② 滑稽な, 戯画化された

**карио́зный** [形1]〘医〙カリエス性の, 虫歯の: ～ зу́б 虫歯

**кар-ка́р** [間]〘擬声〙カアカア (カラスの鳴き声)

**карка́с** [м1] ① (建造物の)骨組み ②〘植〙エノキ属 *//* **карка́сный** [形1]: ～ **дом** 木造家屋

**ка́ркать** (不完) / **ка́ркнуть** -ну, -нешь 命 -ни [完] [一回] ① (カラスなどが)カアカア(кар-ка́р)と鳴く ②〘転〙〘話〙不吉なことを言う *//* **ка́рканье** [中4]

**ка́рлик** [м2] ①〔-ца〔ж3〕〕こびと, 侏儒 ② 矮性の動植物 ③ 〘天〙矮星 (☞)

**ка́рликовость** [ж10] ① 極めて小さいこと, 矮小性 ②〘医〙小人症

**ка́рликовый** [形1] ① こびとの ② 極めて小さい; 矮性の: ～ **са́д** 箱庭 | -**ое хозя́йство** 零細経営

**ка́рма** [ж1]〘仏教〙業(どう), カルマ

*карма́н [カルマーン] [м1]〔pocket〕① ポケット; 裏ぶくろ: ～ **брю́к** ズボンのポケット | ～ **су́мки** バッグのポケット | **положи́ть де́ньги в** ～ ポケットにお金を入れる ②〘話〙裕福さ, 金 ③ くぼみ, 凹所 ◆ **би́ть по**-**у** …に損をさせる; 散財させる | **Держи́** ～ **ши́ре.**〘話・皮肉〙当てにしても駄目だ (←ポケットを広く開けておけ) | **наби́ть себе́** ～〘話〙ふところを肥やす | **не ле́зть за сло́вом в** ～ 言葉に困らない, 口達者だ | **не по**-**у** 国〘話〙…には高くて手が出ない | **пусто́й** ～ 国〘話〙…の財布にやさしい, 経済的だ *//*-**чик, карма́шек** -шка [м2] [指小] < ①

**карма́нник** [м1]〘俗〙すり

**карма́нный** [形1] ① ポケットの ② ポケットサイズの, 携帯用の: ～ **слова́рь** 携帯辞典 ■ **-вор** すり | **-ые де́ньги** ポケットマネー | **-ые расхо́ды** 日常の細かい出費

**карме́н** (男は変化) [ж]〘俗〙すりのロマ [ジプシー] 女性

**карми́н** [м1] カーマイン (絵の具)

**карми́новый** [形1] カーマインの; カーマインレッドの, 洋紅色の

**карнава́л** [м1] カーニバル, 謝肉祭 *//*-**ьный** [形1]

**карни́з** [男1] ①〚建〛コーニス, 蛇腹; 軒 ②(カーテンなどを吊るすための)窓やドアの上の横木; カーテンレール ③〚地〛段丘崖 **// ~ный** [形1]

**кароте́ль** [女10]〚植〛(根が短く丸い)ニンジン

**кароти́н** [男1]〚生化〛カロチン

**карп** [男1]〚魚〛コイ: декорати́вный ～ ニシキゴイ | зерка́льный ～ カガミゴイ **// ка́рповый** [形1]: -ые コイ科

**Карпа́ты** -па́т [複] カルパチア山脈

**ка́рри** (不変) [中]〚料理〛カレー: ～ с ри́сом カレーライス

**ка́рск|ий** [形3] ■ K-ое мо́ре カラ海

**карст** [男1]〚地質〛カルスト **// ~овый** [形1]

**карт** [男1]〚スポ〛カート, ゴーカート

\***ка́рт|а** [カールタ] [女1]〚map, card〛①地図; 天体図: ～ Росси́и ロシアの地図 | доро́жная ～ 道路地図 | ～ в масшта́бе 1:100000 縮尺10万分の1の地図 ②トランプのカード: 〚集合〛トра́нпс -ы [女1]: черво́нная (бубно́вая, трефо́вая, пи́ковая) ～ ハート[ダイヤ, クラブ, スペード]のカード | игра́ть в -ы トランプをする ③〚ディスク等の〛磁気カード: магни́тная ～ 磁気カード ④(文字・絵が書かれた)厚紙, フリップ: ви́нная ～ (レストランの)酒類表, ワインリスト

◆～ би́та [уби́та] …のもくろみは失敗だ | и -ы в ру́ки 囤〚話〛…はその道に通じている, うってつけだ | раскры́ть свои́ ~ы 手の内を見る, もくろみを明かす | смеша́ть [спу́тать] (все) ~ы …の計画を狂わす | ста́вить 囤 на -у 賭ける

**карти́шки** -шек, -шкам [複]〚指小〛トランプゲーム〚遊び〛

**карта́вить** -влю, -вишь [不完] (р, л を)不明瞭[不正確]に発音する

**карта́вый** [形1] (р, л の)発音が不明瞭[不正確]な

**карт-бла́нш** [不変]-[男4]〚文〛全権委任, 白紙委任状

**картве́л** 複生 -ве́л [男1] **/~ка** 複生 -лок [女2] カルトヴェル人(ジョージア(グルジア)人の自称) **// ~ьский** [形3] カルトヴェル(人)の

**картёжник** [男1]〚話〛トランプ狂の

**картезиа́н|ство** [中1]〚哲〛デカルト哲学 **/ ~ский** [形3]

**карте́ль** [ɨ] [男5]〚経〛カルテル: нефтяно́й ～ 石油カルテル **// ~ный** [形1]

**ка́ртер** [男1]〚機〛(内燃機関の)クランク室

**карте́чь** [女11]〚軍〛散弾; 猟銃用大型散弾

\***карти́н|а** [カルチーナ] [女1]〚picture, scene〛①絵, 絵画 ②〚マス́лом油絵 | рисова́ть [писа́ть] -у 絵を描く ②光景, 情景: Мы любова́лись велича́венной -ой приро́ды. 私たちは自然の壮大な光景にみとれた ③(芸術作品における)描写 ④状態, 状況, 様子: ～ заболева́ния 病状 ⑤〚劇〛場: втора́я ～ пе́рвого де́йствия 第1幕第2場 ⑥〚述語〛〚話〛絵のように美しい ⑦〚話〛映画

**ка́ртинг** [男2] カートレース

**карти́нгист** [男1] カートレーサー

\***карти́нк|а** [カルチーンカ] 複生 -нок [女2]〚small picture〛①〚指小〛< карти́на ②さし絵, イラスト: кни́га [кни́жка] с -ами さし絵, イラスト入りの本 ③画像 ④〚述語〛〚話〛(絵のように)美しい, 見事だ ■ ~-зага́дка ジグソーパズル

**карти́нный** [形1] ①〚長尾 -и́нен, -и́нна〛絵画の: -ая галере́я 画廊 ②絵のように美しい

**карто́граф** [男1] 地図作成者

**картогра́фия** [女9] 地図作成(法) **// ~и́ческий** [形3]

**карто́н** [男1] ①ボール紙, 厚紙: гофриро́ванный ～ 段ボール ②〚美〛仕上がりと同寸の素描, カルトン **// ~ный** [形1]

**картона́ж** [男4] ボール紙[厚紙]製品 **// ~ный** [形1]

**карто́нка** 複生 -нок [女2] ボール紙箱; ボール紙片

**картоте́ка** [女2] カード目録, カード索引

**картофа́н** [男1]〚若者・戯〛ジャガイモ

**картофеле..** 〚語形成〛「ジャガイモの」: картофелекопа́тель ジャガイモ掘り機

**картофелево́дство** [中1] ジャガイモ栽培

**картофелеубо́рочный** [形1] ジャガイモ収穫の

**картофелечи́стка** 複生 -ток [女2] (根菜用)皮むき器, ピーラー

**картофе́лина** [女1]〚話〛ジャガイモ1個

\***карто́фель** [男5] 〚potato〛〚植〛ジャガイモ;〚集合〛ジャガイモ: чи́стить ～ ジャガイモの皮をむく | фри ～ 〚料理〛フライドポテト | ～ в мунди́ре ベイクドポテト **// карто́фельн|ый** [形1]: -ое пюре́〚料理〛マッシュポテト

**карто́ха** [女2]〚俗〛= карто́шка

\***ка́рточк|а** [カールタチカ] 複生 -чек [女2]〚card〛①カード: катало́жная ～ 目録カード ②(カード型の)証明書; 名刺(визи́тная ～): чле́нская ～ 会員証 ③磁気カード, クレジットカード, キャッシュカード: купи́ть по -е カードで買う ④配給券 ⑤(小型の)(肖像)写真 ⑥記入カード, 記入用紙

**карто́чн|ый** [形1] ①トランプの, トランプゲームの ②カードの: ～ катало́г カード式索引 ③配給券の: -ая систе́ма 配給制度 ◆~ до́мик トランプで組み立てた家; 不安定な計画

\***карто́шк|а** [カルトーシカ] 複生 -шек [女2]〚potato〛①〚話〛ジャガイモ1個; 〚集合〛〚сажа́ть〛 -у ジャガイモを掘る[植えつける] ②〚学生・軍隊・話〛(学生・軍関係者・国立施設の職員らによる)秋季農作業 ◆нос -ой だんご鼻 | Любо́вь не ～.〚俗・戯〛恋愛は取るに足らないものではない | на -е ジャガイモの収穫作業中で **// карто́шечка** 複生 -чек [女2]〚愛称〛

**ка́ртридж** [男4] カートリッジ

**карту́з** -á [男1] ①(前びさしの硬い)男性用帽子 ②〚軍〛薬包, 弾薬筒

**карусе́ль** [女10] ①回転木馬, メリーゴーランド ②〚話〛だらだらと続く仕事; めまぐるしい変化, ごたごた

**ка́рцер** [男1] 独房; 営倉

**карье́р** [男1] ①フルギャロップ, 襲歩 ②(石・砂・粘土などの)露天採掘場 ◆*во весь* ～ 全速力で | *с ме́ста в* ～ 即座に, いきなり

**карье́р|а** [カリエーラ] [女1]〚career〛①出世, 昇進, 栄達: сде́лать -у 出世する ②職業, 活動: нача́ть -у 社会に出る

**карьери́зм** [男1]〚非難〛出世主義

**карьери́ст** [男1] **/~ка** 複生 -ток [女2]〚非難〛出世主義者

**карье́рный** [形1] ～ с карье́р, карье́ра

**каса́ние** [中5] 触れること, 接触: то́чка -ия〚数〛接点

**каса́тельно** [前]〚文・公〛(⊞)…に関して

**каса́тельный** [形1] ①触れる, 接触する ②-ая [女名]〚数〛接線

**каса́тельство** [中1]〚文・公〛関係, 関連, 関与

**каса́тка** 複生 -ток [女2]〚鳥〛ツバメ (ла́сточка-~)

\***каса́|ться** [カサーッツァ]〚不完〛/**косну́ться** [カスヌーッツァ] -ну́сь, -нёшься 命 -ни́сь〚touch〛①(⊞)…に触れる, 触る: ～ руко́й две́ри 手でドアに触る ②(問題・テーマに)言及する: Он косну́лся ва́жного вопро́са. 彼は重要な問題に言及した ③(3人称)…に関係する, かかわる: Это тебя́ не каса́ется. それは君にはかかわりのないことだ ◆что каса́ется ⊞, то …に関して言うならば, …はどうかと言うと

**ка́ска** 複-сок [女2] (作業用)ヘルメット

**каска́д** [男1] ①(自然・人工の階段状の)滝, 水階段 ②奔流, ほとばしり ③(サーカスの)滝落とし(馬などから落ちるまねをする曲芸) ④(オペレッタ)で歌を伴う速いダンス ⑤レイヤーカット(髪型) ⑥【工】縦続, 直列 ⑦【フィギュア】コンビネーション: ~ы прыжко́в ジャンプコンビネーション **//-ный** [形1]

**каскадёр** [男1] ①(サーカスで滝落としの)曲芸師 ②スタントマン

**каске́тка** 複-ток [女2] ひさしのある軽い帽子; キャスケット

**каспи́йск|ий** [形3] : К-ое мо́ре カスピ海

*‡**ка́сс|а** [カーッサ] [女1] 〔cash box, cash desk, ticket office〕①金庫: несгора́емая ~ 耐火金庫 ②カウンター, レジ; 切符売り場: плати́ть де́ньги в ~у レジで金を払う | железнодоро́жная ~ 鉄道の切符売り場 ③各種の金融機関: ~ взаимопо́мощи 共済組合 | сберега́тельная ~ 貯蓄銀行 ④(企業などの)現金保有高, キャッシュ ⑤【印】活字盤, ケース **♦не в ~у** 相応しくない, 場違いだ

**касса́ция** [女9] ①【法】再審; 破棄; 破棄: ~ пригово́ра 判決の破棄 ②【話】再審請求 ③選挙の取り消し **//касса́ционн|ый** [形1] [法]: ~ суд 控訴裁判所 | -ая жа́лоба 上訴

***кассе́т|а** [女1] 〔cassette〕①(フィルムの)マガジン, カートリッジ ②(テープ用の)カセット ③カセット式の装置 **//-ный** [形1]

**касси́р** [男1]/**-ша** [女4] ①会計係, 出納係, 出札係, 切符売り ②レジ係

**касси́ровать** -рую, -руешь 受過 -анный [不完・完] 【法】<完> 再審する, 破棄する

**ка́ссов|ый** [形1] < ка́сса : -ая кни́га 現金出納帳, 金銭出納簿 | ~ счёт 現金勘定 | -ая сто́йка (スーパー・コンビニの)レジ台 | спекта́кль [фи́льм] -ого дня́ 当たりの演目[映画]

**ка́ст|а** [女1] ①(インドなどの)カースト ②社会的・職業的な排他的集団 **//-овый** [形1]

**кастанье́та** [女1] (通例複)【楽】カスタネット

**кастеля́нша** [女1] リネン管理係

**касте́т** [男1] メリケンサック, カイザーナックル(手にはめる武器用金具)

**касто́р** [男1] ①(毛羽立った厚手の)ラシャ ②【工】キャスター角 ③К-【天】カストル(双子座の恒星)

**касто́рка** [女2] 【話】ひまし油

**касто́ров|ый** [形1] ① < касто́р ② < касто́рка : -ое ма́сло ひまし油

**кастра́т** [男1] 去勢された人

**кастра́ция** [女9] (動物・人の)去勢

**кастри́ровать** -рую, -руешь 受過 -анный [不完・完] <完> 去勢する

*‡**кастрю́л|я** [女5] 〔円筒形の)鍋: алюми́ниевая ~ アルミ鍋 | навари́ть це́лую -ю борща́ ボルシチを鍋いっぱい作る **//-ька** 複-лек [女2]【話】[指小] [形1]

**катава́сия** [女9] 【話】大騒ぎ, 混乱

**катака́на** [女1] 【言】かたかな, 片仮名

**катакли́зм** [男1] 〔文〕大変動, 破局: климати́ческий ~ 気候の大変動

**катако́мба** [女1] ①【史】カタコンベ ②地下回廊

**ката́л|а** [女1](女1変化)[男] ①【俗】(トランプの)いかさま師, 《若者》詐欺師, ペテン師

**катализа́тор** [男1]【化】触媒

**ката́лка** 複-лок [女2] ①(患者運搬用の)ストレッチャー ②(幼児が乗って遊ぶ)車のおもちゃ

*‡**катало́г** [男2] 〔catalog〕①カタログ, 目録; リスト, 一覧表: алфави́тный ~ アルファベット順カタログ | библиоте́чный ~ 蔵書カタログ | 【IT】ディレクトリ

**каталогизи́ровать** -рую, -руешь 受過 -анный [不完・完] <完>のカタログ[目録]を作る **//-а́ция** [女9]

**катамара́н** [男1] 【海】双胴船

**ката́ние** [中5] 転がす「転がる」こと; 乗せて回ること, (乗物・スキー・スケートなどで)動き回ること; 丸めること; しわをのばすこと; 【工】圧延; フェルトから作ること ■**фигу́рное** ~ フィギュアスケート

**ка́танье** [中4] **♦не мытьём, так ~ем** [話] あの手この手で, 手を替え品を替え

**катапу́льт|а** [女1] ①【史】投石機 ②【航空】カタパルト, 射出装置 ③カタパルト訓練装置 ④(飛行機などの)脱出装置 **//-ный** [形1]

**катапульти́роваться** -руюсь, -руешься [不完・完] ①(飛行機などから)脱出装置で脱出する ②カタパルトで発進する

**ката́р** [男1]【医】カタル **//~а́льный** [形1]

**Ка́тар** [男1] カタール(首都は До́ха)

**катара́кт|а** [女1]【医】白内障 **//~ный** [形1]

**ка́тарсис** [男1]【文学】カタルシス

*‡**катастро́ф|а** [カタストローファ] 〔catastrophe〕①大事故, 惨事: автомоби́льная ~ 自動車事故 | приро́дная ~ 大規模自然災害 ②破局, カタストロフ

**катастрофи́ческ|ий** [形3] 悲惨な, 破滅的な: -ие после́дствия 悲惨な結果

**катастрофи́чный** 短 -чен, -чна [形1] = катастрофи́ческий

*‡**ката́ть** 受過 ка́танный [不完] [定 кати́ть] 〔roll〕①(反復して・様々な方向に)転がす; (車輪の付いたものを)動かす; すべらせて動かす: ~ мяч ボールをころがしては戻す ②<鰯>(気ままにふざけて)乗物に乗せて回る: ~ дочь на маши́не 娘を乗せてドライブする ③【話】乗り回る, 何度も行く ④<完 с~>(a)<鰯>(こねて・転がして)丸める (b)<鰯>フェルトを[から]作る ⑤<完 вы́->(鰯>(洗濯用ローラーで)しわをのばす ⑥<鰯>【工】圧延する ⑦【俗】ものすごい勢いでやる

*‡**ката́ться** [不完] [不定 кати́ться] 〔roll〕①(反復して・不定方向に)転がる; (車輪の付いたものが)動く: Мяч ката́лся по пло́щади. ボールがグラウンドをころがり回っていた ②(乗物・スキー・スケートなどで)動き回る, 乗り回る: ~ на маши́не ドライブする | ~ на лы́жах [конька́х] [саня́х] スキー[スケート]をする ③(人・動物が)ころがり回る: ~ от бо́ли 痛くてころがり回る ④【話】(乗物で)しばらく行く ⑤【受身】< ката́ть

**♦~ со́ сме́ху** 抱腹絶倒する | **~ как сыр в ма́сле** 裕福に暮らす

**катафа́лк** [男1] ②祭壇 ②霊柩車

*‡**категори́чески** [副] 〔categorically〕絶対的に, 断固として, きっぱりと: ~ запрещено́ 絶対禁止(標識などで) | ~ про́тив 断固反対

**категори́ческий** [形3] ①明白な, 無条件の: отве́т はっきりした回答 ②絶対的な, 断固たる

**категори́чный** 短 -чен, -чна [形1] = категори́ческий **//-ость** [女10]

*‡**катего́р|ия** [カチゴーリヤ] [女9] 〔category〕①【哲】カテゴリー, 範疇 ②(同種のものの)グループ, 部類, カテゴリー: возрастна́я ~ 年齢別カテゴリー **//-иа́льный** [形1] <①>

*‡**ка́тер** 複 -а́ [男1] 〔boat〕①小型舟艇(ランチ, カッター, モーターボートなど): мото́рный ~ モーターボート ②軍用小艇: сторожево́й ~ 巡視船, 哨戒艇 **//~ный** [形1]

**кате́т** [男1]【数】直角三角形の直角を挟む辺

**кате́тер** [а́; э] [男1]【医】カテーテル

**катехи́зис** [男1]【キリスト】カテキズム, 教理問答(書)

**кати́ть** качу́, ка́тишь [不完][定] [不定 ката́ть] ①<鰯>(一定の方向に)転がす, (車輪の付いたものを)動

кашля́ть

ка́ху; 《話》すべらせて動かす: ~ коля́ску 乳母車を押して行く ② 《乗り物》疾走する; (乗物の)疾走する ③《若者》首尾よく進む: не ка́тит うまくいかない, 役にたたない, 効力がない

*кати́|ться, ка́тишься [不完] /定[不定 ката́ться] (roll) ① (一定の方向に)転がる: Мяч ка́тится по пло́щадке. ボールがグラウンドをころがって行く ② (車輪の付いたものが)進む: Автомоби́ль ка́тится по доро́ге. 自動車が道路を走って行く (そり・スキー・スケートが)進む, 滑って行く: ~ с горы́ на лы́жах スキーで山を滑り降りる ④《話》速く行く, 走って行く ⑤ (音が)とどろく: Ка́тятся громовы́е раска́ты. 雷鳴が鳴り響いている ⑥ 滴る: Слёзы кати́лись по щека́м. 涙が頬を流れていた ⑦ (時が)経過する ⑧《天体が》動く ◆ Кати́(те)сь! 《俗》出て行け, 失せろ

Катманду́ [不変][男] カトマンズ(ネパールの首都)

като́д [男1] [電] 陰極, カソード **// като́дный** [形1]: -ые лучи́ 陰極線 <<: -ая тру́бка 陰極線管, ブラウン管

*кат|о́к, -тка́ [男2] [skating rink] ① スケート場, スケートリンク: ката́ться на -ке́ スケートリンクで滑る ② (地ならし用)ローラー ③ (洗濯物の)仕上げ機, ローラー ④ (重いものを動かすための)ころ

като́лик [男2] -и́чка 複生 -чек [女2] カトリック教徒

католици́зм [男1], католи́чество [中1] カトリック教

*католи́ческ|ий [形3] [Catholic] カトリック教(徒)の: -ое Рождество́ カトリックのクリスマス(12月25日; ロシア正教の1月7日とは区別してこのように呼ばれる)

ка́торг|а [女5] ① 懲役刑, 苦役, 強制労働: сосла́ть на -у 懲役刑に処する ②《話》重労働, 苦しい仕事

каторжа́н|ин 複 -а́не, -а́н [男10] (通例政治犯の)懲役囚, 徒刑囚; 元懲役囚

ка́торжник [男2] (通例刑事犯の)懲役囚, 徒刑囚

ка́торжный 短 -жен, -жна [形1] ① 懲役の, 徒刑の ② 耐えがたいほどつらい, 苦しい

кату́шк|а 複生 -шек [女2] ① 糸巻, ボビン ② [電] コイル ◆ на всю (по́лную) ~у 《俗》徹底的に

Катю́ша [女4] ① К-〈愛称〉<Екатери́на ② [軍・史] カチューシャ砲 (第2次大戦中のロケット砲の俗称)

Ка́тя [女5]〈愛称〉<Екатери́на

кауза́льность [女10] [哲] 因果関係, 因果性

кауза́льный [形1] [哲] 因果性の

кау́рый [形1] (馬の毛色が)薄栗毛色の

ка́устик [男2] [化] 苛性ソーダ

каусти́ческий [形3] [化] 腐食性の, 苛性の

каучу́к [男2] 弾性ゴム: синтети́ческий ~ 合成ゴム **// ~овый** [形1]

каучуконо́с [男1] [植] ゴムの木 **// ~ный** [形1]

*кафе́ [カフェー] [不変] [中] [cafe, parlor] カフェ, 喫茶店: ую́тное ~ 居心地のいいカフェ

*ка́федр|а [カフェードラ] [女1] ① 演壇, 講壇, 教壇: подня́ться на -у 登壇する ② (大学のカリキュラムとしての)講座, 講義, 学科: заве́дующий -ой 講座主任, 学科長 (завка́федрой) | ~ фортепиа́но ピアノ学科 | заседа́ние -ы 教室会議 ③《キリスト》(主教の)説教壇 **// кафедра́льный** [形1] <②③: ~ собо́р 大聖堂

ка́фель [男5] (通例集合)タイル **// ~ный** [形1]

кафе́-моро́женое [不変] [中形1] [中] アイスクリームショップ

кафете́рий [男5] カフェテリア

кафта́н [男1] カフタン(15-17世紀の裾長の男性用上衣)

кахети́н|ец -нца [男3] -ка 複生 -нок [女2] カヘチア人(ジョージア(グルジア)のカヘチア地方に住む) **//**

-ский [形3] カヘチア(人)の

каца́п [男1] 《話・蔑》(ウクライナ人同士の会話で)ロシア人

кач [男4] 《若者》体操; ボディービル; トレーニング

кача́л|ка -лок [女2] ① ロッキングチェア ②《若者》スポーツジム, トレーニングジム

кача́ние [中5] <кача́ть(ся) ゆれ, 振動

*кача́|ть [不完] / качну́ть -ну́, -нёшь [完] [一回] [shake] ① [他] 揺り動かし, 揺する: Ве́тер кача́ет ве́тви дере́вьев. 風が木々の枝を揺らしている ② (無人動) 揺り動かす; ふらふらさせる, よろめかせる ③ [自](何かを横に振る) ④ [不完] [他]〈体の一部を〉揺り動かし, 振る; 筋肉を鍛える: ~ голово́й 首を横に振る ⑤ [不完] [他]〈ポンプで〉汲み上げる ⑥《若者》[他] 〈…に攻撃的な態度をとる; 非難する ◆ кача́ть права́ 《俗・非難》しつこく自分の権利[要求]を主張する

кача́ться [不完] / качну́ться -ну́сь, -нёшься [完] [一回] ① 揺れる, 揺れ動く: Ло́дка кача́ется на волна́х. ボートが波に揺れている ② ふらふらする, よろめく ③《若者》ボディービルをする, 体を鍛える

каче́л|и -ей [複] ぶらんこ; シーソー: кача́ться на -ях ぶらんこに乗る

*ка́чественно [副] [in quality] ① 質的に ② 良質に, 素晴らしく

*ка́чественн|ый [カーチストヴィンヌイ] 短 -ен, -енна [形1] [qualitative] ① 質的な, 性質の, 品質の (↔коли́чественный): -ое измене́ние 質的変化 ② 良質の, 高品質の **// -ость** [女10] <②

*ка́честв|о [カーチストヴォ] [中5] [quality] ① 質, 性質 (↔коли́чество): необходи́мые -а педаго́га 教育者にとっての資質 ② 品質, 特質: высо́кого -а 高級品 | обеспе́чить ~ проду́кции 製品の品質を確保する ③ [哲] 質: ~ и коли́чество 質と量 ④ (че́ха) 駒の価値の差 ◆ в ~ 田 …として, …の資格で: в ~ наблюда́теля オブザーバーとして,

ка́чк|а 複生 -чек [女2] (乗り物の)揺れ, 振動

ка́чкий [形3] [уст.] 揺れる, ぐらぐらする

качну́ть(ся) [完] →кача́ть(ся)

качо́к [男2] 《俗》筋骨たくましい男性, マッスル

ка́чурк|а 複生 -рок [女2] [複] [動] ウミツバメ科: вилохво́стая ~ ヒメクロウミツバメ

*ка́ш|а [カーシャ] [女5] [kasha, jumble] ①[料理] 粥, ポリッジ, カーシャ: гре́чневая [ма́нная] ~ そば[ひき割り小麦] のかゆ | вари́ть -у かゆを炊く | К-у ма́слом не испо́ртишь. 《諺》益の多いものはいくら多くても差し支えない (←バターでかゆの味が損なわれることはない) ②かゆ状のもの, どろどろしたもの ③《話》混乱, ごたごた: У меня́ ~ в голове́. 私は頭が混乱している ◆ бере́зовая ~ 鞭打ちの刑 | завари́ть -у 《話》厄介なことをしでかす | ~ во рту́ у 回 …の言葉は聞き取りにくい | -и не сва́ришь с 回 《話》…とは話がつかない, 一緒にやって行けない | ма́ло -и ел 《話》まだ若い, 未熟だ | расхлёбывать -у 《話》始末を処理する, 尻拭いをする | сапоги́ [боти́нки] -и про́сят 《話》長靴[靴]に穴が開いている

кашало́т [男1] [動] マッコウクジラ属 **// ~овый** [形1]

кашева́р [男1] (軍隊などの)炊事係

*ка́ш|ель [カーシリ] -шля [男5] [cough] せき: лека́рство от -ля せき止め薬

кашеми́р [男1] [織] カシミヤ **// ~овый** [形1]

ка́шица, каши́ца [女3] 《話》水っぽい粥; どろどろしたもの

ка́шк|а 複生 -шек [女2] ①〈愛称〉< ка́ша① ②《話》[植] クローバー; その花

*ка́шл|ять [カーシリャチ] [不完] / ка́шлянуть [カーシリヌチ] -ну, -нешь 命 -ни [完] [一回] [cough] せきをする, せ

きが出る: Он си́льно ка́шляет. 彼はひどくせきこんでる

**Кашми́р** [男1] カシミール(インド, パキスタン, アフガニスタン, 中国に囲まれた山岳地域)

**кашне́** [不変] [中] マフラー, 襟巻, スカーフ

**кашпо́** [不変] [中] (植木鉢を入れる) 飾り鉢

**кашта́н** [男1] [植] クリ属; その実: ~ горо́дчатый [япо́нский] クリ | ~ посевно́й еуро́паразӧлий | жа́реные ~ы 焼き栗 ∥**ко́нский** ~ [植] トチノキ/ミ属: ко́нский ~ обыкнове́нный セイヨウトチノキ, マロニエ | ко́нский ~ япо́нский トチノキ

*каштановый [形1] [chestnut] ①クリの ②栗色の

**каю́к** [不変] [男1] [俗] 破滅: К~ пришёл. もうおしまいだ / [述語] <与> は破滅だ, おしまいだ: Ему́ ~. 彼はおしまいだ

**каю́р** [男1] [方] 犬 [トナカイ] ぞりの御者

**каю́т|а** [女1] (cabin) 船室, キャビン: ~ пе́рвого кла́сса 一等船室 ∥**~ный** [形1]

**каю́т-компа́ния** [女9] (客船の)食堂, サロン; (軍艦の)士官室

**кая́к** [男2] [海] カヤック

**ка́|ться** каюсь, каешься 命 ка́йся [不完] **по~** [完] ①〔キリスト〕<в>罪を告解する, 懺悔する ②後悔する, 悔いる ③<与 / пе́ред кем>に過ち[罪]を白状する [認める] ♦**каюсь** [挿入] [話]実は, 正直なところ

**кв.** [略] квадра́тный, кварти́ра

**квадра́нт** [男1] 四分円(弧), 象限儀;【数】象限

*квадра́т [男1] [square] ①正方形; 正方形のもの: окно́ в фо́рме ~а 正方形の窓 ②正方形の二乗: Четы́ре ~ э́то ~ двух. 4は2の2乗である ♦**в~е** (1) 2乗した (2) [話] 輪をかけた, 甚だしい ∥**~ик** [男2] [指小]

*квадра́тн|ый [クヴァドラートヌイ] [形1] [square] ①正方形の; 四角い, 角ばった: ~ стол 正方形のテーブル | ~ подборо́док 角ばったあご ②〔数〕平方の, 2乗の: ~ ко́рень 平方根 | ~ метр 平方メートル ③〔皮肉〕型にはまった ④<否>ばかな, 幼稚な ♦**де́лать** ~ые глаза́ [話] 驚いて目を見張る

**квадрату́ра** [女1] 〔数〕求積 ♦**~ кру́га** (1) 〔数〕円積問題 (2) 解決不可能なこと

**квадри́га** [女2] 〔古ロ〕クアドリガ(4頭立て2輪馬車)

**квадриллио́н** [男1] 〔数〕〔旧数〕1000兆, $10^{15}$; (仏・独などで)$10^{24}$ (★→ты́сяча [語法]) ∥**~ный** [形1] (序数)

**ква́ка|ть** [不完] / **ква́кнуть** -ну, -нешь 命 -ни [完] [一回] (カエルが)ケロケロと鳴く ∥**~нье** [中4]

**кваку́шка** 複生 -шек [女2] [話] [動] カエル(лягу́шка)

**ква́кша** [女4] [動] アマガエル科 [属]: дальневосто́чная ~ ニホンアマガエル

*квалифика́ция [女9] [qualification] ①技能[資格]の判定 [認定], 評定 ②技能の程度 [資格]: повыше́ние ~и 技能向上 | профессиона́льная ~ 専門的技能 ∥**-ио́нный** [形1]: ~ разря́д 技能等級

**квалифици́рованный** [形1, 長 -ан, -анна] [話] (qualified, skilled) ①技能の高い, 熟練した; 資格のある: ~ рабо́чий 熟練工 ②専門的知識[技能]を必要とする: ~ труд 熟練労働

**квалифици́ровать** -рую, -руешь 受過 -анный [不完・完] <図> ①…の技能 [資格] を判定 [認定] する ②評価する, 評定する

**квант** [男1] [理] 量子 ∥**ква́нтов|ый** [形1]: ~ая меха́ника 量子力学

**кварк** [男2] [理] クォーク

**ква́рта** [女1] ①[楽] 4度 ②クォート (容積単位)

*кварта́л [クヴァルタール] [男1] [block, quarter] ①街区, ブロック: Магази́н нахо́дится в двух ~ах от-

сю́да. 店は2ブロック先にある | евре́йский ~ ユダヤ人居住区 ②(1年の)四半期, 3か月: пе́рвый ~ 第1四半期 | отчёт за ~ 四半期報告 ③(通例四角形の)植林区画 ∥**~ный** [形1]

**кварте́т** [男1] [楽] 四重奏[唱]曲[団], カルテット ∥**~ный** [形1]

*кварти́р|а [クヴァルチーラ] [女1] [appartment, flat] ①マンション, アパート(集合住宅の1居住区画): трёхко́мнатная ~ 3部屋のマンション | коммуна́льная ~ (台所・トイレ・風呂場が共用の)共同アパート | снять [сдать] ~у マンション [アパート] を借りる [貸す] ②〔複〕〔軍〕宿営地 ∥**-ка** 複生 -рок [女2] [指小]

**квартира́нт** [男1] / **~ка** 複生 -ток [女2] マンション [アパート] を借りている人

**кварти́рн|ый** [形1] <кварти́ра: -ая пла́та 家賃 | ~ вопро́с 住宅問題

**квартирова́ть** -рую, -руешь [不完] ①マンション [アパート] を借りる ②〔軍〕宿営する

**квартиросъёмщи|к** [男2] / **-ца** [女3] [公] 賃借人

**квартпла́та** [女1] 家賃 (кварти́рная пла́та)

**кварц** [男3] ①[鉱] 石英 ②[話] 石英水銀灯の照射 ∥**ква́рцев|ый** [形1]: ~ые часы́ クォーツ時計

**кварци́т** [男1] [鉱] 珪岩

*квас [男1] クワス(ライ麦などから造る発酵性飲料): сухари́ный ~ 乾パンから作るクワス ∥**~но́й** [形1]

**ква́с|ить** ква́шу, ква́сишь 受過 ква́шенный [不完] / **за~, с~** [完] <図> 発酵させる: ~ капу́сту キャベツを塩漬けにする ②〔戯・俗〕アルコールを飲む ③<図> 殴る ∥**ква́шение** [中5]

**квасо́к** -ска́/-ску́ [男2] ①[指小] <квас ②[話] クワスっぽい風味

**квасцы́** -о́в [複] [化] ミョウバン ∥**-о́вый** [形1]

**ква́шен|ый** [形1] [俗] ひ弱な, 元気のない **~ая капу́ста** [料理] ザワークラウト, キャベツの塩漬け

**квашня́** 複生 -е́й [女5] ①パン生地を発酵させる桶 [鉢] ②[話] 発酵したパン生地 ③[男・女] [俗] ぐず, のろま

**кве́лый** 短 -ёл, -ела́/-ёла, -ело [形1] [俗] ひ弱な, 元気のない

**кве́рху** [副] 上へ, 上に向かって: подня́ть глаза́ ~ 目を上に向ける

**кви́нт|а** [女1] [楽] ①5度音階 ②ヴァイオリンの最高音弦 ♦**ве́шать нос на ~у** [話・戯] ふさぎ込む, 落ち込む

**квинте́т** [男1] [楽] 五重奏 [唱] 曲 [団], クインテット ∥**~ный** [形1]

**квинтэссе́нция** [女9] [文] 本質, 精髄

**квит** [男1] [述語] [話] (返済・仕返しで) 五分五分に, 清算済みだ, けりが付いた: Мы с тобо́й ~ы. 私とあなたはおあいこだ

*квита́нция [女9] [receipt] 領収書, 受取証, レシート: бага́жная ~ 手荷物預り証

**квито́к** -тка́ [男2] [俗] 領収証, 引換券

**кво́рум** [男1] 定足数: Нет ~а. 定足数に満たない

**кво́т|а** [女1] 分け前, 割り当て; 割当量: и́мпортная ~ 輸入割り当て | ~ на добы́чу 魚 в Охо́тском мо́ре オホーツク海における一の漁獲枠 | торго́вля -ами на вы́бросы углеки́слого га́за 二酸化炭素の排出枠取引 ∥**~ный** [形1]

**кг** [略] килогра́мм

**КГБ** [カゲベ́] [略] Комите́т госуда́рственной безопа́сности [露史]КGB, 国家保安委員会 (現 ФСБ)

**ке́гль, ке́гель** [男5] [印] (フォントサイズの) ポイント: восьмо́й ~ 8ポイント

**ке́гля** 複生 -ей [女5] ①ボウリングのピン ②〔複〕ボウリング

**кéдр** [男1]《植》ヒマラヤスギ属: гималáйский ~ ヒマラヤスギ | ливáнский ~ レバノンスギ ‖ **кедрóв|ый** [形]: -*ая соснá* シベリアマツ | ~ *стлáник* ハイマツ | -*ые орéхи* 松の実

**кедрóвка** 複生 -вок [女2]《鳥》ホシガラス

**кедрóвник** [男2] ①《植》ハイマツ; その茂み ② ヒマラヤスギの林

**кéды** кéдов/кéд [複]〔単 **кéд** [男1]〕(ゴム底でズック製の)運動靴

**кейс** [男1]《若者》ケース, アタッシェケース, 楽器入れ

**кекс** [男1] ①フルーツケーキ, パウンドケーキ, マフィン ②《若者》若者, 青年

**келéйн|ый** 短 -éен, -éйна [形1] ①《長尾》庵室の ② 秘密の, 内密の ‖ **-о** [副]

**кельт** [男1]《史》ケルト人 ‖ **~ский** [ц] [形1]

**кéлья** 複生 -ий [女2] (修道院の)庵室, 僧房

**кем** [造格] < **кто**

**кéмбрий** [男7]《地質》カンブリア紀 ‖ **-ский** [形3]

**Кéмерово** [中1] ケメロヴォ(同名州の州都) ‖ **кéмеровск|ий** [形3]: *К-ая óбласть* ケメロヴォ州(シベリア連邦管区)

**кéмпинг** [男2] オートキャンプ場 ‖ **~овый** [形1]

**кенáр** [男1], **кенáрь** [男1] (雄の)カナリア

**кенáрка** 複生 -рок [女2] (雌の)カナリア

**кенáф** [男1]《植》ケナフ

**кенгурý** (不変)[男] ①《動》カンガルー ② 抱っこひも, スリング ‖ **-óвый** [形1]

**Кéния** [女9] ケニア(首都は Найрóби)

**кент** [男1] ①《若者》友人, 仲間 ②《ビジネス・犯罪》仲間, 同僚 ③《若者》不審人物

**кентáвр** [男1]《ギ神》ケンタウロス

**кéпи** (不変)[中] = **кéпка**

**кéпка** 複生 -пок [女2] (まびさしのある)帽子, キャップ, ハンチング ‖ **кéпочка** 複生 -чек [女2]〔指小・愛称〕

**керáмик** [男2] = **керамúст**

**керáмик|а** [女1] ①《集合》陶磁器, セラミックス ② 製陶, 陶芸; 窯業 ‖ **-úческий** [形3]

**керамúст** [男1] 陶芸家

**кератúн** [男1]《生》ケラチン, 角質

**кервéль** [男5]: ~ *ажýрный* (обыкновéнный)《植》チャービル, ウイキョウゼリ

**кéрлинг** [男2]《スポ》カーリング

**керогáз** [男1] 石油ストーブ

**керосúн** -а/-у [男1] 灯油 ◆ ***Дéло пáхнет ~ом.*** 《俗》まずいことになってきた ‖ **~овый** [形1]

**керосúнка** 複生 -нок [女2] 石油コンロ

**кéсарев** [形1] ◆ **~о сечéние** [医]帝王切開

**кéсарь** [男5]《史》(古代ローマの)皇帝

**кессóн** [男1]《工》ケーソン ‖ **~ный** [形1]

**кéта**, **кетá** [女1]《魚》シロザケ(★ = *лосóсь*活用) ‖ **кетóвый**, **кéтовый** [形1]

**кетгýт** [男1] ガット, カットガット(腸線)

**кéтчуп** [男1] ケチャップ

**кефáль** [女10]《魚》ボラ属: *чёрная ~* = *~-лобáн* ボラ (лобáн) ‖ **кефáлев|ый** [形1]: -*ые* [複名]ボラ科

*****кефúр** [男1]〔kefir〕ケフィール(ヨーグルトの一種) ‖ **~ный** [形1]

**кеш** [男4]《コン》キャッシュ(メモリ)

**Кéша** (女4変化)[男]〔愛称〕< Иннокéнтий, Никúта

**кéшью** (不変)[男] カシューナッツ

**кзадú** [副] 後ろに

**кибератáка**, **кибер-атáка** [女2]《コン》サイバー攻撃

**кибернéтик** [ѕ][男2] サイバネティックス専門家

**кибернéт|ика** [ѕ][女2] サイバネティックス ‖ **-úческий** [形3]

**киберпреступлéние** [中5], **киберпреступность** [女10]《コン》サイバー犯罪

**кибóрг** [男2] サイボーグ

**кибúтка** 複生 -ток [女2] 幌馬車; (遊牧民の)天幕

*****кивáть** [кѝвуг-] [不完] / **кивнýть** [кѝвнут-] -нý, -нёшь 令 -нú [完][一回]〔nod〕①《圖》頭を縦に振る, 軽く会釈する: *Онá кивáла головóй знакóмым с улыбкой. Онá* は微笑みながら知人に会釈した ②〈на 国〉あごで指し示す: ~ *на сестрý* 妹をあごで指し示す ③《不完》《話》〈на 国〉に罪をなすりつける: *Нéчего кивáть на другúх.* 他人のせいにしてはいけない ④《不完》〈頭をリズミカルに振る; こくりこくりやる

**кúви** (不変)[男]/[中] ①《鳥》キウイ ②《植》キウイフルーツ

**кивóк** -вкá [男2] うなずくこと; 会釈

**кидáла** (女1変化)[男・女] ① (レストランの)ドアマン ②《俗》詐欺師; ゆすり; 攻撃的な若者, ちんぴら

**кúдово** [中1]《若者》まやかし; 詐取

*****кидáть** [不完] / **кúнуть** -ну, -нешь 令 -нь [完]〔throw, fling〕〈圖〉に〈圖〉を投げる;《スポ》(ピッチャーが)投球する: ~ *кáмешки в рéку* 川に小石を投げる ②(通例無人称)激しく揺さぶる: *Лóдку кидáло из стороны́ в стóрону.* ボートは左右に揺さぶられた ③〈光・影などを〉投げかける, 落とす ④〈言葉・視線などを〉投げる, 向ける: ~ *вопрóс* 質問を投げかける ⑤(急いで)送る, 投入する ⑥無造作に置く: ~ *пальтó на стул* コートを椅子に放りかける ⑦《無人称》〈в 国〉〈発熱・悪寒・震えなどの急に〉放射する, に見舞われる, 身震いする | *Егó кúнуло в жар.* 彼は急に熱が出た ⑧《完》見捨てる; 放棄する: ~ *семью́* 家族を見捨てる ⑨《完》《若者》だます; だまし取る ◆ ***как* [*кудá*] *ни кинь***《話》どんなにがんばっても; いずれにしろ | ***кудá ни кинь [кúнешь] взгля́д*** どこを見ても; 見わたすかぎり | ***- всé сúлы на*** 国 …に全力を注ぐ | ***- жрéбий*** くじを引く

*****кидáться** [不完] / **кúнуться** -нусь, -нешься [完]〔throw, fling〕①〈圖〉を投げつけ合う, 投げつける: *кидáться снежкáми* 雪玉をぶつけ合う ② 飛び降りる; 身を投げ出す: ~ *с обры́ва в вóду* 断崖から水に飛び込む ③〈на 国〉に襲いかかる: *Собáка кúнулась на прохóжего.* 犬は通行人に飛びかかった ④ 突進する, とんで行く〈不定形〉急いで[進んで]…し始める: *Онá кúнулась емý на шéю.* 彼女は彼の首に抱きついた ⑤《不完》あちこち走り回る, 右往左往する ⑥《不完》《話》〈圖〉を軽く扱う, 侮る: *кидáться специалúстами* 専門家を軽くあしらう ⑦《不完》〔受身〕< **кидáть**

**киднéппинг** [ѕ][男2]《幼児》誘拐

**Кúев** [男1] キエフ, キーウ(ウクライナの首都) ‖ **кúевск|ий** [形3] ■ *К-ая Рýсь* キエフ・ルーシ(最初の東スラヴ族国家)

**киевля́н|ин** 複 -я́не, -я́н [男10] / **-ка** 複生 -нок [女2] キエフの住民[出身者]

**Кúжи** -ей, **Кижú** -éй [複] キジ島(óстров Кúжи; カレリア共和国オネガ湖に浮かぶ島; 木造教会建築群で知られる観光地; 世界遺産)

**кúжуч** [男4]《魚》ギンザケ(★ = *лосóсь*活用)

**кизúл** [男1]《植》ミズキ属; その実: ~ *обыкновéнный* セイヨウサンシュユ ‖ **кизúлов|ый** [形1]: -*ые* [複名]ミズキ科

**кизя́к** -á/-ý [男2] 乾燥させて固めた家畜の糞

**кий** кия́/кию́ 複 кий, киёв [男7] (ビリヤードの)キュー

**кикúмора** [女1] ①《スラヴ神》キキーモラ(女の妖怪) ②《俗・戯》身なりの汚い女

**килá** [女1]《俗》脱腸, ヘルニア

**кúллер** [男1]《俗》(プロの)殺し屋

**килó** (不変)[中]《話》= **килогрáмм**

**кило..** 《語形成》「キロ…」「1000(倍)の」
**килоба́йт** 複生 -ов/-ба́йт [男1] 【IT】キロバイト
**килоби́т** 複生 -ов/-би́т [男1] 【IT】キロビット
**килова́тт** 複生 -ов/-ва́тт [男1] 【電】キロワット
*килогра́мм [キラグラーム] [男1] [kilogram] キログラム; Я ве́шу 60 (шестьдеся́т) ~ов. 私は体重が60キロある **//-о́вый, ~о́вый** [形1]
**килоге́рц** -ге́рц [男3] キロヘルツ (振動数の単位; 略 КГц)
**..килограммовый** 《語形成》「…キログラムの」: десятикилогра́ммовый = десятикиллограммо́вый 10キログラムの
**килокало́рия** [女9] キロカロリー
*километр [キラミュートル] [男1] [kilometer] キロメートル: Ско́лько ~ов до гости́ницы? ホテルまで何キロありますか **//-о́вый** [形1]
**..километро́вый** 《語形成》「…キロメートルの」: пятикилометро́вый 5キロメートルの
**километра́ж** [男4] キロメートル数
**ки́ль** [男5] 【海】竜骨, キール **//-ево́й** [形2]
**ки́лька** -лек [女2] 【魚】ニシン科スプラット属 (шпро́т) などの小魚の総称
**кимберли́т** [男1] 【鉱】キンバーライト
**кимва́л** [男1] 【楽】シンバル
**Ким Ир Се́н** [不変]-[男1] キム・イルソン (金日成; 1912–94; 朝鮮民主主義人民共和国国家主席)
**кимоно́** (不変) [中] (日本の) 着物 ② 着物に似た服
**Ким Чен Ир** [不変]-[男1] キム・ジョンイル (金正日; 1941?–2011; 朝鮮労働党総書記)
**Ким Чен Ын** [不変]-[男1] キム・ジョンウン (金正恩; 1984?–; 朝鮮労働党第一書記)
**кимчи́** (不変) [中], 《樺太で》 **кимча́, чимча́** [女4] 〖料理〗キムチ
**кингсто́н** [男1] 【海】キングストン弁
**кинема́тика** [女2] 【理】運動学 **//-и́ческий** [形3]
**кинемато́граф** [男1] = кинематогра́фия
**кинематографи́ст** [男1] /~ка 複生 -ток [女2] 映画製作者 [関係者]
**кинематогра́фия** [女9] ① 映画 (芸術) ② 映画制作, 映画産業 **//-и́ческий** [形3]
**кинеско́п** [男1] 【電】キネスコープ
**кине́тика** [男2] 【理】動力学 **//кинети́ческий** [э] [形3]: -ое иску́сство 〖美〗キネティック・アート
**кинжа́л** [男1] (両刃の) 短剣
**кинжа́льный** [形1] ① 短剣の: ~ уда́р 短剣のひと突き ② 〖軍〗至近距離の ③ 〖スポ〗(攻撃が) 鋭い, 強力な
*кино́ ~ (不変) [中] [男1] [movie] ① (分野としての) 映画, 映画芸術 (全般) (кинематогра́фия) : звуково́е [немо́е] ~ トーキー [サイレント] 映画 | Они́ лю́бят ру́сское ~. 彼らはロシアの映画が好きだ ② 〖話〗(個々の) 映画作品, 映画 (кинофи́льм) :: смотре́ть [снима́ть] ~ 映画を見る [撮る] ③ 〖話〗映画館 (кинотеа́тр) ④ 〖俗〗滑稽な出来事 [光景]
**кино..** 《語形成》「映画の」
**киноактёр** [男1] /**киноактри́са** [女1] 映画俳優
**киноаппара́т** [男1] 映画撮影機; 映写機
**киноаппарату́ра** [女1] 映画上映設備
**киноарти́ст** [男1] /~ка 複生 -ток [女2] = киноактёр/киноактри́са
**кино́в|арь** [女10] 【鉱】辰砂 (ピャン); 辰砂からとった朱色の顔料 **//-а́рный** [形1]
**киновед** [男1] 映画研究家
**киноведение** [中5] 映画学 [研究]
**кинозал** [男1] 映画館, スクリーンがある部屋
**кинока́мера** [女1] 映画撮影機
**кинокарти́на** [女1] 映画 (作品); 劇映画
**кинолента** [女1] 映画フィルム (配給用プリント)
**кино́лог** [男2] 犬の専門家; 特殊犬訓練師
**киноло́гия** [女9] 犬に関する研究 **//-и́ческий** [形3]
**кинолюби́тель** [男5] アマチュアの映画製作愛好家
**киномеха́ник** [男2] 映写技師
**кинопрока́т** [男1] 映画配給
**кинорежиссёр** [男1] 映画監督
**кинорынок** -нка [男2] 映画市場, 映画取引
**киносту́дия** [女9] 映画スタジオ
*кинотеа́тр [キナチアートル] [男1] [movie theater] 映画館: Что́ идёт в э́том ~е? この映画館では何を上映していますか
**кинофи́льм** [男1] 映画 (作品) : худо́жественный ~ 劇映画
**кино́шка** 複生 -шек [女2] 〖俗・戯〗映画館
**киноше́ник** [男2] /-ца [女3] 〖俗〗① 映画製作関係者 ② 映画ファン
**кино́шный** [形1] 〖俗〗映画の; 映画館の
**ки́ну(ть)(ся)** [完] ~кида́ть(ся)
*кио́ск [キオースク] [男1] [kiosk, stall] 売店, スタンド, キオスク: газе́тный ~ 新聞スタンド
**киоскёр** [男1] /〖話〗~ша [女4] 売店 [キオスク] の店員
**кио́т** [男1] 〖正教〗聖像ケース
**Кио́то** (不変) [男] 京都 **//кио́тский** [ц] [形3]
**ки́па** [女1] ① 束, 包み: ~ бума́г 書類ひと束 ② 〖商〗梱 (ё) (輸送される商品の数量単位)
**кипари́с** [男1] 【植】イトスギ属, セイヨウヒノキ **//кипари́совый** [形1] : -ые [複名] ヒノキ科
**кипари́совик** [男2] 【植】ヒノキ属: ~ туполи́стый ヒノキ
**кипе́н|ие** [中5] 沸騰: то́чка ~ия 沸点
*кипе́ть [キピェーチ] -плю́, -пи́шь, … -пя́т 命 -пи́ [不完] / **вскипе́ть** [フスキピェーチ] [完] [boil, seethe] ① 沸騰する: Вода́ уже́ кипи́т? お湯はもう沸いたか | Вода́ вскипе́ла. お湯が沸いた ② (川・流れなどが) 泡立つ, 波立つ ③ うごめく; 〖圏〗 でひしめく: На пло́щади кипе́ла толпа́. 広場に群衆がひしめき合っていた ④ 激しく〖盛んに〗進行する; (感情・思想などが) わき立つ: В его́ се́рдце кипи́т зло́ба. 彼の心に憎悪が湧いている ⑤ (完まで ~за~) 〖圏〗活気に満ちあふれる; 〖圏〗激情にとらわれる: Всё кипи́т жи́знью в э́том большо́м го́роде. この大都会では何もかもが活気に満ちている
**ки́пиш** [男4] 〖隠〗騒音, 喧騒 ② 〖若者から〗騒ぎ; 気苦労 ③ 〖若者〗祝日, 祝典 ♦ **без ~a** 〖若者〗落ち着いて
**Кипр** [男1] キプロス (首都は Никоси́я) **//ки́прский** [形3]
**кипре́й** [男6] 【植】アカバナ属 **//~ный** [形1]
**киприо́т** [男1] /~ка 複生 -ток [女2] キプロス人 **//~ский** [形3] キプロス (人) の
**кипу́чий** [形6] ① わき立つ, 泡立つ, 荒れ狂う ② 激しい, 猛烈な
**кипяти́льник** [男2] ① 湯沸かし器, ボイラー ② 湯冷まし (→вода́ [語法])
**кипяти́ть** -пячу́, -пяти́шь 受過 -пячённый (-чён, -чена́) [不完] / **вс~** [完] ① 沸かす, 沸騰させる: ~ во́ду お湯を沸かす ② ゆでる, 煮沸する
**кипяти́ться** -пячу́сь, -пяти́шься [不完] / **вс~** [完] ① 沸く, 沸騰する ② ゆでられる, 煮沸される ③ 〖また **рас~**〗〖話〗いきり立つ, かっとなる, 興奮する
*кипято́к -тка́/-тку́ [男2] [boiling water] ① 熱湯 (→вода́ [語法]) : нали́ть ~ку́ 熱湯を注ぐ | зали́ть

рáмэн -*ком* ラーメンに熱湯を注ぐ ②《話》すっかとなる人, 怒りっぽい

кипячёный [形1] 一度沸かした[煮立てた]

кир [男1]《俗》キール(白ワインとカシスリキュールのカクテル)

кирáса [女1]《軍・史》胸甲; 胸当て

киргúз -а [男4] / ~ка 複生 -зок [女2] キルギス人 **//** **~ский** [形3] キルギス(人)の

Киргúзия [女9] キルギス(共和国) (Кыргызстан; 首都は Бишкéк)

кирзá,《話》кирзá [女1] カルゼ(革の代用の防水厚布) **//кúрзовый, кирзóвый** [形1]

кирзачú -éй [複]《俗》カルゼ製のブーツ

Кирибáти (不変)[中] キリバス(太平洋の共和国)

Кирúлл [男1] キリル(男性名; 愛称 Кирю́ша)

*кирúллица [女3]〘Cyrillic alphabet〙キリル文字 **//-úческий** [形3]

кúрка 複生 кúрки/ кúрки, кúрок/ кúркам/ киркáм [女2] つるはし

Кúров [男1] キーロフ(同名州の州都) **// кúровский** [形1]: *К-ая óбласть* キーロフ州 (沿ヴォルガ連邦管区)

*кирпúч 〘キルピーチ〙-á [男4]〘brick〙①れんが: *огнеупóрный ~* 耐火れんが | *класть ~ú* れんがを積む ②れんが形のもの: *~ ржанóго хлéба* れんがの形をした黒パン ③《話》車両進入禁止の道路標識 ④《学生》非常に分厚い本; (旧式の)携帯電話 **//~úк** [男2][指小]

кирпúчн.. [語形成]「れんが(色)の」

кирпúчный [形1] ①れんが(造り, 工法)の: *-ое здáние* れんが造りの建物 ②れんが状[色]の

кирю́ха [男/女]《若者》①アルコール依存症患者; 飲み仲間 ②旧友, 仲間

кúса [女1]《幼児》ねこちゃん, にゃんこ

кисéйный [形1] <*кисéя* ◆*-ая бáрышня* 《話》気取った世間知らずのお嬢さん

кисéль -я́/-ю [男5]《料理》キセーリ(ゼリー状の食べ物) ②ぬかるみ ③《蔑》ふさぎやつ ◆*сéдьмая [десятая] водá на -é* 《話・遊》遠い親戚 **//~ный** [形1]

кисéт [男1] (巾着の)刻みたばこ入れ

кисéя [女6]《織》モスリン

кúска 複生 -сок [女2] ①キースカ(猫の愛称) 《女の子・女性への優しい呼びかけ》こねこちゃん

кис-кúс [間]《猫を呼んで》ねこちゃんおいで

кислúнка [女9] 弱い酸味

кислúть -лúт [不完] 少し酸味がある

кúсло [副]《話》不満げに, 不機嫌に: *~ взглянýть* 不満げに見やる

кисловáтый [形1] 軽く酸味のある

кисломолóчный [形1] 発酵して作った: *-ые продýкты* 発酵させた乳製品(ヨーグルトなど)

*кислорóд [男1]〘oxygen〙《化》酸素: *К~ необходúм для дыхáния.* 酸素は呼吸に不可欠だ **//~ный** [形1]

кислорóдно-ацетилéновый [形1] 酸素アセチレンの

кúсло-слáдкий [形3] 短 -док, -дка ①甘ずっぱい ②《話》不満を隠しきれない: *-ая улы́бка* 不満の残る笑い

*кислотá 複 -лóты [女1]〘acid〙①《化》酸: *соляная [уксусная] ~* 塩[酢]酸 ②酸味, すっぱい味 ③《若者》《薬》レイヴ(テクノの一種); レイヴァーの生活スタイル ④《若者》若者ファッション(鮮やかな配色, 厚底の靴, ミニスカートが特徴)

кислóтность [女10] 酸性度

кислóтный [形1] ①酸の, 酸性の: *~ дождь* 酸性雨 ②《若者》レイヴァーファッション(кислотá)を好む

*кúсл|ый 短 -сел, -слá, -сло, -слы/ -слы́ [形1]〘sour〙①すっぱい, 酸味のある: *-ое я́блоко* すっぱいリンゴ ②《長風》(発酵して)すっぱくなった: *-ая капýста* 塩漬けキャベツ ③《長風》《化》酸の, 酸性の: *~ раствóр* 酸性溶液 ④《話》不機嫌な, 不満げな, ふさいだ: *-ое настроéние* 不機嫌 | *Сегóдня ты́ ~.* 今日は君は機嫌が悪いね **//-о** [副]

кислятúна [女1]《話》①とてもすっぱいもの ②[男・女]《蔑》ふさいでいる人, 退屈な人

кúснуть -ну, -ну -ет, 過 кúс/ -ул, -сла 能過 -увший [不完] ①[完 **про-**] (発酵して)すっぱくなる: *Молокó кúснет в теплé.* 暖かいところでは牛乳はすっぱくなる ②《話》ふさぎ込む, 意気消沈している

кúсонька 複生 -нек [女2][指小] <кúса

кистá [女1]《医》嚢《引》胞, 嚢腫, キスト **//-óзный** [形1]

*кúст|ь -и, -éй [女10]〘brush, cluster〙①ブラシ, はけ, 筆, 絵筆: *малярная ~* ペンキ用はけ | 画筆 ②ふさ(飾り): *скáтерть с -я́ми* ふさ飾りのついたテーブルクロス ③ (果実・花の)房: *~ виногрáда* 一房のブドウ ④手(手首から指先までの部分) ⑤(単)《芸》絵画; 筆; 手: *портрéт ~и Рéпина* レーピンの筆になる肖像画 ◆*владéть -ью* 絵が上手だ **//-óчка** 複生 -чек [女2][指小] **//-евóй** [形1]

кит -á [男1] ①《動》クジラ: *горбáтый ~* ザトウクジラ | *сéрый ~* コククジラ ②(しばしば複)《話》中心人物, 大立て者

китаевéдение [中5] 中国学, 中国研究

*китáец -áйца [男3] / китая́нка 複生 -нок [女2]〘Chinese〙中国人

китаúст [男1] 中国学研究者, 中国学者

китаúстика [女1] = китаевéдение

*Китáй [男6]〘China〙中国(首都は Пекúн)

*китáйск|ий [形3]〘chinese〙中国(人)の: *~ язы́к* 中国語 | *К-ая Нарóдная Респýблика* 中華人民共和国 | *Велúкая К-ая стенá* 万里の長城

китáйско-.. [語形成]「中国(語)の」

китая́нка → китáец

кúтель 複 -я́/-и [男5]《軍》詰め襟の制服

Кúто (不変)[男1] キト(エクアドルの首都)

китобóй [男1] 捕鯨者, 捕鯨船員

китобóйный [形1] 捕鯨の: *~ прóмысел* 捕鯨業

китóвый [形1] クジラの

кичúться [不完] <図> を自慢する, 鼻にかける

кичлúв|ый 短 -úв [形1] 高慢な, うぬぼれた **//-ость** [女10]

кишéть [不完] ①ひしめく, <図> く生き物でいっぱいである: *Плóщадь кишúт нарóдом.* 広場は人で溢れかえっている

кишéчник [男2] 腸(全体)

кишкá 複生 -шóк [女2] ①《解》腸: *тóлстая [тóнкая] ~* 大[小]腸 | *прямáя [ободóчная] ~* 直[結]腸 | *слепáя ~* 盲腸 ②《俗》ホース ◆*тонкá у 図* …は力が足りない, とてもできない **// кишéчный** [形1] <①

кишлáк -á [男1]《中央アジアの》村落

кишмúш -á/-а [男4] 小粒の種なしブドウ; その干しブドウ

кишмя́ [副] ◆*~ кишéть* 《話》群がりうごめく

Кишинёв [男1] キシナウ, キシニョフ(モルドバ共和国の首都)

клáва [女1]《コン》キー; キーボード(клавиатýра)

Клáва [女1]《愛称》<Клáвдия

Клáвдия [女9] クラウディア(女性名; 愛称 Клáва)

клавесúн [男1]《楽》クラヴサン **//~ный** [形1]

*клавиатýр|а [女1]〘keyboard〙(鍵盤楽器の)鍵盤; (パソコンなどの)キーボード **//~ный** [形1]

клавикóрды -ов [複]《楽》クラヴィコード

\***кла́виш|а** [女4], **кла́виш** [男4]〔鍵盤楽器の〕鍵、キー;〔パソコンなどの〕キー:нажа́ть ~у キーを押す | ~ пробе́ла スペースキー | **бы́страя** ~〔コン〕ショートカットキー **‖~ный**〔形1〕

**клад** [男1] ① 隠された財宝、秘宝 ② 《話》貴重な人〔物〕、宝

\***кладби|ще**〔クラードビッシェ〕[中2]〔graveyard〕墓地、墓場: Че́хов похоро́нен на Новоде́вичьем ~. チェーホフはノヴォデヴィチ墓地に眠っている **‖~ищенский**〔形1〕

**кла́дезь** [男5]《雅》宝庫

**кладёшь** [2単現]、**клади́**〔命令〕< класть

**кла́дка** 複生 -док [女2] ① 石〔れんがなど〕を積んで造ること ② 石〔れんが〕造りの建物の一部〔鳥などの〕産卵;その場所 ④《俗》隠れ家

**кладова́я**（形2変化）[女4] ① 倉庫、貯蔵室、物置 ②《しばしば複》〔天然資源の〕埋蔵地、宝庫

**кладо́вка** 複生 -вок [女2]《話》小さな倉庫、物置

**кладовщи́|к** -а́ [男2] **/-ца** [女3] 倉庫係

**кладу́**〔1単現〕< класть

**кладь** [女10] 荷物、積み荷: ручна́я ~ 手回り荷物

**кла́ка** [女2]《集合》雇われて喝采したりやじったりする人々、「さくら」

**кла́ксон** [男1]（車の）クラクション

**клал**〔過去・男〕< класть

\***клан** [男1] ① 氏族、クラン ② 仲良しグループ **‖~овый**〔形1〕

**кла́няться**〔不完〕**/ поклони́ться** -ню́сь, -ло́нишься〔完〕〈与〉にお辞儀をする: ~ в по́яс 深くお辞儀する | Арти́сты вы́шли кла́няться зри́телям. 俳優たちは観客に挨拶するために出てきた〈与〉に敬意を表す: Кланя́йся от меня́ друзья́м. 友人たちによろしく | Я Вам ни́зко кланя́юсь. 私はあなたに深い敬意を表します | 《話》《перед+造》にペこぺこと頼む **‖ не кла́няться с**〈造〉…とけんかしている

**кла́пан** [男1] ①（機械・器具などの）弁、バルブ;предохрани́тельный ~ 安全弁 ②（ポケットの）たれぶた ③《解》弁、弁膜 **‖~ный**〔形1〕

**Кла́ра** [女] クララ（女性名）

**кларне́т** [男1]《楽》クラリネット **‖~ный**〔形1〕

**кларнети́ст** [男1] クラリネット奏者

\***класс**〔クラース〕[男1]《class》①《社会》階級: рабо́чий ~ 労働者階級 ②（初等・中等教育学校の）学年;学級;（芸術系の学校の各専門・担当教員の）クラス: учени́к пе́рвого ~а (小学) 1年生 | Моя́ до́чь у́чится в пя́том ~е. 私の娘は5年生です ③ 小教室（↔аудито́рия）④ 等級、レベル、クラス; музыка́нт высо́кого ~а 一流の音楽家 | каю́та второ́го ~а 2等船室 ⑤ 部類、種類;《生》綱（こう）: ~ млекопита́ющих 哺乳綱 ⑥《数》類、集合 ⑦《間投詞的》《話》素晴らしい、すごい
♦ **пока́зывать** ~ 腕前を見せる

**кла́ссик** [男2] ① 文豪、巨匠 ② 古典主義者 ③ 西洋古典学者;西洋古典に造詣のある人

\***кла́ссика** [女2]《the classics》《集合》①（芸術上の）古典、（不朽の）名作 ②《美》古代ギリシャ美術（前5-4世紀）

\***классифика́ц|ия** [女9]《classification》① 分類 ② 分類法 **‖-ио́нный**〔形1〕

**классифици́ровать** -рую, -руешь 受過 -анный〔不完・完〕完了 **рас~**〈対〉分類する、等級に分ける: ~ расте́ния 植物を分類する

**классици́зм** [男1]《文学・芸》古典主義

\***класси́ческ|ий**〔クラッスィーチスキイ〕〔形1〕《classical》① 古典的な;模範的な、正統的な: ру́сские ~ие писа́тели ロシアの古典的作家〔文豪〕| -ая му́зыка クラシック音楽 ② 古代ギリシャ・ローマの、古典古代の ④ 古典古代の言語・文学研究の ⑤《話》典型的な

\***кла́ссн|ый**〔形1〕《class》①（初等・中等教育学校）の学級の;学年の: -ое расписа́ние クラスの時間割 ② 教室の: -ая доска́ 黒板 ③ ある等級の ④ 一流の、第1級の: ~ футболи́ст 一流のサッカー選手 ⑤《俗》素晴らしい: -ая вечери́нка すてきなパーティー

\***кла́ссов|ый**〔形1〕《class》①《政》階級の: -ая борьба́ 階級闘争 ② ある階級に特有な、階級の:-ое мировоззре́ние 階級的世界観

**кла́ссы** -ов [複]〔遊び〕石けり遊び

\***класть**〔クラースチ〕-аду́, -адёшь 命 -ади́ 過 клал 能過 кла́вший〔不完〕**/ положи́ть**〔パラジーチ〕-ожу́, -о́жишь 命 -ожи́ 受過 -о́женный〔完〕〔lay, put, place〕〈対〉①〔横にして〕置く、寝かす、横たえる: ~ кни́гу на сто́л 本を机の上に置く | ~ цветы́ на моги́лу 墓前に花を置く | Она́ положи́ла ребёнка на крова́ть. 彼女は赤ん坊をベッドに寝かせた ② 入れる、置く; ~ плато́к в карма́н ハンカチをポケットにしまう | ~ де́ньги в банк 銀行に預金する | ~ больно́го в больни́цу 病人を入院させる ③ 表面に付ける、（絵の具などを）塗る: ~ кра́ски на холст カンバスに絵の具を塗る 《印を》押す; ~ штамп スタンプを押す ⑤〈食べ物を〉（皿などに）盛る ⑥〈на+対〉に用いる、費やす;《話》〈費用・時間などを〉当てる、見込む: Мы кладём все си́лы на рабо́ту. 私たちは仕事に全力を注いでいる ⑦〔動作名詞の一定の語との動作を行う〕; 句 нача́ло〔коне́ц〕…を始める〔終わらせる〕⑧（鳥・昆虫が）卵を産む ⑨《口》敷く ⑩〈на+対〉（石・れんがで）造る、築く: ~ пе́чку ペチカを造る
♦ ~ го́лову〔жизнь, живо́т〕за〈対〉…に命を捧げる | ~ слова́ на му́зыку 詞に曲を付ける | ~ **в осно́ву** …の基礎とする | ~ **покло́ны** 礼拝する | **положи́ть за пра́вило** 自己の行動規範とする、努めて…する | **положи́ть на о́бе лопа́тки** 仰向けに倒す;完勝する | **положи́ть ору́жие** 降服する **‖~ся**〔不完〕《受身》

**клаустрофо́бия** [女9] 閉所恐怖症

**кла́цать**〔不完〕**/ кла́цнуть** -ну, -нешь 命 -ни〔完〕〔一回〕《話》（歯が）がたがた鳴る;（歯を）がたがた鳴らす

**клева́ть** клюю́, клюёшь〔不完〕**/ клю́нуть** -ну, -нешь〔完〕〔一回〕①《鳥》（鳥が）つばむ;くちばしでつつく: ~ зёрна 穀粒をつばむ ②《話》のののしる、いじめる ③（魚が）餌にかかる、食う «клева́ть но́сом»《話》(1) うんうんと (2) こっくりこっくり居眠りする | **у**〈与〉 **де́нег ку́ры не клюю́т**《話》…には金がたくさんある

**кле́вер** -а/-у 複 -а́ [男1]《植》クローバー; シャジクソウ属: ~ ползу́чий〔бе́лый〕シロツメクサ **‖ кле́верный**〔形1〕: ~ мёд クローバー蜂蜜

**клевета́** [女1] 中傷、誹謗: возвести́ ~у́ на〈対〉…を中傷する

**клевета́ть** -вещу́, -ве́щешь〔不完〕**/ на~**〈на+対〉を中傷する、誹謗する: Не клеве́щй на меня́. 私の悪口を言いふらすな

**клеветни́|к** -а́ [男2] **/-ца** [女3] 中傷者、誹謗者

**клеветни́ческий**〔形1〕中傷（者）の;中傷的な

**клевре́т** [男1]《文》一味、手先

**клёво** ①〔副〕すごく ②〔無人述〕《俗》すごい;いかしている

**клёвый**〔形1〕《俗》超すごい、いかす

**клеево́й**〔形1〕膠の、にかわの:

**клеёнка** 複生 -нок [女2] 防水布、オイルクロス

**клеёнчатый**〔形1〕防水布製の

**клеёный**〔形1〕膠〔にかわ〕を染み込ませた〔塗った〕

\***кле́ить** 受過 кле́енный〔不完〕**/ с~**〔完〕〔glue, gum〕〈対〉① 糊づけして作る: ~ коро́бку 糊をつけて

小箱を作る ② 糊づけする，貼りつける ③《俗》《団》説き伏せる ④《俗》《団》(体が)疲れる，くたびれる；焼き餅を焼かせる，ナンパする **//~ся** [不完] ① 糊づけができる ②《否定語で》《話》うまくいかない：Разгово́р не кле́ится. 話が進まない；うまくいかない ③《話》《К//与》…と知り合いになる，…と言いよる **// кле́йка** [女2]

**клей** 前 о-, в-ю/е- [男6] 糊，接着剤，にかわ：синтети́ческий ~ 合成糊

**кле́йк|ий** 短 клёек, кле́йка 比 кле́йче [形3] 粘着性の，ねばっこい，ベとつく **//~ость** [女10]

**клейкови́на** [女1]〘生化〙グルテン

**клеймёный** [形1] 押印のある，焼き印のある

**клейми́|ть** —млю́, —ми́шь 受動 —мённый (-мён, -мена́) [不完] **/за~** [完]《他》① 商品などに押印する，商標を付ける；…に焼き印を押す：～ скота́ 商品に商標を付ける ② 激しく非難する **//клейме́ние** [中5]

**клеймо́** 複 клейма́ [中1] ① (商品などの)印，スタンプ，商標；焼き印：контро́льное ~ 検査印 ② 押印する道具，焼きごて ③《文》痕跡，しるし，刻印 ◆ наложи́ть ~ на …を酷評する

**кле́йстер** [男1]〘でんぷん〙糊

**клема́тис** [男1]〘植〙クレマチス，センニンソウ属(ло-моно́с)

**кле́мма** [女1]〘電〙端子，ターミナル

**клён** [男1]〘植〙カエデ属；〘単〙カエデ材：～ полево́й コブカエデ **// клено́вый** [形1]

**клепа́льщик** [男2] リベット工

**клёпаный** [形1] リベット接合された

**клепа́|ть**¹ 受動 клёпанный [不完]〘工〙《他》リベットで留める **//~ние** [中5]

**клепа́|ть**² клеплю́, кле́плешь [不完] **/ на~** [完]《俗》《на+与》中傷する

**клёпка** 複生 -пок [女2] ①〘工〙リベット接合 ②《集合でも》樽板，板

**клептома́ния** [女9]〘医〙窃盗狂，病的盗癖

**клерикали́зм** [男1] 聖職権主義 **// клерика́льный** [形1]

**клерк** [男2] 事務員，書記

**клёст** клеста́ [男1]〘鳥〙イスカ属：～-елови́к イスカ

**кле́тк|а** [クリェートカ] 複生 -ток [女2]〘cage, square〙① (鳥・獣を入れる)籠，檻：～ для пти́ц 鳥籠｜Лев спит в е-. ライオンが檻の中で眠っている｜дрова́ в ～е 井桁積み ③ (格子などの)目，ます目，チェック(柄)：～и ша́хматной доски́ チェス盤のます目｜ткань в ～у チェックの布地 ④〘生〙細胞：не́рвные ~и 神経細胞｜стволовы́е ~и 幹細胞｜индуци́рованные плюрипоте́нтные стволовы́е ~и iPS 細胞（ИПСК）

◆ грудна́я ~〘解〙胸郭｜ле́стничная ~ 階段吹き抜け **// кле́точка** 複生 -чек [女2]〘指小〙**// кле́точный** [形1]

**клету́шка** 複生 -шек [女2] ①〘指小〙< клеть ① ②《話》小部屋，小室

**клетча́тка** 複生 -ток [女2] ①〘植〙セルロース，繊維素 ②〘生〙細胞組織，結合組織

**кле́тчатый** [形1] チェックの，格子縞の

**клеть** 複 о- и-, в-и/е- -и, -е́й [女10]〘方〙物置 ②〘鉱〙巻き上げ台 ③〘工〙(圧延機の)ロールスタンド

**клёцка** 複 -цек, -цкам [女2]《通例複》〘料理〙クリョツキ（スープなどに入れるだんご）

**клёш** [男4]（スカート・ズボンなどの）裾の広がり方 ②（不変）裾の広がった：ю́бка ~ [~ем] フレアスカート

**клешня́** 複 -е́й [女5]（カニ・エビなどの）はさみ

**клещ** -а́ [男4]〘昆〙ダニ

**клещеви́на** [女1]〘植〙トウゴマ（属）

**клещи́, клёщ|и** -е́й [複] ① ペンチ，やっとこ，釘抜き，鉗子（の） ②〘軍〙挟み撃ち，挟撃 ◆ ~а́ми не вы́тянешь [вы́тащишь] из 与 …から（答え・自白など）を得られない

**\*клие́нт** [э]〘クリエーント〙[男1] **/~ка** 複生 -ток [女2]〘client〙① （弁護士・公証人などの）依頼人 ② 顧客，クライアント，得意先，常連；取引先 ③《俗》（だまされやすい）お人よし，「カモ」 **/~ский** [ц] [形3]

**клиенту́ра** [女1]《集合》= клие́нты

**кли́зма** [女1]〘医〙浣腸器 ② 浣腸

**клик** [男2]〘雅〙叫び声，呼び声

**кли́ка** [女2]《否定的》一味，徒党，閥

**кли́кать** кли́чу, кли́чешь [不完] **/ кли́кнуть** -ну, -нешь 命 -ни [完] [—回] ①《他》（大声で）呼び，呼び寄せる：Тебя́ ма́ма кли́чет. おかあさんが呼んでるよ ②（鳥が）大声で鳴く ③《話》《コン》クリックする；ファイルを開く **// кли́канье** [中5]

**кли́куха** [女2]《若者》あだ名，ニックネーム

**клику́ша** [女4]《俗》ヒステリー女

**клику́шество** [中1]《俗》（特に女性の）ヒステリー

**кли́макс** [男1]〘医〙更年期

**климактери́й** [э/е] [男7]〘医〙= кли́макс **//—и́ческий** [形3]

**\*кли́мат** [クリーマット] [男1]〘climate〙① 気候：континента́льный [морско́й] ~ 大陸[海洋]性気候｜измене́ние ~а 気候変動 ② 状況，事態：полити́ческий ~ 政治情勢 **//—и́ческий** [形3] <①

**кли́мат-контро́ль** [不変] [男5] サーモスタット

**клин** 複 кли́нья, -ньев [男1] ① くさび：вби́ть ~ в бревно́ 丸太にくさびを打ち込む｜вби́ть くさびを打ち込む｜вби́ть くさび状のもの：борода́ ~ом 三角のあごひげ ③ 細長い三角形の布地，(洋服の)まち ④ （ある特徴によって区分される）耕作地 ⑤〘軍〙くさび形作戦 ◆ вби́ть ~ ме́жду 造 …の仲をさけさせる｜вби́ть ~ ме́жду 造 造 …に分け入る｜~ом вышиба́ть [выбива́ть] 毒をもって毒を制す｜Как ни кинь, всё ~. 八方ふさがりだ，手の打ちようがない｜Свет ~ом не сошёлся. 《諺》人間到る所青山あり，まだまだやり方はある

**Клин** [男1] クリン（モスクワ州の都市；中央連邦管区）

**\*кли́ника** [女2]〘clianic〙（大学・研究所付属の）病院

**клини́ть** -ню, -нешь 命 -ни [不完]《無人称》《若者》《団》理解できなくさせる；思考を停止させる

**\*клини́ческий** [形3]〘clinical〙① < кли́ника ②〘医〙臨床の；治療を施す

**кли́нкер** [男1] クリンカー（れんが）

**клинови́дный** [形1] -ден, -дна [形1] くさび形の

**клин|о́к** -нка́ [男2] 刃，刀身 **/—ко́вый** [形1]

**кли́нопись** [女10] 楔（くさび）形文字 **/—ный** [形1]

**клип** [男1] = видеокли́п

**кли́пер** 複 -а́/-ы [男1]〘海〙クリッパー（快速大型帆船）

**кли́псы** -ов/кли́пс [複]〘単 кли́пса [女1], клипс [男1]〘 イヤリング

**клир** [男1]《集合》《キリスト》（一教会の全体の）聖職者

**кли́ринг** [男2]〘経〙相殺，清算 **/—овый** [形1]

**кли́рос** [男1]《キリスト》（教会の）聖歌隊席

**кли́тика** [女2]〘言〙接語

**кли́тор** [男1]〘解〙陰核，クリトリス **/~ а́льный** [形1]

**клич** [男4]〘雅〙呼びかけ；叫び声

**кли́чк|а** 複生 -чек [女2] ①（家畜・ペットの）呼び名 ② あだ名：дать 与 に…にあだ名をつける

**клише́** [不変] [中1]〘古口〙ステロ版，凸版 ② 決まり文句；紋切り型

**клоа́ка** [女2] ①《古口》地下下水道溝 ② 不潔な場所；《文》不道徳なところ，魔窟 ③〘動〙（両生類・爬虫類・鳥類の）総排出腔

**клобу́к** -а́ 複 клочья-/-ки, -чьев/-ко́в [男2] ①（はみ出し

**клокота́ть** -очу́, -о́чешь [不完] ① わき立つ、煮えたぎる、ぶくぶく音を立てる ② (感情が)わき上がる、たぎる

**клон** [男1]《生》クローン

**клони́рова|ть** -рую, -руешь 受追 -анный [不完・完]《生》《医》のクローンをつくる **//-ние** [中5]

**клони́ть** клоню́, кло́нишь [不完]〈頭〉《無人称でも》傾ける、下に曲げる: Ве́тер *кло́нит* дере́вья. 風で木々がたわんでいる ②《無人称でも》〈眠気が〉襲う: Меня́ *кло́нит* ко сну. 眠くなってきた《無人称でも》〈K囮〉に心を向けさせる、…する気にさせる〈K囮〉〈話・行動などに…〉向ける、もっていく: Куда́ [K чему́] ты *кло́нишь*? つまり何が言いたいの **//-ся** [不完] ① で曲がる、傾く ②《3人称》〈K囮〉に向かう、近づく: Де́нь *кло́нится* к ве́черу. 日が暮れかかっている

**клоп** -а́ [男1] ①《昆》カメムシ(亜目) ②《話・戯》ちびっこ

**клопо́вник** [男2] ①《話・戯》(カメムシだらけの、手入れの行き届いていない)部屋 ②《植》マメグンバイナズナ属: ～ посевно́й コショウソウ、ガーデンクレス

**клоун** [男1] /**-éсса** [女1] ピエロ、道化師: стро́ить из себя́ ~а《話・貶》道化を演じる **//-ский** [形3]

**клоуна́да** [女1] ピエロ芸 ②ピエロのする演目

**клочкова́тый** [形1] ①ふさ[束、塊]になった ②(文体・話し方が)滑らかでない、ぎこちない

**клуб¹** [グループ] [男1]《club》① クラブ、会: спорти́вный ～ スポーツクラブ | чле́н ~а クラブの会員 |《文化活動を行う》施設、集会所、会館 ■ ночно́й ～ ナイトクラブ、クラブ **//-ный** [形1]

**клуб²** 複 -ы́/-ы [男1] ①(立ち上る蒸気などの)固まり、渦: ~ы́ ды́ма もくもくと上る煙

**клу́бень** -бня [男5]《植》塊茎、球根

**клуби́ть** -би́т [不完]〈頭〉巻き上げる **//-ся** [不完] ①巻き上がる、渦になって立ちのぼる ②《若者》(クラブのたまり場に)積極的に参加する

**клубнепло́д** [男1] 根菜類 **//-ный** [形1]

*клубни́ка** [女1]《植》《strawberry》①《一般に》イチゴ ②《植》モスカータ種のイチゴ(ヨーロッパ自生の六倍体種); その実

**клубни́чка** 複生 -чек [女2] [指小] < клубни́ка ②《話》卑猥なもの

**клубни́чный** [形1] < клубни́ка ②イチゴ色の、真っ赤な

**клубо́к** -бка́ [男1] ①糸玉; 丸い塊: перемота́ть ни́тки в ～ 毛糸を糸玉に巻く ② もつれ、からまり: ～ мы́слей 思いのもつれ ③ (興奮したもの喉元が締めつけられる感覚 ◆сверну́ться ～ко́м [в ～] 体を丸める

**клу́мб|а** [女1] 花壇: разби́ть ~у 花壇を造る

**клу́ша** [女4] ①《俗》巣ごもり中の雌鶏 ②《俗》のろまな女 ③《鳥》ニシゼグロカモメ

**клык** -а́ [男1] ①犬歯 ②牙

**клыка́стый** [形1]《話》(大きな)牙をもった

**клюв** [男1] (鳥の)くちばし;《俗》鼻: клева́ть ~о́м 見え透いた嘘、嘘八百

**клю́ква** [女1]《植》ツルコケモモ亜属; その実(赤く、酸味が強い): ～ обыкнове́нная ツルコケモモ ◆Во́т та́к ～!《俗》(不愉快なおどろき)これは驚いた、何てことだ | развеси́стая ～ 見え透いた嘘、嘘八百

**клю́квенник** ～ ツルコケモモの茂み

**клю́квенный** [形1] ①ツルコケモモの ②ツルコケモモ色の、鮮紅色の

**клю́нуть** [完] →клева́ть

*ключ¹** [クリューチ] -а́ [男4] [key] ①鍵: ～ от две́ри две́ри アの鍵 | ～ от но́мера 11 11号室の鍵 | запере́ть две́рь на ～ ドアに鍵をかける | отпере́ть две́рь ~о́м ドアを鍵で開ける ② スパナ、レンチ; ねじ巻き: га́ечный ～ スパナ | ～ к заводно́й игру́шке ぜんまい仕掛けのおもちゃのねじ巻き ③ (解決・理解のための)鍵、手がかり、糸口; (暗号の)解読法: Я нашёл ～ к разреше́нию вопро́са. 私は問題解決の糸口を見出した ④《軍》要衝、重要拠点 ⑤《楽》音部記号: скрипи́чный [басо́вый] ～ ト音[ヘ音]記号 ⑥《建》かなめ石 ◆под ～ (建物が)完成した形で **//-и́к** [男2] [指小] <①②

*ключ²** -а́ [男4] [spring] 泉、わき水 ◆би́ть ~о́м (1)勢いよくわき出る ②わき立つ、たぎる

*ключев|о́й** [クリュチヴォーイ] [形2]《●》< ключ: -ы́е слова́ キーワード | -а́я вода́ 泉の水 ② 最重要の、枢要な: -ы́е пробле́мы эконо́мики 経済の最重要問題 ③《軍》攻略の拠点となる

**ключ́ца** [女1]《解》鎖骨 **//ключи́чный** [形1]

**клю́шка** 複生 -шек [女2]《ホッケー》スティック《ゴルフ》クラブ

**кля́кса** [女1] インクの染み

**кля́нчить** [不完] /**вы́-** 受追 -ченный [完]《話》〈頭〉しつこくねだる、せがむ

**кляп** [男1] さるぐつわ、口木; (犬などの)口輪

**кляр** [男1]《料理》揚げ物の衣用の生地

**кля́ссер** [男1]《複》切手収集用アルバム

**кля́сть** кляну́, клянёшь 過 клял, -ла́, -ло 受過 кля́тый [不完]《話》= проклина́ть

*кля́сться** кляну́сь, клянёшься 過 кля́лся, -ла́сь, -ло́сь/-лось [不完] /**по-** [完] [swear, vow] 〈B囮/[不定形] что́бы〉…を誓う、誓約する: в дру́жбе友情を誓う | ～ испо́лнить обеща́ние 約束を果たすことを誓う | ～ свое́й жи́знью [голово́й] 命[首]にかけて誓う

**кля́тв|а** [女1] 誓い、誓約、宣誓: ～ в) ве́рности 忠誠の誓い | дава́ть -y 誓う ■ ～ Гиппокра́та ヒポクラテスの誓い(医師の職業倫理の誓文) **//-енный** [形1]

**клятвопреступле́ние** [中5]《文》誓約違反

**клятвопресту́пник** [男2] 偽証者

**кля́уза** [女1]《話》言いがかり、中傷、告げ口

**кля́ча** [女1]《俗》駄馬、瘦せ馬

**км** (略) киломе́тр

**КНДР** [カエヌデエール] (略) Коре́йская Наро́дно-Демократи́ческая Респу́блика 朝鮮民主主義人民共和国、北朝鮮 (首都は Пхенья́н)

**кне́ль** [女1] (複)《料理》クネル、(肉・魚の)団子

*кни́г|а** [クニーガ] [女1] [book] ①本、書物、書籍: интере́сная ～ 面白い本 | чита́ть -y 本を読む | сиде́ть за -ой 本を読む | рабо́тать над -ой 著述に従事する | изда́ть [вы́пустить] -y 本を出版する | взя́ть [сда́ть] -y в библиоте́ке 図書館で本を借りる [返す] ②帳簿、帳面: бухга́лтерские -и 会計帳 | записна́я ～ メモ帳 | жа́лобная ～ クレーム帳 ③(著作物の) 巻、編 ④ (и)  в ру́ки ①は…は(数字)であり、第一人者である | за семью́ печа́тями 全く理解不可能なこと ■ Кра́сная [Охра́нная] ～ レッドデータブック(絶滅のおそれのある動植物のリスト)

**кни́го..** [語形成] 「本の、書物の」「帳簿の」

**книгове́дение** [中5] 書誌学

**книгоно́ша** (女4変化) [男・女] 書籍行商人; 図書配達人

**книгообме́н** [男1]《公》図書交換

**книгопеча́тание** [中5] 印刷; 出版

**книготорго́вец** -вца [男3] 本屋、書籍販売者

**книготорго́вля** [女5] 書籍販売

**книгохрани́лище** [中2] 書庫; 大公共図書館

**книгочей** [男6] 読書家、愛書家

**кни́жк|а** [クニーシカ] 複生 -жек [女2] [book] ① = кни́га①②; 小さい本: записна́я ～ 手帳 ②(厚い雑

誌の)号 ③(証明となる)手帳: трудова́я ~ 労働手帳 ④《話》貯金通帳: положи́ть де́ньги на ~у 預金する **// кни́жечка** 複生 -чек [女2] 〔指小〕

**кни́жни|к** [男2] **-ца** [女3] ① 愛書家 ②《男・話》書籍販売業者; 書店員

*кни́жн|ый [クニージィ] [形1] ① 本の, 書物の: ~ магази́н 書店 | ~ая по́лка 本棚 ② 本だけから得た, 非現実的な, 机上の: ~ые зна́ния 机上の知識 ③ 文語的な, 堅苦しい: ~ язы́к 文語 | ~ые оборо́ты ре́чи 堅苦しい言い回し ◆~ червь 本の虫 **‖-ость** [女10] <②③>

кни́зу [副] ① 下へ, 下方へ: опусти́ть го́лову ~ うつむく ② 下流へ

*кно́пк|а [クノープカ] 複生 -пок [女2] 〔thumbtack, button〕① 画びょう, びょう: прикрепи́ть ~ами 画びょうで留める ②(押し)ボタン, スイッチ: нажа́ть ~у ボタンを押す ③ スナップ, ホック: перча́тки на ~ах ホック付き手袋 ④(星・戯)小さい人, ちび **‖ кно́почный** [形1] <①②③>

**КНР** [カエヌエ́ール] [略] Кита́йская Наро́дная Респу́блика 中華人民共和国, 中国

кнут -á [男1] 鞭: бить ~о́м 鞭でむち打つ ◆**поли́тика ~а́ и пря́ника** [文] アメとムチの政策

княги́ня [女5] 公妃; 公爵夫人

**княжеский** [形3] < князь

**кня́жеское** [中1] 公国: Вели́кое ~ Моско́вское 《露史》モスクワ大公国 (1263-1547)

**кня́жна** 複生 -жо́н [女5] (未婚の)公爵令嬢

*князь|ь [クニャーシ] 複 -ья́, -е́й, -ья́м [男5] 〔prince, duke〕① 《露史》(封建制ロシアの)公, 侯: вели́кий ~ 大公 ② 公爵 ③ 公爵 令嬢 ◆~ **тьмы** [文] 悪魔 **| из гря́зи в ~и** [諺] にわか成金

ко → к

**коагуля́ция** [女9] 〔理・化〕凝固

коа́ла [女1] 〔動〕コアラ

коали́ция [女9] (国家・政党などの)連合, 合同, 同盟 **‖ коалицио́нный** [形1] : ~ое прави́тельство 連立政権

ко́бальт [男2] 〔化〕コバルト **‖-овый** [形1]

кобе́ль -я́ [男5] ① 雄犬 ②《俗》好色の男性

ко́бра [女1] 〔動〕コブラ

ко́бза, ко́бза [女1] 〔楽〕コブザ(ウクライナの民俗撥弦楽器)

кобура́ 複生 -бу́р [女1] 〔拳銃用のつり革ケース, ホルスター〕(騎兵が鞍につける)荷袋

ко́бчик [男2] 〔鳥〕ニシアカアシチョウゲンボウ

кобы́ла [女1] ① 雌馬 ②《俗》(大柄な)女

кобы́ли|ца [女3] = кобы́ла

кобы́лка 複生 -лок [女2] 〔指小〕< кобы́ла ② 〔昆〕バッタ類 ③《俗》(弦楽器の)駒

ко́ваный [形1] ① 鍛造の, 鍛えて造った ② 蹄鉄を付けた ③(状状の)鉄を張った ④《文》はっきりした, 表現力に富む

кова́рный 短 -рен, -рна [形1] 陰険な, 狡猾な, 腹黒い: ~ приём 陰険なやり方 **‖-ство** [中1] 狡智, 陰険; 悪だくみ, 奸計

кова́|ть кую́, куёшь 命 куй ко́ванный [不完] <⑴ с~>①(金属を)鍛える, 鍛造する ②《雅》(功を)得る・作り上げるに努力する, 奮闘する: ~ побе́ду 勝利のために戦う <② под~> 蹄鉄を打つ ◆**Куй желе́зо, пока́ горячо́.** 《諺》鉄は熱いうちに打て

ковбо́й [男6] (米西部の)カウボーイ **‖~ский** [形3]

*ковёр [カヴョール] -вра́ [男1] 〔carpet, rug〕① 絨毯, カーペット; タペストリー: рассте́лить (сверну́ть) ~ 絨毯を敷く(巻く) ② 絨毯状のもの: зелёный ~ луга 草原の緑の絨毯 | ~ зимы́ 冬の絨毯(雪のこと) ◆**вы́-**

**звать [поста́вить] 圏 на ~** 《話》...の責任を問う, ...に釈明を求める

**коверкать** [不完] **/ис-** 受-канный [完] 〔⑴〕 ① 損なう, 歪める, 駄目にする ② 歪曲する: 間違って発音する

**ковёрный** (形1変化)[男名] (サーカスで演目のつなぎを務める)ピエロ

**ко́вка** 複生 -вок [女2] ①(金属の)鍛練, 鍛造 ② 蹄鉄を打つこと

**ко́вкий** 短 -вок, -вка́ / -вка, -вко 比 ко́вче [形3] 鍛えやすい, 可鍛性の

**ковр**|**и́га** [女2] 大型の丸パン(карава́й)

**ковр**|**и́жка** 複生 -жек [女2] 糖蜜菓子 ◆**ни за какие ~и** どんなことがあろうとも(...ない) (ни за что)

**ко́врик** [男2] 〔指小〕< ковёр: ~ для мы́ши 〔コン〕マウスパッド | ~ (для маши́ны) (車の)フロアマット

**ковро́вый** [形1] 絨毯(ковёр)の

**коврощи́к** [男2] / **-ца** [女3] 絨毯職人

**ковче́г** [男2] ① 《俗・方・皮肉》みすぼらしい舟 ② 《正教》聖櫃(ひつ), 聖物箱

**ковш** -á [男1] ① ひしゃく, しゃくし ②〔エ〕バケット, ディッパー **‖-о́вый** [形1]

**ковши́к** [男2] < ковш 〕

**ковы́ль** -я́ [男5] 〔植〕ハネガヤ属

**ковыля́ть** [不完] 《話》足を引きずりながら歩く, よろよろ歩く

**ковыря́ть** [不完] **/ ковырну́ть** -ну́, -нёшь [完] [一回] <⑴> 掘る, ほじくる <⑶画〉ほじる, ほじくる: в зуба́х зубочи́сткой つまようじで歯をほじる

**ковыря́ться** [不完] 《話》①<⑴画〉 ほじくり回す, ひっかく回す ②〔蔑〕面倒な仕事をする: ぐずぐずする

*когда́ [カグダ́] 〔when〕**I** [副] ① 〔疑問〕いつ: К~ он прие́дет? 彼はいつ到着しますか | Я не зна́ю, ~ она́ вернётся. 彼女がいつ帰ってくるか知りません ② 《жé を伴って; 反語文・感嘆文で》(不可能性を強調して)...などということがあり得るか: К~ же он нау́чится терпе́нию! 彼が辛抱を覚えるときが来るだろうか ③ 《вот и так に》まさにその時に: Вот ~ он вошёл в ко́мнату. まさにその時に部屋に入ってきた ④《不定》《話》いつか; かつて: Ты жил ~ в Москве́? 君はいつかモスクワに住んだことがあるかい ⑤《不定》《話》時々; (~..., ~...の形で)ある時は ...: К~ сыт, ~ го́лоден. 満腹の時もあれば空腹の時もある ⑥《関係》(主節の時を表す名詞を修飾する従属節を導く)...する[である](時)の: Я ча́сто вспомина́ю день, ~ мы в пе́рвый раз встре́тились. 私は私たちが初めて会った日のことをよく思い出す

**II** [接] ①...する[した]時, ...すると, ...したら: Оте́ц у́мер, ~ мне бы́ло два́дцать лет. 父は私が20歳の時に亡くなった ② К~ ко́нчишь рабо́ту, зайди́ ко мне. 仕事が終わったら私のところに寄っておいで ③ も...ならば: К~ ты согла́сен, с тобо́й. そういうことなら, 君に賛成だ ③ (бы と共に)(事実に反する仮定を表して)仮に...ならば, (強い願望を表して)...ならいいのに: К~ бы ты зна́ла, как я сча́стлив! 君にどんなに幸せか, 君にわかればなあ ④《補語的従属節を導いて》...することを: Он не лю́бит, ~ его́ заставля́ют. 彼は強制されるのが嫌いだ ◆**~...э́то»...~**[接] 〔定義〕で:...のこと: Любо́вь — э́то ~ ты гото́в отда́ть всё тому́, кого́ лю́бишь. 愛って, 愛する人に全てを与える覚悟ができている事だ | **есть ~** 〔不定形〕《俗》...する暇などない | **~ (бы) ещё** 《話》ずっと前に: ずっと先に | **~ как** その時と異なる

*когда́-либо [副] = когда́-нибудь

*когда́-нибудь [カグダー・ニブチ] [副] 〔some time, some day〕(不定の未来の)いつか, 時が来れば; (不定の過去の)いつか, かつて: К~ я пое́ду в Росси́ю. 私はい

つかはロシアに行く

\***когда́-то** [カグダ́ータ] [副] [onece, some time] ① (過去の)ある時、かつて、いつか: К~ я чита́л э́ту кни́гу. この本は前に読んだことがある ② (未来の)いつか、そのうち: К~ и нас не ста́нет. 私たちもいつか死ぬでしょう

**кого́** [生・対格] < кто́

**кого́рта** [女1] ①[古]歩兵隊 ②[雅](思想・目的を共にする人々の)強固な集団

**ко́г|оть** -гтя 複 -гти, -гте́й [男5] (動物・鳥の)爪: выпусти́ть —ти́ 爪を立てる ◆показа́ть (свои́) —ти 悪意をあらわにする、牙をむき出す | рва́ть —ти [俗]逃走する、ずらかる | по —тя́м узна́ют льва́ — を聞いて十を知る | быть в —тя́х сме́рти 死にかかる | быть в —тя́х у 団 …の意のままにされる

**когти́стый** [形1] 爪の鋭い

\***код** [コート] [男1] [code] コード, 符号体系; 符号, 暗号; 暗証番号: штрихово́й ~ バーコード | телефо́нный ~ Москвы́ モスクワの市外局番 | генети́ческий ~ 遺伝コード **//-овый** [形1]

**ко́да** [女1] [楽]コーダ

**кодеи́н** [э] [男1] [薬]コデイン (鎮痛剤, 鎮静剤)

\***ко́декс** [э] [コ́ーデクス] [男1] [code] ①[法]法典, 法令集: гражда́нский ~ 民法典 | уголо́вный ~ 刑法典 ②規範, おきて: мора́льный ~ 仁義 (装丁した)古写本

**коди́рова|ть** -рую, -руешь 受過 -анный [不定・完] [完また за~]〈団〉① コード[符号]化する; 暗号で書く ② 別のコードまたは符号系に翻訳する〈団〉(悪療を治療するため)…に催眠療法を施す **//-ние** [中5], **коди́ровка** [女2]

**кодифици́ровать** -рую, -руешь 受過 -анный [不定・完][法]〈団〉法典に編纂する, 法典化する **//-кодифика́ция** [女9]

**ко́дла** [女1] ①[俗]仲間; 窃盗団, ちんぴらグループ; そのたまり場 ②[狩猟](動物の)群れ

**кодоско́п** [男1] オーバーヘッド・プロジェクター, OHP

**кое-..**, [話] **кой-..** [語形成] [疑問代名詞・副詞に付けて]「不定の」

\***ко́е-где́** [コイ-グデェー], [話] **ко́й-где́** [副] [here and there] ところどころに, ところによっては: На доро́гах ~ сошёл сне́г. 道のところどころで雪が消えていた

**ко́е-ка́к,** [話] **ко́й-ка́к** [副] ①やっとのことで, どうにか: Мы́ ~ добрали́сь домо́й. 私たちはやっとのことで家にたどり着いた ②いいかげんに, ぞんざいに

\***ко́е-как|о́й,** [話] **ко́й-как|о́й** (不変 -形4) [代] [不定] [some] いくつかの, いくらかの, 若干の; 何らかの: Она́ сде́лала -и́е поку́пки. 彼女はいくつか買い物をした (★前置詞は ко́е с каки́ми のように, ко́е [ко́й] と како́й の変化形の間に入ることもある)

**ко́е-когда́,** [話] **ко́й-когда́** [副] 時たま, 時折

\***ко́е-кто́,** [コ́イ-クトー], [話] **ко́й-кто́** (★ кто́ の部分のみ変化, 前置詞は ко́е (ко́й) と кто́ の変化形の間に入る) [代] [不定] [some people, somebody] いくらかの人々; ある人: К~ оста́лся та́м. 何人かの人はそこに留まった | Мне́ на́до ко́е к кому́ сходи́ть. 私はとある人のところに行かなければならない

**ко́е-куда́,** [話] **ко́й-куда́** [副] いくつかのところへ; あるところへ

**ко́ечный** [形1] < ко́йка

\***ко́е-что́,** [ш] **ко́й-что́** [ш] (★ что́ の部分のみ変化; 前置詞は ко́е (ко́й) と что́ の変化形の間に入る) [代] [不定] [something] いくらかのもの[こと], 何かあれかた: Я хочу́ поговори́ть с тобо́й ко́е о чём. 私は君と, 二, 三話がしたい

**кож..** [語形成] 「皮革の」「皮革製造・販売の」

\***ко́ж|а** [コージャ] [女1] [skin, leather] ① 皮膚, 肌; (動物の)皮: цве́т —и 肌の色 | гла́дкая ~ 滑らかな肌 ② 皮革, レザー: кошелёк из бы́чьей —и 牛革の財布 ③[話](果実・種子の)皮: счи́стить —у с я́блока リンゴの皮をむく ◆из -и (во́н) ле́зть [話]死に物狂いでやる | ~ да ко́сти [話]骨と皮ばかりだ | ни -и ни ро́жи [話]痩せこけて醜い

**ко́жанка, кожа́нка** 複生 -нок [女2] [話]革ジャンパー, 革のハーフコート

\***ко́жан|ый** [コージャヌイ] [形1] [leather] 皮革製の, 革張りの: -ая су́мка 革のバッグ

**коже́венный** [形1] 皮革製造[販売]の

**коже́вни|к** [男2] /-ца [女3] 製革工

**ко́жистый** [形1] 皮の厚い; 皮質の, 皮のような

**ко́жица** [女3] ①[葉・果実の]表皮

**ко́жни|к** [男2] /-ца [女3] 皮膚科医

**ко́жный** [形1] 皮膚の, 肌の

**кожура́** [女1] (果実・種子の)皮

**кожу́х** -а́ [男2] ①(羊の)毛皮コート ②[工](機械類の)カバー, 覆い **//-о́вый** [形1]

**коза́** 複 ко́зы [女1] ①[動]ヤギ; 雌ヤギ: держа́ть ко́з ヤギを飼う | дои́ть ~у́ ヤギの乳搾りをする ②[俗・蔑](女性につき)ばか ◆де́лать -у́ だいなしにする, ぶち壊す | на -е́ не подъе́дешь к 団 [俗]…は頑固だ, 強情だ **// ко́зий** [形9]

\***козёл** -зла́ [男1] [billy goat] ①[動]ヤギ亜科 (ро́дные ко́злы); 雄ヤギ ②[話]トランプ・ドミノ遊びの一種 ③[スポ]跳馬台 ④[俗・罵](男性につき)ばか ◆пусти́ть козла́ в огоро́д 猫に鰹節の番をさせる | от ~ как от козла́ молока́ 何の役にも立たない ■ - отпуще́ния スケープゴート, 贖罪の山羊

**козеро́г** [男2] ①[動]アイベックス(野生のヤギ) ② К~ [天]山羊座

**ко́зий** [形9] ヤギの: ~ сы́р シェーブルチーズ | -ье молоко́ ヤギの乳

**козлёнок** -нка 複 -ля́та, -ля́т [男9] 子ヤギ

**козли́ный** [形1] < козёл ①

**козло́вый** [形1] ヤギ革の

**ко́злы** -зел, -злам [複] ①御者台 ②脚付き台; 木びき台

**козля́тина** [女1] ヤギ肉

**ко́зни** -ей [複] 奸計, 陰謀

**козово́дство** [ц] [中1] ヤギ飼育

**козодо́й** [男6] [鳥]ヨタカ属: обыкнове́нный ~ ヨーロッパヨタカ

**козу́ля** (э) = косу́ля

**козырёк** -рька́ [男2] ①(帽子の)ひさし, つば ②(日よけ・風よけの)ひさし, 張り出し ◆сде́лать [взя́ть] под ~ 挙手の礼をする **//-ько́вый** [形1]

**козырну́ть** [完] → козыря́ть

**ко́зыр|ь**複 -и, -е́й [男5] ①[トランプ]切り札 ②決め手, 切札, 奥の手 ③(敵集団の)ボス ◆ходи́ть [смотре́ть] -ем [話]肩で風を切って歩く | отда́ть -и 有力な地位を譲る **// козырно́й** [形2], **ко́зырный** [形1]

**козыря́ть** [不完] / **козырну́ть** -ну́, -нёшь [完] [一回] ①切り札を出す ②〈団〉見せびらかす, 鼻にかける: ~ свои́ми зна́ниями 自分の知識をひけらかす ③[完また от~]〈話〉挙手の礼をする

**козя́вка** 複生 -вок [女2] ①[話]小さい甲虫, 虫けら; ②[罵]くだらないやつ

**КОИБ** [コー́イブ] [男1] (光学式)投票用紙計数機 (ко́мплекс обрабо́тки избира́тельных бюллете́ней)

\***ко́йк|а** 複生 ко́ек [女2] [berth, bed] ①(船などの)ハンモック, つり床: ле́чь в -у́ ハンモックに寝る ②(病院・寮などの)ベッド, 寝台; (一般に)ベッド, 寝場所

**ко́йко-де́нь** -дня́ [不変] [男5] (病院・ホテルなどの)1人1日の滞在費

**койне́** [э] (不変) [中] [言]コイネー

**койо́т** [ё] [男1] 【動】コヨーテ

**кок** [男2] ① 額の上に高く盛り上げた前髪, リーゼント ② (船の) 料理人, コック

**кокаи́н** -а/-у [男1] コカイン **‖~овый** [形1]

**ко́ка-ко́ла** [不変]-[女1] コカコーラ

**кока́рда** [女1]【軍】(制帽の) 記章

**ко́кать** [不完]/**ко́кнуть** -ну, -нешь 命-ни [完] 《俗》〖罵〗①《ぶつけて・打って》割る ② 殺す

**коке́тка** 複-ток [女2] ① コケット, なまめかしい女 ②〖服飾〗ヨーク

**коке́тливый** [形1] コケティッシュな, なまめかしい, 色っぽい

**коке́тничать** [不完] ① コケティッシュに振る舞う, しなをつくる ②〈圍を〉気どる, ひけらす

**ко́кк** [男2]〖通俗複〗【医】球菌

**коклю́ш** [男4]【医】百日咳

**коклю́шка** 複-шек [女2] レース編み棒

**ко́кнуть** [完] → ко́кать

**ко́ко, ко-ко-ко́** [間]〖擬声〗コッコッコ (鶏の鳴き声),〖幼児〗コッコ, にわとりさん

**ко́кон** [男1] 繭

**коко́с** [男1]【植】ヤシ; ココナツ **‖ коко́совый** [形1]

**коко́шник** [男2]〖服飾〗ココーシニク (ロシアの民族衣装の女性用頭飾り)

**кокс** [男1] ① コークス ②〈若者・俗〉コカイン **‖ ~овый** [形1]

**коксова́ть** -сую, -суешь 受過-о́ванный [不完]〖工〗〖圖〗コークス化する **‖ коксова́ние** [中5]

**коксу́ющийся** [形6]〖工〗コークスになる: ~ у́голь コークス用炭

**кокте́йль** [э] [男5] カクテル; カクテルパーティー

*****кол** -а́ [男1]〔stake, picket〕① [前 о ~, на ~у́ 複ко́лья, -ьев] 杭; 棒: вби́ть ~ 杭を打ち込む | посади́ть на́ ~ 串刺し (の刑) にする ② [複-ы́] (学校の成績で 5 点満点の) 1 点, 最低点 (единица) ◆**ни ~а́ ни двора́ у圃** … は素寒貧だ **‖ стоя́ть ~о́м в го́рле** (まずい食べ物が) 喉につかえる, 喉を通らない

**кол..** [語形成]「集団の」「共同の」

*****колба́ска** 複-бсы [女1]〔sausage〕① ソーセージ: копчёная ~ スモークソーセージ | вари́ть колбасы́ ソーセージをゆでる ②〈話〉ソーセージ形のもの ③〈若者・皮肉〉(込み入った) 状況 ◆**ка́тись ~ой (колба́ской)** 〈俗〉出て行け, とっとと失せろ | **делова́я ~** 〈若者〉やり手, 古だぬきの, 山師

**колба́ска** 複-сок [女2]〖指小〗→ колбаса́

**колба́сить** -а́шу, -а́сишь [不完]〈若者〉① (ディスコなどで) 楽しく過ごす ② (ディスコ・ジョッキーなどが) 客を楽しませる ③〈無人称〉〖圇〗二日酔いになる; 悲観する

**колба́ситься** -а́шусь, -а́сишься [不完]〈若者〉① (ディスコなどで) 楽しく過ごす, 楽しむ ② 冗談を言う, 楽しく論議する ③ 悲観的な気分になる

**колба́сник** [男2] ソーセージ製造職人

**колба́сный** [形1] ソーセージの

*****колго́тки** -ток, -ткам [複]〔tights〕ストッキング, タイツ

**колдоби́на** [女1]〈俗〉(道路・川・池の) 穴, くぼみ

**колдова́ть** -ду́ю, -ду́ешь [不完]【魔術】① 魔法【魔術】を使う ②〈над+造〉魔法をかけているような様子で … に従事する

**колдовство́** [中1] 魔法, 魔術, 呪術 ② 魅力, 魅惑 **‖ -ско́й** [形4]

**колду́н** [男1] / **-ья** 複生-ий [女8]〔wizard, magician〕魔法使い, 魔術【呪術】師

*****колеба́ние** [中5]〔oscillation, sway, vibration〕【理】揺れ, 振動: ~ ма́ятника 振り子の振動 ② 変動: ~ температу́ры 気温の変動 ③ **踌躇**〈-ов〉: де́йствовать без ~ий ためらわずに行動する **‖ колеба́тельный** [形1] <①>

**колеба́ть** -ле́блю, -ле́блешь [不完]/ **по~** 受過-ле́бленный [形]〖圇〗① 揺らす, 振動させる ② 揺るがす

*****колеба́ться** -ле́блюсь, -ле́блешься [不完]/ **по~** [完]〔shake, sway〕① 揺れる, 振動する: Ве́тки коле́блются от ве́тра. 枝が風に揺れている ② 揺らぐ, ぐらつく: Его́ авторите́т коле́блется. 彼の権威は揺らいでいる ③ 変動する: Це́ны коле́блются. 物価が変動している ④ 迷う, ためらう: Она́ колеба́лась, сказа́ть ли об э́том и́ли промолча́ть. 彼女はそれを言うべきか黙っているべきか迷っていた

**коленка** 複生-нок [女2]〈話〉= коле́но① ②

**коленко́р** [男1] キャラコ ◆**э́то совсе́м друго́й ~** 〈俗〉全く別の話だ

*****коле́но**[1] [лёна] [中1]〔knee〕① [複-ни, -ней (ただし до/с/от/между коле́н, -ням)] 膝, 膝関節; 脚[足]; 大腿部; (衣服の) 膝: стоя́ть на -ях ひざまずいている | пла́тье до коле́н 膝丈のワンピース | ю́бка вы́ше [ни́же] коле́н 膝上[膝下]丈のスカート | по ~ 膝丈の, 膝までの深さの | Он посади́л до́чку к себе́ на ~и. 彼は娘を膝の上にのせた | брю́ки с протёртыми -ями 膝がすり切れたズボン ♦ **мо́ре по ~** 〈に〉は怖いものなしだ, 何でも平気だ | **поста́вить на ~и** 屈服させる, ひざまずかせる **‖ ~ный** [形1] <①> **‖ коле́нце** 複生-нцев/-нец [中2]〖指小〗<④-⑥>

**коле́но**[2] -а, -лён [中1] ① 曲がり目, 曲がりの角, 屈曲部: ~ реки́ 川の曲がり目 ②【動】(楽・舞] ひとまとまりの節 ③【楽・舞】突飛な振る舞い: выки́нуть ~ое коле́нце とをする ④ (系譜上の) 代: брат в тре́тьем -е またいとこ

**коле́нчатый** [形1] 節のある; 屈曲部から成る: ~ вал クランクシャフト

**ко́лер** -а/-ы [男1] 色調, 色彩

**колеси́ть** -ле́шу, -ле́си́шь [不完]〈話〉① 回り道をする ② 方々を巡る, 遍歴する

*****колесо́** [калиэ́-] -лёса [中1]〔wheel〕① 車輪: велосипе́дное ~ 自転車の車輪 | за́днее ~ соскочи́ло. 後輪が外れた ② (機械類の) 輪, 車: зубча́тое ~ 歯車 | рулево́е ~ 舵輪, ハンドル ③ [複]〈俗〉自動車: Ты на колёсах? 君は車かい ④ (体操の) 側転: сде́лать [верте́ть]~ 側転する ⑤〈若者〉(錠剤の) 薬物 ◆-о́м 輪形に, 丸く | **но́ги -о́м** がにまた | **грудь -о́м** 鳩胸 | **вставля́ть ~ (па́лки в колёса** ~) の邪魔をする, 妨害する | ~ **жи́зни** 人生の変転 | **пя́тое ~ в теле́ге [колесни́це]** 役に立たない[不必要な]人(こと) | **с колёс** 運んですぐに | **~ Форту́ны** 【文】幸運の輪が長続きしないこと ■ ~-**обозре́ния** 観覧車 **‖ колёсный** [形1] <①②> **‖ колёсико** 複-и, -ов [中1]〖指小〗<①②>

**коле́ц** [複数; 生格] < кольцо́

**коле́чко** 複-чки, -чек, -чкам [中2]〖指小・愛称〗< кольцо́① ②

*****коле́я́** -ле́и́ [女6] ① わだち ② (鉄道の) 軌道 ③ (生活・仕事の) 正常な歩み, 常道: войти́ в -ю́ (生活・仕事が) 軌道に乗る | вы́йти из обы́чной -и́ 常規を逸する

*****ко́ли, коль** [接]〔if〕〈話〉もし (éсли)

**колибри́** [不変] [男/女] 〖鳥〗ハチドリ

**ко́лика** [女2] 〖通例複〗【医】疝痛, さしこみ: ~и в животе́ 腹痛 | смея́ться до ко́лик お腹が痛く

**коли́т** [男1]〔医〕大腸炎

*\***коли́чественн|ый** [形1]〔quantitative〕量の, 数量的な(↔ка́чественный): *-ое смягче́ние*〔金融〕量的緩和

*\***коли́чество** [カリーチェストヴァ] [中1]〔quantity, amount〕量, 数量;〔哲〕量(↔ка́чество): большо́е ~ люде́й 多数の人々 ｜ уме́ньшить ~ автомоби́лей 自動車の数を減らす

**ко́лка** [女2]（薪, 氷などを）割ること

**ко́лк|ий** 短 -лок, -лка́/-лка, -лко 比 ко́льче/ко́льче [形3] ①割りやすい, 砕けやすい ②ちくちくする; 刺すような, 辛らつな, とげのある: -ое замеча́ние 辛らつな批評 *//* **-ость** [女10] ①辛らつさ ②辛らつな言葉, 毒舌, 皮肉

**коллаборациони́ст** [男1]〔文・歴〕〔政〕対敵協力者

**колла́ж** [男4]〔美〕コラージュ（作品）

*\***колле́га** [カリェーガ]（女2変化）[男・女]〔colleague〕（大学・職場の）同僚, 仲間; 同業者

**коллегиа́льный** 短 -лен, -льна [形1]〔文〕協議による, 合議制の

**колле́гия** [女9] ①（知的職業の）職業団体: ~ адвока́тов 弁護士会 ②（行政・管理・諮問機関などとしての）委員会, 参与会 ③〔史〕参議会

*\***ко́лледж** [男4]〔college〕カレッジ, （英米などの）単科大学; 中等専門学校（日本の）短大

**колле́ж** [男4]（フランスなどの）中等学校, コレージュ

*\***коллекти́в** [カリクチーフ] [男1]〔collective, team〕集団, 団体, グループ: студе́нческий ~ 学生団体

**коллективиза́ция** [女9]〔農業の〕集団化

**коллективи́зм** [男1] 集団主義

**коллективи́ст** [男1] 集団主義者 *// ~ский* [сс] [形3]

*\***коллекти́вн|ый** 短 -вен, -вна [形1]〔collective, joint〕集団の, 集団的な; 団体の, 共同の, 共有の: ~ дух 共同精神 ｜ ~ догово́р 団体協約 ｜ *-ое хозя́йство* 集団農場, コルホーズ (колхо́з) ｜ пра́во на -ую самооборо́ну 集団的自衛権 ②集団同盟の

**колле́ктор** [男1] ①〔工〕集合排水〔排気〕溝[管], マニホールド ②〔工〕地下ケーブル溝, マンホール ③〔電〕集電器; コレクタ ④集配機関 ⑤〔地質学的な〕標本収集・保管係 *// ~ный* [形1] <①-④, **~ский** [形3] <①②

**коллекционе́р** [男1]/〈話〉**-ка** 複生 -рок [女2] 収集家, コレクター

**коллекциони́рова|ть**                  -рую, -руешь [不完] 〈四〉収集[コレクション]する *// -ние* [中5]

*\***колле́кц|ия** [女9]〔collection〕収集, コレクション: ~ дре́вних моне́т 古銭のコレクション *// -ио́нный* [形1]

**ко́лли** (不変)〔イヌ〕コリー（犬）

**колли́зия** [女9]（見解・利害などの）衝突, 軋轢(キレキ)

**коллодий** [男7]〔化〕コロジオン

**коллои́д** [男1]〔化〕コロイド *// ~ный* [形1]

**колло́квиум** [男1] ①口頭試問 ②研究討論会, コロキウム

**колоб|о́к** -бка́ [男2] ①小さな丸パン: ри́совые -ки́ おにぎり ②**К-**〔民話〕コロボーク, ころころパン（同名民話の主人公）

**коловоро́т** [男1] ①〔工〕曲がり柄ドリル ②絶え間ない動き, 転変

**коло́д|а** [女1] ①太くて短い丸太 ②丸太をくりぬいて作ったもの（飼い葉桶など）③トランプ1組 ④〈俗・蔑〉のろまなやつ: *(вали́ть) че́рез пень -у* 〈話〉どうにかこうにか, のろのろと, いい加減に（やる）*// -ный* [形1]

*\***коло́д|ец** -дца [男2] ①〔well〕井戸: брать во́ду из -ца́ 井戸の水を汲む ②〔工〕坑, 井, 穴 *// -езный* [形1] <①

**коло́дка** 複生 -док [女2] ①（器具の）木製の台 ②靴型 ③（勲章・メダルを付ける）金属板 ④〔通例複〕（木製の）足かせ *// колодочный* [形1]

**кол|о́к** -лка́ [男2] ①〔楽〕（弦楽器の）糸巻き, ペグ ②（野原・沼沢地などの中の）林

*\****ко́локол** 複 -а́ [男1] 〔bell〕 ①鐘: церко́вные ~а́ 教会の鐘（の音）｜ ударя́ть [бить, звони́ть] в ~ 鐘をつく[打ち鳴らす] ②鐘の形をしたもの ③〔複〕〔楽〕チューブラーベル ◆*звони́ть во все ~а́* 触れまわる, しゃべり歩く

**колоко́льный** [形1] ①鐘の ②鐘楼の

**колоко́льн|я** 複生 -лен [女5] 鐘楼 ◆*со свое́й -и смотре́ть на* 〔話〕…を自分だけの狭い視野で見る

**колоко́льчик** [男2] ①小さな鐘; 鈴: звони́ть в ~ 鐘を鳴らす ②〔複〕〔楽〕グロッケンシュピール, 鉄琴 ③〔植〕ホタルブクロ属, カンパニュラ *// ~овый* [形1]

**колониали́зм** [男1] 植民地主義

**колониа́льный** [形1] ①植民地の ②〔生〕群体を形成する

**колониза́тор** [男1] 植民地支配者

**колониза́ция** [女9] ①植民地化 ②植民 *// -ио́нный* [形1]

**колонизи́ровать** -рую, -руешь   受 過 -анный [不完·完] <四> ①植民地化する ②…に植民する

**колони́ст** [男1]/ **~ка** 複生 -ток [女2] 入植者, 移住者; 共同生活組織の住人

*\***коло́ния** [女9]〔colony〕 ①植民地: освободи́ть *-ию* 植民地を解放する ②外国人[他地方の農業の]居住地: неме́цкие -*ии* в ца́рской Росси́и 帝政ロシアのドイツ人居留地 ③同郷人会 ④（療養・矯正などの）共同生活施設, コロニー: *исправи́тельно-трудова́я ~* 矯正労働コロニー ⑤〔生〕群体

*\***коло́нка** 複生 -нок [女2]〔column〕 ①〔指小〕< коло́нна① ②（湯沸かしなどのための）円筒形の装置: га́зовая ~ ガス湯沸かし器 ｜ звукова́я ~ スピーカー ③（新聞などの）欄, コラム

*\***коло́нн|а** [カローンナ] [女1]〔column〕 ①円柱: иони́ческая [кори́нфская] ~ イオニア[コリント]式円柱 ②〔軍〕縦列, 縦隊: ~ демонстра́нтов デモの縦列 ｜ постро́ить -у 縦隊を組む ③〔工〕円筒形の器具 ◆*пя́тая ~* 〈俗〉スパイ, 裏切り者 ｜ *у девя́той -ы Большо́го теа́тра*〈戯〉（待ち合わせて）ボリショイ劇場の9本目の柱の前で（会う気がないこと; 柱は8本しかない）*// -ный* [形1] <①②

**колонна́да** [女1]〔建〕柱廊

**колон|о́к** -нка́ [男2]〔動〕シベリアイタチ; その毛皮 *// -ко́вый* [形1]

**колонти́тул** [男1]〔印〕柱, 欄外: ве́рхний ~ ヘッダー ｜ ни́жний ~ フッター

**колонци́фра** [女1]〔印〕ノンブル, ページ番号

**колора́дский** [形3] ■= *жук* コロラドハムシ（ジャガイモにつく害虫）

**колорату́ра** [女1]〔楽〕コロラトゥーラ *// колорату́рный* [形1]: *-ое сопра́но* コロラトゥーラ・ソプラノ

**колори́ст** [男1]/ **-ка** 複生 -ток [女2] ①〔美〕色彩画家 ②（布地の）染色技師

**колори́т** [男1] ①色彩, 色調, 色合い ②特色, 特徴: *ме́стный* ~ 地方色

**колори́тн|ый** 短 -тен, -тна [形1] ①色彩の, 色調の ②色彩豊かな, 色鮮やかな ③独特な, 特色のある *// -ость* [女10]

**ко́лос** 複 коло́сья, -ьев [男1] 穂: ~ ржи ライ麦の穂

**колоси́стый** 短 -и́ст [形1] 穂を多くつけた

**колоси́ться** -и́тся [不完]／**вы́**~ [完] 穂を出す

**колосни́к** -а́ [男2]《通例複》① 火格子, ロストル ②《劇》(舞台天井の)すのこ *∥*-**о́вый** [形1]

**колосов|о́й** [形1] ① 穂をもつ ② -**ы́е**〔複名〕《植》穀類

**коло́сс** [男1]《文》① 巨像／巨人, 大部所; 巨大な ◆~ *на гли́няных нога́х* 見かけだおしの人[物]

*****колосса́льн|ый** 短 -лен, -льна [形1] [colossal] 巨大な; すばらしい: ~ *успе́х* 大成功／*-ая уста́лость* 極度の疲労 *∥*-**о** [副] *∥*-**ость** [女9]

**колоти́ть** -очу́, -о́тишь 過受 -о́ченный [不完] ①〔по~〕強く打つ, 叩く: ~ *в дверь* ドアを激しく叩く ②〔по-〕《話》殴る, 割る, 砕く ③《3人称》《話》〈団〉震えさせる

**колоти́ться** -очу́сь, -о́тишься [不完] ①《話》強く叩く ② ぶつかる ③ 動悸がする; がたがた震える: *Се́рдце коло́тится*. 心臓がどきどきする ④〔по~〕割れる, 壊れる

**колоту́н** [男1]《若者》寒さ, 寒波

**колоту́шка** 複 -шек, -шкам [女2] ① 木槌(プ) ② 拍子木 ③《通例複》《俗》げんこつで殴ること

**ко́лотый** [形1] ① 割った, 砕いた ② 突き刺された

**коло́ть** колю́, ко́лешь 過受 ко́лотый [不完]／**кольну́ть** -ну́, -нёшь [完][一回][完 **рас**~] 割る, 砕く; ~ *дрова́* まきを割る ②〔**у**~〕刺す: ~ *иго́лкой* 針で刺す ③《無人称》刺すように痛む: *У меня́ ко́лет в боку́*. わき腹が刺すように痛む ④《話》注射する ⑤〔**за**~〕突き刺す; 刺し殺す, 屠殺する ⑥《3人称》《話》〈団〉ちくちくひりと肌を刺す, 当てこする ◆~ *глаза́* 〈団〉…を…のことで責める, とがめる｜*Пра́вда глаза́ ко́лет.*〔諺〕真実は耳に痛い

**коло́ться** колю́сь, ко́лешься [不完] ①〔**рас**~〕割れる, 砕ける ② 刺す能力をもっている, ちくちくする ③《刀剣類で》闘う, 突き合う ④《若者・俗》白状する, しゃべる ⑤《話》注射される; 麻薬を打つ, 麻薬中毒になる ◆*И хо́чется и ко́лется.*〔諺〕ふぐは食いたし命は惜しい(←したいけれどとげが痛い)

**колошма́тить** -а́чу, -а́тишь 過受 -а́ченный [不完]／**от**~ [完]《俗》《話》殴る

**колпа́к** -а́ [男2] ① (円錐・円筒・楕円形の)帽子: *ночно́й* ~ ナイトキャップ ② (円錐・円筒の)ふた, カバー, フード ③ (ペンの)キャップ ④《俗》まぬけ ◆*попа́сть под* ~ *= быть под* ~**о́м**《俗》秘密の監視下にある, 尾行されている｜*жить под стекля́нным* ~**о́м** 隠し立てができない *∥* **колпа́чный** [形1]

**колту́н** -а́ [男1]《医》糾髪病

**колумба́рий** [男1] 遺骨安置所

**Колу́мбия** [女9] コロンビア(首都は Богота́)

**колу́н** -а́ [男1] (まき割り用の)斧(ポ)

**колупа́ть** [不完]／**колупну́ть** -ну́, -нёшь [完][一回]《俗》〈団〉ほじくる, ほじりとる; 開く, 叩き破る

*****колхо́з** [男1] コルホーズ, 集団農場(коллекти́вное хозя́йство): *всём* ~**ом**《話》全員で *∥*-**ный** [形1]

**колхо́зни|к** [男2] -**ца** [女3] コルホーズ員

**колча́н** [男1] 矢筒, えびら

**колчеда́н** [男1]《鉱》硫化鉄鉱

**колчено́гий** [形3]《俗》脚の長さが不ぞろいの

**колыбе́ль** [女10] ① 揺り籠 ②《雅》揺籃(ツン)の地, 発祥地 ◆*с* ~ 生まれてから, 幼い時から｜*от* ~*и до моги́лы* 一生涯

**колыбе́льн|ый** [形1] ① 揺り籠の ② 幼児期の ③ -**ая** [女2]《楽》子守唄(=-**ая пе́сня**)

**колыма́га** [女2] ①〔昔〕旧式の有蓋4輪馬車 ②《話》(皮肉を込めて)古くさい馬車[車]

**колыха́ние** [中5] 軽く揺れる[揺れている]こと

**колыха́ть** -лы́шу / -а́ю, -лы́шешь / -а́ешь [不完]／**колыхну́ть** -ну́, -нёшь [完][一回]〈団〉軽く揺らす, そよがせる *∥* ~**ся**〔不完〕[一回]〈団〉軽く揺れる, そよぐ

**ко́лышек** -шка [男2]〔指小〕< **кол**①

**коль** [接] = **ко́ли**

**колье́** (不変) [中] (宝石・真珠の)ネックレス

**кольну́ть** [完] → **коло́ть**

**кольра́би** (不変) ①〔女〕《植》コールラビ ②〔形1〕コールラビ種の

**Ко́льский полуо́стров** [形3]-[男1] コラ半島 (Му́рманская обл.;北西連邦管区)

**кольт** [男1] コルト銃

**кольцева́|ть** -цу́ю, -цу́ешь 過受 -цо́ванный [不完]／**за**~, **о**~ [完] ①〈団〉(調査のため鳥の脚・魚の尾に)環をはめる ② (害虫予防のため樹幹に)環状に樹脂を塗る ③ (生育管理のため)樹皮を環状にはぐ *∥*-**ние** [中5]

**кольцев|о́й** [形1] 輪の, リングの ② 環状の, 円形の: -**а́я автодоро́га** 環状自動車道

**кольц|о́**〔カリツォー〕複 ко́льца, коле́ц, ко́льцам [中5] [ring] ① 輪, 環, リング; ~ *для ключе́й* キーリング ② 指輪; ~ *с бриллиа́нтом* ダイヤの指輪｜*наде́ть* ~ *на безымя́нный па́лец* 薬指に指輪をはめる｜*обруча́льное* ~ 結婚指輪 ③ 輪［環]状のもの; 環状物: *годи́чное* ~《植》年輪; *-* *ды́ма* 煙の渦 ④《体操の》つり輪 ⑤ (電車・バスなどの) 終点, 折り返し点: *трамва́йное* ~ 路面電車の終点 ⑥ 包囲, 包囲の輪: *вы́рваться из* -*а́ окруже́ния* 包囲線から脱出する ◆*Садо́вое* ~ サドーヴォエ環状道路(モスクワ)

**ко́льчат|ый** [形1] 環から成る, 環状の ■-**ые че́рви**《動》環形動物(ミミズ, ゴカイ, ヒルなど)

**кольчу́га** [女2] 鎖かたびら

*****колю́ч|ий** -юч [形6] [prickly, thorny] ① とげ [針]のある; *-ая про́волока* 有刺鉄線 ② ちくちくする, 刺す ③ 刺すような: -*ая боль* 刺すような痛み ④ 辛らつな: -*ие слова́* 毒のある言葉

**колю́чка** 複 -чек [女2]《話》とげ, 針

**Ко́ля** (女5変化) [男]〔愛称〕< Никола́й

**коляда́** [女1] ① К—《スラヴ神》コリャーダ(農耕暦の新年を告げる女神) ② 《民俗》コリャーダ(クリスマスの夜に行う異教起源の祭り; коля́дки とも) *∥* **коля́дный** [形1]

**коля́дка** 複 -док [女2]《民俗》① コリャーダの歌 ②〔複〕= коляда́②

**коляд|ова́ть** -ду́ю, -ду́ешь [不完]《民俗》コリャーダの歌を歌って家々を回る *∥*-**ние** [中]

*****коля́ска** 複 -сок [女2] [baby carriage] ① ベビーカー, 乳母車 ② 特殊な用途の小型車(サイドカー, 車椅子など): *инвали́дная* ~ 車椅子 ③ ばね付き4輪幌馬車 *∥* **коля́сочный** [形1]

**ком¹** [前置格] < **кто**

**ком²** 複 ко́мья, -ьев [男1] (やわらかいものの丸い)塊: ~ *гли́ны* 粘土の塊｜*в го́рле стои́т* ~ *= подступи́л* ~ *к го́рлу* 喉が締めつけられる, 胸がつまる｜*расти́ как сне́жный* ~ 雪だるま式に大きくなる *∥*-**ово́й** [形2]

**ком..** 〔語形成〕「共産主義の」「指揮官」「号令の」「指導的な」

**..ком** 〔語形成〕「…委員会」「…委員」

**ко́м|а** [女1]《医》昏睡: *в* ~ 昏睡状態で, 意識不明の重体で *∥* **комато́зный** [形1]

*****кома́нд|а**〔カマンダ〕[女1] [command, order] ① 号令;《話》命令, 指令, 指図: *пода́ть* -*у* 号令をかける ②《軍》指揮: *ОТР* -*ой офице́ра* 将校の指揮する部隊 ③《軍》司令, コマンド ④ 小部隊, 班: *пожа́рная* ~ 消防隊 ⑤《海》(船の)乗組員 ⑥《スポ》チーム: *футбо́льная* ~ サッカーチーム｜*За какую* -*у вы боле́ете?* あなたはどのチームのファンですか ⑦《話》

команда́рм [男1]〔軍〕軍司令官(кома́ндующий а́рмией)

**команди́р** [カマンヂール][男1]〔commander〕① 〈軍・海〉指揮官, 司令官; 指揮者, 長: ~ батальо́на 大隊長 | ~ корабля́ 船長, 機長 ② 〈話〉命令したがる人 《俗・戯》(タクシー・トラック運転手への呼びかけ)運転さん

командирова́ние [中5] 派遣, 出張させること

командирова́ть -ру́ю, -ру́ешь 受過 -ованный [不完・完]〈公式〉派遣する, 出張させる

**командиро́вка** [カマンヂローフカ][女2]〔dispatching, business trip〕① 派遣, 出張させること ② 出張命令 ③ 〈話〉(旅行): посла́ть в -у 出張させる | Он в -е в Росси́и. 彼はロシアに出張中だ ④ 〔話〕出張証明書

командиро́вочный [形1] ① 出張の: -ое удостовере́ние 出張証明書 ② -ые [複名] 出張旅費

команди́рский [形3] ① 指揮官の, 司令官の ② 指揮官のような, 高圧的な

**кома́ндный** [形1]〔command〕① 〈軍〉команда: ~ о́крик = -ые слова́ 号令 | -ые соревнова́ния 団体競技 ② 指揮官の, 統帥部の ③ 主導的な, 支配的な

кома́ндование [カマーンダヴァニエ][中5]〔commanding〕① 指揮: приня́ть ~ 指揮をとる ②〈集合〉司令部, 統帥部

**кома́ндовать** -дую, -дуешь [不完]〔command, give orders〕①〈完 с～〉号令をかける:〈話〉〈над斜〉…を指図する, …の采配を振る: Не хочу́, что́бы на́до мной кома́ндовали. 指図なんかされたくない ②〈圓を〉指揮する: ～ полко́м 連隊を指揮する ③〈над造の上に〉そびえ立つ: высота́, кома́ндующая над ме́стностью 一帯を見下ろす高台

кома́ндор -а [男1] ①〔史〕上級騎士 ②(諸外国の)海軍将校 ③(特定のスポーツ競技の)会長, 指導者 **//~ский** [形3]

**кома́ндующий** (形6変化) [男名]〔commander〕指揮官, 司令官

**кома́р** -а́ [男1]〔mosquito〕〔昆〕カ(蚊) ◆~ *но́су* [*но́са*] *не подто́чит*〔話〕非の打ちどころがない **//~ик** [男2]〔指小〕**//~и́ный** [形1]

комато́зник [男2]〔若者〕目先の利かない人, 鈍物

комато́зный [形1] ①〔医〕昏睡状態の ②〔若者・皮肉〕酔っ払った, 泥酔状態の

**комба́йн** [男1]〔combine〕〔機〕連動機械; コンバイン: зерноубо́рочный ~ 穀物収穫コンバイン | управля́ть -ом コンバインを運転する | ку́хонный ~ フードプロセッサー **//~овый** [形1]

комба́йнер, комба́йнёр [男1]〔農〕コンバイン運転手 **//~ский** [形3]

комба́т [男1]〔軍〕戦闘員

комбе́з [男1]〔若者・技術者〕つなぎ, 作業着

комби.. 〔語形成〕「組み合わされた」, 「複合の」

комбико́рм 複 -а́ [男1]〔農〕配合飼料(комбини́рованный ко́рм) **//~овый** [形1]

**комбина́т** [男1] ① コンビナート, 企業結合体: хими́ческий ~ 化学コンビナート | объедини́ть предприя́тия в ~ 企業を連合体に統合する ②(企業附属の)総合教育機関: де́тский ~ 託児所, 保育所 **//~ский** [形3]

комбина́тор [男1]〔戯〕策士, 策略家

комбина́торика [女2]〔数〕組み合せ論

комбина́торный [形1]〔数〕組み合わせの

**комбина́ция** [女1]〔combination〕① 組み合わせ, 結合; 連合: ~ цифр 数字の組み合わせ ② 計略, 術策 ③ スリップ(婦人用下着) **//-ио́нный** [形1] <①②

комбинезо́н [男1] 上下がつながった服, つなぎ

комбини́ровать -рую, -руешь 受過 -анный [不完] **/с~** [完]〈斜〉組み合わせる, 取り合わせる, 結合する ②〈話〉計略をめぐらす, 策謀する **//-ние** [中5]

комедиа́нт [男1]〔蔑〕偽善者

комеди́йный 短 -и́ен, -и́йна [形1] ①〈文学・劇〉喜劇の ② 喜劇的な, 滑稽な ■ **~ сериа́л** (テレビ・ラジオの連続)ホームコメディー

**коме́дия** [カミェーヂヤ][女9]〔comedy〕① 喜劇, コメディー ② 茶番, 欺瞞的行為; 喜劇: Дово́льно -ий! 茶番はもうたくさんだ ③ 滑稽な出来事 ◆*игра́ть [лома́ть, разы́грывать] -ию*〔話・蔑〕一芝居打つ, 偽善的に振る舞う

ко́мель -мля [男5] (木・毛・角などの)根元, 付け根

коменда́нт [男1] ①〔軍〕衛兵司令官 ②〔警備司令官 ③ 輸送司令官 ④〔/-ша[女4]〕〔話〕(公共の建物・施設の)管理者: ~ общежи́тия 寮の管理人

**//коменда́нтский** [ц][形3] ◆~ *час*〔軍〕(戒厳令下などで)外出禁止時間

комендату́ра [女1] 警備司令部; その管轄[部隊]

комендо́р [男1]〔軍〕(海軍の)砲手

коме́т|а [女1] ①〔天〕彗星(ホウキ) ② 水中翼船 **//-ный** [形1]

ко́ми (不変) [男・女] コミ人 ② [形] コミ(人)の

Ко́ми (不変) [女] コミ共和国(Респу́блика ~; 首都 = Сыктывка́р; 北西連邦管区)

коми́зм [男1] 滑稽さ, おかしさ; ユーモア

ко́мик [男2] ① 喜劇俳優 ② ひょうきんな人

ко́микс [男1] コミックス, 漫画; その本

Коминте́рн [э] [男1]〔史〕コミンテルン, 共産主義インターナショナル(Коммунисти́ческий Интернациона́л)

ко́ми-пермя́|к -а́ [男2] **/-чка** [女2] コミ・ベルミャク人 **//-цкий** [形3] コミ・ベルミャク(人)の

**комисса́р** [男1] (政府から特命・全権を委任された)委員, コミッサール ■ **Верхо́вный ~ ООН по права́м челове́ка** 国連人権高等弁務官 **//~ский** [形3]

комиссариа́т [男1] 委員部 ■ **Вое́нный ~** 軍事委員部 (военкома́т) **//~ский** [ц][形3]

комиссионе́р [男1] 仲買人, ブローカー

комиссио́нка 複 -нок [女1]〈話〉委託販売店

комиссио́нный [形1] ① 委員会の ② 委託の, 委託販売の ③ **-ые** [複名] 手数料, コミッション

**коми́ссия** [カミーッスィヤ][女9]〔committee, commission〕①(特命の全権を委任された)委員会: избира́тельная ~ 選挙委員会 ②〈商〉(売買)の委託, 委託販売; 手数料: сдать 囚 на ～ию ～を委託販売にだす

комиссова́ть -сую, -суешь 受過 -ованный [不完・完]〈話〉囚(特別委員会の診断で)就労[兵役]の適性を判定する

**комите́т** [カミチェート] [男1]〔committee〕〔政〕(国家などの恒常機関としての)委員会: Госуда́рственный ~ 国家委員会 | исполни́тельный [постоя́нный] ~ 執行[常任]委員会 **//~ский** [ц][形3]

**коми́ческий** [形3] ① 喜劇の ② 滑稽な, おかしな: ~ жест 滑稽な身振り

коми́чный щен -чен, -чна [形1] 滑稽な, おかしな **//-ость** [女10]

ко́мкать 受過 -канный [不完] **/с~** [完] ①〈囚〉くしゃくしゃにする[丸める] ②〈話〉はしょる, ぞんざいにやる

комкова́тый [形1] 固まりの多い, 凸凹した

**коммента́р|ий** [カミンターリイ][男7]〔commentary〕(通例複) ① 注解, 注釈: сочине́ния Че́хова с -иями 注解付きチェーホフ作品集 ② 解説, 論評, コメント ◆*-ии изли́шни* 解説無用, 明白だ | *без [ника́ких] -иев* ノーコメント, 何も言うことはありません

**коммента́тор** [男1] ① 注釈者 ② 解説者, コメンテーター. **// ~ский** [形3]

\***комменти́ровать** -рую, -руешь 受過 -анный [不完・完] [comment] 〈完また **про~**〉〈及〉 ① …に注釈をつける ② 解説[論評]する

**коммерса́нт** [男1] 商人, 実業家. **// ~ский** [нс] [形3]

**Коммерсантъ** (不変) [女] コメルサント (ロシアの日刊経済新聞名)

**коммерциализи́ровать** -рую, -руешь 受過 -анный [不完・完]〈及〉市場経済化する; 商業化する **// -а́ция** [女9]

**комме́рция** [女9] 商業, 商取引

\***комме́рческ|ий** [カミェールチスキィ] [形3] [commercial] ① 商業の, 商取引の: *-ая корреспонде́нция* 商業通信文 | *-ая ви́за* 商用[ビジネス]ビザ ② 営利的な, 商業的な: *ста́вить на -ую но́гу* 商業化する ③ 自由販売の

**коммивояжёр** [男1] セールスマン

**комму́на** [女1] ① コミューン, 生活共同体 ② フランス・イタリアなどの最小行政区画としての) 市町村

**коммуна́лка** 複生 -лок [女2] (台所・トイレ・風呂場などの) 共用アパート (*коммуна́льная кварти́ра*)

\***коммуна́льн|ый** [形1] [communal, municipal] ① 公共の, 公益の, 公営の, 市営の: *-ая инфраструкту́ра* 公共インフラ | *-ые услу́ги* (水道・ガスなどの) 公共サービス ■**-ая кварти́ра** (台所・トイレ・風呂場などの) 共用アパート

**коммуна́р** [男1]/**~ка** 複生 -рок [女2] コミューン (*комму́на*) のメンバー

\***коммуни́зм** [男1] [communism] 共産主義: *первобы́тный ~* 原始共産制

**коммуника́бельн|ый** 短 -лен, -льна [形1] 付き合いやすい, とっつきやすい. **// -ость** [女10]

**коммуника́тор** [男1] 携帯情報端末, PDA (КПК)

\***коммуника́ция** [女9] [communication] ① 連絡 (路), 通信, 交通; ライフライン (ガス, 水道, 電気など): *инжене́рные -ии* 配管整備 ② (情報・意思の) 伝達: *ма́ссовые -ии* 大衆伝達, マスコミュニケーション **// -ио́нный** [形1]

\***коммуни́ст** [男1]/**~ка** 複生 -ток [女2] [communist] 共産党員; 共産主義者: *ста́ть ~ом* 共産党員になる

\***коммунисти́ческ|ий** [形3] [communist] 共産主義の; 共産主義者の: *-ая па́ртия* 共産党

**коммута́тор** [男1] ① (電)整流器, 転換器 ② (電話の) 交換台, 交換局. **// ~ный** [形1]

**коммюнике́** (不変) [中] 〈政〉コミュニケ, 公式声明

\***ко́мнат|а** [コームナタ] [女1] [room] ① 部屋, 室: *све́тлая ~* 明るい部屋 | *войти́ в -у* 部屋に入る | *Ско́лько ко́мнат у вас в до́ме [кварти́ре]?* お宅には何部屋ありますか | ② (公共施設・企業などの特別な用途の) 部屋, 室: *~ о́тдыха* 休憩室 | *меблиро́ванные -ы* 貸間. **// -ка** [女2] 〈指小〉<①; **-у́шка** 複生 -шек [女2] 〈卑称〉<①

**ко́мнатн|ый** [形1] ① 部屋の, 室の ② 室内の: *-ая соба́ка* 室内犬

**комо́д** [男1] 整理だんす

**комо́к** -мка́ [男2] ① (小さな) 塊 ② 《話》委託販売店. **// комо́чек** -чка [男1] 〈指小〉

**комп** [男1] 《俗》パソコン

**компа́кт-ди́ск** [不変]-[男1] コンパクトディスク, CD

**компа́кт-дисково́д** [不変]-[男1] 〖IT〗CD ドライブ

**компа́кт-ди́ск-плее́р** [不変]-[男1] (コンパクトな) CD プレイヤー

**компа́кт-ди́ск-прои́грыватель** [不変]-[男5] CD プレイヤー

**компа́ктн|ый** 短 -тен, -тна [形1] ① ぎっしり詰まった, 密集した, 圧縮された ② 簡潔な ③ コンパクトな: *~ ди́ск* CD. **// -ость** [女10]

**компане́йский** [形3] 《話》① 社交的な, 人付き合いのよい ② 全員平等の

\***компа́н|ия** [カムパーニヤ] [女9] [company] ① 仲間, グループ, 一行: *весёлая — уви́льная* 愉快な仲間 | *Спаси́бо за -ию*. ご一緒していただきがありがとうございました ② 会社, 会社: *нефтяна́я ~* 石油会社 | *учреди́ть -ию* 会社を設立する | *доче́рняя ~* 子会社 | *матери́нская ~* 親会社 ◆**в -ии с** 圄 …と一緒に | *води́ть -ию с** 圄 …と付き合う | **за ~ию = для -ии** 付き合いで | **не ~** 圄《話》(…の仲間として) 似つかわしくない | *поддержа́ть* [**нару́шить**] **-ию** 一緒にやる, 付き合う | *расстро́ить* [**нару́шить**] **-ию** 協調を乱す | *соста́вить* 圄 **-ию** …の仲間になる

**компаньо́н** [ё]/**~ка** 複生 -нок [女2] ① 仲間 ② 共同経営 [出資] 者

**компарати́в** [男1] 〖文法〗比較級

**компарати́вный** [形1] 比較的な (*сравни́тельный*)

**компа́ртия** [女9] 共産党 (*коммунисти́ческая па́ртия*)

**ко́мпас,** 《海事・俗》**компа́с** [男1] コンパス, 羅針盤: *идти́ по -у* コンパスに従って進む. **// -ный** [形1]

\***компенса́ция** [女9] [compensation] ① 補償, 賠償, 償い: *де́нежная ~* 補償金, 賠償金 | *~ за мора́льный уще́рб* 慰謝料 ② 〖医〗代償作用 ③ 〖工〗補整. **// -ио́нный** [形1] <③

\***компенси́ровать** -рую, -руешь 受過 -анный [不完・完]〔compensate〕〈文〉〈及〉① 補償する, 賠償する: *~ убы́тки* 損害を賠償する ② 補整する, 調整する. **// ~ся** [不完]〈受身〉

**компете́нтн|ый** 短 -тен, -тна [形1] ① 精通した, 権威ある ② 権限のある. **// -ость** [女10]

**компете́нция** [女9] 〈文〉① 専門分野, 専門 ② 権限, 権能, 管轄: *Э́то вне мое́й -ии*. これは私の権限外だ

**компили́ровать** -рую, -руешь 受過 -анный [不完]/**с~** 〈文〉〈及〉(他人の研究を) 寄せ集める, 寄せ集めて書く

**компиля́тор** [男1] 〈文〉(他人の研究を) 寄せ集めて著作する人

**компиля́ция** [女9] 〈文〉(他人の研究の) 寄せ集め; そうした著作. **// компиляти́вный** [形1]

\***ко́мплекс** [コームプリクス] [男1] [complex] ① 複合体, 集合体, 総体, コンプレックス: *спорти́вный ~* 総合スポーツ施設 | *торго́вый ~* 複合商業施設 | *реша́ть пробле́мы в -е* 問題を (細分化しないで) 総合的に解決する ② 〈心〉コンプレックス: *~ неполноце́нности* 劣等感 | *У него́ ~*. 彼はコンプレックスだ. ■**Эди́пов ~** 〖心〗エディプス・コンプレックス

\***ко́мплексн|ый** [形1] [complex] 複合的な, 総合的な: *-ая механиза́ция произво́дства* 生産の総合的機械化 | *~ обе́д* ランチセット (定食). ■**-ое число́** 〖数〗複素数. **// -ость** [女10]

**комплексова́ть** -су́ю, -су́ешь [不完]《話》劣等感を抱える, ひがむ

\***компле́кт** [男1] 一組, 一式, 一揃い, セット: *~ ме́бели* 家具一式 | *шрифтово́й ~* 〖印〗フォント. **// -ный** [形1]

**комплекто́вать** -тую, -ту́ешь 受過 -о́ванный [不完]/**с~, у~** [完]〈及〉一式揃える. **// -ние** [中5], **комплекто́вка** [女2]

**комплéкция** [女9]《文》体格

**комплетѝв** [男1]〔言〕終結相

**комплимéнт** [男1] お世辞, ほめ言葉: говорѝть ~ы お世辞を言う ◆**~áрный** [形1]

*****композѝтор** [男1]〔composer〕作曲家 ◆**~ский** [形3]

*****композѝц|ия** [女9]〔composition〕① 構成, 構図, コンポジション ② (音楽・美術などの)作品 ③〔楽〕作曲法, 作曲理論 ④ 組成物 ◆**~ио́нный** [形1]

**компонéнт** [カムパニェーント][男1]〔component〕①《文》成分, 構成要素: ~ препарáта 薬の成分 | автомобѝльного ~а 自動車部品 ②〔言〕(文構成の必須)要素 ◆**~ный** [形1]

**компоновáть** -нýю, -нýешь [不完] / **с~** 受過-нóванный [完] 〈四〉(部分で全体を)構成する, 作り上げる ◆**~ся** [不完] [受身]

**компонóвка** [女2] 構成, 組立, 配置, レイアウト

**компо́ст** [男1]〔園芸〕配合土, 培養土; 堆肥 ◆**~ный** [сн] [形1]

**компо́стер** [男1] (切符などをパンチする)はさみ

**компостѝровать** -рую, -руешь [不完] / **за~**, **про~** 受過-анный [完] 〈四〉(切符に)パンチする; (乗換・途中停車などを)乗車券に)記録する ◆**компостѝровать мозгѝ** 〈四〉…を混乱させる, 嘘をつく ◆**~ся** [不完] [受身] **~ние** [中5]

*****компóт** [男1]〔compote〕コンポート, フルーツの砂糖煮: дéлать ~ из 生 …のコンポートをつくる ◆**~ик** [男2] [指小] 《話》[指小・愛称]

**компрéсс** [男1]〔医〕湿布: согревáтельный ~ 温湿布 | холо́дный ~ 冷湿布 | положѝть ~ 湿布をする ◆**~ный** [形1]

**компрéссор** [男1]〔機・医〕気体圧縮機, コンプレッサー ◆**компрéссорн|ый** [形1]: -ая [女6]《話》コンプレッサー室

**компромáт** [男1]《話》(名誉を汚す)暴露情報, 醜聞, スキャンダル: собрáть ~ на 四 …のゴシップを集める

**компрометѝровать** -рую, -руешь [不完] / **с~** 受過-анный [完] 〈四〉…の評判を落とす, …に対する不信感を呼び起こさせる: ~ в глазáх о́бщества 世間の評判を落とす ◆**компрометáция** [女9]

*****компромѝсс** [男1]〔compromise〕〈с…との / мéжду 四間の〉妥協, 歩み寄り: пойтѝ на ~ 妥協する, 歩み寄る ◆**~ный** [形1]

*****компью́тер** [カムピューテル] [男1]〔computer〕コンピュータ: персонáльный ~ パソコン | K~ завѝс. コンピュータがフリーズした

**компью́терн|ый** [э] [形1] コンピュータの: -ая грáмотность コンピュータリテラシー(コンピュータが使えること) ◼ **~ая грáфика** コンピュータグラフィックス, CG

**компьютеризѝровать** [э] -рую, -руешь, 受過-анный [不完・完] 〈四〉コンピュータ化する ◆**~áция** [女9] コンピュータ化

**компью́терщик** [э] [男2]《話》コンピュータに詳しい人; コンピュータを使って仕事をする人

**комсомо́л** [男1]①《露史》コムソモール, 共産青年同盟(коммунистѝческий сою́з молодёжи, 1918-91年)②《話》《集合》コムソモール団員 ◆**~ьский** [形3]

**комсомо́л|ец** -льца [男1] / **-ка** 複生-лок [女2]《露史》コムソモール団員

**комý** [与格] < кто

*****комфóрт** [男1]〔comfort〕快適な生活[労働, 移動]の設備; (心理的に)快適な生活 ◆**~ный** [形1]

**комфортáбельн|ый** 短-лен, -льна [形1] 設備が整っていて快適な ◆**~о** [副]

**комфóртн|ый** 短-тен, -тна [形1] ①< комфóрт ② (気候・気温などが)快適な, 生存に適した ③ = комфортáбельный ◆**~о** [副]

**ко́н** 前o-е/на-ý 複-ы́ [男1] ①(ゲームで)倒すピンなどを置く場所[ゾーン]; (そこに置かれた)ピン ② (賭けで)賭け金を置く場所 ③ 一回のゲーム ◆**стáвить нá кон** 四 …を危険にさらす

**Конакрѝ** (不変) [男] コナクリ(ギニアの首都)

**конвéйер** [男1] ①〔機〕コンベアー; 流れ作業: лéнточный ~ ベルトコンベアー ②《話》単純に途切れることなく続くもの ◆**~ный** [形1]

**конвéнт** [男1]〔政〕(立法権を持つ)議会

*****конвéнц|ия** [女9]〔convention〕〔法〕国際協定; 〔政〕条約 ◆**~ио́нный** [形1]

**конвéрсия** [女9] ①〔経・理・生〕転換, 変換: ~ валю́ты 両替 | ~ зáйма 債務の転換 ② 軍需産業の民間産業への転換; またその逆

*****конвéрт** [カンヴェールト][男1]〔envelope〕① 封筒: вложѝть письмо́ в ~ 手紙を封筒に入れる | На ~е напѝсан áдрес. 封筒の表には住所が書かれている ② (乳児をくるむための)寝袋, おくるみ ◆**~ик** [男2]《話》[指小・愛称] ◆**~ный** [形1]

**конвертѝровать** -рую, -руешь 受過-анный [不完・完] 〈四〉①〔経〕(通貨・債務・有価証券などを)転換する ②〔治〕(転炉を使って)金属を加工する ◆**~ся** [不完] [受身]

**конвертѝруем|ый** [形1] ①〔経〕他の通貨に交換できる ② 国際的に通用する ◆**~ость** [女10]

**конвойр** [男1] ① 護衛[警護]隊員 ② 護衛艦, 護衛機

**конвойровать** -рую, -руешь [不完] 〈四〉(人・船などが)護衛[警護]して送る ◆**~ние** [中5]

**конво́й** [男6]〔軍〕警護隊, 護送隊: под ~ем 警護されて | морско́й ~ 護衛船団

**конво́йн|ый** [形1] ①< конво́й ② [男名] 護衛[警護]隊員 (конвойр)

**конвýльс|ия** 複-ии [女9]〔通例複〕〔医〕痙攣: бѝться [извивáться] в ~иях 痙攣でもがく ◆**конвульсѝвн|ый** 短-вен, -вна [形1]

**конгениáльн|ый** 短-лен, -льна [形1]《文》(作品や芸術家が精神や才能などで)一致[類似, 匹敵, 相当]した ◆**~ость** [女10]

**ко́нгер** [男1]〔魚〕ヨーロッパアナゴ(atlantѝческий ~); [複] アナゴ류: япо́нский ~ マアナゴ

**конгломерáт** [男1] ①《文》(雑多なものの)混合物 ②〔鉱〕礫岩 ③〔経〕コングロマリット, 複合企業

*****конгрéсс** [男1]〔congress〕① (大規模な国際)会議, 大会 ② (米国などの)議会, 国会 ③ (政党などで)会議

**конгрессмéн** [男1] (米国の)下院議員

**кондачо́к** -чкá [男2] ◆**с ~кá** 軽率に, きちんと考えず: решáть дело с ~кá いい加減に問題を決する

**конденсáт** [男1] 復水して得られたもの: гáзовый ~ ◆〔化〕コンデンセート

**конденсáтор** [男1]〔電〕コンデンサー ②〔化〕復水器 ◆**~ный** [形1]

**конденсáц|ия** [э] [女9] ① 濃縮, 凝縮, 蓄積 ②〔化〕気体の液化[結晶化] ◆**конденсацио́нный** [э] [形1]: ~ сле́д 飛行機雲

**конденсѝровать** -рую, -руешь 受過-анный [不完・完] [完また **с~**] 〈四〉① 凝縮する, 蓄積する ②〔化〕〈気体を〉液化する: кондерсѝрованное [сгущённое] молоко́ コンデンスミルク, 加糖練乳 ◆**~ся** [不完] ① 凝縮する, 蓄積する ② (気体が)液化する, 結晶化する ③[不完]〔受身〕

**кондѝтер** [男1] 菓子職人, パティシエ

**кондѝтерск|ий** [нн][形3] ①菓子の:-ие издéлия 菓子 ②-ая [女6] 菓子屋

**кондиционéр** [男1] エアコン, 空調設備 ◆**~ный**

[形1]

**кондициони́рова|ть** -рую, -руешь 受過 -анный [不完・完] 〈кого〉規格[基準]に合った状態にする：～ во́здух（空調機で部屋・建物の温度を）一定に保つ **//~ние** [中5]

**кондицио́нный** [形1] ① 一定条件に応じている ② 空調用の

**конди́ция** [女9]（製品の）規格, 基準：до ~ии《話》（条件・要求・望ましい状態に）合うところまで

**кондо́вый** [形1]（森などが）良質な木の生える

**кондо́м** [男1] コンドーム（презервати́в）

**кондоми́ниум** [男1] ①《国際法》共同管理 ②（不動産の）共同管理[利用]

**ко́ндор** [男1]《鳥》コンドル

**кондра́тий** [男7], **кондра́шка** [女2]《俗》脳卒中（апоплекси́я） **◆ ~ хва́тит** 誰（恐怖・心配・驚きなどで）…は倒れる, 倒れそうになる

**конду́ктор** [男1]（複-а́/-ы）〈-ша́ [女4]〉[рек4] 車掌 ②《工》ジグ ③《電》伝導体 **//~ский** [形3] 〈に〉

**конево́д** [男1] 馬の繁殖[飼育]者

**конево́дство** [u]〔中1〕馬の繁殖[飼育]

**конёк** -нька́ [男2]《話》[指小]< конь ① お気に入りの話題：сади́ться на своего́ (люби́мого) конька́ 好きな話題の話を始める ②（屋根の）頂部の木, 棟木（しばしば端に彫り物や飾りが付けられる）④ 得意, またはこ, 十八番 ⑤（通例複）→коньки́ ■ морско́й ~《魚》タツノオトシゴ

*\***коне́|ц** [カニェーツ] -нца́ [男1]〔end〕① 終わり：в ~це́ ме́сяца 月末に | от нача́ла до -ца́ 最初から最後まで | подходи́ть [приходи́ть, близиться, приближа́ться] к -цу́ 終わりに近づく | доводи́ть 不 до -ца́ …を終わらせる | до подо́бного -ца́（事の成り行きにうまく）ゆきまで | под ~ 終わり近くになって；ついに, 最終的に ② 端：из -ца́ в ~ 端から端まで ③ 一生の終わり, 死 ④《述語》おしまいだ ⑤《話》（ある道程の）往復：де́лать два -ца́ 2往復する | де́лать -цы́ по два киломе́тра 2キロの往復を往復する |（в）о́ба -ца́ 往復 | в один -ц 目的地まで, 片道の ⑥ 〈露〉船舶係留用のロープ ⑦（布・ロープの）断片 **◆ без -ца́** いつまでもなく, 隙間なしに | **во все -цы́** あらゆるところへ | **без -ца́ и без кра́я** 果てしない | **до -ца́** 終わりまで, 徹底的に | **до -ца́ дней** 固 …が死ぬまで, 永遠に | **~ све́та** めちゃくちゃな状態 | **-ца́ (и) кра́я) нет (не ви́дно, не ви́дно)** …は果てしなく広がる［続く］；際限なく大きい | **оди́н ~** 悲惨な最期［死］があるだけだ | **по всем -цам** 固 …のある所で | **положи́ть -ц** …をきりをつける, …を終わりにする | **не найти́ -цо́в**（事の）本質［原因］をつかめない | **отдава́ть -цы́**《俗》（関係を）断ち切る | **отдава́ть -цы́**《俗》死ぬ；とんずらする | **пря́тать -цы́ в во́ду**（ミス・犯罪の証拠などを隠す）| ～徹底的に, 完全に | **и -ц**《話》ついに；結局（наконец́) | **и де́ло с -цо́м**《俗》それで片が付いてしまう | **и с -цо́м [-ца́ми]**《俗》それで姿を消してすっきりだ | **на худо́й ~**《話》最悪の場合, 最後の手段として | **не с того́ -ца́** 不適切な方法で, 不適切な方向から | **с друго́го -ца́** その反対に, 別の方向から | **ру́ки не тем -цо́м вста́влены у** t …は手際が悪い, 行動がちぐはぐだ | **с -ца́ми**《俗》永久に, 完全に | **со всех -цо́в** 固 あらゆるところから | **своди́ть с -ца́ми**《話》〈кого́〉つじつま［収支］を合わせる | **с како́го -ца́ (начина́ть)** 何から（始める）

*\***коне́чно** [ш] [カニェーシナ]〔of course〕①〔挿入〕もちろん, 言うまでもなく ②〔助〕（時に皮肉は）はい, その通りです

**коне́чности** -ей [複]〔解〕四肢, 手足

*\***коне́чн|ый** [カニェーチヌィ] 短 -чен, -чна [形1]〔final, ultimate〕① 終わり［端］（коне́ц）の ② 終わり[果て]の ある（↔бесконе́чный）③《長尾》最後の：最終的な, 主要な, 究極の：в -ом счёте《итоге》最終的には, 結局のところ **◆ -ое де́ло**《俗》もちろん（коне́чно）**//~ость** [女10]

**ко́ник** [男2]《話》[指小]< конь ①

**кони́на** [女1]《料理》馬肉

**кони́ческ|ий** [形3] 円錐形の：-ие сече́ния 《幾何》円錐曲線

**конкретизи́рова|ть** -рую, -руешь 受過 -анный [不完・完]〈кого́〉具体化する **//~ся** [不完・完] ① 具体化する《不完》《受身》**//-а́ция** [女9]

**конкре́тика** [女1]《話》（総合的に）具体的なもの

*\***конкре́тно** [副] ① 具体的に ②《若者》よく, 正確に；実際に

*\***конкре́тн|ый**〔カンクリェートヌィ〕短 -тен, -тна [形1]〔concrete〕① 具体的な（↔абстра́ктный）②《若者・ほめて》とても強固な, 質のよい ③ 〈男2〉**/-ая** [女2]《若者》信頼［尊敬］できる人 **//~ость** [女10]

**конкур** [男1]（馬術競技の）障害飛越

*\***конкуре́нт** [男1]〈-ка [女2]〉[competitor] ライバル **//~ный** [形1]

**конкурентоспосо́бный** 短 -бен, -бна [形1]《文》競争力に持ちこたえられる **//~ость** [女10] 競争力

*\***конкуре́нция**〔カンクリェーンツィヤ〕[女9]〔competition〕争う：вне ~ии《話》抜きんでた | ~ ви́дов の間の競合 | цено́вая ~ 価格競争

*\***конкури́рова|ть** -рую, -руешь [不完]〔compete (with)〕〈с кем〉と競争する（対等なものとして）競合する **//~ние** [中5]

*\***ко́нкурс**〔コーンクゥルス〕[男1]〔contest, competition〕〈на 不〉の ～ コンクール, コンテスト, コンペ：~ ора́торов 弁論大会 | ~ на лу́чшую речь на ру́сском языке́ ロシア語スピーチコンテスト |〈少数のポストなどを得るための〉試験, 審査：вы́играть большо́й ~ 倍率の高い審査に通る **◆ вне ~а** 並ぶもののない, 無敵の, この上ない（у́частие в ~урсе）**//-е́йский** [形1]

**конкурса́нт** [男1]〈-ка 複生 -ток, [女2]〉（特に音楽関係の）コンクール参加者

**ко́нник** [男2] 馬に乗る人（騎手, 騎馬警官, 馬術競技者, 競馬の騎手など）

**ко́нница** [女3] 騎兵隊（кавале́рия）

**конно-** [語形成]〈馬〉の

**конногварде́|ец** -е́йца [男3]〔露史〕（革命前）近衛騎兵 **//~йский** [形3]

**коннозаво́дство** [u]〔中1〕（良種の馬の）繁殖, 飼育；その品種；（馬の）品種改良

**коннота́ция** [女9]《言》（語・記号に付随する, 感情・評価・文体などを表す）言外の意味（↔денота́ция）

**ко́нн|ый** [形1] 馬の：～ая пло́щадь (я́рмарка) = ~ ряд 馬市場 | ~ двор 厩[きう] | ~ заво́д（馬の）繁殖[飼育]場 ② 馬が動力となる；馬力の ③ 乗馬の：~ая ста́туя = ~ изва́яние 騎馬像の馬の姿の像 **//-ая** 〈[女名]〉騎手, 騎兵 = **-ая** [女名] 騎手, 騎兵 = **-ая** [女名] 騎兵隊

**конова́л** [男1] ①（旧）（素人の）馬の獣医 ②《話》やぶ医者

**конобо́д** [男1] ① 馬番（兵）②《俗》発起人, 言いだしっぺ

**коново́дство** [女10] 馬繋ぎ

**коново́дец** [女10] 馬を盗む人, 馬泥棒

**конокра́д** [男1] 馬を盗む人, 馬泥棒

**конопа́|тить** -а́чу, -а́тишь [不完] **/за-** 受過 -а́ченный [完]〈卍〉（穴・隙間などを詰め物で）ふさぐ：～ избу́ 小屋の隙間をふさぐ

**конопа́тка** 複生 -ток [女2] ① < конопа́тить ②（左官の）こて

**конопа́тый** 短 -а́т [形1]《俗》あばた[そばかす]のある

**конопля́** [女5]《植》アサ属：~ посевна́я アサ

**конопля́вый** [形] : -ые [複名] アサ科

**конопля́ник** [男2] 麻畑

**конопля́нка** 複生 -нок [女2] 〔鳥〕ムネアカヒワ

**конопу́шка** 複生 -шек [女2] 〔俗〕あばた、そばかす

**коносаме́нт** [男1] 〔商〕船荷証券（船の運送者が荷送人に出す荷物の受取証）

**конserва́нт** [男1] 防腐剤；〔食品の〕保存料

**консервати́вный** 短 -вен, -вна [形1] ①保守的な、守旧の ②〔医〕温存療法による、外科手術によらない **∥-о** [副] **∥-ость** [女10]

**консервати́зм** [男1]〔文〕保守主義

**консерва́тор** [男1]/〔話〕**~ка** 複生 -рок [女2] ①保守主義者 ②保守党員 **∥~ский** [形3]

**консервато́рия** [女9] 音楽院（→вуз）■ **Моско́вская ~** モスクワ音楽院 **∥~ский** [形3]

**консерви́ровать** -рую, -руешь 受過 -анный [不完・完] 〔完は за~〕〔完は за~〕①〔完は в~〕〔完に缶[瓶]詰めにする ②防腐処理を施す ③一時停止する **∥-ся** [不完・完] ①保存される ②《不完》〔受身〕 **∥-ние** [中2]; **консерва́ция** [女9]

*консе́рвы -ов [複]〔防腐処理が施された〕缶[瓶]詰めの（食品） **∥-ный** [形3]

**консигна́тор** [男1] 委託販売者

**консигна́ция** [女9] 委託販売

**конси́лиум** [男1] 〔医〕（医者による診療に関する）会議、カンファレンス

**консисте́нция** [女9] 〔文〕〔理・医〕粘度、濃度

**консисто́рия** [女9] 〔露史〕（革命前の）主教管区局

**ко́нский** [形3] < ко́нь①： ~ во́лос 馬の毛 ■ -ие бобы́〔植〕ソラマメ | ~ хвост〔話〕ポニーテール

**консолиди́ровать** -рую, -руешь 受過 -анный [不完・完]《文》〔政〕①結束させる、合併する、統合する ②〔経〕〔短期債務を長期化・無期限化する、整理する **∥ ~ся** [不完・完] 《文》①結束する、合併する ②《不完》〔受身〕 **∥-а́ция** [女9]

**консо́ль** [女10] ①〔建〕カンチレバー、片持ち梁 ②（花・彫刻の）円柱形の台 ③〔コン〕コンソール **∥-ный** [形1]

**консоме́** [э̀] (不変) [中] 〔料理〕コンソメ

**консона́нс** [男1] ①〔楽〕協和音（↔диссона́нс） ②《文学》（アクセント音以外の音による）押韻 **∥-ный** [形1]

**консонанти́зм** [男1]〔言〕子音体系

**консо́рциум** [男1]〔経〕コンソーシアム；（大規模開発などのための）企業や銀行の提携

**конспе́кт** [男1] 概要、要約

**конспекти́вный** 短 -вен, -вна [形1] 概略的な、手短な、簡潔な **∥-о** [副]

**конспекти́ровать** -рую, -руешь [不完]/**за**-受過 -анный [完]〔団〕要約する、簡潔にまとめる

**конспирати́вный** 短 -вен, -вна [形1] 秘密活動の、地下活動の：-ая кварти́ра 秘密アジト **∥-о** [副] **∥-ша** [女4] ①地下活動家 ②〔話・皮肉〕何でも秘密にしたがる人

**конспира́ция** [女9] ①地下活動、非合法活動 ②〔話〕隠し事をするための行動 ◆ соблюде́ние стро́гой -ии 秘密厳守

**конспири́ровать** -рую, -руешь [不完]/**за~** 受過 -анный [完] ①〔話〕〔団〕秘密にする ②〔話〕地下活動を行う

**конста́нта** [女1]〔数・理〕定数

**Константи́н** [男1] コンスタンチン（男性名；愛称 Ко́стя）

**конста́нтный** 短 -тен, -тна [形1] ①< конста́нта ②不変の、一定の **∥-ость** [女10]

*констати́ровать -рую, -руешь 受過 -анный [不完・完]〔ascertain〕《文》〔団〕確認する、認定する： ~ факт 事実確認をする | ~ смерть 〔公〕死亡確認する **∥-ся** [不完]〔受身〕 **∥ констата́ция** [女9]

**конституи́ровать** [男1]〔政〕基礎をなすもの

**конституционали́зм** [男1]〔政〕立憲主義

*конституцио́нн|ый 短 -о́нен, -о́нна [形1] 〔constitutional〕憲法の：-ая мона́рхия 立憲君主制 **∥-о** [副]

*конститу́ция [カンスチトゥーツィヤ] [女9]〔constitution〕①〔法・政〕憲法：противоре́чащие -ии 憲法違反の ②〔医〕の（個人の）体質、体格；構成、構造 ■ День -ии 憲法記念日 **∥-иона́льный** [形1] <②

**констру́ировать** -рую, -руешь [不完]/**с~** -анный [完]〔団〕構成する、作る、造る **∥-ся** [不完]〔受身〕

**конструктиви́зм** [男1]〔美・建〕構成主義

**конструктиви́ст** [男1] /**~ка** 複生 -ток [女2]〔美・建〕構成主義者 **∥~ский** [cc] [形3] 構成主義（者）の

*конструкти́вный 短 -вен, -вна [形1] 〔constructive〕① < констру́кция ②〔建〕建設的な、成果を上げるな：-ая кри́тика 建設的批判 **∥-о** [副] **∥-ость** [女10]

**констру́ктор** [男1]〔designer〕設計者、設計技師、建造者 **∥~ский** [形3]

*констру́кция [カンストルークツィヤ] [女9]〔construction, design〕①構成、構造、設計 ②〔複〕建築物、建造物 ③《文法》構文、文の構成 ④（芸術作品の）構成 **∥-ио́нный** [形1] <②

**ко́нсул** [男1] 領事： генера́льный ~ 総領事

**ко́нсульский** [形3] 領事（館）の： ~ отде́л 領事部（ビザを担当する）

**ко́нсульство** [中1] 領事館： генера́льное ~ 総領事館

*консульта́нт [男1]/**~ка** 複生 -ток [女2]〔consultant〕コンサルタント、顧問；専門指導員： нау́чный ~（学位論文執筆時の）副指導員、副査；（研究機関の）研究顧問 **∥~ский** [ц] [形3]

**консультати́вный** [形1] 諮問、顧問の（совеща́тельный）： -ое совещание 諮問会議

*консульта́ция [カンスルターツィヤ] [女9]〔consultation, specialist advice〕①（専門家による）アドバイス、教示、指南： обрати́ться к специали́сту за -ией 専門家にご指南いただく相談する ②（専門家による）協議会 ③相談機関： де́тская ~ 小児科病院 | же́нская ~ マタニティークリニック ④（教員による）指導： пойти́ на -ию 指導を受けに行く **∥-ио́нный** [形1] <②④

**консульти́ровать** -рую, -руешь [不完]/**про**-受過 -рованный [完]〔団〕…の顧問[コンサルタント]を務める、…に助言を与える **∥-ся** [不完] /〔完〕〈c語/у团〉…に相談する、指導を受ける、ご教示[指南]いただく

*конта́кт [カンタークト] [男1]〔contact〕①接触 ②〔電〕（ソケット・プラグなどの）接触部：приёмный ~ ソケット | штыково́й ~ プラグ ③（異なる鉱床・地層などの）接触面 ④〔話〕〈c語〉人・組織との交流、接触、関係： входи́ть [вступи́ть] в ~ с c語 …と連絡をつける | быть в -е с c語 …と連絡を取り合っている

**контакти́ровать** -рую, -руешь [不完] 〈c語〉 ①病人などと接触する ②〔話〕…と友好的な関係を持つ、仲良くする

**конта́ктн|ый** 短 -тен, -тна [形1] ① < конта́кт： -ая печа́ть〔写〕密着[ベタ]焼き、コンタクトプリント | -ые ли́нзы コンタクトレンズ | ~ про́вод（列車・トロリーバスなどの）接触架線 | ~ рельс（地下鉄で電力供給の）接触レール | -ая сва́рка 抵抗溶接 ②（病人など

と)接触した ③《話》気さくな,友好的な ④《話》連絡のつく,連絡可能な: ~ телефон 連絡のつく電話番号 **∥-ость** [女10]

**контамина́ция** [女9]《文》混交,混成 ②《言》混交,コンタミネーション ③ 汚染: ~ по́чвы 土壌汚染 **∥-ио́нный** [形1]

**конте́йнер** [э] [男1] コンテナ

**конте́кст** [カンチェークスト] [男1] [context]《文》文脈,コンテキスト: сло́во вне ~а 文脈から外れた語 | Значе́ние сло́ва узнаётся в ~е. 語の意味は文脈の中で明らかになる ② (事件・事実などを取り巻く)状況,環境 **∥-ный** [сн] [形1] **∥ ~ая рекла́ма** 検索連動型広告 ; **конте́кстовый** [形1]

**контингéнт** [男1]《文》定員 ; 人員数 ②《経》規定の数量,割当量 ∎~ войск 武力,軍事力 **∥-ный** [形1]

*контине́нт [男1] [continent] 大陸 **∥ континента́льный** [形1] : ~ кли́мат《地理》大陸性気候

*конто́ра [女1] [office, breau] ①事務所,オフィス,支部 ②《話・蔑》小さな会社,弱小企業: шара́шкина ~《蔑》あやしげなことに携わっている会社[組織] ♦ *Дела́ иду́т, ~ пи́шет.*《話・戯》万事順調だ

**конто́рка** 複生 -рок [女2] ① スタンディングデスク ②《話》(役付きの)個室

**конто́рск|ий** [形3] < конто́ра: *-ая кни́га* 会計帳簿,出納簿

**контр-** [語形成]「反…」「逆…」「対…」

**ко́нтр|а** [女1] ①《通例複》《俗》仲たがい,不和: быть в *-ах* с … と仲たがいしている ② [男・女]《俗・蔑》反革命家 ③《学校・学生》試験,考査 ◆ *про́ и ~* 賛否,プラスとマイナス

**контраба́нд|а** [女1] ① 密輸 ②《集合》密輸品 ◆*-ой* 密かに,こっそりと **∥-ный** [形1]

**контрабанди́ст** [男1] / **-ка** 複生 -ток [女2] ① 密輸者 ②《話》こっそり何かをする人

**контраба́с** [男1]《楽》コントラバス **∥-овый** [形1]

**контрабаси́ст** [男1] コントラバス奏者

**контраге́нт** [男1]《商》(一方の契約者から見た他方の)契約者,取引相手 **∥ -ский** [нс] [形3]

**контради́кция** [女9]《論》矛盾 **∥ контрадикто́рный** [形1]

**контр-адмира́л** [-л-] [不変] [男1]《軍》(ロシア海軍で)少将 **∥-ьский** [形3]

**контражу́р** [男1] 逆光撮影

**контражу́рный** [形1] 逆光の: ~ свет バックライト

*контра́кт [カントラークト] [男1] [contract] ①《на図/по図》…の契約: на *-е* 契約している | по *-у* 契約により | заключи́ть ~ 契約を結ぶ | расто́ргнуть ~ 契約を破棄する | нару́шить ~ 契約に違反する | возобнови́ть (продли́ть, обнови́ть) ~ 契約を更新する | бра́чный ~ 婚約 ②《複》《旧》(取引契約のための)定期市 **∥-ный, -овый** [形1]

**контра́ктник** [男1] 契約兵,志願兵

**контракт|ова́ть** -ту́ю, -ту́ешь [不完] / **за~** 受過-то́ванный [完] 〈関〉(…の購入・使用の)契約を結ぶ: ~ урожа́й 収穫の購入を契約する | ~ рабо́тников 労働者を雇用する **∥-а́ция** [女9]

**контракту́ра** [女1]《医》拘縮

**контра́льто** (不変) ① [中]《楽》アルト,コントラルト ② [女] アルト歌手 **∥-вый** [形1]

**контрама́рка** 複生 -рок [女2] 無料入場券

**контрапу́нкт** [男1]《楽》対位法,対位旋律 **∥-и́ческий** [形3] **∥-ный** [形1]

**контра́ст** [男1] 〈с関/ме́жду関〉…との対照,著しい差異: для ~а 対照させるために,違いを際立たせるために | по *-у* 対照的に | составля́ть ~ 対照を成す ② (色彩・色調・明暗などの)コントラスト

**контрасти́вный** [形1] 対照的な

**контрасти́ровать** -рую, -руешь [不完]《文》〈с関〉と対照を成す

**контра́стн|ый** [сн] 短 -тен, -тна [形1] ① 対照を成す,著しく異なった ②《芸》コントラストの強い **∥-ость** [女10]

**контрата́ка|ть** [ръ] [女2] (戦争・スポーツ・議論などで)反撃: переходи́ть в *-у* 反撃に移る

**контратакова́ть** [ръ] -ку́ю, -ку́ешь [不完・完]〈関〉反撃する,逆襲する

**контрафа́кт** [男1] 偽造品,偽物,(ビデオ・CD などの)海賊版 **∥-ный** [形1]

**контрацепти́в** [男1] 避妊薬,避妊具: внутрима́точный ~ 子宮内避妊器具,IUD **∥-ный** [形1]

**контрибу́ция** [女9] (敗戦国が戦勝国に払う)賠償金: налага́ть *-ию* 賠償金を課する

**контркульту́р|а** [女1]《楽》カウンターカルチャー **∥-ный** [形1]

**контрнаступле́ние** [中5] 反撃,逆襲

**контрокта́ва** [女1]《楽》下一点オクターヴ($C_1$–$H_1$)

**контролёр** [男1] ① **/ -ша** 複生 -ш [女4]《話》検査員,検査係,監視員,改札係 ② 制御装置,コントローラー

**контроли́р|овать** [-ли́роваўчт-] -рую, -руешь 命 -руй [不完] / **про~** 受過 -анный [完]《check》〈関〉検査する,監視する,制御する: ~ рабо́ту 仕事を監督する | ~ себя́ 自分の言動を抑える **∥-ся** [受身] **∥-ние** [中5]

**контро́ллер** [男1]《電・コン》制御装置

**контро́л|ь** [カントロォーリ] [男5] [control] ①〈над図/за図〉…に対する監視,監督,統制,コントロール,制御: находи́ться под *-ем* 監督[管理]下にある | взять 図 под свой ~ … を自分の監督[統制]下に置く,掌握する | держа́ть под *-ем* … を自分の統制[管理]下に置いている | теря́ть ~ над собо́й 我慢できなくなる ② 監督[統制]機関,監督署 ③《集合》検査員,監督官,管理官 ; 検札係(контролёр) ④ (チケットのチェックを行う)入り口: ~ биле́тов (駅の)改札

**контро́льная** [形1変化] [女名]《話》確認テスト

*контро́льн|ый [カントロォーリヌィ] [形1] [control] < контро́ль: ~ паке́т《経》会社の方針決定に影響を持つ株式 | *-ая* вы́шка (刑務所,潜水艦の)司令塔 | *-ые* ци́фры (計画や課題の)数値目標 | *-ая* рабо́та (単元ごとの)確認テスト

**контр-террористи́ческий** [形3] テロ対策の

**контрразве́дка** 複生 -док [女2] 防諜(機関)

**контрразве́дчи|к** [男2] / **-ца** [女3] 防諜機関員

**контрреволюционе́р** [男1] / **-ка** 複生 -рок [女2] 反革命家

**контрреволю́ци|я** [女9] 反革命運動[活動] **∥-о́нный** [形1]

**контруда́р** [男1] (主に軍事行動による)反撃

**контуз|и́ть** -ужу́, -у́зишь 受過 -уженный [完]〈関〉〈関の打撲傷[挫傷]を負う: быть *конту́женным* в го́лову 脳挫傷を負う | *Его́ конту́зило.* 彼は打撲傷を負った

**конту́зия** [女9] 打撲傷,挫傷

*ко́нтур [男1] [contour] ① 外形,輪郭,アウトライン ②《電》回路

**конура́** [女9] 犬小屋 ②《話》狭くみすぼらしい部屋[家] **∥ кону́рка** 複生 -рок [女2]

**ко́нтурный** [形1] < ко́нтур: *-ая ка́рта* 白地図

**ко́нус** [男1] ①《幾何》円錐 ② 円錐上のもの **∥-ный** [形1]

**конусови́дный** 短 -ден, -дна [形1] 円錐形の

**конусообра́зный** короткое -зен, -зна [形1] = конусови́дный

**конфедера́ция** [女9] 連合, 同盟, 連盟 **/конфедерати́вный** [形1]

**конфера́нс** [男1] (ショーの)司会; その台詞

**конферансьé** [不変] [男1] (ショーの)司会者

**конфере́нц-за́л** [不変] [男1] 大会議場

**＊конфере́нц|ия** [カンフィリェーンツィヤ] [女9] 〔conference〕(国家·企業·組織などの)代表者会議; (学術)会議, 大会; международная ~ 国際会議 | уча́ствовать в ~ии コンファレンスに参加する

**конфе́ссия** [女9] 〔文〕(宗教·宗派に)入信していること, 帰依; 宗旨, 教派

**＊конфе́та** [カンフィェータ] [女1] 〔sweet〕① (通例複)(飴·チョコレートなどの)菓子, キャンディ; коро́бка конфе́т 菓子折り ② (話)(通例述語)魅力的なもの

**конфе́тк|а** 複生-ток [女2] (話) [指小·愛称]: де́лать ~y из 与 見違えるほどよいものにする

**конфе́тница** [女3] 菓子を盛りつける皿

**конфе́тный** [形1] ① < конфе́та ② (話)甘い匂いのする; 甘っぽい

**конфетти́** [不変] [中] 紙吹雪, コンフェッティ

**＊конфигура́ц|ия** [女9] 〔configuration, conformation〕① 形状, 外形: ~ о́строва 島の地形[地勢] ② (部品·要素の)配置 ③ [天] 星位 ④ [コン]機器構成, 環境設定 **/-ио́нный** [形1]

**конфигури́ровать** -рую, -руешь 受動-анный [不完] / **с-** [完] [コン]環境設定する

**конфиденциа́льн|ый** 短-лен, -льна [形1] (文) ① 秘密の ② 信頼した, 親密な: -ое письмо́ 親展 **/-ость** [女10]

**конфирма́ция** [女9] ① 上級機関による判決の承認, 承認された判決 ② [プロテ]堅信礼, 信仰告白式 ③ [カトリ]塗油式

**конфиска́ция** [女9] 接収, 没収; 差し押さえ

**конфискова́ть** -ку́ю, -ку́ешь 受動-о́ванный [不完] [不完また **конфиско́вывать**] 〈取〉① 接収する, 没収する ② 差し押さえる **/~ся** [不完] [受身]

**＊конфли́кт** [カンフリークト] [男1] 〔conflict〕① 紛争; 醜ぎ: ~ конфли́кт 領土紛争 ② (意見·利害などの)衝突, 葛藤: избега́ть ~a 衝突を避ける ③ (小説などで物語を進展させる)対立: вступа́ть в ~ с 造 …と対立する **/конфли́ктный** [形1]: -ая коми́ссия 仲裁裁判所

**конфликтова́ть** -ту́ю, -ту́ешь [不完] (話) <造 と衝突する, ぶつかる

**конфо́рка** 複生-рок [女2] ① (ガス台の)バーナーキャップ, (電気)コンロ台 ② (サモワール上部の)ティーポット台

**конформи́зм** [男1] 〔文〕順応主義(現状をそのまま受け入れる態度)

**конфронта́ция** [女9] 〔文〕対立[対決, 直面](すること) **/-ио́нный** [形1]

**конфу́з** [男1] (話)きまりの悪い状態, 当惑: (какой) вы́шел [случи́лся, получи́лся] ~ 困ったことになった | привести́ в ~ …を困惑させる

**конфу́зи|ть** -у́жу, -у́зишь [不完] / **с-** 受動-у́женный [完] (話) 〈取〉困惑させる, 困らせる, きまり悪くさせる **/~ся** [不完] / [完] (話) 〈取〉из-за 生 /за 対 …に当惑する, 恥ずかしがる

**конфу́зливый** короткое -ив [形1] (話) ① ちょっとしたことですぐに当惑してしまう ② (表情などが)当惑した

**конфу́зный** короткое -зен, -зна [形1] (話)決まりの悪い, 当惑した

**конфуциа́н|ец** -нца [男5] 儒教信奉者, 儒学者 **/-ский** [形3] 儒教(信奉者)の, 儒学(者)の

**конфуциа́нство** [中1] 儒教, 儒学

**Конфу́ций** [男7] 孔子

**конца́** [単数; 生格] < коне́ц

**концево́й** [形2] < коне́ц ① ②

**концентра́т** [男1] ① 濃縮[乾燥]させた食品 ② [畜産]濃厚飼料 ③ [鉱]精鉱 ④ (俚)濃縮[精錬]されたもの **/-ный** [形1]

**＊концентра́ц|ия** [女9] 〔concentration〕① < концентри́ровать(ся) ② [化]濃度 **/концентрацио́нный** [形1]: ~ ла́герь [史]強制収容所

**концентри́рованный** [形1] 集中した, 高濃度の, 濃縮された: ~ корм 濃厚飼料 | -ая руда́ [鉱]精鉱 **/-о** [副]

**концентри́рова|ть** -рую, -руешь [不完] / **с-** 受動-рованный [完] 〈取〉① 〈人·もの·注意·力などを〉集中する: ~ внима́ние на 前 …に注意を集中する ② [化]濃縮する ③ 運動[力]を集中する **/~ся** [不完] / [完] ① 集中する, 集まる ② [化](溶液などが)濃縮する ③ [不完] [受身] **/-ние** [中5]

**концентри́ческ|ий** [形3] [幾何]中心が共通である, 同心の: -ие круги́ 同心円 **/-и** [副]

**концентри́чный** короткое -чен, -чна [形1] = концентри́ческий

**конце́пт** [男1] [哲]概念; コンセプト, 基本的な考え

**концептуализа́ция** [女9] 概念化(すること)

**концептуали́зм** [男1] 概念論

**концептуали́ст** [男1] 概念論者

**концептуа́льн|ый** короткое -лен, -льна [形1] (文)概念的な, しっかりとした概念[コンセプト]を持った: -ое иску́сство コンセプチュアルアート

**＊конце́пция** [カンツェープツィヤ] [女9] 〔conception〕(文) ① 概念, 基本理念, 体系的な見方 ② (作品などの)構想, コンセプト

**конце́рн** [男1] [経]コンツェルン

**＊конце́рт** [カンツェールト] [男1] 〔concert, concerto〕[楽] ① コンサート, 演奏会, 演芸会: быть на ~e = идти́ на ~ コンサートに行く | дава́ть ~ コンサートを開く | [催す] ② 協奏曲, コンチェルト: К~ для скри́пки с орке́стром ре мажо́р ヴァイオリン協奏曲ニ長調

**концерти́на** [女1] [楽]コンサーティーナ(アコーディオンの一種)

**концерти́но** [不変] [中] [楽]コンチェルティーノ, 小協奏曲

**концерти́рова|ть** -рую, -руешь [不完] コンサートを開く; コンサートに出る **/-ние** [中5]

**концерти́рующий** [形6] 公演活動をしている, 公演実績のある

**концертме́йстер** [男1] [楽] ① コンサートマスター ② (伴奏をする)ピアニスト **/-ский** [形3]

**конце́ртн|ый** [形1] コンサートの, 演奏会形式の: ~ зал コンサートホール | ~ роя́ль (演奏会用)グランドピアノ | -ое исполне́ние (オペラなどの)コンサート形式の上演 **/-o** [副] コンサート形式で

**концессионе́р** [男1] (採掘権などの)権利保有者; (国に認められた)土地使用権保有者

**конце́сс|ия** [女9] ① (国家が天然資源採掘や土地利用などで結ぶ)協定, 契約 ② 居留地, 租界 **/-ио́нный** [形1]

**концла́гер|ь** 複-я́ [男5] 強制収容所(концентрацио́нный ла́герь) **/-ный** [形1]

**конц|о́вка** 複生-вок [女2] ① [文学·楽](作品の)結末部分 ② 巻末[章末]の挿絵

**＊конча́ть** [カンチャーチ] [不完] / **ко́нчить** [コーンチチ] -чу, -чишь 受動-ченный [完] 〔end, finish〕 ① 〈取〉[不定形 (不完)] …を終える, 終わらせる: ~ ле́кцию 講義を終える | ~ говори́ть 話し終える | ~ шко́лу 学校を卒業する | ~ жизнь (свои́ дни) 人生を終える, 死ぬ | ~ (одни́м) ра́зом 一挙に手を切る

**копейка**

② 〈囲〉囲で終える；…の最後に…をする： ~ разгово́р ссо́рой 会話を口論で終わらせてしまう | ~ (все) счёты с 圖 …と貸し借りを清算して袂を分かつ
③ 〈圖〉(自分の生涯や活動を)…で終える：~ с со́бственным 圖 を終える | ~ с жи́знью [собо́й] 自殺する ④ 〔完〕〈囲〉殺す
⑤ 《俗》オーガズムに達する ◆ко́нчен бал それでおしまいだ | конча́й(те) волы́нку 《俗》いい加減に終わりにしろ

**конча́ться** [カンチャーッツァ] 〔不完〕 **ко́нчиться** [コーンチッツァ] -чусь, -чишься 命 -чись 〔完〕 [end, finish]
① 終わる，尽きる：Разгово́р ко́нчился ссо́рой. 会話は結局言い争いになってしまった
② 《俗》死ぬ (умира́ть) ◆~ ниче́м 徒労に帰する

**конча́р** 〈圖〉 始まり~начина́ющий：начина́я с аристокра́та ~ бездо́мным бродя́гой 貴族から家なし放浪者に至るまで

**ко́нчено** [無人述] 《話》①もう終わりだ，万事休すだ ②もう決めた[決まった]ことだ：всё ~ 圖 …はもうおしまいだ | Всё ~ ме́жду на́ми [y нас]. 私たちの仲はもうどうにもならない

**ко́нченый** [形1] 《話》決まっている，清算済の：Э́то де́ло ~ое. この件はもう解決済だ！| ~ челове́к 落ちぶれた人

*к**о́нчик** [男2] [tip, point] 端，先端：щипа́ть [игра́ть] ~ом па́льца 指先で弾(は)く[弾(°)く]
◆верте́ться на ~е языка́ 言いたくて仕方がない，今にも出てしまいそう | до ~ов ногте́й 頭のてっぺんから足の先まで | на ~е пера́ すぐに書きたい［書かねばならない］；(実験や観察ではなく)理論や推理によって

**кончи́на** [女1] 《文》死去，逝去
**ко́нчить(ся)** [完] →конча́ть(ся)
**конъюнкти́в** [男1] 《文法》仮定法
**конъюнкти́ва** [女1] 《解》結膜
**конъюнктиви́т** [男1] 《医》結膜炎
**конъюнкту́ра** [女1] 《文》①情勢，状況 ②景気，経済情勢，市況，商況：спад [восстановле́ние] ~ы 景気後退［回復］ **//~ный** [形1] 情勢［景気］の：日和見的な

**конъюнкту́рщик** [男2] /-ца [女3] 《話・蔑》日和見主義者

*к**онь** [コーニ] -я 複 -и, -е́й [男5] [horse] ①馬(ло́шадь) (★主に雄で，軍人や馬の愛好者によって用いられる)：~огонь доспе́х ! По ко́ням! (★アクセント注意)(騎兵に対して)乗馬！；全員出発！ ②《チェス》ナイト(→фигу́ра [形]) ③〔手作りの鞍馬(с ру́чками)〕

◆~ (ещё) не валя́лся у [где́-л.] 《話》全く用意［準備］のできていない | как ста́рый (бое́вой) ~ (заслы́шавший звон трубы́) 注意深く，緊張感を高めて | не в ~я́ ко́рм 《俗》(飲食物を)振る舞っても仕方がない：(あることをして)も無駄である | коне́й на перепра́ве не меня́ют 肝心な時には人も計画なども変えてはいけない | даре́ному коню́ в зу́бы не смо́трят もらい物の踏みかえをしない | ход ~ёв とっておきの手段；思い切った行動 | быть на ~е́ 自信がある，他の人よりも優れている | на бе́лом ~е́ возвраща́ться [въезжа́ть] куда́-л. 凱旋する

*к**оньки́** -о́в [複] [単 конёк -нька́[男2]] [skates] ①スケート靴：фигу́рные [роликовые] ~ フィギュアスケート［ローラースケート］用シューズ | ката́ться на ~а́х スケートをする ②《話》スピードスケート(競技) ◆~ отбра́сывать 《俗》くたばる

**конькобе́жец** -жца [男3] /-ка 複生 -жек [女2] スピードスケート選手
**конькобе́жный** [形1] スピードスケートの
**конько́вый** [形1] ①＜конёк③ ②スケート靴の：

~ ход スケーティング(スキーの滑走法)

*к**онья́к** [カニャーク] -а́/-у́ [男2] [cognac] コニャック：ко́фе с ~о́м カフェコニャク **//коньячо́к** 複生 -чка́/-чку́ [男2] 《話》(愛称)
**ко́нюх** [男1] 馬丁
**коню́шня** 複生 -шен [女5] ①厩(うまや)，厩舎 ②《話・蔑》汚れて散らかった部屋：а́вгиевы ~и アウゲイアスの牛小屋(非常に汚い場所のこと) **//коню́шенный** [形1] ＜①

**ко́няга**, 〈方〉**коня́ка** (女2変化)[男・女] 《俗》(通例労働用の)馬

**коопера́тив** [男1] ①共同組合 ②《話》(組合式共同住宅の)フラット ③《話》生活協同組合(の店舗)
**коопера́тивный** [形1]：на ~ых нача́лах 協同組合方式の **//~о** [副]
**коопера́тор** [男1] 生活協同組合従業員 **//~ский** [形3]
**коопера́ция** [女9] ①協業(産業形態の一つ) ②協同組合 ③《話》生活協同組合の店舗 **//-ио́нный** [形1]

**коопери́ровать** -рую, -руешь 受過 -анный [不完・完] [完また с~] 〈囲〉《経》①協業化する ②協同組合(に加入させる) **//~ся** [不完・完] [完また с~] 〈囲〉①協業(化)する ②〈с 圖〉と共同作業をする，協力する **//~ние** [中5]

**коопта́ция** [女9] 《文》(委員会などで選挙ではなく委員の指名による)欠員補充

**коопти́ровать** -рую, -руешь 受過 -анный [不完・完] 〈囲〉《文》(коопта́ция により)選出する，構成員［委員］とする

*к**оордина́та** [女1] [coordinate] ①《数》座標：географи́ческие ~ы 緯度と経度 ②《複》《話》所在地，居場所；連絡先 **//~ный** [形1]
**координа́тор** [男1] 《文》調整役，コーディネーター
**координа́ция** [女9] ①＜координи́ровать ②調整；協調：《生理》協応動作 **//-ио́нный** [形1]
**координи́ровать** -рую, -руешь 受過 -анный [不完・完] [完また с~] 〈囲〉調整する，調和させる | **~ся** [不完・完] [受身] ①(不完)調和する，調和して動く ②《不完》[受身] **//~ние** [中5]

**коп.** (略) копе́йка

*к**опа́ть** [不完] / **вы́** ~ 受過 -анный [完] [dig] 〈囲〉
①[完 一回 копну́ть -ну́, -нёшь] 掘る，掘って耕す：~ зе́млю 土地を耕す ②(穴などを掘る：掘って作る：~ моги́лу ～の墓穴を掘る；人や～亡き者にしようとする ③掘り出す：~ карто́шку 芋掘りをする ④〔完 一回 копну́ть〕《話》問題などを詳しく掘り下げる，探る：~ архи́вы 古文書を精査する | ~ глубоко́ 深く掘り下げる ⑤《警察》情報を集める ◆~ под 圖 …に嫌がらせをする | ~ я́му 圖 …を陥れる **//ко́пка** 《話》< ①：копа́ние [中5] < ①②③

**копа́ться** [不完] ①掘って入る ②《話》畑仕事をする ③《話》〈в 圖〉を探してかき回す：~ в душе́ у 圖 心の奥底に立ち入る ④〈в 圖〉細かく分析する，分け入る ⑤《話》〈в 圖〉＜圖＞に熱心に取り組む ⑥《話》〈с 圖〉をだらだらとする [続ける] ⑦〔無人称〕(自然に)掘れる，掘りやすい ⑧〔受身〕＜копа́ть

**копе́ечный** [ш] [形1] ①＜копе́йка ②《話》とても安い，安物の ③《話》安っぽい，けちな：-ая (твоя́) душа́ | ≪стреля́ть≫ в бе́лый свет, как в ~у 《話》いい加減に，検討せず撃つ；無鉄砲な行動をとる | влете́ть [обойти́сь, стать] в ~у

**копе́ечка** 複生 -чек [女2] [指小・愛称] ＜копе́йка ②《集合》お金：кру́глая ~ 大金 | пали́ть [стреля́ть] в бе́лый свет, в ~у 《話》

*к**опе́йка** [カピェーイカ] 複生 -е́ек [女2] ①コペイカ(ロシアの通貨単位；100 копе́йка = 1 рубль) ②《話》(ロシ

**Копенга́ген**

ア大衆車の)「ジグリ(Жигули́)」の初代モデル ◆**не име́ть ни -и** 極貧だ, 一文無し | **рабо́тать за -и** = **получа́ть -и** 給料は雀の涙ほどに | **сто́ить (каки́е-то, су́щие) -и** とても安い, ばか安う | **э́то вста́нет [вле́тит]** 圉 **в -у**《話》…はかなりの大金を払わなければいけない

**Копенга́ген** [男1] コペンハーゲン (デンマークの首都) ◆**Я (в э́том) не - (а скоре́е Осло).**《話・滑稽》私はこんなことできません, とろいんです (компете́нтен с осёл もじつた言葉遊び)

**копёр** -пра́ [男1] ①〘エ〙パイルドライバー, 杭打ち機, ドロップハンマー ②〘鉱山・炭鉱など〙の堅鉱のクレーン・エレベーターの上部構造部分 ∥ **-ро́вый** [形1]

**копии́ст** [男1]《話》①〘旧〙写字生[係] ②模写画家

**копи́лка** 複生 -лок [女2] ①貯金箱 ②〘集合〙<知識・経験などの>蓄え

**копипа́ст** [男1]《俗》①〘コン〙コピペ(copy-paste) ②剽窃, 盗作

**копипа́стить** -а́щу, -а́стишь [不完] / **с~** [完]《俗》〘コン〙<を>コピペする

**копи́р** [男1] コピー機 (копирова́льный аппара́т)

**копира́йт** [男1] コピーライト, 版権 (а́вторское пра́во)

**копи́рк|а** 複生 -рок [女2]《話》カーボン紙: писа́ть под -у カーボン紙で写しながら書く; 型にはまったことを書く

**копи́рова|ть** -рую, -руешь [不完] / **с~** 受過 -рованный [完] 〘回〙①複写する, コピーをとる, 複製する ②模倣する, 真似をする, 似ている, そっくりである ∥ **-ся** [不完]〘受身〙∥ **-ние** [中5] <①

**копирова́льный** [形1] 複写用の: **-ая бума́га** カーボン紙

**копиро́вщик** [男2] / **-ца** [女3]《話》模写をする人

\***копи́|ть** коплю́, ко́пишь [不完] / **на~** 受過 -ко́пленный [完] 〘回〙①貯める, store up 〘回〙: ~ де́ньги на маши́ну 車を買うためのお金を貯める ②〘技能・観察・よくない感情〙を積み重ねて蓄える ∥ **-ся** [不完] / 〘完〙(お金・ほこりなどが)たまる, 積み重なる ②(記憶・知識・感情などが)たまる, 蓄積する ③[完]〘受身〙

\***ко́п|ия** [コーピヤ] [女9]《copy》①写し, 複写, コピー: ~ че́ка 領収証の写し (това́рный чек) | ~ с нату́ры 写生 | **снима́ть -ию** 圉 …のコピーをとる ②〘しばしば述語〙〈圉/с圉〉…にそっくりな〘もの〙: **вы́литая** (с) 圉 …にそっくりな人, 生き写し ■ ~ **ключа́** 合い鍵

**копна́** 複 ко́пны, копён, ко́пнам, ко́пнами [女1] ①(円錐状の)干し草[わら]の山, 麦乾(ｻﾞﾑ)ロール ②:〈圉の〉堆積, 山: ~ **воло́с**《話》ふさふさして多い髪

**копни́тель** [男5] 〘酪〙ロールベーラー

**копну́ть** [完] → **копа́ть**

**копотня́** [女5]《話》(仕事などの)のろのろした進め方

**ко́поть** [女10] 煤(ｽｽ)

**копоши́ться** -шу́сь, -ши́шься [不完]《話》①うごめく, うようよしている ②(感情・疑惑などが)絶え間なく浮かんでくる

**ко́птский** [ц] [形1]: ~ язы́к コプト語

**копте́ть** -пчу́, -пти́шь [不完]《話》①煤(ｽｽ)を出す ②つまらない[無為な]生活をする

**копти́лка** 複生 -лок [女2]《話》(燃料用の瓶と芯だけでほやのない)ランプ

**копти́льня** 複生 -лен [女5] 燻製室[工場]

**копти́ть** -пчу́, -пти́шь 受過 -пчённый (-чён, -чена́) [不完] / 〘完 **на~**〙①〘回〙煤(ｽｽ)で覆う ③〘完 **за~**〙燻製にする ④[不完]《話》無為に暮らす (~ не́бо) ∥ **-ся** [不完] / 〘完 **за~**〙①煤で覆わ

れる ②燻製になる

**копу́ша** (女4変化形) [男・女]《話》のろま

**копче́ние** [中5] ①燻製(にすること) ②〘複〙燻製食品(品), 燻製品

**копчёности** -ей [複] 燻製食品

**копчён|ый** [形1] ①燻製の, 燻製にした: ~ **сыр** スモークチーズ | **-ая ры́ба** 魚の燻製 ②煤けた ③〘隠〙ベテラン

**ко́пчик** [男2] 〘解〙尾骨, 尾骶(ﾋﾞ)骨 ∥ **-овый** [形1]

**копы́тн|ый** [形1] 蹄(ﾋﾂﾞ)の; 有蹄の **-ые** [複名] 〘動〙有蹄類

**копы́т|о** [中1] 蹄(ﾋﾂﾞ), 蹄の音: ~ **быка́** 牛の蹄 | **Конь бьёт -ом.** 馬が蹄を鳴らす ②〘通例複〙《若者・蔑》足 ◆ **свали́ть с копы́т** …を殴って倒す | **отки́дывать [отбро́сить] -а** 《俗》死ぬ | **слета́ть [свали́ться] с копы́т (доло́й)** 《俗》倒れる, 転ぶ | **шевели́ть -ами** 速く歩く ∥ **копы́тце** 複生 -тцев/-тец [中2]《話》〘指小・愛称〙

\***коп|ьё** ко́пья, -ий, -ьям [中4] [spear, lance] ①槍 ②〘スポ〙槍投げ ③〘硬貨の表〙: ни **-ья́** 《俗》(金が)全くない ◆ **лома́ть ко́пья из-за** 圉 《皮肉》…が原因で口論する

**копьемета́тель** [男5] 槍投げ選手

**..кор** 〘語形成〙「記者」

**кор|а́** [女1] [bark] ①〘植〙樹皮: ~ **берёзы** 白樺の樹皮 ②(何かの)外皮, 硬化した層: **ледяна́я ~** (水面などの)氷の層 | **земна́я ~** 〘地〙地殻 | ~ **больши́х полуша́рий [головно́го мо́зга]** 〘解〙大脳皮質 ③《若者》面白い話[出来事]

**корабе́л** [男1]《話》造船技師, 造船工場労働者

**корабе́льн|ый** [形1] < кора́бль: **-ая ро́ща** = ~ **бор** (船造りに適した)背が高く真っすぐな木の森; ~ **лес** 造船用木材

**корабе́льщик** [男2] ①〘旧〙船主; 水夫, 船員 ②造船技師, 造船工場労働者

**кораблекруше́ние** [中5] 海難[水難]事故, 難破: **терпе́ть ~** 海難に遭う, 難破する

**кораблестрое́ние** [中5] 造船 ∥ **кораблестрои́тельный** [形1]

**кораблестрои́тель** [男5] 造船技師, 造船工場労働者

**кора́блик** [男2] ①《話》〘指小〙< кора́бль ②おもちゃの船 ③〘フィギュア〙スプレッドイーグル

\***кора́бл|ь** [カラ-ブリ] -я́ [男5] [ship, vessel] (通例大きな)船; (軍関係の)船; (マストが複数ある)帆船: **вое́нный [лине́йный] ~** 軍艦[戦艦] | **фла́гманский ~** 旗艦, フラッグシップ | **сесть на ~** 乗船する ②飛行船, 飛行機: **косми́ческий ~** 宇宙船 | **челно́чный (косми́ческий) ~** スペースシャトル | ~ **-спу́тник** 衛星船 ③〘建〙(教会の)身廊 ◆ ~ **пусты́ни** 〘動〙ラクダ (верблю́д); ~ **-я́ на бал** 状況が180度変わって | **сжечь [сжига́ть] -и́** 退路を断って行動に出る | **Большо́му -ю́ – большо́е пла́вание.** 〘諺〙浅木に大魚乗ぎ (← 大船には大積み荷)

**кора́лл** [男1] ①サンゴ(★生物としては「対各 =生格」, 死んで残された骨骼は「対各 = 主格」) ②サンゴ色 [鮮やかな赤色]のもの ∥ **кора́лловый** [形1]: ~ **риф** 珊瑚礁

**кора́ллово..** [語形成]「珊瑚の」

**кора́н** [男1] 〘イスラム〙コーラン

**корве́т** [男1] ①(15-16世紀の)3本マストの軍艦(哨戒, 通報などを行う) ②(英米の)コルベット艦 ③〘ダ〙コルベット・コルベット

**ко́рда** [女1] 調場用ロープ

**кордебале́т** [э] [男1] コール・ド・バレエ

**кордо́н** [男1] ①国境警備隊 ②(侵入を防ぐための)

**корми́лица**

警備用ライン; 国境: уходи́ть за ~ 《話》国境線を越える **‖~ный**

**корев|о́й** [形2] ① < корь ② ~ [男名] **/-а́я** [女名] はしか患者

**коре́|ец** -е́йца [男3] **/ коре́|нка** 複生-нок [女2] 朝鮮人, 韓国人, (極東などの)朝鮮族

**корёжить** -жу, -жишь [不完] **/ис~, по~, с~** [完] 受-женный [完] ①《無人称でも》(熱などで)熱を加えて歪める, 曲げる ②《無人称でも》(熱・寒さ・痛みなどで)震えさせる, 痙攣(ﾊﾟｲﾚﾝ)させる ③《話》不快の気分にさせる

**коре́йка** [女2] (豚·子牛の)スペアリブ

**коре́йск|ий** [形3] 朝鮮[韓国](人, 語)の: *-ая* морко́вь 《料理》「高麗人参」サラダ(朝鮮様式として広く流通), морко́вь по-коре́йски ♦ **К~ полуо́стров** 朝鮮半島 | **К-ая Наро́дно-Демократи́ческая Респу́блика** 朝鮮民主主義人民共和国(略 КНДР; 首都は Пхенья́н)

**корена́ст|ый** 短-а́ст [形1] (人・馬・植物・建物など)背が低くがっちりした

**корени́ться** -ни́тся [不完] 〈в圏〉①…に深く根を張る, 固着している ②…に起因する

**коренни́к** -а́ [男1] ①(3頭立ての)軸となる馬 ②《圏》その土地にずっと暮らしている住人, 生え抜きの職員 ③《話》(仕事などで)中心的な人物

*\***коренн|о́й** [形2] [native, radical] ①ずっとその土地に暮らしていて, (産業などが地域の)中心的な: *-ы́е жи́тели* 先住民 ②根本的な, 重要な: ~ зако́н 原則 | *-ы́м* о́бразом 根本的に, 完全に ③中心の, メインの: *-а́я* ло́шадь 軸となる馬 ④ ~ [男名] **/-а́я** [女名] 軸となる馬 ■ *-ы́е зу́бы* 臼歯

*\***ко́р|ень** [コーリニ] -рня 前о-, на- -ни́, о-, при-, рне́й [男5] [root] ①《植》根, 根茎; (植物を数えて) … 本; (根を浸し込んだ)薬酒; (根でできた)薬草, 民間薬: вырыва́ть с *~нем* 根っこから抜く; …ときっぱりと別れる; すっかり忘れる | выруба́ть [среза́ть] под ~ …を根元で[切株を残さずに]切り倒す | мы́льный ~ 《植》サボンソウの根の部分 (毛根·歯根などにおける)あるものの他の部分との接続部: красне́ть [вспы́хивать] до *-не́й* воло́с 耳まで[目を向けて]真っ赤になる ③起源, 発生源; 《話》(深いところにある)つながり, 関係: каки́х-л. *-не́й* …の起源[出]である | како́го-л. *-ня* 《話》…の家族である ④根源, 原因: зла́ 悪の根源 | добра́ться [докопа́ться] до (са́мого) *-ня* до (са́мых) *-не́й* 根本的な原因にまでたどり着く | глубо́кими [про́чными] *-ня́ми* быть свя́занным с … と深いつながりがある | гляде́ть [зреть, смотре́ть] в ~ (вещё́и) 物事の本質に目を向けする ⑤ (馬車で3頭立ての)ま中, (貧に)貧き: запря́чь [пусти́ть] 圏 в ~ (馬を3頭立ての)真ん中につなぐ ⑥《言》語根 ⑦《数》根:квадра́тный [куби́ческий] ~ 平方[立方]根 | ~ уравне́ния 方程式の解 ♦ *на-нюу* 土に植えられたままの状態で; 始めの段階で; 発展することなく | *в -не* 根本的に, 完全に | *врасти́ [прирасти́] -нями* (気持ち・心が)根づく, 深さを感じるようになる | *пуска́ть (глубо́кие) -ни*《話》根を張る, しっかりと根づく ■ *возду́шные -ни* 《植》気根, 根 = *жи́зни* = *лече́бный ~* 《植》朝鮮人参

**коренья́** -ьев [複] 根菜

**корефа́н** [男1] 《若者・俗》友人, 同志

**ко́реш** 複-а́ [男4] 《俗》親友, 友人

**корешева́ть, кореши́ть(ся)** -шу́(сь), -ши́шь(ся) [不完] **/за~, с~** [完] 《若者》〈с圏と〉友達になる, 仲良くなる

**кореш|о́к** -шка́ [男2] ①《話》[指小] < ко́рень ② キノコの柄の部分 ③ (本などの)背 ④(引き換え券などの)切り取って残る部分 ⑤《複》= коре́нья ⑥《複》刻みたばこの一種 ⑦《俗》親友, 友人 ⑧《俗》(窃盗団の)ボス **‖~ко́вый**

*\***Коре́я** [女6] [Korea] 朝鮮, 韓国: Се́верная ~ 北朝鮮 (КНДР) | Ю́жная ~ 韓国 ■ **Респу́блика ~** 大韓民国(首都は Сеу́л)

**коренёнка** → коре́ец

**кор́ж** -а́ [男4] 大きな平たい丸パン

**ко́ржик** [男2] 《話》クッキー

*\***корзи́н|а** [女1] ① [basket] 籠, バスケット; (スーパーの)ショッピング籠: броса́ть [отправля́ть] в ~у (書類·原稿などを)捨てる, 没にする | попа́сть в ~у (書類·原稿などが)没になる, (バスケットで)ゴールする | потреби́тельская ~ 一定の生活水準を維持するためにある必要な商品[サービス]; その額 ②気球の籠 ③ 《バスケットゴール》④《コン》ごみ箱 **‖-ный** [形1]

**корзи́н|ка** 複生-нок [女2] ①《話》[指小] < корзи́на ①③ ②頭状花序 **‖~о́чка** 複生-чек [女2] 《話》[指小・愛小]<①

**кориа́ндр** [男1] 《植》コエンドロ, コリアンダー

*\***коридо́р** [カリドール] [男1] [corridor] ①廊下; 両側から挟まれている狭い通路 (国際法上での)回廊: возду́шный ~ 空中回廊 | в *-а́х* вла́сти = в бюрократи́ческих *-а́х* 政治権力機関(あるいはそれに近いところ)で ■ зелёный (кра́сный) ~ (空港で)税関申告が不要[必要]な人用の通路 **‖-чик** [男2] 《話》[指小・愛小] <①

**коридо́рн|ый** [形1] ① < коридо́р: *-ая* систе́ма 全ての部屋のドアが1つの廊下に面するように配置する設計法 ② ~ [男名] **/-ая** [女名] 《旧》(ホテルの)客室係

**кори́нфский** [形3] 《建》コリント様式の

**кори́ть** -рю́, -ри́шь [不完] 〈圏を за 圏/圏について〉非難する

**корифе́й** [男6] 《雅》〈圏の〉大家, 巨匠, 重鎮

**кори́ца** [女3] 《植》シナモン(香辛料)

**кори́чнево..** [語形成] 「茶色の」

*\***кори́чнев|ый** [形1] [brown] ①茶色の, 褐色の: 《話》日焼けした ②ファシズムの: *-ая* чума́ 《蔑》ファシズムの蔓延 | ~ фаши́ст 《俗》ファシスト ♦ *-ы́е я́блоки* リンゴの一種 (кори́чные я́блоки)

**кори́чн|ый** [形1] < кори́ца: *-ые* дере́вья ①シナモン[肉桂](の木) ②シナモンからとれる

**ко́рк|а** 複生-рок [女2] ①(果物の)皮, 外皮 ②パンなどの皮, 皮の表面の硬い層(かさぶたなど) ③《話》(本·ノートの)硬い表紙, ハードカバー ④《話》パスポート, 身分証明書, ID カード, 免状, 運転免許証 ♦ *брани́ть на все́ -и* ひどくのしる | *от -и до -и* 初めから終わりまで, くまなく, 隅々まで **‖ коро́чка** 複生-чек [女2] 《話》[指小・愛小] <①

**ко́рковый** [形1] < ко́рка:①②③《解》大脳皮質の

**корм** -а/-у 前о-е-, на-е́/-ý 複-а́ [男1] ①餌; 《複》飼料: гру́бые *~а́* 粗飼料 | да́ть [зада́ть] ~ [*~а, ~ý*] 餌を与える ② (人間の)食べ物 ③《話》(動物への)餌やり; *подно́жный ~* (放牧された動物が食べる)牧草; 《話》ただありつける食事

**корма́** 複кóрм [女1] (船の)船尾, (飛行機などの)最後尾 (↔ нос)

**кормёжка** 複生-жек [女2] 《話》 ① = кормле́ние ② (野生動物の)餌場 (馬などの移動中の)餌やり場 ④食物

**корми́л|ец** -льца [男3] **/-ица¹** [女3] 扶養者, 家族の主たる稼ぎ手: пои́лец и ~ = пои́лец-~ 《話》扶養者

**корми́лиц|а²** [女3] ①乳母 ②他の動物の子を育てる動物 ③《雅・詩》生命の源 (大地など) ♦ *куса́ть* грудь -ы恩を仇で返す, 飼い犬に手を噛まれる

**корми́л|о** [中1] 〔旧〕〔雅・皮肉〕権力 : y -a вла́сти 権力〔政権〕を握って

\*\*корми́ть [カルミーチ] кормлю́, ко́рмишь, ... ко́рмят 命 -ми́! 受過 ко́рмленный [不完]〔feed〕〔対〕① 〔完 на~〕〈人に〉食事を与える ;〈因に因を〉〈動物に餌を与える〉〈人に餌をやる〉| ~ люде́й ща́ми 人々にスープを出す | ~ за́втраком [обе́дом, у́жином] 朝食〔昼食, 夕食〕を出す | Здесь хорошо́ ко́рмят. ここは食事がよい ② 〔完 на-〕〈病人などに〉食事をさせる ;〈乳児に〉授乳する: ~ больно́го с ло́жки [ло́жечки] スプーンで病人に食事を食べさせる | ~ младе́нца из буты́лочки 子どもに母乳を吸わせる | ~ младе́нца из буты́лочки 子どもに哺乳瓶で(ミルクを)飲ませる ③ 〔完 про-〕養う ;〈物が 主語〉飯の種になる : ~ всю семью́ 家族全員を養う ◆ ~ комаро́в [вшей, клопо́в] ひどい状況で暮らす | ~ за́втраками [обеща́ниями] 〔完〕約束しては反故にする | хле́бом [мёдом] не корми́ …にうまいものなど与えるな(それほど…が好きなのだから) | (как) на убо́й腹いっぱいに食べさせる

**корми́ться** кормлю́сь, ко́рмишься [不完] ① 餌を食べる ;〈人が〉食事をとる ② 〔完 про-〕〔無人称〕語 /圏で /〈完〉от/с圏で〉生計を立てる : ~ свои́м трудо́м 自らの労働で生活する ③〔受身〕< корми́ть

**кормле́ние** [中5] 給餌, 給食, 飼育, 養育

**кормо́..** 〔語形成〕「飼の, 飼料の」

**кормово́й¹** [形1]〔農〕〔旧〕食費として給付される ; -ы́е [複名]食費としての給付金

**кормово́й²** [形1] < корма́① ② ~ [男名]/-а́я [女名]舵手, 舵取り

**корму́шк|а** 複生 -шек [女2] ① 餌箱 ②〔話・蔑〕うまい汁が吸える地位〔システム〕

**ко́рмчая** (形6変化) [女] : ~ кни́га〔キリスト〕教会法典

**ко́рмчий** (形6変化) [男]〔雅・皮肉〕① 舵手 ② 指導者

**ко́рмщи|к** [男2]/-ца [女3] ① [男]舵手 ② リーダー, 指導者

**корневи́ще** [中4]地下茎 **// -ный** [形1] < ①

**корнево́й** [形2] < ко́рень

**корнепло́д** [男1]〔しばしば複〕根菜 **// -ный** [形1]

**ко́рнер** [男1]〔サッカー〕コーナーキック

**корне́т** [é/о́] [男1] ①〔露史〕〔帝露騎兵隊・国境警備隊の〕少尉 ②〔楽〕コルネット(金管楽器)

**корнишо́н** [男1]〔料理〕(ピクルス用)小さいキュウリ

**ко́рня** [男5]同格 ; 生格 > ко́рень

**ко́роб** 複 -á/-ы [男1] ①〔旧〕(靱皮などでできた)籠, 箱 ②(馬車などの)車体 ◆ наговори́ть [навра́ть] (с) три ~á [完]信用できないことをたくさん話す | (це́лый) ~ новосте́й たくさんのニュース

**коробе́йник** [男2]〔旧〕行商人 (同名のロシア民謡がある)

**коро́бить** -блю, -бишь [不完]/ по-, с- 受過 -бленный〔無人称〕〔対〕①曲げる, 反らせる ②〔話〕不快にさせる **// -ся** [不完] ①反る, たむむ ②〔不完〕〔受身〕< ①

\*\***коро́бк|а** [カローブカ] 複生 -бок [女2]〔box, case〕 ①箱, 小箱 : ~ из-под сигаре́т たばこの箱 | ~ конфе́т [с конфе́тами]菓子折り ② 〔話〕四角い建物 ~ ско́ростей 〔機〕ギアボックス, 変速装置 | черепна́я ~〔解〕頭蓋 **// коро́бочный** [形1] < ①

**коробо́к** -бка́ [男2]〔話〕〔指小〕< ко́роб ②(主にマッチの)小箱

**коро́бочк|а** 複生 -чек [女2] ①〔指小〕< коро́бка ②〔植〕蒴果 ③ К- 〔楽〕(ロシア民謡)行商人 (Коро-

бе́йники とも ; 日本では「コロブチカ」のフォークダンスとして伝わっている)

**коробу́шка** 複生 -шек [女2]〔民話・詩〕= ко́роб, коро́бка

**коро́бчатый** [形1]箱型の

\*\***коро́в|а** [カローヴァ] [女1]〔cow〕①雌牛 ②(鹿などの)偶蹄類動物の雌 ③〔俗〕太って賢くない女 ◆ как [бу́дто] ~ языко́м слиза́ла [слизну́ла]一瞬にして(姿を消す) | до́йная ~ 乳牛 ;〔俗〕(長期間に渡って)利益を生み出すもの | (сиде́ть) на э́том как на -е седло́ …には……に全く似合っていない | свяще́нная ~敬われているもの ■ морска́я ~〔動〕マナティ, 海牛 **// коро́вий** [形3] < ①

**коро́вник** [男2]牛小屋

**коро́вушка** 複生 -шек [女2]〔話〕〔愛称〕< коро́ва ①

**коровя́к** -á [男2] ①〔植〕モウズイカ ②牛糞から作られる肥料の一種

**корое́д** [男1]〔昆〕キクイムシ

**короле́в|а** [女1]〔queen〕①女王 ②王妃 ③〔話〕〈圏の〉女王 : ~ та́нца ダンスの女王 ④〔チェス〕クイーン (фе́рзь)

**короле́вич** [男4]〔民話〕王子

**короле́вна** 複生 -вен [女1]〔民話〕王女

\*\***короле́вский** [形3]〔royal〕①王の, 王女の ; 王室の ②すごく豪勢な, 最良の

\*\***короле́вство** [中1]〔kingdom〕王国

**короле́к** -лька́ [男2] ①〔話〕〔卑称〕< коро́ль ②〔植〕柿の一種 ③〔鳥〕キクイタダキ : желтоголо́вный ~ キクイタダキ ④〔エ〕貴金属の小さな球 **// королько́вый** [形1]

\*\***коро́л|ь** [カローリ] -я́ [男5]〔king〕①王, 国王 ②〔話〕〔比喩的〕〈圏の〉~ : газе́тный ~ 新聞王 | ~ джа́за ジャズの王様 ③(組織のリーダー ; 権威ある人物 ;〔犯罪グループの〕ボス ④〔トランプ・チェス〕キング (→ фигу́ра 活用) ◆ ~ го́лый — 裸の王様 | ку́м -ю́ 誰にも一目置かれる | К- у́мер, да здра́вствует ~!《文. 皮肉》交代して去った人がすぐ忘れられてしまうこと | игра́ть в ~я́ 偉そうに振る舞う

**коромы́сл|о** 複生 -сел [中1] ①天秤棒 : нести́ вёдра на ~ バケツを天秤棒にかけて運ぶ ②〔機〕ヨーク, てこ ◆ ды́м -ом 騒々しさ **// -ный** [形1] < ②

**коро́н|а** [女1] ①王冠 ; 王権 : возлага́ть -y на кого́ …を即位させる | лиши́ть кого́ -ы 王を王位から追い落とす | сложи́ть с себя́ ~у = отказа́ться от -ы退位する ②〔天〕コロナ, 光冠

**корона́рный** [形1]〔解〕冠状動脈の

**корона́ция** [女9]戴冠式 **// -ио́нный** [形1]

**коронова́ть** -ну́ю, -ну́ешь 受過 -о́ванный [完・不完]〔対〕戴冠する, 即位させる : коронованный 王位に就いている **// -ся** [不完・完]即位する

**коро́ста** [女1]〔医〕疥癬かさぶた

**коросте́ль** -я́ [男5]〔鳥〕ウズラクイナ

**корота́ть** [不完]/ с- 受過 -ро́танный [完]〔対〕〈за圏で〉〈時間を〉…で・しながら〉過ごす, つぶす : ~ свой век 知らない間に年をとる

**коро́тенький** [形3]〔話〕〔愛称〕<коро́ткий ①

**коро́тк|ий** [カロトキイ] 短 ко́роток, -тка́, ко́ротко/-тко́, -тки/коротки́ 比 -ро́че (★-ро́ток, -ро́тка, -ро́тко, -тки は〈やや旧〉) [形1] 〔short, close〕① (長さが)短い(↔дли́нный);(口)背の低い:~ие во́лосы 短い髪 | ~ая стри́жка ショートカット(髪形) | ~ие во́лны (ラジオの)短波
② (時間的に)短い(↔до́лгий):~ое ле́то 短い夏 | ~ срок 短期間 | -ая распра́ва 断固とした素早い制裁 | ~ уда́р 素早く強い打撃
③〔短尾〕(寸法が)短すぎる;(時間的に)短い:Пла́тье ко́ротко. 私のドレスは短すぎる
④ 親しい, 近い間柄で:быть [находи́ться] на -о́й ноге́ с 囲 …と親しく付き合っている | сходи́ться [стать] на -у́ю но́гу с 囲 …と親しく付き合うようになる
◆ру́ки ко́ротки у 囲 …には手に余る, できない, 権利がない | с ~ разгово́р ~ とは言うことなく話を打ち切る, 意味のない(行動あるのみ) | ~ ко́роток умý у 囲(★アクセント注意)…は愚かで | -ая па́мять у 囲 …は記憶力が悪い, 物覚えが悪い | коро́че воробьи́ного но́са 極めて短い[小さい]

*ко́ротко [副]〔shortly〕① 短く, 手短に:~ о себе́ 自己紹介 ② 親しく ◆(до́лго ли,) ~ ли《民話・詩》どのくらいの時間か(歩くと)

**коро́тко..** 〔語形成成分〕

**коротков́а́т|ый** 短 -áт [形1]〔話〕少し短い, 短めの //-о [副]

**короткволно́вый, коротковолно́вый** [形1] 短波(ラジオ)の

**короткометра́жка** 複生 -жек [女2]〔話〕短編映画

**короткометра́жный** [形1] (映画が)短編の

**короты́ш** [男4], ~ка 複生 -шек (女2変化) [男・女]〔話〕背の低い人, ちび //-ка 短いもの

**коро́че** [形][比較<коро́ткий, коро́тко)短い[く];手短に ◆~ говоря́ 手短に言えば, 要するに

**ко́рочка** 複生 -чек [女2] ①<ко́рка ②〔複〕〔俗〕装丁された証明書;パスポート;身分証, ID;(特に)卒業証書;〔単〕勤務証明書 ③〔俗〕(通例男性用の)靴 ④〔若者冗談〕〔ウィット〕に富んだ表現

**корпе́|ть** -плю́, -пи́шь [不完]〔話〕<над囲/за囲〉長時間懸命に...に取り組む

*корпора́ция [女9]〔corporation〕① 同業者団体, 組合 ② 法人, 株式会社

**корпорати́вный** [形1] 法人(組織)の, 株式会社の

**кòрпу́нкт** [男1] (新聞社・通信社の)支局 (корреспондéнтский пункт)

**ко́рпус** [コールプウス] [男1]〔body〕①(人間・動物の)胴体, ボディ ② (複 -á)建物の棟:жило́й ~ 住居棟 | гла́вный ~ 本部 ③〔複 -á〕(船・飛行機・自動車などの)ボディ, 車台, 車体, シャーシ ④〔複 -á〕(機械などの)本体:часы́ ~ скри́пки ヴァイオリンの胴
⑤ 〔複 -á〕〔建〕(建物の)棟, 骨組み
⑥〔複 -á〕〔軍〕軍団:пехо́тный ~ 歩兵軍団 | жанда́рмский ~ = 〕жандарме́рия (ニコライ1世創設の)憲兵隊 ⑦〔単〕身分や職業などが同一な人々の集団:дипломати́ческий ~ 外交団 | депута́тский ~ 議員団, 代表団 ⑧ 10ポイント活字 ⑨〔単〕(旧)全集, 全書, 集成 ⑩〔コーパス〕 //-но́й [形2] <⑦〕;[形名] 軍の指揮官;~ный [形1] <②③⑤⑥⑨

**корректи́рова|ть** -рую, -руешь 受過 -анный [不完] /от- [完] ① 〔完сを~с~〕修正する:~ стрельбу́ огня́, (照準を)修正する ② 校正する //-ся [不完]〔受身〕 //-ние [中5], корректиро́вка [女2]

**корректиро́вочный** [形1] 修正(するため)の

**корректиро́вщи|к** [男2] /-ца [女2] ① 修正する人 ② 〔男〕〔軍〕着弾観測者;着弾観測機

**корре́ктн|ый** 短 -тен, -тна́, -тно [形1] ① 礼儀正しい ②〔文〕正しい, 規則にかなった //-о [副] //-ость [女10]

**корре́ктор** [男1] ① 校正者, 校正係 ② 補正器, 修正装置:орфографи́ческий ~〔コン〕スペルチェッカー

**корре́кторск|ий** [形3] ① 校正者[係]の //-ая [女名] 校正室

**корректу́ра** [女9] ① 校正, 校正刷り, ゲラ刷り;держа́ть ~у〔印〕校正する | втора́я ~ 再校刷
② 校正刷り

**корректу́рн|ый** [形1] :-ные листы́ [о́ттиски] 校正刷り

**корреля́ция** [女9]〔文〕相関(関係) //-ио́нный [形1]

*корреспонде́нт [カリスパンジェーント] [男1] / ~ка 複生 -ток [女2]〔correspondent〕① 文通相手 ② 記者, 特派員:~ гaзе́ты 新聞記者 | вое́нный ~ 従軍記者 | чле́н-~ (学会などの)準会員, 通信会員 ③〔男〕〔金融〕コルレス先 //корреспонде́нтский [形3] :~ пункт 新聞社・通信社などの支局

**корреспонде́нция** [女9] ①〔旧〕文通, 手紙のやりとり:вести́ -ию с 囲 …と手紙のやりとりをしている ②〔集合的〕郵便物 ③ (現地・現場からの)通信文, 記事 ④〔金融〕コルレス取引

**корреспонди́ровать** -рую, -руешь [不完] ①〔旧〕通信文[記事]を書いて送る ②〔旧〕手紙のやりとりをする ③〔文〕<с囲〉に対応する, 相関する

**корри́да** [女1] (主にスペインの)闘牛士

**корроди́ровать** -рую, -руешь 受過 -анный [不完・完] = коррози́ровать

**корро́зия** [女9] ①〔化〕腐食 ②〔地質〕浸食 ③〔比喩的腐敗 //-и́йный, -ио́нный [形1]

**коррози́ровать** -рую, -руешь 受過 -анный [不完・完] ①〔囲〕腐食[浸食]する ② 腐食[浸食]される

**коррумпи́рованн|ый** 短 -ан, -анна [形1]〔文〕 汚職に手を染めた, 汚職にまみれた //-ость [女10] 汚職度, 腐敗度

**коррупционе́р** [男1] 買収された公務員 [政治家]

*корру́пция [女9]〔corruption〕〔文〕〔政〕汚職, 贈収賄;それによる腐敗 //-ио́нный [形1]

**корса́ж** [男4] ① コルサージュ ②(スカートの)ベルト //~ный [形1]

**корса́к** -á [男2] ①〔動〕コサックギツネ ②〔俗・蔑〕アジア系の外見の人

**корса́р** [男1] 海賊, 海賊船

**корсе́т** [男1] コルセット //~ный [形1]

**корт** [男1]〔スポ〕テニスコート

**корте́ж** [男4]〔フ〕行列, パレード;車列

**кóртик** [男2] (海軍・空軍士官が持つ)短剣

**ко́рточк|и** ◆(сиде́ть) на -ах しゃがんで | (сади́ться, опуска́ться) на ~ しゃがむ | поднима́ться [встава́ть] с ко́рточек しゃがんだ格好[状態]から立ち上がる

**корча́га** [女2]〔旧〕(通例素焼きの)大きな壷[かめ]

**корчева́ть** -чу́ю, -чу́ешь [不完][不定]<囲〉(木などを)根こそぎ掘り出す, 抜根する

**ко́рча** 複生 -чей [女4]〔通例複〕〔話〕痙攣

**ко́рчить** -чу, -чишь [不完] /с~ 受過 -ченный [完] 〔話〕<囲〉 ①〔無人称〕痙攣(攣)させる, 引きつらせる | ~ лицо́ [гримáссу] しかめっ面[変顔]をする ②〔話・蔑〕…のまね[ふり]をする:из себя́ знато́ка物知りぶる | ~ (из себя́) дурака́ [ду́рочку] ばかなふりをする, ばかなことをして楽しむ

**ко́рчиться** -чусь, -чишься [不完] /**с~** [完]《話》(痙攣で)身もだえする: ~ от бо́ли 痛みで身もだえする

**ко́ршун** [男1]《鳥》トビ亜科 //**-ий** [形9]

**коры́стн|ый** [сн] 短 -тен, -тна [形1] ① (目的・意図が)欲得ずくの, 打算的な ② (人が)打算的な, 利益争いに貪欲な ◆*из -ых побужде́ний* 欲得ずくで //**-о** [副]

**корыстолюби́вый** 短 -и́в [形1]《文》欲深い

**корыстолю́бие** [中5]《文》得になることだけを追うこと

**коры́ст|ь** [女10] ①もうけ, 利益: без вся́кой *-и* もうけを求めず | ра́ди [из] *-и* もうけのために ②もうけを追求する気持ち

**коры́т|о** [中1] たらい, 桶 ◆*у разби́того -а*《諺・皮肉》持てるものを全て失った状態で //**-це** 複生 -тцев, -тец [中2]《指小・愛称》

**корь** [女10]《医》はしか, 麻疹

**корю́шка** 複生 -шек [女2]《魚》キュウリウオ

**коря́бать** [不完]《俗》引っかく, 引っかき傷をつける《話》ぞんざいに書く, 殴り書きする

**коря́во** [副] ぎこちなく; 下手に ②《若者》誤って, 間違って

**коря́вый** 短 -я́в [形1] ① (木が)節(㍼)の多い, ごつごつした, 曲がりくねった ② (手・指が)ごつごつした ③《話》(言葉・筆跡などが)ぎこちない

**коря́га** [女2] 根から倒れた木[株], 立ち枯れた木の根元 //**коря́жка** 複生 -жек [女2]《話》《指小・愛称》

**коря́|к|** /**-чка** 複生 -чек [男3] [女2] コリャーク人 **коря́кский** [形1]: *К~ автоно́мный о́круг* コリャーク自治管区

**коря́читься** -чусь, -чишься [不完]《俗》① (足を広げて)しゃがむ ②ふんばる, 力を込める ③懸命に働く ④強情を張る ⑤困窮する

**кос|а́** 対 ко́су/косу́ 複 ко́сы [女1] ①おさげ髪, 編んだ髪; 弁髪: заплести́ во́лосы *в ко́су* [-о́й, коса́ми] 髪を編む | расплести́ косу́ 編んだ髪をほどく (★結婚式における儀式) ②(対 косу́) 大鎌: маха́ть *-о́й* 大鎌を振るう ③砂州, 砂嘴 ④細長いもの ◆*хо́т -о́й ко́си* (キノコが)たくさん生えている ◆*Нашла́ ~ на ка́мень*. 双方一歩も譲らない, 火花を散らしてぶつかり合う

**коса́рь** [男5] ①草刈りをする人; (穀物を)刈り取る人 ②鉈(なた)

**коса́тка** 複生 -ток [女2] ①《動》シャチ ②《鳥》ヨシガモ

**коса́ч** -а́ [男4]《鳥》クロライチョウの雄 (тéтерев- ~)

*****ко́свенн|ый** 短 -ен, -енна [形1]《indirect, oblique》① (旧) 斜めの (косо́й) ②間接的な: *-ые* вы́боры 間接選挙 | *-ые* доказа́тельства (ули́ки) 間接証拠, 状況証拠 | *-ым* о́бразом 間接的に | ~ вопро́с《文法》間接疑問 //**-о** [副]

**косе́ц** -сца́ [男3] = коса́рь¹

**коси́лка** 複生 -лок [女2] 草刈り機, 刈り取り機

**ко́синус** [男1]《幾何》コサイン, 余弦

**коси́ть¹** ко́шу, ко́сишь 受過 ко́шенный [不完] /**с~** [完] ①草・穀物などを刈る: *сéно* 草を刈って干草にする ②薙倒(なぎたおす) ~**ся¹** [不完] <①

**коси́ть²** кошу́, коси́шь [不完]《話》①斜めにする, 歪む [完 **с~**]《俗》斜めにする: ~ рот 口を歪める ③[完 **с~**]《俗》《目・視線などを》横目にする: ~ взгляд на тыл …を横目で見る | ~ гла́зом [глаза́ми] 横目で見る ④《不完》斜視である: на пра́вый [ле́вый] глаз 右[左]目が斜視である ⑤[完 **за~**]《若者》《軍》《俗》兵などを》逃れる ⑥[完 **за~**]《若者》《под/на頭のふりをして》仮病を使う ⑦《隠》だます, 嘘をつく

**коси́ться²** кошу́сь, коси́шься [不完] /**по~** [完] ①斜めになる, 傾く ②《話》《на誰を》横目で見る; (目が) 横を向いている: ~ гла́зом [глаза́ми] 横目で見る ③《不完》《на誰を》疑いの目で見る

**коси́ца** [女3] ①《話》(短く厚みのない)おさげ髪, 編み髪; 髪の房 ②《海》《帆・ペナントの》尖った先端部

**коси́чка** 複生 -чек [女2]《話》《指小》= коса́ ② 髪の房 (коси́ца): де́вочка с *-ами* お下げ髪の少女

**косма́тый** [形1] (動物の毛・毛皮が)ふさふさした; (髪が)ぼさぼさの

**косме́тика** [女2] ①美容(術), 化粧法 ②《集合》化粧品 //**космети́ческ|ий** [形3]: -ое сре́дство 化粧品 | ~ ремо́нт (建物・部屋の)修繕, リフォーム | *-ая* ма́ска 美顔用パック

**космети́чка** 複生 -чек [女2]《話》① (女性の)エステティシャン ② (化粧品を入れる)ポーチ

**космето́лог** [男2] 美容(外科)医

**космотоло́г|ия** [女9] 美容(外科)学 //**-и́ческий** [形3]

**космиче́ск|ий** [ˈкəs.miˈtʃes.kij] [形3]《space, cosmic》① 宇宙 (ко́смос)の: -ое простра́нство 宇宙空間 | *-ая* пыль 宇宙塵 | -ие лучи́ 宇宙線 | *-ая* ско́рость 宇宙速度 | ~ кора́бль 宇宙船 | -ие ста́нция 宇宙ステーション | -ое телеви́дение 宇宙からのテレビ中継 | Федера́льное -ое аге́нтство 連邦宇宙局 (Роскосмо́с) ② 巨大な, 莫大な //**-и** [副]

**космо..**《語形成》「宇宙(飛行)の」

**космови́дение** [中5] (宇宙からの)テレビ中継 (космиче́ское телеви́дение)

**космого́н|ия** [女9] ① 宇宙進化論, 宇宙起源論 ② 天地開闢(かいびゃく)説(世界生成の神話的説明) //**-и́ческий** [形3]

**космодро́м** [男1] ロケット発射基地; (発射基地のある)宇宙開発センター ■ К~ Байкону́р バイコヌール宇宙基地 //**-ный** [形1]

**космо́лог** [男2] 宇宙論学者

**космоло́г|ия** [女9] 宇宙論 //**-и́ческий** [形3]

**:космона́вт** [ˌkəs.mɐˈnaft] [男1]/《話》**-ик** 複生 -ток [女2]《astronaut》宇宙飛行士 (匠本ロシア・ソ連の宇宙飛行士は космона́вт; 日本, 米国などの宇宙飛行士は астрона́вт) //**-ский** [形3]

**космона́втика** [女9] 宇宙航法(学) //**-и́ческий** [形3]

**космополи́т** [男1]/**-ка** 複生 -ток [女2] ①コスモポリタン; 世界市民主義者 ②《男・複で》(動植物で)世界中に分布する種 //**-и́ческий** [形3] <①; **-ный** [形1] <②; **-и́ческий** 短 -чен, -чна [形1]

**космополит|и́зм** [男1] コスモポリタニズム, 世界市民主義 //**-и́ческий** [形3]

**:ко́смос** [ˈko.smɐs] [男1]《cosmos》①宇宙 ②《話》宇宙航法 (космона́втика)

**космосни́мок** -мка [男2] 宇宙船から撮られた地球や惑星の写真, 衛星写真

**космоте́хника** [女2] 宇宙技術, 宇宙工学

**ко́смы** косм [複]《話》ぼさぼさでもつれた髪の房

**косне́ть** [不完]/**за~** [完]《в画》にはまり込む, 身動きがとれなくなる ②《不完》(旧) 硬くなる; (音が)不明瞭になる: ~ язы́к (舌が動かず)不明瞭な音になる

**коснояз|ы́чие** [中5] ①不明瞭な発音 ②話下手なこと

**коснояз|ы́чн|ый** 短 -чен, -чна [形1] ① (人が)発音の不明瞭[不正確]な ② (言葉が)不明瞭な, 間違いの多い //**-о** [副] <② //**-ость** [女10]

**косну́ться** [完] = каса́ться

**ко́сн|ый** 短 -сен, -сна [形1] 保守的な, 革新を受け入れられない, 過去にしがみつきさがる, 因循な: -ое [中名]保守的[因循]なるもの: ~ о́браз жи́зни 沈滞した生活様式 //**-о** [副] //**-ость** [女10]

**ко́со** [副] <косо́й①②③ ◆ ~ и кри́во = ~, кри́во ぶざまに｜~ улыба́ться [усмеха́ться] 不敵に笑う

**ко́со..** [語形成]「斜めの」「斜視の」

**кособо́к|ий** 短-о́к [形3]《話》横に傾いた，歪んだ **//-ость** [女10]

**кособо́читься** -чусь, -чишься [不完] /**с-** [完]《話》横に傾く，歪む

**коси́ца** [女3] 刈り取り［草刈り］（の時期）

**Ко́сово** (不変)[中][中1] コソボ共和国(Респу́блика ~)

**косоворо́тка** 複生 -ток [女2]（男性用立襟の）シャツ（正面から胸にかけて横に襟を留める）

**ко́совский** [形2] コソボ(人)の

**косогла́зие** [中5]《医》斜視: расходя́щееся ~ 外斜視｜сходя́щееся ~ 内斜視

**косогла́зый** 短 -а́з [形1] ①《医》斜視の ②《話》目と目の間が離れた

**косого́р** [男1] (山・丘・窪地などの)斜面

**кос|о́й** [形2] -о́м, -са́, -со, -сы /-сы́ [形2] ①斜めの；до́ждь横殴りの雨 ②傾いた，左右非対称の ③(視線が)横目の，横を見た: -а́я улы́бка [усме́шка] ~ 不敵な薄笑い｜~ взгля́д [взо́р] 不審げな視線[眼差し] ④直角でない： ~ па́рус 三角マスト｜~ у́гол《数》鋭角，鈍角 ⑤《話》目と目の間が離れている ⑥斜視の ⑦《若者・俗》《話》酔った者 [男1]《民訳・詩》ウサギ(за́яц) ◆-а́я са́жень в плеча́х = -ро́стом -у́ю са́жень 背が高くがっちりした体格の ■ -а́я черта́ スラッシュ，斜線（ / ）(слэш)

**косола́пость** [女10] ①<косола́пый ②《医》内反足

**косола́п|ый** 短 -а́п [形1] ①（歩き方が）内股の，脚が内側を向いた ②[男名]《話》熊 ③《俗》不格好な ④《医》内反足の

**косору́кий** 短 -у́к [形1]《俗》①手首の曲がった ②ものが手につかない，不器用な

**косте́..** [語形成]「焚き火」

**костёл** [男1] (ポーランドなどの)カトリック寺院 **//-ьный** [形2]

**костене́ть** [不完] /**за-, о-** [完] 硬くなる，こわばる ◆**язы́к костене́ет у ⊕**《文》(人の)口が重くなる

*****костёр** [カスチョール] -тра́ [男1][bonfire, campfire] ①たき火；キャンプファイヤー: разводи́ть [заже́чь] ~ たき火に火をつける｜раскла́дывать ~ キャンプファイヤーを組む｜гре́ться у костра́ たき火のそばで温まる ②[植]スズメノチャヒキ属 ③(鉱)(柱状に重ねられた)坑道の支え **//-костеро́к** -рка́ [男2]《話》[指小・愛称]<①

**костери́ть** -рю́, -ри́шь [不完]《俗》<⊕ ひどくののしる［叱る］

**кости́стый** 短 -и́ст [形1] ①骨太の, 骨のがっちりした ②(魚が)小骨の多い

**кости́ть** кощу́, кости́шь [不完] = костери́ть

**костля́в|ый** [СЛ] 短-я́в [形1] ①痩せて骨ばった ②(魚が)小骨の多い

**ко́стн|ый** [СН] [形1]《医》<кость①: -ая мозо́ль 仮骨｜~ мозг 骨髄

**ко́сточк|а** 複生 -чек [女2]《話》①果物の種子[核] ②《指小》<кость ③コルセット［ドレス］に縫いこまれたプレート(★用法は кость に準ずる) **//-овый** [形1] <③

**костре́ц** -а́ [男3] ①仙骨の下部 ②(動物の)腿肉

**кострище** (中2変化)[男2][指大]<костёр [中] たき火の行われた場所

**кострово́й** (形2変化)[男1]《話》たき火の見張り番

**костро́вый** [形1] たき火の (костёр)の

**Костром|а́** [女1] ①コストロマ(同名の州都) ②[スラヴ神]コストロマ(豊穣と春の女神): по́хороны -ы́ [民俗]コストロマの葬式(聖神降臨祭 Тро́йца 最終日にわら人形を燃やして春を送る儀礼) **//костромск|о́й** [形4]: К-а́я о́бласть コストロマ州 (中央連邦管区)

**костыл|ь** -я́ [男2] ①松葉杖；(医療・リハビリ用)杖: ходи́ть на -я́х 松葉杖を使って歩く ②(上部が直角の)釘；[鉄道](レールを固定する)犬釘 ③《複》《若者・俗》足，脚

*****кост|ь** [コースチ] 前 о-и, в/на-и́ 複 -и, -е́й [女10][bone] ①骨: перело́м ~и 骨折｜широ́кий [кру́пный] в -и́ [形] (肩幅の)がっちりした体格をしている ②遺骨 ③《集合》(象・セイウチの)牙: слоно́вая ~ 象牙｜[打ち込む] ④さいころ，さいころを使うゲーム: игра́льные -и さいころ ⑤《俗》出身階層: бе́лая ~ 貴族[特権]階級出身の(人)｜чёрная ~ 下層階級出身の(人) ◆**-е́й не собра́ть [соберёшь]** 《話》死ぬ，身を滅ぼす｜**лечь -ьми́** [旧・俗] 戦死する(★ко́стьми́ は костя́ми の古い形)｜**мы́ть [перемыва́ть] -и ⊕** …の悪口［陰口］を言う｜**Хо́лод пробира́ет до -е́й.** 非常に寒い｜**стоя́ть [встать, стать] -ью в го́рле** 《話》目のかたきにする｜**стро́ить [созда́ть] на -я́х ⊕** …の犠牲の上に得る[打ち立てる]｜**язы́к без -е́й у ⊕** …はおしゃべりだ｜**разобра́ть [перебра́ть] по -я́м ⊕** …のことを細かに批判する

*****костю́м** [カスチューム] [男1][dress, clothes, costume] ①衣装，服装: национа́льный ~ 民族衣装｜спорти́вный ~ スポーツウェア｜купа́льный ~ 水着 ②スーツ: мужско́й ~ スーツを着た男性｜брю́чный ~ (女性用の)パンツスーツ ◆**в ~е Ада́ма** (男が)裸で｜**в ~е Е́вы** (女が)裸で **//-чик** [男2]《指小・愛称》

**костю́мн|ый** [形1]: -ая пье́са コスチュームプレイ，時代劇，歴史劇

**костюме́р** [男1]/**-ша** [女1]（演劇・映画撮影の）衣装係 **//костюме́рн|ый** [形1]: -ая [女名](劇場などの)衣装部屋, 衣装工房

**костюми́рованный** [形1] 仮装舞踏会[パーティー]用の服を着た，仮装した；舞台衣装を着た: ~ ба́л [ве́чер] 仮装舞踏会[パーティー]

**костюми́ровать** -рую, -руешь 受過 -ованный [不完・完] ⊕ (に)仮装舞踏会[パーティー]用の服を着せる，舞台衣装を着せる **//-ся** [不完・完] 仮装舞踏会用の服[舞台衣装]を着る

**Ко́стя** (女5変化)[男][愛称] = Константи́н

**костя́к** -а́ [男2] ①(人・動物の)骨格(скеле́т) ②骨組み，枠組み ③支柱，中核

**костяни́ка** [女2][植]ストーン・ブランブル

**костяно́й** [形2] (象牙などで)牙や骨でできた

**костя́шк|а** 複生 -шек [女2]《話》①拳骨 ②出っ張った骨: всё -и торча́т у ⊕ [形] (人が)がりがりに痩せている ③そろばんの玉 ④(ドミノなどの)牌

**косу́л|я** [女2] ①[動]ノロジカ属 ②《旧》犁(すき)，柄の短い鎌 **//-ий** [形9] <①

**косу́ха** [女2]《若者》（対角線上にファスナーやスタッズ (鋲)の付いた）革ジャン

**косы́нка** 複生 -нок [女2] ①(三角形の)スカーフ ②看護師の帽子 ③応急用の包帯 **//косы́ночка** 複生-чек [女2]《指小・愛称》

**косьба́** [女1] 草刈り，刈り取り；その時期

**кос|я́к** -а́ [男2] ①《ドア》①扉，窓枠 ②《話》斜めのもの；《俗》斜視 ③三角［楔］形の土地 ④（馬・魚・鳥の）群れ: лете́ть -о́м 群れになって飛ぶ ⑤《俗》麻薬入りのタバコ［打ち込む］，欠陥 ◆**бро́сить -á [-и́] на ⊕** 横目に見る；うらやむ｜**кида́ть -и́ на ⊕** 目で追う，追跡する；調べる｜**в ~ 《若者》**まずく，絶望的に｜**ки́нуть ~ 《若者》**規則から外れて行動する **//кося́чок** -чка́ [男2]《指小》<①④ **//кося́чный**

[形1] <①④>

**кот** [コート] -á [男1] 〔tomcat〕 ① 雄猫 (↔ко́шка) ② 《俗・蔑》 色男・婦人のひも ◆как ~ на смета́ну (*облизывается*) 《話》 喉から手が出るほど｜ (*бро́сить, выки́дывать*) ~*у под хвост* 《俗》 猫に小判; (努力が) 水の泡｜~ *в мешке́* 《話》 皆目見当がつかないもの｜*купи́ть ~á в мешке́* 《話》 中身をよく調べもしないで買う [手に入れる] ｜~ *напла́кал* 《話・戯》 ごくわずかしかない: Де́нег у него́ ~ *напла́кал*. 彼は金をほとんど持っていない｜*тяну́ть ~á за хвост* のろのろしゃべる｜*Ёшкин ~!* 《話》 ちくしょう, けっ ● **лесно́й ~** 《動》 ヤマネコ｜К~ Баю́н 〔民話〕 猫のバユン (人食いの大猫; 声色を使う)

**кота́нгенс** [男1] 〔幾何〕コタンジェント, 余接

**Кот-д'Ивуа́р** [男1] コートジボワール (Бе́рег Слоно́вой Ко́сти)

*\***коте́л** -тла́ [男1] 〔cauldron, boiler〕 ① 大鍋, 釜 ② 共同の炊事場 ③ 《機》ボイラー: парово́й ~ ボイラー ④ 〔軍〕(隙のない)包囲 ⑤ 論争や紛争の起こっている場所 ⑥ 《若者・戯》頭 ◆*о́бщий ~* 同じ釜の飯｜*вари́ться в како́м-л. котле́* 《長期間》…の集団に属している  **// котлова́я** [形2], **котло́вый** [形1] <①②③>

**котело́к** -лка́ [男2] ① 〔軍〕飯盒(はんごう) ② 《俗》頭, 頭脳: ~ ва́рит хорошо́ у 囲 頭の回転が速い ③ 山高帽

**коте́льн|ый** [形1] ① <котёл①③> ② **-ая** [名女] ボイラー室

**коте́льщик** [男2] ボイラー工, ボイラー技師

*\***котёно|к** -нка 複 -тя́та, -тя́т [男9] 〔kitten〕 子猫, ネコ科の動物の子  **// -чек** -чка 複 котя́тки, -ток, -ткам [男2] 〔指小〕

**ко́тик** [男2] ① 《話》〔指小・愛称〕< кот① ② 《男性への呼びかけ》ねこちゃん ③ 《動》オットセイ (морско́й ~); 《話》 その毛皮  **// -овый** [形1]

**коти́ровать** -рую, -руешь 受通 -анный [不完] ① 〔経〕〈囲〉〈株などの〉相場を立てる

**коти́роваться** -руюсь, -руешься [不完] ① 〔経〕(株式・外国通貨などの)相場 [レート] が決まる ② (株式・外国為替市場で) 流通している ③ (通例高く) 評価される ④ 〈受身〉< коти́ровать

**котиро́вка** 複生 -вок [女2] ① <коти́ровать ② (株・外国通貨などの)相場 ③ 高い評価を受けること

**коти́ться** коти́тся [不完] **/о-** [完] (猫などの動物が) 子を産む

**коти́ще** 複 -и́щи, -и́щ (中4変化) [男] 《話》〔指大〕< кот①

**Ко́тлас** [男1] コトラス (アルハンゲリスク州の小都市; 北西連邦管区)

*\***котле́т|а** [女1] 〔burger〕① (ひき肉の)カツレツ, メンチカツ; (а) па ハンバーグ: отбивна́я ~ (叩いて柔らかくした肉の) カツレツ｜пожа́рская ~ (鳥肉のカツレツの一種)｜по-ки́евски カツレツ キエフ風カツレツ ② (ペースト状にした野菜の)揚げ物 ◆*сде́лать ~у из* 囲 のコロッケを作る (2)…をこてんぱんに打ちのめす  **// -ка** 複生 -ток [女2] 〔指小〕 **// -ный** [形1]

**котле́тная** (形1変化) [女名] カツレツ専門店

**котло..** 〔語形成〕「大鍋の」「ボイラーの」

**котлови́н|а** [女1] 〔地質〕構造盆地: Оймяко́н нахо́дится в -е. オイミャコン (寒極の村) は盆地にある

**кото́мка** 複生 -мок [女2] 《旧》(旅行用の) 背負い袋, リュックサック

*\***кото́р|ый** [カトールイ] [形1変化] [代] 〔which, who, what〕① 〔疑問〕 (複数のうちの) どの; 何番目の: К~ час? 何時ですか (→ча́с[囲表]) ｜ В ~ ваго́н сади́ться? 何両目に乗ればいいですか ② 〔関係〕…するところの (先行詞を修飾する形容詞節を導く): же́нщина, -ая купи́ла кни́гу その本を買った女性｜го́род, в -ом прошло́ де́тство 幼年時代を過ごした町 ③ 〔官庁・話〕まさにその (→э́тот) ④ 《不定》〔話〕(раз, год, день などと共に) 何…となく, 何…も: К~ раз спра́шиваю! 何回も聞いているでしょう!｜К~ день слы́шал он э́тот проти́вный шум. 彼はもう何日もこの不快な音を耳にしていた ⑤ 《不定》《俗》いずれかの (како́й-нибудь, како́й-либо); 〈複〉ある, 何人かの (не́которые); оди́н..., друго́й ... (оди́н..., друго́й ...)

**кото́рый-либо** (形1-不変) [代] 《不定》= кото́рый-нибудь

**кото́рый-нибудь** (形1-不変) [代] 《不定》(複数のうちの誰・どれでもいいから) 誰か, どれか

**кото́рый-то** (形1-不変) [代] 《不定》(複数のうちの誰・どれかわからない) 誰か, どれか

**котофе́й** [男6] 《民話・詩》 Ко́тофей Ива́ныч のように) 猫

**котра́** (女1変化) [男] 《俗》(大きくて太った) 猫 (特に雄猫)

**ко́фе** [э] [コーフェ] (不変) [男] 〔coffee〕 コーヒー; コーヒーの木 [実]: горя́чий ~ ホットコーヒー｜~ в зёрнах コーヒー豆｜моло́тый ~ (焙煎した豆の挽(ひ)いた)コーヒーの粉｜раствори́мый ~ インスタントコーヒー｜чёрный ~ ブラックコーヒー｜с молоко́м カフェオレ｜вари́ть [гото́вить] ~ コーヒーを入れる [たてる] ｜моло́ть ~ コーヒー豆を挽く｜~ по-туре́цки トルココーヒー｜~ по-ве́нски ウィンナーコーヒー  **// кофеёк**-фейку́ [男2] 《話》〔指小・愛称〕

**кофева́рка** 複生 -рок [女2] コーヒーメーカー

**кофеи́н** [男1] カフェイン  **//-овый** [形1]

**кофе́йни|к** [男2] ① コーヒーポット ② **/-ца** [女3] 《話》コーヒー好きな人

**кофе́йн|ый** [形1] ① <ко́фе: -ое де́рево コーヒーの木｜гада́ть на -ой гу́ще コーヒー占いをする; 当て推量をする ② コーヒー色の: ~ цвет コーヒー色 ③ **-ая** [女名] 喫茶店

**кофе́йня** 複生 -фе́ен [女5] 喫茶店, カフェ

**кофемо́лка** 複生 -лок [女2] コーヒーミル: ручна́я [электри́ческая] ~ 手動 [電動] 式コーヒーミル

*\***ко́фт|а** [女1] 〔cardigan, jacket〕 (主に婦人用の)カーディガン  **// ко́фточка** 複生 -чек [女2] 《話》〔指小・愛称〕

**ко́цаный** [形1] 《若者》ぼろぼろの, くたびれた; 見た目の悪い

**коча́н** -á/-чна́ [男1] キャベツの球: ~ капу́сты キャベツ一玉  **// кочешо́к** -шка́ [男2] 《話》〔指小・愛称〕  **// коча́нный** [形1]: ~ сала́т レタス

**кочева́ть** -чу́ю, -чу́ешь [不完] ① (民族などが) 遊牧する: кочу́ющий наро́д 遊牧民族 ② (動物・鳥が) 群れで移動する ③ 《話》(人が) 住む場所をしょっちゅう変えながら生活する

**коче́вка** 複生 -вок [女2] < кочева́ть 遊牧民の逗留場所

**коче́вни|к** [男2] **/-ца** [女3] ① 遊牧する人; (通例複) 遊牧民 ② [男] (餌を求めて) 生息地を移動する動物 [鳥]

**кочево́й** [形1] ① 遊牧の (↔ осе́длый): ~ наро́д 遊牧民 ② (動物・鳥が) 生息地を変える ③ 住居や仕事をしょっちゅう変える: ~ о́браз жи́зни 流浪生活

**кочевря́житься** -жусь, -жишься [不完] 《俗》① かたくなに振る舞う ② ぞんざいな態度をとる ③ ばかな振る舞いをする

**коче́вье** 複生 -ий [中4] ① < кочева́ть ② 遊牧民の逗留場所 [遊牧地域]

**кочега́р** [男1] ボイラーマン

**кочега́рка** 複生 -рок [女2] ボイラー室, かまどのある

部屋

**коченéть** [不完]/**за~, о~** [完] (寒さで) かじかむ; (死体が) 硬直する

**кочергá** 複生 -рёг [女2] ① (先端が曲がった鉄製の) 火かき棒 ② 《俗・蔑》 じじい, ばばあ, 老いぼれ ◆**Ни бóгу свéчке [свечá], ни чёрту ~**. 大して重要でない, どうでもよい

**кочерёжка** 複生 -жек [女2] 《俗》= **кочергá**①

**кочерыжка** 複生 -жек [女2] ① キャベツの茎 [芯] ② 《俗・蔑》この野郎

**кóчет** 複 -ы/-á [男1] 《方》雄鶏 **//-óк** -ткá [男2] 《方》《指小・愛称》

**кóчка** 複生 -чек [女2] (沼沢地・湿地で) 苔や草が生え水面から盛り上がっている場所, 凸面

**кочковáтый** 短 -áт [形1] 小丘 [瘤(ﾘ)] の点在する; (道・土地が) 凸凹の

**кош** [男4] 《方》(遊牧民の) 天幕, 仮小屋 ② 《史》(ザポロージエ, ドン・コサックの) 軍営 (ここでは本営が Сечь) **// кошевóй** [形4]: ~ атамáн 軍営長

**кошáра** [女1] 《方》羊の囲い場, 羊小屋

**кошáтни|к** 複2] **/-ца** [女3] 《話》猫好きの人

**кошáч|ий** [形5] ① 猫 (кóшка) の ②**-ьи** [複] ネコ科 ◆ **~ концéрт** (戯) 猫の鳴き交わし; (調子・音程の合わない) 歌唱, 演奏 ■ **~ глаз** 猫目石, キャッツアイ

*‍**кошелёк** -лькá [男2] [purse] ① 財布, 小銭入れ; **набивáть ~** 金をもうける | **пустóй [тóщий] ~** 金がない | **тугóй [тóлстый] ~** 金がたくさんある ② 金, 財産 ③ (魚・カニの捕獲用の) 網 **// кошелёчек** -чка [男2] 《話》《指小・愛称》<① **// кошелькóвый** [形1] <①③

**кошёлка** 複生 -лок [女2] 《話》編み [籠] バッグ, 籠

**кошéние** [中5] (草・穀物の) 刈り取り

**кошенúль** [形1] 《昆》コチニールカイガラムシ ① から採れる赤色色素

**кóшеный** [形1] 刈られた, 収穫された

**кошéр** [男1] 《ユダヤ》律法にかなった食事 (特に肉の調理法) **//-ный** [形1]

**кóшечка** 複生 -чек [女2] 《話》《指小・愛称》< **кóшка**① **/** 《女性への呼びかけに》ねえ

*‍**кóшк|а** [コーシカ] 複生 -шек [女2] [cat] ① 猫; 雌猫 (↔кот); К~ мурлыкает [мурчит]. 猫が喉を鳴らしている | К~ умывается лáпкой. 猫が顔を洗っている (客が来る前兆) ② [複 -шек] [複] 《動》ネコ類: **большúе -и** ヒョウ亜科 | **(домáшняя) ~** イエネコ | **рýсская голубáя ~** ロシアンブルー | **сибúрская ~** サイベリアン | **сиáмская ~** シャムネコ | **перси́дская ~** ペルシャネコ ③ 四爪錨; 水底から引っかけてくる上げる道具 ④ [複] (靴の) 鉤爪; アイゼン ⑤ [複] 《旧》(体罰用) 鞭 ◆ **бéгать как угорéлая ~** 狂ったように走り回る | **дрáная ~** 《俗》みすぼらしい女 | **жить как ~ с собáкой** 常に仲たがい合いながら暮らす | **Чýет ~, чьё мя́со съéла**. 自分のやった悪事をよくわかっている | **игрáть, как ~ с мы́шкой [мышью] с кем** (自分が優位であることをかさに) …を弄ぶ | **у ~ на душé скребýт** …は気分がふさいでいる, しょんぼりしている | **влюблён как ~** ほれ込んでいる, ぞっこんである | **живýч, как ~** …は生命力がとても強い | **чёрная ~ пробежáла мéжду** 圆 …の間に何だか不和な, 亀裂が生じる, 仲たがいする | **Нóчью всё -и сéры.** 《諺》その人の人となりがよくわからない (一夜の猫も灰色に見える)

**кóшки-мы́шки** 複生 (кóшек-мы́шек) [複] 鬼ごっこ ◆ **игрáть в ~** (1) 鬼ごっこする (2) ‹с кем›…をだますこと; …に対して狡猾に振る舞う

**кошмá** 複 (кошмы/-ы́, кóшем/кóшм, кошмáм/-áм) [女1] 羊毛 [ラクダの毛] のフェルト製絨毯

*‍**кошмáр** [男1] [nightmare] ① 悪夢 ② 恐怖, 恐ろしいこと ③ 《述語》ぞっとする, 恐ろしい

**кошмáрн|ый** -рен, -рна [形1] < **кошмáр** ② 《話》恐ろしい, どうしようもないほどひどい **//-о** [副]

**кощéй** [男6] ① К~ 《民話》コシチェイ (痩せかつ不死身の老人; 悪役) ② 《話》背が高く痩せせこけた人; けちん坊

**кощýнственный** 短 -ен/-енен, -енна [形1] 冒瀆(ﾄﾞｸ)的な

**кощýнство** [中1] (宗教的な意味での) 冒瀆(ﾄﾞｸ) ② (尊ぶべきものに対する) 侮辱

**кощýнствовать** -твую, -твуешь [不完] ‹над 圆› に冒瀆(ﾄﾞｸ) 的 [侮辱的] 行為をする

*‍**коэффициéнт** [э] [男1] [coefficient] ①《数・理》係数, 率: **~ полéзного дéйствия** (機) 効率 | **~ интеллéкта [ýмственного развúтия]** 知能指数 (IQ) **//-ный** [形1]

**КП** [カペー] (略) Коммунистúческая пáртия 共産党

**КПД** [カペデー] (略) коэффициéнт полéзного дéйствия (機) 効率   **КПЗ** [カペゼー] (略) кáмера предварúтельного заключéния 仮拘置場   **КПК** [カペカー] (略) кармáнный персонáльный компьютер 携帯情報端末, PDA   **КПП** [カペペー] (略) контрóльно-пропускнóй пункт 検問所   **КПРФ** [カペエルエフ] (略) Коммунистúческая пáртия Росси́йской Федерáции ロシア連邦共産党   **КПСС** [カペエスエス] (不変) [соч.] Коммунистúческая пáртия Совéтского Сою́за 《史》ソ連共産党

**краб** [男1] 《動》カニ; [複] 短尾下目; カニの肉: **камчáтский ~** タラバガニ | **~-стригýн** ズワイガニ | **четырёхугóльный волосáтый ~** 毛ガニ | **сúний ~** アブラガニ | [複] カニの缶詰 ② 《話》(船員・水兵)の帽子の記章 **// крáбик** [男2] 《指小・愛称》<① **// крáбий** [形5] <①, **крáбовый** [形1] <①: **-ые пáлочки** カニカマ (かに風味のかまぼこ)

**краболóв** [男1] カニ漁師 ② 蟹工船

**крáг|и** -аг [単 -а [女2]] ① (皮製の) ゲートル, 脚絆 ② 手袋の漏斗状の手首回り部分; それの付いた手袋 (乗馬, オートバイ乗車用)

**крáден|ый** [形1] ① 盗まれた **/-ое** [中名] 盗品

**крадёшь** (2単現), **крадý** (1単現) **< крáсть**

**крáдучись** [副] こっそりと

**краевéд** [男1] 郷土研究者, その土地に詳しい人

**краевéд|ение** [中5] 郷土研究, 地誌学 **//-ческий** [形3]

**краевóй** [形2] <**край**: ~ **центр** (行政単位としての) 地方 (край①) の中心都市 | **Пéрмский ~ суд** ペルミ地方裁判所

**краеугóльный** [形1] 《文》: ~ **вопрóс** 非常に重要な [鍵となるような] 問題; ~ **кáмень** 礎石, 礎, 要

**крáешек** -шка [男2] 《話》《指小・愛称》< **край** ①② ② 部分 ③ (容器の) へり ◆ 用法は **край** に準ずる

**крáж|а** [女4] [theft] 盗み, 窃盗 (похищéние, воровствó): **совершáть -у** 盗みを働く | **магазúнная ~** 万引き | **~ со взлóмом** 住居侵入窃盗 | **~ из машúны** 車上荒らし | **квалифици́рованная ~** 《法》加重窃盗罪

*‍**кра|й** [クラーイ] -я/-ю 前о -е, на -ю́/-е **-я́**, -ёв [男6] [edge, brim] ① へり, 縁, 周辺; 《話》端, 終わり: **от ~(я) до -я́** = **из ~я в ~** 端から端まで, 隅々にいたるまで | **с ~-ю** 端から | **тóлстый [тóнкий] ~** (人の, 肉体をばらす時に) 首 [肋骨] の周りの部分 | **~ обры́ва** 崖っぷち | **~ чáшки** カップの縁 | **до -ёв** = **вровень с -я́ми** (カップなどに) なみなみと, いっぱいに (注ぐ, 満たす) | **на -ю́ землú** 世界の果てに ② 地域, 地方, 国: **родú-**

**край..**

ной ~ 故郷｜в здéшних [нáших] -áх《話》ここでは，この辺りで｜из какúх -ёв《話》どこから｜чужúе -я́《話》外国 ③《前 в крáе》(ロシアの行政単位としての)地方；《話》その中心の行政府: Примóрский ~ 沿海地方 ◆хватáть чéрез ~ (余計なことを)言いすぎる，(しなくてもよいことを)やってしまう｜хлебнýть чéрез ~《俗》飲みすぎる｜лúться [бить] чéрез ~ (液体が)溢れ出る；(喜び・感情・活力などが)溢れ出る，漲っている｜-ем сознáния понимáть [догáдываться] かすかに頭をよぎる｜смотрéть [глядéть, вúдеть] -ем глáза《話》ちらっと見る，横目で見る｜слýшать -ем ýха《話》うわの空で聞く，何気に耳に入る｜улыбáться -ем [-я́ми] губ (気づかないほど)かすかに笑う｜на ~е [землú] свéта 遠くへ；どこまでも｜(быть, находúться) на -ю́ [землú] ~ (быть, находúться) на -ю́ гúбели [прóпасти] 命を落としかねないほど危険な状態に (戦争など周囲の状況)｜(быть, находúться) на -ю́ могúлы [грóба] 生死の境に (病気など)｜на -ю́ нéба [землú] 地平線 [水平線]上に

**край..**《語形成》「地方の」

**крайисполкóм** [男1] 地方執行委員会 (краевóй исполнúтельный комитéт)

**крайкóм** [男1] 地方委員会 (краевóй комитéт)

*крáйне [кра́й-нь-цэ] [副]〈extremely〉極度に，非常に，とても

*крáйн|ий [кра́й-ни-й] [形8]〈extreme〉①端にある，最も遠い: ~ слéва 左端の｜на К-ем Сéвере 北極圏の｜~ срóк 最終期限 ②極端な，極度の: -ее раздражéние 極度のいらだち｜-яя нуждá 切迫した困窮｜-яя гранúца [стéпень] 極限な…｜-яя стéпень непристóйности 度を超えた無作法｜-ие мéры 非常手段，究極的な措置｜-яя ценá これ以上値引きできない値段 ③(政治的な思想・立場が)極端な，過激な: ~ лéвый [прáвый] 極左[極右]の｜-ие мнéния (убеждéния) 過激思想 ④《スポ》アウトサイドの，ウィングの: ~ нападáющий ウィングフォワード ◆в ~ем слýчае どうしても必要な場合には｜на ~ слýчай どうしても必要な場合に備えて (の場合に備えて)

**крáйность** [女10] ①極端の，(程度が)極端な様子と；極端な手段 ②対極: двé ~и 両極 ③《単》最悪な状態:《旧》困窮: имéть ~ 困窮している ◆в ~и《俗》非常に困った時に；少なくとも (по крáйней мéре)｜до ~и《話》非常に，とても｜доводúть до ~и …を怒らせる｜по -и《話》少なくとも (по крáйней мéре)

**крайня́к** [男2] ◆на ~《若者》どうしても必要な場合のために［に備えて］

**крак** [男2]《コン》壊されてしまったプログラム

**Крáков** [男1] クラクフ(ポーランドの都市)

**краковя́к** [男1]《舞・楽》クラコヴィアク(ポーランドの民俗舞踊；その音楽)

**крал** [過去・男]< красть

**крáл|я** [女5] ①《俗》美人 ②《俗》恋人 ③《旧・方》【トランプ】クイーン **//-ечка** 複生 -чек [女2]《俗》指小・愛称< ①②

**крамóла** [女1] ①《旧》謀反 ②違法なこと[不法な，禁じられている]こと[もの] **//-ный**

**Крамскóй** (形4変化) [男] クラムスコイ(Ивáн Николáевич ~, 1837-87; 画家, 移動展派；「Христóс в пусты́не《荒野のキリスト》」

*кра́н [кра́н] [男1]〈tap, valve〉①蛇口；栓，バルブ: открывáть ~ 栓を開ける｜водá из-под -а 水道水 ②クレーン, 起重機: подъёмный ~ クレーン｜плавýчий ~ 浮きクレーン，起重機船｜бáшенный ~ タワー型[タワー]クレーン｜мостовóй ~ 橋型[ガントリー]クレーン **//-ик** [男2]《指小・愛称》< ①; **~овый** [形1]< ①; **~ный** [形1]< ②

**крановщи́к** -á [男2]/-цá [女3] クレーン運転士

**крáнты** (述語)《俗》< は > おしまいだ，破滅だ

**крáп** [男1] ①点々，染み，斑点 ②(卜・トランプに施された)点々の模様 **//-овый** [形1]

**крáпать** -пает/-плет《単》《無人称でも》(雨が)ぽつぽつ降る

**крапи́в|а** [女1]《植》イラクサ属: обжéчься **-ой** [о -у] イラクサに刺される｜~ двудóмная セイヨウイラクサ｜~ жгýчая ヒメイラクサ｜глухáя ~ オドリコソウ(イラクサに似ているが刺のない)

**крапи́вник** [男2] ①《集合》イラクサの茂み ②《鳥》ミソサザイ

**крапи́вница** [女3] ①《昆》コヒオドシ ②《医》じんま疹

**крапи́вн|ый** [形1] < крапи́ва: -ые [複名] イラクサ科 ■-ая лихорáдка《医》じんま疹

**крáпин|а** [女1] 小さな斑点，染み: в -у 表面が斑点[点々]に覆われた

**крáпинка** 複生 -нок [女2] ①《指小・愛称》< крáпина ②《話》水滴

**крáпленый** [形1] (トランプが詐欺師によって)目印をつけられた

**крáпчатый** [形1] 点々と[斑点]模様のある

**крас|á** [女1] ①《旧・詩》美；《複》魅力:「во всéй [в своéй] -é 生まなでの美しさをまとって ②精華，誉れ: для ~ы́《話》飾りに｜~ и гóрдость [слáва] 田 …の誇り, 栄誉 ③《旧・詩》美女

**красáв|ец** -вца [男3] ①美男子: писáный ~ (絵に描いたような)美男子｜~ собóй [из себя́] 美男子 ②美しいもの: ~-орёл 美しい鷲

*красáвица [女3]〈beauty〉①美女, 美人: пи́саная ~ (絵に描いたような)美女｜~ собóй [из себя́]《話》美女, 美人 ②美しいもの ③《女性への愛情のこもった呼びかけ》美人

**красáвка** 複生 -вок [女2]《植》ベラドンナ (белладóнна)

**красáвчик** [男2]《話》《愛称》< красáвец①

**красивенький** [形3]《話》かわいい(хорóшенький)

*красúво ①[副] 美しく: ~ украсить きれいに飾る ②[無人述] 美しい，きれいだ: дéло не к ~у だ わない行いだ

**красúвость** [女10] (表面的な)美しさ

*красúв|ый [кра-сы́-вый] 複短 -úв 比 красúвее/крáше [形1]〈beautiful, handsome〉①美しい, きれいな, 見た目に[耳に]心地よい, 格好いい: ~ вид 美しい景色｜красúв 圕 …で美しい, で輝いている｜красúв старинной рýсской красотóй 古きよきロシアの美しさがある｜красúв собóй [лицóм] 美しい顔立ちをしている ②(道徳的に)美しい, 中身の美しい: -ая жúзнь (充実して)美しい生活｜~ постýпок 立派な行為 ③見た目がいいだけの, 見てくれのない: -ые фрáзы [словá] 上辺だけの, 中身のない言葉 ◆крáше в гроб кладýт 見る影もなくやつれ果てている

**красúльн|ый** [形1] 染色の, 染料の: -ое произвóдство 染料工業

**красúльня** [女5] 染色工場, 染物屋

**красúльщи|к** [男2] /-ца [女3] 染色工, 染色職人

**красúтель** [男2] 染料; (食品の場合) 着色料

*крáсить -áшу, -áсишь 受 過 -áшенный [不完]〈paint, dye〉①[完 вы́-, о-, по-] 染める[着色する]〈ペンキなどを〉塗る:《圏 в…》…を…色に塗る; ~ вóлосы в ры́жий цвéт 髪を赤く染める ②[完 на-]《化粧品を》塗る, つける: ~ гýбы 口紅を塗る ③美しく立派に見せる ◆Нé мéсто крáсит человéка, а человéк крáсит мéсто.《諺》地位は人を飾らず, 人が地位を飾る **//крáшение** [中5]< ①

**крáситься** -áшусь, -áсишься [不完] ①[完 вы́-,

о~》染まる, 着色される ②《完 вы́~, по~》《話》(自分の髪を染める ③《完 на~》《完 на~》化粧をする; (自分の唇に)口紅を塗る ④《不完》《話》(服・ペンキに)色移りする, 汚す: Сте́ны ещё кра́сятся. 壁は塗りたてで触ると汚れる ⑤《不完》《受身》< кра́сить①

**кра́ск|а** [クラースカ] 複 -ски, -сок, -скам [女2]〔paint, color〕① 染料; 顔料, 色合, ペンキ: ма́сляные [акваре́льные] ~ 油[水彩]絵の具│кра́сить [окра́шивать] что в каку́ю-л. -y《話》…を…に色に塗る│К~ ски́ с меня́ лез́т 何か剥がれ落ちた│~ для ресни́ц マスカラ ② (通例複) (自然・絵画・文章の表現における)色調, 色合い, 色彩: ~и ле́та [зака́та] 夏[夕暮れ]の色彩│опи́сывать [изобража́ть] в каки́х-л. -ах ~を…な色彩で描く│не скупи́ться [щади́ть] кра́сок = не скупи́ться на ~и 鮮やかに描く│сгуща́ть ~и 実際よりも暗く陰鬱に描く ③《単》頬や顔の赤み, 紅潮: ~ стыда́ 恥ずかしさからくる紅潮│вводи́ть [вгоня́ть] в ~y 恥ずかしがらせて[当惑させて]顔を赤くさせる ④《旧》< кра́сить①

**кра́сенький|ий** 短 -енек, -енька [形3]《話》〔愛称〕< кра́сный: -ое (вино́) 赤ワイン

**красне́ть** [不完] / **по~** [完] ① 赤くなる (顔が赤くなる: ~ от стыда́ 赤面する│~ до корне́й воло́с 真っ赤になる ② 《за什麼》 пе́ред кем-л. ~として) 恥ずかしく思う ③《不完》(赤いものが) 見える (~ る: 畑で赤いものが見える ④《不完》< красне́ть①

**кра́сно** [副] ①< кра́сный①⑥ ②《話・しばしば皮肉》雄弁に, (発音などが) すらすらと ◆ **кра́сным-красно́**《話》〔強調〕真っ赤だ

**красно..**《語形成》「赤い」「赤軍の」「高級な」「雄弁な」

**красноарме́ец** -ме́йца [男3] / 《露史》赤軍兵士 (1918-46年)

**красноарме́йский** [形3]《露史》赤軍 (Кра́сная А́рмия) の

**красноба́й** [男6]《話》話に中身のない能弁家

**красноба́йство** [中1]《話》中身のない能弁[雄弁]

**красноба́тый** [副] 赤みを帯びた

**красноватый** 短 -а́т [形3] 赤みがかった

**красногварде́ец** -де́йца [男3]《露史》赤衛軍兵士

**красногварде́йский** [形3] 赤衛軍 (Кра́сная гва́рдия) の

**Красного́рск** [男2] クラスノゴルスク (モスクワ州の実質上の州都だが, 公式の州都はモスクワ市)

**Краснода́р** [男2] クラスノダル (ロシア南西部の都市) // **краснода́рский** [形3]: ~ край クラスノダール地方

**краснодере́вщик** [男2] (マホガニーなど高級木材で製作する) 家具職人

**краснознамённый** [形1] 赤旗勲章 (о́рден Кра́сного Зна́мени) を授与された

**краснокирпи́чный** [形1] 赤れんがの, れんが造りの

**краснокожий|ий** 短 -ож [形6] ① 皮膚の赤い, 赤い皮の ②《長尾》アメリカインディアンの; ~ [男名] /-ая [女名] アメリカインディアン

**кра́сно-кори́чневый** [形1] 全体主義的共産主義の;[男名] 全体主義者共産主義者

**краснолесье** [中4] 針葉樹林 (кра́сный лес)

**краснолицый** 短 -иц [形5] 赤い顔の

**красномо́рдый** 短 -о́рд [形1]《俗》= краснолицый

**красноно́сый** 短 -о́с [形1] 鼻の赤い

**красноперый** 短 -е́р [形1] (鳥が) 羽毛の赤い; (魚が) ひれの赤い

**красноречи́в|ый** 短 -и́в [形1] ① 雄弁な, 力強い表現を含んだ ②(目・視線などが) 雄弁な, 多くを物語る //

**-о** [副]

**красноре́чие** [中5] ① 雄弁, 弁舌の才能 ② 雄弁術, 修辞法

**красноте́** [女1] ① < кра́сный① ② (炎症などによる) 肌の赤み

**красноте́л** [男1] 〔植〕カスピエゾヤナギ (кра́сная ве́рба, и́ва остролистная)

**красноарме́ец** -тца [男3]《露史》赤色海軍兵士

**краснофлотский** [ц] [形3]《露史》赤色海軍 (兵士) の

**краснощёкий** 短 -ёк [形3] 頬の赤い

**Краснояр́ск** [男2] クラスノヤルスク (同名地方の首府) // **краснояр́ский** [ц] [形3]: ~ край クラスノヤルスク地方 (首府 Краснояр́ск; シベリア連邦管区)
■ **-ое вре́мя** クラスノヤルスク時間 (UTC+8)

**красну́ха** [女2]〔医〕風疹

**краснушник** [男2]《俗》(貨車から盗む) 泥棒

**кра́сн|ый** [クラースヌィ] 短 -сен, -сна́, -сно [形1]〔red, beautiful〕① 赤い: ~ от стыда́ [жары́] 恥ずかしくて[暑くて] 顔を赤くした ②《長尾》《露史》(ソ連で) 革命派 [支持者側] の, -ые [複数] 革命派, 革命支持者; 赤軍: Кра́сная а́рмия 赤軍 (1918-46年) │ Кра́сная гва́рдия (1917-18年); ~, уголо́к (革命教育を行う) 講習部屋 ③《民話・詩》美しい, 素晴らしい, きれいな, 格好いい: -а [-ая] де́вица [деви́ца] 美しい娘 [*アクセント注意]④ とても高価な: -ое де́рево ④《話》(物に対して付ける) 最も高い価値: ~ бор [лес] 針葉樹林 ⑤ 明るい, 澄んだ, 晴れた: ~ ого́нь (通例複数形) 焚の音 │ ~ день 晴れた日 ⑥《旧・詩》幸せな, 喜びに満ちた: -ое де́тство 幸福な幼少時代 │ -ое сло́во《話》気の利いた言葉, 警句, 洒落 ⑦《旧》正面の, 正面の, 儀礼用の: -ое крыльцо́ 正面玄関[表玄関]のポーチ │ у́гол クラ́сный-У́гол, 美しい隅 (室内でイコンが祀られている一角)
■ **К-ая пло́щадь** 赤の広場 (モスクワ) │ **К-ая го́рка** 《民俗》クラースナヤ・ゴ́рка (復活祭の次の日曜日; 正教では Фомино́ воскресе́ние; 結婚式シーズンの始まり) │ **К~ Крест** 赤十字社 │ **К~ Полуме́сяц** 赤半月社 │ **К-ое мо́ре** 紅海

**красова́ться** -су́юсь, -су́ешься [不完] / **по~** [完] ①《不完》(美しいものが) 存在感をもっている, 注意[注目]を引く ② (自分の美しさや力を誇示するように) 自分自身を見せる

**красота́** [クラサター] 複 -со́ты [女1]〔beauty〕① < краси́вый ②《単》美しいこと, 美しいもの (全て, 全体) ③《民話・詩》美人 (краса́вица) ④《複》(自然や芸術作品で) 美しい場所[箇所] ⑤《述語》美しい, 素晴らしい: Кака́я ~! 何と美しい

**красо́т|ка** 複生 -ток [女2]《話》きれいな若い娘 // **-очка** 複生 -чек [女2]《話》〔愛称〕

**кра́сочка** 複生 -чек [女2] = кра́ска①

**кра́соч|ный** 複生 -чен, -чна [形1] ① < кра́ска ① 色鮮やかな; (印刷などに) カラーの ② (表現などが) 新鮮な, 生き生きとした // **-о** [副] // **-ость** [女10]

**кра́сть** [クラースチ] кра́ду, -дёшь 命 -ди́ 過 крал 能過 кра́вший 受過 кра́денный [不完] / **укра́сть** [ウクラースチ] 副分 -а́в [完]〔steal〕〈что〉盗む, 着服する, 横領する

**кра́ст|ся** -аду́сь, -адёшься, о -аду́тся 命 -ди́сь 過 кра́лся 能過 кра́вшийся 副分 крад́сь [不完] ①《完 про~》 こっそり [静かに, 気づかれないように] 歩く [近づく]: кра́дущаяся похо́дка = кра́дущиеся шаги́ 忍び足 ② (時期・季節が) 気が付かない間に近づく [やって来る] ③《受身》 < кра́сть

**кра́сящий** [形6] 染料を含む

**крат** (不変) [男] = раз: во сто ~ 百倍, 何倍も

**кра́тер** [е/э] [男1] ① (火山の) 噴火口 ② (月面などの) クレーター // **-ный** [形1]

**кра́тк|ий** [クラートキイ] 短 -ток, -тка́, -тко 比 кра́тче 最 кратча́йший [形3] (short, brief) ① (空間的に) 短い: *кратча́йший путь* = *кратча́йшее расстоя́ние* 最短距離 ② (時間的に) 短い: *в кратча́йший срок* 最短の時間[期間]で ③ (記述などが) 簡潔な、少ない言葉で記されている: *в их слова́х*簡潔な[少ない]言葉で ④ (音が) 短い: *-ое прилага́тельное [прича́стие]* 短語尾形の形容詞［分詞］| *~ звук* 『音声』短音 **// -и** [副] <②③> **// -ость** [女10]

**кра́тко..** [語形成] 「時間的に」短く

**краткосро́чн|ый** [形1] <最上> < кра́ткий

**кратча́йший** [形1] 〔最上〕< кра́ткий

**кра́тн|ый** 短 -тен, -тна [形1] ① 〔数〕割り切れる: *Де́вять — -ое трём.* 9は3で割り切れる数である ② *-ое* [男1] 〔数〕の倍数: *Де́вять — -ое числа́ 9.* 9は3の倍数である | *наиме́ньшее о́бщее -ое* 最小公倍数 ■ *~ глаго́л* 多回運動動詞, 不定反復動詞 (мото́рно-~ глаго́л) **// -ость** [女10]

**..кра́тный** [語形成]「…回の」「…倍の」

**кра́фт** (不変) [男1] クラフト紙

**крах** [男2] ① 〔金融〕破産, 倒産: *фина́нсовый ~* 財政破綻 ② 破滅, 完全な失敗

**крахма́л** [男1] でんぷん; (衣服などの糊づけ用) でんぷん糊: *кукуру́зный ~* コーンスターチ **// ~ьный** [形1]

**крахмали́ст|ый** 短 -ист [形1] でんぷんを含んだ **// -ость** [女10]

**крахма́ли|ть** -лю, -лишь [不完] / **на-** 受過 -ленный [完] 〈囮〉衣服を糊づけする **// ~ся** [不完] [受身]

**крахма́льный** [形1] < крахма́л ① 糊づけされた, 糊の効いた

**кра́чка** 複生 -чек [女2] [複] 〔鳥〕アジサシ属

**кра́шеный** [形1] < 染色[着色]した: *-ое яйцо́ ~* イースターエッグ ② 〔話〕化粧をした; (髪が) 染めた: *-ая блонди́нка* 髪をブロンドに染めた女性

**кра́шу** [1単現] < кра́сить

**краю́ха** [女2] 〔俗〕パンの硬くて大きな切れ端

**краю́шка** 複生 -шек [俗] = краю́ха

**креати́вный** [形1] 創造性のある, クリエイティヴな

**креату́ра** [女1] 〔文〕コネ［縁故］で職を得た人; <…の> 言いなりになっている人, 傀儡

**креве́тка** 複生 -ток [女2] [動] エビ, 小エビ: *гребе́нчатая ~* ボタンエビ | *се́верная ~* ナンバンエビ, アマエビ

**креди́т** [男1] 〔簿記〕貸方 (↔де́бет) **// ~ный** [形1]

*****креди́т** [クリェ́ジート] [男1] (credit) ① 〔金融〕融資, 信用貸し, クレジット: *покупа́ть [продава́ть] в ~* クレジット [借金] で買う[売る] | *предоста́вить ~* クレジットを与える | *прода́жа в ~* 掛け売り | *невозвра́т ~ов* 貸金の返済不履行, 踏み倒し, 焦げ付き ② (支払い能力に対する) 信用度 ③ 〔文〕(一般に) 信用, 威信 ④ [複] (予算に計上された) 経費

**креди́тка** 複生 -ток [女2] 〔話〕クレジットカード

*****креди́тн|ый** [形1] (credit) < креди́т: *-ая ка́рточка* クレジットカード | *-ая систе́ма* 一国の信用貸しの総体, 銀行, 保険会社などの全体 | *~ биле́т* 兌換紙幣, 銀行券

**кредитова́ние** [中5] 〔金融〕クレジット; ローン

**кредитова́ть** -ту́ю, -ту́ешь 受過 -о́ванный [不完・完] 〈囮〉① …に資金を融資する: *~ строи́тельство* 建設資金を出す **// ~ся** [不完 / 完] ① 融資を受ける, 金を借りる ② [不完] [受身]

**кредито́р** [男1] 貸手, 債権者, 融資者［機関］ **// ~ский** [形3]

**кредитоспосо́бн|ый** 短 -бен, -бна [形1] 返済能力のある **// -ость** [女10]

**кре́до** (不変) [中] ① 〔カトリ〕信条 ② 〔文〕信条, 信念

**кре́йзи** (不変) 〔俗〕[男・女] 狂人, マニア

*****кре́йсер** [е/э] 複 -ы/-á [男1] 〔軍〕巡洋艦 **// кре́йсерск|ий** [形3]: *-ая ско́рость* 巡航速度

**кре́йсиров|ать** -рую, -руешь [不完] ① 〔海〕(船などが定められたコースを) 巡航する ② 〔軍〕(艦船・飛行機が偵察などをしながら) 巡航する ③ 〔話〕ゆっくり移動する **// кре́йсерство** [中1] <②>

**кре́кер** [男1] クラッカー, ビスケット **// ~ный** [形1]

**кре́кинг** [男2] 〔機〕クラッキング, 分解蒸留 (石油精製工程の一つ) **// ~овый** [形1]

*****крем** [男1] ① (cream) (食用の) クリーム: *сли́вочный ~* バタークリーム ② (化粧品としての) クリーム: *увлажня́ющий ~* 保湿クリーム | *защи́тный ~* 日焼け止めクリーム ③ 靴クリーム

**кремато́рий** [男7] 火葬場

**крема́ц|ия** [女9] 火葬 **// -ио́нный** [形1]

**крем-брюле́** (不変) [中] クレームブリュレ

**креме́нь** -мня́ [男5] ① 火打石 ② 〔話〕強情な人, 石頭, 頑固者

**кремирова́|ть** -рую, -руешь 受過 -анный [不完・完] 〈囮〉火葬にする **// -ние** [中5]

*****Кремль** [男1] ① 〔historical〕(sitadel) *К~* クレムリン (ソ連・ロシア連邦の最高機関としての); (ロシアの) 大統領官邸 ② (古代ロシア都市の) 城塞 **// кремлёвский** [形3]: *~ по́лк* 〔露史〕クレムリン連隊

**кремнезём** [男1] 〔化〕二酸化ケイ素, シリカ **// ~ный** [形1]

**кре́мни|й** [男7] 〔化〕ケイ素, シリコン **// -иевый** [形1]

**кремни́стый** [形1] 〔化〕二酸化ケイ素を含んだ

**кре́мово..** [語形成]「クリーム色の」

**кре́мовый** [形1] ① クリームの ② クリーム色の

**крем-со́да** (不変) -[女1] バニラ味のソーダ水

**крен** [男1] ① 〔海・航空〕(船・飛行機などの) 横への傾き, ローリング: *дава́ть ~* 横に傾ける ② (一般に) 方向転換

**кре́ндел|ь** 複 -и/-я́ [男5] (8の字型にひねって焼いた) プレッツェル; それに想起させる形のもの ◆ *~ -ями* (編み髪などを) 輪の形にして | *выводи́ть [выки́дывать, выта́нцовывать] -и [-я́]* 踊りながら巧みな軌跡を描く | *выгиба́ть [подста́вить, де́лать] ру́ку -ем* (女性が手を掛けられるように) 肘を曲げる | *писа́ть [выпи́сывать, выводи́ть] (нога́ми) -и [-я́]* 酔ってふらふら歩く, 千鳥足で歩く

**кре́нделёк** -лька́ [男2] 〔話〕[指小・愛称]

**крени́|ть** -ню́, -ни́шь [不完] / **на-** 受過 -ённый (-ён, -ена́) [完] 〈無人称で〉〈囮〉(船・飛行機などを) 横に傾ける **// ~ся** [不完 / 完] ① 〔海・航空〕(船・飛行機などが) 傾く, ローリングする ② (人が) 身を傾ける

**креозо́т** [男1] 〔化〕クレオソート (防腐用)

**крео́л** [男1] 複生 -лок [女2] ① クレオール (中南米のヨーロッパ人の子孫) ② (18-19世紀のアリューシャン列島やアラスカで) ロシア人と現地人の間に生まれた子[孫] **// ~ьский** [形3] <①>

**креп** [男1] ① 縮緬, クレープ (布) ② 〔話〕(主に喪服に使われる) 黒くシースルーの布, それでできた喪章 **// ~овый** [形1]

**крепдеши́н** [е] [男1] クレープデシン, フランス縮緬 **// ~овый** [形1]

**крепёж** -пежа́ [男4] [集合で] ① 〔鉱〕坑木 (坑道の支柱用木材) ② (ボルトなどの) 接合用部品

**крепёжный** [形1] 固定する, 締めつける

**кре́пенький** 短 -нек, -нька [形3] 〔話〕[指小]

< кре́пкий
**крепи́льщик** [男2] (坑道の)支保設置技師
**крепи́ть** -плю́, -пи́шь [不完] 〘他〙 ① (機械・建物を)固定する，取りつける ② (守備・友情などを)補強する，しっかりとしたものにする：~ оборо́ну 守りを固める ③ 《無人称で》〘医〙下痢を止める //**~ся** [不完] ① 自分を強く持つ，耐える ② 〘受〙
*кре́пк|ий [クリェープキイ] 短 -пок, -пка́, -пко, -пки/-пки́ 比-пче 最上 -пча́йший [形3] 〖strong, sturdy, rebust〗 ① 丈夫な，強い，頑丈な，頑丈で当てになる；もろくない；メンテナンスの行き届いた：-ая верёвка 丈夫なロープ ② (肉体的に)健康な，丈夫な：~ органи́зм 丈夫な体 |-ое телосложе́ние 頑丈な体格 | Жела́ю вам -ого здоро́вья! ご健康をお祈りします
③ (精神的に)強い；(友情・関係などが)しっかりした，揺るぎない：-ая репута́ция 揺るぎない名声
④ (程度が)強い，強烈な：~ моро́з 厳しい冷え込み | ве́тер 強い嵐 | ~ сон 深い眠り | -ие объя́тия 熱い抱擁 | ~ го́лос よく通る声 ⑤ 濃い：(アルコール濃度が)高い；(匂いが)強烈な：~ чай 濃いお茶 | -ая сига́ра 強いたばこ | ~ напи́ток アルコール飲料 ⑥〘話〙豊かな，金持ちな ⑦ (旧)農奴の身分にある
◆ ~ оре́шек 解決しがたい問題，難問；近づきがたい人 | ~ -ое сло́во (словцо́) 罵詈雑言，ののしりの言葉 | за́дним умо́м кре́пок 下種(げす)の後知恵だ | -ого закала́ = -ой зака́лки 古い (伝統的な)考え方に固執する，頑固だ | кре́пок на язы́к 口が固い

*кре́пко [クリェープカ] 比 -пче [副] 〖strongly, soundly〗しっかりと，強く，ぐっすりと；-на́крепко とても強く，しっかりと | ~ спать ぐっすり眠っている | ~ обнима́ть ぎゅっと抱きしめる

**крепле́ние** [中5] ① < крепи́ть ② (通例複)固定具，取りつけ具：лы́жные -ия (靴をスキー板に取りつける)バックル ③ (通例複)坑道の崩落防止用の仕掛け 〖設備〗(крепь)
**креплё́ный** [形1] : -ое вино́ (アルコールを加えた)強化ワイン
*кре́пнуть -ну, -нешь 命 -ни 過 креп/ул, -пла [不完] **о~** -пший, -пший, -окреп-пнув-пнувв [形3] 〖get stronger〗① (物質的・物理的に)しっかりしたものになる ② (肉体的に)丈夫になる ③ (信念・決意などが)強くなる ④ (音・匂い・風・寒さが)強くなる
*кре́пость¹ [女10] 〖strength〗丈夫さ，頑丈さ；健康なこと；強さ，揺るぎなさ；濃厚さ，アルコール度数
*кре́пост|ь² 複 -и, -е́й [女10] 〖fortress〗〘軍〙要塞，塞 // **-ца** 複生 -тец [女3] 〘話〙〘指小〙**-но́й** 〖сн〗 [形2]
**крепча́ть** [不完] / **по~** [完] 〘俗〙 = кре́пнуть④
**крепча́йший** [形6] 最上 < кре́пкий
**кре́пче** [比較] < кре́пкий, кре́пчайший
**крепы́ш** [男4] [話] 健康優良児
*кре́сл|о [クリェースラ] 複生 -сел [中1] 〖armchair〗肘掛け椅子：вольте́ровское ~ 深く背もたれの高くゆったりとした肘掛け椅子 | зубовраче́бное ~ 歯科の診察台 | сиде́ть в [(旧)на] -е 肘掛け椅子に(腰かけて)いる | высо́кое ~ (幼児用)ハイチェア | инвали́дное ~-коля́ска 車椅子 ② 〘話〙(通例重要な)ポスト：министе́рское ~ 大臣の椅子 [ポスト] | лиши́ться своего́ -а ポストを失い，職を解かれる // **-и́це** [中2] 〘指小〙**-е́льный** 〖сн〗[形]
*крест [クリェースト] -а́ [男1] 〖cross〗 ① 十字架：целова́ть ~ (旧)十字架に口づけをして誓う ② 十字を切る動作：осени́ть [огради́ть] -óм …に十字を切る | твори́ть [кла́сть] ~ …に十字を切る | Вот тебе́, те́, вам] ~ = И́стинный свято́й ~ (旧)本当です
③ 十字形のもの，十字形の物 (体操では) **:** вы́шивка -óм 十字形の刺繍法 ④ 十字勲章 ⑤ (単)苦難, 試練：идти́ на ~ 〘雅〙苦難を自ら進んで受け入れる | нести́ (свой) ~ 苦難を背負って生きる ⑥ (犯罪)死；刑務所 ◆ **~ на крест** 十字形に組んで | **ста́вить ~ на** ⦿ …を終わった[なかった]ものとみなす，あきらめる
■ **Междунаро́дный комите́т Кра́сного Креста́** 国際赤十字社(略 МККК)
**крестец** -тца́ [男3] ① 〘解〙仙骨 ② 動物の尻
**крести́** -ей [複] 〘俗〙〘トランプ〙クラブ(трефы)；クラブのカード
**кре́стик** [男2] 〘話〙〘指小・愛称〙< крест: отме́тить ~ом …に × 印を付ける
**кре́стики-но́лики** (男2-男2) [複] (○と × による)三目並べ遊び
**крести́льный** [形1] 〘キリスト〙洗礼の (ための)
**крести́ны** -и́н [複] 〘キリスト〙洗礼式；その後の祝宴
**крести́тель** [男5] 洗礼を施す人：Иоа́нн К~ 洗礼者(バプテスマの)ヨハネ
*крести́ть крещу́, кре́стишь 受 過 крещённый (-щён, -щена́) [不完・完] 〖baptize, christen〗〘他〙 ① [完また пере~] 〘キリスト〙…に洗礼を施す ② [完また о~] …という洗礼名を授ける ③ …の洗礼に立ち会う，教父[教母]の役を務める ④ [完 пере~] (自分以外に向けて)十字を切る ◆ **не дете́й ~ с** ⦿ …とは…と関係を持つ必要がない，関係を持ってはならない
*крести́ться крещу́сь, кре́стишься [不完・完] ① [完また о~] 洗礼を受ける (洗礼を受けて)キリスト教徒になる ② [完 пере~] (自分に)十字を切る：~ на це́рковь 教会を見て十字を切る | пе́ред ико́ной イコンの前で十字を切る
**крест-на́крест** [副] 十文字に，交差させて
**кре́стни|к** [сн] [男2] / **-ца** [ж3] 〘正教〙代子(だいし)
**кре́стный** [сн] [形1] 十字架の；(動作が)十字を切る：-ое зна́мение 十字を切る動作 | твори́ть [кла́сть] ~-ое зна́мение 十字を切る | ~ ход (十字架・イコン・教会旗を持っての)行進｜осени́ть [огради́ть] ~-ым знаме́нием …に十字を切る
**крё́стн|ый** [сн] [形1] 〘正教〙① 洗礼にかかわった：~ оте́ц 代父(だいふ) |-ая мать 代母(だいぼ) |~ сын 代子 (кре́стник) | -ая дочь =кре́стница | ~ брат = -ая сестра́ 共通の代父母を持つ人 ② -[男名]/-ая [女名] 〘俗〙代父；代母
**кресто́вик** -а́ [男2] [複]〘動〙オニグモ属
**кре́стовина** [女1] ① 十字に組まれた角材[丸太] ② 〘鉄道〙轍叉(てっさ)，クロッシング
**кресто́в|ый** [形1] 十字架の；十字形の；十字の印を付けた：-ые похо́ды 〘史〙(中世の)十字軍 | ~ свод 〘建〙交差穹窿，交差穹窿
**кресто́носец** -сца [男3] ① 十字軍参加者 ② 〘蔑〙クー・クラックス・クラン(KKK)団員
**крестообра́зный** 短 -зен, -зна [形1] 十字形の
**крестопоклóнн|ый** [形1] 〘正教〙十字架叩拝の
■ -ая неде́ля 〘正教〙十字架叩拝週 (大斎(おおさい) 第3週)
**крестоцве́тные** (形1変化に)[複] 〘旧〙〘植〙アブラナ科 (капу́стные)
*крестья́н|ин 複 -я́не, -я́н, -я́нам [男10] / **-ка** 複生 -нок [女2] 〖peasant〗 農民 《集合でも》
*крестья́нск|ий [形3] 〖peasant〗農民の，農作業の：~ труд 農作業 | -ое хозя́йство (経営単位としての)農家
**крестья́нство** [中1] ① 《集合》農民 ② 〘話〙農作業
**крети́н** [男1] / **-ка** 複生 -нок [女2] ① クレチン症患者 ② 〘話・蔑〙ばか，あほう // **~ский** [形3] < ②
**кретини́зм** [男1] ① 〘医〙クレチン症，先天性甲状腺機能低下症 ② 〘話〙愚鈍なこと
**кре́чет** [男1] 〘鳥〙シロハヤブサ // **~ий** [形9]

**креще́ндо** 〚муз〛① [副] クレッシェンド ② [不変] [中] だんだん音を強めること

**креще́ние** [中5] ① <крести́ть(ся)> 〚キリスト〛洗礼; 洗礼式: приня́ть ~ 洗礼を受ける ◆*боево́е ~* 初陣; 〚雅〛最初の苦難[試練] ★ К~ Госпо́дне 〚正教〛神現祭(1月19日[旧暦6]日) ‖ **креще́нск|ий** [形3]: *-ие моро́зы* [холода́] 神現祭寒波

**креще́н|ый** [形1] ① 洗礼を受けた, (洗礼を受けて)キリスト教徒となった ② ~ [男名]/*-ая* [女名] キリスト教徒になった人

**крива́я** (形2変化)[女] 〚数〛曲線

**кри́вда** [女1] (Пра́вда? と問われて)うそ!

**кривизна́** [女1] ① <криво́й①③④> 〚田〛の曲がった[歪んだ]箇所: ~ сука́ 枝の曲がったところ

**криви́|ть -влю́, -ви́шь** [不完], **с-** 受通-влённый (-лён, -лена́) [完] 〚田/完〛を曲げる, 歪める, 歪ませる: ~ гу́бы [лицо́] 唇[顔]を歪める(不満, 軽蔑の表情) | ~ душо́й 〚話〛良心や信念に反したことを言う[行動をとる] | ~ рот [ртом] 口を歪める

**криви́|ться -влю́сь, -ви́шься** [不完] | **с-** [完] ① 歪む, たわむ, 曲がる: Гу́бы *кривя́тся*. 唇が歪む(不満, 軽蔑の表情) ② (完また **по-~**) 〚話〛表情を歪める, 渋い顔をする, 顔をしかめる

**кривля́ка** (女2変化)[男・女] 〚話〛渋い顔を作る人; 気取り屋

**кривля́|ться** [不完] 〚話〛渋い顔[しかめっ面]をする; 気取る ‖ **-ние** [中5], **-нье** [中4]

**кри́во** [副] 斜めに, 歪んで, 傾いて

**кривобо́кий** 短*-бо́к* [形3] ① 体の曲がった ② 〚話〛歪んだ, 傾いた ③ 不完全な

**кривова́т|ый** 短*-а́т* [形1] 少し曲がった, 少し歪んだ ‖ **-о**

*кривой** 短*-ив, -ива́, -и́во* [形2] 〚crooked〛① 曲がった ② **-а́я** [女2] 曲線, カーブ(*-ая ли́ния*): *-а́я оса́дков* 降水量曲線 ③ 歪んだ, 傾いた: *-ая улы́бка* [усме́шка] 歪んだ微笑 ④〚話〛隻眼の: ~ [男名]/*-а́я* [女名] 隻眼の人: ~ на оди́н глаз 隻眼の | ~ на пра́вый глаз 右目が見えない ⑤〚若者・戯・皮肉〛酔っ払った 〚俗〛(パソコンの)動きが悪い ◆*-а́я вывезет* [*вы́везет*] 〚俗〛(思わぬことで)何かうまくいく | *куда́ -а́я (ни, не) вы́везет* [*вы́везет*] 〚俗〛なるに任せる | *-а́я душа́* 不誠実な人, ひねくれ者 | ~ *путь* = *-а́я доро́га* (目的達成のための)遠回り道 | *на ~ [-ы́х] объе́дешь* 回 〚俗〛…は簡単にだませる ‖ **кри́во** [副] <①③⑤>

**криволине́йный** 短*-е́ен, -е́йна* [形1] 〚数〛曲線の, カーブを描く

**кривото́лки -ов** [複] 〚話〛(事実を歪めた)誤った判断[言説]

**кривоши́п** [男1] 〚機〛クランク ‖ **-ный** [形1]

**криву́лина** [女1], **криву́ля** [女5] 〚話〛曲がった[たわんだ]もの

**криз** [男1] 〚医〛(病気の)発作, 急激な発症; (容体の)急変

*кри́зис** [クリーズス] [男1] 〚crisis〛①(悪化・好転へ向かう)重大局面, 危機 ②(病気のやま, 峠 ③(経済破綻などを引き起こす)生産過剰, 恐慌 ④〚話〛危機, 大変な状況 ‖ **~ный** [形1]

*крик** [クリーク] *-а/-у* [男2] 〚cry, shout〛① 叫び声, 大声; (乳幼児の大きな泣き声, (動物・鳥の大きな)鳴き声: издава́ть [поднима́ть, испуска́ть] ~ 叫び声を上げる, 大声を出す | ~*ом* [на ~] крича́ть 〚話〛大声を出す, 大声で言う | исходи́ть в ~*е* 大声を出して疲れる | ~ души́ [се́рдца] 魂の叫び | после́дний ~ (мо́ды) 〚話〛最新の流行 ②〚話〛言い争い, ののしり合い

**кри́кет** [男1] 〚スポ〛クリケット

**крикли́в|ый** 短*-и́в* [形1] しょっちゅう大声を上げている ②(声などが)甲高い ③けばけばしい ‖ **-о** [副] <①③>

**кри́кнуть** [完] →крича́ть

**крику́н** *-а́* [男1]/**~ья** 複生*-ий* [女8] 〚話〛① しょっちゅう怒鳴っている人; よく泣く乳幼児 ② [男] (自信たっぷりに)しょっちゅう批判する人

**криль** [男5] [集合] 〚動〛オキアミ(類の総称) ‖ **-евый** [形1]

**кримина́л** [男1] ① 犯罪行為, 犯罪性 ②〚話〛非難されるべきこと ③ (ジャンルとしての)犯罪映画

**криминализа́ция** [女9] 犯罪化; 犯罪率の上昇

**криминализи́ровать -рую, -руешь** 受通*-анный* [不完・完] 〚文〛〚田〛犯罪化する, 犯罪者組織の影響下に置く

**криминали́ст** [男1] /**~ка** 複生*-ток* [女2] 〚法〛科学捜査研究者(捜査官)

**криминали́стика** [女2] 科学捜査法研究学

**криминалите́т** [男1] [集合] 〚刑事〛犯罪者

*кримина́льн|ый** 短*-лен, -льна* [形1] 〚criminal〛①〚文〛刑法の, 刑事上の, 犯罪の ②〚話〛非難されるべき, 責められるべき ‖ **-ость** [女10]

**криминоге́нный** [形1] 犯罪を誘発する

**криминоло́г** [男2] 犯罪学者, 刑事学者

**криминоло́г|ия** [女9] 犯罪学, 刑事学 ‖ **-и́ческий** [形3]

**криниц́а** [女3] 〚旧・方〛泉, 井戸

**кри́нка** 複生*-нок* [女2] (細長い陶製の)牛乳入れ

**криноли́н** [男1] 〚服飾〛クリノリン

**криптогра́мма** [女1] 暗号文

**криптогра́ф|ия** [女9] 暗号書記法 ‖ **-и́ческий** [形3]

**криптоме́рия** [女9] 〚植〛杉

**крипто́н** [男1] 〚化〛クリプトン(記号 Kr) ‖ **~овый** [形1]

*криста́лл** [男1] 〚crystal〛① 結晶(体): жи́дкие *~ы* 液晶 ② 〚旧〛クリスタルガラス(хруста́ль): го́рный ~ 〚旧〛水晶 ‖ **-ик** [男3] [指小・愛称] <①> ‖ **~и́ческий** [形3] <①>

**кристаллиза́тор** [男1] 晶析装置, 結晶化装置

**кристаллизова́|ть -зу́ю, -зу́ешь** 受通*-о́ванный* [不完・完] (完また **за-~**)〚田〛結晶化させる ‖ **-а́ция** [女9]

**кристаллизова́ться -зу́ется** [不完・完] | **за-** [完] ① 結晶化する ②(完また **вы́-~**)〚文〛明確になる, はっきりする

**кристалло..** [語形成] 「結晶の」

**кристаллогра́ф|ия** [女9] 結晶学 ‖ **-и́ческий** [形3]

**криста́льн|ый** 短*-лен, -льна* [形1] ①(長尾)結晶の(кристалли́ческий) ② 透き通った, 透明な; 純粋な ‖ **-о**

**Кристи́на** [女1] クリスティーナ(女性名)

**Крит** [男1] クレタ島(ギリシャ) ‖ **кри́тский** [ц] [形3]

*крите́р|ий** [ий] [男7] 〚criterion〛〚文〛規範, 基準: служи́ть *-ием* для 田 …の基準となる | по како́му *-ию* 何を基準にして, どういう基準で

*кри́тик** [男2] 〚critic〛① 批判する人 ② /**крити́несса** [女1] 〚話・皮肉〛批評家, 評論家

*кри́тик|а** [クリーチカ] [女2] 〚criticism, critique〛① 批評(評価するための)分析; 〚話〛非難, 批判: подверга́ть *-е* 〚回〛〚話〛наводи́ть *-у* на 田 …を痛烈に批判する, こきおろす ②(芸術作品の)批評: литерату́рная [театра́льная] ~ 文芸[演劇]批評 ③ [集合] (芸術作品の)批評家(кри́тики) ④〚旧〛批評記事 ◆*ни́же вся́кой -и = не выде́рживает (никако́й) -и* 批評に耐えない, 非常にできの悪い

**критика́н** [男1]/**~ка** 複生-нок [女2] 〖話・蔑〗あら探しばかりする人

**критика́нство** [中1] 〖話〗難癖, 根拠の薄弱で表面的な批判

**критикова́ть** -ку́ю, -ку́ешь 命-ки́ [不完] [criticize] 〖団〗批判[批評, 評論]する **//~ся** [不完] 〖受身〗

**критици́зм** [男1] ① 批判的態度, 批判精神 ② 〖哲〗カントの批判哲学

\***крити́ческ|ий**[1] [形3] [critical] ① 批評の; 分析の: -ое изда́ние 校訂版(注釈や多くの版などが集められた版) ② 批判的な, 懐疑的な: ~ реали́зм 批判的リアリズム **//-и** [副]

**крити́ческ|ий**[2] [形3] ① 重大局面にある, 2つの異なる方向に向かう分かれ目にある ② 危機的な; (病気が)危篤な, 重篤な: ~ у́ровень воды́ (洪水の)危険水位 ③ 〖理〗臨界の: -ая температу́ра 臨界温度; -ая величина́ 臨界量

**крити́чный** 短-чен, -чна [形1] = крити́ческий②

\***крича́ть** [クリチャーチ] -чу́, -чи́шь 命-чи́ [不完] [cry, shout, scream] ① 叫ぶ, 叫び声を上げる; (乳幼児が)大声で泣く; (動物・鳥が)大きな鳴き声を出す | (動物・鳥の鳴きまねをする); (機械・サイレンが)大きな音を出す: ~ во весь го́лос [всё го́рло] ~ = ~ изо всех сил 大声で叫ぶ | ~ по-пету́хом 雄鶏の鳴きまねをする ② 〖不完/無補語〗大声で言う; 大声で叫ぶ; ~ милиционе́ра 大声で警官を呼ぶ ③ 〖на+補/無補語〗...に声を荒げる; のしる, 怒鳴る ④ 〖不完〗(話〚について〛(新聞などが)さかんに書きたてる: ~ на всех перекрёстках [про 補] ...のことを声を大にして言い立てる ⑤ 〖不完〗(色などが)目立つ, 際立つ; ‹о 補›を際立たせる: Её выраже́ние крича́ло о преклоне́нии пе́ред тала́нтом ма́стера. 表情で彼女が名人の芸を崇拝していることは明らかだった ◆крича́й не крича́й どんなに大声で助けを呼んでみても

**крича́ться** -чи́тся [不完] 〖無人称〗叫びたい気がする, 大声を上げたい気になる

**крича́щий** [形6] 派手な; (服装などが)派手な; (矛盾などが)明らかな **//-е** [副]

**кров** [男1] 〖雅〗家, 安らげる場所: дели́ть с ... と...と暮らす | без ~а 家を失った; 宿の

**кроваво..** 〖語形成〗「血の, 血のように赤い」

\***крова́в|ый** 短-áв [形1] [bloody] ① 血にまみれた, 血の混ざった ② 〖雅〗血塗られた(作った); 犠牲者の多く出た: -ая ба́ня 〖大量〗虐殺; -ое де́ло 殺人 ③ (血のように)赤い ◆рабо́тать [труди́ться] до -ого по́та 極限的な状態まで働く **-ая Мэ́ри** 〖俗・戯〗ブラッディ・マリー(ウォッカとトマトジュースのカクテル) **//-о, -ость** [女10]

**крова́тка** 複生-ток [女2] 〖話〗指小・愛称< крова́ть① 子供用ベッド

\***крова́т|ь** [クラヴァーチ] [女10] [bed] ベッド, 寝台: раскладна́я [складна́я] ~ 折り畳み式ベッド | похо́дная ~ ポータブル折り畳み式ベッド | односпа́льная [двуспа́льная] ~ シングル[ダブル]ベッド | двухя́русная ~ 二段ベッド | лежа́ть на [в] -и ベッドに横になっている **//-ный** [形1]

**крове..** 〖語形成〗「血の, 血液の」

**кровено́сный** [形1] 〖医〗血液循環にかかわる: -ая систе́ма 循環器系; ~ сосу́д 血管

**крови́нк|а** 複生-нок [女2] ① 〖話〗血の滴: лицо́ без ~и ~и нет [не в -е] в лице́ 血の気のない顔をした ② ощуща́ть [чу́вствовать] ка́ждой -ой 全身全霊で感じとる ③ 〖民話・詩〗身近な子どもに呼びかけての呼称 **//крови́ночка** 複生-чек, **крови́нушка** 複生-шек [女2] 〖話〗〖愛称〗

**кровля** 複生-вель [女5] ① 屋根の表面を覆うもの ② 屋根 (крыша) ③ 〖文〗家: под одной -ей 同じ屋根の下で ④ 〖鉱〗鉱床のすぐ上の層

**кро́вн|ый** [形1] ① 血縁関係にある, 血を分けた ② (血縁の)密接な: -ое бра́тство ③ 純血種の ④ 〖話〗苦労して得た: -ые де́ньги 大変な思いをして得た金 ⑤ 〖話〗極限の: -ая вражда́ これ以上ない敵意 **//-о** [副] <1②③⑤

**крово..** 〖語形成〗「血の」

**кровожа́дн|ый** 短-ден, -дна [形1] ① (動物・昆虫の)肉食の, 血に飢えた ② 〖話〗(人が)残虐な, 流血を厭わない **//-о** [副]

**кровоизлия́ние** [中5] 〖医〗溢血, 内出血

**кровообраще́ние** [中5] 〖医〗血液循環

**кровоостана́вливающий** [形6] 〖医〗止血(用)の: -ее сре́дство 止血薬, 収斂剤

**кровопи́ец** -и́йца [男3] = кровопи́йца②

**кровопи́йца** (女3変化) [男・女] ① 血を吸う虫 ② 残忍な人

**кровопроли́тие** [中5] 流血騒ぎ, 大量殺戮

**кровопроли́тный** 短-тен, -тна [形1] 流血を伴う

**кровопуска́ние** [中5] 〖医〗瀉血(しゃけつ)

**кровосмеше́ние** [中5] 近親相姦

**кровосо́с** [男1] ① 〖話〗血を吸う動物[虫] ② 〖話〗残忍な人

**кровосо́сущий** [形6] (動物が)血を吸う

**кровотече́ние** [中5] 〖医〗出血: вну́треннее ~ 内出血; нару́жное ~ 外出血

**кровото́к** [男2] 〖医〗(血管内の)血流

**кровоточи́в|ый** 短-и́в [形1] ① 出血の源となっている **//-ость** [女10] ② 〖医〗血友病

**кровоточи́ть** -чи́т [不完] (傷口などが)血を出している, 出血源となっている

**кровоха́рканье** [中5], **кровоха́рканье** [中4] 〖医〗喀血(かっけつ)

\***кровь** [クローフィ] 前о кр, в/на-и́ 複-и, -е́й (до кро́ви, до кро́ви) [女10] [blood] ① 〖単〗血, 血液: вено́зная [артериа́льная] ~ 静脈[動脈]血 | иску́сственная ~ 人工血液 | у́ровень глюко́зы в -и́ 血糖値 | ~ идёт ~, ~ до... 血が出るまで, 血を流すほど | ~ пе́рвой [второ́й, тре́тьей, четвёртой] гру́ппы О(А, В, АВ)型の血液 | перелива́ть ~ 輸血する ② 〖単〗流血(の惨事), 殺人: ~ за ~ 血には血を(殺人に殺人で報復すること) | ~ 田 ~の死の責任は...にある ③ 〖単〗血縁(関係): родна́я [своя́] ~ 血のつながった肉親 | брат по ~и 血のつながった[兄弟] | одно́й ~и ... と血縁関係にある | течёт в 田 ~ ...と同じ血には流れている | у́зы [родство́] -и́ 〖雅〗血のつながり ④ 血筋, 起源, 血統: В их жи́лах течёт ру́сская ~. 彼らにはロシア人の血が流れている | Он по -и ирла́ндец. 彼の祖先はアイルランド人だ | чи́стой ~и́ (動物の)純血の ⑤〖до после́дней ка́пли -и〗〖雅〗最後の一滴まで全力を尽くして(戦う) | ~ с молоко́м 血色がいい, 血気が盛んで健康な | ма́лой ~ю 少ない犠牲で | пить [выпить, соса́ть] ~ ...を苦しめる, 搾取する | по́ртить мно́го (сто́лько) -и 田 (さんざん)嫌な思いをさせる | холо́дная горя́чая ~ 冷たい[激しやすい]気性 | (хоть) ~ из но́са (и́з носу) 〚俗〛何としても, どんなに大変でも | ~ в -у 田 〈性質などが〉...に生まれつき備わった, どうにも変えられない | жда́ть -и́ 〖時・戯〗どうしても仕返してやろうとしている **кро́вища** [女4] 〖俗〗〖指大〗<①; **кро́вушка** [女2] 〖俗〗〖愛称〗

**кровяни́стый** 短-и́ст [形1] 血を含んだ

**кровяно́й** [形2] ① 血の, 血液の ② (血のように)赤い

**кро́ить** -ою́, -о́ишь 命 -о́й [不完] / **вы́~** 受遣 вы́кроенный, **с~** 受遣 скро́енный [完] ⟨裁⟩⟨布・皮を⟩裁つ;⟨服を裁って⟩作る ② ⟨話⟩⟨文章などを⟩切り貼りして作り直す、書き直す **// кро́йка** [女2] 裁断

**крой** [男6] < крои́ть ⟨服飾⟩型、様式

**кроке́т** [男1] ①⟨スポ⟩クロッケー;その用具;そのゲーム ②⟨通例複⟩⟨料理⟩コロッケ **//~ный** [形]

**крокоди́л** [男1] ①⟨動⟩ワニ ②⟨話⟩残忍な人 **/ ~чик** [男1]⟨話⟩⟨指小・愛称⟩< ① **//~ий** [形9]、**~овый** [形7]

**крокоди́лов** [形10] < крокоди́л① **◆~ы слёзы** 空涙、偽善的な同情、嘘泣き

**кро́кус** [男1]⟨植⟩クロッカス(шафра́н)

*кро́лик** [男2]〔rabbit〕⟨動⟩ウサギ;その毛皮
◆**бра́тцы-~и** ⟨話⟩(呼びかけ)君たち
**//~овый** [形1]; **кро́личий** [形9]

**кроликово́д** [男1] 兎養育業者

**кроликово́дство** [ц] [中1] 兎養育業

**кроль** [男5]⟨スポ⟩クロール(泳法)

**крольча́тник** [男2] うさぎ小屋

**крольчи́ха** [女2] 雌ウサギ

**крольчо́нок** -нка 複 -ча́та, -ча́т [男9] 子ウサギ

**крома́ньо́нец** [е] -нца [男3] クロマニヨン人

*кро́ме** [кро́мe] [前]〔except, besides, in addition to〕⟨接⟩ ①…を除き、…以外に: К~ сосе́да, я ни с ке́м не знако́м. 隣の人の以外は私は知り合いがいない ②…の他に: К~ карандашо́й я купи́л ещё и тетра́ди. 鉛筆の他にノートも買った ◆~ того́ 〔挿入〕それに加えて、さらに | ~ шу́тки ⟨話⟩冗談はさておき | ~ как ⟨話⟩以外には

**кроме́шный** [形] 極端なまでの: а́д ~ ひどい状況 ② 真っ暗な: ~ мра́к = -ая темнота́ 真っ暗闇

**кро́мка** 複生 -мок [女2] (布・板などの)縁の部分

**кромса́ть** [不完] / **ис~** 受遣 -кро́мсанный [完] ⟨接⟩ ①⟨話⟩(いい加減に)切る ②⟨完⟩⟨文章・原稿を⟩書き直しすぎて駄目にする

**крон** [男1]⟨化⟩クロム(記号 Cr);жёлтый ~ クロムイエロー、黄鉛 **//~овый** [形7]

**кро́на** [女1] ①樹冠(木の枝が広がっている部分) ②クローネ(ノルウェー、デンマークなどの通貨単位) ③クローナ(スウェーデン、アイスランドの通貨単位)

**кро́ншнеп** [э] [男1] ⟨複⟩⟨鳥⟩シギ属: большо́й ~ ダイシャクシギ | да́льневосто́чный ~ ホウロクシギ

**кронште́йн** [э] [男1]⟨建⟩ブラケット、持ち送り

**кропа́ть** [不完] / **на~**, **с~** 受遣 -о́панный [完] ⟨接⟩⟨話⟩ (ゆっくり、下手に・不器用に) 書く、作る

**кропи́ть** -плю́, -пи́шь [不完] / **о~** 受遣 -плённый (-лён, -лена́) [完] ⟨接⟩⟨液体を⟩振りかける ②[不完](雨が)降りかかる **// кропле́ние** [中5]

**кропотли́в|ый** [形] ① 細心の注意や辛抱強さを要する ② (人が) 細かいところに気を遣う **//~о** [副] **//~ость** [女10]

**кросс** [男1] ⟨スポ⟩クロスカントリー(レース)

**кроссво́рд** [男1] < кроссво́рд (パズル)

**кроссро́лл** [男1] ⟨フィギュア⟩クロスロール (ステップ)

**кроссме́н** [男1], **кроссови́к** [男2] ⟨スポ⟩クロスカントリー選手

**кроссо́вер** [男1] クロスオーバー車

**кроссо́вки** -ок [複] ジョギングシューズ

**кроссы́** -о́в [複]⟨若者⟩ジョギングシューズ

**крот** -а́ [男1] ①⟨動⟩モグラ ②⟨俗⟩(地下鉄で盗む)泥 **//~овый** [形]

**кро́тк|ий** 短 -ток, -тка́, -тко [形3] おとなしい、従順な、柔和な;⟨に対して⟩優しい **//~о** [副]

**кро́тость** [女10] 柔和さ

**кро́ха**[1] [女2] ①⟨旧⟩(パンなどの)かけら、一片 ②⟨複⟩⟨話⟩極少量(のもの、金)

**кро́ха**[2] (女2 変化)[男・女] ⟨話⟩小さな子ども (кро́шка)

**крохобо́р** [男1] / **~ка** 複生 -рок [女2] ①⟨俗・蔑⟩ 小金稼ぎのしみったれたやつ ②⟨俗・蔑⟩細かいことにこだわるあまり利益さえも見落としてしまうやっ

**кро́хотк|а** -ток (女2変化) [話] ①[女] 小片、かけら ②[男・女] ⓐ小さな人[もの]; ⓑ背の低い人 ⓒ子ども ◆**-у** [副] わずかに、ほんの少し

*кро́хотный** 短 -тен, -тна [形1]〔tiny〕⟨話⟩とても小さい (кро́шечный)

**кро́шево** [中1] ⟨俗⟩ ①細かく刻んだものの食べ物 ②細かく刻まれた(砕かれた)もの

**кро́шеный** [形] 細かく刻まれた[砕かれた](ものからできた)

**кро́шечк|а** 複生 -чек [女2] ⟨話⟩⟨指小⟩< кро́шка ◆**-у** わずかに、ほんの少し

*кро́шечный** 短 -чен, -чна [形1]〔tiny⟩⟨話⟩とても小さい

**кроши́ть** -ошу́, -о́шишь;-оши́шь 受遣 -о́шенный [不完] ①⟨完 ис~, рас~⟩⟨接⟩細かく刻む [砕く];⟨話⟩⟨敵などを⟩粉砕する ②[完 на~] ⟨接⟩⟨小片・くずを⟩撒き散らす ③[完 на~]⟨接⟩⟨ばらばら[粉々]にして殺す、せん滅する **// ~ся** [不完] ①[完 ис~, рас~]崩れて[砕かれて]小片になる ②[不完][受身] **// кроше́ние** [中5]

**кро́шк|а** 複生 -шек [女2] ①(a)⟨集合でも⟩(パンなどの)片 ⓑ⟨話⟩わずかの量: **и в ро́т не бра́ть = -и во рту́ не было** 食事を全くとっていない | **ни -и** 少しもない ②[男・女] ⟨話⟩小さな子ども;動物の子;⟨子ども・女性への呼びかけ⟩おまえ、ねえ ③< кроши́ть① ◆**-у** ⟨話⟩わずかに、ほんの少し

**круасса́н** [男1]⟨料理⟩クロワッサン

*круг** 複 -и́ [男2]〔circle, ring〕①円;円運動、ひと回り: **-и́ расхо́дятся по воде́** 波紋が広がる | **плыву́т -и́** в глаза́х пе́ред глаза́ми目が回る、頭がくらくらする | **сде́лать (описа́ть) [~и́]** 円を描くように動く、旋回する | **идти́ ~а́ми** くねくね曲がりながら進む | **~и́ под глаза́ми** 目の下の隅 | **~ кровообраще́ния** 血液循環 | **заколдо́ванный [за́мкнутый], поро́чный ~** 悪循環、袋小路;⟨論⟩循環論法 ② (前 в/на -у́) (広場・ダンス・スケートなどのための)丸い場所;(人の)輪と: **станови́ться [встать, войти́] в ~** (人の)輪に入る | **по ~у** ⟨話⟩人から人へ次々と［順々に］| **ходи́ть по ~у** たらい回しにされる | **бегово́й ~** 競馬場 ③[前 в/на -у́] (バス・路面電車などの終点にある円形の) 折り返し ④ 丸い形のもの: (魚・鳥を捕まえる) 網: надувно́й ~ (水遊び用の) 浮輪 ⑤[前 в -е/-ý]セットになった一連のもの;領域: **~ жи́зни** 人生の様々な出来事 | **~ интере́сов** 関心領域 ⑥[スポ] それぞれの出場者が一回だけ持ち分の一巡 ⑦[旧] 期間、時間 ⑧[前 в -у́;人々の集まり; [複;通例 -а́х の形で] (社会的・職業的) 集団;…界: **~ знако́мых** 知人たち | **в литерату́рных -а́х** 文学界で ⑨⟨露史⟩(コサックの)集会 ◆**возвраща́ться на кру́ги своя́** (★アクセント注意) [旧・文]もとの状態に戻る | **сде́лать [да́ть] ~** 遠回りをする | **на ~** ⟨話⟩おおよそ、平均して

**кругли́ть** [不完] / **о~**, **по~** [完] 丸くなる

**кругли́ть** -лю́, -ли́шь 受遣 -лённый (-лён, -лена́) [不完] ⟨接⟩丸くする **// ~ся** [不完] 丸くなる、丸いものが見える

**кру́гло, кругло́** [副] < кру́глый: ~ говори́ть すらすらと話をする

**кругло..** [語形成]「丸い」「完全な」

**круглоди́чный** [形1], **круглогодово́й** [形2] 1年間にわたる、通年の、年中無休の

**круглоли́цый** 短 -и́ц [形5] 丸顔の

**круглосу́точн|ый** [形1] 一昼夜にわたる, 24時間営業の **‖-о** [副]

*__кру́гл|ый__ [кру́глый] 短 -угл, -угла́, -у́гло, -у́глы/-у́гды́ [形1] [round, complete] ① 丸い, 角のない; 丸々とした, 太った: ～ по́черк 丸っこい字[筆跡] | -ые ско́бки (丸)括弧 | ～ лес 丸太 ② [長尾]完全な; 《話》丸々(全部)の (по́лный) の: ～ год 一年中ずっと | ～ дура́к 大ばか ③ (声が)淀みない; 《方》アクセントのない о を о と発音する ④ (数字が)端数のない, 大きな: для -ого счёта 端数を切上げ [捨て]て, きりのない数字で | -ая да́та (годовщи́на) 10年 [100年]ごとの記念日 | -ая ци́фра 端数(または少数・分数)のない数 | -ым счётом まさに, きっかり | -ым счётом всё у́лицы まさにすべての通り | -ая су́мма 相当な金額 | -ое состоя́ние 立ど財産 ◆**-сто́л** 丸いテーブル; 円卓会議, ラウンドテーブル

**кругля́к** -á [男2], **кругля́ш** -á [男4] ① 丸い石 ② 丸い形をした木材 ③ 《一般に》丸いもの **‖ кругля́шо́к** -шка́ [男2] [指小]

**кругля́шка** 複生 -шек [女2] 《話》小さく丸いもの
**круговёрть** 複 g10 [話] = круговоро́т
**кругово́|й** [形1] 円の, 円形の; ひと回りの; 回転の; 循環の: -áя доро́га 迂回路, 回り道 | -áя оборо́на 《軍》全周防衛 | -áя ча́ша まわし飲み用の杯 | -óе движе́ние 円運動 | ～ та́нец(舞)円舞

**круговоро́т** [男1] ① 循環, 繰り返し: ～ воды́ в приро́де 《生態》水循環 | ～ времён го́да 四季の移ろい ② <転>めまぐるしい[せわしない]…の移り変わり: Я попа́л в ～ собы́тий. 私の周りで入れ代わり立ち代わり事件が起こった

**круговобраще́ние** [中5] 円運動, 円周運動

**кругозо́р** [男1] ① 視界: На весь ～ тяну́лись степны́е да́ли. 眼前に見渡す限りの荒野が広がっていた ② (興味・関心の) 範囲, 視野: У него́ у́зкий [широ́кий]～. 彼は視野が狭い[広い]

*__круго́м__ I [副] [round, around] ① 円を描くように, 周囲をまわって: повора́чиваться ～ 振り返る | К～! [号令]回れ右! ② 周りに, 四方に; 至る所に: К～ всё ти́хо. 辺りは静まりかえっている | гляде́ть [смотре́ть] ～ 周りを見回す ③ 《話》完全に: Он ～ прав. 彼は完全に正しい II [前] 《話》<В>の周りに (вокру́г): ～ да о́коло (ходи́ть, крути́ться, верте́ться)《話》核心を突くことなく

**кругооборо́т** [男1] 循環, 円環運動: ～ капита́ла 《経》資本の回転

**кругообра́зный** 短 -зен, -зна [形1] 円形の

**кругосве́тка** 複生 -ток [女2] 《話》① 世界一周航海 ② (ある地域の)周遊旅行 [旅行]

**кругосве́тный** [形1] 世界一周の

**кружа́ло** [中1] ①《建》拱架(芯) (丸天井・アーチの建造の型枠) ②《旧》酒場, 居酒屋

**кружева́льник** [女3] レース編みの職人

**круже́в|о** 複 -á, кружёв, -áм [中1] [単複同義] レース編み(の布): плести́ ～ レースを編む **‖-но́й** [形1]

**круже́ние** [中5] < кружи́ть(ся)

**кружи́ть** -ужу́, -у́жишь [不完] ①<В>回転させる: ～ свою́ да́му в ва́льсе ワルツでパートナーの女性を回転させる ② 回るように飛ぶ, 上空で旋回する ③ <ねくねね曲がりながら進む ④<В> 道に迷わせる ⑤ (風・吹雪が)吹き上げる

**кружи́ться** -ужу́сь, -у́жишься [不完] ① 回転する, 回る ② (狭い場所の内部で)動き回る; あくせくと動き回る ③《話》(語・思考が)絶えずそんなテーマに戻る
◆**голова́ кру́жится** (1)頭がくらくらする (2)夢中になる

**кру́жка**〔単数; 生格〕< кружо́к

*__кру́жка__ 複生 -жек [女2] [mug, tankard] ①(ビール の)ジョッキ, 柄の付いたコップ ②(金属製の)募金箱 **‖ кру́жечка** 複生 -чек [女2]《話》[指小]

**кружко́вец** -вца [男3] 《話》サークルのメンバー
**кружко́вый** [形1] < кружо́к
**кружн|о́й, кру́ж|ный** [形1]《話》(道などが)遠回りの, 迂回の

*__кружо́к__ -жка́ [男2] [circle, club] ①《話》[指小] < круг①②④ ② 集まり, 会議 ③ サークル, 同好会: ～ та́нцев ダンスサークル | литерату́рный ～ 文学サークル | ходи́ть в [在]на] ～ サークルに通う **‖ кружо́чек** -чка [男2] [指小・愛称] < ①

**круи́з** [男1] クルーズ, 船旅 **‖-ный** [形1]

**круп** [男1] ①《医》クループ(喉頭・気管・気管支の炎症); ло́жный ～ 仮性クループ ②(馬などの)尻, 臀部

**круп|á** 複 кру́пы [女1] ① (精って精製された)穀粒: гре́чневая ～ ソバの実 | овся́ная ～ オートミール ②《単》《気象》霰(あられ): ледяна́я ～《気象》氷あられ | снежна́я ～《気象》雪あられ **‖ кру́пка** -пок [女2]《話》[指小・愛称]  **‖ крупяно́й** [形2] < ①

**крупени́к** -á [男2] 《料理》そば粉にチーズや卵を加えて焼いた料理

**крупи́нка** 複生 -нок [女2] ① крупа́ の1粒 ② 小さな粒, 粒子 ③ ごくわずかな量

**крупи́тчат|ый** [形1]《話》① 小さい粒から成る: -ая мука́ 上質な小麦粉(крупча́тка) ② 上質小麦粉でできた

**крупи́ца** [女3] 《話》① = крупа́ ② 小さな粒 (крупи́нка)

**крупне́ть** [不完] /**по-** [完] 大きくなる, 大きく強くなる

**кру́пно** [副] ① 大きく, 大股で: ～ шага́ть 大股で歩く | ～ писа́ть 大きく[大きな文字で]書く ② 決定的に, 重大に ③ 激しく: ～ говори́ть 厳つい言葉遣いで話す

**крупно..** [語形成] 「大きい」, 「大粒の」

**крупнокали́берный** [形1] ①(砲・銃が)大口径の ②《話・戯》大型の

**крупномасшта́бный** [ш] 短 -бен, -бна [形1] ①(長尾)大規模の, 大型の ②重大な

**крупноплодный** [形1] 実の大きい

*__кру́пн|ый__ [кру́пный] 短 -пен, -пна́, -пно, -пны́/-пны 比-не́е 最上-не́йший [形1] [large, big, prominent] ① 大きな, 大粒の (↔ме́лкий); (身長不体格が)大きい; (人格が)大物な: ～ шрифт 大活字 | -ым по́черком 大きな字で | -ая я́года 大粒のベリー | ～ го́род 中都市 (25-50万) | -ые черты́ лица́ はっきりした目鼻立ち | -ыми шага́ми 大股で | -ая фо́рма 《楽》大形式

② (経済的に)力がある, 大きい; (金額が)大きい: -ая су́мма 巨額 | ～ капита́л 巨大資本, 巨資 | -ая игра́ 賭け金の大きい賭け ③ 決定的な, 重大な: -ые успе́хи 大成功 ④ (人が)重要な, ひとかどの: ～ полити́ческий де́ятель 大物政治家 **‖-ость** [女10]

**крупня́к** -á [男2] 《若者》大きくてかさがあって質の高いもの; 高額紙幣

**крупо́зный** [形1] 《医》クループ (круп) の: -ое воспале́ние лёгких クループ [大葉] 性肺炎

**крупору́шка** 複生 -шек [女2] ① 粒すり [精製] 場 ② 粒すり [精製] 機

**крупча́тка** 複生 -ток [女2] 《単》上質小麦粉; (一般に)穀粒

**крупча́т|ый** [形1] 粒粒状の: -ая мука́ 上質小麦粉

**крупье́** [不変][男] ルーレットのディーラー, クルピエ

**крутану́ть** -ну́, -нёшь [完] ① → крути́ть ②《若者》<В>だます, 出し抜く

**крутене́к** -нька, -нько, -ньки [形] [短尾][俗]かな

**крутизна́** [女1] ＜крутой①② 急斜面、崖 ③《若者》非常に質のよいもの、すごいもの

**крути́льн|ый** [形1] 撚(よ)るための: *-ые весы́* ねじり秤

***крути́ть** -учу́, -у́тишь 受過 -у́ченный [不完] 〔twist, twirl, turn〕①〔完一回〕《話》**крутану́ть** -ну́, -нёшь, 《俗》**крутну́ть** -ну́, -нёшь〕他/園を/無補語で回す、回転させる; 振り回す; 巻き上げる; もみしだく; (道が)くねくね曲がる; 宙返りをする; (吹雪などが)舞う、巻き上げる: ～ руль ハンドルを回す ②〔完 **про-**〕《俗》再生する: ～ кино́ [фи́льм]《話》映画を上映する ③〔完 **за-**, **с-**〕〈他〉撚る, 撚って作る〔完 **с-**〕〈他〉捻る, ねじる: ～ ру́ки 後ろ手に縛る ④《話》〈他〉意のままに操る《話》はぐらかす〔完 **с-**〕《俗》(любо́вь, рома́нと共に)〈с他〉性的関係を持つ ⑤〔完 **про-**〕〈他〉資金などを回転させる

◆**как ни крути́ = крути́ не крути́**《話》何を言っても、何をしても ｜ **～ но́сом** (嫌な匂いに)顔をそむける、不快感〔軽蔑〕を表情で表す **// кру́тка** [女2] ＜②

***крути́ться** -учу́сь, -у́тишься [不完] 〔turn, spin, whirl〕〔完一回〕**крутану́ться** -ну́сь, -нёшься, 《俗》**крутну́ться** -ну́сь, -нёшься〕回る, 回転する ②左右に揺れる; (道が)くねくね曲がる ③《話》寝返りを打つ ④(風・吹雪などが)舞う ⑤〔完 **за-**〕《話》せわしなく動き回る: ～ под нога́ми《話》付きまとう〔完 **за-**〕(糸などが)撚(よ)られてできている ⑦《話》(本題や核心が)避けられる〔完 ＜крути́ть①② ◆**как (там) ни крути́сь**《話》何を言っても、何をしても

***кру́то** [副] ①険しく; 急に; 激しく; 徹底して; しっかりと;《俗》すごく ②〔述語〕《俗》すごい、すっげー

***круто́й** [形1] 短 -ут, -ута́, -у́то, -у́ты/-уты́ 比 кру́че [形2] 〔steep, severe〕①険しい, 急斜面の; (壁などが)突き出た; (波などが)高く盛り上がった: ～ бе́рег 切り立った岸辺 ②(カーブなどが)急な;《話》(変化が)急な ③《話》(人・措置が)厳しい ④《話》(性質が突出していて)すごい: ～ мужи́к お偉いさん, 大金持ち *| -áя* маши́на かっこいい〔高価な, 性能のいい〕車 ⑤(自然現象などが)激しい: ～ кипято́к 煮えたぎる湯 ⑥《解》広背筋: пра́вое [ле́вое] ～ (空港の)右[左]ウイング *| кры́лая но́са* 小鼻 ④(政治思想・組織内の)極: пра́вое [ле́вое] ～ 右[左]翼 ◆**распра́вить кры́лья** 翼を広げる; 能力を存分に発揮する ｜ **связа́ть [обре́зать] кры́лья** ～が力を発揮するのを妨げる, ～の発展の邪魔をする

**крыло́й** [男1]《俗》切り立った岸〔崖〕

**крутъ** [女10] ①[П・詩]崖, 急坂 ②すごいこと[もの]

**круча** [女4] 崖, 断崖; 急坂, 急な斜面

**круче́ние** [中5] ＜крути́ть(ся) 回転させること, ねじること; (糸などを)撚(よ)ること

**кручёный** [形1] ①撚(よ)って作られた ②《スポ》(ボールが)ドライブのかかった

**кручи́н|а** [女1]《民話・詩》悲しみ, 憂鬱 **// -ушка** [女1]〔愛称〕**// -ный** [形1]

**кручи́ниться** -нюсь, -нишься [不完] /**за-** ～/《民話・詩》悲しむ; ＜о園を＞恋しがる

**круше́ние** [中5]①(鉄道・船・飛行機の)大事故; потерпе́ть ～ 事故に遭う ②崩壊, 壊滅;(計画などの)頓挫

**круши́на** [女1]《植》クロウメモドキ(属); それで作る緩下剤 **// круши́нный, круши́новый** [形1]: *-ые* [複名]《植》クロウメモドキ科

**круши́|ть** -шу́, -ши́шь [不完];《雅》〈他〉砕く, 力づくで壊す; せん滅する **// ~ся** [不完] [П・民話・詩]悲しむ, 嘆く

**крыжо́вник** [男2]《植》スグリ属; その実: обыкнове́нный セイヨウスグリ, グーズベリー **// крыжо́вневый, крыжо́вниковый** [形1]: *-ые* [複名]《植》スグリ科

**крыла́н** [男1]《動》オオコウモリ(属) **// крыла́нов|ый** [形1]: *-ые* [複名]《動》オオコウモリ科

**крыла́тка** 複生 -ток [女2] ①《服飾》インバネスコート, 二重回し, とんび(男性用コート) ②《植》翼果, 翼果 ③《動》クラカケアザラシ(ポロサーチイ тюле́нь) ④《魚》ミノカサゴ属

**крыла́тый** 短 -ат [形1]①《長尾》翼のある: *-ая* га́йка《техн》つまみナット, ちょうナット ②(考え・想像・詩などが)飛ぶように自由な, インスピレーションに満ちた: *-ые* слова́ (対象をうまく言い表していて)広く使われるようになった言葉

**крыле́чко** 複 -чки, -чек, -чкам [中1]《話》[指小・愛称] ＜крыльцо́

***крыл|о́** [クルィロー] 複 кры́лья, -льев, -льям [中6]〔wing, sail〕①(鳥の)翼; (昆虫の)翅(はね); поднима́ть ～ на ～ 〈鳥を〉(驚かせて)飛び立たせる｜поднима́ться на ～ (鳥が)飛び立つ｜на кры́льях 翼が生えているかのように; 大急ぎで,〔解〕広背筋 *| во́лосы* 'во́роного *-á*' как во́ронов *-ó* (髪の色が)青みがかった黒色をした

②(飛行機の)翼;(自動車・自転車などの)フェンダーカバー; (風車などの)羽;(草刈り機・コンバインの)へら;(腕木信号機の)腕木: подво́дные кры́лья (水中翼船の)水中翼 ③(左右対称物の一方;(建物の)そで,翼(よく), (空港の)ウイング;(漁網の)脇の部分;(軍隊の陣形の)翼(よく);〔解〕広背筋: пра́вое [ле́вое] ～ (空港の)右[左]ウイング *| крыла́ но́са* 小鼻 ④(政治思想・組織内の)極: пра́вое [ле́вое] ～ 右[左]翼 ◆**распра́вить кры́лья** 翼を広げる; 能力を存分に発揮する ｜ **связа́ть [обре́зать] кры́лья** ～が力を発揮するのを妨げる, ～の発展の邪魔をする

**крылы́шк|о** 複 -шки, -шек, -шкам [中1]《話》[指小・愛称] ＜крыло́]小翼; (鶏肉の)手羽(先) ★用法は крыло́ に準ずる ◆**под -ом** 〔у 生〕《皮肉》…の庇護〔保護〕のもとに

**Крыло́в** [男姓] クリロフ(Ива́н Андре́евич ～, 1769-1844; 作家, 寓話作家)

**крыльево́й** [形2] ＜крыло́①②

***крыль|цо́** 複 кры́льца, крыле́ц/кры́лец, -льца́м [中1]〔porch〕階段のある玄関口, ポーチ **// -е́чный** [形1]

**крыльца́** [複数: 主・対格] ＜крыльцо́

**Крым** 前 о-е, в -у́ [男1] クリミア(半島, 地方): Респу́блика ～ クリミア共和国(首都は Симферо́поль; クリミア連邦管区)(ロシアの主張による) *| Автоно́мная респу́блика ～* クリミア自治共和国(ウクライナ側の呼称)

**кры́мский** [形3] *К~* полуо́стров クリミア半島 *| ～ тата́рин* クリミア・タタール人 *| К~ кри́зис* (2014 年の)クリミア危機

**крымскотата́рский** [形3] クリミア・タタール人〔語〕の

**крымча́|к** -а́ [男2] **/-чка** 複生 -чек [女2] クリミアに住むタタール人およびユダヤ人 **//-кский** [形3]

**крымча́нин** 複 -áне, -áн [男10] クリミアの住人〔出身者〕

**кры́нка** 複 -нок [女2] = кри́нка

***крыс|а** [女1]①〔rat〕《動》クマネズミ属; ラット, クマネズミ(★《話》では〈集合的〉な): *К~* бегу́т с то́нущего корабля́. ネズミは沈む船から逃げる(苦しい時に仲間から1人で逃げだす人を指して) ②〔コン〕ラクダ ③《俗》不愉快な印象を与える人, 頼りにならない人: гарнизо́нная ～ 〔皮肉〕守備[駐屯]隊や事務所の隊員｜канцеля́рская ～ 《蔑》不要な事務仕事に専念する人〔役人〕 ④《若者・隠》身内から盗みを働く者

**крысёнок** -нка 複 -ся́та, -ся́т [男9] ネズミの子

**крыси́ный** [形1] ＜кры́са: ～ яд ネズミ駆除剤｜*-ая* коси́чка 細い編み髪｜～ хво́стик《俗・蔑》後ろで束ねる少量の髪(←ネズミの尻尾)

**крысоло́вка** 複生 -вок [女2] ①ネズミ捕りの罠 ②

ネズミ駆除用の犬

**кры́тый** [形1] ①屋根[ひさし, 幌]のある ②[旧]《毛皮製品の》布で覆われた

**крыть** кро́ю, кро́ешь 受過-тый [不完] / **по-** [完] ①《国に》屋根[ひさし]を付ける ②《国を国で》表面を層で覆う, 包む, くるむ ③《トランプ》相手のカードをより強いカードで無効にする ④《俗》《国を》罵る ◆ **(и) — нéчем** 《俗》どうにも反論できない

**крыться** кро́ется [不完] ①隠れて[隠されて]いる ②《受身》к крыть①②③

**\*крыш|а́** 複生-шей [クルィーシャ] [女4] {roof, protection} ①《建物・バスなどの》屋根: ши́ферная [черепи́чная] ~ スレート[瓦]屋根 ②家, 住居; 住所: под чужо́й -ей他人の家で | (находи́ться) под -ей［в］~ は住む家がある | жить под одно́й -ей 同じ家に住んでいる, 1つ屋根の下で暮らす ③《隠》頭, 脳, 知恵 ④《隠》元締め
◆ **~ е́дет [пое́хала] у** [話・皮肉] ～は健全な判断ができなくなっている, 気が狂っている; ひどく疲れる: Со́лнце пали́т как су́масше́дшее ~ е́дет. 太陽が狂ったように照りつけている | **убра́ть урожа́й под -и** [話・戯]《収穫したものを貯蔵場所にしまう》能力を超えて[負担が大きすぎて]…の助けを借りて ■ **~ ми́ра** パミール高原 (≪世界の屋根≫)

**\*крышк|а** 複生-шек [女2] {lid, cover} ①ふた ②《俗》《述語》終わりだ, 破滅だ ◆ **от -и до -и** 《本の》最初から最後まで | **крышечка** -чек [女2] 《話》《指小・愛称》~

**крэк** [男2] ①《IT》ハッカー ②《隠》クラック・コカイン

**крюйт-ка́мера** [不変]-[女1] 《軍》軍艦の弾薬庫

**крюк** -á 複-и́, крюко́в, -о́в/крючка́м [男2] {hook} ①フック, 鉤, ピトン: пове́сить карти́ну на ~ フックに絵を掛ける ②（複）《扉の鉤型の》錠 ③《生・動》《複-и́》《話》回り道: сде́лать [дать] ~ (крюку́) 回り道をする ④《フィギュア》ロッカー（ターン）◆ **-о́м** 回り道をして | **у ру́ки-крюки** [話・戯]…には不器用だ | **согну́ть в— ~** …を圧迫する **// -ово́й** [形2]《①④》

**крючи́ть** -чит [不完] / **с-** 受過-ченный [完] [無人称]《俗》《国を》痙攣《国》させる (ко́рчить): Его́ крю́чит от бо́ли. 彼は痛みで痙攣している **// -ся** [不完]／[完] 《俗》痙攣する (ко́рчиться)

**крючкова́тый** -ат [形1] フック型の, 鉤型の: ~ нос 鉤鼻

**крючкотво́р** [男1] / **-ка** 複生-рок [女2] 《俗》《形式・些事にこだわり》物事を進ませない人[役人]

**крючкотво́рство** [中1] お役所仕事の形式・些事にこだわり物事を進ませないこと

**\*крюч|о́к** 複生-чка́ [男2] {hook} ①フック, 鉤: ~ рыболо́вный 釣り針 | вяза́льный 編み物用の鉤針 | ~ кнучо́к の形; ②《曲げて》《...の》引き金 | рыболо́вный 釣り針 | вяза́льный 編み物用の鉤針 ③鈎状のもの；《文字の》ひげ (щ, ц などの尻尾の部分) ◆ **попа́сться [попа́сть] на ~** 《話》釣られる, 罠にはまる **// крючочек** -чка [男2] 《指小・愛称》~ **// крючко́вый** [形2], **крючко́вый** [形1]

**крюшо́н** [男1] 《白ワインにラム・コニャック・果汁を混ぜた》飲み物 ②フルーツジュース

**кря́ду** [副] 《俗》ひっきりなしに, ぶっ続けに

**кряж** -á/-а [男2] ①《低い》連山, 丘陵, 山脈 ②《幹・丸太・切株の》短く太い断片 ③《俗》体のがっしりした人 ■ **Тима́нский ~** チマン山脈

**кря́жистый** 短-ист [形1] ①《幹・丸太・切株が》太くてしっかりした ②《人が》がっしりした体の; 頑固な

**кряк** [男2] 《話》①《カモなどの》鳴き声; それに似た音 ②《戯》《コン》ハッカー

**кря́кать** -а/-а **кря́кнуть** -ну, -нешь 命-ни [完]/[一回] ①《カモなどが》ガアガアと鳴く ②《話》《満足・不満を表して》喉を鳴らす: ~ от удово́льствия 満足して喉を鳴らす

**кря́ква** [女1] 《鳥》マガモ (кря́ковая у́тка) **// кря́ковый** [形1]

**кря-кря** [間] 《擬声》ガアガア (カモの鳴き声) ②《幼児》カモ

**кряхте́|ть** -хчу́, -хти́шь [不完] 《話》《痛み・肉体的緊張で》鈍い音を出す, 呻く **// -ние** [中4] 《痛み・肉体的緊張による》鈍い音, 呻き声

**ксендз** ксендзя́ [男1] 《ポーランドの》カトリック僧

**Ксе́ния** [女9] クセニヤ (女性名: 愛称 Ксе́ня, Ксю́ша)

**ксено́н** [男1] 《化》キセノン (記号 Xe) **// -овый** [形1]

**ксенофо́бия** [女9] ①《医》対人恐怖症 ②外国(人)嫌い[恐怖症]; 未知の人[もの]を怖がること; 排外主義

**ксе́рить** -рю, -ришь [不完] 《話》《国を》《コン》《電子》コピーする

**ксерогра́ф|ия** [女9] ゼログラフィー, 乾式複写法 **// -и́ческий** [形3]

**ксероко́пи́ровать** -рую, -руешь [不完・完] 《国を》《コピー機で》コピーする

**ксероко́пия** [女9] 《コピー機による》コピー

**ксе́рокс** [男1] ①= ксероко́пия ②コピー機 **// -ный** [形1]

**ксерофо́рм** [男1] キセロフォルム (火傷や潰瘍の治療薬)

**кси́ва** [女1] 《俗》身分証, ID

**ксили́т** [男1] 《薬》キシリット, キシリトール

**ксилогра́фия** [女9] 木版画, 木版術

**ксилофо́н** [男1] 《楽》木琴, シロフォン

**\*кста́ти** [クスタ́ーチ] [副] {opportunely, apropos} ①ちょうどいい時に; [述語でも] ちょうど適して: как нельзя́ ~ これ以上によいタイミングで | приходи́ться ~ ちょうど都合がよい[役立つ] | Пода́рок мой пришёлся ~. 私のプレゼントはちょうどよい具合に役に立った ②ついでに: Вы́неси му́сор, и ~ зайди́ в магази́н. ごみを捨てに行って, ついでに店に寄って ③《挿入》ついでに, それと関連して, 付け加えると; そう言えば: ~ говоря́, [сказа́ть] ついでに言うと | Там был И́горь, ~, он худо́жник. そこにはイーゴリもいたが, そう言えば, 彼は画家だ // その時ついでに絵の話をしていた, あるいはこれから絵の話に持って行く流れで)

**Ксю́ша** [女4] 《愛称》< Ксе́ния, Окса́на

**КТ** [男1] (略) компьюте́рная томогра́фия 《医》CT スキャン

**\*кто** [クト́-] кого́, кому́, кого́, кем, ком《who》[代] ①《疑問》誰: Кто (бы) э́то? | 《話》こちらはどちらですか? | Кто там [тут, здесь]? (見えない相手に対して)だれですか? | кто да кто 《話》誰と誰か | Кто ты тако́й (така́я, таки́е, 《話》-ко́в)? 私, 君, 彼, …)一体誰だ? | Кто я тако́й ([ты, он, ...] тако́й (така́я, таки́е, 《話》-ко́в)? 私(君, 彼, …) 一体誰だ | Кто кого́? 《話》勝ったのはどちらだ | Кто не лю́бит сла́ву? 《修辞疑問》誰だって名誉は嫌いじゃない | кто́ (же, бы) [否定形]…と, 誰にも, 誰でも, 誰かが, まさに…こそ…すべきだ: Кому́ бы и наслажда́ться свобо́дой, как не ему́? 彼でなくて誰が自由を享受できると言うのか? 彼こそが自由を享受すべき人だ | Вы зна́ете, кого́ я ви́дел? 私が誰に会ったかわかるか | Я зна́ю, кто́ вы тако́й. 私にはあなたの正体がわかっている ②《関係》…するところの (а) [тот, те, все, вся́кий などを先行詞に]: тот, кто́ хо́чет пойти́ в кино́ 映画を見に行きたい人 | вся́кий, кто́ мо́жет できる人は誰でも | к кому́ он яви́лся どちらへ彼が姿を見せた最初の人 | пе́рвый, кто́ (b) [先行詞なしで]: Блаже́н, кто́ весели́тся в поко́е, без забо́т. 穏やかに心配ごとなく楽しめる人は幸福である | Спи, *кто́ мо́жет*. 眠れる人は眠りなさい ③《話》(誰でもいいけれど) 誰か(кто́-нибудь): е́сли *кто́* спро́сит меня́ もし誰かが私に会いに来たら ◆*кто́ ..., тот́ ...* = *то́т ..., кто́ ...* ...な人は…*Кто́* не быва́ет на Азо́вском мо́ре, *тот́* не мо́жет предста́вить себе́ та́мошние су́мерки. アゾフ海に行ったことのない人は、あそこの黄昏がどのようなものか想像できない | *е́сть [бы́ло] кого́ [кому́, кем, ...]*〔不定〕…すべき人がいる[いた]: *Е́сть у кого́* учи́ться. 学ぶべき人がいる | *И кого́ [кому́, кем, ...]* = *кого́-кого́ [кому́-кому́, кем́-кем́, ...]*〔(не, не́т)と共に〕そんこそんな人が…(い)ない: *Кого́ ..., кто́ ..., кого́ ...* ある人は…、別の人は…: *Кто в ле́с, кто по дрова́*.〔諺〕ある人は森へある人は薪を探しに、することがちぐはぐだ | *кто́ что́ [куда́, как, ...]* ある人は…ある人は…、誰もが不ぞろいだ: *Кто́ что́* не ска́жет — всё не та́к, не по мне́. 誰が何を言っても、どれも彼にとっては気に入るものはない | *Кому́ ка́к* нра́вится. 人によって好きなものは違っている、それぞれ好きなように | *Мы́ разбежа́лись кто́-куда́*. 私たちは自分の行きたい方へと四散した | *кто́-кто́, а ...* = *кто́* другой́, *а ...* 他の人はさておき…: *Кто́-кто́, а я* приду́. 他の人はどうか知らないが、私は行きます | *кто́ бы (то) ни бы́л* それが誰であろうと | *кто́ его́ зна́ет* よくわからない、詳しくは知らない

\*кто́-ли́бо [★кто́ の部分のみ変化]〔代〕〔不定〕= кто́-нибудь

\*кто́-нибудь [クトー・ニブヂ]〔★кто́ の部分のみ変化]〔代〕〔不定〕[anyone, someone]〔誰でもいいけれど〕誰か (кто́-то と違い不特定)〔из + 囲〕…のうちの誰か: *К~* зна́ет об э́том? 誰かこのことについて知っている人はいますか | Позови́ *кого́-нибудь*. 誰か呼びなさい | ~ из *ва́с* あなた方のうちの誰か | ~ друго́й 誰か別の人

\*кто́-то [クトー・タ]〔★кто́ の部分のみ変化]〔代〕〔不定〕[someone]〔誰だかわからない〕誰か (кто́-нибудь と違い特定): ~ *из* 囲…のうちの誰か: *К~* пря́чется в куста́х. 誰かが藪に潜んでいる | *К~* из сынове́й пла́кал. 息子のうちの誰かが泣いていた | ~ друго́й 誰か別の人

ку-ку́ [間]〔幼児〕①かくれんぼ ②〔擬声〕カッコー

куб [男・ы́] [男1] ①立方体 ②〔数〕3乗, 立方: *два́ в ~ 2 の3乗* ③立方メートル ④（円筒型・球形の)蒸留器

Ку́ба [女1] キューバ(首都は Гава́на)

куба́н|ец -нца [男1] / -ка¹ 複生 -нок [女2] クバン (Куба́нь)のコサック〔住民〕

куба́нка² 複生 -нок [女2] クバン帽, クバンカ(背の低い円筒形の毛皮の帽子)

Куба́нь [女10] クバン[クバニ] 地方[川] (カフカス北部) //*куба́нск|ий* [形3]: *-ие каза́ки* [каза́ки] クバン・コサック

ку́барем [副]〔話〕転がるように、まっさかさまに

кубату́р|а [女1] 体積, 容積 //*-ный* [形1]

куби́зм [男1]〔美〕立体派, キュビズム //*кубисти́ческий, куби́стский* [形3]

ку́бик [男2] ①〔話〕（小さい）立方体: *буль́онный ~* (立方体の)スープの素 ②〔話〕立方センチメートル ③〔通俗複〕(子どもの遊び用)ブロック ◆*(брю́шной) пре́сс ~ами* 割れた腹筋

куби́н|ец -нца [男1] / -ка 複生 -нок [女2] キューバ人 //*-ский* [形3] キューバ(人)の

куби́ст [男1] / *-ка* 複生 -ток [女2] 〔芸〕キュビズム〔立体〕派の人, キュビスト

кубисти́ческий [形3]〔芸〕キュビズム[立体]派の

куби́ческий [形3] 立方体の;〔数〕3乗の, 立方の: ~ ко́рень〔数〕立方根

ку́бковый [形1] < ку́бок: ~ ма́тч 勝ち抜き戦

кубов|о́й [形1] ①蒸留機(куб)の ②*-ая* [女名] 蒸留室

ку́бовый [形1] 濃い[明るい]藍色の

\*ку́бок -бка [男2] ①杯, カップ: ~ Де́виса デビスカップ ②優勝カップ ■ ~ *ми́ра*〔スポ〕ワールド杯〔カップ〕: ~ *ми́ра* по футбо́лу サッカーのワールドカップ

кубоме́тр [男1] 立方メートル

кубофутури́зм [男1]〔美〕立体未来主義

ку́брик [男2]〔海〕船員室

кубы́шк|а 複生 -шек [女2] ①〔話〕(胴の部分がふくらんだ素焼きの)壺;（樽型の木製の)容器 ②〔話〕背が低く太った女 ③〔植〕コウホネ属 ◆*держа́ть де́ньги в -е* 金を自宅に保管する, タンス預金をしている

кува́лда [女1] ①大槌, かけや ②〔俗〕太って不格好な女, 教養のない女

Куве́йт [男1] クウェート

куве́йт|ец -тца [男1] / -ка 複生 -ток [女2] クウェート人 //*-ский* [形3] クウェート(人)の

куве́рт [男1]〔旧〕（正式な食事の席で）1人分の食器セット

кувши́н [男1]（差し口・取っ手の付いた）水差し;その一杯分の水 //*-чик* [男2]〔話〕〔指小〕//*-ный* [形1]

кувши́нка 複生 -нок [女2]〔植〕スイレン属): бе́лая ~ セイヨウスイレン (водяна́я ли́лия) //*кувши́нковый* [形1]: *-ые* [複名]〔植〕スイレン科

кувырка́|ть [нсв] / кувырну́ть -ну́, -нёшь [完]〔一回]〔俗〕〔他〕ひっくり返す, さかさまにする //*~ся* [不完] / [完]〔一回〕①〔話〕宙返り[でんぐり返り]をする ②〔話〕回転する ③〔俗〕逆さに落ちる[転ぶ] //*-ние* [中5]

кувырко́м [副]〔話〕真っ逆さまに ◆*всё ~* めちゃくちゃになっている | *идти́ [пойти́] ~* めちゃくちゃになる | *лете́ть [полете́ть] ~* めちゃくちゃに壊れる

кувырко́к -рка́ [男2]〔話〕宙返り

куга́ [女2]〔植〕カヤツリグサ科の植物の俗称

ку́гикулы -и́кул [複]〔楽〕クギークルィ(ロシアの民俗古楽器: パンフルート)

кугуа́р [男1]〔動〕ピューマ, クーガー

\*куда́ [クダー] [副] [where, wherever] ①〔疑問〕(a)どこへ: *К~* ты́ идёшь? どこへ行くの | Я́ узна́л, наконе́ц, ~ я́ зашёл. 私はやっと自分がどこに迷い込んだかわかった (b)〔話〕何のために, どうして〔зачем〕: *К~* тебе́ сто́лько де́нег? 何でそんなに金が必要なの ②〔不定〕どこかへ (куда́-нибудь): Всё-таки придётся мне́ е́хать и в Кислово́дск, а мо́жет, ещё ~ и пода́льше. いずれにせよ私はキスロヴォーツクにも行かなければならなくなるだろうし、ひょっとするともっと遠くのどこかへ行くことになるかもしれない ③〔関係〕…であるところへ〔а〕〔先行詞なし]: Иду́, ~ ну́жно. 私は行く必要のあるところに行く (b)〔先行詞あり〕: дом́, ~ о́н перее́хал 彼が引っ越した先の家 (c)〔туда́, та́м, ту́т, всю́ду など と共に〕: *К~* хочу́, туда́ иду́. 私は行きたいところへ行く | О́н взгляну́л туда́, ~ пока́зывала О́льга. 彼はオリガの示していたほうに目を向けた ④ [副] (a)〔旧〕= (бы) ни至る所、どこにいっても ([副]〔話〕〔形容詞・副詞の比較級と共に〕ずっと、遙かに (гора́здо): ~ лу́чше ずっとよい | ~ умне́е. 彼方ずっと賢い (c)〔話〕〔しばしば *та́м*, *ту́т*, 人称代名詞の与格と共に〕〔否定・疑い・抗議〕…なんてことあるものか: Мо́жет, о́н согласи́тся? — *К~ у́ж та́м*! 「どうだろう, 彼, 賛成するかな」「まさか」 ◆ ~ *бы то́ ни́ было* どこへであろうと | ~ *не* さほど…ない | ~ *не тако́й* 全くそうでもない…ない | [~~~] *ни* 〔話〕あらゆるところに | ~ *ни́ гля́нь*〔話〕どこを見ても | (*ещё́*, *у́ж*) ~ *ни шло*

**куда́-либо** [副] = куда́-нибудь

*__куда́-нибудь__ [副] (どこでもよいが)どこかへ, どこか任意のところへ

*__куда́-то__ [クダータ] [副] [somewhere] (どこかわからないけど特定の)どこかへ, どこか知らないところへ: Секрета́рь ~ вы́шел. 秘書はどこかに出て行ってしまった, 秘書は席を外している

**куда́хтать** -хчу/-хтаю, -хчешь/-хтаешь [不完] ① めんどりがコッコ(куда́х-тах-тах)と鳴く ②《話》(女性が)せわしげに話す

**куде́ль** [女10] [織] (麻・亜麻の)糸が紡がれる前段階の繊維 // **~ный** [形1]

**куде́сни|к** [男2] /**-ца** [女3] ①《雅·詩》魔法使い ② 卓越した技能の持ち主, 魔術師

**кудла́тый** 短 -а́т [形1] 《話》髪がぼさぼさの; 毛むくじゃらの

**кудрева́тый** 短 -а́т [形1] ① 髪が少し縮れた, カールした ② 飾りすぎた, 飾りすぎてごてごてした

**ку́дри** -е́й [複] 巻き髪, カールした髪, 縮れ毛; カールしたもの // **куде́рьки** -ов [複] [指小]

**кудря́виться** -вится [不完] ① (髪が)カールする, 縮れる ② (木の枝・葉が)生い茂る

**кудря́вый** 短 -я́в [形1] ① (髪・ひげなどが)カールした, 縮れた ② (木が)葉の生い茂った; 緑が茂った

**кудря́шк|а** -шки, -шек, -шкам [女3] 《話》① [複] [指小]カールした[縮れた]髪 ② 髪の縮れた子ども

**куды́** [副·方·俗] = куда́①

**куды́кин** [形11] : на **~у го́ру** = на [за] **~ы го́ры** 《俗》(とあるところへ)(行き先をごまかす際に)

**Кузба́сс** [男1] クズネック炭田 (Кузне́цкий у́гольный бассе́йн)

**кузе́н** [э] [男2] 《旧》従兄弟 (двою́родный брат)

**кузи́на** [女1] 《旧》従姉妹 (двою́родная сестра́)

**кузне́ц** -а́ [男3] 鍛冶屋, 鍛冶職人[工] ◆ **~ своего́ сча́стья [благополу́чия]** 自分の力で成功を収めた人

**кузне́чик** [男2] [昆]キリギリス(科) // **кузне́чиков|ый** [形1]: **-ые** [複 名] キリギリス亜目

**кузне́чный** [形1] < кузне́ц① ② 鍛造のための

**ку́зница** [女3] ① 鍛冶場 ②《雅》(専門家など)重要な人材を生み出すところ

**ку́зня** 複 -зен [女5] [旧·方] = ку́зница①

**ку́зов** 複 -а́/-ы [男1] ① 籠皮でできた籠[箱] ② (自動車などの)車体, シャーシ // **ку́зовн|о́й** [形1] : **-ы́е рабо́ты** 車体整備 // **кузово́к** -вка́ [男2] 《話》[指小·愛称]

**ку́зька** 複 -зек [女2] [昆]コガネムシ科の害虫

**ку́зькин** [形11] 《俗》◆ **показа́ть ⑅ -у ма́ть** ... を痛い目に遭わせる

**Кузьми́нки** -нок, -нкам [複] [暦]クジマとデミヤンの日 (Кузими́но-демья́нки とも; 11月14日[旧暦1日]; 娘たちの祝日; 冬を迎える日)

**кука́н** [男1] 釣った魚を通しておく縄

**кукаре́к|нуть** -ну, -нешь 命 -ни [完], **кукаре́кать** -ню, -нешь 命 -ни [完], [一回] コケコッコーと鳴く

**кукаре́ку** [間] 《擬声》(雄鶏の鳴き声)

**ку́киш** [男4] [話·蔑·愚弄]手を握って親指を人差し指と中指の間に差し入れるジェスチャー: **~ в карма́не** 不満や軽蔑の様子を他人の前では示さない様子 | **(с ма́слом) получи́ть [да́ть]** 何も得ない[与えない]

**ку́кл|а** 複 -кол [女2] ① 人形: игра́ть в **~ы** 人形遊びをする | теа́тра́льная **~** 人形劇用人形 ②《話·蔑》生気や感情のない人[女性]: чёртова **~** ③《俗·蔑》ろくでなし ④《俗》偽の札束; パッタもの ◆ **взять ⑅ на ~у** (偽物をつかませて)...をだます // **ку́клин** [形11] < ①

**кукло́вод** [男1] (人形劇の)人形使い

**ку-клукс-кла́н** [不変] [男1] クー・クラックス・クラン (略 ККК)

**кукова́|ть** -ку́ю, -ку́ешь [不完] / **про~** [完] ① (カッコウが)鳴く ②《不完》《俗》手持ぶさたのまま待つ; 寂しく暮らす; 貧しく暮らす // **-ние** [中5] < ①

**куко́житься** -жусь, -жишься [不完] / **с~** [完] 《話》(寒気などで)身を縮める

**ку́колка** 複生 -лок [女2] ①《話》[指小] < ку́кла① ②[話]器量よしの女の子[女性] ③ さなぎ

**ку́коль** [男5] ①《植》ムギセンノウ属 ②《正教》クーコリ

**ку́кольни|к** [男2] / **-ца** [女3] 人形作り職人; 人形使い

**ку́кольн|ый** [形1] < ку́кла①②: **~ теа́тр** 人形劇場 | **-ая коме́дия** 人形劇の喜劇; [文·蔑]茶番劇 ②(人形のように)小さい; 生き生きしていない

**ку́кситься** -кшусь, -ксишься [不完] / **на~, с~** [完] 《話》ふさぎ込む, 機嫌が悪い; (子どもが)むずがる

**куку́** [間] 《擬声》カッコー(カッコウの鳴き声) [男名] 《俗》頭のおかしい人

**кукуру́з|а** [女1] ①《植》トウモロコシ(属) ②(1960年代)フルシチョフ首相の綽名 (так) ■ **возду́шная ~** ポップコーン // **-ный** [形1]

**кукуру́зник** [男1] ① トウモロコシの ②《話》(農薬散布・練習飛行用などの)軽飛行機 (АН-2)

**куку́шка** 複生 -шек [女2] ①[鳥]カッコウ(属) ②《話》操車用機関車, (ローカル線の)列車 ◆ **~ хва́лит петуха́** [皮肉] 大げさに互いを褒めあう // **ку́куш-кин** [形11]

**кукушо́нок** -нка 複 -ша́та, -ша́т [男9] カッコウのひな

**ку́кша** [女4] [鳥]アカオカケス

*__кула́к¹__ [クララーク] -а́ [男2] [fist] ① 握りこぶし, げんこつ: с **...** = величино́й в **~** 握りこぶし大の | взять 図 в **~** ...をぎゅっと握りしめる | сжать [стисну́ть] **-и́** 拳を握りしめる | отведа́ть **~о́в** げんこつを食らう, 殴られる | пока́зывать **~** = грози́ть [потряса́ть] **~о́м** (拳を見せて)脅す | броса́ться [лезть] с **-а́ми** на 図 ...に殴りかかる | би́ться на **-а́х** [俗]殴り合いのけんかをする | Де́ло дошло́ до **~о́в.** [話]事は殴り合いにまでいった ② (攻撃のために)1個所に集結された軍隊[軍備] : собра́ть в **~ ...** を1個所に集結[集中]させる ③[機](金属の)破砕ハンマー

**кула́|к²** -а́ [男2] 《話》**-чка** 複生 -чек ①《露史》クラーク, 富農 ② けちな人 // **-цкий** [形3]

**кула́н** [男1] [動]アジアノロバ // **-ий** [形9]

**кулачк|и́** -о́в [複] ◆ **би́ться [дра́ться] на ~ [-а́х]** 殴り合う | **выходи́ть [идти́, сходи́ться] на [в] ~** 殴り合いをする

**кулачко́вый** [形1] カム(кулачо́к)の: **~ вал** [機] カムシャフト

**кула́чн|ый** [形1] < кула́к①③: **-ое пра́во** 暴力が支配する状態 | **~ бой** 殴り合い

**кулачо́|к** 複生 -чка́ [男2] [指小·愛称] < кула́к¹ ①: лицо́ **-чо́к** (拳ほどしかない)小さな顔 | сжима́ться в **~** (顔に)しわが寄る ②[機]カム, 破砕リンク (кула́к¹)

**куле́бя́ка** [女2] [料理](中に肉·魚·キャベツなどを詰めた)ピローグ

**кулёк** -лька́ [男2] ①《話》円錐形の小さな紙の袋 ② 小さな俵 ③《俗·蔑》文化関係の大学(文化大学など) // **-чек** -чка [男2] [指小] < ①

**кулёма** (女1変化) [男·女] 《俗》不器用な人

**куле́ш** -а́ [男4] [料理] 穀粒入りスープ

**кули́бин** [男1] 《若者·戯·皮肉》発明[新発見]にいつも努力している人

**кули́к** -á [男2]《鳥》チドリ亜目: ~-соро́ка ミヤコドリ

**кулина́р** [男1]/《話》**~ка**複生 -рок [女2] 料理の上手な人, 料理人, コック **∥~ский** [形3]

**кулина́р|ия** [女1]《通例複》[女9] ① 調理学〔法〕: ку́рсы –ии 料理教室 ② 《話》 総菜室 ③《話》調理品, 総菜 **∥~ный** [形1] <③>

**кули́с|а** [女1] ①《通例複》舞台の袖, 舞台裏: из -áми 舞台袖で; 内密に, 秘密裏に ②《機》リンク; てこ **∥~ный** [形1]

**кулич** -á [男4]《正教》クリーチ(円筒形のパン; 復活大祭に食べる) **∥~ный** [形1]

**кули́чик** [男2] ①《話》《指小・愛称》< кули́ч ② (子どもが砂遊びで作る)クリーチの形をしたもの

**кули́чк|и** -чек, -чкам [複]《俗》**♦ к чёрту [чертя́м] (идти́) [е́хать] (ходи́ть) / у чёрта [черте́й] на ~ах** 遠くに(いる, ある, 住む)

**куло́н**[1] -a из куло́н/-нов [男1]《理》クーロン(電気量の単位)

**куло́н**[2] [男1] 宝石の付いたネックレス **∥~чик** [男2]《話》《指小・愛称》 **∥~ный** [形1]

**кулуа́рный** [形1] < кулуа́ры ② 非公開の, 秘密裏の, 非公式の

**кулуа́р|ы** -ов [複] (劇場・会議場などの)控室, ロビー **♦ в ~ax** 非公開で, 非公式に

**куль** -я́ [男1] ① 俵 (ござで作った)袋 ②《旧》穀物の計量単位(約80-150キログラム)

**кульби́т** [男1] (手を使った)前方宙返り

**кульма́н** [男1] ドラフター, 製図台

**культива́тор** [男1]《農》耕耘機

**культиви́рова|ть** -рую, -руешь 受 過 -анный [不完]《農・漁》《図》① 栽培する, 養殖する ② 耕耘機で耕す ③ 開発[導入]する **∥~ся** [不完]〔受身〕 **∥-ние** [中5]

**ку́льтов|ый** [形1] < культ①: -ая му́зыка 宗教音楽

**культпохо́д** [男1] (劇場・博物館・名所旧跡への)団体見学

*⁎**культу́р|а** [クリトゥーラ][女1] ① [culture, standard] ① 文化; 《集合》(ある時代・地域の)文化的遺産: духо́вная ~ 精神文化 | исто́рия -ы 文化史 | -ы Дре́вней Руси́ 古代ルーシの文化 | Мохе́нджо-Да́ро モヘンジョダロ遺跡 | дом [дворе́ц] -ы 文化会館, 公民館(略 ДК) ② (技術的)完成度: высо́кая ~ произво́дства 生産技術が高度な, 完成された ③ 《人・社会などが》教養のある, 洗練された; (生活ぶりが)文化的な: ~ челове́ка 教養人 ④《農・園》(人間によって)開発された; (土地が)耕作された; (植物が野生でなく)栽培された: -ая река́ (護岸工事のされた人の手の入った)川 | -ая ро́за 人の手で育てられたバラ | ~ слоёв《考古》遺跡の含まれている地層 ⑤《生》(微生物の培養された)細胞; (培養された)細菌, 酵母 ■ **Министе́рство К-ы РФ** ロシア連邦文化省

**культури́зм** [男1] ボディービル

**культури́ст** [男1]/**~ка** 複生 -ток [女2] ボディービルダー **∥~ский** [сс] [形3]

**культу́рно** [副] 文化的に

**культу́рно-..** [語形成]「文化の」

**культу́рно-бытов|о́й** [形2]: -о́е обслу́живание 文化福祉サービス

**культу́рно-истори́ческий** [形3] 文化史の

**культу́рно-просвети́тельный** [形1] 文化教育の, 文化啓蒙の

**культу́рность** [女10] 文化水準; 文化性; 教養; 文化[教養]の高さ

*⁎**культу́рн|ый** [クリトゥールヌイ] 短 -рен, -рна [形1] [cultural, cultured] ① [長尾]《文化の》: ~ у́ровень 文化水準, 文化レベル | -ые свя́зи 文化的つながり, 文化交流(ビザで) | -ая револю́ция 文化革命 ②[長尾] (生産技術が)高度な, 完成された: ~-ое се́льское хозя́йство 高度な農業技術 ③ (人・社会などが)教養のある, 洗練された; (生活ぶりが)文化的な: ~ челове́к 教養人 ④《農・園》(人間によって)開発された; (土地が)耕作された; (植物が野生でなく)栽培された: -ая река́ (護岸工事のされた人の手の入った) | -ая ро́за 人の手で育てられたバラ | ~ слой《考古》遺跡の含まれている地層

**культуро́лог** [男2] 文化学者

**культуроло́г|ия** [女9] 文化学 **∥-и́ческий** [形3]

**культя́** [女5] ① (切断後に残った)手足 ②《医》(神経・気管支・虫垂の切除後の)残された部分

**культя́пка** 複生 -пок [女2]《俗》= культя́①

**кум** 複, кумовья́, -ьёв [男2] / **кума́** [女5] 《正教》代父(ドᾰ); 代母(ドᾰ) (両親と代父母とが互いに呼び合う呼称; 代父と代母への呼称として крёстный, крёстная)  **♦ ~ королю́** 自立している | ﾃ́ **ни ~ ни сват** …には関係ない

**куманёк** -нькá [男2]《俗》/**куму́шка**[1] 複生 -шек [女2]《愛称》< кум/кума́

**кума́р** [男1]《俗》(麻薬などの)禁断症状; 陶酔状態の継続

**кума́рный** [形1]《俗》禁断症状に陥っている

**кума́ч** -á [男4] (鮮紅色の)木綿 **∥~ный** [形1]

**кумачо́вый** [形1] < кума́ч 鮮紅色の

**куме́кать** [不完]《俗》考える, 理解する

**куми́р** [男1] ① 偶像 ② 崇拝〔熱愛〕の対象(となる人): возводи́ть 不 в ~ = создава́ть [твори́ть] себе́ ~ [-a] из 生 生 (人)…を偶像化する, 崇拝[熱愛]する

**куми́рня** 複生 -рен [女2] (偶像の置かれた)異教の礼拝堂; (仏教の)寺, お堂; (神社の)社殿

**куми́ться** -млю́сь, -ми́шься [不完] / **по-** [完]《民俗》友情を誓う

**кумле́ние** [中5]《民俗》友情を誓う儀礼(スラヴ人に伝わる; 春から夏にかけての祝日に娘同士で行われる)

**кумовство́** [中1] ① 代父(кум)と代母(кума́)の関係にあること; 特にその良好な関係 ②《蔑》コネ関係(による優遇) **∥~ско́й** [形3]

**ку́мпол** [男1]《話》頭のてっぺん: да́ть по ~y 脳天を殴る

**кумуляти́вный** [形1] 累積的な

**куму́шка**[2] 複生 -шек [女2] ①《愛称》< кума́ ②《話》悪口〔噂話〕好きな女

**кумы́|к** [男2]/**~чка** 複生 -чек [女2] クムィク人, クム人(ダゲスタン共和国の先住民族の一つ) **∥~кский** [形3]

**кумы́с** [男1] クムィス(馬乳を発酵させた飲料)

**Кунаши́р** [男1] 国後島(日本式表記は Кунасири)

**кунжу́т** [男1]《植》ゴマ属(sezám); その種子: ~ инди́йский [обыкнове́нный, восто́чный] ゴマ **∥~ный** [形1]

**кунжу́тный** [形1]: -ое ма́сло ゴマ油

**куни́ц|а** [女2]《動》テン〔属〕; その毛皮: ка́менная ~ ムナジロテン **∥ку́ни|й** [形9]: -ьи [複名]《動》イタチ科

**кунстка́мера** [女1] ①《旧》珍しい〔奇妙な〕ものを集めた博物館 ② **К~** クンストカメラ(正式名称は Музе́й антрополо́гии и этногра́фии и́мени Петра́ Вели́кого Росси́йской акаде́мии нау́к ロシア科学アカ

デミービョートル大帝記念人類学民俗学博物館; サンクトペテルブルク)

**кун-фу́, кунг-фу́** (不変) [中] カンフー

**кунту́ш** [男4] (ポーランド・ウクライナの) 裾長で袖のゆったりした上着

**Купа́ла** (女1変化), **Купа́ло** (中1変化) [男] ■ Ива́н ~ [民俗] イヴァン・クパーラ (7月7日 [旧暦6月24日]; 夏至; 川で泳ぎ始める) // **Купа́льск|ий** [形3] -*ая* но́чь イヴァン・クパーラの夜 (7月6日 [旧暦6月23日] の夜; Аграфе́на купа́льница とも)

**купа́льник** [男2] (女性用) 水着

**купа́льница** [女3] キンポウゲ属

■ Аграфе́на ~ [民俗] アグラフェーナの日 (イヴァン・クパーラ Ива́н Купа́ла の前夜; 7月6日)

**купа́льн|ый** [形1] 温浴 (用)の; 浴用 (用)の: ~ костю́м 水着

**купа́льня** 複生 -лен [女5] 水浴場; 脱衣所

**купа́льщи|к** [男2] / **-ца** [女3] 水浴する人

**купа́ние** [中5], **купа́нье** [中4] < купа́ть(ся) ① 水浴場

**купа́ть** [不完] / **вы́-** 受過 вы́купанный, [話] **ис-** 受過 -купанный [不完] [困] 入浴 [水浴] させる; [困] в [困] に〈水・湯・粒状のもの〉つける, 浸す

*купа́ться [不完] / **вы́-**, [話] **ис-** [完] [bathe, swim] ① 水浴 [水浴] する; ‹в圖› に浸かる ② ‹圀› (圀) を浴びるようにして楽しむ: ~ в сча́стье 幸せに浸る | ~ в зо́лоте おそろしく金持ちである

**купе́** (不変) [中] [compartment] (列車の) コンパートメント, 個室 // **купе́йный** [形1]

**купе́ль** [女10] 《キリスト》洗礼盤

*купе́|ц -пца́ [男3] / **-чиха́**[1] [merchant] 商人, 商店主, 商社のオーナー; [旧] 買い手 // **ку́пчик** [男2] [話] (卑称); **купчи́на** (女1変化) [男] [話] [指大]; **купчи́шка** 複生 -шек [男1] [話] [卑称]

**купе́ческий** [形3] ① 商人の ② 趣味がなくただ金をかけただけの

**купидо́н** [男1] ① К- 《ロ神》キューピッド ② キューピッドの置物 [像, 絵] ③ 美少年 // **~чик** [男2] [話] [指小]

**купина́** [女1] ① [旧] 低木; 木立: неопали́мая ~ 《文》[聖] 燃え尽きることのないくさび「出エジプト記」

**купи́рова|ть** -рую, -руешь 受過 -анный [不完・完] ‹圓› ① ‹犬› の耳・しっぽを切る ② [医] 痛みなどの病的な症状をなくす, 消す // **~ться** [受身] / **-ние** [中5]

**купи́ть** [完] → покупа́ть

**купи́ться** куплю́сь, ку́пишься [完] 《俗》‹на圓›…にだまされる: *Я купи́лся на его́ улы́бку.* 私は彼の笑顔にだまされた

**куп-ку́п** [間] 《幼児》① ちゃぷちゃぷ, ぷかぷか, お風呂, 水遊び ② お風呂に入る, 水を浴びる

**купле́т** [男1] ① (詩の)連, (歌の)番 ② (通例複) (軽演劇などで歌われる) 風刺 [滑稽] 歌謡 // **~ный** [形1]

**куплети́ст** [男1] / **-ка** 複生 -ток [女2] 風刺歌謡 (купле́т) を歌う歌手

**куплю́** [1単末] < купи́ть

**ку́пля** [女5] 購入, 買い入れ (↔прода́жа): ~-прода́жа [商] 売買

*ку́пол 複 -ла́ [男1] / **~ка** [cupola, dome] ① 丸天井, 丸天井: ~ собо́ра 聖堂の丸屋根 | ~ не́ба = небе́сный ~ 天空 ② 半球状の覆い // **~ьный** [形1]

**купо́н** [男1] ① (債権の) 利札, クーポン (これを債券から切り取って利息の支払いを受ける): стричь ~ы́ 利札を切り取って暮らす ② (ドレス・スカート・ブラウスのために裁断された) 布切 // **~ный** [形1]

**купоро́с** [男1] [化] 硫酸塩

**купоро́сный** [形1] ① < купоро́с ② 青色の (硫酸銅) の, 緑色の (硫酸鉄) の

**купчи́ха**[2] [女2] [話] → купе́ц ② 商人 (купе́ц) の妻

**купю́р|а** [女1] 《文》(文章・映画・音楽などの編集による) カット, 短縮: с ~ами カットして, 短縮版で ② [経] (額面価値のある) 有価証券, 紙幣 // **~ный** [形1] < ①

**кур** [男1] [旧・方] 雄鶏 (пету́х) ◆ *попа́сть, как ~ во щи* [話] [о́щип] [話] 苦境に陥る

**ку́ра** [女1] [俗] = ку́рица

**курага́** [女2] (種を取り除いた) 干しアンズ

**кура́ж** -á/-ý [男4] [旧・俗] 強気張り, 空元気: для ~у́ 景気づけのために | быть в [на] ~é 一杯機嫌である

**кура́житься** -жусь, -жишься [不完] / **по~** [完] [俗] ‹над圓› に対して威張る, ばかにした態度をとる

**кура́нты** -ов [複] 音楽 [チャイム] 付きの時計 ■ ~ Моско́вского кремля́ クレムリンの大時計 (スパースカヤ塔にある)

**кура́ре** [э] (不変) [中] クラーレ (南米の毒矢の毒)

**кура́тор** [男1] 《文》監督者, 責任者: ~ информацио́нных служб 広報担当室長, 報道室長 ② [芸] キュレーター, 学芸員 // **~ский** [形3]

**курга́н** [男1] ① 古墳 ② 丘 К- [地名] // **Курга́нск|ий** [形3] *К-ая о́бласть* クルガン州 (ウラル連邦管区)

**кургу́зый** 短 -у́з [形1] [話] ① (服が) 丈の短い, 窮屈な ② (動物が) 尾の短い

**курд** [男1] / **~я́нка** 複生 -нок [女2] クルド人 // **~ский** [ц] [形3] クルド (人)の

**Курдиста́н** [男1] クルディスタン

**курдю́|к** -á [男2] (ある種の羊の尾椎に形成される) 脂肪の塊 // **~чный** [形1]

**ку́рево** [中1] [俗] たばこ, 何か吸うもの

**куренно́й** [形2] ① < куре́нь ② [男名] (ウクライナコサックの) 隊長 (~ атама́н)

**куре́ние** [中5] ① 喫煙; 香を焚くこと ② [旧] お香の (煙)

**куренок** -нка 複 -ря́та, -ря́т [男9] [俗] ひよこ (цыплёнок)

**куре́нь** -я́ [男5] ① [方] (夏だけ使う) 掘立小屋 ② [方] (コサックの) 家 ③ [旧] (シベリアで) 木を切り木炭を作るための場所 ④ [史] (ウクライナコサックの) 軍営地

**курза́л** [男1] (保養地にある大きな) ホール, 会所

**ку́р|ий** [形9] = кури́ный ■ **избу́шка на ~их но́жках** [民話] ヤガー婆さん (ба́ба-яга́) の家 (鶏の足の上に立っている)

**кури́лка** 複生 -лок (女2変化) [話] ① [女] 喫煙所, 喫煙室 ② [男・女] 喫煙者 (кури́льщик) ◆ *Жив ~!* [戯] 生きている, 無事だ

**Кури́лы** -и́л [複] 千島列島, クリル諸島 (Кури́льские острова́)

**кури́льница** [女3] 香炉

**кури́льня** 複生 -лен [女5] ① (阿片窟のような) 麻薬吸引所 ② [旧] 喫煙所

**кури́льск|ий** [形3] クリル [千島] ■ **К-ие острова́** 千島列島, クリル諸島 | **Больша́я [Ма́лая] К-ая гряда́** 大[小] クリル列島 (大小の境は国後島と色丹島の間にあり, 北が大クリル列島)

**кури́льщи|к** [男2] / **-ца** [女3] 喫煙者, 愛煙家

**кури́ный** [形1] < ку́рица ① ② : ~ бульо́н チキンブイヨン | ~ мя́со 鶏肉 (кури́тина) | ~ие яйца́ 鶏卵 ② 視野の狭い ◆ *К-ая [Ку́рья] твоя́ голова́!* [茂] 何を馬鹿なことを | *~ые мозги́ у* 圓 [話・茂] …は頭が悪い | *~ая грудь* [医] はと胸 | *~ые [圆] キジ目*

**кури́ровать** -рую, -руешь [不完] 《文》[圀] に援助しながら監督 [管理] する

**кури́тельн|ый** [形1] 喫煙用の ■**-ая (ко́мната)** 喫煙室

**\*кури́ть** [クリーチ] курю́, ку́ришь 命 -ри́ [不完] / **покури́ть** [パクリーチ] [完] [smoke, burn] ①《что/無補語》〈たばこなどを〉吸う; その習慣がある: ~ сигаре́ту [сига́ру, марихуа́ну] たばこ〔葉巻, マリファナ〕を吸う | броси́ть ~ 禁煙する | У нас не ку́рят. ここは禁煙です ②《что/画/画》〈香などを〉焚く: ~ ла́даном 手提げ香炉で香を焚く ③〔旧〕《что》蒸留する: ~ во́дку 蒸留してウォッカを作る ④《К нем/無人称でも》煙や蒸気を上げる

**кури́ться** ку́рится [不完] ①〈たばこが燻って〉煙を出す ②〈タバコが/きちきち〉《где》〈煙・蒸気・もや・芳香を〉出す, 出して煙る ③[受身] ← кури́ть

**\*ку́рица** 複 ку́ры/-рицы, кур/-риц [女3] [hen] ①[鳥]雌鶏 (→петух) ②[鳥]キジ目の家禽; その雌 ③鶏肉 (куря́тина) ◆**Ку́рам на́ смех** 〔話〕ばかばかしい, 無意味だ | **мо́края ~** 〔話〕みすぼらしい人; 気力のない人, 強い意志の感じられない人 | **писа́ть, как ла́пой** 〔話〕下手な〔読めないような〕字で書く | **с ку́рами ложи́ться, с петуха́ми встава́ть** 〔話〕早寝早起きする

**ку́рицын** [形11] 雌鶏の ◆**~ сын = ~а до́чь = ~ы де́ти** 〔俗・蔑〕畜生, 畜生

**ку́рия** [女9] 選挙人の区分 ■**ри́мская ~** ローマ教皇庁

**курку́ма** [女1] [植] ウコン属: ~ дли́нная ウコン

**курлы́кать** -ы́чу/-аю, -ы́чешь/-аешь [不完] (鶴が) クルクルと鳴く (курлы́-курлы́) と鳴く

**ку́рник** [男2]〔料理〕(鶏肉とキノコなどを詰めた祝祭用) ピローグ

**курно́й** [形2] (百姓家・バーニャ ба́ня が)煙突のない, 煙突なしで暖める

**курно́с|ый** 短 -о́с [形1] 獅子鼻の; (人が)獅子鼻をした ━[男名]/**-ая** [女名] 獅子鼻の人

**курну́ть** -ну́, -нёшь [完] [一回] 〔俗〕《что/無補語》くたばこなどを〉一服吸いなむ

**курово́д** [男1] 養鶏業者

**курово́дство** [ц] [中1] 養鶏業

**куро́к** -рка́ [男2] 撃鉄, うちがね; 〔話〕引き金

**куроле́сить** -е́шу, -е́сишь [不完] / **на-** [完] 〔俗〕乱暴を働く, 傍若無人に振る舞う

**куропа́тк|а** 複 -ток [女2] ①〔複〕〔鳥〕ヤマウズラ属; その肉: борода́тая ~ ヤマウズラ | се́рая ~ ヨーロッパヤマウズラ | бе́лая ~ ライチョウ属

**куро́рт** [男1] 保養地: водолече́бный ~ 温泉地, 鉱泉地 **//-ный** [形1]

**куро́ртни|к** [男2]/**-ца** [女3] 保養客, (保養地で)療養中の人

**курортоло́гия** [女9] 保養地[転地]療養学

**кросле́п** [男1] [植] ヒヨス, オオルリソウ, キンポウゲ (кури́ная слепота́)

**ку́рочка** 複 -чек [女2] ①〔話〕[指小 ← ку́рица] 雌鶏; ~-ря́ба 〔民話・詩〕斑点のある雌鶏 ②キジ科の鳥: водяна́я [боло́тная] ~ 〔鳥〕 バン; オオバン

**\*курс** [クールス] [男1] [course] ①(船・飛行機などの)航路, (航行)ルート, コース; (地図上に引かれた行路す線): плыть [лете́ть] по ~y [~ом] 航路に沿って進む | име́ть [держа́ть] ~ ... ルートの方向に進む | лечь на ~ 航路につく | прокла́дывать ~ (地図を示す線を引く ②〔政〕(政策などの)基本方針: ~ вне́шней поли́тики 外交方針 ③ (特定のテーマについての) 体系的記述; その(連続)講義; 概論, 概論書, 概説書: чита́ть [слу́шать] ~ (…の)講義をする[聴講する] ④ (教育機関における)全課程: ~ сре́дней шко́лы 中等教育課程 | ко́нчить ~ в университе́те 大学の全課程を修了する ⑤ (大学の)学年〔★ 大学以前は класс〕; 学年全体の学生: на второ́м ~е 第2学年[に], 2年生で | студе́нт пе́рвого ~а 大学1年生 | переходи́ть с ~а на ~ 進級する ⑥〔複〕(個々のテーマに絞った) 講座, 特別講座; 専門学校: ~ы англи́йского языка́ 英語の講座, 英語教室 ⑦(始めと終わりのある)一連のもの, コース, サイクル: пройти́ по́лный ~ лече́ния 治療の全過程を終了する ⑧〔金融〕レート, 相場: валю́тный ~ = ~ валю́т 為替相場 | обме́нный ~ 外国為替相場, 交換レート | усто́йчивый [неусто́йчивый] ~ 安定[変動]為替相場 | К~ рубля́ па́дает [растёт]. ルーブル相場が下がる[上がる] ◆**бра́ть ~ на** [+対] … へのルートをとる; 方針を立てる | **быть в ~е (де́ла)** [話] 事情[成り行き, 本質]を理解している | **ввести́ (войти́)** [対] **в ~** [対] 〈人に〉…の事情[成り行き, 本質]を理解させる[する] | **держа́ть** [対] **в ~е** [対] 〈人に〉…

**курса́нт** [男1]/**-ка** 複生 -ток [女2] ①〔軍〕軍学校の学生[生徒] ②〔旧〕講座聴講者

**курси́в** [男1]〔印〕イタリック体, 斜体: вы́делить цита́ту ~ом 引用箇所を斜体で示す ②(古代・中世の)草書体 **//-ный** [形1]

**курси́ровать** -рую, -руешь [不完] (バス・飛行機・船などが)定期運航する

**ку́рсов|ая** -о́й [女2]〔学生〕学年終了論文

**Курск** [男2] クルスク(同名の州都) **// ку́рск|ий** [形1]: К-ая о́бласть クルスク州(中央連邦管区)

**курсо́вк|а** 複生 -вок [女2] 保養所[療養所]利用証(湯治, 食事など)

**курсов|о́й** [形2] ←курс①③⑤⑧ ■**-а́я (рабо́та)** (連続講義の後の)レポート

**курсо́р** [男1] コンロカーソル

**курти́н|а** [女1] ①〔旧〕花壇 ②(同種の木が植えられた)区画, 木立 ③〔軍〕稜堡と稜堡の間の要塞壁[土塁] **//-ка** 複生 -ток [女2] [指小・愛称] < ①②

**\*ку́ртк|а** 複生 -ток [女2] [anorak, jacket] ジャンパー; (丈の長くない)コート: ко́жаная ~ 皮ジャン **//-очка** 複生 -чек [女2] 〔話〕[指小・愛称] **//-очный** [形1]

**куртуа́зный** [形1]〔文〕礼儀正しい: -ая литерату́ра (中世ヨーロッパの)宮廷騎士文学

**курча́виться** -вится [不完] ①(毛が)縮れている, 縮れた毛に覆われている; (煙などが巻くように)漂っている ②(木などが)豊かに茂っている

**курча́в|ый** 短 -а́в [形1] ①(髪が縮れた, カールした, (人が)髪が縮れた[カールした]; (雲・煙などが)渦を巻くような ②(木が)豊かに茂った **//-о** [副] **//-ость** [女10]

**курьёз** [男1] 珍事, 面白い出来事 ◆**для** (**ра́ди, из**) **~а** 面白がって

**курьёзн|ый** 短 -зен, -зна [形1] 珍奇な, 好奇心をそそる **//-о** [副] **//-ость** [女10]

**курье́р** [男1] (外交文書を運ぶ)急使, 特使, クーリエ ②/**-ша** [女4]〔話〕文書伝達係

**курье́рск|ий** [形1] 特急の, 至急の: -ие (ло́шади) 急行馬車 | ~ (по́езд) 急行列車 ◆(**как**) **на -их** 大急ぎで, 迅速に

**куря́тина** [女1]〔話〕鶏肉

**куря́тник** [男2] 鶏小屋, 鶏舎, 〔蔑〕狭くて汚い部屋

**куря́чий** [形2]〔俗〕< ку́рица①

**куря́щий** (形6変化) [男] 〔能見 ← кури́ть〕喫煙者

**кус** 複 -ы́ [男1]〔俗〕一片 (кусо́к) ◆**жи́рный** [**ла́комый**] **~** 大きな利益をもたらす魅惑的なもの

**куса́ка** (女2変化) [男・女]〔話〕噛む(癖のある)人[動物]

**куса́ть** [不完] / **кусну́ть** -ну́, -нёшь [完][一回] ①〔完まで〕 укуси́ть〈что/с誰を〉つつく, つついばむ; 〈что〉刺す: Куса́ют комары́. 蚊に刺される ②〔不完〕《что》噛みちぎる[切る] ③《不完》《что》《に》〈人が〉毒

づく ④《俗》〈罠〉食べる ⑤《無人称でも》《話》〈罠〉(植物などが)〈肌などにちくちくする ⑥《不完》《俗》《性質・習性として》噛む(кусáться)

**кусáться** [不完] ①《性質・習性として》噛む, 噛んで傷を負わせる, (虫が)刺す; (人が)毒がつ ②《話》(布などが)ちくちくする ③《話・戯》(値段が)高くて手が出ない

**кусáчий** [形6] 《話》(動物が)噛む(習性のある); (布が)ちくちくする

**кусáчки** -чек, -чкам [複] ニッパー, 針金切り

**кусковóй** [形2] 小片に切られた[割られた]

\***кусóк** [クソーク] -скá [男2] [piece, bit] ①(割られた・千切られた)部分: ~ мя́са 肉一切れ | разби́ть [разорва́ть, раздроби́ть] 罠 в на] -ки́ ...を粉々に割る[壊す] ②《話》食物; 生活の糧; [旧]財産[収入]の一部: ~ хлéба パン一切れ; 生活の糧 | зарабо́тать ~ хлéба 自分で働いて生活の糧を得る | попрека́ть 罠 кого́ хлéбом ...の寄食を非難する ③部分; (作品の)一部: ~ земли́ 土地の一部 | ~ диссертáции 学位論文の一部分 ④(同一種の)1個: ~ мы́ла 石けん1つ ⑤ [пойти́] в ~и́ 刺しゅう用ラシャ 2巻き ⑥《若者・話》1000ルーブリ ◆ *не идёт в гóрло* 《話》...は心配で[疲れて, 体調不良で]食欲がない; 食事が喉を通らない | *(の доста́ть безде́лье)* ~ 《話・貶》強引なやり方で富を得る // **куси́ще** 複 -и́щи, -и́щ(中2変化) [男] 《話》[指大]<①

**кусóчек** -чка [男2] [piece, bit] 《話》[指小・愛称]<кусóк①②③④ ★用法はкусóкに準ずる)

\***куст** [クースト] -á [男1] [bush] ①低木; その茂み: ~ сирéни ライラックの茂み ②茂るのようなもの ③《経》(企業などの)グループ, 連合体 ◆ *спря́таться [уйти́] в ~ы́ = отси́живаться в ~áх* [罠] (責任などから)逃げる, とんずらする, 頬かぶりする // **кýстик, кустóчек** -чка [男2] 《話》[指小]

**кустáрник** [男1] 灌木, 低木(куст) ②《集合》灌木[低木]の茂み // **-ковый** [形1]

**кустáрничек** -чка [男2] 《話》[指小]<кустáрник ②背の低い(草のように見える)灌木

**кустáрный** [形1] ①(家内制)手工業の(↔фабри́чный): -ые изделия 工芸品, 細工物 ②《話》未熟な, 組織立っていない // **-о**

**кустáрщина** [女1] 《話・貶》未熟な方法による生産活動; 素人の仕事[事業]

**кустáрь** -я́ [男5] (家内制)手工業者: ~-одино́чка 一人親方(1人で複数の過程をこなす) | артéль -éй 手工業者アルテリ(数名で複数の過程を分担してこなす)

**кусти́стый** 短 -и́ст [形1] ①濃く茂った, (眉が)太くて濃い ②灌木の茂った

**кусти́ться** -ти́тся [不完] こんもりと生い茂る

**кустовóй** [形2] ①低木[茂み]の ②(企業の)連合体[グループ]の

**косторéз** [男1] 垣根刈り込み機

**кýтать** [不完] *за-* 受遺 -анный [完] 〈罠〉①〈в罠〉で〉(寒くないように)包む, くるむ: ~ ребёнка в шаль 赤ん坊をショールでくるむ ②(霧などが)包む, 覆う // **~ся** [不完] [完] 〈в罠〉(寒くないように)...を着込む ②(霧などに)包まれる, 覆われる

**кутёж** -тежá [男4] どんちゃん騒ぎ, 酒盛り

**кутёнок** -нка 複 -тя́та, -тя́т [男9] 《俗・方》子犬

**кутерьмá** [女4] 《話》混乱, ごた混ぜ, てんやわんや; 騒れ: подня́ть -ý ごたごたを引き起こす | Пошлá (Поднялáсь) ~. ごたごたが始まった

**кути́ла** (女1変化) [男・女] 《話》しょっちゅう飲み騒いでいる人, 放蕩者

**кути́ть** -учý -у́тишь [不完] ①[完・一回《話》**кутнýть** -нý, -нёшь] どんちゃん騒ぎをする ②《話・戯》おいしく食べる

**кутóк** -ткá [男2] ①《方》(部屋の内部で)区切られた一角[一隅] ②《鉱》鉱層のくぼみの上部

**кутýзка** 複生 -зок [女2] 《俗》牢屋, 刑務所, 留置場 ②(モスクワの)クトゥーゾフ大通り(Кутýзовский проспéкт)

**кутья́** 複生 -éй [女8] [料理]干しぶどう[蜂蜜]入りの粥(法事料理)

**кутюрьé** [不変] [男] (ファッションショーを開けるような)一流服飾デザイナー

**кухáрк|а** 複生 -рок [女2] 料理女: жить [служи́ть] -ой [в -ах] у 罠 ...のところで料理係として暮らす | идти́ [пойти́] в -и знать [пойти́] в -и // **-ин** [形1]

**кухáрничать** [不完] 《俗》料理女として働く; 《戯》料理をする

**кýхлянка** 複生 -нок [女2] 《方》(極北地方で)毛皮の上着

\***кýхн|я** [クーフニャ] 複生 -хонь [女5] [kitchen, cooking] ①キッチン, 台所; キッチン用家具一式; 調理[料理](すること): готóвить на [в] -е キッチンで料理を作る | К- занимáется у хозя́йки мнóго врéмени. 主婦は食事作りに多くの時間を取られる | воéнная [похóдная] ~ [軍](軍隊の)調理用車両 | молóчная ~ 乳幼児食料配給所 ②(ある特色を持った)料理(のセット): рýсская ~ ロシア料理 | блюда япóнской ~и 日本料理の品々 ③《旧》〈罠〉の奥, 内幕: писáтельская ~ 作家の創作秘訣 | посвяти́ть 罠 в свою́ -ю ...に自分の内情を明かす ④《旧》調理用品具 ■ **домóвая** ~ お惣菜店, テイクアウトする店 | **фáбрика-~** 食品加工会社 // **кýхонька** 複生 -нек [女2] 《話》[指小・愛称]<①

**кýхонн|ый** [形1] ①キッチンの, 調理(用)の: -ая плитá (調理用)レンジ, (オーブン付き)コンロ ②《旧》卑俗な, 品性下劣な: -ая латы́нь 《話》卑俗ラテン語: 誤用されたラテン語の語句

**кýц|ый** 短 куц [形5] ①(動物の尾が)短い, 短く切られた ②(服の丈などが)短い, 人が)背の低い ③《話・時に蔑》中身[内容]のない // **-е** [副]

\***кýч|а** [女4] [heap, pile] ①堆積; (積まれてできた)山 ②《話》大量のもの: вали́ть [мешáть] 罠 в (однý) -у 〈雑多なものを〉混ぜる, ごた混ぜにする ③《話》(人・動物の)集まり, 群れ ④〈罠〉たくさんの, 大量の: ~ вопрóсов 聞きたいことがたくさん ◆ *-ей = -ами* ひしめき合って, ぎゅうぎゅうに集まって | *Малá ~! = К- малá!* 重ねて(折り重なって)遊ぶ遊びの掛け声

**кýчево-дождевóй** [形2] ■ -ые облакá《気象》積乱雲

**кучевóй** [形2] ■ -ые облакá 《気象》積雲

**кýчер** 複 -á [男1] 御者 // **кýчерск|óй** [形4]: -áя [女2] (地主屋敷の)御者部屋

**кучеря́вый** 短 -я́в [形1] ①《俗》(毛の)縮れた; 葉の生い茂った(кудря́вый) ②《若者》奇妙な; ややこしい; おしゃれな ③《俗》(生活がゆとりのある, 気ままな // **-ость** [女10]

**кýчиться** -чится [不完] 《話》集まる, 密集する

**кýчка** 複生 -чек [女2] 《話》[指小・愛称]<кýча①②③

**кýчн|ый** 短 -чен, -чна́/-чнá, -чно [形1] 密集した, (空間的に)集中した // **-о** [副] // **-ость** [女10]

**куш** [男4] 《話》大金 ◆ *сорвáть* ~ 大もうけする

**кушáк** -á [男2] (幅広で長い)帯, ベルト

**кýшанье** 複生 -ний [中4] 料理(の一品)

\***кýшать** [不完] *по-, с-* 受遺 -анный [完] [eat] ①〈罠〉召し上がる (丁寧に食事をすすめる時に); 食べる: *Кýшайте на здорóвье!* どうぞ召し上がってください | *Наш кот кýшает всё.* うちの猫は何でも食べる ②《話・皮肉》消費する, 受け入れる

**кушéтка** 複生 -ток [女2] ソファベッド

**куще́ние** [中5]《農》分枝, 脇芽が出ること

**КФО** (略)Кры́мский федера́льный о́круг クリミア連邦管区

**кхе-кхе́** [間]《話》ゴホンゴホン(咳の音)

**кхм** [間]《話》(とまどい・ためらい)うーм

**кхме́р** [男1]/**-ка** 複生-рок [女2] クメール人, カンボジア人: кра́сные ~ы クメール・ルージュ **//~ский** [形3]

**Кызы́л** [男1] クズル, キジル(トゥヴァ共和国の首都; シベリア連邦管区)

**Кыргызста́н** [男1] クルグズ[キルギス] 共和国 (Киргизия)

**Кы́рск** [男1]《若者》= Краснояр́ск **//кы́рский** [形3]

**кыс-кы́с** [間] = кис-кис

**КЭГ** [カエゲー] (略)ко́мплекс для электро́нного голосова́ния 電子投票機

**кэгэби́ст** [男1], **кэгэбэ́шник** [男2] = кагэби́ст, кагэбэ́шник

**кюве́т** [男1] (道路両側の)排水溝 **//~ный** [形1]

**кюре́** [э] (不変) [男]《フランス語圏で》《カトリ》主任司祭

# Л л

**л.** (略)литр

**лаб** [男1], **ла́ба** [女1]《学生》(大学などの)研究室, ラボ, ラボでの作業

**лаба́з** [男1] ①《旧》穀物[粉]売場, 貯蔵所；倉庫, 納屋 ②《旧》樹上の待伏せ場所 ③《旧》小さな食料品店

**лаба́зник** [男2] ①《旧》倉庫の持ち主 ②《俗》小さな食料品店のオーナー ③《俗・蔑》強欲者, 蓄財家 ④《植》シモツケソウ属 (táволга)

**лаба́ть** [不完] / **от-** [完]《俗》《楽》演奏する: Он по вечера́м лаба́ет в рестора́не. 彼は毎晩レストランで演奏している

**лабиализа́ция** [女9]《言》唇音化

**лабиа́льный** [形1]《音声》唇音の

**лаби́льн|ый** 短-лен, -льна [形1]《文》不安定な, 定まらない **//~ость** [女10]

**лабиодента́льный** [э] [形1]《音声》唇歯音の

*лабири́нт* [男1] (labyrinth) ①迷路, 迷宮 ②(意図的に)複雑に配置された道 ③入り組んだ配置のもの ④《解》内耳迷路 ⑤《機》ラビリンス溝 **//~ный, ~овый** [形1]

**лабора́нт** [男1]/**~ка** 複生-ток [女2] 実験室助手

*лаборато́р|ия* [ラバラトーリヤ] [女9] (laboratory) ① 実験室, 研究室; 研究所, 試験所; 製造所: иссле́довательская [нау́чная] ~ 研究室 | рабо́тать в хими́ческой -ии 化学実験室で作業する ② 創作活動の内的側面[内側], 内面的過程[活動]; 活動: раскры́ть тво́рческую -ию худо́жника 画家の創作活動の内面を明らかにする **//~ный** [形1]

**лабора́торка** 複生-рок [女2]《話》学生が行う実験; その授業

**лабрадо́р** [男1] ①《動》ラブラドール・レトリーバー(犬種) **//~овый** [形1]

**лабуда́** [女1]《話・蔑》くだらないこと

**ла́бух** [男2]《俗》ミュージシャン

**лабуха́ть, лабуши́ть** -шу́, -ши́шь [不完]《俗》= лаба́ть

**ла́в|а** [女1] ①《地》溶岩: фонта́н -ы 溶岩噴泉 ② 猛烈と押し寄せる大量の人[物] ③(騎馬隊の)ラワ戦法 ④《鉱》長壁式切羽 **// ла́вовый** [形1] <о: ~ пото́к 溶岩流 | ~ое о́зеро 溶岩湖

**лава́нд|а** [女1]《植》ラベンダー属: ~ узколи́стная イングリッシュ・ラベンダー **//~овый** [形1]

**лаваш** [男4] ラヴァーシ(南カフカスの薄くて大きな白いパン) **//~ный** [形1]

**лаве́** (不変) [中]《隠》《話》金, ゼニ

**лави́н|а** [女1] ①雪崩(сне́жная ~) ②猛然と押し寄せる大量の人[物] ◆ **-ой** 雪崩を打って, 怒涛の勢いで **//лави́нн|ый** [形1]: -ая опа́сность《気象》雪崩の危険性

**лави́рова|ть** -рую, -руешь [不完] / **с-** [完] ① 《海》(帆船・ボートなどが)間切る; (船・飛行機などが)コースを変えながら進む ②障害を巧みにかわしながら難局を乗り切る **//~ние** [中5] **//лави́ровка** 複生-вок [女2]《話》< ①

*ла́вка* 複生-вок [女2] (small shop, bench) ①小さな店: кни́жная [посу́дная, мясна́я, ви́нная] ~ 本[食器, 肉, 酒]屋 ②(壁に固定した)長ベンチ ③《隠》ぼろ施設, へぼ機関 ④《隠》非合法の(いかがわしい)事業

**ла́вчо́нка** 複生-нок [女2]〔卑称〕= **ла́вонька**

**ла́вочк|а** 複生-чек [女2]〔指小・愛称〕< ла́вка ②小さなベンチ ③(自分の)職場, オフィス ④違法な詐欺行為, そうした行為をする一団 ⑤《隠》非合法の(いかがわしい)事業

**лавр** [男1] ①《植》ゲッケイジュ ②(通例複)月桂冠, 栄冠 ◆ **пожа́ть ~ы** ③《名声》[尊敬] を勝ち取る | **увенча́ть ~ами** ③《文・雅》…に敬意を表する, …を賛美する

**ла́вра** [女1]《正教》大修道院, ラウラ

**лавровишн|я** 複生-шен [女5]《植》セイヨウバクチノキ

**ла́вровые** (形1変化) [複名]《植》クスノキ科

**ла́вро́вый** [形1] ゲッケイジュ (лавр) の: ~ лист ロレール(香辛料)

**лавру́шка** 複生-шек [女2]《話》ゲッケイジュの葉, ロレール

**лавсэ́** (不変) [中] = лавэ́

**лавса́н** [男1] ラヴサン(合成繊維の一種); その布 **//~овый** [形1]

**лаг** [男1] ①《海》測程器 ②舷(ґ), 船の両側面 ③ 《IT》時間のずれ, タイムラグ **//~овый** [形1]

**ла́герем** [副] しばらくの間: расположи́ться ~ ちょっとの間腰を落ち着ける

**ла́герни|к** [男2]/**-ца** [女3]《話》囚人

*ла́гер|ь* [ラーゲリ] [男5] (複-я́)《軍》陣営[宿営, 露営] 地; キャンプ: верну́ться в ба́зовый ~ ベースキャンプに戻る ②(複-я́)(郊外の)保養施設, 教育訓練施設: тури́стский ~ 旅行者用宿泊施設 | лет́ний ~ 夏季保養所 ③(複-я́)(捕虜・囚人などの)収容所: концентрацио́нный ~ 強制収容所 | ~ для военнопле́нных 捕虜収容所 ④(複-и)(社会活動・政治上の)党派, 陣営: социалисти́ческий ~ 社会主義陣営 | ~ реакцио́нных сил 反動勢力
◆ **~ сме́рти** 「死の収容所」, 強制収容所 | **де́йствовать на два -я́** 二股商売の振る舞いをする, 面従腹背である **//~ный** [形1]

**лагу́н|а** [女1] ラグーン, 潟 **//~ный** [形1]

**лад** -а/-у, о -е, в -ý 単-и́ (harmony) ①《話》和合, 平和, 友好関係 ②型, 方法, やり方: на но́вый [друго́й] ~ 新しい[別の]やり方で | на все -ы́ あらゆる方法で, 様々に ③《楽》和声, 調子; 調法 ④《複》《楽》琴柱(ґ); (ギターなどの)フレット; (ガルモニなどの)ボタン, 鍵盤 ◆ **в ~ с —** ③と調和して, 合わせて | **в -ý [~áх] с** ③…と仲がいい, 仲良く ( **идти́, пойти́**) **на ~** 《話》うまく(行く) | **ни скла́ду ни -у нет в** ③ 《話》…はめちゃくちゃだ | **склоня́ть на все -ы́** 悪意を持って…のことをしきりに言う **//~овый** [形1]

**ла́да** (女1変化) [男・女]《民話・詩》愛しい人

**Ла́да** [女1] ① ラーダ (女性名) ② 〔愛称〕< Влáда ③ラーダ (АвтоВАЗ 社の乗用車ブランド) ④ 〔スラブ神〕ラーダ (春の女神)

**ла́дан** -a/-y [男1] 香, 乳香 ◆дыша́ть на ~ 痩せ衰えて息も絶え絶えだ **//-ный** [形1]

**ла́данка** 複生 -нок [女2] ①香袋, 守り袋 ②〔正教〕聖像入れの前の献身用

**ладе́йный** [形1] < ладья́

**ла́дить** ла́жу, ла́дишь 受過 ла́женный [不完] ①《кому》с《instr》仲良くする〔暮らす〕; 馬が合う ②《что》作る ③《俗》〔不定形〕つもりである ④《話》《及》くどくどと言う

**ла́диться** ла́жусь, ла́дишься [不完] ①〔完 на-, с-〕《話》(事柄が) うまくいく ②《俗・方》〔完 на-〕《不定形》つもりである ③《話・方》〔完 с-〕折り合いがつく ④《受身》= ла́дить

**ла́дно** [ラードナ] [副] I [副] [harmoniously] ①仲良く, 睦まじく ②そろって, 調和して ③うまく, 具合よく, 首尾よく; しかるべく, ちゃんと: Всё идёт ~. 万事うまくいっている II [無人述] ①よい, 結構だ, 素晴らしい, 首尾よくいっている ②しかたない, まあいいや, よかろう: Л~, переживу́ ка́к-нибудь без маши́ны. まあしかたない, 車なしで何とかやっていこう ③もうたくさんだ, いい加減にしろ: Л~! с нас́ бу́дет с тебя́! もういいよ, いい加減にしろ *[通例чтó, хóть, ещёなどを伴って]* (…なのは) よい, 幸いだ, まだしもだ: Л~, хо́ть [что] дождя́ не́ было. 雨が降らなかったのは助かった III [助] 《確認・同意》よし, いいだろう, 承知した, そうしよう: Л~, пусть бу́дет так. わかったよ, そのままでいいよ ◆~ бы... ならまだしも, ...どころか, そのうえに: Л~ бы то́лько ве́тер, а то ещё и дождь... 風だけならまだしも, おまけに雨まで... | Л~ же! 〔脅し〕おぼえていろ, 今に見やがれ

**ла́дн|ый** 短 -ден, -дна́/-дна, -дно [形1] 《話》①よくできた; 快適な ②よい, 有能な ③すらりとした, 均整のとれた ④仲のよい, 睦まじい ⑤そろった, 調和した **//-ость** [女10]

**Ла́дога** [女2] ラドガ湖 (ロシア西北部の湖) **//ла́дожский** [形3]

**ладо́к** -дка́ [男2] 〔指小 < лад〕《話》(ギターなどの) フレット

*ладо́н|ь* [ラドーニ] [女10] [palm] 手のひら, 掌: откры́тая (тёплая) ~ 開いた〔温かい〕手 | провести́ ~ью по во́лосам 手で髪を撫でつける | Она́ положи́ла ~ мне на плечо́. 彼女はぼくの肩に手を乗せた ◆как на ~и 手に取るようにはっきりと **//-ный** [形1]

**ладо́ши** -о́ш [複] 《話》= ладо́нь: хло́пать в ~ 拍手する, 手拍子をとる

**ладо́шка** 複生 -шек [女2] 《話》〔指小・愛称〕< ладо́нь

**ла́душка** 複生 -шек (女2変化) [男・女] 〔愛称〕< ла́да

**ла́душки** -шек, -шкам [複] ①《話》ラードゥシキ («Л~, ~, где бы́ли? — У ба́бушки». と繰り返しながら手を打つ子どもの遊び); игра́ть в ~ ラードゥシキをする ②《俗》拍手 ③《述語》《俗》= лады́

**лады́** [助] 《俗》よい, よろしい, わかった, オーケーだ

**ла́дышки** [複] 《俗》= лады́

**ладья́** 複生 -де́й [女8] ①〔詩〕ボート, 帆船 ②〔チェス〕ルーク〈=фигу́ра 6〉

**лаж** [男4] 〔商〕《為替・株式などの》打歩 (ぶ)

**ла́ж|а** [女4] 《俗》①嘘, 作り話; 質の悪い〔低い〕物, くだらないこと ②恥, 不名誉 ③〔楽〕 (演奏の) 調子外れの音 ◆-у лить [поро́ть, толка́ть] 〔及〕 …をだます | -у ки́нуть [бро́сить] 〔及〕 …に嫌なことをする | гнать [толка́ть] -у ①嘘をつく, だます ②下手な仕事をして台無しにする

**лажа́ть** [不完] / **лажану́ть** -ну́, -нёшь [完] [一回] 《俗》

① だます, 一杯喰わせる ② 《及》侮辱する, 貶 (けな) める ③ 《不完》悪しざまに言う, ののしる ④ 《完》за... 間違いをしでかす, やらかす ⑤ 《楽》調子外れに演奏する 〔歌う〕 ⑥ 《完》《及》〈仲間を〉裏切る, 売る

**лажа́ться / лажану́ться** -ну́сь, -нёшься [完] 《俗》間違う, 失敗する, やらかす: Ну́ мы сего́дня лажану́лись! 今日の僕たちは大失敗だった

**лажо́во** [副] [無人述] ひどく, 期待外れに: Л~ он на гита́ре игра́ет. 彼はギターがへたくそだ

**лажо́вщик** [男2] 《俗》いい加減な仕事をする人; 詐欺師

**лажо́вый** [形1] ①《俗》(人が) 悪い, 頼りにならない ②不必要な, 偽物の, 不自然な ③くだらない, つまらない; 単純な, 簡単な, 楽勝の

**лаз** [男1] ①抜け穴, 通り抜け ②マンホール, 点検口 ③〔狩猟〕けもの道 ④ /-ка 複生 -зок [女2] ラズ人

**лазаре́т** [男1] 〔軍〕 (部隊の) 小病院, 診療所; 〔海〕 (船内の) 病室 **//-ный** [形1]

**ла́заря** [男5] 物乞い ◆-я петь [тяну́ть] 《話・蔑》運命を嘆き, 憐れに見えるよう振る舞う | наобу́м -я 《俗》当てずっぽうに, よく考えずに

**ла́зать** [不完] = ла́зить

**лазе́йка** 複生 -зе́ек [女2] ①抜け穴, 通り抜け ②《話》逃げ道, ピンチを切り抜けるための機転

*ла́зер* [э] [男1] [laser] 〔理・光〕レーザー; レーザー光線: луч ~a レーザー光線

*ла́зерный* [э] [形1] レーザーの, レーザーをを利用した: ~ луч レーザー光線 | ~ при́нтер レーザープリンタ

**ла́зерщик** [э] [男2] 《話》レーザー技術専門家

*ла́зить* ла́жу, ла́зишь [不完] [不定] 〔定 лезть〕 [climb] ①《на》/《по》 …をよじ登る ②《及》這って入る, 潜り込む ③《по》手を入れて〉 探す ④ 〔隠〕 窃盗 〔する〕をやる

**лазо́ревка** 複生 -вок [女2] 〔鳥〕 アオガラ

**лазо́ревый, лазу́ревый** [形1] 〔民謡〕 = лазу́рный ■ ~ ка́мень 〔鉱〕ラピスラズリ

**лазури́т** [男1] 〔鉱〕青金石, ラピスラズリ **//-овый** [形1]

**лазу́рный** 短 -рен, -рна [形1] 瑠璃〔群青, 紺青〕色の

**лазу́рь** [女10] ①瑠璃色 ②瑠璃色の絵の具

**лазу́тчи|к** [男2] /-ца [女3] 〔旧〕〔軍〕 スパイ, 偵察兵 **//-цкий** [形1]

**ла́истый** [形1] 《話》犬の吠え声のような, しゃがれた, とぎれがちの

**лай** [男6] ① (犬の) 吠え声, それに似た声 ②《俗》ののしり, 悪態

**ла́йба** [女1] 〔隠〕① (通例小型の) 乗用車 ②注射器 ③自転車

**ла́йк|а** 複生 лáек [女2] ①〔動〕 ライカ (狩猟犬の一種) ②キッドスキン **//-овый** [形1]

**ла́йкра** [女1] 〔商標〕ライクラ, スパンデックス素材

**лайм** [男1] 〔植〕ライム **//-овый** [形1]

**ла́йнер** [男1] 旅客機; 大型定期船 **//-ный** [形1], **-ский** [形3]

**лак** -a/-y [男1] ① ワニス, ラッカー ② 漆器, 塗物 ■ ~ для воло́с ヘアスプレー | ~ для ногте́й マニキュア **//-овый** [形1]

**лака́|ть / вы́-** 受過 -канный [不完], **лакну́ть** -ну́, -нёшь [完] [一回] 《及》① (動物が) ぴちゃぴちゃ飲む ②《俗・皮肉・戯》酒をがぶ飲みする

**лаке́й** [男1] ①従僕, 給仕, おべっか使い **//лаке́йский** [形3]: -ая 下男部屋

**лаке́йствовать** -твую, -твуешь [不完] 〈пе́ред《instr》〉①《話》従僕として勤める ②《蔑》卑屈に振る舞う, へつらう

**лакиро́ванн|ый** [形1] ワニス[漆など]が塗ってある ■**-ые ту́фли** エナメル靴

**лакирова́|ть** -ру́ю, -ру́ешь 受過 -о́ванный [不完] **от~** [完] 〈книж〉① [完まで **за~**] …にワニス[ラッカー, 漆]を塗る ② 粉飾する, 美化する ③ [完まで **за~**] 〈разг〉次々に違う種類の酒を飲む: **Ну́ что́, во́дочкой** *залаки́руем*? それじゃあウォッカでも始めようか ∥ **~ся** [不完] ① ワニス[ラッカー, 漆]が馴染む ② 〈俗〉身づくろいする ∥ **-ние** [中5]

**лакиро́вка** 複生 -вок [女2] ① ワニス[ラッカー, 漆]塗装; 粉飾, 美化 ② 塗り ③ 〈複〉〈俗〉婦人用エナメル靴

**ла́кмус** [男1] 〈化〉リトマス: リトマス試験紙 ∥ **ла́кмусовый** [形1] : **-ая бума́га** リトマス試験紙

**ла́комиться** -млюсь, -мишься 命 -мись/-мьcя [不完] /**по~** [完] 〈造〉①〈くまいものを〉食べる, 美食する ② 享受する, 楽しむ

**ла́комка** 複生 -мок [女2] ①[男・女]〈話〉美食家, 食通, グルメ ② **Л~** [民俗]食の日(マースレニツァ週の水曜日)

**ла́комство** [中1] ①〈通例複〉美味の物, うまいもの ② 甘いもの, 菓子 ③〈話〉娯楽, 楽しみ

**ла́комый** 短 -ом [形1] ① とてもおいしい ② とてもほしい, 魅力的な, 心ひかれる ③〈通例短尾〉〈до~에/на~에〉…に目がない, 執着心が強い

**лако́н|изм** [男1] 簡潔さ, 簡潔な表現, 警句 ∥ **-и́ческий** [形3]

**лакони́ч|ный** 短 -чен, -чна [形1] 簡潔な, 簡素な, 細部を省いた ∥ **-ость** [女10]

**лакри́ца** [女3], **лакри́чник** [男2]〈植〉スペインカンゾウ, リコリス(薬用) ∥ **лакри́чный** [形1]

**лакта́ция** [女9] ①〈生理〉乳汁分泌(期), 授乳(期), 哺乳(期) ∥ **-ио́нный** [形1]

**лакто́за** [女9] 〈化〉乳糖, ラクトース

**laку́на** [女1] 〈文〉脱落, 脱文, 遺漏 ②〈解〉(ほぼなどの) 小窩, 小孔, 裂孔 ③ 〈植〉葉隙

**ла́ма**[1] [男1] 〈動〉ラマ

**ла́ма**[2] [男1 変化Ⅱ] [宗] ラマ僧

**ламаи́зм** [男1] 〈宗〉ラマ教

**ламаи́ст** [男1] ラマ教徒 ∥ **~ский** [cc] [形3] ラマ教(徒)の

**ламба́да** [女9] ①〈音・舞〉ランバダ(ラテンアメリカのダンス; その音楽) ② ビキニの一種

**ламбреке́н** [男1] (カーテンなどの)上飾り, バランス

**ла́мер** [男1] 〈俗〉〈IT〉① (上級者だと勘違いしている)コンピュータの素人 ②〈ゲームで〉新入り

**ламина́рия** [女9] 〈植〉コンブ属

**ламина́т** [男1] 薄層状のもの, ラミネート

**ламина́ция** [女9] ラミネート加工

**ламини́ровать** -рую, -руешь 受過 -анный [不完・完] 〈книж〉ラミネート加工する

‡**ла́мп|а** [ラームパ] [女1] [lamp] ① ランプ, 明かり; 電灯, 電球; 照明: **насто́льная ~** 卓上ランプ, 電気スタンド | **кероси́новая ~** 石油ランプ | **волше́бная ~** 魔法のランプ | **заже́чь** [**включи́ть**] **-у** 電気[明かり, ランプ]をつける | **энергосберега́ющие -ы** 省エネ電球 | **люминесце́нтные** [**флуоресце́нтные**] **-ы** 蛍光灯 | **светодио́дные -ы** LED 照明 ②〈電〉真空管, 電子管: **электро́нная ~** 真空管 | **па́яльная ~** はんだ付け[蠟接]用ランプ

**лампа́д|а** [女9], **-ка** 複生 -док [女2] 〈宗〉灯明; 〈詩〉灯り ∥ **-ный** [形1]

**лампа́с** [男1] (軍服ズボンの両サイドの)ストライプ

**лампио́н** [男1] イルミネーションランプ, 照明用ライト

**ла́мпов|ый** [形1] ①<**ла́мпа** ②<**-ая** [名女] (採鉱場・駅などのランプ室)

*‡**ла́мпочк|а** 複生 -чек [女2] [lamp, bulb] ①[指小]<**ла́мпа** ② 電球: **Л~ загоре́лась** [**перегоре́ла**].

電球がついた[切れた]| **~ в со́рок ва́тт** 40 ワットの電球 ③〈隠〉眼鏡のレンズ: [男] ④〈隠〉ぼさぼさ髪の人, 縮れ毛の人 **◆~ до -и** 〈俗〉…にとってどうでもいい

**ла́мывать** [不完][多回]〈話〉→**лома́ть**

**ланге́т** [男1] 〈料理〉薄切り肉のステーキ[カツレツ]

**лангу́ст** [男1], **лангу́ста** [女1]〈動〉イセエビ

**ландо́** [不変] [中] 〈古〉ランドー型自動車

**ландо́рик** [男2]〈俗〉白パン

**ландро́нник** [男2]〈俗〉揚げパン

*‡**ландша́фт** [男1] [landscape]〈地理〉地形, 地勢: **окружа́ющий** [**приро́дный**] **~** 周囲[都市]の地形 | **культу́рный** [**полити́ческий**] **~** 文化的[政略]的地勢 ∥ **~ный** [形1]

**ла́ндыш** [男4]〈植〉スズラン ∥ **-евый** [形1]

**Ла-Ни́нья** [不変] [中]/[女]: **фено́мен ~** 〈気象〉ラニーニャ現象

**лани́та** [女1]〈通例複〉〈旧・詩〉頰(ほお)

**ланоли́н** -а/-у [男1] 〈化・薬〉ラノリン, 羊毛脂 ∥ **~овый** [形1]

**ланце́т** [男1]〈医〉ランセット, 刀針 ∥ **~ный** [形1]

**ланцетови́дный** [形1]〈植〉披針形の

**ланч** [男4] ランチ, 昼食

**ла́нь** [女10]〈動〉ダマジカ

**Лао́с** [男1] ラオス(首都は **Вьентья́н**) ∥ **лао́сский** [形3]

‡**ла́п|а** [ラーパ] [女1] [paw, foot] ①鳥獣の足; 〈話〉(通例大きな)人間の手[足]: **пере́дние** [**за́дние**] **-ы** 前[後]足 | **медве́жьи ~** 熊の足 | **ко́гти́стая ~** 爪の鋭い[長い]足 ②針葉樹の枝: **ело́вая ~** トウヒ[エゾマツ]の枝 ③〈建〉ほぞ ④器具の鉤(かぎ), 爪; 鉤[爪]を持つ器具 ⑤〈俗〉つながり, 縁故, コネ: **волоса́тая** [**мохна́тая, больша́я, могу́чая**] **~** 〈俗〉強力なコネ ⑥〈俗〉賄賂, 袖の下 ⑦〈俗〉収賄者 **◆быть в -ах чьи́х-л.** [**у** кого]…に屈従している | **быть по~е с** кем …と仲良しである | **запусти́ть** [**запуска́ть**] **-у в** что 〈公金などに〉手をのばす, 横領する | **взя́ть в** [**на**] **-у** 〈話〉賄賂を受け取る | **выжа́ть -у кому** 〈話〉賄賂を強要する | **попа́сть** [**угоди́ть**] **в -ы к** кому 〈話〉…の手中に陥る; …に従属する | **наложи́ть свою́ -у на** что 〈話〉…を手中に収める | **забра́ть в -ы** 〈話〉…を服従させる | **положи́ть** [**да́ть, кле́ить**] **-у на** [в] **-у** кому …に賄賂を贈る | **сма́зать -у** кому 〈隠〉…を買収する ∥ **ла́пища** [女4] [指大]

**ла́пать** [不完] [多回]〈俗〉ひっつかむ

**Лаперу́з** [男1] ラ・ペルーズ(人名) ■ **Проли́в ~а** 宗谷海峡

**лапида́р|ный** 短 -рен, -рна [形1]〈文〉簡潔な, 簡明な ∥ **-ость** [女10]

**ла́пик** [男2]〈俗〉賄賂

**ла́пк|а** 複生 -пок [女2] ①[指小・愛称]<**ла́па** ② 〈複〉引用符 (" ", « ») **◆на за́дних -ах ста́ть** [**ходи́ть, стоя́ть**] **пе́ред** кем 〈話〉…にへつらう | **-и кве́рху** 〈話・戯〉負けを認めた, 抵抗をやめた

**лапла́нд|ец** -дца [男3]/**-ка** 複生 -док [女2] ラップ人, サーミ人

**Лапла́ндия** [女9] ラップランド

**лапла́ндский** [нс] [形3] ラップランドの

**ла́пник** [男2]〈集合〉針葉樹の枝

**ла́пот|ь** -птя 複 -пти, -пте́й [男5] ① (樹皮で編んだ)わらじ ②〈俗〉無学な人, 無教養 ③〈旧〉地方の農村出身の囚人 **◆-и плести́** [**пле́сть**] 〈話〉やり方が下手だ | **-ем щи хлеба́ть** 〈話〉全く教養がない, 粗野である ∥ **-о́к** -тка́ 複 -тки́, -тко́в [男2], **-о́чек** -чка [男2] [指小・愛称] ∥ **-ный** [形1]

**ла́почка** 複生 -чек [女2] [指小・愛称] ①<**ла́па** ②[男・女] かわいい人(通例小さな女性や子ども) ; 〈呼びかけ〉 (ねえ) あなた: **Иди́-ка, сюда́, ~.** ちょっとこっち

来てよ, かわいこちゃん

**лапта́** [女1] [スポ] ①ラプター(野球やクリケットに似たロシアの国民的球技) ②ラプターで使うバット

**ла́пушка** 複生-шек [女2] [話] [指小・愛称]＜ла́па [男・女] [話] かわいい人(通例若い女性や子ども); (呼びかけに)(ねえ)あなた, (まあ)お前

**ла́пчатый** [形1] ①鳥獣の足のような; [植]掌状の ②[長尾]水かきのある ◆гусь ~ [俗]ずる賢いやつ

**лапш|а́** [女4] ①ラプシャー, 麺; そのスープ ②[話](紙・布などの)切れ端 ③[話]意気地なし, くだらないこと ④[話]隠腕時計用の革バンド(チェーン) ◆в-у́ (искроши́ть, изруби́ть) [脅して]…を始末してやる, 殺してやる | -у́ на у́ши ве́шать [наве́шивать] [俗]…にあからさまに嘘をつく; …を臆面もなく欺く ∥~и́чка 複生-чек [女2] [話] [指小] ∥~о́вый [形1]

**ла́рга** [女2] [動]ゴマフアザラシ

**ла́рго** [副] (不変) [中] [楽]ラルゴ(の曲)

**ларёк** -рька́ [男1] [話]売店, 屋台店, 露店

**ларе́ц** -рца́ [男3] 小箱, 宝石箱; (小さな)櫃(ひつ)

**ларёчни|к** [ш] [男2] / **-ца** [女3] [話]売店の売り子

**ларинга́л** [男1] 喉音, 喉頭音 ∥**-га́льный** [形1] : -ая тео́рия [言]喉音理論

**ларинги́т** [男1] [医]喉頭炎

**ларинго́лог** [男2] [医]喉頭科医

**Лари́са** [女2] ラリーサ(女性名; 愛称 Ла́ра)

**ла́рчик** [男2] [指小＜ларе́ц] [話]小箱: ~ про́сто открыва́лся. [話]小箱を開けたらいとも簡単なことだった(クルイロフの寓話から)

**ларь** -я́ [男1] ①貯蔵用大箱: моро́зильный ~ 冷凍庫 ②屋台, 売り台

***ла́ск|а**[1] [caress, endearment] ①慈愛の情, 愛情表現, 愛撫, 優しさ: ~ ма́тери 母の愛撫 ②親切な態度, 厚意: приня́ть с теплото́й и -ой 温かく親切に客に迎える

**ла́ска**[2] 複生-сок [女2] [動]イズナ; その毛皮

**ласка́тельный** 短-лен, -льна [形1] ①優しい, 愛情のこもった ②[言]愛撫の, 表愛の

**ласка́ть** [不完] / **при-** завла́сканный [完] [他] ①優しさ[愛情, 愛意]を示す; 愛撫する, 抱擁する, キスする ②楽しませる, 心地良さを与える ③[図]く慰める, 元気づける ∥~ся [不完] ①[で]甘える ②[話] ＜с...と愛撫し合う

**ла́сково** [副] [affectionately, gently] 優しく, 柔らしく, 愛想よく: сказа́ть ~ 優しく言う | ~ улыбну́ться 愛らしく微笑む | назва́ть ~ 優しく呼ぶ | ~ погла́дить 優しく撫でる

***ла́сков|ый** [ラースカヴィ] 短 -ов [形1] [affectionate, gentle] ①優しい, 愛情のこもった, 優しい想いのいい: -ая мать 優しい母親 | ~ го́лос 優しい声 | -ая улы́бка 優しい微笑み | ~ к де́тям учи́тель 子どもたちに優しい先生 | сказа́ть -ое сло́во 優しい言葉をかける ②心地よい, 快い: ~ ветеро́к 心地よいそよ風 | -ое со́лнце 心地よい太陽 ∥**-ость** [女10]

**лассо́** (不変) [中] 輪縄, 投げ縄

**ласт** [男1] ①[ウミガメ・アザラシなどの]ひれ足 ②[複生ласт] (通例複) 足ひれ, フィン ③[複生ласт] [複] [俗・戯]足; 手; (サイズの大きい)編み上げ靴 ④[複生-ов] [海]船の積載量(約2トン) ∥**скле́ить** [сверну́ть] ~и [卑・皮肉的]死ぬ ∥**-овый** [形1]

**ла́стик** [男2] ①綿サテン ②ゴム, 消しゴム ③エラスティック(ゴムを編み込んだ伸縮性のある布地) ∥**-овый** [形1]

**ла́ститься** ла́щусь, ла́стишься [不完] [話] = ласка́ться

**ластоно́г|ий** [形3] ①[動]ひれ足のある ②-ие [複名] (а) [動]鰭脚(きゃく)類 (b)ダイバー

***ла́сточк|а** 複生-чек [女2] [swallow] ①[鳥]ツバメ ②[女性・子どもへの優しい呼びかけ]かわいこちゃん ③[体操・フィギュア]アラベスク風のポーズ ◆пе́рвая ~ (1) (よい)前兆, 兆候 (2) (後に続くものの)先駆け ∥**-ин** [形11]

**ла́таный** [形1] つぎだらけの

**лата́ть** завла́танный [不完] / **за-** [完] [俗] ＜団に＞つぎを当てる ∥**~ся** [不完] [俗] [受身]

**латви́|ец** -и́йца [男3] / **-йка** 複生-и́ек [女2] ラトビア人 ∥**-йский** [形3] ラトビア(人)の

**Ла́твия** [女2] ラトビア(首都は Ри́га)

**ла́текс** [э] [男1] [化]ラテックス ∥**~ный** [形1]

**лате́нтный** [э] [形1] 潜在的な: ~ пери́од 潜伏期

**латинизи́ровать** -рую, -руешь [完・不完] [文] [他] ①ラテン化する ②ローマ字化する ∥**-ся** [不完・完] ①ラテン語化する, ラテン文化風になる ②[受身] ∥**-а́ция** [女2]

**латини́зм** [男1] ラテン語からの借用語句

**латини́ст** [男1] / **~ка** 複生-ток [女2] ラテン語学者; [話]ラテン語教師

***лати́ница** [女3] ラテン文字, ローマ字

**латино-** [接辞構成]「ラテンの」

**латиноамерика́н|ец** -нца [男3] / **-ка** 複生-нок [女2] ラテンアメリカ人 ∥**-ский** [形3]

***лати́н|ский** [形3] [Latin] ①古代ローマ(人)の; ラテン語の: ~ язы́к ラテン語 | -ое сло́во ラテン語の単語 | Л-й кварта́л [数]ラテン方陣 ②ラテン系の
■ **Л-ая Аме́рика** ラテンアメリカ

**ла́тка** 複生-ток [女2] ①[俗]つぎ, 当て布 ②キャセロール, 炒り鍋

**ла́тник** [男2] 鎧冑(よろいかぶと)をまとった兵士

**лату́к** [男1] [植]レタス ∥**-овый** [形1]

**лату́нь** [女10] 真鍮 ∥**-ный** [形1]

**ла́ты** лат [複] 甲冑(かっちゅう) ∥**-ный** [形1]

**латы́нь** [女10] ラテン語

**латы́ш** -а́ [男4] / **~ка** 複生-шек [女2] ラトビア人 ∥**~ский** [形3] ラトビア(人)の

**лауреа́т** ла́во, ла́вно [男1] 複生-тов [女2] [prize-winner, laureate] ①受賞者: ~ Но́белевской пре́мии ノーベル賞受賞者 | зва́ние -а Госуда́рственной пре́мии РФ ロシア連邦国家勲章受賞者の称号 ②[古ギ・古ロ]月桂冠をいただいた競技の勝者 ∥**~ский** [ц] [形3]

**лафа́** [女1] [俗] ①もうけ, 成功: Вот се́ссию сдади́м, и бу́дет ~! 期末試験をパスしたらやっと楽になるね ②[述語] [図]＜に＞ついている, よい

**лафе́т** [男1] [軍]砲架 ∥**~ный** [形1]

**лафи́т** [男1] シャトー・ラフィット(フランスの赤ワイン)

**лафи́тник** [男2] [話]リキュアグラス, ショットグラス

**лафо́вый** [形1] [俗]素晴らしい, 快適な, 気楽な

**ла́цкан** [男1] (ジャケットなどの)折り返し, 下衿(したえり), ラペル ∥**-ный** [形1]

**лачу́|га** [女2] あばら家, 掘っ立て小屋 ∥**-жка** 複生-жек [女2] [話] [指小] ∥**-жный** [形1]

**ла́щить** -щу́, -щи́шь, **ла́щить** -щу́, -щи́шь [不完] [隠・皮肉] おべっかを使う, へつらう

***ла́ять** ла́ю, ла́ешь [不完] / **про-** [完] [bark] ①＜無補語 [на]＞に向かってほえる ②大声でしゃがれ声で, 途切れ途切れに言う ③[不完] [図]＜団に＞をののしる, …の悪口を言う

**ла́яться** ла́юсь, ла́ешься [不完] / **по-** [完] [俗] ＜с...と罵り合う; ＜на...に怒鳴り散らす

**лба** [単数: 生格] ＜лоб

**ЛВС** [エルヴェエース] [略] [IT]LAN, 構内情報通信網(лока́льная вычисли́тельная сеть)

***лга́ть** лгу, лжёшь 命 лги! 過 лгал, -а́, -ло [不完] [lie,

**ЛГБТ**

slamder) ①[**со~**]嘘をつく: на́гло ~ в глаза́ че́стным лю́дям 正直な人たちに対して面と向かっていけしゃあしゃあと嘘をつく | Ты всегда́ лжёшь! お前はいつも嘘ばかりつく ②[完 **на~**]〈на⓪を〉誹謗[中傷]する ∥**лга́нье** [中4]

**ЛГБТ** [エルゲベーテー] (不変) [男] LGBT, 性的少数者(レズビアン лесбия́нка, ゲイ гей, バイセクシャル бисексуа́л, トランスジェンダー трансге́ндер の総称): права́ ЛГБТ LGBTの権利 | ЛГБТ-соо́бщество LGBTコミュニティー

**лгу́н** -а́ [男1] / **лгу́нья** [女8] 嘘つき ∥**лгуни́шка** [女2変化形] [男・女] [話] [卑称]

**ЛДПР** [エルデペエール] (不変) [女] [政]ロシア自由民主党 (Либера́льно-демократи́ческая па́ртия Росси́и)

**ЛДПРовец** [エルデペエーラヴィッ] -вца [男3] ロシア自由民主党員

**лебеда́** [女1] [植]ハマアカザ属

**лебедёнок** -нка 複 -дя́та, -дя́т [男9] 白鳥の子

**лебеди́н|ый** [形1] 白鳥の ◆-ая пе́сня 白鳥の歌 (人生最後の作品, 言葉, 功業など) ■Л-ое о́зеро [楽]『白鳥の湖』(チャイコフスキーのバレエ曲)

**лебёдка** 複-док [女2] ①(雌の)白鳥 ②[民話・詩]『女性への優しい呼びかけ』お嬢さん ③[機]巻き揚げ機, ウィンチ ∥**лебёдушка** 複-шек [女2] [愛称] <①

*\***ле́бед|ь[1]** 複-и, -ей [男5] [swan] ①[鳥]白鳥, [複]ハクチョウ属: ~ кли́кун オオハクチョウ | ма́лый ~ コハクチョウ | ~-шипу́н コブハクチョウ | ста́я -е́й ~の群れ ②**Л-**~ [天]白鳥座 ③[俗](評価での)2点(двойка)

**ле́бедь[2]** -и, -ей [女10] [民話・詩]『若い女性への優しい呼びかけ』お嬢さん

**лебези́ть** -ежу́, -ези́шь [不完] [話]〈пе́ред⑤に〉媚びる, へつらう

**лебя́жий** [形9] 白鳥の

*\***лев[1]** [リェーフ] льва [男1] [lion] ①[動]ライオン ②[話]勇猛な人 ③社交界の花形; 色男 ∥**Л**-~ [天]獅子座 ∥**~ морско́й** アシカ

**лев[2]** [男1] レフ(ブルガリアの通貨単位)

**Лёв** [リョーフ] Льва [男1] レフ(男性名; 愛称 Лёва)

**лева́да** [女1] ①[ロシア南部・ウクライナで]春に冠水する川岸の広葉樹林 ②[方](家・村里に近い)林・菜園・果樹園・牧草地のある一画

**лева́к** -а́ [男2] [話] ①[政]左翼急進主義者 ②(通例不正な)副業で稼ぐ者, 横流し屋, 闇屋 ③[隠](転売目的の)非合法な品物 ④[若者・隠]極めて質の悪い男 ◆гна́ть ~ [-а́] (1)下手なことをする (2)だます; 裏切る

**лева́цкий** [形3] < лева́к ②[話・蔑]えせ急進的な, 過激主義的な

**лева́чество** [中1] ①[話]左翼急進(主義的)政策 ②(通例不正な)副業, アルバイト

**лева́чить** -чу, -чишь [不完] / **с~** [完] [俗・蔑]副業に従事する

**леве́е** [副] [比較 < ле́вый]もっと左へ, もっと左に

**леве́ть** [不完] / **по~** [完] 左翼化する, 左傾する

**левиафа́н** [男1] [文] ①[聖]レヴィアファン(巨大な海獣, リヴァイアサン) ②巨大[強力]なもの ③洗毛機

**левизна́** [女1] (えせ)左翼主義的な傾向

**Леви́т** [男1] [聖]レビ記

**Левита́н** [男1] レヴィタン(Исаа́к Ильи́ч ~, 1860-1900; 風景画家)

**левита́ция** [女9] 空中浮揚

**левко́й** [男6] [植]アラセイトウ属: ~ седо́й ストック

**лево..** [造語成分] [形成成]「左」

**левобере́ж|ье** [中4] 左岸 ∥**-ный** [形1]

**леворукий** [形3] 左利きの

**левосторо́нний** [形8] 左側の

**левофланго́в|ый** [形1] ①左翼の ②[男名] 左翼の列の最後の者

**левоцентри́ст** [男1] [政]中道左派主義者 ∥**~ский** [сс] [形3] 中道左派(主義)の

**левре́тка** 複 -ток [女2] [動]イタリアン・グレーハウンド(犬種)

**левша́** 複 -ше́й [女4変化] [男・女] ①左利きの人 ②名匠(★レスコフ作, 同名の短編の主人公のあだ名より)

*\***ле́в|ый** [リェーヴィ] [形1] [left] ①左の; 左手の, 左側の: -ая рука́ 左手 | -ая сторона́ 左側 | ~ бе́рег 左岸 ②[政] [a]左翼[左派]の, 急進的な: -ые си́лы 左派勢力 | приде́рживаться -ых взгля́дов 左翼的な見解をもつ (b)[男名] 左翼[左派]の人 ③[話]違法な, 違法[不法]に入手した, もぐりの, やみの; 偽物の; 質の悪い: -ые де́ньги やみ所得 | -о́е такси́ 白タク ④[隠]二次的な, 主要でない ⑤[隠]よその, 他人の ◆-ая сторона́ (生地・衣服の)裏側

**лега́в|ый** [形1] ①[狩](猟犬が)野鳥狩りに使える ②-ая [動]セッター, ポインター [犬種] ③[男名] [俗・蔑]スパイ, 密告者, [隠]警察, サツ(ляга́вый)

**легализи́ровать** -рую, -руешь 受 過 -анный [不完・完] [文]⑪法律上適当と認める, 公認する ②合法化する ∥**-ся** [不完・完] ①合法的になる, 法的効力をもつようになる ②[不完] [受身] ∥**-а́ция**

**легализова́ть(ся)** -зу́ю(сь), -зу́ешь(ся) 受 過 -о́ванный [不完・完] = легализи́ровать(ся)

**лега́льн|ый** 短 -лен, -льна [形1] 合法的な, 法にかなった ∥**-ость** [女10]

**лега́то** [е/э] [楽] ①[副] レガート ②(不変) [中] レガートの記号

**ле́ггинсы** -ов [複] [若者] [服飾]レギンス

*\***леге́нд|а** [女1] [legend] ①伝説, 伝説的事物[人物], 語り草; 作り話, 虚構: дре́вняя ~ 古代の伝説 | жива́я ~ 生ける伝説 ②[楽]伝説曲 ③(スパイが使う)偽装経歴: Разве́дчика обеспе́чили надёжной -ой. 諜報員のために信頼できる偽装経歴が用意された ④(絵・地図などの)凡例, 図例: ~ ка́рты 地図の凡例 ⑤(硬貨・メダルなどの)銘

*\***легенда́рн|ый** 短 -рен, -рна [形1] [legendary] ①伝説の; 伝説的な: ~ геро́й [коро́ль] 伝説上の英雄[王] ②伝説的な, 栄光に輝く: -ая гру́ппа [ли́чность] 伝説的なグループ[人物] ③作り話めいた, ありそうもない

**легио́н** [男1] ①[古o]レギオン, 軍団 ②部隊 ③[雅]無数, 大勢

**легионе́р** [男1] ①軍団兵, (部隊の)隊員 ②契約で(海外)移籍したスポーツ選手 ∥**-ский** [形3]

**леги́рова|ть** -рую, -руешь 受 過 -анный [不完・完] [冶]⑪合金にする: леги́рованная сталь 合金鋼 ∥**-ние** [中5]

**леги́рующий** [形6] 合金用の: -ие элеме́нты 合金元素

**легислату́ра** [女1] [政] ①会期 ②立法府[議会]

**легити́мн|ый** 短 -мен, -мна [形1] 合法的な ∥**-ость** [女10] 合法性

**лёг** [過去・男] < лечь

*\***лёгк|ие** [х] [形2変化形] [複 単 **-ое**] [lung] [解]肺: воспале́ние ~их 肺炎

*\***лёгк|ий** [リョーフキイ] 短 лёгок, легка́, легко́, легки́ / лёгки 比 ле́гче 最上 легча́йший [形3] [light] ①軽い, ふわふわした; (衣類が)薄い; (食べ物が)胃に重くない, 軽い(↔тяжёлый): ~ чемода́н 軽いスーツケース | ~их вес 軽い階級 | -ое пла́тье 薄手のワンピース | -ое пальто́ 軽いコート | ~ за́втрак 軽い朝食 ②ごてごてしていない, 上品な: -ая це́рковь 品のよい外

観の教会 ③軽快な:すばしっこい,機敏な;足の速い:-*ая* похо́дка 軽やかな足どり

④易しい,簡単な;単純明快な,たやすく手に入る;苦労のない:~ стиль 平易な文体 | ~ за́работок 楽な稼ぎ | ~ успе́х 安易な成功 | -*ая* доро́га 気軽な方

⑤弱い,軽微な,軽度の;かすかな,ほのかな;(酒・たばこが)軽い:~ ветеро́к いつもより感じる風,そよ風 | ~ тума́н 靄(%)™) | -*ая* улы́бка かすかな微笑 | ~ покло́н 軽い会釈 | ру́сская речь с -*им* иностра́нным акце́нтом かすかな外国語訛りのあるロシア語 | -*ая* печа́ль 淡い悲しみ | ~ сон 浅い眠り | -*ое* головокруже́ние かすかなめまい | -*ая* просту́да 軽い風邪 ⑥暢気(%)な,気楽な;軽薄な;不謹慎な:-*ое* поведе́ние 軽薄な行動 ⑦(人・性格が)人好きのする,気さくな,とっつきやすい;《長尾》軽装備の,機動性のある:-*ая* кавале́рия 軽騎兵隊 ◆-*ая* рука́ у 囲…は幸運をもたらす人だ;物事をうまく行う人だ | с -*ой руки́* 囲…が先んじてくれたおかげで | лёгок на поми́не 《諺》噂をされれば影 | с -*им се́рдцем* 心配せずに,何の不安もなく | -*ая* атле́тика 陸上競技 | -*ая* промы́шленность 軽工業

\*легко́ [х] ㊒ле́гче [リヨフチエ] [lightly] ①[副]軽々と,容易に;たやすく;軽率に;少し,軽く:Нельзя́ ~ поддаётся обма́ну. 彼は簡単に騙される | Нельзя́ ~ поня́ть суть сюже́та. そのプロットの本質を容易に理解することはできない | Ребёнок ~ оде́т. その赤ん坊は薄着だ ②[無人述]ⓐ容易に,たやすく,楽に:~ предста́вить себе́ ... …を想像するのは簡単だ | Э́тот страх ~. その恐怖というものを理解するのは容易だ ⓑ気が晴れた,心安らぎだ;楽しい,心が弾む:Л~ на душе́. 気分が安らかだ ◆~ *сказа́ть* 《話》言うは易し(行うは難し)

легкоатле́т [х] [男1] ~ка ㊕-ток [女2] 陸上競技選手 **//-и́ческий** [形3] 陸上競技の

легкове́р|ный [х] ㊏-рен, -рна [形1] 軽々と信じる,だまされやすい **//-ие**

легкове́с [х] [男1] 《スポ》ライト級選手

легкове́сн|ый [х] ㊏-сен, -сна [形1]《長尾》軽量の,重量不足の ②軽率な,浅薄な **//-ость** [女10]

легково́й [х] [形2] 乗客[手荷物]輸送用の,乗用の: ~ автомоби́ль 乗用車 | ~ изво́зчик《史》辻馬車,その御者

легковоспламеня́ющийся [х] [形6] 可燃性の

легкову́шка [х] ㊕-шек [女2]《俗》乗用車

\*легкомы́сленн|ый [х] ㊏-ен, -енна [形1][thoughtless] 軽率な,浅はかな:~ и безотве́тственный челове́к 軽率で無責任な人 | сли́шком -*ое* отноше́ние к деньга́м お金に対するあまりに軽率な取り扱い **//-ость** [女10]

легкомы́слие [х] [中5] 軽率[軽薄]な行動

легкоплавк|ий [х] ㊏-вок, -вка [形3] 溶解しやすい **//-ость** [女10]

\*лёгкост|ь [х] [女10][easiness, lightness] ①簡単さ,容易さ ②たやすさ,容易に:с удиви́тельной[одина́ковой, бо́льшей] -*ью* 驚くほど[同じくらい,より一層]簡単に ②軽さ,軽快さ:чу́вствовать ~ во всём те́ле 体中が軽快に感じる ③軽薄さ ◆~ *в мы́слях* 考えの浮薄さ(ゴーゴリ『検察官』より)

лего́нько [х] [副]《俗》弱く,ちょっと,そっと

лёгочни|к [х] [男2] -*ца* [女3]《話》①呼吸器科医 ②肺疾患患者

лёгочный [х] [形1] 肺(肺臓)の

легча́ть [х] [不完] **по-**[完]弱まる,和らぐ《無人称》囲よくなる,軽くなる

ле́гче [х] [比較<лёгкий, легко́] ①[形]より軽い,より易しい ②[副]より軽く,より易しく ③[無人述]〈囲は〉より具合がよい,より気が楽だ: Больно́му сего́дня ~. その病人はきょうはいっそう楽だ | Мне от э́того не ~. だからって私が楽になるわけじゃない ◆*Час от ча́су не ~*. 事態がどんどん悪くなる

‡лёд [ヨート] льда 前о льде, во/на льду́ (по́ льду, по льду) [男1] [ice] ①氷: то́нкий ~ 薄い氷 | кусо́к[кусо́чек] льда́ 氷の塊 | ку́бик льда́ (製氷した四角い)氷の塊 | сухо́й ~ ドライアイス | Он поме́шивал кусо́чки льда́ в стака́не. 彼はグラスの氷をかき回した | сок со льдо́м 氷入りのジュース | ви́ски без [безо] льда́ 水なしのウィスキー |《複》氷原, 氷群 ②《話》氷のように冷淡な[冷やかな]人 ◆*Л~ разби́т [сло́ман, растая́л, та́ет].* 不信[障害]が取り除かれた, わだかまりが氷解した, 緊張がほぐれた | *Л~ тро́нулся.* 氷になって氷が動き始めた; 物事が動き始めた

леда́щий [形6]《俗》①ひ弱な, 虚弱な, ひょろひょろした ②よくない, (質や状態が)悪い

ледене́|ть [不完] **за-, о-**[完]《3人称》①氷になる ②凍える, かじかむ ③(恐怖などで)すくむ

ледене́ц -нца́ [男3] キャンディ, ドロップ **//леденчик** [男2] 〔指小〕

ледени́стый ㊏-и́ст [形1] 凍った, 氷のような

ледени́щий [形6]〔能現<ледени́ть〕①凍りつくような ②ぞっとするような

ледени́|ть, -ни́ю, -ни́шь, -ни́т[不完] **за-, о-**[完]①〈囵〉冷やす, 凍らせる, 氷にする

ледени́щий [形6]〔能現<ледени́ть〕①凍りつくような ②ぞっとするような

ледери́н [男1] レザークロス

ле́ди (不変)[女] 夫人, 淑女, レディー:пе́рвая ~ ファーストレディー

ле́дник [男2] 氷室, 冷蔵庫

ледни́к -а́ [男2] 氷河

леднико́вый [形1] ①氷室の ②氷河の: ~ пери́од 氷河時代

ледо.. [語頭成]「氷の」

ледови́тый [形1] 氷に覆われた

\*ледо́в|ый [形1] [ice] ①氷でできた, 氷で覆われた ②氷上の, 氷中の: *-ая ка́рта* スポーツ氷結況図, アイスチャート | *-ая обстано́вка* 凍結状況 | *-ая разве́дка* 氷結状況調査 ■-*ое побо́ище* 氷上の戦い(1242年チュード湖の氷上でアレクサンドル・ネフスキー大公の下にノヴゴロド公国とウラジーミル公国がドイツ騎士団を破った戦い)

ледо́к -дка́/-дку́ [男1]《話》〔愛称〕<лёд

ледоко́л [男1] ①砕氷船 ②砕氷作業員

ледоре́з [男1] ①流水期に橋や堰(‰)を守るための装置, 流氷よけ ②砕氷船 **//-ный** [形1]

ледору́б [男1] (登山途中用の)水かき, アイスアックス

ледоста́в [男1] (川・湖面などの)全面凍結

ледохо́д [男1] 川の氷結期; (その始まりまたは終りの)氷の流れ

леды́шка ㊕-шек [女2]《話》①雪のかけら, 雪の塊 ②冷淡[冷酷]な人

\*ледян́|о́й [形2] [icy] ①氷の, 氷でできた, 氷で覆われた: *-а́я ко́рка* 氷層 | *-а́я пусты́ня* 氷の平原 ②氷のように冷たい; 凍えきった: *-а́я вода́* 氷のように冷たい水 | ~ ве́тер 冷たい風 | ~ спорт 氷上スポーツの ③冷やかな, 冷淡な: ~ тон 冷たい口調 | отве́тить *-ы́м го́лосом* 冷たい声で答える ④つやけし(ガラス)の | *-а́я гора́* 氷山 | *-о́е стекло́* すりガラス | *-а́я ры́ба*《魚》コオリカマス, アイスフィッシュ | *-о́ждь*《気象》着氷性の雨 | ~ тума́н《気象》氷霧 | *-а́я крупа́*《気象》氷あられ | *-а́я пыль*《気象》ダイヤモンドダスト

лёжа [副] 横になって, 寝転がって: чита́ть ~ 寝転んで読む

лежа́к -а́ [男2] ①(戸外で使う)寝椅子, デッキチェア ②《方》横材, 梁, 桁, ビーム

**лежа́лый** [形1] たなざらしの、長い間しまい込んでいた; 長い間しまい込んで駄目になった

**лежа́нка** 複生-нок [女2] ①(ペチカ・壁際の)張り出し寝台 ②《話》寝床 ③《話》ストレッチャー ④《俗》横たわっていること、寝ていること ⑤《俗》獣の寝場所、獣が残した地面の寝跡 ⑥《隠》墓、埋葬場所

‡**лежа́ть** [リジャーチ] -жу́, -жи́шь 命-жи́ 副分 лёжа [不完] [lie] I 《人について》 ① 横たわっている、寝た体勢になっている (↔стоя́ть) ： ~ на дива́не ソファーに横になっている
② 病気で寝ている、病床にある; 入院している： ~ с температу́рой 熱があって寝ている ③ 埋葬されている、(墓の中に)眠っている： ~ в моги́ле 墓に埋葬されている | Здесь лежи́т Ивано́в. イワノフここに眠る(墓碑銘)
II 《物について》 ① (横にして)置いてある、ある： На столе́ лежа́ла кни́га. 机の上に本が(置いて)あった
② (a) 覆った、(表面に)ある; 現れている： Везде́ лежи́т мо́крый снег. 至る所湿った雪が覆っている | На лице́ лежа́ли следы́ бессо́нной но́чи. 顔に不眠の様子が見て取れる (b) (ある状態で表面に)ある： Скла́дки краси́во лежа́т. 折り目が美しい
③ ある、置いてある、しまってある; 使われずに放置されている： Ключи́ лежа́т в карма́не. 鍵はポケットにある
④ 位置している、場所・空間を占めている; (道が)通っている： Доро́га лежи́т среди́ дере́вьев. 道は木々の中を通っている ⑤ 《на кого́》(責任・義務などが)ある： Большинство́ обя́занностей в росси́йской семье́ лежи́т на жене́. ロシアの家族において大部分の責任は妻が担っている ⑥ 《на душе́, на со́вести, на се́рдце などと共に》気[心]にかかっている： Де́ло обуче́ния лежи́т на со́вести учителе́й. 教育問題は教師の気がかりになっている

◆ **~ в осно́ве** 固 …の根底にある、基礎を成す： В осно́ве рома́на лежа́т реа́льные собы́тия. この小説は実話に基づいている | Мора́льные це́нности должны́ ~ в осно́ве поли́тики. 倫理観というものが政治の根底にあるべきである | **~ в разва́линах** 破壊されている | **~ на боку́** [**печи́**] 何もしないで怠けて暮らしている、のらくらしている | **~ под сукно́м** 〈сукно́ | **пло́хо лежи́т** … (容易に盗めるほど)不用意[不用心]に置いてある: 盗みやすい | **душа́** [**се́рдце**] **не лежи́т к** 与 …に対して気が進まない、気が乗らない、気に入らない

**лежа́ться** -жи́тся [不完] [無人称][否定文で] 〔与〕は横たわっていない、寝る気がしない

**лежа́ч|ий** [形6] ①寝ている、横たわっている ②《話》寝るための ③《話》寝たきりの ④余計な、遊んでいる ⑤《隠》泥酔している ◆ **~его не бьют**. 《諺》倒れた相手は打つな | **Не бей ~его**. 簡単だ、朝飯前だ | **Под ~ ка́мень вода́ не течёт**. 《諺》時かぬ種は生えない ■ **~ полице́йский** 減速帯

**ле́жбище** [中2] ①海獣の群集する浜辺 ②獣が残した地面の寝跡、(猟師等の)宿営地

**лежебо́ка** (女2変化)[男・女] 《話》ものぐさな人、怠け者、ごろごろ寝てばかりいる人

**ле́жень**, -жня [男5] ①《建》横材、梁、桁、ビーム;枕木 ②《方》ものぐさな人、怠け者、ごろごろ寝てばかりいる人 **// лежнево́й** [形1]

**лёживать** (現在形用いず)[不完][多回] < лежа́ть

**лёжк|а** 複生-жек [女2] ①《話》寝ること、寝ていること ②(果物・ワイン・チーズなどの)貯蔵、熟成 ③海獣の群集する浜辺、獣の寝跡 ◆ **в ~у лежа́ть**《話》(病人・泥酔人が)寝ていかで起き上がれない

**лёжкий** 短-жек, -жка [形3] (野菜・果物が)長期保存のきく

**лежмя́** [副] 《話》横になって ◆ **~ лежа́ть** (1)寝たきりで起き上がれない (2)使われていない

**лежнёвка** 複生-вок [女2] 木を敷いた道、木道

**ле́зви|е** [中5] 刃 **// -йный** [形1]

**лезги́н** [男1] **/ ~ка́¹** 複生-нок [女2] レズギン人(ダゲスタン南東部とアゼルバイジャン北部に住む) **// ~ский** [形1] レズギン(人)の

**лезги́нка²** 複生-нок [女2] 《舞・楽》レズギンカ(カフカスのテンポの速い民族舞踊; その音楽)

‡**лезть** [リェースチ] -зу, -зешь 命-зь 過лез, ле́зла 能過ле́зший [不完] [定] (不定 ла́зить) [climb] ①よじ登る、這い上がる[下りる]; (階段などを)歩いて上る： ~ на кры́шу 屋根によじ登る | ~ на пя́тый эта́ж 苦労して5階まで上がる ②(a)〈в 団の中に/под 団の下に〉(這って・身を屈めて)入る、もぐり込む; ~ под стол 机の下に潜り込む (b)〈из-под 団の下から〉這い出る: ~ из-под стола́ [крова́ти] 机[ベッド]の下から這い出る (c)入る： ~ в во́ду 水に入る (d)〈в 団に〉(指を)突っ込む、入れる ③《話》〈в 団に〉(物を探して中に)手を突っ込む: ~ в карма́н за деньга́ми さぐってポケットに手を入れる |《しばしば否定語と共に》(a)(物が)入る、通る、はまる： Игла́ не ле́зла в ко́жу. 針が革を通さなかった (b)納まる、寸法が合う： Кни́га не ле́зла в портфе́ль. 本がカバンに入らない ⑤ (道などが)登っている ⑥ (外・表面に)出てくる ⑦《話》〈в 団に〉首を出す、(煙などが)〈в 団に〉目に染みる、〈в 团 に〉くる、(異物が)〈в 団に〉入る： Дым лез в глаза́. 煙が目に入った | Неприя́тные за́пахи ле́зли в нос. 不快な臭いが鼻についた ⑧《話》滑り落ちる、ずり落ちる ⑨《話》〈в 団に〉(無理に)入り込む、割り込む、口出しする、干渉する： Не ле́зьте без о́череди. 順番に割り込まないで下さい | ~ в дра́ку けんかに割り込む | ~ не в своё де́ло 他人のことに口を出す (b) 〈с 团のことで〉しつこく付きまとう： ~ с пустяка́ми 些細なことやうるさく食い下がる (c) 〈на 団に〉(自分の行動に)招く、引き起こす： ~ на сканда́л 騒ぎを起こす ⑩《話》〈в 団に〉(高い地位を得ようとする： ~ в дире́кторы 重役に成り上ろうとする ⑪ (毛髪が)抜け落ちる ⑫《話》(布地・革が)破れる、擦り切れる

◆ **~ в го́лову**《話》いつも頭から離れない | **~ на сте́ну** 激昂する、狂う | **не ле́зет в го́рло** [**рот**] 食べる気がしない | **не за сло́вом в карма́н** 言葉につまることがない

**лей¹** [命令] < лить

**лей²** [男1] レウ、レイ (ルーマニア、モルドバの通貨単位)

**ле́йба** [女1] 《IT》《俗》商標、ラベル

**лейбл** [男1] ①《話》商標、ラベル ②《若者》質のいい会社の商品、ブランド品

**лейбори́ст** [男1] **/ ~ка** 複生-ток [女2] 労働党員 **// ~ский** [сс] [形3]

**лейбу́ха** [女1] = ле́йбл

**ле́йка¹** 複生ле́ек [女2] ①じょうろ ②《俗》漏斗

**ле́йка²** 複生ле́ек [女2] ライカ (ドイツのカメラ)

**лейкеми́я** [女9] 《医》白血病

**лейко́з** [男1] = лейкеми́я **// ~ный** [形1]

**лейкопла́стырь** [男5] ばんそうこう、粘着テープ

**лейкоци́т** [男1] 《生理》白血球 **// ~ный, -а́рный** [形1]

‡**лейтена́нт** [男1] [lieutenant] 《軍》(ロシア軍・海軍・警察で)尉官; 少尉、中尉: мла́дший ~ 少尉補、少尉 | ста́рший ~ 上級中尉 **// ~ский** [сс] [形3]

**лейтмоти́в** [男1] 《楽・文学》ライトモチーフ、主題 **// ~ный** [形1]

**лека́л|о** [中1] ①雲形定規 ② 型、鋳型、型紙 **// ~ьный** [形1]

**лека́льщи|к** [男1] **/ -ца** [女3] 模型、鋳型製作師

**лека́рственный** [形1] 薬の; 薬用の

‡**лека́рств|о** [リカールストヴァ] [中1] [medicine] ①薬、薬剤： ~ от просту́ды [головно́й бо́ли] 風邪[頭痛]薬 | ~ от всех боле́зней 万能薬 | смерте́ль-

ная до́за -*a* 薬の致死量 | приня́ть ~ 薬を飲む[服用する] | прописа́ть ~ 薬を処方する | соблюда́ть режи́м приёма лека́рств 薬の服用間隔を守る ② (不幸・悩みなどの救済手段としての)くすり: ~ от безнадёжной любви́ 恋慌いの薬 ③《隠》酒: приня́ть ~ 〈隠〉酒を飲む; 酔っ払う

ле́кар|ь 複 -и/-я́ [男5] ①《話・戯》治療師 |《旧》医師 ③ 癒やし手

лексе́ма [女1]《言》語彙素

ле́ксика [女1]《言》語彙(体系), 語彙目録

лексикализа́ция [女9]《言》語彙化

лексико́граф [男1] 辞書編集者

лексикогра́ф|ия [女9]《言》辞書学; 辞書編集 ② 辞書 **~и́ческий** [形3]

лексико́лог [男1] 語彙論専門家

лексиколо́гия [女9]《言》語彙論

лексико́н [男1] ① 語彙 ② 隠語

лекси́ческ|ий [形3] 語彙の, 語彙的な: -*ое* значе́ние сло́ва 語の語彙的意味 | ~ ми́нимум 基本語彙, 必要最低限の語彙

ле́ктор [男1] 講演者, 講師 **~ский** [形3]

лекто́рий [男5] 公開講演の運営組織[会場]

*ле́к|ция [リェークツィヤ] [女9] ⟨lecture⟩ ① 講義, 講演: слу́шать -*ию* 講義を聴く, 聴講する | идти́ на -*ию* 講義に行く[出る] | цикл -*ий* по информацио́нным техноло́гиям 情報科学に関する連続講義 ②《複》講義録 ◆ чита́ть -*ию* (1)講義をする (2)お説教を垂れる **~ио́нный** [形1]

леле́|ять -ею, -ешь 受過 -éянный [不完]/вз- [完]〈照〉① かわいがる, 手入れをする ② 心にしまっておく, 抱きつづけておく:〈夢・希望などを〉抱く ③〈耳などを〉楽しませる, 慰める **~ся** [不完]《受身》

Лель [男5]〈スラヴ神〉レーリ(愛と婚姻の神)

ле́мма [女1]《数》補題, 補助定理

ле́мминг [男2]《動》レミング

лему́р [男1] ①《複》《動》キツネザル(下目) ②〈ロ神〉死者の魂

лен.. 〔語形成〕「レニングラードの」「レーニンの」

лён льна/льну́ 前о льне́, во/на льну́ [男1] ①《植》アマ; 《複》その種[芽]: ~ обыкнове́нный [посевно́й] アマ ② (アマの茎の)繊維, 織物, 布 ■ го́рный ~ 石綿, アスベスト **льняно́й** [形2]

Ле́на [女1] ① レナ川(シベリア東部の大河) ② 〈愛称〉< Еле́на **ле́нский** [形3] <①

лени́в|ец -вца [男3] ① [/-ица [女3]] 怠け者 ②《動》ナマケモノ

лени́во [副] ① 怠けて, 嫌々ながら ② のろのろと, ぐずぐずと, ものうげに

*лени́в|ый 短 -и́в [形1]〈lazy, sluggish〉① 怠惰な, 不精な, 骨惜しみする: челове́к 怠惰者, 面倒くさがり屋 ② ものうげな, 面倒くさそうな: го́лос 物憂げな声 ④ のろい, ぐずぐずした, ゆっくりした ⑤《料理》即席の, 手間いらずの **~ость** [女10] 怠惰, 物臭いこと

Ле́нин [男姓] レーニン(Влади́мир Ильи́ч ~, 本名 Улья́нов, 1870-1924; ロシア革命家, ソ連政治家): ~ – председа́тель Сове́та наро́дных комисса́ров СССР ソ連人民委員会議長, ソ連人民委員会議長)

Ленингра́д [男1]《史》レニングラード(★現 Санкт-Петербу́рг) **/ленингра́дск|ий** [ц] [形3]: Л-*ая* о́бласть レニングラード州(州都 Санкт-Петербу́рг; 北西連邦管区)

ле́нинец -нца [男3] レーニン主義者

ленини́ана [女1] レーニンをテーマとした文芸作品

ленини́зм [男1] レーニン主義

Ле́нинка [女2] 《話》ロシア国立図書館(Росси́йская госуда́рственная библиоте́ка)

ле́нинский [形3] レーニン(主義)の, レーニンが作り上げた

лени́ться ленюсь, лéнишься [不完]/по- [完] 怠ける, おろそかにする

ле́ность [女10] 怠惰, 面倒くささ

*ле́нт|а [リェーンタ] [女1]〈ribbon, tape〉① 飾りひも, リボン; (勲章・徽章の)綬, リボン ② 細長く伸びているもの: си́няя ~ реки́ 一筋の青い川 | Внизу́ бежа́ла гла́дкая ~ доро́ги. 眼下にはなだらかな道が延びていた | ~ новосте́й ニュースワイヤー ③《テープ》テープ; テープ状の物; (洋裁の)メジャー: бума́жная ~ 紙テープ | ли́пкая ~ 粘着テープ | пулемётная ~ [軍] (機関銃の)保弾帯 | за́пись на магни́тную -*у* 磁気テープの記録 ④ 映画フィルム(кинолéнта) ⑤ ベルト: ~ эскала́тора エスカレーターベルト **/ле́нточка** 複生 -чек [女2] [指小]

лентикуля́рн|ый [形1] レンズ状の: -*ые* облака́《気象》レンズ雲

ле́нточный [形1] ① リボンの, リボン状の, ベルト式の: ~ конве́йер ベルトコンベア | ~ червь《生》サナダムシ

лента́й [男6]/~ка 複生 -тя́ек [女2]《話》怠け者

ленти́йничать [不完] 怠ける, 無為に過ごす

ленти́йство [中1]《話》無為, 怠惰

ленца́ [女3]《話》怠け気味, 怠けがち

*лен|ь [laziness, lazy] [女10] 怠惰, 不精; 無気力状態, だるさ: Все ва́ши пробле́мы от со́бственной -*и*. あなた方の問題は全てご自身の怠からきている ②《述語》《誰かは》《下定形》~気にならない; したくない, 面倒だ: Мне про́сто ~ иска́ть лифт. 私はエレベーターを探すのが面倒だった | Ему́ бы́ло ~ встава́ть. 彼は起き出すのがおっくうだった ◆ все, кому́ (то́лько) не ~ [話] 望まない誰でも | не ~ тебе́ [ва́м, ему́] 下定形 なんだって…なのか

Леони́д [男1] レオニード(男性名; 愛称 Лёня)

Лео́нтий [男1] レオンチー(男性名; 愛称 Лёня)

леопа́рд [男1]《動》ヒョウ: аму́рский [дальневосто́чный] ~ アムールヒョウ, シベリアヒョウ ■ морско́й ~ ヒョウアザラシ **~овый** [形1]

леота́рд [男1] レオタード

лепест|о́к -тка́ [男2] ① 花びら ② 花びらに似たもの **~о́чек** -чка [男2] [指小] **~ко́вый** [形1]

ле́пет [男1] ① 片言 | わかりにくいこと ② さざめき, さらさいう音, 不明瞭な音

лепета́|ть -печу́, -пе́чешь [不完]/про~ [完] ① (赤ちゃんが)片言を話す; しどろもどろに話す ② かすかな音を立てる, さらさらいう, さざめく **~ние** [H5]

лепёшка [女2] ① レピョーシカ, 大型のレピョーシカ

лепёшк|а 複生 -шек [女2] ① レピョーシカ(円盤状のパン) ② 錠剤, タブレット菓子 ③ 円盤状のもの ◆ -*у* сде́лать из ⟨俗⟩…をこてんぱんにやっつける | разби́ться [расшиби́ться] в -*у* 〈話〉粉骨砕身する, 尽くす

лепи́ть лепли́, ле́пишь 受過 ле́пленный [不完] ① [完 вы́-, с~] 〈照〉(粘り気のある固まりを使って)作る, ベタベタやる: ~ пельме́ни ペリメニを包む[形成する] | ~ дельфи́на из гли́ны 粘土でイルカを作る ② [完 на~] 〈話〉〈照〉貼りつける: ~ ма́рки на конве́рт 封筒に切手を貼りつける ③《文》〈照〉文章・作品などを綴り出す, 書く ④ (どろどろのものが)覆う, 貼りつく ⑤《話》〈照〉びっしり詰めて書く

лепи́ться ле́пится [不完] ① へばりつく, 密着する ② 〈俗〉(斜面などに)へばりつきながらゆっくりと進む ③ 《受身》< лепи́ть

ле́пк|а -пок [女2] ① かたどること ② 塑像, 塑造 ③ (通例頭・顔などの)輪郭, 形

лепни́на [女1]《集合》《建》浮彫り, レリーフ

лепно́й [形2] ① かたどった, 塑像の ② 浮彫りのある

ле́пра [女1]《医》ハンセン病

**лепрозо́рий** [男7] ハンセン病院

**лепт|а** [女1] 応分の寄付, 貢献 ◆ **внести́ свою́ -у в** 園 …に貢献する, 有益な活動に参加する

**ле́пщи|к** [男2]/**-ца** [女3] 模型[塑像]製作者

**Ле́ра** (女1変化)[男・女] [愛称] < Вале́рий, Вале́рия

**Ле́рмонтов** [男姓] レールモントフ (Михаи́л Ю́рьевич ～, 1814-41: ロシアの詩人)

*‡**лес** [リェース] -a/-y 前 o е.в у 複 -á (из ле́су, из лéсу, из лéса; по ле́су, по ле́су) [男1] (forest) ① 森, 林, 森林: сосно́вый ～ 松林 | густо́й ～ 密林 | тёмный [глухо́й] ～ 暗い[うっそうと茂った]森 | сажа́ть -á 植木する | броди́ть [гуля́ть] по ～у 森をぶらぶら[散歩]する | вы́йти из ～[-у] 森から出る | Мы находи́лись на опу́шке -а. 我々は森の外れにいた

② [前 в ле́се] 多数の(林立する)物: ～ по́днятых рук 上げられた多数の手

③ [前 в ле́се][集合的]材, 材木: строево́й ～ 建築用材 ◆ тёмный ～ для 国 …には全く理解できない, ちんぷんかんぷんだ, 皆目わからない | гляде́ть [смотре́ть] в ～ 今いる ところから[今の仕事を打ち 負 えて]抜け出そうとしている | за дере́вьями [из-за дере́вьев] ～а не ви́деть 木を見て森を見ず (説明が細かすぎて全体像が分からない)

**леса́**[1] 複 лесы́, лéса [女1] 釣り糸, テグス

**леса́**[2] -о́в [複] [建]足場

**лесби́йский** [形3] レズビアン的な

**лесбия́н|ка** 複生 -нок [女2] レズビアン ∥ **-ский** [形3]

**лесбия́нство** [中1] レズビアン, レズビアニズム

**ле́сенк|а** 複生 -нок [女2] [指小] < ле́стница ◆ **-ой** 段ゃに, 背の順に, [スキー]階段登高式

**леси́на** [女1] ① [俗] (1本の)木, 樹幹, 材木 ② [方]釣糸

**леси́стый** 短 -ист [形1] 樹木の生い茂った, 森の多い

**ле́ска** 複 -сок [女2] ① 釣糸 ② テグス

**лесни́к** -а́ [男2] ① 森林監視人 ② 林業者 ③ [方]猟師 ∥ **~о́вый** [形1]

**лесни́чество** [中1] ① 山林区 ② 営林署

**лесни́чий** (形6変化)[男名] 営林署員[署長]; 林業専門家

*‡**лесн|о́й** [リスノーイ] [形2] (forest) ① 森林[山林]の; 森の中にある; 森に生息[自生]する; 森の多い: -а́я доро́га 林道 | ～ пожа́р 山火事 | -ы́е цветы́ 野の花, 野生植物 | ～ райо́н 森林地区 | -а́я зо́на 森林地帯 ② 木材[材木]の: -а́я промы́шленность 木材産業 ③ 林業の: -о́е хозя́йство 森林経営, 林業 | -ы́е насажде́ния 植林, 造林

**ле́со..** [語形成] 「森林の」「林業の」「木材の」

**лесово́д** [男1] 林学者; 森林管理[経営]専門家

**лесово́д|ство** [ц] [中1] ① 林学, 造林学, 森林科学 ② 営林, 森林管理[経営] ∥ **-ческий** [形3]

**лесово́з** [男1] 木材運搬船[車] ∥ **~ный** [形1]

**лесозаво́д** [男1] 製材工場, 製材所

**лесозагото́вка** 複生 -вок [女2] 木材調達

**лесозащи́тный** [形1] ① 森林保護の ② 防風林の

**лесо́к** -ска́ [男2] [指小 < лес] 小さな森, 林, 木立

**лесонасажде́ние** [中5] ① 造林 ② [通例複] 植林地

**лесопа́рк** [男1] ② 森林公園 ∥ **~о́вый** [形1]

**лесопи́лка** 複生 -лок [女2] [話] 製材工場

**лесопи́льный** [形1] 製材の, 木挽(ひき)の

**лесопи́льня** 複生 -лен [女5] 製材所

**лесопова́л** [男1] ① 森林伐採 ② 風倒木; その木のある場所 ∥ **~ный** [形1]

**лесополоса́** 複 -по́лосы, -ло́с, -лоса́м [女1] 森林地帯

**лесопоса́дка** 複生 -док [女2] ① 植林 ② [通例複] 苗木, 植林地区

**лесопромы́шленник** [男2] 木材商, 木材業者, 木材産業従事者

**лесопромы́шленность** [女10] 木材産業

**лесоразрабо́тки** -ток, -ткам [複] 木材の伐採; 伐採地

**лесору́б** [男1] 伐採夫, きこり ∥ **~ский** [形3]

**лесору́бный** [形1] 伐採の

**лесосе́ка** [女2] ① 伐採地区, 伐採場 ② 年間伐採量

**лесоспла́в** [男1] 木材の水路運輸[浮送, 流送]; плотово́й ～ いかだ流し ∥ **~ный** [形1]

**лесосте́пь** [女10] [地理] 森林ステップ

**лесоту́ндра** [女1] [地理] 森林ツンドラ

**леспромхо́з** [男1] 営林公団 (лесопромы́шленное хозя́йство)

**лёсс** [男1] [地質] 黄土 ∥ **~овый** [形1]

*‡**ле́стниц|а** [сн] [リェースニツァ] [女3] [stairs, ladder] ① 階段: винтова́я ～ 螺旋階段 | ка́менная [деревя́нная] ～ 石[木]の階段 | пожа́рная ～ 非常階段 | крута́я [у́зкая, широ́кая] ～ 急な[狭い, 広い]階段 | подня́ться [спусти́ться] по -е 階段を上る[降りる] ② 梯子: верёвочная ～ 縄梯子 | навесна́я спаса́тельная ～ 非常用縄梯子 ③ (官位などの)位階, 職位, 段階: иерархи́ческая ～ 身分の階段 | служе́бная [карье́рная] ～ 職階 | социа́льная ～ 社会的地位 ◆ **-ей** 不揃いに, 階段状に | **вверх по -е, веду́щей вниз** 物事は一見良い方向に向かっているように見えるが, 実は悪くなる一方だ (←下り階段を上る)

**ле́стничн|ый** [сн] [形1] ① < ле́стница: -ая площа́дка 階段の踊り場 | ～ пролёт 階段吹き抜け ② [卑語] 粗野な, 野卑な, スキャンダラスな, 程度の低い

**ле́стно** [сн] [副] ① ほめて, 称賛して ② [無人述] 心地よい, 自尊心をくすぐる

**ле́стный** [сн] [短 -тен, -тна] [形1] ① 称賛の ② 自尊心を満たす ∥ **-ость** [女10]

**лесть** [女10] お世辞, 阿諛, 追従

**лесхо́з** [男1] 営林事業(者) (лесно́е хозя́йство)

**лёт** [数 単; 生 複] < год, лéта, лéто

**лёт** -а 前 о е.в -у [男1] ① 飛ぶこと, 飛行 ◆ **на лету́** (1)飛行中で (2)大急ぎで | **лови́ть [хвата́ть] на лету́** 物なりがけに, 飲み込みが早い | **реша́ть 園 с ～у** 即座に決める, 解決する

*‡**лет|á** [リター] лет, -та́м [複] (★ лет は год の複生として用いる)(years, age) ① 年齢, 歳(во́зраст; → год②): челове́к сре́дних лет 中年の人 | Ей де́сять лет. 彼女は10歳です | в ю́ные ～ 若い頃に ② 年月, 歳月 (го́ды); мно́гая лéта [正教] 幾年も (★ アクセント注意; 神の恩寵が幾久しく共にあることを祈願する言葉; 教会スラヴ語)

◆ **в ~áх** うんている | **на ста́рости лет** 老年に, 年を取ってから | **войти́ в ～** 大人になる, 成人する | **вы́йти из лет** (兵役などの)適齢を過ぎる

**Ле́т|а** [女1] [ギ神] レーテー (黄泉の国の忘却の川) ◆ **ка́нуть в -у** [文](1)跡形もなく永久に消え去る (2)完全に忘れ去られる

**лета́лка** 複生 -лок [女2] 戦闘機などを操縦するタイプのシューティングゲーム

**лета́льн|ый** 短 -лен, -льна [形1] [医] 死の, 致死の, 致命的な ∥ **-ость** [女10] 死亡率

**летарги́я** [女9] ① [医] 嗜眠(びん), 昏睡状態 ② 沈滞, 無為

**лета́тельный** [形1] 空を飛ぶ: ～ аппара́т 航空機

*‡**лета́ть** [リターチ] [不完] [不定] [定 лете́ть] (fly) ①(a)(不定方向に)飛ぶ, 飛び回る: Повсю́ду лета́ют

птицы. そこかしこに鳥が飛んでいる (b)飛んで往復する；飛んで行って来る，飛んで引で往復する: **Самолёты** *летают* **из Токио в Москву регулярно**. 飛行機は東京からモスクワに定期的に飛んでいる | **Я недавно** *летал* **в Киев**. 最近キエフに飛行機で行ってきた (c)飛ぶ，飛ぶことができる: **Птицы** *летают*. 鳥は飛ぶことができる | **научиться** *летать*, 飛行機の操縦を覚える ② 飛ぶように軽やかに〈素早く〉動く: **Над столом** *летали* **руки официанта**. テーブルの上では給仕の手が飛び交っていた ③ 《話》忙しく動き回る，飛び回る: **С утра до вечера он** *летал* **по городу**. 朝から晩まで彼は街中を飛び回っていた ◆ **~ в нарядах**《隠》しばしば軍隊で任務に就く | **~ на пальцах**《隠》ひどくうぬぼれる，何でも上から物を見ている ■ **летающий диск**《スポ》フリスビーディスク

\***лететь** [リチェーチ] лечу, летишь, ... летят [不完] / **полететь** [パリチェーチ] [完] [定] [不定 **летать**] [fly] ① 飛ぶ，飛んで行く: **Птицы** *летят* **на юг**. 鳥たちは南に向かって飛んでいる | **Самолёт** *летел* **в Москву**. 飛行機はモスクワへと飛んでいた ② 急行する，飛ぶように走る，疾走する: **~ в автомобиле** 自動車で飛ばす ③ [完 **по~**]《話》落ちる: **Книги** *летели* **на пол**. 本が床に落ちた ④ （時間が）早く進む，素早く過ぎる: **Время** *летит* **стрелой** [как **стрелой**]. 光陰矢のごとし ⑤ [完]（値段・レベルが）急激に変化する: **Цены** *летят* **вверх**. 物価が急速に上がっている ⑥ [完 **по~**]《話》(機械が)壊れる，(計画が)駄目になる，おじゃんになる，ご破算になる ◆ **~ к чёрту** [**чертям**] 駄目になる，おじゃんになる；なくなる: **Всё мои планы** *летели* **к чёрту**. 私の計画は全て駄目になった

**..летие** [語形成] 「…(周)年」: **пятнадцатилетие** 15周年

\***летний** [リェートニイ] [形8] [summer] 夏の: **~ отдых** 夏の休養 | **-ие каникулы** 夏休み | **-яя школа** サマースクール | **~ий лагерь** 夏季 | **~ лагерь** サマーキャンプ | **~ сезон** 夏のシーズン | **-яя жара** 夏の暑さ

**..летний** [語形成] 「…年間の」「…周年の」「…歳の」: **стопятидесятилетний** 150周年[歳]の

**летник** [男2] ① [植] 一年生植物 ② 昔の女性用夏着 ③ [方] 夏だけ使われる道；夏用の居室

\***лётный** [形1] [flying] ① [航空] の，飛行用の，飛行[航空]士の，飛行[航空]士に関連した；離着陸用の: **~ час** 飛行時間 | **~ая школа** 飛行学校 | **-ое поле** 飛行場 | **-ая куртка** フライト[フライング]ジャケット | **~ комбинезон** 航空士用のつなぎ服 ② 飛行に適した: **-ая погода** 飛行日より ③ 鳥が飛び立つための: **-ое отверстие гнезда** 鳥の巣の出入り口

\***лето** [リェータ] (**на/за лето**, **на/за лето**) [中5] [summer] 夏: **жаркое** [**знойное**] **~** 暑い [炎熱の] 夏 | **Как провести ~?** どうやって夏を過ごそうか | **строить планы на ~** 夏の予定を立てる ◆ **Сколько лет, сколько зим!** お久しぶり

**летовать** **-тую, -туешь** [不完] 《話》夏の間滞在する

**летосчисление** [щ'] [中5] 暦, 紀年

**летом** [リェータム] [副] [in summer] 夏に: **Л~ мы отдыхали в Сочи**. 夏私たちはソチでのんびりしたものでした

**летописание** [中5] ① 年代記[編年史]の編纂 ② 年代記の編纂

**летописец** **-сца** [男3] ① 年代記作者[編者] ② (同時代の出来事の)記録者

**летопись** [女1] ① 年代記, 編年史 ② 歴史, 記録 // **летописный** [形1]

**Летопроводец** **-дца** [男3] ■ **Семён** [**Симеон**] **~** [暦] セミョーンの日 (→ **Семёнов**)

**летосчисление** [щ/ч/] [中5] 《文》暦, 紀元

**летун** **-а** [男1] / 《話》 **~ья** 複生 **-ий** [女8] ① 飛ぶもの, 巧みに飛ぶもの ② 駿足な人 ③《俗》転々と職を変える人, 不定の ⑤ 揮発性の ⑥ [医] 転移性の ■ **-ая мышь** [動] コウモリ | **-ая рыба** [魚] トビウオ | **Л~ голландец** フライング・ダッチマン（近代イギリスの伝承の幽霊船）

**летучесть** [女10] 飛行能力；揮発性

**летучий** [形6] ① 飛ぶ ② 飛ぶように速い [速く動く] ③ たちまち過ぎる, つかの間の ④ 突発的な, 唐突な, 不意の ⑤ 揮発性の ⑥ [医] 転移性の ■ **-ая мышь** [動] コウモリ | **-ая рыба** [魚] トビウオ | **Л~ голландец** フライング・ダッチマン（近代イギリスの伝承の幽霊船）

**летучка** 複生 **-чек** [女2] 《話》① 緊急の短い打ち合わせ ② 遊撃隊, 移動部隊；移動工房, 移動救護所, 救護所を兼ねた輸送機関 ④ [植] 翼果, 冠毛, うぶ毛 ⑤ ビラ, 号外

**лётчик** [リョーッチク] [男2] / **-ца** [女3] [pilot] 操縦士, パイロット: **военный ~** 軍用機のパイロット | **опытный ~** ベテランパイロット | **учиться на -ка** パイロットになるために勉強している | **~-испытатель** テストパイロット | **~-инструктор** 教官パイロット | **~-космонавт** 宇宙飛行士 // **-цкий** [形3]

**летяга** [女2] [複] [動] モモンガ属: **белка-~** タイリクモモンガ

**лечебница** [女3] 専門医院, 診療所

\***лечебный** [形1] [medical] 治療(用)の, 医療(用)の: **-ое учреждение** [**заведение**] 医療施設 | **~ эффект** 治療効果 | **-ая физкультура** 臨床体操法

\***лечение** [リチェーニエ] [中5] [medical treatment] 治療, 手当て, 療法: **методы ~ия** 治療法 | **медикаментозное ~** 薬物療法 | **оперативное ~** 外科的療法 | **~ заболеваний зубов** 歯の治療 | **~ больных** [**детей, взрослых**] 病人[子ども, 大人]の治療 | **~ мужского** [**женского**] **бесплодия** 男性[女性]の不妊治療

**лечить** [リチーチ] лечу, лечишь 命 **-чи** 能現 **лечащий** 受過 **леченный** [不完] [treat medically]〈對〉① (a)〈人・患部・病気を〉治療する，治療を施す；〈больного больного **~** **сердце** [**зубы**] 心臓[歯]を治療する | **~ грипп** 流感を治療する | **лечащий врач** 担当医 (b)〈от∥〉〈病気の治療[加療]で, 手当てする; **~ отца от простуды** 父の風邪を治療する ② 《俗》〈人を〉説き伏せる, 〈人に〉自分の考えを押しつける

\***лечиться** [リチーッツァ] лечусь, лечишься 命 **-чись** 能現 **лечащийся** [不完] ① 治療を受ける: **~ у врача** 医者にかかる | **в больнице ~** 病院で治療を受ける | **пойти** [**поехать**] **~** 治療を受けに行く | **Я начал ~ антибиотиками**. 私は抗生物質での治療を受け始めた ② 〈受身〉< **лечить**

**лечу** [1単現] < **лететь, лечить**

**лечь** [完] > **ложиться**

**леший** (形6変化) [男名] ① 《スラヴ神》レーシイ (森の精) ② 《罵》この野郎 ◆ **какого -его** 《俗》なんだって, 何のために | **Л~ (его) знает!** 《俗》(彼のことなど) 知ったことか, 誰が知るか

**лещ** **-а** [男4] [魚] ブリーム (コイ科): **морские -и** シマガツオ類 ◆ **дать** [**отвесить**] **~а** 《俗》…ぶん殴る, 突き飛ばす // **-ик** [男2] [指小] // **-овый** [形1]

**лещина** [女1] [植] ハシバミ属: **~ обыкновенная** セイヨウハシバミ

**лже..** 《語形成》「偽…」「偽りの」「仮の」「擬似的な」

**лжесвидетель** [男5] / **~ница** [女3] [法] 偽証人 // **~ский** [形3]

**лжесвидетельство** [中1] [法] 偽証, 偽証罪

**лжесвидетельствовать** **-твую, -твуешь** [不完] [法] 偽証する

**лжеучение** [中5] 偽理論, 偽学説

**лжец** **-а** [男3] 嘘つき

**лжёшь** [2単現] <**лгать**

**лжи** [単数:生・与・前置格], [複数:主・対格] <**ложь**

**лжи́вый** 短-и́в [形1] 嘘つきの; 嘘[虚偽]の

**✽ли** [り], **ль** [り] **I** [助] ◆直接疑問文で，疑問のポイントとなる語句を文頭に出し，その直後に置いて疑問の意味を強める)…か(どうか): В То́кио *ли* рабо́тает Ма́ша? マーシャが働いてるのは東京なの? | Рабо́тает *ли* Ма́ша в Токио? マーシャは東京で働いているの(それとも遊んでるの)? | Ма́ша *ли* рабо́тает в Токио? 東京で働いているのはマーシャ?

**II** [接] ①〔間接疑問文を作る〕…かどうか(★語順は I の場合と同じ): Я не зна́ю, рабо́тает *ли* Ма́ша в То́кио. マーシャが東京で働いているのかどうか私は知らない ②(a)〔譲歩〕…しようとしまいと: Уйдёт *ли* он и́ли нет, мы остáнемся здесь. 彼が行ってしまおうとそうでなかろうと，私たちはここに残ります (b)〔条件〕…してみると: Взгля́нешь *ли* на неё, улыбнёшься *ли* ей — покрасне́ет. 彼女にちらっと視線を向けたり微笑みかけたりすると，彼女は赤くなってきます

◆**вряд ли [едва́ ли] ли ...** 恐らく…ないだろう? Они успе́ют на заня́тие. やつらは授業に間に合わないんじゃないかな | Он придёт? — Вряд ли. 彼は来るかな? 多分来ないよ | **ли ..., ли (и́ли)** ..., **то ли ..., то ли ...** …かあるいは…か，…かそれとも…か，…であろうかあろうか: Не зна́ем, куда́ уе́хать, во Владивосто́к *ли*, в Хаба́ровск *ли*. どこへ行ったらいいのかわからない，ウラジオストクか，ハバロフスクか | **то ли ..., то ли ...** …かあるいは…か，…であろうかそれとも…であろうか: Тако́е повторя́лось *то ли* три раза, *то ли* четы́режды. こうしたことが3回か，あるいは4回繰り返された

**лиа́н|а** [女1]〔通例複〕〔植〕蔓植物: 蔓 ‖**-овый** [形1]

**ли́бера** [女1]〔フィギュア〕キャメルスピン

**либера́л** [男1]/**-ка** 複生-лок [女2] ①自由主義者，リベラリスト ②自由党員 ③〔話〕寛容主義者，放任主義者

**либерализа́ция** [女9] 自由化，自由主義化

**либерали́зм** [男1] ①自由主義，リベラル ②自由思想 ③放任，寛容 ‖**-и́стский** [сс] [形3]

**либерализова́ть** -зу́ю, -зу́ешь 受 過-о́ванный [不完・完] 〈В〉自由化する，自由主義化する

**либера́льничать** -аю, -аешь [不完]/**с-** [完]〔話〕自由主義を発揮する，あまりに寛大に振る舞う: ~ по отноше́нию к 與 …に対して手ぬるい処置をとる

**✽либера́льный** [形1] 短-лен, -льна [形1] (liberal) ①(政治的・思想的の)自由主義の，自由主義的，自由主義思想の: -ая демокра́тия 自由民主主義 | -ая па́ртия 自由主義政党 ②寛大な，放任の

**Либе́рия** [女9] リベリア(共和国) (首都は Монро́вия)

**ли́бо** [接] …か，あるいは…(и́ли): Он приезжа́ет ~ сего́дня, ~ за́втра. 彼はきょうかあすか到着する

**..-либо** [助]〔疑問詞と共に; 不確定を表す〕: кто́-либо 誰か | где́-либо どこかで

**либретти́ст** [男1]/〔話〕**-ка** 複生-ток [女2] リブレット作家 ‖**-ский** [形3]

**либре́тто** [不変]〔中〕リブレット

**Лива́н** [男1] レバノン(首都は Бейру́т)

**лива́н|ец** -нца [男1]/**-ка** 複生-нок [女2] レバノン人 ‖**-ский** [形3] レバノン(人)の

**ли́вень** -вня [男5] ①〔気象〕豪雨，土砂降り: тропи́ческий ~ スコール | с гра́дом 雹まじりの土砂降り | Дождь преврати́лся в ~. 雨がひどい土砂降りに変わった ②雨霰と降りそそぐもの: ~ пуль 弾丸の嵐 ‖**ли́вневый** [形1]: ~ дождь [снег]〔気象〕豪雨[雪]

**ли́вер** -a/-y [男1]〔料理〕臓物, もつ, レバー; 〔俗〕肝臓 (пе́чень)

**Ли́вия** [女9] リビア (首都は Три́поли)

**ливмя́** [副] ◆**~ли́ть(ся)**〔話〕 (雨が)滝のように降る

**ливнесто́к** [男2]〔建〕雨どい

**ливре́|я** [女6] お仕着せ, 制服 ‖**-йный** [形1]

**ли́г|а** [女2]〔文〕①連盟: ~ писа́телей 作家連盟 ②〔スポ〕リーグ: футбо́льная ~ サッカーリーグ | фина́л -и чемпио́нов チャンピオンリーグ決勝 ③〔楽〕スラー, 連結線 ■Л~ ара́бских госуда́рств アラブ連盟 | Л~ На́ций 国際連盟 (1919-46)

**лигату́р|а** [女2] ①〔冶〕マスター合金, 母合金 ②〔印〕合字, 抱き字 ③〔楽〕スラー ④〔医〕結さつ糸, 手術糸 ‖**-ный** [形1]

**лигни́т** [男1]〔鉱〕褐炭, 亜炭

**Ли́да** [女1]〔愛称〕< Ли́дия

**✽ли́дер** [リーダル] [男1] (leader) ①指導者, 先頭に立つ人; 党首, 幹部: ~ па́ртии 政党のリーダー | ~ обще́ственного движе́ния 社会運動のリーダー | взять на себя́ роль ~а 指導者の役割を引き受ける ②〔スポ〕トップの選手[チーム], リーダー; (競争の)トップメーカー: ~ чемпиона́та ми́ра 世界選手権の覇者 | вы́йти в ~ы トップに立つ ‖**-ский** [形3]

**ли́дерство** [中1]〔政〕リーダーシップ

**лиди́ровать** -рую, -руешь [不完] 首位に立つ, トードする

**Ли́дия** [女9] リディア(女性名; 愛称 Ли́да)

**Ли́за** [女1]〔愛称〕< Елизаве́та

**лиза́ть** лижу́, ли́жешь 過受-и́занный [不完] / **лизну́ть** -ну́, -нёшь [完] [一回]〈В〉①舐める ②(水・波などが)舐めるようにかすめる; (炎が)めらめらと走る ◆~ пя́тки 〈D〉にへつらう, ぺこぺこする

**лиза́ться** лижу́сь, ли́жешься [不完] ①自分を舐める ②お互いに舐め合う ③〔俗・蔑〕キスし合う

**ли́зинг** [男2]〔経〕機械〔設備, トラック〕のリース

**лизну́ть** [完] → **лизать**

**лизоблю́д** [男1] / **-ка** 複生-док [女2]〔話〕おべっか使い

**лизоблю́дничать** [不完]〔話〕おべっかを使う

**лик** [男1]〔詩・雅〕顔 ②イコンの聖人の顔 ③〔文〕輪郭, 外観 ④〔雅〕(聖人・天使などの)集会, 群れ

**ликбе́з** [男1] ①文盲撲滅運動; その実現のための学校 (ликвида́ция безгра́мотности) ②初歩的知識, 技能の習得 ‖**-овский** [形3]

**ликвида́тор** [男1] ①清算人 ②解党主義者 ‖**-ский** [形3]

**✽ликвида́ция** [女9] (liquidation) ①〔商〕(企業・機関などの)清算, 整理, 解散, 弁済: ~ предприя́тия 企業の清算 | ~ после́дствий катастро́фы 大惨事のもたらした結果の清算[事後処理] ②一掃, 除去, 根絶, 掃討: ~ негра́мотности [дискримина́ции] 文盲[差別]の根絶 ③(災害などの)復旧活動 ‖**-ио́нный** [形1]

**✽ликвиди́ровать** -рую, -руешь 受 過-анный [不完・完] (liquidate) 〈В〉①清算[解散, 整理, 閉鎖]する; 〈火事を〉鎮火する: ~ после́дствия ава́рии 事故処理を行う | К утру́ пожа́ру удало́сь ~. 朝までに火事を処理することができた ②一掃[掃討]する, 根絶する, 殺す: ~ террор テロを根絶する ‖**-ся** [不完] [受身] ①活動を停止する ②〔不完〕〔受身〕

**ликвидно́сть** [女10]〔金融〕現金化しやすさ, 流動性

**ликви́дный** [形1]〔金融〕現金化しやすい, 流動性の: -ые акти́вы [сре́дства] 流動資産

**ликёр** -a/-y [男1] (liqueur) リキュール ‖**-ный** [形1]

**ликёрово́дочный** [形1]: ~ заво́д 蒸留酒製造場

**ликова́ть** -ку́ю, -ку́ешь [不完] 歓喜する, 大喜び

る **//-ние** [中5]

**ликую́щий** [形6] ①〖能現〗<ликова́ть ②歓喜に満ちた, 有頂天の, 勝ち誇った

**лиле́йный** [形1] ①<ли́лия ②〖詩〗ユリのように白くて優美な ③**-ые** [複名]〖植〗ユリ科

**лилипу́т** [男1] ①〖/**-ка** -ток〗[女2] とても小さい人, 小人; 取るに足らない人, 小物 ②〖話〗非常に小さな物 **//~ский** [形] ③ **-ский** [ц] [形3]

**ли́лия** [女9]〖植〗ユリ属: ~ кудрева́тая [лесна́я] マルタゴンリリー｜ водяна́я ~ スイレン(кувши́нка бе́лая)

**лилове́ть** [不完]/**по-** [完] うす紫(ライラック)色になる(に見える)

**лило́вый** [形1] うす紫(ライラック)色の

**Ли́ма** [女1] リマ(ペルーの首都)

**лима́н** [男1]〖地理〗潟, 入り江; 大河の河口; 海辺の塩湖; 夏に草地や沼となる浅い湖 **//~ный** [形1]

**лими́т** [男1] 制限, 限度, 極限 **//~ный** [形1]

**лимита́** (女1変化) [男1]〖集合でも〗=лими́тчики の街から来た者; モスクワっ子

**лимити́ровать** -рую, -руешь 受過 -анный [不完・完]〖即〗制限する, 拘束する **//~ся** [不完]〖受身〗

**лимиту́ра** (女1変化) [男・女]〖集合〗=лимита́

**лими́тчи|к** [男1]/**-ца** [女3]〖話〗一時的な住民登録による)出稼ぎ労働者

*лимо́н** [男1]〖lemon〗①〖植〗レモン: чай с **-ом** レモンティー｜ло́мтик **-а** レモン一切れ ②〖俗〗100万ルーブル: С тебя́ пол**-а**. 50万ルーブル払え｜Его́ кварти́ра тя́нет на ~. 彼の部屋は100万ルーブルのだ **◆вы́жатый ~** 〖話〗疲労困憊した人: К утру́ я уже́ был как **вы́жатый** ~. 朝までに私は既に疲れ切っていた

**лимона́д** -а/-у [男1] レモネード, レモンスカッシュ｜ **~ный** [形1]

**лимо́нк|а** 複生 -нок [女2] ①〖植〗(レモンに形が似た)洋ナシ ②〖話〗レモン型手榴弾

**лимо́нник** [男2]〖植〗マツブサ属; その漫実(強壮剤): кита́йский ~ チョウセンゴミシ

**лимоннокислый́** [形1]〖化〗クエン酸の[を含む]

**лимо́нн|ый** [形1] ①<лимо́н のレモンイエローの ■ **-ая кислота́** 〖化〗クエン酸

**лимо́новка** [女1]〖話〗レモンウォッカ

**лимузи́н** [男1] リムジン **//~ный** [形1]

**ли́мфа** [女1]〖生理〗リンパ(液) **//~ти́ческий** [形3]

**лингафо́нный** [形1] 語学演習のための: ~ кабине́т 語学演習室, LL 教室

**ли́нгва фра́нка** (不変) [男1]〖言〗リングワ・フランカ

**лингви́ст** [男1]/〖話〗**~ка** 複生 -ток [女2] 言語学(専攻)者

**лингви́стика** [女2] 言語学: дескрипти́вная [теорети́ческая] ~ 〖言〗記述[理論]言語学｜прикладна́я [контрасти́вная] ~ 〖言〗応用[対照]言語学

**лингвисти́ческ|ий** [形3]〖言〗言語(学)の[に関する]: **-ая** геогра́фия 言語地理学｜**-ая** филосо́фия 言語哲学

**лингвогеогра́фия** [女9]〖言〗言語地理学

*лине́йк|а** 複生 -не́ек [女2]〖line, ruler〗①罫線: тетра́дь в ~ 罫線のあるノート｜Ло́г., Нэт.: логарифми́ческая ~ 計算尺｜черти́ть по **-е** 定規で線を引く ③〖軍〗(陣地内を四角く区切る)道 ④一列横隊, 隊列 ⑤学校での整列 ⑤〖史〗(縦長の座席の)乗合馬車 **//лине́ечка** 複生 -чек [女2]〖指小〗**//лине́ечный** [形1]

*лине́йный** [形1]〖linear〗①直線の; 線状の ②水平面に平行な: **-ые** разме́ры те́ла 物体の縦横の

寸法 ③〖数〗1次の, 線型の: **-ое** уравне́ние 1次方程式｜**-ая** фу́нкция 1次関数, 線型関数｜**-ое** программи́рование 〖IT〗線型プログラミング ④交通(通信)に従事する: **-ая** мили́ция 交通関係の警察｜**-ое** судоходство 海運による定期発送 ⑤〖史〗正規の, 常備の, 基幹の; (軍艦が)大型で装備の整った: ~ кора́бль 戦艦｜**-ые** войска́ 正規軍 ⑥〖史〗国境(線)の: **-ые** каза́ки 〖史〗防衛線コサック(-1860年; ロシア系; 北カフカス地方) **//** [男名] 標兵

**линея́тый** [形1] 一面に線(しわ)のある

**линёк** -нька́ [男2]〖〗〖指小<линь〗①〖魚〗テンチ(コイ科) ②〖海〗縄むち

**ли́нз|а** [女1] レンズ: носи́ть конта́ктные **-ы** コンタクトレンズを着けている **//-овый** [形1]

**линзови́дный** [形1] レンズ状の: **-ые** облака́ 〖気象〗レンズ雲

*ли́ни|я** (リーニヤ) [女9]〖line〗①線, 筋, 罫線: пряма́я (волни́стая) ~ 直(波)線｜то́нкая (жи́рная) ~ 細(太)線｜провести́ **-ию** 線を引く｜горизо́нта水平線｜~ полёта снаря́да 弾道 ②(境界・限界を示す)線, 輪廓: берегова́я ~ 海岸線｜боковы́е **-ии** футбо́льного по́ля サッカー場のサイドライン｜перемёна **-ии** пути́ 日付変更線 ③長い列; 通り, 商店街: телегра́фных столбо́в 列を成す電柱｜постро́ить дома́ в одну́ **-ию** 一列に家を建てる ④〖軍〗戦列, 戦線: ~ фро́нта 前線｜передова́я ~ 最前線｜оборони́тельная ~ 防衛線 ⑤(а)(鉄道・空路・航路などの)交通線, 路線: авто́бусная ~ バス路線｜возду́шная ~ 航空線｜морски́е **-ии** 航路線 (b)(鉄道の)路線: трамва́йная ~ 路面電車の路線｜сойти́ с **-ии** 脱線する (c)電信[電信]線; 送電線: телефо́нная [телегра́фная] ~ 電話[電信]線｜горя́чая ~ ホットライン｜высоково́льтная **-ии** 高圧線 ⑥家系, 血統: родство́ по же́нской (отцо́вской) **-ии** 母[父]方の親戚｜ро́дственники по прямо́й (боково́й) **-ии** 直系[傍系]の親戚 ⑦方針, 指針, 路線; 活動分野: ~ поведе́ния 行動指針｜рабо́тать по профсою́зной **-ии** 労組関係で働く ⑧〖話〗нька́я ~ 運命, 命運 ⑨機会, 状況 ⑩(工場の)生産ライン **◆вести́ (гнуть, проводи́ть, осуществля́ть) свою́ -ию** 粘り強く自分の望みを達成しようとする｜**идти́ по -ии** (+生) …の助けを借りて行われる｜**идти́ по -ии наиме́ньшего сопротивле́ния** 一番楽な方法で行く **//лине́йка** 複生 -иек [女2]〖指小〗

**линко́р** [男1]〖軍〗戦艦, 主力艦(лине́йный кора́бль)

**лино́ванный** [形1] 線(罫線)が入った

**линова́ть** -ну́ю, -ну́ешь 受過 -о́ванный [不完]/**на~** [完] 〈即〉線(罫線)を引く **//~ся** [不完]〖受身〗 **//лино́вка** [女2]

**линогравю́р|а** [女1] リノリウム版(画) **//~ный** [形1]

**лино́леум** [男1] リノリウム(建材の一種) **//~ный** [形1]

**Линч** [男4] リンチ(人名): суд [зако́н] **-а** リンチ, 私刑

**линчева́тель** [男5] リンチを加える人

**линчева́ть** -чу́ю, -чу́ешь 受過 -чёванный [不完・完] 〈即〉にリンチを加える **//~ся** [不完]〖受身〗

**линь** -я́ [男] ①〖魚〗テンチ(コイ科) ②〖海〗船舶用(繊維)ロープ

**ли́нька** [女2] = линя́ние

**линю́чий** [形] 〖話〗色落ちする

**линя́лый** [形1] 色落ちした

**линя́ть** [不完] ①[完 **по-**] 布が濡れても色落ちする ②[完 **вы́~**] 動物の毛が抜け変わる ③[完 **с~**]〖隠・戯〗去

る, いなくなる **//лине́ние** [中5] 退色, 脱毛

\*ли́п|а [女1] ①[植]〔lime tree〕 ボダイジュ, シナノキ属: ~ сердцеви́дная フュクロバダイジュ(ロシアに分布) | ~ крупноли́стная ナツボダイジュ(ヨーロッパに分布) | ~ европе́йская セイヨウシナノキ, リンデンバウム | ~ Микéля (日本の仏学によくある)ボダイジュ ②〔話〕偽物, 紛い物

**Ли́пецк** [男2] リペツク(同名州の州都)
**//ли́пецк|ий** [形3]: *Л-ая* о́бласть リペツク州(中央連邦管区)

**ли́пка** 複生 -пок [女2] 〔指小〕< ли́па ◆*как -у ободра́ть* 〔話〕根こそぎ巻きあげる, 身ぐるみをはぐ

**ли́пкий** 短 -пок, -пка́, -пко [形1] べとべと[ねばねば]する

**ли́пнуть** -ну, -нешь 命 -ни 過 ли́п/ли/пнул, ли́пла [不完] ①〔完 **при~**〕〈к чему́〉くっつく, 貼りつく ②〈к кому́〉に付きまとう(приставать́): Ребёнок ли́пнет к мáтери. 子どもが母親にひっついている | Он вéчно ли́пнет к ней на вечерӣнках. 彼はパーティーの時ずっと彼女から離れない ③〔話〕〈無補語〉好意などがいくつく

**липня́к** -á [男2] シナノキ(ли́па)の林

**ли́повый** [形1] ①< ли́па: ~ цвет リンデンの花(乾燥させ煎じて飲む; 発汗作用あり) ②〔隠〕偽物の: ~ па́спорт 偽造パスポート

**липу́чий** 短 -уч [形6] 〔話〕ねばねばする

**липу́чка** 複生 -чек [女2] 〔話〕ねばねばするもの, 粘着(紙)テープ

**ли́р|а** [女1] ①〔楽〕リラ, 竪琴 ②**Л~** [天] 琴座 **//~ный** [形1] <①

**лири́зм** [男1] リリシズム, 抒情性

**ли́рик** [男2] 抒情詩人

**ли́рика** [女2] ①抒情詩 ②リリカルなもの

**лири́ческ|ий** [形3] ①< ли́рика ②(歌手の声質が)叙情的な: -*ое* сопрáно〔楽〕ソプラノ・リリコ ③高揚した, 熱烈な

**лири́чный** 短 -чен, -чна [形1] ①抒情詩的な, リリカルな ②叙情的な

**ли́рник** [男2] いにしえの吟遊詩人

**лис** [男1] ①雄のキツネ ②狡猾な人 **//~ий/~иный** [形1]

\***лиса́** 複 ли́сы [女1] ①〔動〕キツネ; その毛皮; (雌の)キツネ: хи́трый, как ~ キツネのようにずる賢い | 狡猾な人 ■*Л~ Патрикéевна* (1)〔民話〕狐のパトリケーエヴナ(雌狐; 悪役) ②狡猾な人 | охо́та на лис〔スポ〕アマチュア無線方向探知(ARDF; 小型受信機で無線送信機を探し出しゴールを目指す競技) **//ли́сий** [形3] <①; **лиси́ный** [形1]

**лисёнок** -нка 複 -ся́та, -ся́т [男9] 子ギツネ

**лиси́ть** -сишь (1人称用いず)[不完]〔話〕おもねる

**лиси́ца** [女3] = лиса́

**лиси́чка** 複生 -чек [女2] ①〔指小〕< лиси́ца ②〔茸〕アンズタケ属(食用) ③〔隠〕(折り畳み式)ナイフ

**ли́сонька** 複生 -нек [女2] 〔指小・愛称〕< лиса́

\***лист¹** [リースト] -á 複 ли́стья, -ьев, -ьям [男8]〔leaf〕
①(植物の)葉;〔集合〕木の葉: берёзовый [клено́вый, дубо́вый] ~ 白樺[カエデ, カシ]の葉 | широ́кий ~ 大きな葉 | зелёный чайный ~(緑茶の)茶葉 ②〔薬剤・薬味用の〕乾燥させた葉: класть в суп лавро́вый ~ スープに月桂樹の葉を入れる
◆*дрожа́ть* [*трясти́сь*] *как оси́новый ~* ふるえる, なにかに震える | *алекса́ндрийский ~* 下剤の一種

\***лист²** [リースト] -á [男1]〔sheet〕①紙; 薄板; 一片: ①(薄い物質の)1枚; 1枚のボール紙: ~ ва́тмана ワットマン紙 | ~ желе́за 1枚の鉄板 | ~ из тетра́ди ノートの葉 | (本・ノートなどの)1枚(2ページ): газе́тный ~ 新聞紙1枚 | ти́тульный ~ (本の)扉 ②〔印〕全紙: печа́тный ~

刷全紙 | а́вторский ~ 原稿計算の単位(4万字)
③〔形容詞を伴って〕文書, 用紙: похвáльный ~ 賞状 | опро́сный ~ 質問票, アンケート用紙 | больни́чный ~ 疾病証明書 | исполни́тельный ~〔法〕強制執行令状 ◆*начáть с чи́стого ~а*〔慣〕〜をまっさらな状態[ゼロ]から始める | *с ~á (игрáть, петь, переводи́ть)* 初見で(弾く, 歌う, 翻訳する)

\***листáть** [不完] / **про~** [完]〔leaf through〕〔話〕〈кого〉くページを〉繰る, めくる: ~ страни́цы [кни́ги, журна́л] ページ[本, 雑誌]をめくる | ~ страни́цу за страни́цей ページを次々とめくる | Они́ до́лго листáли календáрь. 彼らは長いことカレンダーをめくっていた **//~ся** [不完]〔受身〕

**листвá** [女1]〔集合〕樹木[草花]の葉

**ли́ственни|ца** [女1]〔植〕カラマツ属: ~ сиби́рская シベリアカラマツ **//~чный** [形1]

\***ли́ственн|ый** [形1]〔deciduous〕①〔植〕広葉(樹)の(↔хвóйный): *-ое* дéрево 広葉樹 | ~ лес 広葉樹林 ②葉でできた: *-ые* о́вощи 葉物野菜

**ли́стик** [男2]〔指小〕< лист¹,²

**ли́стинг** [男2]〔金融〕(株式の)上場

**листо́вка** 複生 -вок [女2] ビラ, パンフ

**листо́вой** [形2] 葉の; 薄板状の: ~ табáк 葉タバコ | *-ые* о́вощи 葉物野菜 | *-óе* желе́зо 鉄板

\***листо́к** -ткá [形1]〔leaf, form〕①〔指小 < лист¹〕ビラ, チラシ (листо́вка) ②用紙: контро́льный ~ 検査用紙 | а́дресный ~ прибы́тия [убы́тия] 転入 [転出]届 | ~ нетрудоспосо́бности 労働不能証明書 | больни́чный ~ 労働不能証明書 ③小新聞

**листопáд** [男1] 落葉 **//~ный** [形1]

**ли́стья** [複数: 主・対格] < лист

**лит..**〔語形成〕「文学の」

**литавр|ы** -áвр [複]〔楽〕ティンパニ ◆*би́ть в ~*〔慣〕成功[勝利]を祝う **//~ный** [形1]

**Литвá** [女1] リトアニア(首都 Ви́льнюс)

**лите́йн|ый** [形1] 鋳造の: -*ое* произво́дство 鋳造業 | ~ цех 鋳造所

**лите́йщи|к** [男2] 鋳物師 **//~цкий** [形3]

**ли́тер** [男1]〔話〕無料[割引]パス

**ли́тера** [女1] ①字 ②活字

**литерáтор** [男1]/〔俗〕*~ша* 文学者, 文人 **//~ский** [形3]

\***литерату́ра** [リチラトゥーラ] [女1]〔literature〕①文献: нау́чная ~ 学術文献 | мемуáрная ~ 回想録 | но́тная ~ 音楽文献; 楽譜 | худо́жественная ~ 文学, 文学作品: тео́рия *-ы* 文学理論 ③専門書: полити́ческая [техни́ческая] ~ 政治[技術]書

**литерату́рно** [副] 標準語で

\***литерату́рн|ый** [リチラトゥールヌイ] 短 -рен, -рна [形1]〔literary〕①文学の, 文学研究の; 文学作品の: ~ жанр 文学ジャンル | *-ая* кри́тика 文芸批評 | *-ые* круги́ 文壇 | *-ая* публици́стика 文芸評論 | ~ текст 文学テキスト | *-ая* фо́рма 文学形態 | ~ое творчество 創作活動に関する, 文筆の: *-ая* дéятельность 文学活動 | ~ процéсс 創作プロセス ③文学者の, 作家の: ~ мир 文学界 | ~ стиль 標準体の ■*~ язы́к* 標準語 **//~ость** [女10]

**литературовéд** [男1] 文芸学者

**литературовéдение** [中5] 文芸学

**литерату́рщина** [女1]〔俗〕三文文学

**ли́терный** [形1] 1字の(数字でなく)文字による

**лити́й** [男7]〔化〕リチウム(記号 Li)

**лито́в|ец** -вца [男3]/*-ка* 複生 -вок [女2] リトアニア人 **//~ский** [形3] リトアニア(人, 語)の

**литóграф** [男1] リトグラフ作家, 石版工
**литографи́ровать** -рую, -руешь 受過 -анный [不完・完]〈他〉石版印刷する
**литогрáфи|я** [女9] リトグラフ, 石版印刷(術) // **-ский, -и́ческий** [形3]
**литóй** [形2] 鋳造された
*\***литр** [男1] (liter) リットル: ～ воды́ 水1リットル
**ли́тра, литрá** [女1]《俗》1リットルの酒瓶 ②《生徒・話》文学
**литрáж** [男4] リットル容積
**литрóвка** 複生-вок [女2] 1リットルの瓶[缶]
**литрóвый** [形1] リットルの, 1リットル入りの
**..литрóвый** [語形成]「…リットルの」: двухлитро́вый 2リットルの
*\***литурги́|я** [女9] (liturgy)《宗》奉神礼, 公祈禱(とう), 公奉神礼, 典礼; божéственная ～《正教》聖体礼儀 | соверша́ть -ию 礼儀を行う | прису́тствовать на -и́и 典礼に出席する // **-и́ческий** [形3]
**литфáк** [男1] 文学部 (литерату́рный факульте́т)
*\***лить** [リーチ] лью, льёшь 命 лей 過 лил, -ла́, -ло 受過 ли́тый (лит, -та́, -то) [不完] (pour) ①〈他〉注ぐ; 流し込む, 注ぎ入れる; こぼす; ～ холо́дную во́ду ... 冷たい水を注ぐ | ～ молоко́ в чай 茶にミルクを入れる | ～ слёзы 涙をこぼす ②〈自〉(激しく・絶え間なく)流れる;(雨が)降る: Пот лил с него́ со лба́ гра́дом. 額から玉のような汗が流れた | Дождь льёт как из ведра́. 土砂降りの雨が降っている ③〔完 от-, вы-〕鋳造する, 流し込んで作る: ～ пу́шки 大砲を鋳造する | ～ све́чи ろうそくを作る ④〔文〕〈他〉〈音・光・香り・匂い〉を発する: Луна́ печа́льно льёт свой свет. 月が悲しげに光を注いでいる
◆～ колокола́ [пу́ли, пу́шки]《話》ほらを吹く, 根も葉もないことを言いふらす
**литьё** [中4] ①鋳造 ②鋳物: металли́ческое [ка́менное, пластма́ссовое] ～ 金属[岩石, プラスチック]鋳造 | чугу́нное ～ 鋳物 ③〔～ льётья〕 **[形2]**: -óе прессова́ние 射出圧縮形成
**ли́ться** льётся 命 ле́йся 過 ли́лся, -лась, -ло́сь/-лось [不完] ①(液体が)流れる: Вода́ льётся. 水が流れる | Лью́тся слёзы. さめざめと泣く | Льётся пла́вная речь. 滑らかに演説する ②(音・匂い・光が)伝わってくる: Лью́тся пе́сни. 歌が聞こえてくる | Льётся арома́т. 香りが漂っている
**лиф** [男1] 女性服[下着]の上半身部分
*\***лифт** [リーフト] [男1] (elevator) エレベーター: скоростно́й [грузово́й] ～ 高速[貨物用]エレベーター | подня́ться [спусти́ться] на -е エレベーターで上る[降りる] | вы́звать ～ エレベーターを自分の階に呼ぶ | войти́ в ～ エレベーターに乗り込む | вы́йти из -а エレベーターから降りる
**лифтёр** [男1] / **~ша** [女4] ①エレベーター要員[係] ②(コンバインの)リフター ③〔複〕重量挙げ選手
**ли́фчик** [男1] ①袖無し胴着 ②ブラジャー
**лиха́ч** -а́ [男4] 乱暴な運転の運転手 // **-еский** [形3]
**Лихачёв** [男姓] リハチョフ (Дми́трий Серге́евич ～, 1906-99; 文芸学者, 社会活動家)
**лихачество** [中1] 無謀運転
**лихв|á** [女1] (高い)利子 ◆ **с -óй**《話》余分に
**ли́х|о** [中1] [副・詩] 悪, 災厄: не помина́ть -ом кого́ 悪意を抱かぬ, 悪く思わない | хвати́ть [хлебну́ть] -а 苦しみを味わう | почём фунт -а (узった, 知る)の本当の苦しみを味わう
**лихо́й** 短 лих, -ха́, -хо, -хи/-хи́ 比 ли́ше [形4] ①《話・詩》悪い, 不吉な; 困難な: Лиха́ беда́ нача́ло [на́чать]. 難しいのは初めだけだ ②《話》勇猛果敢な, 勇ましい; 猛進する, 猛々

**лихоле́тье** [中4]《雅》混迷期
**лихора́д|ить** -а́жу, -а́дишь ①悪寒を覚える ②〔無人称〕 -ит (a)〈人が〉悪寒を覚える (b)〈話〉〈人が〉熱狂する, 混乱する
**лихора́дк|а** 複生-док [女2] ①悪寒, 発熱: тряст́ись как в -е 悪寒に震える ②興奮, 狂乱: золота́я ～ 金銭欲 ■～ Эбо́ла [医] エボラ出血熱 | ～ де́нге [医] デング熱
**ли́хость** [女10]《話》勇気, 勇猛果敢さ
**ли́хтер** [男1]《海》艀(はしけ)
**лицева́ть** -цу́ю, -цу́ешь 受過 -цóванный [不完] / **пере~** [完] 〈他〉裏返して縫い直す // **лицóвка** [女2]
**лицев|óй** [形2] ①顔(лицó)の～: му́скул [解] 表情筋 ②表[前面]の: -а́я сторона́ материи 布地の表面 ③名義の: ～ счёт [商] 人名勘定
**лицеи́ст** [男1] / **~ка** 複生 -ток [女2] リツェイの生徒
**лице́й** [男6] (ロシアの)リツェイ (中等教育機関) // **~ский** [形3]
**лицемéр** [男1] / **~ка** 複生 -рок [女2] 偽善者
*\***лицемéрие** [中5] (hypocrisy) 偽善(行為): сплошно́е ～ 全くの偽善 | ложь и ～ 嘘と偽善
**лицеме́рить** -рю, -ришь [不完] 偽善的に振る舞う
**лицеме́рный** 短 -рен, -рна [形1] 偽善的な
*\***лицензи|я** [女9] (license) 【経】許可状, ライセンス, 免許: вы́дача но́вой -ии 新しいライセンスの付与 | получи́ть -ию ライセンスを受ける | име́ть -ию на образова́тельную де́ятельность 教育活動を行うためのライセンスを持っている // **-и́онный** [形1]
**лицензи́рование** [中5] 許認可制 | 許可証交付
**лицензи́ровать** -рую, -руешь 受過 -анный [不完・完]〈他〉на 〈他〉許可する, 認可する, ライセンスを与える
*\***лиц|ó** [リツォー] [中5] (face) ①顔: черты́ -á 顔立ち | бле́дное [сму́глое] ～ 蒼ざめた[浅黒い]顔 | зна́ть ～ в ～ ...の顔に見覚えがある

②〈田〉特徴, 特性: теря́ть/потеря́ть ～ 特徴を失う ③〔形容詞を伴って〕 (a)(社会における)人物, 人, 個人: истори́ческое ～ 歴史的人物 | заинтересо́ванное ～ 利害関係者, 当事者 (b)(ある特徴を持った)人: романти́ческое ～ ロマンチックな人
④(建物の)正面, 前面
⑤(布地・衣服の)表(面)(↔изна́нка): вы́вернуть пла́тье с изна́нки на ～ ドレスを(裏から)表にする
⑥【文法】人称: местоиме́ние пе́рвого, второ́го, тре́тьего -а́ 1[2, 3] 人称代名詞 | измене́ние глаго́ла по -цам 動詞の人称変化

◆ **-о́м к -у́** 向かい合って, 面と向かって, 差し向かいで: стоя́ть -о́м к -у́ 向かい合って立つ | **-óм в грязь не уда́рить** うまくこなす, 人前で見せる, 面目を保つ | **-о́м некраси́в = с -á не краси́в** | **-óм не вы́шел** 器量が...い | **от -á** ...の名で; ...の立場から | **~ к -у́** ...に似合っている | **-á нет на** ...は (ひどい恐怖・病気などで)顔面蒼白だ | **броса́ть в обвине́ния [упрёки]** 面と向かって非難を浴びせかける | **в по́те -á рабо́тать** 額に汗して働く | **говори́ть [руга́ть] в ～** ...に直接言う[叱る] | **говори́ть от -á** ...を代表して言う | **измени́ться в -é** 顔色を変える, 表情が変わる | **на -é напи́сано у** ...の顔に書いてある, 顔を見ればわかる | **на одно́ ～** (人が)そっくりの, 瓜ふたつの | **невзира́я на ли́ца** 相手の地位[身分]にかかわらず, 公平に | **не к -у́** 〔述〕 (1)(物が)〈人に〉似合わない (2) ...の社会的な地位[心]にふさわしくない | **спа́сть с -á** 痩せる | **наплева́ть 〔述〕в ～** ...をひどく侮辱する | **пе́ред -о́м** 〔文〕(1) ...の前[いるところ]で (2) ...を目前に控えて | **смести́ с -á земли́**《雅》...を撲滅する, 根絶する

| **с** -**а́ во́ду не пи́ть** 外見は気にしなくてよい
■**де́йствующее** ~ 《法》 現任人物 | **代理人, 受託人** | **должностно́е** ~ 役人, 公務員 | **официа́льное** ~ 公人 | **тре́тье** ~ (1)《法》第三者 (2)《文法》3人称 | **физи́ческое** ~ 《法》自然人 | **юриди́ческое** ~ 《法》法人

**лич**[男4]《IT》ファイルのダウンロード

**ли́чи** (不変)[男]《中》《植》ライチ属: кита́йское ~ ライチ

**ли́чико** 複 -и, -ов [中1]《話》〈指小・愛称〉＜лицо́①

**личи́на** [女1] ①仮面, 偽装 ②鍵穴カバー

**личи́н|ка** 複生 -нок [女2]《生》幼虫, 幼生; 稚魚 ②（銃）の抽筒子 //**~ковый, -очный** [形]

**ли́чнк** [男2]〈隠〉[/-ца[女3]]《スポ》個人競技・種目にエントリーする】選手 ②親族との面会

*\***ли́чно** [リーチナ][副][personally] ①自ら, 自分で: 人的に: Я бу́ду ~ проверя́ть. 自分で調べてみよう | Он ~ сбил двадцать самолётов проти́вника. 彼は 1人で敵機を20機撃ち落とした | Я ~ зна́ю не́сколько специали́стов по Япо́нии. 私は何人かの日本の専門家と個人的に知り合いだ ②《人称代名詞と共に》自分としては, 個人的には, 自身について言えば: Я ~ так не ду́маю. 私個人としてはそうは思わない | Ему́ ~ э́то не нра́вится. 彼自身はそれが気に入っていない ③直接, 直に: благодари́ть его́ ~ 彼に直接お礼を言う | У~ меня́ э́то не каса́ется. それは直接私には関係ないことだ

**лично́й** [形2] 顔（лицо́）の

**ли́чностн|ый** [сн] 短 -тен, -тна [形1]《文》個人の: ~ хара́ктер 個人の性格 | для -ого ро́ста 個人の成長のために | в -ом пла́не 個人としては

*\***ли́чность** [リーチナスチ] [女10] [personality]
① 人格, 個性, 人柄, となり: челове́ческая ~ 人格 | разви́тие -и ребёнка 子どもの個性の発達 | форми́ровать ~ 人格を形成する | перейти́ на ~ 否定[人身攻撃]をする | ра́нен, -1рвный〈話〉の人物・個性［特徴］を持つ人: Наш но́вый нача́льник ~. 新しい上司は人格者だ | изве́стная ~ 有名な人物
②（社会の一員としての）人格, 身元: предъяви́ть удостовере́ние -и 身分証明（書）を提示する | роль -и в исто́рии 歴史における個人の役割 ④《話》顔

*\***ли́чн|ый** [リーチヌイ] [形1] [personal, private]
① この人個人の, その人に固有の, 個人用の: ~ о́пыт 個人の経験 | -ое мне́ние 個人の意見 | -ое иму́щество 個人の財産 | ~ секрета́рь 私設秘書 | ~ самолёт [автомоби́ль] 自家用機［車］
② 私的な, 自分自身の: -ая жизнь 私生活 | -ое сча́стье 自分の幸せ | -ые интере́сы 私的利害 | -ой вопро́с プライベートな質問 | -ые пробле́мы 個人の問題 | ~ реко́рд 個人記録
③（社会を構成する）個人の: -ые права́ гра́ждан 市民の人権 ④その人自身による, 当人の: -ое прису́тствие 当人の出席 | -ая заинтересо́ванность 個人的利害関係 ⑤《文法》人称の［を表す］: -ые местоиме́ния 人称代名詞 | -ые фо́рмы глаго́ла 動詞人称形 **-ое де́ло** 個人ファイル, 身上書

**личнк** -á [男2]〈隠〉《スポ》個人競技・種目へのエントリー

**лиша́й** [男6]《植》地衣類 ②《医》牝糠疹(ひこう), 疱疹, ヘルペス: стригу́щий ~《医》白癬, 輪癬 //**~ный** [形1]

**лиша́йник** [男2] = лиша́й //**~овый** [形1]

*\***лиша́|ть** [リシャーチ] / **лиши́ть** [リシーチ] -шу́, -ши́шь 命 -ши́ 受過 -шённый (-шён, -шена́) [完] [deprive]〈 кого́-что  кого́-чего́ 〉を奪う: ~ насле́дства [поко́я] 遺産[平穏]を奪う | ~ люде́й свобо́ды вы́бора 人々から選択の自由を奪う | ~ жи́зни 命を奪う | ~ сло́ва

発言権を奪う

*\***лиша́|ться** [不完] / **лиши́|ться** -шу́сь, -ши́шься [完] [lose] ①〈 чего́ 〉を失う: ~ чу́вств 気を失う | ~ возмо́жности [пра́ва] 可能性[権利]を失う | ~ рабо́ты 失業する | ~ да́ра ре́чи 口がきけなくなる | ~ сна 不眠になる | ~ поко́я 冷静さを失う | ~ отца́ 父を失う | ~ иму́щества 財産を失う | ~ языка́ (ре́чи)（驚き・恐怖・病気のために）言葉を失う ②〈不完 身〉＜лиша́ть

**лишёк** -шка́/-шку [男2]《話》余分: два́ часа́ с -ком 2時間ちょっと | хвати́ть -ку 飲み[や]りすぎる

**лише́ние** [中5] ①剥奪(はくだつ), 喪失: ~ свобо́ды 自由剥奪 ②〈通例複〉欠乏, 困窮

*\***лишённ|ый** 短 -шён, -шена́ [形1] [lacking] ①〈受過〉＜лиши́ть ②〈 чего́ 〉＜ ②〈に欠けている, 無を している: Ко́фе, начи́сто ~ кофеи́на, безвку́сен. カフェインレスコーヒーは味がない[まずい] | Он начи́сто лишён музыка́льного слу́ха. 彼は音感が全くない

**лиши́|ться** [完] →лиша́ть(ся)

*\***ли́шн|ий** [リーシニイ] 短 -шен, -шня, -шне, -шни [形8] [superfluous] ①〈長尾〉(a) 余分な, 余りの, 余って いる: -ие де́ньги 余った金 | У Вас нет ~его биле́тика? 余ったチケットがありませんか（芝居・コンサートなどの開演前に会場付近で）(b) -ее [中名] 余分なもの, 余り ②不必要な, 余計な, 無用の, 無駄な: -ие ве́щи 不要物 | -ие разгово́ры 無駄話 | ~ расхо́д 無駄遣い | -яя информа́ция 余計な情報 | сказа́ть -ее сло́во 余計なことを言う ③追加の, 補足的な: сде́лать ~ ключ к замку́ 追加で鍵を作る | ~ раз 再度, もう一度 | У меня́ был ~ день в Пари́же. パリでもう1日あった ◆ **с ~им** ...余り, ...ちょっと, ...強: пятьсо́т рубле́й с ~им 500ルーブル余り | **без ~их разгово́ров [слов] сде́лать** あれこれ言わずに | **позво́лить себе́ ~ее** (1)分不相応な出費をする (2)度を過した言い方をする | **~ее [-им, -е] бу́дет [бы́ло бы]**〈不定形〉するのも無駄ではない ■ **~ челове́к** ≡ **-ие лю́ди** 《文学》余計者（19世紀ロシア文学で, 自身の権力や知識, 知性の使い方がわからない貴族の青年）

*\***лишь** [リーシ][助] ①...だけ, ...のみ, ただ ...(то́лько): Э́то ~ нача́ло. これは始まりにすぎない | Л~ о тебе́ ду́маю. 君のことだけを考えている | Круго́м бы́ло ти́хо, и ~ ли́стья шеле́сти́лись. 辺りは静かで, ただ葉の音ばかりがしていた ②[接]《то́лько, чуть と共に》...するや否や (как то́лько): Л~ то́лько стемне́ет, жизнь в дере́вне замира́ет. 暗くなるとすぐに村はひっそりと静まりかえる ◆ **~ бы** ... (1)〈~ то́лько бы ...の形でも〉〈願望〉: ...でさえあれば: Л~ бы уе́хать сего́дня. きょう出発できさえすればなあ | Л~ бы не́ было дождя́! 雨さえ降らなければいいのだが (2)〈条件〉（ただ）...さえあれば: Л~ бы ребёнок роди́лся здоро́веньким. その子が元気で生まれてきてくれさえすれば (3)〈目的〉...できるように: Она́ отверну́лась, ~ бы никто́ не ви́дел её слёз. 誰にも自分の涙を悟られないようにするために彼女は向きを変えた

**лоб** [ロープ] лба́ пред на лбе, во/на лбу́ 複 лбы́ (по лбу́, пó лбу) [男1] [forehead] ①おでこ, 額: высо́кий [широ́кий] ~ 秀でた[広い]額 | намо́рщить ~ 額にしわを寄せる | потере́ть [вы́тереть] ~ 額を拭う | Он хло́пнул себя́ ладо́нью по лбу́. 彼は手で額をパシリと叩いた ②《話》（物の）前面, 正面: столкну́ться ~ в ~ 出会い頭に衝突する ③《通例複》《話》背が高く屈強（頑健）な者

◆ **в ~** (1)《軍》正面から (2)《海軍》真向かいに (3)《話》単刀直入に, あけすけに, ざっくばらんに: спроси́ть [сказа́ть] **в ~** 単刀直入に聞く[話す] | **глаза́ на ~ поле́зли у** 田 ...はびっくり仰天した | **на лбу́ напи́-**

**сано у** 〖話〗(人の性格・考えなどを)…の顔に書いてある | *пусти́ть себе́ пу́лю в ~* ピストルで自殺する(застрели́ться) | *ста́лкивать лба́ми* 〖話〗…と口論にさせる | *что в ~, что по́ лбу* 〖諺〗大した違いはない,五十歩百歩 ‖ **лоби́к** [男2] 〖指小〗

**лоба́н** [男1] 〖魚〗ボラ

**Лобаче́вский** [3変化] [男] ロバチェフスキー(Никола́й Ива́нович ~, 1792–1856; 数学者, 唯物論思想家)

**ло́бби** (不変) [中] 〖政〗ロビー活動グループ

**лобби́рова|ть** -рую, -руешь 受過 -анный [不完·完] 〖政〗⟨圏⟩ロビー活動をする ‖ **~ние** [中5] 〖政〗ロビー活動

**лобби́ст** [男1] ロビー活動家

**ло́бн|ый** [形1] 前額の: *~ая кость* 〖解〗前頭骨 ■ *-ое ме́сто* モスクワ赤の広場の勅令公布台 [刑場]

**лобов|о́й** [形2] ①正面に向かっての: *-а́я ата́ка* 正面攻撃 | *~ ве́тер* 向かい風 ②前面にある: *-о́е стекло́* フロントガラス

**лоборе́йка** 複生 -е́ек [女2] 簡易刈り取り機

**лоб|о́к** -бка́ [男2] 〖解〗恥丘 ②動物の額の部分の皮 ‖ **~ко́вый** [形1]

**лоботря́с** [男1] **/~ка** 複生 -сок [女2] 〖俗〗怠け者

**лоботря́сничать** [不完] 〖俗〗怠けて暮らす

**лов** [男1] ①捕獲,狩猟(ло́вля) ②捕獲量,漁獲[狩猟](уло́в)

**лове́с** [男1] 〖文〗女たらし

**лове́|ц** -вца́ [男3] 漁師;猟師 ◆*на ловца́ и зверь бежи́т* 〖諺〗求めていると見つかる(一猟師に対して向こうから獲物が来る) ‖ **~кий** [形3]

\***лови́ть** [зуви́ч] ловлю, ло́вишь, …ловя́т 命 -ви́ 受過 по́вленный [不完] / **пойма́ть** [пайма́ч] 受過 по́йманный [完] [catch] ⟨圏⟩ ①飛んで・動いているものを捕える,つかむ: ~ *мяч* ボールをキャッチする | ~ *ко́шку* [*мы́шей*] 猫[ネズミ]を捕まえる | ~ *во́здух широко́ откры́тым рто́м* 口を大きく開けて空気を吸う ②生け捕りにする: ~ *ры́бу* [*воробьёв*] 魚[雀]を生け捕りにする ③〖話〗容疑者・犯罪者を逮捕する,身柄を確保する: ~ *во́ра* 泥棒を逮捕する ④〖話〗相手を(会うために)捕まえる: ~ *по телефо́ну прия́теля* 電話で友達を捕まえる | ~ *такси́* タクシーを捕まえる ⑤〖話〗〈結婚相手を〉(自分・誰かのために)捕まえる: ~ *жениха́* 相手[彼]を見つける ⑥チャンス・幸運をつかむ,捉える: ~ *слу́чая* 機会を捉える ⑦(視覚・聴覚)が捉える;理解しようとする;目で追う: *Слух лови́л шум.* 聴覚が物音を捉えた | *ка́ждое сло́во собесе́дника* 一言一句を聞き漏らすまいとする | ~ *его́ улы́бку* 彼の微笑みを理解しようとする ◆ ~ *взгляд* 目を合わせようとする 圏 *на сло́ве* (1)言葉を取る,約束を守らせる (2)言葉尻を捕らえる ‖ **~ся** [不完] 〖受身〗

**ловка́ч** -а́ [男4] **/~ка** 複生 -чек [女2] 〖話〗抜け目ない人

\***ло́вк|ий** 短 -вок, -вка́, -вко, -вки/-вки́ 比 ло́вче [cunning; adroit] ①(人・動物が)敏捷な,機敏な;巧みな: ~ *челове́к* 機敏な人 | ~ *уда́р* 巧みな一撃 ②上手な,器用な,熟達した,腕利きの: ~ *охо́тник* 狩りの名手 ③〖話〗機転の利く,如才ない,抜け目のない: ~ *на лжи* [*обма́не*] 欺瞞[嘘]を見破る | ~ *на вы́думки* 人を思いつく | ~ *на отве́т* 返答が巧みである ④〖話〗便利な,具合の

よい,使い心地のいい,快適な: *-ое седло́* 乗り心地のよい鞍 [女10] ◆ *~ рук, и никако́го моше́нства* 何と手際のわからない

\***ло́вко** 比 ло́вче-шек [形1] [副] 敏捷に,機敏に;巧みに;うまく,抜け目なく,狡猾に: ~ *пойма́ть ключи́* [*кузне́чика*] さっと鍵をつかむ[バッタを捕まえる] | *Как он ~ орудует па́лочками!* 彼らの箸[パレチカ]の使い方の巧みなこと言った ②〖無人述〗〖俗〗具合がいい,心地よい,楽だ: *Мне и здесь не о́чень ~.* 私はここでもあまり居心地がよくない

**ловлю́** [1単現] < **лови́ть**

**ло́вля** 複生 -вель [女5] 捕獲,狩猟

\***лову́шк|а** 複生 -шек [女2] ⟨snare, trap⟩ ①(鳥獣用の)罠;計略,謀略,策略,術策: *установи́ть -у для пти́ц* 鳥の罠を仕掛ける | *попа́сть в ~* (鳥獣が)罠にかかる; (人が)計略にはまる | *Меня́ замани́ли в -у.* 私はまんまと罠にはまった ②危険な場所,危険地帯

**ло́вче** [比較] < **ло́вкий**, **ло́вко**

**ло́вчий** [形1] 狩猟用の

**ловчи́ла** (女1女2) [男·女] 〖俗〗= ловка́ч

**ловчи́ть** -чу́, -чи́шь [不完] /**с~** [完] 〖俗〗ずるく抜け目なく振る舞う ‖ **~ся** [不完] 〖俗〗様々な策を弄する

**лог** пре́ о-е, в -у́, мн -а́ [男2] 広く深い窪地(ба́лка) ②議事録 〖コン〗ログ

**логари́фм** [男1] 〖数〗対数 ‖ **~и́ческий** [形1]

**ло́гик|а** [ло́гика] [女2] ⟨logic⟩ ①論理学: диалекти́ческая ~ 弁証法[数理]論理学 | зако́ны ~ 論理の法則 ②論理,論法;理屈: желе́зная ~ 鉄の論理(終始一貫した強固な論理) | *Л—подска́зывает, что э́то нереа́льно.* 理屈で考えるとそれは現実的でないという ③〖物事の〗道理: ~ собы́тий 一連の出来事の生じる必然性 | по ~ ве́щей 物事の道理に従って

**логи́н** [男1] 〖IT〗ログイン

**логи́ниться** -нюсь, -нишься [不完] 〖俗〗〖IT〗ログインする

**логи́стика** [女2] 物流,ロジスティクス,兵站(へいたん)学

\***логи́ческ|ий** [形3] ⟨logical⟩ ①論理学(上)の ②論理的な,論理学的な: *-ое мышле́ние* 論理的な考え | *-ая структу́ра* 論理的な構造 | *чи́сто -ое объясне́ние* 全く論理的な説明 | *-ое ударе́ние* 論理的アクセント(強調のため文中の1語をはっきり読むこと) ③(論理上)必然の: *-ая цепо́чка собы́тий* 出来事の必然的な連なり

\***логи́чн|ый** 短 -чен, -чна [形1] ⟨logical⟩ ①論理的に正しい,論理的な(логи́ческий): *-ые вы́воды* 論理的な結論 ②合理的な,一貫した: *-ые посту́пки* 首尾一貫した行動 ‖ **~о** [副]

**ло́говище** [中2], **ло́гово** [中1] 巣穴,ねぐら

**логогра́мма** [女1], **логогра́ф** [男1] 〖言〗表語文字

**логопе́д** [男1] 言語聴覚療法士 ‖ **~и́ческий** [形3]

**логопе́дия** [女9] 言語聴覚療法

**ло́гос** [男1] ①〖哲〗理性 ②〖宗〗神の言葉;キリスト

**логоти́п** [男1] ロゴ

**ло́джия** [女9] 〖建〗開廊下

\***ло́дк|а** [ло́тка] 複生 -док [女2] ⟨boat⟩ ①ボート,小舟: *ката́ться на -е* ボートに乗って進む | *сесть в ~* ボートに乗り込む | *па́русная ~* 帆船,ヨット | *мото́рная ~* モーターボート | *надува́я* [*рези́новая*] ~ ゴムボート | *рыба́цкая ~* 釣り船 ②〖軍〗小艦艇: *подво́дная ~* 潜水艦 | *канонэ́рская ~* 砲艦 | *команди́р* [*экипа́ж*] *а́томной подво́дной -и* 原子力潜水艦の艦長[乗組員] ‖ **лодчо́нка** 複生 -нок [女2] 〖卑称〗

**ло́дочка** 複生 -чек [女2] ① [指小・愛称] < ло́дка

②《複》パンプス

**ло́дочни|к** [男2] **/-ца** [女3] 船頭, 船乗り

**ло́дочн|ый** [形1] <ло́дка: ~ая ста́нция 船着き場

**лоды́жка** 複生 -жек [女2] [解] くるぶし

**лоды́рничать** [不完] 怠けて暮らす

**лоды́р|ь** [男5] [話] 怠け者 (↔труда́га): ~я гоня́ть ごろごろ[のらりくらり]する (лоды́рничать)

**ло́жа** [女4] ①〔劇場の〕桟敷席；ボックス席：ца́рская ~ 皇帝貴賓席 ②ロッジ(フリーメーソンの支部) ③銃床

**ложби́н|а** [女1] 窪地, 谷間 **//-ка** 複生 -нок [女2] [指小]

**ло́же** [中2] ①《文》寝床 ②河床 ③銃床 ♦**прокру́стово ~** プロクルステスの寝台(無理に基準に合わせようとすること) ♦**~ во́й** [形2] <②③

**ло́жечк|а** 複生 -чек [女2] ①[指小] <ло́жка ②みぞおち: под -ой みぞおちの辺り

**ло́жечни|к** [男2] ①スプーン(ло́жка①)を作る人 ②〔楽〕ローシキ(ло́жка②)奏者

**ло́жечный** [形1] スプーン(ло́жка)の

\***ложи́ться** [ラジーッツァ] -жу́сь, -жи́шься 命 -жи́сь [不完] / **лечь** [リェーチ] ля́гу, ля́жешь, ... ля́гут 命 ляг -ла́, -ло́ 能過 лёгший 副分 лёгши [完] (lie (down))

I (人について) [на] ⓐ横になる，横たわる, 臥せる, 寝る: ~ на живо́т [на́ спину] 腹ばい[仰向け]に寝る | ничко́м うつぶせになる | ~ на́ бок 脇腹を下にして横になる | ~ в посте́ль [крова́ть] ベッドに入る ⓑ就寝する, 床に入る: ~ спать 床に就く (c)[изは]入院する: ~ в больни́цу 入院する ②死ぬ; 戦いに倒れる, 戦死する: ~ в зе́млю [моги́лу] 死ぬ

II (物について) ①落ちて横たわる, 積もる: Снег лёг на го́ры. 雪が山に積もった ②ⓐ〔表面を覆う, (表面に)広がる, 現れてくる, 浮かんでくる): Тума́ны легли́ на поля́. 霧が野原を覆った | Румя́нец лёг на щёки. 頬に赤みが差した | Пла́тье легло́ ро́вными скла́дками. ドレスにはひだが規則正しく付いていた ③〈на図〉(責任などが)…にかかる, かぶさる: Основна́я нагру́зка легла́ на плечи мужчи́н. 基本的な負担は男性の肩にかかっている | Тепе́рь э́та обя́занность ложи́лась на меня́. 今ではこの責任は私にかかっていた ④《на ду́шу, на се́рдце, на со́весть などと共に》気にかかる, 重荷となる: Грусть легла́ на се́рдце. うら悲しさが募ってきた ⑤〔隠〕うまい具合に出来上がり, 良い調子になる, うまく行く: *Пе́сня [ро́ль, вино́] хорошо́ лежи́т.* [隠][コン]ダウンする

♦ **~ в дре́йф** [海] 漂駘する, 風上に向かって停船する | **~ в осно́ву** 図 …の基本[基礎]となる: Ва́ши материа́лы ля́гут в осно́ву газе́тной статьи́. あなたの資料がこの新聞記事の基礎となってくれるでしょう | *Именно его́ произведе́ния легли́ в осно́ву э́тих игр.* まさに彼の作品がこれらのゲームの基礎となっている

\***ло́жк|а** [ローシカ] 複生 -жек [女2] [spoon]

①ⓐさじ, さじ: столо́вая (ча́йная) ~ 大[小]さじ | десе́ртная ~ デザートスプーン ⓑスプーン1杯の分量: ча́йная ~ расти́тельного ма́сла 植物油小さじ1杯 | принима́ть по две ча́йных -и лека́рства в день 薬にスプーン2杯ずつ飲む ②《複》〔楽〕ローシキ(ロシアの民俗楽器；木製スプーン)

♦ **~ дёгтя в бо́чке мёда**. 玉に瑕だ, 瑕瑾だ | **утопи́ть в -е воды́**. 些細なことで人に意地悪をする | **в [через] час по (ча́йной) -е** あまりにのんびりと, のろのろと, ぐずぐずと | *Доро́га ~ к обе́ду.* 〔諺〕何事もタイミングが大事である(←食事の時こそスプーンが必要)

\***ло́жн|ый** -жен, -жна [形1] ①嘘の, 虚偽のある; 見せかけの, 偽りの; 〔敵を欺くための, ダミーの): ~ая информа́ция 虚偽の情報 | ~ друг 偽りの友 ②間違った, 事実と異なる; 誤った認識[偏見]に基づく: -ое представле́ние [впечатле́ние] 誤った認識[印象] | сде́лать ~ вы́вод 誤った結論を導く | ~ая скро́мность 誤った謙遜 | ③偽の, 見かけ似ている: -ое со́лнце [天]幻日 | -ая бере́менность 想像妊娠 ♦ **-ое положе́ние** どっちつかずの[落ち着かない]状態 | **в -ом све́те** 誤って, 歪めて | **~ шаг** 誤った行動, 勇み足 **//-о** [副] **//-ость** [女10]

\***ло|жь** [ローシ] ロジ 生・与・前 лжи 対 ло́жью 造 ло́жью 複 [女11] [lie] ①嘘, 偽り: на́глая [открове́нная] ~ 厚かましい[あからさまな]嘘 | ~ во спасе́ние 人助けのための嘘 | уличи́ть во лжи́ 嘘を暴露する | У лжи́ коро́ткие но́ги. [諺]嘘の寿命は短い ②作り話: безвре́дная ~ たわいない作り話

**лоза́** 複 ло́зы [女1] ①〔ブドウ・ヤナギの〕蔓 ②[植]ヤナギの類 **//-о́вый** [形1]

**лози́на** [女1] [話] ① = лоза́ ②ヤナギの枝

**лозня́к** -а́ [男2] [集合] ヤナギの林

**лозоиска́тель** [男5] 占い棒で水脈を探す人, ダウザー

**лозоиска́тельство** [中1] ダウジング

\***ло́зунг** [男2] {slogan, banner} ①スローガン, 標語: гла́вный ~ 主要なスローガン | полити́ческие ~и 政治的スローガン | ~ борьбы́ с террори́змом テロとの闘いというスローガン | вы́двинуть ~ スローガンを掲げる ②スローガンを書いたプラカード: вы́весить [пове́сить] ~ プラカードを掲げる ③〔個人の〕座右の銘, モットー ♦ **под ~ом** 《文》 …のスローガンのもとに: *Его́ кампа́ния проходи́ла под ~ом «Доло́й войну́».* 彼のキャンペーンは「戦争反対」というスローガンのもとに行われた **//-о́вый** [形1]

**локализа́ция** [女9] 範囲の限定, 局限化, 局部化

**локализи́ровать** -рую, -руешь 受過 -анный, **локализова́ть** -зу́ю, -зу́ешь 受過 -о́ванный [不完・完]《文》範囲を限定する, 局限する **//-ся** [不完・完] ①ある範囲に留まる ②[不完] [受分]

**лока́лка** 複生 -лок [女2] 《俗》ローカルエリアネットワーク, LAN

\***лока́льн|ый** -лен, -льна [形1] 《文》[local] ①局地の, 局地[地方]的な: -ая война́ 局地戦争 ②〔ITローカルな: на ~ом компью́тере [~ой маши́не] ローカルのコンピュータ[マシン]上で | **~ цвет** [美]固有色 | **-ая сеть** [IT]ローカルエリアネットワーク, LAN

**лока́тор** [男1] ①探知機, ロケーター ②《複》[隠] 耳 ♦ **оттопы́рить ~ы** [話] 注意深く耳を傾ける

**лока́ут** [男1] [政] ロックアウト

**лока́ция** [女9] 位置決定

**локомоби́ль** [男5] 蒸気機関 **//~ный** [形1]

**локомоти́в** [男1] 機関車

**локо́н** [男1] 巻き毛

\***ло́кот|ь** 単前 ло́кте 複 ло́кти, локте́й [男5] [elbow] ①肘: ле́вый [пра́вый] ~ 左[右]肘 | согну́ть ру́ку в ло́кте 肘を曲げる | поста́вить [положи́ть] ло́кти на стол テーブルに肘を置く | опира́ться локтя́ми на стол デスクに頬杖をついてたれる | толкну́ть ло́ктем 〔気づかせて〕人を肘でつつく | *Бли́зок ~ [локото́к], да не уку́сишь.*〔諺〕一見簡単そうだが, 実際にはできない(←肘は近いが噛めない) ②服の肘

♦ **куса́ть (себе́) ло́кти** [話] 自らの失敗で悔いる, ほぞを噛む | **рабо́тать локтя́ми** [話] 肘で人込みをかき分ける **// локото́к** -тка́ [男2] [指小]

**локтево́й** [形2] 肘の: ~ суста́в [解] 肘関節

**локша́** [女10] ②ぼろ服

\***лом** 複 -ы́/-ы́, -о́в [男1] [crowbar] ①鉄棒, バール, かなてこ: желе́зный ~ 鉄製バール ②[集合]スクラップ, くず鉄 ③[述語] 物おっくうだ: *~ [不定形]* …したくない, おっくうだ ♦ 図 **в ~ [~ы́]** 《俗》…は気乗りしない, おっくうだ:

〈不定形〉…したくない、かったるい: Мне сего́дня в ~ на у́лицу выходи́ть. 今日は外へ出る気がしないなあ ∥ **ло́мик** [男2] 〈指小〉<①

**лома́ка** (女2変化) [男・女] 《俗》気取り屋

**ломанти́н** [男1] 〖動〗マナティー;〔複〕マナティー属

**ло́ман|ый** [形1] ①壊れた ②言葉がブロークンな: говори́ть на ~ом ру́сском (языке́) 片言の[぀たな い]ロシア語を話す ③**-ая** [名2] ジグザグ線、折線(**-ая ли́ния**)

**лома́нье** [中4] ①<лома́ть① ②気取ること

*  **лома́ть** [ラマーチ] 受過 ло́манный [不完] 《break》〔他〕 ①[完 **с~**] 折る、割る、砕く: ~ каранда́ш попола́м 鉛筆を半分に折る ②[完 **с~**, **по~**] 壊して駄目にする;〈建物を〉解体する、取り壊す: ~ дверь ドアを壊す | Он упа́л в я́му и слома́л но́гу. 彼は穴に落ちて足を折っ た ③砕いて採取する ④[完 **с~**, **по~**]〈伝統・慣習など を〉打破する;〈性格・行動・習慣を〉急激に変える;〈生活 を〉悪化させる ⑤〈人間の身体障がいを負わせる ⑥〈片 言でしゃべる、変に発音してしゃべる ⑦《話》〈病気が〉関 節・筋肉を痛ませる、ずきずきさせて鈍痛を引き起こす ⑧《俗》たくさん働く ◆ **~ го́лову над** 囲《話》…に頭を 悩ませる〔痛める〕| **~ ру́ки [па́льцы]** 強い悲しみ・動 揺の仕草(5)手をかき絞る

*  **лома́ться** [不完] 《break》①[完 **с~**] (a)折れる、割れ る、砕ける、粉々になる: Лёд лома́ется на реке́. 川の氷 が割れてきている (b)〈もの〉が使えなくなる、駄目になる: У меня́ те́хника ча́сто лома́ется. うちでは機械がよく 壊れる ②[完 **с~**]〈慣習などが〉崩れる、打破される、打 破する;〈性格・習慣が〉急に変わる: Со вре́менем лома́ется мора́ль о́бщества. 時を経るにつれ社会の倫理感が崩れ ていっている ③《俗》熱心に働く、身を粉にして働く ④[完 **с~**] (a)声変わりする (b)〈感情の高まりなどで〉 声がかすれる (c)《話》〈顔を作って〉おどけた真似をする; 気取る ⑤《話》強情を張る ⑥《話》〈над/пе́ред囲〉に対 して〉横柄に振る舞う

**ломба́рд** [男1] 質屋 ∥ **~ный** [形1]

**ломи́ть** ломлю́, ло́мишь 受過 ло́мленный [不完] ① 〈刻〉ためる、折り曲げる: Де́ток роди́ть — не ве́тки ~. 〔諺〕言うは易く行うは難し〔子どもを生むのは枝を折 るのとはわけが違う〕| Си́ла соло́му ло́мит. 力のあ る者には勝てない | Пар косте́й не ло́мит. 暑いのは害に ならない〔蒸し暑い空気で骨は折れない〕②〔他〕〔無人称〕…に押し 入る、…を突撃する ③〔無人称〕〈背骨が〉痛む ④〔若 者が〉走る

**ломи́ться** ломлю́сь, ло́мишься [不完] ①たわむ、折 り曲がる ②《話》無理に押し入ろうとする ◆ **~ в откры́тую дверь [откры́тые две́ри]** 自明のことを 急押しする

**ло́мка** 複生 -мок [女2] ①<лома́ть ②急変と騒 ぎ(トランプでの)ずる、詐欺;麻薬の調べ ⑤〔隠〕麻薬 の禁断症状 ⑥気分(体の調子)が悪いこと ⑦〔コン〕システ ムのダウン

**ло́мк|ий** 短 -мок, -мка́/-мка, -мко [形3] 壊れやすい、 途切れやすい ∥ **-ость** [女10]

**ломови́к** [男1] 《話》荷馬車御者

**ломово́** [無人述]〈若者が〉〈不定形〉…したくない、かっ たるい、嫌だ、つらい

**ломово́й** [形2] ①荷馬車の ②スクラップ〔くず鉄〕の ③《俗》がんばり屋の、決断力のある ④《俗》値段がべらぼ うに高い ⑤《俗》素晴らしい、これ以上ない

**ло́мовый** [形1] = ломово́й②

**ломоно́с** [男1]〖植〗クレマチス、センニンソウ属(клема́тис)

**Ломоно́сов** [男姓] ロモノソフ(Михаи́л Васи́льевич ~, 1711-65; 学者; モスクワ大学設立に貢献)

**ломо́та** [女1] 骨〔関節〕痛

**ломота́** [女1] 《俗》二日酔い; 薬(ᄼ)が切れている状態

**ломо́ть** -мтя́ [男5] パンの厚切り ◆ **отре́занный ~** 《話》家族から離れた ∥ **ло́мтик** [男1] 〈指小〉

**Ло́ндон** [男1] ロンドン(英国の首都) ∥ **ло́ндонский** [形3]

**ло́н|о** [中1] (旧・雅)胸、膝、懐、胎内 ◆ **в -е [~]** 囲 … の活動領域で | **на -е [~] приро́ды** 自然の懐で

**лопа́рь** -я́ [男5] / -а́рка 複生 -рок [女2] ラップ人(са́ми) ∥ **-ский** [形3]

**ло́пасть** 複 -и, -е́й/-ей [女10] ①(シャベルの)さじ部、 ②〖船〗櫓脚(⁽ｬ) ②プロペラ翼、羽根車

*  **лопа́т|а** [女1] 《shovel》(a)シャベル、スコップ、すき: совко́вая ~ (掘った物をすくうための)スコップ | штыкова́я ~ 浅掘りシャベル1杯分の量: **две́ земли́ (песка́)** シャベル2杯分の土(砂) ②《不賛成》 いや **~ борода́ -ой (в -у, с -у)** 《話》(シャベルの様に幅広く こめかみまで伸ばした)あごひげ | **грести́ [загреба́ть] де́ньги -ой** 《話》金をがっぽがっぽもうける ∥ **-ный** [形1]

**лопа́тить** -а́чу, -а́тишь 受過 -а́ченный [不完] 《話》 〈シャベルなどで〉かき混ぜる、かき集める

**лопа́тк|а** 複生 -ток [女2] ①シャベル、スコップ ②プロ ペラ ③〖解〗肩甲骨 ◆ **во всё ~и** とても急いで ∥ **лопа́точка** 複生 -чек [女2] 〈指小〉<①

**ло́пать** [不完] / **с~**, **по~** 受過 -панный [完] 《俗》 〔他〕食う

**ло́паться** [不完] / **ло́пнуть** -ну, -нешь 命 -ни [完] ①割れる、砕ける、壊れる; (弦)が切れる、(タイヤが) パンクする、破裂する ②[完に失敗する、破綻[破産]する ◆ **~ [от] жи́ру** 《俗》はち切れそうなほど太っている | **со сме́ху [от сме́ха]** 《話》笑いこける | **~ от гне́ва** 《話》怒り狂でかっとなる | **~ от за́висти** 《話》羨望の念を露わにする | **Терпе́ние ло́пается [ло́пнуло].** 《話》堪忍袋の緒が切れそうだ〔切れた〕| **ло́пни (мои́) глаза́** 《俗》この目をつぶされようとも誓っ て真実である | **хоть ло́пни** 《俗》(1)何があっても (2)い くらがんばっても | **Чтоб ты ло́пнул!** 《俗》くたばって しまえ ∥ **ло́панье** [中4] <①

**лопота́** -почу́, -по́чешь [不完] / **про~** [完] 《話》早口で不明瞭にしゃべる

**лопоту́н** -а́ [男1] / **-ья** 複生 -ий [女8] 《話》おしゃべ り、早口で不明瞭にしゃべる人

**лопо́ухий** 短 -у́х [形3] ①垂れ耳の ②《俗》愚鈍の

**лопу́х** -а́ [男1]〖植〗ゴボウ属: ~ **большо́й** ゴボウ ②《樺太・千島で》〖植〗フキ(белокопы́тник) ③《俗》 ばか野郎 ∥ **~шо́к** -шка́ [男1] 〈指小〉<① ∥ **~хо́вый** [形1] <①; **-ши́стый** [形1]

**лопу́хнуться** -ну́сь, -нёшься [完] 《俗》へまをやらか す、まずいことになる

**лорд** [男1] イギリス貴族の称号、ロード(卿)

**лорне́т** [男1] 柄付き眼鏡、柄付きオペラグラス

**Лос-А́нджелес** [男1] ロサンゼルス

**лосёнок** -нка 複 -ся́та, -ся́т [男9] ヘラジカの子

**лоси́на** [女1] ①ヘラジカのなめし革 ②〔複〕ヘラジカ 革のズボン ③ヘラジカの肉

**лоси́ха** [女2] 雌のヘラジカ

**лоск** -а/-у [男2] つや、光沢

**ло́скут** [男1] 〔集合〕切れ端、裁ち屑

**лоску́т** -а́ 複 -ья́, -ьев [男9] 端切れ、布きれ ∥ **-ный** [形1] パッチワークの

**лосни́ться** -ню́сь, -ни́шься [不完] 光沢がある

**лососи́н|а** [女1] サケの肉 ∥ **-ный** [形1]

**лосо́сь** [男5] 〖魚〗サケ、マス、サーモン: атланти́ческий ~ タイセイヨウサケ(сёмга)

活用 **горбу́ша** カラフトマス | **кета́** シロザケ | **ки́жуч** ギンザケ | **не́рка** ベニザケ | **сёмга** タイセイヨウ サケ | **си́ма** サクラマス | **форе́ль** ブラウントラウト | **чавы́ча** マノスケ

**//лососёв|ый** [形1]：*-ые* [複数]〔魚〕サケ（亜）科；**лосо́сий** [形9]

**лось** 複 *-и,-е́й/-ей* [男5]〔動〕ヘラジカ（オオジカ，エルク，ムース）**//лосёвый** [形1]，**лоси́ный** [形1]

**лосьо́н** [ё] [男1] ローション，**//-ный** [形1]

**лося́тина** [女1] ヘラジカ肉

**лот** [男1] ①〔海〕測鉛，水深測定具 ②ロット（商品管理の単位）

**лотере́|я** [э] [女6] 宝くじ **//-йный** [形1]

**лото́** (不変) [中1] ロト（宝くじの一種）

**лото́к** *-тка́* [男2] ①露天の売り台［箱］②樋，排水溝

**ло́тос** [形1]〔植〕ハス属の：～ орехоно́сный ハス｜ко́рень *-а* レンコン **//ло́тосовый** [形1]：*-ые* [複数] ハス科

**лото́чни|к** [ч/ш] [男2] **/-ца** [女3] 露天商

**лох** [男2] ①〔植〕グミ属：～ узколи́стный ヤナギグミ ②〔魚〕産卵期（後）の雄ザケ，ハナマガリ ③〔俗〕男 ④〔/лоху́шка 複生-шек [女2]〕〔俗〕犯罪のカモ ⑤〔俗〕教養もセンスも持ち合わせない人 ⑥〔俗〕素人愛好家，好事家，トウシロ **//ло́хов|ый** [形1]：*-ые* [複数] グミ科

**лоха́нка** 複生 *-нок* [女2]，**лоха́нь** [女10] たらい

**лохану́ться** *-ну́сь, -нёшься* [完]〔俗〕へまをやらかす，見当違いをする，チャンスを逸する：*как не ~ при поку́пке маши́ны* 車を買うときにしくじらないための策

**лохма́тить** *-а́чу, -а́тишь* 受過 *-а́ченный* [不完] /**вз~, раз~** [完]〔話〕〈頭〉〈頭髪など〉をもじゃもじゃ［くしゃくしゃ］にする ◆ ~ *ба́бушку* 混乱させる **//-ся** [不完]/[完] もじゃもじゃ［くしゃくしゃ］になる

**лохма́тый** 短 *-а́т* [形1] ①毛むくじゃらの ②もじゃもじゃの，くしゃくしゃの

**лохмо́тья** *-ьев* [複] ①襤褸（ぼろ）②切れ端，塊，房]：*изорва́ть в ~* 切れ切れにする

**ло́хмы** *лохм* [複] 巻き毛，カール：*Причеши́ свои́ ~. この/ りんくりんの髪をとかしなよ*

**лохотро́н** [男1]〔俗〕（くじ・フィッシング詐欺などでの）ペテン，詐欺；インチキくじ

**лохотро́нщик** [男2]〔隠〕ペテン師，詐欺師

**ло́ция** [女9] 水路図誌，海図，航路図

**ло́цман** [男1] ①水先人，水先案内人 ②〔魚〕プリモドキ **//-ский** [形3]

**лошадёнка** 複生 *-нок* [女2]〈蔑〉(通例)痩せてくたびれきった馬

**лошади́н|ый** [形1] ①馬の（ような）：*-ое здоро́вье* 頑健さ｜*-ое лицо́* 馬面｜*-ые* [複数] 馬類 ◆ *-ая фами́лия*〔話・戯〕よく知っているのに思い出せないもの（チェーホフの短編小説『馬のような名字』から）■*-ая си́ла* 馬力

**лоша́дка** 複生 *-док* [女2]〔指小〕<ло́шадь ①木馬，馬型のおもちゃ ②*тёмная ~*〔話〕何ができるのかよくわからない人｜*рабо́чая ~*〔話〕勤勉な人，言うことをきく人

**лоша́дник** [男2]〔話〕愛馬家 ②馬商人

*лоша́дь [ロ―シャチ] 複 *-и,-е́й,-я́м,-е́й,-дьми́/-дя́ми, -я́х* [女10] [horse] 馬：*рабо́чая ~* 農耕馬，輓馬｜*верхова́я ~* 乗用馬｜*ломова́я ~* 荷馬｜*па́ра* [тро́йка] *-е́й* 2頭[3頭] 立ての馬｜*табу́н -е́й* 馬の群れ｜*запряга́ть -е́й в* 馬車につける｜*седла́ть ~* 馬に鞍を置く｜*-и* [複・蔑]〈馬のように〉ばか力のある人
◆ *рабо́тать как (ломова́я) ~* 馬車馬のように黙々と働く ■ *~ Ильича́*《隠》イリイチ（レーニンの父称）広場駅（Пло́щадь Ильича́；モスクワの地下鉄駅名）

**лоша́к** *-а́* [男2]〔動〕ケッティ **//-чий** [形9]

**лоши́ть** *-шу́, -ши́шь* [不完]〔俗〕《口》嘲笑する，嘲る

**лощёный** [形1] ①光沢のある ②めかした

**лощи́лка** [女2] つや出し機

**лощи́льный** [形1] つや出しの

**лощи́|на** [女1] 窪地 **//-нка** 複生 *-нок* [女2]〔指小〕

**лощи́ть** *-щу́, -щи́шь* 受過 *-щённый* (*-щён, -щена́*) [不完] /**на~, вы~** [完]〔話〕〈кого〉つやを出す，研磨する **//лоще́ние** [中5]

**лоя́льный** 短 *-лен, -льна* [形1] フェアな；忠義な，忠誠な **//-ость** [女10]

**л.с.** (略)лошади́ная си́ла 馬力

**ЛСД** [エルエスデー] (不変) [男] 麻薬，LSD

**луб** *лу́ба/-, -ьев* [男8] 靱皮（じんぴ），篩部（し），樹皮，草木の繊維 **//~овый** [形1]

**лубене́ть** [不完] /**за~** [完] ①硬化する

**лубо́к** *-бка́* [男2] ①靱皮の（木片）②〔医〕添え木 ③〔芸〕(民衆芸術の）木版画，ルボーク芸術（文学）**//лубко́вый** [形1]

**лубо́чный** [形1] ①靱皮の ②木版画の ③ルボーク（лубо́к）の

**Лубя́нка** [女2] 連邦保安庁（旧 KGB の所在地名より）

**лубяно́й** [形1] 靱皮繊維の

*лу́г 前 *о-е, на-у́* 複 *-а́* [男2] [meadow] 草地，草原，野原；牧草地：*зелёный ~* 緑の草原｜*заливны́е ~а* 春の出水で水に浸る野原｜*Я лежа́л в траве́ на -у́.* 私は草原の草むらに寝転がっていた **//~ово́й** [形2]

**лугови́на** [女1]〔話〕小さな草原

**лугово́дство** [ц] [中1] 牧草栽培，草地経営

**луди́льный** [形1] 錫めっきをした

**луди́льщик** [男2] ブリキ職人

**луди́ть** *лужу́, лу́дишь/луди́шь* 受 過 *лужённый* (*-жён, -жена́*) [不完] /**по~** 受 過 *-уженный*, **вы~** *-ужу, -удишь* 受過 *-уженный* [完] 錫めっきをする **//-ся** [不完]（受身）**//луже́ние** [中5]

*лу́ж|а [女4] [puddle, pool] ①水たまり：*больша́я* [*гря́зная*] *~* 大きな［汚れた］水たまり｜*упа́сть в -у* 水たまりにはまる ②表面にこぼれた水［液体］：*вы́тереть -у на полу́* 床にこぼれた水を拭きとる｜*~ кро́ви* 血だまり（*крова́вая ~*）◆ *сесть в -у*〔話〕気まずい思いをする，ばかな目に遭う；へまをする｜*посади́ть кого́ в -у* …に気まずい思いをさせる **//лу́жица** [女3]〔指小〕

**лужа́йка** 複生 *-аек* [女2] 小さな草地

**лужён|ый** [形1] 錫めっきの，はんだで覆われた ◆ *-ая гло́тка у кого*〔俗〕（喉に金属が入っているかのごとく）いくらでも飲める，歌える，叫める

**лужича́н|ин** 複 *-а́не, -а́н* [男10] /**-ка** 複生 *-нок* [女2] ソルブ（ラウジッツ）人 **//лу́жицкий** [形3]：~ *серб* ソルブ人

**лужо́к** *-жка́* [男2]〔指小〕< луг

**лузга́** [女2]〔集合〕種子の皮

**лузга́ть** [不完]〔植〕（種の皮を）かじりとって中身を食べる：~ *се́мечки* 皮をペッと吐きだしながら（ヒマワリの）種を食べる

**лу́зер** [男1]〔隠〕敗者，負け犬；ついてない人

*лук¹ [ルーク] *-а/-у* [男2] [onion]〔集合〕(野菜としての）ネギ，ネギ類；〔植〕ネギ類の（葉を食べる）ネギ｜*нареза́ть ~ [-а]* ネギをきざむ［少量きざむ］｜*голо́вка -а* タマネギの玉｜*ре́пчатый ~* タマネギ｜*~-поре́й* ニラネギ，ポロネギ｜*~-шало́т* エシャロット｜*ди́кие -и* ニラ｜~ *скоро́да* シュニット-~ チャイブ，セイヨウアサツキ

**лук²** [男2] 弓：*нацеллить ~* 弓で狙う｜*стрельба́ из -а* アーチェリー，弓道｜*туго́й ~* 強弓

**лука́** [女2 変化] [男1] ①鞍の枠 ■ **Сама́рская Л~** サマラ湾曲部（ヴォルガ川の中流・サマラ市の周辺に位置するヴォルガ川の最大屈曲部，その沿岸地域）

**Лука́** [女2 変化] [男1]〔聖〕ルカ

**лука́в|ец** *-вца* [男3] /**-ица** [女3]〔話〕狡獪な人，

茶目っ気のある人

**лука́винка** [ж3]〔話〕少しのずるさ〔狡猾さ〕

**лука́вить** [-влю, -вишь][不完]/**с~**[完] ①ずるをする ②ひょうきんにする

**лука́вство** [中1]①狡猾な振る舞い、ずるいやり方

**лука́вый** 短 -а́в [形1] ①狡猾な ②茶目っ気のある、ひょうきんな ③[男名]〔俗〕悪魔 ◆~ *попу́тал*〔諺〕〈人に〉魔が差して

**лу́ковица** [ж3] ①球根 ②(タマネギの)玉 ③球状部 ④教会の円屋根 // **-ка** 複生 **-вок** [ж2] [指小]

**лу́ковый** [形1] <лук>: -ые о́вощи タマネギ、ニンニクなどネギ属の野菜 | ~ со́ус 玉ねぎソース | ~ суп オニオンスープ

**лукомо́рье** [中4]〔詩〕入り江、小湾

**луко́шко** 複 -шки, -шек, -шкам [中1] 樹皮[蔓]製の籠

\***луна́** [лу́не-] 複 лу́ны [ж1]〔moon〕①月(★天体名としては Л~): полна́я ~ 満月 | серп -ы́ 三日月 | полёт на -у́ 月面飛行 | свет -ы́ 月光 | пове́рхность -ы́ 月面 | затме́ние -ы́ 月食 | фа́зы Луны́ 月相 | Взошла́ (Свети́ла) ~. 月が昇った〔輝いていた〕② 月食 (свет -ы́): чита́ть при -é 月明かりのもとで読む |《天》(惑星の)衛星 ◆ *Ничто́ не ве́чно под -о́й*. 全ては移ろいゆき、変わらないものはない | *с -ы́ свали́лся*《話》周知のことなんにも知らないなんて: Ты что, *с -ы́ свали́лся*? そんなことも知らないの

**лу́на-па́рк** [不変]ルナ・パーク(遊園地)

**луна́т|изм** [男1] 夢遊病、睡眠時遊行症、夢中遊行症 // **-и́ческий**[形3]

**луна́т|ик** [男2] /**-и́чка** 複生 -чек [ж2] 夢遊病者

**Лунача́рский** (形3変化)[男] ルナチャルスキー(Анато́лий Васи́льевич~, 1875-1933; 文芸評論家, 政治家)

**лу́нка** 複生 -нок [ж2] ①小穴 ②〔解〕歯槽 (貝の)小月面 // **лу́ночка** 複生 -чек [ж2] [指小] ①月形のもの

**лу́нник** [男2]〔植〕ゴウダソウ属 ②月探査機

\***лу́нный** [形1]〔lunar〕月の; 月明かりで照らされた: -ая ночь 月夜 | календа́рь ~ое 陰暦 | -ое затме́ние 月食 | -ая доро́жка 一筋の月明かり | ~ грунт 月面土壌 ■ ~ ка́мень [鉱] 月長石、ムーンストーン | -ое са́льто《体》月面宙返り、ムーンサルト | Л-ая сона́та《楽》月光ソナタ(ベートーヴェンのピアノ曲)

**лунохо́д** [男1] ①月面走行車 ②〔複〕厚手の防水ブーツ

**лунь**, -я́ [男5]〔動〕チュウヒ属(沢鵟)

**лу́па** [ж1] ルーペ

**лупи́ть** луплю́, лу́пишь 受 лу́пленный [不完]〈俗〉/**об~**[完]①皮をむく、はぐ、剥ぐ ②〔話 **с~**〕[完]《金》をぼったくる: В рестора́не *слупи́ли* кучу́ де́нег за у́жином. レストランで夕飯代をぼったくられた ③[完 **от~**]強く叩く《ぶつ》: ~ по кла́вишам пиани́но ピアノの鍵盤を叩くように激しく弾く | 激しい動きをする ◆ *знать* ~ *как облу́пленного*〔俗〕…をよく知っている // **-ся** [完 **от~**]①皮がむける ②〔ペンキがはがれる ③〔受身〕

**лупогла́зый** 短 -а́з [形1] 〔俗〕ギョロ目の、ドングリ眼(目)の

**лупцева́ть** -цу́ю, -цу́ешь 受 лупцо́ванный [不完]/**от~**[完]〔俗〕殴打する // **лупцо́вка** [ж2]

**луц** [男3]〔フィギュア〕ルッツ(ジャンプ)

\***луч**, -а́ [男4]〔ray, beam〕①光線: со́лнечный [ла́зерный] ~ 太陽[レーザー]光線 | ~ проже́ктора サーチライト[スポットライト]の光 | Со́лнечный ~ па́дал на гря́зную лу́жу. 陽の光が汚れた水たまりに射り注いでいる ②《希望などの》光, 光明; наде́жды

一縷の望み | ~ и́стины 真理の光

③ 放射線の物: расходи́ться -а́ми 放射線状に散る、四散する | -и́ метро́ 放射状に拡がる地下鉄

④〔複〕〔理〕熱線、放射線；ビーム: рентге́новские ~и X線 | инфракра́сные ~и 赤外線 | ультрафиоле́то-вые [инфракра́сные] ~и 紫(赤)外線 | тепло-вы́е ~и 熱線 ⑤ 半直線 ⑥〔解〕橈骨

**лучев|о́й** [形1] ①~ луч 光線の: -а́я кость 〔解〕橈骨(とうこつ) ② 放射線の: (о́страя) -а́я боле́знь (急性)放射線病 | -а́я терапи́я 放射線治療

**лучеза́рный** 短 -рен, -рна [形1]〔雅〕輝かしい

**лучи́зм** [男1]〔美〕ルチズム、レイヨニズム、光線主義 (20世紀初頭; ラリオノフら)

**лучи́н|а** [ж1] (細長い)木片、木っ端(ランプ普及前の照明用に燃やして使う) // **-ка** 複生 **-нок** [ж2] [指小] // **-ушка** 複生 -шек [ж2] [指小]<~>

**лучи́стый** 短 -и́ст [形1] ①光を放つ ②〔長尾〕放射(輻射)の

**лучи́ть** -чу́, -чи́шь 受 луче́нный (-чён, -чена́) [不完]〈猟〉灯火で照らして獲る: ~ ры́бу ライトで照らして夜釣りをする // **луче́ние** [中5]

**лучи́ться** -чи́тся [不完]〔雅〕輝く

**лучко́вый** [形1] 弓状の: -ая пила́ 弦掛鋸、オサノコ鋸

**лу́чни|к** [男2] /**-ца** [ж3] ①〔史〕弓の射手〔戦士〕: Отря́д ~ов засе́л в лесу́. 射手隊は森の中に陣取っていた ②弓道選手

**луч о́к**, -чка́ [男2] <лук> ①〔指小〕②弓形の鳥網

\***лу́чше** [т]〔ルートшё〕(不変)〔比較<хоро́ший, хорошо́〕(↔ху́же)〔better〕①より良い: Это ~ рабо́ты. これは仕事よりもいいものだ | Как сде́лать э́то ~? これをどうすればよりよくできるだろう

② [副]より良く: Я пою́ ~. ぼくの方が歌がうまい | Л- ме́ньше, да ~.《諺》少なくてもより方がいい、量より質 | Л~ по́здно, чем никогда́.《諺》遅くとも来ないより何もしない、手遅れはない | Ум хорошо́, а два ~.《諺》 3人寄れば文殊の智慧

③[無人述]より良い; (病人の状態が)よい: Ра́неному ста́ло ~. けが人の容態は良くなっている | Л~ не приглаша́ла Ма́шу. マーシャは呼ばない方がいい(★「…しない方がいい」という意味で не を伴う場合, 不定形 は不完了体) ④[助]〔評価・忠告などを強めて〕(むしろ)…する方がいい: Тебе́ ~ уйти́. 君出ていった方がいい | Мы ~ схо́дим в кино́. 映画に行く方がいいね | Л~ не спра́шивай! 訊かない方がいいよ ⑤[挿入]というより、それより、もっと正確に言えば

◆ ~-бы ①…なら(もっと)よかったのに: *Л-бы* я вас не знал. あなたのことを知らないままの方がよかった | ~ всего́ 一番いいく 不定形 するのがベストだ, 一番効果的だ | ~ не́куда これ以上の物はない, 最高だ, 上々だ | ~ не на́до ①これ以上の物は要らない, 申し分ない ②やめといた方がいい | 〔挿入〕もっと正確に〔適切に〕言えば: Ло́дка о́чень шуми́т, ~ сказа́ть, рев́ёт. ボートはすごくうるさい, うるさいというよりもむしろ吠えてるね | *как мо́жно ~* できるだけよく: Мы постара́лись сде́лать всё *как мо́жно ~*. 我々は万事をできるだけうまい具合に行うように努めた | *как нельзя́* ~ これ以上ないほどよく: Всё шло *как нельзя́* ~. 全てのことがこの上なくよくいった

\***лу́чш|ий** [т]〔ルートш〕[形6]〔better, best〕①[比較]より上く хоро́ший〕(↔ху́дший)〔比較〕より良い(優れた, 素晴らしい): ~ вариа́нт よりバリアント[選択肢] | ~ путь для реше́ния пробле́мы 問題を解決するよりよい方法 ②[最上]最も[一番]良い(優れた, 素晴らしい); 最高級の, 最優秀の: ~ друг 最良の友人 | ~ пода́рок 最良のプレゼント | -ие спортсме́ны го́да 年間優秀選手 | Го́лод — ~ по́вар. 空腹時にまずいも

のなし（＜空腹は最良の料理人）
③ ~ [男名]／-ая [女名]／-ие [複名] 最長[最高][人々]： ~ из -их 最高の ④ -ее [中名] 最長[最高]のもの ◆~ мир [旧] 黄泉の国: уйти [пересели́ться] в ~ мир 幽明境を異にする, 鬼籍に入る | в -ем виде [俗] しかるべく, 素晴らしく | в -ем случае 最上の場合でも, せいぜい | Всё, что ни де́лается — всё к -ему. [諺] 挫折してはいけない, うまくいかないようであろうと, すべては良い方向に向かっている)
лущёвка [女2] 浅耕, 浅耕
лущедрёный [形1] ①殻[皮]をむいた ②粗耕の
лущи́льный [形1] ①粗耕用の ②ベニヤ製材用の
лущи́|ть -щу́, -щи́шь 俗過-щённый (-щён, -щена́) [不完]〈В〉[完 об~]…の殻[皮]をむく [完 вз~] 粗耕[浅耕]する ‖-ся [完] ①殻[皮]がとれる ②[受身] ‖лущéние [中5]
Lxáca [女1] ラサ（チベットの首都）
лы́б|а [女1]〈隠〉◆дави́ть -у 微笑む
лыби́ться -блюсь, -бишься [不完] [俗] 笑顔で喜び［満足, 肉欲, 嘲り］を表現する
лы́жбище [中1] スキー場, ゲレンデ
лыжеро́ллер [男1]《通例複》ローラースキー
*лы́ж|и -ей [女3] [単 -а[女4]](ski) ①スキー板: ката́ться [ходи́ть] на -ах スキーをはいて滑る [歩く] | наде́ть [снять] ~ スキーを履く [脱ぐ] | встать на ~ スキーを履いて立つ; 始める | Л~ скользя́т как по маслу. スキーの滑りが素晴らしく良い ②[話]（スポ）スキー (лыжный спорт): занима́ться [увлека́ться] -ами スキーをする | го́рные ~ アルペンスキー ③ (飛行機の) スキー型滑走装置 (冬季に車輪の代わりに着用する) ◆навостри́ть ~ さっさと逃げ去る; 逃げる支度をする | напра́вить ~ 出かける ■во́дные ~ 水上スキー | прыжки́ с трампли́на на -ах スキーのジャンプ競技
лы́жни|к [男2] -ца [女3] スキーヤー
лы́жный [形1] スキーの
лыжня́ 複生 -е́й [女5] (スキーの) シュプール
лык|о́ 複 -и, лык [中1] ① (シナノキ ли́па などの) 靭皮 (じんぴ) ◆~а не вя́жет [俗] 酔っぱらって呂律が回らない | не -ом шит [俗][無能] ではない ‖ лы́чко[1] 複 -чки, -чек, -чкам [中1] [指小]
лысе́|ть -е́ю [об~, по~] [完] 禿げになる
лы́син|а [女1] ①禿げ ②森林で草木のない部分 ③動物の額の白い部分 ‖ -ка 複生 -нок [女2] [指小]
лысу́ха [女2] 《動》オオバン
*лы́с|ый 短 лыс, -са́, -со [形1] (bald, bare) ① 禿げた; 禿げかかった, 頭の禿げた: -ая голова́ 禿げ頭 | -череп 禿げ頭 | соверше́нно ~ мужчи́на すっかり頭の禿げ上がった男性 ②[話] 草木のない, 裸の: -ая гора́ 禿山 ◆~ чёрт [罵] 馬鹿者, あん畜生 | чёрта [беса] -ого [俗] 絶対に[全然, 全く]
лы́чко[2] 複 -чки, -чек, -чкам [中1] 肩章の縫いつけ
ль — ли
льва́ [単数; 生格] < лев
львёнок -нка 複 -ва́та, -вя́т [男9] ライオンの子
льви́ный [形1] < лев -ая до́ля 一番大きい分け前, 大半 ■ -зёв [植] キンギョソウ属
льви́ца [女3] 雌ライオン
*льго́т|а [女1] [advantage] (部分的・全面的な) 義務免除; 特典, 特権: нало́говая ~ = -ы по нало́гам 税制上の特典 | име́ть [предоста́вить, отмени́ть] -у 特典を有している [供与する, 廃止する]
льго́тни|к [男2] -ца [女3] [話] 特典 (льго́та) を享受する者
льго́тн|ый -тен, -тна [形1] < льго́та: ~ прое́зд 運賃割引 [免除] | по -ой цене́ 割引価格で | ~ креди́т 特典貸付 | ~ пери́од 優待期間 | ~ биле́т ~

料券, 優待券 | ~ тари́ф 特恵税率 | -ые дни 《商》支払猶予期間 | на -ых усло́виях 特恵の条件で ‖ -о [副]
льда́ [単数; 生格] < лёд
льди́н|а [女] 氷塊 ‖ -ка 複生 -нок [女2] 氷のかけら
льди́стый [形1] 《文》氷にあふれた [覆われた]
льдо.. 《語形成》 「氷の」
льёшь [2単現] < лить
льнов́од [男1] 亜麻栽培者
льново́дство [ц] [中1] 亜麻栽培
льнопряде́ние [中5] 亜麻紡績
льну́|ть льну, льнёшь [不完]〈к В/И〉① [完 при~] しがみつく; 付着する: ~ прильну́ть к тёплой пе́чке 温かいペチカ [暖炉] にもたれかかる ② 《文》[3人不使用] льнýли друг к другу. 恋人たちはお互いに寄り添っていた ② 付きまとう; ついて回る
льня́н|о́й [形2] 亜麻の: -ое ма́сло 亜麻仁油 | -о́го цве́та 亜麻色の, 淡黄色の | ~ пиджа́к 亜麻製のジャケット
льсте́ц -á [男3] おべっか使い
льсти́вый [形1] 追従する
льсти́ть льщу, льсти́шь [不完] / по~ 受過 польщённый (-щён, -щена́) [完] ①〈Д〉におべっかを使う, 追従する, おだてる: Вы льсти́те! こんなお世辞ばかり (そんなことないですよ) ② 満足させる ‖ ~ся [不完] [完] 《話》〈на В/И〉…に心ひかれる ② 〈不定形／чтоб〉…を期待する
лью [1単現] < лить
лье [1単] [中1] 鋳型
ЛЭП [лэп] [不変] 送電線, 電力線 (ли́ния электропереда́чи)
люб -бá, -бо [形1] [短尾] 〔述語〕 《俗》〈Д にとって〉かわいい, 好ましい
Лю́ба [女1] 〔愛称〕 < Любо́вь
любвеоби́льный [形1] 短 -лен, -льна [形1] 愛情多い
любви́ [単数; 生・与・前置格], [複数; 主・対格] < любо́вь
любе́зничать [不完] 《話》〈с 造〉にお愛想を言う, 親しげに語りかける
любе́зно [副] 親切に, 愛想よく
любе́зность [女10] ① 厚情, 親切 (心), 愛想の良さ, 厚意: оказа́ть [сде́лать] ~ Д…に親切にする ②《通例複》親切な態度[言葉]: за ~ию: говори́ть по -и…にお世辞を言う | обме́ниваться -ями 丁寧な言葉を取り交わす | Не откажи́те в -и 〔丁重な頼みごと〕何卒よろしくお願いします
*любе́зн|ый 短 -зен, -зна [形1] (kind, courteous) ① 親切な, 愛想のいい, 懇切な: ~ приём 歓迎 | ~ отве́т 好意的な返答 | ~ челове́к 愛想のいい人 | с -ой улы́бкой 愛想のいい笑みを湛えて | сказа́ть са́мым -ым то́ном 丁重に口調で言う | Благодарю́ вас за -ое приглаше́ние. ご親切にもご招待頂きありがとうございます ② 《旧》愛すべき, 大切な; 親愛なる: Л~ друг! [手紙・呼びかけ] 親愛なる友よ ◆бу́дьте любе́зны = будь любе́зен [любе́зна] すみませんが, どうか, どうぞ, 恐れ入りますが (★пожа́луйста より丁寧)
*люби́м|ец -мца [男3] -ица [女3] [favorite] ① 人気者, お気に入り, 特別に愛される人, 寵児: -бо́льшо́й ~ пу́блики [же́нщин] みんな [女性たち] の人気者 | Он всеобщий ~ де́вочек. 彼は女の子みんなの人気者だ | Вско́ре щено́к стал -цем всей семьи. じきにその子犬は家族みんなの人気者になった ‖ -чик [男2] 《話》褪みこしいきされている人
Люби́мов [男姓] リュビーモフ (Ю́рий Петро́вич

〜, 1917-2014; 演出家, タガンカ劇場(モスクワ)主宰; 84年ソ連の市民権を剥奪された, 89年回復)

**люби́м|ый** [リュビーмイ] [形1] [beloved, favorite]
① (а)大切な, 大事な, 愛しい, 愛する: 〜 друг 大親友 | 〜 челове́к 愛する男性(恋人) | 〜ая же́нщина 愛する女性(恋人) | -ая жена́ 大切な妻, 愛妻 (b) 〜 [名男]/-ая [名女]恋人: ра́доваться успе́хам -ого [-ой] 愛する人の成功を喜ぶ | проща́ться [расстава́ться] с -ым [-ой] 恋人と別れる
② お気に入りの, 好きな: -ое заня́тие [де́ло] 好きなこと | -ая пе́сня 好きな歌 | -ое блю́до = -ая ку́хня 好きな料理 | Како́й ваш 〜 цвет? あなたの好きな色は何色ですか | Санкт-Петербу́рг — мой 〜 го́род. サンクトペテルブルクは私のお気に入りの街だ

**люби́тел|ь** [リュビーチェリ] [名男]/**-ница** [名女] [lover, amateur]
①〈…の〉愛好家, …好き, ファン(★ [不定形]は多くは不完了体): 〜 му́зыки 音楽ファン | большо́й 〜 пи́ва 大の大のビール党 | 〜 поговори́ть [путеше́ствовать] おしゃべり[旅行]好きの人
② (専門家に対して)素人, アマチュア; ディレッタント: садово́д-〜 アマチュア園芸家 | автомобили́ст-〜 アマチュアドライバー ◆на-〜 [話]マニア[個性派]向けの

**люби́тельск|ий** [形] 愛好者の, アマチュアの: -ая радиосвя́зь [фотогра́фия] アマチュア無線[写真]

**люби́тельство** [中1] アマチュア趣味; 素人芸, ディレッタンティズム

**люби́ть** [リュビーチ] люблю́, лю́бишь, … лю́бят 命 люби́ 能現 лю́бящий [不完] [love, like] 〈[関]〉
①〈…を〉愛している, 愛を感じている, 慕っている: 〜 свои́х дете́й 自分の子どもたちをかわいがる | 〜 Ро́дину 自らの祖国を愛する | 〜 мать 母を慕う 母を敬愛している | 〜 в ком-чем 〜 … в … ……が好きである, ……の……を愛する: 〜 шко́льных друзе́й 学校時代の友人が好きである | Лев Толсто́й о́чень люби́л дете́й. レフ・トルストイは子どもたちのことが非常に好きだった
②〈異性を〉愛している, 恋している: 〜 же́нщину 女性を愛する | Я люблю́ его́ за челове́чность. 人間味があるから彼が好きなのだ
③〈[関]/[不定形]/чтобы節/когда́节…〉を好む, 好きである, 愛する([不定形]は通例不完了体): 〜 му́зыку 音楽を好む | 〜 смотре́ть бале́т バレエを見るのが好きである | Де́ти у меня́ о́чень лю́бят, что́бы им расска́зывали ска́зки. 子どもたちは話をしてもらうのが大好きなのです
④ (動植物が生きるために)必要とする; 好む: Цветы́ лю́бят во́ду. 花には水が必要だ
◆лю́бишь не лю́бишь 好むと好まざるとに関わらず | Прошу́ 〜 и жа́ловать. どうぞよろしく, どうぞごひいきに思えま, 愛せる ‖**〜ся** [不完] 〈与〉にかわいらしく思える, 愛せる

**Любля́на** [女1] リュブリャナ(スロベニアの首都)

**лю́бо** [無人述] [俗]楽しい, 心地よい: 〜-до́рого とても楽しい

**\*любова́ться** -бу́юсь, -бу́ешься [不完] / **по-** [完] [admire]〈[具]/на[対]〉〈…を〉見ている, 〜をうっとりと眺める, 観賞する: 〜 ви́дом го́рода 街の眺めにうっとりする | Отсю́да мо́жно 〜 панора́мой це́нтра Петербу́рга. ここからペテルブルクの中心部のパノラマを楽しめます ②〈行為などに感嘆[感心, 感服]する〉: 〜 рабо́той ма́стера 名人の仕事ぶりに感服する | 〜 на игру́ кома́нды チームのプレーを見て感動する
‖**любова́н|ие** [中5]: В Япо́нии существу́ет тради́ция -ия цвету́щей са́куры. 日本ではお花見をする風習がある

**\*любо́в|ник** [男2] /**-ца** [女] [lover] ① [話]愛する人; бы́вший 〜 昔の愛人 ② [男] [劇]恋人役を演じる俳優: пе́рвый 〜 恋人役の男性

**любо́вный** 短 -вен, -вна [形1] [love] ①恋愛の, 愛のこもった: -ое письмо́ ラブレター | рома́н с -ой 

**люби́м~** など省略

小説 | -ая исто́рия 恋愛事件, ロマンス | 〜 треуго́льник (恋の)三角関係 | -ая ли́рика 恋愛詩 | вступи́ть в -ую связь с …と恋愛関係に入る ②丹念な, 注意深い, 心のこもった, 行き届いた: 〜 ухо́д за больны́ми 病人たちへの行き届いた看護 ③ [俗]媚を呼び起こすための: -напи́ток ほれ薬

**\*любо́в|ь** [リュボーフィ] 生・与・前-бви́, 造 -бо́вью [女10] [love] ①愛, 愛情; 慕う気持ち, 好意: матери́нская 〜 母親の愛 | 〜 к Бо́гу [лю́дям, живо́тным] 神[人々, 動物]への愛 | бра́тская 〜 兄弟愛 | 〜 к Ро́дине 祖国愛 | 〜 к бли́жнему 隣人愛 | испы́тывать 〜 愛を感じる ②恋愛感情, 恋: пе́рвая 〜 初恋 | настоя́щая [ве́чная] 〜 真実[永遠]の愛 | с пе́рвого взгля́да 一目ぼれ | взаи́мная 〜 相思相愛 | несча́стная 〜 失恋 | стра́стная [безотве́тная] 〜 情熱的な[叶わぬ]恋 | призна́ние в любви́ 愛の告白 | платони́ческая 〜 精神的な愛, プラトニックラブ | физи́ческая [пло́тская, полова́я] 〜 肉体的な愛, 性愛 | по́льзоваться -ью 寵愛を受ける, 愛される | Я умира́ю от любви́ к тебе́! 君に恋焦がれて死にそう! | Л- зла — полю́бишь и козла́. 恋は盲目(←恋は曲者, ヤギにもほれる) (b) [集] 性的関係: занима́ться -ью 性交する ③ [話]恋人: Это моя́ 〜. この人は私の彼女 [私の彼氏]だ ④〈к[与]〉…の愛好, 愛着, 嗜好, 愛; 執着: 〜 отца́ к му́зыке [приро́де] 父の音楽[自然]への愛 ◆из любви́ к иску́сству 打算でなく, 好きで | крути́ть с 〜 [俗]〈кого́-л〉とできている | Сове́т да 〜! お幸せに(新郎新婦などへの言葉)

**Любо́в|ь** Любо́ви [女10] リュボーフィ(女性名; 愛称 Лю́ба)(★類似名を異なり, 格変化は ь で はじまる)

**\*любозна́тельн|ый** 短 -лен, -льна [形1] [知識欲のある]: 〜 чита́тель 知識欲旺盛な読者 | 〜 ум 探究心旺盛な知性 ‖**-ость** [女10]

**\*любо́й** [リュボーイ] [形変化] [代] [定] [any] ① (а)どんな…でも(ка́ждый) (b)あらゆる (всякий) (c)任意の (како́й уго́дно): 〜 цено́й доби́ться успе́ха どんな犠牲を払ってでも成功を勝ち取る | в -ых усло́виях いかなる条件においても | -ая доро́га где́-нибудь конча́ется. どんな道でもどこかで終わる | в -ое вре́мя いつ(何時)でも | Возьми́ 〜 стака́н. どのグラスを取ってもいいよ ②〜 [男2]/-ая [女2] 各人; 誰か; 任意の人, どんな人でも誰でも: 〜 из нас 我々のうち誰か1人 | 〜 -ое [中2] 任意の物, どれでも: Выбира́й -о́е. どれでも選んで

**\*любопы́тно** [リュボプィートナ] [curiously] ① [副] 興味を持って, 物見高く: 〜 услы́шать 興味を持って聞く ② [無人述] 興味がある, 〜したい, 好奇心をそそられる: Ему́ бы́ло о́чень 〜 узна́ть, что же произошло́ там. 彼はどこで何が起きたのか非常に知りたがった

**\*любопы́тн|ый** [リュボプィートヌイ] 短 -тен, -тна [形1] [curious] ①好奇心の強い, 何でも知りたがる, 知識欲の旺盛な: 詮索好きな; 〜 [男2]/-ая [女2] 好奇心旺盛な人: 〜 челове́к 好奇心の強い人 | 〜 взгляд 好奇心旺盛な眼差し | -ный -ых 覗き屋 ②興味深い, 面白い, 興味をそそる, 注目に値する: 〜 факт [приме́р, слу́чай] 興味深い事実[例, 事例] | о́чень -ая исто́рия | то́чка зре́ния 非常に興味深い話[観点] ‖**-ость** [女10]

**\*любопы́тство** [ц] [中1] [curiosity] 好奇心, 知りたがり, 詮索好き; пра́здное 〜 物好き | спра́шивать из пусто́го -а 好奇心に駆られて質問する | удовлетвори́ть 〜 好奇心を満たす | Л- на́до мной вверх. 好奇心に負けた, 知りたくてたまらなかった

**любопы́тствовать** [ц] -твую, -твуешь [不完] / **по-** [完] 好奇心を起こす

**лю́бушка** 複生 -шек [女2] [方]恋人(女性)

**любя́щий** [形6]〔現能＜люби́ть〕愛情のこもった

**люд** -a/-y [男1]《集合》人々, 集団

**Лю́да** [女1]〔愛称〕＜Людми́ла

*лю́ди [リューヂ] люде́й, лю́дям, люде́й, людьми́, лю́дях [複] ①(a)[集合＜челове́к] (b)[ある分野の]人々, …畑の人々: ～ нау́ки [иску́сства] 科学者［芸術家］たち | ～ моего́ поколе́ния 私の仲間たち ②〔話〕世間の人, 他の人, よそ様: Об э́том всё ～ та́к говоря́т. そのことについてはみんなそう言っている ③〔旧〕[агрの下で働く]使用人 ④〔軍〕兵員, 人員 ◆вы́вести в ～ 世の中[世間]に出してやる | вы́биться [проби́ться, вы́йти] в ～ (苦労の末に)世の中になる, 一人前になる, 出世する, 出世する | **на́ людях** [**показа́ться**] **на лю́ди** 人のいるところに出る | **на лю́дях** 人前で | **пойти́** [**уйти́**] **в** ～ 家を出て稼ぎに出る | **при лю́дях** 他人の前で | **Лю́ди!** (助けを呼ぶ際に)誰か!

**Людми́ла** [女1] リュドミラ(女性名; 愛称 Лю́да, Лю́ся, Ми́ла)

**лю́дный** 短 -ден, -дна [形1] 人口の多い, 多人数の

**людое́д** [男1]/**-ка** 複生 -док [女2] 人食い; 極悪人 **//～ский** [ц] [形3]

**людое́дство** [ц] [中1] 人食い; 蛮行

*людск|о́й [ц] [形4] 〈human〉人の, 世間の; 人間に特有の, 人としての: ～ род 人類 | ～ пото́к 人の流れ | -а́я молва́ 世間の噂 | -о́е го́ре 人類の不幸 | -и́е материа́льные ресу́рсы [поте́ри] 人および物的資源[損失]

**М, м**

*люк [男2] 〈manhole, hatch〉マンホール; 天窓, 明かり窓; サンルーフ: [劇](舞台の床の)開閉口, 落とし戸; [ハチ, 鳩口(はと); [海](舩側の)砲門: ~ канализацио́нный ～ マンホール | автомоби́льный ～ (車の)サンルーフ | упа́сть в ～ マンホールに落ちる **//～овый** [形1]

**люкс**[1] [男2] 《理》ルクス(照度単位)

**люкс**[2] [男1] ①(不変)[形] 豪華な, デラックスな ②[男1] 特等室 **//～овый** [形1] 特等の; デラックスな

**Люксембу́рг** [男1] ルクセンブルク, その首都

**лю́лька** 複生 -лек [女2] ①〔俗・方〕揺り籠 ②つり足場 ③〔方〕キセル

**люмба́го** (不変)[中] 《医》腰痛

**люминесце́нтный** [形1] 《理》冷光の: -ая ла́мпа 蛍光灯

**люминесце́нция** [女9] 《理》冷光, ルミネセンス

**лю́мпен** [男1] 〔話〕ルンペン, 浮浪者

**люне́т** [男1] ①[窓, 扉]の半月窓 ②[軍]眼鏡堡 ③望遠鏡

**люпи́н** [男1] 《植》ルピナス属, ハウチワマメ **//～овый** [形1]

**лю́рекс** [男1] 《商標》ルレックス(金属糸)

**лю́стра** [女1] シャンデリア **//～овый** [形1]

**Лю́ся** (女5変化) [男・女] 〔愛称〕＜Людми́ла, Илья́

**лютера́н|ин** 複 -а́не, -а́н [男10]/**-ка** 複生 -нок [女2] 《キリスト教》ルター派信者 **//～ский** [形3]

**лютера́нство** [中1] 《キリスト教》ルター派

**лю́тик** [男1] 《植》キンポウゲ属: ～ е́дкий ミヤマキンポウゲ(薬用) **//лю́тиков|ый** [形1]: -ые [複名]《植》キンポウゲ科

**лю́тн|я** 複生 -тен [女5] 《楽》リュート **//～евый** [形1]

**лютова́ть** -ту́ю, -ту́ешь [不完] ①〔俗〕凶暴に振舞う ②〔嵐・厳寒など自然現象が〕荒れ狂う

**лю́т|ый** 短 -лю́т, -та́, -то [形1] ①容赦のない, 残忍な ②厳しい **//-ость** [女9]

**люф|а́, лю́ффа** [女1] 《植》ヘチマ属; その実の繊維: ～ еги́петская ヘチマ | гу́бка из -ы́ [лю́ффы] ヘチマたわし

**люце́рн|а** [女1] 《植》ウマゴヤシ **//～овый** [形1]

**ля** (不変)[中] 《楽》(音階の)ラ(→до́[活用]

**ляг** [命令]＜лечь

**ляга́вый** (形1変化)[男名]〔俗〕刑事, サツ; スパイ(лега́вый)

**ляга́ть** [不完]/**лягну́ть** -ну́, -нёшь [完] 〈蹴〉 ①(動物が)蹴る ②〔俗〕ばかにする **//～ся** [不完]/[完] ①(不完)(動物が)蹴る癖がある ②(動物が)蹴り合う

**ля́гу** [1単未]＜лечь

**лягуша́тник** [男2] ①カエル飼育容器 ②〔話〕幼児用プール

*лягу́шк|а 複生 -шек [女2] 〈frog〉《動》カエル: зелёная ～ ヨーロッパノサマガエル | древе́сная ～ アマガエル | ～-кваку́шка 《民話》ゲロゲロ鳴くもの, カエル | Где́-то ква́кают -и. どこかでカエルが鳴いている **//лягуша́чий, лягу́шечий** [形9], 〔俗〕**лягу́шиный** [形1]

**лягушо́нок** -нка 複 -ша́та, -ша́т [男9] カエルの子

**ляду́нка** 複生 -нок [女2] 銃弾入れ

**ля́дьвешь** [2単未]＜лечь

**ля́жка** 複生 -жек [女2] 〔話〕太もも

**ля́зг** [男2] ガチャガチャする音

**ля́згать** [不完]/**ля́згнуть** -ну, -нешь 命 -ни [完] [一回] ガチャガチャ[ガチャッと]音を立てる

**ля́-ля** [男5]〔幼児〕おちびちゃん, 小さい子

**ля́-ля́** (不完)[複] ◆～ **разводи́ть** 〔俗〕無為に過ごす

**лям** [男1] 〔隠〕100万(ルーブル, ドルなど)

**ля́мк|а** 複生 -мок [女2] ①引き綱, 背負いひも, ストラップ ②〔話〕つらい単調な仕事: -у тяну́ть つらい単調な仕事をする ③刑罰

**Ляоду́н** [男1] 遼東(中国の地名)

**ля́п** [男1]〔話〕失敗, 拙速な仕事での不手際

**ля́пать** [不完]/**ля́пнуть** -ну, -нешь 命 -ни 完 -тый [完] ①〔俗〕〈蹴〉 ①失言する ②〈完 на-, с-〉受過(-панный)〈蹴〉/〔旧〕/無補詞〉いい加減にやる, 急いで[下手に]書く[描く, 作る] **//～ся** [不完]/[完] ①落ちる, 倒れる ②ぶつかってけがをする

**ля́пис** [男1] 《化》硝酸銀

**ля́пис-лазу́рь** (不変)-[女10] 《鉱》ラピスラズリ; 青色の顔料

**ля́псус** [男1]〔文〕誤り, 失策

**ля́рд** [男1] ラード, 豚の脂 **//～овый** [形1]

**ля́сы** [複] ◆точи́ть ～ 〔俗〕無駄話をする


# M м

**м** 〔略〕метр

**М** 〔略〕〔表示〕метро́; мужско́й (туале́т); масшта́б; ме́га..

**м.** 〔略〕мину́та; майо́р; мужско́й (род); мыс

**М.** 〔略〕Москва́

**мА** 〔略〕миллиампе́р

**маари́в** [男1]〔ユダヤ〕マアリーブ, 夕べの礼拝

**маастри́хтский** [ц] [形3]: *М*～ догово́р Маастри́хт条約(欧州連合創設に関する条約; 1992年)

**мавзоле́й** [男6] 廟(びょう), 陵墓: ～ В.И. Ле́нина レーニン廟 | импера́торский ～ 天皇陵, 皇帝陵

**мавли́д, мавлю́д** [男1] 《イスラム》(ムハンマドの誕生日を祝う)預言者生誕祭

**ма́вр** [男1] ①ムーア人 ②モーリタニア人

**маврита́н|ец** -нца [男3]/**-ка** 複生 -нок [女2] モーリタニア人 **//～ский** [形3]

**МАВТ** 〔略〕Междунаро́дная ассоциа́ция возду́шного тра́нспорта 国際航空運送協会, IATA

(★ИАТА とも)

**маг** [男2] ① (古代バビロニアなど東方世界の)占星術師, マギ ② 賢者; 魔術師 ③ 達人; 他者への影響力のある人 ◆~ **и волшéбник** [戯] 何事もたやすくやり遂げてしまう人

**маг.** 〔略〕магази́н

**Магада́н** [男2] マガダン(同名州の州都) ∥ **магада́нск|ий** [形3]: *M-ая о́бласть* マガダン州(極東連邦管区) ■ *-ое вре́мя* マガダン時間(UTC+11)

**магази́н** [男1] ① 店・隠)店, スーパー ② 〔軍隊・隠〕(ピストルの)装弾子

*\*магази́н** [男1] [マガジーン] [男1] [store, shop] ① ショップ, 商店: кни́жный [хле́бный] ~ 本[パン]屋 | кругосу́точный ~ 24時間営業の店 ② (銃の)弾倉, (カメラなどの)マガジン ③ 〔養蜂〕巣礎枠 | ~ 〔電〕抵抗箱 ∥ **~ный** [形1]

**магази́нщик** [男2] 〔話〕店主, オーナー

**магара́джа, махара́джа** [男4変化] [男](インドの)マハラジャ

**магары́ч, -á** [男1] 〔話・俗〕(取引成立の祝い・褒美として)宴会, 饗応; 祝杯

**Мага́с** [男1] マガス(イングーシ共和国の首都; 北カフカス連邦管区)

**МАГАТЭ** [マガテー] 〔略〕Междунаро́дное аге́нтство по а́томной эне́ргии 国際原子力機関, IAEA

*\*маги́стр** [男1] ① 修士(号) (★маги́стр гуманита́рных нау́к に対応する学位呼称 ★ Master of Arts) ② 〔史〕(中世の)騎士会議の議長: Вели́кий ~ Ма́льтийского о́рдена マルタ騎士団総長 | **маги́стерский** [形3]

**магистра́л|ь** [女10] ① (鉄道などの)幹線, 本線; (水道・ガスの)本管: стальны́е *-и* 鉄道網 | ~ се́ти (インターネットの)バックボーン回線 ② 高速道路 ③ 物事の本筋

**магистра́льн|ый** [形1] 幹線[本線]の; 主要[重要]な: *-ая доро́га* 幹線道路

**магистра́т** [男1] ① (独など)市町村役場, 行政府 ② 〔露史〕(帝政期の)地方裁判所 ③ 下級判事, 警察官 | **~ский** [形3]

*\*магистрату́ра** [女1] 〔単〕〔集合〕修士課程 ② (西欧諸国の)裁判所 ③ 〔露史〕帝政期の市会 ④ 〔古〕執政官

*\*маги́ческий** [形3] ① 魔術の, 魔法の: ~ круг 魔法円 ② 魔法のような, 魅惑の ■ **~ квадра́т** (数字の)魔方陣, 方陣

**маги́чески** [副] 魔法のように, 奇跡的に

*\*ма́ги|я** [女9] 〔単〕魔術, 魔法 (волшебство́, колдовство́): бе́лая [чёрная] ~ 白[黒]魔術 ② 〈回の〉(魔法のような)大きな力[影響力], 魅力: ~ му́зыки 音楽の魔法

**ма́гма** [女1] 〔地〕マグマ ∥ **~ти́ческий** [形3]

**магна́т** [男1] ① 大資本家, 大産業オーナー: нефтяно́й ~ 石油王 ② (君主国の)大領主

**магнези́т** [男1] 〔鉱〕マグネサイト ∥ **~овый** [形1]

**магне́зия** [女9] 〔化〕マグネシア, 酸化マグネシウム(工業用・医療用粉末; 便秘薬の成分)

**магнети́зм** [男1] ① 磁気学 ② 磁気, 磁性, 磁力, 磁気現象

**магне́тик** [男2] 〔電〕磁性体

**магнети́т** [男1] 〔鉱〕磁鉄鉱

**магнети́ческий** [形3] 磁気の, 磁気を帯びた

**магне́то** 〔不変〕〔中〕高圧磁石発電機, マグネト

**магнетро́н** [男1] 〔理〕マグネトロン

**ма́гн|ий** [男7] 〔化〕マグネシウム(記号 Mg) ∥ **~иевый** [形1]

**магни́т** [男1] ① 磁石, マグネット: постоя́нный ~ 永久磁石 | ~ на холоди́льник 冷蔵庫に貼りつけるマグネット ② 人を引きつけるもの[人]; 集客力ある商業施設 ∥ **~ик** [男2] 〔指小〕

**магни́тить** -ни́чу, -ни́чишь 〔不完〕/**на**- 受過 -ни́ченный [完] 〈他〉① …に磁性を与える ② 〔話〕〈人を〉魅惑する

**магни́тн|ый** [形1] 磁気〔磁場, 磁性〕の: *-ая ка́рта* [ка́рточка] 磁気カード | ~ желе́зняк 〔鉱〕磁鉄鉱

**магни́то..** 〔語形成〕"磁気の", "磁石の, マグネットの"

**Магнитого́рск** [男2] マグニトゴルスク(チェリャビンスク州の中都市; ウラル連邦管区)

**магнитодина́м|ика** [女2] 磁気力学 ∥ **~и́ческий** [形3]

**магнито́ла** [女1] ラジカセ, カセット付ミニコンポ: автомоби́льная ~ カーステレオ

**магнито́метр** [男1] 磁気計, 磁力計

**магни́то-опти́ческий** [形3] 光磁気の: ~ ди́ск 光磁気ディスク, MO

**магнитосфе́ра** [女1] 磁気圏

**магнитофо́н** [男1] ① テープレコーダー: кату́шечный ~ オープンリール式記録再生生機 | видеокассе́тный ~ ビデオデッキ ② (テープ・ディスク式の)磁気記憶装置(ハードディスク, DAT など) ∥ **~ный** [形1]

**магни́тоэлектри́ческий** [形3] 電磁気の, 電磁石の

**магниту́д|а** [女1] マグニチュード: землетрясе́ние *-ой ше́сти ба́ллов* マグニチュード6の地震

**магно́л|ия** [女9] 〔植〕モクレン属 ∥ **-иевый** [形1]

**маго́г** [男1] 〔聖〕マゴグ ◆**Го́г и М**-「ゴグとマゴグ」, 恐怖をもたらす敵[相手](黙示録)

**мада́м** 〔不変〕[女] ① マダム, 夫人, (呼びかけで)奥様; 〈姓と共に〉…様 ② 〔露史〕(帝政時代の)富裕家庭の外国人女性家庭教師

**мадапола́м** [男1] マダポラム(下着用綿布)

**мадемуазе́ль** [дм; 9] 〔不変〕[女] ① お嬢さま; 〔人名と共に〕…様 ② (帝政時代の)富裕家庭の外国人女性家庭教師(独身者)

**маде́ра** [э] [女1] マデラ(酒)

**маджли́с** [男1] (中央アジア・イスラム圏の)議会(★ мажили́с, меджли́с とも)

**маджо́нг** [男2] 麻雀

**мадо́нна** [女1] 〔カトリ〕聖母マリア; その像[画] ② 美しい清楚な女性

**Мадри́д** [男1] マドリード(スペインの首都)

**мадрига́л** [男1] 〔文学〕マドリガル(詩の形式) ∥ **~ьный** [形1]

**мадья́р** [男1] /**~ка** 複生 -рок [女2] マジャール人(ハンガリー人の自称) ∥ **~ский** [形3]

**маета́** [女1] 〔話・俗〕① 苦しみ, つらいこと ② 面倒な[煩わしい]こと

**мае́т|ный** [形1] 〔話〕① 苦しい, つらい ② 面倒な, 煩わしい ∥ **-о** [副]

**мае́чка** [女2] 複生 -чек [指小・愛称] < ма́йка

**мажили́с** [男1] (カザフスタンの)下院, 議会

**мажо́р** [男1] 〔単〕① 〔楽〕長調(↔мино́р) ② 〔話〕明るくうきうきした気持ち: быть в *-e* 上機嫌だ ③ 〔俗〕金持ち; ぼんぼん, 親の七光りのある子 ④ [副] うまく, 上手に

**мажордо́м** [男1] 執事長, 召使頭

**мажо́ристый** [形1] 〔若者・蔑〕 <мажо́р③

**мажорита́рн|ый** [形1] ① 多数決方式の ② (選挙で)単純多数制の: *-ая систе́ма* 単純多数制

**мажо́рн|ый** 短 -рен, -рна [形1] ① 〔楽〕長調の: *-ое трезву́чие* 長三和音 ② 明るい, 元気のいい ③ 〔俗〕金持ちの ∥ **-о** [副] 明るく, うきうきと

**мажо́рский** [形1] 〔若者・蔑〕 <мажо́р③ | **-ство** [中1] 金持ちらしい態度, 振る舞い

**маз** [男1] ① (ビリヤード・ギャンブルで)賭け金の追加, メ

**МАЗ**

イス ②(ビリヤードの)キュー

**МАЗ** [マース] [男1] ミンスク自動車工場(Ми́нский автомоби́льный заво́д); その工場製大型車, バス車両 **//ма́зовский** [形3]

**ма́з|а** [女1] ①《俗》《若者》チャンス ②《若者》コネ, つながり ③《若者》いい考え, アイディア ④《犯罪・隠》擁護, かばうこと

◆**без —ы́** 無理だ, できない | **да́ть -y** 《俗》(1)(射撃で)的を外す (2)失敗する, しくじる, チャンスを逃す | **не в —y** 《俗》…にふさわしくない, 合わない

**ма́зание** [中5] 油, ペンキ; 軟膏を塗ること; 塗装; 注油

**ма́занка** 複生 -нок [女2] 《方》 泥壁づくりの小屋

**мазану́ть** [完][一回] 《話・粗》= мазну́ть

**ма́заный** [形1] ①泥でできた, 粘土[日干しれんが]で作った ②《話》汚らしい

**маза́р** [男1] 《イスラム》聖者の墓; 礼拝施設

\***ма́зать** ма́жу, ма́жешь 受過 ма́занный [不完] / **мазну́ть** -ну́, -нёшь [完][一回] [smear, oil]

①[完 на-, по-]《а》〈液体・油・軟膏・バターなどを〉塗る: ~ хле́б ма́слом パンにバターを塗る (b)《話》(下手に)塗り描く: ~ гу́бы 口紅を塗る

②[完 за-, на-]《話》〈液体・油・軟膏を〉塗り汚す

③《無補語》触ったものを汚す ④《俗》〈土壁を〉塗る

⑤[完 про-]《俗》〈無補語〉へまをやる; 失敗する: ~ по пое́здке 約束を果たさない

**ма́заться** ма́жусь, ма́жешься [不完] 《話》①[完 на-, по-]《液体・油・軟膏を》化粧する ②[完 вы́-, за-, из-]汚れる ③触ると汚れる: Стена́ ма́жется. 壁に触るとペンキがつく

**Ма́зда, ма́зда** [女1] マツダ製乗用車

**маздеи́зм** [э] [男1] ゾロアスター教, 拝火教

**ма́зевый** [形1] 軟膏(ма́зь)の

**ма́зер** [э] [男1] 《電》メーザー

**мази́ла** (女1変化)[男・女] 《話》①薄汚い人, だらしない人 ②(下手くそな)画家[作家] ③(射撃・ゲームで)失敗ばかりする人

**мази́лка** 複生 -лок [女2] 《話》①刷毛, ブラシ [男・女]《蔑》絵描きさん ②軟膏

**мази́ровать** -рую, -руешь [不完] 《隠》《俗》庇護する, かばう

**ма́зкий** 短 -зок, -зка́/-зка, -зко [形3] 《俗》触ると汚れる; ペンキが塗り立ての

**мазни́ца** [女3] ①タール用容器 ②刷毛, ブラシ (мази́лка)

**мазну́ть** [完] → ма́зать

**мазня́** [女1] 《話》下手くそな絵, 手紙; そんざいな仕事; 失敗したプレー

**мазо́к** -зка́ [男1] ①一筆, 一塗り ②塗抹標本: ана́лиз на ~ [医]癌布検査 ③うっかりミス, へま, 誤射

**мазохи́зм** [男1] [医]マゾヒズム, 被虐症

**мазохи́ст** [男1] / **~ка** 複生 -ток [女2] マゾヒスト, マゾ

**мазу́рик** [男2] 《俗》詐欺師, 泥棒

**мазу́р|ка** [女2] 《舞・楽》マズルカ(ポーランドの舞踊; その音楽) **//~очный** [形1]

**мазу́т** [男1] [技]重油, 残渣油(油) **//~ный** [形1]

\***ма́зь|а** [女10] (薬用・絵画の)クリーム; (機械用的の)グリース ◆**на -и́** [子](物事が達成に向かって)順調[円滑]に, さくさくと

**мазю́кать** [不完] 《話》= ма́зать ②③④

**МАИ** [マイー] 《略》Моско́вский авиацио́нный институ́т モスクワ航空大学

**Ма́ Инцзю́** (不変) [男] 馬英九(1950-; 台湾の第12代および第13代総統)

**маи́с** [男1] トウモロコシ (кукуру́за) **//~овый** [形1]

\***ма́й** [マーイ] [男6] 〔May〕①5月

[語法] ①副詞的な「何月に」は в + 月名の前置格: пое́хать в Ки́ев в ма́е 5月にキエフへ行く

②《月日の表現》 日付は序数詞中性単数+月名の生格: пе́рвое ма́я 5月1日; 副詞的な「何月何日に」は日付も生格: пе́рвого ма́я 5月1日に

: пе́нсия на ~ 5月分の年金 | в нача́ле [середи́не, конце́] ма́я 5月の始め[中旬, 末]に | с ма́я до ию́ля 5月から7月まで ★厳密には7月は含まないが, 日常的には曖昧に使われている。| пое́хать в Ки́ев на ~. 5月に過ごしにキエフへ行く | Приближа́ется [Ско́ро] ~. もうすぐ5月だ | Наступи́л ~. 5月になった | Конча́ется ~. もう5月も終わりだ | Сейча́с идёт ~ две ты́сячи четы́рнадцатого го́да. 今は2014年の5月だ | М~ холо́дный — год плодоро́дный. [諺]寒い5月は豊年 ②M~ 《俗》= Пе́рвое ма́я ■ **Пе́рвое ма́я** (1) メーデー (2) 《話・滑》月経 | **Девя́тое ма́я** (1941 -45年の)対独戦勝記念日(День побе́ды)

**майда́н** [男1] ①《俗》(南ロシア・ウクライナで)バザール, 市の立つ広場 ②M~ (キエフの)独立広場; そこで起きた反政府デモ **//~ный** [形1]

\***ма́йка** 複生 ма́ек [女2] タンクトップ, ランニングシャツ

**Майко́п** [男1] マイコープ(アディゲ共和国の首都; 南部連邦管区)

**ма́йна¹** [女1] (湖面の)氷上にできた大きな亀裂[穴]

**ма́йна²** [間] (荷役作業で)降ろせ! (↔ви́ра)

**ма́йник** [男2] 《植》マイヅルソウ属

**майо́лик|а** [ё] [女2] マヨリカ[マジョリカ]焼(陶器) **//~овый** [形1]

**майоне́з** [з; э] [男1] マヨネーズ **//~ный** [形1]

**майо́р** [ё] [男1] [軍] (ロシア軍・警察で)少佐 **//~ский** [形3]

**майора́н** [я] [男1] 《植》マジョラム

**майора́т** [я] [男1] [法]長男子[単独]相続権[制]; その土地

**ма́йск|ий** [形1] 5月の: ~ие (пра́здники)《俗》メーデーの祝日, ゴールデンウィーク

**ма́йя¹** (不変)[男・女] マヤ族, マヤ人

**ма́йя²** [不変] [女] 木綿地

**мак** [男2] [植]ケシ属: ~ голостебельный シベリアヒナゲシ | ~ самосе́йка ヒナゲシ ②(食用の)ケシの実: руле́т с ~ом ケシの実入りのロールケーキ ③《若者》マック, マクドナルド

**Мак** [男2] 《コン》マック (макинто́ш)

**МАК** [マーク] [男1] Межгосуда́рственный авиацио́нный комите́т 国家間航空委員会(旧ソ連11か国が提携して組織する)

**макада́мия** [女9] 《植》マカダミア属: оре́х ~ в шокола́де マカダミアナッツチョコ

**мака́к|а** [女2] 《動》マカク属: ~-ре́зус アカゲザル | япо́нская ~ ニホンザル

**мака́о** (不変)①[中] マカオ(賭けトランプの一種) ②[男] コンゴウインコ

**мака́р** [男1] 《俗・戯》: каки́м ~ом どんな風に | таки́м ~ом そんな風に

**Мака́р** [男1] マカール(男性名)

**макаро́н** [男1] 《料理》マカロン

**макаро́нник** [男1] ①《料理》マカロニグラタン ②《俗・蔑・戯》イタリア人

**макаро́н|ы** -он [複] マカロニ; パスタ類 **//~ный** [形1]

**мака́ть** 受過 ма́канный [不完] / **макну́ть** -ну́, -нёшь [完][一回]〈В+対格に〉浸す: ~ хле́б в мёд パンを蜂蜜に浸す

**Макда́к, МакДа́к** [男2] 《話》= Макдо́налдс

**Макдо́налдс** [ц] [男1] 《商標》マクドナルド (ファーストフードチェーン)

**Македо́ния** [女9] マケドニア(首都は Ско́пье)
**маке́т** [男1] ①模型, 見本, モデル, 試作品 ②《印》刷り見本 **// ~ный** [形1]
**макети́ровать** -рую, -руешь [不完] 〈ボ〉模型[見本]を制作する
**маке́тчик** [男2] 模型職人, 模型製作者
**макиаве́ллизм** [男1] マキャヴェリズム
**макинто́ш** [男4] ①《コン》マッキントッシュ(アップル社製コンピュータ) ②ゴム引きの防水レインコート
**макия́ж** [男4] ①メイクアップ, 化粧 ②メイク用品 粉飾, 真実の改竄 ◆**наводи́ть** ~《話》美化する, 粉飾する **// ~ный** [形1]
**Маккаве́и** [男6]《史》(ユダ)マカバイ(紀元前2世紀のユダヤ独立運動の指導者) ②《複》《聖》マカベア書
**Маккаве́йск|ий** [形1] : Кни́га _-ая_ 《聖》マカベア書(旧約続編;一部は外典)
**макла́к** -а́ [男2] ①転売で暴利をむさぼる中間業者 ②《旧》(小規模な品物の)ブローカー, 仲介人 (ма́клер)
**ма́клер** [男1]《商》ブローカー, 仲介人 **// ~ский** [形3]
**ма́кли** -ей [複]《若者》コンタクト, つながり;いんちき
**макну́ть** [完] →мака́ть
**ма́ковка** [女9] ①ケシの実 ②(ケシの実を使った)おこし, 菓子 ③《話》教会の丸屋根 ④《話》てっぺん (маку́шка) ⑤《俗》天頂の円形冠
**ма́ковый** [形1] ケシの(実の)
**макраме́** [э] (不変) [中]《服飾》マクラメ, マクラメ編み
**макре́ль** [女10]《魚》サバ(科) **// макре́левый** [形1] : _-ые_ [複系] サバ科
**макро..** [語形成]「大きな」「大…」「マクロ…」
**макробло́к** [男2] マクロブロック
**макрови́рус** [男1]《コン》マクロウイルス
**макрода́нные** (形1変化) [複名] マクロデータ
**ма̀роко́см, ~ос** [男1] 大宇宙, マクロコスモス(↔микроко́см)
**макроли́нза** [女1]《写》マクロレンズ
**макрома́ркетинг** [男1]《経》マクロマーケティング
**макроми́р** [男1] マクロワールド
**макромолеку́л|а** [女1]《化》高分子, 巨大分子 **// -я́рный** [形1]
**ма́крос** [男1]《コン》マクロ
**макросейсми́ческ|ий** [形3] 広域地震の
■ Европе́йская _-ая_ шкала́ ヨーロッパ震度階級 (1998年から欧州各国で採用されている震度階級) | _-ие_ колеба́ния 広域地震動
**макросе́йсмы** -ов [複] (広域)地震
**макроскопи́ческий** [形3] 肉眼で見える
**макросреда́** [女1] マクロ環境
**макростати́стика** [女2] マクロ統計[データ]
**макросъёмка** 複生 -мок [女2] マクロ写真撮影 **// макросъёмочный** [形1] : ~ объекти́в《写》マクロレンズ
**ма̀кроте́ло** [中1]《コン》マクロ本体
**макрофа́ги** -ов [複]《免疫》マクロファージ, 大食細胞
**макрофотогра́фия** [女9] マクロ[接写]撮影(術), 拡大写真
**ма̀крозконо́м|ика** [女2] マクロ経済(学) **// -и́ческий** [形3]
**макрозы́чный** [形1]《コン》マクロ言語
**макрозыче́йка** 複生 -е́ек [女1]《コン》マクロセル
**макру́рус** [男1]《魚》マクロウルス属
**МАКС** [ма́кс]《略》Междунаро́дный авиацио́нно-косми́ческий сало́н 国際航空宇宙サロン
**ма́кси** (不変) ①[中] (くるぶしより長い)ロングスカート, マキシスカート ②[形] (衣服が)とても長い
**макси́м** [男1] マキシム砲

**Макси́м** [男1] マクシム(男性名;愛称 Ма́кс)
**макси́ма** [女1]《文》格言, 金言;処世訓
**максимали́зм** [男1] ①極限主義 ②《史》最大綱領主義派(エスエル党最左派, 1906年結成)
**максимали́ст** [男1] **/ ~ка** 複生 -ток [女2] ①極限主義者, 目いっぱいの要求をする人 ②《史》最大限綱領主義派構成員 **// ~ский** [cc] [形3] 極限主義(者)の
*** максима́льно** [副] 最大限に, 目いっぱいに : в ~ коро́ткие сро́ки 最短期間で | ~ сконцентри́роваться на рабо́те 仕事に最大限集中する
※**максима́льн|ый** [максима́лн̩ый] 短 -лен, -льна [形1] [maximum] 最大(限)の, 最高の : _-ая_ ско́рость 最大速度 | ~ у́ровень воды́ [гро́мкости] 最大水位[音量] | принести́ [получи́ть] _-ую_ при́быль 最大限の利益をもたらす[受け取る] | для достиже́ния _-ого_ эффе́кта 最大の効果を得るために | в _-ой_ сте́пени 最大限に;かなりの程度に **// -ость** [女10]
**максимизи́ровать** -рую, -руешь 受過 -анный [不完/完]〈ボ〉最大化する
*** ма́ксимум** [ма́ксимум] [maximum] ①[男1] 最高, 最大, 究極, 極限 : ~ уси́лий 最大限の努力 ②[副] 最大で, 脳天 : Сто́ит ~ пять рубле́й. どんなに高くても 5ルーブルだ ③(不変) [形] (後ろから修飾して)= максима́льный : програ́мма-~ 最終目標, 究極の目標 ◆**по**-~у 最大限に, 上限まで : по́льзоваться по-~у ~を最大限に活用する | дать по-~у〈犯罪者に〉上限の刑期を言い渡す
**макулату́р|а** [女1] ①リサイクル紙原料, 古紙 : сбор _-ы_ 古紙回収 ②《蔑》凡作, 駄作,「紙くず」 **// -ный** [形1]
**маку́ха** [女2]《方》(ヒマワリなどの油の)絞りかす
**маку́шк|а** 複生 -шек [女2]《話》①てっぺん, 頂 ②頭の上, 脳天 ◆~ _ле́та_ 夏真盛り | ~ _плане́ты_ 北極点(←地球のてっぺん) | _у ~ _у́шки на ~ е_ 耳をそばだてる, 用心深く耳を立てる **// маку́шечный** [形1]
**мала́га** [女2] マラガワイン(スペイン産デザートワイン)
**мала́|ец** -а́йца [男3] **/ -йка** 複生 -а́ек [女2] マレー人
**малайзи́|ец** -и́йца [男3] **/ -йка** 複生 -и́ек [女2] マレーシア[マレー諸島]の住民 **// -йский** [形3]
**Мала́йзия** [女1] マレーシア
**малаха́й** [男6] ①(バシキール・キルギス人の)耳当て付き毛皮帽子 ②《旧》(農民の)帯なしのマント
**малахи́т** [男1]《鉱》孔雀石 **/ малахи́товый** [形1] : ~ цвет マラカイトグリーン, 青緑色 (зелёный)
**малахо́льный** [形1]《俗》変な, 奇妙な, 鈍い
**малева́ть** -лю́ю, -лю́ешь 受過 -лёванный [不完] **/ на~** [完]〈ボ〉塗りたくる, 下手に描く
**Мале́вич** [男4] マレーヴィッチ (Казими́р Севери́нович, 1878-1935;画家)
**мале́йший** [形6] [最上<ма́лый] 最小の, 最も取るに足らない
**малёк** -лька́ [男2] ①稚魚, 稚貝 ②動物の子
※**ма́леньк|ий** [ма́линкий] 短 мал, -ла́ [形3] [small, little]《話》(寸法・数・年齢・重要性の)小さい, 少ない, 低い, ちょっとした, 幼い(↔большо́й); ~ до́мик 小さいおうち | ~ рост 低い背丈 | ~ би́знес スモールビジネス | отря́д _-ая_ 小部隊 | _-ая_ (стро́чная) бу́ква 小文字 | писа́ть с _-ой_ бу́квы 小文字で書き始める | _-ая_ су́мма 少額 | _-ая_ до́за 少量 | _-ая_ неприя́тность 些細なトラブル | ~ челове́к 小柄な人, 小人, 小物, 凡人 | ~ ма́льчик 少年 | _-ая_ де́вочка 少女
②~ [男生] / **-ая** [女生] 赤ん坊
◆ _по-о́й_ игра́ть (賭け事で)小さく張る | _по-о́й_ (вы́пить, пропусти́ть) 一口飲む, 一杯ひっかける |

**~ да уда́ленький** 山椒は小粒でもぴりりと辛い | **по-ма́ленькому** (へ見出し) ◆ **■~-при́нц**『星の王子様』(サンテグジュペリの小説)

**мале́нько** [副]《俗》ちょっと、しばらく

**мале́ха** (女2変化)[男・女]《俗》子ども、ちび

**мале́ц** -льца́ [男3]《俗》若者、少年、子ども

**мали́к** -á [男2]《狩猟》雪上のウサギの足跡

*мали́н|а [女1] ①《植》キイチゴ属；ヨーロッパキイチゴに、ラズベリー、フランボワーズ ②乾燥キイチゴ(実)の茶(風邪薬・発汗作用あり) ③《隠》(犯罪者の)たまり場になっている住宅(блатна́я ~) ④《隠》(泥棒の標的となる)大きい家[アパート] ◆ **Не жизнь, а ~.** 極楽極楽 | **испо́ртить всю́ ~у** 台無し[めちゃめちゃ]にする

**мали́нник** [男2] ①ラズベリー (мали́на)の茂み ②《若者・戯》女性がたくさんいる場所

**мали́новка** 複生 -вок [女2] ①《鳥》ヨーロッパコマドリ (заря́нка) ②《話》ラズベリーブランデー

**мали́новый** [形1] ①＜мали́на ②(鐘の音が)甘美な、優しい ③赤紫色の

**ма́лица** [女3] マーリツァ(極北民族の服、トナカイ毛皮のフード付きコート)

**ма́лка** 複生 -лок [女2]《技》角度定規

*ма́ло [マーラ] [副] ме́ньше/(比) ме́нее [副] (little, few) ①(不十分な程度・度合・数量)少し、少し[ちょっと]しか…ない: Я вас зна́ю ~. 私はあなたをほとんど知りません 比較 Он ~ говори́т по-ру́сски. 彼は少ししかロシア語を話さない | Он немно́го говори́т по-ру́сски. 彼は少しロシア語を話す

②(述語的にも)＜数量＋□＞…が少ししかない、足りない、乏しい、…では足りない: Ста́ рубле́й ~. 100ルーブルでは足らない | Таки́х люде́й ~. ああいう人は頼まれず | ~ оста́лось [для [е́ чтóбы...] …(する)には…が足りなくなった | Э́того ~. これでは足りない

◆ **~ кто́ [что́, како́й, где́, когда́], ~ кто́ зна́ет [како́й, где́, когда́]** 知っている人はごく限られている | **~ ли кто́ [како́й, где́, когда́]** …する人[物、場所、時]は(少ないだろうから)多い(★ この ма́ло の発音は [mol]): **М~ ли каки́е дела́ быва́ют у челове́ка!** 人には何だっつてあり得るからね | **~ ли что́ ...** (1)…する物は(少ないだろうから)多い、いくらでも…しかねない (2)…はどうでもよい、構わない: **М~ ли что́ вы уста́ли, отдыха́ть сейча́с не́когда.** あなたが疲れたかどうかはどうでもよい、今休憩している暇はない | **~ не** 《俗》すべての点で…しかねない (чу́ть бы́ло не) | [否] **ма́ло не пока́жется** …はひどい目に遭いそうだ | **~~** 《俗》かすかに、辛うじて (чуть-чу́ть); 最低でも、最小でも (са́мое ма́ло) | **~ того́** その上、それだけでなく | **~ того́, что́ ...** …だけではなく、…も: **М~ того́, что́ он мне груби́т, он ещё и врёт.** 彼は私に暴言を吐くばかりか、嘘もつく

**мало..** 【語形成】「少し」「不十分な」「不満足な」

**малоавторите́тный** [形1] 権威性の低い

**малоазиа́тский** [ц] [形3] 小アジアの

**малоакти́в|ный** [形1] ①低活動の ②《理》放射能レベルの低い —**ые отхо́ды** 《化》放射性廃棄物

**малобюдже́тный** [形1] 低予算の、予算額の低い

**малова́ж|ный** [形1] 短-жен, -жна [形1] 重要でない、取るに足らない —**ость** [女10]

**малова́т** -a [形] 短尾]《話》(数量的に)やや小さすぎる、少なすぎる

**малова́то** [副] やや不十分に

**малове́р** [男1] 信仰心の薄い者、信念の足りない人

**малове́рие** [中5] [毎5] 信念[信仰心]が薄いこと

**малове́рный** 短 -рен, -рна [形1] 信仰心の薄い、信念の足りない

**маловеро́ятный** 短 -тен, -тна [形1]《文》信じがたい、ある[起こる]はずのない；異常な、変わった

**малове́сный** 短 -сен, -сна [形1] 重量の軽い、軽量の

**малово́дный** 短 -ден, -дна [形1] ①(河川湖沼の)水量が少ない ②水[雨]に恵まれない、降水量の少ない

**малово́дье** [中4] ①(河川湖沼の)水量低下、水不足 ②渇水、降水不足

**маловразуми́тельный** [形1] 理解しがたい、わかりづらい

**маловырази́тельный** [形1] 表情の乏しい、表現力の薄い

**малогабари́тка** 複生 -ток [女2]《話》狭いアパート[マンション]

**малогабари́т|ный** 短 -тен, -тна [形1] 小さい、小型の；(住宅が)狭い —**ость** [女10]

*малогра́мот|ный 短 -тен, -тна [形1] ①読み書きの能力の劣った、無学な: ~ челове́к 無学な人 ②いい加減な、ぞんざいな: ~ чертёж でたらめな図面 ③専門知識に疎い: полити́чески ~ 政治にめっぽう暗い —**ость** [女10]

**малодосто́верный** -рен, -рна [形1] 信用[信頼]できない、不確実な

**малодосту́п|ный** 短 -пен, -пна [形1] ①(場所が)近付きにくい ②(高額・希少で)入手しがたい ③難解でよくわからない ④(人が)高慢で近寄りがたい —**ость** [女10]

**малодохо́дный** -ден, -дна [形1] 収益の少ない、儲からない

**малоду́шие** [中5] 弱気、小心、意気地なし

**малоду́ш|ный** 短 -шен, -шна [形1] 気の弱い、小心な、意気地なしの —**о** [副]

**ма́л|ое** (形[変形) [中2] 小さなこと、取るに足らないこと ◆ **без -ого** ほとんど

**малое́жка** 複生 -жек(女2変化)[男・女]《話》小食の人

**малоки́рный** [形1] 低脂肪の、ローファットの

**малозаме́тный** [形1] ①あまり目立たない、あまり目につかない ②ありふれた

**малозатра́тный** [形1] 費用がかからない

**малоземе́лье** [中4] 土地不足；耕地[放牧地]不足

**малоземе́льный** -лен, -льна [形1] 土地の少ない、耕地[放牧地]不足の

**малознако́мый** -о́м [形1] ①あまりなじみのない ②(人が)あまり知られていない、有名ではない

**малозначи́тельный** -лен, -льна [形1] ①意義の薄い、取るに足らない ②権威性の薄い、重要でない ③(数量的に)わずかな

**малоизве́данный** [形1] あまり調査されていない、よくは知られていない、知る人ぞ知る

**ма́лоизве́стный** [сн] 短 -тен, -тна [形1] あまり知られていない、広く認知されていない

**малоизу́ченный** [形1] あまり調査[研究]されていない

**ма́лоиму́щий** -ущ [形6] 資産の少ない、貧しい

**малоинерцио́нный** [形1]《理》低慣性の；高速反応の

**малоинтере́сный** [形1] ①面白さに欠ける、つまらない ②《話》(容姿などが)魅力的でない

**малокали́берный** [形1] ①(火器が)小口径の ②《俗・戯》背の低い、チビの

**малокалори́йный** 短 -и́ен, -и́йна [形1] 低カロリーの、熱量の低い

**малоквалифици́рованный** 短 -ан, -анна [形1] さほど熟練していない

**малокомпете́нтный** [形1] 経験[知識、技量]を欠く、適任とはいえない

**малокро́вие** [中5]《話》貧血(症)(анеми́я)

**малокро́вный** 短 -вен, -вна [形1]《話》貧血の、貧

血持ちの
**малокульту́рный** [形1] ①教養がない ②文化的に遅れた
**малоле́сный** [形1] 森林の少ない
**малоле́тка** 複生 -ток (女2変化) [男・女], **малоле́ток** -тка [男2] ①《話》子ども, 未成年者 ②《隠》更生施設
**малоле́тний** [形8] 子ども(向け)の
**малоле́тник** [男2]《植》一年生植物(↔многоле́тник)
**малоле́тство** [ц] [中1]《話》未成年(期), 子どもの頃, 少年時代
**малолитра́жка** 複生 -жек [女2]《話》軽自動車, 小型の乗用車
**малолитра́жный** [形1] ①小容量の ②軽自動車の
**малолю́дный** 短 -ден, -дна [形1] 人の少ない, 過疎の; 送信出力の小さい; 小馬力の; (機械操作などが) 少ない人数で済む
**ма́ло-ма́льски** [副]《話》ちっとでも, ほんの少しでも
**маломальский** [形1]《話》ごくわずかの
**маломе́рка** 複生 -рок [女2]①(サイズが) 小さいもの ②《話》= малолитра́жка
**маломе́рный** [形1] サイズが小さい(足りない)
**мало́метра́жный** [形1] 面積の狭い, 長さの短い
**маломо́щн|ый** [形1] ①《経》資力のない ②体力のない ③送信出力の小さい; 小馬力の **//-ость** [女10]
**маломе́жный** [形1] あまり信頼できない, あまりしっかりしていない
**малонаселён|ный** [形1] 人口の少ない, 居住者数が少ない **//-ость** [女10]
**ма́лообеспе́ченный** [形1] (経済的に) あまり恵まれていない, 貧しい
**малообжито́й** [形2] (住居が) 住みならされていない; (土地が) 人の手が入っていない
**малообита́емый** [形1] 住民の少ない, 人のまばらな; 過疎の
**ма́лообла́чн|ый** [形1]《気象》晴れで散在する雲のある **//-о** [無人述]
**малооборо́тный** [形1] 回転数の低い, 低速の
**малообосно́ванный** [形1] 論拠薄弱な
**малообразо́ванный** [形1] あまり教育を受けていない, 教養の乏しい
**малообщи́тельный** [形1] あまり人付き合いがない, やや引っ込み思案な
**малоо́пытный** [形1] あまり経験を積んでいない, 不慣れな
**малоосво́енный** [形1] 低[未] 開発の
**малоотхо́дный** 短 -ден, -дна [形1] 廃棄物を低減化する; 無駄の少ない
**малопита́тельный** 短 -лен, -льна [形1] あまり栄養にならない, 滋養分の少ない
**малоплодоро́дный** [形1] 実りが少ない, 産出的でない; 成果が上がらない
**ма́лоподви́жный** [形1] ①動きの少ない: ～ соста́в 突っ張った関節 ②活動的でない: ～ о́браз жи́зни デスクワーク中心の生活 ③(顔・目の)表情が豊かではない
**ма́ло-пома́лу** [副]《話》少しずつ, だんだん(★不完了体動詞とも, 完了体動詞とも用いられる): M～ станови́лось тепле́е. 天気は少しずつ暖かくなっていく | M～ он освои́л гита́ру. 彼は徐々にギターの弾き方を身につけた
**малопоня́тный** [形1] わかりづらい, 難しい
**малопочте́нный** [形1] あまり尊敬されない
**малоприбыльный** [形1] 利潤[儲け]の薄い
**малоприме́нимый** 短 -йм [形1] あまり適さない, めったに使用されない
**малоприме́тный** 短 -тен, -тна [形1] あまり目をひかない, ぱっとしない, 特徴があまりない
**малоприя́тный** [形1] あまり愉快ではない, 不快な
**малопроду́кти́вн|ый** [形1] ①あまり生産的でない, 生産量[生産性]の低い ②(家畜が)繁殖力の弱い;(農作物の)収穫性の低い **//-ость** [女10]
**малопроизводи́тельный** [形1] = малопроду́ктивный
**малопью́щий** [形6] あまり酒を飲まない, 付き合い程度しか飲まない
**малора́зви́т|ый** 短 -ит [形1] ①十分に発達していない, 発展途上の ②教養の足りない **//-ость** [女10]
**малоразгово́рчивый** [形1] 無口な, しゃべるのを好まない
**малораспространённый** [形1] あまり普及していない, 一般的でない
**малораствори́мый** [形1] 解けにくい, 難溶性の
**малорента́бельный** [形1] 収益性が悪い, 儲けの出ない
**малоречи́в|ый** [形1] あまりしゃべらない, 口数の少ない **//-ость** [女10]
**ма́лоро́сл|ый** 短 -о́сл [形1] 背の低い **//-ость** [女10]
**малоро́сс** [男1]《旧》小ロシア人, ウクライナ人
**малоросси́йский, малору́сский** [形3]《旧》小ロシア(人)の, ウクライナ(人)の
**Малоро́ссия** [女9] = Ма́лая Русь (→ма́лый)
**малосеме́йка** 複生 -е́ек [女2]《話》小家族[若い夫婦]向けの集合住宅[寮], その部屋
**ма́лосеме́йный** 短 -е́ен, -е́йна [形1] 小家族の
**малоси́льный** 短 -лен, -льна [形1] 力の弱い;《技》小出力[小動力]の
**малосне́жный** [形1] 雪の少ない
**малосодержа́тельный** [形1] 内容[中身]の薄い, 中身の乏しい
**малосо́льный** 短 -лен, -льна [形1] 薄塩の, 塩気の弱い, 減塩の(гипонатрие́вый): ～ огуре́ц 浅漬け塩キュウリ
**малоспосо́бный** [形1] あまり才能のない, 能力の乏しい
**малостоя́щий** [形6] 低価格の
**ма́лост|ь** [女10]《話》 ①小ささ ②取るに足らないこと, くだらないこと ③[副]《俗》少し, ちょっと ◆по -и ほんの少し, ちょっとずつ | са́мую ～ ごくわずかか, 雀の涙ほどの
**малосуще́ственный** [形1] さほど重要でない
**малотира́жный** [形1] 少部数の
**ма́лотокси́чный** [形1] (エンジンなど) 低排出の
**малотонна́жный** [形1] (船が) トン数が小さな
**малоубеди́тельный** [形1] 説得力に欠ける, 根拠の薄い: ～ до́вод 納得のできない論拠
**малоуглеро́дистый** [形1] 低炭素の
**малоуда́чливый** [形1] あまり成功しない, 運の悪い
**малоуда́чный** [形1] 全く運の悪い, ついていない
**малоурожа́йный** [形1] 収穫量が多くない
**малоуспева́ющий** [形1] あまり成功を見ていない
**малоуспе́шный** [形1] 成果[実り]のない, うまくゆかない
**малоутеши́тельный** [形1] ①喜び[慰め]とならない, うれしくない ②(見通しが) あまり明るくない, 楽観的ではない
**малоформа́тн|ый** [形1] 小型の, コンパクトな: -ая газе́та タブロイド紙
**малохо́женый** [形1] 人の通行が少ない
**малоцветко́вый** [形1] 花の少ない, 少花の
**малоце́нный** 短 -е́нен, -е́нна [形1] ①二束三文の

**малочи́сленный** ②大きな意味のない、さほど重要ではない

**малочи́сленн|ый** 短-ен, -енна [形1] ①少人数の ②希少な、数少ない **∥-ость** [女10]

**малочувстви́тельный** [ст] [形1] ①感度が悪い、反応が悪い ②(感情的に)鈍感な

**малоэта́жный** [形1] 階の低い、低層の

**малоэффекти́вн|ый** [形1] 効果性の薄い **∥-о** [副]

\***ма́л|ый** [マールイ] 短 ма́л, -ла́ 比 ме́ньший, ме́ньше 最上級 ма́лейший [形1] ①小さい(ма́ленький-より): ~ во-до́й 低潮、干潮 | Пла́тья на ~ рост. 服は身長の低い人向けである | с ~ыми созда́ния わずかな損害を伴って | -ая плане́та [天] 小惑星

② (короткий ма́л, -ла́で; ма́ленькийの短語尾用) (寸法・数量が)小さな、小さすぎる: Сапоги́-~. このブーツは小さすぎる | Кварти́ра -а́ для семьи́. このフラットはうちの家族には小さすぎる ③年少の、年端のいかない: с ~их лет 幼い時より、幼時より | с де́тства)｜от -а до вели́ка 老いも若きも | Де́ти -ы́е. 子どもたちはまだ小さい | Стáрый да ~. [諺]年寄りも子どもになることがあるものだ(年長者らしからぬ行動を指して言う)

④ -ое [中名] 小事: дово́льствоваться -ым 小事に甘んずる、高望みしない ⑤ [男名] [話]若者、やつ

⑥ [楽]短い(←大きい); -ая те́рция 短3度

◆**без -ого** ~弱、…足らず、…近く (ру́сск.): ~-ого год かれこれ1年 | Без -ого со́рок лет прошло́. 70年弱経過した | **са́мое -ое** もっとも~ (са́мое ме́ньшее): Опа́здываем са́мое -ое на полчаса́. 少なくとも30分は遅れるだろう | **за -ой ну́ждой** 小用を足しに | **мал да уда́л** 小粒でもびりりと辛い | **мал -а́ ме́ньше** (子どもが)いずれも劣らず小さな

■ **Ма́лая Русь** [史]小ロシア(ウクライナの旧称); Малоро́ссия

\***малы́ш** -а́ [男] [話]子ども、幼児、チビ; (動物の)子: Она́ была́ с ~о́м на рука́х. 彼女は子どもを抱いていた **∥-о́вый** [形1]

**малы́шка** 複生 -шек(女2変化) [男・女] ①[愛称] < малы́ш ② [若い女性への呼びかけで]愛する君、ベイビー ③[戯]背の低い人

**малышня́** [女2] [集合] [話]ちびっ子、キッズ

**ма́льва** [女1] [植]ゼニアオイ属 ∥ **ма́львовый** [形1]: -ые [複名]アオイ科

**мальма́** [女1] [魚]オショロコマ

**мальпи́гиев** [形10]: ~ слой [解]マルピーギ層

**ма́льта** [女1] マルサ(天然の鉱物タール)

**мальта́за** [女1] [化]マルターゼ

**мальти́|ец** -и́йца [男3] / **-и́йка** 複生 -и́ек(女2) [男・女] マルタ人 / **мальти́йский** [形3] **～ крест** マルタ十字 | **-ая боло́нка** マルチーズ(犬種)

**мальто́з|а** [女1] [化]マルトース、麦芽糖 **∥-ный** [形1]

**мальтузиа́н|ство** [中1] [経]マルサス主義(者) **∥-ский** [形3] マルサス主義者の

**мальформа́ция** [女1] [医]奇形、先天異常

\***ма́льчик** [マーリチク] [男2] [boy] ①男の子、男児: Я уже́ не ~. 私はもう子どもではない ②若い男性 ③(子もじゃれた)男性

**мальчи́шеск|ий** [形3] ①男の子(ма́льчик)の ②[蔑]子どもじみた、軽率な: -ие вы́ходки 子どもじみたうなずき **∥ по-мальчи́шески** [副] 子どものように、大人げなく

**мальчи́шество** [中1] ①(大人の男性による)子どものような振る舞い ②[蔑]軽率な[浅はかな]行動

**мальчи́шечий** [形1] 男の子の、子どもの

\***мальчи́шка** [マリチーシカ] 複生 -шек(男2変化)[男] [boy] [話] ①男の子、子ども、青年: вести́ себя́ как ~

~ 子ども[男の子]のように振る舞う | у́личный ~ 浮浪児、ストリートチルドレン ②経験の足りない人、青二才

**ма́льчик|шник** [男2] [民俗](婚礼前の)花婿と男友達との夜会

**мальчо́нка** 複生 -нок(女2変化) [男], **мальчуга́н** [男1] [話] [愛称] < ма́льчик

**малюсенький** [形3] [話]とっても小さい

**малю́т|ка** 複生 -ток(女2変化) [男・女] ①幼児、幼子 ②ちっちゃな物、豆…、ミニ…: кни́жка -~ 豆本 **∥-ка** (女2変化) [形]: → ①

**маля́ва** [女1] [俗](刑務所内で収容者が回す)メモ

**маля́вка** 複生 -вок [女2] ①稚魚 (малёк) ②[男・女] [話]チビ、子ども、(卑)背の低いやつ ③[俗]メモ

**маля́р** -а́ [男1] / **~ша** [女4] ①塗装工、ペンキ職人、看板職人 ②[下手な画家] / **~ский** [形3]

**маляри́я** [女] [医]マラリア / **маляри́йный** [形1]: ~ кома́р マラリア蚊

**маля́рный** [形1] 塗装工[ペンキ職人]の、塗装用の

\***ма́ма** [マーマ] [女1] [mom, mommy] ①ママ、母 ②[呼びかけ]お母さん、…さん [俗] ③[コン]マザーボード ④(ねじ・プラグなどの)メス; コンセント

**Мама́й** [男6] ママイ(人名; 14世紀のタタールの軍司令官) ◆**как ~ прошёл** 散らかってめちゃくちゃな(←ママイが通り抜けた後のように) **∥ Мама́ев** [形10] ◆**~ о побо́ище** 大げんか; 大混乱

**мамалы́га** [女2] [料理]ママリガ、ポレンタ(トウモロコシ粉をマッシュ状にしたもの)

**мама́ня** [女5] [俗]母親、母ちゃん

**мама́ша** [女4] [話] ① = ма́ма, мать ②[呼びかけ](そこの)お母さん、奥さん

**ма́мбо** (不変) [中] [楽・舞]マンボ

**ма́менька** 複生 -нек [女2] [旧・話]母ちゃん

**∥ ма́менькин** [形11] ◆~ **сыно́к** = **~а до́чка** 甘やかされて育つ、お母さん子

**ма́мин** [形11] 母の、ママの

**ма́мка** 複生 -мок [女2] ①[俗]母、母ちゃん (мать) ②[旧]乳母、保母 ③[コン]マザーボード; (プラグなどの)メス側の部品

**маммо́граф** [男1] [医]乳房X線撮影装置、マンモグラフィー装置

**маммогра́ф|ия** [女1] [医]乳房X線撮影、マンモグラフィー **∥-и́ческий** [形3]

**маммо́лог** [男2] 乳房X線撮影診断専門医

**маммоло́г|ия** [女1] [医]乳房X線撮影診断 **∥-и́ческий** [形3]

**маммопла́стика** [女2] [医]乳房形成(術)

**мамо́н** [男1], **мамо́на** [女1] ①[宗]マモン(古代中東で富の神) ②飽くなきを金銭け、貪欲 ③[若者・戯]腹

◆**служи́ть Мамо́не [Мамо́не]** [文・蔑]金もうけにいそしむ

**ма́монт** [男1] [動]マンモス **∥ ма́монтов|ый** [形1] **~ое де́рево** [植]ジャイアントセコイア

**мамонтёнок** -нка 複 -тя́та, -тя́т [男9] マンモスの子

**ма́мочка** 複生 -чек [女2] ①[話] [愛称] < ма́ма ②[男・女] [呼びかけ]ママ、おかあちゃま ③[俗]女郎屋の女主人

◆**Ма́мочки!** [痛み・驚き・恐怖]わぁ

**маму́ля** [女5] [愛称] < ма́ма

**Мана́гуа** (不変) [女] マナグア(ニカラグアの首都)

**Мана́ссия** (女父化) [男] [聖]マナセ(ユダ王国の王)

**мана́т|ки** -ток, -ткам [複] 単 **-а** [女2] [俗]身の回り品、荷物: Собира́й свои́ ~! さっさと荷物まとめろ

**мана́ть** [不完] [若者・蔑]∅さんざん苦しめる、しつこくくきすぎる

**мана́тья** [女8] 修道士[修道女]の外套、マント

**ма́нга** [女2] コミックス、マンガ

**манга́л** [男1] [方]火鉢(жаро́вня)

**мангани́н** [男1] [化]マンガニン **∥ ~овый** [形1]

**манганит** [男1]〔鉱〕水マンガン鉱

**мáнгль** [男5]〔植〕マングローブ

**мáнго** [中]〔植〕マンゴー **//~вый** [形1]

**мáнгольд, мáнгольд** [男1]〔植〕フダンソウ

**мангостáн, мангостúн** [男1]〔植〕マンゴスチン

**мáнгровый** [形1] マングローブの

**мáнгры** -ов [複] マングローブの林

**мангýст** [男1]; **~a** [女1]〔動〕マングース

**мандарúн** [男1] ①〔植〕マンダリンオレンジ：~ уншиу 温州ミカン ②〔史〕中国清朝の官吏 (ヨーロッパ側の呼称) **//~овый** [形1]; **~ский** [形3] <②>

**мандарúнка** 複生 -нок [女2] ①〔指小〕< мандарúн ② 〔鳥〕オシドリ

**мандáт** [男1] ①全権委任状, 委任状, 代議員証 (депутáтский ~); (議員)の「議席」: получúть ~ 議席を得る ②〔法・政〕委託, マンデート (権限・任期を含む職権) ③〔軍〕権限 ④〔史〕国際連盟下の委任統治領 **//мандáтный** [形1]: ~ пакéт [コン] 必須パケット | -ая комúссия 資格審査委員会

**мандúр** [男1] マンディール (ヒンドゥー教寺院)

**мандóла** [女1]〔楽〕マンドラ (弦楽器)

**мандолúна** [女1]〔楽〕マンドリン (弦楽器)

**мандрагóра** [女1]〔植〕マンドラゴラ属

**мандрáж** -á [男4] ①〔俗・蔑〕震え, 強い不安, 恐怖: ловúть ~ 臆病になる, 怖がる ②〔俗〕〔スポ〕スタート前の緊張, 武者震い

**мандрúл** [男1]〔動〕マンドリル

**манёвр, манéвр** [男1] ①〔軍〕機動 (敵に対して優位になるよう移動すること) ②（悪意ある）策略, 工作;（よい意味で）方策: прибéгнуть к ~ам 策略を用いる; лóжный ~ 偽装機動 ③〔複〕大演習, 機動演習: двустороннúе ~ы 対抗演習 ④〔鉄道〕操車, 列車連結作業 ⑤（船舶・航空機の）操縦, 操作 **// манéвровый** [形1] <④>

**манёвренный, манéвренный** 短 -ен, -енна [形1]〔軍〕機動の: ~ая войнá 機動戦 ②機動性に優れた, 方向転換の効く **//~ость** [女10] (優れた) 機動性

**маневрúрова|ть** -рую, -руешь [不完] ① [完 с~] (а) 機動作戦を展開する; 機動演習を実施する (b) 列車の操車作業をする ② [完 с~] 巧みに行動する, 回避する ③ 〔図を〕上手に活用 「利用」する **//~ние** [中5]

**манéж** [男1] ①室内馬術練習所, 調教場 ②サーカス場 ③室内競技場 ④（幼児用の）プレイヤード **//~ный** [形1]

**манéжить** -жу, -жишь [不完]《俗》〔罰〕待ちくたびれさせる, 退屈させる

**манекéн** [男1] ①（ディスプレー用の）マネキン人形 ②（縫製用の）マネキン, ボディ ③（デッサン用）モデル人形, マネキン

**манекéнщи|к** [男2] **/-ца** [女3] (ファッション) モデル

**манéр** [男1]〔話〕《主格以外の格で》= манéра① ◆такúм ~ом そのように, そういうやり方で (такúм óбразом) | **на ~** …に似せた形で

*****манéр|a** [女1] ①仕方, 方法; 習慣, 癖（★不定形がある場合は通例不完了体）: ~ говорúть 話しぶり ②〔複〕態度, 行儀, 立居振舞い, マナー: дурные ~ы 態度が悪い | хорóшие ~ы 物腰が柔らかい ③（芸術家の）作風, 芸風

**манéрничать** [不完]〔話〕気取る

**манéрн|ый** 短 -рен, -рна [形1]〔話〕不自然ぶった, 見栄っ張りの **//~ость** [女10]

**манжéт|а** [女1], **манжéт** [男1] ①カフス, 袖口 ②（手首に着ける）リストバンド ③（血圧計の）腕帯 ④〔工具〕パッキン押さえ, ポンプカップ **//~ка** [女2]〔指小〕**//~ный** [形1]

**мáни** [男]〔複〕〔俗・隠・金(仁)〕マネー

**маниакáльный** [形1] 躁病の, 偏執狂の

**манúе** [中]〔古・雅浯〕= мановéние ◆**по мáнию** 田 …の思し召しにより

**маникюр** [男1] マニキュア, ネイルケア: сдéлать ~ マニキュアをする **//маникюрный** [形1]: ~ набóр ネイルケア用品

**маникюрша** [女4]〔話〕ネイリスト

**манилóвщина** [女1]（よい意味で）（現実に対する）夢想的/空想主義的態度（★ゴーゴリ「死せる魂」に登場するマニロフより）

**манипулúровать** -рую, -руешь [不完]〔図を〕巧みに操作する, トリックを使う

**манипулятор** [男1] ①サーカスの手品師 ②機械の操作者 ③マジックハンド, マニピュレータ: игровóй ~ ジョイスティック ④（情報）帳簿, 市場を不正操作する者 **//~ский** [形1] <①②>; **~ный** [形1] <③>

**манипуляция** [女9] ①（複雑な手の動きを伴う）手品を見せること; いかさま, 詐欺, 不正取引 ②〔文〕複雑な手さばき, 手の込んだ操作 ③（精神的に他者を）操ること, 情報操作, 市場操作: ~ общéственным мнéнием 世論誘導 ④〔医〕触診 (ручнáя ~)

**манúть** маню, мáнишь [不完] 〔図を〕① [完 по~] 受動 -мáненный/-манённый (短 -ён, -ена́) 手招きをする, 目配せして呼ぶ ②〔完 вз~〕誘惑する, 魅了する, 引きつける

**манифéст** [男1] ①（権力側から国民への書面での）布告, 宣言, 勅令 ②〔政〕政党・政治結社などの宣言, 声明; マニフェスト ③（船舶・航空機の積荷目録 (грузовóй ~); (旅客機の) 搭乗者名簿 (пассажúрский ~)

**манифестáнт** [男1] デモ参加者

**манифестáция** [女9]（大規模な）街頭デモ, 示威行為 **//~иóнный** [形1]

**манифестúровать** -рую, -руешь [不完・完] 街頭デモ〔示威行為〕に参加する, デモ行進をする: ~ по úлицам гóрода 市内の街頭でデモ行進する

**манúшка** 複生 -шек [女2]〔服飾〕胸当て,（ドレスシャツの）イカ胸;〔スポ〕ウエアの紅白旗で着用する) ビブス

**мáни|я** [女9] ①〔医〕躁病, 躁狂 ②（病的なまでに）過剰な意識: ~ велúчия 誇大(妄想) | ~ преслéдования 被害妄想 ③熱狂的な愛好, マニア趣向 **//~иакáльный** [形1]

**мáнка** [女2]〔話〕小麦のひき割り (мáнная крупá)

**манкúровать** -рую, -руешь [不完・完]〔旧〕①〔図を〕…を軽視する, なおざりにする ②欠席する, さぼる

**мáнн|а** [女1]〔聖〕マナ（荒野を流浪するイスラエル人に天から下った神与の食物）◆**ждать** 田 **как ~ы небéсной** 首を長くして…を待つ **/-ой небéсной питáться** 食うや食わずの生活を送る | ~ **небéсная** 予期せぬ恩恵, 天からの恵み; 棚からぼた餅

**мáнн|ый** [形1] セモリナの (で作った): -ая крупá セモリナ (小麦粒を粗く挽き, ふるい分けて得られる胚乳粒) | -ая кáша 小麦粥, ポリッジ (ホットシリアルの一種)

**мановéние** [中5]〔文〕(手・頭を動かしての) 指示, 命令

**манóк** -нкá [男2] ①〔狩猟〕笛 ②囮の鳥

**манóметр** [男1]〔理・技〕マノメータ (気体, 液体の圧力を計測中) **//~úческий** [形3], **-óвый** [形1]

**мансáрд|а** [女1]〔建〕（マンサード[腰折]屋根の下の）屋根裏部屋 **//~ный** [形1]

**мáнси** (不変) ①[男・女] マンシ人 (西シベリア居住の民族) ②[男] マンシ人の **//~йский** [形3] <①>

**мантúлья** 複生 -ий [女8] マンティラ (スペイン女性の使うレースのケープ) ②婦人用ケープ

**мантúсса** [女1]〔数〕仮数

**мáнтия** [女9] ①マント;〔正教〕長袍 (マンティヤ) ②

**манто** 〖生〗(イカ・タコの) 外套膜 ③〖地〗マントル **// мантийный** [形1]＜①＞; **мантийный** [形1]＜②＞

**манто́** (不変)[中] マント-(婦人用毛皮のコート)

**манту́** (不変)[中]/[形] マントー試験(の), ツベルクリン反応検査(の): реа́кция ～ ツベルクリン反応

**манты́** -о́в [複]〖料理〗マンティ(中央アジア風蒸し餃子)

**мануа́лка** 複生 -лок [女2]〖コン〗ユーザーマニュアル, 取扱説明書

**мануа́льн|ый** [形1]〖医〗手を使った, 手技の, 整体の: -ая тера́пия 手技療法(あんま, 指圧, マッサージ治療)

**манускри́пт** [男1]〖文学〗稿本; (古文書の)写本

**мануфакту́ра** [女2] 手工業, マニュファクチャー

**маньчжу́р** [нджｎж][男1] / **～ка** 複生 -рок [女2] 満州人, 満族人 **// маньчжу́рск|ий** [нджｎж] [形3] 満州の; 満州人[族]の: -ое письмо́ 満州文字

**Маньчжу́рия** [нджｎж][女7] 満州

**манья́к** -а́[男2] ①躁病者; 〖医〗躁鬱(詩)病患者 ②変質者, 猟奇的犯罪者 ③-狂(あることに異常なまでに)執着する人[集団, 国家] ④〖よい意味で〗-マニア, フ-オタク: кино́～～ 映画マニア | анимэ́～～ アニメオタク

**маои́зм** [男1] 毛沢東主義, マオイズム **// маои́стский** [сс] [形1]

**ма́ор|и** (不変) ①[男] マオリ族(ニュージーランドの先住民族) マオリ ②[男] マオリ語 **// -и́йский** [形1]

**Ма́о Цзэду́н** [不変] -[男1] 毛沢東(1893-1976; 中華人民共和国初代代国家主席)

**МАПРЯЛ** [マプリャール](略) Междунаро́дная ассоциа́ция преподава́телей ру́сского языка́ и литерату́ры 国際ロシア語・ロシア文学教師協会

**ма́ра** [女1]〖動〗マーラ

**марабу́** (不変)[中] ①〖鳥〗ハゲコウ属 ②(①の羽(飾り); マラボー(①の羽毛を使った装飾品) ③〖釣り〗マラブー(毛針の一種)

**мара́зм** [男1] ①認知症 (деме́нция): ста́рческий ～ 老人性認知症｜впа́сть в ～ 認知症になる ②〖俗〗悪いこと, 愚かなこと, 不要なこと, バカなこと ◆-кре́пча́ет (戯)愚「おバカ」の極み **// -а́тический** [形3]

**мараз|ма́тик** [男2] / **-и́чка** 複生 -чек [女2]〖話〗①認知症者 ②ばかなもの, ぼけ

**мара́л** [男1]〖動〗アカシカ **// -ий** [形9]

**мара́нье** [中4]〖話〗汚く「下手くそに」書いたもの

**мараски́н** [男1] マラスキーノ(リキュールの一種)

**мара́|ть** 受過 ма́ранный [不完] ①[完] **вы́-, за～, из～**]〖図〗汚す, ...に染みを付ける: ～ оде́жду в грязи́ 服を泥で汚す ②「名誉(評判)を汚(2)す」: (по-зо́рить, поро́чить) ⓑ-: ～ ру́ки を汚す, 正しくないことに関わりあう ③[完] 愚「おバカ」の極み ④[書いてあるものを棒線で]抹消する ‖[完 **на～**] 汚く描く〈書く〉

**мара́|ться** [不完]〖話〗①[完 **вы́-, за～, из～**] 汚れる: ～ в грязи́ 泥で汚れる ②[完 **за～**] 自分の名声を汚す; 良心に背く行いをする ③汚れやすい (мараться)

**марафе́т** [男1]〖俗〗①秩序, 清潔さ: навести́ ～ きれいにする, 整理整頓する, 掃除をする ②メイクアップ(-маки́яж); 化粧品, コスメ: навести́ (на себя́) ～ メイクアップをする

**марафо́н** [男1]〖話〗①(陸上競技の)マラソン; (スキー・乗馬などの)長距離競技 ②長期間続く対戦(作業, 公演): предвы́борный ～ 長期間にわたる選挙戦｜телевизио́нный ～ 「телерсо́н」(телемарафо́н; 24時間続くような長時間のテレビ特別番組)

**марафо́нец** [男1]〖話〗①マラソン選手 ②(乗馬・スキー・氷泳などの)遠距離選手

**марафо́нский** [形3] マラソンの; 長時間の, 過酷な: ～ бег〖スポ〗マラソン

**ма́рганец** -нца[男3] マンガン(記号 Mn) **//**

**ма́рганцев|ый** [形1]: -ые ру́ды マンガン鉱石

**марганцо́вка** [女2]〖話〗過マンガン酸カリ, 同溶液(水中のレジオネラ菌などの殺菌用薬剤)

**марганцовоки́слый** [形1]: ～ ка́лий〖化〗過マンガン酸カリウム

**марганцо́в|ый** [形1]〖化〗マンガンの; マンガン塩を含む: -ая кислота́ 過マンガン酸

\***маргари́н** [margarine] マーガリン **// -овый** [形1] ①マーガリン(製造)の ②〖戯〗偽物の, まがい物

**маргари́нка** [女2]〖鉱〗マーガライト

**Маргари́та** [女2] マルガリータ(女性名; 愛称 Ри́та)

**маргари́тка** 複生 -ток [女2]〖植〗ヒナギク属(薬用・食用にも利用)

**маргина́л** [男1]〖文〗境界人, 周辺人, マージナルマン

**маргинализа́ция** [女9] ①周辺化, 周縁化, 阻害化, 社会的無視, 過小評価 ②(社会の)境界人[周辺人]と化すこと

**маргина́лии** -ий [複] 傍注

**маргина́льный** 短 -лен, -льна [形1] 境界的な, 周辺的な; マージナルな

**ма́рево** (不変)[中] ①蜃気楼 (мира́ж) ②もや, 陽炎(2%2)

**ма́рев|ый** [形1] ①蜃気楼[もや, 陽炎]の (ма́рево) の ②〖方〗(タイガの沼地(湿地) (ма́рь) の ③〖植〗(a) アカザ属 (ма́рь) の ⓑ -ые [複名]〖植〗アカザ科

**маре́на** [女1]〖植〗アカネ属(根は薬用・赤色染料): ～ краси́льная セイヨウアカネ **// маре́новый** [形1] アカネの: ～ цвет アカネ色, アリザリンレッド (я́рко-кра́сный)

**маре́нго** (不変) ①[中] マレンゴ織(灰黒色の布地) ②[形] 灰黒色の, マレンゴグレーの ③[形]〖料理〗マレンゴ風(肉料理)

**ма́ри** (不変)[女], **мари́ец** -и́йца [男3] / **-и́йка** -и́ек [女2] マリ人 **// мари́йский** [形3]: ～ язы́к マリ語

**Мари́й Эл** (不変)[女] マリ・エル共和国 (Респу́блика ～; 首都は Йошка́р-Ола́; 沿ヴォルガ連邦管区)

**мари́на** [女1]〖美〗海景画

**Мари́на** [女1] マリーナ(女性名; 愛称 Мару́ся)

**марина́д** [男1]〖料理〗①漬け汁 ②マリネした肉[魚]: дома́шний ～ 自家製マリネ ◆**бы́ть под ~ом**〖話〗延期される, 先送りになる (на пото́м)

**марини́ст** [男1] 海洋画家(海を題材にする)

**марино́ванн|ый** [形1]〖料理〗マリネにした, 塩[酢]漬けにした: -ые япо́нские сли́вы 梅干し

**маринова́|ть** -ну́ю, -ну́ешь 受過 -о́ванный [不完] / **за～** [完]〈対〉 ①マリネする ②〈гриб́ы キノコをマリネにする ③〖俗〗〈決定・実施を〉意図的に遅らす, 先送りする;〈人・物事を〉(ある状況・地位に) 引き留めておく **// -ние** [中5], **марино́вка** [女2]〖話〗＜①＞

**марионе́тка** 複生 -ток [女2] ①あやつり人形, マリオネット: теа́тр марионе́ток マリオネット劇場 ②[男・女]〖戯〗他人の言いなりで動く者, 傀儡(歌)(人形のように)

**марионе́точ|ный** [形1] ①あやつり人形の ②他人に操られた: -ое прави́тельство[госуда́рство]傀儡政権[国家]

**марихуа́н|а** [女1] 乾燥大麻, マリファナ **// -овый** [形1]

**Мари́я** [女9] マリヤ(女性名; 愛称 Ма́ша, Мару́ся, Ма́ня; 卑称 Ма́шка) **// де́ва** [女]〖聖〗聖母マリア

**Марк** [男1] マルク(男性名); 〖聖〗マルコ: Ева́нгелие от ～a マルコ福音書

\***ма́р|ка** [マールカ] 複生 -рок [女2]〖stamp, trademark〗①切手(почто́вая ～); 印紙(дохо́дная ～); 証紙 ②商標, ブランド(名)(произво́дственная ～) ③(製品の)種類, 種類 ④マルク(ドイツ, フィンランドのユーロ導入以前の通貨単位) ⑤〖俗〗合成麻薬 LSD を浸透さ

せた紙片 ◆**вы́сшей -и** 最高の, 一流の

**ма́ркер** [男1]〔文具・コンピュータ画面上の〕マーカー

**маркёр** [男1] ①(ビリヤードの)記録係 ②(商品・製品に)印を付ける人 ③〔通信〕マーカ(電話交換器の制御装置) ④〔農〕(植えつけに使う)溝切機, 線引きマーカ **//~ный** [形1]

**ма́ркетинг, маркéтинг** [男2] マーケティング: **~ -дирéктор** マーケティングディレクター **//~овый** [形1]

**маркето́лог** [男2] マーケティング専門家

**маркетри́** (不変)[中]/[形] 象眼(の)

**марки́з** [男1] 侯爵

**маркиза** [女1] ①(窓・バルコニー・店頭に設置する)日除け, オーニング ②〔海〕ジガー・トップマスト・ステイスル(三角帆) ③(女性)侯爵夫人 ◆**Всё хорошо́, прекра́сная ~.**〈戯〉万事全て順調

**маркизе́т** [男1] マーキゼット(カーテン・下着裏地などに用いる薄手の布地)

**мáрк|ий** 短-рок, -рка́, -рко́ 比 ма́рче [形3](布・壁紙などが)汚れやすい **//~ость** [女10]

**маркирова́ть** -ру́ю, -ру́ешь 受過-о́ванный[不完・完]〈回〉①〔農〕(植えつけのために)溝を切る ②印を付ける;(商標・認定証などの)マークを付ける **//~ние** [中5]

**маркиро́вка** 複生-вок [女2] マーキング, 表示

**маркиро́вочный** [形1] マークの, 商標の, 商標貼りつけ用の

**маркирова́льный** [形1] 印を付けるための

**марки́рованный** [形1]〔言〕有標の

**маркита́нт** [男1]/**~ка** 複生-ток [女2]〔露史〕酒保商人(18-19世紀, 軍への趣向品納入や慰安施設運営の請負業者)

**Ма́рков** [男姓] マルコフ(Андрéй Андрéевич ~, 1856-1922; 数学者, 確率論)

**маркс|и́зм** [男1] マルキシズム, マルクス主義 **//~и́стский** [形3]

**маркси́зм-ленини́зм** [男1-] マルクス・レーニン主義 **// маркси́стско-ле́нинский** [сс][形3]

**маркше́йдер** [э] [男1] 鉱山測量士 **//~ский** [形3] 鉱山測量士の, 鉱山測量術の

**ма́рля** [女1]/**ма́рлев|ый** [形1] ガーゼの: **-ая повя́зка** マスク | **~ би́нт** ガーゼの包帯

**мармела́д** [男1]〔料理〕マルメラード(砂糖をまぶしてあるフルーツ味のやや硬いゼリー): **~ жева́тельный** グミ, ゼリービーンズ ②マーマレード(果実に砂糖を加えて濃縮したピレ) **//~ный** [形1]

**мармела́дка** 複生-док [女2]〈話〉ゼリー菓子の一つ

**мароде́р** [男1] ①(戦場・災害地での)略奪者,「火事場泥棒」 ②〈話〉(商取引で)異常な高値で売りつける者 **//~ский** [形3]

**мароде́рство** [中1] ①略奪行為 ②略奪まがいの行為; ボロ儲け

**мароде́рствовать** -твую, -твуешь[不完] ①(戦場・災害地で)略奪を働く ②暴利をむさぼる

**Маро́кко** (不変)[中] モロッコ(首都は Раба́т)

**марони́ты** -ов [複] マロン派(信徒)

**ма́рочный** [形1]<ма́рка: ~ли́ст 切手シート ②〈俗〉銘柄[ブランド]物の: **-ые ви́на** ブランドワイン

**Марс** [男1] ①〔ロ神〕マルス(軍神) ②〔天〕火星

**ма́рсель** [男1]〔海〕トップスル, ちゅうてっぽ帆

**марсиа́нин** 複-а́не, -а́н [男10] 火星人

**марсиа́нский** [形3]<ма́рс> 火星人の, 火星の

**марсохо́д** [男1] 火星探査車[ローバー]

*март [マ́ールト][男1][March] 3月(★用法は<май)

■ **Восьмо́е ~а** 3月8日; 国際婦人デー(**Междунарóдный же́нский день**; 男性から女性に贈り物をする日本のホワイトデーのような日)

**марте́н** [э][男1]〔冶〕①平炉(**марте́новская пе́чь**) ②平炉鋼 **//~овский** [形3]

**мартироло́г** [男2] 殉教史; 殉教者列伝 ②殉教者名簿; 殉教録 ③大災害[大事件]の犠牲者[被害者]の物語; 犠牲[被害]者名簿

**ма́ртовский** [形3] 3月(март)の

**марты́шка** 複生-шек [女2] ①〔動〕オナガザル属 ②(愚鈍な・醜い人を罵って)猿 ③〔鳥〕(通称)アジサシ(кра́чка) **// марты́шкин** [形11] ①オナガザルの ②愚鈍な, 醜い ◆**~ труд** 無駄な骨折り

**марципа́н** [男1]〔料理〕マジパン, マルチパン(砂糖菓子) **//~овый** [形1]

*марш [男4][march] ①〔単〕行進: церемониа́льный ~ 式典での行進 | пройти́ ~ем пе́ред трибу́ной 観覧席前の行進する ②デモ行進 ③行軍, 進軍 ④〔楽〕行進曲, マーチ: сва́дебный ~ 結婚行進曲 ⑤[間] 前進!; 前進にかかれ: Ша́гом ~! 前へ進め ⑥(踊り場から踊り場までの)階段 ◆**М~ отсю́да!**〈話〉失せやがれ!

**Марша́к** マルシャーク [男姓](Самуи́л Я́ковлевич ~, 1887-1964; 詩人, 児童文学者)

**ма́ршал** [男1]〔軍〕元帥 ■**~ Росси́йской Федера́ции** ロシア連邦元帥(ロシア軍の最上位) **//~ьский** [形3]

**ма́ршевый** [形1] ①行進の, 進軍の ②〔軍〕補充の: **-ое подразделе́ние** 補充隊 ■**~ дви́гатель**〔工〕主[メイン]エンジン

**марширова́ть** -ру́ю, -ру́ешь[不完]/**про-**[完] 行進する, 行軍する **// марширо́вка** [女2]

*маршру́т [マルシルート][男1][route] ①ルート, 経路;(物事の歩みを示す)路, 道筋: ~ для путеше́ствия тури́стические ~ы 観光コース ②〔鉄道〕直行貨物列車

**маршру́тн|ый** [形1] 経路[ルート]の; 直行貨物列車の: **-ое такси́** 路線[乗合]タクシー (**маршру́тка**)

**маршрутиза́тор** [男1]〔コン〕ルーター

**марь** [女10] ①〔植〕アカザ属 ②〈話〉タイガの中の沼地 ③〈話〉もや

**Ма́рья** [女8] マリヤ(女性名; **Мари́я**) ■**~ Море́вна**〔民話〕マリヤ王女

**марья́ж** [男1]〈旧〉結婚 ②トランプ遊びの一種〔トランプ〕同種のキングとクイーンが手にあること

*ма́ск|а 複生-сок [女2][mask] ①仮面, マスク; マスクをかぶった人: ~ медве́дя 熊の仮面 | ~ для глаз アイマスク | **наде́ть [носи́ть] ~y** 仮面をかぶる[つけている] | Де́вушка в -е. 女の子が仮面をかぶっている ②見せかけ, 仮面: ~ добродéтели 善人の仮面 | **наде́ть -у** 田 (本性を隠して)…の仮面をかぶる | **сбро́сить с себя́ -у** 田 …の仮面を脱ぐ, 本性を現す | **сорва́ть -у с** 田 …の仮面をはぐ, 本性を暴く ③(特殊な)マスク: фехтова́льная ~ フェンシング用マスク | медици́нская ~ (医療用器具としての)マスク | кислоро́дная [нарко́зная] ~ 酸素[麻酔]マスク ④(美顔用)パック ⑤デスマスク ⑥仮装舞踏会 ⑦〈話〉変装, 仮装 ⑧(本性を隠す)仮面, 偽善 **// маскара́дный** [形1]: **~ костю́м** 仮装用衣装

**Маска́т** [男1] マスカット(オマーンの首都)

**маскирова́ть** -ру́ю, -ру́ешь 受過-о́ванный[不完]/**за-** [完] ①〈回〉…の仮面をかぶらせる;<人を>仮装させる ②〈回〉偽造する, …に迷彩塗装を施す, カモフラージュする:<本心・真意を>隠す

**маскирова́ться** -ру́юсь, -ру́ешься[不完]/**за-** [完] ①仮面をかぶる, 仮装する ②(真実を隠すために)カ

ムフラージュする, 隠蔽する; 猫をかぶる
**маскиро́в|ка** [女2] ① 仮装, カムフラージュ ② 偽装; 隠蔽; 迷彩塗装: ~ под [造] …を偽装する ③ (CG・音声編集で) マスキング; (ネット上での) なりすまし ∥ **светова́я** ~ 灯火管制 (светомаскиро́вка) ∥ **маскиро́вочный** [形1]: -ая сеть 迷彩ネット
**ма́ски-шо́у** (不変) [中] 経済犯罪対策課などの捜査
*\***ма́сленица** [女3] ① 《民俗》マースレニツァ (ма́сленая неде́ля) (★復活大祭 Па́сха に先立つ7週間の大斎 Вели́кий пост に入る前週; スラヴ異教の迎春祭を起源とし, 「乾酪週間 Сы́рная неде́ля」の名称で正教に受容; 肉食は禁じられるが乳製品は許されるため, ブリヌイ блин を飽食する): Узкая ~ 小マースレニツァ (月〜水曜日) | Широ́кая ~ 大マースレニツァ (木〜日曜日) ② お察り騒ぎ: Не жи́тье, а ~. 極楽だ ◆**Не всё коту́ ~, быва́ет и Вели́кий пост.** 《諺》人生楽あれば苦あり ∥ **ма́сленичный** [形1]: -ое воскресе́нье マースレニツァのから人形 (冬の化身) がマースレニツァ最終日に燃やされて冬送りの儀が完成する
**масле́нка** 複生 -нок [女2] ① 〈卓上用の〉バター皿 ② (機械用の) 油差し, オイラー, ルブリケーター
**маслёнок** -нка 単 -ня́та, -ня́т [男9] 《菌》ヌメリイグチ属 (多くが食用): ~ обыкнове́нный ヌメリイグチ | ~ лиственничный ハナイグチ | ~ зерни́стый チチアワタケ
**ма́слен|ый** [形1] ① バターを塗った; 油で汚れた ②《話》 媚びへつらうような: -ые ре́чи 甘言蜜語 ③《話》官能的な; 下品な, 下卑た: ~ взгля́д 色目 ■-ая неде́ля = ма́сленица ∥ -**о** [副]
**масли́н|а** [女1] 《植》オリーブ; その実 ∥ **-ка** 複生 -нок [女2] (指小)
**масли́нный, масли́новый** [形1] ① オリーブの ② -**ые** [複名]《植》モクセイ科
**ма́сли|ть** -лю, -лишь св -ли́, -ли́т受 受 受ленный [不完] / **на-, по-** [完] 〈対〉 ①〈食べ物に〉バターを塗る, 油をかける ② …に機械油[グリース] を塗る; 髪油を塗る
**ма́слиться** -лится [不完] ① (バター・油などで) 染みがつく, 汚れる ② 《話》(顔が) てかる, (目が) 光る
**ма́сличн|ый** [形1] (植物が) 採油できる: -ые культу́ры 油料作物, 採油植物 (ヒマワリ, オリーブなど) ∥ -**ость** [女10]
**масли́чн|ый** [形1] オリーブ (масли́на) の ■-**ая гора́** [聖] オリーブ山 (エルサレムから4kmの所にある小山脈; キリスト昇天の地とされる。Елео́нская гора́とも)
*\***ма́сл|о** [マースラ] 単複 масла́, ма́сел, масла́м [中1] (butter, oil) ① バター, 牛酪: сли́вочное ~ バター | то́плёное ~ (油のように) 光る ③ 滑る ~ в огне́ 火に油を注ぐ, 焚きつける | подёрнуться -**ом** (眼差しが) ぎらぎらする | как по -**у** 順調に, トントン拍子で **ма́сло(-)..** 《連形副》「油」「バターの」
**маслобо́й|ка** 複生 -ек [女2] ① (バター製造用) 撹乳器, バターチャーン; (植物油を絞る) 搾油器 ② 《話》チャーニング [搾油] のための作業場
**маслобо́йный** [形1] 攪乳 (ホケッ) の, チャーニングの; 搾油 [製油] の
**маслобо́йн|я** 複生 -ен [女5] バター製造所; (植物油の) 搾油[製油]工場
**масло́дел** [男1] バター職人; バター製造者 [企業]
**масло́дел|ие** [中5] バター製造業 ∥ **-ьный** [形1]
**маслозабо́рник** [男1] (自動車の) オイル交換機
**маслозаво́д** [男1] バター[植物油]製造工場 ∥ **маслозаводско́й** (ц) [形4]
**масломе́р** [男1] 計量棒
**масляни́ст|ый** 短 -ист [形1] ① 油のついた, 油を含む; 油状の; (油のように) 光る ② ~ = **сма́зочный материа́л** 滑潤油 [剤] ∥ **-о** [副]
**ма́слян|ый** [形1] ① 油 (オイル) の; バターの: ~ обогрева́тель オイルヒーター | -ая плёнка (ガラス面などの) 油膜 | -ое пече́нье バタークッキー ② 油性の: -ая кра́ска 油絵の具, 油性ペンキ ■-**ая кислота́** 《化》酪酸
**масля́т|а** -я́т [複] 薬菜 (ﾖﾒﾅ)
**масо́н** [男1] フリーメーソン (構成員)
**масо́н|ство** [中1] フリーメーソン (団体); その思想 ∥ **-ский** [形3]
**масо́ра** [女1] 《聖》マソラ (旧約聖書ヘブライ語本文伝承を担った一学派) ∥ **масоре́тский** (ц) [形3]: ~ текст マソラ本文
*\***ма́сс|а** [マーッサ] [女1] [mass] ①(物の) 量, 大きさ, かさ: ~ вы́павших оса́дков 総降水量 ② (山・建物などの) 塊, 固まり, ~ а́йсберга 巨大な氷山 | Вдали́ темне́ла ~ ле́са. 前方に森が暗くぼんやりと見えた ③《理》質量: молекуля́рная ~ 分子質量 | ~ поко́я 静止質量 ④ (ペースト状の) 固まり, 生地, 原料: древе́сная ~ パルプ | творо́жная ~ カッテージチーズ ⑤ (人・生物の) 大群, 集団: муравьи́ная ~ アリの大群 | основна́я ~ населе́ния 住民の圧倒的多数 ⑥ [生] 多量, 多数: Понадо́билась ~ де́нег. 多額のお金が入り用になった ⑦ (固有複) 大衆, 群衆, 民衆: наро́дные ~ 大衆 ◆**в (о́бщей) -е = в свое́й -е** 全体として, 大方は
**масса́ж** [男4] マッサージ: ~ се́рдца 心臓マッサージ | то́чечный ~ 指圧 | лече́ние -**ем** マッサージ療法 ∥ **-ный** [形1]
**массажёр** [男1] マッサージ器, マッサージャー
**массажи́ст** [男1] **/ ~ка** 複生 -ток [女2] マッサージ師, 指圧師
**масси́в** [男1] ① 山塊: го́рные ~ы 大山塊 ② (広い) 地域, 地帯: жило́й ~ 住宅地, 団地 | лесны́е ~ы 森林地帯 ③ (同種のものの) …群 ■ ~ да́нных [IT] データバイス, データファイル
**масси́вн|ый** 短 -вен, -вна [形1] ① ＜ масси́в の意で＞ 重い, 大きい: -ое сооруже́ние 大がかりな [規模の大きな] 設備 | -ая фигу́ра 大柄な体型 ② (形状が) 大きなこと, どっしりしていること ∥ **-ость** [女10]
**масси́рова|ть** -рую, -руешь 受過 -анный [不完] (★過去は完了体としても) ① マッサージを施す ② (軍)〈兵力を〉集結する: <砲火を集中する: масси́рованный налёт авиа́ции 航空機による集中爆撃 ∥ **-ние** [中5]
**масску́льт** [男1]《話》 = масскульту́ра
**масскульту́ра** [女1] 大衆文化, マスカルチャー
**ма́ссме́ди|а** (不変) [複] マスメディア ∥ **-йный** [形1]
**массови́к** -а́ [男2] (規模の大きな文化行事・娯楽活動の) 企画者, 主催者, リーダー (~ -зате́йник)
**массо́вка** 複生 -вок [女2] ① (映画・演劇のモブシーン, 群衆場面 ② 〈集合〉 (映画の) エキストラ ③ 《露史》 (革命側の) 政治集会 ④ 団体での遠足 ⑤ (大量に刷られる) 宣伝ビラ
*\***ма́ссов|ый** [マーッサヴィ] [形1] [mass] ① 大量の, 大規模な, 広範囲にわたる, 大衆 [向け, 用] の: -ое движе́ние 大衆運動 | -ая игра́ マスゲーム | -ые сце́ны (劇・映画の) モブシーン | -ое произво́дство 大量生

産, 量産, マスプロ | срéдства -ой информáции マスコミ(略 СМИ) | ~ого поражéния [уничтожéния] 大量破壊[殺戮]兵器 | товáры -ого потреблéния 民需品 | ~ого читáтеля [集合]広汎な読者, 一般読者 | -ое заболевáние 流行病 ②〔理〕質量の: -ое числó 質量数 **//-ость** [女10]

**мáск|а** -á [女2]〔話〕<b団/на団/不定形>…の達人, 名人: ~ в своём дéле (その道の)達人 | ~ на выдумки 趣向を考えるのに長じた人

\***мáстер** [マースチェル] 複 -á [男1]①〔/~úца[女3]〕〈в団/на団/不定形〉…の名人, 達人, 哲人, 匠: ~ высóких урожáев 農業の天才 | ~ рассказáть 話の名人[名手] | ~ своегó дéла (その道の)達人, 先輩 | ~ слóва 雄弁家, 文豪 | ~ совремéнной литератýры 現代文学の巨匠, 泰斗 | ~ спóрта〔スポ〕(称号)スポーツマスター ② 熟練工, ベテラン; (ある生産部門・部署の)長: часовы́х дел ~ 熟練時計屋 | сбóрочного цéха ~ 組立部門長

◆Дéло -á бои́тся. 弘法筆を選ばず | **~-ломáстер** すぐ物を壊す不器用な人 | **~ на всé рýки** 万能選手(何でもやる人)

**мáстер-диск** [不変]-[男2] マスターディスク, 原盤
**мáстеринг** [男2] マスタリング
**мастери́ть** -рю́, -ри́шь [不完] / **с~** 受動 -рённый (-рён, -ренá) [完]①〔話〕作り上げる: ~ игру́шки おもちゃを手作りする ②〔音源を〕マスタリングする, 原盤を作る

**мáстер-класс** [不変]-[男1] マスタークラス(専門家による個人指導を含んだ短期講座)
**мáстер-лéнта** [不変]-[女1] マスターテープ
**мастеровóй** [形変化也]-[男2]〔話〕職人(ремéсленник)
**мастерóк** -ркá [男2]① (れんが積み・漆喰壁塗りに使う)左官ごて ②〔愛称〕< мáстер

\***мастерск|áя** [形変化也][女名]①(製造・修理を行う)小規模な仕事場; (工場・作業場の)部門, 部; (通例複)(車などの)修理工場: авторемóнтные -и́е 自動車修理工場 | ~ по ремóнту óбуви 靴工場, 靴修理屋さん ②(画家・彫刻家の)アトリエ, 工房, (劇場などの)レッスン

**мáстерски, мáстерски́** [副] 見事に, 巧みに, 神業的に
**мáстерский** [形3] 達人[名人, 熟練工]の
**мастерскóй** [形4] 非常に巧みな, 名人らしい: -óе исполнéние 見事な演奏

\***мáстерств|ó** [中1]〔skill, craft〕①(職業上の)技能, 腕前, 手工業, 手仕事: обучáться -ý 手に職を付ける, 技能訓練を受ける ② 高度の技術, 熟練した技, 奥義, 名人芸, 芸能, (劇場などの)レッスン: показáть своё ~ 見せる | писáтельское ~ 作家の卓越した筆の冴え | достúгнуть -á в своём дéле 自分の仕事に熟達する, 技を極める | совершéнствовать своё ~ 腕を磨く

**мастú|ка** [女2]①マスチック(漆喰の一種); パテ(接合剤): битýмная ~ アスファルトマスチック(防食・防水用) | ~ для пóла フロアワックス ② 乳香(マスチックの樹脂) **//-чный** [形1]; **мастúковый** [形1] ■ **-ое дéрево** [植]乳香樹, マスチックノキ

**мастú́т** [男1]〔医〕乳腺炎, 乳房炎
**мастú́тый** -úт [形1]〔文〕(年齢ゆえに尊敬される) 長老の, 大長老の, 老巨匠の: ~ стáрец 古老

**мастú́ф** [男1]〔動〕マスチフ(大型犬, 番犬)
**мастихú́н** [男1]〔美〕ペインティングナイフ, パレットナイフ(★製菓用は шпáтель)

**мастогрáфия** [女9] マンモグラフィ
**мастодóнт** [男1]①〔古生〕マストドン ②〔話・蔑〕図体が大きく動作の鈍いやつ; 場所を取る厄介もの

**мастопатú́я** [女9]〔医〕乳腺症, マストパチー(★乳房の病気全般を指す)
**мастурбáция** [女9] マスターベーション, 自慰
**мастурбú́ровать** -рую, -руешь [不完] 自慰行為をする
**мастырú́ть** -рю, -ришь [不完]《若者・俗》〔団〕うまくやる(作る)

**мáст|ь** 複 -и́, -ей [女10]①(動物, 特に馬の)毛色: лóшадь гнедóй -и́ 栗毛の馬 ②(トランプの)組, 組札: червóнная ~ ハート | бубнóвая ~ ダイヤ | трéфовая ~ クラブ | пикóвая ~ スペード ◆**всéх [рáзных] -éй** 様々な考え方[ものの見方]の | **в ~**〔俗〕適している, ちょうどいい

\***масштáб** [ш][マシターブ][男1]〔scale〕① 縮尺, スケール: 1:5000 (пять ты́сяч мéтров в сантимéтре) 縮尺5千分の1 ② 規模, 範囲: в большóм [крýпном] ~е в малéньком ~е 小規模に | в мировóм ~е 世界の規模で | увели́чить [умéньшить] ~ 規模を拡大[縮小]する ③ 意義, 重み: дáнной проблéмы この問題の重要性 | ли́дер óчень крýпного ~а 極めてスケールの大きい指導者

**масштаби́рова|ть** [ш] -рую, -руешь [不完・完]〈団〉拡大[縮小]する, スケーリングする **//-ние** [中5]
**масштáбность** [ш][女10] 規模(スケール)の大きさ, 壮大さ
**масштáбный** [ш] 短 -бен, -бна [形1]①(長尺)縮尺の ② 大規模の

**мат** [男1]①〔チェス〕詰み, チェックメイト: ~ в три хóда 3手でチェックメイト | объявúть ~ 王手をかける ② 敗北, 破滅, 出口のない状況 ③〔俗〕つや消し(処理): навестú ~ на стеклó 磨りガラス加工する ④ござ, むしろ, 〔スポ〕(床体操などで使う)マット ⑤〔俗〕卑猥なののしり言葉(参考)性器や性行為を暗示する極めて野卑な語彙; хуй, пиздá, ебáть, блядь, など; 公共の場での使用は侮辱罪にあたる; 放送禁止用語): ругáться -ом 口汚くののしる

**матадóр** [男1] マタドール, 闘牛士
**Матвéй** [男6] マトヴェイ(男性名; 愛称 Мóтя)
**матé** [э](不変)[中]①マテ茶 ② マテ茶用の茶器(ひょうたんで作る)
**математизáция** [女9] 数学化, 数式化, 数値[数量]化
**математизú́ровать** -рую, -руешь [不完・完]〈団〉数学[数式, 数値, 数量]化する
\***математ|и́к** [男2]/**-и́чка** 複-чек [女2]① 数学者 ② 数学教師; 数学専攻学生
**математика** [マテマーチカ][女2]〔mathematics〕数学: вы́сшая ~ 高等数学
\***математи́ческ|ий** [形3]① 数学の, 数学上の, 数学的な: -ая лингви́стика 数理言語学 ② 正確な(тóчный) **//-и** [副] 数学的に, 数学的手法で

**матерéть** [不完]① 成熟する, 大人になる ② 頑固になる, 凝り固まる
**мáтери** [単数:生・与・前置格], [複数:主格]< мать

**материáл** [ы][マテリアール] [男1]〔material〕① 原材料, 物資: воéнные ~ы 軍需物資 | стратеги́ческие ~ы 戦略物資 | ~ы для я́дерного реáктора 原子炉材料 | сырóй ~ 原料(未加工品) | строи́тельный ~ 建材, 建築資材 | учéбный ~ 教材 | повторúть ~ы 履修範囲を復習する ② 資料, データ: ~ы собрáния 集会の資料 | ~ прове́рки 検査資料 | ~ы для дипломной рабóты 卒業論文の基礎資料を集める ③〔複〕記録: ~ы слéдствия 取調記録書[文書] ④ 布地, 生地, 織物: шерстянóй ~ ウール地 | ~ на плáтье 洋服生地

**материализáция** [女9] 物質化, 具現化, 現実化
\***материалú́зм** [男1]〔materialism〕①〔哲〕唯物

**материализовать**

**материализова́ть** -зую, -зуешь受動 -о́ванный [不完・完]《文》実現[具現化]させる、目に見える形にする、物質化する **‖~ся** [不完・完] 実現[具現化]する、目に見える形になる、物質化する

**материали́ст** [男1] **/~ка** 複生-ток [女2] ①《男》《哲》唯物論者、唯物主義者 ②《話》現実主義者 ③《話》(精神性を無視して財物を追及する)拝金主義者;(過度の)実利追及主義者

**материалисти́ческ|ий** [形3] ①《哲》唯物論的な ②物質主義的な;(利己的な動機からの)実利主義的な **‖-и** [副]

**материалисти́чный** [形1]《蔑》実利主義の、打算的な

**материалове́д** [ья́] [男1] 材料学(研究)者
**материалове́дение** [ья́] [中5] 材料学、マテリアルサイエンス **‖материалове́дческий** [ья́] [形3]: ~ реа́ктор 材料実験炉

**материалоёмкий** [ья́] [形3]《経》原料費率の高い;《コン》リソース要求の、リソース食いの

**материалоёмкость** [ья́] [女10]《経》原料材消費率(製品における原料費率);《コン》リソース要求度

**материа́льно** [ья́] [副] ①物質的に ②金銭的に: помога́ть ~ 金の工面をしてやる

**материа́льность** [ья́] [女10] ①物質性;実利性（財物、生活）の豊かさ

**материа́льно-техни́ческий** [ья́] [形3]《軍》兵站の、後方支援の

**материа́л|ьный** [ья́] [マチリヤーリヌィ] 短-лен, -льна [形1] [material] ①物資の、物質的な: -ая волна́《理》物質波 | -ая то́чка《理》質点、金銭の、会計の、-ое положе́ние 景気、経済情勢 | -ые затрудне́ния 財政困難、資金の窮迫 **■-ая ча́сть** 装備、器材、ハードウェア

**матери́к** -а́ [男2] [continent] ①大陸《話》陸地で、(極東・サハリンから見た)ロシア本土 ②《地》底土、下層土、心土 **■Се́веро-Америка́нский** ~ 北米大陸 | Бе́лый ~ 南極大陸

**материко́вый** [形1] 大陸の、大陸性の;本土の: -ая окра́ина 大陸縁部、コンチネンタルマージン | -ая о́тмель 大陸棚 (шельф)

**матери́н** [形1] 母の、母親の
**матери́нски** [副] 母親のように

**матери́нск|ий** [形3] [maternal] ①母の: -ое молоко́ 母乳、母親の: окружи́ть 団 -ой любо́вью 母の愛で包み込む | пла́та "с -ой стороны́ [по -ой ли́нии] 母方の叔父 ②元になる、母体になる: -ое расте́ние《植》親株 | -ая кле́тка《生》母細胞、-ая поро́да《工》母材;《地質》土壌母材;母岩 | -ая пла́та《コン》マザーボード **■-(сема́)йный капита́л** 母親《家族》資本(ロシアの子育て支援制度(2007年実施);2人以上の子どもを出産した母親《養子の里親》に国が43年後から支援金を支給)

**матери́нств|о** [中1] ①母体、妊娠(期間): охра́на -а и де́тства 母子保護 ②母性: чу́вство -а 母性本能 **■суррога́тное** ~ 代理母出産、代理母になること

**матери́ть** -рю́, -ри́шь [不完]《俗》〈誰にか〉に卑猥[みだら]なののしり言葉を浴びせる **‖-ся** [不完]《俗》卑猥[みだら]なののしり言葉を使う

**мате́р|ия** [女9] [matter] ①《哲》本質、質量 ②物質、物体: строе́ние -ии 物質の構造 ③《話》生地、布地、素材 (материа́л):шёлковая ~ 絹地 ④論題、話題: говори́ть о высо́ких -иях 高尚なテーマについて話す ⑤《医》膿 (гной)

**мате́рний** [形8]《旧》= матери́нский

**ма́терно** [副] 口汚く、卑猥に、みだらに(ма́том)
**ма́терный** [形1]《俗》卑猥な、みだらな
**матёрчатый** [形1]《話》布製の
**матерщи́на** [女1]《話》卑猥なのしり言葉
**матерщи́нник** [男1]《話》卑猥なののしり言葉を使う人

**матё́р|ый** [形1] ①成熟した、たくましくなった ②経験豊富な、強者の、老練な ③どうしようもない、手に負えない、手強い **‖-ость** [女10]

**ма́терь** [女10]《旧・雅》= мать **■М~ Бо́жия** 聖母「生神女(しょうしんじょ)]/マリア(Богоро́дица)

**матирова́ние** [中5], **матиро́вка** [女2] つや消し(処理)

**матирова́ть** -рую, -руешь 受動 -о́ванный [不完・完] つや消し処理(ма́т)する **‖~ся** [不完・完]《受身》

**ма́тица** [女3] ①梁、天井の梁;《方》魚網の袋状の部分 ②M~《史》マチツィア(19世紀に命令ロシア人により、セルビア、チェコ、スロヴェニアに設立された民族復興・文化継承を目的とした団体) **‖ма́тичный** [形1]

**ма́тка** 複生 -ток [女2] ①《解》子宮 ②(動物・昆虫の)雌親: оле́нья ~ 母鹿 | пчели́ная ~ 女王蜂 ③《方》母、母親 (ма́ть) ④《海》母船、母船;補給艦 ⑤《方》コンパス、羅針盤 ⑥《旧》寮母、まかないのおばさん ◆пра́вда-~ 真実、本当のこと **‖боровая ~**《植》コイチヤクソウ(★民間では不妊に効くとされる)

**ма́тки́н** [形11]《俗》母親の、雌親の、女王蜂の
**матлингви́стика** [女2] 数理言語学 (математи́ческая лингви́стика)
**матобеспе́чение** [中5]《話》《コン》ソフトウェア(математи́ческое обеспе́чение)
**матова́ть** -ту́ю, -ту́ешь [不完・完]《チェス》チェックメイトする

**ма́тово** [副] ①光沢なく、曇って ②くすんで;(音・光が)ソフトに、柔らかく
**ма́тово-..** [語形成]「つや消しの」「マットの」
**ма́тов|ый** [形1] ①光沢のない、てやらない、つや消しの: -ое стекло́ すりガラス | -ая отде́лка マット仕上げ ②(顔色が)乳白色の ③ソフトな、軽度な《チェス》チェックメイトの ⑤敗北《破滅》の **‖-ость** [女10]

**ма́том** [副] 卑猥なののしり言葉で
**ма́точник** [男2] ①《養蜂》王台(女王蜂の蜂房) ②《養蜂》王槨(人工王台) ③雌用の畜舎[飼養籠];種蓄[牛]用の畜舎;その管理者 ④《農》(新品種用)交配親、親株 ⑤《園芸》種苗場、養樹園 ⑥《植》子房 (за́вязь) ⑦《工》タップ、雌ねじ切り (ме́тчик) ⑧《化》母液

**ма́точн|ый** [形1] 子宮の、子宮の: -ая труба́《解》卵管 | -ое кольцо́ ペッサリー(避妊具) ②雌親の、女王蜂の: -ое вещество́《昆》女王物質

**матра́с** [男1], **матра́ц** [男3] ①(ベッド用の)マットレス ②(体育用の)マットレス ③敷き布団 **‖-ный** [形1] **/матра́сик** [男2] 指小・愛称

**матра́сник, матра́цник** [男2] ①マットレス[敷き布団]カバー ②(安宿に泊まる)バックパッカー (тури́ст-~);逗留して楽しむアウトドア愛好者

**матрёшк|а** 複生 -шек [女2] ①マトリョーシカ: ~ из восьми́ ку́кол 8個組のマトリョーシカ ②(マトリョーシカ似の)丸顔の「豊満な]女性

**матриа́рх** [男2] 女家長、女族長 (→патриа́рх①)
**матриарха́т** [男1] 母系制、母権制 **‖-льный** [形1]

**ма́трикс** [男1] 基盤、基台、母体、行列、マトリックス (ма́трица): ко́стный ~《医》骨基質

**матримониа́льный** [形1]《文》結婚(関係)の、夫婦(生活)の

**ма́триц|а** [女3] ①紙型;鋳型; (CD・レコードの)原盤;(活字鋳造用の)字母、母型 ②《数》行列: обра́тная ~ 逆行列;《コン》テンプレート ③金型、ダイス型、母型《字体、基盤、基質、基、マトリックス

**ма́тричный** [形1] ＜ма́трица: ～ диспле́й [コン]マトリックス表示｜～ коммута́тор マトリックススイッチ｜～ при́нтер ドットインパクトプリンタ

**матро́на** [女1] ①《古ロ》気品のある既婚女性 ②《露》年配の(体格も立派な)女性 ■ M～ Солу́нская テッサロニキの聖マトロナ(3-4世紀)

\***матро́с** [マトロス] [男1]〔sailor〕①船員, 水夫 ②《軍》(ロシア海軍で)水兵(海軍兵階級における最下位: 陸軍兵階級のрядово́йに相当): ста́рший ～ 上等水兵 *//*-**ик** [男2] [指小・愛称]

**матро́ска** 複生-сок [女2] ①水兵服 ②(子ども・女性用の)セーラー服 ③матро́сの妻

**матросня́** [女5]《俗・蔑》[集合で] = матро́сы

**матро́сский** [形3] ①水兵[水夫]の ②水兵服の, セーラー服の

**маттио́ла** [女1]《植》アラセイトウ属(левко́й)

**ма́тушк|а** 複生-шек [女2] ①お母さん, 母(мать): ～ зима́ [詩]母なる冬 ②(中年女性への呼びかけで)おばさん, 奥さん, おかあさん ③《正教》司祭婦人, 修道女 ◆*M~и (мои́)!*《話》おやまあ ■**～-герои́ня**《露史》母親英雄(旧ソ連で10人以上の子どもを出産した女性に贈られた称号・勲章)

**мать-и-ма́чеха** [女2]《植》フキタンポポ(咳止め用)

**матю́г** -á, **матю́к** -á [男2]《俗》卑猥なののしり言葉(мат)

**матюга́льник** [男2]《若者・戯・皮肉》拡声器

**матюга́ться, матю́каться** [不完]《俗》= матери́ться

**ма́узер** [е/э] [男1] モーゼル社製自動拳銃[ライフル銃]

**маунтинба́йк** [男2] マウンテンバイク

**мафио́зи, мафио́зо** (不変) [男] マフィア構成員

**ма́фи|я** [女9]《伊》マフィア; 暴力団: *кр*ё*стный оте́ц -ии* マフィアのボス, ゴッドファーザー ②(マフィアに類似した)非合法な犯罪集団: торго́вая ～ 商業マフィア *//*-**о́зный** [形1] ＜～

**мафуса́ил** [男1]《戯》長寿の老人(★旧約聖書の969年生きたメトセラから)

**мах** -а/-у [男1] ①一振り, 一回し: ～ колеса́ 車輪の一回転 ②(動物が走っている時の)跳躍, 一歩: во весь ～《話》全速力で, 全力疾走で ③(馬の鬣の)振動, (ラケットなどの)振り, スイング ◆*да́ть -у*《話》空振りする, 失敗する｜*одни́м [еди́ным] -ом*《話》即座に, 一撃で, 一発で｜*с -у*《話》(1)全力で, 力任せに (2)いきなり

**махаго́ни** (不変) [中], **махаго́н** [男1]《植》マホガニー(属); 北カフカス連邦管区) //**махаго́ниевый** [形1]

**маха́лка** 複生-лок [女2]《話》①ハタキ ②たき[ほうき]状になった植物の茎の先, 花序

**маха́лово** [中1]《若者》つかみ合いのけんか

**маха́ние** [中5] (何かを)振ること

**махао́н** [男1]《昆》キアゲハ //**-овый** [形1]

**маха́тма** [女1] (インドの)大聖, マハトマ

\***маха́ть** [マハーチ] машу́, ма́шешь 命 маши́ [不完] / **махну́ть** [マフヌーチ] -ну́, -нёшь 命 -ни́ [完] [一回]〔wave〕①<圏>を振る, 振り回す《圏》指揮をする ～ ве́ером 扇子を使う｜～ платко́м ハンカチを振る｜～ кры́льями 翼をはばたかせる｜маха́ть руко́й 〈合図・挨拶で〉…に手を振る ②《完》突進する, 跳ぶ, 跳び下りる[上がる]: ～ че́рез забо́р 垣根を飛び越える
③《完》《俗》飛び出す, 向かう ④《完》《俗》＜圏と на圏と〉取り替えっこする ◆*махну́ть руко́й на* 圏 …を諦める, 捨てる, 匙を投げる

**маха́ться** [不完]《若者》つかみ合いのけんか[乱闘]をする

**маха́ч** [男4]《若者》つかみ合いのけんか

**Махачкала́** [女1] マハチカラ(ダゲスタン共和国の首都; 北カフカス連邦管区)

**махан́|и** [女1] 大乗仏教 *//*-**и́йстский** [cc] [形3]

**Махди́** (不変) [男]《イスラム》マフディー(終末に出現するとされる救世主)

**махи́зм** [男1]《哲》マッハ主義(19世紀末から20世紀初頭にかけての実証主義的な認識論)

**махи́на** [女1] [話]でかい[巨大な]もの; 多量の(もの)

**махина́тор** [男1] 陰謀をめぐらせる者, 策士; 詐欺師

**махина́ция** [女9] 策略, 策たく, ごまかし, インチキ

**махно́вщина** [女3]《露史》マフノ運動(1918-21; Махноを首謀者とする農民一揆)

**махну́ть** [完] →маха́ть

**махну́ться** -ну́сь, -нёшься [完]《話・俗》＜圏と〉交換する(обменя́ться)

**махови́|к** [男2] ①《機》(エンジン・ミシン・ろくろなどの)フライホイール, はずみ車 ②(蛇口の)ハンドル ③(プレス機などの)回転式ハンドル ④(望ましくない展開への)はずみ, 拍車 *//*-**чо́к** [指小・愛称]

**махов|о́й** [形1] 振るための; 一振り[一回転]の: -о́е колесо́《技》はずみ車｜-о́е перо́ (鳥類の)風切羽｜-ы́е упражне́ния (器械体操の)振動運動

**ма́хом** [副] 素早く, ただちに

**ма́хонький** [形3]《俗》とても小さい

**махо́рка** [女2] ①《植》マルバタバコ ②マホールカ(①の下級知識のたばこ) //**махо́рочный** [形1]《愛称》

**махо́тка** 複生-ток [女2] ①素焼きの壺 ②(人間・動物の)ちび

**махра́** [女1]《俗》= махо́рка②

**махро́во** [副] 極めて(悪く)

**махро́в|ый** [形1] ①《植》多花弁の, 八重咲きの ②《繊維》テリー織りの, タオル地の ③(否定的性質について)どうしようもない(悪事で)極悪[札付き]の ◆*цвести́ -ым цве́том* 蔓延する, 大いにはびこる｜～ *дура́к* 大ばか *//*-**ость** [女10]

**махры́** -о́в [複] ①《話》古い衣服から垂れ下がったほつれ ②[旧] 房織(бахрома́)

**маца́** [女3] [単]《ユダヤ》マッツォー(過越祭で使うクラッカー状の薄い無酵母パン)

**ма́цать** [不完]《若者・隠》①お触りする, タッチする, つかむ ②＜圏＞女性を抱き寄せる; 乱暴に抱きしめる

**мацо́ни** (不変) [女] マツオーニ(カフカス特産の発酵乳)

**Мацу́ев** [男姓] マツーエフ(Дени́с Леони́дович ～, 1975-; ピアニスト; チャイコフスキー国際コンクール優勝)

\*ма́чеха [女2] ① 継母, 義母 (↔о́тчим) ② 残酷な [憎むべき]存在 //ма́чехин [形10]

мачо́к [男2] 《植》ツノゲシ属

ма́чта [女1] (帆船の)マスト; (アンテナ用などの)柱, 支柱, マスト

мачто́вка 複生 -вок [女2] 《話》① マスト用材木 ② マスト船

мачтово́й (形2変化)[男名] マスト上で見張りにつく水兵[水夫]; その指揮官

мачто́вый [形1] マスト(用)の

Ма́ша [女4] 〔愛称〕< Мари́я

машбюро́ (不変)[中] (部署としての)タイプ室

ма́шешь < маха́ть

\*маши́н|а [マシーナ] [女1] [machine, car] ① 機械; (エネルギー)機関: стира́льная ～ 洗濯機 | посудомо́ечная ～ 食器洗浄機 | швейна́я ～ ミシン ② 《話》車, 自動車 (→автомоби́ль比較): легкова́я ～ 乗用車 | ли́чная ～ 自家用車, マイカー | прави́тельственная ～ 政府専用車, (閣僚・官憲)の公用車 | служе́бная ～ 公[社]用車 | подержанная ～ 中古車 | пожа́рная ～ 消防自動車 | води́ть -у ～ 車を運転する | попа́сть под -у ～ 車にひかれる

③ (社会・政治・軍事上の)組織, 機構: вое́нная ～ 軍事機構 ④ (レース用の)自転車, バイク ⑤ (車1台分の荷物: три -ы дров 車3台分の薪 ⑥ 《若者・警察》ピストル, リボルバー ⑦ 《旧》 気車: парова́я ～ 蒸気機関 ■ ～ вре́мени タイムマシーン

машина́льно [副] 無意識に, 無意識に

машина́льный 短 -лен, -льна [形1] 無意識の, 機械的な: ～ жест 自然に出てくる身振り

машиниза́ция [女9] 機械化

машинизи́ровать -рую, -руешь 受過 -анный [不完·完] 《図》機械化する //-ся [不完] 〔受身〕

машини́ст [男1] ① 機関士 ② (機械)の運転手, 操縦手, オペレーター //-ка 複生 -ток [女2] タイピスト ④ 《劇》舞方, 道具方

\*маши́нка 複生 -нок [女2] ① 〔指小〕< маши́на ② 《話》タイプライター(пи́шущая ～) ③ 《話》小型機器類; ミシン, バリカン, マシンガン ◆～ испо́ртилась. 心臓にガタが来た.

маши́нно-.. 《語形成》「機械の」

маши́нно-тра́кторный [形1] トラクター(農業機械)の

маши́нн|ый [形1] ① 機械の ② 機械的な ③ 機械による, -ая гра́фика コンピュータグラフィックス, CG | -ое обуче́ние 機械学習 | ～ перево́д 機械翻訳 | ～ язы́к 機械言語

маши́но.. 《語形成》「機械の」自動車の」

машинове́дение [中5] 機械学

машиноиспыта́тельный [形1] 機械検査の

маши́ной [副] 自動車で: е́хать ～ в друго́й го́род 車で別の町へ行く

маши́нопи́сный [形1] タイピングの

машинопи́с|ь [女10] ① タイピライティング: ку́рсы -и タイプライティング講習会 ② タイプ打ちした文書: сто́ страни́ц -и タイプ打ち原稿100ページ

машинострое́ние [中5] 機械製作; 機械工学, 機械エンジニアリング //машинострои́тельный [形1]

машинострои́тель [男5] 機械製作エ[エンジニア]

маши́носчётный [щ] [形1] コンピュータ[電算]の

машиночита́емый [形1] 《コン》機械読込の, 機械認識の

маши́стый 短 -ист [形1] 《話》歩幅の長い, 大股の, ストライドの大きい

машта́к -а́ [男2] 《方》小型でがっちりした馬

машу́ [1単現]< маха́ть

маэсто́зо [副] 《楽》マエストーソ, 荘厳に

маэ́стро (不変)[男] 《文》大芸術家, マエストロ(作曲家, 指揮者, 画家, チェスなど)

маю́скул|ы -ов [複] 〔単 маю́скул [男1]〕(古代ギリシャ語・ラテン語写本で)大文字, 頭文字, アンシャル字体 //-ьный [形1]

мая́к [男2] ① 灯台 ② ビーコン, 標識 ③ 《若者・隠》危険信号: да́ть ～ ...に危険を知らせる, 警告する | стоя́ть на ～е (犯罪中に)見張りをする

Маяко́вский (形2変化)[男] マヤコフスキー(Влади́мир Влади́мирович ～, 1893-1930; 詩人)

ма́ятник [男2] ① 振り子: насте́нные часы́ с ～ом 振り子の付いた柱時計 | ходи́ть как ～ (振り子のように)絶え間なく前後に行ったり来たりする ② 《腕時計・懐中時計のテンポ ③ 《話》不安定ならぐらする状態 (物事の変化・状況を推測する)指標: ～ полити́ческой жи́зни 政局の指標 ■ ～ Фуко́ フーコーの振り子

ма́ятников|ый [形1] ① 振り子の, 振り子の: -ое движе́ние 振り子運動 | -ая две́рь (内側にも外側にも開く)自在戸 ◆-ая мигра́ция 振り子式の移動 (★朝夕の通勤通学, 季節労働者の移動, 鳥などの渡りなど)

ма́ять ма́ю, ма́ешь [不完] 《俗》〔図〕疲れさせる, へとへとにさせる

ма́яться ма́юсь, ма́ешься [不完] 《話》疲弊する, へとへとになる ◆～ ду́рью 時間を浪費する

ма́ячить -чу, -чишь [不完] 《話》① 遠方に漠然と[際だって]見える; 目障りな証が目に入る ② 《確定なことが)起こりえる, あり得る: Пе́ред ним ма́ячит повыше́ние. 彼の給料がもうすぐ上がるかも知れない

мая́чный [形1] 灯台の

м. б. 〔略〕мо́жет быть たぶん, もしかすると

Мба́йт, Мб 〔略〕[IT]мегаба́йт

Мби́т 〔略〕[IT]мегаби́т

МБР [エムベエール] 〔略〕межконтинента́льная баллисти́ческая раке́та 大陸間弾道ミサイル, ICBM

МБРР [エムベエルエール] 〔略〕Междунаро́дный ба́нк реконстру́кции и разви́тия 国際復興開発銀行

МВД [エムヴェデー] 〔略〕Министе́рство вну́тренних дел 内務省

МВ-печь [エムヴェー] 複 -и, -е́й [女10] 電子レンジ (микроволно́вая печь)

МВК [エムヴェカー] 〔略〕механи́зм валю́тных ку́рсов 為替相場メカニズム, ERM

МВФ [エムヴェエフ] 〔略〕Междунаро́дный валю́тный фонд 国際通貨基金, IMF

мг 〔略〕миллигра́мм

мга́ [方]= мгла́

МГИМО [ムギモー] 〔略〕Моско́вский госуда́рственный институ́т междунаро́дных отноше́ний 国立モスクワ国際関係大学

МГК [エムゲカー] 〔略〕Моско́вская госуда́рственная консервато́рия и́мени П.И. Чайко́вского チャイコフスキー記念国立モスクワ音楽院

мгл|а́ [女1] ① 暗闇; скрыва́ться во -е́ 闇に紛れる ② 《気象》煙霧: сне́жная ～ 雪もや | пы́льная ～ ちり煙霧

мгли́стый 短 -ист [形1] もや[霧, 霞, 砂塵]が立ちこめた

\*мгнове́ние [ムグナヴェーニエ] [中5] [moment, instant] 一瞬, 瞬間; (複)(記憶に残る)時間, 時 ◆в пе́рвое ～ 囲 ...の最初に瞬間に | в одно́ ～ 一瞬で, すぐに | в то́ же ～ その瞬間に | ни на ～ не ... かりそめにも…しない

мгнове́нно [副] 瞬時に, たちまち

мгнове́нн|ый 短 -ен, -е́нна [形1] ① 瞬時の, 即座の: -ое реше́ние 即座の判断 ② 一瞬の, -ая

**вспы́шка** 閃光 **∥-ость** [女10]

**МГУ** [эл дэгэу́-] Моско́вский госуда́рственный университе́т モスクワ国立大学

**МГц** (略) мегаге́рц

**ме́** [э] [男1] 《擬声》メー(羊, 山羊の鳴き声)

**меа́ндр** [男1] ①メアンダー, 雷文模様 ②《地質》河川の蛇行, 曲流 ③《方形波「パルス], 矩形波

*__**ме́бель**__ [ミェービェリ] [女10] 《furniture》《集合》家具: мя́гкая ~ クッション付きの家具(ソファー類) | обста́вить 🏠 ~ю 家具を備え付ける | три предме́та -и 3点の家具 (★助数詞 предме́т で個数を数える) ◆**(быть, находи́ться) для -и** [話・戯] (座っている人を指し) 役に立たない, お飾りとなる ∥ **ме́бельный** [形1]: ~ гарниту́р 家具セット

**ме́бельщик** [男2] 家具職人, 家具製造[販売]業者

**меблиро́ванный** [形1] (賃貸物件・ホテルが) 家具付きの

**меблирова́|ть** -ру́ю, -ру́ешь 受過 -о́ванный [不完・完] [他] 家具を据えつける ∥-ние [中5]

**меблиро́вка** [女2] ①家具を設置すること ②家具, 調度品

**мег** [男2] 《コン》メガバイト

**мега..** (語形成) 「メガ」「100万(倍)の」「巨大な」

**мегаба́йт** 複生 -ов/-ба́йт [男1] 《IT》メガバイト (略 Мба́йт, МБ) ∥**-ный, -овый** [形1]

**мегаби́т** 複生 -ов/-би́т [男1] 《IT》メガビット (略 Мби́т, Мб): 10Мб/с (де́сять мегаби́т в секу́нду) 10メガビット毎秒 (Mbps)

**мегава́тт** 複生 -ва́тт/-ттов [男1] 《電》メガワット (記号 МВт)

**мегаге́рц** 複生 -ге́рц/-ев [男3] メガヘルツ (振動数の単位; 略 МГц)

**мегали́т** [男1] 《考古》(先史古代遺跡の)巨石 ∥**-и́ческий** [形3]

**мегалома́ния** [女9] 《医》誇大妄想

**мегапи́ксел|ь** [男5], **мегапи́ксел** 複生 -ов/-сел [男1] 《IT》メガピクセル ∥**-ьный** [形1]

**мегапо́лис** [男1] メガポリス, 巨大都市 ∥**мегапо́лисный** [形1] ■ **~ная цифрова́я сеть** [コン] 都市間ネットワーク, MAN

**мегато́нна** [女1] 《単位》メガトン, 100万トン

**мегафо́н** [男1] メガホン

**меге́ра** [女1] ①М-《ギ神》メガイラ(復讐の女神) ②《話》極悪女

**мегре́л** 複生 -е́л/-е́лов [男1] **/~ка** 複生 -лок [女2] メグレル[ミングレル]人(西ジョージア(グルジア)の少数民族) ∥**-ьский** [形3]

**мёд** [э] [男2] (学生)医大

*__**мёд**__ [ミョート] -а/-у 前 о -е, в -е/меду́, на меду́ 複 меды́ [男1] 《honey》 ①ミード酒, 蜂蜜酒 ③花や草の甘い香り ④甘言, 耳障りのよい話 ◆**как пчёлы на ~ (слета́ются)** (皮肉) 儲け話に「おいしい話」に飛びつく 〈=密に群がる蜂のように群がる〉 | **не ~** 甘くはない, つらい

**мед..** (語形成)「医療の」「医学の」

**медали́ст** [男1] **/~ка** 複生 -ток [女2] ①(オリンピックや競技会の)メダリスト; 褒賞受章者; 優秀な成績の卒業生: золото́й [сере́бряный, бро́нзовый] ~ 金[銀, 銅]メダリスト ②(品評会でメダルを獲得した動物

*__**меда́ль**__ [ミダーリ] [女10] 《medal》 ①メダル, 記念章, 褒賞: золота́я [сере́бряная, бро́нзовая] ~ 金 [銀, 銅] メダル ②(栄典の一つとして)褒賞: юбиле́йная ~ 記念章 | ~ Пу́шкина プーシキン褒賞(ロシア語・ロシア文化の普及に貢献のあった者を対象としたロシア連邦の賞) ◆**две́ стороны́ одно́й -и** 物事の裏と表「光と陰] | **оборо́тная [друга́я] сторона́ ~и** 物事の闇[陰]の側面 | **око́нчить шко́лу с золото́й ~ью** 特に優秀な成績で学校を卒業する ∥**~ка** 複生 -лек [女2] (指小・愛称)∥**~ный** [形1]

**медалье́р** [男1] (コイン・メダル)デザイナー, 彫刻師

**медалье́рный** [形1] (コイン・メダルの)デザイン[彫刻]の

**медальо́н** [ё] [男1] ①ロケット, メダリオン(ペンダント型装飾品) ②メダリオン(床・天井などの飾り用円形建材) ∥**~чик** [男2] (指小・愛称)

**медбра́т** [男1] 看護師(男性)(медици́нский брат)

**Медве́дев** [男姓]メドヴェージェフ (Дми́трий Анато́льевич ~, 1965- ; 政治家; ロシア連邦第3代大統領 (2008-12))

**медве́диха** [女2] 《話》= медве́дица

**медве́дица** [女3] ①雌熊 ②《複》ヒトリガ科: ~-ка́йя 《昆》ヒトリガ ■ **Больша́я М-** 《天》大熊座 | **Ма́лая М-** 《天》小熊座

**медве́дка** 複生 -док [女2] ①《複》《昆》ケラ科 ②(浮送河川の補強用の)太い丸太 ③2人用かんな ④低い荷車

*__**медве́д|ь**__ [ミドヴェーチ] [男5] 《bear》 ①《動》クマ; 雄熊; 《話》熊の毛皮: белогру́дый [гимала́йский] ~ ツキノワグマ | бе́лый ~ シロクマ, ホッキョクグマ | бу́рый ~ ヒグマ | бамбу́ковый ~ ジャイアントパンダ (больша́я па́нда) ②屈強で鈍重な人, 無教養な野人 ③《通例複》《経》ベア, 相場に対する弱気のトレーダー (↔бык) ◆🏠 **дели́ть шку́ру неуби́того -я** とらぬ狸の皮算用をする | 🏠 **на́ ухо наступи́л ...** は音感が全く駄目だ, 音感が ..., 音痴だ | **ходи́ть как ~** 不恰好に歩く

**медвежа́тина** [女1] (食用の)熊肉

**медвежа́тник** [男2] ①熊猟師 ②熊猟用の犬, 熊猟犬 ③《話》(動物園の)熊の檻 ④《話》金庫[錠前]破専門の泥棒

**медве́ж|ий** [形9] クマの: **-ья охо́та** 熊猟 | **-ья шку́ра** 熊の皮 ②クマのような; 荒っぽい ③ **-ьи** 《複》クマ科 ◆ **~ у́гол** へき地, 人跡未踏地 | **-ьи объя́тия** 力強い武骨な抱擁; 《経・スポ》ベアハッグ | **-ья услу́га** ありがたい迷惑な親切[厚意] | **-ья боле́знь** 《話》過敏性胃腸炎; 《戯》恐怖の余りのお漏らし[下痢]

**медвежо́нок** -нка́ 複 -жа́та, -жа́т [男9] ①子熊 ②とろい[にぶい]子 ③テディーベア, (玩具)

**медву́з** [男1] 医科大学 (медици́нское вы́сшее уче́бное заведе́ние)

**медвя́ный** [形1] ①蜂蜜の味[匂い]のする ②《民話・詩》蜂蜜でできた ■ **-ая роса́** 《植》甘露, 葉[茎]から出る糖液

**мѐдеплави́льный** [形1] 銅溶解(用)の

**Меде́я** [女9] 《ギ神》メデイア(魔女)

**меджли́с** [男1] (トルコ・イランなどイスラム圏の) 国会, 議会

**ме́диа** (不変) 《複》 メディア, マスメディア

**ме́диа-..** (語形成)「メディアの」「マスメディアの」

**медиа́льный** [形1] 中央[中間, 中心]の, 中央の, メディアンの; 内側の

**медиамагна́т** [男1] メディア王

**ме́диа-ме́неджер** [不変-] [男1] メディアマネージメント担当者 ∥ [コン]メディアマネジャー

**медиа́н|а** [女1] ①《数》(三角形の)中線 ②《統計》中央値, メジアン; ~ сово́купности 母集団中央値 ∥**-ный** [形1] = медиа́льный

**мѐдиаобразова́ние** [中5] メディア教育

**мѐдиапроду́кт** [男1] メディアコンテンツ(各種の媒体で販売される映像・音楽商品)

**мѐдиары́нок** -нка [男2] メディア市場

**медиате́ка** [女2] メディアライブラリー(映像音声アーカイブ, インターネット閲覧設備を備えた施設)

**медиа́тор** [男1] ①伝達[媒介]物質, 仲介体, 媒介物, メディエータ ②〔外交・貿易の〕 仲介役; 調停者 ③〔楽〕弦楽器演奏用の〕ピック, 義甲, 爪

**медиа́ция** [女9]〔国際紛争の〕調停, 仲介交渉

**медиева́ль** [男5]〔印〕〔フォント書体の〕オールドスタイル //**~ный** [形] オールドスタイル(系統)の

**медиеви́ст** [男1] 中世西洋史研究者

**медиеви́стика** [女2] 中世西洋史研究

**меди́йный** [形1] メディアの, マスメディアの

**ме́дик** [男2]/《話》**меди́чка** 複生-чек [女2] 医師, 医学生

**медикаме́нт** [男1]《複》医薬品, 薬剤

**медикаменто́зн|ый** [形1] ①医薬品の ②薬物性の: -ое отравле́ние 薬物中毒

**меди́ко-..** [語形成]「医学の」の意

**меди́ко-санита́рный** [形1] 医療衛生の

**Меди́на** [女1] メディナ(イスラム教の聖地)

**мѐдинститу́т** [男1] 医科大学(медици́нский институ́т)

**мёдо..** 《語形成》「蜂蜜の」

**мёдистый** [形1]《俗》= медоно́сный

**мёдистый** [形1] 蜂蜜を(多量に)含有する

**медитати́вн|ый** [形1] ①瞑想[黙想]の ②瞑想的[黙想的]な //**~ость** [女10]

**медита́ция** [女9] ①(宗教的な)瞑想, 黙想 ②黙考, 熟慮

**медити́ровать** -рую, -руешь [不完・完] 瞑想[黙想]する

**ме́диум** [男1] ①霊媒, 霊能者; 超能力者 ②〔楽〕中音, 中声 ③〔言〕(動詞の)中動相

**медиум|и́зм** [男1] 霊媒術, 降霊術, 口寄せ //**~и́ческий** [形3]

**медици́на** [ミヂツィーナ] [女1]〔medicine〕医学, 医術, 医療; 《話》医者, 医療関係者, 医学界: наро́дная ~ 民間療法[医学]

**медици́нск|ий** [ミヂツィーンスキイ] [形3]〔medical〕医学の, 医療の, 医療目的の: -ая нау́ка 医学 | -ое обслу́живание 医療 | -ая сестра́ 看護師(女性) | ~ осмо́тр 身体検査; 健康診断 | -ие перча́тки 医療用手袋 | -ая кни́жка 個人医療手帳(食品関連産業や交通機関での就労に必要な証明書) //**-и** [副] 医学的に

**меди́чка** → ме́дик

**мѐдкоми́ссия** [女9] 医療委員会; 医療検査団 ■ **вое́нная ~** 軍医委員会(徴兵対象者の身体検査を行う) | **води́тельская ~** 運転者医療委員会(自動車運転免許取得資格のための身体検査を行う)

**※ме́дленно** [ミェードレンナ] [副]〔slowly〕 ゆっくりと, ぐずぐずと: ..., но ве́рно ゆっくりしかし確実に | М~ тя́нется вре́мя. 時がゆったりと流れる

**※ме́дленн|ый** [ミェードレンヌイ] 短 -ен/-енен, -енна [形1]〔slow〕ゆっくりした, おもむろな, のろい, のろのろした, とろい; 《話》(進む)なだらかな: -ое горе́ние 低速燃焼 | ~ ход 徐行 | ~ шаг ゆるやかな歩調 | ~ темп〔音〕緩徐調 | ~ рост 緩やかな成長 | вари́ть (кали́ть) на -ом огне́ とろ火で煮る[焼く]
◆ **-ая пы́тка** 五分試し | **на -ом огне́ сгора́ть [горе́ть]** じりじりと良心の呵責にさいなまれる //**-ость** [女10]

**медли́тельн|ый** 短 -лен, -льна [形1] 緩慢とした, のろい, もたもたした //**-о** [副] //**-ость** [女10]

**ме́длить** -лю, -лишь [不完]〈с чем か /不定形するのをためらう, 引き延ばす, ぐずぐずする: ~ с отве́том 回答を引き延ばす | ~ с приня́тием реше́ния 決断をためらう

**медля́к** -а́ [男2] 《若者》①〔楽〕スローテンポの穏やかな曲 ②《蔑》のろのろしている[だらだら続く]もの //**медлячо́к** -чка́ [男2] 〈①

**медне́ние** [中5] 銅めっき加工

**ме́дник** [男2] 銅細工師

**ме́дницк|ий** [形3] ①銅細工師の, 銅製品修理製造の, 鋳掛けの ②**-ая** [女名] 鋳掛け屋, 銅製品修理業者

**медно́(-)..** [語形成]「銅の」

**мѐдно-кра́сный** [形1] 赤銅色の

**медноруднный** [形1] 銅鉱石[鉱脈]の

**ме́дн|ый** [形1] ①銅の, 銅を含有する; 銅製の: ~ [бро́нза] の;〔化〕第一[第二]銅の: ~ ли́ст 銅版 | -ая про́волока 銅線 | -ые де́ньги 銅貨 ②銅製の, 赤銅色の ③(声・音が)金属的な, 甲高い ④〔楽〕金管の: -ые духовы́е инструме́нты 金管楽器 ◆ ~ лоб 頑迷な男 ■ ~ купоро́с〔化〕硫酸銅, 胆礬 | ~ колчеда́н 黄銅鉱 | -ая зе́лень 緑青 | -ая руда́ 銅鉱石 | ~ вса́дник 青銅の騎士(サンクトペテルブルクにあるピョートル大帝の騎馬像) | ~ змей〔聖〕青銅の蛇(癒やしの象徴) | -ое мо́ре〔聖〕青銅の海(神殿に置かれた巨大水盤)

**медо..** 《語形成》「蜂蜜の」

**медова́р** [男1] ミード[蜜酒]職人

**медову́ха** [女2] ミード, 蜂蜜酒

**медо́в|ый** [形1] ①蜜の, 蜂蜜で作った ②琥珀色の ③甘言の, うまいことを言う: -ые ре́чи 甘言 ■ ~ ме́сяц ハネムーン, 蜜月, 新婚のひと月; 物事の始めのうまくいっている時期 | -ая ды́ня ハネジューメロン

**медоно́с** [男1] 蜜源植物(медоно́сное расте́ние; 蜂蜜の採取できる植物)

**медоно́сн|ый** [形1] ①(蜂が)蜜を造る, 蜜峰の: пчела́ -ая ミツバチ ②(植物が)蜜源となる: -ые тра́вы 蜜源となる草(レンゲなど)

**медосбо́р** [男1] 採蜜; 採蜜期; 採蜜量

**мѐдосмо́тр** [男1] 健康診断(медици́нский осмо́тр)

**медоточи́в|ый** 短-и́в [形1] 甘言を口にする, 口先のうまい //**-ость** [女10]

**мѐдперсона́л** [男1] 医療従事者(медици́нский персона́л)

**медпу́нкт** [男1] 救護所, 救急診療所; 保健室(медици́нский пу́нкт)

**мѐдсанба́т** [男1] 医療衛生大隊(мѐдико-санита́рный батальо́н)

**медсестр|а́** 複 -сёстры, -сестёр, -сёстрам [女1] 看護師(女性) //**-и́нский** [形3]

**меду́за** [女1] ①〔動〕クラゲ ②**М~**〔ギ神〕メドゥーサ

**медуни́ца** [女3] 〔植〕ヒメムラサキ属: ~ нея́сная ラングワート

**медучи́лище** [中2] 医療系専修学校(медици́нское учи́лище)

**медфа́к** [男2] 《話》医学部(медици́нский факульте́т)

**медь** [女10] ①〔鉱〕銅(記号 Cu): жёлтая ~ 黄銅 | зелёная ~ 青銅 | кра́сная ~ 赤銅(銅) | листова́я ~ 銅板 | листово́й ли́ст ②〔集合〕銅製品, 銅器 ③《話》銅貨

**медя́к** [男2]《話》銅貨

**медяни́ца** [女3] ①〔動〕ヒメアシナシトカゲ ②〔昆〕キジラミ

**медя́нка** 複生 -нок [女2] ①〔動〕ヨーロッパナメラ(蛇) ②〔化〕緑青

**медя́шка** 複生-шек [女2]《話》銅製品, 銅片, 銅貨

**меж** [前]《話》= ме́жду

**меж|а́** 複 межи́/ме́жи, меже́й/меж, межа́м/межа́м [女4] 土地の境, 畔 | **-ево́й** [形3]

**межба́нковский** [形3] 銀行間の

**межбюдже́тный** [形1] 予算間の

**мѐжве́домственный** [形1] 省庁間の, 省庁にまたがる

**межгородско́й** [ц] [形4] 都市間の

**мѐжгосуда́рственный** [形1] 国家間の

**междоме́т|ие** [中5] 《文法》間投詞 **‖-ный** [形1]

**междоусо́б|ие** [中5], **междоусо́бица** [女3] 〇輪もめ, 内紛, 反目, 不和 **‖-ный** [形1]

\***ме́жду..** [ミジドゥ] [前] [between, among] 〈空間・時間・関係〉〈圏/圧〉…の間に, …の間で(★は同一種類の間と成句の時; それ以外は 《旧》): ~ двух огне́й 《熟語》進退窮まった | ме́жду огня́ми 2つの火の間で | ~ до́мом и де́ревом 家と木の間に | договори́ться ~ собо́й お互いに合意する | М~ на́ми по́лное согла́сие. 我々の間では完全に意見が一致している | укрепля́ть и углубля́ть дру́жбу ~ обе́ими стра́нами 両国間の友好を強化し深める | де́лом [《旧》де́л] ~ рабо́тая 仕事がてら, 片手間に ◆-на́ми (говоря́)《挿入》ここだけの話だが, 内緒だが (по секре́ту) | -про́чим つい でに; 《挿入》話題変換〉 そういえながら, それはそうと, ところで | (a) -тем 《対比》そうこうするうちに, 一方, ところが実際は | ~ тем, как それに対して, 一方 | чита́ть строк [стро́ками] 行間を読む

**ме́жду..** [語形成] "…間の" "相互の"

**междугоро́дн|ий** [形1], **междугоро́дн|ий** [形8] 都市間の: -ая [-яя] связь 市外電話

**междунаро́дник** [男2] 《話》国際問題[国際法]の専門家; журнали́ст~ 国際派ジャーナリスト

**междунаро́дно-правов|о́й** [形1] 国際法[上]の: име́ть -у́ю си́лу 法的効力を有する

\***междунаро́дн|ый** [ミジドゥナロードヌイ] [形1] [international] 国際の, 万国の, 国際間の(интернациона́льный); -ая вы́ставка 国際見本市 | -ая поли́тика 国際政治 | -ое положе́ние 国際情勢 | -ое пра́во 国際法 | -ое [мирово́е] соо́бщество 国際社会 | -ые отноше́ния 国際関係 | -ые свя́зи 国際交流 | ~ банк 国際銀行 | приобрести́ ~ хара́ктер 国際化する ■- аэропо́рт Шереме́тьево シェレメーチェヴォ国際空港 | М~ же́нский день 国際婦人デー(3月8日) | М-ая организа́ция труда́ 国際労働機関, ILO (略 МОТ)

**междупу́тье** [中4] (鉄道複線区間の)線路間

**междуре́ч|ье** [中4] ① 河川に挟まれた土地 ②М~ 《史》メソポタミア **‖-ный** [形1]

**междуря́д|ье** [中4] (畑の)畝間 **‖-ный** [形1]

**междуца́рствие** [中5] 空位期間, 空位期

**межева́|ть** -жу́ю, -жу́ешь 受動 -жёванный [不完] 〈圏〉…の境界線を引く, …を区画する, 測量する **‖-ние** [中5]

**межево́й** [形2] 境界の, 測量の: ~ ка́мень 境界石

**межéн|ь** [女10] (河川湖沼の)最低水位; 最低水位になる季節, 渇水期 **‖-ный** [形1]

**межеу́мок** -мка [男2] 《方》①《俗・蔑》どっちつかずの人; ちゅうぶら ②(生物の中間種

**мѐжконтинента́льный** [形1] 大陸間の

**межли́чностный** [сн] [形1] 個人間の, 対人関係の, 人と人の

**мѐжправи́тельственный** [形1] 政府間の

**межра́совый** [形1] 人種間の

**межрёберный** [解] 肋間の

**межрегиона́льный** [形1] 地域間の, 地域横断的な

**межреспублика́нский** [形3] 共和国間の

**межсезо́нье** [中4] 《話》① (期間の)谷間 ② 農閑期 ③ 《スポ》《猟》《яз》シーズンオフ **‖-ный** [形1]

**межсессио́нный** [形1] 会期[学期]の谷間の; 休み期間中の: -ые заня́тия (通信教育学部の)スクーリング

**мѐжэтни́ческий** [形3] 民族間の: ~ конфли́кт 民族間紛争

**мезга́** [女2] [сн] ① 辺材, 白太(¨ュ) ② パルプ(ジュースや紙製造用の繊維質…を含んだ液状加工用原料) ③ 絞り滓

**мездра́** [女2] ① (毛皮の)皮下組織[膜] ②(なめし革の)皮革面 **‖-о́вый** [形1]

**мезозо́йск|ий** [形3] : -ая э́ра 中生代 (мезозо́й)

**мезолити́ческий** [形3] 《考古》中石器時代の

**мезо́н** [男1] 《理》中間子

**мезони́н** [男1] 中2階 **‖-ный** [形1]

**мейнстри́м** [男1] 《話》主流, 主張

**ме́кать** [不完] [сн] [形1] ①(羊・山羊が)メーと鳴く ②アー[ウー, エー]と語尾を伸ばしながらしゃべる

**мека́ть** [不完] 《方》思慮する, 考える

**Ме́кка** [女2] ①メッカ(イスラム教の最大聖地) ②(愛好者にとっての)聖地, 中心地

**Ме́ксика** [女2] メキシコ(首都は Ме́хико)

**мексика́н|ец** -нца [男3] / -ка 複-нок [女2] メキシコ人 **‖-ский** [形3]

\***мел** [男1] 前о е, в -у́ [chalk] チョーク, 白墨: писа́ть на доске́ -о́м 黒板にチョークで書く

**мела́нж** [男4] ① 《服飾》メランジュ(混紡[混色]の織物) ② 《化》混酸 ③ 《食品》凍結全卵(液全卵を冷凍凍結した加工用原料) ④ 《地質》メランジェ(多種の岩石が入り交じった岩体) **‖-евый** [形1]

**мелано́ма** [女1] メラノーマ, 黒色腫

**меланхо́лик** [男2] メランコリー[抑鬱症]を呈する人 〇憂鬱な人, メランコリックな人

**меланхоли́ческий** [形3] 憂鬱(炭)な, 沈んだ: -ое настрое́ние 鬱な気分

**меланхоли́чн|ый** [形1] -чен, -чна [形1] 憂鬱的な, 抑鬱的性格の強い **‖-ость** [女10]

**меланхо́л|ия** [女9] 鬱(ぷ), 抑鬱症, メランコリー: впа́сть в -ию 鬱になる

**мела́сса** [女1] 糖蜜

**меле́|ть** [不完; по-] [完] ①(川幅が)狭まる, (河川・湖沼の)水位が浅くなる ②(思考・感情が)弱まる, 浅はかになる

**мели́зм** [男1] 《楽》メリスマ

**мелиора́тор** [男1] 《農》土地改良専門家

**мелиора́ция** [女9] (灌漑・干拓による)土地改良, (物質・肥料の散布による)改良

**мелиори́ровать** -рую, -руешь [不完・完] 〈圏〉開拓する, 耕地化する

**мели́рование** [中5] (髪の)ハイライト

**мели́|ть** -лю́, -ли́шь 受動 -лённый (-лён, -лена́) [不完/на-] [完] チョークで塗る[塗布材が]白く跡になる, 白く変色する **‖меле́ние** [中5]

\***ме́лк|ий** [ミェ—ルキイ] 短 -лок, -лка́, -лко, -лки́; -лки́ ме́льче 最上ме́льчайший [形3] [寸法・規模・要素・質・経済価値・重要性の低い] (small, fine) ① 小粒な, 細かい, ちっぽけな (↔кру́пный); (笑い, 震えなど)小刻みな (尾) 少人数の: ~ дождь 小雨, こぬか雨 | ~ снег 粉雪 | ~ шрифт 小字体 | -ие я́блоки 小粒なりんご | -ая гру́ппа неме́цких тури́стов ごく小さいドイツ人グループ | разби́ть на -ие куски́ 粉々にする ③ 小さい: -ий по́черк 小さな字 | -ие де́ньги 小銭 (尾) 小資産の, 零細な: -ое хозя́йство 零細企業 ④ (尾) 下級の, 下っ端の: ~ чино́вник 小役人 ⑤ 取るに足らない: -ие подро́бности 枝葉末節 | ~ ремо́нт 修理の真似事 ⑥ 重要性の少ない: -ие вопро́сы つまらない質問 | -ие де́ньги 端金 | -ая душо́нка ケチな性格 ⑦(川沼・船の喫水などが)浅い(↔глубо́кий): -ая река́ 浅い川 | -ая таре́лка 浅皿 | -ое буре́ние 浅いボーリング **‖-ость** [女10]

\***ме́лко** 比ме́льче ① [副] 細かく, 小さく: ~ нареза́ть

лук 玉ねぎを細かく刻む | Внизу ～ напи́сано что́-то. 下の方に小さな字で何か書いてある ②[無人述] 浅い (↔глубоко́): Здесь ～ и безопа́сно. ここは浅くて安全だ

**ме́лко..**《語形成》「細かな」「小さな」

**мѐлкобуржуа́зный** [形1] 小ブルジョアジーの，チプラの

**мѐлководный** 短-ден,-дна [形1] (河川・湖沼の) 水深が浅い，水量が少ない

**мѐлково́дье** [中4] (河川・湖沼の) 水位が低いこと；減水[渇水]期：ле́тнее ～ 夏の渇水期

**мѐлкозерни́стый** [形1] きめの細かい

**мѐлкокали́берный** [形1] (銃器・砲が) 小口径の

**мѐлкомасшта́бный** [ш] [形1] (地図の) 小縮尺の (★ロシアでは1/1,000,000より小縮尺の地図を指す)

**мѐлкосидя́щий** [形6] (船の) 吃水が浅い：-ее су́дно 浅吃水船

**мелкота́** [女1]《話》①細かさ，小ささ，些細なこと ② 小生物；子ども ③ 下っ端ども，下々の者

**мелкоте́ме** [中4] (作品・主題とは異質の薄い) 枝葉末節；重箱の隅をほじくるような些末(誌)なテーマ

**мѐлкотова́рный** [形1] 製品の小規模生産

**мѐлкотра́вчатый** 短-ат [形1]《話・蔑》ちっぽけな，どうでもいいような，取るに足らない，下々の **//-ость** [女10]

**меловой** [形2] チョーク (мел) の，白亜の；真っ白な

**мелодеклама́ция** [女9] メロデクラメーション (詩を音楽に載せて朗唱する技法)

**мело́д|ика** [女2]《楽》①旋律学 ②旋律構造，メロディー上の特徴 **//-и́ческий** [形3] <②

**мелоди́чн|ый** 短-чен,-чна [形1] メロディーの美しい **//-ость** [女10]

*мело́дия** [女9] [melody] メロディー，旋律

**мелодра́ма** [女1] ①メロドラマ ②《蔑》(メロドラマのように大仰な) 振る舞い；ドラマ的な出来事

**мелодрамати́чн|ый** 短-чен,-чна [形1] メロドラマの，メロドラマのような **//-ость** [女10]

**мел|о́к** -лка́ [男2] チョーク1本：цветны́е -ки́ 色チョーク；восково́й -о́к 蜜蝋クレヨン

**мелома́н** [男1] **/-ка** 複生-нок [女2]《文》歌〔音楽〕の大ファン **//-ский** [形3]

**мелочёвка** 複生-вок [女2]《集合》①小物 ②つまらないこと (ме́лочь)

**мелочи́ться** -чу́сь,-чи́шься [不完]《俗》つまらないことに関わる

**ме́лочн|ый** 短-чен,-чна [形1] ①小さなことにこだわらせこましい，(性格的に) 細かい：～ челове́к ささいなことに騒ぎ立てる人 ②取るに足らない，些細な，つまらない **//-ость** [女10]

*ме́лочь** [ミェーラチ] 複-и,-ей [女10] ①《集合でも》小物，小振りなもの，雑魚；《集合》下っ端 ②小間物，雑貨 ③《集合》小銭：получи́ть сда́чу -ью 釣りを小銭で受け取る ④《通例複》こまごました こと，雑事，些末事：жите́йские -и 生活上の些末事 ◆ вника́ть в -и 細部まで触れる | погряза́ть в -а́х 小事に拘っている | разме́ниваться 'на -и [по -а́м] 雑事にかまける | по -а́м 少量，少しずつ ■ Ты́сяча -е́й ホームセンター (各種日用品・サービスを提供する店の名)

**мель** 前о-и,на-и́ [女10] 浅瀬 ◆ сесть на -и́ (1) 座礁する (2) 絶望的な状況に陥る | быть на -и́ 金欠である

**мѐльзаво́д** [男1] 製粉工場

*мелька́|ть** [不完] [flash] [完-回 мелькну́ть -ну́,-нёшь] ちらちら見える，見え隠れする：-ют фигу́ры люде́й. 人の影が見え隠れする；(星が) また たく：-ют звёзды. 星が瞬いている **//-ние** [中5]

**ме́льком, мелько́м** [副]《話》一瞬で，ちらりと：～

взгляну́ть 一瞥する

**ме́льник** [男2] ①製粉所主 ②製粉所の作業員

**ме́льниц|а** [女3] ①製粉所：водяна́я [ветряна́я] ～ 水車[風車] ②ミル，粉挽き器：кофе́йная ～ コーヒーミル ③粉砕機，クラッシャー；グラインダー **// ме́льничный** [形1] <①③

**мельтеши́ть** -шу́,-ши́шь [不完]《俗》(嫌気がさすほど) 眼前にちらつく

**мельхио́р** [男1] 洋白，洋銀，ジャーマン[ニッケル]シルバー **//-овый** [形1]

**мельча́йший** [形6] [最上] < ме́лкий

**мельча́ть** [不完] **/из～** [完] ①小さくなる ②(人間が) 小さくなる，弱くなる ③(水位が) 浅くなる ④退化する

**ме́льче** [比較] < ме́лкий, ме́лко

**мельчи́ть** -чу́,-чи́шь 受過-чённый (-чён,-чена́) [不完] **/из～, раз～** [完] ①細かくする ②《話》矮小化する；本質を見誤る ③《話》細かい字で記す

**мелюзга́** [女1]《話》《集合》小動物，子どもたち，下っ端ども (мелкота́)

**мембра́на** [女1] ①《生》膜 ②(音響機器・スピーカーの) 振動板 ③太鼓などの楽器の表皮，鼓面 **// мембра́нный** [形1]：～ инструме́нт《楽》膜鳴楽器

**мемора́ндум** [男1] (外交文書としての) 覚書，メモランダム

**мемориа́л** [男1] ①モニュメント，記念碑，記念館 ②(著名選手を記念して開かれる) 記念(…杯) 競技

**мемориа́льн|ый** [形1] 記念の，メモリアルの：-ая доска́ 記念銘板，記念プレート (故事来歴や記念する人物のレリーフが刻まれている)

**мемуари́ст** [男1] **/-ка** 複生-ток [女2] 回想録の著者，回顧録作家

**мемуа́р|ы** -ов [複] 回顧[回想]録；自叙伝，手記 **//-ный** [形1]

**ме́на** [女1] ①交換 ②バーター契約

**Менделе́ев** [男姓] メンデレーエフ (Дми́трий Ива́нович ～, 1834-1907；化学者，元素周期律)

*ме́неджер** [é/э; э] [ミェーネジル, メー] [男1] [manager] ①(ビジネスで) 経営管理者，マネージャー；幹部社員，中間管理職；責任者，支配人：～ по продýкции [ма́ркетингу] 製品管理[マーケティング]マネージャー ②(スポーツ・芸術活動の) マネジメントに携わる人，マネージャー **/-ский** [形3]

**ме́неджмент** [é/э; э] [男1] ①(ビジネスの) マネジメント，経営，管理，運用，運営 ②(スポーツ・文化活動の) マネジメント

*ме́нее** [ミェーニェエ] [less] ①〔比較 < ма́ло〕より少ない (ме́ньше)：～ чем за де́сять лет 10年足らずのうちに ②〔形容詞，副詞に付け，劣等比較を形成〕：～ ва́жный вопро́с さほど重要でない問題 ◆ не～ 田 [чем ...] (…に) 劣らず；少なくとも (…)：Он люби́л Росси́ю не～ други́х поэ́тов. 彼は他の詩人に劣らずロシアを愛していた | (и, а, но) тем не ～ にもかかわらず，やはり (одна́ко)：Он наста́ивает, тем не ～ я не могу́ с ним согласи́ться. 彼は自説を言い張るけれど，私はやはり彼に賛同できない

**менестре́ль** [男5] ①《史》(中世の) 吟遊詩人 ②《戯》流行歌手

**менжева́ть** [不完]《若者・隠》怖がる

**мензу́ра** [女1]《楽》(楽器の) 弦長，メンズラ；(管楽器の) 内径形状，メンズル

**мензу́рка** 複生-рок [女2] 計量グラス[カップ]

**менинги́т** [男1]《医》髄膜炎

**мени́ск** [男2] ①凹凸レンズ，メニスカスレンズ ②《解》半月板

**меновой** [形2]《経》交換の，バーターの

**менструа́ция** [女9] 月経 **// менструа́льный**

[形1]：～ ци́кл 月経周期

**менструи́ровать** -рую, -руешь [不完]《話》月経がある、生理中である

**мент** -а́ [男1]《俗・粗》警察官、サツ、ポリ公

**менталите́т** [男1] メンタリティー、ものの見方〔考え方〕：ру́сский ～ ロシア人のメンタリティー

**мента́льн|ый** -лен, -льна [形1]《文》メンタルの、精神面の：-ые спосо́бности メンタル能力 **‖-ость** [女10]

**ме́нтик** [男1]《史》ペリースー (ゴサール騎兵のマント)

**менто́вка** 複生 -вок [女2]《若者・俗》①警察署 ②護送車、パトカー

**менто́вский** [形3] サツ〔ポリ公〕(мент)の

**менто́л** [男1]《化》メントール **‖-овый** [形1]

**Ме́нтор** [男1]《ギ神》教師 (ホメロス『オデュッセイア』の登場人物名から)

**ме́нторск|ий** [形3] ①教師の ②説諭調の、厳しい：-им то́ном 説教調〔けん責調〕で

**менуэ́т** [男1]《楽》メヌエット

**\*ме́ньше** [ミューニシェ]《smaller, less》①〔比較＜ма́лый, ма́ленький〕より小さい、より少ない (ме́нее)〔★ме́ньше より ме́нее の方が古風〕②〔数詞・数的名詞に付して、劣等比較を形成〕**◆～ всего́** 全くない：Вдруг случи́лось то́, чего́ он ～ всего́ ожида́л. 意に彼が夢にも思わなかったことが起こった｜**М—сло́в!** 無駄話をしないで｜**ни бо́льше, ни** ～ ぴったり… 以上でも以下でもない

**меньшеви́зм** [男1]《政》メンシェビズム **‖-и́стский** [cc] [形3]

**меньшеви́к** -а́ [男1]《政》メンシェビキ派の一員

**\*ме́ньш|ий** [ミューニシィ] [形3]〔比較＜ма́лый, ма́ленький〕①(数量・形・程度・度合が)より小さい、少ない、低い ②〔最上＜ма́лый, ма́ленький〕最少の：《話》(家族で)最年少の (мла́дший) **◆по кра́йней ～ей ме́ре** 少なくとも、最低 (по кра́йней ме́ре)：Опа́здываю са́мое -ее на час. 遅くても一時間遅れです

**\*меньшинств|о́** 複 -ши́нства [中1]《minority》(通例人の)少数派：ничто́жное ～ 取るに足らない少数｜оста́ться в -е́ 多数決で敗れる｜национа́льные меньшинства́ в РФ (ロシア連邦の) 少数民族

**меньшо́й** [形7]《俗》(息子・娘が) 一番下の (мла́дший)

**\*меню́** (不変)[中]《menu》①献立 ②献立表、メニュー、お品書き ③《コン》メニュー：～ по́мощи ヘルプメニュー｜всплыва́ющее〔выпада́ющее〕～ ポップアップ〔プルダウン〕メニュー

**меня́** [生・対格]＜я

**меня́ла** [男1]①(昔) 両替屋 ②《俗》(店のレジで高額紙幣を両替される際に盗む) 万引き

**меня́льный** [形1] 両替業の

**меня́ть** [ミニャーチ] 受過 ме́нянный [不完]《change, exchange》(等価・同種物との交換、変質・変更)《図》①〔完 об～, по～〕на～に交換する、替える (обме́нивать²)：～ ста́рую маши́ну на но́вую車を新車に変える｜～ на рубли́ ルーブルに両替する ②〔完 раз～〕(小銭に) 両替する、くずす ③〔完 по～〕取り替える、交換させる (сменя́ть, переменя́ть)：～ (посте́льное) бельё シーツ類を交換する｜～ пелёнки младе́нцу 紙おむつ〔赤ちゃんのおむつ〕を交換する ④〔質・形・程度・内容を〕変える、改める (измени́ть, перемени́ть)：～ мне́ние 考えを変える、再考する

**\*меня́ться** [ミニャーッツァ] [不完]①〔完 об～, по～〕◯と◯交換する：《話》(特に家)〔部屋〕を交換する：～ кольца́ми 指輪を交換する｜～ с сосе́дом 隣人と部屋を交換する ②変わる、変質する (измени́ться, перемени́ться)：～ в лице́ (驚きなどで) 顔色が変わる ③交代する (смени́ться)：Сотру́дники ча́сто меня́ются. 職員の入れ替わりが激しい ④〔受動〕＜меня́ть

**\*ме́р|а** [ミェーラ] [女1]《measure》①度量衡：квадра́тные -ы 平方積｜метри́ческие -ы メートル法｜～ ве́са [длины́; за́ [長さ]の単位｜～ пло́щади 面積 ②限度、限界、程度、尺度、物差し：знать ～у ほど〔分〕を与える｜～ в ～у 非常に、法外に、過度に、極端に｜в -у 適度に(как ра́з)｜в како́й ～е どの程度 (наско́лько) ③手段、措置、方策、策：～ы предосторо́жности 予防措置｜высшая ～ -ы наказа́ние 極刑｜-ы по оказа́нию по́мощи пострада́вшим райо́нам 被災地支援策｜-ы предосторо́жности 予防措置｜приня́ть ну́жные〔реши́тельные〕-ы 必要な〔断固たる〕手段を取る ◆メーラ (旧穀物量の単位：26.24リットル)；その枡：～ сыпу́чих тел 乾量 ⑤《数》測度

◆**ни в мале́йшей -е** 少しも…ない｜**в той и́ли ино́й -е** ある程度、大なり小なり｜**по -е того́ как** (完了体動志形以外と共に)…するにつれて：По -е того́ как он выздора́вливал, у него́ улучша́лся аппети́т. 回復するにつれ彼には食欲が増してきた｜**по -е** …するにつれて、応じて：По -е приближе́ния к до́му беспоко́йство уси́ливалось. 家に近づくにつれて不安が増していった｜**по -е сил〔возмо́жности〕**(圏)(…)ができる限り、(…)の力の及ぶ限り：помога́ть по -е сил／力の限り協力する｜**по кра́йней〔ме́ньшей〕-е** 少なくとも、せめて

**ме́ргель** [男1]《地質》泥灰土

**мере́ж|а** [女4](特に氷下漁用の仕掛網として使う)袋網、ウケ網、タモ **‖-ный** [形1]

**мере́жка** 複生 -жек [女2]《服飾》ヘムステッチ、ドロンワーク

**мере́нга** [女1]《料理》メレンゲ (菓子)

**мере́ть** мрёт 過 мёр, -ла 能過 ме́рший [不完] ①《話》大量に死ぬ ②〔脈・呼吸が〕停止する **◆мрут как му́хи** 次々と短期間で大量に死ぬ (ハエのように死ぬ)

**мере́щиться** -щусь, -щишься [不完]〔～ [完]〕《話》(…という) 気がする、…と思われる：Это тебе́ помере́щилось. 気のせいだよ

**мерза́вец** -вца [男3]／**-ка** 複生 -вок [女2]《話》ろくでなし、卑怯者、ならず者；《罵》くそったれ

**мерза́вчик** [男1]《俗》小瓶のウォッカ (125cc)

**мёрзк|ий** -зок, -зка́, -зко　比 -зе́е／-зче [形3]①いまわしい、けがらわしい、おぞましい、卑劣な ②《話》とても嫌な、不快な：-ая пого́да ひどい天気

**ме́рзко** 比 мерзе́е／ме́рзче [副] 汚らわしく、嫌悪感を抱かせるように

**мерзл|ота́** [女1] 凍土 (層)：ве́чная ～ 永久凍土 **‖-о́тный** [形1]

**мерзлотове́дение** [中5] 凍土学

**мёрзл|ый** [形1] ①凍結した、凍った、氷結した：-ая земля́ 凍土 ②(作物が)凍って傷んだ

**мерзля́|к** [男2]／**-чка** 複生 -чек [女2]《話・戯》寒がりな人

**\*мёрзнуть** [ミョールズヌーチ] -ну, -нешь 命 -ни 過 мёрз, -ул, -зла 能過 -увший [不完]／**замёрзнуть** [ザミョールズヌーチ] 過 мёрз, -зла 能過 -зший 副分 -знув [完]《freeze》①凍る、凍える：Пти́цы ча́сто мёрзнут на лету́. 鳥は飛行中に凍えることがある ②かじかむ：Ру́ки〔Но́ги〕мёрзнут. 手〔足〕がかじかんでくる ③《話》寒さで凍える、凍える、冷害をうける、凍死する：Карто́фель мёрзнет под сне́гом. ジャガイモが雪に埋もれて凍えている

**мерзопа́костн|ый** [сн] 短 -тен, -тна [形1]《俗》はなはだ汚らわしい、嫌な **‖-ость** [女10]

**ме́рзостн|ый** [сн] 短 -тен, -тна [形1] 汚らわしい、忌わしい、嫌な (ме́рзкий)

**мéрзость** [女10] ①〔田〕の汚らわしさ ②醜悪なもの ③醜悪な行為, 聞くに堪えない言葉 ◆~ *запустéния*《皮肉》完全に荒れ果てた状態

**меридиáн** [男1] ①〔地・天〕子午線, 経線: начáльный ~ 本初子午線(経度0度, 英国グリニッチ天文台を通る) | небéсный ~ 〔天〕(天球上の) 子午線 | геомагнúтный 地磁気子午線 ②〔複〕物事の方向性, 展開

**меридиáнный, меридионáльный** [形1] 〔天〕子午線の: ~ *крýг*〔天〕子午環

**мерúло** [中1] (評価の) 基準, 尺度, 物差し; ヤードスティック: ~ *доброты́* 善意を計る基準

**мéрин** [男1] ①去勢馬 ②《話》メルセデス・ベンツ ◆ *Врёт как сúвый ~.*《話》やつは見え透いた嘘をつく

**меринóс** [男1] メリノ羊; メリノウール (の織物) // **~овый** [形1]

**мерúтельный, мерúльный** [形1] 計量用の, 測定用の

*__мéрить__ -рю/-ряю, -ришь/-ряешь 受過-ренный [不完] [measure]〈四〉①〔完 с~〕計測する: ~ *расстоя́ние* 距離を測る ②〔完 по~〕試着する ◆~ 四 *глазáми [взгля́дом]* じろじろ[値踏みするように] 眺めまわす

**мéриться** -рюсь/-ряюсь, -ришься/-ряешься [不完]/**по~** [完] 〈с誰と〉比較する, 比べ合う: ~ *рóстом* 背比べする | ~ *сúлами* 力比べする ◆ [不完][受身] < мéрить

**мéрка** 複生-рок [女2] ①寸法, サイズ: *сня́ть -у с* 〔…の〕採寸をする, 寸法を取る | *по -е* サイズに合わせて ②物差し, (評価の) 基準: *мéрить всéх однóй -ой* 誰かれも杓子定規に扱う ③〔史・民間〕メーラ (мéра)

**мерканти́льный** [形1] ①〔経〕重商主義の ②〔文〕金儲け第一主義 // **-и́стский** [cc] [形3] < ②

**мерканти́ли́ст** [男1] ①〔経〕重商主義者 ②損得勘定ばかり気にする人 // **-ский** [形3]

**мерканти́льн|ый** 短 -лен, -льна [形1] ①商業上の, 取引上の ②極めて金にがめつい // **-ость** [女10]

**мéркнуть** -ну, -нешь 命-ни 過 -ул/мéрк, -кла [不完]/**по~** [完] ①徐々に暗くなる, フェイドアウトする ②(目つきが) 輝きを失う, (栄光が) 色あせる ③〈*пéред* 囲〉(過去のものとして…の前に) 精彩を失う

**Меркýрий** [男7] ①〔ロ神〕マーキュリー (商売と旅の神) ②〔天〕水星 // **меркуриáнский** [形3]

**мерлáн** [男1] 〔魚〕メルラン (タラ科の一種)

**мерлýшка** 複生-шек [女2] ベビーラムスキン (生後2週間以前の小羊の毛皮)

**мéрн|ый** 短-рен, -рна [形1] ①< мéра ②規則的な, リズミカルな: *-ая рéчь* 朗々としたゆっくりした話し方 ③計測〔計量〕用の: ~ *стакáн* 計量カップ | *-ые лóжечки* 計量スプーン // **-ость** [女10] < ②

*__мероприя́тие__ [ミラアプリヤーチェ] [中5] [measure] 行事, 催し物, イベント, 施策: *ежегóдное* ~ 年中行事 | *культýрные -ия* 文化行事 | ~ *по улучшéнию кáчества* 品質向上策 | *провестú вáжное* ~ 重要な行事を実施する | ~ *для гáлочки* 形式的な行事[催し物]

**мерсú** [助] = спаси́бо

**мертвéнн|ый** 短-вен/-енен, -енна [形1]《文》死人のような, 死んだような, 生気が全くない: *-ая тишинá* 不気味なほどの静けさ // **-ость** [女10]

**мертвéть** -éю, -éешь [不完] ①〔完 **о~**〕(手足の指先が) 寒さで感覚がなくなる ②〔完 **по~**〕生気を失う, 死んだようになる: ~ *от стрáха* あまりの恐ろしさに茫然自失する ③(生き物もいないほどに) 荒廃する

**мертвéц** -á [男3] 死人, 死者

**мертвéцк|ий** [形3] ①《話》深い, ひどい: ~ *сон* (死んだように) 深い眠り ③ *-ая* [女名]《話》霊安室, 遺体安置所 // **мертвéцки** [副] 死んだように: ~ *пья́н* ひどく酔いつぶれている

**мертвечúна** [女1] ①〔集合〕死体, 屍 ②《話・蔑》(知的・精神的に) 死んだような状態, 停滞, 活気のなさ

**мертвúть** -влю́, -вúшь [不完]《文》活気[生気]を奪う, 死に至らしめる

**мертворождённый** [形1] ①死産の ②(計画などが) 実を結ばない, 結果をもたらさない: ~ *проéкт* 失敗に終わる企画

*__мёртв|ый__ [ミョルトヴィ] мертв, мертвá, мéртво/мертвó мертвéе [形1] 短 [dead] ①(a) 死んだ, (植物が) 枯れた; 死んだような; 静まり返った: *-ое тéло* 死体 | *-ая тишинá* 完全な静寂 | ~ [тúхий] *час* 静まり返った時, 昼寝の時間 (b) ~ [男名]/*-ая* [女名] 死人: *хоронúть -ых* 死者を埋葬する ②生気のない, 精彩のない: ~ *взгля́д* うつろな視線 | *-ые крáски*《文》くすんだ色の絵具 | ~ *сезóн* (商売などの) 閑散期, シーズンオフ ③热шу, 効果のない: *-ые знáния* 死んだ知識 | ~ *капитáл* 死んだ金, 死蔵資本 | ~ *груз* デットウェイト, 自重; 〔理〕死重 | 囲 *-ым грýзом лежи́т* …が死蔵〔退蔵〕されている

◆ *-ая пéтля [петля́]* 容易に外せない輪, 八方塞がりの苦境; 〔航空〕宙返り | *-ая хвáтка* (犬・獣がするように) かみつくこと | *пúть -ую* がぶ飲みする | *сдвúнуть [сдвúнуться] с -ой тóчки* こう着状態を脱させる[脱する] | *стáть на -я́корь* 居座る, 腰を据える ■ *-ая водá* [民話] 死の水 (ばらばらになった肉体をつぎ合わせられる; *живóй*と併せて使う) | *-ые дýши* 幽霊人口; 《М~》『死せる魂』(Н.В. Гóгольの長編) | *-ая тóчка* 〔理〕死点 | *-ое прострáнство* 死角 | ~ *штиль* 〔海〕べたなぎ | *-ая зыбь* べたなぎの時の波 | *-я́корь* 係留[係船]ブイ | *М-ое мóре* 死海

**мертвя́к** -á [男2]《俗》死骸

**мерцáть** [不完] ①(星・灯りが) 揺らめく; (光を反映して) 弱く光る ②〔生〕繊毛運動を起こす

**мерцáние** [中5] ①揺らめき: ~ *звёзд* 星の瞬き ②〔生〕繊毛運動 // **мерцáтельный** [形1]

**мерчендáйзер** [男1] 〔経〕マーチャンダイザー, 商品化計画担当者

**мерчендáйзинг** [男2] 〔経〕マーチャンダイジング, 商品化計画

**мéсиво** [中1] ①《話》泥上のもの; (道・地面の) ぬかるみ ②ドロドロ状の家畜用飼料; ぐちゃぐちゃした食べ物 ③《若者》乱闘

**месúлово** [中1]《若者》激しい大乱闘

**месúльный** [形1] 攪拌の, 混ぜるための, ミキサーの

**месúть** мешý, мéсишь 受過 мéшенный [不完]/**с~**, **за~** [完]〈四〉①〈粘土・粉などを〉こねる, 練る: ~ *тéсто* 生地を練る | ~ *грязь* ぬかるんだ道を進む ②《若者・隠》殴打する③《若者》さっと素早くやる

**месúться** мешýсь, мéсишься [不完]/**с~**, **за~** [完] ①(練られて) 出来上がる ②《不完》《若者》〈с誰と〉つかみ合いのけんかをする

**мéсса** [女1] 〔宗〕(カトリックの) ミサ; ミサ曲

**мессáга** [女2]《俗》〔コン〕メール, メッセージ

**мéсседж** [男4]《若者》①メッセージ ②小包

**мессиáнство** [中1]〔宗〕メシア信仰

**месси́я** (女少変化) [男] ①〔ユダヤ・キリスト〕メシア, 救い主; М~〔キリスト〕イエス・キリスト ②(難問解決の) 救世主 // **-иáнский** [形3]

**местáми** [副] ところによって: В Примóрье ~ пройдëт дождь. 沿海地方ではところによって雨になるでしょう

**местéчко** 複-чки, -чек, -чкам [中1] ①〔指小・愛称〕< мéсто《話》仕事上のポジション: *тёплое* ~ 給料のいい仕事 ②〔史〕(帝政時代の) ウクライナ[白ロシア]の大

集落

**мест|и́** мету́, метёшь 過 мёл, мела́ 能動 мётший 受動 метённый (-тён, -тена́) 副分 метя́ [不完] 〈図〉 ① [完 **под~**] ほうきで掃く;掃除する: ~ пол 床を掃除する ② 《無人称でも》〈雪・ほこりなどを〉舞上げる: Ве́тер метёт ли́стья. 風が葉っぱを舞上げる ③ 《無人称でも》吹雪く: Метёт мете́ль. 吹雪いている

**местко́м** [男1]《話》(労組の)地方委員会 (**ме́стный комите́т**)

**ме́стниче|ство** [сын] [中1] ①《露史》(14-17世紀の)門地制度 ② 地元優先主義, 地縁主義 **//-ский** [形3]

\***ме́стность** [сн] [ミェースナスチ] [女10] 〖locality, district〗 ①《修飾語と共に》…の地: гори́стая [леси́стая] ~ 山岳[森林]地帯 | откры́тая ~ 平坦地 ② 地方, 地域, 地区: густонаселённая ~ 人口稠密地 | да́чная ~ 別荘地 | малонаселённая ~ 過疎地

\***ме́стн|ый** [ミェースヌイ] [形3] 〖local〗 ① 特定地域限定の, 地方のみの, 地方の: ~ые го́воры 土地の方言 | бой –ого значе́ния 局地戦 | ~ые вла́сти 地方当局 | ~ые о́рганы 地方組織, 出先機関 ② 地元の, 現地の: -ая промы́шленность 地場産業, 地元の産業 | -ые жи́тели 地元の住民 [продукты] | -ые загото́вки 現地調達 ③《医》局所的の: -ое воспале́ние 局所炎症 | ~ нарко́з 局部麻酔 ■— паде́ж〖言〗所格

**..ме́стный** [сн] [語形成] 《…人用の》《…人部屋の》: десятиме́стный 10人用の, 10人乗りの

\***ме́ст|о** [ミェースタ] 複 -а́, мест, -а́м [中1] 〖place〗 ① 所, 場所, スペース, …の位置, 現場, 用地, 地点: ~ катастро́фы 遭難現場 | ~ назначе́ния 目的地 | ~ рожде́ния 出生地 | Университе́т — э́то моё ~ рабо́ты. 大学は私の職場です | Стол у окна́ — э́то моё рабо́чее ~. 窓際の席が私の仕事場です | -а́ о́бщего по́льзования (住居などの)共用部分 | -а́ лише́ния свобо́ды 監禁場所, 刑務所 | положи́ть на ~ 所定[本来]の位置に置く | 田 -е …は所定の位置についている(よ) | на -е уби́ть 即死させる (напова́л) | Ни с -а́! (そこを)動くな (Не дви́гайся!)

② (通例複;修飾語と共に)…地区: живопи́сные -а́ 景勝地 | родны́е -а́ 故郷

③ (一人分の)席, 部屋: ~ в ваго́не (列車の)座席 | больни́чная пала́та на четы́ре -а́ 4人部屋 (病室) | Свобо́дных мест нет. (食堂・ホテルで)空席[空室]ありません, 満席, 満室

④ (占める)位置, 立場, 役割: ~ отца́ в семье́ 家族における父親の位置 | заня́ть пе́рвое ~ в соревнова́нии 競争で一位になる

⑤《話》職場, 職務: вака́нтное ~ 空席, 欠員 | иска́ть ~ 職を探す | получи́ть ~ 就職する

⑥ 箇所, 一節: са́мое интере́сное ~ в фи́льме 映画の見せ場 ⑦ 地方組織, 地方機関: делега́ты с мест 地方(議)代表員 [代表団] | -а́ 地方権力

⑧ (荷物の助数詞として)個: одно́ ~ багажа́ 手荷物一つ | сдать в бага́ж три -а́ 3個の荷物を預ける

⑨《複の属》財産, 地所, 持ち場: Сейча́с не ~ шу́ткам. 今は冗談は場違いだ

◆ **знать своё ~** 分をわきまえる, 身の程を知る | **име́ть ~** 起こる | **к -у** 《述語でも》適時に, タイミングよく: Разгово́ры сейча́с не к -у. おしゃべりは今は場違いだ | **на -е** 〖田〗その気になれば, 立場を見れば: Я бы на твоём -е та́к не поступи́л. 僕が君になら[たら]そんなことはしない | **не находи́ть себе́ -а** 不安でたまらない, 気が気でない | **по -а́м** 位置につけ, 着席 | **поста́вить на ~** …に身の程を弁えさせる | **стоя́ть на -е** 進歩がない, 足踏みする | **у** 〖田〗 **се́рдце [душа́] не на -е** 不安で気が気でない

**ме́сто..** [語形成] 「場所」「…地」

**местожи́тельство** [中1] 住所, 居住地

**местоиме́ние** [中5] 〖文法〗代名詞 **//-ный** [形1]

**местонахожде́ние** [中5] 所在地

**местоположе́ние** [中5]《文》(地理上の)位置, ロケーション

**местопребыва́ние** [中5] 滞在地

**месторожде́ние** [中5] 〖deposit〗 〖地質〗天然資源, 希少金属などの産地:油田, 炭鉱, ガス田: ~ зо́лота 金鉱 | га́зовое ~ ガス田

**месть** [女10] 報復, 復讐: кро́вная ~ 「血の復讐」, 血讐 (被害者を家族による殺人犯への報復殺害)

**месье́** (不変) [中] = мосьё

\***ме́сяц** [ミェーシツ] [男3] 〖month〗 ① (暦上の)月: календа́рный ~ 暦の上の月 | в ма́е (-е) 5月に | два ра́за ~ ひと月に1回 | взять о́тпуск на ~ 1か月の(有給)休暇を取る ② (行事の)月間 ③〖天〗月(луна́): молоды́й ~ 新月 | по́лный ~ 満月 ◆ **-а́ми** 何か月も: М-а́ми не пи́шет. 何か月も音信不通だ | **быть бере́менной на како́м-л. ~е** 何か月の妊娠 **//меся́чишко** 複 -шки, -шек, -шкам [男1][指小]

**..ме́сячный** [語形成]「…か月の」: десятиме́сячный 10か月の

**месяцесло́в** [男1] 〖正教〗メノロギオン, 聖致命者伝 (聖人略伝を固定祭日順に編纂した聖者歴)

**ме́сячник** [男2] ① (キャンペーンなどの)…月間: ~ безопа́сности доро́жного движе́ния 交通安全月間 ②〖史〗食料などを毎月現物支給された農奴

**ме́сячн|ый** [形1] ① 月の, 1か月の: -ая зарпла́та = ~ окла́д 月給 ②〖天〗月[天体]の ③ **-ые**[複]《話》月経, 生理 (менструа́ция)

**мета..** [語形成]「変化」「転化」の「メタ…」(別の体系を記述するための)

**метаболи́зм** [男1] 〖生理〗(新陳)代謝

\***мета́лл** [男1] 〖metal〗 ① 金属: благоро́дные [драгоце́нные] ~ы 貴金属 | жёлтые ~ 金 | лёгкие [тяжёлые] ~ы 軽[重]金属 | цветны́е ~ы 非鉄金属 | чёрные ~ы, желе́зный ~ 鉄鋼 | ре́дкие ~ы レアメタル, 希少金属 ②〖楽〗ヘビーメタル: тяжёлый ~ = хе́ви-мета́л (хе́ви-мета́л) ◆ **в го́лосе** 声が冷たい, 声にとげがある | **презре́нный** 《戯》お金 (←卑しい金属)

**металлизи́ровать** -рую, -руешь 受動 -анный [不完・完] 〈⑨〉金属めっきする

**металли́ст** [男2] ① 金属工, 金属加工労働者《専門家》 ② 《若者・話》ヘビーメタルのミュージシャン; そのファン ③ 《警察・俗》非鉄金属専門の泥棒 (密輸業者)

\***металли́ческий** [形3] 〖metal〗 ① 金属の, 金属製の ② 金属的な ③ (話し方が)甲高い ④《話》ヘビーメタルの

**металло..** [語形成]「金属の」

**металлове́д** [男2] 金属学者《専門家》

**металлове́дение** [中5] 金属学 **//-ческий** [形3]

**металлоиска́тель** [男5] 金属探知機

**металло́м** [男1] 金属屑: сбор -а 不要金属の回収

**металлоно́сн|ый** 短 -сен, -сна [形1] 〖地質〗金属を含有する **//-ость** [女10]

**металлообраба́тывающий** [形6] 金属加工の

**металлоре́жущий** [形6] 金属切削の

**металлу́рг** [男2] 冶金専門家[学者], 冶金工

\***металлу́рг|ия**, **металлурги́я** [女9] 〖metallurgy〗① 冶金, 冶金工業: чёрная ~ 鉄工業 | цветна́я ~ 非鉄金属冶金 ②冶金学, 金属工学(材料工学) **//-и́ческий** [形3]

**метаморфо́з** [男1] ①変形, 変身 ②《生》変態: ~ голова́стика в лягу́шку オタマジャクシのカエル[成体]への変態

**метаморфо́за** [女1] ① = метаморфо́з ②《文》全く変わってしまうこと: неожи́данная ~ в поведе́нии 突然手のひらを返したように態度を豹変させること

**мета́н** [男1]《化》メタン(ガス), メタンハイドレート; バイオガス **//-овый** [形1]

**мета́ние** [中5] ①投げること ②(魚の)産卵

**метано́л** [男1]《化》メタノール

**метаста́з** [男1]《医》転移: ~ы ра́ка がんの転移 ②望ましくない状況「事態」の拡大 **//метастати́ческий** [形3]

**мета́тель** [男5] / **~ница** [女3] ①(何かを)投げる人 ②《スポ》投てき競技(やり投げ, 円盤投げ, ハンマー投げ)の選手 ◆砲丸投げの選手は толка́тель ядра́)

**мета́тельный** [形1] 投げるための, 飛び道具の: ~ снаря́д 発射体, 投射物

**метатео́р|ия** [女9] メタ理論 **//-ети́ческий** [形3]

**мета́ть**[1] мечу́, ме́чешь [不完] 〈定〉①《完·一回 метну́ть》-ну́, -нёшь》目標めがけて投げる: ~ копьё 槍を投げる | ~ гне́вные взгля́ды 怒りの目を向ける ③《完 с~》干し草を積み上げる, 放る ③《完 вы́~》(魚が)産卵する, (動物が)〈子を産む〉: ~ икру́ 魚が卵を産む ④トランプで遊ぶ ⑤《隠》食べる: がつがつ飲み食いする ◆рвать и ~《話》激高する, カンカンに怒る | ~ жре́бий くじを引く

**мета́ть**[2] [不完] 〈完 вы́~, на~, про~》かがり縫いをする [完 с~》仮縫いをする, しつけする

**мета́ться** мечу́сь, ме́чешься [不完] / **метну́ться** -ну́сь, -нёшься [完] [一回] ①あちこち走り回る, 裏返しを打つ: ~ в бреду́ うわごとを言いながらのたうち回る ②落ち着きなく動き回る ③波に激しく揺られる

**метафи́зик** [男2] 形而上学者, 形而上学的思考の人; 《蔑》哲学的空論にふける人

**метафи́зи|ка** [女2] ①《哲》形而上学 ②思弁哲学 ③《話》机上の空論 **//-и́ческий** [形3] <①②

**мета́фор|а** [女1]《文学·言》隠喩, メタファー; 例え **//-и́ческий** [形3]

**метафори́чный** 短 -чен, -чна [形1]《文学》隠喩[メタファー]に満ちた

**метаязы́к** -á [男2]《言》メタ言語

**мете́лить** -лю, -лишь [不完] / **от~** [完]《若者·俗》〈В団〉ぶちのめす, 叩きのめす

**мете́лица** [女3]《話》 = мете́ль ②《舞·楽》メテェリツァ(ロシア, ウクライナ, ベラルーシの民俗舞踊·音楽)

**мете́лк|а** 複生 -лок [女1] ①《話》小ぼうき(метла́) ②《植》円錐花序 ◆под -y (вы́мести, вы́чистить, съесть)〈В団〉きれいさっぱり, ごみ[食べかす]ひとつ残さず(掃き出す, 掃除する, 食べる)

*метéль [ミチェーリ] [女10] [snowstorm]《気象》吹雪, ブリザード: M~ завыва́ет [поднялáсь]. 吹雪が吠える[湧き起こった] | M~ метёт. 吹雪く | M~ воёт за окно́м. 窓の外は吹雪がうなり声を上げている

**мете́льный** [形1] ①ほうき(метла́)の ②吹雪(мете́ль)の

**мете́льчатый** [形1]《植》円錐花序状の, ほうき状の

**метео..** [語形成]「気象の」

**метео́р** [男1] ①流れ星, 流星 ②メテオール(ソ連が開発した河川用水中翼船) **//метео́рный** [形1]: ~ дождь 流星雨

**метеори́зм** [男1]《医》鼓腸, 膨満

**метеори́т** [男1]《天》隕石: паде́ние ~а 隕石の落下 | Тунгу́сский ~ ツングースカ隕石(1908年) | ~ «Челя́бинск» チェリャビンスク隕石(2013年) **//-ный** [形1]

**метеоро́лог** [男2] 気象学者

**метеорологи́ческ|ий** [形3] 気象の, 気象学の ■ M~ое управле́ние (Япо́нии) 気象庁(日本)

**метеороло́гия** [女9] 気象学

**метеосво́дка** [女2] 天気予報

**метеоста́нция** [女9] 気象観測施設

**мети́зация** [女9]《生》異種交配

**мети́з|ы** -ов [複] 金属製品(металли́ческие изде́лия) **//-ный** [形1]

**мети́л** [男1]《化》メチル(ガス): броми́стый ~ 臭化メチル **//-овый** [形1]

**мети́с** [男1] / **~ка** 複生 -сок [女2] ①混血の人 ②(動植物の)雑種(по́месь) **//-ный** [形1] <②

**ме́тить**[1] ме́чу, ме́тишь [不完] / **по~** [完]〈В団〉①...にマーク[印]を付ける ②(動物が)マーキングする: ~ террито́рию 縄張りをマーキングする

**ме́тить**[2] ме́чу, ме́тишь [不完] / **на~** [完]〈В団 を〉狙う: ~ в цель 的を狙う ②《話》〈В団〉〈ポスト·役職を〉狙う(★活動体名詞の場合, 主格·複数主格と同形の複数対格): ~ в мини́стры 大臣職を狙う ③〈不定形〉...しようとする(намерева́ться)

**ме́титься** ме́чусь, ме́тишься [不完] / **на~** [完]《話》〈В団〉を狙う

**ме́тка** 複生 -ток [女2] ①印, マーク: электро́нная ~ 電子タグ ②目印 ③(動物による)マーキング **//ме́точный** [形1]

**ме́тк|ий** -ток, -тка́, -тко 比較 ме́тче [形3] ①的確な, 正確な: ~ стрело́к 正確な射手 ②当を得た, 方向性の正しい: -ое замеча́ние 適切な指摘 | -ое выраже́ние 的を射た表現 **//-ость** [女10]

**метл|а́** 複 мётлы, мётел, мётлам [女1] ほうき: подмета́ть ~о́й пол 床をほうきで掃く | **вымета́ть пога́ной -о́й** 根絶する, 一掃する | *желе́зная ~*(敵を)殲滅〈する〉する権力を, 自由をもたらすもの | *Но́вая ~ чи́сто метёт.*《しばしば皮肉》新任の上司は口うるさいものだ(←新しいほうきはきれいにはける) | **под -у́**《話》きれいさっぱり

**метли́ца** [女3]《植》セイヨウヌカボ(属)

**метну́ть(ся)** [完] →мета́ть[1](ся)

*ме́тод [メェータト] [男1] [method] ①(体系的な)方法: дедукти́вный ~ 演繹法 | индукти́вный ~ 帰納法 | пото́чный ~ 流れ作業 |《化》流れ法 ②手法, 技, やり方, 手口: по тво́ему -у 君のやり方で[やり口]で | ~ лине́йного программи́рования《数》線形計画法 ◆*от ты́ка*《話·戯》あてずっぽうに, 手探りで

*мето́д|ика [ストーヂカ] [女2] [method] (мéтодを練った具体的な)方法論; (実践の)方法, 手法: ~ иссле́дования 研究方法論 | ~ измере́ния 測定法 ②教授法, メソッド: ~ преподава́ния иностра́нных языко́в 外国語教授法

**методи́ст** / **~ка** 複生 -ток [女2] 教授法[方法論]の専門家 **//-ский** [сс] [形3]

**методи́ческ|ий** [形3] ①教授法[方法論]の ②秩序[系統]だった:几帳面に, 論理的に, きっちりと **//методи́чески** [副] 系統立てて: ~ занима́ться 体系的に勉強する

**методи́чка** 複生 -чек [女2]《話》手引き, 指導書

**методи́чн|ый** 短 -чен, -чна [形1] = методи́ческий② **//-ость** [女10]

**методоло́г|ия** [女9] 方法(論): ~ перево́да 翻訳方法論 **//-и́ческий** [形3]

**метони́м|ия** [女9]《文学》換喩(例: "сто́л" で "еда́" を表す) **//-и́ческий** [形3]

**ме́точный** [形1] 印(ме́тка)の

*метр[1] [ミェートル] [男1] [meter] ①メートル(長さの単

位):квадра́тный ~ 平方メートル, 平米(m²) | куби́ческий ~ 立方メートル, 立米(m³) | доска́ в шесть ~ов длино́й 長さ6メートルの板 ◇(折り畳み式の)メートル尺 ③《詩》(詩文の)韻律 ④《楽》拍子: двудо́льный ~ 2拍子 ◇の

**метр²** [э] [男1] 《文》= мэтр

**метра́ж** -а́ [男4] メートル法で示した)長さ, 面積, 容積: ~ тка́ни 布の長さ | ~ кварти́ры アパートの面積 ■ фи́льм ма́лого ~а 短編映画 **//метра́жный** [形1]: -ые това́ры《話》メートル単位売りの商品

..**метра́жный**《語形成》「…の長さ・面積・容量の」「…メートル・平方[立方]メートルの」

**метрапа́ж** [男4]《印》植字工

**метрдоте́ль** [э] [男5] (レストラン・ホテルの)給仕長, フロアチーフ

**ме́трика¹** [女2] ①《詩》韻律法(論);韻律《楽》拍子論 ③測定基準: ~ програ́ммного обеспе́чения《コンピ》ソフトウェアメトリック[測定法] ④《数》メトリクス

**ме́трика²** [女2] ①《正教・カトリ》メトリカ(信徒の受洗, 婚姻, 死亡を記録する信徒台帳) ②《露史》(帝政期で)メトリカ, 戸籍簿 (метри́ческая кни́га)(★教会・ユダヤ人共同体などの公認宗教団体が管理した戸籍簿) ③ (②の謄本としての)出生証明書, 戸籍謄本

**метри́ческ|ий¹** [形3] ①メートル(法)の: -ая едини́ца メートル法 | M-ая конве́нция メートル条約 ②韻律法 (ме́трика¹) の《数》距離関数の, メトリクスの《理》計量

**метри́ческ|ий²** [形3] メトリカ (ме́трика²) の: -ая кни́га 戸籍簿, 過去帳 | вы́пись из -ой кни́ги (метрика謄本としての)戸籍謄本《古》(出生)証明書

**метро́** [ミトロー] (不変) [中] ①《subway》①地下鉄: е́хать на ~ 地下鉄で行く | ста́нция ~ 地下鉄の駅 ②[話]地下鉄駅: жи́ть ря́дом с ~ 地下鉄の駅の近くに住む ■ назе́мное ~ (市内・近郊の地上を走行する)電車; 高架鉄道

**метро**..《語形成》「地下鉄の」

**метро́вый** [形1] 1メートル (метр¹) の

..**метро́вый**《語形成》「…メートルの」: двухсот*метро́вый* 200メートルの

**метроло́г|ия** [女9] ①度量衡法 ②計測, 計量; 計測(工)学: законода́тельная ~ 法定計量 ■ Федера́льное аге́нтство по техни́ческому регули́рованию и ~ии 連邦技術規制・計量庁(ロシアの国家規格を担当する役所) **//метрологи́ческ|ий** [形1]: -ие характери́стики 計量特性 | -ое обеспе́чение 計測[計量]標準の整備供給

**метроно́м** [男1]《楽》メトロノーム: под ~ メトロノームに合わせて

**метрополите́н** [э] [男1] ①地下鉄 ②(市内や近郊の地上を走行する)市内電車; 高架鉄道 **//~овский** [形1]

**метропо́лия** [女9] (植民地の)本国, 宗主国; 経済的依存先となっている国

**ме́тче** [比較] < ме́ткий, ме́тко

**метчи́к** -а́ [男2]《技》雌ねじ切り, タップ

*мех¹ ◇ -а́ [男4]《口》前 о-е, в ме-у́ мн -а́ [男2]《fur》①毛皮, 毛皮製品[衣服]: ~ со́боля = со́болий ~ クロテンの毛皮 | ~ лисы́ = ли́сий ~ 狐の毛皮 ②《複》[話]毛皮(製品): ходи́ть в ~а́х 毛皮をまとっている | ку́таться в ~а́ 毛皮にくるまる ◆ на ры́бьем ~у́《話・戯》(上着が)薄っぺらい, 裏地が暖かくない

**мех²** 複 -и́, -о́в [男2] ①革袋 ②蛇腹, ふいご

**мех..**《語形成》「機械式の」「機械化された」

**механиза́тор** [男1] ①機械化[自動化]の技術者 ②機械[機材]を扱うオペレーター

**механиза́ция** [女9] 機械化, 自動化, 機械導入: ~ строи́тельства 建設の機械化 ■ ~ кры́ла《航空》高揚力装置(フラップなど)

**механизи́рованный** [形1] 機械化された: ~ баталь́он《軍》機械化大隊

**механизи́ровать** -рую, -руешь 受 過 -анный [不完・完]《⒁》…に機械を導入する, 機械化[自動化]する **//~ся**《軍》機械化する

*механи́зм [ミハニーズム] [男1]《mechanism》①機械の装置, 仕掛け; 機構: часово́й ~ 時計[ゼンマイ]仕掛け | подъёмный ~ 吊り上げ装置 | переда́точный ~ 電動装置, ギア ②組織機構, メカニズム: госуда́рственный ~ 国家機構 | ры́ночной эконо́мики 市場経済メカニズム ③(物事の)仕組み: ~ кровообраще́ния 血液循環のしくみ

**меха́ник** [男2] ①力学[機械工学]専門家 ②機械工, 整備士, 修理工; メカニック, オペレーター: ~ по обслу́живанию автомоби́лей 自動車整備士

*меха́ника [女2]《mechanics》①力学: теорети́ческая ~ 理論力学 | прикладна́я ~ 応用力学 | небе́сная ~ 天体力学 | нью́тоновская ~ ニュートン力学 ②工学: строи́тельная ~ 建築工学 ③[話](複雑な)構造, 仕組み, メカニズム ④《楽》糸巻き, 弦止め (ко́лок)

**механици́зм** [男1]《哲》機械論 **//механисти́ческий**

*механи́ческ|ий [ミハニーチスキイ] [形3]《mechanical》①機械的な, 機械の; (電動式に対して)手動の, (時計が)手巻きの: ~ каранда́ш シャープペンシル | -ие карма́нные часы́ 手巻き式懐中時計 | -ая коро́бка переда́ч《車》マニュアルシフトギア | -ое движе́ние《理》機械運動 | -ая рабо́та《理》仕事 | ~ моме́нт《機》運動量 ②機械的な; 不自然な; 無意識的な: -ая улы́бка 作り笑い **//~и** [副]

**механи́чн|ый** 短 -чен, -чна [形1] 機械的な, 無意識な (механи́ческий) **//-ость** [女10]

**меха́но..**《語形成》「機械的な」「力学的な」

**меха́нообрабо́тка** [女2] 機械加工

**меха́носбо́рочный** [形1] 機械組立の: -ое произво́дство 加工組立生産

**мехатро́ника, механотро́ника** [女2] メカトロニクス [< 和製英語 mechatronics]

**//мехатро́нн|ый** [形1]: -ая систе́ма メカトロニクス・システム

**Ме́хико** (不変) [男] メキシコシティ(メキシコの首都)

**мехово́й** [形2] 毛皮の, 毛皮でできた

**мехо́вщик** -а́ [男2] ①毛皮職人, 毛皮工 ②毛皮商

*мецена́т [男1] **/~ка** 複生 -ток [女2] ①(学問・芸術の)庇護者, スポンサー ②[話]困窮時に支援してくれる人 **//~ский** [ц] [形3]

**мецена́тство** [ц] [中1] メセナ(活動)

**ме́ццо-сопра́но** (不変) [女]①[中] (声色で)メゾソプラノ ②[女] メゾソプラノ歌手

**ме́ццо-ти́нто** (不変) [中]《美》メゾチント

**меч** -а́ [男4] ①刀剣, 刀, 剣: япо́нский ~ 日本刀 | ~ правосу́дия 正義の剣 | (悪行への処罰の象徴としての)剣; 処罰をもたらす者 ◆ подня́ть ~ 戦闘を開始する | вложи́ть ~ в но́жны 戦いをやめる

**мечеви́дный** [形1] 剣の形をした, 刀状の

**мече́ноносец** -сца [男3] ①《史》リヴォニア帯剣騎士団員 ②《複》《魚》カダヤシ科の魚: зелёный ~ ソードテール

**ме́чен|ый** [形1] 印[マーク]の付いた: -ые купю́ры (犯罪捜査のために)印を付けた紙幣 | ~ а́том《理》標識原子

**мече́ть** [女10]《イスラム》モスク, 礼拝所

**ме́ч-ры́ба** (不変) [女1]《魚》メカジキ

**мечт|а́** [ミチター] (★複生 мечта́ний で代用) [女1] [dream, daydream] ① 想像, 空想, 夢: мечта́ться -а́м 空想に耽る ② (希望・願望としての) 夢, ねがい: ~ жи́зни 人生の夢 | М~ сбыла́сь. 夢が叶った ③ (叶わないと思われる) 夢, 理想, 絵に描いた餅: голуба́я ~ 素朴な (しばしば叶わない) 夢 ④ [話] 最高のもの: У него́ не дом, а ~. 彼の家は家でなく大御殿だ

**мечта́н|ие** [中5] ① 夢みること, 夢想すること: предава́ться -иям 夢想にふける ② = мечта́ ①
◆ *преде́л -ий* [話] (想像を超えた) 最高の夢

**мечта́тель** [男5] / **~ница** [女3] 空想家, 夢想家; 壮大な夢を抱く人

**мечта́тельный** 短-лен, льна [形1] ① 空想的な, 夢見るような: ~ вид ボーッとした目つき ② (現実性のない) 夢のような, 空想的な **// -ость** [女10]

**мечта́ть** [ミチタ-チ] [不完] [dream] ① 〈о圏を〉空想[夢想]する, 夢に描く: ~ о бу́дущем 未来を夢見る ② 〈о圏に〉憧れる, 夢見る, 夢にまでみる: ~ стать музыка́нтом 音楽の道に進むことを夢見る ◆ о э́том мо́жно то́лько ~ [話] 最高だ, 夢のまた夢だ | ~ не вре́дно 見込み薄, チャンスはない等しい, あまり期待はされない

**меша́лка** 複生 -лок [女2] [話] かき混ぜる道具 [棒], 攪拌棒: магни́тная ~ マグネチックスターラー

**меша́нина** [女1] [話・蔑] ごちゃ混ぜ, 寄せ集め

**ме́шанка** 複生 -нок [女2] ① 混合飼料 ② 同時収穫する混播 (特にソラマメとの)

**меша́ть¹** [ミシャーチ] [不完] / **помеша́ть** [パミシャーチ] 受過 -ёшанный [完] [prevent, hinder] 〈与/不定形〉の邪魔をする, 妨げする: ~ роди́телям 両親の邪魔をする | ~ рабо́тать 仕事の邪魔をする | Не меша́й. 邪魔するな ◆ *не меша́ет [меша́ло бы]* [不定形] [話] ···した方がよいのに, ···するのも悪くはないのに: Не меша́ло бы отдохну́ть. 休んだ方がよいのに

**меша́ть²** 受過 ме́шанный [不完] / **по~** [完] ① 〈円〉かき混ぜる: ~ ча́й ло́жкой 紅茶をスプーンでかき混ぜる | ~ ка́шу 粥をかき混ぜる ② 〈完 с圏〉混ぜ合わせる: ~ вино́ с водо́й ワインに水を混ぜる [話] 巻き込む ◆ *одно́ с други́м* 混同する, 取り違える

**меша́ться¹** [不完] ① [話] 邪魔をする: не помога́ть, а то́лько ~ 助けるどころか邪魔するばかり ② 口出しする, 介入する (вме́шиваться): ~ не в своё де́ло 他人のことに首を突っ込む ◆ *под нога́ми* (存在が) 足手まといになる

**меша́ться²** [不完] / **с~** [完] ① (考えが) 混乱する, まとまらなくなる ② [話] (物覚が) 混ざる ③ [不完] 〈受身〉 < сме́шивать²

**меша́ющий** [形6] ① 干渉 [妨害] の: ~ сигна́л 妨害信号 ② 妨害 [嫌がらせ] 目的の: ~ пате́нт 妨害特許
■ ~ *пара́метр* [数] 局外母数

**ме́шкать** [不完] / **за~** [完] ① [話] 〈с圏/不定形〉を遅らせる, ぐずぐずする: с отъе́здом 出発を引き延ばす ② (ある場所に) 居残る, ぐずぐずする, もたつく ◆ *не ме́шкая* ただちに, 引き延ばすことなく

**мешкова́тый** 短-ват [形1] ① (服が) だぶだぶの, ゆったりしすぎる ② (人が) 動作が鈍い, のろい

**мешкови́дный** [形1] 袋状の, 嚢状の

**мешкови́на** [女1] 黄麻 (ジュート) の粗布, 粗製麻布, ヘシアン生地

**мешко́тный** 短-тен, -тна [形1] ① [話] 手のろまな, ぐずな ② (物事が) だらだら時間を食う, 延々と続く

**мешо́к** [ミショーク] -шка́ [男2] [bag, sack] ① 袋, バッグ: ко́жаный ~ 革のバッグ | вещево́й ~ ナップザック | боксёрский ~ サンドバッグ | ~ с песко́м 砂袋, 土嚢 ② 〈田〉 (粉状・粒状物・作物の単位としての) 袋 (3-5プード では 相当): ~ карто́шки ジャガイモ1袋 ③ [軍] 孤立地帯: попа́сть в ~ 完全に孤立状態になる ④ [話] ぐず, うすのろ, まぬけ ⑤ [生] 袋, 嚢 (〔〕): слёзный ~ 涙嚢 ◆ *сиде́ть -ко́м* [話] 服がぶかぶかしている | *де́нежный ~* [話] 大資産, 大金, ドル箱 | *-ки́ под глаза́ми* [話] 目元のたるみ, 目袋

**// мешо́чек** -чка [男2] [指小] **// мешо́чный** [形1] < ①

**мешо́чник** [男2] [露史] (ソ連初頭の買付から運搬・販売までを手がける) 闇屋, 闇屋

**меща|ни́н** 複 -а́не, -а́н [男10] / **~ка** 複生 -нок [女2] ① [露史] メシチャニン (1775–1917年の都市の町人階級, 小市民) ② 自己中心的な人物, 俗物

**меща́нск|ий** [形3] [露史] メシチャニンの ② 小市民的な, 俗物的な: *-ие це́нности* (自己の蓄財・社会的成功のみを追及する) 俗世的価値観

**меща́нство** [中1] ① [露史] メシチャニン階層, 町人階級 ② 俗物的性格, 自己中心的な態度

**мзда́** [女1] ① [戯] 報酬 ② [皮肉] 賄賂, 袖の下 (взя́тка)

**ми** (不変) [中] [楽] (音階の) ミ (→до́ [活用])

**ми́г** [ミーク] [男2] [moment] 瞬間, 一瞬, 瞬時: в оди́н ~ ~ о́м あっという間に | в тот же ~ まさにそれと同時に | ни на ~ 一片時も (忘れない) ◆ *пролете́ть, проходи́ть [проходи́ть] ~ как (оди́н) ~* 夢の如く (過ぎ去る)

**Ми́г, Миг, МИГ** [ミーグ] [男2] ミグ戦闘機, ソ連ミグ設計局 (現ミグ社) 製の航空機 [< 設計者 Микоя́н と Гуре́вич]

**мига́лка** -лок [女2] [話] ① 点滅光を発するランプ [ライト]; フラッシュライト; 政府高官を乗せて特別レーンを走る車両の青色点滅灯 ② (車) (緊急車両の) 回転灯 ③ 点滅信号機 ④ [話] ウインカー, 方向指示器

**мига́тельный** [形1] 瞬きするための

**мига́|ть** [不完] / **мигну́ть** -ну́, -нёшь [完] [一回] ① まばたく (морга́ть): ~ глаза́ми まばたきする ② 光が点滅する, またたく: Вдали́ *мига́ет* огонёк. 遠くで灯火が瞬いている **// -ние** [中5]

**ми́гом** [副] [話] 一瞬で, またたく間に

**мигра́нт** [男1] ① / **~ка** 複生 -ток [女2] 移民: трудово́й ~ 移民労働者 ② (渡り鳥などの) 移住生物

**мигра́ция** [女9] [文] ① (大量の人間の) 移住, 移民, 移動: ~ населе́ния 人口移動 | вну́тренняя [вне́шняя] ~ 国内[国外]移住 | трудова́я ~ 労働移民 ② [生] 移動, 回遊: сезо́нные -ии 季節移動[回遊] ③ 移動, 移行, 泳動, 遊走, 転移: ~ ио́нов イオン泳動[移動] | ~ капита́ла [経] 資本移動 | междунаро́дная ~ рабо́чей си́лы [経] 国際労働力移動

**миграцио́нный** [形1] < мигра́ция
■ ~ *-ая ка́рта* 出入国カード | **Федера́льная -ая слу́жба** (ロシア) 連邦移民局 (略 ФМС)

**мигре́нь** [女10] [医] 偏頭痛 **// -о́зный** [形1]

**мигри́ровать** -рую, -руешь [不完・完] [文] 移住 [移動, 移民, 移転] する; (生物が) 渡る

**МИД** [ミード] (不変) [男] [男1] 外務省 (Министе́рство иностра́нных дел)

**ми́ди** (不変) [中] ① [服飾] ミディ丈 ② ミディスカート ③ [コン] midi 形式

**ми́дия** [女9] [複] [貝] イガイ科; ムール貝 (черноморская ~)

**ми́довский** [形3] 《話》外務省 (МИД) の

**мизансце́на** [女1] [劇] 演出

**мизантро́п** [男1] [文] 人嫌いな人 **/ ~и́ческий** [形3]

**мизантро́пия** [女9] [文] 人間嫌い

**мизги́рь** -я́ [男5] [種・詩] クモ

**ми́зерный, мизе́рный** [形1] ① ひずかな, 少ない ② みすばらしい **// -ость** [女10]

**мизи́нец** -нца [男3] [little finger] 小指 ◆ *на ~* [話] ごくわずか, 少し **// -цевый** [形1]

**мизи́нчик** [男2] ①[指小]＜мизи́нец ②《話》単4型電池

**мика́до** (不変) [男] 帝, 天皇

**мики́жа** [女4]【魚】ニジマス

**мики́тки** [複] ◆*уда́рить под ~* 《俗》みぞおちを殴る

**мико́з** [男1]【医】真菌症

**мико́лог** [男2] 菌(類)学者

**мико́ло́г|ия** [女9] 菌類学 **//-и́ческий** [形3]

**микопла́зма** [女1]【生】マイコプラズマ **//микопла́зменн|ый** [形1]; *-ая* пневмони́я【医】マイコプラズマ肺炎

**микоплазмо́з** [男1]【医】マイコプラズマ病

**микро..** [語形成]「極小の」「微小の」「ミクロの」「マイクロ…」「100万分の1の」

**микроавто́бус** [男1] マイクロバス, ワゴン車

**микроавтомоби́ль** [男5] コンパクトカー

**микроампе́р** [男1]【電】マイクロアンペア

**микро́б** [男1] ①【生】微生物, 細菌; 病原菌 ②《若者》ワゴン車

**микробио́лог** [男2] 微生物[細菌]学研究者

**микробиоло́г|ия** [女9] 微生物[細菌]学 **//-и́ческий** [形3]

**микробло́г** [男2] ミニブログ

**микрово́лн|ы** -о́лн, -о́лнам/-о́лнам [複] 〔単 **микроволна́** [女1]〕マイクロ波

**микроволно́вк|а** 複生-вок [女2] 《話》電子レンジ: подогре́ть в -е 電子レンジで温める

**микроволно́в|ый** [形1] マイクロ波の ■*-ая пе́чь [пе́чка]* 電子レンジ

**микрока́мера** [女1] マイクロカメラ

**микрокли́мат** [男1] ①【気象】微気候 ②《話》(小集団での)人間関係 **//-и́ческий** [形3]＜①

**микрокомпью́тер** [男1] マイクロコンピュータ

**микроко́см, -ос** [男1] 小宇宙, 縮図(↔【哲】микроко́смос (↔ма́крокосм))

**микро́метр** [男1]【技】マイクロメーター(測定具) **//~и́ческий** [形3]

**микро́н** [男1]【単位・理】ミクロン(0.001ミリメートル) **//~ный** [形1]

**Микроне́зия** [ɜ] [女9] ミクロネシア **//микроне́зийский** [ɜ] [形3]

**микрооргани́зм** [男1]【生】微生物

**микроплёнка** 複生-нок [女2] マイクロフィルム

**микропроце́ссор** [男1]【コン】マイクロプロセッサ, 超小型演算装置 **//~ный** [形1]

**микрорайо́н** [ё] [男1] 小地区(райо́н を分ける最小の行政区分)

**микроско́п** [男1] 顕微鏡, マイクロスコープ: опти́ческий [электро́нный] ~ 光学 [電子]顕微鏡 | ви́деть в -е 顕微鏡で見る | рассма́тривать под -ом 顕微鏡で観察する | Э́тот ~ увели́чивает предме́т в миллио́н ра́з. この顕微鏡は倍率が100万倍だ

**микроскопи́ческ|ий** [形3] 顕微鏡の[による]: *-ая* анато́мия 顕微解剖学 ②顕微鏡でしか見えない; 極小の ③《話》(面積・数値幅が)非常に狭い; あまりに細かい《手・金額のにも》わずかな

**микроскопи́чн|ый** [形1] ①(大きさが)極小の ②(量的にも)わずかな

**микроскопи́я** [女9] 顕微鏡検査法

**микрострукту́ра** [女1] 微細構造

**микросхе́ма** [女1] 集積回路, 超小型回路, マイクロチップ

**микрофи́льм** [男1] マイクロフィルム

**микрофи́ша** [女1] マイクロフィッシュ

**микрофо́н** [男1] (拡声・録音用)マイク; (電話の)送話器: проводно́й [беспроводно́й] ~ コード付き[ワイヤレス]マイク | петли́чный ~ ボタン型マイク | говори́ть в ~ マイクに向かって話す | «У *-а* …»《放送》「…がお伝えします」 **//~ный** [形1]

**микрочи́п** [男1]【コン】マイクロチップ

**микроэконо́мика** [女1]【経】ミクロ経済 **//-и́ческий** [形3]

**микроэлектро́ника** [女2] マイクロエレクトロニクス, 超小型電子工学

**ми́ксер** [э] [男1] ①【料理】(台所用品)ミキサー, 泡立て器; 《音響》ミキサー: ручно́й ~ ハンドミキサー | кокте́йльный ~ シェーカー ②ミキサー車(бето̀номеша́лка) ③《鉱》混銑炉 **//~ный** [形1]

**миксту́ра** [女1]【医】合剤, 内服用液剤, シロップ: cyxáя ~ シロップ用剤, ドライシロップ

**ми́кшер** [男1] ミキシング装置, ミキサー **//ми́кшерный** [形1]: ~ пу́льт 音響調整卓, ミキシングボード

**микши́ровать** -рую, -руешь [不完・完]〈он〉ミキシングする

**Ми́ла** [女1] ①ミーラ(女性名) ②[愛称]＜Людми́ла

**мила́ш|ка** 複生-шек [女2 変化] [男・女] 《話》愛らしい人, かわいこちゃん; [呼びかけ]あなた **//-ечка** 複生-чек [女2] [指小]

**миле́ди** (不変) [女]《英上流階級婦人への呼びかけ》奥様

**ми́ленький** [形3] ①かわいい, きれいな (ми́лый) ②すてきな, いとおしい ◆*слу́шаться как* ~《俗・蔑》相手のいいなりになる, おとなしく言うことを聞く

**милиа́рный** [形1]【医】粟粒[性]の, 粟粒大の

**милитариза́ция** [女1] ①軍国主義化, 軍事化 ②軍備強化, 兵力増強: ~ грани́цы 国境付近への軍の増強配備

**милитаризи́ровать** -рую, -руешь 受過 -анный [不完・完]〈он〉①軍国主義化する ②(特定地域を)軍備化する, 兵力を増強する[配備]する

**милитари́зм** [男1] 軍国主義 **//-и́стический** [形3]; **-и́ст|ист** [сс] [形3] 軍国主義(者)の

**милитари́ст** [男1] 軍国主義者

**милиционе́р** [男1] /**~ша** [女4] ①(旧ソ連諸国の)警察官(★ロシアでは2011年以降 полице́йский) ②(ソヴィエト時代の)民警, 警察官 ③民兵, 私兵, 武装勢力のメンバー

**мили́ция** [女1] ①(旧ソ連諸国の)警察(★ソヴィエト時代の)民警(★ロシアでは2011年以降 поли́ция): сотру́дник *-ии* 警察官 ②《話》(集合)警察官: вы́звать *-ию* 警察を呼ぶ ③民兵組織, 私兵《武装》勢力 **//-е́йский** [形3]＜①②; **-ио́нный** [形1]＜③

**милле́ниум** [男1] ①一千年間 ②ミレニアム, 千年祭; ③西暦2000年の (祝い)

**милли..** [語形成]「ミリ…」「1000分の1の」

**\*миллиа́рд** [ɪáɾd] [男1] ①【数】(個数)10億(★→ты́сяча[語法]): два́ ~а 20億 | пя́ть *~ов* 50億 | де́сять *~ов* 100億 | сто́ *~ов* 1000億 ②《話》無数, 非常に大量: *~ы* звёзд 幾十億もの[無数の]星 **//~ный** [形1][序数]

**миллиарде́р** [ɪé] [男1] /**~ша** [女4] 億万長者

**миллиба́р** 複生-ов/-ба́р [男1]【気象】ミリバール(気圧の単位; 略 мба́р, мб)

**милливо́льт** -ов/-во́льт [男1]【電】ミリボルト(電圧単位; 略 мВ)

**миллигра́мм** 複生-ов/-гра́мм [男1] ミリグラム(略 мг)

**миллили́тр** [男1] ミリリットル(略 мл)

**\*миллиме́тр** [男1] ミリメートル(略 мм) ■*~ рту́тного столба́* 水銀柱ミリメートル(気圧の単位; 略 мм рт. ст.) **//~овый** [形1]

‡**миллио́н** [милио́н] [男1] 〔million〕①〔数〕〔個数〕100万 (★ → **ты́сяча**［誰誰］): два́ ~а 200万 | пять ~о́в 500万 | де́сять ~ов 1000万 | сто́ ~ов 1億 ②〔通常複〕非常にたくさん [大量]、何百万: ~ы люде́й 数百万の人々 | име́ть ~ы 数百万 (ドル、円、ユーロ、ルーブルなどの金額) を有する

**миллионе́р** [男1] [①/~ша [女2]] ①百万長者、大金持ち ②〔話〕走行［飛行］距離が(数)百万キロの運転手［パイロット］ ③ 資本［事業］規模が(数)百万(ドル、ルーブルなど)の企業(фи́рма—) ◆ **города́—ы** 人口百万人の都市(города́-миллио́нники)

**миллио́нн|ый** [形1] ①〔序数〕100万番目の: ~ клие́нт 100万人目のお客様 ② 100万分の1の (-ая ча́сть [до́ля]) ③〔数〕百万の: -ая а́рмия 数百万の兵力

..**миллио́нный** [語形成]「…百万(番目)の」: сто-миллио́нный 1億(番)目の

**ми́ло** [副] 愛らしく; 気持ちよく

**ми́ловать** -лую, -луешь [不完] / **по~** 受–анный [完]〔既〕①罰・過ちを赦す ②(最悪から) 救う,守る ③（神が）憐(あわ)れむ ◆**Бог ми́ловал** [不幸などを] 幸運にも避けられた | **Бог ми́лует** 閲〔話〕御陰様でつつがなくやっている（〜が憐れむ）| **Поми́луй(те)**,〔話〕ごめんなさい; とんでもない、考えてごらんなさい | **Поми́луй Бо́г**,〔話〕悪いことに成らねばよいが、そのようなことが起こりませんように | **Го́споди поми́луй**. 主憐れめよ（神の慈悲を請う正教の祈願句）〔文言〕

**милова́ть** -лу́ю, -лу́ешь [不完], ласка́ть, 愛する, 愛撫する **∥~ся** [不完]〔話〕抱擁し合う, 愛撫し合う

**милови́дный** 短 -ден, -дна [形1] かわいらしい, (顔つき・外見が)きれいな, (形状が)キュートな

**ми́лорд** [男1] 〔英上流階級男性への呼びかけ〕閣下、ご主人様

*милосе́рд|ие [中5] 〔mercy, charity〕憐憫、憐れみ、善良、慈悲: де́ла/де́ла́ -ия [複] ока́зать ~ 慈善を行う | прояви́ть ~ 慈悲を垂れる | де́йствовать без -ия 容赦なく［厳しく］行動する ■ **сестра́ [бра́т] ~** (教会運営の医療宣教団所属の)修道看護師

**милосе́рдный** 短 -ден, -дна [形1] 慈悲深い、親切な: チャリティーに熱心な

**ми́лостивый** [形1] 短 -ив [旧]（神・王が）恵み深き、寛大な、慈愛に満ちた

*ми́лосты|ня [女5]〔物・金銭による〕施し: проси́ть –ю 施しを求める | пода́ть –ю 恵んでやる ◆ **как -ю (проси́ть, выпра́шивать)** 閲 おどおどと、おずおずと施しを求めるごとく

*ми́лост|ь [女10]〔favor, kindness〕①（人への）好意: смени́ть гнев на ~ 怒るのをやめる | - в ~ 憤りを好意へ替える ②〔複〕施し、寄付、浄財、チャリティー ◆**Ва́ша ~** 〔正教以外の司教への呼びかけ〕閣下 | **-ью Бо́жьей** 生まれながらの、神様の恵みによる: музыка́нт -ью Бо́жьей 天賦の才を持つ音楽家 | **про́сим [прошу́]** こちらへどうぞ、よくお越し下さいませ | **то -и** 〔旧〕〔皮肉〕…の思し召しにより、…のおかげで、…のせいで | **Сде́лай(те) ~**. 〔旧〕〔同意・依頼〕どうぞ | **Скажи́(те) на ~**. 〔旧〕〔皮肉〕お教え下さりませ

**ми́лочка** 複生 -чек [女1] 〔愛情の呼びかけ〕あなた、君 ② かわいらしい女性

‡**ми́л|ый** [ми́л-ъ] 短 мил, ла́, ло, лы́/лы 比 ле́е 最 -ле́йший [形1] ① 愛くるしい、気持ちのよい: ~ ребёнок 愛らしい子ども ② 敬愛する、いとしい(дорого́й, люби́мый); ~ 〔男名〕/-ая 〔女名〕 恋人、いとしい人 ③〔短尾〕親切な: Это та́к [Как э́то] -о с ва́шей стороны́! これは御親切に; ありがとうございます ◆ **Вот (э́то) -о!** 〔驚き・憤慨〕驚いたなもう | **(Са́мое) -ое [ми́ленькое] де́ло!** 〔俗〕〔称賛・憤慨〕えらいこった

*ми́л|я [女5] 〔mile〕①〔単位〕マイル: морска́я ~ 海里(1852m) | сухопу́тная ~ 国際マイル(1609m) | ста́рая ру́сская ~ 露里(7468m) ②マイル(航空会社のポイントサービスの単位): набра́ть -и マイルを貯める | обменя́ть -и на биле́ты マイルを航空券に交換する

**мила́га** (女2変化) [男・女] 〔俗〕かわいい人

**ми́м** [男1] 〔劇〕パントマイム役者

**мима́нс** [男1] パントマイム劇団 (мими́ческий анса́мбль)

**ми́мика** [女2] ① 表情、顔の動き ②〔劇〕表情術、ミミック

**мимикри́я** [女9] ①〔生〕擬態 ②〔文〕迎合; カムフラージュ

**мими́ст** [男1] パントマイム役者

**мими́ческий** [形3] ① 表情の、顔の動きによる ② パントマイムの

‡**ми́мо** [ми́-ма] 〔by, beside〕①〔副〕脇を、そばを、外れて、〔旧〕反して: пройти́ ~ 脇を通り過ぎる | вы́стрелить ~ (射撃で)狙いを外す ②〔前〕〈生〉…を通り過ぎて、…のそばを、…に触れずに、…を外れて; 〔旧〕反して (по-ми́мо): По́езд прошёл ~ ста́нции. 列車が駅を通過した | бить - це́ли 的を外して打つ、失敗する ◆ **Не проходи́те ~!** (1)（悪事に）目をつぶらないで (2)（客への呼び込みで）寄ってらっしゃい見てらっしゃい

*мимо́за [女1]〔植〕①〔オジギソウ〕オジギソウ ② ミモザ(フサアカシアの俗称); ака́ция сере́бристая **∥мимо́зов|ый** [形1]: -ые [複名] ネムノキ科

**мимолётн|ый** 短 -тен, -тна [形1] ① あっという間の ② 短期間の、永続しない、つかの間の **∥-ость** [女10]

**мимохо́дом** [副] ① 通りがかった時に、途中で ② 話のついでに、ちなみに

**мин**.《略》мину́та 分

**мин**. [語形成]「…省」

*ми́н|а [女1] 〔mine〕①〔軍〕地雷: противота́нковая (противопехо́тная) ~ 対戦車[対人]地雷 | ми́на (морска́я ~) ③ 追撃砲弾 ④ 魚雷(торпе́да) ⑤〔話〕顔つき、表情: де́лать хоро́шую –у при плохо́й игре́ ポーカーフェイスでいる | де́лать ки́слую –у しかめっ面［渋い顔］をする

**минаре́т** [男1]〔イスラム〕ミナレット（モスクの尖塔）

**Минвостокразви́тия** (不変)[中] 極東発展省(Министе́рство по разви́тию да́льнего восто́ка)

**миндалеви́дн|ый** [形1] アーモンド形の: -ая железа́ 〔解〕扁桃腺

**минда́лина** [女1] ① アーモンドの実の一粒 ②〔解〕扁桃腺: воспале́ние минда́лин 〔医〕扁桃腺炎

**минда́л|ь** -я́ [男5]〔植〕アーモンド、ハタンキョウ

**минда́льничать** [不完]〔話〕① 過度にちやほやする ②〈く面さ〉(理由もなく)甘やかす

**минда́льн|ый** [形1] ① アーモンドの: -ое ма́сло アーモンド油 | -ое пече́нье マカロン, アーモンドクッキー ② (アーモンドの花のような) 桃色の ③〔話〕甘ったるい

**минёр** [男1]〔軍〕(海軍の)機雷兵; (陸軍で)地雷敷設［処理］専門の戦闘工兵 (сапёр の古い呼称)

**минера́л** [男1] ミネラル, 〔鉱〕〔鉱石〕, 無機物

**минера́лка** 複生 -лок [女2]〔話〕(ビン・ペットボトル入りの) ミネラルウォーター

**минерало́г** [男2] 鉱物学者

**минерало́ги|я** [女9] 鉱物学 **∥-и́ческий** [形3]

*минера́льн|ый [形1]〔mineral〕ミネラルの、鉱物の: -ая вода́ ミネラルウォーター | ~ исто́чник 鉱泉 | ~ва́та ミネラルウール | -ые удобре́ния 無機質肥料

**минёрный** [形1] 地雷[機雷]設置の

**мине́|я** [女6] [正教]月課経, ミネヤ: ~ пра́здничная 祭日経 ◇**Мине́и-Че́тьи = Че́тьи-Мине́и** 聖者伝 **//-йный** [形1]

**Минздра́в** [男1] 保健省 (Министе́рство здравоохране́ния)

**ми́ни** (不変) [中] ミニ (スカート, コート)

**мини(-)..** [語形成] 「小型の」, 「ミニの」

**миниатю́р|а** [女9] ①(手書き写本の挿絵の)彩色細密画, ミニアチュール ②(工芸品としての)細密画 ③《文学・楽》小品, 短編 ④(精巧な)小型サイズのもの (моде́ль-ко́пия): парк *миниатю́р* ミニアチュアパーク(実寸より縮尺した建造物を集めた公園) ◆*в -е* 縮図の, 小規模での, 小型版の: Шко́ла — э́то на́ше о́бщество *в -е*. 学校は社会の縮図である

**миниатюриза́ция** [女9] 小型化

**миниатюри́ст** [男1] ①細密画家 ②《文学・楽》短編作曲家, 小品作曲家

**миниатю́рн|ый** 短 -рен, -рна [形1] ①[長尾]彩色細密画の ②小さな, (超)小型の; 小さくてかわいらしい: ~ термина́л 携帯端末 **//-ость** [女10]

**минима́кс** [男1] 《数》(ゲーム理論の)ミニマックス(最大可能損失を最小限にする方法論)

**минимал|и́зм** [男1] 《文》最小限主義, ミニマリズム **//-и́стский** [сс] [形3]

**минима́лка** 複生 -лок [女2] 《俗》最低賃金

❋**минима́льн|ый** [минима́льный] 短 -лен, -льна [形1] [minimum] 最小の, 最低の: *-ая за́работная пла́та* 最低賃金 **//-о** [副] **//-ость** [女10]

**минима́ркет** [男1] (食料品・新聞雑誌の)小規模販売店

**минимиза́ция** [女9] 縮小すること, 最小化

**минимизи́ровать** -рую, -руешь [不完・完] 《文》〈対〉最少[最低]限にする: ~ после́дствия поте́рь 損失の侵入を最小限に抑える

❋**ми́нимум** [ミーニムム] [男1] [minimum] ①最小[最低]限: прожи́точный ~ 最低生活費 ②(知識として有すべき)最低基準, 必須事項: обяза́тельный ~ 必須語彙 | кандида́тский ~ Ph.D 論文提出必修単位 ③[副] 少なくとも, 最低でも: Сто́ит ~ пять рубле́й. 最低でも5000ルーブルはする ④(不変) [数] = минима́льный: програ́мма-~ 必要事項 ◇*как* ~ 最低でも | *доводи́ть до -а = своди́ть к* ~у 最低限にする | ~ *ми́нимо́рум* 最低でも, 少なくとも

**Ми́нин** [男1е] ミーニン (Кузьма́ [Козьма́] ~, 1570?-1616; ポーランドの侵入を戦った英雄): па́мятник ~у и Пожа́рскому ミーニンとポジャルスキーの像 (赤の広場にある)

**мини́рова|ть** -рую, -руешь 受過 -анный [不完・完] [完まれ *за-*]〈対〉①《軍》…に地雷[機雷]を敷設する ②《俗》糞[尿]を放置する: Смотри́, не вля́пайся, тут заминиро́вано. 踏まないように気をつけろよ, そこにフンがあるぞ **//-ние**

**министе́рск|ий** [形3] 省 (министе́рство) の; (旧)政府 [内閣] の ①大臣 (мини́стр) の, 閣僚の: ~ пост [портфе́ль] 大臣ポスト[イス] | перегово́ры на -ом у́ровне 閣僚級会談 ②《話》大臣的な, 大臣ぶった

❋**министе́рство** [ミニステェールストヴァ] [中1] [ministry] 《政》省; 省の庁舎: M~ фина́нсов 財務省 | M~ культу́ры 文化省

**министе́рша** [女4] 大臣 (мини́стр) の妻

**мини́стр** [ミニーストル] [男1] [minister] 《政》大臣, (担当)相; 閣僚; 庁長: ~ оборо́ны (ロシア, 日本)防衛大臣, (米)国防長官 | ~ без портфе́ля 無任所大臣 | кабине́т [сове́т] ~ов フットサル

**ми́ни-футбо́л** [不変]-[男1] 《スポ》フットサル

**ми́ни-ю́бка** 複生 -бок [女2] ミニスカート

**Минкомсвя́зь** (不変) [中] 通信マスコミ省 (Министе́рство связи́ и ма́ссовых коммуника́ций)

**ми́нн|ый** [形1] 《軍》地雷[機雷]の: *-ое по́ле* 地雷原

**Минобороны** (不変) [中] (ロシアの)国防省, (日本の)防衛省 (Министе́рство оборо́ны)

**Минобрнау́ки** (不変) [中] 教育科学省 (Министе́рство образова́ния и нау́ки)

❋**минова́ть** -ну́ю, -ну́ешь [不完・完] [pass, pass by] ①〈対〉通り越す, 過ぎる ②《完》[通例否定文で]不可避である: не ~ неприя́тностей 不快な事態は避けられない ③《完》過ぎる, 終わる: Опа́сность *минова́ла*. 危険は過ぎ去った ④〈与〉(年齢に)達する ◆*минуя́* …はさておき; …は除外して (исключа́я): *минуя́ подро́бности* 詳細は省いて | Чему́ *быть, того́ не* ~ 《諺》起こるべきことは避けられぬ

**мино́га** [女2] 《魚》ヤツメウナギ **//мино́гов|ый** [形1]: *-ые* [複名] ヤツメウナギ科

**миноиска́тель** [男5] 《軍》地雷[機雷]探知機

**миномёт** [男1] 《軍》迫撃砲 **//-ный** [形1]

**миномётчик** [男2] 《軍》迫撃砲兵

**миноно́сец** -сца [男3] 《軍》魚雷艇, 水雷艇: эска́дренный ~ 駆逐艦 (эсми́нец)

**мино́р** [男1] ①《楽》短調 (↔мажо́р) ②《話》もの悲しげな[陰鬱な]気持ち: быть в ~ е 気分が沈んでいる ③《楽》小行列式

**мино́рн|ый** 短 -рен, -рна [形1] ①《楽》短調の: ~ акко́рд 短調の和音 ②《話》もの悲しげな[陰鬱な]

**Минприро́ды** (不変) [中] 天然資源エコロジー省 (Министе́рство приро́дных ресу́рсов и эколо́гии)

**Минпромто́рг** [男1] 産業貿易省 (Министе́рство промы́шленности и торго́вли)

**Минрегио́н** [男1] 地域発展省 (Министе́рство региона́льного разви́тия)

**Минсельхо́з** [男1] 農業省 (Министе́рство се́льского хозя́йства)

**Ми́нск** [男1] ミンスク (ベラルーシの首都) **//ми́нский** [形3]

**Минспо́рт** [男1] スポーツ省 (Министе́рство спо́рта)

**минта́й** [男6] 《魚》スケトウダラ

**Минтра́нс** [男1] 運輸省 (Министе́рство тра́нспорта)

**Минтру́д** [男1] 労働・社会保護省 (Министе́рство труда́ и социа́льной защи́ты)

**мину́вш|ий** [形6] 過去の(прошедший): *-ей но́чью* 昨夜 **②-ее** [中名] 過去(の出来事), 終わったこと

❋**ми́нус** [ミーヌゥス] [男1] [minus] ①《数》マイナス(記号 -) ②《数》引く: пять ~ два 5引く2 ③《気象》氷点下: ~ 20 (два́дцать) гра́дусов マイナス20度 ④《話》欠点, 弱点, 駄目な所: еди́нственный ~ — его́ близору́кость 唯一の欠点は彼が近眼なこと ⑤《話》近視のディオプトリー度数 (眼鏡や光学機器のレンズの度数の数値)

**ми́нусовка** -вок [女2] ①《話》《若者》《楽》マイナスワン, カラオケ (特定のパートが消された音源)

**ми́нусовый**, 《話》**минусо́вый** [形1] マイナス[氷点下]の; 欠点のある

❋**мину́т|а** [ミヌータ] [女1] [minute] ①(時間の)分 (1時間の60分の一) (**★-ы ча́с**の[勝負]) ②《話》短い時間, 瞬間: зайти́ на -у ちょっと立ち寄る ③(角度の)分 (1度の60分の一) ◆*-ами* 《話》短期間の間に; 時々 | *без пяти́ мину́т!* まもなく…である, もう…も間近: Он *без пяти́ мину́т* инжене́р. 彼はもうすぐエンジニアになる | *в -у* 正確に (то́чно) | ~ *молча́ния* 黙禱 (もくとう) | *M-у внима́ния!* ちょっと聞いて下さい | *Одну́ -у!* 少々お待ち下さい | *с -ы на -у* 今にも; 今か今かと

**сию́ -у** 今すぐ

**мину́тк|а** 複 нетон [女2] 〔指 小〕< мину́та ◆*(Подожди́)* **-у!** 〔話〕ちょっと待って | *У вас есть* **~?** 〔話〕ちょっとお時間ありますか

**мину́тный** [形1] ①分（мину́та）の，1分の ②わずかな時間［手間］しかかからない: *М-ое де́ло!* おやすい御用だ！ ③つかの間の

**..мину́тный** [語形成]「…分間の」: **трёхмину́тный** 3分の

**мину́точк|а** 複 -чек [女2] 〔指小・愛称〕< мину́та ◆*М-у!* ちょっと待って下さい | *Извини́те, я на -у!* すみません, すぐ戻ります（会合中にトイレに立つ際に）

*\***мину́ть, мину́ть** (1人称なし) ми́нешь 余 мину́й [完]〔pass〕① 通過する（минова́ть）: ～ поворо́т ーブを通過する ②（過去形で）（月日が）過ぎ去った，消えた: *Мину́ли тяжёлые го́ды.* 苦労だらけの歳月がようやく終わった ③《мину́ть》⑭ⁿⁱ（年齢が）満…歳になる: *Ему́ мину́ло два́дцать ле́т.* 彼は20歳になった

**Минфи́н** [男1] 財務省（Министе́рство фина́нсов）

**миньо́н** [ё][男1] ①〔印〕ミニオン（7ポイント活字）②〔俗〕〔楽〕シングル；ミニアルバム

**Минэкономразви́тия** (不変) [中] 経済発展省（Министе́рство экономи́ческого разви́тия）

**Минэне́рго** (不変) [中] エネルギー省（Министе́рство энерге́тики）

**Минюст** [нью][男1] 法務省（Министе́рство юсти́ции）

**миока́рд** [男1][医] 心筋

**мио́ма** [女1][医] 筋腫

**миопи́я** [女1][医] 近視

**миоце́н** [男1][地質] 中新世 **//-овый** [形1]

*\***мир¹** [ми́ль] 前 о-е, в/на -у́ 複 -ы́ (по́ миру) [男1] 〔world, universe〕①世界；天地，宇宙 ②宇宙の一部分，惑星（плане́та）: *звёздные ~ы́* 星の世界 ③《単》地球，世界: *объе́хать ве́сь ~* 世界一周する | *впервые в ~е* 世界で初めて | *чемпио́н ~a* 世界チャンピオン ④（体制・制度として）世界: анти́чный ~ 古代社会の ～，…世界: *~ живо́тных* 動物界 ⑤《単》（前 в -у́）（修道・出家生活に対して）世俗，俗世: Архиепи́скоп Никола́й (в -у́ Каса́ткин) 大主教ニコライ（俗名カサートキン）⑥（前 на -у́）〔史〕ミール（13-20世紀ロシアの村落共同体）

◆*иной ~* [不変]あの世，来世 | ~ *сего́* [不変]①この世，現世 ②人類社会 | **всем ~ом** 〔話〕一緒に，協力して | *На -у́ и смéрть красна́.* 〔諺〕皆と一緒なら死も怖くない（←一つでは死も美しい）| **по́ миру** (пойти́, пусти́ть, ходи́ть) 物乞いをする，乞食暮らしをする | (уйти́, пересели́ться) **в ино́й ~** あの世へ逝く, 他界する | **си́льные ~ сего́** [戯] 世間の有力者，実力者 | *Не от ~а сего́.* 浮世離れしている（←この世のものにあらず）

*\***мир²** [ми́ль] [男1] 〔peace〕①平和，和: *жи́ть в ~е* 平和に暮らす ②和平，平和合意，講和，和解: *заключи́ть ~* 和平を結ぶ ③平穏，平静，平安

◆ *с ~ом отпусти́ть* [⑩]〈人を〉平安のうちに送り出す | *M~ его́ пра́ху!* 〈死者の冥福を祈って〉安らかに！ | *M~ вам и вáшему до́му!* 皆様にご平安を

**мирабе́ль** [男5]〔植〕ミラベル（セイヨウスモモの亜種）

**мирабили́т** [男1]〔鉱〕芒硝（グラウベル塩）

**мира́ж** -á/-a [男5]①〔気象〕蜃気楼 ②幻影 ③*М-* ミラージュ戦闘機（仏）**//-ный** [形1]

**мириа́ды** [а] 複[文] 無数，多数

**мири́ть** -рю́, -ри́шь 受過 -рённый (-рён, -рена́) [不完] / **при~** [完] ①〔完また **по~**〕⑭ⁿ仲直りさせる ②〔⑭ⁿ с⑪と〕⑫ⁿに我慢させる，甘受させる

*\***мири́ться** -рю́сь, -ри́шься [不完] / **при~** [完] ① 〔完また **по~**〕《с⑪と》和解する: *Дава́йте ~. = Поми́римся.* 仲直りしよう ②《с⑪を》我慢［辛抱］する: ～ с судьбо́й 運命を甘受する

*\***ми́рный** [ми́льнуй] 短 -рен, -рна 比 -не́е [形1] 〔peaceful〕①平和の，平和的な，平和のための国民 | ～ xapа́ктер 平和的性格 | *-ые жи́тели* 民間人，非戦闘員 | *день ~a, день ~: -ое вре́мя* 平時 | ~ договор 平和協定［合意］| *-ые перегово́ры* 和平協議 | *-ое сосуществова́ние*〔政〕平和共存 ③平穏［平安］な，穏やかな **//-о** [副]

**ми́р|о** [中1]〔正教〕聖膏（ミロ）（オリーブ油に赤ワインと香を混ぜた聖油）◆*одни́м ~ом мáзаны*〔蔑〕同じ穴のムジナ（←同じ聖油は塗られた樽）

**мирова́я** （形2変化）[女名][話] ①和解, 手打ち: *пойти на -у́ю* 和解する ②和解の合意書

**мирово́** [副][俗] うまく, 上々に (отли́чно)

*\***мировоззре́ни|е** [中5]世界観, 人生観, 価値観 **//-ческий** [形3]

*\***мирово́й¹** [ми́рово́й] [形2]〔world〕①世界の，世界的な，世界規模の: *-ая война́* 世界大戦 | но́вый ～ поря́док〔政〕新世界秩序 | *-ое первенство:* ～ реко́рд 世界記録 ②〔俗〕素晴らしい: ～ фи́льм 上出来の映画

**мирово́й²** [形2] ①和解の ②[男名]〔話〕〔法〕治安判事，調停裁判官 (～ судья́; 比較的罪の軽い刑事事件や民事事件の下級の審級)

**мировоспри́тие** [中5] 世界観[認識]

**мирое́д** [男1][話] (他人の稼ぎを)搾取する[吸い上げる]やつ (эксплуата́тор)；富農地主 (кула́к)

**мирозда́ние** [中5][文] 宇宙，全宇宙

**миро́к** -á [男2]〔指小 < мир¹〕①（興味・仕事で繋がった）狭い人の輪，小集団 ②（生活・情趣などの）狭い範囲，小天地，小世界

**миролюби́вый** 短 -и́в [形1]〔peaceable〕平和を好む, 平和的な: *-ая поли́тика* 平和主義の政策 **//-ость** [女10]

**миролю́бие** [中5]平和を好むこと；穏やかさ

**мироощуще́ние** [中5][文]現実認識，世界観，価値観

**миропома́зание** [中5] ①〔宗〕塗油 (пома́зание ми́ром) (神による王位・聖職叙任の印として香油を注ぐ［塗る］儀式) ②〔正教〕機密 (洗礼直後の信者の体[額, 目, 耳, 胸, 手, 足]に聖膏をつける儀式) ③[カトリ] 堅信礼 (конфирма́ция)

**миропонима́ние** [中5][文]世界[人生]観

**миропоря́док** 複 -док [男2]〔政〕世界秩序 (миро́вой поря́док)

**миросозерца́ние** [中5] ①［旧］= миропонима́ние ②世界観

**миротво́рец** -рца [男3] 平和維持活動要員 **//миротво́рческий** [形3]: *-ая ми́ссия* 平和維持活動 | *-ие си́лы в горя́чих то́чках* 紛争地域の平和維持部隊

**ми́рр|а** [女1]〔植〕ミルラ；没薬 (ヒギ) **//-овый** [形1]

**мирт** [男1]〔植〕ギンバイカ属 **/ми́ртов|ый** [形1]: *-ые* [複名] フトモモ科

**миря́н|ин** 複 -я́не, -я́н [男10] **/-ка** 複 -нок [女2] ①〔宗〕（聖職・教職に就いていない）信徒；俗人

**ми́ска** 複 -сок [女2] (食器の)鉢，ボウル

**мисс** (不変) [女] ① (女性コンテストの) ミス: *M~ Росси́я* ミス・ロシア ②〔英語圏の女性への呼びかけ〕ミス

**миссионе́р** [男1] **/-ка** 複 -рок [女2] 宣教者[師]

**миссионе́рство** [中1] 宣教[布教]活動

**миссионе́рск|ий** [形3] 宣教(者，師)の: *-ая де́ятельность* 宣教[布教]活動

**ми́ссис** (不変) [ё] [女]〔英語圏女性への呼びかけ〕ミセス

\***ми́сс|ия** [女9] [mission] ① 任務, ミッション; 使命: возложи́ть *-ию* на кого́-н ...に使命を課する ② 使節(団): ~ до́брой во́ли 親善使節団 ③ 宣教[伝道]団

\***ми́стер** [э/e] [男1] [mister] [英語圏の男性への呼びかけ]ミスター ■ **~ икс** ミスター X (匿名の人物)

**мисте́рия** [女9] ① [史・文] (中世の)聖史劇(聖書を題材とした劇) ② 宗教的秘儀, 秘蹟

**ми́стик** [男2] 神秘主義者, 神秘論者

**мисти́к|а** [女9] ① 神秘主義 ②《話》摩訶不思議なこと **//-и́ческий** [形3]

**мистифика́тор** [男1] 《文》他人を瞞着(まんちゃく)する者; 偽作者

**мистифика́ция** [女9] 《文》欺瞞, 瞞着(まんちゃく), 煙に巻くこと; (文学・音楽上の)偽作

**мистифици́ровать** -рую, -руешь 受過 -анный [不完・完] 《文》〘他〙欺く; 煙に巻く, おちょくる; 偽名[仮名]で公表する

**мистици́зм** [男1] 神秘主義

**мисти́ческий** [形3] ① 神秘主義[者]の ② 不可思議な, 奇妙な

**мите́нки** [э́] -нок, -нкам [複] [単 мите́нка [女2]] ハンド[アーム]ウォーマー; 指なし手袋[グローブ]

\***ми́тинг** [ミーチンク] [男2] [mass meeting] (政治的・社会的要求を掲げた)集会, (決起)大会: выступа́ть на *~е* 集会で演説する **//-о́вый** [形1]

**митингова́ть** -гу́ю, -гу́ешь [不完] ①《話》(政治的な)集会を開く, 集会に参加[討論, 発言]する ② 無駄な議論を延々繰り広げる, 群れる

**митингу́ющий** (形6変化) [男名] 集会参加者

**митка́ль** -я́ [男5] キャラコ **//-евый** [形1]

**митохо́ндри|я** [女9] [生] ミトコンドリア **//митохондриа́льн|ый** [形1]: *-ая* ДНК ミトコンドリア DNA

**ми́тра** [女1] [宗] ミトラ(主教[司教]冠); [正教] 宝冠, 王冠 (主教や上位の司祭に与えられる)

**Ми́тра** [男1] ミトラ神 (インドとペルシャで信仰された)

**митраи́зм** [男1] [宗] ミトラ教

**митрополи́т** [男1] [正教] 府主教 (スラヴ系正教会では総主教に次ぐ高位聖職者; ギリシャ正教会では大主教に次ぐ地位); [カトリ] 首都[管区]大司教 **//-тский** [ц], -чий [形3]

**митропо́лия** [女9] ① [正教] 府主教区; [カトリ] 教会管区 ②《話》(府主教座のある大都市)

**митрофа́нушка** 複生 -шек (女2変化) [男] 《話》あほうな道楽息子, 怠け者

**митрофо́рный** [形1] 《正教》宝冠着用を認められた: *~ протоиере́й* (年功・功労により) 宝冠を授与された長司祭

**ми́ттель** [э] [男5] [印] ミッテル (14ポイント活字)

**ми́ттельшпи́ль** [э] [男5] [チェス] ミドルゲーム

**Ми́тя** (女5変化) [男] 《愛称》< Дми́трий

\***миф** [男1] [myth] ① (古代から継承される) 神話, 伝説: древнегре́ческий *~* 古代ギリシャ神話 ② ありえない話, 作り話 ③《商標》ミフ (家庭用洗剤)

**мифи́ческий** [形3] ① 神話の, 伝説の ② 伝説的な, 神話になっている ③《話》荒唐無稽な, 虚構の

**мифо́лог** [男2] 神話学者

**мифологе́ма** [女1] [文学] 神話の原型 [構成要素]

**мифологизи́ровать** -рую, -руешь 受過 -анный [不完・完] 〘他〙神話化する **//-а́ция** [女9]

**мифоло́г|ия** [女9] ① (総体としての)神話, 伝承: славя́нская *~* スラヴ神話 ② 神話学 **//-и́ческий** [形3]

**Михаи́л** [男1] ① ミハイル (男性名; 愛称 Ми́ша) ② [聖] ミカエル (大天使)

**Михалко́в** [男姓] ミハルコフ (Ники́та Серге́евич *~*, 1945-; 俳優, 映画監督; «Утомлённые со́лнцем» 「太陽に灼かれて」)

**михрю́тка** 複生 -ток (女2変化) [男・女] 《俗・蔑》痩せた貧弱[貧相]なやつ, ぱっとしないやつ

**мице́лий** [男3] [植] 菌糸体 (грибни́ца)

**ми́чман** 複 -ы/-а [男1] [軍] (ロシア海軍での) 准尉: ста́рший ~ 上級准尉 **//-ский** [形3]

**Ми́ша** (女4変化) [男] 《愛称》< Михаи́л

**мише́н|ь** [女10] ① 標的, 目標, ターゲット; ダーツボード: стрельба́ по *-и* 標的射撃 ② (攻撃・迫害の)対象(者) **//-ный** [形1] < ①

**ми́шк|а** 複生 -шек (女2変化) [男] 《話》① クマ(медве́дь) ② クマのぬいぐるみ, テディーベア **// мишу́тка** 複生 -ток [女2] [指小]

**мишура́** [女1] ① (金・銀の)装飾用カラーモール ②《話》見かけ倒しの[けばけばしい]安物

**мишу́рный** 短 -рен, -рна [形1] ① [長尾] カラーモールの ② 見かけだけの

**МКАД** [ムカート] (不変) [女] 《話》 [男1] モスクワ環状道路 (Моско́вская кольцева́я автомоби́льная доро́га)

**МККК** [エムカーカー] (略) Междунаро́дный комите́т Кра́сного Креста́ 国際赤十字社

**МКС** [エムカエス] (略) Междунаро́дная косми́ческая ста́нция 国際宇宙ステーション, ISS

**мл** (略) миллили́тр

**мл.** (略) мла́дший ジュニア, Jr.

\***младе́нец** -нца [男3] [baby, infant] 赤ん坊, 幼い子: грудно́й *~* 乳飲み子, 乳児

**младе́нческ|ий** [形3] ① 赤ん坊の; 幼年期の: *-ая* сме́ртность 乳児死亡率 ② 子どもじみた, 低次元の

**младе́нчество** [中1] 乳幼期, 幼年期

**младо..** [語形成] 《文》「新…」「青年…」

**младограмма́тики** [男1] [言] 青年文法学派

**млад|о́й** 短 -а́д, -ада́, -а́до [形2] [民話・詩] = молодо́й ◆ *с -ы́х ногте́й* 幼児期から **// мла́дость** [女10]

**мла́дше** [比較] < молодо́й

\***мла́дш|ий** [ムラートシイ] [形6] [younger, youngest, junior] ① 年齢が下の, 若い; (家族で)最年少の: *-ее* поколе́ние 年下の世代 | ~ брат 弟 | ~ сын 末息子 ② (学年が)低学年の, (身分階級が)下の: ~ лейтена́нт 少尉補 ③ [トランプ] (カードの)点数が低い **//-енький** [形3] 《愛称》 < ①

**млекопита́ющие** (形6変化) [複名] [動] 哺乳類

**мле́|ть** [不完] **/за~** [不完] ① くつろぐ, リラックスする ② 大いに悪え, 天にも昇る気分になる ③〈от 圧〉喜び・恐怖から〉呆然となる, 放心状態になる **//-ние** [中5]

**мле́чник** [男2] ① [植] 乳管 ② [茸] チチタケ属

**мле́чн|ый** [形1] = моло́чный **//~ прото́к** [医] 乳管 | ~ сосу́д [解] 乳腺(にゅうせん)管; [植] 乳管 | ~ сок [植] ラテックス, 乳液 | М~ Путь [天] 天の川

**млн.** (略) миллио́н

**млрд.** (略) миллиа́рд

**мм** (略) миллиме́тр

**ММВБ** [エムエムヴェーベー] (略) Моско́вская межба́нковская валю́тная би́ржа モスクワ銀行間通貨取引所; и́ндекс *~* MICEX 指数 (モスクワ証券取引所の代表株価指数の一つ)

**мм рт. ст.** (略) миллиме́тр рту́тного столба́ 水銀柱ミリメートル (気圧の単位)

**мн.** (略) мно́гие

**мне** [与・前置格] < я

**мнемози́на** [女1] ① М~ 《ギ神》ムネモシュネ (記憶の女神; Мнемоси́на とも); 《詩》記憶 ② [昆] クロホソウスパシロチョウ

**мнемоко́д** [男1] 《コン》ニーモニック[簡略]コード

**мнемо́ника** [女2] ①記憶術 ②【コン】ニーモニック
**мнемони́ческ|ий** [形3] 記憶術の, 記憶のための: *-ая схе́ма* ミミックパネル

‡**мне́н|ие** [ムニェーニエ] [中5] 〔opinion〕意見, 考え, オピニオン; 見解: *обще́ственное ~* 世論 | *обме́н -иями* 意見交換 | *вы́сказать своё ~* 自分の考えを表明する | *быть того́ же ~ия* 同意見である

◆*быть хоро́шего* [*плохо́го*] *~ия о* …を肯定的[否定的]に評価する | *быть высо́кого* [*ни́зкого*] *~ия* 高く評価する[あまり評価しない]: *быть о себе́ сли́шком высо́кого ~ия* 自信過剰である | *име́ть своё ~* 私見を持つ | *не мо́жет быть двух ~ий о* 圖 議論の余地のないほど明らかだ | *по моему́ ~ию* 圖 私の考えでは

**мни́м|ый** 短 *мним*, *-ма* [形1] ①想像上の: *~ая оборо́на* 【法】誤想防衛 ②見かけ上の, 嘘の: *~ больно́й* 仮病の人 ③【数】虚数の(*-ое число́*) ‖ *-ость* [女10]

**мни́тельн|ый** 短 *-лен*, *-льна* [形1] ①極端に心配性な ②猜疑心の強い ‖ *-ость* [女10]

‡**мно́г|ий** [ムノーギイ] [形3] ①【通例複】(母集団に対しての)多くの: *-ие студе́нты* 学生の多くが *-ое* [中名] 多くのこと: *Я о́чень -им вам обя́зан*. 私はあなたにとても お世話になっています ②【単】[複名] 大勢

◆ *и -ие други́е* = *и -ое друго́е* その他大勢; その他多くのもの(略 *и мн. др.*): *Бума́га, ру́чки, каранда́ши, пе́рья, пе́на, кни́жки, чернили́цы и интере́сного, мно́гого увлека́тельного* ②... *-ая ле́та* 【正教】いくとせも(長寿や祝福を願う祈願)[聖歌]; 教会スラヴ語

‡**мно́го** [ムノーガ] 比 *бо́льше*, *бо́лее* [副] 〔much, many〕(数量) ①〈国〉沢山, 多くの(…): *~ наро́ду* [*наро́да*, *люде́й*] 大勢の人, 人込み | *~ интере́сного* 多くの興味深い事 | *~ о́бщего* 多くの共通点 ②多すぎる, 過度な ③【比較級を強調】はるかに, ずっと

◆ *~~* 圖 たくさん | *~ ду́мать о себе́* うぬぼれる | *ни - ни ма́ло* ぴったり, ちょうど: *Израсхо́довал ни ~ ни ма́ло сто иен*. ぴったり百円使った | *по мно́гу* 田 たくさんの: *по мно́гу раз повторя́ть* 何度も繰り返す

**мно́го..** [語根成]「多くの」「複数の」「大いに」「長期の」

**многобо́жие** [中5] 【文】多神教[論], ポリセイズム

**многобо́р|ец** *-рца* [男3] *~ка* 複生 *-рок* [女2]【スポ】(新体操などの)総合競技の選手

**многобо́рье** [中4] 【スポ】混合[総合]競技: *ли́чное* [*группово́е*] *~* (馬術・体操・陸上などの)個人[団体]総合

**многобра́чие** [中5] ①ポリガミー(一夫多妻, 一妻多夫) ②【動】複数回の繁殖; 多婚性

**многова́то** [副] [話]ちょっと多めに[余分に]

**многовеково́й** [形2] 何世紀も前からの, 相当古い

**многовла́стие** [中5] 多頭政治

**многово́дный** 短 *-ден*, *-дна* [形1] 水量の豊富な, 水に恵まれた

**многово́дье** [中4] (河川・湖沼の)満水, 水の増加

**многоглаго́лание** [中5] 〔旧・皮肉〕言葉が多すぎること

**многоговоря́щий** [形6] ①(証拠などが)多くを語る, 重要な, 啓発的な ②意味ありげな

*многоголо́вый* [形1] ①(怪獣などが)複数の頭を持つ ②〔話〕(人・動物が)多数の, 頭数の多い

**многоголо́с|ие** [中5] ①【楽】多声音楽, ポリフォニー ②同時に音が鳴ること ③〔話〕(雑多な)声々しい音 ‖ *-ный* [形1]

**многогра́нник** [男2] 【数】多面体

**многогра́нн|ый** 短 *-а́нен*, *-а́нна* [形1] ①【長尾】【数】多面体の, 面が多い ②多才な, マルチな; 多方面にわたる ‖ *-о* ‖ *-ость* [女10] <②>

**многогре́шный** 短 *-шен*, *-шна* [形1] 【文】罪多き, 罪深き

**многоде́тн|ый** 短 *-тен*, *-тна* [形1] 子どもの多い, 子だくさんの ‖ *-ость* [女10]

**многодиапазо́нный** [形1] 多帯域の, マルチバンドの

**многоди́сковый** [形1] マルチディスクの, 多板の

**многодне́вный** [形1] 数日にわたる, 数日間続く

**многодоро́жечный** [形1] マルチ[多重]トラックの

**многожёнец** *-нца* [男3] 複数の妻を持つ男性

**многожёнство** [中1] 一夫多妻, ポリガミー

**многожи́льный** [形1] 【工】多芯の

**многозада́чн|ость** [女10] 【コン】マルチタスク ‖ *-ый* [形1]

**многозаря́дный** [形1] (火器が)連発式の;【化】多価の: *~ ио́н* 多価イオン

**многозначи́тельн|ый** 短 *-лен*, *-льна* [形1] ①大いに意義のある ②意味ありげな, 意味深長な: *-ая улы́бка* 含み笑い

**многозна́чн|ый** 短 *-чен*, *-чна* [形1] ①【数】桁数の多い;多値の: *-ая ло́гика* 多値理論 ②【言】多義的な: *-ое сло́во* 多義語 ③様々に解釈できる, 様々な ‖ *-ость* [女10] 桁数が多いこと;【言】多義性; 曖昧さ

**многокана́льный** [形1] 多チャンネルの

**многокварти́рный** [形1] 複数戸から成る, 集合住宅の: *~ дом* 集合住宅

**многокилограмм|о́вый** [形1] 数キログラムの, 数キロの重さの, 重い

**многокилометр|о́вый** [形1] 数キロメートルの, 数キロの距離になる, 長い

**многокле́точн|ый** [形1] ①【生】多細胞の ②*-ые* [複名] 多細胞生物, メタゾア

**многоковшо́вый** [形1] 【土木】チェーンバケット[バケットラダー]式の

**многоколе́йный** [形1] 【鉄道】複線の, 多軌道の

**многоконта́ктный** [形1] (差し込み口が)複数ピン[マルチピン]式の

**многоконту́рный** [形1] 多重[マルチ]回路の, 多重制御の

**многоконфессиона́льный** [形1] 多宗教の

**многоко́рпусный** [形1] 複数の ко́рпус を持つ:【建】複数棟の;【船】複数の船体から成る, 双胴の: *~ у́лей* 【養蜂】重箱式巣箱

**многокра́тно** [副] 何回も, たびたび

**многокра́тн|ый** 短 *-тен*, *-тна* [形1] ①複数回の, マルチプルの: *-ая ви́за* マルチビザ | *предназна́ченный для -ого испо́льзования* リユース可能な ②拡大[縮小]率の数倍の, 高倍[高縮小]率の ③【言・文法】多回の: *~ вид* 多回体 | *~ глаго́л* 多回体動詞 ‖ *-ость* [女10]

**многолепестко́вый** [形1] 【植】多弁の

**многоле́тие** [中5] ①【旧】長寿, 長生き ②【正教】「いくとせも мно́гая ле́та」の唱和(長寿と祝福の永続を祈る)

**многоле́тн|ий** [形8] ①長年[長期]の ②高齢の, 長寿の ③【植】多年生の: *~ее расте́ние* 多年生植物

**многоле́тник** [男2] 【植】多年生植物 (↔ *малоле́тник*)

**многоли́к|ий** 短 *-и́к* [形3] 【文】①(集団が)様々な顔[人]から成る ②多面的な, 多様な, 様々な顔を持つ ‖ *-ость* [女10]

**многолю́дно** ①[副] 大人数で ②[無人述]人でいっぱいだ, 混雑している

**многолю́дн|ый** 短 *-ден*, *-дна* [形1] 人が多い, 混雑した; 人口の多い ‖ *-ость* [女10]

**многолю́дство** [ц] [中1], **многолю́дье** [中4] 混雑, 雑踏

**многоме́рн|ый** 短 *-рен*, *-рна* [形1] ①多次元の ②

**многоходово́й**

多面[多角]的な **∥-ость** [女10] 多次元性; 多面性
**многоме́стный** [сн] [形1] 座席を有する
**многоме́сячный** [形1] 数か月の; 数か月間続く
**многометро́вый** [形1] 数メートルの; 何メートルもある, 長い
**многомиллиа́рдный** [形1] 数十億に及ぶ
**многомиллио́нный** [形1] 数百万に及ぶ
**многомо́довый** [形1] 多モードの
**многомото́рный** [形1] エンジン[モータ]を複数搭載した, 多発の
**многому́жество** [中1] 一妻多夫, ポリアンドリー
\***многонациона́льный** 短 -лен, -льна 〔multinational〕[形1] ①多民族の: -ое госуда́рство 多民族国家 ②多国籍の: -ая корпора́ция 多国籍企業 **∥-ость** [女10]
**многоно́жка** 複生 -жек [女2] ①〔複〕〘生〙多足類 (ムカデ・ヤスデの類) ②〘植〙エゾデンダ属: ~ обыкнове́нная オオエゾデンダ
**многообеща́ющий** [形6] ①将来性を秘めた, 有望な ②（過度に）期待を持たせる, 大げさな **∥-е** [副]
**многооборо́тный** [形1] ①何度も回転する: -ые прыжки́ 〘フィギア〙ジャンプ ②再利用可能な: -ая та́ра 通い箱, リターナブルコンテナ
**многообра́зие** [中5] 多種, 多彩, 多様性; 〘数〙多様体
**многообра́зный** 短 -зен, -зна [形1] ①多様[多彩]な, 様々な, 色々な様式の **∥-о** [副] 多様に
**многооко́нный** [形1] 窓が複数ある, 窓の多い; 〘コン〙分割表示の
**многооперацио́нный** [形1] ①様々な作業をこなす, 多機能の ②〘コン〙マルチ OS の
**многоо́пытный** 短 -тен, -тна [形1] 経験豊富な
**многоотраслево́й** [形2] 多方面の分野での, 多角的な
**многопарти́йный** [形1] 多党の, 複数政党制の: -ая систе́ма 多党制
**многопла́новый** [形1] 多層[多重]構造の, 多次元の; 複雑な; 多方面での
**многопло́дие** [中5] 〘農〙(動物の)多産性,(植物の)多結実; 〘医〙多胎妊娠
**многопло́дный** [形1] (動物が)多産の; (果樹が)多結実の, 多くの実をつける
**многоплоскостно́й** [сн] [形2] マルチプレーンの: ~ ла́зерный ска́нер 多次元レーザースキャナ(バーコード読み取り用)
**многополо́сный** [形1] ①縞が多い,(木材の)縞模様がある ②〘通信〙多帯域の, マルチバンドの ③(道路が)複車線の
**многопо́ль|е** [中4] 〘農〙輪作 **∥-ный** [形1]
**многопо́льзовательск|ий** [形3] 〘コン〙マルチユーザーの: -ая систе́ма マルチユーザーシステム
**многополя́рный** [形1] 多極的な **∥-ость** [女10] 多極主義
**многопото́чный** [形1] ①〘コン〙マルチストリームの ②(エアコンの吹き出し口が)マルチフローの
**многопредме́тный** [形1] ①科目の多い ②多目的の: ~ нож 多目的ナイフ(アーミーナイフ)
**многопрогра́ммный** [形1] ①〘放送〙複数プログラムの,(デジタル放送で)マルチ編成の ②〘機〙マルチプログラムの
**многора́зовый** [形1] 複数回使用[再利用]可能な
**многоречи́вый** 短 -ив [形1] 〘文・皮肉〙おしゃべりな, 騒々しい; 冗舌, 多弁な; 話が長い **∥-ость** [女10]
**многору́кий** [形3] 多くの手がある
**многосвя́зный** [形1] 〘数〙多重連結の; 〘コン〙マルチリンクの
**многосегме́нтный** [形1] マルチセグメントの, 多分割の
**многосеме́йный** 短 -е́ен, -е́йна [形1] ①子どもの多い, 大家族の ②~ [男名]/**-ая** [女名] 大家族の人
**многосемя́нный** [形1] 〘植〙多種子の
**многосери́йный** [形1] (放送番組で)連続[シリーズ]ものの: ~ худо́жественный фильм 連続ドラマ
**многосетево́й** [形1] 〘コン〙マルチネットワークの
**многосисте́мный** [形1] (テレビなどが)マルチシステムの, NTSC/PAL/SECAM 方式対応の
**многосло́вие** [中5] 多弁, 冗舌; 冗長, 冗漫
**многосло́вный** 短 -вен, -вна [形1] 多弁な, しゃべりすぎの, 話が長すぎる[くどい] **∥-о**
**многосло́жный** 短 -жен, -жна [形1] 〘言〙多音節の: -ое сло́во 多音節語
**многосло́йный** 短 -о́ен, -о́йна [形1] 多層[積層]の, 重層的な, ラミネート構造の, マルチレイヤーの: -ая фане́ра 合板, ベニヤ板 **∥-ость** [女10]
**многосне́жный** [形1] 雪の多い, 豪雪の
**многоспектра́льный** [形1] 〘理〙複数波長の, マルチスペクトルの
**многостано́чни|к** [男2] /**-ца** [女3] 複数の機器を同時に扱うオペレータ
**многостано́чный** [形1] 複数の機器を同時に扱う, 多機系統の
**многостанцио́нный** [形1] 〘コン〙マルチステーションの
**многоступе́нный** 短 -е́нен, -е́нна [形1] 数段階の, 多段階の
**многосто́пный** [形1] 〘文学〙(詩で)韻を多く踏む, 韻脚の多い
**многосторо́нн|ий** 短 -о́нен, -о́ння [形8] ①〘数〙多面(辺)がある ②多角的な, 多国間の: -ие перегово́ры 多国間協議 ③多岐にわたる, 幅広い ④多地点の, マルチポイントの **∥-ость** [女10]
**многосторо́нне** [副] 多角[多面]的に, 幅広く
**многострада́льный** 短 -лен, -льна [文] 苦しみの多い, 苦難を忍んできた
**многоступе́нчат|ый** [形-ат] [技] 多段式の, 多段階(式)の: -ая раке́та 多段式ロケット
**многосу́точный** [形1] 数日間まるまる続く
**многотира́жка** 複生 -жек [女2] 〘話〙社内報
**многотира́жный** [形1] (刊行物が)大部数の, 大量発行の
**многото́мник** [男2] 複数巻セットの刊行物
**многото́мный** [形1] 多巻本の, シリーズセットの
**многото́нный** [形1] ①何トンもある, 重い ②積載力が数トンの
**многото́чие** [中5] 〘印〙多重点(…), 省略記号(エリプシス)
**многотру́дный** 短 -ден, -дна [形1] 〘雅〙労力を要する, きつい, 厳しい **∥-ость** [女10]
**многоты́сячный** [形1] 幾千もの, 数千の, 多くの
\***многоуважа́емый** [形1] [dear, respected] 〘公〙(手紙・スピーチの呼びかけで)敬慕する, 尊敬する
**многоуго́льн|ик** [男2] 〘数〙多角形 **∥-ный** [形1]
**многоузлово́й** [形2] 〘数〙多節点の; 〘コン〙マルチノードの; 〘医〙多節性の
**многоукла́дный** [形1] 〘経〙複数制度[システム]を有する
**многоу́ровневый** [形1] 複数レベル[階層, 段階]の[から成る], マルチレベルの, 多層の
**многофа́зный** [形1] 多相の, 多重(フェーズ)の
**многофункциона́льный** 短 -лен, -льна [形1] 多機能の
**многоходов|о́й** [形2] 〘機〙多弁の;（フォークリフトなどが）マルチディレクショナルの;〘チェス〙様々な手を組み

**многоцветко́вый** [形1]〔植〕多弁の

**многоцве́тн|ый** 短-тен, -тна [形1] ① 色鮮やかな, 様々な色の ② 〔印〕多色の, 多色刷り〔カラー印刷〕の | 〔植〕多弁の **//-ость** [女10]

**многоцелево́й** [形2] 多用途の, 多目的の: ～ автомоби́ль 多目的車

**многочасово́й** [形2] 長時間にわたる

**многочасто́тный** [形1] 高周波の

*‎**многочи́сленн|ый** [ムナガチースリンヌィ] 短-ен, -енна [形1]〔numerous〕① 多数から成る, 多数の: -ая толпа́ 群衆 ② 多数の, 無数の, おびただしい数の: Бы́ли допу́щены -ые оши́бки. ものすごい数の間違いがあった **//-ость** [女10]

**многочле́н** [男1]〔数〕多項式 **//-ный** [形1] ① 多項式の ② 多くの部分から成る

**многоэта́жка** 複生-жек [女2]〔話〕高層住宅〔ビル〕

**многоэта́жный** 短-жен, -жна [形1] ① 多くの階から成る, 高層の, 高い ② 〔話〕〔罵詈雑言が〕長い

**многоязы́чие** [中5]〔共同体・個人の〕多言語使用; その能力〔状態〕

**многоязы́чн|ый** 短-чен, -чна [形1] ① 多言語の, マルチリンガルの: -ое о́бщество 多言語社会 ② 複数言語で書かれた: ～ слова́рь 多言語〔数言語対照〕辞典 **//-ость** [女10]

**многоя́русный** [形1] 多段〔式〕の; 〔雲が〕多層の

**мно́жественн|ый** 短-ен/-енен, -енна [形1] 複数の, 複数的な: -ое число́〔文法〕複数 ②〔医〕多発性の **//-ость** [女10]

*‎**мно́жеств|о** [ムノージェストヴァ] [中1]〔a great number〕多数, 多量; 〔数〕集合: ～ люде́й 群衆 | во -е 大量に | бесчи́сленное ～ 無数

**мно́жимое** (形1変化) [中名]〔数〕被乗数

**мно́житель** [男5] ①〔数〕乗数, 因数: 乗法因子 ②〔話〕複写機, 複製機 ③〔コン〕(CPU の)クロック倍率

**мно́жительный** [形1] ① 複写の: -ая те́хника コピー〔複写〕機 ② 〔数〕乗算〔用〕の; 乗数〔因数〕の

*‎**мно́жить** -жу, -жишь 受過-оженный [不完]〔**y~**〕[完]〔**multiply**〕① 〔完また **по~**〕 ⊕ 掛ける, 乗ずる: ～ на ⊕ を掛ける, 乗ずる: ～ на три 3を掛ける, 3倍する | ～ пять на два 5 × 2 ② 〔雅〕 ⊕ ふやす, 増す, 〈成功など〉

**мно́житься** -жится [不完]〔**y~**〕[完]〔雅〕① 〈数が〉増す, 増える ② 〔不完〕繁殖〔増殖〕する ③ 〔不完〕〔受身〕< мно́жить

**мной** [1単短] < я́

**моби́ла** [女1]〔話〕携帯電話 (моби́льник)

**мобилиза́ция** [女9] ①〔軍への〕動員, 召集: о́бщая ～ 総動員 ②〔国家・国民経済の〕戦時体制への移行 ③〔人材・資産の〕動員, 動員: ～ капита́ла 資本調達 ④〔医〕援助〔術〕, 可動化 **//-ио́нный** [形1] <②

**мобилизо́ванность** [女10] 準備万端(な状態)

**мобилизо́ванн|ый** (形1変化) [男名] / **-ая** [女名] 召集兵

**мобилизова́ть** -зу́ю, -зу́ешь 受 過-о́ванный [不完·完] [①②③は **по~**] 戦時動員する, 召集する: ～ вооружённые си́лы 軍を動員する ②〔⊕〕⊕に力·資産·人を動員〔話〕援助〔用意〕する; 準備〔用意〕する: ～ капита́л を調達する ③〔⊕ на⊕〕に駆り立てる (воодушевля́ть)

**мобилизова́ться** -зу́юсь, -зу́ешься [不完·完] ① [完また **от~**] 召集に応じる, 応召する ② (自らを目的達成のために)駆り立てる

**моби́льник** [男2]〔話〕携帯電話 (моби́льный телефо́н)

**моби́льность** [女10] 移動性, 可動性, 可搬性, 機動性

*‎**моби́льн|ый** [マビーリヌィ] 短-лен, -льна [形1]〔mobile〕① 移動できる, 移動〔型, 性〕の, 可能〔可動〕式の: -ая ста́нция спу́тниковой свя́зи 〔通信〕衛星通信の移動局基地 ② 〔軍〕機動性のある, 機動性の: -ая гру́ппа 機動部隊 ③ 移動体通信の, 携帯〔モバイル, ポータブル〕の: опера́тор -ой свя́зи 携帯電話会社 | ～-ба́нкинг モバイルバンキング ④ [男名] 携帯電話 (～ телефо́н)

**мог** (過去·男) < мочь²

**Могади́шо** (不変)[男] モガディシュ(ソマリアの首都)

**мога́р** [男1]〔植〕アワ

**могика́н|ин** [マガーナ-] 複-а́не, -а́н [男1] / **-ка** 複生-нок [女2] モヒカン族(★モヒカンヘアーは ироке́з)

*‎**моги́л|а** [マギーラ] [女1]〔grave〕① (人ひとりの)墓, 土饅頭: до са́мой -ы 今わの際まで | на краю́ -ы 死に瀕している | возложи́ть вено́к на -у 墓に花輪を手向ける | пойти́〔найти́〕в -у 死ぬ | ⊕ одно́й ного́й в -е стои́т 棺桶に片足を突っ込んでいる | рыть себе́ -у 墓穴を掘る; 死を覚悟する | свести́ в -у ⊕ …を死に至らせる | сойти́ в -у〔雅〕逝去する, おじゃんになる | найти́ себе́ -у где́-л.〔雅〕…に青山を見い出す, …で息を引きとる | ⊕ за -у смо́трит〔話〕…はもうじきお陀仏だ | ⊕〔諺〕〔俗〕秘密を墓まで持っていく[いけ]人: Никому́ не ска́жешь? — М-~!「誰にも言わんだろうな?」「口が堅いって」 ② 〔述語〕⊕ を墓場まで持っていく人: Никому́ не ска́жешь? — М-~!「誰にも言わんだろうな?」「口が堅いって」 | М-~ Неизве́стного солда́та 無名戦士の墓 **//-моги́лка** 複生-лок [女2]〔指小〕

**моги́льник** [男2] ①〔考古〕墳墓, 古代墓, 埋葬所 ② (放射性廃棄物や有害物質の)最終処分場 ③〔鳥〕カタシロワシ

**моги́льн|ый** [形1] ① 墓 (моги́ла) の; 死の: ～ холм 古墳 | -ая плита́ 墓石 ② 不気味なまでの, 全くの

**моги́льщик** [男2] ① 墓掘り人 ② 死〔破滅〕をもたらす人 ③〔複〕[昆]モンシデムシ亜科

**могу́** [1単現] < мочь²

*‎**могу́ч|ий** [マグーチ] 短-у́ч, -у́ча, -у́че, -у́чи [形6]〔**powerful, mighty**〕① 強い, 力強い; 屈強などの: ～ па́рень 屈強な若者 ② (体の部分が)大きな, 発達した: -ие мы́шцы 隆々とした筋肉 ③ (身体機能面で)頑丈〔壮健〕な, 人並み外れた: -ее здоро́вье 強健 ④ (声・風などが)大きな, パワフルな ⑤ (自然が)壮大〔雄大〕な: (木などが)巨大な: -ие ре́ки 大河 | -ие дубы́ 巨大な樫の木 ⑥ (国家・組織が)強力な, 力〔権能〕のある: -ая страна́ 強国 ⑦ (能力・資質が)素晴らしい: тала́нт 卓越した才能 ⑧ -ая ку́чка 〔楽〕 ロシア5人組 (バラキレフ, キュイ, ムソルグスキー, ボロディン, リムスキー=コルサコフ) **//-есть** [女10] 強力さ, 強力

**могу́щественн|ый** 短-ен/-енен, -енна [形1] 威力ある, 強大な, 巨大な: -ое госуда́рство 強国

**могу́щество** [中1] ① 権力, 勢力, 権能 ② 勢力, 強大な影響力

**могу́щий** [形6]〔旧〕= могу́щий

**мо́д|а** [モーダ] [女1]〔fashion〕① 流行, モード: журна́л мод モード誌 | войти́ в -у はやる | вы́йти из -ы 流行遅れになる | в -е はやっている | не в -е 流行にならって | 〔複〕流行ファッション: после́дний крик [пи́ск] -ы 最新の流行ファッション ③〔俗〕(通例よくない)癖, やり方, 習慣

**мода́льность** [女10] ①〔論〕様式, 様相 ②〔言〕モダリティ, 叙法(性), 法性: объекти́вная 〔субъекти́вная〕 ～ 客観的〔主観的〕叙法 **// мода́льн|ый** [形1] ■-ая ло́гика〔論〕様相論理学 | -ые слова́〔言〕叙想語, 叙法詞 | -ые глаго́лы〔言〕叙想動詞

**动性**

**модели́зм** [э] [男1]《工》模型製作, モデリング

**модели́рова|ть** [э] -рую, -руешь 受過 -анный [不完・完] с~] ①型〈モデル, 模型〉を作成する; デザインする ②シミュレート〈再現〉する ③《美》モデリングする ⑤ **//-ние** [中5]

**модели́ст** [э] [男1] 模型制作者〈職人〉

*модéль [マデ́ーリ] [女10]〔model, design〕①《芸術・ファッション》モデル: -и для карти́н 絵画のモデル | пока́з -ей оде́жды ファッションショー | то́п-~ トップモデル ②(車の)モデル: но́вые -и автомоби́лей モデルチェンジした自動車 ③ひな型, 模型: ~ а́тома 原子模型 | ~ самолёта 模型飛行機 ⑤《若者》きれいに着飾った女性

**модельéр** [э] [男1] /《話》**~ша** [女4] ファッションデザイナー

**моде́льн|ый** [э] [形1] ①<моде́ль: ~ ряд 製品一覧, ラインアップ ②ファッショナブルな, しゃれた: -ая о́бувь しゃれた靴

**моде́льщик** [э] [男2]《工》ひな型〈原型〉製作者

**моде́м** [э] [男1]《通信》モデム, 変復調装置
 **//-ный** [э] [形1]: -ая связь モデム通信

**модера́то** [э] [副] (不変)[中]《楽》モデラート(の曲)

**модера́тор** [э] [男1] ①《楽》(ピアノの)モデレーター ②《機》減速機 ③《理》(原子炉の)減速材〈体〉④(会議の)司会進行役, モデレーター

**модéрн** [э] [男1] ①《美・建》アール・ヌーヴォー ②《話》最新のもの[こと]: одéт в ~ 流行の最先端の服を着ている ③(不変)[形]《話》現代的な, 流行の: стиль ~ モダンなスタイル

**модерниза́тор** [э] [男1] 近代化〈現代化〉の推進者, 改革〈改革〉者

*модерниза́ция [э] [女9]〔modernization〕近代〈現代〉化; 合理化;(機器・パッケージの)更新〈刷新〉: ~ эконо́мики 経済近代化

**модернизи́рованный** [э] [形1] 近代化された, 改良〈刷新〉された, ニューモデルの

**модернизи́рова|ть** [э] -рую, -руешь 受過 -анный [不完・完] ①近代化〈現代化〉する; 現代的にアレンジする ②改良〈改造〉する ③《コン》アップグレード〈アップデート〉する **//-ся** [不完・完] 近代〈現代〉的になる **//-ние** [中5]

**модернизи́руемый** [э] [形1]《コン》アップグレード可能な

**модерн|и́зм** [э] [男1]《美》モダニズム, 現代主義 **//-и́стский** [сс] [形3]

**модернизова́ть** [э] -зу́ю, -зу́ешь 受過 -о́ванный [不完・完] = модернизи́ровать

**модерни́ст** [э] [男1]《美》モダニスト, 現代主義者

**модерни́стский** [э: сс] [形3] 現代主義的な, 現代主義者の

**модéрновый** [э́], **модерно́вый** [э] [形1]《話》モダンな, スタイリッシュな

**модéрный** [э] [形1] = модéрный

**моджахéд** [男1] ムジャヒディン(特にアフガンのイスラム過激派ゲリラ)

**модифика́тор** [э] [男1] ①加減装置 ②変性〈調整, 改良〉剤 ③修飾物質 ④《遺伝》変更遺伝子 ⑤《コン》変更〈修飾〉キー

**модифика́ция** [э] [女9]《文》①変形, 変性, 変異, 変化 ②修正, 改造, 改変, 改質 ③《生化学修飾》: ге́нная ~ 遺伝子の組み換え **//-ио́нный** [形1]

**модифици́рова|ть** -рую, -руешь 受過 -анный [不完・完]《изменя́ть》変形〈変化, 修正〉させる; 改造する **//-ся** [不完・完] 変形〈変化, 変性〉する: генетически модифици́рованная пи́ща 遺伝子組み換え植物(略 ГМО)

**мо́дни|к** [男2] /**-ца** [女3] 《話》流行に敏感な[お

しゃれな]人 ②《若者・蔑》どうしようもなくわがままな人

**мо́дничать** [不完]《話》流行を追う, 流行のファッション[服]を着る

*мо́дн|ый [モーダヌイ] -ден, -дна́/-дна, -дно 比 -нéе [形1]〔fashionable〕①流行ファッションの: -ое пла́тье トレンドのワンピース ②はやりの: -ая пéсенка 流行歌 | ~ писа́тель はやりの作家, 流行作家 | -ое слове́чко はやり言葉, 流行語 ③《長尾》モードと関係する: ~ журна́л モード誌

**модули́рова|ть** -рует 受過 -анный [不完]《楽》転調する ②調節する:(声の)調子を変える ③《電》変調する: ~ по амплиту́де [частото́те] 振幅〈周波数〉変調する **//-ся** [不完]《楽》転調する **//-ние** [中5]

**мо́дуль** [男5] ①《理》率, 係数;《数》対数係数, 法;《建》基準寸法; ②《機》モジュール;《コン》モジュール; ③交換可能な構成単[要素], モジュール;《コン》モジュール(プログラムやハードウェアの構成単位): САМ-~ 限定受信システム用モジュール(有料放送のスクランブル解除用ICカード) ④(宇宙ステーション・機械の)モジュール, 棟: лу́нный ~ 月着陸船 **//-ный** [形1]

**модуля́тор** [男1] モジュレーター; 変調器[装置]

**модуля́ция** [女9]《楽》転調, 変調

**мо́дус** [男1] ①様式, 方法 ②《論理》論式, モーダス ③《哲》様態 **■ - виве́нди** 《政》暫定協定

**моё** [中性; 主・対格]<мой[1]

**мо́евка** [女2]〔複〕《鳥》ミツユビカモメ属: обыкновéнная ~ ミツユビカモメ

**мо́ечная** (形1変化)[女名] 洗濯場, 洗浄室

**мо́ечный** [形1] 洗濯用の, 洗浄用の

**мо́ешь** (2単現)<мыть

**мо́жет** (3単現)<мочь[2]

**мо́жешь** (2単現)<мочь[1]

**можжевéл|ьник** [男2]《植》ビャクシン属: ~ обыкновéнный セイヨウネズ **//-éловый** [形1]

*мо́жно [モージナ]〔possible, may, can〕
I [無人述] ①《可能》《無補語》〈不完形〉…できる: Ещё ~ успéть. まだ間に合う | Это ~ сдéлать в два́ дня. これは2日のうちにできる | Обвинéния э́ти вряд ли ~ назва́ть обосно́ванными. こうした非難は根拠のあるものとは言えそうにない

②《許可》《в》《на》…してよい, 許される: М~ войти́? 入ってよいですか | Здесь ~ кури́ть? ここでたばこを吸えますか | М~ спроси́ть? お尋ねしてもいいですか | М~ вас? ちょっと(お話があるのですが)よいでしょうか | Каки́е вéщи ~ взять с собо́й? どんなものを持っていてよいのでしょうか

 匯法 (1)否定を表す場合, мо́жно は使わず, нельзя́, невозмо́жно を用いる; вряд ли と共には用いることができる

③《不必要》《не不定形》《不完》…しなくてよい: Вам ~ не беспоко́иться. ご心配はいりません | До понедéльника ~ не бри́ться. 月曜まで髭を剃らなくてよい ④《蓋然性》《不定形》…かもしれない, …しかねない: От ви́да кро́ви ~ упа́сть в о́бморок. 血を見たら卒倒してしまうかもしれない

 匯法 (2)結合する不定形の体は, 恒常的可能性が表される場合は, 不完了体が用いられ(Где мо́жно ста́вить маши́ны? どこが駐車場ですか), 偶発的可能性や具体的な一回の動作の場合には完了体が用いられる(Где мо́жно поста́вить маши́ну? どこに車を停められますか)

II [文副詞]《話》《許可》…してよい, できる: М~ я пойду́ домо́й? 家に帰ってもいいでしょうか | М~ я оста́нусь до́ма? 家に残っていてもいい？

♦ка́к [ра́зве] (э́то) ~ (挿入)《強い否定・反対・非難・反語》とんでもない, まさか | …い! [できる] わけない!(★返答としても): Ра́зве ~ так поступа́ть? そんなことをし

**мозаи́ка** [女2] ①モザイク,寄せ木細工, 象眼 ② (様々な要素の) 寄せ集め, 多様性社会 ③【植】モザイク病 ④ (画像処理の) モザイク

**мозаи́чник** [男1] ①モザイク職人 ②モザイク芸術家

**мозаи́чн|ый** 短-чен, -чна [形1] ①モザイクの, 寄せ木細工の ② (画像が) モザイク状の ③【植】モザイク病の ④多種多様 [雑多] な部分 [要素] から成る *∥* **-ость** [女10] 多種多様なものの集合, 混合, 寄せ集め

\***мозг** [モースク] -a/-y -по́ -е, в -е́/-у на -е́/-у [男2]【解】脳, 脳髄:головно́й ~ 脳, 脳髄 | спинно́й ~ 脊髄 | воспале́ние ~a 脳炎 | сотрясе́ние ~a 脳震盪 ②【単】頭髄, 頭, 司令塔 ③【解】髄:ко́стный ~ 骨髄 ④【話】頭, 知性, 頭:Пошевели́ [Раски́нь] ~а́ми! 頭を使え, よく考えろ | уте́чка ~о́в 頭脳流失 | у -и́ [~и] набекре́нь 《俗》…は頭はれ ⑤【複】脳みそ料理 ◆**вправля́ть ~и́** 国《話》…に誤りを悟らせる, 反省させる | **до ~а косте́й** 国《話》骨髄まで, 最後まで | **промыва́ть ~и́ [~и]** 国《人を》洗脳する | **ка́пать на ~и́ [~и]** 国《俗》…にお説教する, 小言を言う

**мо́зглый** 短мо́згл [形1] ①《話》しめった, じめじめした (промо́зглый) ②《俗》弱い, 貧相な, 痩せこけた

**мозгова́ть** -гу́ю, -гу́ешь [不完]《俗》頭を使う, 考える

**мозгов|о́й** [形2] ①【解】脳の, 髄の ②頭脳的な, 頭を使う:**-а́я рабо́та** 頭脳労働 | (料理で) 脳「骨髄」を用いた | **-а́я гру́ппа** シンクタンク, 総合研究所 | **-трест** ブレーン (トラスト), 頭脳集団 | **-штурм** ~**-а́я ата́ка** ブレーンストーミング

**мозжечо́к** [жж] -чка́ [男2]【解】小脳 *∥***-ко́вый** [形1]

**мозжи́ть** [жж] -и́т [不完]《話》① (痛みが) ずきずきする, うずく ②《無人称》鈍痛がする, うずく

**мозоленог|ие** [形3変化] [複名] [動] ラクダ亜目

**мозо́листый** 短-ист [形1] (皮膚に) たこ [まめ] のできた:-ые ру́ки まめだらけの手, 荒れて硬くなった手

**мозо́лить** -лю, -лишь 受過 -ленный [不完]|**на-**[完]《樹》にたこ [まめ] をつくる ◆**~ глаза́** 国《話》(…て) 目の上のたんこぶになる:Не мозо́ль мне глаза́! 目障りだ, あっちへ行け | **~ (себе́) ру́ки** 苦労して働く | **~ язы́к** 国《話》しゃべりまくる

**мозо́л|ь** [女10] (手足の) たこ, まめ,【医】皮膚肥厚, カルス:суха́я ~ 魚の目 | водяна́я ~ 水ぶくれ | ру́ки в -я́х まめがでこだらけ | **наступи́ть [на любу́ю] ~** …の急所 [痛いところ] を突く *∥***мозо́льный** [形1]:~ пла́стырь 魚の目の治療薬 (膏薬)

**мой** [複数;主格] < мой¹

**Моисе́й** [男5] ①モイセイ (男性名) ②【聖】モーセ (ヘブライ人の預言者, 由エジプトの指導者) *∥***Моисе́ев** [形10]:~ы зако́ны モーセの律法

\***мой**¹ [モーイ] [男] моего́ ~-у, моему́, моего́/мой, мои́м, моём, моя́ [マヤー] [女] мое́й, мое́й, мое́й, мое́й, мое́й, моё [マヨー] [中] моего́, моему́, моё, мои́м, моём, мои́ [複] мои́х, мои́м, мои́, мои́х, мои́ми, мои́х [代]《所有》《★я に対応する所有代名詞》〔my, mine〕①(a)私の, 私に関わる:мой друг 私の友人 | моя́ кни́га 私の本 | моё ме́сто 私の席 | мои́ однокла́ссники 私のクラスメートたち (b)いま問題[話題]にしている, わが:мои́ геро́и わが主人公たち | моё прави́тельство (外交官などの言葉で) 本国政府 ②~[男名]/моя́[女名]《話》夫;妻:フィアンセ, 恋人:Мой здесь? うちの人来てますか ③**мой** 《話》[複名] 家の身内, 近親者, 近しい人:Мои́ уе́хали на мо́ре. うちのものは海に行ってしまった ④**моё** [中名]《話》私のもの:Заче́м взя́л? — Это моё. 「なんだって取るの?」「これは私のだ」 ⑤《比較級短語尾形+моего́》私より (чем я):бо́льше [ме́ньше, лу́чше, ху́же] моего́ 国私より大きい[小さい, よい, 悪い] | Зна́ет лу́чше моего́. 僕よりずっとよく知っている ◆**ё-моё** 《驚き・怒り》 うわぁ, くそっ | **с моё** 《話》私と同じぐらい | **Это моё де́ло.** あなたに関係ない, 放っておいて

**мой²**【命令】< мы́ть²

**мо́йва** [女1]【魚】カラフトシシャモ

**мо́йка** 複в мо́ек [女2] ①洗浄, 洗濯, 洗い ②洗い機;流し場, シンク, М~ モイカ運河 (ペテルブルク市内) *∥***мо́ечный** [形1]

**Мо́йра** [女1] ①М~【ギ神】モイラ (運命の女神) ②運命

**мо́йщи|к** [男2] ①[/-ца3] 洗い場 [洗浄, 窓ふきの] の作業員 ②洗浄機[器], 洗車機:~ о́кон ウインドウォッシャー ③《俗》(カミソリを使って盗む)剃り

**МОК** [モーク] (略) Междунаро́дный олимпи́йский комите́т 国際オリンピック委員会, IOC

**мокаси́ны** -и́н [複] ①モカシン (北米先住民の鹿皮製の靴) ②モカシンタイプの靴 (かかとがなく柔らかい)

**мо́кко** (不変) ①[男]/[中] モカ (コーヒー) ②[形] モカの, モカ色の

**мо́кнуть** -ну, -нешь  過 мо́к/-ул, мо́кла [不完] ①[完 **про-, вы́-**] びしょびしょに濡れる:~ под дождём 雨に降られてずぶ濡れになる ②[完 **за~**] (液体に) 浸かる, 浸る ③ (患部が) 水 [膿] を出す:мо́кнущая экзе́ма 湿潤性湿疹皮膚炎

**Мо́кошь** [女10]【スラヴ神】モコシ (人の生命と家畜の安全, 風と水を司る女神)

**мо́края** [形1変化] [女] 《隠》殺人

**мокре́ц** -еца́ [男1]【昆】ヌカカ科のハエ (吸血バエ)

**мокри́ца** [女3] ①【昆】ワラジムシ亜目 (ダンゴムシなど) ②【植】コハコベ (звездча́тка сре́дняя)

**мо́кро** [無人述] 湿っている:На у́лице ~. 外はじめじめしている

**мокрова́тый** [形1] 湿っぽい, ちょっと湿った

**мокрот́а** [女1]【医】痰:ка́шель с ~о́й 痰がからむ咳 | вы́плюнуть -у́ 痰を吐き出す

**мокрота́** [女1]《話》湿り気, 湿気, 水気

**мокру́ха** [女2] ①《隠》殺人 (通例出血を伴う) ②血

**мокру́ш|а** [女4] = мокру́ха①:по -е́ 殺して

**мокру́шник** [男2]《隠》人殺し;常習犯の泥棒;凶悪犯

\***мо́кр|ый** [モークルィ] 短 мокр, -ра́, ~-о, -ры/-ры́ 比-ре́е [形1] [wet] ①濡れた, 湿っている (比較級湿潤, 濡れの程度は水分の多い順に **мо́крый > вла́жный > сыро́й**):~ снег べた雪 | Её мо́кр от по́та 汗ばんでいる | На столе́ -о. テーブルの上が濡れている | ~ до косте́й [после́дней ни́тки] ずぶ濡れだ, 濡れ鼠だ ②雨天の, じめじめしした:-а́я пого́да じめじめした雨天【長雨】湿式の: ~ спо́соб【化】湿式法 ③《俗》殺しの:-ое де́ло 殺し ◆**у** 国 **глаза́ на -о́м ме́сте** 国 は涙もろい | **-ого ме́ста не оста́нется от** 国《脅し文句》…をこてんぱんにぶちのめす

**мо́кша**¹【女4変化】[男・女]モクシャ人 (モルドヴィン人 мордвин́н のサブグループ;мокша́нин) ②（不変） [形] モクシャ（人, 語）の

**мо́кша²** [女4] [仏教・ヒンドゥー教] 解脱

**мокша́н|ин** 複 -а́не, -а́н [男10] / **-ка** 複в -нок

[女2] = мо́кша¹ **//-ский** [形3]

**мол**¹ 前о-е, на-у́ [男1] 波止場, 防波堤, 突堤, 桟橋

**мол**² (★無アクセント) [挿入] (話) 《第三者・時に自分の発言を引用して》…とか (★де́скать と異なり, мол は, 木など物言わぬものにも使うことができる): Он, у́ехал. 彼は出て行ったそうだ | Она́ дала́ ребёнку карма́нные де́ньги, ~, купи́ себе́ моро́женое. 彼女は子どもに「アイスクリームでも買って」と言ってお小遣いをあげた

**молдава́н|ин** 複 -а́не, -а́н [男10] **/-ка** 複生 -нок [女2] モルドバ人 **//-ский** [形3]

**Молда́вия** [女9] モルドバ (Респу́блика Молдо́ва) **//молда́вский** [形3]

**мо́лдинг** [男2] 〘建・車〙モールディング

**Молдо́ва** [女9] モルドバ (Молда́вия ~; 1990年からの正式名称: Молда́вия とも; ルーマニアとウクライナの間の国; 首都はキシネフ)

**моле́б|ен** -бна [男1] 〘教会〙(集団で捧げる短い)祈禱(ぎとう); служи́ть ~ 祈禱をあげる **//-ный** [形1]

**молево́й** (木material)ばらの **◆- спла́в** 早(は)流し(ばらのまま川に流す木材運搬法)

*молеку́ла [女1] 〘理・化〙分子

**моле́льн|ый** [形1] 祈禱(きとう)のための: ~ дом 礼拝[祈禱]所, 宗教施設

**моле́льня** 複生 -лен [女5] 〘宗〙(非カトリック教の)礼拝[祈禱]所(カトリ)小礼拝堂

**моле́ние** [中5] ① 〘教会〙祈り, 祈禱 ② 〘文〙哀願

**молески́н** [男1] ① モールスキン(厚手の綿織物) ② М~ モレスキン社製の手帳

**молибде́н** [з] [男1] 〘化〙モリブデン, モリブデナム (記号 Мо) **//-овый** [形1]

*моли́тв|а [マリートヴァ] [女1] [prayer] ① (定型の)祈禱(きとう)文, 経文, 祝詞; чита́ть (вознесе́ние) -у 祈禱[経, 祝詞]をあげる | Госпо́дня ~ 〈О́тче наш〉 主の祈り | 〘正教〙天主經 ~ «Ве́рую» (ニケア)信経 | «Го́споди Иису́се Христе́, Сы́не бо́жий, поми́луй мя гре́шного» を繰り返し唱える ② (神・聖人に捧げる)祈り, 祈禱: церко́вная ча́стная ~ 公[私]祈禱 | обраща́ться к Бо́гу с -ой [в -е] 神に祈る | стоя́ть на -е (イコンに向かって)祈りを捧げる **◆Ва́шими -ами** 《俗・戯》おかげさまで

**моли́твенник** [男2] ① 祈禱(きとう)書 ② 《旧》祈りを捧げる人

**моли́твенн|ый** [形1] ① 祈りの, 祈願[祈禱(きとう)]の: ~ дом 礼拝所, 祈禱所 (моле́льня) ② (話)信心深い **//-о** [副] 祈るように, 祈り神妙げな

**молитвосло́в** [男1] 〘正教〙小祈禱(きとう)書 (私祈禱で使用する)

**молитвосло́вие** [中5] 祈禱

*моли́ть молю́, мо́лишь [不完] 〈閃〉 о 囲を懇願する, 心から祈り求める: ~ Бо́га о благоскло́нности 神に祝福を祈り求める | ~ о поща́де [проще́нии] 赦しを請う

*моли́ться [マリーッツァ] молю́сь, мо́лишься 命 -ли́сь [不完] **/помоли́ться** [パマリーッツァ] [完] [pray] ① 〈閃〉神・崇敬の対象に祈禱(きとう)[経, 祝詞]をあげる, (定式文により)祈る: ~ Бо́гу 神に祈る ② 〈о 圃〉のために祈る, 祈念する, 願い求める: ~ о ми́ре [за мир] 平和を祈念する | ~ за упоко́й души́ 国の冥福を祈る ③ 〔不完〕〈чтобыと〕となるように強く願う, 祈る: ~, что́бы всё прошло́ хорошо́ 万事うまくいくように祈る ④ 〔不完〕〈на閃〉<才能ある人物に対する, 心酔[崇拝]する; 子どもなどに〉溺愛する **◆како́му бо́гу ~** (話) うれしさ・驚き・祈い願い)ばかりと, 神様仏様 | **Моли́сь Бо́гу.** (相1)ありがたや ② 観念しろ

**мо́лка** [女2] (話) 粉にすること, 挽(ひ)き

**мо́лкнуть** -ну, -нешь 命 -ни 過 мо́лк/-ул, -кла [不完] ⑰ 黙る, 静かになる

**моллю́ск** [男2] 〘複〕〘動〕軟体動物 (タコ, イカ, 貝類)

**мо́лниевый** [形1] 稲妻の, 稲妻のような

**молниезащи́т|а** [女1] 避雷, 雷害 **/-ный** [形1]

**молниено́сн|ый** 短 -сен, -сна [形1] ① 稲妻を伴う; (眼光が) 稲妻のような, 一瞬の, 瞬く間の: с -ой быстрото́й 電撃的な速さで | 〘医〙劇症の: ~ гепати́т 劇症肝炎 **//-о** [副] ① 鋭い眼差しで ② 電撃的に, あっという間に **//-ость** [女10] < ②

**молниеотво́д** [男1] 避雷針[器]

*мо́лни|я [モールニヤ] [女9] [lightning] ① 〘気象〙雷, 稲妻, 稲光 ★雷鳴は гром: шарова́я ~ 球電 | Сверкну́ла ~. 稲妻が煌めいた | Коро́ву уда́рило -ией. 〈Но́вый〉 牛が雷に打たれた ② ファスナー, ジッパー: ку́ртка на -ии ファスナー付きジャンパー, 緊急ビラ, 至急電報: газе́та-~ 号外 | телегра́мма-~ ウナ電

**молодёжн|ый** [マラヂョージヌイ] [形1] [youth] 若者の, 青年の; 若者向けの: ~ое движе́ние 青年運動 | ~ теа́тр 青年劇場 | -ая сбо́рная по футбо́лу サッカーのユースチーム | ~ журна́л 若者向け雑誌

**молодёжь** [マラヂョージ] [女11] [集合] 若者 (★ロシアの国内法では14-30歳): совреме́нная ~ 今時の若者 | М~ собрала́сь на пло́щади. 若者が広場に集まった **◆- золота́я** 〘蔑〕命を浪費る遊興する若者たち ■ **Де́нь -и** 若者の日 (6月27日)

**моло́денький** [形3] (話) (とても)若い

**молоде́ть** [不完] **/по-** [完] ① (気分的・外見的に)若返る, 若くなる: ~ на 10 (де́сять) лет 10歳若返る | ~ се́рдцем 心が若返る ② (病気が若年層に広がる; (犯罪が)低年齢化する

*молод|е́ц [マラヂェーッ] -дца́ [男5] [attaboy, attagirl] ① 屈強の若者 ② (話) (年齢性別を問わず)立派, うまいぞ, 偉い, やった; М~цы́, что во́время пришли́. 遅れなかったとは偉い ③ (通例複)勇者, 勇士, 豪傑, 暴漢 ④ (話) 〈-цо́мで; 述語〉(賛辞・強調)威勢のよい, 元気がよい (бо́дро): Го́лос у него́ дрожа́л, хотя́ он и стара́лся держа́ться -цо́м. 彼は努めて元気に振る舞っていたものの, 声が震えていた ⑤ 〔雅〕 (大衆歌で)若人, ますらお, 勇者 **◆Ай [Ах], -ца́.** (俗)よくやった, 偉い, 立派だ | **М~ про́тив ове́ц, а про́тив -ца́ сам овца́.** (諺)威張るやつは決まって臆病者の

**молоде́цкий** [形3] (話)勇壮[勇敢]な, 雄々しい (удало́й)

**молоде́чество** [中1] ① 勇敢さ, 雄々しさ ② 虚勢, 空威張り

**молоди́ло** [中1] 〘植〕バンダイソウ属

**молоди́льный** [形1] 《民話》若返りの

**молоди́ть** -ожу́, -оди́шь [不完] <因>若く見せる **/~ся** [不完] 若作りにする

**молоди́ца** [女3], **моло́дка** 複生 -док [女1] 《方》農家の若い新妻, 若い女性

**молодня́к** -а́ [男2] ① [集合] ① 動物の子ども ② (話)若い株, 苗木の茂み ③ (話)若者たち

**мо́лодо** [副] 若く: вы́глядеть ~ 若く見える

**молодожён** [男1] ① 新郎 ② [複]新婚カップル

**мо́лодо-зелено́** (不変) 《俗》(話)青二才, 経験の浅い人

*молод|о́й [マラドーイ] 短 мо́лод, -да́, мо́лодо 比 моло́же [形1] [young] ① (年齢が)若い, 若者の, 青春の; (姓に付し)子どもの方の, Jr.; 〔長尾〕若者らしい, 若者特有の, 若々しい: -ы́е го́ды 若い年代 | -ы́е учёные 新進学者 | -о́е поколе́ние 若い世代 | ~ задо́р 若気 | Ива́нов Ива́нов-ю́ниор. イワノフ・ジュニア | ~ -ы́х лет 若死にする | Он о́чень мо́лод ду́хом. 彼は気が若い ② (成長・発達の)初期の: -ы́е

# МОЛОДОСТЬ

побе́ги 若草, 若芽 | ~ ме́сяц 新月 | -ое де́рево 若木 | ~ карто́фель 新ジャガ | -ое учрежде́ние 新設校 ③〔長尾〕(熟成段階の)初期の, (飲料・醸造される食品が)新しい, 若い: ~ сыр 新しいチーズ | -о́е вино́ 若いワイン ④ [男6] /-а́я [女6], -ы́е [複名] 新郎新婦, 新婚夫婦 ⑤ [男名]《軍》兵役義務期間のうち1年目после́の兵 ⑥ [男名]《学生》(大学)1年生 ◆~ челове́к (1)〔呼びかけ〕そこの若い方, 君 (2)彼氏 (па́рень) | Береги́ пла́тье с но́ву, а честь с мо́лоду.《諺》服は新しい時から, 名誉は若い時から大事にするもの

\***мо́лодость** [モーラダスチ] [女10]〔youth〕①青春, 青春時代, 青い頃, 若さ: наслажда́ться ~ью 青春を謳歌する | сохрани́ть ~ 若さを保つ | в расцве́те ~и 青春時代の真っ盛りに | цвету́щая ~ 花の盛りの青春時代 | в (дни) ~и 青春時代(若い頃)に
②《雅》《集合》若人, 若者: вся ~ ми́ра 世界の若人全員 **◆не пе́рвой ~и** 30-40代(бальза́ковского во́зраста); 若くはない, もう年だ (немоло́д), 年代物だ | **втора́я ~** (人・物の)第二の青春, カムバック, 返り咲き | **по-и (лет)** 意気の至りで

**молодцева́тый** 短-ат [形1] たくましい, りりしい, 威勢のよい, いきな **//-о** [副]

**молодча́га** (女2変化)《俗》[男] 若者 (молоде́ц) ② [男・女] 《述語》よくやって偉いぞ, よくやった

**молодчи́к** [男2]《話》(危険な)悪人, 悪党, ヤクザ者

**молоди́на** (女1変化) [男・女] 《述語》えらいぞ

**мо́лодь** [女1] ①《集合》若木, 新芽, 若枝 ②《集合》幼魚; 若い動物

**моложа́вый** 短 -ав [形1] (実年齢より)若く見える, 若作りの **//-о** [副] 若々しく若々しく

**моло́же** [比較]< молодо́й, мо́лодо

**моло́зиво** [中1] 初乳

**молока́н|ин** 複-а́не, -а́н [男10]《複》《正教》モロカン派(18世紀の"聖霊キリスト教"の一派) ② [/-ка 複生-нок] [女2] モロカン派信者 **//-ский** [形3]

**моло́к|и** -лок [複]〔単 -а [女2]〕(魚の)白子, 魚精

\***молок|о́** [マラコー] [中1]〔milk〕〔単〕① 乳, ミルク: грудно́е ~ 母乳 | с ~о́м ма́тери 母乳とともに: へその緒を切って ② 牛乳: кипячёное ~ 沸かした牛乳 | ки́слое ~ サワーミルク; 《話》凝乳, ヨーグルト | парно́е ~ しぼりたての牛乳; 生暖かい | порошко́вое ~ 粉ミルク | сгущённое ~ コンデンスミルク | сня́тое ~ スキムミルク (обра́т) | сухо́е ~ 粉ミルク | топлёное ~ 焼き牛乳 | ко́фе с ~о́м ミルク入りコーヒー, カフェオレ ③ (植物の)乳液, 樹液 (мле́чный сок) ④《化・土木》セメントのグラウト

◆**у ~ на губа́х не обсо́хло**《話》…はまだ乳臭い, くちばしが黄色い | **Обжёгся на ~е́ — и ду́ет на во́ду.**《諺》羹に懲りては膾を吹く

**молоко..** [語形成]"乳の", "牛乳の", "ミルクの"

**молоково́з** [男1] ミルクローリー車; 牛乳運搬人

**молокого́нный** [形1] 乳の出をうながす[よくする]

**молокоме́р** [男1] ミルクメーター(搾乳量計測機器)

**мо́лот** [男1] ① ハンマー, 大ハンマー, 大木槌, 玄能 ②《機》(鍛造用の)ハンマー ③《スポ》(陸上競技の)ハンマー: мета́ние ~а ハンマー投げ
◆**(быть, находи́ться) ме́жду ~ом и накова́льней** 大ピンチに陥る, 絶体絶命[板挟み]になる ■ **серп и ~** 鎌とハンマー(多くの社会主義国の国章に使われた) **//-ово́й** [形2]

**молоти́лка** 複生-лок [女2]《農》脱穀機

**молоти́ло** [中1] ①《農》殻竿 ②脱穀棒

**молоти́льщик** [男2] 脱穀作業をする人

**молоти́ть** -лочу́, -ло́тишь 受過 -ло́ченный [不完] /с~ [完] ①《農》(~を)脱穀[打穀]する ②《話》《俗》打つ, 叩く, 殴る ③激しく攻撃[砲撃]する: ~ кулака́ми 拳で殴る | ~ в дверь ドアを激しく叩く ③《俗》戯言を言う, くだらないおしゃべりをする **//-ся** [不完] 《受》

**молотобо́ец** -бо́йца [男3] ハンマーを使う職人, 鍛造工, 鍛冶職人

**молот|о́к** -тка́ [男2]〔hammer〕① ハンマー, 槌: ~-перфора́тор 削岩機, 穴あき機 | **отбо́йный ~** 空気ドリル ②《俗》えらい, よくやった (молоде́ц)
◆**продава́ть с ~ка́** 競売にする, オークションで売る **// -ко́вый** [形1]

**молото́чек** -чка [男2] ①〔指小〕< молото́к ②(部品としての)ハンマー: ~ в роя́ле ピアノのハンマー ③《解》槌骨(ҫщ)(耳の骨) ④ (医療用の)打診槌 **// -ковый** [形1]

**мо́лот-ры́ба** [不変]-[女1]《魚》シュモクザメ属 (аку́ла-молот)

**мо́лотый** [形1] 挽(ひ)いた, 粉[パウダー]状の: ~ ко́фе コーヒー豆を挽いた粉 | кори́ца ~ая シナモンパウダー

**моло́ть** мелю́, ме́лешь 受過 мо́лотый [不完] /с~ [完] ①(穀物・噂等に)挽く, 臼にかける ②おしゃべりに興じる: ~ чепуху́ [вздор, ерунду́]《おしゃべりに興じる》くだらないことを言い続ける | ~ языко́м 無駄口を叩く ◆**Мели́, Еме́ля, твоя́ неде́ля.**《諺》くだらないおしゃべりに興じずに働け(←"挽(ひ)けや, エメーリャ, お前さんの週だ") **//-ся** [不完]《受》

**молотьба́** [女1]《農》脱穀 ② 脱穀の時期

**мо́лох** [男2] ① **М~**《文》容赦ない残酷さの象徴: ~ войны́ 残酷な軍神 (ҫмёсъ) ②《動》モロクトカゲ

**молоча́й** [男6]《植》トウダイグサ属 **// молоча́йн|ый** [形1]: -ые [複名]《植》トウダイグサ科

**моло́чи|шко** [中1]〔卑称〕< молоко́ ◆**дети́шкам на ~** (金額が)子どものミルク代にもならない; (収入が)食べてゆくのがやっと

**молочко́** [中1]〔愛称〕< молоко́ ②《生理》乳漿(じょう): пчели́ное [ма́точное] ~ ローヤルゼリー ③(化粧品の)乳液: ~ для лица́ 顔用の乳液

**моло́чная** [ч/ш] [形1 (形2名)] [女名]《話》牛乳販売店, 乳製品販売店

**моло́чник** [ч/ш] [男2] ①(食器)ミルクジャー ② [/-ца [女3]]《話》牛乳屋さん, 乳製品販売業者

**моло́чница[2]** [ч/ш] [女3]《医》(口腔)カンジダ症

**моло́чно(-)..** [語形成]"乳…", "牛乳の"

**моло́чнокисл|ый** [形1] 乳酸の: -ая бакте́рия 乳酸菌

**моло́чность** [女10]《農》乳量, 搾乳量; 乳の出方

**молочнотова́рн|ый** [形1] 牛乳生産[酪農]の: -ая фе́рма 酪農施設

\***моло́чн|ый** [マローチナイ] 短-чен, -чна [形1]
① 牛乳の, ミルクの: ~ шокола́д ミルクチョコレート | ~ кокте́йль ミルクセーキ | -ые проду́кты 乳製品
②乳の, 乳を出す, 牛乳搾りのための: -ая коро́ва 乳牛 | -ые же́лезы 《解》乳腺
③牛乳業に関係する: ~ комбина́т 牛乳工場 | -ое хозя́йство 酪農 ④乳で育つ, 乳を飲んでいる: ~ телёнок 子牛 ⑤乳白色の: -ое стекло́ ミルクガラス ⑥《化》乳から採取できる, 乳…: ~ са́хар 乳糖 | ~ жир 乳脂肪 | -ая кислота́ 乳酸
■ **-ые зу́бы** 乳歯 | **-ая спе́лость**《農》(穀物成熟の)乳熟期 | **-ая ку́хня** (1)牛乳を使った料理 (2)乳児食供給所(医師の指導下で健康な保健施設)

\***мо́лча** [モールチャ] [副] 〔silently〕 黙って, しゃべらずに, 無口で: Она́ ~ сиде́ла в углу́ ко́мнаты. 彼女は黙って部屋の隅に座っていた. ② (やり方を尋ねられた返事に) さっさとやれ, ごちゃごちゃ言うな

\***молчали́в|ый** 短 -и́в [形1]〔taciturn, tacit〕① 口数の少ない, 寡黙[無口]な; 音のしない, 静寂な, 静まりかえった ②《長尾》暗黙の, 黙示的な: -ое одобре́ние 黙

示的承認, 暗黙の了解 **∥-о** [副] 黙って, 静かに **∥ -ость** [女10]

**молча́лин** [形11変化] [男名] モルチャーリン的人物 (本心を押し隠して上に取り入る人) [<Грибое́дов の «Го́ре от ума́» の登場人物名]

**молча́линство** [中1] 本心を隠しおもねること, 曲意逢迎

**молча́льник** [男2] ①〖話〗無口な人, 人とあまり話さない人 ②沈黙の誓いを立てた修道士

**молча́ние** [マルチャーニエ] [中5] 〔silence〕①沈黙, 無言; 静けさ: Час прошёл в ~ии. 無言のまま1時間が過ぎた ②発言がない: при́ем произведе́ния ~ем 作品の発表が完全にとだえする; 音信不通; 完全な静けさ

**молча́нк|а** 複生 -нок [女2] 〖話〗①だんまりっこ(最初に口をきいたら負け) ② = молча́ние ◆**игра́ть в -у** だんまりっこをする; 黙り込む

*молча́ть [マルチャーチ] -чу́, -чи́шь 命-чи́ [不完] [keep silent] ①黙っている, 黙している, 返事を黙っている: Молчи́! 黙れ, 静かに | Батаре́я молчи́т. 砲台は沈黙している | Молча́т поля́. 野原は静まり返っている ②口にしない, 秘密にしている, (意見・作品・苦情・音を)出さない

**молча́ться** -чи́тся [不完] 〖無人称〗黙っている

**молча́щий** [形6] 沈黙の; (病気感染が)無症状の, 自覚症状のない: алле́ль 〖遺伝〗沈黙対立遺伝子

**молчко́м** [副] 黙って(потихо́ньку)

**молчо́к** (不変) 〖述語〗①沈黙を保つ: Её спра́шивали, а она́ ~. 彼女は尋ねられたが, 黙ったままでいた ②黙っている: Никому́ ни сло́ва: об э́том ~! 誰にも一言も漏らすなよ, この件は他言無用だぞ

**молчу́н** -а́ [男1] 〖話〗無口な人, 黙りを決め込む人

**моль¹** -и [女10] 〖昆〗ガ

**моль²** [男5]/[女10] (浮送時に筏に組まない)ばらの木材

**моль³** [男5] 〖化・理〗モル(物質量の基本単位) **∥ ~ный** [形1]

**мольба́** [女1] 〖雅〗嘆願, 哀願, 懇願

**мольбе́рт** [男1] 画架, イーゼル

**моля́р** [男1] 〖医〗大臼歯

**моля́рность** [女10] 〖化〗モル濃度

**моля́рн|ый** [形1] ①〖医〗大臼歯の: ~ые зу́бы 大臼歯 ②〖化〗モル[濃度]の: ~ое отноше́ние モル比

**моля́щийся** (形6変化) [男名]/**-аяся** [女名] 〖話〗祈る人, 参禱[参拝]者

*моме́нт [マミェーント] [男1] 〔moment〕①瞬間, 一瞬, (…の)時, 瞬間: благоприя́тный ~ 好機, 絶好のチャンス | в [на] да́нный ~ 目下のところ, 現時点では | в любо́й ~ いつでも何時でも, 都合のよい時に(★通例これで不動詞と共に) | в оди́н ~ あっという間に, 一瞬にして | в тот са́мый ~ как [когда́] …する丁度その時 | и́менно тогда́) | как раз в э́тот ~ ちょうどその時 | ни на оди́н ~ 一瞬のときも, 一瞬たりとも | са́мый крити́ческий ~ いよいよという時, いざという時 | теку́щий ~ 〖文〗現下[当面]の情勢 | не пропусти́ть ~ 機を逃さない | пойма́ть [улучи́ть] ~ 期を得る | упусти́ть ну́жный ~ 時期を逸する | перехо́дный ~ 転換期 | и́стины 正念場, 決定的瞬間

②特異点, 点, 契機, 要因: отрица́тельный ~ 否定的要素 | положи́тельные ~ы в рабо́те 作品の優れた[うなげける]点 | гла́вный [основно́й] ~ ハイライト ③〖理〗モーメント, 能率: ~ ине́рции 慣性モーメント | ~ си́лы 力率

**моме́нтальн|ый** -лен, -льна [形1] 瞬時[瞬間]の, 即座[即時]の; инстанто́нно-: ~ая опла́та 〖商〗即時決済 | ~ая фотогра́фия インスタント写真 | ~ая смерть 即死 **∥-о** [副] 瞬時に, 即座に **∥-ость** [女10]

**моме́нтами** [副] 〖話〗時々

**моме́нтом** [副] 〖話〗瞬時に, 即座に

**мона́да** [女1] ①〖哲〗単子, モナド ②〖生〗単細胞生物 ③〖化〗元素; 単体, 一価元素[原子]

**монадоло́гия** [女9] 〖哲〗単子論, モナド論

**Мона́ко** (不変) [中] モナコ(公国) **∥ мона́кский** [形3]

**мона́рх** [男2] **/~иня** [女9] 君主(国王, 皇帝, 天皇, 女王, 女帝など)

**монархи́зм** [男1] 君主制

**монархи́ст** [男1] 君主主義者, 君主制[王政, 帝政, 天皇制]賛成派 **∥~ский** [сс] [形3]

**мона́рх|ия** [女9] 君主制(王制, 天皇制); 君主政治(王政, 帝政); 君主国: абсолю́тная ~ 絶対王制 | конституцио́нная ~ 立憲君主制 **∥-и́ческий** [形3]

**мона́рший** [形6] 〖旧〗君主の

**монасты́рский** [形3] ①修道院の ②(修道院のように)静かな, ひっそりした

*монасты́рь [モナスティーリ] -я́ [男5] 〔monastery, nunnery〕修道院, 僧院; その敷地[施設]; 〖集合〗修道院, 修道士修道院内の全寮制女学校: мужско́й ~ 男子修道院 | же́нский ~ 女子修道院; 〖戯〗男だけの職場[住居] | идти́ [уйти́] в ~ 修道士になる

◆**В чужо́й ~ со свои́м уста́вом не хо́дят.** 郷に入っては郷に従え(別の場所の規則は持ち込まれない) | **подвести́** 〖俗〗 **под ~** 〖俗〗窮地に陥らせる, 散々な目に遭わせる ■ **Смо́льный** ~ スモーリヌィ修道院(サンクトペテルブルク)

*мона́х [男2] 〔monk〕①〖キリスト〗修道士; 〖仏教〗僧, 出家者(будди́йский ~) ②〖話〗浮世離れした禁欲生活を送る男性

**монахи́ня** [女5] 修道女, 尼僧

**мона́ш|ек** -шка [男2]/**-ка** [女2] 〖話〗修道士, 修道僧

**мона́шенка** 複生 -нок [女2] ①〖話〗修道女 ②〖昆〗ノンネマイマイ

**мона́шеск|ий** [形3] ①修道士[女]の, 僧侶の ②禁欲的な, 厳しい **∥-и**

**мона́шество** [中1] ①修道[出家]生活: приня́ть ~ 修道士になる, 出家する ②〖集合〗修道士, 修道僧

**мона́шествовать** -твую, -твуешь [不完] 〖話〗修道[出家]生活を送る

**монго́л** [男1] (**/~ка** [女2]) モンゴル人 ②蒙古馬

**монголи́ст** [男1] モンゴル専門家

**монголи́стика** [女2] モンゴル学[研究]

**Монго́лия** [女9] モンゴル; モンゴル国(1992-; 首都は Ула́н-Ба́тор): вне́шняя (вну́тренняя) ~ 外[内]モンゴル

**монголове́д** [男1] モンゴル専門家[研究家]

**монголове́дение** [中5] モンゴル学[研究]

**монголо́ид** [男1] モンゴロイド **∥~ный** [形1]

**монго́льск|ий** [形3] モンゴル(人)の: ~ язы́к モンゴル語 ■ **-ая песча́нка** 〖動〗スナネズミ | **-ие пя́тна** 蒙古斑

**монгольфье́р** [男1] モンゴルフィエ式熱気球

*моне́т|а [マニェータ] [女1] 〔coin, change〕①硬貨, コイン, 貨幣: золоты́е ~ы 金貨 | ме́лкая [разме́нная] ~ 〖集合〗小銭 | ходя́чая ~ 通貨 ②〖俗〗〖集合〗お金: Гони́ ~у! 金をくれ | **плати́ть то́й же ~ой** 同じ手で返す[やり返す] | **принима́ть за чи́стую ~у** 〖戯〗…を真に受ける **∥-ный** [形1]

**монетари́зм** [男1] 〖経〗通貨(至上)主義 ②通貨供給管理政策

**монетари́ст** [男1] 〖経〗通貨(至上)主義者 **∥ ~ский** [сс] [形3] 通過主義者(の)

**монета́рн|ый** [形1] 通貨[貨幣]の; 金融の: -ая

политика 通貨政策 | **-ые** власти 通貨当局
**монетиза́ция** [女9] 《公》(バスの無料乗車などの社会的特典の)現金支給化
**монетизи́ровать** -рую, -руешь [不完・完]《話》〈関〉現金化する, 換金する
**моне́тка** 複生 -ток [女2]《話》(指小)＜моне́та(★用法は моне́та に準ずる)
**моне́тница** [女3] コインホルダー[トレー], 小銭入れ
**моне́тный** [形1] ①貨幣の, 硬貨[コイン]の ②造幣[鋳造]の
**монетоприёмник** [男2] ①コインの投入口 ②(自販機などの)コイン収納箱
**моне́тчик** [男2] 造幣所の職員; 貨幣鋳造職人
**мони́зм** [男1] 〈哲〉一元論
**мони́ст** [男1] 一元論(мони́зм)論者
*//***-и́ческий** [形3] 一元論的な, 一元論者の
**мони́сто** [中1] (ビーズ・コイン・宝石をあしらった)ネックレス, コリエ
＊**монито́р** [マニトール] [男1] [monitor] ①モニター, モニター[監視]装置 ②〈コン〉ディスプレー, モニター: ЖК-～ 液晶モニター (жи́дкокристалли́ческий ～) | широкоэкра́нный ～ ワイド画面のモニター ③(掘削用の)ウォータージェットガン, 放水銃 (гидромони́тор) ④《旧》モニター艦(砲艦の一種) *//***-ный** [形1]

**монито́ринг** [男2] ①(環境などの)モニタリング: ～ загрязне́ния воды́ 水質汚染モニタリング ②監視活動, 監視活動 ②情報収集活動 *//***-овый** [形1]
**монито́рить** -рю, -ришь [不完] 常時監視[観察]する
**моно..** [語形成]「1つの」「単一の」
**моно** (不変) [形] モノラルの; 白黒の
**монобло́к** [男2] ①単一ブロック構造のもの, 一体型[多機能]のもの: моби́льник-～ 多機能携帯電話 *//***-чный** [形1]
**монога́мия** [女9] ①一夫一婦制(婚), モノガミー ②(動物の)単婚 *//***-ный** [形1]
**монограмма** [女1] モノグラム, 組み合わせ文字
**монография** [女9] モノグラフ(ある一分野の研究論文集[研究書]) *//***-и́ческий** [形3]
**моно́кль** [男5] モノクル, 片眼鏡
**монокульту́ра** [女1] ①〈農〉単一栽培作物 ②単一栽培, モノカルチュア: 単作 ③〈生化〉単培養 ④〈社会〉単一文化 *//***-ный** [形1]
**монокуля́р** [男1] 単眼鏡, 単眼式スコープ: ～ ночно́го виде́ния (単眼)暗視スコープ *//***-ный** [形1]
**монолит** [男1] ①一枚岩, これ一個[碑文] ②一枚岩的な集団[組織] ③〈地〉土壌モノリス, 柱状断面[標本
**монолитный** 短 -тен, -тна [形1] ①一枚岩の(しっかりした, 一致団結した ③〈工〉モノリシックの: ～ железобето́н モノリシックコンクリート ■**-ые дома́** 鉄筋コンクリート工法集合住宅 *//***-о** [副] 一致団結して *//***-ость** [女10]
**моноло́г** [男2] モノローグ, 独白; 一人芝居 *//***-и́ческий** [形3]
**монома́ния** [女9] ①〈医〉モノマニア ②(1つのことへの)強い執着
**Монома́х** [男2] ■**ша́пка ～а** (1)帝位, 王冠(キエフ大公 Влади́мир ～ に由来) (2)《文・皮肉》責任[権威]の重さ
**мо̀нометалли́зм** [男1] 〈経〉単本位制 *//***-и́ческий** [形3] ①単本位制の ②単一金属の
**монопла́н** [男1] (飛行機の)単葉機
**монопо́д** [男1] ①(カメラ用の)一脚 ②自撮り棒
**монополиза́ция** [女9] 独占[専有, 寡占](化), 独占販売[専売]化

**монополизи́ровать** -рую, -руешь 受過 -анный [不完・完] ①独占[専有]する: ～ ры́нок 市場を独占する ②独占的権利を有する; 独占販売する *//***-ся** [不完・完] 独占の対象となる
**монополи́зм** [男1]〈経〉①独占[専売]主義 ②独占状態[体制, 制度]
**монополи́ст** [男1] 《経》独占[専有]者; 専売人[専売]業者 ②大資本家 ③独占的権利を有する者[団体]; 独り占めする人
**монополисти́ческий** [形3] 独占的な: **-ая** конкуре́нция 独占的競争
**монопо́лия** [女9] ①《商取引上の》独占, 専売: госуда́рственная ～ 国による独占 | ви́нная ～ 酒類の専売 | получи́ть **-ию** на 〈対〉…の専売権を得る ②独占企業, 専売事業者 ③独占的権利; 独り占め ④ **М-** 《商標》モノポリー(ゲーム) ⑤《露史》帝政時代のウォッカの専売酒店
**монопо́льный** [形1] ①独占の, 独占的な; 排他的な ②モノポールの
**монопсо́ния** [女9] 〈経〉買い手[購買者]独占, 需要独占
**монорельс** [男1] モノレール *//***-овый** [形1]
**моно́рим** [男1] 〈詩〉単韻詩(各行同韻の詩)
**моноспекта́кль** [男5] 一人芝居, 独演
**монотеи́зм** [э] [男1] 〈宗〉一神教, 一神論 *//***-исти́ческий** [形3]
**моноти́п** [男1] ①〈印〉モノタイプ, 自動活字鋳造機 ②〈生〉単型 ③〈海〉一型の船 *//***-ный** [形1]
**моното́нный** 短 -о́нен, -о́нна [形1] ①単調な, 単色の, モノトーンの ②つまらない, 飽きやすい, 単調な ③《数》単調な *//***-о** [副] *//***-ость** [女10]
**монофони́ческий** [形3] モノラルの; モノフォニックの, 単旋律の
**монофо́нг** [男2] 〈音声〉単母音
**монофтонгиза́ция** [女9] 〈音声〉単母音化
**монохо́рд** [男1] ①〈楽〉モノコード, 一弦琴 ②音律測定用具
**монохромати́ческий** [形3] 〈理〉単色光の
**монохро́мный** [形1] 単色[単彩]の, モノクロの, 白黒の: **-ая** фотогра́фия 白黒写真
**моноци́кл** [男1] 一輪車
**монпансье́** [асьэ́] (不変) [中] フルーツ味のドロップ
**Монро́вия** [女9] モンロビア(リベリアの首都)
**монстр** [男1] ①《文》モンスター, 怪物 ②《話》(人について)化け物, 人でなし
**монстру́озный** [形1] 化け物のような; 巨大な
**монта́ж** -á [男4] ①〈技〉組立, 設置 (↔демонта́ж) ②(映画の)モンタージュ, (音声の)編集; モンタージュ作品 *//***-монта́жный** [形1] : **-ая** пла́та〈電子〉回路基板, サーキットボード
**монтажёр** [男1] (映画・写真の)編集者, エディタ
**монта́жная** (形1変化) [名2] 編集室, エディタ作業部屋
**монта́жник** [男2] 〈技〉設置[組立]作業員
**монтёр** [男1] ①組立[設置]工 ②電気工, 電気工事技術者 *//***-ский** [形3]
**монти́ровать** -рую, -руешь 受過 -анный [不完] / **с-** 〈完〉①設置する, 組み立てる ②〈映画・音楽などを〉編集する *//***-ние** [中5]
**монти́роваться** -руюсь, -руешься [不完]①〈受身〉<монти́ровать ②《否定文で》〈с 造〉と合致[調和]しない; 《コン》(周辺機器などが)認識されない, 読み込まれない: Не монти́руется фле́шка. USB メモリが認識されない
**монтиро́вка** 複生 -вок [女2] ①設置, 組み立て ②かなてこ, バール ③タイヤレバー
**монтиро́вщик** [男2] ①組立[据付]作業員 ②(映

画などの)編集係

**монуме́нт** [男1] ①《文》〘в〙(巨大な)モニュメント, 記念碑[像]: ～ Петру́ Пе́рвому ピョートル1世の記念像 ②《皮肉》巨漢, 巨女

**монументали́ст** [男1] монуме́нт①の制作者

**монумента́льн|ый** 短 -лен, -льна [形1] ①(長尾)《美》モニュメントの[による]: -ое иску́сство モニュメント芸術(ピラミッド, 凱旋門など) ②(サイズが)巨大な: -ое зда́ние 壮大な建物 ③(内容面で)偉大な, 金字塔に値する, 畢生の **‖ -ость** [女10] <②③

**мопе́д** [男1] モペット, 原付自転車(мотоци́кл педа́льный); EU, ロシアの免許証の記号 M

**мопс** [男1] 〘動〙パグ(犬種) **‖ -ик** [男1] 〔指小・愛称〕

**мо́ра** [女1] 〘言〙モーラ

**морализи́рова|ть** -рую, -руешь [不完] 説教を垂れる, 道徳を説く ◆～ на те́му ... の件で自説を展開する **‖ -ние** [中5]

**морали́зм** [男1] 道徳主義, 倫理を掲げること

**морализова́ть** -зу́ю, -зу́ешь [不完] = морализи́ровать

**морали́ст** [男1] **/-ка** 複生 -ток [女2] 道徳家, 道徳主義者

**моралите́** [э] (不変) [中] 《文学》(中世西欧の)道徳劇

***мора́ль** [マラーリ] [女10] 〔morals, ethics〕 ①道徳, 道徳性: общечелове́ческая ～ 公徳心, 公共道徳 ②教訓, 教え ③《話》説教, 説法, お説教: чита́ть ～ 〘в〙 ... に説教を聞かせる

**\*мора́льн|ый** 短 -лен, -льна [形1]
①(長尾)道徳[倫理]的な, 道徳, 道義, モラル[上]の: -ое обяза́тельство 道義的責任
②(モラル的に)立派な, 道徳[倫理]的な: ～ посту́пок 倫理的に立派な行為 ③(長尾)精神的な, 内面的な: -ая подде́ржка 精神的支援 ‖ -ое удовлетворе́ние 精神的満足 ‖ ～ вред [法]精神的苦痛 ‖ ～ уще́рб [法]精神的被害 ■- изно́с (1)〘経〙(新たな機械設備の投入による)旧式化；経年劣化 (2)〘退〙退行, 萎縮 -ое пра́во [法]著作者人格権 **‖ -о** [副] **‖ -ость** [女10] <②

**морато́рий** [男7] ①〘経〙モラトリアム, 支払い延期[猶予] ②〘政〙(戦闘・合意案件実施の)一時停止: ～ на я́дерные испыта́ния 核実験の一時停止

**мо́рг** [男2] 遺体安置所；霊安室, モルグ

**морга́лка** 複生 -лок [女2]《俗》①灯明 ②点滅機 ③〘複〙〘隠〙目

**морга́ние** [中5] ウインクすること, 瞬き

**морга́|ть** [不完] / **моргну́ть** -ну́, -нёшь [完] [一回] ①〘в〙〘無補語〙まばたきする ②〘в〙目くばせする, ウインク[目配せ]する ③(光が)瞬く: Вдали́ морга́ет огонёк. 遠くで灯が瞬いている ④《俗》好機を逃す, しくじる ⑤〘隠〙〘в〙予告[警告]する ◆～ глаза́ми (1)まばたきする (2)(驚き・茫然自失から)目をぱちくりさせる, どうしていいかわからなくなる ‖ гла́зом не моргну́в 〘副〙(悪事を)平然と, 悪びれもせず ‖ не успе́ть и гла́зом моргну́ть まばたきするまもなく, 一瞬で

**моргу́н** -а́ [男1]《話》ウインクする人, まばたきの多い人

**\*мо́рд|а** [女1] 〔muzzle〕 ①(動物の)鼻づら, 顔 ②《卑・罵》人の顔 ③醜い顔, 醜男, 醜女: дать в -у くそ面の一発お見舞いする

**морда́стый** 短 -а́ст [形1], **морда́тый** 短 -а́т [形1]《俗》①(動物の)面が大きい[広い] ②(人が)顔ができかい顔をした, 不細工な顔

**морда́сы** -ов [複]《俗》顔, 横っ面

**морда́шка** 複生 -шек [女2]《話》①(特に子どもの)かわいい顔 ②[男・女]《話》かわいい顔をした人

**мордва́** [女1]《集合》モルドヴィン[モルドバ]人

**мордви́н** [男1]《複生 -нок》[女2] モルドヴィン[モルドバ]人(主にモルドヴィア共和国 Мордо́вия に居住)

**мордоби́тие** [中5] = мордобо́й

**мордобо́й** [男6]《俗》①平手打ち, びんた ②殴り合いのケンカ

**мордова́ть** -ду́ю, -ду́ешь [不完] **за～** [完]《俗》〘в〙《話》①殴る ②いじめる

**мордо́в|ец** -вца [男3] **-ка** 複生 -вок [女2] モルドヴィン[モルドバ]人 (мордви́н)

**Мордо́вия** [女9] モルドヴィア共和国 (Респу́блика ～; 首都は Сара́нск; 沿ヴォルガ連邦管区)

**мордоворо́т** [男1]《俗》不細工な顔(をした人)

**мордо́вск|ий** [形3] モルドヴィア[モルドバ]共和国(の): -ие языки́ モルドヴィン諸語

**мордо́чка** 複生 -чек [女2]〔мо́рда①〕(子どもの)顔

**\*мо́р|е** [モーリェ] 複 -е́й, -я́м [中3] 〔sea〕 ①海, 海原, 海洋: вну́треннее ～ 内海 ‖ плы́ть -ем [по мо́рю, по мо́рю] 海上[海路]を行く ‖ на́ море = на мо́ре 海上で ‖ госпо́дство на ～ 制海権 ‖ за́ море = за мо́ре [мо́ря] 海外へ, 遠国に ‖ у -я 海辺で ‖ вы́йти [уйти́] в ～ 出帆[出航]する ②《雅》《о чём》多量のもの, 無限の: ～ огне́й 火の海 ‖ ～ люде́й 黒山の人だかり
◆жда́ть у -я пого́ды 当てにならないものを漫然と待つ ‖ **откры́тое** ～ 公海, 沖合, 外洋 ‖ **закры́тое** ～ 領海

**море́н|а** [女1]《地》(氷河による)モレーン, 氷堆石 **‖ -ный** [形1]

**морёный** [形1] ①着色した, (材木を)浸染処理した ②(殺虫剤・薬剤で)駆除された；(タマネギ・わさびの)辛みを抜いた ③〘в〙へとへとにされた, やつれきった

**морепла́вание** [中5] 航海, 航行；船舶；航海術

**морепла́ватель** [男5]《雅》航海者[家], 航行者, 船乗り

**морепроду́кты** -ов [複]《話》海産物(広義では海藻類も含める)

**морехо́д** [男1]《話》船乗り, 水夫, 航海者, 探検家

**морехо́дка** -док [女2]《話》航海学校, 海員学校, 海事教育機関

**морехо́дн|ый** 短 -ден, -дна [形1] ①航海の, 航海用の: -ая ка́рта 海図 ‖ -ая астроно́мия 航海天文学 ②〔短尾〕耐航性能の, 耐航性のある **‖ -ость** [女10] 耐航性, 耐航性能

**морехо́дство** [ц] [中1]〔旧〕= морепла́вание

**морж** -а́ [男4] ①〘動〙セイウチ ②[/-и́ха¹] [女2]《話》寒中水泳愛好者 **‖ -о́вый** [形1] <①

**моржева́ние** [中5] 寒中水泳

**моржи́ха²** [女2] 雌のセイウチ

**моржо́нок** -нка 複 -жа́та, -жа́т [男9] セイウチの子

**Мо́рзе** [э] (不変) [男] モールス(人名): а́збука ～ モールス符号

**морзя́нка** 複生 -нок [女2]《話》モールス符号[信号] (による通信)

**мори́лка** 複生 -лок [女2] ①《話》殺虫剤 ②(木材用)浸染剤

**мори́стый** [形1]《海》沖の, 沖に出ている, 岸から離れた

**мори́ть** -рю́, -ри́шь 受過 -рённый (-рён, -рена́) [不完] **по～, вы́～** [完] ①〘в〙(薬剤で)駆除する: ～ тарака́нов ゴキブリを駆除する ②[完 за～, у～]へとへとにさせる, 苦しめる: ～ го́лодом 飢えで苦しめる ③[完 у～] (笑い過ぎて)動けなくさせる, 抱腹絶倒させる ④[完 за～](染色のために)溶剤[液]に浸ける ⑤

〈刺激の強い食材の〉辛みを抜く

**морко́вина** [女1] 〘話〙(大きな)1本のニンジン

**морко́вка** 複生-вок [女2] 〘話〙〘植〙ニンジン(морко́вь) ◆ *пока́зывают -у* ニンジンをぶら下げる

**морко́вный** [形1] ①ニンジン(морко́вь)の ②ニンジン色の

*__**морко́вн|ое**__ (形1変化) [中名] 〘ice cream〙アイスクリーム: сли́вочное [шокола́дное] ~ バニラ[チョコ]アイス | ~ в ва́фельном [стака́нчике] 平底コーンに乗ったアイス

**мормо́н** [男1] 〘宗〙①モルモン教 ②〘/~ка 複生-нок[女2]〙モルモン教徒(自称は *святы́е после́дних дней*) **//~ский** [形3] モルモン教の; 教徒の

**мормы́ш** -á [男4] 淡水の小エビ類の総称(バイカル湖に生息)

**мормы́шка** 複生-шек [女2] ①モルミシュカ(おもりの付いた金属ルアー) ②〘俗〙ウォッカの小瓶(250ml 入り)

**моро́в|ой** [形2] 疫病〘伝染病〙の **■-óе пове́трие** = **-áя я́зва** ペスト(чума́)

**моро́вые** (形2変化)[複名] 〘魚〙チゴダラ科

**моро́дунка** 複生-нок [女2] 〘鳥〙ソリハシシギ

**моро́женица** [女2] アイスクリーマー、アイスクリームメーカー〘製造機〙

*__**моро́женое**__ (形1変化) [中名] 〘ice cream〙アイスクリーム: сли́вочное [шокола́дное] ~ バニラ[チョコ]アイス | ~ в ва́фельном [стака́нчике] 平底コーンに乗ったアイス

**моро́женщи|к** [男2] **/-ца** [女3] 〘話〙アイスクリーム売り

**моро́женый** [形1] ①冷凍の、凍った、フローズンの: варёно~ кра́б ボイル冷凍ガニ ②凍って傷んだ

*__**моро́з**__ [ма́рос] -а/-у [男1] 〘frost〙①厳寒、極寒(地)、氷点下の寒さ(↔тепло́): кре́пкий [си́льный] ~ 厳しい寒さ | треску́чий [лю́тый] ~ 生木を裂くような寒さ(およそマイナス35度以下) | гуля́ть 'на ~ [в ~] 寒いところで[寒い時に]散歩する | три́ гра́дуса ~а 氷点下3度 | до косте́й пробира́ет. 寒さが骨までしみる ②《通例複》厳寒期、厳寒の天候: *М~ кре́пчает*. しんしんと寒くなる | *Стоя́т ~ы*. 寒波が続いている | *Уда́рили ~ы*. 寒波が襲った
③〘医・スポ〙鎮痛剤、痛み止め、冷却スプレー; その使用 ◆ *по ко́же [спине́] дерёт [пробега́ет]* ぞっとする、背筋が凍る ■ **Де́д М~** = **М~ Кра́сный нос** 〘民話〙(赤鼻の)マロースじいさん(厳寒の精; サンタクロース) **-ец** -зца [男3]、 **-ик** [男2] (指小・愛称); **-ище** [中2] (指大)

**морози́лка** 複生-лок [女2] 〘話〙(冷蔵庫の)フリーザー、冷凍室

**морози́льник** [男2] 冷凍庫、フリーザー

**морози́льный** [形1] 冷凍の: ~ тра́улер 冷凍トロール船 | *-ая ка́мера* 冷凍室

**моро́зить** -о́жу, -о́зишь -озь 受過 моро́женный [不完] 〘за~〙完 ①冷凍にする、冷凍保存する: ~ мя́со 肉を冷凍する ②〘по-〙く関〙凍えさせる、寒さで駄目にする; 〈害虫を〉寒さで駆除する ③〘вы́-〙く関〙〈中に〉冷たい空気を入れる(暖房を入れずに)寒い思いをさせる ④〘無人称〙寒さが厳しくなる: *На дворе́ моро́зит*. 外は底冷えする寒さだ **/~ся** [不完] 〘за~〙 寒さに凍える

**моро́зник** [男2] 〘植〙クリスマスローズ属: ~ чёрный クリスマスローズ (рожде́ственская ро́за)

**моро́зно** ①〘副〙ひどく寒く、凍てつくほどに ②〘無人述〙(ぶるぶる震えるほど)寒い

**моро́зн|ый** 短-зен, -зна [形1] ①非常に寒い、凍てついた、厳寒[酷寒]の、寒波の: ~ пери́од 寒波期 ②厳寒のために生じる、寒波で凍った: *-ая тре́щина* (樹木の)凍裂

**морозобо́й** [男6] 〘話〙(樹木の)凍裂 **//~ный** [形1]

**морозосто́йк|ий** 短-о́ек, -о́йка [形1] ①寒さに強い、耐寒性のある、寒に強い ②耐凍性のある、極寒冷地用の **//-ость** [女10]

**морозоусто́йчив|ый** [形1] = морозосто́йкий **//-ость** [女10]

**моро́к** [男2] 〘民話・詩〙①闇、暗がり ②霧、雲がかかった状態 ③意識がもうろうとした状態

**моро́ка** [女2] 〘話〙面倒な〘困難な、煩わしい〙こと; 困ったこと

**мороси́ть** -си́т [不完] 霧雨が降る: *На у́лице мороси́т*. 外は霧雨に煙っている | *моросящий до́ждь* 〘気象〙小雨、霧雨

**мо́рось** [女10] 〘気象〙霧雨 (моро́сящий до́ждь)

**моро́чить** -чу, -чишь 受過 -ченный [不完] / **об~, за~** [完] 〘話〙〘関〙欺す、惑わす;〈他人を〉ばかにする、愚弄する ◆ **~ го́лову** 〘与〙…を欺す、ばかにする、ごまかす; 〘他〙頭を混乱させる

**моро́шк|а** 複生-шек [女2] 〘植〙ホロムイイチゴ、クラウドベリー; その実 **/-овый** [形1]

**морпе́х** -а/-у 〘軍・俗〙(ロシアの)海軍歩兵; それ以外の国の海兵隊 (морска́я пехо́та)

**мо́рс** -а/-у [男1] モルス(主にベリー類の果汁を砂糖水で割った清涼飲料): клю́квенный ~ クランベリーモルス ■ **спиртова́нный ~** 酒精強化モルス(リキュール類の原料となるアルコール度数30 - 60度の半製品)

*__**морск|о́й**__ [マルスコー́イ] [形4] 〘nautical, naval〙
①海の: ~ пейза́ж 海景 | ~ разбо́йник 海賊 | *-áя (навигацио́нная) ка́рта* 海図 | *-áя ми́ля* 海里 | *-óе дно́* 海底 | *-áя боле́знь* 船酔い
②海軍の: ~ фло́т 海軍、海軍 | *-áя пехо́та* 海兵隊 ◆ *~ во́лк* 〘魚〙〘ハタ〙オトシゴ; *-áя капу́ста* コンブ | *-áя звезда́* 〘生〙ヒトデ | *~ ёж* 〘生〙ウニ | *~ конёк* 〘魚〙タツノオトシゴ | *-áя свинья́* 〘動〙ネズミイルカ | *-áя сви́нка* 〘動〙モルモット

**морти́р|а** [女1] 〘軍〙迫撃砲 **/-ный** [形1]

**морф** [男1], **мо́рфа** [女1] 〘言・生〙形態

**морфе́|й** [男6] ①M~ 〘ギ神〙モルペウス(眠りと夢の神) ②眠り、夢 ◆ *в объя́тиях M-я* 〘詩・皮肉〙眠りに落ちる(←モルペウスの腕に抱かれる)

**морфе́м|а** [女1] 〘言〙形態素 **/-ный** [形1]

**морфе́мика** [女2] 〘言〙(言語の)形態素体系; 形態素論

**мо́рфий** [男7], **морфи́н** [男1] 〘薬〙モルヒネ

**морфини́зм** [男1] モルヒネ依存症〘中毒〙

**морфини́ст** [男1] モルヒネ依存症患者

**морфологи́|я** [女9] ①〘生〙形態(学) ②(自然科学分野での)形態、構造: ~ культу́ры 文化形態論 ③〘言〙形態論; (言語における)形態組織 **/-ический** [形3]

**морфоне́ма** [女1] 〘言〙形態音素

**морфонологи́|я** [女9] 〘言〙形態音韻[音素]論 **/-и́ческий** [形3]

**морщи́н|а** [女1] (皮膚・布・紙の)しわ、ひだ; (水面にできる)波紋: *-ы на лбу́* 額のしわ | *без еди́ной -ы* (表面の)しわひとつない **/-ка** 複生-нок [女2] (指小)

**морщи́нист|ый** 短-ист [形1] しわだらけの、くしゃしゃの **/-ость** [女10]

**морщи́нить** -ню, -нишь [不完] 〘話〙 = мо́рщить

**морщи́ниться** -нится [不完] 〘話〙 = мо́рщиться

**мо́рщить** -щу, -щишь 命 -щи/-щь [不完] **на~, с~** [完] 〘関〙…にしわを寄せる、〈額を〉しかめる

**морщи́ть** -щи́т [不完] (衣服が)しわになっている、くしゃくしゃだ: *Пла́тье морщи́т*. 服にしわができている

**мо́рщиться** -щусь, -щишься [不完] 〘完 **на~, с~**〙①〘на~〙(額・顔に)しわを寄せる ②〘完 **с~**〙(苦痛・不満から)顔をしかめる ③〘на~〙水面に波紋が広がる

**мо́рюшко** [中1] 〘民話〙(愛称)< мо́ре

*__**моря́к**__ -á [男2] 〘sailor〙水夫、船員、海員、水兵;

**вое́нные ~и́** 海軍軍人 ②海の男 ◆*ста́рый* ~ 古だぬき

**моря́на** [女1] 海側から河口に向けて吹きつける強風; それによって河口に流される海水

**моря́нка** 複生 -нок [女2] ①〘鳥〙コオリガモ ② = моря́на

**моря́цкий** [形3]〘話〙船員の, 海員の

**моря́чка** 複生 -чек [女2]〘話〙①海事の経験豊富な女性 ②船員(моряк)の愛称

**моря́чо́к** -чка́ [男2]〘愛称〙< моря́к

**моск..**〘語形成〙「モスクワの」

**моска́ль** -я́ [男1]〘古・蔑〙(ウクライナ・ベラルーシから見た)ロシア人; ロシア兵

**Москва́** [女1] ①モスクワ(連邦市; ロシア連邦の首都; モスクワ州の州都; 中央連邦管区) ②モスクワ川(-река́) ③〘政〙ロシア政府; (地方から見て)中央(政府); ~ и Tо́кио договори́лись провести́ совме́стные вое́нные уче́ния. 日露両政府は共同軍事訓練を行うことで合意した ◆*слеза́м не ве́рит* 泣いても誰も助けてくれない(=モスクワは涙を信じない) | ~ *тре́тий Рим*. 〘史〙モスクワは第3のローマ
■ **Hо́вая ~** モスクワ新市街(2012年7月1日以降にモスクワ市に編入された地域)

**Москва́-си́ти** [女1]-[不変] モスクワ・シティ(モスクワ国際ビジネスセンター)

*москви́ч -а́ [男4] 〘/~ка -чек [女2]〙モスクワ市民[出身者] ②(またM~)モスクヴィッチ(1947-2002年にモスクワ自動車工場で製造された小型乗用車

**моски́т** [男1]〘複〙〘昆〙サシチョウバエ亜科(吸血性); (熱帯の)蚊 | **моски́тный** [形1]: ~ая се́тка 蚊帳, 蚊よけの網 | ~ный флот〘軍〙モスキート艦隊(小型艇部隊) | ~ая лихора́дка〘医〙サシチョウバエ熱

**моско́вка** 複生 -вок [女2]〘鳥〙ヒガラ

**моско́вск|ий** [マスコーフスキイ] [形3] モスクワの: ~*ая о́бласть* モスクワ州(州都 Москва́, Краснего́рск; 中央連邦管区) | ~ *го́вор* モスクワ発音(ロシア語標準語に規定) | ~*ое вре́мя* モスクワ時間(略 МСК, MSK; UTC+3; ロシア標準時) | **М~ комсомо́лец** モスコフスキー・コムソモーレツ(略 МК; 新聞名) | **М~ Би́ржа** モスクワ証券取引所 | **М~ая патриа́рхия** モスクワ総主教庁(ロシア最大の正教系教団の統轄機関) | **М~ая госуда́рственный университе́т и́мени М.В.Ломоно́сова** ロモノーソフ記念国立モスクワ大学(略 МГУ) | **М~ая госуда́рственная консервато́рия и́мени П.И.Чайко́вского** チャイコフスキー記念国立モスクワ音楽院

**масла́стый** 短 -а́ст [形1]〘俗〙骨がごつごつした, 骨が出ている

**мосо́л** -сла́ [男1]〘俗〙骨, 大腿骨 ◆*мослы́ торча́т y* [男1] がりがりに痩せている

**Масса́д** [男1] モサド(イスラエルの諜報機関)

*мост [モースト]-á/-a пред -е́/-е, на -ý ющ -ы́ на мосту́/мо́сту [男1] 〘bridge〙橋, 橋梁, かけ橋: вися́чий ~ 吊り橋 | железнодоро́жный ~ 鉄橋 | живо́й ~ 浮橋 | пешехо́дный ~ 歩道橋 | понто́нный ~ 舟橋, разводно́й ~ 跳ね橋, 開閉橋 | возду́шный ~ 航空路 | возвести́[перебро́сить, постро́ить] ~ 橋を架ける | навести́ ~ 仮設する | перейти́ чéрез ~ 渡る | идти́ по *мосту́* 橋を渡る ②〘車〙底板, 板貼り ③〘歯〙歯ブリッジ

④〘方〙(暖房のない)外玄関 ⑤〘自動車〙の軸

◆*сжéчь за собо́й ~ы́* 後戻りできなくする | *наводи́ть ~ы́* 仲介役をする, 橋渡しをする: *наводи́ть ~ы́ ме́жду би́знесом и нау́кой* 実業と学術の橋渡しをする

**мо́стик** [男2] ①〘指小・愛称〙< мост〙小さな橋, 歩行橋 ②(船・クレーンの)ブリッジ, 操縦室 ③〘スポ〙(体操の)ブリッジ ④〘歯科〙ブリッジ

**мо́стиковый** [形1] ①< мо́стик ②〘話〙〘経〙つなぎの: ~ заём つなぎ融資

**мости́ть** мощу́, мо́стишь; 受過 мощённый (-щён, -щена́) [不完] ①〘完 *вы́-*〙受過 -мо́щенный, **за-**〙 〘街〙舗装する ②(板・丸太で)床を造る, 橋板を敷く

**мостки́** -о́в [複] ①〘話〙(板を渡した)通路, 仮橋; (自然保護区の)木道 ②(小舟用の)木製桟橋 ③(建設現場の)足場; 通路

**мостова́я** (形2変化) [女名] 舗装道路: асфа́льтовая ~ アスファルト道 | булы́жная ~ 石畳の道

**мостови́к** -а́ [男2]〘話〙橋梁技術者, 橋職人

**мостово́й** [形2] 橋の, ブリッジの

**мосто́к** -тка́ [男2] = мостки́

**мостостро́ение** [中5] 橋梁建設, 架橋

**мостострои́тель** [男5] 橋梁建設作業〘技術〙者, 橋梁建設会社 **‖~ный** [形1]

**Мосфи́льм** [男1] モスフィルム(モスクワ映画撮影所)

**мосьé** (不変) [男] ①(フランス・帝政ロシアで, 男性の姓の前に付けて)…さん ②〘話・戯〙男性

**мо́ська** 複生 -сек [女2]〘話〙①〘動〙パグ(мопс; 犬種) ②小型犬 ③(赤ん坊の)しわくちゃな顔 ◆《*слон и ~*》 のっぽ〘デカ〙とちび, 体格が全然違う(←象と小犬)

**мот** [男1]/**мото́вка** 複生 -вок [女2]〘話〙浪費家, 乱費癖のある人

**MOT** [モート] (略) Междунаро́дная организа́ция труда́ 国際労働機関, ILO

**мота́лка** 複生 -лок [女2]〘話〙巻き取り(機) |〘工〙コイルワインダー, リール

**мота́льный** [形1]〘技〙巻き取りの, 巻上用の

**мота́ть** 受過 мо́танный [不完] ①〘完 *на-*〙〘街〙糸などを巻き取る, 巻く, 巻きつける ②〘完 *мотну́ть* -ну́, -нёшь〙〘街〙〘街〙(首・手を)動かす, (同意・不同意を示し首を縦・横に)振る: ~ голово́й в знак одобре́ния 賛意を示し首を縦に振る ③〘完 *по-*〙 〘話〙揺らす, 揺さぶる ④〘無人称〙(乗物が)揺れる: Вaго́н си́льно *мота́ло*. 車両はひどく揺れた ⑤〘完 у~〙〘俗〙(何かをして)さっさと行く; 出て行く: Мота́й отсю́да! さっさと失せろ ⑥〘街〙人に〙(用事や物品を)*мота́ть* ⑦動き回らせ, 困らせる ⑥〘俗〙授業をさぼる ⑦〘完 *про-*〙 乱費する, 無駄遣いする ◆ ~ 〘街〙 *не́рвы[ду́шу]* 苦しめる, いらいらさせる, 悩ませる

**мота́ться** [不完] ①〘話〙揺れる, ぶらぶらする ②〘街〙(仕事に追われて)てんてこ舞いする ③〘俗〙ぶらつく, ほっつき歩く ④〘受身〙< мота́ть ◆~ *без де́ла* 無駄に時間をつぶす

**моте́ль** [э] [男5] モーテル **‖~ный** [形1]

*моти́в [男1] 〘motive, motif〙①原因, 理由: ~ уби́йства 殺人の動機 | привести́ ~ы́ [複] …の理由を列挙する ②〘楽〙動機, モチーフ(旋律の最小単位)

③旋律, メロディー(旋律部分全体を指す): *переде́ланная пе́сня на ~ пе́сни "A"* Aという歌のメロディーを基にした替え歌 ④〘芸・文学〙(作品の)モチーフ, テーマ, 基調, 主題: *основно́й ~ по́вести* 小説の主要なテーマ **‖~ный** [形1]

**мотива́ция** [女9] 動機づけ, モチベーション **‖~ио́нный** [形1]

**мотиви́рованный** 短 -ан, -анна [形1] ①理由づけ[根拠]のある ②やる気がある, 積極的な

**мотиви́рова|ть** -рую, -руешь 受過 -анный [不完・完] ①〘街〙…の原因[理由]を…であるとする, …を…のせいだとする ②正当化する, 釈明[説明]する: ~ свой отка́з боле́знью 断ったのを病気のせいにする ③〘街〙やる気を起こさせる **‖~ние** [中5] 動機づけ, 理由づけ **‖~ся** [不完]〘受身〙

**мотиви́ровка** 複生 -вок [女2] ①理由[動機]づけ

② (主義の)論拠, 根拠

**моти́вчик** [男2] 〔愛称〕< моти́в

**мотну́ть** [完] →мота́ть

**мотня́** 複生 -е́й [女5] ①《俗・方》《漁》胴網, 巾着網 ② (ウクライナ・トルコの)ズボンのふくらみ部分 ③《俗》てんてこ舞い, 奔走, 大騒ぎ

**мото..** [語形成]「モーターの」「機動の」「バイクの」

**мотобо́л** [男1] 〔スポ〕モトボール, バイクサッカー ∥ **~ьный** [形1]

**мотобо́т** [男1] ①モーターボート ②[複] レーシングシューズ

**мотобу́р** [男1] アースオーガー(地面や氷に穴を開けるための動力ドリル)

**мотовелосипе́д** [男1] 原付自転車

**мотови́ло** [中1] ①リール, 巻き上げ装置 ②〔紡績〕 綛(かせ)掛け ③〔農〕(コンバイン・草刈り機の)巻き上げリール ∥ **мотови́льце** [中2] 〔指小・愛称〕

**мото́вка** →мот

**мотово́з** [男1] 〔鉄道〕小型機関車(産業用; ガソリン・ディーゼルエンジンを動力として150馬力以下)

**мотовство́** [中1] 乱費, 金の無駄遣い

**мотого́нки** -нок, -нкам [複] オートバイレース, (自動2輪の)ロードレース

**мотого́нщик** [男2] オートバイレーサー

**мотодельтапла́н** [男1] モーターハンググライダー

**мотодро́м** [男1] オートバイレース用サーキット場

**мото́к** -тка́ [男2] (線状物を巻いた)束, (毛糸の)玉: ~ ка́беля ケーブルの束 ∥ **мото́чный** [形1]

**мотокро́сс** [男1] モトクロス, スクランブルレース

**мотокроссме́н** [е́/э] [男1] モトクロス選手

**мотопехо́та** [女1] 自動車化[機械化]歩兵

**мотопила́** [女1] チェーンソー

**мотопла́нер** [男1] モーターグライダー

*\***мото́р** [男1] 〔motor, engine〕①モーター, エンジン ②行動の原動力になる[こと] ③《話・俗》タクシー, 車: пойма́ть ~ タクシーを捕まえる ④〔映〕開始の掛け声 アクション!, スタート! ⑤〔医・隠〕心臓

**мотора́лли** (不変)[中] オートバイラリー

**мото́р-генера́тор** [男1] 発電機; [車] オルタネータ (交流); ダイナモ (直流)

**моторесу́рс** [男1] モーター[エンジン]の定期修理間隔(時間または距離による)

**моториза́ция** [女9] ①機械化, 動力化 ②モータリゼーション, 車社会化

**моторизи́ровать** -рую, -руешь 受過 -анный, **моторизова́ть** -зу́ю, -зу́ешь 受過 -о́ванный [不完・完]〈殖〉①機械化する, 動力化する ②モータリゼーションを進める, 車社会化する ∥ **~ся** [不完] 〔受身〕

**мотори́ст** [男1] **/ ~ка** 複生 -ток [女2] ①モーター技術者[工]: гла́вный ~ (自動車会社の)エンジン部門責任者 ②機械の操作員

**мото́рка** 複生 -рок [女2]《話》モーターボート

**мото́рный** [形1] ①モーターの, エンジンの; エンジン[モーター]付きの[で動く]: **~ое** ма́сло エンジンオイル | ваго́н 〔鉄道〕動力車, 制御電動車 | **~ая** ло́дка モーターボート ② [生理・心]運動[性]の

**моторо́ллер** [男1] スクーター(скýтер)

**мотоса́ни** -е́й [複] スノーモービル

**мотоспо́рт** [男1] モータースポーツ

**мотострелко́вый** [形1] 〔軍〕機械化[自動車化] 歩兵の

*\***мотоци́кл** [男1] [motorcycle] 自動二輪, オートバイ, バイク: го́ночный ~ ロードレース用[競技用] オートバイ | кро́ссовый ~ モトクロスバイク | трёхколёсный ~ トライク, 3輪オートバイ | ~ с коля́ской サイドカー付のオートバイ | е́хать [ката́ться] на **~е** ~に乗り[乗り回す]

〔活用〕《排気量による分類》осо́бо лёгкий ~ 原付(排気量50сс 以下) | лёгкий ~ 軽自動二輪, 小型バイク(排気量175сс 以下) | сре́дний ~ 普通自動二輪, 中型バイク(排気量500сс 以下) | тяжёлый ~ 大型バイク(排気量500сс 超) ∥ **~е́тный** [形1]

**мотоцикли́ст** [男1] **/ ~ка** 複生 -ток [女2] オートバイ運転者, バイク乗り, ライダー

**моточа́сть** [女10] 〔軍〕機械化部隊

**мото́чек** -чка [男2] 〔指小〕< мото́к

**мотошле́м** [男1] オートバイ用ヘルメット

**мотто́** (不変)[中] モットー, 座右の銘

**моты́га** [女2] ①鍬(くわ) ②時代遅れの技術[設備] ∥ **~жный** [形1]

**моты́жить** -жу, -жишь [不完] 〈殖〉鍬(くわ)で耕す[掘る]; …に盛り土をする ∥ **~ся** [不完] 〔受身〕

**мотылёк** -лька́ [男2] ①[詩](飛んでいる)チョウ, ガ ②[昆] メイガ科 ◆ **жи́ть как** ~ 気ままな生活を送る

**моты́ль** -я́ [男5] 〔昆〕ボウフラ, アカムシ: лови́ть на **-я́** アカムシを餌にして釣る

**моуха́к** [男2] 〔フィギュア〕モホーク(ステップ)

**мотылько́вый** [形1] **: -ые** [複名] 〔植〕マメ亜科

**мох** мха́/мо́ха или мо́ха 前/на ~е, во/на мху́ ・в мху́ [男2] 〔植〕(一般的に) コケ; [複] 蘚(たい)類 ◆ **обрасти́ мхо́м** [~**ом**] ① 苔むす ② 《話》(人を寄せつけないほど)生活が荒れる, だらしがない

**Моха́ммад, Моха́ммед** →Муха́ммед

**мохе́р** [男1] モヘア; その服: ко́фта из **~а** モヘアのカーディガン ∥ **~овый** [形3]

**мохна́тый** 短 -а́т [形1] ① 毛で覆われた(包まれた); もさもさの ② 枝葉が生い茂った, こんもりした ③ (布地が)毛羽だった, 毛足の長い, ふわふわした ④ まつげの長い ∥ **-ость** [女10] < ①③

**мохноно́гий** [形3] (動物・鳥で)脚毛のある ■ **~ каню́к** 〔鳥〕ケアシノスリ | **~ сыч** 〔鳥〕キンメフクロウ

**моховидный** 短 -ден, -дна [形1] ① (外形が)苔に似た ② **-ые** [複名] 蘚(たい)類(мох)

**мохови́к** -а́ [男2] 〔茸〕アワタケ属(多くは食用)

**мохово́й** [形1] コケの; 苔むした

**мохообра́зный** [形1] ① 苔状の; 苔に似た ② **-ые** [複名] 〔植〕コケ植物類, 蘚苔植物

**Мо́царт** [男1] モーツァルト(Во́льфганг Амаде́й ~, 1756-91: オーストリアの作曲家) ∥ **м~овский** [形3]

**моцио́н** [男1] 〔文〕(健康のための)運動, 散歩

**моча́** [女4] 尿, 小便, 小水: гипотони́ческая ~ 低張尿, 希釈尿 | му́тная ~ 混濁尿 | оста́точная ~ 残尿 | крова́вая ~ 血尿 | ана́лиз **-и́** 尿検査 | са́хар в **~е́** 尿糖 | ночно́е недержа́ние **~и́** 夜尿症 (энурéз) | ходи́ть под **-о́й** 小便臭い ② 《俗・蔑》出がらしの紅茶; 安物のワイン; まずいビール

**моча́лк|а** 複生 -лок [女2] (台所・バス用)スポンジ ◆ **жева́ть ~у** 《話・蔑》(自明のことを)くどくど繰り返す

**моча́л|о** [中1] (シナノキの) 靱皮線維 ∥ **-ьный** [形1]

**мочеви́н|а** [女1] 〔化〕尿素: ~ кро́ви 〔医〕血中尿素 ∥ **-ный** [形1]

**мочево́й** [形2] < моча́: ~ пузы́рь 〔解〕膀胱(ぼうこう) | **-ая** кислота́ 尿酸

**мочего́нный** [形1] 〔医〕利尿の: **-ые** сре́дства 利尿剤

**мочеизнуре́ние** [中5] 〔医〕糖尿病(диабе́т)

**мочеиспуска́ние** [中5] 排尿

**мочеиспуска́тельный** [形1] 排尿の: ~ кана́л 〔解〕尿道

**мочека́менн|ый** [形1] : **-ая** боле́знь 〔医〕尿路結石症

**мочеки́слый** [形1] 〔化〕尿酸の

**моче́ние** [中5] ① 水[液体]に浸すこと ② 漬物
**мочёный** [形1] 水に漬した[浸した] ② 〔食品保存用に〕漬け汁に浸した: *-ые я́блоки* リンゴの漬物
**мочеотделе́ние** [中5] 排尿, 放尿
**мочето́чник** [男2] 〔解〕尿管
**мочи́ть** мочу́, мо́чишь 受過 мо́ченный [不完] / **за-** [完] 〔及〕 ① 〔完は **на-**〕 水に濡らす, 湿らす ② 水に浸す; 〔保存食用に〕浸漬[しんし]する: ~ бельё 服を漬け洗いにする ③ 《俗》殺害する; ぶちのめす
**мочи́ться** мочу́сь, мо́чишься [不完] ① [完 **по-**] 〔話〕小便する, 放尿する: ~ под себя́ おねしょする, お漏らしする ②《受身》< мочи́ть
**мо́чка** 複生 -чек [女2] ① 耳たぶ; (鶏の)肉垂 ②〔植〕ひげ根 ③ 亜麻糸の束 ④〔ヨットの〕シャックル ⑤ 果物の漬物 ⑥ 浸漬すること; 水に浸すこと
**мочь**[1] [女10] 《俗》 力, 能力 ◆*во всю́* ~ = *изо все́й* -*и* = *что есть* -*и* 力の限り, 全力で | -*и нет* (体力・気力的に)疲れた, もう我慢できない ∥**мо́чень-ка** 複生 -нек [女2] [指小]

**мочь**[2] [モーチ] могу́, мо́жешь, …мо́гут 過 мог, могла́ 能現 могу́щий 能過 мо́гший [不完] / **смочь** [スモーチ] (★быть の変化形と共に合成未来を形成することはできず, 未来の分는 смочь の未来形を用いて表す) [possible, may, can] 〔無補語〕〔不定形〕
I 〔様々な可能性〕 ①〔物理的・外的条件[要因]による可能性〕…できる: Больно́й мо́жет говори́ть. その患者は話せる | Ты мо́жешь мне помо́чь? 君は私を手伝ってくれますか | Что я мог сказа́ть? Ничего́! 私に何が言えるかって? 何も言えないよ | Она́ не могла́ в это пове́рить. 彼女にはそれが信じられなかった | Он не мо́жет встать с посте́ли. 彼はベッドから起き上がれない | Он не мог сказа́ть пра́вду. 彼は本当のことを言えなかった ② 〔先天的能力, または訓練の結果習得した後天的能力〕〔不定形〕…できる (=спосо́бный, уме́ть): Она́ сама́ мо́жет маши́ну отремонти́ровать. 彼女は自分で車を修理できる | Он мо́жет ме́тко стреля́ть. 彼の射撃は百発百中だ
(а) 〔許可〕 …してよい, 構わない, 許される; …できる: Всё, тепе́рь мо́жешь идти́. 終わりだ, もう行っていいよ | Могу́ ли я оста́вить здесь свои́ ве́щи? (ホテルで)荷物を預かってもらえますか (b) ⟨не 〔不定形〕(不完)⟩〔不必要〕…しなくてもよい, …する必要はない: Ты мо́жешь не отвеча́ть. 君は答えなくてよい | Он мо́жет не приходи́ть. 彼は来ないかもしれない
II 〔事象発生の蓋然性〕 ① 〔不定形〕…する可能性がある, …しうる, …かもしれない (★通例〔不定形〕は完了体): Боле́знь мо́жет обостри́ться. その病気はさらに悪化しうる | Он мо́жет прийти́ и сего́дня. 彼は今日にでも来るかもしれない | Ка́ждый челове́к мо́жет ошиба́ться. 誰にだって間違いはある | Э́того не мо́жет быть! そんなことはあり得ない, そんなはずはないのだ ② ⟨не 〔不定形〕(完)⟩ …ないかもしれない, …しないかもしれない (★通例〔不定形〕は完了体): Он мо́жет не прийти́. 彼は来ないかもしれない | Что случи́лось одна́жды, мо́жет никогда́ не случи́ться вновь. 一度起きたことが二度起きる保証はない ③ ⟨не ~ не 〔不定形〕⟩の構文で; 動作の必然性・不可避性を表す)…しないわけにいかない, …せざるをえない: В газе́тах не могли́ не написа́ть об э́том происше́ствии. 新聞はこの事故について書かないわけにいかなかった | не могу́ не испы́тывать симпа́тию [уваже́ние, доса́ду] 同情 [尊敬の念, 遺憾の意] を禁じ得ない (★〔不定形〕の体の使い分けの原則は→〔語法〕②)

◆*мо́жет бы́ть* = *бы́ть мо́жет* = 〔話〕*мо́жет* 〔挿入〕 (1) 〔当該動作の50%程度の実現可能性〕 〔たぶん〕…かもしれない: Верну́сь, мо́жет, то́лько к ве́черу. 戻るのは, 夜になってからかもしれない | Он, мо́-

жет быть, на рабо́те. 彼は職場にいるかもしれませんね (2) 〔自信のない断定〕 (ことによったら) …かもしれない: Он придёт? — *Мо́жет бы́ть*. 「彼は来るの?」 「かもね」 (3) 〔疑問文に添えて意向を確認する〕 宜しければ, よかったら: *Мо́жет бы́ть*, нали́ть вам ча́ю? よかったら, お茶をお注ぎしましょうか (4) 〔(очень) едва́〕 恐らく [きっと, 大いに] あり得る | *Не могу́ зна́ть* 〔話・旧・戯〕わからないのであります, 存じません (★もと軍人用語) | *Не мо́жет бы́ть!* 〔驚き・不審・疑惑感〕まさか, あり得ない: Я ви́дел сне́жного челове́ка. — *Не мо́жет бы́ть!* 「雪男を見たよ」「まさか」 | *не мо́жет бы́ть, что(что́бы)* …があるはずない, あり得ない | *че́рез не могу́* 〔話〕無理をしてでも, 無理矢理; つべこべ言わずに: Я съеда́ю за́втрак *че́рез «не могу́»* и иду́ в шко́лу. いつも朝食を無理矢理食べてベッ学校へ行く

**мо́чься** мо́жется 過 могло́сь [不完] 〔無人称〕《俗》 ① (体調・気分が)…だ: Как мо́жется? 体調 [調子] はどうですか ② (できる, できる): Хо́чется, но *не мо́жется*. そうしたいのは山々だが無理だ

**моше́нни|к** [男2] /-ца [女2] 詐欺師, ペテン師
**моше́нничать** / **с-** [不完] 詐欺を働く, だます, 欺く
**моше́нничество** [中1] 詐欺, 不正, インチキ
**моше́нническ|ий** [形3] 詐欺の, 不正な: ~ до́ступ [コン] 不正アクセス | -им путём 詐欺的方法で
**мо́шка** 複生 -шек [女2] 〔昆〕 ブユ, ユスリカ; 〔複〕 ブユ科
**мошкара́** [女1] 〔集合〕 ブユ, ユスリカ
**мошна́** 複 мо́шны [女1] 〔話〕 金, 富; 〔廃〕 財布
**мошо́нка** 複生 -нок [女2] 〔解・医〕 陰嚢
∥**-очный** [形1]
**моще́ние** [中5] 舗装(すること)
**мощёный** [形1] 舗装した
**мо́щи** -е́й [複] ① 〔宗〕 聖骸; 〔正教〕不朽体 ② 〔話〕ガリガリに痩せた人 ◆*живы́е* ~ 〔話〕ひどく痩せこけた人

**мо́щность** [モーシナスチ] [女10] [power, capacity] ① 力, 威力, (鉱物・空気などの層の)厚さ, 堆積量 ②パワー, 馬力, 出力, 定格, 容量: эффекти́вная ~ 実馬力 | номина́льная ~ 公称馬力 | потенциа́льная ~ 潜在能力 | котёл -ью в сто килова́тт 出力100キロワットのボイラー | рабо́тать [труди́ться] на [в] по́лную ~ 馬力全開で働く ③ 生産(能)力; 〔複〕生産施設, 設備: произво́дственная ~ 生産(能)力 | ввести́ в де́йствие но́вые энергети́ческие -и 新型動力設備を稼働させる ④ 〔数〕冪[べき]

**мо́щн|ый** [モーシヌイ] 短 -щен, -щна́, -щно 比 -нее 最上 -не́йший [形1] [powerful] ① (音・光・人体・植物が)強い, 力強い, 強靱な, 力強くもの)影響力のある: -ая ата́ка 痛撃 | ~ ли́вень 豪雨 | ~ рост 大発展 | нанести́ ~ уда́р 大打撃を与える ② 〔長尾〕パワーのある, 大出力の, 強力な: -ая землесо́сная дноуглуби́тельная маши́на 強力な浚渫機 ③ (鉱物・空気などの層の)厚い: ~ пласт торфа́ 厚い炭層 ④ 〔話〕素晴らしい, 見事な, 目を見はる ⇒ 表

**мощь** [女11] 〔雅〕 力, 威力: во всю́ ~ 全力で; …で | *все́й* -ью обру́шиться на 武 全力で…に襲いかかる

**мою́** [1 単 現] < мы́ть
**мою́** [女性; 対格] < мой[1]
**мо́ющий** [形6] 洗浄力のある: -*ее сре́дство* 洗剤
**мо́ющийся** [形6] 洗浄[水拭き]可能な, 洗える
**моя́** [女性; 主格] < мой[1]
**Мрави́нский** (形3変化) [男] ムラヴィンスキー (Евге́ний Алекса́ндрович/~, 1903-88; 指揮者)
**мразь** [女10] 〔俗・蔑〕 人間のくず
**мрак** [男2] ① 暗闇 ② ~ но́чи 〔雅〕 夜の闇に紛れて, 夕闇の中を ② (…の)闇; 憂鬱: ~ на душе́ 心の闇 ◆*~ неве́жества* 〔文〕無知蒙昧

**мракобе́с** [男1] 〔話・蔑〕反啓蒙主義者; 時代錯誤も甚だしい御仁

**мракобе́с|ие** [中5] 反啓蒙主義；時代錯誤も甚だしい見方[態度] **//–ный** [形1]

***мра́мор** [男1] 〔marble〕 ① 大理石，マーブル：па́мятник из ~*а* 大理石でできた記念碑 | холо́дный как ~ 大理石のように冷たい ② 大理石製品

**мрамори́рова|ть** -рую, -руешь 受過 -анный [不完] 〈図〉…にマーブル模様を付ける；〈本の小口を〉マーブル染めする **//–ние** [中5]

**мра́морн|ый** [形1] ① 大理石の，大理石でできた ② マーブル模様の：*–ая* говя́дина マーブル模様の牛肉（上質の印） ③（肌の色が）大理石のような白色の

**мра́морщик** [男2] 大理石職人

**мрачи́ть** -чу́, -чи́шь [不完] 〈図〉 ① 闇が包む ② 陰鬱(いんうつ)[悲しい気分]にする

**мрачне́ть** [不完] / **по~** [完] ①（明るさが）暗くなる，闇になる ②（気分が）陰鬱になる，重く[暗く]なる

**мра́чно** [副] ① 暗く ②（気分的に）陰気に，陰鬱[暗鬱]に

***мра́чн|ый** [ムラーチヌイ] 短 -чен, -чна́, -чно, -чны/-чны́ 比 -нее 最上 -нейший [形1] 〔gloomy, dark〕 ①（物理的に）暗い，真っ暗な，暗闇の ②（心理的に）暗い，陰鬱な，沈鬱な，重苦しい，気落ちしている：*–ое* настрое́ние 暗い気分 | *–ые* прогно́зы 悲観的予測 | ходи́ть с *–ым* ви́дом 陰気な顔つきで歩く ③ 暗い，暗黒の：*–ые* времена́ 暗黒時代 ◆***предста́вить [ви́деть]*** 図 ***в –ом све́те*** …を悲観的に見る[描く] **//–ость** [女10]

**МРОТ** [ムロート] 《略》 минима́льный разме́р опла́ты труда́ 最低賃金

**МРТ** [エムエルテー] 《略》магни́тно-резона́нсная томогра́фия 〔医〕MRI

**м/с** 《略》ме́тр в секу́нду 秒速…メートル

**МСК** [エムエスカー] 《略》Москва́ モスクワ；моско́вское вре́мя モスクワ時間，MSK

**мсти́тель** [男5] / **~ница** [女3] 復讐者，報復[仇討ち]する人

**мсти́тельн|ый** 短 -лен, -льна [形1] 復讐心に燃えた，報復的な，執念深い，人を恨む性格の **//–ость** [女10] 復讐心，執念深さ

***мсти́ть** мщу́, мсти́шь [不完] / **ото~** 受過 -мщённый (-щён, -щена́) [完] 〔take revenge〕 〈与〉復讐する，仇討ちする：~ врагу́ 敵に報復する

**мще́ние** [中5] 復讐，報復，敵討ち

**мсьё** (不変)[中] = мосье́

**му́** [間] 《擬声》モー（牛の鳴き声）

**муа́р** [男1] ① 波紋織り ② 杢目(もく)模様，水模様 ③〔印〕モアレ；〔映像〕干渉縞 ④ モアレ模様の紙 **// муа́ровый** [形1]：~ узо́р モアレ(模様)

**муда́к** [男2] 《俗・罵》ばか野郎，あほんだら（★дура́к より意味が強い）

**мудрено́** 《話》 ①〔また **мудрёно**〕[副] 不可解に，理解しがたく；難しく ② [無人述] 〈不定形するのは〉難しい，困難だ ◆**~ *ли*** 不思議ではない，当然だ | ***не ~, что̀ ...*** …はよくわかる | ***не ~*** 不定形 …するのは難しくない，容易だ

**мудрён|ый** 短 -рён, -рена́/-рёна 比 -рёнее/-рене́е [形1] 《話》 ① 難解な，小難しい ② 難しい，複雑な，厄介な：*–ое* де́ло 厄介な案件；《述語》《皮肉》造作もない ③ 謎めいた，わけのわからない ◆***У́тро ве́чера мудрене́е.*** 《諺》一晩寝ればいい知恵も浮かぶ，夜より朝の方が正しい判断ができるものだ **//–ость** [女10]

**мудре́ть** [不完] 賢くなる

**мудре́ц** -á [男3] 賢人，賢者，知恵者 ◆***На вся́кого ~а́ дово́льно простоты́.*** 《諺》弘法も筆の誤り（←全ての賢人に愚かさは多くある）

**мудри́ла** （女1変化）[男・女] 《話・皮肉》お利口さん，利口ぶる人間

**мудри́ть** -рю́, -ри́шь [不完] / **на~** [完] 《話》 ① 〈над圏〉…に頭を使う，思案する，策を練る ② 〈с圏〉…をわざと難しくする；屁理屈をこねる ③ 〈с圏のことで〉ずる[ごまかし]をやる

***му́дрост|ь** [女10] 〔wisdom〕 ① 知恵，知慮；英知，叡智：наро́дная ~ 民衆の知恵 ② 賢明[聡明]さ ③《話》ややこしさ，難解さ ◆***в э́том не́т никако́й –и*** 《話》極めて単純だ，サルでもわかる ■**зу́б –и** 親知らず，知歯

**му́дрствова|ть** -твую, -твуешь [不完] 《話》利口ぶる；屁理屈をこねる；無用な講釈を並べる ◆***не му́дрствуя лука́во*** 長く[深く]考えることなく；すぐに **//–ние** [中5]

***му́др|ый** 短 му́др, -ра́, -ро, -ры/-ры́ [形1] 〔wise〕 ① 賢明な，聡明な：~ ста́рец 知恵者の老人 ② 知恵[経験]豊かな，考えぬいた：*–ая* поли́тика 賢策，賢明な政策 **//–о** [副]

***му́ж** [ムーシ] 複 -ья́, -е́й, -ья́м [男4] 〔husband, man〕 ① 夫；旦那さん（★貴人のご主人は супру́г；通例は人の夫も му́ж；↔жена́）：да́чный ~ 《話・戯》（家族に別荘に行かれ，家政を一身に負う）別荘夫 ②〔複 -и́, -е́й, -а́м〕《雅》大人の男；《通例修飾語と共に》名士，著名人：~*и́* нау́ки 学者 | госуда́рственный ~ 為政者

**мужа́ть** [不完] / **воз~** [完] ①《雅》強くなる，勇敢になる ②《文》大人になる，一人前になる，男になる

**мужа́ться** [不完] 《通例命令形で》《雅》勇気[元気]を出す；雄々しく[勇ましく]ある

**муже..** 《語形成》「男性の」

**мужело́жец** -жца [男3]，**мужело́жник** [男2] (男性の)同性愛者

**мужело́жство** [中1] (男性間の)同性愛行為，男色

**муженёк** -нька́ [男2] 《話》〔愛称〕＜му́ж

**мужеподо́бный** 短 -бен, -бна [形1] (女性が)男性のような，男と見間違えるような，男勝りの

**му́жественно** [副] 勇敢に，勇ましく，断固として

***му́жественн|ый** 短 -ен/ -енен, -енна [形1] 〔steadfast〕勇敢な，勇ましい，雄々しい；断固とした，力強い **//–ость** [女10]

***му́жество** [ムージストヴァ] [中1] 〔courage〕勇気，堅忍不抜，しぶとさ：име́ть гражда́нское ~ призна́ться, что̀ ... 素直に…を認める | прояви́ть ~ и сто́йкость 堅忍不抜の気構えを見せる

***мужи́к** -á [男2] ①《民話・詩》農夫（крестья́нин） ②《俗》（一人前の）男（мужчи́на）：настоя́щий ~ 男の中の男 | Бу́дь ~*о́м*. 一人前になれ | Молоде́ц! *М~!* よくやった！ それでこそ男だ ③《俗》夫 ④《旧・俗》田舎者，無骨者 ⑤《男性に対する呼びかけ》お前：Э́й, ~*и́*! おい，野郎ども ◆**~ *в ю́бке*** 《俗・蔑》男勝りの女，（家庭・職場で）男性の役割を担う女性 **// мужичо́к** -чка́ [男2] 〔指小・愛称〕，**мужичо́нка** （女2変化）[男]〔卑称〕

**мужикова́тый** 短 -áт [形1] 《話》粗野な，無骨な，野暮ったい

**мужи́цкий** [形3] 《俗》百姓，田舎者[無骨者]の

**мужи́чка** 複生 -чек [女2] 《俗・蔑》がさつな女

**мужичьё** [中4] 《俗・蔑》《集合》粗野な[教養のない]男たち，田舎者

**мужла́н** [男1] 《俗・蔑》田舎者，がさつ者

**му́жний** [形8]，**му́жнин** [形11] 夫（му́ж）の

***мужско́й** [ムシスコーイ] [形4] 〔male, masculine〕 ① 男性の ② いかにも男らしい，男性的な，男性特有の，（女性が）男っぽい：~ хара́ктер 男らしい性格，竹を割ったような性格 | ~ разгово́р テキパキ実務的に進む会話 ■**~ по́л** （性別としての）男性，オス | **~ ро́д** 〔文法〕男性

***мужчи́н|а** [щ] [ムッシーナ] （女1変化）[男] 〔man〕 ① 男性，（本物の）男，《呼びかけ；ソ連崩壊期以降流布》そこの男性：Бу́дь *–ой*! 一人前の男になれよ | поговори́ть как ~ с -ой 男同士らしく[率直に]話す ②大人の男，一人前の男，壮年 **//-ка** 複生-нок (к2変化)[男]《俗・戯》[指小]

**мужьй** [複数；主格] ➡ **муж**

**му́за** [女1]①**M-**~《ギリシャ》ミューズ(芸術と学問の女神)②詩神，インスピレーションの源；詩才，インスピレーション
◆*Когда́ греми́т ору́жие [говоря́т пу́шки], му́зы молча́т.*《諺》戦時には芸術は黙す

**музеве́д** [男1] 博物館学の研究者

**музееве́дение** [中5] 博物館学

\***музе́|й** [男6] [museum] 博物館，ミュージアム；美術館；記念館，資料館[室]，陳列館：истори́ческий ~ 歴史博物館 | краеве́дческий ~ 郷土資料館 | этнологи́ческий ~ 民族学博物館 | ~ изобрази́тельных иску́сств 美術館 | ~ под откры́тым не́бом 野外博物館 | ходи́ть в ~ на выставку = быть в ~*e* на вы́ставку 美術館の展覧会に行く ■**~-кварти́ра** (集合住宅の一室を用いた) 記念館[室]，дом-~ (邸宅を利用した)記念館，博物[美術]館｜**Госуда́рственный ру́сский ~** 国立ロシア美術館(サンクトペテルブルグ)

**музе́йный** [形1]①博物[美術]館の②珍しい，貴重な：-*ая* ре́дкость 極めて珍しいもの，博物館級の珍品 ■ **~ жук** [昆] シモフリマルカツオブシムシ(害虫)

**музе́йщи|к** [男2]**/-ца** [女3]《話》博物館[美術]館員，学芸員

**музици́рова|ть** -рую, -руешь [不完]《話》[楽]音楽する **//-ние** [中5]

**музо́н** [男1]《若者》音楽

\***му́зык|а** [ムーズィカ] [女2] [music] ①音楽：академи́ческая [эстра́дная] ~ 芸術[ポピュラー]音楽｜наро́дная ~ 民族[民族，ポピュラー]音楽｜класси́ческая [совреме́нная] ~ クラシック[現代]音楽｜вока́льная [инструмента́льная] ~ 声[器]楽｜переложи́ть слова́ на ~ у 歌詞に曲をつける｜тео́рия -*и* 楽音論｜*Му́зыка* Гли́нки グリンカの作品｜Игра́ет [Слы́шится] ~. 曲が流れている｜танцева́ться под -у «А» Аという曲に合わせて踊る ③《文》音の響き，調子

◆*блатна́я ~*《俗》(泥棒の)隠語｜*испо́ртить всю -у*《話》全てを壊しにする｜*Кто пла́тит, тот (и) зака́зывает -у.*《文》権限がある者が自分の好きに状況を動かせる｜*Помира́ть, та́к с -ой!*《話・戯》なるようになれ，一か八か！

**музыка́лка** 複生-лок [女2] 子どもの音楽学校

**музыка́льность** [女10] 音楽性

\***музыка́льн|ый** [ムズィカーリヌィ] 短-лен, -льна [形1] [musical, music] ①音楽の，音楽による：音楽好きの；音楽界の：-*ая* шко́ла 音楽学校[音学校] | -*ое* учи́лище 音楽中等専門学校 | -*ое* произведе́ние 音楽作品 | -*ая* коме́дия 喜歌劇 | ~ спекта́кль 楽劇 | -*ая* фо́рма 楽式 | ~ (музыка́льное) звук (с) сопровожде́ние сопровожде́нием | ~ центр ミニコンポ(ステレオ) | ~ автома́т ジュークボックス | ~*ая* шкату́лка オルゴール
②音楽的才能のある，音楽ができる：~ слух 音感
③(音楽のように)耳に響きのよい

\***музыка́нт** [ムーカ][男1]《話》**/-ша** [女4] [musician] 音楽家, 演奏者；ミュージシャン **//-ский** [ц] [形3]

**музыкове́д** [男1] 音楽学者[研究者]

**музыкове́д|ение** [中5] 音楽学 **//-ческий** [形3]

**музыкозна́ние** [中5] = музыкове́дение

**музыкотерапе́вт** [男1] 音楽療法士

**музыкотерапи́я** [女9] 音楽療法

\***му́к|а** [ムーカ] [女2] [torment, torture] ①(心身の)苦しみ, 苦悩, 苦痛, 困難, 難儀：~ го́лода 飢えのつらさ| -*и* тво́рчества 創作の苦しみ | хожде́ние по -*ам*『苦悩の中を行く』(キリスト教の信仰に由来；またA. トルストイの作品名) ②《述語》頭痛の種である：Он жизнь, а ~. 人生ではなく, 拷問だ

\***муқа́** [ムカー] [女2] [flour] 粉, 粉末, パウダー：пшени́чная ~ 小麦粉 | гре́чневая ~ そば粉 | ржана́я ~ ライ麦粉 | кукуру́зная ~ コーンミール, とうもろこし粉 | ко́стная [ры́бная] ~ 骨[魚]粉

**муко..** [語形成]「粉」の

**муково́з** [男1] 小麦粉粒状体運搬車, バルクローリー

**мукомо́л** [男1] 製粉業者 **/ мукомо́льный** [形1]：-*ая* промы́шленность 製粉業

**мукомо́льня** 複生-лен [女2] 製粉業者, 製粉会社

**муксу́н** -á [男1] [魚]ムクスン (サケ科)

**мул** [男1] [動]ラバ

**мула́т** [男1] **/-ка** 複生-ток [女2] ムラート (白人と黒人の混血)

**мулине́** (不変) [中] ムリネ, 杢糸 (刺繍用木綿糸)

**мулла́** (女1変化)[男]《イスラム》ムッラー(イスラム教学者の尊称)

**му́лька** 複生-лек [女2] 《若者》小さな飾り, お守り(通例お土産や思い出の品)

**му́льти..** [語形成]「マルチ…」「多…」「大…」

**мультиви́за** [女1] マルチビザ

**му́льтик** [男2]《話》(子ども向けの)アニメ(мультфи́льм)

**мультиме́диа** (不変) [複] マルチメディア **//-и́йный** [形1]

**мультимиллионе́р** [男1] 億万長者

**мультипликати́в** [男1] [言]多回相

**мультиплика́тор** [男1]①[映]アニメーター, アニメ制作者；アニメーション製作用ソフトウェア②(釣り用の)リール③[コン]乗算器；ポートマルチプライヤ, ハブ④増速機, 増圧機(水圧を上げる)揚水ポンプ⑥[数・経]乗数：ба́нковский ~ 信用[貨幣]乗数

**мультиплика́ц|ия** [女9]①アニメーション(の制作)：= мультфи́льм **//-ио́нный** [形1]

\***мультфи́льм** [男1] アニメ(映画)：ку́кольный ~ 人形[ストップモーション]アニメ

**мультя́шка** 複生-шек [女2]《話》①[指小・愛称] < мультфи́льм ②《男・女》アニメの登場人物

**муля́ж** -á/-a [男2]①(石・石膏で作る)型, モデル, レプリカ, ダミー, イミテーション：~ проду́ктов 食品サンプル | ~ ка́меры видеонаблюде́ния ダミーの防犯カメラ **//-ный** [形1]

**мумие́** (不変) [中] ムミヨー, シラジット(岩の割れ目などにできるアミノ酸とミネラルの集積物；民間療法で使用)

**мумифика́ция** [女9] ミイラ化

**мумифици́ровать** -рую, -руешь 受過-анный [不完・完][医]ミイラにする **//-ся** [不完・完]①ミイラ化する②(体の一部が)壊死する

**му́мия¹** [女9] ミイラ：~ фарао́на ファラオのミイラ ②《比・否》(ミイラのように)ひからびて痩せた人

**му́мия²** [女9] ベンガラ(酸化鉄20-70%含有の赤色顔料)

**му-му́** [間](擬声)モーモー(牛の鳴き声)；《幼児》牛さん

**мунди́р** [男1] (軍人・官吏の)制服 ■ **честь ~а** 制服の名誉；《皮肉》軍人[官吏]の社会的名誉｜**карто́фель в ~e** 皮付きのまま焼いたじゃがいも **//-ный** [形1]

**мундшту́|к** [нш] -á [男2]①(喫煙具の)吸い口, シガレットホルダー ②[楽]〈楽器の〉マウスピース, 吹口 ③[馬具]轡(く^ ), はみ(ガス切断機[溶断機]のバーナーの)火口；ノズル, 口金 **//-ный** [形1]

**муниципализа́ция** [女9] (国有財産の)地方自治体への移管；(地方自治体による私有財産の)公有化, 土地接収

**муниципалитéт** [男1] ①地区[市町村]役場の庁舎 ②地方自治体, 市町村 (★ロシアでは連邦構成主体内の地方自治体 райо́н, го́род, сéло などを指す)

*муниципáльн|ый** [形1] (municipal) 地方自治体の, 市町村の: ~ оркéстр гóрода …市立オーケストラ ■-ое образовáние 地方自治体 (муниципалитéт)

**мур** [間] 〔擬声〕ゴロゴロ(猫が喉を鳴らす音)

**МУР** [ムール] [男1] モスクワ市警察刑事部 (Моско́вский уголо́вный ро́зыск)

**мурá** [女1] 《俗》くだらない[低俗な]もの[こと]

**муравá** [女1] 《詩・方》草, 若草 ②緑色の釉薬の // **мурáвка, муравýшка** 複生-шек [女2] 〔指小〕

**муравéй** -вья́ 複-ви́, -вьёв, -вья́м [男6] ①〔昆〕アリ ②《俗》(未成年の) すり // **муравьи́шка** 複生-шек (女2複生) [男] 〔指小・愛称〕

**муравéйник** [男2] アリ塚, アリの巣

**муравúть** -влю, -вишь 受追-вленный [不完] 〈陶器に〉釉薬をかける // **муравлéние** [中5]

**муравьéд** [男1] 〔動〕アリクイ // **-овый** [形1]

**муравьи́н|ый** [形1] ① < муравéй ②〔化〕蟻酸の: -ая кислотá 蟻酸

**муралúст** [男1] 〔美〕壁画家, ミューラル作家

**мурáль** [女10] 〔美〕壁画, ミューラル

**мурáш** -á [男4] 〔昆〕小アリ // **-ка** 複生-шек [女2] 〔指小・愛称〕

**мурáшк|и** -шек, -шкам [複] 《話》鳥肌: покры́ться -áми 鳥肌が立つ | М~ по ко́же (тéлу) бéгают [пошлú] (寒さ・恐ろしさで) 体中に鳥肌が立っている, ぞっとする

**мýрка** 複生-рок [女2] ①《話》猫ちゃん, ニャンコ (★広く使われる猫の名前) ②《俗》(女の) すり

**мурлы́ка|ть** -ы́чу/-аю, -ы́чешь/-аешь [不完] ① (猫が喉を鳴らして) ゴロゴロ (мур-мýр) いう ② **про~**. 《話》(人間が) 鼻歌をうたう, 小声で口ずさむ // **-нье** [中4]

**Мýрманск** [男2] ムルマンスク (同名州の州都) // **мýрманск|ий** [形3]: M-ая óбласть ムルマンスク州 (北西連邦管区)

**муровáть** -рýю, -рýешь 受追-óванный [不完] / **об~** [完] 〈囲〉(土・セメントで固めながら)〈石・れんが〉を積む, 積んで作る

**мурýгий** [形3] (牛・犬の毛が) 栗毛色の, 赤褐色の

**мурыжить** -жу, -жишь [不完] 〈囲〉①《俗》わざと引き延ばす, 時間稼ぎする ②《俗》ののしる, けなす

**мускáт** -a/-у [男1] ①〔植〕マスカット ②マスカテル, マスカット酒 ③ナツメグ (香料)

**мускáтн|ый** [形1] マスカットの: -oe винó マスカット (種のぶどう)のワイン ②ナツメグの: ~ орéх ナツメグ | ~ цвет メイス

**мускáтник** [男2] 〔植〕ナツメグ; ニクズク属: ~ души́стый ナツメグ

**мýскул** [男1] ①筋肉 ②武力, 軍事力: воéнные ~ы 軍事力 | я́дерные ~ы 核戦力 ◆ **демонстри́ровать ~ы** 自慢する; 腕力で脅す | **ни оди́н ~ не дро́гнул у** 〈人から〉動揺した様子を全く見せない // **-ьный** [形1]

**мускулатýра** [女2] 〔集合〕筋肉

**мускули́ст|ый** 短-ист, **мускули́ст|ый** 短-и́ст [形1] 筋肉のたくましい, 筋肉の発達した // **-ость** [女10]

**мýскус** [男1] ①ジャコウ, ムスク ②ジャコウ入りの香水 // **мýскусн|ый** [形1]: -ая кры́са ■ -бык [動] ジャコウウシ (овцебы́к) | -ая кры́са [動] マスクラット (ондатра)

**мусли́н** -a/-y [男1] 綿モスリン(類の綿生地の) // **~овый** [形1]

**мýслить** -лю, -лишь [不完], **мусóлить** -лю, -лишь [不完] 《話》①唾で濡らす, 湿らす; (舌で) 紙を舐める: ~ ни́тку (針に通すために) 糸を舐める ② ли́сты кни́ги 指をなめてページをめくる ②《ぱか》唾でべとべとにする, 汚す 〈物事を〉引き延ばす, 延々と続ける

**мусóлиться** -люсь, -лишься [不完] 《話》① 唾 [よだれ] で自分がべとべとになる ②(決定を) 引き延ばす; (議論が) 延々と続く

**мýсор** [ムーサル] [男1] 〔garbage〕①ごみ: быстовóй ~ 家庭ごみ | корзи́на для ~a ごみ箱 | разделéние [сортиро́вка] ~a ごみの分別 ②役に立たない[無用な, 有害な] こと ③警察官, ポリ公 ■ **косми́ческий ~** 宇宙ごみ, スペースデブリ

**Мýсоргский** [рс/ркс] [形3変化] [男] ムソルグスキー (Модéст Петрóвич ~, 1839-81; 作曲家: オペラ «Бори́с Годунóв»『ボリス・ゴドゥノフ』, ピアノ曲 «Карти́нки с выставки»『展覧会の絵』)

**мýсорн|ый** [形1] ごみの: ~ я́щик ごみ箱

**мýсорить** -рю, -ришь [不完] / **на~** [完] 《話》ごみを散らかす, ごみだらけにする

**мусоровóз** [男1] ごみ収集車

**мусородроби́лка** [女2] ディスポーザー

**мусоропровóд** [男1] ダストシュート // **~ный** [形1]

**мýсоросжигáтельн|ый** [女2] ごみ焼却用の: -ая печь 焼却炉

**мýсороубóрочн|ый** [形1] ごみ収集の: -ая маши́на ごみ収集車

**мýсорщик** [男1] ごみ収集人, 塵芥清掃作業員

**мýсс** [男1] 〔菓子〕ムース // **~овый** [形1]

**мусси́рова|ть** -рую, -руешь 受追 -анный [不完] ①泡立てる ②(飲み物が) 泡立つ ③誇張する, 膨らます; (マスコミが) 大げさに取り扱う, 騒ぎ立てる: ~ слýхи 噂を言いふらす // **-ние** [中5]

**муссóн** [男1] 〔気象〕①モンスーン, 季節風: тропи́ческие ~ы 熱帯性モンスーン ②(モンスーンが原因の) 豪雨, 大雨 // **~ный** [形1]

**мустáнг** [男2] 〔動〕マスタング (北米産の小型野生馬)

*мусульмáн|ин** -а/-не, -а/-нам [男2] / **-ка** 複生 -нок [女2] (Muslim) ムスリム (イスラム教徒の自称)

**мусульмáнск|ий** [形3] ムスリムの, イスラム教の: -oe прáво イスラム法

**мусульмáнство** [中1] イスラム教, 回教 (ислáм)

**мутагéн** [男1] 〔生〕突然変異誘発要因[物質] // **~ный** [形1]

**мутáнт** [男1] ①〔生〕突然変異体, 変種, ミュータント: ~ ви́руса ウイルス変異体 ②非道徳的な人間 // **~ный** [形1] <①

**мутáция** [女1] ①〔生〕突然変異 ②声変わり (~ гóлоса) ③突然変化すること // **-ио́нный** [形1]

**мути́ть** мучý, мýтишь/мути́шь [不完] 〈囲〉①〔完 вз~, за~〕〈液体〉を濁らせる ②〔完 по~, за~〕〈意識・感覚・思考を〉鈍らせる, 曇らせる: Боль мути́т сознáние. 痛みで意識が混濁する ③〔完 **c~**〕《話》(他者の) 不安感を煽る ④〔無人〕Мути́т от лекáрств. 薬のせいで気持ちが悪い ◆ **~ вóду** (1)混乱させる (2)騒ぎ立てる, トラブルメーカーである

**мути́ться** мýтится [不完] 〈囲〉①〔完 **за~**〕(液体・水が) 濁る ②〔完 **по~**〕《話》(意識が) もうろうとする ③〔無人 мýтится〕[不完] 意識が半ばもうろうとする: В голо́ве мути́тся. 頭がくらくらする

**мутнéть** [不完] / **по~** [完] ①濁る ②視界がかすむ, (意識が) もうろうとする

**мýтно** [副] かすんで, ぼんやりで ②[無人述] 〈見は〉気分が悪い

*мýтн|ый** 短-тен, -тнá, -тно, -тны/-тны́ [形1] 〔turbid, cloudy, dull〕①(液体・水が) 濁った; 汚れた: ~

раство́р 不透明の溶液 ② 曇った，くすんだ，つやが失せた：~ое зе́ркало くすんだ鏡 | ~ые глаза́ どんよりした［活気のない］目 ③《略》意識がもうろうとしている，ぼーっとしている状態 ④《略》評判の悪い，怪しげな ⑤［男名］不審者
◆*в ~ой воде́ ры́бу лови́ть* 混乱に乗じて利をあげる，「火事場泥棒」(←よどんだ水の中で魚を捕る)  **//-ость**

**муто́в|ка** 複生 -вок [女2] ①《植》輪生，環生 ② 攪拌棒：ба́рная ~ マドラー(カクテル用) ③ 泡立て器(сбива́лка)

**му́торный** 短 -рен, -рна [形1]《俗》気分が晴れ晴れしない，気乗りがしない，憂鬱な

**муть** [女10] ①(底に溜まった) 澱(おり)，沈殿物，にごり ② もや，霧；闇 ③ 頭がさえない［もうろうとした］状態：(心が)晴れない状態 ④《略》くだらないこと，つまらないもの

**муфт|а́[¹]** [女1] マフ(筒型で手を入れる婦人用防寒具)  **//-евый** [女2]《指小》**-очковый** [形1]

**муфт|а́[²]** [女1]《技》連結器：カップリング；クラッチ；ソケット，フープ；〔電气〕ケーブル用コネクタ［アダプタ］；ケーブルボックス，(ガス管接続用)カプラー（消火栓の配管のめねじ(~ча́пка))  **//-овый** [形1]

**му́фтий** [男7]《イスラム》ムフティー(イスラム法学者)

\***му́х|а** [М-ч] [女1] 《昆》ハエ，双翅目の昆虫の総称：~ цеце́ ツェツェバエ ◆*как со́нная* ~《俗》だらだらして言う | *из ~и слона́ де́лать* 些細なことを大げさに言う | 甲 *и ~и не оби́дит* ~は虫も殺さないようなお人好しだ | *бе́лые* ~и 風花，(初冬の)雪片：до бе́лых мух 雪の頃までに | *быть под -ой*《俗》一杯機嫌だ

**Муха́ммед** [男1]《イスラム》ムハンマド（開祖）

**мухл|ева́ть** -лю́ю, -лю́ешь [不完]；**с~** [完]《俗》いかさまをやる，欺く  **//-ёвка** [女2] いかさま

**мудо́хать** [不完]／**за~** [完]《俗》《粗》苦しめる，へとへとにさせる  **//-ться** [不完]／**за~** [完]《俗》苦しむ，へとへとになる

**мухоло́в|ка** 複生 -вок [女2] ① ハエ捕り器：электро́нная ~ 電撃殺虫器 ②《植》ハエトリグサ(venéрина ~) ③《虫》ゲジ(節足動物) ④《鳥》ヒタキ科の鳥：сини́ца ~ オオル | **мухоло́вковый** [形1]  <④: -ые> [複名]《鳥》ヒタキ科

**мухомо́р** [男1]《茸》ベニテングタケ(кра́сный ~；有毒) | 《複》テングタケ科(多くが毒キノコ)：~ *бе́лый* [*весе́нний*] シロタマゴテングタケ（猛毒) | ~ *воню́чий* ドクツルタケ（猛毒)  **//-ный** [形1]

**мухо́ртый** [形1] (馬の毛色に)鹿色や黄色の斑点がある

**му́чать(ся)** [不完]《話》= му́чить(ся)

**муче́ние** [中5] ① 苦しみ，苦悶 ②《述語》全く手に負えない

**му́чени|к** [男2] **/-ца** [女3] ① 受難者，犠牲者 ②《宗》殉教者；《正教》致命者

**му́ченический** [形1] 受難に満ちた，殉教の：~ая *смерть* 殉教の死

**му́ченичество** [中1]《雅》受難，殉教；《正教》致命

**мучи́тель** [男5] **/-ница** [女3] (他人を)苦しめる人；迫害者，虐待者

**мучи́тельный** 短 -лен, -льна [形1] 苦しみを与える，苦悶させる，痛ましい：~ *ка́шель* 苦しそうな咳 | ~ *вопро́с* 難題  **//-ость** [女10]

\***му́чить** -чу, -чишь 受過 -ченный／**за~, из~** [完]〔torment〕① 苦しめる，悩ませる：Его́ *му́чит жа́жда* [*го́лод*]. 喉の渇き[飢え]が彼を苦しめる ② いじめる：Переста́нь *му́чить ко́шку*! 猫をいじめるのはやめなさい! ③《略》うんざりさせる：~ *вопро́сами* 質問でうんざりさせる ④《略》(願望・好奇心が満たされず)いらいらさせる，じれったく思わせる

\***му́читься** -чусь, -чишься／**за~, из~** [完] ① (от 田/因に)苦しむ，悩む：~ *от бо́ли* 痛みで苦しむ ②《話》《病気・痛みで》苦しむ；《疑いなどで》悩む：~ *живото́м* お腹の痛みで苦しむ | ~ *сомне́ниями* 猜疑心が積もって煩悶する ③《話》《с⑤/над⑤》難題に手こずる：~ *с ремо́нтом кварти́ры* 家の修理に手こずる

**му́ч|ка** 複生 -чек [女2]《愛称》< мука́

**мучи́ст|ый** 短 -ист [形1] ①《大量の》粉[デンプン]を含む ② 粉色の，白い  **■-ая роса́**《植》ウドンコ病

**мучн|о́й** [形1] ① 粉の，小麦粉の 小麦粉料理の小麦粉を混ぜ合わせた材料：ミックス粉 ② 小麦粉色の，白い ③ **-о́е** [中名] 小麦粉料理(-о́е блю́до)：パン，麺，パスタ，饅頭，餃子，クレープなど

**муши́ный** [形1] ハエ(му́ха)の

**му́ш|ка** 複生 -шек [女2] ①《指小》< му́ха ②《銃の》照星：*взять* ~ *на* -*у*《話》…に狙いを定める | *держа́ть* 囲 *на* -*е*《話》狙いを付ける；常に脅かす ③ つけぼくろ ④ (ベールなどの)水玉[斑点]模様  **■ бе́лые -и пе́ред глаза́ми**《医》飛蚊症

**мушке́т** [男1] マスケット銃  **//-ный** [形1]

**мушкетёр** [男1] ① マスケット銃を装備した兵士 ② フェンシング選手，剣士  **//-ский** [形3]

**мушмула́** [女1]《植》セイヨウカリン属：~ *япо́нская* ビワ

**муштра́** [女1]《軍》(厳格な)教練：スパルタ式指導

**муштр|ова́ть** -ру́ю, -ру́ешь 受過 -о́ванный [不完]《話》(主に)軍事教練を施す  **//вы́~** [完]《話》(スパルタ式の)厳しい教育／指導を施す

**муэдзи́н** [男1]《イスラム》ムアッジン(礼拝を呼びかけるアザーンを唱える役)

**МФА** [эмэфа́] 《略》междунаро́дный фонети́ческий алфави́т 国際音声記号，IPA

**МХАТ** [мха́т] 《略》Моско́вский Худо́жественный теа́тр им. М. Го́рького ゴーリキー記念モスクワ芸術座

**МХТ** [эмхаэте́] 《略》Моско́вский Худо́жественный теа́тр им. А.П. Че́хова チェーホフ記念モスクワ芸術座

**мча́ть** мчу, мчишь [不完]《話》①《略》急いで運ぶ，急送する ② = мча́ться

\***мча́ться** мчусь, мчи́шься [不完]〔rush, race〕(人・物・川・時などが) 猛スピードで走る，疾駆する：《話》疾走する：*Мча́тся автомоби́ли*. 自動車が疾走している | ~ *со всех ног* 全速力で疾走する | *Дни мча́тся дня́ми*. 日々があっという間に過ぎていく | *Вот мчи́тся тро́йка почтова́я.* ほら，3頭立ての郵便馬車が駆けていく (民謡「トロイカ」の曲名から)

**МЧС** [эмчеэ́с] 《略》Министе́рство по дела́м гражда́нской оборо́ны, чрезвыча́йным ситуа́циям и ликвида́ции после́дствий стихи́йных бе́дствий （民間防衛）・非常事態（・災害復旧）省

**мши́стый** 短 -ист [形1] 苔むした，苔だらけの：《話》苔のような

**мще́ние** [中5] ① 復讐，報復，リベンジ，仇《敵》討ち ② 復讐心，執念，積年の恨み：*дыша́ть* -*ием* 積年の恨みを抱く，復讐心を燃やす

**мщу** [1単現] < мстить

\***мы** [м-] нас, нам, нас, на́ми, нас [代]《人称》〔we〕《1人称複》① 私たち，私どもは：*Этот год мы провели́ вме́сте*. この1年を私たちは一緒に過ごした | *У нас есть да́ча.* 私たちは別荘を持っている | *Нам мно́го на́до.* 私たちには多くが必要だ | *Пойдёмте с на́ми.* 私たちと行きましょう ②《мы с⑤の形で》連帯感を示して：*мы с жено́й* [*му́жем, тобо́й*] 私と妻[夫，君]は | *Мы с отцо́м лови́ли ры́бу.* 私と父は魚釣りをした ③《文》(著者・君主・国王が*я*の意味で) 吾人，筆者，朕；《俗》(威厳を示して) 俺様；《古》(農工商人層に) 私ら；

áвторское «мы» 著者の「мы」 ④ (病人・児童・弱者へ共感を示す уы, вы) あなた Ну, как ~ себя чувствуем? ねえ, 気分はいかがかな

**мы́за** [女1] (バルト地方の) 農地付の地主屋敷, ムィザ

**мы́кать** [不完] = мы́каться ② 連れ回す ◆~ век [жизнь] [話] 惨めな暮らしをする, 貧乏生活を送る | го́ре ~ [話] 貧しい暮らしを余儀なくされる

**мы́каться** [不完] [俗] ① さまよう, 放浪する ② (用事で) あちこち動き回る

**мы́лить** -лю, -лишь [不完]受 -ленный [不完] / **на-** [完] ① [囲] 石けんで洗う: ~ ру́ки 手を洗う ② (水などに) 石けんを溶かす ③ [話] 電子メールを送る ◆~ го́лову ① [俗]…を厳しく叱る, こっぴどくやっつける

**мы́литься** -люсь, -лишься [不完] / **на-** [完] ① 自分の体を石けんで洗う ② 泡立つ: Это мы́ло хорошо́ *мы́лится.* この石けんは泡立ちがよい ③ [俗] 行こうとする, 逃げようとする ◆не мы́литься, бри́ться не бу́дешь 期待しない割りに, うまくいかない

**мы́лк|ий** 短 -лок, -лка́/-лка, -лко 比 мы́льче/мы́льче [形3] (石けんの) 泡立ちがよい ‖**-ость** [女10]

**мы́л|о** [ムィール] 複 мыла́, мыл, мыла́м [中1] [soap] ① 石けん, シャボン: кусо́к *-a* 石けん1個 | туале́тное [жи́дкое, хозя́йственное] ~ 化粧[液体, 洗濯]石けん | ~ для бритья́ シェービングクリーム
② [単] (馬の) 白い泡汗: Лóшадь в *-е*. 馬は汗だらけだ | весь в *-е* [俗-учит]…で (駆けて・疲労で) 汗だくだ
③ [話] 電子メール (mail との発音の類似から)
◆меня́ть ши́ло на ~! ① 無駄なことをする / Судьо́й на ~! [俗][スポ] 審判へのブーイング ‖**мы́льце** 複生 -лец [中2] [指小]

**мы́ло**|**варе́ние** [中5] 石けん製造 ‖**-ва́ренный** [形1]

**мы́льниц|а** [女3] ① 石けん箱[置き] ② [若者・話・戯] コンパクトカメラ:《若者・戯》 小型電気製品 ■**туф-ли -ы** 安物のビニールサンダル

**мы́льн|ый** 短 -лен, -льна [形1] ① 石けんの, 石けん成分を含有する ② 石けんが付着した ③ (馬の) 汗をかいている ■~ пузы́рь (1) シャボン玉 (2) [経] バブル | -ая о́пера ソープオペラ, メロドラマ | -ое де́рево [植]ムクロジ属 | ~ ка́мень [鉱] 石鹸石

**мы́мра** (女1変化) [男・女] [話] つまらない陰気なやつ

***мыс** 前 о -е, на -е́/-у́ -ы́/-ы́ [男1] [cape] ① 岬 ② [複 -ы] 尖って下面に突き出た部分, 突起
■~ Де́жнева デジニョフ岬 (チュコト半島先端; ユーラシア大陸最東端) | ~ Доброй Наде́жды 喜望峰 ‖**мы́сик** [男2], **мысо́к** -ска́ [男2] [指小]

**мы́сленно** [副] 心で[イメージ]の中で

**мы́сленн|ый** [形1] ① イメージとして描き出される, 想像の; 口に出さない ② 頭の中だけでの, 架空の: *-ая* трениро́вка イメージトレーニング ■**-ая экспери-ме́нт** 思考実験 | **~ о́браз** 心像, メンタルイメージ | *-ая* огово́рка (1) [法]心裡留保 (2) [神学] 心中留保

**мысле́те** (不変) [中] 字母 М の古い呼称 ◆писа́ть ~ [話] 酔っ払って千鳥足で歩く

**мы́слим|ый** 短 -им [形1] 考えられる, あり得る
◆М-ое ли де́ло? [話] そんなことがあり得るか?

**мысли́тель** [男5] ① 思想家 ② (市場の) 相場師, 投機家, 仕手筋

**мысли́тельн|ый** [形1] 思考(力)の: *-ая* спосо́бность 思考能力

***мы́слить** -лю, -лишь [不完] [think, conceive] ① (筋道を立てて) 考える, 思考する, 考えを組み立て描く ② [不完了] …するつもりである:Я и не *мы́слил* возража́ть. 私は反対の気持ちを毛頭なかった ④ [н] [о́] 考える, 思う

**мы́слиться** -лится [不完] [話][囲] 思われる, 考えられる: Бу́дущее *мы́слится* мне прекра́сным. 私には未来が素晴らしいものに思われる

***мысл|ь** [ムィースリ] 複 -ей [女10] [thought, idea] ① 思惟(い), 思考, 考え, 考えること: о́браз *-ей* 考え方 ② 着想, 思いつき, アイディア: не держа́ть в *-ях* …を夢にも思わない | собра́ться с *-ями* 考えをまとめる ③ 思い, 想い: не име́ть в *-ях* …のことを考えない ④ [複] 信念, 見解: ■ быть одни́х *-ей* с [囲] …と同じ見解である ⑤ (ある領域の) 知識, 認識
◆при одно́й *-и* о чем, 想像するだけでも

**мы́слящий** [形6] 思考力のある, 知的[理性]な, 考える

**мы́тарить** -рю, -ришь [不完] / **за~** [完] [話]《囲》いじめる, 嫌がらせをする ‖**-ся** [不完] / [完] [俗]《с [囲]》に苦労する ~ с деньга́ми 金に苦労する

**мы́тарство** [中1] [話] 苦しみ, 辛酸

**мы́тарь** [男5] [聖] 徴税人, 税吏 (★庶民から不当に金を巻き上げる「悪人・罪人」の象徴)

**мы́тый** [形1] 洗われた; きれいな

***мы́ть** [ムィーチ] мо́ю, мо́ешь 命 мо́й 受 мы́тый [不完] [wash] [完 вы́~, по~] 洗う, 洗浄する (比較) мы́ть は固形物の汚れ, 余分なものを洗浄すること; стира́ть は布類を揉んだりして洗浄すること): ~ ру́ки-су́ду, те́ло] 手[食器, 体]を洗う | Где мо́жно по-мы́ть ру́ки? どこで手を洗ったらいいですか
② (金などを得るため) 洗鉱する: ~ 'золото́й песо́к [саморо́дки] 砂金[塊金]を洗鉱する
③ 浴びせる, 洗い流す, 洗い去る ④ [犯罪] ロンダリングする ◆Рука́ ру́ку мо́ет. [諺] 相身互い

**мытьё** [中4] 洗うこと, 洗濯, 洗浄 ◆не -ём, так ка́таньем なんとかして試してみる

***мы́ться** [ムィーッツァ] мо́юсь, мо́ешься 命 мо́йся [不完] [wash] ① [完 вы́~, по~] (体・顔・手を) 洗う: ~ в ба́не [в ва́нне] 入浴する | ~ под душём [с мы́лом, тёплой водо́й] シャワーで[石けんで, お湯で] 体を洗う ② [受身] < мы́ть

**мыча́ние** [中5] (牛の) モーという鳴き声; (人の) 不明瞭なつぶやき声

**мыча́ть** -чу́, -чи́шь [不完] / **про~** [完] ① (牛が) モーモー鳴く ② ぶつぶつ言う, 不明瞭に話す: ~ что́-то в отве́т 口ごもって答える ◆Чья́ бы коро́ва мыча́ла, а твоя́ бы молча́ла. [諺] お前が言った義理か (←誰かの牛が鳴いても, お前の牛が黙るべき)

**мыша́стый** -аст [形1] (動物の毛色が) ネズミ色[灰色]の; (馬が) 河原毛の

**мышело́вка** 複生 -вок [女2] ① ネズミ捕獲器, ネズミ取り ② 罠, (ばったに抜け出せない) 危険箇所 ③ [スポ] (ロシア式クロケットで) フープを十字に組んだコート中央のゲート

**мы́шечн|ый** [形1] 筋肉の: *-ая* боль 筋肉痛 | *-ая* си́ла 筋力 | *-ая* тка́нь 筋肉組織

**мы́ший** [形9] ネズミの

**мыши́н|ый** [形1] ① ネズミの (ような) ② ネズミ[灰色]の ③ **-ые** [複名] ネズミ科 ◆~ жеребчик [皮肉] いい年をして女に目がない老人 | *-ая* возня́ 大騒ぎ, 空騒ぎ ■ ~ горо́шек [植] クサフジ

**мы́шк|а¹** [女2] ◆под *-ами* [-ой] 脇の下で[挟む] | под *-у* [-ой] 脇の下で (に抱える)

***мы́шка²** 複生 -шек [女2] ① [指小] < мышь ② [戯] [コン] マウス (мы́шь) ◆сиде́ть как ~ [話] とても静かに[おとなしく] いる

**мышкова́ть** -ку́ю, -куе́шь [不完] (キツネが) ネズミを捕る

**мышле́ние, мы́шление** [中5] ① 考えること; 思考 ② 思考力, 判断力, 知力

**мышо́нок** -нка 複 -ша́та, -ша́т [男9] 子ネズミ

***мы́шц|а** [女3] [muscle] 筋肉, 筋: дельтови́дная

~ 三角筋 | больша́я грудна́я ~ 大胸筋 | лобная ~ 前頭筋

**мышь** [ムィーシ] 複 -и, -е́й [女11] [mouse] ①[動]ネズミ: бе́лая ~ 白いネズミ | домо́вая ~ ハツカネズミ | полева́я ~ ノネズミ; セスジネズミ ②[コン]マウス: беспроводна́я [ла́зерная, опти́ческая] ~ コードレス[レーザー, 光学式]マウス ③《俗》騙して盗む[盗む]者 ◆наду́ться, как ~ на крупу́ 《話·戯》ふくれ面をする | 田 бе́ден как церко́вная ~ …は赤貧だ(←教会のねずみのように貧しい) | 田—ей не ло́вит 《話·戯》(すべきことをしないで)さぼっている

**мышья́к** -а́/-у́ [男2] [化·薬]ヒ素(記号 As) // **мышья́ков|ый** [形1]: -ая кислота́ ヒ酸

**мышьякови́ст|ый** [形1][化]亜ヒの, ヒ素の: -ая кислота́ 亜ヒ酸

**Мья́нма** [女1] ミャンマー

**мэ́йнфре́йм** [男1] [コン]メインフレーム

**мэр** [男1] [mayor] (市 го́род など)の長: ~ Москвы́ モスクワ市長 | ~ го́рода 市長 | ~ райо́на 区長 // **~овский** [形1]

**мэ́рия** [女9] 市[区]役所; その庁舎

**мэтр** [男1] ①教師 ②(芸術·学問の)師匠, 大先生, 大家

**мю́зикл** [男1] ミュージカル

**мюзле́** (不変) [中] ミュズレ(シャンパンの王冠)

**мю́ли** (不変)[複] ミュール(婦人用サンダル)

**мюри́д** [男1] 《イスラム》ミュリード, ムリード; その信徒(北カフカスのスーフィー教団; 18-19世紀に対ロ武装抵抗運動を展開)

**мя** 〔古形〕< меня́: Помилуй мя́. 〔正教〕我を憐めよ!(祈禱(きとう)文)

**мя́генький** [形3]《話》ちょっと柔らかい

*__мя́гк|ий__ [х] [ミャークキイ] 短 -го́к, -гка́, -гко́, -гки́/-гки́ 比мя́гче 最上мягча́йший [形3] [soft, mild, gentle] ①やわらかい, ふわふわした, (人体が)ふっくらした, (輪郭が)くっきりしていない: ~ хлеб 焼きたてのパン, ふかふかのパン | ~ дива́н クッションのよく効いたソファー | -ая ме́бель ソファー類 | -ая оболо́чка [解]軟膜 | -ая о́бувь 履き心地のソフトな履物 | -ая ста́ль [冶]軟鋼 ②心地よい, 穏やかな: го́лос 優しそうな声 | свет 穏やかな光 ③しなやかな, スムーズな, すべすべした: -ие движе́ния しなやかな動き ④柔和な, ソフトな, 温和な, (表現の)穏当な, (手段が)手ぬるい: ~ хара́ктер 優しい性格 | сде́лать замеча́ние в -ой фо́рме 穏やかな言い方でコメント[小言]を言う ⑤温情あふれる: ~ пригово́р 寛大な判決 ⑥温暖な, 気持ちのよい: ~ кли́мат 温暖な気候 ⑦(水が)軟水の ⑧[長尾](乗物の)座席がスプリングのきいた: ~ ваго́н 一等車 ⑨[長尾][言]軟音の(↔твёрдый)

■-ая поса́дка 軟着陸 | -зна́к 軟音符(ь) | -ое не́бо 軟口蓋

*__мя́гко__ [х] 比мя́гче [副] 柔らかく; おとなしく ◆~ говоря́ [выража́ясь] 控え目に言えば, 穏当な言い方をすれば

**мягкова́тый** [х] 短 -а́т [形1] やわらかすぎる; (食べ物が)ぐちゃぐちゃの

**мягкосерде́чие** [х] [中5] 善良さ, 柔和さ, おとなしさ

**мягкосерде́чн|ый** [х] 短 -чен, -чна [形1] 善良な, 柔和な, おとなしい // **-ость** [女10]

**мя́гкость** [女10] ①(手触りなどの)柔らかさ, ソフトさ, しなやかさ ②(態度の)軟らかさ, 柔軟さ; 温和[温情]さ ③人当たりの良さ, 優しさ; 及び腰な姿勢, 弱腰

**мягкоте́л|ый** [х] 短 -éл [形1]《話》①(体が)たるんだ, ぽっちゃりした; (果肉がやわらかい) ②(精神的に)弱い, 人の意見に流されやすい ③-ые [複][生]軟体動物(моллю́ски) // -ость [女10]②

**мягкошёрстный** [сн] [形1] 毛が柔らかい

**мяго́ньки|й** [形3] 《話》やわらかい, 和らげる

**мя́гче** [比較] < мя́гкий, мя́гко

**мягчи́ть** [х] -чи́т 受過-чённый (-чён, -чена́) [不完]《話·俗》①柔らかくする ②軽減する, 和らげる

**мяки́н|а** [女1] (穀物·豆の)殻粉, 殻 ◆на -е не проведёшь 諺 …は欺せない; 海千山千だ // —ный [形1]

**мя́киш** [男4] ①パンの白い部分 ②《話》(動物·鳥の)足裏の柔らかい部分; (犬·猫の)肉球

**мя́кнуть** -ну, -нешь 命 -ни 過 мя́к/-ул, -кла 能-кший/-увший [不完]/раз~ [完]《話》①柔らかくなる ②(力と抵抗を)萎える ③(性格·感情が)優しくなる, 人間が丸くなる

**мяко́нький** [形3] = мя́гкий

**мя́коть** [女10] ①(動物·人間の)柔らかい肉の部分; 《話》(食肉で)骨のついていない肉 ②果物の果肉

**мя́лка** 複生 -лок [女2] ①[繊]《揉む》ための道具; ~для карто́феля ポテトマッシャー ②《俗》シリコン製成人用玩具: грудь ~ おもちゃのおっぱい

**мя́млить** -лю, -лишь [不完] / про~ [完]《話》①もごもごしゃべる, ロごもる ②ぐずぐず引き延ばす

**мя́мля** 複生 -ль(б5変化) [男·女] 《俗》①もごもごしゃべる人 ②ぐず, のろま

**мяси́ст|ый** 短 -и́ст [形1] ①肉がしっかり[たくさん]ついた, 骨の少ない部位の ②(体格的に)太った, 肉付きよい[恰幅]のよい ③(植物が)果肉が厚い; 肉厚[多肉]の // -ость [女10]

**мясна́я** (形2変化)[女名]《話》肉屋, 精肉店

**мясни́к** -а́ [男2] ①精肉業者 ②《話》残忍な殺人鬼; 傭兵; 殺し屋 ③《俗》腕の悪い外科医

**мясно́е** (形変化)[中名] 肉料理

*__мясн|о́й__ [形1] [meat] ①肉の, 食肉[用]の: ~ скот 食肉用家畜 ②肉を使った, 肉入りの: ~ фарш 挽肉 | -ая пи́ща 肉中心の食生活, 肉食 | -ое блю́до 肉料理 ③食肉を扱う: ~ отде́л 食肉売り場

*__мя́с|о__ [сн] [中] [meat] ①(食材としての)肉, ミート: кра́сное ~ 赤肉(ビーフ, ラム, マトンなど) | бе́лое ~ 鶏肉等(チキン, ターキーなど) | со́евое ~ 大豆ミート | ру́бленое ~ ミンチ肉 | варёное [жа́реное] ~ 煮た[焼いた]肉 | тушёное ~ シチュー | пиро́г с ~ом ミートパイ | отделя́ть ~ от косте́й 肉と骨を分ける | отправля́ть 不完 на ~ を食肉処理場 ②《話》(動物の筋肉組織としての)肉(мы́шечная ткань): содра́ть ко́жу (на па́льце) до -а (指の)皮を肉が見えるほど引っかく ③《話》肉塊(мя́коть) ④《若者》乱暴もの ◆ди́кое ~ (傷が治って生じる)肉芽 | вы́рвать с ~ом (ボタンなどを)引きちぎる

**мя́со(-).** 《語形成》「肉の」

**мясое́д** [сн] [男1]《正教》肉食が許される期間, 斎(いみ)解禁期(↔мясопу́ст; 年4回の斎 пост の間の期間): рожде́ственский ~ 降誕斎解禁期(降誕斎後からマースレニツァまで)

**мясокомбина́т** [男1] 食肉加工工場

**мясоконсе́рвный** [形1] 食肉缶詰の: ~ комбина́т 食肉缶詰工場

**мясомоло́чный** [形1] 食肉と乳製品の

**мясопроду́кты** -ов [複1] 加工食肉製品(ハム·ソーセージなど)

**мясопу́ст** [男1] 《正教》断肉する期間, 斎(↔мясое́д) ②乾酪週(マースレニツァ ма́сленица の教会側の呼称; мясопу́стная [сы́рная] неде́ля とも) // **мясопу́стн|ый** [形1]: -ая суббо́та [正教]マースレニツァ前週の先祖供養のスボタ

**мясору́бка** 複生 -бок [女2] ①ミンチ器, 肉ひき器 ②大量殺戮, 大虐殺; 血なまぐさい戦闘

**мя́та** [女1] ①[植]ハッカ, ミント: ~ пе́речная ペパー

**мятеж**

ми́нт, сейо́ухакка | ~ колоси́стая スペアミント | ~ япо́нская ハッカと続くペニーロイヤルミント ②ハッカ汁(薬用) ③《話》ミント茶

**мяте́ж** -á [男4] 反乱; 暴動: подня́ть ~ 暴動を引き起こす

**мяте́жни|к** [男2] **-ца** [女3] 暴動に加わった者, 暴徒

**мяте́жн|ый** 短-жен, -жна [形1] ①反乱を起こした, 反乱に加わった: -ые войска́ 反乱軍 ②不穏な, 心乱れる

**мя́тлик** [男2] 〘植〙イチゴツナギ属

**мя́тный** [形1] ミントの, ミントから抽出した

**мя́т|ый** [形1] ①しわくちゃの, しただだっけの: -ая руба́шка しわくちゃのシャツ ②つぶした, しぼった: -ая карто́шка じゃがいものピュレ ③《話》(表情が)元気のない, ひどく疲れ切った

**мять** мну, мнёшь 受過 -тый [不完] 〈胛〉①[完 **раз-**] 力を加えて柔らかくする: ~ те́сто [гли́ну] 生地 [粘土]をこねる ②[完 **из-, с-**] 力を加えてくちゃくちゃにする: ~ пла́тье ドレスをしわくちゃにする | ~ траву́ 芝生を荒らす ③[完 胛]《話》押しつける, 圧迫する: ~ бока́ 胛 人込みでぎゅうぎゅうにする;《俗》殴る

**мя́ться** мнусь, мнёшься [不完] [完 **по-**] ①[完た **из-, с-**] 押しつぶされる; しわになる ②《話》足踏みする; (決められずに)もじもじする, ためらう

**мя́у** [間] 〘擬声〙ニャア(猫の鳴き声)

**мяу́кать** [不完] **/про-** [完], **мяу́кнуть** -ну, -нешь однократ [一回] (猫が)ニャアと鳴く

**// мяу́канье** [中4]

*мяч [マーチ] -á [男2] [ball] ①ボール, 玉, まり: те́ннисный [футбо́льный, волейбо́льный] ~ テニス [サッカー, バレー]ボール | ко́жаный [рези́новый] ~ 革[ゴム]製ボール | пойма́ть ~ ボールをキャッチする | игра́ть в ~ ボールで遊ぶ | уда́рить по -у́ ボールを蹴る ②〘スポ〙シュート: заби́ть три -á シュートを3本決める | броса́ть ~ в кольцо́ 〘バスケット〙シュートする ③(相手側からの)返答, レスポンス, 決定: *M*~ на ва́шей стороне́. あなたが返事[決定]する番だ // **~ик** [男2] [指小]

---

# Н н

**Н** 〘記号〙ニュートン

**н.** 〘略〙но́вый; наш; норма́льный

**н.-** 〘略〙но́во..

*на¹ [ (★特定の結合では[ナー]: на́ гору, на́ лом, на́ ночь など) [前] [on, onto, at] **I** 〈胛〉〘方向・対象〙① (上・表面に向かう動作の対象)…の上に表面に[へ] (•-с¹): положи́ть кни́гу на стол 本を机の上に置く | сесть на сту́л椅子に座る | вле́зть на де́рево 木によじ登る ②(運動が向かう場所)〈仕事・行事・ある種の施設・広場・通り・海・湖・川・山・島・半島・ある種の地名など〉…へ(•-с¹) (★内部の意味では в 対格が一般的; →в): е́хать на пло́щадь [по́чту, вокза́л] 広場[郵便局, 駅]に行く | идти́ на рабо́ту [сва́дьбу] 仕事 [結婚式]に行く | подня́ться на го́ру 山に登る | пойти́ на́ реку 川へ行く | пое́хать на мо́ре 海へ行く ③(運動・動作の方向・対象・方位)…に, を; に: бе́жать на стук 物音のする方に走る | дви́гаться на юг 南に移動する | по́езд на Москву́ モスクワ方面行き列車 | О́кна выхо́дят на пруд. 窓は池に面している | посмотре́ть на па́рня 青年を見る | нажа́ть на кно́пку ボタンを押す | позвони́ть на моби́льный телефо́н 携帯電話に電話する ④〘接触・衝突・攻撃・不意の対象〙…と: Я натолкну́лся *на* интере́сную статью́. 私は偶然面白い記事を見つけた ⑤〘負担・責任・権利の所在〙…に: свали́ть вину́ за всё неуда́чи на мать 全ての不首尾の責任を母に押しつける | Он взял на себя́ все забо́ты о семье́. 彼は家族を全て引き受けた | зарегистри́ровать автомоби́ль на и́мя му́жа 夫の名義で自動車を登録する ⑥〘交換・転換・移行の対象〙…に[へ]: перейти́ на ты互いに"ты"で話す関係になる | обменя́ть рубли́ на до́ллары ルーブルをドルに両替する | перевести́ рома́н на ру́сский язы́к 長編を露訳する ⑦〘依拠の対象〙…に[で]: жить на одну́ зарпла́ту 給料だけで暮らす | полага́ться на дру́га 友人を当てにする ⑧〘対応・反応・適用の対象〙…に[に対する]: отве́т на вопро́с 質問への回答 | согласи́ться на заключе́ние контра́кта 契約締結に対して同意する | разреше́ние [запре́т] на экспорт зерна́ 穀物輸出に対する許可[禁止] | спрос на нефть 石油に対する需要 | биле́т на спекта́кль 観劇のチケット | ле́кция на те́му ... …というテーマの講演 ⑨〘発見・関与・知覚の領域〙…が[において]: бо́йкий на слова́ 弁が立つ | скупо́й на цвета́ 色彩に乏しい | слова́ с осно́вой на согла́сный 語幹が子音で終わる語 | понима́ть на слух 聞いてわかる ⑩〘目的・目標・用途〙…用[向け]で: кни́га, рассчи́танная на дете́й 子ども向けの本 | отре́з на пальто́ 外套(一着分)の生地 | брать молоко́ на за́втрак 朝食に牛乳を摂る ⑪〘様式・様態〙…で[に]: продава́ть на вес 目方で売る | рабо́тать на све́жую голо́ву さわやかな頭で仕事をする | Он похо́ж на отца́. 彼は父親に似ている | на ра́дость сосе́дей 隣人たちが喜んだことには

**II** 〈胛〉〘時間・期間・時期〙…に: Проведе́ние аукцио́на назна́чено на 5 (пя́тое) ию́ля. オークションの開催は7月5日と決まった | Совеща́ние заплани́ровали на 10 (де́сять) часо́в утра́. 会議は朝10時かに予定されている | на тре́тью дека́ду ноября́ 11月下旬に ②(ある未来から見た未来)…に: на сле́дующий, друго́й,序数詞を伴い)…に: на сле́дующий день 翌日 | на пя́тый день 5日目に ③〘祝祭日〙…に: на Но́вый год 新年に | на Па́сху [Рождество́] 復活祭[クリスマス]に ④〘時間的接近〙(特定の結合に)…にも: со дня на день 今日明日にも ⑤〘動作が及ぶ期間〙…の予定で: план на три го́да 3か年計画 | Она́ уезжа́ет к роди́телям на ме́сяц. 彼女は1か月の予定で帰省する | запа́с продово́льствия на́ зиму 一冬分の食糧の貯え | ка́рта до́ступа в Интерне́т на 6 (шесть) часо́в 6時間分のインターネット利用カード

**III** 〈胛〉〘数量〙①〘分量の設定〙…分の: бег на сто ме́тров 100メートル走 | флэ́шка [фла́шка] на 2 (два) гигаба́йта USBフラッシュメモリ | автостоя́нка на 50 (пятьдеся́т) маши́н 50台駐車可能な駐車場 ②〘乗除法・分割・配分〙…で, …に: раздели́ть уча́сток ме́жду насле́дниками на три ра́вные ча́сти 地所を相続人の間で3等分する | умно́жить пять на три 5に3を掛ける | на ду́шу населе́ния 人口1人当たり | три ме́тра (в длину́) на два́ (ме́тра в ширину́) 長さ3メートル幅2メール | В на́шей стране́ на ка́ждые сто челове́к прихо́дится 5 (пять) по́льзователей Интерне́та. わが国では100人当たり5人のインターネット利用者だ ③〘数量差・変化量〙…だけ: Он был на́ год [на́ два, на два и два ме́сяца] моло́же хозя́ина. 彼は主人より1歳 [2歳, 1歳2か月]年下だった

**IV** 〈胛〉〘位置・状態〙①〘平面上・表面の位置〙…の上[表面]で: сиде́ть на сту́ле [крова́ти] 椅子[ベッド]に座っている | цара́пина на руке́ 手の引っかき傷 | *На* стене́ виси́т портре́т. 壁に肖像画がかかっている

| по́дпись на прика́зе 命令書の署名 | Кто́ э́то на карти́не [фотогра́фии]? この? 絵[写真]の人は誰ですか | носи́ть плато́к на плеча́х ショールを肩に掛けている | На нём бе́лый хала́т. 彼は白衣を着ている ② 〈動作・存在の場〉活動の時と場所・行事・ある種の施設・広場・通・海・湖・川・山・島・半島・ある種の地名・方角など…の (→в): на ро́дине, рабо́те] 工場[故郷, 職場]で | Вы на сле́дующей выходно́й? 次の駅[停留所]でお降りになりますか | смотре́ть матч на стадио́не スタジアムでゲームを観戦する | хране́ние това́ра на скла́де 商品の倉庫での保管 | вы́ступить на пре́сс-конфере́нции 記者会見で発言する | жи́ть на Кавка́зе カフカスに住む | на восто́ке Москвы́ モスクワの東部で | ③〈集中・負荷〉…: сосредото́чить всю любо́вь на ребёнке 愛情を全て子どもに注ぐ | Вина́ за оши́бку лежи́т на мне́. 過失の罪は私にある | На́ша компа́ния специализи́руется на произво́дстве и прода́же хлопча́тобума́жных тка́ней. 当社は綿織物の製造と販売を専門としている ④〈手段・道具〉…で: игра́ть на роя́ле [скри́пке] ピアノ[ヴァイオリン]を弾く | е́хать на маши́не [авто́бусе, по́езде, метро́] 自動車[バス, 列車, 地下鉄]で行く | е́хать на эскала́торе エスカレーターに乗って行く | ката́ться на конька́х [лы́жах] スケート[スキー]で滑る | обрабо́тать ви́део на компью́тере コンピュータで動画を加工する | размести́ть на са́йте サイトにアップする | рабо́тать на га́зе [жи́дком то́пливе, электри́честве] ガス[液体燃料, 電気]で稼動する | вари́ть на ме́дленном огне́ 弱火で煮る | насто́йка на спирту́ 蒸留酒ベースの浸酒 | догово́р на ру́сском языке́ ロシア語で書かれた契約書 ⑤〈根拠・土台・支持〉…に: на основа́нии трудово́го догово́ра 労働契約に基づいて | зарабо́тать (потеря́ть) на ку́рсовой ра́знице при обме́не валю́ты 外貨両替の際に為替差で儲ける[損をする] | дверь на петля́х 蝶番で取りつけた扉 | пальто́ на меху́ 毛皮のコート ⑥〈状態・様態〉…[で]: на рабо́те [о́тдыхе] 仕事[休暇]中に | стоя́ть на ва́хте 当直中 | Э́та гости́ница на ремо́нте. このホテルは改装中だ | находи́ться на хране́нии в музе́е 博物館に保管されている | кругосу́точно находи́ться на свя́зи 24時間電話応答可能だ | соба́ка на цепи́ 鎖に繋がれた犬 | дверь на замке́ 錠がかかった扉 ⑦〈話〉〈多数〉〈圓〉на〈圓〉(同一の語で)…だらけ, …は…: оши́бка на оши́бке 間違いだらけで

V 〈圖〉〈時間・期間〉…に, …の時に: на э́той [про́шлой] неде́ле 今[先]週 | на рассве́те [зака́те] 明け方[夕暮]に | на (э́тих) дня́х 先日, 近日中に | на четвёртой неде́ле [второ́м ме́сяце] бере́менности 妊娠4週間目[2か月目]に | на пя́том году́ (о́т роду) は5歳の時に

*На́², На́те [助] 〈here, here you are〉〈話〉ほら, そら, 取りなさい ◆На́ тебе́〈驚き・憤慨〉おやめ, あきれた

на..〈接頭〉I〈動詞〉①「上(表面)に」: наложи́ть 上に置く ②「十分に」「たくさん」: наговори́ть たくさん話す ③「軽く」「そっと」: напева́ть 口ずさむ ④〈…さ助詞〉「思う存分」「気の済むまで」: нае́сться 腹いっぱい食べる ⑤〈完了体形成〉: написа́ть 書く
II〈名詞・形容詞〉「…の上(表面)にある」: насте́нный 壁に掛かっている | нару́кавник 腕カバー

**н.а.**〈略〉наро́дный арти́ст 人民芸術家(称号)

**наб.**〈略〉на́бережная

**наба́вка** -вок [女] 〈話〉追加, 増加; 追加額

**набавля́ть** [不完] / **наба́вить** -влю, -вишь 受過 -вленный [完] 〈圓〉追加する, 増す: ~ сто рубле́й на то́нну 1トンあたり100ルーブル追加する | ~ це́ну 値上げする | ~ ход スピードを増す // ~ся [不完] [受身]

# набалда́шник [男2] 杖の頭

**набало́ванный** [完] 受過 -о́ванный [完] 〈話〉〈圓〉甘やかして駄目にする: ~ ребёнка 子どもを甘やかしすぎる // ~ся [完] 〈話〉思う存分いたずらをする

**набалта́ть** [不完] / **наболта́ть** 受過 -о́лтанный [完] ①〈話〉〈圓〉в〈圓〉にかきまぜながら加える ②〈話〉〈圓/圓〉〈余計な・でたらめな・間違ったことを〉たくさんしゃべる: ~ глу́постей 愚かなことをくどくど言う ③〈話〉〈圓〉陰口を言う ④〈俗〉〈圓〉録音する, 吹き込む

**наба́т** [男1] 警鐘: бить в ~ 警鐘を鳴らす // **наба́тный** [形] : ~ ко́локол 警鐘

**набе́г** [男2] 襲撃, 侵入: кавалери́йский ~ 騎兵の襲撃 | соверши́ть ~ на 圓 …を襲撃する ◆с ~у [~у] いきなり, 飛びかかって

**набега́ть** [不完] -га́нный [完] 〈話〉〈圓〉走りすぎて〈悪い結果を招く〉: ~ (себе́) просту́ду [боле́знь се́рдца] 走りすぎて風邪をひく[心臓を病む]

**набега́ть** [不完] / **набежа́ть** -егу́, -ежи́шь, -егу́т 命 -еги́ [完] ①〈на圓〉…走ってきてぶつかる; 〈波が〉岸に打ち寄せる ②〈風が〉突然吹く ③〈話〉〈人が〉走って集まる ④〈話〉〈金利などが〉たまる ⑤〈不完〉〈無人称〉〈話〉〈服が〉しわになる: Пла́тье в та́лии набега́ет. ワンピースは腰のところがしわになっている ⑥〈涙・しわが〉現れる

**набе́гаться** [完] 思う存分走る, 走りすぎてへとへとになる

**набедокури́ть** [完] →бедокури́ть

**набе́дренный** [形] 腰[太もも]につける

**набежа́ть** [完] →набега́ть

**набезобра́зничать** [完] →безобра́зничать

**набекре́нь** [副] 〈圓〉(帽子が)横にずれて: наде́ть ша́пку ~ 帽子を横っちょにかぶる ◆мозги́ ~ у 圓〈話〉〈戯〉…は頭があれだ[おかしい]

**набели́ть(ся)** [完] →бели́ть(ся)

**на́бело** [副] きれいに, 仕上げとして: перепи́сывать ~ 清書する

**на́бережная** (形1変化)[女] ① 岸壁 ② 海岸[河岸]通り

**набережны́й** [形] 沿岸の ■ H-ые Челны́ ナーベレジヌィエ・チェルヌィー(タタルスタン共和国の中部市; 沿ヴォルガ連邦管区)

*набива́ть [不完] / наби́ть -бью, -бьёшь 命 -бе́й 受過 -тый [完] [stuff, fill] ①〈圓〉に圓を詰める, 詰め込む: ~ по́греб льдом 穴蔵に氷を詰め込む ②〈話〉〈通例受過〉〈圓〉で〈場所を多くの数量で〉満たす: зал, наби́тый пу́бликой 聴衆で満員のホール ③〈圓/圓〉в〈圓〉に詰め込む: ~ таба́к в тру́бку パイプにたばこを詰める ④〈圓〉(叩いて・打って)はめる, はめ込む: ~ о́бруч на ка́дку 桶にたがをはめる ⑤〈話〉〈圓〉(打って・こすって)こぶ[傷]をつくる, 損なう: ~ ши́шку на лбу 額にこぶをつくる ⑥〈圓〉プリント模様を付ける ⑦〈ある量〉打ち込む: ~ гвозде́й в сте́ну 壁に何本も釘を打ち込む ⑧〈話〉〈圓/圓〉(ある量)壊す: ~ посу́ды 食器を壊す ⑨〈圓〉(ある数)殺す, 射落とす ⑩〈話〉〈圓〉〈圓〉踏み固める ⑪〈話〉〈圓〉(ある量)叩く・打って落とす: ~ ши́шек 松ぼっくりを叩き落とす ⑫〈話〉〈通例無人称〉〈圓〉〈波・流れなどが岸へ〉押し戻す ⑬〈俗〉〈圓〉殴る ⑭〈俗〉〈圓〉負かす ⑮〈話〉〈IT〉キー入力する, タイプで打つ ◆~ ру́ку на 圓〈話〉…が上達する | ~ це́ну〈話〉値段をつり上げる | ~ себе́ це́ну〈話〉他者の自分に対する評価を上げる // ~ние [中5]

**набива́ться** [不完] / **наби́ться** -бью́сь, -бьёшься 命 -бе́йся [完] ①〈話〉大勢集まる ②〈俗〉〈圓のところへ〉強引に頼み込む: ~ в го́сти 客に押しかける ③〈不完〉〈受身〉<набива́ть

**наби́вка** 複生 -вок [女] ① 詰める[詰め込む]こと; 詰め込み, 充填 ② 詰め物, 充填物, パッキング

**набивн|о́й** [形2] ①詰め物をして作った: ~ матра́ц 充填マットレス ②はめ込むための: ~ о́бруч はめ込み用のたが ③プリント模様の: ~ плато́к プリント模様のスカーフ ④詰め込み用の: *-а́я* маши́на 充填機

**набива́ние** [中5] <набива́ть

**набира́ть** [不完] / **набра́ть** [ナビラーチ/ナブラーチ] -беру́, -берёшь 命 -бери́ 過 -а́л, -ала́, -а́ло, -а́ли過受 -́анный [collect, take] ①(徐々に・何回かに分けて)たくさん集める、取り集める: ~ цвето́в 花を摘む | ~ корзи́ну грибо́в 籠いっぱいのキノコを採る | ~ большинство́ голосо́в на вы́борах 選挙で過半数の票を獲得する (b)《話》《液体を》吸う、吸い取る: Я *набра́л* в сапоги́ воды́. 私の長靴が水でいっぱい濡れた (c)《経験・力で徐々に》蓄える: ~ си́лу[си́лы] 力をつける | ~ попуя́рность 人気を増す ②《囲》《ある段階・限界に徐々に》達する: ~ ско́рость 速度を上げる | ~ вес и мы́шечную ма́ссу 体重と筋肉量を増す | Дви́гатель не *набира́ет* оборо́ты. エンジンの回転数が上がらない ③《囲》募集する、雇う;編成する: ~ рабо́чих на заво́д 工場に労働者を雇う | ~ кома́нду баскетболи́стов バスケットボールチームを編成する ④《囲》組み合わせて作る《数字・記号などを》組み合わせる: ~ буке́т цвето́в 花束を作る | ~ паро́ль на клавиату́ре キーボードでパスワードを入力する ⑤[印]組版する、植字する: ~ объявле́ние жи́рным шри́фтом 広告を太字で組む ◆*-в ро́т воды́* 頑として沈黙を守る

**набира́ться** [不完] / **набра́ться** -беру́сь, -берёшься 過 -а́лся, -ала́сь [gather] ①《無人称》《囲》《ある量[数]の…が集まる: *Набрало́сь* нема́ло наро́ду. 大勢の人が集まった ②《話》《精神的な力》を得る: ~ хра́брости 勇気を出す ③《話》《囲》《好ましくないものを》得る、ゆずり受ける、経験する: ~ ра́зных предрассу́дков 様々な偏見を植えつけられる ④《話》《囲》《必要なものを》蓄える: На его́ расхо́ды де́нег не наберёшься. 彼の出費をまかなえる額などどうせない ⑤《俗》酔っ払う ⑥《不完》《受身》<набира́ть ◆*С ке́м поведёшься, от того́ и наберёшься.*《諺》朱に交われば赤くなる

**наби́тый** [形1]《受身》<наби́ть: ~ дура́к *-ая ду́ра*《俗》大ばか者

**наби́ть(ся)** [完] →набива́ть(ся)

**\*наблюда́тель** [男5] / **~ница** [女3] [observer] 観察者:сторо́нний [посторо́нний] ~ 部外者、第三者の観察者 | слу́жебный ~《職務としての》観察者、監視者、監督者、オブザーバー | вое́нный ~ 軍事監視官 **⁄⁄-ский** [形3] 観察者の;傍観者的な

**наблюда́тельн|ый** 短 -лен, -льна [形1] ①観察力が鋭い ②観察[観測、監視]用の: ~ пункт《軍》監視所 **⁄⁄-ость** [女10] 観察力、慧眼

**\*наблюда́ть** [ナブリュダーチ] [不完] [observe, watch] ①《кого́/что́》по/кого́/что́》…を注視する、見守る: ~ восхо́д со́лнца 日の出を眺める | ~, как игра́ют де́ти 子どもたちが遊んでいるのを見守る ②《囲/無補語》気づく: ~ измене́ния в приро́де 季節の変化に気づく | ~ сниже́ние покупа́тельного спро́са 消費者需要の低下を認める ③《囲/за囲》を観察[観測、研究]する: ~ лу́нное затме́ние 月食を観測する | ~ за сердцебие́нием 心臓の鼓動を観察する ④《за囲》を監督[管理]する: ~ за ви́борами 選挙を監視する | ~ за детьми́ 子どもを見守る ⑤《旧》遵守する

**\*наблюда́ться** [不完] [be observed, occur]《3人称》①認められる、明らかになる、生じる: *Наблюда́ются* оши́бки. 誤りが明らかになった ②《受身》<наблюда́ть③⑤

**\*наблюде́ни|е** [ナブリュヂェーニエ] [中5] [observation] ①観察、観測;監視、監督: метеорологи́ческие *-ия* 気象観測 ②観察記録、観測デ一タ ◆*взя́ть*関*под* ~ …を監督する、見張る | *находи́ться под -ием* 監視下に置かれている

**наблюсти́** -юду́, -юдёшь過-юл, -юла́ 能過-юдший 受過 -юдённый (-дён, -дена́) [完] [旧]《囲》観察[監視]する

**набо́жн|ый** 短 -жен, -жна [形1] 信心深い、敬虔な **⁄⁄-ость** [女10] 信心深さ、敬虔さ

**набо́йка** 複生 -бек [女2] ①<наби́ть ②プリント模様の織物;その模様 ③《靴のかかとの》下張り ④打込模様 **⁄⁄-ечный** [形1]

**на́бок** [副] 横へ;脇に: Шля́па съе́хала *~*. 帽子が横にずれた

**Набо́ков** [男姓] ナボコフ《Влади́мир Влади́мирович ~, 1899-1977;作家、詩人、鱗翅(${}^{2∧}$)類研究家、チェス・プロブレミスト》

**наболе́вший** [形6] 即決を要する: ~ вопро́с 焦眉の問題

**наболе́ть** -е́ет/-ли́т [完] ①痛みが激しくなる ②《無人称》《気が》滅入る: На душе́ *наболе́ло*. 気が滅入った

**наболта́ть** [完] →наба́лтывать

**\*набо́р** [ナボール] [男1] [admission, set] ①《たくさん》集めること、集まったこと: ~ рабо́чей си́лы 労働力の募集 ②一揃い、一式、セット;寄せ集め: ~ инструме́нтов 工具一式 ③植字、組版;рассы́пать ~ 解版する ④馬具[革帯]の飾金 ⑤《海》船の骨組 ⑥長靴の胴の小ひだ ⑦《嘲》無意味な言葉の羅列 | *повтори́ть ~ но́мера* 再ダイヤルする

**набо́рн|ый** [形1] ①植字[組版]の ②《馬具が》飾金の付いた ③《髪》など小さに付いた ④寄せ集めして作った: ~ парке́т 寄木細工 ⑤*-ая* [女名] 植字室

**набо́рщик** [男2] 植字工

**набра́сывать**¹ [不完] / **наброса́ть** 受過 -о́санный [完]《ある量を・何回かに分けて》投げ捨てる、まき散らす ②《囲》さっと書きつける、さっと描く

**набра́сывать**² [不完] / **набро́сить** -о́шу, -о́сишь 受過 -о́шенный [完]《на囲》に投げかける、引っかける、投げかりで連結する: ~ шаль на пле́чи ショールを肩にかける

**набра́сываться** [不完] / **набро́ситься** -о́шусь, -о́сишься [完] ①《на囲》…に襲いかかる ②《話》《囲》に熱心に取りかかる: ~ на рабо́ту 仕事に取りかかる ③《на囲》に с囲》《人に非難などを》浴びせる: ~ с упрёками на шалуна́ 腕白小僧を叱りつける ④《不完》《受身》<набра́сывать²

**набра́ть(ся)** [完] →набира́ть(ся)

**набреда́ть** [不完] / **набрести́** -еду́, -едёшь 過 -рёл, -рела́ 能過 -рёдший [完] ①《на囲》に出くわす、めぐり合う ②《на囲》をとっさにひらめく、思いつく ③《無人称》《一か所に》集まる

**наброса́ть** [完] →набра́сывать¹

**набро́сить(ся)** [完] →набра́сывать²(ся)

**набро́сок** -ска [男2] ①[路]路、素描:каранда́шный ~ 鉛筆描きのスケッチ ②《話》原案、草案: ~ рома́на 小説の草案

**набры́згивать** [不完] / **набры́згать** 受過 -ганный [不完/囲/無補語] ~ …をはねかける: ~ кра́ской[кра́ску] на пол 床にペンキをはねかける **⁄⁄~ся** [不完]《受身》

**набрю́шник** [男2] 腹巻

**набрю́шный** [形1] 腹の周りの

**набуха́ть** [不完] / **набу́хнуть** -нет 命 -ни 過 -у́х, -у́хла 能過 -хший [完] ①《囲》《木の芽などが》養分をたくわえてふくらむ;《湿気・水分を吸ってふくらむ ②《まぶたなどが》腫れる: *набу́хшие* от бессо́нницы ве́ки 不

眠で腫れぼったくなったまぶた

**набуха́ть** [不完] 《俗》《田》入れ[注ぎ]すぎる: ~ ма́сла в ка́шу 粥(%)にバターを入れすぎる

**набуха́ться** [不完] / **набу́хаться** [完]《俗》酔っ払う

**нава́га** [女2]【魚】コマイ **// нава́жий** [形9]

**наважде́ние** [中5] 悪魔の誘惑による錯覚

**нава́л** [男1] ① < навали́ть(ся) 積まれたもの、やま ③《海》(接舷の際の誤操作による接触 ④《田》多量, 大量

**нава́ливать**[1] [不完] / **навали́ть** -валю́, -ва́лишь -ва́ленный [完] ①《田》в На⟨田⟩の上にのせる, 積む ②《話》⟨田⟩を На⟨田⟩に⟨負担・厄介なこと⟩負わせる: ~ всю рабо́ту на него́ 全ての仕事を彼に押しつける ③《話》⟨田⟩⟨田⟩乱雑に積み上げる ④《無人称》《話》⟨田⟩⟨雪などが⟩たくさん吹き寄せる, たまる ⑤《無人称》《話》⟨田⟩たくさん集まる: Наро́ду мно́го нава́лило. 大勢の人が集まった

**нава́ливать**[2] [不完] / **наваля́ть** 受過 -áлянный [完] ①《田》⟨田⟩フェルト製品をたくさん作る ②《俗》⟨田⟩⟨田⟩〈木などを〉乱雑に切り倒す ③《俗》《田》⟨田⟩そんざいにする[書く, 描く] ④《俗》《田》⟨田⟩ぶちのめす, 殴り倒す **// ~ся**[1] [完]⟨田⟩⟨田⟩〈1⟩

**нава́ливаться**[2] [不完] / **навали́ться** -алю́сь, -а́лишься [完] ⟨на 田⟩ ① 寄りかかる, もたれる ② (心配事・疑わしいことが) 降りかかる: (感情・疲労感などが) 襲う, 捉える ③《田》襲いかかる, 急襲する ④《田》非難する, 食ってかかる ⑤《俗》⟨仕事などに⟩熱心に取りかかる: ~ на еду́ 食べ物にかぶりつく ⑥《話》〈波・嵐などが〉押し寄せる ⑦《話》⟨на/в田⟩たくさん落ちる ⑧《海》右・左舷に傾く ⑨《田》《田》〈受身〉⟨田⟩

**нава́лка** [女2] ① 積み上げること, 積み込み作業 ②【海】(荷崩れによる船の)傾斜

**нава́лом** [副] ①《田》ばら積みで ②《俗》《述語》⟨田⟩…がたくさんある: У него́ де́нег ~. 彼のところにはお金がたくさんある

**навалоотбо́йка** [女2]【鉱】後山(お)作業

**навалоотбо́йщик** [男2]【鉱】採掘現場で運搬を分担する作業員, 後山(お) (↔забо́йщик)

**нава́лочный** [形1] 積み込みの: ~ пункт 積み込み所 ② ばら積みの

**наваля́ть** [完] →нава́ливать[2]

**наваля́ться** [完]《話》思う存分横になっている

**нава́р** [男1] ① 煮出し汁: грибно́й ~ キノコの煮出し汁 ②(スープに浮く)脂(ぷ) ③《隠》もうけ, 利益

**нава́ривать** [不完] / **навари́ть** -арю́, -а́ришь 受過 -áренный [完]《田》(ある量)煮て作る: ~ ухи́ на обе́д 昼食用に魚スープを作る ②[完]【工】《田》《田》(ある数量)溶解して作る: ~ ста́ли 鋼鉄を作る ③《田》⟨金属片を⟩溶接(兌)して接ぎ足す: ~ ле́звие топора́ 斧の刃を接ぎ足す ④《田》〈溶接[鍛接]で〉もうける, 利益を得る **// ~ся** [不完] [完]《俗》《на⟨田⟩》もうける, 利益を得る ②《不完》〈受身〉

**нава́ристый** 短-ист [形1] ①(スープが)こってり脂の浮いた ②《若者・隠》儲かる, 収入が多い

**навари́ть(ся)** [完] →нава́ривать(ся)

**нава́рка** 複生 -рок [女2] ① 溶接, 鍛接 ② 溶接[鍛接]された[物]

**наварно́й** [形2] 溶接[鍛接]された: -о́е ле́звие серпа́ 鍛接された鎌の刃

**нава́рный** 短 -рен, -рна [形1]《話》(スープなど)こってり脂の浮いた

**навастрива́ть** [不完] / **навостри́ть** -рю́, -ри́шь, -рённый (-рён, -рена́) [完] ①研ぐ, 尖らせる: ~ топо́р 斧を研ぐ ②しつらえる, 用意する: ~ лы́жи 帰り仕度をする, 急いで逃げ仕度をする ③鋭敏[敏感]にする: ~ у́ши 耳をそばだてる

**навастрива́ться** [不完] / **навостри́ться** -рю́сь, -ри́шься -рённый [完] ①《в⟨田⟩》⟨不定形⟩…が上達する: ~ петь 歌が上手くなる ② 耳をそばだてる, 注視する ③ 帰り[逃げ]仕度をする ④《不完》《受身》<навастрива́ть

**нава́щивать** [不完] / **навощи́ть** -щу́, -щи́шь 受過 -щённый (-щён, -щена́)[完]《田》蝋引きする

**наваять** [不完・戯・自肉]《田》作る, 作り出す

**навева́ть** [不完] / **наве́ять**[1] -е́ю, -е́ешь 受過 -е́янный [完] ①《田》⟨田⟩⟨風が⟩運んでくる ②《на⟨田⟩》〈気分・感情を〉もたらす: ~ сон на 田 …に眠気を催させる ◆ тоску́ на 田 …を憂鬱にする

**наведе́ние** [中5]< наводи́ть; (ロケットの)誘導

**наве́дываться** [不完] / **наве́даться** [完]《話》⟨к田⟩のところへ問い合わせに訪れる[立ち寄る]

**навезти́** [完] →навози́ть[1]

**наве́ивать** [不完] / **наве́ять**[2] -е́ю, -е́ешь 受過 -е́янный [完]《田》(ある量) 風選する

**наве́к, наве́ки** [副]《雅》永遠に

**навербо́вывать** [不完] / **навербова́ть** -бу́ю, -бу́ешь -бо́ванный [完]《田》(ある人数) 募集する ②《田》募集して組織[編成]する

**наве́рно** [ナヴェールナ] 《probably》《話》①《挿入》たぶん, おそらく(наве́рное): Н~, это интере́сно не одному́ мне. このことに興味を持っているのはおそらく私だけではないだろう ②《副》《旧》《а》確実に, 確かに (b) きっと, ず, きっと

**наве́рное** [ナヴェールナィェ] 《probably》《文》①《挿入》たぶん(наве́рно): Н~, тогда́ я был пьян. たぶん私はあの時酔っていたのだろう ②《副》《旧》確実に

**наверну́ть(ся)** [完] →наве́ртывать(ся), навора́чивать(ся)

**наверняка́** [ナヴィルニカー] [副] [for sure] [а] 確実に: сказа́ть ~ 断言する (b) 必ず, きっと: Приду́ ~. 私は必ず来る ② 確実を期して: стреля́ть ~ 必中を期して撃つ ◆ бить ~ 勝つ見込みのある勝負をする, あたりなくやる ◆ держа́ть пари́ ~ (不正に) 確実と知っている上で賭ける

**навёрстывать** [不完] / **наверста́ть** 受過 -вёрстанный [完] ⟨田⟩無補語⟩埋め合わせる, 取り戻す: ~ отстава́ние 遅れを取り戻す

**наверте́ть** [完] → навёртывать, наве́рчивать

**навёртывать** [不完] / **наверну́ть**[1] -ну́, -нёшь 受過 -вёрнутый [完]⟨田⟩を На⟨田⟩に巻きつける, しっかりとはめる ②[完 **наверте́ть**[1] -ерчу́, -е́ртишь]巻きつける **// наве́ртка** 複生 -ток [女2]

**навёртываться** [不完] / **наверну́ться**[1] -нётся [完] ①⟨на⟨田⟩⟩に巻きつく ②⟨на⟨田⟩⟩(ねじに)はまる ③《話》(涙が)出てくる ④《俗》偶然現れる: Слу́чай наверну́лся отли́чный. 絶好のチャンスが訪れた ⑤《話》落ちる, ひっくり返る

**наве́рх** [ナヴェールフ] [above] [up] ①⟨а⟩上へ, 上部へ; 上の階へ: подня́ться ~ 上昇する | положи́ть чемода́н ~ スーツケースを上に置く | верну́ться ~ [верну́ть, подня́ться ~] (ウェブページの)そのページのトップに戻る (b) 上の階へ: бежа́ть ~ по ступе́нькам 階段を駆け上がる (c) 表面へ: Жир всплыл ~. 脂が浮かび上がった (d) 上空へ, 高い所へ: смотре́ть ~ 見上げる | Н~ из труб избу́шек клуби́лся дым. 百姓家の煙突から煙が立ち昇っている ③《話》上部機関へ, 上層部へ: доложи́ть [рапортова́ть] ~ 上部機関に報告を上げる

**наверху́** [ナヴィルフー] [above] I [副] ⟨а⟩上で, 上部で: На листе́ ~ нарисо́ван цифербла́т часо́в. 紙の上の方に時計の文字盤が描かれている (b) 上の階で: Сли́вки пла́вают ~. クリームが表面に浮かんでいる ②《話》上空で, 高い所で: Н~ журавли́ны-

**наве́рчивать** [不完] / **наверте́ть**[2] -ерчу́, -е́ртишь 過去被動過去分詞 -е́рченный ① 回して(ある量)作る: ~ отве́рстий 穴を開ける

**наве́с** [男1] ① (日・雨除けの)ひさし、覆い ② かぶさるように突き出した部分: ~ скалы́ 突き出た岩 ③ 蝶番(наве́ска) ④《サッカーなど》センタリング

**навеселе́** [副] ほろ酔い機嫌で

**наве́сить** [完] →наве́шивать[1]

**наве́ска** [女3] 生-сок ① 掛ける[吊るす、取りつける]こと: ~ двере́й 扉を蝶番(で)取りつけること ② 蝶番 ③ 規定重量 ④《化》秤取量

**навесн|о́й** [形2] = наве́сный②③: -а́я пе́тля 蝶番

**наве́сн|ый** [形1] ① ひさし(наве́с)の ② 吊り下げられた、吊り下げるための: ~ замо́к 南京錠 | -ая дверь 蝶番で取りつけられた扉 ③《軍》曲射の: ~ ого́нь 曲射

**навести́** [完] →наводи́ть

**навести́ть** [完] →навеща́ть

**наве́т** [男1] 《旧》中傷、誹謗

**наве́тренн|ый** [形1] 風上の、風上に面した: -ая сторона́ 風上

**наве́чно** [副] 永遠に

**наве́шать** [完] →наве́шивать[2]

**наве́шивать**[1] [不完] / **наве́сить** -ве́шу, -ве́сишь 受過 -ве́шенный [完] ① 吊るす、吊るす ②《圏》(蝶番で)取りつける: ~ дверь 扉を取りつける ③《話》《圏》《俗》(ある量・たくさん)掛ける、吊るす ④《俗》《俚》《を》だます、ペテンにかける ⑤《スポ》《圏》《ボールを》高く蹴り上げる、弧を描くように緩やかに打つ

**наве́шивать**[2] [不完] / **наве́шать** 受過 -шанный [完] ①《圏》《圏》(ある量・たくさん)掛ける、吊るす: ~ портре́тов 肖像画をたくさんかける ②《圏》《俚》(あらかじめ)量り分ける **∥ ~ся** [完] [受身]

*  **навеща́ть** [不完] / **навести́ть** -ещу́, -ести́шь 受過-вещённый (-щён, -щена́)《visit》[完] ①《圏》訪れる、面会する: ~ дру́га в больни́це 友人を病院に見舞う | Президе́нт ра́з президе́нт навеща́л наш го́род в 2008 (две ты́сячи восьмо́м) году́. 前回大統領が我々の町を訪問したのは2008年だった ②《圏》《頭》に浮かぶ: Тво́рческие мы́сли навеща́ют его́ но́чью. 創造的な考えが彼の頭に浮かぶのは夜中だ **∥ ~ся** [完] [受身]

**наве́ять** [完] →навева́ть, наве́ивать

**на́взничь** [副] ♦ **упа́сть ~** あお向けに倒れる

**навзры́д** [副] ♦ **пла́кать ~** 号泣する

**нава́вить** [不完] / **нави́ть** -вью́, -вьёшь 過去-и́л, -ила́, -и́ло 受過 -ты́й [完] ① 巻きつける ② (ある量)巻いて[綯(な)って]作る ③《俗》髪などを縮らせる ④《圏》《圏》湯気や煙などを送る、吹き溜まりを作る ⑤《方》熊手で積み上げる **∥ ~ся** [完] [受身] **∥ нави́вка** 複生 -вок [女2] ① <①②⑤ ② 巻かれたもの

**навига́тор** [男1]《海》航海士;《航空》航空士

**навигацио́нн|ый** [形1] 航海[航行](用)の: -ые усло́вия 航行条件 | -ая систе́ма ナビゲーションシステム

**навига́ция** [女9] ① 航海、航行 ②《航海[航行]》シーズン ③《航海[航行]》術 ④《航空》航空学

**нави́даться** [完]《話》《圏》をたくさん見る、色々な経験をする

**нависжа́ться** -жи́тся [完]《犬などが》キャンキャン吠え立てる

**нави́нчивать** [不完] / **навинти́ть** -нчу́, -нти́шь 受過 -ви́нченный [完]《圏》на《圏》にねじで締めて留める

**нависа́ть** [不完] / **нави́снуть** -нет 命-ни 過去 -ви́с, -ви́сла 能過 -ви́сший [完] ①《на《圏》の上に》垂れ下がる: нави́сшие на лоб во́лосы 額に垂れ下がった髪 ② 引っかかる ③《над《圏》の上を》低く覆う、垂れこめる、かぶさるように突き出る ④《над《圏》に》迫る: Над на́ми нави́сла опа́сность. 我々に危険が迫った ⑤《俗》長々とそばにいてうんざりさせる

**нави́ть** [完] →навива́ть

**навлека́ть** [不完] / **навле́чь** -еку́, -ечёшь, ... -еку́т 命-еки́ 過去 -лёк, -лекла́ 能過 -лёкший 受過 -чённый (-чён, -чена́) [完]《圏》на《圏》に《不快な・好ましくないことを》引き起こす、招く: ~ на себя́ подозре́ние 嫌疑を招く

*  **наводи́ть** -ожу́, -о́дишь [不完] / **навести́** -еду́, -едёшь 過去 -вёл, -вела́ 能過 -ёдший (-дён, -дена́) 副分 -ведя́[《direct, aim》] [完] ①《圏》на《圏》へ連れて行く、案内する、導く: ~ отря́д на дере́вню 部隊を村へ案内する | ~《圏》на след[圏]《④》に…の跡をつけさせる ②《圏》на《圏》に向かわせる、照準する: ~ бомбардиро́вщик на ба́зу проти́вника 爆撃機を敵の基地に向かわせる ③《圏》на《圏》に導く、仕向ける: ~《圏》на тяжёлые воспомина́ния …につらいことを思い出させる | **наводя́щий вопро́с** 誘導尋問 ④(у́жас, страх, тоска́, грусть などと共に)《圏》на《圏》に《ある感情・恐怖などを》抱かせる: На вас он наво́дит страх и у́жас. 彼はあなたに恐怖と戦慄を抱かせる ⑤《圏》на《圏》の表面に《塗料・エスなどを》塗る、描く ⑥《話》《圏》《поря́док, чистота́, красота́などを》на《圏》に《性質を》賦与する、《状態を》もたらす: Но́вый зако́н наведёт поря́док в бюдже́тной сфе́ре. 新しい法律は予算に秩序をもたらす ⑦《圏》《橋・渡し場を》設ける ⑧《圏》《ある人数・大勢》連れてくる ⑨《俗》《圏》用意[準備]する ⑩《話》《圏》《刃物を》研ぐ

♦ **~ на ло́жный след** (間違った情報を与えて)…を感じる、迷わす | **~ на ум [ра́зум]** …に道理をわきまえさせる、反省させる **∥ ~ся** [完] [受身]

**наво́дка** 複生 -док [女2] ①《照準》: ~ ору́дия 大砲の照準 ② 設置: ~ моста́ 架橋 ③ 塗ること、塗布: ~ гла́нца つや出し ④《俗》指令、指示

**наводне́ние** [中5] ① 洪水, 水害 ② <наводни́ть②③>: ~ го́рода мигра́нтами 町が移民であふれること

**наводни́ть** [完] →наводня́ть

**наводно́й** [形1] ① (橋が)臨時に架けた、かぶせた: ~ блеск 塗料による光沢 ② 塗った、

**наводня́ть** [不完] / **наводни́ть** -ню́, -ни́шь 受過 -нён, -нена́) [完] ①《圏》《圏》大水に浸す、洪水にする、水浸しにする ②《圏》《圏》で氾濫させる: ~ ры́нок това́рами 市場に商品を氾濫させる ③《圏》多数[大量]に現れて…を満たす **∥ ~ся** [完] [受身]

**наво́дчик** [男2] ①《軍》照準手 ② наво́дка に携わる人: ~ ла́ка ワニス塗り工 | ~ моста́ 架橋労働者 ③《俗》泥棒の手引人

**навоева́ть** -ою́ю, -ою́ешь 受過 -оёванный [完]《俗》①《圏》(戦争でたくさん)獲得する、ぶんどる ②《通例 мно́го を伴って; 否定文で》ある時間戦えない: Кула́ком мно́го не навою́ешь. 素手ではろくな戦いができない **∥ ~ся** [完]《話》思う存分戦う、戦う

**наво́з** [男1] ①畜糞堆肥 ②《話》くだらないもの

**наво́зить** -о́жу, -о́зишь 受過 -о́женный [完] / **у~** [完]《圏》《畑に》施肥する ②《俗》《肥料・汚いもので》汚す

**навози́ть**[1] -ожу́, -о́зишь [不完] / **навезти́** -зу́, -зёшь 過 -вёзший 受過 -зённый (-зён, -зена́) 副分 -везя́ [完]《圏》на《圏》に運ぶ途中でぶつける ②《圏》《ある量・たくさん》運んでくる

**навози́ть**[2] -ожу́, -о́зишь [完]《話》(ある量・何回かに

分けて・徐々に)運ぶ

**навόз** [男2] ①《昆》フンチュウ ②畜糞堆肥の製造人《運搬人》 ③《方》肥溜め ④不潔な場所 ⑤《俗》ろくでなし, けちんぼ

**навόзный** [形1] 畜糞堆肥の;(畑の)畜糞堆肥を施した;《昆虫の》畜糞堆肥にたかる ■**~ жук**《昆》フンコロガシ;《俗》ろくでなし

**навόй** [男6] ①< навивáть ① ②何かに巻きつけられたもの ③織機の縦糿巻き軸

**наволáкивать** [不完] / **наволόч**-ь -оку́, -оче́шь, -о́кут, прош -лок и -лόк, -локла́ -лόкший受過 -лόченный (-ён, енá) 副分 -лόкши [完] ①〈四/圧〉圧に分けるなどを》引いてくる, 集める ②〈四/圧〉на圧の方へ》引っ張って覆う: ~ на себя́ одея́ло 毛布を引っかぶる ③〈無人称〉圧を》: ~ 圧 тýчи·тумáнов雲や霧が立ちこめて空を覆う //**-ся** [不完]《受身》

**нáволока** [女2]《話》= нáволочка

**нáволочка** 複生 -чек [女2] 枕《クッション》カバー

**навоня́ть** [完]《圧の》におい《悪臭》を放つ

**навора́живать** [不完] / **наворожи́ть** -жу́, -жи́шь -жённый (-жён, женá) [完] ①《話》〈四/圧 を》占う, 予言する: ~ 圧 вся́ких благ ...に色々よい占いをする ②〈圧に魔法《呪い》をかける ③〈四/圧〉魔法《占い》でもうける

**навора́чивать¹** [不完] / **навороти́ть** -рочу́, -ро́тишь 受過 -ро́ченный [完] ①《話》〈四/圧 を》(たくさん乱雑に)積む, 置く, 積み上げる ②(文章などの)内容を詰めこみすぎて難解にする //**-ся¹** [不完]《受身》

**навора́чивать²** [不完] / **наверну́ть²** -ну́, -нёшь 受過 -вёрнутый [完]《俗》①〈四の по/В圧 を》食う ②《話》がつがつたくさん食う: Он был голо́дный и *наверну́л* большу́ю таре́лку макаро́н. 彼はお腹がすいていたのでスパゲティーの大皿をがつついた ③〈四〉(積極的に・熱心に)...する

**навора́чиваться²** [不完] / **наверну́ться²** -ну́сь, -нёшься [完]《俗》①転落する ②障害にぶつかる, 失敗する ③流行のしゃれた服装をする

**навора́вывать** [不完] / **наворова́ть** -рую́, -руёшь 受過 -ро́ванный [完]《話》〈四/圧〉(何かに分けて・ある数量)盗む

**навоpо́т** [男1]《若者・俗》①複雑で非凡な状況 ②はやりの奇抜なもの(服装, 装飾品など) ③《複》(家電などの)利用者に不要な追加機能

**навороти́ть** [完] →навора́чивать¹

**наворо́ченный** [形1]《若者・俗》(服装などが)はやりの最高の ~ чувáк かっこいいやつ, えらいやつ ②ゴテゴテの, 派手な; わかりづらい: Смотри́, кака́я *та́чка* -ая. おい見ろよ, えらい派手な車だな

**навоpо́чать** [完]《俗》〈四/圧〉(ある量)転がしながら積む

**навостри́ть(ся)** [完] →навостря́ть(ся)

**наво́щить** [完] →вощи́ть, нава́щивать

**навра́ть** [完] →вра́ть

**навреди́ть** -ежу́, -еди́шь 〈圧〉① →вреди́ть ②〈圧に〉嫌がらせをする

**навря́д ли, навря́д**《俗》[副] = вряд ли

*****навсегда́** [ナフスィヴダー] [副][forever] 永遠に, 永久に, 生涯に: расста́ться ~ 永遠に別れる | удали́ть нежела́тельные во́лосы ~ ムダ毛を永久脱毛する | Он оста́лся в па́мяти у меня́ ~ ла́сковым. 彼は親切な人として生涯私の記憶に残った

**навски́дку** [副]《話》思いつきで, よく考えもせず

*****навстре́чу** [ナフストリェーチュ] [副][in the opposite direction] [前]〈圧に〉向かって《★как で も用いられる》: Н~ мне е́хала кра́сная маши́на. 私に向かう赤い車が走っていた | бежа́ть ~ свои́м мечта́м | бро́сить ~ си́лам自分の夢に向かって駆ける | бро́сить ~ си́лам проти́вника отбо́рные войска́敵の軍勢に精鋭部隊を差し向ける ②〈圧に〉向かうい: Oна́ сде́лала не́сколько шаго́в ~ . 彼女はこちらに向かって数歩歩いた ◆**идти́ ~** ...に助力する, 応じる, ...の実現を促進する: Мы всегда́ *шли* ~ пожела́ниям прави́тельства. 我々は常に政府の要望に応じてきた

**навы́ворот** [副]《話》①裏返しに: наде́ть руба́шку ~ シャツを裏返しに着る ②反対に, あべこべに: Всё получи́лось. 全てがあべこべになった

**навы́думывать** / **навы́думать** 受過 -манный [完]《話》〈四/圧〉色々考え出す

*****на́вык** [ナーヴィク] [男2] [practice, skill] (訓練により得られる)技能, 熟練; (スポーツなどの)慣れ: приобрести́ ~ **к 圧** ...に熟練する | ~ в рабо́те仕事への慣れ

**навыкáт, навы́кате** [副]: глаза́ ~ 出目, どんぐり眼

**навыкáть** [不完] / **навы́кнуть** -ну, -нешь命 -ни -áв, -ык, -ыкла能過 -кший 副分 -кши [完]《俗》《к圧/不定形》...に慣れる, 熟練する, ...の癖がつく

**навылет** [副] 貫いて, 貫通して

**навы́нос** [副]《話》持ち帰りで, テイクアウトで

**навы́пуск** [副] (ズボンの)裾を長靴の中に入れずに; (シャツなどの)裾をズボン《スカート》の中に入れずに

**навы́рез** [副] (スイカ・メロンなどを)試し切りして: купи́ть арбу́з ~ 試し切りした上でスイカを買う

**навы́тяжку** [副] 直立姿勢で: стоя́ть ~ 直立不動の姿勢で立っている

**навью́чивать** [不完] / **навью́чить** -чу, -чишь受過 -ченный [完] ①〈圧に〉〈四を〉馬車などに多量の荷を積む; 《話》人に重荷を背負わせる ②〈四 на 圧〉〈荷物を...〉に乗せる ③〈на 圧〉〈肩・背に〉かつぐ, 背負う //**~ся** [不完] ①《俗》〈圧 を〉かつぐ, 背負う ②《不完》[受身]

**навяза́ть¹** [完] / **навя́знуть** -нет命 -ни áв -я́з, -я́зла能過 -ший 副分 -зши ひっかく, ひっかかる

**навяза́ть(ся)** [完] →навя́зывать(ся)

**навя́зчив**|**ый** [щ] 短 -вв [形1] ①しつこい, 執拗に付きまとう: ~ посети́тель しつこい客 ②頭にこびりついた: -*ая* иде́я 強迫観念 //**-ость** [女10] <①

*****навя́зывать** [不完] / **навяза́ть²** -жу́, -я́жешь受過 -язанный [完] [impose] ①〈四 на 圧に〉結びつける, 巻きつける ②〈四 на 圧に〉〈旗をボールに結わえつける | ~ плато́к на ше́ю スカーフを首に巻く ②〈四 に〉押しつける, 強制する: ~ свою́ во́лю большинство́у на́ции 自らの意思を国民の大多数に押しつける ③〈四/圧〉(ある数量) 編んで〔結んで〕作る

**навя́зываться** [不完] / **навяза́ться** -жу́сь, -я́жешься [完] ①しつこくせがむ: ~ к 圧 в го́сти...のところへ強引に客に押しかける ②〈圧 на/с圧を〉無理に押しつける ③《不完》[受身] = навя́зывать ◆**~ на го́лову [ше́ю]** 圧 ...の負担〔足手まとい〕になる

**нага́дить** [完] →га́дить

**нага́дывать** [不完] / **нагада́ть** 受過 -анный [完]

**нага́йка** 複生 -áек [女2] (騎兵・コサックの)短い革鞭

**нага́н** [男1] ナガン式連発ピストル

**нага́р** -а/-у [男1] ①ろうそくの芯の燃えがら: снять ~ со свечи́ ろうそくの芯を切る ②〔冶〕スケール(金属を高温加工する際に表面にできる酸化物) ②【話】もうけ, 利益 ③(定価以上の, 必要以上の)金, 賄賂 //**~ный** [形1]

**нагиба́ть** [不完] / **нагну́ть** -гну́, -гнёшь 受過 на́гнутый [完] ①〈圧を〉(下に向けて)曲げる, かがめる, 下げる: ~ ве́тку 枝を(下に)折り曲げる | ~ го́лову 頭を傾ける ②〈四/圧〉(ある量) 曲げて作る

*****нагиба́ться** [不完] / **нагну́ться** -гну́сь, -гнёшь-

**нагишо́м**

ся [完] ① 傾く;(前方が下に向かって)曲がる, 身をかがめる: ~ к земле́ 地面に身をかがめる ② 《不完》〔受身〕< нагиба́ть

**нагишо́м** [副]《話》素っ裸で

**нагла́живать** [不完] / **нагла́дить** -а́жу, -а́дишь 受動 -а́женный [完]《話》①《対/生》<ある量の衣料に>アイロンをかける ②《対》アイロンをかけて伸ばす

**нагла́зник** [男2]① 眼覆, 護眼帯 ②《馬の》遮眼革

**нагле́ть** [不完] / **об-** [完] 図々しく[生意気に]なる

**нагле́ц** -á [男3] 図々しい人, 不遜な人

**наглеца́** [女3]《話》少々厚かましさに: с ~о́й 小生意気に

**наглода́ться** -ожу́сь, -о́жешься [完]《俗》《生》思う存分かじる

*На́глость [女10] [impudence] ① 図々しさ, 厚かましさ, 不遜 ② 厚かましい振る舞い, 生意気な行動

**наглота́ться** [完] 《生》 ①《話》たくさん飲み込む ②《俗》<ある量の液体を>飲む, 酔っぱらう ③《生》たくさん飲んで酔っぱらう

**на́глухо** [副] ① 隙間なく, 密に: закры́ть ~ 密閉する|ボタン[ホック]を残らずかけて ③《俗》完全に, 全く: забы́ть ~ すっかり忘れる

*Нагл|ый短 нагл, -ла́, -ло [形1][impudent] 厚かましい, 図々しい, 生意気な, 不遜な: -ое поведе́ние 厚かましい行為 | ~ взгляд 不遜な目つき

**нагляде́ться** -яжу́сь, -яди́шься [完] ① <на対> 十分に眺める, 見飽きる ② たくさん見る, 生涯のうちに何度も出ぶりす

**нагля́дность** [女10] ① 明瞭, わかりやすさ ② 実物教授《法》

*Нагля́дн|ый 短 -ден, -дна [形1] [visual, obvious] ① 明瞭な, わかりやすい: ~ приме́р わかりやすい例 ② 《長尾》視覚に訴える, 実物教授法による: -ые посо́бия 視覚教材 ‖ -о [副]

**наглянцева́ть** [完] →глянцева́ть

**нагна́иваться** [不完] / **нагнои́ться** -ои́тся [完]《医》(傷が)化膿する

**нагна́ть** [不完] / **нагна́ть**; нагнести́ -ету́, -ете́шь过 -нёл, -нела́ 能过 -нётший 受動 -етённый (-тён, -тена́) 副过 -етя́ [完] ①《対》<気体・液体を>圧縮[圧搾]する ② 暗い・不愉快な雰囲気を作り出す, 醸成する: ~ обстано́вку вокру́г конфли́кта 紛争を巡る緊張状態を招く | Не нагнета́й на меня́ тоску́. 私を憂鬱にさせないで ◆ **~ давле́ние** 《工》圧力をかける ‖ **~ся** [不完] 《受身》‖ **-ние** [中5]

**нагнета́тельный** [形1]《技》圧縮[圧搾]のための

**нагнете́ние** [中5] ①《医》① 化膿してできもの, 腫瘍

**нагнои́ться** [完] → нагна́иваться

**нагну́ть(ся)** [完] → нагиба́ть(ся)

**нагова́ривать** [不完] / **наговори́ть** -рю́, -ри́шь 受動 -рённый (-рён, -рена́) [完]《対/生》①《話》たくさん話す: ~ ра́зной чепухи́ たわごとをたくさんしゃべる ②《話》<на対>誹謗[中傷]する ③《対》<対 に 対 на対>に録音する, 吹き込む ④《対》<対 になるよう>呪文をかける ‖ **~ся** [不完] 思う存分話す

**наговор** [男1] ①《話》誹謗, 中傷 ② 呪文(をかけること)

**наговори́ть(ся)** [完] → нагова́ривать

**наговорный** [形1]

**наго́й** 短 наг, -rá, -гó [形2]《文》① 裸の, 衣服を着けていない ② 葉のない, 草木のない

**наголо́** [副] (剣が)抜き身で

**на́голо** [副] (散髪で)髪の毛を残さずに

**на́голову** [副] ◆ **разби́ть** 対 <敵を>徹底的に粉砕する

**наголода́ться** [完]《話》長い間飢えに苦しむ

**наго́льный** [形1] (毛皮のコート・衣服が)裸皮のこと

**наго́н** [男1] ①(家畜などを一か所に)追い集めること

② 叩いてはめること ③ 蒸留

**наго́ний** [男6]《話》大叱責, 大目玉

**нагоня́ть** [不完] / **нагна́ть** -гоню́, -го́нишь 过 -гна́л, -гнала́, -гна́ло 受動 на́гнанный [完] ①《対》<対 に追いつく;(進度・速度まで)並ぶ ②《対》<遅れを>取り戻す: ~ упу́щенное 休んだ分を取り戻す ③《対/生》(一か所に)追い込む, 追い集める ④《話》<対/生》<感情・状態を>引き起こす: ~ тоску́ 憂鬱な気持ちにさせる ⑤《対/生》<アルコールを>(ある量) 蒸留する ⑥《対》叩いてはめる ⑦《対》[急激に増やす[高める] ◆ **~ це́ну** 値段をつり上げる ‖ **~ся** [不完]《受身》

**на-горá** [副]《鉱》地上へ, 坑外へ ◆ **вы́дать ~** (1) 坑外へ出す (2) 生産する

**нагора́живать** [不完] / **нагороди́ть** -рожу́, -роди́шь 受動 -ро́женный [完] ①《話》<垣・仕切り壁などを>たくさん作る ②《対》たくさん積み上げる ③《俗》ばかけたことをさんざんしゃべる[書く]

**нагоре́ть** [不完] / **нагоре́ть** -ри́т [完]①(ろうそくが燃えて)燃えさし[丁子頭]ができる ②《無人称》《話》《生》<燃料・電力が>(ある量) 消費される ③《無人称》《俗》<対》大叱責を受ける, 大目玉をくう

**наго́рн|ый** [形1] ① 丘を成す, 高くなった ② 山中の, 山地の ■ **H-ая пропове́дь** 《聖》山上の垂訓[説教],

**На́горный Караба́х** [形1]-[男2] ナゴルノ・カラバフ ‖ **наго́рно-караба́хск|ий** [形3]: Н-ая Респу́блика ナゴルノ・カラバフ共和国

**нагороди́ть** [完] →нагора́живать

**наго́рье** [中4] 高原, 高地, 丘陵 ■ Станово́е ~ スタノヴォイ高地

**нагота́** [女1]《文》① 裸, 裸の状態 ② 覆いのないこと, むき出し ◆ **во всей е́** 赤裸々に

**нагота́вливать** [不完] / **нагото́вить** -влю, -вишь 受動 -то́вленный [完]《話》《対/生》①(ある量) 用意する, 貯える ② 料理をたくさん作る

**нагота́вливаться** [不完] / **нагото́виться** -влюсь, -вишься [完] 《生》①《否定文で》《話》十分な量の…を用意できない: На вас не нагото́вишься еды́. 君たちにはいくら料理を作ってもきりがない ②《不完》料理をたくさん作る

**нагото́ве** [副] 用意[準備]して: быть ~ 用意[準備]できている | Самолёт стои́т ~. 飛行機が待機している

**нагото́вить(ся)** [完] → нагота́вливать(ся)

**награби́ть** -блю, -бишь 受動 -бленный [完]《対/生》たくさん略奪する, 奪う: ~ ку́чу де́нег 大金をせしめる

‡**Награ́д|а** [ナグラーダ] [女4] [award] ① 賞, 褒賞, 表彰: вручи́ть [присуди́ть] 与 -у = удосто́ить -ы́ …に賞を授与する | ~ за достиже́ния в о́бласти укрепле́ния ми́ра 平和増進分野での功績に対する賞 | Это о́чень почётная для нас ~. これは我々にとって大変名誉な賞だ | Заво́д получи́л -у за высо́кое ка́чество проду́кции. 工場は製品の品質の高さを表彰された | Н- нашла́ геро́я. 受賞者が決定した ② 報酬, 勲章 ・ де́нежная ~ 賞金 | лейтена́нт с боевы́ми -ами на груди́ 胸に武勲勲章を付けた中尉 | объяви́ть -у за 対 …に懸賞金をかける

◆ **в -у** ご褒美に: Ю́ноши получи́ли торт **в -у** за рабо́ту. 若者たちは仕事に対するご褒美にケーキをプレゼントされた

**награди́ть** [完] → награжда́ть

**награ́дн|ой** [形2] ① < награ́да: ~ ли́ст 賞状 | ~ спи́сок 受賞者リスト ② -ы́е [複名] 賞与, ボーナス

*Награжда́ть [不完] / **награди́ть** -ажу́, -ади́шь 受動 -аждённый (-дён, -дена́) [完] [award to] <対 を>①《人に賞を》授与する, 報酬[褒美として]与える;《対》に《造》で<感謝[賞讃]の意を表する: ~ побе́дителей

**надаривать**

дипло́мами и де́нежными пре́миями 勝者に賞状と賞金を授与する | ～ 🈩 поцелу́ем ...にお返しのキスをする ② 《人に才能・能力などを》賦与する: Приро́да награди́ла её красото́й. 彼女は美貌に恵まれている ③ 《口》〈...にあだ名を〉付ける;《殴打・足蹴りなどを》食らわす 〈病気を〉うつす **//～ся** [不完] ① 🈩 を受賞する ② 《受》

**награждённый** [形1変化] [男名] 受賞者
**награжде́ние** [中5] 賞を与えること: ～ 🈩 о́рденом …に対する勲章授与 ② ＝ награ́да
**награфи́ть** -флю́, -фи́шь 受過 -флённый (-лён, -лена́) [完] 🈩 🈪〈ある量の紙に〉罫線を引く
**нагреба́ть** [不完] / **нагрести́** -ебу́, -ебёшь 過 -рёб, -ребла́ 能過 -рёбший 受過 -рёбенный (-бён, -бена́) 副分 -рёбши [完] 🈩 🈪〈ある量の...を〉かき集める
**нагре́в** [男1] ① 加熱, 加温;その度合い, 温度 ② 〈炉・ボイラーの〉伝熱面
**нагрева́ние** [中5] 加熱(すること)
**нагрева́тель** [男5] 〖技〗加熱装置; 暖房装置, ヒーター
**нагрева́тельный** [形1] ① 加熱[暖房]用の: ～ прибо́р 暖房器具 ② 〖工〗加熱される
**нагрева́ть** [不完] / **нагре́ть** 受過 -тый [完] ① 🈩 暖める, 熱する ② 《完》《俗》🈩 だまして損させる, 法外な費用を取る ◆ ～ ру́ки (1) =手を温める (2)《不正な方法で》もうける, 私腹をこやす **//～ся** [不完] [完] ① 🈩 暖まる, 熱くなる ② 《不完》《受》
**нагрести́** [完] →нагреба́ть
**нагре́ть(ся)** [完] →нагрева́ть
**нагреши́ть** -шу́, -ши́шь [完] 《話》多くの罪[過失]を犯す
**нагримирова́ть(ся)** [完] →гримирова́ть
**нагрози́ть** -ожу́, -ози́шь [完] 《俗》〈🈬〉...をさんざん脅す
**нагроможда́ть** [不完] / **нагромозди́ть** -зжу́, -зди́шь 受過 -можде́нный (-дён, -дена́) [完] 🈩 🈪 ① 乱雑に積み上げる, 積み重ねる ② 《無秩序に》密集して建設する ③ 《話》〈作品などに〉やたらと書き込む, 詰め込む **//～ся** [不完] [完] ① 無秩序に積み重なる, たくさん堆積する ② 《受》
**нагроможде́ние** [中5] ① ＜нагроможда́ть [完] ② 無秩序な堆積, 寄せ集め
**нагрозди́ть(ся)** [完] →громозди́ть(ся), нагромозди́ть
**нагруби́ть** [完] →груби́ть
**нагрубия́нить** [完] →грубия́нить
**нагру́дник** [男1] ① 前掛け, 胸当て: де́тский ～ よだれかけ ② 胸甲, (馬の)胸革, (コルク製の)胸当て救命具
**нагру́дн[ый** [形1] ① 胸に当てる[付ける]: ～ знак 胸章, 胸の部にある: -ые мы́шцы 胸筋 | -ые плавники́ (魚の)胸びれ
**нагружа́ть** [不完] / **нагрузи́ть** -ужу́, -у́зишь, -узи́шь 受過 -у́женный/-жённый (-жён, -жена́) [完] ① 🈩 🈪 🈬 ① 〈🈬に〉積み込む, 積載する, 満載する (b) 🈩 на/в 🈬 商品を車に積み込む, 積載する: 🈩 в 🈬 товар в маши́ну 車に商品を積み込む ②《話》🈩 🈬 🈪 を課す; 〈負荷・負担〉をかける: ～ студе́нтов реферáтами 学生たちにレポートを課す ③《若者》🈩 〈🈬〉粘り強く説き伏せる
**нагружа́ться** [不完] / **нагрузи́ться** -ужу́сь, -у́зишься/-узи́шься [完] ① 🈩 🈪〈荷を積む, 持つ ②《話》🈩 〈たくさんの荷物や・仕事を〉背負い込む, 持つ ③《俗》酔っぱらう
**нагрузи́ть(ся)** [完] →грузи́ть, нагружа́ть(ся)
＊**нагру́зка** [ナグルースカ 複生 -зок [女2] [load] ① 積

み込むこと, 積み込み ② 積荷, 積載量: больша́я ～ ваго́на 貨車の大きな積載量 ③《作品などに基づいた》内容: полити́ческая ～ 政治的内容 ④ 仕事量, 任しさ; 《話・戯》労働条件 ⑤ 負荷, 負担: нало́говая ～ 税負担 ⑥《電》〈機器・機器の〉負荷率, 稼働率: ～ электри́ческой се́ти 送電網の負荷率 ⑦《俗》抱き合わせで売られるもの ◆ смыслова́я ～ 意味, 意義, メッセージ
**нагру́зчик** [щ] [男2] ① 荷役人, 仲仕 ② 積込機, ローダー ③《俗》客が欲しない品を抱き合わせで売る商売人
**нагрыза́ть** [不完] / **нагры́зть** -зу́, -зёшь 過 -ы́з, -ы́зла 能過 -ы́зший 受過 -зенный 副分 -зши [完] 🈩 🈪 を噛み砕く;〈噛んでいくつもの〉穴を開ける: ～ се́мечек ヒマワリ〈カボチャ〉の種を噛む
**нагря́нуть** -ну, -нешь [完] 突然[ひょっこり]現れる, 不意に襲う
**нагу́л** [男1] ①《農》〈家畜の〉牧養, 肥育; 〈家畜の〉脂肪量, 肥満度 ②《漁》〈魚の〉索餌
**нагу́ливать** [不完] / **нагуля́ть** 受過 -гу́лянный [完] ①《農》〈家畜の〉脂肪をつける, 肥える ②《話》〈人が〉安楽な生活で太る ③🈩〈散歩などで〉...を得る, 獲る: ～ аппети́т [грипп] 散歩をして食欲がわく[風邪をひく] ④🈩 🈪〈家畜を〉牧養[肥育]する ④《俗》🈩《話》私生児を〉身ごもる [産む] **//～ся** [不完] [完] ①《話》思う存分散歩する ②《不完》《受》
**нагу́льн[ый** [形1] ①《農》肥育用の; 肥育によって得られた ②《漁》索餌の: -ая мигра́ция 索餌回遊 ③《俗》婚外の, 私生の: ～ ребёнок 私生児, 婚外子
**нагуля́ть(ся)** [完] →нагу́ливать

＊**над** [нт], **надо** [нд] (★特定の子音連続の前で: надо мной, надо лбом, надо рто́м など) [前] [over, above] 〈🈮〉① 上方[上空]に, ...の上に[で]; ...の上から見下ろして; 〈同一名詞の間で〉最高の: Ла́мпа виси́т над столо́м. テーブルの上にランプが下がっている | Над го́родом вста́ли ту́чи. 町の上に黒雲が立ち昇った | Наш самолёт пролета́ет над Чёрным мо́рем. 当機は黒海上空を飛行中です | пе́сня над пе́снями 歌の中の歌 ②〈支配・優位〉...に対して: превыше́ние и́мпорта над э́кспортом 輸出に対する輸入の超過 ③〈従事・動作・感情の対象〉...を, ...に, ...に対して: рабо́тать над переосна́щением произво́дственных мо́щностей 生産設備の再整備に取り組む | На́до заду́маться над тем, что мы оста́вим на́шим пото́мкам. 我々は後世に何を残すのかよく考えなくてはならない | экспериме́нты над живо́тными 動物実験 | пла́кать над его́ судьбо́й 彼の運命に涙する

**над..,** 〈子音+ъ, 子音連続の前で〉**надо..,** 〈母音е, ю, яの前で〉**надъ..,** [接頭] **I** 〈動詞〉① "足す" "増す": надстро́ить 建て増す ② "少し" "やや" "部分的に少しの" | надломи́ть 折り曲げる **II** 〈名詞・形容詞〉"...の上方(の)": надко́стный 骨上の | надбро́вье 額の眉上部分

**надава́ть** -даю́, -даёшь 命 -ва́й [完] 🈩 🈪 ①《話》(たくさん·何度も)与える ② 🈩 🈪《話》🈮 を殴る
**нада́вливать** [不完] / **надави́ть** -авлю́, -а́вишь 受過 -а́вленный [完] 🈩/на🈮[完] ① ～ (на) кно́пку (ベル・スイッチなどの)ボタンを押す ② 🈩 🈪〈液体を〉〈ある量〉搾り出す | すりつぶす: ～ лимо́нного со́ку レモン果汁を搾る ③ 🈩 🈪〈ある量〉圧し殺す: ～ мух ハエを殺す ④《完》《話》〈на🈮〉〈人に〉圧力をかける, 強く働きかける
**нада́ивать** [不完] / **надои́ть** -ою́, -о́ишь/-о́ишь 命 -ой 受過 -о́енный [完] 🈩 🈪〈ある量の〉搾乳する: ～ молока́ 牛乳を搾る ②《俗》脅し取る[取る]
**нада́ривать** [不完] / **надари́ть** -арю́, -а́ришь 受過 -а́ренный [完] 🈩《話》🈪〈🈮を〉(たくさん・何度も

**надба́вка** 複比-вок [女2]《話》追加, 増加, 追加額 **//-очный** [形1]

**надбавля́ть** [不완] / **надба́вить** -влю, -вишь 受過-вленный [完]《話》= набавля́ть, наба́вить

**надбива́ть** [不완] / **надби́ть** -добью, -добьёшь 命 надбе́й 受過-тый [完]《話》〈剧〉ひびを入らせる, 端〈縁〉を欠く

**надбро́вный** [形1] 眉の上の: -ые ду́ги 〈解〉眉弓
**надбро́вье** [中4] 額の眉上部の: 〈解〉眉弓
**надвига́ть** [不완] 《俗》①十分動く, 動き疲れる ② 〈剧/区〉動かしてーか所に集める

**надви́нуть** [不완] / **надви́нуть** -ну, -нешь 受過-тый [完] 〈剧〉на〈剧〉の上に押し動かして覆う

**надвига́ться** [不완] / **надви́нуться** -нусь, -нешься [完] ① 〈на〈剧〉に〈ずれて・動いて〉覆いかぶさる: Ша́пка надви́нулась на лоб. 帽子がずれて額にかぶさった ②押し寄せる, 接近する: С бе́рега надви́нулся тума́н. 岸から霧がたちこめてきた ③〈事件・時期・老いなどが〉近づく, 迫る: Надви́нулся ве́чер. 夕暮が近づく ④〈不完〉可動〈スライド〉式になっている ⑤〈不完〉〈受身〉< надвига́ть

**надвига́ться** [完]《俗》心ゆくまで動く, 動きすぎてへとへとになる

**надво́дный** [形1] ①水面より上にある: -ая ча́сть корабля́ 船の喫水線上の部分 ②水上を航行する

**на́двое** [副] ①2つに: расколо́ть ~ 2つに割る｜ Доро́га раздели́лась ~. 道が二股に分かれた ②《話》2通りの解釈が可能なように, 曖昧に

**надво́рный** [形1] 庭内の, 屋敷内の: -ые постро́йки 屋敷内にある母屋付属建物 ｜屋外の ◆宮廷の: ~ сове́тник (帝政時代の) 七等官

**надвя́зывать** [不완] / **надвяза́ть** -яжу́, -я́жешь 受過-я́занный [完] ①編み足す: ~ носки́ 靴下を編み足す ②〈ロープなどを〉継ぎ足し, 継ぎ足して長くする **//надвя́зка** [女2]

**надгорта́нник** [男2]〈解〉喉頭蓋
**надгро́бие** [中5](旧) ①墓標: ка́менное ~ 石の墓標 ②墓誌, 墓銘
**надгро́бный** [形1] 墓の上の: ~ па́мятник 墓標 ～-ая на́дпись 墓標上の銘, 墓碑銘 ｜埋葬に際して哀悼の意を表する: -ое сло́во 弔辞

**надгрыза́ть** [不완] / **надгры́зть** -зу́, -зёшь -бы́з, -бы́зла -бы́в過-зший -зённый 受過-зши [完] 〈剧〉少しつつく, かじって食べる

**наддава́ть** -даю́, -даёшь 命-ва́й 受現-ва́емый 副-ва́я [不완] / **надда́ть** -да́м, -да́шь, -да́ст, -дади́м, -дади́те, -даду́т 命-да́й過-да́л, -дала́, -да́ло 受過-нада́нный (-дан, -дана́, -дано́) [完] ①追加する, 増す: ~ жа́ру 熱をさらに加える ②《無補語》〈歩く・駆ける・飛ぶ〉速度を増す ③《俗》打つ, 殴る: ~ па́лкой … を杖で殴る ｜ ~ ного́й 足蹴にする

**надда́ча** [女4] [完] ①追加(すること), 追加物, 追加額

**надебоши́рить** [完] → дебоши́рить
**надёванный** [形1]《話》(衣服・履物の)一度着た〈履いた〉, 中古の

**\*надева́ть** [ナヂヴァーチ] [不完] / **наде́ть** [ナヂェーチ] -де́ну, -де́нешь 命-де́нь 受過-тый [完] [put on] ①〈剧〉〈衣類・履物を〉身に着ける, 着る, 履く: ~ шу́бу 毛皮外套を着る ｜ ~ кроссо́вки [джи́нсы] スニーカー [ジーンズ] を履く ｜ ~ га́лстук ネクタイをする ｜ ~ шлем ヘルメットを着用する ｜ ~ ордена́ 勲章をつける ｜ ~ очки́ 眼鏡をかける ｜ ~ ли́нзы コンタクトレンズをつける ②〈剧〉на〈剧〉に〈剧〉を履かせる, 着せる, かぶせる, 装着させる: ~ на дочь ю́бку 娘にスカートを履かせる ｜ ~ кольцо́ на па́лец 指に指輪をはめる ｜ ~ на́волочку на поду́шку 枕にカバーをかぶせる ｜ ~ куски́ мя́са на ша́мпур 肉片を串に刺す **//-ся** [不完] / [完] ①《話》(衣服・履物が)身に着く: Сапоги́ легко́ наде́лись. この長靴は楽に履いた ②〈不完〉〈受身〉

**\*наде́жда** [ナヂェージダ] [女1] [hope] ①〈на〈剧〉に対する /不定完〉すること /что 節 であることの〉期待, 希望: пита́ть ~у на 〈剧〉… に希望を抱く ｜ возлага́ть ~у [-ы] на по́мощь прави́тельства 政府の援助に望みをかける ｜ Он болта́лся в це́нтре го́рода в -е встре́тить знако́мого. 彼は知人に会うことを期待して中心街をぶらついていた ｜ У нас то́лько на Вас. 我々にとってはあなただけが頼りです ②期待の人 [もの], 期待の星: Молодёжь — опо́ра и ~ страны́. 若者は国家の希望の星, 将来有望だ ◆ подава́ть больши́е -ы 成長が楽しみだ, 注目株だ

**Наде́жда** [女1] ナジェージダ (女性名; 愛称 На́дя)

**\*наде́жность** [女10] [reliability] 信頼[確実, 安全]性; 頼りになること, 確実さ

**\*наде́жн|ый** [ナヂョージヌィ] 複-жен, -жна [形1] [reliable] しっかりした, 確かな, 信頼できる, 丈夫な, 確実な: ~ помо́щник [партнёр] 頼りになる補佐役 [パートナー] ｜信頼のおける友人 丈夫な三脚 ｜ -ое сре́дство 確実な手段 ｜ рейтинг 50 са́мых -ых ба́нков ми́ра 信用度上位銀行世界ランキングトップ50 **//-о** [副]

**наде́л** [男1] 分与, 分配, 賦与 ◆〈露史〉〈革命期〉農民への分配地

**наде́лать** [完] -ланный [完] ①〈剧〉(ある量) 作る: ~ игру́шек 玩具をいくつも作る ②《話》〈剧/区〉よからぬことを〉起こす, でかす: Чуть бы́ло не наде́лали пожа́ра. もう少しで火事を出すところだった ③《話》〈剧〉〈けしからん・不快なことをたくさんやって〉しでかす ④《話》〈剧〉на〈剧〉に付け足す, 継ぎ足す: ~ пла́нку на дверь 扉に板を継ぎ足す ⑤《俗》驚く

**наделя́ть** [不완] / **надели́ть** -лю́, -ли́шь 受過-лённый (-лён, -лена́) [完] 〈文〉〈剧に〉〈剧 で /分 で〉①分与 [分配] する: ~ крестья́н землёй 農民に土地を分配する ②贈与する ③〈性格・能力などを〉賦与する: Он наделён спосо́бностями. 彼は能力に恵まれていた ④〈あだ名を〉付ける **//-ся** [不完] 〈受身〉

**наде́нь** [命令] < наде́ть

**надёргать**[1] / **надёргать** 受過-ганный [完] 〈剧〉①(ある量) 引き抜く, 抜き取る ② 《話》(本・知識から) 引用 [借用] する

**надёргивать**[2] [不완] / **надёрнуть** -ну, -нешь 命-ни 受過-тый [完] 《話》〈剧〉素早く引っかける [被せて, 着る, 履く]: ~ на себя́ одея́ло さっと毛布を被る

**надерзи́ть** [完] → дерзи́ть

**наде́ть(ся)** [完] → надева́ть

**\*наде́яться** [ナヂェーイッツァ] -е́юсь, -е́ешься 命-е́йся [不완] [hope] 〈на〈剧〉 /不定完〉 することを /что 節 であることを〉期待する, 当てにする: ~ на по́мощь 援助を当てにする ｜ ~ верну́ться к сро́ку 期限内に帰ることを期待する ②〈на〈剧〉に〉信頼する: На него́ мо́жно ~. 彼は信頼のおける人だ **~ю́сь** 〈挿入〉する, おそらく: Наде́юсь, мы вы́играем матч. おそらく試合は期待つきです｜(как) мо́жно ～〈挿入〉できれば, 願わくば

**надзвёздн|ый** [зн] [形1] 《詩》星より高い, 天上の, 浮世を離れた: -ые края́ 天空の国々

**надзе́мный** [形1] 地上の, 陸上の: -ые сооруже́ния 地上施設

**надзира́тель** [男5] / **~ница** [女3] 監督官, 監視人; 牢獄の ~ 看守 **надзира́тельск|ий** [形1]: -ая до́лжность 監督官の役職

**надзира́ть** [不완] ①〈за剧〉を監督 [監視] する: ~ за шко́льниками 学童を監督する ②《話》注視する, じっと見守る

**надзо́р** [男1] [watch, inspectorate] ① 監督, 監視, 注視 ② 監督[監視する]集団, 組織, 機関: техни́ческий ～ 技術管理(局)

**надзо́рный** [形1]〔法〕検察事務に関連した: ～ о́рган 検察機関

**надиви́ться** -влю́сь, -ви́шься [完]〔мо́чьの否定形から〕〈на кого〉[完]…には限界がない, 感嘆しきりだ: Не могу́ ～ на его́ ло́вкости. 彼の器用さにはいくら驚いても驚ききれない

**надира́ть** [不完] / **надра́ть** -деру́, -дерёшь 過 -а́л, -ала́, -а́ло 受過 на́дранный [完] ① 〈кого/род/винитель〉(ある量)裂き取る, 剥ぎ取る, 毟り取る ② 〈кого〉こすって[掻(か)いて]傷つける ∥ ～ся [不完] [完] ① 〈裂いて・剥いで〉得られる ② 〈俗〉さんざん殴り合いのけんかをする ③ 〈不完〉[受身]

**надка́лывать** [不完] / **надколо́ть** -колю́, -ко́лешь 受過 -ко́лотый [完] ① 〈кого〉少し割る, …に割れ目を入れる ② 表面を少し刺す

**надкла́ссовый** [形1] 超階級的な, 階級を超えた

**надколе́нный** [形1] 膝の上にある ■ -ая ча́шка〔解〕膝蓋(しつがい)骨

**надколо́ть** [完] →надка́лывать

**надко́стница**|**а** [сын] [女3]〔解〕骨膜: воспале́ние ～ы 骨膜炎

**надкры́лье** 複生 -ий [中4] (甲虫類の)鞘翅(しょうし)

**надку́с** [男1] かじり取ること; かじり跡

**надку́сывать** [不完] / **надкуси́ть** -ушу́, -у́сишь 受過 -у́шенный [完] 〈кого〉(表面から)かじり取る, <果物を>かじる

**надла́мывать** [不完] / **надломи́ть** -омлю́, -о́мишь 受過 -о́мленный [完] ① 〈кого〉に割れ目[折り目]を付ける ② 〈気力・体力を弱らせる〉<人を>衰弱させる: ～ во́лю кого 或る人を気力を失わせる ∥ ～ся [不完] [完] ① 割れ目ができる, 折れ曲がる ② 衰弱する, 弱る, (健康が)損なわれる ③ [不完][受身]

**надлежа́ть** -жи́т [不完] [無人称] [文] <与/[不定形]>…すべきだ: Ему́ надлежи́т яви́ться в ука́занный срок. 彼は指定の期日までに出頭しなくてはならない

**надлежа́щий** [形1] 当然の, しかるべき: приня́ть -ие ме́ры しかるべき手段を講じる

**надло́м** [男1] ① < надломи́ть(ся) ② 折れ目の付いた[ひびの入った]箇所 ③ ショックによる肉体的[精神的]衰弱, 気落ち ④ (病的な)感情の爆発

**надлома́ть** 受過 -о́манный [完] [話] = надломи́ть

**надломи́ть(ся)** [完] →надла́мывать

**надме́нность** [女10] 傲慢, 横柄, 不遜; 傲慢な態度

**надме́нный** 短 -е́нен, -е́нна [形1] 傲慢な, 横柄な, 不遜な

**надмоги́льный** [形1] 〔文〕墓の上にある: ～ ка́мень 墓石

*****на́до** [ナーダ] [must] [述部] ① <与にとって[不定形]する/чтобы節 である>必要がある, べきである: Н～ уважа́ть чу́вства други́х люде́й. 他の人々の感情を尊重すべきだ│Вам ～ сро́чно освои́ть компью́тер. あなたが急にコンピュータをマスターしなくてはならない│Н～ бы́ло де́йствовать бо́лее агресси́вно. もっと攻撃的に行動すべきだった│Сего́дня не ～ идти́ в шко́лу. 今日は学校に行ってはいけない│〈行く・食事な〉(★не ～ [不定形]の場合, 禁止・不必要の意味なのでは[不定形]は不完了体)│Н～, что́бы вы по́няли меня́. あなたが私をわかってくれなければならない│Мне не ～, что́бы страна́ обо мне забо́тилась. 国家が私のことを心配してくれるとうるさい

② <与にとって[род/[винитель]]が必要だ>: Н～ хле́ба. パンが必要だ│Ему́ ～ вре́мя, что́бы поду́мать. 彼にはしばらく考

えるための時間が必要だ│Ско́лько де́нег вам ～ для сча́стья? 幸せになるためにあなたにはお金がいくら必要ですか?

◆**не** ～ 〔禁止・拒絶〕いけません│**～ быть**〔挿入〕おそらく, …らしい│(**Ведь**) ～ **же**〔不定形〕[話] <人が或る…とは>あきれたものだ, 何てことだ: Ведь ～ же бы́ло ему́ сде́лать таку́ю глу́пость! 彼がこんなばかみだことをするとは何たることか│**ду́мать** [поду́мать] (1)〔挿入〕おそらく, たぶん (2)〔応答として不本意のことで, もちろんです│**что́** ～〔述語〕[俗] とてもよい, 申し分ない: Пого́да что́ ～ всю [це́лую] неде́лю. 1週間ほど連続して天気がとてもよい│**О́чень** ～ [話] とんでもない, けっこうです

**на́до, на́до..** =над, над..

**на́добно** [無人述] [旧・俗] =на́до

**на́добность** [女10] <в чём / [不定形]する>必要, 入用: по ме́ре -и 必要に応じて│в слу́чае -и 必要の際には│име́ть ～ в чём [不定形] …の[する]必要がある│В э́том нет никако́й -и. その必要はない《通例複》必要事項, 用件: по свои́м -ям 自身の用事で

**на́добный** 短 -бен, -бна [形1] [旧・話] 必要な

**надое́да, надое́дала** (女1変化) [男・女] [俗] うんざりさせる[しつこい] 人間

*****надоеда́ть** [ナダイダーチ] [不完] / **надое́сть** [ナダイェースチ] -е́м, -е́шь, -е́ст, -еди́м, -еди́те, -едя́т 過 -е́л 能過 -е́вший [完] [pester, get tired] ① <кого>[与] <чем>うんざりさせる, あきあきさせる: Надое́ла мне те́сная ку́хня. 私は狭いキッチンにうんざりした│Мне надое́ло постоя́нно сиде́ть до́ма. 私は家にじっとしていることがいやになった│Мне надое́ло, что ты всегда́ ухо́дишь от э́того разгово́ра. お前がいつもこの話を避けることに私はうんざりした

**надоедли́вый** 短 -ив [形1] うんざりさせる, しつこい

**надои́ть** [完] →нада́ивать

**надо́й** [男6] 〔単〕〔農〕搾乳量: сре́дний ～ на коро́ву в су́тки 雌牛1頭1日当たりの平均搾乳量

**надо́лба** [女1] 杭, 小杭 ②《通例複》〔軍〕防御柵

*****надо́лго** [副] [for a long time] 長い間, 長期に: уе́хать ～ 長期の予定で出かける

**надо́мни|к** [男2] / -**ца** [女3] 自家手工業者, 在宅勤務者

**надорва́ть(ся)** [完] →надрыва́ть(ся)

**надоу́мливать** [不完] / **надоу́мить** -млю, -мишь 受過 -мленный [完] [話]〈кого〉助言する, 教える, 知恵をかす

**надпи́ливать** [不完] / **надпили́ть** -илю́, -и́лишь 受過 -и́ленный [完]〈кого〉少しのこぎりで[やすりで]挽(ひ)く ∥ **надпи́л** [男1]

**надпи́ска** 複生 -сок [女2] [話] ① < надпи́сывать ② 抹消した行への（訂正の）書き込み

**надпи́сывать** [不完] / **надписа́ть** -ишу́, -и́шешь 受過 -и́санный [完]〈кого〉(表面・外面に)書く: ～ а́дрес на посы́лке 小包に宛先を書く│<書物・書類などに>書き入れる, 献辞などを書き込む│<書物の>裏書きする(行・言葉の上に)書き込む: Дире́ктор надписа́л резолю́цию на заявле́нии. 取締役が申請書に決裁の文言を書き込んだ ∥ ～ся [完] [受身]

*****на́дпись** [ナードピシ] [女10] [inscription] ① 上書き, 表書き, 題名, 表題: ～ на альбо́ме アルバムの表題 ② (手形の)裏書き ③ (映画の)字幕 ④ 石などに刻まれた古代の碑文

**надпо́чечный** [形1] 〔解〕腎臓の上方にある, 副腎の: -ая железа́ 副腎, 腎上体

**надра́ить** [完] →дра́ить

**надра́ть(ся)** [完] →надира́ть

**надре́з** [男1] ① < надреза́ть ② 切れ目, 切り口 ③〔医〕切開

**надреза́ть, надре́зывать** [不完] / **надре́зать** -е́жу, -е́жешь 受過 -е́занный [完] ⟨図⟩ ① 少し切る, …に切れ目を入れる ② [医] 切開する

**надрессирова́ть** -ру́ю, -ру́ешь 受過 -о́ванный [完] ⟨話⟩⟨動物を⟩仕込む; ⟨人を⟩厳しくしつける

**надруба́ть** [不完] / **надруби́ть** -ублю́, -у́бишь 受過 -у́бленный [完] ⟨図⟩ ① …の表面を少し切る ② 継ぎ足して上方に付け足す

**надруга́тельство** [中1] 《文》⟨над囲 に対する⟩侮辱, 冒涜(ξ̈ζ), 暴言

**надруга́ться** [完] 《文》⟨над囲⟩を侮辱する, 罵る

**надры́в** [男1] ①⟨надрыва́ть⟩ 破れ口, 破れ ② 極度の精神的緊張, 過度の努力: рабо́тать с ∼ом 身を粉にして働く ③ (ショックによる)心身の衰弱, 意気消沈 ⑤ 感情の爆発

**надрыва́ть** [不完] / **надорва́ть** -ву́, -вёшь -а́л, -ала́, -а́ло 受過 -о́рванный [完] ⟨図⟩ ① 上端を少し裂く[破く]: ∼ конве́рт 封筒の隅を破く ② ⟨図⟩ (a)(力を入れすぎて・無理をして) 損なう, 痛める: ∼ живо́т 重い物を持って腹筋を痛める (b)⟨душа́, се́рдце を伴って⟩苦しめる, 悩ます: ∼ 囗 ду́шу を悩ます ③ ⟨図⟩ (精神的・肉体的に)弱らせる ◆∼ живо́т[со́ смеху [со смéху, от хо́хота]《俗》抱腹絶倒する | ∼ го́рло [гло́тку] 絶叫する | ∼ пуп《俗》重労働する, 一生懸命働く

**надрыва́ться** [不完] / **надорва́ться** -ву́сь, -вёшься 過 -а́лся, -ала́сь, -а́лось/-ало́сь [完] ① (上端・末端が)少しはずれて破れる[破れる] ② (力を入れすぎて・無理をして) 体の一部を損なう [痛める]: Надорва́лся, поднима́я тя́жесть. 重い物を持ち上げようとして体を痛めた ③ (精神的・肉体的に)疲労困憊する ④ 《不完》《話》懸命に…する: ∼ в рабо́те 懸命に働く ⑤ 《不完》知覚する, 絶叫する ⑥ 《完》⟨от囲⟩…に苦しむ: ∼ от раска́яния 後悔の念に苦しむ ⑦ 《不完》《受身》< надрыва́ть ◆ Се́рдце [Душа́] надрыва́ется. 断腸の思いをする, 胸が張り裂けそうだ

**надры́вистый** -ист [形1] 発作的な, 激しい, 込み上げる

**надры́вный** 短 -вен, -вна [形1] 病的に激しい, ヒステリックな

**надры́згать** [完] → дры́згать

**надса́д** [男1] 《俗》 = надса́да: с ∼у 過労のため

**надса́д|а** [女1] ①《話》極度の緊張, 苦痛: рабо́тать с ∼ой 懸命に働く ② 《俗》緊張しすぎて何かを痛める[破なう]こと: смея́ться до ∼ы 腹が痛くなるほど笑う, 抱腹絶倒する

**надса́дно** [副] 《話》激しく, 力みすぎて, 苦しそうに

**надса́дный** 短 -ден, -дна [形1] ①《話》力のいる, 緊張した: ∼ ка́шель 激しい咳き込み ② 苦しい, つらい: ∼ труд つらい労働

**надсажива́ть** [不完] / **надсади́ть** -ажу́, -а́дишь 受過 -а́женный [完] 《俗》⟨図⟩ ①(力を入れすぎて・無理をして) 損なう, 痛める: (a)⟨живо́т を伴って⟩…を: ∼ живо́т 重い物を持って腹筋を痛める (b)⟨душа́, се́рдце を伴って⟩苦しめる, 悩ます: ∼ ду́шу 悩ます ② ⟨図⟩ …を立腹させる ◆∼ го́рло [грудь] 大声でがなりたてる [言い争う] ‖ **∼ся** [不完] [受身] ① (力を入れすぎて・無理をして) 自分の体の一部を損なう[痛める] ②《不完》= надрыва́ться④

**надсма́тривать** [不完] ⟨за/над囲⟩を監督する[監視, 管理]する = 'над рабо́той [за детьми́] 仕事[子ども]の監督をする

**надсмеха́ться** [不完] 《俗》 = насмеха́ться

**надсмея́ться** -ею́сь, -еёшься [完] 《俗》 = насмея́ться

**надсмо́тр** [男1] 《単》監督, 監視, 管理: ∼ за поря́дком 秩序の監視

**надсмо́трщи|к** [男2] / **–ца** [女3] 監督者, 監視者, 管理者: тюре́мный ∼ 看守

**надста́вка** 複生 -вок [女2] ① 継ぎ足す[付け足す]こと ② 継ぎ足した部分

**надставля́ть** [不完] / **надста́вить** -влю, -вишь 受過 -вленный [完] ⟨図⟩ ① 継ぎ足す, 付け足す: ∼ кусо́к к подо́лу 衣服の裾に布地を少し縫い足す ② 継ぎ足して長くする: ∼ рукава́ 袖を長くする

**надстра́ивать** [不完] / **надстро́ить** -о́ю, -о́ишь 受過 -о́енный [完] ⟨図⟩ ① 上に建て増す: ∼ эта́ж 1つ上に階を建て増す ② 建て増して高くする: ∼ дом 家を建て増して高くする ‖ **∼ся** [不完] [受身]

**надстро́ечный** [形1] 上部構造 (надстро́йка) の: ∼ые явле́ния 上部構造的現象

**надстро́йка** 複生 -о́ек [女2] ① 上方へ建て増すこと, 建て増した部分 ②[経・哲]上部構造 (↔ба́зис) ③ [甲板上の建造物

**надстро́чный** [形1] 行の上の: ∼ знак 行上記号 (例えば点類)

**надтре́снутый** 短 -ут [形1] ① 少しひびの入った ② [長尾] (声・音が)割れた, つぶれた

**надтресну́ть** -нет [完] ⟨ガラスなどが⟩少しひびが入る

**надува́тель** [男5] 《俗》詐欺師, ペテン師

**надува́тель|ство** [中1] 《話》詐欺, ペテン ‖ **-ский** [形3]

**надува́ть** [不完] / **наду́ть** 受過 -тый [完] ⟨図⟩ ① (空気で)ふくらます ②《無人称でも》⟨図⟩囗 吹き集める, 吹き溜める: Ве́тром наду́ло пы́ли. 風でほこりが吹き寄せられた ③ 《完》《無人称》⟨図⟩ 寒気[寒風]が吹き込む, 寒気[隙間風]で冷やす[凍えさせる]: В ко́мнату наду́ло. 部屋に寒気が吹き込んだ | В у́хо наду́ло. 寒風で耳が冷えた ④ 《完》《俗》だます, ペテンにかける ⑤ 《無人称》《俗》⟨囗は⟩妊娠する ⑥ 《俗》小便を漏らす

**надува́ться** [不完] / **наду́ться** [完] ① ふくれる, かさが増す; (つぼみが)ふくらむ: Мяч наду́лся. ボールがふくれた | Па́рус наду́лся от ве́тра. 帆が風をはらんだ | Река́ наду́лась. 川が増水した ②《話》⟨囗を⟩たくさん飲む ③ 《完》傲慢な態度をとる ④ 《完》《話》⟨на囲⟩に対してふくれっ面をする, 腹を立てる ⑤ 《不完》[受身] < надува́ть

**наду́вка** [女2] ① (空気で)ふくらますこと ②《俗》詐欺, ペテン

**надувно́й** [形2] 空気でふくらます

**наду́манн|ый** 短 -ан, -анна [形1] こじつけの, 不自然な: ∼ая фа́була расска́за わざとらしい筋

**наду́мывать** [不完] / **наду́мать** 受過 -манный [完] ①《話》⟨在定形⟩(思案の末)…する決心をする ②⟨図/囗⟩考えつく, 考え出す

**надури́ть** -рю́, -ри́шь [完] 《俗》⟨図⟩ だます, ペテンにかける

**наду́тый** [形1] ① ふくれた, 膨張した ②《話》高慢な ③《話》(言葉・話・文体が)誇張した, 大げさな ④《話》ふくれ面をした, 仏頂面の: с ∼ым ви́дом 仏頂面をして ‖ **-ость** [女10]

**наду́ть(ся)** [完] → надува́ть(ся)

**надуши́ть(ся)** -ушу́, -у́шишь [完] → души́ть(ся)

**надуши́ть** [完] ⟨图/囗⟩ (ある数・たくさんの)⟨人・動物を⟩絞殺する

**надъ..** → над..

**надыба́ть** [不完] ⟨図⟩ ① 盗む, 不法に入手する ② 見つける, 発見する: Где ты нады́бал э́ти джи́нсы? このジーンズどこで見つけたの?

**надыми́ть** [完] → дыми́ть

**надыша́ть** -ышу́, -ы́шишь 受過 -ы́шанный [完] ① 《無補語》息で暖める, 息苦しくする: В ваго́не надуша́ли и ста́ло тепло́. 車内は人いきれで暖かくなった ② 《話》 на кого-что…に息を吹きかけて溶かす: ～ на замёрзшее стекло́, что́бы посмотре́ть в окно́ 窓から外を見るために凍りついたガラスに息を吹きかけて溶かす ◆ **мно́го не [недо́лго] нады́шит** 《俗》もう長くは生きられまい

**наныша́ться** -шусь, -шишься [完] 《圏》に十分吸い込む[呼吸する]: ～ лесны́м во́здухом 森の空気を思い切り吸い込む ◆ **не нады́шится** [**мо́жет на-ды́шаться**] **на** 圏 にかわいがってたまらない | **Пе́ред сме́ртью не нады́шишься.** 《諺》土壇場でじたばたしても始まらない

**На́д|я** [女5] 〔愛称〕＜Наде́жда

**наеда́ть** [不完] / **нае́сть** -е́м, -е́шь, -е́ст, -еди́м, -еди́те, -едя́т 命 -е́шь 過 -е́л 受過 -е́денный [完] 《俗》 ① 〈圏/圈〉(ある量・ある金額分)食べる: ～ на 1000 (ты́сячу) рубле́й 1000ルーブル分食べる ② 《俗》 〈圏〉 食べすぎて＜不快な結果＞を招く: ～ брю́шко [живо́т] 食べすぎて太鼓腹になる

**наеда́ться** [不完] / **нае́сться** -е́мся, -е́шься, -е́стся, -еди́мся, -еди́тесь, -едя́тся 命 -е́шься 過 -е́лся [完] 〈圏/圈/無補語〉腹いっぱい食べる, 思う存分食べる: ～ сла́дкого 甘いものを思う存分食べる

**наедине́** [副] ① 2人きりで ② (通例 с собо́й, с сами́м собо́й と共に) ひとりきりで

**нае́зд** [男1] ① (車の) 衝突: маши́на на пешехо́дную доро́жку 車の歩道への乗り上げ ② (通例 複) ちょっと立ち寄ること ③ 《若者》 難癖をつけ, ゆすりたかること ④ 《旧》 (騎兵の) 急襲, 襲撃: (通例多人数の) 来訪 ◆ *ом = ~ами* ちょっと立ち寄るつもりで: Я быва́л в Москве́ то́лько *~ом*. モスクワへはいつも立ち寄るだけだった

**нае́здить** [完] → **нае́зживать**

**нае́здиться** -зжусь, -здишься 命 -здись [完] 《話》思う存分乗り回す

**нае́здка** [女2] (馬の) 調教; (犬の) 訓練

**нае́здни|к** [зн] [男1] **-ца** [女3] ① 乗馬家, 曲馬師; 《旧》 騎乗者: циркова́я ～ サーカスの馬乗り ② 調教師 ③ 《旧》 《軍》 (敵を急襲する) 騎兵 ④ 《男》 《昆》 ヒメバチ // **нае́зднически|й** [зн] [形3] ＜ ①②: *-ая сноро́вка* 乗馬術 | ～ костю́м 乗馬服

**нае́здничество** [зн] [中1] ① 乗馬 ② 騎手[曲馬師]の職

**наезжа́ть**[1] [жж] [不完] = **наезживать**②③

**наезжа́ть**[2] [жж] [不完] / **нае́хать** -е́ду, -е́дешь 命 -езжа́й [完] ① 〈на 圏〉 …に衝突する, 乗り上げる, …をはねる ② 《話》 大勢[ある数, 突然] やって来る ③ 《俗》 〈на 圏〉 無補語〉脅す, 難癖をつける, けんかを売る ④ 《話》 〈на 圏〉 短期間やってくる ⑤ [不完] 《旧》 (騎兵隊が) 襲撃する ⑥ [完] 《俗》 ひょっこりやって来る ⑦ [完] 〈無人称〉 《俗》 〈на 圏〉 人の気まぐれ[ヒステリー]を起こす

**нае́зжива|ть** [жж] [不完] / **нае́здить** -зжу, -здишь 命 -зди 受過 -зженный [完] 〈圏〉 ① 《俗》 車で稼ぐ[もうける]; 車に乗りすぎて病気などをしょいこむ: ～ до́миков доби́лся (= каки́х-то недугов) на ма́шине Нажи́в уш себе́ *-й поро́к се́рдца* 車に乗りすぎて心臓を悪くする ② 〈道〉を乗り均す〈圏〉 〈猟犬を仕込む〉 ③ 〈圏〉〈無補語〉〈ある時間〉乗って行く; 《話》〈距離〉を走破する: ～ на маши́не 100 км 車で100 km 走破する

**нае́зжий** [形6] 《旧》他所から来た

**наём** на́йма [男2] ① 雇用 ② 賃借, 賃貸: **брать** [**отда́ть**] **в** ～ 賃借[賃貸]する

**наёмник** [男2] ① 《旧》 傭兵 ② (旧) 雇い人 ③ 《度》手先: ～ буржуа́зии ブルジョアの手先

**наёмны|й** [形1] 雇われの, 賃金の: ～ води́тель 雇われ運転手 | *-ая а́рмия* 傭兵軍 | ～ уби́йца 殺し屋 | сезо́нная *-ая рабо́чая си́ла* 季節雇用労働力 ② 賃貸の, 賃借の, レンタルの: *-ая да́ча* 貸し別荘 | *-ая пла́та за «жилы́е помеще́ния [земе́льный уча́сток]* 住居[地所]の賃貸料

**наёмщик** [男2] 借主, 賃借人; 雇い主

**нае́сть(ся)** [完] → **наеда́ть**

**нае́хать** [完] → **наезжа́ть**[2]

**нажа́ловаться** -луюсь, -луешься [完] 《話》 〈на 圏〉のことを訴える, 苦情を言う

**нажа́ривать** [不完] / **нажа́рить** -рю, -ришь 受過 -ренный [完] ① 〈圏/圈〉 (ある量) 焼いて調理する ② 《俗》 〈圏〉 灼熱する: ～ пе́чку ペチカをあかあかと焚く ③ 《俗》 〈圏〉 (動作物事の代わりに)激しく熱中する意味を表す): ～ на гита́ре по́льку ギターでポルカを熱演する

**нажа́риваться** [不完] / **нажа́риться** -рюсь, -ришься [完] ① 《俗》 長いこと日に当たる, 体を焼く: ～ на со́лнце 体を日に焼く ② [不完]〔受身〕＜ **нажа́ривать**

**нажа́тие** [中5] 押すこと, 踏むこと

**нажа́ть** [完] → **нажима́ть, нажина́ть**

**нажда́|к** -á [男2] 《鉱》 エメリー, 金剛砂 (研磨剤) // **наждачн|ый** [形1] *-ая бума́га* サンドペーパー, 紙やすり

**нажда́ться** -ду́сь, -дёшься 過 -а́лся, -ала́сь, -а́лось/-ало́сь [完] 《話》 〈圏〉 長い間待つ

**наже́чь(ся)** [完] → **нажига́ть(ся)**

**нажи́в|а** [女1] 《話》 ＜ **нажи́ть**: ～ де́нег 金もうけ ② 楽なもうけ: гна́ться [в пого́не] за *-ой* 楽なもうけに走る ③ = **нажи́вка**

**нажива́ть** [不完] / **нажи́ть** -иву́, -ивёшь 過 на́жил, -а, -ло 受過 нажи́тый (-ит, -ита́, -ито) на́житый (-и́т, -ита́, -и́то) [完] ① 〈圏〉 (徐々に手に入れる[ためる]): ～ состоя́ние こつこつ財産を作る (b) もうける, 稼ぐ ② 〈圏/圈〉 〈不快なものを〉招く: ～ враго́в 敵を作る ③ 〈圏/圈〉《俗》 〈無補語〉ある期間生きる, 生きながらえる

**нажива́ться** [不完] / **нажи́ться** -иву́сь, -ивёшься 過 -и́лся, -ила́сь, -и́лось [完] ① 〈на圏で〉 もうける, 金持ちになる ② 《話》長い間住む, 思う存分住む: Ско́лько годо́в я тут прожи́л и всё не нажи́лся. そこに何年も住んでいるがまだ飽きない

**нажи́вка** 複-вок [女2] (漁・猟具に仕込む)餌, 誘い餌

**наживля́ть** [不完] / **наживи́ть** -влю́, -ви́шь 受過 -влённый (-лён, -лена́) [完] 〈圏〉 を 〈漁具・猟具〉 に餌を仕掛ける

**нажив|но́й** [形1] 《俗》 ① 〈圏〉 手に入れられる ② (釣用の) — червя́к 釣用のミミズ ◆ **де́ло** *-о́е* 得やすいもの: **Де́ньги — де́ло *-о́е*.** 金は天下の回りもの

**нажига́ть** [不完] / **наже́чь** -жгу́, -жжёшь, …-жгут 命 -жги́ 過 -жёг, -жгла́ 過 -жжённый (-жжён, -жжена́) 副分 -жёгши ① 〈圏/圈〉 (ある量) 燃やして消費する, 燃やす; (焼いて) 〈木炭〉を作る ② 〈圏〉を熱する, 〈炉〉を灼熱する ③ 《話》 (日光・寒気が) 〈圏〉…を熱する, 炎症を引き起こす ④ 〈圏〉 〈焼印〉を押す // **～ся** ① 《話》 (太陽の熱などで) 熱せられる ② [不完]〔受身〕＜ **нажига́ть**

**нажи́м** [男1] ① 押すこと, 力を加えること, 督促: дипломати́ческий ～ 外交圧力 | под ～ом 強制的に, せかされて ② 《話》 《軍》圧迫, 攻勢 ③ 圧縮[圧搾]装置 ④ (ペンを入れて) 太く書くこと ⑤ 《話》 ・音の上がる強調して読む[言う]こと ⑥ 《文学・劇》 (ある特徴・細部)の強調

**≠нажима́ть** [наз̌има́т’] [不完] / **нажа́ть**[1] [наз̌а́т’] -жму́, -жмёшь 命 -жми́ 受過 -тый [完] [press, push] ① 〈圏/圈〉 に力を加える, 圧する: ～ на дверь 扉を押す | ～ на газ [то́рмоз] アクセル[ブレーキ]を踏む ② 《話》 〈на圏〉 に働きかける, 圧力をかける: ～ на ленти́ев 怠け者の尻を叩く ③ 〈圏/圈〉 (ある量) 搾り出す: ～ со́ку ジュースを搾る

④《俗》〈на 間〉に精力的に取り組む；〈無補語〉テンポを早める：~ на рабóту 仕事に精を出す | Нажмём за выполним рабóту к срóку. テンポを早めて仕事を期限内に仕上げよう ‖ **~ся** [不完] 〔受身〕

**нажина́ть** [不完] / **нажа́ть²** -жну, жнёшь 受過 -тый [完] 〔間/園〕 (ある量) 刈り入れる, 収穫する

**нажира́ть** [不完] / **нажра́ть** [完] -ру́, -рёшь 過 -жра́л, -рала́, -ра́ло [完] 《俗》〈ある量・金額分〉食らう ‖ **~ся** [不完] / [完] 〈園/園〉 ①《話》 (動物がたくさん食う; 人が) 大食いする ②《完》《俗》大酒を食らう

**нажито́й** [形1] 《話》 少しず稼いだ

**нажи́ть(ся)** [完] → нажива́ть(ся)

**нажо́ристый** [形1]《若者・俗》 ①栄養のある, 腹にたまる ② (アルコール飲料が) 度数の高い, 酔いのまわる

**нажра́ть(ся)** [完] → нажира́ть(ся)

**наза́втра** [副] 次の日に, 翌日に: Н- отпра́вились в путь. 次の日に旅立った (★на за́втра は「明日に」の意; отложи́ть рабо́ту на за́втра 仕事を明日に延ばす)

**наза́д** [ナザート] [副] 〔back〕①もとの方向へ, 後ろへ (↔ вперёд); 背後へ: переве́сти часы́ на оди́н час ~ 時計を1時間遅らせる | Шаг вперёд и два ~ 一歩前進二歩後退 | отмота́ть ~ га́зовый счётчик ガスメーターを巻き戻す | Пути́ ~ уже́ нет. もう後戻りはできない | огляну́ться 背後を振りかえる | отки́нуть го́лову ~ 頭を背後にのけぞらす | дви́гать ро́лик ~ и вперёд ローラーを前後に動かす ②もとの場所へ, もとに: отда́ть ~ 返却する | взять ~ своё сло́во 前言を撤回する | отозва́ть заявле́ние ~ 申請を撤回する | Возьми́те мой платок, то́лько принеси́те ~. 私のスカーフを持って行きなさい, ただし持ちかえってくるのですよ ③〈…期間・時間〉前に (тому́) ~: три́ го́да [ты́сячу лет] ~ 3年[千年]前に | Э́тот слу́чай произошёл ме́сяц тому́ ~. この出来事は1ヵ月前に起こった

**назади́** [副]《話》後に, 後方に: Го́род уже́ ~. 町はもう過ぎてしまった

**назализа́ция** [女9]《言》鼻音化

**наза́льный** [形1]《音声》鼻音の

**назанима́ть** [完]〈園/園〉〈多額の金〉 (多くの人から・1人から何回も) 借りる

**Наза́р** [男1] ナザール (男性名)

**Назаре́т** [男1]《聖》ナザレ (キリストの生誕地とされるパレスチナ北部の町)

**назва́нивать** [不完]《話》 (何回も続けて・執拗に) ベルを鳴らす, 方々に電話をかける

‡**называ́ть** [ナズヴァーチ] [不完] / **назва́ть** [ナズヴァーチ] -зову́, -зовёшь 過 -зва́л, -вала́, -ва́ло, 受過 на́званный [完]〔call, name〕①〈名〉〈間/園〉と〉〈名〉名付ける, 評する: Меня́ назва́ли А́нной. 私はアンナと名付けられた | Столи́цу назва́ли Вашингто́н в честь пе́рвого президе́нта. 首都を初代大統領に敬意を表してワシントンと名付けた | Электри́ческий тра́нспорт называ́ют экологи́чески чи́стым. 電動交通機関は環境に優しいと言われている | е́сли э́то мо́жно так назва́ть もしこう言って差し支えなければ (b)《不完》часто называ́ют «соба́кой». ロシアでは@マークをしばしば「犬」と呼ぶ | Меня́ называ́ют про́сто Мари́на. 私はマリーナと呼び捨てにされている ②〈名〉名を告げる, 示す: его́ по и́мени и о́тчеству 彼を名前と父称で呼ぶ | ~ себя́ 自分の名を名乗る | ~ кандида́тов в коми́ссию 委員候補者の名を挙げる | Он назва́л число́, час и ме́сто встре́чи. 彼は面会の日時と場所を告げた ③〈間/園〉〈ある人数・通例多数〉 招待する, 呼び集める: ~ госте́й 客を大勢呼ぶ | Весь го́род назва́ли, а меня́ нет. 町中の人が招待されたのに私は呼ばれていない | **так называ́емый** いわ

**назва́ный** [形1]《旧》血のつながりのない, 義理の: -ая сестра́ 義姉[妹] | ~ сын 養子

**назва́ть(ся)** [完] → называ́ть(ся)

**наздра́вствоваться** [ст] -твуюсь, -твуешься [完] ни во [何度も] здра́вствоваться! と挨拶する

**назева́ться** [完]《話》①たくさん, [何度も] あくびをする ②《俗》心ゆくまで眺める

\***назе́мный** [形1]〔ground〕地上の, 陸上の: -ая желе́зная доро́га 路面鉄道 | -ые войска́ 地上部隊 | -ая по́чта (航空便に対して) 普通郵便, 船便

**на́земь** [副] 地面へ, 下へ

**назида́ние** [中9]《文》教訓, 訓戒: в ~ пото́мству 《皮肉》後世への教訓として

**назида́тельный** 短 -лен, -льна [形1]《文》①教

訓的な, ためになる: ~ приме́р 教訓的な実例 ②教えとするような, お説教的な: ~ тон お説教調

‡**назнача́ть** [ナズナチャーチ] [不完] / **назна́чить** [ナズナーチチ] -чу, -чишь 命 -чь 受過 -ченный [完]〔assign, set〕①〈予〉指定する, 定める, 決める: ~ це́ну 価格を決定する | ~ да́ту вы́боров президе́нта страны́ на 19 декабря́ 国の大統領の選挙日を12月19日に決定する | ~ дом к прода́же 家の売却を決定する ②〈園〉〈園/на園〉に任命する, 指名する: ~ его́ дире́ктором [на до́лжность дире́ктора] заво́да 彼を工場長に任命する | ~ на до́лжность 〔園〕役につける ③〈園〉〈園〉に依頼する, 任せる: Рабо́ту ей назна́чили несло́жную. 彼女には簡単な仕事が任された ④《園》〈園〉〈園〉に〈薬・療法を〉処方する, 指示する: ~ лече́ние антибио́тиками 抗生物質による治療を指示する ‖ **~ся** [不完]〔受身〕

**назначе́ние** [ナズナチェーニエ] [中5]〔assigning, purpose〕①指定, 決定, 指示: ~ посо́бий 手当の支給決定 | ~ антибио́тиков пацие́нтам 患者に対する抗生物質の処方 ②任命, 指名: прика́з о -ии генера́льного дире́ктора 社長任命に関する命令書 | Поздравля́ю Вас с -ем! 任命おめでとう ③(a)用途, 目的, 任務: испо́льзовать 間 по прямо́му **-ию** ~ を本来の目的に使用する | **земля́** промы́шленного **-ия** 産業用地 | **милиция специа́льного -ия** 特殊任務警察隊 (b)《文》使命: и́стинное ~ теа́тра 演劇の真の使命 ■ **ме́сто [порт] -ия** 赴任地, 仕向地[港]

**назначе́нец** -нца [男3]《話》 (選挙によるべき役職に) 上から任命された人, 天下り

**назна́чить** [完] → назнача́ть

**назо́йливо** [副] しつこく: ~ проси́ть 執拗に頼み込む

**назо́йлив|ый** 短 -ив [形1] しつこい, 執拗な: ~ челове́к しつこい人 | **-ые мы́сли** 念頭から消え去らない考え

‡**назрева́ть** [不完] / **назре́ть** [完]〔ripen〕①熟する; (液体で) ふくらむ: По́чки назре́ли. つぼみがふくらんだ | Нары́в назре́л. 腫れ物がふくらんだ ②差し迫る, 機が熟する: Кри́зис назре́л. 危機が迫った

**назубо́к** [副]《話》暗記して, そらで: вы́учить ~ 暗記する | знать ~ そらで憶えている

ゆる: *Та́к называ́емый* «ресу́рсный национали́зм» — тенде́нция глоба́льного хара́ктера. いわゆる『資源ナショナリズム』はグローバルな傾向だ

**называ́ться** [ナズィヴァーッツァ] 〔不完〕/ **назва́ться** [ナズヴァーッツァ] -зову́сь, -зовёшься 命 -зови́сь -вался́, -вала́сь, -вало́сь/-вало́сь 〔完〕〔identify, be called〕① 〈図〉と自称する, 名乗る: ~ чужи́м [вы́мышленным] и́менем 他人の[架空の]名を名乗る | ~ худо́жником 画家と名乗る ② 〔不完〕〈図/田〉…という名である, 呼ばれる: Почему́ Чёрное мо́ре *называ́ется* «чёрным»? なぜ黒海は「黒」と呼ばれるのか? ③ 〈図〉と評せられる: Она́ могла́ *называ́ться* соверше́нной краса́вицей. 彼女は完璧な美人といってよかった ④ 〔俗〕しつこく…しようとする, 強請する: ~ в го́сти 強引に客に呼んでもらおうとする | ~ проводи́ть客を送っていくと言ってきかない ⑤ 〔不完〕〔受身〕< называ́ть ◆ *что называ́ется* 〔挿入〕いわゆる: Он вообще́ весельча́к и, *что называ́ется*, руба́ха-па́рень. 彼はおおむね陽気で, いわゆる気さくな男だ

**наи..** 〔接頭〕〔通例形容詞・副詞の最上級に付して〕「最…」: *наиталантли́вейший* 最も才能のある | *наилу́чший* 最良の

**наиб.** 〔略〕наибо́льший

**наибо́лее** [ナイボーリエエ] 〔副〕〔most〕最も, 一番; とりわけ, 特に: ~ успе́шный спо́соб 最も首尾よい方法 | Кака́я те́ма Вас ~ интересу́ет? あなたが最も関心のあるテーマは何ですか | спи́сок ~ ча́сто употребля́емых англи́йских слов 特に使用頻度の高い英単語のリスト

**наибо́льший** [形6] 最大の

**наи́в** [男1]〔話〕素朴さ, 無邪気さ

**наи́вность** [女10]①無邪気さ, 素朴さ, 愚直, 単純, 幼稚 ②無邪気[単純]な考え[言葉, 振る舞い]

**наи́вный** 短 -вен, -вна [形1]〔naive〕無邪気な, 素朴な, 愚直な, 単純な, 幼稚な: ~ ю́ноша 純朴な青年 | ~ вопро́с 素朴な質問

**наивы́сший** [形6] 最高の, 至高の:-ие достиже́ния 最高の成果

**наигранный** -ан, -анна [形1] 見せかけの, 装った, 不自然な

**наи́грывать** [不完]/**наигра́ть** -игра́ю [完] ①〈図/田〉(たくさん, 長く・続けざまに)演奏する: Он сел за фортепиа́но и *наигра́л* ку́чу хоро́ших веще́й. 彼はピアノの前に座って素朴しい曲を次々に演奏してくれた ②〔話〕〈図〉に出費を強いる, 散財させる: Я его́ опя́ть рубли́ков на со́тню *наигра́л*. 私はまたも彼に100ルーブルほど散財させた //-ся [不完] 〔受身〕

**наигра́ть** [完] →наи́грывать

**наи́грываться** [不完]/**наигра́ться** [完] ① 思う存分遊ぶ ② 〔不完〕〔受身〕

**наи́грыш** [男4] ①〔楽・民俗〕(器楽曲の)節(ふし); (踊り・歌の伴奏の)旋律 ②〔演技の〕名演技

**наизна́нку** [副] ①裏返しに: вы́вернуть пальто́ ~ 外套を裏返す ②正常とは逆に, あべこべに

**наизу́сть** [副]〔recite〕暗記して, 書いた物を見ないで: чита́ть стихи́ ~ 詩を暗唱する | знать [по́мнить] паро́ль ~ パスワードを暗記している | чте́ние [зау́чивание] ~ 暗唱[暗記] | отры́вки из рома́на ~ 小説の一節の暗唱[暗記] ③詳しく, 詳細まで: Он зна́ет ~ все симпто́мы гиперто́нии. 彼は高血圧症の全ての症状を詳しく知っている

**наилу́чший** [т] [形6] 最良の, 極上の: ~ результа́т 最良の成果 | ~ сорт 最上の等級

**наим.** 〔略〕наиме́ньший

**наиме́нее** [副]〔least〕最も少なく ■ ~ - ра́звитые стра́ны 後発開発途上国

**наименова́ние** [中5]〔name〕〔文〕名, 名称: официа́льное ~ 正式名称 | то́чное ~ 正確な名称

**наименова́ть(ся)** [完] →именова́ть(ся)

**наиме́ньший** [形6] 最小の, 最少の: ~ риск 最小のリスク

**наипа́че** [副]〔旧〕ほかの何[誰]よりも, 特に, とりわけ

**наискосо́к** [副]〔話〕= на́искось

**на́искось** [副] 斜めに: расположи́ть ~ 斜めに配置する

**найти́е** [中5, В・Д]〔旧〕啓示, 霊感, 感化 ◆ *по-ию* 天の啓示により, 直感的に | *под -ием* 回 …に感化されて

**наиху́дший** [形6] 最悪の: ~ результа́т 最悪の結果 | в -ем слу́чае 最悪の場合には

**найдёныш** [男4]〔話・旧〕拾われた棄て児

**найди́** 〔命令〕, **найду́** [1単末] <найти́

**наймёшь** [2単末], **найми́** 〔命令〕< наня́ть

**найми́т** [男1]〔方〕雇い人, 手先

**Найро́би** (不変)[男] ナイロビ (ケニアの首都)

**найму́** [1単末] < наня́ть

**найти́(сь)** [完] <находи́ть(ся)

**нака́з** [男1] ①〔話・旧〕指図, 命令, 訓令: отцо́вский ~ 父の命令 ②〔政〕要望[要求]リスト: ~ избира́телей депута́ту 選挙民の議員に対する要望[要求]リスト

**наказа́ние** [ナカザーニエ] [中5]〔punishment〕①罰, 処罰, 懲罰, 刑罰: тяжёлое ~ 重刑 | заслу́женное ~ 当然の報い ②〔話〕苦痛, 不快: Н~ мне с ним. 彼にはうんざりだ

**наказа́ть** [完] → нака́зывать

**наказу́емый** 短 -ем [形1]〔公〕罰すべき, 処罰の対象となる //-ость [女10] 罰すべきこと

**нака́зывать** [不完]/**наказа́ть** -кажу́, -ка́жешь 受過 -ка́занный [完] ①〔punish〕~ を罰する, 処罰する: Наруши́телей мо́гут *наказа́ть* штра́фом. 違反者には罰金が科せられる可能性がある | Вино́вные должны́ быть *нака́заны* по всей стро́гости зако́на. 罪人は法に則って厳罰に処せられなくてはならない ②〔話・戯〕〈図〉に出費を強いる, 散財させる: Я его́ опя́ть рубли́ков на со́тню *наказа́л*. 私はまたも彼に100ルーブルほど散財させた //-ся [不完] 〔受身〕

**нака́л** [男1] ①自熱度, 発光度: бе́лый [кра́сный] ~ 白[赤]熱 ②緊張, 緊迫: рабо́та без *-а* 緊張感のない仕事

**нака́ливан|ие** [中5] < нака́ливать: ла́мпа *-ия* 白熱電球

**нака́ливать, накаля́ть** [不完]/**накали́ть** -лю́, -ли́шь 受過 -лённый [-лён, -лена́] [完] ①灼熱する: ~ печь 炉を灼熱する ②〈図〉緊迫[緊張]させる: *накалённая* атмосфе́ра 緊迫した情勢

**нака́ливаться, накаля́ться** [不完]/**накали́ться** -лю́сь, -ли́шься [完] ①灼熱する: Утю́г *накали́лся*. アイロンが熱くなった ②緊迫する

**нака́лывать** [不完]/**наколо́ть** -олю́, -о́лешь 受過 -о́лотый [完] ①〈図/田〉(ある量)刺し, 割ってつくる: ~ дров 薪を割る (ある量)刺す ②〈図/田〉〈動物〉を(ある量)食肉処理する ③〈図/田〉〈模様などを〉針で刺してつくる ④〈図〉…をピンで刺して留める | ~ украше́ние на грудь 飾りを胸にピンで留める ⑤〈図〉刺して傷つける ⑥〔俗〕〈図〉模様の[入れ墨を入れる ⑧〔俗〕〈図〉からかう, だます, 欺く

**нака́лываться** [不完]/**наколо́ться** -олю́сь, -о́лешься [完] ①〈на図〉を(ある物)に刺さる, 突かつく: ~ на иго́лку 針で刺して傷つく ②〔俗〕〈田〉〈薪などを〉たくさん割る ③〔俗〕見込み違いをする, 誤算する

**накалять(ся)** ④《俗》だまされる, 失敗する ⑤《俗》〈на対〉予想外の障害に〉ぶつかる ⑥《完》〔受身〕〈накáлывать²

**накаля́ть(ся)** [不完] →накáливать

**наканифо́лить** [完] →канифо́лить

‡**накану́не** [ナカヌーニェ] ① [副] 前日に: Приéхал ~. 前日にやって来た ② [前]〈生〉…の前日に, …の直前に: ~ Нóвого гóда 大晦日に

**нака́пать** [完] →нака́пывать¹, кáпать

*__нака́пливать__ [不完] / __накопи́ть__ -оплю́, -óпишь 受過-óпленный [完] (accumulate) [不完] __накопля́ть__ 〈対〉[圧] ① (ある量)ためる: ~ дéнег 金をためる ② 〈経験・知識などを〉蓄積する: ~ си́лы 力を蓄える ∥**–ся** [不完]〔受身〕 ① (ある量)蓄積される: Накопи́лся óпыт. 経験が蓄積された ③ [完]〔受身〕

**нака́пчивать** [不完] / **накопти́ть** -пчу́, -пти́шь 受過-пчённый (-чён, -чена́) [完] ①〈対/生〉 (ある量)燻製にする: ~ колбáсы スモークソーセージを作る ② [完] коптить

**нака́пывать¹** [不完] / **нака́пать** -паю/-плю, -паешь/-плешь 受過-панный [完] ①〈対/生〉(ある量)滴下する ② [完] →кáпать

**нака́пывать²** [不完] / **накопа́ть** 受過 -óпанный [完] ①〈対/生〉(ある量)掘り出す, 採掘する: ~ картóфеля ジャガイモを掘り出す ② (ある量)掘って作る: ~ окóпов 塹壕を掘る ③ [完]〈на対〉に関する〉ネタを見つける[集める]

**нака́ркивать** [不完] / **нака́ркать** [完] ①《話》〈対/無補語〉(カラスがカアカア鳴いて)不幸をもたらす ②〈対〉縁起でもない話をして)不幸をもたらす

**нака́т** [男1] ① 転がして運ぶ[載せる, 入れる]こと 寄せ波 ②《軍》発射後の砲の復座 ③ (天井・床の)格子材, (筏の)横木 ④《製紙》紙の巻き取り装置 ⑤《ビリヤード》手玉の的の玉を追って走る突き方

**наката́ть** [完] →нака́тывать¹

**наката́ться** [完]《自発》存分乗りまわる[すべる]: ~ на конькáх 思う存分スケートをする

**накати́ть(ся)** [完] →нака́тывать²(ся)

**нака́тка** 複生-ток [女2] ① (塗料などを)塗ること; (道を)地ならしすること ② клеймó 押印付け ③ 転がし敷せる[込む]こと ④ (塗料・糊などの)柄付きローラー ④ (織物・紙などの)巻取機

**нака́тный** [形1] нака́т, нака́тка: ~ потолóк 格子状の天井 | ~ вал (印刷・塗装・道路工事用)ローラー | -**ая** машина 巻取機

**нака́тчик** [男2] ローラー作業をする人

**нака́тывать¹** [不完] / **наката́ть** 受過 -áтанный [完] ①〈対〉(ある量・何回かに分けて)転がして移動させる: ~ бóчек 何本もの樽を転がして運ぶ ②〈対/生〉(a) (ある量)転がして作る: (しわをのばすために)〈対〉にかける ③〈対〉(道具を使って)〈塗料・糊などを〉塗る: 模様などを付ける: ~ клеймó 印を押す ④《話》〈対〉(車で何度も通って)〈道などを〉地ならしする, 平らにする: ~ дорóгу по пóлю 野道を乗りならす ⑤《話》〈対〉にБ на対〉に転がして巻きつける ⑥《完》〈対〉〈対/生〉走り書きする ⑦《俗》(車・スキー・スケートで)ある距離を走破する

**нака́тывать²** [不完] / **накати́ть** -ачу́,-áтишь 受過-ка́ченный [完] ① 〈対〉на対〉に (a)転がして載せる[積み込む] (b)《軍》(発射後の大砲を)復座させる ② 〈対/生〉(ある量)転がし込む: ~ колёс на склад 車輪を倉庫に転がし込む ③ 転がってきてぶつかる: Волнá накати́ла на бéрег. 波が岸に押し寄せた ④《話》大勢の人がやって来る ⑤《無人称》〈на対〉に突然降りかかる《完》〈на対〉に(ある感情・状態が)突然襲う: На неё накати́ла рáдость. 彼女は歓喜した | На меня накати́ло. 私に気の迷いが起きた ⑦

《俗》殴る

**нака́тываться** [不完] / **накати́ться** -ачу́сь, -áтишься [完] ① 転がってきてぶつかる: Волнá накати́лась на бéрег. 波が岸に押し寄せた ②《俗》突然発生する: Другáя бедá накати́лась на нас. もう1つの災難が我々に降りかかった ③《俗》= нака́тывать⑥: Накати́лась вдруг тоскá. 突然ふさぎの虫にとりつかれた ④ (大砲が発射後に)復座する ⑤《不完》〔受身〕 <нака́тывать①②

**нака́чанный** [形1]《俗》ボディービルで体を鍛え上げた, 筋肉隆々の

**накача́ть(ся)** [完] →нака́чивать(ся)

**нака́чивать** [不完] / **накача́ть** -áчанный [完] ①〈対/生〉(ある量)ポンプで汲み上げる ②〈対〉にポンプで液体[気体]を詰める: ~ велосипéдную кáмеру 自転車のチューブに空気を入れる ③《俗》〈対〉〈酒をたくさん飲ませて酔っ払わせる ④《俗》〈対〉…に教え込む, …に訓練をほどこす ⑤《俗》長々話して…をうんざりさせる ⑥《俗》妊娠させる

**нака́чиваться** [不完] / **накача́ться** [完] ①〈対〉生/回/無補語〉〈酒・茶などを〉たくさん飲む, へべれけに酔っ払う ②《完》《話》(ブランコなどで)心ゆくまでゆられている ③《不完》〔受身〕< нака́чивать

**нака́чка** 複生-чек [女2] ① 汲み上げること, 液体[気体]を詰めること ②《俗》小言, 説教 ③《俗》筋肉トレーニング ④《俗》心の準備, プロパガンダ

**нака́шивать** [不完] / **накоси́ть** -ошу́, -óсишь 受過-óшенный [完] ①〈対/生〉(ある量)刈る ②《俗》〈金を〉稼ぐ

**накида́ть** [完] →наки́дывать¹

**наки́дка** 複生-док [女2] ①《話》割増金 ② 肩掛け, ポンチョ, ケープ, ショール, マント ③ カバー: кружевнáя ~ レースのカバー

**наки́дывать¹** [不完] / **накида́ть** 受過-иданный [完]〈対/生〉(ある数量・何回かに分けて)投げる, 投げ捨てる

**наки́дывать²** [不完] / **наки́нуть** -ну, -нешь 受過-тый [完] ①〈対〉投げかける, 引っかける, 投げかけて連結する: ~ шаль на плéчи ショールを肩にかける ② 追加する, 割増す: ~ цéну 値増しする | ~ оборóты《俗》速度を上げる, 興奮する

**наки́дываться** [不完] / **наки́нуться** -нусь, -нешься [完] ①〈на対〉…に襲いかかる: Собáка наки́нулась на прохóжего. 犬が通行人に飛びかかった ②《話》〈на対〉…に熱心に取りかかる: ~ на еду́ 食事に飛びつく ③《話》〈на対〉с対〉に〈非難などを〉浴びせる: ~ с упрёками на 対〉 …を叱りつける ④《不完》〔受身〕<наки́дывать

**накипа́ть** [不完] / **накипéть** -пи́т [完] ① 湯あかができる ② 煮詰まる ③ (怒り・恨みなどが)鬱積(ヘヘセ)する: Накипéло в душé《無人称》心中煮えり返った

**нáкипь** [女10] ① (沸騰させた表面の)浮きかす: ~ на су́пе スープの浮きかす ② 湯あか, 澱(ポ)み, 沈殿物: ~ в котлáх ボイラーの湯あか ③ 鍾乳石 ④ 心中にたまった鬱憤(ミミ) ⑤《俗》くだらない[ばかばかしい]こと[もの] ⑥《俗・皮肉》社会の上澄み, エリート ∥ **накипнóй** [形2] <①②

**наклáд** [男1] ① 上に置くこと ② 台 ③《旧》損失 ◆**быть в ~е** 損をする

**наклáдка** 複生-док [女2] ①〈накла́дывать かつら, かもじ ②〈婦人服の縁飾り ③ (錠前の)掛け金 ④《工》ライニング, かぶせ板, 接目板 ⑤《俗》失敗, 間違い

**накладн|áя** [形1変化] [女2] (貨物の)送り状, 貨物引換証: получи́ть груз по -óй 送り状で荷物を受け取る

**наклáдно** [副]《俗》損をして, 高くつく: Вы́йдет сли́шком ~. それでは大損だ

**накладн|о́й** [形2] ①上に付けた: ~*а́я борода́* 付けひげ ②めっきの: *ло́жка ~о́го серебра́* 銀めっきのスプーン ◆ *~ы́е расхо́ды* 雑費, 諸掛り

*\****накла́дывать** [不完] / **наложи́ть** -ожу́, -о́жишь 受過-о́женный [完] [put on, fill] ①〚田〛上に置く［載せる, 当てる, 塗る］: ~ *вы́кройку на мате́рию* 布地に型紙を当てる | ~ *компре́сс* 湿布をする | ~ *лак* ニスを塗る ②〚不完は **налага́ть**〛(a) 〚田〛〈印を〉押す, 付ける: ~ *клеймо́* 烙印を押す (b) 〚резолю́ция, ви́за と共に〛書く, 押す: ~ *резолю́цию* 決済の書込みをする | ~ *ви́зу* 査証する ③〚完は**наложи́ть**〛(a) 〚田〛詰める: ~ *корзи́ну я́блоками* 籠にリンゴを詰める (b) 〚田/田〛（ある数量〉置く, 入れる: ~ *белья́ в чемода́н* 下着を何枚かスーツケースに入れる | ~ *кни́г на стол* 本の山を机に作る ④〚不完は **налага́ть**〛負わせる, 課する, 被らせる: ~ *нало́г [штраф]* 税[罰金]を課する | ~ *запре́т* 禁止する | ~ *бре́мя на* 田 …に負担を負わせる | ~ *аре́ст на иму́щество* 田〚法〛…の財産を差し押さえる | *нало́женный платёж* 代引き ◆ *~ кла́сть] в штаны́ [штани́шки]* 〚俗〛恐怖をする, 漏らす | *~ печа́ть [печа́ти] на* 田 …を封印する, 差し押さえる | *~ свою́ печа́ть [отпеча́ток] на* 田 …に足跡を残す, 影響を及ぼす | *~ ру́ку [ла́пу] на* 田 …を自らの影響下に置く, 手中に収める, 掌握する | *~ на себя́ ру́ки*〚旧・俗〛自殺する ∥ *~ся* [不完] [受身]

**накла́сть** -ладу́, -ладёшь -ла́л [完] 〚俗〛= наложи́ть

**наклевета́ть** [完] →клевета́ть

**наклёвывать** [不完] / **наклева́ть** -лю́ю, -лю́ешь ою -лю́й 受過-лёванный [完] ①〚田〛〚話〛（ある数量〉つついて食べる ②つついて傷つける ∥ *~ся*[1] [不完] / [受過] (受身)

**наклёвываться**[2] [不完] / **наклю́нуться** -нется [完] ①（ひなが〉卵殻をつつき破って出てくる (芽・つぼみが〉ほころぶ ②〚俗〛偶然に現れる. *Наклю́нулось вы́годное де́льце.* うまい仕事が舞い込んだ

**накле́ивать** [不完] / **накле́ить** -е́ю, -е́ишь 受過 -е́енный [完] ①〚田〛貼りつける: ~ *ма́рку на конве́рт* 封筒に切手を貼る ②〚完〛〚田/田〛〈ある量〉作る ∥ *~ся* [不完] ①貼りつく ②[受身]

**накле́йка** 複生-е́ек [女2] ①貼る［貼りつける, 作る］こと ②貼りつけるもの, シール, ラベル, ステッカー: ~ *на кни́ге* 本のラベル ③〚劇〛付けひげ, 付けまゆ毛

**наклепа́ть**[1] [完] →клепа́ть[1]

**накле́пка** 複生-пок [女2] リベット留め(されたもの)

**наклёпывать** [不完] / **наклепа́ть** 受過-лёпанный [完] ①〚田〛…にリベットで留める ②〚完〛〚田/田〛リベット留めして〈ある量〉作る

**наклика́ть** [不完] / **накли́кать** -и́чу, -и́чешь 受過-канный [完] ①〚俗〛不幸［災い］を話題にして自分の身にそれを招く

**накло́н** [男1] ①傾けること, 傾くこと ②傾斜, 勾配: *небольшо́й ~* 軽い傾斜 | *в ~* 傾いて, 身をかがめて | *у́гол ~а* 傾斜角

**наклоне́ние** [中5] ①傾ける[傾く]こと, 傾斜, 勾配 ②〚文法〛: *изъяви́тельное ~* 直説法 | *повели́тельное ~* 命令法 | *усло́вное ~* 条件法 | *сослага́тельное ~* 仮定法 | *жела́тельное ~* 希求法

**наклони́ть(ся)** [完] →наклоня́ть(ся)

**накло́нность** [女10] ① [к 田]への愛着, 嗜好: ~ *к му́зыке* 音楽好き ②〚通例複〛癖, 性癖: *дурны́е ~и* 悪癖 ③傾き, 傾向

**накло́нн|ый** 短-о́нен, -о́нна [形1] ①〚長尾〛傾斜している: *~ые нефтяны́е сква́жины* 傾斜油井 ②〚旧〛〈к 田〉…の傾向がある, …を好む ③ *~ая* [女名] 斜線 ◆ *кати́ться по ~ой пло́скости* 堕落の一途をたどる, 落ち目になる

**наклоня́ть** [不完] / **наклони́ть** -оню́, -о́нишь 受過-нённый (-нён, -нена́) [完] 〚田〛傾ける, 下に曲げる: ~ *ве́тку* 小枝を下に曲げる | ~ *го́лову* うつむく

*\****наклоня́ться** [不完] / **наклони́ться** -оню́сь, -о́нишься [完] 〚bend〛①傾く, 身を屈める: *Ве́тви наклони́лись.* 枝が垂れ下がった | ~ *над ребёнком* 子どもに体を屈める ②〚不完〛[受身] < наклоня́ть

**наклю́нуться** [完] →наклёвываться[2]

**накова́льня** 複生-лен [女5] ①鉄敷 ②〚解〛砧骨(ちんこつ) ③〚軍〛(雷管の)発火金

**накова́ть** [完] →**нако́вывать**

**нако́вка** 複生-вок [女2] ①鍛接すること, 鍛接されたもの ②ひき臼の刻み目

**нако́выривать** [不完] / **накове́рять** 受過-ыренный [完] ①〚話〛〚田/田〛（ある量〉ほじくって取る, こねて作る ②〚完〛〚俗〛〚田/田/無補語〛下手に作る, いい加減に作る

**нако́жн|ый** [形1]〚医〛皮膚の上に現れる, 皮膚を侵す: *~ая боле́знь* 皮膚病

**нако́лачивать** [不完] / **наколоти́ть** -очу́, -о́тишь 受過-о́ченный [完] ①〚田〛на 田に打ち込む, 止める ② ~ *о́бручи на ка́дку* 樽にたがをはめる | ~ *вы́веску* 看板を打ちつける ③〚田〛打ち傷をつくる, すりむく ④〚俗〛〚田〛競技でたくさん打って勝つ ⑤〚話〛〚田/田〛（ある量・通例多量に〉壊す: ~ *посу́ды* 食器をたくさん壊す ⑥〚田/田〛〈鳥獣を〉たくさん撃ち殺す ⑦〈貯め物を〉~ *копе́йку* 金を貯める

**наколдо́вывать** [不完] / **наколдова́ть** -ду́ю, -ду́ешь 受過-до́ванный [完] 〚田/田〛①魔法で予言する[呼び寄せる] ②魔法をかける, 魔力を授ける

**наколе́нник** [男2] 膝サポーター

**наколе́нн|ый** [形1] 膝の上の: *~ая повя́зка* 膝当て

**нако́лк|а** 複生-лок [女2] ①刺すこと, 刺して作る[留める]こと ②〈若者・隠〉入れ墨, タトゥー: *наби́ть ~у* タトゥーを入れる ③髪飾り ④（泥棒・強盗をするための)手引き, 情報 ⑤〈若者・隠〉耳打ち, ほのめかし ∥ *~ко́лочка* 複生-чек [女2]〚指小・愛称〛

**наколоти́ть** [完] →нако́лачивать

**наколо́ть(ся)** [完] →нака́лывать(ся)

**накома́рник** [男2] 顔にかぶさる蚊よけの網

*\****наконе́ц** [ナカニェーツ] [副] 〚finally, at last〛①〚挿入でも〛ついに, やっと, とうとう, 結局: *Ла́мпа свети́ла тускле́е и тускле́е и ~ совсе́м пога́сла.* ランプの光は少しずつ暗くなり結局すっかり消えた | *В выходны́е в Санкт-Петербу́рге ~ потепле́ет.* 休日にかけてサンクトペテルブルクではようやく暖かくなるでしょう | *Шёл он шёл, ~ пришёл.* 彼は歩きに歩いてやっとたどり着いた | *Я о́чень рад, что ~ возвраща́юсь домо́й.* 私はもうすぐし, ついに家に帰るのでうれしい ②〚挿入〛そしてそれ以外に; (列挙として) 最後に: *Для о́тдыха мо́жно бы́ло, ~, съе́здить за́ город.* 休養のためにそのほかに郊外に行くという方法もあった ③〚挿入〛〚強〛ともかく, 結局, いい加減に: *Уйди́ же ты, ~!* いい加減に出て行け ◆ *наконе́ц-то* 〚長く待たれた事の実現に対する満足・安堵〛やっとのこと, やれやれ | *Н~-то я до́ма!* やっと家に帰ってきた

**наконе́чник** [男2] キャップ, 金口, ノズル: ~ *для карандаша́* 鉛筆のキャップ

**наконе́чный** [形1] 先っぽの, 先端にある, はじっこの

**накопа́ть** [完] →нака́пывать[2]

**накопи́тель** [男5] ① [/**~ница** [女3]] 蓄財家 ② 蓄電器：[電]蓄電池, アキュムレーター：[IT]メモリ, (外部)記憶装置：ди́сковый ～ ディスク・メモリ | ～ на жёстком ди́ске ハードディスク

**накопи́ть(ся)** [完] → нака́пливать, копи́ть

\***накопле́ние** [中5] 〖accumulation〗 ① 〈～ накопи́ть(ся)〉ためること, 蓄積：～ зна́ний 知識の蓄積 ② 〈複〉蓄積されたもの, 貯蓄：больши́е ～ия 多額の蓄積, 大きな蓄積

**накопля́ть** [不完] = нака́пливать

**накопля́ться** [不完] ① = нака́пливаться ② 〔受身〕< накопля́ть

**накопти́ть** [完] → нака́пчивать, копти́ть

**накорми́ть** [完] → корми́ть

**накоротке́** [副] 《話》① 近くで, 近くから ② しばらく の間(ненадо́лго)；すぐに(ско́ро) ③ 2人だけで, 隠さ ずに：поговори́ть ～ 2人だけで話をする ◆**～ с**… と 親しい間柄に

**накоротко́** [副] 《俗》すぐに(ско́ро)

**накоси́ть** [完] → нака́шивать

**накостный** [сн] [形1] 骨の上の

**накостыля́ть** [完] 《俗》〈与〉を殴る, 罵る, 懲らしめ る

**на́кось**[1] [副] 《話》斜めに, はすに

**на́кось**[2] / **на́кося** [小] 《方》さあ, そら ② 《俗》あ きれた, 何とまあ ◆**На́кося, вы́куси!** 《俗》そうはいか ないぞ, 誰がやるもんか, とんでもない, ごめんだね

**накоси́чить** -чу, -чишь [完] 《若者》うっかりミスをし まくる, 小さなへまをしたまやかす

**накра́дывать** [不完] / **накра́сть** -раду́, -радёшь 過-ра́л 受過 -ра́денный 副分 -ра́в [完] 《話》〈対〉 (たくさん)盗み自分のものにする：～ де́нег 金をごっそり盗む

**накра́пывать** [不完] (雨が)ぽつぽつ降る

**накра́сить(ся)** [完] → накра́шивать, кра́сить(ся)

**накра́сть** [完] → накра́дывать

**накрахма́ливать** [不完] / **накрахма́лить** -лю, -лишь 受過 -ленный [完] ① 〔不完また крахма́лить〕〈対〉糊づけする：～ бельё 洗濯物に糊を つける ② 〈対〉〈与〉(ある量)糊づけする ③ 《俗》飾る, きれい にする

**накра́шивать** [不完] / **накра́сить** -а́шу, -а́сишь 受過 -а́шенный [完] ① 〔不完また **кра́сить**〕 〈対〉染める：～ гу́бы 唇に紅をつける | ～ но́гти マニキュアを塗る ② 〈対〉〈与〉 (ある量・たくさん)塗 る, 染める, 彩色する：～ пасха́льных яи́ц 復活祭用の 卵に色をつける  ∥**～ся** [不完] 《話》(自分を)化粧する

**накреня́ть** [不完] / **накрени́ть** -ню́, -ни́шь 受過 -нённый [-нён, -нена́] [完] 〔不完また **крени́ть**〕〈対〉 傾ける, 傾斜させる：Ве́тер накрени́л су́дно. 風で船が 傾いた  ∥**～ся** [不完] / [完] 傾く, 傾斜する

**на́крепко** [副] ① 固く, しっかりと, ぴったりと：～ закры́ть しっかり閉める ② 《話》断固として, きっぱりと：приказа́ть ～ 厳命する

**на́крест** [副] 十文字に, 十字型に：повяза́ть плато́к ～ スカーフを十文字に結ぶ

**накрича́ть** -чу́, -чи́шь [完] ① 〈на 対〉怒鳴りつけ る ② 〈対〉《無補語》がなりたてる, わめきちらす  ∥**～ся** [完] 《話》思う存分怒鳴る[叫ぶ], 叫び疲れる

**накропа́ть** [完] → кропа́ть

**накроши́ть** -ошу́, -о́шишь 受過 -о́шенный [完] ① 〈対〉〈与〉(ある量・たくさん)細かく切り刻む：～ табаку́ たばこを細かく切り刻む ② 〔不完 **кроши́ть**〕〈与〉の屑[кре́пки]で汚す, 屑[кре́пки]で汚す：～ хле́бом на́ пол パン屑で床を 汚す

**накрути́ть(ся)** [完] → накру́чивать

**накру́тка** 複生 -ток [女2] 《俗》(価格・報酬の)つり上 げ, (生産高・作業量などの)水増し

**накру́чивать** [不完] / **накрути́ть** -учу́, -у́тишь 受過 -у́ченный [完] ① 〈対〉巻きつける：～ шпага́т на па́лку 細ひもを棒に巻きつける ② 〈対〉ねじ込む：～ га́йку на болт ナットをボルトにねじ込む ③ 《話》〈対〉〈与〉撚り〔つ (ある量・たくさん)作る：～ верёвок たくさん縄を綯(な)う ④ 〈対〉《俗》(たくさん・厳しく)罰する, 叱りつける ⑤ 《話》〈対〉〈与〉〈複雑な・非凡なこと[もの]を〉作る, 考えつ く, 描く, 言う ⑥ 《話》価格・報酬などを〈(狡猾な手段で) 法外につり上げる：～ зарпла́ту 給料を法外につり上げる ⑦ 《俗》いらつかせる, 興奮させる ⑧ 《俗》反感を抱かせる, 対立するように仕向ける ⑨ 《俗》〈対〉〈与〉(たくさん)瓶 [缶]詰にする ⑩ 《俗》刑期を延長する ⑪ [不完] [話]一 生懸命回す  ∥**～ся** [完] / [完] ①〈на 対〉に巻きつく ② 《完》《俗》奔走する, かけずり回る ③ 《俗》髪にカーラー を巻いてパーマをかける ④ 《不完》[受身]

\***накрыва́ть** [不完] / **накры́ть** -ро́ю, -ро́ешь 受過 -тый [完] 〖cover〗① 〈対〉覆う, かぶせる：～ тю́ки брезе́нтом 包みを防水シートで覆う ② 《話》現行犯で 捕まえる：～ престу́пника 犯人を現行犯で捕まえる ③ 〔軍〕砲・爆撃で目標を撃破する：～ артиллери́йским огнём 砲撃を浴びせる ◆**～ (на) стол** 食卓の用 意をする ∥**～ся** [不完] / [完] ① 〈与〉を上から[頭から] かぶる：～ плащо́м コートをかぶる ② 《俗》おじゃん [駄目]になる ③ 《不完》[受身]

**накры́тие** [中5] < накрыва́ть ② 〔軍〕目標撃 破

**накукова́ть** -у́кует [完] 《話》〈対〉(カッコウが)鳴い て寿命を予言する；〈凶事を〉予言する, 招きよせる

**накупа́ть**[1] [不完] -у́панный [完] 《話》〈対〉十分に水浴 させる ∥**～ся** [完] 十分に水浴する

**накупа́ть**[2] [不完] / **накупи́ть** -уплю́, -у́пишь 受過 -у́пленный [完] 〈対〉〈与〉(ある量・たくさん)買う：～ кни́г 本をたくさん買う

**накупа́ться**[2] [不完] / **накупи́ться** -уплю́сь, -у́пишься [完] ① [旧・話] 〈на 対〉…を無理に得ようとす る, …するように仕向ける ② 《完》(отриц. (не с 共に))《与》必 要な[十分な]量の…を買えない ③ 《不完》[受身] < нaкупа́ть[2]

**накура́ивать** [不完] / **накури́ть** -урю́, -у́ришь 受過 -у́ренный [完] ① 〈対〉〈たばこの煙・芳香でいっぱ いにする ② 〈対〉〈与〉 (ある量)蒸留する：～ смолы́ ター ルを蒸留する ∥**～ся** [不完] [完] / 《無補語》心ゆ くまで喫煙する：吸いすぎる：～ до головно́й бо́ли 頭 が痛くなるほどたばこを吸う

**накуроле́сить** [完] → куроле́сить

**наку́сывать** [不完] / **накуса́ть** 受過 -у́санный [完] ① 〈対〉〈与〉(蚊などが)方々を刺す ② 〈対〉〈与〉噛み 切って(ある量・たくさんの)小片にする

**накуша́ться** [完] ① [旧・話] たらふく食べる, 十分飲む ② 《俗》酔っ払う

**нал** [男1] 《俗》[現金(↔ безна́л)]：да́ть ～**ом** 現金で渡 す | Опла́та то́лько ～**ом**. 支払いは現金のみ | чёрный ～ (国の目が届かない)副収入

**налавливать** [不完] / **налови́ть** -овлю́, -о́вишь 受過 -о́вленный [完] 〈対〉〈与〉(ある量・通例たく さん)捕まえる, 捕獲する：～ караси́й フナをたくさん捕まえ る ∥**～ся** [不完] / [完] [副] ① (ある量・たくさん)捕獲 される ② 《完》気がすむまで捕獲する ③ 《不完》[受身]

**налага́ть** [不完] = накла́дывать②④

**нала́дить(ся)** [完] → нала́живать

**нала́дка** [女2] 調整, 整備, 修理

**нала́донник** [男2] 〔IT〕携帯情報端末, PDA

**нала́дчик** [男2] 調整工, 修理工

**нала́жа** [不完] 《俗》< с 造〉ずさんな仕事をする, たくさ ん誤りを犯す

\***нала́живать** [不完] / **нала́дить** -а́жу, -а́дишь

**нализываться**

受過 -áженный [完] [adjust, arrange] ①〈対〉調整する, 修理する: ～ станóк [двúгатель] 工作機械 [エンジン] ～ を調整する ②〈対〉整える, まとめる; 組織する, 設ける: ～ дыхáние 呼吸を整える | КамАЗ налáдил вы́пуск грузовикóв в Индии. カマズ社はインドでのトラック生産を軌道に乗せた | 音程を合わせる, 音階を合わせる: налáженные голосá 音程の合った歌声 ③《俗》〈対〉〈+不定形〉…する気にさせる: Онá не моглá налáдить себя́ на дорóгу домóй. 彼女は家に帰る気にならなかった ④《俗》〈対〉繰り返し言い始める: ～ своё [однó] 同じことを繰り返し言い始める ⑤《旧・俗》〈対〉差し向ける, 行かせる

**налáживаться / налáдиться** -áжусь, -áдишься [完] ①整備される, 具合がよくなる, うまくいく; 状況が落ち着く: Заня́тия налáдились. 授業が軌道に乗った ②行われる, 成立する: Налáдились отношéния. 交際が始まった ③《完》《俗》する気になる ④《完》《俗》悪癖がつく ⑤《完》《俗》《受身》＜ налáживать

**налакáться** -áюсь, -áешься [完] ①《сов.》〈род〉〈+無補語〉《動物が》十分に飲む ②《対/род》〈+無補語〉酔っ払うまで飲む

**налакóмиться** -млюсь, -мишься [完]《話》〈род〉おいしく食べる, たらふく食べる

**налáмывать / наломáть** 受過 -óманный [完] ①〈対/род〉《ある量》折る, 壊す, 折って《壊して》作る: Вéтер наломáл вéток. 風でたくさん枝が折れた | ～ вéников (折った枝で) ほうきを何本か作る ②《俗》疲れさせる, 痛める ◆ ～ бокá 《話・戯》痛めつける, 手ひどくやる; 台無しにする | ～ дров 《話・戯》「ばかをやらかす, 面倒を起こす」

**наля́гать** -áю, -áешь [不完]〈на対〉を罵る, がみがみ怒鳴る, こきおろす

**налгáть** -лгý, -лжёшь, ..., -лгýт -ги́ 過 -áл, -алá, -áло 受過 нáлганный [完] ①〈対/+無補語〉たくさん嘘をつく ②《完》→лгать

***налéво** [ナリェーヴォ] [副] [left] ①左側へ; 左側に; 左折する: повернýться ～ 左折する | Посмотрúте ～! 左を見なさい | Н～ от мóста располóжен указáтель «Аэропóрт — 5 км». 橋の左側に「空港まで5km」の標識がある | Н～! [軍・スポ] [号令] 左向け左！ (★[ナリェーヴァ] と発音) ②〈形容詞とともに〉不正に, 横流しに: продáть ～ стройматериáлы 建設資材を横流しする | рабóтать ～ 不正に働く, 闇行為 [横流し] をする ③《思想的・政治的に》左に, 左翼に向かって: пустúть ～ ...を銃殺する ◆ ходúть (тайкóм) ～ 浮気をする

**налегáть** [不完] **/ налéчь** -ля́гу, -ля́жешь, ..., -ля́гут 命 -ля́г 過 -лёг, -леглá 能過 -лёгший 副分 -лёгши [完]〈на対〉①...に寄りかかる, 押しつける: ～ плечóм на дверь 肩で扉に寄りかかる ②《対》《話》懸命に...する, 力を込めて...する: ～ на вёсла 力いっぱい櫓を漕ぐ | ～ на учёбу 懸命に勉強する ③《俗》《行動をうながすために》 ...に圧力をかける ④厚くなって降りる [覆う]

**налегкé** [×] [副] 軽装で, (大した荷を持たずに, 身軽な服装で) отпрáвиться в путь ～ 軽装で旅に出る

**нáледь** [女10] ①《川・湖で》水の表面に出てきた水, それが凍った氷 ②物の表面にできた氷

**належáться** -жýсь, -жи́шься [完]《話》十分寝る

**належивать** [不完] **/ належáть** -жý, -жи́шь 受過 -лёжанный [完]《話》長く寝ていて《不快なもの》を得る: ～ прóлежни 長く寝ていて床ずれを得る

**налезáть** [不完] **/ налéзть** -зет 過 -éз, -éзла 能過 -зший 副分 -зши [完] ①〈на対〉《集まって》: В тарéлке с пирóжными налéзли мурáвьи. ケーキの皿に蟻がたかった ②〈на対〉の上に乗る, 落ちる ③〈衣服・履物が〉人に》身に合う, はまる: Сапогú налéзли. 長靴がやっと足にはまった

**налепля́ть** [不完] **/ налепúть** -еплю́, -éпишь 受過 -éпленный [完]〈対〉①〈на対〉…に貼りつける: ～ мáрку на конвéрт 封筒に切手を貼る ②《完》〈対/圧〉《粘土・石膏などである量》かたどる, 作る: ～ фигýрок из глúны 粘土で像を何体か作る

**налёт** -а/-у [男1] [raid] (< налетéть) ①(大量)飛来(すること); 《風・感情などが》不意に出現すること ②集中攻撃, 襲撃: воздýшный ～ 空襲 | огневóй ～ 猛攻撃 ③強奪目的の襲撃, 押し入る強盗 (бандúтский) ～ ④《表面につく》膜: пы́ли 表面にたまったほこり ⑤ ニュアンス, 色合い, 調子: статья́ с ～ом ю́мора ユーモアのある記事 ⑥ [医] 舌苔

◆ с ～у [-у́] ①全速力で飛びながら, 身を止めずに: Сóкол бьёт с ～а. 鷹が飛びながら襲いかかる ②事前準備無しに, 即座に, 迷わず: отвéтить с ～а 即答する

**налетáть¹ / налетéть** -ечý, -етúшь [完] ①〈на対〉飛んできて...にぶつかる;《話》走ってきて...にぶつかる ②〈на対〉飛来して...を襲う; 襲撃する: Я́стреб налетéл на кур. 鷹が鶏を襲った ③《話》《食べ物》に飛びつく, むしゃぶりつく ④《俗》〈на対〉叱りつける, 脅す ⑤《完・命令形で》急いで...早く取りかかって [買いなさい, 持っていきなさい] ⑥ 突然現れる [起こる]: Налетéл урагáн. 暴風が突然発生した ⑦ たくさん飛来する: Налетéли мýхи. ハエが大量に飛来した ⑧ 飛んできて降り積もる

**налетáть²** [完] → налётывать

**налетáться** [完]《話》思う存分飛行する

**налётом** [副]《俗》ほんのしばらく

**налётчик** [男2] 追いはぎ

**налётывать / налетáть²** 受過 -лётанный [完]〈対〉《距離・時間を》飛行する

**налéчь** [完] → налегáть

**налúв** [男1] ①注ぐこと, 注いで満たすこと ②《穀物・果実の》成熟, 成り熟すこと; 成熟したリンゴの一種: хорóшего ～а よく熟したリンゴ ◆ бéлый ～ [植] 白リンゴの一種

**\*наливáть¹** [不完] **/ налúть** -лью́, -льёшь 命 -лéй 過 нáлил/-úл, -úла, нáлило/-úло / налúтый [-ит, -итá, -úто] / налúтый (-úт, -итá, -úто) [男1] [pour] ①〈対〉〈род〉注ぐ, 注いで満たす: в чáшку мó́лока カップ一杯にミルクを注ぐ ②〈対/род〉в в〈対〉くある量の液体を容器に》注ぐ: ～ пúва в крýжку ジョッキにビールを注ぐ ③〈対/род〉こぼす: ～ вóды на пол 床に水をこぼす ④《果実・穀物が》熟する ⑤《通例受過・短尾》《特性・資質・感情・心理状態》で満たす, みなぎらす: Он весь был налúт кипя́щей злóбой. 彼は全身に怒りをみなぎらせていた ⑥〈対/род〉《ある量》鋳造する

◆ ～ глазá [шары́] ① 酔っ払う

**наливáться¹** [不完] **/ налúться** -льёшься, -льёшься 命 -лéйся 過 -úлся, -илáсь, -илóсь/-úлось, -илúсь [完] ①流れ込む (натечь/натéчь): Водá налилáсь в лóдку. 水がボートに流れ込んだ ② (a)《果実・穀物が》熟する (b)《話》太る, 健康になる: Мýскулы налúлись. 筋肉が降々になった ③〈instr〉液体でいっぱいになる: Глазá налúлись слезáми. 目が涙でいっぱいになった ④《特性・資質・感情・心理状態》でいっぱいになる, みなぎる: Егó гóлос налúлся сúлой. 彼の声は力に満ちていた ⑤《不完》《受身》＜ наливáть①②

**налúвка** 複生 -вок [女2] ①果実酒 ②注ぐこと, 注いで満たすこと

**наливнúк** -á [男2] タンクローリー

**наливнóй** [形2] ①液状の: ～ груз 液状貨物 ②液体運搬用の: -óe сýдно タンカー ③水を注いで作られる: ～ лёд 水を流し込んで作った氷 ④落ちる水によって動く: -óe мéльничное колесó 上掛け水車 ⑤《穀物・果実が》成熟した: -óe я́блоко 熟したリンゴ ⑥《肩・手などが》みなぎった, がっしりした

**налúвочка** 複生 -чек [女2] [指小] < налúвка①

**наливóчный** [形] 果実酒の

**налúзываться / нализáться** -ижýсь, -úжешься [完]《話》〈対/род〉①好きなだけ舐める ②《俗》

⟨田/園/無補語⟩酔っ払う

**налим** [男2]⟨魚⟩イソアイナメ **// налим|ий** [形9]: -ья печёнка イソアイナメの肝

**налинова́ть** [完] →линова́ть

**налипа́ть** [不完] / **налипну́ть** -нет 命-ни 過-ип, -и́пла 能過-пший 副-ув [完] ①⟨на⊞の表面に⟩粘着する, こびりつく ②⟨話⟩(人が)群がる

**налит|о́й** [形2] ①(穀物・果実が)成熟した, 水々しい: -о́е я́блоко 熟したリンゴ ②(肩・手などが)むっちりした, 肉付きのよい; (人が)がっちりした, 頑強な

**нали́ть(ся)** [完] →налива́ть(ся)

**налицо́** [副]⟨述語⟩出席している, ここにいる[ある]: Все свиде́тели ~. 証人は全員そろっている | Доказа́тельства ~. 証拠はそろっている

**наличе́ствовать** -твую, -твуешь [不完]⟨文⟩存在する

*налич|ие** [ナリーチエ] [中5] [presence] 在席, 出席 (присутствие); 存在, 現有 (существование)
◆быть [име́ться] в -ии ある, 存在している | при -ии ～がいるところで: …を考慮すると

**нали́чка** 複生-чек [女2]⟨俗⟩現金

**нали́чник** [男2] ①窓[扉]のかまち: резны́е -и 彫刻を施した窓のかまち ②(扉・引出しなどで)鍵穴の開けてある金属板

**нали́чност|ь** [女10]⟨文⟩①在席, 出席, 存在: Все маши́ны в -и. 全ての車がそろっている ②現有の数量: ~ това́ров в магази́не 店舗における商品現在量 ③手持ちの現金 (ка́ссовая ~): прове́рить ~ 手持ちの金を調べる

**нали́чн|ый** [形1] ①現存する, 現有の ②-ые [複生] де́ньги (-ые де́ньги): продава́ть за -ые 現金で売る ◆за ~ расчёт 現金精算で

**нало́бный** [形1] 額につける, 額の上の

**налова́ть(ся)** [完] →налива́ть

**наловчи́ться** -чу́сь, -чи́шься [完]⟨話⟩[不定形在]⟨田⟩うまくなる, 熟練する

*нало́г** [ナローク] [男2] [tax] 税金, 租税: прямо́й [ко́свенный] ~ 直接[間接]税 | ~ на доба́вленную сто́имость 付加価値税 | прогресси́вный ~ 累進課税 | обложи́ть ⊞ ~ом …に課税する | освободи́ть ⊞ от ~а …を免税にする | взыска́ть ~ を徴収する | заплати́ть [упла́тить, вы́платить] ~ 税金を納める | необлага́емый ~ом ми́нимум дохо́дов 所得の非課税限度額

活用 госуда́рственный [ме́стный] ~ 国[地方]税 | федера́льный [региона́льный] ~ 連邦[地方]税 | подохо́дный ~ 所得税 | тра́нспортный ~ 自動車税 | еди́ный сельскохозя́йственный ~ 単一農業税 | ~ на добы́чу поле́зных ископа́емых 鉱物資源採取税(略 НДПИ) | ~ на при́быль организа́ций 企業利潤税 | ~ и на иму́щество 資産税

*нало́гов|ый** [ナローガヴイ] [形1] [tax] 税の, 税に関する: -ая деклара́ция 納税申告(書) | -ая инспе́кция 税務署 | -ая поли́ция 税務警察 | -ые дохо́ды 税収 | -ая систе́ма 税制 | -ые ста́вки = тари́ф 税率

**налогообложе́ние** [中5] 徴税, 課税

*налогоплате́льщи|к** [男2] / **-ца** [女3] [taxpayer] 納税者

**наложе́ние** [中5] 上に置く[塗る]こと, 積載; 貼付, 押印; 税[罰]を課すこと: ~ аре́ста [法]差し押さえ, 没収, 押収 | ~ швов [医]縫合(術)

**наложи́ть** [完] →накла́дывать

**налома́ть** [完] →нала́мывать

**налопа́ться** [完]⟨俗⟩⟨田/無補語⟩①腹いっぱい食べる ②酔っ払う

**налощи́ть** [完] →лощи́ть

**Нальчик** [男2] ナリチク(カバルダ・バルカル共和国の首都; 北カフカス連邦管区)

**налюбова́ться** -бу́юсь, -бу́ешься [完]⟨園/на⊞⟩を いくら見ても見飽きない: Не могу́ ~ на карти́ну. この絵はいくら見ても見飽きない

**наля́пать** -панный [完]⟨俗⟩⟨田⟩①汚す, 汚くする ②→ля́пать

**нам** [与格]<мы

**намагни́чивать** [不完] / **намагни́тить** -ни́чу, -ни́тишь -ни́ченный [完]⟨田⟩磁気を与える, 磁化する: ~ сталь 鋼に磁気を与える **// -ся** [不完][受身]

**нама́з** [男1]⟨イスラム⟩礼拝: у́тренний ~ 朝禱 | вече́рний ~ 晩禱

**нама́зать(ся)** [完] →ма́зать(ся), нама́зывать

*нама́зывать** [不完] / **нама́зать** -ма́жу, -ма́жешь受過-занный [完] ①⟨田に園を⟩塗る: ~ хлеб ма́слом パンにバターを塗る ②⟨田⟩…に化粧品をつける, 化粧をする: ~ гу́бы 口紅をつける | ~ щёки на лице́ 頬に化粧をする ③⟨田/⊞を на⊞に⟩(ある量)塗る: ~ ма́сло на хлеб パンにバターを塗る

**нама́зываться** [不完] / **нама́заться** -ма́жусь, -ма́жешься [完] ①⟨田を自分の体に⟩塗る: ~ ма́зью 自分の体に軟膏を塗る | ~ губно́й пома́дой 口紅をつける

**намазю́кать** [完]⟨話⟩⟨田/⊞⟩下手に[無造作に]書く[描く]

**намалёвывать** [不完] / **намалева́ть** -лю́ю, -лю́ешь 受過-лёванный [完][不完また малева́ть] ⟨田⟩ ①⟨話⟩下手に描く, 様々な色に塗る ②⟨俗⟩下手に化粧をする

**нама́лывать** [不完] / **намоло́ть** -мелю́, -ме́лешь受過-мо́лотый [完] ⟨田/⊞⟩ ①…を(ある量)挽(ひ)いて作る ②⟨俗⟩くだらないことを)さんざんしゃべる: ~ чепухи́ さんざんたわ言を言う

**намара́ть** -ма́ранный [完]⟨俗⟩⟨田/⊞を無補語⟩(ある量)汚す ②→мара́ть

**нама́слить** [完] →ма́слить

**намматра́сник** [男2] ベッドパッド, 敷きパッド

**нама́тывать** [不完] / **намота́ть** 受過-о́танный [完] ①[不完また мота́ть]⟨田/⊞を на⊞に⟩巻く, 巻きつける: ~ ни́тки на шпу́льку 糸をボビンに巻きつける ②⟨田/⊞⟩巻いて作る: ~ не́сколько клубо́в ше́рсти 毛糸を巻いていくつか糸だまを作る ③⟨俗⟩だます, ペテンにかける **// -ся** [不完] ①⟨на⊞⟩に巻きつく ②⟨俗⟩奔走して疲れる; 心ゆくまで放浪する ③[不完][受身]

**нама́чивать** [不完] / **намочи́ть** -очу́, -о́чишь受過-о́ченный [完] ①[不完また мочи́ть]⟨田⟩濡らす, 湿らす ②⟨田/⊞を⟨液体⟩に浸す, (ある量)作る: ~ я́блок リンゴを(保存用に)水に浸ける ③⟨完⟩⟨話⟩無補語⟩水をこぼす **// -ся** [不完] ①⟨話⟩濡れる, 湿る ②⟨完⟩⟨俗⟩小便をもらす ③⟨不完⟩[受身]

**нама́ять** -ма́ю, -ма́ешь 受過-янный [完]⟨俗⟩⟨田⟩へとへとに疲れさせる **// -ся** [完]⟨俗⟩⟨田⟩へとへとに疲れる

**наме́дни** [副]⟨俗⟩つい最近

*намёк** [男2] [hint] ①ほのめかし, 暗示, 示唆, 当てこすり: говори́ть ~ами 遠まわしに言う | то́нкий ~ 微妙なほのめかし | прозра́чный ~ あからさまな当てこすり ②わずかの類似, 片鱗, 気配

*намека́ть** [不完] / **намекну́ть** -ну́, -нёшь [完] [hint] ⟨на⊞/о⊞⟩をほのめかす, 暗示する, 示唆する, 当てこする

**наме́ливать** [不完] / **намели́ть** -лю́, -ли́шь 受過-елённый [-лён, -лена́] [完][不完また мели́ть] ⟨田⟩白亜[チョーク]を塗る: ~ билья́рдный ки́й ビリヤードのキューにチョークを塗る

**намéнивать** [不完] / **наменя́ть** 受過 -ме́нянный [完] 〈04/圧〉交換[両替]して(ある量)得る: ~ мéлочи 小銭に両替する

*****намерева́ться** [不完] [intend] 〈不定形〉…するつもりでいる, …する意向を持っている: Он *намерева́лся* верну́ться домо́й к ве́черу. 彼は夕方までに帰宅するつもりでいる

**наме́рени|е** [ナミェーリニェ] [中5] [intention, purpose] 意図, 意志, つもり; 意思確認事 ◆**име́ть** 〜 〈不定形〉…するつもりだ: Он, по-ви́димому, никогда́ не *име́л* -ия жени́ться. 彼はおそらく結婚しようというつもりになったことは一度もなかった ~ **с -ием** 〈不定形〉…するつもりになる: Он отпра́вился к бра́ту *с -ием* погости́ть у него́ ме́сяца два. 2か月ほど居させてもらうつもりで彼は兄[弟]の所に向かった

**наме́ренно** [副] 故意に, わざと

**наме́ренн|ый** [形1] [intentional] ① 〈短 -ен, -ена〉〈不定形〉するつもりの, 意図を持った: челове́к, ~ всё вы́полнить 全てを成し遂げるつもりの人 | Она́ *наме́рена* согласи́ться. 彼女は同意するつもりだ ② 〈短 -ен, -ена〉故意の, 意図的な: -ое оскорбле́ние 意図的な侮辱 | Его́ де́рзость *наме́ренна*. 彼の大胆さは意図的なものだ

**намерза́ть** [不完] / **намёрзнуть** -нет 過 -ёрз, -ёрзла 能過 -ший/-увший [完] ①(氷が)張る ②(完)《俗》(体の一部が)凍える: Ру́ки *намёрзли*. 手がかじかんだ ③(完)《俗》凍える, 体が冷え込む

**наме́ривать** [不完] / **наме́рить** -рю, -ришь 受過 -ренный [完] 《俗》 ① 〈04/圧〉(ある量)計り取る ② 〈04〉測定する **//-ся** [不完] 《俗》 [数]

**на́мертво** [副] 《話》 ①ぴったりと, 堅く ②致命的に, 死ぬほど

**намеси́ть** [完] →наме́шивать[1]

**намести́** [完] →намета́ть[1]

**наме́стни|к** [сън] [男2] ①〈旧〉代官 ②副修道院長 ③《露史》帝政時代の太守; (エカテリーナ2世時代の)提督 ④古代ロシアの地方長官 **//-ческий** [形3]

**наме́стничество** [сън] [中1] наме́стник の職; その管区

**намёт** [男1] ①すくい網, た網 ②《俗》吹きだまり, 堆積 ③(コサックの馬の)ギャロップ

**намета́ть**[1] / **намести́** -ету́, -етёшь 過 -мёл, -мела́ 能過 -мётший 受過 -метённый (-ённая, -тена́) 副分 -мета́ [完] 〈04/圧〉(ある量)掃き寄せる, 吹き寄せる: Ве́тром *намело́* ли́стьев. 風で木の葉が吹き寄せられた

**намета́ть**[1] [完] →намётывать[1,2]

**намета́ть(ся)** [完] →ме́тить[2](ся), намеча́ть(ся)

**намётка** 複生 -ток [女2] ①仮縫い ②しつけ糸 ③案, 予定, 見積り

**намётывать**[1] [不完] / **намета́ть**[2] -ечу́, -е́чешь 受過 -мётанный [完] ① 〈04/圧〉(ある量)投げ上げる, 投げ上げて作る ②《話》(長く訓練して)仕事に慣らす, 熟練させる: ~ глаз 目を肥やす ③《04》(魚が)産卵する

**намётывать**[2] [不完] / **намета́ть**[3] 受過 -мётанный [完] ① 〈不完また мета́ть〉〈04〉針目を大きくして縫う: ~ швы 大きな針目で縫う ②《04》(ある量)仮縫いする: ~ не́сколько пла́тьев ドレスを数着仮縫いする

*****намеча́ть** [不完] / **наме́тить** -е́чу, -е́тишь 受過 -е́ченный [完] [outline, plan] 〈04〉 ①…に印[記号]を付ける: ~ места́ для пришива́ния пу́говиц ボタンを縫いつける箇所に印を付ける ②…に標識を付ける[立てる]: ~ доро́гу ве́шками 道路に道標を立てる ③…の輪郭を書く[描く]; おおざっぱにまとめる: *наме́тить* конту́ры букв то́нкими ли́ниями 文字の輪郭を細い線で書く | ~ пути́ дальне́йшего экономи́ческого разви́тия страны́ 国の今後の経済発達の大綱をまとめる ④標的[目標]にする: ~ ориенти́р 標的を定める ⑤〈04 を /不定形〉することを前もって決める, 予定する: Росси́я *намеча́ет* отпра́вить в ко́смос 3 (три) но́вых спу́тника. ロシアは3基の新しい人工衛星を宇宙に送る予定でいる | Трудово́й коллекти́в *наме́тил* да́ту но́вого ми́тинга на 11 (оди́ннадцатое) ию́ля. 労働集団は次回集会の日を7月11日に決めた ⑥(候補者・候補地に)指名[指定]する: ~ уча́стки под озелене́ния 敷地を緑化地域の候補地に指定する

**намеча́ться** [不完] / **наме́титься** -е́чусь, -е́тишься [完] ①形成される, 輪郭が現れる: *Наме́тилось* два тече́ния. 2つの思潮が形成された ②《不完》予定されている予定する: Вы́ход в мо́ре *намеча́лся* на середи́ну ию́ля. 出港は7月中旬に予定されていた ③《不完》《受身》< намеча́ть

**наме́шивать**[1] / **намеси́ть** -ешу́, -е́сишь 受過 -е́шенный [完] 〈04/圧〉(ある量)こねて[練って]作る

**наме́шивать**[2] [不完] / **намеша́ть** 受過 -е́шанный [完] 〈04/圧〉в B地に〉混ぜる, 混入する

**на́ми** [造格] [不完] < мы

**намина́ть** [不完] / **намя́ть** -мну́, -мнёшь 受過 -тый [完] ① 〈04/圧〉こねる, こねて作る: ~ гли́ны 粘土をこねる ② 〈04/圧〉(ある量)踏みつぶす ③ 〈04〉(擦って・圧して)傷める

*****намно́го** [ナムノーガ] [副] [much, a lot] はるかに, 著しく, かなり: ~ бо́льше чего́-л. はるかに多く | ~ лу́чше はるかによい | Н~ отста́л. かなり遅れた

**намоги́льный** [形1] 墓の上の: ~ па́мятник 墓碑

**намозо́лить** [完] →мозо́лить

**намока́ть** [不完] / **намо́кнуть** -ну, -нешь 命 -ни 過 -о́к, -о́кла 能過 -о́кший 副分 -о́кнув/-о́кши [完] 濡れる, 湿る: Оде́жда *намо́кла* под дождём. 服が雨で濡れた

**намола́чивать** [不完] / **намолоти́ть** -очу́, -о́тишь 受過 -ло́ченный [完] 〈04/圧〉(ある量)脱穀する

**намоли́ться** -олю́сь, -о́лишься [完] 《俗》心ゆくまで祈る[拝む]

**намоло́т** [男1] ①脱穀 ②脱穀量

**намоло́ть** [完] →намала́ивать

**намо́рдник** [男2] ①(犬・馬などの)口輪, 口籠 ②馬の鼻革

**намо́рщивать** [不完] / **намо́рщить** -щу, -щишь 命 -щи/-щь 受過 -щенный [完] 〈04〉…にしわを寄せる: ~ лоб 額にしわを寄せる

**намо́рщить(ся)** [完] →мо́рщить(ся), намо́рщивать

**намота́ть(ся)** [完] →нама́тывать, мота́ть

**намо́тка** 複生 -ток [女2] ①巻く[つむぐ]こと, 巻糸 ②《話》巻かれたもの, 巻糸

**намочи́ть(ся)** [完] →нама́чивать, мочи́ть

**намудри́ть** [完] →мудри́ть

**наму́сорить** [完] →му́сорить

**намути́ть** [完] ①[-учу́, -у́тишь] 〈04〉濁す: ~ во́ду в коло́дце 井戸の水を濁す ② [-учу́, -ути́шь] 《話》《無補語》騒がす, 混乱させる

**намути́ть(ся)** [完] 《俗》→намучи́ть(ся)

**наму́чить** -чу, -чишь [完] 《話》さんざん苦しめる[悩ます] **//-ся** [完] 《話》さんざん苦しむ[悩む]

**намы́в** [男1] 〖地質〗沖積土, 沖積層

**намыва́ть** [不完] / **намы́ть** -мо́ю, -мо́ешь 受過 -тый [完] ①〈04/圧〉(ある量)洗う: ~ посу́ды 食器を

**намывно́й**

洗う ②〈囲/団〉洗って得る,〈砂金などを〉洗鉱して採る ③〈囲/団〉〈水が〉運んでくる,沖積させる:沖積土で堤防を作る: ～ плоти́ну 沖積土で堤防を作る **‖ ~ся** [不完] 〈水が〉①よく洗う ②〈不完〉〔受身〕 **‖**

**намы́вка** [女2] <②>

**намывно́й** [形2]〘地質〙沖積した,沖積による

**намы́ливать** [不完] / **намы́лить** -лю, -лишь 受過 -ленный [完] 〈囲〉①…に石けんをこすりつける ② 〈水・液体に〉石けんを溶かす **‖ ~ся** [不完]/[完] 〈囲〉自分の体に石けんをこすりつける

**намы́лить(ся)** [完] → мы́лить(ся), намы́ливать

**намы́ть(ся)** [完] → намыва́ть

**намя́ть** [完] → намина́ть

**нана́|ец** -а́йца [男3]/**-йка** 複生 -а́ек [女2] ナナイ人 (アムール川流域に住むツングース・満州語を話す民族;旧称 го́льды) **‖ нана́йский** [形]

**нана́шивать** [不完]/**наноси́ть¹** -ошу́, -о́сишь 受過 -о́шенный [完] 〈囲/団〉(何回かに分けて・ある量) 持ってくる

**нанесе́ние** [中5] ①<нанести́ ②加害

**нанести́** [完] → наноси́ть²

**нани́зывать** [不完]/**наниза́ть** [完] -ижу́, -и́жешь 受過 -и́занный ①〈囲〉を на〈団〉に〈糸・串などに〉通す ②〈囲/団〉(針金などに通して(ある量)作る

**наниза́ть** [完] → низа́ть, нани́зывать

**нанима́тель** [男5]/**-ница** [女3] ①雇い主 ②借主

\***нанима́ть** [不完]/**наня́ть** найму́, наймёшь 過 наня́л, -ла́, -ло 受過 на́нятый (наня́т, -та́, -то) [完] 〔employ〕①雇う,雇用する: ～ домрабо́тницу 家政婦を雇う ②賃借する: ～ кварти́ру アパートを借りる **‖ ~ся** [不完]/[完] ①〘囲〙雇われる,雇用される ②〈不完〉〔受身〕

**на́нк|а** [女2] 南京木綿 **‖ -овый** [形1]

**на́но-**...〘語形成〙「10億分の1」の「微小の」

**на́ново** [副]〘話〙新たに

**нано́с** [男1]〘地質〙沖積土;吹き寄せられた砂[雪]

**наноси́ть** [完] → нана́шивать

\***наноси́ть²** -ошу́, -о́сишь → нанести́ [完] 〈囲〉 сную, -сёшь сов -нёс, -несла́ 能過 -нёсший 受過 -сённый (-сён, -сена́) повел -еси́ [完] [bring, mark] ①〈囲〉 (ある量)持ってくる: ～ книг 本を何冊か持ってくる ②〈囲/団〉〈水/流水が〉(ある量)運んでくる: песо́к, нанесённый ве́тром 風で吹き寄せられた砂 |〘無人称でも〙〈囲/団〉〈水・流水が〉運んできて堆積(沖積)させる: сугро́б, нанесённый за́ зиму 冬の間にできた雪の吹きだまり | Нанесло́ мель. 浅瀬ができた ④〘無人称〙〘話〙〈囲〉に на〈団〉へ〉〈水・流水が〉運んできて衝突させる: Ло́дку нанесло́ на мель. ボートが浅瀬に乗り上げた ⑤〘無人称〙〘俗〙〈囲〉不意に現れる[やってくる] ⑥〈囲〉 塗る~ лак на пове́рхность 表面にニスを塗る ⑦〈на団に団〉記入する,印を付ける: ～ на ка́рту важне́йшие доро́ги 地図に重要な道路を書き入れる ⑧ 〘ある種の名詞と共に〙〈囲〉引き起こす,生じさせる: ～ оскорбле́ние 団 …を侮辱する | ～ пораже́ние 団 …を撃破する | ～ уда́р 団 …に一撃をくらわせる | ～ визи́т 団 …を訪問する ⑨〈完〉〈囲〉〈鳥が〉〈ある量の卵を〉産む **‖ ~ся¹** [不完]/[完]〔受身〕

**наноси́ться²** -ошу́сь, -о́сишься [完]〘話〙①〈団〉運び疲れる: ～ дров 薪を運んで疲れる ②〘通例否定で〙(а)〈囲〉〈着るなどが使い尽くす〉…を運ぶ (b) 〈衣服・靴が〉(ある期間)着用される,長持ちする

**нано́сн|ый** [形1] ①〘地質〙風や流水が運んできた: ～ песо́к 流砂 ②〘囲〙固有のものでない: -ые чертьі в хара́ктере 本来はなかった性格上の特徴

**нанотехноло́гия** [女9] ナノテクノロジー

**нанофи́льтр** [男1] ナノフィルター

**наню́хиваться** [不完]/**наню́хаться** [完] 〘囲〙①思う存分…の匂いを嗅ぐ ②…の匂いを嗅ぎすぎて気持ち悪くなる

**наня́ть(ся)** [完] → нанима́ть

**наобеща́ть** 受過 -е́щанный [完]〘話〙〈囲/団〉たくさん…を約束する

\***наоборо́т** [наабаро́т] [the other way]

I [副] ①〈位置・方向が〉逆に,反対に,さかさまに: говори́ть слова́ ～ 言葉をさかさまに言う (соба́ка の代わりに акабо́с など) | наде́ть нау́шники ～ イヤホーンを(左右)逆に付ける ②逆に,反対に,異なって: Е́сли ребёнку что́-то запрети́ть, он обяза́тельно бу́дет де́лать ～. 子どもは禁止されると必ずそれをするものだ ③(и, и́ли と共に)その逆のことも: Когда́ в Росси́и зима́, в Эквадо́ре ле́то. И ～. ロシアが冬のときはエクアドルは夏, またその逆も正しい

II [挿入]それどころか: Си́лы не убавля́лись, а, ～, возраста́ли. 体力は衰えるどころか強まった

III [助]〘通例否定の応答の始めに〙〘話〙とんでもない: Да что́ вы, за что́ же тут обижа́ться? Н～, я вам благода́рен. 私が怒っているですって? とんでもない,あなたに感謝しているのです ◆ **как раз** ～ 正反対

**наобу́м** [副]〘話〙よく考えずに,無分別に,当てずっぽうに,でたらめに ◆ ～ **Ла́заря** いい加減に答える

**наора́ть(ся)** -ру́(сь), -рёшь(ся) [完] ≡ накрича́ть(ся)

**наостри́ть** -рю́, -ри́шь 受過 -рённый (-рён, -рена́) [完]〘話〙〈囲〉①鋭くする,尖らせる ②盛んに皮肉[しゃ]れ]を言う

**наотва́л** [副]〘俗〙満腹するまで,たらふく

**наотка́з** [副]〘俗〙すっかり,全く

**наоткрыва́ть** [完]〘話〙〈囲/団〉(ある量・多数)発見する

**наотма́шь** [副] ①手を振り上げて,思いきり: бить ～ 力まかせに…を殴る ②手を体から離して

**наотре́з** [副] 断固として: отказа́ться ～ きっぱり断る

\***напада́ть¹** [нападать] [不完]/**напа́сть¹** [напа́сть] -паду́, -падёшь 命 -пади́ 過 -па́л 能過 -па́вший 副分 -па́в [完]〘囲〙[attack] ①〘囲〙攻撃する: ～ на врага́ 敵を攻撃する ②〘話〙…を非難[叱責]する,食ってかかる: ～ на шалуна́ いたずら者を叱りつける ③〘話〙…に熱心[貪欲]に取りかかる,飛びつく: ～ на лимона́д レモン水に飛びつく ②を発見する,出くわす: ～ на интере́сную мысль в кни́ге 本で面白い考えを見つける ⑤…を〈感情が〉襲う,捉える: На меня́ напа́л страх. 恐怖感が私を襲った ◆ **не на того́ напа́л** 相手が違うぞ,見くびるな

**напа́дать²** [不完]/**напа́дать** [完](ある量)落ちてたまる: Напа́дало мно́го сне́га. 雪がたくさん積もった

**напада́ющий** (形6変化) [男名]〘スポ〙フォワード

\***нападе́н|ие** [нападе́ниэ] [中5] [attack, forward line] ①攻撃,襲撃: террористи́ческое ～ на ГЭС 水力発電所に対するテロ攻撃 | аку́л на тури́стов サメによる観光客襲撃 | отрази́ть ～ проти́вника 敵の攻撃を撃退する | защити́ться от -ия 襲撃から身を守る ②〘集合〙〘スポ〙フォワード

**напа́дк|и** -док, -дкам [複] 非難,攻撃,言いがかり

**напа́ивать¹** [不完]/**напои́ть** -пою́, -пои́шь /-по́ишь 命 -пои́ 〘受過 -по́енный〈囲〉①酔うまで(酒を)飲ませる ②〔-по́ішь 受過 -по́енный (-о́ен, -оена́)〕満たす,充満させる: Во́здух напои́л арома́том. 辺り一面芳香が立ち込めている

**напа́ивать²** [不完]/**напая́ть** 受過 -па́янный [完] ①〈囲〉はんだ付けする ②〈囲/団〉はんだ付けして(あ

**напа́йка**複生-па́ек [女2] ①はんだ付け ②はんだ付けされたもの[部分]

**напа́костить** [完] →па́костить

**напа́лм** [男1]《化》ナパーム  // **напа́лмов|ый** [形1]: -ая бо́мба ナパーム弾

**напа́ривать** [不完] / **напа́рить** -рю, -ришь 受過 -ренный [完] ①《区圏》(ある量)蒸して[ふかして]作る: ~ карто́феля ジャガイモをふかす ②《区圏》人を蒸し風呂に入れる; 風呂ほうきで叩く: ~ спи́ну в ба́не 蒸し風呂で背中をほうきで叩く  // **~ся** [不完] / [完]《話》①ゆくまで蒸し風呂に入る, 風呂ほうきで心ゆくまで体を叩く ②《不完》[受身]

**напа́рни|к** [男2] / **-ца** [女3]《話》2人組で働く労働者: шофёры-напа́рники 2人組運転手

**напа́рывать** [不完] / **напоро́ть** -порю́, -по́решь 受過 -по́ротый [完] ①《区圏》(尖ったものに)引っかけて傷つける ②《区圏》〈衣服を〉(ある量)ほどく

**напа́рываться** [不完] / **напоро́ться** -порю́сь, -по́решься [完]《俗》①〈на圏〉(尖ったものに)刺して[引っかけて]けがをする ②《区圏》〈嫌な人・物に〉不意に出くわす ③《区圏》がつがつ大食いする

**напаса́ть** [不完] / **напасти́** -су́, -сёшь 過 -па́с, -пасла́ 能過 -па́сший 受過 -сённый (-сён, -сена́) 副分 -па́сши [完]《俗》《区圏》(ある量)蓄える: ~ грибо́в キノコを蓄える  // **~ся** [不完] / **-сь** [完] ①(通例否定文で)(必要な量を)蓄える, 準備する ②《不完》[受身]

**напа́сть¹** [不完] → **напада́ть**

**напа́сть²** -падёт 過 -па́л 能過 -па́вший 副分 -па́в [完] = напада́ть (の完)

**напа́сть³** [女10]《俗》不幸, 災難

**напаха́ться** -пашу́сь, -па́шешься [完]《俗》たっぷり耕す, 耕し疲れる

**напа́хивать** [不完] / **напаха́ть** -пашу́, -па́шешь 受過 -па́ханный [完] ①《区圏》(面積を)耕す: ~ ты́сячу гекта́ров 千ヘクタールを耕す ②《区圏》たくさん働く ③《俗》《区圏》間違いをしでかす

**напа́чкать** [完] → па́чкать

**напая́ть** [完] → напа́ивать²

**напе́в** [男1]《楽》(声楽曲の)旋律, 歌

**напева́ть** [不完] / **напе́ть** -пою́, -поёшь 受過 -тый [完] ①《区圏》節(メロディー)を声で伝える: ~ а́рию アリアのメロディーを声に出す ②《完》《区圏》録音する, 吹き込む ③《完》《区圏》(たくさん)歌う: ~ мно́го пе́сен たくさんの歌を歌う ④《俗》《無補語》不快なことをくどくど言う ⑤《不完》《区圏》口ずさむ, 小さな声で歌う

**напе́вный** 短 -вен, -вна [形1] 〈声・話し方などが〉よく響く, 歌うような, 音楽的な

**напека́ть** [不完] / **напе́чь** -еку́, -ечёшь, ... -еку́т 命 -еки́ 過 -пёк, -пекла́ 能過 -пёкший 受過 -чённый (-чён, -чена́) 副分 -пёкши [完] ①《区圏》(ある量)焼いて作る: ~ хле́ба パンを焼く ②《無人称でも》《話》《区圏》日が照りつける: Со́лнце напекло́ го́лову. 太陽が頭に照りつけた  // **~ся** [不完] / [完] [受身]

**на́перво** [副]《俗》最初に, まず: пе́рво-на́перво 何より先に

**наперебо́й** [副] 先を争って: говори́ть ~ 先を争ってしゃべる

**наперевес** [副] (銃・槍を) 前に向けて

**наперегонки́, наперего́нки,**《俗》**наперего́нку** [副] 先を争って: пусти́ться ~ 先を争って駆け出す

**наперёд** [副]《俗》①前もって, あらかじめ ②前方へ

**напереко́р** [副] 逆に, 反して; 反対に: де́лать ~ 予想もつかないことをする, 逆を行く [前]〈圏〉...に逆らって, 反して ◆ **идти́ ~** 圏 ...に反対する, 対立的な行動をとる

**наперекося́к** [副]《俗》①曲がって, 斜めに, 脇(道)へ ②悪く, 思わしくなく

**напереререз** [副] ①《区圏》(進路・道路・川などを)横切って: побежа́ть ~ 人の行手を横切って駆け出す ②[前] 〈圏〉...の前を横切って

**наперерыв** [副]《話》競って, 先を争って, 我先に

**напере́ть** [完] → напира́ть

**наперехва́т** [副]《俗》①(進路・道路・川などを)横切って ②先を争って

**наперечёт** ①[副] すっかり, 残らず, 例外なく: зна́ть всех ~ 全員を例外なく知っている ②[述] 〈圏〉(主に複)=数えるほどしかない: Таки́е лю́ди ~. こういう人は数えるほどしかない

**пе́рник** [男2]《話》(羽毛を詰める)ふとんがわ; (枕の)袋

**напёрсток** -тка [男2] ①指ぬき ②《俗》最中(小石などをいくつかの指ぬきに隠し, どれにあるか当てる賭事)

**наперстя́нка** 複生-нок [女2]《植》ジギタリス

**напе́рчивать** [不完] / **наперчи́ть** -чу́, -чи́шь 命 -чи́ 受過 -ченный [完]《区圏》にコショウをたっぷりかける

**напе́ть** [完] → напева́ть

**напе́ться** -пою́сь, -поёшься [完]《話》心ゆくまで歌う

**напеча́тать** [完] → печа́тать

**напе́чь** [完] → напека́ть

\***напива́ться** [不完] / **напи́ться** -пью́сь, -пьёшься 命 -пе́йся 過 -пи́лся, -пи́лась, -и́лось, -и́лось [完][drink]①〈圏〉十分飲んで渇きを癒やす, 心ゆくまで飲む ②《話》酔っ払う: ~ в до́ску [дым] 酔いつぶれる, ぐでんぐでんになる

**напи́ливать** [不完] / **напили́ть** -пилю́, -пи́лишь 受過 -пи́ленный [完]《区圏》(ある量)のこぎりで挽(°)く, 挽いて作る: ~ дров на́ зиму 冬に備えて相当量の薪を挽いておく

**напи́лок** -лка [男2]《話》やすり

**напи́льник** [男2]《技》やすり: трёхгра́нный ~ 三角やすり | кру́глый ~ 丸やすり

**напина́ть** [完]《俗》蹴る, 蹴飛ばす

**напира́ть** [不完] / **напере́ть** -пру́, -прёшь 過 -пёр, -пёрла 能過 -пёрший 受過 -пёртый 副分 -пёрши [完] ①《俗》〈на圏〉...を押す, ...にのしかかる: ~ на дверь ドアを押す ②《完》《俗》《無補語》(大勢の人が)群がって集まる ③《完》《区圏》たくさん持ってくる; (こっそり)盗む ④《不完》〈на圏〉...を圧迫する, ...に圧力を加える; ...を指摘する, 強調する

**написа́ние** [中5] ①書き上げること, 執筆 ②書体, 書き方: двойно́е ~ бу́квы "д" 文字 д の2通りの書き方 ③つづり: пра́вильное ~ сло́ва 単語の正しいつづり

**написа́ть** [完] → писа́ть

**написа́ться** -пи́шусь, -и́шешься [完]《話》①思う存分書く ②(書いた・描いたものが)仕上がる

**напита́ть(ся)** [完] → напи́тывать(ся)

**напи́т|ок** [нʌпи́тък] -тка [男2] [beverage] 飲み物, 飲料: спиртны́е [алкого́льные] –ки アルコール飲料 | прохлади́тельные ~ 清涼飲料 | спорти́вные [энергети́ческие] –ки スポーツ[栄養]ドリンク

**напи́тывать** [不完] / **напита́ть** 受過 -и́танный [完]《区圏》〈圏を〉染み込ませる: ~ ткань раство́ром 布地に溶液を染み込ませる  // **~ся** [不完] / [完] ①〈圏〉〈液体を〉吸い込んで湿る ②《完》《話・戯》《圏》たらふく食べる

**напи́ться** [完] → напива́ться

**напи́хивать** [不完] / **напиха́ть** 受過 -и́ханный [完]《区圏》《区圏》押し込む, 詰め込む: ~ в комо́д белья́ たんすに下着を詰め込む  // **~ся** [不完] / [完]

**напичкать** 《俗》押し合いながら大勢入る, すし詰め状態になる

**напи́чкать** [完] →пи́чкать

**напи́шешь** [単未], **напиши́** [命令]＜написа́ть

**наплавно́й** [形2] 浮いた物に支えられる: ～ мо́ст 浮き橋

**напла́кать** -лачу, -лачешь 受過 -аканный [完] ① 《囲》〈圂〉眼を泣き腫らす: напла́канные глаза́ 泣き腫らした眼 ② 《囲》〈с圂〉涙を〈ある量〉流す ◆*ко́т напла́кал* [述語]…はほんのわずかしかない

**напла́каться** -лачусь, -лачешься 思う存分泣く 《囲》〈с圂〉…に嫌な目に遭わされる: *Напла́чется она́ с ним.* 彼女はあの男に泣かされる

**наплани́ровать** -рую, -руешь 受過 -ванный [完] 《囲》〈圂/囲〉計画を作る

**напластова́ние** [中5] ①《地質》成層, 地層 ②（文化・性格などの）後天的特質

**наплева́тельский** [形3] 《話》投げやりな: *-ое отноше́ние к де́лу* 仕事に対するいい加減な態度

**наплева́тельство** [中1] 《話》投げやりな態度

**наплева́ть** -люю, -люёшь са-лю́й 受過 -лёванный [完] ①唾を吐き散らす 《圂/囲》唾を〈ある量〉吐き出す ②《圂》〈на圂〉 *шелухи́ от се́мечек* ヒマワリの種の殻を吐き出す ③《俗》〈на圂〉をばかにする, 無視する ◆*Н-!* 《俗》知ったことか, 構うもんか | ～ *на* 圂 …にとってはどうでもよい

**наплёскивать** [不完] / **наплеска́ть** -ещу́, -е́щешь 過 -ескáнный [完]《囲/囲》無補語〈в圂〉*жи́дкости* をはね散らかす ∥**~ся** [不完] / [完] ①《完》気がすむまで水をはねかけて遊ぶ ②《囲》〈囲〉（水が）こぼれる

**наплета́ть** [不完] / **наплести́** -ету́, -етёшь 過 -лёл, -лепа́ 能過 -лётший 受過 -етённый (-тён, -тена́) 副分 -етя́ [完] ①《圂/囲》〈ある量〉編む, 組んで作る: ～ *корзи́н* 籠を編む ②《圂》《俗》さんざんでたらめを言う ③《完》〈на圂〉…を中傷する

**наплѐчник** [男2] ①肩飾り ②（甲冑（ちゅう）などの）肩当

**наплѐчный** [形1] ①肩に当てる〔かける〕: ～ *реме́нь* 《軍》負い革, 肩帯; （カメラなどの）ストラップ ②衣服の肩に縫いつけられた

**наплоди́ть** -ожу́, -оди́шь [完]《話》〈圂/囲〉たくさん産む〈小動物・昆虫を〉繁殖させる ②〈誤りなどを〉たくさんしでかす ∥**~ся** [完]《話》たくさん産まれる

**напло́тно** [副]《話》しっかりと, ぴったりと

**наплы́в** [男1] ①流れてきて留まること, 流動〔凝固〕するものができること ②《映像》オーバーラップ ③病的な瘤（こぶ）, 腫瘍; 《植》木の瘤; 《獣医》蹄の腫脹 ④（人・物が）多量に現れること, 殺到: ～ *огро́много числа́ бе́женцев* 多数の難民の流入 ⑤（感情が）込み上げること, 横溢: от ～*а* чу́вств 感きわまって

**наплыва́ть** [不完] / **наплы́ть** -ыву́, -ывёшь 過 -ы́л, -ыла́, -ы́ло [完]〈на圂〉流されて〔泳いで, 航行してきて〕…に突き当たる: ～ *на ме́ль* 浅瀬に乗り上げる ②漂ってきて溜まる; 流れてきて溜まる; （流動・凝固するものが）できる, 形成される: В котле́ *наплыла́ на́кипь*. ボイラーの中に湯あかができた

**напля́са́ться** -я́шусь, -я́шешься [完] ①《話》思う存分踊る ②《俗》ひどい目に遭う

**напова́л** [副] 一撃で: *уби́ть* ～ 一撃で殺す

**наподдава́ть** -даю́, -даёшь со-ва́й [不完, 完] / **наподда́ть** -да́м, -да́шь, -да́ст, -дади́м, -дади́те, -даду́т со- да́л -дала́, -да́ло, -да́ли [完] ①《圂》強く打つ〔殴る〕, （下から）強く蹴り〔突き〕上げる ②《圂/囲》〈浴室の蒸気を〉増す ◆*наподда́й!* 《催促》さっさとやれ

**наподо́бие** [前]〈圂〉…のような, …に似た: *скала́* ～ *стены́* 壁のような岩

**наподхва́т** [副]《俗》①（落下物を落下寸前に捉えるように）迅速に ②競って

**напои́ть** [完] →напаива́ть[1], пои́ть

**напока́з** [副] ①見せるために: *води́ть слона́* ～ 象を見世物で連れ回す ②注意を引くために, 見せかけに: *де́лать то́лько* ～ 見せかけだけのために行う

**наполео́новский** [形3] ナポレオンの ◆*～ пла́н* 《俗》壮大な計画

**наползти́** [不完] / **наползти́** -зу́, -зёшь 過 -о́лз, -олзла́ 能過 -о́лзший ①〈на圂〉に這っていって突き当たる ②（ある量）這いこむ, 這い集まる

**наползать** [完]《話》〈圂〉這いまわって…をもたらす〔作る〕

**наполирова́ть** [完] →полирова́ть

**наполиро́вывать** [不完] / **наполирова́ть** -ру́ю, -ру́ешь 受過 -о́ванный [完] 〈ある量〉磨いて作る

**наполне́ние** [中5] ①満たすこと, 充填, 満ちること, 充満 ②内容物 [中身]（の量, 質）

**наполни́тель** [男5] 詰め物; （タルトの）具; （ぬいぐるみ用）綿, ビーズ; （猫用トイレの）猫砂

**наполня́емость** [女10]《公》稼働率

*наполня́ть [不完] / наполни́ть -ню, -нишь 命 -ни 受過 -олненный [fill] ①〈圂〉を〈圂〉で満たす, いっぱいにする; 埋める; 〈時間・期間を圂を使って〉過ごす ②бак водо́й タンクを水で満たす ③〈圂〉〈会場などを〉埋め尽くす, …に満ち溢れる: Студе́нты наполня́ли аудито́рию. 学生が講堂を埋めつくした | Ра́дость наполня́ла его́ се́рдце. 喜びが彼の心に満ち溢れた ∥ ~ся [不完] / [完] ①〈圂〉で満ちる, いっぱいになる: Аудито́рия наполни́лась студе́нтами. 講堂が学生でいっぱいになった ②〈不完〉〔受身〕

*наполови́ну [副]《話》半分に, 半分だけ(だけ): До́м ～ пу́ст. このアパートは半分空いている | Фла́г бе́лый, ～ си́ний. この旗は半分白地で半分青地だ ②半ばまで, 中途半端に: де́лать де́ло ～ 仕事を中途半端にする

**напо́льный** [形1] 床置きタイプの: *-ые часы́* 大型置時計, ホールクロック

**напома́дить** [完] →пома́дить

**напомина́ние** [中5] 思い出させること, 言及 ②催促, 督促(状), 警告, 通告: втори́чное ～ 再通告

*напомина́ть [ナポミナーチ] [不完] / напо́мнить [ナポームニチ] -ню, -нишь со- -ни [完] [remind] ①〈圂〉に о〈圂〉に関し /〈圂〉を 定不定を告げる /〈что節〉思い出させる, 気づかせる, 注意をうながす·: *Напо́мни мне верну́ть кни́гу в библиоте́ку.* 本を図書館に返すことを忘れないように私に言って下さい | *Э́та фотогра́фия напомина́ет мне о сыне юнкерах.* この写真を見て夏休みを思い出す ②〈圂〉に〈圂〉を〈類似体があって〉彷彿とさせる, 思い出させる: *Он напомина́ет мне изве́стного актёра.* 彼は有名な俳優に似ている | *Она́ напо́мнила мне ма́ть.* 彼女を見て私は母を思い出した ∥ **~ся** [不完]〔受身〕〈①〉

**напополáм** [副]《俗》半分に, 半分ずつ

**напо́р** [男1] ①押すこと, 圧力: ～ *во́здуха* 空気圧 ②働きかけ: под ～*ом* обще́ственности 世論に押されて ③《軍》猛攻, 強襲 ④《話》根気, 粘り強さ: *де́йствовать с ~ом* 粘り強く行動する

**напо́ристость** [女10]《話》根気, 粘り強さ

**напо́ристый** 短-ист [形1]《話》（人・性格が）根気強い, 粘り強い

**напо́рный** [形1] 圧力を加えるための

**напоро́ть(ся)** [完] →напа́рывать(ся)

**напоротáчить** -чу, -чишь [完]《俗》下手に〔ぞんざいに〕やってしくじる

**напо́ртить** -рчу, -ртишь 命 -рти/-рть 受過 -рченный [完] ① 〈対/圧〉(ある量)駄目にする, 損なう: ~ бума́ги 紙を無駄にする ② 《話》(無補語)損害を与える: ~ сослужи́вцу 同僚に迷惑をかける | ~ де́лу 事業に損害を及ぼす

**напосле́док** [副]《話》しまいには, あげくのはてに

**напр.** (略)наприме́р

**напра́вить(ся)** [完] →направля́ть(ся)

**напра́вка** [女] 調整(すること); 研ぐこと

**✽направле́ние** [ナプラヴレーニエ] [中5] [direction]
① 方向づけること ~ прави́тельственной делега́ции в г. Москву́ 政府代表団のモスクワへの派遣 | ~ заявле́ния об оказа́нии медици́нской по́мощи 医療支援を求める申請書の送付
② 方向, 方角: взять ~ на се́вер 進路を北に取る | Ледоко́лы продолжа́ют дви́гаться в се́верном ~ии. 砕氷船は北に向かって移動を続けている | Мото́р кру́тится в обра́тном ~и. モーターが反対方向に回転している ③ 進路, 方針: основны́е ~ия 基本方針 | стратеги́ческое ~ 戦略的方針 ④ 傾向, 流派: факульте́ты гуманита́рных ~ий 人文系の諸学部 ⑤《軍》戦区, 方面: бои́ на за́падных ~иях 西部方面での戦闘 ⑥ 辞令;指示書: получи́ть ~ в механи́ческий цех 機械工場への辞令を受ける | ~ на ана́лиз кро́ви 血液検査の指示書

**напра́вленность** [女10] ①《思考・関心の》傾向, 志向;《目的への》集中 ②《無線》指向性

**✽напра́вленный** [ナプラーヴリェンヌイ] [形1] [directed] ①《受過<напра́вить》方向性を持つ, 確固たる ② 断固とした ③《無線》指向性の

**✽направля́ть** [ナプラヴリャーチ] [不完] / **напра́вить** [ナプラーヴィチ] -влю, -вишь, ... -вят 命-вь 受過-вленный [完] [direct, send]〈対〉向ける, 方向づける: ~ самолёт по пра́вильному ку́рсу 飛行機を正しい進路に向ける | ~ телеско́п на Луну́ 望遠鏡を月に向ける | ~ разгово́р на увлека́тельную те́му 興味深い話題に話を振る ② 派遣する, 差し向ける, 送る:~ больно́го к врачу́ 病人を医師の所に行かせる | ~ рабо́тника в командиро́вку 従業員を出張に派遣する ③《話》設備・機械などを調整[整備]する:〈対〉станок 工作機械を整備する ④《俗》〈対〉整える, 組織する: ~ рабо́ту 仕事を軌道に乗せる ⑤《話》指導する, 教え導く ◆ ~ пу́ть [шаги́, стопы́] куда́-л. ...へ出かける

**✽направля́ться** [ナプラヴリャーッツァ] [不完] / **напра́виться** [ナプラーヴィッツァ] -влюсь, -вишься 命 -вься [完] [head] ① 向かう, 行く, 出かける: На ме́сто происше́ствия напра́вились 40 (сорок) спаса́телей. 事件現場に40名のレスキュー隊員が向かった
② 向けられる: 80% (во́семьдесят проце́нтов) бюдже́та Москвы́ напра́вится на целевы́е програ́ммы. モスクワの予算の80％は特定の目的を持った計画に向かう | Внима́ние прису́тствующих напра́вилось на неё. 居合わせた人達の注意は彼女に向けられた ③《俗》順調になる, 〈健康が〉回復する: Рабо́та напра́вилась. 仕事が軌道に乗った ④《不完》《受身》<направля́ть

**напра́во** [ナプラーヴァ] [副] [right] ① 右側へ, 右側に; 〈の〉向かって右に: на перекрёстке свернуть ~ 交差点を右に折れる | Е́сли посмотре́ть ~, то наверху́ вы уви́дите дверь. 右を見ると上の方に扉が見えます | ~ от пло́щади возвыша́ется анса́мбль зда́ний бы́вшего монастыря́. 広場の右側にかつての修道院の建物群がそびえている | ~! 《軍・スポ》《号令》右向け右! [★レプラーヴォと発音] ②《思想的・政治的》右に, 右翼に ◆ ~ и нале́во, и напра́во и нале́во 手当たり次第に, 見境なく: ~ швыря́ть де́ньги и нале́во и напра́во 見境なく金を使う

**напрактикова́ться** -ку́юсь, -ку́ешься [完]《話》 〈в前/不定形〉(実践・経験を積んで)…に熟達する

**напра́слин|а** [女1] 濡れ衣, 冤罪: возводи́ть [взводи́ть, нагоня́ть] на 囿 -у 囿 に濡れ衣を着せる

**✽напра́сно** [ナプラースナ] [副] [vain] ① むだに, むなしく, 成果も無く: ~ тра́тить вре́мя 徒らに時を過ごす ②《述語でも》…しても無駄だ(った); …しがいがない(かった): Н~ стара́лся. 努力のかいが無かった: Я наде́ялась на вас, но ви́димо, ~. 私はあなたに期待していたが, 無駄だったようです

***напра́сн|ый** 短-сен, -сна [形1] [useless, fruitless] ① 無駄な, むなしく, 成果の無い: -ые стара́ния 無駄な努力 ② 無用な, 無根拠な: -ый страх 根拠のない恐怖 | -ая трево́га 取り越し苦労

**напра́шивать** [不完] / **напроси́ть** -ошу́, -о́сишь [完]《俗》〈対〉①《話》《副/圧》(ある量)頼んで手に入れる, ねだる ②(ある人数・通例多数)招待する

**напра́шиваться** [不完] / **напроси́ться** -ошу́сь, -о́сишься [完]《話》① しつこく頼み込んで目的を達する: せがんで…したちらう: ~ в го́сти 客として押し掛ける ②〈на対〉自分に対しある態度をとるように〈相手を〉仕向ける, けしかける: ~ на комплиме́нт お世辞を言われるようにする ③《不完》(考えなどが)生まれる, 浮かぶ: Вы́воды напра́шиваются сами собо́й. 結論はひとりでに出てくる ◆ ~ на неприя́тности 余計なことをする, 自ら災いを招く

**✽наприме́р** [ナプリミェール] [for example]《挿入》例えば: Мно́гие ру́сские писа́тели, ~ Толсто́й и́ли Че́хов, изве́стны во всём мире. 多くのロシアの作家, 例えばトルストイやチェーホフが, 世界中に知られている

**наприниме́ть** [不完]《俗》《対/圧》(何度も・たくさん)受け入れる

**напрока́т** [副] 貸貸[賃借]で: отда́ть ~ 賃貸する | взять ~ 賃借する

**напролёт** [副]《話》続けざまに, ぶっ通しで: рабо́тать всю ночь ~ 夜通し働く

**напроло́м** [副] しゃにむに, 強引に: идти́ ~ しゃにむに突進する | де́йствовать ~ 強引にやる

**напропалу́ю** [副]《話》向こう見ずに, 夢中になって: весели́ться ~ 羽目を外して騒ぐ

**напроро́чить** [完] →проро́чить

**напроси́ть(ся)** [完] →напра́шивать(ся)

**✽напро́тив** [ナプローチフ] [on the opposite side, on the contrary] **I** [副] ① 向かい側に, 正面に: Он устро́ился ~. 彼は向かい側に陣取った ② 逆に, 異なって: Ребёнок всё де́лает ~. この子は何でも反対のことをする **II** [前] ①〈囿〉…の向かい側に, 正面に: Она́ сиди́т ~ меня́. 彼女は私の向かい側に座っている ②《古・俗》〈囿〉に逆らって: Всё до са́мых мелоче́й соверша́ется мне ~. 些細なことまですべてこと私の意に反して起こる ③《挿入》その反対に, 逆に: Э́кспорт това́ров вы́рос на 5% (пять проце́нтов), а и́мпорт, ~, сократи́лся на 5%. 輸出額は5%増加したが, 輸入額は逆に5%減少した **III** [助]《否定的回答の冒頭》とちらかと言うと: Н~, я согла́сна. 逆に, 私賛成です

**на́прочь** [副]《俗》すっかり, 完全に

**напру́дить** -ужу́, -уди́шь [完]《俗》尿をもらす, 失禁する

**напру́живать** [不完] / **напру́жить** -жу, -жишь -уже-женный [完]《話》《緩》〈対〉緊張させる, 張る // **~ся** [不完] / [完]《話》ぴんと張る, 緊張する

**напружи́нивать(ся)** [不完] / **напружи́нить(ся)** -ню(сь), -нишь(ся) [完] = напру́живать(ся)/напру́жить(ся)

**напры́гаться** [完]《俗》思う存分跳びはねる; 跳びはねすぎて悪い結果を招く

**напры́скивать** [不完] / **напры́скать** [完]

**напряг**

《話》①〈囲に囲を〉振りかける, 振りかけて濡らす: ～ платóк духáми ハンカチに香水を振りかける | ～ бельё водóй (アイロンを掛ける前に)洗濯物に霧を吹く | 囲/囲〈ある量〉振りかける: ～ воды́ на пóл 床に水をはねかける

**напря́г** [男2]《若者・俗》①《複困難「不都合」な状況 ②緊張, 疲れ《敵対》困難 ③《述語でも》〈囲の〉不足: в си́лу ~a с деньга́ми 金に困って | С мя́сом, мя́со 肉が足りない ④《無人述》〈囲〉はやる気がない, …したくない ◆**в - е - с** 囲(1)…が不足している, 足りない(2)…と敵対関係にある

**напряга́ть** [不完] / **напря́чь** -ягу́, -яжёшь, … -ягу́т 命 -яги́ 過 -я́г, -ягла́ 能過 -я́гший 受過 -яжённый (-жён, -жена́) 副受 -я́гши [完] ①ぴんと張る, 緊張させる: ～ мы́шцы 筋肉が緊張させる ②傾注する, 集中する: ～ все си́лы 全力を傾注する | ～ гóлос 声を振り絞る | ～ па́мять 記憶力を研ぎ澄ます ③《若者・俗》無理強いする, せがむ ④《俗》うんざりさせる, 疲れさせる ⑤《俗》つらい「苦しい, 痛い」思いをさせる

**напряга́ться** [不完] / **напря́чься** -ягу́сь, -яжёшься, … -ягу́тся 過 -я́гся, -ягла́сь 能過 -я́гшийся 副受 -я́гшись [完] ①(筋肉などが)緊張する: Му́скулы напряглись. 筋肉が緊張する ②力を尽くす, 力を傾注する: ～, поднима́я груз. 荷を上げようと力を振り絞る ③《俗》責任を負う ④《俗》働きすぎてへとへとになる ⑤《俗》不快な思いをする ⑥《俗》警戒する ⑦《不完》[受身] < напряга́ть

**напряже́н|ие** [ナプリジェーニエ] [中5] [tension] ①緊張させる[する]こと: ～ му́скулов 筋肉を緊張させること | ～ гóлоса 声を振り絞ること | ～ внима́ния 注意を集中すること ②緊張, 努力: твóрческое ～ 創造的努力 | душéвное [нéрвное, внýтреннее] ～ 精神的緊張 | рабóтать с ~ем 緊張して働く | слу́шать с ~ем 緊張して聞く ③緊迫状態, 緊張: Военное ～ нараста́ет. 軍事的緊張が高まっている | Безрабо́тица вызыва́ет социа́льное ～ в о́бществе. 失業は社会的緊張を誘発する ④[電]電圧: Н～ в электри́ческой сети́ составля́ет 220 (двéсти два́дцать) вольт. 配電網内の電圧は220ボルトだ ⑤[理]応力

**напряжёнка** 複生 -нок [女2]《俗》①差し迫った困難 ②仕事[やること]が多いこと, 多忙期

**напряжённо** [副] 熱心に, 懸命に

**напряжённость** [女10] ①緊張[緊迫](状態) ②[理]強度, 強力

**напряжённ|ый** [ナプリジョーンヌィ] 短 -ён, -ённа [形1] [tense] ①緊張した, 張り詰めた: 緊張を要する: -ые нéрвы 張り詰めた神経 | с -ым любопы́тством гляде́ть вокру́г себя́ 好奇心を研ぎ澄まして周囲を見る | ～ матч 緊迫した試合 | ～ бюдже́т 予算緊縮予算 | -ая рабо́та 緊張を要する仕事 | -ые перегово́ры 緊迫した交渉 ②緊張を表す, ぎこちない: -ая улы́бка 作り笑い | -ое лицó 緊張の面持ち ③緊迫した, 不穏な: -ые междунарóдные отношéния 緊迫した国際関係

**напря́жно** [副]《若者》①具合が悪く, 居心地が悪く ②難しく, 辛く ③緊張して, 緊迫して

**напря́жный** [形1]《俗》大変不快な, 感じの悪い, 押しつけがましい

**напрями́к** [副]《話》= напряму́ю②③

*напряму́ю [副] (direct, directly)《話》①直接に, 直通で ②真っすぐに, 最短距離で: идти́ ～ 真っすぐに行く ③率直に, あけすけに: сказáть ～ 率直に言う

**напря́чь(ся)** [完] →напряга́ть(ся)

**напуга́ть(ся)** [完] →пугáть(ся)

**напу́дрить** [不完] / **напу́дрить** -рю, -ришь 命 -ри 受過 -ренный [完] ①〈囲〉に白粉を塗る, …の化粧をする: ～ лицо́ 顔に白粉を塗る **//~ся** [不完] / [完]

自分の顔に白粉を塗る, 化粧する

**напу́льсник** [男2] 手首サポーター, リストバンド

**напýск** [男2] ①< напускáть/напусти́ть ②衣服のウエストラインのたるみ: блу́за с -ом ウエストラインにたるみのあるブラウス ③長靴の胴下のひだ ④[囲]前髪 ⑤[建](屋根の)張り出し ⑥[狩]猟犬を獲物に向けて放つこと

**напускáть** [不完] / **напусти́ть** -ущу́, -у́стишь 受過 -у́щенный [完] ①〈囲/囲〉(大量に)入れる, 通す, 放つ: ～ воды́ в бак タンクに水を入れる ②〈囲〉на сéбя と共に〉…を装う, …のふりをする: ～ на себя́ стрóгость 厳格ぶる ③〈囲 в囲に〉〈犬などを〉けしかける〈兵力を〉差し向ける ④〈囲〉〈裾・髪を〉垂らす ⑤《通例無人称》〈囲〉病気などを魔術で引き起こさせる ◆~ **стра́ху [стра́х] на** 囲 …に恐怖心を起こさせる | ～ пы́ли в глазá ごまかす

**напускáться** [不完] / **напусти́ться** -ущу́сь, -у́стишься [完] 《話》①〈囲に〉食ってかかる, …を罵る, 叱りつける ②…に襲いかかる, 飛びつく ③《不完》[受身] < напускáть

**напускн|óй** [形2] ①いつわりの, 見せかけの: -óе равнодýшие うわべだけの無関心さ ②《話》< напýск

**напусти́ть(ся)** [完] < напускáть(ся)

**напутáть** [完] →напýтывать

**напýтствие** [中5]《文》(旅立つ者への)送別の辞, はなむけの言葉: ～ вóинам 出征兵士への激励 **// напýтственн|ый** [形1]《文》: -ое слóво 送別の辞

**напýтствовать** [u] -твую, -твуешь 受過 -анный [不完・完]《文》〈囲を〉〈…の門出を…で〉祝う, (門出に)はなむけの言葉を述べる: ～ 囲 до́брыми пожелáниями 門出にあたって…にはなむけの言葉を述べる

**напýтывать** [不完] / **напýтать** 受過 -утанный [完]《話》①〈囲/囲〉(ある量)もつれさせる: ～ шéрсти моткáми 毛糸をもつれさせる ②〈в囲で〉混乱する, 間違える: ～ в подсчётах 計算を間違える

**напухáть** [不完] / **напýхнуть** -нет 過 -ýх, -ýхла 能過 -ýхший 副受 -нув [完]《話》ふくれる, 腫れる

**напыхáть** [完]《俗》〈囲〉= напыхи́ть

**напы́живаться** [不完] / **напы́житься** -жусь, -жишься [完]《話》①(何かをしようとして)全力を出す ②もったいぶる, とりすます

**напыли́ть** [完] →пыли́ть

**напы́шенн|ый** щи-ен, -ення [形1] ①尊大な, もったいぶった, 高慢な: ～ вид 尊大な様子 ②(言葉などが)大仰な, 気取った, 凝った: ～ стиль 凝った文体 **//-ость** [女10]

**напя́ливать** [不完] / **напя́лить** -лю, -лишь 受過 -ленный [完] ①〈囲〉①〈囲 на囲に〉〈布地を刺繍枠に〉張る ②《俗》〈窮屈なものを〉無理やり着[はく] ③《俗》《不恰好な・変なものを》身に着ける: ～ старомóдную шляпку 時代遅れの帽子をかぶる **//~ся** [不完] / [完]《俗》何とか体にはまる[着れる, はける]

**нар..** [語形成] 「人民の」

**нарабáтывать** [不完] / **нарабóтать** 受過 -танный [完] ①〈囲/囲〉(ある量)作る: ～ детáлей 部品を作る ②(ある金額を)働いて稼ぐ: ～ дéнег 働いてお金を稼ぐ ③〈囲に促進, 増加〉させる: ～ óпыт 経験を積み重ねる **//~ся** [完] ①《話》心ゆくまで働く, 働き疲れる ②《不完》[受身]

**нарабóтка** 複生 -ток [女2]《話》下準備, 集めた資料

**наравнé** [副]〈с囲〉①…と並んで: Самолёт шёл ～ с облакáми. 飛行機は雲と同じ高さを飛んでいた ②…と同等[平等]に: Онá воспи́тывала меня́ ～ со своéй дóчерью. 彼女は私を自分の娘とわけへだてなく育ててくれた

**нарáдоваться** -дуюсь, -дуешься [完]《否定文で》

〈[2]/на[2]/無補語〉〈…のことで〉喜び尽きない: Мать *нара́дуется* на *сы́на*. 母は息子のことがうれしくて仕方がない

**нараспа́шку** [副] (衣服の)ボタンを掛けずに: наде́ть пальто́ ~ 外套をはおる ♦*душа́* ~ у [目] …は率直な[あけっぴろげな]人だ

**нараспе́в** [副] 歌うように、声を引っ張って

\***нараста́|ть** [不完] / **нарасти́** -стёт 過 -ро́с, -росла́ -ро́сший 過分 -ро́сши [完] ① 〈[2]上に〉(表面に)できる、生じる: Мох *нарос* на камня́х. 石の表面に苔が生えた ② (ある量)生える: *Наросло́ мно́го травы́*. 草がたくさん生えた ③ (ある量)累積する、かさむ: *Наросли́ проце́нты*. 金利がかさんだ ④ 強まる、激化する、増大する: *Нарасло́ волне́ние*. 不安が増した *// -ние* [中5] 〈③④〉

**нарасти́** [完] → нара́щивать

**нарасхва́т** [副] 先を争って、我先に

**нараще́ние** [中5] ① 生育[増加、増大、栽培]させること: 継ぎ足して伸ばすこと ② 継ぎ足された部分 ③〔文法〕= аугме́нт

**нара́щивание** [中5] 増強、増大; (髪の毛・まつ毛の)エクステンション

**нара́щивать** [不完] / **нарасти́ть** -ращу́, -расти́шь 受過 -ращённый (-щён, -щена́) [完] ① 〈[2]上に〉生育させる: ~ но́вую ко́жу 新しい皮膚を生えさせる ② 〈[2]〉継ぎ足して伸ばす、加えて大きくする: ~ си́лы 力を加える ③ [話] 〈[2]/[4]〉(ある量)栽培する: ~ кусто́в 灌木を栽培する ④ 〈[2]〉(大きさ・量・力などが)大きくなる、増す *// -ся* [不完] [受身]

**На́рва** [女1] ナルヴァ(エストニア共和国の都市)

**нарва́л** [男1] 〔動〕イッカク

**нарва́ть¹** -ву́, -вёшь 過 -ва́л, -вала́, -ва́ло 受過 на́рванный [完] ① 〈[2]〉(ある量)摘み取る[集める]: ~ буке́т цвето́в 花束1つ分の花を摘み集める ② (ある量)引き裂く、破る

**нарва́ть(ся)** [完] → нарыва́ть(ся)

**нарде́п** [男1] 〔俗〕人民代議員(наро́дный депута́т)

**на́рды** -ов [複] バックギャモン

**наре́з** [男1] 刻み目、切れ目: винтовы́е ~ы (ライフル銃の)施条

**нареза́ть** [不完] / **наре́зать** -ежу, -ежешь 受過 -езанный [完] ① 〈[2]/[4]〉(ナイフで)切り分ける: ~ хле́ба を切る ② 〈[2]〉刻み目[切り込み]を入れる: ~ винт スクリューにねじ節を付ける ③ 〈[2]〉〈[3]に〉土地を区切って割り当てる: ~ но́вые уча́стки под да́чи 別荘用の新たな地所を割り当てる ④ 〈[2]/[4]〉(ある数量)刃物で切る、切って作る; 食肉用に解体する: ~ вето́к (相当量の)枝を切る ⑤ 〈縄・ひもなどが擦れて〉傷をつける ⑥ [俗]走る、(乗り物で)早く去る ⑦ [俗]去る、逃げる: ~ ви́нт ⑧ [俗]〈на[4]〉楽器を大きな音で演奏する: 上手に弾きまくる ⑨ [俗]がつがつと[さっさと]食べる *// -ся¹* [不完] [受身]

**нареза́ться²** [不完] / **наре́заться** -ежусь, -ежешься [完] ① 〈[2]/на[2]〉…にへつらう、ぺっかをつかう、取り入る: ~ на ста́ршего 上司にへつらう ② 〈[4]〉不快なことに出くわす ③ 去る、逃げる

**наре́зка** 複性 -зок [女2] ① 切り分け[刻み目を入れる] ② 〔技〕螺旋、ねじ節、ねじ山、旋条 ③ 分割地

**нарезно́й** [形2] 切れ目[刻み目]のある、旋条のある

**нарека́н|ие** [中5] 叱責、非難: подве́ргнуть [2] *-ию* …を叱責する | вы́зват *-ия* 非難を招く

**нарека́ть** [不完] / **наре́чь** -еку́, -ечёшь, … -еку́т 過 -ёк[-ек], -екла́ -рёк, -рекла́ 能過 -ёкший[-екший] 受過 -чённый (-чён, -чена́) 過分 -рекши [完] ① 〈[4]〉[古] 〈[5]〉呼ぶ: ~ Ива́ном イヴァンと呼ぶ ② 〈[4]を[5]に〉命名する、名付ける: ~ младе́нцу и́мя Васи́лий 赤ん坊にヴァシーリーと名付ける ③ 〈[4]を[5]に〉指名する *// -ся* [不完] [完] [旧] ① 名付けられる、称する ② [不完] [受身]

**наре́чие** [中5] ①〔言〕方言、方言群 ②〔言〕副詞

**наре́чный** [形1] 副詞の

**наре́чь(ся)** [完] → нарека́ть

**нарза́н** [男1] ナルザン炭酸水(北カフカスの産地名から) *// нарза́нный* [形1]: ~ исто́чник ナルザン炭酸水の水源

**нарисова́ть** [完] → рисова́ть

**нарисова́ться** -суюсь, -суешься [完]〔若者・俗〕姿を現す

**нарица́тельн|ый** [形1] ■ и́мя *-ое*〔文法〕普通名詞 | *-ая* сто́имость〔経〕額面価格

**нарк** [男2]〔俗〕麻薬中毒患者、アルコール依存者、廃人

**нарко..** [語形成]「麻薬の」「麻酔剤の」

**наркоби́знес** [男1] 麻薬ビジネス、麻薬取引

**наркоде́лец** -льца [男3] 麻薬密売人

**наркодиспансе́р** [э] [男1] 麻薬中毒者療養所

**нарко́з** [男1]〔医〕麻酔(状態): опера́ция под *-ом* 麻酔による手術 ②〔話〕麻酔剤: ме́стный [о́бщий] ~ 局所[全身]麻酔

**наркозави́симый** [形1] 麻薬依存の

**наркокурье́р** [男1] 麻薬の運び屋

**нарко́лог** [男2] 麻薬学者、麻薬科の医師、麻薬中毒専門の医師

**наркологи́ческий** [形3] 麻酔学(者)の

**нарколо́гия** [女9] 麻薬学、麻薬治療医学

**нарко́м** [男1]〔露史〕人民委員(наро́дный коми́сса́р)

**наркома́н** [男1] / ~**ка** 複性 -нок [女2] 麻薬中毒者

**наркома́нить** -ню, -нишь [不完]〔若者〕麻薬をやる

**наркома́ния** [女9] 麻薬中毒、麻薬乱用 *// -и́ческий* [形3]

**наркомафия** [女9] 麻薬マフィア

**наркосиндика́т** [男1] 麻薬密売組織

**нарко́та** [女1]〔若者・俗〕①〔集合〕麻薬 ② 麻薬製造密売、麻薬取引

\***нарко́тик** [ナルコーチク] [男2] [narcotic, drug] ① 麻酔剤 ② 麻薬、覚醒剤 ③ 抑えがたい欲望を呼びこもすもの *// наркоти́ческ|ий* [形3] ■ -ие сре́дства [2] 麻酔剤、覚醒剤

**наркоторго́вец** -вца [男3] 麻薬ディーラー

\***наро́д** [ナロート] [男2] [people, nation] ① 国民、人民: росси́йский ~ ロシア国民 | нового́днее обраще́ние президе́нта к ~у 大統領からの新年のあいさつ ②〔人類〕民族、エスニックグループ: ру́сский ~ ロシア人 | коренны́е -ы Сиби́ри シベリア先住諸民族 ③〔集〕大衆、民衆、民衆: просто́й ~ 一般民衆、平民、庶民 | рабо́чий [трудово́й] ~ 労働[勤労]大衆 ④〔単〕[生 -а/-у]人々、群衆: В за́ле мно́го -у. ホールは人でごった返している ⑤〔単〕〔話〕(形容詞を伴い)(共通の特質を持つ)…な人々: Моряки́ — ~ суеве́рный. 船乗りというのは迷信深い人々だ

♦ **на -е**〔話〕人のいる所で、集団の中で | **при (всём) честно́м) -е**〔話〕人前で、公然と | **всем ~ом**〔話〕全員一緒に | **идти́ в** ~〔露史〕人民の中へ行く(19世紀ロシアのナロードニキ運動で)

**наро́дец** -дца [男3] ①〔話〕〔愛称・卑称〕< наро́д ② 少数民族

**народи́ть** -ожу́, -оди́шь 受過 -ождённый (-дён, -дена́) [完]〔話〕たくさん産む: ~ мно́го дете́й たくさん子どもを産む

**народи́ться** [完] → нарожда́ться

**наро́дник** [男2] ①〘露史〙人民主義者, ナロードニキ運動参加者 ②〘話〙民俗(芸術・文芸など)の分野に携わっている人

**наро́дничество** [中1] 〘露史〙人民主義, ナロードニキ運動 **// наро́дническ|ий** [形]: -ие взгля́ды 人民主義的見解

**наро́дно-демократи́ческий** [形3] 人民民主主義の

**наро́дно-освободи́тельный** [形1] 人民解放の

*наро́дность [女10] 〔ethnic group〕①〘人類〙少数民族, エスニックグループ: ~ Се́вера 北方少数民族 ②〘単〙民族性: ~ поэ́зии Пу́шкина プーシキンの詩の民族性

**народнохозя́йственный** [形1] 国民経済の

**наро́дн|ый** [ナロードヌイ] 短 -ден, -дна [形1] 〔national〕①〘長尾〙国民の, 人民の: ~ суверените́т 国民主権 | ~ фро́нт 人民戦線 | ~ опро́с 人民投票 (= ~ое голосова́ние) | -ая респу́блика 人民共和国 | -ое восста́ние ②〘長尾〙民俗(民族)風の, 人民の, 民衆の; 特定の作者を持たない: -ая ска́зка 民話 | -ая пе́сня 民謡 | -ое иску́сство 民俗芸術 | ру́сский ~ инструме́нт ロシア人の民俗楽器(民族楽器) | -ая медици́на 民間療法 | -ая ве́ра 民間信仰 | -ая му́дрость 民衆の知恵 | слова́ Ле́рмонтова, му́зыка -ая レールモントフ作詞, 作曲者不明(の民謡) ③〘長尾〙国民全体の, 国家的な: -ое хозя́йство 国民経済 | -ое бога́тство 国富 | -ое иму́щество 国有財産 ④国民の, 民族的な, 民衆的な: Поэ́зия Пу́шкина глубо́ко наро́дна. プーシキンの詩はどこまでも民族的だ ⑤〘長尾〙(機関名称・称号で)人民…: Н~ арти́ст [Н-ая арти́стка] Росси́йской Федера́ции ロシア連邦人民芸術家

■ **Н-ая во́ля** 〘露史〙「人民の意思」(ロシア帝国の反体制テロ組織) | **Н-ая гора́** ナロードナヤ山(ウラル山脈の最高峰1895 м)

**народовла́ст|ие** [中5] 〘雅〙民主主義(демокра́тия): о́рганы ~ия 民主主義機関

**народово́лец** -льца [男3] 〘露史〙「人民の意志(Наро́дная во́ля)」派の成員 **// -ьческий** [形3]

**народонаселе́н|ие** [中5] (国の)人口: увеличе́ние -ия 人口の増加

**нарожа́ть** [完] 〘俗〙= народи́ть

**нарожда́ться** [不完] / **народи́ться** -ди́тся [完] ①生まれ育つ: Народи́лось молодо́е поколе́ние. 新しい世代が誕生した ②〘文〙現れる, 生じる: Народи́лись но́вые о́трасли промы́шленности. 新しい産業分野が生まれた ③〘俗〙生まれる ④〘無人称〙〘話〙(作物が)ある量(通例たくさん)実る: Я́блок народи́лось мно́го. リンゴがたくさん実った **// нарожде́ние** [中5]

**наро́ст** [男1] ①腫瘍, 瘤(こぶ): ~ на стволе́ де́рева 木の幹の瘤 ②沈殿物, 付着物, 湯あか

**На́ро-Фоми́нск** [不変]-[男2] ナロフォミンスク(モスクワ州南西部の都市)

**нарочи́тый** 短 -и́т [形1] 故意に[意図して]なされた: -ая гру́бость わざと乱暴に振る舞うこと **// -о** [副] **/ -ость** [女10]

*наро́чно [ш] [副] 〔purposely〕①故意に, わざと, 目的があって: Н~ опа́здываете, что́бы всех беспоко́ить? 皆を心配させるために(あなたは)わざと遅れるのですか ②〘話〙冗談で ◆как [бу́дто, сло́вно, то́чно] ~ 〘挿入〙あいにく, さも不幸な事のように: Электри́чка, как ~, опозда́ла. あいにくとて電車が遅れた

**наро́чный** [形1変化] [男-как 形容], 特便, 急使

**нарсу́д** [男1] 人民裁判(наро́дный су́д)

**на́рта** 複生 нарт [女1] 〘通例複〙(犬・トナカイに牽かせる長くて狭い)そり

**наруба́ть** [不完] / **наруби́ть** -ублю́, -у́бишь 受過-у́бленный [完] 〈В/П〉①(ある量)切る[伐る], 切って[伐って]用意する: ~ дров 薪を割っておく ②切って[刻んで]作る

**нару́жно** [副] 外見上, 表面的には

**нару́жност|ь** [女10] ①容貌, 顔立ち, 風采: челове́к прия́тной -и 感じのよい容貌の人 ②外観, 外見, 外形: дом дово́льно плохо́й -и 酷い外観の家

*нару́жн|ый [形1] 〔external〕①外側の, 外部の, 外側[外部]で起こる[行われる]: -ая стена́ 外壁 | -ые зву́ки 外から聞こえる物音 | -ые рабо́ты 屋外作業 ②表面上の, 外面上の, 見せかけの: ~ое споко́йствие うわべだけの落着き ③〘医〙外用の: при -ом примене́нии 外用に際して

*нару́жу [副] 〔outside〕①外側へ, 外部へ(↔внутрь): шу́ба ме́хом ~ 外毛皮の防寒外套着 | вы́йти ~ 外へ出る ②あらわさまに, 包み隠さず: Недоста́тки вы́ступили ~. 欠点が明らかになった ◆весь (вся) ~ с 〈造〉…に対して明けっぴろげに, 隠し事がない | у её всё ~ 明けっぴろげな性格だ, 裏表がない

**нарука́вник** [男2] 袖当て

**нарука́вн|ый** [形1] 袖の上の, 袖に付ける: ~ знак = -ая повя́зка 腕章

**наруме́нивать** [不完] / **наруме́нить** -ню, -нишь 受過-ненный [完] 〈В〉赤みを帯びさせる, 紅潮させる **// ~ся** [不完] / [完] 自分に頬紅をつける

**нару́чники** -ов [複] 手錠

**нару́чный** [形1] 手に付ける: -ые часы́ 腕時計

*наруша́ть [ナルシャーチ] [不完] / **нару́шить** [ナルーシチ] -шу, -шишь 命 -шь 受過-шенный [完] 〔break, violate〕〈В〉①乱す, 妨げる, 破る: ~ поко́й 安静を乱す | ~ сон 睡眠を破る ②違反する, 犯す, 破る: ~ догово́р [пра́вила] 協定[規則]を破る | ~ госуда́рственную грани́цу 国境を侵犯する **// ~ся** [不完] / [完] ①乱れる, 途切れる, 破られる ②〘受身〙

*наруше́ние [ナルシェーニエ] [中5] 〔breach, violation〕①破壊, 攪乱(2-3), 紊乱(2-3), 乱れ; 〘医〙障害, 異常: ~ обме́на веще́ств 新陳代謝の乱れ ②違反, 侵犯, 侵害: ~ пра́вил у́личного движе́ния 交通規則違反

**наруши́тель** [男5] **/ ~ница** [女3] ①破壊者, 攪乱[紊乱(2-3)]者: ~ обще́ственного поря́дка 社会秩序の攪乱者 ②違反者

**наруша́ть(ся)** [完] = наруша́ть

**нарци́сс** [男1] ①〘植〙スイセン属 ②ナルシスト, 自己陶酔者

**на́ры** нар [複] ①板寝床; 〘若者〙ベッド ②〘俗〙牢屋

**нары́в** [男1] 腫れ物 **// -ный** [形1]

**нарыва́ть**[1] [不完] / **нары́ть** -ро́ю, -ро́ешь 受過-тый [完] 〈В/П〉①(ある量)掘り出す: ~ карто́шки [карто́феля] ジャガイモを掘り出す ②(ある量)掘って作る: ~ око́пов 塹壕を掘る

**нарыва́ть**[2] [不完] / **нарва́ть**[2] -вёт 過 -а́л, -ала́, -а́ло [完]〘無人称でも〙腫れて化膿する: Па́лец нарва́л. = Па́лец нарва́ло. 指が化膿した

**нарыва́ться** [不完] / **нарва́ться** -ву́сь, -вёшься 過 -а́лся, -ала́сь, -ало́сь/-а́лось [完] ①〘話〙〈на+В〉…に不意にぶつかる, 不快な事物に[に]くわす; ~ на неприя́тность 嫌な目に遭う ②〘俗〙因縁をつける, けんかをふっかける

**нарывно́й** [形2] (薬が)腫れ物治療用の

**нары́ть** [完] → нарыва́ть[1]

**Нарья́н-Ма́р** [男2] ナリヤン・マル(ネネツ自治管区の行政中心地; 北西連邦管区)

*наря́д[1] [男1] 〔clothes〕衣装, 服装, 装い: краси́вый

~ 美しい衣装 | шутовско́й ~ 道化者の装い

\*наря́д² [男1] 〔direction〕①指示(書), 命令(書): ~ на погру́зку 積荷指示(書) | ~ на у́голь 石炭発送命令書 ②任務, 勤務: быть в ~е 勤務中である | су́точный ~ вои́нской ча́сти 部隊の一昼夜勤務 ③任務班[隊]: ~ мили́ции 民警隊

наряди́ть(ся) [完] →наряжа́ть¹,²

\*наря́дн|ый 短-ден, -дна [形1] 〔neat, stylish〕①着飾した, 装飾がほどこされた: -ая де́вушка 着飾した娘 | -ая витри́на 飾りたてられたショーウインドー ②美しい, 派手な, 色鮮やかな: ~ костю́м あでやかな衣装 | буке́т из кра́сных роз 赤いバラの華やかな花束 | ~ сала́т с морепроду́ктами 色鮮やかなシーフードサラダ ③うわべを取り繕った: -ая ложь 体裁を取り繕った嘘 //-ость [女10]

\*наряду́ [副] 〔along with〕〈с造〉と〕①同様に, 同等に: ~ со взро́слыми 大人と同様に ②同時に, 共に: ~ с э́тим これと並んで

наря́дчик [男2] 指令者, 指図者

наряжа́ть¹ [不完] / наряди́ть¹ -яжу́, -я́дишь 過 -я́женный [完] ①〈対〉に盛装させる: ~ неве́сту 花嫁に盛装させる ②〈対〉в〈対〉を着せる: ~〈対〉в шу́бу …に毛皮外套を着させる ③〈対〉を〈対〉/в〈対〉の仮装をさせる: ~〈対〉кло́уном …に道化の仮装をさせる

наряжа́ть² [不完] / наряди́ть² -яжу́, -я́дишь, -я́дишь/ую 過 -я́женный/-я́женный 〔жён, жена́〕[完]〈対〉〔軍〕(特別任務に)任命する; …に(作業遂行を)命じる; (作業遂行のために)派遣する: ~ в карау́л …に歩哨の任務を命じる ④〔旧〕指図する //-ся¹ [受身]

наряжа́ться² [不完] / наряди́ться² -яжу́сь, -я́дишься [完] ①盛装する, 普段と異なった服装をする: ~, как на бал まるで舞踏会にでも行くように着飾る ②〈造〉/в〈対〉の仮装をする: ~ в маскара́дный костю́м 仮装用衣装を身に着ける ③ [不完] [受身] ← наряжа́ть²

нас [生・対・前置格] < мы

нас. 〔略〕населе́ние

НАСА 〔ナーサ〕 NASA, アメリカ航空宇宙局 (Национа́льное управле́ние по аэрона́втике и иссле́дованию косми́ческого простра́нства)

насади́ть [完] →наса́живать, наса́живать¹,²

наса́дка 複生-док [女2] ①はめる[付ける, かぶせる]こと; 装着 ②〔工〕アダプター, アタッチメント, ノズル ③釣り餌

насажа́ть 過 -са́женный [完] ①〈対〉/〈生〉= насади́ть² ②《俗》〈対〉〈こぶ・傷など〉を殴ってつける

насажда́ть [不完] / насади́ть⁵ (1単未なし) -са́дишь 過 -саждённый 〔-ждён, -ждена́〕[完]〈対〉〈思想・信条・文化など〉を普及させる, 植えつける: ~ гра́мотность 読み書きを普及させる

насажде́ни|е¹ [中5]〔<наса́живать¹²〕植付け ②《通例複》植えつけられた樹木, 植え込み: зелёные -ия 緑地帯 | лесозащи́тные -ия 保護林

насажде́ние² [中5]〔<насажда́ть〕普及, 伝播

наса́живать¹ [不完] / насади́ть² -сажу́, -са́дишь 過 -са́женный [完] ①《話》〈対〉を〈対〉в ваго́н 車両に人を詰め込む ②《対》/〈生〉(たくさん・ある量)乗せる, 詰め込む: ~〈対〉в ваго́н 車両に人を詰め込む ②《対》/〈生〉(たくさん・ある量)植える

наса́живать² [不完] / насади́ть³ -сажу́, -са́дишь 過 -са́женный [完] ①〈対〉на〈対〉にはめる, 取りつける, 装着する ②《話》〈対〉着用する, 着る, 履く, かぶる

наса́живаться [不完] / насе́сть¹ -ся́дет 過 -се́л [完] (乗り物に大勢)乗る, 座る

наса́ливать¹ [不完] / насоли́ть¹ -лю́, -лишь 過 -ленный [完]《話》〈対〉に脂を塗る

наса́ливать² [不完] / насоли́ть² -олю́, -о́лишь -оли́шь 過 -оленный 受過-о́ленный 〔対〕/〈生〉(ある量)塩漬けにする: ~ огурцо́в キュウリを塩漬けにする ②《俗》〈対〉に塩をたくさん入れる, 塩をきかせる ③《風》に不親切にする, 意地悪をする

наса́сывать [不完] / насоса́ть -сосу́, -сосёшь 受過 -о́санный [完] ①〈対〉/〈生〉(ある量)吸い上げる: ~ бензи́ну в бак ガソリンをタンクに汲み上げる ②《話》《対》吸って傷つける: ~ гру́ди ма́тери (乳児が)母親の乳房を吸って痛める

наса́сываться [不完] / насоса́ться -сосу́сь, -сосёшься [完] ①〈生〉を十分吸う[吸い上げる]: Ребёнок насоса́лся молока́. 子どもがおっぱいを十分に吸った ②《俗》〈風〉/〈無補語〉酔っ払うまで飲む

насви́стывать [不完] 〔対〕を口で口笛で吹く

насдава́ть -даю́, -даёшь 命 -ва́й [完]《俗》= насда́ть

насда́ть -дам, -да́шь, -да́ст, -дади́м, -дади́те, -даду́т 命 -да́й 過 -да́л, -дала́, -да́ло 受過 на́сданный 〔-дан, -дана́〕[完]《俗》《対》/〈生〉渡す, 配る

наседа́ть [不完] / насе́сть² -ся́ду, -ся́дешь 過 -се́л 能過 -е́вший 副分 -е́в [完] ①(ほこりなどが)降り積もる ②《話》на〈対〉…にしつこく迫る, 攻め寄せる ③〈対〉を圧迫する: ~ на фланг проти́вника 敵の翼側を圧迫する

насе́дка 複生-док [女2] ①巣ごもり中の雌鶏 ②《話》子どもにかかりきりの女

насе́ивать [不完] / насе́ять -е́ю, -е́ешь 受過 -се́янный [完] ①〈対〉/〈生〉(ある量の) ~ пшени́цы 小麦の種を蒔く ②(ある量)ふるいにかける: ~ муки́ 粉をふるいにかける

насека́ть / насе́чь -еку́, -ечёшь, …-еку́т 命 -еки́ 過 -сёк, -секла́ 能過 -е́кший 受過 -чённый 〔-чён, -чена́〕副分-екши́ [完] ①〈対〉の表面に刻みつける, 彫る: ~ ме́тки на брёвнах 丸太に目印を刻みつける ②(木・金属の表面に)刻み目を付ける: ~ напи́льник やすりの目を立てる ③〈対〉細かく刻む: ~ капу́сты キャベツを細かく切り刻む

\*насеко́мое [形1変化] [中名] 〔insect〕 昆虫

насекомоя́дн|ый [形1] ①昆虫を食べる, 食虫の ②-ые [複名] 〔動〕食虫目

\*населе́ни|е [ナシェレーニエ] [中5] 〔population〕①人口, 住民: пе́репись -ия 人口調査 | пло́тность -ия 人口密度 | национа́льный соста́в -ия Росси́и ロシアの人口の民族構成 | Н~ Япо́нии составля́ет о́коло 127 000 000 (ста двадцати́ семи́ миллио́нов) челове́к. 日本の人口は約1億2700万人だ | ме́стное ~ 地元民 | коренно́е ~ 先住民 ②《話》(家・通りなどの)住民, 居住者: Всё ~ корабля́ вы́шло на па́лубу. 乗船者が全員デッキに出た ③(ある地域の)生息動物: рыбное ~ Во́лги ヴォルガ川の魚類相 ④植民, 定住

населённость [女10] 人口密度, 人口: сла́бая ~ 過疎

\*населённ|ый [形1] 〔inhabited〕受過<насели́ть〕①人が住んでいる, 入植した: ~ пункт《公》居住地区 ②多くの人が住まっている, 人口密度が高い: -ая кварти́ра 大勢住んでいる住宅

насе́льни|к [男2] / -ца [女3] ①修道院の住人 ②〔旧・文〕住人, 居住者

\*насел|я́ть [不完] / насели́ть -лю́, -ли́шь 受過 -лённый 〔-лён, -лена́〕[完] ①〈対〉に〈造〉を住まわせる, 入植させる: ~ край 辺境に入植させる ②[不完] [3人称]〈対〉…に住む; …の人口を構成する

насе́сть [完] →наса́живаться, наседа́ть

насе́чка 複生-чек [女2] ①<насека́ть ②刻み目, 切込み ③〔医〕乱刺(法) ④〔建〕象眼

насе́чь [完] →насека́ть

насе́ять [完] →насе́ивать

**насиде́ть** [完] →наси́живать

**насиде́ться** -ижу́сь, -иди́шься [完] 《話》長い間[気のすむまで]座っている: ~ до́ма 長い間家に閉じこもる ② 〈без圓〉長い間…無しでいる: ~ без де́нег 長い間金に困っている

**наси́живать** [不完] / **насиде́ть** -ижу́, -иди́шь 受連-и́женный [完] ① (鳥が)〈卵を〉暖める，孵化させる: *наси́женное яйцо́* 孵化前の卵(胚ができていて食用にならない) ② 長く座って暖める: встать с *наси́женного ме́ста* 長く暖めていた席から立ち上がる | *наси́женное ме́сто* 《話》慣れ親しんだ住居[職場] ③ 《話》座ってばかりいて〈悪い結果を〉招く: ~ геморро́й 座ってばかりいて痔になる ④ 《俗》待ち伏せする ◆*насиде́ть вина́* 〔方〕酒をつくる

*__наси́л|ие__ [ナシーリエ] 〔violence〕〔中5〕〈над圓に対する〉① 腕力[暴力]に訴えること，暴行: примени́ть [употреби́ть] ~ 腕力に訴える | следы́ -*ия* на те́ле 体に残る暴行の痕 ② 強制: без -*ия* 強制されることもなく ③ 《文》迫害，弾圧: подве́ргнуться -*ию* 迫害される ④ 強姦，レイプ

**наси́ловать** -лую, -луешь [不完] 〈圓〉① 強いる，強制する ② 束縛する: ~ во́лю 圓 …の意思を束縛する ③ 〔完 из-〕暴行する，強姦[レイプ]する ④ 《俗》うんざりさせる

**наси́лу** [副] 《話》やっと，辛うじて: Я ~ мог её уве́рить. 何とか彼女を説得できた

**наси́льник** [男2] 〔蔑〕強要者，暴漢，弾圧者，強姦者: фаши́стские ~*и* ファシズムの弾圧者

**наси́льничать** [不完] 《話》暴力を振るう，暴行する: ~ над圓 …に暴力を働く，強姦する

**наси́льнический** [形1] 〔蔑〕暴力的な，強制的な

**наси́льно** [副] むりやりに，強制的に

**наси́льственн|ый** [形1] 強制的な，強いられた: -*ая* смерть 他殺，殺害 | -*ые* ме́ры 強制手段

**наска́зывать** [不完] / **насказа́ть** -кажу́, -ка́жешь 受連-ка́занный [完] 《話》〈圓/圓にたくさんの話[音]を発する，たくさん話す[語る] ② 〈на圓を〉誹謗[中傷]する

**наска́кивать**[1] [不完] / **наскака́ть** -скачу́, -ска́чешь [完] ① 〈на圓〉(馬で疾駆して)…に衝突する ② 《完》(大勢が)馬で馳せ集まる

**наска́кивать**[2] [不完] / **наскочи́ть** -очу́, -о́чишь [完] ① 跳びかかる ② 走ってきた勢いでぶつかる: ~ на столб 柱にぶつかる ③ 《話》食ってかかる，難癖をつける ④ 《話》不意に出くわす: ~ на неприя́тность 不愉快な目に遭う

**наскандалить** [完] →сканда́лить

*__наскво́зь__ [副] 〔through〕① 貫いて，浸透して: проби́ть кры́шу ~ 屋根を貫通する | Вале́нки промо́кли ~. ブーツがずぶ濡れになった ② 隅から隅まで，くまなく: пройти́ по всему́ до́му ~ 家を隅から隅まで見て回る ③ 《話》完全に，すっかり ◆ви́деть ~ …の意図[魂胆]をすっかり見抜く

**наско́к** [男2] ① 《話》急襲，襲撃 ② 《俗》食ってかかること，難癖をつけること ◆*с* ~*а* [~*ом*] 《話》よく考えずに，軽はずみに

*__наско́лько__ [ナスコーリカ] 〔副〕〔how far, how much〕① 〔疑問〕どれほど，どの程度で: Н~ вы́растут тари́фы за коммуна́льные услу́ги? 公共料金はどの程度値上がりするのか ② 〔限定〕…の限りでは: ~ я зна́ю [по́мню] 私の知る[覚えている]限りでは | ~ мо́жно так сто́лько и коро́лся)〕(a)〔限定・相関〕…なだけ，…の限りで: Беги́те насто́лько бы́стро, ~ смо́жете. できるだけ早く走って下さい | Лю́ди счастли́вы насто́лько, ~ они́ реши́ли быть счастли́выми. 人々は，そうあろうと自ら決心した限りにおいて幸せだ | насто́лько, ~ возмо́жно できる限り (b)〔対比〕…なのに対し:H~ пе́рвая сосе́дка была́ толста́, насто́лько втора́я худа́. 1人目の隣人が太っていたのに対し2人目は痩せていた

**на́скоро** [副] 《話》急いで，慌てて，手早く: ~ пое́сть さっさと食事を済ます

**наскочи́ть** [完] →наска́кивать[2]

**наскреба́ть** [不完] / **наскрести́** -ебу́, -ебёшь 過-рёб, -ребла́ 能過-рёбший /-ебший (-бён, -бена́) 副過-ебя́/-ребши [完] ① かき集める ② 《話》(手を尽くして・苦労して)集める: ~ де́нег 金を工面する

**наску́чить** -чу, -чишь [完] 《話》〈圓を〉うんざりさせる，退屈させる

**наслажда́ть** [不完] / **наслади́ть** -лажу́, -лади́шь [完] 〈文〉〈圓に〉楽しませる: ~ слух му́зыкой 音楽で耳を楽しませる

*__наслажда́ться__ [不完] / **наслади́ться** -лажу́сь, -лади́шься [完] 〈圓〉楽しむ: ~ пе́нием 声楽を楽しむ

*__наслажде́н|ие__ [中5] 〔delight〕楽しみ，享楽，満足: испыта́ть ~ тво́рчеством 創作の楽しみを味わう | слу́шать с -*ием* 聞いて心地よくなっている

**насла́ивать** [不完] / **насло́ить** -ою́, -ои́шь 命-о́й 受連-оённый (-оён, -оена́) [完] 〈圓/圓〉① 層に積み重ねる，積み重ねて作る: ~ наво́з 堆肥を積み重ねる ② (ある量)〔薄片〕に分ける: ~ слюды́ 雲母を薄くはがす **||~ся** [不完] / [完] 〈на圓の上に〉① 層を成す，層状に積み重なる ② (既存のものの上に)付け加わる，新たに形成される ③ 〈不完〉〔受身〕

**насла́ть** [完] →насыла́ть

**наслег** [男2] ① サハ[ヤクート]共和国の行政単位 ② 〔史〕ヤクート族の氏族(のちに村落)共同体

*__насле́дие__ [中5] 〔heritage, legacy〕(前時代・先人から受け継がれた文化・風俗・習慣の)遺物，業績，遺産 ■ всеми́рное ~ 世界遺産

*__насле́дни|к__ [男2] / -ца [女3] 〔heir〕① (遺産)相続人 ② 後継者: ~ престо́ла 王位継承者 | ~ револю́ционных тради́ций 革命家の伝統を受け継ぐ者

**насле́дный** [形1] 王位[帝位]継承者たる: ~ принц 皇太子

**насле́довани|е** [中5] 相続，継承: пра́во -*ия* 相続権，継承権

**насле́довать** -дую, -дуешь 過-дован-нный [不完・完] ① 〔完まれ у~〕相続する，継承する: ~ иму́щество 財産を相続する | ~ лу́чшие тради́ции 優れた伝統を継承する ② 〈圓の〉跡を継ぐ: Сын *насле́дует* отцу́. 息子が父親の跡を継ぐことになっている

**насле́дственность** [女10] 遺伝，遺伝性，遺伝質: хоро́шая ~ 良性の遺伝質

**насле́дственн|ый** [形1] ① 相続[継承]される，相続[継承]の: -*ое* иму́щество 遺産 ② 遺伝的な，親譲りの: -*ые* черты́ хара́ктера 親譲りの性格

*__насле́дств|о__ [中1] 〔inheritance〕① 相続財産，遺産: получи́ть в ~ 圓 …を相続して受取る ② (前時代・先人から受け継がれた文化・風俗・習慣の)遺物，業績，遺産: иде́йное ~ 思想的遺産 ③ 相続，継承: пра́во -*а* 相続権，継承権 | получи́ть по -*у* 相続する

**наслое́ние** [中5] ① 層に積み重ねること，層を成すこと ② 〔地質〕堆積層 ③ (性格・意識・文化の)後天的特質

**наслои́ть(ся)** [完] →насла́ивать

**наслу́шаться** [完] 〈圓/圓〉① たくさん聞く ② 心ゆくまで聞く，聞いて楽しむ: ~ пе́сен 心ゆくまで歌を聞く

**наслы́шан** -а [形1] 〔短尾〕〈о圓について〉噂に聞いてよく知っている: Я ~ о вас. お噂はかねがね伺っています

**наслы́шаться** -шусь, -шишься [完] 《話》〈о圓について〉噂に聞く，噂を耳にする: Мы уже́ *наслы́ша-*

**насма́рку** [副] 〈話〉◆*идти́* [*пойти́*] ~ 駄目になる, 無駄になる, 無くなる, 消え失せる: Всё пошло́ ~. 何もかも駄目になった | *пусти́ть* ~ 消し去る

**насма́тривать** [不完] / **насмотре́ть** -отрю́, -о́тришь 受過 -о́тренный [完]〈俗〉〈対に〉目星を付ける

**на́смерть** [副] ①死ぬほど, 致命的に ②決死の覚悟で, 命を惜しまず ③〈俗〉ひどく: *испуга́ть* ~ ひどく驚かせる

**насмеха́ться** [不完] 〈над対を〉嘲笑 [愚弄] する

**насмеши́ть** -шу́, -ши́шь [完] ①→**смеши́ть** ②〈対を〉笑いものにする

*насме́шк|а 複生 -шек [女2] [mockery] 嘲笑, あざけり, ばかにして笑うこと: *подверга́ться* -*ам* 嘲笑される | в -*у* 嘲笑して

**насме́шливо** [副] 嘲笑的に, あざけるように

**насме́шливость** [女10] 嘲笑的なこと, あざけるような態度

*насме́шливый 短 -ив [形1] [mocking] ①嘲笑的な, あざけるような: ~ *то́н* あざけるような口調 | ~ *взгля́д* 嘲笑的な眼差し ②嘲笑癖のある, 嘲笑好きな

**насме́шни|к** [男2] / -**ца** [女3] 嘲笑家, あざけり, 笑い物にする人

**насме́шничать** [不完] 〈話〉〈над対を〉嘲笑する, 笑い物にする

**насмея́ться** -ею́сь, -еёшься 命 -е́йся [完] ①〈話〉思う存分笑う ②〈над対を〉嘲笑 [愚弄] する, あざける: ~ *над чу́вствами* 心情を愚弄する

*на́сморк [ナースマルク] [男2] 鼻風邪, 鼻炎 (リニ́т): *хрони́ческий* [*аллерги́ческий*] ~ 慢性 [アレルギー性] 鼻炎 | *получи́ть* [*схвати́ть*] ~ 鼻風邪をひく

**насмотре́ть** [完] →**насма́тривать**

**насмотре́ться** -отрю́сь, -о́тришься [完] ①〈生を〉〈ある量〉見る, 鑑賞する ②〈対を〉心ゆくまで見る, 見飽きる: *Ма́ть не мо́жет насмотре́ться на сы́на*. 母は息子をいくら見ても見飽きることはない

**снима́ть** [完] 〈話〉〈対/生〉 ①(何回か・ある量) 取る ②(たくさん・ある量) 撮影する

**насобира́ть** [完] 〈対/生〉(何回かに分けてある量) 集める

**насове́товать** -тую, -туешь ①〈話〉〈対/生〉色々 [たくさん] 助言する: ~ *вся́ких глу́постей* 〈くだらない話を〉知恵をつける ②〈俗〉〈対/不定形を/無補語で〉勧める, 助言する

**насовсе́м** [副] 〈俗〉すっかり, 永久に

**насо́вывать** [不完] / **насова́ть** -сую́, -суёшь 命 -су́й 受過 -о́ванный [完] 〈話〉〈対/生〉(たくさん) 押し込む, 突っ込む

**насоли́ть** [完] →**наса́ливать**³, *соли́ть*

**насори́ть** [完] →*сори́ть*

*насо́с [男1] [pump] ポンプ: *возду́шный* [*пожа́рный*] ~ 空気 [消防] ポンプ | **насо́сн|ый** [形1]: -*ая ста́нция* ポンプ所, ポンプ室

**насоса́ть(ся)** [完] →**наса́сывать(ся)**

**насочиня́ть** -и́ненный (-нён, -нена́) [完] 〈話〉〈対/生〉〈くだらないことを〉(たくさん) 書く [しゃべる]; 〈嘘を〉(たくさん) つく

**на́спех** [副] 急いで, 慌てて, 手早く: ~ *пое́сть* さっさと食事を済ます

**насра́ть** [完] →*сра́ть*

**наст** [男1] 雪が解けた後再凍結した表面, クラスト

**наст.** (略) *настоя́щее* (*вре́мя*) 《文法》現在 (時制)

*настава́ть -стаёт [不完] / **наста́ть** -ста́нет [完] (時期・状態が) 始まる, 到来する: *Наста́ла весна́*. 春がやってきた | *Но́вый год настаёт*. 新年がやってくる | *Любо́вь наста́ла*. 恋が始まった

**настави́тельный** 短 -лен, -льна [形1] 教訓的な,

教えさとすような: ~ *то́н* 教えさとすような口調

**наста́вить** [完] →**наставля́ть**

**наста́вка** 複生 -вок [女2] ①継ぎ足すこと ②継ぎ足した部分

**наставле́ние** [中5] ①教え導くこと ②教訓, 訓戒 ③手引書, 教本: ~ *по стрелко́вому де́лу* 射撃の手引書

**наставля́ть** [不完] / **наста́вить** -влю, -вишь 受過 -вленный [完] ①《話》〈対/生〉(ある量) 置く, 並べる, 据える: ~ *сту́льев* 椅子を並べる ②〈対/生〉(繋いで) 〈対・あざなどを〉大きく作る ③〈対〉継ぎ足す, 継ぎ足して延ばす: ~ *рукава́* 袖を継ぎ足す ④〈話〉〈対〉照準を, 向ける: ~ *револьве́р на* 対 リボルバーを…に向ける ⑤〈対〉на対へ〉教え導く: ~ *на у́м* 教え諭す | ~ *на путь и́стинный* 正道に導く

**наста́вни|к** [男2] / -**ца** [女3] 指導者, (武道の) 師匠; コーチ

*наста́ивать¹ [ナスターイヴァチ] [不完] / **настоя́ть¹** [ナスターチ] -ою́, -ои́шь 命 -о́й [insist on] ①〈на前を〉〈対で〉[主張] する, 固執する: *на вы́даче подозрева́емого* 容疑者の引渡しを要求する ②[完] 要求 [主張] を通す: ~ *на своём* 自らの主張を通す

**наста́ивать²** [不完] / **настоя́ть²** -стою́, -стои́шь 命 -сто́й 受過 -сто́янный [完] 〈対〉 на対に〉浸して浸剤 [煎薬], 酒液を作る

**наста́иваться** [不完] / **настоя́ться¹** -ойтся [完] 浸剤 [煎薬], 浸液) ができる: *Ча́й хорошо́ настоя́лся*. お茶がうまくできている

**Наста́сья** [女8] ナスターシヤ (女性名; 愛称 *На́стя*)

**наста́ть** [完] →**настава́ть**

**настёгивать** [不完] / **настега́ть** 受過 -стёганный [完] ①〈対〉 на対に〉〈綿・羽毛を〉入れて縫う: *ва́ту на подкла́дку* 裏地に綿を入れる ②〈対/生〉(ある量) 〈綿〉[羽毛] を入れて作る: ~ *одея́ло* 綿 [羽毛] を入れて掛け布団を作る ③〈俗〉〈対〉強く鞭打つ

**на́стежь** [副] 開け放して, いっぱいに開けて

**настели́ть** -елю́, -е́лешь 受過 -е́ленный [完] 〈話〉 = **настла́ть**

**насте́нн|ый** [形1] 壁に掛かった, 壁の上の: ~ *календа́рь* 壁掛けカレンダー | -*ые часы́* 掛け時計

**настига́ть** [不完] / **насти́чь, насти́гнуть** -и́гну, -и́гнешь 過 -и́гни или -и́гла или -и́гнул, -и́гла 能過 -и́гший 受過 -и́гнутый 副分 -и́гнув [完] ①追い詰めて捕える; (弾丸などが) 当たる ②(不幸などが) 襲う, ふりかかる; (雷などが) 当たる

**насти́л** [男1], ~**ка** 複生 -лок [女2] ①敷く [敷き詰める] こと ②敷き詰められた表面, 敷物: *деревя́нный* ~ 板敷

**настила́ть** [不完] / **настла́ть** -телю́, -те́лешь 受過 -тланный, **настели́ть** -елю́, -е́лешь 受過 -е́ленный [完] ①〈不完また *стла́ть*〉〈対〉敷き詰めて (張って) である ②(ある量) 敷く, 敷き詰める: ~ *полови́ки* ドアマットを敷く

**насти́льн|ый** 短 -лен, -льна [形1] ①直線的な, 角のない, 滑らかな ②〈軍〉地表に並行する…射撃 ③張って [敷いて] 作られる: -*ая доро́га* 敷石道路

**насти́рывать** [不完] / **настира́ть** 受過 -ти́ранный [完] ①〈対/生〉(ある量) 洗う, 洗濯する: ~ *руба́х* シャツを何枚も洗う ②〈俗〉〈対〉入念に [よく] 洗う

**насти́чь** [完] →**настига́ть**

**настла́ть** [完] →**настила́ть**, *стла́ть*

**насто́й** [男6] 浸液, 浸剤, 煎薬, エキス

**насто́йка** [女2] ①チンキ: ~ *йо́да* ヨードチンキ ②浸酒 (草・果実などを浸した酒)

**насто́йчиво** [副] 頑固に, 根気強く

*насто́йчивый 短 -ив [形1] [insistent] 頑固な, 根気強い, 不屈な, 執拗な: ~ *челове́к* 根気強い人 | -*ое* требование 執拗な要求 **‖-ость** [女10]

**настолько** [ナストーリカ] [so, so much] [副] ①それほど: Почему мужчи́ны и же́нщины мы́слят ~ по-ра́зному? 男と女はどうしてこれほどまで異なった考え方をするのか ②《что節／чтобы節》…なほど…で: Смог в Москве́ рассе́ялся ~, что но́чью бы́ли ви́дны звёзды. モスクワの大気は消散し夜中には星が見えるくらいだった｜Я не ~ бога́т, чтобы швыря́ться деньга́ми. お金を無駄遣いできるほど私は裕福ではない ③《~, наско́лько ... または наско́лько ..., ~ の形で》→наско́лько③

**насто́льн|ый** [形1] 卓上(用)の: -ая ла́мпа 電気スタンド ②《本などが》常用の，座右の: Сочине́ния Пу́шкина — на́ша -ая кни́га. プーシキンの著作は私たちの座右の書 ■**-те́ннис** 卓球

**настора́живать** [不完] / **насторожи́ть** -жу́, -жи́шь 受過 -ро́женный (-жён, -жена́)/-ро́женный [完] 〈図〉①用心させる，警戒させる: Это обстоя́тельство всех *насторожи́ло*. この状況に誰もが警戒した ②《罠などを》仕掛ける ♦~ у́ши [*слух*, *внима́ние*] 耳をそばだてる，注意を集中する **‖~ся** [不完] 警戒する，用心する，耳をそばだてる

**настороже́** [副] 警戒して，用心して: быть ~ 警戒する，用心する

**насторожённый** 短 -ён, -ённа́, **насторо́женный** 短 -ен, -енна [形1] 警戒した，用心した，緊張した

**насторожи́ть(ся)** [完] →настора́живать

**настоя́ни|е** [中5] 強い要求，切願 ♦*по -ию* 囲 …の強い要求［たっての願い］により

**настоя́тель** [男5] / **~ница** [女3] ①《正教》修道院長；主任司祭 ②《仏教》住職 **‖~ский** [形3]

**настоя́тельн|ый** 短 -лен, -льна [形1] ①執拗な: -ая про́сьба 切願 ②急を要する，緊急の: -ая необходи́мость 差し迫った必要 **‖-o** [副]

**настоя́ть(ся)** [完] →наста́ивать[1,2]

**настоя́ться²** -ою́сь, -ои́шься [完] 長い間立っている: ~ в ожида́нии …を待って長い間立っている

**настоя́щий** [ナストヤーッシイ] [形6] [present, real] ①現在の，今の: в -ее вре́мя 現在 ②《-ее を伴い》今: жи́ть -им 現在を生きる ③この，本，当…: в -ей статье́ 本論文においては ④本物の，偽物でない: бриллиа́нт -ей -ая 本物のダイヤモンド ⑤本格的な，真に…らしい: По́весть о -ем челове́ке 真実の人間の物語(ボリス・ポレヴォーイの中編小説の題名; 1946年) | Он — поэ́т. 彼は真の詩人だ ⑥《話》まるで…のような，これぞ…の: У нас в до́ме -ее столпотворе́ние. 我が家ではまるで混乱の極みだ ⑦《話》妥当な，適正な: -ая цена́ 適正価格 ■**-ее вре́мя**《文法》現在時制

**настра́гивать** [不完] / **настрога́ть** 受過 -о́ганный [完] 〈図〉かんなで削って(ある量) 作る

***настрада́ться** [完] 多くの苦痛を味わう

***настра́ивать** [不完] / **настро́ить** -о́ю, -о́ишь 受過 -о́енный [完] 〈図〉《楽器を》調律［調整］する: ~ гита́ру ギターを調弦する ②《ラジオの》周波数を合わせる，приёмник на дли́нную волну́ ラジオを長波に合わせる ③《機械などを》調整する ④ある気分［感情］にさせる; ある態度をとらせる; ある態度をとるよう仕向ける: ~ на весёлый ла́д 陽気にさせる | ~ про́тив 囲 …に反抗するように仕向ける 〈図〉《何軒か》建てる: ~ *да́ч* ダーチャを建てる **‖~ся** [不完] ①《楽器の》調子が合う (ラジオの) 波長が合う ②《機械などが》調整される ③ある気分［感情］をもつ; 〈на圏〉[不変形]…したくなる，…する気になる ⑥[不完]《受身》

**настра́чивать** [不完] / **настрочи́ть** -очу́, -о́чишь／-очи́шь 受過 -о́ченный [完] ①〈図/囲〉細かい針目で（ある量）縫いつける ②《話》…する気にさせる ③〈不完〉《話》〈на圏/囲/無補語〉(野獣が)細い線上の足跡を残す

**настра́щивать** [不完] / **настраща́ть** 受過 -щённый (-щён, -щена́) [完] 《俗》〈図〉怖がらせる，脅かす

**настреля́ть** 受過 -е́лянный [完] 〈図/囲〉①(ある数)射止める: ~ у́ток 鴨を数羽射止める ②《話》(ある量)ねだって手に入れる: ~ де́нег［сигаре́т］ねだってお金［たばこを数本］をもらう **‖~ся** [不完] 《話》思う存分ハンティングをする

**на́стриг** [男2]《農》刈り取られた羊毛の量

**настри́г** [男2]《農》(羊毛を)刈り取ること

**настрига́ть** -и́гу, -ижёшь, ..., -игу́т 命 -иги́ 過 -и́г, -и́гла 能過 -и́гший 受過 -и́женный 副分 -и́гши [不完]《ある量》はさみで刈り取る: ~ килогра́мм ше́рсти 羊毛を1キロ刈り取る

**на́строго** [副]《話》非常に厳しく: ~ запрети́ть 厳禁する

***настрое́ни|е** [ナストライェーニエ] [中5] [mood] ①気分，気持ち，機嫌: весёлое ~ 陽気な気分 | хоро́шее ［плохо́е］ ~ 上［不］機嫌 | чемода́нное ~ 《話》旅行直前のうきうきした気分 | Разгово́р э́тот испо́ртил ему́ ~. この会話が彼の機嫌を損ねた | У меня́ совсе́м испо́ртилось ~. 私はすっかり気分を害した ②世運，雰囲気，傾向: ~ умо́в 世論の趨勢 | По́дняло бо́льшое боево́е ~. 戦意が高揚していた | позити́вное［негати́вное］~ ры́нка 好調な［低調］市況 ③〈不変形〉…する気: Така́я му́зыка сама́ создаёт ~ танцева́ть. このような音楽は踊りたくさせる ♦*в -ии* 《話》機嫌がいい: Жена́ сего́дня немно́го не *в -ии*. 妻は今日少し不機嫌だ | челове́к -ия 気分屋

**настрое́нность** [女10] ①気分，気持ち，機嫌 ②世運，志向，傾向

**настро́ить(ся)** [完] →настра́ивать

**настро́й** [男6]《話》→настрое́нность

***настро́йка** 複生 -о́ек [女2] [tuning, adjustment] (楽器の)調律，調整; (ラジオの)周波数を合わせること; (機械などの)調整

**настро́йщик** [男2] (楽器の)調律師; (機械の)調整工

**настрочи́ть** [完] →настра́чивать, строчи́ть

**настру́гивать** [不完] / **наструга́ть** 受過 -у́ганный [完] ①《話》〈図〉かんなで削って(ある量)作る

**настря́пать** [完] 〈図/囲〉①《話》(ある量)調理［料理］する ②《話》(ある量)急いで［ぞんざいに］作る ③《俗》いたずらする，何かしでかす

**насту́кивать** [不完] / **насту́кать** 受過 -у́канный [完] ①《話》〈図〉叩いて見つける ②《俗》〈図/囲〉タイプライターで打つ，タイプする ③《話》〈図〉叩いてリズムを伝える［再現する］

**наступа́тельн|ый** [形1] 攻撃の，攻撃的な: -ые де́йствия 攻撃作戦 | -ая поли́тика 進取的な政策

**наступа́ть¹** [不完] / **наступи́ть¹** -уплю́, -у́пишь [完] 〈на囲〉①…を踏む，踏みつける: ~ на гво́здь 釘を踏む ②《不完》…を攻撃する，襲う; …に進出する: Мо́щный тропи́ческий цикло́н *наступа́ет* на И́ндию. 強力な熱帯性低気圧がインドを襲っている | Эта компа́ния *наступа́ет* на ры́нок авиацио́нного то́плива. その会社は航空燃料市場に進出している ③〈不完〉〈на圏〉を人を要求がしく〉責めたてる，…に迫る ④〈不完〉《物・自然現象が》…に迫る，接近する ♦~ *на го́рло* 囲 …に無理強いする | ~ *на (люби́мую) мозо́ль* 《俗》…の痛いところを突く | ~ 囲 *на́ ногу* ［*на но́ги*］ …を侮辱する | ~ 囲 *на пя́тки* …に追いつく，迫る | ~ 囲 *на хвост* 《俗》…を侮辱する | ~ 囲 *на язы́к* 《俗》…を黙らせる | ~ *на гра́б-*

ли《俗》過ちを犯す

**наступа́ть**[2] [ナストゥパーチ] [不完] / **наступи́ть**[2] [ナストゥピーチ] -у́пит, -у́пят [完]〔come〕(時期・状態が)始まる, 到来する, 発生する: Но́вый год наступи́л. 新年になった | Наступа́ет продово́льственный кри́зис. 食糧危機が到来する | Пра́во со́бственности наступа́ет то́лько по́сле регистра́ции. 所有権は登記後はじめて発生する ◆**С наступа́ющим (Но́вым го́дом)!** よいお年を

**наступле́ние** [ナストゥプレーニエ] [中5]〔attack, coming〕①《軍》攻撃, 攻勢: вести́ ～ по всему́ фро́нту 全戦線に攻撃を行う | 迫ること, 接近に: ～ мо́ря на су́шу 海が陸地を浸食すること ②到来, 訪れ, 発生: ～ зимы́ 冬の到来 | ～ ста́рости 老いの始まり | ～ отве́тственности 責任の発生

**насту́рция** [女9]《植》ノウゼンハレン属

**наста́**《話》-чу́, -чи́шь [完] ①《話》= наска́ть ②《話》叩いて騒音を出す ③《俗・蔑》《与に на 対の》ことを密告する, 中傷する

**насты́ть** -сты́нет [完]《話》①冷える ②(表面に)氷が張る

**насты́рный** 短 -рен, -рна [形1]《俗》頑固な, しつこい

**На́стя** [女5]〔愛称〕< Анаста́сия, Наста́сья

**насу́пливать** [不完] / **насу́пить** -плю, -пишь 受過 -пленный [完] ①《対に》眉をひそめる[しかめる] | 額にしわを寄せる **//-ся** [不完] / [完] ①(眉が)寄る, 厳しい表情になる ②眉をひそめる[しかめる], 渋面を作る ③(空が)曇る

**на́сухо** [副] ①すっかり乾くまで: вы́тереть ру́ки ～ 手をよく拭く ②《口》つまみ無しで: пить ～ 何もつまみ無しで(酒を)飲む ③《建》(壁なしの)乾式工法で

**насу́чивать** [不完] / **насу́чить** -учу́, -у́чишь/-учи́шь 受過 -у́ченный [完] 《対に》(ある量) 撚(よ)って[綯(な)って]作る: ～ грибо́в 干しキノコを作る

**насу́шивать** [不完] / **насуши́ть** -ушу́, -у́шишь 受過 -у́шенный [完]《対に》(ある量)乾かす[乾かして]作る: ～ грибо́в 干しキノコを作る

**насу́щн|ый** 短 -щен, -щна [形1]〔vital〕緊要な, 不可欠の, 重要度が高い: ～ вопро́с 喫緊の問題 | -ая потре́бность 切実な要求 | -ые интере́сы 重大な関心事 ◆**хлеб** ～ 日々の糧 **//-ность** [女10] 緊急性

**насчёт** [щ] [ナッショート] [前]〔concerning〕《生》 《口》〔不定疑〕…のことを, …について の(→о《比較》): говори́ть ～ рабо́ты 仕事について話す | разгово́р ～ исто́рии Росси́и ロシアの歴史に関する話 | Как ～ биле́тов? チケットのこと, どうなってる | Ка́к насчёт того́, чтобы вы́пить по́сле рабо́ты. 仕事の後一杯やるというのはどう

**насчи́тывать** [щ] [不完] / **насчита́ть** [щ] 受過 -и́танный [完]《対》, 数えて数を確定する: Я насчита́л бо́лее деся́тка журавле́й в не́бе. 数えたら空に10羽以上の鶴がいた ②〔不完〕…の数を有する: Компа́ния насчи́тывает бо́лее ты́сячи рабо́тников. この会社は従業員が1000人以上いる **//-ся** [不完] / [完] ①《話》十分計算する ②〔不完〕〔受身〕 <①

**насчи́тываться**[2] [щ] [不完]〔amount〕(ある量)存在する; (数量に)のぼる: В о́бласти насчи́тывается со́тни школ. 州内には数百の学校がある

**насыла́ть** [不完] / **насла́ть** нашлю́, нашлёшь 受過 на́сланный [完] ①《対に》(たくさん) 贈る ②《対》(神などが)起こす: ～ бе́дствия 災いを下す | мор эпиде́мий 疫病を起こす **//-ся** [不完] / [完]〔受身〕

**насыпа́ть** [不完] / **насы́пать** -плю, -плешь/-пешь, -плют 命 -пь [完] 受過 -панный [完] ①《対》(粉・粒状のものを)詰める, 《対》に《対》を入れて満たす: ～ са́хар в паке́т [паке́т са́харом] 袋に砂糖を入れる ②《対/生》を на《対》に《粉・粒状のものを表面に》撒く[散布する]: ～ песку́ на доро́жку 小道に砂を撒く ③《対》(粉・粒状のものを)作る, 築く: ～ курга́н 塚を築く **//-ся** [不完] / [完] ①こぼれ落ちる, こぼれ散る ②〔受身〕

**насы́пка** [女2] (粉・粒状のものを)充填すること, 散布すること; (土・砂で)築くこと

**насыпн|о́й** [形2] ①土[砂]を積み上げて作った: ～ холм 築山 ②(粉状・粒状物などが)充填される, 散布される; (土・砂が)積み上げられる: ～ груз ばら積み貨物 | -а́я земля́ 盛土用土

**на́сыпь** [女10] 盛り土, 堤防, 塚: железнодоро́жная ～ 鉄道の道床

**на́сыпью** [副] ばら積みで

**насыща́ть** [不完] / **насы́тить** -ы́щу, -ы́тишь 受過 -ы́щенный [完] ①《対に図を》腹いっぱい食べさせる ②《化》《対を図で》飽和させる ③《対を図で》満たす ④《対を図》に《対で》供給[配備]する

**насыща́ться** [不完] / **насы́титься** -ы́щусь, -ы́тишься [完] ①《副》腹いっぱい食べる ②《副》満足する: Моё любопы́тство насы́тилось. 私の好奇心は満たされた ③《化》飽和する, 十分に吸収する: Вода́ насы́тилась ка́льцием. 水にカルシウムが飽和するまで溶かされた ④〔受身〕

**насыще́ние** [中5] ①満腹 充足 ②《化》飽和

**насы́щенность** [女10] ①飽和, 飽和度 ②(内容の)充実, 豊富さ

**насы́щенн|ый** 短 -ен, -енна [形1] ①《化》飽和した: ～ раство́р 飽和溶液 ②内容が豊富な, 充実した: -ая жизнь 充実した生活

**Ната́лия** [女8] ナターリヤ(女性名; 愛称 Ната́ша).

**ната́лкивать**[1] [不完] / **натолка́ть** 受過 -о́лканный [完] ①《俗》《対の》中を/無補語》強く突いて痛める ②《対/生》(ある量) 押し込む, 突っ込む **//-ся**[1] [不完] / [完] ①《話》さんざん押し合う ②《俗》(大勢が一か所で)ひしめく ③《不完》〔受身〕

**ната́лкивать**[2] [不完] / **натолкну́ть** -ну́, -нёшь 受過 -о́лкнутый [完] ①《対 を на対に》押してぶつける, 衝突させる: ～ на сте́ну ～ を壁に押しつけ衝突させる ②《対》〈ある考えに〉導く, 仕向ける: ～ на реше́ние …を結論に導く **//-ся**[2] [不完] / [完] 〔на対に〕①突き当たる, ぶつかる ②偶然見つける, 不意に出くわす ③《不完》〔受身〕

**Ната́лья** [女8] ナターリヤ(女性名; 愛称 На́та, Ната́ша, Нату́ся; 卑称 Ната́шка).

**натанцева́ться** -цу́юсь, -цу́ешься [完]《話》心ゆくまで踊る

**ната́пливать** [不完] / **натопи́ть** -оплю́, -о́пишь 受過 -о́пленный [完] ①《対》焚いて[暖房して]暖める: ～ кварти́ру 住まいを暖める ②《対/生》(ある量)煮たてる: ～ молока́ 牛乳をわかす ③《対/生》(ある量)煮[熱]して溶かす: ～ во́ску 蝋を溶かす

**ната́птывать** [不完] / **натопта́ть** -опчу́, -о́пчешь 受過 -о́птанный [完]《話》①《図に/無補語》足跡をつけて汚す ②《対》踏みならして作る

**ната́ска** [女2]《狩》(猟犬の)訓練

**ната́скивать**[1] [不完] / **натаска́ть** 受過 -та́сканный [完] ①《対/生》(ある量を何回かにわたって)引っ張ってくる ②《話》《対/生》引用[抜粋]する ③《狩》猟犬を仕込む, 訓練する ④《話》速成的に教える, 教え込む: ～ студе́нтов к экза́мену 試験前に学生に要点を教え込む **//-ся**[1] [不完] / [完] ①《完》《俗》思う存分《疲れるまで》歩きまわる ②《不完》〔受身〕

**ната́скивать**[2] [不完] / **натащи́ть** -ащу́, -а́щишь 受過 -а́щенный [完] ①《対に/無補語》 (覆うようにして) 着る, 履く: ～ на себя́ одея́ло 毛布を引っかぶる ②《対/生》(ある量を何回かにわたって) 引っ張って

くる

**натаскивание** [中5] 引っ張って来ること, 引用；訓練

**натачивать** [不完] / **наточи́ть** -очу́, -о́чишь 受過 -о́ченный [完] ⟨что/В⟩ (ある量) 研いで[削って]作る

**Ната́ша** [女4] 〔愛称〕 «Ната́лия, Ната́лья

**натащи́ть** [完] →ната́скивать[2]

**натве́рдо** [副] 〔話〕 ① しっかりと, 確実に ② きっぱりと, 最終的に

**натвори́ть** -рю́, -ри́шь 受過 -рённый (-рён, -рена́) [完] ⟨Р/В⟩ (ある量) 溶かす ② ⟨В/Р⟩ ばかげたことをたくさんしでかす

**на́те** ⟨→ на[2]

**натёк** [男2] ① 流れ込むこと, 流入 ② 液体の流入[凝固] により蓄積された層; 〔地質〕 堆積物, 沈殿物

**натека́ть** [不完] / **нате́чь** -ечёт, -еку́т 命 -еки́ 過 -тёк, -текла́ 能過 -тёкший 副分 -тёкши [完] 流れ込み, 流れ込んでたまる [できる]: Вода́ натекла́ в ту́фли. 水が靴に入った / Нате́кла лу́жа. 水溜りができた

**нате́льный** [形1] 肌に着ける: ~ая руба́ха アンダーシャツ

**натере́ть(ся)** [完] → натира́ть

**натерпе́ться** -ерплю́сь, -е́рпишься [完] 〔話〕 ⟨Р⟩ (不快なことを)さんざん経験する

**нате́чь** [完] → натека́ть

**натеши́ться** -шусь, -шишься [完] 〔話〕 ⟨И/В⟩ ① 十分楽しむ: Душа́ натеши́лась. (楽しいことをして)心が満たされている, 十分満足している ② ⟨над Т⟩ さんざん愚弄[嘲笑]する

**натира́ние** [中5] ① 磨くこと, こすること, すりおろすこと ② 塗り薬, 軟膏

**натира́ть** [不完] / **натере́ть** -тру́, -трёшь 命 -три́ 過 -тёр, -тёрла 能過 -тёрший 受過 -тёртый 副分 -тере́в [完] ① ⟨В/Т⟩ ⟨В に Т を⟩ 擦る, 擦り込む: ~ ру́ки кре́мом 手にクリームを擦り込む ② ⟨В⟩ 塗って [磨いて] 光沢を付ける: ~ пол 床を磨く ③ ⟨В⟩ 擦って痛める, 擦ってくたくたをつくる: ~ па́лец 指に擦り傷をつくる | ~ себе́ мозо́ли たこをつくる ④ ⟨Р/В⟩ (ある量) すりつぶす, すりおろす **//~ся** [不完][完]〔話〕 ① ⟨В⟩ を自分の体に塗る[すりこむ]: ~ ма́зью 体に軟膏を塗る ② 磨かれる, すりおろされる ③ 〔受身〕

**нати́рка** 複生 -рок [女2] 〔話〕 ① 塗る[擦り込む]こと, 磨くこと ② すりおろすこと ③ 転写シール

**на́тиск** [男2] ① (群集が)押し寄せること; (軍の)攻勢 ② 圧力, 強い影響: под ~ом америка́нской культу́ры アメリカ文化の強い影響を受けて ③ 〔印〕 (紙への活字の) 押圧

**натиска́ть** [不完] / **нати́скать** 受過 -канный [完] 〔話〕 ⟨В/Р⟩ ① (ある量) 押し込む, 詰め込む: ~ «оде́жды в чемода́н [чемода́н оде́ждой]» スーツケースに衣類を詰め込む ② 〔印〕 (ある部数) 印刷する

**натка́ть** -тку́, -ткёшь 命 -тки́ 過 -тка́л, -ткала́/-тка́ла, -тка́ло 受過 на́тканный [完] ⟨В/Р⟩ (ある量) 織る

**наткну́ть(ся)** [完] → натыка́ть(ся)

**НА́ТО** [на́то] (不変) [男]/[中] NATO, 北大西洋条約機構 (Организа́ция Североатланти́ческого догово́ра) **//на́товский** [形3]

**на́товец** -вца [男3] NATO 兵士, NATO 職員

**натолка́ть(ся)** [完] → ната́лкивать[1]

**натолкну́ть(ся)** [完] → ната́лкивать[2]

**нато́нко** [副] 〔話〕 非常に薄く[細く]

**натопи́ть** [完] → ната́пливать

**натопта́ть** [完] → ната́птывать

**наторгова́ть** -гу́ю, -гу́ешь 受過 -о́ванный [完]〔話〕 ⟨В/Р⟩ ⟨на В⟩ の額を商売でもうける: ⟨на В⟩ の額を売上げる

**наточи́ть** [完] → ната́чивать, точи́ть

**натоща́к** [副] すきっ腹で, 空腹時に

**натр** [男1] 〔化〕 ソーダ: е́дкий ~ 苛性ソーダ

**натра́вливать** [不完] / **натрави́ть**[1] -авлю́, -а́вишь 受過 -а́вленный [完] ① ⟨В на В⟩ にけしかける: ~ соба́к на лису́ 犬をキツネにけしかける ② 〔話〕 ⟨В⟩ ⟨на В⟩ に対して (敵対的行動を取るように) 煽動する: ~ шко́льников на учи́теля 生徒たちを先生にはむかわせる ③ ⟨Р/В⟩ (ある量) 狩り立てる, 駆除 [退治] する

**натравля́ть** [不完] / **натрави́ть**[2] -травлю́, -тра́вишь 受過 -тра́вленный [完] ⟨что/В⟩ ⟨模様などを⟩ 触刻する, エッチングする

**натре́бовать** -бую, -буешь [完] 〔話〕 ⟨Р/В⟩ (ある量) 要求する

**натренированный** [形1] よく訓練された

**натренирова́ть(ся)** [完] → тренирова́ть(ся)

**натре́нькивать** [不完] 〔俗〕 ⟨на В⟩ 〈弦楽器を〉 軽くつまびく

**натре́скаться** [完] 〔俗〕 ⟨Р/В⟩ ① たらふく食べる ② 酔っ払う

**на́трий** [男7] 〔化〕 ナトリウム (記号 Na) **//-иевый** [形1]

**на́трое** [副] 3つに分けて, 三分して

**натружа́ть** [不完] / **натруди́ть** -ужу́, -уди́шь/-у́дишь 受過 -уженный/-ужённый (-жён, -жена́) [完] ⟨В⟩ 過労で疲れさせる [痛める]: ~ себе́ но́ги 仕事で使いすぎて足を痛める **//~ся** [不完] [完] 〔話〕 ⟨В⟩ ① (3人称) 過労で疲れる [痛む]: Ру́ки натруди́лись. 仕事で使いすぎて手が痛む ② 〔完〕 さんざん〔存分に〕働く

**натряса́ть** [不完] / **натрясти́** -су́, -сёшь 過 -ря́с, -рясла́ 能過 -ря́сший 受過 -ря́сенный (-сён, -сена́) 副分 -ря́сши [完] ⟨Р/В⟩ ① (ある量) 振り落とす ② 揺さぶり落として (ある量) 手に入れる

**натрясти́сь** -су́сь, -сёшься 過 -ря́сся, -сла́сь 能過 -ря́сшийся 副分 -ря́сшись [完] 〔話〕 ① さんざん揺られる [震える] ② 〔完〕 さんざん怖がる

**нату́г|а** [女2] 〔話〕 緊張, 張り詰めること: ло́пнуть от -и ぴんと張りすぎて切れる

**нату́го** [副] 非常に固く[きつく]: затяну́ть ~ реме́нь ベルトをきつく締める

**нату́живать** [不完] / **нату́жить** -жу, -жишь 受過 -женный [完] ⟨В⟩ 緊張させる, ぴんと張る: ~ му́скулы 筋肉を緊張させる **//~ся** [不完]/[完]〔話〕 全力を振り絞る

**нату́житься** -жусь, -жишься [完] 〔話〕 さんざん嘆き悲しむ

**нату́жный** 短 -жен, -жна [形1] 〔話〕 緊張した, 強いられた, 不自然な: ~ смех わざとらしい笑い

\***нату́р|а** [女1] 〈nature〉 ① 性格, 気質, 天性; (ある性格の) 人: По ~е я оптими́ст. 私は生まれつき楽天家だ | Привы́чка ― втора́я ~. 〔諺〕 習慣は第2の天性 | Ната́лья всегда́ была́ -ой акти́вной. ナターリヤは常に活発な人だった ② 現実, 実物: показа́ть в ~е дом из газобето́на 気泡コンクリートで造った家を実際に見せる ③ 〔美〕 被写体, 実物, モデル; 〔映画の〕 ロケ地: Эски́зы выполня́лись с -ы. スケッチは実物を見て作成された | съёмка на -е 野外ロケ ④ 〔経〕 現物, 現品: выдава́ть зарпла́ту -ой 給与を現物で支給する | выделе́ние насле́дства в -е 遺産の現物分与 ⑤ 〔旧〕 〔軍〕 兵役 **♦ в ~е** (1) 現物で (2) 〔話〕 裸で

**нату́р|а** [男1] **/ ~ка**[1] 複生 -лок [女2] 〔若者・俗〕 (同性愛者に対して) 異性愛者

**натурализа́ция** [女9] 帰化

**натурали́зм** [男1] 〔美〕 自然主義

**натурализо́ванный** [形1]

**натурализова́ть** -зу́ю, -зу́ешь 受過 -о́ванный [不完・完] ⟨外国人を⟩ 帰化させる, 公民権を与える **//~ся** [不完・完] 帰化する

**натурали́ст** [男1] ① 自然科学者, 自然研究者 ② 《美》自然主義者

**натуралисти́ческий** [形3] 《美》自然主義の; 自然研究の

**нату́ра́лка²** 複生-лок [女2] ①《俗》(食品など)加工されていない自然のもの ② →нату́рал

**натура́льно** [副] 自然に;[助] もちろん, 当然

*натура́льн|ый [短-лен, -льна [形1] [natural] ①《長尾》自然のままの, 実質と変わらない;実物にそっくりの: выкройка в -ую величину 実物大の型紙 ②《長尾》(経) 現物払いの:~ нало́г 物納税 ③ 天然の, 本物の(↔иску́сственный):~ шёлк 本絹 ④ 自然な, ありのままの: -ые же́сты 自然なしぐさ **|| -ость** [女10] <③④>

**нату́рн|ый** [形1] ① モデルを使った, 写生の:~ класс (美術学校の)モデル写生教室 ② 実写の:-ая съёмка 野外撮影, ロケ

**натурфилосо́фия** [女9] 自然哲学

**нату́рщи|к** [男2] **-ца** [女3] (絵画・彫刻の)モデル

**натыка́ть¹** /**наты́кать** 受過-канный [完] 《話》<図/圧>(ある量)突き刺す

**натыка́ть²** [不完] / **наткну́ть** -ну́, -нёшь 受過нáткнутый [完] <図>刺して留める

**натыка́ться** [不完] / **наткну́ться** -ну́сь, -нёшься [完] <на図> ①…に突き刺さる ②《話》に突き当たる, ぶつかる: ~ (受身) を偶然見つける, 出くわす ③ [不完][受身] < натыка́ть¹⋅²

**натюрмо́рт** [男2] 《美》静物画, **|| ~ный** [形1]

**натя́г** [男2] ① しっかりしめていること, たがをしめる道具 ②《俗》緊張状態, 困難, 不都合, 不足

*натя́гивать [不完] / натяну́ть -яну́, -я́нешь с-яни́ 受過-я́нутый [完] [stretch] <図> ① ぴんと張る, ぴんと張って固定する ② 無理をして着る[履く]; 引っ張ってかぶる ③ 寛容にする, 甘く評価する: ~ тро́йку 甘めに見て3点をつける **|| -ся** [不完] ① ぴんと張る ②《俗》酔っ払う ③ [不完][受身] < натя́гивать¹⋅²

**натяже́ние** [中5] ① ぴんと張る[張って固定する]こと, 張っている状態 ②[医](傷口の)癒着 ③[理]張力

**натя́жк|а** 複生-жек [女2] ① こじつけ, 拡大解釈: ~ в доказа́тельстве 論証における拡大解釈 ◆**с-ой** なんとかして, 無理をして, やっと

**натяжн|о́й** [形1] ① 引っ張ってはめる; 引っ張るための ② 引っ張りの作用[作用]する: -ая рессо́ра 引っ張りばね

**натя́нут|ый** -ут [形1] ① 不自然な, ぎこちない ② 窮屈な, 窮屈な ③ (関係などが)緊張[緊迫]した, 非友好的な:-ая атмосфе́ра 緊迫した空気[雰囲気] **|| -ость** [女10]

**натяну́ть(ся)** [完] →натя́гивать

**науга́д** [副] 運まかせに, 当てずっぽうに

**науго́льник** [男2] ① 隅飾り, 角金具 ②[技]直角定規

**науго́льный** [形1] 隅[角]にある

**науда́чу** [副] 運まかせに, 当てずっぽうに

**нау́живать** [不完] / **науди́ть** -ужу́, -у́дишь 受過-у́женный [完] <図/圧>釣りざおで(ある量・たくさん)釣り上げる

*нау́к|а [ナウーカ] [女2] [science] ① 科学: гуманита́рные [обще́ственные, есте́ственные] -и 人文[社会, 自然]科学 | фундамента́льная [прикладна́я] ~ 基礎[応用]科学 | акаде́мия нау́к 科学アカデミー | до́ктор юриди́ческих нау́к 法学博士 ② 学問, 学術研究: Он серьёзно занима́лся -ой. 彼は真剣に学問に取り組んだ ③ 学術研究機関: Н-рекоменду́ет к вы́лову бо́лее 400 тыс. (четы́реста ты́сяч) то́нн лосо́сей. 学術研究機関は40万トン以上の鮭類の漁獲を推奨している ④ 技術, 技能, 知識 ⑤《話》教訓: Это тебе́ ~. これはお前にとってよい教訓になる ◆**по -е** 《話》科学的に

**наукоёмкий** 短 -мок, -мка [形3] 知識集約型の, ハイテクの

**наукообра́зн|ый** 短 -зен, -зна [形1] 表面だけは科学的[学問的]に見える **|| -ость** [女10]

**нау́скивать** / **нау́ськивать** 受過 -уськанный [完] 《話》<図を на図に向けて><犬などを>けしかける

**наутёк** [副] 《話》逃げて: пусти́ться ~ 逃げ出す

**наутилус** [男1] [動]オウムガイ属の軟体動物

**нау́тро** [副] 《話》翌朝

**научи́ть(ся)** [完] →учи́ть(ся)

**нау́чно-иссле́довательский** [形3] 科学研究の, 学術研究の:~ институ́т 研究所(略 НИИ)

**нау́чно-популя́рный** [形3] 通俗科学[ポピュラーサイエンス]の

**нау́чность** [女10] 科学性, 学術性

**нау́чно-техни́ческий** [形3] 科学技術の

**нау́чно-фантасти́ческий** [形3] サイエンス・フィクション[SF]の

*нау́чн|ый [ナウーチヌィ] 短-чен, -чна [形1] [scientific] ① 科学[学問]の, 学術[学問]に関係の: -ая пробле́ма 学術的問題 | -ое откры́тие 科学的発見 | -ое учрежде́ние 研究機関 ② 科学[学術]的根拠がある: -ый подхо́д 科学的アプローチ | -ое мышле́ние 科学的な思考 ■**-ая фанта́стика** サイエンス・フィクション, SF **|| -о**

**нау́шник** [男2] (通例複) ① 防寒耳あて ② イヤホーン, ヘッドホーン: в -ах ヘッドホーンをして ③ [旧・話]中傷者, 告げ口する人

**нау́шничать** [不完] 《話》<図に на図のことを>中傷[告げ口]する

**нау́шничество** [中1] 《話》中傷, 告げ口

**нафантази́ровать** -рую, -руешь 受過 -ванный [完] <図/圧>を / 無補語>空想しながら色々思いつく / 創作する

**нафарширова́ть** -ру́ю, -ру́ешь 受過 -о́ванный [完] <図/圧>ひき肉を詰めて(ある量)作る

**нафига́** [副] 《俗》何のために, どうして (на фига́)

**на́фта** [女1] ナフサ

**нафтали́н** [男1] [化]ナフタリン **|| ~овый** [形1]

**наха́л** [男1] / **~ка** 複生-лок [女2] 図々しい人, 恥知らず

**наха́льный** 短 -лен, -льна [形1] 《話》図々しい, 厚かましい, 恥知らずな

**наха́льство** [中1] 《話》図々しさ, 厚かましさ, 恥知らず: име́ть [不定形] 厚かましくも[生意気にも]…する

**нахами́ть** -млю́, -ми́шь [完] 《俗》<図に対して>下品[粗暴]に振る舞う, 暴言を吐く

**наха́пать** 受過-панный [完] 《俗》<図/圧>(たくさん・ある量)ひっつかむ; ちょろまかす, 横領する

**нахва́ливать** [不完] / **нахвали́ть** -алю́, -а́лишь 受過-а́ленный [完] 《俗》<図を>褒めちぎる, 激賞する

**нахвали́ться** -алю́сь, -а́лишься [完] ①《話》しきりと自分を褒める, 天狗になる ② (否定文で, нахвали́ться мочь との共に)<図を>褒めちぎる, いくら褒めても褒め足りない

**нахва́статься** [完] 《話》自分のことをさんざん自慢する

**нахва́тывать** [不完] / **нахвата́ть** 受過 -ва́танный [完] 《話》<図/圧> ① (たくさん・ある量)つかみ取る ② <знания・информация>をたくさん生かじりする: [нахвата́ться] зна́ний 知識を生かじりする **|| -ся** [不完] / [完] ① 《話》<знания, информации>をたくさん生かじりする ② 《話》急いで(たくさん)ひっつかむ ③ 《俗》急いでひっつかんでがつがつ食べる ④ [不完][受身]

**Нахи́мов** [男姓] ナヒーモフ(Па́вел Степа́нович ～, 1802-55; クリミア戦争当時の黒海艦隊司令官)

**нахи́мовец** -вца [男3] ナヒーモフ海軍兵学校生徒

**Нахичева́нь** [女5] ナヒチェヴァン(アゼルバイジャン共和国内の同名の自治共和国および首都)

**нахлеба́ться** [完] 《俗》〈圈を/無補語〉① たらふく食べ[飲]む ② さんざん不愉快な目に遭う

**нахлёстывать** [不完] / **нахлеста́ть** -ещу́, -ёщешь 命 -ещи́ 受過 -лёстанный [完] 《話》〈圈〉強く鞭打つ // **～ся** [完] 〈圈〉十分に自分を叩く; ве́ником в ба́не 蒸風呂で自分の体をしっかり枝打ちで叩く // **нахлёст** [男1] 《話》

**нахлобу́чивать** [不完] / **нахлобу́чить** -чу, -чишь 受過 -ченный [完]《話》〈圈〉〈帽子などを〉目深にかぶる // **～ся** [不完] / [完]《話》(帽子などが) 目深にかぶさる [ずり下がる]

**нахлобу́чка** 複生 -чек [女2]《話》厳しい叱責, 大目玉

**нахлы́нуть** -нет [完] ① (液・気体状のものが) どっと流れ込む, (波が) 打ち寄せる ② (人・群衆が) 大勢押し寄せる, 殺到する ③ (思想・感情などが) 頭に浮ぶ[襲う]

**на́хлыст** [男1] フライフィッシング

**нахму́ренный** [形] (人・表情などが) 陰気な, 陰鬱(??)な: ～ые бро́ви ひそめた眉

**нахму́ривать** [不完] / **нахму́рить** -рю, -ришь 受過 -ренный [完]〈圈〉〈顔を〉しかめる;〈眉をひそめる〉// **～ся** [不完] / [完] ① しかめ面をする ② (空が) 曇る ③ 陰気な様相を帯びる

*__нахо́ди́ть¹__ [ナハヂーヂィチ] -ожу́, -о́дишь, ... -о́дят 命 -ди́й 副分 -дя́/-и́йв [不完] / **найти́¹** [ナィチー] -йду́, -йдёшь -йди́й 過 наше́л, нашла́ 能過 наше́дший 副分 найдя́ [完] 〔find, consider〕 〈圈〉 ① 見つける, 考えつく, 発見する: ～ поте́рянную ве́щь 失くしたものを見つける | Астроно́мы *нашли́* две плане́ты. 天文学者は二つの惑星を発見した ② 《文》〈圈〉…の存在に気づく, …を見つける; …がある状態にあるのに気づく: Возврати́вшись, наше́л у себя́ соба́ку. 帰るとうちに犬かいた | Они́ *нашли́* его́ в тяжёлом состоя́нии. 彼らは彼が重症であるとわかった | ～ 〈圈〉 за́пертой две́рь 〈圈〉見出す, 気づく: ～ себе́ утеше́ние в му́зыке 音楽に慰めを見出す | Его́ рома́н *нашёл* о́тклик у чита́телей. 彼の小説は読者の反響を呼んだ ④ 〈что節〉 = 〈заключа́ть〉: 〈圈〉…である] と断定する, みなす: Я *нашёл*, что э́то серьёзная пробле́ма. 私はこれは深刻な問題だと結論した | ～ ну́жным возрази́ть 反対する必要があると考える | Врач *нашёл* её абсолю́тно здоро́вой. 医師は彼女を極めて健康だと診断した ⑤ 〈不定形にчем, чему, за что〉を伴って; 反語的に) よく…できたものだ: *Нашёл* чем хва́статься! 自分が何を自慢できたのだ ◆～ (самого́) себя́ 自分の個性を正しく把握する, 自分の天分を知る | ～ 〈себе́〉 моги́лу 〔смерть, коне́ц〕 斃れ死ぬ

**нахо́ди́ть²** -ожу́, -о́дишь [不完] / **найти́²** -йду́, -йдёшь 過 наше́л, нашла́ 能過 наше́дший 副分 найдя́ [完] ① 〈на圈〉〈雲などが〉覆う ② 起こる: Неожи́данно *нашла́* гроза́. 思いがけず夕立が降ってきた ④《話》〈на圈〉〈感情が〉〈人を〉襲う, 捉える: На неё *нашла́* грусть. 彼女は悲しくなった ⑤ (人が大勢) やってきた, 集まる ⑥ 〈無人称で〉(気体・液体が) 入り込む

*__находи́ться¹__ [ナハヂーッツァ] -ожу́сь, -о́дишься, ... -о́дятся 命 -ди́сь 副 -дя́сь/-и́вшись [不完] / **найти́сь** [ナィチーシ] -йду́сь, -йдёшься 過 нашёлся, нашла́сь 能過 наше́дшийся 副分 найдя́сь [be] ① [不完] (場所・状態に) ある, いる: Он *нахо́дится* в командиро́вке в Москве́. 彼は出張でモスクワにいる | Автомоби́ль *нахо́дится* в гараже́. 自動車はガレージにある | Дви́гатель *нахо́дится* в хоро́шем техни́ческом состоя́нии. エンジンは整備された状態にある ② 見つかる, 発見される: Пропа́жа *нашла́сь*. 失くし物が見つかった | Всегда́ *найдётся* по́вод, чтобы вы́пить. 酒を飲む口実はいつでも見つかる ③ ある, 現れる: *Нашли́сь* жела́ющие. 希望者がいました ④ 〔完〕(困惑しないで困難な状況を)切り抜ける;〈что節と〉判断できる: Я *всегда́ найду́сь*. 私はいつでもまごつかない | Он не *нашёлся*, что отве́тить. 彼は返答に窮した 〈圏〉 〈圈〉 〈что節 〉 〈圏〉 ◊ *находи́ть* ① ② ③

**находи́ться²** -ожу́сь, -о́дишься [完]《話》思う存分歩く, 歩き疲れる, さんざん歩きまわる

*__нахо́дка__ 複生 -док [女2] [完] ① 拾得物: бюро́ *нахо́док* 拾得物預り所 ② 掘り出し物, うってつけ

**Нахо́дка** [女2] ナホトカ(沿海地方の都市;極東連邦管区) // **нахо́дкинский** [形3]

**нахо́дчивость** [女10] 機転, 機知, 頓知

**нахо́дчивый** 短-ив [形1] 機転が利いた, 機知に富んだ: ～ отве́т 当意即妙な答え

**нахожде́ние** [中5] ① 見つけること, 発見 ② 存在, 所在, 滞在

**нахо́женный** [形]《話》(道などが) 踏み均された

**нахо́хливать** [不完] / **нахо́хлить** -лю, -лишь 受過 -ленный [完] ① 〈圈〉(鳥が) 羽毛を逆立てる // **～ся** [不完] / [完] ① (鳥が) 羽毛を逆立てる ②《話》浮かぬ顔をする

**нахохота́ться** -очу́сь, -о́чешься [完]《話》爆笑する

**нахра́п** [男1]《俗》不遜, 厚顔, 無遠慮

**нахра́пистый** 短-ист [形1]《俗》厚かましい, 図々しい, 無礼な // **～о** [副]

**нахра́пом** [副]《俗》厚かましく, だしぬけに, むりやり

**нахрена́** [副]《俗》何のために, どうして(на хрена́, на хрен)

**нац..** [語形成]「民族の」「国民の」

**нацара́пывать** [不完] / **нацара́пать** 受過 -панный [完]《話》〈圈〉① …に引っかき傷をつける; ひっかいて書[描]く ② → цара́пать

**наце́живать** [不完] / **нацеди́ть** -ежу́, -е́дишь 受過 -е́женный [完] 〈圈/圈〉(細い口からある量) 注ぎ入れる; (ある量) こして注ぐ

**наце́ливать** [不完] / **наце́лить** -лю, -лишь 受過 -ленный [完] 〈圈〉 на 〈圈〉 〔不完 та це́лить〕 ① 〈銃などを〉向ける, 照準する ② 〈視線・注意を〉向ける ③ 〈動作・行動を〉方向づける

**наце́ливаться** [不完] / **наце́литься** -люсь, -лишься [完] 〔不完та **це́литься**〕 《話》〈無補語〉(銃砲で) …を狙う 〈на圈/不定形〉…を手に入れようとする, …しようとする 〈в圈〉…になろうとする, …のポストを狙う

**на́цело** [副]《話》残り無く, 完全に: Число́ де́лится ～. この数は割り切れる

**наце́нка** 複生 -нок [女2]《商》① 値上げ, マークアップ ② 値上げ額; マージン

**нацепля́ть** [不完] / **нацепи́ть** -еплю́, -е́пишь 受過 -е́пленный [完] 〈圈〉 ① (釘・鉤などに) 引っかける, 吊るす ②《話》ピンで留めて[吊り下げて] 身に着ける: ～ ба́нт リボンを付ける ③《俗》〈不似合なものを〉着用する, ひっかける // **～ся** [不完] 〔受身〕

**на́ции** (цин) [女2] (ドイツのナチ女子会)

**наци́зм** [男1] ナチズム, ドイツ国家社会主義

**национа́л-..** [語形成]「民族[国家]主義(者)の」

**национа́л-большеви́зм** [男1] 民族ボリシェヴィズム // **～и́стский** [сс] [形3]

**национа́л-большеви́к** -а́ [不変] [男2] 民族ボリシェヴィズムの支持者

**национализа́ция** [女9] 国有化, 国営化

**национализи́ровать** -рую, -руешь 受過 -анный [不完･完] 〖nationalize〗 国有[国営]化する: ～ фа́брики и заво́ды 工場を国有化する ∥ **～ся** [不完･完] ①民族的性格を身につける ②[不完][受身]

**национали́зм** [男1] ①国家主義, 国民主義, 民族主義 ②(植民地主義に対抗する)民族独立運動 ∥ **-исти́ческий** [形3]

**национали́ст** [男1]/**-ка** 複生 -ток [女2] ①国家主義者, 国民主義者, 民族主義者 ②民族独立運動家

**национа́л-коммуни́зм** [不変]-[男1] 国家[民族]共産主義 **∥ -исти́ческий** [形3]

**национа́л-коммуни́ст** [不変]-[男1] 国家[民族]共産主義者

**национа́л-либера́л** [不変]-[男1] 国民[民族]自由主義者

**национа́л-патрио́т** [不変]-[男1] 超国家主義的愛国主義者

**национа́л-патриоти́зм** [不変]-[男1] 超国家主義的愛国主義

**национа́л-радика́л** [不変]-[男1] 民族主義的過激派 **∥ -ьный** [形1]

**национа́л-социали́зм** [不変]-[男1] 国家社会主義 **∥ -исти́ческий** [形3]

**национа́л-социали́ст** [不変]-[男1] 国家社会主義者

**национа́льность** 女10 〖nationality〗 ①民族: правово́е ра́венство всех -ей 全民族の法的平等 ②ある民族に属すること: Ива́н по гражда́нству россия́нин, но по -и украи́нец. イワノフは国籍上はロシア国民だが, 民族はウクライナ人だ ③民族性: ～ иску́сства 芸術の民族性

**национа́льн|ый** [ナツィナーリヌィ] 短 -лен, -льна [形1] 〖national〗 ①〈最長〉民族の, 民族問題: ～ вопро́с 民族問題 | ～ое движе́ние 民族運動 | -ые интере́сы 民族の利害 | -ые интере́сы Росси́и ロシアの民族的利益 ②民族的な, 民族特有の: ～ хара́ктер 民族性 | ～ костю́м 民族衣装 | -ое блю́до 民族料理 ③〈最長〉国家の, 国民の, 国立の: ～ флаг 国旗 | ～ гимн 国歌 | дохо́д 国民所得 | ～ план противоде́йствия корру́пции 汚職対策計画 | ～ запове́дник 国立自然公園 ④〈最長〉少数民族の: -ые меньшинства́ 少数民族 | ～ райо́н 少数民族地区 ■ **-язы́к** 国語, 公用語 | **Росси́йский ～ орке́стр** ロシア･ナショナル管弦楽団

**наци́ст** [男1]/**-ка** 複生 -ток [女2] (ドイツの)国家社会主義者, ナチ党員 **∥ -ский** [cc][形3]

**на́ци|я** [ナーツィヤ] [女9] 〖nation〗 ①民族, 国民: укрепле́ние здоро́вья -ии 国民の健康増進 | формирова́ние францу́зской -ии フランス国民の成立 | Мы ― мясое́ды. 我々は肉食民族だ ②国家 ③《俗･戯･皮肉》連中 ■ **Организа́ция Объединённых На́ций** 国際連合(略 ООН)

**на́цменьшинство́** 複 -инства [中1] 《話》少数民族(национа́льное меньшинство́)

**нач..** 〔語形成〕「…長」「幹部」

**начади́ть** [完]→чади́ть

**нача́л|о** [ナチャーラ] [中1] 〖beginning, start〗 ①(空間の)始まり, 起点: ～ Транссиби́рской магистра́ли シベリア鉄道の起点 ②(時間･事柄の)始まり, 始め: ～ уче́бного го́да 学年の初め | ～ заседа́ния конфере́нции 会議の冒頭 | ～ рома́на 小説の書き出し | в -е ма́рта 3月の初めに ③起源, 原因: уничто́жить естестве́нное ～ боле́зни 本質, 要素, ～性: гума́нное ～ медици́ны 医学の人道性 ⑤《複》原則, 基礎知識: знать ～а 基本原則, 方式 | -ах нау́ки 科学の原理 | на догово́рных -ах 契約に基づいて | на доброво́льных -ах 自発的に ◆ **брать [вести́] (своё) ～ из [от]** 田 …に源を発する, …に始まる, …にさかのぼる: Э́тот руче́й берёт своё ～ из ма́ленького о́зера. この小川は小さな湖に源を発する | **для -а** まず手始めに | **положи́ть [дать] ～** 生を創設する | **～ (всех) нача́л** 根本原則 | **по -у** 当初から | **под ～ к** 因 の監督[指揮]下へ | **под -ом** 田 **у** 田 **～** 田 **к** 因 の監督[指揮]下で | **с (самого)** の

**\*нача́льник** [ナチャーリニク] [男2] 〖boss, head〗 ①〈田〉…長, 上司, 上官; (参謀本部の)参謀総長: ～ отде́ла [ку́рса] 課[課]長 | ～ управле́ния 局長 | ～ ста́нции 駅長 | прямо́й [непосре́дственный] ～ 直属の上司[上官] | замести́тель -а 副[次]長 | ～ охра́ны 保安主任 | ～ заво́да 工場の警備主任 | ～ ГУВД Москвы́ モスクワ市内務総局長 ②《俗･皮肉》(男性への呼びかけ)大将, 社長

**нача́льнический** [形3] ①上司[上官]の ②上官[上役]ぶった, 偉そうな, いかめしい

**\*нача́льн|ый** [形1] 〖initial, elementary〗 ①初めの, 始まりの: ～ пери́од 初期 ②《教育》初歩の, 初等の: -ое образова́ние 初等教育 | -ая шко́ла 小学校

**нача́льственный** 短 -ен/-енен, -енна [形1] ①<нача́льство ②偉ぶった, 高圧的な

**\*нача́льств|о** [中10] ①《集合》幹部, 首脳部, 上司: по распоряже́нию -а 上司の指示に従って | милице́йское ～ 警察幹部 | ～ батальо́на 大隊指揮を執る | попада́ть [поступа́ть] под ～ 田 …の指揮下に入る | рабо́тать [служи́ть] под -ом 田 …の指揮下で働く

**нача́льствова|ть** -твую, -твуешь [不完] 《俗》<над [造]>指揮する, 統率する, 上官を務める **∥ -ние** [中5]

**нача́льствующий** [形1] 指導的地位にある, 上官たる: ～ соста́в а́рмии 軍首脳部 | вы́сший [ста́рший, сре́дний] ～ (警察など)将官級[佐官級, 尉官級] состав | мла́дший ～ (警察など)下級指揮官

**нача́тки** 複 [複] 初歩, 入門: ～ зна́ний 基礎知識

**нача́ть(ся)** [完]→начина́ть(ся)

**начеку́** [副] 待ちかまえて: быть ～ 警戒している

**начерка́ть** 受過 -чёрканный [完] 《話》<网/田><線をひくさんざんひく>

**на́черно** [副] 下書きとして, ざっと

**начёрпывать** [不完] **/ наче́рпать** 受過 -панный [完] 〈网/田〉汲みとる

**начерта́ние** [中5] ①(描いた物の)形, 輪郭 ②書き方: ～ букв 文字の書き方 ③《雅》書く[描く]こと

**начерта́тельный** [形1] : **-ая геоме́трия** 図形幾何学

**начерта́ть** 受過 -ёртанный [完] 《雅》〈网〉 ①書く, 描く ②見定める, 指定する, 予定する

**начерти́ть** [完]→наче́рчивать, черти́ть

**\*наче́рчивать** [不完] **/ начерти́ть** -ерчу́, -е́ртишь 受過 -е́рченный [完] 〖draw〗 〈网/田〉(ある量)製図する: ～ пла́нов (何枚かの)設計図を書く **∥ ～ся** [不完] ①《俗》〈网〉現れる ②[不完][受身]

**начёс** [男1] ①梳く(すく)こと ②(額･こめかみに垂れた)房毛 ③(織物の)長いけば ④梳(す)いた繊維 ⑤《俗》毛髪をふくらませた髪型, 逆毛を立てた髪型, 盛り髪

**начёсыва|ть** [不完] **/ начеса́ть** -ешу́, -е́шешь 受過 -чёсанный [完] 〈网〉(ある量)梳く, 梳いて作る ②《話》〈网〉掻(か)いて傷つける ③逆毛を立てる, 盛り髪を作る **∥ ～ся** [不完] [受身]

**наче́сть** [完]→начи́тывать [2]

**начёт** [男1] [簿]弁償されるべき不当支出, 不当支出の弁償

**начётчик** [男2] (書かれたものを鵜呑みにする)浅薄な多読者

**начина́ние** [中6] 新事業, 企図
**начина́тель** [男5] 創始者, 発起人
**начина́тельный** [形1]〘文法〙始動の, 起動相の: ～ глаго́л 始動動詞

**※начина́ть** [ナチナーチ] [不完] / **нача́ть** [ナチャーチ] -чну́, -чнёшь 命 -чни́ 過 на́чал, -ла́, -ло 能過 -ча́вший 受過 на́чатый (-ат, -ата́, -ато) 副分 -ча́в [完] [begin, start] ①〈対/不定形/不完(不可) すること〉を始める, 開始する: ～ постро́йку [стро́йть] 建築を始める | ～ ле́кцию 講義を始める | Мы сейча́с начина́ем теря́ть тради́ции. 我々は今, 伝統を失い始めている ②〘3人称〙〈不定形/不完〉…し始める, …の兆しが現れる: Дождь на́чал ка́пать. 雨が降り始めた ③〈対/с対〉から始める: ～ речь приве́тствием [с приве́тствия] 挨拶の言葉で演説を始める ④〘不完〙(通例 собо́й を伴い)〈対〉の先頭に位置する: Э́та со́пка начина́ет собо́й го́рную цепь. この丘から山脈が始まっている ⑤〈対〉〈未使用品を〉使い始める: ～ тетра́дь 新しいノートをおろす

**※начина́ться** [ナチナーッツァ] [不完] / **нача́ться** [ナチャ-ッツァ] -чнётся, -чну́тся 過 -ча́лся, -ча́ла́сь 能過 -ча́вшийся 副分 -ча́вшись [完] [begin, start]
①〈無補語〉〈対/с対〉から〈事象が〉始まる, 起こる: Бой начался́ канона́дой. 戦闘は一斉砲撃で始まった ②〈時期・年などが〉到来する: Начался́ Но́вый год. 新年になった | Уже́ начина́лся рассве́т. すでに夜明けは始まっていた ③〈空間が〉始まる, 現れる: Ко́нчились дома́, начало́сь то́пкое боло́то. 家並みが終わり沼地が始まった ④〈起源〉とする: Москва́ начала́сь с небольшо́го поселе́ния. モスクワは小集落から起こった ⑤〘不完〙起点をもつ: От пло́щади начина́ется семь у́лиц. 広場から7つの通りが出ている ⑥〈不完〉〈対〉から[с対]〈単語・作品・本などが〉始まる: Его́ отве́тное письмо́ начина́ется шу́ткой. 彼の返信は冗談で始まっている ⑦〈不完〉〔受身〕＜начина́ть①③⑤

＊**начина́юш|ий** [形6] [beginner] ①駆け出しの, 新米の, 新進の: ～ худо́жник или писа́тель 新進の画家または作家 ②～ [男1] / -ая [女2] 初心者, 初学者: кни́га для -их 入門書

**начина́я** [前] 〈с/от対〉…をはじめとして, …から始めて (↔ конча́я)

**начи́нивать** [不完] / **начини́ть**¹ -чиню́, -чи́нишь 受過 -чи́ненный [完] 〈対/圏〉①…を〈ある量〉尖らす, 〈鉛筆などの〉先端を削る ②〘完〙…を〈ある量〉修理[修繕]する

**начиня́ть** [不完] → **начини́ть**², **начи́нка**

**начи́нка** 複生 -нок [女2] ①詰める[充填する]こと 詰め物, 充填物; 〘料理〙(ピロシキ・キャンディーなどの)中身, 具 **//нача́ночный** [形1] <中>

**начиня́ть** [不完] / **начини́ть**² -ню́, -ни́шь 受過 -нённый (-нён, -нена́) [完] ①〈対に圏を〉詰める, 充填する: ～ пирожки́ мя́сом ピロシキに肉を詰める ②〘話〙〈知識・情報を〉詰め込む, 豊富に与える

**начирика́ть** [完] 〘俗〙〈対〉①読みにくい字で汚く書く: Что ты тут начирика́л? ここにこんなに汚く何を書いたの ②下手に描く

**начи́р|кать** 複過 -канный [完] 〘話〙〈対/圏〉〈マッチを〉(ある量) 擦って無駄にする

**начисле́ние** [中5] 〘簿〙①加算する[勘定に入れる]こと ②加算額

**начисля́ть** [不完] / **начи́слить** -лю, -лишь 命 -ли 過 -сленный [完] 〘簿〙①加算する, 算入する: ～ проце́нты на капита́л 元金に利子を付ける ②勘定に加える: ～ трудодни́ 労働日を勘定に加える

**начи́стить(ся)** [完] → **начища́ть(ся)**

**на́чисто** [副] ①きれいに, 仕上げとして: переписа́ть ～ 清書する ②〘俗〙腹蔵なく, 率直に ③〘俗〙完全に; 断

固として
**начистоту́** [副] 〘話〙腹蔵なく, 率直に
**начи́танный** 短 -ан, -анна [形1] 多読の, 博識の: Он был о́чень начи́тан в ру́сской литерату́ре. 彼はロシア文学に非常に造詣が深かった

**начи́тывать**¹ [不完] / **начита́ть** 受過 -и́танный [完] 〈対/圏〉①〘話〙(多量に・ある量)読む ②録音のために読む

**начи́тывать**² [不完] / **начита́ть**² -чту́, -чтёшь 過 -чёл, -чла́ 能過 -чтённый 受過 -чтённый (-тён, -тена́) 副分 -чтя́/-чёв [完] 〈対〉〈人に〉(不当支出を) 弁償させる

**начи́тываться** [不完] / **начита́ться** [完] ①〈圏を〉(たくさん・心ゆくまで)読む ②〈対〉を読み飽きる

**начиха́ть** [完] 〈на対〉①〘話〙くしゃみをして唾[鼻水]を…にはねかける ②〘俗〙…を軽蔑する, 無視する
◆**В нос** ～ **на** 〈対〉〘俗〙…にとって…などどくそくえだ

**начища́ть** [不完] / **начи́стить** -чи́щу, -чи́стишь 命 -чи́сти/-чи́сть 受過 -чи́щенный [完] ①〈対/圏〉〈皮・うろこなどを〉(ある量) 取る, むく ②〈対〉〈圏〉〈念入りに〉磨く [掃除する] ③〈対〉〈圏〉殴る **//～ся** [不完] [完] 自分の服装の汚れを落とす

**начни́** 〔命令〕, **начну́** [1単未] < **нача́ть**

**начсоста́в** [男1] 幹部 (нача́льствующий соста́в)

**начуди́ть** (1人称なし) -ди́шь [完] 〘話〙多くの奇行 [愚行] をする

＊**наш** [ナーシ] [男] на́шего [ヴァ], на́шему, наш/на́шего, на́шим, на́шем, **на́ша** [ナーシャ] [女] на́шей, на́шей, на́шу, на́шей, на́шей, **на́ше** [ナーシェ] [中] на́шего, на́шему, на́ше, на́шим, на́шем, **на́ши** [ナーシ] [複] на́ших, на́шим, на́ши/на́ших, на́шими, на́ших [所有] 〔our〕(★мы に対応する所有代名詞) ①(а)私たち の, 我々の: на́ша ро́дина 我らが祖国 | на́ша компа́ния 弊社 | на́ше вре́мя 現代 (b)〔話し手・書き手から聞き手・読み手に向かって〕いま問題[話題]にしている: геро́й на́шего рома́на この小説の主人公 ②**на́ше** [中名] 〘話〙私たちのもの, 我々のもの: На́ше не уйдёт. 我々のものが消えることはない ③〘比較級短語形・形+а́ших〙我々よりも: Вы зна́ете ме́ньше на́шего. あなた方は私たちよりも物を知らない ④**наш** [男名] / **на́ша** [女名] / **на́ши** [複名] 〘話〙身内の人, 味方, 親しい人
◆**наш с тобо́й** 私と君の: наш с тобо́й гид 私たち2人のガイド | **(служи́ть, угожда́ть) и на́шим и ва́шим** (対立する二者の)あちらに付いたりこちらに付いたりする | **На́ше вам!** 〘俗・戯〙こんにちは | **не на́ше де́ло** 我々には関係ないこと | **на на́ших глаза́х** 我々の目の前で, 目に見えて, 明瞭に

**нашали́ть** -лю́, -ли́шь [完] 〘話〙①さんざんいたずらをする[ふざける] ②禁を犯す

**наша́ривать** [不完] / **наша́рить** -рю, -ришь 受過 -ренный [完] ①〈対/圏〉感触で探り当てる ②〘俗〙〈対/圏〉やっと手に入れる

**нашаты́рь** -я́ [男5] ①〘化〙塩化アンモニウム ②〘話〙アンモニア水 **//нашаты́рный** [形1]

**наше́нский** [形3] 〘俗〙①俺たちの, うちらの, 俺たちのところにあるような ②ロシア[ソ連] 製の

**нашёл** [過去·男] < **найти́**

**нашёптыва|ть** [不完] / **нашепта́ть** -епчу́, -е́пчешь 受過 -ипённый 〘無補語以外〙ささやく, つぶやく; 告げ口する, 陰口をきく ②〘旧〙〈на対に〉呪文を唱える, 呪(まじな)いをかける ③〘俗〙おならをする

**наше́ствие** [中5] 〘文〙襲来: Наполео́на на Росси́ю ナポレオンのロシア襲来 ②〘話〙予期せぬことの出現 [発生]

**на́шивать** [完] 多回 < **носи́ть**

**нашива́ть** [不完] / **наши́ть** -шью́, -шьёшь 命

-шéй 受過 -тый [完] ①〈回〉(表面に)縫いつける ②〈回/圧〉〈衣服を〉縫い着るものを縫って作る

наши́вк|а 複生 -вок [女2] ①縫いつけること；縫いつけられたもの: платье с кружевными ～ами レースを縫いつけたワンピース ②（軍服の）袖章, 肩章, 功労章

нашивно́й [形2] 縫いつけられた

нашинкова́ть [完] / нашинко́вывать -аю, -аешь 受過 -ованный [完]〈回/圧〉（たくさん・ある量）細かく刻む: ～ капу́сту то́нкой соло́мкой キャベツを千切りにする

наши́ть [完] →нашива́ть

нашкодить [完] →шкодить

нашлёпать [完] / нашлёпывать 受過 -панный [完] ①〈話〉〈回〉平手で打つ ②〈俗〉〈回/圧〉〈印・スタンプを〉（ある量）そんざいに押印［捺印］する

нашпиго́вывать [不完] / нашпигова́ть -гу́ю, -гу́ешь 受過 -ованный [完] ①〈回〉〈圧〉〈肉・鳥などに〉ベーコン・野菜・薬味などを詰める［挟む］ ②〈回/圧〉〈詰め物料を〉（ある量）作る ③〈話〉〈回〉〈圧〉〈回〉〈弟子たちや知識・情報などに〉詰め込む，吹き込む

наштукату́ривать [不完] / наштукату́рить -рю, -ришь 受過 -енный [完] ①〈壁などに〉しっくいを塗る ②〈俗〉厚化粧をほどこす ‖ ～ся [不完] /〈俗〉厚化粧をする

нашуме́вший [形6] 大ヒットの, 超大作の, 大評判の

нашуме́ть -млю́, -ми́шь [完] ①大きな音［騒音］をたてる ②〈話〉〈на+圧〉に〉怒鳴りちらす ③〈話〉世間を騒がす

нащёлкивать [不完] / нащёлкать 受過 -канный [完] ①〈話〉〈回〉〈実・種などの〉（たくさん・ある量）殻を割る: ～ оре́хов クルミを割る ②〈回/圧〉（たくさん・ある量）写真を撮る, シャッターを切る ③〈俗〉〈圧〉〈無補語〉指先ではじく ④〈不完〉〈回〉〈鞭などを〉打ち鳴らす ⑤〈回〉（鳥が）さえずる

нащепа́ть -еплю́/-пáю, -е́плешь/-пáешь 命 -пли́/-па́й 受過 -ёпанный [完]〈回/圧〉〈木片・こっぱなどを〉（ある量）割って作る

нащи́пывать [不完] / нащипа́ть -иплю́, -и́плешь/-и́пешь, ...-и́плют/-и́пят -ипли́ 受過 -и́панный [完]〈回/圧〉摘む, むしりとる ②〈話〉〈回〉つねる

нащу́пывать [不完] / нащу́пать 受過 -панный [完] ①感触で探り当てる: ～ в карма́не ключ от ке́та ポケットの中の鍵を探り当てる ②探し出す: ～ ми́ну 地雷を探り出す ③（研究・観察により）究明する ◆ по́чву для ～ …の潮騒をたてる

наэконо́мить -млю, -мишь 受過 -мленный [完]〈話〉〈回/圧〉（たくさん・ある量）節約して蓄める

наэлектризо́вывать [不完] / наэлектризова́ть -зу́ю, -зу́ешь 受過 -ованный [完] ①〈圧〉電気を通す, 充電する, 帯電させる ②興奮［熱狂］させる ‖ ～ся [不完] / ①充電される, 帯電する ②興奮［熱狂］する

наябедничать [完] →я́бедничать

наяву́ [副] 現実に, 夢でなく ◆Сон ～. 夢が現実になった, 正夢だった

на́|да [女1] Н-〈ギ神〉ナーイアス, ナイアデス（川や泉の精） ②〈植〉イバラモ属

наи́гривать [不完]〈回〉夢中になって演奏する

НБА ［エヌベアー］〈略〉Национа́льная баскетбо́льная ассоциа́ция NBA（北米のプロバスケットボールリーグ）

НВФ ［エヌヴェエーフ］〈略〉незако́нные вооружённые формирова́ния 非合法武装集団

НДС ［エヌデエース］〈略〉нало́г на доба́вленную сто́имость 付加価値税

НДПИ ［エヌデペーイ］〈略〉нало́г на добы́чу поле́зных ископа́емых 鉱物資源採取税

※не¹ [=] [助] [not, no]《後続する文成分の否定》 ①（完全否定）…でない, …しない: Он не прие́хал сего́дня. 彼は今日来なかった | Он прие́хал не сего́дня. 今日来たのは今日ではない | Сего́дня прие́хал не он. 今日来たのは彼ではない | Она́ не ду́ра. 彼女はばかではない | Она́ не бере́менна. 彼女は妊娠していない | Вам не хо́лодно? あなたは寒くありませんか | Не ухо́ди. 行かないで | Сего́дня у меня́ не́ было вре́мени разгова́ривать с ним. 今日は彼女と話す時間が無かった ②（無人称）（不可能）〈不定形〉…できない: Тебе́ меня́ не догна́ть. 君は私に追いつくことはできない（не А, а В, не А, но В（対立）АではなくBである: Они́ не ру́сские, а украи́нцы. = Они́ украи́нцы, а не ру́сские. 彼らはロシア人ではなく, ウクライナ人だ ③（接頭辞 ни-の否定代名詞・副詞および副詞во́все, отню́дь などと共に, また副詞совсе́м などの直後で；否定の強調）決して［誰も, 何も, どこにも］…でない, …しない: Об э́том он мне ничего́ не говори́л. そのことを彼は私に何も言わなかった | Ты меня́ во́все не люби́ла. お前は私を少しも愛していなかった ⑤（繰り返される同じ語の間で用いて；曖昧さ・不完全さを表す）…でない: Суп не су́п, ка́ша не ка́ша. スープでも粥でもない（不思議な料理） | Печа́лься не печа́лься, бы́лого не воро́тишь. 悲しもうが悲しむまいが, 過去は取り戻せない ⑤ （副詞ча́сто, весьма́, вполне́ などの直前で用いて；部分否定）さほど…でない: Фина́нсовые результа́ты мину́вшего го́да нас не о́чень ра́дуют. 昨年の財務実績は我々をさほど喜ばせるのではない | Я счита́ю, что э́то не совсе́м пра́вильно. 私はそれが正しいというわけではないと思う ⑦（疑問代名詞・副詞と共に；感嘆文・修辞疑問文による肯定）…しない…があろうか: Кто не лю́бит сла́дкое? 甘いお菓子が嫌いな人なんているのだろうか | Как не люби́ть мне э́ту зе́млю! どうしてこの大地を愛さずにいられようか ⑧(не мочь, не сме́ть および述語副詞нельзя́, невозмо́жно など, 二重否定による肯定)…しないわけにいかない: Нельзя́ не учи́тывать вне́шний фа́ктор. 外的要因を考慮しないわけにはいかない ⑨《前置詞без と共に；限定的肯定》…ないこともない: Я прочита́л не без интере́са два фантасти́ческих сочине́ния. 私は幻想的な二作品を興味を持って読み切った ⑩《на...ся型の動詞と共に；充足不可能》いくら…しても, …しきれない: Гляжу́ — не нагляжу́сь на ру́сские раздо́лье. ロシアの広野は見ても見飽きることがない ◆Не за что! どういたしまして（どうぞ）| не без того́ 〈話〉《肯定の婉曲的に肯定をあらわすところでは: Ты, ка́жется, уста́л? — Не без того́. 「疲れたみたいだね」「まあね」| не до 〈圧〉〈話〉…にとって, …どころではない: Мне не до сна́. 私は眠っていなどいない | не то 〈話〉さもないと | не то́..., не то́... 〈話〉…とも…ともはっきりない: Ему́ хоте́лось не то есть, не то спать. 彼は腹がへったのか眠いのかはっきりない

не² [代]〈否定〉(не́кого, нечего́の前置詞とする際につく接頭辞): Мне не́ с кем танцева́ть. 私には踊る相手がいない | Мне не́ о чем писа́ть. 私には書くべきことがない

не.. 《接頭》〈名詞・形容詞・副詞〉①《元の語の意味と完全に対立する語を形成》「…ない(もの)」「…して」: несча́стье 不幸 | недо́брый 意地の悪い ②《元の語の意味に対し抑制・制限のニュアンスを伴なって対立する語を形成》「たいして」「しく［なく］」: невнима́ние 注意散漫 | неглу́бый ばかりでなく, かなり深い ③《元の語の意味するものの欠如・否定を意味する語を形成》「非…」「不…」「無…」: негра́мотность 非専門家 | необразо́ванность 無教養 | неи́скренний 不誠実な

не́-а, не́-е [助]〈俗〉《否定の応答》いいえ(нет)

**неавтоно́мный** [形1]〖IT〗オンラインの
**неадеква́тн|ый** 短 -тен, -тна [形1]《文》①等しくない、不同の ②不適当な、不十分な
**неаккура́тн|ый** 短 -тен, -тна [形1] ①不注意な ②時間を守らない; だらしのない **//-ость** [女10]
**неактуа́льный** 短 -лен, -льна [形1]《文》問題とされない、今日的な意義を持たない
**неаппети́тн|ый** 短 -тен, -тна [形1] 食欲をそそらない、まずそうな; 魅力のない、つまらない
**небез..**,〈無声子音の前で〉**небес..** 《接頭》「…でなくはない」「かなり…」; **небезвы́годный** かなり有利な
**небезопа́сный** 短 -сен, -сна [形1] 相当危険な
**небезоснова́тельный** 短 -лен, -льна [形1] 根拠がないわけではない
**небезразли́чный** 短 -чен, -чна [形1] まんざら無関心でない
**небезупре́чный** 短 -чен, -чна [形1] 多少の非難を免れない
**небезуспе́шный** 短 -шен, -шна [形1] 失敗というわけではない
**небезызве́стный** [сн] 短 -тен, -тна [形1]《皮肉》かなり有名な、ある程度[多少は]名の通った
**небезынтере́сный** 短 -сен, -сна [形1] かなり[なかなか]面白い、ある程度興味をそそる
**небе́лый** [形1] 漂白していない、無漂白の
**небережли́вый** 短 -и́в [形1] 倹約でない、浪費する
**небес..** → небез..
**небеса́** 《複数; 主格》< небо
**небескоры́стный** [сн] 短 -тен, -тна [形1] 私欲がないわけではない
***небе́сн|ый** [形1]〖sky, heavenly〗①空の、天の: ~ свод 青天井、天空 / -ая синева́ 青空 ②〖天〗天空の、宇宙の: -ые тела́ 天体 / -ые координа́ты 天球座標 / ~ эква́тор〖天〗天の赤道 ③〖宗〗天国の、天の: ~ суд 天の裁き / ~ гром 天罰 / -ая си́ла 神の力 | Ца́рь [Оте́ц] Н~ 神 | Цари́ца [Ца́рствие] H-ая Ма́терь | Ца́рство [Ца́рствие] H-ое 天国 ④《詩》美しい、気高い: -ой красоты́ この世のものとは思えない美女 ⑤空色の: руба́шка -ого цве́та 空色のシャツ
◆ **-ая канцеля́рия**《話・戯》天気の神様
**небесполе́зный** 短 -зен, -зна [形1] まんざら無益ではない
**неблагови́дный** 短 -ден, -дна [形1] ①非難すべき、卑しい ②《旧》醜い、魅力に欠ける、不体裁な
**неблагода́рн|ый** 短 -рен, -рна [形1] ①恩知らずの、やりがいのない、報われない: ~ труд 徒労 ③《話》不向きな、芳しくない **//-ость** [女10]
**неблагожела́тельный** 短 -лен, -льна [形1] たちの悪い、悪意のある
**неблагозву́ч|ие** [中5] 不調和、不一致 **//-ный** [形1]
**неблагополу́чие** [中5] 問題、厄介事
**неблагополу́чн|ый** 短 -чен, -чна [形1] 好ましくない、困った、厄介な **//-о** [副]
**неблагопристо́йн|ый** 短 -о́ен, -о́йна [形1] 無作法な、下品な **//-ость** [女10]
**неблагоприя́тный** 短 -тен, -тна [形1] 好ましくない、不都合な
**неблагоразу́мный** 短 -мен, -мна [形1] 軽率な、分別のない
**неблагоро́дный** 短 -ден, -дна [形1] 卑しい、下等な
**неблагоскло́нный** 短 -о́нен, -о́нна [形1] 好ましくない
**неблагоустро́енный** 短 -ен, -енна [形1] 不便な、準備不足の
**нёбный** [形1]〖音声〗口蓋(音)の

***не́б|о** [ニェーバ] 複 небеса́, небе́с, небеса́м (по́ небу, по не́бу; на́ небо, на не́бе; на́ небе, на не́бе) [中1]〖sky, heaven〗①空、天: голубо́е ~ 青空 / звёздное ~ 星空 | Луны́ не́ было на ~е. 空には月が出ていなかった | Самолёт лети́т в ~е. 飛行機が空を飛んでいる ②《宗》天国、天 ③ 楽園、至福
◆(как) ~ и земля́ 天と地ほどかけはなれた、月とスッポンだ、雲泥の差だ |〖図〗**вознести́ [превознести́] до небе́с** …をほめちぎる、激賞する | **на седьмо́м -е** 有頂天で: Она́ была́ на -е́ от ра́дости. 彼女はうれしくて天にも昇る心地だった | (как) с-а свали́ться [упа́сть]《話》(1) ほとずれる (2) 別世界から来た人のように(常識がない) | упа́сть с ~а на зе́млю 夢想から現実に引き戻される | копти́ть ~ 無為に過ごす | **ме́жду -ом и землёй (жить, находиться)** (1) 宿なしで (2) はっきりしない状態で | **уви́деть ~ в алма́зах** 望みが叶う、うまくいく | **показа́ть** 〖図〗 ~ **в алма́зах** …を懲らしめる、痛い目に遭わせる | **уви́деть ~ в кле́точку** 《俗》投獄される | **с-а сы́паться** 《俗》何も努力しないで手に入る
**нёбо** [中1]〖解〗口蓋: твёрдое [мя́гкое] ~ 硬[軟]口蓋
**небога́тый** 短 -а́т [形1] ①質素な、あまり資産のない ②つつましい
***небольш|о́й** [ニバリショーイ] 短 невели́к, -ка́ (★ невели́кий の短語尾形で代用) [形1]〖small, little〗(1)(寸法・規模が) 小さい; (数量が) 少ない; (時間が) 短い: -а́я ко́мната 小さな部屋 | ~ би́знес 小規模事業 / -а́я су́мма 少額 | ~ срок 短期間 ②(程度・重要度・力の入り方が) 弱い、小さい: ~ дождь 小雨 | -а́я про́сьба ちょっとした頼みごと ③(人が) 地位 [身分] が低い、目立たない: ~ чино́вник 小役人 | ~ арти́ст 並みの俳優 ◆ **с -и́м** より少し多い、～余り: за год с -и́м до президе́нтских вы́боров 大統領選挙の1年余り前に | **За -и́м де́ло ста́ло [останови́лось]**. 些細なことが原因で物事が停滞した
**небосво́д** [男1] = не́бо①
**небоскло́н** [男1] ①地平線 [水平線] 上の空 ②《通例詩》= не́бо①
**небоскрёб** [男1] 超高層ビル、摩天楼
**небо́сь**《助》《俗》《挿入》たぶん、おそらく、きっと: Вы, ~, проголода́лись? 君たち、お腹がすいたんじゃないか | ②(怖いが・心配せずに) …だろう: Плыви́, ~, не уто́нешь. 泳いでみて、溺れないだろう
**небреже́ние** [中5]《旧・文》①ぞんざいな態度、軽視、無視、不注意 ②放置、ほったらかし
**небре́жность** [女10] ①怠慢、不注意 ②《旧》放置、ほったらかし
***небре́жн|ый** 短 -жен, -жна [形1]〖careless, sloppy〗①(責務・仕事に対して) 怠慢な、不注意な: ~ официа́нт 怠慢なウェイター ②ぞんざいな、粗雑な、無造作な、ぞんざいに~された: ~ в оде́жде 衣服に無頓着な | ~ по́черк 乱筆 ③軽視的な、冷淡な、無遠慮な、馴れ馴れしい: ~ общение с клие́нтом 顧客との無遠慮な受け答え **//-о** [副]
**небри́тый** 短 -и́т [形1] ひげを剃っていない
**небыва́лый** [形1] ①未曾有の、前代未聞の、希有の ②架空の、空想上の
**небыли́ц|а** [女3] つくり話、駄ぼら、嘘: **сочини́ть [приду́мать] ~ы** つくり話をでっち上げる | **сплести́ [распусти́ть] ~ы на** 〖図〗 …について根も葉もないことを言いふらす ②おとぎ話、滑稽な民話
**небытие́** [中5]《文》①存在の欠如、無 ②完全な忘却 ◆ **уйти́ в ~** 消滅する、忘れ去られる
**небью́щийся** [形6] 割れない、壊れない
**Нева́** [女1] ネヴァ川(サンクトペテルブルクを流れる川)

**неважнéцкий** [形3] 《俗》= невáжный② // **неважнéцки** [無人述] Что́-то мне́ сего́дня ~. 何か今日はちょっと体調がよくない

***невáжно** [ニヴァージナ] ①[副] あまりよくなく, 芳しくなく: Ты́ вы́глядишь ~. お前, 顔色があまりよくないよ ②[無人述] あまりよくなく, 芳しくない: У него́ со здоро́вьем ~. 彼は健康がすぐれない

**невáжн|ый** 短 -жен, -жнá, -жно, -жны/-жны́ [形1] ① 重要でない, 取るに足らない ② 短 -жен, -жна́ [形1] ② あまりよくない, 芳しくない

**неваля́шка** 複生 -шек [女2] 《話》起き上がり小法師

**невдалекé** [副] ① 近くに, 近所に ② 近い将来に

**невдомёк** [副] Мне́ ~, как он э́то узна́л. 彼がどうやってそのことを知ったのか私にはわからない

**неведе́ни|е** [中5] 無知: по ~ию 無知ゆえに ♦ пребыва́ть в блаже́нном ~ии 《皮肉》何の苦労も知らずにいる

**неве́домо** ①[副]《話》〔通例疑問詞と共に〕…とも知れず, …ともわからず: Он яви́лся ~ отку́да. 彼はどこからともなく現れた ②[無人述] わからない, 不明だ: Мне́, что происхо́дит. 何が起きているのか私にはわからない

***неве́дом|ый** 短 -ом [形1]〔unknown〕① 未知の: ~ая часть земно́го ша́ра 地球の未知の部分 ② 神秘的な, 不可思議な: ~ая си́ла 不思議な力

**неве́жа** (女4変化)[男・女] 無作法者, 無礼な人

**неве́жда** (女1変化)[男・女] 無学[無教養]な人, 無知な人 |<в副>... 

**неве́жественн|ый** 短 -ен/-енен, -енна [形1] ① 無学な, 教養のない人: ~ в медици́нских вопро́сах 医療問題に疎い ② 無学[無知]に起因する: -ое сужде́ние 素人判断 // -ость [女10]

**неве́жество** [中10] ① 無学, 無知な事, 無知: во францу́зском языке́ フランス語の素養がないこと ②《話》無作法, 無礼な振る舞い

**неве́жлив|ый** 短 -ив [形1] 無作法な, 無礼な: -ый отве́т 失礼な返事 // -ость [女10]

**невезе́ние** [中5] 不運であること, ついていないこと

**невезу́нчик** [男2] 《俗》運の悪い人, ついていない人

**невезу́ха** [女2] 《俗》不運さ, ついていないこと

**невезу́ч|ий** 短 -у́ч [形6] 《話》不運な, ついていない // -есть [女10]

**невели́кий** 短 -и́к, -и́ка [形3]〔通例短尾〕① 小さい, 小柄な ② 取るに足らない

**невели́чка** 複生 -чек (女2変化)[男・女]《民話・詩・話》小柄な人, 小さい動物: пти́чка-~ 小鳥

**неве́рие** [中5] ① 不信, 信用しないこと: ~ в со́бственные си́лы 自分の力に自信がないこと ② 不信心, 無信仰

**неве́рн|ый** 短 -рен, -рна́, -рно [形1] 〔incorrect〕 ① 正しくない, 誤った, 不正確な: ~ые сведе́ния 誤った情報 ② 正常でない, 狂った: -ая рабо́та дви́гателя エンジンの異常作動 ③ 信用できない, 不誠実な; 不貞の ④ 頼りない, 不安定な: -ые шаги́ 危なっかしい足取り //-о [副] //-ость [女10]

**невероя́тно** [副] 信じがたいほど, 非常に

**невероя́тность** [女10] 信じがたいこと;〔通例複〕ありそうもない事柄 ♦ до-и 非常に, 信じられないほど

***невероя́тн|ый** 短 -тен, -тна [形1] 〔improbable〕 ① ありそうもない: -ые слу́хи 信じがたい噂 ② 非常に大きい, 並外れた: -ые уси́лия 途方もない努力

**неве́рующ|ий** [形6] 信仰を持たない, 信仰心の, 無宗教の ||[男名]・ая [女] 不信心な者, 無神論者

**невесёлый** 短 -ве́сел, -весела́, -ве́село, -ве́селы/-весёлы [形1] 悲しげな, 陰鬱な, ふさいだ

**невесо́мость** [女10] ①〔<невесо́мый ②〕《理》

無重力: состоя́ние ~и 無重力状態

**невесо́мый** 短 -о́м [形1] ① 重量のない, 極めて軽い ② 取るに足らない: ~ аргуме́нт 薄弱な論拠

***неве́ст|а** [ニヴェースタ] [女1]〔fiancée, bride〕①(女性の)婚約者; 花嫁, 新婦 ②《話》結婚適齢期の女性

**неве́стка** 複生 -ток [女2] 息子の妻, (実の・義理の)兄弟の妻

**неве́сть** [副] 《俗》〔疑問詞と共に〕…とも知れず, …ともわからず: Н~ отку́да появи́лась соба́ка. どこからとも知れず犬が現れた ♦ ~ как 非常に; 立派でもなく | ~ како́й 相当な; さほどでもない | ~ ско́лько とても多い: Де́нег у него́ ~ ско́лько. 彼がどのくらい金を持っているかわかったものではない | ~ кто 誰か偉い人 | ~ что 何か非凡な[驚くべき, 重要な]こと

**невеще́ственный** 短 -ен/-енен, -енна [形1] 非物質的な, 精神的な

**невзго́д|а** [女1] 〔通例複〕不幸, 災難, 逆境: душе́вные -ы 心労

**невзира́я** [на附] ①…にもかかわらず, をものともせず ♦ ~ на ли́ца だれかれの区別なく | ~ ни на что́ 事情がどうであろうと

**невзлюби́ть** -юблю́, -ю́бишь [完]〈対〉…が嫌いになる, …に憎悪を感じる

**невзнача́й** [副]《話》不意に, 偶然に, 思いがけず

**невзно́с** [男1]《公》(通例 банковский)の未払い, 未納

**невзра́чн|ый** 短 -чен, -чна [形1] みすぼらしい, 不体裁な, 魅力のない: -ая фигу́ра ぶざまな容姿

**невзыска́тельный** 短 -лен, -льна [形1] 要求が控えめな, 口やかましくない, こだわりのない, 簡素な

**неви́даль** [女10]《話・皮肉》見たこともないもの, 珍しいもの ♦ Эка́~! 《蔑》〔反語的〕何も珍しくない

**неви́данный** 短 -ан, -анна [形1] 見たことのない, 未曾有(みぞう)の, 稀有の, 異常な, 驚くべき, 空前の

**неви́димк|а** 複生 -мок [女1] ①[男・女]《民話》姿を消すことができる人[動物, 物]: челове́к-~ 透明人間 || ша́пка-~ かぶると姿を消せる帽子 ② 細いヘアピン ♦ -ой こっそりと, 密かに

***невиди́м|ый** 短 -им [形1] 〔invisible〕目に見えない, 目立たない, 隠れた: сшить ша́почку -ым швом 縫い目が見えないように帽子を縫う ♦ бое́ц -ого фро́нта 秘密警察職員(←ほえない戦線の兵士)

**неви́дный** 短 -ден, -дна [形1] ① 見えない ②《話》取るに足らない

**неви́дящий** [形6] ①(眼差しが)うつろな, ぼんやりした ② 視力がない[弱い], 盲目の

***невинн|ый** 短 -и́нен, -и́нна [形1] 〔innocent〕① 無罪の: -ая же́ртва 罪なき犠牲者 ② 無邪気な, 純朴な, あどけない ③ 悪意のない: -ая шу́тка 悪気のない冗談 ④ 純潔な, 無垢な; 童貞の: -ая де́вушка 処女 // -ость [女10]

**невино́вность** [女10] 無罪, 無実(であること): доказа́ть свою́ ~ 自らの無実を証明する

**невино́вн|ый** 短 -вен, -вна [形1] 無罪の, 無実の: Я уве́рен, что вы невино́вны. 私はあなたが無罪だと信じている

**невку́сн|ый** 短 -сен, -сна́/-сна, -сно, -сны/-сны́ [形1] 口に合わない, まずい; 好ましくない

**невменя́емость** [女10]《法》責任無能力, 心身喪失

**невменя́емый** 短 -ем [形1]①《法・医》責任能力がない, 心神喪失の ②《話》自制を失った, 激昂(げっこう)した

**невмеша́тельство** [中10] 不干渉, 不介入: поли́тика -а 不介入政策

**невмоготу́** [無人述]《話》〈与〉にとって我慢できない, 無理だ: Така́я жизнь мне ~. このような暮らしは我慢できない | Мне уже́ ~ ждать. もう待っていられない

**невмо́чь** [無人述]《俗》= невмоготу́

**невнима́ни|е** [中5] ①不注意, 注意散漫: по ~ию不注意で ②〈к圄に対する〉軽視, 冷淡, 無関心で: ~ к ста́ршим 年長者を敬わないこと

**невнима́тельн|ый** 短-лен, -льна [形1] ①不注意な, 注意力が散漫な: そそっかしい, ぼんやりした: ~ое отноше́ние к своему́ здоро́вью 自分の健康に対するぞんざいな対応 | -ое чте́ние ⑪いい加減な読み方 ②冷淡な, 無愛想な, 不親切な **∥-ость** [女10]

**невня́тный** 短-тен, -тна [形1] ①聞き取りづらい, 不明瞭な ②わかりづらい, はっきりしない, 漠然とした

**не́вод** 複-á/-ы [男1] 漁網: ставно́й ~ 建て網 | закидно́й ~ 地引き網 | кошелько́вый ~ 巾着網, дóнный подвижно́й ~ 底引き網

**невозбра́нный** 短-анен, -а́нна [形1]《文》禁止されていない, 障害［抵抗］のない: ~ до́ступ 出入り自由

**невозврати́мый** 短-и́м [形1]《文》= невозвра́тный

**невозвра́тн|ый** 短-тен, -тна [形1]《雅》戻ることのない, 取り返しのつかない: -ые го́ды ю́ности 戻ることのない青春時代

**невозвраще́н|ец** -нца [男3] **/-ка** 複生-нок [女2]《話》祖国［故郷］に帰らない人;《政》亡命者

**невозвраще́ние** [中5] 帰ってこない［返済しない］こと

**невозде́ланный** [形1] 未耕作の

**невозде́ржанн|ый** 短-ан, -анна [形1] 暴飲暴食の, 不摂生な, 気ままな **∥-ость** [女10]

**H**

***невозмо́жно** [ニヴァズモージナ]〔impossible〕① [無人述] 不可能だ: Я~ предста́вить себе́ язы́к без слов. 言葉のない言語は想像できない | Э́ту те́хнику ~ поня́ть сра́зу. この技術はすぐには理解できません | ~ упря́мый челове́к とても頑固な人 ②[副]《話》とても, 極端に, あり得ないほど: ~ жа́рко とても暑い

**невозмо́жность** [女10] 不可能(性) ◆**до́ и́** この上なく, 耐えられないほど

***невозмо́жн|ый** [ニヴァズモージヌィ] 短-жен, -жна [形1]〔impossible〕① 不可能な, あり得ない: -ое [中5] 不可能なこと: Твой план абсолютно невозмо́жен. 君の計画は全く実現不可能だ | Н-ое ста́ло возмо́жным. 不可能なことが可能になった ②《話》堪えがたい, 許しがたい, ひどい, とんでもない: ~ая жара́ 堪えがたい暑さ | Це́ны на жильё про́сто -ые! 家賃が全くとんでもない!

**невозмути́м|ый** 短-и́м [形1] ①沈着な, 冷静な: ~ челове́к 冷静な人 ②乱されることのない: -ая тишина́ 深い静けさ **∥-ость** [女10] **<①**

**невозобновля́емый** [形1] 再生不可能な

**нево́л|ить** -лю, -лишь [不完] **/при~** [完]《話》〈в阿に［不定形に］強制する, 強いる: Тебя́ никто́ не нево́лит идти́. 誰もお前に行くことを強いてはいない

**нево́льни|к** [男2] **/-ца** [女3] ①奴隷 ②〈生阿の〉虜(エタッネッヘ): ~ че́сти 名誉心の虜 **∥-чий** [形9]

***нево́льно** [副]〈involuntarily〉①〔完了体動詞の未〕故意でなく, うっかり, 偶然に: ~ услы́шать разгово́р 会話を偶然耳にする ②思わず, 無意識に: ~ напра́шивается вопро́с [вы́вод]. 思わず疑問［結論］が浮かんだ ③意に反して, 強いられて: ~ согласи́ться 不本意ながら同意する

**нево́льн|ый** 短-лен, -льна [形1] ①故意でない; 偶然の: ~ свиде́тель たまたま居合わせた目撃者 ②無意識の, 不随意の: -ая улы́бка 思わず浮かんだ微笑 | -ые слёзы ひとりでに湧き出る涙 ③強いられた, 不本意な: -ое призна́ние 強制された自白

**нево́л|я** [女5] ①《雅》奴隷［捕虜］の身分［状態］, 束縛, 拘束, 監禁;（動物が）檻に入れられていること: жить в -е 囚われの身で暮らす ②《話》強制, 必要 ◆**Охо́та пу́ще -и.** 好きこそのもの上手なれ(←やる気は強制より強い)

**невообрази́мый** 短-и́м [形1] 想像しがたい, 異常な

**невооружённ|ый** [形1] 武装していない ◆**-ым гла́зом** ⑴肉眼で ⑵《戯》ちょっと見ただけで, 難なく

**невоспи́танный** 短-ан, -анна [形1] 育ち[しつけ]の悪い, 無作法な

**невоспламеня́емый** [形1] 不燃性の, 燃えにくい

**невосполни́м|ый** 短-и́м [形1]《雅》償いがたい, 取り返しのつかない: ~ уро́н 取り返しのつかない損失

**невосприи́мчив|ый** 短-ив [形1] ①物わかりの悪い, 理解力がない ②《医》〈к圄に〉免疫がある **∥-ость** [女10]

**невостре́бованн|ый** [形1]《公》(配達物・貨物が)受取人からの請求がない, 受取人のない: -ое письмо́ 配送先不明の手紙

**невпопа́д** [副]《話》場違いに, 見当違いに; 折悪しく (↔впопа́д): отвеча́ть ~ 見当違いの返事をする

**невпрово́рот**《俗》①[無人述] 〈生阿〉が山ほどある ②[副] 非常にたくさん

**невразуми́тельн|ый** 短-лен, -льна [形1] 理解しにくい, 不明瞭な: ~ отве́т 要領を得ない返事

**невралги́я** [女9] 《医》神経痛: межрёберная ~ 肋間神経痛 | ~ седа́лищного не́рва 坐骨神経痛 **∥-и́ческий** [形3]

**неврастени́|к** [男2] **/-чка** 複生-чек [女2] 神経衰弱患者

**неврастени́ческий** [形3] 神経衰弱の

**неврастени́я** [女9] 《医》神経衰弱

**невреди́м|ый** 短-и́м [形1] 無傷の, 無事な ◆**це́лый [живо́й] и ~ = цел [жив] и невреди́м** 無事に: Он верну́лся с войны́ живы́м и -ы́м. 彼は戦争から無事帰還した

**невре́дн|ый** 短-ден, -дна [形1] 無害な;《話》(人が)毒のない

**неври́т** [男1] 《医》神経炎

**невро́з** [男1] 《医》神経症, ノイローゼ

**невроло́ги|я** [女9] 《医》神経学 **∥-и́ческий** [形3]

**невропато́лог** [男2] 神経科医, 神経病理学者

**невропатоло́ги|я** [女9] 《医》神経病理学 **∥-и́ческий** [形3]

**невро́тик** [男2] 神経症患者

**невроти́ческий** [形3] 神経症 (невро́з) の

**Не́вский** [形3変化] [男] アレクサンドル・ネフスキー (Алекса́ндр Яросла́вич ~, 1221-63; Но́вгород大公 (1236-51), ウラジーミル大公 (1252-63); 氷上の戦い (1242); 正教会で列聖)

**невтерпёж** [無人述]《俗》〈与阿〉にとって我慢できない, 堪えがたい: Мне ста́ло ~. 私は我慢できなくなった ◆**уж за́муж ~.** 結婚したくてしたがっている(通例勉強したがらない結婚適齢期の女性に対して)

**невы́года** [女1] ①不利 ②損失

**невы́годн|ый** 短-ден, -дна [形1] ①不利な, 不都合な ②利益のない, 割に合わない

**невы́держанн|ый** 短-ан, -анна [形1] ①自制心のない ②均一でない, むらがある ③(ワイン・チーズが)熟成していない **∥-ость** [女10]

**невы́езд** [男1]《公》禁足, 外出[移動]禁止: подпи́ска о ~e 定住所不離誓約書

**невыездно́й** [зн] [形1]《史・俗》出国が禁止された

**невылазн|ый** 短-зен, -зна [形1]《話》①通行[抜け出すこと]が困難な ②逃れられない, 活路のない

***невыноси́м|ый** 短-и́м [形1]〔intolerable〕堪えがたい, ひどい: -ая жара́ 酷暑 | Он стал про́сто не-

**вы́носим.** 彼は全く鼻持ちならないやつになった

**невы́плата** [女1] 《公》不払い, 不払

**невыполне́ние** [中5] 不履行: ~ контра́кта 契約不履行 | ~ обяза́тельств 債務不履行

**невыполни́мый** 短-и́м [形1] 実行不可能な, 実用的でない

**невырази́мый** 短-и́м [形1] 《文》言葉で表現するのが困難な, 筆舌に尽くしがたい: ~ая красота́ えもいわれぬ美しさ | ~ у́жас 言いようのない恐怖

**невырази́тельный** 短-лен, -льна [形1] 無表情な, 特徴のない

**невы́сказанный** [形1] (思っても)口に出さない, 言葉で表現されていない

\***невысо́к|ий** 短-о́к, -ока́, -о́ко/-око́ [形3] [not high] (低い, 高さが) 高くない: Он невысо́кого ро́ста, но у него́ ~и́е ноги 彼は背が低い | -ое ка́чество това́ров 商品の質の悪さ

**невы́ход** [男1] 《話》① 欠席, 欠勤: ~ на рабо́ту [слу́жбу] 欠勤 ② (出版物の) 不刊行, 休刊

**невя́зка** 複生 -зок [女1] ①偏差, 逸脱, 《製図で》線[寸法]の不一致 ②《話》不調和, 食い違い

**нег|а** [女2] ①満足, 充足: жить в ~е 何不自由なく安逸に暮らす ②安らぎ, 至福, 悦楽 ③優しさ, 愛情

**негабари́т** [男1] 規格外 (の寸法)

**нега́данный** [形1] 《話》思いがけない, 不意の

**негаси́мый** 短-и́м [形1] 《詩》(炎・愛い) 永遠の

**негати́в** [男1] ①《写》ネガ, 陰画 ②《話》《集合》否定的な[好ましくない]情報

\***негати́вный** 短-вен, -вна [形1] [negative] (ま尾)《写》ネガの: -ая плёнка ネガフィルム ②《文》否定的な(↔пози́тивный): -ые эмо́ции 悪感情 | -ая оце́нка 芳しくない評価 | -ое влия́ние 悪影響

**негашён|ый** [形1] ①-ая и́звесть (消石灰でない) 生石灰 | -ая ма́рка (消印のない) 未使用切手

\***не́где** [ニェーグヂェ] [無人述] [nowhere] 《与に とって 不定形する》 …する場所がない, どこからも…できない: Н~ отдохну́ть. 保養する場所がない | Мне ~ взять де́нег на лече́ние. 私には治療費を工面する当てがない

**неги́бкий** 短-бок, -бка́, -бко [形1] ①曲げられない, 堅い, 柔軟の利かない

**негла́сный** 短-сен, -сна [形1] 秘密の, 内密の, 非公開の: ~ суд 秘密裁判 | -ым о́бразом 秘密裡に

**неглиже́** (不変)[中]ネグリジェ

**неглубо́кий** 短-о́к, -ока́, -о́ко/-око́ [形3] 浅めの, 深みのない, うわべだけの

**неглу́п|ый** 短-у́п, -упа́, -у́по, -у́пы/-упы́ [形1] ①かなり利口な, 賢そうな ②道理にかなった, 賢明な

**него́** [男・中・生・対格] <он 《前置詞の後で》

**него́дни|к** [男2] / -ца [女3]《話》ろくでなし, 困り者

**него́дность** [女10] <него́дный①:прийти́ в ~ 使えなく[役に立たなく]なる

**него́дн|ый** 短-ден, -дна́, -дно, -дны/-дны́ [形1] ①使用に適さない[堪えない], 役に立たない ②《話》質(ﾀ)の悪い, 下劣な, 卑しい: ~ челове́к やくざ者 | руга́ться -ыми слова́ми 口汚なく罵る

**негодова́ние** [中5] 憤慨, 激怒: прийти́ в ~ 憤慨する | привести́ [в] ~ 憤慨させる | c -ием [в -ии] 憤慨して | вы́звать у 囲 ~ を激怒する

**негодова́ть** -ду́ю, -ду́ешь [不完] <на囲/про́тив 囲>に憤慨する, 激怒する

**негоду́ющий** [形6] 《雅》怒りに満ちた, 憤慨した

**него́д|яй** [男6] / -яйка -я́ек [女3] ろくでなし, 卑劣漢

**него́же** [副] 《旧・俗》①[謂] 悪く, 下品に ②[無人述] 《不定形する》べきでない, してはいけない

**него́жий** 短-о́ж [形6] 《旧・俗》= него́дный

**негостеприи́мный** [形1] 無愛想な, 不親切な

**негосуда́рственн|ый** [形1] 非国立[営], 私立の

[営], 民間[営]の: -ое уче́бное заведе́ние 私立教育機関

\***негр** [男1] / **~ит́янка** 複生 -нок [女2] [black people] ①《話・蔑》黒人, ニグロ ②《俗》他人のためにこき使われる人 ◆литерату́рный ~ ーゴーストライター

**негра́мотный** 短-тен, -тна [形1] (а) 読み書きができない, 非識字の (b) ~ [男名]/-ая [女名] 非識字者 ②無知な, 必要な知識[技能]が欠如した: юриди́чески ~ рабо́тодатель 法律にうとい雇用主 ③誤りがある, 間違った **//негра́мотност|ь** [女10]: ликвида́ция -и 非識字の撲滅

**негритёнок** -нка 複 -тя́та, -тя́т [男9] 《話・蔑》黒人の子ども

**негритя́нка** →негр

**негритя́нский** [形1] 《話・蔑》黒人 (негр) の

**негро́мкий** 短-мок, -мка́, -мко [形3] ①音の小さい ②あまり知られていない, 目立たない

**негума́нный** [形1] 非人道的な, 無慈悲な, 残酷な

\***неда́вний** [形8] [recent] 最近の, 近頃の；最近きた: ~ слу́чай 最近の出来事 | -яя моги́ла 最近きた墓 | ② 最近までの: Как ~ студе́нт че́стно скажу́. 最近まで学生だったまして正直に申し上げます

\***неда́вно** [ニダーヴナ] [副] [recently] ①最近, 近頃 (★「最近ずっと」は в после́днее вре́мя を使う), さっき, ついこの間: А́нна ~ вы́шла за́муж. アンナは最近結婚した | Он ~ ушёл с рабо́ты. 彼は最近退職した ②少し前から: Мы живём здесь ~. 我々はしばらく前からここに住んでいる

**недалёк|ий** 短-ёк, -ека́, -ёко/-еко́ 比 неда́льше [形3] ①(距離的に) 近い, 近くの, 短距離の ②(時間的に) 近い, つい最近の ③ <短г主> от <в あ 状態・程度に>近い: Он недалёк от и́стины. 彼の言うことは真実に近い ④《話》(親族関係が) 近い, 近縁の ⑤ 短-ёк, -ёка, -ёко》あまり賢くない, 愚かな: Он был ~ -ого ума́. 彼はあまり賢くなかった

\***недалеко́** [ニダリコー], **недалёко** [ニダリョーカ] 比 неда́льше **I** [副] [not far] (距離・時間的に)近くに: жить ~ от шко́лы 学校の近くに住んでいる **II** [無人述] ①(距離的に)近い: От до́ма до ста́нции ~. 家から駅までは近い ②(時間的に)近い, 間近だ: До Рождества́ ~. もうすぐクリスマスだ ③<主は до 囲まで>ある状態・程度まで》もう少しだ: Ему́ ~ до поте́ри рассу́дка. 彼は正気を失う寸前だ

◆~ ходи́ть [идти́] за 造 ≈~ иска́ть 造 …は身近にある: За приме́ром ходи́ть ~. 例は身近にある

**недальнови́дный** 短-ден, -дна [形1] 先見の明がない

**неда́ром** [副] [not in vain] ①無駄[無益]でなく, かいがあって: Н~ я прие́хал сюда́. ここへ来たかいがあった ②理由があって: Йо́гурт ~ счита́ется поле́зным. ヨーグルトが体にいいと考えられているのはわけがある ③目的があって: Он зашёл ко мне ~. 彼は何か魂胆があって私のところに立ち寄った

**недви́жимость** [女10] 《法》不動産, 固定資産

**недви́жим|ый** 短-им [形1] ①《文》動かない, 動かない: ~ во́здух よどんだ空気 ②《長尾》不動産の(↔дви́жимый): -ое иму́щество 不動産

**недвусмы́сленный** 短-ен, -енна [形1] 明白な, 曖昧でない

**недееспосо́бн|ость** [女10] ①《法》無資格, 能無力, 資格剥奪 **//-ый** [形1]

**недействи́тельн|ый** 短-лен, -льна [形1] ①《法》法的効力がない, 無効な ②実在しない, 架空の **//-ость** [女10]

**недели́ка́тный** 短-тен, -тна [形1] 分別のない, 軽率な, ぶしつけな, 下品な

**недели́м|ый** 短-и́м [形1] ①分割できない, 不可分

**неде́лька** 複生-лек [女2] ①〔話〕〔指小〕<неде́ля ②〔俗〕(化粧品など)1週間分のセット; 7枚セットのパンツ

\*неде́л|я [-ɛдʲɛ-лʲя] [女5] [week] ①週、一週間: на про́шлой -е 先週 | на э́той -е 今週 | на сле́дующей [бу́дущей] -е 来週 | в нача́ле сле́дующей -и 来週の初めに | Мы встреча́емся два́жды в -ю. 私たちは週に2回会っている | Мо́й сын пое́дет в го́ры на -ю. 息子は1週間の予定で山に行く | Она́ -ями не быва́ла до́ма. 彼女は何週間も家に帰らなかった ②〔催し・行事としての〕…週間: де́тской кни́ги 児童図書週間 | ～ борьбы́ с наркома́нией 麻薬中毒撲滅週間 ■ **рабо́чая** ～ 週間労働日数〔時間〕: пятидне́вная *рабо́чая* ～ 労働週5日制

..неде́льный [語形成]「…週間の」: шестинеде́льный 6週間の

**недемократи́ческий** [形3] 非民主(主義)的な

**недемократи́чн|ый** 短-чен, -чна [形1] 非民主的な、民主的でない、民主主義に基づいていない **//-о** [副]

**недержа́ние** [中5] 堪えられないこと ■ ～ **мочи́** [医]尿失禁, 遺尿 (энуре́з)

**неде́тск|ий** [ц] [形3] 〔俗〕強烈な、唖然とさせる、甚だしい: -ая цена́ べらぼうな値

**недёшево** [副]〔話〕かなりの金額で、結構高い

**недисциплини́рованн|ый** 短-ан, -анна [形1] しつけのわるい, 行儀の悪い; 規律の徹底していない

**недо..** [語形成]「不完全」「不十分」

**недобира́ть** [不完]/**недобра́ть** -беру́, -берёшь 過-а́л, -ала́, -а́ло 受過-о́бранный [完]〈対/生〉集め足りない: ～ слу́шателей 聴講者を定員に満たしきれない

**недобо́р** [男1] 獲得〔収穫, 生産, 徴収〕不足; (その)不足量〔数, 額〕: ～ нало́гов 税の徴収不足〔額〕

**неброжела́тель** [男5] 他人の不幸を願う人、恨み **//-ница** [女10]

**недоброжела́тельн|ость** [女10] 悪意, 憎悪, 恨み **//-ый**

**недоброка́чественн|ый** 短-ен, -енна [形1] 品質不良の, 質〔出来〕の悪い: ～ ремо́нт тра́нспортных сре́дств 車両の整備不良 **//-ость** [女10]

**недобросо́вестн|ый** [сн] 短-тен, -тна [形1] 不誠実な, 非良心的な, まじめな ②ぞんざいな, ずさんな, いい加減な, 悪質な **//-ость** [女10]

**недо́бр|ый** 短 -о́бр, -обра́, -о́бро, -о́бры/-обры́ [形1] ①敵意〔悪意〕のある 〈к+与〉 | 〔長尾〕ая不吉な, 不快な, 悪い: -ая ве́сть 凶報 | -ое [中名] 不幸, 凶事 ③〔長尾〕不名誉な, 悪い: оста́вить по себе́ -ую па́мять 悪名を残す

\***недове́рие** [中5] [distrust] ①不信, 疑惑: вы́разить ～ 与 …に不信の意を表明する | относи́ться с -ием к 与 …に不信の態度をとる ②不信任: резолю́ция -ия прави́тельству 政府不信任決議

**недове́рчивый** 短-ив [形1] 疑い深い, 信用しない

**недове́с** [男1] 量目不足, 重量不足, 目切れ; 不足量

\***недово́льн|ый** [-дʲвоː-рлʲый] 短-лен, -льна [形1] [dissatisfied] ①〈対〉…に対して不満な: Автолюби́тели -ы повыше́нием цен на то́пливо. マイカー族は燃料の値上げに不満だ ②不満げな、不機嫌そうな: -ое лицо́ 不機嫌そうな顔

\***недово́льств|о** [中5] [dissatisfaction] ①〈対に対する〉不平, 不満: вы́разить ～ состоя́нием городски́х доро́г 街の道路の状態に対する不満を言う ②〔複〕不平〔不満〕の言葉: Надое́ло слу́шать -а кли́ентов. 顧客の不平を聞くのにうんざりした

**недога́дливый** 短-ив [形1] 理解の遅い, 頭の悪い

**недогля́дывать** [不完]/**недогляде́ть** -яжу́, -яди́шь [完] ①〈за+造〉(不注意で)見落とす, 見逃す: ～ опеча́тку в те́ксте テキストの誤植を見落とす ②〈за+造〉の監視〔注意〕を怠る

**недогово́рённость** [女10] ①言い残し, 言い落とし ②合意の欠如, 意見の食い違い

**недодава́ть** -даю́, -даёшь 命-ва́й 副分-ва́я [不完]/ **недода́ть** -да́м, -а́шь, -а́ст, -ади́м, -ади́те, -аду́т со -а́й 過 -о́дал, -ода́л, -одала́, -о́дало/-ода́ло 受過 -о́данный [完]〈対/生/<ある数量>少なく渡す, ごまかす: Он *недо́дал* [недода́л] мне пятьдеся́т рубле́й. 彼は50ルーブル少なくくれた

**недоде́ланный** [形1] ① 短 -ан, -ана未完成の ②〔俗〕ばかな, 愚鈍な

**недоде́лка** 複生-лок [女2] 〔話〕未完成の(事, 物), 未完成の部分, 不備, 欠陥

**недоде́лок** -лка [男2] 〔俗〕ばか, まぬけ

**недоде́рживать** [不完] / **недодержа́ть** -ержу́, -е́ржишь 受過-е́ржанный [完] 〈対〉露出〔露光〕不足にする

**недоеда́ние** [中5] 栄養不足, 摂食不足

**недоеда́ть** [不完] 栄養不足になる, 十分食べない

**недозво́ленный** [形1] 許されない, 不正の, 非合法の

**недозре́лый** [形1] 未熟な, 未発達の, 幼稚な

**недои́мка** 複生-мок [女2] 未納金, 滞納金

**недои́мщик** [男2] 未納者, 滞納者

**недока́занный** [形1] 立証されていない, 未確認の

**недоказу́емый** 短-ем [形1] 証明できない, 立証不能な

**недоко́нченный** [形1] 未完成の, 不十分な

**недо́лга ◆ (вот) и вся́** ～ 〔話〕それで終わりだ, ただそれだけのことだ

**недо́лгий** 短 -лог, -лга́, -лго [形3] 短い, 簡潔な

\***недо́лго** ①〔副〕しばらくの間: Разгова́ривали мы со́всем ～. 私たちが話をしたのはほんの少しの間だ ②〔無人述〕〔話〕〔通例 и を伴う〕〈不定形〉…するのは簡単だ, たやすく〔あっけなく〕…しかねない: Та́к ～ и но́гу слома́ть. そんなことではすぐに足を骨折しかねる

**◆ – ду́мая** 即座に, ためらわずすぐ

**недолгове́чный** 短-чен, -чна [形1] 短命な, つかの間の, はかない

**недолёт** [男1] 〔軍〕(弾丸などが)目標に届かないこと

**недолю́бливать** [不完] 〔話〕〈対/生〉あまり好きになれない, なんとなく嫌う

**недоме́рок** -рка [男2] 〔話〕寸法不足のもの

**недомога́ние** [中5] 病気ぎみ, 気分がすぐれないこと: физи́ческое ～ 身体違和感 | у́треннее ～ 悪阻 (т̾)

**недомога́ть** [不完] 病気ぎみである, 気分がすぐれない

**недомо́лвк|а** 複生-вок [女2] 言わずにおくこと, ほのめかしにとどめること: говори́ть –ами 遠まわしに言う

**недомы́слие** [中5] 思慮不足

**недонесе́ние** [中5] 説明不足, 隠蔽: ～ о преступле́нии 〔法〕重罪隠匿

**недоноси́тельство** [中1] (犯人・犯罪の)隠蔽罪, 不申告罪

**недоно́сок** -ска [男2] 〔医〕早生児, 未熟児

**недоно́шенный** 短-ен, -ена [形1] 早産の, 月足らずの: ～ ребёнок 早生児

**недооце́нивать** [不完] / **недооцени́ть** -еню́, -е́нишь 受過-нённый [完] 〈対の〉過小評価する, みくびる

**недооце́нка** 複生-нок [女2] 過小評価, 軽視

**недопёсок** -ска [男2] 〔俗〕①〔狩猟〕ホッキョクギツネの子 ②大人の犬, 若い犬

**недопла́чивать** [不完] / **недоплати́ть** -ачу́, -а́тишь 受過-а́ченный [完] 〈対の〉払い残しがある

**недополуча́ть** [不完] / **недополучи́ть** -учу́, -у́чишь受過-у́ченный [完] 〈⊞〉(必要な分・思っていたより)少なく受け取る

**недопонима́ние** [中5]〔話〕理解不足, 認識不足

**недопусти́м|ый** 短-и́м [形1] 許しがたい, 容認しがたい **∥-о** [副]

**недорабо́тка** 複生-ток [女2] 不備, 欠陥; 未完成の部分

**недора́звит|ый** 短-ит [形1] 発育不全の, 発達の遅れた: ~ ребёнок 発達障がいの子 **∥-ость** [女10]

*__**недоразуме́н|ие**__ [ниэдαразумéниэ] [中5] [misunderstanding] ①誤解, 思いちがい: по ~ию 誤解から, 誤って | рассе́ять ~ 誤解を解く ②相互理解の不足, いさかい, 悶着: кру́пное ~ 大げんか

**недорого́** 短-до́рого [副] 高くない, 安い

**недорого́й** 短-до́рог, -дорога́, -до́рого [形4] 安い, 手ごろな価格の

**недоро́д** [男1] 不作, 凶作

**не́доросль** [男5] ①〔話・皮肉〕浅薄〔やや愚か〕な若者 ②〔露史〕(18世紀の)未成年[未勤務]貴族

**недоса́ливать** [不完] / **недосоли́ть** -олю́, -о́лишь/-оли́шь 受過-о́ленный/-олённый (-лён, -лена́) [完] 塩を十分に入れない

**недоска́занность** [女10] 控え目な表現

**недослы́шать** -шу, -шишь [完] 〈完/⊞〉聞き漏らす, 聞き落とす ②〔話〕よく聞こえない

**недосма́тривать** [不完] / **недосмотре́ть** -мотрю́, -мо́тришь受過-мо́тренный [完] ①(不注意で)見落とし, 見逃す ②〈за⊞〉監視[注意]を怠る

**недосмо́тр** [男1] ①監視不十分, 不注意: по ~у 不注意のために ②不注意による過失[失策]

**недосо́л** [男1] 塩味不足, 薄塩

**недосоли́ть** [完] →недоса́ливать

**недоспа́ть** [完] →недосыпа́ть

**недостава́ть** -таёт / **недоста́ть** -а́нет [完] 〔無人称〕〈⊞〉に⊞が不足している, 足りない, 欠けている 《不完》に⊞が必要だ, 欠くべからず, なくて残念だ: Нам недостаёт тебя́. あなたがいなくて私たちは困っている ◆ э́того (ещё) недостава́ло 嫌になってしまう, いまいましい

*__**недоста́т|ок**__ [ниэдαста́тαк] -тка [男2] [lack] 〈⊞/в⊞における〉 ①欠点, 欠如, 短所: вскрыть ~ки в рабо́те 仕事の欠点をあばく | ~ слу́ха 聴覚障がい ②〔通例複〕〔話〕窮乏, 貧困: Несмотря́ на ~ки и нужды́, она́ была́ сча́стлива. 貧困と困窮にもかかわらず彼女は幸せだった ③〈⊞〉~: материа́ла 材料不足 | ~ в квалифици́рованных рабо́чих 熟練工の不足 ◆ нет ~ка в ⊞ …に不足はない, 事欠かない

*__**недоста́точно**__ [ниэдαста́тαчнα] [not enough] ①[副] 十分に…ない: Он счита́ет себя́ ~ тала́нтливым. 彼は自分を才能不足と思っている ②〔無人称〕〈⊞〉が足りない, 十分でない: У меня́ сейча́с ~ де́нег. 私は今お金が足りない

*__**недоста́точн|ый**__ 短-чен, -чна [形1] [insufficient] ①不足の, 乏しい, 十分でない: Моя́ зарпла́та абсолю́тно ~а. 私の給料では全然足りない | ~ глаго́л〔文法〕不完全動詞 ②不完全な, 根拠が薄弱な: Ули́ки бы́ли при́знаны ~ыми. 証拠は不完全なものと認められた **∥-ость** [女10]

**недоста́ть** [完] →недостава́ть

**недоста́ча** [女4] ①〔話〕= недоста́ток③ ②(検査・勘定で判明した)資金・商品・財貨の不足

**недостаю́щий** [形6] 不足している, 欠けている

**недостижи́м|ый** 短-и́м [形1] ①達成[到達, 実現]不可能な: ~ая мечта́ 叶わぬ夢 ②比類なき, 完璧な **∥-ость** [女10]

**недостове́рн|ый** 短-рен, -рна [形1] 当てにならない, 出所の怪しい

**недосто́й|ный** 短-о́ин, -о́йна [形1] 〈⊞/不定形〉…に値しない, …の価値のない; …としてふさわしくない: ~ внима́ния пустя́к 注意に値しない些事(ё) ②尊敬に値しない, 品行が悪い, 恥ずべき

*__**недосту́пн|ый**__ 短-пен, -пна [形1] [inaccessible] ①近づきがたい: ~ая го́рная тропа́ 通り抜けできない山道 ②入手[獲得]できない: Эта шу́ба для меня́ ~а. この毛皮のコートはとても手が届かない ③理解しがたい ④会う[連絡する]ことが不可能な: Абоне́нт вре́менно недосту́пен, перезвони́те по́зже. ただいま電話に出ることができません, しばらくたってからお掛け直し下さい (携帯電話の自動音声メッセージ) ⑤(人が)打ち解けない, とっつきづらい **∥-ость** [女10]

**недосу́г** [男1] 《話》①多忙 ②〔無人称〕〈⊞にとって/不定形〉暇がない: Мне ~ спо́рить с тобо́й. お前と言い争っている暇はない

**недосчи́тываться** [щ] [不完] / **недосчита́ться** [щ] [完] 〈⊞〉(計算・勘定で) …の不足[不在]に気づく

**недосыпа́ть** [不完] / **недоспа́ть** -плю́, -пи́шь過-па́л, -пала́, -па́ло 受過-о́спанный [完] 〈無補語/⊞〉ある時間分〉寝足りない

**недосяга́емый** 短-ем [形1]《文》①達成[到達, 実現]不可能な ②比類なき, 完璧な

**недотёпа** [女1/2) [男・女]《話》まぬけ, のろま

**недотро́га** [女2変化)] [男・女]〔話〕怒りっぽい人, 冗談が通じない人 ②[植]ツリフネソウ属: ~ бальзами́новый ホウセンカ

**недоу́здок** -дка [男2] (牛馬の)端綱(ほずな)

**недоумева́ть** [不完] 理解できない, 不審に思う, 当惑する

*__**недоуме́н|ие**__ [中5] 当惑, 不審, ためらい, とまどい: быть в ~ии どうしたら良いかわからない | вы́звать ~ у ⊞ ~を当惑させる | Он посмотре́л на меня́ с ~ием. 彼は私をいぶかしげに見つめた

**недоуме́нный**, 《話》**недоу́менный** [形1] 当惑した, 不審そうな

**недоу́мок** -мка [男2]《俗》ばか, 脳足りん

**недоу́чка** 複生-чек [女2変化)] [男・女]〔話〕(学問・知識が)中途半端な人, 半可通

**недочелове́к** [男1]《文》知性[品性]の劣る人, 劣等者

**недочёт** [男1] ①(勘定・計算の結果判明する)不足, 欠損: ~ су́ммы 金額の不足 ②不足, 欠乏: из-за ~а витами́нов ビタミンの欠乏により ③〔通例複〕欠点, 欠陥: воспо́лнить ~ы ~を補う

*__**не́др|а**__ недр [複] ①地中, 地下; 地下資源: в ~ах земли́ 地中に | разрабо́тка недр 地下資源の採掘 ②内部, 奥: в ~ах прави́тельства 政府内部で | в ~ах души́ 心の奥底で

**недре́млющий** [形6], **недрема́нный** [形1] 用心深い, 油断のない

**не́друг** [男2] ①敵 ②《雅・民話・詩》敵軍

**недружелю́б|ный** 短-бен, -бна [形1] 不親切な, よそよそしい, 非友好的な, 打ち解けない

**недру́жественный** 短-ен/-енен, -енна [形1] 非友好的な, 敵対する

**недру́жный** 短-жен, -жна [形1] (気持ちが)ばらばらの, 仲の悪い

**неду́г** [男2] ①病気, 疾患 ②悩み, 心痛

**недурн|о́й** 短-у́рен/-урён, -урна́, -у́рно, -у́рны/-у́рны [形2] ①悪くない, かなりよい, なかなかいい ②〔通例短尾; 時にсобо́йと共に〕容姿が美しい: Она́ ~а́ собо́й. 彼女はなかなかの美人だ **∥ неду́рно** [副]

**неду́рственный** 短-ен/-енен, -енна [形1]《話・戯・皮肉》= недурно́й①

**недю́жинный** [прил1] 非凡な, 卓越した, 並々でない

**неё** [女性: 生・対格] <óн (★前置詞の後で)

**неесте́ственный** 短 -ен/енен, -енна [прил1] ① わざとらしい, とってつけたような, 不自然な: ~ смéх 作り笑い ② 異常な, 不自然な: -ая смéрть 変死 | в -ой пóзе 変な姿勢で ∥-о [副] ∥-ость [女10]

**нежда́нно-нега́данно** [副] 全く思いがけず, だしぬけに, 不意に

**нежда́нный** 短 -áнен, -áнна [прил1] 思いがけない, 意外な, 不意の: ~ гóсть 不意の客

**нежела́ние** [中5] 気の進まないこと, 不本意

*нежела́тельный** 短 -лен, -льна [прил1] 〔undesirable〕① 望ましくない, 不適当な: -ое поведéние 望ましくない振る舞い ② 〔文〕不快な, 嫌な ∥-о [副] ∥-ость [女10]

**не́жели** [接] 〔文〕…よりも(чем)

**нежена́тый** 短 -áт [прил1] (男性が)独身の, 未婚の

**нежéнка** 複生 -нок (女2変化) [男・女] 〔話〕甘やかされた人, ひ弱な人

**нежи́в** [прил2] ① 死んだ: Ребёнок роди́лся ~. 子どもは死産だった ② 無生物の, 無機の: -ая приро́да 無生物界 ③ 生気[元気]のない, (色・光などが)くすんだ: ~ взгля́д うつろな眼差し

**нежи́зненный** 短 -ен, -енна [прил1] ① 実行不可能な ② 気味の悪い, この世のものとも思えない

**нежило́й** [прил2] ① 人が住んでいない; 空き家[部屋]特有の ② 居住用でない, 居住に適さない

**не́жить¹** [不完] -жу, -жишь <iзн> ① 甘やかす, かわいがる, 大事にする ② 心地よくする, うっとりさせる ∥~**ся** [不完] 心地良さを楽しむ, うっとりする

**не́жить²** [女10] 〔集合〕(伝説上の) 妖精, 妖怪

**нéжничать** [不完] <c iзн> 優しくする, 優しい言葉をかける; ちやほやする

*нéжно** [нареч] 〔tenderly〕① 優しく, 愛を込めて: Óн ~ взя́л её рýку. 彼はそっと彼女の手をとった ② 心地よく, 甘美に: Мýзыка игра́ет ~. 音楽が優美に響いている

*нéжность** [女10] 〔tenderness〕① 優しさ, 柔らかさ, 優美さ: ~ кóжи 肌の柔らかさ | говори́ть с -ью в го́лосе 優しい声で話す ② 〔通例複〕優しい言葉[態度]; ひ弱さ, 意気地なさ: говори́ть -и 優しい言葉をかける | Чтó за -и! 何と意気地がないことか

**нéжный²** [нареч-ая] 短 -жен, -жна́, -жно, -жны/-жны́ 比 -нéе 最上 -нéйший [прил1] 〔tender〕① 優しい, 柔和な, 愛情のこもった: Óн нéжен со свóей женóй. 彼は妻に優しい | ~ взгля́д 柔和な眼差し ② 柔らかい, 手触りのよい: -ая дéтская рýчка 柔らかい子どもの手 ③ (視覚・聴覚・嗅覚・味覚に)優美な, 甘美な: -ые зву́ки скри́пки ヴァイオリンの優美な音色 | ~ зáпах 甘美な香り ④ 繊細な, か弱い, もろい: -ое сложе́ние きゃしゃな体格 ⑤ (年齢が)若い, 弱年の: ~ во́зраст 弱年

**незабве́нный** 短 -éн/-éнен, -éнна [прил1] 〔雅〕忘れがたい: ~ дру́г 忘れがたい友

**незабу́дка** 複生 -док [女2] 〔植〕ワスレナグサ属

**незабыва́емый** 短 -ем [прил1] 〔文〕忘れられない

**незаве́ренный** [прил1] 保証されていない, 資格のない

**незавершёнка** 複生 -нок [女2] 〔俗〕未完成の建築物件, 未完の作業, 中途半端な仕事

**незавершённый** [прил1] 未完成の

**незави́дный** 短 -ден, -дна [прил1] うらやむに値しない, 好ましくない: -ая судьба́ あやかりたくない運命

*незави́симо** [нарéч] 〔independently〕① 独立して, 自立して, 自主的に: жи́ть ~ 自活する | мы́слить ~ 自主的に思考[判断]する ② 〈oт囮〉に関係なく, かかわらず: Мы приглаша́ем всéх жела́ющих, ~ от во́зраста. 年齢を問わず希望者を全員招待する

*незави́симость** [женсимаст] [女10] 〔independence〕① 独立, 自立, 自主性: национа́льная ~ 民族の独立 | ~ мы́сли思考の自主性 | ~ суде́бной вла́сти 司法権の独立 ② 無関係

*незави́симый** [зависим] 短 -им [прил1] 〔independent〕① 独立の, 自立した: -ое госуда́рство 独立国家 | ста́ть -ым от роди́телей 親から自立する | -ая пре́сса 独立系報道機関 ② 自主的な, 独自の: -ая поли́тика 自主的政策 | ~ хара́ктер 自主的性格 | ~ взгля́д 独自の見解 ③ 〈oт囮〉とは: 無関係の: дела́, -ые от прямы́х обя́занностей 直接の職務とは関係ない仕事 ■Н-ая газе́та 独立新聞(新聞名)

**незави́сящий** [прил1] <oт囮とは: 無関係の: -по -им oт 囮 причи́нам …とは関係のない理由で

**незада́ча** [女4] 〔話〕不首尾, 不成功, 不調; 不運

**незада́чливый** 短 -ив [прил1] 〔話〕① 不首尾な, 不運な ② 失敗ばかりする, 要領が悪い

*незадо́лго** [наречь] 〔до囲/пе́ред囲〕…の少し前に, 直前に: ~ до са́ммита サミットの直前に | Н~ пéред исчезнове́нием она́ звони́ла домо́й. 失踪の少し前に彼女は自宅に電話をかけていた

*незако́нный** 短 -óнен, -óнна [прил1] 〔illegal〕① 違法な, 不法な: -ое форми́рование 非合法武装集団(略 НВФ) | ~ аре́ст 不法監禁 ② 法的手続きを踏んでいない: ~ бра́к 事実婚, 内縁 ③ 〔話〕私生の, 嫡出でない

**незако́нченный** [прил1] 未完成の, 不完全な, 不十分な ∥**-ость** [女10]

**незамедли́тельный** 短 -лен, -льна [прил1] 《公》即時の, 遅滞なき: ~ отвéт 即答 ∥-о [副]

**незамени́мый** 短 -им [прил1] ① 他に代えがたい, 不可欠な ② 償いがたい, 取り返しのつかない

**незамерза́ющий** [прил6] 不凍性の, 凍らない

*незаме́тно** [незаметна] [наречь] 〔imperceptibly〕① [副] 気づかれない[目立たない]ように, こっそり, いつの間にか: ~ войти́ в ко́мнату こっそり部屋に入る | Вре́мя лете́ло ~. いつの間にか時間がすぎていった ② [無人述] …とは見えない, …の気配もない: Бы́ло ~, что́бы он спеши́л. 彼が急いでいるようには見えなかった

*незаме́тный** 短 -тен, -тна [прил1] ① 目立たない, 人目を引かない, 感知しがたい: ~ шо́в 目立たない縫い目 | -ая бо́ль かすかな痛み | -ая поте́ря の軽微な損害 ② (通例長尾)平凡な, 取るに足らない: Oна́ с ви́ду -ая, но о́чень тала́нтливая. 彼女は見た目はぱっとしないが非常に才能がある

**незаму́жняя** [прил8] (女性が)未婚の, 独身の (★男性は холостóй)

**незамыслова́тый** 短 -áт [прил1] 〔話〕① 単純な, 簡単な ② 無邪気な, お人よしの ∥**-ость** [女10]

**незапа́мятный** [прил1] 遠い昔の, 太古の

**незапя́тнанный** 短 -ан, -анна [прил1] 汚点のない, 申し分のない

**незарабо́танный** [прил1] 働かずして得た, 不労の

**незара́зный** 短 -зен, -зна [прил1] 非伝染性の

**незаслу́женный** [прил1] 不当な, 不相応な

**незастро́енный** [прил1] 未開発の, 建物のない

**незате́йливый** 短 -ив [прил1] 〔話〕① 単純な, 簡素な, 手の込んでいない ② (人が)素朴な, 飾り気のない

**незауря́дный** 短 -ден, -дна [прил1] 非凡な, 抜きんでた, 卓越した: ~ые спосо́бности 非凡な才能

**не́зачем** [副] 〔話〕〔無人述〕<不定形(不完)>…する機会[必要]がない, …しても無駄だ: Н~ тра́тить дéньги на нену́жные ве́щи. 不必要な物に金を使う必要はない

**незачёт** [男1] 〔俗〕小試験(зачёт)での不合格

**незащищённый** [прил1] 無防備な; 社会保障のない

**незва́ный** [прил1] 招かれていない; 押しかけての

**нездéшний** [прил8] ① 〔話〕この土地のものでない, よそ

の ②《詩》この世のものではない、あの世の

**нездоро́виться** -и́тся [不定][不人称]〈⑤は〉体調[気分]が悪い: Мне с утра́ *нездоро́вится*. 私は朝から気分がすぐれない

**нездоро́в|ый** -о́в [形1] ①病気の, 病弱な, 体調[気分]が悪い ②〔長尾〕不健康そうな, 病的な ③健康に有害な, 悪い ④〔長尾〕異常な, 不健全な, 不当な: -*ая* конкуре́нция на ры́нке труда́ 労働市場における不当な競争

**нездоро́вье** [中4] 病気, 体調不良

**незе́мн|о́й** [形2] ①地球外の, 天空の ②《詩》この世のものとは思えない, 超自然的な, 崇高な, 理想的な

**незлоби́вый** -и́в [形1] 温厚な, 善良な

**незлопа́мятный** -тен, -тна [形1] 寛大な, 快く許す

*__незнако́м|ец__ -мца [男3] / __-ка__ 複生 -мок [女2] 〔stranger〕見知らぬ人

*__незнако́м|ый__, [ニズナコームイ] -о́м [形1] 〔unknown〕①未知の, 見知らぬ: Ко мне́ подошёл ~ мужчи́на. 見知らぬ男の人が歩み寄って来た ｜ ~ по́черк 見慣れぬ筆跡 ②〈с⑤〉知り合いでない: Я *незнако́м* с ва́шей жено́й. 私はあなたの奥さんとは面識がない ③〈⑤にとって〕馴染のない, 無縁の: На́шему поколе́нию дефици́т *незнако́м*. 我々の世代にとって物不足は馴染のないものだ ④〈с⑤〉…にうとい, …を知らない: лю́ди, -*ые* с информацио́нными техноло́гиями 情報技術に疎い人々

**незна́ние** [中5] 知らないこと, 無知, 不案内

**незна́чащий** [形6] 意味のない, 取るに足らない

*__незначи́тельн|ый__ -лен, -льна [形1] 〔insignificant〕①(大きさ・数量・程度が)小さい, わずかな: -*ые* затра́ты わずかな費用 ｜ ~ уще́рб 小さな損失 ②重要でない, 些細な, 取るに足らない: -*ое* наруше́ние ПДД 軽微な交通規則違反 ｜ -*ая* граммати́ческая оши́бка 些細な文法上の誤り ③(社会的地位が)低い: ~ пост в налого́вой инспе́кции 税務署のしがない役職 ④目立たない, 地味な: -*ое* лицо́ 地味な顔立ち **‖ -ость** [女10]

**незна́ющий** [形6]〈⑤を〉知らない

**незре́лый** -е́л [形1] 未熟な, 未発達の: ~ во́зраст 未成年

**незри́мый** -и́м [形1]《文》目に見えない, 隠れた, 秘められた

**незы́блем|ый** -ем [形1] ①不動の, 堅固な: -*ая* осно́ва 堅固な土台 ②確固たる, 揺るぎない: -*ая* ве́ра в побе́ду 勝利への確信 **‖ -ость** [女10]

*__неизбе́жно__ [副] 不可避的に, 必然的に: Неосторо́жное обраще́ние с огнём ~ приво́дит к пожа́ру. 不注意な火の取り扱いは必ず火災を招く

*__неизбе́жн|ый__ -жен, -жна [形1] 〔inevitable〕①不可避の, 避けられない, 必然的な: свести́ к ~ уще́рб к ми́нимуму 不可避的な損失を最小限にとどめる ｜ ~ коне́ц 当然の結末 ②〔話〕例の, お決まりの: у́жин с -*ой* окро́шкой いつもの冷スープ付き夕食 **‖ -ость** [女10]

**неизбы́вн|ый** -вен, -вна [形1]《文》克服しがたい, 堪えがたい, 静まらない

**неизве́данн|ый** -ан, -анна [形1]《雅》①未知の, 未調査の: ~ край 未踏の地 ②経験したことのない: -*ое* чу́вство 味わったことのない感覚

*__неизве́стно__ [сн] [ニズヴェースナ]〔unknown〕①[副]《疑問詞と共に》…かわからない: Он уе́хал ~ куда́. 彼はどこかへ行ってしまった ｜ Мы съе́ли ~ что. 私たちは何だかわからないものを食べた ②[無人述] わからない: Н~, говори́т ли он пра́вду и́ли нет. 彼が本当のことを言っているのかどうかわからない

**неизве́стност|ь** [女10] ①未知, 無名 ②未知の場所 ③〔旧〕〈о⑥に関する〉情報[知識]の欠如 ④つつましく目立たぬ生活: жить в -*и* ひっそり暮らす

*__неизве́стн|ый__ [сн] [ニイズヴェースヌイ] -тен, -тна [形1]〔unknown〕①〈⑤にとって〉未知の, 不明の, 見知らぬ: По -*ой* нам причи́не прое́кт был заморо́жен. 我々の知らない理由で計画は凍結された ｜ радиа́ция -*ого* происхожде́ния 発生元が不明の放射能 ｜ ~ нау́ке ви́рус 学術的に未知のウイルス ②〈⑤にとって〉馴染みのない, 無縁の: Угрызе́ния со́вести ему́ -*ы*. 彼は良心の呵責とは無縁だ ③無名の: ~ писа́тель 無名の作家 ④ ~ [男名] / -*ая* [女名] 見知らぬ人 ⑤-*ое* [中名] 《数》未知数 (↔изве́стное): уравне́ние с двумя́ -*ыми* 二元方程式

**неизгла́димый** -и́м [形1]《文》消し[忘れ]がたい

**неи́зданный** [形1] 未発表の, 未刊の

**неизлечи́мый** -и́м [形1] 不治の, 癒やせない

*__неизме́нно__ [副] ①変わらず, 一定不変に: ~ сохраня́ть свою́ популя́рность 相変わらず人気を保つ ②いつも, 常に: Она́ ~ опа́здывает на свида́ния. 彼女はいつもデートに遅れる

*__неизме́нн|ый__ -е́нен, -е́нна [形1]〔invariable〕①不変の, 恒常的な: -*ые* при́нципы 不変の原則 ｜ ~ спрос 恒常的な需要 ②いつもの, お決まりの: Она́ сиде́ла в своём -*ом* пальто́. 彼女はいつものコートを着ていた ③忠実[誠実]な, 裏切らない: ~ друг 腹心の友 **‖ -ость** [女10] <①②>

**неизменя́емый** -ем [形1] 変更できない, 不変の

**неизмери́мо** [副]《比較級と共に》①はるかに, ずっと: ~ лу́чше はるかによい ②非常に, 極めて

**неизмери́м|ый** -и́м [形1]《文》計り知れぬほどの, 無限の: -*ые* простра́нства はてしない空間

**неизрече́нн|ый** -ён, -ённа [形1]《旧》筆舌に尽くせない, 言語に絶する: -*ое* блаже́нство 至福の境地

**неизъясни́мый** -и́м [形1]《文》説明しがたい, 形容しがたい, 言いようのない

**неиме́ние** [中5] ◆*за -ием* ⑤《文》…がないので: *за -ием* лу́чшего それよりよいものがないので

**неимове́рный** -рен, -рна [形1] 信じられないほどの, 途方もない, 並々ならぬ **‖ -о**

**неиму́щий** [形6] 財産[資産]を持たない, 無産の, 貧乏な: -*ие* слои́ о́бщества 社会の貧困層

**неинтере́сн|ый** -сен, -сна [形1]〔uninteresting〕興味のない, つまらない, 退屈な: Мне *неинтере́сен* спорт. 私はスポーツに興味がない

**неискорени́мый** -и́м [形1]《文》根絶しがたい

**неи́скренн|ий** -енен, -енна, -енне/-енно, -енни/-енны [形8] 本音を言わない, 偽善的な

**неиску́шённ|ый** -ён, -ённа [形1] 経験不足の, 不慣れな, 世間知らずの **‖ -ость** [女10]

**неиспове́димый** -и́м [形1] 不可解な, 理解しがたい

**неисполне́ние** [中5]《公》不履行: вы́говор за ~ распоряже́ния 命令不履行に対するお咎め

**неисполни́м|ый** -и́м [形1] 実行[履行]不可能な, 実現[成就]し得ない: -*ая* мечта́ 叶わぬ夢

**неиспо́рченный** -ен, -енна/-ена [形1] 汚れを知らない, 自分を見失っていない, 甘やかされていない

**неисправи́мый** -и́м [形1] ①修正[訂正]不可能な, 直せない ②手に負えない, 頑固な

**неиспра́вность** [女10] ①故障, 欠陥, 不備, 不具合 ②だらしなさ, ずさんさ, 怠慢, (支払いの)滞り, (服装の)乱れ

**неиспра́вн|ый** -вен, -вна [形1] ①故障した, 欠陥[不備]のある: самолёт с -*ым* дви́гателем エンジンが故障した飛行機 ②だらしない, ずさんな, いい加減な, 怠慢な: ~ плате́льщик 支払いの滞る人

**неиссяка́емый** short -ем [形1] 尽きることない, 無尽蔵の, 無限の

**не́йстовство** [中1] ①感情の激発, 逆上, 熱狂, 狂暴 ②(通例複)残虐行為, 凶暴

**не́йствовать** -твую, -твуешь [不完] ①逆上 [激昂]している; (海・風などが)荒れ狂う ②残虐に振る舞う, 凶暴きわまる行為をする

**не́йстов|ый** short -ов [形1] ①逆上[激昂]した, 抑制のきいていない, 熱狂的な ②激しい, 猛烈な: -ые аплодисме́нты 万雷の拍手

**неистощи́мый** short -и́м [形1] [文] ①尽きることのない, 無尽蔵の, 無限の ②(話題・発想が)豊富な

**неистреби́мый** short -и́м [形1] [雅] 根絶しがたい

**неисчерпа́емый** [ш] short -ем [形1] [雅] 尽きることのない, 無限の, 無尽の

**неисчисли́мый** [ш] short -и́м [形1] [雅] 数え切れない, 計り知れない, 無数の

**ней** [女性]; 与・造, [前置格] < **он** (★ 前置詞の後で)

**нейло́н** [男1] ナイロン // **-овый** [形1]

**неймёт, неймёт** -твую, -твуешь [不完] [話] 取らない, つかまない
◆ (Хоть) ви́дит о́ко, да зуб -. (手に入れられそうで入らない, 高嶺の花 (= 目では見えるが歯ではつかめない))

**неймётся** [不完] [話] ①(祖)はじっとしていられない: Чего́ тебе́ всё -? なぜお前はいつもじっとしていられないの ②(祖)は[不定形]…したくてたまらない: Ему́ - узна́ть. 彼は知りたくてたまらない

**нейролингви́стика** [女2] [言]神経言語学

**нейро́н** [男1] [生理] ニューロン, 神経細胞

**нейрохиру́рг** [男2] 脳神経外科医

**нейрохирурги́я** [女9] 脳神経外科学

**нейти́** -йду́, -йдёшь -ида́ -идя́ (★ 不定形・現在形・副分詞のみ) [不完] [旧] = не идти́

**нейтрализа́тор** [男1] 中和剤 [物]: каталити́ческий ~ 触媒コンバーター

**нейтрализова́|ть** -зу́ю, -зу́ешь 受 過 -о́ванный [不完・完] ①(囲) 中立化する ②(影響・作用などを)弱める, 無力化する: ~ вре́дное влия́ние 悪影響を除去する ③[化・言] 中和する ④[俗] 殺す, 消す // **-а́ция** [女9]

**нейтралите́т** [男1] ①[国際法] 中立, 局外中立: сохрани́ть [соблюда́ть] ~ 中立を維持する[守る] | вооружённый ~ 武装中立 ②(争いに) 干渉しないこと, 不偏不党

**нейтра́лка** 複生 -лок [女2] [話] ①中立地帯 ②(車のギアの) ニュートラル

* **нейтра́льн|ый** short -лен, -льна [形1] [neutral] ①中立の, 中立的な, 不偏不党の: -ое госуда́рство 中立国 | -ые во́ды 公海, 中立水域 | заня́ть -ую пози́цию в конфли́кте 紛争で中立的な立場をとる ②はっきりとした特徴のない, 中間的な: -ая те́ма разгово́ра 当り障りのない話題 | ~ цвет 中間的な色 | Это ма́сло облада́ет -ым вку́сом и арома́том. この油は無味無臭だ ③[化] (pHが) 中性の: ~ раство́р 中性溶液 ④[理] (電気的に) 中性の, 帯電していない // **-ость** [女10]

**нейтри́н|о** (不変) [男1] [理] ニュートリノ, 中性微子 // **-ный** [形1]

**нейтро́н** [男1] [理] ニュートロン, 中性子 // **-ный** [形1]

**некази́стый** short -и́ст [形1] [話] みすぼらしい, 醜い

**нека́чественный** short -ен, -енен, -енна [形1] 低品質の

**неквалифици́рованный** short -ан, -анна [形1] 無資格の, 不適任な, 訓練を受けていない; 特殊技能が不要な

* **не́кий** (男) -коего, -коему, -кий/ -коего, -ким, -коим, -коем, **не́кая** (女) -кой/-коей, -кой/-коей, -кую, -кой/-коей, -кой/-коей, **не́кое** (中) -коего, -коему, -кое, -ким/-коим, -коем, **не́кие** (複) -ких, -коих, -ким, -ким/-коим, -кие, -ких/-коих, -ких [代] [不定] [some, certain] ①(よく知らない人の名と共に) …某, …とかいう人: Там рабо́тал не́кий Кузнецо́в. そこではクズネツォフとかいう人が働いていた ②ある, ある種の (не́который): Мы́сли мои́ блужда́ют в не́ком фантасти́ческом ми́ре. 私の思いはある幻想的な世界をさまよっている

* **не́когда¹** [ニェーカグダ] [副] [have no time] [述語] [(祖)にとって [不定形する]]時間[暇]がない: Мне — сейча́с объясня́ть вам. 私には今あなたに説明する時間がない | Ему́ сего́дня ~. 彼には今日は暇がない

* **не́когда²** [ニェーカグダ] [副] [once] かつて, ずっと以前に: Н- здесь бы́ло о́зеро. かつてここは湖だった

* **не́кого** [в] [ニェーカヴァ] (主格なし) не́кому, не́кого, не́кем, не́ о ком (★前置詞は分離された не́ の後に挿入) [代] [否定] [there is nobody] <(祖)に [不定形すべき]> 人がいない: Н- здесь оста́вить. 誰もここに残していく人がいない | Мне не́ с кем танцева́ть. 私には踊る相手がいない | Н- о ком бы́ло вспо́мнить. 思い出す相手がいなかった

**некомме́рческ|ий** [形3] 非営利の: -ая организа́ция 非営利団体, NPO

**некомпете́нтный** short -тен, -тна [形1] 無能な, 無資格の

**некомпле́кт** [男1] 不足; 欠員 // **-ный** [形1]

**неконверти́руем|ый** [形1] (通貨が) 国内のみで通用する: -ая валю́та ソフト・カレンシー, 軟貨

**некондици́я** [女9] 欠陥品, 規格外品

**неконкурентоспосо́бный** short -бен, -бна [形1] 競争力のない

**неконституцио́нный** short -о́нен, -о́нна [形1] 違憲の

**неконтроли́руемый** [形1] 抑えられない, 手に負えない

**некорре́ктный** short -тен, -тна [形1] 失礼な, 無作法な, 無礼な

* **не́котор|ый** [ニェーカタルイ] [形1変化] [some, certain] [代] [不定] ある, ある種の; 若干の, 多少の: -ое вре́мя しばらくの間 | ~ срок 少々の間 | на ~ пору しばらく前から | в [до] -ой сте́пени = в -ом ро́де = (獄) -ым о́бразом ある程度 | в -ом смы́сле [отноше́нии] ある意味で | (複) (全てではなく) いくつかの, 一部の: в -ых стра́нах ЕС EU のいくつかの国では | -ые [複名] ある人々: Н-ые счита́ют, что лу́чше не пить лека́рства. 薬は飲まない方がいいと考えている人もいる ◆ в -ом ца́рстве, в -ом госуда́рстве [民話] 昔々あるところに

* **некраси́во** ①[副] 美しくなく, 不格好に: оде́ться ~ 不格好に服装をする ②[無人述] 見苦しい; はしたない: Н- так поступа́ть. そんなことをするのはみっともない

* **некраси́в|ый** short -и́в [形1] [unattractive] ①美しくない, 不格好な; (少女は) 不器量な娘; ~ по́черк 悪筆 | -ая му́зыка 耳障りな音楽 ②[話] 恥ずべき, 下劣な: ~ посту́пок 恥ずべき行為

**Некра́сов** [男姓] Некра́сов (Никола́й Алексе́евич ~, 1821–77; 詩人, 編集者, ジャーナリスト)

**некре́пкий** short -пок, -пка́, -пко [形3] もろい, かなり弱い; 病弱な

**некро́з** [男1] [医] 壊死 (えし)

**некроло́г** [男2] 追悼記事 [文], 死亡公告

**некрома́нтия** [女9] 降霊術

**некро́поль** [男5] ①(古代都市・国家の) 大墓地 ②有名人の墓地

**некру́пный** short -пен, -пна́, -пно, -пны/-пны́ [形1]

小さめの, 小ぶりの
**некрут|о́й** [形2] ① (傾斜が)なだらかな ② 《話》月並みな
**некста́ти** [副] ① 折悪しく, 場違いに, 的外れに: Очень ~ разболе́лся зуб. 非常に悪いタイミングで歯が痛みだした ② 《述語》タイミングが悪い; 場違いだ: Мой вопро́с был ~. 私の質問は的外れだった
**некта́р** [男1] ① 《ギリ》神々の飲む不老不死の酒 ② 《植》花蜜
**нектари́н** [男1] 《植》ネクタリン
**не́кто** [代] 《不定形》(★ 主格のみ) [someone] ① ある人: Подошёл ~ в чёрной шля́пе. 黒い中折れ帽をかぶった男が歩み寄ってきた ②《人の名と共に》…某, …とかいう: ~ Петро́в ペトロフとかいう人
*****не́куда** [ニェークダ] [副] 《nowhere》〈述語で 不定形 する〉(方向・目標となる)場所がない: Мне ~ идти́. 私には行く場所がない | Спря́таться бы́ло ~. 隠れる場所がなかった | Но́вый костю́м наде́ть ~. 新しいスーツを着ていける場所がない ② 《話》《形容詞・副詞の比較級と共に》この上なく: Вечери́нка прошла́ ху́же ~ . パーティーは最悪だった ◆*торопи́ться [спеши́ть]* ~ 慌てる[急ぐ]必要はない
**некульту́рный** -рен, -рна [形1] ① 野蛮な, 未開の, 進歩の遅れた ② 無作法な, やぼな ③ 《植》野生の
**некуря́щий** [形6] たばこを吸わない ║ *~* [男名] */*-ая [女名] 非喫煙者
**нела́д|ный** -ден, -дна [形1] ① 《話》好ましくない, 不適切な ② 《俗》不格好な ◆*Будь он* ~*аден!* 《不満・非難》ひどいやつだ
**нелады́** -о́в [複] 《話》 ① 不和, いさかい, もめごと ② 支障, 不調 ③ (機械の)故障, 不具合
**нела́сковый** -ов [形1] 遠慮がちな, よそよそしい
**нелега́л** [男1] 《話》非合法居住者[活動家]; 不法移民
**нелега́льный** 短 -лен, -льна [形1] ① 非合法の, 不法の, 違法の, 非合法状態にある: ~ въе́зд в страну́ 不法入国 | ~ иммигра́нт 不法移民 ② 非合法の[地下]活動を行っている
**нелегити́мный** -мен, -мна [形1] 不法[違法]の
**нелёгкая** [x] (形3変化) [女名] 《話》悪魔 ◆*~ принесла́ [занесла́]* 図 …が折悪しくやって来た: Кака́я ~ принесла́ Са́шу в тако́е вре́мя? 何だってサーシャはこんな時にやって来たんだ | 《非難》*~ дёрнула* 不定形 …はついうっかり…してしまった: Дёрнула тебя́ ~ при жене́ о куро́ртах говори́ть! 妻のいるところで保養地の話なんかやるから
*****нелёг|кий** [x] (形3変化) 短 -лёгок, -легка́ [形3] [heavy, difficult] ① 軽くない, かなり重い ② 容易でない, 困難な, 苦しい: *-ая* зада́ча 難しい課題 | *-ая* жи́знь 苦しい生活 ③ (人・性格的)付き合いにくい, 頑固な
**нелегко́** [x] [副] ① [副] 重く, 苦しく, 困難を伴って ② [無人述]〈与にとって不定形するのは〉困難だ, 容易でない, つらい, 苦しい: Вспомина́ть об э́том ~. そのことを思い出すのは苦しい | Мне ~ без тебя́. 君がいないと私はつらい
**неле́пица** [女3] 《話》 = неле́пость②
**неле́пость** [女10] ① ばかばかしさ, 不条理 ② ばかげた発言[行為]
**неле́п|ый** 短 -éп [形1] [absurd] ① ばかげた, 無意味な, 非常識な, 奇妙な, 不可解な: *-ая* отве́т 非常識な回答 | *-ый* костю́м 奇妙な服装 | Со мной произошёл чрезвыча́йно ~ слу́чай. 私にあまりにも不可解な事件が起こった ② 《話》不格好な: *-ая* фигу́ра ぶざまな姿
**неле́стн|ый** [сн] 短 -тен, -тна [形1] ① 媚びない, ありのままの ② 好ましくない, ありがたくない: *-ое* знако́мство うれしくない出会い

**неле́т|ный** [形1] 飛行に適さない, 荒れ模様の: *-ая* пого́да (飛行機が飛べない)悪天候
**неликви́д** [男1] 《商・経》遊休資産; 不良在庫 ║ *~ный* [形1]
**нелицензио́нный** [形1] 非正規の, 違法の
**нелицеприя́тный** 短 -тен, -тна [形1] 偏見のない, 公平な
**нели́шне** [無人述]〈するのは〉無駄ではない
**нели́шний** [形8] 悪くない, 無駄ではない
**нело́в|кий** -вок, -вка́/-вка, -вко, -вки/-вки́ 比 -вче [形3] ① (人)が不器用な; (行為・動作が)ぎこちない; (言動が)場違いな: *-ая* шу́тка そぐわない[冗談 ② (姿勢が)不自由そうな, 窮屈な (立場など); しにくい: оказа́ться в *-ом* положе́нии 気まずい状況におかれる ③ 《話》使いづらい
**нело́вко I** [副] ① 不器用に, ぎこちなく: шути́ть ~ 下手な冗談を言う ② 不自由そうに, 気まずく: чу́вствовать себя́ ~ 気まずい思いをする **II** [述語] 〈与にとって 不定形 するのは〉 ① 不便だ, 窮屈だ: Мне ~ сиде́ть на э́том сту́ле. この椅子は座り心地が悪い ② 気まずい, きまりが悪い: Н~ самому́ себя́ хвали́ть. 自分で自分を褒めるのははばかりが悪い
**нело́вкость** [女10] ① 不器用さ, ぎこちなさ, 窮屈さ ② 場違いな行為 ③ 気まずさ, きまり悪さ: чу́вствовать ~ 気まずい思いをする
**нелоги́чный** 短 -чен, -чна [形1] 筋の通らない, 不合理な, ばかげた

*****нельзя́** [ニリジャー] [無人述] ①《不可能》〈与は 不定形〉できない: Без пи́щи жить ~. 食物なしには生きていけない | Подде́лать его́ практи́чески ~. それを偽造することは事実上不可能だ ② 《話》〈без困 にではすませられない: Мне без тебя́ ~. あなたなしには生きていけない ③《禁止》〈与は 不定形〉（不可)…してはならない, …すべきでない: Посторо́нним ~ входи́ть в помеще́ние. 関係者以外は室内立ち入り禁止だ | На его́ шу́тки ~ обижа́ться. 彼の冗談に立腹してはならない ◆*~ не* 不定形 …せざるをえない: Н~ не удивля́ться коли́честву му́сора. そのゴミの量には驚かざるをえない | *~ ли* 不定形 《願望・依頼・要求》…していただけませんか: Н~ ли сде́лать му́зыку поти́ше? 音量を少し下げていただけませんか | *~ сказа́ть, что [что́бы] ...* …とは言えない, …ということはない: *как ~* …の極み: *как ~ лу́чше* 最高に, 申し分なく | *как ~ кста́ти* ちょうどよい時に
**нельма́** [女1]《魚》ネリマ (北極海に生息する鮭鱒類)
**нелюбо́вь** -бви́ 造 -бо́вью [女10] 嫌悪, 嫌気, 反感
**нелю́ди** -дей 造 -дями [複]《俗》悪党
**нелю́дим** [男1] */-*ка 複 -мок [女2] 人嫌い
**нелюди́мый** 短 -им [形1] ① 人(交際)嫌いの ② 人のいない, 荒涼とした ║ *-ость* [女10]
**нём** [男・中性; 前置格] <он《前置詞の後で》

**нема́ло** [ニマーラ] [副] 《単数生格(不可算名詞)／複数生格(可算名詞)と》かなり多い, 少なからぬ: Н~ вре́мени прошло́. かなりの時が過ぎた | Н~ бойцо́в оста́лись безору́жными. 多くの兵士が無防備のまま残っていた ② [副] かなり, 相当に, 少なからず: Он ~ удиви́лся. 彼はかなり驚いた
**немалова́жный** 短 -жен, -жна [形1] かなり重要な
**нема́л|ый** -а́л, -ала́, -а́ло [形1] [much] ① かなり大きい[多い]: ~ объём рабо́ты かなりの仕事 | *-ые* де́ньги かなりの大金 ② (程度が)かなりの, 相当な: к *-ому* удивле́нию とても驚いたことに ③ かなり重要な: *~* роль かなり重要な役割
*****неме́дленно** [ニミェードリンナ] [副] [immediately] すぐに, 即座に, 至急: Он ~ верну́лся домо́й. 彼はすぐさま家に帰った | призва́ть прекрати́ть наси́лие 暴力の即時停止を呼びかける

**неме́дленный** 短 -ен, -енна [形1] すみやかな, 即座の, 至急の: ~ отве́т 即答

**неме́для** [副]《話》すぐに, 即座に, 至急

**неме́рено** [副][述語]《俗》⊕に十分[たくさん]ある

**неме́ркнущий** [形6]《雅》① 不滅の光を放つ ② 不滅の, 不朽の

**неме́ть** [不完]/**о~** [完] ① 唖(ぁ)になる ② 〔完また **за~**〕啞然とする, 黙る: ~ от восто́рга 歓喜のあまり言葉を失う, 感覚を失う, 麻痺する

\***не́мец** -мца [男3]/**не́мка** 複生 -мок [女2] ドイツ人

\***неме́цк|ий** [形3] [German] ドイツ(人)の: ~ язы́к ドイツ語 | ~ автомоби́ль ドイツ(製自動)車 | ~ая фами́лия ドイツ系の姓 | -*ая* аккура́тность ドイツ人的きちょうめんさ

**немилосе́рдный** 短 -ден, -дна [形1] ① 無慈悲な, 残忍な ②《話》ひどい, 猛烈な: ~ моро́з 厳寒

**немилост|ь** [女10] 不興 ♦**быть [находи́ться] в −и у** … の不興を買っている | **впа́сть в ~ к** ⊕ … の不興を買う, …に嫌われる

**неми́лый** 短 -и́л, -и́ла, -и́ло, -и́лы/-и́лы [形1]〔民話・詩〕嫌な, 嫌いな, 気にくわない

**неминуе́мый** 短 -ем [形1] 不可避の, 必然的な: *-ая* у́часть 避けられない運命 **//-о** [副]

**не́мка** → не́мец

\***не́м|ий** [形3] [few] ① [複]ほんの一部[少数]の: в *-их* стра́нах ごく一部の国で | за *-ими* исключе́ниями わずかな例外を除いて ② **-ие** [複名] 一部[少数]の人々: Н-*ие* мо́гут бы́ть сча́стливы в одино́честве. 孤独の中で幸せになれるのは一部の人だけだ ③ **-ое** [中名] 少しのもの, ちょっとしたこと: За *-им* де́ло ста́ло. 些細なことで仕事が止まった ④ 〔~имс; 形容詞・副詞の比較級と共に〕少しだけ: Она́ *-им* моло́же меня́. 彼女は私より少しだけ若い

\***немно́го** [=мно́го] [not much] **I** [数]〔単数生格(不可算名詞)/複数生格(可算名詞)と共に〕少し, 少数[量]: У меня́ ещё е́сть ~ вре́мени. 私にはまだ少し時間がある | У меня́ ~ друзе́й. 私は友達が少ない

**II** [副] (< ма́ло [比較]) ① [距離・時間が]少し, わずか: Я отдохну́ ~, чуть-чу́ть. 少し休むよ | Мы́ прошли́ ещё ~ и останови́лись. 我々はもう少し進んで止まった ② [程度が]少し, ちょっと: Он бы́л ~ пья́н. 彼は少し酔っていた | Он ~ моло́же меня́. 彼は私よりも少し若い

**немногосло́вный** 短 -вен, -вна [形1] 簡潔な, 簡明な

**немногочи́сленный** 短 -ен, -енна [形1] 多くない, わずかな

**немно́жечко** [数][副]《話》[指小] < немно́жко

\***немно́жко** [数][副] [a little]《話》[指小 < немно́го] 少量; ほんの少し; ちょっと, ちょっぴり: Оста́лось ~ вина́. ワインがほんの少しだけ余った | Я ~ подрема́л. 私はひと眠りした | Она́ ~ покрасне́ла. 彼女はちょっぴり赤くなった

**немо́жется** [不完][無人称]《俗》⊕は気分が悪い

\***нем|о́й** 短 нём, -ма́, -мо [形2] [mute] ① 言葉が話せない; 無声の: Де́вочка была́ ~ от рожде́ния. 少女は生まれつき口がきけなかった | ~ фи́льм = -*ое* кино́ 無声映画 ② -*ое* [中名] 口の意味を持たない: Ру́сская часть -*а́* для иностра́нца. ロシアの歌は外国人にはわからない ③ [文]静かな: -*ая* тишина́ ひっそりとした静けさ ④ [文] 口に出さない, 心に秘めた: ~ уко́р 無言の叱責 ⑤ ~ [男名]/-*а́я* [女名] 口の利けない人

♦ **не́м, ка́к ры́ба (моги́ла)** (人が) 口が堅い

■ **-а́я ка́рта** 白地図 | **-а́я сце́на** (1) 無声幕 (2) (驚き・歓喜で)人々が黙りこむ場面

**немолодо́й** 短 -мо́лод, -да́, -мо́лодо [形2] 中年の

**немо́лчный** 短 -чен, -чна [形1]《雅》(音が)やむことのない, 黙すことのない

**немота́** [女10] ① 口の利けない ② 無口, 寡黙 ③ 静けさ, 静寂 ④《話》麻痺, しびれ

**не́мочь** [女11]《俗》= не́мощь ■ **бле́дная ~** 〔医〕萎黄(いぉぅ)病

**немощ|но́й** 短 -щен, -щна [形1] 病身の, 虚弱な, 弱々しい **//-ость** [女10]

**не́мощь** [女11] ① 衰弱: ста́рческая ~ 老衰 ②《話》病気, 疾患

**нему́** (男・中性; 与格)< óн(★前置詞の後で)

**немудрено́** [無人述]〔что節〕…というのも不思議ではない, 当たり前だ, 道理で…なわけだ

**немудр|ёный** 短 -рён, -рена́/-рёна́ [形1] ① 単純な, 簡単な ② (人が)無邪気な, お人よしの

**немудря́щий** [形6]《俗》ごく普通の, ありふれた, 簡単な

\***немы́слим|ый** 短 -им [形1]《話》あり得ない, 考えられない, 想像を絶する: Он купи́л но́вую маши́ну за каки́е-то -*ые* де́ньги. 彼はそれほれほど高い値段で新車を購入した

\***ненави́деть** [ニェナヴィーヂチ] -и́жу, -и́дишь, ... -и́дят 命 -и́дь [不完] 〔hate〕〔⊗〕憎む, ひどく嫌う: ~ врага́ 敵を憎む | Я *ненави́жу* рыбу. 私は魚が大嫌いだ

**ненави́стни|к** [сьн] [男2]/**-ца** [女3] 憎しみを抱く人;〔⊕〕…嫌い: ~ же́нщин 女嫌い

**ненави́стнический** [сьн] [形3] 嫌悪[憎悪]に満ちた

**ненави́стн|ый** [сн] 短 -тен, -тна [形1] ① 憎らしい, 嫌悪すべき, いまいましい: Мне́ ~ые таки́е слова́. 私はそのような言葉が大嫌いだ ② 憎悪に満ちた

**не́навист|ь** [=ニェナーヴィスチ] [女10] [hatred] 憎しみ, 憎悪, 嫌悪感: непримири́мая ~ 解きがたい憎しみ | пита́ть ~ к ⊕ …に憎しみを抱く | Она́ смотре́ла на ~ю. 彼女は私を憎らしげににらみつけた

**ненавя́зчивый** [щ] 短 -ив [形1] しつこくない, 控えめな

**ненагля́дн|ый** [形1] ① а〕いとしい, 最愛の (b) ~ [男名]/-*ая* [女名] 最愛の人 ② 見飽きることのない

**ненадёжный** 短 -жен, -жна [形1] 当てにならない, 信用できない

**ненадо́бност|ь** [女10] 不要: вы́бросить ⊕ за *-ью* 不要になったので捨てる

\***ненадо́лго** [副] しばらくの間, しばらくの予定で: Я пришёл ~. 私は長居しないつもりで来た | Извини́те, я́ ~ отойду́. すみません, ちょっと席を外します

**ненамно́го** [副] ① もう少し ② あまり …ない

**нападе́ние** [中5] 不侵略, 不可侵: догово́р о *-ии* 不可侵条約

**ненаро́ком** [副]《話》偶然に, 故意にではなく

**ненаси́лие** [中5] 〔政〕非暴力

**ненаси́льственный** [形1] 〔政〕非暴力(主義)の

**нена́стн|ый** [сн] 短 -тен, -тна [形1] ① 天気の悪い, ぐずついた天気の ② 陰鬱な, 憂鬱な

**ненастоя́щий** [形6] 人工の; 偽造の

**нена́сть|е** [中4] 悪天候, ぐずついた天気

**ненасы́тн|ый** 短 -тен, -тна [形1] ① 大食いの ② 飽くことを知らない: *-ое* честолю́бие 飽くなき功名心

**ненатура́льный** 短 -лен, -льна [形1] ① 不自然な, 見せかけの ② 人工の

**ненау́чный** 短 -чен, -чна [形1] 非科学的な

**не́нец** -нца [男3]/**не́нка** 複生 -нок [女2] ネネツ人 //**не́нецкий** [形3]: Н-~ автоно́мный о́круг ネネツ自治管区 (行政中心地 Нарья́н-Ма́р; 北西連邦管区)

**ненорма́льность** [女10] ① 異常(性), 変則(性) ② 精神異常 (психи́ческая ~) ③ 異常な現象

**ненорма́льн|ый** 短 -лен, -льна [形1] ① 異常な,

変則的な ②《話》(a)精神異常の (b) ~ [男名]/-ая [女名]《話・罵》うすのろの

**ненормати́вн|ый** [形1] 標準以下の，非標準の: -ая ле́ксика 卑語，隠語

*****нену́жн|ый** 短 -жен, -жна́, -жно, -жны́/-жны [形1] (unnecessary) ①不必要な，無益な，余計な: исключи́ть -ую информа́цию 不要な情報を削除する | -расхо́д эне́ргии エネルギーの無駄遣い ②**-ое** [中名] 不必要[余計]なもの

**нео..** [連結辞] 「新…」

**необду́манный** 短 -ан, -анна [形1] 思慮の浅い，無分別な，軽率な，経はずみな

**необеспе́ченный** 短 -ен, -енна [形1] ①貧しい，扶養者のない，不安定な ②〈画〉を支給[供給]されていない

**необита́емый** 短 -ем [形1] 人の住まない，無人の

**необозри́мый** 短 -им [形1] 視界に収まらない，果てしない，無限の

**необосно́ванн|ый** 短 -ан, -анна [形1] 根拠のない，根も葉もない **// -ость** [女10]

**необрабо́танный** 短 -ан, -анна [形1] ①耕作されていない ②未加工の，天然の ③洗練されていない

**необразо́ванн|ый** 短 -ан, -анна [形1] 教養のない，無学の **// -ость** [女10]

**необрати́мый** 短 -им [形1] 不可逆的な

**необу́зданн|ый** 短 -ан, -анна [形1] ①抑えがたい ②自制心のない，奔放な **// -ость** [女10]

*****необходи́мо** [ニアプハヂーマ] (necessary) ①[副] きっと，かならず，必要に［必然的に］ ②[無人述]〈画にとって不定形するのは/чтобы節 である］必要がある，べきである: Мне ~ бы́ло тебя́ ви́деть. 私はお前に会わなければならなかった

*****необходи́мост|ь** [ニアプハヂーマスチ] [女10] (necessity) ①必要(性): ~ поря́дка 秩序の必要性 | в си́льном покрови́тельстве 強力な庇護の必要性 | Звони́те мне то́лько при кра́йней -и. 本当に必要な時にのみ電話をして下さい | по [в (си́лу)] -и 必要に迫られて | в слу́чае -и 必要な場合は | по (ме́ре) -и 必要に応じて ②不可欠なもの［こと］，必要（物）: пе́рвой -и 必需品 | Уро́ки та́нцев преврати́лись для меня́ в жи́зненную ~. 私にとってダンスレッスンは必要不可欠なものとなった ③［哲］必然性

*****необходи́м|ый** [ニアプハヂーム イ] 短 -и́м [形1] (necessary) ①不可欠な，必要な，必要とされる，なくてはならないもの: -ая для потреби́телей информа́ция 消費者にとって必要な情報 | докуме́нты, -ые для пода́чи заявле́ния на получе́ние ви́зы ビザ申請に必要な書類 | Реорганиза́ция предприя́тия -а. 企業の再編成が不可欠だ ②不可避，必然的な: Оши́бки ~ шаг на пути́ к успе́ху. 失敗は成功への必然的なステップである

**необщи́тельный** 短 -лен, -льна [形1] 交際べたな，内気な，無愛想な

**необъекти́вный** 短 -вен, -вна [形1] 偏見を抱いた，偏っている，非客観的な

**необъясни́мый** 短 -им [形1] 説明がつかない，不可解な，わけのわからない，奇妙な

**необъя́тн|ый** 短 -тен, -тна [形1] ①広大な，果てしない: -ое простра́нство 無限の空間 ②強度な，甚だしい: -ая си́ла 強大な力 **// -ость** [女10]

**необыкнове́нно** [副] 並外れて，非常に，異常に

*****необыкнове́нн|ый** [ニアブィクナヴェーンヌイ] 短 -е́нен, -е́нна [形1] (unusual) ①並外れた，珍しい，他にないものを持っている: ~ тала́нт 非凡な才能 ②異常な，奇妙な: -ое происше́ствие 奇妙な出来事 ③《話》(程度が)この上ない，甚だしい: же́нщина -ой красоты́ 絶世の美女

*****необы́чайн|ый** 短 -а́ен, -а́йна [形1] (extraordinary) ①異常な，例外の，驚くべき ②強度な興奮 | ②強度な，甚だしい: ~ шум ひどい騒々しさ **// -ость** [女10]

**необы́чно** ①[副] いつになく，珍しく ②[無人述]〈画にとって不定形するのは〉珍しい，例外だ

**необы́чн|ый** [ニアブィーチヌイ] 短 -чен, -чна [形1] (unusual) ①通常と違った，異常な: ~ хо́лод 異常な寒気 ②他と違った，特別な: -ая планиро́вка кварти́ры アパートの珍しい間取り **// -ость** [女10]

**необяза́тельн|ый** 短 -лен, -льна [形1] ①(科目・コースが)選択の，自由の ②(人が)当てにならない，信頼できない **// -о** [副]

**неогля́дный** 短 -ден, -дна [形1] 《文》果てしない，広大な，視界に収まらない

**неограни́ченн|ый** 短 -ен, -енна [形1] ①無制限の，無限の: ~ креди́т 無制限融資 | -ая власть 絶対的権力 ②(心理・精神状態の発現が)非常に強い，極度の: -ая привя́занность 極度の愛着

**неоднозна́чный** 短 -чен, -чна [形1] ①曖昧な，紛らわしい，両意に取れる ②複雑な，入り組んだ

*****неоднокра́тно** [副] 何度も，再三，繰り返し: посеща́ть ~ たびたび訪れる | Он ~ говори́л об э́том. 彼は何度もそのことを話していた

**неодно́ратн|ый** 短 -тен, -тна [形1] 再三の，度々の，何度目かの: -ые напомина́ния 再三の督促

**неодноро́дный** 短 -ден, -дна [形1] 不均質な，異質の

**неодобре́ние** [中5] 不賛成，否認，非難

**неодобри́тельный** 短 -лен, -льна [形1] 否定的な，不賛成の，否認の，非難の

**неодоли́мый** 短 -им [形1] 《雅》克服しがたい，抑えがたい，無敵の，打ち負かすことのできない

**неодушевлённ|ый** 短 -лён, -лена́ [形1] 《文》無生物の: -ая мате́рия 無生物 ②《言》不活動体の，無生の: ~ предме́т 不活動体 **// -ость** [女10]

**неожи́данно** [ニアジーダンナ] [副] 思いがけず，不意に，突然に: Э́та мысль пришла́ мне в го́лову ~. この考えが私の頭に不意に浮かんだ

*****неожи́данност|ь** [ニアジーダンナスチ] [女10] ①(surprise) ①意外性，突然 ②予期せぬ出来事［状況］: быть гото́вым к ~ям 不測の事態に備える ③《俗・皮肉》下痢

**неожи́данн|ый** [ニアジーダンヌイ] 短 -ан, -анна 比 -ннее [形1] (unexpected) 予期せぬ，意外な，不意の，突然の，急な: Он зада́л ~ вопро́с. 彼は予期せぬ質問をした

**нѐоклассици́зм** [男1] 新古典主義 **// нѐокласси́ческий** [эо/эа] [形3]

**неоко́нченный** [形1] 未完成の，終わっていない

**неолибера́льзм** [男1] 《政》新自由主義

**неоли́т** [男1] 《考古》新石器時代 **// ~и́ческий** [形3]

**неологи́зм** [男1] 《言》新語，新表現，新語義

**неоло́гия** [女7] 《言》新語学

**нео́н** [男1] 《化》ネオン **// нео́нов|ый** [形1] -ая ла́мпа ネオン灯 | -ая рекла́ма ネオンサイン

**нѐонаци́зм** [эо/эа] [男1] 《政・経》ネオナチ(運動) **// -и́стский** [сс] [形3]

**нѐонаци́ст** [эо/эа] [男1] 《政》ネオナチのメンバー

**неопали́мый** 短 -им [形1] 《旧》燃えない

**неопа́сный** 短 -сен, -сна [形1] 安全な；害を及ぼさない

**неопера́бельный** 短 -лен, -льна [形1] 《医》手術不能の

**неопису́емый** 短 -ем [形1] 《文》①言葉では表現できない ②筆舌に尽くしがたい，極度の，名状しがたい

**неопла́тн|ый** 短 -тен, -тна [形1] 《文》①支払いきれない: в -ом долгу́ пе́ред …に対し返しきれない恩がある ②支払い能力のない

**неопо́знанный** [形1] (身元・国籍・正体などが) 確認 [識別] できない: ~ лета́ющий объе́кт 未確認飛行物体, UFO (略 НЛО)

**неопра́вданный** 短 -ан, -анна [形1] 不当な, 正当化されない

**неопределённо-ли́чн|ый** [形1] : -*ое* предложе́ние《文法》不定人称分

**неопределённость** [女10] ①不確定, 曖昧さ, うつろさ ②はっきりしない状態

*__неопределённ|ый__* 短 -ён/ -ёнен, -ённа [形1] 〔indefinite〕 ①不特定の, 不確定の: мужчи́на -*ого* во́зраста 年齢不詳の男 | уе́хать в Москву́ на ~ *срок* 期間を決めずにモスクワに行く ②はっきりしない, 曖昧な: ~ *отве́т* 曖昧な返事 ③ (表情・しぐさなどの) 何を表すでもない, うつろな: ~ *жест* 無意味な仕草

■ -*ые местоиме́ния*《文法》不定代名詞 | -*ая фо́рма (глаго́ла)*《文法》(動詞の) 不定形 (インフィニティヴ) | -*ый член* [арти́кль]《文法》不定冠詞 | -*ое уравне́ние*《数》不定方程式

**неопредели́мый** 短 -и́м [形1] 特定 [確定] することが困難 [不可能] な, はっきりとらえがたい

**неопроверж́имый** 短 -и́м [形1] 反駁できない, 争いがたい, 確かな, 確固たる

**неопря́тный** 短 -тен, -тна [形1] だらしない, まとまりのない, ずさんな

*__нео́пытный__* 短 -тен, -тна [形1] 〔inexperienced〕 経験のない, 不慣れな: ~ *води́тель* 未熟な運転手 | ~ в кулина́рном *де́ле* 料理の腕が浅い

**неорганизо́ванный** 短 -ан, -анна [形1] 組織化されていない, まとまりのない *∥ -ость* [女10]

**неоргани́ческ|ий** [形3] ①生活機能のない, 無生物の: -*ая приро́да* 無生物 ②無機 (体) の: -*ая хи́мия* 無機化学

**неордина́рный** 短 -рен, -рна [形1] 普通じゃない, 異常な, 珍しい

**неосла́бный** 短 -бен, -бна [形1]《文》絶え間ない, 弱まることのない

**неосмотри́тельн|ый** 短 -лен, -льна [形1] 軽率な, 抜かりない, 不謹慎な *∥ -ость* [女10]

**неоснова́тельн|ый** 短 -лен, -льна [形1] ①根拠のない ②《話》軽率な, うわついた

**неоспори́мый** 短 -и́м [形1]《文》議論の余地のない, 争いがたい, 確かな, 歴然たる

**неосторо́жн|ый** 短 -жен, -жна [形1] 不注意な, 不用心な, 軽率な, 注意散漫な: -*ое обраще́ние с огнём* 火の不始末 *∥ -о* [副] *∥ -ость* [女10]

**неосуществи́мый** 短 -и́м [形1]《文》実現不可能な

**неосяза́емый** 短 -и́м [形1]《文》触知 [感知] できない ②微細たる, 極めてわずかな

**неотврати́мый** 短 -и́м [形1]《雅》避けられない, 不可避の, 必然の: -*ые после́дствия* 避けがたい結果

**неотвя́зный** 短 -зен, -зна [形1] 絶えず付きまとう, しつこい, 頭から離れない

**неотдели́мый** 短 -и́м [形1] 不可分の, 切り離せない

**неотёсанн|ый** 短 -ан, -анна [形1] ① (木・石などが) 削られていない, 未加工の ②《俗》粗野な, 無教養な *∥ -ость* [女10]

**нео́ткуда** [副]《述語》〈与にとって不定形する〉① (起点・出所となる) 場所がない: Мне ~ взять де́нег. 私にはどこからも金を借りるところがない ②理由 [根拠] がない: *H*~ ему́ быть у меня́. 彼が私のところにいるわけがない

**неотло́жка** 複生 -жек [女2]《話》救急車, 救急医療班

**неотло́жн|ый** 短 -жен, -жна [形1] 緊急の, 差し迫った: -*ые ме́ры по борьбе́ с террори́змом* テロ撲滅緊急策 ■ -*ая медици́нская по́мощь* 救急医療 *∥ -о* [副]

**неотлу́чн|ый** 短 -чен, -чна [形1] いつも一緒にいる ②時間中場所を離れない: -*ое дежу́рство* 張付き当直 *∥ -о* [副]

**неотова́ренн|ый** [形1] 物資と交換されなかった: -*ые ли́чные сре́дства* 換物されなかった個人資金

**неотрази́мый** 短 -и́м [形1] ①撃退しがたい, 反駁しがたい ②強烈な, 心を魅了する, 目を見張るような

**неотсту́пный** 短 -пен, -пна [形1] 執拗な, しつこい, 絶えず付きまとう

**неотъе́млемый** 短 -ем [形1]《文》奪う [切り離す] ことができない, 不可分の, 不可欠な, 固有の: -*ое пра́во* 不可譲の権利, 生存権 | Интерне́т стал -*ой ча́стью на́шей жи́зни.* インターネットは我々の生活の切り離せない一部となった *∥ -ость* [女10]

**неофи́т** [男1]《文》①新改宗者 ② (学説・社会運動などの) 新支持者 ③新人, 新参者

**неофициа́льн|ый** 短 -лен, -льна [形1] 非公式の; 形式ばっていない: -*ое заявле́ние* 非公式声明

**неохо́т|а** [女1] ①気が進まないこと: с -*ой* 嫌々ながら, しぶしぶ ②《話》《述語》〈与は不定形〉したくない: *H*~ *мне с ним говори́ть*. 彼とは話をしたくない

*__неохо́тно__* [副] 〔unwillingly〕 嫌々ながら, しぶしぶ: ~ *согласи́ться на предложе́ние* 提案にしぶしぶ同意する

**неохо́тн|ый** 短 -тен, -тна [形1] 気が進まない, 嫌々ながらの: -*ая вы́дача ба́нковских креди́тов ма́лому би́знесу* 小企業に対する銀行の貸し渋り

**неоцени́мый** 短 -и́м [形1]《文》極めて高価 [貴重, 重要] な: -*ое сокро́вище* 非常に高価な宝石 | -*ая досто́инство* 極めて尊い美点

**неощути́мый** 短 -и́м [形1] 気が付かない, 感知できない, わずかな

**Непа́л** [男1] ネパール (首都は Катманду́)

**непа́л|ец** [男1] 複 -льцы [男3] / -*ка* [女2] ネパール人 *∥ -ьский* [形3] ネパール (人) の

**непарла́ментский** [ц] [形3] ①議会に属さない, 議会外の ②反議会的な, 議会に過さない

**непа́рный** [形1] ペアをなさない, 半端な

**непарти́йн|ый** 短 -и́ен, -и́йна [形1] ① (長尾) 数党に所属していない, 非党員の: -*ая пре́сса* 非政党系新聞 ②党員としてふさわしくない

**непатрио́т** [男1]《俗》非愛国主義者

**непереводи́мый** 短 -и́м [形1] 翻訳不可能な, 適訳がない ◆ ~ *фолькло́р*《俗》卑猥な罵り言葉

**непередава́емый** 短 -ем [形1] 言い表しがたい

**непереходн́ый** [形1]《文法》(動詞が) 対格補語 [目的語] を要とらない: ~ *глаго́л* 自動詞

**непеча́тн|ый** [形1] (下品・卑猥で) 口にするのが憚 (はばか) られる, 印刷に適さない: -*ая ру́гань* 聞くにえない罵り言葉 ②《旧》手書きの

**непи́саный** [形1] ①《話》成文化されていない, 慣習による: ~ *зако́н* 不文律 ②《俗》下品な, 卑猥な

**неплатёж** -тежа́ [男4]《公》支払いが不履行, 不 [未] 払い, 滞納

**неплатёжеспосо́бн|ость** [女10]《金融》支払い不能, 破産 *∥ -ый* [形1]

**неплате́льщик** [男2]《公》未納者, 滞納者

*__неплохо́__* [ɨpɭaxó] [副] ①かなりよく, 上手に: *Она́ ~ разбира́ется в поэ́зии.* 彼女は詩情をよく理解している ②[無人述] 悪くない, 結構だ: *Мне и здесь ~. 私はここでも結構だ* | *H*~ *бы вы́пить пи́ва.* ビールを飲むのも悪くない

*__неплох|о́й__* [ɨpɭaxój] 短 -*лох*, -лоха́, -ло́хо, -ло́хи / -лохи́ [形4] 〔good enough, not bad〕 かなりよい, 悪くない: ~ *результа́т* 上々の結果 | -*ая карье́ра* なかなか

の経歴

**непобеди́мый** 短 -и́м [形1] ① 無敵の, 打ち負かしがたい ② 克服しがたい, 抑えがたい, どうしようもない

**непова́дно** [無人述]《話》〈与は不定形〉する気がしない, したいと思わない, しぶい ◆*чтобы ~ бы́ло* 与 …がもう二度と同じことをしないように

**непови́нный** 短 -и́нен, -и́нна [形1]〈в때に関して〉無実の, 潔白な

**неповинове́ние** [中5] 不服従, 反抗: гражда́нское ~ 市民による不服従［ボイコット］

**неповоро́тливый** 短 -ив [形1] 動きがぎこちない, 操作しづらい, のろのろした, 緩慢な: *-ые па́льцы* 不器用な指 | *-ым* 回転が鈍い頭 ∥ **-ость** [女10]

**неповтори́мый** 短 -и́м [形1]《文》2つとない, また とない, 唯一の: *-ое своеобра́зие* 他人にはまねのできない独創性 ∥ **-ость** [女10]

**непого́да** [女1] 悪天候, 荒天

**непогреши́мый** 短 -и́м [形1]《文》① (人が)誤りを犯すことがない ② (物事が)間違いのない, 疑問の余地のない ∥ **-ость** [女10]

*__неподалёку__ [副] [not far away]《話》近く[近所]に: ~ от университе́та 大学の近くに

**непода́тливый** 短 -ив [形1] 頑固な, 強情な; 粘り強い

**неподви́жно** [副] 動かずに, じっと: смотре́ть в не́бо じっと空を見つめている

*__неподви́жный__ 短 -жен, -жна [形1] [motionless] ① 動かない, 不動の: ~ во́здух よどんだ空気 | Тре́бовать от ученико́в *-ого сиде́ния* беспо́лезно. 生徒たちにじっと座っていることを求めても無駄だ ② 表情が変わらない: ~ взгляд すわった眼 ③ 動作の緩慢な, ぐずぐずした: ~ челове́к のろまな人 ■ *-ые звёзды*《天》恒星 ∥ **-ость** [女10]

**неподгото́вленный** 短 -лен, -ленна [形1] ① 準備[覚悟]のできていない ② 訓練[教育]を受けていない

**неподде́льный** 短 -лен, -льна [形1] ① 本物の, 模造[偽造]ではない ② 心からの, 偽りのない

**неподку́пный** 短 -пен, -пна [形1] 買収が効かない, 清廉潔白な ∥ **-ость** [女10]

**неподоба́ющий** [形6] ふさわしくない, みっともない, 見苦しい

**неподража́емый** 短 -ем [形1] まねのできない, 比類なき, 卓越した

**неподсу́дный** 短 -ден, -дна [形1] 裁判[法廷]外の, 司法手続きによらない, 裁判と無関係の

**неподходя́щий** [形6]〈к与/для他に〉不適切な, ふさわしくない: *-ая для верхово́й езды́ о́бувь* 乗馬にはふさわしくない履物

**неподчине́ние** [中5] 不服従, 反抗

**неподъёмный** 短 -мен, -мна [形1]《俗》① 持ち上げることのできない, 重い ② (罪などが)重い ③ 困難な, 重い

**непозволи́тельный** 短 -лен, -льна [形1]《文》許しがたい, 容認できない

**непознава́емый** 短 -ем [形1] 不可知の

**непоколеби́мый** 短 -и́м [形1]《俗・皮肉》= непоколеби́мый [<непоколеби́мый + кобе́ль]

**непоколеби́мый** 短 -и́м [形1]《文》不動の, 揺るぎない, 確固たる: *-ая во́ля* 確固たる意志

**непоко́рный** 短 -рен, -рна [形1] 反抗的な, 手に負えない ∥ **-ость** [女10]

**непокры́тый** 短 -ы́т [形1] むき出しの, 覆いのない, 裸の

**непола́дк|а** 複生 -док [女2]《文》① 欠陥, 不調, 支障, 故障:「в дви́гателе [с дви́гателем]」エンジンの故障 | *организацио́нные -и* 組織上の欠陥 ② 《複》不和, いさかい: *семе́йные -и* 家庭のもめごと

**неполитизи́рованный** [形1] 非政治的な, 政治関係の

**неполнота́** [女1] 不完全(性)

**неполноце́нный** 短 -е́нен, -е́нна [形1] 下級の, 下等の, 劣等の, 粗悪な, 標準以下の

*__непо́лный__ 短 -лон, -лна́, -лно, -лны́/-лны [形1] [not full, incomplete] ① いっぱいに満たされていない ② 不完全な, 十分な: *-ая подгото́вка докуме́нтов* 不完全な書類作成 | До вы́боров остаётся *-ых* де́вять ме́сяцев. 選挙まで残り9か月に満たない ③ 太っていない ■ *-ое предложе́ние*《文法》不完全文 | *-ая семья́* 1人親家庭 | *-ое рабо́чее вре́мя* = **рабо́чий де́нь** パートタイム

**неполо́женный** [形1] 不適切な, ふさわしくない

**непоме́рный** 短 -рен, -рна [形1] 度を超えた, 過度の, 法外な

**непонима́ние** [中5] 無理解, 不理解

**непонима́ющий** [形6] 物わかりの悪い; 理解できない様子の, いぶかしげな

**непоня́тк|а** [女2]《俗》わからない事[物] ◆*уходи́ть в -у = гнуть -у* 何もわからないふりをする | *быть [ходи́ть] в -е [-ах]* わからない, 理解できない

**непоня́тливый** 短 -ив [形1] (人が)鈍い, まぬけな

*__непоня́тно__ [ニパニャートナ] ① [副] わかりにくく, 難解に, 不可解に: Учи́тель ~ объясня́ет. 先生がわけのわからない説明をしている ② [無人述]〈与に〉わからない, 理解できない: Мне ~, почему́ он так ду́мал. なぜ彼がそう思ったのか理解できない

*__непоня́тный__ [ニパニャートヌイ] 短 -тен, -тна [形1] [incomprehensible] ① わかりにくい, 難解な, 理解できない, 不可解な: *-ое сло́во* 難解な言葉 | *по -ой причи́не* 不可解な理由で ② 奇妙な, 不可思議な, 説明できない: Со мно́й произошло́ *-ое* собы́тие. 私の身に奇妙なことが起きた ③ *-ое* [中名] 不可解なこと[もの] ∥ **-ость** [女10]

**непопада́ние** [中5] 当て損ない, はずれ, ミス

**непоправи́мый** 短 -и́м [形1] 修正[回復]が不可能[困難]な, 取り返しがつかない ∥ **-ость** [女10]

**непопуля́рный** 短 -рен, -рна [形1] 評判の悪い, 不評な, 人気な

**непоро́чный** 短 -чен, -чна [形1] ① 汚れを知らぬ, 純潔な ② 童貞な, 処女の ∥ **-ость** [女10]

**непоря́док** -дка [男2] 無秩序, 乱脈, 混乱

**непосвящённый** [形1] 経験[知識]の乏しい

**непосе́да** (女1変化) [男・女]《話》落ち着きのない子, せかせかした

**непосе́дливый** 短 -ив [形1] 落ち着きがない, せかせかした

**непоси́льный** 短 -лен, -льна [形1] 過度の, 極端な

**непосле́довательность** [女10] 一貫性のない行動[意見]

**непосле́довательный** 短 -лен, -льна [形1] 一貫性のない, つじつまの合わない, 矛盾した

**непослуша́ние** [中5] 不従順, 反抗

**непослу́шный** 短 -шен, -шна [形1] 反抗的な, 言うことを聞かない, やんちゃな, 腕白な

*__непосре́дственно__ [ц] [ニパスリェーッツヴィンナ] [副] [directly] ① 直接に, じかに: ~ *уча́ствовать в 前* …に直接参加する ② 直情的に, 無邪気に, 自然に: вести́ себя́ ~ 無邪気に振る舞う

*__непосре́дственный__ [ц] [ニパスリェーッツヴィンヌイ] 短 -ен, -енна [形1] [direct, ingenuous] ① [長尾] 直接の, 直系の: ~ *исполни́тель тера́ктов* テロの直接実行者 | ~ *нача́льник* 直属の上司 | приня́ть *-ое* уча́стие в 前 …に直接参加する ② 直情的な, 無邪気な, 率直な, あるがまま, 自然な: Де́ти *-ы* в выраже́нии свои́х жела́ний. 子どもは感情表現に遠慮がない

**//-ость** [女10] <②

**непостижи́м|ый** 短 -и́м [形1] 理解しがたい, 不可解な ◆*уму́ -о* [話] さっぱりわからない

**непостоя́нн|ый** 短 -я́нен, -я́нна [形1] ①変わりやすい, 不安定な: *-ая пого́да* 不安定な天候 ②移り気な, きまぐれな ■ *~ член Сове́та Безопа́сности ООН* 国連安全保障理事会非常任理事国

**непостоя́нство** [中1] 変わりやすさ, 気まぐれ

**непотопля́емый** [形1] 沈まない, 沈没しない

**непотре́б|ный** 短 -бен, -бна [形1] 下品な, 卑猥な **//-ство** [中1]

**непоча́тый** [形1] 〔話〕①まだ手を付けていない, 手つかずの ②豊富な, 有り余るほどの ◆*~ край* 田 …がたくさんある

**непочте́ние** [中5] 非礼, 無礼, 不敬

**непочти́тельный** 短 -лен, -льна [形1] 失礼な, 無礼な

*\***непра́вд|а** [女1] 〔untruth〕嘘, 偽り, 虚偽; 欺瞞, 詐欺: сказа́ть *-у* 嘘を言う | *Н~*, что лю́ди переста́ли люби́ть кино́. 人々が映画を好まなくなったというのは嘘だ ◆*(э́то бы́ло) давно́ и ~* [〈俗〉] そんなことが以前あったとして信じられない [思い出したくない]

**неправдоподо́бный** 短 -бен, -бна [形1] ありそうもない, 疑わしい, 信じがたい

**непра́ведный** 短 -ден, -дна [形1] 〈文〉不正 [不法] な; 罪深い

*\***непра́вильно** [ニプラーヴィリナ] [副] 〔incorrectly〕間違って, 誤って; 不正確 [不適切] に: 規則 [規範] から外れて: *Ва́ши часы́ иду́т ~*. あなたの時計は狂っている | *~ истолкова́ть зако́н* 法律を誤って解釈する

*\***непра́вильн|ый** 短 -лен, -льна [形1] ①〔irregular, wrong〕規則 [規範] から外れた, 変則的な, 異常な; 均衡 [均整, 調和] のとれていない: *~ о́браз жи́зни* 変則的な生活様式 | *кусо́к мра́мора -ой фо́рмы* 不均衡な形の大理石のかけら ②真実と異なる, 誤った, 間違った; 不適切な: *~ диа́гноз* 誤診 | *сде́лать ~ вы́бор* 間違った選択をする ■ *~ глаго́л*〈文法〉不規則動詞

**неправи́тельственн|ый** [形1] 非政府の, 民間の; 非公式の: *-ая организа́ция* 非政府組織, NGO

**неправово́й** [形1] 不法な, 違法な

**неправоме́рный** 短 -рен, -рна [形1] 違法な, 反則の

**неправомо́чный** 短 -чен, -чна [形1] 〈法〉正当な権限のない

**непра́вот|а́** [女1] ①思い違い, 誤解 ②不公平, 不正

**непра́в|ый** 短 -а́в, -ава́, -а́во [形1] ①誤った, 思い違いをしている ②不公平な, 不正な

**непревзойдённый** 短 -ён, -ённа [形1] ①比類のない, 最も優れた ②〔話〕極度の

**непредвзя́тый** 短 -я́т [形1] 先入観 [偏見] のない

**непредви́денный** [形1] 予測できない, 予想外の

**непреднаме́ренный** 短 -ен, -енна [形1] 偶然の, 自然発生的な, 故意でない

**непредсказу́емый** 短 -ем [形1] 予測できない, 当てにできない, 気まぐれな, 変わりやすい

**непредумы́шленный** [形1] 偶然の, 自然発生的な

*непрезента́бельный* 短 -лен, -льна [形1] 人前に出せない, 見苦しい

**непрекло́нный** 短 -о́нен, -о́нна [形1] 〈文〉不屈の, ゆるぎない, 毅然とした **//-ость** [女10]

**непрекраща́ющийся** [形6] 絶え間ない

**непрело́ж|ный** 短 -жен, -жна [形1] 〈雅〉①不変の, 犯すべからざる ②疑問の余地のない, 争いがたい **//-ость** [女10]

*\***непреме́нно** [ニプリミェーンナ] [副] 必ず, きっと, 確かに, ぜひ: *Мы ~ победи́м*. 我々は必ず勝ちます

**непреме́нн|ый** 短 -е́нен, -е́нна [形1] ①不可欠の, 必須の: *-ое усло́вие* 必須条件 ②付き物の, 常にある [いる], 常連の

**непреодоли́мый** 短 -и́м [形1] 克服し [抑え] がたい

**непререка́емый** 短 -ем [形1] 〈文〉反論 [疑問] の余地のない, 反駁を許さぬ: *~ авторите́т* 絶対的権威

*\***непреры́вно** [副] 〔continuously〕絶え間なく, 次々と: *Це́ны на бензи́н ~ расту́т*. ガソリンの価格は上昇の一途をたどっている | *Э́та компа́ния ~ выпуска́ет но́вую проду́кцию*. この会社は次々と新製品を出している

*\***непреры́вн|ый** 短 -вен, -вна [形1] 〔continuous〕絶え間のない, 連続的な: *~ шум* 絶え間ない騒音 | *Маши́ны шли -ым пото́ком*. 自動車が途切れることのない流れを成していた **//-ость** [女10]

**непреста́нный** 短 -а́нен, -а́нна [形1] 〈文〉絶え間のない, 止むことのない

**непристи́жный** 短 -жен, -жна [形1] 格の低い, 二流の

**непреходя́щий** 短 -я́щ [形6] 永遠 [永久] の, 不変の

**неприве́тливый** 短 -ив [形1] 不親切な, 薄情な, 冷たい

**непривлека́тельный** 短 -лен, -льна [形1] 人目を引かない, 魅力のない, ぱっとしない, さえない

**непривы́чка** [女2] 〔話〕慣れていないこと, 不慣れ

*\***непривы́чн|ый** 短 -чен, -чна [形1] 〔unused〕①なじみのない: *-ое для меня́ сло́во* 私にはなじみのない言葉 ②〈к田〉に慣れていない, 不慣れな: *Мы -ы к хо́лоду*. 私たちは寒さに慣れていない

**непригля́дн|ый** 短 -ден, -дна [形1]〔話〕①見苦しい, 見ばえのしない, みっともない ②芳しくない, 望ましくない **//-ость** [女10]

**неприго́дн|ый** 短 -ден, -дна [形1] 役に立たない; 〈к田/для田〉に適さない: *-ая для питья́ вода́* 飲用に適さない水 **//-ость** [女10]

**неприе́млем|ый** 短 -ем [形1] 容認できない, 受け入れがたい, 気に入らない, 嫌な **//-о** [副]

**непри́знанный** [形1] 未承認の

**неприкаса́емый** (形1変化) [男] (インドのカースト の) 不可触民; 社会ののけ者

**неприка́янный** 短 -ян, -янна [形1]〔話〕落ち着かない, 身の置きどころがない, 寄るべなき, 使い道のない ◆*как ~* そわそわ

**неприкоснове́нн|ый** 短 -е́нен, -е́нна [形1] ①手を加えられる [変えられる, 壊される] ことのない, 元のままの ②使用 [売却] されない, 非常用の ③ (法により) 侵害から守られている, 不可侵の **//-ость** [女10]

**неприкра́шенный** [形1] 潤色されていない, ありのままの

**неприкры́т|ый** [形1] ①覆いのない: *ходи́ть с -ой голово́й* 何もかぶらずにいる ②密閉されていない ③遮蔽物のない, 無防備な ④あからさまな, 露骨な

**неприли́ч|ие** [中5] 下品な, 下品 ②無作法 [下品] な言動 ◆*до ~ия* 〔話・戯〕大変に, ものすごく

**неприли́чн|ый** 短 -чен, -чна [形1] 無作法な, 非礼な; 下品な, 体裁の悪い: 無礼な **//-ость** [女10]

**непримени́мый** 短 -и́м [形1] 適用 [使用] できない, 不適当な

**примет́н|ый** 短 -тен, -тна [形1] ①見分けにくい, 気づかぬほどの ②地味な, 平凡な **//-ость** [女10]

*\***непримири́м|ый** 短 -и́м [形1]〔irreconcilable〕①和解の余地ない (人・性格が) 非妥協的な; 〈к田〉に対し〉容赦ない: *-ое отноше́ние к войне́* 戦争に対する厳しい態度 ②調和させられない, 相容れない, 両立しがたい: *-ая борьба́ за власть* 熾烈な権力闘争 **//-ость**

**непринуждённо** [副] 自由に, 打ち解けて ◆**легкó и ~** [俗・戯] いとも簡単に, 何の問題もなく

**непринуждённый** 短 -ён, -ённа [形1] 緊張のない, 自由な, 自然な; 打ち解けた, 遠慮のない; 馴れ馴れしい

**неприспосóбленный** 短 -ен, -енна [形1] 〈к 与〉 に適さない, 合っていない, 不適応の

**непристóйность** [女10] ① 無作法, 破廉恥, 下品, 卑猥 ②《通例複》無作法な言動

**непристóйный** 短 -óен, -óйна [形1] 無作法な; 破廉恥な, 不埒な; 下品な, 体裁の悪い; 卑猥な

**непристýпный** 短 -пен, -пна [形1] ① 近づきがたい; 難攻不落の ② 親近感を感じさせない, 取っつきにくい, 傲慢な [女10]

**непритвóрный** 短 -рен, -рна [形1]《文》偽りのない

**непритязáтельный** 短 -лен, -льна [形1] 地味な, 控え目な; 要求の少ない, きびしくない

**неприхотлúвый** 短 -ив [形1] ① (人が) 気取らない, 慎み深い, 控え目な ② つましい, 淡白な, あっさりした **∥ -ость** [女10]

**непричáстный** [сн] 短 -тен, -тна [形1] 〈к 与〉 に関与していない, 責任がない

**неприязнéнный** 短 -ен, -енна [形1] 敵意[悪意]のある

**неприязнь** [女10] 悪意, 敵意, 反感, 憎悪

*__неприятель__* [男5] [enemy] ①《集合物》敵, 敵軍, 敵兵: **разбúть** *-я* 敵を撃破する ②《話・旧》(個人的な) 敵, 仇: ~ **в сфéре идéй** 思想面での敵, 論敵 **∥ ~ский** [形3] 〈①〉

*__неприя́тно__* [unpleasant] ①[副] 不快な: **Э́то собы́тие ~ порази́ло нас.** この出来事は我々に不愉快な衝撃を与えた ② [無人述]〈与にとって〉(不)愉快だ, 嫌だ: **Мне ~ об э́том вспомина́ть.** 私はそのことを思い出すのが不愉快だ

*__неприя́тность__* [ネプリヤートナスチ] [女10] [trouble] ① 不快さ: **причини́ть** [сдéлать, принести́] ~ 不快にさせる ② 不快な出来事: **С ни́м случи́лась** [произошла́] **ма́ленькая ~.** 彼にちょっと嫌なことがあった

*__неприя́тный__* [ネプリヤートヌイ] 短 -тен, -тна [形1] [unpleasant] 不快な, 不愉快な, 嫌な: ~ **за́пах** 嫌な臭い | ~ **инциде́нт** 不愉快な出来事

**непробивáемый** 短 -ем [形1] ① 貫通できない, 貫通困難な ② とぎれ[すきま]のない, 一面の ③《話》意固地な, しぶとい, 頑固な

**непробýдн|ый** 短 -ден, -дна [形1] ①(眠りが)非常に深い, 覚めることのない: ~ **сон** 深い[永遠の]眠り ② 乱れることのない: *-ая* **тишинá** 深い静寂 ③《話》歯止めが利かない, 底なしの: *-ое* **пья́нство** 酒浸り

**неповодни́к** [á] [男2]《理》不良導体, 絶縁体

**непрогля́дный** 短 -ден, -дна [形1] ① 見通しの利かない, 一寸先の見えない ② 喜びで希望]のない

**непродовóльственн|ый** [形1] 食料品以外の: *-ые* **товáры** 非食料品

**непродолжи́тельный** 短 -лен, -льна [形1] 短期の, 一時的な, 短命の

**непродукти́вный** 短 -вен, -вна [形1] 非生産的な

**непродýманный** 短 -ан, -анна [形1] 思慮不足の

**непрозрáчный** 短 -чен, -чна [形1] 不透明な, くすんだ

**непроизводи́тельн|ый** 短 -лен, -льна [形1] ① 非生産的な, 非能率的な, 効果のない, 無駄な ②《長尾》生産活動に関与しない **∥ -ость** [女10]

**непроизвóльн|ый** 短 -лен, -льна [形1] 無意識の, 不随意の **∥ -ость** [女10]

**непролáзн|ый** 短 -зен, -зна [形1]《話》① 通り抜けられない, 通行困難な ② 終わることのない, 抜け出せない ③ 全くの, 完全な: ~ [**непрохóдимый**] **идиóт** 全くのばか

**непромокáемый** 短 -ем [形1] 防水(性)の

**непроницáем|ый** 短 -ем [形1] 〈для 生〉① 水・光・音などを〉通さない, 不透過性の ② 見通しの利らない: ③ 知る[立ち入る]ことのできない: *-ая* **тáйна** うかがい知れない秘密 ④ 本心を明かさない; 秘密めかした **∥ -ость** [女10]

**непропорционáльный** 短 -лен, -льна [形1] 不釣り合いな, 不均衡な

**непростúтельн|ый** 短 -лен, -льна [形1] 許しがたい **∥ -о**

**непротивлéние** [中5]《文》無抵抗, 消極的服従

*__непростóй__* -рóст, -ростá, -рóсто, -рости́/-рóсты [形2] [difficult] ① 容易でない, かなり難しい: ~ **вопрóс** 難問 ② 非凡な, 抜きんでた: ~ **человéк** 優秀な人

**непрофессионáл** [男1] 素人, アマチュア **∥ ~ный** [形1]

**непрохоdи́мость** [女10] ① 通行困難[不可能] (なこと) ②《医》狭窄 (きょうさく)

**непроходи́мый** 短 -и́м [形1] ① 通行困難[不可能]な ②《長尾》《話》全くの, 完全な, 手のつけられない

**непрохóдный** [形2]《話》① 通り抜けの通路のない ② 望みのない, 失敗するに決まっている ③ (検閲を通らない; (点数が) 基準に満たない, 駄目な

**непрóчный** 短 -чен, -чнá/-чна, -чно, -чны/-чны́ [形1] もろい, 壊れやすい; 長くはもたない, 不安定な

**непрóшеный** [形1]《話》招かれて[頼まれて]いない, 押しかけの; 不必要な, 望ましくない; 意図しない

**непрошибáемый** 短 -ем [形1]《話》意固地な, しぶとい, 頑固な

**непрýха** [女2]《俗》不運, ついていないこと

**непрямóй** 短 -я́м, -ямá, -я́мо [形2] ① 回り道の, 遠回りの ② 言い逃れの, はぐらかすような, ごまかしの

**Нептýн** [男1]《ロ神》ネプチューン ②《天》海王星

**непутёвый** 短 -ёв [形1]《俗》軽率な, 放埒な, だらしない, いい加減な

**непутём** [副]《俗》下手に, 駄目に

**непью́щий** [形6] 禁酒主義の

**непы́льный** [形1]《俗》(仕事が) さほど骨の折れない

**неработоспосóбный** 短 -бен, -бна [形1] 働けない, 身体障がいのある, 無能力の

**нерабóч|ий** [形6] 働いていない, 仕事と関係ない: *-ее* **врéмя** 休み, オフ, 自由時間

**нерáвенство** [中1] ① 不平等, 不均衡, 格差: **экономи́ческое ~** 経済格差 ②《数》不等式

**нерáвно, неравнó** [助] ひょっとして…でなければよいが

**неравноду́шный** 短 -шен, -шна [形1] ① 物事に無関心ではいられない: 〈к 与〉 に関心がある ② 〈к 与〉 に好意をもつ, …が好きだ

**неравномéрный** 短 -рен, -рна [形1] 平坦[均質]ではない, 不揃いな, 凸凹の

**неравноправный** 短 -вен, -вна [形1] 十分な, 不適当な, 不公平な

**неравноцéнный** 短 -éнен, -éнна [形1] 不等価の, 不適切な

**нерáвный** 短 -вен, -вна [形1] 不揃いな, 不釣り合いな, 不平等な

**нерадúвый** 短 -и́в [形1] 怠慢な, なげやりな

**неразбáвленный** [形1] 薄められていない, 水で割らない, ストレートの

**неразберúха** [女2]《話》混乱, ごたごた

**неразбóрчивый** 短 -ив [形1] ① 判読しづらい, 見分けづらい, 聞き取りづらい, 不明瞭な ② 選り好みをしない, 口やかましくない ③ 無節操な: лю́ди, *-ые* **в сре́д-**

## неразвитой

**неразвито́й** [形2], **нера́звитый** 短 -áзвит, -áзвитá/-áзвита, -áзвито [形1] 未発達の, 未熟の; 知的障がいの **// нера́звитость** [女10]

**неразга́данный** [形1] 未解決の

**неразгово́рчивый** 短 -ив [形1] 無口な, 寡黙な

**неразделённ|ый** [形1] 分割[共有]されていない: -ая любо́вь 片思い

**неразделимый** 短 -и́м [形1] 《文》不可分の

**неразделя́|ый** 短 -лен, -льна [形1] 《文》① 分割[分配]できない, 共有の ② 不可分の, 切り離せない **// -ость** [女10]

**неразличимый** 短 -и́м [形1] 《文》① 区別しづらい, よく似た:明確な特徴のない ② よく見えない

**неразложимый** 短 -и́м [形1] 分解できない

**неразлу́чный** 短 -чен, -чна [形1] 離れることのない, 常に一緒にいる; 常に手元にある

**неразме́нный** 短 -éнен, -éнна [形1] 両替できない, くずせない **// - рубль** [民話] いくら使ってもなくならないルーブル貨幣, 減らない銭

**неразорва́вшийся** [形6] 不発の

**неразрешённый** [形1] ① 解決されていない, 未解決の ② 禁止されている

**неразреши́м|ый** 短 -и́м [形1] 解決[解明, 克服]できない **// -ость** [女10]

**неразры́в|ный** 短 -вен, -вна [形1] 分離[分断, 分解] できない, 結びつきが強固な **// -о** [副]

**неразу́м|ный** 短 -мен, -мна [形1] 無思慮な, 無分別な, 非常識な, 愚かな **// -ость** [女10]

**нерасположе́ние** [中5] 〈к 与に対して〉好意を持たないこと, 反感, 嫌悪

**нераспростране́ние** [中5] (核兵器の)不拡散: Догово́р о -*ии* я́дерного ору́жия 核不拡散条約

**нераствори́мый** [形1] 不溶性の, 溶けない

**нерасторжи́мый** 短 -и́м [形1] 《雅》破棄されることのない, 断たれることのない

**неторопли́вый** 短 -пен, -пна [形1] のろい, 鈍い

**нерациона́льный** 短 -лен, -льна [形1] 不合理な

**нерв** [ニェールヴ] [男1] (nerve) ①《解》神経: удали́ть ~ из больно́го зу́ба 痛い歯の神経を抜く | блужда́ющий ~ 迷走神経 ②《複》[認]神経のはたらき, 気持ち, 知覚, 精神, 神経: желе́зные[стальны́е] -*ы́* 強靱な神経 | ③《文》原動力, 中核(гла́вный[осново́й] ~ ): гла́вный - тво́рческих иска́ний 創造的探求の原動力 ♦ де́йствовать 与 на -*ы́* …をいらだたせる | игра́ть на -*áх* 与 …をわざと苛々させる | трепа́ть[мота́ть] -*ы́* 与 …の神経を逆なでする | быть на -*áх* …に神経をすり減らす, ぴりぴりする | ~ов не хвата́ет 我慢できない

**нерви́ровать** -рую, -руешь 受過 -анный [不完] 〔別〕いらいらさせる

*_**не́рвничать**_ [不完] 〔be nervous〕いらいらする, 興奮する, 神経質になる: Он не́рвничает пе́ред экза́меном. 彼は試験前でピリピリしている

*_**не́рвно**_ [副] いらいらして, あがって, 興奮して: ~ реаги́ровать [отреаги́ровать] 感情的に応酬する

**нервнобольн|о́й** [形2] ① 神経障がいを患っている ② -*о́й* [男記]/-*а́я* [女記] 神経障がい患者

**не́рвно-паралити́ческий** [形3] 〔軍〕神経系統を侵す: - газ 神経ガス

**не́рвность** [女10] 神経質, 神経過敏

*_**не́рвн|ый**_ [ニェールヴный] 短 -вен, -вна́, -вно [形1] (nervous) ①《長尾》神経の: -*ые* кле́тки 神経細胞 | -*ая* систе́ма 神経系 ②《長尾》神経障がいによる: -*ая* депре́ссия 神経性抑鬱(ぶく)状態 | ~ ти́ческий症 (神経性の顔面痙攣(けい)) ③ 神経質な, 神経過

敏の, 興奮しやすい: Я сего́дня с утра́ кака́я-то -*ая*. 私は今日は朝からなんだか神経質になっている ④《長尾》興奮した, いらいらした; いらだたしげな, 不安げな: -*ое* состоя́ние 興奮状態 ⑤《話》気苦労が多い: -*ая* рабо́та 神経を使う仕事

**нерво́зн|ый** 短 -зен, -зна [形1] = не́рвный③-⑤ **// -ость** [女10]

**нервотрёпка** [女2] 《話》神経を消耗させる状況; 極度の緊張

**нереа́ль|ный** 短 -лен, -льна [形1] ① 実在しない, 架空の, 空想的な ② 実行[実現]不可能な, 非現実的な **// -о** [副]

**нерегули́руемый** [形1] 規則[統制, 調整, 調節]のない[されていない]

**нерегуля́р|ный** 短 -рен, -рна [形1] 不規則な, 不定期の, 不正規の **// -о** [副]

**неред́кий** 短 -док, -дка́, -дко, -дки/-дки́ [形3] 頻繁な, よくある, まれでない, 平凡な

*_**неред́ко**_ [ニリェートカ] [副] (frequently) しばしば, 頻繁に: Я ~ пишу́ пи́сьма. 私はちょくちょく手紙を書いている | Тако́е ~ случа́ется [быва́ет]. そういうことはよくある

**нерезиде́нт** [男1] 非居住者

**нере́йтинговый** [形1] 格付け[支持率]が低い

**нерекла́мный** [形1] 注意を引かない, 印象を与えない

**нерента́бель|ный** 短 -лен, -льна [形1] 《経》利益のない, 儲からない, 不採算の **// -о** [副] **// -ость** [女10]

**не́рест** [男1] (魚の)産卵

**нерести́лище** [中2] (魚の)産卵場

**нерести́ться** -и́тся [不完] (魚が)産卵する

**нереши́мость** [女10] 優柔不断, ためらい ♦ быть в -*и* 決しかねて[ためらって]いる

**нереши́тель|ный** 短 -лен, -льна [形1] 決断力を欠く, 優柔不断な, にえきらない, はっきりしない

**нержаве́йка** [女2] 《話》ステンレス(鋼, スチール)

**нержаве́ющ|ий** [形6] 錆びない: -*ая* ста́ль ステンレス鋼

**не́рка** 複生 -рок [女2] 《魚》ベニザケ(→лосо́сь 活用)

**неро́бк|ий** 短 -бок, -бка́, -бко [形3] 臆病でない, 大胆な ♦ челове́к -*ого деся́тка* 《話》肝のすわった人

**неро́в|ный** 短 -вен, -вна́, -вно, -вны/-вны́ [形1] ① 凸凹[凹凸]の, 平坦でない, むらのある (脈・呼吸)が不整の, 不規則な ③ 傾きの, 湾曲した, 歪んだ ④ 気まぐれな, 突飛な, 気まぐれな **// -ость** [女10]

**неро́вня** (女5変化) [男・女] 《話》〈与に〉とはレベルが異なる人, 釣り合わない人

**не́рпа** [《複》《動》ゴマアザラシ属]: байка́льская - バイカルアザラシ | ко́льчатая - ワモンアザラシ

**неру́дный** [形1] (鉱物が)鉱石でない, 非鉱石の

**нерукотво́рный** [形1] 《雅》人間の手では作り出せない, 人間業(ஜ)とは思えない

**неру́сский** [形3] 非ロシアの, ロシア人的でない

**неруши́м|ый** -и́м [形1] 《雅》ゆるぎない, 確固たる, 堅固な; 乱されない, 破られない **// -ость** [女10]

**неры́ночный** [形1] 市場とは関係のない, 非市場の

**неря́ха** (女2変化) [男・女] 不精な人, だらしない人

**неря́шество** [中1] 《話》だらしなさ; ぞんざい

**неря́шли́в|ый** 短 -ив [形1] ① 不潔な, だらしない ② いい加減な, ぞんざいな **// -ость** [女10]

**нёс** [過去] < нести́

**несанкциони́рованный** [形1] 無許可の

**несбаланси́рованный** [形1] 不均衡[不安定]な

**несбы́точн|ый** 短 -чен, -чна [形1] 実現不可能な **// -ость** [女10]

**несваре́ние** [中5]: ～ желу́дка 消化不良 (диспепси́я)

**несве́дущий** 短 -ущ [形5] <в圏について>無知の, 無学の, 疎い

**несве́жий** 短 -éж, -ежа́, -е́же [形6] ① 新鮮でない, 古い ② 疲れ果てた ③ 使用済みの, 汚れた

**несвобо́дный** 短 -ден, -дна [形1] 自由でない, 強制された

**несвоевре́менный** 短 -ен/-енен, -енна [形1] 折の悪い, 時機を逸した, 季節外れの

**несво́йственный** 短 -ен/-енен, -енна [形1] 普通じゃない, 異例な, 珍しい, 変わった

**несвя́зный** 短 -зен, -зна [形1] 関係がない, 相容れない, 異質の, 支離滅裂な

**несгиба́емый** 短 -ем [形1] ① 曲げられない ② 不屈の, ゆるぎない

**несгово́рчивый** 短 -ив [形1] 手に負えない

**несгора́емый** [形1] 不燃性の, 耐火の

**несде́ржанный** 短 -ан, -анна [形1] 制御されていない, 無制限な

**несдоброва́ть** (★不定形のみ) [完] [圏は]不幸 [失敗] を避けられない

**несе́ние** [中5] ① 手に持って運ぶこと; (責任・義務を) 負うこと ② (義務などの) 遂行

**несерьёзный** 短 -зен, -зна [形1] ① うわっいた, 軽薄な ② 不まじめな ③ 些細な, 取るに足らない ④ (病気が) 軽い

**несессе́р** [с; э; э] [男1] 小物入れ, ポーチ

**несказа́нный** (男なし) -занна [形1] [雅] えも言われぬ, 言語に絶する; 極度の, 非常な

**нескла́дный** 短 -ден, -дна [形1] ① [話] 不格好な ② 均衡 [調和] の取れていない ③ 支離滅裂な, つじつまの合わない ④ うまくいかない, 芳しくない **‖-ость** [女10]

**несклоня́емый** 短 -ем [形1] [文法] (名詞などが) 不変化の, 格変化しない

*\***не́сколько** [ニェースカリカ] -ких, -ким, -ко, -кими, -ких [several, a few] [数] いくつかの, いくらかの, 若干の, 数個の (圏語結合する名詞の数と格は, ско́лько と同様): ～ дней 数日｜～ вре́мени しばらくの間｜в тече́ние ~их часо́в 数時間の間に｜по ~им направле́ниям いくつかの方向に｜че́рез ~ лет 何年か前に｜владе́ть ~ими языка́ми 数ヶ国語を使いこなす｜на ~их радиоста́нциях いくつかのラジオ局で
② [副] いくらか, 少し, やや: Да́нные мо́гут ~ измени́ться. データは多少変更される可能性がある ◆**в ~их слова́х** かいつまんで, 手短に (話す) ｜**в ~их шага́х** [**метра́х**] 近くに ｜**по ~у** [**~у**] いくつかずつ: **по ~у раз** 数回ずつ

**несконча́емый** 短 -ем [形1] 果てしない, とめどない

**нескро́мный** 短 -мен, -мна́, -мно, -мны/-мны́ [形1] ① 慎み [謙虚さ] のない, 無遠慮な, 生意気な ② 無作法な, ぶしつけな ③ 恥知らずな, (感情を隠さない) 露骨な, 下品な **‖-ость** [女10]

**нескрыва́емый** [形1] 率直な, あからさまな, 公然の

**несла́бый** [形1] [若者・俗] 悪くない, よい, 素晴らしい

**несло́жный** 短 -жен, -жна́, -жно, -жны/-жны́ [形1] 単純な, 入り組んでいない, 複雑じゃない

**не́слух** [男2] 《話》反抗的な人, 聞き分けのない子: Иди́ у́жинать, ～. タご飯食べにおいで, このやんちゃ坊主

**неслы́ханный** 短 -ан, -анна [形1] 前代未聞の, 前例のない, 驚くべき, かつてない

**неслы́шный** 短 -шен, -шна [形1] ① 聞こえない, 音のしない, 静かな ② ひっそりとした, 目立たない

**несме́лый** 短 -éл, -ела́, -éло [形6] 臆病な; かすかな

**несме́тный** 短 -тен, -тна [形1] 無数の, 数え切れない

**несмолка́емый** 短 -ем [形1] 鳴りやまない, とぎれない

*\***несмотря́** [ニスマトリャー] [前] [in spite of] <на圏に> にもかかわらず, …をも顧みず: ～ на все уси́лия あらゆる努力を尽くしたものの｜Н～ на снегопа́д, аэропо́рты рабо́тают. 大雪を物ともせず空港は機能している ◆**~ ни на что́** 何が何でも, 是が非でも

**несмыва́емый** 短 -ем [形1] 消せない, 拭い去れない

**несмышлёныш** [男4] 《話》 聞き分けのない子ども; 物わかりの悪い人

**несно́сный** 短 -сен, -сна [形1] 堪えがたい, 我慢できない; うんざりする

**несоблюде́ние** [中5] (規則を) 守らないこと, 不遵守

**несовершенноле́тие** [中5] 未成年 (期)

**несовершенноле́тн|ий** [形8] 未成年の ② **~** [男名]/**-яя** [女名] 未成年者

**несоверше́нный** 短 -éнен, -éнна [形1] 不完全な, 未完成の, 欠点のある ｜ соверше́нный вид. ■ **~ вид** 《文法》 不完了体 (↔ соверше́нный вид)

**несоверше́нство** [中1] 不完全, 未完成, 不備, 欠陥

**несовмести́м|ый** 短 -им [形1] 相容れない: тра́вма, -ая с жи́знью 致命傷 **‖-ость** [女10]

**несовпаде́ние** [中5] 不一致, 食い違い, 相違

**несовреме́нный** 短 -éнен, -éнна [形1] 時代遅れの, 古風な

**несогла́сие** [中5] ① (意見などの) 不一致 ② 不和, 反目 ③ 不同意, 拒絶

**несогла́сный** 短 -сен, -сна [形1] ① <с圏と>一致しない, 相違がある; 相反する, 合わない ② 耳障りな, 不協和音の

**несогласова́ние** [中5] 《文法》 不一致

**несогласо́ванн|ый** 短 -ан, -анна [形1] まとまりのない, 協調性に欠ける, ぎこちない **‖-ость** [女10]

**несозна́нк|а** [女2] 《若者・俗》 (取り調べで) とぼけること, 完全否定: идти́ в **~у** = быть в **~е** 自分の罪を認めない

**несознательный** 短 -лен, -льна [形1] 責任を問われない; 責任能力のない; 無責任な, いい加減な, 信用できない **‖-ость** [女10]

**несоизмери́мый** 短 -им [形1] 比べものにならない, 桁違いの, 不相応な, 釣り合わない

**несокруши́мый** 短 -им [形1] [雅] 打ち壊す (破る) ことのできない, 堅固な; 確固とした, 不屈の

**несолёный** [形1] 塩味のない

**несо́лоно** [副] 《俗》 塩が足りなくて ◆**~ хлеба́вши** (**уйти́**) 何も得られずに, 期待を裏切られて (帰る)

*\***несомне́нно** [ニサムニェーンナ] (undoubtedly) ① [副] 確かだ, 疑いもなく: Он ～ тала́нтлив. 彼は確かに才能豊かだ ② (挿入) 明らかに, 間違いなく: На пе́рвом ме́сте, ～, стои́т семья́. 何よりも優先されるのは間違いなく家族だ ③ [無人述] <что節 に> 違いない: Н～, что предстоя́щие вы́боры бу́дут носи́ть о́стрый хара́ктер. 来るべき選挙が緊迫した性格をおびるのはほぼ間違いない ④ [助] (確信を伴う肯定) その通りで, もちろん: Он бу́дет там? — Н～! 「彼はあそこにいるかな」「もちろん」

**несомне́нный** 短 -éнен, -éнна [形1] 疑いの余地のない, 確かな, 明らかな

**несообра́зн|ый** 短 -зен, -зна [形1] ① <с圏と>一致しない, 矛盾した ② 非常識な, ばかげた **‖-ость** [女10]

**несоотве́тствие** [ц] [中5] 不一致, 不均衡, 不釣り合い, 相違, 格差

**несоразме́рный** 短 -рен, -рна [形1] 不釣り合い

**несостоя́тельность** [女10] ①無財産 ②支払い不能, 破産；《法》破産手続き ③根拠薄弱, 証明不能

**несостоя́тельн|ый** 短 -лен, -льна [形] ①《長尾》支払い不能の, 破産した；～ должни́к 返済不能者 ②能力がない：тво́рчески -ая ли́чность創造力がない人 ③根拠薄弱, 証明不能の

**неспециали́ст** [男1] 素人, 門外漢

**неспе́лый** 短 -е́л [形1] 未熟な, 早すぎる

**неспе́шн|ый** 短 -шен, -шна [形1] ゆっくりした, 慎重な, のんびりした **//-о**

**несподру́чн|ый** 短 -чен, -чна [形1]《俗》具合の悪い, 困難な, 不適当な, そぐわない

**неспоко́йн|ый** 短 -о́ен, -о́йна [形1] 安眠できない, 不安な, 落ち着かない；《海》が荒れた **//-о**

**неспосо́бн|ый** 短 -бен, -бна [形1] ①《長尾》才能のない, 無能な ②《К与/不定形》…の能力がない：～ к самостоя́тельному передвиже́нию 自力で動けない | ～ удовлетвори́ть тре́бования кредито́ров 債権者の請求に応じる能力がない ③《к与/不定形》…の資質を欠く, …の適性がない：～ к борьбе́ 闘争心のない ④《俗》具合の悪い, 困難な **//-ость** [女10]

**несправедли́во** [副] 不公平に, 不当に, 間違って

**несправедли́вость** [女10] 不公平(さ), 不当なこと；不公平な[不当な, 間違った]態度

*несправедли́в|ый** 短 -и́в [形1]《unfair》①不公平な, 不正な, 不当な：～ челове́к 不公平な人 | -ая оце́нка 不公平な成績評価 | -ое увольне́ние 不当な解雇 ②間違った, 誤った, 事実に反する

**непроста́** [副]《話》意図[下心]があって, 理由[わけ]があって

**несравне́нно** [副] ①《文》比類なく, 素晴らしく ②《形容詞・副詞の比較級と共に》はるかに, ずっと

**несравне́нный** 短 -е́нен, -е́нна [形1] 比類のない, 無比の, 卓越した

**несравни́мый** 短 -и́м [形1] ①《文》比類のない, 無比の, 卓絶した ②比較できぬほど異なった, 全く別の

**нестаби́льн|ый** 短 -лен, -льна [形1]《文》不安定な **//-о //-ость** [女10]

**нестандáртный** 短 -тен, -тна [形1] ①非標準的な, 基準外の；標準以下の, 低水準の ②独創的な, 奇抜な, 慣習にとらわれない, 自由な

**нестерпи́мый** 短 -и́м [形1] 堪えがたい, やりきれない

*нести́[1]** [スライー] -су́, -сёшь 命 -си́ 過 нёс, несла́ 能過 нёсший 受現 -со́мый 受過 -сённый [不完][定][不定 носи́ть]《carry, bear, suffer》①《кого́-что》(а)手に持って[抱えて, 背負って, 担いで]運ぶ, 持って行く[来る]：～ на рука́х ребёнка 子どもを両手に抱いて行く | ～ на спине́ мешо́к 袋を背負って行く《体の一部をある姿勢[位置]に保って行く[来る]》：～ ру́ки над голово́й 両手を頭の上に上げて行く | высо́ко ~ го́лову 背筋を伸ばして[頭を上げて]行く
② 《что》(a)《無人称でも》(風・流れが)運ぶ：Река́ несла́ свои́ во́ды к мо́рю. 川はその水を海に運んでいた | Я́хту несло́ к бе́регу. ヨットは岸の方に流されていった (b)《馬・車などが》迅速に[急いで]運ぶ 《行かせる》 (c)《бог, чёрт, нелёгкая など》非に：突然来たり行ったりする人への不満・驚き》《無人称でも》連れて行く[来る]：Куда́ вас (чёрт) несёт? あなたは一体どこへ行こうというのか?
③《無人称》《что》(a)(風・寒気などが)吹いて[漂って]くる：Из-под по́ла несёт. 床下から隙間風が入る | Из окна́ несло́ хо́лодом. 窓から寒気が伝わって来た (b)匂いがする；《雰囲気などが》伝わってくる：От него́ несло́, как из ба́ни. 彼は酒の匂いがぷんぷんした
④《что》広める, 伝える：～ передовы́е иде́и 前衛的思想を広める ⑤《что》任務・義務などを担う, はたす：

~ отве́тственность [обя́занность] 責任[義務]を負う | ～ сторожеву́ю слу́жбу 見張り番をする
⑥《完 по-》《что》(損失・罰などを)こうむる, 受ける, 負担する：～ убы́тки 損害をこうむる | ～ наказа́ние 罰を受ける | ～ расхо́ды 費用を負担する ⑦《建》《что》支える：Столбы́ несу́т перекры́тия ка́ждого этажа́. 柱が各階の天井を支えている ⑧《что》上に載せている：Гора́ несёт на свое́й верши́не ве́чные снега́. 山は万年雪をいただいている ⑨《海》《что》(船が)装備している：Кора́бль несёт на борту́ крыла́тые раке́ты. 軍艦は巡航ミサイルを搭載している ⑩《что》《感情・考えなど》持っている, 抱(い)いている, 内包している：～ в своём се́рдце любо́вь к ро́дине 心中に祖国愛を抱く ⑪《что》もたらす：Война́ несла́ нищету́. 戦争は貧困をもたらした ⑫《что》《ばかげたことを言う》：～ чушь [еру́нду, дичь] ばかげたことを言う | Он сам не понима́ет, что он несёт. 彼自身, 自分がなにを言っていることをわかっていない ⑬《что》《俗》ひどい下痢で弱らせる：Как то́лько молока́ вы́пью, так меня́ несёт. 私は牛乳を飲んだとたんにひどい下痢にみまわれる

**нести́[2]** -сёт 過 несла́, несла́ 能過 нёсший 受現 -сён, -сена́ [不完] / **с-** 過 -ся́[2]-ся́ [完] 《что》《鳥が》卵を産む：Ку́рица несёт я́йца. 雌鶏は卵を産む

**нести́сь[1]** -су́сь, -сёшься 過 нёсся, несла́сь 能過 нёсшийся [不完]《定》《不定 носи́ться》《rush, fly》①(a)高速で進む[動く], 疾走する：Маши́на несётся по доро́ге. 自動車は道路を疾走して行く (b)《話》走って[とても速く]走る：～ со всех ног 大急ぎで走って行く | Куда́ ты несёшься? そんなに急いでどこに行くのですか ②聞こえてくる, におってくる：《噂・情報などが》広がる：Несу́тся пе́сни. 歌が聞こえてくる ③《時間・事件などが》急速に経過する：Несу́тся дни. 日がどんどん過ぎ去っていく ④《受身》< нести́①⑤

**нести́сь[2]** -сётся 過 нёсся, несла́сь 能過 нёсшийся [不完] / **с-** 過分 -ся́сь [完]《что》《鳥・鶏が》卵を産む

**несто́йкий** 短 -о́ек, -о́йка [形3]《化》不安定な, 分解しやすい

**нестоя́ние** [中5]《俗》インポ；調子の悪いこと

**нестроево́й** [形2]《軍》①戦列外の, 非戦列の ②[男名]《話》非戦列兵

**нестро́йн|ый** 短 -о́ен, -о́йна/-о́йна, -о́йно [形1] ①スタイル[体格]の悪い ②不協和音の ③(人混みが)騒々しい, 乱雑な

**нестыко́вка** 複生 -вок [女2]《話》①不接合 ②不一致；手違い, しくじり ③《性格・考え方が》合わないこと

**несу́н** -а́ [男1]《話》《職場・生産現場から》物をくすねて持ち出す者

**несура́зность** [女10]《話》①みっともないこと[しかた] ②《通例複》ばかげた[非常識な]行為[考え]

**несура́зн|ый** 短 -зен, -зна [形1]《話》①ばかげた, 非常識な ②不格好な, みっともない；究飛な

**несусве́тн|ый** 短 -тен, -тна [形1]《話》①突拍子もない, 想像しがたい, 信じがたい, とんでもない ②極端な

**несу́шка** 複生 -шек [女2]産卵用鶏

**несуще́ственн|ый** 短 -ен/-енен, -енна [形1] 本質的でない, 無意味な

**несхо́дство** [ц] [中1] 相違(点), 似ていないこと

**несчастли́вец** [щ; сл] -вца [男3]《話》不幸な人, 不運な人, ついていない人

**несчастли́в|ый** [щ; сл] 短 -а́стлив [形1] ①運の悪い, 不運な, 不幸な ②落ち込んだ, みじめな, 悲しい

*несча́стн|ый** [щ; сл] [ニッシャースヌイ] 短 -тен, -тна [形1]《unhappy》①(а)(人が)不幸な, 恵まれない, かわいそうな：-ая де́вочка 不幸な少女 (b)(表情が)悲しげな, 哀れっぽい：смотре́ть -ыми глаза́ми 悲しそうな目で見る (c) ~ [男名]/-ая [女名] 不幸な人

② 不幸をもたらす, 痛ましい, 悲惨な; 不運な: *-ая судьба́* 不幸な運命 | *-ое пристра́стие му́жа к спиртно́му* 夫の困った酒好き | *-ая любо́вь* 叶わぬ恋 | *-day* ついていない日

③ 《話》つまらない, ろくでもない; 《како́й-то, э́тот と共に》取るに足らない, たかがこの程度のもの: *Каки́х-то -ых три́ста рубле́й э́то сто́ит!* これはたかだか300ルーブル程度のものだ! ■ *-слу́чай* 事故, 災害: *слу́чай на произво́дстве [рабо́те]* 労働災害

**несча́ст|ье** [ニッシャースチエ] 複生 -ий [中4] (misfortune) 不幸, 不運, 不幸; 災難, 事故, 災害: *С ни́м произошло́* ~. 彼は事故に遭った | *Н~ сто́ило жи́зни пяти́ челове́к.* 事故は5名の生命を犠牲にした | *Не́ было бы сча́стья, да* ~ *помогло́.* 《諺》禍を転じて福となす ◆*к* [*по*] *-ью* = *на* ~ 《挿入》あいにく | *това́рищ по -ью* 同病相憐むむの仲間 | *три́дцать три -ья* 度重なる不幸: *У него́ три́дцать три -ья.* 彼にはいろいろ不幸が付きまとう

**несчё́тный** [щ] 短 -тен, -тна [形1] 数えきれない, 無数の, 無類の

**несъедо́бный** 短 -бен, -бна [形1] 食用に適さない, 食べられない: ~ *гри́б* 毒キノコ

**нет¹** [ニェート] 過 *не́ было* 未 *не бу́дет* [無人述] 《ある意の否定》いない, ない, 存在しない: *Де́нег нет.* お金がない | *Дире́ктора нет на ме́сте.* 社長は席を外しております | *У э́той па́ртии нет бу́дущего.* この党に未来はない ◆*нет и [да, как] нет* 全くない: *Дождя́ нет и нет.* 全く雨が降らない | 《不定形》 = *нет бы* 《不定形》...する気《習慣》がない: *Нет того́, что́бы прислу́шаться к ста́ршему челове́ку.* 老人の言うことに耳を傾けようという気持ちもない | *чего́ (то́лько) нет* ないものはない, 何でもある: *На ры́нке чего́ то́лько нет.* 市場には何でもある | *нет-нет да и ~ нет-нет (и)* 時折, 時たま

**нет²** [ニェート] [助] [no] ①(a)《否定の応答・不賛成》いいえ, そうではない 《→*да¹*》: *Вы с ней знако́мы?* — *Нет, (мы с ней) не знако́мы.* 「彼女とお知り合いですか」「知り合いではありません」| *Дава́й пое́дем во Фра́нцию.* — *Нет, лу́чше в Ита́лию.* 「フランスへ行こう」「いや, イタリアの方がいい」(b)《禁止・拒絶》駄目だ, いけない: *Мо́жно мне с ва́ми?* — *Нет, с ве́ду.* 「ご一緒してもよろしいですか」「駄目です」(c)《前言の取消・訂正》いや, ではなくて: *Он вернётся во вто́рник, нет, в сре́ду.* 彼は火曜日に, じゃなくて, 水曜日に戻ってくる (d)《アピール・スローガン》〈 ...〉に絶対反対, ...断固拒絶: *Нет войне́!* 戦争反対 ②《前出の語句の否定反復の内》そうではない: *Ты меня́ слу́шаешь, и́ли нет?* あんた私の話を聞いてるの, 聞いてないの ③《注意の喚起》それにしても, おい, まあ: *Нет, ты смотри́, ско́лько здесь мали́ны!* おい, 見ろ, ここにイチゴがいっぱいある《たくさんある》④《驚き・疑問》本当か, まさか: *Ты слы́шала?* — *Она́ вы́йдет за́муж.* — *Нет, пра́вда?* Неуже́ли вы́йдет за́муж. 「聞いてた? マリアが結婚するって」「まさか, 本当? そうに結婚するのかしら」◆*А то нет?* 《俗》そうだろうがあ, そうにきまっている | *ни да́ ни нет* どっちつかずだ, 態度がはっきりしない

**нет³** [接]《通例 *да, так, же*を伴って》《話》譲歩・対比》それなのに, ところが: *Купи́л ей но́вое пла́тье, так* ~, *она́ всё равно́ недово́льна.* 新しいドレスを買ってあげたのに彼女はそれでも不満足だ

**нет⁴** [男1] 《戯》無, ないこと ◆*свести́ [сре́зать] на* ~ (1) ...を完全に消滅させる (2)...を無意味にする, 水泡に帰せしめる | *сойти́ [свести́сь] на нет* (1) 完全に消滅する (2) 無意味になる, 水泡に帰す

**нета́ктичный** 短 -чен, -чна [形1] 機転のきかない, へまな

**нетвё́рдый** 短 -вёрд, -верда́, -вё́рдо, -вё́рды/-вёрды [形1] 不安定な, 弱々しい

**не́тель** [女10] 《子を産んでいない》若い雌牛

**нетерпели́во** [副] じれたように, もどかしげに

**нетерпели́вый** 短 -и́в [形1] [impatient] せっかちな, 我慢できない, 短気な, もどかしい

**нетерпе́ние** [中5] [impatience] 待ちきれないこと, 焦燥, もどかしさ: *Его́ охвати́ло ~.* 彼は焦燥感にとらわれた ◆*(ждать, ожида́ть) с-ием* 待ちわびる, 今か今かと［首を長くして］待つ, いきり立って: *Я жду с -ием его́ име́йл.* 私は彼からのメールを首を長くして待っている | *горе́ть -ием [сгора́ть от -ия]* 不定形 ...したくて仕方がない

**нетерпи́мый** 短 -и́м [形1] ① 許しがたい, 容認できない, 我慢がならない ② 不寛容な, 狭量な

**нетле́нный** 短 -е́нен, -е́нна [形1] 《雅》腐らない, 腐敗[腐朽]しない

**нетле́нка** 複生 -нок [女2] 《俗・皮肉》 ① 売るためでなく自分のために書く作品 ② 《評価していない作家の作品を皮肉って》不朽の名作

**нетопы́рь** -я́ [男5] 《複》《動》アブラコウモリ属

**нетороплй́вый** 短 -и́в [形1] 気の長い, ゆっくりとした

**нето́чный** 短 -чен, -чна́, -чно, -чны/-чны́ [形1] 不正確な, 誤った, いい加減な

**нетрадицио́нный** 短 -о́нен, -о́нна [形1] 慣習にとらわれない, 型にはまらない, 自由な

**нетре́бовательный** 短 -лен, -льна [形1] 要求の厳しくない; 控え目な, 地味な

**нетре́звый** 短 -е́зв, -езва́, -е́зво, -е́звы/-езвы́ [形1] しらふじゃない, 酔っ払った

**нетривиа́льный** 短 -лен, -льна [形1] 顕著な, 優れた, 抜群の, 優秀な

**нетро́нутый** 短 -ут [形1] ① 手つかずの, 元のままの ② 汚れのない, 純潔の, 無垢の

*****нетру́дно** [無人述] [easy] 難しくない, 簡単だ: *Н~ догада́ться, что́ он ду́мает.* 彼が何を考えているのか容易に察しがつく

**нетру́дный** 短 -ден, -дна́, -дно, -дны/-дны́ [形1] 難しくない, 簡単な

**нетрудов|о́й** [形2] ① 労働者ではない, 労働によらない: *-а́я часть населе́ния* 非労働人口 ② 労働によらない: *-ы́е дохо́ды* 不労所得

**нетрудоспосо́бный** 短 -бен, -бна [形1] (病気・障がい・老齢などで)労働不能の ‖ *-ость* [女10]

**не́тто** [é/э] 《不変》[形] 《商》(商品の重量が)正味の, 風袋引きの 《↔*брутто*》: *вес* ~ 正味重量

**не́ту** [無人述] 《口》《困ねられない, ない ( *нет¹*)

**нетусо́вочный** [形1] 《若者》群居しない; 非社交的な

**неубеди́тельный** 短 -лен, -льна [形1] 説得力のない, 人を納得させられない

**неу́бранный** [形1] ① 雑然とした, 散らかった ② 未収穫の, 収穫されていない

**неува́же́ние** [中5] 敬意を払わないこと, 不敬, 無礼

**неуважи́тельный** 短 -лен, -льна [形1] ① 不適当な, 不十分な ② 《話》失礼な, 無作法な

**неуве́ренный** 短 -ена, -енна [形1] ① 確信[自信]がない, 不確かな ② 不確定な, 気まぐれな, 変わりやすい

**неувяда́емый** 短 -а́ем [形1] 《文》不朽の

**неувяда́ющий** [形6] ① 枯れない, しおれない ② 《文》不朽の (неувяда́емый)

**неувя́зка** 複生 -зок [女2] 《話》食い違い, 手違い, 軋轢 (あつれき)

**неугаси́мый** 短 -и́м [形1] ①《旧》(火・明かりなどが)消えることのない ②《雅》不滅の, 永遠の

**неугомо́нн|ый** 短 -о́нен, -о́нна [形1] ① 落ち着きが

**неуд**

ない, じっとしていない, せわしない; とぎれることのない ② 不安な, 不安にみちた **//-ость** [女10]

**не́уд** [男1]《話》(学校の評点で) 不可, 落第点 (неудовлетвори́тельно)

**неуда́вшийся** [形6] 失敗した, うまくいかない, 不運な

\***неуда́ча** [ニウダーチャ] [女4] [failure] 不成功, 失敗: потерпе́ть ~у 失敗する | Запу́ск спу́тника зако́нчился ~ей. 人工衛星の打ち上げは失敗に終わった

**неуда́чливый** 短-ив [形1] 失敗ばかりする, 運の悪い, ついていない

**неуда́чни|к** [男2] / **-ца** [女3] 失敗続きの人, 運の悪い人, ついていない人

\***неуда́чн|ый** [ニウダーチヌイ] 短-чен, -чна [形1] [unsuccessful] 不成功の, 失敗に終わった: -ая попы́тка бро́сить кури́ть 失敗に終わった禁煙の試み ② 不出来な, 拙劣な: -ая фотогра́фия 下手な写真 ③ 不適任な, 不適当な ~ ле́ктор 不適任な講師 | Я вы́брал для пое́здки -ое вре́мя. 私が旅行に選んだ時期はよくなかった

**неудержи́мый** 短-и́м [形1] 抑えがたい, 止められない

\***неудо́бно** [uncomfortably] **I** [副] ① 不便で, 具合悪く ② 気まずく, きまり悪く: чу́вствовать себя́ ~ 気まずい思いをする **II** [無人述] ① 不便だ, 具合悪い: Сиде́ть в э́том кре́сле ~. この椅子は座り心地が悪い ② 気まずい, きまり悪い: Мне ~ пе́ред её роди́телями. 私は彼女の両親に対して気まずい ③ 差し障りがある, 気がひける: Мне бы́ло ~ проси́ть у них де́ньги. 彼らに金銭を乞うことは気がひけることだった

**неудо́бн|ый** 短-бен, -бна [形1] ① 不便な, 具合の悪い: -ая о́бувь 履き心地の悪い靴 ② 不快な, 厄介な: Мо́жно ли не отвеча́ть на -ые вопро́сы? 難しい質問には答えなくてもいいですか ③ 不適切な; 無作法な: Прийти́ в го́сти без приглаше́ния я счита́ю -ым. 招待されていないのに客の所に行くのは無作法だと思う

**неудо́бе|к** -á [男2]《俗》① 具合が悪いもの [こと], 厄介なこと ② [無人述] きまりが悪い

**неудо́бо..** [語形成]「…しにくい」「…困難な」: *неудобопроизноси́мый* 発音しにくい

**неудо́бство** [中1] 不便, 具合の悪さ ② 気まずり, きまり悪さ, 困惑, 当惑

**неудовлетворе́ние** [中5] ① 不承諾 ② 不平, 不満

**неудовлетворённый** 短-ён, -ённа [形1] ① 不満な, 不機嫌な ② (需要・要求が) 満たされていない

**неудовлетвори́тельный** 短-лен, -льна [形1] 満足できない, 十分な, よくない

**неудовлетвори́тельно** **I** [副] ① 十分に, 不満が残る形で ② (不変) [中] 落第点, 不可 (★ → хорошо́ 参考)

**неудово́льствие** [中5] 不満, 不服: вы́разить ~ 不満を表明する | с я́вным -ием いかにも不服そうに

**неуёмный** 短-мен, -мна [形1]《話》① 抑えがたい, 止められない; 絶え間ない, やまない ② 精力に満ちた, 疲れを知らない

\***неуже́ли** [助] [really, indeed]《疑念・驚き》本当に…か, はたして…か, まさか: Н~ он согласи́лся? 本当に彼は同意したのか

**неужи́вчивый** 短-ив [形1] 人と折り合わない, 人付き合いの悪い

**неу́жто** [助] [旧・俗] = неуже́ли

**неузнава́емый** 短-ем [形1] 見違えるほど変わった // **неузнава́емост|ь** [女10] **◆до** -*и* 見違えるほど

**неукло́нный** 短-о́нен, -о́нна [形1]《文》① 不変の, 恒常的な, 一貫した ② (人が) 不屈の, 毅然とした

**неуклю́ж|ий** 短-юж [形6] ① 不格好な ② 機敏でない, 鈍重な: ~, как медве́дь 熊のように鈍重だ ③ 不器用な, ぎこちない ④ 拙劣な, 不出来な: -ие попы́тки 下手な試み ⑤ 見え透いた **//-е** [副] **//-есть** [女10]

**неукосни́тельный** 短-лен, -льна [形1]《文》無条件の, 絶対的な, 義務的な

**неукроти́мый** 短-и́м [形1]《文》(動物が) 飼いならしにくい; (人が) おとなしく [従順に] させづらい, 聞かん気な; (感情が) 抑えがたい, 激しい **//-ость** [女10]

**неулови́мый** 短-и́м [形1] ①《話》捕まえがたい, (人が) なかなか会えない ② 識別 [把握] しづらい, かすかな, はっきりしない ◆ -ые мсти́тели《戯》いたずら者 **//-ость** [女10]

**неуме́лый** 短-е́л [形1] 不器用な, ぎこちない, 下手な

**неуме́ние** [中5] 無力, 無能, 無能

**неуме́ренн|ый** 短-ен, -енна [形1] ① 節度のない ② 度を越した, 過度の **//-ость** [女10]

**неуме́стн|ый** [сн] 短-тен, -тна [形1] 場違いな, 不適切な, 見当違いの **//-о** [副] **//-ость** [女10]

**неумёха, неумёха** (女2変化) [男・女]《話》ばか, まぬけ, ダサいやつ

**неу́мный** 短-мён, -мна́ [形1] ばかな, 愚かな, 頭の弱い: 浅はかな, 思慮に欠ける

**неумоли́м|ый** 短-и́м [形1]《文》① 頼みを聞かない, 情け容赦ない, 頑固な ② 確固不動の, ゆるぎない; 不可避の, 避けられない **//-ость** [女10]

**неумо́лчн|ый** 短-чен, -чна́ [形1]《雅》(音が) 鳴りやまない, 静まらない

**неумы́шленный** 短-ен, -енна [形1] 故意ではない, 偶発的な, うっかりやってしまった, 不注意の

**неупла́та** [女1]《公》不払い, 未払い, 滞納

**неуправля́емый** 短-ем [形1] 制御できない, 手に負えない; 抑制されていない

**неуравнове́шенный** 短-ен, -енна [形1]《心理》取り乱した, 錯乱している, 不均衡の

**неурожа́й** [男6] 不作, 凶作 **// неурожа́йный** [形1]: ~ год 凶年 | ~ уча́сток 不毛な地帯

**неуро́чный** [形1] ① (時間が) 規定外の ② いつもと違った, 異例な, 変な

**неуря́дица** [女3]《話》① 混乱, 無秩序 ② (通例複) 不和, もめごと

**неуспева́емость** [女10] 成績不良

**неуспева́ющ|ий** [形6] 成績不良の **◆~** [男名] / -ая [女名] 劣等生

**неуспе́х** [男2] 不成功, 失敗

**неуста́вн|о́й** [形2], **неуста́вн|ый** [形1] 規則違反の ◆ -*ы́е* [-*ые*] *отноше́ния* 新兵いじめ, 軍規違反

**неуста́вщи́на** -á [女2]《俗》新兵いじめ, 軍規違反

**неуста́нн|ый** 短-а́нен, -а́нна [形1] ① 絶え間ない, 止まない ② 疲れを知らない, 倦むことのない

**неустано́вленный** [形1] 未知 [未確認] の, 不明の

**неусто́йка** 複-ōек [女2] ① 違約金 ②《話》失敗

**неусто́йчивый** 短-ив [形1] ① 不安定な, ぐらぐらする ② 変わりやすい ③ 動揺しやすい, 定見のない, 移り気な **//-ость** [女10]

**неустрани́м|ый** 短-и́м [形1]《文》取り除けない, 避けられない

**неустраши́м|ый** 短-и́м [形1]《文》恐れを知らない, 勇猛な, 大胆不敵な **//-ость** [女10]

**неустро́енный** 短-ен, -енна [形1] ① 設備が整わない; 無秩序な, 乱雑な ② (人が) 生活が不安定な

**неустро́йство** [中1]《話》① 混乱, 無秩序; 故障, 不調 ② (通例複) 不和, もめごと

**неуступчивый** 短-ив [形1] 頑固な, 妥協しない, 断固とした

**неусы́пный** 短-пен, -пна [形1]《文》警戒した, 油断していない, 抜かりない

**неутеши́тельный** 短-лен, -льна [形1] 慰めにならない, 芳しくない, 残念な

**неуте́шный** 短-шен, -шна [形1] 慰めようのない, 癒(ﾃ)しがたい

**неутоли́мый** 短-и́м [形1]《文》① 抑えがたい, 癒しがたい ② 強烈な, 極度の

**неутоми́мый** 短-и́м [形1] 疲れを知らない, 倦むことのない, 精力的, 粘り強い **//-ость** [女10]

**неу́ч** [男4] [短-чащ·蔑] 無知[無学]な人

**неучти́вость** [女10] ① 無作法, 無礼 ② 無作法[無礼]な行為[言葉]

**неучти́вый** 短-и́в [形1] 無作法な, 無礼な

**неую́тн|ый** 短-тен, -тна [形1] 居心地のよくない **//-о** [副]

**неуязви́мый** 短-и́м [形1]《文》① 傷つけがたい; 攻略しがたい ② 手の打ちがたい, 付け入るすきのない

**неф** [5] [男1]《建》身廊, ネーブ

**нефи́г, нефига́** (俗) ① [無人述]〈不定形〉…する必要はない ② [助] いいえ

**неформа́л** [男1] (話) 非公式組織のメンバー

**неформа́льный** 短-лен, -льна [形1] ① 非公式の ② 形式主義的でない

**нефри́т** [男1] ①《医》腎炎 ②《鉱》軟玉

**нефте..** [《語形成》 石油(製)の]

**нефтево́з** [男1] 石油輸送トラック

**нефтега́зовый** [形2] 石油ガスの

**нефтедобыва́ющ|ий** [形6] 石油を産出する: -ая держа́ва 石油大国

**нефтедобы́ча** [女4] 石油採取

**нефтедо́ллары** -ов [複] オイルダラー

**нефтеналивно́й** [形2] 石油輸送用の

**нефтено́сный** 短-сен, -сна [形1] 石油を含有する

**нефтеперераба́тывающий** [形6] 石油精製の

**нефтеплатфо́рма** [女1] 海上石油基地, 石油プラットフォーム (нефтяна́я платфо́рма)

**нефтепрово́д** [男1] 石油パイプライン, 送油管 ■ «**Восто́чная Сиби́рь – Ти́хий океа́н**» 東シベリア・太平洋石油パイプライン (略 ВСТО)

**нефтепроду́кт** [男1] 石油製品

**нефтехрани́лище** [中2] 石油貯蔵所

\***нефть** [ニェーフチ] [女10] [oil] 石油, 原油: добы́ча -и 石油採掘, 原油生産 | запа́сы -и 石油備蓄 | разли́вы -и 石油流出 | сыра́я ~ 原油 | лёгкая [тяжёлая] ~ 軽[重]油 | фью́черсные цены на ~ 原油先物価格

**нефтя́ник** [男1] ① 石油工業従業員, 石油専門家 ② (話) 石油会社のオーナー

**нефтя́ник-нок** [女2] (話) ① 石油エンジン ② 石油輸送用艀(ﾊｼｹ), オイルタンカー

\***нефтяно́й** [形2] 石油の, 原油の: -а́я вы́шка 油井(ｾｲ)やぐら | ~ фонта́н 噴油井

\***нехва́тка** 複生-ток [女2] (話)〈圧/в開の〉不足, 欠乏: ~ воды́ 水不足 | ~ в ве́се 体重不足 《俗》欠点, 欠陥

**нехи́лый** [形1]《若者·俗》いかす, 悪くない

**нехи́трый** 短-тёр, -тра́, -тро́ [形1] ① 正直な, 誠実な, ごまかしのない, ありのままの ② (話) 単純な

**нехо́женый** [形1] 人通りの [少ない] ; 未踏の, 知られていない

**нехоро́ший** 短-о́ш, -оша́ [形6] よくない, 悪い; 悪質な ② (通例短尾) [形1] 醜い, 美しくない

\***нехорошо́** [ニハラショー] [badly] ① [副] 悪く ② [無人述] (a) よくない, 悪い; (道徳的に) いけない: Врать ~. 嘘をつくのはいけないことだ (b) 気分がすぐれない: Мне ста́ло ~. 私は具合が悪くなった

**не́хотя** [副] ① 嫌々ながら, しぶしぶ ② 思わず, 故意にではなく, ふと

**не́хрен, не́хрена** (俗) ① [無人述]〈不定形〉…する必要はない ② [助] いいえ

**нецелесообра́зно** [無人述] 不適切だ, 賢明[得策]ではない: В да́нном слу́чае э́тот прое́кт подде́рживать ~. この場合, このプロジェクトをサポートするのは適切ではない (★ 不定形は不完了体)

**нецелесообра́зный** 短-зен, -зна [形1] 無意味な, 不適切な, 賢明[得策]でない

**нецело́ванный** [形1] キスをされたことがない; 汚れない, 純潔な; 手つかずの

**нецензу́рный** 短-рен, -рна [形1] ① 検閲を通らない ② 卑猥な

**неча́с|тый** [形1] まれな, めったに起こらない, 珍しい **//-о** [副]

\***неча́янно** [副] うっかり, 故意ではなく: Я ~ сказа́л пра́вду. 私はうっかり本当のことを言ってしまった | ~ удали́ть файл 誤ってファイルを消去してしまう

**неча́янный** 短-ян, -янна [形1] ① 思いがけない, 意外な, 偶然の ② 故意でない, うっかり犯した

\***не́чего¹** [в] [ニェーチヴァ] (主格なし) не́чему, не́ на что, не́чем, не́о чем (★ 前置詞は分離されて, не́ の後に挿入する) [代]《否定》〈後に 不定形 すべきこと [もの] がない: Здесь ~ комменти́ровать. ここで解説すべきことは何もない | Нам не́ на чем опере́ться. 私たちには頼るべきものがない | Пока́ нам не́чем горди́ться. 今のところ我々には誇るべきものはない ◆ **гляде́ть [смотре́ть] не́ на что** 全く見るに値しない, くだらない | **де́лать ~ = ~ де́лать 〔挿入〕** しかたがない | **дели́ть ~** 因 …に反目する理由はない | **~ сказа́ть** (話)〔挿入〕(1) 本当に (2) (皮肉) よくもまあそれ | **не́ к чему́** (話) …する必要はない, しかたがない: Не́ к чему́ говори́ть об э́том. そんなことを言っても仕方がない | **крыть не́чем** (俗) 返答 [抗弁] できない | **от ~ де́лать** (話) 何もすることがないので, 退屈しのぎに

**не́чего²** [в] [無人述] (話)〈不定形(不完)〉① …すべきではない, …するわけにはいかない, …することはできない: Н~ об э́том ду́мать. そんなことは考えるべきでない | Н~ зря говори́ть! 無駄口を叩くな ② …する必要はない, …するには及ばない: Ей ~ меня́ стыди́ться. 彼女は私に気がねする必要はない ◆ **~ и(говори́ть)** 〔挿入〕言うまでもなく, もちろん

**нечелове́ческий** [形3]《文》① 人間のものとは思えない; 非人間的な ② 超人的な, 人間わざではない

**нечерноземье** [中4] 非黒土地帯

**нечёсаный** 短-ан [形1] 櫛を通していない, 乱髪の

**нече́ст|ный** [сн] 短-тен, -тна́/-чна, -тно [形1] 不正直な, 不誠実な, 良心的でない: Э́то нече́стно. それは不誠実だ **//-ость** [女10]

**не́чет** [男1] 奇数 (нечётное число́; ↔ чёт)

**нечёткий** 短-ток, -тка [形3] 読みにくい, 判読しがたい, 不明瞭な, ぼんやりした; (仕事が) ずさんな, 乱雑な

**нечётный** [形1] 奇数の (↔ чётный): -ое число́ 奇数

**нечистопло́тный** 短-тен, -тна [形1] ① 不潔な, 汚らしい ② 不誠実な, 卑劣な, あくどい

**нечистота́** 複-о́ты [女1] ① 汚れ, 汚さ, 不潔 ② (話) 不誠実, 不道徳 ③ [複] 汚物, ごみ, 汚水

**нечи́ст|ый** 短-и́ст, -иста́, -и́сто, -и́сты/-исты́ [形1] ① 汚い, 不潔な ② 不純な; (色が) 濁った, むらのある; (皮膚が) 吹き出物がある; (動物が) 雑種の ③ (発音などが) 不正確な ④ (話) (仕上げが) ずさんな, いい加減な ⑤ (道徳的に) 不純な, ふしだらな, 不誠実な, いかさまな; (良心が) やましいところのある ⑦ (宗教上) 不浄な ⑧ (旧·俗) 魔物にとりつかれた, 妖気の漂う ⑨ [男名] (旧·俗) 悪魔, 魔物 (~ дух, -ая си́ла) ◆ **~ на́ руку** 手癖

が悪い **// нечи́сто** [副][無人述]: Здесь что́-то ~. ここには何か危ない気がする

**не́чисть** [女10][話]《集合》①悪魔, 魔物 ②ろくでなし ③ごみ, ほこり, くず ④嫌な動物[虫]

**нечита́бельный** 短-лен, -льна [形1][筆跡・字体が]読みにくい, 不明瞭な

**нечленоразде́льный** 短-лен, -льна [形1]①[音声が]きちんと分節されていない; [話·声が]聞き取りづらい, 不明瞭な ②[話]理解しがたい, わかりづらい

***не́что** [ニェーチタ] (★主·対格のみ) [代][不定] (something) ①何かあるもの[こと]; ちょっとした〜: Есть ли в други́х города́х ~ подо́бное? 他の町には似たようなことがあるのだろうか | ощуща́ть ~ вро́де щеко́тки 何かくすぐったいような感覚がする ②[述語][俗]すごいもの[こと], 素晴らしいもの[こと], 特別なもの[こと]: Э́тот ваш сала́т про́сто ~! お宅のサラダはほんとにおいしい

**нечувстви́тельный** [ст] 短-лен, -льна [形1]《к+圓》に感覚のない, 無感覚な

**нечу́ткий** 短-ток, -тка́, -тко [形3] 鈍感な

**неширо́кий** 短́-ок, -ока́, -око́/-око́ [形3] 広くない

**нешта́тн|ый** [形1] ①定員外の, 非正規雇用の ②不測の, 緊急の: ~ая ситуа́ция 不測の事態

**нешу́точный** 短-чен, -чна [形1] 重大な, ゆゆしい

**нещ́адный** 短-ден, -дна [形1] ①容赦のない, 無慈悲な ②強烈な, 激しい: ~ зной 猛暑

**неэти́чный** 短-чен, -чна [形1] 非倫理的な, 倫理に反する

**неэффекти́вный** 短-вен, -вна [形1] 無能な, 役に立たない

**нея́вка** 複生-вок [女2]《公》欠席, не был: ~ на рабо́ту 欠勤

**нея́вный** 短-вен, -вна [形1] 暗黙の; 潜在的な, 隠れた

**нея́сно** ①[副]曖昧に, 不明瞭に ②[無人述]よくわからない, はっきりしない, 理解できない

**нея́сность** [女10] ①曖昧さ, 不明瞭さ, はっきりしないこと ②《通例複》曖昧な[不明瞭な]点

***нея́сн|ый** 短-сен, -сна́, -сно, -сны/-сны́ [形1] [unclear] ①はっきりしない, 見分けづらい: ~ые очерта́ния облако́в 雲のぼやけた輪郭 ②聞こえづらい, 聞き取りづらい ③曖昧な, 漠然とした, 不明瞭な: да́ть ~ отве́т 曖昧な返事をする ④理解できない, 理解しがたい, 不可解な: Причи́на оста́лась ~ой. 原因ははっきりしなかった

**нея́сыть** [女10]《複》《鳥》フクロウ属

**НЗ** [エヌゼー] [略] неприкоснове́нный запа́с 準備品; [軍] 兵糧

***ни** [=] (neither ... nor, not) **I** [助] ①《否定の強調》何も(…しない): На не́бе ни обла́чка нет. 空には雲が1つもない | Здесь не оста́лось ни одного́ жи́теля. ここには住民は人も残っていなかった | Ни оди́н лист на де́реве не шеве́льнулся. 木の葉1枚れなかった ②《疑問代名詞·疑問副詞と共に》讓歩·容認《誰が·何が·どんな·いかに···だろうと》(★述語動詞は直説法, 命令法, 仮定法のいずれにも): Кто ни уви́дит, удиви́тся. だれが見ても驚くだろう | Куда́ ни оберни́сь, везде́ де́ти. どちらを向いても子どもだらけだ | Всё бу́дет хорошо́, как бы тяжело́ ни бы́ло сейча́с. 今はどんなにつらくても, 全てうまくいく ③《命令形·不定形と共に, 厳しい禁止》: Ни ша́гу да́льше! 一歩も動くな | Ни сло́ва бо́льше! それ以上一言もしゃべるな | Ни с ме́ста! そこから動くな

**II** [接]《列挙される同種成分, 並立複文を形成する単文の前で; ни ..., ни ...》…も…も(しない): Я не могу́ ни спа́ть, ни есть. 私は寝ることも食べることもできない | Ни са́м никуда́ не е́здил, ни у себя́ нико- го́ не принима́л. 自分はどこにも行かなかったし, だれを も呼ばにこともなかった ◆**ни-ни́(-ни́)**《話》絶対ダメ な | **ни (на) есть**《疑問詞に続けて》《俗》= ..-нибудь: како́й ни (на) есть = како́й-нибудь | как ни (на) есть = ка́к-нибудь | **что ни (на) есть**《俗》《特徴·性質の強調》とても, 非常に: са́мый что ни на есть разу́мный вы́бор えらく賢い選択

*..**-нибу́дь** [助]《疑問代名詞·疑問副詞に付して, 対象が具体的に特定されずその存在も明確でないことを表す》: Кто-нибу́дь мне звони́л? — Да, кто́-то звони́л, но не сказа́л своего́ и́мени. 「だれか私に電話をかけてきましたか」「はい, だれかが電話をしてきました, でも名前を言いませんでした」 | У вас есть для меня́ ско́лько-нибу́дь вре́мени? いくらでもお時間を少し

**ни́ва** [女1] ①畑; 畑の穀物 ②《雅》活動分野 ③**Н-** Автоワフ製の4輪駆動車, ジープ型, 型式 VAZ-2121 **// ни́вовский** [形3]〈з〉の

**нивели́р** [男1]《技》水準器

**нивели́рова|ть** -рую, -руешь 受過-анный [不完·完] ①《文》水準器で測る, 水準測量する ②《文》均等[均一]にする, 差異をなくす **// ~ся** [不完·完] ①《文》均等[均一]になる, 差異をなくす ②《不完》《受身》 **// -ние** [中5], **нивелиро́вка** [女2]

**ни́вх** [男2]**/~ка** 複生-хок [女2] ニブフ人(アムール川下流地域とサハリン島に住む少数民族) **// ~ский** [形3]

*!**нигде́** [ニグヂェー] [nowhere]《否定文で》どこにも(…しない, ない): Тако́го я ~ не ви́дел. こんな私はどこでも見たことがない | Н~ нет справедли́вости! 正義などどこにもない

**Ниге́рия** [女9] ナイジェリア(首都は Абу́джа)

**нигили́зм** [男1] ①ニヒリズム, 虚無主義 ②《露史》《革命前》(1860年代の)雑階級(非貴族)知識人の反体制思想(貴族社会の基盤と農奴制を否定) **// -исти́ческий** [形3]

**нигили́ст** [男1]**/~ка** 複生-ток [女2] ①ニヒリスト, 虚無主義者 ②нигили́зм②の信奉者

**Нидерла́нды** -ов [複] オランダ(Голла́ндия とも; 首都は Амстерда́м) **// нидерла́ндский** [ц][形3] オランダ(人, 語)の

*!**ни́же** [ニージェ]《←вы́ше》{lower, below}
**I** [形]《比較<ни́зкий》より低い: Урожа́й кукуру́зы бу́дет ~, чем ожида́лось ра́нее. トウモロコシの収穫量は当初の予想を下回るであろう
**II** [副] ①《比較<ни́зко》より低く, 下へ[に]; 下流へ[に]: спуска́ться ~ мо́ст 下より下に降りる | Его́ кварти́ра располага́ется этажо́м ~. 彼の部屋は1階下に位置している | Н~ по Во́лге расположи́лся го́род Сама́ра. ヴォルガ川を下って行くとサマーラという町がある ②(文章で)次に, 下に; как ука́зано ~ 下記の通り | см. [смотри́] ~ 下記を参照せよ | приведён-ные ~ да́нные 以下に挙げられているデータ
**III** [前]〈直〉…より低く, …より下へ[に]; …より下流へ[に]: коса́ ~ по́яса 腰より下までの長い髪 | Цена́ на нефть упа́ли ~ пяти́десяти до́лларов за ба́ррель. 原油価格は1バレル50ドル以下に下落した

**ни́же..**《語形成》《文》「以下に」, 「次に」, 「下位に」

**нижегоро́дск|ий** [ц] [形3] < Ни́жний Но́вгород: **H-**ая о́бласть ニジェゴロド州(州都 Ни́жний Но́вгород; 沿ヴォルガ連邦管区)

**нижеподписа́вшийся** [形6] 末尾に署名された

**нижесле́дующий** [形6] 下記の

**нижесре́дний** [形6] 平均以下の

**нижестоя́щий** [形6] 下位の, 下級の

**нижне..**《語形成》「下部の」, (河川の)下流の, 低地の」「初期の」

**ни́жн|ий** [ニージニイ] [形8] [lower] ①下の、下部の、下方の、下にある;下の: на че́люсть [f] ～ 下顎 | ～ эта́ж 下の階 | ～ие слои́ атмосфе́ры 大気下層 | ～ сло́й сре́днего кла́сса 中流階級の下層 ②下流の、河口に近い;下流地域［低地］の: ～ее тече́ние реки́ 川の下流 | *Нижнее Поволжье* 下流ヴォルガ地方 ③(a)下に着る、肌着の: ～ее [中名] 肌着,下着: ～ее бельё 肌着 | ～яя руба́шка アンダーシャツ | ～яя ю́бка アンダースカート、ペチコート (b)低音の: ～ реги́стр 低音域 ④[旧]下位の、下層の: ～ее сосло́вие 下層階級 | ～ чин 兵 (将校 офице́р に対して)

**Ни́жний Но́вгород** [形8]- [男1] ニージニー・ノヴゴロド(同名州の州都, 都市; 沿ヴォルガ連邦管区)

\***низ** [男1] [f] 前 о -е, в/на -у́ 複 -ы́ [男1] [lower part, bottom] ①下部、下方: У меня́ боли́т ～ живота́. 私はお腹の下の方が痛い | в са́мом -у́ витри́ны ショーウインドーの一番下の所に ②裏側、底部: ва́ляная о́бувь с рези́новым ～*ом* 底がゴムのフェルト製の靴 ③[話]下層: Сдаётся ～ до́ма. 建物の1階が貸しに出されている ④(通例複)[話]下層階級、大衆(⇔ве́рхи): Он вы́шел из наро́дных ～*ов*. 彼は下層民の出身だ ⑤(通例複)[話]下部、低音部 ⑥(複)[話]低地 [f] [話]下流、下部

**низ..**, *[無声子音の前で]***нис..** [接頭]〈名詞・動詞〉「下へ」: *низведе́ние* 格下げ | *низвести́* (地位を)引き下げる

**низа́ть** нижу́, ни́жешь 受過 ни́занный [不完] / на- [完] ⟨対⟩ [f] (a)…に(糸・ひも・針金などを)通す: ～ би́сер ガラス玉に糸を通す (b)…を〔糸などを通して〕作る: ～ ожере́лье из же́мчуга 真珠のネックレスを作る (c)⟨通 例数珠つなぎにして⟩対⟩を飾る: ～ ря́сы би́сером ガラス玉を数珠つなぎにして僧服を飾る ⟨対⟩ ⟨言葉・韻などを⟩すらすら選び出す［書き連ねる] **/~ся** [不完] [受身] **// ни́жка** 複生-зок [女2]

**низверга́ть** [不完] / **низве́ргнуть** -ну, -нешь 命 -ни́ 過 -éрг/-ул, -éргла 能過 -увший/-гший 受過 -тый/-рженный 副分 -ув [完] ⟨対⟩ [f] ①突き落とす ②打倒する、転覆させる、失権させる;権威を失墜させる **/~ся** [不完] / [完] ⟨из⟩ [f] (通例不完)なだれ落ちる [不完] [受身] **// низверже́ние** [中5]

**низводи́ть** -ожу́, -о́дишь [不完] / **низвести́** -еду́, -едёшь за -вёл, -вела́ 能過 -éдший 受過 -едённый (-дён, -дена́) 副分 -едя́ [完] ⟨対⟩ [f] (低い水準・位に)落とす、権威を失墜させる **/~ся** [不完] [受身] ◆ ～ *с не́ба на зе́млю* [旧]現実に引き戻す **// низведе́ние** [中5]

**низи́н|а** [女1] 低地 **// ~ный** [形]

\***ни́зк|ий** [ニースキイ] 短 -зок, -зка́, -зко, -зки́/-зки 比 ни́же 最上 ни́зший [形8] [low] ①(丈・高さが)低い: ту́фли на *-ом* каблуке́ かかとの低い靴 | ～ челове́к *-ого* ро́ста 背の低い人、小男 ②(位置が)低い、低い所の;(水位が)低い、通常以下の: По не́бу плы́ли *-ие* облака́. 空には低い雲が浮かんでいた | *-ие* широ́ты 低緯度地方 ③(程度・水準が)低い: *-ая* температу́ра во́здуха 低い気温 | ～ у́ровень владе́ния англи́йским языко́м 英語の能力のレベルが低いこと ④(品質が)低い、悪い;(発達が)遅れた、後進の: колбаса́ *-ого* ка́чества 質の悪いソーセージ | *-ая* культу́ра 遅れた文化 ⑤(a)(格付け・順位付けが)下位の、下級の:*-ая* до́лжность 下位の役職 (b)[長尾] ［旧]〈身分・地位が〉下位の、下級の:*-ое* зва́ние 低い身分 ⑥卑劣な、下劣な;卑俗な: шу́тка *-ого* пошиба 低俗な冗談 ⑦[長尾] (文体・様式が)下品な、通俗的な: ～ слог 庶民的な文体 ⑧(音・声が)低音の **// ни́зенький** [形3] [指小・愛称] ⟨①②⟩

\***ни́зко** 比 ни́же [副] [low] ①低く、低い所に: Луна́ ста́ла ～ на не́бе. 月は空の低い所にかかっていた |

461  **никако́й**

～ поклони́ться 深々とお辞儀をする ②(帯・帽子などの装着が)下で、下げて: ～ надви́нуть шля́пу на глаза́ 帽子を目深にかぶる ③(程度・水準が)低く: Температу́ра во́здуха опусти́лась реко́рдно ～. 気温が下がり記録的な寒さとなった ④卑劣に: ～ льсти́ть 卑屈にへつらう ⑤(音・声が)低く: Заговори́ла она́ ～. 彼女は低い声で話し始めた ◆ ～ *кла́няться* かしこまって お願いする、感謝する

**ни́зкока́чественный** 短 -ен/-енен, -енна [形1] ①低品質の、下等な

**низкоопла́чиваемый** [形1] 給料の安い、薄給の

**низкопокло́нство** [中1] [貶]追従、へつらい

**низкопро́бный** 短 -бен, -бна [形1] ①(貴金属が)低位の、純度の低い ②質の悪い;(人が)卑劣な

**низкоро́слый** 短 -о́сл [形1] ①背[丈]が低い ②(建物が)階数の少ない、低層の;(地域が)低層建築物が立ち並んだ

**низкосо́ртный** 短 -тен, -тна [形1] 品質の悪い

**низлага́ть** [不完] / **низложи́ть** -ожу́, -о́жишь 受過 -о́женный [完] 〔文〕⟨対⟩打倒する、転覆させる、失権させる;権威を失墜させる **// низложе́ние** [中5]

**ни́зменность** [女10] ①(海抜200メートル以下の)低地; (一般に)低地 ②下劣さ、卑劣さ ■*Прикаспи́йская ～* カスピ海沿岸低地 | *Бара́бинская ～* バラバ低地

**ни́зменный** 短 -ен, -енна [形1] ①低地の、低地にある ②下劣な、卑劣な、卑しい、さもしい

**низово́й** [形2] ①下(の方)の、低い所の;低地の ②下流の、下流にある、下方から ③下流に接する、末端の、下部の ④[話]大衆の ⑤(音・声が)低音の

**низо́вье** [中4] 下流地方

**низо́к** -зка́ [男2] ①[話][指小・愛称] < низ①⑥ ②[俗]下の階[地下]にある店[軽食堂]

**ни́зом** [副] 低い所を;低地を (⇔*ве́рхом*)

**ни́зость** [女10] ①卑劣さ ②卑劣な行為

**низри́нуть** -ну, -нешь 受過 -тый [完] 〔文〕⟨対⟩ ①投げ落とす ②打倒する、失権させる **/~ся** [完] ①落ちる、落下する

\***ни́зш|ий** [形] [最上] ⟨ ни́зкий⟩: *-ая то́чка* экономи́ческого паде́ния 経済不況の底 (格付け・順位付け・身分・地位が)最下級の: *-ая* суде́бная инста́нция 最下級審 ③(生物が)最も未進化の、下等の: *-ее* ракообра́зные 下等甲殻類 ④(発達・進行の段階が)初期の: *-ая* ста́дия разви́тия 発達の初期段階 ⑤(教育制度で)初級[初等]の

**НИИ** [ニーイー] [略] нау́чно-иссле́довательский институ́т 研究所

**Ни́ка** [女2] ①ニーカ(女性名) ②[男・女] [愛称] < Верони́ка, Ники́та, Никола́й

\***ника́к¹** [ニカーク] [副] ①どうしても[決して、全く] (…しない): Он ～ не мог сосредото́читься. 彼はどうしても集中できなかった | ～ нельзя́ どうしても できない、絶対に駄目だ ②[質問への否定的・回避的回答] 別にどうにか: Как вас зову́т? — Н～. 「あなたの名前は何というのですか」「別に何もないが」(上官・目上の者への丁寧な否定の返事)ちがいます ◆ ~ *не́т*. [上官・目上の者への丁寧な否定の返事] ちがいます

**ника́к²** [助] [俗] [曖昧な推測] どうやら…らしい: H～ дождь начина́ется? 何だか雨が降り出したかな

\***ника́к|о́й** [ニカコーイ] [形は変化] I [代] ①[否定] (★前置詞は分離された ни の後に挿入) (a)どんな…も(…ない、…しない): Я не задава́л ему́ *-и́х* вопро́сов. 私は彼にどんな質問もしていない | Мы *-и́м* о́бразом не причастны к э́тому. 私たちはこの件に一切関与していない (b)[質問への否定的・回避的回答] 別にどんなにでも: Ты на како́й руке́ но́сишь часы́? — Ни на како́й. 「どっちの腕に時計つけてるの」「別にどこに」 ②[否定] (не と共に; 述語となる名詞・形容詞に付いて)

## Никарагуа

《俗》全然［決して］…でない：Н~я́ не шпио́н. 私は決してスパイではない｜Н~о́н не до́брый. 彼は全然親切なんかじゃない　**II** ［形］《話》役に立たない、ろくでもない：Журнали́ст он ~. 彼はろくなジャーナリストじゃない
♦ **И (бо́льше) -и́х!** 《俗》もうたくさんだ、黙れ｜**Без -и́х!** 《俗》(1)反駁せずに、つべこべ言うな　(2)遠慮せずに｜**ни в каку́ю** 《俗》決して(…しない)：Я угова́ривал его́, а он ни в каку́ю. 私は彼を説得したが彼は頑として聞き入れなかった

**Никара́гуа** (不変)［女］ニカラグア(首都は Мана́гуа)

**ни́келевый** ［形］ニッケル(ни́кель)の

**никелирова́ть** -ру́ю, -ру́ешь　受 過 -о́ванный［不完・完］［彼］ニッケルめっきする

**никелиро́вка** 複生 -вок［女2］(1)ニッケルめっき(すること)　(2)ニッケルめっきの層

**ни́кель** ［男5］《化》ニッケル(記号 Ni)

**нике́м** ⇒никтó

**Ники́та** (女1変化)［男］ニキータ(男性名；愛称 Ке́ша, Ни́ка, 卑称 Ке́шка；作られる父称は Ники́тич と Ники́тична)

**Ники́фор** ［男1］ニキーフォル(男性名)

**ни́кнуть** -ну, -нешь　命 -ни　過 ник/-нул, ни́кла　能過 -кший/-увший［不完］①［完 **по~**, **с~**］〈首〉を傾ける［屈める］；〈国〉を垂れる；〔植物などが〕しおれる　② 衰える、弱まる

\*никогда́ ［ニカグダー］ [never]［副］《否定》決して、一度も、どんな時［場合］にも(…ない、しない)：Я ― его́ ни в чём не прошу́. 私は彼に決して何も頼まない｜Я ― не лета́л на самолёте. 私は飛行機に一度も乗ったことがない｜Лу́чше по́здно, чем ~. 《諺》遅くてもしないよりはまし ♦ **тепе́рь и́ли ~** するなら今しかない、今を逃したら機会は二度とない｜**как ~** かつてないほどに、いつになく

**нико́го** 〈生・対格〉⇒никто́

**Никоди́м** ［男1］ニコジーム(男性名)

**никой** ［代］《否定》(★前置詞は分離された ни の後に挿入)： ни в какой = **ники́м о́бразом** どのようにしても、決して(…ない、しない)｜**ни в ко́ем слу́чае [в]**《俗》**ра́зе**] どんな場合にも、決して、全く(…ない、しない)

**Нико́ла** (女1変化)［男］《正教》奇蹟者ニコラ (Никола́й Чудотво́рец)祭, 奇蹟者ニコラの日(Нико́лин день) ■ ~ **Ве́шний** 春のニコラ祭(5月22[旧暦9]日)｜~ **Зи́мний** 冬のニコラ祭(12月19[旧暦6]日) **// Нико́лин** 形11

**Никола́й** ［男6］ニコライ(男性名；愛称 Ко́ля, Ни́ка) ■ ~ **I**(пе́рвый) ニコライ1世(1796-1855；皇帝(25-55)；警察国家体制の確立、専制君主)｜~ **II**(второ́й) ニコライ2世(1868-1918; ロマノフ朝最後の皇帝(1894-1917)；2000年正教会により列聖される)

**никому́** 〈与格〉⇒никто́

**Никоси́я** 女9 ニコシア(キプロスの首都)

**никоти́н** ［男1］ニコチン **//~овый** ［形1］

**никото́рый** ［形1変化］［代］《否定》(★前置詞は分離された ни の後に挿入)《話》どれも、どれ1つ(…ない、しない)

\***никто́** ［ニクトー］никого́ [ヴォ―], никому́, никого́, никем, ни о ком [nobody, no one] ①［代］《否定》(★前置詞は分離された ни の後に挿入)a［誰も…ない(しない)］：Там меня ~ не зна́ет. そこでは誰も私のことを知らない｜Она́ *ни с кем* не встреча́ется. 彼女は誰とも交際していない　b［質問への否定的・回避的回答］彼女は誰とも…：С кем ты то́лько что говори́л по телефо́ну? — Ни с кем. 「今電話で誰と話していたの?」「別に誰とも」
②［男名］《話》取るに足らない［つまらない］人
③ (不変)［男名］《話》〈与／для围〉にとって〉赤の他人：Он мне ~. 彼は私にとって赤の他人だ
♦ **как ~** 他の誰よりも、誰もできないように｜**~ друго́й**

［ино́й］ 他の誰も(…ない、しない)

\***никуда́** ［ニクダー］[nowhere]［副］《否定》(а)どこへも(…ない、しない)：Не на́до ― звони́ть. どこにも電話する必要はない　(b)［質問への否定的・回避的回答］別にどこへも：Куда́ ты? — Н~. 「どこに行くの」「別にどこにも」
②［述語］《話》ひどい、非常に悪い：Здоро́вье у неё ~. 彼女は体調がひどい　③ (不変)［中名］《話》何もないところ、空虚：Её глаза́ смотре́ли в ~. 彼女の眼は空(うつろ)を見ていた
♦ (**уйти́**) **в ~** どこへともなく、跡形もなく(いなくなる)｜~ **не годи́ться** 何の役にも立たない

**никуды́шный** 短 -шен, -шна ［形］《話》役立たずの、ろくでなしの

**никчёмный** 短 -мен, -мна ［形］《話》役に立たない、無用の、くだらない

**ним** ［男・中性；造格］，［複数；与格］⇒он (★前置詞の後で)

**нима́ло** ① ［副］《否定》少しも、全く(…ない、しない)
② ［助］《否定の応答》いいえ、全くそんなことはない

**нимб** ［男1］ ①〔聖像など頭の周りに描かれる〕光輪、後光　②〔強い照明、高速回転するものに見られる〕光の暈〔かさ〕　③《雅》〔人・物を取りまく〕崇高な雰囲気、オーラ

**ни́ми** 〈複数；造格〉⇒он (★前置詞の後で)

**Немиро́вич-Да́нченко** (男4・不変)［男］ネミロ́ヴィチ・ダ́ンチェンコ(Влади́мир Ива́нович ~, 1858-1943；劇作家)

**ни́мфа** ［女1］ ①《ギ神》ニンフ(海・川・山・森に住む女の妖精)　②《昆》若虫、ニンフ(昆虫の幼虫)

**нимфе́тка** 複生 -ток ［女2］ 早熟な［性的魅力のある］少女

**Ни́на** ［女1］ ニーナ(女性名；愛称 Ни́ночка, Нино́к)

**нио́бий** ［男7］《化》ニオブ(記号 Nb)

**ниотку́да** ［副］《否定》どこからも(…ない、しない)

**нипочём** ［副］《話》①〈通例 述語〉とても安い、二束三文だ　②［述語］〈与／для围〉にとって〉するのは容易だ、たやすい　③［述語］〈与〉にとって〉何でもない、害にならない ◆《否定文で》(話》少しも、全く(…ない、しない)

**ни́ппель** 複 -и/-я́ ［男5］《工》ニップル、アダプター、スリーブ

**нирва́на** ［女1］ ①《仏教》涅槃(ねはん)(悟りの境地)　②《文》心の平安、法悦 ◆ **погрузи́ться в ~у = преда́ться =достигнуть =достигать достигнуть ~ы** 涅槃(ねはん)の境地に入る、解脱する

**нис..** →низ..

\***ниско́лько** ［副］ [not at all]《否定》(а)少しも(…ない、しない)：Я в э́том ~ не сомнева́юсь. 私はそのことを少しも疑っていない　(b)［否定の回答］全然：Ты не уста́л? — Н~. 「疲れてない?」「全然」

**ниспада́ть** ［不完］/ **ниспа́сть** -аду́, -адёшь 過 -ал ［完］ ①［詩］落ちる　②［不完］〈что〉(衣服・髪などが)垂れ下がっている：ниспада́ющее меню́ [IT]ドロップダウンメニュー

**ниспыла́ть** ［不完］/ **ниспосла́ть** -ошлю́, -ошлёшь　受過 -о́сланный［完］《旧》〔彼〕(神が)天から遣わす、賜(たまわ)る

**ниспровергáть** [不完] / **ниспрове́ргнуть** -ну, -нешь　命 -ни　過 -е́рг/-ул, -е́ргла　能過 -увший/-гший　受過 страд 過 прич -ну́тый〔俗〕〔彼〕《雅》打倒する、転覆させる、失権させる；権威を失墜させる

**нисходи́ть** -ожу́, -о́дишь ［不完］/ **низойти́** -йду́, -йдёшь　過 ниспёл/-ошёл, -ошла́ 能過 нисше́дший，副分 -ойда́ ［完］ ①［詩］下りる；〈на围／к围〉(感情・沈黙・闇が)…を包み込む、襲う　②〈до围／к围〉(身分を落とす、水準を下げる) **// нисхожде́ние** [中5]

**нисходя́щий** ［形6］ 下降する、減少する(↔восходя́щий)：*-ее* ударе́ние 下降アクセント ◆ **по ~ей** 上から下に

**нитеви́дный** 短-ден, -дна, [形1] 糸状の, 糸のよう な: ~ пульс [医] 糸脈様脈, 微弱な脈拍

**ни́тк|а** 複生-ток [女2] [thread] ① (1本の)糸; (複) (束ねた·巻いた)糸, 編み糸 | (縫合用の)細紐: льняна́я [шёлковая] ~ 亜麻 [絹]糸 | крути́ть ~и 糸を巻く | мото́к ни́ток 1巻きの糸 | заштопа́ть ды́рку бе́лыми ~ами 白い糸で穴を縫い繕う

② = нить ②③ ③ 《俗》国境線 **◆вы́тянуть в ~у** 《話》きちんと [一線に] 並ばせる [整列させる] | **вы́тянуться в ~у** 《話》(一線に) 整列する (2)努力を尽くす | **до (вы́мокнуть [промо́кнуть]) ~и** ずぶ濡れになる | **до (после́дней) ~и** 完全に, すっかり, とことん | **на живу́ю ~у** 手早く, 大急ぎで, ざっと, いい加減に, ぞんざいに | **висе́ть [держа́ться] на ~е** 危機に瀕している

**ни́точк|а** 複生-чек [女2] 〔指小〕< ни́тка ①②③ **◆ходи́ть по ~е** 《話》よく言うことを聞く, 聞きわけがある | **разобра́ть по ~е** 《話》綿密に調べる
**ни́точн|ый** [形1] < ни́тка: -ая фа́брика 製糸工 場

**нитра́т** [男1] 〔化〕硝酸塩 **//—ный** [形1]
**нитри́т** [男1] 〔化〕亜硝酸塩, 亜硝酸エステル
**нитроглицери́н** [男1] 〔化〕ニトログリセリン
**нитча́тка** 複生-ток [女2] ①〔植〕糸状藻 ① (藻の一種) ②〔動〕糸状虫(しじょう), フィラリア
**ни́тчатый** [形1] 糸状の, 糸・ 糸状体の

**\*нит|ь** [女10] [thread] ①а)糸: ~ осно́вы 経糸 ~ утка́ 横糸 | шёлковая ~ 絹糸 | ссу́ченная ~ (撚(ょ)った) ~ | (織物・縫物などに用いる)金属製の細い線, 針金: ~ (ла́мпы) нака́ливания (電球の)フィラメント | ква́рцевая ~ 石英糸 ② 糸に通したもの: жемчу́жная ~ 糸に通した真珠 | паути́ны ~ 蜘蛛の糸 | не́рвные ~и 神経繊維 (b)列, 連な り: ~ полков ши́рокого по́ля 〔線状に伸長した広野の〕列 | но́вые ~и газопрово́дов ガスパイプラインの新設 ④(а)結びつけるもの, 絆: Ме́жду ни́ми существу́ет неви́димая ~. 彼らの間には目に見えない絆がある (b)手がかり, 糸口: ~ рассле́дования 捜査の糸口 ② 連鎖, つながり: ~ воспомина́ний 次々と浮かぶ思い出 | ~ жи́зни 人生の流れ (d)(思考・会話・文章の)筋, 脈絡 **◆проходи́ть кра́сной ~ью через** 図 …を一貫して貫いている, …の基調を成している ■**путево́дная ~** 糸口, 指針

**нитяно́й** [形2] 糸の ② 糸製の, 糸で編んだ
**них** [複造; 生・対・前置格] < **он** (★ 前置詞の後で)
**ни́ц** [副] 〔文〕うつむいて, ひれ伏して
**ничё** [副] 《俗》= ничего́
**ничего́** [ни-] [ниче́во] ① [副] 《話》(しばしば ~ себе́ の形で)かなりよく, まあまあよく: Сде́лали бо́лее и́ли ме́нее ~. ある程度きちんとやった | По геогра́фии она́ учи́лась ~ себе́. 彼女は地理はかなりよくできていた

② [述語] 《話》(а)(しばしば у себе́ の形で)かなりよい ままだ, 悪くない: Слух у меня́ отли́чный, го́лос то́же ~ себе́. 私の音感は最高だし, 声でも悪くない (b)〈о ~ себе́〉〈с ~ себе́〉〈на себя́〉の形で)よい, 健康だ, 魅力的だ: Нам под со́рок, но мы ещё ребя́та. 俺たちは40歳近いがまだ若くて元気だ

③ [述語] 大したことではない, 問題ではない: Игру́шка испо́ртилась, но э́то ~. おもちゃは壊れてしまったが, それは大したことではない (b) 〔与〕にとって〕何でもない, 平気だ: Н~ ему́ э́ти холода́. 彼にとって何でもない, この寒さなど | [助](同意・受容・許容)構わない, 大したことではない: Тебе́ бо́льно? — Н~! 「痛いか」「大丈夫だ」

⑤ [副] 少しも, ちっとも: Н~ я не оби́жен. 私はちっとも怒ってなんかいない ⑥〔生格〕< ничто́ **◆ себе́** [一] (1)(不信・反感)あきれたものだ, これは驚いた (2)かなりよい, まあまあだ

**ничегонеде́лание** [в] [中5] 《話》何もしないこと, 無為
**ниче́й** 〈男〉-чьего́-, чьему́-, -че́й/-чьего́, -чьим, -чьем; **ничья́** 〈女〉-чьей, -чьей, -чью, -чьей, -чьей; **ничье́** 〈複〉-чьих, -чьим, -чьи/-чьих, -чьими, -чьих (★ 前置 詞は分離された ни の後に挿入)
I [代]〔否定〕誰の…も(…ない, しない): не похо́жая ни на чью́ жизнь 誰の生活にも似ていない生活 | Мне не нужны́ ничьи́ сове́ты. 私には誰の忠告も必要ない
II [形] ① 誰のものでもない, 持ち主のない: Соба́ка была́ ничья́. その犬は飼い主がなかった | ничья́ земля́ 〔軍〕どちらの軍にも属していない中間地帯 [無人] 地帯
②〔スポ〕引き分けの; **ничья́** [女名] 引き分け: Матч зако́нчился ничье́й. 試合は引き分けで終わった

**ниче́йный** [形1] 《話》① 誰のものでもない, 持ち主のない ②〔スポ〕引き分けの
**ниче́м** [造格], **ничему́** [与格] < ничто́
**нич|ко́м** [副] うつぶせに

**\*ничто́** [ш] [ниши́то-] ничего́ [-чво́-], ничему́, ничто́, ниче́м, ни о чём [代]〔否定〕(nothing) ① [代]〔否定〕(★ 前置詞は分離された ни の後に挿入)(a)何も(…ない, しない): Его́ жи́зни ~ не угрожа́ет. 彼の生命を脅かすものは何もない | Перегово́ры с ни́ми ни к чему́ не привели́. 彼らとの交渉は何の結果ももたらさなかった | ни с чем не сравни́мые эмо́ции 何とも比べようのない感情 | Он ни в чём не винова́т. 彼には何の罪もない (b)〔否定的・回避的回答〕別に何も: О чём ты с ним говори́л? — Ни о чём. 「彼と何話してたの」「別に何も」
② [不変][中名] 取るに足らない [つまらない] 人も (の): Де́ньги для меня́ ~. お金など私にとってはつまらない物だ ③ [中名] 無, 空虚: преврати́ть [обрати́ть] в ~ …を消す, 無にする | преврати́ться [обрати́ться] в ~ 消滅する, 無に帰する ④ [無人称] 《俗》〈与〉にとって当然の報いだ, …は自業自得だ (b)〈与〉にとって〉どうでもよいことだ

**◆без ничего́** 《俗》(1)何も持たずに, 手ぶらで (2)何も入っていない: суп без ничего́ 具なしスープ | **за ~** 《話》ひどく安い値段で | **из ничего́** (1)無から, 裸一貫から (作る, 得る) (2)何でもないことから, 必要もないのに (起こる, 発生する) | **ко́нчиться [зако́нчиться] ниче́м** 徒労に終わる | **ничего́ не поде́лаешь [попи́шешь]** しかたがない | **ни за что́ (на све́те)** どんなことがあっても, 決して(…ない, しない): Я ни за что́ не соглашу́сь. 私は絶対賛成しない | **ни за что́ ни про что́** = 《俗》**ни за что ни про́ что** (1)全く無駄に, いたずらに (2)何の理由もなく | **ни к чему́** 《話》(1)[述語] 用がない, 不要で: Ему́ ни к чему́. 彼は全然知らん顔だ (2)[述語] 〈不定形〉…する必要がない, …しても無駄だ: Ни к чему́ туда́ е́хать. そんな所へ行く必要はない (3)何の理由もなく, わけもなく | **ни при чём** 《話》[述語] …は無関係で, …のせい [責任] ではない: Ты здесь ни при чём. 君はこの件に無関係だ | **оста́ться ни при чём** 《話》[述語] 何も得るものがない, 何もかも失う | **ни с чем** 何も得るところなく, 手ぶらで

**ничто́же** [副] **◆~ сумня́шеся** [旧・戯・皮肉] 少しも疑わずに, ためらわずに
**ничто́жество** [中1] ①(а)取るに足らない [つまらない] こと (b)[旧] みじめな状態 ② 取るに足らない人
**\*ничто́жн|ый** 短-жен, -жна [形1] (insignificant) ① ごくわずかな: ~ за́работок 微々たる給料 ② 取るに足らない, つまらない: по -ому по́воду 些細な理由で ③ (人がつまらなく, みすぼらしい, 卑しい ④〔法〕絶対的無効の: -ая сде́лка 絶対的無効の法律行為

**\*ничу́ть** [副] 《話》(not a bit) ① 少しも(…ない, しない): Это реше́ние меня́ ~ не напуга́ло. この決定

は少しも私を驚かせるものではなかった ②《否定的回答》全然: Шу́тишь ? — Н~. 「冗談言ってるのか」「全然」
◆~ **не быва́ло** 決してそんなことはない, まるで違う
**ничья́** →ниче́й

\***ни́ш|а** [女4] [niche] ①壁龕(がん), ニッチ(像・飾り物などを置く壁面のくぼみ); くぼみ, へこみ, 穴 ②《生】生態的地位, ニッチ ③《活動に適した》場所

**ништя́к** -á [男2] 《俗》①よい[素晴らしい]こと[もの] ②《間》よし, そうとも ③《述語》素晴らしい

**ништяко́вый** [形] 《俗》よい, 素晴らしい, 質のよい

**нища́ть** [不完]/**об**~ [完] ①貧乏になる ②《思想・感情などが》貧弱になる ③《不完》乏しくなる, 衰退する

**ни́щенка** 複生-нок [女2]《話》女乞食; 貧乏な女性

**ни́щенский** [形3] ①乞食の, 乞食のような ②ごくわずかの, 取るに足らない; 非常に貧弱な; 乏しい

**ни́щенство** [中1] ①物乞い《行為》②極貧, 赤貧

**ни́щенствовать** -твую, -твуешь [不完] ①乞食をする ②貧乏な生活をする

\***нищета́** [女1] [poverty] ①極貧, 赤貧: впа́сть в -у́ = дойти́ до -ы́ 極貧に陥る | жи́ть в -é 極貧の生活をする ②《思想・感情などが》貧弱さ, 気力などの乏しさ, 不足:духо́вная ~ 精神的貧困 ③《話》《集合》貧民:городска́я ~ 都市の貧民

\***ни́щ|ий** [ニーッシイ] 短 ни́щ, -ща́, -ще [形6] [destitute] ① (a)乞食の, 乞食暮らしをしている  (b) ~ [男2]/-**ая** [女2]乞食 ②極貧の, 赤貧の: ~ го́род 貧しい町 ③《話》乏しい, 十分な: ~ бюдже́т 乏しい予算 《連》…が乏しい, 貧弱な: ~ ду́хом челове́к 心が貧しい人

**НКВД** [エヌカヴェデー] 《略》Наро́дный комиссариа́т вну́тренних дел 〔露史〕内務人民委員部

**НЛО** [エヌエロー] 《略》неопо́знанный лета́ющий объе́кт 未確認飛行物体, UFO

**ННН(-)про́мысел** [エヌエヌエヌ] [男1] 違法・無報告・無規制(IUU)漁業 (незако́нный, несообща́емый и нерегули́руемый про́мысел)

\***но¹** [/] [but] Ⅰ [接] ①《反意》しかし, だが, それでも, 反対に. 儲かるが危険な | Мужчи́на попа́л под по́езд, ~ оста́лся жив. 男は列車にひかれたが, 生きていた ②《反意・付加》《発展》とはいえ, だがやがて: Снача́ла встре́чу назна́чили на де́вять часо́в, ~ пото́м перенесли́ на де́сять. 当初面会は9時ということだったが, 後で10時に変更になる (b)《話題の転換》さて, ところで, それはそれとして: ~ верне́мся к те́ме. それはそれとして本題に戻りましょう (c)《反駁》ですが, だけど: «Но, ма́ма», — начала́ я. 「だけどママ」と私は言いかけた
Ⅱ (不変) [中] 異議, 反駁, 支障, 制限: Всегда́ жду́т нас, где мы не ду́маем, ра́зные скве́рные ~. 常に, 我々が思いもよらぬところで, 様々なまずしい支障が待っている ◆**не то́лько … ~, но (и) … ** ばかりでなく … も
◆**Никаки́х [Без вся́ких] ~!** いちいち文句を言うな, 反論するな

**но²** [ノ] [間] ① (しばしば но-о! と引き伸ばして)《馬を駆り立てる時の掛け声》はい! [間] (しばしば но-но́ と繰り返しで) (а)《催促》ほら!: Но-но́ встава́й! ほら, 立ちなさい! (b)《警告・仕返しの威嚇》おい!: Но! Осторо́жнее! おい, 気をつけろ ③ [助]《驚き・否定》まさか: Но как так получи́лось? まさかそんなことがあるなんて

**Нобелевский** [形3] ノーベル(賞)の: -ая пре́мия ノーベル賞 | лауреа́т ノーベル賞受賞者

**нобелевка** 複生-вок [女2] 《俗・戯》ノーベル賞

**нова́тор** [男1] 革新者 **//-ский** [形3]

**нова́торство** [中1] ①革新活動[運動] ②新機軸

**нова́ция** [女9] 目新しいもの, 斬新さ, 革新

**Но́вая Зела́ндия** [形1]-[女9] ニュージーランド

**Но́вая Земля́** [形1]-[女5] ノーヴァヤ・ゼムリャー(ロシア北西部, 北極海の島群)

**Но́вгород** [男1] ①ノヴゴロド(Вели́кий Н~; 北西連邦管区の都市) ②Ни́жний ~ ニージニー・ノヴゴロド(Ни́жний Н~; 沿ヴォルガ連邦管区の都市) **// новгоро́дск|ий** [u] [形3]: Н-ая о́бласть ノヴゴロド州(州都 Вели́кий Но́вгород; 北西連邦管区)

**нове́йший** [形6] [最上]<но́вый

**нове́лл|а** [é/э] [女1] ①短編小説 ②《法》補則, 追加条項 **//-исти́ческий** [形3]

**новелли́ст** [е/э] [男1] 短編作家

\***но́венький** [形3] 《話》[brand-new] ①《愛称<но́вый》真新しい, 新品の: ~ внедоро́жник 新車の SUV ②~ [男2]/-ая [女2] (通例 шко́ла の)新参者; 新人, 新入り: У нас в кла́ссе -ая. 私たちのクラスに新しい女子生徒がいる ③-ое [中2] 新しいこと: Что -ого? 何か変わったことがある? ◆**Кто на -ого?** (子どもの遊びで)今度は誰が親[鬼]?; 今度は誰の番?
| как ~ (健康・気分が)良好な状態になって

**новизна́** [女1] ①新しさ, 新味 ②新しいもの[こと]

**нови́на, нови́на** [女1]《文学》ノヴィーナ(но́вая были́на; 現代を題材としたブィリーナ)

**нови́на** [女1] 《方》①未耕地, 処女地 ②新穀 ③晒(さら)していない麻布

\***нови́нк|а** 複生 -нок [女2] [novelty] 新しいもの[こと]; 新製品, 新作: техни́ческая ~ 新技術 | кни́жная ~ 新刊本 ◆**в -у [для ]** (… にとって)目新しい, 初めての: Мне здесь всё в -у́. ここでは全てが私には初め新しい

\***новичо́к** -чка́ [男2] [newcomer, novice]《話》①新人, 新入生: ~ футбо́льного клу́ба サッカークラブの新メンバー ②《в圏の》初心者: Он в э́том де́ле не ~. 彼はこの仕事の初心者ではない

**ново-** [語形成]「新しい」「…したばかりの」「現代の」

**новобра́нец** -нца [男3] ①新兵, 初年兵 ②《話》新人, 新入り

**новобра́чн|ый** [形3] ①新婚の ②~ [男2]/-ая [女2] 新郎; 新婦; -ые [複3] 新婚夫妻, 新郎新婦

**нововведе́ние** [中5] 新たに導入[創設]されたもの[こと], 新機軸, 新制度, 新規則, 新施設

**новогодний** [形8] 新年の

**новогре́ческий** [形3] 現代ギリシャ(語)の

**новозаве́тный** [形1] 〔キリスト〕新約聖書の

**новоиспечённый** [形1] 《話・戯》①できたての ②なりたての, 新任の

**новока́ин** [男1] 《薬》ノボカイン(局部麻酔薬, 塩酸プロカインの商品名) **//-овый** [形3]

**Новокузне́цк** [男2] ノヴォクズネツク(ケメロヴォ州の中都市; シベリア連邦管区)

**новолу́ние** [中5] 新月; 新月の時期, 朔(さく)

**новомо́дный** 短 -ден, -дна [形1] 《話》①最新流行の ②《非難》はやりの

**новообразова́ние** [中5] ①新たな要素[形態]の出現[形成] ②新たな要素[形態] ③《医》新生物, 腫瘍: злока́чественное ~ 悪性腫瘍

**новообращённый** [形1] 新たに改宗[転向]した

**новоприбы́вший** [形6] ①新しく来た ②[男2] 新人, 新参者

\***новорождённ|ый** [形1] [newborn] ①生まれたばかりの: ~ сын [теля́нок] 生まれたばかりの息子[子牛] ②~ [男2]/-ая [女2] 《医》新生児;《話》誕生日の人 ③できたばかりの: ~ ме́сяц 新月

**новосёл** [男1]/《話》-ка [女2] ①新移住者 ②新築住居への入居者

\***новосе́л|ье** [中4] ①新居 ②新居祝い: спра́вить [устро́ить, отпра́здновать] ~ 新居祝いをする | поздра́вить  с -ьем 〈人の〉新居を祝う | пода́рок на ~ 新居祝いの贈り物

**Новосиб** [男1]/《若者》ノヴォシビルスク

**Новосиби́рск** [男2] ノヴォシビルスク(同名州の州都) **// новосиби́рск|ий** [形3]: *Н-ая о́бласть* ノヴォシビルスク州(シベリア連邦管区)

**новостно́й** [сн] [形2] ニュースの

**новостро́йка** [女2] ①新建造物の建設(現場); 建設中の新建造物 ②新築建造物; 新興地区

\***но́вость** [ノーヴァスチ] 複 -и, -е́й [女5] [news]
①(a)新しい情報[ニュース], ニュース: *хоро́шая ~ よい知*
せ | *~ об отста́вке губерна́тора* 知事辞任のニュース | *~ из пе́рвых рук* 直接関係者[目撃者]からの情報 (b)(複)(テレビ・ラジオなどメディアの)ニュース: *узна́ть о землетрясе́нии из вече́рних -е́й* 夜のニュースで地震のことを知る | *междунаро́дные -и* 国際ニュース | *-и спо́рта* スポーツニュース
②新しいもまだ知られていなかったこと: *-и медици́ны* 医学の新発見 | *кни́жные -и* 新書目 | *Каки́е -и на рабо́те?* 職場で何か変わったことがあった
◆*Вот ещё ~ [-и]!* (予想外の驚き・慨嘆)これは驚いた; 何ということだ

**новоте́льный** [形1] [畜産]最近[初めて]子を産んだ

**новоя́вленный** [形1] [皮肉]新たに[最近]現れた

**новоя́з** [男1] [文]欺瞞的用語, ニュースピーク(内意・真意を隠ぺいするための形式張った言葉) ・文体)

**но́вшество** [中1] 新たに導入[創設]されたもの[こと]; 新機軸, 新制度, 新習慣, 新方式

\***но́вый** [ノーヴィ] 短 нов, -ва́, -во, -вы́/-вы 比 нове́е 最上 нове́йший [形1] [new] ①新たに作られた, 最近現れた; 新品の; 使い古されていない: *~ аэровокза́л* 新しいエアロヴォグザル | *~ костю́м* 新しいスーツ ②新たに発見[発明]された; (植物等の品種などが)新たに開発[育成]された: *-ая технологи́я* 新技術 | *~ ви́рус гри́ппа* 新型インフルエンザウイルス ③未知の, 初めての; 経験の少ない, 新参者の: *Здесь он челове́к ~*. ここでは彼は新参者だ ④新任の; 次の; これまでとは違う: (農産物などが)今年産の: *~ мэр Москвы́* モスクワの新市長 | *~ уче́бный год* 新学年 | *-ая карто́шка* 新ジャガ
⑤近代の, 現代の; 今の, 今日の: *-ая исто́рия* 近代史 | *-е́йшая исто́рия* 現代史 | *~ челове́к = -ые лю́ди* 現代人 ⑥-*ое* [中名] 新しいもの[こと]; 新しく発見された[判明した]こと, 新しい情報: *Что -ого?* (話)何か変わったことはない | *-ое де́ло!* (話) (驚き・不満)何ということだ | *по-ому* [副]新たに, 今日風に | *по-о́й* (俗)新たに, また, もう一度 | *с -ой си́лой* (これまでのより)さらに[より]強く | *смотре́ть -ыми глаза́ми на что* …を新たな視点から見る

■*Н- год*, 元旦(1月1日) | *Н- свет* 新世界, アメリカ | *~ ру́сский* [皮肉]新ロシア人(ソ連邦崩壊の経済混乱に乗じて金持ちになった成金)

**новь** [女10] ①未開墾地, 処女地 ②新穀 ③新しいもの[こと]

**новьё** [中4] (俗)新品; 新型のもの

\***ног|а́** [ナガー] 対 -гу, -ам; -ги, -ног, -ога́м (на/за но́гу, на/за́ но́гу; на/за́ под но́ги, на/за́/под но́ги) [女2] [leg, foot] ①(a)(人・動物の)足, 脚: *пра́вая [ле́вая] ~* 右[左]足 | *дли́нные [коро́ткие] но́ги* 長い[短い]足 | *стро́йные [пря́мые, кривы́е] но́ги* すらりとした[真っ直ぐな, 曲がった]足 | *вы́тянуть но́ги* 足を伸ばす | *согну́ть но́гу в коле́не* 膝を曲げる | *заки́нуть [положи́ть] но́гу на́ ногу* 足を組む | *сиде́ть ~ на́ ногу* 足を組んで座っている | *пере́дние [за́дние] но́ги* 前[後]脚 (b)(食用の鳥・動物の)足, 脚: *кури́ная ~* 鶏の足 | *тушёная теля́чья -а́* 子牛の足の蒸し煮 ②足(くるぶしの足先まで): *подъём -и́* 足の甲 | *У меня́ ~ три́дцать седьмо́го разме́ра*. 私の足のサイズは37号です ③(家具・機械などの)足, 支柱: *стол на четырёх -а́х* 4本脚のテーブル | *вы́пустить но́ги шасси́* (飛行機の)降着装置の支柱を出す | *~ копра́* 掘削機の支柱

《単・主》*~ за́ ногу идти́* のろのろと, ゆっくりと歩く | *одна́ ~ здесь, (а) друга́я там* (話)大急ぎで(行ってくる, 用を済ませる)

《単・生》*хрома́ть на о́бе -и́* (1)うまくいかない (2)大変な失敗をする, 立ちゆかない

《単・与》*К-е́!* [軍]立て銃(3) | *по -е́* (靴が)足に合った

《単・対》*взять [дать] но́гу* 足並みを揃える | *идти́ (~) в но́гу с кем* (1)…と足並みを揃えて行く (2)K時代・流行)に遅れずについて行く | *подста́вить кому но́гу* (1)足を出して…をつまずかせる (2)(話)…の邪魔をする | *поста́вить что на каку́ю-л. но́гу* …を…風にする: *поста́вить дом на европе́йскую но́гу* 家をヨーロッパ風にする

《単・造》*ле́вой -о́й сде́лать* [不] …をいい加減にやる | *ни -о́й к кому [куда́-л.]* …のところには決して行かない

《単・前》*быть на коро́ткой (дру́жеской) -е́ с кем* 図 …と親しい関係にある | *быть на одно́й -е́ с кем* 図 …と対等である

《複・主》*но́ги не де́ржат кого* (疲労・病気・老齢で)… は立っていられない, 立っているのがやっと | *но́ги заплета́ются* (歩くとき)足をからませる, 千鳥足になる

《複・生》*вали́ться [па́дать] с ног* (疲労・病気などで)へとへとになる, 立っていられなくなる | *вали́ться с ног* へとへとになる, へばばれる | *не чу́вствовать (чу́ять, слы́шать) под собо́й ног* (1)猛スピードで走る (2)(歩行・走行で)脚がくたくたになる, 有頂天で我を忘れる | *с ног на́ голову поста́вить [переверну́ть]* что …をあべこべに解する, 歪曲する | *со всех ног* 一目散に, 大急ぎで | *быть у ног кого* (尊敬・敬愛・献身して)…のそばにいる

《複・対》*костыля́ть по -а́м* (俗)(スポ)…の足を蹴る | *поверну́ть к -а́м* …の足元に平伏させる | *(話)взять но́ги в ру́ки (зу́бы)* (俗) (大急ぎで)すっ飛んで行く | *де́лать но́ги* (俗)ずらかる, 逃げ出す | *е́ле [едва́] но́ги волочи́ть [таска́ть, передвига́ть]* (疲労・病気・老齢で)やっとのことで歩く | *оторва́ть но́ги* (俗)ひどい目に遭わされる, ぶちのめす | *подня́ть [поста́вить] на́ ноги* 図 (1)…を(病気から)全快させる (2)…に行動を起こさせる (3)…を自立させる (4)衰退・崩壊したものを)復旧する, 回復する | *поклони́ться в но́ги* (1)…に深々とお辞儀をする (2)…に哀願する | *потеря́ть но́ги* (俗)泥酔する | *приде́лать но́ги (к чему)* 図 …を盗む | *сбить но́ги* (靴が)靴擦れを起こさせる | *стать (встать, подня́ться) на́ ноги* (1)立ち上がる (2)(病気・不幸から)立ち直る (3)自立する (4)(経済的に)上向く

《複・造》*баста́бовать -а́ми* (俗・皮肉)(抗議の意味で)行く[顔を出す]ことを拒否する | *верте́ться [пу́таться] под -а́ми у кого* …にうるさく付きまとう, …の足手まといになる | *голосова́ть -а́ми* (俗) (選挙などを)ボイコットする | *-а́ми вперёд вы́нести [понести́]* 図 (不定人称文で)…が亡き人となる | *под -а́ми* はるか下の方に

《複・前》*валя́ться в -а́х у кого* 図 …に懇願している | *в -а́х* (ベッドの)足元に | *В -а́х пра́вды нет* お掛け下さい | *на -а́х* (1)立っていて (2)忙しく動きまわっている, 奔走している (3)眠らずにいる (4)(病気中)床につかずにいる, 歩き回って | *на -а́х не стоя́ть (держа́ться) = едва́ [е́ле, с трудо́м] стоя́ть на -а́х* (疲労・衰弱・飲酒のために)立っていられない **//** **но́жка** 複生 -нок, **но́женька** 複生 -нек [女2] [指小]<①②; **ножи́ща** [女4] [指大]<①②

**нога́|ец** -а́йца [男3] /-**йка** [女2] ノガイ人(北カフカスに住むチュルク系民族) **//** -**йский** [形3]

**ногото́к** -тка́ [男2] ①【植】キンセンカ属の植物の俗称 (календу́ла) ②〔指小〕< ного́ть

**но́г|оть** [ノーガチ] -гтя 複 -гти, -гте́й [男5] 〔nail〕爪: дли́нные [коро́ткие] ~ти 長い[短い]爪 | подстри́чь ~ти 爪を切る | покры́ть ~ти ла́ком 爪にマニキュアを塗る ◆*взять [подобра́ть] под ~* / ~ *прижа́ть к ~ю* ~を自分の意のままにする | *грызть [куса́ть] ~ти* 爪を嚙む; 非常に悔しがる | *до ко́нчиков -те́й* すっかり, 完全に | *чего́-л. -тя не сто́ить* …の足元にも及ばない | *с [от] мла́дших -те́й* 幼い時から | *с* ~ *[ногото́к]* とても小さい // **ногтево́й** [形2]

**но́ев** [形10] ノア(Ной)の ■**Н~ ко́вчег** (1)【キリスト】ノアの方舟 (2)〈文〉雑多な人々による運命共同体

**нож** [ノーシ] -а́ [男2] 〔knife〕①ナイフ, 刀, 包丁: ку́хонный ~ 包丁 | столо́вый ~ テーブルナイフ | перочи́нный ~ ペンナイフ | охо́тничий ~ 狩猟ナイフ | тупо́й [о́стрый] ~ 鈍い[鋭い]ナイフ | ~ с ле́звием в шесть сантиме́тров 刃渡り6cmのナイフ | точи́ть ~ ナイフを研ぐ | ре́зать ~о́м ナイフで切る | ② (切断機・機械の)刃(の部分) ◆*без* ~ *ре́зать [заре́зать]* …を窮地に陥れる | *быть на -а́х с* 画 …と敵対している | *дра́ться на -а́х* 刀を抜いてけんかをする | *как -о́м отре́зать* ぴしゃりと言う, はねつける | *как -о́м по се́рдцу* (突然の不幸で)…の胸が痛む | *лечь под* ~ 手術を受ける | *~ в се́рдце [о́стрый] для* 画 …にとってとても悩ましい, 辛いこと | *~ в спи́ну* 画 …への裏切り行為 | *приста́вить к го́рлу* 画 …の喉元にナイフを突きつける; …を脅す | *попа́сть под* ~ 〈俗〉削減[制限]される | …*точи́ть на* ~ 画 …に対し悪事を企てる | *умере́ть под -о́м* 手術中に死ぬ // **но́жик** [男2] 〔指小〕<①; **но́жичек** -чка [男2] 〔指小〕; **ножи́ще** (中2変化) [男2] 〔指小〕// **ножево́й** [形2]

**но́жк|а** [ノーシカ] 複生 -жек [女2] 〔leg, stem〕①〔話〕〔指小〕< нога́ (★用法は nогá に準ずる): кро́хотные ~и ребёнка 幼児の小さな足 | кури́ная [кра́бовая] ~ (食用としての)鶏[かに]の足(食用外指定されない場合の「足」は коне́чность) ②(家具・眼鏡などの)脚, 支え; ~ сту́ла 椅子の脚 ③(植物の)茎; (キノコの)柄 ◆*кружи́ться на одно́й -е* 〈俗〉気に入られようと懸命になる | *ко́зья* ~ 手巻きたばこ(じょうろ状に巻いてZの字型に折ったもの) | *оста́лись ро́жки да -и от* 画 …からほとんど何も残っていなかった

**но́жниц|ы** [ノージニツィ] -ниц [複] 〔scissors〕①はさみ: садо́вые ~ 園芸ばさみ | портно́вские ~ 裁縫ばさみ | ре́зать -ами はさみで切る ②裁断[切断]機: пре́ссовые ~ プレス裁断機 | гидравли́ческие ~ 油圧カッター ③食い違い, 不一致, ギャップ; 差異, 格差, 開き: тари́фные ~ 料金格差 | ~ ме́жду объёмом това́ра и покупа́тельной спосо́бности 商品量と購買力の食い違い ④【スポ】(走り幅跳び・走り高跳びの)挟み跳び, シザーズジャンプ; (レスリングの)挟み締め, シザーズ ◆*попа́сть под* ~ 〈俗〉検閲で不適当なところを切られる[変更させられる]

**ножно́й** [形2] 足[脚](用)の: 足で操作する

**но́жны** -жен, -жнам [複] 刀の鞘(さや)

**ножо́вка** 複生 -вок [女2] (片手用)手びきのこ; 弓のこ

**ноздрева́тый** [形1] 多孔性の, 多孔質の // **-ость** [女2]

**ноздр|я́** 複 но́здри, -ре́й [女5] ①鼻孔, 鼻の穴: раздува́ть но́здри 鼻の穴をふくらます | подра́внивать -е́й (不満・苛立ち・関心)鼻の穴を震わせる ②〈К 口/на が に対する〉嗅覚, 勘, センス ◆*в ~ю́* 〈俗〉(1)並んで (2)同じ様に, ペースを合わせて

**Ной** [男6]【聖】ノア

**нока́ут** [男1]【スポ】①ノックアウト ②壊滅的な打撃[衝撃]

**нокаути́ровать** -рую, -руешь 受 過 -ванный [不完・完] 〈眦〉①【ボクシング】ノックアウトする ②…に壊滅的な打撃[衝撃]を与える

**нокда́ун** [男1]【スポ】ノックダウン

**ноктю́рн** [男1]【楽】ノクターン, 夜想曲

**но́л|ь** [ノーリ] -я́, **ну́л|ь** [ヌーリ] -я́ [男5] 〔zero〕①(数字の)0: Ско́лько -е́й в миллио́не? 百万には0がいくつ付きますか ②(実数・計量【計測】数値としての)0, ゼロ, 零(★複数生格の名詞を伴う): ~ це́лых пять деся́тых 0.5 | Температу́ра во́здуха ~ гра́дусов [пятна́дцать гра́дусов ни́же нуля́]. 気温は零度[零下15度]だ | ~о́ль часо́в 零時 | Матч заверши́лся со счётом оди́н ~ ноль в на́шу по́льзу. 試合は1対0で我々が勝った | Гасолиноме́тра стре́лка приближа́лась к нулю́. ガソリンメータの矢印がゼロに近づいてきた ③(а)無, 無いこと: ~ бра́ка 欠陥製品ゼロ (b)〔述語〕無いに等しい, 取るに足らない: Роди́тельские сове́ты для тебя́ ~? 親の忠告などお前にとっては等しいのか ④取るに足らない人間 ⑤〈露史〉(革命前)(成績評価で)零点 ◆*быть на нуле́* 存在しない | *в ноль* 〈俗〉(1)大変ひどく(状態が極度なことを表す) (2)そっくり | *в нуля́х = по нуля́м* 〈俗〉(学生隠)何も知らない, 何もわからない | *два́ -я́* 〔話・戯〕便所 | *нача́ть с нуля́* ゼロから始める | *~ без па́лочки* 〈俗〉全く役に立たない[無価値な人] | *ноль-ноль* (時間が)…ちょうどきっかり: де́вять часо́в ноль-ноль 9時零分 | *ноль внима́ния (фунт презре́ния) на* 〈俗〉…に注意を払わない | *по -я́м* 〈俗〉(1)素晴らしく, 文句のつけようもなく (2)最終的に, 完全に(決別, 絶交する) | *ра́вный [ра́вен] нулю́* 無に等しい | *свести́ к нулю́* ~ を無にする, 失う | *свести́сь к нулю́* 無に帰する, 意味を失う | *с нуля́* 〈若・俗〉新品の, まだ使っていない | *стричь [стри́чься] под* ~ 頭を丸坊主に刈る[刈られる] // **но́лик, ну́лик** [男2] 〔指小〕<①

**нома́д** [男1]〈史〉遊牧民, 放浪者

**номенклату́р|а** [女1] ①専門語彙, 学術用語; 術語集 ②品名一覧表 ③〈政府の高級幹部〉(ソ連時代, 党・政府の上級機関の承認により任命された役職の一覧表) // **-ный** [形1]

**номенклату́рщик** [男2] 〔話〕特権的幹部職員

**но́мер** [ノーミル] 複 -а́ [男1] 〔number, room〕①番号, ナンバー, (第)…番, (第)…号: ~ автомоби́ля 自動車のナンバー, ~ па́спорта パスポート番号 | семизна́чный телефо́нный ~ 7桁の電話番号 | Прика́з 453 (четы́реста пятьдеся́т три) 命令第453号 | бегу́н под -ом 67 (шестьдеся́т семь) ゼッケン67番のランナー | по поря́дку -ов 番号順に

②番号の付いたもの: (新聞・雑誌の)号: све́жий ~ журна́ла 雑誌の最新号 | публикова́ть статьи́ из -a в ~ 論文を号を追って掲載する | е́хать на четы́рнадцатом ~е 14番(のバス)に乗って行く

③番号札: автомоби́льные -а́ 自動車のナンバープレート ④(服・靴・帽子の)号数, サイズ; (品物の)型番: восьмо́й ~ перча́ток 8号サイズの手袋

⑤(ホテルの)部屋: двухме́стный [двухме́стный] ~ シングル[ツイン]ルーム | В гости́нице свобо́дных -ов нет. ホテルに空室がない

⑥(プログラムの)演目, 曲目, 出し物: ко́нный ~ 馬の演目 ⑦〔話〕意表を突く[突飛な, 奇妙な]行為, 奇策: вы́кинуть [отмочи́ть, отколо́ть] ~ 突拍子もないことをする | Ты свои́ -а́ оста́вь! 妙なことはやめろ 〔男〕

⑧【軍】砲手, 機関銃手 ◆*Вот (та́к, э́то) ~!* 〔話〕こりゃ驚いた! | *~ оди́н* 最も重要な, 最優先の: зада́ча ~ оди́н 最優先課題 | *гото́вность* ~ *оди́н* 完全な

関態勢 | отби́ть ~ 《スポ》チームにいるだけだ, 得点をかせがない | пусто́й ~ 《話》うまくいかない《望み無く, 無意味な》こと | Э́тот ~ не пройдёт. そりゃ問題が卸さない, その手は通じない **//-но́й** [形2] <①>
**номеро́к** -рка́ [男2] 《話》 ①〔指小〕< но́мер① ⑤ ②番号札
**номина́л** [男1]《経》①〔貨幣・有価証券の〕額面価格 ②〔商品の〕定価
**номина́льн|ый** 短 -лен, -льна [形1] ①《長尾》額面の, 名目〔上〕の: -ая зарпла́та 名目賃金 | -ая цена́ 定価 ②名ばかりの, 名目だけの, 名義上の
**номина́нт|ка** 複生 -ток [女2]《文》指名[推薦]された人, 候補者[作品]
**номинати́вн|ый** [形1]《言》①主格[主語]の: -ая констру́кция 主格構造 ②名詞だけからなる: -ое предложе́ние 名詞文 ③名称を示す
**номина́ция** [女9]《文》指名, 推薦, 任命 ②《言》名指し
**номини́ровать** -рую, -руешь 受過 -анный [不完・完]《図》指名[推薦]する
**но́на** [女1]《楽》9度
**нон гра́та** 〔不変〕[形] 好ましくない: персо́на ~《外交》「好ましからざる人」
**Но́нна** [女1] ノーンナ(女性名; 愛称 Но́на)
**нонпаре́ль** [女10]《印》ノンパレル(約6ポイントの欧文活字)
**но́нсенс** [э] [男1]《文》ナンセンス, ばかげたこと
**нон-сто́п** 〔不変〕[形] ノンストップで, 《映画などで》休息時間がないこと;《飛行機の》直行便
*нор|а́ 複 но́ры [女1] [burrow, hole] ①〔獣の〕穴: зале́зть [забиться] в -у́ 穴に隠れる ②〔地面・雪に掘られた避難用の〕穴がら ③《話》狭い住居;〔卑下して〕我が家 ◆ли́сья ~ (1)狐の穴 (2)《軍》爆破孔(爆発物を仕掛ける穴)
**Норве́гия** [女9] ノルウェー(首都は О́сло)
**норве́ж|ец** -жца [男2] **-ка** 複生 -жек [女2] ノルウェー人 **//-ский** [形3] ノルウェー(人)の
**норд** [男1]《海》①北 ②北風: норд-ве́ст 北西(風) | норд-о́ст 北東(風)
**но́рк|а** 複生 -рок [女1]《動》ミンク; ミンクの毛皮 ③〔指小〕< нора́ **//-овый** [形1]
*но́рм|а [ノールマ] [男1] [norm, standard] ①(a)規準量, 基準量: ~ вы́дачи кормо́в скоту́ 家畜への給餌規定量 | разреши́тельная ~ 許容量 (b)標準労働[作業]量, ノルマ: су́точная ~ земляны́х рабо́т 土木工事の一昼夜のノルマ (c)平均量, 標準量: ~ вы́падения оса́дков в ма́е 5月の平均降雨量 | У́ровень радиа́ции в преде́лах -ы́. 放射線レベルは標準値の範囲内にとどまっている (d)比率, 割合: ~ при́были и дохо́да 利益率 | ~ амортиза́ции 減価償却率 ②正常な[平常の]状態, 標準, 基準: вы́йти из -ы 常軌を逸する | прийти́ [войти́] в -у́ 正常な状態にもどる | привести́ в -у́ ~を正常な状態にする ③規範, 規定: мора́льные [эти́ческие] -ы 道徳律 | -ы поведе́ния 礼儀作法 | -ы литерату́рного языка́ 標準語の規範 | -ы междунаро́дного пра́ва 国際法規 ③《話》良好[順調]な ④《印》印刷本の欄外の識別情報 ③《話》良好な状態で; 良好[順調]な[で]: Как себя́ чу́вствуешь? — В -е! 「気分はどうだ」「上々だ」| взять в за -у ~を手本にする
**нормалёк** [副]《述語》《俗》正常だ, 順調だ, まともだ, 十分だ: Как дела́? — Н~! 「調子はどうだ」「順調だ」
**нормализ|ова́ть** -зу́ю, -зу́ешь 受過 -о́ванный [不完・完] ~を正常にする, 標準化する, 規格化する **//-ся** [不完]《受身》**//-а́ция** [女9]
**норма́ль** [女10]《数・理》垂〔直〕線, 法線

*норма́льно [ナルマーリナ] [副] [normal] ①正常に;《話》しかるべく, ちゃんと: Устро́йство рабо́тает ~. 装置は正常に動いている | оде́ваться ~ まともな格好をする ②《述語》大丈夫だ, 問題ない, 順調だ[正常, 普通]だ: Всё ~! 万事順調だ
*норма́льн|ый [ナルマーリヌィ] 短 -лен, -льна [形1] [normal] ①正常な, 標準的な: ~ рост 標準身長 | -ая температу́ра те́ла 標準体温, 平熱 ②普通の, 満足できる, まともな: Мы приобрели́ вполне́ -ую кварти́ру. 私たちはごく普通のマンションを購入した ③(精神的に)健康[正常]な, 正気の: ~ челове́к (精神の)正常な人間
**норма́нн** [男1] ノルマン人 **//-ский** [形3]
**нормати́в** [男1] 規準[基準, 標準](指数)
*нормати́вн|ый 短 -вен, -вна [形1] [regulatory] ①規範を定める, 規範となる: -ая грамма́тика 規範文法 | ~ акт 法令 ②規準として定められた, 規準に則った: ~ срок слу́жбы обору́дования 設備の規準耐用期間 **//-ость** [女10] <①>
**норми́ровать, нормирова́ть** -рую, -руешь 受過 -анный [不完]/**у~** [完]《法・社会評価・マスメディア》《図》法的規範を保証する, 規範を作る **//-ние** [女2], **нормиро́вка** [女2]
**нормиро́вочный** [形1] 規範化の
**нормиро́вщик** [男2] 規準[基準, ノルマ]設定専門員
**но́ров** [男1]《話》性格, 気質 ◆с ~ом 頑固な;《馬が》御しがたい | Что (ни) го́род, то ~, что (ни) дере́вня, то обы́чай.《諺》所変われば品変わる
**норови́стый** 短 -и́ст [形1] 頑固な[強情な];《馬が》御しがたい
**норови́ть** -влю́, -ви́шь [不完]《話》①〔下定形〕…しようとする ②去ろうとする, 行こうとする ③〈в過〉…になろうとする, …の地位を得ようとする(★活動体名詞の場合は複数生格および同形の複数対格)
**Норште́йн** [男1] ノルシテイン(Ю́рий Бори́сович, 1941-; アニメーション作家; 短編映画《Ёжик в тума́не》『霧の中のハリネズミ』)
*но́с -а/-у 前 о -е, в/на -у́ 複 -ы́ (из носу, из но́са; по носу; за〔на〕/под нос, под нос, под носом) [ノース] [男1] [nose] ①(人・動物の)鼻: курно́сый ~ 獅子鼻 | вздёрнутый ~ 反り鼻 | горба́тый ~ 鉤鼻 | орли́ный ~ 鷲鼻, 鉤鼻 | с крючко́м ~ 鉤鼻 | ~ карто́шкой 団子鼻 | ко́нчик ~а 鼻先 | кры́лья -а 小鼻, 鼻翼 | спи́нка -а 鼻筋, 鼻梁 | высма́ркивать ~ 鼻をかむ | ды́шать -ом 鼻で息をする | писа́ть -ом 低く身を傾けて書く | надви́нуть ша́пку на нос 帽子まで帽子をぎゅっと下げる ②《鳥の》くちばし: клева́ть -ом くちばしでつっぱる ③《船の》船首, 《飛行機などの》機首(↔корма́): пря́мо по́ носу [по но́су](船の進行方向に対して) 真正面に | сле́ва [спра́ва] по но́су《船の進行方向に向かって》左[右]側に ④《話》(ティーポット・水差しの)注ぎ口(носик) ⑤(靴・靴下の)先端, つま先(носок) ⑥ 岬(★ロシア北部の地名中で): Ка́нин Н~ カニン岬 ⑦《俗》〔遊びで〕負けたものの鼻を指で弾くこと

◆~ к -у (1)ばったりと(出くわす) (2)向かい合って《生格》из-под -а у 後 …のすぐ目の前で | Кома́р -а не подто́чит. 文句のつけようがない | не пока́зывать ~ [-у́] куда́-л. [к 与] …に顔を出さない, 現れない | с -а《俗》一人ひとりから, 各人から《与格》получи́ть по́ носу [по но́су] 罰を受ける | щёлкать [дава́ть] по́ носу [по но́су] 思いあがりを懲らしめる, 鼻を折る
《対格》би́ть в ~ 《3》の鼻につんとくる, 匂いがきつい | бормота́ть [шепта́ть, петь, говори́ть] (себе́)

**под нóс** [пóд нос] (小声で不明瞭に)つぶやく[ささやく, 話す] | **повесéлть** ~ がっかりする, 気落ちする | **Вы́ше ~!** 《励まし》元気を出せ; 頑張れ | **говори́ть [петь] в ~** 鼻声で話す[歌う] | **задра́ть ~** 《俗》いばる, 高慢な態度をとる | **натяну́ть [накле́ить, наста́вить] ~** 国 《俗》…をだます | **показа́ть ~** (親指を鼻にあて, 残りの指を開いて, 反対・反抗の意思を表して)…をからかう
《造格》**под (сáмым) ~ом** (у) 国 …のすぐ目の前で, 目と鼻の先で | **клева́ть в ~** 国 (居眠りをして)こっくりこっくりする, 船を漕ぐ | **~ом зéмлю ры́ть** 一生懸命頑張ってやる | **оста́вить с ~ом** 国 …をだます, ペテンにかける | **оста́ться с ~ом** 《話》しくじる, 失敗する | 《前置格》**на ~у́** 《話》(時間的に)目前に迫っている, もうすぐに: **На ~у́ экзáмены**. もうすぐ試験だ | **кóвырять в ~у́** 《俗》何もしないでぼうとしている, 仕事に身が入らない // **носи́ще** [中2] 〔指大〕<①②

**носа́тый** -áт [形1] 《話》鼻[くちばし]の大きい(長い); (ティーポット・水差しなど)注ぎ口の大きい(長い)

**носа́ч** -á [男4] ① 《話》鼻[くちばし]の大きい人[動物], くちばしの大きい(長い)鳥 ②〔動〕テングザル

**нóсик** [男2]〔指小〕<нóс①② (ティーポット・水差しなど)注ぎ口

**носи́лки** -лок, -лкам [複] ① 担架; (担架式の)荷運び用具 ② 輿(こし), 乗り輦

**носи́льн|ый** [形1] 身に着けるための: -ое бельё 肌着 (постéльное бельё 寝具, столóвое бельё 卓布に対し)

**носи́льщик** [男2] ① (駅・港・ホテルなどの)ポーター, 赤帽 ② 運搬人: санита́р~ 担架兵 | гóрный ~ 強力(ごうりき), シェルパ

\***носи́тель** [男5] (carrier) ① [/~ница [女3]] 運び手, 担い手, 持ち主, 保持者: (インフルエンザなどの)保菌[感染]者: ~ Олимпи́йского фа́кела 五輪聖火ランナー | ~ фами́лии Ивано́в イワノフという姓を名乗る人 | ~ демократи́ческих при́нципов 民主主義的信念の持ち主 | ~ ру́сского языка́ ロシア語のネイティブ・スピーカー(ロシア語を母語とする人) ②〔化〕担体; 〔理〕(電磁粒子の)キャリア; 〔IT〕媒体: ~ да́нных データ媒体 ③ 輸送手段

\***носи́ть¹** [наси́тʲ] ношу́, нóсишь, ..., нóсят ∾ носи́ 受過 ноше́нный [不完][不定]〔定 нести́〕(carry)

① 〔被〕 (反復して・様々な方向・色々な時に手に持って[抱えて, 背負って, 担いで]運ぶ, 持って行く[来る]): ~ на рука́х ребёнка по кóмнате 赤ん坊を抱いて部屋の中を歩きまわる | ~ руба́шки в хими́чистку シャツをクリーニングに持っていく | Вчера́ она́ носи́ла дóчь в поликли́нику. きのう彼女は娘を病院に連れて行って診察してもらった | Он всегда́ нóсит смартфóн с собóй. 彼は常にスマホを持ち歩いている

② 〔被〕 (a)(無人称でも)(反復して・様々な方向・色々な時に)(持ち, 風が)運ぶ: Вéтер нóсит тý чи по нéбу. 上空で風が雨雲を運ぶ (b)(馬・車などが)迅速に[疾走して]運ぶ (c)《俗》(主に疑問文・感嘆文で)(бóг, чёрт, нелёгкаяなどが)連れて行く, 連れまわす(★無人称でも): Где́ тебя́ чёрти носи́ли? お前はどこをほっつき歩いていたんだ 〔被〕 (a)着用する, 身に着けている: ~ костю́м [руба́шку, гá лстук] スーツ[ワイシャツ, ネクタイ]を着用する | ~ очки́ 眼鏡をかけている | ~ часы́ на пра́вой руке́ 時計を右手にしている | ~ на груди́ депута́тский значóк 胸に議員バッジをつけている (b)(ひげ)をはやしている, (髪型・ヘアスタイル)をしている: ~ усы́ [бóроду] 口ひげ[顎ひげ]をはやしている | ~ корóткие вóлосы 髪を短くしている ④ 〔被〕<名前・姓・称号・位など>を持つ, 有する: ~ фами́лию мý жа 夫の姓を名乗る | Корáбль нóсит назва́ние «Аcу́ка». 船は「飛鳥」という名前だ | ~ учёную сте́пень дóктора математи́ческих наýк 数学博士の学位を持っている ⑤ 〔被〕<感情・考えなど>を持っている, 抱(いだ)いている, 内包している: ~ в душé мечтý стáть лётчиком 飛行士になる夢を心に抱いている ⑥ 〔被〕<性格・特徴などを>帯びる, 持っている: Резолю́ция нóсит рекоменда́тельный хара́ктер. 決議は推奨的性格のものである ⑦ 〔被〕 《話》妊娠している: Она́ нóсит под сéрдцем вторóго ребёнка. 彼女は2人目の子どもを妊娠している ⑧ 《俗》 《逸》(主に動物が)(胸・腹をふくらませ)苦しそうに呼吸する ◆ **высокó ~ гóлову** 胸を張る, 自尊心を持つ | ~ **орýжие** 武器の使い方を知っている | ~ **мáску [личи́ну]** (1)マスク[仮面]をつける (2)本心を明かさない

**носи́ть²** нóсит [不完]〔被〕(鳥が)(卵を)産む

\***носи́ться** ношýсь, нóсишься [不完][不定]〔定 нести́сь〕(run, rush) ① (а) (反復して, 様々な方向に, 色々な時に)高速で動く, 疾走する: ~ по всемý дóму. 家の中をはしりまわる (b)〔被〕奔走する, かけずりまわる ② (雲・雪・ほこりなどが) 漂う, 舞う; (想像などが) 始終脳裏に浮かぶ ③ (反復して・様々な方向に・色々な時に)聞こえてくる, おこってくる, (噂などが)広がる: По гóроду носи́лись стра́шные слýхи. 町に恐ろしい噂が広がっている ④ (а)(衣服・履物などが)長持ちする, 持ちがよい: Отли́чная обувь нóсится дóлго. 上等な靴は長持ちする (b)(衣服・履物などが)流行している: Ю́бки носи́лись тогдá до пóлна. 当時は床までどくと長いスカートがはやっていた ⑤〔被〕<с造>…に夢中だ: Она́ нóсится со свои́м сы́ном. 彼女は自分の息子のことで頭がいっぱいだ ⑥ 〔受身〕<носи́ть①③〕 ◆ **в вóздухе ~** 気配が漂っている | **как с пи́саной тóрбой ~ с** 国 <くだらないもの・人>に余計な重きを置う

**нóска** [女2] ① 運ぶこと, 持ち歩くこと ② 身に着けること, 着用 ③ (鳥の)産卵

\***нóск|и́** [нáскʲи] -óв [複]〔単 носóк -ска́[男2]〕(socks) 短い靴下, ソックス: шерстяны́е [хлопча́тобума́жные] ~ 毛糸の[木綿の]ソックス | мужски́е [же́нские, де́тские] ~ 男性用[女性用, 子ども用]ソックス | две́ па́ры -óв 2足の靴下

**нóск|ий** коро́́-ски, -ска́-, -ска́, -ско [形3] 《話》(衣服・履物などが)持ちがよい, 丈夫な ② (鳥が)よく卵を産む // **-ость** [女10]

**носов|óй** [形2] ①(<нóс①②)鼻の, くちばしの: ~ платóк ハンカチ ② (音が)鼻から出る, 鼻にかかった: -ы́е звýки 鼻音 | -óе пéние 鼻歌 ③ 船首の, 機首の: -áя пáлуба 船首甲板

**носоглóтка** 複生 -ток [女2]〔解〕鼻咽頭

**носóк** -ска́ [男2]〔指小〕<нóс①② ① (靴・靴下の)先端, つま先: идти́ -ка́ми внýтрь [в стóроны] 内股[がに股]で歩く | тýфли с óстрым [откры́тым] -кóм 先のとがったパンプス ② (物の)先端 ④ [複]→носки́ ◆ **на -ка́х (идти́, стоя́ть)** つま先立ちで(歩く, 立っている) | **на -ки́ поднима́ться** つま先立ちになる | **с -ка́ ударя́ть [би́ть]** つま先で強く蹴る

**носорóг** [男2] ①〔動〕サイ ②〔昆〕カブトムシ

**носóчный** [形1] 靴下の, (靴・靴下の)先端の

**ностальги́я** [女9] 《文》郷愁, ノスタルジア, ホームシック // **-и́ческий** [形3]

**нострифика́ция** [女9] 《法》外国で取得した学位[資格]の認証

\***нóт|а¹** [女1] (note) ①〔楽〕音符: ~ «дó» ドの音符 | цéлая [полови́нная, четвертна́я, восьма́я] ~ 全[2分, 4分, 8分]音符 ②〔楽〕(個々の)音; (ある高さの)音を出す ③(複)楽譜: игрáть [петь] по -áм 楽譜を見ながら演奏する[歌う] | чита́ть ~ы 楽譜を読む | положи́ть на -ы ~ を楽譜に書き表す ④ 口調, 調子に: заверши́ть неде́лю на мажóрной [минóрной] -е 明

**нра́вственность**

и[лмную] *фальши́вая ~* 調子がはずれた音、不自然な調子 | *как по ~ам* (*разыгра́ть*) 何の苦もなく、いともやすやすと、順調に(やりとげる) **//-ка** 複性-ток [女2][指小]<(1)②④ **//-ный** [形1]<(1)③

**но́та²** [女1] (外交上の)通牒(`ﾁｮｳ`)、通告、外交文書、覚書: *верба́льная ~* 口上書; *~ прете́ста* 抗議書

**нотабе́не** [з;е] (不変) [中2], **нотабе́на** [女1] (よく注意せよ (NB と略記))

**нотариа́льный** [形1] 公証人の; 公証人により認証された: *~ая конто́ра* 公証人役場 | *~ акт* 公正証書 **//-о** [副]

**нота́риус** [男1] 公証人

**нота́ция** [女1] ① 説教、小言: *прочита́ть ~ию [~ии]* ~を説教する ② (特殊な文字・符号による)表記法; [楽] 記譜法: *ша́хматная ~* (チェスの)棋譜

**ноутбу́к** [男2] [IT] ノート型パソコン

**но́у-ха́у** (不変) [中] [経] エノウハウ

*но́чева́ть* -чу́ю, -чу́ешь [不完] / **пере-** [完] 夜を過ごす、宿泊する、泊まる: *~ под откры́тым не́бом* 野宿する | *~ в за́ле ожида́ния* 待合室で夜を過ごす ◆*не (прийти́) ~* [話] (話)…が全くない: *Поэ́зия в его́ стиха́х и не ночева́ла.* 彼の詩には詩情というものが全くない

**ночёвка** 複性-вок [女2]

**ночле́г** [男2] 宿泊所、宿、夜を過ごすこと、宿泊: *оста́ться* [*останови́ться*, *устро́иться*, *расположи́ться*] *на ~е́* -*л.* ...に泊まる **//ночле́жный** [形1]: *~ дом* 簡易宿泊所、木賃宿

**ночле́жка** 複性-жек [女2] [話] 簡易宿泊所、木賃宿 (ночле́жный дом)

**ночле́жник** [男2] ① [話] 泊り客、宿泊人 ② 簡易宿泊所宿泊者、住所不定者

**ночни́к** -а́ [男2] ① 常夜灯 ② [話] 夜間労働者; 夜間飛行士 ③ [話] 夜間運航の飛行機 ④ [話] 夜行性動物

**ночно́** [名2変化] [形2] 馬の夜間放牧 **//~** [話] 夜漁、夜釣り

*ночно́й* [ナチノ́ーイ] [形2] [night] [< ночь]
① 夜(間)の: *-а́я темнота́* 夜の闇 | *-о́е не́бо* 夜空 ② 夜(間)に行われる: *~ рейс* 夜間運航便 | *~ дозо́р* 夜間パトロール | *запре́т на ~ую прода́жу спиртно́го* 夜間の酒類販売禁止 ③ 夜間に働く[営業する]: *~ сто́рож* 夜警 | *~ клуб* ナイトクラブ ④ 夜(間)用の: *-а́я руба́шка* 寝間着用シャツ | *~ сто́лик* (ベッドの)サイド・テーブル | *горшо́к* 室内便器、おまる
⑤ 動物 夜行性の、(植物が)夜咲きの
◆ *~ -ая ба́бочка* [昆] 蛾(ｶﾞ) ② (俗) 売春婦 | *-ая краса́вица* [植] オシロイバナ | *-ая фиа́лка* [植] (1) プラタンテラ・ビフォリア (2) ハナスズシロ

**ночну́шка** 複性-шек [女2] [俗] 寝間着用シャツ

*ночь* [ノ́ーチ] [形2] 前 о -и、в -и́ и -́е́ (до ночи, до ночи; на/за ночь, на/за ночь) [女11] [night] ① 夜(日没から日の出まで); ↔*день*; 夜中(午前零時から4時頃まで); 未明: *глуха́я* [*глу́хая, по́здняя*] *~* 深夜、い́ая *~* 真夜 | *звёздная ~* 星の出ている夜 | *тёмная ~* 闇夜、暗夜(*ｱﾝ*) | *бессо́нная ~* 眠れない夜 | *днём и ~ью*, *и но́чью и днём* 昼も夜も、四六時中 | *по -а́м* ②夜ごと | *с утра́ до но́чи (до ночи́)* 朝から晩まで | *в ~ на 23-е* (*два́дцать тре́тье*) *сентября́* 9月23日の夜に | *в три часа́ ~и* 午前3時に | *провести́ ~ в гости́нице* ホテルで一夜を過ごす | *~ю* 夜の闇、*На зе́млю спусти́лась ~.* 地上に夜のとばりがおりた | *под покро́вом -и* 夜陰に乗じて | *на́ ночь* (1)寝しな、寝る前に: *приня́ть ва́нну на́ ночь* 寝る前に入浴する (2)泊まりに: *на́ ночь гля́дя* 夜分遅くに、夜更けに | *~-но́чью* (1)真っ暗

(2) (人が)暗い顔つきだ、憂鬱そうだ | *не ~ и бу́дь помя́нут* 口にするも忌まわしい、御免蒙る | *Споко́йной [До́брой] ~и!* おやすみなさい (就寝前の挨拶)
■ *ты́сяча и одна́ ~* 《T~》千一夜物語《信じがたい》奇異な話 | *бе́лая ~* = *бе́лые -и* 白夜(高緯度地方で一日中太陽の沈らない時期) | *варфоломе́евская ~* 《B~》(史) サン・バルテルミの虐殺 **//но́чка** 複性-чек [女2] [話][指小]、 **но́ченька** 複性-нек [女2] [民詩][指小]

*но́чью* [ノ́ーチュ] [副] [at night] 夜に; 夜中に; 未明に: (и) днём и ~ 昼も夜も | *Сего́дня ~ горе́л вокза́л.* 本日未明に駅が火災に遭った | *Аэропо́рт возобнови́т рабо́ту сего́дня ~.* 空港は今夜半に業務を再開

**но́ша** [女4] ① 荷、重い荷物 ② 負担: *фина́нсовая ~* 財政負担 ◆ *Своя́ ~ не тя́нет.* (諺)自分のためなら重荷も苦にならない

**ноше́ние** [中5] (< носи́ть) ① 持ち運ぶこと、携帯、携行 ② 身に着けること、着用、佩(*ﾊ*)用; (名前・姓を)名乗ること ③ 妊娠

**но́шеный** [形1] (衣服・靴が)着用された、新品でない

**ношу́** [1単現] < носи́ть

**ноя́брь** [ナヤーブリ] -я́ [男5] [November] 11月 (★用法は→ма́й) **//~ский** [形3]

**НПО** [エヌペオ́ー] [略] нау́чно-произво́дственное объедине́ние 科学製造団体; неправи́тельственная организа́ция NGO、非政府組織

**НПФ** [エヌペエ́フ] [略] негосуда́рственный пенсио́нный фо́нд 非政府系年金基金

*нрав* [男1] [temper, customs] ① 性格、気質、気性: *ти́хий* [*ревни́вый*] *~* おとなしい [嫉妬深い] 性格 | У *него́ круто́й ~.* 彼は性格がきつい | *челове́к весёлого ~а.* 陽気な性格の人 ② 《複》風習、習慣、習慣、風紀: *стари́нные ~ы* 旧習 | *обще́ственные ~ы* 社会習慣 | *по́ртить ~ы* 風紀を乱す | *поли́ция ~ов* (警察の)風紀犯罪取締状 ◆ *по ~у* …の気に入っている [気に入る]: *Не по ~у мне то́, что тут де́лается.* そこで行われていることは私の気に入らない

*нра́виться* [ヌラ́ーヴィッツァ] -влюсь, -вишься, ...вятся 命 -вься [不完] / **понра́виться** [パヌラ́ーヴィッツァ] [完] (please, like) (кому́) (<誰々>に) 好印象を与える; …の気に入っている, …の嗜好に合う, (異性の)関心を引く, 愛情を呼び起こす: *Ваш го́род мне о́чень понра́вился.* 私はあなたの町がとても気に入った | *Мне нра́вятся ва́ши стихи́.* 私はあなたの詩が好きだ | *Что́ вам не нра́вится в совреме́нных пе́снях?* 最近の歌のどこが嫌いですか | *Как вам нра́вится суп?* スープのお味はいかがですか | *Э́тот па́рень нра́вился ей свое́й сме́лостью.* 青年はその大胆さで彼女の関心を引いていた ② (無人称)(+不定形[不完])すること/ково́/как節 …が好き(気に入っている): *Мне́ нра́вится рабо́тать с молодёжью.* 私は若者と一緒に働くのが好きだ | *Мне о́чень нра́вится, как она́ поёт.* 私は彼女の歌いっぷりがとても好きだ | *Мне зде́сь о́чень нра́вится.* 私はここがとても気に入っている
◆ *Во́т э́то мне нра́вится!* (戯・皮肉) こんなのはまっぴらだ | *Не нра́вится, не е́шь.* (俗) 嫌なら嫌でいいんだ (提案、勧誘などを断られたときに用いる)

**нра́вный** 短-вен, -вна [形1] (俗) 怒りっぽい、わがままな、強情な

**нравоуче́ние** [中5] 教訓、説教: *чита́ть ~* 説教をする

**нравоучи́тельный** 短-лен, -льна [形1] 教訓になる、ためになる、得るものがある

**нра́вственность** [女10] ① 道徳、道義、倫理 ② 品性、品行、身持ち

\*нра́вственн|ый 短 -ен/-енен, -енна [形1] 〔moral〕①〔長尾〕道徳の、道義の、倫理の：-ые пра́вила 道徳律 | -ая отве́тственность 道義上の責任 | -ое воспита́ние 道徳教育 ②道徳を遵守する、道義をわきまえる人 (↔безнра́вственный) — челове́к 道義をわきまえる人 ③〔長尾〕精神的な：-ое разви́тие дете́й 子どもの精神的成長 ④〔旧〕教訓的な

нсв 〔略〕несоверше́нный вид [言] 不完了体

н. ст. 〔略〕но́вый стиль 新暦、グレゴリオ暦

НТВ 〔略〕(不変) ロシアのテレビ局の一

НТР [エヌテエール] 〔略〕нау́чно-техни́ческая револю́ция 情報革命

\*ну́¹ [間] 〔動作を促して〕さあ [それ、ほら] …して [しなさい]：Ну́, расска́зывай! さあ、話してごらん | Ну́, погоди́! まあ、待て (ソ連のアニメーションの題名) | Ну́, вперёд! ほら、前へ出て | Ну́, скоре́й! さあ、急いで ②〔通例、уж、ж と共に〕〔驚き・憤慨・皮肉・感嘆〕また…、何という…だ：Ну́ и жара́! 暑いなあ暑い | Ну́ уж был ве́тер. ひどい風だった | Ну́ и молоде́ц. 大したもんだ、やるじゃないか ③〔人称代名詞2人称・3人称対格と共に〕時に：поди́, сади́ и т. п., ну́ его́ к чёрту, к ле́шему и т. п.〕〔忌避・拒絶〕付きまとうな、やめろ、行っちまえ：Ну́ тебя́! もうたくさんだ！やめろ！ | Позовём Ле́ну с собо́й? — А ну́ её! 「レーナを呼ぼう？」「彼女だけはまっぴらだ」 ◆ну-ну́ (→見出し) | ну́-ка (→見出し) | Ну́ и ну́! = Ай да ну́! 〔驚き・感嘆〕これは驚いた；おやおや：Ну и ну, до чего́ же стра́нная исто́рия! おやおや、えらく奇妙な話だなあ

\*ну́² [助] ①〔疑問；しばしば助詞да を伴い〕〔話〕〔疑念・不審〕本当か、まさか：Я зако́нчил всю рабо́ту. — Ну́ да́? Так бы́стро? 「仕事を全部終わらせたよ」「本当に？こんなに早く？」 ②〔疑問〕〔呼びかけ・知らせ・質問などに応答して〕何だい；それで：Са́ша! — Ну́? 「サーシャ」「何だい」 ③〔話〕ну́(、)が、ка́к …の形で〕〔話〕〔危惧〕もし…だったらどうしよう：Ну́, как он придёт? 彼が来たらどうしよう | Ну́ ка́к опозда́ю! 遅刻してしまったらどうしよう ④〔強意〕〔話〕(a)〔後続の語・表現の強調〕全く、まさに：Ты придёшь сего́дня? — Ну́ коне́чно приду́! 「きょう来る？」「もちろん行くよ」 | Вы худо́жник? — Ну́ да́! 「あなたは画家ですか」「そうです」よ (b)〔疑問文・修辞疑問文の強調〕一体…か、本当に…か：Ну́ ра́зве так поступа́ют? 一体そんな振る舞いをするのだろうか〔注〕同意・対比の接続詞その強調〕ところが、一方：A ну́ а пока́ ещё есть вре́мя, дава́йте поговори́м. でもまだ時間があるし、ちょっとお話でもしましょう ⑤〔話〕〔結論・結び〕そんなわけで、では：Ну́ ла́дно, пора́ е́хать. それでは、もう〔時間？〕 | Ну́, сло́вом, ей нра́вится. つまり、一言でいえば、彼女は彼が好きなのだ ⑥〔俗〕〔同意〕そうだよ：Ты ухо́дишь, па́па? — Ну́. 「お父さん、行くの？」「そうだよ」 ⑦〔俗〕〔強制された、不本意な同意〕まあそうだけど、まあいいけど：Без «ну́» тут у меня́! 俺の前ではだ「まあ」って言うな ⑧〔話〕〔〔不定形〕〔不完〕急に［激しく］…し始める：Она́ уви́дела э́то и ну́ пла́кать. 彼女はそれを見て大泣きし始めた ◆ну и что (же) 〔話〕それがどうかしたの、問題ない | Ну́ вот! ほらね、言った通りでしょう | Ну́ коне́чно! 当たり前だろ、もちろん

нуворишу [男4] (又) 成金

нуга́ [女2] ヌガー (ナッツ入り砂糖菓子)

нуди́ла [女1] 〔俗〕 (又) [男] 〔俗〕うんざりさせる人間

нуди́зм [男1] 〔文〕 裸体主義、ヌーディズム

нуди́ст [男1] / ~ка 複生 -ток [女2] 裸体主義者 // ~ский [сс] [形3]

ну́дить ну́жу, ну́дишь [不完] 〔旧〕 (又に〔不定形〕を) 強いる

нуди́ть ну́жу, нуди́шь [不完] 〔俗〕 (又に〔人を〕〔愚痴・不平などで〕うんざりさせる

ну́дн|ый 短 -ден, -дна́, -дно, -дны/-дны́ [形1] 〔話〕退屈な、うんざり [あきあき] させる、しつこい、うるさい // —ость [女10]

\*нужда́ [ヌジダー] 複 ну́жды [女1] 〔poverty, need〕① 〔単〕貧困、貧窮、貧乏：выраста́ть в -é 貧困のうちに育つ | впада́ть в -у́ 貧困に陥る | терпе́ть -у́ 貧乏に耐える | вы́йти [вы́биться] из -ы́ 貧困から抜け出す ②〔в圆の〕〔不定形〕必要、入用；不足、欠乏：име́ть [испы́тывать] о́струю -у́ в деньга́х お金が不足して非常に困っている | в хоро́ших специали́стах -ы́ ...優秀な専門家の不足 | без -ы́ 必要もないのに | по -é = из -ы́ 必要に迫られて ③〔複〕需要、用途：расхо́ды на ну́жды вооружённых сил 軍用支出 | для бытовы́х нужд 日常生活用の | креди́т на теку́щие ну́жды 当座の入用のための融資 ◆нужда́ больша́я [ма́лая] — 大 [小] 便 | спра́вить -у́ 用便をする | ходи́ть по -é 用便をしに行ってくる ◆нет нужды́ = что за — 大したことではない、どうでもよい

нужда́емость [女10] 必要度、需要の程度

\*нужда́ться [ヌジダーッツァ] [不完] ①貧乏する、困窮する：Он тогда́ о́чень нужда́лся. 彼はその頃とても貧乏していた ②〔в圆の〕〔人が〕…を必要としている、…が不足して困っている：— в деньга́х [по́мощи, подде́ржке] お金 [援助、支援] を必要としている (b)〔物が〕…の必要がある：Дом нужда́ется в ремо́нте. 家は修理の必要がある

\*ну́жно [ヌージナ] [無人述] ①〔又にとって〕〔不定形〕をする／ちたい 必要がある、べきである：Мне — поговори́ть с ва́ми. 私はあなたと話す必要がある | Ему́ — бы́ло де́йствовать реши́тельнее. 彼はより断固たる行動をすべきであった | Мне —, что́бы ты про́сто ря́дом была́. 君がただ隣にいてくれればいい | Тебе́ не — боя́ться. 君は何も怖がることはない | Не — обижа́ть меня́. 私を侮辱してはいけない（★не —〔不定形〕の場合、不必要の意味なので〔不定形〕は不完了体） | Н— переводи́ть докуме́нты на япо́нский язы́к? 書類を日本語に訳す必要があるだろうか ②〔又にとって〕〔対／圆〕が必要だ：Мне — немно́го де́нег. 私にはお金が少し必要だ ◆— бы 〔不定形〕…しないといけない、するべきだ

\*ну́жн|ый [ヌージヌイ] 短 -жен, -жна́, -жно, -жны/-жны́ 比 -не́е [形1] 〔necessary〕①必要な：-ые кни́ги 必要な本 | Мне —ы́ де́ньги. 私にはお金が必要だ | Я сейча́с там ну́жен. 私は今そこに用事がある (←私は今そこで必要とされている) | Я не счита́ю -ым опра́вдываться. 弁明する必要があるとは私は考えない ②しかるべき、適切な、所定の：офо́рмить докуме́нты в — срок 所定の期限内に書類手続きを行う ③〔長尾〕(人が) 有用な、いなくては困る：Для э́того прое́кта он челове́к —. このプロジェクトには彼は欠かせない人だ

ну́-ка [間] 〔親しみを込めて〕ねえ：Н— спо́й нам! ねえ、私たちに歌って聞かせて

нука́ть [不完] 〔話〕〈又自／無補語〉①ну́ と言って駆り立てる、急かせる ②ну́ という

Нуку́с [男1] ヌクス (ウズベキスタンのカラカルパクスタン自治共和国の首都)

нулеви́к -а́ [男2] ①〔建〕基礎工事専門家 ②〔俗〕初心者 ③〔俗〕エアフィルター

нулёвк|а 複生 -вок [女2] ①〔話〕坊主刈り：стри́чься под -у 坊主刈りにする ②〔建〕基礎工事 ③〔俗〕新品 ④〔俗〕ゼロ番のもの

нулево́й [形2] ①ゼロの：— вариа́нт [政] ゼロの選択 ②〔俗〕新品の、未使用の

нулёвый [形1] 〔俗〕新品の

ну́лик, нуль →но́ль

нумера́тор [男1] ①番号印字器、ナンバリングマシン ②(ホテル・病院・飛行機などで呼出し元の番号を示す

**номера́ция** [女9] ① 番号を付けること ② (付けられた一連の)番号; 番号による表示 ③ 記数法, 命数法

**нумерова́ть** -ру́ю, -ру́ешь 受動 -о́ванный [不完] / **за-**, **про-** [完] 〈對〉番号を付ける

**нумизма́т** [男1] ①古銭学者 ②古銭収集家

**нумизма́тика** [女2] ①古銭学 ②古銭収集

**ну-ну́** [間] さあさあ: *Ну-ну́*, покажи́. さあさあ, 見せてごらん ②[助] 〈幼児〉こらこら, 駄目だよ: *Ну-ну́*, ребя́та, хва́тит шути́ть. だめだめ, みんな, ふざけるのはよしなさい

**ну́нций** [男7] ローマ教皇大使

**нут** [男1] 《植》ヒヨコマメ

**ну́три|я** [女9] ①《動》ヌートリア(南米原産の毛皮獣) ②ヌートリアの毛皮 **//-иевый** [形1]

**нутр|о́** [中1] ①《俗》(人・動物の)内臓, 腹(の中): *Н~ гори́т*. 胸やけが[二日酔いの不快感が]する ②《俗》内部, 内側; 内部にあるもの ③《詩》гнилóе ~ 堕落した根性 ④《話》本能, 直観; 本質: *-о́м понима́ть* 直感的にわかる ⑤《劇》インスピレーション, 霊感 **◆ (быть, прийти́сь) по -у́** 《話》…の気に入っている[気に入る] **//-яно́й** [形2]

**ны́ка** [女2] = ны́чка

**ны́кать** [不完] / **за-** [完] 〈對〉《隠・俗》隠す

*****ны́не** [ヌィーニェ] [副] [now] ①《雅》現在, 今: Он пре́жде рабо́тал в гости́нице, а ~ в шко́ле. 彼はかつてはホテル勤務だったが今は学校で働いている | го́род Новоколаёвск ( ~ Новосиби́рск) ノヴォニコラエフスク市(現在のノヴォシビルスク) ②《旧・俗》今日

*****ны́нешн|ий** [ヌィーニェシニィ] [形8] [current, present] 《話》①現在の, 今の; 今年の: ~ее столе́тие 今世紀 | *-яя зима́* 今年の冬 ②今日(${}^{‡‡}$)の: Програ́мма *-его* кинофестива́ля о́чень бога́та. 今日の映画祭のプログラムは非常に多彩だ

*****ны́нче** [副] [today, now] 《話》①今日: Кака́я у вас ~ пого́да? そちらは今日はどんな天気ですか ②今年: Молодёжь ~ эгоисти́чна. 最近の若者は利己主義だね | *Н~* был хоро́ший урожа́й я́блок. 今年はリンゴの豊作だった **◆ не ~-за́втра** すぐに, じきに, 近日中に

**нырну́ть** [完] → ныря́ть

**ныроќ** -рка́ [男2] ①《複》《鳥》アカハジロ属 ②《話》潜水, (空中)降下 ③《話》潜水のうまい人 ④《ボクシング》ダッキング

**ныря́льщи|к** [男2] **/-ца** [女3] ダイバー, 潜水作業員, 海女(ɂ)

*****ныря́|ть** -я́ю, -я́ешь [不完] / **-ну́ть** -ну́, -нёшь [完][一回] [dive] ①(水中に)潜る: ~ на глубину́ два́дцать ме́тров 20メートルの深さに潜る ②浮き沈み[上下]しながら進む ③《話》〈俗〉で急降下する ④《話》素早く姿を消す[入り込む, 紛れ込む]: По́езд нырну́л в тунне́ль. 列車がトンネルの中に姿を消した | ~ в толпу́ 人込みに紛れ込む | ~ в посте́ль [под одея́ло] ベッド[毛布]に潜り込む ⑤《ボクシング》ダッキングする **//-ние** [中5]

**ны́тик** [男2] 《話》愚痴っぽい人

**ны|ть** ною, но́ешь [不完] ①(無人称でも)うずく, 鈍痛がする: У меня́ *но́ет* поясни́ца. 私は腰に鈍い痛みを感じる | *Но́ет* в желу́дке. 胃がしくしく痛む ②《話》絶えず愚痴をこぼす ③《3人称》[話]長々とした悲しげな音を出す **◆ се́рдце но́ет** (悲しみ・不安などで)胸が痛む **//-тьё** [中4]

**ны́чка**複 -чек [女2] ①《俗》隠し場所; 逃げ場 ②隠しとってある物

**Нью-Йо́рк** [不変] -[男2] ニューヨーク(米国の都市)

**ньюс** 複 -á/-ы́ [男1] (通例複)《俗》[IT]ニュース(но́вости)

**нью́тон** [男1]《理》ニュートン(力の単位; 記号 N)

**ньюфа́ундленд** [男1]《動》ニューファンドランド(犬種)

**н. э.** (略) на́шей э́ры 西暦, 紀元後, AD: до н. э. 紀元前, BC | во II в. (второ́м ве́ке) н. э. 紀元2世紀に

**НЭП** [нэ́-п], **нэп** [男1] ①《史》ネップ, 新経済政策 (но́вая экономи́ческая поли́тика) ②《話》ネップ時代 **//нэ́повский** [形3]

**нэпма́н** [男1] ネップマン(ネップ時代の企業家)

**нэцкэ́** (不変) [女] [中] 根付

**ню** (不変) [女] [美]ヌード

**нюа́нс** [男1] ①(色彩・音調・意味・感情・調子の)微妙な差異, ニュアンス ②《話》委細, 詳細

**ню́ни** [複] **◆ распусти́ть ~** (1)泣く (2)愚痴をこぼす ③気落ちする, しょげる

**ню́ня** 生性 -ей/-ь(名5変化) [男・女]《俗》泣き虫

**нюх** [男2] ①(動物の)嗅覚 ②[話]直感的にわかる **◆ соба́чий ~ у** (кого)…には鋭い嗅[感]覚を持っている

**ню́халка** 複生 -лок [女2] ①鼻 ②[男・女] [複対 -лок] 嗅ぎ回る人, 付け回す人

**ню́хательный** [形1] 嗅ぐための

*****ню́хать** [不完] / **по-** [完] [一回] [smell, snuff] **нюхну́ть** -ну́, -нёшь [完][一回] ①〈對〉(a)嗅ぐ: ~ ро́зу バラの匂いを嗅ぐ | ~ ды́м костра́ たき火の煙を嗅ぐ | ~ лека́рства／нарко́тики などを吸入[吸飲]する ~ кокаи́н コカインを吸う | ~ табак タバコを嗅ぐ (2)[a][不完](否定文で)《俗》〈對〉知らない, 経験がない: Он да́же не *ню́хал* вина́. 彼はワインのワの字も知らない (b)[完]《話》〈對〉経験する: *поню́хать* нау́ки 学問を知る ③(不完)《無補語》探る, 嗅ぎまわる **◆ не ню́хать по́роху** 《話》戦争に行ったことがない | **поню́хать по́роху** 《話》戦争に参加する | **поню́хать портя́нки** 《俗》兵役を勤め上げる, 苦境を経験する, 또 [낚시한다] <(1) **//ню́ханье** [中5]

**нюха́ч** -á [男4] (香水などの)香りの鑑定人

**Ню́ша** [女4] 《愛称》< А́нна

**ням-ням** [間]《幼児》おいしい; おいしい物; 《動詞的》食べる, モグモグする

**ня́нечка** 複生 -чек [女2] ①[指小・愛称]< ня́ня① ②(病院の)付添婦, 看護助手

**ня́нчить** -чу, -чишь 命 -чи 受動 -ченный [不完] 〈對〉…の子守りをする, あやす ②《話》面倒を見る

**ня́нчиться** -чусь, -чишься 命 -чись [不完] 〈с 圄〉 ①…の子守りをする, …をあやす ②《話》…の世話をやく, …の面倒を見る

**ня́нька** 複生 -нек [女2] ①《話》= ня́ня①: У семи́ *ня́нек* дитя́ без гла́зу. 《諺》船頭多くして船山に登る (←7人も乳母がつくとかえって子どもに目が届かない) ②《話》世話を焼く人, お目付役

*****ня́ня** [女5] [babysitter, nanny] ①《話》子守, ベビーシッター: аге́нтство **ня́нь** ベビーシッター紹介所 ②《話》(幼稚園の)先生; [幼児](幼稚園・保育園の)せんせい ③《話》= ня́нечка② ④《話》(学校の)掃除婦

# О о

*****о** [ア] (★特定の結合では[オー]: бóк ó бoк など), **об** [アブ, アプ] (★特定の結合では[オーブ, オープ]: рука́ об ру́ку, óб пол など) (★母音字 a, и, о, у, э の前, また特定の表現で: об а́рмии, об и́стине, об отце́, об университе́те, об у́хе など) (★е, ё, ю, я の前では о/об 併用), **о́бо** [アバ] (★特定の結合で)(★всём, всей, всех

**о** の前では о/обо 併用] [前] **I** ① ⟨題⟩ …について(の), …に関して [関する] (⟨比較⟩「…について」の意味では о は中立的, про はやや口語的, насчёт は事務的, относительно は文語・事務的ニュアンス): ду́мать [говори́ть] *о* своёй рабо́те 自分の仕事について考える [話す] | пла́кать *о* поги́бших 犠牲者を悼んで泣く | догово́р *о* свобо́дной торго́вле 自由貿易に関する取り決め | Расскажи́те *об* э́том поподро́бнее. そのことについてもう少し詳しく話して下さい | Речь сейча́с идёт не *обо* мне, а *о* нём. 今は私のことではなくて彼のことを話している ② ⟨旧・俗⟩⟨構成要素数⟩ …を持つ **II** ⟨題⟩ ① …に(当たって, 接触して, ぶつかって): споткну́ться *о* ка́мень 石につまずく | опере́ться локтя́ми *о* стол 机に肘をついてもたれる | вы́тереть ру́ки *о* полоте́нце タオルで手を拭く | уда́риться лицо́м *об* пол 顔を床に打ちつける ② ⟨同一名詞の間で⟩接して: рука́ *об* ру́ку 手に手をとって, 協力して

*ó [間] ①⟨強い感情あらわ⟩あぁ, わぁ, わぉ: *О*, кака́я красота́! おぉ, 何て美しいだろう! | *О*, пое́дем в го́ры! さあ, 山に出かけようじゃないか ②⟨肯定・否定の強調⟩もちろん; まさか, とんでもない: Она́ краси́ва? — *О* да [нет]! 「彼女美人?」「もちろんだとも [いやいやでもない]」 ③⟨痛み・苦しみ・絶望⟩あぁ, ひゃー, ぐぁ, ぬぉ: *О*, как бо́льно! ひゃー痛い!

**о.** (略) о́стров

**о.., об..** →о,

**о..,** (母音やある種の語根の前で)**об..,** (й, 子音ъ, 子音連続の前で)**обо..,** (е, ё, я の前で)**объ..,** [接頭] ⟨動詞⟩ ① …になる[する] ①: озелени́ть 緑化する ② 「周りを」「巡って」:охва́ть 取り巻く ③ 「よけて」「回避して」:обойти́ 迂回する ④ 「全部」「たくさん」: обе́гать あちこち走り回る ⑤ 「過度に」「過ぎる」: окорми́ть 食べさせ過ぎる ⑥ 「損をさせる」「ごまかす」 ⟨-ся動詞⟩ 「間違える」「…しそこなう」: ослы́шаться 聞き違える ⑧ ⟨完了体を形成⟩

**ОАГ** [オアゲー] (略) Организа́ция америка́нских госуда́рств 米州機構, OAS

**ОАЕ** [オアエー] (略) Организа́ция африка́нского еди́нства アフリカ統一機構, OAU

**оа́зис** [о/а] [男1] ① (砂漠の)オアシス ② くつろぎの場, 慰めとなるもの: ~ для души́ 心のオアシス

**ОАО** [オアオー] (略) откры́тое акционе́рное о́бщество 公開型株式会社

**ОАЭ** [オアエー] (略) Объединённые Ара́бские Эмира́ты アラブ首長国連邦, UAE

**об, об..** →о,

**о́ба** [オーバ] (男·中) обо́их, обо́им, о́ба/обо́их, обо́ими, обо́их, **о́бе** [オービ] (女) обе́их, обе́им, о́бе/обе́их, обе́ими, обе́их [数]⟨集合⟩★ 名詞との結びつきは два́ と同じ [both] 双方の, 両方の, 2つとも: *о́ба* гла́за [у́ха] 両目 [耳] | *о́бе* руки́ [ноги́] 両手 [足] | *о́бе* сто́роны 双方共に | соба́ки *обо́их* поло́в 雌雄双方の犬 | тащи́ть су́мку *обе́ими* рука́ми 両手でカバンを運ぶ | на *обо́их* берега́х реки́ 川の両岸で | в *обо́их* слу́чаях いずれの場合にも | в *обе́их* стра́нах 両国において | Я зараба́тываю доста́точно для нас *обо́их*. 我々の双方にとって十分な額は私は稼いでいる | Им *обо́им* о́коло тридцати́ лет. 彼らは双方とも30歳前後だ | Он дружи́л с на́ми *обе́ими*. 彼は私たち2人と仲良くしてくれた ◆**гляде́ть [смотре́ть] в *о́ба*** 非常に注意深く [まじまじと] 眺めて; 警戒 [用心] する

**оба́биться** -блюсь, -бишься [完]⟨俗⟩① (男性が) めめしくなる ② (女性が) 自堕落になる

**обагря́ть** [不完]/ **обагри́ть** -рю́, -ри́шь [完] 受過 -рённый [完] -рён, -рена́] ⟨題⟩ 真っ赤にして [染める] ‖ **~ся** [不完]/[完] 真っ赤になる [染まる]

**обалдева́ть** [不完]/ **обалде́ть** [完] ①⟨俗⟩茫然とする: ~ от ску́ки 退屈でぼーっとする ② ⟨若者·俗⟩狂喜する, 楽しむ; ひどく驚く

**обалде́лый** 短-е́л [形1] ⟨俗⟩茫然とした

**обалде́ние** [中5] 茫然自失

**обалде́нный** 短-е́н, -е́нна/-е́нен, -е́нна [形1]⟨若者·俗⟩素晴しい, とても良い ‖ **~о** [副]

**обалду́й** [男6] ⟨俗·罵⟩あほう, のろま

**обанкро́титься** [完] →банкро́титься

**оба́пол** [男1] 背板

**оба́пол** [女1] 杭, 棍棒, 杭

**обая́ние** [中5] ① 魅力, 引きつける力 ② 強い影響力: находи́ться под ~ем ⟨生⟩ …の強い影響を受ける

**обая́тельный** 短 -лен, -льна [形1] 魅力的な ‖ **~ость** [女10]

**обва́л** [男1] ① 崩壊, 倒壊; ~ зда́ния 建物の倒壊 ② 雪崩, 地すべり, 土砂崩れ, ⟨炭坑⟩落盤: До́ступ прегражён ~ом. 入り口は雪崩で塞がれた ③ ⟨金融⟩暴落, 急落: ~ фо́ндовых ры́нков 株式市場の暴落

**обва́ливать¹** [不完]/ **обвали́ть** -алю́, -а́лишь 受過 -а́ленный [完] ⟨題⟩ ① 崩壊させる: Река́ подмы́ла и *обвали́ла* бе́рег. 川の浸食で土手が崩壊した ② 暴落させる, 急激に悪化させる: ~ до́ллар ドルを暴落させる ③ …の周りに (土・石などを) 積む

**обва́ливать²** [不完]/ **обваля́ть** 受過 -а́лянный [完] ⟨題⟩⟨題⟩ …をまぶす: ~ кроке́ты в суха́ря́х コロッケにパン粉をまぶす

**обва́ливаться** [不完]/ **обвали́ться** -алю́сь, -а́лишься [完] ① 崩壊する: *Обвали́лся* потоло́к. 天井が崩壊した ② 暴落する, 急激に悪化する: Рубль *обвали́лся* по отноше́нию к до́ллару. ルーブルがドルに対して暴落した

**обва́льный** [形1] 崩壊の, 雪崩の, 急激な

**обваля́ть** [完] →обва́ливать²

**обва́ривать** [不完]/ **обвари́ть** -арю́, -а́ришь 受過 -а́ренный [完] ⟨題⟩ ① 熱湯を注ぐ, 熱湯でやけどさせる: ~ себе́ ру́ку 熱湯で自分の手にやけどを負う ② (靴を縫う) 糸に油を染み込ませる ‖ **~ся** [不完]/[完] 熱湯でやけどを負う

**обва́рка** 複生-рок [女2] 熱湯処理 [消毒]

**обвева́ть** [不完]/ **обве́ять** -е́ю, -е́ешь 受過-е́янный [完] ⟨題⟩ (風が) 吹きつける ②⟨題⟩を霧で⟩感情などで⟩包む ⟨殻物を⟩籾殻 (りん) 除却 (ひん) 積む

**обведе́ние** [中5] 連れて回ること, 案内; 取り囲むこと; 縁取り

**обвенча́ть(ся)** [完] →венча́ть(ся)

**обверну́ть(ся)** [完] →обвёртывать(ся)

**обвёртывать** [不完]/ **обверну́ть** -ну́, -нёшь 受過 -вёрнутый [完] ⟨話⟩⟨題⟩を巻きつける; ⟨題⟩ で ⟨題⟩ を包む ‖ **~ся** [不完]/[完] ⟨題⟩ /в ⟨題⟩ …で身を包む, …にくるまる

**обве́с** [男1] 量をごまかすこと

**обве́сить(ся)** [完] →обве́шивать

**обвести́** [完] →обводи́ть

**обве́тренный** [形1] 風化した; 風雨にさらされた, 日焼けした; ⟨唇が⟩荒れている, 割れている

**обве́тривать** [不完]/ **обве́трить** -рю, -ришь 命 -ри 受過 -ренный [完] ⟨題⟩ ① 風化させる ②(a) ⟨唇・顔・手などを⟩荒れさせる: У меня́ *обве́трено* лицо́. 私は顔の肌が荒れている (b) ⟨無人称⟩⟨題⟩の⟨唇・顔・手などが⟩荒れる: Ему́ *обве́трило* гу́бы. 彼は唇が荒れた ‖ **~ся** [不完]/[完] ① 風化する ② (唇・顔・手などが) 風で荒れる

**обве́тшалый** 短-а́л [形1] 崩れかかった, ぼろぼろの

**обве́шать** 受過 -анный [完] ⟨話⟩⟨題⟩に⟨題⟩をたくさんぶらさげる: ~ все сте́ны карти́нками 全ての壁に絵を掛ける

**обве́шива|ть** [不完]/ **обве́сить** -е́шу, -е́сишь

**обдирать**

受過 -ёшенный [完] ①〈団の〉量をごまかす ②〔完また **обвеша́ть**〕《話》量をはかり間違える ②《話》〈団を〉自分の周りにたくさんぶらさげる **//–ние** [中5]

**обви́ть** [不完] / **обви́ть** (обвью, обовью́ст 命 обвéй 過 -и́л, -ила́, -и́ло 受過 -и́тый (-и́т, -ита́, -и́то) [完] ①〈団を団で〉巻く, 巻きつける ②〈団に〉抱きつく **//–ся** [不完] / [完] 〈団に〉巻きつく, 抱きつく **//обви́вка** [女2]

*\***обвине́ние** [アブヴィニェーニエ] [中5] 〔accusation〕① 非難, 弾劾; 告訴, 起訴, 告発, 公訴: ～ в уби́йстве 殺人での起訴 | госуда́рственное ～ 検事による公訴 | ча́стное ～ 個人訴追, 私訴 | де́ло по ～ию во взры́ве в метро́ 地下鉄爆破のかどでの起訴案件 | ～ по статье́ 105 УК РФ ロシア連邦刑法第105条による起訴 | предъяви́ть ～ …に訴えを起こす | вы́двинуть ～ про́тив 囲 …を告訴する | отве́ргнуть ～ 起訴を棄却する; 非難をはねつける | бро́сить ～ ...を弾劾する | призна́ть его́ вино́вным по всем пу́нктам ～ия 起訴の全ての点について有罪と認める ②有罪の判決: вы́нести ～ 有罪判決を下す ③〔単〕原告側, 検察側: сторона́ –ия 原告[検察]側 | Выступа́ли свиде́тели ~ия. 原告側証人が出廷した

**обвини́тель** [男5] / **~ница** [女3] 《法》告訴人, 告発者 ② 検事: госуда́рственный ～ 検事(прокуро́р) | обще́ственный ～ 検察官

**обвини́тельный** [形1] 告訴[告発]の, 起訴の

**обвини́тельский** [形3] 告訴人[告発者]の; 検事の

**обвиня́емый** [形1]《法》①告訴[告発]されている ②－ [男名] /–ая [女名] 被告; 被疑者

*\***обвиня́ть** [不完] / **обвини́ть** -ню́, -ни́шь 受過 -нённый (-нён, -нена́) [完] 〔accuse〕〈団を〉①〈за団のことで〉非[罪], 責任[のかどで]を問う, 非難する: ～ в опозда́нии 遅刻の非を責める | ～ в лицеме́рии …を偽善だと非難する ②告訴[起訴, 告発]する: ～ в умы́шленном поджо́ге 放火のかどで告訴する ③《法》論告をする ④〔完〕有罪の判決を下す, 断罪する: ～ подсуди́мого в уби́йстве 被告に殺人罪で有罪判決を下す **//–ся** [不完] 《受身》

**обвиса́ть** [不完] / **обви́снуть** -ну, -нешь 命 -ни 過 -и́с, -и́сла [完] 〈下に〉たるむ, 垂れ下がる

**обви́слый** 短 -и́сл [形1] 《話》垂れた, 垂れ下がった

**обви́тие** [中5]《医》巻きつけ: ～ пупови́ной [пупови́ны] 臍帯巻絡

**обви́ть(ся)** [完] →обвива́ть

**об-во** [中5] общество

**обво́д** [男1] ①迂回 ②囲むこと ③縁, へり, 外縁 ④バイパス, 迂回路 ⑤《通例複》(船・飛行機の)外観全般

**обводи́ть** -вожу́, -во́дишь [不完] / **обвести́** -веду́, -ведёшь 過 -вёл, -вела́ 受過 -еденный [-дён, -дена́] [完] 〈団を〉①案内する, 連れて回る: ～ госте́й вокру́г до́ма 客を連れて家の周りを案内する ②〈団を団で〉取り囲む ③眺め回す ④輪郭をなぞる, 縁取る ⑤《俗》だます: ～ вокру́г па́льца まんまとだます ◆～ вокру́г ана́лоя 教会で結婚させる(←聖書台の周りを案内する) **//обво́дка** [女2] <⑤

**обводне́ние** [中5] 灌漑 **//–и́тельный** [形1]

**обводно́й** [形1] 迂回用の, バイパスの

**обводни́ть** [不完] / **обводни́ть** -ню́, -ни́шь 受過 -нённый (-нён, -нена́) [完] 灌漑する

**обвола́кивать** [不完] / **обволо́чь** -лочёт, -локу́т 命 -локи́ 過 -ло́к, -локла́ 受過 -ечённый (-чён, -чена́) [完] 〈団の〉周囲を〈団で〉くるむ, 覆う: Ту́чи обволокли́ не́бо. 雲が空を覆った ■**обвола́кивающие сре́дства** [医] 粘 漿(ねんしょう)液 **//–ся** [不完] / [完] 〈団に〉くるまれる, 覆われる

**обвора́живать** [不完] / **обворожи́ть** -жу́, -жи́шь 受過 -жённый (-жён, -жена́) [完] 〈団を〉魅了する, うっとりさせる

**обворо́вывать** [不完] / **обворова́ть** -ру́ю, -ру́ешь 受過 -о́ванный [完] 〈団を〉盗む

**обворожи́тельный** 短 -лен, -льна [形1] 魅力的な, 魅惑的な **//–ость** [女10]

**обворожи́ть** [完] →обвора́живать

**обвыка́ть** [不完] / **обвы́кнуть** -ну, -нешь 命 -ни 過 -вы́к, -вы́кла [完] 《俗》〈団に〉慣れる

**обвя́зыва|ть** [不完] / **обвяза́ть** -яжу́, -я́жешь 受過 -я́занный [完] 〈団を〉 ①〈団を団で〉〈ひもなどで〉巻いて縛る ②巻きかける ③鎖縫い, かぎ針編みで縁取る **~ся** [不完] / [完] 〈団を〉自分に巻きつける **//–ние** [中5]

**обга́живать** [不完] / **обга́дить** -а́жу, -а́дишь 過 -а́женный [完] 《俗・粗》〈団を〉汚す

**обгла́дывать** [不完] / **обглода́ть** -ожу́ / -а́ю, -о́жешь / -а́ешь 受過 -о́данный [完] 〈団の〉周りをかじる

**обгова́ривать** [不完] / **обговори́ть** -рю́, -ри́шь受過 -рённый (-рён, -рена́) [完] 《話》①審議する(обсуди́ть) ②非難する

**обго́н** [男1] [完] 追い抜き, 追い越し **//–ный** [形1]

*\***обгоня́ть** [不完] / **обогна́ть** обгоню́, обго́нишь 過 -а́л, -ала́, -а́ло 受過 обо́гнанный [完] 〈団を〉①追い越す, 追い抜く: Велосипеди́ст без труда́ обогна́л пешехо́да. 自転車に乗った人は難なく歩行者を追い抜いた ②(成功・成果・業績などで)追い越す: В матема́тике друг мой меня́ *обогна́л*. 数学で友達は僕を追い越した **//–ся** [不完] [受身]

**обгора́ть** [不完] / **обгоре́ть** -рю́, -ри́шь [完] ①(周りの)焼け焦げる ②半焼する ③やけどする ④(ろうそくなどの)燃えて火がつく

**обгоре́лый** 短 -е́л [形1] (周囲の)焼け焦げた

**обгрыза́ть** [不完] / **обгры́зть** -зу́, -зёшь 過 -ы́з, -ы́зла 受過 -зенный [完] 〈団の〉周りをかじる

**обдава́ть** -даю́, -даёшь 命 -ва́й 副分 -ва́я [不完] / **обда́ть** -да́м, -да́шь, -да́ст, -дади́м, -дади́те, -даду́т 命 -да́й 過 обда́л / о́бдал / обдала́, -ла́, обда́ло / о́бдало 受過 о́бданный (-ан, -ана́ / -ана, -ано) [完] 〈団を団に〉① (液体などを周りから)注ぎかける ②すっぽり包む ③〈無人称でも〉(感情などが)人を襲う **~ся** [不完] / [完] 《話》〈団に〉〈団で〉水をかぶる, 自分に注ぎかける

**обде́лать** [完] →обделя́ть

**обде́лывать** [不完] / **обде́лать** 受過 -анный [完] 《話》①仕上げる, 加工する ②〈団の周りを団で〉装飾する ③《俗》うまく処理する; うまくだます ④《話》(排泄物などで)汚す

**обде́лка** 複生 -лок [女2] 仕上げ, 加工

**обде́лочный** [形1] 仕上げの, 装飾の

**обделя́ть** [不完] / **обдели́ть** -елю́, -е́лишь 受過 -лённый (-лён, -лена́) [完] 〈団に〉〈団を〉①十分に与えない, 配り忘れる, 他人より少なく配る ②《話》大勢に配る

**обдёргивать**¹ [不完] / **обдёргать** [完] 《俗》〈団〉①はぎ取る ②周りの形を整える

**обдёргивать**² [不完] / **обдёрнуть** -ну, -нешь 命 -ни 受過 -тый [完] 《俗》引っ張って衣服を直す (одёргивать-обдёрнуть)

**обдира́ла** (女1変化) ①[男・女] 《俗・蔑》たかり, 法外な値段を吹っかける人 ②[男] 〔昆〕シャクトリガ (пяде́ница-обдира́ло)

**обдира́ловка** 複生 -вок [女2] 《話・俗》詐欺, 泥棒

**обдира́|ть** [不完] / **ободра́ть** обдеру́, обдерёшь 過 -а́л, -ала́, -а́ло 受過 обо́дранный [完] 〈団を〉 ①〈団の〉周りをはぐ, 〈皮を〉はぐ ②使い古してぼろぼろにする ③《俗》(人をだまして)強奪する, 巻き上げる **//–ние** [中5] <①

**обди́рка** 複生 -рок [女2] ① 脱穀, 脱皮;《俗》脱穀場 ②《冶》荒削り加工 **//обди́рный** [形1]

**обдо́лбанный** [形]《俗》薬でラリっている

**обдолба́ться, обдолби́ться** -блю́сь, -би́шься 《俗》ラリる, 恍惚状態になる

**обдува́ть** [不完]/**обду́ть** 受過 -тый [完]〈囲〉吹きつける, 吹き払う;《無人称》風に当たる ②《俗》〈囲〉だます, だまして巻き上げる

**обду́манн|ый** 短 -ан, -анна [形1] 熟考された, 念入りな **//-о** [副] **//-ость** [女10]

*обду́мыва|ть [不完]/обду́мать 受過 -анный [完] [consider]〈囲〉(決定しようとして)熟考する, 熟慮する, よくよく考える, よく検討する: ~ вопро́с 問題を熟慮する | тща́тельно ~ свой вы́бор 自らの選択を丹念に検討する | Ты всё хорошо́ обду́мала? あなたはよくよく考えたのか [不完] [受身] **//~ся** [不完] [受身] **//-ние** [中5]

**обдура́ть** [不完]/**обдури́ть** -рю́, -ри́шь 受過 -рённый (-рён, -рена́) [完]《俗》〈囲〉だます, ばかにする

**обду́ть** [完]→обдува́ть

**о́бе** →о́ба

**обега́ть¹** [不完]/**обежа́ть** -егу́, -ежи́шь, ...-егу́т 命-еги́ [完]〈囲〉① 走り回る: ~ весь го́род 街中を走り回る ② 走って迂回する ③《話》走って回る ④《話》走って追い越す

**обега́ть²** [不完]/**обе́гать** 受過 -анный [完]《話》〈囲〉走って回る

*обе́д [アビェート] [男1] [lunch, dinner] ① ディナー, 食事; 昼食(1日の主要な食事; ロシアでは12-16時にとるのが普通):зва́ный ~ 午餐[晩餐]会 | во вре́мя ~а お昼の時間に | пригласи́ть на ~ ...をお昼に誘う[招待する] | да́ть ~ в че́сть 囲 ...のために午餐会を催す ② (ディナーとしての)料理: вку́сный [роско́шный, плотный] ~ おいしい[豪華な, 盛りだくさんの]料理 | дома́шний ~а 家庭料理 | за ~ом 食事の席で | по́сле [до] ~а 昼食後に[昼食まで] | Что у вас сего́дня на ~? きょうのお昼は何ですか;お昼休み: к ~у お昼近くに | на ~ お昼休みに | рабо́тать без ~а お昼休みなしで働く

*обе́дать [アビェーダチ] [不完]/**пообе́дать** [パパビェーダチ] [完] ① 昼食をとる; ディナーをとる; 食事をする: пло́тно [легко́] ~ 軽く[お腹を食べる;] ~ чем Бо́г посла́л あり合わせの物でお昼を済ませる | Пора́ обе́дать! お昼の時間だ | Дава́й вме́сте пообе́даем! 一緒にお昼食べよう ②《話》お昼を食べに出かけて職場を留守にする: お昼休憩をとる

**обе́денный** [形] < обе́д, обе́дня

**обедне́вший** [形6] 貧乏になった, 貧困に陥った

**обедне́лый** 短 -е́л [形]《話》貧乏になった

**обедне́ние** [中5] 貧窮, 疲弊, 貧困化

**обедне́ть** [完] →бедне́ть

**обедни́ть** [完]/**обедни́ть** -ню́, -ни́шь 受過 -нённый (-нён, -нена́) [完]〈囲〉貧乏にする;〈内容・中身を〉薄くする

**обе́дн|я** 複生 -ден [女5]《宗》(午前・昼に行われる)聖体礼儀, 礼拝式, ミサ ♦ всю ~ю испо́ртить 囲《話》...を台無しにする, 滅茶苦茶にする

**обежа́ть** [完] →обега́ть

**обез..,**《無声子音の前で》**обес..** [接頭]「なくす」「なくなる」: обезжи́рить 脱脂する | обездене́жеть 金がなくなる | обесцве́тить 脱色する

**обезбо́ливание** [中5] 無痛麻酔[手術]

**обезбо́ливать** [不完]/**обезбо́лить** -лю, -лишь 受過 -ленный [完]〈囲〉痛みを抑える, 麻酔する **//~ся** [不完] [受身] **//-ние** [中5]: обезбо́ливающее сре́дство 麻酔薬, 緩和剤

**обезво́дить** [完] 水分を失う

**обезво́жива|ть** [不完]/**обезво́дить** -о́жу, -о́дишь 受過 -о́женный [完]〈囲〉...の水分を奪う, ...を脱水する **//-ние** [中5]

**обезвре́жива|ть** [不完]/**обезвре́дить** -е́жу, -е́дишь 受過 -е́женный [完]〈囲〉解毒する, 無害化する;〈爆弾を〉処理する **//-ние** [中5]

**обезгла́вливать** [不完]/**обезгла́вить** -влю, -вишь 受過 -вленный [完]〈囲〉斬首する, 頭部を切り落とす ② リーダー[指導者]を追い落とす

**обездви́жение** [中5] 運動不足

**обездви́живать** [不完]/**обездви́жить** -жу, -жишь 受過 -женный [完]〈囲〉動けなくする

**обездо́ленный** 短 -ен, -енна [形1] ① 生活に困窮した ② [男名] 生活困窮者

**обездо́ливать** [不完]/**обездо́лить** -лю, -лишь 受過 -ленный [完]〈囲〉生活を困窮させる, 不幸のどん底に突き落とす

**обезжи́ривать** [不完]/**обезжи́рить** -рю, -ришь 受過 -ренный [完]〈囲〉油分を抜く, 脱脂する

**обеззара́жива|ть** [不完]/**обеззара́зить** -ра́жу, -ра́зишь 受過 -ра́женный [完]《医》〈囲〉消毒する **//-ние** [中5]

**обеззара́живающий** [形6] 殺菌[消毒]効果のある

**обезземе́ливать** [不完]/**обезземе́лить** -лю, -лишь 受過 -ленный [完]〈囲〉...から土地を奪う

**обезли́чивание** [中5] ① 個性を奪うこと, 特徴をなくすこと ② 責任をうやむやにすること

**обезли́чивать** [不完]/**обезли́чить** -чу, -чишь 受過 -ченный [完]〈囲〉① 個性をなくさせる, 特徴を奪う ② 個人の責任をうやむやにする **//~ся** [不完]/[完] 個性を失う

**обезли́чка** [女2] 無責任化, 責任をうやむやにすること

**обезлю́деть** [完] 人がいなくなる, 無人になる

**обезлю́дивать** [不完]/**обезлю́дить** -ю́жу, -ю́дишь 受過 -женный [完]〈囲〉無人化する

**обезобра́живать** [不完]/**обезобра́зить** -а́жу, -а́зишь 受過 -а́женный [完]〈囲〉台無しにする, 不恰好にする, 醜くする (безобра́зный) **//~ся** [不完]/[完] 台無しになる, 不恰好になる, 醜くなる

**обезопа́сить** -а́шу, -а́сишь 受過 -сенный [完]〈囲〉 ♦ от (囲から)守る, 危険を排除する **//~ся** [完] (от 囲〈危険から〉)自分を守る

**обезору́живание** [中5] 武装解除

**обезору́живать** [不完]/**обезору́жить** -жу, -жишь 受過 -женный [完]〈囲〉① 武器を奪う, 武装解除する ② 抗議反論を封じ, 鎮静化する

**обезу́меть** [完] 分別[理性]を失う, 逆上する

*обезья́н|а [女1] [monkey] ①《動》サル, 猿: носа́тая ~ テングザル (носа́ч) | человекообра́зная ~ы 類人猿 | ста́до обезья́н サルの群れ ②《話》人のまねをする人, よくしかめっ面をする人 ③《話》不細工[不器量]な人; 醜男 ④ (サルの毛皮に模して毛を抜き取って加工した)ヌートリアの毛皮 ♦ грана́та в рука́х ~ы (予想がつかない)奇想天外で危険な物 **//обезья́нка** 複生 -нок [女2] [指小]

**обезья́ний** [形9] サルの(ような)

**обезья́нник** [男2] ① サルの飼育場, サル小屋 ②《若者・隠》留置場

**обезья́нничать** [不完]/**с~**《話》〈囲〉猿真似をする, 何でもまねをする

**обели́ск** [男2] オベリスク, 方尖碑

**обели́ть** -лю́, -ли́шь 受過 -лённый (-лён, -лена́) [完]〈囲〉① 白くする, 白く塗る ② 疑いを晴らす, 潔白を証明する **//~ся** [不完]/[完] ① 白くなる ② 疑いが晴れる ③ 自身の潔白を証明する

**обер-..** 《語形成》①「(職業上の)長・主任」: оберполицме́йстер 警察長官 | о́бер-офице́р 尉官 ② 《話》「大・超」: о́бер-вра́ль 大ぼら吹き | о́бер-жу́лик 大泥棒

**о́берег** [男2]《俗》①お守り, 魔除け ②呪文

**оберега́|ть** [不完] **обере́чь** -регу́, -режёшь, -регёт ⟨命⟩ -реги́ ⟨過⟩ -рёг, -регла́ ⟨受過⟩ обережённый (-жён, -жена́) [完] 保護する, 守る ∥ **-ся** [不完] ①自らを守る ②保護される ∥ **-ние** [中5]

**оберну́ть(ся)** [完] → **обора́чивать(ся)**, **обёртывать**

**обёртка** 複生 -ток [女2] ①包装 ②包装紙 ③《植》総苞 ∥ **обёрточный** [形1]: **-ая бума́га** 包装紙

**оберто́н** [男1]《理・楽》倍音, 上音 ∥ **-ный** [形1]

**обёртыва|ть** [不完] / **оберну́ть**[1] -ну́, -нёшь ⟨受過⟩ обёрнутый [完] ①方向を変える ②包む ③巻きつける ④《話》ひっくり返す ∥ **-ние** [中5] ⟨②③⟩

**обес..** → **обез..**

**обескро́вливать** [不完] / **обескро́вить** -влю, -вишь ⟨受過⟩ -вленный [完] ①血液を抜く, 血の気をなくす ②生命力を奪う, 弱める

**обескура́женный** 短 -ен, -ена [形1]《話》自信を喪失した ∥ **-ость** [女10]《話》自信喪失

**обескура́живать** [不完] / **обескура́жить** -жу, -жишь ⟨受過⟩ -женный [完]《話》自信を喪失させる

**обеспа́мятеть** [完]《話》①記憶(力)を失う ②失神する, 意識を失う

*__**обеспе́чение**__ [アビスピェーチェーニエ] (★**обеспече́ние** は《俗》) [中5] ①確保, 供給: **промы́шленности углём** 産業への石炭の確保 | **~ безопа́сности** 安全保障 | **~ прав и свобо́д челове́ка** 人の権利と自由の保障 ②生活保障, 生活資金: **социа́льное ~** 社会保障 | **пенсио́нное ~** 年金 ③担保, 保証(金): **де́нежное ~** 保証金 | **веще́ственное ~** 物的担保 | **~ догово́ра** 契約の担保(保証金) | **~ и́ска** 訴訟の保証金 ■ **програ́ммное [математи́ческое] ~** [IT]ソフトウェア | **аппара́тное [техни́ческое] ~** [IT]ハードウェア

**обеспе́ченность** [女10]《話》①不自由のない生活 ②確保率, 供給率

*__**обеспе́ченн|ый**__ 短 -ен, -енна [形1] 生活に困らない, 暮らしに不自由のない: **вести́ дово́льно -ую жизнь** 何不自由のない暮らしを送る ∥ **-о** [副]

*__**обеспе́чи|вать**__ [アビスピェーチヴァチ] [不完] / **обеспе́чить** [アビスピェーチチ] -чу, -чишь ⟨受過⟩ -ченный [完] [providing] ⟨為⟩に⟨囲⟩を⟩十分な量供給[確保]する: **~ заво́д сырьём** 工場に原料を十分に供給[確保]する | **~ люде́й жильём** 人々に住居を確保する ②…の生活を(物質的に)保障する, 十分な生活費を提供する, 不自由のない生活をさせる, 扶養する: **~ свою́ семью́** 家族の生活を不安のないものにする ③⟨為⟩の実現を保証する, 可能にする: **~ безопа́сность полёта** 飛行の安全を保証する | **~ поле́зными веща́ми** (自分のために)十分な量を準備する, 備蓄する, 確保する [不完]⟨受身⟩

**обеспло́живать** [不完] / **обеспло́дить** -о́жу, -о́дишь ⟨受過⟩ -о́женный [完] ⟨因⟩を不妊(症)にする, ⟨土地を⟩不毛にする

**обеспоко́енный** 短 -ен, -енна [形1] 心配そうな ∥ **-ость** [女10] 心配, 不安

**обеспоко́ивать** [不完] / **обеспоко́ить** -о́ю, -о́ишь ⟨受過⟩ -о́енный [完] ①心配させる, 煩わせる ②不安にする (беспоко́ить) ∥ **-ся** [完] 心配になる, 不安になる

**обесси́ливать** [不完] / **обесси́леть** [完] 脱力する, 弱る, 無力になる

**обесси́лива|ть** [不完] / **обесси́лить** -лю, -лишь ⟨受過⟩ -ленный [完] ⟨因⟩脱力させる, 弱らせる, 無力にする ∥ **-ние** [中5]

**обессла́вливать** [不完] / **обессла́вить** -влю, -вишь ⟨受過⟩ -вленный [完]《文》⟨因⟩面目をつぶす, 辱める

**обессме́ртить** -рчу, -ртишь ⟨受過⟩ -рченный [完] ⟨因⟩不滅にする, 永遠なものにする

**обессмы́сливать** [不完] / **обессмы́слить** -лю, -лишь ⟨受過⟩ -ленный [完] ⟨因⟩無意味なものにする

**обессу́дить** -у́жу, -у́дишь ⟨受過⟩ -у́женный [完] 咎める ◆ **не обессу́дь(те)**《話》悪しからず, お構いもしませんで, つまらないものですが

**обесто́чивать** [不完] / **обесто́чить** -чу, -чишь ⟨受過⟩ -ченный [完] ⟨因⟩電源を切る; 停電させる

**обесцве́чивать** [不完] / **обесцве́тить** -е́чу, -е́тишь ⟨受過⟩ -е́ченный [完] ⟨因⟩①脱色する, 無色にする ②精彩をなくさせる ∥ **-ся** [不完] / [完] ①退色する, 無色になる, 色あせる ②精彩を欠く

**обесце́нивать** [不完] / **обесце́нить** -ню, -нишь ⟨受過⟩ -ненный [完] ⟨因⟩①価値を減じる ∥ **-ся** [不完] / [完] 価値を損なう ∥ **обесце́нение** [中5]

**обесче́щивать** [ш'ч/щ] [不完] / **обесче́стить** [ш'ч/щ] -е́щу, -е́стишь ⟨受過⟩ -е́щенный [完] ⟨因⟩ ① [不完в бесче́стить] 辱める, 名誉を傷つける ②⟨女性を⟩犯す

**обесшу́млива|ть** [不完] / **обесшу́мить** -млю, -мишь ⟨受過⟩ -мленный [完] ⟨因⟩騒音を減らす, 騒音を防ぐ: **обесшу́мливающие мероприя́тия** 騒音対策 ∥ **-ние** [中5]

**обе́т** [男1]《雅》《宗》誓約

**обетова́нный** [形1]《宗》約束された: **земля́ -ая** 《聖》約束の地 (パレスチナ周辺のこと)

**обеща́лкин** (形11 変化) [男]《話》(安請け合いして) 約束を守らない人

*__**обеща́ние**__ [中5] [promise] 約束: **да́ть ~** 約束する | **выполня́ть ~** 約束を守る[はたす] | **сдержа́ть [нару́шить] ~** 約束を守る[破る] | **взя́ть ~ с** ⟨囲⟩ ⟨人から⟩言質をとる, 約束を取りつける | **наде́яться на ~ по́мощи** 援助するという約束を当てにする ◆ **корми́ть -иями**《話》空約束をする

*__**обеща́|ть**__ [アビシャーチ] [不完・完] [promise] [完は **по~**] [不定形]すると / **что**節ということを約束する, 請け負う: **~ по́мочь в рабо́те** 仕事を手伝うと約束する | **Он обеща́л, что пода́рит игру́шку.** 彼はおもちゃをプレゼントすると約束した ②⟨因⟩を約束する: **~ по́мощь** 援助を約束する | **~ но́вую игру́шку** 新しいおもちゃを約束する ③[不完] ⟨因/不定形⟩⟨事物が⟩期待[予想]させる; (人・物が)きっと…になると思わせる; …の前触れとなる: **День обеща́ет бы́ть жа́рким.** きょうは暑くなりそうだ

**обеща́ться** [不完] [完は **по~**]《話》約束をかわす

**обжа́лование** [中5]《法》上訴 (公訴, 上告, 抗告)

**обжа́ловать** -лую, -луешь ⟨受過⟩ -анный [完]《法》⟨因⟩上訴する

**обжа́рива|ть** [不完] / **обжа́рить** -рю, -ришь ⟨受過⟩ -ренный [完]《料理》⟨因⟩周りを軽く焼く[炒める] ∥ **-ся** [不完] / [完] ∥ **-ние** [中5], **обжа́рка** [女2]

**обже́чь(ся)** → **обжига́ть**

**обжива́|ть** [不完] / **обжи́ть** -иву́, -ивёшь ⟨過⟩ обжи́л/обжи́л, обжила́, обжи́ло/обжило́ ⟨受過⟩ обжи́тый (-ит, -ита́, -ито) / обжито́й (-и́т, -ита́, -ито́) [完]《話》住みよくする, (整備して)人が住めるようにする ∥ **-ся** [不完] / [完] 住みなれる

**о́бжиг** [男2] (鉱石の)焙焼 ∥ **-овый** [形1]

**обжига́|ть** [不完] / **обже́чь** обожгу́, обожжёшь,

...обожгу́т 過 обжёг, обожгла́ 受過 обожжённый (-жён, -жена́) [完]〈圖〉① …の周りを焼く, 焦がす ② やけど付ける, ひりひりさせる ③ 腐食させる ④ 焙焼する, あぶり焼く ◆ ~ себе́ па́льцы [ру́ки] на 圖 …で思わぬ失敗をする ◆ //~ся [不完] / [完]〈圖〉① やけどする: Я обожгла́сь горя́чим ча́ем. 私は熱いお茶でやけどをした ② 《話》思わぬ障害に悩まされる ◆ //–ние [中5]

**обжи́м** [男1], **обжи́мка** 複生 -мок [女2] 圧縮

**обжима́ть** [不完] / **обжа́ть**[1] обожму́, обожмёшь 受過 -тый [完]〈圖〉絞る, 圧縮する

**обжи́мный** [形1], **обжимно́й** [形2] 圧縮用の

**обжи́мки** -мок / -мков, -мкам [複] しぼった残り (хмыжки)

**обжина́ть** [不完] / **обжа́ть**[2] обожну́, обожнёшь 受過 -тый [完]〈圖〉〈野草などを〉完全に刈り取る

**обжи́нки** -нок, -нкам [複] = дожи́нки

**обжира́ться** [不完] / **обожра́ться** -ру́сь, -рёшься [完]《俗》たらふく喰う (объеда́ться/объе́сться)

**обжито́й** [形2] 住み良い, (土地が) 人の住んでいる

**обжи́ть(ся)** [不完] = обжива́ть

**обжо́ра** (女1変化) [男・女]《話》大食漢, 食いしん坊

**обжо́рливый** 短 -ив [形1]《話》大食漢の, 食いしん坊の

**обжо́рство** [中1]《話》暴飲暴食, 大食い

**обжу́ливать** [不完] / **обжу́лить** -лю, -лишь 受過 -ленный [完]《俗》〈圖〉いんちきをして だます

**обзаведе́ние** [中5] ① (必需品を) 取り揃えること, 整備 ②《話》商売道具; 生活必需品

**обзавести́сь** -ожу́сь, -одишься [不完] / **обзаве́сться** -еду́сь, -едёшься 過 -вёлся, -вела́сь [完]《話》〈造〉① 必需品を取り揃える ②〈家庭を持つ

**обзва́нивать** [不完] / **обзвони́ть** -ню́, -ни́шь [完]〈圖〉〈大勢に〉電話を掛ける

**обзира́ть** [不完] = озира́ть

*обзо́р [アブゾール] [男1]〈survey〉① (周囲を) 見渡すこと, 観察, 検分, 視察: ~ ме́стности 地形観察 ② 視界, 視野, 展望: Отсю́да ~ хоро́ший. ここからは展望がいい ③ ~ое, 概観, 展望, 要覧, 概観, レビュー: о́бщий ~ 概観, 概覧 | междунаро́дный ~ 国際情勢展望 | ры́нка 市況概観 | ~ со́товых телефо́нов 携帯電話端末のレビュー | сде́лать кра́ткий ~ 短い概評を行う | подгото́вить ~ 概要 [紹介文] を準備する ■ у́гол ~а 視野角

**обзо́рный** [形1] 見晴らしのよい ② 概観的な

**обзыва́ть** [不完] / **обозва́ть** обзову́, обзовёшь 過 -а́л, -ала́, -а́ло 受過 обо́званный [完]〈圖〉《圖》…を…という侮辱的な名前を付ける //~ся [不完]《俗》① 侮辱的な名前で呼ぶ ②【受身】

**обива́|ть** [不完] / **оби́ть** обобью́, обобьёшь 命 обе́й 受過 -тый [完] ①《話》〈圖〉打って落とす ②《話》〈圖〉打って〈表面・端を〉痛める ③〈圖〉打って…で覆う, 打って…を貼りつける //~ся [不完] ① (表面・端が) 傷む ② はがれ落ちる //–ние [中5]

**оби́вка** 複生 -вок [女2] ① 打って覆う [貼りつける] こと ② 覆いかぶせるもの, 張るための布 [革] 地

**обивно́й** [形2] 覆いかぶせるための, 張るための

**оби́вочный** [形1] 貼りつけ用の

*оби́д|а [女1]〈insult〉① 侮辱, 失礼, 非礼; いまいましい [残念な] 気持ち, 悔しさ, 腹立ち; 個人的な恨み | пла́кать от ~ы 悔しくて泣く ②《話》《述語》(通例) тако́е ~, кака́я ~ で] 腹立たしい, いまいましい, 悔しい, 残念だ: Така́я [Кака́я] ~, ах, ах, ах, ахывами! | Ча́шку разби́л, вот ~! カップを割ってしまった, 何てことだ ◆ без оби́д = не в ~у (будь ска́зано, сказа́л) こう言っちゃなんだけど, 悪気はないんだけど | быть в -е на 圖 …に恨みを抱く | не дава́ть

в -у …への無礼を許さない, …が侮辱されるのを黙ってみていない | не да́ться в -у …から侮られない, 自分への失礼を許さない | проглоти́ть -у 腹が立つのをぐっと飲み込む | В тесноте́, да не в -е.《諺》仲がよければ狭い所に暮らしても構わない; (人数が) 多ければ多いほど楽しい

**оби́деть(ся)** [完] = обижа́ть(ся)

*оби́дно ①[副] 腹立たしく [いまいましく] なるほど, 残念なくらい: ~ ма́ло いまいましいほど少ない | ~ (почему́) 《人を》こっぴどくのしる ②[無人称] 気に障る, 腹立たしい, いまいましい, 悔しい, 残念だ: Про́сто мне бы́ло ~ слы́шать таки́е слова́ от него́. 彼からそんな言葉を聞いたのは腹立たしかった

*оби́дный 短 -ден, -дна [形1] 〈offensive〉① 侮辱的な, 失礼の, 失敬な: сказа́ть ~ые слова́ 癇に障ることを言う | -ое про́звище 失礼なあだ名 ② 残念な, 不愉快な, いまいましい, 悔しい: -ая оши́бка 残念な間違い

**оби́дчивый** 短 -ив [形1] 怒りっぽい, 気難しい

**оби́дчи|к** [男2] / **-ца** [女3] 侮辱する人

*обижа́ть [不完] / **оби́деть** -и́жу, -и́дишь 受過 -и́женный [完]〈offend, hurt〉〈圖〉① 侮辱する, 気分を害する, ムッとさせる, 恨む, 悲しい思いをさせる: ~ неосторо́жным сло́вом 不用意な言葉で気を悪くさせる | Я не хоте́ла вас оби́деть. あなたの気を損ねるつもりはなかったのです ②《話》〈造で〉損害を与えること; ごまかす; だます: ~ деньга́ми 金で損をさせる ③《話》《圖》(自然・運命などが) …を十分に与えない, …を恵まない: Приро́да здоро́вьем меня́ не оби́дела. 私は生まれつき健康には恵まれている | Сча́стьем он оби́жен. 彼は不幸だ

*обижа́ться [不完] / **оби́деться** -и́жусь, -и́дишься [完]〈на圖に対して / за圖のことで〉侮辱を感じる, 腹を立てる, むっとする, 恨めしく思う: си́льно [немно́го] ~ на его́ гру́бые слова́ 彼の乱暴な言葉にひどく腹が立つ [カチンとくる] | Не обижа́йтесь, пожа́луйста! 気を悪くなさらないで下さい

**оби́женный** 短 -ен, -енна [形1] 侮辱された, ムッとした, 怒っている

**оби́лие** [中5] たくさん, 多量 ② 豊かさ, 裕福

**оби́льный** 短 -лен, -льна [形1] ① たくさんの, 多量の ②〈圖〉…に富んだ, …が豊かな

**обиня́к** -а́ [男] ◆ без -о́в《話》率直に, 歯に衣着せずに | говори́ть -а́ми ほのめかす, 遠回しに言う

**обира́ла** (女1変化) [男・女]《俗》金品を巻き上げる人, たかり

**обира́ловка** 複生 -вок [女2]《俗》金品を巻き上げる店, ボッタクリの店

**обира́ть** [不完] / **обобра́ть** оберу́, оберёшь 過 -а́л, -ала́ 受過 -о́бранный [完]《話》〈圖〉①〈果物などを〉(皆)もぎ取る, 取り入れる ②〈人から〉(だまして) 金銭・財産などをすっかり巻き上げる, 全て奪い去る

**обита́емость** [女10] ① 人が住んでいること; 住む [生息する] ということ ② 人口密度

**обита́емый** 短 -ем [形1] ① 人の住んでいる ② 住む [生息する] のに適した

**обита́н|ие** [中5] 人が住むこと, 居住; 動物が生息すること: среда́ -ия челове́ка 人の生息環境

*обита́тель [男5] / **-ница** [女3]〈inhabitant〉① 住人, 居住者: ~ до́ма [кварти́ры, за́мка, друго́й плане́ты] 家 [フラット, 城, 別の惑星] の住人 ②《動物・鳥類・魚類などを指して比喩的に》住人: ~ мо́ря [ле́са]《比喩的》海 [森] の住人

*обита́ть [不完] 住む, 居住する: Там обита́ют бе́дные лю́ди. そこには貧しい人々が暮らしている | в э́том гро́те обита́ли злы́е ду́хи. その洞窟には悪霊が棲みついていた ② (動物・鳥・魚が) 生息する, 棲む: В тропи́ческом лесу́ обита́ет мно́го ви́дов насе-

комых. 熱帯雨林には多くの種類の昆虫が生息している

**оби́тель** [女10] ①〔旧〕修道院(монасты́рь) ②〔戯〕住居

**оби́ть(ся)** [完] →оби́вать

**обихо́д** [男1] ①日々の生活、日常 ②日常生活での使用、常用 ③〈俗〉生活必需品 ◆ войти́ в ~ (表現が)広く使われるようになる | вы́йти из ~а 使われなくなる

**обихо́дить** -о́жу, -о́дишь 受過 -о́женный [完]《俗》〈団〉の面倒をみる

**обихо́дный** 短 -ден, -дна [形1] ①日々の、日常の ②常用の

**обка́лывать** [不完] / **обколо́ть** -олю́, -о́лешь 受過 -о́лотый [完] 〈団〉①周りから[表面を]割ってはぎ取る ②《話》(針・ピンで)けがをする、刺し傷を負う

**обка́пывать** [不完] / **обкопа́ть** 受過 -ко́панный [完] 《話》〈団〉= ока́пывать/окопа́ть

**обка́рмливать** [不完] / **обкорми́ть** -ормлю́, -о́рмишь 受過 -о́рмленный [完] 〈団〉過度に食べさせる

**обка́тка** 複生 -ток [女2] 試運転

**обка́тывать** [不完] / **обката́ть** 受過 -ка́танный [完] 〈団〉①《話》(粉などを)転がしてまぶす、転がして角をとる ②(道路を)ローラーで平らにする ③試運転する

**обка́шивать** [不完] / **обкоси́ть** -ошу́, -о́сишь 受過 -о́шенный [完] 〈団〉(…の)周りの(草)を刈る

**обки́дывать** [不完] / **обкида́ть** 受過 -и́данный [完] 《話》〈団〉①(…の)上[周り]に積み上げる ②《無人称》《俗》吹き出物で覆う

**обкла́д** [男1] 獣を取り囲む網

**обкла́дка** 複生 -док [女2] ①周りを囲むこと ②表面を覆うこと、包むこと ③被膜

**обкла́дывать** [不完] / **обложи́ть** -ожу́, -о́жишь 受過 -о́женный [完] 〈団〉①…の周りを囲む、周りに置く、縁取りをする ②上[周り]を覆う ③周りを囲む、包囲する ④〈不完〉〈団〉課金[課税する] ⑤〈団〉罵詈雑言を浴びせる **// ~ся** [不完] ①自分の周りを囲む、自分の周りに置く ②上[周り]を覆われる ③《俗》置き間違える

**обкле́ивать** [不完] / **обкле́ить** -е́ю, -е́ишь 受過 -е́енный [完] 〈団〉= окле́ивать/окле́ить

**обколо́ть** [完] →обка́лывать

**обко́м** [男1] 〔史〕州委員会(областно́й комите́т)

**обкопа́ть** [完] →обка́пывать

**обкорми́ть** [完] →обка́рмливать

**обкоси́ть** [完] →обка́шивать

**обкра́дывать** [不完] / **обокра́сть** обкраду́, обкрадёшь 過 обокра́л 受過 обкра́денный/обкра́данный [完] 〈団〉…から盗む、…に盗み[窃盗]を働く

**обкру́чивать** [不完] / **обкрути́ть** -учу́, -у́тишь 受過 -у́ченный [完] = окру́чивать/окрути́ть **// ~ся** [不完] / ~ся [完] = окру́чиваться/окрути́ться

**обку́ренный** [形1] 《俗》薬物でラリっている

**обку́ривать** [不完] / **обкури́ть** -урю́, -у́ришь 受過 -у́ренный [完] ①〈団〉〈喫煙具〉を使い込んで馴らす ②《話》たばこで黄ばませる ③ 燻(ﾙﾝ)する **// ~ся** [不完]/~ся [完] ①《話》たばこで馴らされる ②《俗》ラリる

**обку́сывать** [不完] / **обкуса́ть** -у́санный [完]〈団〉の周りをかじる

**обл.** (略)[地名]; областно́й

**обл..** (語形成) 「州」の

**обла́в|а** [女9] ①〔狩〕狩り立て；狩猟の際の取り囲み ②(警察による)包囲網 **//-ный** [形1]

**облага́емый** [形1] 課税可能な、有税の

**облага́ть** [不完] →обложи́ть

**облагоде́тельствовать** -твую, -твуешь 受過 -анный [完]《皮肉》恩恵を施す、善行をする

**облагора́живать** [不完] / **облагоро́дить** -о́жу, -о́дишь 受過 -о́женный [完] 〈団〉①(思想・道徳について)高貴にする ②〈動植物・物質に〉品種[品質]を改良する

**облада́ние** [中5] 所有

*обладáтель** [男5] /**~ница** [女3] 〔possessor〕所有者、持ち主、持ち主である人：~ па́спорта [кварти́ры] パスポート[マンション]の所有者 | ~ исключи́тельных прав 独占権の所有者 | ~ реко́рда 記録保持者

\***облада́ть** [アブラダーチ] [不完] 〔possess〕①所有している、占有している；領有している：~ права́ми [возмо́жностями] 権利[可能性]を持っている ②〈特徴・性質など〉を持っている、有している：~ высо́ким ка́чеством 高品質である | ~ литерату́рным тала́нтом 文学の才能がある | ~ потенциа́лом ポテンシャル[潜在性]を持っている ③〈女性を〉(妻・愛人として)自分のものにする

**облажа́ться** [不完] [蔑] ①《若者》完全に失敗する ②《若者・隠》しくじる、やらかす

**обла́живать** [不完] / **обла́дить** -а́жу, -а́дишь 受過 -а́женный [完] 《俗》〈団〉①整備する、整える ②うまくこなす

**обла́зить** -а́жу, -а́зишь [完]《話》〈団〉①這いまわる ②探して歩きまわる

*о́блак|о** [オーブラカ] 複 -а́, -о́в [中1] 〔cloud〕①《気象》雲：ве́рхний [ни́жний] я́рус -о́в 上[下]層雲 | Дождевы́е -а́ плыву́т ни́зко. 雨雲が低く垂れ込めてきている ②《詩・雅》(…の)雲、…の煙：~ ды́ма [па́ра] 立ち込める煙[湯気] | В во́здух подняло́сь ~ пы́ли. 空中にもうもうとほこりが舞い上がった ③《雅》悲しみ・物思いの〉ほのかな陰、かすかな表情、翳(ｶｹﾞﾘ)：По её лицу́ прошло́ ~ недоуме́ния. 彼女の顔にとまどいの色がよぎった ④〔IT〕クラウド ◆ **под -а́ [-а́ми] = до -о́в** 非常に高く | **(как) с -о́в упа́сть [свали́ться]** 降って湧いたように[不意に]現れる | **вита́ть в -а́х = уноси́ться в -а́** 空想に思いをはせる、うわの空である | **спусти́ться с -о́в** 現実に[我に]返る

**обла́мыва|ть¹** [不完] / **облома́ть** 受過 -о́манный [完] ①…の周り[端]を折る ②《俗》苦労して説き伏せる ③《若者・蔑》不愉快な思いをさせる、がっかりさせる ◆ **~ бока́ и живо́т** 《俗》ぶん殴る **// ~ся** [不完] ①周り[端]が折れる ②《若者》がっかりする、失敗する **//-ние** [中5]

**обла́мывать²** [不完] / **обломи́ть** -омлю́, -о́мишь 受過 -о́мленный [完] 〈団〉(重みなどで)折る

**обла́мываться²** [不完] / **обломи́ться** -омлю́сь, -о́мишься [完] ①(重みなどで)折れる ②《若者・蔑》失敗に終わる、不愉快な思いをする、がっかりする ③《若者》〈団〉の手に入らない ④(完)《話》〈団〉の手に入る

**обла́пать** [不完] / **обла́пить** -плю, -пишь 受過 -пленный [完] 〈団〉に〉手荒に抱きつく

**облапо́шивать** [不完] / **облапо́шить** -шу, -шишь -шенный [完] 〈団〉だます、欺く

**обла́скивать** [不完] / **обласка́ть** 受過 -а́сканный [完] 〈団〉愛想よく接する、親切にする、かわいがる

*областн|о́й** [сн] [アブラスノーイ] [形1]〔(行政区画としての)州(о́бласть)に)関する〕：-а́я Ду́ма 州議会 | -а́я администра́ция 州の行政機関 | ~ це́нтр 州都、州の中心都市 | ~ бюдже́т 州予算 ②地方独特の、ある地域に特有の、地方的な；〔言〕方言の：-о́е сло́во [выраже́ние, произноше́ние] その地方の語[表現、発音] | ~ слова́рь 方言辞典

*о́бласт|ь** [オーブラスチ] 複生 -е́й [女10]〔region〕①(国内の)地方、地域：се́верные ~ Росси́и ロシア北部地方 ②(ソ連・ロシアの行政区分としての)州：Моско́вская [Ленингра́дская] ~ モスクワ[レニングラード]州 ③《話》州の中央機関 ④地方、地区、地域、領域：~ ве́чной мерзлоты́ 永久凍土地帯 | теплово́дная ~

**облатка**

океа́на 温暖海域 ④ (体の)部位, 部分: грудна́я ~ 胸部 | боль в -и ше́и 頚部の痛み ⑤ 《知識・活動などの》領域, 分野, 部門: ~ социа́льных нау́к 社会科学分野 | специали́сты в -и ма́ркетинга マーケティング分野の専門家 ◆*э́то из -и фанта́стики* 嘘みたい, 信じられない

**обла́тка** 複生 -ток [女2] ① オブラート, カプセル ② 《宗》聖餅 (聖餐式のパン)

**облача́ть** [不完] / **облачи́ть** -чу́, -чи́шь 受過 -чённый (-чён, -чена́) [完] 《書》①〈祭服・法衣を〉着せる ②《話》着せる *//-ся* [不完] /〈в服〉①〈祭服・法衣を〉着る ②《話》着る

**облаче́ние** [中5] 《聖職者の》祭服 [法衣] (の着用)

**о́блачко** 複生 -а́, -о́в [中1] [指小] < о́блако

**о́блачность** [女10] ①《気象》雲量: небольша́я ~ 晴れで, 散在する雲のある | переме́нная ~ 薄雲が広がる空模様; 晴れ時々曇り | суще́ственная [значи́тельная] ~ 曇り一面の

**о́блачн|ый** -чен, -чна [形1] ① 雲の ② 雲に覆われた: 《気象》曇った: -ая пого́да 曇り空 | [無人述] ~ с проясне́нием《気象》曇り時々晴れ

**обла́ивать** [不完] / **обла́ять** -а́ю, -а́ешь 受過 -а́янный [完] [完] ①〈犬が〉激しく吠え立てる ②《俗》激しくののしる, 食ってかかる

**облега́ть** [不完] / **обле́чь¹** -ля́жет, -ля́гут 命 -ля́г 過 -лёг, -легла́ [完] ①〈в服を〉取り囲む, 覆う ②〈衣服が〉ぴったりと包む [覆う]

**облега́ющий** [形6] 〈衣服が〉タイトな

*****облегча́ть** [х] [不完] / **облегчи́ть** [х] -чу́, -чи́шь 受過 -чённый (-чён, -чена́) [完] ①〈в物を〉軽くする, 軽量化する: ~ вес самолёта 飛行機の重量を軽くする ② 簡単にする, 簡素化する: ~ проце́сс заключе́ния догово́ров 条約締結のプロセスを簡素化する ③〈負担などを〉軽減する, 軽減[緩和]する:〈悲しみ・痛みなどを〉和らげる: ~ рабо́ту 仕事を楽にする | страда́ния больны́х 病者の苦しみを和らげる ④ 安心させる, ほっとさせる, 楽にする *~ся* [不完] / [完] ① 軽くなる, 簡単になる ② (精神的に)安心する, ほっとする ③ 《排泄・嘔吐して》楽になる ④《不完》[受身]

*****облегче́н|ие** [х] [中5] 軽量化 (すること), 緩和, 軽減: ~ рабо́ты [ве́са] 仕事 [重量]の軽減 | ~ усло́вий труда́ 労働条件の緩和 ② 安堵 [感], 解放感, ほっとした気持ち 〈чу́вство -ия〉: Я вздохну́ла с -ием. 私は安堵の溜め息をついた[ほっと胸を撫で下ろした] ③ 大目に見ること, 見逃し, 特別扱い

**облегчённый** [х] 短 -ён, -ённа [形1] ①《長尾》軽量化された ②《長尾》簡便な, 簡素化された ③ 安堵の, ほっとした

**облегчи́ть(ся)** [完] → облегча́ть

**обледене́лый** 短 -е́л [形1] ① 氷に覆われた, 着氷した ② 色の褪せた, 表面の剥げた

**обледене́ть** [不完] / **обледене́ть** [完] ① 氷に覆われる ② 着氷する

**обледене́ние** [中5] 着氷, 結氷

**облеза́ть** [不完] / **обле́зть** -е́зу, -е́зешь 過 -е́з, -е́зла [完] 《話》① 毛[羽]が抜ける ② 色褪せる, 表面が剥がる ③《卯》の周りを這う, よじ迂回する

**облека́ть** [不完] / **обле́чь²** -еку́, -ечёшь, … -еку́т 命 -еки́ 過 -лёк, -лекла́, -лекло́ 受過 -ечённый (-ечён, -ечена́) [完] ①〈в物を〉具体化する, 表現する ②〈в物に物を〉付与する ③《文》〈в物を〉着用させる ④《文》〈в物を〉物で〉覆う, 包む *//~ся* [不完] / [完] ①〈в物を〉まとう, …で包まれる ②〈в物で〉具体化される, 表現される ③《文》〈в物/物を〉着用する

**облепля́ть** [不完] / **облепи́ть** -еплю́, -е́пишь 受過 -е́пленный [完] ①…の周りに貼りつく, まとわ りつく ②《虫などが》たかる, まとわりつく ③《話》〈в物を〉全面に貼りつける:〈в物を〉貼りつける:〈в物に植物が〉全面を覆い尽くす

**облепи́х|а** [女2] 《植》ヒッポファエ属; その実 *//-овый* [形1]

**облесе́ние** [中5] 《林》植林, 造林

**облеся́ть** [不完] / **облеси́ть** -ешу́, -еси́шь 受過 -сённый (-сён, -сена́) [完] 《林》に植林 [造林]する

**облёт** [男1] 旋回 [迂回, 追い越し]飛行, 試験飛行

**облета́ть¹** [不完] / **облете́ть** -лечу́, -лети́шь [完] 《в物》①〈в物を〉飛び回る, 〈вокру́г物〉の周囲を飛ぶ ② 避けて [よけて] 飛ぶ ③《話》〈в物を〉追い越す ④《知らせ・噂が》ぱっと広まる, 駆け巡る ⑤ 《葉・花が》散る, 落ちる

**облета́ть²** [不完] / **облёта́ть²** 受過 -лёта́нный [完] ① 《完》〈飛行機で〉飛び回る; 各地を飛んで歩く ②《完》〈в物〉(短時間で色々な場所を)飛び回る ③ 〈в物〉〈飛行機の〉試験飛行する, テスト飛行する

**облече́ние** [中5] 着せること, 包むこと

**обле́чь(ся)** [完] → облега́ть, облека́ть

**облива́ние** [中5] 浴びる [浴びせる]こと, 注ぐこと | 灌水療法

**облива́ть** [不完] / **обли́ть** оболью́, оболью́шь 命 обле́й 過 о́блил -и́л, -ила́, о́блило/-и́ло 受過 -и́тый (-и́т, -ита́, -и́то) / обли́тый (-и́т, -ита́, -и́то) [完] ①…に〈水・液体を〉注ぎ [浴びせ] かける:〈в物に〈塗料・釉薬などを〉かける:〈スープなどを〉こぼす, こぼして汚す ③《汗・涙・蒼み》たっぷり濡らす ④〈顔・頬に〉赤らみが差し, 蒼白さが襲う ⑤ 《光が》…に注ぐ, …を照らし出す

**облива́ться** [不完] / **обли́ться** оболью́сь, оболью́шься -и́лся, -ила́сь, -ило́сь/-и́лось [完] 《в物》①…を浴びる; うっかり自分にこぼす [かける] ②〈汗・涙・血で〉濡れる, まみれる:《顔・頬が》赤い [蒼白く]なる ③《光に》満ち溢れる, 包まれる ④《ある感情に》襲われる:《ある状態に》なる, 陥る

**обли́вка** 複生 -вок [女2] ① 釉薬をかけること ② 釉薬

**обливно́й** [形2] 釉薬のかかった

*****облига́ц|ия** [女9]《金融》債券, 負債 [債務]証書, 公債; 国債: -ии на су́мму 200 (две́сти) миллио́нов рубле́й 2億ルーブルにのぼる債券 | выпуска́ть [размеща́ть, продава́ть, погаша́ть] -ию 債券を発行する [割り当てる, 売る, 償還する] ■ **= госуда́рственного за́йма** 国債 | **ры́нок -ий** 債券市場 *//-ио́нный* [形1]

**обли́зывать** [不完] / **облиза́ть** -ижу́, -и́жешь 受過 -и́занный [完], **облизну́ть** -ну́, -нёшь 受過 -и́знутый [完] [一回] 《в物》①《в物》の表面を舐める, 舐め回す ② 舐めてきれいにする ◆*Па́льчики обли́жешь [обли́жете].* (1) 《食べ物が》とてもおいしい (2) 《物が》魅力たっぷりだ, たまらない

**обли́зываться** [不完] / **облиза́ться** -ижу́сь, -и́жешься [完] / [完・一回] **облизну́ться** -ну́сь, -нёшься 自分の唇を舐める ②《動物が》自分の体を舐めてきれいにする ③《不完》舌なめずりする:《話》《欲しい物を目の前にして》よだれを垂らしながら眺める

*****о́блик** [男2] [appearance] ① 外見, 見た目, 見かけ, 風采, 風貌, 外観, 容貌: вне́шний ~ 外観, 外見 | истори́ческий ~ го́рода 都市の歴史的概観 | сохране́ние архитекту́рного -а зда́ний 建物の景観保全 ②《нра́вственный, духо́вныйと共に》性格, 性向, 気質, 気立て, 傾向: мора́льный ~ 道徳的気質 | нра́вственный ~ 性向

**облиня́ть** [不完] ① 色があせる, 退色する ② 毛 [毛髪, 羽毛]が抜ける

**облипа́ть** [不完] / **обли́пнуть** -ну, -нешь 命 -ни́ 過 -и́п, -и́пла [完] 《話》①〈в物に〈粘着性の物が〉一面にひっつく ②《濡れたもの・衣服などが》ぴったりとひっつく

**обли́ть(ся)** [完] → облива́ть(ся)

**облицо́вка** 複生 -вок [女2] 《建》外装, 上塗り, 上

張り ②外装材 **//облицо́вочный** [形1]

**облицо́вщик** [男2] 外装工

**облицо́вывать** [不完] / **облицева́ть** -цу́ю, -цу́ешь 受過 -цо́ванный [完] 〈団〉〈壁などに〉外装を施す，〈石・木・金属などを〉張る，上塗りする

**облича́ть** [不完] / **обличи́ть** -чу́, -чи́шь 受過 -чённый (-чён, -чена́) [完] ①〈罪証・悪事を〉摘発する，すっぱ抜く ②《不完》(事物が)証拠立てる，示す，明らかにする，物語る

**обличе́ние** [中5] 暴露，摘発，告発，すっぱ抜き，非難；暴露発言［記事］

**обличи́тель** [男5] 摘発者，暴露［告発］する者

**обличи́тельный** 短 -лен, -льна [形1]《文》摘発［暴露，告発，すっぱ抜き］の内容を含んだ

**обличи́ть** [完] →облича́ть

**обли́чье** [中4]《話》顔，容貌，外見 ②〈物の〉外見，見た目 ③〈物の〉特徴

**обложе́ние** [中5] 課税，賦課

**обложи́ть(ся)** [完] →обкла́дывать

\***обло́жк|а** 複生 -жек [女2]《cover》①〈本・ノート類の〉表紙，カバー；〈CD・レコードなどの〉ジャケット：кни́га в мя́гкой [бума́жной] -е ソフトカバー［紙の表紙］の本｜кни́жка с на́дписью на -е 表紙にサインのされた本 ②〈革・紙製の小型の〉ファイル，書類ばさみ，紙ばさみ，ホルダー： ~ для па́спорта パスポートカバー **// обло́жечный** [形1]

**обложн|о́й** [形2]《話》: ~ до́ждь (空が黒雲に覆われて，降り続く) 長雨｜-о́е не́бо 一面黒雲に覆われた空

**облока́чивать** [不完] / **облокоти́ть** -кочу́, -ко́тишь/-коти́шь 受過 -ко́ченный [完] 〈団〉肘をつく： ~ ру́ку на подоко́нник 窓の敷居に肘をつく

**облока́чиваться** [不完] / **облокоти́ться** -кочу́сь, -ко́тишься/-коти́шься [完] (両) 肘をつく，(両)肘で寄りかかる： ~ на ба́рную сто́йку バーのカウンターに(両)肘をつく

**обло́м** [男1] ①折れる［割る］こと，折れる［割れる］こと ②折れた［割れた］箇所 ③《建》型枠，線型 ④粗野で無教養な［あかぬけない］人；田舎っぺ ⑤〈隠〉不運，ついていないこと ◆*бы́ть в ~e* (1)〈人にとって〉不快の，気がかりの (2)《無人称》〈人は〉やりたくない，嫌だ： Мне в ~ занима́ться ру́сским. 私はロシア語の勉強をしたくない

**облома́ть(ся)** [完] →обла́мывать[上付1]

**обломи́нго** (中1変化) [男]《俗》約束を守らない人

**обломи́ть(ся)** [完] →обла́мывать(ся)

**обло́мно**《若者・俗》①［副］失敗して，下手に ②［無人述］つらい，不愉快な

**обло́мный** [形1]《若者・俗》不愉快な，期待にそわない

**Обло́мов** [男1], ~**о** [中1]《若者・皮肉》落ち込んだ状態，鬱(ｳ)：быть в ~е 落ち込む

**обло́мовщина** [女1]《文》①オブローモフ主義［気質］，オブローモフ的生活〈И.А. Гончаро́в の小説《Обло́мов》から》②《若者・皮肉》無気力，不運続き

\***обло́м|ок** [男2]《fragment》①かけら，破片，スクラップ；〈事故の〉残骸： -ки стекла́ ガラスの破片｜ -ки упа́вшего самолёта 飛行機の残骸｜От зда́ния оста́лись одни́ -ки. 建物はほんの小さな山になった ②遺物，名残り，残存物： -ки импе́рии 帝国の遺物

**обло́мочный** [形1]《地質》破片から成っている

**облупи́ть(ся)** [完] →лупи́ть, облу́пливать

**облу́пленный** [形1] はがれかけの ◆*зна́ть как -ого*《話》何から何まで知っている，全部わかる

**облу́пливать, облупля́ть** [不完] / **облупи́ть** -уплю́, -у́пишь 受過 -у́пленный [完] 〈団〉① 〈лупи́ть〉…の皮［殻］をむく ②《話》(だまして) 巻きあげる **//~ся** [不完] / [完] 外れる，はがれる

**облуча́ть** [不完] / **облучи́ть** -чу́, -чи́шь 受過 -чённый (-чён, -чена́) [完] 〈団〉①…に光をあてる，放射線などを照射する **//~ся** [不完]《団》光線に当たる；放射線を浴びる： ~ смерте́льно [поро́говой до́зой] 致死量［制限線量］を浴びる

**облуче́ние** [中5]《放射線の》照射，被曝；《医》放射線療法

**облучо́к** -чка́ [男2]《そり・荷馬車の》御者台

**облущи́ть** [完] →лущи́ть

**облысе́ть** [完] →лысе́ть

**облюбо́вывать** [不完] / **облюбова́ть** -бу́ю, -бу́ешь 受過 -о́ванный [完] 〈団〉好みの物・人・場所を見つけて選び出す

**обма́зка** 複生 -зок [女2] ①塗ること，塗り ②しっくい，壁土

**обма́зывать** [不完] / **обма́зать** -а́жу, -а́жешь 受過 -а́занный [完] 〈団の〉①〈団〉を一面に塗る ②《話》〈団〉〈周囲・全面を〉塗って汚す **//~ся** [不完] / [完]《話》〈団〉①…を自分の体に塗りたくる ②…で汚れる

**обма́зывание** [中5] 塗り，塗布，塗り立て

**обма́кивать** [不完] / **обмакну́ть** -ну́, -нёшь 受過 -а́кнутый [完] 〈団〉を B団に〈液体に〉少しの間浸す

\***обма́н** [男1]《deception》①だますこと，まやかし，嘘，欺瞞，詐欺：пойти́ на ~ 詐欺を行う｜доби́ться ~ом だまして手に入れる｜жи́ть без ~а 正直に生きる｜Всё э́то ~ ! そんなの全部うそだ ②思い違い，勘違い，気の迷い：впа́сть в ~ 思い違いをする｜ввести́ 団 в ~ …を迷わせる，勘違いさせる ③錯覚(~ чу́вств)： ~ зре́ния 目の錯覚，錯視 (опти́ческая иллю́зия): [スポ]フェイント

**обма́нка** 複生 -нок [女2]《鉱》閃鉱類

**обма́нный** [形1] 詐欺(行為)の，不正の： -ым путём 不正な方法で

**обману́ть(ся)** [完] →обма́нывать(ся)

**обма́нчивый** 短 -ив [形1] 当てにならない，見かけ倒しの，まやかしの，〈天気が〉変わりやすい，落ち着かない

**обма́нщик** [男2] 人をだます輩，詐欺師，ペテン師

\***обма́нывать** [不完] / **обману́ть** -ану́, -а́нешь 受過 -а́нутый [完]《deceive》①〈団〉〈団〉をだます；嘘を言う，約束を破る： Меня́ *обману́ли*! だまされた！ ②(意図的ではなく)惑わせる，錯覚させる；まぎらす，ごまかす： Глаза́ *обману́ли* меня́. 目の錯覚だった，見間違えた ③〈期待を裏切〉る，裏切る ④詐欺をする，ごまかす ⑤不貞を働く，裏切る ⑥〈女性をたぶらかす〉**//~ся** [不完] / [完] ①勘違いする，誤解する 〈B団〉…を見そこなう，…に失望[幻滅]する，見込み違いをする ③《不完》[受身]

**обма́рывать** [不完] / **обмара́ть** 受過 -а́ранный [完]《俗》〈団〉汚す；(糞便で) 汚す **//~ся** [不完] / [完] 汚れる；(糞便で)汚れる，もらす

**обма́тыва|ть** [不完] / **обмота́ть** 受過 -о́танный [完]《団》①〈団〉を〈団で〉[幾重にも] 巻く，巻きつける ②〈団〉вокру́г団 の周りに…を巻きつける **//~ся** [不完] / [完] ①〈団〉を自分の体に巻きつける ②〈物が周りに〉巻きついている **//~ние** [中5]

**обма́хивать** [不完] / **обмахну́ть** -ну́, -нёшь 受過 -а́хнутый [完][一回]《団》①〈ハエ・蚊などを〉払いのける，追い払う ②〈扇〉を〈扇の〉であおぐ 〈ぐち・ほこりを〉払う，払って落とす **//~ся** [不完] / [完]〈扇〉などで〈涼むために〉自分をあおぐ｜от団〈尻尾などで〉ハエ・蚊などを払いのける，追い払う

**обма́чивать** [不完] / **обмочи́ть** -очу́, -о́чишь 受過 -о́ченный [完]《話》①濡らす ②《話》小便を漏らす： ~ посте́ль ベッドでおもらしする **//~ся** [不完] / [完]《話》①(自分の衣服・靴などを)濡らす ②おもらしして服を濡らす

**обмеле́ть** [完] →меле́ть

## обмен

**\*обме́н** [アブミェーン] [男1] 〔exchange〕 ① 交換(する・されること), 引き換え, 取り替え: ~ на това́р 現物と｜курс ~a 交換レート｜~ до́лларов на рубли́ ドルのルーブルへの交換｜в ~ на ... …と交換で ② 〈圖の〉交換, やり取り: ~ мне́ниями [визи́тными ка́рточками] 意見[名刺]交換 ③ 入れ替え; [生理]代謝: ~ во́здуха 空気の入れ替え｜~ веще́ств 新陳代謝

**обме́нивать**[1] / **обменя́ть** -еню́, -е́нишь 受過 -нённый (-нён, -нена́) [完]《話》〈圜〉[完] = обменя́ть ① (うっかり)取り違える, 間違える; (わざと・こっそり)取り替える ｜ **~ся**[1] [不完] / [完] 〈圜〉(うっかり)取り違える, 間違える; (わざと・こっそり)取り替える

**\*обме́нивать**[2] [アブミェーニヴァチ] [不完] / **обменя́ть**[2] [アブミニャーチ] 受過 -ённый [完] 〔exchange〕 〈自分の物と〉他の物と交換する; 〈外貨を〉交換する: ~ това́р 品物を交換する｜~ пальто́ на хлеб 外套を食料に換える｜~ до́ллары на рубли́ ドルをルーブルに換える

**\*обме́ниваться**[2] [アブミェーニヴァッツァ] [不完] / **обменя́ться** [アブミニャーッツァ] [完] 〔exchange〕 〈圜を〉① 相互に交換する: ~ адреса́ми [а́дресами, телефо́нами] 本[住所, 電話番号]を交換する ② (うっかり・わざと)他人の物を取り違える: случа́йно ~ зо́нтиками うっかり傘を取り違える ③ 分かち合う, (取り)交わす, 〔互いに〕…し合う: ~ бы́стрыми рукопожа́тиями 素早く握手を交わす｜~ мне́ниями 意見を述べ合う

**обмени́ть(ся)** [完] → обме́нивать[1]

**обме́нник** [男1] 両替所

**обме́нн|ый** [形1] 新陳代謝の; 交換(用)の: -ые проце́ссы 代謝プロセス｜~ пункт 両替所

**обменя́ть(ся)** [完] → меня́ть(ся), обме́нивать[2](ся)[2]

**обме́р** [男1] ① 測ること, 測量 ② 不正計量[測量]

**обме́рить** [完] → обмеря́ть

**обмерза́ть** [不完] / **обме́рзнуть** -ну, -нешь 命 -ни -ни́ -ёрз, -ёрзла [完] ① (周囲に覆い)凍る, 氷[霜]に覆われる ②《話》(手などが)すっかり凍える, かじかむ

**обме́ривание** [中5] = обме́р

**обме́ривать** [不完] / **обме́рить** -рю, -ришь 受過 -ренный [完] 〈圜〉① 〈土地・部屋などの広さ・面積を〉測る ② (うっかり・わざと)…の分の寸法[量]を小さく測る ｜ **~ся** [不完] / [完] [圜] 測り間違す

**обмета́ть**[1] [不完] / **обмести́** -ету́, -етёшь 過 -мёл, -мела́ 受過 -метённый (-тён, -тена́) [完] 〈圜〉〈ほこり・汚れなどを〉払う, (物の表面から)払い落とす

**обмётыва|ть** [不完] / **обмета́ть**[2] -ечу́, -е́чешь 受過 -мётанный [完] ① 〈縁を縫う, かがる ② 〈唇・その周囲に〉ただれ[発疹]をつくる ｜ **~ние** [中5]

**обмётка** 複-ток [女2] 〈縁を〉かがること; かがり縫い

**обми́н** [男1] 押し固め, 突き[圧め]ること

**обмина́|ть** [不完] / **обмя́ть** обомну́, обомнёшь 受過 -тый [完] 〈圜〉① 〈柔らかい物を〉押しつけて[踏みで, つぶして]形にする, 押し固める ②《話》柔らかくする: 〈衣類を〉着馴らす, 体になじませる ｜ **~ся** [不完] / [完] ① (押しつけられて[踏まれて, つぶされて])しかるべき形になる ②《話》(衣服が)着馴れる, 体になじむ

**обми́нка** [女2] = обми́н

**обми́ночный** [形1] 押し, 踏み, 突き[圧め]固めるための

**обмира́ние** [中5] 失神; 茫然自失

**обмира́|ть** [不完] / **обмере́ть** обомру́, обомрёшь 過 обмер, -рла́, -рло [完]《話》茫然とする

**обмозго́вывать** [不完] / **обмозгова́ть** -гу́ю, -гу́ешь 受過 -о́ванный [完]《俗》〈圜〉熟考する, ない知恵を絞ってよくよく考える

**обмока́ть** [不完] / **обмо́кнуть** -ну, -нешь 命 -ни -ни́ -о́к, -о́кла [完] ずぶ濡れになる, びしょびしょになる

**обмола́чивать** [不完] / **обмолоти́ть** -лочу́, -ло́тишь 受過 -ло́ченный [完]《農》〈圜〉脱穀する

**обмо́лвиться** -влюсь, -вишься [完] ① 言い間違える ② うっかり口を滑らす ③ ついでに思わずしゃべる

**обмо́лвка** 複-вок [女2] 言い間違い; 口を滑らすこと

**обмоло́т** [男1] 《農》① 脱穀 ② 脱穀した穀粒(の量)

**обмолоти́ть** [完] → обмола́чивать

**обморо́жение, обмороже́ние** [中5] 凍傷

**обмора́живать** [不完] / **обморо́зить** -о́жу, -о́зишь 受過 -о́женный [完] 〈圜〉〈手・足などを〉凍傷にする ｜ **~ся** [不完] / [完] (手・足などが)凍傷になる

**\*о́бморок** [男2] 気絶, 失神(状態): упа́сть в ~ 気絶[失神]する｜лежа́ть [быть] в ~е 気絶[失神]している｜очну́ться от (глубо́кого) ~a (長い気絶から)意識を取り戻す

**обморочн|ый** [形1] 気絶[失神]の: -ое состоя́ние [医]卒倒, 気絶

**обморо́чить** [完] → моро́чить

**обмота́ть(ся)** [完] → обма́тывать

**обмо́тка** 複-ток [女2] ① 巻きつけること ② 巻きつける物; 〔電〕電線などのひと巻き, 巻き線, コイル ③ 《通例複》ゲートル, 脚絆

**обмо́точный** [形1] ① 巻きつけ(用)の; 〔電〕コイル用の ② ゲートル[脚絆]の

**обмочи́ть(ся)** [完] → обма́чивать

**обмундирова́ние** [中5] ① 軍装の支給[入手, 着用] ② 軍装一式

**обмундиро́вывать** [不完] / **обмундирова́ть** -ру́ю, -ру́ешь 受過 -о́ванный [完] 〈圜〉に軍装一式を支給する ｜ **~ся** [不完] / [完] 軍装一式を手に入れる

**обмурова́ть** [完] → мурова́ть

**обмуро́вка** 複-вок [女2] ① (断熱用の)煉瓦を張ること ② (炉などの)耐火外装, 耐火壁

**обмусо́ливать** [不完] / **обмусо́лить** -лю, -лишь 受過 -ленный [完] 《話》〈圜〉唾で汚す ｜ **~ся** [不完] / [完] 唾で汚れる

**обмыва́ние** [中5] ① 洗うこと, 洗浄; 洗浄液[水] ② 《話》打ち上げ, (何かを祝う)飲み会

**обмыва́|ть** [不完] / **обмы́ть** -мо́ю, -мо́ешь 受過 -тый [完] 〈圜〉① …の周りを洗ってきれいにする ② 《話》(みんなの)洗濯をしてやる ③ 《俗》祝って一杯飲む ｜ **~ся** [不完] / [完] ① 自分の体を洗ってきれいにする ② (雨などで)洗われてきれいになる

**обмы́вка** [女2] 洗浄(すること)

**обмы́лок** -лка [男2] 《話》① 石けんの使い残り ② 洗濯の後の石けん水 ③ 《俗》ひ弱な人

**обмы́ть(ся)** [完] → обмыва́ть

**обмяка́ть** [不完] / **обмя́кнуть** -ну, -нешь 命 -ни -ня́к, -я́кла, -я́кла [完] ① 柔らかくなる ② ぐったりする, 力が抜ける; 力が衰える ③ (気持・態度などが)和らぐ, (気持が)弱る, 萎える

**обмя́ть(ся)** [完] → обмина́ть

**обнагле́ть** [完] → нагле́ть

**обнадёжи|вать** [不完] / **обнадёжить** -жу, -жишь 受過 -женный [完] 〈圜〉希望を持たせて元気づける

**обнажа́|ть** [不完] / **обнажи́ть** -жу́, -жи́шь 受過 -жённый (-жён, -жена́) [完] 〈圜〉① 〈人の衣服を脱がす, 〈体の一部分を〉むき出しにする[露出にする] ② 露出させる, 見えるようにする ③ 〈葉を落とす; 草木を奪う ④ 露出する, さらけ出す ⑤ (敵に対して)無防備な状態にする

**обнажа́|ться** [不完] / **обнажи́ться** -жу́сь, -жи́шься [完] ① 衣服を脱ぐ, 裸になる; 露出の多い服を着る; (体の一部が)露わになる ② 露出する, 見えるようになる ③ (木が)葉を落とす; (土地が)草木がなくなる ④ (秘密・原因などが)明らかになる ⑤ 無防備な状態になる

**обнаже́ние** [中5] ① 露出する[させる]こと, 裸にすること ② 暴露, 明るみに出ること ③ [地質]露出, 露頭

**обнажёнка** 複生 -нок [女2] 《若者》ポルノ商品; ヌードモデル

*__обнажённый__ 短 -ён, -ённа [形1] [naked, nude] ① (体・一部が)裸の; 衣服を身に着けていない: -ое те́ло 裸体 | -ая грудь 露わになった胸 | в -ом ви́де むき出しの状態で ② (表面に)むき出しの, 露出した: -ые мечи́ 抜き身 [抜き身]の剣 ③ 葉の落ちた; 植物のない: -ые дере́вья 葉の落ちた木々 | -са́д 葉の落ちた庭 ④ あからさまの, 露骨な, むき出しの: -ая нату́ра むき出しの本性, ヌードモデル | -ые слова́ 露骨な言葉 **‖-ость** [女10]

**обнажи́ть(ся)** [完] →обнажа́ть

**обнаро́дование** [中5] 公布, 公表, 発布(すること)

**обнаро́довать** -дую, -дуешь 受過 -анный [完] 〈対〉公布[発布]する; 公表する, 公にする

*__обнаруже́н|ие, обнаруже́н|ие__ [中5] 発見, 発露, 発揮; 発見; 暴露, 露見: ~ рака проста́ты 前立腺ガンの早期発見 | при -ии проти́вника 敵を発見するとき

*__обнару́жива|ть__ [アブナルージヴァチ] [不完] / **обнару́жить** [アブナルージチ] -жу, -жишь 命 -жь 受過 -женный [完] 〈対〉 [display, discover] ① 見せる, むき出しにする: ~ ро́вные бе́лые зу́бы 整った白い歯を見せる ② 〈感情・性質〉を表す, 表に出す; 発揮する: ~ свою́ ра́дость 自らの喜びを表に出す ③ 見つけ出す, 探し出す ④ 暴露する, 摘発する: ~ наруше́ния зако́на 違法行為を摘発する

*__обнару́живаться__ [不完] / **обнару́житься** -жится [完] ① (物が)現れてくる, 見えるようになる: За две́рью обнару́жилась потайна́я ко́мната. ドアを開けると秘密の部屋が現れた ② 〈感情・才能・能力が〉発現する, 現れる: У де́вочки обнару́жился тала́нт к пе́нию. その女の子の歌の才能が明らかになった ③ (物が)見つかる, 出てくる, 現れる: В вычисле́ниях обнару́жилась оши́бка. 計算に誤りが見つかった ④ (事実が)明らかになる, 明るみに出る, 発覚する: Обнару́жилось, что они́ давно́ встреча́ются. 2人はもう長く付き合っているということが明るみに出た ⑤ 《不完》[受身]< обнару́живать

**обна́шивать** [不完] / **обноси́ть**¹ -ошу́, -осишь 受過 -ошенный [完] 《話》〈対〉〈衣服・靴〉を〈着[履き]慣らす, 着[履き]古す

**обна́шиваться** [不完] / **обноси́ться** -о́сишься [完] 《話》 ① 〈衣服・靴〉を使い古す, すっかり履き古す ② (衣服・靴が)すっかり古くなる; 擦り切れる, 破れる ③ (衣服・靴が)体になじむ, 着[履き]やすくなる

**обнести́** →обноси́ть²

*__обнима́|ть__ [不完] / **обня́ть** обниму́/обойму́, обни́мешь/обойми́шь 過 о́бня́л -ял, -яла́, о́бня́ло -яло 過受被 -я́вший 受過 о́бня́тый -ят, -ята́, -ято [完] [embrace] 〈対〉 ① 抱きしめる, 抱擁する; しっかりと抱える: ~ коле́ни [поду́шку] 膝を[枕を]抱える | Он кре́пко о́бнял жену́. 彼は強く妻を抱きしめた ② 取り囲む: Го́род со всех сторо́н обнима́ют леса́. その市は四方を森に囲まれている ③ (炎・明かり・闇が)包む, 覆う ④ 〈感情が〉捉える, 襲う ⑤ 〈知識・関係, 利害〉をわたる; 含んでいる, 網羅している ⑥ 〈本質・内容を〉理解する, 把握する ⑦ 〈視線・視界が〉捉える **‖-ся** [不完] / [完] ① 抱き合う ② 《不完》[受身]

**обни́мк|а** [女2] 《話》抱擁 ◆**в-у** 抱き合って, 肩を抱いて, 抱っこして

**обнища́лый** [形1] 貧窮した, 落ちぶれた

**обнища́ние** [中5] 貧窮, 零落

**обнища́ть** [完] →нища́ть

**обно́ва** [女1] 《話》= обно́вка

**обно́вка** 複生 -вок [女2] 《話》新調した物, 新品, おニュー(通例衣服や靴)

*__обновле́н|ие__ [中5] [renovation] 更新, 一新, 刷新, 改新, 復興, 修復: ~ систе́мы [са́йта] システム[サイト]の更新 | да́та -ия информа́ции 情報更新日 | Обору́дование электроста́нций тре́бует ~. 発電所の施設の改修が必要

**обновлённый** [形1] 一新[刷新]した; 甦った

*__обновля́|ть__ [不完] / **обнови́ть** -влю́, -ви́шь受過 -влённый (-лён, -лена́) [完] 〈対〉 ① (修理・交換などで)新しくする; 修復する;〈知識などを〉甦らせる, 磨き直す; 改装[改修]する: ~ вну́треннее убра́нство дворца́ 宮殿内部の装飾を修復する | зна́ние ру́сского языка́ ロシア語の知識をブラッシュアップする ② 〈古い・使えない物を新しい物と〉交換する; 更新[刷新]する: ~ обо́и в прихо́жей 玄関の壁紙を交換する ③ 《話》新品をおろす **‖-ся** [不完] / [完] ① (見た目が)新しくなる, 一変する, 新たになる ② 更新[刷新]する ③ 《不完》[受身]

**обноси́ть(ся)** →обна́шивать(ся)

**обноси́ть²** [不完] / **обнести́** -су́, -сёшь 過 -нёс, -несла́ 受過 -сённый (-сён, -сена́) [完] 〈対〉 ① …を持って(周囲を)回る[巡る] ② 〈対〉に〈造〉を御馳走する, 配って[給仕して]回る ③ 〈造〉〈対〉〈料理を〉(給仕の際)配り忘れて通過する, 抜かす ④ 〈造〉…で囲む, …を巡らせる

**обно́ски** -ов [複] [単 обно́сок -ска [男2]] 《話》古した衣服, 履きつぶした履物

**обню́хивать** [不完] / **обню́хать** 受過 -анный [完] 〈対〉 ① (動物が)匂いを嗅ぎ回る ② 《俗》…を嗅ぎ回る, じっくり調べる

**обня́ть(ся)** →обнима́ть(ся)

**обо, обо..** →о, о..

**обо́** (不変) [複] (石または木でできた土地の霊への)礼拝の場, オボー(チュルク・モンゴル民族)

**обобра́ть** [完] →обира́ть

**обобра́ться** оберу́сь, оберёшься [完] ◆**не оберёшься** [обобра́ться] 田 《話》…は避けられない; 数え切れない

*__обобща́|ть__ [不完] / **обобщи́ть** -щу́, -щи́шь 受過 -щённый (-щён, -щена́) [完] [generalize] 〈対〉 ① まとめる, 総合する: ~ це́нную информа́цию 貴重な情報をまとめ上げる ② 〈個別の事柄から〉一般的な傾向を導く, 帰納する: ~ фа́кты [наблюде́ния] 事実[観察]を総括する ③ 一般化[普遍化]する: ~ свой о́пыт 自分の経験を一般化する **‖-ся** [不完] / [完] ① 一般的[普遍的]になる ② 《不完》[受身]

*__обобще́ние__ [中5] [generalization] 普遍[一般]化, 概括, 総括; 総論, 一般的な結論

**обобщённый** 短 -ён, -ённа [形1] 一般的な, 抽象的な: в -ом ви́де 一般[概括]化した形で

**обобществля́ть** [不完] / **обобществи́ть** -влю́, -ви́шь 受過 -влённый (-лён, -лена́) [完] 〈対〉 ① (合併統合して)集団化する ② 社会化[公有化]する, 公共の物とする

**обобществле́ние** [中5] 社会化, 集団化, 公共[公有]化

**обобщи́ть(ся)** [完] →обобща́ть

**обогати́тель** [男5] ① 選鉱技師 ② 土地を豊かにする物, 濃縮[濃化, 強化]剤, コンセントレーター

*__обогаща́|ть__ [不完] / **обогати́ть** -ащу́, -ати́шь 受過 -ащённый (-щён, -щена́) [完] 〈対〉 ① 〈人を〉富ませる, 豊かにする ② 〈知識・経験などを〉豊かにする, 充実させる, 発達させる ③ 〈土壌・鉱物などを〉肥やす, 肥沃にする; 選鉱する, 富化する;〈ウランを〉濃縮する

**обогаща́ться** [不完] / **обогати́ться** -ащу́сь, -ати́шься [完] ① (人が)富む, 裕福になる ② 豊かにな

**обогаща́ющий**... [column truncated in source]

**る, 充実する, 発達する ③ (土壌などが) 肥える, 肥沃になる; 濃(縮)化する**

**обогаще́ние** [中5] ① 富ませる[富む]こと, 豊富[肥沃]になる[する]こと ② 選鉱, 富化, 濃縮

**обогна́ть** [完] →обгоня́ть

**обогну́ть** [完] →огиба́ть

**оboгoтвopе́ние** [中5] 神格[偶像]化, 崇拝

**обоготворя́ть** [不完] / **обоготвори́ть** -рю́, -ри́шь 受命 -рённый (-рён, -рена́) 〈他〉① 神格化する, 神と崇める ② 崇拝[心酔]する, 偶像視する

**обогре́в** [男1] 加熱状態; 暖める[暖まる]こと

**обогрева́ние** [中5] 暖める[暖まる]こと

**обогрева́тель** [男5] 暖房, ヒーター, 加熱器具

**обогрева́тельный** [形1] 暖房[加熱](用)の: ~ые прибо́ры 暖房器具

**обогрева́ть** [不完] / **обогре́ть** 受命 -тый, 〈他〉① 暖める, 暖かくする ②〈人を〉なぐさめる; かわいがる, 優しくする ∥ **~ся** [不完] / [完] ① 暖かくなる, 暖まる ②〈暖かく接してもらって〉落ち着く, なぐさめられる

**обо́д** 複 обо́дья, -ьев [男8] ①〈車輪の〉枠, 外辺, リム ②〈円形の器・物の〉縁 ∥ **~ный, -о́вый** [形1]

**ободо́к** -дка́ [男2] ①〈指小〉< обо́д ② 輪形の縁[ヘり]; 縁取り, 縁飾り; 〈眼球の〉虹彩 ③ カチューシャ〈女性用髪飾り〉

**ободо́чный** [形1] 輪型の

**ободра́нец** -нца [男3] 《俗》= обо́рванец

**ободра́ть** [完] → обдира́ть

**ободре́ние** [中5] 励まし, 鼓舞

**ободри́тельный** 短 -лен, -льна [形1] 人を元気づけるような, 激励の, 励みになる, 元気が出る

**ободри́ть** [完] / **ободря́ть** -рю́, -ри́шь 受命 -рённый (-рён, -рена́) 〈他〉励ます, 元気[勇気]づける, 鼓舞する ∥ **~ся** [不完] / [完] 元気[勇気]が出る, 元気[勇気]づく, 勢いづく

**обоепо́лый** [形1] 〈生〉両性の, 雌雄同体の

**обо́ечный** [形1] 脱穀[打穀](用)の

**обожа́ние** [中5] 神格化, 崇拝; 熱愛

**обожа́тель** [男5] / **~ница** [女3] ① 愛好者, 熱烈なファン, 崇拝者 ②《男》《話》女性に熱を上げている男, 女性を恋い慕う男

*__обожа́ть__ [不完] [adore] 〈他〉① 熱愛[盲愛, 溺愛]する: ~ свою́ до́чь 娘を盲愛する ②《俗》《不定形》…に目がない, 大好きだ: Я обожа́ю грибы́. キノコ大好きなんだ | Молодёжь обожа́ет танцева́ть. 若者たちはダンスに夢中だ ∥ **~ся** [不完] 《受身》

**обожда́ть** -ду́, -дёшь 過 -а́л, -ала́, -а́ло 《話》① 〈対〉しばらく待つ (подожда́ть) ②〈雨などが〉やむのを待つ ③〈с造/不定形〉…を少し延ばす

**обожествле́ние** [中5] 神格化 (すること), 崇拝

**обожествля́ть** -вля́ю, -вля́ешь 受過 -влённый (-лён, -лена́) 〈他〉① 神格化する, 神と崇める ② 崇拝[心酔, 賛美]する

**обожра́ться** [完] → обжира́ться

**обо́з** [男1] ① 荷車[荷馬車, 荷機など]の列 ②《軍》輜重(しちょう) ∥ **~ный** [形1]

**обозва́ть** [完] → обзыва́ть

**обозли́ть(ся)** [完] → зли́ть(ся)

**обознава́ться** -наю́сь, -наёшься 命 -ва́йся [不完] / **обозна́ться** [完] 《話》〈人・物を別の人・物と〉取り違える, 勘違いする

**означа́емое** (形1変化) [中] = означа́емое

*__обознача́ть__ [アバズナチャーチ] [不完] / **обозна́чить** [アバズナーチチ] -чу, -чишь 命 -чь 受過 -ченный [mark] 〈他〉① 記号[マーク]で示す, 標示する, 印を付ける; 符号化する: ~ ре́ки на ка́рте 地図上で河川を示す[表記する] | ~ неизве́стное и́ксом 未知数をエックスで示す ② 記載する, 指摘する: ~ свой а́дрес 自分の住所を書き記す ③ 目立たせる, 浮き出たせる, 強調する: ~ фо́рмы 形[体形]を際立たせる ④《不完》意味を持つ, 意味している: Что э́то обознача́ет? これは何を意味していますか ∥ **~ся** [不完] / [完] ① はっきり見える(ようになる) ② 明らかになる ③《受身》

**обознача́ющее** (形6変化) [中] = означа́ющее

*__обозначе́ние__ [中5] [marking, sign] ① 標示[表示, 表記], マーク](すること); 符号[記号](化): Э́тот самолёт получи́л ~ X. この飛行機は X モデルと表記された ② 記号, 明示, 標識, マーク: усло́вные [бу́квенные] ~ия (地図の)凡例[文字記号]

**обозна́чить(ся)** [完] → обознача́ть

**обо́зник** [男2] ① 荷馬車の隊列の(обо́з) の御者 ②《軍》輜重(しちょう)兵

**обозрева́тель** [男5]〈ラジオ・テレビ番組の〉時事解説者, 評論家

**обозрева́ть** [不完] / **обозре́ть** -рю́, -ри́шь 受過 -ри́мый [完] ① 見渡す, 見回す: 検分[視察]する ②〈スピーチ・論文などの中で〉検討[論評]する

*__обозре́ние__ [中5] [viewing, review] ① 見渡すこと, 展望, 眺望 ② 評論, 解説: междунаро́дное ~ 国際情勢解説 | литерату́рное ~ 文芸時評[評論] ③ (主に時事風刺的な)バラエティー, 風刺劇

**обозре́ть** [完] → обозрева́ть

**обозри́мый** 短 -и́м [形1] 見渡せる, 一望できる; 概観できる ∥ **~ость** [女3]: 

**обо́и** -ев [複] 壁紙, 壁布の: ~ для рабо́чего стола́ (PC の)デスクトップの壁紙 | накле́ить ~ 壁紙を貼る | окле́ить ко́мнату ~ями 部屋に壁紙を貼る

**обо́й** [男6] = оби́вка

**обо́йма** [女1] ①《軍》弾倉子; 弾倉子に装填される一定量の弾丸 ②《話》(次々と現れてくる) 一連[続き]の事物 ③《鉄》鉄リング, かすがい, たが

**обо́йный** [形1] 調度品[壁紙](用)の 布[幕]張り(用)の

**обойти́(сь)** [完] → обходи́ть(ся)

**обо́йщик** [男2] (家具の革張り・壁紙張りなどを行う) 室内装飾師, 内装工, 表具師

**обо́к** [副] ① 並んで, そばに ②《前》〈生〉…のそばに, …と接して (~ с 造)

**обокра́сть** [完] → обкра́дывать

**оболва́нивать** [不完] / **оболва́нить** -ню, -нишь 受過 -ненный [完] 〈他〉①〈対〉の頭をぞんざいに丸刈りにする ②〈人を〉愚かにする, 白痴化する; だます, 一杯食わせる

**оболга́ть** -лгу́, -лжёшь 過 -а́л, -ала́, -а́ло 受過 оболганный [完] 《話》〈他〉〈人を〉中傷する, 悪口を言う

*__оболо́чк|а__ 複生 -чек [女2] [shell] ① 殻, 外殻, 外皮, 上皮: ~ плода́ [зерна́] 果皮[種皮] ②〈解〉膜: ра́дужная ~ 虹彩 | рогова́я [сетча́тая] ~ | 角[網]膜 | воспале́ние мозговы́х оболо́чек 脳膜炎 | сли́зистая ~ 粘膜 ③ 外形, 外面: 外見, 外観, 見た目: Его́ презри́тельный то́н — это про́сто защи́тная ~. やつの見下したような調子は, ただの見せかけさ ④〈工〉覆い, 外皮, 被覆, カバー, ジャケット ⑤〈理〉殻(?): вне́шняя твёрдая ~ Земли́ 地球の地殻 (Земна́я кора́) ⑥〈IT〉(OS の)シェル

**оболо́чечный** [形1]〈理〉殻の

**оболо́чковый** [形1] 殻の, 膜の

**обо́лтус** [男1]《俗》ばか, あほう, まぬけ, ろくでなし

**обольсти́тельно** [副] 魅力的に, 魅惑的に

**обольсти́тельный** 短 -лен, -льна [形1] (人・人の外観・容姿・笑顔が) 魅惑的な, 人を魅了する

**обольща́ть** [不完] / **обольсти́ть** -льщу́, -льсти́шь 受過 -льщённый (-щён, -щена́) [完] 〈他〉① 誘惑する, 唆す ②《文》〈女性を〉誘惑する, たぶらかす, 辱める, 愛人にする ∥ **~ся** [不完] / [完]〈造〉…の誘惑に負ける, …に心を惑わせる, 夢中になる

**обольще́ние** [中5] ① 誘惑[魅惑]する[される]こと ② 誘惑(するもの); 幻惑

**обомлева́ть** [不完]/**обомле́ть** [完] 《話》茫然とする;(強い感情に襲われて)失神しそうになる

**обомше́лый** [形1] ① 苔に覆われた, 苔生した;(人が)年老いた, くたびれた

**обоня́ние** [中5] 嗅覚 //**обоня́тельный** [形1]
**обоня́ть** [不完] 《文》嗅覚で知覚する

**обора́чиваемость** [女10](車両などの)運行率;【金融・経】(商品・資本などの)回転, 流通(率)

**обора́чивать** [不完]/**оберну́ть**[2] -ну́, -нёшь 受過 обёрнутый [完] 〈図〉 ① [旧]巻く, 巻きつける ② 包む;包装する ③ [完また **обороти́ть**][旧]〈事物を〉異なる方向に向ける, 違う意味を持たせる ④ ひっくり返す ⑤ [話]〈資金・資本などを〉回収する ⑥ [話]〈仕事・用事などを〉やってのける, 片付ける, こなす ⑦ [完また **обороти́ть**][旧]〈圃/B圃に〉魔法の力で変える

\***обора́чиваться** [不完]/**оберну́ться** -ну́сь, -нёшься [完また **обороти́ться**] (ある方向に)向く;振り向く: Она́ ре́зко оберну́лась. 彼女は鋭く振り返った ② (事態・状況が)異なる方向に向かう;想像していたのとは違ったようになる ③ [話](乗り物・徒歩で)行って戻って来る: Е́сли ра́но вы́едем, "за день [за́ день] оберне́мся. 早く出発すれば一日で行って来られる[日帰りで行って来られる]よ ④ [話]用事・仕事を片付ける, 苦しい状況から抜け出る ⑤ (資金・資本が)回転する, 回収される ⑥ [完また **обороти́ться**]〈圃/B圃に〉魔法の力で変わる ⑦ [話](毛布などに)くるまる ⑧ [不完]《古》<оборва́ться[1]

**оборва́нец** -нца [男3] 《話》ぼろを着た人;浮浪者
**обо́рванный** 短 -ан, -анна [形1] ①(衣服が)破れた, ぼろぼろの;(人が)ぼろを着た [形1] ②(考え・言葉が)断片的な, とぎれとぎれの

**оборва́ть(ся)** [完] =>**обрыва́ть**[2]

**о́бормыш** [男4] 《話》① ぼろを着た人(多くの場合子どもを指す) ② 切れ端 (обры́вок)

**обо́рка** 複生 -рок [女2] (服などの)フリル, ひだ飾り
**оборми́т** [男1] 《話》役立たずで, でくのぼう, ろくでなし

\***оборо́н|а** [アバロー́ナ] [女1] [defense] 防衛, 防護, 防御(する こと): противовозду́шная ~ 防空 | противораке́тная ~ 対弾道ミサイル防衛 | Ленингра́да レニングラード防衛(戦) | ~ Росси́и ロシアの防衛体制, 防衛態勢: крепи́ть ~у страны́ 国の防衛体制を固める ② 防衛軍 ■ **Министе́рство ~ы** (ロシア)国防省;(日本)防衛省;(米)国防総省

**оборони́тельный** [形1] 防衛[国防](用)の
**обороня́ть** [不完] => **оборо́нять**[1]

**оборо́нка** 複生 -нок [女2] 《話》軍需[防衛]産業, 軍産複合体

**оборо́нный** [形1] 防衛[国防]の[に関する]
**оборо́носпосо́бность** [女10] 防衛[国防]力
**оборо́носпосо́бный** 短 -бен, -бна [形1] (国などが)防衛[国防]能力のある, 国防体制の整った

**обороня́ть** [不完]/**обороня́ть** -ню́, -ни́шь 受過 -нён, -нена́) [完] 防衛[国防]する
**обороня́ться** [不完]/**обороня́ться** -ню́сь, -ни́шься [完] ① 防衛する ② 《話》身を守る;(話・議論で)自己を弁護する

\***оборо́т** [アバロー́т] [男1] [turn, rotation] ① 回転: коли́чество ~ов в мину́ту 1分間の回転数 | Поверни́те ключ на два ~а. キーを2回回して下さい ② 一周期, 回転;(輸送機関などの)一往復(の所要時間):;~ полевы́х культу́р 農作物栽培の一周期 ③ (資本・商品の)流通, 回転, 取引先: торго́вый ~ 取引(高) | ~ капита́ла 資本の流通 ④ 使用, 利用, 適用: находи́ться в ~е 使用されている | Э́то сло́во то́лько неда́вно «вошло́ в ~ [вы́-

шло из ~а]». この単語は最近になって使われるようになった[使われなくなった]
⑤ 方向転換, 転回;(煙突などの)屈曲(部): круто́й ~ 急回転 ⑥ 局面の転換, 新展開 ⑦ 裏側, 裏面: Напиши́ а́дрес на ~ конве́рта. 封筒の裏側に住所を書いて ⑧ 言い回し, 表現: газе́тные ~ы ре́чи 新聞用語 ⑨ 《文法》構文: безли́чный ~ 無人称構文 | прича́стный [дееприча́стный] ~ 分詞[副分詞]構文 ◆ **взять в ~** - 自分の意に従って動くように働きかける

**обо́ротень** [男5] 《民話》魔法で獣[物, 別の人など]に変身できる[変身した]人, 《話》底意地の悪い二面性のある人, 腹に一物ある人

**оборо́тистый** 短 -ист [形1] 《話》 = оборо́тливый

**обороти́ть**[1] -рочу́, -ро́тишь 受過 -ро́ченный [完] [旧] = оберну́ть[3][7]

**обороти́ться** -рочу́сь, -ро́тишься [完] [旧] = оберну́ться[1][6]

**оборо́тливый** 短 -ив [形1] 《話》(金もうけに)抜け目のない, 機に乗ずる

**оборо́тн|ый** [形1] ①【経】(資本が)流動的な;(資金・商品が)回転の, 運転の ② (列車などの)折り返しの ③ 裏側の, 反対側の, 裏の ◆ **~ая сторона́ меда́ли** メダルの裏側;物事の(悪い)側面 ■ **э́–ое** 字母 эの名称

**обо́рочк|а** 複生 -чек [女2] [指小] <обо́рка: ю́бка ~у [с ~ами] フリル付きのスカート

\***обору́дование** [アバルー́ダヴァニェ] [中5] [equipment] ① (設備の)備えつけ: зако́нчить ~ заво́да 工場の設備取りつけを完了する ② 設備, 施設, 装置, プラント: необходи́мое [специа́льное] ~ 必須の[特殊な]設備 | медици́нское ~ 医療設備

\***обору́довать** -дую, -дуешь 受過 -анный [不完・完] [equip] 〈圓〉 ① 必要な設備を備えつける, 備えつける, 取りつける ② 《話》する, やる(сде́лать) // **~ся** [不完] [受身] <①

\***обоснова́ние** [中5] [substantiation] ① 論拠を与えること, 理由づけ, 立証: дать теорети́ческое ~ гипо́тезе 仮説に理論的な根拠を与える ② 根拠, 論拠, 論証

**обосно́ванный** 短 -ан, -анна [形1] 確とした根拠に基づいた, 論拠のある, 事実に根差した, 理由のある

\***обосно́вывать** [不完]/**обоснова́ть** -ную́, -нуёшь 受過 -о́ванный [完] [substantiate] 〈圓〉根拠[理由]づける, 裏づける: ~ необходи́мость созда́ния университе́та 大学創設の必要性を理由づける | Всё нау́чно обосно́вано. 全てが学問的に裏付けられた // **~ся** [不完] ①(ある場所に)住みつく, 落ち着く;いる, ある ②《不完》[受身]

**обосо́бить(ся)** [完] =>обособля́ть

**обособле́ние** [中5] ① 分離(する・されること), 特殊[個別]化 ②《文法》分離, 孤立(化)

**обосо́бленный** 短 -ен, -енна [形1] ① 孤立した, 他と切り離された, 独立した ②《文法》孤立した: -ое определе́ние 孤立定語 // -о [副] // **-ость** [女10]

**обособля́ть** [不完]/**обосо́бить** -блю, -бишь 受過 -бленный [完] 〈圓〉①(全体から)切り離す, 区別する ②《言》心の成分を孤立させる // **~ся** [不完] ① 分離する, 区別される ② 孤立して閉じ籠る

**обостре́ние** [中5] (事態の)先鋭化, 激化, 緊迫化;(病気などの)悪化, 昂進

**обостре́нный** [形1] ①(感覚が)特に研ぎ澄まされた, 特別に鋭くなっている ②(関係が)緊迫した, 緊張状態にある, 悪意のある, 非友好的な ③(顔の特徴が)痩せて尖った // **-ость** [女10]

\***обостря́ть** [不完]/**обостри́ть** -рю́, -ри́шь 受過 -рённый (-рён, -рена́) [完] [sharpen, intensify] 〈圓〉

## обочина

①〈感覚・感情を〉鋭敏にする, 研ぎ澄ます: Волне́ние иногда́ *обостря́ет* па́мять. 感動は時に記憶を研ぎ澄ましてくれる ②〈痛みなどを〉昂進させる, 悪化させる〈関係・事態などを〉悪化[緊迫化]させる: Э́ти собы́тия *обостри́ли* ситуа́цию в стране́. これらの事件が国内の状況を先鋭化させた ∥ **~ся** [不完]/[完] ①〈感覚・感情が〉鋭敏になる, 鋭くなる ②〈病気が〉昂進する, 悪化する ③〈事態が〉緊張する, 先鋭化する ④〈顔が〉痩せてとがる ⑤《不完》〔受身〕

*обо́чин|а [女1] [edge, side] ①道端, 路肩: останови́ться у *~ы* 路肩で停まる ②端, 端側; 斜面: (主流・本流から)外れた場所: вы́брошенные на *~у* жи́зни бомжи 社会生活の主潮から追いやられたホームレスたち

**обою́дный** [形1] 相互[双方]の双務的な

**обою́до...** 《語尾形》「両面の/双方の(ための)」

**обою́доо́стрый** [形1]〔文〕(剣が)両刃[諸刃]の 害にも益にもなるような: 双方にとって危険な

*обраба́тывать [不完]/обрабо́тать -аный [完]〈俚〉[treat, process] ①(a)加工[処理, 精錬]する, 仕上げる (b)〈傷などを〉消毒する ②〈土地を〉耕す ③整理する, 仕上げる, 推敲する: ~ бюллете́ни 開票する ④ [話]説き伏せる, 丸め込む ⑤〈俗〉(自分の益になるように)うまくこなす ⑥ [完]〈俗〉〈人を〉滅多打ちにする, ボコボコにする ■ **обраба́тывающая промы́шленность** 工業, 製造業 ∥ **~ся** [不完]/[完] ①〔話〕使い勝手がよくなる ②《不完》〔受身〕

*обрабо́тк|а [アブラボートカ][複た-ток [女2] [treatment, processing] ①加工, 精製, 処理, 処置; ~ желе́за 鉄の精製/~ ра́ны 傷の処置/цифрова́я ~ сигна́лов 信号のデジタル処理/центр ~ да́нных データ処理センター ②耕作: ~ по́чвы 土壌の耕作 ③仕上げ, 整理; 推敲: ~ докуме́нтов 文書の仕上げ ④説得 ◆бра́ть в ~у〈人に〉働きかける: 説得する

**обрабо́тчик** [男2] 仕上げ工をする人, 仕上げ工

**обра́д**ова(ться) [完] → ра́довать(ся)

*о́браз¹ [オーブラス] [男1] [appearance, image] ①様子, 姿, 格好, 容姿; 面影, 象徴, 表象: ~ молодо́го Че́хова 若き日のチェーホフの姿/イメージ, 面影, 象徴 ②〔哲〕形象: Бу́дущее предста́ло пе́ред на́ми в са́мых привлека́тельных *~ах*. 我々の前にある未来がとても魅力的に映った ③(а)芸術的形象: Худо́жник мы́слит *~ами*. 画家は形象によって思考する (画家が)創り出す)性格, タイプ, 型, 典型: ~ Га́млета ハムレットの形象/Сосна́ в япо́нской литерату́ре слу́жит *~ом* долголе́тия. 松は日本文学においては長寿の形象となっている ④様式, 方式, 特質, 傾向: ~ жи́зни [де́йствия] 生活[行動]様式 ⑤《形容詞と共に造格形; 副詞句・挿入句を作る》やり方, 方法: сле́дующим *~ом* 次のように | таки́м *~ом* そのように | каки́м *~ом* どのようにして | до́лжным *~ом* しかるべきやり方で | никои́м *~ом* (не...) 決して(...ない) | ра́зным *~ом* 様々なやり方で

**о́браз²** 複 -а́ [男1] イコン, 聖像 ∥ **образо́к** -зка́ [男2] [指小]

*образ|е́ц [アプラゼーツ] -зца́ [男3] [model, sample] ①見本, 標本, サンプル ②〔田〕の実例, 具現物[者]: я́ркие *~цы́* го́тики ゴシック様式のわかりやすい例 | Его́ счита́ют *~цо́м* поря́дочности и че́стности. 彼は品行方正と誠実さを絵に描いたような人だ ③規範, 手本 ④型; 様式, 方式: винто́вка но́вого *~ца́* 新しい型の小銃 ◆**по-*~цу́*** ... に倣って

**образи́на** [女1]〈俗・粗〉醜悪な顔

**образно́й** [形2] 聖像[イコン]の

*о́бразн|ый 短 -зен, -зна [形1] ①形象[表象, 比喩]による ②表現力に富んだ, 生き生きとした ∥ **~о** [副]

*образова́ние [中5] [education] ①(知識獲得のプロセスとしての)教育; (知性・性格の)発達, 成長, 育成: пра́во на ~ 教育を受ける権利 | наро́дное ~ 国民教育 ②(学習の結果得られる知識の総体としての)教育, 教養: дошко́льное ~ 就学前教育 | нача́льное [сре́днее, вы́сшее] ~ 初等[中等, 高等]教育/челове́к без *-ия* 学歴のない人 | Я лингви́ст по *-ию*. 私は言語学専攻でした ③形成(物), 組成(物), 構成(物), 組織(されたもの)

**образо́ванность** [女10] 教育[教養]のあること

*образо́ванный 短 -ан, -анна [形1] 教育を受けた, 教養のある, 多方面にわたる知識を持っている

*образова́тельный [形1] [educational] ①教育[啓蒙]に関する ②啓蒙[啓発]に役立つような, 教育[啓蒙]に役立つ: *-ая* экску́рсия 修学旅行 ③形成[組成, 組織]する(ための): *-ая* ткань расте́ний 植物の分裂組織

*образова́ть -зу́ю, -зу́ешь 受過 -о́ванный [不完・完]〔不完また образо́вывать〕 [form, make up] 〈他〉 ①形成する (... の形を成す); (部分から成る全体を)構成する: Го́рная цепь *образу́ет* дугу́. 山脈は弓形を成している ②〈会社などを〉組織する, 設立する, 創立する: Анса́мбль был *образо́ван* три́дцать лет наза́д. アンサンブルは30年前に結成された

*образова́ться -зу́ется [不完・完]〔不完また **образо́вываться**〕[form] ①できる, 生じる, 形成される ②成立される, 組織される, 発足する ③〔話〕うまく収まる, 丸く落ち着く: Не беспоко́йтесь, всё *образу́ется*. ご心配なく, 万事丸く収まりますよ ④《不完》〔受身〕

**образу́мливать** [不完]/**образу́мить** -млю, -мишь 受過 -мленный [完]〈他〉道理をわきまえるように説得する, たしなめる ∥ **~ся** [不完]/[完] 道理をわきまえる, 物の分別が付く

**образцо́во-показа́тельный** [形1] 模範となる, (学校などの)実験的モデルとなっている

*образцо́в|ый [形1] [exemplary] ①見本の ②手本となる, 模範的な, 申し分のない, 非の打ち所のない

**обра́зчик** [男2] ①見本, サンプル (образе́ц); 見本となる布[紙]切れ ②典型, 実例(となる人, 物)

**обрамля́ть, обрами́ть** [完] → обрамля́ть¹,²

**обрамле́ние** [中5] ①枠にはめる[入れる]こと, 枠付け ②枠, ヘリ, 縁取り, 囲い

**обрамля́ть¹** [不完]/**обрами́ть** -млю, -мишь 受過 -мленный [完]〈他〉枠に入れる[はめる], 枠を付ける; 窓枠にはめる

**обрамля́ть²** [不完]/**обрами́ть** -млю, -ми́шь 受過 -мленный (-лён, -лена́) [完]〈他〉枠のように取り囲む

**обраста́ние** [中5] 草木に覆われること, けむくじゃらになること; (船舶・船腹などに)動植物が固着[付着]すること; 〔複〕固着[付着]した動植物

**обраста́ть** [不完]/**обрасти́** -ту́, -тёшь 過 -ро́с, -росла́ [完] ①〈... が〉... に一面に覆われる: 〈毛に〉覆われる ②〔話〕〈... の層に〉覆われる ③〔話〕〈... が〉加わって大きくなる, 膨らむ; 〈詳細などが〉追加される, 尾ひれが付く

**обра́т** [男1]〔農〕脱脂乳

**обрати́мость** [女10]〔文〕〔理・化〕可逆性

**обрати́мый** [形1]〔文〕〔理・化〕可逆的な: *-ая* реа́кция 可逆反応

**обрати́ть(ся)** [完] → обраща́ть(ся)

*обра́тно [アブラートナ] [副] [conversely] ①逆方向に; 後に: поверну́ть ~ 逆に戻す | верну́ться ~ 戻る | биле́т туда́ и ~ 往復の切符 | взять ~ 取り戻す[戻す]; 撤回する | ~ пропорциона́льный 〔数〕反比例する ②元へ, 元の場所へ: Верни́те кни́гу ~! 本を戻しておいて下さい! ③〔話〕反対に, 逆に

***обра́тн|ый** [アブラートヌイ] [形1] [reverse] ①(後)戻りの: ~ *-ом* направле́нии 反対方向に | ~ ход 逆行 | ~ путь 帰り道 | ~ биле́т 復路チケット | уда́р *-ого* 逆発, 火攻 ②逆の, 還元の: *-ое* превраще́ние това́ра в де́ньги 商品の再貨幣化 ③反対[逆]の: ~ эффе́кт [результа́т] 逆効果 | в *-ом* поря́дке 逆の順序で ④裏(側)の: *-ая* сторона́ 裏側 ⑤数3語の, 反…: *-ая* пропорциона́льность 反比例 | *-ое* число́ 逆数 ■*-ая связь* [電子・心理] フィードバック | ~ слова́рь 逆引き辞書

**обраща́ть** [アブラシシャーチ] [不完] / **обрати́ть** [アブラティーチ] -ащу́, -ати́шь, …-атя́т 命 -ати́ 受過 -ащённый (-щён, -щена́) [完] [turn (into)] ①(a)(ある方向・向へ)向ける: ~ го́лову к две́ри 頭をドアの方に向ける | ~ взор [взгляд] на кого́ …に目を向ける ⓑ(過)(建物・部屋が)ある方向に向いている: Ко́мната *обращена́* о́кнами в сад. 部屋は窓が庭の方に向いている

②(感情, 関心, 変容, 愛心など)を向ける: ~ внима́ние на ребёнка 子どもの面倒を見る | ~ разгово́р к другой те́ме 話題を転じる

③(文)説き伏せる; 改宗させる: ~ на путь и́стины [и́стинный путь] 正しい道へと向かわせる

④(a)転化, 転変, 変容, 変化させる, 変える: ~ газ в жи́дкость ガスを液体に変える ⓑ転用する ⓒ(別の意味合いを持たせて)変える: ~ в шу́тку 茶化す | ~ ночь в день 昼夜逆転の生活を送る | ⓓ(おとぎ話)魔術によって)…の姿に変える ⑤(財産などを)他の物に転換させる: ~ недви́жимое иму́щество в капита́л 不動産を資本化する ◆~ *в бе́гство* 敗走させる

**обраща́ться** [アブラシシャーッツァ] [不完] / **обрати́ться** -ащу́сь, -ати́шься, …-атя́тся [完] -ати́сь [完] [turn (to), appeal (to)] ①(ある方向に)向く; (視線が)向かう: ~ лицо́м к окну́ 顔を窓の方に向ける | взгляд(взор)・行動など)が向かう, 向けられる: Вся её не́жность *обрати́лась* к де́тям. 彼女の優しさは全て子どもたちに向けられた ③〈К듻…〉に着手する, 取り組む: ~ к изуче́нию иссле́дования に着手する ④(a)言葉を向ける, 問い合わせる; 相談する: ~ к специали́сту 専門家に問い合わせる | ~ к врачу́ 医者にかかる | ~ к слова́рю 辞書を調べる | Он *обрати́лся* к ней с вопро́сом. 彼は彼女に質問した ⓑ(願い・要求などを)求める, 訴える: ~ за по́мощью к сосе́дям 隣人に助けを求める | ~ в суд с про́сьбой о поми́ловании 恩赦の請願のために訴える ⑤〈в듻…〉(别の状態)に変わる, 転化[変容, 变形, 变化]する, (魔法の力で)姿が変わる: Вода́ *обрати́лась* в пар. 水が蒸気に変わった | Любо́вь *обрати́лась* в не́нависть. 愛情が憎悪に変わった | Она́ вся *обрати́лась* в слух. 彼女は耳をそばだてた(←全身耳になった) ⑥《不完》回転[循環]する, 巡る ⑦《貨幣・資本が》流通[回転]する, 出回る: В стране́ *обраща́ются* но́вые де́нежные знаки. 国内に新しい貨幣が出回っている ⑧《不完》〈с+造〉…と接する, 付き合う; …を扱う: Он не уме́ет *обраща́ться* с детьми́. 彼は子どもの扱いが下手だ ⑨《不完》[受身] ◆~ *в бе́гство* 敗走する

**\*обраще́н|ие** [アブラシシェーニエ] [中5] [appeal, conversion] ①(a)向かう[向く]こと: регуля́рное ~ к врачу́ 定期的に医者にかかること ⓑ着手: ~ к нау́ке 学問研究への着手 ⓒ変化, 転換: ~ просты́х дробе́й в десяти́чные 分数の小数への変換 ②改宗 ③(呼び)かけること, 訴え, アピール, メッセージ: нового́днее ~ президе́нта к наро́ду 大統領の国民への新年のメッセージ ③〈に対する〉態度, 接し方, 応対, 取り扱い; 取り扱い: жесто́кое ~ с живо́тными 動物虐待 | неосторо́жное ~ с огнём 不注意な火の取り扱い ④通用, 使用: быть [находи́ться] в *-и́и* 使用されている, 流通[通用]している | Вошло́ в ~ но́вое сло́во. 新し

な語が使われるようになった ⑤循環, 回転: 《経》流通, 回転(оборо́т): ~ кро́ви 血液の循環 | това́рное [нали́чное де́нежное] ~ 商品[現金]流通 ⑥《言》呼びかけ, 呼語

**обревизова́ть** [完] →ревизова́ть

**обре́з** [男1] ①(本・厚紙の)切り口, 断面 ②銃身を短く切った小銃 ◆*в* ~ (金・時間が)ちょうどだ, ぎりぎりだ

**обреза́ние** [中5] ①切断(すること) ②また **обре́зание**《宗》(ユダヤ教などの)割礼

**обреза́ть** [不完] / **обре́зать** [完] -éжу, -éжешь 受過 -анный (аны) [完]〈対〉①端まわりから切って長さを詰める ②切り離す, 切り落とす; 周りを削ぎ落とす ③(刃物で)切る, 切ってけがをする ④《話》…の言葉を激しい言葉で遮る ⑤話を中断させる, やめる *//~ся* [不完]/[完]《話》(刃物で)切る, けがをする

**обре́зка** [女2](端・周りを)切り落とすこと; 切断

**обрезно́й** [形2] ①端が切られた ②裁断(用)の

**обре́з|ок** [男2] 切れ端, 切りくず, 裁屑 *//~ковый* [形1] 切れ端[切りくず, 裁屑]の[で作った

**обрёзывать(ся)** [不完] = обреза́ть(ся)

**обрека́ть** [不完] / **обре́чь** -еку́, -ечёшь, …-еку́т 命 -еки́ 過 -рёк, -рекла́ 受過 -ечённый (-чён, -чена́) [完]〈対〉…に運命づける, (通例つらい)運命を負わせる

**обремене́ние** [中5] 負担をかけること; 負担となるもの

**обремени́тельн|ый** *-*лен, *-*льна [形1] ①(出費・借金などが)負担の大きい, 厳しい ②(仕事などが)厄介な, 負担と感じられる, つらい *//~ость* [女10]

**обременя́ть** [不完] / **обремени́ть** -ню́, -ни́шь 受過 -нённый (-нён, -нена́) [完]〈対〉①《文》…を重くする ②…に面倒[厄介, 負担]をかける

**обрета́ть** [不完] / **обрести́** -рету́, -рете́шь 過 -рёл, -рела́ 受過 -ре́тенный (-тён, -тена́) [完] [find]《文》〈対〉見出す, 探し当てる, 得る, 獲得する: ~ уве́ренность в себе́ 自分に自信を持つ[つける] *//~ся* [不完] [受身]

**обрете́ние** [中5]《文》発見, 獲得(すること)

**обрече́ние** [中5] (破滅などを)運命づけること

**обре́ченност|ь** [女10] 破滅の運命にあること, 滅亡が必至なこと: чу́вство *-и* 絶望感

***обречённый** 短 -ён, -ённа [形1] [doomed] 破滅[滅亡]の運命にある; 〈на듻…に向かう〉運命にある: Я *обречён* на ве́чные муче́ния. 私は永遠に苦悩する運命にある

**обре́чь** [完] →обрека́ть

**обреше́тина** [女1]《建》母屋(桁)

**обрешётка** 複生 -ток [女2] ①格子を組むこと ②野地板; 下地

**обрешёчивать** [不完] / **обреши́тить** -шу́, -ши́тишь 過 -шёченный [完]〈対〉①〈窓などに〉格子を付ける ②(屋根などに)母屋桁を張る

**обрисо́вывать** [不完] / **обрисова́ть** -су́ю, -су́ешь -ованный [完]〈対〉①…の輪郭を描く ②(物が)輪郭[ライン]をはっきりと出す ③〈状況などを〉描写する *//~ся* [不完]/[完] ①(輪郭)がはっきりとしてくる, 現れる ②明らかになる

**обрисо́вка** [女2] 輪郭を描くこと, 素描; 描写, 叙述

**обрыва́ть** [不完] / **обри́ть** -ре́ю, -ре́ешь受過 -тый [完]〈対〉髪[髭]を剃り落す *//~ся* [不完]/[完] 自分の髪[髭]を剃り落す

**обро́к** [男2]《史》(農奴制時代の)年貢, 小作料

**обро́чный** [形1]《史》①年貢[小作料]の[に関する] ②(農民が年貢を納めている

**оброни́ть** -оню́, -о́нишь 受過 -о́ненный/-онённый (-нён, -нена́) [完]〈対〉①《話》落としてなくす ②(木が)葉を落とす ③うっかり口を滑らせる; ついでに言う

**обру́б** [男1] ①切断 ②(斧などで)切断した場所, 切り

口；切断された部分

**обруба́ние** [中5] 切り落とすこと

**обруба́ть** [不完] / **обруби́ть** -ублю́, -у́бишь -у́бленный [完] 〈在〉① 切り詰める ② 切り落とす

**обру́бка** [女2] ① 切断 ② (鋳物の)傷取り

**обру́бок** -бка [男2] (棒・丸太の)切り取られた部分；切り株；丸太を切り出した後に残った部分

**обруга́ть** 受過 -у́танный [完] 〈在〉ののしる, 罵倒する

**обрусе́лый** [形1] (言葉・習慣が)ロシア(人)化した

**обруси́ть** -у́шу́, -уси́шь [完] ロシア化させる

**о́бруч** 複 -и, -е́й [男4] ① (新体操などの)フープ；輪状に曲げたもの；ループ ②(桶などの)たが

**обруча́льный** [形1] 婚約(式)の: **~ое кольцо́** 婚約指輪

**обруча́ть** [不完] / **обручи́ть** -чу́, -чи́шь -чённый [完] 〈在〉の婚約の儀式を行う **// ~ся** [不完] / [完] 婚約指輪を交換する；婚約する

**обруче́ние** [中5] (教会で行われる)婚約指輪の交換(儀式)；婚約(式)

**обрушение, обруше́ние** [中5] 崩落[崩壊]すること

**обру́шивать** [不完] / **обру́шить** -шу, -шишь 受過 -шенный [完] ① 壊し, 崩し, 破壊する, 崩壊させる ② 〈на〉の上へ落とす, 投げつける ③ 〈銃声, 打撃, 質問などを〉浴びせかける；〈感情などを〉浴びせる, ぶつける **// ~ся** [不完] / [完] ① 崩れ落ちる, 崩壊[崩落]する ② (雨・波・砲撃・打撃などが)襲いかかる；(不幸・災厄が)不意に襲う；(植物が)種子を落とす ③ 〈на〉に攻撃する, 襲いかかる；(非難などを)浴びせかける

**обры́в** [男1] ① 切断 ② 切断箇所 ③ (崩壊・崩落によって生じた)崖, 断崖, 急斜面

**обрыва́ть**[1] [不完] / **обры́ть** -ро́ю, -ро́ешь -тый [完] 〈在〉の周囲を掘る

**обрыва́ть**[2] [不完] / **оборва́ть** -ву́, -вёшь -ва́л, -вала́, -ва́ло 受過 -о́рванный [完] 〈在〉① (周りを全部)もぎ取る, ちぎり取る ② ぷちっと引きちぎる ③ (動作などを)急に中断する, やめる ④《話》(きつい言葉で)相手を黙らせる, 相手の話を遮る ◆ **~ телефо́н** 〈在〉《話》…にしつこく電話をかける **// ~ся** [不完] / [完] ① ちぎれる ② (支えが切れて)落ちる ③ 急に中断する, 途切れる ④《話》服がぼろぼろになる

**обры́вистый** 短 -ист [形1] ① (岸壁などが)急で切り立った ② 切れ切れの, 断片的な, (思考・会話などが)脈絡［一貫性]のない

**обры́вок** -вка [男2] ① 切れ端 ②《通例複》(思考・言葉・知識などの)不完全な断片, 「切れ端」

**обры́вочный** 短 -чен, -чна [形1] (言葉・思考・情報が)脈絡がない, 一貫性がない, 断片的な, きれぎれの

**обры́днуть** -ну, -нешь 命 -ни 過 -ыд/-ул, -ыдла [完] 《俗》〈与〉をほとほとうんざりさせる

**обры́згивать** [不完] / **обры́згать** 受過 -анный [完], **обры́знуть** -ну, -нешь 命 -ни 受過 -тый [完] [一回] 〈在〉を〈水・泥などを〉振りかける, はねかける

**обыска́ть** -ы́щу, -ы́щешь/-аешь 受過 -ка́нный [完] 《話》(何かを探して)方々を駆けまわる

*****обря́д** [男1] [rite, ceremony] 儀式, 儀礼, 祭儀, 式典

**обряди́ть(ся)** [完] → обряжа́ть

**обря́дность** [女10] ① 儀式, 儀礼, 典礼 ② 儀礼上のしきたり, 行事, 慣例

**обря́дный** [形1] ① 儀式の ②《俗》こぎれいな身なりの；きちんと片付いた

**обря́довый** [形1] 儀式［儀礼]の；(歌など)儀礼に伴う, 儀礼の際の

**обряжа́ть** [不完] / **обряди́ть** -яжу́, -я́дишь/-я́женный [完]《話・戯》〈在〉に 在 を着せる **// ~ся** [不完] / [完]《話・戯》〈в在〉を着る

**обса́дка** [女2] (物の周囲への)植樹；設置

**обса́живать** [不完] / **обсади́ть** -ажу́, -а́дишь 受過 -а́женный [完] 〈在〉の周囲に植えつける

**обса́сывать** [不完] / **обсоса́ть** -осу́, -осёшь 受過 -о́санный [完] ① (周りを)しゃぶる, 舐める ②《俗》詳細に至るまで舐めるように検討［研究]する

**обса́харить** [完] / **обса́харить** -рю, -ришь 受過 -ренный [完] 《話》砂糖をかける[まぶす]、砂糖でコーティングする

**ОБСЕ** [オベセイェー] (略) Организа́ция по безопа́сности и сотру́дничеству в Евро́пе 欧州安全保障協力機構, OSCE

**обседа́ть** [不完] / **обсе́сть** (1・2単未なし) -ся́дет 過 обсе́л [完] 〈在〉① …を囲んで座る ② …の全体[一面]にとまる[たかる]

**обсека́ть** [不完] / **обсе́чь** -еку́, -ечёшь, … -еку́т 命 -еки́ 過 -сёк -секла́ 受過 -чённый (-чён, -чена́) [完] 〈在〉① (表面から)切り落とす ② 平らに削る

**обсемене́ние** [中5] 播種, (植物に)種子をつけること；人工授精

**обсеменя́ть** [不完] / **обсемени́ть** -ню́, -ни́шь 受過 -нённый (-нён, -нена́) [完]《農》〈在〉に種を播く, 播種する；(植物が)種子を落とす **// ~ся** [不完] / [完] ①〔植〕(植物が)種子をつける ② 〈在〉畑に種を播く

**обсервато́рия** [女9] 天文台, 気象台

**обсе́сть** [完] → обседа́ть

**обсе́чь** [完] → обсека́ть

**обска́кивать** [不完] / **обскака́ть** -скачу́, -ска́чешь 受過 -ска́канный [完] 〈在〉① …の周りを馬で駆ける ② …を馬で訪ねて回る ③ …を馬で追い越す ④《話》(試験・競争などで)先を越す, 追い越す

**о́бский** [形3] < Обь **Обская губа́** オビ湾

**обскура́нт** [男1]《文》反啓蒙主義者, 開化反対者, 反動主義者

**обскуранти́зм** [男1]《文》反啓蒙主義, 開化反対主義

*****обсле́дование** [中5] [inspection] 検査, 調査: лечь в больни́цу на ～ 検査入院する

**обсле́дователь** [男5] 検査員[係], 調査員[係] **// ~ский** [形3]

**обсле́довать** -дую, -дуешь 受過 -анный [不完・完] 〈在〉① 調査［検査]を行う ②《話》じっくりと調べる, よく見て確かめる

**обслу́га** [女2]《話》サービス；《集合的》サービス係

*****обслу́живани|е** [アブスルージヴァニエ] [中5] [service] ① サービス, 奉仕: **ба́нковское ～ клие́нтов** 顧客への銀行のサービス；**улу́чшить ка́чество медици́нского ～ия населе́ния** 住民への医療サービスの質を向上する；**специали́ст по ～ию се́ти** ネットワークサービスの専門家 ② (機械などの)取り扱い, 操作

*****обслу́живать** [不完] / **обслужи́ть** -ужу́, -у́жишь 受過 -у́женный [完] [serve] ① 〈人に〉奉仕する, 応対する, 世話をする: Кто обслу́живает э́тот сто́лик? (レストランなどで)このテーブルの担当は誰ですか ② (機械などで)を受け持つ, 担当する, 取り扱う, 操作する **// ~ся** [不完]《受身》

**обслю́нивать** [不完] / **обслюня́вить** -влю, -вишь 受過 -вленный [完] 〈в〉によだれで汚す[垂らす]

**обсма́тривать** [不完] / **обсмотре́ть** -отрю́, -о́тришь 受過 -о́тренный [完]《俗》よく見る, よく調べる (осма́тривать / осмотре́ть)

**обсоса́ть** [完] → обса́сывать

**обсо́хнуть** [完] → обсыха́ть

**обставля́ть** [不完] / **обста́вить** -влю, -вишь 受過 -вленный [完] 〈在〉① 囲む ②〈家などに〉家具調度品をしつらえる ③ (催しなどの)段取りをする, セッティン

ぐする, お膳立てをする ④《俗》(仕事・競争などで)追い抜く, 上回る ⑤《俗》《ゲームなどで》負かす ⑥《俗》《自》だます **~ся** [不完] ① 自分の周りに置く ②《自分の住居に》家具調度をしつらえる

\*обстано́вк|а [アプスタノーフカ] 複生 -вок [女2] [furniture, situation] ①《集合》家具調度, 調度品 ②《劇》舞台装置: ~ о́перы [спекта́кля] オペラ[演劇]の舞台装置 ③ 状況, 状態, 環境, 事情: окружа́ющая ~ 周囲, 環境 | встре́ча в дома́шней -е 家庭的雰囲気での会合 | обсуди́ть теку́щую полити́ческую -у 目下の政局を検討する | разряди́ть -у шу́ткой 冗談で場の雰囲気を和らげる ④《軍》戦況, 情況, 戦局 ⑤《海》航路標識

обстано́вочный [形1] ①《劇》舞台装置の; 舞台装置のよく整った ② 航路標識のための, 航路標識を行う

обсти́рывать [不完] / обстира́ть 受身 -и́ранный [完] 《話》《対》全員の物[1人の物全部]を洗濯する

обстоя́тельн|ый -лен, -льна [形1] ①《話・情報・報告が》詳細な, 内容の充実した ②《話》《人が》よく考えて行動する, 堅実な, まじめな **~о** [副] **~ость** [女10]

обстоя́тельственный [形1]《文法》状況語の

\*обстоя́тельств|о [アプスタヤーチリストヴァ] [中1] [circumstance] ① 事情, 情況, わけ: о́чень ва́жное [непредви́денное] ~ 大変重要な[予期せぬ]事情 | Э́то ~ нам не помеша́ет. この状況でも我々の妨げにはならないだろう ②《複》(周囲の)諸事情, 情況, 環境: в тру́дных -ах 困難な状況で | по ли́чным -ам 個人的な事情により | семе́йные -а 家庭環境 ③《言》状況語: ~ ме́ста 場所[時]を表す状況語 ◆ смотря́ по -ам 状況[事の次第]に応じて, 様子を見て | стече́ние обстоя́тельств 事の成行き

\*обстоя́ть -ои́т [不完]《ある状態に》ある: Дела́ обстоя́т хорошо́. 事はうまく運んでいる | С учёбой всё обстои́т благополу́чно. 学業は万事順調だ

обстра́гивать [不完] / обстрога́ть 受身 -о́ганный [完] 周りにかんなをかけて平らにする

обстра́ивать [不完] / обстро́ить -о́ю, -о́ишь 受身 -о́енный [完]《対》① 建物で囲む; 建物をたくさん建てる ② 整備する, 整える **~ся** [不完] / [完]《話》① 自分の住居を建てる ②《場所に》建物が立つ

обстре́л [男1] 射撃, 砲撃; 《軍》射界

обстре́лива|ть [不完] / обстреля́ть 受身 -е́лянный [完]《対》① 射撃[砲撃]する ② 試射する ③《話》…より射撃の腕が勝る **~ся** [不完] / [完]《話》砲火に慣れる ② 環境に慣れる, 経験を積む

обстре́лянный [形1] ① 戦地の経験のある, 歴戦の ②《話》経験豊かな, 鍛え抜かれた, 老練の

обстреля́ть(ся) [完] → обстре́ливать

обстри́чь(ся) [完] → стри́чь(ся)

обстрога́ть [完] → обстра́гивать

обстро́ить(ся) [完] → обстра́ивать

обстру́гивать [不完] / обструга́ть 受身 -у́ганный [完] → обстра́гивать/обстрога́ть

обструкциони́зм [男1] 議事進行妨害

обстру́кция [女9] 妨害(行為); 《政》議事妨害

обстря́пывать [不完] / обстря́пать 受身 -анный [完]《俗》《対》《仕事などを》うまくこなす[片付ける]

обступа́ть [不完] / обступи́ть -уплю́, -у́пишь 受身 -у́пленный [完]《対》取り巻く, 取り囲む; 《静寂・闇などが》覆う; 《考えなどが》捉える

\*обсужда́ть [不完] / обсуди́ть [アプスジーチ] -ужу́, -у́дишь, … -у́дят 過 -ди́ 受身 -уждённый (-дён, -дена́) [完]〈discuss〉①《対》検討[論議, 討議, 審議]する, よく考える, あれこれ話す, いろいろと話し合う, ああでもないこうでもないと意見を交わす: ~ пробле́му со всех сторо́н 問題をあらゆる方向から検討する ②《話》《人の行動・振る舞いを非難・批判して》…についてとやかく言う, あげつらう: обсуди́ть ка́ждого прохо́жего 行き交う通行人に対していちいちとやかく言う **~ся** [不完] 《対》自分の作品を公に批評する ②《不完》《受身》

\*обсужде́ни|е [アプスジヂェーニエ] [中5] 〈discussion〉検討, 論議, 討議, 審議: бу́рное ~ 激しい論議 | предме́т -ия [-ий] 検討対象 | те́ма для -ия 検討すべきテーマ | вы́нести вопро́с на ~ 問題を審議の場に持ち出す | вести́ ~ 審議を行う | Идёт ~ э́того де́ла. この件の審議が行われている | Э́тот вопро́с не подлежи́т -ию. この問題は審議に値しない

обсу́шива|ть [不完] / обсуши́ть -ушу́, -у́шишь 受身 -у́шенный [完]《対》① 表面[周囲]を乾かす **~ся** [不完] / [完] 自分の衣服を乾かす **~ние** [中5]

обсу́шка [女2] 乾燥(させること)

обсчёт [щ] [男1] 勘定のごまかし

обсчи́тывать [щ] [不完] / обсчита́ть [щ] 受身 -и́танный [完]《対》①…に対して勘定をごまかして少なく渡す, 鯖(ぎ)を読む ② 総計する **~ся** [不完] / [完] 計算間違いをする

обсыпа́|ть [不完] / обсы́пать -плю, -плешь, -плют/-пят 過 -пъ 受身 -анный [完]《対》①《対の表面に対を》振りかける ②《対》の一面をびっしり覆う ③《を》崩す, 散らす ④《無人称》《話》…の一面を吹き出物で覆う **~ние** [中5]

обсыпа́ться [不完] / обсы́паться -плюсь, -плешься/-пешься, -плются/-пятся -пъся [完] 《対》① 自分に…を振りかける;《粉状のものに》まみれている ②…で一面覆っている ③ 細かく崩れる, 崩れ[剥(は)がれ]落ちる ④ (植物が)葉[花, 種]を落とす

обсы́пка 複生 -пок [女2] 振りかけること; 振りかける物

обсыпно́й [形2]《食べ物が》粉末状の物が振りかけられた 《植物が》覆い尽くすように群生する

обсыха́ть [不完] / обсо́хнуть -ну, -нешь 命 -ни 過 -о́х, -о́хла [完] 乾く; 干上がる

обта́чивание [中5] 研磨

обта́чивать [不完] / обточи́ть -очу́, -о́чишь 受身 -о́ченный [完]《旋盤などで》研磨する

обтека́емый [形1] ① 流線型の ②《話》《返答などが》あたりさわりのない, 言葉を濁すような

обтека́ть [不完] / обте́чь -ечёт, -еку́т 過 -тёк, -текла́ 能過 -тёкший [完]《対》①《川が》迂回するように流れる ②…を避けて進む, 迂回する

обтере́ть(ся) [完] → обтира́ть

обтерпе́ться -ерплю́сь, -е́рпишься [完]《話》順応する, 慣れる

обтёсывать [不完] / обтеса́ть -ешу́, -е́шешь 受身 -тёсанный [完]《対》①…の表面を平らにする ②《話》礼儀作法を仕込む **~ся** [不完] / [完]《話》礼儀作法を身につける, しつけが身につく

обте́чь [完] → обтека́ть

обтира́ние [中5] ① 拭く[拭う]こと ②《治療のため湿布を行う》摩擦

обтира́ть [不完] / обтере́ть обтру́, обтрёшь 過 обтёр, -рла 受身 -тёртый [完]《対》① 拭いてきれいにする;《ほこりなどを》払う, 取る ②《湿らせた布で》体などをこする, 擦り込む ③《通例受身》《話》《長年使ってすり減った ④《受身》経験がある, 環境[状況]に慣れている, もまれている **~ся** [不完] / [完] ① 自分の体を拭く ②《湿らせた布で》自分の体をこする ③《話》長年着古された擦り切れる ④《話》《人が》ある環境に慣れる, やり方を会得する

обти́рка 複生 -рок [女2] ①《話》拭く[拭う]こと ②《機械などを拭くための》ぼろきれ, 布切れ

обти́рочный [形1] こする[拭く, 拭う]ための

**обточи́ть** [完] →обта́чивать

**обто́чка** [女2] 旋盤加工, 研磨

**обтрёпывать** [不完] / **обтрепа́ть** -еплю́, -е́плешь 受過-рёпанный [完] 〈対〉① (着・履き・使い古して) ぼろぼろにする ② (話) 自分の衣類 [靴] をぼろぼろにする

**обтя́гивать** [不完] / **обтяну́ть** -яну́, -я́нешь 受過-я́нутый [完] 〈対〉①〈対の表面に対を〉ぴんと張る ②(衣服などが) ぴったりと包む; (肌などに) ぴんと張っている ③〈衣服の一部〉を引っ張って整える

**обтя́гиваться** [不完] / **обтяну́ться** -яну́сь, -я́нешься [完] (話) ① 包まれる, 覆われる, くるまる ② (衣服などが) 体について いる ③ (顔が) やせてとがる ④ 衣服(の一部) を引っ張って整える

**обтя́жк|а** 複生 -жек [女2] ① ぴったりと張る [覆う] こと ② (表面の) 覆い, カバー ◆**в**-**у** (衣服が) 体にぴったりの, フィットした

**обтяжно́й** [形2] ① ぴったりと張る [覆う] ための ② (布などで) くるまれた, (布などが) 張ってある

**обтяну́ть(ся)** [完] →обтя́гивать(ся)

**обтя́пывать** [不完] / **обтя́пать** 受過-анный [完] (俗) 〈対〉① ぶった切る ②〈仕事などを〉うまく片付ける ③〈人を〉だます, 一杯食わせる

**обува́ние** [中5] 靴を履く [履かせる] こと

**обува́ть** [不完] / **обу́ть** 受過-тый [完] 〈対〉① …に靴 [履物] を履かせる; 〈靴などを〉履く ② (話)〈車などにタイヤを〉履かせる ③ …に履物を与える ④ (俗)〈人を〉うばいとる: … に高値で売る ④ (若者) 奪う

**обува́ться** [不完] / **обу́ться** [完] ① 靴 [履物] を履く ② 履物を手に入れる

**обу́вка** 複生 -вок [女2] (俗) = о́бувь

**обувщи́к** -а́ [男2] 靴工, 靴職人

*о́був|ь* [オーブウフィ] [女1] [shoes] (単) 履物, 靴の類: мужска́я [же́нская, де́тская] ~ 男性 [女性, 子ども] 用の靴 | ко́жаная ~ 革靴 | спорти́вная ~ スポーツシューズ | удо́бная [те́сная] ~ 履き心地のいい [きつい] 靴 | купи́ть себе́ но́вую па́ру -и 自分用に新しい靴を1足買う | снять [чи́стить] ~ 履物を脱ぐ [きれいにする] ∥ **о́бувный** [形2]

**обу́гливание** [中5] 炭化

**обу́гливать** [不完] / **обу́глить** -лю, -лишь 命 -ли 過-ленный [完] 〈対の表面 [端] を焦がす, 炭化させる ② (太陽光が) 〈肌を〉ひどく日焼けさせる ∥ **~ся** [不完] ①(表面・端が) 焦げる, 炭化する ②(人の肌が) 真っ黒に日焼けする; (日に当たって) 肌がガサガサになる

**обу́живать** [不完] / **обу́зить** -у́жу, -у́зишь -у́женный [完] 〈対〉〈衣服・靴などを〉きつく [小さく] しすぎる

**обу́за** [女1] ① 重荷, 厄介なこと, 負担 ② 厄介をかける者[物], 足手まといの(人), 「お荷物」

**обу́здывать** [不完] / **обузда́ть** 受過-у́зданный [完] 〈対〉①〈馬に〉轡(くつわ)(узда) をはませる; 〈馬を〉轡でおとなしくさせる ②〈自然現象・感情などを〉鎮める, 抑える, 制御する

**обу́зить** [完] →обу́живать

**обурева́ть** [不完] 〈対〉(考え・感情が)〈人を〉激しく襲う〈捉える〉

**обусла́вливать** [不完] (話) = обусло́вливать

*обусло́вливать* [不完] / **обусло́вить** -влю, -вишь 受過-вленный [完] 〈対〉①(何らかの条件で)制約する, …に条件を付ける ②…の条件[原因]となる, を引き起こす: Что обусло́вило [Чем обусло́влен] ваш вы́бор? あなたがこれを選んだのは何ですか ∥ **~ся** [不完] ①〈対〉…による, …という条件付きである ②(受身)

**обусло́вленность** [女10] (条件・原因・状況などによる) 被制約性, (ある事象の) 必然性; 因果関係

**обустра́ивать** [不完] / **обустро́ить** -о́ю, -о́ишь 受過-о́енный [完] (話) 〈対〉整える, 整備する, 必要な設備 [施設] を整える, 利用できるようにする, 片付ける

**обустро́йство** [中1] (供給・利用可能な) 整備, (開発のための) 建設作業

**обу́ть(ся)** [完] →обува́ть(ся)

**о́бух** [男4] (通例斧の)峰, 背 ◆**как ~ом по голове́** (話) 思いもよらない大事件 | **пле́тью ~а не переши́бёшь** (諺) 無駄な抵抗(←鞭では斧は折れない) ∥ **обу́шный** [形]

*обуча́ть* [アブチャーチ] [不完] / **обучи́ть** [アブチーチ] -учу́, -у́чишь, …-у́чат 過-учи́л 受過-у́ченный [完] [teach, train] 〈対に対/不定形することを〉教える, 教え込む, 訓練する, 教育する: ~ дете́й мане́рам 子どもにマナーを教える | специа́льно обу́ченные лю́ди [соба́ки] 特殊な訓練を受けた人間 [犬]

**обуча́ться** [不完] / **обучи́ться** -учу́сь, -у́чишься [完] ①〈対に /不定形することを〉学ぶ, 習得する, できるようになる (научи́ться) ②(不完) 教育を受ける, 学ぶ

*обуче́ни|е* [アブチェーニエ] [中5] [teaching, training] 教えること, 教育; 教わること, 学習; 訓練: ~ гра́моте 読み書きの教育 [学習] | профессиона́льное [специа́льное] ~ 職業 [専門] 教育 | пройти́ обяза́тельное ~ 義務教育を終える | в проце́ссе -ия 学習の過程で

**обучи́ть(ся)** [完] →обуча́ть(ся)

**обушо́к** -шка́ [男2] ①(指小) < о́бух ②(話) (鉱山用) つるはし ③ アイプレート (ロープなどを固定する金具) ∥ **-ко́вый** [形1]

**обуя́ть** 受過-я́нный [完] 〈対〉(感情・状態が)〈人を〉捕らえる, 襲う, 虜にする

**обха́живать** [不完] 《話》〈対〉① (下心を抱いて)〈人に対して〉熱心に世話を焼く, 気を遣う ②〈子ども・植物などの〉面倒を見る, 世話をする

**обхами́ть** -млю́, -ми́шь 受過-млённый (-лён, -лена́) [完] (話) 〈対に対して〉 非礼な態度をとる, 暴言を吐く

**обхва́т** [男1] ① 抱きかかえること ② (太さを測る時の単位としての) ひとかかえ: (樹幹などの) 太さ: дуб в три ~а 3人で手がつながるぐらいの太さのカシの木

**обхва́тывать** [不完] / **обхвати́ть** -ачу́, -а́тишь 受過-а́ченный [完] 〈対〉① 抱きかかえる ② 取り囲む ③ ぴったりと包み込む

**обхо́д** [男1] ① 迂回, 回避; 迂回路 ② 巡回, 回診; 周回: ~ дворо́в 村回り, 地域の巡回 ③ (軍) 巡回行動, 迂回作戦 ◆**в** ~ 〔対〕 | **в** ~ 〔生〕 …の周りを歩く: идти́ в ~ о́зера 湖の周りを行く ②…からそれて: де́йствовать в ~ инстру́кции 指示を逸脱して行動する | **~ом** 周回して

**обходи́тельный** 短-лен, -льна [形1] (人・態度が) 礼儀正しい, 丁寧な, 整驚な, 愛想のいい

*обходи́ть* -хожу́, -хо́дишь [不完] / **обойти́** -йду́, -йдёшь 過 обошёл, обошла́ 過-йдённый (-дён, -дена́) [完] [go around, avoid] 〈対〉① 回る, 一回りする ②〈軍〉(敵の背後・側面に) 迂回する ③ 迂回である, 避けて通る ④ (話の中で意図的に) 避ける, 言及しない: ~ по́лным молча́нием ~ を全く話題にしない, 取り上げない ⑤ 昇進などを見送る ⑥ くまなく歩きまわる ⑦ 追い越す ⑧ だます

*обходи́ться* [アブハディーッツァ] -ожу́сь, -о́дишься, -о́дятся 命 -ди́сь [不完] / **обойти́сь** [アバイチーシ] -йду́сь, -йдёшься 過 обошёлся, обошла́сь 能過 обоше́дшийся 副分-йдя́сь [完] [treat, cost] ① (ある態度で) 接する: ~ ла́сково [приве́тливо] 優しく [感じよく] 接する | С ни́м обошли́сь как с мальчи́шкой. 彼はまるで子ども扱いされた ② (話) (費用が)

**общеупотребительный**

かかる: Пое́здка *обойдётся* недо́рого [до́рого]. 旅行は安く上がる[高くつく]だろう ③《話》《俗》今ある物で〉満足する;<без⑤〉…なしで済ませる《過ごす》: ~ ста́ рубля́ми 100ルーブルで済ませる / *Обойду́сь* ка́-нибудь без ва́шей по́мощи. あなたの助けは借りずに何とかします ④《3人称》うまくいく, 無事に終わる: Всё *обошло́сь* как нельзя́ лу́чше! 万事に申し分以上うまくいった ⑤《否定文で》〈без⑤〉…なしでは済ませない: Без нас э́то *де́ло* не *обойдётся*. 我々なしにこの件はどうにもならない ⑥《不完》《受身》⇒ обходи́ть

**обходно́й** [形2]《話》= обходный ■ **~ лист** 無負債証明書(退職時などに交付される)

**обхо́дный** [形1] ① 回り道の, 遠回りの;迂回する ② 遠回しの, 手の込んだ;術策を弄した ③ 巡回[巡視]の

**обхо́дчик** [男2] 巡視員, 巡視人

**обхожде́ние** [中5] 扱い, 接し方, 態度

**обхохота́ться** [不完] **-очусь, -очешься**〈над⑤〉《話》《俗》笑い転げる[こける]

**обче́сться** обчту́сь, обчтёшься 過 обчёлся, обчла́сь [完] 計算間違いをする ◆ **Раз-два́ и обчёлся**. ほんのわずかの

**обчища́ть** [不完] / **обчи́стить** -и́щу, -и́стишь 受過 -и́щенный ①〈囲⑤〉…の表面の汚れ[ちり, ほこり]をとってきれいにする ②《俗》盗む, かっさらう;(トランプなどで)すっかり巻き上げる ③〈囲⑤〉自分の衣服の汚れ[ちり, ほこり]をとってきれいにする

**обша́ривать** [不完] / **обша́рить** -рю, -ришь 受過 -ренный [完]《話》〈囲⑤〉あちこちさがし回って探す

**обша́рпанный** [形1]《俗》① 使い古した, ぼろぼろに汚れた ②(人が)ぼろ服を着た ③(動物・鳥などが)毛の抜けた, 禿げた

**обша́рпывать** [不完] / **обша́рпать** 受過 -анный [完]《俗》《囲》(長いこと使って・乱暴な扱いで)穴が開くほどぼろぼろにする

**обшива́ние** [中5] 縁縫い

**обшива́ть** [不完] обошью́, обошьёшь 命 обше́й 受過 -тый [完] ①〈囲⑤〉〈⑤のへり[周囲]に縫いつける, 縫い込む, 縫ってくるむ ②〈囲⑤〉〈⑤鉄板などを〉張って覆う ③《話》〈囲⑤〉…に必要な衣服を縫ってやる

**обши́вка** 複生 **-вок** [女2] ① 縁縫いをすること ②(衣服などの)縁飾り, 縁どり ③ 板張り, 張り板, かぶせ板;《海》外板, 外張り

**обши́вочный** [形1] 被覆用の;外張り用の

\***обши́рный** [形1] 短 **-рен, -рна** [形1]〔spacious, extensive〕①(土地・空間などが)広い, 広々とした;洋々とした ② 広範にわたる, 雄大な;莫大な, 大規模の, 内容豊富な;多数の, 数の多い: —ые зна́ния в геогра́фии 地理学に関する幅広い[豊富な]知識 **~ость** [女10]

**обши́ть** [完] ⇒ обшива́ть

**обшла́г** [男2] 袖の折り返し, カフス, 袖口

**обшмона́ть** [完]《軍隊・隠》《俗》くまなく探す

**обща́га** [女2]《生·俗》= общежи́тие

**обща́к** [男2]《隠》総額金;犯罪組織の総資産

\***обща́ться** [アプシャーッツァ] [不完]〔associate〕〈⑤と〉付き合う, やり取りをする, 接する: ~ с друзья́ми 友人たちと付き合う | споко́йно ~ с детьми́ 子どもたちと穏やかに接する | Я сам непосре́дственно *обща́юсь* с клие́нтами. 私はお客様と直接やり取りを重ねています

**обще..**〔語形成〕「全体に共通の」「万人にとって」「一般的な」「普遍的な」

**òбщевойсково́й** [形2]《軍》各兵科に共通する

**общедосту́пный** 短 **-пен, -пна** [形1] ① 誰にでも買える, 廉価の, 誰でも手が出せる,(値段が)手ごろな ② (話・記述が)わかりやすい, 平易な, 誰にでもわかる

**òбщегосуда́рственный** [形1] 全国的な

**общеевропе́йский** [形3] 全欧の, 汎ヨーロッパ主義の

**общежите́йский** [形3] 日常生活の

\***общежи́т|ие** [アプシジーチエ] [中5]〔hostel〕① 寮, 寄宿舎: жить в университе́тском [студе́нческом] *—ии* 大学[学生]寮に住む ② 社会生活, 共同生活;日常生活: пра́вила челове́ческого *—ия* 人間社会で生きていく上でのルール **~ский** [ц] [形3]

**общеизве́стный** [сн] 短 **-тен, -тна** [形1] よく知られている, 周知の;悪名高い

**общемирово́й** [形2] 世界的な, 世界規模の

**общенаро́дный** 短 **-ден, -дна** [形1] 国民全体に共通する, 全国民の;公衆の

**общенациона́льный** [形1] 全国的な

\***обще́н|ие** [アプシェーニエ] [中5]〔communication, links〕交際, 交流, 結びつき, 接触, つながり, コミュニケーション: челове́ческое ~ 人間的な交流 | люби́ть ~ с людьми́ 人付き合いが好きである | избега́ть ~ с людьми́ 社交を避ける | О~ происхо́дит по электро́нной по́чте. やり取りは電子メールで行われている

**общеобразова́тельный** [形1] 普通教育の

**общеопа́сный** [形1] 公共的に危険な

**общепи́т** [男1] 公共外食制度 (обще́ственное пита́ние) **//-овский** [形3]

**общепоня́тный** 短 **-тен, -тна** [形1] 誰にでもわかる

**общепри́знанный** [形1] 一般に認められている

**общепри́нятый** [形1] 一般に受け入れられている

**òбщераспространённый** [形1] 広く一般に使われている

**обще́ственни|к** [男2] **-ца** [女3] 社会活動[運動]家

**обще́ственност|ь** [アプシェーストヴィンナスチ] [女10]〔public, community〕① 世論を形成する社会層: писа́тельская ~ 文壇 | нау́чная ~ 学界 | прислу́шаться к мне́нию *—и* 世論に耳を傾ける ② 社会団体, 公共団体

\***обще́ственн|ый** [アプシェーストヴィンヌイ] [形1]〔social, public〕① 社会の[に関する]: *—ое* устро́йство 社会機構 | *—ое* созна́ние 社会意識 ② 社会の(生活)に関わる: *—ая* жизнь 社会生活 ③ 社会奉仕の, 公共[大衆]の: *—ая* организа́ция 公共団体 | *—ая* де́ятельность 社会活動 | *~* де́ятель 社会運動家 ④ 公共の, 共有の: *—ое* иму́щество 共有財産 | *~* тра́нспорт 公共交通機関 ⑤ 社会による: *—ое* мне́ние 世論 | *~* е призна́ние 社会的承認 | *—ое* движе́ние 社会運動 ⑥ 社会性を必要とする

■ **~ догово́р** 社会契約説 | **—ое пита́ние** 公共外食産業, 外食産業

\***о́бществ|о** [オープシストヴァ] [中1]〔society〕① 社会: челове́ческое ~ 人間社会 | совреме́нное [информацио́нное] ~ 現代[情報化]社会 | жизнь *—а* 社会生活 ② 社会層: образо́ванное [передово́е] ~ 教養ある[先進的な]層 | гражда́нское ~ 市民[公民]層 ③ (a)グループ, 集まり: всем *—ом* 一同そろって, 一丸となって (b)一緒に過ごすこと, 同席すること, 付き合うこと: душа́ *—а* 仲間の中心人物 (c)世間, 人前 ④ 団体, 協会;会社: член *—а* (団体の)会員 | вступи́ть в спорти́вное ~ スポーツ団体に入る | та́йное ~ 秘密結社 | торго́вое ~ 商社, 商会 | доче́рнее ~ 子会社, 姉妹会社 ⑤ 環境, 周囲: прия́тное ~ 居心地のいい環境 ■ **акционе́рное ~** 株式会社(略 АО) | **~ с ограни́ченной отве́тственностью** 有限責任会社

**обществове́д** [男1] 社会科[学]の教師[専攻者]

**обществове́дение** [中5] 社会科;社会学

**обществове́дческий** [形3] 社会科[学]の, その教師の

**òбщеупотреби́тельный** 短 **-лен, -льна** [形1]

**общечеловеческий** [形3] 全人類的な、人類に共通する、人類全体の

**о́бщ|ий** [オープシィ] 短 общ, обща́, о́бще [形6] [general, common] ① 全般[全体]的な: *-ие зако́ны разви́тия* 発達の一般法則 | *-ая тео́рия языка́* 言語の一般理論 ② 皆で行う、共同の、全員の: *-ая рабо́та* 共同作業 | *-ее внима́ние* 全員の注目 ③ 共有の、共同利用の: *-ая со́бственность* 共有財産 | *-ая ку́хня* 共用キッチン | *ме́сто -его по́льзования* 共用スペース | *беспроводны́е лока́льные се́ти -его по́льзования* 公衆無線 LAN ④ (a)共通の、同じ: *-ие интере́сы* 共通の利害 | *Мы пришли́ к -ему вы́воду.* 我々は同じ結論に行きあたった. (b) *-ee* [中名] 共通点;概念 (↔*ча́стное*) ⑤ 普通の、特別 (特殊) でない: *-ее образова́ние* 普通教育 | *~ стол* (病院などでの制限のない)普通の食事 ⑥ 万人の、共通の、全体の: *-ие знако́мые* 共通の知人 | *-ee собра́ние* 総会、全体会議 | *-ее бу́дущее челове́чества* 人類全体の未来 ⑦ 全部の、総体の: *~ ито́г* 総計 | *-ее число́ посети́телей музе́я* 博物館の訪問者総数 ⑧ 総括 [概略] 的な: *~ план* あらましの計画 | *Как ва́ше -ее впечатле́ние?* 全体の印象としてはどうです^か ⑨ 基本的な: *-ие ме́ры по оздоровле́нию эконо́мики* 経済の健全化のための基本的施策 ⑩ 〈общ, обща́, о́бщо, -щи/-щи́〉表層的な、大まかな、大雑把な ◆*в -ем* (1)一般的に、全体として (2) [挿入] 要するに、平たく言えば (3) [挿入] 実は、本当のことを言えば | *в -ем и це́лом* (細部はともかく) 概して、一般的に、全体として | *в -ем-то* (1) 大体において、基本的には (2) 通常は (3) [挿入] 実は、本当のことを言えば | *-ие места́* 周知の事 [表現] | *нет [не име́ть] ничего́ -его с* ...とは何の共通点もない、通じるものがない ■ *-ая тео́рия относи́тельности* 一般相対性理論 | ~ *род* 〖文法〗 総性、共通性 (колле́га, молоде́ц などの語)

**общи́на** [女1] ①(階級分化以前の)共同体 ②(共通の利害を持つ)団体, 会, 組織

**общи́нный** [形1] 共同体の; 共有の

**общи́пывать** [不完] / **общипа́ть** -щиплю́, -щи́плешь 受過 -и́панный [完] 〈限〉 引き抜く、むしり取る、毛をむしる

**общи́тельн|ый** 短 -лен, -льна [形1] 人付き合いのよい, 交際好きな, 閉じこもらない **‖ -ость** [女10]

**о́бщность** [女10] ① 統一 (性), 不可分性 ② 共通性, 近似性, 一致: *~ взгля́дов* 見解の一致 | *~ интере́сов* 利害の一致

**общо́** [副]〖話〗大まかに、ざっくりと、皮相的に

**объ..** → *о..*

**объего́ривать** [不完] / **объего́рить** -рю, -ришь 受過 -ренный [完]〖俗〗〈限〉だます, 一杯食わす

**объеда́ть** [不完] / **объе́сть** -е́м, -е́шь, -еди́м, -еди́те, -едя́т 命 -е́шь 過 受過 -е́денный [完]〈限〉① (表面から)食べる, かじる, しゃぶる ② 〖俗〗 たくさん食べ^て身を潰させる **‖ -СЯ** [不完] 〖完〗食べ過ぎる

**объеде́ние** [中5] 〖話〗 極めておいしい物, とびきりの御馳走

**‡объедине́н|ие** [アブィヂニェーニエ] [中5] [unification, association] ① 合同, 連合, 統合, 合併, 団結する: *~ уси́лий* 力の結集 ② -предприя́тий капитали́стов企業家の連合 | *спосо́бствовать территориа́льному -ию страны́* 国家の統一をうながす ③(組織体としての)連合, 連盟, 協会, 合同, 公団: *общественное ~* 社会連合 | *произво́дственное ~* 生産連合会

**объедини́тельный** [形1] 統一のための

**объединя́ть** [アブィヂニャーチ] [不完] / **объедини́ть** [アブィヂニーチ] -ню́, -ни́шь 命 -ни́ 受過 -нённый (-нён, -нена́) [完] [unite, amalgamate] ① 統一 [統合] させる, 1つにまとめる ② 合併 [連合, 合同] させる: *~ иму́щество* 財産を1つにまとめる | *объединя́ть карти́нки в гру́ппу по о́бщему при́знаку* 共通の特徴に応じて絵をグループにまとめる ③ 結集する, 団結させる: *~ уси́лия* 力を合わせる | *Ве́ра объединя́ет люде́й.* 信仰が人々を結束させている. **‖ ~СЯ** [不完] / 〖完〗〈с 造と〉① 1つになる, 統合 [連合, 合同] する ② 結集 [団結, 結束] する ③ 〖不完〗/ 受身

**объе́дки** -ов [複]〖話〗食べ残し

**объе́зд** [男1] ① 迂回, 遠回り; 巡回; 歴訪 ② 迂回路 ③(馬の)調教 ◆*в ~* 迂回して

**объе́здить** [完] → *объезжа́ть*[1]

**объездно́й** [зн] [形2] ① 回り道の, 迂回の ② 巡回[巡察]の, パトロールの

**объе́здчик** [щ] [男2] ①(広域の土地などの)巡回人, 巡視隊員, パトロール隊員 ②(馬の)調教師

**объезжа́ть**[1] [жж] [不完] / **объе́здить** -зжу, -здишь 命 -зди 受過 -зженный [完]〈限〉①(乗り物で)方々を歴訪する ②(馬などを)(馬具を付けて)調教する ③〖話〗自転車・車などを乗り込ませる, よくする

**объезжа́ть**[2] [жж] [不完] / **объе́хать** -е́ду, -е́дешь ср -езжа́й [完]〈限〉①...の周りを迂回[迂回]する, 避けて通る ② 乗り物で方々を訪れる ③〖話〗(乗り物で)追い越す, 追い抜く

**‡объе́кт** [アブィェークト] [男1] [object] ①〖哲〗客体, 対象(物): *~ наблюде́ний [иссле́дования]* 観察[研究]対象 ② 施設, 部署: *промы́шленный [вое́нный, оборо́нный, торго́вый] ~* 産業[軍事, 防衛, 商業] 施設 ③〖言〗補語;(意味・文法的カテゴリーとしての)客体

**объекти́в** [男1] 〖光〗 対物レンズ

**объективиза́ция, объективиза́ция** [女9] ①〖哲〗客観[客体]化 ② 具現[具象]化

**объективи́зм** [男1] ①〖哲〗客観主義 ②(事物に対する)客観性, 客観的態度

**объективи́ровать** -рую, -руешь 受過 -анный [不完/完]〈文〉〈限〉(知覚できる客観的な物の中に) 具現化する [させる]

**объективи́ст** [男1] 〖哲〗 客観主義(信奉)者 **‖ ~ский** [cc] [形3]

**объекти́вность** [女10] ① 客観性 ②(事物に対する)客観性, 公平さ, 不偏不党

**\*объекти́вно** [副] 客観的に, 公平に; 客観的に言うと

**‡объекти́вн|ый** [アブィェクチーヴヌィ] 短 -вен, -вна [形1] [objective] ① 客観的な, 実在する: *фа́кт* 客観的な事実 ② 外的な, 客観的な: *-ые причи́ны* 外的[客観的]要因 ③ 偏見[先入観]のない, 公平な: *-ая оце́нка* 公平な評価 | *-ая информа́ция* 客観的な情報
■ *~ идеали́зм* 〖哲〗客観的観念論(ヘーゲルなど)

**объе́ктный** [形1] ① 対象[客体]の ②〖文法〗補語[目的語]の

**объе́ктовый** [形1] 施設の

**‡объём** [アブヨーム] [男1] [volume, size] ① 容積, 体積, 容量, かさ; (自動車の)排気量: *~ ку́ба* 立方体の体積 | *~ па́мяти* 〖コンピュ メモリ容量〗 *име́ть в -е пять куби́ческих деци́метров* 容積にて5立方デシメートルある ② 大きさ, 規模, 程度, 量: *~ рабо́т* 仕事量 | *~ ры́нка* 市場規模 | *~ прода́ж [произво́дства]* 売上[生産]高 | *О-~ растёт соста́вил бо́лее 17 тыс. (семна́дцати ты́сяч) тонн.* 輸出量は17000トン以上に上がった ◆*в по́лном -е = во всём -е* 十分に, 完全に

**объёмистый** 短 -ист [形1]〖話〗かさばる, 大部の, 容積[容量]の大きい

**объёмный** 短 -мен, -мна [形1] ① 容積[体積]の[に関する] ② かさばる, でかい

**объе́сть(ся)** [完] →объеда́ть

**объе́хать** [完] →объезжа́ть²

**объя́ва** [女1]《若者》① = объявле́ние ② メーカー名の入ったラベル

**объяви́ть(ся)** [完] →объявля́ть(ся)

※**объявле́н|ие** [アブイヴリェーニエ] [中5]〔declaration〕① 宣告, 表明, 告示, 公示, 布告: ~ пригово́ра 判決の言い渡し | ~ войны́ 宣戦布告 ② 公告, 広告, 揭示: рекла́мное ~ 宣伝, 広告, ちらし | доска́ -и́й 揭示板 | ~ о прода́же недви́жимости 不動産売り出しの広告 | да́ть ~ в газе́ту 新聞に広告を出す

※**объявля́ть** [アブイヴリャーチ] [不完] / **объяви́ть** [アブイヴィーチ, -явлю́, -я́вишь, -я́вят 命 -яви́ 受動-я́вленный [完]〔declare, announce〕[他] ①[他/о]〔通例意外・重大なことを〕言明(通告, 発表)する: ~ о своём наме́рении 自らの意図を表明する | Он вчера́ объяви́л, что же́нится. きのう彼は結婚すると宣言した ② 公表[公告, 広告, 公示]する, アナウンスする: ~ благода́рность (公式に)謝意を表する | ~ пригово́р 判決を言い渡す ③ 宣言[布告]する;《←に》宣告[宣言]する: ~ собра́ние закры́тым 閉会を宣言する | ~ докуме́нт недействи́тельным 文書が無効であると認める ④[他/о]〔ある動作・状態の開始を公式に宣言する〕: ~ войну́ 宣戦布告する | официа́льно ~ о нача́ле ко́нкурса コンクールの開始を公式に宣言する

**объявля́ться** [不完] / **объяви́ться** -явлю́сь, -я́вишься [完]《話》① 姿を現す, 現れる ②〔気質・感情が〕出てくる, 明らかになる ③ 表に出てくる, 見えるようになる ④〔不完〕〔受身〕= объявля́ть

※**объясне́н|ие** [アブイスニェーニエ] [中5] ① 説明(文), 解釈(文): просто́е [рациона́льное] ~ 平易な[合理的な]説明 | нау́чное ~ 科学的な説明 | ~ значе́ния сло́ва 語の意味の説明 | Э́тот слова́рь даёт бо́лее по́лное ~. この辞書の方が解説が詳しい ② 話し合い, 談判; длинное ~ с роди́телями 両親との長い話し合い ③《通例複》釈明, 弁明: ~ по по́воду опозда́ния 遅刻の言い訳 | Она́ потре́бовала -ий от него́. 彼女は彼に説明を求めた ④ 原因, 理由, 根拠 ■~ в любви́ 愛の告白

**объясни́мый** 短 -и́м [形] 説明できる, 説明がつくための

**объясни́тельный** [形] 説明用の, 解釈[解説]のための

※**объясня́ть** [アブイスニャーチ] [不完] / **объясни́ть** [アブイスニーチ, -ню́, -ни́шь 命 -ни́ 受動-нённый [完]〔explain〕[他] ① 説明する: доходчи́во [подро́бно] ~ わかりやすく[詳しく]説明する | ~ ситуа́цию 状況を説明する ② 解釈[解明]する, 根拠づける: ~ явле́ния приро́ды 自然現象を解明する

※**объясня́ться** [不完] / **объясни́ться** -ню́сь, -ни́шься [完]〔become clear, have a talk with〕① 明らかになる, わかるようになる ② 話し合う; 話し合って誤解を解く ③《不完》《←に》…によって説明される, …が理由となっている ④〔不完〕〔受身〕,意思疎通を合う: Я ко́е-ка́к объясня́юсь по-ру́сски. 私はロシア語でなんとか会話ができる ⑤ 愛の告白をする (~ в любви́) ⑥《話》自分の状態[行動]を説明する ⑦[不完]〔受身〕= объясня́ть

※**объя́т|ие** [中5]〔embrace〕抱きしめること, 抱擁: дру́жеские [жа́ркие] -ия 友好的な[熱い]抱擁 | заключи́ть 完 в -ия ～を抱きしめる | раскры́ть -ия 抱きしめようとして手を広げる, 歓迎する ◆**с распростёртыми -ями** 心から, 温かく

**объя́ть** (未来変化なし) 過-я́л 受動 -тый [完]《文》= обня́ть

**обыва́тель** [男5] / **-ница** [女3] ①《史》住民 ② 私利私欲に走る人; 俗物, 俗人

**обыва́тельский** [形3] 俗物の, 俗物的な

**обыва́тельщина** [女1]《蔑》俗物《下衆》根性, 凡俗

**обы́грыва|ть** [不完] / **обыгра́ть** 受動 -ы́гранный [完]《←を》①〔勝負・スポーツで〕負かす, 《話》〔スポ〕〈敵の選手を〉ドリブルで抜く ②〔劇〕〔道具などを舞台に〕生かす, 演技にうまく利用する ③〔楽〕〈楽器を〉使い馴らす **//-ние** [中5]

**обы́денность** [女10] 日常, 平凡, 月並み

※**обы́денн|ый** 短-ен, -енна [形]〔everyday, ordinary〕日常(的)な, ありふれた, 普通の, 当たり前の, よくある

**обы́денщина** [女1]《話》陳腐, 月並み, 凡庸

**обыкнове́н|ие** [中5] 習慣, 慣例 ◆**по -ию** いつも通り, 毎度のごとく | **про́тив -ия** いつもと違って

**обыкнове́нно** [副] ① 平凡に, 特に変わりもなく ② 通常, 普通 (обы́чно)

※**обыкнове́нн|ый** [アブィクナヴェーンヌィ] 短 -е́нен, -е́нна [形]〔ordinary, usual〕① 特に目立ったところのない, 普通の, ありふれた, 月並みの (са́мый) ~ челове́к ごく普通の人 | -ая вода́ 普通の水 ② 平凡な, 日常の, ごく当たり前の: -ые забо́ты 日常の厄介事, あれやこれやの用面倒 | -ая исто́рия 平凡な話 ③ どこにでもある[いる], よくある(通り)の: -ые заболева́ния よくある病気 | спа́ть в свое́й -ой по́зе いつもの姿勢で寝る **//-ость** [女10]

※**о́быск** [男2]〔search〕捜査, 捜索, 家宅捜索; 検査, チェック: произвести́ ~ 捜索を行う

**обы́скивать** [不完] / **обыска́ть** -ыщу́, -ы́щешь 受動 -ы́сканный [完]〔他〕① 捜索する, 身体検査をする ②〈何かを探して〉〈場所を〉くまなく調べる **//-ся** [不完]〔完〕《俗》〔←を〕長時間費やして探す

※**обы́ча|й** [男6]〔custom, usage〕① 習わし, しきたり, 慣習, 慣行, 風習: наро́дные -и 民族の慣習 | ста́рый ~ 古いしきたり | Э́то у нас в -е. 《話》こうすることになっている ②〔単〕癖, 習慣, パターン

※**обы́чно** [アブィーチナ] [副]〔usually〕① いつものように, 普段の通りに: Жизнь идёт ~, свои́м поря́дком. 生活はいつも通り, 順調だよ ② 普通, 大抵, いつもは: По вечера́м я ~ до́ма. 夜はたいてい家にいるよ | Он ~ о́чень внима́телен. 彼はいつもはすごく慎重なんだが ◆**как** ~ いつものように

※**обы́чн|ый** [アブィーチヌィ] 短 -чен, -чна [形]〔ordinary, usual〕① 普通の, いつもの, 日常の: в -ое вре́мя いつもの時間に | сиде́ть на -ом ме́сте いつもの場所に座る | -ым о́бразом いつものように ② 特徴のない, ありふれた, 常の: ~ челове́к どこにでもいそうな人 | -ая жизнь ありふれた生活 | са́мый ~ слу́чай よくあるケース[出来事] ◆**ра́ньше** [**сильне́е, ча́ще**] **-ого** いつもよりも早く[強く, 頻繁に] ■-**ое пра́во** 慣習法 **//-ость** [女10]

**Обь** [女10] オビ川(西シベリアを北流し北極海に注ぐ)

※**обя́занност|ь** [アビャーザンナスチ] [女10]〔duty, responsibility〕① 義務, 責任, 任務: права́ и -и гра́ждан 国民の権利と義務 | во́инская ~ 兵役義務 | Э́то ва́ша пряма́я ~! それはあなたの直接の責任だ ②《通例複》職務, 職責, 権限: при исполне́нии служе́бных -ей 職責を遂行する際に | исполня́ть -и президе́нта 大統領の職責を果たす

※**обя́занный** [アビャーザンヌィ] 短 -ан, -ана [形]〔obliged〕①〈不定形〉…する義務がある, すべきである, しなければならない: Я обя́зан вы́полнить рабо́ту. 私は仕事を遂行しなければならない | Ты не обя́зан говори́ть пра́вду. 君は真実を語る必要はない ◆**не ~** 〈不定形〉の場合, 〔不定形〕は通例不完了体〕②〈←に〉〔←を〕負うている, 〈←については〕〔←の〕おかげを被っている: Я обя́зан э́той уда́чей дру́гу. この成功は友人のおかげである ③〈←に〉感謝している, 恩義を感じている: Я Вам о́чень обя́зан. 大変感謝しております

**обяза́тельно** [アビザーチリナ] ①[副] きっと, 必ず, 何があっても: Ты́ — должна́ об э́том рассказа́ть. 君は必ずそれについて話さなければならない ②[無人述] 義務がある, しなければならない: О~ указа́ть, что вы согла́сны. あなたが賛成しているということを示さなければならない | Не до́лго с ни́м обща́ться. その人と長いことやり取りする必要は必ずしもない(★不必要の意味なので不定形は不完了体)

**обяза́тельный** [アビザーチリヌイ] 短-лен, -льна [形1] (obligatory) ①必須の, 義務的な: -ое усло́вие 強制条件 | в -ом поря́дке 義務的に, 必ず | с -ым указа́нием и́мени а́втора 著者名を必ず記して ②いつも決まった, 変わらない, お決まりの ③(人が)責任感の強い ■ ~ экземпля́р 法定納本, 義務納本 **//** -но [女10]

**обяза́тельственный** [形1] 債務の[に関する], 契約義務に基づく: -ые права́ 《法》債権法

**обяза́тельство** [中5] ①[単] 誓約, 約束, 公約, 任務: выполня́ть -а 義務を果たす | -а по отноше́нию к покупа́телям 買い手に対する義務 ②[法]債務関係: ~ по догово́ру 有証債務 ③《経》借用証書, 約束手形: долгово́е [заёмное] ~ 債務[借用]証書

**обя́з|ывать** [不完] **/ обяза́ть** -яжу́, -я́жешь受過-я́занный [完] 〈到〉①[不定形]することを]義務づける, 義務を負わせる, 強制する ②感謝の念を抱かせる, ありがたく思わせる **//** -**ся** [不完/完] [不定形]する]義務を負う, 約束する

**OB** [オヴェー] 《略》отравля́ющее вещество́ 《軍》化学兵器

**о-в** 《略》о́стров

**о-ва** 《略》острова́ 諸島, 列島

**ова́л** [男1] 楕円形, 卵形, 長円形

**ова́льный** 短-лен, -льна [形1] 楕円形の, 卵形の ‖ **-ость** [女10]

**ова́ция** [女9] 拍手喝采

**ОВД** [オヴェデー] 《略》Организа́ция Варша́вского догово́ра ワルシャワ条約機構; отде́л вну́тренних дел 内務省の地方支部

**овдове́ть** [完] (配偶者を失って)独り身になる, やもめになる

**ове́ва|ть** [不完] **/ ове́ять** -е́ю, -е́ешь受過-е́янный [完] 〈到〉①(風などが)周りから吹いてくる ②(感情・印象などが)包む ③《雅》《雨》〈栄光・名声などが〉包む, 覆う, 満たす

**О́вен** -вна, **Ове́н** -вна́ [男1] 《天》牡羊座

**овёс** -вса́ [男1] 《植》カラスムギ属; その畑: ~ пусто́й [дико́й] カラスムギ (овсю́г) | ~ посевно́й [обыкнове́нный] エンバク, オーツ麦 **‖ овсе́ц** -а́ [男3]

**ове́чий** [形1] ①羊(овца́)の ②羊乳でできた ③(人が)従順な, おとなしい; 小心な, 臆病な

**ове́чк|а** 複生-чек [女2] [指小] < овца́ ①おとなしい(従順な)人 ♦ прики́нуться (неви́нной) -ой 《話・戯》何も知らない[何にも関わっていない]ふりをする

**овеществля́ть** [不完] **/ овеществи́ть** -влю́, -ви́шь受過-влённый (-лён, -лена́) [完] 〈到〉[文]実体[具象, 物象]化する **// -ся** [不完/完] 《文》実体[具象, 物象]化される ‖ **овеществле́ние** [中5]

**ове́ять** [完] →овева́ть

**ови́н** [男1] (脱穀前の穀物の)火力乾燥小屋

**ОВИР** [オヴィール] 《略》ビザ登録事務所 (отде́л ви́з и регистра́ций; 1935-2005; 現在は УФМС)

*овладева́ть [不完] **/ овладе́ть** [完] [seize, master] 〈到〉①…を占領する, 奪い取る ②…を支配する, 意のままにする, 影響下に置く ③(感情・思考などが)…を捉える, 襲う: Мно́й овладе́ла мечта́. 私は夢想にとらわれた ④〈知識・能力・技術などを〉身につける, 習得する, 獲得する: ~ иску́сством ча́йной церемо́нии 

茶道の技を身につける ⑤〈女性と〉性的関係を結ぶ, ものにする ♦ овладе́ть собо́й 自制する, 落ち着く

**овладе́ние** [中5] 占領, 占有, 支配; 習得, 獲得

**овладе́ть** [完] →овладева́ть

**о-во** 《略》о́бщество

**о́вод**複-ы/-а́ [男1] (家畜に寄生する)アブ, ハエ ‖ **~о́вый** [形1]

**овощево́д** [男1] 野菜栽培者[業者]

**овощево́д|ство** [ц] [中1] 野菜栽培 **‖ -ческий** [形3]

**о́вощехрани́лище** [中2] 野菜貯蔵所[庫]

*о́вощ|и [オーヴァッシ] -е́й [複] 〔単 о́вощ [男4]〕①野菜, 青物: сала́т из све́жих [сы́рых] -е́й 新鮮な[生]野菜のサラダ | выра́щивать ~ 野菜を栽培する ②《話》頭の弱い人, 《単》《俗》植物状態の人 ♦ Вся́кому -у своё вре́мя. 《諺》物事には時機というものがある(←あらゆる野菜には旬がある)

**овощно́й** [形1] 野菜から作った, 野菜入りの

**о́вощь** 女11 《俗》《集合》= о́вощи

**овра́г** [男1] 雨裂, ガリ, 谷間, 雨溝, くぼ地(雨で浸食小さい谷状の空間) **‖ -жек** -жка [男2] [指小] **‖ -жный** [形1]

**овра́жистый** [形1] 雨裂[ガリ]の多い

**овсю́г** -а́ [男2] イネ科の雑草; カラスムギ

**овся́нк|а** 複生-нок [女2] ①《話》引き割りオート麦, オートミール; その粥(§) ②《鳥》ホオジロ類の総称: красноу́хая ~ ホオジロ | обыкнове́нная ~ キアオジ | настоя́щие -и ホオジロ属

**овся́нковый** [形1] ①ホオジロの ②-ые [複名] ホオジロ科

**овся́ный** [形1] [< овёс] オーツ麦[エンバク, カラスムギ]の

*овц|а́ 複о́вцы, ове́ц, о́вцам [女3] [sheep] ①雌羊, 羊(↔бара́н) ②《話》小心[臆病]な人, 従順な人: Ты́ настоя́щая ~. お前本当に憶病だな | Не бу́дь -о́й! そんなに言うことを聞いてばかりじゃ駄目だよ ■ заблу́дшая ~ 迷える子羊

**овцебы́к** [男1] 《動》ジャコウウシ

**овцево́д** [男1] 羊飼い, 牧羊家

**овцево́д|ство** [ц] [中1] 牧羊 **‖ -ческий** [形3]

**ОВЧ** [オヴェチェー] 《略》о́чень высо́кая частота́ 超短波, VHF

**овча́р** [男1] 羊飼い, 羊番 ②《話》雄の牧羊犬

**овча́рка** 複生-рок [女2] 《動》牧羊犬(全般): неме́цкая ~ シェパード | шотла́ндская ~ コリー(コ́лли)

**овча́рня** 複生-рен [女5] 羊小屋

**овчи́на** [女1] (加工された)羊の毛皮

**овчи́нка** 複生-нок [女2] [指小] < овчи́на ♦ О~ вы́делки не сто́ит. 《話》骨折り損のくたびれもうけだ

**овчи́нный** [形1] 羊の毛皮の[でできた]

**ога́рок** -рка [男2] (ろうそくの)燃えさし

**огиба́|ть** [不完] **/ обогну́ть** -ну́, -нёшь受過-о́гнутый [完] 〈到〉①周囲に巻きつける, はめる; 取り巻く, 囲む ②迂回する

**оглавле́ние** [中5] 目次; 目録

**огла́живать** [不完] **/ огла́дить** -а́жу, -а́дишь受過-а́женный [完] 〈到〉①《話》(落ち着かせるために)撫でる, 撫でつける ②《俗》叩きのめす

**огласи́ть(ся)** [完] →оглаша́ть

**огла́ска** 複生-сок [女2] 公示, 公布, 公告, 公表

**оглаша́|ть** [不完] **/ огласи́ть** -ашу́, -аси́шь受過-ашённый (-шён, -шена́) [完] 〈到〉①(声に出して)宣告[公布, 布告]する; (読み上げて)発表する; 《法》〈判決を〉言い渡す ②〈空間を〉音で満たす, 響き渡らせる **// -ся** [不完/完] (空間が)音で満たされる, 音が響き渡

る, 轟(ホヒロ)く

**оглаше́ние** [中5] 公布, 布告, 公表, 広告, 発表

**оглаше́нн|ый** [形1] ①《俗》無分別な; 逆上している ②《教会》洗礼の儀式の準備にある

**огло́бл|я** 複生 -бель [女2] (馬車の) 長柄, 梶棒
◆*поверну́ть -и* 《俗》手ぶらで帰る

**огло́ед** [男1] ①図々しい人 ②《非難・罵》ふてぶてしい野郎

**оглу́шивать** [不完] / **оглу́шить** -шу́, -ши́шь 受過 -шенный [完] 〈対〉 ①《俗》…の頭をぶん殴る ②《話》びっくり仰天させる

**оглóхнуть** [完] →гло́хнуть

**оглупи́ть** [完] →оглупля́ть

**оглупле́ние** [中5] (人を)愚かにすること; (言葉などを)歪曲する[ねじ曲げる]こと

**оглупля́ть** [不完] / **оглупи́ть** -плю́, -пи́шь 受過 -плённый (-лён, лена́) [完] 〈対〉 ①〈人を〉愚かにする ②〈言葉・行動などを〉(相手を貶(ホピ)めるとして)意図的に歪曲する

**оглуша́ть** [不完] / **оглуши́ть** -шу́, -ши́шь 受過 -шённый (-шён, -шена́) [完] ①〈大きな音で〉…の耳を一時的に聞えなくする; つんざく ②…の頭を強く殴って意識を失わせる ③ (アルコールの影響などで)意識を鈍らせる, ぼぉっとさせる ④〔不完は глуши́ть〕〈魚を〉(氷を叩いて, また爆発音などで)失神させる ⑤《話》(思いがけないことで)唖然とさせる, 仰天させる

**оглуше́ние** [中5]《言》無声化

**оглуши́тельн|ый** 短 -лен, -льна [形1] ①(音が)耳をつんざくような, 耳が聞こえなくなるほど大音量の ∥-о [副]

**оглуши́ть** [完] →глуши́ть, оглуша́ть

**огляде́(ся)** [完] →огля́дывать(ся¹)

**огля́дк|а** [女2] ①振り返る[見回す]こと ②注意深さ, 慎重さ: с *-ой* 慎重に, 注意深く ◆*без -и* 一目散に, 脇目も振らず

**огля́дывать** [不完] / **огляде́ть** -яжу́, -яди́шь [完], **огляну́ть** -яну́, -я́нешь [完] [一回] 〈対〉見回す, 眺め回す; 子細に眺める

*\**огля́дываться¹** [不完] / **огляде́ться** -яжу́сь, -яди́шься [完] ①周り[辺り]を見回す ②暗闇に目が慣れて物の区別が付くようになる ③(新しい環境・条件に)慣れる, なじむ

*\**огля́дываться²** [不完] / **огляну́ться** -яну́сь, -я́нешься [完] ①振り返る; (過去を)顧みる: Услы́шав своё и́мя, я огляну́лся. 私の名前を呼ぶ声がしたので振り返った ②《話》辺りを見回す ③《不完》〈на対〉に振り返る(周囲を伺いながら)慎重に行動する
◆*~ на себя́* 自分を振り返る[省みる], 反省する | *огляну́ться не успе́л, как* あっという間もなく[気が付いてみると]…だった

**огне..** [語形成]「火の」

**огнёвк|а** 複生 -вок [女2] ①《複》《昆》メイガ科 ②《狩》アカギツネ(лиса́-~)

**огнево́й** [形2] ①火(ого́нь)の, 火力による ②(瞳が)燃えるような, ぎらぎらした ③(性格などが)情熱的な, 熱い ④火器による, 銃火《砲火》の

**огнеды́шащий** [形6] 火を噴く, 熱気を吐ほどに熱くなる

**огнемёт** [男1]《軍》火炎放射器 ∥*~*ный** [形1]

*\**о́гненн|ый** 短 -ен, -енна [形1]〔fiery〕 ①火(ого́нь)の; 火のような色の, 真っ赤な: -ые кра́ски о́сени 真っ赤に燃える紅葉 ②《話》燃えるような熱い ③(性格・情熱などが)ぎらぎらした, 燃えるような, 熱い, 情熱的な, 激しい: -*ая ре́чь* 熱い演説
■ *-ая ра́дуга* 《気象》水平弧 (околого́ризонта́льная дуга́)

**огнеопа́сн|ый** 短 -сен, -сна [形1] 引火性の, 火のつきやすい ∥*-ость* [女10]

**огнепокло́нни|к** [男2] / *-ца* [女3] 拝火教徒

**огнепокло́нничество** [中1] 拝火教

**огнеприпа́сы** -ов [複]《軍》弾薬 (огнестре́льные припа́сы)

**огнесто́йк|ий** 短 -о́ек, -о́йка [形3] 耐火[不燃, 難燃]性の ∥*-ость* [女10]

**огнестре́л** [男1]《軍・医》火器[射撃]による傷

**огнестре́льный** [形1] ①火器の; 射撃[可能]の, 発射[可能]の; 《話》火器による ②射撃によってできた

**огнетуши́тель** [男5] 消火器

**огнеупо́рн|ый** 短 -рен, -рна [形1] 耐熱[耐火]性の ∥*-ость* [女10]

**огнеупо́ры** -ов [複] 耐火材

**огни́во** [中1] 火打ち金

**о́гнистый** 短 -и́ст [形1] 炎のような(色の)

**о́гнище** [中2] たき火の跡 ②焼畑

**огн|я́** [単数; 生格]く огонь

**ого́, ого́-го́** [間]《驚き・感嘆・称賛》おぉ, ほほう, うわぁ, へぇ, おやおや, おやまあ, これはこれは

**огова́ривать** [不完] / **оговори́ть** -рю́, -ри́шь 受過 -рённый (-рён, -рена́) [完] 〈対〉 ①《話》中傷する ②事前に取り決めて[定めて]おく ③《但し書き・補足説明を》つける ④《俗》〈人に〉お小言を言う, 叱る

**огова́риваться** [不完] / **оговори́ться** -рю́сь, -ри́шься [完] ①あらかじめ留保しておく, 断りを入れる ②失言する, うっかり口を滑らせる

**огово́р** [男1] 《話》①中傷[誹謗](すること); 悪質デマ ②《法》誕告, 偽告告訴

**оговори́ть(ся)** [完] →огова́ривать(ся)

**огово́рк|а** 複生 -рок [女2] ①(発言に対する)補足的な説明, ことわり, 但し書き ②言い間違え, 失言

**оголе́ние** [中5] 露出, むき出しにすること[なること]; 無防備にすること

**огол́ец** -льца́ [男3]《俗》腕白小僧, いたずら坊主, やんちゃ

**оголи́ть(ся)** [完] →оголя́ть(ся)

**оголода́ть** [完]《俗》飢えて衰弱する

**оголте́лый** [形1]《話》手に負えない, どうしようもない, 見境のない; 荒れ狂った, 気違いじみた

**оголя́ть** [不完] / **оголи́ть** -лю́, -ли́шь 受過 -лённый (-лён, -лена́) [完] ①…の衣服を取る, 裸にして[露わに]する ②…の葉を落とす ③…の覆いを取り除く, 剝き出しにする ④〈前線を〉(敵に対して)無防備にする

**оголя́ться** [不完] / **оголи́ться** -лю́сь, -ли́шься [完] ①衣服を脱ぐ ②(樹木が)葉がなくなる裸になる ③剥き出しになる, 露出する ④(敵に対して)無防備になる

*\**огонёк**, -нька́ [男2] 〔light〕 ①[指小] < ого́нь: *Огонька́ не найдётся?* (たばこの) 火ある? ②ともし火, 灯り, 光の輝き; (機器のインジケータ) ③情熱, 熱意: *рабо́тать с огонько́м* 情熱をもって働く ◆*зайти́ [заверну́ть] на ~* 通りがかりに(窓の明かりを見て)立ち寄る ■*Голубо́й ~* 《新年の歌番組》

*\**ого́нь**, огня́ [男5]〔fire〕【単】①火, 炎: *О- гори́т.* 火が燃えている | *разве́сти [потуши́ть] ~* 火を起こす[消す] | *поста́вить ча́йник на ~* ポットを火にかける ②明かり; 灯火; 目の輝き: *заже́чь [погаси́ть, потуши́ть] ~* 明かりを灯す[消す] | Вдали́ мерца́л ~ мая́ка. 遠くで灯台の火が瞬いていた ③銃砲火; 射撃: *артилле́рийский ~* 砲火 | *при- це́льный ~* 狙い撃ち | *пулемётный ~* 機銃掃射 | *вести́ ~* 射撃を行う | *О-!* 撃て | *Прекрати́ть ~!* 撃ち方やめ ④(人体の)高熱; (病気による熱): *в груди́ ~* 胸やけがする | *Да ты́ ве́сь в огне́!* ひどい熱じゃないの | *в груди́ ~* 胸やけがする ⑤情熱, (創造をもたらす)精神的高揚: *танцева́ть с огнём* 熱情的に踊る ⑥情熱家
◆*днём с огнём не найти́* 《話》どんなに探しても

**огора́живать** 494

からない | *игра́ть с огнём* 危険を招くようなことをする | *из огня́ да в пла́мя (по́лымя)*《諺》一難さってまた一難 | *ли́ния огня́* 最も困難で危険な場所 | *ме́жду двух огне́й (оказа́ться, очути́ться, попа́сть)* 進退きわまる | *огнём и мечо́м* 情け容赦なく、完膚なきまでに、破壊と殺戮の限りを尽くして（←火と剣で） | *преда́ть 完 огню́ и мечу́*《雅》容赦なくせん滅する（←火と剣に献げる） | *пройти́ ~ и во́ду (и ме́дные тру́бы)* 海千山千の経験を持つ、辛酸を舐め尽くしている ‖ **блужда́ющие огни́** 鬼火 | **ве́чный ~** 永遠の火（無名戦士の墓に灯されている） | **огни́ свято́го Эльма** 聖エルモの火 | **бенга́льский ~** 線香花火

**огора́живать** [不完] / **огороди́ть** -ожу́, -о́дишь/-оди́шь 受過 -о́женный [完]〈他〉塀［柵、垣根］で囲む；仕切る ‖ **~ся** [不完] / [完]〈自〉〈от+生〉から自分の土地を囲う

**огоро́д** [男1] 菜園 ◆*в ~е бузина́, а в Ки́еве дя́дька* ばかばかしい話、無意味なこと ‖ **~ный** [形1]

**огороди́ть(ся)** [完] → **огора́живать**

**огоро́дник** [男2] / **-ца** [女3] 菜園農家［経営者］

**огоро́дничество** [中1] 野菜［菜園］栽培（法）

**огоро́шивать** [不完] / **огоро́шить** -шу, -шишь 受過 -шенный [完]〈他〉〈人を〉ひどく驚かせる、仰天させる、まごつかせる

**огорча́ть** [不完] / **огорчи́ть** -чу́, -чи́шь 受過 -чённый [完]〈他〉〈人・心を〉がっかりさせる、悲しませる、悔しい思いをさせる

\***огорча́ться** [不完] / **огорчи́ться** -чу́сь, -чи́шься [完] [be distressed] ①がっかりする、悲しむ、悔しい思いをする: *Я огорча́юсь, е́сли ты уе́дешь.* 君が帰ったら私は残念だよ ②《完》《受》← **огорча́ть**

**огорче́ние** [中5] 悲しみ、苦しみ、悔しさ、落胆

**огорчи́тельный** 短 -лен, -льна [形1] 悲しむべき、悩ませる、残念な、悔しい ‖ **-о** [無人述]

**огорчи́ть(ся)** [完] → **огорча́ть(ся)**

**огра́бить** [完] → **гра́бить**

**ограбле́ние** [中5] 強盗、略奪（行為）

**огра́да** [女1] 囲い、柵、塀

**огради́тельный** [形1] 防護［保護］用の［ための］

**огражда́ть** [不完] / **огради́ть** -ажу́, -ади́шь 受過 -аждённый (-ён, -дена́) [完]〈他〉①〈塀・柵などで〉囲む（**огора́живать/огороди́ть**） ②〈от+生〉から守る ‖ **~ся** [不完] / [完]〈от+生〉から身を守る

**огражде́ние** [中5] ①〈塀などで〉囲うこと；保護、防御、囲い、柵、ガードレール、防護設備

**огра́нивать** [不完] / **огра́нить** -ню, -нишь 受過 -нённый (-нён, -нена́) [完]〈他〉〈宝石などを〉研磨して面を付ける

\***ограниче́ние** [中5] [limitation, restriction] ①制限［限定］（すること）: ~ свобо́ды [пра́ва] 自由［権利］の制限 | без *-ия* по вре́мени [во́зрасту] 時間［年齢］制限なし | нет никаки́х *-ий* для 与 …の利用に一切制限なし ②制限、限定、縮小: ~ ско́рости スピード制限 | *-ия* на и́мпорт иностра́нных това́ров 海外製品の輸入制限

\***ограни́ченный** 短 -ен, -енна [アグラニーチェンヌィ] [形1] [limited] ①限られた、少ない、わずかな: ~ ресу́рс 限られたリソース | в *-ом* коли́честве 限られた量で | ~ круг люде́й 一部の限られた人々 ②知識の浅い、視野の狭い ‖ **-ость** [女10]

\***ограни́чивать** [アグラニーチヴァチ] [不完] / **ограни́чить** -чу, -чишь 命-чь [完] [limit, restrict] ①制限［限定、規制、抑制］する、限る: ~ свобо́ду [пра́во, возмо́жности] 自由［権利、可能性］を制限する | ~ влия́ние на экономи́ческую де́ятельность 経済活動への影響を抑制

する | Нерешённость таки́х зада́ч суще́ственно *огранчи́вает* масшта́б би́знеса. こうした課題が未解決で、ビジネスの規模をも制限している ②《不完または完·受過》境界となる、区切っている

**ограни́чиваться** [不完] / **ограни́читься** -чусь, -чишься [完]〈自〉①…でとどめておく、満足する、甘んずる ②…の範囲内にとどまる、域を出ない

**ограничи́тель** [男5] 制限器、リミッター（スピード、電流などを制御する）

**ограничи́тельный** 短 -лен, -льна [形1] ①制限［限定］のための ②制限された、制限のある、限定的な

**ограни́чить(ся)** [完] → **ограни́чивать(ся)**

**огра́нка** 複生 -нок [女2] （宝石などに）面を付けること；カット面、研磨面

**огра́нщик** [男2] 研磨工

**огреба́ть** [不完] / **огрести́** -ребу́, -ребёшь 過 -рёб, -ребла́ 受過 -ребённый (-бён, -бена́) [完]〈他〉①周囲をかく、かき集める ②《俗》こっそりと手に入れる

**огре́ть** 受過 -тый [完]《俗》〈他〉ぶん殴る

**огре́х** [男2] ①《話》（仕事などの）手抜かり、不備、欠陥 ②（耕作・播種・刈り取りなどの）やり残した箇所

\***огро́мный** [アグロームヌィ] 短 -мен, -мна [形1] [huge, enormous] ①（寸法・容量が）大きい、巨大な、広大な: ~ дом 巨大なビル | челове́к *-ого* ро́ста ものすごくのっぽ ②（数量が）多くの、多数の、膨大な、莫大な数の: *-ая* ма́сса наро́ду たくさんの人 | *-ые* де́ньги 莫大なお金 | *-ое* коли́чество вопро́сов 膨大な数の質問 ③（強さ・程度が）大きい、重大な、深刻な: *-ая* ро́ль 重大な役割 | с *-ым* трудо́м ものすごく苦労して ‖ **-ость** [女10]

**огрубе́лый** [形1] ①（手などが）荒れた、ざらざらになった ②（心などが）荒れた、荒んだ、粗野になった

**огрубе́ть** [完] → **грубе́ть**

**огрубля́ть** [不完] / **огруби́ть** -блю́, -би́шь 受過 -блённый (-лён, -лена́) [完]〈他〉①〈肌などを〉荒れさせる、硬く［ざらざらに］する ②〈人・心などを〉荒ませる ③〈計算などを〉大まかに示す ‖ **огрубле́ние** [中5]

**огру́знуть** -ну, -нешь 命 -ни 過 -у́з, -у́зла [完]《話》①太りすぎる ②重くなる；（人が）ぐったりする ③陥る、落ち込む

**огрыза́ться** [不完] / **огрызну́ться** -ну́сь, -нёшься [完]〈自〉①（動物が）うなる；うなって噛みつく ②《話》（質問などに）乱暴に応対する、喰ってかかる

**огры́зок** -зка [男2] ①（食べ物の）かじりかけ ②使い残し、（焚き残した）切れ端: ~ карандаша́ ちびた鉛筆

**огу́зок** -зка [男2] ①（食用獣の）臀部の肉、ランプ肉 ②（動物の）臀部の毛皮［獣皮］

**огу́лом** [副]《話》①みんな一緒に ②まとめて、（十把）一絡げに、見境なく

**огу́льный** 短 -лен, -льна [形1] 根拠の薄い、表面的な、うわっぺらな ‖ **-о** [副]

\***огуре́ц** -рца́ [男3] [cucumber]《植》キュウリ；その実: бе́шеный ~ テッポウウリ ‖ **огуре́чный** [形1]

**огу́рчик** [男2] ①（指小）← **огуре́ц** ②《話》元気溌剌とした人（様子）◆*(све́жий) как ~* ①健康で生き生きとした ②全くのしらふ

**о́да** [女1] 頌詩、頌歌、オード

\***ода́лживать** [不完] / **одолжи́ть** -жу́, -жи́шь 受過 -о́лженный [完] [lend, borrow]〈他〉①〈金を〉貸す: *Не мог бы одолжи́ть мне сто рубле́й?* 100ルーブル貸してくれないかな ②〈物を〉（ちょっと使用するために）貸す: *Одолжи́ нам на часо́к маши́ну!* 1時間ばかり車貸してよ

**ода́лживать** [不完] / **одолжи́ться**[1] -жу́сь, -жи́шься [完] 厚意に甘える、世話になる、恩を受ける、借りを作る

**одали́ска** 複生 -сок [女2]《文》①オダリスク（ハーレ

# ОДИН

ムの侍女) ②ハーレムに住む姿

**одарённ|ый** 短-ён, -ённа [形1] 才能のある[豊かな] **// -ость** [女10]

**ода́ривать** [不完] / **одари́ть** -рю́, -ри́шь 受過-рённый (-рён, -рена́) [完] ①〈団に図を〉(大勢に, 1人に多くの)プレゼントを与える ② [不完 **одаря́ть**]〈才能を与える, 恵む

**одева́ние** [中5]〈衣服を〉着せる[着る]こと

*__одева́ть__ [アヂヴァーチ] [不完] / __оде́ть__ [アヂェーチ] оде́ну, оде́нешь 命 оде́нь 受過 -тый [完] [dress, clothe] 〈団に в図を〉服を着せる; 〈図の〉扮装をさせる: Меня́ оде́ли в плащ 子どもにレインコートを着せる | Меня́ оде́ла фе́ей. 子どもは妖精の格好をさせられた ②〈団の〉衣類を調えてやる, 衣類を調達して[作って]やる ③〈図の〉扮装を, (特に表面を) 覆う: оде́тый мхом ка́мень 苔むした石 ④ [話]〈図に図を〉くるむ, 包む, おおてやる

*__одева́ться__ [アヂヴァーッツァ] [不完] / __оде́ться__ [アヂェーッツァ] оде́нусь, оде́нешься 命 оде́нься [完] [dress (oneself)] ①〈図の〉扮装をする; 服を着る: ~ в но́вый костю́м 新しいスーツを着る | ~ по после́дней мо́де 流行最先端の格好をする | ~ со вку́сом センスのよい服装をする | ~ потепле́е! もっと暖かい格好をしなさい | ~ ру́салкой 人魚の扮装をする ②衣類を調える, 自分の服装を調達する[作る]: Мне не́ на что одева́ться. 着るものがない ③ Земля́ одела́сь сне́гом. 大地が雪で覆われた ④ [話]〈図にくるまる: ~ оде́ялом 毛布にくるまる ⑤ ⟪不完⟫ [受身] < одева́ть

**оде́жа** [女4] ⟪俗⟫ = оде́жда①

*__оде́жд|а__ [アヂェージダ] [女1] [clothes, clothing] ①衣類 (全般); (下着の一), (下着の-)服: мужска́я [же́нская, де́тская, ве́рхняя] ~ 紳士[女性, 子ども]服, 外衣(コート類) | форме́нная ~ 制服 | рабо́чая ~ 仕事[作業]着 | магази́н -ы 衣料品店 | снима́ть -у [剥ぐ] 服を脱ぐ | носи́ть тёплую -у 暖かい服を着る ② (道路の)舗装; (建物の) 表装 [外装]

**одёжк|а** 複生 -жек [女2] ⟪話⟫ = оде́жда① ◆ *По -е встреча́ют, по уму́ провожа́ют.*⟪諺⟫人は見かけによらぬもの (← 衣によって出会い, 心によって見送る) | *По -е протя́гивай но́жки.*⟪諺⟫分相応に暮らせ (← 衣服に合わせて足を伸ばせ)

**оде́жный** [形1] 衣服用の

**одеколо́н** [男1] オーデコロン, 香水

**одеколо́нить** -ню, -нишь [不完] **на~** [完] ⟪話⟫〈団にオーデコロンをつける **// ~ся** [不完] ⟪話⟫自分にオーデコロンをつける

**оделя́ть** [不完] / **одели́ть** -лю́, -ли́шь 受過 -лённый (-лён, -лена́) [完]〈団に図を〉〈何人か・大勢に〉分け与える

**одёр** [男1] ① ⟪話⟫ (通例老いぼれた) 痩せ馬 ② ⟪俗⟫ 痩せこけた, 痩せぎすの

**одёргивать** [不完] / **одёрнуть** -ну, -нешь 命 -ни 受過-тый [完]〈団に〉①〈衣服を〉下に引っ張って整える ②〈団に〉きつい言葉でたしなめる

**одеревене́лый** [形1] 硬直した, 感覚がなくなった

**одеревене́ть** [完] → деревене́ть

**оде́рживать** [不完] → **одержа́ть** -ержу́, -е́ржишь 受過 -ержанный [完] ◆ *~ верх* (*побе́ду*) 打ち勝つ, 勝利する

**одержи́м|ый** 短 -и́м [形1] ①〈団に〉〈ある気分・感情に〉とらわれた, とりつかれた ②熱中[没頭]しやすい, 熱心になったような ③ [男名] / **-ая** [女名] 気の違った人 **// -о** [副] **// -ость** [女10]

**одёрнуть** [完] → одёргивать

**одесну́ю** [副] ⟪文⟫右に

**Оде́сса** [女1] オデッサ (ウクライナの黒海沿岸の港湾都市) **// оде́сский** [形3]

*__оде́т|ый__ 短 -éт [形1] [clothed, dressed] ①衣服を着ている: ~ со вку́сом [по мо́де] センスのある[流行の]服装をしている ②適切な身なりをしている: ~ в морску́ю фо́рму 海軍の制服を着ている | Я не по фо́рме! 私は身支度が整っていない ② [短尾] 衣服を着ていない

**оде́ть(ся)** [完] → одева́ть(ся)

*__одея́л|о__ [アヂヤーラ] [中1] [blanket, coverlet] 毛布, 掛布団: ва́тное [стёганое] ~ 綿入れの[キルトの]掛布団 | шерстяно́е ~ 毛布 | пухо́вое ~ 羽根布団 | лоску́тное ~ パッチワークの掛布団 | укры́ться ~ом 毛布にくるまる | забра́ться под ~ 毛布の中にもぐり込む | тяну́ть ~ на себя́ 毛布をかぶる | лежа́ть под -ом 毛布にくるまって横になっている | вы́лезти из-под -а 毛布から這い出る **// одея́льце** 複生 -лец [中2] [指小] **// одея́льный** [形1]

*__оди́н__ [アヂーン] [男] **одного́** [ヴァ-], одному́, оди́н/одного́, одни́м, одно́м **одна́** [アドナ-] [女] 生·与·造·前 одно́й 対 одну́, **одно́** [アドノ-] [中] одного́, одному́, **одни́** [アドニ-] [複] одни́х, одни́м, одни́/одни́х, одни́ми, одни́х

Ⅰ [数] ⟪個数⟫ ①〈数・数字の〉1: пятьсо́т со́рок оди́н 541 | одна́ втора́я 2分の1 | одна́ деся́тая 10分の1 | одна́ ты́сяча 1000 | Оди́н плюс оди́н равно́ двум. 1+1は2 | Три мину́с два равня́ется одному́. 3−2 = 1 ②(番号の) 1: дом но́мер оди́н, кварти́ра оди́н これは第1の[最優先の]課題だ [名詞と共に] ⟪数量⟫① (a) [単数名詞と共に]: оди́н метр 1メートル | оди́н килогра́мм 1キロ | одно́ письмо́ 1通の手紙 | Купи́л оди́н литр молока́. 牛乳を1リットル買った (b) [複数専用名詞と共に; 複数形одни́の形で]: одни́ часы́ 時計1つ | одни́ но́жницы はさみ1丁 | одни́ брю́ки ズボン1本 | одни́ су́тки 一昼夜 ④1人の人

Ⅱ [数] ①(a)1人で, 単独で, 独りぼっちで, 孤立して: Я живу́ оди́н. 私は1人で暮らしている | Она́ совсе́м одна́. 彼女は全くの独りぼっちだ | Мы с тобо́й здесь совсе́м одни́. ここには君と僕だけしかいない | Приходи́ оди́н. 1人で来い | Одному́ мне не спра́виться! 1人では対処できない (b) [名詞として] 独りぼっちの人 ②(a)唯一の, ただ~だけ[1つの]: Он шёл в одно́й руба́шке. 彼はシャツ1枚だけで出て行った (b) [одно́ [中名] ただ1つのこと: Весь день ду́маю об одно́м. 1日1日をずっと1つのことだけで考えている | ⟪話⟫⟨程度が甚だしい時⟫全くの, ただただ!: Круго́м оди́н у́жас. 身の周りにはただただひどいことばかりだ ③〈同種の人・物のうちから〉1つ, 1人: оди́н из студе́нтов 学生のうちの1人 | одна́ из мои́х книг 私の本のうちの1冊 | По́мню одного́ из тогда́шних собы́тий. 当時の出来事のうちの1つを覚えている ⑤〈другу́ю と対比して〉(a)ある一方の, 片一方の…: положи́ть одну́ но́гу на другу́ю 足を組む | Одни́ студе́нты писа́ли, а други́е чита́ли. ある学生は書き物をしていたが, 別の学生は読み物をしていた (b) ⟪名詞として⟫ 1人 [一方の]…; 1つ [一方の] もの: Оди́н - преподава́тель, друго́й - студе́нт. 1人は教師で, もう1人は学生だ | Одни́ согла́сны, други́е нет. ある者は賛成だが, そうでない者もいる ⑥同じ, 同一の(тот же са́мый): жить в одно́м до́ме 同じ家に住む | лю́ди одного́ поколе́ния 同じ世代の人 ⑦1つの, 唯一の, 完全な, 不可欠の: Мы все оди́н наро́д. 我々は皆1つの民族である ⑧(5段階評価の成績の) 1点 (едини́ца, пло́хо; ~~хорошо́⟪参考⟫

◆ *в оди́н го́лос* 声をそろえて | *всё до одного́* 残らず, 誰もかれも | *оди́н за други́м* あとから次から次へと (★ 主語の性に一致させる; 通例不完了体動詞, 時に完了体動詞にも用いられる): открыва́ть вра́та одни́ за други́ми 門を次々と開く | **оди́н к одному́** (質・大きさが)similarly, 劣らぬ, 揃いも揃って | **одно́ к одному́** (不快なことが) 次から次へと | **оди́н на оди́н** (1) 2人きりで; 差し(向かい)で (2) (決闘などで) 1対1で, 一騎打ちで | **оди́н и то́т же** 同一の, 全く同じ; 《中名》同じこと: в одно́й и то́й же вре́мя 全く同じ時間に | ходи́ть в одно́м и то́м же костю́ме いつも同じ服を着て歩く | говори́ть одно́ и то́ же 同じことを話す | **по одному́** 1人ずつ, ばらばらに

\*одина́ково [アヂナーカヴァ] [副] (equally) ① 同様に, 同じ様に: ~ оде́ты (причёсаны) 同じ様な服装[髪型]をしている ② 同程度に, 等しく, 同じ様に: Они́ ~ хорошо́ пою́т. 彼らは同じくらい上手に歌を歌う

\*одина́ковый 短 -ов [形1] 一致[類似]した, 同一の, 同じ, 等しい, 変わらない: -ые ро́ста 同じ高さ | -ая высота́ [длина́] 同じ高さ[長さ] | -ое коли́чество 同量 | в -ой сте́пени 同程度に | Не доста́точно приде́рживаться -ых взгля́дов. 必ずしも同じ物の見方に執着する必要はない // **одина́ковость** [女10]

**одина́рный** [形1] 1つの要素[物]から成る, 単一の, シングルの

**оди́н-еди́нственный** (★前の部分は оди́н と同変化) [形1] 唯一無二の, 他ならぬ

**одиноко́нек, одинёшенек** -нька, -нько, -ньки [形] 《話》天涯孤独である, 全くの独りぼっちの (оди́н-~)

**одина́рочек, одинёшенек** 

**оди́ннадцатикла́ссни|к** [男2] /**-ца** [女3] 11年生

**оди́ннадцатиле́тний** [形8] ① 11年間の ② 11歳の

**оди́ннадцатиметро́вый** [形1] 11メートルの: ~ штрафно́й уда́р 《サッカー》ペナルティーキック

**оди́ннадцатичасово́й** [形2] 11時間の; 11時の

\***оди́ннадцатый** [アヂーナフツァティイ] [形1] 《序数》(eleventh) 11番目の: в полови́не -ого 10時半に | -ого февраля́ 2月11日に ◆на -ом но́мере (е́хать) (戯) 歩いて (行く)

\***оди́ннадцать** [アヂーナツァヂ] 生・与・前・н 対・ь 造・ью [数] (個数) (eleven), 11 (→ пять [шиnь])

\***оди́ннок|ий** [アヂノーケイ] 短 -о́к [形3] (lonely, solitary) ① ただ1つ[1人]の, 孤立した: ~ до́м 広いところにぽつんと建つ家 | -ое де́рево 一本立ちの木 ② 身寄りのない, 独り身の; 孤独の; 友人[知人]がいない: -ая ма́ть シングルマザー | ~ во́лк 一匹狼 ③ 独りぼっちの, 孤独の; 寂しい: -ая прогу́лка 1人の散歩 | -ая ста́рость 孤独な老後 // **-ость** [女10]

**одино́ко** [副] ひとりで; 寂しく

\***одино́чество** [アヂノーチェストヴァ] [中1] (loneliness, solitude) 孤独, ひとり暮らし: чу́вство -а 孤独感 | сиде́ть в ~ е 1人で (座っている) | жи́ть в ~е 1人で暮らす | Го́д -а прошёл. 1人きりで1年が過ぎ去った

\***одино́чк|а** 複生 -чек [女2] (lone person) ① [男・女] 1人でいる[暮らす]人; 孤立している人; 1人で[助けを借りずに]仕事に従事する人; 《話》身寄りのない人 | 《話》独身 ③ 1人漕ぎの競艇, シングル ◆**о́-н** 1人ずつ, ばらばらに | **в-у́** 1) 独力で, 助けを借りずに: де́йствовать в-у́ 1人で行動する 2) 1人ずつ; 別々に (по -е)

**одино́чный** [形1] ① 個々の, 孤立した, 単発の ② 単独で行う ③ 1人用の, 独居の, 隔離された

**одио́зный** 短 -зен, -зна [形1] 《文》(物が)不快極まる, 反感をもたれるような

**одиссе́я** [女6] 《文》① **О-** オデュッセイア (古代ギリシャの詩人ホメロスの叙事詩) ② 冒険に満ちた長い放浪の旅; その物語

**одича́лый** [形1] ① (動植物が)野生化した, 野生に

返った ② (人が)社会生活を忘れた, 浮世離れした ③ (風貌・視線が)怯えついた, おかしい

**одича́ние** [中5] 野生化

**одича́ть** [完] →дича́ть

**оди́ческий** [形3] <о́да

**ОДКБ** [オデカベー] (略) Организа́ция Догово́ра о коллекти́вной безопа́сности 集団安全保障条約機構, CSTO

**одна́** →оди́н

\***одна́жды** [アドナージヂ] [副] (once, one day) ① 一度, 一回 (оди́н ра́з): Я бы́л там то́лько ~. 一度だけそこに行ったことがあります ② (過去の)いつか, かつて, ある時 (когда́-то): О~ мы пошли́ на прогу́лку. ある日私たちは散歩に出かけた ③ (未来の)いつか, 今に (когда́-нибудь): О~ ты́ вспо́мнишь обо мне́. 今に僕のことを思い出すさ

\***одна́ко** [アドナーカ] [アドナーカ] (however, nevertheless) I [接] だが, しかし, それでもやはり: Она́ понима́ла, что́ он пра́в, ~ не согласи́лась с ни́м. 彼女は彼が正しいとわかっていたが賛成しなかった II [(挿入)] それにもかかわらず, それでも, でも: Ду́маю, вы́ уже́ в ку́рсе э́того вопро́са, ~, позво́льте ва́м напо́мнить, о чём идёт ре́чь. この件については既にご存知かと思いますが, 念のため再度議題について申し上げます III [間] 《驚き・当惑・憤慨》まさか, へえ

**одни́, одно́** →оди́н

**одно́..** [語形成] 「1の」「1つの」「同一の」

**одноа́ктный** [形1] 《劇》1幕物の

**однобо́кий** 短 -о́к [形3] ① 片側しかない, 片側だけ大きい ② (理解・判断などが) 一方的な, 片寄った

**однобо́ртный** [形1] (上着・スーツが) シングルの

**однова́лентный** [形1] 《化》1価の

\***одновреме́нно** [アドナヴリェーミェンナ], **одновре́менно** [副] (at the same time) ① 同時に: учи́ться и ~ рабо́тать 働きながら学ぶ | Пожа́рная и ско́рая по́мощь прие́хали ~. 消防車と救急車が同時に来た ② 同程度に: ~ и привлека́тельный и риско́ванный 魅力的であると同時にリスクを伴う

\***одновреме́нный** 短 -енен, -енна, **одновре́менный** 短 -енен, -енна [形1] (simultaneous) 同時の, 同時に起きる, 時を同じくした: сеа́нс -ой игры́ 《チェス》同時対局 // **-ость** [女10]

**одногла́зый** 短 -а́з [形1] 片目の, 独眼の

**одного́дичный** [形1] 1年間の[続く], 通年の

**одного́док** -дка [男2] 《話》同年齢の人, 「タメ」

**одного́рбый** [形1]: ~ верблю́д 《動》ヒトコブラクダ

**одноголо́сие** [中5] 《楽》単旋律

**одноголо́сный** [形1] 《楽》① 単旋律の ② 独唱[独奏]用に作られた

**однодне́вка** 複生 -вок [女2] ① 《昆》カゲロウ (подёнка) ② 《話》短命[その場限り]のもの, 際物 (芸術作品・本・言葉などについて)

**однодне́вный** [形1] ① 1日続く, 1日にわたる; 1日分の, 日帰りの ② 1日当たりの, 日払いの

**однодо́льный** [形1] 《植》① 単子葉の ② **-ые** [複尾] 単子葉植物

**однодо́мный** [形1] 《植》雌雄同株の

**одноду́м** [男1] いつも同じことを考えている人; 1つの考えに凝り固まった人

**однозву́чный** [形1] 同じ音色を出す, 同じ調子で響く

\***однозна́чно** [副] 一義的に, 明快に, 明示的に, はっきりと

**однозна́чн|ый** 短 -чен, -чна [形1] (synonymous, monosemic) ① 同じ意味の, 同義の ② 1つの意味しか持たない, 一義だけの ③ 一義的な, 別の解釈の余地のな

**одуванчик**

い, 明快な ④ (数字が) 1桁の **//-ость** [女10]

**одноимённый** 短 -ёнен, -ённа [形1] 同名の

**однока́шни|к** [男2] **/-ца** [女3] 〔話〕同級生, 同期生, 級友, 同窓生, 学友, 「同期」

**однокла́ссни|к** [男2] **/-ца** [女3] 同級生, クラスメート ■ **O-ки** [IT] ロシアの SNS サービスの名称

**одноклéточный** [形1] 〖生〗単細胞の

**одноклу́бни|к** [男2] **/-ца** [女3] 〔話〕スポーツクラブなどの同じクラブのメンバー

**одноколе́йка** 複生 -е́ек [女2] 〔話〕単線鉄道

**одноколе́йный** [形1] 〖鉄道〗単線の

**однокóмнатный** [形1] (キッチン以外に)1部屋ある, 1DK (キッチン, バスおよび居室1部屋から成る)

**однокóнный** [形1] (馬車が)1頭立ての

**однокоренной** [形1] 〖文法〗同語根 [同語幹]の

**однокрáтн|ый** [形1] 1回の **~ глагóл**〖文法〗一回体動詞 **//-ость** [女10]

**однокры́лый** [形1] 1対の羽[翼]を持つ

**однокýрсни|к** [男2] **/-ца** [女3] (大学の)同級生, 同期生

**однолéтний** [形8] ①〖植〗1年生の ② 同い年の

**однолéтник** [男2]〖植〗一年生植物

**однолéт|ок** -тка [男2] **/-ка** 複生 -ток [女2]〔話〕同い年の人, 「タメ」

**однолю́б** [男1] **/~ка** 複生 -бок [女2] ① 生涯1人の異性を愛し続ける [続けた] 人 ② (1つのことに) 興味 [関心, 執着] を持ち続ける人

**одномандáтный** [形1] 1議席の

**одномáстный** [сн] [形1] (馬などの毛色が)単色の

**одномáчтовый** [形1] シングルマスト式の

**одномéрный** [形1] ① 1次元の, 単一の ② 2面的な

**одномéстный** [形1] (飛行機・船などが)単座の; (ホテルの部屋などが)1人用の

**одномото́рный** [形1] シングルエンジンの, 単発の

**одноно́гий** [形3] 足足しのない; 単脚の, 1本足の

**однообрáзие** [中5] 単調, 一本調子, 変化のないこと, 画一, 千篇一律

**однообрáзн|ый** 短 -зен, -зна [形1] 変化のない, いつも同じな, 単調な **//-ость** [女10]

**однопалáтный** [形1] 〖政〗(議会が)1院制の

**однопалýбный** [形1] (船が)1階建ての

**однопартúйн|ый** [形1] 1党(支配)の [による]:: **-ое прави́тельство** 単独政権

**одноплу́кана́нин** 複 -áне, -áн [男10] 同じ連隊の仲間 [同胞]

**однопо́лый** [形1] ①〖植〗単生の ②(人が)同性の

**однопо́лярн|ый** [形1] 1極の, 1極の **//-ость** [女10] 1極主義

**однопýтка** 複生 -ток [女2] 〔話〕単線鉄道

**однопýтный** [形1] 〖鉄道〗単線の

**однорáзов|ый** [形1] 1回(限り)の, 使い捨ての **//-ость** [女10]

*****однорóдн|ый** 短 -ден, -дна [形1]〔homogeneous〕同種の; 類似した: **-ая мáсса** 均質な塊 (液体, 練り物など) **-ые члéны предложéния**〖文法〗文の同格成分 **//-ость** [女10]

**однорýкий** 短 -ýк [形3] 1本腕の, 片腕しかない

**однорядка** 複生 -док [女2] ①〔露史〕9世の男物の上着 (襟なしで裾が長い) ②〔話〕単列[1段式] 鍵盤のアコーディオン

**односельчá|нин** 複 -áне, -áн [男10] **/-ка** 複生 -нок [女2] 同じ村の住人[出身者]

**односло́жн|ый** 短 -жен, -жна [形1] ① (語が)単音節から成る ②(返答などが)簡潔な, 短い **//-о** [副]

**однослóйный** 短 -ó́ен, -ó́йна [形1] 単層の

**односпáльный** [形1] (寝具・ベッドなどが)1人用の, シングルの

**одноство́льный** [形1] 単銃身の

*****одностоpо́нн|ий** 短 -ó́нен, -ó́ння [形8] 〔one-sided, one-way〕 ① 片面だけの; (布地が)裏表のある ②(交通などが)一方通行の, 片側だけの ③(契約などが)片務的な ④(考えなどが)一面的な, 偏狭な

**однотúпн|ый** 短 -пен, -пна [形1] 同型の, 同じタイプの; 似た型の **//-ость** [女10]

**однотóмник** [男2] 1巻本 **//-ный** [形1]

**однофáзный** [形1] 〖電〗単相の

**однофамú́л|ец** -льца [男3] **/-ица** [女3] (血縁関係のない)同姓の人

**одноцвéтн|ый** 短 -тен, -тна [形1] 単色の, 色が一様の; 単一色の **//-ость** [女10]

**одноцилúндровый** [形1] 単筒の

**одночáстный** [сн] [形1] 〖文〗(芸術作品が)一部構成の

**одночáсье** [中4] 〔話〕**♦ в ~** 瞬く間に, あっという間に, すぐに, 即座に, たちまち

**одночлéн** [男1] 〖数〗単項式

**одноэтáжный** [形1] 1階建ての, 平屋の

**одноязы́чный** 短 -чен, -чна [形1] 単一言語の; 1か国語しか話せない

**однояру́сный** [形1] 1段の, 1階の

**ону́шка** 複生 -шек [女2] 〔不動産・俗〕1間[1DK]の部屋

*****одобрéние** [中5] 〔approval〕 ① 賛成, 是認, 承認, 賛同, 同意: **получи́ть ~ парлáмента** 国会の承認を受ける ② 称賛, 賛辞

**одобри́тельн|ый** 短 -лен, -льна [形1] 賛成[承認]の, 承認[賛成]を表す; 称賛の **//-о** [副]

*****одобря́|ть** [不完] **/ одо́брить** -рю, -ришь 命-ри 受過 -ренный [完] 〔回〕 ① 称賛する; 良しとみなす; 行動などを正しいと認める: **Он мою́ статью́ одо́брил.** 彼は私の記事を認めてくれた ② 是認[承認, 賛同, 承認]する: **Архитéкторы одо́брили проéкт реконстру́кции.** 建築家たちは修復プロジェクトに賛同した | **Ваши предложéния одо́брены.** あなたの提案は承認されました **//~ся** [不完] 〔受身〕

**одолевáть** [不完] **/ одолéть** -éю, -éешь 受過 -лён, -лена́ [完] 〔回〕 ①〈敵を〉(戦いで)負かす ②〈感情・欲望などに〉打ち克つ ③〔話〕(苦労の末)征服[克服]する;〈困難なものを〉習得する, マスターする;(苦労して・大量に)平らげる, 飲み干す ④(ある状態が)捉える, 襲う ⑤〔話〕苦しめる, うんざりさせる, 閉口させる

**одолéние** [中5] ①〖文〗(敵に)打ち勝つこと, 勝利 ②〔話〕(困難を)克服すること; 習得, ものにすること

**одолжáть** [不完] **/ одолжи́ть** [完] → **одáлживать**

**одолжáться** [不完] **/ одолжи́ться²** -жу́сь, -жи́шься [完] 金を借りる

**одолжéние** [中5] 厚意, 厚情, 親切: **по́льзоваться -и́ями** … のご厚意に甘える | **сдéлайте ~** 〔しばしば皮肉〕どうかお願いします | 〔許可〕結構ですよ

**одолжи́ть(ся)** [完] → **одáлживать(ся), одолжáться**

**одомáшнива|ть** [不完] **/ одомáшнить** -ню, -нишь 命-ни 受過-ненный [完] 〔回〕〈野生動物を〉手なずける, 飼い馴らす, 家畜化する **//-ние** [中5]

**однорýкий** 短 -ýк [形3] 1本腕の, 片腕しかない

**одр** -á [男1] 〔旧〕寝床 **♦ на -é болéзни** 〔雅〕病床に伏している | **на смéртном ~é** 〔雅〕臨終の床に伏している

**одревеснáть** [不完] **/ одревеснéть** [完] (植物の細胞・組織が)木質化する

**одревеснéние** [中5] 木化, 木質化

**одрябнуть** [完] → **дряб́нуть**

**одрябхлéть** [完] → **дряхлéть**

**одувáнчик** [男2]〖植〗タンポポ属:: **~ лекáрственный** セイヨウタンポポ **♦ бóжий ~** 〔戯〕物静かな[寄る辺なき]老齢の女性;〔皮肉〕(美術館の)監視員

**оду́мываться** [不完] / **оду́маться** [完] ① 考え直す ② 《話》我に返る

**одура́чивать** [不完] / **одура́чить** -чу, -чишь 受過 -ченный [完] 《話》〈完〉かつぐ, ばかにする, だます, 一杯くわせる

**одуре́лый** [形1] 《俗》ぼんやりした, おかしくなった, 前後不覚の

**одуре́ние** [中5] 《話》(疲労・緊張で)周りのことがよくわからなくなっていること, ぼんやりしていること

**одуре́ть** [完] →дуре́ть

**одурма́нить** [完] →дурма́нить

**о́дурь** [女10] 《話》 ① 意識が朦朧とすること ② (薬品・眠りなどの) 意識を朦朧とさせるもの

**одуря́ть** [不完] 《話》〈完〉(物が)意識を朦朧とさせる

**одутлова́тый** 短 -а́т [形1] (顔が)むくんだような, はれぼったい **‖-ость** [女10]

**одухотворе́ние** [中5] (事物を)人格化(すること), 霊性を賦与すること, インスピレーション, 鼓舞

**одухотворённый** 短 -ён, -ённа [形1] 感激した **‖-ость** [女10]

**одухотвори́ть** / **одухотвори́ть** -рю́, -ри́шь 受過 -рённый (-рён, -рена́) [完] 〈完〉 ① 動物・自然現象に魂が宿っていると考える, 霊性を付与する, 人格化する ② 生命[活気]を与える ③ 鼓舞する; 崇高なものとする

**одушеви́ть(ся)** [完] →одушевля́ть

**одушевле́ние** [中5] (自然などの)人格化

**одушевлённый** 短 -ён, -ённа [形1] ① 生命を有する, 生き物の ② 【言】活動体の, 有生の ③ 【文】奮い立った **‖-ость** [女10]

**одушевля́ть** [不完] / **одушеви́ть** -влю́, -ви́шь 受過 -влённый (-лён, -лена́) [完] 〈完〉① 〈自然などを〉生きた物と考える ② 鼓舞する, 奮起させる **‖~ся** [不完] / [完] 生き生きとしている, 生きているように動く

**оды́шка** [女2] 息切れ, 喘ぎ, 呼吸困難

**ожереби́ться** [完] →жереби́ться

**ожере́лье** [中4] ネックレス, 首飾り ② 鳥の首の周りの羽毛

**ожесточа́ть** [不完] / **ожесточи́ть** -чу́, -чи́шь 受過 -чённый (-чён, -чена́) [完] 冷酷にさせる, 慣慨させる **‖~ся** [不完] / [完] ① 冷酷になる; 慣慨する ② (寒さなどが)厳しくなる

**ожесточе́ние** [中5] ① 無情[冷酷, 非情](になること) ② 激怒すること, 嫌悪感, 憎悪 ③ 強情, 頑張り

**ожесточённый** 短 -ён, -ённа [形1] ① 非情[無慈悲]になった; 激怒した, いらだった ② 猛烈な, 激烈な, 切迫した, 激しい **‖-ость** [女10]

**ожесточи́ть(ся)** [完] →ожесточа́ть

**оже́чь(ся)** [完] →ожига́ть

**ожива́ть** [不完] / **ожи́ть** -иву́, -ивёшь 過 о́жил, ожила́, о́жило [完] ① 生き返る, 蘇生する, 復活する, よみがえる; (病後)元気を取り戻す ② 活気づく, にぎやかになる, 生き生きとする ③ (火山などが)活動を始める ④ (感情などが)新たによみがえる, 復活する

**оживи́ть(ся)** [完] →оживля́ть(ся)

**оживле́ние** [中5] 蘇生, 再生 ② 活気, にぎわい, にぎやかさ; 活況

**оживлённо** [副] ① 生き生きと, はつらつと ② 【楽】アレグレット ③ [無人述] にぎやかに

**оживлённый** 短 -ён, -ённа [形1] 生気に満ちた, はつらつとした, 生き生きとした; 活気のある, 活発な; にぎやかな **‖-ость** [女10]

**оживля́ть** [不完] / **оживи́ть** -влю́, -ви́шь 受過 -влённый (-лён, -лена́) [完] 〈完〉 ① 〈死者などを〉甦らせる, 復活させる, 蘇生させる ② 〈物理的・精神的な力を〉よみがえらせる 〈記憶などを〉呼び覚ます ④ 生命[活力]を与える ⑤ 派手に〈華やかに〉する ⑥ 〈活動などを〉より活

発化する

**оживля́ться** [不完] / **оживи́ться** -влю́сь, -ви́шься [完] ① 生気を得る, 活気づく, 生き生きとする ② にぎやかになる ③ ますます盛んになる, 活発化する

**ожига́ть** [不完] / **оже́чь** ожгу́, ожжёшь, ожгу́т 命 ожги́ 過 ожёг, ожгла́ 受過 ожжённый (-жён, -жена́) [完] 〈完〉 ① やけどさせる (обжига́ть/обже́чь) ② 焼けつくような痛みを与える ③ したたか殴る **‖~ся** [不完] / [完] = обжига́ться/обже́чься

‡**ожида́ние** [アジダーニエ] [中5] [expectation] ① 待つこと: ~ авто́буса バスを待つこと | ~ чу́да 奇跡が起きるのを待っていること | во вре́мя -ия ребёнка 子どもが生まれてくるのを待っている間 | че́рез час -ия 1時間待った後 ② (通例複) 期待, 予想, 望み: оправда́ть [обману́ть] -ия 期待に応える [を裏切る] | Реа́кция ры́нка соотве́тствует -иям экспе́ртов. 市場の反応は専門家の予想と一致している ③ 〖数〗(確率の)期待値 (математи́ческое ~) **♦в -ии** ﾛ (1) 〜を待ちながら, 〜を心待ちにして: в -ии отве́та 返事を待ちながら (2) 〘婉曲〙妊娠している

‡**ожида́ть** [不完] [アジダーチ] [wait, expect] 〈生〉 ① 〈を(予想して)待つ: ~ изве́стий 知らせを待つ | не ожида́я отве́та 答えを待たずに | Я терпели́во ожида́ю возвраще́ния моего́ отца́. 私は父の帰還を忍耐強く待っている ② <不定形/従属節>〜を期待[予想]する: Не ожида́л уви́деть тебя́ здесь. ここで君に会うとは思ってなかったよ | Нельзя́ ~ мно́гого от неё. 彼女に多くを期待してはいけない ③ (事物が)〈人を〉待ち受けている: Нас ожида́л небольшо́й сюрпри́з. 私たちを待ちうけていたのはちょっとしたサプライズだった **♦как и сле́довало ~** 予想通り, 案の定

**ожида́ться** [不完] ① 予想[予定]されている, 見込まれている ② 〖受身〗< ожида́ть

**ожире́ние** [中5] 肥満, 肥大

**ожире́ть** [完] →жире́ть

**ожи́ть** [完] →ожива́ть

**ожо́г** [男2] やけど; やけどの痕 **‖-овый** [形1]

**оз.** 〘略〙 о́зеро

*‡**оза́боченный** 短 -ен, -енна [形1] [anxious] (人が)心配で気を揉んでいる, 不安で一杯の, (表情などが)心配[不安]そうな: ~ взгля́д 不安げな目つき

**озабо́чивать** [不完] / **озабо́тить** -о́чу, -о́тишь 受過 -о́ченный [完] 〈完〉…に心配[気苦労]をかける, 不安にする, 憂慮させる **‖~ся** [不完] / [完] 〈圖/o圖〉…のことを気にかける, 心配する

**озагла́вливать** [不完] / **озагла́вить** -влю, -вишь 受過 -вленный [完] 〈完〉…に題名[表題, 見出し](загла́вие)を付ける

**озада́ченный** 短 -ен, -енна [形1] 驚いたような, 当惑[狼狽, 困惑]したような, いぶかしげな **‖-о** [副]

**озада́чивать** [不完] / **озада́чить** -чу, -чишь 受過 -ченный [完] 〈完〉 ① 〈圖〉(質問などで)困らせる, 当惑させる ② 《戯・皮肉》(官僚的に)…に課題を与える, 委託する

**озаре́ние** [中5] 〘文〙 ① 照らすこと; 明るくなること ② (思考・理解などの) ひらめき: На меня́ нашло́ ~. ひらめいた

**озари́ть** [不完] / **озари́ть** -ри́т 受過 -рённый (-рён, -рена́) [完] 〘雅〙 ① 照らす ② 生き生きさせる, 〈気分・表情などを〉明るくする ③ (考えなどが) ぱっとひらめく, 浮かぶ

**озари́ться** [不完] / **озари́ться** -рю́сь, -ри́шься [完] 〘雅〙 ① (光で)明るくなる ② (感情・考えなどで) 輝く, 晴れる, 明るくなる

**озвере́лый** [形1] (獣のように)凶暴な, 残忍な

**озвере́ние** [中5] 凶暴化, 野獣化

**озвере́ть** [完] →звере́ть

**озву́чение** [中5] (映画などの)音入れ, 録音
**озву́чивани|е** [中5] = озвучение ■**актёр ~ия** (アニメ・映画などの)声優
**озву́чивать** [不完] / **озву́чить** -чу, -чишь 受過 -ченный [完] 〈対〉(映画などに)音入れする
**оздорови́тельный** [形1] 健康増進のための
**оздоровле́ние** [中5] ①健康にする[なる]こと, 健康増進 ②健全化, 正常化
**оздоровля́ть** [不完] / **оздорови́ть** -влю́, -ви́шь 受過 -влённый (-лён, -лена́) [完] 〈対〉①健康にする, 健康を増進する ②健全化する, 正常化する
**озелене́ние** [中5] 緑化
**озелени́тель** [男5] 緑化に携わる人
**озелени́тельный** [形1] 緑化の, 植樹の
**озелени́ть** [不完] / **озелени́ть** -ню́, -ни́шь 受過 -нённый (-нён, -нена́) [完] 〈対〉緑化する, 植樹する
**о́земь** [副] 〔話〕(上から)地面に[地表, 地上, 地べたに]
**озёрный** [形1] 湖の, 湖沼沼に棲む, 湖水用の; 湖沼の多い
＊**озёр|о** [オージラ] [中5] 複 озёра, озёр [中1] 〖lake〗湖, 湖水, 湖沼; солёное ~ 鹹湖(はん), 塩湖 | иску́сственное ~ 人造湖 | вода́ в ~е 湖の水 | Река́ впада́ет в ~. 川は湖に注いでいる | глаза́ как озёра 湖のような瞳 | ■**~-запове́дник** 湖保護地区 | **Оне́жское ~** オネガ湖 (Оне́га) | **Ла́дожское ~** ラドガ湖 (Ла́дога) ‖**-ко** 指-ки́, 指小, **-цо́** [指小], **-рцам** [指小]

**ози́м|ый** [形1] (作物が)秋播きの; **-ые** [複名] 秋播き作物
**о́зимь** [女1] ①秋播き作物; その播種; その芽 ②秋播き作物の畑, 秋播き畑
**озира́ть** [不完] 〔雅〕〈対〉見回す ‖**~ся** [不完] 周囲を見回す
**озли́ть(ся)** [完] →зли́ть(ся)
**озлобле́ние** [中5] 憤慨, 激怒, 激昂, 憤怒; 敵意, 悪意, 鬱憤
**озло́бленн|ый** 短 -ен, -енна [形1] 憤慨した, 激怒した, 敵意に満ちている, 恨みのこもった ‖**-ость** [女10]
**озлобля́ть** [不完] / **озло́бить** -блю, -бишь 受過 -бленный 〈対〉激怒[激昂]させる
**озлобля́ться** [不完] / **озло́биться** -блюсь, -бишься [完] ①意地悪くなる, 周囲に敵意を抱く ②〔話〕激怒[激昂]する
**ознакоми́тельный** [形1] 導入の; 実情[現地]調査の; 入門の
＊**ознакомля́ть** [不完] / **ознако́мить** -млю, -мишь 受過 -мленный [完] 〈対を с造について〉知らせる, 教える, 紹介する = **знако́мить** ‖ **~ся** [不完] / [完] 〈с造について〉知る, 情報を得る
**ознамено́ван|ие** [中5] 記念; ◆**в** ~ 〈生〉…を記念して (в честь 生)
**ознамено́вывать** [不完] / **ознаменова́ть** -ну́ю, -ну́ешь 受過 -ованный [完] 不完主 **знаменова́ть** 〔文〕〈対を造で〉①記念すべきものにする ②〔話〕祝う, 記念する; 引き立たせる ③意味する
**ознамено́вываться** [不完] / **ознаменова́ться** -нуется [完] 〈造〉〔文〕…によって特徴付けられる, 特筆される ②〔話〕記念される, 際立つ
**означа́емое** [形1変化] [中名] 《言》所記
**означа́ть¹** -чу, -чишь 受過 -ченный [不完] = обознача́ть/обозна́чить①
＊**означа́ть²** [アズナチャーチ] [不完] 〈対〉(語・記号・ジェスチャーなどが) 何らかの意味を持つ: Что *означа́ет* э́то сло́во? この語はどういう意味ですか | ~ 示している, 証明している; …に等しい: Здесь молча́ние всегда́ *означа́ет* согла́сие. ここでは黙っていることは常に同意を示す

**означа́ющее** (形6変化) [中名] 《言》能記
**озна́ченный** [形1] 〔公〕上述の, 上記の, 上で示した, 先に言及した
**озно́б** [男1] 悪寒, 寒気(さ)
**ознобле́ние** [中5] 軽い凍傷
**озолоти́ть** -лочу́, -лоти́шь 受過 -лочённый (-чён, -чена́) [完] ①〈対〉(太陽の光が)金色に染める ②〔話〕たんと金を与える; 金持ちにする ‖ **~ся** [完] 金持ちになる
**озо́н** [男1] 《化》オゾン ‖**~овый** [形1]
**озона́тор** [男1] 《化》オゾン発生器 ‖**~ный** [形1]
**озони́рование** [中5] 《化》オゾン化, オゾン層の処理
**озони́ровать** -рую, -руешь 受過 -анный [不完・完] ①《化》〈対〉オゾン化する ②オゾン浄化する
**озонобезвре́дный** [形1] オゾン層を破壊しない
**озорни́|к** -а́ [男2] / **-ца** [女3] 〔話〕いたずらっ子, 腕白小僧, おてんば娘
**озорнича́ть** [不完] ①〔話〕いたずらをする ②〔俗〕乱暴狼藉を働く
**озорно́й** [形2] 〔話〕いたずら好きの, 腕白な
**озорство́** [中1] 〔話〕いたずら, わるさ, 腕白
**озя́бнуть** [完] →зя́бнуть
**ой, ой-ой, ой-ой-ой, ой-ё-ёй** [間] 〔話〕①(驚き・思いがけない痛み)わぁ, ああ, おぉ, うわっ ②(いまいましさ・遺憾)ああ: Нелегко́ éй, *ой* нелегко́. あぁ本当にもう難しかった ③(喜び・感嘆)わぁ, やぁ, わっ ④《修飾する語を強調》本当に, とっても, ひどく: *Ой*, как хорошо́! Ка́титься — так ка́титься! ⑤(тако́й (так), так の形で, また単独で述語的に用い)〈造〉たぁ大変な[ひどい]もんだ!: Да́ча у них *ой-ё-ёй*, закача́ешься! 彼らのダーチャといったら, すっごいもんだぞ | *ой как* (*како́й*) 何とまあ: Жило́сь *ой* как тру́дно. 何とまあ大変な暮らしだったとか | *Ой ли?* (疑い・不信感を示す) 本当に?
**о́йкать** [不完] / **о́йкнуть** -ну, -нешь 命 -ни [完] [一回] 〔話〕*Ой!* と声を上げる
**Оймяко́н** [男1] オイミャコン(サハ共和国にある寒極の村; 北極連邦管区)
**ок.** (略)о́коло
**Ока́** [女2] ①オカ川(①ヴォルガ川 Во́лга の右岸支流 ②アンガラ川 Ангара́ の左岸支流) ②オカ(ВАЗ 社などが生産した小型車)
**оказа́ние** [中5] (影響を)与える[及ぼす]こと; 供与
**ока́зия** [女9] 〔話〕(何かを届ける・どこかへ行く)つい で; 幸便
＊**ока́зывать** [アカーズィヴァチ] [不完] / **оказа́ть** [アカザーチ] окажу́, ока́жешь 命 окажи́ 受過 ока́занный [完] 〖render, show〗〈対〉①〈態度などを〉示す: ~ внима́ние 配慮をする, 親切にする ②《動作名詞を伴って》…する: ~ по́мощь 援助する | ~ влия́ние 影響を与える | ~ подде́ржку サポート[支援]する | ~ услу́гу 奉仕する | ~ возде́йствие 効き目を発揮する | ~ психологи́ческое давле́ние 心理的圧力をかける
＊**ока́зываться** [アカーズィヴァッツァ] [不完] / **оказа́ться** [アカザーッツァ] окажу́сь, ока́жешься 命 окажи́сь [完] 〖be found〗①気づくと(ある場所に)いる[出る, 来る]: ~ на незнако́мой у́лице 気づくと見知らぬ通りにいる ②気づくと(ある状態に)なっている[陥っている]: ~ без рабо́ты 気づくと仕事を失っている | ~ в затрудни́тельном положе́нии 困った状態になる ③ある, 見つかる: *Оказа́лось* то́лько ме́лочь. 小銭しかなかった ④〈造〉(実際には) …であることがわかる: Окса́на *оказа́лась* права́. オクサナの言うことが正しかったとわかった ⑤《無人称》わかる, 明らかになる: *Оказа́лось*, что маши́ны нет. 車がないことがわかった ⑥ [不完] (受身) 〈с対題〉(挿入)気づいたら; 判明したところでは: 実は…だったのだ ◆*ока́зываться* (挿入)気づいたら; 判明したところでは: 実は…だったのだ
**окайми́ние** [中5] へり付け, 縁取り; へり飾り, 縁

# окаймлять

**окаймля́ть** [不完]/**окайми́ть** -млю́, -ми́шь 受過-млённый (-лён, -лена́) 〈(ИЗ)〉 ① 〈縁(へり)(кайма́)を付ける: 縁取る ② 取り巻く, 縁取る

**ока́лина** [女1]〈冶〉スケール, 鉄滓, スラグ, シンダ

**окамене́лость** [女10]① 〈通例視〉(動植物の)化石

**окамене́лый** [形1]① 化石になった ② じっとして動かない, 生気を失った; 無慈悲な, 無情な

**окамене́ть** [完] →камене́ть

**оканто́вать** [完] →кантова́ть

**оканто́вка** 複生-вок [女2]① へり[縁]を付けること, 縁取り ② へり, 縁

**оканто́вочный** [形1] 縁を付ける, 縁取り用の

\***ока́нчивать** [アカーンチヴァチ][不完]/**око́нчить** [アコーンチチ] -чу, -чишь 命-чи 受過-ченный [完] 〈(ИЗ)〉〈finish, end〉① 修了する, 卒業する: ~ шко́лу [университе́т] 学校[大学]を卒業する | Она́ с отли́чием око́нчила аспиранту́ру. 彼女は大学院を優秀な成績で終了した。② 終える, 終わらせる, 完了する: ~ рабо́ту досро́чно 期限までに仕事を終える | ~ съёмки 撮影を終える | ~ письмо́ с поздравле́нием 手紙の最後をお祝い言葉で締める | Всё, с ва́ми разгово́р око́нчен. もう話すことはありません

\***ока́нчиваться** [不完]/**око́нчиться** -чится [完]〈finish, be over〉① 終わる, 終了する, 済む ②〈(в)〉…という結果で終わる, …になる ③〈不完〉〈на(ИЗ)〉語尾[末尾]が…で終わる: Сло́во ока́нчивается на согла́сную. この語は子音字で終わっている ④〈不完〉〈受身〉<ока́нчивать

**о́канье** [中4]〈言〉オーカニエ(アクセントのない о をそのままо と発音すること; ↔а́канье)

**ока́пыва|ть** [不完]/**окопа́ть** 受過-о́панный [完], …の周りを掘る; …を溝[濠, 土手]で囲む // **-ние** [中5]

**ока́пываться** [不完]/**окопа́ться** [完]① 塹壕を掘って防御を固める ②〈俗〉物事から逃れて身を隠して安穏とする

**ока́рмливать** [不完]/**окорми́ть** -ормлю́, -о́рмишь 受過-о́рмленный [完]〈(ИЗ)〉①〈話〉食べさせすぎる ②〈俗〉〈家畜などを〉(悪い餌・毒をやって)中毒(死)させる

**ока́тыш** [男4]〈冶〉ペレット

**о́кать** [不完]〈言〉オーカニエ(о́канье)でしゃべる (↔а́кать)

**ока́чивать** [不完]/**окати́ть** -ачу́, -а́тишь 受過-а́ченный [完]〈(ИЗ)〉① 大量の水を一気に浴びせかける ②〈感情・感動が〉捉える, 襲う // **~ся** [不完]/[完]〈(水などを)自分でかぶる, 浴びる

**ока́нный** [形1]〈罵〉① いまいましい, ひどい ②〈罵〉いまいましいやつめ, この野郎

\***океа́н** [アケアーン][男1]〈ocean〉①〈単〉(地球の)海洋部分全体; 広大な(水・大気から成る)空間: мирово́й ~ 海洋 ②〈個々の大陸間の〉海洋, 大洋;〈比喩的に〉アメリカ大陸(方面): привезти́ 〈(ИЗ)〉 из-за ~а́ …をアメリカから運んでくる | отправля́ться за ~ アメリカに出かける ③〈文〉〈海のような〉無限の量; 海; ~ люде́й [слёз] 人波[涙の海] | ~ грибо́в 大量のキノコ ④〈比〉広大な大地を覆い尽くす物: сне́жный ~ 一面の雪

◆*возду́шный* ~ 大気, 空

|活用| Ти́хий [Вели́кий] ~ 太平洋 | Атланти́ческий ~ 大西洋 | Инди́йский ~ インド洋 | Се́верный Ледови́тый ~ 北極海, 北氷洋 | Ю́жный ~ 南極海

**океана́вт** [男1] 深海調査員

**океана́рий** [男7] ← океана́риум

**океана́риум** [男1] 海洋大水族館

**океани́ческий** [形3] 海洋[大洋]の; 海洋に棲む

**Океа́н|ия** [女9] オセアニア // **о–и́йский** [形3]

**океа́ногра́ф** [男1] 海洋学者

**океа́нографи́ческий** [形3] 海洋学(者)の

**океа́ногра́фия** [女9] 海洋学

**океа́но́лог** [男2] 海洋学者

**океа́ноло́г|ия** [女9] 海洋学; 応用海洋学(океа́нография よりも広い) // **-и́ческий** [形3]

**океа́нский** [形3] 海洋[大洋]の, 遠洋航海用の

**о́кей, о́-кей** ①[助]〈同意・承認〉オーケー ②《述語》問題ない, 順調だ〈хорошо́, отли́чно〉

**оки́дывать** [不完]/**оки́нуть** -ну, -нешь [完]〈(~ взо́ром [взгля́дом, глаза́ми] で〉〈(ИЗ)〉ぱっと見る, じろりと見る

**о́кисел** [男1]〈化〉酸化物

**окисле́ние** [中5]〈化〉酸化

**окисли́тель** [男5]〈化〉酸化剤

**окисли́тельный** [形1]〈化〉酸化の (ための)

**окисля́ть** [不完]/**окисли́ть** -лю́, -ли́шь 受過-лённый (-лён, -лена́), **оки́слить** -лю, -лишь 命-ли 受過-ленный [完]〈化〉〈(ИЗ)〉酸化させる // **~ся** [不完]/[完]〈化〉酸化する

**о́кис|ь** [女10]〈化〉〈正〉酸化物 // **-ный** [形1]

**оккультизм** [男1] オカルティズム, 神秘学

**оккультный** [形1] オカルトの, 神秘の

**оккупа́нт** [男1] 占領者; 占領軍

**оккупацио́нный** [形1] 占領の

**оккупа́ция** [女9] (武力による)占領, 占拠

**оккупи́ровать** -рую, -руешь [完·不完]〈(ИЗ)〉① 占領する ②〈戯〉乗っ取る, 占領する

\***окла́д** [男1]〈salary〉① 一定額の賃金; 俸給額: меся́чный ~ 月給 ②〈財〉税額, 税金 ③〈(イコンの髪・衣服の部分を覆う)金[銀]箔; 天冠(ри́за)

**оклади́стый** [形1]〈(ひげが)幅広く密生して濃い

**окладно́й** [形2]〈財〉給料[俸給]の, 給与制の; 課税の, 税額の

**оклевета́ть** -вещу́, -ве́щешь 受過-ве́танный [完]〈(ИЗ)〉中傷する, 言いがかりをつける

**окле́ивание** [中5] (一面に)貼りつけること

**окле́ивать** [不完]/**окле́ить** -е́ю, -е́ишь 受過-е́енный [完]〈(ИЗ)〉…の一面に〈(ИЗ)〉を貼りつける

**окле́йка** 複生-е́ек [女2]① (周囲・表面に)張り巡らすこと ② (周囲・表面に貼る紙・布・革などの)被覆材

**окле́маться** [完]〈俗〉(失神後)正気に返る;(病後)健康を快復する

**о́клик** [男2] 呼び止める声, 呼びかけ

**оклика́ть** [不完]/**окли́кнуть** -ну, -нешь 命-ни 受過-тый [完]〈(ИЗ)〉名前を呼ぶ, 声をかける, 呼び止める; (歩哨が) 誰何(すいか)する

\***окно́** [アクノ-] 複о́кна, о́кон, о́кнам [中1]〈window〉① 窓; 窓枠, 窓しきい (подоко́нник): откры́ть [закры́ть] ~ 窓を開ける[閉める] | разби́ть ~ 窓を割る | ~ на мо́ре 中庭に面した窓 | ~ в Евро́пу ヨーロッパへの窓(サンクトペテルブルクの別名) ② (事務所などの)窓口(око́шко) ③ 隙間, 裂け目 ④〈学校·話〉(授業の合間の)空き時間;(仕事の合間の)中断 ⑤〈IT〉ウィンドウ, 窓: ~ бра́узера ブラウザウィンドウ ■ слухово́е ~ (屋根裏部屋の)天窓, 明かり窓

**о́ко** 複о́чи, оче́й [中1]〈旧·詩〉目, 瞳, 眼(まなこ): о́чи чёрные 黒い瞳 ◆*недрема́нное [недре́млющее]* ~ 寝ずの番, 油断のない見張り役 | *в мгнове́ние о́ка* またたく間に, 一瞬で | *О~ за ~, зуб за́ зуб.* 目には目を, 歯には歯を

**окова́ть** [完] →око́вывать

**око́вка** 複生-вок [女2]① 金属をかぶせる[張る]こと

② かぶせる[張る]ための金属

**око́вы** оков [複] ① 《枷》② 《雅・戯》[制約](する物), 桎梏

**око́вывать** [不完] / **окова́ть** окую́, окуёшь 命 оку́й 受過 -о́ванный [完] 〈кого́|что́ в|〉чем〉…に金属をかぶせる, 張る, 打ちつける

**окола́чиваться** [不完] 《話》(何もせず)ぶらぶらする

**околдо́вывать** [不完] / **околдова́ть** -ду́ю, -ду́ешь -о́ванный [完] ① …に魔法をかける ② 《кого́》に不自然な行動をさせる，人をうっとりさせる，魅了する

**околева́ть** [不完] / **околе́ть** [完] ①《話》死ぬ ②《俗》凍える

**околе́сиц|а, околёсиц|а** [女3] 《話》戯言, でたらめ, ばか話: нести́ -у でたらめを言う

**око́лица** [女3] ① 村の周りの柵; 村の出入り口 ② 村の周辺 [外れ] ③ 《方》回り道

*о́коло [オーカル] 〈near, about〉Ⅰ [副] そばに[で], 近くに[で] (→у́¹): O- никого́ не́ было. 辺りには誰もいなかった Ⅱ [前] 〈чего́〉…のそばに[で]; 《話》周りに囲んで，周囲に: рабо́тать ~ до́ма 家のそばで働く ②《в ози́тии, хлопота́х等に》…に対して: хлопота́ть ~ стола́ 食卓の周りであくせくする ③《概数》前後, およそ, 約, ほとんど (→ - с¹ Ⅱ(比較) ): жда́ть ~ ча́са 1時間ばかり待つ | До метро́ ~ десяти́ мину́т. 地下鉄までは10分ほどだ | на вид ~ пятидесяти лет 見た目は50歳ぐらい | ~ пяти́ килогра́ммов およそ5kg ④《時》近く, …少し前: ~ полу́ночи 夜半ごろ | Сейча́с ~ восьми́ часо́в. 今8時ちょっと前だ
◆**вокру́г да ~** 核心に触れずに, 回りくどく, 遠回しに

**о́коло..** [語形成]「周囲の」「付近の」「関連した」

**околозе́мный** [形1], **околоземно́й** [形2]《天》地球周辺の

**околлитерату́рный** [形1] 文学界周辺の

**околонау́чный** [形1] 科学に隣接する, 準科学的な

**околопло́дник** [男2] 《植》果皮

**околосерде́чный** [形1] 《解》心臓の周囲の ■-ая су́мка 心膜, 心嚢

**околото́к** -тка [男2] 《鉄道》保線区

**околпа́чивать** [不完] / **околпа́чить** -чу, -чишь 受過 -ченный [完] 《俗》〈кого́〉だます, 一杯喰わせる

**око́лыш** [男4] (帽子の)腰, 鉢 ((ひさしとクラウン部の間))

**око́льный** [形1] 回り道の, 遠回りの; 裏道をくぐるような, 手の込んだ策略を用いた

**кольцева́ть** [不完] → кольцева́ть

**оконе́чность** [女10] (岬などの)端, 先端

**око́нный** [形1] 窓の

**оконфу́зить** -фу́жу, -фу́зишь 〈кого́〉を当惑させる, 気まずい思いをさせる, まごつかせる  **∥-ся** [完] 《話》決まりが悪い, 気まずい思いをする, まごつく

**око́нце** 複生 -нец/-нцев [中2] [指小] < окно́

*оконча́н|ие [アカンチャーニエ] [中5] 〈completion, ending〉① 終了, 終わり, 完了, 終結; 卒業: ~ рабо́ты 仕事の終了 | по -ии шко́лы [университе́та] 学校[大学] 卒業後 | да́та -ия сро́ка де́йствия лице́нзии ライセンス有効期限の最終日 | по́сле -ия войны́ 大戦終結後 ② 終わり, 結末, 末尾, 終幕: ~ расска́за 話の結末 ③《文法》語尾・名詞類の）語尾: глаго́льные -ия 動詞の変化語尾 | ~ мужско́го ро́да 男性語尾 ④《通例複》[解・医]末端, 終末 ◆**O- сле́дует.** (次号・次回に)つづく (雑誌・新聞で回を重ねる際に)

*оконча́тельно [アカンチャーチリナ] [副] 最終的に, 決定的に, 完全に, すっかり; 断固として, きっぱり: ~ реши́ть пробле́му 最終的に問題を解決する

*оконча́тельн|ый [アカンチャーチリナィ] 短 -лен, -льна [形1] 〈final, definitive〉① 最後[最終]の, 最終的な: ~ вариа́нт докуме́нта 文書の最終版 | -ая реда́кция те́кста 本文の決定稿 [定本] ② 決定的な, 最終的な, 覆らない: -ое реше́ние 最終決定 ③ 完全な: -ая побе́да 完全勝利

**око́нчить(ся)** [完] →ока́нчивать(ся)

**око́п** [男1] 《軍》塹壕  **∥-чик** [男2] [指小]

**окопа́ть(ся)** [完] → ока́пывать(ся)

**окора́чивать** [不完] / **окороти́ть** -рочу́, -роти́шь 受過 -ро́ченный [完] 《話》① 〈物を〉短くしすぎる ② 〈感情などを〉抑える, 控え目にする

**окорми́ть** [完] → ока́рмливать

**о́корок** 複 -а́ [男2] (豚・羊などの)もも肉, 肩肉; (燻製の)豚もも肉  **∥-о́вый** [形1]

**окороти́ть** [完] → окора́чивать

**окоро́чок** -чка [男2] 鳥もも肉

**окостене́л|ый** [形1] ① 骨化した, 硬化した; 硬直した, (寒さで)こわばった ② 凝り固まった, 柔軟性がなくなった  **∥-ость** [女10]

**окостене́ть** [完] → костене́ть

**окоти́ться** [完] → коти́ться

**окочене́лый** [形1] 寒さで感覚を失った, かじかんだ, 凍えた

**окочене́ть** [完] → кочене́ть

**окочу́риться** -рюсь, -ришься [完] 《俗・粗》おっぬ, くたばる

**око́шк|о** 複 -шки, -шек, -шкам [中1] 《話》[指小] <окно́: сиде́ть у -а 窓辺に腰掛ける | ~ в три́е -а 3つ窓の民家 | ~ в ка́ссе 売り場窓口  **∥-о́шечко** 複 -чки, -чек, -чкам [中1] [指小]

*окра́ин|а [女1] ① 端の方, 外れ: ~ ле́са 森の外れ ② 町外れ, 郊外に: жи́ть на -е 町外れで暮らす ③ (国の)辺境  **∥-ный** [形1]

**окра́с** [男1] (動物の)毛色

**окра́сить(ся)** [完] → окра́шивать(ся)

**окра́ск|а** 複生 -сок [女2] 〈coloring〉① 着色, 彩色, 染色, 塗装 ② 色彩, 色合い: попуга́й пёстрой -и 色鮮やか[カラフル]なオウム ③ ニュアンス, 特徴, 陰影

**окра́сочный** [形1] 着色[彩色, 染色]の

**окра́шивание** [中5] 着色[彩色, 染色] (すること)

**окра́шивать** [不完] / **окра́сить** -а́шу, -а́сишь 受過 -а́шенный [完] 〈что́〉[不完また кра́сить] 着色[彩色, 染色]する, …に色をつける, …を染める ②《通例受過》…に調子, ニュアンス, 特徴をつける

**окра́шиваться** [不完] / **окра́ситься** -а́шусь, -а́сишься [完] ① 色が付く ② (光などで)…色になる, 染まる ③ 《話》自分の髪を染める

**окре́пнуть** [完] → кре́пнуть

**окре́ст** [前] 《旧》= вокру́г

**окрести́ться** [完] → крести́ться

*окре́стность [сл] [女10] 〈environs〉① 周辺(地), 近辺, 近郊; 近辺, 郊外: в -ях Петербу́рга ペテルブルク近郊で ② 周り, 周辺, 周囲

**окре́стный** [сл] [形1] 周辺(地域)の, 周辺の

**о́крик** [男2] ① (呼びかける・止めるための)呼び声, 誰何 (だれがい) の声 ② 命令 [警告, 脅し] の声

**окри́кивать** [不完] / **окри́кнуть** -ну, -нешь 命 -ни 受過 -тый [完] 〈кого́〉(注意を引くために)大声で呼びとめる; とめる

**окрова́вливать** [不完] / **окрова́вить** -влю, -вишь -вленный [完] 〈что́〉血で染める, 血だらけにする  **∥-ся** [不完] / [完] ① 自分の血で染まる ②(物が)血だらけになる

**окропля́ть** [不完] / **окропи́ть** -плю́, -пи́шь 受過 -плённый (-лён, -лена́) [完] ① 〈聖水などを〉振りかける ② 《文》(涙などで)濡らす

**окро́шка** [ж2] ① オクロシカ(クワスに野菜と肉とを刻み入れた冷製スープ) ②《話》ないまぜ, ごちゃまぜ, ごった煮

*\***о́круг** 複 -á [м2] [region, district] (行政上の)区画, 地区, 区域, 管区;《政》選挙区: автоно́мный ～ 自治管区 | администрати́вный ～ 行政管区 | вое́нный ～ 軍管区 | избира́тельный ～ 選挙区
■ **федера́льный ～** [見出し]

**окру́га** [ж2] 《話》付近, 界隈(かいわい)

**округле́ние** [中5] ① 丸く(丸い)なる(する)こと ②《数》(端数の)切り上げ, 切り捨て, 四捨五入

**округле́ть** [完] →кругле́ть

**округли́ть(ся)** [完] →округля́ть(ся)

**окру́глость** [ж10] ① 丸い(滑らかな, まとまっている)こと ②《通例複》(人の体について) 丸み, ふくらみ

**окру́глый** 短 -ýгл [形1] ① (線が)丸い, 丸みのある ②(動きが)滑らかな, よどみのない ③ 辛辣でない, きつくない, 柔らかい, とげとげしくない ④(数字・額が)まとまった, 整った, 丸められた

**округля́ть** [不完] / **округли́ть** -лю́, -ли́шь 受過 -лённый (-лён, -лена́) [完] ① 丸くする: ～ глаза́ などで)目を丸くする, 見開く ② 端数をなくす; 四捨五入する ③《話》まとまった［相当な］量［額］にする; 増大させる

**округля́ться** [不完] / **округли́ться** -лю́сь, -ли́шься [完] ① 丸くなる: глаза́ *округли́лись* у 田 (驚きなどで)…の目が丸くなった ②(ますます)太る ③《話》端数なしで表される ④《話》かなりの量に達する; 増大する

**окружа́ть** [Акружа́јеч] [不完] / **окружи́ть** [Акружы́ч] -жу́, -жи́шь 命 -жи́ 受過 -жённый (-жён, -жена́) [完] 〈surround〉〈圏〉 ① …を取り囲む: Фана́ты *окружи́ли* сце́ну. ファンがステージを取り囲んだ | В го́ды ю́ности меня́ *окружа́ли* прекра́сные лю́ди. 青春時代は私の周りには素晴らしい人々がいた. ②〈圏〉…で囲む, 周囲に置く: ～ уча́сток забо́ром 土地を柵で囲う, 土地の周りに塀を巡らせる ③〈圏〉〈仲間などを〉身近に持つ, 側近に置く: ～ себя́ единомы́шленниками 自分の周囲を同調者で固める ④〈圏〉周囲に〔差し〕向ける: (世話・気配りなどで)ほどこす: Малыша́ *окружа́ли* забо́той и ла́ской. 赤ん坊は愛情いっぱいに育てられた **∥-ся** [不完]〔受身〕

**окружа́ющ|ий** [Акружа́јушчий] [形3] 〔surrounding〕① 周りの, 周りにある: ～ая среда́ 環境 | ～ая обстано́вка 周囲の状況 ② -ее [中名] 周りにある物, 周囲の事物; 環境 ③ -ие [男複] 周囲の「身近な」人々

*\***окруже́н|ие** [中5] 〔encirclement, surroundings〕 ① 取り囲む[包囲する]こと ②(敵軍の)包囲(網): попа́сть в ～ 包囲される | вы́йти из -ия 包囲網から脱する ③ 周囲の状況[環境]: материа́льное ～ 物質的な環境 ④ 身近な人々, 仲間, 側近, 取り巻き: Пу́шкин и его́ ～ プーシキンとその周りの人々 ◆в -ии 圆(1)…を伴って, …と一緒に (2)…の中央に

**окружа́ть** [完] →окружи́ть

**окружно́й** [形2] (行政上の)管区(о́круг)の, 地区[区域]の ② 環状の, 取り巻いている

**окру́жность** [ж10] ①《数》円周, 円 ② 周囲(の長さ); 太さ

**окру́жный** [形1] 回り道の, 遠回りの

**окру́чивать** [不完] / **окрути́ть** -учу́, -у́тишь 受過 -у́ченный [完]《話》〈圏〉① 〈圏〉…を周りに巻く, ぐるぐる巻きつける ② うまくだまして引き寄せる, 服従させる ∥ **～ся** [不完] 〔受〕《話》自分の体に巻きつける

**окрыле́ние** [中5] 元気[勇気]づける[づく]こと

**окрыли́ть** [完] / **окрыли́ть** -лю́, -ли́шь 受過 -лённый (-лён, -лена́) [完]〈圏〉励ます, 活気[勇気]づける, 鼓舞する

**окрыля́ться** [不完] / **окрыли́ться** -лю́сь, -ли́ться [完] ①《動・植》冠毛ができる, 羽[翼]が生える ② 活気づく, 意気盛んになる, 勇気づく, 意気が上がる

**окры́ситься** (1人称なし) -и́шься [完]〈на圏〉につっけんどんに答える, 喰ってかかる; 腹を立てる

**Окса́на** [ж1] オクサナ(女性名; 愛称 Ксю́ша)

**окси́д** [м1]《化》酸化物: ～ азо́та 窒素酸化物 **∥ ～ный** [形1]

**оксиди́рование** [中5]《冶》酸化(処理)

**оксиди́ровать** -рую, -руешь 受過 -анный [不完・完]《化》《工》表面を酸化処理する

**окта́в|а** [ж1]《楽》オクターヴ: больша́я ～ 平仮名オクターヴ (С-Н) | ма́лая ～ 片仮名オクターヴ (c-h) | пе́рвая ～ 一点オクターヴ (c¹-h¹) | ми́ пе́рвой -ы 一点ホ (e¹) ②《楽》非常に低いバス; その歌手 ③ 八行詩の一種 **∥-ный** [形1]

**окта́н** [м1]《化》オクタン **∥ окта́нов|ый** [形1]: -ое число́ オクタン価

**окта́эдр** [м1]《数》八面体

**окте́т** [м1]《楽》八重奏[唱]団[曲], オクテット **∥ ～ный** [形1]

**октябрёнок** -нка 複 -ря́та, -ря́т [м9]《史》(ソ連でピオネールに入団する前の7-10歳の)児童

*\***октя́брь** [Акцябр́] -я́ [м5]〔October〕① 10月 (★用法は→май) ② О- 十月革命(1917年); その記念日(新暦11月7日)

*\***октя́брьск|ий** [形3] ① 10月の ② 10月革命(記念日)の ◆Вели́кая -ая социалисти́ческая револю́ция 大十月社会主義革命(1917年)

**Окуджа́ва** [ж1] オクジャワ(Була́т Ша́лвович ～, 1924-97; 詩人, 作家)

**окулиро́вка** 複生 -вок [ж2]《園芸》接ぎ木

**окули́ст** [м1] 眼科医

**окульту́рива|ть** [不完] / **окульту́рить** -рю, -ришь 受過 -ренный [完] 《農》① 〈土地を農耕地にする ②〈野生動植物を〉栽培[飼育]用に改良する **∥ -ние** [中5]

**окуля́р** [м1]《理》接眼レンズ **∥ ～ный** [形1]

**окунеобра́зные** (形1変化) [複名]《魚》スズキ目

**окуна́ть** [不完] / **окуну́ть** -ну́, -нёшь 受過 -у́тый [完](通例短時間液体に)浸ける, ひたす

**окуна́ться** [不完] / **окуну́ться** -ну́сь, -нёшься [完] ①(通例短時間液体に)浸かる, ひたる ②〈状態などにひたる, 包まれる ③〈в圏〉〈活動に〉没頭する, 専心する

**о́кун|ь** [м5]《魚》(ヨーロッピアン)パーチ (淡水魚; 河ノ川) : морски́е **-и** メバル属 **∥-ёвый, -евый** [形1]

**окупа́емость** [ж10]《経》(投下資本の)回収率, 利益率, 補償能力

**окупа́ть** [不完] / **окупи́ть** -уплю́, -у́пишь 受過 -у́пленный [完]〈圏〉を埋め合わせる, 償う

**окупа́ться** [不完] / **окупи́ться** -у́пится [完] ①(支出が)埋め合わせが付く, 元が取れる ②《話》(努力などが)無駄[損]にはならない, 報われる

**оку́ривание** [中5] 燻蒸, 燻蒸消毒

**оку́ривать** [不完] / **окури́ть** -урю́, -у́ришь 受過 -у́ренный [完]〈圏〉いぶす, 燻蒸する

**оку́рок** -рка [м2] 吸殻, 吸いさし

**оку́тать** [不完] / **оку́тать** 受過 -анный [完]〈圏〉 ① しっかりくるむ, ぴったり包む; しっかり覆う[巻きつける] ②(霧・煙・雲が)覆う, 包む ◆*оку́танный та́йной* 謎に包まれている

**оку́таться** [不完] / **оку́таться** [完]〈圏〉 ①…を自分の身にまとう, くるまる ②〈霧・煙・雲に〉覆われる

**оку́чивание** [中5] 盛り土, 土寄せ

**оку́чивать** [不完] / **оку́чить** -чу, -чишь 受過 -ченный [完]《農》〈圏〉…の周りに土寄せをする

**оку́чник** [м2]《農》土寄せ用の農具

**ола́дья** [女8]〖料理〗(小ぶりの)ロシア風ホットケーキ
**олеа́ндр** [男1]〖植〗セイヨウキョウチクトウ
**Оле́г** [男2] オレグ(男性名; 卑称 Оле́жка)
**оледене́лый** [形1] 凍った
**оледене́ть** [完] →ледене́ть
**оледени́ть** [完] →ледени́ть
**оленево́д** [男1] トナカイ飼育者
**оленево́д|ство** [中] 〖畜〗トナカイ飼育業 **//-чес-**
**кий** [形3]
**олене́нок** -нка -ня́та -ня́т [男9] トナカイ[鹿]の子
**оле́нина, оляни́на** [女1] 鹿肉
*оле́н|ь [男5] [deer] ①〖複〗〖動〗シカ類: пятни́с-
тый ～ ニホンジカ | благоро́дный ～ アカシカ | се́-
верный ～ トナカイ | ста́до се́верных -ей トナカイ
の群 | е́здить на -ях в ту́ндру トナカイに乗ってツンドラ
に行って来る | охо́титься на -ей シカ狩りをする ②
《若者・蔑》ばか, 鈍い人 **//-ий** [形9]
**Оле́ся** [女5] オレーシャ(女性名)
**оли́ва** [女1]〖植〗オリーブ(の木・実)
**оливи́н** [男1]〖鉱〗橄欖(かん)石
**оли́вка** -вок [女2]〖植〗オリーブの実
**оли́вков|ый** [形1] オリーブの; オリーブ色の: -ое
ма́сло オリーブ油 | -ая ве́твь オリーブの枝(平和の象
徴; масли́нная ве́твь とも)
*олига́рх [男2] ①〖文〗(ソ連崩壊後の)新興財閥の企
業家, オリガルヒ, 寡占資本家, 政商: заси́лье ～ов в
поли́тике 政界でのオリガルヒの台頭(しさよげう) ②〖史〗
(古代・中世の)寡頭支配者, 少数独裁者
**олига́рх|ия** [女9] ①少数資本家による寡占支配 ②
〖集合〗＝ олига́рхи ③(古代・中世の)寡頭支配体制
**//-и́ческий** [形3]
**олигоце́н** [男1]〖地質〗漸新世
**оли́мп** [男1] ① О～ オリュンポス山(ギリシャ神話の12
神が住むとされる)②〘戯・皮肉〙著名人の人々, 大御所
*олимпиа́д|а [女1] (the Olympics) ① О～ 国際オリ
ンピック大会(Олимпи́йские и́гры): ле́тняя О～ 夏
季オリンピック大会 | зи́мняя [бе́лая] О～ 冬季オリン
ピック大会 | победи́тель [уча́стник] O-ы オリンピッ
ク大会の勝者[参加者] | ме́сто проведе́ния O-ы オリン
ピック開催地 | Моско́вская О～ 1980 (ты́сяча де-
вятьсо́т восьмидеся́того) го́да 1980年のモスクワオ
リンピック ②各種競技会, コンクール: ～ по матема́ти-
ке 数学オリンピック | Всеросси́йская ～ по фи́зике
物理学オリンピック全ロシア大会 ③〖古代〗オリンピア紀
(次のオリンピア競技会までの4年間)
**олимпиа́дный** [形1] オリンピックの; (各種)競技会
[コンクール]の
**олимпи́|ец** -и́йца [男3] **/-и́йка** 複生 -и́ек [女2] ①
〖話〗オリンピック選手 ②〖男〗〖ギ神〗オリュンポスの神 ③
〖男〗(ファスナー付き)スポーツウェア[ジャケット]
*олимпи́йск|ий [形3] (Olympic) ①オリンピックの:
O-ие и́гры 国際オリンピック大会 | -ая дере́вня 選
手村 | O-ая сбо́рная ロシア国内オリンピック代表チーム | ～
ого́нь 聖火 ②オリュンポス山の ■ **Междунаро́д-**
**ный～ комите́т** 国際オリンピック委員会(略 МОК)
**оли́фа** [女1] 乾性油, ボイル油(塗料・ニス製造用)
**олицетворе́ние** [中5] ①擬人化 ②化身 ③権
化, 具現
**олицетворя́ть** [不完] **/олицетвори́ть** -рю́,
-ри́шь 受過 -рённый (-рён, -рена́) [完] 〈対〉 ①擬人化
する ②具現化する
**о́лово** [中1]〖化〗錫(すず)(記号 Sn) **//-я́нный**
[形1]
**о́лух** [男2]〖話〗ばか, まぬけ(～ царя́ небе́сного)
**о́луша** [女4]〖複〗〖鳥〗カツオドリ属: се́верная ～ シ
ロカツオドリ
**О́льга** [女2] オリガ(女性名; 愛称 О́ля)

**ольх|а́** 複 о́льхи [女2]〖植〗ハンノキ類: ～ чёрная ヨ
ーロッパハンノキ | ～ япо́нская ハンノキ **//-о́вый**
[形1]
**ольша́ник** [男2] ハンノキ林
**О́ля** (女5変化)[男・女][愛称]<О́льга
**оля́пка** 複生 -пок [女2]〖鳥〗ムナジロカワガラス
**ом** 複生 о́м/о́мов [男1]〖電〗オーム(電気抵抗の単位;
記号 Ω)
**Ома́н** [男1] オマーン(首都は Маска́т)
**ома́р** [男1]〖動〗ロブスター, イセエビ
**о̀мбудсме́н** [男1]〖政〗オンブズマン
**оме́га** [女2] オメガ(ギリシャ文字の最後の字; Ω, ω)
**оме́ла** [女1]〖植〗ヤドリギ類: ～ бе́лая ヤドリギ
**омерзе́ние** [中5] 嫌悪感
**омерзи́тельн|ый** 短 -лен, -льна [形1] 不快な, 嫌
でたまらない **//-о** [副] **//-ость** [女10]
**омертве́лый** [形1] 無感覚になった, 麻痺した, 生気
を失った; 〖医〗壊死(えし)した
**омертве́ние** [中5] 壊死(えし)
**омертве́ть** [完] →мертве́ть
**омертвля́ть** [不完] **/омертви́ть** -влю́, -ви́шь
受過 -влённый (-лён, -лена́)[完]〈対〉 ①無感覚にす
る, 壊死(えし)させる ②死んだようにする ③〈資本などを〉凍
結する, 活用しないようにする
**оме́т** [男1] わらの山
**омеща́ниваться** [不完] **/омеща́ниться**
-нюсь, -нишься [完] 〖話〗俗物になる
**омле́т** [男1]〖料理〗オムレツ
**омме́тр** [男1]〖電〗オームメーター, 抵抗計
**омове́ние** [中5] ①〖宗〗水で体を清めること, 沐浴 ②
〖戯〗洗うこと, 入浴, 水浴
**омо́граф** [男1]〖言〗異音同綴異義語
**омола́живать** [不完] **/омолоди́ть** -ложу́,
-лоди́шь 受過 -ло́женный (-жён, -жена́)[完] <対>若
返らせる; 若返り処置をする **//-ся** [不完]/[完] 若返
る; 若返り処置を受ける **//омоложе́ние** [中5]
**ОМОН** [омо́н] (略) отря́д моби́льный осо́бого
назначе́ния 特別任務機動支隊(ロシア警察特殊部
隊)
**омо́ним** [男1]〖言〗同音同綴異義語
**омони́мика** [女1]〖言〗①(ある言語の)同音異義語
(の総体) ②同音異義語論
**омоними́ческий** [形3]〖言〗同音同綴(語)の
**омоними́я** [女9]〖言〗同音異義
**омо́новец** -вца [男3]〖話〗ОМОН の隊員
**омофо́н** [男1]〖言〗同音異綴異義語
**омофо́рма** [女1]〖言〗同形異義語
**ОМП** [оэмпэ́] (略) ору́жие ма́ссового пораже́-
ния 大量破壊兵器
**омрача́ть** [不完] **/омрачи́ть** -чу́, -чи́шь 受過
-чённый (-чён, -чена́)[完] <対> ①陰気にする, 悲しく
させる ②〈意識を〉朦朧(もうろう)とさせる ③〖文〗翳(かげ)らせる **//**
**~ся** [不完] / [完] ①陰気になる ②(意識が)朦朧とな
る ③暗くなる
**ОМС** [оэмэ́с] (略) обяза́тельное медици́нское
страхова́ние 強制医療保険
**Омск** [男2] オムスク(同名の州都) **//о́мск|ий**
[形3]: О-ая о́бласть オムスク州(シベリア連邦管区)
■ **-ое вре́мя** オムスク時間(UTC＋7)
**о́муль** 複 -и, -е́й [男5]〖魚〗オームリ(バイカル湖などに
生息するサケ科の白身魚)
**о́мут** 複 -ы/-а́ [男1] ①(川・湖の)深み, 淵, 渦巻き ②
苦境, 破滅の淵
**омша́ник** [男2] (暖房の入った)蜜蜂などの越冬小屋
**омыва́ть** [不完] **/омы́ть** омо́ю, омо́ешь 受過
-тый [雅]〈対〉 ① = обмыва́ть/обмы́ть① ②
〖不完〗(波が)打ち寄せる, 洗う, (海などが)取り囲む

**омыле́ние** [中5]《化》鹸化

**\*он** [オーン] [男] его́ [ˇгоˇ-], ему́, о́м, нём, **она́** [-] [女] её, ей, её, ей, ней, **оно́** [アノー] [中] его́, ему́, его́, им, нём, **они́** [アニー] [複] их, им, их, и́ми (★前置詞の後では語頭に н がつく: у него́/неё/них, к нему́/ней/ним, с ним/ней/ни́ми) [代] [人称] (he, she, it, they) 《3人称》 ① 《前述・後述の名詞を指示して》あの[この、その]人; あれ[これ、それ]; あれら[これら、それら]: Он студе́нт, а она́ его́ ма́ма. 彼は学生で、彼女はその母親だ | Я купи́л тебе́ пода́рок, он лежи́т в ко́мнате. 君にプレゼント買ったんだけど、部屋に置いてあるよ ② 《сам, са́мыйの性・数に応じた変化形と共に用いて》他ならぬ［まさに］あの［この、その］人(たち); 他ならぬ［まさに］あれ[これ、それ]: Са́ша? — Она́ сама́! 「サーシャかな?」 「まさに彼女だ」

**она́гр** [男1]《動》オナガー、ペルシャノロバ
**онани́зм** [男1] 自慰、オナニー
**онда́тр|а** [女1]《動》マスクラット(ネズミ科); その毛皮 **//-овый** [形1]
**Оне́го** [中1] オネガ湖(ロシア北西部の湖; 世界遺産のあるキジ島 Ки́жи がある) **//оне́жский** [形3]
**онеме́лый** [形1] ①しびれた、感覚を失った ② 唖の
**онеме́ние** [中5] ①沈黙 ② 無感覚、しびれ、麻痺
**онеме́ть** [完]→неме́ть
**онеме́чивать** [不完]/**онеме́чить** -чу, чишь 受過 -ченный [完] 〈関〉ドイツ化する、ドイツ風にする **//~ся** [不完] ドイツ化する、ドイツ風になる
**онёр** [男1] 《通例複》 トランプの最高点札(エース、キング、ジャック) ◆**со все́ми ~ами** 《戯》 必要なものを全て揃えて
**о́ни** [複] 主格: →он
**о́никс** [男1]《鉱》縞メノウ、オニキス
**онко́лог** [男2] 腫瘍学者、がん専門医
**онколо́г|ия** [女9]《医》腫瘍学 **//-и́ческий** [形3]
**онла́йн** [男1][副]《コン》オンライン(で); ネット上で: смотре́ть ви́део ~ ビデオをオンラインで見る **//~овый** [形1]
**оно́** [中性; 主格]<он
**ономатопе́я** [女9]《言》擬声語
**онома́ст|ика** [女2]《言》①(ある言語中の)固有名詞の総体 ②固有名詞学 **//-и́ческий** [形3]
**онтогене́з** [男1]《生》個体発生
**онтоло́гия** [女9]《哲》存在論、本体論
**ону́ча** [女4]《通例複》(ロシア農民が長靴をはく時に足に巻く)巻軽布、巻脚絆
**о́ный** (形1変化) [代] [指示] (文) 《まさにその ② 《主格以外の人称代名詞の代わりに》 ◆**во вре́мя о́но** 《戯》その昔

**ООН** [オーン] (略) Организа́ция Объединённых На́ций 国際連合、国連 **//оо́новский** [形3] 《話》
**ООО** [オオオー] (略) о́бщество с ограни́ченной отве́тственностью 有限責任会社、LLC
**ООП** [オペー] (略) Объе́ктно-ориенти́рованное программи́рование オブジェクト指向プログラミング; Организа́ция освобожде́ния Палести́ны パレスチナ解放機構、PLO
**ООПТ** [オオペーテー] (略) Осо́бо охраня́емые приро́дные террито́рии 特別自然保護区域
**оп, о́па** [間] 《ジャンプ・物を投げる際の掛け声》 よっ、よいっしょ
**опада́ть** [不完]/**опа́сть** -аду́, -адёшь 過 опа́л [完] ①(葉・花・実が)落ちる ② (力・量が)減少する、弱まる **//опаде́ние** [中5]

**\*опа́здыва|ть** [アパーズディヴァチ] [不完]/**опозда́ть** [アパズダーチ] [完] [be late] ① 〈на 関〉に遅れる、遅刻する: ~ на по́езд [встре́чу, уро́к] 列車[会合、授業]に遅れる | Наш самолёт опозда́л на це́лых шесть часо́в. 我々の飛行機はまる6時間遅れた | Поторопи́тесь, вы мо́жете опозда́ть. 急いで下さい、遅れてしまうかもしれません ② 〈с 〈圏/不定形〉〉…するのが遅れる、遅延する、のびのびになる、手遅れになる: ~ с отве́том [отъе́здом, прибы́тием] 回答[出発、到着]が遅れる **//-ние** [中5]

**опа́ивать** [不完] **опои́ть** опою́, опои́шь/ опои́шь 命 опо́й 受過 опо́енный [完] 〈関に圏を〉飲ませすぎる
**опа́к** [男2] オパーク(高級陶土の一種); オパーク製の陶器 **//-овый** [形1]
**опа́л** [男1] 《鉱》 オパール、蛋白石 **//-овый** [形1]
**опа́л|а** [女1] 嫌われること ◆**быть в -е** 嫌われる
**опа́ливаться** [不完]/**опали́ться** -лю́сь, -ли́шься [完] 自分をやけどする、服を焦がす
**опали́ть** [完]→пали́ть
**опа́лубка** 複生 -бок [女2] 外装(すること)、型枠(の設置)
**опа́лый** [形1] 《話》落ちくぼんだ、やつれた
**опа́льный** [形1] 好かれない、嫌われた
**опа́мятоваться** -туюсь, туешься [完] 《話》我に返る、思い直す
**опа́ра** [女1] (イースト発酵させた、練る前の)パン生地
**опа́рыш** [男4] 《話》蛆虫(釣りの餌)

**\*опаса́ться** [不完] (fear, beware] 〈田/за 関/不定形/что 節〉 …を警戒する、恐れる、懸念する、(警戒して)避ける: ~ после́дствий землетрясе́ния 地震の余波を警戒する
**опа́ска** [女2] 《話》用心、警戒
**опа́сливый** 短 -ив [形1] 《話》用心深い、びくびくした、不安げな

**\*опа́сно** ① [副] 重篤に、重く、危機に瀕して: Она́ о́чень ~ больна́. 彼女は危篤だ ② [無人述] 危険だ、危ない: О́чень ~ опа́сно: Па́никать впадать бы́ть в бы́ть соверша́ть о́пасно. パニックに陥るのはとても危険だ(★ [不定形] は不完了体) | То, что он де́лает ~. 彼のやっていることは危ない

**\*опа́сност|ь** [アパースナチ] [女10] [danger, peril] 危険(であること)、危険性; 危険、危地; 恐れ、脅威; 重態: серьёзная ~ 深刻な危機 | находи́ться [быть] в большо́й -и 重大な危機にある | попа́сть в ~ 危機に陥る | Основну́ю ~ представля́ют террори́сты. 重大な脅威となっているのはテロリストだ

**\*опа́сн|ый** [アパースヌイ] 短 -сен, -сна 比 -нее 最上 -нейший [形1] [dangerous] ① 危険な、危ない; リスクを伴う: -ое ме́сто 危険な場所 | -ая рабо́та [ситуа́ция] 危険な仕事[状況] | находи́ться в социа́льно -ом положе́нии 社会的に危険な立場にある ② 危険な、凶悪な、危害[損失、害]をもたらす; 有害な: ~ ви́рус 危険なウイルス | -ая иде́я 危険な思想 ③ 重大[重病]な、重体: -ые заболева́ния 重病

**опа́сть** [完] →опада́ть
**опаха́ло** [中1] ①団扇、扇子 ② 羽弁(鳥の羽毛の軸から生える羽枝の集合体); 羽面
**опа́хивать** [不完]/**опаха́ть** опашу́, опа́шешь 受過 опа́ханный [完] 〈関〉周りを耕す
**опа́шень** -шня [男5]《露史》幅広で短い袖の付いた

裾長の夏用上着

**ОПЕК** [オピェク] 《略》Организа́ция стран-экспортёров не́фти 石油輸出国機構, OPEC

**опе́к|а** [女2] ① 後見: быть под -ой 保護の下に | взять под -у 保護する, 世話をする ② 《法》後見人, 監督(保護)機関 ③ 配慮, 世話 ④ 《スポーツ》相手選手をマークすること ■междунаро́дная ~ 国連信託統治

**опека́ть** [不完] ① 《圕》後見を務める ② 保護または世話をする ③ 《スポーツ》相手選手をマークする

**опеку́н** -а́ [男1] 《法》後見人, 世話人 ∥ **~ский** [形3]

**опеку́нство** [中1] 後見を務めること, 後見制度

**опёнок** -нка 複 -нки/опя́та, -нков/опя́т [男2]/[男9] 《茸》ナラタケ属: настоя́щий (осе́нний) ~ ナラタケ(食用)

**о́пер** 複 -á [男1] 《警察·俗》捜査官, 刑事 (оперуполномо́ченный)

**о́пер|а** [女1] 〔opera〕 ① 《単》《楽》オペラ, 歌劇: -ы Чайко́вского [Ва́гнера] チャイコフスキー[ワグナー]のオペラ (作品) | постано́вка -ы オペラの上演 | писа́ть -у オペラ作品を書く | слу́шать -у オペラを見る[鑑賞する] | пое́хать на -у オペラを見に行く | ~ в трёх де́йствиях 全3幕の歌劇 ② オペラ劇場 (теа́тр -ы): пое́хать в -у オペラ劇場に行く ② 歌劇団: теа́тр -ы и бале́та オペラ・バレエ歌劇団 | гастро́ли Ки́евской -ы キエフオペラ歌劇団の出張公演 ◆**из друго́й -ы = не из то́й -ы** まるで間違いの, お門違いの ■мы́льная ~ ソープオペラ | **При́зрак О́перы**『オペラ座の怪人』(ガストン・ルルーの小説, 映画, ミュージカル)

**опера́бельный** 短 -лен, -льна [形1] 《医》手術可能な

**операти́вка** 複 -вок [女2] 《話》① 短時間の打ち合わせ, ミーティング: у́тренняя ~ 朝会 ② 《コン》メインメモリ (операти́вная па́мять)

**операти́вник** [男2] 刑事, 捜査官

*****операти́вн|ый** 短 -вен, -вна [形1] 〔surgical, operational〕 ① 《医》外科手術の: -ое вмеша́тельство 《公》外科手術 ② 実行[実施]の ③ 《軍·警察》軍事作戦の ④ 《経・金融》取引[業務]の ⑤ 能率的な: приня́ть -ые ме́ры 能率的な策をとる ◆**по -ым да́нным** 捜査当局の情報によると ■**-ая па́мять**《コン》メインメモリ ∥ **~ость** [女10]

*****опера́тор** [アピラータル] [男1] 〔operator〕 ① (機械などの) オペレーター, 実行者, 操作者 ② (列車などの運行に関する) 通信手 ③ 《映》撮影技師, カメラマン ④ (携帯電話などの) キャリア, 通信事業者 (сóтовый ~): три ~а со́товой свя́зи 携帯電話会社3社 ■事業主体: АЭС 原発の事業者 ∥ **~ский** [形3] ② 《2》

**операцио́нка** -нок [女2] 《コン》基本ソフト, OS

*****операцио́нн|ый** [形1] 〔surgical, operating〕 ① 手術の: ~ блок 手術室 | ~ стол 手術台 | -ая сестра́ 手術助手 ② 《軍》作戦[行動]の ③ (取引・業務・事務) 上の: ~ зал (為替) 取引場 | ~ риск 取引上のリスク ② [女2] 手術室, 操作, 取引業務 ■-ая систе́ма 《コン》オペレーティングシステム, OS, 基本ソフト

*****опера́ция** [アピラーツィヤ] [女9] 〔operation〕 ① 《医》(外科) 手術, オペ: ~ на се́рдце 心臓手術 | сде́лать пласти́ческую -ию 整形外科手術を施す ② 《軍》作戦: кру́пная деса́нтная ~ 上陸[降下]大作戦 | провести́ вое́нную -ию 軍事作戦を行う | руководи́ть -ией по освобожде́нию зало́жников 人質解放作戦を指揮する ③ 取引, 業務: ба́нковские -ии 銀行業務 | вы́полнить произво́дственную -ию 生産業務を行う

⑤ 《IT》演算 ⑥ 《話》(一連の) 行動, 行為, 作業, 仕事, 作戦: поиско́вая ~ 捜索活動

**операгру́ппа** [女1] 《話》作戦群, 作戦集団 (операти́вная гру́ппа)

**опереди́ть** [不完] **опереди́ть** -режу́, -ре́дишь 受過 -режённый (-жён, -жена́) [完] ① 《圕》追い越す, 先んずる ② 《圕》в чём の点で凌駕する ∥ **~е́ние** [中5]

**опере́ние** [中5] ① 鳥の羽毛 ② (矢に) 羽を付けること; 矢羽 ■ ~ самолёта 飛行機の尾翼

**оперённый** [形] 羽毛の生えた, 羽の付いた

**опере́тка** 複 -ток [女2] 《話》= опере́тта

**опере́т|та** [女1] オペレッタ ∥ **-очный** [形1]

**опере́ть(ся)** [完] →опира́ть(ся)

**опери́ровать** -рую, -руешь 受過 -анный [不完·完] ① [完また про-] 《医》《圕》手術する ② 《不完》《軍》(無補語で) 作戦行動をとる ③ 《不完》《金融》《圕》《C圕》の (操作・取引・業務を行う ④ 《不完》《圕》 を (判断・論証のために) 援用 (利用) する

**опери́ть(ся)** [完] →оперя́ть

**о́перный** [形1] オペラの 《楽》 (歌劇場) の

**о̀перуполномо́ченный** (形1変化) [男名] 捜査官, 刑事

**оперя́ть** [不完] **опери́ть** -рю́, -ри́шь 受過 -рённый (-рён, -рена́) [完] 《圕》羽で覆う, 羽を付ける ∥ **~ся** [不完] / [完] ① 《圕》羽で覆われる, 羽が生える ② 《話》成熟する, 一人前になる

**опеча́лить(ся)** [完] →печа́лить

**опеча́тать** [完] →опеча́тывать

*****опеча́тк|а** 複 -ток [女2] [misprint] 誤植, ミスプリント; タイプミス: гру́бая ~ ひどい誤植 | Прошу́ проще́ния за ~. 誤植をお詫びいたします ■ **спи́сок опеча́ток** 正誤表

**опеча́тывать** [不完] / **опеча́тать** 受過 -танный [完] 《圕》① 封印する ② 差し押さえる

**опеши́ть** -шу, -шишь [完] 《話》面食らう, 慌てる, (不意を衝かれて) 呆然とする

**опива́ть** [不完] / **опи́ть** обопью́, обопьёшь 命 опе́й 過 -и́л, -ила́, -и́ло [俗]《圕》沢山飲んで損害を与える, 飲み倒す ∥ **~ся** [不完] / [完] 《圕》 を飲みすぎる

**о́пий** [男7] アヘン (о́пиум)

**опи́ливать** [不完] / **опили́ть** -илю́, -и́лишь 受過 -и́ленный [完] 《圕》のこぎりで切る; …にやすりをかける

**опи́лки** -лок, -лкам [複] おが屑, 削り屑

**опира́ть** [不完] / **опере́ть** обопру́, обопрёшь 過 опёр, опёрла́, опёрло 能 опёрший 過 опёртый (опёрт, опёрта/опёрта́, опёрто) 副分 оперев́/опёрши [完] 《圕》を о/на(чем に) もたせかける, 立てかける, 寄りかからせる

**опира́ться** [不完] / **опере́ться** обопру́сь, обопрёшься 過 опёрся, опёрла́сь/опёрлась 能過 опёршийся 過 опёршись/опёршись [完] [lean on, rely on] ① 《о/на что》にもたれる, 寄りかかる, すがる, つかまる: ~ на па́лку 杖に寄りかかる | рука́ми о спи́нку кре́сла 手で椅子の背もたれにすがる ② 《на что》を支えにする, 頼る, 拠り所とする: ~ на друзе́й 友人を支えにする | опира́ясь на междунаро́дную подде́ржку 国際支援を拠り所として ③ 《на что》…に基づく, 立脚する; …を論拠[根拠]とする: ~ на сухи́е фа́кты 無味乾燥な事実に基づいている ④ 《不完》《на что》…に支えられている, …を支柱としている

*****опѝса́н|ие** [アピサーニエ] [中5] 〔description〕 ① 記述 [叙述, 描写] (すること) ② [叙述] したもの: ~ вне́шности челове́ка 人物の外見描写 | статья́ с -ием достопримеча́тельностей 名所旧跡の紹介記事 ③ (科学的·体系的な) 記述: географи́ческое

~ географическое описание
**опи́санный** [形1]《数》外接の
**описа́тельный** 短 -лен, -льна [形1] 記述[叙述]的な, 描写してある
**описа́ть** [完] →опи́сывать
**опи́ска** 複生 -сок [女2] 書き間違い, 誤記
\***опи́сывать** [アピースィヴァチ] [不完] / **описа́ть** [アピサーチ] -ишу́, -и́шешь 命 -иши́ -и́санный [完] -и́санный [完] 〈数〉 ① 叙述[描写, 記述]する: вкра́тце ~ ситуа́цию 状況を手短に描写する | Рома́н *опи́сывает* жизнь челове́ка от рожде́ния до сме́рти. この小説は人間の誕生から死までを描いている ② (科学的・体系的に) 記述[説明]する ③ (備品などの) 目録を作る: ~ иму́щество [инвента́рь] 財産目録を作る ◁〈曲線・弧を〉描く ⑤《数》外接させる *// ~ся* [不完] / [完]① 書き間違える ②《不完》[受身]
**о́пись** [女10] ① 目録作成 ② 目録, 一覧表
**опи́ть(ся)** [完] → опива́ть
**о́пиум** [男1] ① アヘン ② 理性を麻痺させるもの *∥* **~ный** [形1]
**опла́кивать** [不完] / **опла́кать** -а́чу, -а́чешь 受過 -канный [完] 〈酬〉悼む, …の死を悲しむ
\***опла́та** [アプラータ] [女1] [pay, payment] ① 支払い: ~ услу́г サービス料の支払い | *О~* това́ра произво́дится по́сле его́ доста́вки. 支払いは商品の到着後に行われます ② 報酬, 賃金: ~ труда́ 賃金, 労賃 | почасова́я [поде́нная, сде́льная ~ 時間給[日給, 出来高]払い ■ **минима́льный разме́р ~ы труда́** 最低賃金 (略 МРОТ)
\***опла́чивать** [不完] / **оплати́ть** -ачу́, -а́тишь 受過 -а́ченный [完] (pay (for)) ① 費用・代金・報酬を支払う: корреспонде́нция с *опла́ченным* отве́том 返信料が受取人払いの ② 補償[弁済]する *// ~ся* [不完] / [完] (受身)
**оплёвывать** [不完] / **оплева́ть** -люю́, -люёшь 命 -люй 受過 -лёванный [完] 〈話〉〈酬〉 ① …の一面に唾をかけまくる ② (不当に)侮辱する
**оплета́ть** [不完] / **оплести́** -лету́, -летёшь -лёл, -лела́ 能過 -лётший 受過 -летённый (-тён, -тена́) 副分 -летя́ [完] 〈酬〉 ① 巻きつける, 囲む ② 巻きつき, 絡みつく ③ 〈俗〉だます, 欺く
**оплеу́ха** [女2] [話], びんた, 平手打ち ② 侮辱
**опле́чье** [中4] (昔の衣裳・鎧の) 肩当て
**оплодотворе́ние** [中5] 施肥; 受精, 受胎
**оплодотвори́ть** [不完] / **оплодотвори́ть** -рю́, -ри́шь 受過 -рённый (-рён, -рена́) [完] 〈酬〉 ① 受精[受胎]させる ② 実らせる ③ 肥沃にさせる ④〈文〉創造力の源泉となる *// ~ся* [不完] / [完] ① 受精[受胎]する ②《不完》[受身]
**опломбирова́ть** [完] → пломбирова́ть
**опло́т** [男1] 〈雅〉砦, 要塞, 頼もしい防塁
**опло́шка** 複生 -шек [女2] 〈話〉= опло́шность
**опло́шность** [女10] 過ち, しくじり
**оплыва́ть** [不完] / **оплы́ть** -ыву́, -ывёшь 過 -ы́л, -ыла́, -ы́ло [完] ①〈酬〉泳いで行く[航行する] ②〈酬〉の周りを泳ぐ[航行する] ③ 脂肪太りする, むくむ ④ (ろうそくなどが) 溶けて流れる, 溶け崩れる ⑤ (岸などが水の浸食で) 崩れる
**оповеща́ть** [不完] / **оповести́ть** -ещу́, -ести́шь 受過 -ещённый (-щён, -щена́) [完] 〈酬〉 о 圏 について (正式に) 通告[通知]する *∥* **-е́ние** [中5]
**опога́нить** [完] → пога́нить
**оподле́ть** [完] → подле́ть
**опо́ек** -о́йка [男2] ① 乳飲み子牛 ② 乳飲み子牛の革; その革製品
\***опозда́ние** [アパズダーニエ] [中5] [delay] 遅れること, 遅刻, 遅延: Ка́тя прибыла́ на ме́сто встре́чи с небольши́м *-ием*. カーチャは待ち合わせの場所に少し遅れて現れた | Извини́те за ~. 遅くなって申し訳ありません | объясни́ть причи́ны своего́ *-ия* 遅刻の理由を説明する
**опозда́ть** [完] → опа́здывать
**опознава́ние** [中5] 識別, 認識
**опознава́тельный** [形1] 識別のための, 識別用の
**опознава́ть** -наю́, -наёшь 命 -ва́й [不完] / **опозна́ть** 受過 -о́знанный [完] 〈酬〉識別[確認]する ②《公》身元確認する
**опозна́ние** [中5] 《法》身元確認
**опозо́рить(ся)** [完] → позо́рить
**опои́ть** [完] → опа́ивать
**опо́ка** [女2] ①《鋳型》枠 ②《地質》珪藻土, 珪藻岩
**ополаскива́тель** [男5] すすぎ剤: ~ для воло́с ヘアリンス | ~ для по́лости рта́ デンタルリンス
**опола́скивать** [不完] / **ополосну́ть** -ну́, -нёшь 受過 -о́снутый [完] 〈酬〉すすぐ, さっと洗う
**ополза́ть** [不完] / **оползти́** -зу́, -зёшь 過 -о́лз, -олзла́ [完] ①〈酬〉周囲を這う, 迂回する ② 地盤沈下する, 地すべり〈崖崩れ〉を起こす
**о́ползень** -зня [男5] 地すべり, 崖崩れ: В дере́вне сошёл ~. 村で土砂崩れが起こった
**ополосну́ть** [完] → опола́скивать
**ополоска́ть** -ло́щу, -ло́щешь 受過 -ло́сканный [完] 《話》= опола́скивать
**ополоу́меть** [完] 《俗》気が狂う, 頭がおかしくなる
**ополча́ть** [不完] / **ополчи́ть** -чу́, -чи́шь 受過 -чённый (-чён, -чена́) [完] 《話》〈酬〉反抗[敵対]させる
**ополча́ться** [不完] / **ополчи́ться** -чу́сь, -чи́шься 〈на圏/про́тив圏に対して〉① 立ち向かう, 敵対する ② 武装する, 武力に訴える
**ополче́нец** -нца [男3] 民兵, 義勇兵, 予備役兵
**ополче́ни|е** [中5] 国民軍, 義勇軍, 予備役 *∥* **-ский** [形3]
**ополчи́ть** [完] → ополча́ть
**ополчи́ть(ся)** [完] → ополча́ть(ся)
**опомина́ться** [不完] / **опо́мниться** -нюсь, -нишься 命 -нись [完] ① 正気に戻る, 我に返る ② (自分の過ちを悟って) 思い直す, 考え直す
**опо́р** [男1] ◆**во весь ~** 全速力で
\***опо́р|а** [女1] [support, fulcrum] ① 支柱, 支え, 基部 ② (助けとなる) 力, 支持, 頼り: найти́ *-у* в жи́зни 生きる支えを見つける ◆**то́чка -ы** 立脚地, 足がかり
**опора́жнивать** -аю, -аешь, **опорожни́ть** -ню́, -ни́шь 命 -ни́ -нённый (-нён, -нена́) [完] 〈酬〉空にする, 空ける *// ~ся* [不完] / [完] 空になる, 空く
**опо́рный** [形1] 支柱の, 支えになる
**опорожня́ть(ся)** [不完] = опора́жнивать(ся)
**опо́рки** -ов [複] [単 опо́рок -рка [男2]] 《話》ぼろ靴
**опоро́с** [男1] 豚の出産
**опоро́ситься** [完] → пороси́ться
**опоро́чивать** [不完] / **опоро́чить** -чу, -чишь 受過 -ченный [完] 未完は **поро́чить** 〈酬〉中傷する, 名誉を汚す
**опосре́дствованный** [ц] [形1] 《文》間接的な
**опосре́дствовать** [ц] -твую, -твуешь [不完・完] 《哲》〈酬〉媒介する, 伝える
**опости́лыть** [完] 《話》《無人動でも》〈与をうんざりさせる, 飽き飽きさせる
**опохмели́ться** -лю́сь, -ли́шься [完] 《話》迎え酒を飲む
**опошля́ть** [不完] / **опо́шлить** -лю, -лишь 命 -ли -ленный [完] 〈酬〉低俗にする ② 安っぽくする, 月並みにする *// ~ся* [不完] / [完] ① 低俗化する ②

安っぽくなる, 月並みになる ③《不完》〔受身〕

**опоя́сывать** [不完] / **опоя́сать** -я́шу, -я́шешь 受過 -я́санный [完] ① 帯[ベルト]を締めさせる ② 取り巻く, 周りを囲む **//-ся** [不完] / [完] 帯[ベルト]を締める

**о́ппаньки** [間]《若者》わぁ, 超びっくり, 驚いたのなんのって

**оппозиционе́р** [男1] / **-ка** 複生 -рок [女2] 反対派[少数派, 野党]の人

*__оппозицио́нный__ 短 -о́нен, -о́нна [形1] ①《長尾》《政》野党[反政府党, 反主流]の: -ая па́ртия 野党の | ~ блок 野党連合 ② 反対[反抗]の; 反対派の: -ая си́ла 反対勢力 | ли́дер -ого движе́ния 反対運動のリーダー

*__оппози́ция__ [女9] 〔opposition〕① 反対, 抵抗 ② 反対派, 少数派, 野党勢力: демонстра́ция, организо́ванная -ией 野党勢力によるデモ ③《言》対立

*__оппоне́нт__ [男1] / **-ка** 複生 -ток [女2]〔opponent〕反論者; 討論相手 ②《旧》: официа́льный ~ 学位論文審査の審査委員, 対論者

**оппони́ровать** -рую, -руешь [不完] ① 反論する ② 学位論文審査の試問を行う

**оппортуни́зм** [男1] 日和見主義
**оппортуни́ст** [男1] 日和見主義者 **// ~и́ческий** [形3]

**ОПР**〔オペエール〕《略》официа́льная по́мощь «це́лях разви́тия [разви́тию] 政府開発援助, ODA

**опра́ва** [女1] 枠, 縁, フレーム

*__оправда́ние__ [中5]〔justification, excuse〕① 正当化 ②《法》無罪と認めること, 無罪判決 ③ 弁明, 釈明, 言い訳: Он не иска́л -ий. 彼は言い訳を探そうとはしなかった ④ 支出裏付け ⑤〈損害・出費の〉補償, 償い

**опра́вданный** 短 -ан, -анна [形1] 正当と認められる, 容認し得る

**оправда́тельный** [形1] 無罪[正当性]を裏付ける, 証拠[根拠]となる

*__опра́вдывать__ [不完] / **оправда́ть** 受過 -ра́вданный [完]〔justify, excuse〕〈対〉① 正しいと認める ② …を無罪と認める, …に無罪判決を下す ③ 正当化[弁明]する ④〈費用を〉償う, 補償する ⑤〈期待・信頼などに〉応える, ふさわしいと証明する ⑥《会計》〈支出を〉〈書類などで〉裏づける, 証明する

**опра́вдываться** [不完] / **оправда́ться** [完] ①〈пе́ред造 に за対 に関して〉自分の正しさ[潔白]を証明する, 申し開きをする ② 正しい[本当だ]とわかる; (予測などが) 的中する ③ (費用の) 埋め合わせがつく, 補償される ④〔不完〕〔受身〕

**оправля́ть** [不完] / **опра́вить** -влю, -вишь 受過 -вленный [完] 〈対〉① 身なり・髪・寝具などを整える ② 枠にはめる, 縁を付ける **// -ся** [不完] / [完] ① 身のまわり [髪]を整える ② 姿勢[体勢]を整える ③〈от生〉から立ち直る, 回復[復興]する **// опра́вка** [女2]

**опра́стывать** [不完] / **опроста́ть** 受過 -о́станный [完]《俗》〈対〉空にする **// -ся** [不完] / [完]《俗》空になる

*__опра́шивать__ [不完] / **опроси́ть** -ошу́, -о́сишь 受過 -о́шенный [完]〔question〕〈対〉① (大人数に) 質問する, アンケート調査する ② 審問[尋問]する **// -ся** [不完] / [完]

*__определе́ние__ [中5]〔アプリヂェレーニエ〕〔definition, decision〕① 確定, 指定, 決定; 明確化; 算定: ~ вре́мени 時間を決めること | ме́тод -ия ка́чества ча́я 茶の品質を定める方法 | ~ по́ла ребёнка 胎児の性別判定 ② 定義 [規定] (すること):定式[公式]化: по о́бщему -ию 一般的な規定によれば ③《法》 (裁判所の) 判決, 判決, 判定, 決定 (~ суда́) ; ча́стное ~ 傍論, (判決の) 附随的意見 ④《文法》定語, 修飾語

*__определённо__ [副]〔definitely, certainly〕① 確定的に, 確実に: в ~ назна́ченный час 決められた時間に ② はっきりと, 明確に: ~ утвержда́ть はっきりと主張する ③ 明らかに, 確かに, 疑いなく: Всё ~ лу́чше, чем бы́ло. 全てが明らかに以前よりもいいよ ④《間》〔肯定の応えとして〕確かにそうだ! もちろんだ

*__определённый__〔アプリヂリョーンヌィ〕 短 -ён -ённа [形1]〔definite, certain〕① 確定した, 決まった, 定まった, 一定の: мужчи́на без -ых заня́тий 定職のない男 | есть в -ое вре́мя 決まった時間に食べる ② 明確な, はっきりとした: дать ~ отве́т はっきりとした回答をする ③ (顔の輪郭・特徴が) はっきりした ④《長尾》一定の, ある …: в -ой сте́пени ある程度 | в ~ моме́нт ある時点で[瞬間に] | -ым о́бразом 一定のやり方で ⑤《話》《長尾》疑いのない, 議論の余地のない: -ая уда́ча 疑う余地のない成功 **// -ость** [女10]

**определи́мый** [形1] ① 確定[算定, 決定]し得る ② 定義し得る

**определи́тель** [男5] ① 決定[判定]する人[物, 要因] ② 分類表, 便覧 ③《数》行列式

*__определя́ть__〔アプリヂリャーチ〕 [不完] / **определи́ть**〔アプリヂリーチ〕 -лю́, -ли́шь 命 -ли́ 受過 -лённый (-лён, -лена́) [完]〔determine, define〕〈対〉① 明確にする; 算定[測定]する; 査定する: ~ по ка́рте [ко́мпасу] 地図[コンパス]で定める | ~ у́ровень радиа́ции 放射線レベルを測定する 〈態度・立場などを〉はっきりさせる, 決定する: ~ своё отноше́ние к 与 … に対する自身の立場を明確にする ② 定義 [規定] する: чётко ~ поня́тие «демокра́тия» 「民主主義」の概念をはっきりと規定する ③ 決める, 定める, 決定する, 裁定する: ~ це́ну това́ра 商品の値段を決める ⑤ 割り当てる: ~ ребёнка в де́тский сад 子どもを幼稚園に行かせる ⑥ …の原因となる, 決定づける

*__определя́ться__〔アプリヂリャーッツァ〕 [不完] / **определи́ться**〔アプリヂリーッツァ〕 -лю́сь, -ли́шься 命 -ли́сь [完] ① (自分の位置・興味の範囲などを) 確定する, 確かめる, 定める: Он уже́ определи́лся с профе́ссией. 彼はもう職業をどうするか決めた | Уже́ определи́лись с зака́зом? 注文はもう決まりましたか ② 確定する, 明確になる: Боле́знь определи́лась. 病名が確定した ③ はっきり出来上がる, 完成する, 定まる: Его́ взгля́ды ещё не определи́лись. 彼の見解はまだ定まっていない ④《コン》認識される: Ка́рта па́мяти не определя́ется. メモリカードが認識されない ⑤《話》〈造として〉 (仕事などに) 就く: ~ на рабо́ту 就職する | ~ учи́телем в шко́лу 教師として学校に就職する ⑥ (外形・輪郭などが) はっきりする: Определи́лся силуэ́т го́рода. 街のシルエットがはっきりと見えてきた ⑦〔不完〕〔受身〕< определя́ть

**опресне́ние** [中5] 脱塩, 淡水化
**опресни́тель** [男5] (水の) 脱塩装置, 淡水化装置
**опресня́ть** [不完] / **опресни́ть** -ню́, -ни́шь 受過 -нённый (-нён, -нена́) [完]〈対〉〈水の〉塩分を抜く, 淡水化する

**оприхо́довать** [完] → прихо́довать
**опро́бовать** -бую, -буешь 受過 -анный [不完・完]〈対〉① 試運転する, (使用前に) 点検する ② 分析する

*__опроверга́ть__ [不完] / **опрове́ргнуть** -ну, -нешь 命 -ни 過 -е́рг, -е́ргла 受過 -тый [完]〔disprove〕〈対〉論破[反駁]する, 誤りを立証する **// -ся** [不完]〔受身〕

**опроверже́ние** [中5] ① 論破[反駁] (すること) ② 反論記事[声明, 論文]

**опроки́дной** [形2] (ダンプが) 荷台を傾ける方式の
**опроки́дывать** [不完] / **опроки́нуть** -ну, -нешь 受過 -тый [完] ① ひっくり返す ②《話》〈皿・容器の〉中身を空ける, 飲み干す ③《話》〈乗物から〉放り

出す ④なぎ倒す；横転[転覆]させる ⑤撃退する，追い散らす ⑥潰す，権威を失墜させる **‖~ся** [不完]/[完]》ひっくり返る；横転[転覆]する ②仰向けに倒れる ③不意に攻撃する，急襲する

**опроме́тчивый** 短-ив [形1] 性急な，軽率な

**о́прометью** [副] 大急ぎで，大慌てで，一目散に

*****опро́с** [男1]〔questioning〕《公》①（大人数への）質問，アンケート調査；その調査結果；世論調査[выборочный] ~ 電話による[抽出式]アンケート調査｜~ населе́ния Москвы́ モスクワの住民への調査｜провести́ ~ обще́ственного мне́ния 世論調査を行う｜~ на вы́ходе（選挙の）出口調査 ②審問，質問，尋問；~ свиде́телей 証人尋問 **‖~ный** [形1]

**опроси́ть** [完] →опра́шивать

**опроста́ть(ся)** [完] →опра́стывать

**опрости́ться** [完] →опроща́ться

**опростоволо́ситься** -о́шусь, -о́сишься [完]《話》へまをする，しくじる，失敗してしまうことになる

**опротестова́ть** [完] →протестова́ть

**опроти́веть** [完]《国が旦にとって》ひどく嫌になる，嫌気を抱かせるようになる

**опроща́ться** [不完]/**опрости́ться** -ощу́сь, -ости́шься [完]（生活・趣味・振る舞いなどが）簡素になる，飾り気がなくなる **‖опроще́ние** [中5]

**опры́скивать** [不完]/**опры́скать** 受過 -анный [完], **опры́снуть** -ну, -нешь 命 -ни 受過 -тый [完][一回]《囲に囲を》液体を振りかける，散布する **‖~ся** [不完]/[完] 振りかかる

**опры́скиватель** [男5] 霧吹き，スプレー，噴霧装置

**опры́снуть** [完] →опры́скивать

**опря́тн|ый** 短-тен, -тна [形1] 清潔な，こざっぱりした，きちんとした **‖-ость** [女10] 清潔さ

**опт** [男1] 卸売業；卸売商品

**опта́нт** [男1] [法] 〔гражданства〕選択者，願望法

**опта́ция** [女9] [法]（領有権が他国に移る際，その土地の住民に与えられる）国籍選択権

**о́птик** [男1] 光学専門家；光学機械製造者；眼鏡屋

**о́птика** [女2] ①光学；光学現象 ②《集合》光学器械

*****оптима́льн|ый** [アプチマーリヌィ] [形1] 短 -лен, -льна [形1] 〔optimum, optimal〕《文》最上[最良，最高]の，最適の；-ые усло́вия 最高の条件｜дости́чь -ого у́ровня 最高レベルに到達する｜-ая температу́ра 適温

**оптимиза́ция** [女9] 最適化 **‖-и́онный** [形1]

**оптимизи́ровать** -рую, -руешь 受 -анный [不完・完] 最適化する

*****оптими́зм** [男1]〔optimism〕楽観[楽天]主義，楽観，楽天観；楽天性（↔пессими́зм）：с осторо́жным ~ом 慎重かつ楽観的に｜смотре́ть в бу́дущее с больши́м ~ом 将来を非常に楽観的に見る｜име́ть заря́д ~а 楽観主義を持ち合わせている｜Америка́нская эконо́мика не внуша́ет ~а. アメリカ経済を楽観視できない｜Никогда́ нельзя́ теря́ть ~а! 決して悲観しちゃ駄目だよ

**оптими́ст** [男1]/**-ка** 複生 -ток [女2] 楽天家，楽天主義者

**оптимисти́ческий** [形3] 楽天的な，楽天的，前向きな，プラス思考の

*оптимисти́чн|ый* 短 -чен, -чна [形1] 楽天的な，楽観的な（оптимисти́ческий）**‖-ость** [女10]

**о́птимум** [男1]《生》最適条件

**опти́ческ|ий** [形3] ①＜о́птика: -ое воло́кно 光ファイバー ②目の，視覚上の

**оптови́к** -а́ [男2] 卸売業者，卸売企業

**оптоволоко́нный** [形1] 光ファイバーの

**опто́вый** [形1] 卸売の

**о́птом** [副] ①卸売で，(商品購入の際)ひとまとめで，大量に ②《話》一気に，全部ひっくるめて

**опубликова́ние** [中5] 発表，公表

**:опублико́вывать** [アプブリコーヴィヴァチ] [不完]/**опубликова́ть** [アプブリカヴァーチ] -ку́ю, -ку́ешь 命 -ку́й 受過 -о́ванный [完]〔不完また **публикова́ть**〕《囲》①[книга出版]公開，公布する ②出版[発行]する：~ статью́ в журна́ле 雑誌に論文を発表する｜~ кни́гу 本を出版する

**о́пус** [男1]《楽》作品；作品番号

**опуска́ние** [中5]＜опуска́ть(ся)

**:опуска́ть** [アプスカーチ] [不完]/**опусти́ть** [アプスチーチ] -ущу́, -у́стишь, ...-у́стят -ти́ 受過 -у́щенный [完]〔let down, lower〕《囲》①(a)下ろす，下げる，下に置く；~〔 囲に囲を〕手を下ろす｜~ в маши́не стекло́ две́ри 車のウィンドーを下ろす｜~ кни́гу на коле́ни 本を膝の上に置く (b)下へ向ける，垂れる，うつむける：~ го́лову 頭を垂れる｜~ глаза́ [взор] 眼を伏せる，視線を落とす (c)〔襟を折り返す，くまくった袖を元に戻す〕〈帯などを〉緩める ②＜в囲》…の中(奥)へ置く，下ろして置く[投入する]：~ письмо́ в почто́вый я́щик 手紙を郵便箱に入れる｜~ пе́рец в суп コショウをスープに入れる ③(a)（出入口・締め物を）横にする，寝かす，倒す，(ふたなどを倒して)閉じる：~ шлагба́ум 遮断機を下ろす｜~ кры́шку роя́ля ピアノのふたを閉じる (b)（上方で固定していた物を）下ろす，下げる：~ за́навес 幕を下ろす｜~ флаг [паруса́] 旗[帆]を下ろす｜~ перпендикуля́р 《数》垂線を下ろす ④抜かす，省略する，はしょる：~ не́сколько строк 数行抜かす ⑤《俗》貶(おとし)める，侮辱する ◆**~ го́лову** 気力を失くす｜**~ ру́ки** 気落ちする

*****опуска́ться** [不完]/**опусти́ться** -ущу́сь, -у́стишься [完]《文》〔go down, lower〕下がる，下りる，降りる：Температу́ра опусти́лась ни́же нуля́. 気温は零下まで下がった ②下を向く，うつむく ③横になる，寝る，開く：Я уста́ло опусти́лся на крова́ть. 私は疲れてベッドに横になった ④だらしなくなる，堕落する ⑤《不完》[受身]＜опуска́ть

**опускно́й** [形1] 下におろせる，上下に可動式の，吊り下げられている

**опусте́вший** [形6] ひと気のない，さびれた

**опусте́лый** [形1] 空っぽになった，打ち捨てられた

**опусте́ние** [中5] 無人状態；荒廃

**опусте́ть** [完] →пусте́ть

**опусти́ть(ся)** [完] →опуска́ть(ся)

**опустоша́ть** [不完]/**опустоши́ть** -шу́, -ши́шь 受過 -шённый (-шён, -шена́) [完]《囲》①荒廃させる，荒らす ②空っぽにする，空ける ③（精神的に）すさませる，気力を失わせる **‖опустоше́ние** [中5]

**опустошённый** [形1] 荒廃した，すさんだ

**опустоши́тельный** 短 -лен, -льна [形1] 荒廃させるような，破壊をもたらす

**опустоши́ть** [完] →опустоша́ть

**опу́тывать** [不完]/**опу́тать** 受過 -анный [完]《囲》①巻く，しばる ②…に巻きつく ③がんじがらめにする ④《話》混乱させる，丸め込む

**опуха́ть** [不完]/**опу́хнуть** -ну, -нешь 命 -ни опу́х, -хла [完] 腫れる，むくむ；(目が)腫れぼったくなる

**опу́хлый** [形1]《話》腫れた，腫れあがった

**опу́хнуть** [完] →опуха́ть, пу́хнуть

**о́пухоль** [女10] 腫れ，むくみ，腫瘍

**опуша́ть** [不完]/**опуши́ть** -шу́, -ши́шь 受過 -шённый (-шён, -шена́) [完]《囲》①[受身](柔毛・綿毛で)覆われる ②（雪・霜などが）覆う，（柔らかいものが）包み込む ③毛皮で縁取りする **‖~ся** [不完]/[完]（柔毛・若葉が）生える

**опу́шка** 複生 -шек [女2] ①毛皮で縁取ること ②毛皮の縁 ③森の外れ

**опуще́ние** [中5] ①省略 ②《医》(内臓)下垂
**о́пция** [女9]《IT》選択肢, 任意選択, オプション
**опы́лива|ть** [不完]/**опыли́ть**¹ -лю́, -ли́шь 受過-лённый (-лён, -лена́)《園》農薬を散布する ∥ **～ние** [中5]
**опыли́тель** [男5] ①《植》受粉の媒介者(鳥, 虫, 風, 水など) ②《農》農薬散布者
**опыли́ть** [完] → опы́ливать, опыля́ть
**опыля́|ть** [不完]/**опыли́ть**² -лю́, -ли́шь 受過-лённый (-лён, -лена́)《園》受粉させる ∥ **～ся** [不完]/[完] 受粉する
\***о́пыт|ъ** [オープィト] [男1] [experience] ①経験, 体験: го́рький ～ 苦い経験 | челове́к с больши́м ～ом рабо́ты 仕事の経験が豊富な人 | У меня́ бога́тый жи́зненный ～. 私は人生経験が豊富だ | исходя́ из ли́чного ～а 個人の経験から ②実験, 試験: провести́ [поста́вить] ～ 実験を行う | ～ в, при, с и т.д. 試作, 習作: литерату́рные ～ы 文学的試み ④〔哲〕 感覚的経験 ◆**на ～е** = **по ～у** 実験によって
**о́пытник** [男2] (主に農作物の)実験者, 試験栽培者, 新種開発者
\***о́пытн|ый** オープィトヌィ] 短 -тен, -тна [形1] [experienced] ①経験ある, 経験豊富な, 熟練した; 手馴れた, 上手な: ～ лётчик 経験豊富なパイロット | Он **–ым** гла́зом оцени́л обстано́вку. 彼は老練な目で現場を評価した | **–ым** путём жи́зни, све́тский ～ 人生経験豊富な, 世慣れた ②実験[試験]用の, 実験[試験]目的の: ～ образе́ц 試作品 | сельскохозя́йственная *–ая* ста́нция 農業試験場 | *–ая* эксплуата́ция автомоби́ля 自動車の試験運転 ③実験に基づいた: **–ым** путём 実験的方法で ∥ **–ость** [女10] ①
**опьяне́лый** [形1] 酔った, 酩酊した
**опьяне́ние** [中5] (酒に)酔った状態; 陶酔
**опьяне́ть** [完] → пьяне́ть
**опьяня́|ть** [不完]/**опьяни́ть** -ню́, -ни́шь 受過-нённый (-нён, -нена́)[完] [不完また **пьяни́ть**]《園》酔わせる
\***опя́ть** [アピャーチ] [副] [again] ①また, またもや, 再び, 再度(匹較 сно́ва と同義だが, 不満を表明する際にはこちらを用いる): О- ста́ло стра́шно. また怖くなった | Ночью ～ пошёл дождь. 夜になってまた夜が降り出した | Ско́ро она́ ～ поя́вится здесь. じきに彼女はまたここに現れるだろう | О- нача́лось! = О- за своё! また始まったよ ②〔話〕その上, しかも, やはり, また ◆**～ же**〔話〕その上, しかも | **О- два́дцать пять.**〔話〕また か, もううんざりだ
\***опя́ть-таки**〔話〕①[副] また, またもや, またしても (опя́ть): И ～ быть беде́. また面倒[不幸]なことが起きるに違いない | Э́то ～ непра́вда. これもまた嘘でしょう | Полити́ческие соображе́ния ～ бы́ли гла́вными. 政治的判断がまたしても重要であった | Я не повторя́ю слова́ благода́рности. 改めて感謝の言葉を申し上げます ②[挿入] それでもやはり, しかし, やっぱり, にもかかわらず
**ор** [男1]〔俗〕騒動, どよめき
**ора́ва** [女1]〔俗〕騒がしい群衆, 大勢の人々
**ора́кул** [男1] ①(古代世界の)神託, 神託を下す神, 神官, 神託が行われる場所 ②《文》予言者
**ора́льный** [形1] 口腔の, 口述の; 口を使う
**орангута́н** [男1], **-а́нг** [男2]《動》オランウータン
\***ора́нжев|ый** [形1] [orange] オレンジ色の, だいだい色の: ～ со́лнечный свет オレンジ色の陽光 ■**О-ая револю́ция** オレンジ革命(2004年のウクライナにおける民主主義革命)
**оранжере́|я** [女6] 温室 ∥ **-йный** [形1]
**ора́тор** [男1] 演説者, 雄弁家 ∥ **～ский** [形3]

**орато́рия** [女9]《楽》オラトリオ, 聖讚曲
**ора́торств|о** [中1]《文》雄弁, 演説;《皮肉》長口舌
**ора́торствовать** -твую, -твуешь [不完]《皮肉》長口舌を振るう, 雄弁に語る
**ора́|ть** -ру́, -рёшь [不完]〔話〕叫ぶ, 大声を出す, わめく, 大声で泣く[歌う], 怒鳴る
\***орби́т|а** [女1] [orbit] ①《天》軌道; ò: околоземна́я ～ 地球を巡る軌道 | ～ Земли́ 地球の軌道 | вы́вести [запусти́ть] иску́сственный спу́тник на *-у* 人工衛星を軌道に向けて打ち上げる | вы́йти на *-у* Ма́рса 火星軌道に乗る | сойти́ с *-ы* плане́ты 惑星の軌道から外れる ②《文》活動領域, 範囲; 勢力圏: втяну́ть в *-у* своего́ влия́ния 自分の勢力圏に引き入れる ③《解》眼窩(ﾟ﹅)
**орбита́льный** [形1] 軌道の, 軌道上にある
**ОРВИ** [オルヴィー]《略》о́стрые респирато́рно-ви́русные инфе́кции 急性ウイルス性呼吸器感染症
**орг..**《語形成》「組織の」
**..орг**《語形成》「組織者, 主催者」
**орга́зм** [男1]《生理》オルガズム, オーガズム
\***о́рган** [オールガン] [男1] [organ] ①《解・医》器官: ～ы слу́ха [зре́ния, ре́чи] 聴覚[視覚, 発声]器官 | дыха́тельные ～ы = ～ы ды́хания 呼吸器 | пищеваре́ния [кровообраще́ния] 消化[循環]器 ②《文》の)道具, 手段: Печа́ть — мо́щный ～ просвеще́ния. 出版は啓蒙の強力な手段である ③(社会的な)機関, 組織: исполни́тельный [законода́тельный] ～ 執行[立法]機関 | госуда́рственный [федера́льный] ～ 国家[連邦]機関 ④機関紙[誌]
**орга́н** [男1]《楽》オルガン ∥ **～ный** [形1]
**органа́йзер** [男1] システム手帳
\***организа́тор** [アルガニザートル] [男1] [organizer] ①組織者, 主催者, 創始者, 発起人, まとめ役(個人, 機関, 国家などを指して用いることができる): ～ ко́нкурса コンクールの主催者 | ～ прое́кта プロジェクトの発起人 ②組織能力のある人: тала́нтливый ～ 人を組織する能力が長けている人 ∥ **-ский** [形3]
**организацио́нный** [形1] 組織の, 設立の
\***организа́ци|я** [アルガニザーツィヤ] [女9] [organization] ①組織[設立]すること, 開催: уча́ствовать в *-ии* разли́чных меропри́ятий 様々なイベントの開催に参与する ②〔話〕まとまり, 組織性: Не хвата́ет *-ии.* まとまりない ③組織体: 団体, 協会, 連合; (国家, 機関, 官庁: нау́чная ～ 学術機関 | возглавля́ть обще́ственную *-ию* 社会団体を率いる ④構成, 構造: ～ произво́дства [труда́] 生産[労働]構造 ⑤物理[精神]的構造; 体質: эуше́вная ～ 精神構造 | сла́бая ～ 蒲柳(ёу)の質
\***органи́зм** [アルガニーズム] [男1] [organism] ①(個人の)体, 身体, 人体: разви́тие *-a* 体の発達; воздействие на ～ челове́ка 人体への影響 | У меня́ сла́бый [здоро́вый] ～. 私は体が弱い[丈夫だ] ②有機体, 生物: живо́тный [расти́тельный] ～ 生[植]物 | реа́кция *-а* на жару́ 熱に対する生体反応 ③(有機体としての)組織, 組織体: госуда́рственный ～ 国家組織
\***организо́ванн|ый** 短 -ан, -анна [形1] [organized] 秩序ある, 組織的な, 規律ある, まとまった: *-ая* престу́пность 組織犯罪 ∥ **-ость** [女10]
\***организова́ть** [アルガニザヴァーチ] -зу́ю, -зу́ешь 受過 -о́ванный [不完・完] (★過去は完了体のみ) [organize] 〔完また **c-**〕〔話〕〈國〉①組織[設立]する: ～ коми́ссию 委員会を設置する ②企画[準備]する, セッティングする, 開催[主催]する: ～ встре́чу однокла́ссников 同窓会を企画する ③〔話〕支度する, 用意する, 手に入れる: ～ ча́йку お茶の支度をする | *Организу́ете* нам биле́ты на самолёт? 飛行機の

切符を用意してくれますか ④〈人を〉組織化する, まとめる: ~ сотру́дников для пое́здки 旅行に行く職員を集める ⑤秩序づける, うまく調整する: ~ своё вре́мя 自分の時間をやりくりする

**организова́ться** -зу́юсь, -зу́ешься [不完・完] (★過去は完了体のみ) ①設立される, 〈組織が〉できる 〔完また **с~**〕結集する, まとまる, 団結する ③[不完][受身] < организо́вывать

**организо́вывать** [不完] = организова́ть

**орга́ника** [女2] 《話》有機肥料 (органи́ческие удобре́ния)

**органи́ст** [男1] / **~ка** 複生 -ток [女2] オルガン奏者

*органи́ческ|ий [形3] [organic] ①有機的な, 有機の, 生物の: -ая хи́мия 有機化学 ②器官の, 内臓の, 器質的な ③本質的な, 根本的な, 生来の

**органи́чный** 短 -чен, -чна [形1] 本質的な, 固有の, 元来の, 生理的な

**о́ргия** [女2] ①《古代》ディオニュソスの祝宴 ②どんちゃん騒ぎ, はめを外した酒宴

**òргкомите́т** [男1] 組織委員会 (организацио́нный комите́т)

**òргте́хника** [女2] 事務機器, オフィス機器 (организацио́нная те́хника)

**орда́** 複生 о́рды [女1] ①《史》(モンゴル・チュルク系遊牧民族の)汗国: Золота́я О~ キプチャク・ハン国 ②《蔑》敵軍 ③《話》群衆, 徒党

*о́рден [オールデン] [男1] 〔複 -á〕勲章: получи́ть ~ 勲章を授与する | Трудово́го Кра́сного Зна́мени 《史》労働赤旗勲章 ② [複 -ы] 修道士団, 騎士団, 教団; 秘密結社: духо́вно-ры́царский (вое́нный) ~ 騎士修道会 | ры́царский ~ меченосцев 帯剣騎士団 | масо́нский ~ フリーメーソン結社 | ~ Иезуи́тов イエズス会 | Домини́канский ~ ドミニコ修道会 | Мальти́йский ~ マルタ騎士団会 **∥-ский** [形3]

**орденоно́сец** -сца [男3] 受勲者, 受勲した団体

**орденоно́сный** [形1] 受勲した, 勲章を受けた

**о́рдер** [男1] ①〔複 -á〕命令書, 令状 ②〔複 -ы/-á〕《建》柱式

**ордина́р** [男1] (川などの)平均水位

**ордина́рец** -рца [男3] 《軍》伝令兵 (司令部付きの)当番兵

**ордина́рный** 短 -рен, -рна [形1] 《文》普通の, 月並みな

**ордина́та** [女1] 《数》縦座標

**ордина́тор** [男1] 《医》医局員, 病院勤務医

**ордината́тура** [女1] 《医》①医局員/病院勤務医の職 ②臨床医学研究科, 研修医の身分

**орды́нский** [形3] < орда́①

*орёл орла́ [男1] [eagle] ①《鳥》ワシ; 《複》イヌワシ属 ②勇者 ③(コインの)表側(紋章が描かれている) ◆ **О~ и́ли ре́шка?** 表か裏か **∥двугла́вый ~** 双頭の鷲 (ロシアの国章)

**Орёл** -рла́ [男1] オリョール(同名州の州都)

**Оренбу́рг** [男2] オレンブルク(同名州の州都) **∥оренбу́ргск|ий** [рс/ркс] [形3]: *О-ая о́бласть* オレンブルク州(沿ヴォルガ連邦管区)

**орео́л** [男1] ①光の輪 (聖像画の頭の)後光, 光背 ②栄光, 威光 ③光る物の周囲に見える光輪, (写真の)ハレーション

*оре́х [男2] 〔nut〕 ①ナッツ類, 堅果: австрали́йский ~ マカダミアナッツ | земляно́й ~ ピーナッツ (ара́хис) | лесно́й ~ へーゼルナッツ (фунду́к) | коко́совый ~ ココナッツ | гре́цкий ~ クルミ (クルミ属); クルミの木; クルミ材: гре́цкий ~ セイヨウグルミ (最も一般的な食用クルミ) ◆ **разде́лать** [**отде́лать**] **под ~** 《話》…を罵倒する, やっつける **∥оре́шек** -шка [男2] [指小] **∥-овый** [形1]

**оре́ховка** 複生 -вок [女2] 《鳥》ホシガラス (кедро́вка)

**оре́шник** [男2] 《植》セイヨウハシバミ(лещи́на) **∥~овый** [形1]

**ОРЗ** [オエルゼー] (略) о́стрые респирато́рные заболева́ния 急性呼吸器疾患

*оригина́л [男1] [original] ①(a)原本, 原作, 原図, オリジナル, 現物, 実物: ~ письма́ Пу́шкина プーシキンの手紙の実物 | ссы́лка на ~ стати́й オリジナルの論文へのリンク (b)《文学》(登場人物などの)モデル, 実物 (c)(翻訳の対象となった)原文: чита́ть Че́хова в ~e チェーホフを原文で読む | в гре́ческом ~e ギリシャ語の原文で (d)[印]版下: ~ -ма́кет 完全版下 ② [/~ка 複生 -лок [女2]]《話》変わり者, 変人

**оригина́льничать** [不完] / **с~** [完] 《話》人と違ったことをする, 奇をてらう

*оригина́льн|ый 短 -лен, -льна [形1] [original] ①原本の, 本物の, 自筆の: -ая ру́копись 自筆原稿 | -ая англи́йская ве́рсия オリジナルの英語版 | в -ом те́ксте 原文では ②原作の, 模倣[借り物]でない, 本当の, 自作の, 創作の, 創作: -ое произведе́ние 創作(作品), 創作物 ③(事物が)独創的な, 斬新な, 独特の, 独自の: ~ взгляд 一風変わった見解 | весьма́ -ым спо́собом 極めて独特の方法で ④(人が)独特な, 一風変わった, 異色の **∥-ость** [女10]

**ориента́льный** [形1] 《文》東洋の, 東洋風の

*ориента́ция [女2] [orientation, understanding] ①位置[方位]の特定: потеря́ть -ию 方位がわからなくなる | в圏 <問題・状況の>判断力, 理解力 ③<на圏>への指向, 方向, 方針: полити́ческая ~ 政治的な指向 | профессиона́льная ~ キャリア教育, 就職指導 (профориента́ция) ④《数》(実ベクトル空間における)向き, 向き付け ◆ **вертика́льная** [**горизонта́льная**] ~ (スマートフォン・タブレットの)縦[横]向き | **кни́жная** [**альбо́мная**] ~ (印刷用紙の)縦[横]方向

**ориенти́р** [男1] 《軍》目印, 目標物, ランドマーク

**ориенти́рованный** [形1] 《文》通暁(?)した, 事情をよくわかった

*ориенти́ровать -рую, -руешь 受過 -анный [不完・完] [orient] <圏> ①位置[方向]を特定[確認]させる: ~ косми́ческий кора́бль 宇宙船の位置を特定する ②[受過](ある方向に)向かっている: Се́льское хозя́йство ориенти́ровано на э́кспорт. 農業は輸出に向かっている ③<в圏>に関する判断[理解]力を与える; 完また **c~**<на圏>へ(目標へ向けて)方向づける, 指針を与える, 軌道を与える

**ориенти́роваться** -руюсь, -руешься [不完・完] ①自分の位置[方向]を特定[把握]する ②状況を把握する, 問題を見極める ③<на圏>を目標とする, 目安とする, 頼りにする ④[不完][受身] < ориенти́ровать

**ориентиро́вка** [女2] < ориенти́ровать(ся) ①状況[問題]を把握する能力

**ориентиро́вочн|ый** 短 -чен, -чна [形1] ①(長尾)方向[位置]特定のための ②おおよその, 予備的な, 概略の **∥-o** [副]

**Орио́н** [男1] 《天》オリオン座

**òркéстр** [アルキェーストル] [男1] [orchestra, band] ①オーケストラ, 楽団, バンド; オーケストラ用の楽器: симфони́ческий (духово́й) ~ 交響[吹奏]楽団 | ме́дный ~ 軍楽隊 ②オーケストラによる演奏 ③(劇場の)オーケストラボックス, ピット

**оркестра́нт** [男1] / **~ка** 複生 -ток [女2] オーケストラの演奏者, 楽団員

**оркестрова́ть** -ру́ю, -ру́ешь 受過 -о́ванный [不完・完] <圏> ①<管弦楽曲を>作曲する, 総譜で記す ②管楽用に編曲する

**оркестро́вка** 複生 -вок [女2] ① 管弦楽曲の作曲［編曲］ ② 管弦楽法、オーケストレーション

**оркестро́вый** [形1] ① オーケストラの ② 管弦楽のための

**орла́н** [男1] 《複》〔鳥〕ウミワシ属：~-белохво́ст オジロワシ | белоголо́вый ~ ハクトウワシ | белопле́чий ~ オオワシ

**орлёнок** -нка 複 -ля́та, -ля́т [男9] ワシの子

**орле́ц** -а́ [男3] ①〔鉱〕薔薇輝石、ロードナイト ②〔正教〕オルレツ、驚虾(ダハ)（主教の足下に敷かれる、驚を描いた丸絨毯）

**орли́ный** [形1] ① ワシ(орёл)の（ような） ② 敏腕な、勇敢な、(視線が)射るような ■~ **нос** 驚鼻、鉤鼻

**орли́ца** [女1] 雌ワシ

**орло́вский** [形3] ~-ая о́бласть オリョール州 (州都 Орёл；中央連邦管区)

**орля́нка** [女2] コインを投げて裏か表か当てるゲーム、コイントス

**орна́мент** [男1] ① 装飾、模様、飾り ②〔楽〕装飾音 // ~**а́льный** [形1]

**орнамента́ция** [女9] ①（模様・図柄による）装飾 ② 装飾様式

**орнаменти́ровать** -рую, -руешь 受過 -анный [不完・完]《＋対》装飾する、模様を飾る

**орнито́лог** [男2] 鳥類学者

**орнитоло́гия** [女9] 鳥類学 // ~**и́ческий** [形3]

**оробе́лый** [形1] 怯えた、ひるんだ

**оробе́ть** [完] → робе́ть

**орогове́ть** [完]（皮膚が）角質化する // ~**ние** [中5]

**орогра́фия** [女9] 山容学、山岳地形学

**орок** [男2] ウィルタ人（サハリンなどに住むツングース系民族）// ~**ский** [形3]

**ороси́тельный** [形1] 灌漑(用)の

**ороч** [男4] オロチ人（ハバロフスク地方南部に住むツングース系民族）// ~**ский** [形3]

**ороша́ть** [不完] / **ороси́ть** -ошу́, -оси́шь 受過 -ошённый (-шён, -шена́) [完]《対》① 濡らす、濡らす ② 灌漑する、灌漑設備を作る // ~**ся** [不完] 濡れる、潤る / **ороше́ние** [中5]：поля́ -ния 下水利用農場

**ортодо́кс** [男1]《文》正統主義者

**ортодокса́льный** 短 -лен, -льна [形1]《文》正統的な；《ユダヤ》正統派の // ~**ость** [女10]

**ортодо́ксия** [女9]《文》正統主義、正統教義の信奉

**ортопе́д** [男1] 整形外科医

**ортопе́дия** [女9] 整形外科 // ~**и́ческий** [形3]

***ору́д|ие** [アルーヂエ] [中5] [instrument, gun] ① 道具、用具、器具、工具：по́льзоваться сельскохозя́йственными ~иями 農機具を使う ②（何かの実現のための）手段、てだて、道具：~ преступле́ния 凶器 | Язы́к — ~ обще́ния. 言語はコミュニケーションの手段である ③〔軍〕火砲：дальнобо́йное ~ 長距離砲 // **ору́дийный** [形1]

**ору́довать** -дую, -дуешь [不完]《話》《＋造》①《対》を使う ②《図》を管理する、取り仕切る ③ 活動する、暗躍する

**оруже́йник** [男2] 武器職人、兵器製造工

**оруже́йный** [形1] < ору́жие: -ая пала́та 武器[兵器]庫

***ору́ж|ие** [アルージエ] [中5] [weapon, arms] ① 武器、火器、銃器；《集合的》兵器、軍隊：холо́дное ~ 刀剣類 | огнестре́льное ~ 火器 | я́дерное [ато́мное] ~ 核兵器 | по́льзоваться -ием 武器を使う ②（実現のための）手段、方法、武器：Слёзы — же́нское ~. 涙は女性の武器だ ◆ **броса́ть [класть, сдава́ть] ~** 降参[降伏]する | **взя́ться за ~** 武器を取る、闘いを開

始する | **сложи́ть ~** 武器を置く、投降する | **поднима́ть ~** 《雅》武器を手に取って立ち上がる

**орфогра́фия** [女9] 正書法、正字法、正綴法 // **орфографи́ческий** [形3]：-ая оши́бка 誤字、スペルミス

**орфоэ́пия** [女9] 正しい発音法、正音法、正音学 // **орфоэпи́ческий** [形3]：~ слова́рь 正音法辞典

**орхиде́я** [ヂ] [女6] 〔植〕ラン / **орхи́дный** [形1]

**оря́сина** [女1] 《俗》① 大きな棒、棍棒 ② でくの棒

**ОС** [オーエス] 《略》операцио́нная систе́ма〔IT〕オペレーティングシステム、OS

**оса́** 複 о́сы [女1] 〔昆〕スズメバチ、(ミツバチ以外の)ハチ

**ОСАГО** [オサーゴ] 《略》обяза́тельное страхова́ние автограждáнской отве́тственности 自動車損害賠償責任保険、自賠責保険

**оса́д|а** [女1] 包囲攻撃、攻囲、包囲戦、籠城：сня́ть -у 包囲を解く // ~**ный** [形1]

**осади́ть** [完] → осажда́ть, оса́живать[1,2]

**оса́дка** [女2] ① 沈下 ②〔海〕喫水

***оса́док** -дка [男2] [precipitation, sediment] ①《複》〔気象〕降水現象、降水［降雨、降雪］（量）：среднегодово́е коли́чество -ков 年間平均降水量 | Днём небольши́е -ки. (天気予報で) 昼に小雨[雪]が降るでしょう | Оса́дков не ожида́ется. (天気予報で) 降水[雪]はないでしょう ② 澱(\*)、よどみ、沈殿物：~ в вине́ ワインの中の沈殿物 ③（感情的な）しこり、嫌な後味、重い気分 ④《通例複》〔地質〕堆積物[層]

◆ **вы́пасть в ~** (1)〔化・理〕(液体を)澄ませる (2)《戯》ひどく驚く、慌てふためく (3)《若者》非常に満足する

■ **радиоакти́вные -ки** 放射性降灰、"死の灰"

**оса́дочный** [形1] ① 沈殿[堆積]した：-ые поро́ды〔地質〕堆積岩 ② 沈殿用の ③ 降水［降雪］の

**осажда́ть** [不完] / **осади́ть¹** -ажу́, -ади́шь/-ади́шь 受過 -аждённый (-дён, -дена́) [完]《対》① 武力包囲する、攻囲する、取り囲む ② 沈殿させる ③《話》（対に質問を）浴びせかける // ~**ся** [不完] ① 沈殿する ② 沈下[下降]する ③ 〔受身〕

**осажде́ние** [中5] ① 沈殿、沈下、下降

**оса́живать¹** / **осади́ть²** -ажу́, -а́дишь 受過 -а́женный (-ден, -дена) [完]《対》① 沈下させる、沈める

**оса́живать²** / **осади́ть³** -ажу́, -а́дишь 受過 -а́женный (-ден, -дена) [完]《対》①《馬を》急停止させる、ぐいと引き戻す〈無補語〉（動物が）急に止まる、後退する ②《話》《行き過ぎを》抑える、たしなめる // ~**ние** [中5]

**О́сака** [女2] 大阪 / **о́сакский** [形3]

**оса́лить** [完] → са́лить

**осани́стый** 短 -ист [形1] 威厳のある、堂々とした

**оса́нка** [女2] 態度、姿勢、物腰

**оса́нна** [女1] 《宗》ホサナ（キリスト教の礼拝で主を讃え歓呼の叫び；"栄光あれ" "祝福あれ"の意）

**осатане́лый** [形1] 怒り狂った、凶暴な、猛烈な

**осатане́ть** [完] → сатане́ть

**ОСВ** [オエスヴェー] 《略》ограниче́ние стратеги́ческих вооруже́ний 《政・軍》戦略兵器制限交渉、SALT

***осва́ивать** [不完] / **осво́ить** -о́ю, -о́ишь 受過 -о́енный [完]《対》[master, cope with] ① 習得する、身につける、（扱い方を）覚える：~ гита́ру ギターをマスターする ②《土地を》開拓する ③ 慣らす、順応させる // ~**ся** [不完] / [完] ① 慣れる ②《図》を身につける、習得する ③《＋前》（新しい環境）になじむ、溶け込む

**осведоми́тель** [男5] 情報提供者、通報者

**осведоми́тельный** [形1] 情報提供の、通報の

**осведоми́ть(ся)** [完] → осведомля́ть

**осведомле́ние** [中5] 通知、告知、情報提供

**осведомлённ|ый** 短 -ён, -ённа [形] 事情に通じた, 通暁した **∥-ость** [女10]

**осведомля́ть** [不完] / **осве́домить** -млю, -мишь 受過 -мленный (-лён, -лена́) [完] 〈與〉に情報提供する, 知らせる, 教える **∥-ся** [不完] [完] ①問い合わせる, 照会する ②《不完》〈受身〉

**освежа́ть** [不完] / **освежи́ть** -жу́, -жи́шь 受過 -жённый (-жён, -жена́) [完] 〈與〉に新鮮さをもたせる, 爽快にする, (水分を与えて)すっきりさせる, 涼しくさせる ②元気を回復させる, リフレッシュさせる, 気分を一新させる ③新しくする ④思い出す, 記憶を蘇らせる **∥-ся** [不完] [完] ①新鮮[爽快]になる, 清涼になる ②元気を取り戻す, 気分が一新される ③記憶がよみがえる ④《不完》〈受身〉**∥освеже́ние** [中5]

**освежева́ть** [完] →свежева́ть

**освежи́тель** [男5] 消臭剤, 脱臭剤 (～ во́здуха)

**освежи́тельный** 短 -лен, -льна [形] リフレッシュさせる, 爽快な気分にさせる

**освежи́ть(ся)** [完] →освежа́ть

**Осве́нцим** [男1] アウシュヴィッツ (ポーランドの都市)

**освети́ть** [男5] ①照明係 ②照明器具

**освети́тельный** [形1] 照明用の

**осветли́тель** [男5] ①(毛髪の) ブリーチ剤 ②除濁装置

*__освеща́ть__ [アスヴィシャーチ] [不完] / **освети́ть** [アスヴィチーチ] -ещу́, -ети́шь, …-етя́т 命 -ти́ 受過 -ещённый (-щён, -щена́) [完] 〔light up〕〈與〉 ①照らす, 明るくする, 光を当てる, 照明をつける: Луна́ нам *освеща́ла* путь. 月が道を照らし出している ◇〈顔などを〉明るくする, 輝かせる: Улы́бка *освети́ла* её лицо́. 笑みで彼女の顔が明るくなった ②明らかにする, 解明[解説]する: ～ спо́рные вопро́сы 争点を明らかにする **∥-ся** [不完] [完] ①明るくなる, 光が灯る ②〈顔などが〉明るくなる, 輝く ③《不完》〈受身〉

*__освеще́ние__ [中5] 〔light, illumination〕①照らすこと ②明かり, 照明, 光: ～ зри́тельного за́ла 観客席の照明 〈絵・写真の〉明暗 ④照明器具 ⑤説明, 解説: подро́бное ～ ситуа́ции 状況の詳しい解説

**освещённость** [女10] 〔理〕照度

**освиде́тельствование** [中5] 検査

**освиде́тельствовать** [完] →свиде́тельствовать

**освистывать** [不完] / **освиста́ть** -ищу́, -и́щешь 受過 -и́станный [完] 〈與〉口笛を吹いて非難する

**освободи́тель** [男5] **/~ница** [女3] 解放者

*__освободи́тельный__ [形1] 〔liberation〕解放の, 解放を目的とした: *-ое* движе́ние 解放運動 | *-ая* война́ [борьба́] 解放戦争[闘争] | *-ая* а́рмия 解放軍

*__освобожда́ть__ [アスヴァバジダーチ] [不完] / **освободи́ть** [アスヴァバヂーチ] -божу́, -боди́шь, …-боди́т 命 -ди́ 受過 -бождённый (-дён, -дена́) [完] 〔free, liberate〕〈與〉①自由にする, 解放[釈放, 放免]する: ～ пле́нных [зало́жников] 捕虜[人質]を解放する ②〈領土を〉奪還[解放]する: ～ страну́ от оккупа́нтов 国を占領者から解放する ③拘束を解く, 取り外す, 〈能力を〉発揮させる: ～ тво́рческие си́лы 創造力を発揮させる ④〈от囲〉を免除する, 免れさせる: ～ от упла́ты нало́га 税の支払いを免除する ⑤解任[免職]する, 職を解く ⑥空にする, 場所を空ける: ～ ме́сто 場所[席]を空ける ⑦〈時間を〉空ける

*__освобожда́ться__ [不完] / **освободи́ться** -божу́сь, -боди́шься [完] ①自由になる, 解放される: ～ от стереоти́пов ステレオタイプを脱する ②解き放たれる, 逃れる ③免れる ④空になる, (座席などが) 空く, (何かがなくなって) 見えるようになる ⑤暇になる, 自由な時間 ができる ⑥《不完》〈受身〉< освобожда́ть

*__освобожде́ние__ [中5] 〔liberation, dismissal〕 (< освобожда́ть(ся)) ①解放; 釈放; 除隊; 免除; 解任, 免職, 解職; 明渡し: национа́льное ～ 民族解放 ②от занима́емой до́лжности 《公》解任 ③免除証明書 (健康状態のために業務や授業などを免除する)

*__освое́ние__ [中5] 〔mastery〕①習得, 吸収, 摂取: ～ игры́ на сямися́не 三味線の技の習得 ②開拓, 開発, 同化: ～ но́вых земе́ль 新地開拓

**осво́ить(ся)** [完] →осва́ивать

**освяти́ть** [完] →освяща́ть, святи́ть

*__освяща́ть__ [アスヴィシチャーチ] [不完] / **освяти́ть** [アスヴィチーチ] -ящу́, -яти́шь, …-ятя́т 命 -ти́ 受過 -ящённый (-щён, -щена́) [完] 〔consecrate, sanctify〕〈與〉①浄める, お浄めの儀式を行う: ～ во́ду 〈церко́вь〉 水 [教会]をお浄めする ②《受過》《文》神聖なものとなっている, 神聖化されている: обы́чаи, *освящённые* столе́тиями 数世紀にわたって守り伝えられてきたしきたり **∥-ся** [不完] 〈受身〉 **∥освяще́ние** [中5] <①; 《正教》成聖

**осево́й** [形2] 軸 (ось) の, 中心となる

**оседа́|ть** [不完] / **осе́сть** ося́ду, ося́дешь 命 ося́дь [完] ①沈む, 下降[沈下]する ②ゆっくり[崩れるように]倒れる, くずおれる ③降り積もる, 沈殿する ④住みつく **∥-ние** [中5]

**осе́длость** [女10] 定住

**осе́длый** [形1] 定住している (↔ кочево́й)

**осека́ться** [不完] / **осе́чься** -еку́сь, -ечёшься, …-еку́тся 命 -еки́сь 過 осёкся, осекла́сь [完] ①失敗する ②《話》急に口をつぐむ, 言い淀む

*__осёл__ осла́ [男1] 〈動〉ロバ 〔donkey, ass〕 ②のろま, 頭の鈍い人, 頑固者: бурида́нов ～ 優柔不断な人

**оселок** -лка́ [男2] ①砥石 ②試金石

**осеменя́ть** [不完] / **осемени́ть** -ню́, -ни́шь 受過 -нённый (-нён, -нена́) [完] 〈與〉人工授精させる **∥осемене́ние** [中5]

**осени́ть** [完] →осеня́ть

**осе́нн|ий** -яя -ее -ие [複] 秋 (9月中旬); 3段階ある)

■**пе́рвые ~** [暦] 9月14日 [旧暦1] (Семён летопрово́дец) | **вторы́е ~** [暦] 9月21日 [旧 暦8] (Рождество́ Пресвято́й Богоро́дицы; 秋分) | **тре́тьи ~** [暦] 9月27日 [旧暦14] (Воздви́жение)

*__осе́нн|ий__ [アスェーンニイ] [形8] 〔autumnal〕秋の: холо́дный ～ дождь 冷たい秋の雨 | *-ие* за́морозки 秋の冷え込み | *-ее* настрое́ние うら悲しい気分 | в оди́н ~ день 秋のある日に

*__о́сен|ь__ [オーシニ] [女10] 〔autumn, fall〕①秋: нача́ло *-и* 初秋 | золота́я ～ 黄金の秋 | глубо́кая ～ 晩秋 ②《詩》凋落[衰退]期: ～ жи́зни 中年期

*__о́сенью__ [オーシニュ] [副] 〔in autumn〕秋に: одна́жды ～ ある秋の日に | по́здней [про́шлой, сле́дующей] *-ью* 晩秋に[昨秋に, 次の秋に]

**осеня́ть** / **осени́ть** -ню́, -ни́шь 受過 -нённый (-нён, -нена́) [完] 〈與〉①影を落とす, 影で暗くする ②〈考え・感情が〉…の頭にふと浮かぶ ③捉える, 包み込む

**осерча́ть** [完] →серча́ть

**осе́сть** [完] →оседа́ть

**осети́н** 複生 осети́н [男1] **/~ка** 複生 -нок [女2] オセット人 (カフカス地方オセチアに住む民族) **∥~ский** [形3]

**Осе́тия** [女9] オセチア **∥Се́верная ~-Ала́ния** 北オセチア・アラニア共和国 (Респу́блика *Се́верная ~-Ала́ния*; 首都は Владикавка́з; 北カフカス連邦管区) | **Ю́жная ~** 南オセチア

**осётр** осетра́ [男1] [魚] チョウザメ; 《複》チョウザメ属

**//осетро́в|ый** [形1]: **-ые** [複名] チョウザメ科

**осетри́на** [女1] チョウザメの肉

**осе́чк|а** 複生 **-чек** [女2] ①不発 ②《話》失敗、へま: **дать** *-y* ①不発に終わる、へまをやる

**осе́чься** [完] →**осека́ться**

**оси́ливать** [不完] / **оси́лить** -лю, -лишь 受過 -ленный [完] 〈斌〉①打ち勝つ、負かす ②克服する ③やってのける ④《話》マスターする ⑤《話》(大量に)食べる、飲む

**оси́на** [女1] 〔植〕ヨーロッパヤマナラシ(ユダが首を吊った木との伝承があり、不吉な木とされる) **//оси́новый** [形1] **◆дрожа́ть как ~ли́ст** ♦わなわな震える

**оси́нник** [男2] ヨーロッパヤマナラシ(оси́на)の林[薮]

**оси́новик** [男2] 〔茸〕ヤマイグチ属の食用キノコ(подоси́новик)

**оси́пный** [形1] (声が)しゃがれた

**оси́пнуть** [完] →**си́пнуть**

**осироте́лый** [形1] ①親を失った、孤児になった ②住む者のなくなった、打ち捨てられた

**осироте́ть** [完] →**сироте́ть**

**ОСК** [オエスカー] 〔略〕Объединённая судостроительная компания 统一造船公司; оперативно-стратеги́ческое кома́ндование 《軍》作戦・戦略コマンド

**оска́л** [男1] 歯をむき出すこと、歯をむき出しにした口

**оска́лить(ся)** [完] →**ска́лить(ся)**

**оскальпи́ровать** [完] →**скальпи́ровать**

**оскандалиться** [完] →**сканда́литься**

**О́скар** [男1] アカデミー賞、オスカー: **номини́роваться на** ~ オスカーにノミネートされる

**оскверне́ние** [中5] 冒瀆(カョリ)

**оскверни́тель** [男5] 冒瀆(カョリ)者

**оскверни́ть|ый** 短 **-лен, -льна́** [形1] **//-ость** [女10]

**оскверня́ть** [不完] / **оскверни́ть** -ню, -ни́шь 受過-нённый (-нён, -нена́) [完] 〈斌〉汚す、冒瀆(カョリ)する、貶(キョル)める、侮辱する

**оскла́биться** -блюсь, -бишься 受過-бленный [完] **◆~ лицо́ (рот, зу́бы) (**俗**)** 歯をむき出して笑う、破顔一笑する **//~ся** [完] 歯をむき出して笑う、にっこり笑う

**\*оско́лок** -лка [男1] [fragment, splinter] ①破片、かけら: **~ки стекла́** ガラスの破片 ②遺物

**оско́мин|а** [女1] 口の中がすっぱく(渋く)なる感じ、嫌気、うんざりする感覚: **наби́ть** ~*-y* 口いっぱいばらすっぱくする

**оскопля́ть** [不完] / **оскопи́ть** -плю, -пи́шь 受過-плённый (-лён, -лена́) [完] 〈斌〉去勢する

**//оскопле́ние** [中5]

**оскорби́тель** [男5] 侮辱者

**оскорби́тельн|ый** 短 **-лен, -льна** [形1] 侮辱的な、無礼な **//-ость** [女10]

**\*оскорбле́ние** [中5] [insult] 侮辱(すること); 侮辱的行為, 無礼: **нанести́** ~ 侮辱する | ~ **де́йствием** 《法》暴行, 暴力行為

**\*оскорби́ть** [不完] / **оскорби́ть** -блю́, -би́шь 受過-блённый (-лён, -лена́) [完] [insult, offend] 〈斌〉侮辱する, 貶(キョル)める, 傷つける, 汚す **//~ся** [不完] / [完] ①侮辱を感じて傷つく, 立腹する ② 《不完》[受身]

**оскудева́ть** [不完] / **оскуде́ть** [完] わずかになる, 乏しくなる; 衰退する

**оскуде́лый** [形1] 乏しい, わずかな

**оскуде́ние** [中5] 貧窮, 欠乏

**оскуде́ть** [完] →**оскудева́ть**

**ослабева́ть** [不完] / **ослабе́ть** [完] 肉体的に[精神的に]弱る, 衰える; たるむ, 緩む

**ослабе́лый** [形1] 《話》弱った, 衰えた

**ослабе́ть** [完] →**ослабева́ть**, **слабе́ть**

**\*ослабля́ть** [不完] / **осла́бить** -блю, -бишь 受過-бленный [完] [weaken, relax] 〈斌〉①弱める, 力を失わせる, 衰えさせる ②緩める: ~ **реме́нь безопа́сности** シートベルトを緩める ③軽減する, 緩和する **//~ся** [不完] [受身] **//ослабле́ние** [中5]

**ославля́ть** [不完] / **осла́вить** -влю, -вишь 受過-вленный [完] 《話》誹謗する, 悪評を立てる **//~ся** [不完] [受身] 《話》悪評を立てられる

**ослёнок** -нка **мн. -ля́та, -ля́т** [男9] ロバの子

**ослепи́тельный** 短 **-лен, -льна** [形1] ①まばゆい, 目の眩むような ②《話》真っ白な ③目の覚めるような, 素晴らしい

**ослепи́ть** [不完] / **ослепи́ть** -плю́, -пи́шь 受過-плённый (-лён, -лена́) [完] 〈斌〉①失明させる, 目を眩ませる ②びっくりさせる ③理性[判断力]を失わせる **//-е́ние** [中5]

**о́слик** [男2] [指小] <осёл①

**осли́ный** [形1] ロバ(осёл)の

**осли́ца** [女3] 雌ロバ

**О́сло** (不変) [中5] オスロ(ノルウェーの首都)

**осложне́ние** [中5] ①複雑化 ②複雑[困難]にさせるような状況[出来事] ③《医》余病, 合併症

**\*осложня́ть** [不完] / **осложни́ть** -ню́, -ни́шь 受過-нённый (-нён, -нена́) [完] [complicate] 〈斌〉①複雑にする, 難しくする: ~ **по́иски** 捜索を難しくする | ~ **отноше́ния с** 国 …との関係を複雑にする ②紛糾させる ③《病気を》こじらせる, 余病を併発させる **//~ся** [不完] / [完] ①複雑[困難]になる ②(病気が)こじれる, 余病を併発する ③《不完》[受身]

**ослу́шиваться** [不完] / **ослу́шаться** [完] 《話》言うことを聞かない, 反抗する **//ослу́шание** [中5]

**ослы́шаться** -шусь, -шишься [完] 聞き間違う

**ослы́шка** [女2] 《話》聞き間違い

**\*осма́тривать** [アスマートリヴァチ] [不完] / **осмотре́ть** [アスマトレーチ] -отрю́, -о́тришь со -ри́ -о́тренный [完] [examine, inspect] 〈斌〉①注意深くじっくり見る, 観察する, 検討する; 見学する: ~ **посети́теля с головы́ до ног** 訪れた者を頭のてっぺんから足の先まで眺め回す | ~ **го́род за неде́лю** 1週間かけて街を見て回る ②検査する; 診察する: ~ **ра́ну** 傷を診る | ~ **ме́сто происше́ствия** 事件現場を検証する

**осма́триваться** [不完] / **осмотре́ться** -отрю́сь, -о́тришься [完] ①周囲を見回す ②自分の姿を眺め回す ③周囲の状況を見て取る ④《不完》[受身] < **осма́тривать**

**осме́ивать** [不完] / **осмея́ть** -ею́, -еёшь 受過-е́янный [完] 〈斌〉嘲笑する, ばかにして笑う

**осмеле́ть** [完] →**смеле́ть**

**осме́ливаться** [不完] / **осме́литься** -люсь, -лишься [完] 《на斌/不定形》思い切って[勇気を出して]…する

**осмея́ние** [中5] 嘲笑, 冷笑

**осмея́ть** [完] →**осме́ивать**

**о́смий** [男7] 《化》オスミウム(記号 Os)

**осмоли́ть** [完] →**смоли́ть**

**о́смос** [男1] 《理》浸透 **//осмоти́ческий** [形3]

**\*осмо́тр** [男1] [looking around, examination] ①見学, 見物, (名所などの)観覧 ②検査, 点検, チェック; 診察: **медици́нский** ~ 健康診断 (медосмо́тр)

**осмотре́ть(ся)** [完] →**осма́тривать(ся)**

**осмотри́тельн|ый** [形1] 慎重な, 用心深い, 熟慮した **//-ость** [女10]

**осмо́трщик** [男2] 検査員, 検査係

**осмы́сленный** 短 **-ен, -енна** [形1] 理性的な, 意識的な

**осмы́сливать, осмысля́ть** [不完] / **осмы́с-**

**лить** -лю, -лишь 命 -ли 受過 -ленный [完] 〈団〉意味を理解する **//осмысле́ние** [中5]

**осна́стка** 複生 -ток [女2] ①(船の)索具 ②船に索具を取りつけること ③装備品, 設備

*__оснаща́ть__ [不完] / **оснасти́ть** -ащу́, -асти́шь 受過 -ащённый (-щён, -щена́) [完] [rig, equip] ①〈団〉に〜で飾る 装備[設備]する ②〈団〉(船)に索具を取りつける **// ~ся** [不完] 〈受身〉

**оснаще́ние** [中5] ①装備[設備]すること ②装備品, 設備

**оснащённость** [女10] 設備率, 装備の程度

**осне́женный, оснежённый** [形1] 《詩》雪化粧した

**оснежи́ть** -жу́, -жи́шь 受過 -жённый (-жён, -жена́) [完] 〈団〉雪化粧する

*__осно́в|а__ [アスノーヴァ] [女1] [foundation, basis] ①土台, 基礎: ~ зда́ния 建物の土台 | ~ дива́на ソファーの骨組み ②根幹, 基盤 ③〈複〉原理, 原則, 基本理論: ~ы демокра́тии 民主主義の原則 ④〈複〉(学問の)基礎 ⑤《織》(織物の)縦糸 ⑥《言》語幹 ◆**на -е** 囲 …に基づいて, 〜を基礎として | **лежа́ть [быть] в -е** 囲 …の基礎を成す | **кла́сть в -у** = **брать в за -у** 囲 〜を基礎とする | **лечь в -у** 囲 基本[基礎]となる | ~ **осно́в** 基礎中の基礎, 大原則, 基本の「き」

*__основа́ние__ [アスナヴァーニエ] [中5] [foundation, base] ①創設, 設立, 開設, 成立: год ~ия го́рода 街の成立年 ②土台, 地盤, 基盤; 基底部: ~ моста́ 橋の土台 | ~ горы́ 山のふもと ③基準: еди́ное ~ для классифика́ции 分類の統一基準; 基礎, 中核: ~ полити́ческой систе́мы 政治システムの基盤 ⑤理由, 根拠: ~ для отка́за 断る理由 ⑥〈数〉底辺, 底面, 底 ⑦《化》塩基 ◆**до -ия** 根底まで, 徹底的に, すっかり, 完全に | **на -ии** 囲 …に基づいて: **на -ии трудово́го догово́ра** 労働条件に基づいて | **на зако́нном -ии** 法に基づいて, 合法的に | **На како́м -ии?** 何を根拠に? なぜ? | **на о́бщих -иях** 特別扱いはせずに | **не без -ия** 根拠がないわけではない, ある程度の理由がある

*__основа́тель__ [男5] / **-ница** [女3] 創設者, 創始者, 設立者: ~ го́рода 市の創始者

**основа́тельн|ый** 短 -лен, -льна [形1] ①根拠のある, 説得力のある ②(人が)しっかりした, 堅実な, 頑丈な ④根本的な, 徹底した ⑤《話》(大きさ・重さ・力などが)大きい, 重い **// -ость** [女10]

**основа́ть(ся)** [完] →**осно́вывать(ся)**

*__основн|о́й__ [アスナヴノーイ] [形2] [fundamental, basic] ①主要な, 基本[根本, 根源]的の: -а́я зада́ча (цель) 主要な課題[目的] | ~ исто́чник дохо́дов 収入の主だった部分 | ~ зако́н госуда́рства 国家の基本法 | -о́е [中名] 主要[基本]なること[もの, 部分, 内容], 本質, 主要点 ◆**в -о́м** 基本的には, 大体において: **В -о́м ты права́.** 君の言うことは大体正しいよ

**осно́вное** [中] = осно́ва, основа́ние

**основополага́ющий** [形6] 《文》基本[基本]となる, 主要な

**основополо́жни|к** [男2] / **-ца** [女3] (学説・流派の)創始者

**основополо́жный** [形1] 《文》主要な, 基礎を成す

*__осно́вывать__ [アスノーヴィヴァチ] [不完] / **осно́вать** [アスナヴァーチ] -ную́, -нуёшь 命 -ну́й 受過 -о́ванный [完] [found, base on] ①〈団〉創立[設立, 開設]する: ~ со́бственную компа́нию 自分の会社を設立する | Го́род был осно́ван три́ста лет наза́д. この町は300年前に築かれた ②〈на+前〉に根拠づける, 立脚させる, 基をおく: брак, осно́ванный на расчёте 打算による結婚 | Эти крите́рии осно́ваны на аналоги́чных при́нципах. これらの基準は同様の原則に基づいている

*__осно́вываться__ [不完] / **основа́ться** -ную́сь, -нуёшься [完] ①〈settle〉住む ②生じる, 樹立される ③〈不完〉〈на+前〉に立脚[依拠]する, 基づく: На чём осно́вываются Ва́ши утвержде́ния? あなたが断言する根拠は何ですか ④〈不完〉〈受身〉< осно́вывать

**осо́ба** [女1] ①人物 ②《皮肉・戯》自身 ③《皮肉》重要人物, お方 ④女性, ご婦人

*__осо́бенно__ [アソービンナ] [副] [especially, unusually] ①特別に, 特に; 独特に: ~ ва́жный элеме́нт 特別に重要な要素 | ~ си́льная боль 特に強烈な痛み ②とりわけ, 特に, 何よりもまず: Все ра́довались, ~ же́нщины. みんな喜んだが, とりわけ喜んだのは女性だった ◆**не** ~ 《話》あまり…でない (не о́чень): Не ~ нра́вится. 余り気に入っていない

*__осо́бенность__ [アソービンナスチ] [女10] [peculiarity] 特徴, 特質, 特色, 特性; 特殊性: отличи́тельная ~ 特色, 特徴 | учи́тывать ~и поведе́ния мужчи́н и же́нщин 男性と女性の行動の特徴を考慮に入れる ◆**в -и** 特に, とりわけ, 何よりもまず, 何にもまして: Ле́на бу́дет ра́да любо́му пода́рку, а ро́зам ~ в -и. レーナはどんな贈り物でも喜んだが, バラの花は特に喜ぶだろう

*__осо́бенн|ый__ [アソービンヌイ] 短 -ен, -енна [形1] [special, particular] ①特別[特殊]な, 他とは違った; 独特の, 風変わりな: ~ челове́к 非凡な人 | уделя́ть -ое внима́ние …に特に注意を払う | -ым о́бразом 変わった風に[やり方で] ②特殊な, いつもと違う: ~ день 変わった日 | ~ слу́чай 特殊なケース ③他とは異なる, いつもない, 特別な, 格別の, 著しい; かなりの: Эта мысль доставля́ла мне -ое удово́льствие. こう考えると格別の満足感が得られた ④-ое [中名] 他と[いつもと]違うこと: Ничего́ -ого нет. 特に変わったことはない ⑤-ое [中名] 《哲》特殊 (↔всео́бщее, едини́чное)

**особня́к** -а́ [男2] 邸宅, 豪邸 **// особнячо́к** -чка́ [男2] [指小]

**особняко́м** [副] 別個に, 独立して, 孤立して

*__осо́бо__ [アソーバ] [副] [especially, particularly] ①別に, 別個に, 離れて ②特に, とりわけ: игра́ть ~ ва́жную роль 特に重要な役割を果たす | хище́ние в ~ кру́пных разме́рах 特別大規模な横領

*__осо́б|ый__ [アソープイ] [形1] [special, particular] ①特別, 特殊な: ~ слу́чай 特別なケース | Футбо́л занима́ет -ое ме́сто в мое́й жи́зни. サッカーは僕の人生の中で特別な位置を占めている ②大きい, 著しい, かなりの, 目立った; 特別な: с -ым удово́льствием 非常に満足して | Это не име́ет -ого значе́ния. それは大した意味はない ③特別の, 共通でない: -ая ко́мната 個室 ④固有[別途, 専門]の: -ая коми́ссия 特別委員会 | отря́д -ого назначе́ния 特命部隊

■ -ое мне́ние 《法》少数意見

**о́собь** [女10] 《文》個体

**осо́бь ◆ -статья́** 《話》全くの別物

**осове́л|ый** [形1] 《俗》①眠そうな, 朦朧とした ②ぐったりした

**осове́ть** [完] →**све́ть**

**осовреме́нивать** [不完] / **осовреме́нить** -ню, -нишь 受過 -ненный [完] 《話》〈団〉現代風にする

**осое́д** [男1] 《鳥》ヨーロッパハチクマ (~ обыкнове́нный); 〈複〉ハチクマ属

*__осознава́ть__ [アサズナヴァーチ] -наю́, -наёшь 命 -ва́й 受過分 -ва́я [不完] / **осозна́ть** [アサズナーチ] 受過 -о́знанный [完] [realize] 〈団〉認識[自覚, 理解]する: ~ ва́жность э́той пробле́мы この問題の重要性を理解する **// -ся** [不完] 〈受身〉

*__осозна́ние__ [中5] [realization] 自覚, 認識, 理解(すること): ~ необходи́мости просвеще́ния 啓蒙の必要性を認識すること

**осо́знанный** кр -ан, -анна [形1] 意識的な、意味を理解しての、自覚された

**осозна́ть** [完] →осознава́ть

**осо́к|а** [女2] 【植】スゲ属 **//-овый** [形1]

**осоко́рь** [男5] 【植】(ヨーロッパクロヤマナラシ、セイヨウハコヤナギ) (чёрный то́поль)

**осолове́лый** [形1] 〈俗〉① 眠そうな、朦朧とした ② ぐったりした

**осолове́ть** [完] →солове́ть

**осо́т** [男1] 【植】ノゲシ属: ～ огоро́дный ノゲシ **//-овый** [形1]

**о́сп|а** [女1] ① 【医】天然痘, 疱瘡(ほうそう): ветряна́я ～ 水疱瘡 ② ⟨転⟩あばた **//-енный** [形1]

**оспа́ривать** [不完] / **оспо́рить** -рю, -ришь 受過 -ренный [完] ① 反論する、異議を唱える ② 《不完》得ようとして争う

**о́спин|а** [女1] あばた **//-ка** 複生 -нок [女10] 〈指小〉

**оспопривива́ние** [中5] 種痘

**оспо́рить(ся)** [完] →оспа́ривать

**осрами́ть(ся)** [完] →срами́ть

**ост** [男1] 【海】① 東 ② 東風

**оставáться** [アスタヴァーッツァ] -таю́сь, -таёшься 命 -ва́йся 副分 -ва́ясь [不完] / **оста́ться** [アスターッツァ] -а́нусь, -а́нешься 命 -а́нься [完] 〔remain, stay〕 ① 残る, 留まる, 残り残る: ～ с детьми́ до́ма 子どもたちと家に残る ② 《3人称》(なくならずに・以前のままに) (使用・消費した後の残りなど) 残る、余分として残る: Дров оста́лось на 2 дня. 薪は2日分残っている | Кварти́ра оста́лась за до́чкой. フラットは娘のものとなった ③ 〈до圈まで〉〈時間・距離〉残る: До отъе́зда оста́ётся час. 出発まで1時間残る ④ 《от/из圈》…であり続ける,〈元々の状態に〉留まる、…のままである;《話》留年する: ～ неизве́стным 知られないままでいる | ～ жить в дере́вне 村で暮らすことを通す ⑤ 《圈》(気づいてみると)ある状態・立場に)陥っている: ～ вдово́й (сирото́й) 未亡人(孤児)になる | ～ не у дел 失業する ⑥ 《без圈》…なしの状態になる[留まる]: ～ без де́нег 無一文になる | ～ без све́та (воды́) 停電(断水)しまいにおかれる ⑦ (無人称)《圈は不定形》…より他になく、するだけだ、すればよい: Нам оста́лось согласи́ться. 我々は同意するより他なかった ★ 不定形 は通例完了体. ⑧ 《話》(トランプなどで)負ける

♦ **в тени́** 日陰にいる;目立たないようにする、舞台裏にいる | ～ **на мели́** 浅瀬に入る[留まる];暗礁に乗り上げる、窮地に陥る | ～ **в си́ле** 有効である、効力を失わない | ～ **в стороне́** 放っておかれる | ～ **на ме́сте** その場に留まる;動かない:変化(進歩、発展)しない | ～ **ни при чём** 何も得るものがない | ～ **ни с чем** 無一物になる | ～ **при своём мне́нии** 意見を変えない

**оставля́ть** [アスタヴリャーチ] [不完] / **оста́вить** [アスターヴィチ] -влю, -вишь, ... -ава-вленный [完] 〔leave, reserve〕 ① 忘れて行く, 置いて行く: ～ свои́ ве́щи в ка́мере хране́ния 荷物を預かり所に置いて行く | ～ сигаре́ты на рассе́янности ぼんやりしてたばこを忘れて行く ② 渡す、残しておく、(人のために)とっておく: ～ бра́ту запи́ску 兄に書き置きを残す ③ 委ねる、預ける, 任せる: ～ дете́й на попече́нии сестры́ 妹に子どもたちの面倒を見てもらう ④ 遺産を残す: ～ кварти́ру сы́ну 息子にフラットを残す ⑤ 〈印象・結果など〉を残す: Фильм оста́вил то́лько хоро́шие впечатле́ния. その映画は良い印象だけが残った ⑥ 〈в圈として〉残しておく、…という状態にしておく: ～ утю́г включённым アイロンをつけっぱなしにする ⑦ 《без圈》を与えずにおく: ～ без сла́дкого 甘いものを与えずにおく | ～ письмо́ без отве́та 手紙に返事をせずにおく ⑧ 〈人を〉残す, 引き留める ⑨ 〈場所・人の元を〉去る、出る;〈職場などから〉去る、辞める;〈家族など〉を棄てる: ～ роди́тельский дом 実家を出る | ～ университе́т 大学を辞める ⑩ 〈人の元から〉(感情・意識・力などが)なくなる: Созна́ние оста́вило больно́го. 病人は意識を失った ⑪ やめる, 中止する: Оста́вим э́тот разгово́р! この話はやめよう ⑫ 《話》(ゲームなどで)相手を負かす

♦ ～ **э́тот мир** [свет] 《雅》幽明境(ゆうめいきょう)を異にする | ～ 圈 **в поко́е** 〈人のこと〉を放っておく、構わないでおく: Оста́вь меня́ в поко́е. 俺は放っておいてくれ | ～ **за собо́й** 〈物を〉(自分のために)確保[留保]する | ～ **за собо́й** [позади́ себя́] …を後にする、去る;追い抜く、凌駕する、抜き去る、負かす | ～ **-ся** [不完] 〈受身〉相手を負う **//оставле́ние** [中5]

**остально́й** [アスタリノーィ] [形2] 〔the rest of〕 ① 残り〔余り〕の、それ以外〔その他〕の: А -ы́е 3000 (три ты́сячи) рубле́й принесу́ попо́зже. 残りの3000ルーブルは後で持ってくるよ ② その他のこと;その他の点〔事柄〕: O-о́е расскажи́ при встре́че. 残りは会った時に話して ③ **-ы́е** [複名] 他の人たち ♦ **в -о́м** その他の点で

**остана́вливать** [アスタナーヴリヴァチ] [不完] / **останови́ть** [アスタナヴィーチ] -овлю́, -о́вишь, ... -о́вят受過-вленный [完] 〔stop〕 〈圈〉 ① 〈動いているもの〉を止める, 止まらせる: ～ такси́ タクシーを止める | ～ дви́гатель モーターを停止させる ② 〈行動・作業・進行〉をやめる, 中断する: ～ наступле́ние 攻撃をやめる ③ 〈人〉を抑える,〈行動を〉中断する、やめさせる, やらせない: ～ говоря́щего 話し手をさえぎる | 〈на圈〉に〈注意・視線・考えなど〉を集中させる、向ける、留める: Я останови́л взгляд на её дли́нном пла́тье. 彼女の長いドレスに私は目を留めた

**остана́вливаться** [アスタナーヴリヴァッツァ] [不完] / **останови́ться** -овлю́сь, -о́вишься, ... -о́вятся 命 -ви́сь [完] 〔stop〕 ① 〈動作しているもの〉が止まる、停止する: Маши́на останови́лась у воро́т до́ма. 車が家の門のところで止まった | Её се́рдце останови́лось. 彼女の心臓が止まった | Река́ останови́лась. 河が凍りついた ② 〈行動・作業・進行など〉が止まる、中断する: Рабо́та останови́лась. 作業が中断した ③ 思いとどまる、〈行為を〉中断する;〈на圈〉〈自分の仕事・行動〉を一旦中断する: На чём мы останови́лись? (授業などで)この前はどこまでやりましたか ④ 〈на圈〉に〈注意・視線・考えなど〉が集中する、向けられる、検討する、言及する: ～ на фа́кте да́нного происше́ствия 事故の事実に言及する ⑤ 〈на圈〉に〈決定〔選択〕する、結論に達する: ～ на бифште́ксе ステーキにする ⑥ 〈圈に〉泊まる, 宿泊する,(一時)滞在〔逗留〕する: ～ в гости́нице ホテルに泊まる ⑦ 《不完》〈受身〉 ← остана́вливать

♦ **на полупути́** 途中でやめる

**оста́нки** -ов [複]《雅》遺体、亡骸, 遺骨

**останови́ть(ся)** [完] →остана́вливать(ся)

**остано́вк|а** [アスターノフカ] 複生 -вок [女2] 〔stop, stoppage〕 ① (а) [止める] [止まる] こと, 停止;停車, 停船;(体操選手の)静止: причи́на -и дви́гателя モーターの停止の原因 (b) 中止, 休止, 間(ま)滞在, 逗留: во вре́мя мое́й -и в Ки́еве 私のキエフ滞在中に | сде́лать -у в Москве́ モスクワに宿泊する | ～ по тре́бованию (用事で)引き止める ② (バスなどの, 停留所の)区間: стоя́ть на -е (人が)停留所にいる;(バスが)停留所で停まっている | пройти́ две -и пешко́м 停留所2つ分を歩く | Я выхожу́ на сле́дующей -е. 次の停留所で降ります ♦ ～ **за** 圈 : O--за нажи́мом обще́ственности. 問題は世論の後押しがないことだ | **без -и** 絶え間なく、立て続けに **//остано́вочный** [形1]

**оста́нься** 〔命令〕< оста́ться

‡**оста́т|ок** -тка [男1] 〔remainder, rest〕① 残り, 余り, 残り[余り], 余分: небольшо́й ~ су́ммы わずかな金額の余り | ~ки скла́ды. 〔諺〕残り物には福がある ②〔通例複〕遺跡, 遺物; 痕跡, 残: ~ки хра́ма 寺院の遺跡 | -ки пре́жней ро́скоши 〔皮肉〕過去の栄華の名残 ③〔複〕(生産過程で生じる)廃棄物, 残留物, 滓, 屑 ④〈田〉(力・健康・美貌などに ついて)最後にかすかに残っているもの, 最後の1滴: -ки бы́лой красоты́ 往時の美貌の名残 ⑤〔単〕(時間・距離などの)残り(の部分): провести́ ~ свое́й жи́зни вме́сте с жено́й 余生を妻と共に過ごす ⑥〔数〕(割り算の)余り, 剰余 ◆**без -ка** 残らず, すっかり | **в сухо́м -ке** 結局のところ, つまるところ, とどのつまり: 重要[本質的]なのは// **-очный** [形1] <③⑥

**оста́ться** [完] → остава́ться

**остаю́сь** [1単現] < остава́ться

**остекле́ть** [完] → стекле́ть

**остекля́ть** [不完] / **остекли́ть** -лю́, -ли́шь -лённый (-лён, -лена́) [完] 〈田〉ガラスをはめる

**остеоартри́т** [男1] 〔医〕骨関節症, 変形性関節症

**остеоло́г|ия** [э] [女9] 骨学 **//-и́ческий** [形3]

**òстеомиели́т** [э] [男1] 〔医〕骨髄炎

**остеопа́т** [э] [男1] 整骨医

**остеопа́тия** [э] [女9] 整骨療法

**остеопоро́з** [э] [男1] 〔医〕骨粗鬆(ショウ)症

**остепеня́ть** [不完] **остепени́ть** -ню́, -ни́шь 受遇 -нённый (-нён, -нена́) [完] しっかりさせる, 地に足をつかせる, 落ち着かせる **//-ся** [不完] / [完] しっかりする, 地に足が着く, 落ち着く

**остервене́лый** [形1] 〔話〕激怒した, 逆上した

**остервене́ние** [中5] 激怒, 逆上

**остервене́ть** [完] → стервене́ть

**остервени́ться** [不完] / **остервени́ться** -ню́сь, -ни́шься [完] 〔話〕激怒する

**острега́ть** [不完] / **острерé́чь** -регу́, -режёшь, ... -регу́т 命 -реги́ 過 -рёг, -регла́ 受過 -режённый (-жён, -жена́) [完] 〈田〉用心させる, 警戒させる, 警告する **//~ся** [不完] / [完] 〈田〉〈不定形〉〈田〉 ① 警戒する, 用心する ② 〈田〉〈不定形〉〈田〉するのを避ける

**ости́стый** [形1] 芒(のぎ)のある

**о́стов** [男1] ① 骨組, 骨格 ② 骨子, 基本構造

**остойчив|ый** [形1] (船が)安定性のある, バランス復元力のある **//-ость** [女10]

**остолбене́лый** [形1] 〔話〕(ショック・驚きで)立ちすくんだ, 棒立ちになった **//остолбене́ние** [中5]

**остолбене́ть** [完] → столбене́ть

**остоло́п** [男1] 〔俗・罵〕あほ, ばか

**осторо́жничать** [不完] 〔話〕腰が引ける, ひどく用心する, 慎重になりすぎる

‡**осторо́жно** [アスタロージナ] 〔carefully, cautiously〕 ①〔副〕用心深く, 注意深く, 慎重に: ~ спроси́ть 注意深く尋ねる | ~ положи́ть ладо́нь на ло́б そっと額に手のひらを置く ②〔述語〕〔命令・警告〕(取り扱いに)注意(せよ): O~! Две́ри закрыва́ются! 扉が閉まります! ご注意下さい | O~! Окра́шено. ペンキ塗り立て注意 | O~, стекло́! ワレモノ注意

‡**осторо́жн|ый** [アスタローンジヌイ] 短 -жен, -жна [形1] 〔careful, cautious〕 ① 用心深い, 注意深い, 慎重な: ~ подхо́д к де́лу 事への慎重なアプローチ | Он о́чень осторо́жен в слова́х. 彼は言葉には非常に慎重だ ② 控えめの ③ 細心の注意を払った, 気を遣った: -ое обраще́ние с га́зом ガスの慎重な扱い **//-ость** [女10]

**осточерте́ть** [完] 〈田〉〈田〉〈田〉をうんざりさせる, つくづく嫌にする

**остраки́зм** [男1] ①〔古ギ〕陶片追放 ②〔文〕追放

**остра́стка** [女2] 〔話〕(警告のための)脅し, 威嚇

**остре́ц** -á [男1] 〔植〕ハマムギ, エゾムギ(ステップに生えるイネ科の飼料用雑草)

**остри|е́** 複生 -иёв [中5] ① 尖端, 切っ先 ② 刃 ③ (批判の)矛先 ◆**бы́ть [находи́ться] на -иé ножа́ = ходи́ть по -ию́ ножа́** 非常に危険な[緊迫した]状態にある

**остри́ть** -рю́, -ри́шь [不完] ① 〈田〉 < 刃 > を研ぐ, 鋭くする ② [完 с~] しゃれ[皮肉, 気の利いたこと]を言う

**остри́чь(ся)** [完] → стри́чь(ся)

*о́стро, остро́ 比 -ре́е [形1] 〔sharply, acutely〕 ① 鋭く, 尖ったように ② 鋭敏[敏感]に, 鋭く ③ 辛辣に, きつく, 厳しく: ~ критикова́ть 厳しく批判する ④ きつく, 刺激的に ⑤ 差し迫って, 切迫して, 焦眉のものとして: ~ нужда́ться в по́мощи 喫緊の援助を必要とする

**остро..**〔語形成力〕① 尖った「鋭い」② 「非常に」

‡**о́стров** [オーストラフ] 複 -а́ [男1] 〔island, isle〕 ① 島(略 о., о-в): необита́емый ~ 無人島 | гру́ппа -о́в 群島 | в ю́го-за́падной ча́сти -а 島の南西部で | отдыха́ть на ~é 島で休暇を過ごす ②(周囲から孤立した)島嫌のもの(草原の中の木立など)③〔狩〕(猟場になるような)小さな孤立した林 ■中略■ Япо́нские -á 日本列島 | Алеу́тские -á アリューシャン列島 **//острово́к** -вка́ [男2] [指小]

**островерхий** [形3] 上部の尖った, 尖塔形の

**островитя́н|ин** 複 -я́не, -я́н [男10] / **-ка** 複生 -нок [女2] 島の住人

**островно́й** [形2] 島の

**острога́** [女2] (魚介類を突き刺して獲る)やす

**острогла́зый** -áз [形1] 〔話〕 ① 目のよく利く, 目ざとい ② 目つきの鋭い

**остроу́бцы** -ев [複] ニッパー

**остроконе́чный** 短 -чен, -чна [形1] 先の尖った

**остроли́ст** [男1] 〔植〕セイヨウヒイラギ, ホーリー(па́-дуб остроли́стный)

**остроли́стный** [形1] (葉が)鋭い, 鋸歯(きょシ)のある

**остроно́сый** 短 -óс [形1] ① 鼻の尖った ② 先端の尖った

**острослóв** [男1] 〔話〕上手なしゃれ[皮肉]を言う人, 気の利いたことを言う人

**острослóвие** [中5] ウィット, 機知, しゃれの才能

**острослóвить** -влю, -вишь [不完] 〔話〕しゃれ[皮肉]を言う, 気の利いたことを言う

**òстросюже́тный** [形1] (芝居などが)心をわしづかみにする, うっとりするような

**острота́** [女1] 機知に富んだ表現

**острота́** [女1] 鋭さ; 鋭敏さ; 辛辣さ; 強烈さ; 辛さ

**остроугóльный** [形1] 〔数〕鋭角の

**остроу́мец** -мца [男3] 〔話〕上手なしゃれ[皮肉]を言う人; 気の利いたことを言う人

**остроу́мие** [中5] 機知, ウィット, 機転が利くこと, 頭の回転が早いこと

*остроу́мн|ый 短 -мен, -мна [形1] 〔witty, ingenious〕 ① 機知に富んだ; 気の利いた: ~ челове́к ウィットに富んだ人 | -ая шу́тка 気の利いた冗談 ② 巧みな, 気の利く, うまくできている: ~ спо́соб 巧みな方法 | найти́ -ое реше́ние うまい解決策を見つける

‡**о́стр|ый** [オーストルイ] 短 остёр/остр, остра́, остро́/остро́ 比 -рée最 -ре́йший [形1] 〔sharp, acute, keen〕 ① 鋭い, 鋭利な (↔ тупо́й) : -ая игла́ 鋭い針 | -ая бри́тва 鋭利なかみそり ② 尖った, 先細の: ту́фли с -ым носко́м つま先の尖った靴 | 〔短 остёр, остра́, о́стро́〕 (感覚が) 鋭い 明敏 に: -ое обоня́ние 〔чутьё〕 鋭い嗅覚[感覚] | ~ у́м 切れる頭; 探究心 ④ 辛辣な: -ая шу́тка きつい冗談 | ~ на язы́к 毒舌を吐く ⑤ (感覚器官に対して)強烈な, 刺激性の: ~ за́пах きつい匂い ⑥ 香辛料の利いた, 辛い, ぴりっとした ⑦ 強烈な, 激しい: -ая бо́ль 激しい痛み ⑧〔長尾〕急性

の: ～ аппендици́т 急性盲腸炎 ⑨厳しい、きつい; 緊迫[切迫]した、危機的な: -ое положе́ние 緊迫した状況

**остря́к** -á [男2] [話]機知[ウィット]に富んだ人、しゃれ[皮肉]を言うのが好きな人

**остужа́ть** [不完] / **остуди́ть** -ужу́, -у́дишь 受過 -у́женный [完] [不完また **студи́ть**] [完]冷やす、冷ます

**оступа́ться** [不完] / **оступи́ться** -плю́сь, -пи́шься [完] ①つまずく、足を踏み外す ②[話](実生活で)つまずく、過ちを犯す

**остыва́ть** [不完] / **осты́ть, осты́нуть** -ну, -нешь 過 -был [完] ①[不完また **сты́ть**]冷える、冷める ②体を冷やす、風邪をひく ③(心が)落ち着く; (興奮・気持ちが)冷める、どうでもよくなる

**ость** 複 -и, -éй [女10] ①のぎ(イネ・ムギなどの実の外殻にある針状の硬い毛) ②(毛皮の中の)長くて硬い毛の部分 ③[解]棘(とげ)(骨の突起部分)

**..ость** 《語形成》「…さ」「…性」「…」*形容詞語幹に付いて、女性名詞を作る*: благода́рный 感謝している → благода́рность 感謝

*****осужда́ть** [不完] / **осуди́ть** -ужу́, -у́дишь 受過 -уждённый (-дён, -дена́) [完] [condemn, sentence] 〈対〉①非難する、責める: ～ плохо́й посту́пок よからぬ振る舞いを非難する ②〈対〉に за…の罪で有罪判決を下す、有罪と認める、断罪する: Он был осуждён за кра́жу. 彼は窃盗の罪で有罪判決を受けた ③〈на対〉を…運命にする: Вы осуждены́ на смерть. 君たちは死すべき運命にある ◆**Не осуди́.** [旧]悪く思わないで、堪忍して、ごめん **//~ся** [不完] [受身]

**осужде́ние** [中5] 有罪宣告、断罪 ②非難

**осуждённый** [形1] 有罪を宣告された ②～[男名]/ **-ая** [女名]有罪判決を受けた人

**осу́нуться** -нусь, -нешься [完] [話](顔がひどく痩せる、やつれる

**осуша́ть** [不完] / **осуши́ть** -ушу́, -у́шишь 受過 -у́шенный [完] 〈対〉①乾かす、干拓する ②飲み干す //**осуше́ние** [中5], **осу́шка** [女2] <①>

**осуши́тельный** [形1] 乾燥のための、干拓用の

**осуши́ть** [完] →осушать

**осуществи́мый** 短 -и́м [形1] 実現可能な //**-ость** [女10]

*****осуществле́ние** [アスッシスト ヴリェーニエ] [中5] [realization] 実現[実行、遂行、成就・させること]: практи́ческое – идеа́лов 理想を実際に実現させること | для успе́шного -ия пла́на 計画を成功裡に実現させるために

*****осуществля́ть** [アスッシストヴリャーチ] [不完] / **осуществи́ть** [アスッシストヴィーチ] -влю́, -ви́шь, -вя́т受過 -влённый (-лён, -лена́) [完] [realize, carry out] 〈対〉実現させる、実行[遂行]する: ～ разнообра́зную экономи́ческую де́ятельность 多様な経済活動を行う

*****осуществля́ться** [不完] / **осуществи́ться** -влю́сь, -ви́шься [完] ①実現する、叶う: Моя́ мечта́ осуществи́лась. 私の夢は叶った ②[不完]<受身>осуществлять

**осцилло́граф** [男1] [理]オシログラフ、震動記録器

**осцилля́тор** [男1] [理]発振器、振動子

**осчастли́вить** [щ; сл] -влю, -вишь 受過 -вленный [完] [be fulfilled] 幸福にする、喜ばす

**осыпа́|ть** [不完] / **осы́пать** -плю, -плешь, -пешь, ‐плют-пят 受過 -анный [完] 〈対〉①ふりかける ②[受過]〈造〉…がまぶしてある、ちりばめて飾られている 〈対〉に…をたっぷり浴びせる、振りまく ④(木・花が)葉・花を落とす ⑤〈粉状のものを〉

崩す //**~ся** [不完] / [完] ①〈造〉を自分にふりかける、浴びせる ②〈造〉から一面剥がれる ③崩れる、崩れ落ちる ④(木の葉が)落ちる、(花が)散る //**-ние** [中5]

**о́сыпь** -и [女10]崖維、岩屑、ガレ場

**ось** -и оп об- и, в/на -и́, -е́й [女10] [axis] ①軸、車軸、心棒: пере́дняя [за́дняя] ~ пере́[后]輪軸 ②[数・理]軸、中心線: ～ враще́ния 回転軸 | ～ симме́трии 対称軸 | земна́я [опти́ческая] ～ 地[光]軸 | вокру́г свое́й оси́ 回転軸を中心にして(★アクセント注意) | в направле́нии оси́ X X 軸の方向に | на вертика́льной [горизонта́льной] оси́ координа́т 座標の垂直[水平]軸に ③出来事・行動の)中心、核心、根幹: ～ собы́тий 事件の核心 | полити́ч[軍事]ский монтаж, 枢軸: держа́вы о́си 枢軸国 ■ **Ось Берли́н—Рим—То́кио** [史]独伊枢軸同盟

**осьмино́г** [男2] [魚]タコ; [複]タコ目 → обыкнове́нный マダコ

**осяза́емость** [女10] 感知できること、知覚可能性

**осяза́ние** [中5] 触覚

**осяза́тельный** 短 -лен, -льна [形1] ①触覚の、触知の ②目に見える、明白な

**осяза́ть** [不完] 〈対〉触知[感知]する; 感知する、感じとる

*****от** [от] (★特定の結合では[оат]): от ро́ду, час от часу́ など), **ото** [アタ] (★特定の子音連続の前では ото всего́, ото льда, ото ста́ など) [前] [from, of] 〈生〉①《運動の起点、分離地点》…から: отойти́ от две́ри ドアから離れる | отрыва́ть пу́говицу от пальто́ コートからボタンをもぎ取る ②《起点》(a)《位置関係》…から: сиде́ть сле́ва [спра́ва] от дру́га 友人の左[右]に座っている | с ле́вой стороны́ от окна́ 窓の左側から[に] | жи́ть далеко́ от це́нтра го́рода 市の中心部から遠く離れて暮らす (b)《時間・原因》…から: слеп от рожде́ния 生まれつき目が見えない ③《範囲》(a)《距離・空間》…から: Како́е расстоя́ние от Москвы́ до Ки́ева? モスクワからキーウ(キエフ)までの距離はどれぐらいですか (b)《時間》…から: От Пу́шкина до на́ших дней プーシキンの時代から今日まで (c)《年齢・数量・程度など》…から: Де́ти в во́зрасте от шести́ до восемна́дцати лет. 6歳から18歳までの子ども | моему́ сы́ну слы́шать об э́том от дру́га 友人からそのことを聞く | скры́ться от земли́ 地球上から隠れる | сын от пе́рвого бра́ка 初婚の時の息子 ④《不随意的動作・状態の原因・理由》…から、…のために、…で(★意識的な行為の理由は из; ～с¹ Ⅰ①[広義])): пла́кать от го́ря 悲しくて泣く | мо́крый от дождя́ 雨で濡れている | смерть от ра́ка ガンによる死 ⑥《離脱・解放・除去》…から: избави́ться от сонли́вости 眠気が覚める | очи́стить от гря́зи 泥をとってきれいにする ⑦《防護・防御・忌避・駆除》…から; …から予防、…防ぐ: лека́рство от гри́ппа 流感の薬 | крем от зага́ра 日焼け止めクリーム ⑧《対比・区別・相違》…と: отли́чие пра́вды от лжи 真実と虚偽の区別 | отдели́ть гла́вное от второстепе́нного 主要なものと補足的なものを区別する ⑨《帰属・部分・所属・出身》…の: ключи́ от кварти́ры 部屋の鍵 | но́сик от ча́йника やかんのふた | рабо́чий от станка́ 工場労働者 | челове́к от нау́ки 科学者 ⑩ 日付 Ⅰ⑤[広義])): письмо́ от пя́того ма́я 5月5日付の手紙 ◆**от и до** 初めから終わりまで; 完全に、欠くところなく

**от.., от|** (й, 子音 +ъ, 子音連続の前で)**ото..,** (母音 е, ё, я, ю が)**от..** [接頭] Ⅰ *(動詞)* ①「離れて」「去って」: отбежа́ть 走り去る | отвяза́ть ほどく ②「終わる」「中止する」: отоцвести́ 花咲き終わる ③「返す」: отблагодари́ть 返礼する ④「(長時間)…しすぎて麻痺[しびれ]がくる」: отсиде́ть (長時間座っていて)足をしびれさせる ⑤《-ся動詞》「逃れる」: отговори́ться 言い逃れる ⑥「入念に仕上げる」: открахма́лить 十分

に糊づけする | **отцвести́** 咲き終わる　**II** 《形容詞》「…派生の」: **отглаго́льный** 動詞派生の | **отымённый** 名詞派生の

**ота́ва** [女1]（牧草を一度刈った後に生えてくる）二番草

**ота́пливать** [不完] / **отопи́ть** -оплю́, -о́пишь 受過 -о́пленный [完]〈网〉(暖房で)暖める

**ота́ра** [女1]（羊の）大きな群れ

**отбавля́ть** [不完] / **отба́вить** -влю, -вишь 受過 -вленный [完]〈网/再〉…の一部を取り去る, (一部を除去して)量を減らす ◆**хо́ть отбавля́й**〔話〕掃いて捨てるほどある, 大量にある

**отбараба́нить** -ню, -нишь 受過 -ненный [完]《話/無補語》① 太鼓を叩き終える ② 大音量で[下手に]演奏する ③ 大声で[早口で, 不明瞭に]しゃべる ④ (ある時間)単調な[疲れる]仕事をして過ごす

**отбега́ть** [不完] / **отбежа́ть** -егу́, -ежи́шь, -егу́т 命 -еги́ [完] 走って離れる

**отбе́ливатель** [男5] 漂白剤

**отбе́ливать** [不完] / **отбели́ть** -елю́, -е́лишь -ели́шь 受過 -лённый (-лён, -лена́) [完]〈网〉① 漂白する ② [完]〔話〕白く塗り終える ◆**отбе́лка** [女2]

**отбе́льный** [形1] 漂白用の

*****отбива́|ть** [不完] / **отби́ть** отобью, отобьёшь 命 отбе́й 受過 -тый [完]〔beat off, retake〕〈网〉① 叩いて[割って]取る, 打ち落とす ② 打ち返す ③ 撃退する ④ (力ずくで)取り返す: *отби́ть у подру́ги жениха́* 女友達から花婿を奪う ⑤〔話〕(全体から)取り分ける ⑥ 横取りする ⑦〔話〕打ち消す, 弱める, ＜意欲などを＞失わせる ⑧ 打って[叩いて]知らせる, 拍子をとる ⑨ 電報を打つ ⑩ 打って痛める ⑪＜刃物を＞叩いて鍛える ⑫＜肉などを＞叩いてやわらかくする ⑬ 打ち終える ⑭ 墨縄で直線を引く　**~ние** [中5]

**отбива́ться** [不完] / **отби́ться** отобью́сь, отобьёшься 命 отбе́йся [完] ①(3人称)(叩いて・割って)取れる, 欠ける, 折れる ② 撃退する ③〔話〕免れる ④（集団から）遅れる, 脱落する ⑤〔話〕…しなくなる, やめる: ~ **от рук** 言うことを聞かなくなる ⑥ [完]〔商・俗〕商品を売って投資した分の金額を取り戻す ⑦《不完》〔受身〕

**отбивна́я** [形2変化][女名]《料理》叩いてやわらかくした一枚肉の料理（カツレツ, ソテーなど）

**отбивно́й** [形2] ①(肉などを)叩いてやわらかくした ② 叩くための

*****отбира́|ть** [不完] / **отобра́ть** отберу́, отберёшь 過 -а́л, -ала́, -а́ло 受過 отобранный [完]〔take away, select〕〈网〉① 奪い取る, 没収する, 取り上げる; 横取りする, 取り戻す, 回収する: ~ *ору́жие* 武器を没収する | *У них отобра́ли со́товые телефо́ны и де́ньги*. 彼らは携帯電話と金を取り上げられてしまった ② 選別する, 選び出す, 選り分ける: ~ *пе́сни для пра́здничной програ́ммы* 祝日のプログラム用に歌を選ぶ | *специа́льно ото́бранные те́ксты* 特に選別されたテキスト　**~ся** [不完]〔受身〕

**отби́ть(ся)** [完] → отбива́ть(ся)

**отблагове́стить** [完] → благове́стить

**отблагодари́ть** -рю́, -ри́шь 受過 -рённый (-рён, -рена́) [完]〈网〉お礼には返しをする

**о́тблеск** [男2] ① 反射, 照り返し ② 跡, 名残

**отблёскивать** [不完] ① 反射する, 照り返す ②〈网〉ある色合いを帯びる

**отбо́й** [男6] < отбива́ть②③⑭ ② (停止・終了の)合図 ◆**би́ть ~** 自分の意見を取り下げる | -**ю нет от** 围 うんざりするほどある, 山ほどある

**отбо́йка** [女2] 採鉱, 採炭

**отбо́йный** [形1] 採鉱[採鉱]用の

**отбомби́ться** -блю́сь, -би́шься [完]〔話〕爆撃し終える

*****отбо́р** [男1]〔selection〕① 選別, 選抜: ~ *уче́бных материа́лов* 教材の選別 | *процеду́ра ~а кандида́тов* 候補者の選抜手続き ②《生》選択, 淘汰: *есте́ственный ~* 自然淘汰 ③ 採取, 採掘: ~ *проб* 試料採取 | ~ *га́за* ガスの採掘

**отбо́рный** [形1] ① 選ばれた, 選り抜きの, 精選された ②〔話〕下品な

**отбо́рочный** [形1] 選抜のための: ~ *тур* 予選

**отбоя́риваться** [不完] / **отбоя́риться** -рюсь, -ришься [完]〔話〕逃れる, 免れる, 避ける

*****отбра́сывать** [不完] / **отбро́сить** -о́шу, -о́сишь 受過 -о́шенный [完]〔throw away, reject〕〈网〉① 投げ捨てる, 脇へ放る ② はねのける ③ 撃退する ④ 放棄する, 振り払う ⑤＜光・影＞を投げかける　**//~ся** [不完]〔受身〕

**отбрива́ть** [不完] / **отбри́ть** -ре́ю, -ре́ешь 受過 -тый [完]《話》〈网〉① 剃り終える ② すげなく拒絶する, 鼻であしらう, 手ひどくはねつける

**отбро́с** [男1]（通例複）① 廃棄物, くず ② 社会のくず, やくざ者

**отбро́ска** [女2]《話》< отбра́сывать①

**отбро́сить** [完] → отбра́сывать

**отбры́киваться** [不完] ① 逃れよう[追い払おう]として足で蹴る ②〔俗〕何とかして逃れようとする, 免れようとする

**отбукси́ровать** -рую, -руешь 受過 -анный [完]〈网〉曳航して去る

**отбыва́ть** [不完] / **отбы́ть** -бу́ду, -бу́дешь -будь 能過 отбы́вший [完] ①〔過 о́тбыл, -ла́, -ло〕〈公〉出発する ②〔過 отбы́л, -ла́, -ло〕(任期を)勤め上げる, (刑期など)を過ごす　**// отбы́тие, -ние** [中5]

**отва́га** [女2] 勇敢さ, 大胆さ

**отва́живать** [不完] / **отва́дить** -а́жу, -а́дишь 受過 -а́женный [完]《話》〈网〉от 围 ＜を＞習慣などを)やめさせる; ＜网＞…の来訪を禁じる

**отва́живаться** [不完] / **отва́житься** -жусь, -жишься [完] あえてやる, 思い切ってやる

*****отва́жный** 短 -жен, -жна [形1]〔courageous, brave〕勇敢な, 大胆な: -**ые** ＜为＞物を＞脱ぐとどける ②〔俗〕料理をたっぷり取り分ける ③＜网＞(船が)岸を離れる ⑥（飛行機が）旋回する, 方向転換する ⑦〈网〉(人・群衆が)離れる, 脇へ去る ⑧〔俗〕去る, いなくなる, 姿を消す ◆**отва́ливай**〔俗・粗〕どいてくれ, 放っておいてくれ

**отва́ливаться** [不完] / **отвали́ться** -алю́сь, -а́лишься [完] ① はがれ落ちる ②〔俗〕(寄りかかっていた所から)離れる, (満腹になって料理から)離れる ③ 背中をもたせかける, 身をそらせる

**отва́льный** [形1]《話》① 送別の: -**ая** [女名] 送別会

**отва́р** [男1] ゆで汁

**отва́ривать** [不完] / **отвари́ть** -арю́, -а́ришь 受過 -а́ренный [完]〈网〉① ＜食物＞を煮る, ゆでる ②＜溶接箇所＞を加熱して切り離す　**//~ся** [不完]/[完] ①(食物が)煮える, ゆであがる ② (溶接箇所が)加熱されて切り離される

**отварно́й** [形2] ① 煮た, ゆでられた ②《話》沸騰した

**отведе́ние** [中5] < отводи́ть

**отве́дывать** [不完] / **отве́дать** 受過 -анный

пилоты勇敢果敢なパイロット | ~ *посту́пок* 勇敢な行為　**// -о** [副]　**// -ость** [女10]

**отва́л** [男1] < отва́ливать①⑤ ② (鋤の)刃 ③ 掘り返された地層 ④ (穴を掘る際にできる)土の山 ⑤（鉱山の）捨石集積場, ボタ山 ◆*до ~а* お腹いっぱいになるまで

**отва́ливать** [不完] / **отвали́ть** -алю́, -а́лишь 過 -а́ленный [完]〈网〉①＜为＞物を＞転がしてどける ② そぎ取る ③ 気前よくあげる

[完]〈👁〉① 味見する,試飲[試食]する ② 《完》経験する,身をもって味わう

**отвезти́** [完] →отвози́ть

*отверга́ть [不完] / **отве́ргнуть** -ну, -нешь 過 -е́рг/-у́л, -е́ргла 能過 -у́вший/гший 受過 -тый [完] [reject]〈👁〉① 拒否する, はねつける, 否決[否定]する, 真実であると認めない: ~ про́сьбу [по́мощь] 頼み[援助]を拒絶する ② 近づけない: ~ де́вушку 女の子を袖にする ③ 追放する, のけ者にする: ~ изме́нника 裏切り者を追放する //**~ся** [不完] /《受身》

**отвердева́ть** [不完] / **отверде́ть** [完] ① 硬くなる, 固まる, 凝固する ② 《態度が》硬化する, 厳しくなる ③ 《音声》《子音が》硬音化する //**отверде́ние** [中5]

**отверде́лый** [形1] 硬くなった, 固まった

**отверде́ть** [完] →отвердева́ть

**отверже́ние** [中5] 追放, のけ者

**отве́рженный** [形1] 社会から疎外された, 爪はじきにされた

**отверну́ть(ся)** [完] →отвёртывать¹(ся¹), отвора́чивать

*отве́рст|ие [中5] [hole, opening] ① 穴, 口, 割れ目, 裂け目, 隙間: ~ в стене́ 壁の穴 | ~ для вентиля́ции 通気[換気]口 | сливно́е ~ ра́ковины 洗面台の排水口 | проде́лать [сде́лать, сверли́ть] ~ 穴を開ける | закры́ть ~ 穴をふさぐ ②《解・動》孔, 穴: носово́е ~ 鼻孔

*отвёртк|а 複生 -ток [女2] ねじ回し, ドライバー: кресто́вая ~ プラスドライバー | крути́ть -у́ ドライバーを回す //**отвёрточка** 複生 -чек [女2]〔指小〕

*отвёртывать¹ [不完] / **отверну́ть¹** -ну́, -нёшь 受過 -вёрнутый [完]〈👁〉① 回して緩める [外す], ひねって開ける ②《俗》ねじり取る ③《袖を》折り返す ④そむける: ~ го́лову 顔を背ける ⑤《話》《無補語》進路を変える, (川・道などが)曲がる

**отвёртывать²** [不完] / **отверте́ть** -ерчу́, -е́ртишь 受過 -е́рченный [完]《俗》〈👁〉① 回して緩める [外す], ひねって開ける ② ねじり取る

*отвёртываться¹ [不完] / **отверну́ться¹** -ну́сь, -нёшься [完]〈👁〉① (ねじなどが)緩む, 外れる, ひねられて開く [turn away] ②《折り返しなどが》折り返される, まくれる ③ 顔をそむける, そっぽを向く, 縁を切る; 避ける, 逃げる: Все отверну́лись от меня́. 皆私を避けている ④《不完》《受身》< отвёртывать

**отверте́ться²** [不完] / **отверте́ться²** -ерчу́сь, -е́ртишься [完] ①《話》(ねじなどが)緩む, 外れる ②《完》《俗》《от 👁》避ける, 逃れる

**отве́с** [男1]〔技〕錘錘(垂直方向を知るためのおもり) | (崖などの)垂直面: в [на] ~ 垂直に

**отве́сить** [完] →отве́шивать

**отве́сн|ый** 短 -сен, -сна [形1] 垂直な //**-о** [副]

**отвести́** [完] →отводи́ть

*отве́т [アトヴェート] [男1] [answer, reply] 返事, 答え, 回答: да́ть ~ 返事をする ② 反応, 応答 ③ (数学の)解答, 解 ④ 責任: бы́ть в ~е 責任がある, 責任を持つ ◆ в ~ ... に応えて, 返事として, 反応として | ни ~а ни приве́та (呼びかけ・手紙に対して)返事[反応]なし, なしのつぶて

**отве́тв|ить(ся)** [完] →ответвля́ть

**ответвле́ние** [中5] ① 分岐[枝分かれ](すること, させること) ② 枝 ③ 支脈, 支隊, 支流

**ответвля́ть** / **отве́твить** -влю́, -ви́шь 受過 -влённый (-лён, -лена́) [完]〔技〕〈👁〉分岐させる, 枝分かれさせる //**~ся** [不完] / [完] ① 分岐する, 枝分かれする ②《不完》《受身》

**отве́тить** [完] →отвеча́ть

*отве́тн|ый [形1] [given in reply] 答えの, 回答の, 返事の, お返しの; 返礼の, 答礼の; 報復の: -ая реа́кция ры́нка 市場の反応 | ~ уда́р お返しの一撃[攻撃] | ~ шаг = -ая ме́ра 対抗措置 | -ое письмо́ 返書, 返事 | ~ визи́т 答礼訪問 | ~ ма́тч リターンマッチ, 雪辱[復讐]戦 ■ -ая реа́кция《生》応答反応 //**-о** [副]

*отве́тственност|ь [ц] [アトヴェーツヴィンナスチ] [女10] [responsibility] 責任: чу́вство -и 責任感 | нести́ по́лную ~ за свои́ посту́пки 自らの行動に全責任を負う | заяви́ть о свое́й -и за ...について犯行声明を出す ② 重大さ, 重要性

*отве́тственн|ый [ц] [アトヴェーツヴィンヌイ] 短 -ен/-енен, -енна [形1] [responsible, crucial] ① 責任がある, 責務を負っている ②(a) (長職)職務上の責任を担当する, ...長, 所轄[管轄]している: ~ рабо́тник 管理職 | ~ реда́ктор 編集長 | -ая [男女] /-ая [女名] ...長 ③ 責任感の強い ④ 極めて重大な, 重要な: -ая до́лжность 重要なポスト | в са́мый моме́нт 最も重要な瞬間[時期]に

**отве́тчи|к** [男2] /**-ца** [女3] ①《法》被告人 (↔исте́ц/исти́ца) ②《話》責任者

*отвеча́ть [アトヴィチャーチ] [不完] / **отве́тить** [アトヴェーチチ] -е́чу, -е́тишь, ...-е́тя 命 -е́ти 過 -е́тивший/-е́ченный [完] [answer, reply] ① 答える, 返事[返答]する: (教室で課題に)口頭で答える: ~ на вопро́с 質問に答える | ~ на письмо́ 手紙に返事[返信]する ②(呼びかけなどに)答[応]える, 反応する, 応じる: аукныванем на ау́канье おーいという声におーいと答える | ~ покло́ном на покло́н 会釈を返す ③《к 👁》に合致する, 合う, かなう, 一致する, (要求を)満たす: ~ тре́бованиям совреме́нного ры́нка 今の市場の要求にかなっている ④《不完》《за 👁》...に責任を負う, を保証する: ~ за свои́ посту́пки 自らの行動に責任を持つ ⑤《完》報い[罰]を受ける, 責任をとる

**отве́шивать** / **отве́сить** -е́шу, -е́сишь 受過 -е́шенный [完]〈👁〉①〈👁/生〉...の (全体から一部を) 計り分ける ②《話》(びんたを)食らわせる

**отви́нчивать** [不完] / **отвинти́ть** -нчу́, -нти́шь 受過 -ви́нченный [完]〈👁〉〈ねじなどを〉外す, 抜く //**~ся** [不完] /[完] (ねじなどが) 外れる, 抜ける

**отвиса́ть** [不完] / **отви́снуть** -нет 過 -и́с, -и́сла [完] 垂れ下がる, たるむ

**отвисе́ться** -си́тся [完]《話》(服などが) 吊るされてしわが延びる

**отви́слый** [形1]《話》垂れ下がった, たるんだ

*отвлека́ть [アトヴレカーチ] [不完] / **отвле́чь** [アトヴレーチ] -еку́, -ечёшь, ...-еку́т 命 -еки́ 過 -лёк, -лекла́ 能過 -лёкший 受過 -чённый (-чён, -чена́) 副過 -лёкши [完] [divert, distract]〈👁〉① ...の向きを変えさせる, 逸らす ②〈仕事などから〉の邪魔をする, 引き離す, 注意をそらす: ~ внима́ние собесе́дника неожи́данным вопро́сом 突然質問で相手の注意をそらす ③ 抽象化する //**~ся** [不完] /[完] ① 注意がそれる, (仕事・考えなど)が中断する ② 話がそれる ③ 抽象化して考える, 捨象する ④《不完》《受身》

**отвлече́ние** [中5] ① < отвлека́ть(ся) ② 抽象, 抽象概念

**отвлечённость** [女10] 抽象性; 抽象的な議論

**отвлечённый** 短 -ён, -ённа [形1] ① 抽象的な ② 現実離れした

**отвле́чь(ся)** [完] →отвлека́ть

*отво́д [男1] < отводи́ть② -⑩: для ~а глаз 注意をそらすため ② 候補の取り下げ申請, 担当者の忌避要求 ③ (ケーブルなどの) 分岐(線) ④ そりの横木 (安定させるための) ⑤ (複)へり, 縁

*отводи́ть -ожу́, -о́дишь, ...-еду́, -еди́шь 命 -еди́ 過 -вёл, -вела́ 能過 -е́дший 受過 -едённый (-дён, -дена́) 副過 -едя́ [完] [lead, take, draw aside]

**отводка**

〈阅〉① (ある場所へ)連れて行く, 送り届ける: ～ ребёнка в шко́лу 子どもを学校へ連れて行く ② 離れた所へ 連れ去る ③〈軍などを〉移動させる, 後退させる ④ …の向き を変えさせる ⑤ 遠ざける, 疎遠にする ⑥〈邪魔なものを〉 どける, (脇・後ろへ)引っ込める ⑦〈視線などの向きを変 える ⑧ 拒絶する, 却下する ⑨ 割り当てる ⑩〖園芸〗取り 木[取り枝]をする ~ **глаза́** 〖閲〗…の注意をそらす, …を 欺く ∥**~ся** [不完] [受身]

**отво́дка** 複生 -док [女2] ① 脇へ連れて行くこと; 転換 ②〖技〗枝管

**отводно́й** [形2] 分岐させるための, 排水[排気]用の

**отво́док** -дка [男2] 〖園芸〗取り木するための枝[枝管]

**отвоева́ть** -оюю, -оюешь [完] 〖話〗戦い終える

**отвоёвывать** [不完] / **отвоева́ть** -оюю, -оюешь 受過 -оёванный 〈阅〉① 〈у阅から〉戦って 取り戻す ② 努力して手に入れる, 勝ち取る ③ 〖無補語〗戦い終える 〈ある期間〉戦い抜く

**отво́з** [男1], **-ка** 複生 -зок [女2] 運搬, 運送, 搬出

*отвози́ть -ожу́, -о́зишь [不完] / отвезти́ -зу́, -зёшь 過 -вёз, -везла́ 能過 -вёзший 受過 -зённый (-зён, -зена́) [完]〈阅〉① 〈何物かを〉運んで届ける ② 運んでどける ∥**~ся** [不完] [受身]

**отволака́ть** [不完] / **отволо́чь** -локу́, -ло́чёшь, …-локу́т 命 -локи́ 過 -ло́к, -локла́ 受過 -чённый (-чён, -чена́) [完] 〖話〗引き離す

**отвора́чивать**[1] [不完] / **отверну́ть**[2] -ну́, -нёшь -вёрнутый [完] 〈阅〉① 〈袖口を〉折り返す ② そむける; 〖話〗向きを変える ③ 〖話〗〖無補語〗進路を 変える, (川・道などが) 曲がる ∥**~ся**[1] [不完] / [完] ① (袖口が)折り返される, まくれる ② 顔をそむける, そっぽ を向く, 縁を切る

**отвора́чивать**[2] [不完] / **отвороти́ть** -рочу́, -ро́тишь 受過 -ро́ченный [完]〖話〗転がしてどける ∥ **~ся**[2] [不完] / [完] (袖などが)まくれる

**отвори́ть(ся)** [完] →**отворя́ть**

**отворо́т** [男1] (服・靴の)折り返し

**отвороти́ть(ся)** [完] →**отвора́чивать**[2]

**отворя́ть** [不完] / **отвори́ть** -орю́, -о́ришь 受過 -о́ренный/-орённый (-рён, -рена́) [完] 〈阅〉ドア, 窓を開ける 〈ドアを開けて通れるようにする ∥**~ся** [不完] / [完] ① (ドア・窓が)開く ② 〖不完〗[受身]

*отврати́тельный [アトヴラチーチリヌィ] [形1] [repulsive, disgusting] 不快感〈嫌悪〉を催す, むかつくような, 不快な: ～ за́пах 嫌悪感[不快]感 を催す匂い, ひどい, 忌まわしい: това́р -ого ка́чества 極めて 粗悪な品物 ǀ Домо́й я верну́лся в -ом настрое́нии. 最悪な気分で家に戻った **∥ -о** [副]

**отвра́тный** 短 -тен, -тна [形1] 〖話〗 = отврати́тельный

**отвраща́ть** [不完] / **отврати́ть** -ащу́, -ати́шь 受過 -ащённый (-щён, -щена́) [完] 〈文〉 〈阅〉① 別の方 向へ向ける ② 未然に阻止する, 防止する ③ 〈от阅〉〈何 か〉-ない行為をやめさせる

*отвраще́н**ие** [中5] [disgust, repugnancy] ① 不快 感, 嫌悪感, 憎悪, 嫌気: чу́вство -ия 嫌悪[不快]感 ǀ с нескрыва́емым -ем あからさまな嫌悪感をもって ② 〈文〉阻止, 防止, 抑止

**отвыка́ть** [不完] / **отвы́кнуть** -ну, -нешь 命 -ни 過 -ы́к, -ы́кла 能過 -кший 副分 -ув [完] ① 〈от阅 [不定形]〉…する習慣[癖]がなくなる ② 〈от阅 (離れ て)〉…への愛着がなくなる, …と疎遠になる

**отвя́занный** [形1] 〈若者自立している, 物怖じしな い

**отвя́зывать** [不完] / **отвяза́ть** -яжу́, -я́жешь 受過 -я́занный [完] 〈阅〉ほどく, 〈結んであるものを〉解く ∥ **отвя́зываться** [不完] / **отвяза́ться** -яжу́сь, -я́жешься [完] ① ほどける, (結び目が)解ける, 解き放たれ る ② 〖話〗免れる, 束縛から解放される ③ まとわりつく のをやめる ◆**отвяжи́сь** ほっといてよ, うせろ

**отга́дка** 複生 -док [女2] ① 謎を解くこと, 推察 ② (謎 解きの)答え

**отга́дчик** [男2] 〖話〗謎解きが上手な人

*отга́дывать [不完] / отгада́ть 受過 -а́данный [完]〈guess〉〈阅/無補語〉〈謎を〉解く, 推察する, 見抜 く: Ну-ка, отгада́й зага́дку! ほら, 謎を解いてみて

**отгиба́ть** [不完] / **отогну́ть** -ну́, -нёшь 受過 -о́гнутый [完] 〈阅〉① 〈曲がっているものを〉伸ばす, 真っ すぐにする ② 端を折り曲げる, 折り返す ∥**~ся** [不完] / [完] ① (曲がっているものが)伸びる, 真っすぐになる ② (脇・上に)折れ曲がる ③〖完〗[受身]

**отглаго́льный** [形1]〖文法〗動詞から派生した

**отгла́живать** [不完] / **отгла́дить** -а́жу, -а́дишь 受過 -а́женный [完] 〈阅〉① 〈服に〉しっかりアイ ロンをかける ②〖完〗〈阅/無補語〉…にアイロンをかけ終え る ∥**~ся** [不完] / [完] ① (服が)アイロンがかかってぴん となる ②〖完〗アイロンをかけ終える ③〖不完〗[受身]

**отгнива́ть** [不完] / **отгни́ть** -иёт -и́л, -ила́, -и́ло [完] 腐って落ちる, 朽ちてもげる

**отгова́ривать** [不完] / **отговори́ть** -рю́, -ри́шь 受過 -орённый (-рён, -рена́) [完] 〈阅〉を説得し て от[不定形(不完)]をやめさせる, 思いとどまらせる ② 〖完〗〈阅/無補語〉話し終える ∥**~ся** [不完] / [完] ① 口 実をつけて断る ② 〖完〗言い訳をする

**отгово́р** [男1] 〖通例複〗〖話〗いさめること, (しないよう にという)懇願, 説得

**отгово́рка** 複生 -рок [女2] 言い訳, 口実

**отголо́сок** -ска [男2] ① 反響, 残響, こだま ② (心 理的な)反応, 影響, 反映, 余波

**отго́н** [男1] ① (家畜の)追い込み ② 蒸留 ③ 放牧, 放 し飼い ④ 放牧地

**отго́нка** [女2] 〖化〗蒸留, 精製, 精錬

**отгоня́ть** [不完] / **отогна́ть** отгоню́, отго́нишь 過 -а́л, -ала́, -а́ло 受過 -о́гнанный [完]〈阅〉① 追い払う ② (風・流れなどが) 押し流す ③〈家畜を〉追い立てる, 誘 導する ④ 蒸留して作る

**отгора́живать** [不完] / **отгороди́ть** -рожу́, -ро́дишь/-роди́шь 受過 -ро́женный [完] 〈阅〉① 仕切 る, 区切る ② 隔離する, 孤立する ∥**~ся** [不完] / [完] ① 自分の(いる場所)を仕切る[区切る] ② 孤立する, 周 囲との交流を断つ ③〖完〗[受身]

**отгоре́ть** [不完] / **отгоре́ть** -ри́т [完] ① 燃え終 わる ② 燃えて落ちる

**отгороди́ть(ся)** [完] →**отгора́живать**

**отграни́чивать** [不完] / **отграни́чить** -чу, -чишь -ченный [完] 〈阅〉① (境界を定めて)区切 る ② 区別する ③〖不完〗境界線となる

**отгреба́ть** [不完] / **отгрести́** -ебу́, -ебёшь 過 -рёб, -ребла́ [完] 〈阅〉① 掻(*)いて脇へ寄せる, 掻きの ける ② 漕いで離れる

**отгреме́ть** -ми́т [完] ① (轟音が)鳴りやむ, 静まる

**отгро́хать** [完] ①〖話〗(轟音が) 鳴りやむ ②〖俗〗 〈阅〉〈巨大な・豪華なものを〉建てる, 造り上げる

**отгружа́ть** [不完] / **отгрузи́ть** -ужу́, -у́зишь/ -узи́шь 受過 -у́женный/-ужённый (-жён, -жена́) [完] 〈阅〉① (何物かの一部を下ろし, 積み替える ② 〈何物かを〉 積みかえ発送する

**отгру́зка** 複生 -зок [女2] 出荷, 発送, (石炭・天然ガス などの)積み出し

**отгрыза́ть** [不完] / **отгры́зть** -зу́, -зёшь 過 -ы́з, -ы́зла 受過 -зенный [完] 〈阅〉噛み取る, かじり取る

**отгу́л** [男1] 代休, 振替休暇

**отгу́ливать** [不完] / **отгуля́ть** 受過 -у́лянный

**отдых**

[完] ①《話》〈団〉〈ある時間〉散歩する，遊んで過ごす，休んで過ごす ②《話》代わる，交代を取る ③《軍》分隊を解く ④《話》〈無語句〉祝う終える ⑤散歩し終える，遊び終える，休み終える

**отдава́ть** [アッダヴァーチ] -даю́, -даёшь 命 -ва́й 副分 -ва́я [不完] / **отда́ть** [アッダーチ] -а́м, -а́шь, -а́ст, -ади́м, -ади́те, -аду́т 命 -а́й 過 о́тдал/-а́л, -ала́, о́тдало/-а́ло 受過 о́тданный (-ан, -ана́/-ана, -ано) [完] [return, devote] ①〈団〉返す，渡す，引き渡す ②譲る，捧げる，明け渡す ③〈人を〉〈学校に〉やる，〈仕事に〉就かせる；〈за団に〉嫁がせる ④《話》売る ⑤〈団〉〈金額を 3а団の代金として〉払う ⑥《動作を表す名詞と結合して》…する，行う，出す；~ прика́з 命令を出す ⑦《無語句》〈銃などが発射の際に〉反動を起こす，〈痛みが体の一部に〉響く ⑧〈海〉〈綱などを〉ほどく，緩める ⑨向きを変える ⑩《俗》〈無語句〉〈体から〉〈臭い味〉匂う ◆~ до́лжное [справедли́вость] …を正当に評価する | ~ под суд 裁判にかける | ~ концы́ → конц́ы́ Б отда́ть 証拠を得る

**отдава́ться** -даю́сь, -даёшься 命 -ва́йся [不完] / **отда́ться** -а́мся, -а́шься, -а́стся, -ади́мся, -ади́тесь, -аду́тся 命 -а́йся 過 -а́лся, -ала́сь, -а́лось/-алось [完] [devote oneself to] ①身をゆだねる，服従する：~ люби́мому де́лу [своему́ увлече́нию] 好きなことに打ち込む ②わが身を捧げる，献身的に尽くす ③（感情に）身を任せる，浸る ④（女性が）体を許す，肉体関係を持つ ⑤反響する ⑥〈音が痛みなどが〉反応を呼び起こす，伝わる，響く，（痛みを）呼び起こす ⑦《不完》受身 ＜ отдава́ть

**отда́вливать** [不完] / **отдави́ть** -авлю́, -а́вишь 受過 -а́вленный [完] 〈団〉押しつぶす，圧して傷める

**отдале́ние** [中5] ＜ отдаля́ть ②遠い場所，彼方，遠方，遠距離 ◆в [на] -ии 遠くに，離れた所に

**отдалённый** [アッダリョーンヌィ] [形1] [distant, remote] ①遠くの，遠くにある：遠距離の；（音が）遠くです る，遠くに：~ райо́н 遠方の地区 ②（時間的に現在から）遠く隔てた，遠い未来［過去］の；将来の：-ые времена́ 遠い昔 ③(a)間接的な；迂回した；かすかな：име́ть весьма́ -ое отноше́ние к 団 … と極めて遠いつながりがある (b)疎遠の，つながりの薄い：-ая родня́ 遠い親戚 ④よそよそしい，関心の薄い，無関心な ⑤места́ не сто́лько -ые 流刑地；強制収容所，刑務所 **//-о** [副]①③④ **//-ость** [女10]

**отдали́ть** [完] / **отдаля́ть** -лю́, -ли́шь 受過 -лённый (-лён, -лена́) [完] ①先延ばしにする ②遠ざける ③疎遠にする **//~ся** [不完] / [完]〈от団〉①…から遠ざかる，離れる ②…と疎遠になる ③《不完》受身

**отда́ние** [中5] ＜ отдава́ть: ~ че́сти 〔軍〕敬礼

**отда́ривать** [不完] / **отдари́ть** -рю́, -ришь 受過 -ренный (-рен, -рена́) [完] 〈団〉（贈り物に対して）お返しする **//~ся** [不完] / [完] 《話》贈り物のお返しをする ③《不完》受身

**отда́ть(ся)** [完] → отдава́ть(ся)

**отда́ча** [女4] ＜ отдава́ть ①～⑩ ②ボールを打ち返すこと，レシーブ ③（銃などの発射の際の）反動 ④効率 ⑤（仕事・作業の）有益な結果，最大限の成果 ◆без -и 返さないからって

**отдежу́рить** -рю, -ришь 受過 -ренный [完] ①当直を終える ②〈ある時間〉当直を務める

**отде́л** [アッヂェール] [男1] [department, section] ①部分 ②部門，部署，課，局：~ канцеля́рских това́ров (デパートなどで）文房具の売り場 ③（新聞・雑誌の）欄，（本の）部，編

**отде́лать(ся)** [完] → отде́лывать(ся)

**отделе́ние** [アッヂェリェーニエ] [中5] [secession, department] ①分離する［区分する，区切る，隔てる]こと ②〈通 例複〉分泌物 ③部門，部署，課，局，支部，支局 ④（コンサート・劇などの）仕切られた場所，仕切り **//-ческий** [形3] ＜③

**отдели́тельный** [形1] 分離［区分］するための，仕切り用の

**отдели́ть(ся)** [完] → отделя́ть(ся)

**отде́лка** 複生 -лок [女2] ① ＜ отде́лывать ①-④ ②飾り

**отде́лочник** [男2] 装飾品製作者，内装工

**отде́лочный** [形1] 装飾用の

**отде́лывать** [不完] / **отде́лать** 受過 -анный [完] ①〈団〉完成させる，仕上げる ②〈под団〉に似せて作る ③改装する ④〈団を団で〉飾る ⑤《俗》（乱暴に使って）痛める，駄目にする ⑥〈団〉叱る，罵る，どつく

**отде́лываться** [不完] / **отде́латься** [完]《話》①用事を片付ける，仕事を済ませる ②〈от団〉〈嫌なことから〉逃れる，解放される ③〈団〉言い逃れる，ごまかす，お茶を濁す ④〈団〉…だけで切り抜ける：（思ったよりも軽く）済む：~ лёгким испу́гом 無事に済む，大して損もせずに済む | ~ дёшево けっこう安く済む ⑤《不完》受身 ＜ отде́лывать

**отде́льно** [副] [separately] 別に，別々に，個別に，他から離れて：ひとりで：~ стоя́щее зда́ние 別個に立っている建物 | жить ~ от роди́телей 親と離れて別に暮らす | О- хоте́лось бы вы́разить благода́рность руководи́телям. 指導して下さった方々に別途お礼を申し上げたい

**отде́льность** [女10] 独立性，個別性 ◆в [по] -и 個別に，別々に

**отде́льный** [アッヂェールヌィ] [形1] [individual, isolated] ①独立した，個別の，個々の：-ая ко́мната в рестора́не レストランの個室 ②特別の ③いくつかの ④〔軍〕連隊に所属せず独立した

**отдели́ть** [完] / **отделя́ть** -елю́, -е́лишь 受過 -лённый (-лён, -лена́) [完] [separate] 〈団〉①分離する，区分［区別］する ②〈плоды́ от ко́сточек 実を種から外す［離す］ ②区切る，仕切る，隔てる ③〈団〉境界線を成す ④分け与える

**отдели́ться** [不完] / **отдели́ться** -елю́сь, -е́лишься [完] [separate, get detached] ①はがれる，離れ落ちる ②分離する，区分される：По́ле отделя́лось от доро́ги и́згородью. 畑と道は垣根で分けられていた ③〈団〉親元から自立する ④分泌される ⑤《不完》くっきりと見える，際立つ ⑥《不完》受身 ＜ отделя́ть

**отдёргивать** [不完] / **отдёрнуть** -ну, -нешь 命 -ни 受過 -тый [完] 〈団〉①急に後ろ［脇］へ引く，さっと引っ込める ②〈幕・カーテンなどを〉脇へ引いて開ける

**отдира́ть** [不完] / **отодра́ть** отдеру́, отдерёшь 過 -а́л, -ала́, -а́ло 受過 -о́дранный [完] 〈団〉①《俗》もぎ取る，はぎ取る，はがす ②《俗》（罰として）鞭打つ，〈髪・耳などを〉引っ張る **//~ся** [不完] / [完]《話》(罰として)鞭打たれる，はがれる，はがされる

**отдохнове́ние** [中5] 《文》休息，休養

**отдохну́ть** [完] → отдыха́ть

**отдуба́сить** [完] → дуба́сить

**отдува́ть** [不完] / **отду́ть** 受過 -тый [完] 〈団〉①吹き払う，吹き飛ばす ②《俗》《俗》ぶちのめす ③《完》《俗》《無語句》《長距離を一気に》駆け抜ける

**отдува́ться** [不完] ①ふくらむ ②（苦しげに音を立てて）息を吐く ③《俗》責任をかぶる ④《俗》話し合う ⑤《不完》受身 ＜ отдува́ть

**отду́ть** [完] → отдува́ть

**отду́шина** [女1] ①通風孔 ②（感情の）はけ口

**о́тдых** [オッドィフ] -a/-y [男2] [rest, vacation] 休息，休養，休憩；休暇，余暇：дом ~a 保養所 | на заслу́женном ~е 引退する，隠居する ◆без -a 休む間もなく，ぶっ続けで | ни ~y, ни сро́ку не дава́ть [団] …に

落ち着く暇を与えない

**отдыха́ть** [アディハーチ] [不完] / **отдохну́ть** [アッダフヌーチ] -ну́, -нёшь 命 -ни́ [完] [rest, have a rest] ① 休む, 休養する, 休んで疲れをとる ②《話》(酒を)飲む: ~ по́сле трениро́вки 練習後に休憩する ③ [余暇を]過ごす: ~ на мо́ре 海辺でバカンスを過ごす ③《話》しばらく横になる; ひと息ついて疲れを癒やす ◆~ душо́й [се́рдцем] 落ち着く, 安らぐ

**отдыша́ться** -шу́сь, -шишься [完] ① (運動の後などに)息が鎮まる, 呼吸が落ち着く ②《俗》元気になる, 回復する, 正気に戻る

**отёк** [男2] [医]水腫, むくみ: ~ лёгких 気腫, 肺気腫 **// отёчный** [形1]

**отека́ть** [不完] / **оте́чь** -еку́, -ечёшь, ... -еку́т 命 -еки́ 過 отёк, отекла́ 能過 отёкший 副分 отёкши [完] ① むくむ, 腫れる ② (血流が悪くなって)しびれる, 麻痺する ③ (ろうそくが)溶けて流れる

**отёл** [男1] (牛などの)出産

**оте́ль** [э] [アテーリ] [男5] [hotel] (通例外国の)ホテル: пятизвёздочный ~ 5つ星のホテル

**отепля́ть** [不完] / **отепли́ть** -лю́, -ли́шь 受過 -плённый (-лён, -лена́) [完] 〈囲〉暖める, 暖房する

**отере́ть(ся)** [完] → отира́ть(ся)

**отёсывать** [不完] / **отеса́ть** [完] = обтёсывать/обтеса́ть

**оте́ц** [アチェーツ] отца́ [男3] [father] ① 父, 父親: ~ -одино́чка シングルファザー ② 先祖, 父祖 ③《文》創始者 ④《話》(呼びかけ)おやじさん ⑤ 神父

**оте́ческий** [形3] ① 父親らしい, 父のような ② 生まれ育った ③ 父祖から受け継いだ, 代々伝わる

**оте́чественн**|**ый** [アチェーチストヴィヌィ] [形1] [fatherland, homeland] ① 祖国の: -ая исто́рия [литерату́ра] 祖国[ロシア]の歴史[文学] ② 国内外の: -ые и зарубе́жные това́ры 国産品と海外製品: ~ ры́нок 国内市場: ~ кинематогра́ф 邦画(界)
  ■ О-ая война́ 祖国戦争(1812年の対ナポレオン戦争) | Вели́кая О-ая война́ 大祖国戦争(1941-45年の独ソ戦; 略 ВОВ)

**оте́чество**|**о** [中1] 〈雅〉祖国, 母国 ■ **День защи́тника** -а 祖国防衛者の日(2月23日; 女性から男性に贈り物をする日本のバレンタインデーのような日)

**оте́чь** [完] → отека́ть

**отжа́ть(ся)** [完] → отжима́ть

**отжива́ть** [不完] / **отжи́ть** -иву́, -ивёшь 過 о́тжил -и́л, -ила́, о́тжило -и́ло 能過 -и́вший 受過 о́тжитый (-ит, -ита́, -ито)/отжи́тый (-и́т, -ита́, -и́то) 副分 -и́в [完] ① 生涯を終える, 終わりを迎える ② 古びる, 時代に取り残される

**отжига́ть** [不完] / **отже́чь** отожгу́, отожжёшь, ... отожгу́т со отжёг 過 отожжёг, отожгла́ 能過 отожжённый (-жён, -жена́) 副分 отжёгши [冶]〈囲〉焼きなましをする

**отжима́ть** [不完] / **отжа́ть** отожму́, отожмёшь 受過 -тый [完] 〈囲〉 ① 絞る, 絞り出す ②《俗》(攻撃して)取り上げる, 追いやる ③ (圧力をかけて)外す, どける **/ ~ся** [不完] ① 腕立て伏せをする **// отжи́мка** [女2] 《話》< ①

**отжи́ть** [完] → отжива́ть

**отзва́нивать** [不完] / **отзвони́ть** -ню́, -ни́шь [完] ① 鳴らして知らせる ② [完]鳴り終える ③《俗》早口でしゃべり終える, (ある期間従事して)過ごす

**о́тзвук** [男2] ① 反響, 残響, こだま ② 遠くから響く音 ③ (精神・感情の)反応, 共鳴 ④ 影響, 反映, なごり

**отзвуча́ть** -чи́т [完] 鳴り終える, 鳴りやむ

*о**́тзыв** [男1] [reply, review] ① [反応, 返答 ② 反応, 反響, レビュー: кни́га -ов ゲストブック, 感想録 ② 評価, 批評, レビュー, レビューを получи́ть положи́тельный ~ 好評を得る ④〖軍〗(合言葉の)返答

**отзы́в** [男1] 呼び戻すこと, 召喚; リコール; (論文などの)取り下げ

**отзыва́ть** [不完] / **отозва́ть** отзову́, отзовёшь 過 -а́л, -ала́, -а́ло 受過 -о́званный [完] 〈囲〉 ① 呼び寄せる, 呼んで別の場所へ連れて行く ② 呼び戻す, 召喚する; リコールする ③《不完》《無人称》〈囲〉...の匂い[味]がする, ...という感じがする

**отзыва́ться** [不完] / **отозва́ться** отзову́сь, отзовёшься 過 -а́лся, -ала́сь, -ало́сь/-а́лось [完] ① 呼びかけに応える, 応答する ② (ある感情で)応じる, 反応する, 共感を寄せる ③ (衝撃・振動などにより)音を立てる ④ (耳・頭に不快な音が)響く ⑤ (感情・記憶などが)目覚める, 〈囲〉のという気持ちとなって呼び起こされる ⑥〈на + 囲〉に影響を及ぼす ⑦ 自分の意見[評価]を述べる ⑧ [不完]《受身》< отзыва́ть

**отзывно́й** [形2] 召還の

**отзы́вчивый** 短 -чив [形1] ① 思いやりのある, 他人の頼みにすぐ応じる ② 感受性の強い, 敏感に反応する

**оти́т** [男1]〖医〗耳炎: 中耳炎

**отира́ть** [不完] / **отере́ть** отру́, отрёшь 過 отёр, отёрла 能過 отёрший 受過 отёртый 副分 отёрши/отере́в [完] = обтира́ть/обтере́ть

**отира́ться** [不完] / **отере́ться** отру́сь, отрёшься 過 отёрся, -рлась 能過 отёршийся 副分 отёршись [完] ① = обтира́ться/обтере́ться ②《俗》うろつく, (頻繁に)出入りする: Чего́ ты здесь **отира́ешься?** こんなところで何をしてる

**ОТК** [オテカー]《略》отде́л техни́ческого контро́ля 品質管理

**отка́з** [アトカース] [男1] ①〖< отка́зывать(ся)〗拒否[拒絶, 否定, 辞退, 断念](する・されること) ② 拒絶の返事 ③〖楽〗ナチュラル記号(♮): де́йствовать [рабо́тать] без ~а スムーズに[滞りなく]動く | до ~а 限界まで

**отка́зан**|**о** [完] → отка́зывать(ся)

**отка́зни**|**к** [男2] /-**ца** [女3] ① 出国を許可されない人 ② 捨て子

**отка́зывать** [アトカーズィヴァチ] [不完] / **отказа́ть** [アトカザーチ] -кажу́, -ка́жешь 命 -кажи́ 受過 -ка́занный [完] [refuse, deny] ① 〈囲〉に対して в圓のことを拒否[拒絶]する: ~ дру́гу в про́сьбе 友達の頼みを断る ② 〈囲〉に 圓前を与えない, 〈囲〉に 圓前があることを認めない: ~ ребёнку в сла́дком 子どもに甘いものを与えない ③ 故障する, 壊れて動かなくなる, (体の一部などが)機能しなくなる: Тормоза́ **отказа́ли**. ブレーキが効かなくなった ◆ **не отка́жешь** は誰かが認めている, 否めない

*отка́зываться [アトカーズィヴァッツァ] [不完] / **отказа́ться** [アトカザーッツァ] -кажу́сь, -ка́жешься со-ка-жи́сь [完] 〈+不定形/от囲〉...することを拒否[拒絶]する: ~ от приглаше́ния на у́жин 夕食の誘いを断る ②〈от囲〉を受け入れない, 辞退[拒絶]する, 諦める, 自分のものだと認めない, 断念する: ~ ве́рить в существова́ние НЛО UFOの存在を認めない ③ (《жить, рабо́татьなどと共に》(体の一部)が動かなくなる: По́чки **отка́зываются** рабо́тать. 腎臓が悪くなった ◆ **Не откажу́сь [отказа́лся бы]**. (誘い・勧めに対して)いいね, 喜んで

**отка́лывать** [不完] / **отколо́ть** -олю́, -о́лешь 受過 -о́лотый [完] ① 〈囲〉を[打って, 叩いて]取り去る, 叩き割る ② (グループから)引き離す, 孤立させる ③〈ピンで留めてある・刺さっているものを〉抜く ④《俗》(思いがけない・不適切なことを)する ⑤〈囲〉上手に踊る **/ ~ся** [不完] [完]〈隠〉①割れて取れる, もげる ②《完》〈隠〉縁を切る, 反目する, (グループから)離れる ③ (ピンで留めてある・刺さっているものが)抜ける

**отка́пывать** [不完] / **откопа́ть** 受過 -о́панный

[完] <接> ① 掘り出す, <埋まっている人を>救出する ② 《話》発見, 見出す

**откармливать** [不完] / **откорми́ть** -ормлю́, -о́рмишь 受過 -о́рмленный [完] <接><飼料[食物]を与えて>太らせる, 肥育する // **~ся** [不完] / [完] 《話》たっぷり餌[食物]をもらって太る

**отка́т** [男1] ① 転がしてどける[移動させる]こと, 搬出 ② 《俗》袖の下, 口利き料, 賄賂

**откати́ть(ся)** [完] →**отка́тывать(ся)**

**отка́тка** [女2] 《話》 = отка́т

**отка́тчик** [男2] (鉱山の)搬出人夫

**отка́тывать** [不完] / **откати́ть** -ачу́, -а́тишь 受過 -а́ченный [完] <接> ① 転がしてどける[移動させる] ② 《完》《話》(乗り物が)急いでその場を去る // **~ся** [不完] / [完] ① 転がって離れてゆく, 滑り去る ② (波が)引く (敵にぶつかって)退却する

**отка́чивать** [不完] / **откача́ть** -а́ченный [完] <接> ① (ポンプで)吸い出す, 汲み出す ② <溺れた人を>(人工呼吸などで)蘇生させる, 息を吹き返させる // **отка́чка** [女2] 《話》<-〉

**откачну́ться** -ну́сь, -нёшься [完] 《話》① 振動して脇へ動く, (脇の方へ)揺れる ② 急に飛びのく, ぱっと脇へ動く, よろめく ③ <от田>に急に疎遠になる

**отка́шливать** [不完] / **отка́шлянуть** -ну, -нешь 受過 -тый [完] <接>咳をして痰などを吐く // **~ся** [不完] / [完] ① 咳をして痰を吐く, 咳で喉をすっきりさせる

**отквита́ть** [完] / **отквита́ть** 受過 -и́танный [完] 《話》<接>(ゲーム・議論などで相手と同じ手を使って)やり返す, お返しをする, (球技で)<点>を返す

**отки́дать** [完] →**отки́дывать¹**

**откидно́й** [形2] 折り畳み[壁面収納]式の, (ふた・屋根などが)開閉できる: ~ стол́ик 背面テーブル

**отки́дывать¹** [不完] / **отки́дать** -иданный [完] <何回かに分けて>(放り)捨てる, 捨て去る

**отки́дывать²** [不完] / **отки́нуть** -ну, -нешь -тый [完] <接> ① 放り捨てる, 捨て去る, 脇へ放る ② 《話》(計算で)切り捨てる ③ <考え・感情>を捨て去る ④ (水を切るために)何か容器に移す ⑤ 《話》撃退する <片端だけ留められていた扉・ふたなど>を開ける, はね上げる, 下ろす <カーテンなど>を開ける ⑦ <頭などを>さっと後ろにそらす, <手・足を>脇に投げ出す // **~ся** [不完] / [完] ① (扉・ふたなどが)さっと開く ② 体をそらせる, (後ろに)もたれかかる ③ 《完》去る; 逃亡する ④ 《俗》意識を失う, 死ぬ

*ℕ**откла́дывать** [アトクラーディヴァチ] [不完] / **отложи́ть** [アトラジーチ] -ожу́, -о́жишь 受過 -о́женный [アトローヂンヌィ] [put aside, postpone] <接> ① 脇へ置く, 別にしておく, とっておく: ~ кни́ги в библиоте́ке 図書館で本を確保しておく ② 延期する: ~ по́ездку 旅行を延期する ③ 《俗》<門 など>を外す, <木戸など>を開ける ④ 《生》産卵する ⑤ <地>堆積させる, <地層>を形成する ⑥ 《数》<線分>を引く // **~ся** [不完] / [完] <地>堆積する, 層を成す

**откла́ниваться** [不完] / **откла́няться** [完] ① (相手のお辞儀に対して)お辞儀をする, (祝辞・招待などに)別れの挨拶をする ② 別れの挨拶をする

**откле́ивать** [不完] / **откле́ить** -е́ю, -е́ишь 受過 -е́енный [完] <接>(貼ってある物を)はがす // **~ся** [不完] / [完] (貼ってある物が)はがれる

*ℕ**о́тклик** [男2] [response, review] ① 応答, 返答 ② 反応, 影響: найти́ ~ широ́кий 大きな反響を巻き起こす ③ (心理的)反応, 共鳴 ④ 《通例複》(論文・記事などによる)影響

**отклика́ться** [不完] / **откли́кнуться** -нусь, -нешься 命 -нись [完] ① 呼びかけに答える, 応答する ② 消息を知らせる ③ <на接>…に反応する, <出来事に対

して>ある態度をとる ④ <на接>…に共感[同情]を示す, <頼みに対して>助けの手を差し伸べる ⑤ 《完》反響する

*ℕ**отклоне́ние** [中5] [deviation, refusal] ① 脇へそらす[逸れる]こと; 拒否, 拒絶, 却下; 後退, 逸脱, ずれ, 偏向, 偏差 ② 《通例複》妙な振る舞い, 奇行

*ℕ**отклоня́ть** [不完] / **отклони́ть** -оню́, -о́нишь 受過 -нённый (-нён, -нена́) [完] [decline, deflect] <接> ① 傾けて[曲げて]脇へ寄せる, よける, そらす <от接>…をそらせる, 断念させる ② 拒絶[却下]する; 否決する: <訴え>を棄却する // **~ся** [不完] / [完] ① (傾いて・曲がって)それる, 脇に寄る ② 避ける, よける, (避けようとして)脇によける ③ (針路から)それる, (話などから)脱線する: ~ от те́мы 本題を逸れる

**отклю́ч** [男4] = отклю́чка

*ℕ**отключа́ть** [不完] / **отключи́ть** -чу́, -чи́шь 受過 -чённый (-чён, -чена́) [完] [disconnect, cut off] <接> ① (電)(接続を切って)止める, 遮断する: ~ электри́чество 停電する | ~ телефо́н 電話の電源を切る ② 《完》《若者》強く突き倒す, 意識を失わせる // **~ся** [不完] / [完] ① (接続が切れて)止まる ② 《話》元気がなくなる ③ 《若者》深く眠る; 気を失う

**отключе́ни|е** [中5] ① 断絶, 切断, 断線 ② 電源を切ること; 《コン》シャットダウン: ве́ерные *–ия* электри́чества 計画停電

**отключ́к|а** [女2] 《話》(通例意識不明を伴う)重症: быть в *–е* 体調が悪い; 意識を失う

**отко́вывать** [不完] / **откова́ть** -кую́, -куёшь 命 -у́й 受過 -о́ванный [完] ① 鍛造する ② 《鍛造してある物を》外す, 叩き取る ③ 《完》鍛造し終える

**отковы́ривать** [不完] / **отковыря́ть** -ы́рянный, -ыри́ть [完] <接>ほじり取る

**отклозыря́ть** [完] →**козыря́ть**

**отко́л** [男1] 〈с откла́лывать(ся)〉割って取り除くこと; 孤立; 離反

**отколо́чивать** [不完] / **отколоти́ть** -лочу́, -ло́тишь 受過 -ло́ченный [完] <接> ① (打ちつけて)叩き取る, 外す ② 《完》ぶちのめす

**отко́ле** [副] 《旧・俗》= отку́да

**отколо́ть(ся)** [完] →**отка́лывать**

**отколошма́тить** [完] →**колошма́тить(ся)**

**отколу́пывать** [不完] / **отколупа́ть -у́панный [完], отколупну́ть** -ну́, -нёшь [完] [一回] 《俗》<接>ほじり取る

**откомандиро́вывать** [不完] / **откомандирова́ть** -ру́ю, -ру́ешь 受過 -а́нный [完] ① 派遣する, 出張[出向]させる, 転任させる ② 《話》使いに出す, (用事を言いつけて)行かせる

**откопа́ть** [完] →**отка́пывать**

**отко́рм** [男1] 肥育

**откорми́ть(ся)** [完] →**отка́рмливать**

**откорректи́ровать** [完] →**корректи́ровать**

**отко́с** [男1] ① (山・丘の)斜面, (山腹などの)勾配 ② (窓・ドアなどの)外枠 ③ (斜めに立った)支柱 ④ 《若者》回避 ♦ пусти́ть под ~ (列車を)転覆させる

**откочёвывать** [不完] / **откочева́ть** -чу́ю, -чу́ешь [完] ① (遊牧民が)他所へ移動する ② 《話》移転する, 別の土地に移る ③ (動物の群が)移動する

**открепля́ть** [不完] / **открепи́ть** -плю́, -пи́шь 受過 -плённый (-лён, -лена́) [完] <接> ① ほどく, (固定してある物を)外す ② (登録・名簿から)外す, 除名する // **~ся** [不完] / [完] ① ほどける, 解ける, 外れる ② (登録・名簿から)除名される // **открепле́ние** [中5]

**открещи́ваться** [不完] / **открести́ться** -ещу́сь, -е́стишься [完] 《話》① <от接>を何とかして避ける ② 十字を切り終える

**открове́ние** [中5] ① 《宗》神の啓示, 天啓 ② 新たな発見 ③ 炯眼(けいがん), 洞察力 ④ 告白

**открове́нничать** [不完]《話》率直に言う, ざっくばらんに打ち明ける

**открове́нность** [女10] ① < открове́нный ② 《通例複》率直な話, 告白, 打ち明け話

*\***открове́нно** [副] [frankly, openly] 率直に, 何も隠さずに, あけすけに, ざっくばらんに, 露骨に: ~ говоря́ [сказа́ть] 率直に言えば, 言ってしまえば

*\***открове́нн|ый** [アトクラヴィェーンヌィ] 短 -енен, -énna [形1] [frank, open] ①率直な, 隠し事のない, あけすけな: ~ разгово́р 隠し事のない話 ②露骨な, あからさまな: -ая ложь 明らかにそれとわかる嘘 ③(服が)露出部分の多い, 肌をたくさん見せる: ~ костю́м 露出の多い衣装

**откро́й** [命令] < откры́ть

**открсо́мсать** 受過 -о́мсанный [完]《俗》<図》雑に[大雑把に]切り取る

**откру́чивать** [不完] / **открути́ть** -учу́, -у́тишь 受過 -у́ченный [完]《話》<図》①ほどく〈ねじなどを〉緩める, ねじって外す ②ねじ切る ∥ **~ся** [不完] / [完] ①《話》ほどける, (ねじなどが)緩む, 回って外れる ②《俗》免れる, 逃れる ③《不完》受身

**открыва́лка** 複生 -лок, **открыва́шка** 複生 -шек [女2]《話》缶切り, 栓抜き, オープナー

*\***открыва́ть** [アトクルィヴァーチ] [不完] / **откры́ть** クルィーチ] -ро́ю, -ро́ешь 命-ро́й 受過 -ры́тый [完] [open, uncover, reveal]《図》①ふたを取る, 開ける, 栓を抜く, 開封する: ~ консе́рвы [вино́] 缶詰[ワイン]を開ける | ~ пода́рок プレゼントを開封する ②〈扉などを〉開ける: ~ окно́ 窓を開ける ③〈閉じた・巻いた物を〉開く: ~ кни́гу 本を開く ④露出する, 見えるようにする, 表に出す: ~ пле́чи 肩を露出する ⑤〈境界・入口などを〉開ける, 道を開ける: ~ грани́цу 国境を開放する ⑥〈栓などを開けて〉流出させる, 放出する: ~ газ ガスを開ける ⑦創設[開設]する, 開始する: ~ заседа́ние 開会する ⑧露呈させる, 明かす: ~ секре́т 秘密を明かす ⑨発見する, 気づく

*\***открыва́ться** [アトクルィヴァーッツァ] [不完] / **кры́ться** [アトクルィーッツァ] -ро́юсь, -ро́ешься 命 -ро́йся [完] [open, be revealed]〈図》①〈ドアなどが〉開く: Буты́лка не открыва́ется. ボトルのふたが開かない ②〈扉などが〉開く: Дверь откры́лась. 扉が開いた ③〈閉じた・巻いた物が〉開く: Чемода́н откры́лся. スーツケースが開いてしまった ④見えるようになる, 明るみに出る: Его́ и́стинные наме́рения откры́лись, 彼の真意が明らかになった ⑤露呈する, 露見する: Та́йна откры́лась. 秘密が露見した ⑥始まる, 開業[開会]する, 公開される: В Москве́ откры́лся музе́й иллю́зий. モスクワでトリックアート美術館が開館した ⑦自分の胸中を露出する: Он — еди́нственный челове́к, кото́рому я могу́ откры́ться. 私は彼にしか心を開けない ⑧(傷口が)開く ⑨《不完》受身 < открыва́ть ◆ *Глаза́ откры́лись.* 目から鱗が落ちた, 状況[真相]が理解できるようになった

*\***откры́тие** [アトクルィーチェ] [中5] [opening, discovery] ①開けること; 開店, 開業; 開始; 開始: ~ но́вого заво́да 新工場の操業開始 ②発見, 発明: ~ в о́бласти медици́ны 医学分野における発見 ③《話肉》大した発見: Э́то для меня́ ~! 初めて知った

*\***откры́тк|а** [アトクルィートカ] 複生 -ток [女2] [postcard] ①葉書, 絵葉書: отправля́ть рожде́ственским -и ро́дственникам 親戚にクリスマスカードを送る ②(葉書サイズの)写真

*\***откры́то** [副] [openly] 公然と, あからさまに, おおっぴらに; 包み隠さず, 率直に, 腹蔵なく: ~ обсужда́ться вопро́с 率直に議論される問題

*\***откры́т|ый** [アトクルィーティ] 短 -ы́т [形1] [open, public] [受過 < откры́ть] ①開けた, 開かれた, 遮る物のない, 無防備な (↔ закры́тый): -ое окно́ 開いた窓 ②shelter, 屋根, 覆い)のない: под -ым не́бом 野外で, 戸外で, 屋外で ③むきだしの, (服が)露出部分の多い: -ое пла́тье 露出が多い, 万人に開かれた: ~ (株式などが)公開型の: де́нь -ых двере́й (美術館などの)一般公開日, (大学の)オープンキャンパス ⑤率直な, 包み隠すところのない ⑥露骨な, あからさまな ⑦露天の, 地表での ⑧[医]開放性の
◆ ~ вопро́с 自由回答形式の質問; 未解決の問題 | -ое письмо́ (1)葉書 (2)公開書簡 | в -ую 包み隠さず, 公然と | оста́вить вопро́с -ым 問題を未解決のままにしておく[残しておく] | с -ыми глаза́ми はっきり自覚して, 明確に意識しながら

**откры́ть(ся)** [完] → открыва́ть(ся)

**отксе́рить** -рю, -ришь [完]《俗》<図》コピーする

*\***отку́да** [アトクーダ] [副] [where from, whence] ①《疑問》どこから: ~ вы прие́хали? どこからいらっしゃいましたか ②《関係詞》…から: Там, ~ я ро́дом, Хэллоуи́н не отмеча́ют. 私の故郷では, ハロウィンを祝わない ③《関係詞》どこから…なのか (★補語的従属文を導く): Я не мог поня́ть, ~ доноси́тся звук фортепиа́но. ピアノの音がどこから聞こえてくるのかわからなかった ④《感嘆》一体どうって: О~ ты э́то зна́ешь? どうしてそれを知っているの ◆ ~ ни возьми́сь《話》突然どこからか | ~ зна́ть どうしたらわかるだろう, 知る由もない | ~ я зна́ю [ты зна́ешь] 私[お前]が知っているわけない

*\***отку́да-либо** [副] = отку́да-нибудь

*\***отку́да-нибудь** [アトクーダニブチ] [副] (どこでもよい任意の)どこからか: Привези́ мне сувени́ры ~ из Евро́пы. ヨーロッパのどこからかお土産を持ってきて

*\***отку́да-то** [副] (はっきりしないが特定の)どこからか; ある所から: Он верну́лся ~ издалека́. 彼はどこか遠いところから戻ってきた

**о́ткуп** 複 -á [男1]《史》徴税委託(国家が私人に徴税を請け負わせること); 徴税委託を請け負う権利 ②身代金

**откупа́ть** [不完] / **откупи́ть** -уплю́, -у́пишь 受過 -у́пленный [完]《史》<図》①買い占める, 独占的な権利を買う ②金銭を払って自由の身にする, 〈義務・罰を〉金の力で免れさせる ∥ **~ся** [不完] / [完] ①《史》金銭を払って自由の身になる, お金の力で〈義務・罰を〉免れる ②《話》金銭を払って片を付ける

**отку́поривать** [不完] / **отку́порить** -рю, -ришь 命 -ри/-рь 受過 -ренный [完]《図》…の栓を抜く, 〈密封・密閉された物を〉開ける

**откупщи́к** -á [男2]《史》徴税委託(о́ткуп)の請負人

**отку́сывать** [不完] / **откуси́ть** -ушу́, -у́сишь 受過 -у́шенный [完] ①《図》[口] 噛み切る, 噛み取る, 噛みちぎる ②(ニッパーなどで)切り取る, 切り離す

**отл** [男1]《(学校・中学生)》(5段階評価の)5, 優(отли́чно) ②《述語》《若者》最高

**отла́вливать** [不完] / **отлови́ть** -овлю́, -о́вишь 受過 -о́вленный [完]《図》①捕獲する ②《完》《話》《無補語でも》捕獲[漁, 猟]を終える

**отлага́тельство** [中1] 延期, 引き延ばし: Не те́рпит отлага́тельств. 一刻の猶予もない

**отлага́ть** [不完] = отла́дывать②⑤

**отлага́ться** [不完] / **отложи́ться** -ожу́сь, -о́жишься [完] ①[地] 堆積する, 層をなす ②(記憶・心に)残る ③《受身》< отлага́ть

**отлакирова́ть** [完] = отлакирова́ть

**отла́мывать¹** [不完] / **отлома́ть** 受過 -о́манный [完]《俗》<図》〈長距離を〉進む, 通る

**отла́мывать²** [不完] / **отломи́ть** -омлю́, -о́мишь 受過 -о́мленный [完]《図》折り取る, 割り取る, もぎ取る ∥ **~ся** [不完] / [完] 折れて[割れて, 壊れて]取れる, もげる

**отлега́ть** [不完] / **отле́чь** -ля́жет, -ля́гут 命 -ля́г

過 -лёг, -леглá 能動 -лéгший 副分 -лёгши [完] 《от сéрдца, от души, на душé などと共に》у田 〜 楽になる, 痛み〈不安〉が去る

**отлёживать** [不完] / **отлежáть** -жу́, -жи́шь 過 -лёжанный [完] 〈圏〉 ① 長時間(不自然な体勢で)横 臥して〈体の一部を〉痺れさせる, 鬱血させる ② [完] 《話》 (ある期間) 病床で過ごす **// ~ся** [完] ① 《話》 (しばらく横になって元気を取り戻す ② (長期間置いておかれて) 熟する ③ 《不完》寝て待つ, 横になって待機する

**отлепля́ть** [不完] / **отлепи́ть** -еплю́, -éпишь 受過 -éпленный [完] 〈話〉〈園〉〈貼ってある物を〉取る, はがす **// ~ся** [完] (貼ってある物が) はがれる

**отлёт** [男1] 《< отлетáть》飛び去ること (飛行機の) 出発, 離陸 ◆**бы́ть на ~е** 《話》今出かけるところだ | 《жить》**на ~е** 《話》脇に, 少し離れた所に (住む) | **держáть на ~е** 伸ばした [体から少し離れた] 手に持つ | **держáться на ~е** 《話》他人と距離を置く

**отлетáть¹** 受過 -лéтанный [完] ① 飛び終える, 飛ぶのをやめる ② 《話》 (ある期間) 飛行士として過ごす, パイロットをする

**отлетáть²** [不完] / **отлетéть** -лечу́, -лети́шь [完] ① (ある距離を) 飛んで離れる ② 飛び去る, 飛び立つ ③ 《3人称》 消え去る ④ 跳ね返る, 跳ね飛ばされる ⑤ 《話》 はがれる, もげる

**отлéчь** [完] → отлегáть

**отли́в** [男1] ① < отливáть⑦ ② 引き潮 ③ 減少, 退潮 ④ 色合い, 色調

*  **отливáть** [不完] / **отли́ть** отолью́, отольёшь отлéй 過 отли́л, -и́л, -илá, отли́ло/-и́ло 受過 о́тлитый (-ит, -итá, -ито) / отли́тый (-и́т, -итá, и́то) [完] [pour off, pump out] ① 〈園〉 〈田〉 〈液体の一部を分けて〉出す, 注ぐ ② 汲み出す ③ 《無補語》 (水などが) 引く ④ 《話》 (水をかけて) 意識を取り戻させる, 正気に返す ⑤ 《俗》 (水をかけて) 追い払う ⑥ 《不完また 園》 鋳造する ⑦ 《不完》 〈园〉 (光に当たって) 〈色合いを〉帯びる ⑧ 《俗》 〈よんべんを〉[小便] する **// ~ся** [不完] 〔受身〕 **// отли́вка** 複生 -вок [女2] 〈 ②⑥

**отливнóй** [形2] 〈技〉鋳造の

**отлипáть** [不完] / **отли́пнуть** -нет -ни 過 -и́п, -и́пла [完] ① 《話》 はがれる ② 《俗》《от田》…から手を引く; …に言い寄るのをやめる: Надоéл ты мне, *отли́пни!* もういい加減にして

**отли́ть** [完] → отливáть

*  **отличáть** [不完] / **отличи́ть** [アトリチーチ] -чу́, -чи́шь 命 -чи́ 受過 -чённый (-чён, -ченá) [distinguish] 〈园〉 ① 見分ける: 〜 близнецо́в друг от друга 双子を見分ける ② 賞を与える: 〜 хрáброго солдáта 勇敢な戦士の栄誉を称える ③ 《不完》 際立たせる, 目立たせる, 特徴づける: Пéсни э́той гру́ппы *отлича́ет* мелоди́чность. このバンドの歌の特徴は美しい曲調だ ④ 《不完》 贔屓 (ひ) する, 特別扱いする: 〜 егó от други́х ученикóв 彼を他の生徒に比べて特別扱いする

**отличáться** [アトリチャーッツァ] [不完] / **отличи́ться** [アトリチーッツァ] -чу́сь, -чи́шься 命 -чи́сь [完] ① 秀でる, 目立つ, 抜きん出る ② 《話》とんでもない [物議を醸すような] ことをしでかす ③ 《不完》〈от田〉…という点で異なる, 相違する ④ 《不完》〈園〉 という点が特徴的だ, 優れている: 〜 умóм 知能が優れている ⑤ [完] 〔受身〕 < отличáть

*  **отли́чие** [アトリーチェ] [中5] [difference, distinction] ① 差異, 相違, 違い ② 功績, 手柄 ③ 優等, 賞: окóнчить с ~ием 優等な成績で卒業する ◆ **в ~ от** 田 …と違って ■ **зна́ки ~ия** 勲章

**отличи́тельный** [形1] ① 識別用の, 区別を可能にする ② 特徴的な

**отличи́ть(ся)** [完] → отличáть(ся)

**отли́чни|к** [男2] **/-ца** [女3] 優等生

*  **отли́чно** [アトリーチナ] [excellently] ① [副] 素晴らしく, 申し分なく: 〜 провести́ выходны́е 週末を気持ちよく [楽しく] 過ごす ② [無人述] 〈田にとって〉素晴らしい, 申し分ない: Как ва́ши делá? — О~! 「お元気ですか」「上々です」 ③ [助] 〈肯定・同意〉結構だ, よろしい: Давáйте встрéтимся зáвтра. Мóжет быть, в 9 (дéвять)? — О〜. 「明日お会いしましょう, 9時でもよろしいですか」「大丈夫です」 ④ 〈不変〉〈中〉 (成績の 優, 5段階評価の) 5点 (★ → хорошó 参考): на 〜 「優」の成績で

*  **отли́чн|ый** [アトリーチヌイ] 短 -чен, -чна [形1] 〔different, excellent〕 ① 〈от田〉異なる: мнéние, -ое от други́х 他人とは異なる意見 ② 素晴らしい, 申し分ない, 大変優れた: 〜 актёр 優れた俳優

**отлóв** [男1] 《< отлáвливать》捕獲

**отлови́ть** [完] → отлáвливать

**отлóгий** [形3] なだらかな, 傾斜が緩やかな

**отлóгость** [女10] 〈 < отлóгий〉 緩斜面

**отложéние** [中5] ① 《 生》 産卵 ② 〈地〉堆積 ③ (通例複) 堆積物, 蓄積物, 地層

**отложи́ть(ся)** [完] → откла́дывать, отлагáться

**отложнóй** [形2] (襟などが) 折り返しのできる

**отломáть** [完] → отлáмывать

**отломи́ть(ся)** [完] → отлáмывать²

**отлупи́ть(ся)** [完] → лупи́ть

**отлупцевáть** [完] → лупцевáть

**отлучáться** [不完] / **отлучи́ться** -чу́сь, -чи́шься [完] 〈от田〉 (しばらくの間) …から離れる, 別れる, 去る **// отлýчка** 複生 -чек [女2]: самовóльная 〜 〈軍〉無許可離隊, 無届外出

**отлы́нивать** [不完] 《俗》〈от田〉を避ける, 忌避する, さぼる

**отмáз** [男1], 《若者》**~ка** 複生 -зок [女2] 口実, 言い訳, アリバイ

**отмáзывать** [不完] / **отмáзать** -мáжу, -мáжешь [完] 〈隠〉〈园〉 ① 《若者》…の正しさを証明する, …を擁護する ② [完] 〈園〉 に借金を返済する **// ~ся** [不完] [完] 《若者・俗》正しさを証明する; (お金を払って) 苦情の申し立てを回避する, 言い逃れる

**отмáлчиваться** [不完] / **отмолчáться** -чу́сь, -чи́шься [完] 《話》答えずに黙っている

**отмáтывать** [不完] / **отмотáть** 受過 -óтанный [完] ① 〈园〉〈田〉巻き取る ② 〈园〉〈腕などを〉振って疲れさせる ③ 《園》労働通過

**отмáхивать¹** [不完] / **отмахáть¹** 受過 -мáханный [完] ① 《俗》〈园〉短時間で長距離を〉進む ② 《俗》〈くすに何かをやってのける

**отмáхивать²** [不完] / **отмахáть²** -машу́ / -махáю, -машешь / -махáешь [完] ① 《俗》を (ある時間) 振る ② 〈园〉振り回して疲れさせる ③ 〈园〉 振って〈园〉を知らせる; 〈旗・灯火を振って〉合図を出す ③ 《完 отмахну́ть -ну́, -нёшь 受過 -áхнутый》〈园〉 (振り回して) 追い払う

**отмáхиваться** [不完] / **отмахну́ться** -ну́сь, -нёшься [完] ① 《話》 振り払う ② 《園》〈от田〉 〈手を〉 (振って) 拒絶する ③ 《話》〈無補語 / от田〉 するのを拒否する, 無視する

**отмáчивать** [不完] / **отмочи́ть** -очу́, -óчишь 受過 -óченный [完] 〈园〉 ① 濡らしてはがす [取る] ② (水に漬けて) 塩抜きする, (濡らして) 柔らかくする ③ 《俗》突拍子もないことを言う, しでかす

**отмáшк|а** [女2] 敬礼; 作戦中止の合図: сдéлать -у 敬礼する | дáть -у 作戦中止の合図を送る

**отмежёвывать** [不完] / **отмежевáть** -жу́ю, -жу́ешь 過分 -жёванный [完] ① (境界線を引いて) 区分けする ② 切り離す, 他と区分する **// ~ся** [不完] / [完] ① (境界線を引いて) 自分の地所を仕切る ② 〈от

囲〉…から分離する, 独立する; …と縁を切る

**óтмель** [女10] 浅瀬

\***отмéн|а** [女1] [abolition, cancellation] 廃止, 取り消し, 中止, キャンセル, 解除: ~ пригово́ра 判決の取り消し ♦*в-у* 囲 を廃して, 改めて, …に代えて

**отмéнный** -енен, -éнна [形1] ① 大変素晴らしい, 並外れた, 特別な

\***отменя́ть** [不完] / **отмени́ть** -еню́, -éнишь 過 -нённый (-нён, -нена́) [完] [abolish] 〈囲〉廃止する, 取り消す, 撤回する, 解除する: ~ соревнова́ние из-за дождя́ 雨天のため試合を中止する ∥*~ся* [不完] [受身]

**отмере́ть** [完] → отмира́ть

**отмерза́ть** [不完] / **отмёрзнуть** -нет 過 -ёрз, -ёрзла [完] ①〈植物の一部が〉寒さで枯れる〈一部が〉②〈話〉寒さで麻痺する, 凍える

**отмéривать, отмеря́ть** [不完] / **отмéрить** -рю, -ришь 過-ренный [完] 〈囲〉① 測り分ける ②《話》(ある距離を)進む

**отмéстк|а** [女2] 《話》仕返し ♦*в-у* 囲 仕返しに

**отмета́ть** [不完] / **отмести́** -ету́, -етёшь 過 -мёл, -мела́ 能過 -мéтший 受過 -етённый (-тён, -тена́) 副分 -етя́ [完]〈囲〉① 掃いてどける, 掃別する ②〈不要な物〉を除去する, 排除する

**отметéлить** [完] → метéлить

**отмéтина** [女1] ① 目印 ② 跡, 痕跡 ③ (鳥・動物の)斑点

**отмéтить(ся)** [完] → отмеча́ть(ся)

\***отмéтк|а** 複生 -ток [女2] [mark, note] ① < отмеча́ть①-④⑦⑧; ~ да́льности 距離マーカー ② 印, 目盛; 記号: сдéлать ~*у* карандашо́м в кни́ге 本に鉛筆で書き込みをする (証明書などの)スタンプ, 記載事項 ④ 痕跡 ⑤ (学校の)成績, 評価, 評点 ⑥ 標高, 高度: крити́ческая ~ 危険水位

\***отмеча́ть** [アトミチャーチ] / **отмéтить** [アトミェーチチ] -éчу, -éтишь, ... -éтят 命 -éть 過 -éченный [完] [mark, point to, mention] ① 印を付ける: ~ на ка́рте 地図に目印をつける ② 示す, 表示する: ~ как прочи́танное 既読として表示する ③ 《受過》《囲》 … という特徴を与えられている, 特徴づけられている: Она́ отмéчена весну́шками. 彼女はそばかすが特徴的だ ④ 記入する, 記録する: ~ дни рожде́ния чле́нов семьи́ в календаре́ 家族の誕生日をカレンダーに記入する ⑤《話》(転出に際して)居住者名簿から除く ⑥ 注意を向ける, 気づく, 注目する, 指摘する ⑦ 称賛する, 表彰する: ~ успе́хи ученика́ 生徒の進歩を褒める ⑧ 祝う: ~ серéбряную сва́дьбу 銀婚式を祝う

\***отмеча́ться** [不完] / **отмéтиться** -ечусь, -етишься [完] ① 自分の名を名簿に載せる, 登録する: ~ в спи́ске докла́дчиков 発表者として登録する ②《話》(転出に際して)居住者名簿から外れる ③《不完》観測される, 認められる ④[完] [受身] < отмеча́ть

**отмира́|ть** [不完] / **отмере́ть** отомрёт, отомру́т 過 отмер, отмерла́, о́тмерло 能過 отмéрший 副分 отме́рев/отмéрши [完] ①〈植物・生物の一部が〉死ぬ, 枯れる ② なくなる, 消滅する ∥*-ние* [中5]

**отмобилизова́ть(ся)** [完] → мобилизова́ть(ся)

**отмока́ть** [不完] / **отмо́кнуть** -нет 命 -ни 過 -ок, -окла 能過 -кший 副分 -ув [完] ① 湿る, 湿れて柔らかくなる ② 濡れて取れる[はがれる]

**отмолча́ться** [完] → отма́лчиваться

**отмора́живать** [不完] / **отморо́зить** -ро́жу, -ро́зишь 受過 -ро́женный [完] 凍傷にさせる

**отмороже́ние** [中5] しもやけ, 凍傷

**отморо́женный** [形1] ① おかしな, 変な ② 《俗》図々しい, 厚かましい ③《俗・蔑》規則[権威]を認めない, 危険を恐れない, 無分別な, 無鉄砲な

**отморо́зок** [男2] 《若者・蔑》(しばしば乱暴で)頭が悪い[知的発達の遅い]人

**отмота́ть** [完] → отма́тывать

**отмочи́ть** [完] → отма́чивать

**отму́читься** -чусь, -чишься [完] 《話》苦しみ終わる, 苦しみが終わる

**отмыва́ние** [中5] 洗浄, 浄化 ■*~ де́нег* マネーロンダリング, 資金洗浄

**отмыва́ть** [不完] / **отмы́ть** -мо́ю, -мо́ешь 受過 -тый [完] 〈囲〉① 洗い流す, 洗い落とす, 洗ってきれいにする ②〈鉱〉洗鉱する ③ (流水で)洗い流す, 浸食して分離する ♦*~ де́ньги* マネーロンダリングをする ∥*отмы́вка* [女2] 《話》< ①②

**отмыва́ться** [不完] / **отмы́ться** -мо́юсь, -мо́ешься [完] ① 洗われて消える[きれいになる] ②〈鉱〉(洗鉱されて)不純物が洗い落とされる ③《完》《俗》(顔・体を)洗い終える, 洗うのをやめる ④ 正しさを証明する ⑤ [不完] [受身] < отмыва́ть

**отмыка́ть** [不完] / **отомкну́ть** -ну́, -нёшь 受過 -о́мкнутый [完] ①《囲》《話》〈錠などを〉開ける, 〈閉じられたものを〉開ける ②《話》〈部屋などを〉開けて解錠する, 外へ出してやる ③取り外す ∥*~ся* [不完] / [完] 《話》〈鍵のかかった・閉じられたものが〉開く

**отмы́ть(ся)** [完] → отмыва́ть(ся)

**отмы́чка** 複生 -чек [女2] 合鍵, (鍵開け用の)テンションレンチ, 鍵開け用工具

**отмяка́ть** [不完] / **отмя́кнуть** -ну, -нешь 命 -ни 過 -я́к, -я́кла 能過 -кший 副分 -кши [完] 《話》① 濡れて柔らかくなる ② 態度が和らぐ

**отнéкиваться** [不完] 断る, 拒否[否定]する

**отнесéние** [中5] < относи́ть③④⑤

**отнести́(сь)** [完] → относи́ть(ся)

\***отнима́ть** [不完] / **отня́ть** [アトニャーチ] -ниму́, -ни́мешь 命 -ними́ 過 отня́л/-я́л, -яла́, о́тняло/-я́ло 能過 -я́вший 受過 о́тнятый (-ят, -ята́, -ято) 副動 -я́в [完] [take (away)] ① 奪う, (無理やり)取る, 取り上げる: ~ де́ньги у 囲 …から金を奪う ②(力・時間など)奪う, 消耗させる: Учёба отнима́ет мно́го вре́мени. 勉強をするのに多くの時間がかかる ③ 去る, どける, 振り払う ④ 離乳させる ⑤《話》切断手術をする ⑥ [算 тр] 引く, 引き算する ♦*нельзя́ отня́ть* 囲 у 囲 〈…の資質を ~ が備えていることを〉認めないわけにはいかない

**отнима́ться** [不完] / **отня́ться** -ни́мется 過 -ялся́/-я́лся, -яла́сь, -яло́сь/-я́лось 能過 -я́вшийся 副分 -я́вшись [完] ① (体の一部が)麻痺する, 動かなくなる, 機能しなくなる ②《不完》[受身] < отнима́ть

**отно́с** [男1] 持って行くこと; 押し流す[吹き払う]こと

\***относи́тельно** [アトナシーチリナ] Ⅰ [副] [relatively, concerning] 比較的, 相対的に, 割と: ~ недо́рого 比較的高くない Ⅱ [前] <囲>…に関して (→о 囲又): мне́ние ~ глобализа́ции グローバリゼーションに関する見解

**относи́тельност|ь** [女10] 相対性 ■*тео́рия ~и* [理]相対性理論

\***относи́тельн|ый** 短 -лен, -льна [形1] [relative] ① 相対的 ② ある程度の, 若干の ③〈文法〉関係を表す: *-ое* местоиме́ние 関係代名詞 | *-ое* прилага́тельное 関係形容詞

\***относи́ть** [アトナシーチ] -ошу́, -о́сишь, ... -о́сят 命 -си́ [不完] / **отнести́** [アトニスチー] -су́, -сёшь 命 -си́ 過 -нёс, -несла́ 能過 -нёсший 受過 -сённый (-сён, -сена́) 副分 -еся́ [完] [take to, carry away] 〈囲〉① 運び届ける, 持って行く: ~ посы́лку на по́чту 郵便局へ小包を持っていく ② 引き離す, 場所を移す, どける: ~ огра́ду на 10 (де́сять) ме́тров да́льше 垣を10メートル先へ移す ③ 《水・風など》が押し流す,吹き払う ④ 《к 即》…に分類する,結びつける,…とみなす,…のせいだと考える: Нахо́дку *отнесли́* к V (пя́тому) ве́ку. 発見物は5世紀のものであると判断された ⑤ 延期する: … — экза́мен на ию́нь 試験日を6月に延期する ⑥ 《俗》切り落とす

*относи́ться [アトナシーッツァ] -ошу́сь, -о́сишься, … -о́сятся 命 -си́сь [不完] / отнести́сь [アトニスチーシ] -сусь, -сёшься 命 -си́сь 過 -нёсся, -несла́сь 能過 -нёсшийся 副分 -ня́сь [即] [treat, regard] 《к 即》 ① …に対して…という態度をとる,(ある態度で)受け止める ② 《不完》…に分類される,範囲に入る,属する ③ 《不完》関係する,…に向わされる ④ 《不完》…と対比[相関]関係にある ⑤ 《不完》《受身》 < относи́ть

относя́щийся [形6] 《к 即》に関係がある,属する

*отноше́н|ие [アトナシェーニェ] [中5] [attitude, relation] ① 態度,(何かに対する)姿勢,接し方,見方: хала́тное ~ (к …) 《複》加減な態度 ② 《複》関係: -ия ме́жду Росси́ей и Япо́нией 日露関係 ③ 関連,結びつき: име́ть ~ к 即 …と関係がある ④ 相互関係 ⑤ 《複》比: в прямо́м [обра́тном] -ии 正比[逆比,反比] ⑥ 公文書 ◆в -иях = по -ию к 即 …に対して | в э́том -ии = во всех -иях あらゆる点で

отны́не [副] 《文》今後 ◆~ и наве́ки [до ве́ка] 未来永劫,永遠に

*отню́дь [アトニューヂ] [not at all] ① [副] 《否定語の前で》決して,全然(…ない): ~ не похо́ж на слона́ 全く象には似ていない ② [間] 《話》全く違う,とんでもない: Ты оптими́ст, наве́рное? — О~ нет. 「君は楽天家だね」「全然違うよ」| Ты разочаро́вана? — О~! 「がっかりした」「そんなことないよ」

отня́тие [中5] 《文》< отнима́ть①③

отня́ть(ся) [完] → отнима́ть(ся)

ото, ото.. → от, от..

отобе́дать [完] ① 昼食を終える ② 昼食を共にする

отобража́ть [不完] / отобрази́ть -ажу́, -ази́шь 受過 -ажённый (-жён, -жена́) [即] 《書》 ① (わかりやすく)示す,再現する,描く ②(作品中に)表す,表現する,描き出す

отображе́ние [中5] ① < отобража́ть ② 表現[再現]されたもの,形象

отобра́ние [中5] < отбира́ть① 没収; 横領

отобра́ть [完] → отбира́ть

отова́ривать [不完] / отова́рить -рю, -ришь 受過 -ренный [完] 《即》《商》商品を渡す,(商品券・配給券などに)商品を換える

*отовсю́ду [アタフシュードゥ] [副] [from everywhere] あらゆる所から,あちこちから,四方八方から: О~ зазвуча́ли аплодисме́нты. あちこちから拍手が起きた

отогна́ть [完] → отгоня́ть

отогну́ть(ся) [完] → отгиба́ть

отогрева́ть [不完] / отогре́ть 受過 -тый [完] 《即》 ① 温め直す,《冷めた物を》温める ② (愛情・優しさなどで)心を暖める //-ся [不完] / [完] 《話》冷えた体・心を,温かさを取り戻す

отодвига́ть [不完] / отодви́нуть -ну, -нешь 受過 -тый [完] 《即》 ① 押しやる,少し(脇へ)動かす ② 《錠などを》開ける,《引きだを》開ける ③ 《話》押しのける ④ 後回しにする,脇役に追いやる ⑤ 《話》延期する //-ся [不完] / [完] ① その場から動く,離れる,脇へ寄る,遠ざかる ② 《話》延期になる,先延ばしになる ③ 《話》重要でなくなる,気にならなくなる

отодра́ть(ся) [完] → отдира́ть

отождествля́ть [不完] / отождестви́ть -влю́, -ви́шь 受過 -влённый (-лён, -лена́) [完] 《即》同一視する,同じものとみなす

отозва́ние [中5] < отзыва́ть① 呼び戻すこと,召還

отозва́ть(ся) [完] → отзыва́ть(ся)

отойти́ [完] → отходи́ть①

оториноларинго́лог [男2] 耳鼻咽喉科専門医

оториноларинголо́г|ия [女9] 耳鼻咽喉科学
//-и́ческий [形3]

отомкну́ть(ся) [完] → отмыка́ть

отомсти́ть [完] → мсти́ть

отопи́тельный [形1] 暖房の,暖房用の

отопи́ть [完] → ота́пливать

*отопле́н|ие [中5] [heating] ① 暖房(すること): -ие жилы́х помеще́ний 住空間の暖房 ② 暖房設備[装置]: систе́ма центра́льного –ия セントラルヒーティング[集中暖房]システム; расхо́ды на ~ 暖房費

отора́чивать [不完] / оторочи́ть -чу́, -чи́шь 受過 -о́ченный [完] 《即》(布・毛皮・革で)縁取りをする

отор|ва́ [女1] 《俗》荒々しい[乱暴な]女性; 快活な[きっぱりとした性格の]女性

отор́ванность [女10] 断絶,隔絶,孤立

отор́ванный [形1] 《若者》良識のない,自由奔放な,自由気ままな

оторва́ть(ся) [完] → отрыва́ть¹(ся²)

оторопе́лый [形1] 《話》呆然とした,あっけにとられた,慌てた,まごついた

оторопе́ть [完] 《話》呆然とする,あっけにとられる,慌てる,まごつく

о́торопь [女10] 《話》呆然とすること,あっけにとられること,大慌て,まごつき

оторочи́ть [完] → отора́чивать

оторо́чка 複生 -чек [女2] (服・靴の)縁取り

отосла́ть [完] → отсыла́ть

отоспа́ться [完] → отсыпа́ться²

отоща́лый [形1] 《話》やつれた,痩せ細った

отоща́ть [完] → тоща́ть

отпа́|д [男1] 《若者》称賛に値する[感動的な]もの[こと] ② [間] 超すごい,わぉ; 《度》最悪,マジムカつく,うぜー ◆быть в ~е 驚嘆する

отпа́|сть [完] / отпа́сть -аду́, -адёшь 過 -а́л 能過 -а́вший 副分 -а́в [即] ① はがれ落ちる,とれる,(実・種が)落ちる,散る ② 脱落する,離脱する ③ 力[意義]を失う,消える,なくなる ④ 《若者・称賛》驚く,感動する,感動する // отпаде́ние [中5]

отпа́дный [形1] 《若者》感動的な,感銘を与える

отпа́ивать¹ / отпо́ить -ою́, -о́ишь/-ои́шь 命 -ой 受過 -о́енный [完] 《即》 ① (乳などを)飲ませて育てる,(牛乳・馬乳酒などを)飲ませて元気にする,健康を回復させる ② (飲み薬・飲み物で)病気を治す ③ 《話》飲ませるのをやめる

отпа́ивать² [不完] / отпа́ять -а́янный [完] 《即》《はんだ付けした物を》熱して取る[はがす] //-ся [不完] / [完] ① (はんだ付けしたものが)熱によって取れる[はがれる] ② 《不完》《受身》

отпа́ривать [不完] / отпа́рить -рю, -ришь 受過 -ренный [完] 《即》 ① 蒸気にあてる; スチームアイロンをかける ② 蒸気をあててゆがむ

отпари́ровать → пари́ровать

отпа́рить [完] → отпа́ривать

отпа́рывать [不完] / отпоро́ть -орю́, -о́решь 受過 -о́ротый [完] 《即》(縫い目を解いて)切り離す,取り外す //-ся [不完] / [完] ① (縫い目がほどけて)取れる,外れる ② 《不完》《受身》

отпа́сть [完] → отпада́ть

отпая́ть(ся) [完] → отпа́ивать²

отпаха́ть [完] → отпа́хивать -пашу́, -па́шешь 受過 -па́ханный [完] 《話》《無補語》耕し終える: つらい仕事を終える,困難な作戦を完了させる

отпева́ние [中5] 教会で弔うこと,教会葬

отпева́ть [不完] / отпе́ть -пою́, -поёшь 受過

**отпере́ть(ся)**

-тый [完] ①《完》歌い終える, 歌うのをやめる ②《转》《歌》を歌ってしまう, 歌い尽くす ③《完》《打った礼拝を》執り行う ④教会で弔う, 教会葬を行う

**отпере́ть(ся)** [完] →отпира́ть(ся¹,²)

**отпе́тый** [形1] ①《完》どうしようもない, 絶望的な ②《转》無鉄砲な, むこうみずな ③《話》死んだ, 駄目になった, 終わった

**отпе́ть** [完] →отпева́ть

**отпеча́тать(ся)** [完] →отпеча́тывать(ся)

*отпеча́ток -тка [男2] [imprint] ①跡, 痕跡: песо́к с *-ками* но́г 足跡の残った砂 ②(写真の)プリント, 印画: чёрно-бе́лый [цветно́й] ~ 白黒[カラー]プリント | сде́лать два *-ка* 2枚プリントする ③《转》痕跡, 特徴, 印影, 名残り: ~ гру́сти на лице́ 顔に残った悲しみの跡 | оста́вить ~ на хара́ктере челове́ка 人の性格に影響を残す

*отпеча́тывать [不完] / отпеча́тать 受過-танный [print (off), imprint] [完] ①印刷する, タイプ打ちする, (パソコンで)プリントアウトする, 写真をプリントする ②《完》《无補語》印刷し終える, 印刷をやめる ③開封する, 封印を解く ④《痕跡を》残す ⑤《俗》《无/無補語》きっぱりと言う, 明言する

**отпеча́тываться** [不完] / **отпеча́таться** [完] ①自らの痕跡を残す ②表に出る, 表れる ③《心・記憶に》刻み込まれる ④《不完》《受身》< отпеча́тывать)

**отпива́ть** [不完] / **отпи́ть** отопью́, отопьёшь от отпе́й 過 о́тпил/-и́л, -ила́, о́тпило/-и́ло 能過-и́вший 受過о́тпитый (-ит, -ита́, -ито) /отпи́тый 副分 -и́в(ши) [完] ①《完》少し飲む, 一部を飲む ②《完》《无/無補語》飲み終える, 飲むのをやめる

**отпи́ливать** [不完] / **отпили́ть** -илю́, -и́лишь 受過-и́ленный [完] 《折》(のこぎりで)切り落とす, 切り取る, 切り離す

**отпира́ть** [不完] / **отпере́ть** отопру́, отопрёшь 過 о́тпер, отперла́, о́тперло 能過 -пе́рший 受過 о́тпертый (-ерт, -ерта́, -ерто) 副分 -пе́рев[-ши] 《折》 ①《鍵などを》外す, 開ける, 《鍵のかかった物を》開ける ②《話》《部屋などを》開けて中へ入れる[外へ出して]やる

**отпира́ться¹** [不完] / **отпере́ться¹** отопрётся 過 -ерся́, -ерла́сь 能過 о́тпершийся 副分 отпе́ршись [完] ①《鍵・錠のかかった物が》開く ②《話》《鍵のかかった部屋を中から開けて》入れるようにする ③《受身》 < отпира́ть

**отпира́ться²** [不完] / **отпере́ться²** отопру́сь, отопрёшься -пёрся́, -пёрла́сь 能過 -пе́ршийся 副分 -пе́ршись [完] 《話》否認する, 認めない

**отписа́ть(ся)** [完] →отпи́сывать(ся)

**отпи́ска** 複生 -сок [女2] ①《蔑》形だけの回答 ②脱退, 退会

**отпи́сывать** [不完] / **отписа́ть** -ишу́, -и́шешь 受過-и́санный [完] 《俗》《折/無補語》手紙で知らせる

**отпи́сываться** [不完] / **отписа́ться** -ишу́сь, -и́шешься [完] ①《話》《コン》《от电》を脱退[退会]する ②形式的な回答をする ③《不完》《受身》< отпи́сывать

**отпи́ть** [完] →отпива́ть

**отпи́хивать** [不完] / **отпихну́ть** -ну́, -нёшь 受過 -и́хнутый [完] 《話》《折》ぐいと押しやる, 押して[突いて]動かす **// ~ся** [不完] / [完] 《話》 ①押して[突いて]離れる ②《折》《受身》

**отпла́чивать** [不完] / **отплати́ть** -ачу́, -а́тишь 受過 -а́ченный [完] 《кому́に対して》《чем》① お返しをする, 報いる, 返礼する ② 報復[復讐]する **// отпла́та** [女1]

**отплёвывать** [不完] / **отплю́нуть** -ну, -нешь

**отплёвываться** [不完] / **отплю́нуться** -нусь, -нешься [完] ①《折》《口の中の異物をぺっと吐く ②唾を吐く ③《不完》(不満・嫌悪で)唾を吐く

**отплыва́ть** [不完] / **отплы́ть** -ыву́, -ывёшь 過 -ы́л, -ыла́, -ы́ло [完] ①泳いで[船に乗って]出航する, 船で出発する **// отплы́тие** [中5]

**отплю́нуть(ся)** [完] →отплёвывать(ся)

**отпляса́ть** [完] -яшу́, -я́шешь 受過 -я́санный [完] 《話》《折》《完》《ある踊りを》踊り始める, 踊ってしまう ②《完》踊りを終える ③踊りによって《足などを》疲れさせる ④《不完》踊る

**о́тповедь** [女10] 反論, 反駁

**отпои́ть** [完] →отпа́ивать

**отполза́ть** [不完] / **отползти́** -зу́, -зёшь 過 -о́лз, -олзла́ [完] 這って離れる, 這って遠ざかる

**отполирова́ть** [完] →полирова́ть

**отпо́р** [男1] 反撃, 反抗, 抵抗

**отпоро́ть(ся)** [完] →отпа́рывать

**отпотева́ть** [不完] / **отпоте́ть** [完] 《話》(ガラスなどが)曇る, 汗をかく

**отпочко́вываться** [不完] / **отпочкова́ться** -ку́ется [完] ①《生》(植物・下等生物が)出芽する; 分裂繁殖する ②分離して生じる, 派生する **// -ние** [中5]

**отправи́тель** [男5] 差出人, 発送者, 発信者

**отпра́вить(ся)** [完] →отправля́ть(ся)

*отпра́вк|а 複生 -вок [女2] [sending off] ①発送; (メールなどの)送信; 派遣; 出発; 発車: програ́мма для *-и* электро́нных сообще́ний 電子メール送信用プログラム | да́та *-и* 発送[送信]日時 | произвести́ *-у* гру́за 積荷を発送する

**отправле́ние** [中5] ①《折》①発送する, 発信する ②《公》郵便物 ③《複》(生体器官などの)機能, 活動

*отправля́ть [アトプラヴリャーチ] [不完] / **отпра́вить** [アトプラーヴィチ] -влю, -вишь, ...-вят 命 -вь 受過 -вленный [完] [send (off), mail] 《折》 ①発送する, 発信する, 送る: ~ письмо́ 手紙を送る ②派遣する, 《人を》行かせる: ~ сотру́дника в командиро́вку 職員を出張に行かせる ③《完》出発させる, 発車させる: ~ по́езд 列車を発車させる ④《公》実行する, 遂行する: ~ слу́жбу 職務を遂行する **◆~ в рот** 口の中へ入れる | ~ «**на то́т свет**» [**к праотца́м**] 殺す, あの世へ送る

*отправля́ться [アトプラヴリャーッツァ] [不完] / **отпра́виться** [アトプラーヴィッツァ] -влюсь, -вишься, ...-вятся 命 -вься [完] [set out, depart] ①出発する, 出かける: ~ в путеше́ствие 旅行に出発する ②発車する: По́езд *отпра́вился*. 電車が発車した ③《不完》《от电》…を議論の出発点にする, …に立脚する: ~ от первоисто́чника 本源に立脚する ④《不完》《受身》< отправля́ть

**отправно́й** [形2] ①出発の, 発送の, 発送が行われる ②起点[出発点]となる

**отпра́здновать** [完] →пра́здновать

**отпра́шиваться** [不完] / **отпроси́ться** -ошу́сь, -о́сишься 《у电に》お願いして出かける許可をもらう, 帰宅[休暇]の許しを得る

**отпрессова́ть** [完] →прессова́ть

**отпры́гивать** [不完] / **отпры́гнуть** -ну, -нешь 命 -ни [完] ①《折》飛び跳ねてよける ②《話》跳ね返る, ぶつかって跳ね返される

**о́тпрыск** [男2] ひこばえ(根や切り株に生える若芽)

**отпряга́ть** [不完] / **отпря́чь** -ягу́, -яжёшь, ... -ягу́т 命 -яги́ 過 -я́г, -ягла́ 能過 -я́гший 受過 -яжённый (-жён, -жена́) /-я́гши [完] 《折》 ①《馬を》馬車から外す ②《馬車の》馬を外す

**отпря́нуть** -ну, -нешь [完] ぱっと飛びのく

**отпу́гивать** [不完] / **отпугну́ть** -ну́, -нёшь 受過 -у́гнутый [完] 《折》 ①驚かせて[脅して]追い払う ②

(言動などを)おじけづかせる, 遠ざける

**о́тпуск** [オートプスク] 前 об -е, в -е/-у́ 複 -а́ [男2] [leave, vacation] ①(社会人の)休暇: ле́тний [очередно́й] ~ 夏季[定期]休暇 | ~ за свой счёт 無給休暇 | взять ~ на неде́лю 1週間の休暇をとる | проводи́ть ~ с ребёнком 休暇を子どもと過ごす | академи́ческий ~ 休学(акад́ем) ② <отпуска́ть⑤⑨⑫

**отпуска́ть** [アトプスカーチ] [不完] / **отпусти́ть** [アトプスチーチ] -ущу́, -у́стишь, ...-у́стят 過 -ти́л 受過 -у́щенный [完] [let go, set free] 〈俎〉①行くことを許す, 帰らせる: ~ го́рничную ме́йду を帰らせる | ~ пора́ньше с рабо́ты 早退を許可する ②自由にする, 解放する, 解き放つ: ~ заключённого 囚人を解放する ③(つかんでいるものを)放す: ~ меду́зу обра́тно в мо́ре クラゲを海に戻してあげる ④緩める: ~ по́яс ベルトを緩める ⑤《話》《無人称でも》〈俎〉《無補語》(痛みが)和らぐ: Боль немно́го отпусти́ла. 少し痛みが和らいだ ⑥《無人称でも》(寒さが)和らぐ: На у́лице отпусти́ло, ста́ло потепле́е. 寒さも和らいで少し暖かくなった ⑦〈俎〉(ひげ・爪などを)伸ばす ⑧支給する, (品物を)渡す ⑨《話》《意外・辛辣・ぶしつけなことを》口に出す: ~ комплиме́нты お世辞を言う, ほめる | ~ остро́ты 冗談を飛ばす ⑩〈刃物を〉研ぐ ⑪〈治〉〈鋼を〉焼き戻す ⑫《宗》〈罪を〉赦(ゅ)す **// ~ся** [完] [受身]

**отпускни́к** -а́ [男2] 休暇中の人

**отпускн|о́й** [形2] ①休暇の ②《複》《話》年休分の手当 ③《商》(価格が)製品引き渡し時点での: -а́я цена́ 《経》売価, 販売価格

**отпусти́ть** [完] →отпуска́ть

**отпуще́ние** [中5] 赦し; 赦免: ~ грехо́в 《教会》罪の赦し, 赦免 | козёл -ния 《話》身代わり; 贖罪のヤギ

*отраба́тывать [不完] / **отрабо́тать** 受過 -танный [work off] 〈俎〉〈無補語〉〈借りを〉労働で埋め合わせる, 働いて返す ②《ある時間・期間》働く: ~ де́сять лет на фа́брике 工場で10年間働き通す ③《完》仕事を終える; (老齢まで働いた後)仕事をやめる ④《話》仕上げる, 完成させる ⑤練習して上手になる, 熟達する **// ~ся** [完]

**отрабо́танный** [形1] 〈技〉使用済みの, 廃物の
**отрабо́тк|а** 複生 -ток [女2] ①働いて埋め合わせること, 返済 ②仕上げ ③上達, 習熟 **// отрабо́точный** [形1] <①

**отра́ва** [女1] 毒, 毒物, 有毒物質; 《俗》まずい[体に悪い]食べ物
**отрави́тель** [男5] / **~ница** [女3] 毒殺者, 毒[害]を与える者

*отравля́ть [不完] / **отрави́ть** -авлю́, -а́вишь 受過 -а́вленный [poison] 〈俎〉①毒殺する ②毒を与える ③毒となる ④害する, 損なう **// ~ся** [不完] / [完] ①服毒自殺する ②毒にあたる; 中毒死する ③《不完》[受身] **// отравле́ние** [中5]: пищево́е ~ 食中毒

**отравля́ющий** [形1] 有毒の, 毒性の: боевы́е -ие вещества́ 化学兵器

**отра́да** [女1] ①喜び, 楽しみ ②喜び[満足]を与えてくれる物[人]
**отра́дн|ый** 短 -ден, -дна [形1] 喜ばしい, うれしい **// -о** [副]

**отража́тель** [男5] (光・熱・電磁波などの)反射装置, 反射器 **// -ный** [形1]

*отража́ть [アトラジャーチ] [不完] / **отрази́ть** [アトラジーチ] -ажу́, -ази́шь, ...-азя́т 受過 -ажённый (-жён, -жена́) [repel, reflect] 〈俎〉①反撃[撃退]する, 反論[反駁]する: ~ нападе́ние 攻撃に反撃する ②反射させる: Вода́ отража́ет не́бо. 水面が空を反射している ③反映させる: ~ обще́ственное мне́ние 世論を反映する ④(芸術作品の中に)投影する, 映し出す

**отража́|ться / отрази́ться** -ажу́сь, -ази́шься 受 ①(光・音などが)当たっては返る, 反射する ②映る ③(感情などが)表れる ④〈на俎〉に影響を及ぼす **// 〔不完〕**[受身] <отража́ть

*отраже́ние [中5] [reflection] ①<отража́ть(ся) ②(水・鏡面などに映った)像, 姿, 影 ③反映, 投影, 影響, 再現: ~ эпо́хи в рома́не 小説における時代の反映 ④《軍》反撃

**отрази́ть(ся)** [完] →отража́ть(ся)
**отрапортова́ть** [完] →рапортова́ть
**о́трасл|ь** -и 複 -и, -ей/-ёй [女10] [branch] 部門, 分野: электроэнергети́ческая ~ 電力部門 **// -ево́й** [形2]

**отрасти́** [完] / **отрасти́** -тёт 過 -ро́с, -росла́ [完] (ある程度)伸びる; (髪・爪・植物が, 切った後)また伸びる

**отра́щива|ть** [不完] / **отрасти́ть** -ащу́, -асти́шь 受過 -ащённый (-щён, -щена́) [完] 〈俎〉(ある程度)伸ばす, 生やす **// -ние** [中5]

**отреаги́ровать** [完] →реаги́ровать
**отре́бье** [中4] 《集合》(社会の)屑
**отрегули́ровать** [完] →регули́ровать
**отредакти́ровать** [完] →редакти́ровать
**отре́з** [男1] ①<отреза́ть①② ②布地, (洋服の)生地 ③切り口, 断面

*отреза́ть [アトリェザーチ] [不完] / **отре́зать** [アトリェーザチ] -е́жу, -е́жешь 命 -е́жь 受過 -анный [完] [cut off] 〈俎〉①切り取る, 切り離す, 切断する: ~ кусо́к хле́ба パンを一切れ切る ②〈俎/俎〉〈土地を〉区分けする, 分割する: ~ зе́млю у крестья́н 農家から土地を分割する ③分断する ④遮断する: ~ доро́гу 道を遮断する ⑤《不完》[無補語](話を打ち切るように)ぶっきらぼうに答える: как ножо́м ~ ぶっきらぼうに言う, にべもなく断る ◆как отре́зало ぱったりと連絡が途絶えた | сказа́л как отре́зал とどめの言葉を浴びせる | Семь раз отме́рь, оди́н раз отре́жь. 《諺》実行する前に熟考せよ, 念には念を入れよ **// ~ся** [不完] [受身]

**отрезве́ть** [完] →трезве́ть
**отрезвля́ть** [不完] / **отрезви́ть** -влю́, -ви́шь 受過 -влённый (-лён, -лена́) [完] 〈俎〉①酔いをさます ②正気に戻す **// ~ся** [完] ①酔いがさめる ②正気に戻る ③《不完》[受身] **// отрезвле́ние** [中5]

**отрезно́й** [形2] ①切り取り式の, 切り取れる ②(服地が)切り替えの ③切断用の

*отре́з|ок -зка [男2] [piece, cut, section] (時間・空間の)一部分, 一区切り; 線分: ~ ли́нии 線分 | коро́ткий ~ вре́мени ある一区切りの短い時間 | длина́ -ка пути́ (鉄道・道路の)1区間の長さ

**отрека́ться** [不完] / **отре́чься** -еку́сь, -ечёшься, ..., -еку́тся -еку́сь 過 -рёкся, -рекла́сь -ре́кшийся 副分 -ре́кшись 〈от俎〉①…を否認する, (自分の言動などを)認めない ②…を拒否する, 放棄する ③…との縁を切る

**отрекомендова́ть(ся)** [完] →рекомендова́ть(ся)
**отремонти́ровать** [完] →ремонти́ровать
**отрепети́ровать** [完] →репети́ровать
**отре́пье** [中4] 《集合》ぼろ着
**отре́пья** -ьев [複] = отре́пье
**отреставри́ровать** [完] →реставри́ровать
**отретуши́ровать** [完] →ретуши́ровать
**отрецензи́ровать** [完] →рецензи́ровать
**отрече́ние** [中5] 否認, 否定; 拒否, 放棄; 絶縁
**отре́чься** [完] →отрека́ться
**отреша́ть** [不完] / **отреши́ть** -шу́, -ши́шь 受過

-шённый (-шён, -шена́) [完] 《文》《団》① 解放する ② 縁を断つ，遊離させる ③ 解雇する，免職する **∥-ся** [不完] 《文》《от団》①…から自由になる，免れる，…を捨て去る ② 〔受身〕 ←①③ **/отрешéние** [中5]

**отрешённость** [女10] 《文》忘我状態，うわの空

**отреши́ть(ся)** [完] →отрешáть

**отрицáние** [中5] ① 否定，否認 ② 否定物，反証 ③ 〔哲・言〕否定 ④ 〔文法〕否定詞

\***отрицáтельн|ый** [アトリツァーチリヌィ] 短 -лен, -льна [形1] 〔negative〕 ① 否定を示す［意味する］: ~ ответ 否定的な回答 ② 反対の，批判的な，認めない: -ое отношéние 否定的な態度　③ よくない，非難［否定］されるべき: -ое воздéйствие на общéство 社会への好ましくない影響　④ 予想に反した，ネガティブな，望ましくない: ~ результáт 〔長尾〕否定的結果　⑤ 〔論〕否定概念に基づく，否定による　⑥ 〔長尾〕〔数・理〕マイナスの，負の，陰極の ■-ое предложéние【местоимéние, нарéчие】〔文法〕否定文【代名詞，副詞】 **∥-ая части́ца** 〔文法〕否定辞，否定小詞 **∥-о** [副] **∥-ость** [女10] ←①②⑥

\***отрицáть** [不完] 〔deny, disclaim〕 ① 〔団〕что団/無補語〉否定［否認］する: ~ вино́вность 〔法〕無罪を申し立てる　② 〔団〕…の価値［意義，必要性］を認めない，否定する **∥-ся** [受身]

**отро́г** [男2] 〔地質〕山の支脈，尾根

**о́троду** [副] 〔話〕〈否定文で〉生涯に一度も(…する)

**отро́дье** [中4] ① 〔話・蔑〕子孫，末裔 ② 〔農〕〈家畜の〉変種

**отродя́сь** [副] 〔俗〕= о́троду

**отро́ст|ок** -тка [男2] ① 〔植〕脇芽，側芽 ② 〔解〕突起；垂 ③ 〔技〕分岐，岐路

**о́троче|ство** [中1] 少年時代 **∥-ский** [形3]

**отру́б** [男1] ① (木の)切り口 ② 〔若者〕熟睡；気絶；披露困憊；〔記憶喪失を伴う〕酩酊 ◆**быть в ~е** 熟睡する；披露困憊する；酩酊する: ひどく感情的になる

**отруба́ть** [不完] **/отруби́ть** -ублю́, -у́бишь 受過 -у́бленный [完] 〔団〕① 切り取る，切り落とす ② 〔話〕〈団/無補語〉短く［ぶっきらぼうに］言う ③ 〔完〕〔俗〕電源を切る; 強くぶっ倒す; 気絶させる **∥~ся** [不完] / [完] 〔俗〕① 深い眠りに落ちる ② 気を失う (ろれつが回らない，舌がもつれて)，黙る(?) ③ [完] →руба́ться

**о́труб|и -éй** [複] 糠，麩(ふすま) **∥-ный** [形1]

**отруби́ть** [完] →отруба́ть

**отруга́ть** [完] →руга́ть

**отру́ливать** [不完] **/отрули́ть** -лю́, -ли́шь [完] ① 〔団〕〈飛行機を〉地上滑走して移動させる ② (飛行機が)地上滑走して移動する

**отры́в** [男1] ひきはがすこと，はぎとること: ли́ния ~а 切り取り線 ② 疎外，疎遠，孤立 **быть в ~е от** 〔若者〕楽しんでいる時，自由でアクティブな余暇 ◆**без ~а от произво́дства** 仕事を続けながら，働きながら **| уйти́ в ~ = быть в ~е** 〔若者〕リラックスする，楽しく過ごす，満足する ■**~ земли́** 〔航空〕離陸

\***отрыва́ть**[1] [アトルィヴァーチ] [不完] **/оторва́ть** [アタルヴァーチ] -ву́, -вёшь 命 -ви́ 過 -а́л, -ала́, -а́ло 受過 -о́рванный [完] 〔tear off〕 ① 〔団〕〈もぎ，破り〉取る，引きちぎる ② 〔無人称〕〈爆発・事故などで〉〈体の一部を〉もぎ取る ③ 〈от団〉から引き離す，どかす; 注意をそらす，邪魔する: ~ ру́ки от руля́ ハンドルから手を離す / Извини́, что оторва́л тебя́ от рабо́ты. 仕事の邪魔してごめんよ ④ 〈団〉**в от**〔団〕から〉〈目線・考えを〉離す，逸らす: ~ взгляд от лица́ собесе́дника 相手の顔から視線を逸らす | ~ мы́сли от рабо́ты 作業のことを考えるのをやめる ⑤ 〈от団〉から〉引き離す，絶縁させる，別れさせる，隔絶〔孤立〕させる: ~ дете́й от отца́ 子どもたちを父親から引き離す ⑤ 〔完〕〔俗・粗〕手に入れる，思いがけず買う: ~ биле́т チケットをゲットする ◆**~ от себя́** 我が身を削る，大事なものを他人に譲る **∥ с рука́ми ~** 〔俗・粗〕先を争うようにして手に入れる

**отрыва́ть**[2] [不完] **/отры́ть** -ро́ю, -ро́ешь 受過 -тый [完] ① 掘り出す ② 〔話〕見つけ出す ③〔軍〕（塹壕などを）〔団〕掘削する **∥~ся**[1] [不完] / [完] 〔受身〕

\***отрыва́ться**[2] [不完] **/оторва́ться** -ву́сь, -вёшься 過 -а́лся, -ала́сь, -ало́сь/-а́лось [完] 〔come off, be taken off〕 ① もぎとる，もぎ取れる: Пу́говица **оторвала́сь**. ボタンがとれた ② 離れる，遠ざかる ③ 絶縁する，隔絶される，疎遠になる，孤立する，遊離する: ~ от реа́льности 現実逃避する ④ やめる，目を離す ⑤ 〔若者〕満足する，楽しいひと時を過ごす ⑥ 〔不完〕〔受身〕 < отрыва́ть[1]

**отры́вистый** 短 -ист [形1] 〔音が〕鋭く断続的な，(話し方が)途切れ途切れの

**отрывно́й** [形2] はぎ取り式の，切り取り式の

\***отры́вок** -вка [男2] 〔fragment〕 ① (文学・音楽作品の)断片，一節，抜粋: чита́ть ~ из Би́блии 聖書からの一節を読む | привести́ ~ свое́й статьи́ 自分の論文の一部を引用する ② 〔複〕一部，部分: -ки разгово́ра 話の断片

**отры́вочный** 短 -чен, -чна [形1] ① 断片的な，ばらばらの ② 途切れ途切れな，断続的な

**отры́гивать** [不完] **/отрыгну́ть** -ну́, -нёшь 過 -ы́гнутый [完] 〈団/圓〉げっぷして 吐き出す **∥~ся** [不完] / [完] 〔無人称で〕①げっぷが出る ②〔俗〕〔団〕が悪い結果を招く，報いを受ける

**отры́жка** 複生 -жек [女2] ①げっぷ ②〔話〕かす

**отры́ть** [完] →отрыва́ть[2]

**отря́д** [アトリャート] [男1] 〔brigard, detachment〕 ①〔団〕(軍の)部隊，分遣(艦)隊: партиза́нский ~ パルチザン部隊 | деса́нтный [пограни́чный] ~ 空挺〔国境〕部隊 | сво́дный ~ 混成部隊 | ~ осо́бого назначе́ния 特殊部隊 ② 班，グループ，団，隊: студе́нческий ~ 学徒隊 | геологоразве́дочный ~ 地質調査団 ③〔動・生〕目(もく): ~ грызуно́в 〔хи́щных, орли́ных〕 〔動〕齧歯(げっし)目〔食肉目，鱗翅(りんし)目〕 **∥-ный** [形1]

**отряжа́ть** [不完] **/отряди́ть** -яжу́, -яди́шь 受過 -яжённый (-жён, -жена́) [完] 〔団〕派遣する

**отря́хивать** [不完] **/отряхну́ть** -ну́, -нёшь 過 -я́хнутый [完] 〔団〕はたき落とす，払い落とす，振り落とす，(塵などを払って)きれいにする **∥~ся** [不完] / [完] ① 自分の服をはたいてきれいにする，体を揺すって塵などを振り払う ② 〔不完〕〔受身〕

**отса́живать** [不完] **/отсади́ть** -ажу́, -а́дишь 受過 -а́женный [完] 〔団〕① 〈人・動物・植物を〉離して(別の場所に)座らせる[入れる，植える] ② 〔完〕〔俗〕ざっくり切り落とす ③ 〔鉱〕ジグ選鉱［比重選鉱］する **∥ отса́дка** [女2] ←②③⑤

**отса́живаться** [不完] **/отсе́сть** -ся́ду, -ся́дешь 過 -се́л 能過 -е́вший 副 -ев [完] ① 離れた所に移って座る ② 〔不完〕〔受身〕 < отса́живать

**отсалютова́ть** [完] →салютова́ть

**отса́сывание** [中5] 吸引

**отса́сывать** [不完] **/отсоса́ть** -су́, -сёшь 受過 -о́санный [完] 〔団〕① 〔団/圓〕〈少量・一部〉吸う ② 〈液体・気体を〉吸い出す ③〔団〕吸い終える，吸うのをやめる ④ 〔完〕〔俗・粗〕〔у団〕フェラチオする

**о́тсвет** [男1] ① 照り返し，反射 ② (感情や経験などの)反映，現れ

**отсве́чивать** [不完] ① 反射する，反射して光る，照り返す ② 〔圓〕(光があたって)…の色合いを帯びる，…色に光る ③ 〈в圓〉に反射する，映る ④ 〔俗〕立って光源を遮る

**отсеба́тина** [女1]《話・蔑》① (他人の言葉を伝える際に)勝手に付け加えた言葉 ②(指示に反する)自分勝手な行動

**отсе́вки** -ов [複] ふるいにかけられた残り, ふるい滓

**отсе́ивать** [不完] / **отсе́ять** -е́ю, -е́ешь 受過 -е́янный [完] <他> ① ふるいにかける ② 〈不要な人・物を〉ふるい落とす, 淘汰する ③《完》《話》《無補語》 〈種を〉蒔き終わる ‖ **~ся** [不完] ① ふるい分けられる ② 脱落する, 落ちこぼれる ③《話》 種蒔きが終わる ④《不完》[受動] / **отсе́в** [男1] <1> ① <2> ② ふるい落とされたもの

**отсе́к** [男2] ① (船・飛行機などの)区画, 隔室 ② (周囲から仕切られた)部屋, コンパートメント

**отсека́ть** [不完] / **отсе́чь** -еку́, -ечёшь, … -еку́т 命 -еки́ 過 -сёк, -секла́ -сёкший 副分 -сёкши/-се́кши [完] <他> ① 切り落とす, 切り倒す ② 切り離す, 分断する

**отселя́ть** [不完] / **отсели́ть** -лю́, -ли́шь 受過 -лённый (-лён, -лена́) [完] <他> 移住させる ‖ **~ся** [不完] / [完] 移住する

**отсе́сть** [完] →отса́живаться

**отсече́ние** [中5] 切断, 断絶, 分離 ◆дать го́лову на ~ はっきりと断言する, 断言する, 請け合う

**отсе́чь** [完] →отсека́ть

**отсе́ять(ся)** [完] →отсе́ивать

**отси́живать** [不完] / **отсиде́ть** -ижу́, -иди́шь 受過 -и́женный [完] <他> ① (長時間・不自由な姿勢で座り続け)〈足などを〉 痺れさせる ②《話》(ある時間)座り続ける ③ 《刑期を》勤め上げる, 服役を終える

**отси́живаться** [不完] / **отсиде́ться** -ижу́сь, -иди́шься [完]《話》避難する, (安全な場所に)身を隠す

**отска́бливать** [不完] / **отскобли́ть** -облю́, -о́блишь/-обли́шь 受過 -о́бленный [完] <他> 削り取る, 削り落す, 掻き取る, こそげ落とす ‖ **~ся** [不完] / [完] (削れて)取れる, 落ちる, はがれ落ちる

**отска́кивать** [不完] / **отскочи́ть** -очу́, -о́чишь [完] <1> ① 飛びのく ② はね返る ③《3人称》転げ落ちる, 取れる

**отскани́ровать** [完] →скани́ровать

**отскобли́ть(ся)** [完] →отска́бливать

**отско́к** [男2]《スポ》(バスケットボールで) リバウンド

**отскочи́ть** [完] →отска́кивать

**отскреба́ть** [不完] / **отскрести́** -ебу́, -ебёшь 過 -рёб, -ребла́ 能過 -рёбший 受過 -рёбенный (-рёбен, -ребена́) 副分 -рёбши [完] 《話》削り取る, 削り落す, 掻き取る, こそげ落とす

**отслаи́вать** [不完] / **отслои́ть** -ою́, -ои́шь 命 -о́й 受過 -оённый (-оён, -оена́) [完] <他> ① 〈皮などを〉はぐ, (薄く)むく ② (層状に)沈殿させる ‖ **~ся** [不完] / [完] ① (薄く)はがれる ② (層状に)沈殿する ③《不完》[受身]

**отслое́ние** [中5] → отсла́ивать(ся) ② (沈殿した)層, (薄くはがれた)皮, 薄片

**отслу́живать** [不完] / **отслужи́ть** -ужу́, -у́жишь 受過 -у́женный [完] ①《完》(ある期間)働く, 勤める ②《完》軍務を終える, 兵役を勤め上げる ③《完》使い古される, 役に立たなくなる ④《話》《他》働いて返す ⑤《他》教会の儀式・礼拝式を執り行う

**отслюня́вить** [完] / **отслюня́ни́ть** -ню, -нишь 受過 -ненный (-нен, -нена́) [完] 《若者》《俗に》〈お金を〉渡す

**отсове́товать** -тую, -туешь [完] 《与に不定形に》 忠告する, やめるように言う, 思いとどまらせる

**отсоедини́ть** [完] / **отсоедини́ть** -ню́, -ни́шь 受過 -нённый (-нён, -нена́) [完] <他>〈つながっているものを〉離す切り離す

**отсортиро́вывать** [不完] / **отсортирова́ть** -ру́ю, -ру́ешь 受過 -ро́ванный [完] <他> 選別する, 選り分ける

**отсо́с** [男1] ① 吸引, 吸出し; 吸引器 ②《俗・粗》フェラチオ ③《若者・蔑》失敗, 不運

**отсоса́ть** [完] →отса́сывать

**отсо́хнуть** [完] →отсыха́ть

**отсро́чивать** [不完] / **отсро́чить** -чу, -чишь 受過 -ченный [完] <他> ① 延期する, 繰り延べる ②《話》 有効期限を延長する

**отсро́чка** [女2] 延期, 繰り延べ

*__отстава́ть__ [ц]《アッスタヴァーチ》-таю́, -таёшь 命 -ва́й 副分 -ва́я [不完] / **отста́ть** [ц]《アッスターチ》-а́ну, -а́нешь -а́нь [fall behind, be retarded] <от~> ① …に遅れをとる, 取り残される;《話》〈車・列車に〉乗り遅れる: ~ от гру́ппы グループに遅れをとる | отста́ть от по́езда 列車に乗り遅れないように | 〈人よりも〉(何かをすることに)遅れる: ~ от друзе́й в реше́нии зада́ч 課題を解くのが友人たちよりも遅れる ② (発展・発達が)遅れる, 落ちこぼれる: ~ от жи́зни [мо́ды] 時勢[流行]に遅れる | ~ от у́ровня разви́тых стран 先進国のレベルから立ち遅れる | в у́мственном разви́тии 知的発達が遅れる ④ (時計が)遅れる: Часы́ отста́ли на час. 時計は一時間遅れていた ⑤ はがれる, 取れる;《話》(汚れ・染みなどが)落ちる: Обо́и отста́ли. 壁紙がはがれた | Грязь не отста́ла. 汚れが落ちてない ⑥《話》疎遠になる, 縁が切れる; しなくなる, 〈習慣を〉やめる ◆**Отста́нь!** ほっといてくれ, うせろ ‖ **~ние** [中5] <1>-④

*__отста́вка__ 複生 -вок [女2] 退役, 退職, 辞職; 解任: ~ прави́тельства [кабине́та] 内閣総辞職

**отставля́ть** [不完] / **отста́вить** -влю, -вишь 受過 -вленный [完] <他> どける, 脇へ動かす; 〈手・足などを〉少し出す, 突き出す; 疎んじる ◆**Отста́вить!**《話》《号令》やめ!

**отставни́к** -а́ [男2]《話》退役士官, 退役将校

**отставно́й** [形] ① 退役[退職]した ② 可動式の, 移動できる, 取り外しのできる

**отста́ивание** [中5] ① 主張(すること), 断言 ② (沈殿物の)定着, (液体の)清澄

*__отста́ивать__ [不完] / **отстоя́ть**[1] -ою́, -ои́шь [完] [defend] <他> ① 守り抜く: ~ кре́пость 要塞を守り通す ② 意見などを~: ~ своё мне́ние 自分の意見を堅持する ③《完》《無補語》最後まで立っていたまま, 立ち通す: ~ на нога́х весь конце́рт コンサートを終わりまで立ち続ける ④《話》立ちっぱなしで〈足などを〉疲れさせる ◆**~ ва́хту** 当直を務める

**отста́иваться** [不完] / **отстоя́ться** -ою́сь, -ои́шься [完] ① (しばらく置いておいた液体が)澄む, (澱が沈殿して)きれいになる ② (意見・考えが)まとまる, 固まる, 落ち着く ③《話》身を隠して危険をやりすごす, 退避する ④《不完》[受身] → отста́ивать <1>-②

**отста́лость** [女10] 進歩[発達]の遅れ; 時代遅れ, 後進的であること, 古臭さ

*__отста́лый__ [形] [retarded, backward] ① 遅れた, 取り残された ② 進歩[発達]の遅れた, 時代遅れの, 後進的な, 古臭い: у́мственно ~ 知的障がいのある ③ **~** [男名] **/-ая** [女名] 遅れた[取り残された]人, 落伍者, 時代遅れの人

**отста́ть** [完] →отстава́ть

**отстёгать** 受過 -тёганный [完] <他>(鞭などで)打つ, 打ちつける

**отстёгивать** [不完] / **отстегну́ть** -ну́, -нёшь 受過 -тёгнутый [完] <他> ①〈ボタン・ホック・留めてあるものを〉外す ②《話》《無補語》〈お金を〉あげる, 渡す ‖ **~ся** [不完] / [完] ① (ボタン・ホック・留めてあるものが)外れる ②《不完》[受身]

**отстира́ть** [不完] / **отстира́ть** 受過 -и́ранный [完] ①《他》洗い落す, 洗ってきれいにする ②《完》

《話》〈別/無補語〉洗濯を終える **//~ся** [不完]/[完] 洗って落ちる[きれいになる] ②《完》[俗] 洗濯を終える

**отсто́й** [男6] ①沈殿物, 澱, かす ②《若者・蔑》失敗, 不運, 好ましくない状況 ③《俗》ぼんやり物, 運の悪い人

**отсто́йник** [男2] ①沈殿槽, 沈澱池 ②《隠》拘置所, 仮留置所

**отсто́йный** [形1] 駄目な, 中途半端な, 失敗作の

**отстоя́ть(ся)** [完] → отста́ивать(ся)

**отстоя́ть²** -ою́, -ои́шь [不完]《ある距離》離れた所にある, 離れている

**отстрада́ть** [完] 苦しみ終える, 苦しむのをやめる

**отстра́ивать** [不完] / **отстро́ить** -о́ю, -о́ишь 受過 -о́енный [完] ①建築を完成させる ②建て直す, 再建する ③〈ラジオの波長を〉調整する, チューニングする ④《話》建築を終える **//~ся** [不完] / [完] ①《話》自分のための建物を建て終える ②自宅を建て直す ③自分のラジオをチューニングする

**отстрани́ть** [完] / **отстраня́ть** -ню́, -ни́шь 受過 -нённый [完] [別] (-нён, -нена́) ①〈別〉押しのける, 押しやる, 遠ざける, どける ②解任する, 職を解く **//~ся** [不完] / [完] ①〈別〉 よける, 脇に寄る, 離れる ②《от 匣》…を回避する, やめる, …から身を引く ③《不完》〈от 匣〉 身〉**//отстране́ние** [中5]

**отстре́ливать¹** [不完] / **отстрели́ть** -елю́, -е́лишь 受過 -е́ленный [完]《話》〈別〉〈手足などを〉撃ち落とす, (銃弾で)打って飛ばす, もぎとる

**отстре́ливать²** [不完] / **отстреля́ть** 受過 -е́ленный [完]〈別〉①撃つ?で仕留める ②《話》〈続弾を〉(ある量)使い果たす, 撃ち尽くす ③《話》〈無補語〉撃ち終える, 撃つのをやめる **//отстре́л** [男1] <①

**отстре́ливаться** [不完] / **отстреля́ться** [完] ①〈от 匣〉を撃って防ぐ, 撃退する ②《完》撃ち終える, 撃つのをやめる ③《完》うまくやり遂げる ④撃ち返す

**отстрига́ть** [不完] / **отстри́чь** -игу́, -ижёшь, … -игу́т 過 -и́г, -и́гла 過 -и́г 受過 -и́женный 副分 -и́гши [完]〈別〉(ハサミで)切る, 切り取る

**отстро́ить(ся)** [完] → отстра́ивать

**отстро́йка** [女2] ラジオのチューニング

**отсту́кивать** [不完] / **отсту́кать** 受過 -анный [完]〈別〉①《話》叩いて音を出す, コツコツ[トントン]鳴らす, (叩いて)拍子をとる ②《話》(タイプライターで)打つ; 電報を打つ ③《俗》〈足などを〉歩いて傷める

**о́тступ** [男1][印]行頭の字下げ

*отступа́ть** [不完] / **отступи́ть** -уплю́, -у́пишь [完] [recede, retreat] ①後退する, 後ろへ下がる ②目立たなくなる, 重要でなくなる ③遠ざかる ④退却する, 引き下がる: ~ без бо́я 戦わずして退却する ⑤〈от 匣〉〈意見・計画などを〉引っ込める, 放棄する, 〈本筋から〉外れる ⑥〈行頭を〉字下げする **//~ся** [不完] / [完] ①〈от 匣〉…を放棄する, 断念する ②〈約束を〉違える ③〈от 匣〉…と縁を切る, …に愛情を捨てる

*отступле́ние** [中5] [retreat] ①後退, 退却, 撤退 ②意見などの放棄, 撤回 ③(本筋からの)逸脱

**отступни́к** [男2] 変節者, (主義・信念の)転向者

**отсту́пничество** [中1] 変節, 裏切り, 背信

**отступя́** [副]〈от 匣から〉少し離れて

*отсу́тствие** [中] [アトスーツトヴィエ] [absence, lack] ①欠席, 欠勤, 不在, 留守: во вре́мя моего́ ~ия 私が不在の折には ②欠勤, 欠乏, 欠落, ないこと: по́лное ~ ощуще́ния 感覚が全くないこと | из-за ~ия де́нежных сре́дств 資金がないせいで | при ~ии доказа́тельства 証拠がない場合 ◆*бли́стать ~*ием  (皮肉)人目につくようにわざと欠席する[座を外す] | *в* 匣 …の不在[留守]中に: *в* ~ роди́телей 両親の不在時に | *за* -*ием* 匣〈公〉…がないために: *за* -*ием* ули́к 証拠がないために

*отсу́тствовать** [ц] [アトスーツトヴァヴァチ] -твую, -твуешь -ующий [不完] [be absent, be lacking] ①不在である, 欠席[欠勤]している, いない ②欠如している, 欠けている, ない, 存在しない: У вас соверше́нно отсу́тствует чу́вство ю́мора. あなたには全くユーモア感覚がありませんね

**отсу́тствующ|ий** [ц] [形6] ①**-ие** [複名] 欠席者 ②無関心な, 放心した, ぼうっとした

**отсу́чивать** [不完] / **отсучи́ть** -учу́, -у́чишь; -учи́шь 受過 -у́ченный [完]〈別〉①〈袖などまくってあるものを〉おろす ②〈撚(ょ)ってあるものを〉ほどく ③撚(ょ)り終える

**отсчёт** [ш] [男1] 数えること; (器具による) 測定 ◆*обра́тный* ~ カウントダウン

**отсчи́тывать** [ш] [不完] / **отсчита́ть** [ш] 受過 -и́танный [完]〈別〉①数え分ける, 数えて取り出す, 測って[量って]取る ②〈от 匣〉…を起点にして数える[測る], …から数え[測り]始める ③数える, 測る, 量る ④(時計・計器が)〈時間・距離などを〉指し示す

**отсыла́ть** [不完] / **отосла́ть** отошлю́, отошлёшь 受過 -о́сланный [完]〈別〉①発送する ②〈от 匣〉…を立ち去らせる, 行かせる, 遠ざける, その場を去らせる ③〈к 匣〉…を参照させる, …について調べる[尋ねる]ことを推奨する

**отсы́лка** 複生 -лок [女2] ①発送 (すること) ②(本・論文などの)参照指示

**отсыпа́ть** [不完] / **отсы́пать** -плю, -плешь; -пешь, … -плют/-пят 命 -пь 受過 -анный [完]〈別〉〈別〉粉・粒・穀物などを〉取り分ける ②《俗》気前よく振る舞う, じゃんじゃんくれてやる **//~ся¹** [不完] / [完] (粒状の物が) こぼれ出る[落ちる] **//отсы́пка** [女2] 複生 <①

**отсыпа́ться²** [不完] / **отоспа́ться** -плю́сь, -пи́шься 過 -а́лся, -ала́сь, -а́лось/-ало́сь [完]《話》(寝不足の後)よく眠って睡眠を回復する

**отсыре́лый** [形1] 湿った, しけった

**отсыре́ть** [完] → сыре́ть

**отсыха́ть** [不完] / **отсо́хнуть** -нет 過 -о́х, -о́хла [完] ①枯れる, 枯死する ②《話》(体の一部が) 麻痺する, 動かなくなる

*отсю́да** [アシュゥーダ, アツスーダ] [副] [frome here, hence] ①ここから, この箇所[場所]から: О~ до це́нтра пять киломе́тров. ここから中心街までは5キロある | Музе́й ~ недалеко́. 博物館はここから近い | Чита́йте ~ и до конца́! ここから終わりまで読んで下さい | Совсе́м не хо́чется ~ уезжа́ть. ここを後にするのは嫌だなあ ②この結果, このことから, こうしたわけで: О~ сле́дует о́чень просто́й вы́вод. ここから非常に単純な結論が導き出される ◆*~ и досю́да* ここからここまで (от сих до сих)

**Отта́ва** [女1] オタワ(カナダの首都)

**отта́ивать** [不完] / **отта́ять** -а́ю, -а́ешь 受過 -а́янный [完] ①(凍った物が)溶ける ②態度[心]が和らぐ, 軟化する ③〈別〉解凍する ④〈匣〉…の態度[心]を和らげる, …をなごませる

**отта́лкивание** [中5] [反]反発, 反発力, 反発作用

**отта́лкивать** [不完] / **оттолкну́ть** -ну́, -нёшь 受過 -о́лкнутый [完]〈別〉①押しのける, 突き放す ②〈考え・欲望などを〉振り払う, 捨て去る ③〈人を〉突き放す, 冷たくする, はねつける ④不快感[嫌悪]を催させる, 反発を呼ぶ **//~ся** [不完] / [完]〈от 匣〉①…を突いて[押して, 蹴って]離れる ②〈思考・事・仕事の出発点[起点]〉とする, …から出発する ③《不完》(電子などが) 反発する

**отта́лкивающий** [形6] 反発を呼ぶ, 嫌悪感を催させる

**отта́птывать** [不完] / **оттопта́ть** -опчу́, -о́пчешь 受過 -о́птанный [完]〈別〉①《話》踏んである[傷つける] ②《俗》(歩きすぎて足を)傷める, 疲れさせる

**отта́скивать¹** [不完] / **отаска́ть** 受過 -а́сканный [完] ①(何度かに分けて)引きずってゆく ②《完》《話》《無補語》引きずるのをやめる ③《話》《自閉》(体罰・けんかで)下・髪などを引っ張る

**отта́скивать²** [不完] / **оттащи́ть** -ащу́, -а́щишь 受過 -а́щенный [完] 〈他〉①引きずって運ぶ, 引きずってどける ②(無理やり)どかす, 引き離す

**отта́чивать** [不完] / **отточи́ть** -очу́, -о́чишь 受過 -о́ченный [完] 〈他〉①研ぐ, 尖らせる ②〈才能などを〉洗練させる, 磨き上げる ③〈言葉・表現を〉磨きぬき, 研ぎ澄ます ④《完》研ぎ終える, 研ぐのをやめる **∥~ся** [不完] / [完] (研いで)鋭くなる, とがる

**оттащи́ть** [完] →отта́скивать²

**оття́ть** [完] →отта́ивать

**отте́кать** [不完] / **отте́чь** -ечёт, -еку́т 命 -еки́ 過 оттёк, оттекла́ 能過 оттёкший 副分 оттёкши [完] 流れ去る, 流れて戻る, (流れ・血流などが)ひく

\***отте́нок** -нка [男2] [hue, tone, shade] ①色合い, 色味, 色調, (色の)トーン ②(感情・態度などの)ニュアンス, 微妙な違い, 陰影 ③(感情などの)表れ, 調子

**оттени́ть** [不完] / **оттени́ть** -ню́, -ни́шь 受過 -нённый (-нён, -нена́) [完] 〈他〉①影を付ける, 陰影を付けて際立たせる ②(他の色との対照で)色合いを際立たせる, 引き立たせる ③目立たせる, 強調する

**о́ттепель** [女10] 雪解け; (冬・初春の, 雪が解けるような)暖かい天気, 小春日和

**оттере́ть(ся)** [完] →оттира́ть

**оттесни́ть** [不完] / **оттесни́ть** -ню́, -ни́шь 受過 -нённый (-нён, -нена́) [完] 〈他〉①押し出す, 押しのける ②後退させる, 退却させる ③排除する, 締め出す, 手を引かせる ④取って代わる

**отте́чь** [完] →отте́кать

**оттира́ть** [不完] / **оттере́ть** оторву́, оторвёшь 過 оттёр, оттёрла 能過 оттёрший 受過 оттёртый 副分 оттёрши [完] 〈他〉①こすってきれいにする, こすり落とす ②(話) 磨いてきれいにする ③〈凍えた手などを〉こすって感覚を取り戻させる ④《話》押しのける ⑤《俗》排除する, 締め出す **∥~ся** [不完] / [完] (こすられて)きれいになる, 落とされる

**о́ттиск** [男2] ①(押し付けられた)跡 ②スタンプ, プリント, 型押しされたもの ③押し型, 歯型 ④印刷されたもの, 印刷物 ⑤抜き刷り ⑥印象

**отти́скивать** [不完] / **отти́снуть** -ну, -нешь 命 -ни 受過 -нутый [完] ①《話》押しやる ②押して跡を付ける ③刷る, プリントする, 印刷する

\***оттого́** [в] [副] [that is why] だから, そのために, それゆえに: Приглаше́ния я не получи́л, ~ я и не пришёл. 招待状が来なかったので行かなかったのだ

◆**~ что** ... ...なので: Она́ засмея́лась ~ что други́е то́же смея́лись. 他の人が笑っていたので, 彼女も笑いだした

**отто́к** [男2] 流出, 排水; 減少

**оттолкну́ть(ся)** [完] →отта́лкивать

**оттома́нка** 複生 -нок [女2] 東洋風ソファ(背もたれの代わりにクッションが置かれ, 腕に筒型枕がついている)

**оттопта́ть** [完] →отта́птывать

**оттопы́ривать** [不完] / **оттопы́рить** -рю, -ришь 受過 -ренный [完] ①突き出す, 出っ張らせる, 張り出す 〈毛を〉逆立てる ②《若者》のことで手に入れる, ゲットする **∥~ся** [不完] / [完] ①突き出る, 出っ張る; (毛が)逆立つ ②《若者・称賛》楽しい時を過ごす, 思いっきりはじける ③《受身》

**оттopгá́ть** [不完] / **отто́ргнуть** -ну, -нешь 命 -ни 受過 -о́рг, -о́ргла 能過 -ший/-увший 受過 -тый 副分 -ув [完] 〈他〉①もぎ取る, (無理やり)引き離す ②〈領地を〉強奪する ③拒絶する, 受け付けない; 〈医〉〈臓器が〉拒絶反応を起こす

**оттopже́ние** [中5] もぎ取ること; 強奪; 拒絶反応

**отточи́ть(ся)** [完] →отта́чивать

**оттрёпывать** [不完] / **оттрепа́ть** -еплю́, -е́плешь 受過 -рёпанный [完] 〈他〉①〈麻などを〉梳(す)いてきれいにする ②《話》〈髪・耳などを〉罰として引っ張る, 懲らしめるために引っ張る

**оттруби́ть** -блю́, -би́шь [完] 《話》あくせく働く, せっせと...する

\***отту́да** [副] [from there] ①そこから; あちらから: О~ вы́шел како́й-то мужчи́на. そこからある男が出て来た ②その結果, それによって: Они́ поссо́рились, а ~ и начала́сь вражда́. 彼らはけんかした結果, 互いに敵意を抱き始めた

**оттузи́ть** [完] →тузи́ть

**отта́г** [男2] 《若者》①陶酔, うっとり, 熱狂 ②《称賛》最高のもの, 素晴らしいもの ◆**в ~** 最高に, この上なく

**оття́гивать** [不完] 《俗》裁判に訴えて奪い取る

**оття́гивать** [不完] / **оттяну́ть** -яну́, -я́нешь 受過 -я́нутый [完] ①引っ張って動かす, 引き離す ②《話》(無理やり)引っ張っていく ③(重さで)疲れさせる, 痛ませる ④向きを変えさせる, さける, そらす ⑤(重さで)たるませる, 垂れ下がらせる ⑥延期する, 引き延ばす ⑦《工》〈金属を〉鍛造して伸ばす ◆**~ вре́мя** 時間稼ぎをする

**оття́гиваться** [不完] / **оттяну́ться** -яну́сь, -я́нешься [完] ①《軍》(軍隊が)転進する, 撤退する; (脇へ・後ろへ)進む ②(重みで)たわむ, 垂れ下がる ③楽しむ, くつろぐ, よい時を過ごす ④《若者》酔いしれる ⑤《完》《受身》< **оття́гивать**

**оття́жка** 複生 -жек [女2] ①引っ張る[引き離す]こと ②《話》延期, 引き延ばし ③引き(剣や鞭で打つ時の動作) ④(岩登り用の)ロープ, 引き綱, 張り綱, クイックドロー; (建築用の)支線 ⑤《若者》陶酔, 興奮, 熱狂 ⑥休養

**оттяжно́й** [形2] 引っ張るための

**оттяну́ть(ся)** [完] →оття́гивать

**отта́пывать** [不完] / **отта́пать** 受過 -анный [完] 《俗》〈木を〉切り落とす, 切り離す, ちょん切る

**оту́живать** [完] ①夕食を終える ②夕食をとる, 夕食の席に参加する

**отума́нивать** [不完] / **отума́нить** -ню, -нишь 受過 -ненный [完] 〈他〉①霧で覆う, 煙で覆う, 曇らせる, 霞ませる ②〈目などを〉ぼんやりさせる, 涙で曇らせる ③〈理性・判断力を〉鈍らせる, もうろうとさせる **∥~ся** [完] 《受身》

**отупева́ть** [不完] / **отупе́ть** [完] ばかになる

**отупе́лый** [形1] ぼうっとした, うつろな, 愚鈍な

**отупе́ние** [中5] 茫然自失; 麻痺状態

**отупе́ть** [完] →тупе́ть

**отутю́жить** [完] →утю́жить

**отуча́ть, оту́чивать** [不完] / **отучи́ть** -учу́, -у́чишь 受過 -у́ченный [完] 〈他〉〈от+定不形(不完)〉〈習慣・悪癖を〉やめさせる ②《完》《話》教え終わる, 勉強し終える **∥~ся** [不完] / [完] 〈от+定不形/不定形(不完)〉〈習慣・悪癖を〉やめる ②《完》《話》勉強しやめる

**отфильтрова́ть** [完] →фильтрова́ть

**отформати́ровать** [完] →формати́ровать

**отформова́ть** [完] →формова́ть

**отфотошо́пить** [完] →фотошо́пить

**отфрезерова́ть** [完] →фрезерова́ть

**отфутбо́ливать** [不完] / **отфутбо́лить** -лю, -лишь 受過 -оленный [完] 〈ボールを〉蹴る; 《話》責任転嫁する, 言い逃れる

**отха́живать** [不完] / **отходи́ть¹** -ожу́, -о́дишь 受過 -о́женный [完] 〈他〉①《看病・世話をして》〈人の病気を治す, 回復させる ②《完》歩く〈通う〉のをやめる; (ある時間)歩いて行く; 《俗》《自閉として》(ある期間)勤める ③《話》〈他〉〈足などを〉歩いて疲れさせる[傷める] ④《俗》〈他〉鞭打つ, ぶつ

**отха́ркивать** [不完] / **отха́ркать** 受過 -канный [完] 〈医〉 **//-ся** [不完] / [完] ① 《話》痰を吐く ② 《痰などが》取れる

**отха́ркивающий** [形6] 痰をとるための: **-ее** (средство)〈医〉去痰薬

**отхва́тывать** [不完] / **отхвати́ть** -ачу́, -а́тишь 受過 -а́ченный [完] 〈иπ〉 ① 《話》切り落とす, 切り取る ② 《俗》奪う, 自分の物にする, 手に入れる ③ 《俗》素早く [上手に] やってのける

**отхлебну́ть** [不完] / **отхлебну́ть** -ну́, -нёшь 受過 -лёбнутый [完] 《話》〈в/用/無補語〉(少し・一部) すすって飲む, すすり飲む

**отхлёстывать** [不完] / **отхлеста́ть** -ещу́, -е́щешь 過 -лёстанный [完] 《話》〈в〉 ① 鞭でひっぱたく ② ひどくののしる

**отхло́пать** [不完] / **отхло́пать** 受過 -анный [完] 《話》〈в〉 ① 拍手で《手を》痛める ② ひっぱたく

**отхлы́нуть** -нет [完] ① 《波などが》引く, 退き, 後退する; (涙・血が) 引く ② 《群集が》さっと退き, 後退りする

*__отхо́д__ [男1] ① <отходи́ть²(①-⑤⑫⑭)〉離れる [遠ざかる] こと, 出発, 後退; それること, 逸脱; 所有権の移転; 転向; 死 ② 《農民の》出稼ぎ ③ 《複》(利用可能な) 廃棄物, 残留物, ごみ: **я́дерные ~ы** 核廃棄物

**отходи́ть¹** [不完] →отхáживать

**отходи́ть²** -ожу́, -о́дишь [不完] / **отойти́** -йду́, -йдёшь 過 -ошёл, -ошла́ 命 -ойди́ 副 -ошéдший [完] ① (歩いて) その場を離れる, 遠ざかる ② 《乗物が停車場・駅を》出発する ③ 後退する ④ 〈от〉脱線する ⑤ 疎遠になる, やめる ⑥ はがれる, 取れる, 分離する ⑦ 〈от〉消える, 目立たなくなる ⑧ (凍っていた植物・土などが) 解ける, 生き返る, (凍えた体から) 感覚を取り戻す ⑨ 《意識を取り戻す, 正気に返る ⑩ 怒りが静まる, 興奮がおさまる ⑪ 所有者が変わる, (他者の手に) 移る ⑫ <под的>用途が変わる, 転用される ⑬ 終わる, 消える ⑭ 《文》死ぬ **◆~ в ве́чность** (1)死ぬ (2)消え失せる

**отхо́дная** (形1変化) [女6] 《宗》臨終祈禱(*\**)

**отходня́к** -á [男2] ① 《俗》二日酔い ② 《若者》だるさ, 体調不良による不快感

**отхо́дчивый** 短-ив [形1] (怒りを) すぐに忘れる, 根に持たない **//-ость** [女10]

**отца́** (単数); 生格) <оте́ц

**отцвета́ть** [不完] / **отцвести́** -ету́, -етёшь 過 -вёл, -вела́ 能過 -е́тший 副過 -етя́ [完] ① 咲き終える ② 若さ [新鮮さ] を失う, しおれる, とうが立つ

**отце́живать** [不完] / **отцеди́ть** -ежу́, -е́дишь 受過 -е́женный [完] 〈в/用〉 (濾して・細口から) 注ぎ出す

**отцепля́ть** [不完] / **отцепи́ть** -еплю́, -е́пишь 受過 -е́пленный [完] 〈в〉 ① <くっついて・連結しているものを> 解く, 外す ② 《話》 <ひっかかった・くっついたものを> 取る, はずす **//-ся** ① 〈в〉離れる, 解ける, (つながっているもの) が〉 離れる ② 《話》付きまとう [しつこくする] のをやめる **◆отце́пка** [女9]

**отцеуби́йство** [中1] 父親殺し

**отцеуби́йца** (оз変化) [男・女] 父親殺害者

**отцыклева́ть** [完] →цыклева́ть

**отцо́вский** [形3] 父(оте́ц)の; 父親らしい, 父親に特有の

**отцо́вство** [中1] 父親であること, 父子の血のつながり ② 父性, 父親らしい感情

*__отча́иваться__ [不完] / **отча́яться** -áюсь, -áешься [完] [despair] <в用/不定形/無補語>…に絶望する, 望みを失う, あきらめる, 落胆する: Я отча́ялся найти́ рабо́ту. 仕事を見つけるのをあきらめた.

**отча́ливать** [不完] / **отча́лить** -лю, -лишь 受過 -ленный [完] 〈в〉 ① 〈в/無補語〉〈ともづなを〉解く ② 〈от 用〉〈船が〉岸を離れる

*__отча́сти__ [副] [partly] 部分的に, 一部分, ある程度, いくらか: О~ ты прав. 君の言うことはある程度正しい.

**отча́ян|ие** [中5] [despair] 絶望: в по́лном **-ии** すっかり絶望して; 失意のどん底にありながら | впа́сть в ~ 絶望する | говори́ть с -ием в го́лосе 絶望した声で言う | Он был доведён до **-ия** го́лодом. 彼はものすごく空腹だった

*__отча́янно__ [副] [desperately] ① 《話》絶望的に, 向う見ずに, 無鉄砲に ② 《話》無我夢中で, 熱狂的に ③ 《話》ひどく, 激しく

*__отча́ян|ный__ 短-ян, -я́нна [形1] [desperate] ① 絶望した, 絶望的な, 希望のない: ~ крик 絶望的な悲鳴 | попа́сть в **-oe** положе́ние どうしようもない状態に陥る ② 《話》むこうみずな, 恐れを知らない ③ 《話》熱中している, ひどく熱心な ④ 《話》どうしようもない, 手の付けられない, ものすごい **//-ость** [女10] <①②

**отча́яться** [完] →отча́иваться

*__отчего́__ [в] [アッチェヴォー] [why] ① [副] [疑問] なぜ, どうしうわけで: Не зна́ю, ~ произошёл пожа́р. 火事がどうして起こったのかわからない | О~ у́мер муж А́нны? どうしてアンナの夫は亡くなったの ② [接] そういうわけで, そのおかげで: Она́ вы́шла за́муж, - ста́ла ещё краси́вее. 彼女は結婚してからさらにきれいになった **◆О~ же?** 《話》《反論》とんでもない, まさか (Почему́ же?) | **~ и** [接続詞的に] だから: Я боле́л, - и не сде́лал дома́шнее зада́ние. 病気のため宿題をしなかった

**отчего́-то** [в] [副] どういうわけか, なぜだか

**отчека́нивать** [不完] / **отчека́нить** -ню, -нишь 受過 -ненный [完] 〈в〉 ① 〈金属の表面に刻印・型押しなどして〉作る, 〈貨幣などを〉鋳造する ② 〈в/無補語〉はっきり (区切って・明確に) 発音する ③ [完] →чекани́ть

**отчеренкова́ть** [完] →черенкова́ть

**отчёркивать** [不完] / **отчеркну́ть** -ну́, -нёшь 受過 -чёркнутый [完] 〈в〉線を引いて強調する, 線で印を付ける

*__о́тчеств|о__ [オーッチェストヴァ] [中1] [patronymic] 父称 (→фами́лия 参照): забы́ть ~ 父称を忘れる | называ́ть кого́-либо по ~у 父称だけで呼ぶ

*__отчёт__ [アッチョート] [男1] [account] ① (職務・任務についての公式な) 報告 (書), 公式報告 (書): у́стный ~ о нау́чной рабо́те 科学的研究に関する口頭報告 | изло́женные в ~е фа́кты 報告書で述べられている事実 | писа́ть ~ о результа́тах иссле́дования 研究結果に関する報告書を書く ②《会計》(支出) 報告書, 精算書, 会計明細, 支出明細書: ~ о при́былях и убы́тках 損益勘定 | **фина́нсовый** ~ 会計報告書, 収支決算書 | **очередно́й годово́й** ~ 定例年次報告 | составле́ние бала́нсового ~a 決算報告書の作成 ③ (新聞・雑誌の) 詳報: ~ о ма́тче 試合の詳報 ④ 事情説明, 弁明: дать ~ в свои́х посту́пках 自らの行動を説明する **◆дать [отда́ть] себе́ ~ в** 用 ~を理解 [認識, 自覚] する | **не отдава́я себе́ ~а** 無意識に, それ自覚せぬまま | **взять [получи́ть, дать] под ~** (後で支出明細を提出する約束で)金を借りる [受け取る, 前渡しする]

*__отчётливо__ [副] [clearly, distinctly] はっきりと, 明確 [明快] に: ~ ви́деть はっきり見える | Она́ ~ по́мнила рестора́н, где они́ у́жинали. 彼女は彼らが夕食をとったレストランをはっきり覚えていた

*__отчётлив|ый__ 短-ив [形1] [clear, distinct] ① 明確な, 明瞭な, はっきりした: **-ое** произноше́ние はっきりとした発音 ② はっきりとみえる, よく見える; 明確 (明快) に聞ける: **-ое** ощуще́ние はっきりした感触 ③ 《話》わかりやすい, 明快な: ~ отве́т 明確な回答 **//-ость** [女10]

**отчётно-вы́борный** [形1] (活動などの報告と役員選出のための): **-ое** собра́ние (社会組織・団体など

の)総会

\*отчётность [女10] [accounts, bookkeeping] ①(職務・任務・活動・会計などに関する)報告書; налоговая ~ 税務報告書 | сдáть ~ в электрóнном ви́де 報告書を電子フォーマットで提出する | составить ~ по прáвилам 報告書を様式に沿って作成する ②(上級機関への)報告書, 報告義務 ■ (свóдная) финáнсовая [бухга́лтерская] ~ (連結)財務諸表

отчётный [形1] 報告の, 会計報告が行われる: ~ год 会計年度

отчи́зна [女] 《詩・雅》故国, 祖国

óтчий [形6] 《詩・雅》 (< отéц》父の; 祖国の

óтчим [男1] [stepfather] 継父, 義父 (↔мáчеха)

отчислéние [中5] ①差し引くこと, 控除 ②除名, 除籍, 退学 ③(通例複)控除額, 差し引かれた金額

отчисля́ть [不完]/отчи́слить -лю,-лишь 命 -ли -ленный [完] ①差し引く, 控除する ②除名[除籍]する, 退学させる **//~ся** [不完]/[完] ①退学する, 脱退する ②《完》〔受身〕

отчи́стить(ся) [完] →отчища́ть

отчи́тывать [不完]/отчита́ть [完] 《話》《又》①注意[忠告]して叱る, 小言を言う, たしなめる ②《完》《又/無補語》読むのを終える, 読むのをやめる

\*отчи́тываться [不完]/отчита́ться [完] [report] ①(活動などについて)報告する: ~ о свое́й рабóте 自分の仕事について報告する ②《完》[受身] <отчи́тывать

отчища́ть [不完]/отчи́стить -и́щу,-и́стишь 命 -и́сти/-и́сть 受過 -и́щенный [完] 《又》①〈汚れなどを〉落とす, 取る ②(汚れをとって)きれいにする **//~ся** [不完]/[完] ①(汚れなどが)落ちる, とれる ②(汚れがとれて)きれいになる **//отчи́стка** [女2]

отчуди́ть [不完]/отчуди́ть -ужу́,-уди́шь 受過 -уждённый (-дён,-дена́) [完] ①《口話》…に疎外感を引き起こす, 遠ざける ②《法》(公的機関が)〈土地・財産を〉接収する, 収用する

отчуждéние [中5] ①疎遠になること, 疎遠な関係, 疎外, 孤立 ②《法》土地・財産の接収, 収用

отчуждённо [副] よそよそしく, 孤立して, 冷淡に

отчуждённость [女10] よそよそしさ, 冷たさ, 疎遠さ, 疎外感

отчуждённый 短 -ён,-ённа [形1] ①疎外された, 孤立した, 疎まれた, よそよそしい, 冷ややかな ②《法》(土地・財産が)接収された, 収用された

отша́гивать [不完]/отшага́ть [完] 《話》①《又》〈ある距離を〉さっさと歩く, どんどん歩く

отшагну́ть -ну́,-нёшь [完] 《話》一歩下がる, 一歩脇へ寄る

отша́тываться [不完]/отшатну́ться -ну́сь,-нёшься [完] 《от 生》①…をよけて飛びのく, ぱっと後ずさる ②《又》…との縁を切る, …にそっぽを向く

отшвы́ривать [不完]/отшвырну́ть -ну́,-нёшь 受過 -ы́рнутый [完] 《話》《又》ぱっと放り捨てる, ぽいと投げ捨てる

отше́льни|к [男2]-ца [女3] ①隠遁者, 隠者, 世捨て人 ②孤独に暮らす者 **//-ческий** [形3]

отше́льничество [中5] 隠遁生活

отши́б [男1] ◆на ~е [話](1)他とは離れた所に, 外れに (2)孤立して, 独りぼっちで

отшиба́ть [不完]/отшиби́ть -бу́,-бёшь 過 -ши́б,-ши́бла 能過 -ши́бший 受過 -ши́бленный 副過 -ши́бши [完] ①《又》叩き折る, 叩きとばす ②《話》打って[叩いて]傷つける, けがをさせる ③《話》《無人称で》〈…を〉抑え込む, 失わせる

отши́ть отошью́, отошьёшь 命 -ше́й [完] 《又》《話》はねつける, 拒絶する, 追い払う

отшлёпывать [不完]/отшлёпать 受過 -анный [完] ①《話》《又》(罰として)ぴしゃりと叩く, ひっぱたく ②《俗》〈ぬかるんだ場所を〉(ある距離)歩き通す

отшлифова́ть [完] →шлифова́ть

отшпи́ливать [不完]/отшпи́лить -лю,-лишь 受過 -ленный [完] 《話》《又》〈ピンで留めてあるものを〉外す, 取る **//~ся** [不完]/[完] ①(ピンで留めてあるものが)外れる, とれる ②《不完》[受身]

отштампова́ть [完] →штампова́ть

отштукату́рить [完] →штукату́рить

отшуме́ть -млю́,-ми́шь [完] ①鳴りやむ, (騒ぎ・音が)静まる ②(騒動や名声などが)消え去る, 終わる

отшу́чиваться [不完]/отшути́ться -учу́сь,-у́тишься [完] 《話》(まじめな話に対して)ふざけて答える, 冗談ではぐらかす

отщёлкивать [不完]/отщёлкать 受過 -анный [完] ①《俗》《又》(罰として)指先ではじく, デコピンする ②《俗》厳しく叱る, どやしつける ③《又》〈鳥・虫などが〉鳴きやむ, さえずりをやめる

отщёлка́ть-ёлканный [完] = отщёлкивать

отщепе́не|ц -нца [男3] (組織・集団からの)離脱者, 反逆者, 背信者, 背教者

отщепе́нство [中5] (組織・集団からの)離脱, 離反, 背信, 脱党

отщепля́ть [不完]/отщепи́ть -плю́,-пи́шь 受過 -плённый (-лён, -лена́) [完] 《又》〈木片を〉削り[割り]取る

отщи́пывать [不完]/отщипа́ть -иплю́, -и́плешь 受過 -и́панный [完], отщипну́ть -ну́, -нёшь 受過 -и́пнутый [完] 〈一回〉《又》むしり取る

отъ.. →от..

отъеда́ть [不完]/отъе́сть -е́м,-е́шь,-е́ст, -еди́м,-еди́те,-едя́т 命 -е́шь 過 -е́л 能過 -е́вший 受過 -е́денный 副過 -е́вши/-е́в [完] 《又》①かじりとる, …の一部を噛みとる ②《話》《無人称でも》(酸・錆などが)腐食させてとる, 〈染みなどを〉消す ③《話》《又/無補語》食べ終わる **//~ся** [不完]/[完] ①たっぷり食べて太る ②《不完》[受身]

\*отъе́зд [男1] [departure] (乗り物による)出発, 旅立ち, 出立: день ~а 出発日 | за нéсколько дней до егó ~а 「из Москвы́ [в Тóкио] 彼がモスクワから[東京へ]出発する数日前に | в послéдний день пéред ~ом 出発前最後の日に | готóвиться к ~у 出発の準備をする ◆быть [находи́ться] в ~е (旅などに出ていて一時的に)不在だ

отъе́здить -зжу, -здишь [完] 《話》①(ある時間)乗って過ごす, 乗り続ける ②(乗り物で)通う[行く]のをやめる, 乗るのをやめる

отъезжа́ть [不完]/отъе́хать -е́ду,-е́дешь 命 -езжа́й [完] ①乗って離れる, (乗り物である距離を)進む ②(本来あるべき場所から)外れる, (ずれて)取れる, はがれる ③出発する, (乗物で)去る

отъезжа́ющий (形6変化)[男名] (乗り物で)出発する人, 旅立つ人

отъёмный [形1] 取り外せる, 取り外し式の

отъе́сть(ся) [完] →отъеда́ть

отъе́хать [完] →отъезжа́ть

отъя́вленный [形1] 《話》悪名高い, 札付きの

оты́грывать [不完]/отыгра́ть 受過 -гранный [完] 《又》①(ゲーム・賭け事などで)〈負けた分を〉取り返す ②《又》(敵から)〈ボールを〉巧みに奪う ③《話》《又/無補語》遊び[ゲーム, 演奏]をやめる **//~ся** [不完]/[完] ①(ゲーム・賭け事などで)負けた分を取り返す, 雪辱を果たす, リベンジする ②(失敗・喪失などを)埋め合わせる ③《話》うまく窮地を脱する

о́тыгрыш [男4] 《話》①(ゲーム・賭け事などで)負けた分を取り返すこと, 雪辱 ②《スポ》(敵からボールなどを)奪うこと ③《話》(ゲーム・賭け事などで)取り戻した金額[物品]

**отымённый** [形1]〚文法〛名詞[形容詞]から派生した

\***отыскивать** [不完]/**отыска́ть** -ыщу́, -ы́щешь 受過-ы́сканный [完]〈find〉探し出す, 探して見つける: ～ ну́жные да́нные 必要なデータを探し出す | ～ **っя** [再] (〈探しているものが〉見つかる, 出てくる ②[不完][受身] **//отыска́ние** [中5]

**отягоща́ть** [不完]/**отяготи́ть** -ощу́, -оти́шь 受過-ощённый (-щён, -щена́) [完] ①重くする ②〈罪に罪を〉負担をかける **//отягоще́ние** [中5]

**отягча́ть** [不完]/**отягчи́ть** -чу́, -чи́шь 受過-чённый (-чён, -чена́) [完]〚文〛① = отягоща́ть/отяготи́ть ②〈罪〉罪などを重くする, ひどくする

**отяжеле́ть** [完]→**тяжеле́ть**

**отяжели́ть** [不完]/**отяжели́ть** -лю́, -ли́шь 受過-лённый (-лён, -лена́) [完] ①重くする ②〈文体などを〉重々しくする, 重苦しくする

**офиге́ва́ть** [不完]/**офиге́ть** [完]〈若者、俗〉① …にパワーアップくらう, ビビる ②〈完〉…によって判断力を失う ③〈完〉しびれる, 麻痺する

**офиге́нный** [形1]〈若者〉最高の, 感動的な, 素晴らしい **//-о** [副]; すごい

**офиги́тельный** [形1]〈若者〉① = офиге́нный ②衝撃的な, 思いもよらない **//-о** [副]〈①

\***о́фис** [オーフィス] [男1]〈office〉オフィス, 事務所, 事務室; 所在室, 上役の部屋: центра́льный [головно́й] ～ 本社, 本社 | дома́шний ～ 自宅からのオフィス, ホームオフィス | рабо́та в ～е オフィスでの業務 | откры́ть но́вый ～ 新しい事務所を開く **//-ный** [形1]

\***офице́р** [アフィツェール] [男1]〈officer〉〚軍〛士官, 将校: ～ росси́йской а́рмии ロシア軍士官 | ～ы Генера́льного шта́ба 参謀本部士官 | ～ свя́зи 連絡将校 | морско́й ～ 海軍士官 | мла́дший ～ 初級将校, 尉官 | ста́рший ～ 上級将校, 佐官 | вы́сший ～ 高級将校, 将官 **//-ик** [男2]〈指小〉**//-ский** [形3]

**офице́рство** [中1]〚集合〛士官[将校]たち ②〈話〉士官[将校]の身分

\***официа́льно** [副]〈officially〉①公式[公的, 公, 正式]に: Он ～ при́знан вино́вным. 彼は正式に有罪と認められた ②形式的な, 公式調で, 堅苦しく: ～ здоро́ваться よそよそしく挨拶を交わす

\***официа́льный** [アフィツィアーリヌィ] 短-лен, -льна [形1]〈official〉①〚長尾〛公的な, 官公による, 公的機関を代表する, 公文書の: ～ докуме́нт 公式文書 | ～ сообще́ние [объявле́ние] 公式発表〔公示〕 | -ое лицо́ 公人, 官吏 | по -ой стати́стике 公的な統計によれば | ～ приглаше́ние 正式招待〔状〕 | визи́т [приём] 公式訪問〔レセプション〕 | ～ са́йт 〚IT〛オフィシャルサイト | ～ представи́тель МИД Росси́и ロシア外務省報道官 ③公用の, 公式の, 公: [事務]的な演なら所での: -ая терминоло́гия 官庁用語 | ～ курс 公定相場 ④慇懃だが冷淡な, 事務的な: вполне́ -ым то́ном 全く形式ばった調子で **//-ость** [女10]

**официа́льщина** [女1]〈話〉融通がきかず形式ばった態度, 役人的な様子

\***официа́нт** [男1] **/-ка** 複生-ток [女2]〈waiter, waitress〉ウェイター, 給仕; ウェイトレス, 女給: подозва́ть ～a ウェイターを呼ぶ **//-ский** [形3]

**официо́з** [男1] ①〈政府寄りの〉新聞, 雑誌, 御用新聞 ②政府公報 ③政府〔権力〕寄りの人 ④〈話〉慇懃な態度

**официо́зный** 短-зен, -зна [形1] 政府寄りの, 政府の見解を代弁するような, 権力の提灯持ちをするような

**офла́йн** [男1] [副]〚コン〛オフライン(で) **//-овый** [形1]

**оформи́тель** [男5] 装飾家, デザイナー; (本などの)装丁家 **//оформи́тельск|ий** [形3] **//-ое иску́сство** [美]装飾[デザイン]芸術

**офо́рмить(ся)** [完]→оформля́ть(ся)

\***оформле́ние** [中5]〚registration, design〛①手続き; 正式な登録[採用]: ～ докуме́нтов 書類の作成[手続き] ②装丁, 装飾, 装丁; (舞台などの)装飾, 舞台美術: ～ зри́тельного за́ла 観客席の装飾

\***оформля́ть** [アファルリャーチ] [不完]/**офо́рмить** [アフォールミチ] -млю, -мишь, ... ят 命 -ми 受過-мленный [register officially, design] [完] ①書類などを(法的効力のある)正式なものにする, 正式な手続きをする, 正式[公式]に作成する, 公正証書にする: ～ догово́р 契約を公正証書にする | ～ зака́з [ви́зу, разво́д] 注文[ビザ, 離婚]の ② ～ годову́ю подпи́ску на газе́ты 新聞の年間購読手続きをする ②…の形[外観, 体裁]を整える, 装飾を仕上げる: интерье́р ко́мнаты 部屋の内装を整える | ～ зал к пра́зднику ホールをお祝いに向けて飾りつける ③ 正式に採用[登録]する: студе́нта в рабо́ту 学生を正式に採用する | Я официа́льно офо́рмлен на э́той рабо́те. 私はこの仕事に正式に採用されました

**оформля́ться** [不完]/**офо́рмиться** -млюсь, -мишься [完] ① 形が出来上がる[まとまる], 仕上がる ② (正式な手続きを経て)就職する, 加入手続きを済ませる ③ [不完][受身] ～ оформля́ть

**офо́рт** [男1]〚美〛銅版画, エッチング

**офса́йд** [男1]〚スポ〛オフサイド

**офсе́т** [男1]〚印〛オフセット **//-ный** [形1]

**офтальмо́лог** [男2] 眼科医

**офтальмоло́г|ия** [女9] 眼科学 **//-и́ческий** [形3]

**оффла́йн** [男1] [副] = офла́йн

**оффто́пик** [男1], **оффто́п** [男1]〚ネット〛オフトピック, 脱線

**оффшо́рный, оффшо́рный** [形1]〚金融〛オフショアの

**ох** ① [間] ああ, おお(残念, 悔恨, 遺憾, 悲しみ, 恐怖, 痛み, 安堵, 驚き, 感嘆など): Ох! Испуга́л до́ сме́рти! わぁ! 驚いてひっくり返るかと思った (b)〚語句の強調〛: Ох, как здо́рово! こりゃすごいな ② **о́хи** -ов [複] 泣き言, 嘆き, 嘆息(о́ханье) ◆о́хи да вздо́хи [áхи] (絶え間ない)愚痴や溜息

**о́хабень** -бня [男5]〚露史〛15-17世紀, 貴族の上衣; 前開きで背中に長方形の垂れ襟が付く; 細長い袖は背中側で結んで垂らし, 腕は脇のスリットから外に出す

**оха́живать** [不完]〈俗〉① 周囲を歩く ② 世話をする, 面倒を見る ③ 打つ, ひっぱたく

**оха́льник** [男2]〈俗〉恥知らずな[図々しい]やつ, ならず者

**оха́льничать** [不完]〈俗〉図々しい[恥知らずな, 無礼な]真似をする, 厚かましく振る舞う

**о́ханье** [中4] 何度も [ああ] (ох)という声を上げること, 溜息をつくこと; その声 ③〚通例複〛泣き言, 嘆き, 嘆息

**оха́пк|а** 複生-пок [女2] ひと抱え(の量) ◆в -у [-е]〈話〉(両手で)抱えて

**охарактеризова́ть** [完]→характеризова́ть

**охва́тный** [形1]〚軍〛側面から包囲する

**о́хать** [不完]/**о́хнуть** -ну, -нешь 命 -ни [完][一回] [不完] (驚き・落胆・痛み・苛立ち) ああ [おお] (ох)と叫ぶ, 嘆息する, ため息をつく

**оха́ять** [完]→ха́ять

\***охва́тывать** [アフヴァーティヴァチ] [不完]/**охвати́ть** [アフヴァーチチ] -ачу́, -а́тишь, ... -а́тя 命 -ати́ 受過-а́ченный [完] 〈envelop, enclose〉①抱く, 抱きかかえる: ～ го́лову рука́ми 両手で頭をかかえる ②取り巻く, 取り囲む; (服・靴が)ぴったりと[包む] ③〈無人称で〉

(闇・炎など)包み込む, 覆う: Через несколько секунд машину **охватило** пламя. 数秒後に車は火だるまになった ④ (感情・思考が)すっかり捉える, とりこにする, 襲う: Солдат **охватила** паника. 兵士たちはパニックになった ⑤ 含む, 内包［包含］する, カバーする, 及ぶ: Зона **охватывает** территорию всего города. このゾーンは街全体の領域をカバーしている ⑥〈軍〉(敵を)側面から包囲する, 攻撃される側面に回り込む ◆~ **взглядом** [**взором**] …を見回す; じろじろ[仔細に]見る ‖ **~ся** [不完] 〈受身〉 ‖ **охват** [完] 〈②⑤⑥〉

**охвóстье** [中4] ①〈集合〉〔農〕風選によって取り除かれた屑 ②〔蔑〕残党, (壊滅された集団の)生き残り

**охладева́ть** [不完] / **охладе́ть** [完]〈к与/不定形〉無関心になる, 冷淡になる, 興味[熱意]を失う

**охлади́тель** [男5]〔技〕冷却装置, 冷蔵庫

**охлади́тельный** [形] 冷却する

**охлажда́ть** [不完] / **охлади́ть** -ажу́, -ади́шь 受過 -ажде́нный (-ждён, -дена́) [完]〈対〉①冷たくする, 冷やす, 冷ます: **охлаждающая** жидкость 冷却液, 冷却水 ②(感情などを)さます, 鎮める, 冷静にさせる, なだめる ‖ **~ся** [不完] ①冷たくなる, 冷える, 冷める ②冷静[冷淡, 無関心]になる ③自分の体を冷やす ④[不完]〈受身〉‖ **охлажде́ние** [中5]

**охлáмон** [男1] 粗野な[教養のない]人;〔罵〕野蛮人

**охлóпок** -пка [男2] (羊毛・麻などの)梳き屑

**охлóпье** [中4]〈集合〉(羊毛・麻などの)梳き屑

**охмеле́ние** [中5] 酩酊

**охмеля́ть** [不完] → хмеле́ть

**охмеля́ть** [不完] / **охмели́ть** -лю́, -ли́шь 受過 -лённый (-лён, -лена́) [完] 酔わせる; 夢中にさせる

**охмуря́ть** [不完] / **охмури́ть** -рю́, -ри́шь 受過 -рённый (-рён, -рена́) [完]〔俗〕〈対〉だます, ぺてんかける

**óхнуть** [完] → óхать

**охолости́ть** -лощу́, -лости́шь 受過 -лощённый (-щён, -щена́) [完] 去勢する

**охора́шиваться** [不完]〔話〕服[髪形]を整えてめかし込む, お色直しする

***охóт|а¹** [女1]〔hunt(ing)〕①〈на対/за造〉…の狩り, 狩猟(★首まで「生け捕り」を表す): медве́жья ~ ~на медве́дя 熊狩り | ~ на кито́в 捕鯨 | идти́ [е́хать] на ~у 狩りに出かける | промы́слить [жить] ~ой 狩りを生業(ねり)とする ②(猟犬・猛禽・狩猟者などから成る)狩猟隊, 狩りの一団: держáть ~у 狩りの要員をかかえている ③動物の発情期〔飼育, 繁殖〕業 ■ **ти́хая** ~ キノコ狩り • **на ве́дьм** 魔女狩り

***охóт|а²** [女1]〔desire, wish〕①〈к与/不定形〉したいという気持ち, 意欲, 欲求, 気乗り: жа́жда ~ к чте́нию 読書欲 ②〔話〕〔無人称〕…したい: Пить [Есть]... ~. 何か飲み[食べ]たい ③(動物の雌の)発情期 • **без ~ы** しぶしぶ, いやいや | **с ~ой** вме́сте 喜んで: рабо́тать с ~ой 喜んで働く | **по свое́й ~е = свое́й ~ой** 自ら進んで, 自発的に |〈с 造/不定形〉= **Что за ~** 何で…する必要があるのだ; …する必要などないだろう: О~ вам рабо́тать в таки́х усло́виях! 何だってそんな条件下で働かないといけないのですか | **в ~у** 〔話〕①喜んで ②〔述語〕…したい: Спи, е́сли в ~у! 眠いなら寝よう

***охóтиться** -óчусь, -óтишься [不完]〔hunt (for)〕①〈на対/за造〉…の狩りをする, 狩猟する: ~ на медве́дя [пти́ц] 熊[鳥]狩りをする ②〈за造〉追跡する, 探し回る, つけ回り追い求める: ~ за подво́дными ло́дками 潜水艦を追跡する | ~ за ре́дкой кни́гой 稀覯(けこう)本を探し求める

**охóтк|а** [女1] ◆ **в ~у** (1) 喜んで (2)〔述語〕気に入っている, 満足している

***охóтник** [男2] -ца [女3]〔hunter〕①〈на対/за造〉…の狩猟家, 狩人; 猟師 ②志願者, 希望者 ③〈до生/不定形〉…好き(の人), …の収集家: ~ до сла́дкого 甘い物好き, 甘党 ‖ **-чий** [形9]〔話〕〈①〉

***охóтно** [アホートナ]〔副〕〔willingly〕喜んで, 快く, 自分から進んで: ~ согласи́ться 喜んで同意[賛成]する | О~ ве́рю! もちろん信じるよ!

**Охóтское мóре** [ц]〔形3〕-[中3] オホーツク海

**охо́чий** 短 -óч [形6]〔俗〕〈до圧/不定形〉…が大好きだ, …に目がない

**óхра** [女1] 黄土(天然顔料), 黄土色(オーカー, オークル): кра́сная ~ レッドオーカー, 代赭(たいしゃ)色

***охра́н|а** [アフラーナ] [女1]〔guarding, protection〕① 保護, 警備, 警護, 護衛, 防衛: ~ окружа́ющей среды́ 環境保護 | обеспéчивать ~у интеллектуа́льной со́бственности 知的財産の保護を保障する | нести́ ~у 警備する, 警備にあたる ②警備隊［警護警備隊]: пограни́чная [берегова́я] ~ 国境[沿岸]警備隊 | ли́чная ~ ボディガード | пожа́рная ~ 消防団 | ~ президе́нта 大統領の護衛隊 • **находи́ться под ~ой** …の保護下にある: Э́тот па́мятник архитекту́ры нахо́дится под ~ой госуда́рства. この記念碑は国の保護下にある | **взя́ть под ~у** …を保護下に置く, 保護する | **Каки́е лю́ди — и без ~ы!**〔皮肉〕まぁそして立派なお方でしょう

**охране́ние** [中5] ① < **охраня́ть** ②〔軍〕守備隊, 哨戒部隊

**охрани́тель** [男5] / **~ница** [女3] ①守り手, 守護者, 擁護者, 護衛者 ②守旧派, 保守派

**охрани́тельный** [形] 守るための, 保護のための

**охрани́ть** [完] → охраня́ть

**охра́нник** [男2] 見張り, 警備員, 護衛兵

**охра́нн|ый** [形] 保護[される], 警備[される]: -ая гра́мота 特別保護証明書 | -ая зо́на〈гос̄〉保護[立入禁止]区域

***охраня́ть** [アフラニャーチ] [不完] / **охрани́ть** [アフラニーチ] -ню́, -ни́шь 命 -ни́ 受過 -нённый (-нён, -нена́) [完]〔gurad, protect〕〈対〉守る, 保護［警備, 防衛, 警護, 護衛]する: ~ грани́цу [зда́ние] 国境[建物]を警備する | ~ поря́док 秩序を守る | бди́тельно ~ ста́до от волко́в 注意深く群をオオカミから守る ■ **Осо́бо охраня́емые приро́дные террито́рии** 特別自然保護区域(ロシアの法令における国立公園, 自然公園, 略 ООПТ) ‖ **~ся** [不完]〈受身〉

**охри́плый** [形] (声が)しゃがれた, かすれ声の

**охри́пнуть** [完] → хри́пнуть

**охри́пший** [形] (声が)しゃがれた, かすれ声の

**óхрить** -рю, -ришь 受 ри -ренный [完] 黄土 (óхра) で染色する

**охроме́ть** [完] → хроме́ть

**оху́лк|а** [女2] ◆ **-и на́ руку не положи́ть**〔俗〕自分が得をするチャンスを見逃さない, がめつい

**оцара́пать** [完] → цара́пать

**оцара́пываться** [不完] **оцара́паться** [完] 自分の体に引っかき傷をつける

**оцелóт** [男1]〔動〕オセロット

***оце́нивать** [アツェーニヴァチ] [不完] / **оцени́ть** [アツィニーチ] -еню́, -е́нишь 命 -ени́ 受過 -нённый (-нён, -нена́) [完]〔estimate, price〕〈対〉①…に値段をつける, …の価格を決める, 値をつける: Кни́гу оцени́ли в сто рубле́й. 本は100ルーブルの値が付いた ②判断する, 評価を下す, (意義・性格などを)定める, 品定めをする: пра́вильно ~ ситуа́цию 情況を正しく判断する | Учёные высоко́ оцени́ли её вклад в нау́ку. 学者たちは研究における彼女の貢献を高く評価した ③…の意義［価値］を認める［見抜く］: ~ красоту́ вну́треннего интерье́ра 内装の美しさを評価する ◆ **~ по досто́инству** …を(よくも悪くも)真価にしたがって評価する: 正当に評価する

***оце́нк|а** [アツェーンカ] 複 生 -нок [女2]〔valuation,

**grade**] ① 価格評価[査定](すること), 鑑定, 値付け: ~ сто́имости недви́жимого иму́щества 不動産資産価値の査定 ②(価値)判断(を下すこと); 評価(を下すこと): ~ ка́чества воды́ 水質評価 | произвести́ ~у эффекти́вности рекла́мы 広告効果の評価を下す ③ 評点, 成績評価: мето́ды ~и зна́ний уча́щихся 生徒の知識を評価する方法 | ~ по ру́сскому языку́ ロシア語の成績 | вы́ставить [поста́вить] ~у 評点を付ける **// оце́ночный** [形1] <2>

**оце́нщик** [男2] 価格を付ける人, 価格査定人, 評価人
**оцепене́лый** [形1] 硬直した, 麻痺した, 茫然自失の
**оцепене́ние** [中5] 麻痺, しびれ
**оцепене́ть** [完] →цепене́ть
**оцепле́ние** [中5] ① <оцепля́ть ② 封鎖部隊, 包囲隊
**оцепля́ть** [不完] / **оцепи́ть** -еплю́, -е́пишь 受過 -е́пленный [完] <囲>包囲する, 封鎖する
**оцинко́вывать** [不完] / **оцинкова́ть** -ку́ю, -ку́ешь 受過 -о́ванный [完] <囲>亜鉛めっきする
*оча́г [男2] [hearth] ①かまど, 炉, (ボイラーなどの)火室: развести́ ого́нь в ~е́ かまどで火をおこす ②〔治〕炉床 ③源, 発生地, 根源地, 火元: ~ пожа́ра 火事の火元 | национа́льный ~ (民族の)祖国, 故郷 | ~и сопротивле́ния 抵抗を続ける集団 | ~ землетрясе́ния 震源地 | ~ заболева́ния 〔医〕病巣 ◆дома́шний [семе́йный] ~ 家庭, 家族, 家団欒, 我が家 | храни́тельница дома́шнего ~а́ 主婦[妻]の鑑(ﾉﾘ) **// очажо́к** -жка́ [男] <指小>
**очаго́вый** [形1] 発生源の, 発生地の; 病巣の
**очарова́ние** [中5] ① 魅力, 魅惑 ② 魅了された状態, 陶酔
*очарова́тельн|ый 短 -лен, -льна [形1] [fascinating, charming] 魅力[魅惑]的な, 魅力ある, すてきな: ~ая улы́бка うっとりするような微笑 **// ~ость** [女10]
**очаро́вывать** [不完] / **очарова́ть** -ру́ю, -ру́ешь 受過 -о́ванный [完] <囲>魅了する, うっとりさせる, とりこにする
**очеви́д|ец** -дца [男3] / **-ица** [女3] 目撃者
*очеви́дно [副] [obviously, apparently] ①〔述語〕明らかだ, 明白[明瞭]だ: О~, что ей на́до объясни́ть. 彼女に説明が必要なのは明らかだった ②〔挿入〕どうやら, 見たところ, おそらく: О~, в семье́ существу́ет кака́я-то та́йна. どうもこの家族には何か秘密があるようだ
*очеви́дн|ый 短 -ден, -дна [形1] [obvious, evident] 明らかな, 明白な, 疑い(の余地)のない, 歴然たる: ~ фа́кт 明らかな事実 **// ~ость** [女10]
**очелове́чивать** [不完] / **очелове́чить** -чу, -чишь [完]〔文〕人間らしくする, 人間的にする **// ~ся** [不完] / [完] 〔文〕人間らしくなる, 人間的に振る舞う **// очелове́чение** [中5]
*о́чень [オーチニ] [副] [very (much)] とても, 非常に, 大変, 極めて, すごく: Я был ~ рад ва́шему письму́. お手紙を頂いて大変うれしかったです | Мне япо́нский язы́к ~ нра́вится! 私は日本語が大好きです
◆не ~ — まあまあだ, まあまあ適当に: Рабо́тает он не ~. 仕事ぶりは今ひとつだ | Не́ - то! そこほどにしておけ, 身の程をわきまえろ | О~ ну́жно! 〔不同意・反対〕全然必要ない, まっぴらごめんだ, 余計なことだ
**очерви́веть** [完] →червиве́ть
**очередни́к** -á [男2] (入居などの)待機者
*очередн|о́й [形2] [next, regular] ① 当面の, 次に来る: ~ вопро́с 当面の問題 ② 順番の; 定例の, 定期的な, 次の, 今回の: ~а́я ме́сячная пла́та 月々の支払い | ~ но́мер газе́ты 新聞の次号 ③ 当番の, 順番による, 当番制の, 当直の: ~ые обя́занности 当番制の任務 ④ 相変わらずの, よくある, いつもの: ~ сканда́л いつもの騒ぎ ⑤〔植〕互生の, らせん葉序の ◆в ~ раз また, またもや ■-а́я се́ссия парла́мента (日本の)通常国会 **// очерёдность** [女10] <2>

*о́чередь [オーチリヂ] 複 -и, -е́й [女10] [line, turn] ①列, 行列; その場所で占める場所〔順番〕: стоя́ть в ~и за хле́бом パンを買うための列に並んでいる | заня́ть ~ (列で)場所を取る ②(何かをする)番, 順番: моя́ ~ чита́ть 私の読む順番 | Тепе́рь наста́ла ~ Ка́ти. カーチャの番が来た ③(建設計画の)第…期[組], 1期完成分: постро́ить пе́рвую ~ метро́ 地下鉄の第1期分を建設する ④ 順番: соблюда́ть ~ 順番を守る ⑤(機関銃などの)一連射 ◆без ~и 順番を待たずに[無視して] | в поря́дке ~и 順番(通り)に, 順番制で | жива́я ~ 本人が並ばないといけない列 | по ~и ⑴順番に, 次々と ⑵交互に, 次々で | в пе́рвую ~ まず最初に, 手始めに | в после́днюю ~ 一番最後に, 最終的に, 最も優先順位が低い: Когда́ худе́ешь, но́ги худе́ют в после́днюю ~. 痩せる時には足が一番最後だ | в свою́ ~ (相手の言動に対して)今度は自分が, 今度はこちらから | быть [стоя́ть] на ~и 順位[待機者]リストに載っている | поста́вить на ~ ~を順位[待機者]リストに加える | стать на ~ 順位[待機者]リストに載る
**очере́т** [男1] 〔植〕(南ロシアで)葦, ヨシ, カヤツリグサ **// ~овый** [形1] / **~я́ный** [形1]
*о́черк [男2] [essay, study] ① 記録文学, 報道文学, ルポルタージュ, ドキュメンタリーエッセイ, 見聞記, 探訪記, 紹介記事: биографи́ческий ~ 自伝的ルポ ② 説明, 描写, 記述: са́мый кра́ткий ~ того́, что сде́лал Це́зарь カエサルのしたことについてのごく短い記述 ③〔複〕(研究書の題名として)…概説, 概論, 論文集: ~и по исто́рии ру́сской литерату́ры ロシア文学史概論 ④ 輪郭, 外形 **// ~о́вый** [形1] <2>
**очёркивать** [不完] / **очёркнуть** -ну́, -нёшь 受過 -чёркнутый [完] <囲>線で囲む
**очерки́ст** [男1] ドキュメンタリー作家, ルポライター
**очерни́ть** [完] →черни́ть
**очерстве́лый** [形1] 冷淡になった, 人情[感受性]を失った
**очерстве́ть** [完] →черстве́ть
**очерта́ние** [中5] (通例複)輪郭, 概要, アウトライン
**очерта́ть** [不完] / **очерти́ть** -ерчу́, -е́ртишь 受過 -е́рченный [完] <囲> ① 線で囲む ②(通例受過)輪郭を示す, 形をくっきりと示す ③ 描写する, 叙述する
◆очертя́ го́лову むこうみずに, 無鉄砲に
**очёс** [男1] 〔集合〕(麻・毛・綿などの)梳(ｽ)き屑
**очёски** -ов [複] (麻・毛・綿などの)梳(ｽ)き屑
**очёсывать** [不完] / **очеса́ть** -ешу́, -е́шешь 受過 очёсанный [完] <囲> ① 梳(ｽ)いてきれいにする ②＜干し草などを鋤(ｽ)で平らに均す
**оче́чник** [ш] 眼鏡ケース
**оче́чный** [ш] [形1] 眼鏡の
**о́чи** [複] <о́ко
**очини́ть** [完] →чини́ть¹
**очи́нка** [女2] 鋭くすること
**очисти́тельн|ый** [形1] 浄化する, 清潔にする: ~ое сре́дство 洗剤
**очи́стить(ся)** [完] →очища́ть, чи́стить
**очи́стк|а** [女2] ① 靴磨き; 浄化; 皮むき ② <от(因)の除去 ③〔経〕清算, 決済
**очи́стки** -ов [複] (皮むき・魚をさばいた際の)屑, 皮, 不要物; (浄化・精製後の)かす, 廃棄物
**очи́ток** -тка [男2] 〔植〕マンネングサ属, セダム
**очистн|о́й** [сн] [形2] 浄化するための: канализацио́нные ~ы́е сооруже́ния 下水処理場[施設]
*очища́ть [不完] / **очи́стить** -и́щу, -и́стишь 受過 -и́щенный [完] [clean, purify] ① きれいにする, 汚れをとる, ごみなどを取り除く ② 純化[精製]す

ря, …の不純物を取り除く: ~ ре́ку от вре́дных веще́ств 川から有害物質を取り除く ③ 清める ④ …の皮[殻]をむく, 〈魚の〉(鱗・内臓を取り除いて)下処理をする: ~ ры́бу от чешуи́ 魚の鱗を落とす ⑤ 掃除する, 片付ける ⑥ 敵から敵を一掃する, …を敵から解放する ⑦ 〈住居などを〉空ける, 立ち退く ⑧ 《俗》…を(中身を食べて)空にする, …の中身を平らげる ⑨ 《俗》…の中の物を盗んですっからかんにする(обчища́ть/обчи́стить) // **~ся** [不完]/[完] ①きれいになる, 汚れがとれる, 純粋になる, (空気が)澄む ② 清らかになる ③ 〈от圏〉…がなくなる, 片除かれる, …から解放される
**очище́ние** [中5]
**очка́рик** [男2] 《話》眼鏡をかけている人
**\*очк|и́й** [アチキー] -о́в [複] 〚glasses〛 ① 眼鏡: ~ для близору́ких [дальнозо́рких] 近視 [遠視] 用眼鏡 | бифока́льные [пы́лезащи́тные] ~ 遠近両用 [ほこりよけ] 眼鏡 | стёкла -о́в 眼鏡レンズ | ду́жка -о́в 眼鏡のフレーム | 10 (де́сять) пар -о́в 眼鏡10本 | наде́ть [снять] ~ 眼鏡をかける [とる] | Она́ но́сит ~ [хо́дит в -а́х]. 彼女は眼鏡をかけている ② 《話》〈動物・鳥などの〉目の周りの輪形斑紋 | *◆смотре́ть сквозь ро́зовые ~ на* (短所・欠点に目をつぶって)理想化して見る ■ **со́лнцезащи́тные [со́лнечные] ~** サングラス | **~ для пла́вания** (水泳用)ゴーグル
**\*очк|о́** [アチコー] 複 -и́, -о́в [中1] 〚point, hole〛 ①(スポーツの)点, 得点, 点, 得点, 勝ち点: коли́чество -о́в 得点数 | подсчёт -о́в 合計得点 | получи́ть штрафно́е ~ 罰点 [ペナルティーポイント] をもらう ②(トランプ・サイコロ・骨牌などの)目, 点, マーク ③ 《話》(トランプゲームの)「21」, ロシア式ブラックジャック(два́дцать одно́ очко́) ④ 小さな穴 ⑤(接ぎ木用の)芽 ⑥《口》(活字の)字面, フェース | *◆втира́ть -и́* 《話》…をだます, ペテンにかける | *да́ть сто -о́в вперёд* 圏 …を数等 [数段] 凌駕して 〔勝って〕いる ■ **-и́ за о́бщее впечатле́ние** 《フィギュアスケート》演技構成点
**очковтира́тель** [男5] 《話》ペテン師, 詐欺師
**очковтира́тельство** [中5] 《話》ペテン, いかさま
**очко́вый** [形1] ①〈<очки́>〉(а)眼鏡の (b)眼の縁 [頭, 首]に眼鏡状の斑点のある ②〈<очко́>〉得点の
**\*очну́ться** -ну́сь, -нёшься [完] 〚wake, come to oneself〛 ①(а)気がつく, 意識 [正気] を取り戻す: ~ от о́бморока (失神状態から)意識を取り戻す | по́сле нарко́за 麻酔から醒める (b)目が覚める(просну́ться): Наконе́ц-то он очну́лся от спя́чки. ようやく彼は熟睡から目覚めた ② 我に返る: ~ от свои́х мы́слей 物思いから醒める
**о́чный** [形1] ①相対面しての: *-ая ста́вка* (食い違う2人の証人を法廷で同時に尋問すること)〚法〛 | *-ое обуче́ние* (通信教育に対して)通学による学習 〔教育〕
**очуме́лый** [形1] 《俗》理性を失った, 正気の沙汰でない, まともでない, 呆けた
**очуме́ть** [完] 《俗》理性を失う, 常軌を逸する
**\*очути́ться** (1人称なし) -у́тишься [完] 〚find oneself〛 ① 気づくとある (未知の) 場所にいる [来ている]: ~ в больни́це 気づくと病院に入れられている ② 気づくとある状態に陥って 〔なって〕いる: ~ на свобо́де 〔в плену́〕 自由 〔囚われ〕の身になる *◆на у́лице* 家なし 〔一文無し〕になる; 失業する
**очу́хиваться** [不完]/**очу́хаться** [完] 《俗》気がつく, 意識を取り戻す, 正気に返る, 我に返る
**ошале́лый** [形1] 《話》気の触れた, 正気でない
**ошале́ть** [完] → шале́ть
**ошара́шивать** [不完] / **ошара́шить** -шу, -шишь 受過 -шенный [完] 《俗》①ぶん殴る ② どぎまぎさせる, まごつかせる, うろたえさせる
**ошвартова́ть** [完] → швартова́ть
**ошее́к** -е́йка [男2] (食用)首肉
**оше́йник** [男2] 首輪 ; (動物・鳥の)首周りの輪筋
**ошеломи́тельный** 短 -лен, -льна [形1] 衝撃的な, ショッキングな, 仰天させる
**ошеломле́ние** [中5] 仰天した状態, (ショックを受けて)呆然自失した状態
**ошеломи́ть** [完] → ошеломля́ть
**ошеломля́ть** [不完] / **ошеломи́ть** -млю́, -ми́шь 受過 -млённый (-лён, -лена́)[完] 仰天させる, びっくりさせる, 度肝を抜く, 衝撃を与える
**ошеломля́ющий** 短 -ющ [形6] 衝撃的な, 度肝を抜くような, 驚愕を呼ぶ
**ошельмова́ть** [完] → шельмова́ть
**\*ошиба́ться** [アシバーッツァ] [不完] / **ошиби́ться** [アシビーッツァ] -бу́сь, -бёшься сов -бся ошибся, -блась 能過 ошиби́вшийся 副分 ошиби́вшись 〚make a mistake〛 ①〈в圏〉…を間違える, 誤る, 失敗する, しくじる: ~ в расчётах 計算を間違える | ~ в вы́боре профе́ссии 職業の選択を誤る (b) …を見誤る, 誤解する, 見くびる: ~ в челове́ке …を見誤る ② 〈с圏〉〈同種の物を〉別の物と取り違える, 間違える: ~ а́дресом 住所を間違える | Вы ошибли́сь но́мером. 番号をお間違えです | *◆е́сли я не ошиба́юсь* 私が間違っていなければ, 確か
**\*оши́бк|а** [アシーブカ] 複複-бок [女2] 〚mistake, error〛① 誤り, 間違い, 手違い, ミス, 失敗: в расчётах 計算違い | враче́бная ~ 医療ミス | сде́лать большу́ю -у 大間違いをする | Это са́мая распространённая ~. それは非常によくある間違いだ ② 過ち, 過失: извле́чь уро́ки из оши́бок 誤りから教訓を導き出す ③ 誤差 *◆по-е* 間違って, 誤って; うっかりして 〔して〕
**оши́бочн|ый** 短 -чен, -чна [形1] 間違った, 誤った **-о** [副] // **-ость** [女10]
**ошива́ться** [不完] 《話》うろつく
**ошика́ть** 受過 -анный [完] 《話》〈団に〉「しっ!」と言って不興を表す 〔野次る〕
**ошмётки** -ов [複] [単 ошмёток -тка [男2]] 《俗》① (泥などの)塊 ② ぼろ革靴 ③ 屑, がらくた, 残骸
**ошпа́рить(ся)** [完] → шпа́рить
**ощети́нивать** [不完] / **ощети́нить** -ню, -нишь 受過 -ненный [完] 〈団〉〈…の〉毛を逆立てる
**ощети́ниваться** [不完] / **ощети́ниться** -нюсь, -нишься [完] ① (動物が)毛を逆立てる ② (動物の毛が)逆立つ ③ 〈на団に〉激怒する ④ 《不完》[受身] → ощети́нивать
**ощу́пывать** [不完] / **ощу́пать** 受過 -анный [完] 〈団〉 ① 〈…の(あちこちを)手で触る, …を撫でる ② 手で触って見つける, 探り当てる
**о́щупь** [女10] *◆на-* ~ 手探りで; 手で触った感じだと: *мя́гкий на* ~ 手触りが柔らかい
**о́щупью** [副] ① 手探りで ② 当てずっぽうに
**ощути́мый** 短 -и́м, **ощути́тельный** [形1] ① 感じられる, 感知できる ② 目立った, 著しい, 顕著な
**\*ощуща́ть** [アシュシャーチ] [不完] / **ощути́ть** [アシュチーチ] -ущу́, -ути́шь, 3人称 -ути́т 受過 -ущённый (-щён, -щена́) [完] 〚feel, sense〛〈團〉(а)感じる, 感知する, 知覚する: ~ боль 痛みを感じる | ~ зуд в теле 体にかゆみを感じる | ~ нехва́тку кислоро́да 酸素不足を感じる (b) 〈ある感情を〉味わう, 覚える, 感じる, 実感する: ~ си́льное чу́вство го́лода ひどい空腹感を覚える | ~ вкус свобо́ды 自由を味わう ② 認識する, 理解する: Я постоя́нно ощуща́л её подде́ржку. 彼女が支えてくれていると私は絶えず感じていた // **~ся** [不完] ① 感じられる, 感じ取れる, 気配がある ② 《不完》[受身]
**\*ощуще́ние** [アシュシェーニエ] [中5] 〚feeling, sensation〛 ①〔感知する〕こと: ~ бо́ли [уста́лости] 痛み [疲れ] を感じること ② 〚哲〛感覚, 知覚: слухо́вые [зри́тельные] -ия 聴 [視] 覚 | остро́та́ -ий 感覚の鋭さ ③ (聞いて・見て・してみて受けた)感じ, 感触, 印

象, 刺激: ～ ра́дости 喜び | полага́ться на свои́ -ия 自分の感覚を頼りにする

**ОЭЗ** [オエゼー] 《略》осо́бая экономи́ческая зо́на 経済特区

**ОЭСР** [オエエスエル] 《略》Организа́ция экономи́ческого сотру́дничества и разви́тия 経済協力開発機構, OECD

# П п

**п.** 《略》пара́граф; прика́з; пуд; пункт

**па́** (不変)[中]《バレエ》パ(ダンスのステップ)

**па́..** (接頭)《名詞》「…に似たもの」「…に準ずるもの」(★ 常にアクセントがある): па́дчерица 継娘

**паб** [男1]《若者》バー, 酒場

**публи́сити** (不変)[中](文) ①知られていること, 人気 ②広報活動, パブリシティー

**па́в|а** [女1] ①雌クジャク ②《話》気取ってしゃなりしゃなりと歩く女 **♦ходи́ть ～ой** 威張って歩く

**Па́вел** -вла [男1] パーヴェル(男性名; 愛称 Па́ша, Па́влик)

**павиа́н** [男1]《動》ヒヒ

**павильо́н** [男1] ①あずまや, 園亭 ②(屋根付きの)建物, 出店(でで), 店舗 ③展示館, パビリオン ④撮影・録音用のセット, スタジオ **∥～ный** [形1]

**павли́н** [男1]《鳥》クジャク **♦ходи́ть ～ом** 威張って歩く **∥～ий** [形9]

**Па́влов** [男姓] パヴロフ(Ива́н Петро́вич ～, 1849-1936; 生理学者, 条件反射学説)

**па́водок** -дка [男1] (豪雨・春の急速な雪解けによる)増水, 出水, 氾濫

**па́года** [女1] 仏塔, パゴダ

**па́губн|ый** 短-бен, -бна [形1] 破滅的な, 極めて有害な: -ое влия́ние 悪影響 | -ая привы́чка 悪習(ふう)

**па́далица** [女2]《集合》①こぼれ種 ②木から落ちた果実

**па́дать¹ / упа́сть** [ウパースチ] -аду́, -адёшь 命 -ади́ 過 -а́л 能過 -а́вший 副分 -а́в/-а́вши [完] [fall] ①落ちる, 墜落する: Кни́га упа́ла с по́лки на́ пол. 本が棚から床に落ちた ②倒れる, 転ぶ; 身を投げかける: па́дать на́взничь あおむけに倒れる | па́дать без созна́ния 彼女は気を失って倒れた ③(髪の毛・衣服などが)垂れる, 垂れ下がる: Во́лосы па́дают на пле́чи. 髪の毛が肩に垂れかかっている ④(光・影などが)あたる, 落ちる: (視線が)向けられる, 落ちる: Луч па́дает на доро́жку. 小道に光がさしている ⑤(力・勢いが)弱まる, 衰える; (水準・程度が)低下する, 落ちる; (数量・容量が)減少する; (価値・価格が)下落する: Давле́ние в баро́метре па́дает. 気圧が下がっている | Це́ны на това́ры па́дают. 物価が下落している ⑥悪化する, 衰える, 凋落する; 堕落する: Авторите́т президе́нта упа́л. 大統領の権威は失墜した **♦「к нога́м」「в но́ги** 図」…の足元にひれ伏す, …に懇願する

**па́дать²** [パーダチ] [不完] / **пасть¹** [パースチ] паду́, падёшь 命 пади́ 過 пал 能過 па́вший 副分 пав/па́вши [完] ①《на图に》(負担・責任などが)かかる, 落ちかかる; (疑いなどが)かかる: Забо́ты по хозя́йству па́дают на мать. 家事の切り盛りは母親にかかっている ②(動物・家畜が)死ぬ

**па́дать³** [パーダチ] [不完] ①(雨・雪が)降る: Ча́сто па́дает снег. 雪がよく降る ②《на图に》(ある時期に)あたる; (アクセントが)くる: Ударе́ние па́дает на после́дний слог. アクセントは最後の音節にある ③(髪・毛・羽・歯などが)抜ける, 抜け落ちる ④《俗》くたばる ⑤《若者》座る

**па́дающ|ий** [形6]《理》(光線などが)投射[入射]する **■-ая звезда́** 流星, 流れ星

**паде́ж** -а́ [男4]《文法》格: имени́тельный [роди́тельный, да́тельный] ～ 主[生, 与]格 | вини́тельный [твори́тельный, предло́жный] ～ 対[造, 前置]格 | ко́свенные ～и 斜格(主格以外の格) | зва́тельный ～ 呼格 **∥падёжн|ый** [形1] **■-ая грамма́тика** [言]格文法

**паде́н|ие** [パヂェーニエ] [中5] [fall, sinking, incident] ①落下, 墜落, 転倒 ②低下, 下落, 低落: ～ баро́метра 気圧計の下降 | Произошло́ ре́зкое ～ цен. 価格の急落が生じた ③衰退, 没落, 凋落: подъём и ～ культу́ры 文化の発展と衰退 | исто́рия взлёта и -ия импе́рии 帝国の隆盛と衰退 ④陷落, 瓦解, 滅亡: ～ ца́рского режи́ма 帝政の崩壊 ⑤《理》投射, 入射: у́гол -ия 入射角 ⑥堕落, 退廃 ⑦処女[童貞]喪失

**падёшь** [単未], **пади́** [命令] < **пасть¹,²**

**падиша́х** [男2] パシャ(中近東諸国の君主の称号)

**па́дкий** 短-док, -дка [形3]《до图/на图》…を渇望する, …が大好きな: ～ до сла́дкого 甘いものに目がない | ～ на де́ньги 貪欲

**паду́** [1単未] < **пасть¹,²**

**па́дуб** [男1]《植》モチノキ属

**па́дчерица** [女3] 継娘(ままむすめ)

**падь** [女10] ①《養蜂》アブラムシが分泌する甘い体液 ②峡谷 **∥па́девый** [形1]

**паево́й** [形2] 持ち分; 出資の, 株に～: ～ взнос 出資, 株 | ～ инвестицио́нный фонд オープンエンド型投資信託

**паёк** пайка́ [男2] 配給食糧: сухо́й ～ (通例支給される)携行[行動]食, 弁当 **∥пайко́вый** [形1]

**паз** 前 о-е, в -у́ 複 -ы́ [男1] ①溝, 隙間 ②ほぞ穴 **∥～овый** [形1]

**пазл** [男1] パズル

**па́зух|а** [女2] ①懐(ねとろ), 懐中: держа́ть за **-ой** 图 …を懐に入れている ②《話》くぼみ ③《解》洞 ④《植》葉腋 **♦жить как у Христа́ за ～ой** のんきに[安全に]暮らす | **носи́ть змею́ за ～ой** 獅子身中の虫を育む

**па́инька** 複生 -нек (女2変化) [男・女]《話》いい子, お利口さん

**пай¹** 前 о-е, в -е́/-ю́ 複 -и́, -ёв [男6] 出資割り当て, 共同出資, 出資金; 持ち分, 持ち株: внести́ ～ 出資金を出す **♦на пая́х** 《話》共同出資で; 割り勘で

**пай²** (不変)[男・女]《話・皮肉》= па́инька: ～ -ма́льчик お利口さん

**па́йка** 複生 па́ек [女2] はんだづけ(した箇所)

**па́йщи|к** [男2] **/-ца** [女3] 出資者, 株主

**пак** [男2] (極洋の)浮氷, 大氷塊

**пакга́уз** [男1] (駅・港・税関などの短期保管用の)倉庫; **~ы** 保管倉庫

**паке́т** [パキェート] [男1] [parcel, package] ①紙包み, 包み; (食品などの)紙袋, パック: ～ с проду́ктами 食料品の入った袋 | заверну́ть ве́щи в ～ 荷物を～包みにする | молоко́ в ～ах 紙パック入り牛乳 ②公用封書: секрета́рный ～ 機密文書 ③《書類・公文書の》一揃い, 一組, セット: ～ законопрое́ктов 法案関連文書の一揃い ④輸送用積荷の山, パッケージ ⑤《IT》(プログラムの)パッケージ; パケット **♦контро́льный ～ (а́кций)** [商]企業支配権(経営権を保持するのに十分な株式の持ち分) **∥～ный** [形1] <①④⑤

**паке́тик** [男2] 《指小～паке́т》小さな包み; レジ袋: ～ вам дать [ну́жен]? レジ袋はご入用ですか

**пакети́ровать** -рую, -руешь 受過 -анный [不完・完] 《印》梱包する, パッケージにする

**Пакиста́н** [男1] パキスタン(首都は Исламаба́д) **∥п～ский** [形3]

**па́кля** [女5] 麻屑, 亜麻屑

**пакова́ть** -ку́ю, -ку́ешь 受 過 -о́ванный [不完] / **за~, y~** [完]〈阿〉荷造りする, 包装する: ~ чемода́н スーツケースに荷物を詰める

**па́костить** -ощу, -остишь 命 -сти [不完] / **на~** 受過-кощенный [完] 〈話〉[完は **за~, ис~**]〈阿〉①汚す, 汚くする ②[完は **ис~**]〈阿〉駄目にする, 台無しにする ③〈与〉に嫌がらせをする, 害を与える

**па́костни|к** [сн] [男2] **-ца** [女3]〈話〉嫌がらせをする人, 卑劣漢

**па́костный** [сн] 短 -тен, -тна [形]〈話〉①不快な, いやらしい ②嫌がらせをする, 卑劣な

**па́кость** [女10]〈話〉①汚らわしい[不快な]もの ②卑劣な行為, 卑劣さ: де́лать ~ …に悪いことをする ③〈複〉…に悪口

**пакт** [男1]〈国家間の〉条約, 協定: ~ безопа́сности 安全保障条約 | ~ о ненападе́нии 不可侵条約

**пал** [過去・男] < **па́сть**[1,2]

**паланки́н** [男1]〈東洋の乗物の〉籠; おみこし

**палант**и́н [男1]〈毛皮・ビロード製の女性用の〉幅広肩掛け

**пала́с** [男1] 毛羽のない両面絨毯

*****пала́т|а** [パラータ] [女1]〖chamber, house〗①議会, 議院: ни́жняя [ве́рхняя] ~ 下[上]院 ②庁, 局, 院, 所〈国家機関の名称〉: кни́жная ~ 図書局 | суде́бная ~ 控訴院 ③病室: хирурги́ческая ~ 外科病室 ④《話》豪華な大広間; 〈戯〉〈一般住宅の〉大きな部屋
◆ **ума́ ~ у** 頭 …は非常にあふれている ■ **Обще́ственная ~ y** (ロシアの) 社会評議会 | **Оруже́йная ~** クレムリン軍事博物館 | **~ о́бщин** 庶民院 (英国・カナダ議会の下院) | **~ ло́рдов** 貴族院 (英国議会の上院) | **~ депута́тов** (フランスなどの) 下院 | **~ представи́телей** (日本の) 衆議院, (米国の) 下院 | **~ сове́тников** (日本の) 参議院 | **ца́рские -ы** 王宮 **//-ный** [形] <③

**палатализа́ция** [女9] 〖音声〗口蓋化

**палатализова́ть** -зу́ю, -зу́ешь 受 過 -о́ванный [不完・完]〈阿〉口蓋化させる **//~ся** [不完・完] 口蓋化する

**палата́льный** [形1] 〖音声〗口蓋化音の

*****пала́тк|а** [パラートカ] 複生 -ток [女2] 〖tent, kiosk〗①テント, 天幕: разби́ть [натяну́ть, поста́вить] ~ у テントを張る | снять [сверну́ть] ~ テントを取り払う [畳む] ②屋台, 売店, 露店: овощна́я [продукто́вая] ~ 野菜 [食料品] を扱う屋台 **//пала́точный** [形]

**Пала́у** (不変) [男1]〖地理〗パラオ

**пала́ццо** (不変) [中1] (イタリアの) 宮殿

**пала́ч** -а́ [男4]①死刑執行人, 刑吏 ②迫害者, 抑圧者 **//-еский** [形3] <①<② ②残酷な, 残忍な

**па́левый** [形1] (バラ色がかった) 淡黄色の, クリーム色の

**палёный** [形1] ①〈軽く〉焼いた, 焦がした ②《俗》捜索中の盗品の ③《若者》自家製の, 手作りの

**палео..** [語形成]「古代の」「旧…」「原始の」

**палео́граф** [男1] 古文書学者

**палеогра́ф|ия** [女9] 古文書学, 古文字学 ②古文書の文字や外形の特徴 **//~и́ческий** [形3]

**палео́|й** [男6] 〖地質〗古生代 / **палеозо́й|ский** [形3] : -ая э́ра 古生代

**палеоли́т** [男1] 〖考古学〗旧石器時代 / **палеолити́ческий** [形3] : ~ век [пери́од] 旧石器時代

**палеонто́лог** [男2] 古生物学者

**палеонтоло́г|ия** [女9] 古生物学 **//-и́ческий** [形3]

**Палести́н|а** [女1] パレスチナ (自治政府; 本部は Рама́лла) **//п~ский** [形3]

**палести́н|ец** -нца [男3] **-ка** 複生 -нок [女2] パレスチナ人 **//-ский** [形3]

**па́лех** [男2] ①П~ パーレフ (イヴァノヴォ州の町) ②パレフの細密画; パレフ塗りの民芸品 **// па́лехск|ий** [形3] : -ая миниатю́ра パレフ産細密画

*****па́лец** [パーリツ] -льца [男3] 〖finger〗①〈手・足の〉指; 〈手袋の〉指: большо́й ~ 親指 | указа́тельный ~ 人差し指 | сре́дний ~ 中指 | безымя́нный ~ 薬指 | ма́ленький ~ 小指 (мизи́нец) | грози́ть па́льцем 人差し指を立てて (いけませんよと) 警告する ②〖工〗ピン, カム ◆ **вы́сосать из па́льца** 〔話〕でっちあげる, でたらめを言う | **как по па́льцам** すらすらと, きちんと, 詳細に | **знать как свои́ пять па́льцев** …を (自分の5本の指のように) よく知っている | **обвести́ вокру́г па́льца** 〔話〕…をうまくだます, 手玉にとる | **о ~ о не уда́рить** 指1本動かさない, 全く何もしない | **па́льцы лома́ть** (悲しみ・心配などを) 見せる, 騒を掻きむしる | **па́льцем не тро́нуть** 〔話〕…に指1本触れない, 何の危害も加えない | **па́льцем не шевельну́ть [дви́нуть]** 手出ししない | **па́льцем пока́зывать на** …を非難する, 後ろ指を指す | **по па́льцам мо́жно пересчита́ть** 〔話〕…は指折りで数えるほどしかない, ほんのわずかだ | **попа́сть па́льцем в не́бо** 《話》とんちんかんなことを言う [する] | **смотре́ть сквозь па́льцы на** …を見て見ぬふりをする, 大目に見る

**палиндро́м** [男1] 回文 (前後どちらから読んでも同じ語 [句, 文]; шала́ш など)

**палиса́д** [男1] = палиса́дник **// ~ный** [形1]

**палиса́дник** [男2] ① 柵, 垣根 ②〈柵などで囲われた家の周囲の〉庭

**палиса́ндр** [男1] 紫檀, ローズウッド **//~овый** [形1]

**пали́тра** [女1] 〖美〗①パレット ②〈絵の〉色調, 配色 ③〈芸術家の〉表現技法, 表現力

**пали́ть**[1] -лю́, -ли́шь 受過 -лённый (-лён, -лена́) [不完] 〈阿〉①[完 **о~**]〈阿〉毛・羽毛を焼いて, あぶってきれいにする, 毛焼きする ②[完 **с~**]〈阿〉(a) 燃やす, 焼き払う (b) 焦がす, 焦がして駄目にする: Утю́г *пали́т* бельё. アイロンが洗濯物を焦がしている ③〈太陽が〉焼けるように [じりじり] 照らす

**пали́ть**[2] -лю́, -ли́шь [不完] / **вы́~** [完], **пальну́ть** -ну́, -нёшь [完] [一回]《話》(続けざまに) 撃つ, 一斉射撃する

*****па́лк|а** [パールカ] 複生 -лок [女2] 〖stick〗①棒; 杖, ステッキ: Стари́к идёт, опира́ясь на ~у. 老人が杖をついて歩いている ②棒状のもの [用具]: лы́жные ~ スキーのストック ③《話》〈棒の如く〉痩せきった人 ④《通例複》(刑罰として) 棒で殴ること, 笞刑 ◆ **вставля́ть ста́вить] ~и в колёса ~у** を故意に邪魔する, 妨害する | **из-под ~и** 〔話〕強制的に, 無理やりに | **~ о двух конца́х** 両刃の剣 | **~ о двух конца́х** 両刃の剣, 一長一短, 良くも悪くもなりうるもの | **перегну́ть -y** 極端に走る, やりすぎる

**паллиати́в** [男1] 〈文〉①緩和策 ②一時しのぎの手段, 姑息な手段 **//~ный** [形1]

**пало́мни|к** [男2] **-ца** [女3] 聖地巡礼者

**пало́мничать** [不完] 聖地巡礼する

**пало́мниче|ство** [中1] ①聖地巡礼 ②〈名所〉巡り, …詣で **//-ский** [形3]

*****па́лочк|а** 複生 -чек [女2] 〖stick〗①〖指小〈 па́лка〉〗短くて細い棒; 〈複〉箸: есть -ами 箸で食べる ②細長い棒状のもの: па́хучая ~ 線香 | волше́бная ~ 魔法の杖 ③〖医〗桿菌(菌): ■ ~ Ко́ха = туберкулёзная ~ 結核菌

**палочкови́дный** 短 -ден, -дна [形1] 棒状の, 桿(か)状の

**па́лочный** [形1] ①棒の, 棒による ②殴打 [強制, 抑圧] の, 苛酷な

**па́лтус** [男1]〖魚〗オヒョウ属: ло́жный ~ ヒラメ |

белоко́рый ~ オヒョウ | синеко́рый ~ カラスガレイ

\***па́луб|а** [女1] 〔海〕〔deck〕デッキ, 甲板: ве́рхняя ~ 上甲板 ②板張り, 板敷 // **—ный** [形1]

**пальба́** [女1] 〔話〕一斉射撃; その音

**па́льма** [女1] 〔植〕シュロ: коко́совая ~ ヤシ | фи́никовая ~ ナツメヤシ ◆ **~ пе́рвенства** 勝利の栄冠, 最優位

**Пальми́ра** [女1] パルミラ(シリアの古代遺跡) ■ **Се́верная ~** 北のパルミラ(サンクトペテルブルクの別称)

**па́льмовый** [形1] < па́льма: -ая ве́твь シュロ [ナツメヤシ] の枝(平和・勝利の象徴)

**пальну́ть** [完] → пали́ть²

**пальпи́ровать** -рую, -руешь 受過 -анный [不完・完][医]〔触診する

**пальтишко** 複 -шки, -шек, -шкам [中1] 〔話〕〔指小〕< пальто́

\***пальто́** [パリトー] (不変) [中] 〔overcoat〕オーバー, コート: мехово́е [демисезо́нное] ~ 毛皮の[スプリング] コート | наде́ть [снять] ~ オーバーを着る[脱ぐ]; горо́ховое ~ 国事探偵 // **—вый** [形1]

**пальцеви́д** [形2] пале́ц(па́лец)の

**па́льчатый** [形1] 指状の

**па́льчик** [男1] 〔指小〕< па́лец ① ②〔警察・隠〕指紋 ◆ **~ и обли́жешь [оближе́те]** (1)とてもおいしい (2)魅力たっぷりだ

**паля́щий** [形1] 激しい, 強烈な

**па́мпасы** -ов [複] パンパス(南米の大草原)

**па́мперс** [男1] 〔商標〕紙おむつ(★紙おむつを指す言葉として広く用いられる)

**памфле́т** [男1] (社会的・政治的風刺を目的とする) 時評文, 時事パンフレット

**памфлети́ст** [男1] памфле́т の作者

**па́мятка** 複生 -ток [女2] ①指針, 心得, 注意書き, 手引書 ② メモ, 覚え書

**па́мятливый** 短 -ив [形1] 〔話〕記憶力のよい

\***па́мятник** [パーミトニク] [男1] 〔monument〕
① 〈与〉人の記念碑, 記念像: ~ Пу́шкину プーシキンの像 | поста́вить ② ...の記念碑を建てる
② 墓碑 ③ (過去の文化の)記念物, 遺物, 遺跡; (古い時代の)文学作品, 文献: археологи́ческие ~и 考古学的遺物 | ~и пи́сьменности 古文献
④ 〈俗・戯〉成功者 ◆ **~ приро́ды** 天然記念物

**па́мятн|ый** 短-тен, -тна [形1] ①記憶に残る, 忘れられない, 思い出の: ~ день жи́зни 生涯の忘れえぬ一日 ② (長尾)記憶のための, メモをする: ~ая кни́жка メモ帳, 備忘録 ③ (長尾)記念の

**па́мятовать** -тую, -туешь 副分 -туя [不完] 〈о 前 о́ком〉 ...のことを〕覚えている(★通例副分で用いる)

\***па́мят|ь** [パーミチ] [女10] 〔memory〕①記憶, 物覚え; 記憶力: коро́ткая [кури́ная] ~ 記憶力が悪い | У него́ хоро́шая ~. 彼は記憶力がいい | сохрани́ть в -и 記憶にとどめる | потеря́ть ~ 記憶を失う | в здра́вом уме́ и твёрдой ~-и 頭も記憶もしっかりした状態で | Это́ ещё свежо́ в мое́й ~-и. そのことはまだ私の記憶に新しい ②思い出, 記憶; 記念, 記念品; 追憶, 追悼: ~ ~нить ~ об отце́ 父の思い出を記憶にとどめる ③ 意識, 正気 ④ 〔IT〕メモリ, 記憶装置 ◆ **без ~ -и** (1)気を失って, 意識不明で (2)我を忘れて, 夢中になって: Он люби́т её без ~-и. 彼は彼女に夢中だ | **в ~ | о 前い** ～を記念して, ～に敬意を表して: пода́рок в ~ о встре́че 出会いを記念してのプレゼント | **ве́чная ~ 与** ～が永遠に追憶されんことを(弔辞などの慣用表現) | **на ~ = по ~ -и** (1)そらで, 暗記して | **по ста́рой ~ -и** 昔のよしみで: 昔とった杵柄で | **Дай Бог ~ -и.** 何だったかな(思い出そうとして発する言葉)

**пан** 複 -ы́ [男1] ①(ポーランド・チェコなどで, 男性の名に付けて)さん, ...様 ②(昔のポーランド・ウクライナ・ベラルーシなどの)地主, 旦那 ◆ **~ и́ли пропа́л** 〔話〕のるかそるか, のるかそるか

**пан..** [語形成] 「汎…, 全…」

**панаги́я** [女9] 〔正教〕聖母マリアの絵がはめ込まれたメダルの首飾り(主教が着用する)

**пана́ма** [女1] ① П~ パナマ共和国 ②パナマ帽

**панамери́канский** [形3] 汎アメリカ主義の

**Пана́мский кана́л** [形3-男1] パナマ運河

**панаце́я** [女6] 〔文・皮肉〕万能薬

**панба́рхат** [男1] パンベルベット(布地の一種)

**панголи́н** [男1] 〔複〕〔動〕センザンコウ目

**па́нда** [女1] 〔動〕ジャイアントパンダ(больша́я ~)

**панде́мия** [女9] ①〔医〕(感染症が爆発的に大流行すること)(爆発的に大流行した)感染症, 流行病

**па́ндус** [男1] 〔建〕(階段にかわる)傾斜面, スロープ

**панеги́рик** [男2] ①頌詩 ② 〔文〕(過度の)賛辞 // **панегири́ческий** [形3]

**панегири́ст** [男1] ①頌詩作者 ②〔文〕やたらに褒めそやす人

\***панелево́з** [男1] (プレハブ建築の)パネル運搬車

**пане́ль** [女10] ①〔sidewalk, panel〕①歩道, ② (壁の)腰板, 羽目板 ③ (プレハブ建築の)パネル ④制御盤, 計器盤, パネル ■ **~ инструме́нтов** 〔コン〕ツールバー | **пло́ская ~** [コン・TV] フラットパネル // **пане́льный** [形1]: ~ дом パネル工法による住宅

**панибра́тство** [ц] [中1] ①〔話〕馴れ馴れしい態度, 遠慮のない間柄 // **—ский** [ц] [形3]

\***па́ник|а** [女2] 〔panic〕パニック, 恐慌, 大混乱: впасть в -у パニックに陥る | быть в (по́лной) ~-е 慌てている

**паникади́ло** [中1] (教会の)大シャンデリア, 大燭台

**паникёр** [男1] / **~ша** [女4] パニックに陥りやすい人; パニックを煽りたてる人

**паникова́ть** -ку́ю, -ку́ешь [不完] 〔話〕パニックに陥る, あわてまくる

**паниро́вочн|ый** [形1]: -ые сухари́ パン粉

**панихи́д|а** [ц] [女1] 追善供養; 〔正教〕パニヒダ // **—ный** [形1]

**пани́ческий** [形3] ①パニック状態の, パニック[混乱]を引き起こすような ②パニックに陥りやすい, すぐにうろたえる: ~ страх 大恐怖

**па́нк** [男2] (スタイルとしての)パンク: ~-гру́ппа パンクロックグループ // **—овский** [形3]

**панкрати́ческий** [形3] (レンズなどが)調節自在な: ~ объекти́в 〔写〕ズームレンズ

**па́нкреа|с** [男1] 〔解〕膵臓 // **—ти́ческий** [形3]

**панкреати́т** [男1] 〔医〕膵臓炎

**па́нк-рок** [不変]-[男2] 〔楽〕パンク・ロック

**панно́** (不変) [中] (天井・壁にはめた)装飾用浮彫り, 絵, モザイク

**пано́птикум** [男1] (蝋人形などの)珍しいものの陳列館; そのコレクション

**панора́ма** [女1] ①全景, 展望, パノラマ ②パノラマ(装置) ③概況, 展望 ④〔軍〕(大砲の)全視照準器 // **панора́мный** [形1]: -ая съёмка パノラマ撮り

**пансио́н** [男1] ①(小規模の)宿, ペンション ②(旅行で, 食事その他の)フルサービス: по́лный ~ フルペンション, 1泊3食付き ③(帝政ロシア・外国の)全寮制中等学校

**пансиона́т** [男1] ペンション

**пансла́вии|зм** [男1] 汎スラヴ主義

**пансла́вист** [男1] 汎スラヴ主義者

**пансла́вский** [形3] 汎スラヴ主義(者)の

**панта́лык** -а/-у [男2] 〔話〕 ◆ **сбить ② с ~у** 当惑させる, 狼狽させる | **сбиться с ~у** 当惑する, 狼狽する

**пантеи́зм** [男1] 〔宗〕汎神論 // **—исти́ческий** [形3]

**пантеи́ст** [э] [男1] 汎神論者

**пантео́н** [э] [男1] ①〈古・古い〉パンテオン, 万神殿 ②偉人たちを合祀した霊廟 ③(多神教における)諸々の神々 ④〈文〉(傑出した人物・作品・出来事などの)殿堂, パンテオン

**панте́ра** [э] [女1] [動]ヒョウ

**панто́граф** [男1] [技・鉄道]パンタグラフ

**пантоми́м|а** [女1] パントマイム **/–и́ческий** [形3]

**па́нцырь** -ов [複] 鹿の袋角

**па́нцир|ь** [男5] ①鎧帷子 (かたびら), 鎧 ②(亀・ワニの)甲羅 ③(軍艦・列車の)装甲・硬い鞘・ **/–ный** [形1]

**па́нъевропе́йский** [形3] 汎ヨーロッパ主義の

*__па́па¹__ [パーパ] (女1変化) [男] [dad, papa] 〈話〉パパ, お父さん ②(ねじ・プラグなどの)オス: ~ с ма́мой 〈通信〉モジュラージャック

*__па́па²__ (女1変化) [男] [Pope] ローマ教皇 [法王] (П- Ри́мский)

**папа́йя** 複生 -а́й [女7] [植]パパイア

**папара́цци** [男] [папарацци] 複 パパラッチ

**папа́ха** [女1] パパーハ (背の高い円筒形の毛皮帽)

**папа́ша** (女4変化) [男] 〈俗〉= па́па¹ ②(呼びかけ)おじさん, おっちゃん

**па́перть** [女10] 教会の入り口前の階段

**папи́зм** [男1] ローマカトリック教の制度 [教義, 儀式]

**па́пик** [男2] 《若者》いい年をした男性

**папильо́тка** (ё) 複生 -ток [女2] カールペーパー, 毛巻き紙

**па́пин** [形11] 《話》< па́па

**папиро́с|а** [女1] (吸い口付きの)紙巻きたばこ: па́чка *папиро́с* たばこ1箱 **/–ный** [形1]

**папи́рус** [男1] ①[植]パピルス, カミガヤツリ ②パピルス紙, パピルス文書 **/–ный** [形1]

**папи́ст** [男1] ローマカトリック教徒

*__па́пк|а__ 複生 -пок [女2] [folder] ファイル, 紙ばさみ, 書類入れ: [コン]フо́лдеру: подши́ть бума́ги в -у 書類をファイルに綴じる

**па́поротник** [男2] [植]シダ **/–овый** [形1]

**па́почка** 複生 -чек (女2変化) [男] [愛称]< па́па¹ ②[女] [指小]< па́па

**па́пский** [形3] ローマ教皇 (па́па²) の

**па́пство** [中1] ローマ教皇 (職位), 教皇制度

**папье́-маше́** (不変) [中] 混凝紙, 張子

*__пар__ -а/-у о-е, в/на -у́ [男1] [steam] ①蒸気, 水蒸気, スチーム: преврати́ться в ~ 蒸気になる, 気化する | вари́ть на -у́ 蒸す, ふかす ②湯気; 白い息; もや, 霧: Из самова́ра идёт ~. サモワールが湯気を立てている | ~ от дыха́ния 白い息 ③ [複] (ある種の物質の)蒸発気体、蒸気 ④[農]休耕地

♦*__на всех -а́х__* (汽車・汽船が)全速力で ②大急ぎで, まっしぐらに | *__под -а́ми__* (1) (汽車・汽船の)使用が終っている (2) 《俗》酔っ払っている | *__подда́ть ~у__* 《話》(1) (サウナの)蒸気を強める (2) 精を出す, 馬力をかける | *__С лёгким -ом!__* 良いお風呂でしたね, 良い風呂を (蒸風呂から上がった人への挨拶; 昔は入る前にも言われる) | *__зада́ть -у__* 厳しく叱る

*__па́р|а__ [パーラ] [女1] [pair, couple] ①(2つから成る) 1組, ペア, 1足; (靴の)片方: ~ перча́ток 手袋1組 | две́ -ы боти́нок 靴2足 | 《話》2個: купи́ть -у я́блок リンゴを2つ買う ②2人1組, 1ペア, カップル; (2人1組の)片方の人, パートナー: танцу́ющая ~ ダンスのペア | супру́жеская ~ 1組の夫婦 | гуля́ть -ами カップルで散歩する ④《述語》(否定語と伴って) 〈話〉(〈噂〉に)相手として釣り合わない, ふさわしくない: Она́ тебе́ не ~. 彼女は君には釣り合わない ⑤男性服1揃い, スーツ ⑥2頭立ての馬 [馬車] ⑦《俗》少し, ちょっと ⑧《俗》(5点満点の)2点 (дво́йка) ⑨《学生》2コマ連続の講義 ♦*__на –у с__* 回 《俗》…と一緒に, 2人で | *__~ пустяко́в__* 《話》とても簡単なこと, 朝飯前

**парабе́ллум** [男1] 自動拳銃

**пара́бола** [女1] ①《数》放物線 ②たとえ話, 寓話

**параболи́ческ|ий** [形3] ①《数》放物線の, 放物線状の: *–ая анте́нна* パラボラアンテナ ②たとえ話の

**пара́граф** [男1] 項, 節, 段落, パラグラフ; 段落記号 (§)

*__пара́д__ [男1] [parade] ①パレード, 行進; 観兵式: пройти́ *–ом* パレード行進する ②〈話〉盛装, おめかし: при (по́лном) *–е* おしゃれして, 着飾って

**пара́д-алле́** [男1] -[Х-ску] (サーカスなどの)パレード

**паради́гма** [女1] 《文法》パラダイム, 語形変化表; 語形変化体系

**пара́дно-выходн|о́й** [形2]: *–а́я фо́рма* 《軍》軍事パレード用制服

**пара́дность** [女10] 壮麗さ; 誇示

**пара́дный** 短 -ден, -дна [形1] ①《長尾》パレードの, 式典用の ②盛大な, 晴れやかな ③見せかけの, 大げさな ④《長尾》(建物の出入り口が)正面の, 表の: *~ подъе́зд* 正面玄関

*__парадо́кс__ [男1] [paradox] ①逆説: ~ лжеца́ 嘘つきのパラドックス ②《話》つじつまの合わないこと

*__парадокса́льн|ый__ -лен, -льна [形1] [paradoxical] 逆説的な, 奇異な, 信じがたい **/–о** [副]

**парази́т** [男1] ①《生》寄生植物, 寄生虫 ②寄生虫のような人間, 徒食者 **/–ный** [形1] <①

**паразита́рный** 短 -рен, -рна [形1] ①《長尾》寄生動物 [植物] の, 寄生虫による ②寄生的な

**паразити́зм** [男1] ①《生》寄生, 寄生生活, 徒食 **/–и́ческий** [形3]

**паразити́ровать** -рую, -руешь [不完] ①《生》寄生する ②寄生的生活する

**парализо́ванный** [形1] 麻痺している

**парализова́ть** -зу́ю, -зу́ешь 受過 -о́ванный [不完・完] ①麻痺させる; 動けなくする: Права́я рука́ *парализо́вана*. 右手が麻痺した ②無力化する

**Паралимпиа́да** [女1] パラリンピック **/пара-лимпи́йск|ий** [形3]: *–ие и́гры* パラリンピック

**парали́тик** [男2] 《話》麻痺患者, 中風患者

**парали́|ч** -а́ [男4] ①麻痺, 不随; 中風: Его́ разби́л ~. 彼は中風にかかった ②停滞, 麻痺状態 **/–ный** [形1], **–ти́ческий** [形3]

**паралла́кс** [男1] 《天・理》視差

**параллелепи́пед** [男1] 《数》平行6面体

**параллели́зм** [男1] ①《数》平行 ②並行関係, 相同, 重複 ③詩対句法

**параллелогра́мм** [男1] 《数》平行四辺形

**паралле́ль** [女10] ①《数》平行線 ②《地》緯線 ③相似, 類似物 ④対比, 比較: провести́ ~ ме́жду двумя́ собы́тиями 2つの事件を対比させる

*__паралле́льно__ [parallel] I ~ [副/с回など] (空間的に)平行して: У́лицы иду́т ~ друг дру́гу. それらの通りは平行して走っている ②<с回>〈時間的に〉同時進行して, 並行して: смотре́ть телеви́зор и выполня́ть рабо́ту ~ テレビを見ながら仕事をするを同時並行して行う ③《若者》興味がなしに, 無関心に II [無人述] どうでもいい

*__паралле́льн|ый__ -лен, -льна [形1] [parallel] ①《数》平行の: *~ая ли́ния* ②同様な, 同時進行で行われる *–ые бру́сья* 《スポ》平行棒 | *~ телефо́н* 共同回線 **/–ость** [女10]

*__пара́метр__ [男1] [parameter] ①《数》パラメーター, 媒介変数; [理・エ]パラメーター, 変数, 特性値[指数]; 設定値: при измене́нии *–ов* систе́мы システムのパラメーターを変更する際に ②程度, 規模, 限度 **/–и́ческий** [形3]

**паранау́ка** [女2] 超常現象研究

**паранджа́** [形変化-ей] [女4] 《イスラム》ブルカ(女性が着用するベール付きの長衣)

**парано́ик** [男2] 〖医〗パラノイア患者, 偏執狂 // **-и́ческий** [形3]

**парано́йя** [女7] 〖医〗パラノイア, 偏執病

**паранорма́льный** [形1] 超常的な, 科学で説明できない

**парапе́т** [男1] 手すり, 欄干

**пàрапсихоло́гия** [女9] ① 超心理学 ② テレパシー // **-и́ческий** [形3]

**Параске́ва** (形10変化) [女名] 〖正教〗聖なパラスケヴァ // **Де́нь -ы** 〖暦〗聖パラスケヴァの日(10月27[旧暦14]日)

**парати́ф** [男1] 〖医〗パラチフス

**парафи́н** [男1] パラフィン // **-овый** [形1]

**парафи́ровать** -рую, -руешь 受過-анный [不完・完] 《外交》仮調印する

*****парашю́т** [у] [男1] [parachute] パラシュート, 落下傘: пры́гать с ~ом パラシュートで降下する // **-ный** [形1]

**парашюти́зм** [у] [男1] パラシュート降下術〖競技〗

**парашюти́ст** [у] [男1] // **-ка** 複生-ток [女2] パラシュート競技者: 落下傘兵

**пардо́н** [間]《話・戯》すみません, 失礼

**паре́з** [男1] 〖医〗不全麻痺

**парено́к** -нька́ [男2]《話》(指小)< **па́рень** ①

**па́рение** [中5] 〈< **па́рить**①〉蒸すこと

**паре́ние** [中5] 〈< **пари́ть**①〉空中を舞うこと

**па́реный** [形1] 蒸した

*****па́рень** [パーリン] -рня 複-рни, -рней [男5] [boy, guy]《話》①(未婚の)若者, 青年: -ни и де́вушки 若者たちと娘たち | молодо́й ~ 若者 | отли́чный [симпати́чный] ~ 素晴らしい [感じのいい] 若者 ②《話》男, やつ: свой ~ 仲間, 身内 ③《話》彼氏, ボーイフレンド

**пари́** (不変) [中] 賭け: держа́ть ~ 賭けをする

**Пари́ж** [男4] パリ (フランスの首都)

**парижа́нин** -а́нне, -а́н [男10] // **-ка** 複生-нок [女2] パリ市民, パリっ子

**пари́жский** [形3] パリ(Пари́ж)の // **-ая зе́лень** 花緑青, パリス・グリーン(顔料) | **-ая лазу́рь** 紺青(顔料) | **П-ая комму́на** パリ・コミューン(1871年)

**пари́к** -а́ [男2] かつら // **-о́вый** [形1]

**парикма́хер** [男1] /《話》**-ша** [女4] 理髪師, 理容師, 美容師 // **-ский** [形3]

*****парикма́херская** (形3変化) [女] [hairdressing salon, barber's] 理髪店, 美容院

**пари́лка** 複生-лок [女2] 《話》= **пари́льня**

**пари́льня** -лен [女5] ①《話》(蒸し風呂の)蒸し部屋 ② 蒸気室

**пари́ровать** -рую, -руешь 受過-анный [不完・完][完また **от-**]〈完〉①(フェンシングで)はらう, かわす ② 反駁する, 切り返す

**парите́т** [男1] ① 同等, 対等, 同格 ②《経》等価, パリティー: **-золото́й** ~ 金平価

**парите́тный** [形1] 同等の, 対等の: на -ых нача́лах 対等の条件で

**па́рить** -рю, -ришь, -ренный [不完]〈受過〉①[完 **y-**]〜を蒸し煮する: ~ карто́шки ジャガイモを蒸す ②[完 **вы́-**](а)蒸気[熱湯]で処理[殺菌]する;《話》(患部を)蒸気[湯]で温める (b)[完](蒸し風呂で汗を出すためにたたいて)叩く ③(通例無人称)蒸す, 蒸し暑い: Сего́дня па́рит. きょうは蒸し蒸しする

**пари́ть** -рю́, -ри́шь [不完](鳥・グライダーが)滑空する;(飛行機が)空高く飛ぶ ◆ **~ в облака́х**《皮肉》空想にふける

**па́риться** -рюсь, -ришься [不完] ①《受身》< **па́рить** ②《話》とても暑い状態にある ③《話》<на中澳に>悪戦苦闘する ④《若者》ひどく心配する ◆ **Не па́рься!** くよくよするな; もっと気楽に考えろ

**па́рия** (女9変化) [男・女] ① パーリア (インドのカーストの最下層民) ② 社会から見捨てられた人, 無権利の人間

*****парк** [パールク] [男2] [park] ① 公園, 庭園: гуля́ть в ~е 公園を散歩する | ~ культу́ры и о́тдыха 文化と休息の公園 | национа́льный ~ 国立公園 ②(電車・バスの)車庫, 修理場 ③〖軍〗物資庫, 補給廠(ショウ) ④(車両・生産機材などの)保有総数 // **-овый** [形1]

**па́рка** 複生-рок [女2] ① フード付きジャケット ② = **паре́ние**

**парке́т** [男1] ①〖集合的〗寄せ木 ② 寄せ木張りの床 // **-ный** [形1]

**парке́тчик** [男2] 寄せ木工

**па́ркинг** [男1] 〖軍〗駐車場

**паркова́ть** -ку́ю, -ку́ешь 受過-о́ванный [不完]**при-** [完]〈受過〉駐車する // **-ся** [不完]/[完] 駐車する

**парко́вка** 複生-вок [女2] 駐車

*****парла́мент** [男1] [parliament] ① 国会, 議院, 議会: чле́ны -а 国会議員 | се́ссия -а (開会中の)国会, 会期 | двухпала́тный [однопала́тный] ~ 二院制[一院制]国会 ②〈戯〉熱を帯びて騒然となった議会[集まり]

**парламентари́зм** [男1] 議会政治, 議会制度 // **парламента́рный** [形1]

*****парламента́рий** [男1] [parliamentarian] 国会議員 (член парла́мента)

**парламентёр** [男1] 〖軍〗軍使

*****парла́ментский** [ц] [形1] [parliamentary] ① 国会[議員, 議会]の: -ая делега́ция 国会代表団 | ~ комите́т 国会の委員会 ② 議会制度のある, 国会[議会]を有する: **-ие стра́ны** 議会制を採用する諸国

**па́рма** [女1] 〖方〗針葉樹林, タイガ

**Парна́с** [男1] ① П~ 〖ギ神〗パルナソス(山)(アポロとミューズが住むという) ② ⟨比⟩詩壇

**парна́я** (形2変化) [女]《話》= **пари́льня**①

**парни́к** -а́ [男2] 温室, 温床 // **парнико́вый** [形1]: ~ эффе́кт (地球の)温室効果 | **-ые расте́ния** 温室植物 | ~ газ 温室効果ガス

**парни́шка** 複生-шек (女2変化) [男]《話》男の子, 少年

**парно́й** [形2] ①(牛乳が)搾りたての;(肉・魚が)冷凍でない, 新鮮な ②《話》むしむしする, 蒸し暑い

**парноко́пытные** (形1変化) [複名] 〖動〗偶蹄目

**па́рный** [形1] ① 対を成す, 対の片方の ② 2頭立ての ③ 2人1組の: **-ая игра́ в те́ннис** テニスのダブルス

**па́рня** [単名:生格] < **па́рень**

**паро..** (語形成)「蒸気の」

**парови́к** -а́ [男2] ① ボイラー ②《話》蒸気機関車

**парово́з** [男1] 蒸気機関車, SL // **-ный** [形1]

**парово́й** [形2] ① 蒸気の, 蒸気の力による ② 蒸して調理した: **-бе мя́со** 蒸し肉 ③ 休耕(地)の

**пароди́йный** 短-и́ен, -и́йна [形1] パロディーの

**пароди́ровать** -рую, -руешь 受過-анный [不完・完]〈受過〉パロディー化する, もじる

**пароди́ст** [男1] パロディー作者; 物まね芸人

**паро́дия** [女9] ① パロディー ② 下手なまね

**паро́к** -рка́ [男2](指小< **пар**¹)湯気, もや

**пàрокси́зм** [男1] ①〖医〗発作 ②《文》(感情などの)激発

**паро́ль** [男5] [password] ① 合言葉, 暗号 ②〖パ〗パスワード: ввести́ ~ パスワードを入力する // **-ный**

[形1]

**паро́м** [男1] フェリー；平底の渡し舟，渡しいかだ ② 浮橋 **∥～ный** [形1]

**паро́мщик** [男2] 渡し守

**парообра́зный** [形1] 蒸気のような，蒸気を発する

**парообразова́ние** [中5]〔理・工〕蒸発，気化

**паросило́в|ой** [形2] 汽力の：*-а́я* устано́вка 汽力発電所，蒸気機関

**паростру́йный** [形1] 蒸気噴射の

*парохо́д** [男1]〔steamship〕汽船：пассажи́рский ～ 客船｜грузово́й ～ 貨物船｜с доста́вкой на ～ 本船渡し｜е́хать на ～*е* 汽船で行く **∥～ный** [形1]

**парохо́дство** [中] (1) 汽船会社；船舶局

**па́рочка** 複生 -чек [女2]〔指小〕< па́ра①④⑥

**парсу́на** [女4]〔美〕パルスーナ(平面的でプリミティブな肖像画；17世紀)

**парт..**〔語形成〕「党の」

*па́рт|а** [女4]〔school desk〕(学校の)腰かけ付き机: сесть за *-у* 腰かけ付き机に着席する；勉強を始める

**партакти́в** [男1]〔政〕党活動家

**партбиле́т** [男1]〔政〕党員証

**парте́р** [э] [男1]〔parquet〕① (劇場の)平土間，1階観覧席：Мы сиде́ли в ～*е*〔тре́тьем ряду́〜*а*〕. 私たちは1階観覧席(1階の3列目)に座っていた ② (芝生・花壇・噴水などのある)公園や庭園内の広場 **∥～ный** [形1]

**парти́|ец** -и́йца [男3] / **-йка** 複生 -и́ек [女2]〔話〕ソ連共産党員

*партиза́н** 複生 -за́н [男1] / **-ка** 複生 -нок [女2]〔partisan, guerrilla〕パルチザン，ゲリラ

**партиза́нить** -ню, -нишь [不完]〔話〕パルチザン[ゲリラ]活動をする，パルチザン[ゲリラ]として戦う

**партиза́нск|ий** [形3] パルチザンの，ゲリラの：*-ая* война́ パルチザン戦争，ゲリラ戦 ② (非難)無計画な，無秩序な

**партиза́нство** [中1] パルチザン活動，ゲリラ戦

**партиза́нщина** [女1] (非難)非組織的で無規律な行動

**парти́йность** [女10]〔政〕① 党員であること，党籍 ② 党派性

*парти́йн|ый** パルチーイヌィ 短 -и́ен, -и́йна [形1]〔party〕〔政〕①〔a〕(左翼)党の，党員たる：*-ое* руково́дство 党指導部 ② 党の理念にかなった，党派的な：～ спи́сок 政党名簿 **③～** [男名] / **-ая** [女名] ソ連共産党員

**партиту́ра** [女1]〔楽〕総譜，スコア

*па́рт|ия** パルチヤ [女9]〔party〕①〔政〕政党，党：коммунисти́ческая ～ 共産主義政党｜вступи́ть в *-ию* 入党する｜Каку́ю *-ию* вы подде́рживаете? あなたはどの党を支持しますか ② 派，分派；文学上の派閥 ～ литерату́рная ～ 文学上の派閥 ③ 集団，グループ，隊，一団：～ спаса́телей 救助隊 ④ (商品などの)まとまった量，ロット，ロット：больша́я ～ гру́за 大口貨物 ⑤〔楽〕一声部；パート譜；(オペラの)ソロの役 ⑥ (チェス・トランプの)1ゲーム，ひと勝負，そのメンバー：ша́хматная ～ チェスの1局｜соста́вить *-ию* 勝負他作る ⑦ 結婚；よい結婚相手：Он тебе́ не ～. 彼は君には似合わない

**партко́м** [男1] 党委員会

*партнёр** [パルトニョール] [男1]〔partner〕① [/～**ша** [女4]〔話〕]パートナー，相手，共演者；(仕事・事業などの)相手，相方：～ по ка́ртам トランプの相手｜～ по домовладе́нию 家の共同所有者 ②〔公〕(共同事業の)参加者，パートナー：делово́й ～ ビジネスパートナー｜～ по би́знесу ビジネスパートナー ③ (同盟・条約などの)参加国，相手国 **∥～ский** [形3]

**партнёрство** [中1] パートナーシップ，協力，提携

**парто́рг** [男1] 党オルグ(парти́йный организа́тор)

**партторганиза́ция** [女9] 党組織

**па̀ртста́ж** [男4] 党歴，党員としての経歴

**па̀ртсъе́зд** [男1] 党大会

*па́рус** 複 -а́ [男1]〔sail〕〔海〕帆: подня́ть ～*а́* 帆を上げる ◆на все́х ～*а́х* 満帆で；全速力で

**паруси́н|а** [女1]〔集合〕帆布，ズック靴 **∥～овый** [形1]

**пару́сить** -сит, **пару́сить** -сит [不完]〔話〕風をはらむ，風で傾く，風でふくらむ

**па́русник** [男2] ① 帆船，ヨット ② 帆船船員；ヨット競技者 ③〔昆〕アゲハチョウ

**па́русный** [形1] < па́рус: ～ спорт ヨット競技

**парфюме́р** [男1]〔香料〕製造者

**парфюме́рия** [女9] ① (集合)香水類，香料 ② 香水[香料]製造 **∥～ный** [形1]

**парча́** [女4] 錦，金襴 **∥～о́вый** [形1]

**парша́** [女4] 疥癬(かいせん)；(話)かさぶた，吹き出物

**парши́вец** [男2] ① 疥癬(かいせん)にかかった ② (俗)悪い，汚らしい，ろくでもない

**пас** [男1]〔スポ〕パス ②〔間〕(トランプで)パス ③〔述語〕(話)手に負えない，お断りで: В э́том де́ле я ～. そんなことは御免だ

**па́сека** [女2] 養蜂場 **∥па́сечный** [形1]: *-ое* хозя́йство 養蜂業

**па́сечник** [男2] 養蜂業者；養蜂場の所有者

**па́сквиль** [男5] 誹謗文，中傷文

**пасквиля́нт** [男1] 誹謗文(中傷文)の作者；誹謗家

**паску́дный** 短 -ден, -дна [形1]《俗》忌まわしい，卑劣な

**паслён** [男1]〔植〕ナス属

**па́смо** [中1] 紡糸の1巻き(通例100m)

**па́смурно I** [副] 陰気に，陰鬱に **II** [無人述] ①〔気象〕曇り ② どんよりしている，今にも雨が降りそうだ ③ 陰気だ，憂鬱だ

*па́смурн|ый** 短 -рен, -рна [形1]〔cloudy, gloomy〕①〔気象〕曇りの：*-ая* пого́да〔気象〕曇り ② どんよりした，今にも雨が降りそうだ ③ 陰気な，憂鬱な **∥～ость** [女10]

**пасова́ть¹** -су́ю, -су́ешь [不完] / **с～**[完] (トランプで) パスする ② <пе́ред 造>に降参する：～ пе́ред опа́сностями 危険に屈する

**пасова́ть²** -су́ю, -су́ешь [完][受過 -óванный] [不完] / **пасону́ть** -ну́, -нёшь [完] / **пасну́ть** -ну́, -нёшь [完] [一回]〔スポ〕<与>パスする

**па́сочница** [女3] パスハ(па́сха；復活祭用の菓子)のピラミッド型の木型

*па́спорт** 複 -а́ [男1]〔passport, registration〕～ 国内パスポート，身分証明書: вну́тренний ～ 国内パスポート(身分証明書；ロシア連邦では14歳で交付；20歳，45歳で切り替え)｜заграни́чный ～ 国外旅行用パスポート｜служе́бный [официа́льный] ～ 公用パスポート｜вы́дать (получи́ть) ～ パスポートを交付[受領]する｜предъяви́ть ～ パスポートを提示する ② (機械・設備・建築物などの)登録証明書，仕様書 **∥～ный** [形1]

**паспорти́ст** [男1] / **-ка** 複生 -ток [女2] パスポート課職員

**пасса́ж** [男4] ① (商店街としての)アーケード，パサージュ ②〔楽〕パッセージ，経過句

*пассажи́р** [パッサジール] [男1] / **-ка** 複生 -рок [女2]〔passenger〕旅客，乗客：*-ы* по́езда 列車の乗客｜зал для ～*ов* 乗客用待合室

**пассажиропото́к** [男2] 乗客の流れ；(一定の方向へ行く)乗客の数

**пассажи́рский** [形3] 旅客[乗客](用)の: ～ самолёт 旅客機

**пасса́т** [男1] 《複》《気象》貿易風 **//-ный** [形1]

**пассати́жи** [-жей, -жкам] [複] 組み合わせプライヤ

**пасси́в** [男1] ①《商》負債, 債務 (↔акти́в) ②欠点, 弱点 ③《文法》(動詞の)受動相

\***пасси́вн|ый** 短 -вен, -вна [形1] [passive] ①消極的な, 非活動的な, 無関心な; 受け身の: ～ челове́к 消極的な人 ②《商》負債の, 債務の: ～ бала́нс《経》赤字 ③めったに利用されない ④《文法》受身の, 受動の (↔акти́вное) **//-ое избира́тельное пра́во**《政》被選挙権 **//-ость** [女10] <①

**па́ста** [女1] ①ねり物, ペースト: зубна́я ～ ねり歯みがき ②《料理》(イタリア料理の)パスタ

**па́стбищ|е** [зб/зд/б] [中2] 牧場, 放牧地 **//-ный** [形1]

**па́ства** [女1]《集合》《宗》教区信徒

**пасте́л|ь** [э] [女10] パステル; パステル画 **//-ьный** [形1]

**пастериза́ция** [э] [女9] パストゥール式殺菌法, 低温殺菌(法)

**пастеризова́ть** [э] -зу́ю, -зу́ешь 受過 -о́ванный [不完・完] 《把》低温殺菌する

**пастерна́к** [э] [男1]《植》アメリカボウフウ属

**Пастерна́к** [э] [男2] パステルナーク (Бори́с Леони́дович ～, 1890-1960; ロシア・ソ連の詩人・小説家;《До́ктор Жива́го》 ドクトル・ジバゴ)

**пасти́** пасу́, пасёшь 過 пас, -сла́ 受過 -сённый (-сён, -сена́) [不完]《把》①放牧する, 放し飼いにする ②見張る, 監視する **//-сь** [不完]《受》

**пастила́** 複 -ти́лы [女1] パスチラ(果物をつぶして砂糖・卵白と一緒に煮て作る菓子)

**пастообра́зный** 短 -зен, -зна [形1] ペースト状の

**па́стор** [男1]《プロテ》牧師 **//-ский** [形3]

**пастора́ль** [女10]《文学・楽》牧歌, 田園詩, 牧歌劇, パストラル **//-ный** [形1]

**пасту́|х** -á [男2]/**-шка** -шек [女2] 牧人, 牧夫 **//-шеский** [形3], **-ший** [形9]

**пастушо́к** -шка́ [男2] [指小・愛 称] < пасту́х ◆ **водяно́й ～**《鳥》クイナ

**па́стыр|ь** [男5]《宗》司祭, 司牧者 **//-ский** [形3]

‡**па́сть[2]** [パースチ] паду́, падёшь 命 пади́ 過 пал [完] (die, fall) ①→па́дать ② 《文》戦死する ③(政権などが)転覆[崩壊]する; (都市・要塞などが)陥落する: Прави́тельство па́ло. 政府が倒れた ④ 墮落する; (名声などが)失墜する ⑤ (霜・露などが)おりる ◆ **～ ду́хом** 意気阻喪(ﾂ)する, がっかりする | **～ в о́бморок** 失神する | **～ от уста́лости** 疲れてへとへとになる

**пасть[3]** [女10] (動物・魚の)口

**пастьба́** [зьдьб/зь/б] [女1] 放牧

\***Па́сха** [女2] [Easter] ①**П～** (a)《正教》パスハ, 復活大祭 (移動祝祭日; 春分の日の後の満月の次の日曜日; 4月4日〜5月8日の間に当たる): кра́сить я́йца на Па́сху 復活大祭に対し, 卵に色付けをする (b)《ユダヤ》過ぎ越しの祭 ②パスハ (復活大祭用のピラミッド型のカッテージチーズ菓子)**//-льный** [形1]: **-ое** яи́цо イースターエッグ (復活大祭用の鮮やかな色を塗った卵) | **-ая неде́ля** 《正教》復活大週, 光明週間 (復活大祭後の1週間)

**па́сынок** -нка [男2] ①繼息子 ②《農・園》わき芽 [枝]

**пасья́нс** [男1] パシャンス (1人のトランプ遊び・占い): раскла́дывать ～ パシャンスをする

**пат** [男1] ①《チェス》ステイルメイト, 手詰まり ②《料理》フルーツゼリーキャンディー(мармела́д)

**пате́нт** [э] [男1] ①パテント, 特許権, 特許証: получи́ть ～ на изобрете́ние 発明に対する特許を得る ②(権利・委任の)証明証 ③営業許可証 **//-ный** [形1]

**патентова́ть** -ту́ю, -ту́ешь 受過 -о́ванный [不完・完] 《把》…に特許権を与える /(完また за～)…の特許権を取得する ■ **патенто́ванное сре́дство**《医》特許医薬品

**па́тер** [э] [男1] (カトリック教会の)神父

**пате́тика** [э] [女2]《文》熱情[感動]の調子

**патети́ческий** [э] [形3], **патети́чный** 短 -чен, -чна [形1] 熱情的な, 感動的な

**патефо́н** [男1] 携帯用蓄音機

**пати́на, па́тина** [女1]《考古・技》青さび, 緑青

**патиссо́н** [男1]《植》パティソン (カボチャの一種)

**па́тлы** па́тл [複] 巻き毛の房

**патоге́нный** [形1]《医》病原となる, 病原性の

**па́тока** [女1] 糖蜜, シロップ: све́тлая ～ 黄色い糖蜜 | чёрная ～ 黑糖蜜

**пато́лог** [男2] 病理学者

**патоло́г|ия** [女9] ①病理学 ②《文》病的な傾向[状態] **//-и́ческий** [形3]

**патологоанато́м** [男1] 病理解剖学者

**па́точный** [形1] < па́тока

\***патриа́рх** [男1] [patriarch] ①族長, 家長 ②《雅》(集団の)長, 長老, 先達 ③《正教》総主教

**патриарха́льн|ый** 短 -лен, -льна [形1] ①《長尾》族長制(時代)の ②昔風な, 古めかしい, 因習的な

**патриарха́т** [男1] ①族長制(時代), 家父長制(時代) ②《宗》総主教制

**патриа́рхия, патриархи́я** [女9]《宗》総主教管区

**патриа́ршество** [中1] ①総主教制 ②総主教の職[位] **//патриа́рший** [形6] 総主教の

\***патрио́т** [男1]/**-ка** 複生 -ток [女2] [patriot] ①愛国者 ②《疝》熱愛する人

\***патриоти́зм** [男1] [patriotism] 愛国心, 祖国愛, 愛国主義 ◆ **квасно́й ～** 盲目的愛国主義, ショービニズム

**патриоти́ческ|ий** [形3] [patriotic] ①愛国主義者の, 愛国心 [祖国愛] の, 愛国的な: **-ое** движе́ние 愛国運動 ②愛国主義的な, 愛国心 [祖国愛] に満ちた: ～ расска́з 愛国的な物語 **//-и** [副]

**патриоти́чный** 短 -чен, -чна [形1] 愛国的な

\***патро́н** [男1] [cartridge] ①弾薬筒, 薬包, 実包: боево́й ～ 実弾, 実包 ②円筒型の小型ケース; (電球の)ソケット; (工)(旋盤などの)チャック, つかみ ③企業主, 雇主; 《話》直接の上司, ボス ④《文》庇護者, 後援者, パトロン (покрови́тель, хазя́йник) ⑤ (縫製・製靴などの)型紙, 型板

**патрона́ж** [男1] (病人・乳幼児に対する)在宅医療サービス制度 **//-ный** [形1]

**патрона́т** [男1] (国家委託による)孤児養育制度

**патро́нник** [男2] (銃器の)薬室

**патро́нный** [形1] < патро́н(①)

**патронта́ш** [男4] 弾薬盒(ｺﾞｳ)

**патрубо́к** -бка [男2] 《工》支管, 接合管, ノズル

**патрули́рова|ть** -рую, -руешь 受過 -анный [不完] 《把》パトロールする **//-ние** [中5]

**патру́л|ь** -я́ [男5] パトロール[巡察, 警備]隊; 巡視船, 哨戒機: полице́йский ～ 警察のパトロール隊

**патру́льный** [形1] ① < патру́ль ②《男名》パトロール隊員, 巡察兵

‡**па́уз|а** [パーウザ] [女1] [pause, interval] ①(話などの)途切れ, 間(ﾏ), 小止; 中断, 間隔: говори́ть с -ами とぎれとぎれに話す | дéлать -у ちょっと休む, 休憩する ②《楽》休止, 休符 **//-ный** [形1] < ②

\***пау́|к** -á [男2] [spider] ①《虫》クモ ②《話》貪欲な搾取者 **//-чий** [形9] **//-чо́к** -чка́ [男2] [指小]

**Паусто́вский** (形変化) [男1] パウストフスキー (Константи́н Гео́ргиевич ～, 1892-1968; 作家)

**паути́н|а** [女1] ①クモの巣; クモの糸 ②クモの巣状のもの;（クモの巣のように）からめるもの: ~ за́говора 陰謀の網の目 《IT》Всеми́рная ~ ワールドワイドウェブ, WWW [中5]

**паути́нка** 複生 -нок [女2]《話》①[指小]<паути́на ②クモの巣状の編物[刺繍]

**пауэрли́фтинг** [男2]《スポ》パワーリフティング

**па́фос** [男1] 熱情, 感激, パトス **//~ный** [形1]

**пах**[1] 前 о-е, у-у́ 複 -и́ [男3]《解》鼠蹊(そけい)部 **//~ово́й** [形2], **~о́вый** [形1]

**па́ханый** [形] 耕された, 開墾された

**па́харь** [男5] 耕作者, 農民

**паха́ть** пашу́, па́шешь па́ханный [不完] ①[完 вс~]〈妸〉耕す, 耕作する: ~ зе́млю тра́ктором トラクターで土地を耕す ②[完なし]〈話〉まじめに働く ③〈若者〉(機械が)正常に作動する ◆**Мы паха́ли.**《話・皮肉》俺たちだって頑張った（実際にはろくに働かなかった人の言いぐさ）**//паха́ние** [中5]

*__па́хнуть__ [パーフヌチ] -ну, -нешь 命 -ни 過 пах/ул, -хла 能過 -увший [不完]《smell》[無人称でも]〈зарах〉①…の匂いがする, 匂う, 香りがする, 香る: Э́тот цвето́к хорошо́ па́хнет. この花はいい匂いがする ｜ Вку́сно па́хнет. おいしそうな匂いがする ｜ Па́хнет га́рью. 焦げ臭い
②…の感じがする, …の気配がする, 兆しがある: и не па́хнет 気配すらない, 兆しがない ｜ Па́хнет кероси́ном. きな臭い

**пахну́ть** -нёт [完]〈妸〉①[無人称でも](風・匂いなどが)吹きつける, 吹き込む: Пахну́ло хо́лодом. 冷気が吹いてきた ②[無人称]〈感情・思い出を〉呼び起こす

**па́хота** [女1] 耕作; 耕された畑, 耕作地

**па́хотный** [形1] 耕作の, 耕作用の, 耕作に適した

**па́хта** [女1] 乳漿(にゅうしょう)

**па́хтать** 受過 -танный [不完]〈妸〉クリームを攪拌して<バター>を作る

**паху́чий** 短 -у́ч [形6] 香りの強い, 芳香性の

**паца́н** -а́ [男1]《俗》がき, 小僧

**паца́нка** 複生 -нок [女2]《俗》小娘

*__пацие́нт__ [男1] **/~ка** 複生 -ток [女2]〔patient〕患者

**пацифи́зм** [男1] 平和主義, 反戦論 **//~и́стский** [сс] [形3] 平和主義(者)の

**пацифи́ст** [男1] 平和主義者, 反戦論者

*__па́чка__ [パーチカ] 複生 -чек [女2]〔bundle, pack〕①同種のものが1つにまとまったもの, 束, 包み, 1パック: ~ ча́я お茶1パック ②〈バレエ〉チュチュ(バレリーナの衣装) **//па́чечный** [形1]

**па́чкать** 受過 -канный [不完]〈妸〉①[完 за~, ис~] 汚す, 汚くする: ~ па́льцы черни́лами インクで指を汚す ②[完 за~]《話》〈名声・評判などを〉汚す, 落とす: ~ ру́ки 損なことに手を出す ③《若者》《文章・絵などを》下手に書[描]く, 下手に書[描]く **//~ся** [不完]〈話〉①[完 за~, ис~] 自分の体を汚す; 汚れる ②《話・蔑》《よからぬことに》手を出す ③〈受身〉<①

**пачкотня́** [女5]《話》下手な絵[書き物]

**пачку́н** -а́ [男1]《話》汚す人, 〈蔑》下手くそ, へぼ画家, へぼ作家

**па́ша** 複生 -е́й [女4変化] [男]《史》パシャ(オスマン・トルコやエジプトなどで高官に与えられた称号)

**Па́ша** [女4変化] [男]《愛称》<Па́вел

**па́шня** 複生 -шен [女5] 耕地, 畑

**паште́т** [男1]《料理》(肉・魚などの)ペースト料理; それを詰めたパイ **//~ный** [形1]

**паэ́лья** [女8]《料理》パエリア

**пао́унс**-ная икра́ プレス[圧縮]キャビア

**пая́льник** [男2] はんだごて

**пая́льный** [形1] はんだづけ(用)の

**пая́льщик** [男2] はんだづけ工

**пая́сничать** [不完]《話》おどける, ふざける

**пая́ть** 受過 па́янный [不完]〈妸〉はんだづけする **//пая́ние** [中5]

**пая́ц** [男3]《話・蔑》おどけ者, ひょうきん者

**ПВО** [ペヴェオ́] (略) противовозду́шная оборо́на 《軍》対空防御: опознава́тельная зо́на *ПВО* 防空識別圏

**ПДД** [ペデデ́] (略)пра́вила доро́жного движе́ния《軍》交通規則

**ПДУ** [ペデウ́] (略)пульт дистанцио́нного управле́ния リモコン

**пеа́н** [男1] 賛歌, 勝利[感謝]の歌

**пева́ть** (現在形なし) [不完]〈多回〉《話》= петь

**пев|е́ц** -вца́ [男3]《singer》①歌い手; 歌手(→арти́ст比較): о́перный ~ オペラ歌手 ②《男》〈詩〉讃美者 **/~и́ца** [女3]〈singer〉

**певу́чий** [形6] ①歌の好きな, 歌の上手な ②歌うような, メロディアスな

**пе́вческий** [形3] ①歌手の; 声楽の ②聖歌隊員の

**пе́вчий** [形1] ①(鳥が)よく鳴く[さえずる] ②[男名] 聖歌隊員

**пега́с|ик** 複生 -ик [女2]《動》ツクシガモ

**Пе́гас** [男1] ①《ギ神》ペガサス, 天馬(翼のある馬) ②《天》ペガサス座

**пе́гий** [形3] (動物の毛色が)まだらな

**пед..** [語形成]「教育(学)の」

*__педаго́г__ [男2]〔pedagog, teacher〕教育学者; 教師

*__педаго́гика__ [女2]〔pedagogy〕①教育学 ②《話》教育法

*__педагоги́ческий__ [形3]〔pedagogical〕教育学の; 教育者の, 教師の: ~ факульте́т 教育学部

**педагоги́чный** 短 -чен, -чна [形1] 教育的な, 教訓的な

**педа́ль** [女10] ペダル: ~ велосипе́да 自転車のペダル **//~ный** [形1]

**педа́нт** [男1] 形式主義者, 杓子定規の人, 衒学(げんがく)者, ペダント

**педанти́зм** [男1] 過度の形式主義, 杓子定規, ペダンチズム

**педанти́чн|ый** 短 -чен, -чна [形1], **педанти́ческий** [形3] 形式主義的な, 杓子定規の, 衒学(げんがく)的な, ペダンチックな **//~ость** [女10]

**педву́з** [男1] = пѐдинститу́т

**педера́ст** [э] [男1] 男色家, ホモ

**педера́стия** [э] [女9] 男色, ホモ

**педиа́тр** [男1] 小児科医

**педиатр|и́я** [女9] 小児科学 **//~и́ческий** [形3]

**педикю́р** [男1] ペディキュア

**педикю́рша** [女4] 女性ペディキュリスト

**пѐдинститу́т** [男1] 教育大学(педагоги́ческий институ́т)

**педофи́л** [男1] 小児性愛者

**педофили́я** [女9] 小児性愛

**педофи́льский** [形3] 小児性愛(者)の

**пѐдсове́т** [男1] (学校の)職員会議

**пѐдучи́лище** [中2] 教員養成大学

**пей** [命令]<пить

**пе́йджер** [э] [男1] ポケベル, ページャー

*__пейза́ж__ [男4]〔landscape〕①風景, 景観: лесно́й ~ 森林風景 ②《美》風景画; (文学作品の)自然描写 **//~ный** [形1]

**пейзажи́ст** [男1] 風景画家

**пейнтбо́л** [男1]《スポ》ペイントボール

**пе́йсы** -ов [複] ペイエス(男性ユダヤ教徒が切らずに伸ばすもみあげ)

**пёк** [過去・男]<**печь**

**пекáрн|ый** [形1] パン焼きの: ~*ая печь* パン焼きかまど[オーブン]

**пекáрня** 複生-рен [女5] 製パン所、ベーカリー

**пéкар|ь** 複-и/-я́ [男5] パン焼き職人、パン屋 ∥ **~ский** [形3]

**пеки́** 〚命令〛<**печь**

**Пеки́н** [男1] 北京(中国の首都) ∥ **п~ский** [形3]

**пеклевáнный** [形1] ①(ライ麦粉が)精製した ② 精製した粉で焼いた

**пéкло** [中1] 〚話〛①地獄; 地獄の業火 ②灼熱、炎熱 ③(激戦・激論などの)場、まっただなか ◆*попáсть в сáмое ~* まったただ中に入り込む │ *лéзть в ~* 先走る、早まったことをする

**пелéнг** [男1] 方位

**пеленгáтор** [男1] 方位測定器

**пеленговáть** -гую, -гуешь 受過-óванный [不完・完] 〚完また**за**~〛〈匈〉の方位[位置]を測定する

**пелёнк|а** 複生-нок [女2] おむつ, おしめ ◆*в -ах* 幼い時に、幼少の頃に │ *вы́йти из пелёнок* 大人になる, 独立する │ *с пелёнок* 幼時から、子どものときから

**пелери́на** [女1] ケープ, 短いマント

**пеликáн** [男1] 〚複〛ペリカン属

*****пельмéн|ь** [男5] 〚通例複〛〚料理〛ペリメニ(ロシア風餃子) ∥ **~ный** [形1]

**пельмéнная** (形1変化) [女] ペリメニ食堂

**пéмза** [女1] 軽石

*****пéн|а** [女1] [foam] ①泡, 泡沫; 泡のようなもの: *мы́льная ~* せっけんの泡 ②(強い興奮や病気の際に口もとに現れる)泡, 唾 ③馬の汗泡 ◆*с -ой у рта* 口角泡を飛ばして、激昂して

**пенáл** [男1] ①筆箱, 筆入れ ②(筆箱を立てたような形の)狭い戸棚[ロッカー]

**пенáльти** (不変) [男]/[中] 〚スポ〛ペナルティーキック

**пенáты** -ов [複] ◆*возврати́ться в родны́е ~* 故郷に帰る

**Пéнза** [女1] ペンザ(同名州の州都) ∥ **пéнзенск|ий** [形3]: *П-ая óбласть* ペンザ州(沿ヴォルガ連邦管区)

*****пéние** [中5] [singing] ①歌うこと; 歌うような音を出すこと ②(鳥などの)鳴き声, さえずり ③歌唱, 声楽: *учи́ться ~ию* 声楽を学ぶ

**пéнистый** 短-ист [形1] 泡立った、泡の多い; 泡立ちのよい

**пéнить** -ню, -нишь [不完]/**вс~** [完] 〈匈〉泡立てる ∥ **~ся** [不完]/[完] ①泡立つ ②(生活などが)激しく流れる, 沸き立つ

**пеницилли́н** [男1] ペニシリン

**пéнк|а** 複生-нок [女2] ①(牛乳などの表面にできる)薄膜, 上皮 ②〚鉱〛海泡石 ◆*снимáть -и* (非難)甘い汁を吸う

**пéнный** [形1] 泡の; 泡立った、泡の多い

**пенопла́ст** [男1] 発泡プラスチック ∥ **~овый** [形1]

**пéностекло́** [中1] グラスファイバー

**пéночка** 複生-чек [女2] 〚複〛〚鳥〛メボソムシクイ属

*****пенсионéр** [男1]/**~ка** 複生-рок [女2] [pensioner] 年金受給者 ∥ **~ский** [形3]

*****пенсио́нн|ый** [形1] [pension] 年金に関する: *~ое обеспéчение* 年金受給 │ *-ая кни́жка* 年金手帳 │ *~ возраст* 年金生活に入る年

*****пéнс|ия** [ピェーンシヤ] [女9] [pension] 年金, 恩給: *вы́йти на -ию* 年金生活に入る

**пенснé** [э] (不変) [中] 鼻眼鏡

**Пентаго́н** [男1] ペンタゴン(米国国防総省)

**пентамéтр** [男1] 〚文学〛五歩格, 五脚律

**пéнь** пня 造пнём 複пни, пнéй [男5] ①切り株, (木の)株 ②〚話・蔑〛でくの坊, あほう ◆*как ~ [пнём] стоя́ть* ぽかんとしている, ばかみたいに突っ立っている │ *чéрез ~ кóлоду* のろのろといい加減に ∥ **пнёвый** [形1] <〔①**пенёк** -нькá [男2] 〚指小〛

**пенькá** [女2] 大麻繊維 ∥ **~о́вый** [形1]

**пеньюа́р** [男1] ①女性用の朝の部屋着, ペニョワール ②(理髪店で用いる)カッティングクロス

**пéня** [女5] 遅納金、延滞料

**пеня́ть** [不完] 〚на〕◆*на* <〈на⬚〉のことで愚痴をこぼす, 不平を言う 〚完 **по**~〛〈匈〉を責める, とがめる ◆*Пеня́й на себя́.* 身から出た錆

*****пéпел** -пла [男1] <〔①灰 ◆*подня́ться из пéпла* 復興[復活]する │ *посы́пать гóлову пéплом* 〚文〛悲嘆にくれる ∥ **пéпловый** [形1]

**пепели́ще** [中2] 焼け跡

*****пéпельница** [女3] [ashtray] 灰皿

**пéпельно(-)..** 〚語形成〛「灰色の」

**пéпельно-сéрый** [形1] 灰色, 灰白色

**пéпельный** [形1] ①灰の ②灰色の

**пеплопа́д** [男1] (火山からの)降灰

**пéпси-кóла** [э] [女1] 〚商標〛ペプシコーラ

**пéпси** [男1] 〚生化〛ペプシン

**пер.** 〚略〛перeу́лок

**первáч** -á/-ý [男4] 〚俗〛自家蒸留の一番酒

**первéйший** [形6] 〚話〛①最も重要な ②最上等の, 第一級の

**пéрвенец** -нца [男3] ①第1子, 長子 ②最初にできたもの、初物, 第1号

*****пéрвенство** [中1] [first place] ①首位, 第1位; 選手権: *завоевáть ~ по футбóлу* サッカーのチャンピオンシップを獲得する ②選手権試合, 1位争い

**пéрвенствовать** -твую, -твуешь [不完] 首位を占める, 他をしのぐ

**пéрвенствующий** [形6] 最も重要な

**перви́чн|ый** 短-чен, -чна [形1] [primary] ①第1次の, 初期の, 最初の: *~ перио́д болéзни* 病気の第1期 ②主な, 基本的な ③末端の, 最下部の ∥ **~ость** [女10]

**перво-..** 〚語形成〛「第1の」「1番目の」「最初の」

**первоапрéльский** [形3] エイプリルフールの, 4月1日の

**первобы́тнообщи́нный** [形1] 原始共産制の

**первобы́тн|ый** 短-тен, -тна [形1] ①〚長尾〕原始時代の, 太古の: *~ человéк* 原始人 ②原始的な, 野蛮な ③(自然が)未開の, 原生の ∥ **~ость** [女10]

**первого́док** -дка [男2] 〚話〛①1歳未満の動物[幼児] ②初年兵; 1年生

*****пéрвое** [ピェールヴァェ] (形1変化) [中名] [first course] ①(コース料理で)最初に出る料理, (主に)スープ類, ファーストコース: *пригото́вить на ~ щи* 1皿目の料理としてシーを作る ②〚話〛(2つ挙げたうちの)前者

**первозда́нный** 短-áнен, -áнна [形1] ①最初にできた[存在した] ②原生の, 手つかずの ◆*~ хáос* (天地創造以前の)カオス, 〚皮肉〛全くの混乱状態

**первоисто́чник** [男1] 最初の源泉; 原典

**первоклáсс|ник** [男1]/**-ца** [女3] (小学校)1年生 ∥ **первоклáшка** 複生-шек(女2変化)[男・女] 〚話〛〚愛称〛

**первоклáссный** 短-сен, -сна [形1] 第一級の, 一

流の, 最上等の

**первоку́рсни|к** [男2] **-ца** [女3] (大学)1年生

**перволе́дье** [中4] 《話》(川・湖などの)初氷

**Первома́й** [男1] メーデー (Пе́рвое ма́я;5月1日) **// п~ский** [形3]

**пе́рво-наперво** [副] 《俗》まず第一に

*__первонача́льно__ [副] 《originally》最初に, 手始めに;初めは, 元々は;初めは, 何よりもまず

*__первонача́льн|ый__ 短 -лен, -льна [形1] [initial, original] その当時の, 当initial; 以前の; -план原案 初期の, 第1次の; 初歩の; -ое обуче́ние 初等教育

**первообра́з** [男1] 《文》原形, 原型

**первообра́зный** [形1] 《文》原形の; 原初の, 初期の

**первоосно́ва** [女1] 《哲》根源, 本質

**первооткрыва́тель** [男5] (地理などの)最初の発見者

**первоочередно́й** [形2]**, первоочерёдный** [形1] 最初になすべき, 緊急の

**первопеча́тник** [男2] 印刷術の創始者

**первопеча́тн|ый** [形1] ① 印刷術初期の: -ые кни́ги インキナブラ, 古刊本 ②初版の

**первопричи́на** [女1] 《文》《哲》根本原因, 起因

**первопрохо́дец** -дца [男3] 《雅》開拓者, パイオニア

**первопу́ток** -тка [男2] 《話》冬の最初のそり道

**перворазря́дник** [男2] (スポーツで)一流の選手

**перворазря́дный** [形1] 第一級の, 一流の, 上等の

**перворо́дный** [形1] **~ грех** (1) 《宗》原罪 (2) 最初からの根本的な過ち

**перворо́дство** [中1] ① 《文》首位, 第一人者であること ② 《法》長子相続権

**первородя́щая** (形6変化) [女] 初産婦

**первороҗдённый** [形1] 第一子, 初子

**первосвяще́нник** [男2] ① 《史》(古代ユダヤの)祭司長 ② 《宗》高位聖職者

**первосо́ртный** 短 -тен, -тна [形1] 第一級の, 最良の

*__первостепе́нный__ 短 -е́нен, -е́нна [形1] [paramount] 最重要の, 主要の

**первоцве́т** [男1] 《植》サクラソウ属, プリムラ

*__пе́рв|ый__ [ペェールヴィ] [形1] [first] ① [序数] 第1の, 1番目の: -ое апре́ля 4月1日 | -номе́р журна́ла 雑誌の第1号 | -ая полови́на дня 午前中 | Я учу́сь на -ом ку́рсе. 私は大学1年生です | в полови́не -ого но́чи 夜0時半に ② 最初の, 初めての, 一番早い: -ая любо́вь 初恋 | ~ в ми́ре космона́вт 世界最初の宇宙飛行士 | Он пришёл ~ [-ым]. 彼が一番先に来た | на -ых пора́х 最初の頃は, 初めの頃は ③初期の, 初期的な: -ые дни а́вгуста 8月の初め ④最高の, 最上の, とてもよい: -ая краса́вица 最高の美女 | ~ учени́к в кла́ссе クラス一の優等生 ⑤ -ое, -ым -ых рук 直接当人から, じかに: -ое вре́мя 初めのうち, 初めは | -ым де́лом 《話》まっ先に, まず第1に | при -ой возмо́жности できるようになればすぐに

**перга́мент** [男1] ① 羊皮紙; それに書かれた古文書 ② 油〔水〕を通さない紙 **// -ный** [形3]

**пере..** [接頭] Ⅰ ① [動詞] ① 「越えて」「横切って」「渡って」: перепры́гнуть 跳び越える ②「変える」「改変」「変換」「変更」: переде́лать 作り変える ③「間に入れて」「…込む」「合わせる」: переви́ть 編み込む ④「…し直す」「再構築」: перестро́ить 建て直す ⑤「過剰に」「超過して」「…過ぎる」: пересоли́ть 塩を入れすぎる ⑥「全部」「たくさん」: перелови́ть (全部・多く)捕まえる ⑦「(2つに)分ける」: перерва́ть (2つに)引き裂く ⑧「勝つ」「圧倒する」: пересла́ть 言い負かす ⑨「方向の転換する」: пересла́ть 転送する ⑩「一定の時間を過ごす」: переночева́ть 一夜を過ごす ⑪「簡単に」: перекуси́ть 軽く食べる ⑫ [-ся動詞] 「互いに」: перегляну́ться 視線を交わす ⑬「…し終わる」「それ以上…しなくなる」: перехоте́ть …したくなくなる Ⅱ [名詞] ①「再…」「改…」: перерасчёт 再計算 ②「間〔の〕」「交差する場所」: перепу́тье 十字路 ③「過度の」: переста́рок 年をとりすぎた人 Ⅲ [形容詞・受動分詞] 「あまりにも」: перевозбуждённый あまりに興奮した

**переадрес|о́вывать** [不完] **/ переадресова́ть** -су́ю, -су́ешь 受過 -о́ванный [完] 《四》…の宛先を変更する, …を転送する **// -а́ция** [女9]

**переаттест|о́вывать** [不完] **/ переаттестова́ть** -ту́ю, -ту́ешь 受過 -о́ванный [完] 《四》の資格を再審査する, …を再認証する

**перебази́ровать** -рую, -руешь 受過 -анный [不完・完] 《四》新しい基地〔本拠地〕に移転させる **// -ся** [不完・完] 新しい基地〔本拠地〕に移転する

**переба́рщивать** [不完] **/ переборщи́ть** -щу́, -щи́шь [完] 《話》度を越す

**перебар|ывать** [不完] **/ переборо́ть** -орю́, -о́решь 受過 -о́ротый [完] 《四》①〈全部・多くの…に〉勝つ, 打ち勝つ ②克服する

**перебега́ть** [不完] **/ перебежа́ть** -бегу́, -бежи́шь, … -бегу́т 命 -беги́ [完] ①《四》че́рез 四〉を走って渡る, 走って通り抜ける: ~ (че́рез) у́лицу 通りを走って渡る ② 走って移動する ③ 敵側に出る, 寝返る

**перебе́жка** 複生 -жек [女2] ①走って渡ること ②《話》(敵側への)寝返り

**перебе́жчик** [щ] [男2] 投降者, 裏切り者

**перебеси́ться** -бешу́сь, -бе́сишься [完] ①《四》(全部・多くが)狂犬病にかかる ②《四》(全員・多くの人が)怒り狂う ③《話》(放埒な暮らしの後)落ち着く, まともになる

*__перебива́ть__ [不完] **/ переби́ть**[1] -бью́, -бьёшь 命 -бе́й 受過 -тый [完] [interrupt, intercept] 《四》① 〈言葉を〉さえぎる, 〈話の〉腰を折る; 邪魔をする: ~ расска́зчика вопро́сом 質問して話し手の話をさえぎる ② 駄目にする, 抑える, 消す: ~ аппети́т 食欲をなくさせる ③《話》横取りする

*__перебива́ть__[2] [不完] **/ переби́ть**[2] -бью́, -бьёшь 命 -бе́й 受過 -тый [完] [slaughter] 《四》① (全員・多く)殺す: ~ всех враго́в 敵をすべて殺す ② (全部・多く)壊す, 割る: Де́ти переби́ли все стака́ны. 子どもたちがコップを全部割ってしまった ③ 打ち砕く; 骨折する: ~ но́гу 足を骨折する ④〈釘・フックなどを〉(他所へ)打ち直す ⑤〈羽毛などを〉打ち直して柔らかくする: ~ софу́ ソファーを張り替える

**перебива́ться** [不完] **/ переби́ться** -бью́сь, -бьёшься 命 -бе́йся [完] ①(全部・多くが)壊れる, 割れる ②《話》途切れる; 乱れる ③《話》何とかやっていく, 食いつなぐ ④《不完》[受身] <перебива́ть[1,2]

**перебиво́вка** [女2] (ソファなどを)張り替えること

**перебинт|о́вывать** [不完] **/ перебинтова́ть** -ту́ю, -ту́ешь 受過 -о́ванный [完] 《四》①〈足・手などで体の部位に〉包帯を巻き直す, 包帯を取り替える ②たくさんの人に包帯を当てる

*__перебира́ть__ [不完] **/ перебра́ть** -беру́, -берёшь 過 -а́л, -ала́, -а́ло 受過 -ре́бранный [完] [look through, sort] 《四》①(全部・多く)次々に調べる, 点検する; 選別する, えり分ける: ~ ста́рые пи́сьма 古い手紙をかたっぱしから調べる ②《四》(全部・多く)次々に思い出し, 回想する ③《四》(修理のため)組み立て直す, オーバーホールする ④《四・俗》(…のものを多くの)取り上げる ⑤《四・俗》必要以上に取る, 取りすぎる ⑥《俗》飲みすぎる ⑦《不完》《四》〈弦・鍵などに〉次々と触れる, つまびく

**перебираться** [不完]/**перебраться** -берусь, -берёшься 過 -ался, -алась [完] ① 越える, 渡る ② 移る, 移動する; 引っ越す, 移住する ③《毛・羽が》生えかわる ④《不完》《受身》<перебирать

**перебить(ся)** [完] →перебивать$^{1,2}$(ся)

**перебо́й** [男6] ①(機械の動き・心臓の鼓動の)乱れ, とぎれ: пульс с –*ями* 不整脈 ②停滞, 中断
**//–йный** [形1]

**переболе́ть** [完]〈過〉①…の病気にかかって治る ②多くの病気をする ③ひどく苦しい経験をする

**перебо́р** [男1] ①<перебирать ②(鍵盤を次々に叩く・弦をつまびく)音; 素早く交代する音

**перебо́рка** 複生 -рок [女2] ①検査, 点検; 選別; 解体修理 ②間仕切り, 隔壁

**перебороть** [完] →перебарывать

**переборщи́ть** [完] →переборщивать

**перебра́нка** 複生 -нок [女2]《話》ののしり合い

**перебра́сывать**[1] 受渡 -бро́санный [完]〈過〉《全部・多く》投げる, 投げ移す

**перебра́сывать**[2] [不完] / **перебро́сить** -о́шу, -о́сишь 受渡 -бро́шенный [完]〈過〉〈через過〉①…越しに, …の向こうへ投げる, 投げ送る: ~ мяч через забор 塀の向こうへボールを投げる | ~ шаль через плечо́ ショールを肩にかける ②投げ渡す〈橋などを〉かける, かけ渡す ③《人を》転任させ, 移動させる ④速やかに輸送する **//~ся** [不完]/[完] ①跳び越える; 急いで渡る ②《火などが》飛び移る, 広がる ③〈過〉《…を投げ合う》〈言葉を〉交わす: ~ мячо́м ボールを投げ合う | ~ слова́ми [па́рой слов] 数語を交わす

**перебра́ть(ся)** [完] →перебира́ть(ся)

**перебро́дить** -о́жу, -о́дишь [完] ①十分発酵する ②《話》《人の性格や考えが》落ち着く, しっかりする ③発酵しすぎる, 酸敗する

**переброса́ть** [完] →перебра́сывать[1]

**перебро́сить(ся)** [完] →перебра́сывать[2]

**перебро́ска** 複生 -сок [女2] 投げかけること;(橋などを)かけること, 転任, 移動

**перебыва́ть** [完] ①《全部・多くの人が》やって来る, 行く ②《過》《多くの場所に》行く

**перева́л** [男1] ①山越え, 峠, 峠道 ②《話》転機, 曲がり角

**перева́ливать** [不完] / **перевали́ть** -алю́, -а́лишь 受渡 -а́ленный [完] ①〈過〉《投げて・ころがして・引っ張って》移す, 積み替える ②〈過〉〈через過〉《山などを》越える ③《話》〈за過〉《数量的・時間的な限界を》越える ④《無人称》〈за過〉《ある時間・年齢を》越える: Ей перевали́ло за три́дцать лет. 彼女は30歳を越した **//~ся** [不完]/[完] ①《向こう側に》転がり落ちる ②《話》向きを変える, 寝返りを打つ ③《不完》《話》よろよろする, よたよた歩く

**перева́лка** 複生 -лок [女2] (荷の)積み替え
**перева́лочный** [形1] 積み替え(用)の

**перева́ривать** [不完] / **перевари́ть** -арю́, -а́ришь 受渡 -а́ренный [完]〈過〉①煮直す ②煮すぎる ③消化する;《話》自分のものにする, こなす ④《話》耐える, 我慢する **//~ся** [不完]/[完] ①煮えすぎる, 煮すぎて駄目になる ②《食物が》消化される

**перевезти́** [完] →перевози́ть

***перевёртывать, перевора́чивать** [不完] / **переверну́ть** -ну́, -нёшь 受渡 -вёрнутый [完] [turn over] 〈過〉①《向きを変え, ひっくり返す, 裏返す;〈ページを〉めくる: ~ бо́чку дно́м кве́рху 樽をひっくり返す ②《話》ひっくり返してめちゃめちゃにする: ~ всё вве́рх дно́м ごっちゃにする ③《話》(探し物をするために)ひっかき回す ④《話》一変させる, 激変させる ⑤《話》仰天させる, 動転させる ◆*переверну́ть весь мир* あらゆる手を尽くす, 何でもする

***перевёртываться, перевора́чиваться** [不完] / **переверну́ться** -ну́сь, -нёшься [完] [turn over] ①向きが変わる, ひっくり返る, 横転する, めくれる: ~ на друго́й бо́к 寝返りを打つ ②《話》一変する, がらりと変わる ③《話》《受身》<перевёртывать

**перевёртыш** [男4]《話》逆転, どんでん返し, 裏返し

**переве́с** [男1] ①(重さの)量り直し; (全部・多くの)重さを量ること ②《話》重量超過 ③優越, 優勢: *П*~ на на́шей стороне́. 我方が優勢だ

**переве́сить(ся)** [完] →переве́шивать

**перевести́(сь)** [完] →переводи́ть[1,2]

**переве́шать** [完]〈過〉①《話》《全部・多くのものを》掛ける, 吊るす ②《全員・多くの人を》絞首刑にする

**переве́шивать** [不完] / **переве́сить** -ве́шу, -ве́сишь 受渡 -ве́шенный [完]〈過〉①重さを量り直す ②重さでまさる, …より重い ③《話》優越する, 重さを成す ④〈過〉(別の場所へ)掛け替える **//~ся** [不完]/[完] ①身を乗り出す ②(自分の重さで)垂れ下がる

**перевива́ть** [不完] / **переви́ть** -вью́, -вьёшь 命 -ве́й 過 -и́л, -ила́, -и́ло 受渡 -ви́тый (-и́т, -ита́/-и́т, -и́то) [完]〈過〉①編み直す: ~ во́лосы ле́нтами 髪にリボンを付ける ②〈過〉《全部・多く》絢(ぐ)う, 編む, 巻く ③〈過〉絢(ぐ)い[編み, 巻き]直す **//~ся** [不完]/[完] 絡み合う, もつれ合う

**перевида́ть** 受渡 -ви́данный [完]《話》〈過〉《全部・多くの…を》見る;《全員・多くの人に会う;《多くのことを》経験する

**перевира́ть** [不完] / **переврать** -вру́, -врёшь 過 -а́л, -ала́, -а́ло 受渡 -ёвранный [完]《話》〈過〉歪めて伝える, 誤り伝える

**переви́ть(ся)** [完] →перевива́ть

**‡перево́д** [перево́т] [男1] [translation, interpretation] ①翻訳(したもの); 通訳: досло́вный [во́льный] ~ 逐語訳[意訳] | синхро́нный ~ 同時通訳 | сде́лать ~ 訳を行なう ②(為替による)送金, 為替: ба́нковский [почто́вый] ~ 銀行振込み[郵便為替] | сде́лать де́нежный ~ по по́чте 郵便為替で送金する | Я получи́л ~ на де́сять ты́сяч рубле́й. 私は1ルーブルの為替を受け取った ③換算: в ~е на рубли́ [до́ллары] ルーブル[ドル]に換算して ④移すこと, 移動, 移行, 移転; 転任, 進級;《鉄道》転轍: ~ по слу́жбе 転勤 | ~ на семича́совой рабо́чий день 7時間労働制への移行 ⑤退治, 駆除; 浪費: нет *~y* 過…はいつもある[いる], …を切らしたことがない

**‡переводи́ть**[1] [пьривади́т'] -ожу́, -о́дишь, ... -о́дят 命 -ди́ [不完] / **перевести́**[1] [пьривисти́] -веду́, -ведёшь 過 -вёл 過 -вела́ 能過 -ве́дший 受渡 -ведённый (-дён, -дена́) 副分 -ведя́ [完] [transfer, move] 〈過〉①(別のところへ)連れていく, 渡らせる: ~ дете́й че́рез у́лицу 子どもたちを道の向こう側へ渡らせる ②移す, 動かす; 移転させる: ~ стре́лку часо́в вперёд 時計の針を進ませる | ~ учрежде́ние в но́вое зда́ние 施設を新しい建物に移す ③転任させる;(別の制度・条件へ)移行させる, 切り替える; 進級させる: Его́ *переве́ли* на до́лжность бухга́лтера. 彼は経理に配転になった | ~ студе́нта на тре́тий курс 学生を3年に進級する ④《視線などを》向ける, 転じる;《話題などを》変える, 転じる ⑤(公的に)譲渡する ⑥送金する: ~ де́ньги по телегра́фу 電信為替で送金する ⑦翻訳する; 通訳する: Она́ *перевела́* расска́з с ру́сского языка́ на япо́нский. 彼女は短編小説をロシア語から日本語に訳した ⑧換算する: ~ рубли́ в ие́ны ルーブルを円に換算する ⑨《絵・模様などを》転写する ◆~ *дух* [*дыха́ние*]《話》(1)深く息をつく (2)ひと

息つく, ひと休みする: не *переводя́* дыха́ния 一息もつかずに ②送金される ③《完》《受身》

**переводи́ть**[2] -ожу́, -о́дишь [不完] / **перевести́**[2] -веду́, -ведёшь 過-вёл, -вела́ 能過-ве́дший, -ве́дший -ве́денный (-дён, -дена́) 副 -ведя́ [完] 《話》《俗》 ① 退治する ② 浪費する, 使い果たす  **// ~ся**[2] [不完] / **~сь**[2] [完] 使い果たされる; 消える, 絶滅する ② 《不完》 〔受身〕

**переводно́й** [形2] ① 複写用の, 転写用の: -а́я бума́га 転写紙, カーボン紙 ② = перево́дный

**перево́дный** [形1] ①為替の, 送金用の: ~ бла́нк 為替用紙 ②翻訳の ③進級の ④切換え用の, 転載の

*перево́дчи|к** [ピリヴォ́ーッチク] [男2] **-ца** [女2] (translator, interpreter) 〔翻訳者, 通訳者; 通訳者: синхро́нный ~ 同時通訳者 | ~ с ру́сского языка́ (на япо́нский) ロシア語の(日本語への)通訳[翻訳者] | В ка́честве *~ка* он сопровожда́л япо́нскую делега́цию. 通訳として彼は日本の使節団に随行した **// перево́дческий** [形1]

**перево́з** [男1] ①運送, 輸送 ②渡し場; 《話》渡し舟

*перевози́ть** -ожу́, -о́зишь [不完] / **перевезти́** -везу́, -везёшь 過-вёз, -везла́ 能過-ве́зший 被過-везённый (-зён, -зена́) 副-везя́ [完] 〔take across〕 ① (乗物で) 向こうへ [越えて] 運ぶ, 移す ② 輸送する, 運搬する: ~ груз по желе́зной доро́ге 貨物を鉄道輸送する  **// ~ся** [不完] 《受身》

*перево́зка** 複生-зок [女2] 〔transportation〕運輸, 運送, 輸送: ~ пассажи́ров 旅客輸送  **// перево́зочный** [形1]

**перево́зный** [形2] 運送〔輸送〕用の

**перево́зчи|к** [щ] [男2] **-ца** [女3] ① 渡し守 ② 運送人, 運送業者

**переволнова́ться** -ну́юсь, -ну́ешься [完] 《話》ひどく興奮〔動揺, 心配〕する

**перевооружи́ть** [不完] / **перевооружи́ть** -жу́, -жи́шь 被過-жённый (-жён, -жена́) [完] 〈対〉 ①…の軍備を近代化する, 再軍備させる ②〈工場などの設備[技術]を近代化する, 更新する  **// ~ся** [不完] [完] 再武装する  **// перевооруже́ние** [中5]

**перевоплоща́ть** [不完] / **перевоплоти́ть** -лощу́, -лоти́шь 被過-лощённый (-щён, -щена́) [完] 〈対〉違った形で表現〔具現, 表現〕する, ...に新しい形式[表現]を与える  **// ~ся** [不完] [完] 違った形で具現される, 新しい形式[表現]をとる, 変身する  **// перевоплоще́ние** [中5]

**переворо́чивать(ся)** [不完] = переверты́вать(ся)

**перевора́чивать** [不完] / **переворо́шить** -шу́, -ши́шь 被過-шен, -шена́) [完] 〈対〉 ①ひっくり返して積み替える; ひっかき回す ②思い返す, 記憶をたどる

*переворо́т** [男1] 〔revolution〕 ①激変, 大変動, 大変革 ②《政》革命, 政変, クーデター: вое́нный ~ 軍事クーデター  **// ~ный** [形1]

**перевоспи́тывать** [不完] / **перевоспита́ть** 被過-пи́танный [完] 〈対〉 再教育する  **// ~ся** [不完] [完]  **// перевоспита́ние** [中5]

**перевра́ть** [完] →перевира́ть

**перевыбира́ть** [不完] / **перевы́брать** -беру́, -берешь 被過-анный [完] 《話》改選[再選挙]する

**перевы́бор|ы** -ов [複] 改選; 再選挙  **// ~ный** [形1]

**перевыполня́ть** [不完] / **перевы́полнить** -ню, -нишь 命-ни 被過-ненный [完] 〈対〉予定以上に達成する  **// перевыполне́ние** [中5]

**перевяза́ть** [完] →перевя́зывать

**перевя́зка** 複生-зок [女2] ① 包帯をすること ② 縛ること ③ 縛り直すこと ④ 編み直すこと

**перевя́зочная** (形1変化の)［女］包帯所

**перевя́зывать** [不完] / **перевяза́ть** -яжу́, -я́жешь 受過-я́занный [完] 〈対〉①…に包帯をする: ~ ру́ку 手に包帯をする ②縛る, 結わえる ③〈全部・多くの…を〉縛る ④縛り直す, 結び直す ⑤編み直す

**пе́ревязь** [女10] ①つり包帯 ②負い革, 負いひも

**перега́р** -а/-у [男1] 《話》 ①焼け焦げた物 ②焼け焦げた臭い ③二日酔いの口臭: От него́ па́хнет [несёт] *~ом*. 彼は口が酒臭い

**переги́б** [男1] ①折ること, 曲げること ②折り目, 曲がり目 ③行きすぎ, 逸脱

**перегиба́ть** [不完] / **перегну́ть** -ну́, -нёшь 受過-егну́тый [完] 〈対〉ふたつに折る, 折り曲げる:〈体などを〉曲げる, 傾ける ②《話》〈対〉曲げすぎる ③《話》度を越す, 行きすぎをやる  **// ~ся** [不完] / [完] 折れ曲がる; 身を曲げる

**перегла́живать** [不完] / **перегла́дить** -а́жу, -а́дишь -а́женный [完] 〈対〉①アイロンをかけ直す ② (全部・多くの…に) アイロンをかける

**перегля́дываться** [不完] / **перегляну́ться** -яну́сь, -я́нешься [完] 《話》〈с接と〉ちらりと視線を交わす, 目配せする

**перегна́ть** [完] →перегоня́ть

**перегнива́ть** [不完] / **перегни́ть** -гниёт 過-и́л, -ила́, -и́ло [完] すっかり腐る, 朽ちる

**перегно́й** [男6] ①腐植質, 腐植土 ②よくむれた厩肥  **// ~ный** [形1]

**перегну́ть(ся)** [完] →перегиба́ть

**перегова́ривать** [不完] / **переговори́ть**[1] -рю́, -ри́шь 被過-рённый (-рён, -рена́) [完] 《話》〈対〉 (大声で; たくさんしゃべって) 他の人を黙らせる

**перегова́риваться** [不完] 〈с接と〉 短く言葉を交わす

**переговори́ть**[2] -рю́, -ри́шь 被過-рённый (-рён, -рена́) [完] ①〈с接と〉 ちょっと話し合う ②《話》〈全部・多く〉話し合う ③ →перегова́ривать

**переговорщик** [男2] 交渉人

*перегово́р|ы** [ピリガヴォ́ールィ] -ов [複] 〔negotiations〕 ①《公》交渉, 折衝, 話し合い: ми́рные [диплома́тические] ~ 和平 [外交] 交渉 | вести́ ~ 交渉を行う | нача́ть [вступи́ть] в ~ 交渉を開始する [に入る] | возобнови́ть [затя́гивать] ~ 交渉を再開する [引き延ばす] | прекрати́ть [прерва́ть] ~ 交渉を中断する [決裂させる] | ~ о  意見交換, 話し合い, 対話: ~ о повыше́нии зарпла́ты 賃上げを巡る話し合い ③ (市外・国際電話での)会話, 通話  **// ~ный** [形1]

**перего́н** [男1] ① (家畜などの) 追い立て, 移動 ②2駅間の区間〔距離〕

**перего́нка** [女2] ① (家畜などの) 追い立て, 移動 ②《化》蒸留

**перего́нный** [形1] ① (家畜などの) 追い立て [移動] の ② 蒸留用の

**перегоня́ть** [不完] / **перегна́ть** -гоню́, -го́нишь 過-а́л, -ала́, -а́ло 被過 перегнанный [完] 〈対〉①追い出す; 移動させる ②追い越す; 凌駕する: догна́ть и *перегна́ть* 追いつき追い越す ③《話》追い越すすぎて試合する ④蒸留する

**перегора́живать** [不完] / **перегороди́ть** -рожу́, -ро́дишь/-роди́шь 被過-ро́женный [完] 〈対〉 ①仕切る, 区切る ②《話》遮断する, せき止める

**перегоре́ть** -рю́, -ри́шь [完] ①焼けて駄目になる; 焼けて折れる ②干からびる, からからに乾燥する ③色があせる ④腐る ⑤ (感情などが) 消える, おさまる; 無感動になる

**перегоре́лый** [形1]《話》燃え尽きた
**перегоре́ть** [完] →перегора́ть
**перегороди́ть** [完] →перегора́живать
**перегоро́дка** 複生-док [女2] ① 間仕切り, 隔壁 ② (社会的な) 障壁, 壁 ③《スポ》《解》中隔
**перегре́в** [男1], **перегрева́ние** [中5] 過熱, オーバーヒート
**перегрева́ть** [不完] / **перегре́ть** 受過-тый [完] 〈他〉熱しすぎる, 過熱させる
**перегрева́ться** [不完] / **перегре́ться** [完] ① 熱くなりすぎる, 過熱する ② (日に当たりすぎて・暑いところに長く居すぎて) 体を壊す
**перегружа́ть** [不完] / **перегрузи́ть** -ужу́, -у́зишь 受過-у́женный/-ужённый (-жён, -жена́) [完] 〈他〉 ① 積み替える; 荷を下ろす: ~ това́р с по́езда на су́дно 商品を列車から船に積み替える ② 積みすぎる; 詰め込みすぎる ③〈他〉画面を〉過度の負担を負わせる ④ 積み直す ⑤〈全部・多く〉を積む
**перегру́женность**, **перегружённость** [女10] 積みすぎ, 積載超過; 過度の負担
**перегру́зка** 複生-зок [女2] ① 積み替え ② 積みすぎ, 積載超過 ③ 過度の負担; 過負荷
**перегруппиро́вка** 複生-вок [女2] 再編成, 配置換え
**перегруппиро́вывать** [不完] / **перегруппирова́ть** -ру́ю, -ру́ешь 受過-о́ванный [完] 〈他〉グループ分け[編成, 配置, 分類]し直す
**перегрыза́ть** [不完] / **перегры́зть** -зу́, -зёшь, -ы́зла -ы́зла [完] ① 噛み切る ② (全部・多く) 噛み殺す ③〈全部・多く〉かじって食べる
**перегрыза́ться** [不完] / **перегры́зться** -зу́сь, -зёшься 過-ы́зся, -ы́злась [完] ①《話》(動物が) 噛み合う ②《俗》ののしり合う

**пе́ред**, **пе́редо** [前置] [前] (★特定の子音連結の前では: пе́редо мно́й, пе́редо все́ми, пе́редо льдо́м など) [前] [前] [in front of, before] ①《空間的》…の前に[で]; …の面前に (→у¹) : П~ до́мом стои́т де́рево. 家の前に木が1本立っている | Он останови́лся ~ вхо́дом. 彼は入り口の前で立ち止まった | П~ на́ми стои́т мно́го тру́дностей. 我々の前には多くの困難がひかえている ②《時間的》…の (少し) 前に, …上前に; 上前に: ~ сно́м вы́мой ру́ки. 食事の前には手を洗いなさい ③《対人・対物》…に対して[対する], …の前で: до́лг ~ ро́диной 祖国に対する義務 | Мне сты́дно ~ тобо́й. 私は君に対して恥ずかしい ④《比較》…と比べて, …に比べると: П~э́тим подви́гом бледне́ют все други́е. この偉業と比べると他のどんな偉業も色あせてしまう ◆~ **те́м(,) как** …する前に (★不定形が直接続く場合には通常完了体): П~ тем как уйти́ из до́ма, запри́ дверь на ключ. 家を出る前にドアに鍵をかけなさい

**перед..** (接頭)《話》「…の前の」(пред..)
**перёд** переда́ 前 о пе́реде, на переду́ 複 переда́ [男1] 前部, 前面

*передава́ть [ピリダヴァーチ] -даю́, -даёшь 命 -ва́й 副分 -ва́я [不完] / **переда́ть** [ピリダーチ] -да́м, -да́шь, -да́ст, -дади́м, -дади́те, -даду́т 命 -да́й 過 пе́редал/-а́л, -ала́, пе́редало/-а́ло 受過 пе́реданный (-ан, -ана́/-ана, -ано) [完] [pass, hand] ① 渡す, 手渡す: Я пе́редал ей письмо́. 私は彼女に手紙を渡した ② 譲渡する, 引き渡す: ~ свои́ права́ на кого́-л. 財産権を譲渡する ③《スポ》パスする ④ 伝える, 知らせる, 伝達する: ~ приве́т よろしく伝える ⑤ 放送する, 報道する: ~ конце́рт по телеви́дению テレビでコンサートを放送する ⑥ 再現する, 描写する, 表現する ⑦ 伝染させる, 遺伝させる ⑧ (しかるべき機関に) 回す, ゆだねる ⑨《話》与えすぎる, 余分に支払う

*передава́ться -даю́сь, -даёшься 命 -ва́йся 副分 -ва́ясь [不完] / **переда́ться** -да́мся, -да́шься, -да́стся, -дади́мся, -дади́тесь, -даду́тся 過 -да́лся, -дала́сь, -дало́сь/-да́лось [完] ① 伝わる ② 伝染する; 遺伝する ③《不完》[受身] <предава́ть
**переда́точн|ый** [形1] ① 伝達 (用) の, 中継の ② 譲渡する, 譲渡に関する ■ **-ое число́** [技] 歯車比
**переда́тчик** [男1] 伝える人, 伝達者 ② 送信機, トランスミッター
**переда́(ся)** [完] → передава́ть(ся)

*переда́ч|а [ピリダーチャ] [女4] [passing, transmission] ① 渡すこと, 受け渡し; 交付; 譲渡, 引き渡し; 伝えること, 伝達すること ②《スポ》パス: ~ кни́г на дли́тельный ~ 長期貸し出し | ~ иму́щества 財産の譲渡 | ~ информа́ции 情報の伝達 | то́чная ~ защи́тника ディフェンダーの正確なパス ③ 放送, 放映; 番組: ~ по телеви́дению テレビ放送 | Она́ смо́трит музыка́льную ~у. 彼女は音楽番組を見ている ③ 見舞い品, 差し入れ品 ④[車] 伝動装置, ギア

*передвига́ть [不完] / **передви́нуть** -ну, -нешь 受過-тый [完] [move, shift] ① 動かす, 移す: ~ стол к стене́ テーブルを壁際に動かす ②《話》転任させる ③〈期日を〉変更する ■~**ся** [不完] / [完] ① 動く, 移動する ② (期日が) 変わる ③ [不完] 〈受身〉

*передвиже́ни|е [中5] [movement] 移動, 移転; 変更: сре́дства -ия 交通機関
**передви́жка** 複生-жек [女2]《話》①=передвиже́ние ② 移動式文化施設: библиоте́ка-~ 巡回図書館
**передви́жник** [男2] 《美》移動展派の画家; (複) 移動展派
**передвижно́й** [形1] ① 移動可能な, 動かすことのできる ② 移動する, 巡回の
**передви́нуть(ся)** [完] →передвига́ть
**переде́л** [男1] 再分配
**переде́лать** [完] →переде́лывать
**передели́ть** [完] →переделя́ть
**переде́лк|а** 複生-лок [女2] ① 作り直し, 作り変え, 改造, 改作 ② 作り直された物, 改造[改作] されたもの ◆**попа́сть в -у = побыва́ть в -е** 苦境に陥る, 嫌なことになる
**переде́лывать** [不完] / **переде́лать** 受過-ланный [完] 〈他〉 ① 作り直す, 作り変える, 改造する ② 〈全部・多く〉をする, 片付ける
**переделя́ть** [不完] / **передели́ть** -делю́, -де́лишь 受過-делённый (-лён, -лена́) [完] 〈他〉 ① 分け直す, 再分割する ② 〈全部・多く〉分割する
**передёргивать** [不完] / **передёрнуть** -ну, -нешь 命-ни 受過-тый [完] 〈他〉 ① 引っ張って動かす [移す] ②《話》(半ば無意識に) 動かす ③《無人称》身を震わせる, 引きつらせる: Её передёрнуло от отвраще́ния. 彼女は嫌悪に身を震わせた ④《話》《トランプ》〈カードを〉ごまかす, すり替える ⑤《話》歪曲する ‖ **~ся** [不完] / [完] 痙攣(けい)する, 引きつる
**передержа́ть** [完] → **переде́рживать**
**переде́рживать** [不完] / **передержа́ть** -держу́, -де́ржишь 受過-де́ржанный [完] 〈他〉 ① (ある場所に) 長く置きすぎる ② (全部・多く) 手に持つ
**передёржк|а** 複生-жек [女2] ① 長く置きすぎること ②《話》《トランプ》ごまかし, いかさま ③《話》歪曲, 誇張 ④ 里親募集中の動物を一時預かること
**передёрнуть(ся)** [完] → **передёргивать**
**передислока́ция** [女9] 移設: ~ вое́нной ба́зы 軍事基地の移設
**передислоци́ровать** -рую, -руешь 受過-анный [不完・完] 〈他〉移設する
**передне..** (語彙成) 「前の」「前部の」「前面の」
**переднеприводно́й** [形2] : ~ автомоби́ль 前

輪駆動車

**пере́дн|ий** [ピリェードニイ] [形8] [front] 前にある, 前部の, 前面の (↔за́дний): -ее колесо́ 前輪 | -ие зу́бы 前歯 | -яя ла́па (動物の)前足 | сиде́ть на -ем сиде́нии маши́ны 車の前の席[フロントシート]に座っている ◆ ~ край [軍]最前線 | на -ем пла́не 前面[前景]に; 最前線で

**пере́дник** [男2] エプロン, 前掛け, 上っ張り

*\***пере́дн|яя** [形8変化] [女] 玄関, 玄関の間(прихо́жая): снять о́бувь в -ей 玄関で靴を脱ぐ

**пѐредо** →пѐред

**передова́я** [形2変化] [女] ① 社説, 巻頭論文 ② [軍]前線

**передоверя́ть** [不完] / **передове́рить** -рю, -ришь 受過 -ренный [完] 与に[を]自分の権限・義務を他人に委任する, 再委任する

**передови́к** -á [男2] 模範労働者, 先進労働者

**передови́ца** [女3] (話)社説, 巻頭論文

*\***передов|о́й** [形1] [forward, progressive] ① 先頭の, 先導の; [軍]前線の: ~ конь 先頭を行く馬 ② 先進的な, 最先端の, 進歩的な: -а́я те́хника 先端技術 | -ы́е стра́ны 先進国 ■ -а́я статья́ 社説, 巻頭論文

**передозиро́вка** 複生 -вок [女2] [医](薬・麻薬の)過剰投与, 過量服用

**передо́к** -дка́ [男2] ① (馬車・そり・自動車などの)前部, 前面 ② [軍](砲車の)前車 ③ (履物の)甲

**передо́м** [副] 前から, 前部で

**передо́хнуть** -нет 過 -óх, -óхла [完] (話)(動物が全部・多く)ばたばたと死ぬ

**передохну́ть** [完] →передыха́ть

**передра́знивать** [不完] / **передразни́ть** -азню́, -а́знишь 受過 -а́зненный, -нена́) [完] [対] …を滑稽にまねる, …のまねをしてからかう

**передра́ться** -деру́сь, -дерёшься 過 -áлся, -ала́сь, -ало́сь/-а́лось [完] (話)<с[造]>[全員・多くの人と]殴り合う, 取っ組み合いのけんかをする

**передря́г|а** [女2] 厄介なこと, 苦境: попа́сть в -у 苦境に陥る

**переду́мывать** [不完] / **переду́мать** 受過 -манный [完] ① 思い直す, 考え直す: Я *переду́мал*: не пое́ду. 私は考え直して, 行かないことにした: Он *переду́мал* помога́ть упа́вшему. 彼は倒れた人を助けるのをやめてしまった ② <о[前]/о[前](不完)>…について[全部・多く・何度も]考える, …のことを思いめぐらす

**передыха́ть** [不完] / **передохну́ть** -ну́, -нёшь [完] ① 大きく息をつく, 深呼吸をする ② (話)ひと息入れる, ひと休みする

**переды́шка** 複生 -шек [女2] ① 息継ぎ ② 小休止, 中休み

**перее́да|ть** [不完] / **перее́сть** -éм, -éшь, -éст, -еди́м, -еди́те, -едя́т 命 -éшь 過 -éл 受過 -е́денный [完] ① [圧]を食べすぎる: ~ сла́дкого 甘いものを食べすぎる ② (話)(全部・多く)食べる, 平らげる ③ [生]より多く食べる ④ (話)腐食する, 腐食してぼろぼろにする // **-ние** [中5]

*\***перее́зд** [男1] [crossing] ① 渡ること, 横断 ② 移住, 転居 ③ 踏切, 横断路

*\***переезжа́ть** [жж] [ピリイェッジャーチ] [不完] / **перее́хать** [ピリィエーハチ] -е́ду, -е́дешь 命 -езжа́й [完] [move] ① 転居する, 引っ越す, 移る; 移住する: ~ в но́вую кварти́ру 新しいフラットに引っ越す | Её семья́ *перее́хала* в Москву́ из Каза́ни. 彼女の家族はカザンからモスクワへと引っ越した ② [対]/<че́рез[対]>(乗物で)渡る, 越える: ~ че́рез доро́гу 道路を横断する ③ (話)<с[造]>移(°)る ④ (話)別の物に移る, 取りかかる

**пережа́ривать** [不完] / **пережа́рить** -рю, -ришь 受過 -ренный [完] ① 焼きすぎる ② (話)焼き直す **// -ся** [不完] [完] ① (焼きすぎる ② (話)日なたに長く居すぎる, 日に当たりすぎて体を壊す

**пережда́ть** [完] →пережида́ть

**пережёвывать** [不完] / **пережева́ть** -жую́, -жуёшь 命 -жу́й 受過 -жёванный [完] <対> ① 噛み砕く, 咀嚼する ② (不完)同じことをくどくど繰り返す

**пережени́ть** -женю́, -же́нишь, -же́ненный [完] <対>(全員・多くの男を)結婚させる **// -ся** [完] ① (全員・多くの男が)結婚する ② (話)妻を捨てて他の女と再婚する

**пережечь** [完] →пережига́ть

*\***пережива́н|ие** [ピリジヴァーニエ] [中5] [experience] ① 身を以て知ること, 体験: субъе́ктное ~ 主観的な体験 ② (通例複)経験, 印象, 銘記, 感情, 感じ; 気苦労, 心労: глубо́кие -ия 深い感銘 | тяжёлые -ия つらい体験 | -ия ма́тери «за дете́й [о де́тях]» 母の子らへの苦労 ③ (話)気に入り込むこと, 追体験: иску́сство -ия 役になりきる技術 ④ 生き延びる[耐え抜く]こと

*\***пережива́ть** [ピリジヴァーチ] [不完] / **пережи́ть** [ピリジーチ] -живу́, -живёшь 命 -живи́ 過 пе́режил /-жи́л, -жила́, пе́режило /-жи́ло 受過 пережи́тый (-и́т, -ита́, -ито) /-жи́тый (-и́т, -ита́, -и́то) [live through, experience, endure] <対> ① …より長く生きる: Он *пережи́л* свою́ жену́. 彼は妻よりも長生きした ② 体験する, 味わう: Она́ *пережила́* мно́го го́ря. 彼女は多くの悲哀を味わった ③ 耐える, 我慢する: Я э́того не *переживу́*! こんなことには耐えられない！ ④ (話)<ある期間を>生き抜く, 生き通す ⑤ (不完)[生]/за[造]のことを>心配する, 気にする **// -ся** [不完] [受身]

**пережига́ть** [不完] / **переже́чь** -жгу́, -жжёшь, … -жгу́т 命 -жги́ 過 -жёг, -жгла́ 受過 -жжённый (-жён, -жена́) [完] <対> ① [電気機器を](負荷をかけすぎて)駄目にする ②(話)<燃料・電力を>使いすぎる ③(火・腐食性のもので)焼き切る ④ 焼いて作る[加工する]: ~ де́рево на у́голь 木を焼いて炭を作る

**пережида́ть** [不完] / **пережда́ть** -жду́, -ждёшь 過 -а́л, -ала́, -а́ло [完] <対>…が終わる[過ぎ去る]のを待つ

**пережи́тое** [形2変化] [中] 過去, 過去の出来事

*\***пережи́т|ок** -тка [男2] [relic] 過去の遺物, 残滓(´), 旧弊 **// -очный** [形1]

**пережи́ть** [完] →пережива́ть

**пережо́г** [男2] ① 焼きすぎること, 焼損 ②(話)(燃料・電力の)使い過ぎ

**перезагружа́ть** [不完] / **перезагрузи́ть** -ужу́, -у́зишь 受過 -у́женный [完] [IT]<対>リロードする, 再起動する **// -ся** [不完] [完] // **перезагру́зка** 複生 -зок [女2] [IT]リロード, 再起動

**перезаключа́ть** [不完] / **перезаключи́ть** -чу́, -чи́шь [完] <対>(契約などを)更新する

**перезапи́сываемый** [形1] [コン]上書きできる

**перезапи́сывать** [不完] / **перезаписа́ть** -ишу́, -и́шешь 受過 -и́санный [完] [コン]<対>上書きする **// -ся** [不完] [受身]

**перезапуска́ть** [不完] / **перезапусти́ть** -ущу́, -у́стишь 受過 -у́щенный [完] <対>再稼働する; [IT]再起動[リブート]する **// переза́пуск** [男2]

**перезаряжа́ть** [不完] / **перезаряди́ть** -яжу́, -я́дишь/-яди́шь 受過 -я́женный/-яжённый (-жён, -жена́) [完] <対>装填し直す, 充電し直す **// переза-ря́дка** 複生 -док [女2]

**перезва́нивать** [不完] / **перезвони́ть** -ню́,

**перезимовать**

-нишь [完] ① 電話をかけ直す ② 《話》(全員・多くの人に) 電話する ③ 《話》全ての鐘をかわるがわる鳴らす; 全ての鐘がかわるがわる鳴る //**перезвон** [男1]

**перезимовать** [完] →зимовать

**перезимовка** 複生-вок [女2] 越冬

**перезнакомить** -млю, -мишь 受過 -мленный [完]〈圏〉〈全員・多くの人を互いに知り合いにする; 全員・多くの人に紹介する〉 //**~ся** [完]《話》(全員・多くの人が) 知り合いになる

**перезревать** [不完] / **перезреть** [完] ① 熟しすぎる ②《話》適齢を過ぎる, とうが立つ

**перезрелый** [形1] ① 熟しすぎた ②《話・皮肉》適齢を過ぎた: -ая дева オールドミス

**переигрывать** [不完] / **переиграть** 受過 -игранный [完]〈圏〉① 〈演奏・演技・スポーツ・遊び・勝負事などを〉もう一度する ②《話》決め直す ③〈全部・多く〉を, 演ずる ④《話》不自然に[オーバーに] 演技する ⑤《スポ》《話》勝つ

**переизбирать** [不完] / **переизбрать** -беру, -берёшь 過 -ал, -ала́, -а́ло 受過 -избранный [完]〈圏〉① 改選する, 再選挙する: Он был *переизбран* на пост премьер-министра. 彼は首相に再選出された ②《話》(他の人を選んで) 更送する //**~ся** [不完] / [完] 再選される //**-ние** [中5]

**переиздавать** -даю, -даёшь се вай 副分 -вая [不完] / **переиздать** -да́м, -да́шь, -да́ст, -дади́м, -дади́те, -даду́т 命 -да́й 過 -да́л, -дала́, -да́ло 受過 -изданный (-дан, -дана́/-дана, -дано) [完]〈圏〉再版 [重版] する

**переиздание** [中5] 再版, 重版; その本

**переименовывать** [不完] / **переименовать** -ную, -нуешь 受過 -ованный [完]〈圏〉改名 [改称] する //**переименование** [中5]

**перенашивать** / **переначить** -чу, -чишь 受過 -ченный [完]《話》〈作り変える

**перейти** [完] →переходить[1]

**перекаливать** [不完] / **перекалить** -лю́, -ли́шь 受過 -лённый (-лён, -лена́) [完] ① 焼きを入れすぎて駄目にする ② 熱しすぎる

**перекалывать** [不完] / **переколоть** -колю́, -ко́лешь 受過 -ко́лотый [完]〈圏〉① 〈ピンなど〉を刺し直す, 留め直す ② 〈全部・多く・あちこち〉を刺す ③〈全部・多く〉刺し殺す, 屠殺する ④ [完]〈全部・多く〉割る

**перекантоваться** -ту́юсь, -ту́ешься [完]《俗》① (好機が来るのを) 待つ ② 困難を乗り越えて生き抜く

**перекапывать** [不完] / **перекопать** 受過 -о́панный [完]〈圏〉① 完全に・全部・多く〉掘り起こす ② 掘り起こし直す ③ 〈横切って〉溝を掘る ④《話》(何か探すために) ひっかき回す

**перекармливать** [不完] / **перекормить** -ормлю́, -о́рмишь 受過 -о́рмленный [完]〈圏〉〈に〉(健康を害するほど) 食べさせすぎる

**перекат** [男1] ① 転がして移すこと ②《通例複》とどろき: -ы гро́ма 雷鳴 ③ (川の) 浅瀬 ④ 起伏

**перекатать** [完] 受過 -ка́танный [完]〈圏〉① 〈全部・多く〉転がして移す ②〈全員・多くの人を〉乗せて回る

**перекати-поле** [不変] [中3] ① 《植》 宿根カスミソウ; 回転草 ② 《話》風来坊, デラシネ

**перекатить(ся)** [完] →перекатывать

**перекатный** [形1] ① 転がって [転がるように] 移動する ② 遠くまで響きわたる

**перекатывать** [不完] / **перекатить** -ачу́, -а́тишь 受過 -а́ченный [完]〈圏〉① 転がして移す [運ぶ] ② 響きわたらせる //**~ся** [不完] / [完] ① 転がって移動する ② (太陽・月が) 動く, 移る

**перекачивать** [不完] / **перекачать** 受過 -а́чанный [完]〈圏〉① (ポンプで) 汲んで移す ②〈全員・多くの人を〉ブランコにのせて揺らす ③〈金を〉移す //**~ся** [完] ① 揺られて酔う ② 左右に揺れる, よろめく

**перекашивать** [不完] / **перекосить**[1] -ошу́, -о́сишь 受過 -о́шенный/-о́шенный (-шён, -шена) [完]〈圏〉① 曲げる, 歪める ②《話》〈顔などを〉歪める;《無人称でも》…の顔を歪め [しかめ] させる: От бо́ли его́ *перекоси́ло*. 苦しみのために彼は顔をしかめた //**~ся** [不完] / [完] ① 曲がる, 歪む ②《話》(顔が) 引きつる

**переквалификация** [女9] 新しい技能資格の授与 [取得], 技能資格の更新

**переквалифицировать** -рую, -руешь [不完] [完]〈圏〉〈に〉新しい職業 [技能] を教え込む, 新しい技能資格 [職階] を与える //**~ся** [不完] / [完] 新しい職業 [技能] を身につける, 新しい資格 [職階] を得る

**перекидать** [完] →перекидывать

**перекидной** [形2] ① 投げて掛けられた, 掛け渡された, 振り子式の: ~ календа́рь 卓上カレンダー ② 《圏》移動 [転送] 用の

**перекидывать** [不完] / **перекинуть** -ну, -нешь 受過 -тый [完] ① 〈圏〉〈の〉向こうへ投げる; 投げかける ②〈圏〉〈ページ・紙をぱらぱらとめくる ③〈橋などを〉架ける ④《話》素早く移動させる; 配置転換する ⑤ [完 перекидать] 〈次々と〉投げる

**перекидываться** [不完] / **перекинуться** -нусь, -нешься [完] ①〈на〉…の方へさっと跳び越える [移る]; (火・病気などが) …に飛び移る ② (橋などが) 架かる ③《話》素早く移動する: 〈仕事・話題などが〉かわる, 移る ④〈敵物に〉移る, 寝返る ⑤《圏》〈を〉投げ合う;〈言葉・視線を〉交わす ⑥《話》〈в圏〉〈トランプなどを〉する

**пе́рекись** [女10]《化》過酸化物

**переклади́на** [女1] ① 横木, 横桁, 梁 ②《スポ》 (体操用の) 鉄棒

**переклáдка** 複生-док [女2] 置き換え, 積み換え; 間に物を詰めること

**перекладывать** [不完] / **переложить** -ожу́, -о́жишь 受過 -о́женный [完] ①〈圏〉移す, 置き換える ② [不完また **перелагать**] 〈圏〉на〈圏〉〈責任などを人に〉転嫁する: ~ отве́тственность на помо́щника 助手に責任を転嫁する ③〈圏〉に詰める, 挟む: ~ посу́ду бума́гой 食器の間に紙を詰める ④ 〈圏〉積み直し, 造り直す ⑤ [不完また **перелага́ть**] 〈圏〉〈音楽・文学作品などを〉別の形式にする, 改作する ⑥ 《話》〈圏〉入れすぎる; 《俗》酒を飲みすぎる ⑦ [不完] (ページをめくって) 調べる, 検討する

**переклеивать** [不完] / **переклеить** 受過 -клеенный [完]〈圏〉① 貼り直す, 貼りかえる ② (全部・多く) 貼る

**перекликаться** [不完] 〈с圏〉① [完 -一回 **перекликнуться** -нусь, -нешься] …と呼び合う, 呼び交わす ②《3人称》…に似ている, と共通点がある //**перекличка** 複生-чек [女2] ① 呼び交わすこと ② 点呼

**переключатель** [男5]《技》スイッチ, 切り替え装置

**переключать** [不完] / **переключить** -чу́, -чи́шь 受過 -чённый (-чён, -чена́) [完]〈圏〉①〈電流・ガス・装置を〉切り替える ②〈仕事・関心を新しいものに向ける, 転換させる ③〈思考・関心・会話を〉切り替える, 転じる //**~ся** [不完] / [完] 切り替わる, 転換する

**переключение** [中5] 切り替え, 転換

**перековывать** [不完] / **перековать** -кую́, -куёшь 受過 -ко́ванный [完] ①〈圏〉蹄鉄を打ち直す ②〈全部・多くの…に〉蹄鉄を打つ ③ 鍛造して作り直す ④《話》〈人を〉鍛え直す, 再教育する //**переко́вка** [女2]

**переколо́ть** [完] →перекалывать

**переколоть** [完] →перекалывать

**перекормить** [完] →перекармливать

**переко́с** [男1] ① ゆがみ, ひずみ ② 歪んでいる箇所

③《話》過ち, へま

**перекоси́ть(ся)** [完] →перека́шивать

**перекоси́ть²** -ошу́, -о́сишь 受過 -о́шенный [完] <団> ① 〈全部・多くの草を〉刈る ②《話》〈全員・多くの人を〉殺す, 滅ぼす

**перекочёвывать** [不完] / **перекочева́ть** -чу́ю, -чу́ешь [完] ①（遊牧民が）移動する ②《話》住居を移す；仕事を変える；他人の手に渡る

**переко́шенный** [形1] ねじれている, 歪んだ

**перекра́ивать** [不完] / **перекрои́ть** -ою́, -ои́шь 受過 -о́енный [完] <団> ① 裁ち直す ②《話》〈全部・多く〉裁つ ③《話》すっかり作り直す

**перекра́шивать** [不完] / **перекра́сить** -а́шу, -а́сишь 受過 -а́шенный [完] <団> ① 塗り直す, 染め直す ②〈全部・多く〉塗る, 染める ／／ **-ся** ① 色が変わる ②《話》〈自分の髪を〉染める ③《話》偽ってなりすます

**перекрести́ть(ся)** [完] →крести́ть(ся), перекрёщиваться

**перекрёстный** [сн] [形1] ① 交差した, 十字型の ② 多方向から一点に向けられる：～ого́нь 十字砲火 ③（会話・冗談が）交錯する ■~допро́с〘法〙反対尋問

\***перекрёст|ок** -тка [男2] [crossroad] 十字路, 交差点 ◆крича́ть на всех -ка́х 誰彼かまわずあちこちで言い触らす

**перекрёщиваться** [不完] / **перекрести́ться** -крести́тся [完] 交差する

**перекрича́ть** [完] <団> 〈他の声・音を〉自分の声で圧倒する

**перекро́ить** [完] →перекра́ивать

**перекру́чивать** [不完] / **перекрути́ть** -учу́, -у́тишь 受過 -у́ченный [完] <団> ① 巻き[回し]すぎて駄目にする；ねじ切る ② しばる, くくる ③ 巻き[撚(よ)り]直す ④〈全部・多く〉巻く, 撚(よ)る

**перекрыва́ть** [不完] / **перекры́ть** -ро́ю, -ро́ешь 受過 -ры́тый [完] <団> ① 覆い直す, かぶせ直す：~ кры́шу 屋根をふき替える ②〈建物に〉かぶせる, 天井などを付ける ③《話》しのぐ, まさる；越える, 上回る ④ せき止める, 閉鎖する

**перекры́тие** [中5] ① < перекры́ть ② 屋根の支え；各階を仕切る天井

**перекувы́ркиваться** [不完] / **перекувырну́ться** -ну́сь, -нёшься [完]《話》ひっくり返る；宙返りする

**перекупа́ть** [不完] / **перекупи́ть** -уплю́, -у́пишь 受過 -у́пленный [完] <団>《話》① 横取りして買う ② 又買いする, 仲買いする ③ たくさん買う, 買い占める

**переку́пщик** [男2] 仲買人, ブローカー

**переку́р** [男1]《話》一服, たばこ休み

**переку́ривать** [不完] / **перекури́ть** -урю́, -у́ришь [完] ① たばこを吸いすぎる ②《話》<団>〈全部・多くのたばこを〉吸う[吸ってみる] ③《話》一服する, 一休みする

**перекуса́ть** 受過 -у́санный [完] <団>〈全員・多くの人を〉咬む

**переку́сывать** [不完] / **перекуси́ть** -ушу́, -у́сишь 受過 -у́шенный [完] <団> ① かみ切る（ペンチなどで）切断する ②《話》軽く食べる

**перелива́ть** [不完] / **перелива́ти** -вливаю, -вливаешь 受過 -вленный [完] <団>〈全部・多く〉捕まえる

**перелага́ть** [不完] = перекла́дывать②③

**перела́мывать** [不完] / **переломи́ть** -омлю́, -о́мишь 受過 -о́мленный [完] <団> ①（2つに）折る, 割る ②〈性格・習慣などを〉急に変える ③〈気持ちなどを〉克服する ／／ **~ся** ①（2つに）折れる, 割れる ②（性格などが）急に変わる

**перелеза́ть** [不完] / **переле́зть** -ле́зу, -ле́зешь 過 -е́з, -е́зла 能過 -зший 副分 -зши [完] <団/чèрез団с> ① 登って越える, 這って越える：～ чèрез огра́ду 塀を乗り越える

**переле́сок** -ска [男2] 草地や森から隔てられた林；森林の間の疎林, 幼林

**перелёт** [男1] ① 飛んで越える[渡る]こと ②（鳥の）渡り ③（弾丸が）目標を越えて落ちること ④ 遠距離飛行

**перелета́ть** [不完] / **перелете́ть** -лечу́, -лети́шь [完] ① <団/чèрез団с> 飛んで越える, 飛んで渡る ② 飛んで移動する ③ 必要以上に遠くまで飛ぶ

**перелётн|ый** [形1] ① 飛び越える（鳥が）渡りの：-ая пти́ца 渡り鳥

**перели́в** [男1] ① 注ぎ移し；注ぎすぎ ② 改鋳 ③ 色調[音調]の移り変わり；光沢

**перелива́ние** [中5] < перели́ть: ~ кро́ви 〘医〙輸血, 輸液

**перелива́ть** [不完] / **перели́ть** -лью, -льёшь 命 -ле́й 過 -и́л, -ила́, -и́ло 受過 -и́тый (-и́т, -ита́, -и́то) [完] ① 注ぎ移す, 注ぎかえる；輸血する：～во́ду из буты́лки в стака́н 水をビンからコップに注ぎかえる ②〈思想・感情・力などを〉吹き込む ③ <団/団> 注ぎすぎる ④ <団> 改鋳する ⑤ [不完] <団で> きらきら輝く；音調を変えて響く

**перелива́ться** [不完] / **перели́ться** -льётся 命 -ле́йся 過 -и́лся, -ила́сь, -ила́сь, -и́лось/-и́лось [完] ①（液が）流れ移る；（思想・感情・力などが）伝わる ②あふれる ③《話》（液体が揺られて）動く ④ [不完] <団> = перелива́ть⑤

**перели́вчатый** [形1]（色調・音調が）変化に富む；玉虫色の

**перели́стывать** [不完] / **перелиста́ть** 受過 -ли́станный [完] <団>〈ページを〉めくる；（ぱらぱらとめくって）ざっと目を通す, 走り読みする

**перели́ть(ся)** [完] →перелива́ть(ся)

**перелицева́ть** [完] →перелицо́вывать

**перелицо́вка** хеств -вок [女2]（衣服の）仕立て直し

**перелицо́вывать** [不完] / **перелицева́ть** [完] <団> ①〈コートなど〉裏返しにする ② 新たな一面を持たせる

**перелови́ть** -овлю́, -о́вишь [完] <団>〈獲り尽くす

**перело́г** [男2]（荒れるにまかせた）休耕地

**переложе́ние** [中5]（音楽・文学作品の）改作, 編曲

**переложи́ть** [完] →перекла́дывать

**перело́м** [男1] ① 折ること, 折れること ② 折れた箇所 ③ 骨折 ④ 急変, 急転, 転換；転機：～ в судьбе́ 運命の急転 | на ~е 変革の前夜に ⑤ П~〘民俗〙= разгу́л ゅ

**перелома́ть** 受過 -о́манный [完] <団> ①〈全部・多く〉壊す, 砕く, 折る ②〈性格・行動・意見などを〉改めさせる

**переломи́ть(ся)** [完] →перела́мывать

**перело́мный** [形1] 急変の, 急転の, 激変の：～моме́нт 変転の時期

**перелопа́чивать** [不完] / **перелопа́тить** -а́чу, -а́тишь 受過 -а́ченный [完] <団> ① シャベルでかきまぜる ②《話》ひっかき回す

**перема́зывать** [不完] / **перема́зать** -ма́жу, -ма́жешь 受過 -а́занный [完] <団> ① 塗り直す, 塗り替える ②〈全部・多く〉塗る ③《話》汚す ／／ **-ся** [不完] / [完] 汚れる

**перема́лывать** [不完] / **перемоло́ть** -мелю́, -ме́лешь 受過 -мо́лотый [完] <団> ① 粉にひく ②〈全部・多く〉粉にひく ③ ひき直す ④《話》打ち壊す, 粉砕する ／／ **~ся** [不完] / [完] ひかれて粉になる

**перема́нивать** [不完] / **перемани́ть** -аню́, -а́нишь 受過 -а́ненный/-анённый (-нён, -нена́) [完]

**перематывать**

⟨和⟩招致する, 誘致する, 引き入れる

**перема́та|ть** [不完] / **перемота́ть** 受動 -о́танный [完] ⟨和⟩ ① 巻きかえる; 巻き直す ② (全部・多く)巻く

**перема́хивать** [不完] / **перемахну́ть** -ну́, -нёшь [完] 《話》① ⟨что/че́рез和⟩をさっと跳び越える ② さっさと移動する

**перемежа́ть** [不完] ⟨和 を 図/c 図と⟩時々入れかえる, たがい違いにする **//–ся** [不完] ⟨和/c 図と⟩入れかわる, 交代する

*\***переме́на** [ピリミェーナ] [女1] [change] ① 変更, 交代: ～ профе́ссии 転職 の変化 ② температу́ры 温度の変化 ③ (下着・衣服などの) 替え一揃い ④ (学校の) 休み時間: больша́я ～ (学校の)長い休み時間, 昼休み

**переме́нка** 複生 -нок [女2]《話》(学校の) 休み時間

*\***переме́нн|ый** [形1] (variable) ① 変わる, 変わりやすい; 可変の, 不定の: -ая величина́《数》変数 | ～ капита́л《経》可変資本 | -ая пого́да《気象》変わりやすい天気 | -а́я [女名]《数》変数 ■– то́к《電》交流

**переме́нчивый** 短 -ив [形1]《話》変わりやすい; 移り気な

*\***перемен|и́ть** [ピリミニーチ] -еню́, -е́нишь 命 -ни́ 受動 -нённый (-нён, -нена́) [完] [change] ⟨和⟩ ① (別のものに) 変える, 取り換える (меня́ть, сменя́ть): ～ рабо́ту 仕事を変える | ～ мне́ние 意見を変える | Пре́сса тепе́рь перемени́ла тон. ここにきてプレスは論調を変えた ② ⟨人 を⟩変える (изменя́ть): Жени́тьба перемени́ла её. 結婚が彼女を変えた ③ 態度を反対のものに変える

*\***перемени́ться** [ピリミニーッツァ] -еню́сь, -е́нишься 命 -ни́сь [完] [change] ① 変わる, 変化する (изменя́ться): Пого́да перемени́лась. 天候が変わった | Ве́тер перемени́лся. 風向きが変わった ② 交代する (смени́ться): Дире́ктор перемени́лся. 所長が替わった ③ ⟨к 和に対する⟩態度を変える: Она́ совсе́м перемени́лась к э́тому ма́льчику. 彼女はこの男の子に対する態度をすっかり変えた ④《話》⟨和を⟩交換する, 取り替える (меня́ться, обме́ниваться): ～ кварти́рами フラットを取り替える ⑤《不完》[受身] < переменя́ть

**перемере́ть** [完] → перемира́ть

**перемерза́ть** [不完] / **перемёрзнуть** -ну, -нешь 命 -ни 過 -ёрз, -ёрзла 過過-зший 過-зув [完] ① (全部・多くの人・ものが) 凍死する, 寒さで駄目になる ②《話》ひどくこごえる

**переме́ривать** [不完] / **переме́рить** -рю, -ряю, -ришь/-ряешь 命 -рь/-ряй 受動 -ренный [完] ⟨和⟩ ① 測り直す; ⟨衣服・靴などの⟩寸法を合わせ直す ② (全部・多くを) 測る, (全部・多くの) 寸法合わせをする

**перемеря́ть** [不完]《話》= переме́ривать

**перемеси́ть** [完] → переме́шивать¹

**перемести́ть(ся)** [完] → перемеща́ть(ся)

**переме́т** [男][漁]置縄, 延縄, 延縄(はえなわ)

*перемётну́ться* → перемётываться

**перемётн|ый** [形1] ① ⟨魚⟩延縄(はえなわ)の ② 振り分け式の, かけ渡す ◆ су́ма -ая《話・蔑》簡単に信念を変える人, 日和見主義者

**перемётывать** [不完] / **перемётну́ться** -нусь, -нёшься [完]《話》① ⟨че́рез 和⟩さっと跳び越える, 走って移る ② (敵側に)移る, 寝返る

**переме́шивать²** [不完] → перемеша́ть²

**переме́шивать¹** [不完] / **перемеси́ть** -мешу́, -ме́сишь 受動 -ме́шенный [完] ⟨和⟩ ① よくこねる ② こね直す

**переме́шива|ть²** [不完] / **перемеша́ть** 受動 -ме́шанный [完] ⟨和⟩ ① かきまぜる ② ごちゃ混ぜにする ③《話》混同する, 取り違える **//–ся** [不完]/[完] ごちゃごちゃになる, 混ざり合う **//–ние** [中5]

**перемеща́|ть** [不完] / **перемести́ть** -мещу́, -мести́шь 受動 -мещённый (-щён, -щена́) [完] ① 移す, 移動させる: перемещённые ли́ца《政》国外流民, 難民 ② 転任させる **//–ся** [不完] / [完] 移る, 移動する

*\***перемеще́ние** [中5] [transference] ① 移動, 置き換え ② 転任, 配置転換

**переми́гиваться** [不完] / **перемигну́ться** -ну́сь, -нёшься [完] [一回] ⟨с 図と⟩目配せを交わす

**перемина́ться** [不完] もじもじする, 足踏みする

**перемира́ть** [不完] / **перемере́ть** -мрёт 過 пе́ремер/перемёр, -рла́, пе́ремерло/перемёрло [完] (全員・多くの人が) 死ぬ

**переми́рие** [中5] 休戦, 停戦: заключи́ть ～ 休戦を結ぶ

**перемножа́ть** [不完] / **перемно́жить** -жу, -жишь 受動 -женный [完] ⟨和⟩ ①〈数を〉掛ける ② もう一度掛ける

**перемога́ть** [不完] / **перемо́чь** -огу́, -о́жешь, ..., -о́гут 命 -оги́ 過 -о́г, -огла́ [完]《話》⟨和⟩〈感情・苦痛などを〉こらえる, 抑える

**перемо́лвиться** -влюсь, -вишься [完]《話》⟨和 を с 図と⟩言葉を交わす, 少し話し合う

**перемоло́ть(ся)** [完] → перема́лывать

**перемота́ть** [完] → перема́тывать

**перемо́тк|а** 複生 -ток [女2] ⟨перема́тывать: кно́пка –и вперёд [наза́д] 早送り [巻き戻し] ボタン

**перемо́чь** [完] → перемога́ть

**перемудри́ть** -рю́, -ри́шь 受動 -рённый (-рён, -рена́) [完]《話》凝りすぎる, 策を弄しすぎる

**перемыва́|ть** [不完] / **перемы́ть** -мо́ю, -мо́ешь 受動 -тый [完] ⟨和⟩ ① 洗い直す ② (全部・多く) 洗う

**перемы́чка** 複生 -чек [女2] ① 連結部, つなぎ ② (水の流入を防ぐための一時的な) 隔壁, 囲い堰(せき) ③ (何かをつなぐ) 細長い部分

**перенапряга́|ть** [不完] / **перенапря́чь** -ягу́, -яжёшь, ..., -ягу́т -яги́ 過 -я́г, -ягла́ -яжённый (-жён, -жена́) [完] ⟨和⟩緊張させすぎる, 張りつめすぎる **//–ся** [不完] / [完] 緊張しすぎる, 張りつめすぎる

**перенапряже́ние** [中5] ① 過度の緊張; 過労 ②《電》過電圧

**переселе́ние** [中5] 人口過剰

**переселённый** 短 -лён, -лена́ [形1] 人口過密の **//–ость** [女10]

**пересел|я́ть** [不完] / **пересели́ть** -лю́, -ли́шь 受動 -лённый (-лён, -лена́) [完]⟨和⟩人口過密にする, …に過密に人を住まわせる

**перенасыща́|ть** [不完] / **перенасы́тить** -ы́щу, -ы́тишь [完] 過度に飽和させる

**перенасы́щенный** [形1]《化》過飽和状態の

**перена́шивать** [不完] / **переноси́ть¹** -ошу́, -о́сишь 受動 -о́шенный [完] ①《и》(何回かにわたって)運び移す ②《完》《話》(多く) 着古す [履きつぶす] ③ 長く妊娠しすぎている

**перене́рвничать** [完]《話》ひどくいらいらする, 神経質になる

**перенесе́ние** [中5] ① 移動 ② 延期

**перенести́(сь)** [完] → переноси́ть²(ся)

**перенима́|ть** [不完] / **переня́ть** -рейму́, -реймёшь, ..., пе́ренял/-не́ял, -няла́, -няло́ / пе́реняло/-ня́ло 受動 пе́ренятый [-ят, -ята́, -ято] [完] ⟨и⟩ ① 受け継ぐ, 借用する ②《話》〈手を〉 持ちかえる; ひったくる

\***перено́с** [男1]〔transfer, moving〕① 運び移すこと，移動 ② 移し換え，移転 ③ 延期，繰越し ④《単語を途中で切って》次行へ送る；分綴(ﾌﾞﾝ)改行；《話》分綴した際の行末ハイフン

**переноси́мый** [形1] 耐えられる, 我慢できる

**переноси́ть** [完] →перена́шивать

\*переноси́ть² [ﾋﾟﾘﾅｼｰﾁ] -ошу́, -о́сишь, ..., -о́сят -ся́ [不完]／**перенести́** [ﾋﾟﾘﾅｽﾁｰ] -су́, -сёшь 命 -си́ 過 -нёс, -несла́ 能過 -нёсший 受過 -сённый (-сён, -сена́) 副小 -неся́ [完]〔carry, transfer〕〈对〉① (手で)運んで越えさせる: Он *перенёс* ребёнка че́рез руче́й. 彼は子どもを小川を渡った ② (手で)運び移す, 移動させる: ~ цветы́ из ко́мнаты на балко́н 花を部屋からバルコニーに出す ③ 思いをはせさせる[運ぶ] ④〈場所を〉移転させる〈ずｒｙ向を〉転換する，(他の機関などに)移す, 移管する ⑤〈期日を〉変更する, 休日を〉振り替える ⑥〈事の続きなどを〉持ち越す; (単語を途中で切って)次行へ送る，分綴(ﾌﾞﾝ)する ⑦〈嫌なことなどを〉体験する; 耐える, 我慢する **〃～ся** [不完][受身]

**перенести́сь** -осу́сь, -осёшься [不完]／**перенести́сь** -несу́сь, -несёшься 過 -нёсся, -несла́сь 能過 -нёсшийся [完] ①《話》素早く移動する;〈考え・関心などが〉素早く移る ②

**перено́сица** [女3] 鼻梁

**перено́ска** 複生 -сок [女2]①(動物用)キャリーケージ, (赤ちゃん用)ベビーキャリー, 抱っこひも

**переносно́й** [形2] = перено́сный①

**перено́сный** [形1] ① 移動できる, 携帯用の: -*ая* радиоста́нция 携帯無線機, トランシーバー ② 転義の, 比喩的な

**перено́счик** [щ] [男2] ① 運搬者 ② (病菌の)媒介動物[昆虫]

**перено́сье** [中4] = перено́сица

**переночева́ть** [完] →ночева́ть

**перенумеро́вывать** [不完]／**перенумерова́ть** -ру́ю, -ру́ешь 受過 -о́ванный [完]〈対〉①〈全部・多くの…に〉番号を付ける ② 番号を付け替える

**переня́ть** [完] →перенима́ть

**переобору́довать** -дую, -дуешь 受過 -анный [不完・完] 設備し直す, 設備替える **〃–ние** [中5]

**переобува́ть** [不完]／**переобу́ть** 受過 -тый [完]〈対〉①〈人に〉履き替えさせる ②〈はき物を〉履き替える **〃～ся** [不完], [完] 履き替える, し直す

**переобуча́ть** [不完]／**переобучи́ть** 受過〈対〉再訓練[再教育]する **〃переобуче́ние** [中5]

**переодева́ть** [不完]／**переоде́ть** -де́ну, -де́нешь 受過 -тый [完]〈対〉① 着替えさせる ② 着替える ③〈画/в何に〉変装させる

**переодева́ться** -де́нусь, -де́нешься [完] 着替える: ~ в но́вую руба́шку 新しいシャツに着替える ② 変装する

**переоде́тый** [形1] 変装[仮装, 偽装]している

**переоде́ть** [完] →переодева́ть

**переориенти́ровать** -рую, -руешь [不完・完]〈対〉на 何へ再誘導する, 新たな方向づけをする **〃～ся** [不完・完][受身]

**переосвиде́тельствование** [中5]〔医〕再検査

**переосмысля́ть** [不完]／**переосмы́слить** -лю, -лишь 命 -ли 受過 -ленный [完]〈対〉再検討する **〃переосмысле́ние** [中5]

**переохлажда́ть** [不完]／**переохлади́ть** -ажу́, -ади́шь 受過 -аждённый (-дён, -дена́) [完]〈対〉極度[過度]に冷やす: *переохлаждённая вода́* 過冷却水 **〃переохлажде́ние** [中5] 過冷却

**переоце́нивать** [不完]／**переоцени́ть** -це-ню́, -це́нишь 受過 -ценённый (-нён, -нена́) [完]〈対〉① 評価し直す, 再評価する ② 過大評価する **〃переоце́нка** [女2]

**перепа́д** [男1] ① (流速を調整する)水路の階段 ② (温度・圧力・高度などの)差, 落差

**перепада́ть** [完]《話》(全部・多くが)次々に落ちる[倒れる]

**перепада́ть** [不完]／**перепа́сть** -падёт, -паду́т 過 -па́л [完]《話》①(雨・雪などが)ぽつりぽつり落ちる, 時々降る ②〈何の〉…の手に入る, に転がり込む

**перепа́ивать** [不完]／**перепои́ть** -ою́, -о́ишь/-о́ишь 命 -ои́ 受過 -о́енный [完]〈対〉①〈全員・多くの人に〉飲ませすぎる ②《話》酒をへべれけになるまで飲ませる

**перепа́лка** 複生 -лок [女2]《話》① 撃ち合い ② ののしり合い, 口論

**перепа́сть** [完] →перепада́ть

**перепа́хивать** [不完]／**перепаха́ть** -пашу́, -па́шешь 受過 -па́ханный [完]〈対〉① 耕し直す ② (全部・多くを)耕す ③ 爆発で掘り返す ④ (道などを)(横断して)溝を掘る

**перепа́чкать** 受過 -канный [完]〈対〉すっかり[あちこち]汚す **〃～ся** [完] すっかり[あちこち]汚れる

**перепе́в** [男1] (すでに言ったこと・知られていることの)繰り返し

**перепева́ть** [不完]／**перепе́ть** -пою́, -поёшь 受過 -тый [完]〈対〉① (全部・多く)歌う ②《話》…よりもうまく歌う, 歌い負かす ③《不完》すでに言ったこと・知られていることを繰り返す

**перепека́ть** [不完]／**перепе́чь** -пеку́, -печёшь, … -пеку́т 過 -пёк 命 -пёк, -пекла́ 能過 -пёкший 受過 -чённый (-чён, -чена́) [完]〈対〉① 焼きすぎて駄目にする ②(全部・多くを)焼く

**пе́репел** 複 -а́ [男1]〔鳥〕ヨーロッパウズラ **〃–и́ный** [形1]

**перепелёнывать** [不完]／**перепелена́ть** -лёнатый/-лёнутый [完]〈対〉おむつを取り替える

**перепёлка** 複生 -лок [女2]〔鳥〕ヨーロッパウズラ; その雌

**перепеля́тник** [男2]〔鳥〕ハイタカ

**перепе́ть** [完] →перепева́ть

**перепеча́тывать** [不完]／**перепеча́тать** 受過 -танный [完]〈対〉① 再度印刷する, 再版[重版]する ② 転載する, 複製する ③ (全部・多く)印刷する ④ (タイプなどで)打ち直す **〃перепеча́тка** 複生 -ток [女2]

**перепива́ть** [不完]／**перепи́ть** -пью, -пьёшь 命 -пе́й 過 -и́л, -ила́, -и́ло [完]〈対〉① (通例酒を)飲みすぎる ②〈何〉より多く飲む **〃～ся** [完]《話》(全員・多くの人が)酔っ払う, 飲みすぎる

**перепи́ливать** [不完]／**перепили́ть** -илю́, -и́лишь受過 -и́ленный [完]〈対〉① のこぎりで2つにひき切る ② (全部・多く)のこぎりでひく

**переписа́ть** [完] →перепи́сывать

**перепи́ск|а** [女2] ① 書き直し, 清書; 書き写し ② 文通; "вести́ -y [состоя́ть в -*е*] с кем …と文通する ③ 往復書簡集

**перепи́счик** [щ] [男2] 筆耕者, タイピスト; 国勢調査員

\*перепи́сывать [不完]／**переписа́ть** -пишу́, -пи́шешь 受過 -писанный [完]〈対〉〔rewrite, copy〕① 書き直す; 書き写す, …のコピーをとる: ~ на́бело 清書する ②《話》(書類を作成して)譲渡する, …の名義を変更する《話》登録がえする, 編入する ④ (全部・多くの)リスト[名簿]を作る

\*перепи́сываться [不完] ① 文通する ②〔correspond〕② переписа́ться -пишу́сь, -пи́шешься ①《話》登録が変わる, 編入される ③〔受身〕< перепи́сывать

**пе́репис|ь** [女10] 統計調査, センサス: всеобщая ~ населе́ния 国勢調査 **∥~но́й** [形2]

**перепи́ть(ся)** [完] →перепива́ть

**переплавля́ть** [不完] / **переплави́ть** -влю, -вишь 受過-вленный [完] ⟨対⟩ ①⟨鉱石を⟩溶融する, 精錬する ②水運で運ぶ

**переплани́ровывать** [不完] / **переплани́ровать** -рую, -руешь 受過 -анный, **переплани́ровывать** -рую, -руешь 受過-ованный [完] ⟨対の⟩設計[計画, 配置]を変更する[し直す] **∥ переплани́ровка** 複生 -вок [女2]

**перепла́чивать** [不完] -аю, -а́тишь 受過 -а́ченный [完] ⟨対⟩ ①払いすぎる ②⟨対⟩ (何回かにわたって) 大金を払う **∥ перепла́та** [女1]

**переплёвывать** [不完] / **переплю́нуть** -ну, -нешь 命-ни [完] ①⟨話⟩…の向こうへ唾を吐く ②⟨俗⟩ …より遠くへ唾を飛ばす; …に勝つ

**переплести́(сь)** [完] →переплета́ть(ся)

**переплёт** [男1] ①製本, 装丁 ②(硬い)表紙 ③格子状の枠や柵 ④⟨話⟩苦境, 窮地 ◆**взять в** ~ 意のままに動かす **∥~ный** [形1] ⟨①②⟩

**переплётчик** [男1] 製本工

**переплыва́ть** [不完] / **переплы́ть** -ыву́, -ывёшь 過 -ы́л, -ыла́, -ы́ло ⟨対/че́рез対⟩を泳いで渡る, 船で渡る

**переплю́нуть** [完] →переплёвывать

**перепля́с** [男1] ⟨舞⟩ペレプリャース (ロシアの民俗舞踏; 踊り手が服者に技を競い合う)

**переподгота́вливать** [不完] / **переподгото́вить** -влю, -вишь 受過 -вленный [完] ⟨対⟩再教育 [再訓練]する

**переподгото́вка** 複生 -вок [女2] 再教育, 再訓練

**переподнима́ть** [完] →перепива́ть

**перепо́|й** -я/-ю [男6] ⟨話⟩ (酒の)飲みすぎ ◆**с ~я [-ю]** 飲みすぎて

**переполза́ть** [不完] / **переползти́** -зу́, -зёшь 過 -о́лз, -олзла́ 能過 -о́лзший 副分 -зши [完] ⟨対/че́рез対⟩を這って越える(渡る) ②⟨話⟩やっとのことで渡る ②這って移動する

**переполня́ть** [不完] / **перепо́лнить** -ню, -нишь 命 -ни́ 受過 -ненный [完] ⟨対⟩入れすぎる, あふれさせる;(感情などが)満たす, いっぱいにする: Се́рдце перепо́лнено гне́вом. 心は怒りでいっぱいだ **∥~ся** [不完] / [完] あふれる, いっぱいになる **∥ переполне́ние** [中5]

**переполо́х** [男2] ⟨話⟩ (突然の)大騒ぎ

**переполоши́ть** -шу́, -ши́шь 受過 -шённый [完] ⟨話⟩⟨対⟩大騒ぎさせる, ひどく不安にさせる **∥~ся** [完] ⟨話⟩慌てふためく, ひどく不安になる

**перепо́нка** 複生 -нок [女2] ⟨解⟩膜: бараба́нная ~ 鼓膜

**перепо́нчатокры́лые** [形1変化] [複名] ⟨昆⟩膜翅目

**перепо́нчатый** [形1] 膜のある

**перепоруча́ть** [不完] / **перепоручи́ть** -учу́, -у́чишь 受過 -у́ченный [完] ⟨対を与に⟩依頼し直す, 委任する

**перепости́ть** -ощу́, -ости́шь [完] ⟨ネット⟩⟨対⟩リポスト[再投稿]する

**перепра́ва** [女1] ①渡河, 難所越え ②渡し場;(舟・橋などの)渡河手段

**переправля́ть** [不完] / **перепра́вить** -влю, -вишь 受過 -вленный [完] ⟨対⟩ ①渡らせる, ⟨難所を⟩越えさせる ②送る, 転送する ③訂正する, 作り[書き]直す ④(全部・多く)直す **∥~ся** [不完]/ [完] 渡る, 越える

**перепрева́ть** [不完] / **перепре́ть** [完] ①すっかり腐る ②煮えすぎる

**перепро́бовать** -бую, -буешь 受過 -анный [完] ⟨対⟩ (全部・多く)試す, 試食[試飲]する

**перепродава́ть** -даю́, -даёшь 命 -ва́й 副分 -ва́я [不完] / **перепрода́ть** -да́м, -да́шь, -да́ст, -дади́м, -дади́те, -даду́т 命 -да́й 過 -про́дал/-да́л, -ла́, -про́дало/-да́ло 受過 -про́данный (-ан, -ана́/-ана, -ано) [完] ⟨対⟩転売する

**перепродаве́ц** -вца́ [男3] 転売屋

**перепрода́жа** [女4] 転売

**перепрода́ть** [完] →перепродава́ть

**перепроизво́дство** [ц] [中1] 過剰生産

**перепры́гивать** [不完] / **перепры́гнуть** -ну, -нешь 命 -ни [完] ①⟨対/че́рез対⟩を跳び越える ②跳び移る

**перепу́г** -а/-у [男2] ⟨話⟩強い驚き, びっくり仰天: **с ~у** びっくりして

**перепуга́ть** 受過 -у́ганный [完] ⟨話⟩⟨対⟩ひどく驚かせる, びっくりさせる **∥~ся** [完] ⟨話⟩びっくりする

**перепу́тывать** [不完] / **перепу́тать** -таю -танный [完] ⟨対⟩ ①もつれさせる, こんがらせる: ~ ни́тки 糸をもつらせる ②ごちゃまぜにする, 混乱させる ③取り違える, 混同する **∥~ся** [不完]/ [完] ①もつれる ②ごちゃごちゃになる ③⟨話⟩混乱する

**перепу́тье** 複生 -ий [中4] 十字路, 岐路 ◆**стоя́ть на ~** (選択・進路の)岐路に立っている

**перераба́тывать** [不完] / **перерабо́тать** 受過 -танный [完] ⟨対⟩ ①加工する: ~ нефть 石油を精製する ②⟨対⟩消化する; 摂取する ③⟨対⟩作り直す, 書き直す ④⟨対⟩超過勤務する ⑤[完] ⟨話⟩働きすぎてへとへとになる[体を壊す] **∥~ся** [完] ①加工される ②消化される ③作り直される ④⟨話⟩働きすぎてへとへとになる[体を壊す]

**перерабо́тка** 複生 -ток [女2] ①加工, 処理 ②消化; 摂取 ③作り直し, 改作 ④超過勤務

**перерабо́тчик** [男2] 原料加工業者[従業員]

**перераспределя́ть** [不完] / **перераспредели́ть** -лю́, -ли́шь 受過 -лённый (-лён, -лена́) [完] ⟨対⟩分配し直す, 再分割する **∥ перераспределе́ние** [中5]

**перераста́|ть** [不完] / **перерасти́** -ту́, -тёшь 過 -ро́с, -росла́ 能過 -ро́сший 副分 -ро́сши [完] ①⟨対⟩身長で追い越す ②⟨対⟩ (知性・精神性・意義などで)追い越す, 上回る, 凌駕する ③⟨в対⟩ (発展して)…になる, 転化する ④規定年齢を越える **∥~ние** [中5]

**перерасхо́д** [男1] ①使い過ぎ, 支出超過 ②超過支出額

**перерасхо́довать** -дую, -дуешь 受過 -анный [不完・完] ⟨対⟩ ⟨石油・子算を⟩使いすぎる, 超過支出する

**перерасчёт** [щ] [男1] 再計算, 勘定のし直し

**перерва́ть** [完] →перерыва́ть[1]

**перерегистри́ровать** -рую, -руешь 受過 -анный [不完・完] ⟨対⟩ ①再登録する ②(全部・多く)登

**перереза́ть, перере́зывать** [不完] / **перере́зать** -ре́жу, -ре́жешь 受過 -ре́занный [完] 〈図〉① (2つに)切断する: ~ верёвку ロープを切る ② 横断する，横断する《道などを遮断する》④《話》(全部・多く)切り殺す；《俗》(全部・多く)噛み殺す

**перерисо́вывать** [不完] / **перерисова́ть** -су́ю, -су́ешь 受過 -о́ванный [完] ① 模写する，描き写す ② 描き直す ③《全部・多く》描く

**перерожда́ть** [不完] / **переро́ди́ть** -ожу́, -оди́шь 受過 -ождённый (-дён, -дена́) [完] 〈図〉すっかり変える，一新する，生まれ変わらせる **//~ся** [不完] / [完] ① すっかり変わる，生まれ変わる ② 堕落する ③ 劣化する，退化する

**перерожде́ние** [中5] ① すっかり変ること，生まれ変わること ② 劣化，退化 ③ (思想的)変節，堕落

**переро́сток** -тка [男2] 規定年齢を越えた子ども

**переруба́ть** [不完] / **переруби́ть** -ублю́, -у́бишь 受過 -у́бленный [完] 〈図〉① (2つに)切る，割る ②《話》(全部・多く)切る，割る；細かく切る ③《話》<全員・多くの人を>鞭打つ，鞭で罰する

**переруга́ться** [完]《話》(全員・多くの人と)ののしり合う

**переру́гиваться** [不完]《話》ののしり合う

*\***переры́в** [ピリルィーフ] [男1] [pause, break] ① 休止，中断；休憩時間，休み時間: говори́ть без ~а ひっきりなしにしゃべる | с ~ами 間をおきながら | по́сле двухлéтнего ~а 2年間の中断の後に | в ~е мéжду заседа́ниями 総会の合間に | обéденный ~ 昼休み | коро́ткий [большо́й] ~ 短い[長い]休憩 | ~ сéссии 休会「Объявля́ю ~ [中断]します!」 Я реши́л сдéлать ~ на еду́. 食事休憩をとることにした。②《話》切断個所；途切れ目，隙間，空洞

**перерыва́ть¹** [不完] / **перерва́ть** -ву́, -вёшь 過 -а́л, -ала́, -а́ло 受過 -е́рванный [完] ① (2つに)引き裂く，引き破る ②《全部・多く》引き裂く，引き破る **//~ся** [不完] / [完]

**перерыва́ть²** [不完] / **переры́ть** -ро́ю, -ро́ешь 受過 -ры́тый [完] 〈図〉① (掘り切って)掘る ②《すっかり・あちこち》掘り返す ③《話》(何かを探して)ひっかき回す

**пересади́ть** [完] →переса́живать

*\***переса́д|ка** [ピリサートカ] 複生 -док [女2] [change, transplantation] ① 乗り換え: сдéлать ~у 乗り換える | éхать без переса́док 乗り換えなしで[直通で]行く | ста́нция ~и 乗り換え駅，(劇場)所を移動させること: произвести́ ~у пассажи́ров на друго́й самолёт 乗客を別の飛行機に乗り換えさせる ③《植》植え替え；《医》移植: ~ печёнки [о́рганов] 肝臓[臓器]移植 ④ (柄などの)付け替え

**переса́дочн|ый** [形1] 乗り換えの: ~ая ста́нция 乗り換え駅 ② 移植(用)の

**переса́живать** [不完] / **пересади́ть** -ажу́, -а́дишь 受過 -а́женный [完] 〈図〉① …の(席/場所)を移動させる；乗り換えさせる: ~ пассажи́ров в друго́й ваго́н 乗客を別の車両に移動させる ② 他の仕事に移動させる ③《植》植え替える；《医》移植する: ~ огурцы́ из парника́ на гря́дки キュウリを温室から畑へ植え替える ④ (取の取っ手に)付け替える ⑤ (手伝って)越えさせる

*\***переса́живаться** [ピリサージヴァッツァ] [不完] / **пересе́сть** [ピリシェースチ] -ся́ду, -ся́дешь 命 -ся́дь 過 -сéл 能過 -сéвший 副分 -сéв [完] [change one's seat] ① 席を移し，座り直す: Она́ вста́ла с крова́ти и пересéла в своё крéсло. 彼女はベッドから起き上がり自分の肘かけ椅子に座り直した。② (別の車両[飛行機]へ，別の交通手段に)乗り換える: ~ на самолёт 飛行機に乗り換える ③《不完》〔受身〕= переса́живать

**переса́ливать** [不完] / **пересоли́ть** -олю́, -о́лишь/-оли́шь 受過 -о́ленный [完] ① 〈図〉に塩を入れすぎる ②《話》度を越す，やりすぎる

**пересдава́ть** -даю́, -даёшь 命 -ва́й 副分 -ва́я [不完] / **пересда́ть** -да́м, -да́шь, -да́ст, -дади́м, -дади́те, -даду́т 命 -да́й 過 -а́л, -ала́, -а́ло -да́нный (-а́н, -ана́) [完] ① 〈図〉(建物・土地などを)また貸しする，他の人に貸す ② (トランプなどを)配り直す ③《不完》《話》追試験を受ける；追試験に合格する

*\***пересека́ть** [不完] / **пересе́чь** -секу́, -сечёшь, ... -секу́т 命 -секи́ 過 -сёк, -секла́ -сéкший/-сéкший 受過 -чённый (-чён, -чена́) 副分 -сéкши/-сéкши [完] [cross] ① 〈図〉横切る，横断する: ~ доро́гу 道路を横切る ② 遮断する ③《話》(2つに)切断する

**пересека́ться** [不完] / **пересе́чься** -секу́сь, -сечёшься, ... -секу́тся 命 -секи́сь 過 -сёкся, -секла́сь [完] ① 交差する，交わる ②《俗》<с+造>会う

**пересе́ле́н|ец** -нца [男3] ① 移住者，移民 ② 難民 **//–ческий** [形3]

**пересе́ле́ние** [中5] ① 移住 ② 引っ越し

**переселя́ть** [不完] / **пересели́ть** -лю́, -ли́шь 受過 -лённый (-лён, -лена́) [完] 〈図〉移住させる，引っ越しさせる **//~ся** [不完] / [完] 移住する，引っ越す: ~ в но́вую кварти́ру 新しいアパートに引っ越す

**пересе́сть** [完] →переса́живаться

**пересече́н|ие** [中5] 横断；遮断；交差: то́чка ~ия 交点

**пересечённый** [形1] 起伏の多い

**пересе́чь(ся)** [完] →пересека́ть(ся)

**переси́живать** [不完] / **пересиде́ть** -ижу́, -иди́шь 受過 -и́женный [完] ① 〈図〉<…より>長くいる[留まる] ② 長く居すぎる，留まりすぎる ③ 〈図〉待って留まる，待機する

**переси́ливать** [不完] / **переси́лить** -лю, -лишь 受過 -ленный [完] …に勝つ，…を克服する

*\***переска́з** [男1] [retelling] (読んだ・聞いたことを)自分の言葉で述べること，再話

**переска́зывать** [不完] / **пересказа́ть** -кажу́, -ка́жешь 受過 -ка́занный [完] ① <読んだ・聞いたことを>自分の言葉で述べる，再話する ②《話》(全部・多く)語る

**переска́кивать** [不完] / **перескочи́ть** -очу́, -о́чишь [完] ① 〈図〉/че́рез図を跳び越える ② 跳び移る ③《話》<на+対>急に移る，飛躍する

**пересласти́ть** [完] →пересла́щивать

**пересла́ть** [完] →пересыла́ть

**пересла́щивать** [不完] / **пересласти́ть** -ащу́, -асти́шь 受過 -ащённый (-щён, -щена́) [完] 〈図〉甘くしすぎる

**пересма́тривать** [不完] / **пересмотре́ть** -отрю́, -о́тришь 受過 -о́тренный [完] ① 〈全部・多く〉調べる；改めてざっと目を通す ② 再検討する，見直す，改正[改訂]する ③《話》(全部・多く)見る

**пересме́шни|к** [男2] **/–ца** [女3] [話]嘲笑[からかい]好きな人 **■пе́вчий** ~ [鳥]マネシツグミ

**пересмо́тр** [男1] 見直し，再検討，再考

**пересмотре́ть** [完] →пересма́тривать

**переснима́ть** [不完] / **пересня́ть** -ниму́, -ни́мешь 過 -я́л, -яла́, -я́ло 受過 -я́тый (-я́т, -ята́, -я́то) [完] ① 〈写真・映画を〉撮り直す；複製を撮る ② 測量し直す；〈図面を〉とり直す ③ …のコピーをとる

**пересо́л** [男1] 塩の入れすぎ

**пересоли́ть** [完] →переса́ливать

**пересортиро́вывать** [不完] / **пересортирова́ть** -ру́ю, -ру́ешь 受過 -о́ванный [完] ① 品分け[選別]し直す ②《全部・多く》品分け[選別]する

**пересо́ртица** [女3]《商》(商品の)等級変更
**пересо́хнуть** [完] →пересыха́ть
**переспа́ть** [完] →пересыпа́ть²
**переспе́лый** [形1] 熟しすぎた
**переспе́ть** [完] 熟しすぎる
**переспо́рить** -рю, -ришь 受過 -ренный [完]〈誰を〉言い負かす, 議論で負かす
**переспра́шивать** [不完] / **переспроси́ть** -ошу́, -о́сишь 受過 -о́шенный [完]〈誰に〉① 問い直す, 問い返す ②〈誰・全員・多くの人に〉質問する;〈全部・多くのことを〉質問する
**пересcо́рить** -рю, -ришь 受過 -ренный [完]〈誰・全員・多くの人を〉けんかさせる;〈全員・多くの人と〉けんかさせる **//~ся** [完] (全員・多くの人が)けんかする, (全員・多くの人と)けんかする
*\***перестава́ть** [ピリスタヴァーチ] -таю́, -таёшь 命 -ва́й 副分 -ва́я [不完] / **переста́ть** [ピリスターチ] -а́ну, -а́нешь 命 -а́нь [完]〈不定形〉(不完は常に)〜するのをやめる:〜кури́ть 喫煙をやめる 〜 боя́ться сме́рти 死を恐れなくなる | Его́ се́рдце переста́ло би́ться. 彼の心臓は止まった | (雨・雪などが) やむ:До́ждь переста́л. 雨がやんだ ◆**не перестава́я** 絶え間なく, ひっきりなしに
**переставля́ть** [不完] / **переста́вить** -влю, -вишь 受過 -вленный [完]〈誰を〉① 置きかえる ② 配置し直す, 配列を変える
**перестанно́й** [形1] 置き換え可能な, 可動式の
**переста́ивать** [不完] / **перестоя́ть** -ою́, -ои́шь [完]〈話〉(誰を)(…が終わるのを待ちながら)立ち通す, 留まる ② 立ち枯れる ③ (長く置かれすぎて) 駄目になる, 腐る
**перестано́вка** 複生 -вок [女2] ① 配置換え, 再配列 ②〔数〕順列
**перестара́ться** [完]〈話〉努力しすぎる, がんばりすぎる
**переста́ть** [完] →перестава́ть
**перестели́ть** -телю́, -те́лешь 受過 -те́ленный [完] = перестла́ть
**перестила́ть** [不完] / **перестла́ть** -телю́, -те́лешь 受過 -ре́сланный [完]〈誰を〉① 敷き直す ②〈ゆかなどを〉張り直す
**перести́рывать** [不完] / **перестира́ть** 受過 -сти́ранный [完]〈誰を〉① 洗濯し直す ② (全部・多くを) 洗濯する
**перестла́ть** [完] →перестила́ть
**перестоя́ть** [完] →переста́ивать
**перестрада́ть** [完] ① (多くの苦難を) 経験する, 辛酸をなめる ②〈誰を〉(苦難の中で) 耐え抜く
**перестра́ивать** [不完] / **перестро́ить** -о́ю, -о́ишь 受過 -о́енный [完]〈誰を〉① 建て直す, 改築する:〜 дом 家を建て直す ② 改変する, 作り直す, 再編集する, 再編する:〜 произво́дство 生産機構を再編成する ③〈隊列などを〉組みかえる, 編成し直す ④〈楽器・ラジオなどを〉調整し直す:〜 роя́ль ピアノを調律し直す ⑤〔政〕改革する **//~ся** [不完] / [完] ①〈自分のやり方・方針・見解などを〉変える, 改める ②〈隊列などが〉組みかわる ③ 別の周波数に合う ④〔政〕改革される
*перестрахова́ть(ся)* [完] →перестрахо́вывать
**перестрахо́вка** [女2] ① 保険のかけ直し [更新] ②〈話〉責任逃れ
**перестрахо́вщик** [男2]〈話〉責任逃れをする人
**перестрахо́вывать** -хую, -хуешь 受過 -о́ванный [不完] / **перестрахова́ть** ① 保険をかけ直す ②〈話〉〈全員・多くの…に〉保険をかける **//~ся** [不完] / [完] ① 保険に加入し直す ②〈話〉(責任を逃れるための) 策を講ずる
**перестре́ливаться** [不完] 撃ち合う
**перестре́лка** 複生 -лок [女2] ① 撃ち合い; 銃撃戦 ②〈俗〉ののしり合い
**перестро́ить(ся)** [完] →перестра́ивать
*\***перестро́йка** 複生 -о́ек [女2] [rebuilding] ① 建て直し, 改築 ② 改変, 改造; 再組織, 再編成 ③〈楽器・ラジオの〉再調整 ④〔政〕ペレストロイカ (ソ連末期にゴルバチョフが進めた改革政策) **//перестро́ечный** [形1]
**перестуки́ваться** [不完] ① (ぶつかって合って) 音を立てる ② (壁などを叩いて) 連絡し合う
**переступа́ть** [不完] / **переступи́ть** -уплю́, -у́пишь 受過 -у́пленный [完] ①〈誰・че́рез誰を〉またぐ, 踏み越える:〈через〉поро́г 敷居をまたぐ ② (ゆっくと・そろそろと) 歩を進める ③ 足を踏みかえる ④〔誰を〕犯す, 破る ⑤〈誰・че́рез誰を〉ものともしない, 無視する
**пересу́д** [男1]《話》① 再審 ②《複》悪評, 陰口, ゴシップ
**пересу́шивать** [不完] / **пересуши́ть** -ушу́, -у́шишь 受過 -у́шенный [完]〈誰を〉① 乾かし直す ② 乾かしすぎる ③ (全部・多くを) 乾かす
**пересчи́тывать** [щ] [不完] / **пересчита́ть** [щ] 受過 -счи́танный [完]〈誰を〉① 数え直す ② (全部・多くを) (1つ1つ) 数える ③ 換算する ◆**~ко́сти** 打ちのめす ◆**~счёт** [щ] [男1]
**пересъёмка** 複生 -мок [女2] 撮り直し; (図面などの) とり直し; 複写
**пересыла́ть** [不完] / **пересла́ть** -решлю́, -решлёшь 受過 -ре́сланный [完]〈誰を〉① 送る, 発送する ② 転送する
**пересы́лка** 複生 -лок [女2] 送付, 発送; 転送
**пересы́льн|ый** [形1] 護送用の:-ая тюрьма́ 中継監獄
**пересыпа́ть¹** [不完] / **пересы́пать** -плю, -плешь/-пешь, ...-плют/-пят 受過 -анный [完] ①〈誰を〉〈粉・粒状のものを〉移し入れる ②〈誰/在〉〈粉・粒状のものを〉入れすぎる ③〈誰の間に在を〉一面にまく:〜 шу́бу нафтали́ном 毛皮のコートにナフタリンをまく ④〈誰の中に在を〉話の中にしゃれなどをふんだんに入れる
**пересыпа́ть²** [不完] / **пересыпа́ть** -плю́, -пи́шь 過 -а́л, -ала́, -а́ло [完]《話》① 寝すぎる ②《完》夜をすごす, 泊まる ③〈с誰と〉性的関係をもつ, 寝る
**пересыха́ть** [不完] / **пересо́хнуть** -нет 過 -о́х, -о́хла [完] ① からからに乾く, 乾きすぎる ② (水源などが) かれる, 干上がる
**перета́пливать** [不完] / **перетопи́ть** -оплю́, -о́пишь 受過 -о́пленный [完] ①〈暖炉などを〉(全部・多くを) たき直す ② (熱して) 溶かす ④《話》溶かす ⑤《完》(全部・多くを) 溶かす ⑥ 沈める, おぼれさせる
**перетаска́ть** 受過 -та́сканный [完]《話》① (全部・多く・何回かに分けて) 引きずって移す ② (全部・多く・何回かに分けて) 盗む
**перета́скивать** [不完] / **перетащи́ть** -ащу́, -а́щишь 受過 -а́щенный [完]〈誰を〉① ひきずって移す ②《話》(新しい職場などに) 引っ張ってくる, 引き抜く
**перетасо́вывать** [不完] / **перетасова́ть** -су́ю, -су́ешь 受過 -о́ванный [完] ①〈トランプを〉切り直す ②《話》置き換える, 配置し直す
**перетащи́ть** [完] →перета́скивать
**перетека́ть** [不完] / **перете́чь** -теку́, -течёшь, ...-теку́т 命 -теки́ 過 -тёк, -текла́ [完] あふれ出る, 水浸しにする
**перетере́ть(ся)** [完] →перетира́ть
**перетерпе́ть** -терплю́, -те́рпишь [完] ①《完》多くの苦難を耐え忍ぶ ② 耐え抜く, 克服する
**перете́чь** [完] →перетека́ть
**перетира́ть** [不完] / **перетере́ть** -тру́, -трёшь

過 -тёр, -тёрла 能過 -тёрший 受過 -тёртый 副分 -терев/-терши [完] 〈他〉 ① すり切る ② すりつぶす, すりおろす ③ (全部・多くを) 拭く; 拭きануть ④ 《若者》 検討する ⑤ 《不完》 《о圏》…について友好的な対話をする **//~ся** [不完] /[о圏] 擦り切れる

перетолко́вывать [不完] / перетолкова́ть -ку́ю, -ку́ешь 受過 -ко́ванный [完] 〈他〉 曲解する, 解釈する: ～ в свою́ по́льзу 自分の都合のいいように解釈する ②《話》〈о圏〉〈全部・多くの…について〉話し合う

перетопи́ть [完] → перета́пливать

перетру́сить -у́шу, -у́сишь [完] 《話》ひどく怖気づく

перетряса́ть [不完] / перетрясти́ -ясу́, -ясёшь 過 -тря́с, -трясла́ 受過 -сённый (-сён, -сена́) [完] 〈他〉 ①《話・ほこりなど》(全部・多くの) ふり払う ②《話》(何かを探して) ひっかき回す

перетря́хивать [不完] / перетряхну́ть -ну́, -нёшь 受過 -я́хнутый [完] 〈他〉 ①(ほこりを払うため・ふんわりさせるために) 何度かふるう ②《話》念入りに調べる

перете́ть прту́, пртёшь прёл, прла́ [完] 《俗》 〈他〉 ①(通常遠く, へ) 行く (障害・禁止を無視して) 行く, 進む; (大群・大勢で) 行く ②圧する, のしかかる ③(あるい は: はっきりと現れる ④《話 с~》 (重い物・かさばる物 を) 運ぶ, 引きずる ⑤《話 с~》 盗む **//~ся** [不完] ①《俗》〈他〉[от圏で] ～から有頂天になる

пере́ть2 прёт пркло́ [無人称] 《若者》〈他〉 ① 魅了する, 歓喜させる: Меня́ прёт э́то. 私はそれが気に入る. ②《話》〈不定詞したいと思わせる: Не прёт мне туда́ идти́. 私はそこに行きたくない. ③《話》運が良い, ついている ④《話》挙動不審だ, 変なことばかりする

перетя́гивать [不完] / перетяну́ть -яну́, -я́нешь 受過 -я́нутый [完] 〈他〉 ①引っ張って移す《話》〈че́рез圏〉〈ぅを〉何とかことで渡る〈渡る〉②〈他〉引き入れる, 引っ張り込む ③きつく締める ④締め直す ⑤締めすぎる ⑥…より重い ⑦《話》引っ張り合いで勝つ **//~ся** [不完]/[完] (ベルトなどで) 自分の体をきつく締める ②(ゆっくりと) 移動する, 越える **//перетя́гивание** [中5]: ～ кана́та 《スポ》綱引き

перетя́жка [女] ①(道路上の) 横断幕の広告 ②《フィギュア》ループ(ターン)

переубежда́ть [不完] / переубеди́ть (1単現なし) -ди́шь 受過 -беждённый (-дён, -дена́) [完] 〈他〉 の考え [意見] を変えさせる **//~ся** [不完]/[完] 考えを変える

*переу́л|ок [ビリウーラク] -лка [男2] [lane] 小路, 横町, 路地, 通り: тёмный ～ 暗い路地 | встре́титься в безлю́дном ～ ке 人のいない小路で会う

переупра́мить -млю, -мишь [完] 《話》〈他〉より強情さで勝つ, …に粘り勝つ

переусе́рдствовать [ц] -вую, -вуешь [完] 《話》熱中しすぎる

переустро́йство [中1] 再建, 改築; 改造, 再編成

переутоми́ть(ся) [完] → переутомля́ть

переутомле́ние [中5] 疲労困憊(ニッヒ); 過労

переутомля́ть [不完] / переутоми́ть -млю, -ми́шь 受過 -млённый (-лён, -лена́) [完] 〈他〉 疲労困憊させる, へとへとに疲れさせる **//~ся** [不完]/[完] へとへとに疲れる

переучёт [男1] 棚卸し, 在庫調べ: произвести́ ～ 在庫を見る

переу́чивать [不完] / переучи́ть -учу́, -у́чишь 受過 -у́ченный [完] 〈他〉 ①教え直す, 再教育する ②教え直す ③《話》〈全員・多くの人を〉教える ④《話》(全部・多くを) 覚える, 学ぶ ⑤《話》勉強しすぎる **//~ся** [不完]/[完] 習い直す

переформиро́вывать [不完] / переформирова́ть -ру́ю, -ру́ешь 受過 -о́ванный [完] 〈軍〉再編成

制する

перефрази́ровать -рую, -руешь 受過 -анный [不完・完] 〈他人の言葉などを〉言い換える, パラフレーズする **//перефрази́ровка** 複生 -вок [女2]

переха́ливать / перехвали́ть -алю́, -а́лишь 受過 -а́ленный [完] 〈他〉 ①ほめすぎる ②《話》〈全員・多くの人を〉ほめる

перехва́т [男1] 捕えること; 横取り; 迎撃

перехвати́ть [完] → перехва́тывать

перехва́тчик [男2] (しばしば合成語で)(敵を)捕捉する人[物]; истреби́тель- ～ 迎撃戦闘機

перехва́тывать [不完] / перехвати́ть -ачу́, -а́тишь 受過 -а́ченный [完] 〈他〉 ①(動いているものを)つかむ, 押さえる; 捕まえる: ～ мяч ボールをキャッチする ②横取りする ③〈視線・言葉などを〉捉える ④ 持ちかえる, つかみ直す ⑤締める, くくる ⑥〈息・声を〉一瞬詰まらせる〈止める〉⑦《話》《圏/自》急いでちょっと食べる(つまむ) ⑧《話》《圏/自》ちょっとの間借りる ⑨《話》度を越す, やりすぎる: ～ че́рез край やりすぎる

перехитри́ть -рю́, -ри́шь 受過 -рённый (-рён, -рена́) [完] 〈他〉 (ずる賢さで) …に勝つ, の裏をかく

перехлёстывать [不完] / перехлестну́ть [сн] -ну́, -нёшь 受過 -лёстнутый [完] 〈他〉 ①《話》〈через圏〉 (しぶきを上げて)…に流れ込む ②《話》〈через圏〉〈感情が〉…を越えてどっとあふれ出る ③《話》度を越す, やりすぎる

*перехо́д [ビリホート] [男1] [crossing, change] ①渡ること, 越えること, 横断; 移動, 移転; 進級; 移行, 転換; 変化: ～ че́рез грани́цу 越境 | ～ на другу́ю рабо́ту 転職 | ～ от социали́зма к капитали́зму 社会主義から資本主義への移行 ②渡るための場所; 横断歩道: перейти́ у́лицу по-～ 横断歩道で通りを渡る ③渡り廊下, 回廊 ④(1日で歩きうる)行程 ⑤変わり目, 転換点

*переходи́ть1 [ピリハヂーチ] -ожу́, -о́дишь, … -о́дят 命 -ди́ [不完] / перейти́ [ピリイチー] -йду́, -йдёшь 命 -йди́ 過 перешёл, -шла́ -реши́вший + -йдённый (-дён, -дена́) 副分 -йдя́ [完] [cross, go over] ①〈他〉 (че́рез圏) (歩いて) 渡る, 越える, 横切る: ～ (че́рез) у́лицу 通りを渡る | ～ грани́цу 国境を越える ②移る, 移動する, 移転する: ～ в другу́ю ко́мнату 別室に移る | ～ с дива́на к столу́ ソファーからテーブルに移る ③転動[転職]する, 転校[転部]する; 進級する: ～ на но́вую рабо́ту 新しい仕事に移る ④(権利・権力などが)移る, 帰る; (性質・感情などが) 伝わる: Кварти́ра перешла́ ему́ по насле́дству. 住居は彼に相続された ⑤移行する, 転ずる; (やり方を) 変える, 切り換える: ～ к но́вому вопро́су 新しい問題に移る ⑥(в圏に)変化する: Дру́жба перешла́ в любо́вь. 友情が愛情に変わった ⑦〈че́рез/за圏〉ある限度を越える

переходи́ть2 -ожу́, -о́дишь 受過 -о́женный [完] 《話》〈他〉くたくた・きつなく〉歩き疲れる

перехо́дник -а́ [男2] アダプタ, 変換プラグ

перехо́дно́й [形2] = перехо́дный①②

перехо́дный [形1] ①移る [渡る] ための: ～ мо́стик 歩道橋 ②進級のための ③過渡的な, 移行の: ～ пери́од 過渡期 ④《文法》他動詞の

перехо́дящий [形6] ①新しい勝者に移っていく, 持ち回りの ②《財》繰り越しの

*пе́р|ец -рца/-рцу [男3] [pepper] ①コショウ; ペッパー ②トウガラシ; ピーマン: кра́сный [стручко́вый] ～ トウガラシ | зелёный [сла́дкий] ～ ピーマン, シシトウ, パプリカ ③皮肉, 辛辣な言葉; 辛辣な人, 毒舌家 ④《若者》親友 ◆зада́ть -цу [男] 《話》…をこっぴどくしかる, こらしめる ⑤круто́й ～ [男] 《若者》魅力的でほれぼれするような好青年, ムキムキして魅力的な青年, マッチョ

*пе́речень -чня [男5] [list] 列挙, 数え上げること; リ

ст,目録, 一覧表

**перечерка́ть, перечёркать**受過 -чёрканный [完]《話》〈対〉(線を引いてあちこち・すっかり)消す

**перечёркивать** [不完] / **перечеркну́ть** -ну́, -нёшь 受過 -чёркнутый [完]〈対〉① (線を引いて全部)消す, 抹消する ② 無にする

**перечерти́ть** [不完] / **перечерти́ть** -черчу́, -че́ртишь 受過 -че́рченный [完]〈対〉① …の製図し直す ② 〈図面の〉写しをとる ③《話》…の(全部・多く)図面をかく

**перече́сть** -чту́, -чтёшь 過 -чёл, -чла́ 受過 -чтённый (-тён, -тена́) [完] 〈対〉① = пересчита́ть ② = перечита́ть ◆не ~ (多すぎて)数え切れない

**перечисле́ние** [中5] ① 数え上げること, 列挙 ② 編入, 転属 ③ (他の勘定への)振替(金) ④ 一覧表, リスト

*перечисля́ть [不完] / **перечи́слить** -лю, -лишь 命 -ли 受過 -ленный [完] 〈対〉① 数え上げる, 列挙する: ~ прису́тствующих остально́е出席者を数え上げる ② 転属させる, 編入する ③ 他の勘定に移す **//-ся** [不完]〈身〉

**перечи́тывать** [不完] / **перечита́ть** 受過 -чи́танный [完]〈対〉① 読み直す, 読み返す ② (全部・多く)読む

**пере́чить** -чу, -чишь [不完]《俗》〈与に〉口答えする, 逆らう

**пе́речница** [ш] [女3] コショウ入れ

**пе́речный** [形1] コショウの; コショウ入りの

**перечу́вствовать** [ст] -твую, -твуешь 受過 -анный [完] 〈対〉(全部・多く)体験する, 味わう

**переша́гивать** [不完] / **перешагну́ть** -ну́, -нёшь [完] ① 〈対/че́рез対〉をまたぐ, 踏み越える ② 〈че́рез対〉を乗り越える, 克服する ③ (他の状態へ)移る

**переше́ек** -е́йка [男2] 地峡

**перешерсти́ть** (1単未なし) -ти́шь [完]《俗》〈対〉(何かを探して)ひっかき回す

**перешиба́ть** [不完] / **перешиби́ть** -бу́, -бёшь 過 -ши́б, -ши́бла 受過 -ши́бленный [完]《話》〈対〉① 叩き折る, へし折る ② 〈感覚・匂いなどを〉消す, 抑える

**перешива́ть** [不完] / **переши́ть** -шью́, -шьёшь 命 -ше́й 受過 -ши́тый [完] 〈対〉① 縫い直す, 仕立て直す ② 《話》縫いつけ直す ③《話》(全部・多く)縫う **//переши́вка** [女2]

**перещеголя́ть** [完]〈対〉…に勝る, …より優れている

**переэкзамено́вывать** -ную, -нуешь [不完] / **переэкзаменова́ть** -ну́ю, -ну́ешь 受過 -о́ванный [完] 〈対に〉再試験[追試験]を受ける **//-ся** [完] 再試験[追試験]を受ける

**переэкзамено́вка** 複生 -вок [女2] 再試験, 追試

**periге́й** [男6]《天》近地点

**периге́лий** [男7]《天》近日点

**перика́рд** [男1]《解》心膜, 心嚢 (のう)

**перил|а** -и́л [複] 手すり, 欄干 **//-ный** [形1]

**пери́метр** [男1]《数》(平面図形の)全周(の長さ)

**пери́на** [女1] 羽毛敷きぶとん

*пери́од [ピリォト] [男1] [period] ① 時期, 期間; 時代: зи́мний ~ 冬期 | в тру́дный ~ 困難な時期 | за коро́ткий ~ 短期間で ② 周期: ~ колеба́ния 振動周期 ③《地質》紀: мелово́й ~ 白亜紀 ④《数》(無限小数の)循環節 ⑤《文法》総合文

**периодиза́ция** [女9] 時代区分

**периоди́ка** [女2]《集合》定期刊行物

*периоди́чески [副] [periodically] 周期的に; 定期的に

*периоди́ческ|ий [形] [periodic(al)] ① 周期的な, 循環的な: -ие дожди́ 周期的な降雨 ② 定期的な; 定期刊行的な: -ая печа́ть 定期刊行物 ③《文法》総合文の

**периоди́чн|ый** 短 -чен, -чна [形1] = периоди́ческий① **//-ость** [女10]

**перипети́я** [女1]《文》(状況・運命の)急変, 激変

**периско́п** [男1] ペリスコープ, 潜望鏡, 展望鏡

**периста́льтика** [女2]《生理》(胃・腸の)蠕動 (ぜんどう)

**пе́ристо-кучево́й** [形2]《気象》: -ы́е облака́ 巻積雲, いわし雲, さば雲

**пе́ристо-слои́ст|ый** [形2]《気象》: -ые облака́ 巻層雲, うす雲

**пе́рист|ый** [形1] ① 羽毛に覆われた ② 羽毛状の: -ые облака́《気象》巻雲(けんうん), 絹雲(けんうん) (「きぬぐも」とも)

**перитони́т** [男1]《医》腹膜炎

**перифери́йн|ый** [形1] ① 地方の ② 周辺の: -ое устро́йство 《IT》周辺機器

**перифери́ческий** [形3] 周辺の

**перифери́|я** [女9] ① 地方: жи́ть на -и́и 地方に住む ② 周辺; 末梢 ③《IT》周辺機器

**перифра́за** [女1], **перифра́з** [男1]《修辞》迂言法, パラフレーズ

**перифрази́ровать** -рую, -руешь 受過 -анный [不完・完]〈対〉迂言法で述べる, 遠まわしに言う

**перифрасти́ческий** [形3] 遠回しの, 迂言的な

**пёрка** [女-рок [女2]《技》ドリルビット

**перка́ль** [女10] パーケール (布地の一種)

**перколя́тор** [男1] ろ過装置; パーコレーター

**перкуссиони́ст** [男1]《楽》打楽器奏者

**перку́ссия** [女1]《医》打診(法)

**перл** [男1] ①《旧》真珠 (жемчу́жина) ②《雅》〈単の〉権威, 極致 ③《話》最の骨頂, 滑稽の極み

**перламу́тр** [男1] 真珠層, 青貝, 螺鈿 (らでん) **//перламу́тровый** [形1]: -ые облака́《気象》真珠母雲, 極myōsō雲

**перло́вка** [女2]《話》(精白した) 丸麦

**перло́в|ый** [形1] 丸麦で作った: -ая крупа́ 丸麦 (丸い粒状に精白した大麦)

**перлокути́вный** [形1]《言》発話[発語]媒介の

**перлюстра́ция** [女9] 郵便検閲

**перма́нент** [男1]《話》パーマ

**перма́нентн|ый** 短 -тен, -тна [形1] 永久の, 恒久の

**Пермь** 生・与・前 -и 造 -ью [女1] ペルミ (同名地方の首府) **//пе́рмский** [形3]: П~ край ペルミ地方 (沿ヴォルガ連邦管区)

**перна́тый** [形1] 羽毛で覆われた

*пер|о́ 複 пе́рья, пе́рьев [中6] [feather, pen] ①《集合でも》(鳥の)羽, 羽毛: набива́ть поду́шку -о́м 枕に羽毛を詰める ② 羽(1枚) ③ ペン先; ペン: чертёжное ~ 製図用ペン ④《単》ペン; 筆致: собра́ться по -у́ 作家仲間 | взя́ться за ~ 筆を執る, 物書きになる | изобража́ть лёгким -о́м 軽い筆致で描く ⑤ (魚の)ひれ ⑥ (タマネギ・ニンニクなどの)緑色の芽[葉]
◆(иску́сно) владе́ть -о́м 文才がある, 筆がたつ | вы́йти из-под -а́ 田 …の筆になる | про́ба -а́ 筆試し, 習作 | Э́того -о́м не описа́ть. それは筆紙に尽くしがたい

**перово́й** [形2] ① 羽の, 羽毛の; 羽[羽毛]で作った ② ペン(先)の; ペンで書[描]いた ③ 魚のひれの

**перочи́нный** [形1] **~ нож** ペン[ポケット]ナイフ

**перпендикуля́р** [男1]《数》垂直線, 垂線

**перпендикуля́рный** 短 -рен, -рна [形1]《数》垂直の

**перпе́туум-мо́биле** (不変) [男] /[中] 永久機関, 永久運動

*перро́н [男1] [platform] プラットホーム: вы́йти из ваго́на на ~ 車両からプラットホームに降りる **//~ный**

[形1] | **~ия́нка** 複生 -нок [女2] ペルシャ人

перси́дский [ц] [形3] <Пе́рсия ■ **П-зали́в** ペルシャ湾

пе́рсик [男2] [植]モモ; モモの実 **//-овый** [形1]

Пе́рсия [女9] ペルシャ

*персо́н|а [女9] [person] 《文》人物, 人; 要人, 大物 ②〔食事の人数〕…人, …人分 ◆ **гра́та** [外交]接受国の承認を得た外交官 | ~ **нон гра́та** [外交]接受国の承認を得られぬ外交官 [「好ましからざる人」] | **со́бственной -ой** [皮肉]自分自身で, みずから

*персона́ж [男4] [character] (小説などの)登場人物

*персона́л [男1] [personnel] 《集合》(企業・職種などの)人員, スタッフ

персона́лия [女9] ①《しばしば皮肉》有力者 ②個人の所有物, 個人に関する資料

персона́лка 複生 -лок [女2] パソコン

*персона́льный [形1] [personal, individual] ①人員の, スタッフの ②個人の, 個人的な: ~ компью́тер パーソナルコンピュータ

персонифика́ция [女9] 擬人化

персонифици́ровать -рую, -руешь [不完・完] 擬人化する

*перспекти́в|а [ピルスピクチーヴァ] [女1] [perspective, vista] ①遠景, 眺望, 見晴らし: морска́я ~ 海の眺望 ②遠近感, 立体感 ③〔絵画の〕透視画法 ④〔通例複〕将来の展望, 見通し: хоро́шие -ы на урожа́й 豊作の見込み ◆ **в-е** 近い将来に, 前途に

*перспекти́вный 短-вен, -вна [形1] [perspective] ①[長尾]眺望の ②[長尾]遠近法の: -ая [長尾]遠近画法の ③[長尾]将来の, 今後の ④将来性のある, 有望な

перст [男1] ◆ **оди́н как ~** 天涯孤独の, 独りぼっちの

пе́рстень -тня [男5] 宝石入りの指輪

пертурба́ция [女9] パーフェクト, 混乱, 動揺

Перу́ (不変) [女][中] ペルー (首都は Ли́ма)

Перу́н [男1] 《スラヴ神》ペルーン (雷神)

перфе́кт [男1] [言]パーフェクト, ペルフェクト

перфекти́в [男1] [言]完了相

перфекциони́зм [男1] 《文》完璧主義

перфока́рта [女9] パンチカード

перфора́тор [男1] ①穿孔器, パーフォレーター ②削岩機, ハンマードリル

перфори́ровать -рую, -руешь 受過 -анный [不完・完] 《技》①穿孔(%)する, 穴を開ける; ミシン目を入れる ②伝票などに記録する **//-а́ция** [女9]

перфо́рманс [男1] 《美》パフォーマンスアート

перформати́в [男1] [言]遂行的発話[表現, 文]

перхо́та [女9] [話]喉のむずがゆさ, のどがらっぽさ

пе́рхоть [女10] [頭の]ふけ

пе́рцевый [形1] = перцо́вый

перцо́вка 複生 -вок [女2] ペルツオフカ (トウガラシをウオッカに漬けこんだ酒)

перцо́вый [形1] コショウ[トウガラシ] (入り)の

*перча́тк|а [ピルチャートカ] 複生 -ток [女2] [glove] (★1組は複で) ①〔指が1本1本分かれた手袋: ко́жаные -и 革手袋 | наде́ть [снять] -и 手袋をはめる[外す] ②(ボクシングの)グローブ ◆ **бро́сить ~-у** …に挑戦する, 決闘を挑む | **пе́рвая ~ -у** 最優秀ボクサー | **подня́ть ~-у** 挑戦を受けて立つ **//перча́точный** [形1]

перчёный [形1] コショウをふった[入り]

перчи́нка 複生 -нок [女2] コショウの実

пе́рчить -чу, -чишь 命 -чи 受過 -ченный, перчи́ть -чу́, -чи́шь 受過 -чённый (-чён, -чена́) [不完] **на-, по-** [完] …にコショウを振りかける[入れる]

першеро́н [男1] ペルシュ馬 (フランスのペルシュ地方原産の荷馬)

перши́ть -и́т [不完]《無人称》[話]喉がむずむずする

пёрышко 複 -шки, -шек, -шкам [中1] [指小]<перо́

перьево́й [形2] ①鳥の羽[羽毛]を使った ②ペン先の付いた

пе́рья [複数; 主格]<перо́

*пёс пса́ [男1] [dog] ①犬; 雄犬 ②〔蔑〕ならず者, 軽蔑すべきやつ ◆ **П- его́ зна́ет.** [話]誰も知らない, わからない **//-и́й** [形9] **//-ий** [形1] [指小]

*пе́сенк|а 複生 -нок [女2] [song] [指小 <пе́сня]歌 (★複数は пе́сня に準ずる)

пе́сенник [男2] ①歌手, 歌い手 ②[話]歌の上手な[好きな]人 ②〔歌の〕作詞者, 作曲者 ③歌集

пе́сенный [形1] ①歌の ②(文学・音楽作品の)歌謡的な, 歌うような, メロディアスな ③[話]歌の上手な

песе́ц -сца́ [男2] [動]ホッキョクギツネ; その毛皮 **//песцо́вый** [形1]

песка́рь -я́ [男5] [複] [魚]ヨメゴチ属 (ネズッポ科) ■ **обыкнове́нный ~** タイリクスナモグリ(コイ科)

пескостру́й|ка 複生 -уек [女2] ①サンドブラスト, 砂吹き ②[話]砂吹き機 **//-ный** [形1]

песнопе́ние [中5] ①《教会》聖歌, 賛美歌 ②(通例戯義な)詩作品

песнь [女10] ①《雅》= пе́сня ②叙事詩の章, (国民的叙事詩の題名で)歌 ■ **-ней** (1) **П-** (旧約聖書の)雅歌 (2)《文》傑作, 雄編

*пе́сн|я [ピェースニャ] 複生 -сен [女5] [song] ①歌, 歌曲: ру́сские наро́дные -и ロシア大衆歌[民衆歌, 民謡] | популя́рная ~ ポピュラーソング | **петь ~ю** 歌を歌う ②(鳥の)鳴き声, さえずり: **Издалека́ слы́шатся -и жа́воронка.** 遠くからヒバリのさえずりが聞こえてくる ③叙事詩の章 ◆ **до́лгая [дли́нная] ~** [話]時間がかかってうんざりするようなこと | **лебеди́ная ~** 最後の作品, 白鳥の歌 | **(пе́сенка) спе́та** [話] (成功・幸福・人生などが)もうおしまいだ, 命運は尽きた | **ста́рая ~** [話]古くさい話, 聞き飽きた話 | **петь одну́ и ту же -ю** 同じことを絶えず繰り返す

*песо́к [ピソーク] -ска́/-ску́ [男2] [sand] ①砂: морско́й ~ 海の砂 | **лежа́ть на -ке́** 砂の上に横になっている ②= **са́хар** ③сахар песо́к, 砂糖で (= са́харный) ◆ **стро́ить на -ке́** 砂上に築く, あやふやな基盤の上に築く

песо́ч|ек -чка/-чку [男2] [指小]<песо́к ◆ **с-ком** [話]こっぴどく, こてんこてんに

песо́чить -чу, -чишь [不完] [俗] [罵]こきおろす, くそみそにやっつける

песо́чник [男2] [鳥]シギ

песо́чница [女5] [話](子どもが遊ぶ)砂場

песо́чный [形1] ①砂の; 砂色の, 灰黄色の: -ые часы́ 砂時計 ②[話]グラニュー糖の ③[料理](パン生地・菓子などが)さくさくした

пессими́зм [男1] ペシミズム, 悲観論, 厭世主義 (↔ оптими́зм)

пессими́ст [男1] **/-ка** 複生 -ток [女2] ペシミスト, 悲観論者, 厭世主義者 **// -и́ческий** [形3], **-и́чный** [形1]

пест -а́ [男1] 杵(きね)

пе́стик [男2] ①すりこぎ ②[植]めしべ

пестици́д [男1] 農薬, 殺虫剤

пе́стовать -тую, -туешь 受過 -анный [不完] / **вы́-** [完]《雅》[罵]育成する

пестре́ть [不完] ①まだらになる ②[罵]で) (まだらに・点々と) 見える; (色とりどりで)目立つ: **Луг пестре́ет цвета́ми.** 野原には色とりどりの花が咲いている ③(色とりどりのものが) よく目にする, ちらつく

пестри́ть -рю́, -ри́шь [不完] ①[罵] まだらにする <[罵]に[罵]を> 色・点などに…をたくさん混ぜる[ちりばめる] ②[罵]がたくさんある, 目につく: **Дикта́нт пестри́т** оши́бками. 書き取りは間違いだらけだ ③まだらになりすぎる ④《話》《眼》(目が)ちらちらする

**пестрота́** [女1] <пёстрый

**пестротка́ный** [形1]〔繊維が〕色とりどりの編〔格子〕模様の

**пёстр|ый** 短 пёстр, пестра́, пестро́/пёстро [形1] ①まだらの, 色とりどりの: ~ ковёр まだら色の絨毯 ②一様でない, 雑多な ③凝りすぎた, けばけばしい ■**П-ая неде́ля**《正教》まだらの週(マースレニツァの前週; 斎(※)が週内の日で一定しないことから)

**песча́ник** [щ] [男2]〔地質〕砂岩 **//-овый** [形1]

**песча́нка** [щ] 複生 -нок [女2]①《複》《動》アレチネズミ亜科: монго́льская ~ スナネズミ ②《鳥》ミユビシギ ③《魚》オオナゴ

**песча́ный** [щ] [形1]①砂の: ~ хо́лм 砂丘 ②砂色の, 灰黄色の

**песчи́нка** [щ] 複生 -нок [女2]砂粒

**пета́рда** [女1]①〔鉄道〕信号雷管 ②爆竹

**пете́льный** [形1] < пе́тля

**Петербу́рг** [男2] ペテルブルク(Санкт-Петербу́рг の通称) **//-ский** [形1] [рс/ркс] [зс]

**петербу́рж|ец** -жца [男3] **/ -енка** 複生 -нок [女2] ペテルブルクの住民

**Петерго́ф** [男2] ペテルゴフ(サンクト・ペテルブルク郊外のピョートル大帝の宮殿; 1944-97年はПетродворе́ц)

**пети́т** [男1]〔印〕8ポイント活字

**пети́ция** [女9] 請願, 請願書

**петли́ца** [女3]①(上着の)ボタン穴 ②(制服の)襟章 **// петли́чный** [形1]

*пе́тл|я 複生 -тель, петля́ 複 пе́тли, пе́тель, пе́тлям [女5]①(loop, hinge) ①(縄・ひもの)輪, ループ: завяза́ть -ю́ (縄・ひもを結んで)輪を作る ②絞首刑; 窮地, 苦境 (編み物の)目, 結び目: спусти́ть -ю́ (編み物で)ひっかけて1目落とす; 伝線させる ④ボタン穴, ホックの輪 ⑤蝶番(%<э<$) ⑥全円[半円]の動き[跳], 環状のもの:急カーブ; описа́ть -ю́ 円を描く ⑦〔狩〕わな ⑧宙返り ◆**мета́ть -и** (1)ボタン穴をあける (2)だます, 混乱させる | **Хоть в -ю́ лезь!** にっちもさっちもいかない

**петля́ть** [不完]①輪をえがいて[曲がりくねって]進む ②(道・川が)曲がりくねっている ③回りどくど[のらりくらり]話す

**Пётр** Петра́ [男1] ピョートル(男性名; 愛称 **Пе́тя**) ■**~ I** (пе́рвый) ピョートル1世(二世)(Алексе́евич; 1672-1725; 皇帝(1682-1725); ペテルブルクを建設, 遷都(1712))

**Петро́в** [男иев]-[形10] <Пётр ■**~ день**《正教》聖使徒ペトル・パウェル祭(7月12日[旧暦6月29日];《農》夏の結婚シーズンの終わり; 刈り入れの準備を始める)

**Петро́в-Во́дкин** [男иев]-[男иев] ペトロフ・ヴォトキン (Кузьма́ Серге́евич ~, 1878-1939; 画家)

**петрогра́фия** [女9] 岩石学

**Петрозаво́дск** [щ] [男2] ペトロザヴォーツク(カレリア共和国の首都; 北西連邦管区)

**Петропа́вловск-Камча́тский** [щ] [男2]-[形3] ペトロパブロフスク・カムチャツキー(カムチャツカ地方の首府; 極東連邦管区)

**Петруше́вская** (形3変化) [女] ペトルシェフスカヤ (Людми́ла Степа́новна ~, 1938- ; 小説家, 劇作家)

**петру́шка¹** [女2]〔植〕パセリ

**петру́шк|а²** 複生 -шек (女2変化)①**П~** [男] ペトルシカ(ロシア人形劇の主役) ②[男] おどけ者 ③[女]《俗》ばかげた[奇妙な, 滑稽な]こと: **Брось -у** валя́ть. ばかな真似はよせ

**пету́ния** [女9], **пету́нья** 複生 -ий [女8]〔植〕ペチュニア

*пету́х -а́ [男2]〔cock〕①雄鶏 ②《話》けんかっ早い人 ③《通俗語》(朝を告げる)鶏鳴 ◆**встава́ть с -а́ми** 非常に早起きする | до тре́тьих **~о́в** 早朝まで | **кра́сный ~** 火事 | **пусти́ть кра́сного -а́** 《話》(家などに)放火する | **пусти́ть** [дать] **-а́** 《話》(歌っている途中で)きいきい声になる ■**боево́й ~** 闘鶏 | **инде́йский ~** 〔鳥〕シチメンチョウ | **морски́е ~й** 〔魚〕ホウボウ科 **// пету́ший** [形9] <①

**петуши́ный** [形1]①雄鶏の ②けんかっ早い ③金切り声の ■**~ бой** 闘鶏

**петуши́ться** -шу́сь, -ши́шься [不完] **/ рас~**[完]《話》かっとなる, かんを據やる

**петушо́к** -шка́ [男2] [指小] < пету́х

*петь [ピェーチ] пою́, поёшь 命 пой 受過 пе́тый [不完]/ спеть [スピェーチ], пропе́ть [プラピェーチ][完]〔sing〕①《卿》歌う: ~ люби́мую пе́сню 好きな歌を歌う | Она́ хорошо́ поёт. 彼女は歌がうまい | ~ под гита́ру ギターの伴奏で歌う ②《卿》(オペラで)…の役を演じる ③(鳥などが)鳴く, さえずる: В лесу́ поёт солове́й. 森の中でナイチンゲールがさえずっている ④《不完》(職業として)歌う, 歌手である: Он поёт в о́пере. 彼はオペラ歌手だ ⑤《不完》(心から)うきうきする, 歓喜する ⑥《不完》(楽器・物が)歌うような音を出す; (風・吹雪などが)うなる ⑦《不完》(歌うように)話す ◆**ла́заря петь**《話・非難》不運をかこつ, 泣き言を言う

**пе́ться** поётся 過 -лось [不完]《無人称》《話》〈与〉は歌いたい気分がする: Сего́дня мне не поётся. きょうは歌いたい気分じゃない ②《受身》< петь

**Пе́тя** (女5変化) [男] [愛称] < Пётр

**пехо́т|а** [女1]〔兵科としての〕歩兵 **// -ный** [形1]

**пехоти́нец** -нца [男3] 歩兵

**печа́лить** -лю, -лишь [不完] **/ о~** 受過 -ленный [完] 悲しませる **//-ся** [不完] [完] 悲しむ

*печа́ль [女10]〔grief〕①悲しみ, 悲哀: испыта́ть ~ 悲しみを味わう ②悲しみをもたらすもの ③《話》心配, 心労

*печа́льно〔sad〕①[副] 悲しそうに ②[無人述] 悲しい, 残念だ: П~, что ско́ро придётся уезжа́ть. もうじき発たなければならないのは残念だ

*печа́льн|ый [ピチャーリヌイ] 短 -лен, -льна [形1] 〔sad〕①悲しい, 悲しげな, 悲哀に満ちた: -ое настрое́ние 悲しい気分 | ~ взгляд 悲しげな眼差し | Он был печа́лен. 彼は悲しみに沈んでいた ②悲しみを誘う, 悲哀を感じさせる: -ое зре́лище 悲しみを誘う光景 ③悲しむべき, 哀れむべき: -ая у́часть 悲しむべき運命 ④好ましくない, みじめな, 残念な: -ая изве́стность 悪評

*печа́та|ть [ピチャータチ] [不完] **/ напеча́тать** [ナピチャータチ] 受過 -танный [完]〔print〕〈対〉①印刷する, プリントする: ~ офсе́тным спо́собом オフセットで印刷する ②(出版物に)掲載する: 出版する, 刊行する: ~ статью́ в журна́ле 雑誌に論文を掲載する ③(タイプライター・コンピューターで)打つ, タイプする, 入力する: ~ докла́д без оши́бок 報告書を間違えずに打つ ④(ネガから)写真を焼きつける ⑤《話》〔印刷の〕痕跡を残す ◆**~ шаг** 足を踏みしめて歩く **//-ся** [不完] / [完] ①自分の作品を発表する, 公刊する ②《話》(印刷物が)刷り上がる < напеча́тать **//-ние** [中5]

**печа́тка** 複生 -ток [女2](指輪などの)印判; その印形

**печа́тник** [男2] 印刷工

*печа́тн|ый [形1]〔printing, printed〕①印刷の, 印刷用の ②印刷された, 刊行された: ~ о́тзыв о фи́льме 《雑誌》の映画評 ③活字体の; 活字体の: **-ые бу́квы** 活字体 ④《菓子類が》押し型のついた

*печа́ть [女10]〔print, press〕①印刷; 出版: Моя́ кни́га в -и. 私の本は印刷中です | Кни́га вы́шла [из появи́лась в] -и 本は出版された | сво-

**бо́да** –ы 出版の自由 ②印刷の方式；刷り(具合)；活字, 字体： цветна́я ～ カラー印刷 / чёткая ～ 鮮明な印刷 / кру́пная ～ 大型活字 ③印刷物, (定期)刊行物, 新聞, 雑誌： центра́льная ～ 中央の刊行物 / о́тзывы –ы 新聞[雑誌]の批評 ④印刷出版業界 ⑤印, 印章, スタンプ： поста́вить ～ на докуме́нт 文書に押印する / спра́вка с –ью учреждения 公団のある証明書 ⑥封印 ⑦ …の痕跡, 刻印： –гóря на лице́ 顔に刻まれた悲しみの跡 ◆*за семью́ –я́ми* 全くわからない

**печенéг** [男2] [史] ペチェネグ人 ②《話》野蛮な人

**печéние** [中5] 焼くこと, あぶること

**печёнк|а** 複生 -нок [女2] ①(食用の)レバー ②《話》肝臓 ③(複 生 -нок)はらわた, 臓物 ◆*сиде́ть в -ах у* 囲 《話》…をうんざりさせる, …は嫌気がさす

**печёночник** [男2] [植] 苔類

**печёночный** [形1] ＜ печень

**печёный** [形1] [料理]焼いた, あぶった

**пе́чень** [女10] [liver] 肝臓

\***пече́нье** [中4] [cookie] ①焼き菓子, ビスケット, クッキー ②《話》焼いて作った食物 ③＝ печение

\***пе́чк|а** -чек [女2] [stove] 暖炉, ストーブ, ペチカ： топи́ть -у 暖炉[ストーブ]をたく ◆*танцева́ть от -и* 慣れたことから型通りにやる

**печни́к** -á [男2] 暖炉工

**печно́й** [形1] ＜ печь²

**печу́рка** -рок [女5] 《話》小暖炉, 小型ストーブ

\***печь¹** пеку́, печёшь, … пеку́т про пеки́ прош пёк, пекла́能動 пёкший 受動 печённый (-чён, -чена́) [不完] [bake, hot] ①[完 *ис-*] ＜囲＞＜食物を＞焼いて作る[調理する]： ～ пироги́ ピローグを焼く ②＜囲＞＜太陽が＞焼けるほど照りつける： Со́лнце *печёт* го́лову. 太陽が頭[山型]を焼けると照りつけている ③《無人称》(体が)燃えるように熱い //*-ся* [不完] ①[完 *ис-*]《話》(食物が)焼かれる, 焼ける ②[完 *с-*]《話》強い日差しを浴び続ける, 日焼けにあたる, 日に焼ける ③[文]＜の画のことを＞心配する, 世話をする ④《不完》[受身]

\***пе́чь²** –и и предл о -и, на -и́ мн –и, –е́й [女10] [stove, furnance] ①炉, ストーブ, 暖炉： ру́сская ～ ロシア式暖炉, ペチカ： спать на -и́ ペチカの上で寝る ②かまど, オーブン： микроволно́вая ～ 電子レンジ / до́менная ～ 溶鉱炉 ◆*лежа́ть на -и́[боку́]* 《話》怠ける, ごろごろする

\***пешехо́д** [男1] [pedestrian] 歩行者

**пешехо́дный** [形1] ①歩行(者)用の： ～ мост 歩道橋 ②徒歩による

**пе́ший** [形6] ①歩いて行く ②徒歩による： –им хо́дом 徒歩で

**пе́шка** 複生 -шек [女2] ①《チェス》ポーン（→ фигу́ра 活用) ②《話》取るに足らない人, 小者

**пешня́** 複 пе́шни, -шен [女5] (氷に穴を開けるための)かなてこ, バール

**пеще́р|а** [女1] [cave] 洞穴, 洞窟

**пещери́стый** [形1] ①洞穴[洞窟]の多い ②[解]海綿状の

**пеще́рный** [形1] ①洞穴[洞窟]の ②穴居時代の： ～ челове́к 穴居人 ③[転]野蛮な, 未開の

**ПЗУ** [ぺぜウー] (略) постоя́нное запомина́ющее устро́йство [コン]ロム, ROM, 読み出し専用記憶装置

**пи** (不変) [中] [数] π, パイ

**пиала́** 複 -алы́/-а́лы [女1] (中央アジアなどの取っ手のない口の広がった)茶碗, (日本の)ご飯茶碗, 湯のみ茶碗

\***пиани́но** (不変) [中] [upright piano] アップライトピアノ（→ фортепиа́но): игра́ть на ～ ピアノを弾く

**пиани́ссимо** [a/o] [楽] ①[副] ピアニッシモで ②(不変) [中] ピアニッシモ(記号 pp)

**пиани́ст** [男1] /**~ка** 複生 -ток [女2] ピアニスト

**пиа́но** [o] 《楽》①[副] ピアノで ②(不変) [中] ピアノ(記号 p): ме́ццо-～ メゾピアノ(記号 mp)

**пиа́р** [男1] 広報, 宣伝, PR

**пивно́й** [形2] ①ビールの ②**-а́я** [名女] ビヤホール

**пивну́шка** 複生 -шек [女2]《俗》ビヤホール

\***пи́в|о** [ピーヴァ] [中] [beer] ビール： бо́чковое ～ ビール / купи́ть две́ буты́лки хоро́шего че́шского -а おいしいチェコのビールを2瓶買う / вари́ть ～ ビールをつくる / Он вы́пил кру́жку -а. 彼はビールをジョッキ1杯飲み干した

**пивова́р** [男1] ビール醸造人

**пивоваре́ние** [中5] ビール醸造 //**-ный** [形1]

**пи́галица** [女3] ①[鳥]タゲリ ②《話》小さくて貧相な人(とくに女)

**пигме́й** [男6] ①ピグミー； 小びと ②取るに足らない人[物]

**пигме́нт** [男1] ①[生理]色素 ②顔料 //**~ный** [形1]

**пигменти́ровать** -рует 受過 -анный [不完・完]＜囲＞に色素を沈着させる //**-а́ция** [女9]

\***пиджа́к** [ピジャーク] -а́ [男2] [jacket, coat] (背広の)上着, ジャケット： ко́жаный ～ 革のジャケット / однобо́ртный [двубо́ртный] ～ シングル[ダブル]の背広の上着 / Она́ была́ в си́нем ~é. 彼女は青いジャケットを着ていた //**пиджачо́к** -чка́ [男2] [指小]

**пи́джин** [男1] [言]ピジン（言語）

**пиете́т** [男1] [文] 崇敬, 敬虔

**пижа́м|а** [女1] パジャマ //**-ный** [形1]

**пижо́н** [男1] 《話・蔑》①中身のないおしゃれな若者 ②目立ちたがり屋, みえっぱり

**пижо́нство** [中1]《話・蔑》中身のないおしゃれ

**пизда́** [女1]《卑》女性器官 →*мат* 参考

\***пик** [男2] [peak] ①(尖った)山頂, 峰 ②最高潮, ピーク ③(不変) [後置して形容詞的に]最高潮の, ピークの： часы́ ～ ラッシュアワー, ピーク時

**пи́к|а** [女2] ①槍 ②《若者等》ナイフ： посади́ть 囲 на -у …をナイフで刺し, 傷つける ③《トランプ》スペード ◆*в -у* 囲 《話》…へのつら当てに, 当てつけに

**пикадо́р** [男1] ピカドール（闘牛で牛に槍をさす騎手）

**пика́нтный** 短 -тен, -тна [形1] ①興味をそそる, センセーショナルな ②魅惑的な, きわどい ③(ソースなどが)ぴりっとした, 辛い //**-ость** [女10]

**пика́п** [男1] ①小型無蓋トラック, ピックアップ ②《若者》ナンパ

**пи́кать** [不完] / **пи́кнуть** -ну, -нешь 命 -ни [完] [一回] 《話》①ピピピ鳴く ②(苦痛・驚きの)声を上げる ③文句を言う

**пике́** (不変) [中] ①ピケ（うね織りの綿織物）②（後置して形容詞的に）ピケ製の ③(飛行機の)急降下

**пике́т** [男1] ①[軍]前哨, 哨所 ②(ストライキ・デモの)ピケ(隊) ③[トランプ]ピケット

**пикети́ровать** -рую, -руешь [不完]＜囲＞…にピケを張る； …の周辺で集会をする

**пике́тчи|к** [男2] / **-ца** [女3] ピケの一員

**пики́рова|ть** -рую, -руешь [不完・完] (完は **с-**) (飛行機が)急降下する： スカイダイビングする //**-ние** [中5]

**пикирова́ть** -ру́ю, -ру́ешь 受過 -о́ванный [不完・完]【農】＜囲＞…を間引く

**пики́роваться** -руюсь, -руешься [不完]＜с 囲 と＞毒づき合う, ののしり合う

**пикиро́вк|а** 複生 -вок [女2] ①【農】間引き ②《話》口げんか, ののしり合い

**пикиро́вщик** [男2] 急降下爆撃機

**пики́рующий** [形1] 急降下する： ～ бомбарди́ро́вщик 急降下爆撃機

**пи́кколо** (不変) [中]【楽】ピッコロ
**пикни́к** -á [男2] ピクニック
**пикну́ть** [完] →пи́кать
**пи́ков|ый** [形1] ①最高の、ピーク(пик)の ②【トランプ】スペードの(пи́ка)の | ~*ая да́ма* スペードの女王
**пи́ксел** [男1], **пи́ксель** [男5] [IT]ピクセル
**пиктогра́мма** [女1] 絵[象形]文字、ピクトグラム；【コン】アイコン
**пиктогра́фия** [女9] 絵[象形]文字による記述(法)
**пику́ли** -ей [複] ピクルス
**пикша́** [女4]【魚】ハドック(タラ科)
***пила́** 複 пи́лы [女1] [saw] ①のこぎり: элèктромото́рная ~ 電動のこぎり | ле́нточная ~ 帯鋸 ②【話】口やかましい人、がみがみ言う人 // **пи́льный** [形1]
**пилёный** [形1] のこぎりでひいた ■ ~ **са́хар** 角砂糖
**пили́кать** [不完] / **пили́кнуть** -ну, -нешь 命 -ни [完] [一回]【話】①(弦楽器などが)きいきいいう音を出す；(鳥・虫が)細い甲高い声で鳴く〈на圓〉〈弦楽器を〉(下手に)きいきい弾く
**пили́ть** пилю́, пи́лишь 能見 пи́лящий 受動 пи́ленный [不完]〈圏〉①のこぎりで切る[ひく]: ~ брёвна 丸太をのこぎりでひく ②【話】…に(やすりなどを)かける、磨き上げる ③[про за~][완] がみがみ言う ④《俗》行く、歩む // **~ся** [不完] (のこぎりで)切れる
**пи́лка** 複生 -лок [女2] ①のこぎりでひくこと ②小型のこぎり ③爪やすり
**пиломатериа́лы** [рья́] -ов [複] (のこぎりでひいた)材木
**пило́н** [男1] ①(ポールダンスで使う)ポール ②広告塔
**пилообра́зный** [形1] のこぎりの歯状の、ジグザグの
**пилора́ма** [女1] 製材機
***пило́т** [男1] [pilot] ①パイロット、飛行士 ②(モータースポーツなどの)パイロット ③(シリーズものの)初回、予告編 ④[IT]ネットのフィルタ **// пило́тский** [ц] [形3]〈①②〉
**пилота́ж** [男4] 航空機操縦(術) ◆*вы́сший* ~ 凡な作業が要求される最も難しい任務
**пилоти́ровать** -ру́ю, -ру́ешь 受動 -анный [不完]〈圏〉航空機を操縦する
**пило́тка** 複生 -ток [女2] 軍人の夏用制帽(もとは飛行士用)
**пило́тный** [形1] パイロット版の、試験的な
**пи́лочка** 複生 -чек [女2] 爪やすり
**пи́льщик** [男2] ピンセット
**пилю́л|я** [女5] 丸薬、錠剤: *запи́ть ~ю водо́й* 錠剤を水で飲む ◆*позолоти́ть ~ю* 不快を和らげる | *проглоти́ть ~ю* [ц] 甘んじて侮辱に耐える、泣き寝入りする
**пиля́стр** [男1], **~а** [女1]【建】付け柱、柱形
**пимы́** -óв [複][単 пим -á/-a [男1]] (ロシア北方民族の)毛皮の長靴
**пина́ть** [不完] / **пнуть** пну, пнёшь [完] [一回]《俗》〈圏〉蹴る、蹴飛ばす
**пингви́н** [男1]【鳥】ペンギン
**пинг-по́нг** [不変]-[男2] 卓球、ピンポン
**пине́тк|и** -ток, -ткам [複] | 単 **~а** [女2]] ベビーシューズ: ~ *крючко́м* かぎ針編みのベビーシューズ
**пи́ния** [女9]【植】イタリアカサマツ
**ПИН-ко́д** [ピンコート] [不変]-[男1] 暗証番号(PIN-code)
**пино́к** -нка́ [男2]【話】(足・膝で)蹴ること: *дать ~ка́* …を蹴る、足蹴にする
**пи́нта** [女1] パイント(米英などでの体積の単位)
**пинце́т** [男1] ピンセット
**пи́нчер** [男1]【動】ピンシャー(ドイツ原産の犬)
**пио́н** [男1]【植】ボタン属(シャクヤク、ボタンなど)
**пионе́р** [男1] ①開拓者 ②先駆者、パイオニア ③ [*~ка* 複生 -рок [女2]] ピオネール(旧ソ連の少年団員)

**пионе́рия** [女9]【集合】ピオネールたち
**пионе́рский** [形3] ①開拓者の、パイオニアの；先駆的な ②ピオネールの
**пиоре́я** [女6]【医】膿漏症、歯槽膿漏
**пипе́тка** 複生 -ток [女2] ピペット
**пи-пи́** [間]【幼児】おしっこ、しーしー: *сде́лать* ~ おしっこする、しーしーする
**пир** 前 о -е, на -ý еды -ы́ [男1] ①祝宴、大宴会: *сва́дебный* ~ 結婚披露宴 ②【話】すごいごちそう ◆*~ горо́й* [*на весь мир*] 飲めや歌えの大宴会
***пирами́да** [女1] [pyramid] ①【数】角錐 ②(古代エジプトの)ピラミッド ③ピラミッド状のもの；ピラミッド形に積み上げられたもの: *фина́нсовая* ~ 金融ピラミッド、ネズミ講 ④ 人間ピラミッド ⑤ (ビリヤードの)ピラミッド ⑥【軍】銃架
**пирамида́льный** 短 -лен, -льна [形1] 角錐状の、ピラミッド形の
**пира́нья** [女8]【魚】ピラニア
**пира́т** [男1] ①海賊: *возду́шный* ~ ハイジャック犯 ②海賊版製作[販売]者
**пира́тск|ий** [ц] [形3] ①海賊の: *-ое су́дно* 海賊船 ②海賊版の: *-ое изда́ние* 海賊版
**пира́тство** [ц] [中] ①海賊行為；海賊版製作[販売]
**пири́т** [男1]【鉱】パイライト、黄鉄鉱
**пирова́ть** -ру́ю, -ру́ешь [不完] 宴会をやる；(盛大に)飲み食いする
***пиро́г** -á [男2] [pie] ①【料理】ピローグ(ロシア風パイ): ~ *с гриба́ми* キノコ入りピローグ ②もうけの源、甘い汁 ◆*Вот таки́е ~и́!* 《俗》まあ、こういったわけだ ■ *возду́шный* ~【料理】スフレ
**пирожко́вый** [形1] ①ピロシキの ②**-ая** [女名] ピロシキ軽食堂
**пиро́жник** 複生 -ца [女3] ピローグ焼き職人
***пиро́жное** (形)変化[中] [cake, tart] ケーキ: *угоща́ться -ым* ケーキをごちそうになる
**пиро́жный** [形1] ピローグの
***пирожо́к** -жка́ [男2] [指小]< пиро́г ① ピロシキ: ~ *с мя́сом* 肉入りのピロシキ ②【話】つばのない中折れの男性用帽子 ◆*~ми* ミンパイ
**пироте́хник** [男2] 花火【狼煙(%)】製造者、煙火師
**пироте́хн|ика** [女2] 花火製造術、火工術 // **~и́ческий** [形3]
**пирс** [男1] 埠頭、桟橋
**пи́рсинг** [男2] ピアス、ボディピアス
**пиру́шка** 複生 -шек [女2]【話】内輪の小宴会
**пируэ́т** [男1] (バレエなどの)ピルエット(片足でのつま先旋回)
**пи́ршество** [中] 大宴会、饗宴；大盤振る舞い
**писа́ка** (女2変化)[男・女]①【話・蔑】(多作の)三文文士、へぼ作家 ②【話・戯】悪筆家 ③《俗》(衣服を切り裂いて盗む)すり
**писа́ние** [中] ①書くこと、執筆 ②《話》《皮肉》書かれたもの、文章 ③**П~** 聖書(*Свяще́нное ~*)
**писани́на** [女]《俗・蔑》= писа́ние①②
**писа́нка** [女1]【正教】ピーサンカ(細かな模様を描いたイースターエッグ)
**пи́сан|ый** [形1] ①書かれた、手書きの ②(模様・絵で)飾られた ◆ ~ *краса́вец* [*-ая краса́вица*] 絵にかいたような美男[美女] | ~ *нос* 赤鼻 | ~ *зако́н* 成文法 | *говори́ть как по -ому* よどみなく話す
**пи́сарь** 複 -и/-я́ [男5] 書記、文書係
***писа́тел|ь** [ピサーチリ] [男5] **~ница** [女3] [writer] ①作家、著作家: *изве́стный* [*знамени́тый*] ~ 有名な [著名]な作家 | *люби́мый* ~ お気に入りの作家 | *тала́нтливый* [*начина́ющий*] ~ 才能豊かな[駆けだしの]作家 | *У него́ давно́ было́ жела́ние стать вели́ким ~ем.* 彼はずっと前から大作家になりたがっていた

**пичкать**

② 《俗》(女性のバッグを切り裂いて盗む)すり **‖~ский** [形3]

**пи́сать** [不完] / **по-** [完] 〔幼児〕おしっこする

**писа́ть*** [ピーサチ] пишу́, пи́шешь 命 пиши́ 受過пи́санный [不完] / **написа́ть** [ナピサーチ] [完] 〔write〕 ① 〈図〉書く: ~ карандашо́м 鉛筆で書く | ~ разбо́рчиво 読みやすく書く (能力として) 書いたり, 字が書ける: Ребёнок уже́ пи́шет. この子はもう字が書ける ③ (不完) (筆記具が) 書ける: Эта ру́чка не пи́шет. このペンは字が書けない ④〈図〉文章を書く, 筆記する; 〈文学作品を〉執筆する, 著作する; (作品の中で) 描きこむ: ~ письмо́ 手紙を書く | ~ рома́н 長編小説を執筆する ⑤ 〈о чём о чём〉 知らせる, 伝える, (新聞などで) 報道する: Он писа́л мне, что ско́ро прие́дет в Москву́. 彼はもうじきモスクワに来ると書いてよこした | В газе́тах пи́шут о после́дних собы́тиях. 新聞には最新の出来事が書かれている ⑥〈図に〉手紙を出す, 便りをする: Она́ ча́сто мне пи́шет. 彼女は私によく手紙をくれる ⑦著作活動をする; 寄稿する ⑧〈図〉〈絵などを〉創作する ⑨〈図〉〈絵を〉描く ◆*пиши́ пропа́ло* もう駄目だ, 万事休す

**писа́ться** пи́шется [不完] 〔spell〕① 書かれる, つづられる: Как пи́шется э́то сло́во? その単語はどう書くのですか ②〔話〕(無人称; 否定文で) 〈図〉は書く気にならない, 書けない: Сего́дня мне не пи́шется. きょうは書く気がしない ③〔受身〕<писа́ть①④⑧⑨

**пи́сем** [複数; 生格] <письмо́

**писе́ц** -сца́ [男3] ① (古代ロシアの) 写字生 ② イコン画家

**писк** [男2] 細く高い音, ぴいぴいいう声

**пискли́вый** [形1] ぴいぴいいう, 細く高い音を出す

**пискля́вый** [形1] 〔話〕= пискли́вый

**пи́скнуть** [完] →пища́ть

**пи́скун** -а́ [男3] ① [話] 絶えず細く高い音を出している [ぴぴいいっている] 人 [動物, 鳥]; 細く高い声の人

**писсуа́р** [男1] 小便器

**пистоле́т** [ピスタレート] [男1] 〔gun, pistol〕① ピストル, 拳銃, 短銃: ~-пулемёт 自動小銃, サブマシンガン | водяно́й [га́зовый] ~ 水鉄砲 [エアガン] | стреля́ть из ~а ピストルを撃つ | бы́стро вы́хватить ~ 素早く拳銃を取り出す | наве́сти ~ на мише́нь 標的にピストルを向ける ② (塗料・ラッカーなどの) 噴霧器; 給油ノズル ③〔話〕すばしっこい少年 **‖~ный** [形1] <①

**писто́н** [男1] ① (薬莢内の) 雷管 ② (おもちゃの鉄砲の) 火薬玉 ③ ひも穴の縁金 ④ (金管楽器の) ピストン

**пису́лька** 複生-лек [女2] 〔話〕短い手紙, 書きつけ

**писчебума́жный** [形1] 筆記用紙の; 文房具の: ~ магази́н 文房具店

**пи́счий** [щ-] [形6] 書くための

**пи́сьмена́** -мён, -мена́м [複] (主に古代の) 文字

**пи́сьменно** [副] 書いて, 文書で

**пи́сьменность** [女10] ① 文字体系 ② (ある時代・民族の総体としての) 文献, 文字資料

**пи́сьменн|ый** [ピーシミヌィ] [形1]〔written, writing〕① 書かれた, 文書の: ~*ая* про́сьба 文書による依頼, 依頼状 | ~*ое* заявле́ние 願書 | ~ перево́д 翻訳 | в ~*ой* фо́рме 書面の形で | без ~*ого* разреше́ния 書面による許可なしに ② 書き言葉の, 文章語的な: ~ язы́к 書き言葉 ③ 筆記用の: ~ стол 文机, 書き物机 | ~ прибо́р = ~*ые* принадле́жности 筆記具, 文房具

**письм|о́*** [ピシモー] 複пи́сьма, пи́сем, пи́сьмам [中1] 〔letter〕① 手紙, 書簡; 書くこと: люби́вное ~ ラブレター | электро́нное ~ (電子メールの) メール | отпра́вить ~ роди́телям 両親に手紙を出す | Вчера́ я получи́л ~ от дру́га. きのう私は友達から手紙をもらった ②〔単〕書字力, 書き方: учи́ться ~у́ 書き方を習う ③ 《単》(体系としての) 文字: ара́бское ~ アラビア文字 | на -е́ 字面では ④〔芸〕手法: 画法: ико́на стари́нного -а́ 古い画法のイコン

**‖ письмецо́** [中1] 〔指小〕<①; **письми́шко** 複-шки, -шек, -шкам [中1] 〔卑称〕<①

**письмоно́сец** -сца [男3] 郵便集配人

**пита́ни|е*** [ピターニエ] [中1] 〔nutrition, food〕① 食物を与えること, 給食 ② (修飾語を伴って) 食事, 栄養: проду́кты ~*ия* 食品 | диети́ческое [уси́ленное] ~ ダイエット [強化] 食 | бы́строе ~ ファストフード | с трёхра́зовым ~*ем* 三食付きで ③ 給食制度 [組織] ④ 供給, 補給 ⑤ エネルギー源, 動力源; 〔電〕電源: отключи́ть ~ 電源を切る

**пита́тельн|ый** 短 -лен, -льна [形1] ① 栄養になる, 栄養に富む ② 供給の **‖~ость** [女10] <①

**пита́|ть** [不完] 〔feed, nourish〕〈図〉① ~に食べさせる, 食物 [栄養] を与える: ~ больно́го 病人に食事を与える ② 〈図に〉供給する: ~ го́род электроэне́ргией 町に電力を供給する ③ 培う, はぐくむ 〈感情を〉抱く: ~ наде́жду 期待を寄せる

**пита́|ться** [不完] 〔feed (on), live (on)〕〈図を〉① 食べる, 常食とする: ~ мя́сом 肉食する ② 栄養源とする ③ 無補給に食事をする ④ 活力源とする, 養われる ⑤ 動力源とする ⑥ (不完)〔受身〕<пита́ть

**питбу́ль** [男5]., **-терье́р** [男1] 〔動〕アメリカンピットブルテリア (犬種)

**питека́нтроп** [男1] 〔人類〕ピテカントロプス

**Пи́тер** [男1] 〔話〕ピーテル (Санкт-Петербу́рг の俗称) **‖~ский** [形3]

**пи́тер|ец** -рца [男3], **-ка** 複生-рок [女2] 〔話〕サンクトペテルブルクの住民 (петербу́ржец)

**пито́м|ец** -мца [男3] / **-ица** [女3] 《文》養い子, 教え子; 在学生, 出身者

**пито́мник** [男2] ① 動植物を養殖 [栽培] するところ, 養殖場, 種畜場, 苗木園 ② 養成所 **‖-овый** [形1]

**пито́н** [男1] ① 〔複〕〈動〉ニシキヘビ科 ② 〔IT〕パイソン (Python; スクリプト言語の一つ)

**пить*** [ピーチ] пью, пьёшь 命 пей 過 пил, -ла́, -ло 受過 пи́тый (пит, пита́, пи́то) / **вы́пить** [ヴィーピチ] -пью, -пьешь 命 -пей 受過 -тый [完] 〔drink〕① 〈図〉飲む: ~ во́ду 水を飲む | Она́ вы́пила ча́шку ча́ю. 彼女は紅茶を1杯飲んだ | Мне хо́чется пить. 私は喉が渇いた | Да́йте мне что́-нибудь вы́пить. 何か飲み物を下さい ② 酒を飲む, 乾杯する: ~ за здоро́вье друзе́й 友人たちの健康を祝して飲む ③ (習慣的に) 酒を飲む, 酒飲みである: Он не пьёт и не ку́рит. 彼は酒もたばこもやらない ④ [不完]〈図〉吸収する, 吸い込む **‖ вы́пить** [完]〈図〉を ◆*как ~ дать*〔話〕きっと, 間違いなく **‖~ся** [不完] ① (無人称) 飲みたい気分である ②〔受身〕

**питьё** [中4] ① 飲むこと ② 飲み物, 飲料: прохлади́тельное ~ 清涼飲料

**питьев|о́й** [形1] ① 飲むこと ② 飲用の: -а́я вода́ 飲料水

**ПИФ** [ピーフ] 〔略〕 пайево́й инвестицио́нный фо́нд 〔金融〕オープンエンド型投資信託

**пифаго́ров** [形10] : ~*а* теоре́ма ピタゴラスの定理 (теоре́ма Пифаго́ра)

**пиха́|ть** 受過 пи́ханный [不完] / **пихну́ть** -ну́, -нёшь [完] [一回]〔話〕〈図〉① 押す, 突く ② 押し込む, 突っ込む **‖~ся** [不完] [一回] ① (誰かを) 押す; 押し合う, 突き合う ② (肘などで) 突いて離れる

**пи́хт|а** [女1] 〔植〕モミ **‖-овый** [形1]

**пи́цца** [ца3] 〔料理〕ピザ

**пиццери́я, пицце́рия** [女9] ピザレストラン

**пиццика́то** (不変) [中] [副] 〔楽〕ピチカート (で)

**пи́чкать** [不完] / **на-** 受過 -канный [完] 〔話〕〈図に 図を〉① 無理やり食べさせる [飲ませる], 食べさせ過ぎる: ~ ребёнка сла́достями 子どもに甘いものを

やりすぎる ②無理やり詰め込む

**пичу́га** [女1], **пичу́жка** 複生-жек [女2]《話》小鳥

**пи́шешь** [2単現], **пиши́** [命令], **пишу́** [1単現] < писа́ть

**пи́шущ|ий** [形6] 印字用の、タイプの：~ая маши́нка タイプライター

\***пи́щ|а** [ピーシチャ] [女4] [food] ①食物, 食料品：здоро́вая ~ 健康食 | употребля́ться в ~у 食用になる ②《для 生》の糧(かて), たね：~ для ума́ 知の種
◆дава́ть ~у 与《для 生》 …を助長する, はぐくむ

**пища́ть** [不完] / **пи́скнуть** -ну, -нешь [完] [一回] ①(鳥・動物が)ピイピイ鳴く；(幼児が)ぴいぴい泣く；(物が)きいきい鳴る ②細く弱い声で話す〔歌う〕③泣き言を言う

**пищебло́к** [男2] 公共食堂営団

**пищеваре́н|ие** [中5] (食物の)消化：расстро́йство -ия 消化不良

**пищевари́тельный** [形1] 消化の

**пищеви́к** -а́ [男2] 食品工業従業員

**пищево́д** [男1] 〔解〕食道

\***пищево́й** [形2] [food] 食物の；食品の：-а́я промы́шленность 食品工業

**пи́щик** [男2] ①鳥笛 ②〔楽〕(管楽器の)リード, 舌 ③俳優の声色を変える器具

**пия́вка** 複生-вок [女2] ①〔動〕ヒル ②《話》他人からうまい汁を吸う人

**ПК** [ペカー] (略) персона́льный компью́тер パソコン

**ПЛ** [ペエーレ] (略) профессиона́льный лице́й (高等)専修学校, 専門学校

**пл.** (略) пло́щадь

**пла́в** [男1] ○ **на-ý** (船が)航行中で, 航行可能

**плав..** [語形成] 「浮いている, 水上の」「航行・航海の」

**пла́ван|ие** [中5] [swimming] ①泳ぐこと；泳ぎ, 水泳：шко́ла ~ия スイミングスクール ②出発：отпра́виться в ~ 出航する ◆большо́му корабля́ большо́е ~ 身分相応

**пла́вательный** [形1] 泳ぐための, 水泳の

\***пла́вать** [プラーヴァチ] [不完] [不定] 〈定 плыть〉 [swim, float] ①(反復して一不方向に)(人・動物・魚が)泳ぐ, 泳ぎまわる；泳いで行き来する：~ в реке́ 川で泳ぐ | В аква́риуме пла́вают ры́бы. 水槽の中で魚が泳ぎまわっている ②(船などが)航行する, 動きまわる, 行き来する：Я́хта пла́вает по мо́рю. ヨットが海を走りまわっている ③(船などで)航行する, 航海する, 行き来する：В про́шлом году́ я пла́вал во Владивосто́к. 昨年, 私は船でウラジオストクへ行ってきた ④流れる, 浮かぶ, 漂う：По воде́ пла́вают ли́стья. 水の上に葉っぱが浮かんでいる ⑤(鳥などが)滑らかに空を舞う；(太陽・月などが)滑らかに移動する：Ко́ршун пла́вает в не́бе. トビが空を舞っている ⑥(音・匂いが)漂う：За́пах цвето́в пла́вает по коридо́ру. 花の香りが廊下中に漂っている ⑦無重力状態で動く ⑧滑らかに歩む[動きまわる]：Она́ пла́вала из ко́мнаты в ко́мнату. 彼女は部屋から部屋へ流れるように歩きまわった ⑨(能力として)泳ぐ：Он не пла́вает. 彼は泳げない ⑩(性質として)浮かぶ：Де́рево пла́вает. 木は水に浮く ⑪《話》船で働く, 船に乗り組んでいる：Он пла́вает ко́ком на ко́тике су́дне. 彼は大きな船のコックとして働いている ⑫(もや・霧などに)包まれる ⑬(喜ばしい感情に)浸る ⑭《戯》(答えがぼうっとしている)曖昧に言う〔答える〕：на экза́мене試験に当てずっぽうに答える ⑮(価格が)変動する, 流動的である
◆ме́лко ~ (1)能力が〔知識, 経験〕が足りない (2)つまらない地位に居る〔にいる〕

**плавба́за** [女1] 補給艦, 母艦, 母船 (плаву́чая ба́за)

**плавико́вый** [形1]：~ шпат 〔鉱〕蛍石

**плави́льн|ый** [形1] 溶解用の：-ая печь 溶鉱炉

**плави́льщик** [男2] 精錬工

\***пла́вить** -влю, -вишь 受過-вленный [不完] / **рас-** [完]《及》《金属などを》溶かす, 溶解する **// -ся** [不完] 溶ける, 溶解する

**пла́вка** 複生-вок [女2] ①溶解, 融解 ②1回の溶解工程；その工程で溶解された金属, 溶融物

**пла́вки** -вок, -вкам [複] 水泳パンツ

**пла́вкий** [形2] 溶ける, 可融性の ■~ предохрани́тель 〔電〕ヒューズ

**плавле́ние** [中5] 溶解, 融解

**пла́вленый** [形1] 溶解された ■~ сыр プロセスチーズ

**пла́вни** -ей [複] (増水期に冠水する, アシなどの生えた)川岸, 中洲

**плавни́к** -а́ [男2] (魚の)ひれ：спинно́й ~ 背びれ

\***пла́вно** [副] [smoothly] ①滑らかに, 流れるように, スムーズに ②淀みなく, 流暢に

**пла́вн|ый**短-вен, -вна́/-вна, -вно [形1] 滑らかな, 流れるような；(話などが)流暢な：-ая похо́дка 滑らかな足どり **// -ость** [女10]

**плавуне́ц** -нца́ [男2] 〔昆〕ゲンゴロウ

**плавунчи́к** [男2] 〔鳥〕ヒレアシシギ

**плаву́честь** [女10] 浮力, 浮揚性

**плаву́чий** [形6] 浮いている, 水上の：~ док 浮きドック | ~ мая́к 灯台船 ②浮力のある

**плагиа́т** [男1] 剽窃, 盗作

**плагиа́тор** [男1] 剽窃者, 盗作者

**плаги́н** [男1]〔コン〕プラグイン

**пла́зма** [女1] ①〔生〕血漿 ②〔理〕プラズマ

**плазмати́ческий** [形3] 血漿の

**пла́зменный** [形1] ①プラズマの, プラズマを利用した ②血漿の

**плазмо..** [語形成]「血漿の」「プラズマの」

\***плака́т** [男1] [poster] ①ポスター, ブラカード：пове́сить ~ на сте́ну 壁にポスターをかける ②横断幕 **// ~ный** [形1]

**плакати́ст** [男1] ポスター〔プラカード〕画家

\***пла́кать** [プラーカチ] пла́чу, пла́чешь 命 плачь [不完] [cry, weep] ①泣く；泣きじゃくる：го́рько ~ さめざめと泣く | ~ от оби́ды 悔し泣きする ②嘆き悲しむ ③(風・楽器などが)泣くような音を立てる ④《話》(ガラスが)水滴に覆われる：Запоте́вшие о́кна пла́чут. 汗をかいた窓に水滴がついている ⑤《話》《no 与》~ を待ち受ける：Тюрьма́ по тебе́ давно́ пла́чет. お前はとうの昔に牢屋に入っていてもいいはずだ ⑥《過去形で》《話》駄目になった：Пла́кал мой о́тпуск. 私の休暇はおじゃんになった ◆хоть пла́чь 泣きたいくらいだ **// -ся** [不完]《話》①《на 対》…のことで泣き言を言う, 嘆く ②《無人称》泣けてくる, 泣きたくなる

**плакирова́ть** -ру́ю, -ру́ешь 受過-о́ванный [不完]〔工〕めっきする

**пла́кса** (女1変化) [男・女] [女2] 《話》泣き虫

**плакси́вый** 短-и́в [形1] ①よく泣く ②泣きそうな, 哀れっぽい

**плаку́н-трава́** [不変]- [女1] エゾミソハギなどの俗称(民間療法で用いる)

**плаку́чий** [形6] 枝の垂れ下がった

**пламене́ть** [不完] ①あかあかと燃える ②あかあかと輝く ③《文》《к 与》激情に燃える

**пла́менный** 短-енен, -енна [形1] ①あかあかと燃える；あかあかと輝く ②焼けるように熱い ③熱情的な, 燃えるような

\***пла́мя** 生・与・前-мени 造-менем [中7] [flame] ①炎, 火炎：вспы́хнуть пла́менем ぱっと燃え上がる | ~ войны́ 戦火 ②(激情の)炎：~ любви́ 恋の炎

\***план** [プラーン] [男1] [plan] ①設計図, 平面図, 見取り図：~ зда́ния 建物の設計図 | ~ Москвы́ モスクワの

見取り図[地図] ②計画, プラン, 予定: годовой ~ = ~ на́ год 年間計画 | составить ~ 計画をたてる | Какие у нас ~ы на субботу? ぼくら, 土曜の予定はどうなっているの | Они работают по ~у. 彼らは計画に従って働いている ③草案, 構想: ~ доклада 報告の草案 ④景, 面: передний [задний] ~ 前[背]景 | второй ~ 中景, 中景 ⑤俚(映像のサイズ, 写し方): крупный ~ クローズアップ ⑥〔領域, 分野: 視点, 観点, 側面: обсудить вопрос в теоретическом ~е 理論的観点から問題を検討する | в временном ~е 時間面で ◆выдвинуть 〜 на первый ~ …を前面に押し出す, 重要視する | 〜 отступить на второй ~ …は背景に退く, 重要でなくなる

**планер,**《旧》**планёр** [男1] グライダー **‖~ный** [形1]

**планеризм** [男1] グライダー操縦術, グライダー競技

**планерист** [男1] グライダー飛行士

**планёрка** 複生-рок [女2] 《話》仕事の打ち合わせ

*\****планет|а** [プラニェータ] [女1] [planet] ①〔天〕惑星: ма́лые ~ы = ~ы Со́лнечной систе́мы 小惑星 | На́ша ~ враща́ется вокру́г Со́лнца. 我々の惑星(地球)は太陽の周囲を回っている
■~**спутник** 衛星 [男1]

**планета́рий** [男7] ①星座投影機 ②プラネタリウム

**планета́рн|ый** [形1] ①惑星の: ~ые тума́нности 惑星状星雲 ②地球全体の, グローバルな

**планетохо́д** [男1] 惑星走行車

**плани́да** [女1] 《俗》運命, 運勢

**планиме́тр** [男1] 面積計 **‖~и́ческий** [形1]

**планиме́трия** [女9] 〔数〕平面幾何学

*\****плани́рование**[1] [中5] [planning] 計画, 設計, 企画, 立案

*\****плани́ровать**[1] [プラニーラヴァチ] -рую, -руешь -руй 受-анный [不完] **/ с~** [完] 〔配〕…の計画を立てる; 設計する: ~ рабо́ту 仕事の計画を立てる ②[完 **за~**] 《配》企画・立案する ③[完 **с~**] 《不定形で》つもりである: Я плани́рую пое́хать за грани́цу. 私は外国へ行くつもりです **‖~ся** [不完] 〔受身〕

**плани́рова|ть**[2] -рую, -руешь [不完] **/ с~** [完] 滑空する **‖~ние**[2] [中5]

**плани́рова|ть**[3] -рую, -руешь 受-о́ванный [不完] **/ рас~** [完] 《設計図に従って》配置する, 造成する: ~ да́чный уча́сток 別荘地を造成する

**плани́ровка** 複生-вок [女2] ①設計 ②配置, 整備, 造成

**плани́ровщик** [男2] 設計技師

**пла́нка** 複生-нок [女2] ①(小さな)薄板, 金属板 ②(走り高跳びなどの)バー ◆**у 𝓜 ~ съе́хала [слете́ла]** 《若者・戯・皮肉》…の頭のねじが外れたようだ, 頭がおかしくなった

**планкто́н** [男1] プランクトン

**планови́к** -á [男2] 生産計画編成者

**пла́нов|ый** [形1] ①計画の, 計画に関する: ~ отде́л 企画部 ②計画に基づいた, 計画的の **‖~ость** [女10]

**планоме́рн|ый** 短-рен, -рна [形1] 計画に従って行われる, 計画通りの **‖~ость** [女10]

**планта́тор** [男1] 大農園主, プランテーションの所有者

**планта́ция** [女9] プランテーション;(特定作物の)大農場 **‖планта́ционный** [形1]

**планше́т** [男1] ①(表面が透明な)携帯用地図入れ ②測量用平板 ③測量図 ④〔コン〕タブレット(端末)

**планше́тн|ый** [形1] : ~ компью́тер タブレット型パソコン | ~ ска́нер フラットベッドスキャナ

**планши́р** [男1], **планши́рь** [男5] 〔海〕船べり

**пласт** -á [男1] ①層: ~ы поро́ды 岩石層 ②地層 ③《又》階層 **‖лежа́ть ~о́м** 《話》(病気・疲れで)のびて動けずにいる, ぶっ倒れている

**пласта́|ть** 受-анный [不完] **/ рас~** [完] 《配》①層状に切る[分ける] ②魚の内臓を抜く, くく魚をおろす

**пла́стик** [男2] プラスチック, 合成樹脂 **‖~овый** [形1]

**пла́стика** [女2] ①彫塑芸術, 彫刻 ②造形的な調和[表現力] ③造形体, 立体感 ④(身・身振りの)調和, 均整; リズミカルな動作 ⑤〔医〕形成外科; 《話》形成手術

**пластика́т** [男1] 軟質ポリ塩化ビニル

**пластили́н** [男1] 彫塑用粘土 **‖~овый** [形1]

**пласти́на** [女1] (金属・ゴムなどの)板: желе́зная ~ 鉄板

*\****пласти́нка** 複生-нок [女2] [plate] ①〔指 小＜пласти́на〕(小さな)板 ②板: металли́ческая ~ 金属板 ③レコード ④《写真の》乾板, 感光板 ⑤〔植〕葉片 ⑥〔菌〕菌褶(きのこのひだ) ⑦〔虫〕(触角などの)節片 ⑧《話》入れ歯 **‖пласти́ночный** [形1]

**пласти́нчатый** [形1] 薄板状の, 薄板でできた, 薄板状のものをもつ

**пласти́ческ|ий** [形3] ①＜пла́стика ②可塑性の: ~ая ма́сса プラスチック ③〔医〕形成の: ~ая опера́ция 形成手術

**пласти́чн|ый** 短-чен, -чна [形1] ①均整[調和]のとれた ②造形的な, 表現力に富む ③(動き・身振りの)滑らかな, 優美な **‖~ость** [女10]

*\****пластма́сс|а** [女1] [plastic] プラスチック: изде́лия из -ы プラスチック製品

*\****пластма́ссовый** [形1] [plastic] プラスチック(製)の

**пластов́ой** [形2] 層状の, 層を成す

**пла́стыр|ь** [男5] 〔医〕膏薬, 貼り薬 **‖~ный** [形1]

*\****пла́та**[1] [プラータ] [女1] [pay, charge, fee] ①(金銭による)報酬, 賃金: за́работная ~ 賃金, 給料 ②料金: кварти́рная ~ 家賃 ③報い, 報酬

**пла́та**[2] [女1] 〔電・コン〕プレート, ボード: графи́ческая ~ グラフィックカード | матери́нская ~ マザーボード

**плата́н** [男1] 〔植〕プラタナス, スズカケノキ **‖~овый** [形1]

*\****платёж** -тежа́ [男4] [payment] ①支払い: ~ в рассро́чку 分割払い | нало́женным платежо́м 代金引換で ②支払い額

**платёжеспосо́бн|ый** 短-бен, -бна [形1] 支払い能力のある **‖~ость** [女10] 支払い能力

**платёжный** [形1] 支払いの: ~ бала́нс 支払いバランス, 国際収支

**пла́тельн|ый** [形1] 衣服(ドレス)用の

**плате́льщик** [男2] 支払い人: ~ нало́гов 納税者

**пла́тин|а** [女1] 〔鉱〕プラチナ, 白金(記号 Pt) **‖~овый** [形1]

*\****плати́ть** [プラチーチ] -ачу́, -а́тишь, …-а́тят 命-ати́ 受-а́ченный [不完] **/ заплати́ть** [完] (完まった **y~**) 《配》〈金を〉払う, 支払う: ~ кварти́рную пла́ту 家賃を払う | ~ нали́чными для支払う | Я заплати́л пять ты́сяч рубле́й за поку́пки. 私は買物に5チーブル払った ②《配》 для зa》に報いる, 返答する: ~ добро́м за зло 悪をもって善に報いる | ~ той же моне́той しっぺ返しをする ◆**заплати́ть голово́й** 自らの首を差し出す, 命で償う

**плати́ться** плачу́сь, пла́тишься [不完] **/ по~** [完] 〈配 за 配〉〈報いとして〉失う, 奪われる: ~ здоро́вьем за свою́ непоси́дчивость 不摂生のために健康を失う ②《配》[受身] ＜плати́ть[1]

*\****пла́тн|ый** [形1] [paid, chargeable] ①有料の ②金

銭の報酬を受ける

**плато́** (不変) [中] 高原, 台地 ■П~ Путора́на プトラナ台地 [高原] | **Приле́нское ~** 沿レナ台地

*****плато́к** [プラトーク] -тка́ [男2] [shawl, handkerchief] ①スカーフ, ショール: наки́нуть ~ на пле́чи 肩にスカーフをはおる ②ハンカチ (носово́й ~) **// плато́чек** -чка [男1] <小> **// плато́чный** [形1]

**платони́ческ|ий** [形3] ①〔哲〕プラトン哲学の ②プラトニックな: -ая любо́вь プラトニック・ラブ ③非現実的な

*****платфо́рм|а** [女1] [platform] ①〔鉄道〕プラットホーム: По́езд отправля́ется со второ́й ~ы. 列車は2番ホームから出る ②小駅 ③無蓋貨車 ④壇 ⑤（装置などの）台座;（採掘プラントの）プラットフォーム: нефтяна́я ~ 海上石油基地, 石油プラットフォーム (нефтеплатфо́рма) ⑥〔政〕綱領, 政見: полити́ческая ~ 政治綱領 ⑦（靴の）厚底 ⑧〔コン〕プラットフォーム **// -енный** [形1]

*****пла́тье** [プラーチェ] -ев [中4] [clothes, dress] ①《集合》（下着の上に着る）服, 衣服: мужско́е [же́нское] ~ 紳士 [婦人] 服 ②ワンピース, ドレス: Она́ но́сит голубо́е ~. 彼女は水色のワンピースを着ている **// пла́тьице** [中4] <指小> <2>

**платяно́й** [形2] 衣服用の

**плау́н** -а́ [男1]〔植〕ヒカゲノカズラ属

**плафо́н** [男1] ①〔建〕絵画［レリーフなど］で装飾された天井; 天井の絵画［レリーフ］ ②（天井・壁の）電灯の笠, ランプシェード

**пла́ха** [女2] ①（縦に割った）丸太 ②断頭台

**пла́хта** [女1] ウクライナの縞柄や格子模様の毛織物; その四角い布地（スカートとして用いる）

**плац** 前 о -е, на -у́ [男3]〔軍〕練兵場

**плацда́рм** [男1] ①〔軍〕作戦基地, 前進基地; 橋頭堡 ②〔軍〕出発点

**плаце́нта** [女1]〔解〕胎盤

**плацка́рт|а** [女1] ①（列車の）寝台付き座席指定券 **// -ный** [形1]（車両が）大部屋タイプの

**плац-пара́д** [男1]〔軍〕観兵式場

*****плач** [crying] ①泣くこと; 泣き声: де́тский ~ 子どもの泣き声 ②〔民俗〕（儀礼の）泣き歌 ③物悲しげな音

**плаче́вн|ый** 短 -вен, -вна [形1] ①悲しげな; 哀れっぽい ②みじめな ③期待外れの, 惨憺たる: быть в -ом состоя́нии 悲惨な状態にある | ~ результа́т みじめな結果

**пла́чешь** [2単現], **пла́чу** [1単現] < пла́кать

**плачу́** [1単現] < плати́ть

**плачь** [命令] < пла́кать

**пла́шка** 複生 -шек [女2] ①板切れ; 金属板 ②（小動物用の）わな

**плашкоу́т** [男1]〔海〕平底船, 艀（はしけ）

**плашмя́** [副] 平らな［広い］面を下に: упа́сть ~ （あおむけに・うつぶせに）ばったり倒れる

*****плащ** [プラーッシ] -а́ [男4] [raincoat] ①スプリングコート, トレンチコート, レインコート ②マント **// плащево́й** [形2]

**плащани́ца** [女3]〔宗〕棺の中のキリストを描いた布

**плащ-пала́тка** 複生 -ток (不変)-[女2]〔防水マント兼用テント

**плебе́й** [男1] ①〔古ロ〕平民 ② 平民出の人 **// ~ский** [形3]

**плебисци́т** [男1] 国民［人民］投票（рефере́ндум）**// -а́рный** [形1]

**плева́** [女1]〔解〕（動植物の）膜

**плева́тельница** [女3] たんつぼ

*****плева́ть** плюю́, плюёшь 命 [不完] / **на-** 受過 -плёванный [完], **плю́нуть** -ну, -нешь [完][一回][spit] ①唾［たん］を吐く: ~ на́ пол 床に唾を吐く ②<俗>（～を一緒に）つばを吐く ③<俗> < на圏>に屁とも思わない, 蔑視する: Он плюёт на мои́ замеча́ния. 彼は私の意見など屁とも思わない ④〔плева́ть, наплева́ть в потоло́к〕<俗>〔圏〕…にどうでもいい, 何でもない と述語として]《俗》<圏>にどうでもいい, 何でもない ◆ ~ в потоло́к 何もせずにいる | ~ хоте́л на 圏 …なんか屁でもない, 痛くも痒くもない | плю́нуть не́куда《俗》ぎゅうぎゅう詰めだ, 足の踏み場もない | раз плю́нуть 圏《俗》…には朝飯前だ, たやすいことだ | плюнь че́рез ле́вое плечо́〔くわばらくわばら（不吉なことを避けるためのまじない）**// -ся** [完] ①= плева́ть ① ②話しながら唾を飛ばす ③唾を吐く癖がある

**пле́вел** 複生 пле́вел [男1] ①〔植〕ドクムギ ②《雅》〔文〕有害なもの

**плев|о́к** -вка́ [男2] 唾, たん **◆ получа́ть -ки́** 侮辱される

**пле́вра** [女1]〔解〕胸膜, 肋膜

**плеври́т** [男1]〔医〕胸膜炎, 肋膜炎

**плёв|ый** [形1] ①くだらない, つまらない ②たやすい, 簡単な: -ое де́ло それくらいは朝飯前だ

**плед** [男1]（格子縞のウールの）肩掛け, プレード

**пле́ер** [男1] コンパクトオーディオプレーヤー

**плей-о́фф** [э] [不変] [男1]〔スポ〕プレーオフ

**плейбо́й** [男6] 若くて金持ちの男, プレイボーイ

**плейстоце́н** [男1]〔地質〕更新世

**плексигла́с** [男1] プレキシガラス

**племенно́й** [形2] ①種族の, 部族の ②純血種の, 優良種の

*****пле́мя** 生 -ви -мени -мени -менем [中7] [tribe] ①種族, 部族: славя́нские племена́ スラヴ語族諸族 ②《単》《雅》世代 ③《単》《戯》（共通の特徴をもつ人・動物などの）集団, …族

**племя́** ◆ на ~ 繁殖用に, 種づけ用に

*****племя́нник** [男1] [nephew] 甥（おい）

*****племя́нница** [女3] [niece] 姪（めい）

*****плен** 前 о -е, в -у́ [男1] [captivity] ①捕虜であること, 捕われの身: взять [попа́сть] в ~ 捕虜にする［になる］ ②<圏> …にとらわれていること, …のとりこ

**плена́рка** 複生 -рок [女2] 短時間の会議, 打ち合わせ

**плена́рный** [形1] 全員出席の: -ое заседа́ние 総会, 全体会, 本会議

**плене́ние** [中5] 捕虜にする［である］こと; 捕われの身

**плене́р** [男1]〔美〕外光（派）

**плени́тельный** 短 -лен, -льна [形1] 魅惑的な, うっとりするような

**плени́ть(ся)** [完] → пленя́ть

*****плён|ка** 複生 -нок [女2] [film] ①薄皮, 被膜: защи́тная ~ 保護膜 ②薄い層 ③〔写〕フィルム: засня́ть на ~ フィルムに撮る ④録音テープ ⑤〔話〕ビニールシート **// плёночный** [形1]

**пле́нни|к** [男2] / **-ца** [女3] ①《雅》捕虜 ②<圏>…にとらわれている人, …のとりこ

*****пле́нн|ый** [形1] [captive] ①捕虜になった, 捕われの ②［男名］捕虜: освободи́ть -ых 捕虜を解放する

**пле́нум** [男1] 総会, 全体会議

**пленя́ть** [不完] / **плени́ть** -ню́, -ни́шь 受過 -нён-ный (-нён, -нена́) [完] ①《雅》〔文〕捕虜にする ②魅了する; とりこにする **// -ся** [完] < 圏>に魅せられる, うっとりする; ほれ込む

**плеона́зм** [男1]〔修辞〕冗語（法）

**плёс** [男1] ①（川の湾曲部・島・浅瀬の間の）流れの静かな広い水域 ②（航行条件が共通な）川床の深い区間

**пле́сен|ь** [女10] ①かび: покры́ться -ью かびが生える ②（良くないものの）発現

**плеск** [男2] 水の落ちる［はねる］音, 水を打つ音

**плеска́ть** -ещу́ / -а́ю, -е́щешь / -а́ешь 受過 плёскан-

**ный** [不完]/**плесну́ть** -ну́, -нёшь [完] [一回] ① 水音を立てる; 打ち当たる: Во́лны пле́щут о бе́рег. 波がざぶーんと岸を打っている ② <対> <液体を>(汲んで)はねかける、注ぎかける ③ <対>こぼす ④ 《不完》 《帆・旗などが》はためく、ひるがえる **~ся** [不完] ① = плеска́ть①④ ②〈揺られて〉こぼれる ③ 〈水を〉自分にはねかける; はねかけ合う

**пле́сневелый** [形1] かびが生えた、かびた
**пле́сневеть** [不完]/**за~** [完] かびが生える
**плесну́ть** [完] → плеска́ть
**плести́** плету́, плетёшь; за плёл, плела́ 能過 плётший 受過 плетённый (-тён, -тена́) [不完]/**с~** [完] ① 編む、綯(な)う: ~ корзи́ну 籠を編む; ~ интри́гу 陰謀をめぐらす ③ (不完) 〈でたらめ・ばかげたことを〉言う: ~ чушь くだらないことを言う **~сь** [不完] ① 〈話〉のろのろと [やっと] 歩く ② 〈受身〉
**плете́ние** [中5] ① 編むこと; 仕組むこと ② 編み方 ③ 編んだもの、編組工業品
**плетёнка** 複生 -нок [女2] 〈話〉① 編組工業品 ② 細長い巻パン
**плетён|ый** [形1] 編んで作った、編組工の: -ая ме́бель 籐製家具
**плете́нь** -тня́ [男5] 編み垣、まがき
**плётка** 複生 -ток [女2] 短い編み鞭
**плеть** -и, -е́й [女11] ① 編み鞭 ② 〈植物の〉蔓 ③ 〈溶接でつないだ〉パイプ、レール
**плечево́й** [形1] < плечо́ ② [医] 上腕骨の
**пле́чик|о** 複 -и, -ов [中3] 〈話〉①〈指小・愛称〉 < плечо́ ① ②〈スカート・スリップなどの〉肩ひも ③〈複〉ハンガー: пове́сить руба́шку на ~ シャツをハンガーにかける ④〈通例複〉肩パッド
**плечи́стый** 短 -и́ст [形1] 肩幅の広い
*плеч|о́ [プリチョー] 〔shoulder〕[中1] ①肩: Он широ́к в -а́х. 彼は肩幅が広い | Пле́чи затекли́. 肩が凝った | Он взял мешо́к на ~. 彼は袋を肩にかついだ ②衣服の肩の部分 ③〔解〕上腕(わん)、上腕 ④〈複〉(複生 пле́чей) 〈話〉肩パッド (пле́чико) ⑤〔工〕アーム ⑥〈複〉肩にかかる部分 ◆ висе́ть на -а́х у …に追いつかれる | взвали́ть на пле́чи 負わせる、押しつける | вы́везти [вы́нести] на свои́х -а́х 1人で担う、独力で片付ける | за -а́ми (過去に)(経験がある) ②背後に、すぐ近くに | име́ть го́лову на -а́х 頭がちゃんとしている | коса́я са́жень в -а́х 肩幅の広い、がっちりした体格の | лежа́ть на -а́х 田 …の双肩にかかっている: Забо́ты о семье́ лежа́ли на её -а́х. 家族の面倒は彼女の双肩にかかっていた | ~ [-óм] к -у́ (1) 肩を並べて、肩が触れるほどくっついて (2) 一緒に、一体となって | по -у́ 〈話〉…の能力に相応している、…ができる: Это де́ло тебе́ не по -у́. この仕事は君の手には負えない | подста́вить ~ …を助ける、助けをかす | пожа́ть -а́ми 肩をすくめる (困惑・疑惑などのしぐさ) | распра́вить пле́чи 元気づく | с плеч доло́й 肩の荷が下りた | с плеч сбро́сить [свали́ть] 肩の荷を下ろす | с чужо́го -а́ (衣服が)他人のお古の、他人の古着でサイズの合わない | руби́ть с -а́ 一息に打ち下ろす
**плеши́вый** 短 -и́в [形1] ① 禿げた、禿げ頭の ② 毛の抜けた ③ 草木の生えていない
**плеши́на** [女1] ① 〈話〉禿げ、禿げたところ ② 毛の抜けたところ ③ 草木の生えていないところ
**плешь** [女11] = плеши́на
**плея́да** [女1]〈文〉〈ある時代・分野の〉傑出した人物の一団、巨匠群 ② **Плея́ды** [複]〔天〕プレアデス星団、スバル
**плий** [男1]〔軍〕〔号令〕撃て!
**пли́нтус** [男1] ①〈壁が床に接する部分に張る〉幅木

② 柱礎、台座
**плиоце́н** [男1]〔地質〕鮮新世 **~овый** [形1]
**плис** [男1] 綿ビロード、別珍 **~овый** [形1]
**плиссе́** [э] [不変] ①〔中〕プリーツ、ひだ ②〔形〕プリーツのある
**плиссиро́ва́ть** -ру́ю, -ру́ешь 受過 -о́ванный [不完]/**за~** [完] <対> にプリーツをつける
*плит|а́ 複 пли́ты [女1] 〔plate〕①〈石・金属などの〉板、プレート: надгро́бная ~ 墓石 ② 調理台、レンジ: га́зовая ~ ガスレンジ | стоя́ть у -ы́ レンジの前に立つ; 料理する
**пли́тка** 複生 -ток [女2] ①〔指小〕< плита́ ② 小さい四角形の板状のもの ③〔集合的〕タイル ④〈卓上〉コンロ **пли́точный** [形1]
**плитня́к** -а́ [男2] 砂岩、板岩
**пли́точник** [男2] タイル張り工
**плица** [女3]〈汽船の〉外輪翼
**плов** -а/-у [男1]〔料理〕ピラフ
**плов|е́ц** -вца́ [男3]/**-чи́ха** [女2] 泳ぐ人;〔スポ〕水泳選手
*плод [プロート] -á [男1] 〔fruit, fetus〕① 果実、実: съедо́бный ~ 食べられる実 ②〔生〕胎児 ③ 成果、結果: ~ многоле́тнего труда́ 長年にわたる労苦のたまもの ◆ Запре́тный ~ сла́док. 《諺》 禁断の木の実が一番甘い | приня́ть -ы́ 田 …という成果を得る
■ запре́тный ~ 〔聖〕禁断の木の実
**плоди́ть** пложу́, плоди́шь [不完]/**рас~** [完] 受過 -пло́женный (-жён, -жена́) <対>〈話〉① 繁殖させる、ふやす ②〈しばしば非難〉たくさん生み出して、広める **~ся** [不完]/**рас~** [完] ①繁殖する ②〈しばしば非難〉たくさん現れる、広まる
**пло́дный** [形1] ① 胎児の ② 受精した
**плодо..** 〔語形成〕「実の、果実の」「胎児の」
**плодови́тый** 短 -и́т [形1] ① たくさん実をつける ② 多産の、繁殖力の強い ③ 多作の **~ость** [女10]
**плодово́д** [男1] 果樹栽培業者
**плодово́дство** [ц] [中5] 果樹栽培
**плодо́вый** [形1] ① 果実の; 食べられる実のなる: -ые дере́вья 果樹 ② 果実酒作りの
**плодоно́жка** 複生 -жек [女2]〔植〕果柄
**плодоно́сить** -но́сит [不完] 実をつける、実を結ぶ
**плодоно́сный** 短 -сен, -сна [形1] 実のなる
**плодоноше́ние** [中5]〈植物の〉結実; 結果
**плодоовощно́й** [形2] 果実野菜栽培〔加工、貯蔵、販売〕の
**плодоро́дие** [中5] 肥沃さ、豊饒
**плодоро́дн|ый** 短 -ден, -дна [形1] ① 肥沃な; 沃土のある: -ая по́чва 肥沃な土壌 ② 豊作の **~ость** [女10]
**плодотво́рн|ый** 短 -рен, -рна [形1] ① 有効な、有益な、実りの多い、生産的な ② 植物の生育に役立つ **~ость** [女10]
**пло́мба** [女1] ① 封印用の鉛(板) ②〈虫歯の〉詰め物、充填物
**пломби́р** [男1]〈チョコレート・ナッツなど加えた〉アイスクリーム
**пломбирова́ть** -ру́ю, -ру́ешь 受過 -о́ванный [不完]/**за~** [完] <対> ①〈完まだ о~〉(鉛板などで)封印する ②〈虫歯に〉詰め物をする
*пло́ск|ий 短 -сок, -ска́/-ска́, -ско 比 пло́ще [形3]〔flat, plane〕① 平らな、平坦な: -ая ме́стность 平坦な土地 ② 平たい、ぺしゃんこの: ~ нос ぺしゃんこな鼻 ③ 浅い ④ 月並みな、陳腐な
**плоского́рье** [中4] 高原、台地 ■ Среднесиби́рское ~ 中央シベリア高原
**плоскогру́дый** [形1] 胸の薄い [平らな]
**плоскогу́бцы** -ев [複]〈先の平らな〉やっとこ、ペンチ

**плоскодо́нка** 複生 -нок [女2] 平底舟

**плоскодо́нный** [形5] (船が)平底の

**плоскостопие** [中5] 偏平足

*__пло́скост|ь__ единственное число -и, -ей/-ей [女10] [flatness, plane] ① 平らなこと, 平坦; 扁平; 月並み ② 〔複生 -ей〕平らな面: ~ стола́ テーブルの面 ③ 〔数〕平面, 面 ④ (物事・現象の)面, 観点: рассмотре́ть вопро́с в друго́й -и 問題を別の面から検討する ⑤ 〔複生 -ей〕〔航空〕(飛行機の)翼 ◆ кати́ться по накло́нной -и どんどん堕落していく, 一途をたどる

*__плот__ -а́ [男1] [raft] ① 筏(いかだ) ② 浮き桟橋

_**-ово́й**_ [形2]

**плотва́** [女1] 〔魚〕コイ科の淡水魚 (ローチなど)

*__плоти́н|а__ [女1] [dam] ① 堤防, ダム: бето́нная ~ コンクリートの堤防 ② 障害となるもの, 障壁 _**-ный**_ [形1]

**плотне́ть** [不完]/**по~** [完] 密になる, 密度が高まる; 厚くなる; (体が)がっしりする

**пло́тни|к** [男2] 大工 _**-цкий**_ [形3], **-чий** [形9]

**пло́тничный** [形1] 大工仕事の

*__пло́тно__ 比 -не́е [副] [tightly, closely] ① 密に, ぎっしりと, ぴっしりと ② 隙間もなく, 密接に: ~ закры́ть дверь ドアをぴったりと閉める ③ 〔話〕腹いっぱい, たっぷり

*__пло́тность__ [女10] [density] ① 隙間がないこと; 丈夫さ ② 密度: населе́ния ~ 人口密度

*__пло́тн|ый__ 短 -тен, -тна́, -тно, -тны/-тны́ 比 -не́е [形1] [dense, thick] ① 密な, 密度の高い, 濃密な, 隙間のない: ~ тума́н 濃霧 ② (生地などが)目のつんだ; 厚手の, 丈夫な: ~ шёлк 目のつんだ絹布 | -ая бума́га 厚手の紙 ③ 密集した, 稠密(ちゅうみつ)な: -ое населе́ние 稠密な人口 ④ ぎっしり詰まった, (体格が)がっしりした, ずんぐりした: ~ мужчи́на がっしりした男 ⑥ 〔話〕(食事が)たっぷりとした, 盛りだくさんの

**плотово́д, плотого́н** [男1] 筏乗り

**плотоя́дный** 短 -ден, -дна [形1] ① 肉食の: ~ зверь 肉食獣 ② 淫蕩な, 好色な

**пло́тск|ий** [ц] [形3] 肉体的な, 肉欲の: -ая по́хоть 肉欲

**пло́ттер** [男1] [IT] プロッター

*__плоть__ 前 о -и, во -и́ [女10] [flesh] ① 〔旧〕(霊に対する)肉体 ② 〔文〕具現されたもの, 具体的な形 ◆ во -и́ 体現された, 具現された | войти́ в ~ и кровь 血肉となる | обле́чь в ~ и кровь 具体的な形を与える, 具体化する | ~ и кровь ~ от -и 血肉を分けた子ども, そのような者

*__пло́хо__ 〔プローハ〕比 ху́же Ⅰ [副] [bad(ly)] 悪く, ひどく; 下手に: не-~ (↔хорошо́): Я говорю́ по-ру́сски ещё ~. 私はロシア語を話すのはまだ下手です | Я чу́вствую себя́ ~. 私は気分が悪い Ⅱ [無人述] ① (状況が)悪い, まずい: «с □に»ひどく足りない: П~, что пошёл дождь. 雨が降りだした ② (~ кому́) 〔3 [容態, 調子]が悪い: Ей сде́лалось ~. 彼女は気分が悪くなった Ⅲ (不変)〔中〕(学校の5段階評価の)最低点 (едини́ца; ★ ↔ хорошо́ [参考]) ◆ ~ лежа́ть きちんと閉まっていない, 盗まれやすい | ~ ко́нчить 失敗する, 不幸になる

*__плох|о́й__ 〔プローハイ〕短 плох, -ха́, -хо, -хи/-хи́ 比 ху́дший, ху́же/пло́ше 最上 ху́дший [形4] [bad, poor] ① 悪い, 駄目な, 不良の, 劣悪な (↔хоро́ший): -ая пого́да 悪天候 | ~ това́р 粗悪な商品 | чьи́-л. дела́ пло́хи ...はよくない状態だ, 困ったことになった ② 下手な, 未熟な, 劣等な: ~ перево́дчик 下手な翻訳者 ③ 不十分な, 弱い: -о́е утеше́ние 不十分な慰め ④ (道徳的に)悪い, 非難すべき; 下品な, 低劣な: ~ посту́пок 下品な行為 | шу́тки пло́хи с □ ...を軽々しく扱うべきではない ⑤ 嫌な, 不吉な, 陰気な: -о́е предчу́вствие 嫌な予感 ⑥ 〔話〕不健康な, 病気の; 〔短尾〕(病人・老人が)弱っている, 重体だ: Больно́й о́чень плох. 病人は危篤だ

**плохо́нький** 短 -о́нек, -о́нька [形3] 〔指小〕< плохо́й①②③⑥

**плоша́ть** [不完] 〔話〕 へまをする, やらかす ◆ на бо́га наде́йся, а сам не плоша́й. 〔諺〕(神賴みも結構だが)何事も自分でやらなければならない

**пло́шка** 複生 -шек [女2] 浅い皿

*__пло́ща́д|ка__ [プラッシャートカ] 複生 -док [女2] [ground, area] ① 小さな広場[空間] ② (ある用途のための)平地, 敷地: спорти́вная ~ グラウンド | те́ннисная ~ テニスコート | стро́ительная ~ 建築用地 ③ (階段の)踊り場: ле́стничная ~ 階段の踊り場 ④ (車両の)昇降口, デッキ: Не сто́йте на -е. デッキに立たないで下さい ⑤ (劇場の)舞台 // __пло́щадочный__ [形1]

**площадно́й** [形1] ① 広場の, 広場で行われる ② (言葉遣いが)粗野な, 下品な: -а́я брань 口汚いののしり言葉

*__пло́щадь__ [プローッシチ] 複 -и, -е́й [女10] [square, area, space] ① 広場: Кра́сная ~ в Москве́ モスクワの赤の広場 | е́хать на ~ 広場へ行く ② 面積: ~ треуго́льника 三角形の面積 ③ (ある用途のための)土地, 用地, 敷地: посевна́я ~ 作付地 ④ (ある用途のための)場所, 空間; 〔複〕居住空間: поле́зная ~ жилья́ 住居の有効面積

**пло́ще** [比較] < пло́ский

**плуг** 複 -и́ [男1] ① 犁(すき), プラウ ② 犁型の用具 ③ (スキー)プルーク _**-ово́й**_ [形2], **плу́жный** [形1]

**плу́нжер** [男1] 〔技〕プランジャー

**плут** -а́/-а́ [男1] 複生 -ов [男2] ① 詐欺師, ぺてん師 ② 〔話〕ずる賢い人

**плута́ть** [不完] 〔話〕道に迷う, さまよう

**плути́шка** 複生 -шек (女2変化) [男] 〔話〕いたずらっ子

**плу́тни** [複] 詐欺, ぺてん

**плутова́тый** 短 -а́т [形1] ずるい; ずるそうな

**плутова́ть** -ту́ю, -ту́ешь [不完] / **с~** [完] 〔話〕ぺてんをやる, いかさまをやる

**плутовско́й** [形4] 詐欺師の; ずるそうな

**плутовство́** [中1] ① 詐欺, ぺてん ② ずるさ, 狡猾

**плутокра́т** [男1] 〔文〕金権政治家

**плутокра́тия** [男1] 〔文〕金権政治

**Плуто́н** [男1] 〔天〕冥王星

**плуто́ний** [男1] 〔化〕プルトニウム (記号 Pu)

**плыви́** [命令], **плыву́** [1単現] < плыть

**плыву́н** -а́ [男1] クイックサンド, 流砂

*__плыть__ [プルィーチ] -ыву́, -ывёшь 命 -ыви́ 過 -ыл, -ыла́, -ыло [完] [不定 пла́вать] [swim] ① (一定の方向に)(人・動物・魚が)泳いで行く[来る]: ~ на спине́ 背泳ぎする | Он плывёт к бе́регу. 彼は岸に向かって泳いでいる ② (船などが)航行する, 進む: Я́хта плывёт по мо́рю. ヨットが海を走っている ③ (船などで)行く[来る], 航行する: Они́ плы́ли на парохо́де в Я́лту. 彼らは汽船でヤルタに向かっていた ④ 流れて行く[来る]: По реке́ плыву́т ли́стья. 葉っぱが川を流れている ⑤ (鳥などが)空中をすべるように飛ぶ; (太陽・月などが)空をすべるように移動する: Луна́ плывёт по не́бу. 月が空を渡っていく ⑥ 音・匂いが伝わる, 漂う: Плывёт за́пах сире́ни. ライラックの香りが漂っている ⑦ 無重力状態で移動する: Космона́вт плывёт в откры́том ко́смосе. 宇宙飛行士が宇宙遊泳している ⑧ 滑らかに歩く[動く] ⑨ (景色などが目の前を)流れて行く, (目が回って)動いて[回転して]見える; (思考・イメージが)次々と浮かぶ: Ми́мо плы́ли дома́ и поля́. 家々や畑がそばを流れて行った | Всё плывёт пе́ред глаза́ми. 目の前のものがぐるぐる回っている ⑩ (時)流れるように過ぎていく ⑪ 〔話〕溶けて流れ出す ⑫ あふれる ◆ ~ в

**ру́ки** 《話》簡単に手に入る, 転がりこんでくる

**плюга́вый** -áв -а [形1]《話》みすぼらしい, みじめったらしい

**плюма́ж** [男4]（帽子や馬具の）羽飾り

**плю́нуть** [完]→**плева́ть**

**плюрал|и́зм** [男1] ①〔哲〕多元論 ②多元主義 ③（意見・主張の）多様性 **~-исти́ческий** [形3]

**плюрипоте́нтный** [形1]〔生〕多能性の, 多能性の能力の

**★плюс** [ブリュース] [男1]（plus）①〔数〕プラス記号(+)（不変）足す, プラス: Три ~ четы́ре бу́дет семь. 3+4=7 ③〔不変〕（温度が）零度以上, プラス: На у́лице ~ пять. 外はプラス5度だ ④〔話〕長所, 利点: взве́сить всё ~ и ми́нусы プラス面とマイナス面の全てをはかりにかける ⑤（学校の評点の）プラス ⑥〔接〕《話》さらに, そのうえ ◆**быть в ~е**《若者》勝つ, 利益を得る | **~ к э́тому**《話》さらに, そのうえ | **~ ко всему́**《話》そのほかに, それに加えて **~ово́й** [形1], **-овый** [形1]〈3〈5〉

**плюсквамперфе́кт** [男1]〔言〕大過去

**плю́скать** -аю, -аешь / **плю́снуть** -ну, -нешь -ни [完]《俗》①〈対〉どすんと置く, 放り投げる ②= **плю́хаться** **~ся** [不完] / [完]《俗》（水中などに）どぼんと落ちる; どすんと座る

**плюш** [男4] フラシ天, プラッシュ | **~евый** [形1]

**Плю́шенко**〈不変〉[男1] プルシェンコ(Евге́ний Ви́кторович, 1982-; フィギュアスケーター)

**плю́шка** 複生 -шек [女2]（平たい）味付きパン: ~ с кори́цей シナモンロール

**плющ** -á [男4]〔植〕キヅタ属 **~ево́й** [形2]

**плю́щить** 受過 -щенный [不完] / **с~** -щу, -щишь [完]〈対〉①圧延[平延べ]する ②（無人称）《若者》は眠くなる; …は憂鬱になる

**★пляж** [ブリューシ] [男1]（beach）浜辺, ビーチ: загора́ть на ~ 浜辺で体を焼く **~ный** [形1]

**пляс** [男1]《話》踊り: пусти́ться в ~ 踊りだす ◆**~ом** трясти́сь

**\*пляса́ть** -яшу́, -я́шешь 受過 -я́санный [不完]〔dance〕①《話》〈с~〉《民族舞踊を》踊る ②〈対〉（ように）跳びはねる ③（物が震えるように動く）（手・足などが）こきざみに震える ◆**~ под чужу́ю ду́дку** 他人の意のままに踊らされる

**пля́ска** 複生 -сок [女2]〔舞〕（民衆の）踊り（タネッ）■ **~ свято́го Ви́тта**〔医〕舞踏病

**плясово́й** [形1] … -**ы́е** напры́ши〔楽・民俗〕舞踊曲 **-а́я** [女2]〔楽・民俗〕踊り歌

**плясу́н** -á [男1] / **-ья** [女8] 踊り手, 踊りのうまい人; кана́тный ~ 綱渡り芸人

**ПМЖ** [ペエムジェー]〈略〉постоя́нное ме́сто жи́тельство 居住地, 定住所; 永住権

**Пн**〈略〉понеде́льник

**пневма́тика** [女2] ①気学 ②空気圧縮装置

**пневмати́ческий** [形3] ①気学の ②空気圧縮で動く; 圧縮空気の入った: ~ насо́с 空気ポンプ

**пневмо..**〈語形成〉「気学の」「圧縮空気で動く」「肺の」「呼吸の」

**пневмони́я** [女9]〔医〕肺炎: атипи́чная ~ 新型肺炎, 重症急性呼吸器症候群, SARS

**Пномпе́нь** [男5] プノンペン（カンボジアの首都）

**пну́ть** [完]→**пина́ть**

**★по** [パ]《特定の結合では》[ポー]: **по́** двору́, **по́** полю など）[along, by, on, at] [前] I 〈与〉①（運動・移動の経路・空間で）…を, …の上を(★少数の名詞のみ造格も可): идти́ ле́сом 森を通って行く | идти́ по доро́ге 道を歩いて行く | Парохо́д плывёт по́ морю. 汽船が海を進んで行く ②（運動が多方向に行われる場所・空間で）…を, …じゅうを, …のあちこちを: гуля́ть по саду́ 庭を散歩する | Я ходи́л по теа́трам в Москве́. 私はモスクワの劇場めぐりをした ③〔順序で〕…に従って, …の方向に: плыть по тече́нию 流れに乗って進む | идти́ по следа́м зве́ря 獣の足跡をたどって行く ④〔動作の向かう対象〕…に, …に向かって: гла́дить по голове́ 頭を撫でる | уда́рить по струна́м 弦をかき鳴らす | резьба́ по де́реву 木彫り ⑤〔思慕の対象〕を思って（★複数1・2人称代名詞が前置格になるのは〔旧〕）: скуча́ть по вам [вас] あなたを恋しがる: тоска́ по ро́дине ホームシック, 郷愁 | скуча́ть по де́тям 子どもたちを恋しがる ⑥〔活動領域・分野〕…の（分野の）: заня́тия по ру́сскому языку́ ロシア語の授業 | специали́ст по междунаро́дной торго́вле 国際貿易の専門家 ⑦〔準拠・基準〕…に基づいて, …によって: рабо́тать по пла́ну 計画通りに働く | суди́ть по вне́шности 外見で判断する ⑧〔依拠〕…によれば: 《話》〈人称代名詞を伴って〉…の希望[意見, 趣味, 利害など]に合って, 叶って: Это по мне́. これは私の希望に合っている ⑨（多くは主語の否定的原因・理由に）…のために, …ゆえに（→из-за）〔匹較〕: отсу́тствовать по боле́зни 病気で欠席する（具体的病名は用いない）⑩〔通信・交通の手段〕…によって, で使って: говори́ть по телеви́зору [телефо́ну, ра́дио] テレビ[電話, ラジオ]で話す | по Интерне́ту インターネットで | Они́ пое́хали по желе́зной доро́ге. 彼らは鉄道で出発した ⑪〔関係・性質〕…関係の, …について: дя́дя по отцу́ 父方のおじ | друзья́ по ору́жию 戦友 | до́брый по хара́ктеру 性格の優しい ⑫〔用途・目的のため〕: отря́д по охра́не президе́нта 大統領警備隊 ⑬〔反復・継続〕〔通例時を表す複数名詞と共に〕…ごとに, 毎…, …の間: По сре́дам обе́дает в рестора́не. 私たちは水曜日にレストランで食事をする | по це́лым часа́м 何時間も ⑭（行き先）…へ: хожде́ние по гостя́м お客訪問

II 〈前〉①〔空間の限界〕…まで, …に直後に: стоя́ть по по́яс в воде́ 腰まで水に浸かっている ②〔時間の限界〕…まで（その時をも含む）〔匹較〕до とのの相違は曖昧で, 結合する語により後続の数・単を含むか否かが決まる; 断定する場合は「до 2. 3. 2016 г. включи́тельно 2016年3月2日まで」のように включи́тельно をつけるのが多い: с января́ по сентя́брь 1月から9月まで | по сие́ вре́мя 今まで | по гроб 死ぬまで ③〔位置〕… 側に: по ле́вую ру́ку 左手[側]に 〈与次〉…とともに〈→за II(5)〉: ходи́ть по грибы́ [я́годы] キノコ狩り[ベリー摘み]する

III 〈画〉①〔通例特定の動作名詞と共に〕直後に: по оконча́нии университе́та 大学卒業後（匹較）по́сле оконча́ния の方が中立的）②〔по нём, по ни́х の形〕…に合って〔希望, 趣味など〕に合って: Это не по нём. これは彼の希望に合わない

IV 《等量配分》〔数詞と共に〕…ずつ ①〔個詞1は与格で〕: В ка́ждой ко́мнате по одному́ окну́. 部屋には窓が1つずつある ②〔個詞5-20, 30, 40, 50, 60, 70, 80は与格で用いるが,《話》では対格も〕: Я заплати́л по пяти́десяти рубле́й за шту́ку. 私は1個50ルーブリずつ払った ③〔個詞2, 3, 4, 90, 100, 200, 300, 400および集合数詞は対格で〕: по два [три] часа́ 2[3]時間ずつ | по тро́е но́жниц はさみ3丁ずつ ④〔個詞500, 600, 700, 800, 900は生格で用いるが,《話》では対格も〕: Ка́ждый получи́л по пятисо́т рубле́й. 一人ひとりが500ルーブルずつもらった

**ПО** [ペオ]〈略〉програ́ммное обеспе́чение〔コン〕ソフトウェア

**по..**〈接頭〉I《動詞》①《主に定動詞》「…し始める[しだす]」: побежа́ть 走りだす ②「しばらくの間」: поговори́ть 少し話す ③「少し」: поотста́ть 少し遅れる ④《接尾辞 -ыва-, -ива-, -ва- と共に》「時々」: погля́дывать 時々見る ⑤「全部」「たくさん」: попря́тать 次々と（全部・たくさん）隠す ⑥「完了体を形成］: постро́ить 建築する **II** 《形容詞・副詞》① 「…ごとの」に相応する: *пого́дный* 毎年の | *поси́льный* 力相応の ② 「…以後の」: *посме́ртный* 死後の ③ 《比較級に付いて》「もう少し」「なるべく」: *побо́льше* もう少し多く **III** 《副詞・形容詞》「…に沿った(所)」「…の近く(の)」: *побере́жье* 沿岸 **IV** 《副詞》「…まで」「で[では]」: *поны́не* 今まで

**по-..** [接頭]《副詞を形成》①《形容詞男性単数与格形, 関係形容詞の-йを除いた形に付け》「…風・式に」「…語で」: *по-но́вому* 新しいやり方で | *посамура́йски* 正italia流に(←侍風に座る) | *сиде́ть по-туре́цки* 胡坐をかく(←トルコ風に座る) | *по-ру́сски* ロシア語で ②《所有代名詞与格形に付いて》「…によって」「…では」[考え, 意見, 希望]: *по-ва́шему* あなたのやり方で, あなたの意見では

**п/о** [略]почтовое отделе́ние 郵便局

*по-англи́йски [副]〔in English, English〕英語で; イギリス風に

**поба́иваться** [不完] ①《идти́/不定形》…を少し恐れる ②《за圖》…のことを少し心配する

**побалде́ть** [完]《若者》楽しいひと時を過ごす

**поба́ливать** [不完]《話》時々[少し]痛む

**по-ба́рски** [料理]地主風に

**побасёнка** 複生 -нок [女2]《話》小話; 作り話

**побе́г** [男2] ① 脱走, 逃亡 ②《植》(葉・芽のある)若枝

**побе́гать** [完] 少し走る

**побегу́шк|и** [複] ◆*бы́ть на -ах у* 圖《話》…の使い走りをする; 言いなりになる | *на ~ взя́ть* 圖《話》…を使い走りにする

*побе́д|а [パビェーダ] [女1]〔victory〕①(戦いでの)勝利, (競技などでの)勝利, 優勝: *одержа́ть -у* 勝利を収める | *~ на футбо́льном ма́тче* サッカーの試合での勝利 | *~ пра́вды над ло́жью и зло́м* 虚偽と悪意に対する真実の勝利 ②成功 ③《通例複》(恋愛における)勝利 ◆*пи́ррова ~* (被害が大きすぎて)敗北同然の勝利 ■*День П-ы* 戦勝記念日(5月9日)

**победи́вший** [形6変化][男名]勝者

*победи́тель [パビェディーチリ] [男5] / **~ница** [女3]〔winner〕勝者; 優勝者; 当選者: *~ турни́ра* トーナメントの優勝者 | *П-ей не су́дят*. [諺] てば官軍

**победи́ть** [完] → побежда́ть

**победи́тный** [形1] [男2] = победоно́сный

**победоно́сн|ый** 短 -сен, -сна [形1] ① 勝利に終わった; 常勝の: *-ая война́* 勝ち戦 (ぐさ) ② 勝ち誇った: *-ая улы́бка* 勝ち誇った笑み

*побежа́ть [パビジャーチ] -егу́, -ежи́шь, ..., -егу́т 命 -еги́ [完] 〔break into run〕(★бежа́тьの開始を示す) ① 走りだす(★→пойти́): *Ма́льчик побежа́л навстре́чу ма́тери.* 男の子は母親に向かって駆けだした ② 逃げ出す ③ 素早く動きだす; 流れ出す: *Кровь побежа́ла из ра́ны.* 傷口から血が噴き出した

*побежда́ть [パビジダーチ] [不完] / **победи́ть** [パビェディーチ] (1単-ни́шьなし)-ди́шь, ..., -дя́т 命 -ди́ -ди́ [完] 〔defeat, conquer〕〈圖〉 ①(戦いで)…に勝つ, 勝利する; (競技などで)勝利する, 優勝する: *~ врага́* 敵に勝つ | *Он победи́л в бе́ге на сто ме́тров.* 彼は100メートル競走で勝った ② 克服する, 打ち勝つ: *~ страх* 恐怖に打ち勝つ ③ 〈心〉を捉える ∥ **~ся** [完] 〈受〉

**побеждённый** (形1変化)[男名]敗者

**побеле́ть** [完] → беле́ть

**побели́ть** [完] → бели́ть

**побе́лка** 複生 -лок [女2] ① 白く塗ること ②《話》白の塗料

*побере́ж|ье [中4] 〔coast〕沿岸(地帯) ∥ **~ный** [形1]

**побере́чь** -регу́, -режёшь, ... -регу́т 命 -реги́ 過 -рёг, -регла́ 能過 -рёгший 受過 -режённый (-жён, -жена́) [完] 〈団〉① (使わずに)とっておく, (失くさないよう)保管する ②大事に[大切に]する ∥ **~ся** [完]自分(の体)を大事にする, 用心する

**побесе́довать** -дую, -дуешь [完] しばらく談話する

**побеспоко́ить** -о́ю, -о́ишь [完] -ко́енный 〈団〉(ちょっと)…の邪魔をする, …に面倒[心配]をかける: *Позво́льте вас ~.* [жо́[в2]] 記録を破る, …をお願いするときの丁寧な前置き) ∥ **~ся** [完] ① 人にも心配する ② 〈о 圖〉のことに気を配る, 配慮する

**побива́ть** [不完] / **поби́ть** [パビーチ] -бью́, -бьёшь 命 -бе́й 受過 -тый [完] [strike] 〈団〉 ① 勝つ, 打ち負かす; 打ち破る, 凌駕する: *~ сопе́рника* 競争相手を破る | *~ реко́рд* 記録を破る ②《完》《話》(全部・多く)殺す ③《完》(悪天候などが)〈作物〉を駄目にする, 全滅させる: *Дождь поби́л расса́ду.* 雨で苗が駄目になってしまった ④《完》《話》(全部・多く)壊す, 割る ⑤《完》(ぶつけて)あちこち傷める ∥ **~ся** [不完]〈受〉

**побира́ться** [不完] 物乞いをして暮らす, こじきをする

**поби́ться** -бьётся [完] ①《話》(全部・多く)壊れる, 割れる ②(ぶつかって)傷む, 傷だらけになる

**поблагодари́ть** [完] → благодари́ть

**побла́жк|а** [女2]《話》大目に見ること, 甘やかし: *дава́ть -у* 圖 …を大目に見る, 甘やかす

**побледне́ть** [完] → бледне́ть

**поблёклый, побле́клый** [形1] しおれた, 色あせた

**поблёкнуть, побле́кнуть** [完] → блёкнуть

**поблёскивать** [不完] かすかにきらめく

*побли́зости [副]〔nearby〕近くで, 近くに ◆*~ от* 圖 …の近くに: *жить ~ от вокза́ла* 駅の近くに住む

**побожи́ться** [完] → божи́ться

**побо́и** -оев [複] 殴打;《話》殴られた痕

**побо́ище** [中2] ①《旧》大会戦, 激戦 ②《話》(流血の)大げんか

**побо́ку** [副]《話》わきへ, 向こうへ

**поболта́ть** [完]《話》おしゃべりする

**побо́льше** (不変) ①[形] もう少し大きい ②[副] もう少し大きく[多く]; たくさん

**по-большо́му** [副]《幼児》: *ходи́ть [де́лать] ~* うんちする

**побо́рни|к** [男2] / **-ца** [女3]《雅》(熱烈な)擁護者

**поборо́ть** -борю́, -бо́решь 受過 -бо́ротый [完] 〈団〉 ① 勝つ, 打ち負かす ② 打ち勝つ, 克服する ∥ **~ся** [完] 〈с圖〉しばらく闘う

**побо́чный** 短 -чен, -чна [形1] ① 副次的な, 付随的な: *~ проду́кт* 副産物 | *~ эффе́кт* 副作用 | *~ насле́дник* 傍系相続人 ② 婚外の

**побоя́ться** [完] → боя́ться

**побрани́ть** -ню́, -ни́шь [完] 〈団〉叱る, 小言を言う

**побрани́ться** [完] → брани́ться

**побрата́ться** [完] → брата́ться

**побрати́м** [男1] 義兄弟; 親友: *города́-~ы* 姉妹都市

**побрати́мство** [中1] 義兄弟の契り

**по-бра́тски** [ц] 兄弟のように

**побра́ть** -беру́, -берёшь 過 -а́л, -ала́, -а́ло 受過 по́бранный [完] 〈団〉《話》(全部・多く)取る, 連れて行く ◆*Чёрт побери́!* (俗)くそっ, ちくしょう

**побре́згать** [完] → бре́згать

**побре́зговать** [完] → бре́зговать

**побрести́** -реду́, -редёшь 過 -рёл, -рела́ 能過 -ре́дший 副分 -редя́ [完] のろのろ[よろよろ]歩きだす

**побри́ть(ся)** [完] → бри́ть(ся)

**поброди́ть** -рожу́, -ро́дишь [完] しばらくぶらつく

**побро́сать** 受過 -бро́санный [完] 〈団〉①(全部・多く)(手当たりしだいに)投げる ②(全部・多く)放置する,

見捨てる ③(しばらくの間)投げる

**побря́кивать** [不完]《話》(時々)軽くかちゃかちゃ鳴らす;〈圏〉をかちゃかちゃ鳴らす

**побряку́шка** 複生-шек [女2]《話》①(玩具の)がらがら ②(通例複)(動くとかちゃかちゃ鳴る)小さなアクセサリー;くだらないこと[もの]

**побуди́тельный** [形1] よい刺激になる,励ます: *-ая причи́на* 動機

**побуди́ть¹** -ужу́, -уди́шь 受過 -ужённый [完]《話》①(しばらく)眠らせようとする,目覚めさせようとする ②〈圏〉(全員・多くの人を)起こす

**побуди́ть²** [完] →побужда́ть

**побу́дка** 複生-док [女2]《軍》起床ラッパ

**побужда́ть** [不完] / **побуди́ть²** -ужу́, -уди́шь 受過 -уждённый [完]《不定形》駆り立てる,…する気にさせる: Что *побуди́ло его́ пое́хать*? どうして彼は出立ちを去ったのだろうか

**побужде́ние** [中5] ①駆り立てること ②動機,意図: *из до́брых -ий* 善意で

**побуре́ть** [完] →буре́ть

**побыва́ть** [パブィヴァーチ] [完]〔visit〕①あちこち訪れる,巡る: *Он побыва́л во мно́гих города́х.* 彼はたくさんの都市をめぐりしばらく滞在する(過ぎす) ② в родно́й дере́вне 故郷の村でしばらく過ごす ③ しばらく参加する(ある状態に)ある: ~ в о́тпуске 休暇中だ ④《話》立ち寄る

**по-бы́строму** [副]《俗》さっと,ぱっと,素早く

**побы́ть** -бу́ду, -бу́дешь 過 по́был/-, побыла́, по́было/-ы́ло [完] ①(あるところに)しばらくいる: ~ в дере́вне 田舎でしばらく過ごす ②《話》(ある状態で)しばらくいる

**пова́диться** -а́жусь, -а́дишься [完]《話》〈不定形〉(悪い)癖がつく;しばしば来るようになる

**пова́дка** 複生-док [女2]《話》(悪い)癖,習性,やり方

**повали́ть** -алю́, -а́лишь [完] ①(多くのものが)押し寄せ始める,(雪などが)どっと降りだす;(作物を)なぎ倒す

**повали́ться** [完] →вали́ться

**пова́льный** 短 -лен, -льна [形1] 全員[多数]に及ぶ,1人残らずの: *-ая боле́знь* 伝染病 *‖-о* [副]

**поваля́ть** [完]《話》〈圏〉(しばらく・少し)転がす;(全部・多く)倒す *‖-ся* 《話》しばらくごろごろしている

***по́вар** 複 -á [男1] / -и́ха [女2]〔cook〕コック,料理人,シェフ,板前 *‖пова́рской* [形4]

**пова́ренный** [形1] 料理の,調理の: *-ая кни́га* 料理本 | *-ая соль* 食塩

**поварёнок** -нка 複 -ря́та, -ря́т [男9]《話》コック見習いの少年

**поварёшка** 複生-шек [女2]《話》おたま,大さじ

***по-ва́шему** [パヴァーシィムゥ] [副]〔your way, as you want〕①あなたのやり方で ②あなたの気持ちに,希望通りに: *Пусть бу́дет ~.* あなたの希望通りにしましょう ③(挿入)あなたのご意見[考え]では: *П~, он прав?* あなたは彼が正しいと思いますか

**пове́дать** [完] →пове́дывать

***поведе́ние** [パヴィヂェーニエ] [中5]〔behavior〕①行動様式,生活態度; 行い,振る舞い,態度;品行,行儀: *челове́к приме́рного -ия* 品行方正な人 | *пра́вила -ия* 行儀作法 ②(機械などの)動作,挙動 *‖-ческий* [形3]

**пове́дывать** [不完] / **пове́дать** -даный [完]《文》〈圏〉о чём について)知らせる,語る

**повезти́** [完] →везти́¹·²

***повезти́¹** -зу́, -зёшь, -вёз, -везла́ 受過 -зённый (-зён, -зена́) [完]〈乗物で〉(乗物で)運び始める,運んで行く,連れて行く (★→пойти́[語法]): ~ ве́щи на вокза́л 荷物を駅へと運んで行く

**повелева́ть** [不完] / **повеле́ть** -лю́, -ли́шь [完]《雅》命ずる,指図する

**повеле́ние** [中5]《雅》命令,指図

**повели́тель** [男5] / **~ница** [女3]《雅》支配者,君主

**повели́тельный** 短 -лен, -льна [形1] 命令的な,命令調の ■*-ое наклоне́ние*《文法》命令法

**повенча́ть(ся)** [完] →венча́ть(ся)

**поверга́ть** [不完] / **пове́ргнуть** -ну, -нешь 過 -е́рг/-ул, -е́ргла 能過 -гший/-увший 受過 -тый [完]〈圏〉①《雅》倒す;打ち負かす ②〈в圏〉…の状態に陥れる: ~ в отча́яние 絶望に陥れる

**пове́ренный** (形1変化)/ **-ая** [女名]《法》《男》代理人: ~ в дела́х 代理大使《公使》 ②秘密を打ち明けられる人,親友,腹心

**пове́рить(ся)** [完] →ве́рить, поверя́ть

**пове́рк|а** 複生 -рок [女2] ①確認,点検;《数》証明 ②《軍》点呼 ◆*на-у* 実際には,事実は *‖пове́рочный* [形1]

**поверну́ть(ся)** [完] →повора́чивать(ся)

**повёртывать(ся)** [不完] → повора́чивать(ся)

***пове́рх** [パヴェ́ールフ] [前]〔over, above〕〈造〉①…の上に;…の上から: наде́ть сви́тер ~ руба́шки シャツの上にセーターを着る ②…越しに 〈圏〉…以外に

***пове́рхностный** [сн] 短 -тен, -тна [形1]〔superficial〕①《長6》表面の,表面で生じる: *-ая зака́лка*《技》はだ焼き | *-ое натяже́ние*《技》表面張力 ②表面的な,皮相な,浅薄な: *-ый взгляд на ве́щи* 皮相的なものの見方

***пове́рхность** [パヴェ́ールフナスチ] [女10]〔surface〕①表面,外面;表層: *лу́нная ~* 月面 ②《数》面
◆*лежа́ть на -и* 明らかである | *скользи́ть по -и* …のうわべを撫でる,本質を見ない

**по́верху** [副]《話》①上の方を,上で ②上から ③高い所を

**пове́рье** 複生-ий [中4] 迷信,言い伝え

**пове́рник** [男5](若い)遊び人,道楽者

**повесели́ть** [完] →весели́ть

**повесели́ться** -лю́сь, -ли́шься [完](しばらく)楽しく過ごす

**по-весе́ннему** [副] 春らしく

**пове́сить(ся)** [完] →ве́шать¹(ся²)

**повествова́ние** [中5]〔narration〕①物語ること,叙述すること ②物語

**повествова́тельный** [形1]〔narrative〕物語の;叙述的な ■*-ое предложе́ние*《文法》平叙文

**повествова́ть** -тву́ю, -тву́ешь [不完]〈о圏〉について)物語る,叙述する

***повести́¹** -еду́, -едёшь 受過 -вёл, -вела́ 能過 -ве́дший (-дён, -дена́) 副分 -ведя́ [完]〔lead, take〕①〈圏〉(歩行の開始を示す) ②〈圏〉連れて行く;先導する;運転し始める;敷設する;開始する: 指導し始める (★→пойти́[語法]): ~ ребёнка к врачу́ 子どもを医者に連れて行く ③〈圏〉〈в圏〉ある場所に導く,導く: *Это ни к чему́ не поведёт.* そんなことは何にもならないだろう ③ →поводи́ть¹

**повести́сь** -еду́сь, -едёшься 過 -вёлся, -вела́сь 能過 -е́дшийся 副分 -едя́сь [完] ①行われだす,始まる ②習慣[風習]になる ③《話》〈с圏〉と付き合いだす,親しくなる: *С кем поведёшься, от того́ и наберёшься.*《諺》朱に交われば赤くなる ④《若者》信じる,同意する

***пове́стк|а** [女2]〔summons, agenda〕①呼出状,通知書: ~ в суд 裁判所への召喚状 ②議事日程,議題(-дня́): *поста́вить на -у дня́* 議題にのせる

***по́весть** [ポーヴィスチ] 複 -и, -е́й [女10]〔story, tale〕①

**пове́трие** [中5] 〔話〕〈非難〉流行, はやり

**пове́шение** [中5] 絞首: ка́знь чѐрез ~ 絞首刑

**пове́шенный** [形1変化] [男名] 吊るされた人, つり死亡[自殺]者

**пове́ять** -е́ет [完] 〈3人称〉① 吹き始める ②〈通例無人称〉[場]が漂い始める

**повздо́рить** [完] →вздо́рить

**повзросле́ть** [完] →взросле́ть

**повива́льн|ый** [形1] 〔旧〕助産の: ~ая ба́ба 産婆

**повида́ть(ся)** [完] →ви́дать

‡**по-ви́димому** [パヴィーヂマム] [apparently] ①〔挿入〕きっと, おそらく: П~, бу́дет до́ждь. たぶん, 雨になるだろう ②〔助〕たぶんそうだ, そうかもしれない

**пови́дло** [中1] ジャムの一種

**повили́ка** [女2] 〔植〕ネナシカズラ属

**повини́ться** [完] →вини́ться

**повинн|ая** [形1変化] [女] 自白 ◆**прийти́[яви́ться] с ~ой** 自首する

**пови́нность** [女10] ①〈国家・社会に対する〉義務 ②〔話〕〈一般的な〉義務

**пови́нный** 短-и́нен, -и́нна [形1] ①罪のある: Я ни в чём не *пови́нен*. 私は何の罪もない ②原因となる

**повинова́ться** -ну́юсь, -ну́ешься [不完]〔★本形は完了体としても〕〈与に〉①従う, 服従する: ~ прика́зу 命令に従う ②〈機械・体が〉いうことをきく, 思い通りに動く // **повинове́ние** [中5]

**повиса́ть** [不完] / **пови́снуть** -ну, -нешь 過-и́с, -и́сла [完] ① ぶらさがる, つりさがる ② しがみつく; もたれかかる ③ 空中に静止しているように見える [浮かんでいる] ④〔コン〕フリーズする

**повисе́ть** -ишу́, -иси́шь [完] しばらくぶらさがっている, かかっている

**пови́снуть** [完] →повиса́ть

**повиту́ха** [女2] 〔旧〕産婆 (акуше́рка)

**повлажне́ть** [完] →влажне́ть

**повле́чь** [完] →вле́чь

**повлия́ть** [完] →влия́ть

‡**по́вод**[1] [パーヴァラト] [男1] [cause] 原因, 理由, 契機, 口実: ~ для ссо́ры けんかの原因 | Это да́ло мне ~ подружи́ться с ней. それがきっかけで私は彼女と仲良くなった ◆**по ~у** (1)…に関して, …について: разгово́р *по ~у* экономи́ческого положе́ния 経済情勢に関する話 (2)…が原因[理由]で | **По како́му ~у?** いかなる原因で?;〔文頭において〕「ご用件は?」

**по́вод**[2] 前 о -е, в на́-у́ 複 пово́дья, -ьев [男8] 手綱 ◆**идти́[быть] на поводу́ у** 田 …の言いなりになる

**повода́ть**[1] -вожу́, -во́дишь 受過 -во́женный [完] ①〈囲〉しばらく連れ歩く, 連れ回す; 運転する ②〈囲で по田の表面上を〉しばらく動かす, 撫でる

**повода́ть**[2] -вожу́, -во́дишь [不完] / **повести́** -еду́, -едёшь 過 -вёл, -вела́ 能過 -едший 受過 -едённый (-дён, -дена́) 副分 -едя́ [完] ①〈囲〉軽く動かす: ~ бровя́ми 眉を動かす

**поводо́к** -дка́ [男2] 短い手綱; (犬の首輪に付ける)リード, くさり

**поводы́рь** -я́ [男5] (通例盲人の) 介助者: соба́ка-~ 盲導犬

**повози́ть** -вожу́, -во́зишь [完] ①〈囲〉(乗物で)しばらく連れ歩く, 連れまわる ②〈囲で по田の表面上を〉しばらく撫でる

**пово́зка** 複生 -зок [女2] (スプリングなしの) (荷) 馬車

**пово́лжский** [形3] ヴォルガ川沿岸の

**Пово́лжье** [中4] ヴォルガ流域の地方 (特にその中・下流域)

**поволо́ка** [女2] 薄い膜[覆い], もや

**повора́чивать** [パヴァラーチヴァチ] [不完] / **повёртывать** [パヴョールトィヴァチ] [不完] / **поверну́ть** [パヴィルヌーチ] -ну́, -нёшь 命 -ни́ [完] 〔turn〕 ① 回す, …の向きを変える: ~ выключа́тель スイッチをひねる | больно́го на друго́й бок 病人に寝返りをうたせる ②〈囲〉…の (進行の) 方向を変える, 別の方向をとらせる: Он *поверну́л* маши́ну напра́во. 彼は車を右に曲がらせた ③〈囲〉方向を, 転じる: ~ разгово́р в другу́ю сто́рону 話題を転じる ④方向を変える, 曲がる: ~ за́ угол 角を曲がる | Доро́га *поверну́ла* к реке́. 道は川の方へと曲がった ⑤ (自然現象・時などが) 変わる, 移る

‡**повора́чиваться** [パヴァラーチヴァッツァ], **повёртываться** [パヴョールトィヴァッツァ] [不完] / **поверну́ться** [パヴィルヌーッツァ] -ну́сь, -нёшься 命 -ни́сь [完] 〔turn〕 ① 向きを変える, 回転する: ~ на́ спину うしろ向きになる | Его́ голова́ *поверну́лась* в сто́рону зву́ка. 彼の頭は音のする方に向いた ②(物事が) 別の方向に進む, 転じる: Де́ло *поверну́лось* к лу́чшему. 事態は好転した ③〔話〕てきぱきやる ◆**язы́к не повора́чивается [поверну́лся] у** 田 …はあまり言いたくない, 言い出しにくい

**повороже́ть** [完] →ворожи́ть

‡**поворо́т** [パヴァロート] [男1] 〔turn(ing)〕① 回す [回る] こと, 回転; 曲がること, 向き転換: ~ колёса́ 車輪の1回転 | ~ напра́во [нале́во] 右[左]折 ② 曲がり角, カーブ: круто́й ~ 急カーブ | Не вписа́лся в ~ на [車]カーブを曲がりきれない | Я уви́дел её на ~e доро́ги. 私は道の曲がり角で彼女を見かけた ③ 急変, 急転, 転換: ~ судьбы́ 運命の変転 | ~ к лу́чшему 好転

**поворотли́вый** 短 -ив [形1] ① 旋回性能の優れた, 小回りがきく ②〔話〕敏捷な, すばしこい, てきぱきした // **-ость** [女10]

**поворо́тный** [形1] ① 回転(用)の; 回転する ② 急変の, 転換の: ~ моме́нт 転換期

‡**поврежда́ть** [不完] / **повреди́ть** -ежу́, -еди́шь 受過 -еждённый (-дён, -дена́) [完] 〔damage, injure〕 〈囲〉破損させる, 駄目にする; けがをさせる: ~ но́гу 足にけがをする

**поврежда́ться** [不完] / **повреди́ться** -ежу́сь, -еди́шься [完] ①〔話〕破損する, 駄目になる; けがをする, 自分の体を損なう ②〔不完〕〔受身〕 ◆**~ в уме́**〔俗〕気が狂う

‡**поврежде́ние** [中5] 〔damage, injury〕 ① 破損, 損傷; けが ② 破損 [損傷] 箇所

**повремени́ть** -ню́, -ни́шь [完] ①〈с囲/不定形〉…をしばらく見合わせる ②〔話〕待つ

**повреме́нный** 短 -ёнен, -ённа [形1] ① 〈長尾〉定期刊行の ② 時間給の, 時給制の: -ая опла́та 時間給

**повседне́вность** [女10] 毎日のこと, ありふれたこと; 日常性

‡**повседне́вн|ый** 短 -вен, -вна [形1] 〔daily〕① 毎日の, 日常の: -ая жизнь 日常生活 ② ありふれた, ふだんの, 平凡な // **-о**

**повсеме́стный** [СН] 短 -тен, -тна [形1] 至る所の, どこにでもある // **-о** [副] 至る所で, どこでも

**повска́кивать** [完] / **повска́кать** -ска́чет [完]〔話〕(全員・多くの人が) 急に立ち始める, とびあがる

**повста́н|ец** -нца [男3] 蜂起者, 暴動参加者 //

**погода**

**-ческий** [形3]

**повстреча́ть** [完][話]〈с圓〉にたまたま出会う ǁ **～ся** [完][話]〈с圓〉にたまたま出会う

**повсю́ду** [パフシュードゥ][副][everywhere] 至る所に[で]: *П-* лежа́л бе́лый снег. 白い雪が一面に[どこにでも]広がっていた

**повто́р** [男1] 再生, 繰り返し, 再放送; [言]畳語

**повторе́ние** [パフタリェーニエ][中5][repetition] ①繰り返し, 反復: ～ уро́ка 授業の復習 言葉[メロディーなど]の繰り返し; その箇所 ②再現されたもの, そっくりなもの ◆ *П— — мать уче́ния.* 《諺》習うより慣れよ

**повтори́тельный** [形1] 復習の, 復習のための

**повтори́ть(ся)** [完] → повторя́ть(ся)

**повто́рный** 短-рен, -рна [形1][second] 再度の, 2度目の: ～ запро́с 再照会

**повторя́ть** [パフタリャーチ][不完]/**повтори́ть** [パフタリーチ]-рю́, -ри́шь 命-ри́[完] 受過-торённый (-рён, -рена́)/-то́ренный [完][repeat]①繰り返す, 反復する: ～ оши́бку 間違いを繰り返す | *Повтори́те,* пожа́луйста, ва́ше мне́ние. あなたのご意見をもう一度言って下さい ②復習する: ～ уро́к 授業の復習をする ③再現する; …に似る

**повторя́ться** [不完]/**повтори́ться** -рю́сь, -ри́шься [完][repeat]①繰り返される, 再び起こる ②再現される: *Что́бы э́того не повторя́лось!* そんなことはもう二度と起こらないでほしい ③〈同じことを〉繰り返す [不完][受身] < повторя́ть

**повыша́ть** [パヴィシャーチ][不完]/**повы́сить** [パヴィーシチ]-ы́шу, -ы́сишь 命-ы́сьти 受過-ы́шенный [完][raise, heighten]①高くする, 上げる: ～ у́ровень воды́ 水位を上げる ②強める, 改良する, 向上させる: ～ ка́чество проду́кции 品質を向上させる〈в圓 в圓における〉〈評価・権威を〉高める: *Э́тот посту́пок повы́сил его́ в обще́ственном мне́нии.* その行動が彼の社会的評価を高めた ④昇進する ⑤[楽]〈音を上げる ◆ ～ *го́лос* 語気を強める, 声を荒げる

**повыша́ться** [不完]/**повы́ситься** [完]-ышусь, -ы́сишься [完][rise, increase] ①高くなる, 上がる: *Температу́ра повы́силась.* 温度が上がった ②強まる, よくなる, 向上する ③〈в圓における〉〈評価・権威が〉高まる ④[話]昇進する ⑤〈音が〉上がる ⑥[不完][受身] < повыша́ть

**повы́ше** [形][副] やや[もう少し]高めの[に]

**повыше́ние** [パヴィシェーニエ][中5][rise, increase] ①高める[高まる]こと, 上昇, 向上, 向上: ～ температу́ры 温度の上昇 | ～ жи́зненного у́ровня 生活水準の向上 ②昇進: *Он получи́л ～ по слу́жбе.* 彼は昇進した

**повы́шенный** [形1] 高まった, より高い; 高揚した

**повяза́ть(ся)** [完] → повя́зывать(ся)

**повя́зк|а** 複生-зок [女2][band, bandage] ①〈腕章・目隠しなどに用いる〉細い布 ②包帯: наложи́ть -у на ра́ну 傷口に包帯をする | ма́рлевая ～ マスク

**повя́зывать** [不完]/**повяза́ть** -яжу́, -я́жешь 受過-я́занный [完]①巻く, 結ぶ: ～ га́лстук ネクタイを結ぶ ②[完]しばらく編む ③〈若者・警察・隠〉犯人にする ǁ **～ся** [不完][完]〈圓〉…を自分の体に巻く, …で自分の体を包む

**повя́нуть** -нет 過-вя́л [完] (全部・多くが)しおれる, 枯れる

**погада́ть** [完] しばらく占う

**пога́нить** -ню, -нишь [不完]/**о-**, **за-** 受過-ненный [完][俗]〈圓〉汚す; けがす, 辱める: ～ го́род 町を汚す

**пога́нка** 複生-нок [女2][菌] タマゴテングタケ〈ベニタケ; 毒キノコ〉

**пога́ный** 短-а́н [形1]①食用にならない ②[話]ごみ[汚物]用の ③[話]嫌な, 忌まわしい, ろくでもない ④[長尾]〈宗教的〉不净な

**пога́нь** [女10] 汚らわしい[忌まわしい] もの[人]

**погаса́ть** [不完]/**пога́снуть** -ну, -нешь 命-ни 過-а́с, -а́сла 能過-сший/-увший 副分-ув [完][be extinguished] ①〈火・明かり・光・音などが〉消える: *Свет пога́с.* 明かりが消えた | *Его́ улы́бка сра́зу пога́сла.* 彼の笑顔はすぐになくなった ②〈ひどく迫害する, ひどい目に遭わせる, 精彩〉を失う, ぼんやりする, くすむ ③〈感情・思い・熱意などが〉消える, なくなる, 冷める ④終わる, なくなる, 尽きる: *День пога́с.* 一日が終わった

**погаси́ть** [完] → гаси́ть, погаша́ть

**пога́снуть** [完] → га́снуть, погаса́ть

**погаша́ть** [不完]/**погаси́ть** -ашу́, -а́сишь 受過-а́шенный [完][完]⟨圓⟩無効にする, 償却する, 〈債務を〉返済する; 消印を押す

**погаше́ние** [中5] (借金の)清算, 返済

**пога́шенный** [形1] ①〈切手などが〉使用済みの ②〈お金の〉すっからかんの

**поги́б** 過去・男 [完] < поги́бнуть

**погиба́ть** [不完] < поги́бнуть

**поги́бел|ь** [女10] ◆ *гнуть圓 в три -и* (1)ひどく低く腰をかがめさせる (2)ひどく迫害する, ひどい目に遭わせる | *гну́ться〈согну́ться〉 в три -и* (1)とても低く腰をかがめる (2)〈пе́ред圓にもねる, 追従する

**поги́бнуть** [完] → ги́бнуть

**поги́бший** [形6][dead] ①死んだ, 破滅した: ～ челове́к 堕ちた人 | -ее де́ло 駄目になった事 ②～[男名]/**-ая** [女名] 犠牲者, 事故死者, 被害者

**погла́дить** [完] → гла́дить

**поглазе́ть** [完][俗] (しばらく)眺める

**поглоща́ть** [不完]/**поглоти́ть** -лощу́, -ло́тишь/-ло́тишь 受過-ло́щенный (-щён, -щена́) [完][soak up, absorb][圓]①吸収する, 飲み込む; 摂取する ②〈вла́гу 湿気を吸収する ②覆い隠す ③夢中にさせる, 没頭させる: *Студе́нт поглощён заня́тиями.* 学生は勉強に没頭している ④⟨多大な労力・時間などを〉費やさせる, 要する ⑤〈通例皮肉〉〈多くのものを〉がつがつ食べる, がぶがぶ食む ǁ **～ся** [完]

**поглоще́ние** [中5] ①< поглоща́ть ②[商]買収, 吸収: вражде́бное ～ 敵対的買収

**погляде́ть(ся)** [完] → гляде́ть(ся)

**погля́дывать** [不完][glance]①〈на圓〉を時々見る[眺める]: ～ на часы́ ちらちらと時計を見る ②⟨за圓⟩…を監視する, 見張る: ～ за детьми́ 子どもたちから目を離さずにいる

**погна́ть** -гоню́, -го́нишь 過-а́л, -ала́, -а́ло受過погна́нный [完]⟨圓⟩①追い立て始める; 駆り立て始める; 疾走し始める ②[話]無理やり行かせる ǁ **～ся** [完]⟨за圓⟩を追いかけ始める; 追い求め始める

**погну́ть(ся)** [完] → гну́ть(ся)

**погнуша́ться** [完] → гнуша́ться

**погова́ривать** [不完][話]⟨о圓/что節⟩…のことを時々話題にする, 噂する

**поговори́ть** [パガヴァリーチ] -рю́, -ри́шь [完][have a talk] しばらく話をする, おしゃべりをする; 話し合う: ～ о вне́шней поли́тике 対外政策についてあれこれ話し合う | люби́ть ～ по телефо́ну 電話でしゃべるのが好きである | ～ по душа́м 腹を割って[打ち解けて]話し合う | *Мне ну́жно с ва́ми ～.* あなたにちょっと話があります

**погово́рка** 複生-рок [女2][saying, proverb]決まり文句, 成句, 言い習わし, 俚諺; 諺⟨比較 通例 посло́вица と違い完全な文ではなく, 教訓的な意味を持たない⟩

**пого́д|а** [パゴーダ][女1][weather] ①天気, 天候: хоро́шая [плоха́я] ～ よい[悪い] 天気 | со́лнечная

[дождли́вая] ~ 晴天[雨天] | прогно́з -ы 天気予報 | Кака́я сего́дня ~? きょうはどんな天気ですか | Сего́дня ожида́ется о́блачная ~. 今日は曇り空の模様
② 《話》好天, 晴天 ◆ де́лать -у 決定的な意味をもつ, 極めて重要である

\*погоди́ть -ожу́, -оди́шь [完] ⟨wait a little⟩ 《話》⟨c 圓/без圓⟩…(するの)を待つ, 見合わせる: Погоди́, сейча́с приду́. ちょっと待って, すぐ行きます ◆ погоди́(те) 《威嚇》今に見てろよ | немно́го погодя́ しばらくして

пого́дка 複生 -док [女2] 〔指小〕< пого́да
пого́дный [形1] ① 毎年の, 1年ごとの ② 天気の, 天候の
пого́док -дка [男2] 年子の兄弟姉妹
пого́жий 短 -ж [形5] 天気のよい, 好天の
голо́вный [形1] ① 一頭ごとの ② 全員におよぶ, 全体的な: -ая пе́репись населе́ния 国勢調査 ‖ -о [副]
поголо́вье [中4] 家畜の総頭数
поголубе́ть [完] → голубе́ть
пого́н 複生 -о́н [男1] 〔通例複〕〔軍〕肩章
пого́нный [形1] ① 長さの ② < пого́н
пого́нчик [男2] 〔指小〕< пого́н ② 〔水兵服の〕小肩章
пого́нщик [男2] 家畜を追い立てる人, 牛[馬]追い

\*пого́н|я [女5] ⟨chase⟩ ① ⟨за圓 の⟩追跡, 追撃: ~ за беглецо́м 逃亡者の追跡 ② 追跡者, 追跡隊 ③ ⟨за圓 の⟩追求 ◆ в-е за圓 …を追い求めて
погоня́ть¹ [不完] ⟨間⟩ ① (声・鞭で)駆る, 駆り立てる ② 《話》急がせる, せきたてる
погоня́ть² [完] 《話》⟨対⟩ しばらく駆けさせる; しばらく追う, 追いまわる
погора́ть [不完] / погоре́ть -рю́, -ри́шь [完] ① (火事で)焼け出される ② 《俗》⟨на圓⟩でしくじる, 窮地に陥る ③ 〔完〕しばらく燃える[焼ける] ④ 〔完〕(全部・多くが)焼ける, 焼失する
погоре́лец -льца [男3] 火事の罹災者, 焼け出された人
погоряч́и́ться -чу́сь, -чи́шься [完] 少しかっとなる, 興奮する
погости́ть -ощу́, -ости́шь [完] ⟨у圓⟩のところに⟩ちょっとお邪魔する, 客に行く
пограни́чник [男2] 国境警備兵

\*пограни́чн|ый [形1] ⟨border⟩ ① 国境の; 国境で起こった: -ая полоса́ 国境地帯 ② 国境警備の ③ 境界を接する, 隣接の
пограни́чье [中4] 国境地帯
по́греб 複 -á [男1] ① (食料用の)地下貯蔵室, 穴蔵 ② 酒の貯蔵庫, 酒蔵 ③ 火薬庫 ‖ -но́й [形2]
погреба́льный [形1] < погребе́ние: -зво́н 弔いの鐘 | -ое пе́ние 葬送歌, 哀歌
погреба́ть [不完] / погрести́¹ -ебу́, -ебёшь 過 -рёб, -ребла́ 受過 -гребённый (-бён, -бена́) [完] 《文》⟨対⟩ 埋葬する, 葬る
погребе́ние [中5] 埋葬, 葬儀; 〔正教〕埋葬式
погребо́к -бка́ [男2] ① 〔指小〕< по́греб ② (半地下の小さな)居酒屋
погрему́шка 複生 -шек [女2] (玩具の)がらがら
погрести́ [完] → погреба́ть
погрести́² -ебу́, -ебёшь 過 -рёб, -ребла́ 能過 -рёбший 副分 -рёбши [完] ① 漕ぎ始める; かき集め始める ② しばらく漕ぐ; しばらくかき集める
погре́ть 受過 -тый [完] ⟨対⟩ しばらく暖める[熱する] ‖ ~ся [完] しばらく暖まる
погреша́ть [不完] 《文》(=) греши́ть ②
погреши́ть [完] → греши́ть

погре́шность [女10] 誤り, 不正確さ, 誤差; 欠陥
погрози́ть(ся) [完] → грози́ть(ся)
погро́м [男1] ① ポグロム(他民族, 特にユダヤ人に対する)集団的略奪・虐殺 ② 破壊, 荒廃 《話》ひどい乱雑さ
погро́мный [形1] ポグロムの
погро́мщик [男2] ポグロムの組織者[参加者]
погрубе́ть [完] → грубе́ть
погружа́ть [不完] / погрузи́ть -ужу́, -у́зи́шь 受過 -у́женный/-ужённый (-жён, -жена́) [完] ⟨対⟩ в圓 の中に沈める, 浸す

\*погружа́ться [不完] / погрузи́ться -ужу́сь, -у́зи́шься [完] ⟨sink⟩ ⟨в圓⟩ ① …の中に沈む, 潜る ② (ある状態)になる, 陥る ③ …に没頭する, ふける: ~ в чте́ние 読書にふける | ~ в глубо́кое разду́мье 沈思熟考する ④ 〔不完〕〔受身〕< погружа́ть
погруже́ние [中5] ① 沈める[沈む]こと ② 没頭
погружённый 短 -жён, -жена́ [形1] ⟨в圓⟩に没頭している: Она́ погружена́ в чте́ние. 彼女は読書に没頭している
погрузи́ть(ся) [完] → грузи́ть(ся), погружа́ть(ся)
погру́зка 複生 -зок [女2] 積載, 搭載, 荷積み; 搭乗, 乗船, 乗車
погру́зочный [形1] 積載(用)の
погру́зчик [щ] [男2] (フォークリフトなどの荷物の)積み下ろし機
погры́зться [完] → гры́зться
погряза́ть [不完] / погря́знуть -ну, -нешь 命 -ни 過 -я́з/-я́знул -я́зший 副分 -я́зши [完] ⟨в圓⟩ ① (ぬかるみなどに)はまり込む ② (よからぬことに)はまる, ふける; (困った状況に)陥る
погуби́ть [完] → губи́ть
погу́дка 複生 -док [女2] 《話》旋律, ふし; しゃれ, 地口
погу́ливать [不完] 《話》① (ゆっくり)歩きまわる, ぶらつく ② 時々浮かれ遊ぶ, 放蕩する
погуля́ть [完] → гуля́ть
погусте́ть [完] → густе́ть
под¹ 前 о -е, на -у́ [男1] 炉床, 炉底

\*под² [пáт, пат] (★特定の結合では [по́д т; по́т]: по́д гору, по́д руку, по́д пол, по́д полом など), подо [пáд] (★特定の子音連続の前で: подо мно́й, подо что, подо всем, подо льдом など) [前] ⟨under, near⟩ I ⟨対⟩ ① (『下方への運動』)…の下へ: положи́ть поду́шку под го́лову 頭の下に枕を置く | Он поста́вил велосипе́д под сте́ну. 彼は木の下に自転車を置いた ② (『状態・状況・影響』)…のもとに: взять под контро́ль 管理下に置く | отда́ть под суд 裁判にかける ③ (『空間的近接』)…の近くへ: перее́хать под Москву́ モスクワ近郊に引っ越す ④ (『用途』)…用に, …のための: буты́лка под молоко́ 牛乳瓶 ⑤ (『下から支える動作』)…をとって, 支えて: взять больно́го под руку 病人の腕を下から支えて ⑥ (『時間的近接』)…近くに; …の前日に: под ве́чер 夕方近くに | под Но́вый год 大晦日に (¾ｶ½) | Ей под со́рок лет. 彼女は40歳近い ⑦ (『伴奏』)…の伴奏で, 音に合わせて: петь под гита́ру ギターの伴奏で歌う ⑧ (『模造・模倣の対象』)…に似せて, …まがいの: ме́бель под оре́х クルミ材に似せた家具 ⑨ (『証書・担保』)…と引き換えに: взять де́ньги под распи́ску 受領書と引き換えに金を受け取る
II ⟨造⟩ ① (『下部・下方の位置』)…の下に[で]: под столо́м 机の下に | сиде́ть под де́ревом 木陰に座っている | под дождём 雨に降られて ② (『状態・状況・影響』)…のもとに[で]: под защи́той роди́телей 両親の保護のもとに | ~ усло́вием …の条件で | ~ предло́гом 囲 …の口実の下に | Они́ находи́лись под влия́нием руководи́теля. 彼らは指導者の影響下にあった ③ (『空間的近接』)…の真近くに[で]: ~ но́сом 鼻

の先に | ~ рукóй 手元に、すぐ近くに | бítва под Сталингрáдом スターリングラード攻防戦 ④《用途》…用の、…の入っている: пóле под клéвером クローバー畑 ⑤《原因》…のために: сознáться под тя́жестью улик 証拠の重みに耐えかねて自白する ⑥《特徴》…のついた、…のある: сýдно под россúйским флáгом ロシア国旗を揚げた船 | ры́ба под сóусом бешамéль 魚のベシャメルソースがけ ⑦《語意・定義》…という語で、…という語のもとに: Что нáдо понимáть под э́тим слóвом? この語をどのような意味に理解すべきか

**под..**, (й, 子音+ъ, 子音連続の前)**пóдо..** (е, ё, ю, я の前で)**подъ..** [接頭] **I**《動詞》①「下から上へ」「上げる」: *подбрóсить* 投げ上げる ②「下へ」「下」: *подложúть* 下へ置く ③「接近する」「寄る」: *подбежáть* 駆け寄る ④「加える」「足す」: *подлúть* さらに注ぐ ⑤「伴って」「追って」: *подпевáть* 伴唱する ⑥「少し」: *подкрáсить* 少し塗る ⑦「ひそかに」「こっそり」: *подсмотрéть* 盗み見する **II**《名詞・形容詞》①「…の下(の)」: *подзéмный* 地下の ②「下位(区分)の」「亜…」「サブ…」: *подвúд* 亜種 ③「管轄下にある」: *подсýдный* 裁判に付されている ④「近くにある」「…近郊」: *подгорóдный* 都市近郊の ⑤《副》…補佐、…: *подштурмáн* 副舵海士

**подавáльщи|к** [男5]/**-ца** [女3] ①(原料・材料を現場へ運ぶ)運搬作業員 ②《話》給仕

*\****подавáть** [バダヴァーチ] -даю́, -даёшь 命 -вáй 副分 -вая́ [不完] / **подáть** [バダーチ] -дáм, -дáшь, -дáст, -дадúм, -дадúте, -дадýт 命 -áй, -áйте, -áло/-алó 受過 пóданный (-ан, -анá, -ано) [完] 〔give〕〈四〉を①(持ってきて)出す、差し出す、手渡す:〈コートなどを〉着るのを手伝う: ~ гóстю стул 客に椅子を勧める | ~ мýжу портфéль 夫にかばんを渡す | ~ женé пальтó 妻にコートを着せてやる ②(食卓に)〈食べ物・飲み物を〉出す: ~ ýжин 夕食を出す | Что вáм подáть? 何をお出ししましょうか ③〈乗り物を〉出す、配車する: *Подáйте* нáм машúну в *дéсять* часóв. 10時に私たちに車を出して下さい ④供給する、届ける: ~ бетóн на стрóйку 建築現場へコンクリートを供給する ⑤《…を》提出する: ~ заявлéние 届出を出す | ~ в сýд на когó …を告訴する ⑥施す、恵む: ~ нúщему 乞食に施しをする ⑦少し動かす、移動させる: ~ машúну впрáво 自動車を右に動かす ⑧《スポ》サーブする: ~ мя́ч ボールをサーブ［パス］する ⑨《動作名詞と共に》…を行う、…となる: ~ пóмощь 助力する ⑩《話》知らせる: ~ примéр 模範となる ⑪《話》描写する:〈話〉よく見せる ◆*~* в **рýку** (1)〈握手のため〉…に手を差し出す (2)援助の手を差しのべる | **рукóй подáть** (手を伸ばせば届くほど)とても近い | ~ **гóлос** (1)沈黙を破る; (犬が)吠える (2)投票する

**подавáться** -даю́сь, -даёшься 命 -вáйся 副分 -вая́сь [不完] / **подáться** -дáмся, -дáшься, -дáстся, -дадúмся, -дадúтесь, -дадýтся 命 -дáйся 過 -дáлся, -далáсь, -далóсь/-далось [完] ①動く、ずれる、曲がる ②《話》出かける、去る; 入学［就職］する ③《話》譲歩する、折れる ④[不完] 《受身》← подавáть

**подавúть**[1] -давлю́, -дáвишь 受過 -дáвленный [完]〈四〉①《話》(全部・多く)押しつぶす ②〈四〉〈на 四〉しばらく[押さえる]: ~ на больнóе мéсто 痛むところを押さえる

**подавúть(ся)** [完] →давúться, подавля́ться

**подавлéние** [中5] 鎮圧、制圧; 抑制 ②圧倒する、凌駕

**подáвленность** [女10] 意気消沈、陰鬱な状態

**подáвленн|ый** 短 -ен, -енна [形3] ①(声が)抑えられた、かすかな ②意気消沈した、陰鬱な: бы́ть в -*ом состоя́нии* 意気消沈する

*\****подавля́ть** [不完] / **подавúть**[2] -давлю́, -дá- вишь 受過 -дáвленный [完]〔suppress〕〈四〉①鎮圧する、制圧する ②〈感情を〉抑える、こらえる: ~ мятéж 暴動を鎮圧する | ~ улы́бку 微笑みをこらえる ③《通例受過で》圧倒する、凌駕する、屈服させる ④《通例受過で》意気消沈させる、陰鬱にする: Óн *подáвлен* неудáчей. 彼は失敗でがっかりしている ◆**подавля́ющее большинствó** 圧倒的多数 **//~ся** [不完] 受身

**подáвно** [副]《通例 и ~ で》《話》まして、なおさら、もちろん

**подáгр|а** [女1] 〔医〕痛風 **//-úческий** [形3]

**подáльше** [副]《話》もっと遠くへ; なるべく遠くへ: Уберú лекáрство ~. 薬をもっと向こうへしまってくれ | Идú ты́ кудá ~! 〈俗〉あっちへ行け、とっとと失せろ

**подарúть** [完] →дарúть

*\****подáрок** [バダーラク] -рка [男2]〔present〕①贈り物、プレゼント、手みやげ: ~ на дéнь рождéния [ко дню́ рождéния] 誕 生 日プレゼント | Онá получúла кольцó в ~. 彼女はプレゼントに指輪をもらった ②喜ばしいこと ◆**не ~** 《話》ありがたくない［厄介な］人［物］

**подáроч|ек** -чка [男2]〈指小〉<① **//подáрочный** [形1]

**подáтель** [男5]/**~ница** [女3] (手紙・文書などの)持参人、提出者

**подáтлив|ый** 短 -ив [形1] ①加工しやすい、柔軟性のある ②譲歩的な、従順な、影響を受けやすい **//-ость** [女10]

**подáть(ся)** [完] →подавáть(ся)

*\****подáч|а** [女4] 〔service〕①出すこと、提出、提示; 供給 ②《スポ》サーブ; パス ③**с ~ и** 《話》…から始めて、…が口火を切って

**подáчка** 複生 -чек [女2] ①(犬などに投げて与える)餌 ②施しもの

**подая́ние** [中5] 施し、施しもの

**подбавля́ть** [不完] / **подбáвить** -влю, -вишь 受過 -вленный [完]〈四|五〉を少し加える

**подбáдривать** [不完] / **подбодрúть** -рю́, -рúшь 受過 -рённый (-рён, -ренá) [完]〈四〉少し励ます、元気づける **//~ся** [不完] / [完] 少し元気づく

**подбегáть** [不完] / **подбежáть** -егу́, -ежúшь, ... -егýт 命 -егú [完] ①走り寄る、駆け寄る: ~ к мáтери 母親に駆け寄る ②《под 五》…の下に駆け込む

**подберёзовик** [男2]〔茸〕ヤマイグチ属(食用)

**подбивáть** [不完] / **подбúть** -добью́, -добьёшь 命 -бéй 受過 -тый [完] ①下から[下に]打ちつける ②裏から縫いつける、裏地を付ける ③下に押し込む、突っ込む ④射ち落とす、撃墜する; 撃破する ⑤打って傷つける、打撲傷を与える〈на 四〉《不定形》(するように)唆す、しむける ◆**~ итóги [балáнс]** 総計する、総決算する | **подбúтый глáз** (殴られてできた)目の周りの黒いあざ

**подбúвка** 複生 -вок [女2] (服の)裏地

*\****подбирáть** [不完] / **подобрáть** подберу́, подберёшь 過 подобрáл, -брáла, -брáло 受過 подóбранный [完]〔pick up, select〕〈四〉①拾い集める、拾い上げる; 《四》〈椅子などに〉拾う、引き寄せる: ~ рассы́павшиеся бумáги 散乱した書類を拾い集める ②下に隠す; きつく締める、引き絞る ③持ち上げる、たくし上げる ④選ぶ、選択する; 揃える: ~ гáлстук к рубáшке シャツに合うネクタイを選ぶ

**подбирáться** [不完] / **подобрáться** подберу́сь, подберёшься 過 подобрáлся, -брáла́сь, -бралóсь/-брáлось [完] ①出来上がる、そろう ②《話》そっと近づく、忍び寄る: ~ к двéри ドアに忍び寄る ③忍び入る ④姿勢を正す、身なりを整える ⑤体を絞める ⑥[不完]《受身》← подбирáть

**подбúть** [完] →подбивáть

**подбодря́ть(ся)** [不完] = подбáдривать(ся)

**подбо́й** [男6] ① 下から打ちつけること; 裏地を付けること; 打ち傷をつけること ② 靴底用の革［ゴム］ ③ 裏地 *∥* **~ный** [形1]

\***подбо́р** [男1] [selection] ① 拾い集めること; 選び出すこと, 選別, 選択, 選定 ② 取り揃えられたもの, コレクション: интере́сный ～ кни́г 興味深い本のコレクション
◆**как на ～** 選りぞろいの, えり抜きの

**подбо́рка** 複生-рок [女2] ① 選別, 選択 ② 同じタイトルのもとに集められた一連の記事, 特集

‡**подборо́до|к** ［-дка］［男2]［chin］顎 (あご): двойно́й ～ 二重顎 *∥* **–чный** [形1]

**подборо́дочный** [形1] 顎用の; 選別用の

**подбо́рщик** [男2] ① 選別工 ② (刈り取った穀草・刈草の) 収集機

**подбоче́ниваться** [不完] / **подбоче́ниться** -нюсь, -нишься [完] 両手［片手］を腰にあてて体をまっすぐにする

**подбра́сывать** [不完] / **подбро́сить** -ро́шу, -ро́сишь 受過-ро́шенный [完] 〈対〉① 投げ上げる, 放り上げる ②〈話〉〈手・頭を〉さっと上げる ③下に放り投げる ④〈対／与〉投げ足す ⑤〈対／与〉追加して与える, 追加補給する ⑥〈話〉送り届ける

**подбрива́ть** [不完] / **подбри́ть** -ре́ю, -ре́ешь 受過-тый [完] 〈対〉脇・端を少し剃る

\***подва́л** [男1] [basement] ① 地下室 ② 新聞の下欄; そこに載る記事 *∥* **подва́льный** [形1] : ～ эта́ж 地階

**подва́ливать** [不完] / **подвали́ть** -алю́, -а́лишь 受過-а́ленный [完] ①〈対〉を追加して放り込む［積む, 撒く］ ② (通例無人称)〈俗〉〈対〉が大勢でやって来る;〈雪などが〉さらに降り積もる ③〈船が〉接岸する

**подва́ривать** [不完] / **подвари́ть** -арю́, -а́ришь 受過-а́ренный [完] ①〈話〉〈対〉〈対〉〈与〉煮足す, 煮直す ②〈対〉溶接する

**подведе́ние** [中5] 〈＜подводи́ть〉連れて行[導いて] 行くこと; 敷設; 下に置く［据える］こと; 根拠づけ; 当てはめること; 総計; 軽く化粧すること

**подве́домственный** 短-ен/-енен, -енна [形1] 〈与〉の管轄下にある

**подвёз** [完] →везти´², подвози́ть

**подвене́чн|ый** [形1] 婚礼用の: -ое пла́тье ウェディングドレス

\***подверга́ть** [不完] / **подве́ргнуть** -ну, -нешь 命-нь и 過-е́рг/-ул, -е́ргла 能過-гший/-ущий 受過 副分-ув [完] [expose] 〈対〉〈与〉に付する, かける: (よくない目に)あわせる, さらす: ～ прое́кт обсужде́нию 草案を審議にかける | ～ опа́сности 〈対〉…を危険にさらす

\***подверга́ться** [不完] / **подве́ргнуться** -нусь, -нешься 命-нись 過-е́ргся/-улся, -е́рглась 能過-гшийся/-ущийся 副分-гшись [完] [be exposed] 〈与〉…に付される, …を受ける, 被る; くよくない目に〉あう, さらされる: ～ ри́ску 危険にさらされる ②《話》〔受身〕 < подверга́ть

**подве́рженн|ый** 短-ен, -ена [形1] 〈与〉…に常にさらされている; …を被りやすい, …にかかりやすい: Она́ подве́ржена просту́де. 彼女は風邪をひきやすい. *∥* **–ость** [女1]

**подвёрну́ть(ся)** [完] →подвёртывать

**подвёртывать, подвора́чивать** [不完] / **подверну́ть** -ну́, -нёшь 受過-вёрнутый [完] ①まくる, たくし上げる; 折り込む, たくし込む ②〈足・手などを〉折り曲げて自分の体の下に置く ③〈ねじなどを〉もっときつく締める: ～ **но́гу** (踏みちがえて) 足をねじる, くじく *∥* **~ся** [不完] / [完] ①〈端が中・下へ〉折れ込む; まくれ上がる ②ひょんなところに現れる［手に入る］; 居合わせる

**подве́сить(ся)** [完] →подве́шивать

**подве́ска** 複生-сок [女2] ①吊るすこと ② 吊り具 ③ 下げ飾り; イヤリング ④ (自動車などの) サスペンション

**подвесн|о́й** [形2] 吊り下がった; 索道構造の: –а́я ла́мпа 吊りランプ | ～ мо́ст 吊り橋 | –а́я доро́га ロープウェイ

**подве́сок** -ска [男2] = подве́ска ② ③

**подвести́** [完] →подводи́ть

**подве́тренный** [形1] 風があたらない側の, 風下の

**подве́шивать** [不完] / **подве́сить** -е́шу, -е́сишь 受過-е́шенный [完] 〈対〉を, 下げる, 掛ける
◆**в подве́шенном состоя́нии** 未確定で, どっちつかずの状態で *∥* **~ся** [不完] / [完] 下がる, 掛かる, 吊る

**подвздо́шный** [形1] 〔解〕みぞおちの

**подвива́ть** [不完] / **подви́ть** -довью́, -довьёшь 命-ве́й 過-и́л, -ила́, -и́ло 受過-и́тый (-и́т, -ита́/-и́та, -и́то) [完] 〈対〉髪を〉軽く縮らせる, カールさせる

\***по́двиг** [男2] [heroic deed, exploit] ① 英雄的［献身的］行為, 功績, 偉業: вои́нский ～ 戦功 | соверши́ть ～ 偉業をうちたてる ② 〈複〉《話》〈皮肉〉偉業, よからぬ行い

**подви́гать** [完] ①〈対〉をしばらく動かす ②〈対〉何回か動かす

**подвига́ть** [不完] / **подви́нуть** -ну, -нешь 受過 -тый [完] ①〈対〉少し動かす, わきへ寄せる: ～ сту́л к окне́ 椅子を窓の方に寄せる ②〈対〉(少し) 進める, 進展させる *∥* **~ся** [不完] / [完] ①少し動く, わきへ寄る (少し) 進む, 進展する ③〈話〉価格を下げる

**подви́д** [男1] 〔動・植〕亜種

**подви́жка** 複生-жек [女2] ① 少し動くこと ② 変化, 前進

**подви́жни|к** [男2] /**-ца** [女3] ①〔宗〕苦行者 ②《雅》目的に献身する人

**подви́жнический** [形3] ① 苦行者の ②《雅》献身者の; 献身的な

**подви́жничество** [中1] ① 苦行 ②《雅》献身的行為

**подвижн|о́й** [形2] ①動かすことのできる, 可動式の ②移動する: ～ магази́н 移動商店 ③機動力のある ④活発な, 活動的な, 動きの速い ■ **-ы́е и́гры** 屋外競技; 体を動かす遊び

**подви́жный** 短-жен, -жна [形1] = подвижно́й ④

**подви́нуть(ся)** [完] →подвига́ть

**подви́нчивать** [不完] / **подвинти́ть** -винчу́, -винти́шь/-ви́нтишь 受過-ви́нченный [完] 〈対〉① ねじをもっときつく［少し］締める ②ねじで下から取りつける

**подви́ть** [完] →подвива́ть

**подвла́стный** [сн] 短-тен, -тна [形1] 〈与〉…の支配下にある, …に従属する

**подво́д** [男1] 連れて［導いて］行くこと; 敷設;〔電〕送電線, 導線

**подво́да** [女1] 荷馬車

**подво́дка** 複生-док [女2] ① 連れて［導いて］行くこと; 敷設;〔電〕下に置く［据える］こと; 軽く化粧すること ■ **～ для глаз** アイライナー

‡**подводи́ть** [пАдвАди́ть] -вожу́, -во́дишь, ... -во́дят 命-ди́ [不完] / **подвести́** [пАдвисти́] -еду́, -едёшь 命-еди́ 過-вёл, -вела́ 能過-е́дший 受過-едённый (-дён, -дена́) 能過 副分-едя́ [完] 〈対〉 [lead up, bring up] ①〈対〉連れて行く［来る］, 導いて行く［来る］;〈船・車などを〉(必要な場所に) 着ける, 近寄せる: ～ больно́го к окну́ 病人を窓ぎわに連れて行く | Он подвёл меня́ к вы́ходу. 彼は私を出口に誘導していった | ～ ло́дку к при́стани 小ボートを桟橋に着ける ② 敷設する;〈電〉電源プロヴォ́дку электри́ческую 電線を引く ③〈под〉(下に)〉置く［据える, 設ける］: Рабо́чие подво́дят фунда́мент под строе́ние. 労働

者たちは建物の土台を据えている ④〈под[如]〉〈…の根拠・基盤として〉…に根拠・基盤などをもつ：～ теорети́ческую ба́зу под свои́ рассужде́ния 自分の判断に理論的基盤を見出す ⑤〈под[如]〉〈ある分類に）入れる，当てはめる：～ э́тот слу́чай под другу́ю катего́рию このケースを別のカテゴリーに入れる ⑥《話》〈под[如]〉〈不快な目に〉…の措置をとる：～ вы́говор 叱責する ⑦《話》迷惑をかける，…の期待を裏切る：～ дру́га 友人の期待を裏切る ⑧総括する，決算する：～ счета́ 決算する ⑨…（化粧品）を塗る，つける：～ бро́ви 眉をひく ⑩《無人称》やせさせる，くぼませる：Его́ всего́ подвело́. 彼はすっかり痩せた ◆～ часы́ 時計の針を動かす **~ся** [不完]〔受身〕

**подво́дник** [男2] ①潜水艦乗組員 ②潜水夫
**подво́дный** [形1] 引き込む［供給する］ための
**подво́дный¹** [形1] 荷馬車の
***подво́дный²** [形1] 〔submarine, underwater〕①水面下にある，水中の：～ые расте́ния 水生植物 ②水中で作動できる，水中で行われる：ка́тер на ~ых кры́льях 水中翼船 ｜ ~ая ло́дка 潜水艦 ③ひそかな，水面下の

**подвози́ть** -вожу́, -во́зишь [不完] / **подвезти́** -езу́, -езёшь 過 -вёз, -везла́ 能過 -ве́зший -езённый (-зён, -зена́) 副過 -езя́ [完] ①〈[対]〉〈乗物であるところへ〉連れていく，連れていく：～ с собо́й 一緒に乗せていく ②〈[対]〉〈乗物で〉届け物を届ける，供給する **‖подво́з** [男1]
**подво́й** [男6]〔園芸〕接ぎ木の台木
**подвора́чивать(ся)** [不完] ＝ подвёртывать(ся)
**подво́рный** [形1] 各農家の，農家一戸ごとの
**подворо́тня** 複生-тен [女5]①門の扉の下の隙間との隙間をふさぐ板 ②壁にうがたれた出入り口，通路
**подво́рье** 複生-рий [中4] ①修道院付属の宿舎付き教会(国外居住の信徒のために設けられている）②屋敷 ③個人の農業経営
**подво́х** [男1]《話》悪さ, 嫌がらせ
**подвы́пивший** [形6]《話》ほろ酔いの, 千鳥足の
**подвы́пить** -пью, -пьешь 命 -пей [完]《話》軽く酔う, 一杯きこしめす
**подвяза́ть** [完] →подвя́зывать
**подвя́зка** -зок [女2] ①結わえつける［巻きつける］こと，靴下どめ，ガーター
**подвя́зывать** [不完] / **подвяза́ть** -яжу́, -я́жешь 受過 -язанный [完] ①結わえつける, くくりつける ②巻きつける, しばる：〈ネクタイを締める, 着ける **~ся** [不完]/[完]〈[対]〉を自分の体に巻く［結びつける〕
**подгада́ть** [完] → подга́дывать
**подга́дывать** [不完] / **подгада́ть** 受過-ганный [完]《話》ちょうどよい時にやる，ちょうど間に合う
**подга́живать** -аю, -аешь [不完] / **подга́дить** -а́жу, -а́дишь 受過 -а́женный [完]《俗》損なう，ぶち壊す
**подгиба́ть** [不完] / **подогну́ть** -гну́, -гнёшь 受過 подо́гнутый [完] 〈[対]〉 ①端を下へ折る［曲げる］ ②足を折り曲げて体の下に置く：～ но́ги под себя́ あぐらをかく **‖ ~ся** [不完]/[完] 〈[対]〉 ①端が［下から］折れる［曲がる］ ②〈疲労・恐怖などで〉足ががくがくする
**подги́бка** -бок [女2] (端を)折り曲げる［まくり上げる］こと
**подгибно́й** [形2] 折り込まれた, 折り曲がる
**подгля́дывать** [不完] / **подгляде́ть** -яжу́, -яди́шь, 過 -я́л [完] ①盗み見る, のぞき見する ②《完》偶然見る, ふと気づく
**подгнива́ть** [不完] / **подгни́ть** -ниёт 過 -и́л, -ила́, -и́ло [完] ①下から［下が］腐る；少し腐る ②腐敗する, 衰弱する
**подгова́ривать** [不完] / **подговори́ть** -рю́, -ри́шь 受過 -рённый (-рён, -рена́) [完] 〈[対]〉 на [対] 不定形《よからぬことを〉唆す, けしかける：～ дете́й на ша́-

лость 子どもたちをそそのかしていたずらさせる
**подголо́вник** [男2] ①枕の下に入れる傾斜した台 ②〈歯医者・理髪店などの〉椅子の頭部へ，ヘッドレスト
**подголо́сок** -ска [男2] ①〔副ПОДГОЛОСОК〕副声部 ②《話》〈他人の言葉・意見を〉受け売りする人
**подгоня́ть** [不完] / **подогна́ть** -гоню́, -го́нишь 過 -а́л, -ала́, -а́ло 受過 -о́гнанный [完] 〈[対]〉 ①追い立てる；近づける ②〈下へ追い込む〉③駆り立てる：《話》急がせる, せき立てる ④〈大きさなどを〉合わせる ⑤《話》〈時間的に〉合わせる
**подгоре́лый** [形1] 焦げた, 焼きすぎた
**подгора́ть** [不完] / **подгоре́ть** -рю́, -ри́шь [完] ①焦げる, 焼きすぎる ②下から［下が］焦げる, 焼ける
**подгоро́дный** [形1] 町近くの, 近郊の
**Подгори́ца** [女3] ポドゴリツァ (モンテネグロの首都)
***подгота́вливать** [バドガターヴリヴァチ] [不完] / **подгото́вить** [バドガトーヴィチ] -влю, -вишь, … -вят 命 -вь 受過 -вленный [完] ①未完する **подготавля́ть** [prepare (for)] [不完] ①準備する, 用意する, 整える：～ докла́д 報告の準備の点で)準備する ②〈知識・技能の点で〉準備させる, 養成する, 訓練する：～ студе́нтов к экза́менам 学生たちに試験勉強させる ③心の準備をさせる
**подгота́вливаться** [不完] / **подгото́виться** -влюсь, -вишься, … -вятся [完] 〈к[与]に対して〉①準備する, 用意する：～ к отъе́зду 出発の準備をする ②心の準備をする ③あらかじめ形成される ④《不完》〔受身〕< подгота́вливать
***подготови́тельный** [形1] 〔preparatory〕準備の, 予備の：～ые ку́рсы 予備課程
***подгото́вить(ся)** [完] →подгота́вливать(ся)
***подгото́вк|а** [バガトーフカ] 複生 -вок [女2]〔preparation, training〕①準備, 用意, 下ごしらえ：～ к экза́менам 試験の準備 | Мы ведём ~у к зиме́. 私たちは冬支度をしている ②養成, 訓練：～ программи́стов プログラマーの養成 ③知識, 素養：～ по ру́сскому языку́ ロシア語の素養
**подгото́вленность** [女10] 備え, 覚悟, 準備
**подготовля́ть(ся)** [不完] ＝ подгота́вливать(ся)
**подгреба́ть** [不完] / **подгрести́** гребу́, -гребёшь 過 -грёб, -гребла́ 能過 -гре́бший 受過 -гребённый (-бён, -бена́) [完] ①〈[対]〉かき集める, かき寄せる；〈下[与]〉かき入れる ②漕ぎ寄る ③《話》近寄る
**подгру́зд|ок** -дка [男2]〔茸〕ベニタケ属 (сыроежка)
**подгру́ппа** [女1] 小群, 下位集団, サブグループ
**подгу́зник** [男2] おしめ, おむつ
**подгу́ливать** / **подгуля́ть** [完]《話》①ほろ酔いになる ②うまくいかない, 下手に出来上がる
**поддава́ть** -даю́, -даёшь 命 -ва́й 過分 -ва́я [不完] / **подда́ть** -да́м, -да́шь, -да́ст, -дади́м, -дади́те, -даду́т 命 -да́й 過 -а́л, -ала́, -а́ло, подда́ло/-а́ло 受過 по́дданный (-ан, -ана́/-ана, -ано) [完] ①〈[対]〉打ち上げる, 投げ上げる ②《俗》〈[与]〉打つ, 殴る, 蹴る ③《話》〈蒸気・熱などを増す, 強める, 活力たるとせる ④《話》〈[対]〉〈ゲームで〉〈カード・こまを〉わざと相手に取らせる ⑤《話》〈[与]〉〈酒を〉(たくさん)飲み干す；酔っ払う
***поддава́ться** -даю́сь, -даёшься 命 -ва́йся 副分 -ва́ясь [不完] / **подда́ться** -да́мся, -да́шься, -да́ст-ся, -дади́мся, -дади́тесь, -даду́тся 命 -да́йся 過 -а́лся, -ала́сь, -а́лось/-ало́сь [完] 〔yield〕①〈押されて〉動く, 開く ②〈[与]〉〈圧力・作用・影響〉に屈する, 従う；〈на [対]〉に譲歩する, 譲歩する：～ де́йствию огня́ 燃える ③〈[与]〉に降参する ④〈[与]〉〈ゲームで〉〈相手を〉わざと, 相手に勝たせる ◆не ~ описа́нию 筆舌に尽くしがたい, えも言われぬ
**подда́вки** -ов [複] チェッカーでこま全部を相手に取

**поддáкивать** [不完] / **поддáкнуть** -ну, -нешь [完] [一回] 《話》〈与に〉同意を示す, 相づちを打つ

**пóданн|ый** [形1変化] [男名] / **-ая** [女名] (通例君主制国家の)国民

**пóданство** [中5] (君主制国家の)国籍; 《露》国籍

**поддáть(ся)** [完] →поддавáть(ся)

**поддевáть** [不完] / **поддéть** -éну, -éнешь 受過 -тый [完] ① 下に着る ② (引っかけて・突き刺して)持ち上げる ③ 《話》揚げ足をとる, 皮肉る ④ 《話》だます, 一杯くわせる

**поддéла(ть)(ся)** [完] →поддéлывать

*_**поддéлка**_ 複生 -лок [女2] [fake] 偽造, 贋造; 偽造品, 模造品, 贋作; 〜 под [与]のまがい品

**поддéлывать** [不完] / **поддéлать** 受過 -анный [完] 〈対を〉偽造する, 贋造する; 〜 пóдпись на докумéнте 書類のサインを偽造する *//* **-ся** [不完] / [完] ①〈под下をまねる, 模倣する ② 《話》〈к与に〉取り入る, おもねる

**поддéльный** 短 -лен, -льна [形1] ① 偽造の, 偽の ② いつわりの, 見せかけの

**поддёргивать** [不完] / **поддёрнуть** -ну, -нешь 受過 -тый [完] 《話》〈対を〉引っ張り上げる, 引き上げる

*_**поддержáние**_ [中5] [maintenance] 維持, 保持

**поддержáть** [完] →поддéрживать

**поддéрживание** [中5] 支えること; 維持, 保持

*_**поддéрживать**_ [バッチェールジヴァチ] [不完] / **поддержáть** [バッチェールジャーチ] -ержý, -éржишь 命 -жи́ 受過 -éржанный [完] [support] 〈対を〉① 支える, …の支柱となっている: 〜 стари́ка под ру́ку 老人の腕をとって支える ② 助力する, 援助する, 支援する: 〜 дру́га в беде́ 困っている友人を助ける ③ 支持する, 賛同する, 擁護する: Они́ поддержáли моё предложéние. 彼らは私の提案を支持してくれた ④ 維持する, 保持する, 絶やさない: 〜 знакóмство 交際を続ける | 〜 ого́нь в пéчке 暖炉の火を絶やさない *//* **-ся** [不完] 〈対で〉健康を保つ ②[受身]

*_**поддéржк|а**_ [バッチェールシカ] 複生 -жек [女2] [support, backing] ① 支えること, 支持, 賛同; 支援, 援助: оказáть -у [与] に支援する ② 支えるもの, 支え, 支柱 ③ 支援部隊 ④ 〔フィギュア〕リフト ◆**при -е** [生] …の後援で, 協賛で

**поддёрнуть** [完] →поддёргивать

**поддéть** [完] →поддевáть

**поддóн** [男1] ① 敷き皿, 〈物を載せる〉台 ② 荷台, パレット ③ 別底

**поддóнник** [男2] = поддóн①

**поддразни́ть** [完] / **поддрáзнивать** -азню, -áзнишь [完] 《話》〈対を〉少しからかう; からかって唆す

**поддувáло** [中1] (炉の)風穴, 通風口

**поддувáть** [不完] / **поддýть** -ýю, -ýешь 受過 -тый [完] ① 下[脇]から吹く ② 〈風が〉下[脇]から吹きつける ③ 〈対を〉少し風が吹く

**подевáть(ся)** [完] 《話》= деть(ся)

**подéйствовать** [完] →дéйствовать

*_**подéлать**_ [完] [do] 《話》〈対を〉① しばらくやる (全部・多く)作る ◆**ничегó не подéлаешь с** [造] …はどうにもならない: Ничегó не подéлаешь с ним. あいつはどうしようもないやつだ | Ничегó не подéлаешь, я не могý. 残念だけど無理なんだ | Чтó (же) 〜 [подéлаешь]! どうしようもない, お手上げだ

**подели́ть(ся)** [完] →дели́ть(ся)

**подéлк|а** 複生 -лок [女2] ① 細かい手仕事, 細工 ② 手工品, 細工物; 低級な芸術作品

**подéлом** ① [副] 《話》当然に ② [無人述] 〈与には〉当然だ, 当たり前だ: П~ тебе́. 自業自得だ

**по-делово́му** [副] 要領よく

**подéлывать** [不完] [疑問文で] 《話》何かをしている時を過ごす: Что подéлываете? いかがお過しですか

**подéльник** [男2] [隠] 《警察》共犯者

**подёнка** 複生 -нок [女2] [複] [昆] カゲロウ目

**подённ|ый** [形1] 日雇いの, 日雇いの *//* **-о** [副]

**подёнщик** [男2] 日雇い労働者

**подёнщина** [女1] ① 日雇い仕事 ② 日銭

**подёргать** [完] 〈対/за対〉を何度か[しばらく]引っ張る; 〈対を何度か[しばらく]ぴくぴく動かす ②《話》〈対〉(全部・多く)引き抜く

**подёргивание** [中5] 痙攣(けいれん), 引きつり

**подёргивать** [不完] 〈対/за対〉を時々軽く引っ張る; 〈対を時々軽くぴくぴく動かす: 〜 брóвью 眉をぴくぴく動かす ② [無人称] 〈対を〉痙攣(けいれん)させる, 引きつらせる

**подёргиваться** [不完] ① 時々軽くぴくぴく動く, 痙攣(けいれん)する ② [完 **подёрнуться** -нется] 〈対で〉薄く覆われる

**подéржанный** [形1] ① 使い古しの, 中古の ② (人が)くたびれた, やつれた

**подержáть** -ержý, -éржишь 受過 -дéржанный [完] ① (少しの間)手に持っている ② (少しの間)所有する *//* **-ся** [完] ①〈за対を〉握る ② 長持ちする

**подёрнуть** -нет 受過 -нут [完] [★通例受過または無人称] Вóду подёрнуло льдóм. 水に薄氷が張った

**подёрнуться** [完] →подёргиваться

**по-дéтски** [и] [副] 子どもらしく

**подешевéть** [完] →дешевéть

**подéяться** [完] →дéяться

**поджáривать** [不完] / **поджáрить** -рю, -ришь 受過 -ренный [完] 〈対〉…の(表面を)焼く, あぶる, 炒める *//* **-ся** [不完] [完] (表面が)焼ける

**поджáристый** 短 -ист [形1] よく焼けた, きつね色に焼けた

**поджáрка** 複生 -рок [女2] ① 《話》(表面を)焼くこと ② 焼肉料理

**поджáрый** 短 -áр [形1] ① 腹のへこんだ ② 痩せすぎの; 筋肉質の

**поджелýдочн|ый** [形1] ■ **-ая железá** 〔解〕 膵臓(すいぞう)[生]; **| 〜 сóк** [解] 膵液

**поджéчь** [完] →поджигáть

**поджива́ть** [不完] / **поджи́ть** -живёт 過 пóджил/-и́л, -ила́, пóджило/-и́ло [完] 《話》(傷が)少し治る

**поджигáтель** [男5] ① 放火者 ② 挑発者, 扇動者: 〜 войны́ 戦争挑発者

**поджигáть** [不完] / **поджéчь** -дожгý, -дожжёшь, ... -дожгýт 命 -дожги́ 過 поджёг, подожглá 能過 -жёгший 受過 -дожжённый (-жён, -женá) -жёгши [完] ①…に(下から)火をつける: 〜 дровá 薪に火をつける ② 放火する ③〈感情などを〉たきつける, 唆す ④ 《話》焦がす

**поджидáть** [不完] 〈対/生/対を〉待つ, 待ちうける

**поджи́лк|и** -лок, -лкам [複] 《話》膝の腱 ◆**у** [生] **〜 трясýтся** …は(恐怖・興奮で)膝がガクがくする

**поджимáть** [不完] / **поджáть** подожмý, подожмёшь 受過 -жáтый [完] 〈対〉①足・膝などを自分の体の下に引っこめる〈体の一部をへこませる, きつく締める: 〜 под себя́ нóги あぐらをかく | 〜 гýбы 口をすぼめる ②《話》せきたてる: Срóки поджимáют. 時間がない, 余裕がない

**поджóг** [男2] 放火

**подзабóрный** [形1] ① 塀のそばに生える ② 《話》放浪の, 家なしの

**подзабыва́ть** [不完] / **подзабы́ть** -бу́ду, -бу́дешь 受過 -бы́тый [完] 《話》少し忘れる

**подзаголо́вок** -вка [男2] 副題, 小見出し, サブタイトル

**подзадо́ривать** [不完] / **подзадо́рить** -рю, -ришь 受過 -ренный [完] 《話》〈団〉あおりたてる, 唆す

**подзако́нный** [形1] 合法的な, 法に基づいた

**подзарабо́тать** -танный [完] 《話》〈団/压〉を少し稼ぐ, 稼ぎ足す

**подзаряжа́ть** [不完] / **подзаряди́ть** -яжу́, -яди́ш/-я́дишь 受過 -я́женный (-жён, -жена́)/-я́женный [完] 充電する // **подзаря́дка** [女2]

**подзаты́льник** [男2] 後頭部への打撃

**подзащи́тн|ый** (形1変化) / **-ая** [女名] ①《法》弁護依頼人 ②被保護者

**подземе́лье** 複生 -ий [中4] (地下の)洞窟; 地下室

**подзёмка** 複生 -мок [女2] 《話》地下鉄, 地下トンネル

***подзе́мн|ый** [形1] 〈underground〉地下の; 地下に住む; 地下で行われる: ～ пожа́р 地下火災 | ～ перехо́д 横断地下道 | ～ый толчки́ 地震

**подзо́л** [男1] 〔土壌〕ポドゾル(養分の乏しい灰白色の酸性土壌) // **-истый** [形1] ポドゾル性の

**подзо́р** [男1] ①レースのフリル, 縁飾り ②《建》(ロシアの木造家屋の)装飾を施された蛇腹

**подзо́рн|ый** [形1]: -ая труба́ 望遠鏡

**подзу́живать** [不完] / **подзуди́ть** -ужу́, -уди́шь 受過 -ужённый [完] 《話》〈団〉唆す

**подзыва́ть** [不完] / **подозва́ть** -дзову́, -дзовёшь 過 -а́л, -ала́, -а́ло 受過 -до́званный [完] 〈団〉呼び寄せる

**поди́(те)** 《話》① [命令 < пойти́] 行け, 来い: ~ сюда́. こっちへ来い ② [подий〔挿入〕] おそらく, たぶん, きっと ③ (驚きを表して) ますか, 何とまあ ◆ *поди́ и ты́* 《俗》(驚き・不満を表して) あきれた, とんでもない | *поди́ пойми́ [разбери́]* (驚き) 信じられない, どうなってるの

**подиви́ться** [完] → диви́ться

**по́диум** [男1] ①基壇, ポディウム ②モデル台

**подкаблу́чник** [男2] 《話》妻の尻にしかれている夫, 恐妻家

**подка́лывать** [不完] / **подколо́ть** -колю́, -ко́лешь 受過 -ко́лотый [完] 〈団〉①(折り曲げて・巻いて)ピンで留める ②(書類を)ピンなどで留める, 添付する ③《話》軽い傷をつける ④《話》笑いものにする

**подка́менщик** [男2] 〈複〉〔魚〕カジカ属

**подка́пывать** [不完] / **подкопа́ть** 受過 -ко́панный [完] 〈団〉①…の下を掘る ②〔ジャガイモの〕(塊茎の)一部を掘り出す // **~ся** [不完] / [完] 〈под〉①…の下を掘り抜く, 掘って…に達する ②《話》(策を用いて)人を陥れる; あら探しをする, 難癖をつける

**подкарау́ливать** [不完] / **подкарау́лить** -лю, -лишь -ленный [完] 〈団〉待ち伏せする

**подка́рмливать** [不完] / **подкорми́ть** -ормлю́, -о́рмишь 受過 -о́рмленный [完] 〈団〈に〉〉①《話》少し[もっと]食べさせる [餌をやる]; 栄養をつけさせる ②《農》追肥する ③《話》資金を追加供給する, 経済的に保障する // **~ся** [不完] / [完] 《話》〈団〈に〉〉丈夫になる, 栄養を十分にとる

**подка́ст** [男1] 〔IT〕ポッドキャスト(Podcast)

**подка́стинг** [男2] 〔IT〕ポッドキャスティング(Podcasting)

**подка́тывать** [不完] / **подкати́ть** -ачу́, -а́тишь 受過 -а́ченный [完] ①〈団〉ころがし寄せる, 下へころがし入れる: ~ бо́чку к сара́ю たるを物置に転がし込む ②《話》さっと乗りつける ③《話》急に痛くなる, 苦しくなる; こみ上げてくる ④《話》(時期・年齢などが)すぐにやって来る // **~ся** [不完] / [完] ①ころがってくる, 下にころがって入る ②《俗》《機会をとらえて》頼む, せがむ ③《話》= подка́тывать②

**подка́чивать** [不完] / **подкача́ть** 受過 -а́чанный [完] 〈団/压〉①〈水・空気などを〉入れ足す, くみ足す ②《完》《俗》ちゃんとやらない, 期待を裏切る; うまくいかない, 裏切る

**подка́шивать** [不完] / **подкоси́ть** -ошу́, -о́сишь 受過 -о́шенный [完] 〈団〉①鎌で刈り込む, 刈り足す ②刈り足す ③なぎ倒す ④〈力・元気などを〉奪う: Э́то несча́стье его́ *подкоси́ло*. この不幸が彼に打撃を与えた ◆ *упа́сть [свали́ться], как подко́шенный* ばったり倒れる

**подка́шиваться** [不完] / **подкоси́ться** -о́сится [完] (疲労・衰弱・衝撃などで)足が立たなくなる, へなへなになる: Но́ги *подкоси́лись* от уста́лости. 疲れて足が立たない

**подки́дывать** [不完] / **подки́нуть** -ну, -нешь 受過 -тый [完] 〈団/压〉①投げ上げる ②《話》(ある物の下に)そっかさに投げ込む ③〈団/压〉投げ足す ④こっそり置く; 捨て子をする

**подки́дыш** [男4] 捨て子

**подки́нуть** [完] → подки́дывать

**подкла́дка** 複生 -док [女2] ①(衣服の)裏地 ②(物事の)裏面, 内実 ③下に敷くもの

**подкла́дчик** [男2] 《俗》(スーツケースをすり替えて盗む)泥棒

**подкладн|о́й** [形1] 下に置く[敷く]: -о́е су́дно 差し込み便器, (病床用)おまる

**подкла́дывать** [不完] / **подложи́ть** -ожу́, -о́жишь 受過 -о́женный [完] 〈団〉①下へ置く: ~ поду́шку под го́лову 頭の下に枕をあてる ②〈団/压〉追加する, 足す ③こっそり置く ④《話》裏地を付ける ◆ ~ *свинью́* …に卑劣なことをする, …をひどい目に遭わせる

**подкла́сс** [男1] 下位分類

**подкле́ивать** [不完] / **подкле́ить** -е́ю, -е́ишь 受過 -е́енный [完] 〈団〉①(下に)貼る, 貼りつける ②貼って修理する ③〈団/压〉貼り足す

***подключа́ть** [不完] / **подключи́ть** -чу́, -чи́шь 受過 -чённый (-чён, -чена́) [完] 〈connect〉〈団〉①〈電気・ガスなどを〉接続する ②(仕事などに)加える, 参加させる // **~ся** [不完] / [完] ①(電気・ガスなどが)接続される, つながる ②(仕事などに)加わる, 参加する ③《不完》〔受身〕

***подключе́ние** [中5] 〈connection〉接続(すること): ~ к Интерне́ту インターネット接続

**подключи́ть(ся)** [完] → подключа́ть

**подко́ва** [女1] ①蹄鉄 ②蹄鉄形のもの ③(靴のかかとに打つ)蹄鉄形の底金

**подко́вывать** [不完] / **подкова́ть** -кую́, -куёшь 命 -куй [完] 〈団〉①…に蹄鉄を打つ ②《話》…に必要な知識を教え込む, 仕込む // **~ся** [不完] / [完] 《話》必要な知識を身につける

**подковы́ривать** [不完] / **подковыру́ть** -ну́, -нёшь 受過 -ы́рнутый [完] 《話》①ほじくり出す ②揚げ足をとる, 皮肉る

**подковы́рка** 複生 -рок [女2] 《話》揚げ足とり, 皮肉, 当てこすり

**подко́жн|ый** [形1] 皮下の: -ая кле́тчатка 皮下組織

**подко́лка** [女2] ①ピン留め ②《若者》冗談, 悪ふざけ

**подколо́ть** [完] → подка́лывать

**подконтро́льный** 短 -лен, -льна [形1] 監督[管理]下にある

**подко́п** [男1] ①下を掘ること ②地下道, 坑道 ③

《話》陰謀, 悪だくみ
**подкопа́ть(ся)** [完] →подка́пывать
**подкорми́ть(ся)** [完] →подка́рмливать
**подко́с** [男1]《建・技》支柱, 方杖
**подкоси́ть(ся)** [完] →подка́шивать(ся)
**подкра́дываться** [不完] / **подкра́сться** -раду́сь, -раде́шься 過 -ра́лся [完] こっそり近づく, 忍び寄る
**подкра́шивать** [不完] / **подкра́сить** -а́шу, -а́сишь 受過-а́шенный [完] ①《少し塗る[染める], 塗り[染め]足す ②《話》潤色する, 粉飾する ‖ **~ся** [不完] / [完]《話》自分の唇[頬, 髪など]に少し色をつける, 薄化粧する
**подкрепи́ть(ся)** [完] →подкрепля́ть
**подкрепле́ние** [中5] ①補強; 力をつけること ②《軍》補強するもの; 力をつけるもの ③増援部隊
**подкрепля́ть** [不完] / **подкрепи́ть** -плю́, -пи́шь 受過-плённый (-лён, -лена́) [完] ①補強する; 増強する ②…を食べさせて[飲ませて]力をつけさせる ③裏付けする, 証拠立てる, 裏書する: *Это подкрепля́ет моё мне́ние.* それが私の意見を裏付けする ‖ **~ся** [不完] / [完]《話》食べて[飲んで]力をつける, 元気づく
**подкру́тка** 複生-ток [女2]《フィギュア》ツイストリフト
**подкузьми́ть** -млю́, -ми́шь [完]《俗》《与に》苦境に陥れる
**по́дкуп** [男1] 買収, 贈賄
**подкупа́ть** [不完] / **подкупи́ть** -уплю́, -у́пишь 受過-у́пленный [完]《対》①買収する: ~ *свиде́телей* 証人を買収する ②好感をもたせる, 歓心をかう, 同情を引く ③《話》《与に》少し買い足す
**подкупно́й** [形2] 買収できる, 賄賂のきく
**подла́вливать** [不完] / **подлови́ть** -ловлю́, -ло́вишь 受過-ло́вленный [完]《対》〈対を〉捉える, 捕まえる; 察し, 見抜く ②…の言葉尻を捉える
**подла́живаться** [不完] / **подла́диться** -ла́жусь, -ла́дишься [完]《к与に》①調子を合わせる, 適応する, 慣れる ②迎合する, 取り入る
**подла́мывать** [不完] / **подломи́ть** -ломлю́, -ло́мишь 受過-ло́мленный [完]〈対を〉①下から[下を]折る ②力を奪う ‖ **~ся** [不完] / [完]《3人称》①(重みで)折れる, 割れる, 壊れる ②(手・足の)力が抜ける, へなへなになる
**по́дле** 《旧・文》① [副] すぐ近くに, すぐそばに: *П~ живёт изве́стный актёр.* すぐ近くに有名な俳優が住んでいる ② [前] …の近くで[そばに], …と並んで (~y¹): *Она́ се́ла ~ меня́.* 彼女は私のそばに座った | *П~ села́ проходи́ла больша́я доро́га.* 村の近くに公道が通っていた
**подлёдный** [形1] 氷の下の, 氷の下で行われる
*подлежа́ть [不完] (与に)付けられるべきである, 該当する, 相当する ◆*Это не подлежи́т сомне́нию.* 疑問の余地がない
**подлежа́щее** (形6変化) [中]《文法》主語
**подлежа́щий** (現を必要とする: ~ *обложе́нию сбо́ром* 関税を課せられる | не ~ оглаше́нию 非公式の, オフレコの
**подлеза́ть** [不完] / **подле́зть** -зу, -зешь 過 -ёз, -е́зла 能過-зший 副分-зши [完]《под対》…の下に入り込む, 忍び込む
**подлесо́к** -ска [男2] 森林中の潅木層, やぶ
**подлета́ть** [不完] / **подлете́ть** -лечу́, -лети́шь [完] ①飛んで近づく; …の下へ飛んではいる: *Ла́сточка подлете́ла под кры́шу.* ツバメが屋根の下に飛び込んだ ②《話》駆け寄る, 走り寄る ‖ねじ上る, とびあがる
**подле́ть** [不完] / **о~** [完]《話》(さらに)卑劣になる
**подле́ц** -а́ [男3] 卑劣漢, ろくでなし

**подле́чивать** [不完] / **подлечи́ть** -ечу́, -е́чишь 受過-е́ченный [完]《少し治療する ‖ **~ся** [不完] / [完]《話》少し治療を受ける, 少し治る
**подле́щик** [男2]《魚》ブリーム(лещ)に似た川魚; ブリームの幼魚
**подлива́ть** [不完] / **подли́ть** -долью́, -дольёшь 命 -ле́й 過 -и́л/подли́л, -ила́, -и́ло/по́длило [完]《対/生》を注ぎ足す
**подли́вка** 複生-вок [女2] ①注ぎ足し ②《料理》ソース, 液体調味料
**подли́за** (女1変化) [男・女]《話》おべっか使い
**подли́зываться** [不完] / **подлиза́ться** -ижу́сь, -и́жешься [完]《話》《к与に》おべっかを使う, 取り入る
**по́длинник** [男2] ①実物, 原本, 原画, オリジナル ②原文, 原書: чита́ть Пу́шкина в ~е プーシキンを原書で読む
*по́длинн|ый 短-инен, -инна [形1]〔genuine, authentic〕①(写しでない)オリジナルの, もとの: ~ *докуме́нт* 書類の原本 ②本物の, 本当の: ~ *-ое и́мя писа́теля* 作家の本名 ③《長尾》真の, 本当の: ~ *учёный* 真の学者 ◆*с~ым ве́рно*《公》原本と相違なし ‖ **-о** [副] **-ость** [女10] <①②>
**подли́ть** [完] →подлива́ть
**подли́чать** [不完] / **с~** [完] 卑劣なまねをする; 卑屈に振る舞う
*по́дло [副]〔meanly〕卑劣に, 下劣に, 最低に: *Он ~ проигнори́ровал мою́ про́сьбу.* 彼は私の頼みを卑劣に無視した
**подлови́ть** [完] →подла́вливать
**подло́г** [男1] 偽造, 改ざん
**подло́дка** 複生-док [女2] 潜水艦
**подложи́ть** [完] →подкла́дывать
**подло́жн|ый** 短-жен, -жна [形1] 偽造した, 改ざんした, 偽の: ~ *докуме́нт* 偽造文書 ‖ **-ость** [女10]
**подлоко́тник** [男2] (肘掛け椅子の) 肘掛け
**подломи́ть(ся)** [完] →подла́мывать
**по́длость** [女10] 卑劣さ; 卑劣な行為: *сде́лать [соверша́ть] ~* 卑劣なまねをする
*по́дл|ый 短 по́дл, -а́, -ло [形1]〔mean〕①卑劣な, 下劣な, さもしい: ~ *посту́пок* 卑劣な行為 ②《話》最悪の, 劣悪な
**подлю́га** (女2変化) [男・女]《俗》卑劣漢, ろくでなし
**подма́зывать** [不完] / **подма́зать** -ма́жу, -ма́жешь 受過-ма́занный [完] ①少し塗る, 塗り足す; 下から[下を]塗る ②《俗》買収する, 袖の下を使う ‖ **~ся** [不完] / [完] ①《話》少し化粧する ②《俗》《к与に》取り入る, へつらう
**подмалёвок** -вка [男2]《美》下塗り; その段階の作品
**подма́нивать** [不完] / **подмани́ть** -аню́, -а́нишь 受過-а́ненный/-а́нённый (-нён, -нена́) [完]《対》(手招き・目配せなどで)呼び寄せる, 招き寄せる
**подма́сливать** [不完] / **подма́слить** -лю, -лишь 命-сли 受過-сленный [完]〈対〉①…に少し油[バター]を塗る, 油[バター]を入れ足す ②《話》…の機嫌をとる, …に取り入る:《俗》買収する
**подмасте́рье** 複生-ьев (中4変化) [男] (手工業で) 親方の助手, 従弟, 見習い
**подма́хивать** [不完] / **подмахну́ть** -ну́, -нёшь 受過-а́хнутый [完] ①《話》《対》急いで[よく確かめないで]署名する ②《俗》《対》急いで[いい加減に]掃く ③《生》軽く振る
**подмача́ть** [不完] / **подмочи́ть** -мочу́, -мо́чишь 受過-мо́ченный [完]《対》①…の下を少し濡らす[湿らす] ②《話》評判などを損なう, 傷つける
**подме́н** [男1], **подме́на** [女1] 置き換え, すり替え

**подменя́ть, подме́нивать** [不完] / **подмени́ть** [完] 〔取〕①こっそり取り替える, うっかり取り違える: ～ ка́рту カードをすり替える ②(内容的に)すり替える ③〔話〕しばらく代わってやる; (権限もないのに)他人の仕事に手を出す ◆*сло́вно подмени́ли* 〔話〕…はまるで別人のようだ

**подмерза́ть** [不完] / **подмёрзнуть** -нет 過 -ёрз, -ёрзла [完] ①少し凍る, 薄氷が張る ②寒さで少し傷む

**подмёрзлый** [形1] 少し凍った

**подмеси́ть** [完] →подме́шивать¹

**подмета́ть**¹ [不完] / **подмести́** -мету́, -метёшь 過 -мёл, -мела́ 能動 -мётший 受過 -метённый (-тён, -тена́) 副分 -метя́ [完] ①掃く, 掃いてきれいにする ②下へ掃き出す, 掃き寄せる

**подмета́ть**² [完] →подмётывать

**подмети́ть** [完] →подмеча́ть

**подмётк|а** 複生 -ток [女2] ①[裏]から縫いつけること ②(通例かかとを除く前部の)靴底 ◆*в ~ и не годи́ться* 〔話〕…の足元にも及ばない: *Ты ему́ и в ~ и не годи́шься*. 君は彼の足元にも及ばない

**подмётывать** [不完] / **подмета́ть**² 受過 -мётанный [完] 〔取〕[裏]から縫いつける: 粗縫いする

**подмеча́ть** [不完] / **подме́тить** -ёчу, -ётишь 受過 -е́ченный [完] …に気づく, 認める, 見つける

**подмеша́ть** [完] →подме́шивать²

**подме́шивать**¹ [不完] / **подмеси́ть** -ешу́, -е́сишь 受過 -е́шенный [完] 〔取/エ〕をこねて[練って]加える

**подме́шивать**² [不完] / **подмеша́ть** 受過 -ёшанный [完] 〔取/エ〕を混ぜ加える

**подми́гива|ть** [不完] / **подмигну́ть** -ну́, -нёшь [完] 〔与〕に目配せをする, ウインクする *∥ -ние* [中5]

**подмина́ть** [不完] / **подмя́ть** -домну́, -домнёшь 受過 -тый [完] 〔取〕①押しつぶす ②〔話〕屈服[服従]させる

**подмо́г|а** [女2] 〔俗〕助け, 援助: *прийти́ на ~ у к* 〔与〕…人を助けに行く

**подмока́ть** [不完] / **подмо́кнуть** -ну, -нёшь 命 -ни 過 -мо́к, -мо́кла [完] 下が[少し]濡れる[湿る]

**подмора́живать** [不完] / **подморо́зить** -ро́жу, -ро́зишь 受過 -ро́женный [完] ①〔取〕少し凍らせて, 凍らせて少し傷める ②〔無人称〕冷え込む: *Но́чью подморо́зило*. 夜中は冷え込んだ

**подморо́женный** [形1] シャーベット状にした, 軽く凍らせた

\***подмоско́вн|ый** [形1] [near Moscow] モスクワ郊外の ■ *П-ые вечера́* モスクワ郊外の夕べ(歌曲名)

**подмо́сть** ス [女10] (通例複)建築足場の板張り, 床

**подмо́стки** -ов [複] ①壇, 板張りの台 ②舞台

**подмо́ченн|ый** [形1] ①湿った, じめじめした ②(商品など)欠陥がある ◆*~ая репута́ция* 地に落ちた評判

**подмочи́ть** [完] →подма́чивать

**подмыва́ть**¹ [不完] / **подмы́ть** -мо́ю, -мо́ешь 受過 -тый [完] 〔取〕①〈人の〉下半身(股間など)を洗う ②〔話〕急いで[ざっと, ところどころ] 洗う ③(水流などが)下を洗い流す, えぐる *∥ ~ся* [不完]/[完] 自分の下半身を洗う

**подмыва́ть**² [不完] / [無人称]〔話〕〔取〕は不定形にしたくてたまらない, うずうずさせる: *Меня́ подмыва́ло рассказа́ть*. 私は話したくてたまらなかった

**подмы́шка** 複生 -шек [女2] わきの下; 〔話〕衣服のわきの下の部分(★主格以外は *под мы́шкой* のように分離して書く) ◆**подмы́шечный** [形1]

**подмы́шник** [男2] わきの下当て, わきパッド

**подмя́ть** [完] →подмина́ть

**поднабира́ться** / **поднабра́ться** -беру́сь, -берёшься 過 -а́лся, -ала́сь, -ало́сь/-а́лось [完] 〔俗〕〔取〕①(量が)集まる, たまる ②〈力・時などを〉少しつける; 性質などを得る, 身につける ③酔っ払う

**поднадзо́рный** 短 -рен, -рна [形1] 監視[監督]下にある

**поднажима́ть** [不完] / **поднажа́ть** -жму́, -жмёшь 〔на〕[完] ①…を押す, 圧する ②…に圧力[はずみ]をかける ③…にもっと熱心に取り組む

**поднака́пливать** [不完] / **поднакопи́ть** -коплю́, -ко́пишь 受過 -ко́пленный [完/取] (ある量)少しずつためる[蓄える]

**поднатореть** [完] 〔俗〕〔в〕に少し慣れる

**поднату́живаться** [不完] / **поднату́житься** -жусь, -жишься [完] 〔話〕もう少し緊張する[力を入れる]; (少し)努力する, 頑張る

**подна́чивать** [不完] / **подна́чить** -чу, -чишь 受過 -енный [完] 唆す, たきつける

**поднебе́сн|ый** [形1] ①空の下の, 地上の ②-*ая* [女名] 世界, 地上, 天下 ③*П-ая* [女名] (報道)中国

**поднебе́сье** [中4] 天空, 空の高み

**поднево́льный** 短 -лен, -льна [形1] ①隷属的な, 従属している ②強制的な, 強いられた

**поднесе́ние** [中5] 持って行くこと; (酒などを)振る舞うこと; 贈呈

**поднести́** [完] →подноси́ть

**поднима́ние** [中5] 上げる[立ち上がらせる, 高くする]こと; 上昇, 向上; (ある動作を)行うこと, 目立たせることに

\***поднима́ть** [バドニマーチ] [不完] / **подня́ть** [バドニーチ] -ниму́, -ни́мешь 命 -ними́ 過 -по́дня́л/-ял, -яла́, по́дня́ло/-я́ло 能動 -я́вший 受過 поднятый (-ят, -ята́, -ято) 副分 -я́в [完] 〔pick up〕〔取〕①拾う, 拾い上げる: ～ груз с по́ла 床から本を拾い上げる ②持ち上げる(持って運ぶ): *Ты мо́жешь подня́ть э́тот чемода́н*? 君はこのスーツケースを持ちあげられるかい ③運び上げる: (上に)上げる: ～ груз на ли́фте 貨物をエレベーターで上に運ぶ｜～ пра́вую ру́ку 右手を上げる ④立たせる, 起こす; 起床させる: ～ стул 椅子を起こす｜～ с посте́ли 起床させる ⑤(行動に)立ち上がらせる, 駆り立てる, 奮い立たせる: *Э́тот слу́чай по́днял их на реше́ние но́вых зада́ч*. その出来事が彼らを新たな課題の解決に立ち上がらせた ⑥高くする: ～ у́ровень воды́ 水位を高める ⑦増大させる, 上昇させる, 向上させる: ～ производи́тельность труда́ 労働生産性を高める ⑧〈気分など〉を高める, よくする; (社会的立場などを)高める, 強固にする: ～ настрое́ние 気分を高揚させる｜～ авторите́т 権威を高める ⑨復興させる, 振興する, 向上させる: ～ хозя́йство 経済を振興する ⑩(動作を)行う, 起こす; 〈問題を〉提起する: ～ восста́ние 暴動を起こす｜～ крик 叫び声を上げる｜～ вопро́с 問題を提起する ⑪処理する, 片付ける ⑫調べ直す ⑬耕す, 開墾する ⑭〔話〕育てる, 養育する: *Она́ подняла́ трои́х дете́й*. 彼女は3人の子どもを育てた ⑮目立たせる ⑯(不完)(車両・船舶などが)…の積載能力がある ⑰(若者)手に入れる ⑱(商・ビジネス)利益を得る ◆~ го́лову 元気を出す｜～ *глаза́* 視線を上げる｜～ *ру́ку на* 〔対〕(1)…に手をあげる, 殴る (2)…を殺そうとする, 命を狙う

\***поднима́ться** [バドニマーッツァ] [不完] / **подня́ться** [バドニーッツァ] -ниму́сь, -ни́мешься 命 -ними́сь 過 -я́лся/-ялся, -яла́сь, -яло́сь/-яло́сь [完] 〔climb, rise〕①上る: ～ на́ гору 山に登る｜～ по ле́стнице на второ́й эта́ж 階段を上って2階に行く｜～ на высоту́ де́сяти ме́тров 10メートルまで高度を上げる｜*Над горизо́нтом поднима́лось со́лнце*. 水平線の上に太

陽が昇った ② 立ち上がる, 起き上がる; 起床する: ~ со сту́ла 椅子から立ち上がる | ~ ра́но 早く起きる ③ (行動に)立ち上がる, 決起する; 蜂起する: ~ на защи́ту Оте́чества 祖国の防衛に立ち上がる | ~ на борьбу́ про́тив 囲 …に反対して立ち上る ④ 高くなる, 高まる: Температу́ра постепе́нно поднима́ется. 気温が徐々に上がってきている ⑤ 増大する, 上昇する, 向上する: Це́ны подняли́сь. 物価が上昇した ⑥ (気分などが) 高まる, よくなる; (社会的立場などが) 高まる, 強固になる: У него́ поднялось настрое́ние. 彼は気分が高揚した ⑦ 復興する, 立ち直る; 現れる, 起こる, 発生する: На у́лице подня́лся шум. 通りで騒ぎが持ち上がった | Подня́лся ве́тер. 風が起こった ⑧ (パン生地などが) ふくれる ⑨ 〖話〗大人になる ⑪ 〖不完〗(道が) 上方へのびる ⑫ 〖完〗 えびく立つ ⑬ 〖囲〗(商)金持ちになる, 利益を得る ⑭ 〖不完〗〖受身〗< поднима́ть ◆у рука́ не поднима́ется 不定形 …は…する気になれない, やる気しない

**подновля́ть** [不完] / **поднови́ть** -влю́, -ви́шь 受身-влённый (-лён, -лена́) [完] 〖囮〗少し新しくする, 修復する

**подного́тная** (形1変化) [女] (通例 всю́ と共に) 〖話〗隠された真実, 真相

**подно́жие** [中5] ① 高いものの下の部分: ふもと ② 台座, 座

**подно́жк|а** 複生-жек [女2] ① (列車・自動車などの) ステップ, 昇降段 ② 〖話〗足払い: подста́вить 圓 -у 圓 を出して…を転ばせる, 足払いをかける

**подно́жный** [形1] 足下の; ふもとの ◆~ ко́рм (放牧で食べられる) 牧草; 〖話〗寄食, ただ飯

\***подно́с** [男1] 〖tray〗 ① 持ってくること ② 盆: принести́ таре́лки на ~ 皿を盆にのせて持ってくる

**подноси́ть** -ошу́, -осишь [不完], **поднести́** -су́, -сёшь 過-нёс, -несла́ 能過-нёсший 受過-сённый (-сён, -сена́) 副過-еся́ [完] 〈囮〉 ① 手に持って近づける: ~ ма́льчика ко рту 囲 …を口へ持っていく ② 手に持って運び届ける; (波・風などが) 押し流す: ~ ра́неного к больни́це 負傷者を病院に運ぶ ③ 〈酒などを〉出す, 振る舞う ④ 贈呈する ⑤ 〖話〗

**подно́ска** 複生-сок [女2] 運び届けること, 運搬

**подно́счик** [щ] [男2] 運ぶ人, 運搬人

**подноше́ние** [中5] ① 持って行く[来る]こと, 運搬 ② (酒などを) 勧めること; 贈呈する ③ 贈り物, 進物

**подны́ривать** [不完] / **поднырну́ть** -ну́, -нёшь [完] 下へもぐる

**подня́тие** [中5] (< поднима́ть) 上げる [上がる] こと; 上昇, 向上; 高揚: ~ вопро́са 問題提起

**подня́ть(ся)** [完] →поднима́ть(ся)

**подо, подо..** [前] →под¹, под..

**подоба́ть** [不完] (通例無人称) [完形] …すべきである, …するのがふさわしい

**подоба́ющий** [形1] 適当な, ふさわしい

\***подо́б|ие** [中5] 〖likeness, similarity〗 ① 似たもの, 類似したもの; 似姿 ② 〖数〗相似 ◆по о́бразу и и́ию 囲 …を手本にして

‡**подо́бн|о** [バドーブナ] [前] 〖like〗 〈囮〉 と同様に; まるで…のように: де́йствовать ~ свои́м бра́тьям 兄たちと同じように行動する ◆~ тому́ как … …のように, …と同じように

‡**подо́бн|ый** [パドーブヌィ] 短-бен, -бна [形1] 〖like, similar〗 ① 〈囮〉似ている, 類似した: ~ приме́р このような例 | П-ого э́тому рома́ну не́ было в япо́нской литерату́ре. この長編小説に類したものは日本文学にはなかった ② このような, そのような: -ым о́бразом このようにして | Я никогда́ не встреча́л -ого упря́мца. 私はこんな頑固者に出会ったことは一度もない ③ 〖数〗相似の ◆и тому́ -ое など, 等々(略 и т. п.) |

ничего́ -ого 〖話〗全く違う, 決してそんなことはない ‖ **-ость** [女10]

**подобостра́стный** [сн] 短-тен, -тна [形1] 卑屈な, へつらうような

**подо́бранный** [形1] きちんとした, きりっとした

**подобра́ть(ся)** [完] →подбира́ть(ся)

**подобре́ть** [完] →добре́ть

**подобру́-поздоро́ву** [副] 〖話〗嫌なことが起こらぬうちに, さっさと

**подо́вый** [形1] 炉床の; 炉床のある

**подогна́ть** [完] →подгоня́ть

**подогну́ть(ся)** [完] →подгиба́ть

**подогре́в** [男1] 〖技〗暖房(機能), 加温

**подогрева́тель** [男5] 加熱器, 予熱器

**подогрева́|ть** [不完] / **подогре́ть** [完] 〈囮〉 ① 少し温める; 〈囮/田〉 (ある量) もう少し温める ② 〖話〗刺激する, かきたてる ‖ **-ние** [中5]

**пододвига́|ть** [不完] / **пододви́нуть** -ну, -нешь -тый [完] 〈囮〉少し近づける, 近寄せる ‖ **~ся** [完] / [不完] 少し近づく, 近寄る

**пододея́льник** [男2] 毛布カバー

‡**подожда́ть** [パダジダーチ] -ду́, -дёшь 命-ди́ 過-а́л, -ала́, -а́ло [完] 〖wait (for)〗 ① 〈囮〉少し待つ: ~ по́езда 列車を待つ | Подожди́те мину́точку. ちょっと待ってて下さい ② 〈с 囲〉 あるいは /下定形 するのを〉しばらく見合わせる [遅らせる]: ~ с реше́нием вопро́са 問題の解決をしばらく見合わせる

◆подожди́(те) 〖話〗① 〖驚き・疑い・想起〗ちょっと待てよ, ええと | подожди́(те) (же) 〖話〗 〖威嚇〗 いまに見てろ, おぼえてろ

**подозва́ть** [完] →подзыва́ть

**подозрева́емый** [形1] ① 疑わしい, 怪しい ② [男名] 容疑者

‡**подозрева́ть** [パダズリヴァーチ] [不完] 〖suspect〗 ① 〈囮 в 囮〉で疑う, 嫌疑をかける: Его подозрева́ют в кра́же. 彼には窃盗の疑惑がかけられている ② 〈囮/о囮/ что節〉…ではないかと推測する, …ではないかと思う ‖ **~ся** [不完] 〖受身〗

\***подозре́н|ие** [中5] 〖suspicion〗疑い, 嫌疑, 容疑: быть под -ием [на -ии] 疑われている, 嫌疑がかけられている | вне (вся́ких) -ий 全く疑わしくない | наводи́ть 囲 на ~ 人に疑念を抱かせる | рассе́ять ~ 嫌疑を晴らす ② 予感, 可能性

\***подозри́тельн|ый** 短-лен, -льна [形1] 〖suspicious〗 ① 疑わしい, あやしげな: ~ тип 〖話〗あやしげなやつ, 不審者 ② 疑い深い, いぶかしげな ‖ **-о** [副] ‖ **-ость** [女10]

**подои́ть** [完] →дои́ть

**подо́йник** [男2] 搾乳桶, 搾乳用のバケツ

**подойти́** [完] →подходи́ть

**подоко́нник** [男2] 窓敷居, 窓台

**подо́л** [男1] (衣服の) 裾 ◆крути́ть ~ом (女が) 男の気を引こうとする

**подо́лгу** [副] 長く, 長い間

**подольща́|ться** [不完] / **подольсти́ться** -льщу́сь, -льсти́шься [完] 〈к 囲〉に取り入る, へつらう

**по-дома́шнему** [副] 素朴に, 飾りたてずに; 自家製の, 手作りの

**подо́н|ок** -нка [男2] 〖話〗① (複) 底に残った澱(#)混じりの液体 ② 低劣な人間, 下司

**подопе́чн|ый** [形1] 後見下にある; 保護を受けている: ~ное 囮 被後見人

**подоплёка** [女2] 隠された真相, 内幕

**подопре́|ть** [不完] / **подопре́ть** [完] ① 少し [下が] 腐る ② (皮膚が) 炎症を起こす, ただれる

**подо́пытн|ый** [形1] 実験 [試験] 用の: -ое живо́тное 実験動物

**подорва́ть(ся)** [完] →подрыва́ть¹

**подо́рлик** [男2]〖鳥〗イヌワシ属

**подорожа́ние** [中5] 値上がり

**подорожа́ть** [完] →дорожа́ть

**подорожи́ться** [完] →дорожи́ться

**подоро́жник** [男2] ①〖植〗オオバコ属 ②〖鳥〗ツメナガホオジロ属

**подоса́довать** [完] →доса́довать

**подоси́новик** [男2]〖茸〗ヤマイグチ属の数種の総称: ~ жёлто-бу́рый キンチャヤマイグチ(食用)

**подосла́ть** [完] →подсыла́ть

**подосно́ва** [女1] 真相, 真因

**подоспева́ть** [不完] / **подоспе́ть** [完]《話》①間に合う; タイミングよく来る ②(時期などが)到来する

**подостла́ть** [完] →подстила́ть

**подотде́л** [男1] 下位区分, 小支部

**подоткну́ть** [完] →подтыка́ть

**подотря́д** [男1]〖生〗亜目

**подотчётн|ый** 短-тен, -тна [形1] ①〖長尾〗後で支払い明細書を提出しなければならない: -ая су́мма 後で支払明細書を提出する必要のある金額; 要報告金 ②報告義務のある

**подо́хнуть** [完] →до́хнуть

**подохо́дный** [形1] 所得に応じた: ~ нало́г 所得税

**подо́шв|а** [女1] ①靴底 ②《話》足の裏 ③下部, 土台, 底面; ふもと // -енный [形1]

**подпада́ть** [不完] / **подпа́сть** [完] -аду́, -адёшь 過 -а́л, -а́ла 能過 -а́вший 副-а́в〈под圏〉〈…の影響などを〉受ける, 被る, …に陥る

**подпа́ивать** [不完] / **подпои́ть** [完] -пою́, -по́ишь -пои́шь 命 -пои́ 受過 -по́енный [完]《話》〈対〉酔っ払わせる, ほろ酔いにする

**подпа́ливать** [不完] / **подпали́ть** [完] -лю́, -ли́шь 受過 -лённый (-лён, -лена́) [完]《話》〈対〉①下から火をつける; 放火する ②少し焼く, 焦がす

**подпа́лина** [女1] ①(動物の毛・毛皮の)褐色の[白っぽい]斑点 ②《話》少し焼けた箇所

**подпали́ть** [完] →подпа́ливать

**подпа́рывать** [不完] / **подпоро́ть** [完] -порю́, -по́решь 受過 -по́ротый [完]〈対〉下から[内側から, 少し]ほどく

**подпа́сок** -ска [男2] 牧童

**подпа́сть** [完] →подпада́ть

**подпева́ла** (女1変化) [男・女] ①伴唱者 ②《話・蔑》ご機嫌とり, 太鼓持ち

**подпева́ть** [不完] / **подпе́ть** [完] -пою́, -поёшь〈与〉①〖楽〗伴唱する ②《話》同調する, 追従する

**подпере́ть(ся)** [完] →подпира́ть(ся)

**подпи́ливать** [不完] / **подпили́ть** [完] -пилю́, -пи́лишь 受過 -пи́ленный [完]〈対〉①下から[根元を]のこぎりで切る; のこぎりで切れ目を入れる ②のこぎりで少し短くする ③《話》(のこぎり・やすりで)平らにする

**подпира́ть** [不完] / **подпере́ть** [完] -допру́, -допрёшь 過 -пёр, -пёрла 能過 -пёрший 受過 -пёртый 副 -перев́, -пёрши〈対〉①支える, 支えを置く: ~ щёку руко́й 頬づえをつく ②押す, 圧迫する ③《無人称》《俗》のっぴきならなくなる ◆~ся [不完]《話》〈造〉にもたれる, よりかかる

**подписа́вший** (形6変化) [男名] 署名者[国], 調印者[国]

**подписа́ние** [中5] 署名, 調印する: ~ догово́ра 条約の調印

**подписа́ть(ся)** [完] →подпи́сывать(ся)

**подпи́ск|а** [女2] -сок ①購読の申し込み, 予約: получи́ть журна́л по -е 雑誌を予約購読する ②誓約書, 証文

**подписно́й** [形1] ①署名入りの: ~ лист 寄付名簿 ②予約制の, 予約購読の

**подпи́счи|к** [щ] [男2] / -ца [女3] (購読の)予約申込者, 予約購読者

*подпи́сыва|ть [パトピースィヴァチ] [不完] / **подписа́ть** [パトピサーチ] -ишу́, -и́шешь 命 -иши́ 受過 -и́санный [完]〈対〉①…に署名する, サインする; 調印する: ~ письмо́ 手紙に署名する | ~ догово́р 条約に調印する ②(下に)書き加える: ~ ещё три строки́ もう3行書き加える ③予約購読者に加える: Подпиши́те его́ на но́вый журна́л. 彼を新しい雑誌の予約購読者にして下さい ④〈若者〉〈対〉на対への)興味をもたせる, 説得する

*подпи́сываться [不完] / **подписа́ться** -ишу́сь, -и́шешься [完]〈対〉①署名する, サインする: ~ под дове́ренностью 委任状にサインする ②〈на対〉の購読を申し込む[予約する]; …に応募する ③〈若者〉折れる, 譲歩する ④〈若者〉〈対〉на対と いうことで〉話がつく ⑤《完》〈隠〉一定の責任を負う ⑥《不完》〈若者〉за対〉を庇護する ⑦《不完》〈俗・若者〉< подпи́сывать ◆- обе́ими рука́ми под 圏 ~ に諸手を挙げて賛成する, 大絶賛する

*по́дпис|ь [女10] [signature] ①署名[調印]すること; 書き加えること ②署名, サイン: поста́вить ~ 署名する | собира́ть -и 署名を集める ③(絵などの下にある)キャプション, 題名: ~ под рису́нком 絵の下のキャプション

**подпи́тие** [中5] ◆в -и́и 酔って, ほろ酔いに

**подпи́тка** 複生-ток [女2] 資金の追加

**подпи́хивать** [不完] / **подпихну́ть** -ну́, -нёшь 受過 -и́хнутый [完]〈対〉①軽く押す, 押しやる ②(下へ)押し込む, 突っ込む

**подплыва́ть** [不完] / **подплы́ть** -ыву́, -ывёшь 過 -ы́л, -ыла́, -ы́ло [完] ①泳いで[漕いで]近づく; (舟で・船で)近づく ②下へ泳いで[漕いで]行く, (舟で・船で)下へ行く ③(船で・船が)ゆっくりと近づく

**подпо́ить** [完] →подпа́ивать

**по́дпол** [男1]《俗》= подпо́лье

**подползти́** [完]-зу́, -зёшь 過 -по́лз, -по́лзла 能過 -по́лзший 副 -по́лзши ①這い寄る ②下へ這い込む ③ゆっくりと近づく

**подполко́вник** [男2]〖軍〗(ロシア軍・警察で)中佐

**подпо́лье** 複生-льев/-лий [中4] ①地下室, 穴蔵 ②地下[非合法]組織; 地下[非合法]活動 ③地下[非公式]文学[芸術]

**подпо́льн|ый** [形1] ①地下室の ②地下活動の, 非合法の: -ые изда́ния 地下出版物

**подпо́льщи|к** [男2] / -ца [女3] 地下[非合法]活動家

**подпо́ра** [女1], **подпо́рка** 複生-рок [女2] 支えるもの, 支柱

**подпо́рный** [形1] 支えとなる

**подпоро́ть** [完] →подпа́рывать

**подпо́ртить** -рчу, -ртишь 受過 -рченный [完]《話》《対》少し損なう

**подпору́чик** [男2] (帝政時代の)陸軍少尉

**подпо́чв|а** [女1]〖地質〗下層土, 心土 // -енный [形1]

**подпоя́сывать** [不完] / **подпоя́сать** -я́шу, -я́шешь 受過 -я́санный [完]〈対〉をベルト[帯]で締める, 〈ベルト・帯〉を締める ◆~ся [不完]〈造〉自分に[自分の]ベルト[帯]を締める

**подправля́ть** [不完] / **подпра́вить** -влю, -вишь 受過 -вленный [完]〈対〉少し直す, 訂正する; 修理する

**подпрогра́мма** [女1]〖コン〗サブルーチン

**подпру́га** [女2] 馬の腹帯

**подпры́гивать** [不完] / **подпры́гнуть** -ну, -нешь 命-ни [完] ① 少し跳び上がる ② はねる; 《話》(値段などが)はね上がる

**подпу́нкт** [男1] 副項目

**по́дпуск** [男2] ① 近づけること ② 氷下用漁網

**подпуска́ть** [不完] / **подпусти́ть** -ущу́, -у́стишь 受過-у́щенный [完] 〈例/圧〉 ① 近づける, 近寄らせる;《話》…に利用を許す ② 放つ, 送り込む ③《話》/圧〉液体を加える, 混ぜる ④《話》くしゃれ・皮肉などを〉タイミングよく言う

**подпу́шка** 複生 -шек [女2] ① 衣服の裏[縁]に縫いつけられた毛皮 ②《話》裏[縁]に毛皮を縫いつけること ③ (動物・鳥の)ふこ毛

**подраба́тывать** [不完] / **подрабо́тать** 受過-танный [完] 〈例/圧〉 ① 副次的に稼ぐ, アルバイトで稼ぐ; (一般に)稼ぐ ② さらに手を加える, さらに検討[研究]する ③ 予備処理する, 下準備する

**подра́внивать** [不完] / **подровня́ть** 受過-ро́вненный [完] 〈例〉さらに平らにする; 軽く整える

**подра́гивать** [不完] 《話》 ① 少し[時々]震える[揺れる] ②〈圧〉震わす

**подража́ние** [中5] まねること, 模倣: в ～ 与 に…をまねて ② 模作, 模造品

**подража́тель** [男5] まねをする人, 模倣者

**подража́тельный** 短-лен, -льна [形1] まねた, 模倣の, 模造の

**подража́тельство** [中1] 模倣

\***подража́ть** [不完]〈与〉〔imitate〕…のまねをする, …を模倣する; 見習う, 手本にする: ～ во́ю соба́ки 犬の遠吠えをまねる

**подразде́л** [男1] (本などの編・部の中の)小区分

\***подразделе́ние** [パドラズヂリェーニエ] [中5]〔subdivision〕 ① さらに分けること, 細分 ② 下位区分, 小部分 ③(軍)単位部隊(連隊の中の大隊, 大隊の中の中隊など): артилери́йское ～ 砲兵部隊

**подраздели́ть** [不完] / **подраздели́ть** -лю́, -ли́шь 受過-лённый [完]〈例〉さらに分ける, 細分する: ～ гла́ву на пара́графы 1つの章をいくつかの節に分ける **‖~ся** [不完] / [完] さらに小部分に分かれる, 細分される

\***подразумева́ть** [不完]〔mean, imply〕〈例〉ほのめかす, 暗示する, 〈под〉⇒ で意味する: Кого́ вы *подразумева́ете*? 誰のことを言ってるんですか ②〔受身〕〈подразумева́ться

**подразумева́ться** [不完] 言われなくてもわかっている, 暗黙のうちに了解されている: Это само́ собо́й *подразумева́ется*. それは自明の理だ, 言わずと知れたことだ ②〔受身〕〈подразумева́ть

\***подра́ник** [男2] (カンバスを張る)木枠

**подра́нивать** [不完] / **подра́нить** -ню, -нишь 受過-ненный [完]〈狩〉〈例〉人を傷つける

**подра́нок** -нка [男2]〈狩〉手負いの獣[鳥]

**подраста́ть** [不完] / **подрасти́** -ту́, -тёшь 過-ро́с, -росла́ 能過-ро́сший 副分-ро́сши [完] 少し成長する, 大きくなる: *подраста́ющее* поколе́ние 青年層

**подра́ть** -деру́, -дерёшь [完]〈話〉/圧〉ちぎってしまう ◆ ***Чёрт подери́!***《俗》くそ, ちくしょう, くたばっちまえ

**подра́ться** [完] → **дра́ться**

**подра́щивать** [不完] / **подрасти́ть** -ащу́, -асти́шь 受過-ращённый (-щён, -щена́) [完]〈例〉少し成長させる, 大きくする

**подрёберный** [形1] 肋骨の下の

**подреза́ть** [不完] / **подре́зать** -ре́жу, -ре́жешь 受過-ре́занный [完]〈例〉 ① 〔下を〕[下で]切って短くする, 切り揃える ③《話》〈例〉金額などを少し切りつめる ④《話》〈例/圧〉さらに切る, 切り足す ⑤[完]〈車〉(方向指示器をつけずに)割り込む, 曲がる ◆ ～ *кры́лья* 無力にする; 不能にする

**подрема́ть** -дремлю́, -дре́млешь [完] しばらくまどろむ, うとうとする

**подремонти́ровать** -рую, -руешь 受過-анный [完]《話》〈例〉少し修理する

**подрисо́вывать** [不完] / **подрисова́ть** -су́ю, -су́ешь -о́ванный [完]〈例〉 ① 絵・写真などに少し手を加える, 修正する ② 描き足す;《話》〈眉・唇などを〉塗ってきれいにする

\***подро́бно** [パドロ́ーブナ] [副]〔in detail〕詳しく, 詳細に: ～ объясни́ть свети́ / 詳しく説明する

\***подро́бность** [パドロ́ーブナスチ] [女10]〔detail〕 ① 詳しいこと, 詳細さ ② 細部, 細目: рассказа́ть со все́ми -ями 事細かに話す | иссле́довать до ме́льчайших -ей 微細なところまで調査する | вдава́ться в -и 詳細にわたる ◆ **во всех -ях** 細大もらさず

\***подро́бный** [パドロ́ーブヌイ] 短-бен, -бна [形1]〔detailed〕詳しい, 詳細な: ～ отчёт 詳細な報告

**подровня́ть** [完] → **подра́внивать**

**подро́ст** [男1] 若木, 若木の林

\***подро́ст|ок** [パドロ́ースタク] -тка [男2]〔teenager〕(通例12-16歳の)少年, 少女, ローティーン: Во вре́мя войны́ я был -ком. 戦争の時私は少年だった ■ **П~未成年**(ドストエフスキーの小説)

**‖-ковый, -ко́вый** [形1]

**подруба́ть** [不完] / **подруби́ть¹** -рублю́, -ру́бишь 受過-ру́бленный [完]〈例〉 ① (斧などで)下から[下で]切る, 切り倒す ② 切って短くする ③《話》〈例/圧〉さらに切る, 切り足す ④〈例〉縁を折りかえして縫う, 縁縫いする

\***подру́га** [パドル́ーガ] [女2]〔friend, girlfriend〕女性の友達・ガールフレンド: шко́льная ～ 学校での友達 ◆ ～ *жи́зни* 人生の伴侶, 妻 ‖ **подру́женька** 複生-нек [女2]〔愛称〕

\***по-друго́му** [副]〔differently〕違うやり方で

**по-дру́жески** [副] 人なつっこく, 愛想よく

**подружи́ться** [完] → **дружи́ться**

\***подру́жк|а** 複生 -жек [女2]〔指小 < подру́га〕女友達; 恋人: По́сле шко́лы мы с -*ой* е́ли моро́женое. 放課後に私たちは二人でアイスクリームを食べた | Похо́же, он завёл себе́ -у. 彼は彼女ができたようだ

**подру́ливать** [不完] / **подрули́ть** -лю́, -ли́шь 受過-лённый [完]〈例〉 ①〈例〉操縦して近づける (車・飛行機が地上を動きながら)近づく

**подрумя́нивать** [不完] / **подрумя́нить** -ню, -нишь -ненный [完]〈例〉 ①(少し)赤くする; 紅潮させる ②きつね色に[こんがり]焼く **‖~ся** [不完] / [完] ①(少し)赤くなる; 紅潮する ②きつね色に[こんがり]焼ける

**подру́чный** [形1] ① 手元にある, 手近な, 常用の ② 補助的な仕事をする ③ [男2] 助手, 見習い

**подры́в** [男1] ① 爆破 ② 損なうこと, 破壊 ③ 下を掘ること, 掘り起こす

**подрыва́ть¹** [不完] / **подорва́ть** -ву́, -вёшь 過-а́л, -ала́, -а́ло 受過-о́рванный [完]〈例〉 ① 爆破する ② 損なう, 害をなす, ぐらつかせる: ～ авторите́т 権威を失墜させる **‖~ся** [不完] / [完] ① 爆破される; 爆死する ② 損われる ③《完》《若者・戯》起きる

**подрыва́ть²** [不完] / **подры́ть** -ро́ю, -ро́ешь 受過-ты́й [完] ①…の下を掘る ②〈例/圧〉もう少し掘る, 掘り足す

**подрывни́к** -а́ [男2] 爆破作業員

**подрывно́й** [形2] 爆破(用)の; 破壊の, 破壊的な

**подры́ть** [完] → **подрыва́ть²**

**подря́д¹** [男1] 請負, 請負仕事 **‖~ный** [形1]

\***подря́д²** [パドリャ́ート] [副]〔in succession〕次々と, 連続して; 手当たり次第に, 例外なく: Разда́лось шесть вы́стрелов ～. 続けざまに6発の銃声が響いた

**подряди́ть** [完] →подряжа́ть

**подря́дчик** [男2] 請負人, 請負機関

**подряжа́ть** [不完] / **подряди́ть** -яжу́, -яди́шь 受過 -я́женный/-яжённый (-жён, -жена́) [完] 《話》〈кого́ в кого́-что на что〉…を一時的に雇う; …に請け負わせる

**подря́сник** [男2] 聖衣の下に着る袖の細い長衣

**подсади́ть** [完] →подса́живать

**подсадн|о́й** [形2] おとりの: -а́я у́тка デコイ, 狩猟で使う模型の鳥

**подса́живать** [不完] / **подсади́ть** -сажу́, -са́дишь 受過 -са́женный [完] 〈кого́〉① 〈人が座る[乗る]のを助ける〉: ~ ребёнка в авто́бус 子どもをバスに乗せてやる ② 隣に座らせる; 追加して入れる ③〈кому́〉《車など》に乗せる, 乗せてやる ④〈狩/圧〉植え足す ⑤《俗》代わりに置く ⑥〈医〉〈生体組織〉を植えつける

**подса́живаться** [不完] / **подсе́сть** -ся́ду, -ся́дешь 過 -се́л 能過 -се́вший 副分 -сев [完] ①〈к кому́〉近くに[隣に]座る; 同乗する ②《隠・警察》自由刺奪の決定が下される ③ 〈完〉〈на что́〉真剣に始める

**подса́ливать** [不完] / **подсоли́ть** -солю́, -со́лишь 受過 -со́ленный [完] 〈что́〉に少し[さらに]塩を加える

**подсвети́ть** [不完] / **подсвети́ть** -ечу́, -е́тишь [完] 〈что́〉下から照らす

**подсве́чник** [ш] [男2] 燭台, ろうそく立て

**подсви́нок** -нка [男2] 生後4-10か月の子豚

**подсви́стывать** [不完] 〈кому́〉《歌・演奏・踊りなどに合わせて》口笛を吹く

**подсева́ть, подсе́ивать** [不完] / **подсе́ять** -се́ю, -се́ешь 受過 -се́янный [完] ①〈что́/圧〉をまき足す ②〈что́〉他の作物の間に蒔く

**подсе́ка** [女2] 森林の中の耕作用伐採地

**подсека́ть** [不完] / **подсе́чь** -еку́, -ечёшь, … -еку́т 命 -еки́ 過 -се́к, -секла́ 能過 -се́кший/-се́кший 受過 -сечённый (-чён, -чена́)/-се́ченный 副分 -се́кши/-се́кши [完] 〈что́〉① 下から[下を] 切る ② (耕地にするために)〈森林〉を伐採する ③ 《足を払って》倒す ④《話》弱らせる, 力を弱める ⑤ (釣りで)あたりを合わせる

**подсе́кция** [女9] 小節, 下位区分

**подселя́ть, подсели́ть** -селю́, -сели́шь/-се́лишь 受過 -селённый (-лён, -лена́) [完] 〈кого́〉(すでに誰かが住んでいるところへ) 住まわせる, 同居させる **//~ся** [不完] [完] 近くに移転する

**подсе́сть** [完] →подса́живаться

**подсе́чка** 複生 -чек [女2] ①→подсека́ть ②《格闘技》足払い; 《フィギュア》クロスオーバー (ステップ)

**подсе́чь** [完] →подсека́ть

**подсе́ять** [完] →подсева́ть

**подси́живание** [中5] 陰謀, 悪だくみ

**подси́живать** [不完] / **подсиде́ть** -сижу́, -сиди́шь 受過 -си́женный [完] ① 〈狩〉待ち伏せる ②《話》陥れる, 嫌がらせをする

**подси́нивать** [不完] / **подсини́ть** -ню́, -ни́шь 受過 -нённый (-нён, -нена́) [完] 〈что́〉蛍光染料を入れて洗う

**подсказа́ть** [完] →подска́зывать

**подска́зка** 複生 -зок [女2] こっそり教えること, 耳うち; 《劇》プロンプター

**подска́зчи|к** [ш] [男2] -**ца** [女3] 《話》こっそり教える人; 《劇》プロンプター

*_**подска́зывать** [パトスカーズィヴァチ] [不完] / **подсказа́ть** [パトスカザーチ] -кажу́, -ка́жешь 命 -кажи́ 受過 -ка́занный [完] [give a hint, prompt] 〈что́ кому́〉① そっと教える, 耳うちする: ~ отве́т ученику́ 生徒に答えをそっと教える ② 示唆する, 気づかせる ③ 教える, 助言する ◆**Не подска́жете...?** すみませんが, 教えていただけませんか **//~ся** [不完] [受身]

**подска́кивать** [不完] / **подскочи́ть** -скочу́, -ско́чишь [完] ① 〈完まで подскака́ть -скачу́, -ска́чешь〉跳んでくる ② 駆け寄る ② 跳び上がる ③《話》急上昇する, はね上がる ④ 《俗》ちょっと立ち寄る

**подсла́щивать** [不完] / **подсласти́ть** -ащу́, -асти́шь 受過 -лащённый (-щён, -щена́) [完] 〈что́〉少し[さらに]甘くする: ~ чай са́харом お茶にもっと砂糖を入れる

**подсле́дники** -ов [複] 《話》《女性用》くるぶしソックス, パンプス用靴下

**подсле́дственный** [ц] [形1] 取調べを受けている, 審理中の

**подслепова́тый** 短 -а́т [形1] ① 目がよく見えない, 視力が非常に悪い ②《話》《文字が》はっきりしない, よくわからない

**подслу́живаться** [不完] / **подслужи́ться** -ужу́сь, -у́жишься [完] 《話》〈к кому́〉とりいる, おもねる

**подслу́шивать** [不完] / **подслу́шать**受過 -анный [完] 〈что́〉盗み聞きする: подслу́шивающее устро́йство 盗聴器

**подсма́тривать** [不完] / **подсмотре́ть** -отрю́, -о́тришь 受過 -о́тренный [完] 〈что́/за кем-чем〉…を盗み見する: ~ в замо́чную сква́жину 鍵穴からのぞく ② 偶然気づく, 目にする; 見て取る, 見破る

**подсме́иваться** [不完] / **подсмея́ться** -смею́сь, -смеёшься [完] 〈над кем-чем〉からかう, 笑いものにする

**подсмотре́ть** [完] →подсма́тривать

**подсне́жник** [男2] 《植》スノードロップ(属); 雪解け直後に咲き出す草花

**подсне́жный** [形1] 雪の下の; 雪解け直後に現れる

**подсо́бка** 複生 -бок [女2] 《話》補助的な建物[部屋], 物置, 倉庫

**подсобля́ть** [不完] / **подсоби́ть** -блю́, -би́шь [完]《俗》〈圧〉を助ける, 手伝う

**подсо́бник** [男2] 《話》補助的な労働者, 見習い

**подсо́бный** [形1] 補助的な, 副次的な: ~ зарабо́ток 副収入

**подсо́вывать** [不完] / **подсу́нуть** -ну, -нешь 受過 -тый [完] ①〈что́〉下へ入れる, 突っ込む ②《話》〈что́ кому́〉こっそり入れる; (だまして) つかませる ③《話》賄賂を握らせる

**подсоединя́ть** [不完] / **подсоедини́ть** -ню́, -ни́шь受過 -нённый (-нён, -нена́) [完] 〈что́ к чему́〉に接続する, つなぐ, 通信させる

**подсозна́ние** [中5] 《心》潜在意識

**подсозна́тельный** 短 -лен, -льна [形1] 潜在意識の, 意識下の; 無意識の, 本能的な

**подсоли́ть** [完] →подса́ливать

**подсо́лнечник** [男2] 《植》ヒマワリ(属); その種子

**подсо́лнечный** [形1] ヒマワリの: -ое ма́сло ヒマワリ油 ② 日のあたる, 日なたの; 地上の

**подсо́лнух** [男2] ① = подсо́лнечник ② (通例複) ヒマワリの種子

**подсо́хнуть** [完] →подсыха́ть

**подсо́чка** [女2] 樹脂[樹液]を取るために木に切り傷をつけること

**подспо́рье** [中4] 《話》助け, 援助

**подспу́дный** 短 -ден, -дна [形1] 隠された, 表に現れない

**подста́вить** [完] →подставля́ть

**подста́вка** 複生 -вок [女2] ① 下に置くこと ② 替え玉を使うこと ③ 台, 台座; 支え

**подставля́ть** [不完] / **подста́вить** -влю, -вишь 受過 -вленный [完] 〈что́〉① 下に置く[支えになるものを]据える ② 近寄せる ③ 差し出す; (攻撃などに)さらす ④ 置き換える, 代入する; 替え玉を使う

**подставн|о́й** [形2] ① 下[脇]に置かれる ② 替え玉

**подстака́нник** [男2] (取っ手付きの)コップ受け, グラスホルダー

**подстано́вка** 複生 -вок [女2] ① (攻撃などに)さらすこと ② 置き換え;《数》代入

**подста́нция** [女9] (通信・電力などの)中継所;中継局, 変電所

**подстёгивать** [不完] / **подстегну́ть** -ну́, -нёшь 受過 -тёгнутый [完] 〈В〉① 《話》(ボタン・金具などで)下[わき]から留める ② 鞭をあてる ③《話》急がせる, せきたてる; そそる, 煽(ｱｵ)る

**подстёжка** 複生 -жек [女2] (ボタン・金具などで留める)暖かい裏地, ライナー

**подстели́ть** -стелю́, -сте́лешь 受過 -сте́ленный [完] = подстла́ть (→подстила́ть)

**подстерега́ть** [不完] / **подстере́чь** -регу́, -режёшь, ... -регу́т命 -реги́ 過 -рёг, -регла́ 受過 -режённый [-жён, -жена́] [完] 〈В〉① 待ち伏せする〈時機が到来するのを〉待つ: ~ врага́ 敵を待ち伏せする ② (嫌なことが)待ち受ける

**подсти́л** [男1] = подсти́лка

**подстила́ть** [不完] / **подостла́ть** подстелю́, подсте́лешь 受過 подо́стланный [完] 〈В〉① 下に敷く ② (土などが)上にかぶさる

**подсти́лка** 複生 -лок [女2] ① 下に敷くこと ② 下に敷いたもの, 敷物; (家畜の)敷きわら

**подстра́ивать** [不完] / **подстро́ить** -о́ю, -о́ишь 受過 -ро́енный [完] 〈В〉① 並べて[くっつけて]建てる ②《話》たくらむ, 仕組む ③《楽器の音を合わせる, チューニングする; 周波数を合わせる ‖ **~ся** [不完] [受身]

**подстрахо́вывать** [不完] / **подстрахова́ть** -ху́ю, -ху́ешь 受過 -рόванный [完]〈В〉①《スポーツ・サーカス・高所作業などで》危険防止をはかる, しばらく手を貸す ②《望ましくないことから》守る, 防ぐ

**подстрека́тель** [男5] 扇動者, 教唆者

**подстрека́тельский** [形3] 扇動的な

**подстрека́тельство** [中1] 扇動, 教唆

**подстрека́ть** [不完] / **подстрекну́ть** -ну́, -нёшь [完] 〈В〉① 扇動する, 唆す: ~ его́ к ссо́ре 彼にけんかをけしかける ② 《感情を》そそる, 煽る

**подстре́ливать** [不完] / **подстрели́ть** -релю́, -ре́лишь 受過 -ре́ленный [完]〈В〉撃って傷つける, 射止める

**подстрига́ть** [不完] / **подстри́чь** -ригу́, -рижёшь, ... -ригу́т命 -риги́ 過 -ри́г, -ри́гла 受過 -ри́женный 副分 -ри́гши [完]〈В〉髪・木などを少し切る, 切り揃える: 〈В〉の髪を切る

**подстрига́ться** [不完] / **подстри́чься** -ригу́сь, -рижёшься, ... -ригу́тся 命 -риги́сь -ри́гся, -ри́глась 能過 -ри́гшийся 副分 -ри́гшись [完] 自分の髪を切る, 髪を切ってもらう: ~ в парикма́херской 理髪店で髪を切ってもらう

**подстро́ить** [完] → подстра́ивать

**подстро́чник** [男2] 逐語訳

**подстро́чн**|**ый** [形1] ① 行[ページ]の下にある: -*ое* примеча́ние 脚注 ② 逐語的な

**по́дступ** [男1] ① 接近 ②《通例複》接近するための道, 進入路

**подступа́ть** [不完] / **подступи́ть** -ступлю́, -сту́пишь [完] ① 〈К 与 に〉(歩いて)近づく; 迫る, 接近する ② 《話》〈К 与 に〉迫り寄る ③《話》(季節などが)やって来る ④ 《感情などが》こみあげる, 襲う ‖ **~ся** [不完] / [完] ① 《話》近づく, 接近する ② 頼みごとをする

**подсуди́м**|**ый** (形1変化) [男名] / **-ая** [女名] 被告(人): допроси́ть -*ого* 被告を尋問する │ скамья́ -*ых* 被告席

**подсу́дн**|**ый** 短 -ден, -дна [形1]《法》裁判に付されている:〈与の裁判所の〉管轄下にある: де́ло, -*ое* городско́му суду́ 市裁判所所管の事件 ‖ **-ость** [女10]

**подсуети́ться** -ечу́сь, -ети́шься [完] 《話》間に合う, 折よくする, 全力を尽くす

**подсу́живать** [不完] / **подсуди́ть** -сужу́, -су́дишь [完] 《スポ》《話》〈与に〉有利な審判をする

**подсу́мок** -мка [男2] (1) 弾薬嚢(ﾉｳ)

**подсу́нуть** [完] → подсо́вывать

**подсу́шивать** [不完] / **подсуши́ть** -сушу́, -су́шишь 受過 -су́шенный [完] 〈В〉① 少し乾かす ② 《話》痩せさせる

*подсчёт* [щт] [男1] [calculation] ① 総計すること ② 《複》総計, 集計: прове́рить ~*ы* 検算する │ по приблизи́тельным -*ам* 概算では

**подсчи́тывать** [щт] [不完] / **подсчита́ть** [完] [calculate, total] 〈В〉総計する, 集計する ‖ **~ся** [不完] [受身]

**подсыла́ть** [不完] / **подосла́ть** подошлю́, подошлёшь 受過 подо́сланный [完] 〈В〉① ひそかに送る[派遣する] ② 《話》送る, 派遣する ③ 《話》〈В/生〉少し送る, 送り足す

**подсыпа́ть** [不完] / **подсы́пать** -плю, -плешь / -пешь, ... -плют / -пят 受過 -анный [完] 〈В/生〉《粉・粒状のものを》さらに撒(ｶ)く; こっそり入れる

**подсыха́ть** [不完] / **подсо́хнуть** -ну, -нешь 命 -ни 過 -о́х, -о́хла [完] 少し[ところどころ]乾く

**подта́ивать** [不完] / **подта́ять** -та́ет [完] 少し[下から, 端が]溶ける

**подта́лкивать** [不完] / **подтолкну́ть** -ну́, -нёшь 受過 -о́лкнутый [完] 〈В〉① 軽く押す[突く] ② 押しやる ③ 《話》駆り立てる, うながす

**подтанцо́вка** 複生 -вок [女2] 《楽》バックダンス

**подтанцо́вывать** [不完] 《話》(足を動かして)踊るようなしぐさをする

**подта́пливать** [不完] / **подтопи́ть** -топлю́, -то́пишь 受過 -то́пленный [完] 《話》〈В〉少し[さらに]焚く

**подта́скивать** [不完] / **подтащи́ть** -ащу́, -а́щишь 受過 -а́щенный [完] 〈В〉引き寄せる, 引っ張っていく

**подтасо́вывать** [不完] / **подтасова́ть** -су́ю, -су́ешь 受過 -о́ванный [完] 〈В〉① 《トランプなど》いかさまして切る ② (都合のいいように)歪める, 歪曲する ‖ **подтасо́вка** 複生 -вок [女2]

**подта́чивать** [不完] / **подточи́ть** -очу́, -о́чишь 受過 -о́ченный [完] 〈В〉① 少し研ぐ ② 下[内部]から食って寄せを与える; 浸食する ③ 弱まらせる, 蝕む ◆ кома́р но́са не подто́чит 文句のつけようがない

**подта́шнивать** [不完] 《無人称》〈В〉少し吐き気を催させる

**подтащи́ть** [完] → подта́скивать

**подта́ять** [完] → подта́ивать

*подтвержда́ть* [パットヴィルジダーチ] [不完] / **подтверди́ть** [パットヴィルヂェーチ] -ржу́, -рди́шь, ... -рдя́т 過 -рди́л 受過 -ждённый [-дён, -дена́] [完] [confirm] 〈В〉① 確認する; 証明する, 裏づける: ~ прика́з 命令を確認する │ Этот слу́чай *подтверди́л* пра́вильность его́ слов. その出来事は彼の言葉の正しさを裏付けた ②《言明・命令などを》繰り返す, 再確認する ‖ **~ся** [不完] / [完] ① 正しいとわかる, 確認される ② 《不完》[受身]

*подтвержде́ние* [中5] [confirmation] ① 確認, 証明, 裏づけ: в ~ 生 …の確認[裏付け]として ② 確認するもの, 証拠, 確証

**подтёк** [男2] ① (打撲などによる)青あざ ② (液体が流れた)跡, 染み

**подтека́ть** [不完]/**подте́чь** -ечёт, -еку́т 命 -еки́ 過 -тёк, -текла́ 能過 -те́кший 副分 -те́кши [完] ① 下へ流れ込む ② 《話》漏る ③ 《完》《話》(打撲で)腫れる, あざになる

**подте́кст** [男1] 言外の意味, 隠された意味

**подтёлок** -лка [男2] 1歳の子牛

**подтере́ть** [完] →подтира́ть

**подте́чь** [完] →подтека́ть

**подтира́ть** [不完]/**подтере́ть** -дотру́, -дотрёшь 過 -тёр, -тёрла 能過 -тёрший 受過 -тёртый 副分 -рёв/-тёрши [完] 《П》 ① 拭き取る ② 《書かれたものを》少し慎重に消す ③ …の尻を拭く

**подти́рка** 複生 -рок [女2] 《話》 ① 拭き取ること; 消すこと; 拭き取ること ② 拭き取るもの; ちり紙, ふきとり紙

**подтолкну́ть** [完] →подта́лкивать

**подтопи́ть** [完] →подта́пливать

**подто́пка** 複生 -пок [女2] ① 少し〔さらに〕焚くこと ② 《集合》焚きつけ

**подто́чный** [完] →подта́чивать

**подтру́нивать** [不完]/**подтруни́ть** -ню́, -ни́шь [完] 〈над圈〉からかう

**подтыка́ть** [不完]/**подоткну́ть** -ну́, -нёшь 受過 -о́ткнутый [完] 《П》 ① 下から〔下を〕ふさぐ, 詰める ② 下へ巻き込む; 〈衣服の端をベルトに〉挟む

**подтя́гивание** [中5] 《スポ》懸垂

**подтя́гивать** [不完]/**подтяну́ть** -тяну́, -тя́нешь [完] 《П》 ① 〈П〉引き寄せる; 下へ引き入れる ② 〈П〉〈兵力を〉集結させる ③ 《話》〈П〉〈規律・能力などを〉向上させる; …に活を入れる ④ 《話》〈П〉に合わせて歌う, 伴唱する

**подтя́гиваться** [不完]/**подтяну́ться** -тяну́сь, -тя́нешься [完] ① 自分のベルトを〔ベルトで〕締める ② (何かにつかまって)自分の体を持ち上げる, 懸垂をする ③ (兵力が)集結する; 近づく ④ 《話》(規律・能力などが)向上する, 気合が入る ⑤ 身を引き締める

**подтя́жка** 複生 -жек [女2] ① よりきつく締めること ② 《複》ズボンつり, サスペンダー

**подтя́нутый** [形1] ① (腹・わき腹が)へこんだ, 締まった ② きちんとした, 引き締まった ‖ **-ость** [女10]

**подтяну́ть(ся)** [完] →подтя́гивать(ся)

*\***поду́мать** [パドゥーマチ] [完] ① →ду́мать ② 《о圈/над圈のことを》しばらく考える: Не торопи́сь с реше́нием, поду́май хоро́шенько. 急いで決めずに, よく考えなさい ③ 〈о圈のこと〉を〔о圈〕と考える; 〈чтó節〉…という考えに達する ④ 〈否定文で〉〈不定形で〉…する必要を認めない, する気になる: И не поду́мал извини́ться. 謝るなんてとんでもない ⑤ 《о圈》を気遣う, 心配する ◆ *И не поду́маю!* 《話》とんでもない, そんな気はさらさらない | *Кто бы мог ~!* 思いもよらなかった, 驚いた | **поду́маешь** 《話》(皮肉・不信)どうってことない, 騒ぐほどのことじゃない | *~, како́й у́мник!* いやはや, 大した利口者だね | **поду́май** *=* **то́лько** 《話》驚いたね, あきれたね

**поду́маться** [完] →ду́маться

**поду́мывать** [不完] 《話》 ① 時々考える ② 〈不定形で〉…しようと思う, …するつもりである

**по-дура́цки** 《話》ばかみたいに

**подурне́ть** [完] →дурне́ть

**поду́ть** -у́ю, -у́ешь [完] ① 吹き始める; 息を吹きかけ始める ② しばらく吹く; しばらく息を吹きかける

**поду́чивать** [不完]/**подучи́ть** -учу́, -у́чишь 受過 -у́ченный [完] 《П》 ① 少しを教える; 少し〔もっとよく〕覚える ② 《П》に〈不定形で〉教える ‖ **~ся** [不完]/[完] 《話》少し〔もっと〕学ぶ〔覚える〕

**поду́шечка** 複生 -чек [女2] ① [指小] <поду́шка① ② 《通例複》《枕形の》キャンディー, カラメル

**подуши́ть** -ушу́, -у́шишь 受過 -у́шенный [完] 〈П〉 ① 《話》(全部・多く)絞め殺す, 窒息させる ② …に少し香水をふりかける ‖ **~ся** [完] 自分に香水をふりかける

*\***поду́шк|а** [パドゥーシカ] 複生 -шек [女2] [pillow, cushion] ① 枕; クッション: дива́нная ~ ソファー用クッション | положи́ть го́лову на -у 枕に頭をのせる ② 《工》クッション, 支え, 台: возду́шная ~ 空気のクッション エアバッグ ③ 《ビジネス》準備金 ■ **су́дно на возду́шной -е** ホバークラフト

**подфа́рник** [男2] (自動車の)車幅灯

**подхали́м** [男1] おべっか使い, ご機嫌取り

**подхали́маж** [男4] 《話》おべっか, ごますること

**подхали́мничать** [不完] 《話》おべっかを使う

**подхали́мство** [中1] 《話》= подхалима́ж

**подхва́т** [男1] ① 《話》持ち上げること; つかむこと; 伴唱すること ② 《衣服などの》盛り上がったところ ◆ *(быть) на* *~* 《話》何でも引き受ける

*\***подхва́тывать** [不完]/**подхвати́ть** -хвачу́, -хва́тишь 受過 -хва́ченный [完] [catch] 〈П〉 ① (下から・端をつかんで)持ち上げる, 支え持つ; 〈П〉すくい取る, 引っかけて取る: ~ мешо́к 袋を持ち上げる | Он подхвати́л старика́ под мы́шки. 彼は老人のわきの下をかかえて抱き起こした ② (飛んで・落ちてくるものを)受けとめる, つかむ, ひっつかむ: ~ мяч ボールをキャッチする | ~ па́дающую ва́зу 倒れてくる花瓶を受けとめる ③ (流れなどが)押し流す, のみ込む: Бы́строе тече́ние подхвати́ло брёвна. 急流が丸太を押し流した ④ 《俗》(途中で)乗せて行き, 拾う ⑤ 《話》(急に・思いがけず)手に入れる: ~ бога́того жениха́ 金持ちの結婚相手を見つける ⑥ 《他人が始めたことを》引き継ぐ, 受け継ぐ; 借用する: ~ чужу́ю мысль 他人の考えを借用する ⑦ …の後について歌う, 伴唱する ‖ **~ся** [不完] ① 《俗》急いで出かける ② 《不完》受身

**подхихи́кивать** [不完]/**подхихи́кнуть** -ну, -нешь 命 -ни [1回] 《話》こっそりあざ笑う, 忍び笑いする

**подхлёстывать** [不完]/**подхлестну́ть** [сн] -ну́, -нёшь 受過 -лёстнутый [完] ① (軽く)鞭をあてる ② 急がせる, はっぱをかける

*\***подхо́д** [パトホート] [男1] [approach] ① 近づくこと, 接近: ~ электри́чки 電車の接近 ② 近づくための道: ~ к мо́рю 海へくだる道 ③ やり方, 方法, アプローチ; (人への)対応の仕方: пра́вильный ~ к реше́нию пробле́мы 問題解決への正しいアプローチ ④ 《通例複》《話》策略, トリック

*\***подходи́ть** [パトハヂーチ] -хожу́, -хо́дишь, ... -о́дят 命 -ди́ [不完]/**подойти́** [パダイチー] -йду́, -йдёшь 過 -дошёл, -дошла́ 能過 -доше́дший 副分 -йдя́ [完] [approach, fit] ① 〈к圈に〉(歩いて)近づく, 近寄る; 〈乗物が・乗物に〉近づく, 接近する: ~ к окну́ 窓に近づく | Де́вочка подошла́ ко мне. 女の子が私の方に近寄ってきた | Авто́бус подхо́дит к остано́вке. バスが停留所に近づいている ② 〈к圈に〉〈時間・年齢など〉に〉近づく: ~ к тридцати́ года́м 30歳に近づく ③ 到着する, やって来る: Начина́йте — остальны́е подойду́т поздне́е. 始めて下さい, 他の人たちは後でまでしょう ④ 〈к圈に〉〈山・川などが〉…のすぐそばに・に隣接する: Лес подошёл к са́мой доро́ге. 森は道路のすぐそばまで迫っていた ⑤ 〈к圈に〉取りかかる, 到達する: ~ к заверше́нию диссерта́ции 学位論文の完成に漕ぎ着ける ⑥ 〈к圈に〉近づく, 接する: ~ объекти́вно к оце́нке рабо́ты 仕事の評価に客観的な態度をとる ⑦ (時期・現象・出来事などが)到来する, 訪れる; 現れる, 生じる: Подошёл сеноко́с. 草刈りの時期がやってきた ⑧ 適する, 合う: Э́тот пиджа́к мне подхо́дит. この上着は私にぴったりだ ⑨ 《話》なくなる, 尽きる

⑩ (パン生地などが)ふくれる

\*подходя́щий [パトハジャーッシイ] [形6] [suitable] 適当な, ふさわしい: воспо́льзоваться –им моме́нтом 適当な折を捉える

подцепля́ть [不完] / подцепи́ть -цеплю́, -це́пишь 受過-це́пленный [完] 〈対〉 ① 引っかけ上げる ② 《話》(下・後ろから)連結する, つぎ足す ③ 《話》手に入れる; (病気に)急にかかる

подча́с [副] 時々

подчёркнутый [形1] 明白な, はっきりした

\*подчёркива|ть [パッチョルキヴァチ] [不完] / подчеркну́ть [パッチルクヌーチ] -ну́, -нёшь 命 -ни́ 受過 -чёркнутый [完] [underline, emphasize] 〈対〉 ① …の下に線を引く: ~ сло́во кра́сным карандашо́м 単語に赤鉛筆でアンダーラインを引く ② 強調する, 力説する ③ 際立たせる **//–ся** [不完] **//–ние** [中5]

\*подчине́ние [中5] [submission] ① 服従させること; 服従, 隷属 ②《文法》従属, 従位 (↔сочине́ние)

подчинённ|ый [形1] ① 従属している ② 二次的な ③ — [男名] /–ая [女名] 部下, 下役

подчини́тельный [形1]《文法》従属の, 従位接続詞の

\*подчиня́ть [不完] / подчини́ть -ню́, -ни́шь [完] [subordinate] 〈対〉 ① 従わせる, 服従させる, 従属させる: Он подчиня́л всё своему́ влия́нию. 彼は彼女を自分の影響下においていた ②〈対〉を〈与の〉指揮下 [管轄下] におく: ~ институ́т министе́рству 研究所を本省の管轄下におく ③ 捧げる, 費やす ④《文法》従属させる

\*подчиня́ться [不完] / подчини́ться -ню́сь, -ни́шься [完] [submit] ①〈与に〉服従する, 従属する ② 従う, 従って行動する: ~ го́лосу со́вести 良心の声に従う

подчи́стить [完] → подчища́ть

подчисту́ю [副]《俗》残らず, すっかり

подчища́ть [不完] / подчи́стить -чи́щу, -чи́стишь 受過 -чи́щенный [完] 〈対〉 ① 少しきれいにする [掃除する] ②〈対〉文字などを〉消す, 削り取る; 訂正する ③〈対/生の〉皮をもっときれいにむく ④《話》使い果たす, 食べ尽くす

подшёрсток -тка [男2] (長い毛の下に生える) 柔毛

подше́фный 短-фен, -фна [形1] 支援 [援助] を受けている

подшиба́ть [不完] / подшиби́ть -шибу́, -шибёшь 過 -ши́б, -ши́бла 受過 -ши́бленный [完]《話》〈対〉 ① 打ち落とす, 打ち倒す ② 打って傷つける

подшива́ть [不完] / подши́ть подошью́, подошьёшь 命 подше́й 受過 -тый [完] 〈対〉 ① 裏 [下] から縫いつける: ~ подкла́дку к пальто́ コートに裏を付ける ② 縁を折りかえして縫う, 縁縫いする ③ 綴じ込む, ファイルする

подши́вка 複生 -вок [女2] ① < подши́ть ② (新聞・書類などの) 綴じ込み, ファイル ③ 縁を折りかえして縫われたところ

подши́пник [男2]《機》ベアリング, 軸受け **// ~овый** [形1]

подши́ть [完] → подшива́ть

подшле́мник [男2] ヘルメットの下にかぶる帽子

подшофе́ [形] (不変) [副]《述語》(古風)ほろ酔い機嫌だ

подшта́нники -ов [複]《俗》ズボン下

подшу́чивать [不完] / подшути́ть -шучу́, -шу́тишь [完] 〈над 造〉からかう, 笑いものにする

подъ.. → под..

подъеда́ть [不完] / подъе́сть -е́м, -е́шь, -е́ст, -еди́м, -еди́те, -едя́т 過 -е́л -е́ла 命 -е́шь 受過 -е́денный [完]《俗》〈対〉 ① 下を [下から] 食う [かじる] ② 残らず食う, 平らげる

\*подъе́зд [パドイェースト] [男1] [entrance] ① 玄関口, エントランス, 車寄せ: пода́ть маши́ну к ~у 玄関口に車を回す ② (乗物で) 近づくための道, 通路 ③《狩猟》鳥を狩る手法の一つ

подъездно́й [зн] [形2] 近づく [乗りつける] ための

подъе́здный [зн] [形1] 玄関の, 入り口の

\*подъезжа́ть / подъе́хать -е́ду, -е́дешь 命 -езжа́й [完] [drive up] ①〈к 与に〉(乗物で) 近づく, 乗りつける: ~ к до́му на автомоби́ле 車で家に乗りつける ②〈под 造の下に〉(乗物で) 入る ③《俗》(乗物で) 立ち寄る, 訪れる ④《俗》〈к 与〉に取り入る, (好機を見て・おもねるように) 頼みごとをする

\*подъём [パドヨーム] [男1] [lifting, raising] ① 上げる [上がる] こと; 立ち上がること (起床する) ② 高くする [高くなる] こと, 上昇 (↔спуск): ~ фла́га 旗の掲揚 | ~ воды́ в реке́ 川の水位の上昇 ② 発展, 向上, 増進: ~ жи́зненного у́ровня наро́да 国民の生活水準の向上 ③ 熱意, 意気ごみ: рабо́тать с ~ом 熱をこめて働く ④ 上り坂, 上り道: круто́й ~ 急な上り坂 ⑤ (足・靴の) 甲: Сапо́г жмёт в ~е. このブーツは甲のところがきつい ⑥ 起床 [行進開始] の合図 ⑦《ビジネス》収入, 取引で得た利益 ♦лёгок [лёгкий] на ~ 腰が軽い, きびきびしている | тяжёл [тяжёлый] на ~ 腰が重い, 鈍重な

подъёмник [男2] (物・人を) 持ち上げる機械 (巻上げ機, クレーン, リフト, エレベーターなど)

подъёмн|ый [形1] ① 持ち上げる, 持ち上げるための: ~ кран 起重機, クレーン ② 上げることのできる ③ 上り坂の ④ 高揚した ⑤ 転任のための: –ые де́ньги 赴任手当

подъе́сть [完] → подъеда́ть

подъе́хать [完] → подъезжа́ть

подъязы́чный [形1] 舌下の

подыгра́ть [不完] / подыгра́ть 受過 поды́гранный [完]《話》〈与〉 ① 小さい音で…に合わせて伴奏する ② …に調子を合わせる, おもねる ③《劇・スポ》他の者を助ける, バックアップする

подыма́ть(ся) [不完]《話》= поднима́ть(ся)

поды́скива|ть [不完] / подыска́ть -ыщу́, -ы́щешь 受過 поды́сканный [完] 〈対〉適当なものを〉 見つける, 探し出す

подыто́жить [完] → итожи́ть, подыто́живать

подыто́живать [不完] / подыто́жить -жу, -жишь 受過 -женный [完] 〈対〉総計する, 要約する

подыха́ть [不完] (動物が) 死ぬ;《俗》(人が) 死ぬ, くたばる

подыша́ть -дышу́, -ды́шишь [完] 〈造〉をしばらく呼吸する

\*поеда́ть [不完] / пое́сть -е́м, -е́шь, -е́ст, -еди́м, -еди́те, -едя́т -е́л -е́ла 命 -е́шь 受過 -е́денный [完] 〈対〉 〈対/生の〉少し食べる: пое́сть пе́ред доро́гой 旅の前に腹ごしらえをする ② 残さず [たくさん] 食べる, 食い尽くす ③ (虫などが) 食って駄目にする: Моль пое́ла мех. 毛皮が虫に食われた

поеди́нок -нка [男2] ① 決闘 ② (二者間の) 戦い, 対決, 一騎打ち

поедо́м [副] ♦~ есть 〈対〉《俗》がみがみ叱る

поёживаться [不完] / поёжиться -жусь, -жишься [完] 軽く身を縮める

\*по́езд [ポーイスト] 複 -á [男1] [train] ① 列車, 汽車: пассажи́рский [това́рный] ~ 旅客 [貨物] 列車 | ско́рый ~ 急行列車 | скоростно́й ~ 高速列車 | сесть на [в] ~ 列車に乗る | сойти́ с ~а 列車から降りる | е́хать на ~е [~ом] 列車で行く | П~ на Москву́ отхо́дит со второ́й платфо́рмы. モスクワ行きの列車は2番ホームから出る ② (馬車・そりなどの) 列 ♦~ ушёл もう遅い, タイミングを逃した

пое́здить -е́зжу, -е́здишь [完] 小旅行をしてまわる

\*пое́здк|а [パイェーストカ] 複生 -док [女2] [trip, excur-

**поездно́й** 〔эн〕 [形2] <по́езд

**поездýшник** [男2] 〔俗〕(客車・貨物列車から盗む)泥棒

**поезжа́й** 〔命令〕< éхать, поéхать

**поéмный** [形1] 氾濫時に冠水する

**поéный** [形1] (子牛などが)たっぷり乳を飲んだ

**поéсть** [完] →есть¹, поеда́ть

＊**поéхать** [パィエーハチ] поéду, поéдешь 命 поезжа́й [完] 〔set off〕 < éхать の開始を示す ① (乗物で)出かける, 出発する;(乗物が)動きだす, 走りだす ＊ пойти́〔語法〕: ~ на маши́не 車で出かける | За́втра они́ *поéдут* в Ки́ев. あす彼らはキエフに行く | Авто́бус *поéхал*. バスが動きだした ② 〔話〕滑りだす, 動きだす ③ (3人称)〔話〕(編み目などが)ほどける, ほつれる ④〔話・非難〕(くだらないことを)饒舌に話し始める
◆ *Поéхали!*〔話〕さあ出かけよう;さあ始めよう, さあやろう 〔Дава́й!〕

**поéшь** 〔2単,現〕< поéсть

**поёшь** 〔2単現〕< петь

**пожалéть** [完] →жалéть

**пожа́ловать(ся)** [完] →жа́ловать(ся)

＊**пожа́луй** [パジャールイ] 〔perhaps〕①〔挿入〕おそらく, たぶん: Она́ ~, не придёт. おそらく彼女は来ないだろう ②〔同意を表わす〕

＊**пожа́луйста** [лы/л] [パジャールスタ] 〔助〕〔please, here you are, you are welcome〕①〔頼み〕どうぞ, どうか: Да́йте мне, ~, воды́. どうか水を下さい | Скажи́те, ~, ско́лько сейча́с вре́мени? すみません, 今何時でしょうか ②〔同意・許可に対する応答〕: Мо́жно войти́? — *П*~. 「入ってもいいでしょうか」「どうぞ」 ③〔謝辞・謝罪に対する応答〕どういたしまして, かまいません: Спаси́бо за по́мощь. — *П*~. 「ご助力ありがとうございます」「どういたしまして」 | Извини́те за беспоко́йство. — *П*~. 「お騒がせしてすみません」「どういたしまして」 ④〔強調〕まさに, やさしく ⑤〔話〕だしぬけに, いきなり
◆ *Здра́вствуйте* ~!〔話〕(1) = пожа́луйста (5) (2)〔不満・抗議〕それはひどい, まいったなあ | *Скажи́те* ~!〔話〕〔驚き・憤慨〕これは驚いた, あきれた

＊**пожа́р** [パジャール] [男1]〔fire〕①火事: туши́ть ~ 火事を消す | ~ вспы́хнул, когда́ я спал. 私が寝ていた時に, 火事が起こった ②〔雅〕炎, 火の手: ~ войны́ 戦火 ③〔俗〕危険を知らせる警告 ◆ *как на* ~〔話〕大急ぎで

**пожа́рить** -рю, -ришь [完] 〔-圧/-圧〕(しばらく・ある量)焼く, 揚げる, 炒める, 炒る

**пожа́рище** [中2] (火事の)焼け跡

**пожа́рник** [男2] 〔話〕消防士

＊**пожа́рн|ый** [形1] 〔fire, fireman〕① 火事の: *-ая* сигнализа́ция 火災警報装置 ②防火の, 消火用の: *-ая* кома́нда 消防隊 | ~ ги́дрант 消火栓 [男名] 消防士 ③火急の, 緊急の ◆ *в -ом поря́дке* 〔話〕大急ぎで, 慌てて

**пожаротуше́ние** [中5] 消火

**Пожа́рский** (Дми́трий Миха́йлович ~, 1578?-1642;ポーランドの侵入と戦った英雄)

**пожа́тие** [中5] 握ること

**пожа́ть(ся)** [完] →пожима́ть, пожина́ть

**пожда́ть** -жду́, -ждёшь 過 -жда́л, -ждала́, -жда́ло [完] 〔-圧〕しばらく待つ

**пожёвывать** [不完] / **пожева́ть** -жую́, -жуёшь [完] 〔-圧〕①しばらく噛む: ~ губа́ми 口をもぐもぐさせる ②〔話〕少し食べる

＊**пожела́ние** [中5] 〔wish〕①(表明された)希望, 願望, 挨拶: ~ до́брой но́чи おやすみの挨拶 ②要望, 要求

**пожела́ть** [完] →жела́ть

**пожелтéлый** [形1] 黄色くなった, 黄ばんだ

**пожелтéть** [完] →желтéть

**пожени́ть(ся)** [完] →жени́ть(ся)

**поже́ртвован|ие** [中5] 寄付, 寄進;寄付されたもの, 寄付金, 義援金: сбор *-ий* 寄付金募集

**поже́ртвовать** [完] →же́ртвовать

**поже́чь** -жгу́, -жжёшь, ..., -жгу́т 命 -жги́ 過 -жёг, -жгла́ 能過 -жжённый 受過 -жжённый (-жжён, -жжена́) [完] 〔-圧〕〔話〕①(全部・多く)焼き尽くす, 燃やす ②〔話〕(日光などが)しばらく焼く, 焼きこがす

**пожи́ва** [女1] 〔話〕もうけ, もうけ口

**пожива́ть** [不完] 暮らす < жить-~ 〔民謡〕暮らしていく | *Как поживáете?* いかがお暮らしですか, ごきげんいかがですか

**пожи́виться** -влю́сь, -ви́шься [完] 〔-圧〕①〈他人の物を〉利用する, 〈他人の物を〉利用してもうける ②(動物が)餌にする, 食べる

**пожи́зненн|ый** 短 -ен, -енна [形1] 一生涯の, 終身の: -ая пе́нсия 終身年金 | -ое заключе́ние 終身刑

＊**пожил|о́й** [パジローィ] [形1] 〔elderly〕①初老の, 熟年の: *-áя* же́нщина 初老の婦人 | в *-о́м* во́зрасте 初老である | челове́к *-ы́х* лет 初老の人 ② **-ы́е** [複名] 初老の人々;年配の人たち ■ Де́нь *-ы́х* люде́й 敬老の日 (10月1日)

**пожима́ть** [不完] / **пожа́ть¹** -жму́, -жмёшь 受過 -тый [完] 〔shake hands〕〈挨拶・感謝などのしるしに〉〈手・指を〉握る: ~ ру́ку дру́гу 友の手を, ...と握手する | Мы *пожа́ли* друг дру́гу ру́ки. 私たちは互いに握手を交わした ◆ *пожа́ть плеча́ми* 肩をすくめる (困惑・疑惑などを示す) // -ся [不完] / [完] しばらく身を縮める;しばらくもじもじする [ためらう]

**пожина́ть** [不完] / **пожа́ть²** -жну́, -жнёшь 受過 -тый [完] 〔-圧〕①〔雅〕獲得する, 手に入れる ②〔完〕刈り取る

**пожира́ть** [不完] / **пожра́ть** -жру́, -жрёшь 過 -а́л, -ала́, -а́ло 受過 пожра́нный [完] 〔-圧〕① (動物が)むさぼり食う;〔俗〕(人が)がつがつ食う ②〔不完〕〔話〕むさぼり読む ③(火などが)なめ尽くす ④〔話〕〈力を〉奪う, とりこにする ⑤〔俗〕少し食う, つまむ ◆ ~ *глаза́ми* ...を穴の開くほど見つめる

**пожи́тки** -ов [複] 〔話〕家財道具, 身の回り品

**пожи́ть** -живу́, -живёшь 過 по́жил/-и́л, -ила́, -и́ло/по́жи́ло -жи́вший [完] 〔-圧〕① (ある期間)生きる, しばらく暮らす: *Поживём* — уви́дим. 今にわかるだろう ②〔話〕面白おかしく暮らす

**по́жня** 複生 -жен [女5] 収穫後の畑

**пожра́ть** [完] →пожира́ть

**пожу́хлый** [形1] 色あせた, つやがなくなった

＊**по́з|а** [女1] 〔pose〕①姿勢, ポーズ ②見せかけ, 気取り: стать в *-у́* — приня́ть *-у* 気取る

**по-за** [前]〔俗〕①〔-圧〕...の後ろへ ②〔-圧〕...の後ろで, ...に沿って

**позаба́вить** -влю, -вишь 受過 -вленный [完] 〔-圧〕(少し)楽しませる ** -ся** [完] 〔-圧〕(少し)楽しむ

**позабо́титься** [完] →забо́титься

**позабыва́ть** [不完] / **позабы́ть** -бу́ду, -бу́дешь 受過 -тый [完] 〔-圧/о不定形〕...(するの)を忘れる

**позави́довать** [完] →зави́довать

**поза́втракать** [完] →за́втракать

＊**позавчера́** [パザフチラー] 〔副〕〔the day before yesterday〕おととい, 一昨日: *П*~ бы́ло о́чень жа́рко. おとといはとても暑かった

**позавчера́шний** [形8] おとといの ②はるか昔の

＊**позади́** [パザディー] 〔behind〕①〔副〕(↔впереди́) [前] 〔-圧〕...の後ろに, 後ろから: идти́ ~ всех 一番後ろから行

| **П** – до́ма нахо́дится сад. 家の後ろに庭がある
**II** [副] 後ろに[から]: оста́вить ~ 追いこす; 引き離す ② 過去に, もう過ぎた: Все тру́дности ~. 全ての困難は過去のものとなった

**позаи́мствовать** [完] →заи́мствовать

**позанима́ться** [完]〔話〕〈＋造〉ちょっと従事する [取り組む] |〈＋造〉のしばらく相手をする[勉強を見る]

**позапро́шлый** [形1] 前の前の: ~ год おととし

**позаре́з** [副]〔話〕すごく, とっても

**позари́ться** [完] →зари́ться

**позва́ть** [完] →зва́ть

**по-зве́рски** [副] 獣のように; 残酷に, 容赦なく

**позволе́н|ие** [中5]〔文〕許可, 承認, 同意 ◆**с –ия сказа́ть** 〔挿入〕あえて言わせていただければ, こう言ってはなんだが | **с ва́шего –ия** 〔挿入〕申し訳ありませんが, あなたのところに立ち寄ります

**позволи́тельный** 短-лен, -льна [形1] 許される, 許容できる

**‡позволя́ть** [バズヴァリャーチ][不完]/**позво́лить** [バズヴォーリチ]-лю, -лишь 命-ль 受動-ленный [完]〔allow, permit〕〈＋与に＋不定形〉許すこと①許す, 許可する: ~ выходи́ть и́з дому 外出を許可する | Ему́ всё позво́лено. 彼には何でも許されている ②可能にする, 許す: Если позво́лит вре́мя, я зайду́ к вам. 時間が許せば, あなたのところに立ち寄ります
◆**позво́ль(те)**〔異議・不同意・想起〕失礼ですが, ちょっと待って: **Позво́льте, я не согла́сен с ва́ми.** 失礼ですが, 同意しかねます | **позво́ль(те)** 不定形〔許可〕…させて下さい: **Позво́льте пройти́.** ちょっと通して下さい | ~ **себе́** 不定形[図] 思い切って…してみる | ~ **себе́** 不定形[図] …する余裕がある, ふける **// ~-ся** [不完]〔受動〕

**позвони́ть(ся)** [完] →звони́ть

**позвоно́к** -нка́ [男2]〔解〕椎骨; 脊椎: шейный ~ 頸椎

**позвоно́чник** [男1]〔解〕脊(‡)柱 ②〔俗〕コネで入学した[職に就いた]者

**позвоно́чн|ый** [形1] 椎骨の; 脊椎のある: **-ые** **живо́тные** 脊椎動物

**поздне́е** [зн] [副]①〔比較〕<по́здно: **Я верну́сь не** ~ **утра́.** 遅くとも朝(まで)に帰ってくる ②後で, 後になって

**поздне..** [副]〔語形成〕「遅い」「後期の」「晩生の」

**поздне́йший** [зн] [形6] 後の後の; 最新の, 最新の

**‡по́здн|ий** [зн] [ポーズニィ] [形8]〔late〕①〔時間的に〕遅い: **-ей но́чью** 夜遅くに | ~ **и́ля о́сень** 晩秋 ②遅れた, 遅れる: ~ **гость** 遅れて来た客 | **Весна́ в э́том году́ -яя.** 今年は春が遅い ③晩生の, おくての: **-ие сорта́ я́блок** 晩生種のリンゴ ④ 後期の, 晩年の: ~ **романти́зм** 後期ロマン主義
◆**са́мое -ее** 遅くても

**‡по́здно** [зн] [ポーズノ] 比 поздне́е/по́зже 〔late〕
**I** [副]〔時間的に〕遅く; 遅れて: ~ **ве́чером** 夜遅く | **Сего́дня я встал.** ~. きょう私は遅く起きた
**II** [無人述]〔時間的に〕遅い: **Уже́** ~, **пора́ спать.** もう遅い, 寝る時間だ |〈＋不定形〉…するには遅すぎる, 手遅れだ (★不定形は通例不完了体): **Тепе́рь** ~ **сожале́ть.** 今さら悔やんでも遅すぎる
◆**Лу́чше** ~, **чем никогда́.** 遅くてもしない[来ない]よりはまし

**поздоро́ваться** [完] →здоро́ваться

**поздорове́ть** [完] →здорове́ть

**поздорови́ться** -вится [完]〔無人称〕◆**не поздоро́вится** 与〔話〕…にとって困ったことになるだろう, …は不愉快な目に遭うだろう

**поздрави́тель** [男5] 祝いの言葉を述べる人, 祝い客

**\*поздрави́тельн|ый** [形1] 祝賀の: **-ая телегра́мма** 祝電

**поздра́вить** [完] →поздравля́ть

**\*поздравле́ние** [中5]〔congratulation〕①祝うこと, 祝賀 ②祝いの言葉, 祝辞; 賀状: ~ **с пра́здником** 祭日の祝いの言葉 | **принима́ть** ~ 祝辞を受ける

**‡поздравля́ть** [パズドラヴリャーチ] [不完] /**поздра́вить** [パズドラーヴィチ] -влю, -вишь, -вят 命-вь 受動-вленный [完]〈＋対 с＋造〉〔congratulate〕〈＋造のことで〉祝う,〈＋対 с＋造〉のお祝いを言う: **Поздравля́ю вас с днём рожде́ния [Но́вым го́дом]!** 誕生日[新年]おめでとうございます!

**позелене́лый** [形1] 緑色になった, 青かび[緑青]に覆われた

**позелене́ть** [完] →зелене́ть

**позелени́ть** [完] →зелени́ть

**земе́льный** [形1] 土地所有[利用]に関する

**позёмка** 複生-мок [女2], **позёмок** -мка [男2]〔気象〕地吹雪

**позёр** [男1] 気取り屋

**позёрство** [中1] 気取り, もったいぶり

**\*по́зже** [зн] (later) ①〔比較〕<по́здно: **Он прие́хал** ~ **всех.** 彼は一番遅れてやって来た ②後に, 後になって: **Ра́ньше здесь был пусты́рь,** ~ **разби́ли парк.** 以前ここは荒れ地だったが, その後公園が造られた

**пози́ровать** -рую, -руешь [不完] ①(絵・写真のモデルとして)ポーズをとる, モデルになる ②気取る, かっこうをつける

**позити́в** [男1] ①〔写〕ポジ, 陽画 ②肯定的なもの, 成果

**позитиви́зм** [男1]〔哲〕実証論, 実証主義

**позитиви́ст** [男1] 実証論者, 実証主義者

**\*позити́вный** 短-вен, -вна [形1]〔positive〕①実証的な, 事実(経験)に基づいた ②〔文〕肯定的な ③〔写〕ポジの, 陽画の

**позитро́н** [男1]〔理〕陽電子

**позициони́ровать** -рую, -руешь [不完・完]〔政〕立場を公にする

**‡пози́ция** [パジーツィヤ] [女9]〔position〕①位置, ポジション: ~ **гла́сного в сло́ве** 単語の中の母音の位置 ②(スポーツ・バレエなどの)体勢, ポーズ ③陣地;〔通例複〕戦闘地域: **передовы́е -ии** 前線 ④見地, 態度, 立場: **отста́ивать свою́** ~ **-ии** 自分の態度を貫き通す | **с -ии посторо́ннего наблюда́теля** 傍観者の立場から ⑤(チェスなどの)駒の位置
**// позицио́нный** [形1] <①③⑤

**познава́емый** [形1]〔文〕認識できる, 認識可能な

**познава́тельный** 短-лен, -льна [形1]〔文〕①認識の, 認識に関する ②認識を高める, 啓蒙的な

**\*познава́ть** -знаю́, -знаёшь 命-ва́й 副分-ва́я [不完] /**позна́ть** 受動-знан [完]〈＋対〉①認識する; (完全に)知る, 理解する: ~ **иску́сство жи́вописи** 絵画の技を知る ②経験する, 味わう: ~ **ра́дости пе́рвой любви́** 初恋の喜びを味わう

**познава́ться** -знаю́сь, -знаёшься [不完] ①わかる, 認識される: **друзья́ познаю́тся в беде́**〔諺〕まさかの時の友こそ真の友 ②〔受身〕<познава́ть

**познако́мить(ся)** [完] →знако́мить(ся)

**\*позна́ние** [中5]〔cognition〕①認識(すること): **тео́рия -ия** 認識論 ②〔複〕(ある分野の)知識

**позна́ть** [完] →познава́ть

**позоло́та** [女1] 金箔, 金めっき

**позолоти́ть** [完] →золоти́ть

**позоло́ченный** [形1] 金めっきした; 金ぴかの

**\*позо́р** [男1]〔shame〕恥, 恥辱, 不名誉: **вы́ставить** **対** **на** ~ …に恥をかかせる | **Како́й** ~! なんたる恥

**позо́рить** -рю, -ришь | **о-** 受動-ренный [完]〈＋対〉辱める, 侮辱する **// ~-ся** [不完] /[完] 恥をさ

らす, 笑いものになる

**позо́рище** [中2] 恥辱, 恥さらし

\***позо́рн|ый** 短 -рен, -рна [形1] 恥ずべき, 不名誉な, 屈辱的な: ~ посту́пок 恥ずべき行為 | вы́ставить к -о́му столбу́物笑いのたねにする, 恥をかかせる

**позуме́нт** [男1] (金・銀の)モール

**позы́в** [男1] 生理的要求: ~ ко сну́ 眠気

**позыва́ть** [不完] «無人称» на囲で«生理的要求を»催させる, …したいと思わせる

**позывн|о́й** [形1] «呼び出しの»: ~ сигна́л コールサイン -ы́е [複名] コールサイン

**поиздева́ться** -де́ржусь, -де́ржишься [完] «話» 少し散財する

**поигра́ть** [完] ちょっと遊ぶ

**пои́лка** 複生-лок [女2] ①（家畜・家禽用の）給水器, 水飼桶 ② = по́йльник

**по́йльник** [男2] （病人用の）吸い飲み

**поимённо** [副] 各自の名前を呼んで: вы́зывать ~ 点呼する

**поимённый** [形1] 名前を連ねた [記した]: ~ спи́сок 名簿

**поименова́ть** -ну́ю, -ну́ешь 受過 -о́ванный [完] «公» …の名を呼び上げる

**поиме́ть** [完] ①（抽象名詞と結合し, その意味に基づく完了体動詞と同じ意味を表す）: ~ знако́мство = познако́миться ② «俗»手に入れる ◆ ~ в виду́ «話» 考慮に入れる

**по́йм|а** 複生-мок [女2] 逮捕; 捕獲

**поиму́щественный** [形1] «公» 財産から徴収される: ~ нало́г 財産税

**поинтересова́ться** [完] →интересова́ться

\***по́иск** ボイスク [男2] [search] ①（通例複）捜索, 探索; （鉱物などの）探査, 探鉱: ~и беглеца́ 逃亡者の捜索 | Он бе́гал по го́роду в ~ах лека́рства. 彼は薬を探して町中を走りまわった ②（学問・芸術などにおける）探究, 追究: тво́рческий ~ 創造的探究 ③《軍》偵察

\***поиска́ть** -ищу́, -и́щешь [完] «囲» ① しばらく探す ②《поиска́ть の形で》《強い肯定・否定的評価》…はめったにない: Тако́го чудака́ ~. あんな変わり者はめったにない

**поискови́к** -á [男2]（鉱物などの）探査専門家

\***поиско́в|ый** [形1] 捜索の, 探査の: ~ая систе́ма [маши́на] 検索エンジン, サーチエンジン

**по-испа́нски** [副] スペイン語で; スペイン風に

\***пои́стине** [副] [in deed] 真に, 本当に

**по-италья́нски** [副] イタリア語で; イタリア風に

\***пои́ть** пою́, по́ишь/пои́шь 命同 能取 пои́мый 受過 по́енный [不完] «囲/на囲» [give to drink] ①«囲» …を飲ませる; «…に酒を»飲ませる: коня́ 馬に水を飲ませる | ~ и корми́ть семью́ 家族を扶養する ②«囲» …を濡らす, うるおす

**пой** [命令] < петь

**по́йло** [中1] ①家畜の飲み物 ②«俗» まずい飲み物; 水っぽくてまずい食べ物

**по́йм|а** 複生по́йм [女2] 川の氾濫で冠水する低地部分

**пойма́ть** [完] →лови́ть

**пойме́шь** [2単未] < поня́ть

**пойми́** [命令] < поня́ть

**пойму́** [1単未] < поня́ть

**по́йнтер** [男1]《動》ポインター（犬種）

\***пойти́** [バイチー] -йду́, -йдёшь 命 -йди́/«話» поди́ 過 пошёл, -шла́ 能過 поше́дший 副分 -йдя́ [完] (★идти́ の開始を表す) ①歩き始める, 歩き出す; «乗物・機械が» 動きだす, 走りだす: Он пошёл ме́дленно. 彼はゆっくりと歩きだした | По́езд пошёл. 列車が動きだした ②（歩いて）出かける, 出発する: Она́ пошла́ гуля́ть в парк. 彼女は公園へ散歩に出かけた

囲法 確実な未来には定動詞 идти́ の現在形が用いられ, 確定・不確定の関係にない場合や意志などを表す場合にはпойти の未来形が用いられる: За́втра я иду́ в теа́тр. あす私は劇場へ行きます（確定未来） | За́втра я пойду́ в теа́тр. あす私は劇場へ行きます（つもりです）. この定動詞には, 未来を表す語・文脈が必要; 他の移動動詞・定動詞も同様

③（ある方向・目的地に向かって）進みだす, 行く: ~ в отста́вку 退職する ④（学校などに）入る, 加入する: ~ в институ́т 大学に入学する ⑤（雨・雪などが）降りだす: Пошёл до́ждь. 雨が降りだした ⑥（行事などが）行われだす, 始まる: На экра́н [В прока́т] пошёл но́вый фильм. まもなく新しい映画が始まる ⑦（液体・気体などが）出始める, 発する; （噂などが）広まる: Из трубы́ пошёл дым. 煙突から煙が出始めた ⑧«на囲» に使われる, 使用される: Овёс пошёл в пи́щу. オート麦は食用にされた ⑨«в囲/к囲» …にふさわしい, 調和する; 似合う: Э́то пла́тье не пойдёт жене́. このドレスは妻には似合わない ⑩«за囲»（女性が）…と結婚する, …のところへ嫁にいく: Она́ пошла́ за него́ по любви́. 彼女は彼と恋愛結婚した ⑪《チェス・トランプ・с囲»〈駒・カードを〉出す, …でいく: ~ тузо́м エースを出す ⑫«в/на囲» ある動作に移される, まわされる; ある状態になる: ~ на слом 取り壊される | ~ на попра́вку 回復に向かう ⑬«話»（不定形不完で»…しだす, …し始める; «非難»（くだらないことを）競走に話し始める: Они́ опя́ть пошли́ расска́зывать. 彼らは再び語り始めた ⑭«в囲»になる（囲法 定動詞 身分・資格を示す特定の複数対格（例外的に主格か同形）が用いられる）; «в囲»…に似る: ~ в актёры 俳優になる | ~ в отца́ 父親に似る

◆~ е́сли (уж) на то пошло́ «話» そうなったからには, そういうことなら | Пошёл ты [вон, прочь]! = Пошла́ ты [она́]! = Пошли́ вы! «話» 出て行け, うせろ | Пошли́! «話» さあ出かけよう | Так не пойдёт. «話» そうじゃうまくはいかないよ | хорошо́ пошла́ [пошло́] ( 食事・飲み物が) うまい, 食べた [飲んだ] 後, 満足だ

\***пока́** [パカー] I [副] 今のところ, さしあたり, しばらく: ~ ничего́ не изве́стно. 今のところ何もわかっていない
II [接] ①…している間: ~ шёл дождь, мы смотре́ли телеви́зор до́ма. 雨が降っている間, 私たちは家でテレビを見ていた ②（通例完了的否定と共に）…するまで, …しないうちに（★«話» では не が省略されることもある）: Он ждал, ~ она́ не пришла́. 彼は彼女が来るまで待っていた III [間] さよなら, じゃあね: Ну, ~! じゃあ, また ◆ ~ что «話» 今のところは, さしあたり | ~ [-то] ещё «話» まだしばらく時間がかかる | до тех пор, ~ не … …するまでの時までは（→пора́）

**пока́з** [男1] [showing] ①見せること, 示すこと, 提示 ②上演, 上映, 展示 ③描写 ④見せびらかし, 誇示

\***показа́н|ие** [中5] [testimony, evidence] （通例複）①証言, 証拠となる資料: ~ия очеви́дцев 目撃者たちの証言 | дать -ия 証言する | снять -ия 尋問する ②供述, 自白 ③（計器の）表示値, 指示

\***показа́тел|ь** [パガザーチリ] [男5] [indicator] ①指標, 指数, データ: ~ произво́дственный -и 生産指数 ②《数》指数（~ сте́пени）

\***показа́тельн|ый** 短 -лен, -льна [形1] [significant] ①指標となる, 特徴的な, 典型的な; （長尾）見せるのが目的の, 広く紹介するための: ~ расстре́л 見せしめの銃殺 ②（長尾）模範となる: -ые уро́ки и заня́тия 模範授業

**показа́ть(ся)** [完] →каза́ться, пока́зывать(ся)

**показн|о́й** [形2] ①見せ物の, 展示の: ~ това́р 見本品 ②見せかけの, うわべだけの: -ы́е слёзы 空涙（крокоди́ловы слёзы）

**показу́ха** [女2] ①«俗» 見せかけ, 見せかけだけの行為 ②《スポ》フェイント

**пока́зывать** [パカーズィヴァチ] [不完] / **показа́ть** [パガザーチ] -кажу́, -ка́жешь 命 -кажи́ 受過 -ка́занный [完] [show, display] ① 〈図を図に〉見せる, 示す; 提示する; (診察などのために)見せる; 公開する, 上演[上映]する; ～ тетра́дь друго́му 友人にノートを見せる | ～ па́спорт パスポートを提示する | ～ больно́го врачу́ 医者に病人を診させる | ～, как писа́ть бу́квы 文字の書き方を教える ② 〈図に на図を〉指し示す: Он показа́л руко́й на маши́ну. 彼は手で車を指し示した ③〈図を〉実演して見せる; 描写する: ～ но́вые нра́вы 新しい風俗を描く ④〈図で特質などを〉現す, 発揮する; 明らかにする;〈記録・成績を〉出す, あげる; ～ прекра́сные зна́ния 素晴らしい知識を発揮する | Он показа́л себя́ хоро́шим руководи́телем. 彼は自分が立派なリーダーであることを示した | ～ хоро́шее [плохо́е] вре́мя 良い[悪い]記録を出す ⑤〈図で〉(計器類が)表示する, 示す: Часы́ пока́зывали по́лночь. 時計が夜中の12時をさした 〈что節〉証言する; 〈на что〉の有罪を証言する: Свиде́тель показа́л, что обвиня́емый был до́ма. 証人は被告は家にいたと証言した ⑦〈図で〉…に思い知らせる, …をこらしめる: Я тебе́ покажу́. 思い知らせてやるからな ⑧ [受身・短尾] 勧められる, 有益である ◆～ *вид* 様子を見せる | ～ *дверь* ～を追い出す | *не* ～ *ви́ду* 知らん顔をする | *не* ～ *глаз* 姿を見せないで, やって来る

**пока́зываться** [不完] / **показа́ться** -ажу́сь, -а́жешься [完] ① 現れる, 見えてくる: Из-за гор показа́лась луна́. 山かげから月が現れた ② 姿を見せる, 顔を出す; やって来る: Он показа́лся у меня́ впервы́е по́сле боле́зни. 彼は病気の後はじめて私のところに姿を見せた ③〈図に〉(診察などのために)見てもらう: ～ врачу́ 医者に診てもらう ④ 〈完〉《俗》〈図の〉気に入る ⑤ 〈受 身〉 ◆*не пока́зываться на глаза́* 《俗》姿を見せない, やって来ない

**покале́чить(ся)** [完] →кале́чить
**пока́лывать** [不完] 《話》 時々軽く刺す; 時々刺すように痛む
**покаля́кать** [完] 《俗》しばらくおしゃべりする
**пока́мест** [副] [接] [古] = пока́
**покапри́зничать** [完] →капри́зничать
**покара́ть** [完] →кара́ть
**поката́ть** [完] 〈図を〉① しばらく乗せてまわる ② しばらく転がす **∥～ся** しばらく乗りまわる
**покати́ть** -качу́, -ка́тишь 受過 -ка́ченный [完] ①〈図を〉転がし始める; 乗せて運ぶ ② 疾走し始める, 《乗り物で》急いで出かける ③《若者》〈図の〉気に入る ④ 《無人称》《若者》うまくいく
**покати́ться** -качу́сь, -ка́тишься [完] ① 転がりだす; 走り出す; 滑りだす; 響きだす; 流れだす: Колесо́ покати́лось. 車輪が転がりだした ②《話》(転がって)落ちる
**пока́тость** [女10] ① 傾斜, 勾配 ② 斜面
**пока́тываться** [不完] ◆～ *со смеху* 《話》笑いこげる
**пока́тый** 短 -а́т [形] 傾斜した, なだらかな勾配の
*покача́ть 受過 -ка́чанный [完] [swing (for a while)] ①〈図を〉しばらく揺する, 揺り動かす: ～ ребёнка на каче́лях 子どもをブランコに乗せて揺すってやる ②〈図を〉数回振る: ～ голово́й 首を横に振る(否定・疑念・非難の身振り) **∥～ся** [完] しばらく揺れる: ～ на каче́лях ブランコをこぐ
**пока́чивание** [中5] 揺れること; (地震などの)揺れ
**пока́чивать** [不完] 〈図を〉軽く[時々]揺り動かす **∥～ся** [不完] 軽く[時々]揺れる
**покачну́ть** -ну́, -нёшь [完] 〈図を〉軽く揺り動かす **∥～ся** [完] ① 軽く揺れる ②《話》傾く ③《話》悪くなる, 駄目になる

**пока́шливать** [不完] 時々軽くせきをする
**покашля́ть** [完] 数回[しばらく]せきをする
**покая́ние** [中5] 《宗》 懺悔; 痛悔, 告解 ② 悔い改め, 後悔, 改悛 ③《文》自白, 告白 ◆*отпусти́ть ду́шу на ～* 《話》そっとしておく
**пока́янный** 短 -нен, -нна [形] 懺悔の, 改悛の, 悔い改めた
**покая́ться** [完] →ка́яться
**покварта́льно** [副] 3か月に一度の, 四半期の
**покема́рить** -ришь [完]《俗・戯》うたたねする
**по́кер** [男1]《トランプ》ポーカー **∥～ный** [形]
**покида́ть[1]** [完] 《話》〈図を〉① (全部・多く)手当たり次第に投げる ②《図/図》しばらく投げる
**покида́ть[2]** [パキダーチ] [不完] / **поки́нуть** [パキーヌチ] -ну, -нешь 命 -нь 受過 -тый [完] [leave] ① 見捨てる, 置き去りにする; 見放す: ～ семью́ 家庭を捨てる ②〈から〉立ち去る, 離れる: ～ родно́й го́род 故郷の町を後にする ③〈仕事などを〉やめる ④〈から〉なくなる, 消え失せる **∥～ся** [完] [受身]
**поки́нутый** [形] さびれた, 人けのない
**поки́нуть** [完] →покида́ть[2]
**по-кита́йски** [副] 中国語で; 中国風に
**покладе́я** ◆*не* ～ *рук* 《話》手を休めずに, 熱心に
**покла́дистый** [形] -ист [形] 我を張らない, 従順な
**покла́жа** [女4] 荷物, 積荷
**поклева́ть** -лю́ю, -лю́ёшь 命 -лю́й 受過 -лёванный [完] 〈図を〉①〈鳥などが〉つつばむ ②〈図/図〉少しつつばむ; 《話》(人が)少し食べる ③ しばらく [数回] つつばむ
**поклёвка** 複生 -вок [女2] 《話》魚が餌を引くこと
**поклёп** [男1] 《話》中傷, 悪口
**покли́кать** -кличу, -кличешь [完] 〈俗〉〈図を〉① しばらく呼ぶ (鳴く, 叫ぶ) ② 呼び出す
**покло́н** [男1] ① お辞儀, 礼, 会釈: глубо́кий [ни́зкий] ～ 深々とした お辞儀 ② 挨拶: Переда́йте мой ～ ва́шим роди́телям. ご両親によろしくお伝え下さい ◆*идти́ 'на ～ [с ～ом] к 図 《話》*…のところに懇願に行く | *ни́зкий ～ 図* よろしくお伝え下さい
**поклоне́ние** [中5] ① あがめること, 崇拝 ② 尊敬, 心酔
**поклони́ться** [完] →кла́няться
*покло́нни|к [男2] / -ца [女3] [worshipper, admirer] ①(宗教的)崇拝者 ② 讃美者, 崇拝者, 大ファン: ～ иску́сства 芸術の讃美者 ③《男》恋い慕う男
**поклоня́ться** [不完] [worship] 〈図を〉① 崇拝する, あがめる; 巡礼する: ～ язы́ческим бога́м 異教の神を崇拝する ② 尊敬する, …に心酔する
**покля́сться** [完] →кля́сться
**поко́вка** 複生 -вок [女2] 鍛造 (品)
**поко́ить** -о́ю, -о́ишь [不完] [旧]〈図を〉安らかにする
**поко́иться** -о́юсь, -о́ишься [不完] [旧] ① 安らぐ, 憩う; 《雅》永眠している ②(動かずに)いる [ある] ③〈на чём〉に立脚する, 基礎を置く
*поко́й [パコーイ] [男6] [rest, peace] ① 静止; 静寂 ② 安静, 平静, 平穏: Больно́му ну́жен ～. 病人には安静が必要だ ③ [植] 休眠 ◆*оста́вить в -е* 図 …を放っておく, かまわないでおく | *уйти́ [удали́ться] на ～* 引退する
**поко́йни|к** [男2] / **-ца** [女3] ① 死者, 故人, 故…: оте́ц ～ 亡き父 **∥-цкий** [形]
*поко́йн|ый 短 -о́ен, -о́йна [形] [the deceased] ①(長尾)亡くなった, 故…; 故人の/-**ая** [女名] 故人 ③ [旧] 静かな, 平穏な, 穏やかな, 心地よい
**поколдова́ть** -ду́ю, -ду́ешь [完] しばらく魔法を使う
**поколеба́ть(ся)** [完] →колеба́ть(ся)

**поколеба́ться** -ле́блюсь, -ле́блешься [完] しばらく揺れる [振動する]; しばらく迷う [ためらう]

**\*поколе́н|ие** [パカリェーニエ] [generation] ① (家系上の) 代: торго́вец в тре́тьем –ии 3代目の商人 ② 世代, ジェネレーション: молодо́е ～ 若者世代, разры́в ме́жду –иями ジェネレーションギャップ ③ (機器類の) 世代: ЭВМ четвёртого -ия 第4世代のコンピュータ **◆из –ия в ～** 世代から世代へ, 代々

**поколоти́ть(ся)** [完] →колоти́ть(ся)

**\*поко́нчить** -чу, -чишь 命 -чи [完] しばらく終える, 片付ける, …にけりを付ける; …に終止符を打つ: ～ с дела́ми 用事を片付ける ② …の生命を奪う, 命を絶つ: ～ с собо́й 自殺する

**покорёжить(ся)** [完] →корёжить

**по-коре́йски** [副] 韓国語で, 朝鮮語で; 韓国風に, 朝鮮風に

**покоре́ние** [中5] 征服; 攻略: ～ верши́ны горы́ 登頂

**покори́тель** [男5] **/~ница** [女3] 征服者

**покори́ть(ся)** [完] →покоря́ть

**покорне́йший** [形6] [最上] <покорный: ваш ～ слуга́ (旧) 敬具 (以前手紙で用いた自己の謙称) **// поко́рнейше** [副] ～ прошу́ お願い致します | ～ благодарю́ 御礼申しあげます

**поко́рн|ый** 短 -рен, -рна [形1] ① 従順な, おとなしい: ～ хара́ктер 従順な性格 ② くせのない **//-о** [副] **//-ость** [女10]

**покоро́бить(ся)** [完] →коро́бить

**покоря́ть** [不完] **/покори́ть** -рю́, -ри́шь 受過 -рённый (-рён, -рена́) [完] 〈対〉 征服する, 屈服させる; 攻略する: ～ верши́ны горы́ 登頂する ② 魅了する, とりこにする 〈動物を〉 飼いならす: Певе́ц покори́л слу́шателей. 歌手は聴衆を魅了した **//-ся** [不完] / [完] 〈与〉服従する, 屈服する ②〈逆らわずに〉従う

**поко́с** [男1] ① 草刈り ② 草刈り時期 ③ 草刈り場; 刈り取られる草

**покоси́вшийся** [形6] (乗り物・建物が) ぐらぐらの, 今にも崩れそうな

**покоси́ться** [完] →коси́ться²

**поко́сный** [形1] 草刈り(用)の

**покра́жа** [女4] 盗み

**покра́сить(ся)** [完] →кра́сить(ся)

**покра́ска** [女2] 塗る [染める] こと, 塗装, 染色

**покрасне́ть** [完] →красне́ть

**покрасова́ться** [完] →красова́ться

**покра́сочный** [形1] 塗装 [染色] の

**покра́сть** -краду́, -крадёшь 命 -кра́л 受過 -кра́денный [完] 〈対〉 (全部・多く) 盗む

**покрепча́ть** [完] →крепча́ть

**покриви́ть(ся)** [完] →криви́ть(ся)

**покри́кивать** [不完] 《話》 時々叫ぶ [怒鳴りつける]

**покритикова́ть** -ку́ю, -ку́ешь 受過 -ованный [完] 《話》 ちょっと批評 [批判] する

**покрича́ть** -чу́, -чи́шь [完] しばらく叫ぶ

**\*покро́в¹** [男1] [cover] 覆い, カバー: снежный ～ (表面に) 降り積もったもの; 〔気象〕 積雪 (被覆(??)) **◆под ～ом но́чи** 夜陰に紛れて ■ко́жный ～ 〔解〕 皮膚

**Покро́в²** -á [男1] ～ Пресвято́й Богоро́дицы 〔正教神女〕 庇護祭 / **～ день** 〔暦〕 (生神女) 庇護の日 (10月14日 [旧11日] で; 収穫作業を全て終える; 秋の結婚式シーズンの始まり)

**покрови́тель** [男5] **/~ница** [女3] 保護者, 庇護者

**покрови́тельственн|ый** 短 -ен/-енен, -енна [形1] ① 保護者的な, 恩きせがましい ② 〔長尾〕有利な条件を与える, 保護する: ～ тари́ф 保護関税率 ■-ая окра́ска 〔生〕 保護色 **/-ая фо́рма** 〔生〕 擬態

**покрови́тельство** [中1] ① 保護, 庇護 ② 援助, 後援

**покрови́тельствовать** -твую, -твуешь [不完] 〈与〉 を保護 [庇護] する; 後援する: ～ нау́кам 学術を保護する

**покро́|й¹** [男6] ① (衣服の) 裁ち方, カット, 型 ② (性格の) タイプ, 型: челове́к стари́нного -я 昔風の人

**покро́шить** -крошу́, -кро́шишь 受過 -кро́шенный [完] 〈対〉 〔田〕 (ある量) 細かくきざむ [砕く]

**покрупне́ть** [完] →крупне́ть

**покрыва́ло** [中1] ① 覆い (布), カバー; ベッドカバー ② 覆っているもの, ベール

**\*покрыва́ть** [バクルィヴァーチ] [不完] / **покры́ть** [パクル́ィ-チ] -ро́ю, -ро́ешь -ро́й 受過 -тый [完] [cover] ① 〈対〉 覆う, 覆い包む, かぶせる: ～ стол ска́тертью テーブルにクロスをかける | ～ го́лову платко́м 頭をスカーフで包む ② 〈対〉 の表面を覆う; (塗・蜜などが) 覆う, 包む: ～ забо́р кра́ской 塀にペンキを塗る | Облака́ покры́ли не́бо. 雲が空を覆った ③ …の屋根をふく: ～ сара́й соло́мой 納屋の屋根をわらでふく 〈顔・体に〉 現れる, ある色に染める: Бле́дность покры́ла её лицо́. 彼女の顔は蒼白になった ⑤ (音が) 圧倒する, かき消す …に応える: ～ речь аплодисме́нтами 演説に拍手を浴びせる ⑥ 償う, 埋め合わせる, カバーする: ～ убы́тки 損失を償う | ～ расхо́ды 出費をカバーする ⑦ かばう, かくまう: ～ преступле́ние 犯罪をかばう ⑧ (ある距離を) 走破 [踏破] する: Самолёт покры́л де́сять ты́сяч киломе́тров за день. 飛行機は1日で1万キロメートル飛行した ⑨ 〔トランプ〕〈相手のカードを〉負かす ⑩ (犬が) こっぴどくのろう ⑪ 〔畜産〕 受胎させる **◆～ позо́ром [презре́нием, стыдо́м]** …に恥をかかせる | **～ сла́вой** …を称賛する, 讃美する | **～ 田 та́йной** …を秘密にする | **покры́то мра́ком неизве́стности** 皆目見当が付かない, 知る由もない

**покрыва́ться** [不完] / **покры́ться** -ро́юсь, -ро́ешься [完] ① 自分を覆う [包む] ② (表面が) 覆われる, いっぱいになる ③ 〈不完〉 〔受身〕 →покрыва́ть

**покры́тие** [中5] ① 覆うこと ② 被覆材 ③ 屋根の; (機械などの) 覆い, カバー

**покры́ть(ся)** [完] →покрыва́ть(ся)

**покры́шк|а** 複生 -шек [女2] ① 〔話〕 覆い, ふた, カバー ② タイヤ (ゴム部分); ボールの表面の革 **◆ни дна́ ни -и** 〔俗〕 …なんかくたばっちまえ, どうでもなれ

**покуда́** [副] [接] 〔俗〕 =пока́

**покуме́кать** [完] 〔俗〕 ちょっと考える

**покуми́ться** [完] →куми́ться

**\*покупа́тель** [パクパーチリ] [男5] **/~ница** [女3] [customer] 買い手, 顧客: Нашёлся ～ на дом. 家の買い手が見つかった | тре́бовательный ～ 文句の多い客 **//~ский** [形3]

**покупа́тельн|ый** [形1] 購買の: **-ая** спосо́бность 購買力

**покупа́ть¹** [完] 〈対〉しばらく入浴 [水浴] させる **// ~ся** [完] しばらく入浴 [水浴] する

**\*покупа́ть²** [パクパーチ] [不完] / **купи́ть** [クピーチ] куплю́, ку́пишь, ... ку́пят 命 -пи́ 受過 ку́пленный [完] [buy, purchase] 〈対〉 買う, 購入する: ～ за нали́чные [в креди́т] 現金 [クレジット] で買う | ～ с рук 中古で [所有者から直接] 買う | Мне не́ на что купи́ть маши́ну. 車を買うお金がない | Сча́стье за де́ньги не ку́пишь. 幸せはお金では買えない ② 買収する: ～ судью́ ма́тча アンパイアを買収する ③ 〔トランプ〕〈カードを〉 取る, もらって足す **//-ся** [不完] 〔受身〕

**\*поку́пк|а** [パクープカ] 複生 -пок [女2] [purchase] ① 買うこと, 購入, 買い物: ～ и прода́жа 売買 | де́лать -и 買い物をする | отпра́виться [идти́] за -ами 買い物

**покупн|о́й** [形2]〔自家製ではなく〕買った: *-а́я цена́* 購入価格, 買い値, 仕入れ値

**покупочный** [形] 購買の

**покура́житься** [完] →кура́житься

**покуривать** [不完]〔話〕ゆっくり{時々, 少しずつ}たばこを吸う

**покури́ть** -рю́, -ришь [完] ①〔因/圖〕しばらく〈たばこを吸う〉②〔因/圖〕〈香などを〉しばらくたく

**покуса́ть** -куса́нный [完]〔因〕〈あちこち・多くの人を〉噛む, 刺す; 数回噛む[刺す]

**покуси́ться** [完] →покуша́ться

**покусывать** [不完]〔話〕時々{軽く}噛む[刺す]

**поку́шать** [完] ①→ку́шать ②〔因/圖〕少し食べる(★丁寧に料理を勧める時や子どもに対して): *Поку́шайте пирожка́.* ピロシキはいかがですか

**покуша́ться** [不完] / **покуси́ться** -кушу́сь, -куси́шься [完]〈на圖〉/〔不定形〕〈よからぬことをやろうと〉企む, 企てる; 奪おうとする: ~ *на уби́йство* 殺人を企てる | ~ *на жизнь* 圖 ...を殺害目的に襲う

**покуше́ние** [中5] ①〈よからぬ〉企て, 企図; 未遂 ②〈на圖〉暗殺の試み: ~ *на президе́нта* 大統領暗殺の企て

\***пол**[1] [ポール] -а/-у 前 о-е, в/на -у́ 複 -ы́ (до пола, до полу, до полу; на пол, на пол; под полом, под полом; по полу, по полу; об пол, об пол) [男1] {floor} 床(ゆか); 土間(земля́): *дереви́нный* ~ 木の床 | *мыть* ~ 床を洗う | *ходи́ть по полу* 床の上を歩きまわる | *Газе́та упа́ла на пол.* 新聞が床に落ちた | *Мяч уда́рился о* ~. ボールが床に当たった

\***пол**[2] -а, -о́в, 複 -ы́ [sex] 性: *мужско́й {же́нский}* ~ [男]{女}性 ◆ *си́льный* ~〔戯〕男性 | *прекра́сный {сла́бый}* ~〔戯〕女性

**пол..**[1], **пол..-**..〔語形成〕《名詞の単数生格形と結合して》「半分」: *полстака́на* コップ半分

[語法] пол- を用いるのは, 結合する名詞が母音または л で始まる語, 固有名詞である: *пол-литра́* 半リットル

[語法] 主・対格以外では пол.. から полу.. となり, 続く名詞はそれ本来の格変化をする: *пол- полго́да, по полуго́да, у полуго́да, у полго́да, про полго́да, сто полуго́да, пред полуго́дом, перед полуго́дом*; ただし, 女性名詞と結合する時は полу.. となることは少ない; また〔話〕では通例全ての格で пол.. のままである

[語法] 形容詞を伴う場合はその形容詞は複数形となる: *счастли́вые полго́да* (幸せな半年間); また動詞や代名詞(形容詞)などは中性形には複数形で用いる: *Прошло́ [Прошли́] полго́да.* (半年が過ぎた)

②〔話〕〈序数詞の男性単数生格形と結合して〉「…時半」: *полвторо́го* 1時半 | *встать в полседьмо́го* 6時半に起きる

**пол..**[2]〔語形成〕「全権の」

**пол|а́** 複 по́лы [女1] ①〔前開き衣服の〕裾 ②引き幕, 垂れ幕 ◆ *из-под -ы́* ひそかに

**полага́ть**[1] [不完]〔雅〕〈ある種の名詞と共に〉〔因〕する: ~ *нача́ло {коне́ц}* 圖 …を始める{終える}

\***полага́ть**[2] [バラガーチ] [不完]〔suppose〕思う, 考える, みなす: *Полага́ю, что он прав.* 彼は正しいと思う

*полага́ться*[1] [不完] 〈…することに〉定められている, (…する)決まりになっている, …すべきである: *Кури́ть в ко́мнате не полага́ется.* 室内は禁煙だ(★禁止の意味なので不定形は不完了体)| *Мне полага́ется опла́чиваемый о́тпуск.* 私は有給休暇が取れることになっている ◆ *как полага́ется* 大抵, おおかた

\***полага́ться**[2] [不完] / **положи́ться** -ожу́сь, -о́жишься [完]〔rely on〕〈на圖〉を信頼する, 当てにする: *На э́того челове́ка мо́жно положи́ться.* この人は信頼できる

**пола́дить** -а́жу, -а́дишь [完] ①〈на 圕с〉折り合う ②〈с圖〉と仲良くなる

**пола́комиться** [完] →ла́комиться

**по́лба** [女1]〔植〕スペルトコムギ

**пòлбеды́** [述語]〔話〕〔不幸・災難などが〕大したことではない

**пòлве́ка** полуве́ка/полве́ка [男2] 半世紀

\***пòлго́да** [ОЛГОДА]〔ボルゴーダ, バル〕 полуго́да/полго́да [男1]〔half a year〕半年(★ → пол..[1])

\***по́лден|ь** полу́дня/по́лдня 複 полдни, по́лдней [男6]〔noon, midday〕①正午, 真昼: *ро́вно в ~ в* 正午きっかりに | *пе́ред полу́днем* 正午前に | *по́сле полу́дня* = *за полу́днем* = за ~ 昼すぎに, 午後に | *до полу́дня* 午前に ②〔文〕人生の半ば

**полдне́вный** [形1] 正午の, 真昼の

**по́лдник** [男2] 昼食と夕食の間の軽食, おやつ

**по́лдничать** [不完] / **по-** [完]〔話〕昼食と夕食の間の軽食をとる

**полдня́** полу́дня/полдня́ [男6] 半日

**пòлдоро́г|и** полдоро́ги/полудоро́ги [女2] 半分の道の; 途中: *останови́ться на -е* 途中でやめる

\***по́л|е** [ポーリェ] 複 -я́, -е́й, -я́м [中3]〔field, ground〕①野, 野原; 広々とした場所: *гуля́ть по по́лю* [по -ю] 野原を散歩する | *сне́жное* ~ 雪野原 ②畑, 耕作地: *ри́совое* ~ 田んぼ | *Она́ сейча́с в ~*. 彼女は畑に出ている ③〔飛行・スポーツのための〕広い平地, グラウンド, フィールド: *футбо́льное* ~ サッカー場 | *лётное* ~ 飛行場 ④フィールドワーク, 野外調査 ⑤〔理〕場, 界, 圏: *магни́тное* ~ 磁場 ⑥〔活動の分野, 場: *обши́рное* ~ *де́ятельности* 広大な活動の場 ⑦〔模様・柄などに対する〕地, バック: *кра́сные цветы́ по жёлтому -ю* 黄色の地の上の赤い花模様 ⑧〔通例複〕〔ページの紙の〕余白: *заме́тки на -ях* 欄外のメモ ⑨〔通例複〕帽子のつば, へり ⑩〔狩〕狩猟 ⑪〔言〕場, 領域 ◆ ~ *сраже́ния {би́твы}*〔雅〕戦場 | ~ *зре́ния* 視界, 視界

**полеве́ть** [完] →леве́ть

**полёвка** 複生 -вок [女2]〔動〕ハタネズミ(亜科)

**полево́д** [男1] 畑作専門家[指導員]

**полево́дство** [ц] [中1] 畑作, 畑作物栽培法

\***полево́й** [形]〔field〕①野の, 野原の; 畑の, 平原の: ~ *цвето́к* 野の花 | *-ы́е культу́ры* 畑作物 ②野外の: *-а́я пра́ктика* 野外実習 ③野戦の: ~ *го́спиталь* 野戦病院 ④野外[畑仕事]の: *-ы́е {-а́я} рабо́ты* 野外作業 | *-а́я страда́* 野良仕事の最盛期 ⑤〔理〕場の, 界の, 圏の ⑥狩猟の

**Полево́й**〔形(定形)〕[男] Полево́й (Бори́с Никола́евич, 1908-81; 記者, 散文家)

**полега́ть** [不完] / **поле́чь** -ля́жет, -ля́гут 過 -лёг, -легла́ [完]〔農〕〈麦などが〉倒伏する

**полёглый** [形]〔農〕地面に倒伏した

**полего́ньку** [副]〔話〕①少しずつ, 徐々に; ゆっくりと ②軽く, そっと

**полегча́ть** [完] →легча́ть

**полегче́** [х][о][形] もう少し軽い[易しい] ②[副] もう少し軽く[易しく]

**полежа́ть** [完] しばらく横になる; しばらく置いてある

**поле́живать** [不完]〔話〕①時々〔何もしないで〕横になる ②あまり使われずに置いてある

**пòлезащи́тный** [形1]〔日照り・熱風から〕畑を保護する

\***поле́зно**〔useful〕①[副] 有益に, 有効に ②〔無人述〕有用な, 有効な

\***поле́зн|ый**〔パリェーズヌイ〕短 -зен, -зна [形1]〔useful〕①有益な, ためになる, 役に立つ: *-ая кни́га* ためになる本 | *Прогу́лки -ы для здоро́вья.* 散歩は健康によい ②〔長尾〕有用な, 有効な: *-ые ископа́емые* 有用鉱

物, 鉱物資源 | коэффицие́нт *-ого* де́йствия 〖工〗効率 **‖-ость** [女10] <①

**\*поле́зть** -зу, -зешь 命 -зай/-зь (否定 не ле́зь) 過 -ле́з, -ле́зла 能過 -зший 副分 -зши [完] [start climbing] ①(上への開始を示す) 〈в/на〉…によじ登り始める, はい上がり始める; はいだし始める: Медвежо́нок поле́з на де́рево. 小熊が木を登りだした ②〈В圏〉〈в圏に〉入り込む; 忍び込む: Во́р поле́з в са́д. 泥棒が庭に忍び込んだ ③〈в圏に〉手を突っ込む: ～ в карма́н ポケットに手を突っ込む ④〈в圏に〉干渉しだす ⑤(毛が)抜け始める: У него́ *поле́зли* во́лосы. 彼は髪の毛が抜けだした ⑥(布などが)擦り切れ始める

**полемизи́ровать** -рую, -руешь [不完] 〈c圏と〉論争する

**поле́мика** [女2] 論争: вести́ -у с 圏 …と論争する

**полеми́ст** [男1] 論争のうまい人, 論客

**полеми́ческий** [形3], **полеми́чный** 短 -чен, -чна [形1] 論争の; 論争的な, 挑戦的な

**полени́ться** [完] →лени́ться

**поле́нница** [女3] (きちんと積まれた)薪の山

**поле́но** 複 -е́нья, -ьев [中6] ①(1本の)薪 ②細長い形のケーキ, ブッシュドノエル

**поле́сье** [中4] 森林低湿地帯

**\*полёт** [パリョート] [男1] [flight, flying] ①飛行; フライト; 飛び方: ночно́й ～ 夜間飛行 ②(スポーツなどでの)跳躍, ジャンプ ③高翔, 飛翔: ～ мы́сли 思考の飛翔
♦～ Ика́ра 無謀な企て | *пти́ца высо́кого ~а* 身分の高い人 **‖-ный** [形1] <①

**полета́ть** [完] しばらく飛ぶ

**полете́ть** -ечу́, -ети́шь [完] [fly off] (★лете́ть の開始形を示す) ①立ち上り, 飛んで行く: Пти́цы *полете́ли* на ю́г. 鳥たちは南に向かって飛び立った ②疾風だす, 飛ぶように行く; (時に)早く過ぎる; 〖話〗落ちる; 〖話〗(値段などが)急変する; 〖話〗壊れる: *Полете́ли* дни за дня́ми. 月日はとぶように過ぎていった ③飛行機で出かける(★лете́ть の〖語派〗): За́втра я *полечу́* в Япо́нию. あす飛行機で日本へ発ちます ④〖話〗職を失う: ～ с рабо́ты くびになる ⑤〖話〗おじゃんになる

**полечи́ть** -ечу́, -е́чишь 受過 -е́ченный [完] 〈圏 の〉(少しの間)治療する **‖~ся** (少しの間)治療を受ける

**поле́чь**² (1·2単未なし) -ля́жет, … -ля́гут 命 -ля́г 過 -лёг, -легла́ 能過 -лёгший [完] ①(全員·多くの人が)横たわる, 寝る ②(全員·多くの人が)(戦争などで)死ぬ ③→полега́ть

**полжи́зни** полжи́зни/полужи́зни [女10] 半生

**\*по́лзать** [不完] [不定] [定 ползти́] ① (赤ん坊·ヘビなどが)這う, 這いまわる: Ребёнок у нас уже́ *по́лзает*. 赤ちゃんがもうはいはいできる | По полу́ *по́лзают* тарака́ны. 床をゴキブリが這いまわっている ②ゆっくり〔のろのろ〕動く (歩く): Те́ни *по́лзали* по стене́. 影が壁を這うように動いていた
♦～ пе́ред 圏 〖話〗…にへいこらする, ぺこぺこする | ～ в нога́х у 圏 …にぺこぺこする

**\*ползко́м** [副] 這って, よつんばいで

**\*ползти́** -зу́, -зёшь 命 -зи́ 過 по́лз, ползла́ 能過 по́лзший [不完] [定 ползти́] [crawl] ①(一定の方向に)這って行く〔来る〕: Малы́ш *ползёт* ко мне́. 赤ちゃんが私の方にはいはいで来てくる | Змея́ *ползёт* по тропи́нке. ヘビが小道を這って行く ②〖話〗ゆっくり〔遅く〕(進む): *Поезд ползёт.* 列車がのろのろ進む | Ту́чи *ползу́т* по не́бу. 雨雲がゆっくりと流れていく ③(時間が)ゆっくり経過する: Вре́мя едва́ *ползёт.* 時のたつのが本当に遅い ④(植物が)這い伸びる: Плю́щ *ползёт* по стене́. キヅタが壁づたいに伸びている ⑤(道が斜面づたいに)伸びていく ⑥〖話〗噂などが広まる, 伝わる: По институ́ту *ползли́* нехоро́шие слу́хи. 大学中にいからぬ噂が広まった ⑦崩れ落ちる: Бе́рег реки́ *ползёт.* 川岸が崩れていく ⑧伝わり流

れる, たれる; ずり落ちる: Ка́пли дождя́ *ползу́т* по стеклу́. 雨つぶがガラス窓を流れ落ちている ⑨〖話〗(布地などが)ぼろぼろになる, 破れる

**ползу́н** -а́ [男1] ①這って動くもの; はいはいしかできない幼児 ②〖機〗滑り棒, スライダ; クロスヘッド

**ползуно́к** -нка́ [男2] ①〖話〗はいはいしかできない幼児; 歩きだして間もない動物の子 ②〖複〗はいはいする幼児用のズボン(靴下と一体で肩もち付き) ③=ползу́н①

**ползу́чий** [形6] ①這って動く ②(植物が)這いのびる ③ゆっくりと動く, たんじく

**поли..** [語形成] 「多…」重合体[ポリマー]の」

**полиартри́т** [男1] 〖医〗多発性関節炎

**поли́в** [男1] ①水をやること, 散水; 灌漑

**поли́ва** [女1] うわ薬

**полива́льный** [形1] 散水用の

**Полива́нов** [男姓2] ポリヴァーノフ(Евге́ний Дми́триевич ～, 1891-1938; 言語学者, 東洋学者, 文芸学者): систе́ма *-а* ポリヴァーノフによる日本語のキリル文字表記法

**\*полива́ть** [不完] / **поли́ть** по-ле́й полила́ (-и́т, -ила́, -и́то) / поли́тый (-и́т, -ила́, -и́то) [完] [pour] ①〈圏に〉(水などを)かける, 注いで濯ぐ; 水をかける: ～ цветы́ 花に水をやる ②〖不完〗〖話〗〈圏 に圏を〉弾丸·光·罵りなどを大量に浴びせかける ③〖完〗(雨が)降り始める; 流れだす

**полива́ться** [不完] / **поли́ться** -лью́сь, -льёшься 命 -ле́йся пoли́лся -ила́сь -ило́сь [完] ①(水などを)自分に注ぎかける, 浴びる ②〖完〗流れ出す ③〖不完〗〖受身〗<полива́ть①②

**полиавтамины** -ов [男1] 総合ビタミン剤

**поли́вка** [女2] = поли́в

**поливн|о́й** [形2] ①散水(用)の ②散水〔灌漑〕が必要な ③人工灌漑による: *-о́е* земледе́лие 灌漑農業

**поли́вочный** [形1] 散水(用)の

**полига́мия** [女9] ①複婚 ②〖動〗一雄多雌, 一雌多雄

**полигло́т** [男1] 多くの言語に通じた人, ポリグロット

**полиго́н** [男1] ①〖軍〗兵器試験場; 演習場 ②試験地, 試験場 ③〖数〗多角形

**полигра́ф** [男1] 〖話〗ポリグラフ, 嘘発見器

**полиграфи́ст** [男1] 印刷工 ②印刷専門家

**полиграфи́я** [女9] 印刷術; 印刷業 **‖-и́ческий** [形3]

**поликли́ника** [女2] [clinic] 総合病院; 外来患者診療所 〈=амбулато́рия〖旧〗): де́тская ～ 小児科診療所 **‖-и́ческий** [形3]

**полиме́р** [男1] (通例複) 〖化〗重合体, ポリマー

**полимериза́ция** [女9] 〖化〗重合

**Поли́на** [女1] ポリーナ(女性名; 愛称 По́ля)

**полинези́ец** (е/э) -и́йца [男2], **-и́йка** 複生 -и́ек [女2] ポリネシア人 **‖-и́йский** [形3] ポリネシア(人)の

**Полине́зия** [é/э] [女9] ポリネシア

**полиненасы́щенн|ый** [形1]: *-ые* жиры́ 多価不飽和脂肪

**полино́м** [男1] 〖数〗多項式

**полиня́лый** [形1] 色あせた, 褪せた

**полиня́ть** [完] →линя́ть

**полиомиели́т** [э] [男1] 〖医〗ポリオ, 急性灰白髄炎

**поли́п** [男1] ①〖動〗ポリプ ②〖医〗ポリープ

**полипропиле́н** [男1] 〖化〗ポリプロピレン

**полирова́льный** [形1] みがくための: *-ая* бума́га 紙やすり

**полирова́ть** -ру́ю, -ру́ешь 受過 -о́ванный [不完] / **на-** ～, **от-** ～ [完] 圏 みがく, 光沢をだす

**полиро́вка** [女2] みがくこと, 研磨

**полиро́вочный** [形1] みがくための

\*по́лис [男1] 〔policy〕①保険証券 (страхово́й ～) ②〔史〕都市国家, ポリス

**полисеми́я** [女9] 〔言〕多義(性)

**по̀лисинтети́ческий** [形3] 〔言〕(言語が)抱合的特徴を持つ: ～ язы́к 抱合語

**полисме́н** [é; э] [男1] (英・米などの)警官

**полит..** 〔語形成〕「政治の」,「政党の」

**политеи́зм** [э] [男1] 多神教, 多神論

**политеи́ст** [男1] 多神教信者, 多神論者 **∥-и́ческий** [形3] 多神論の

**полите́хник** [男2] 総合技術学校(полите́хникум)の生徒

**политехни́кум** [男1] 総合技術学校, 工業高校

\*политехни́ческий [形3]〔politechnic〕工業技術の; 一般技術教育の

**политзаключённый** [形1変化] [男名] 政治犯

**политзэ́к, политзэ́к** [男2] (話) 政治犯(囚)

**политизи́ровать** -рую, -руешь 受 -анный [不完・完]〔政〕〈что〉政治化する, 政治色を帯びさせる **∥-а́ция** [女9]

**политизи́рованный** [形1] 政治化した, 政治色を帯びた

\*поли́тик [男2]〔politician〕①政治家;《話》政治通 ②《話》如才ない人

\*поли́тик|а [ペリーチカ] [女2]〔policy, politics〕① 政策: вне́шняя ～ 対外政策 | фина́нсовая ～ 金融政策 | проводи́ть ～у 政策を遂行する ② 政治: Они́ не интересу́ются ～ой. 彼らは政治に関心がない ③《話》やり口, 手口: У него́ хи́трая ～. 彼のやり口は狡猾だ ④《話》革命運動, 破壊活動

**полити́к|а́н** [男1] 政治屋, 策士, 策動家

**политика́н|ствовать** -твую, -твуешь [不完] 政治屋的に振る舞う, 策動する **∥-ство** [中1]

\*полити́ческ|ий [パリチーチェスキイ] [形3]〔political〕 ①政治の, 政治的な, 政策の: -ая па́ртия 政党 | -режи́м 政体制 | -ие ме́ры 政治措置 | -ие права́ 政治的権利 ②～ [男名]/-ая [女名]《話》政治犯

■ -ая экономи́ческая корре́ктность ポリティカル・コレクトネス

**полити́чный** 短 -чен, -чна [形1]《話》抜け目のない, かけひきのうまい

**политкорре́ктн|ость** [女10]〔文〕ポリティカル・コレクトネス, (言動が)差別的でないこと, PC **∥-ый** [形1]

**полито́лог** [男2] 政治学者

**политоло́г|ия** [女9] 政治学 **∥-и́ческий** [形3]

**политтехно́лог** [男2]〔政〕政治戦略家

**политтехноло́гия** [女9]〔政〕政治戦略学

**политу́ра** [女9] 艶出しワニス

**поли́ть(ся)** [完] →полива́ть(ся)

**политэконо́м** [男1] 政治経済学者

**политэконо́м|ия** [女9] 政治経済学 (полити́ческая эконо́мия) **∥-и́ческий** [形3]

**полиурета́н** [男1] ポリウレタン

**полифо́н|ия** [女9]〔楽〕多声音楽, 対位法, ポリフォニー **∥-и́ческий** [形3]

**по̀лихлорвини́л** [男1] ポリ塩化ビニル

\*полице́йск|ий [パリツェーイスキイ] [形3]〔police〕①警察の ②(非難)強権に依存する: ～ое госуда́рство 警察国家 [男名] 警官: отря́д -их 警官隊

\*поли́ц|ия [パリーツィヤ] [女9]〔police〕①警察: та́йная ～ 秘密警察 | быть под надзо́ром -ии 警察の監視下にある ②警察署 ③《話》(集合)警官

**поли́чн|ое** [形1変化] [中] ♦пойма́ть [попа́ться] с -ым 現行犯で捕まえる [捕まる]

**полишине́ль** [男5] フランス民衆劇の道化役

♦секре́т [та́йна] -я 公然の秘密

**полиэ́стер, полиэ́стр** [男1]〔化〕ポリエステル

**полиэтиле́н** [男1]〔化〕ポリエチレン **∥-овый** [形1]

\*пол|к [ポールク] -а́ 前 о -е́, в -у́ [男2]〔regiment〕①連隊: авиацио́нный ～ 航空連隊 | команди́р ~а́ 連隊長 ②(複)《雅》軍, 軍隊 ③《話》多数, 大群: це́лый ～ посети́телей 来店客の大群 ♦на́шего -у́ при́было 仲間が増えた

\*по́лк|а [ポールカ] 複生 -лок [女2]〔shelf, berth〕①棚, 棚板: кни́жная ～ 本棚 | Она́ поста́вила ва́зу на -у. 彼女は棚に花瓶を置いた ②(列車の)寝台: ве́рхняя [ни́жняя] ～ 上[下]段の寝台 ③蒸し風呂の階段式の腰かけ ④除草 ♦кла́сть зу́бы на -у 食うや食わずの生活をする, 飢える **∥по́лочный** [形1]

**полко́вник** [パルコーヴニク] [男2]〔colonel〕〔軍〕(ロシア軍で)大佐: ～ в отста́вке 退役大佐

\*полково́дец -дца [男3]〔commander〕司令官

**пол-ли́тра** по̀л-ли́тра/пол-ли́тра [男3] 半リットル ②(≡ по̀л-ли́тра)(俗)(ウォッカの)半リットルビン

**поллино́з** [男1]〔医〕花粉症(アレルギ́ия на пыльцу́)

**по̀ллитро́вка** 複生 -вок [女2]《俗》= по̀л-ли́тра②

**поллюта́нт** [男1] 汚染物質, 汚染源

**по̀лме́сяца** по̀лме́сяца/полме́сяца [男3] 半月(分)

**по̀лме́тра** по̀лме́тра/полме́тра [男1] 半メートル

**по̀лмиллио́на** по̀лмиллио́на/полмиллио́на [男1] 50万

**по̀лмину́ты** по̀лмину́ты/полмину́ты [女1] 30秒

**по̀лнеде́ли** по̀лнеде́ли/полнеде́ли [女5] 半週

**полне́йший** [形6] 全くの, 極度の

**полне́ть** [不完] **/по-** [完] 太る

**полни́ть** -ни́т [不完]《話》〈кого́〉に太った感じを与える

\*по́лно [enough] ① [副] いっぱいに, あふれるばかりに; 完全に, あまりにたくさん ② [無人述] (+不定形)するのはもうたくさんだ, やめなさい: П-тебе́ пла́кать. 泣くのはもうやめなさい ③ [助] やめてくれ, もうたくさん (★вы に対しては по́лноте を用いる)

**полно́** [無人述]《話》〈 $\langle$чего́ $\rangle$でいっぱいに, ぎっしりと

**полно́..** 〔語形成〕「満ちた」「完全な」「太った」

**полнове́сный** 短 -сен, -сна [形1] ①十分重さのある, 標準的な重量の ②強い, 激しい ③本物の, 完全な ④重みのある, 有力な

**полновла́стие** [中5] 最高[絶対的]権力, 主権

**полновла́стный** [сн] 短 -тен, -тна [形1] 最高[絶対的]権力を有する

**полново́дный** 短 -ден, -дна [形1] 満水の, 満々と水をたたえる

**полново́дье** [中4] (川などの)満水, 増水

**полногла́сие** [中5] 〔言〕多音

**полнозву́чный** 短 -чен, -чна [形1] よく響く

**полнокро́вие** [中5]〔医〕多血症

**полнокро́вный** 短 -вен, -вна [形1] ①多血症の ②健康な, はつらつとした ③活力あふれる, 充実した

**полнолу́ние** [中5] 満月(期)

**полномасшта́бный** [形1] 実物大の, 本格的な

**полномо́чие** [中5]〔authority, power〕全権, 権限: да́ть [предоста́вить] ～ 全権を付与する | име́ть ～ = облада́ть -иями 全権を有する

**полномо́чный** 短 -чен, -чна [形1] 全権を有する: ～ посо́л 全権大使 | ～ представи́тель Президе́нта 大統領全権代表

**полнопра́вие** [中5] 完全な法的権利[資格]を有すること

**полнопра́вный** 短 -вен, -вна [形1] ①完全な法的権利[資格]を有する ②平等な

**полноприводно́й** [形2]〖車〗4輪駆動[4WD]の
**полноро́дный** [形1] 同じ両親から生まれた
**полносбо́рный** [形1]〖建〗プレハブ式の
*__по́лностью__ [ポールナスチュ][副]〔completely, fully〕完全に, すっかり, ことごとく: ~ зако́нчить рабо́ту — 仕事をすっかり済ませる | Я ~ с ва́ми согла́сен. 私はあなたと全く同意見です
*__полнота́__ [女] 〔fullness, completeness〕 ①あふれるほど満ちていること; 充溢, 十分, 豊富さ, 完全さ: ~ колле́кции コレクションの完全さ ② 肥満 ③〔複-но́ты〕〖複〗(衣服・靴の)サイズ, 大きさ ◆**от -о́й чу́вства** 感きわまって
**полноте́** →полно́
*__полноце́нный__ 短-е́нен, -е́нна [形1] ①(貨幣などが)規定通りの価値をもつ ②完璧な ③〖長尾〗完全な
**по́лночи** полу́ночи/полно́чи [女11] 夜の半分
**полно́чный** [形1] 真夜中の
*__по́лночь__ по́лночи/полу́ночи [女11] 〔midnight〕真夜中, 夜半; 夜中の12時: о́коло полу́ночи 夜中の12時頃 | по́сле полу́ночи 夜半過ぎに | пе́ред полу́ночью 夜半前に | Мы расста́лись за́ по́лночь. 私たちは夜の12時すぎに別れた
**полноэкра́нный** [形1] フルスクリーンの
*__по́лн|ый__ [ポールヌィ] 短-лон, -лна́, -лно́/лно́ 比-нее 最上 полне́йший [形1] 〔full (of)〕 ①〖直/造〗でいっぱいの, あるばかりの: до крае́в стака́н あふれんばかりのコップ | о́зеро, -ое ры́бой 魚がたくさんの湖 | Теа́тр по́лон. 劇場は満員だ ②〖直/造〗<慈情などに>満ちあふれた: Она́ полна́ любви́ [любо́вью] к де́тям. 彼女は子どもたちの愛情に満ちあふれている ③〖長尾〗完全な, 絶対的な; 欠けるところのない: -ая побе́да 完勝 | -ое собра́ние сочине́ний 作品全集 ④最大の, 最高限の: на -ом ходу́ — -ым хо́дом 全速力で | пе́ть во весь -ым го́лосом 声を張り上げて歌う ⑤肉づきのある, 太った(→толсто́й 比較): -ая рука́ 肉づきのよい手 ◆**в -ой ме́ре** 十分に, 完全に | **в -ом поря́дке** 完璧な状態で | **-ым-полно́** 〖話〗...でいっぱいだ, ぎっしりだ ■-ая и́ли прилага́тельных 〖文法〗形容詞長語尾形 // **по́лно** [無人述]
**по́ло** (不変)[中]〖スポ〗ポロ ■**во́дное ~** 水球
**пол-оборо́та** пол-оборо́та/полу-оборо́та [男1] 半回転
**поло́ва** [女1]〖農〗もみ殻
**поло́в|ец** -вца [男3] / **-ча́нка** 複は -нок [女2] ポロヴェツ人
**полови́к** -а́ [男2] 床に敷く小マット(ドアマットなど)
*__полови́н|а__ [パラヴィーナ] [女1] 〔half〕 ①半分, 2分の1: ~ я́блока リンゴ半分 | пе́рвая [втора́я] ~ 前[後]半 | дать с -ой ме́тра 2メートル半 ②(ある距離・時間の)なかば, 中間, 真ん中: останови́ться на -е доро́ги 道のなかばで宿泊する ③ (...時) 半 (-ого 〖語法〗): Они́ прие́хали в -е восьмо́го. 彼らは7時半に到着した ④〖話・戯〗妻, 夫 ◆ **до́брая ~** 大部分, 大半, 過半 **// -на́-у** 〖話〗2等分に **// -ка** 複は -нок [女2] 〖指小〗<①>
**полови́нный** [形1] 半分の
**полови́нчатость** [女10] 中途半端, 不徹底
**полови́нчатый** 短-ат [形1] ①〖長尾〗2つの部分から成る: -ого́ ②半々の, 中途半端な; 優柔不断な
**полови́ца** [女3] 床板
**поло́вник** [男2] しゃくし, 大ひしゃく
**полово́дье** [中4] (春先の)河川の氾濫, 増水
*__полово́й__ [形2] 〔sexual〕 ①性の: **-ы́е о́рганы** 生殖器, 性器 ②床1の
**полово́й** [形1] (動物の毛が)淡黄色の
**по́лог** [男2] ①(ベッドの)天蓋, 幕 ②覆うもの, 覆い
**поло́г|ий** 比поло́же [形3] なだらかな, けわしくない **// -ость** [女10]
*__положе́ние__ [パラジェーニエ] [中5] 〔position〕 ①位置: географи́ческое ~ 地理的位置 | определи́ть ~ су́дна 船の位置を測定する ②(体の)位置, 姿勢, ポーズ: измени́ть ~ рук 手の位置を変える | в сидя́чем -ии 座った姿勢で ③地位, 立場, 高い地位: социа́льное ~ 社会的地位 | челове́к с -ем 地位のある人 ④状態, 状況, 事態: улучше́ние -ия 状況の改善 | Он попа́л в затрудни́тельное ~. 彼は苦境におちいった ⑤(社会的・政治的)情勢, 状況: междунаро́дное ~ 国際情勢 | вну́треннее ~ в стране́ 国内情勢 ⑥(権力によって布かれる)事態, 体制: ввести́ вое́нное ~ 戒厳令を布く ⑦規定, 法規: ~ о вы́борах 選挙規定 ⑧根本思想, 命題: основны́е -ия материали́зма 唯物論の諸命題 ◆**быть на высоте́ -ия** 申し分ない, 非の打ちどころがない | **в (интере́сном) -ии** 〖話〗妊娠中 | **войти́ в ~** <...>の身になってみる | **вы́йти из -ия** 苦境を脱す | **хозя́ин -ия** 事態を左右する人
*__поло́женный__ [形1] 〔determined〕 あらかじめ定められた, 規定の: в ~ час 定刻に
**поло́жено** 〔述語〕...すべきである, ...することになっている: Э́того де́лать не ~. そんなことしてはいけない ◆**где [когда́] ~** 必要な場合は | **как ~** 相応に, 適切に | **так ~** そうすることになっている, そういう決まりだ
**поло́жим** [挿入] ①仮に...としよう: П-, что всё ко́нчится хорошо́. 仮に全てがうまくいくとしよう ②[助] それはそうだ
**положи́тельно** Ⅰ [副] ①肯定的に; 好ましく, よく; 明確に ②文字通り, 本当に, 全く: Он ~ ничего́ не зна́ет. 彼は全く何も知らない ③〖理〗陽に, プラスに  Ⅱ [挿入] もちろん, 疑いなく
*__положи́тель|ный__ [パラジーチリヌィ] 短-лен, -льна [形1] 〔affirmative, positive〕 ①肯定の, 同意〔承諾〕を表す: -ая оце́нка 肯定的評価 ②肯定的な, 好ましい, 有益な: ~ результа́т 好結果 ③〖長尾〗〖話〗全くの, 完全な <②> ④〖理〗陽の, プラスの; 〖数〗正の, プラスの: -ое число́ 正数 **-ая сте́пень** 〖文法〗原級
**положи́ть(ся)** [完] =**кла́сть, полага́ться**²
**поло́з**¹ 複-ло́зья, -ло́зьев [男3] (そりなどの)滑走部, 滑木
**поло́з**² [男1]〖動〗ナメラ(無毒のヘビ)
**поло́к** -лка́ [男2] バーニャ(ба́ня)の階段状の腰かけ
**полома́ть** [完] →лома́ть
**полома́ться** [完] ①〖話〗(たくさん)割れる, 折れる, 壊れる ②〖話〗しばらくもったいぶる, 強情を張る
**поло́мка** 複は -мок [女2]〈ломать〉①破壊, 破損 ②破損箇所
**полоне́з** [э] [男1]〖楽〗ポロネーズ
**полони́зм** [男1]〖言〗ポーランド語からの借用語[借用表現], ポーランド語風の言い回し
**поло́ний** [男7]〖化〗ポロニウム(記号 Po)
**полопа́ться** [完] (多く・多くの箇所が)裂ける, 割れる, 破裂する
**полоро́г|ий** [形3]〖動〗洞角をもつ: **-ие** [複名] ウシ科
*__полос|а́__ [パラサー] 対по́лосу/полосу́ 複по́лосы, поло́с, полоса́м [女1] 〔strip, stripe, streak〕 ①(金属・布・紙などの)細長い一片, 帯状のもの: у́зкая ~ бума́ги 細長い紙 | раздели́тельная ~ 中央分離帯 ②しま, 筋, 線: руба́шка с кра́сными и си́ними -а́ми 赤と青のストライプのシャツ | бле́дная ~ све́та 一筋の淡い光 ③地方, 地域, ゾーン: черноземна́я ~ 黒土地帯 ④細長い耕地 ⑤期間, 時期: счастли́вая ~ жи́зни 人生の幸福な時期 ⑥〖話〗気分 ⑦ページ, 紙面: по-

слéдняя ~ газéты 新聞の最終面
**полосáтик** [男2]〖動〗ナガスクジラ属
**полосáтый** 短 -áт [形1][縞]のある, 縞模様の
*\***полóска** 複生 -сок [女2] [strip] 〔指小＜полосá〕
①帯状のもの, バンド, ひも ②筋, 縞模様, ストライプ ③地帯, 地域 ④細長い土地
**полоскáние** [中5]①すすぎ洗い; うがい ②うがい薬
**полоскáтельница** [女3] 湯こぼし
**полоскáть** -лощу́/-áю, -лóщешь/-áешь 受過 -лóсканный [完]〔受〕[вы́-~, про-~] すすぎ洗いする ②[完 про-~](消毒・治療のため)洗浄する;うがいをする: ~ рот пóсле еды́ 食後に口をすすぐ ③〈囲/露〉(風が)…をはためかせる; (風に)はためく **//~ся** [不完]①ぱちゃぱちゃと水浴びする ②風にはためく
**полоснýть** -ну́, -нёшь [話][1回] → полосовáть①② ②発砲する
**полосовáть** -су́ю, -су́ешь [不完]/**ис-** 受過 -óванный [完]〔受〕①[話]〔露〕(筋状の痕がつくほど)叩く ②筋状に閃いて照らす ③[完はрас-~]受過 -óванный 〕帯状に切る
**полосовóй** [形2]〖工〗帯状の, 線状の
**пóлость** 短 -ен, -ей [女1]〖解〗腔: груднáя ~ 胸腔 | носовáя ~ 鼻腔 ②空洞
**полосчáтый** [ш'] [形1] 縞のある, 縞状の
*\***полотéнце** [パラチェーンツェ] 複生 -нец [中2] [towel] ①タオル, 手ぬぐい, ふきん: бáнное ~ バスタオル ② = полотéнце③ **//полотéнечный** [形1]
**полотёр** [男1] ①床みがき人 ②床みがき機
**полотёрный** [形1] 床みがき(用)の
**полотнíще** [中2] ①織り幅の布地 ②大きくて幅広の布[紙, 金属] ③〖工〗刃, ブレード
*\***полотн|ó** 複 полóтна, -тен, -тнам [中1] [linen, canvas] ①(平織りの)亜麻布, リネン; 綿などの布地: руба́шка из -á リネンのシャツ ②画布, カンバス ③(通例 カンバスに描かれた)絵画: (パノラマ的な)文学[音楽]作品: пóздние полóтна Рéпина レーピンの晩年の絵画 ④〖工〗ベルト ⑤路盤, 路床 ⑥ = полотнище③ **//~я́ный** [形1]〈①
**полóть** полю́, пóлешь 受過 пóлотый [不完]/**вы́-** [完]〔露〕除草する;〈雑草を〉取る
**полоýмный** 短 -мен, -мна [形1][話] 気の狂った; 気ちがいのような
**пóлочка** 複生 -чек [女2] 〔指小＜пóлка
**пóлочный** [形1] ①棚の ②[話](映画が)上映が禁じられた
**полошíть** -шу́, -ши́шь [不完]/**вс-** 受過 -шённый (-шён, -шена́) [完][話]〔露〕動揺させる, 大騒ぎさせる **//~ся** [不完]/[完][話] 動揺する, うろたえる
**полпрéд** [男1]〖公〗全権代表(полномóчный представи́тель)
**полпрéдство** [ц] [中1]〖公〗全権代表部(полномóчное представи́тельство)
**пòлпути́** 生・与・前 полпути́/полупути́ 造 -тём [男] 中途, 途中
**пòлсло́ва** полуслóва/полслóва [中1] 半語; ごくわずかな言葉: ни сказáть ни ~ 一言も言わない
**полсóтни** (不変) [女] 50
**полстáвки** (不変) [女]: на ~ パートタイムで, 非常勤で
**полтергéйст** [э] [男1] ポルターガイスト
**полтúнник** [男2] ①50コペイカ硬貨, 50コペイカ; 〔俗〕50ルーブル紙幣, 50ルーブル ②〔若者〕5万ルーブル ③〔俗〕50年 ④〖スポ〗50m, 50kmの種目
*\***полторá** [パルタラー]〖男・中〗, **полторы́** [パルトゥルィー]〖女〗生・与・造・前 полýтора 対 полторá/полторы́ [数]〔one and a half〕1.5, 1つ半

---

[語法] «結合する名詞の数と格» ①主・対格の場合—複数生を ②その他の格の場合—数は複数, 格は数詞の変化に一致

: ~ гóда 1年半 | в полýтора килóметрах отсю́да ここから1.5キロのところに
**полторáста** 生・与・造・前 полýтораста 対=主 [数]150(★=пять[語法]): ~ рублéй 150ルーブル
**полу..** 〖語形成〗「半分の」「他と半々の」「なかば, ほとんど」
**полубáк** [男2]〖海〗船首楼
**полубóг** [男2] 半神半人
**полуботи́н|ки** -нок, -нкам [複] 〔単 -ок -нка [男2]〕短靴
**полувековóй** [形2] 半世紀の
**полувоéнный** [形1] 準軍事的な
**полуглáсный** [形1変化] [男]〖音声〗半母音
**полугóдие** [中5] ①半年 ②半学年: учéбное ~半年の)学期 **//полугоди́чный** [形1]
**полугодовáлый** [形1] 生後半年の
**полугодовóй** [形2] 半年の, 半年分の
**полугрáция** [女9]〖服飾〗ロングブラ
**полýда** [女1] 錫めっき
**полýденный** [形1] 正午の, 真昼の
**полуди́ть** [完] → луди́ть
**полýдница** [女3]〖スラヴ神〗ポルドニッヤ(ライ麦畑に現れる少女の妖怪)
**полудрагоцéнный** [形1]: ~ кáмень 準宝石, 半貴石
**полужёсткий** [形3]〖技〗半剛体の, 半硬式の
**полуживóй** [形2] 半死半生の, 瀕死の
**полужи́рный** [形1]: ~ шрифт [印・IT] ボールド体, 肉太活字
**пòлузабы́тый** [形1] なかば忘れられた
**полузащи́та** [女1]〖集合〗〖スポ〗ハーフバック, ミッドフィールド
**полузащи́тник** [男2]〖スポ〗ハーフバックの選手, ミッドフィールダー: центрáльный ~ センターハーフ
**полукафтáн** [男1] 半カフタン
**полукрóв|ка** 複生 -вок (女2変化) [男]〔純血種と普通種との)混血動物(通例馬) **//~ный** [形1]
**полукрýг** 複 -и́ [男2] 半円, 半円形
**полукрýглый** [形1] 半円形の, 半球形の
**полукустáрник** [男2] 半灌木
**полукустáрничек** -чка [男2] 小半灌木
**полулежáть** -жý, -жи́шь 副分 -лёжа [不完] (上体を少し起こして) なかば横たわっている
**полули́тровый** [形1] 半リットルの
**полумáска** 複生 -сок [女2] (顔の上部だけを覆う) 半マスク
**полумглá** [女1] 薄暗がり, 薄明かり
**полумéра** [女1] 中途半端な措置, 姑息な手段
**полумёртвый** 短 -мёртв, -мертвá, -мёртво/ -мертвó [形1] 半死半生の, 瀕死の
**полумéсяц** [男3] ①満月でない月(半月, 三日月など) ②半月形のもの
**полумéсячный** [形1] 半月(₁)の
**полуметрóвый** [形1] 半メートルの
**полумрáк** [男1] 薄闇, 薄暗がり
**полýндра** [間][話] 危ない, 気をつけろ
**полуночнý|к** [男2]/**-ца** [女3] [話] 夜ふかし[夜遊び]する人
**полунóчничать** [不完][話] 夜ふかし[夜遊び]する
**полунóчный, полунóчный** [形1] 真夜中の
**полуобезья́на** [女1]〖通例複〗〖動〗原猿類
**полуоборóт** [男1] ①半回転 ②(人体の)90度回転: П~ напрáво! 右向け右
**полуосвещённый** 短 -щён, -щенá [形1] 照明の

弱い, 薄暗い

\*полуо́стров 複 -á [男1] 〔peninsula〕 半島 ■Кры́мский ~ クリミヤ半島 **//~но́й** [形2]

**полуоткры́тый** 短 -ы́т [形1] 半開きの, 少し開いた
**полупальто́** (不変) [中] ハーフコート
**полупансио́н** [男1] 〔旅行〕1日2食付きのプラン
**полуподва́льный** [形1] 半地下の
**полупра́вда** [女1] 中途半端な真実
**полупроводни́к** -á [男2] 〔理〕半導体 **//~о́вый** [形1]
**полупрофессиона́л** [男1] セミプロ **//~ьный** [形1]
**полупусты́ня** [女5] 半砂漠地帯
**полуразру́шенный** 短 -ен, -ена [形1] 荒廃した, 崩れかかれた
**полусапо́|жки** -жек, -жкам [複] [単 -жек -жка [男2]] 半長靴, ミドル[ショート]ブーツ
**полусве́т** [男1] ① 薄明かり, 微光 ② 売春婦たちの世界, 花柳界
**полусиде́ть** -сижу́, -сиди́шь 副分 -сидя́ [不完] 深く身をもたれかけてすわっている
**полусло́в|о** [中1] ◆оборва́ть 完 на -e …の話をさえぎる | останови́ться на -e 言い途中でやめる | поня́ть с -а 理解が早い, 物わかりがよい
**полусме́рт|ь** [女10] ◆до -и ひどく, 死ぬほど
**полусо́гнутый** 短 -гнут [形1] 少し曲がった; 少し腰の曲がった
**полусо́н** -сна́ [男1] うつらうつらした状態
**полусо́нный** [形1] うつらうつらした; 寝ぼけている
**полуста́нок** -нка [男2] 小駅
**полусти́шие** [中5] 〔詩〕行内休止で区切られた詩の半行
**полутёмный** 短 -тёмен, -темна́ [形1] 薄暗い
**полуте́н|ь** -и, -éй [女10] 薄明り; 半陰影
**полуто́н** 複 -ы́/-á [男1] ① 〔複 -ы〕〔楽〕半音 ② 少し低められた音[声] ③ 〔複 -á〕〔美〕ハーフトーン, 中間調
**полуторá..** [語形成] 「1.5の」「1つ半の」
**полурагодова́лый** [形1] 1歳半の
**полуто́рка** 複分 -рок [女3] [話] ① 1.5トン積みのトラック ② 2DKの部屋(部屋は広い) ③ 2DKの部屋(一部屋が狭い)
**полуто́рн|ый** [形1] 1つ半の: -ая крова́ть セミダブルベッド
**полутьма́** [女1] 薄闇, 薄暗がり
**полутяжёлый** [形1] 〔スポ〕ライトヘビー級の
**полуулы́бка** 複 -бок [女3] かすかな微笑
**полуу́став** [男1] 古代ギリシア〔スラヴ〕文字の行書体
**полуфабрика́т** [男1] 半製品, 半加工品;インスタント食品
**полуфина́л** [男1] 〔スポ〕準決勝
**полуфинали́ст** [男1]/~ка 複分 -ток [女3] 準決勝進出者[チーム]
**полуфина́льн|ый** [形1] < полуфина́л: -ая встре́ча 準決勝
**получа́с** [男1] 〔話〕30分(полчаса́)
**получасово́й** [形2] 半時間の, 30分の
**получа́тель** [男5]/**~ница** [女3] 受取人

\*получа́ть [パルチャーチ] -чу́, -чу́ешь 命 -ча́й 受身 -уче́нный [完] [get, receive] ① 受け取る, もらう; 〜 часы́ в пода́рок プレゼントに時計をもらう | Вчера́ я получи́л зарпла́ту. きのう私は給料をもらった. ② 命令・指示などを受ける; 〜 прика́з 命令を受ける ③ <生産物を>得る; <結果を>得る; 〜 бензи́н из не́фти 石油からガソリンを精製する | 〜 интере́сные вы́воды 興味深い結論を得る ④ 被る, 受ける; <病気に>かかる; 〜 ра́ну 負傷する | 〜 воспале́ние

лёгких 肺炎にかかる ⑤ <ある感情を>得る, 味わう; 〜 удово́льствие 満足を味わう ⑥ <ある特賞を>得る; 〜 изве́стность 有名になる | 〜 примене́ние 利用される – всео́бщее призна́ние 広く世間に認められる ⑦ 《話》叱責される, 罰せられる

\*получа́ться [パルチャーッツァ] [不完] / получи́ться [パルチーッツァ] -лу́чусь, -лу́чишься [完] 〔turn out〕 ① (ある結果)になる, (結果として)生じる; Пиро́г получи́лся неуда́чный. ピログはうまくできなかった. ② 《話》うまくいく; …になる: Наш план не получи́лся. 僕らの計画は失敗に終わった. ③ 起こる, 生じる ④ 《話》手に入る, 届く ⑤ [不完] 〔受身〕< получа́ть ◆получа́ется 〔挿入〕つまり

**получе́н|ие** [パルチェーニエ] [中5] 〔receipt〕受け取ること, 受領; 得ること: прийти́ для -ия докуме́нтов 書類を受け取りに来る | 〜 ме́ста 就職
**получи́ть(ся)** [完] →получа́ть(ся)

\*полу́чк|а 複分 -чек [女2] 〔pay〕[話] ① (給料などの)受け取り ② 給料, 賃金; 給料日: де́нь —и 給料日
**полу́чше** [т] [比] ① もう少しよい; できるだけよい ② [副] もう少しよく; できるだけよく
**полуша́лок** -лка [男2] 〔俗〕小さいショール
**полуша́рие** [中5] ① 半球; 半球状のもの ② (地球などの)半球: се́верное [ю́жное] 〜 北[南]半球
**полушу́бок** -бка [男2] (通例羊の毛皮で, 膝までの)短い毛皮コート
**полушутя́** [副] 冗談半分に
**полце́ны** (不変) [女] 半値, 安値

\*полчаса́ [パルチサー] получа́са/получа́ [男1] 〔half an hour〕半時間, 30分: Он поспа́л о́коло получа́са. 彼は30分ほど眠った.

**по́лчище** [中2] ①(通例敵の)大軍 ②〔話〕大群
**полшага́** полуша́га/полуша́ [男2] 半歩
**по́лый** [形1] ① 空の, 空洞の ②(春の河川の解氷後に)あふれた
**полы́н|ь** [女10] 〔植〕ヨモギ属 **//~ный** [形1]
**полынья́** 複 -е́й [女8] (川・湖などの)氷結していない[解氷した]箇所
**полысе́ть** [完] →лысе́ть
**полыха́ть** [不完] / **полыхну́ть** -нёт [完] [一回] ① あかあかと燃える ② 《不完》あかあかと輝く, 燃えるように赤い ③《不完》(戦争などが)燃えさかる, (季節などが)たけなわである

\*по́льз|а [по́リザ] [女1] 〔benefit〕効用, 利益, 利点; 〜 спо́рта スポーツの効用 | принести́ -у 利益をもたらす | Лека́рство не принесло́ ему́ -ы. 薬は彼には効かなかった. ◆в -у ① 〔1〕…の利益になるように, …に有利に: Де́ло решено́ в -у истца́. 裁判は原告側の勝訴となった. (2)…のために | говори́ть в -у 田 …の長所[正しさ]を示す, …を利する | идти́ [пойти́] 田 на -у 田 を現す, よい方に作用する: Всё э́то всегда́ шло на -у. これらのことはいつもよい方に作用した.

\*по́льзовани|е [中5] 〔use〕使用, 利用: места́ о́бщего -ия 共有スペース, 共用施設 | для служе́бного -ия 公用に限る

\*по́льзователь [男5] 〔user〕〜〈圏/圄〉…の利用者, 使用者;〔IT〕ユーザー **//~ский** [形3]

\*по́льзоваться [パリーザヴァッツァ] -зуюсь, -зуешься 命 -зуйся [不完] / **воспо́льзоваться** [ヴァスパーリザヴァッツァ] [完] 〔use, profit〕〈圏/圄〉① 使う, 使用する; 〜 компью́тером コンピュータを使う | Как по́льзоваться э́той маши́ной? この機械はどうやって使うのですか ② (自分の時機に)利用する, 用いる; 〜 удо́бным слу́чаем 好機を利用する ③ 《不完》享有する, 得ている; 〜 успе́хом 成功を収めている | 〜 популя́рностью 人気を博する | 〜 влия́нием 勢力を有する | 〜 уваже́нием 尊敬を受ける | 〜 хоро́шей ре-

путáцией 評判がよい
**по́лька¹** 複生 -лек [女2] →поля́к ② 《舞・楽》ポルカ ③ ポルカ刈り (こめかみとうなじ部分を刈り上げる髪形)
**по́льский** [形3] ポーランド(人)の
**польсти́ть(ся)** [完] →льсти́ть(ся)
**По́льша** [女4] ポーランド (首都は Варша́ва)
**польщённый** 短 -щён, -щена́ [形1] おだてられて満足した
‡**полюби́ть** [パリュビーチ] -люблю́, -лю́бишь, ... -лю́бят 命 -би́ [完] 〈対〉 (come to like) 愛するようになる, 好きになる: Он *полюби́л* её с пе́рвого взгля́да. 彼は彼女に一目ぼれした
**полюби́ться** -люблю́сь, -лю́бишься [完] 《話》〈与〉の気に入る
**полюбова́ться** [完] →любова́ться
**полюбо́вн|ый** 短 -вен, -вна [形1] 友好的な, 合意の上での ∥**-о** [副]
**полюбопы́тствовать** [完] →любопы́тствовать
**по-лю́дски** [ц] [副] 《話》人がするように; 人間らしく
*по́люс 複 -ы/-á [男1] [pole] ① 〔地〕 極 ; 極地: Се́верный [Ю́жный] ~ 北[南]極 ② 〔理〕 極: Се́верный [Ю́жный] магни́тный ~ 北[南]磁極 ③ 極限に達するところ: ~ хо́лода 寒極 ④ 極端, 対極: два ~а хара́ктеров 両極端な性格 ∥**-ный** [形1] <①②
**полюшко** [中1] 〔指小〕 < по́ле①②
**По́ля** [女3] 〔愛称〕 < Поли́на
**поля́к** [男2] / **по́лька²** [女2] ポーランド人
**поля́на** [女1] ① (森・茂みの中の) 小さな草地 ② (ぽっかりと空いた) 平らな場所
**поляриза́ция** [女9] 〔理〕 分極, 偏光
**поляризова́ть** -зу́ю, -зу́ешь 受過 -о́ванный [不完·完] 〔理〕〈対〉分極させる, 偏光させる
**поля́рник** [男2] 極地探検隊員, (極地基地の) 越冬隊員
*поля́рн|ый 短 -рен, -рна [形1] [polar] ① 〔長尾〕 〔地〕極の, 極地の ② 〔理〕極の, 極性の; 〔言〕 極性の ③ 対極の, 正反対の ■ **По́ля́рная звезда́** 北極星 | **Се́верный [Ю́жный] ~ круг** 北 [南] 極圏 ∥ **-ость** [女10] <②③
**пом** [男1] 《話》助手, 補佐
**пом..** [語形成] 「助手」「副」…
**пома́да** [女1] ポマード; 口紅 (губна́я ~)
**пома́дить** -а́жу, -а́дишь 受過 -а́женный [不完] | **на~** [完] 《話》〈対〉にポマードをつける; 口紅を塗る
**пома́дка**複生 -док [女2] やわらかいキャンディー, 菓子類のやわらかい詰め物, ファッジ, フォンダン
**пома́зание** [中5] 〔宗〕傅膏(ふこう), 塗油(式)
**пома́зать(ся)** [完] →ма́зать(ся)
**пома́зать** -а́жу, -а́жешь 受過 -а́занный [完] 〈対に〉〔宗〕塗油する, 聖油を塗る
**пома́зок** -зка́ [男2] (塗布用の) 小さなはけ, ブラシ
**по-ма́ленькому** [副] 〔幼児〕 ходи́ть [де́лать] ~ しーしーする, おしっこする
**помале́ньку** [副] 《話》少しずつ; ゆっくり; まあまあ, どうにか
**пома́лкивать** [不完] 《話》黙っている, 口をつぐんでいる
**пома́лу** [副] 《話》少しずつ
**помани́ть** [完] →мани́ть
**пома́рка** 複生 -рок [女2] (文書の) 訂正, 訂正箇所
**пома́слить** [完] →ма́слить
**пома́хать** -машу́/-а́ю, -ма́шешь/-а́ешь [完] 〈造〉をしばらく [数回] 振る: ~ руко́й 手を振る ∥ **~ся** [完] ① 自分に向かって [を] 振る, 振り動かす; 自分をあおぐ: ~ ве́ером うちわを使う ② 《若者》少し殴り合いになる
**пома́хивать** [不完] 〈造〉を時々 [軽く] 振る
**поме́длить** -лю, -лишь [完] 〈с造/不定形〉…に少し手間どる, ぐずぐずする
**помело́** 複 -мéлья, -мéльев [中6] (暖炉用の) ほうき
♦**язы́к как ~** = **не язы́к, а ~** おしゃべりだ, 口が軽い
**поме́ньше** [形] [副] もう少し小さい [少ない]; もう少し小さく [少なく]
**помени́ть(ся)** [完] →меня́ть(ся)
**помера́н|ец** -нца [男3] 〔植〕ダイダイ; その実 ∥ **-цевый** [形1]
**помере́ть** [完] →помира́ть
**помере́щиться** [完] →мере́щиться
**помёрзнуть** -ну, -нешь 命 -ни 過 -ёрз, -ёрзла [完] ① (全部·多くが) 寒さで死ぬ [枯れる, 駄目になる] ② しばらく寒いところで過ごす, 凍える
**поме́рить(ся)** [完] →ме́рить(ся)
**поме́ркнуть** [完] →ме́ркнуть
**помертве́лый** [形1] 死んだような, 死人のように青白い
**помертве́ть** [完] →мертве́ть
**помести́тельный** 短 -лен, -льна [形1] 容量の大きい, 広々とした
**помести́ть(ся)** [完] →помеща́ть(ся)
**поме́стный** [сн] [形1] ① 領地の ② 地方の
**поме́стье** [中4] 領地, 封地
**по́мес|ь** [女10] ① 異なる動物の交配種, 雑種 ② 混合物 ∥ **-ный** [形1]
**поме́сячн|ый** [形1] 毎月の ∥ **-о** [副]
**помёт** [男1] ① 糞 ② [動] 同時に生まれた動物の子
**поме́та** [女1] 〔у́ст〕 印, 記号, 辞書などの注
**поме́тить** [完] →ме́тить¹, поме́чать
**поме́тка** 複生 -ток [女2] 表題, 記号, 書き込み
*поме́х|а [女1] [hindrance, interference] ① 障害, 邪魔; служи́ть **-ой** 障害となる | без вся́кой **-и** 全然故障なく ② 電波障害, 雑音
**помеча́ть** [不完] **/ поме́тить** -éчу, -éтишь 受過 -éченный [完] 〈対〉に印を付ける, チェックする
**поме́шанный** [形1] ① 気の狂った ② 〈на 前〉 に熱中した, 夢中になった
**помеша́тельство** [中1] 狂気, 精神異常: ти́хое ~ 非凶暴性精神異常
**помеша́ть** [完] →меша́ть¹,²
**помеша́ться** [完] ① 発狂する ② 〈на 前〉に熱中する, 夢中になる ♦ **~ в уме́** 気が狂う, 頭がおかしくなる
*помеща́ть [不完] / **помести́ть** -мещу́, -мести́шь 受過 -мещённый (-щён, -щена́) [完] [place, lodge] 〈対〉 ① 置く, 入れる, 配置する: ~ кни́ги на по́лку 本を棚に置く | ~ цветы́ в ва́зу 花瓶に花を活ける ② 〈в 前〉 部屋 [住居] を与える, 収容する, 住まわせる: Нас *помести́ли* в отде́льной ко́мнате. 私たちは個室をあてがわれた ③ (学校・施設などに) 入れる: ~ дочь в де́тский сад 娘を幼稚園に入れる ④ 〈к 金を〉預ける; 投資する: ~ де́ньги в банк 銀行に預金する ⑤ 掲載する: ~ статью́ в журна́ле 雑誌に論文を載せる
*помеща́ться [不完] / **помести́ться** -мещу́сь, -мести́шься [完] ① 入る, 納まる: Дива́н здесь не *помеща́ется*. ソファはここには入らない ② 居場所を得る, 居を占める, (ある場所に) 落ち着く: ~ в гости́нице ホテルに落ち着く ③ 掲載される ④ 〔不完〕 (ある場所に) ある
‡**помеще́ние** [パミッシェーニエ] [中5] [premises] ① 置くこと, 入れること; 収容; (資金の) 預け入れ, 投資; ~ капита́ла 投資 | ~ статьи́ в журна́ле 論文を雑誌に載せること ② (建物内部の) 場所, スペース, 部屋: жило́е ~ 居住スペース | тёплое ~ 暖かい部屋
**поме́щик** [男2] 地主: уса́дьба ~а 地主の屋敷

**поме́щица** [ж3] ① 女地主 ②《話》地主の妻

**помза́в** [м1] 副主任 (помо́щник заве́дующего)

***помидо́р** [м1] (tomato) 《植》トマト: ～ че́рри チェリートマト **~ный** [形1]

**помидо́рина** [ж1] トマト1個

**поми́лование** [中5] 特赦

**поми́ловать** [完] → ми́ловать

***поми́мо** [памм] [前] (besides, apart from) 〈囲〉 ① …の他に; …を除いて: П～ меня́ в кла́ссе бы́ло 5 (пять) студе́нтов. 私のほかにそのクラスには5人の学生がいた ②…に加えて: В э́том рестора́не есть мно́го оригина́льных десе́ртов есть мно́го оригина́льных кокте́йлей. このレストランではおいしいデザートだけでなくオリジナルカクテルが沢山あります ③ …とは無関係に: ～ чьей-л. во́ли …の意思と関係なく ◆~ того́ [всего́] 《挿入》その上、さらに

**поми́н** -а/-у [м1] 追善 ◆нет и в ~e 囲 全くない、影も形もない

**помина́льн|ый** [形1] 追悼の: -ые дни 追善供養の日 ǁ -ая слу́жба 《正教旧教》追善供養, 葬儀[の]

**помина́ть** [不完] / **помяну́ть** -яну́, -я́нешь 受過 -мя́нутый [完] 〈囲〉 ① 思い出す: ～ 囲 до́брым сло́вом …のことを懐かしむ, いいことを語る ② 追悼する, 追善供養をする ◆не будь тем помя́нут 《挿入》(人のことを悪く言いながら)そう言っては心苦しいが | помина́й, как зва́ли 急にいなくなった | не помина́й ста́рого 既往はとがめず

**поми́нки** -нок, -нкам [複] 葬儀の際の食事のもてなし; 追善

**поминове́н|ие** [中5] 追善; 安息を願う祈禱(ﾄﾞ): день -ия па́вших во́инов 戦没者追悼の日

**помину́тн|ый** [形1] 短 -тен, -тна [形1] 1分ごとの, 1分あたりの ǁ -o [副]《話》絶えず, しきりに

**помира́ть** [不完] / **помере́ть** -мру́, -мрёшь 過по́мер, померла́, по́мерло能過поме́рший/поме́рши 副過помере́в/помере́ши [完] 〈俗〉死ぬ ◆～ со́ сме́ху 抱腹絶倒する | ～ со ску́ки たまらなく淋しい

**помири́ть(ся)** [完] → мири́ть(ся)

***по́мнить** [памлить] -ню, -нишь 命 -ни [不完] (remember) …を覚えている, 記憶する, 忘れない: ～ своё де́тство 子どもの頃を覚えている | Он по́мнит стихотворе́ние наизу́сть. 彼はその詩を暗記している ◆не ～ себя́ от …のために我を忘れる: не ～ себя́ от ра́дости うれしのあまり我を忘れる | ~ себя́ 自分の記憶がある

**по́мниться** -нится [不完] (事柄が)思い出される: наско́лько мне по́мнится 私の記憶する限りでは

**помно́гу** [副]《話》(何度もに)大量に

**помножа́ть** [不完] / **помно́жить** -жу, -жишь 受過 -женный [完] 〈囲〉на 囲 を掛ける, 掛け算する

***помога́ть** [памага́т́] [不完] / **помо́чь** [памо́ч] -могу́, -мо́жешь, …, -мо́гут 命 -моги́ 過 -мо́г, -могла́ 能過 -мо́гший 副過 -мо́гши [完] (help, assist) 〈囲〉 を手伝う, 助ける, 援助する: ～ отцу́ в рабо́те 父の仕事を手伝う | Она́ помога́ет мне изуча́ть ру́сский язы́к. 彼女は私のロシア語の勉強を手伝ってくれる | Помоги́те! 助けて! ②…の役に立つ, 効果がある, 効く: Э́то лека́рство мне о́чень помогло́. この薬は私にとてもよく効いた ◆~ го́рю [беде́] 災厄からまぬがれさせる: 災厄からまぬがれる

***по-мо́ему** [памо́иму] [副] (my way, in my opinion) ① 私のように, 私のやり方で: Он сде́лал всё ～. 彼は何もかも私のやり方でやった ② 私の望み通りに ③《挿入》私の考えでは: П～, она́ права́. 彼女は正しい

**помо́|и** -ев [複] (炊事等で出た)汚水
◆обли́ть -я́ми 囲 …を誹謗[中傷]する

**помо́йка** 複生 -ек [ж2] ごみ捨て場[コンテナ], 汚水を流す場所

**помо́йн|ый** [形1] < помо́и: -ая я́ма (便所の)汚水溜め | -oe ведро́ 台所用生ごみバケツ

**помо́л** [м1] ① 製粉 ② 粉のひき方

**помо́лвить** -влю, -вишь 受過 -вленный [完] 〈囲〉 с 囲 と за 囲 を婚約させる

**помо́лвка** 複生 -вок [ж2] 婚約, 婚約の儀式

**помоли́ться** -молю́сь, -мо́лишься [完] しばらく祈る

**помолоде́ть** [完] → молоде́ть

**помоло́ть** -мелю́, -ме́лешь 受過 -мо́лотый [完] 〈囲〉 (粉を)しばらくひく

***помолча́ть** -чу́, -чи́шь [完] (pause) しばらく沈黙する, 黙る: Помолча́в мину́тку, он сно́ва на́чал расска́зывать. 彼はちょっと黙ってから再び語り始めた

**помо́льный** [形1] 製粉の

**помо́р** [м1] / **-ка** 複生 -рок [ж2] 白海[バレンツ海]沿岸のロシア系住民

**помори́ть** -рю́, -ри́шь 受過 -рённый (-рён, -рена́) [完] 〈囲〉 ① しばらくいじめる ② 全員[多数]を一度に殺害[駆除]する

**помо́рник** [м2]《鳥》トウゾクカモメ科

**поморо́зить** [完] → моро́зить

**помо́рский** [形3] < помо́р, помо́рье

**помо́рщить** -щу, -щишь受過 -щенный [完] 少ししわを寄せる ǁ ~ся 軽くしかめる

**помо́рье** [中5] ① 沿岸地域, ② П～ 白海沿岸地方

**помо́ст** [м1] 板でできた台

**помота́ть** 受過 -мо́танный [完] ① 〈囲〉 しばらく巻く ② 〈囲〉 しばらく浪費する

**по́мочи** -ей [複] 吊り革, サスペンダー ◆быть на -а́х у 囲 …に支配される

**помо́чь** [完] → помога́ть

***помо́щник** [ш] [памо́щник] [м2] / -ца [ж3] (helper) ① 助けて[手伝って]くれる人, 助手: ～ в рабо́те 仕事を手伝ってくれる人 | Сын был пе́рвым -ком отца́. 息子は父親の右腕だった ②《男》補佐, 次席, вспоматгь: ～ нача́льника 次長 | ～ режиссёра 助監督

***по́мощь** [памо́щ] [ж11] (help, assistance) ① 助力, 援助; гуманита́рная ～ 人道援助 | материа́льная ～ 物質的援助 | оказа́ть ～ 囲 を援助する, 助ける | Мы попроси́ли его́ о -и. 私たちは彼に助力を求めた ② 救助, 救護, 救護・治療, 医療 (медици́нская ～): ~ ра́неному 負傷者の救助 | на дому́ 往診 | пе́рвая ～ 応急処置 | ско́рая ～ 救急医療機関; 救急車 | позва́ть на ~ 助けを呼ぶ | 《コン》ヘルプ
◆с -ью = при -и 囲 …の助けによって, …を用いて: Он доби́лся популя́рности с -ью обма́на. 彼は欺瞞を用いて人気を得た | протяну́ть [пода́ть] ру́ку -и 囲 …に救いの手を差し伸べる

■ официа́льная ~ разви́тию в це́лях разви́тия; 政府開発援助, ODA (略 ОПР)

**по́мпа** [ж1] ①《文》(見かけの)華やかさ ② ポンプ ǁ по́мповый [形1]

**помпе́зн|ый** 短 -зен, -зна [形1] 《文》豪華な, 華麗な ǁ -ость [ж10]

**помрача́ть** [不完] / **помрачи́ть** -чу́, -чи́шь受過 -чённый (-чён, -чена́) [完] 〈囲〉 暗くする, ぼんやりさせる ǁ ~ся [不完] 暗くなる, ぼんやりする, 曇る ǁ помраче́ние [中5]

**помрачне́ть** [完] → мрачне́ть

**помути́ть** -чу́, -ти́шь受過 -ти́нный (-тён, -тена́) [完] 〈囲〉 少し濁らす ǁ ~ся 少し濁る

**помутне́ть** [完] → мутне́ть

**помучи́ть** -чу, -чишь受過 -ченный [完] しばらく苦しめる ǁ ~ся しばらく苦しむ

**помча́ть** -чу́, -чи́шь [完] ①〈短〉勢いよく運び始める ②疾走し始める ∥**~ся** [完] 疾走し始める

**помы́вка** [女2] = мытьё

**помыка́ть** [不完]《話》〈を〉こき使う, 意のままに従わせる

**по́мысел** -сла [男1] 考え, 意図

**помы́слить** [完] →помышля́ть

**помы́ть(ся)** [完] →мы́ть(ся)

**помышля́ть** [不完] / **помы́слить** -мы́слю, -мы́слишь [完]〈о 短〉〈について〉考える

**помяну́ть** [完] →помина́ть

**помя́тый** [形1]《話》(顔が)疲れた, 生気のない

**помя́ть** -мну́, -мнёшь 受過 -тый [完] ①少しわにする, 揉む, 踏みにじる ◆**~ бока́** 短《俗》を殴る, 叩きのめす

**~ся** [完] →мя́ться

**по-над** [前]《民謡・方》〈造〉…にそって

**понаде́яться** -е́ется [完]〈на 短〉を当てにする, 期待する

**※понадо́биться** [パナードビッツァ] -блюсь, -бишься, -бятся 命 -бись/-бься [完][become necessary] 必要になる: Помощь не *понадобилась*. 手助けの必要はなかった

**понапра́сну** [副]《話》いたずらに, 無駄に

**понаро́шку** [副]《話》本気でなく, ふざけて

**понаслы́шке** [副]《話》伝聞で, 噂話をもとに

**по-настоя́щему** [副] きちんと, しかるべく, まじめに: взя́ться за рабо́ту ~ 本格的に仕事に取りかかる

*※**понача́лу** [副][at first]《話》最初は, 初めのうち

**по-на́шему** [副] ①私たちの意見では ②私たちが望むように 〈分〉 ~ その意見に賛成だ, そうじゃなくちゃ

**по-на́шенски** [副] = по-на́шему

**понёва** [女1] 毛織のスカート(農民の民族衣装)

**понево́ле** [副] 否応なしに, 不本意ながら

*※**понеде́льник** [パニヂェーリニク] [男2] [Monday] 月曜日(略 Пн, пн): в ~ 月曜日に | ка́ждый ~ = по ~ам 毎週月曜日に | В сле́дующий ~ она́ уе́дет в Москву́. 次の月曜日に彼女はモスクワに発つ ◆**дожи́вём до ~а** [副]《話・戯》しばらく待とう, どうなるか見てみよう | ~ — день тяжёлый《失敗の言い訳, 乗り気がしない気持ち》だって月曜日だから ●**Чи́стый ~** 《正教》聖月曜日(大斎 -сто́й) の第1週の月曜日 | **Вели́кий (Стра́стной) ~**《正教》聖大月曜日(復活大祭前・受難週間の月曜日) ∥**понеде́льничный** [形1]

**понеде́льн|ый** [形1] 毎週の, 週ごとの ∥**-о** [副]

**по-неме́цки** [副] ドイツ語で; ドイツ風に

**понемно́гу** [副] ①少し ②だんだんと

**поне́рвничать** [完] しばらくのうち, 少しの間神経質になる

*※**понести́** [パニスチー] -су́, -сёшь 命 -си́ 過 -нёс, -несла́ 能過 -нёсший 受過 -сённый (-сён, -сена́) 副分 -еся́ [完] [take] (★нести́[1] の完成体を示す) ①〈を〉持ち(→пойти́ 語法) ②(馬が)疾走する ③〈短〉〈罰・損害などを受ける, こうむる: ~ наказа́ние 罰をこうむる | ~ убы́тки 損害を受ける ④《旧》《義務などを》遂行する ⑤〈短〉〈くだらないこと・嘘を〉言い始める ⑥〈短〉連れて行く ⑦《無人称》〈短〉吹いてくる, 〈匂いが〉してくる

**понести́сь** -несу́сь, -несёшься 過 -нёсся, -несла́сь [完] 走りだす; (音・匂いが) 流れ始める

**по́ни** (不変) [男] 《動》ポニー (小型の馬)

*※**пони́зить** [不完] / **пони́зить** -ни́жу, -ни́зишь 受過 -ни́женный [完]〈短〉低くする, 下げる: ~ це́ны на бензи́н ガソリンを値下げする | ~ у́ровень радиа́ции 放射線量を下げる | ~ в до́лжности 降格させる

*※**понижа́ться** [不完] / **пони́зиться** -зится [完] 低下する, 減少する: Курс иены *понизился*. 円相場が値下がりした

**пони́же** [副] もっと低く

**пониже́ние** [中5] 低下; 減少

**пони́женный** [形1] 通常よりも低い, 引き下げられた

**понизи́ть(ся)** [完] →понижа́ть(ся)

**по́низу** [副] 低く, 地面すれすれに

**※понима́|ние** [パニマーニエ] [中5] [understanding] 理解(力), 解釈: дости́чь высо́кого у́ровня -ия 高い理解のレベルに到達する | В э́том вопро́се мы найдём ~ и подде́ржку. この問題において我々は理解[支持]してもらえるだろう

*※**понима́ть** [パニマーチ] [不完] / **поня́ть** [パニャーチ] пойму́, поймёшь 命 пойми́ 過 по́нял, поняла́, по́няло 能過 -я́вший 受過 по́нятый (-ят, -ята́, -ято) 副分 -я́в [完] [understand] ①〈を〉理解する, わかる: ~ уро́к 授業がわかる | ~ друг дру́га 理解し合う | Я вас пло́хо *понима́ю*. あなたの言うことがよくわからない | ра́но и́ли по́здно *поймёшь*, что …. 遅かれ早かれ…を理解するだろう ②…の価値を認める, 評価する: Совреме́нники не *по́няли* поэ́та. 同時代の人々にはその詩人の価値がわからなかった ③《不完》解釈する;〈под 短〉で暗に意味する, 指して言う: Как *понима́ть* э́то выраже́ние? この表現はどう理解したらいいのか | Что вы *понима́ете* под э́тими слова́ми? その言葉で何が言いたいんですか ④《不完》〈短/в短〉に精通している, 知識がある;〈短〉わかる: ~ иску́сство 芸術がわかる | Вы *понима́ете* по-япо́нски [япо́нский язы́к]? 日本語はわかりますか ⑤〈分〉**Э́то я понима́ю!**《話》そうこなくっちゃ, その調子だ | **дать поня́ть** 短 …に…をわからせる, ほのめかす | **Мно́го ты *понима́ешь*!**《話・蔑》何もわかっていない | *понима́ешь [понима́ете (ли)]*《挿入》《話》いいですか, あのねえ | **понима́ть о себе́**《俗》うぬぼれる ∥**~ся** [不完]《受動》

**понима́ющий** [形6] (視線・態度が) 理解を示している

**по-но́вому** [副] ①新しく, 新しいやり方で ②現代風に, いまふうに

**поножо́вщина** [女1]《話》刃物を使うけんか

**понома́рь** -я́ [男5] 下級の聖職者

**поно́с** [男1] 下痢

**поноси́ть[1]** -ношу́, -но́сишь [不完]〈について〉悪口を言う, そしる

**поноси́ть[2]** -ношу́, -но́сишь 受過 -но́шенный [完]〈短〉しばらく持って歩く; しばらく着て歩く

**поно́ска** 複生 -сок [女2] 訓練された犬がくわえてくるもの, その能力

**поноше́ние** [中5] 悪口, 暴言, 悪態

**поно́шенный** [形1] 着古した

**понра́виться** [完] →нра́виться

**понто́н** [男1] (仮設の橋の支えとなる)平底の船; (その上に作られた)仮設の橋 ∥**~ный** [形1]

**понужда́ть** [不完] / **понуди́ть** -ну́жу, -ну́дишь 受過 -нуждённый (-дён, -дена́) [完]《文》〈短〉強いる ∥**понужде́ние** [中5]

**понука́ть** [不完]〈短〉駆り立てる, せきたてる ∥**понука́ние** [中5]

**пону́рить** -рю, -ришь 受過 -ренный [完]〈短〉頭を垂れる;〈肩を落とす〉 ∥**~ся** [完] うなだれる

**пону́рый** [形1] うなだれた, ふさぎこんだ ∥**-о** [副]

**по́нчик** [男2] ドーナツ ∥**~овый** [形1]

**по́нчиковая** (形1変化) [女名] ドーナツを売る店

**по́нчо** (不変) [中] ポンチョ (南米のマント)

**поны́не** [副]《文》これまで

**по-ны́нешнему** [副] 現代風に, 現在のように

**поню́хать** [完] →ню́хать

**поню́шка** 複生 -шек [女2]《話》①たばこを嗅ぐひとく

② 嗅ぎたばこのひとつまみ

*понят|ие [パニャーチェ] [中5] 〔idea, notion〕 ①概念: абстра́ктное ～ 抽象概念 | ～ вре́мени 時間の概念 ②観念, 知識, 理解: ～ о жи́вописи 絵画についての知識 | Он не име́ет никако́го -ия об э́том. 彼はそれについて何も知らない ③〔通例複〕理解の程度, 理解力: применя́ться к -иям слу́шателей 聴衆の理解力に話を合わせる ④〔話〕意見, 評価 ◆без -ия《俗》何もわからない, ばかな | жить по -иям 犯罪の世界の掟を守る | ～ия не име́ю.《話》知らない, わからない | с -ием《俗》物がよくわかった, 分別のある; 賢明に // поня́тийный [形1]

поня́тливый 短 -ив [形1] 理解の早い

*поня́тно [パニャートナ] [副]〔understandable, of course〕①わかりやすく, 明瞭に: ～ говори́ть わかりやすく話す ②〔無人述〕わかっている, 明らかだ: Вам ～, что выража́ет карти́на? あなたはその絵が何を表現しているかわかりますか ③〔挿入〕《話》もちろん, 当然なのは: Я, ～, сра́зу догада́лся. 私はもちろん, すぐに察した ④〔助〕 ◆ежу́ ～

*поня́тн|ый [パニャートヌイ] 短 -тен, -тна 比 -нее [形1]〔understandable〕①理解できる, わかりやすい, 明瞭な; 気持ちがわかる: -ое объясне́ние わかりやすい説明 | Твои́ сомне́ния мне ~ы. 君の疑念は私にはわかる ②当然の, もっともな: -ая про́сьба もっともな頼み ◆-ое де́ло (1)〔挿入〕もちろん, 当然 (2)〔助〕わかった, もちろん // -ость [女10]

поня́т|ой (形2変化) [男名] / -а́я [女名]《公》立会人

поня́ть [完] →понима́ть

пообе́дать [完] →обе́дать

по-обезья́ньи [副] 猿のように

пообеща́ть(ся) [完] →обеща́ть(ся)

поода́ль [副] 少し離れて

поодино́чке [副] 1人ずつ

поочерёдн|ый [形1] 順番になされる // -о [副]

поощре́ние [中5] ①奨励 ②褒賞, 賞金

поощри́тельный 短 -лен, -льна [形1] 奨励する

поощр|я́ть [不完] / поощри́ть -рю́, -ри́шь 過 -рённый (-рён, -рена́) [完]〈团〉励ます, 奨励する

поп¹ -а́ [男1]《話》司祭 // -ик [男2]《話》〔指小・卑〕 // -о́вский [形3]

поп² [男1] ゴロドキー(городки́)のピン ◆поста́вить на ～ 垂直に立てる

поп-.. [語形成] 「ポップの」「大衆的な」

по́па [女1]《話》〔幼児〕(子供の) 尻, おしり

*попада́ние [中5]《公》後見(制度)

попада́ть¹ [完] (次々と) 倒れる

*попада́ть² [パパダーチ] [不完] / попа́сть [パパースチ] -аду́, -адёшь 過 -ади́ 過 -а́л 能過 -а́вший 副分 -а́в [完]〔hit〕〈во что〉当たる, 命中する: ～ в цель 標的に命中する | Ка́мень попа́л в окно́. 石が窓に当たった ②〈団を团に〉当てる, ぶつける; 入れる, 突っ込む: ～ мячо́м в сте́ну ボールを壁にぶつける | ～ ни́ткой в иго́льное у́шко 糸を針穴に通す (しぼしばどう)かる, 染み込む: Мы́ло попа́ло в глаза́. せっけんが目に入った ③〈в/на/под团〉…に行き当たる, (ある場所に)出る; …に行きつく, …にでくわす, …を見つける: ～ на хоро́шего помо́щника よい助手を見つける ④〈в亿〉陥る, 遭遇する: случа́йно ～ в парк 偶然公園に行き当たる | Как попа́сть на ста́нцию? 駅へはどう行ったらいいでしょうか | ～ в беду́ 災難に遭う | ～ под дождь 雨に遭う | ～ под суд 裁判にかけられる ⑤〈в/на团〉職務・学校に)入る, 就く: ～ в институ́т 大学に入る ⑥〈в团〉…に著名になる (★活動体名詞の場合, 团は複数主格と同形の複数対格): ～ в председа́тели 議長になる ⑦〔無人称〕《話》〈团は〉叱られる, 罰せられる ⑧〈попа́ло: кто, что, куда́, где, когда́などの疑問詞の後で〉…でもかまわぬ, …であろうと: где попа́ло どこであろうと, ところかまわず | как попа́ло どんなふうにでも, 行き当たりばったりに, いい加減に | когда́ попа́ло いつでもかまわず | кто попа́ло 誰かれかまわず何でもかまわず

*попада́ться [不完] / попа́сться -аду́сь, -адёшься 過 -а́лся [完] ①(ある状況に)陥る ②捕らえられる ③〈团に〉遭遇する ◆пе́рвый попа́вшийся 誰でも | ～ на [в] глаза́ 偶然…の注意を引く, …の目にとどまる

попа́дья макин-ле́й [女8] 司祭の妻

попал|и́ть -лю́, -ли́шь [完]〈団〉①しばらく焼く [あぶる] ②焼き払う ③しばらくの間発射する

попа́ло →попада́ть²⑧

поп-анса́мбль [不変] [男5] ポップスグループ

попа́риться [完] 蒸風呂に入る, しばらく蒸される

попа́рно [副] 2人ずつ

поп-а́рт [不変] [男1] ポップ・アート

попа́сть(ся) [完] →попада́ть(ся)

попа́хивать [不完]《話》少し臭う

поп-гру́ппа [不変] [女1] ポピュラー音楽のグループ

попе́вка [女2]《楽》①《正教》ポペーフカ (旋律定型) ②《民俗》節し; 歌

попеня́ть [完] →пеня́ть

попере́д [副]《俗・方》…より早く

поперёк [パピリョーク] 〔across〕 [副]〈вдоль〉
I [副] ①横切って: разре́зать бато́н ～ 棒パンを横に切る ②《話》逆らって: говори́ть ～ 口答えする
II [前]〈団〉…を横切って: П～ доро́ги лежи́т де́рево. 木が道を横切り横たわっている ◆～ себя́ ши́ре《話》とても太っている

попереме́нно [副] 交互に, 順番に

попере́ть попру́, попрёшь 過 попёр, попёрла 受過 попёртый [完]《俗》①〈団を〉動き出す ②〈团を〉追い出す ③〔無人称〕《若者》①は〉運がいい, 成功する

попере́чина [女1] 横木, 梁

попере́чник [男2] 直径

попере́чный [形1] 横の ◆встре́чный и ～ あらゆる, 全部の

поперхну́ться -ну́сь, -нёшься [完] むせる

попе́рчить, поперчи́ть [完] →пе́рчить

попече́ние [中5] 配慮, 世話

попечи́тель [男5] / -ница [女3] 後見人 // -ский [形3]

попечи́тельство [中5]《公》後見(制度)

попива́ть [不完] ①《話》〈団を〉(少しずつ味わって) 飲む ②《俗》(少しずつだが頻繁に) 飲酒する

попира́ть [不完] / попра́ть (未来) 受過 попра́нный [雅]〈团を〉踏躙(ロンルシ)する, 踏みにじる

попи́сать [完] →пи́сать

пописа́ть -пишу́, -пи́шешь [完]〈团〉しばらく書く

поп-иску́сство [不変] [中1] ポップ・アート

попи́сывать [不完]《話》時々書く

*попи́ть попью́, попьёшь 命 попе́й 過 по́пил -и́л, -ила́, по́пило -и́ло 受過 по́питый (-ит, -ита́, -ито) / попи́тый [完]〔have a drink〕〈团/团〉(少し) 飲む: Попьём ча́йку. お茶でも飲みましょう

по́пка ма́кин-пок [女2] ①《話》《鳥》オウム (親鵡) ②〔指小〕<по́па

попко́рн [男1] ポップコーン

попла́в|о́к -вка́ [男2] ①浮き, 浮き袋, ブイ ②水上レストラン

попла́кать -ла́чу, -ла́чешь [完] ちょっと泣く

по-пластуны́ски [副] 匍匐(スネミ)で; はいはいして

поплати́ться [完] →плати́ться

**попли́н** [男1] ポプリン(布) **//~овый** [形1]

**попльı́ть** [完] -ыву́, -ывёшь 過 -ы́л, -ыла́, -ы́ло ① 泳ぎ始める, 漂い始める (★→пойти́[睡法]) ②《話》━となる, ふらふらする; オルガスムに達する: У неё всё поплы́ло пе́ред глаза́ми. 彼女は目の前が真っ白になった

**по̀п-му́зыка** [不変]-[女2] ポピュラー音楽, ポップス

**попо́вник** [男2]《植》フランスギク

**попо́зже** [ж]〖副〗①もう少し後で ②出来る限り遅く

**попо́йка** 複生-по́ек [女2]《話》酒盛り

*__попола́м__ [パパラーム]〖副〗[in half, half-and-half] ①半分に: раздели́ть пиро́г ～ パイを半分に分ける ②《口語》半分ずつに: заплати́ть за у́жин ～ с подру́гой 夕飯の勘定を友達と割り勘する

**попо́лдничать** [完] →по́лдничать

**по́ползень** -зня [男5]《鳥》ゴジュウカラ属

**поползнове́ние** [中5]《文》(曖昧な)意志, 意図

**поползти́** -зу́, -зёшь 過 -о́лз, -олзла́ [完] 這い始める; 動き始める

**пополне́ние** [中5] ①補充 ②肥満

**пополне́ть** [完] →полне́ть

**пополня́ть** [不完] **/попо́лнить** -ню, -нишь 命 -ни 受過 -ненный [完]〈団〉〈国を〉補充する **//~ся** [不完/完] 国でいっぱいになる

**пополу́дни** 〖副〗午後に

**пополу́ночи** 〖副〗真夜中以降

**попо́мнить** -ню, -нишь 命 -ни [完]〈団を〉覚えている; 思い出させる: Попо́мни моё сло́во. きっと私の言う通りになる

**попо́на** [女1] (馬に着せる) 馬衣 (ば)

**попо́тчевать** [完] →по́тчевать

**по̀п-певе́ц** -вца́ [不変]-[男3] / **-и́ца** [不変]-[女3] ポップス歌手

**попра́ве́ть** [完] →пра́ве́ть

**поправи́мый** [形1] 修復できる

**попра́ви́ть(ся)** [完] →поправля́ть(ся)

*__попра́вк|а__ 複生-вок [女2] [recover, correction] ①修理; 修正 ②回復, 改善: Де́ло идёт к ~y. 事態は改善に向かっている ③訂正; 訂正箇所 ④補正 **// по-пра́вочный** [形1]

**поправле́ние** [中5] 修正, 訂正; 回復, 改善

*__поправля́ть__ [不完] **/попра́вить** -влю, -вишь 受過-вленный [完] [mend, correct]〈団〉①修正する, 訂正する: Она́ попра́вила граммати́ческие оши́бки в моём сочине́нии. 彼女は私の作文の文法的な誤りを直してくれた ②…の誤りを指摘する: ～ докла́дчика 報告者の間違いを指摘する ③整える, 直す: ～ причёску 髪形を直す ④回復させる, 改善する: ～ хозя́йство 経済を回復させる

*__поправля́ться__ [パプラヴリャーッツァ] [不完] **/попра́виться** [パプラーヴィッツァ] -влюсь, -вишься, ... -вятся 命 -вься [完] [correct, get better] ①〈自分の誤りを〉訂正する ②よくなる, 回復する: Больно́й на́чал поправля́ться. 病人は回復し始めた ③《不完》《受身》＜поправля́ть ◆ **Поправля́йтесь!** 《病人に対して》お大事に, 元気になって下さいね

**попра́ть** [完] →попира́ть

**попра́ние** [中5] 踏みにじること, 蹂躙 (じゅう)

*__по-пре́жнему__ [パプリェージニェム] 〖副〗[as before, as usual] 従来通り, 相変わらず: Она́ ～ краси́ва. 彼女は相変わらずきれいだ

**попрёк** [男2] 非難

**попрека́ть** [不完] **/попрекну́ть** -ну́, -нёшь [完]〈団を団について〉非難する

**поприве́тствовать** [完] →приве́тствовать

**по́прище** [中2]《雅》活動範囲

**попро́бовать** [完] →про́бовать

**попроси́ть(ся)** [完] →проси́ть(ся)

*__по́просту__ [simply]《話》①〖副〗あっさりと, 率直に ②〖助〗単に

**попроша́йка** 複生-а́ек (女2変化) [男・女] しつこく頼む人

**попроша́йничать** [不完] ①乞食をする ②《話》しつこく頼む **//попроша́йничество** [中1]

**попроща́ться** [完] = прости́ться

**попрыгу́н** -а́ [男1] / **-ья** 複生-ий [女8]《話》落ち着かない人

**попря́тать** -я́чу, -я́чешь 受過 -я́танный [完]〈団〉(多くのものを)隠す **//~ся** [完] (多数の人が) 隠れる

**попс** [男1]《話》①= поп-му́зыка ②《述語》かっこいい, ポップだ **//попсо́вый** [形1]

**попса́** [女1]《俗》= поп

**попуга́й** [男6]《鳥》インコ; オウム ②他人の言葉をまねる人 **//~ный** [形1], **~ский** [形3]

**попуга́йчик** [男2] 〖指小〗＜попуга́й ■ **волни́стый ~** 《鳥》セキセイインコ

**попуга́ть** [完]〈団を〉驚かす

**попу́дрить** -рю, -ришь 命 -ри 受過 -ренный [完]〈団に〉軽くおしろいをつける

**попули́зм** [男1]《文》《政》ポピュリズム, 大衆迎合主義 **//-и́стский** [сс] [形3] 大衆迎合主義(者)の

**попули́ст** [男1]《政》ポピュリスト, 大衆迎合主義者

**популяриза́тор** [男1] 普及に努める人

**популяризи́ровать** -рую, -руешь 受過-анный [不完・完], **популяризова́ть** -зу́ю, -зу́ешь 受過-о́ванный [不完・完]《文》〈団〉①平易にする ②普及する **//-а́ция** [女9]

*__популя́рность__ [女10] [popularity] ①平明さ, わかりやすさ; 大衆〖通俗〗性: ～ ле́кции 講義のわかりやすいこと ②人気: по́льзоваться [широ́кой, большо́й] ~ью (大変な) 好評を博している | приобрести́ [потеря́ть] ～ 人気を得る[失う]

*__популя́рн|ый__ [パプリャールヌィイ] 短 -рен, -рна 比 -нее [形1] [popular] ①人気のある, 有名な: -ая гру́ппа восьмидеся́тых годо́в 80年代に人気のあったバンド ②わかりやすい; 通俗的(な)〈通信〉: -ое изложе́ние вопро́са 問題のわかりやすい説明 **//-о** 〖副〗 <②>

**популя́ция** [女9]《文》《生・漁》個体群

**попурри́** (不変) [中]《楽》メドレー曲

**попусти́тельство** [中1] 黙認, 大目に見ること

**попусти́тельствовать** -твую, -твуешь [不完]〈団を〉黙認する, 大目に見る

**попусти́тельский** [形3] 黙認の, 大目に見た

**по-пусто́му, по́пусту** [副]《話》無駄[無意味]に

**попута́ть** [完]《話》(悪魔などが) 惑わす

**попу́тка** 複生-ток [女2]《話》同じ方向に向かう車

**попу́тн|ый** [形1] ①同じ方向に動く ②付随して起きる, ついでの; 通りがかりの **//-о** 〖副〗

**попу́тчи|к** [男2] **/-ца** [女2] 同行者, 同伴者

**попыта́ться** [完]《話》〈団/由 を〉試してみる: ～ сча́стья 運試しをする

**попыта́ться** [完] →пыта́ться

*__попы́тк|а__ [パピートカ] 複生 -ток [女2] [attempt, try] ①試み, トライ: тще́тная ～ 無駄な試み | предприня́ть -y к бе́гству 逃亡を試みる ②《スポ》試技: Прыгу́н установи́л реко́рд в тре́тьей -e. ジャンパーは3度目の試技で新記録を樹立した ◆ **П~ не пы́тка**.《諺》ものは試し（←試みは拷問ではない）

**попы́хивать** [不完]《話》時々煙を吐く

**попя́тить(ся)** [完] →пя́тить(ся)

**попя́тный** [形1] 後退する ◆ **идти́ на ～** 決定を覆す, 前言を撤回する

**по́ра** [女1] 小さな穴, 隙間

*__пор|а́__ [パラー]　対 по́ру 複 по́ры, пор, пора́м [女1]

[time, season] ① (何かを行う・何かの)時, 時期, 季節 (вре́мя, пери́од, сро́к): весе́нняя ~ 春 | в ту́ по́ру 当時 (тогда́) ② 《述語》そろそろ…する時だ (вре́мя) (★切迫感は不完了体不定形が, 時間とは関係なく絶対性強調には完了体が用いられる; 命令形の強い調子を避けて пора́ が用いられる): вре́мя は同義だが多少公的): П~ домо́й. そろそろ帰宅する時だ | П~ встава́ть. 起きる時間ですよ (Встава́йте!) | П~ бы и поня́ть э́то. (やや皮肉)いい加減でそれをわかってくれてもよさそうなものですね | в (са́мой) ~е́ 《話》最適の年齢で, 脂が乗っている時に | до сих пор いままで, ここまで (で;時・所の意味で) | до тех пор, пока́ (не) ... = до той ~ы́ пока́ не ..., …しないうちは (★一回の動作では пока́ の後は完了体が普通: Остане́мся, пока́ не пройдёт дождь. 雨がやむまで留まろう) | с каки́х пор いつから | с тех пор その時から, それ以来

\*порабо́тать [完] [do some work] しばらく働く; (機械などが)しばらく動く [機能する]: Нам на́до ещё ~. 私たちはもうひと働きしなければならない

поработи́тель [男5] 征服者

порабоща́ть [不完]/поработи́ть -бощу́, -боти́шь 受過 -бощённый (-щён, -щена́) [完] 《文》《旧》奴隷にする; 服従させる ‖порабоще́ние [中5]

поравня́ться [完]《с[造]と》(追いついて)並走する

пора́довать -дую, -дуешь [完] しばらく喜ばせる ‖-ся [完] (に)しばらく喜ぶ

\*поража́ть [パラジャーチ] [不完]/порази́ть [パラジーチ] -ажу́, -ази́шь, ... -азя́т 命 -зи́ 受過 -ажённый (-жён, -жена́) [hit, defeat] ① (武器で)…に打撃を加える, 打つ, 突く; (弾丸などが)…に命中する, 破壊する, 撃墜する: ~ пти́цу на лету́ 飛んでいる鳥を撃つ | Снаря́ды порази́ли танк проти́вника. 砲弾が敵の戦車を破壊した ② 《雅》打ち破る, 粉砕する, 敗北させる: ~ врага́ 敵を粉砕する ③ (病気などが)冒す, 害する, 襲う: Рак порази́л желу́док. ガンが胃を冒した ④ひどく驚かせる, 感動させる: Я поражён неожи́данным изве́стием. 私は思いがけない知らせにびっくりしている ⑤《球技》ゴールに入れる, 得点をあげる ‖-ся [不完]/[完]《[造]に》驚嘆する ② 《不完》《受身》

пораже́нец -нца [男3] 敗北主義者

\*пораже́ние [パラジェーニェ] [中5] [defeat] ①打破, 撃破; 敗北: кру́пное ~ 大敗, 完全な敗北 | нанести́ ~ проти́внику 敵を打ち破る ②疾患, 障害 ■~ в права́х《法》公民権剥奪

пораже́нчество [中1] 敗北主義

\*порази́тельный -льна, -льно [形1] [amazing] 驚くべき, 並外れた: ~ дар 驚異的な才能

порази́ть(ся) [完] →поража́ть, рази́ть

поразмы́слить -лю, -лишь 命 -ли [完] 《話》《о [前]について》熟考する

\*по-ра́зному [副] [differently] 様々に, 違ったふうに: мы́слить ~ 異なった考え方をする

пора́нить -ню, -нишь 受過 -ненный [完] 《話》傷つける ‖-ся [完] けがをする

пораста́ть [不完]/порасти́ -тёт 過 -ро́с, -росла́ [完] 《[造]で》覆われる

порва́ть(ся) [完] →порыва́ть

поре́зать [完] →реде́ть

поре́з [男1] 切り傷(をつけること)

поре́зать -е́жу, -е́жешь 受過 -е́занный [完] ①切る ②(たくさん)切る ③(たくさん)切り殺す ‖-ся [完](指)切り傷ができる

поре́й [男6] 《植》リーキ(ネギの一種)

порекомендова́ть [完] →рекомендова́ть

пореши́ть -шу́, -ши́шь 受過 -шённый (-шён, -шена́) [完] 《俗》①《что？節 と /на[前]に /[不定形]に》決める ②《完》終える, 殺す

поржаве́ть, поржаве́ть [完] →ржаве́ть

по́ристый 短 -ист [形1] 孔の多い ‖-ость [女10]

порица́ние [中5] 非難

порица́ть [不完]《книж》非難する

по́рка [女2] ①縫い目をほどくこと ②鞭で打つこと

порно.. 《語形成》「ポルノの」

порнографи́я [女9] ポルノグラフィー ‖-и́ческий [形3]

порну́ха [女2]《俗》ポルノグラフィー

по́ровну [副] 同じ大きさに; 均等に

\*поро́г [パローク] [男2] [threshold] ①敷居;戸口, 入り口: переступи́ть ~ 敷居をまたぐ | появи́ться на ~е ко́мнаты 部屋の戸口に現れる ② (родно́й, о́тчий, etc.を伴って)生家, 故郷: верну́ться к родно́му ~у 生まれた家に戻る ③ 《文》《旧》の直前, 発端; 境目, 境界: на ~ сме́рти 生死の境に ④ 《通例複》川瀬, 早瀬: днепро́вские ~и ドニエプル川の早瀬 ⑤《心・生理》閾(しきい)値; 閾値: ~ созна́ния 識閾 ◆за ~ 家の外へ: За ~ ни ного́й! 一歩たりとも家から出るな | за ~ом (1)家の外で (2)過ぎ去って | на ~ не пуска́ть [不完] …を家に入れない, …に家の敷居をまたがせない | обива́ть (все) ~и́ 《話》…を訪れて頼むに, 何度もその家を踏む | у ~а (1)入り口で (2)すぐそこに, 近くに: Беда́ у ~а. 災厄がすぐそこに迫っている

\*поро́д|а [女1] [breed, species] ①品種, 種: Каки́е -ы соба́к ты лю́бишь? どんな種類の犬が好きですか ②《話》タイプ ③鉱物 の種

поро́дист|ый 短 -ист [形1] 純血種の ‖-ость [女10]

породи́ть [完] →порожда́ть

породнённый [形1] 姉妹都市となった

породни́ть(ся) [完] →родни́ть

поро́дный [形1]《動》①種の ②純潔種の

\*порожда́ть [不完]/породи́ть -рожу́, -роди́шь 受過 -рождённый (-дён, -дена́) [give rise] ①《旧》生む ②引き起こす, 生じさせる: Это породи́ло сомне́ние. このことが疑念を生んだ ‖-ся [不完]《受身》《2》

порожде́ние [中5]《文》所産, 産物, 結果

поро́жек -жка [男2]《指小》→поро́г ①④

поро́жистый [形1] 早瀬の多い

поро́жний [形8] 空っぽの, 中身のない; 空席の

порожня́к -а́ [男2] 空荷の車両 ‖-о́вый [形1]

порожняко́м [副] 荷物や乗客のなく

по́рознь [副] 別々に: жи́ть ~ 別居する

порозове́ть [完] →розове́ть

поро́й [パロー́й], поро́ю [副] [now and then] 時々, 時折: П~ быва́ет гру́стно. 時には悲しいこともある

\*поро́к [男2] [vice, defect] ①欠点 ②放蕩 ③(体の)障害: ~ се́рдца 《医》心臓弁膜症

поролон [男1] ポロロン(発泡ポリウレタン) ‖~овый [形1]

пора́нить -ню, -нишь 受過 -ненный [完] 《話》傷つける ‖-ся [完] けがをする

поросёнок -нка 複 -ся́та, -ся́т [男9] 子豚

пороси́ться -си́тся [不完]/о- [完] (豚などが)子を産む

поросл|ь [女10] 若芽 ‖-евый [形1]

порося́тина [女1]《話》子豚の肉

порося́чий, -чья, -чье [形7] →поросёнок

поро́ть[1] порю́, по́решь 受過 по́ротый [不完]/рас~ [完]《книж》縫い目をほどく ‖-ся [不完]/[完] ほどける

поро́ть[2] порю́, по́решь 受過 по́ротый [不完]/на~ [完]《話》《книж》《俗》ばかなことを言う: ~ чушь たわ言を言う ◆~ горя́чку 慌てすぎる

поро́ть[3] порю́, по́решь 受過 по́ротый [不完]/вы́~

[完]《話》〈俚〉鞭打つ

**порох** -a/-y 複 -á [男1] ① 火薬 ② 短気な人 ◆**держáть — сухи́м** 万一に備える | **éсть ещё — в пороховни́цах** (戯)(1)まだ余地[余力]はある (2)元気だ, 健康だ | **~ом пáхнет** 戦争[けんか]が起こりそうだ

**пороховни́ца** [女3]〈史〉火薬筒

**пороховóй** [形2] ＜ **пóрох**

**поро́чить** -чу, -чишь 受過 -ченный [不完]/**о-** [完]〈俚〉辱める, けなす

**поро́чный** -чен, -чна [形1] ① 不道徳な ② 間違った ■**~ круг** 悪循環 **//-ость** [女10]

**пороша́** [女4] 新雪

**порошúть** -шúт 受過 -шённый (-шён, -шена) [不完]/**за~** [完] ① (粉雪が)降る ②〈俚〉に〉細かいものがかかる

**порошкообрáзный** [形1] 粉末状の

*****порошóк** -шкá [男2] 〔powder〕 粉末: зубнóй ~ 歯磨粉 ◆**растерéть** [**стерéть**] 〈俚〉**в —** を粉々にしてうちのめす |《話》人をやっつける **//-кóвый** [形1]

**поро́ю** → **порóй**

**поряска́ть** [不完] / **порскнýть** -нý, -нёшь [完] [一回] 猟犬をけしかける

*****порт** [ポールト] 前 о-е, в -у́ 複 -ы/-ы́, -óв [男1] 〔port, harbor〕 ① 港; 港湾都市, 港町: морскóй (речнóй, торгóвый) ~ 海(河, 貿易)港 | Пассажúрское сýдно стоúт в ~ý. 客船か港に停泊している ② 空港: воздýшный ~ 空港 ③〈コン〉ポート

*****портáл** [男1] ① 《建》建物の玄関 ② 舞台の枠, ポータル ③ (クレーンなどの) 枠組みム ④《IT》ポータルサイト **//портáльный** [形1] : ~ крáн ガントリー・クレーン

**портатúвн|ый** 短 -вен, -вна [形1] 携帯用の, ポータブルな **//-ость** [女10]

**портвéйн** [男1] ポートワイン

**пóртер** [э] -a/-y [男1] ポーター, 黒ビール

**пóртик** [男2] (建物の)ポーチ, 柱廊

*****пóртить** [ポールチヂ] -рчу, -ртишь, 受過 -рченный [不完] / **испóртить** [イスポールチヂ] 受過〈俚〉〔spoil〕 ① 損なう, 毀損する, 〈食物を〉傷める ② 下手に作る: ~ костю́м 使いものにならないようなスーツに仕立てる ③〈体の一部・気分を〉悪くする, 害する ④ 〈子どもを〉甘やかして駄目にする ⑤〈呪い〉などで害を与える ◆**Кáшу мáслом не испóртишь.** いいものはいくらあってもよい |**испóрченный до мóзга костéй** (性格が)骨の髄まで腐っている

*****пóртиться** -рчусь, -ртишься [不完] / **ис~** [完] 〔go off, decay〕 ① 損われる, (食物が)傷む: Продýкты бы́стро пóртятся. 食品は早く傷む ② (体の一部が)悪くなる; (天気が)崩れる: Погóда испóртилась. 天気が崩れた ③ (甘やかされるなどで) 駄目になる ④ (受身) ＜ **пóртить**

**порткú** -ткóв/-тóк, -ткáм [複]〈俗〉ズボン

**портмонé** [э] (不変) [中] 財布

**портнóвский** [形3] 裁縫の, 裁縫師の

**портн|óй** (形名変化) [男名] **/-и́ха** [女2] 仕立屋, 裁縫師 **//-óвский** [形3]

**портня́жка** 複生 -жек [女2]《話》裁縫師

**портня́жный** [形1]

**портовúк** -á [男2] 港湾労働者

**портóв|ый** [形1] 港の, 港湾の, 港のある: ~ая осо́бая экономи́ческая зóна 〈経〉港湾型経済特区 (略 ПОЭЗ)

**пòртплéд** [男1] 旅行カバン

*****портрéт** [パルトリェート] [男1] 〔portrait〕 ① 肖像(絵画・彫刻・写真など), ポートレート: поясно́й ~ 半身像 | во весь рóст 全身像 | Худóжник пи́шет ~ с женóй. その画家は妻の肖像画を描いている ②《話》生き写し, そっくりな人: Сы́н — ~ отцá. 息子は父親にそっくりだ ③《文学》人物描写; 特徵 ■ **словéсный ~** 人相書き **//-ный**

**портретúст** [男1] 肖像画家

**пòртсигáр** [男1] シガレットケース

**португáл|ец** -льца [男3] / **-ка** 複生 -лок [女2] ポルトガル人

**Португáлия** [女9] ポルトガル

**португáльский** [形3] ポルトガル(人, 語)の

**портулáк** [男1]《植》スベリヒユ属: ~ крупноцветкóвый マツバボタン

**портупéя** [女6]《軍》(将校の)剣帯

**портфéл|ь** [パルトフェーリ] [男5] 〔briefcase, portfolio〕 ① 書類かばん: кóжаный ~ 革のかばん | Он всегдá нóсит ~ с книгáми. 彼はいつも本の入ったかばんをもち歩いている ② 大臣の職: распределéние **-ей** 大臣のポストの割り振り ③ (保有する)業務書類[原稿, 有価証券]の総体: ~ издáтельства 出版社の手持ち原稿 | ~ закáзов завóда 工場の受注高 **//-ный** [形1]

**порты́** -óв [複] = **порткú**

**портьé** [男]《帝》ホテルのフロントスタッフ

**портьéр|а** [女1] 厚いカーテン **//-ный** [形1]

**портя́нка** 複生 -нок [女2] 足に巻く布; ゲートル

**порубúть** -рублю́, -рýбишь 受過 -рýбленный [完]〈俚〉(たくさん)切る

**порýбка** 複生 -бок [女2] ① (不法)伐採 ② 伐採した土地

**порýбщик** [男2] (不法)伐採者

**поругáние** [中5] 侮辱, 冒瀆(ぼうとく)

**порýганный** [形1] 冒瀆(とく)された

**поругáть** 受過 -рýганный [完] ①〈俚〉に〉小言を言う ②《文》侮辱する

**поругáться** [完] → **ругáться**

**порýка** [女2] 保証: круговáя ~ 連帯責任; 相互に悪事を隠匿し合うこと

*****по-рýсски** [パルースキ] [副]《(in Russian)》① ロシア語で (→ **рýсский** 比較): говорúть [читáть, писáть, понимáть] ~ ロシア語で話す[読む, 書く, を聞いて理解する] | Кáк э́то ~? これはロシア語で何というか | знáть ~ (旧)ロシア語を話せる(比較)動詞 знáть, изучáть, учúть は **рýсский язы́к** を従え, 「ロシア語を知っている, 研究・勉強している, 習っている」を意味する) ② ロシア風に: обéдать ~ ロシア式の食事をする

*****поручáть** [不完] / **поручúть** -ручý, -рýчишь 受過 -рýченный [完] 〔intrust〕〈俚〉に何かを〉〈不定形するよう〉依頼する, 任せる, 委任する **//-ся** [不完] (受身)

**порýченец** -нца [男3]《公》(長官に委任された)補佐官

*****поручéн|ие** [パルチェーニエ] [中5] 〔assignment, mission〕 ① 依頼すること, 委任, 委託: по **-ию** брáта 兄に依頼されて ② (委託された)仕事, 任務, 課題: испóлнить [вы́полнить] ~ 依頼されたことを実行する | Емý дáли вáжное ~. 彼は重要な任務を与えられた

**пóручень** -чня [男5] (通例複)手すり

**порýчик** [男2]《露軍》(帝国陸軍の)中尉

**поручúтель** [男5]《公》保証人

**поручúтельство** [中]《公》保証

**поручúть(ся)** [完] → **поручáть**

**порушúть** -шу, -шишь [完]《俗》〈俚〉① 崩壊させる ② 違反する, 犯す ③ 辱める, 侮辱する **//-ся** [完] ① 崩壊する ② 実現しない

**порфúра** [女1] (帝王の)赤紫のマント

**порфúрный** [形1] 赤紫の

**порхáть** [不完] / **порхнýть** -нý, -нёшь [完] 飛び回る **//порхáние** [中5]

**порциóнный** [形1] ① (食料が)1人分ずつ分けられた ② 特別な注文に応じて料理される

\*по́рция [女9] [portion] ①一定量 ②(食材の)1食分の量

по́рча [女4] ①損傷, 劣化 ②呪いによる病

по́рченый [形1] ①駄目になった ②呪いをかけられたみたいな, 奇妙な

по́ршень -шня 複生 -шней/-шней [男5] ピストン // поршенёк -нька́ [男2] [指小] // поршнево́й [形2]

\*поры́в [男1] ①(風などが)突然に強くなること ②(感情が)突然に高まること ③断線(した部分)

порыва́ть [不完] / порва́ть -ву́, -вёшь 過 -а́л, -ала́, -а́ло 受過 по́рванный [完] ①《団》断絶する ②《完》引き裂く

порыва́ться [不完] / порва́ться -вётся 過 -а́лся, -ала́сь, -ало́сь/-ало́сь [完] ①途絶える ②《完》切れる, 裂ける

поры́вист|ый 短 -ист [形1] ①突然の ②急激な ③かっとなりやすい ④乱暴な

порыже́лый [形1] (色褪せて)赤茶けた

порыже́ть [完] →рыже́ть

поры́ться [完] <в団の中を>くまなく探す ◆~ в па́мяти 記憶を呼び起こす

поря́беть [完] →ряби́ть

поря́дковый [形1] 順序の

поря́дком [副] [話] ①とても ②しかるべく

\*поря́д|ок [パリャーダク] -дка/-дка [男2] [order] ①きちんとした状態, 整頓, 整理: привести́ 団 в ~ 整頓する | навести́ ~ в ку́хне 台所を片付ける | У неё в ко́мнате всегда́ по́лный ~. 彼女の部屋はいつもきちんと整頓されている ②規律, 秩序, 規則; 体制, 制度; 生活様式: обще́ственный ~ 社会秩序 | установи́ть но́вые -ки 新しい規律を確立する | призва́ть 団 к -ку に秩序[規律]を守らせる ③(単)順序, 方式, 手続き: ~ голосова́ния 投票方法 | зако́нным -ком 法律によって | обы́чным -ком 普通のやり方で ④(単)順序, 順: алфави́тный ~ アルファベット順 | ~ слов 語順 | Она́ рассказа́ла всё по -ку. 彼女は全部順を追って話した ⑤(単)種類, 範疇, 領域: явле́ния одного́ ~а 同類の現象 | затрудне́ния практи́ческого -ка 実務面での困難 ⑥[話]《生格で, 数量を表す語を生格で伴って》ほぼ, およそ: расстоя́ние ~а ста киломе́тров およそ100キロメートルの距離 ⑦《軍》隊形: похо́дный ~ 行軍隊形 ⑧列: сажа́ть дере́вья в два -ка 木を2列に植える ⑨《数》次数; 階数: крива́я второ́го ~а 2次曲線 ⑩《鉱》等級 ⑪《述語》[俗] うまくいっている, オーケーだ: Как дела́? — П-! 「調子はどうだい」「上々だよ」

◆ в -ке うまくいっている, よい状態にある: Всё в -ке. 全てうまくいっている, 万事オーケーだ | У меня́ желу́док не в -ке. 私は胃の調子がよくない | в -ке (1) …として ②…に従って | в -ке веще́й 当然だ, 当たり前のことだ | в обяза́тельном -ке 必ず, どんなことがあっても | в рабо́чем -ке 仕事を進めている中で | в спе́шном -ке 大急ぎで, そそくさと | для -ка [-ку] 慣例上, 体裁上 | свои́м -ком しかるべく, 順調に | ■ -ке дня́ 議題, 議事日程: поста́вить в -дня́ 団 …を議題にのせる | -о́чек -чка [男2] [俗][指小] <①③⑪>

поря́дочно [副] ①かなり ②きちんと, ちゃんと

поря́дочность [女10] 誠実さ

\*поря́дочн|ый -чен, -чна [形1] [decent, honest] ①誠実な, きちんとした, まともな ②かなりの量の

пос. [略] посёлок

поса́ди́ть [完] →сажа́ть

\*поса́дка 複生 -док [女2] [planting] ①植えること; 植えた場所 ②着陸: вы́нужденная ~ 不時着 ③姿勢

поса́дочный [形1] ①植えつけ用の ②乗車の, 搭乗の, 座席の ③着陸の

поса́дчик [男2] [俗](交通機関で乗車時に盗む)すり

поса́женый [形1] (新郎·新婦の)親代わりの

поса́пывать [不完] [話] (かすかに, 断続的に) いびきをかく

поса́харить [完] →са́харить

посва́тать(ся) [完] →сва́тать

посвеже́ть [完] →свеже́ть

посвети́ть [完] →свети́ть

посветле́ть [完] →светле́ть

по́свист [男1] 口笛(の吹き方)

посвисте́ть -ищу́, -исти́шь [完] →посвисте́ть -ищу́, -исти́шь [完] (しばらく)口笛を吹く

посви́стывать [不完] (軽く数回)口笛を吹く

\*по-сво́ему [パスヴォーイム] [副] [in one's own way] 自分のやり方で, 自分なりに: жи́ть ~ 自分らしく生きる | рассказа́ть о собы́тиях ~ 出来事について自分なりの解釈で話す

по-сво́йски [副] [話] ①独断で ②身内のように

\*посвяща́|ть [パスヴィシチャーチ] [不完] / посвяти́|ть [パスヴィチーチ] -щу́, -ти́шь, ... -тя́т 命 -ти́ 受過 -щённый (-щён, -щена́) [完] ①<団に в団を>打ち明ける: ~ дру́га в свою́ та́йну 友達に自分の秘密を打ち明ける ②<団に団を>捧げる: Он посвяти́л э́ти стихи́ свое́й возлю́бленной. 彼はこの詩を恋人に捧げた ③<団に団を>献身する(★活動体名詞の造格で, в の後の団は複数主格と同形の複数対格): ~ в ры́цари 騎士に任命する // ~СЯ [不完] [受身]

посвяще́ние [中5] ①知らせること ②献辞 ③叙爵

посе́в [男1] ①種蒔き ②(まかれた)種

посевн|о́й [形2] 種蒔きの, 蒔かれた種の // -а́я [女名] 播種キャンペーン, 播種月間

поседе́лый [形1] 白髪になった

поседе́ние [中5] 白髪になること

поседе́ть [完] →седе́ть

посейча́с [副] [俗] これまで

поселе́нец -нца [男3] ①入植者 ②流刑者

\*поселе́ние [中5] [settlement] ①入植(地) ②区(райо́н)の下位区分の地方自治体(市町村に当たる) ③流刑: посла́ть на ~ 流刑に処する

посели́ть(ся) [完] →поселя́ть(ся), сели́ть

\*посёл|ок [パショーラク] -лка [男2] [settlement, village] (郊外などの)居住区, 小さな町: да́чный ~ 別荘地 | ~ городско́го ти́па ニュータウン, 都市型居住区 | се́льского ти́па 農村型居住区 // посёлко́вый [形1]

поселя́ть [不完] / посели́ть -елю́, -е́лишь/-е́лишь 受過 -елённый (-лён, -лена́) [完] ①<団に>入植させる ②<感情を>抱かせる // ~СЯ [不完] / [完] ①移住する ②(感情が)生まれる

посеребрённый -брён, -брена́ [形1] 銀めっきされた

посеребри́ть [完] →серебри́ть

посереди́ [副] [前] [話] <団> (…の)真ん中に(посреди́)

\*посереди́не [パシリジーニ] ①[副] [in the middle] 真ん中に: Он сиди́т ~. 彼は真ん中に座っている ②[前] <団> …の真ん中に: …の真ん中で: П-~ ко́мнаты стои́т дива́н. 部屋の真ん中にソファーがある

посере́дке [副] [前], посере́дь [前] <団> (…の)真ん中で

посере́ть [完] →сере́ть

посерьёзнеть [完] →серьёзнеть

\*посети́тель [パシチーチリ] [男5] / ~ница [女3] [visitor] 訪問者: постоя́нный ~ 常連 // ~ский [形3]

посети́ть [完] →посеща́ть

посе́товать [完] →се́товать

**посе́чься** [完] →се́чься

**посеща́емость** [女10] [公] 入場者数; 出席率

**посеща́|ть** [パシシャーチ] [不完] / **посети́ть** [パシチーチ], -ещу́, -ети́шь, ‥-етя́т 命-ти́ 受過-ещённый (-щён, -щена́) [完] [visit] ①訪れる, 訪問する, 行く: ~ знако́мого 知人を訪ねる | посеща́ть ~ 美術館に行く | ~ Росси́ю officially Россию を公式訪問する | Вчера́ я посети́л больно́го бра́та в больни́це. きのう私は病院に病気の兄を見舞った ② (感情・考えなど が) ‥に突然起こる, 襲う: Го́ре посети́ло её. 彼女は不幸に見舞われた **//-ся** [不完] [受身]

*****посеще́ние** [中5] [visit] 訪れること, 行くこと, 訪問 (→визи́т [比較]);~ культу́рных учрежде́ний (いろいろな) 文化施設への訪問 | ~ больно́го 病人の見舞い

**посея́ть** [完] →се́ять

*****посиде́ть** -ижу́, -иди́шь [完] [sit for a while] しばらく座っている: Посиди́м немно́го, поболта́ем. ちょっと座って, おしゃべりでもしよう

**поси́льн|ый** [形1] 力に見合った

**посине́лый** [形1] 青くなった

**посине́ние** [中5] 青くなること ◆**до -ия** 長時間根気よく

**посине́ть** [完] →сине́ть

**поскака́ть** -скачу́, -ска́чешь 命-скачи́ [完] ①しばらく跳び回る ②疾走し始める

**поскользну́ться** -ну́сь, -нёшься [完] ①すべってよろける, ②しくじる

**поско́льку** [パスコーリクゥ] [接] [since, as far as] …だから; …である以上: П~ мно́гие отсу́тствовали, собра́ние не состоя́лось. 多くの方が欠席だったので, 集会は行われなかった | Пассажи́ры бы́ли недово́льны, по́езд опа́здывал. 電車が遅れていたので乗客は不満に思っていた

**поскоре́е** [副] もう少し早く; なるべく早く: П~! 早く しなさい

**поскро́мничать** [完] →скро́мничать

**поскупи́ться** [完] →скупи́ться

**поскуча́ть** [完] →скуча́ть

**посла́** [単数; 生格] < посо́л

**послабле́ние** [中5] 寛容

**посла́нец** -нца [男2] 使者

*****посла́ние** [中5] [message] ① (政府の) 書簡, 親書, 教書: ежего́дное ~ 年次教書 ② 書簡 (体): люб́овное ~ 恋文

**посла́нни|к** [男2] ① 公使 ② (/-ца [女3]) 使者

**по́сланный** (形1変化) [男名] 使者

**посласти́ть** [完] →сласти́ть

**посла́ть** [完] →посыла́ть

*****по́сле** [ポースリ] [afterwards, after] ① [副] 後で, 後ほど: Я позвоню́ вам. 後で電話します ② [前] <生>の後で, ‥が終わったうちに; …に続いて (→пош [比較]): ~ уро́ка 授業の後で | ~ войны́ 戦後 | Встре́тимся ~ рабо́ты. 仕事が終わってから会おう | ~ **того́** [э́того] 後で, その後 | **~ того́, как …** …した後で | **ни до ни** ~ 後にも先にも

**по́сле..** 《造形成》 "…の後の"

**послевое́нный** [形2] 戦後の

**послевузовский** [形3] 大学卒業後の

**после́д** [男1] 後産, 胎盤

**после́диить** -ежу́, -еди́шь [完] [за<造>/[за] (しばらく) 追う, 見張る

*****после́дн|ий** [パスリェードニイ] [形8] [last, final]
① 最後の, 最終の; 死の直前の; 告別の: ~ **день ме́сяца** 月の最後の日 | ~ **я во́ля** 遺志, 遺言 | **-ее проща́ние** (死者に対する) 最後の別れ | Она́ стоя́ла ~**ей** в о́череди. 彼女は列の一番後ろに並んでいた | Кто ~? (列の) 最後尾はどこですか, 列の最後の人はだれですか ○ **после́днее вре́мя**, [в] ~ [中名] 残った最後のもの: -ие де́ньги なけなしの金 | отда́ть -ее 最後のものをやってしまう

③ 最近の; この前の: в -ее вре́мя 最近 | В -ие го́ды он заме́тно похуде́л. 彼はここ数年めっきり痩せた ④ 最新の: -ие но́вости 最新のニュース | Она́ оде́та по -ей мо́де. 彼女は最新流行の服装をしている ⑤ [文] 今述べたばかりの, 後者の: Пришли́ Петро́в и Моро́зов, ~ — с опозда́нием. ペトロフとモロゾフがやって来たが, 後者は遅れて来た ⑥ 最終的な, 決定的な: Это моё -ее сло́во. これが私の最終的な意見です ⑦ 最高の, 極度の, 究極的な: Я уста́л до -ей сте́пени. 私は極限まで疲れた ⑧ [話] 最低の, 最悪の: (ののしり言葉が) -ими слова́ми どうしようもないやつ | обруга́ть -ими слова́ми 口を極めてののしる ◆**в -ем счёте** 結局 | **отда́ть ~ долг** <死者に告別する> | **провожа́ть в ~ путь** ‥を埋葬する | **по -ему сло́ву те́хники** 最先端技術を備えた

*****после́дователь** [男5] / **-ница** [女3] 信奉者, 支持者

*****после́довательно** [副] [consistently] 首尾 [終始] 一貫して, 筋道を通して, 理路整然と, 徹底して

*****после́довательность** [女10] [succession, consistency] ① 連続性 ② 数列

*****после́довательн|ый** [-лен, -льна [形1] [successive] ① 連続した ② (論理的に) 筋の通った

**после́довать** [完] →сле́довать

*****после́дств|ие** [ц] [パスリェーツトヴィエ] [中5] [consequence] 結果; дурны́е -ия 悪結果 | -ия боле́зни 疾患の予後 | чрева́тый -иями 色々な問題をはらんだ

*****после́дующ|ий** [形6] 次の, その後の: ~ эта́п 次の段階 | В -ие две неде́ли я не ви́дел его́. その後2週間私は彼を見かけなかった

**после́дыш** [男4] ① 末っ子 ② (反動的な思潮の) 最後の支持者

*****послезавтра** [パスリザーフトラ] [the day after tomorrow] **I** [副] あさって, 明後日に: П~ изве́стный ру́сский писа́тель прие́дет в Япо́нию. あさって有名なロシアの作家が来日する **II** (不変) [中] あさって, 明後日: Отъе́зд отло́жен на ~. 出発は明後日に延期された **//-шний**

**послело́г** [男2] 後置詞

**послеобе́денный** [形2] 昼食後の

**послеоктя́брьский** [形3] 10月革命後の

**послеродово́й** [形2] 産後の

**послесло́вие** [中5] あとがき

*****посло́вица** [パスローヴィツァ] [女3] [proverb] 諺, 格言, 俚諺 (→погово́рка [比較]) **// посло́вичный** [形1]

**послужи́ть** -ужу́, -у́жишь [完] ① →служи́ть ② しばらく勤める

**послужно́й** [形2]: ~ спи́сок (履歴書の) 職歴

**послуша́ние** [中5] ① 服従 ② (修道院の) 修行, 贖罪の労働

*****послу́шать** [パスルーシャチ] [完] ① →слу́шать ② <対>しばらく聞く: ~ ле́кцию しばらく講義を聴く ③ (послу́шай(те) の形で) (相手の注意を促して) あのね, いいかい: Послу́шай, ты, ка́жется, забыва́ешься! おい, 君はちょっと礼儀を忘れてるんじゃないか

**послу́шаться** [完] →слу́шаться

**послу́шни|к, послушни́|к** [男2] /-ца [女3] 見習修道士

*****послу́шный** 短 -шен, -шна [形1] [obedient] ① 従順な, 人の言うことをよく聞く, 素直な, 聞き分けのいい ② 《詩》<与>に忠実な, 身をゆだねる ③ (物が) 操作しやすい, 使いやすい ④ (物が) 加工しやすい, 扱いやすい

**послы́шаться** [完] →слы́шаться
**послюни́ть** [完] →слюни́ть
**посма́тривать** [不完] 時々見る
**посме́иваться** [不完] (少し)笑う
**посме́нн|ый** [副] 交代の **//-о** [副]
**посме́ртный** [形1] 死後の
**посме́ть** [完] →сме́ть
**посме́шищ|е** [中2] ① 笑いもの: ста́ть -ем 笑いものになる ② 嘲笑
**посме́ние** [中5] 嘲笑
**посме́яться** [完] -ею́сь, -еёшься [完] ① しばらく笑う ② 〈на圏を〉からかう, 軽く嘲笑する
**посмотре́ть(ся)** [完] →смотре́ть(ся)
**по-соба́чьи** [副] 犬のように
\***посо́бие** [中5] [allowance, benefit] ① (金銭的な)補助, 手当 ② 参考書, 教材
**пособля́ть** [不完]/**пособи́ть** -блю́, -би́шь [完] 〈圏を〉助ける
**посо́бни|к** [男2]/**-ца** [女3] 共犯者
**посо́бничество** [中1] 共犯
**посо́веститься** [完] →со́веститься
**посове́товать(ся)** [完] →сове́товать(ся)
**посоде́йствовать** [完] →соде́йствовать
**посо́л¹** -сла́ [男1] [ambassador] 大使: ~ в ООН 国連大使 | ~ Росси́и [РФ] в Япо́нии 駐日ロシア大使
**посо́л²** [男1] 塩をかけること, 塩漬け
**посоли́ть** [完] →соли́ть
**посолове́ть** [完] →солове́ть
**посо́льский** [形3] 大使の
**посо́льств|о** [中5] [embassy] 大使館: ~ Япо́нии в Росси́и 在ロシア日本大使館
**по-сосе́дски** [副] 親切に, 人付き合いよく
**по́сох** [男2] 長い杖
**посо́хнуть** -нет 過 -о́х, -о́хла [完] すっかりしおれる
**посошо́к** -шка́ [男1] [指小] < по́сох [話] (退出する前の)最後の一杯: вы́пить на ~ 帰る前の最後の一杯を飲む
**поспа́ть** -плю́, -пи́шь 過 -па́л, -пала́, -па́ло [完] しばらく眠る
**поспева́ть** [不完]/**поспе́ть** [完] ① 熟する(спеть) ② 仕上がる ③ 間に合う
**поспеши́ть** [完] →спеши́ть
**поспе́шно** [副] 大急ぎで, 急遽, 早急[性急]に
**поспе́шн|ый** 短 -шен, -шна [形1] [hasty] 大急ぎの, 性急な, 慌ただしい; 焦って仕上げた **//-ость** [女10]
**поспо́рить** -рю, -ришь [完] ① →спо́рить ② しばらく議論する
**поспосо́бствовать** [完] →спосо́бствовать
**поспроша́ть** [完] 《俗》〈圏に〉色々と質問する
**посрамле́ние** [中5] 辱め, 恥辱
**посрамля́ть** [不完]/**посрами́ть** -млю́, -ми́шь 受過-млённый (-лён, -лена́) [完] 〈圏〉辱める
\***посреди́** [バスリジー] **I** [副] ① 《in the middle (of)》真ん中に, 中央に: П~ расте́т нарци́сс. 真ん中に1本のスイセンが生えている **II** [前] ① 《…の真ん中に: Он шёл ~ у́лицы. 彼は通りの真ん中を歩いていた ② …の最中に, …の折りに: ~ разгово́ра 話の最中に | неде́ли 週の中ごろに ③ …の中に, …の間に: жи́ть ~ враго́в 敵に囲まれて暮らす
\***посреди́не** [副][前] = посереди́не
\***посре́дни|к** [バスリェードニク] [男2] [mediator] ① 仲介人, 仲買人 ② 仲裁者, 調停者 ◆**выступа́ть -ком** 仲介する
**посре́дничать** [不完] 〈в圏を〉仲介する
**посре́днический** [形3] 仲介(人)の; 調停(者)の

**посре́дничество** [中1] 仲介, 仲買; 仲裁, 調停
**посре́дственн|ый** [ц] 短 -ен/-енен, -енна [形1] 平均的な, 並の **//-о** (不変) [中] (成績の)可
**посре́дств|о** [ц] [中1] 仲介 ◆**при -е** [圏]…の助けで | **че́рез** [圏]…の助けで
\***посре́дством** [ц] [前] 《by means of》〈圏〉…の助けで, …によって: провести́ иссле́дование ~ анке́ты アンケート調査を行う
**посре́дствующий** [ц] [形6]《文》中間の
**поссо́рить(ся)** [完] →ссо́рить(ся)
\***по́ст¹** [ポースト] -á 前 о -é, на -у́ [男1] 《post》① (監視・警備のための)場所[地点], 監視所, 哨所; 監視, 警備: пограни́чный ~ 国境警備所 | тамо́женный ~ 税関所 | заступи́ть на ~ 警備につく, 歩哨に立つ ② (機器の集まった)指令所: ~ управле́ния 管制所 ③ 警備兵, 哨兵, 監視員: сторожево́й ~ 歩哨 | расста́вить -ы́ 警備隊を配置する ④ (責任ある)地位, 職, ポスト: Его́ оте́ц занима́ет ~ мини́стра. 彼の父は大臣の地位に就いている ⑤ [IT](ブログなどの)ポスト ◆**на -у́** 職務中に: умере́ть на -у́ 殉職する
\***по́ст²** -á 前 о -é, в -у́/-é [男1] 《fast(ing), abstinence》① 《宗》斎(ﾂﾁ), 禁食; [昔] 斎: соблюда́ть [держа́ть] ~ 斎を守る ② [話] 節制 ■ **Вели́кий ~** 《正教》大斎 (ﾀｲｻｲ)(復活祭前の7週間) | **Петро́в ~** = **Апо́стольский ~** 《正教》使徒の斎(復活祭後9週目から7月12日[旧暦6月30日]まで) | **Успе́нский ~** 《正教》生神女就寝祭前の斎(8月14日-21日, 旧暦8月1日-8日) | **Рожде́ственский ~** 《正教》降誕祭前の斎(11月28日-1月6日, 旧暦11月15日-12月24日)
**пост..** [語形成] 「後の」…の
**поста́в** 複 -á [男1] ① ひき台(﨟) ② 織機
**поста́вить** [完] →ста́вить, постла́ть
\***поста́вка** 複生 -вок [女2] 《supply》供給, 納入
\***поставля́ть**, **постана́вливать** [不完]/**поста́вить** -влю, -вишь 受過 -вленный [完] 《supply》① 納入する: ~ ры́бу в рестора́н レストランに魚を納入する ② 聖職に任命する
\***поставщи́к** -á [男2] 供給者, 納入者; 業者
**постаме́нт** [男1] 台座
**постана́вливать** [不完] = постановля́ть
\***постано́вка** 複生 -вок [女2] [erection, arrangement] ① 設置 ② 姿勢 ③ 方法, 組織 ④ 演出, 上演 ⑤ (俗)からかうこと
\***постановле́ние** [パスタナヴリェーニエ] [中5] [decision, resolution] ① 決議: вы́нести ~ 決議する | приня́ть ~ 決議を採択する ② (政府機関の)決定, 裁定, 法令, 法規, 命令: ~ прави́тельства 政令 | изда́ть ~ 政令を発布する
\***постановля́ть** [不完]/**постанови́ть** -новлю́, -но́вишь 受過 -но́вленный [完] 〈不定形/что́бы節〉…を決議する
**постано́вочный** [形1] 上演用の, 上演に適した
**постано́вщик** [男2] 演出家, 監督, ディレクター
**постара́ться** [完] →стара́ться
**постаре́ть** [完] →старе́ть
\***по-ста́рому** [副] 《as before, as of old》① 以前通りに, 昔と変わらずに: У нас всё ~. 私たちは相変わらずの暮らしをしている ② 古いやり方で, 昔風に
**постате́йный** [形1] 逐条での
**постели́ть(ся)** [完] -елю́(сь), -е́лешь(ся) 受過 -е́ленный [完] = постла́ть(ся)
\***посте́л|ь** [パステーリ] [女10] [bed] ① (寝具を含めた)寝床, ベッド; 寝具: пригото́вить [постла́ть] ~ 寝床をしつらえる[こしらえる] | убра́ть ~ 寝床を片付ける | Она́ уже́ лежи́т в -и. 彼女はもう床についている | вста́ть с -и 起床する ② (性的関係を含意して)床, 「ベ

ッド〕③床, 面, 受け

постéль|ный [形1] 寝具の, 寝具の: -ое бельё ベッドシーツ | ~ режи́м 絶対安静

\*постепéнно [パスチピェーンナ] [副] [gradually] 徐々に, 次第に, だんだんと: П~ стáло хóлодно. だんだん寒くなってきた

\*постепéнн|ый [短-éнен, -éнна] [形1] [gradual] 徐々の, 段階的な, 漸進的な //-ость [女10]

пóстер [э] [男1] ポスター

постесня́ться [完] →стесня́ться

\*постига́ть [不完] / пости́гнуть, пости́чь -и́гну, -и́гнешь 命-и́гни 過-и́г/-и́гнул, -и́гла 能過-и́гший/-и́гнувший 受過-и́гнутый 副分-и́гнув [comprehend, befall] 〈対〉① 理解する, 把握する: ~ та́йны вселéнной 大宇宙の謎を解き明かそうとする ② (悪いことが) 襲う //постижéние [中5] 理解 (すること)

постижёр [男1] (劇場の) かつら係 //-ный [形1]

постижи́мый [形1] 理解できる

постила́ть(ся) [不完] →стла́ть(ся)

пости́лка [女2] ①敷くこと ② (寝床に) 敷くもの

пòстиндустриáльный [形1] [政] 脱工業化の

постира́ть 受過-сти́ранный [完] 〈対〉①[話] 洗濯する ②しばらく洗濯する

постиру́шка 複生-шек [女2] [俗] (少量の) 洗濯

пости́ть пощу́, пости́шь [不完] / за~ [完] [ネット] 〈対〉[ポスト] [投稿] する, (発言を公開に) 書き込む: Куда́ бы ещё запости́ть объявлéние? あとはどこにこのお知らせを投稿したらいいかな

пости́ться пощу́сь, пости́шься 副分 постя́сь [不完] 精進を守る; [正教] 断食する

пости́чь [完] →постига́ть

постла́ть(ся) [完] →стла́ть(ся)

пòсткоммунисти́ческий [形3] 共産主義イデオロギーによって支配されていた時代後の

пòстмодерн|и́зм [男1] [美] ポストモダニズム //-и́стский [сс] [形3]

пóстн|ый [сн] 短-тен, -тна́, -тно [形1] ①精進の, 斎戒期の (↔скорóмный): ~ прáздник 斎を伴う祝日 | -ые блю́да 精進料理 | -ое мáсло 斎戒期用の植物油 (ヒマワリ油など) ② (長尾) 肉や乳製品を含まない ③ [話] 脂肪分の少ない, あぶらっこくない ④ [話] 陰気な, 退屈そうな ⑤偽善的な

постовóй [形2] ①歩哨の, 監視の ②立哨中の, 立番の ③ [男名] 哨兵, 見張り番

постóй [男6] (軍隊が行う) 民家への宿泊

постóльку [接] …であるかぎり ◆~ поскóльку 中途半端に

посторони́ться [完] →сторони́ться

\*постор́онн|ий [形8] [extraneous, outside] ①局外の, 外部の, よその: ~ человéк 部外者, よそ者 | -ие глаза́ 外部の目 ② [男名] 部外者, 局外者: П-им вход воспрещён. 部外者の立ち入りを禁ず ③他人の, 他からの: -ее влия́ние 他からの影響 ④直接関係のない: -ие соображéния 余計な考慮 ⑤副次的な, 付随的な: -ие вопрóсы 副次的な問題

постоя́л|ец -льца [男2], -ица [女3] 間借り人

постоя́лый [形1] 宿泊の: ~ двор 宿屋

\*постоя́нно [パスタヤーンナ] [副] [constantly] 絶えず, いつも, 恒常的に: Онá ~ опáздывает на лéкции. 彼女はいつも講義に遅刻する

\*постоя́нн|ый [パスタヤーンヌィ] 短-я́нен, -я́нна [形1] [constant, continual] ① [長尾] 不断の, 絶え間ない: ~ шум 絶え間ない騒音 | жить в -ом трудé 絶えず働いて暮らす ② [長尾] いつもの, 常の: ~ посети́тель теáтра 劇場の常連 ③ [長尾] 長期にわたる, 恒常的な; 常任の (↔врéменный): -ая рабóта 定職 | ~ представи́тель 常任 [常駐] 代表 | -ая áрмия [軍] 常備軍 ④ (好み・習慣などが) 不変の, ゆるぎない: Онá -а во вкýсах. 彼女は好みが変わらない ■-ая (величинá) [数] 定数 | ~ капитáл 不変資本 | ~ ток [理] 直流 //-ость [女10]

постоя́нство [中1] 変わらないこと, 不変性, 恒常性

\*постоя́ть -стою́, -стои́шь [完] [stand (for a while)] ①しばらく立っている; しばらく続く; しばらく滞在する; (食物が) しばらくもつ: ~ у окнá 窓辺にしばらく立っている | Жарá постоя́ла с недéлю. 暑さは1週間ほど続いた ② →стоя́ть

♦ постóй(те) [話] ちょっと待て; [脅し] いまに見てろよ

пòстпрéд [男1] [公] 駐在代表 (постоя́нный представи́тель)

пòстпрéдство [ц] [中1] [公] 駐在代表部 (постоя́нное представи́тельство)

\*пострадáвш|ий (形6変化) [男名] / -ая [女名] 被災者, 被害者

пострадáть [完] →страдáть

пострани́чный [形1] 1ページごとの

прострéл [男1] やんちゃな子 //пострелёнок -нка 複-ля́та, -ля́т [男] [話] 同上

прострéливать [不完] 時々撃つ

прострелять [完] ①しばらく撃つ ②〈対〉しとめる ③〈対〉たくさん撃つ

пóстриг [男2] [宗] (修道士の) 髪を切る儀式

пострига́ть [不完] / постри́чь -ригу́, -рижёшь, …-ригу́т 過-ри́г, -ри́гла 能過-ри́гший 受過-ри́женный 副分-ри́гши [完] 〈対〉の髪を切る: ~ в монáхи 剃髪出家させる

\*пострига́ться [不完] / постри́чься -ригýсь, -рижёшься, …-ригýтся 過-ри́гся, -ри́глась [完] ①髪を切ってもらう ② [宗] 修道士になる ③ (不完) [受身] <постригáть

пострижéние [中5] [宗] 髪を切って修道士になる

\*постро́ен|ие [パストラィエーニェ] [中5] [construction] ①建設, 建築 ②構成, 構造, 組み立て: ~ фрáзы 文章の構成 ③理論的体系: филосóфские -ия 哲学の理論的体系 ④ [軍] 隊形, 編隊

постро́ить(ся) [完] →стрóить(ся)

\*постро́йка 複生-óек [女2] [building] ①建設, 建築, 造営; [工事] 現場 ②建築物 //постро́ечный [形1]

постро́чный [形1] 1行ごとの

пòстскри́птум [男1] [文] 追伸, P.S.

пòстсовéтский [ц] [形3] ソ連崩壊後の

пòстсоциалисти́ческий [形3] 社会主義体制崩壊後の

пòстфи́кс [男1] [文法] 後接辞

посту́кивать [不完] [話] (軽く数回) ノックする

постулáт [男1] 仮定, 公理

постули́ровать -рую, -руешь 受過-анный [不完・完] 〈対〉仮定する, 公理とする

поступáтельный 短-лен, -льна [形1] 前向きな

\*поступа́ть [パストゥパーチ] [不完] / поступи́ть [パストゥピーチ] -ступлю́, -стýпишь, …-стýпят 命-пи́ [完] [act] ①振る舞う, 行動する: ~ благорóдно-бéлым 振る舞う | Зачéм ты тáк поступи́л? 何のために君はあんな行動をとったんだい よの ② (…に対して) …な態度で行動 [行動] をとる: Как поступи́ть с э́тими деньгáми? このお金をどうしたらいいだろう ③〈в/на対〉〈学校・職場などに〉入る, 入学する, 就職する: ~ в университéт 大学に入る | ~ в торгóвую фи́рму 商社に就職する ④ 届く, 着く, 入る; (管理下に) 移る: В коми́ссию поступи́ла жáлоба. 委員会に苦情が届いた ⑤〈в対〉…される, …に回される (★対は動詞派生名詞): В

**потеря**

продажу *поступи́ли* но́вые това́ры. 新商品が売り出された

**поступа́ться** [不完] / **поступи́ться** -плю́сь, -пу́пишься [完] 〈圏〉を放棄する、犠牲にする

\***поступле́ние** [中5] 〔entering, joining〕 ① 入ること、入学、就職；到着；処せられること、入荷：~ в прода́жу 発売 | ~ на слу́жбу 就職 ② 入ってきたもの；収入

\***посту́п|ок** [パストゥーパク] -пка [男2] 〔action, behavior〕 ① 行為、行い、振る舞い：самоотве́рженный [ни́зкий] ~ 献身的な[卑劣な]行為 | отвеча́ть за свои́ ~ки 自分の行為に責任をもつ ② (断固とした) 行動：реши́ться на ~ 思いきって行動に出る

**по́ступь** [女10] ① 歩き方；前進 ② 歩み、足取り

\***постуча́ть** -чу́, -чи́шь [完] 〔knock (for a while)〕 ① しばらく叩く、しばらくノックする：しばらくノックする音が鳴る：~ в дверь ドアをしばらくノックする ② →стуча́ть // **~ся** [完] しばらくノックする

**постфа́ктум** [副] 〈文〉事後に

**постыди́ть** -ыжу́, -ыди́шь [完] 〈話〉圏にたしなめる

**постыди́ться** [完] →стыди́ться

**посты́дный** 短 -ден, -дна [形1] 恥ずべき

**посты́лый** 短 -ы́л [形1] 嫌な

\***посу́д|а** [パスーダ] [女1] 〔crockery〕 ① 〈集合〉食器：столо́вая ~ 食器・ча́йная ~ 茶器・мыть -у 食器を洗う ② 〈話〉(ガラス・金属製の) 容器、瓶、缶：цена́ молока́ вме́сте с -ой 容器込みでの牛乳の値段

**посу́дина** [女1] ① 容器 ② 小船

**посу́дный** [形1] 食器の；食器用の

**посудомо́ечный, посудомо́йный** [形1] 食器洗いの

**посудомо́йка** 複生 -о́ек [女2] ① 〈話〉食器洗いの女 ② 食器洗い機

**посудомо́йщи|к** [男2] / **-ца** [女3] 食器洗い係

**посу́л** [男1] 〈古〉約束

\***посули́ть(ся)** [完] →сули́ть

**посуро́веть** [完] →суро́веть

**посу́точн|ый** [形1] 日ごとの、24時間に一度の // **-о** [副]

**по́суху** [副] 〈話〉陸路で

**посчастли́виться** [щ; сл] [完] 〈無人称〉〈圏〉が成功する、うまくいく

**посчита́ть(ся)** [完] →счита́ть(ся)

**посы́л** [男1] 放り込むこと；向けること

\***посыла́ть** [パスィラーチ] [不完] / **посла́ть** [パスラーチ] пошлю́, пошлёшь 命 пошли́ 受過 по́сланный [完] 〔send〕 〈圏〉 ① 派遣する、行かせる、やる：~ в командиро́вку 出張させる、やる | ~ за врачо́м 医者を呼びにやる | Его́ *посла́ли* учи́ться на два го́да за грани́цу. 彼は2年間の国外留学に派遣された

② 送る、送付する；(電報などで) 送る、伝える：~ письмо́ по по́чте 手紙を郵送する | ~ сигна́л бе́дствия 救難信号を送る ③ (願い・言葉で) 送る、挨拶・気持ちを伝える、送る：~ приве́т 挨拶を送る、よろしくと言う | ~ возду́шный поцелу́й 投げキスを送る ④ 放つ、投げる、撃つ：~ мяч в се́тку воро́т ボールをゴールネットに放り込む | ~ пу́лю в заты́лок 後頭部に銃弾を撃ち込む ⑤ (体をある方向に) 向ける、動かす：~ всё те́ло вперёд 全身で前に乗り出す ⑥ (к чёрту などの罵り言葉や副詞 пода́льше と共に) 〈話・罵〉…と手を切る、かかわらない：*Пошли́ его́ пода́льше!* あんな奴にはかかわるな ◆ **чем Бог** *посла́л* ありあわせの「手近な」もので // **~ся** [不完] 〔受身〕

**посы́лк|а** [女2] [男2] 〔sending〕 ① 送ること、送付、派遣；(ある方向に) 向けること：~ де́нег 送金 ② 小包：посла́ть кни́ги -ой 本を小包で送る ③ 〈論〉前提

★**быть [находи́ться] на ~ах у** 囲 …の使い走りをしている // **посы́лочка** 複生 -чек [女2] 〔指小〕 по- сы́лочный [形1]

**посы́льный** [形1] ① 連絡の ② [男名] 使者、メッセンジャー

**посыпа́ть** [不完] / **посы́пать** -плю, -плешь/-пешь, ..., -плют/-пят 命 -пь 受過 -анный [完] 〈圏〉圏に圏を振りまく

**посыпа́ться** -плется/-петса, -плются/-пятся [完] 落ち始める

**посяга́тельство** [中1] 〈文〉侵害のくわだて

**посяга́ть** [不完] / **посягну́ть** -ну́, -нёшь [完] ① 〈на 圏〉を侵害しようとする ② 横領を企てる

\***пот** 前 о -е, в -у́/-е 複 -ы́ [男1] 〔sweat〕 ① 汗；発汗：вытира́ть ~ 汗を拭く | холо́дный ~ 冷や汗 | Он весь в *поту́*. 彼は全身汗まみれだ | Со лба́ ка́пают кру́пные ка́пли ~а. 額から大粒の汗が滴り落ちている ② (ガラスなどの) 曇り、汗：~ на стёклах ガラスの汗 ◆ **вогна́ть** 囲 **в ~**《話》大いに働かせる、こき使う | **в ~е лица́** 額に汗して、身を粉にして | **до седьмо́го ~а**《話》汗だくになるまで、へとへとになるまで | **~ом и кро́вью (добы́ть)**《雅》血と汗で、苦心惨憺して (手に入れる)

**потаённый** [形1] 秘密の、隠された

**потайно́й** [形2] 秘密の；密かに作られた：~ ход 秘密の通路

**потака́ть** [不完] 〈圏〉を大目に見る

**потанцева́ть** -цу́ю, -цу́ешь [完] (しばらく) 踊る

**пота́сканный** [形1] 〈話〉着古した；くたびれた

**потаску́|ха** [女2] 〈俗〉浮気女 // **-шка** 複生 -шек [女2]

**потасо́вка** 複生 -вок [女2] 〈話〉けんか；(罰としての) 殴打刑

**потащи́ть** -ащу́, -а́щишь 受過 -а́щенный [完] 〈圏〉引きずり始める // **~ся** [完] ① 〈話〉ゆっくり動き始める、引きずられる

\***по-тво́ему** [パトヴォーイムゥ] [副] 〔as you wish, in your opinion〕 ① 君のように、君のやり方で：е́сли бу́ду встава́ть ~ もしお前のように起きていたら ② 君の望み通りに：бу́дет [бу́дет] ~ あなたの望み通りになるだろう ③ 〈揮入〉君の考えでは：~, э́то не ва́жно? 君の考えでは、これは大したことではないというのか？ 君の考えでは

**потво́рствовать** -твую, -твуешь [不完] 〈圏〉を大目に見る

**потво́рство** [中1]

**потёк** [男2] 液体(絵の具) の流れた跡

**потёмки** -мок, -мкам [複] 暗闇 ◆ **чужа́я душа́ — ~** 人の心は知り難し

**потемне́ние** [中5] 暗くなること

**потемне́ть** [完] →темне́ть

**поте́ние** [中5] 発汗

\***потенциа́л** [э] [パテンツィアール] [男1] 〔potential〕 ポテンシャル、(潜在) 能力

\***потенциа́льн|ый** [э] [パテンツィアーリヌィ] 短 -лен, -льна [形1] 〔potential〕 ポテンシャルの、潜在的な、可能性のある // **-ость** [女10]

**потенцио́метр** [э] [男1] 〔電〕電位差計、ポテンショメータ

**поте́нция** [э] [女9] 〈文〉潜在的可能性

**потепле́ние** [中5] 暖かくなること、温暖化

**потепле́ть** [完] →тепле́ть

**потере́ть** -тру́, -трёшь 過 -тёр, -тёрла 受過 -тёртый [完] 〈圏〉少しこする、すり込む // **~ся** [完] こすり始める

**потерпе́вш|ий** (形6変化) [男名] / **-ая** [女名] 〔法〕被害者

**потерпе́ть** -ерплю́, -е́рпишь [完] ① →терпе́ть ② しばらく我慢する

**потёртость** [女10] 擦り切れ；その箇所

**потёртый** [形1] ① 擦り切れた ② やつれた

**поте́р|я** [パチェーリャ] [女5] 〔loss〕 失うこと、損失、損

害 ②失ったもの, 遺失物 ◆до -и пу́льса《俗・戯》できる限り

\*поте́рянный [形1] [lost] ①途方にくれた ②不道徳な

потеря́ть(ся) [完] →теря́ть(ся)

потесни́ть -ню́, -ни́шь 受過 -нённый (-нён, -нена́) [完] 〚関〛押す, 圧迫する **//-ся** [完]《話》①密集して生活し始める ②席をつめる

поте́ть [不完] / вс- [完] [sweat] ①汗をかく, 汗だくになる ②[完または за-, от-] (ガラスなどが) 曇る ◆**~ над~** …に一生懸命取り組む

поте́х|а [女2]《話》気晴らし ◆**Пошла́ ~.** とどまるところを知らない | **Де́лу вре́мя -е ча́с.**《諺》よく学びよく遊べ

поте́чь -ечёт, -еку́т 命 -еки́ 過 -тёк, -текла́ [完] 流れだす

потеша́ть [不完]〚関〛楽しませる **//-ся** [不完]《話》①楽しむ ②〈над圖〉をからかう

поте́шить -шу, -шишь [完]〚関〛しばらく楽しませる **//-ся** [完] ①しばらく楽しむ ②〈над圖〉をからかう

поте́шный -шен, -шна [形1] おかしい, 面白い

поти́р [男1]〔教会〕聖杯

потира́ть [不完] 時々こする

\*потихо́ньку [副] [slowly, softly] ①ゆっくりと, 静かに, 小声で ②ひそかに, こっそりと

потли́вый -и́в [形1]〚文〛汗かきの

потни́к -á [男2] 鞍褥(ざく)

пот́ница [女3]

по́тный 短 -тен, -тна́, -тно [形1] ①汗に覆われた ②水滴の付いた

потово́й [形2] 汗の

потого́нный [形1] ①発汗を促進する ②搾取する

\*пото́к [男1] [stream, flow] ①(速い) 流れ, 急流: бу́рные ~ы 奔流 | весе́нние ~и воды́ 春の急流 ②(大量のものの) 流れ, 流入: возду́шные ~ 空気の流れ | людско́й ~ 人々の流れ, 人波 | селево́й ~ 土石流, 泥流 | турбуле́нтный ~ 乱気流 | На нас обру́шились ~ информа́ции. 私たちは情報の洪水を浴びている ③流れ作業: по́точное произво́дство автомоби́лей на ~ 自動車の生産を流れ作業にする ④ (授業・試験などのための) グループ, 組: сдава́ть экза́мен в пе́рвом ~у 第1グループで試験を受ける ■ **Се́верный ~** ノルド・ストリーム(ロシア・ドイツ間の天然ガス輸送パイプライン) | **Ю́жный ~** サウス・ストリーム(ウクライナを回避したロシア・欧州間の天然ガス輸送パイプライン計画: 2014年計画中止) | **Голубо́й ~** ブルー・ストリーム(ロシア・トルコ間の天然ガス輸送パイプライン)

потолкова́ть -ку́ю, -ку́ешь [完]〈с圖と〉しばらく語り合う

\*потоло́к -лка́ [男2] [ceiling] ①天井: высо́кий ~ 高い天井 | Под -ко́м виси́т ла́мпа. 天井から電灯がぶらさがっている ②〔航空〕上昇限度 ③《話》上限, 限界: дости́гнуть своего́ -ка́ 限界に達する ◆**с -ка́ (взять, сказа́ть)**《話》当てずっぽうに, いい加減に(取る, 言う) | **плева́ть в ~** 何もしない, 無為に過ごす **//-о́чный** [形1] 〈①〉

потолсте́ть [完] →толсте́ть

\*пото́м [副] [afterwards, later] ①[副] それから, その後に; 後で: Поезжа́йте пря́мо до перекрёстка, ~ поверни́те нале́во. 交差点までまっすぐ行って, それから左に曲がって下さい | Я ~ приду́. 後でまいります ②[接]《話》それに, そのうえ: Не хочу́ пла́вать, и ~ у меня́ купа́льника нет. 泳ぎたくない, それに水着もないし ◆**оста́вить [отложи́ть, перенести́]** 〚関〛 **на ~** 後回しにする

\*пото́м|ок -мка [男2] [descendant] ①子孫 ②《複》未来の人々

пото́мственный [形1] 世襲の; 親子代々の

пото́мство [中1] ①子孫 ②子どもたち

\*потому́ [パタムー] [副] [that is why]《しばしば**а [и] ~** の形で》それゆえに, それだから: Я был в командиро́вке, и ~ не смо́г отве́тить на ва́ше письмо́. 出張に行っていたため手紙の返事を書けませんでした

◆**~ что** ~《俗》**~ как** なぜならば(★ что は無アクセント; потому́ の後にコンマを置いて強調する場合は что): Мы не пошли́ гуля́ть, ~ что шёл дождь. 雨が降っていたので, 私たちは散歩に行かなかった | Я пойду́ то́лько потому́, что ты меня́ про́сишь. 君に頼まれているから行くだけだよ | **~ что** ~ ただなんとなく, 大した理由はないけど(★ что は無アクセント)

потону́ть [完] →тону́ть

пото́п [男1] 洪水; (聖書の) 大洪水

пото́пать [完] しばらく足踏みする

потопля́ть [不完] / потопи́ть -оплю́, -о́пишь [完] 《話》①沈める, 沈没させる ②《図》お湯で温める

потопта́ть -опчу́, -о́пчешь 受過 -о́птанный [完]〚関〛踏みつける

потора́пливать [不完]《話》〚関〛急がせる **//-ся** [不完]《話》急ぐ

поторопи́ть(ся) [完] →торопи́ть(ся)

пото́чный [形1] 流れ作業の

потра́ва [女1] (家畜による) 畑の被害

потра́вить -а́влю, -а́вишь 受過 -а́вленный [完] 〚関〛①たくさん毒殺する ②踏み荒らす ③〈ロープなどを〉ほどく; 緩める

потра́тить(ся) [完] →тра́тить(ся)

потрафля́ть [不完] / потра́фить -флю, -фишь [完]〚図〛〈на/圖〉を喜ばせる

\*потреби́тель [パトリビーチェリ] [男5] [consumer] ①消費者 ②《非難》利己主義者 [女3] ~ница

\*потреби́тельск|ий [形1] [consumer] ①消費者の: ~ нало́г 消費税 ②消費の ③《非難》消費的な, 自分の欲求を満たすことしか考えない ◆**-ая корзи́на** (家計の) 最低限必要な分

\*потребле́н|ие [中5] [consumption] 消費, 需要: предме́ты [това́ры] широ́кого -ия 日用品 | о́бщество ма́ссового -ия 大量 [大衆] 消費社会

потребля́ть [不完] / потреби́ть -блю́, -би́шь 受過 -блённый (-лён, -лена́) [完]〚関〛消費する

\*потре́бность [パトリェーブナスチ] [女10] [need, requirement] ①需要, 必要: испы́тывать ~ в 圖 …の必要を感じる ②欲求: есте́ственные ~ 尿意, 便意, 生理的欲求

потре́бный 短 -бен, -бна [形1]〚文〛必要な

потре́бовать(ся) [完] →тре́бовать(ся)

потрево́жить(ся) [完] →трево́жить(ся)

потрёпанный [形1] ①ぼろぼろになった ②(戦いで) 消耗した ③やつれた

потрепа́ть(ся) [完] →трепа́ть(ся)

потре́скаться [完] →тре́скаться

потре́скивать [不完] (時々) ぱちぱちと鳴る

потро́гать [完] (何度か) 触る

потроха́ -о́в《複》(鳥・魚の) 内臓 ◆**со все́ми -а́ми** すっかり

потрошёный [形1] 内臓を抜いた

потроши́ть -шу́, -ши́шь 受過 -шённый (-шён, -шена́) [不完]《рас-, вы-》〚関〛①〈の〉内臓を抜く ②〔рас-〕《俗・戯》中身を抜き出す

потруди́ться -ужу́сь, -у́дишься [完] ①しばらく働く ②《きまじょうな》をする

потряса́ть [不完] / потрясти́ -ясу́, -ясёшь 過 -я́с, -ясла́ 能過 -я́сший 受過 -сённый (-сён, -сена́) 副分 -я́сши [完] ①〚関〛数回揺さぶる ②〈圖を〉揺り動かす ③〚関〛ぐらつかせる ④〚関〛感動させる

**потряса́ющ|ий** [形6]〔staggering〕《話》① 衝撃的な, 驚くべき ② 並外れた **//-е** [副]

**потрясе́ние** [中5]ショック ② 大変動

**потря́сный** [形1]《若者》素晴らしい, 感動を生む

**потрясти́** [完] →потряса́ть

**потря́хивать** [不完]〈囮を〉(少し・時々)振る

**поту́ги** -уг [複] ① 筋肉の収縮 ②(空しい)努力

**потупля́ть** [不完]**/потупи́ть** -плю, -пишь 受過 -пле́нный [完]〈囮〉〈頭を〉下げる,〈目を〉伏せる **//-ся** [不完]/[完]〈囮〉頭を下げる, 目を伏せる

**по-туре́цки** [副]トルコ語で;トルコ風に ◆*сиде́ть ~* あぐらをかいて座る

**потускне́ть** [完] →тускне́ть

**потусова́ться** -су́юсь, -су́ешься [完]《若者》仲間で楽しんで時を過ごす

**потусторо́нний** [形8]あの世の: *~ мир* 来世

**потуха́ть** [不完]消える **//потуха́ние** [中5]

**поту́хнуть** [完] →ту́хнуть

**поту́хший** [形6]火が消えた, 活気のない

**потучне́ть** [完] →тучне́ть

**потуши́ть** [完] →туши́ть

**по́тчевать** -чую, -чуешь [不完]**/по-** [完]〈囮に〉ごちそうする

**потяга́ться** [完] →тяга́ться

**потя́гивать** [不完]〈囮〉(少し)引く; 飲む ② 漂う

**потя́гива|ться** [不完] пить начать **//-е** [完]

**потяжеле́ть** [完] →тяжеле́ть

*****потяну́ть** -яну́, -я́нешь 命 -яни́ 受過 -я́нутый [完]〔pull, delay〕 ❶〈囮〉〈тяну́тьの開始を示す〉 ① 引っ張り始める, 敷設し始める,〈風が〉吹き始める ②〈無人称〉魅了し始める, 引きつけだす: *Меня́ потяну́ло к нему́.* 私は彼に惹かれ始めた

**потяну́ться** -яну́сь, -я́нешься [完] ①(平原が)広がり始める ②〈к кому́-чему́〉…の方を向き始める ③ 次々と動きだす ④〈за囮〉を目指してやっきになりだす ⑤ →тяну́ться

**поу́жинать** [完] →у́жинать

**поумне́ть** [完] →умне́ть

**поуро́чный** [形1] ① 出来高払いの ② 授業ごとの

**поутру́** [副]《話》朝に

**поуча́ть** [不完]〈囮に厠を〉説き聞かせる

**поуче́ние** [中5]説教; 教訓

**поучи́тельный** 短-лен, -льна [形1] 教訓となる

**по́фиг, по́фигу** [《若者》〈囮にとって〉どうでもいい, 関係ない

**пофиги́зм** [男1]《俗》(周囲への)無関心

**пофиги́ст** [男1]《俗》周囲に対して無関心な人

**по-францу́зски** [副]フランス語で; フランス風に

**поха́бный** 短-бен, -бна [形1]《俗》卑猥な

**поха́живать** [不完]《話》ゆっくり歩く; 時々行く

**похвала́** 複生-ва́л [女1] 称賛

**похвали́ть(ся)** [完] →хвали́ть

**похвальба́** [女1]自画自賛

**похва́льный** 短-лен, -льна [形1] ① 称賛に値する ② 称賛の

**похваля́ться** [不完]《話》〈囮を〉自慢する

**похва́стать(ся)** [完] →хва́стать(ся)

**похити́тель** [男5]**/-ница** [女3] 略奪者; 誘拐犯

**похища́ть** [不完]**/похи́тить** -и́щу, -и́тишь 受過 -и́щенный [完]〈囮〉こっそり盗む, 誘拐する **//похище́ние** [中5]

**похи́щенн|ый** [形1] ① 誘拐された ② —[男名] /-ая [女名] 誘拐された人

**похлёбка** 複生-бок [女2] (ジャガイモ・穀物の)スープ

**похло́пать** [完] ①〈囮を〉叩く; しばらく叩いて(ぱたぱた)音を立てる; しばらく拍手する

**похлопота́ть** [完] →хлопота́ть

**похме́лье** [中4] ① 迎え酒を飲むこと ② 二日酔い

◆*в чужо́м пиру́ ~* 他人のせいでひどい目に遭う

**похме́льный** 短-лен, -льна [形1] 二日酔いの

**похмеля́ться** [不完]**/похмели́ться** -лю́сь, -ли́шься [完]迎え酒を飲む

*****похо́д** [パポート] [男1]〔cruise, march〕 ①(軍隊・艦隊の)移動, 行軍, 進軍: *вы́ступить в ~* 行軍に出る ②(軍事の)遠征, 遠足: ~ *Наполео́на на Москву́* ナポレオンのモスクワ遠征 | *кресто́вые -ы* 十字軍 ③(団体での)旅行, ツアー, 遠足: *двухнеде́льный ~* 2週間のツアー | *Тури́сты в ~* 観光客は旅行中 ④《話》団体見学: *коллекти́вный ~ в теа́тр* 団体観劇 ⑤(組織的な)運動, キャンペーン: ~ *про̀тив наркома́фии* 麻薬マフィア撲滅キャンペーン ⑥《話》(重量の)わずかな超過

**похода́тайствовать** [完] →хода́тайствовать

**походи́ть**¹ -ожу́, -о́дишь [不完]〈на囮に〉似ている

**походи́ть**² -ожу́, -о́дишь [完] しばらく歩きまわる; しばらく働く; しばらく世話をする

**похо́дка** 複生-док [女2] 歩き方, 足どり

**похо́дный** [形1] 行軍の; 遠征の;(団体の)旅行の

**по́ходя** [副] ① 歩きながら, 急いで ② ついでに

**похожде́ни|е** [中5] 事件, アヴァンチュール: *любо́вные -ия* 情事

**похо́же** [副] ① 似たように ②〔無人述〕《話》…らしい ③〔挿入〕《話》…らしい ◆*~ на то́* 《話》そうらしい, そのようだ | *~ (на то́), что̀ ...,* ~ *на то́, что̀* …, …のようだ: *П ~ на то́, что̀ бу́дет гроза́.* 雷雨になりそうだ

*****похо́ж|ий** [形6]〔resembling〕〈на囮 /с囮と〉似ている: *-ие ли́ца* 似ている顔 | *Он похо́ж на отца́.* 彼は父親似だ | *Мы с сестро́й разли́тельно -и.* 私と姉は驚くほど似ている ◆*На кого́ ты похо́ж?* 何という姿だ, そのざまはなんだ | *На что̀ э́то -е?* 何たることだ | *Э́то ни на что̀ не -е!* とんでもないことだ, 言語道断だ | *э́то -е на* …に似ているらしい, …らしい: *Э́то на тебя́ не -е.* そんなことは君らしくない **//-есть** [女10]

**по-хозя́йски** [副] 倹約して

**похолода́ние** [中5] 冷え込み

**похолода́ть** [完] →холода́ть

**похолоде́ть** [完] →холоде́ть

**похолодне́ть** [完] →холодне́ть

**похорони́ть** [完] →хорони́ть

**похоро́нка** 複生-нок [女2]《話》戦死公報

**похоро́нн|ый** [形1] ① 埋葬の ②**-ая** [女名]《話》戦死公報

*****по́хороны** -о́н, -она́м [複]〔funeral〕葬式

**по-хоро́шему** [副] 友好的に, 平和的に

**похороше́ть** [完] →хороше́ть

**похотли́в|ый** [形1] 好色な **//-ость** [女10]

**по́хоть** [女10] 性欲

**похрабре́ть** [完] →храбре́ть

**похра́пывать** [不完] 時々軽くいびきをかく

**похристосова́ться** [完] →христосова́ться

**похуда́ние** [中5] 痩せること

**похуде́ть** [完] →худе́ть

**поцара́паться** [完] →цара́паться

**поцара́пать** [完] 受過-панный [完]〈囮に〉軽くひっかき傷をつける **//-ся** [完]〔受身〕

**поцелова́ть(ся)** [完] →целова́ть(ся)

*****поцелу́|й** [男11]〔kiss〕キス, 接吻: *возду́шный ~* 投げキッス | *покры́ть -ями* キスの雨[嵐]を浴びせる ◆*Иу́ды* ユダの接吻, 裏切り **//-ный** [形1]

**поцеремо́ниться** [完] →церемо́ниться

**поча́пать** [完]《若者・俗》行く, 出かける

**почасови́к** -á [男2] 時間で働く人, 時間講師

**почасово́й** [形2] 1時間ごとの

**поча́ток** -тка [男2] 肉穂花序

‡**по́чв|а** [ポーチヴァ][女1][soil, ground] ①土壤, 土, 土地: гли́нистая ～ 粘土質の土壤 | обрабо́тать -у 土地を耕す ②基盤, 基礎, 根拠: стоя́ть на твёрдой -e しっかりとした根拠のある | Предположе́ние не име́ет под собо́й никако́й -ы. その仮定には何の根拠もない | поста́вить на твёрдую -у 國 …をしっかりした根拠の上に提起する ③分野, 領域: найти́ о́бщую -у для разгово́ра 共通の話題を見つける
◆**на -е** [形] …の理由で, …による: бессо́нница на -е переутомле́ния 過労による不眠症 | чу́вствовать -у под нога́ми 支持を感じる
**по́чвенный** [形1] 土壤の, 土壤の
**почвове́д** [男1] 土壤学者
**почвове́д|ение** [中5] 土壤学 **‖-ческий** [形3]
**почём** [疑問] [副] [値段がいくら] ◆**～ зря** [俗] むやみやたらに | ～ **зна́ть** | ～ **я зна́ю** 知らない, わかるはずがない

‡**почему́** [パチムー] [why] ①[副] [疑問] なぜ, どうして, どんな理由で: П～ ты так серди́шься? どうしてそんなに怒っている | Я не понима́ю, ～ он не согла́сен. どうして彼が同意しないのか私にはわからない ②[接] それゆえに, それで: Она́ простуди́лась, ～ и пропусти́ла ле́кцию. 彼女は風邪をひいて, それで講義を休んだのです
◆(**и**) **вот ～** まさにその理由で, だからこそ | П～ **бы и нет!** そうして悪い理由はない, 別にいいじゃないか | ～ **же** [話] どうしてなんだ, とんでもない: Ты не пойдёшь в суббо́ту на вечери́нку? — П～ же, пойду́! 「土曜日のパーティーは行かないよね?」「どうしてなんだ, 行くよ」
*\***почему́-либо** [副] ＝почему́-нибудь
‡**почему́-нибудь** [パチムー=ニブッチ] [副] [for some reason] (何でもいいから) 何かの理由で: Е́сли он ～ серди́лся, то всегда́ молча́л. 彼は理由はどうあれ怒っている時はいつも黙っていた
‡**почему́-то** [パチムータ] [副] [for some reason] なぜか, どういうわけか: П～ мне не спи́тся. なぜか眠れないのだ
**почему́чка** 複生 -чек (女2変化)[男・女] 繰り返し「なぜ」とたずねる子ども
*\***по́черк** [男2][handwriting] ①筆跡 ②ある人に特有のやり方: ～ **ом пера́** ～の文体
**по̀черкове́д|ение** [中5] 筆跡鑑定学 **‖-ческий** [形3]
**почерне́лый** [形1] 黒くなった
**по-челове́чески** [副] 人間らしく, 人道的に: жи́ть ～ 人間らしく生きる
**по-чёрному** [副] [俗] ひどく, 手加減なしに
**почерпа́ть** [不完] / **почерпну́ть** -ну́, -нёшь 受過 -е́рпнутый [完] (國) 知る (國/転) 汲む
**почерстве́ть** [完] →черстве́ть
**почеса́ть(ся)** [完] →чеса́ть(ся)
**по́чест|ь** [女10] (通例複) 敬意 (の表明), 敬礼: ока́зывать -и 敬意を表する
**почёсывать** [不完] (國) 時々掻く (\*) [梳 (\*) く]
**почёт** [男1] 敬意, 尊敬: по́льзоваться о́бщим ～ом 世間から尊敬される | круг ～а ビクトリアラン
*\***почёт|ный** 短 -тен, -тна [形1] [honored] ①[長尾] 尊敬すべき, 敬意を受ける: ～ гость 主賓 (ミン) | ～ граждани́н го́рода 名誉市民 ②[長尾] 名誉な; 名誉を表す: -ая гра́мота 賞状 | Его́ избра́ли -ым акаде́миком. 彼はアカデミー名誉会員に選出された ③名誉ある, 名誉を傷つけない: -ая зада́ча 名誉ある任務 | согласи́ться на ～ мир 名誉ある和平に同意する
**‖-ость** [女10] <③>
**по́чечный** [形1] [< по́чка] 腎臓の: ～ ка́мень 腎臓結石 ②芽, つぼみの
**почи́вший** (形6変化) [男名] / **-ая** [女名] 故人
**почи́н** [男1] ①イニシアティブ, 主導 ②始めること
**почини́ть(ся)** [完] →чини́ть¹
**почи́нка** 複生 -нок [女2] 修理
**починя́ть** [不完] ＝ чини́ть¹
**почи́стить** -и́щу, -и́стишь 命 -сти/-сть 受過 -щенный [完] (國) ① (皮を) むく ② (余計なものを) 取り除く ④ [コン] 不要なファイルを削除する **‖-ся** [完] [話] (自分の衣類などを) きれいにする
**почита́й** [副] ② (俗) ほとんど; (挿入) どうやら
**почита́ние** [中5] 尊敬, 敬意: 崇拝
**почита́тель** [男5] / **-ница** [女3] 崇拝者
**почита́ть¹** [不完] (國) 敬う
\***почита́ть²** [パチターチ] [完] [read a little] (國) ①少し読む: Пе́ред сном я почита́л кни́гу. 私は寝る前に少し本を読んだ ②[話] 読み終える: Рекоменду́ю ～ э́тот рома́н. この小説を読むのをお勧めする
**почита́ть³** [不完] / **поче́сть** -чту, -чтёшь 3a -чёл, -чла́ 受過 -чтённый (-тён, -тена́) [完] [旧・文] (圏と / за[то]) とみなす
**почи́тывать** [不完] (國) (時々) 少しずつ読む
**почи́ть** -чи́ю, -чи́ешь [雅] ①眠る, お休みになる ②永眠する ③止む, 静まる ◆**～ на лавра́х** 勝利 [名誉] を味わう ◆**～ от дел** [трудо́в] [文] 暇をとる, 活動をやめる
**почи́ще** [副] ① もっときれいに ② [話] より明白に, よりよく, 強く
*\***по́чка** 複生 -чек [女2] [bud, kidney] ①[植] 芽, つぼみ ②[解] 腎臓: блужда́ющая ～ [医] 遊走腎, 腎下垂
**почкова́ться** -ку́ется [不完] [生] 出芽繁殖する **‖ почкова́ние** [中5]
‡**по́чт|а** [ポーチタ] [女1] [post, mail] ① 郵便, 郵便制度: посла́ть письмо́ -ой [-ой] 手紙を郵便で送る | спе́шная ～ 速達便 | возду́шная ～ 航空便 | электро́нная ～ 電子メール ②郵便局: купи́ть ма́рки на -e 郵便局で切手を買う | Она́ ходи́ла за пе́нсией на -у. 彼女は年金を受け取りに郵便局に行ってきた ③郵便物; 通信: получи́ть -у 郵便物を受け取る | П～ пришла́. 郵便が届いた
**почтальо́н** [ё] [男1] / [話] **～ша** [女4], 《俗》 **～ка**
複生 -нок [女2] 郵便配達員
**почта́мт** [男1] 中央郵便局, 本局
**‖ почта́мтский** [ц] [形3]
**почте́ние** [中5] 敬意
**почте́нный** 短 -е́нен, -е́нна [形1] ①尊敬すべき, 立派な ② かなり持ちの
*\***почти́** [パチチー] [副] [almost, nearly] ほとんど, ほぼ: ～ одина́ковые ту́фли ほとんど同じ靴 | Он ～ ничего́ не зна́ет о ней. 彼は彼女のことをほとんど何も知らない ◆**～ что** [話] ＝ почти́
**почти́тел|ьный** 短 -лен, -льна [形1] 敬意のこもった, 丁寧な ◆**на -ом расстоя́нии от** …に近づかないで, 近づけない | **держа́ть на -ом расстоя́нии** 敬遠する
**почти́ть** -чту́, -чти́шь, ... -чту́т/-чтя́т 受過 -чтённый (-тён, -тена́) [完] [雅] (國に) 敬意を示す
**почто́** [副] [俗・方] なぜ
**почтови́к** [男2] [話] 郵便局員
*\***почто́вый** [形1] [postal] 郵便の; 郵便局の; 郵便物用の: ～ я́щик 郵便受け; [コン] メールボックス
**почу́вствовать(ся)** [完] →чу́вствовать(ся)
**почуди́ться** [完] →чу́диться
**почу́ять(ся)** [完] →чу́ять(ся)
**пошаба́шить** [完] →шаба́шить
**пошали́ть** [完] [話] 時々いたずらをする
**пошали́вать** -аю, -ли́вшь [不完] [話] しばらくいたずらをする
**поша́рить** -рю, -ришь [完] [話] しばらく手探りする
**пошатну́ть** -ну́, -нёшь [完] (國) 傾かせる, ぐらつかせる **‖ ～ся** [完] 傾く; ぐらつく

**пошáтываться** [不完] 時々ぐらぐらする

**по-швéдски** [ц] [副] スウェーデン語で；スウェーデン風に

**пошевéливать** [不完] 〈圏/図〉を時々動かす // **~ся** [不完] [話] ① 時々動く ② 急ぐ

**пошевелúть** -лю́, -лишь 受過 -лённый (-лён, -лена́) [完]〈圏/図〉をしばらく動かす // **~ся** [完] 動き始める；しばらく動く

**пошевельнýть** -нý, -нёшь [完]〈圏〉を少し動かす // **~ся** [完] かすかに動く

**пошúб** [男1] [話] (ある人に特有の) やり方；(芸術上の) …派、…風、…様式 ◆**низкого ~а** 品質の悪い

**пошúв** [男1] [風]、**~ка** [女1] 縫うこと、裁縫

**пошивóчный** [形1] 裁縫(用)の

**пошúть** -шью́, -шьёшь со-шúй 受過 -тый [完]〈圏〉① しばらく縫う ② 縫って作り上げる

**пошлú** ① [過去・複] < пойтú ② [命令] < послáть

*__пóшлин|а__ [女1] [duty] 税、税金；関税 **//-ный** [形1]

**пóшлость** [女10] 俗悪、低俗さ ② 低俗な表現、振る舞い

**пóшлый** 短 пóшл, -лá, -ло [形1] ① 俗悪な、低俗な：~ анекдóт 低俗なアネクドート ② ありふれた、平凡な

**пошля́|к** -á [男2] / **-чка** 複生 -чек [女2] 《話》俗物

**пошля́тина** [女1] 卑俗なこと

**поштýчный** [形1] 1個ごとの：**-ая оплáта** 出来高払い // **-о** [副]

**пошутúть** [完] →шутúть

**пощá́д|а** [女1] 許し、赦免：без **-ы** 容赦なく

**пощадúть** [完] →щадúть

**пощекотáть** [完] →щекотáть

**пощёлкивать** [不完] 《話》〈図〉(時々・少し) はじく、叩く

**пощёчина** [女1] ぴんた；侮辱

**пощипа́|ть** -ипли́/-ипа́ю, -и́плешь/-и́паешь, …и́плют/-и́пают 命 -пли́/-ипа́й 受過 -и́панный [完]〈圏〉① 〈圏/図〉しばらくつまむ ② 《3人称》しばらく感じる ③ むしり取る ④ 罵倒する

**пощи́пывать** [不完] 〈図〉時々むしる [つまむ]

**пощýпать** [完] →щýпать

**ПОЭЗ** [пéэс] 《略》промтóвая осóбая экономúческая зóна 港湾型経済特区

*__поэ́зия__ [пэ́зия] [女9] [poetry] ① 詩：~ эпóхи романти́зма ロマン主義の詩 | ~ печáли 哀愁の詩 ② 韻文、文芸 ③ 詩情、詩趣 ④ 詩的なさま

*__поэ́ма__ [пэ́ма] [女1] [poem] 長詩、物語詩 ② 詩的な

*__поэ́т__ [пэ́т] [男1] [poet] 詩人；詩情豊かな芸術家 (★女性は поэтéсса)：Пýшкин — великий рýсский ~. プーシキンは偉大なロシアの詩人だ ② 詩人肌の人

**поэтáпный** [形1] 段階的な

**поэтéсса** [э́] [女1] 女流詩人 (→поэ́т)

**поэтизи́ровать** -рую, -руешь 受過 -анный [不完/完] 〈圏〉詩的にする

**поэ́тика** [女2] 詩学

*__поэти́ческ|ий__ [形3] [poetic(al)] ① 詩の、詩人の ② 詩的な：**-ое мировоззрéние** 詩的世界観

**поэти́чный** 短 -чен, -чна [形1] 詩的な

*__поэ́тому__ [пэ́тому] [副] [therefore] ゆえに、だから：Я был óчень зáнят, ~ ещё не писáл ей. とても忙しかったので、彼女にまだ手紙を書いていない

**пою́** [1単現] < петь

**появлéние** [пайвлéние] [中5] [appearance] ① 姿を現すこと、出現、登場；掲載：Eró ~ всех поразúло. 彼の登場はみんなをびっくりさせた ② 発生：~ затруднéний 困難の発生

*__появи́ться__ [пайвúтъся] [不完] / **появлю́сь** [пайву́ицца] -явлю́сь, -я́вишься, …-я́вятся 命 -ви́сь [完] [appear] ① 現れる、姿を現す、出現する；掲載される、発表される：На порóге появи́лся незнакóмец. 戸口に見知らぬ男が姿を現した | Из-за туч появи́лась лунá. 雲間から月が顔を出した ② 発生する、生まれる：Когдá появи́лась жизнь на Землé? 地球に生命が生まれたのはいつか | Появи́лись бóли в бокý. わき腹が痛くなった ◆**на свет** ~

*__по-япо́нски__ [пайпóньски] [副] ① 日本語で：говори́ть ~ 日本語で話す ② 日本風に、日本式に

*__пóяс__ 複 -á [男1] [belt] ① ベルト、バンド、帯：ко́жаный ~ 皮のベルト | спасáтельный ~ 救命ベルト | завязáть [развязáть] ~ 帯を締める [ほどく] ② 腰、ウエスト：держáть ру́ки на **-е** [副] 両手を腰に当てている | Он стои́т в водé по ~. 彼は腰まで水に浸かっている ③ (取り囲れている) 帯状の空間：зелёный ~ столи́цы 首都のグリーンベルト ④ [地理] 帯；地帯：часовóй ~ 時間帯 | тропи́ческий [умéренный, поля́рный] ~ 熱[温、寒]帯 ⑤ [経済]の区域、地帯：тари́фный ~ 運賃帯 ⑥《解》帯：плечевóй ~ 上肢帯 ◆**(клáняться) в** ~ 深々とお辞儀する | **заткнýть** 図 **за** ~ 《話》…にゅうに勝つ

**поясне́ние** [中5] 説明 (すること)

**поясни́тельный** [形1] 説明的な、説明に役立つ

**поясни́ть** [完] →поясня́ть

*__пояснúца__ [女3] [waist] 腰 **//-чный** [形1]

**поясно́й** [形2] ① ベルト [帯] の；腰に付ける ② 腰までの ③ [地理] 帯の、地帯の ④ (経済上の) 区域 [地帯] の

*__поясня́ть__ [不完] / **поясни́ть** -ню́, -ни́шь 受過 -нённый (-нён, -нена́) [完] [explain] 説明する、解釈する

**поясо́к** -ска́ [男2] [指小] < пóяс①

**ППЗ** 《略》 промы́шленно-произво́дственная зóна 工業生産型経済特区

**пра-…** [語形成]「祖 (父母)」「曾 (孫)」「原初の」

**прабáбка** 複生 -бок, **прабáбушка** 複生 -шек [女2] 曾祖母

*__прáвд|а__ [прáвда] [女1] [truth] ① 真実、本当のこと：гóрькая ~ 苦い真実 | сказáть **-у** 本当のことを言う | ~ глазá колет. 《諺》良薬は口に苦し (←真実は眼を突き刺す) ② 真実性、[話] 正さ、正当性：понимáть **-у** егó слов 彼の言葉の真実味を理解する | Вáша ~. あなたのおっしゃる通りです ③ 正義、公正さ：искáть **-ы** 正義を探究する | стоя́ть за **-у** 正義を擁護する ④ **П~ Прáвда** (新聞名) ⑤ [副] 本当に；[述語] 本当だ：П~, что ты скóро выхóдишь зáмуж? 近いうちに結婚するって本当？ ⑥ [挿入] 本当に、実際に：У меня́, ~, нé было врéмени сдéлать домáшнее задáние. 宿題をやる時間が本当になかったのです ⑦ [接] なるほど…ではあるが：В Санкт-Петербýрге бы́ло хорошó, ~ хóлодно. サンクトペテルブルクは良かったが、寒かった ◆**(всéми) -áми и непрáвдами** 手段を選ばず、あらゆる手段を使って | **гóлая** ~ ありのままの真実 | **Не ~ ли?** そうではないか、そうでしょう | **подногóтная** ~ 秘められた真実 | **по нé говоря́** [сказáть] = **-у говоря́** [сказáть] 本当のところ、実を言えば | **~-мáтка** 《俗》全くの真実 | **смотрéть** [**гляде́ть**]**-е в глазá** [**лицó**] 真実を直視する | **Чтó ~, то ~.** 本当に、その通りだ

*__правдúв|ый__ 短 -и́в [形1] [true] ① 真実の ② 正直な、誠実な // **-ость** [女10]

**правдоискáтель** [男5] [文] 真実を追求する者

**правдолю́б** [男1] 真理を愛する者

**правдоподóб|ный** 短 -бен, -бна [形1] 本当らしい、ありそうな // **-ие** [中5]

**пра́ведни|к** [男2] **/-ца** [女3] ① 戒律を守っている人 ②《皮肉》正義の人
**пра́ведный** 短 -ден, -дна [形1] ① 敬虔な ②《旧》公正

**праве́е** [副] ① もう少し右へ ②《比較》< **пра́вый**²
**праве́ть** [不完] **/по-** [完] 保守化する, 右傾化する
*пра́вил|о [中5] [プラーヴィラ] [男1] 〖rule, regulation〗① 規則, 法則: граммати́ческие -а 文法規則 | Нет -а без исключе́ния. 例外のない規則はない ②《通例複》(主に制度上の) 規則, ルール, -ла ②《通例複》(主に制度上の) 規則, ルール, -ла вну́треннего распоря́дка 内規 | соблюда́ть -а у́личного движе́ния 道路交通法規を守る ③ 主義, 行動原理, 習慣: челове́к стро́гих пра́вил 자기의 규율을 엄격히 지키는 사람 | Он взял себе́ за ~ пить молоко́ по утра́м. 그는 每朝牛乳を飲むことにした。彼は毎朝牛乳を飲むことにしていた ◆ **как (о́бщее)** ~ 通例, 原則として | **по всем -ам**〚話〛全て規則通り, きちんと
**пра́вил|о** [中1] ① (石積みがまっすぐかどうかを調べる) 定規 ② (平らにするための) 道具 ③ (小舟を操るための) 櫂 (?), 舵 ④ 獣の尾

*пра́вильно [プラーヴィリナ] [副] ① 〖rightly, regularly〗正しく, 規則通りに: Он поступи́л ~. 彼の行動は正しかった ② 規則正しく, 規則的に: чередова́ться ~ 規則的に交代する ③ 正確に, 的確に: Часы́ иду́т ~. 時計は正確に動いている ④ [無人述] 正しく, その通りだ: П~, что вы вы́сказали своё мне́ние. あなたが自分の意見を述べたのは正しい
**пра́вильность** [女10] 正しさ, 正当さ, 正確さ
*пра́вильный [プラーヴィリヌイ] 短 -лен, -льна [形1] 〖right, regular〗① 規則にかなった, 正しい: -ое произноше́ние 正しい発音 | -ое спряже́ние глаго́лов 動詞の規則的変化 ② 正しい, 正確な, 的確な: -ая поли́тика 正しい政策 | Учени́к дал ~ отве́т на вопро́с. 生徒は質問に正しく答えた ③ 規則正しい, リズミカルな: -ая сме́на времён го́да 季節の規則正しい交代 ④ (形が) 整った: -ые черты́ лица́ 整った目鼻立ち ⑤ (角や多角形が) 等しい角と辺をもった, 正~: ~ многоуго́льник [многогра́нник] 正多角形 [多面体] ⑥《俗·称賛》本物の, 品質のよい
**прави́тель** [男5] **/~ница** [女3] ① 支配者 ②《旧》管理者

*прави́тельственный [形1] 〖governmental〗政府の: -ые вла́сти 政府当局 | -ое учрежде́ние 官庁
*прави́тельств|о [プラヴィーチリストヴァ] [中1] 〖government〗政府; 閣僚: Япо́нское ~ 日本政府 | глава́ -а 政府首班 | сформи́ровать ~ 組閣する
*пра́вить [プラーヴィチ] -влю, -вишь, ... -вят 命 -вь 受過 -вленный [不完] 〖rule, govern〗① 《与》を統治する, 支配する, 管理する: Этот коро́ль пра́вил страно́й де́сять лет. この王は10年間国を支配した ②《与》を操作する, コントロールする: ~ ло́шадью 馬を操る ③《対》正す, 訂正する: ~ текст рома́на 小説の文章を訂正する ④《対》〈刃物を〉研ぐ
**пра́вка** 複生 -вок [女2] 訂正; 研磨
*правле́ние [中5] 〖government〗① 統治, 支配, 管理; 政治形態: фо́рма -ия 統治形態 | самодержа́вное ~ 専制政治 ② 理事会, 幹部会, 重役会;《集合》理事, 幹部: председа́тель -ия 理事長 | ~ ба́нка 銀行の取締役会
**пра́вленый** [形1] 校正済みの
**пра́вну|к** [男2] **/-чка** 複生 -чек [女2] 曽孫

*пра́в|о¹ [プラーヴァ] 複 права́, прав, права́м [中1] 〖law, right〗① [単] 法律, 法: гражда́нское [уголо́вное] ~ 民〔刑〕法 | междунаро́дное ~ 国際法 ② 《専攻》 法学, 法律学: Я изуча́ю ~ в университе́те. 私は大学で法学を学んでいます ③ (法的な) 権利: -а́ и обя́занности 権利と義務 | ~ челове́ка 人権 | ~ го́лоса 投票権 | обеспе́чить ~ на образова́ние 教育を受ける権利を保障する | восстанови́ть ~ в -а́х …の権利を回復する | теря́ть ~ на 対 …に対する権利を失う | а́вторское ~ 著作権, 版権 | преиму́щественное ~ на получе́ние а́кций 株式購入に対する優先権 ④ (公的な) 資格, 免許;《複》運転免許証: У него́ отобра́ли -а́ за наруше́ние пра́вил доро́жного движе́ния. 彼は道路交通違反で運転免許証を取り上げられた ⑤ 資格, 権利: По како́му -у ты от меня́ э́того тре́буешь? 何の権利があってきみは私にそんなことを要求するのか ⑥ 根拠, 理由: Я име́ю по́лное ~ пода́ть на него́ в суд. 私は彼を訴える十分な根拠がある ◆ **вступи́ть в свои́ -а́** 自分の意見を主張する, 本領を発揮する | **кача́ть -а́**《俗》自分の立場に固執する, 口げんかする | **на -а́х** 属 …として, …の資格で | **на ра́вных -а́х с** 造 …と同じように, 同等の立場で | **по -у** 正当に, 十分な根拠をもって

**пра́во²** [挿入]《話》本当に, 全く ◆ ~ **сло́во**《俗》本当に, 誓って言うが
**пра́во³** [副] 右へ
**пра́во..** [語形成] 「法の」 「権利の」 「右の」
**правобере́жье** [中4] 右岸 **//-ный** [形1]
**правове́д** [男1] 法学者, 法律家
**правове́дение** [中5] 法学
**правове́рный** 短 -рен, -рна [形1] ① 教義を厳格に守る ② 学説などを忠実に守る
*правово́й [プラヴァヴォーイ] [形2] 〖legal, lawful〗法の; 法学の: -о́е госуда́рство 法治国家
**правозащи́та** [女1]《政》人権擁護運動
**правозащи́тни|к** [男2] **/-ца** [女3]《政》人権擁護活動家

**правозащи́тный** [形1] 人権擁護的な: -ая организа́ция 人権団体
**правоме́рный** 短 -рен, -рна [形1]《文》① 理にかなった ② 合法的な
**правомо́чный** 短 -чен, -чна [形1] 法的権利を有する, 全権を持つ **//правомо́чие** [中5]
**правонаруше́ние** [中5]《公》法律違反; 違法行為
**правонаруши́тель** [男5] **/~ница** [女3]《公》法律違反者

*правоохрани́тельный [形1]《公》法秩序を守る, 司法の: -ые о́рганы 司法機関; 治安機関
**правописа́ние** [中5] 正書法, つづり方
**правопоря́док** -дка [男2]《法》法秩序
**правопрее́мник** [男1]《法》権利義務継承者
*правосла́вие [中5] 〖Orthodoxy〗正教
**правосла́в|ный** [プラヴァスラーヴヌイ] [形1] 〖orthodox〗① 正教の: ~ собо́р 正教会の大聖堂 ② 正教を信ずる ③ ~ [男名]/-ая [女名] 正教徒
**правосозна́ние** [中5]《法》法意識
**правоспосо́бный** 短 -бен, -бна [形1]《公》権利能力のある **//-ость** [女10]
**правосторо́нний** [形8] 右側の
**правосу́дие** [中5]《文》① 裁判, 司法活動 ② 公正な裁き
**правосу́дный** [形1] 公正な裁きによる
**правота́** [女1] 公正
**правофланго́вый** [形1] ① (軍勢の) 右翼の, 右側の ② **-ая** [女名] 模範となる労働者
**правоцентри́ст** [男1] 中道右派主義者 **//~ский** [сс] [形1] 中道右派の
**правша́** 複生 -е́й (女4変化) [男·女] 右利きの人
*пра́в|ый¹ [プラーヴィ] [形1] 〖right〗① 右の, 右側の: -ая рука́ [нога́] 右手 [足] | ~ бе́рег Енисе́я エニセイ川の右岸 | Здесь мы до́лжен идти́ по -ой стороне́. ここでは右側を歩かなければならない ② (政治的に) 右翼の, 右派の, 保守的な: -ая па́ртия

правый政党 | челове́к -ых взгля́дов 右翼的見解の持ち主 | -ые 複右翼[右派] 右翼、ウ-чна

◆ -ая рука́ 右腕、最も信頼できる人

*пра́в|ый[2] [プラーヴイ] 短 -áв, -авá, -áво 比 -ве́е [形1] [righteous, innocent] ①公正な、正義の: ~ суд 公正な裁判 | боро́ться за -ое де́ло 正義のために戦う ②無実の、無罪の: Суд призна́л его́ -ым. 法廷は彼が無罪であると認めた ③ 《短尾》(言動・考えが)正しい、間違っていない: Вы соверше́нно -ы. 全くおっしゃる通りです

пра́вящий [形3] 支配している、政権にある: -ая па́ртия《政》与党(↔оппозицио́нная па́ртия)

Пра́га [女2] プラハ(チェコの首都) **// пра́жский** [形3]

прагмати́|зм [男1] プラグマティズム, 実用主義 **// -и́ческий** [形3]

прагма́тик [男2] 実用主義哲学者; 現実主義者

прагма́тика [女2] 《言》語用論

прагмати́ческий [形3] ① プラグマティズム[実用主義]の ②語用論の

пра́де|д, праде́душка 複生 -шек (女2変化) [男] 曾祖父 **// -довский** [形3]

пра́зднество [зн] [中1] 祝祭

*пра́здник [プラーズニク] [男2] [holiday] ① 祝日, 祭日: госуда́рственные ~и 国の祝日 | отмеча́ть ~ 祭日を祝う | П~ весны́ и труда́ 春と勤労の日, メーデー (Пе́рвое ма́я; 5月1日) ② 《宗教》上の: двунадеся́тые ~и 《正教》の12大祭日 ③ 《通例複》休日: Мы уе́дем за́ город на ~и. 私たちは休日を郊外へ行きます ④ お祝いの日, お祝い: семе́йный ~ 家庭の祝い日 ⑤ (スポーツ・娯楽などの)祭典, フェスティバル, 祭り: спорти́вный ~ スポーツの祭典 ⑥ 喜ばしいこと; 喜び, 楽しみ: На душе́ у меня́ ~. 私はうれしい気分だ ◆ Бу́дет и на на́шей у́лице ~. いつか我々にもいい日がめぐってくる

пра́зднично [зн] [副] 晴れやかに, はなやかに

*пра́здничный [зн] 短尾 -чен, -чна [形1] [holiday, festive] ①祝日の, 祭日の; 祝日に行われる: ~ день 祝日, 祭日 | ~ конце́рт 祝日のコンサート ② 着飾った, 晴れやかな, 美しい: -ое пла́тье 祝日の服 ③ 祝日や祭りのような: Они́ бы́ли в -ом настрое́нии. 彼らはお祭り気分だった **// -ость** [女10]

*пра́здн|овать [зн] 短 -ную, -нуешь [不完] / от- 過 -анный [完] [celebrate] 《В》祝う ◆ ~ побе́ду 勝利する **// -ся** [不完] 《受身》**// -ние** [中5]

праздносло́вие [зн] [中5] 《文》無駄話

пра́здность [зн] [女10] 怠惰; 《文》無為

пра́здношата́ющийся [зн] [形6] 何もせず, ぶらぶらしていること

пра́здный [зн] 短 -ден, -дна [形1] ① 何もしていない, することがない ② 目的のない, 空虚な

прайм-тайм [不変] -[男1] (テレビ・ラジオの)プライムタイム, ゴールデンタイム

прайс [男1] ①価格 ②価格表

прайс-лист -а [不変] [男1] 《経》価格表

пра́ктик [男2] 実務経験の豊かな人; 実務的な人

*пра́ктик|а [プラークチカ] [女2] [practice] ① 実地, 実際, 実地の場: 《哲》 пра́ктика: тео́рия и ~ 理論と実践 | прове́рить результа́ты о́пыта на ~e 実験の結果を実地で確かめる ② 実地訓練; 訓練, 鍛錬: ле́тняя ~ студе́нтов 学生の夏季実習 | пое́хать на ~y 実習に行く ③ 実地経験: У меня́ не хвата́ет ~и говори́ть по-ру́сски. 私にはロシア語を話す実際の経験が足りない ④ 慣習, 慣例: суде́бная ~ 裁判上の慣例 | войти́ в ~y 慣習・慣例になる

практика́нт [男1] / -ка [女2] 実習生, 研修生

*практик|ова́ть -ку́ю, -ку́ешь 受過 -о́ванный

[不完] [practice] ①《文》《В》実際にやってみる ②実習をする **// -ся** [不完] ①実際に行われる ②《в 前》の実習をする ③《受身》

пра́ктикум [男1] 演習, 実習

практици́зм [男1] 実際的な見方

*практи́чески [プラクチーチェスキ] [副] [practically] ①実践的に, 実際的に ②実際上は, 事実上

*практи́ческ|ий [プラクチーチェスキイ] [形3] [practical] ①実践的な, 実際的な: -ая де́ятельность 実践活動 | Он дал мне ~ сове́т. 彼は実際的な助言をしてくれた ②実地の, 実地の: -ие заня́тия по ру́сскому языку́ ロシア語の実習 ③ 実用の; 実地応用の: -ое посо́бие 実用参考書 | -ая астроно́мия 応用天文学 ④ 世故にたけた, 経験豊かな: ~ челове́к 世故にたけた人

*практи́чный 短 -чен, -чна [形1] [practical] ①(実務の面で)有能な, 世故にたけた ②実用的な, 経済的な: -ая ме́бель 実用的な家具 **// -ость** [女10]

пра́отец -тца [男3] 《雅》先祖

пра́порщик [男2] 《軍》(ロシア軍・警察で)准尉: ста́рший ~ 上級准尉

прароди́тель [男5] / -ница [女3] 《雅》先祖 **// -ский** [形3]

праславя́нский [形3]: ~ язы́к 《言》スラヴ祖語

*прах [男1] [dust] ①ほこり, ちり ②(死体から残った)骨片 ◆ пойти́ ~ом = обрати́ться в ~ 灰燼に帰す | разби́ть в пух и ~ 全滅させる

пра́чечная [ш] [形1変化] [女] クリーニング屋; 洗濯場

пра́чка 複生 -чек [女2] 洗濯女

пра́щур [男1] 《文》遠い先祖

праязы́к [男1] 《言》祖語

пре.. [接頭] I [動詞] ① 「極めて」「過度に」: преуменьши́ть 過小評価する ② 「変える」: преобразова́ть 改造する ③ 「越える」: преступи́ть (規則を)犯す II [形容詞・副詞] 「とても」「極めて良い」

преа́мбула [女2] 《公》(条約などの)前文

*пребыва́н|ие [中5] [stay] (ある場所に)ある[いる]こと, 滞在, 駐在; 在位; 在任; (ある状態に)あること: ста́тус -ия 在留資格

*пребыва́ть [不完] / пребы́ть -бу́ду, -бу́дешь 過 -бы́л, -была́, -бы́ло 能過 -бы́вший 副過 -бы́в [完] [be, reside] ①《文》(変わらずにいる), ある ②(ある場所にいる), 滞在する ③(ある地位に)ある, 占める ④(ある状態に)ある: ~ в до́бром здра́вии 《旧》元気で過ごす | ~ в тоске́ 哀愁に襲われる

превали́ровать -рую, -руешь [不完] 《文》勝っている

превенти́вный 短 -вен, -вна [形1] 《文》予防の

превзойти́ [完] → превосходи́ть

превозмога́ть [不完] / превозмо́чь -могу́, -мо́жешь, ... -мо́гут 命 -моги́ 過 -мо́г, -могла́ 能過 -мо́гший 副過 -мо́гши [完] 克服する

превозноси́ть -ошу́, -о́сишь [不完] / превознести́ -несу́, -несёшь 過 -нёс, -несла́ [完] 《文》《В》絶賛する **// превознесе́ние, превозноше́ние** [中5]

превосходи́тельство [中] (ва́ше, его́, и́хと共に)閣下

*превосходи́ть -хожу́, -хо́дишь [不完] / превзойти́ -йду́, -йдёшь 過 -ошёл, -ошла́ 能過 -оше́дший 受過 -йдённый (-ден, -дена́) 副過 -йдя́ [完] [surpass] ①《В》勝る ②理解する, 明らかにする ◆ ~ самого́ себя́ 今までにない腕前を見せる | ни́кем не превзойдённый 比類のない

*превосхо́дный 短 -ден, -дна [形1] [superb] 素晴らしい, 卓越した ■ -ая сте́пень 《文法》最上級

\*превосхо́дство [ц] [中1] [superiority] 卓越, 優越, 優位

превосходя́щий [形6] 超越した, 他より優っている

преврати́ть(ся) [完] →превраща́ть(ся)

превра́тность [女10] ①変わりやすさ ②急変

превра́тн|ый 短-тен, -тна [形1] ①変わりやすい ②歪曲された **//-о** [副]

‡превраща́ть [приврашча́ч'] [不完] / преврати́ть [приврач'и́ч'] -ащу́, -ати́шь, ... -атя́т 命 -ати́ 受 動 -ащённый (-щён, -щена́) [完] [turn into, convert] 〈В圏 を В圏 に〉変える, 変化させる: ～ лёд в во́ду 氷を水 に変える | Рабо́та в ба́нке преврати́ла его́ в скря́гу. 銀行での仕事で彼はけちん坊になった

‡превраща́ться [приврашча́ч'ца] [不完] / преврати́ться [приврач'и́ч'ца] -ащу́сь, -ати́шься, ... -атя́тся 命 -ати́сь [完] [turn into, change into] 〈В圏 に〉変わる, なる: Вода́ преврати́лась в пар. 水が 蒸気になった ②〈ある知覚・感覚に身をゆだねる, 全身を～と化す: ～ в слух 全身を耳にして聞く 《不完》[受身] < превраща́ть

\*превраще́ние [中5] [transformation] 転化, 変化; 変身

‡превыша́ть [привиша́ч'] [不完] / превы́сить [привы́сич'] -ы́шу, -ы́сишь, ... -ы́сят 命 -ы́сь 受動-ы́шенный [完] [exceed] 〈В圏〉①越える ②〈限度を〉上回る: ～ ско́рость 速度を超過する **//-ся** [不完] [受身]

превы́ше [副] 《旧·雅》より高く; より強く; より重要な
 ♦ ～ всего́ 何よりも大事だ, 一番大切だ

превыше́ние [中5] 超過

прегра́да [女1] 障害, 遮断物

прегражда́ть [不完] / прегради́ть -ажу́, -ади́шь 受動-аждённый (-дён, -дена́) [完] 〈В圏〉 ①遮る, 遮断する ②妨げる

прегражде́ние [中5] ①遮断 ②障害

пред¹ [男1] 《話》議長 (председа́тель)

пред² [前] 〈И圏〉…の前に

пред... [形, (е, ё, ю, я の前で) предъ.. [接頭] ①「あらかじめ」「前に」 предвеща́ть ②《名詞・形容詞》「…の前(の)」 предродово́й 産前の

..пред [語形成] 「代表」: полпред 全権代表

\*предава́ть -даю́, -даёшь 命 -ва́й 過 -ва́л 副 -ва́я [不完] / преда́ть -да́м, -да́шь, -да́ст, -дади́м, -дади́те, -даду́т 命 -да́й 過 пре́дал -а́л, -ала́, пре́дало -а́ло 能過 -а́вший 受動 -а́нный (-ан, -ана, -ано) 副過 -а́вши [hand over, betray] 〈В圏 に〉①〈圏 に〉敵に売り渡す, 裏切る ②〈圏に〉委ねる, 任せる, さらす: ～ гла́сности 公表する | ～ земле́ 埋葬する | ～ забве́нию 忘却する | ～ сме́рти 殺す | ～ суду́ 裁判所に引き渡す, 裁判に付する | ～ прокля́тию 呪詛する

предава́ться -даю́сь, -даёшься 命 -ва́йся 副過 -ва́ясь [不完] / преда́ться -да́мся, -да́шься, -да́стся, -дади́мся, -дади́тесь, -даду́тся 過 -а́лся, -ала́сь, -ало́сь/-ало́сь 能過 -а́вшийся 副過 -а́вшись [完] 〈圏 に〉①身を任せる: ～ мечта́м 空想にふける ②〈悦びや〉歓喜にひたる: ～ ра́дости 歓喜にひたる ③熱中する: ～ уче́нию 学問に専念する 《不完》[受身] < предава́ть

\*преда́ние [中5] [legend] ①伝説 ②委ねること; 引き渡すこと: ～ земле́ 埋葬 | ～ сме́рти 殺害

\*пре́данн|ый [形1] [devoted] ①[短 -ан, -ана] 〈圏 に〉夢中になっている, 没頭している ②[短 -ан, -анна] 献身的な **//-о** [副] **//-ость** [女10]

преда́тель [男5] / ~ница [女3] 裏切り者

преда́тельский [形3] 裏切りの, 偽りの

\*преда́тельство [中1] [treachery] 裏切り, 背信行為

преда́ть(ся) [完] →предава́ть(ся)

предба́нник [男2] 浴場に通じる脱衣所

предвари́тельно [副] あらかじめ, 事前に, 前もって

\*предвари́тельный 短 -лен, -льна [形1] [preliminary] ①事前の, あらかじめの: ～ пригово́р 予審の判決 ②中間段階の, 最終的でない

предве́стие [中5] 《文》きざし

предве́стни|к [сьн] [男2] / -ца [女3] 《文》予言者

предвеща́ть [不完] 〈В圏〉予言する

предвзя́т|ый 短 -я́т [形1] 先入観にとらわれた **//-ость** [女10]

\*предви́деть -и́жу, -и́дишь 受動 -денный [不完] [foresee, predict] 〈В圏〉予知する, 予想する, 予見する **//-ся** [不完] 予想される **//предви́дение** [中5]

предвкуша́ть [不完] / предвкуси́ть -вкушу́, -вкуси́шь 受動 -вкушённый (-щён, -щена́) [完] 〈В圏〉楽しみに待つ **//предвкуше́ние** [中5]

предводи́тель [男5] /~ница [女3] 先導者

предводи́тель|ствовать -твую, -твуешь [不完] 〈圏 を〉先導する **//-ство** [中5]

предвосхища́ть -хищу́, -хити́шь / предвосхи́тить -хи́щу, -хи́тишь 受動 -хи́щенный [完] 〈В圏〉に先がける **//предвосхище́ние** [中5]

предвы́борн|ый [形1] 選挙前の; 選挙運動の: -ая кампа́ния 選挙運動

предго́рье 複生 -ий [中4] 山麓 (の丘陵地)

преддве́рие [中5] ①玄関前 ②始まりの時期, 直前の時期

‡преде́л [придже́л] [男1] [limit, bound] ①限界, はて; 終わり, 最後 ②～ жи́зни 人生の終わり ③《通例複》境界, 国境; 地域, 領域: жи́ть за ~ами страны́ 国外で暮らす | запове́дные ~ы 保護区 ③限度, 限界, 範囲; 最大限度, 極限: ～ ско́рости 制限速度, 最高速度 | дойти́ до ～ 限界に達する | вы́йти за ~ы дозво́ленного 許容範囲を越える | в ~ах го́да 1年以内に | ～ глу́пости 愚の骨頂 ④《単》《俗》運命, 定め ⑤《数》極限 ♦на ~е 極度に緊張して

\*преде́льно [副] [maximum] 最大限に, 限界ぎりぎりまで

\*преде́льн|ый 短 -лен, -льна [形1] [maximum] ①限界の, ぎりぎりの **//-ость** [女10]

предзи́мье [中4] 晩秋 **//предзи́мний** [形8]

предзнамена́ние [中5] 《文》予兆: до́брое [дурно́е] ～ 吉 [凶]兆

предика́т [男1] 《論·言》述語 **//~и́вный** [形1]

предикати́вность [女10] 《文法》述語性, 述定

\*предисло́в|ие [中5] [preface] 序文, 前書き ♦без вся́ких ~ий 《話》いきなり本題に, ずばりと

предкри́зисный [形1] 経済危機に先行する, 恐慌前の

‡предлага́ть [придлага́ч'] [不完] / предложи́ть -ожу́, -о́жишь 受動 -о́женный [完] [offer, propose] 〈В圏〉 ①〈В圏/不定形 することを〉申し出る, 提供する, 勧める: ～ го́стю ча́й 客に茶を勧める | Я предложи́л ей свои́ услу́ги. 私は彼女に助力を申し出た ②〈В圏 を/不定形 することを〉提案する, 提議する; 〈В圏〉推薦する: ～ но́вый прое́кт 新たなプロジェクトを提案する | Мы предложи́ли Петро́ва на до́лжность председа́теля. 我々はペトロフを議長のポストに推薦した ③〈В圏〉〈質問·問題を〉出す: ～ вопро́с 質問する ④[不定形 することを]要求[命令]する: ～ яви́ться в суд 裁判所に出頭することを命ずる **//-ся** [不完] [受身]

предлежа́ние [中5] 《医》骨盤位分娩, 逆子

\*предло́г¹ [男2] [pretext] 口実 ♦под ~ом 圏 …を口実にして, 理由にして

**предлог²** [男2]《文法》前置詞

**＊предложе́ни|е¹** [プリドラジェーニエ] [中5] 〔offer, proposal〕 ① 申し出, オファー: ～ по́мощи 援助の申し出 ② 提案, 提議, 動議: поле́зное ～ 有益な提案 | Он внёс конкре́тное ～. 彼は具体的な提案をした ③ (男性からの)結婚の申し込み, プロポーズ: сде́лать ～ プロポーズする | приня́ть ～ プロポーズを受け入れる〔断る〕 ④《経》供給 <(↔спрос): зако́ны спро́са и -*ия* 需要と供給の法則

**предложе́ние²** [中5]《文法》文, 節: просто́е [сло́жное] ～ 単[複]文 | безли́чное ～ 無[非]人称文 | прида́точное ～ 従属文 ②《論》判断

**предложи́ть** [完] → предлага́ть

**предло́жный** [形1]《文法》前置詞の: ～ паде́ж 前置格, 前置詞格

**предме́стье** 複生 -ий [中4] 郊外の集落

**＊предме́т** [プリドミェート] [男1] 〔object, goods〕① 物, 物体: лёгкий ～ 軽い物 | ова́льной фо́рмы ～ 楕円形の物体 ② 品物, 製品: ～ пе́рвой необходи́мости 生活必需品 | -*ы* э́кспорта 輸出品 ③ 事柄, 出来事: ра́зные то́чки зре́ния на оди́н ～ 同じ事柄に対する様々な観点 ④ テーマ: ～ нау́чного иссле́дования 学術研究のテーマ ⑤ 対象, 的と: обожа́ния 崇拝の対象 | Его́ статья́ ста́ла -*ом* кри́тики. 彼の論文は批判の的となった ⑥ 科目, 学科目: успева́ть по всем -*ам* 全科目で成績がいい ◆*на* ～ 田 (1)…の目的で (2)…に関して

**предме́тник** [男2]《話》教科担当の教員

**предме́тный** 短 -тен, -тна [形1] ① 事物の ② 具体的な

**＊предназнача́|ть** [プリドナズナチャーチ] [不完] / **предназна́чить** [プリドナズナーチチ] -чу, -чишь 命 -чь 受過 -ченный [完] 〔intend (for)〕① 〈囲の〉予定を決めておく: Помеще́ние *предназначено* для совеща́ний. このスペースは会議室です! | Спра́вочник *предназна́чен* для старшекла́ссников. この参考書は上級生向けです ② (運命によって)決められる: Судьба́ *предназна́чила* нам встре́титься. 私達の出会いは運命だった **// ～ся** [不完] [受身]

**предназначе́ние** [中5] ① 予定 ②《雅》使命, 運命

**предназна́чить** [完] → предназнача́ть

**преднаме́ренн|ый** 短 -ен, -енна [形1] あらかじめ企まれた **// -о** [副] **// -ость** [女10]

**предначерта́ние** [中5] ①《雅》事前の指示, 計画 ②《雅》運命: ～ судьбы́ 宿命

**предначерта́ть** 受過 -ёртанный [完]《雅》〈囲を囲に〉あらかじめ定める

**преднового́дний** [形8] 年末の

**предо** [前] = пред²

**＊предок** -дка [男2] 〔ancestor〕① 先祖 ②《複》《俗》両親

**предопераци́онный** [形1]《医》手術前の, 術前の

**предопла́та** [女1] 前払い; 前金 (предвари́тельная опла́та)

**предопределе́ние** [中5] ① 事前に定めること ②《旧》宿命, 天命

**предопредели́ть** [不完] / **предопредели́ть** -лю́, -ли́шь 受過 -лённый (-лён, -лена́) [完] 〈囲を囲に〉事前に定める

**предоставле́ние** [中5] 提供, 供与

**＊предоста́в|ить** [不完] / **предоста́вить** [プリドスタヴィーチ] -влю, -вишь, …-вят [完] 受過 -вленный [完] 〔grant, let〕① 〈囲を囲に〉提供する: ～ ну́жные све́дения 必要な情報を提供する ② 〈囲に/不定形〉許す, 認める; 任せる: ～ свобо́ду де́йствий 自由に行動させる

**предоставля́ться** [不完] / **предоста́виться** -вится [完] ① 〈囲は〉発言権を得る: Сло́во *предоставля́ется* дире́ктору шко́лы. 次の発言を校長先生がお願いします ②《不完》[受身] < предоставля́ть

**предостерега́|ть** [不完] / **предостере́чь** -регу́, -режёшь, …-регу́т 命 -реги́ 過 -рёг, -регла́ 能 -рёгший 受過 -режённый (-жён, -жена́) 副分 -рёгши [完] 〈囲を от囲〉(事前に)警告する, 予防する

**предостереже́ние** [中5] 警告(すること)

**предостере́чь** [完] → предостерега́ть

**предосторо́жность** [女10] 予防措置, 警戒

**предосуди́тельный** -лен, -льна [形1] 非難すべき

**＊предвраща́|ть** [不完] / **предотврати́ть** -ащу́, -ати́шь 受過 -ащённый (-щён, -щена́) [完] 〔prevent〕〈囲を〉予防する, 事前に阻止する **// ～ся** [不完] [受身]

**предотвраще́ние** [中5] 予防, 防止

**предохране́ние** [中5] 予防, 防護

**предохрани́тель** [男5] 安全装置, 予防装置, 防止剤

**предохрани́тельный** [形1] 予防の: ～ кла́пан《技》安全弁

**предохраня́|ть** [不完] / **предохрани́ть** -ню́, -ни́шь 受過 -нённый (-нён, -нена́) [完] 〈囲を от囲から〉予防する **// ～ся** [不完] [受身]

**предписа́ние** [中5] ① 命令, 指示(を出すこと) ② 指示書

**предпи́сывать** [不完] / **предписа́ть** -пишу́, -пи́шешь 受過 -пи́санный [完]《公》〈囲に囲を〉命じる, 指示する

**предпле́чье** 複生 -ий [中4] 前腕 (肘から手首まで)

**предплю́сна** 複 -плю́сны, -плю́сен [女1] 足根, 足首

**предполага́емый** [形1] 予想上の, 予期される

**＊предполага́|ть** [プリドパラガーチ] [不完] / **предположи́ть** [プリドパラジーチ] -ожу́, -о́жишь 受過 -о́женный [完] 〔suppose, assume〕① 〈囲を〉仮定する, 予想する, 推定する ②《不完》〈不定形〉…するつもりである, 予定である ③《不完》〔受身〕< предполага́ть ◆*предположим (, что …)* (1) 仮に…としよう (2) そういうことにしておこう (曖昧な肯定の返事)

**предполага́ться** [不完] 〈不定形〉…する予定である, …することになっている ②〔受身〕< предполага́ть

**＊предположе́ние** [中5] 〔supposition, assumption〕① 予想, 予測; 仮定, 推定 ② 計画, もくろみ

**предположи́тельн|ый** [形1] 予想される; 仮定の, 推定の **// -о** [副]

**предположи́ть** [完] → предполага́ть

**предпо́лье** 複生 -ий [中4]《軍》陣地前面の防御地帯

**предпосле́дний** [形8] 最後から 2 番目の

**предпосыла́|ть** [不完] / **предпосла́ть** -пошлю́, -пошлёшь 受過 -по́сланный [完] 〈囲を囲に〉(導入部分として)書き加える

**предпосы́лка** 複生 -лок [女2] 前提

**＊предпочита́|ть** [プリドパチターチ] [不完] / **предпоче́сть** [プリドパチェースチ] -чту́, -чтёшь, …-чту́т 過 -чёл, -чла́ 受過 -чтённый (-тён, -тена́) 副分 -чтя́ [完] 〔prefer〕① 〈囲を囲より〉好む: Я *предпочита́ю* кра́сное вино́ бе́лому. 私は白ワインより赤ワインの方が好きです ② 〈不定形する方を〉選ぶ: Я бы *предпочёл* оста́ться здесь. 私ならここに残る方がいい **// ～ся** [不完] [受身]

**＊предпочте́ние** [中5] 〔preference〕選り好み [優

**предпочти́тельно** 先, 優遇, ひいき (すること): отда́ть [оказа́ть] ~ …をひいきする, …を特に尊敬 [愛好] する

**предпочти́тельный** [副] 主として

**предпочти́тельный** 短-лен, -льна [形1] より望ましい

**предпра́здничный** [зн] [形1] 祝日前の

**предприи́мчивый** 短-ив [形1] 進取の気性に富んだ, 進取の気に富む; 実務的な //**-ость** [女10]

*__предпринима́тель__ [прьтпрьнима́чрь] [男5] / **~ница** [女3] [entrepreneur] ①企業家, 実業家, 経営者: ме́лкий ~ 小企業経営者 | индивидуа́льный ~ 自営業者, 個人事業主 ②活動的な人 //**~ский** [形3]

*__предпринима́тельство__ [中1] [enterprise] 企業活動, 事業

*__предпринима́ть__ [不完] / **предприня́ть** -приму́, -при́мешь 過-при́нял, -приняла́, -при́няло 受過-при́нятый (-ят, -ята́, -ято) [undertake] <复>始める, 着手する //**-ся** [不完]

*__предприя́тие__ [прьтпрьйа́чий'э] [中5] [enterprise] ①企業, 会社: кру́пное ~ 大企業 | ве́нчурное ~ ベンチャー企業 | ма́лые и сре́дние ~ия 中小企業 | Он рабо́тает на госуда́рственном ~ии. 彼は国営企業で働いている ②事業, 企て: зама́нчивое ~ 魅力的な事業

**предпросмо́тр** [男1] [話] 下見, 試写, プレビュー

**предрасполага́ть** [不完] / **предрасположи́ть** -ожу́, -о́жишь 受過-о́женный [完] 《к》の気持ちを傾ける

**предрасположе́ние** [中5], **предрасполо́женность** [女10] 本来の傾向, 素質

**предрасположи́ть** [完] →предрасполага́ть

**предрассве́тный** [形1] 夜明け前の

*__предрассу́док__ -дка [男2] [prejudice] 偏見; 迷信

**предрека́ть** [不完] / **предре́чь** -реку́, -речёшь, …-реку́т 命-реки́ 過-рёк, -рекла́ 能過-ре́кший 受過-чённый (-чён, -чена́) 副分-ре́кши [旧] <复>《что》節》…を予言する

**предреша́ть** [不完] / **предреши́ть** -шу́, -ши́шь 受過-шённый (-шён, -шена́) [完] <复>事前に決める

**предродово́й** [形2] 産前の

*__председа́тель__ [цыс/ц] [прьтсьэда́чьль] [男5] [chairman, president] ①議長: П~ откры́л собра́ние. 議長が開会を宣言した ②(団体·組織の)長: ~ правле́ния кооперати́ва 協同組合理事長 ③(国家·政府機関)の長, 議長, 主席: П~ Верхо́вного Сове́та 最高会議議長 | ~ прави́тельства 政府議長, 首相 //**~ский** [形3]

**председа́тельство** [цыс/ц] [中1] 議長の職

**председа́тельствовать** [цыс/ц] -твую, -твуешь [不完] 議長をする

**предсе́рд|ие** [цыс/ц] [中5] [解] 心房 //**-ный** [形1]

**предсказа́ние** [цс/ц] [中5] 予言, 予報, 予測

**предсказа́тель** [цс/ц] [男5] / **~ница** [女3] 予言者

**предсказу́емый** [цс/ц] [形1] (容易に)予想できる

*__предска́зывать__ [цс/ц] [不完] / **предсказа́ть** [цс/ц] -скажу́, -ска́жешь 受過-ска́занный [完] [foretell] <复>予言する; 予測する, 予報する //**-ся** [不完] [受身]

**предсме́ртн|ый** [цс/ц] [形1] 死ぬ間際の: -ая во́ля 遺言

**представа́ть** [цс/ц] -таю́, -таёшь 命-тава́й [不完] / **предста́ть** [цс/ц] -та́ну, -та́нешь [完] 《пе́ред 圆》の前に現れる

*__представи́тел|ь__ [цс/ц] [прьтста́вичьль] [男5] / **-ьница** [女3] [representative] ①代表, 代理人, スポークスマン: полномо́чный ~ 全権代表 | исти́ц 原告代理人 | официа́льный ~ спокесман, 報道官 ②代表的人物, 典型; (利益·意見などの)表現者, 代弁者: Они́ бы́ли лу́чшими ~ями про́шлого поколе́ния. 彼らは過去の世代を最もよく代表する人たちだ ③見本, 標本: ~ се́верной фло́ры 北方植物相の見本 //**~ский** [形3] <①

**представи́тельный** [цс/ц] 短-лен, -льна [形1] ①選挙に基づく, 代議員による ②(利害·意見を)代表する ③立派な, 偉く見える //**-ость** [女10]

*__представи́тельство__ [цс/ц] [中1] [representation] ①代表を務めること ②代表機関: торго́вое ~ 通商代表部 | Постоя́нное ~ 常駐代表部

**представи́тельствовать** [цс/ц] -твую, -твуешь [不完] [文] 代表を務める

**предста́вить(ся)** [完] →представля́ть(ся)

*__представле́ние__ [цс/ц] [прьтстаvле́нийэ] [中5] [presentation] ①提出, 提示: ~ суду́ доказа́тельств 裁判所への証拠提出 | сде́лать ~ 圆 …に抗議する ②紹介; 自己紹介;推薦: ~ госте́й 客の紹介 ③上申書, 申告書, 請願書: ~ прокуро́ра 検事の上申書 ④上演, 興行, 公演, 芝居: дневно́е ~ マチネー, 昼間の公演 | дава́ть по два́ ~ия в день 1日2公演行う ⑤理解, 知識, イメージ: пра́вильное ~ о Росси́и в Сиби́ри シベリアでのロシアに関する正しい知識 | Я не име́ю никако́го ~ия об э́том. 私はそれについては全くわからない ⑥[哲·心] 表象, 観念

*__представля́ть__ [цс/ц] [不完] / **предста́вить** [цс/ц] [прьтста́вичь] -влю, -вишь, …-вят 命-вь受過-вленный [完] [present, introduce] ①提出する; 提示する: ~ отчёт 報告書を提出する | ~ убеди́тельные доказа́тельства 確たる証拠を提示する ②(代表として)送る, 派遣する: ~ делега́тов на конгре́сс 会議に代表団を送る ③<图>紹介する: Он предста́вил гостя́ собра́вшимся. 彼は集まっていた人たちに客を紹介した ④<к 图>《表彰·昇進などに》請願する, 推薦する: ~ 图 к о́рдену …の叙勲に推薦する ⑤演じる; …のまねをする: ~ Ране́вскую ラネーフスカヤを演じる | ~ в ли́цах свои́х знако́мых 知人の顔まねをする ⑥示す, 見せる. 見せる: На портре́те он предста́влен в хала́те. 肖像画の彼はガウン姿で描かれている ⑦《себе́》想像する, 思い浮かべる: ~ карти́ну бо́я 戦闘の光景を思い浮かべる | Я не могу́ предста́вить себе́ жи́зни без друзе́й. 友達のない人生なんて私には想像ができない ⑧もたらす, 提供する: ~ удово́льствие 満足させる | Э́то не предста́вит тру́дности. それは困難ではあるまい ⑨《不完》理解する, 認識する: Ты соверше́нно не представля́ешь всей ва́жности э́той рабо́ты. 君にはこの仕事の重要さが全然わかっていない ⑩《不完》《通例 собо́й, 《話》из себя́》である: Его́ откры́тие представля́ет собо́й це́нный вклад в нау́ку. 彼の発見は科学への貴重な貢献である ⑪代表する: ~ учрежде́ние 機関を代表する ◆**ничего́ собо́й не представля́ет** 取るに足らない人物[物]である | **предста́вь(те) (себе́)** 《挿入》(驚くべき·興味深いことを強調して) 何と, 驚くことに

*__представля́ться__ [цс/ц] [прьтставля́ццца] [不完] / **предста́виться** [цс/ц] [прьтста́вицца] -влюсь, -вишься, …-вятся 命-вься [introduce oneself, arise] ①<图>自己紹介する: Разреши́те [Позво́льте] (мне) предста́виться. 自己紹介(させて下さい) ②《圆》のふりをする ③出現する, 到来する ④<图>浮かぶ, 思い描く ⑤《圆》のように思われる ⑥《不完》[受身] < представля́ть ◆**как предста́в-**

**ля́ется** 《挿入》どうやら、見たところ…らしい

**предста́тельн|ый** [цс/ц] [形1] : *-ая железа́* 《解》前立腺

**предста́ть** [完] →представа́ть

**предстоя́тель** [цс/ц] [男5] 《正教》長、最高指導者

*предстоя́ть* [цс/ц] [プリク(ス)タヤーチ] -стои́т [不完] [be coming] ① (近い将来に) 迫っている、ひかえている: *Предстоя́т большие переме́ны.* 大きな変化が差し迫っている ② 《無人称》《不定形》…しなければならない、…することになっている: *Нам предстоя́ло подгото́виться к отчёту.* 我々は報告の準備をしなければならなかった

*предстоя́щий* [цс/ц] [形6] [forthcoming] 近い将来の、来るべき

**предубежде́н|ие** [中5] 偏見: *пита́ть ~ к* 围 / *относи́ться с ~ием к* 围 …に対して偏見を抱く

**предубеждённый** 短 -дён, -дена́ [形1] ⟨про́тив 围⟩偏見を抱いている

**предуга́дывать** [不完] / **предуга́да|ть** 受 -га́данный [完] ⟨网⟩事前に予測する

**предупреди́тельн|ый** 短 -лен, -льна [形1] ① 警告する: *~ знак* 警戒信号 | *~ые ме́ры* 予防的処置 ② 親切な、気配りのある **-ость** [女10]

*предупрежда́ть* [プリドゥプリジダーチ] [不完] / **предупреди́ть** [プリドゥプリヂーチ] -прежу́, -преди́шь, -предя́т 命-ди́ 受-преждённый (-дён, -дена́) [完] [warn] ⟨网⟩ …に事前に知らせる、予告する: 警告する: *~ об опа́сности* 前もって危険を知らせる | *Предупреди́те её, что ве́чером бу́дет дождь.* 夜は雨だと彼女に言っておいて下さい ② 予防する: *~ боле́знь* 病気を予防する ③ …の先を取る、先手を取る:《人の希望などを》先に察する: *~ возраже́ния клие́нтов* 顧客の反論に先手を打つ **~ся** [不完] [受身]

*предупрежде́ние* [中5] [prevention, warning] ① 予防: *~ бере́менности* 避妊 ② 予告、警告: *сде́лать* 围 予告する | *~ об опа́сности* 危険警告 ◆*(после́днее) кита́йское ~* 口 (実効を伴わない) 口先だけの威嚇 (←中国の最後の警告)

**предусма́тривать** [プリドゥスマートリヴァチ] [不完] / **предусмотре́ть** [プリドゥクスマトリェーチ] -отрю́, -о́тришь 命-ри́ 受-о́тренный [完] [foresee] ⟨网⟩(事前に) 予測する、予見する: *~ возмо́жность ава́рии* 故障の可能性を予見する **~ся** [不完] [受身]

**предусмотри́тельн|ый** 短 -лен, -льна [形1] 先見の明ある **-ость** [女10]

**предутренний** [形6] 夜明け前の

**предчу́вствие** [ст] [中5] 予感

**предчу́вствовать** [ст] -твую, -твуешь [不完] 予感する

**предше́ственни|к** [男2] /**-ца** [女3] 先駆者

*предше́ствовать* -твует [不完] ⟨よ／より⟩先に起こる

**предше́ствующий** [形6] 先行する、前の

**предъ..** →пред..

**предъяви́тель** [男5] 《公》提示者、申請者 **~ский** [形3]

*предъявля́ть* [不完] / **предъяви́ть** -явлю́, -я́вишь 受 -я́вленный [完] [show, bring] ① 提示する: *~ докуме́нты* 書類〔身分証明書〕を提示する ② 《公》申し立てる: *~ возраже́ния про́тив* 围 …に対して異議を申し立てる **~ся** [不完] [受身]

**предъявле́ние** [中5]

*предыду́щий* [プリディドゥーッシイ] [形6] [previous] 直前の、先行する: *Вернёмся к ~ей главе́.* 前章を少し見直しましょう

**предысто́рия** [女9] 有史前の、先史学

**прее́мни|к** [男2] /**-ца** [女3] 《文》後継者

**прее́мственн|ый** 短 -ен/-енен, -енна [形1] 《文》相続の **-ость** [女10] 相続、継承

**прее́мство** [中1] 《文》継承

*пре́жде* [プリェージヂ] [formerly, before] I [副] ① かつては、昔は: *П~ вы бы́ли други́ми.* 昔はあなたは今と違うでした ② まず、始めに II 〔围〕…より前に、…より先に: *Он сообщи́л об э́том ~ меня́.* 彼は私より先にこのことを知らせた ◆*~ вре́мени* 早まって | *~ всего́* まず第一に | *~ чем (не́жели)* … …より先に、…する前に (★不定形が続く場合には通例次の文体): *~ чем перейти́ к рассмотре́нию конкре́тных да́нных* 具体的なデータの検討に移る前に

**преждевре́менн|ый** 短 -ен/-енен, -енна [形1] 早すぎる **-о** [副] **-ость** [女10]

*пре́жн|ий* [プリェージニイ] [形8] [previous, former] ① 以前の、昔の;すぐ前の: *-ие времена́* 往時、昔 | *~ нача́льник* 前の上司 ② 以前と同様の: *Я уже́ не ~.* 私はもう以前とは同じではない **-ее** [中10] 過去のこと、昔: вспо́мнить о *-ем* 昔のことを思い出す

**презента́бельный** 短 -лен, -льна [形1] 堂々とした

*презента́ция* [女9] [presentation] ① 披露、紹介、発表 (会): *~ но́вой колле́кции оде́жды* …の新作発表会 ② 《商》提示 **презентацио́нный** [形1]

**презентова́ть** -ту́ю, -ту́ешь 受 -о́ванный [不完・完] 《公》⟨网⟩紹介する、プレゼンテーションする

**презервати́в** [男1] コンドーム

**презе́рвы** -ов [複] = пресе́рвы

*президе́нт* [プリジデュェーント] [男1] [president] ① 大統領: *Но́вый ~ был избра́н в э́том году́.* 新しい大統領は今年選ばれた ② 会長、社長、総裁

*президе́нтск|ий* [нс] [形3] 大統領の[に関わる]: *-ая кампа́ния* 大統領選の選挙運動 | *-ая администра́ция* 大統領府 | *к концу́ пе́рвого -ого сро́ка* 大統領任期第一期目の終わりに

**президе́нтство** [нс] [中1] ① 大統領制 ② 大統領〔会長、社長〕の職〔活動、在任期間〕

**прези́диум** [男1] ① 幹部会 ② 議長団

**презира́ть** [不完] / **презре́ть** -зрю́, -зри́шь 受 -зрённый (-ён, -ена́) [完] ⟨网⟩ ① 軽視する ② 《不完》軽蔑する **~ся** [不完] [受身]

*презре́ние* [中5] [disdain, contempt] ① 軽蔑: *обли́ть -ием* 围 / 軽蔑する ② 軽視: *относи́ться к* 围 *с -ием* …を軽蔑する

**презре́нный** 短 -ён, -е́нна [形1] 《雅》軽蔑すべき

**презре́ть** [完] →презира́ть

**презри́тельный** 短 -лен, -льна [形1] 軽蔑的な

**презу́мпция** [女9] ①《法》推定 ②《言》= пресуппози́ция

**преиму́щественно** [副] [mainly, chiefly] 主に

**преиму́щественный** 短 -ен, -енна [形1] 主な、優先的な

*преиму́щество* [プリイムーッシストヴァ] [中1] [advantage] ⟨пе́ред/над围に⟩ ① 利点、長所、優れた点、メリット; (数量的な) 優越、優位: *име́ть я́вное [значи́тельное] ~* 明らかな[かなりの]利点を持っている | *получи́ть реша́ющее ~ пе́ред конкуре́нтами* 競合に対して決定的な優位を得る ② 優先権: *отда́ть ~ одному́ го́роду пе́ред други́м* 一方の都市を他方よりも優先する ◆*по-у* 围 ⟨に⟩、大部分

**преисполня́ть** [不完] / **преиспо́лнить** -ню, -нишь 受 -ненный [完] ⟨网⟩満たす

**прейскура́нт** [男1] 価格表 **~ный** [形1]

**преклоне́ние** [中5] (頭を) 低く下げること;崇拝

**преклони́ть(ся)** [完] →преклоня́ть(ся)

**прекло́нный** 短 -о́нен, -о́нна [形1] 高齢の、老いを

**преклоня́ть** [不完] / **преклони́ть** -ню́, -ни́шь 受 -нённый (-нён, -нена́) [完] 《雅》《図》低く下げる: ~ коле́на ひざまずく

**преклоня́ться** [不完] / **преклони́ться** -ню́сь, -ни́шься [完] 《雅》《пе́ред圖》を崇拝する

*прекра́сно [прикра́сна] (excellently, perfectly)
①[副] 非常に上手に, 素晴らしく, 見事に: Она́ — говори́т по-япо́нски. 彼女は日本語をとても上手に話す ②[述] 非常に美しい; 素晴らしい: На пого́ду е́хать бы́ло —. 列車の旅は素晴らしかった ③[助] よろしい, わかった, けっこうだ: П~, приходи́те за́втра у́тром. わかりました, 明朝おいで下さい

*прекра́сный [прикра́снъй] 短 -сен, -сна [形] (beautiful) ①非常に美しい: —ое лицо́ とてもきれいな顔 | Пе́ред на́ми откры́лся — вид на мо́ре. 私たちの前にとても美しい海の眺望が開けた ②非常によい, 素晴らしい: ~ хара́ктер とてもよい性格 | —ая пого́да 素晴らしい天気 ③高尚な, 立派な: —ая мечта́ 高尚な夢 ④-ое[中名] 美, 美しきもの: нау́ка о —ом 美学 ◆ —пол [戯]女性 | —ый день — день воз.日, ある時: в како́й-то из —ых дней いつの日か | — принц 白馬の王子様 ǁ**-ость** [女10]〈①②③〉

*прекраща́ть [прикраща́ч'] [不完] / **прекрати́ть** [прикрати́ч'] -ащу́, -ати́шь, ... -атя́т 命-ти́ 受過 -ащённый (-щён, -щена́) [完] (stop, break off) [不定形]するのをやめる, 中止する, 打ち切る: ~ разгово́р 話をやめる | Он *прекрати́л* отноше́ния с на́ми. 彼は彼らとの関係を断った

**прекраща́ться** [不完] / **прекрати́ться** -ти́тся [完] ①終わる, 中断する, やむ ②[不完]受身 < прекраща́

**прекраще́ние** [中5] 中止, 停止, 打ち切り: ~ огня́ 停戦

**прела́т** [男1] 《カトリ・英教会》主教

**преле́стный** [сн] 短 -тен, -тна [形1] 魅力的な, 素晴らしい ǁ**-о** [副]

*пре́лесть [女10] (charm, delight) ①魅力, 魅惑: ~ де́тской улы́бки 子どもの笑顔の魅力 | В суро́вости се́вера есть своя́ —. 北国の厳しさの中には特有の魅力がある ②[複]魅惑するもの, 引きつけられる点: —и дереве́нской жи́зни 田舎暮らしのよさ ③[感嘆]素晴らしい, すてきだ: Кака́я ~ круго́м! 辺り一面なんて素晴らしいだろう ④《話》(通例 моя́ と共に; 呼びかけ) ねえあなた, ねえ君

**преломля́ть** [不完] / **преломи́ть** -омлю́ 受 -млённый (-лён, -лена́) [完] 〈図〉屈折させる ǁ**~ся** [不完] / [完] 《文》屈折する ǁ**преломле́ние** [中5]

**пре́лый** [形1] 腐った

**прель** [女10] 腐敗

**прельсти́тельный** 短-лен, -льна [形1] 魅惑的な

**прельща́ть** [不完] / **прельсти́ть** -льщу́, -льсти́шь 受過 -льщённый (-щён, -щена́) [完] 了する ǁ**прельще́ние** [中5]

**прельща́ться** [不完] / **прельсти́ться** -льщу́сь, -льсти́шься [完] 〈圖〉に心を奪われる

**прелюбодея́ние** [中5] 不倫

**прелю́д** [男1], **прелю́дия** [女9] 《楽》①前奏 ②前奏曲, プレリュード

**премиа́льный** [形1] ①賞金の, 賞与の, 報奨の: —ая зарпла́та 割増賞与 ②-ые [複名] 賞金, 賞与, 報奨金: зи́мние —ые 冬のボーナス

**премина́ть** -ну, -нешь [完] 忘れる

**премирова́ть** -ру́ю, -ру́ешь 受 過 -о́ванный [不完]/[完] 〈図〉表彰する, 賞金を与える ǁ**~ние** [中5]

*пре́мия [прэ́миj̆ь] [女9] (prize, bonus) ①賞, 賞金: Нобелевская ~ ノーベル賞 | Он получи́л пе́рвую –ию на ко́нкурсе. 彼はコンクールで1等賞をとった ②賞与, ボーナス: ~ за перевыполне́ние пла́на 計画超過遂行に対する賞与 ③《経》奨励金 ④《財》打歩(₂°), プレミアム ⑤《財》保険料 (страхова́я ~)

**премно́го** [副] 非常に多く

**прему́дрость** [女10] ①英知 ②難解なもの

**прему́дрый** [形1] 極めて賢い

*премье́р [男1] (prime minister) ①首相, 総理大臣 (~ -мини́стр) ②[/—ша[女4]]《話》主演俳優[歌手]

**премье́ра** [女1] プレミエ, 初演, 新演出, 封切

*премье́р-мини́стр [不変][男1] (prime minister) 首相, 総理大臣

**премье́рный** [形1] < премье́ра

**премье́рский** [形3] 首相の, 総理大臣の

**пренебрега́ть** / **пренебре́чь** -регу́, -режёшь, ... -регу́т 命-реги́ 過 -рёг, -регла́ 能過 -рёгший/-рёкший 受過 -режённый (-жён, -жена́) 副過 -ре́гши/-рёгши [完] (scorn, neglect) 〈圖〉を ①軽蔑する, ばかにする ②軽視する, 無視する: ~「свои́м здоро́вьем [свои́ми обя́занностями] 自分の健康[職責]を軽視する

**пренебреже́ние** [中5] 軽蔑, 無視: <圖>無視: отнести́сь к 圖 с —ием 無視してかかる

**пренебрежи́тельный** 短-лен, -льна [形1] 軽蔑した, ばかにした ǁ**~о** [副] ǁ**-ость** [女10]

**пренебре́чь** [完] →пренебрега́ть

**пре́ние** [中5] 腐敗すること; 汗まみれ

**пре́ния** -ий [複] 論争, 討論, 討議

*преоблада́ть [不完] (prevail) 〈над圖より〉多い, 優勢である: Покупка валю́ты *преоблада́ет* над прода́жей. 外貨買いが売りより優勢だ ǁ**~ние** [中5]

**преоблада́ющий** [形6] 優勢な, 支配的な

**преобража́ть** [不完] / **преобрази́ть** -ажу́, -ази́шь 受 -ажённый (-жён, -жена́) [完] 〈図〉変容させる ǁ**~ся** [不完]/[完] 変容する

**преображе́ние** [中5] 変容 ■П~ Госпо́дне 〈正教〉主の変容[顕栄]祭 (8月19[旧暦6]日; 十二大祭の一つ; 林檎の救世主祭 второ́й Спас に当たる) ǁ**-ский** [形3]

*преобразова́ние [中5] (transformation) ①改革, 改造: ~ систе́мы 制度の刷新 | коренно́е ~ 抜本的改革 ②転換, 変化; 〈理・数〉変換; 〈電〉変圧: ~ госуда́рственного предприя́тия в ча́стное 国営企業の民営化 | ~ фа́йлов из одного́ форма́та в друго́й ファイル形式の変換

**преобразова́тель** [男5] ①改革者 ②《電》変換器, 変圧器, コンバーター

**преобразо́вывать** [不完] / **преобразова́ть** -зу́ю, -зу́ешь 受過 -о́ванный [完] 〈図〉①変革する ②変換する

*преодолева́ть [приладлʹва́ч'] [不完] / **преодоле́ть** [приладалʹе́ч'] 受過 -лённый (-лён, -лена́) [完] (overcome) 〈圖〉克服する, こらえる: ~ квалифика́цию 予選を通過する | ~ сонли́вость 睡魔に打ち勝つ ǁ**~ся** [不完]

*преодоле́ние [中5] 克服, 切り抜けること: ~ предрассу́дков 偏見に打ち勝つこと

**преодоли́мый** 短-и́м [形1] 克服しうる

**преосвяще́нство** [中1] (ва́ше, его́, и́х と共に) 《正教》猊下 (主教の尊称)

*препара́т [男1] (preparation) ①薬剤: обезбо́ливающие —ы 鎮痛剤 ②《動植物の》標本: ~ для микроскопи́рования 顕微鏡用の標本 ǁ**~ный** [形1]

**препара́тор** [男1] 《生》標本製作者

**препари́рова|ть** -рую, -руешь 受過-анный

[不完·完]〈生〉〈図の〉標本を作る **‖-ние** [中5]

**препина́н|ие** [中5] : зна́ки -ия 句読点

**препира́ться** [不完]〈C図に〉口論する

**препира́тельство** [中5] 口論, くだらない議論

**препо́д** [男1] /**-ша** [女1]《学生·蔑》先生

**преподава́ние** [中5] 教えること, 教授

*****преподава́тель** [プリパダヴァーチチ] [男5] /**-ница** [女3] [teacher, instructor] : 中·高等教育で個々の科目を担当する)教師; (大学の)講師: о́пытный ~ 経験豊かな教師 | ~ литерату́ры 文学の先生[教師] | Моя́ сестра́ рабо́тает *преподава́телем* ру́сского языка́ в университе́те. 私の妹は大学でロシア語の講師をしている **‖-ский** [形3]

*****преподава́ть**[1] [プリパダヴァーチ] -даю́, -даёшь 命 -ва́й 副 -ва́я [不完]〈図を〉(teach)〈図に図を〉教える: ~ матема́тику студе́нтам 大学生に数学を教える | Я *преподаю́* англи́йский язы́к дошко́льникам. 私は就学前児童に英語を教えている〈補語なし〉教師をしている: Мой муж *преподаёт* в университе́те. 夫は大学教師です **‖-ся**[1] [不完]〈受身〉

**преподава́ть**[2] -даю́, -даёшь 命 -ва́й [不完]/**препода́ть** -да́м, -да́шь, -да́ст, -дади́м, -дади́те, -даду́т 命 -да́й 過 препо́дал/-да́л, -дала́, препо́дало/-да́ло 受過 препо́данный (-дан, -дана́/-дана, -дано) [完]〈文〉〈図を図に〉(助言として)与える **‖-ся**[2] [不完]〈受身〉

**преподнесе́ние** [中5] 腐敗

**преподноси́ть** -ношу́, -но́сишь [不完]/**преподнести́** -су́, -сёшь 過 -нёс, -несла́ 受過 -сённый (-сён, -сена́) [完]〈図を図に〉①進呈する, 贈呈する〈予想外のことを〉知らせる ②物語る, 伝える, 描き出す

**преподноше́ние** [中5]〈文〉贈呈, 贈物

**преподо́бие** [中5] (ва́ше, его́, их с-вместьに)〈正教〉神父(輔祭, 修道輔祭, 首輔祭, 司祭の尊称)

**преподо́бный** [形1] 聖なる(元修道士だった聖人に対する尊称)

**Преполове́ние** [中5]〈正教〉復活大祭と五旬祭の真ん中の日(復活大祭の50日後; 女性の祝日)

**препроводи́тельный** [形1] 添付の

**препровожда́ть** [不完] / **препроводи́ть** -вожу́, -води́шь 受過 -вождённый (-дён, -дена́) [完]〈公〉〈図を〉送る, 送付[発送]する; 連れていく **‖ препровожде́ние** [中5]

*****препя́тств|ие** [ц] [中5] [obstacle, impediment] 障害(物): бег с -иями ハードル競技 | преодоле́ть ~ 障害を克服する

**препя́тствовать** [不完] -твую, -твуешь /**вос-** [完]〈図の〉障害となる

**прерва́ть(ся)** [完] →прерыва́ть(ся)

**пререка́|ться** [不完] 口論する **‖-ние** [中5]

**пре́рия** [女9] (通例複)プレーリー(北米の大草原)

**прерогати́ва** [女1]〈文〉特権

**прерыва́ние** [中5] 中断; 遮断

**прерыва́тель** [男5]〈電〉断続器

*****прерыва́|ть** [不完] / **прерва́ть** -ву́, -вёшь 過 -а́л, -ала́, -а́ло 受過 пре́рванный [完] [interrupt, break off]〈図〉①中断する: ~ разгово́р 会話を中断する ②さえぎる

**прерыва́ться** [不完] / **прерва́ться** -ву́сь, -вёшься 過 -а́лся, -ала́сь, -а́лось/-а́лось 受過 пре́рванный [完] ①〈не完〉(動きが)中断する ②〈図の〉〈図で〉〈図が〉中断される

**преры́вист|ый** 短 -ист [形1] 断続的な **‖-о** [副]

**пресви́тер** [男5]〈宗〉司祭(司教·長司祭·修道司祭·典院·掌院·首司祭の総称); 長老

**пресвято́й** [形2] 至聖なる

**пресека́ть** [不完] / **пресе́чь** -секу́ -сечёшь, ... -секу́т 命 -секи́/-сёк, -секла́ 能過 -се́кший [完]〈図を〉阻止する **‖-ся** [不完]/-**ся́** [完]; 阻止される

**пресе́рвы** -ов [複] (殺菌処理が施されていない)缶[瓶]詰め(食品)(チルド保存が必要)

**пресече́н|ие** [中5] 阻止: ме́ра -ия〈法〉身柄拘束処分

**пресе́чь(ся)** [完] →пресека́ть

**пресле́дование** [中5] ①追跡, 付きまとい; 追及, 迫害: полити́ческие -ия 政治的迫害 | суде́бное ~〈法〉起訴, 訴追

**пресле́дователь** [男5] /**~ница** [女3] ①追跡者 ②迫害者

*****пресле́довать** -дую, -дуешь 受過 -анный [不完] [pursue]〈図〉①追う, 追跡する: ~ престу́пника 犯人を追いかける ②付け回す, 付きまとう ③(考え·感情が)付きまとう: Меня́ *пресле́дует* чу́вство одино́чества. 私は孤独感に苛まれている ④〈図を図に〉苦しめる ⑤追害する, 追い詰める ⑥〈目的·利益を〉追求する **‖~ся** [不完]〈受身〉

**пресловýтый** [形1] 悪名高い

**пресмыка́ться** [不完]〈пе́ред図に〉ぺこぺこする **‖ пресмыка́тельство** [中1]

**пресмыка́ющиеся** (形6変化)[複各]〈動〉爬虫類

**пресново́дный** [形1] 淡水の

**пре́сн|ый** 短 -сен, -сна́, -сно [形1] ①塩のない, 塩分のない ②面白みのない, 退屈な **‖-ость** [女10]

*****пресс** [男1] [press] ①圧力, 圧迫 ②プレス機械 ③文鎮 ◆**брюшно́й ~** 腹筋 **‖-о́вый** [形1]

**пресс-** (語形成)「報道の」「圧搾の」

*****пре́сс|а** [プリェーサ] [女1] (the press) ①新聞, 雑誌: обзо́р -ы 新聞[雑誌]の要覧 ②《集合》ジャーナリスト, 記者, プレス ③(新聞·雑誌の)反響 ◆**жёлтая ~** 低俗な新聞

**пресс-атташе́** (不変) [男]〈公〉(大使館などの)報道官

**пресс-бюро́** (不変) [中] 広報部, 報道部

**пре́ссинг** [男2] ①〈スポ〉プレスディフェンス ②圧力, プレッシャー

**пресс-конфере́нция** [不変]-[女9] 記者会見

**прессова́ть** -су́ю, -су́ешь 受過 -о́ванный [不完] / **с-, от-** [完] 圧搾[圧縮]する, プレスする **‖ прессо́вка** [女2]

**прессо́вочный** [形1] 圧縮(用)の

**прессовщи́к** -а́ [男2] プレス工

**пресс-папье́** (不変) [中] 文鎮; 吸い取り具

**пресс-рели́з** [男1]-[男1] プレスリリース

**пресс-секрета́рь** -я́ [不変]-[男2] 報道官

**пресс-слу́жба** [不変]-[女1] 情報部

**пресс-це́нтр** [不変]-[男1] プレスセンター

**престаре́л|ый** [形1] ①老齢の, 非常に高齢の ②**-ые** [複各] 高齢者, 老人

**прести́ж** [男4]〈文〉権威, 威信

**прести́жный** 短 -жен, -жна [形1] ①権威ある, 名声ある ②高級な, 高級の

**престо́л** [男1] ①王位, 王座: вступи́ть на ~ 即位する | отре́чься [отказа́ться] от -а 退位する ②〈正教〉宝座

**престолонасле́дие** [中5] 王位継承

**престолонасле́дник** [男2] 王位継承者

**престо́льный** [形1] < престо́л: -го́род 首都

**преступа́ть** [不完] / **преступи́ть** -ступлю́, -сту́пишь 受過 -сту́пленный [完]〈図を〉法などを犯す

*****преступле́ние** [プリストゥプリェーニエ] [中5] [crime, offence] 犯罪, 罪(уголо́вное ~): ~ про́тив челове́чности [челове́чества]〈法〉重罪 | должностно́е ~〈法〉違法行為 ■ **П~ и наказа́ние**『罪と罰』

(ドストエフスキーの長編小説)

\*преступни́|к [男2] /**-ца** [女3] [criminal] 犯罪者, 犯人, 犯罪人

\*престу́пность [女10] [criminality] ① 犯罪性: организо́ванная ~ 組織犯罪 ② 犯罪件数: рециди́вная ~ 累犯

\*престу́пный 短-пен, -пна [形1] [criminal] 犯罪の, 罪を犯す, 罪を犯している

пресуппози́ция [女9]〘論・言〙前提 (презу́мпция)

пресыща́ться [不完] / пресы́титься -сы́щусь, -сы́тишься [完]〈圜で〉腹いっぱいになる **// пресыще́ние** [中5]

пресы́щенн|ый 短-ен, -енна [形1] 満ち足りた; うんざりした **//-ость** [女10]

прет-а-порте́ (不変) [中] プレタポルテ, (ファッショナブルな) 既製服

претвор|я́ть [不完] / претвори́ть -рю́, -ри́шь 受過-рённый (-рён, -рена́) [完]〘文〙圑を В圑に変える, 具体化する: ~ в жизнь 実現する **//-ся** [不完] [完]〈В圑に〉変わる, 実現[具体化]する **//-е́ние** [中5]

претенде́нт [男1] /**-ка** [女3] (権利・地位などの) 主張者, 要求者, 志願者 **//~ский** [ц] [形3]

претендова́|ть -ду́ю, -ду́ешь [不完]〈на圑〉① 得ようとする, 要求する 〈自分が持っていると考える, 自負する, ひけらかす: острова́, на кото́рые претенду́ет Япо́ния 日本が領有権を主張している島々

‡прете́нз|ия [з]〘プリテェンジヤ〙 [女9] [pretension, claim] ① (権利の) 要求, 請求: предъяви́ть ~ию на насле́дство 遺産相続権を請求する 2 不平, 不満, 苦情;〘法〙クレーム: предъяви́ть ~ию 不平を言う, クレームをつける | П-ии не принима́ются. 苦情は受け付けません ③ ひけらかし, 衒い, うぬぼれ: ~ на у́ченость 学者気取り, 知識のひけらかし ◆ **бы́ть в ~ии на** 圑 …に不満を持つ

претенцио́зн|ый [з] 短-зен, -зна [形1]〘文〙気取った, 凝った **//-о** [副] **//-ость** [女10]

прете́рит [男1]〘言〙過去時制

претерпева́ть [不完] / претерпе́ть -терплю́, -те́рпишь [完]〘文〙圑 ① …に耐える ② 被る

прети́ть [不完]〈圑を〉嫌な気持ちにさせる

преткнове́ние [中5]〘文〙つまずき, 障害: ка́мень -ия 躓きの石

Прето́рия [女9] プレトリア (南アフリカ共和国の首都)

пре́ть [不完] ① [完 со~] 腐る ② [完 взо~] 汗をかく, 汗がにじむ ③ [完 у~] 煮える ④ 湿る

преувели́ч|ивать [不完] / преувели́чить -чу, -чишь 受過-ченный [完]〈圑〉① 過大評価する ② 誇張する, 余計なことを付け加える **//-е́ние** [中5]

преуменьша́ть [不完] / преуме́ньшить -шу, -шишь 受過-шенный [完]〈圑〉過小評価する

преумножа́ть [不完] / преумно́жить -жу, -жишь [完]〘文〙著しく増やす

преуспева́|ть [不完] / преуспе́ть [完] ① 成果を上げる ② 繁栄する **//-ние** [中5]

префе́кт [男1] ① (モスクワ市行政区の) 区長 ② (フランスなどの) 知事, 局長, 警視総監 ③ 〘古ロ〙提督

префекту́ра [女1] ① 県; 県行政 ② (モスクワ市行政区の) 区役所 ③ 〘古ロ〙州

префера́нс [男1] 〘トランプ〙プリファランス

пре́фикс [男1] 〘文法〙接頭辞

префикса́ция [女9] 〘文法〙接頭辞による派生

Плеха́нов [男姓] プレハノフ (Гео́ргий Валенти́нович ~, 1856-1918: ロシアのマルクス主義理論を確立)

преходя́щий 短-я́щ [形6] 〘文〙一時的な

прецеде́нт [男1]〘文〙前例

прецизио́нный [形1]〘技〙精密な, 正確な: ~ прибо́р 精密機器

пречи́ст|ый [形1]〘正教〙(а) いと清き (Богома́терь, Богоро́дица の固定修飾語) (b) **П-ая** [女3] 生神女 (と述る), 聖母 ■ **Ма́лая Пречи́стая** 生神女生誕祭 (→ Богоро́дица)

‡при [пр'и] [前] (★ 特定の結合では[при́] ~ сме́рти など) [near, in time of, under]〘圑〙① 〘空間の近接〙…のすぐそばに, …のわきに; (戦闘の場所) ~ 付近での (→y¹): ~ столб́ ~ доро́ге 道端の標柱 | Мы останови́лись ~ вхо́де в зда́ние. 私たちはビルの入り口のすぐ側で立ち止まった ②〘附属・属性〙…に付属して, …に付いている: столо́вая ~ университе́те 大学の食堂 | П- кни́ге име́ется име́нной указа́тель. この本には人名索引がついている ③〘所属・付き添い〙…付きの, …に付き添って: вое́нный атташе́ ~ посо́льстве 大使館付き武官 | Она́ всю́ ночь сиде́ла ~ больно́м отце́. 彼女は一晩中病気の父親に付き添っていた ④ 〘立ち会い〙…の面前で, …のいるところで: Его́ сын всегда́ ве́жливый ~ посторо́нних. 彼の息子は部外者のいる前でいつも礼儀正しい ⑤〘話〙〘所持・携帯〙持参して, 身に着けて: име́ть ~ себе́ па́спорт パスポートを携帯する | Он сего́дня ~ деньга́х. 彼はきょう金を持っている ⑥〘状況・機会〙…の時に, …のもとで, …の状況下に: предъявля́ть биле́т ~ вхо́де 入場の際にチケットを見せる | чита́ть ~ све́те ла́мпы 電灯の明かりで読書する | Он улыбну́лся ~ ви́де до́чери. 彼は娘を見ると微笑んだ ⑦〘時代・治世〙…の時代に, …の治世に: ~ Петре́ Пе́рвом ピョートル1世の時代に | ~ Сове́тской вла́сти ソヴィエト政権下で ⑧〘条件〙…があれば: П- жела́нии мо́жно всего́ доби́ться. やる気さえあれば何でも達成できる ⑨〘譲歩〙…にもかかわらず, …をもってしても: П- всём жела́нии я́ не могу́ прису́тствовать. ぜひ出席したいのですが, できません ⑩〘手段・方法〙…によって, …のおかげで: ~ по́мощи друзе́й を友人たちの援助で ◆ **~ всём том [э́том]** それなのに, それにも関わらず

при́|и [прист́] ① 圐動〘圓〙① 〘到達する〙: прие́хать (乗り物で) 到着する ② 〘接近する[させる]〙: придви́нуть 寄せる ③ 〘接触する[させる]〙「付ける]: приземли́ться 着陸する ② 〘圧縮する〕「押す〕: припото́пать 踏みにじる ⑤ 〘足す〔加える〕: приписа́ть 書き加える ⑥ 〘少し」「軽く」: приглуши́ть (音を) 弱める ⑦ 〘伴って〕「合わせて〕: припото́пнуть 足拍子を合わせる ⑧ 〘-ся動詞〙〘じっくり〕「観察」: присмотре́ться 熟視[観察]する ⑨ 〘-ся動詞〙〘慣れる」「飽きる」: приесться 食べ飽きる | приме́ливаться 住み慣れる ⑩ 〘完了体を形成〙 Ⅱ 〘名詞・形容詞〙「…付近(の)」: Приба́лтика バルト海沿岸(諸国) Ⅲ 〘形容詞〙「…最中の」 Ⅳ 〘名詞〙「追加の」「付随の」: при́вкус 後味

Приаму́рье [中4] プリアムーリエ (アムール川中・下流域)

прибаба́х [男1]〘俗・戯・皮肉〙奇癖

приба́вить(ся) [完] → прибавля́ть(ся)

приба́вка 複生-вок [女2] ① 付け加わること ② 加わった分量; (年金などの) 追加支給分

прибавле́ние [中5] ① 増加, 増加, 増大; 付け足し ② 追加[増加]したもの, 追加分 ◆ **~ в семе́йстве** 家族が増えること, 出産

\*прибав|ля́ть [不完] / приба́вить -влю, -вишь 受過-вленный [完] [add, increase] ① 〈圑を圑[圐]〉追加する, 付け足す: ~ ты́сячу рубле́й 1000ルーブル追加する | ~ воды́ в стака́н コップに水を注ぎ足す ② 〈圑[圐]〉 量・大きさ・速度などを増す, 増大させる: ~ зарпла́ту 賃金を上げる | Води́тель приба́вил ско́рость. 運転手はスピードをあげた ③ 〈圑〉×圐

の部分を)大きく[広く]する: ~ в плеча́х 肩幅を広くする ④ (通例為 в ро́сте と共に)《話》(体重・身長が)増える: За вре́мя о́тпуска я си́льно *приба́вила* в ве́се. 休みの間にかなり太ってしまった ⑤〈кого́/что̀〉言い足す, 書き足す ⑥《話》大げさに言う, ほらを吹く: ~ для кра́сного словца́ しゃれのために大げさに言う ⑦〈кого́ к кому̀〉足し算する: ~ три к семи́ 7に3を足す **//~ся** [不完] ① 付け加わる, 増す ②〈不完〉増える

приба́вочный [形1] ① 追加の; 増加の ②〖経〗剰余の

Прибайка́лье [中4] バイカル湖沿岸地方

прибалде́ть [完]《若者》満足する, 堪能する

приба́лт [男1] **/ ~ка** 複生 **-ток** [女2] バルト海沿岸の民族

прибалти́йский [形3] バルト海沿岸の

Приба́лтика [女2] バルト海沿岸地方

прибамба́с [男1] [複][通例複] ① 服の飾り ② 装飾があるもの ③〖コン〗装飾的なもの, 過剰なもの ④ 効果的なもの, 予期しなかったもの

прибарахли́ться -лю́сь, -ли́шься [完]《俗》(服など)新しいものを入手する

прибау́тка 複生 **-ток** [女2] しゃれ

прибега́ть[1] [不完] **/ прибежа́ть** -бегу́, -бежи́шь, ... -бегу́т 命 -беги́ [完] 走り寄る, 駆けつける

прибега́ть[2] [不完] **/ прибе́гнуть** -ну, -нешь 過 -ни́л 過 ー ёг/-ул, -е́гла 能過 -увший 副分 -ув [完]〈к чему̀〉頼る, すがる

прибедня́ться [不完] **/ прибедни́ться** -ню́сь, -ни́шься [完]《話》貧乏なふりをする, 卑下する

прибежа́ть [完] → прибега́ть[1]

прибе́жище [中2] 避難所

прибере́га́ть [不完] **/ прибере́чь** -регу́, -режёшь, ... -регу́т 命 -реги́ 過 -рёг, -регла́ 能過 -рёгший 受過 -режённый 〈-жён, -жена́〉副分 -рёгши [完]〈кого́/что̀〉貯めておく

прибива́ть [不完] **/ приби́ть** -бью́, -бьёшь 命 -бе́й 受過 -тый [完]〈что̀〉① (釘で)打ちつける ② 貼りつける ③《俗》殴る **//~ся** [不完] ④《話》合流する, ついて行く ⑤〈不完〉〖受身〗 **// приби́вка** 複生 **-вок** [女2]

прибира́ть [不完] **/ прибра́ть** -беру́, -берёшь 過 -бра́л, -брала́, -бра́ло 受過 при́бранный [完]《話》〈что̀〉片付ける **//~ся** [不完] / [完] 片付ける **// прибо́рка** [女2]

приби́ть(ся) [完] → прибива́ть

прибл. [略] приблизи́тельно

приближа́ть [不完] **/ прибли́зить** -ли́жу, -ли́зишь 受過 -ли́женный [完]〈кого̀ к кому̀〉近づける

**\*приближа́ться** [不完] **/ прибли́зиться** -ли́жусь, -ли́зишься, ... -ли́зятся не -зься [完]〔approach, come nearer〕
① 近づく, 接近する: Мы *приближа́емся* к мо́рю. 私たちは海に近づいている ② (時間的に)近づく, 迫る: *Прибли́зился* день отъе́зда. 出発の日が近づいた ③ 親しくなる, 近づく: ~ к журнали́стским круга́м ジャーナリスト界と親しくなる ④ 近似する, 近づく: ~ к идеа́лу 理想に近づく ⑤〈不完〉〖受身〗< приближа́ть

**\*приближе́ние** [中5] 近づく[近づく]こと, 接近; (時間的に)早めること

приближённый [形1] ① 近似の ② 側近の **//-ость** [女10] <①

**\*приблизи́тельно** [副]〔approximately〕① おおよそ, だいたい: Он да́же ~ не зна́ет об э́том. 彼はそのことについてはおおよそのことさえ知らない ② 約, ほぼ: ~ пять киломе́тров 約5キロメートル

**\*приблизи́тельный** 短 -лен, -льна [形1]〔ap-proximate〕おおよその, 近似的な: ~ подсчёт 概算 **//-ость** [女10]

прибли́зить(ся) [完] → приближа́ть(ся)

приблу́дный [形1]《俗》迷い込んだ

прибо́й [男1] (打ち寄せる)波 **//-ный** [形1]

приболе́ть [完]《俗》軽く病気になる

приболта́ть [完]《若者》〈кого̀〉説得する

**\*прибо́р** [прибо́р] [男1]〔instrument, device〕
① 器具, 機器, 装置: измери́тельный ~ 計器 | электро́нные ~ы 電子機器 | подключи́ть ~ 機器のスイッチを入れる ② 用具一式, セット: туале́тный ~ 化粧道具 | столо́вый ~ (1人分の)食器セット | накры́ть стол на шесть ~ов 6人前の食器を並べる **// ~ный** [形1] <①

приборострое́ние [中5] 機器製作; オートメーション開発(部門) **//-и́тельный** [形1]

прибра́ть(ся) [完] → прибира́ть

прибреда́ть [不完] **/ прибрести́** -бреду́, -бредёшь 過 -рёл, -рела́ 能過 -бре́дший [完] やっとのことでたどり着く

прибре́жь|е [中4] 沿岸地域 **//-ный** [形1]

прибыва́ние [中5] 増加

**\*прибыва́ть** [прибыва́ть] [不完] **/ прибы́ть** [прибы́ть] -бу́ду, -бу́дешь 命 -бу́дь 過 при́был, -ла́, при́было 能過 -ы́вший 副分 -ы́в [完]〔arrive〕① 到着する: Делега́ция *прибыла́* в столи́цу. 代表団は首都に到着した ② 増える: Вода́ в реке́ *прибыва́ет*. 川が増水している

**\*при́был|ь** [при́быль] [女10]〔profit, benefit〕
① 利益, もうけ;〖経〗利潤: валова́я ~ 総収益 | пого́ня за ~я́ми 利潤の追求 | Они́ получа́ют ~ от нече́стной торго́вли. 彼らはいかがわしい商売で利益を得ている ②《話》得, 利点: Кака́я мне в э́том ~? それが私にとってどんな得になるのか ③ 増加, 増大: ~ населе́ния 人口増加

при́быльность [女10] 収益性, 利益率

при́быльный 短 -лен, -льна [形1] ① 利益の, 利潤の ② 利益をもたらす, もうかる

**\*прибы́тие** [中5]〔arrival〕到着: *П*~ по́езда ожида́ется в семна́дцать часо́в. 列車の到着は17時の見込みだ

прибы́ть [完] → прибыва́ть

прива́да [女1] (動物を誘き寄せる)餌

прива́живать [不完] **/ прива́дить** -а́жу, -а́дишь -а́женный [完]《俗》餌付けする, なつかせる

прива́л [男1] ① (行軍・旅行中の)休息(場所) ② (船の)接岸 **// прива́льный** [形1]

прива́ливать [不完] **/ привали́ть** -валю́, -ва́лишь 受過 -ва́ленный [完] ① 寄せつける ② 接岸する ③ 押し寄せる ④ (幸運などが)現れる

прива́ривать [不完] **/ привари́ть** -варю́, -ва́ришь 受過 -ва́ренный [完]《俗》溶接する

прива́рка 複生 **-рок** [女2] 溶接; 溶接したもの

прива́рок -рка [男2]〖軍〗(配給される)暖かい食事

приватизацио́нный [形1] 民営化の

**\*приватиза́ция** [女9]〔privatization〕民営化, 私有化

**\*приватизи́ровать** -рую, -руешь 受過 -анный [不完] / [完]〔privatize〕〈что̀〉〈кого̀〉民営化する, 私有化する **// ~ся** [不完]〖受身〗

прива́тный 短 -тен, -тна [形1] 私的な **//-ость** [女10]

приведе́ние [中5] < приводи́ть ある状態にすること, 導くこと; 引用: ~ в поря́док 整理

привезти́ [完] → привози́ть

привере́да (女1変化)[男・女]《話》気難しい人

**привере́дливый** [形1] 気難しい, 気まぐれな
**привере́дничать** [不完] [話] 気難しく振る舞う
**приве́ржен|ец** -нца [男3] **/ -ка** 複生 -нок [女2] 信奉者, 支持者
**приве́рженность** [女10] 信奉, 追随, コミットメント
**приве́рженный** 短 -ен, -ена [形1] 〈与〉を信奉する
**приверты́вать** [不完] **/ приверну́ть** -ну́, -нёшь 受過 -вёрнутый [完] 〈対〉① 回して締める ② 〈火などを〉少し弱くする
**приве́с** [男1] 〔農〕(家畜の)増加した体重
**приве́сить** [完] →приве́шивать
**приве́сок** [男2] 追加の重り; 不要な付け足し
**привести́(сь)** [完] →приводи́ть(ся)
**приве́т** [プリヴェート] [男1] [greeting, regards] 挨拶: Переда́йте ва́шему му́жу от меня́ ~. ご主人に私からよろしくお伝え下さい | Переда́й мой ~ твое́й ма́ме! ママによろしくね | Они́ просили передать [шлют] тебе́ горя́чие ~ы. 彼らくれぐれもよろしくだって ◆ **Приве́т!** (1) 〔親しい間柄で〕やあ, こんにちは; 〔別れ際に〕じゃあね, またね (2) 〔当惑・不同意・皮肉〕何だって | *Ни отве́та, ни ~а.* [話] 誰からも応答がない | ~ом [話] 変わり者だ, 変人だ, どうかしている
**приве́тливо** [副] 愛想よく, 感じよく
**приве́тливый** 短 -ив [形1] 愛想のよい, 感じのよい
* **приве́тствие** [ц] [中5] [greeting] 挨拶; 祝辞 **/ приве́тственный** [ц] [形1] : ~ое сло́во -ая речь 歓迎の辞
* **приве́тствовать** [ц] -твую, -твуешь [不完] **/ по~** [完] [greet] 〈対〉に ① 挨拶する ② 敬礼する ③ 賛成する **/ ~ся** [不完] [受身]
**приве́шивать** [不完] **/ приве́сить** -е́шу, -е́сишь 受過 -е́шенный [完] 〈対〉吊るす **// приве́ска** 複生 -сок [女2]
**привива́ть** [不完] **/ приви́ть** -вью́, -вьёшь 命 -ве́й 過 -и́л, -ила́, -и́ло 受過 -ви́тый (-и́т, -ита́/-ита́, -и́то) [完] 〈対〉 ① 接ぎ木する ② 〈与〉に〈ワクチンを〉接種する ③ 〈与〉に〈人に趣味・習慣を〉身につけさせる **// -ние** [中5]
**привива́ться** [不完] **/ приви́ться** -вьётся -ился́, -ила́сь, -ило́сь/-и́лось [完] ① (接ぎ木の部分が)つく ② (ワクチンが)つく ③ (習慣・流行が)定着する
**приви́вка** 複生 -вок [女2] 〔植〕接ぎ木(した部分); 〔医〕(予防)接種 ★挿し木は черенкова́ние **// приви́вочный** [形1]
**привиде́ние** [中5] 幽霊
**приви́деться** [完] →ви́деться
**привилегиро́ванн|ый** 短 -ан, -анна [形1] 特権ある; 優先される **/ -ость** [女10]
* **привиле́г|ия** [女9] [privilege] 特権, 特典: предоста́вить -ию 特権を与える | по́льзоваться -ией 特権を有する
**приви́нчивать** [不完] **/ привинти́ть** -винчу́, -винти́шь -ви́нченный [完] 〈対〉ねじで取りつける
**привити́е** [中5] (習慣などを)植えつけること
**приви́ть(ся)** [完] →привива́ть(ся)
**при́вкус** [男1] ① 風味 ② おもむき, 印象
* **привлека́тельн|ый** 短 -лен, -льна [形1] [attractive] 魅力的な, 魅惑的な, 人を魅了する **/ -ость** [女10]
* **привлека́ть** [プリヴリカ́ーチ] [不完] **/ привле́чь** [プリヴリェ́ーチ] -еку́, -ечёшь, ... -еку́т 命 -еки́ 過 -лёк, -лекла́ 能過 -лёкший 受過 -чённый (-чён, -чена́) [完] [attract] 〈対〉 ① 引き寄せる ② 魅了する: Вы привлекли́ меня́ с пе́рвого взгля́да. 一目であなたに心を奪われました ③ 〈関心・愛情を引き起こす: ~ всео́бщий интере́с 皆の関心を呼び起こす ④ 引き入れる, 参加させる ⑤ 〈対〉に〈与〉を〈責任などを〉問う: Мы *привлечём* Вас к отве́ту за соде́янное. 我々はあなたの行為の責任を問うつもりだ ⑥ 〈材料などを〉持ってくる: ~ результа́ты опро́са для объясне́ния 説明にアンケートのデータを用いる **// -е́ние** [中5] [受身]
* **привлече́ние** [中5] [attraction] 引きつける[引き込む, 引き寄せる]こと; 勧誘[誘致](すること); 援用, 引用; (責任などを)追求すること: ~ иностра́нного капита́ла 外資導入
**привноси́ть** -ошу́, -о́сишь [不完] **/ привнести́** -су́, -сёшь, прош -нёс, -несла́ 受過 -сённый (-сён, -сена́) [完] 〈対〉в〈対〉に加える, 持ち込む **// привнесе́ние** [中5]
**приво́д**[1] [男1] ① 連れてくること ② 〔公〕連行, 勾留
**приво́д**[2], **при́вод** [男1] 〔機〕伝導装置, ギア **// ~но́й** [形2]
* **приводи́ть** [プリヴァヂ́-チ] -ожу́, -о́дишь, ... -о́дят 命 -ди́ [不完] **/ привести́** [プリヴィスチ́-] -еду́, -едёшь, ... -еду́т 命 -еди́ 過 -вёл, -вела́ 能過 -ёдший 受過 -еденный (-дён, -дена́) 副分 -едя́ [完] [bring, take, lead] 〈対〉 ① 連れて来る[行く]; (乗物をある場所に) 導する, 運転してくる: ~ до́чку в де́тский сад 娘を幼稚園に連れていく | Он *привёл* друзе́й к себе́ домо́й. 彼は友人たちを自分の家に連れてきた | ~ кора́бль в порт 船を港に着ける ② (道などが)導く, 続く: Доро́га *приво́дит* к реке́. その道は行けば川に出る | 〈与〉にある結果をもたらす, まねく; 〈結論などに〉導く: ~ к ва́жному откры́тию. 重大な発見をもたらす | ~ к 〈与〉のような結論に導く ④ 〈与〉に〈ある感情に〉する, 追いやる: ~ в отча́яние 絶望させる ⑤ 〈対〉〈ある状態に〉する: ~ ко́мнату в поря́док 部屋を整理する, 片づける | ~ пригово́р в исполне́ние 判決を執行する ⑥ 引用する, 引証する: ~ приме́р 例を挙げる ◆ **~ в себя́** [**созна́ние, чу́вство**] (1) (気絶した人の) 意識を戻す (2) [我に]返らせる | **~ в движе́ние** 〈機械を〉始動させる
**приводи́ться** -во́дится [不完] **/ привести́сь** -ведётся 過 -вело́сь [完] ① [話] 〈与〉に偶然起きる, することになる ② [不完] [受身]
**приводни́ться** [完] →приводня́ться
**приводно́й** [形2] 〔技〕操縦[運転]用の: ~ вал ドライブシャフト, 主動軸 | ~ реме́нь ドライブベルト
**приводня́|ться** [不完] **/ приводни́ться** -ню́сь, -ни́шься [完] 着水する **// -е́ние** [中5]
**приво́з** -а/-у [男1] ① 運び込むこと, 搬入 ② [話] 運び込まれたもの, 搬入品; 輸入品
* **привози́ть** [プリヴァジ́-チ] -ожу́, -о́зишь, ... -о́зят 命 -зи́ [不完] **/ привезти́** [プリヴィスチ́-] -зу́, -зёшь 命 -зи́ 過 -вёз, -везла́ 能過 -вёзший 受過 -зённый (-зён, -зена́) 副分 -зя́ [完] [bring, deliver] 〈対〉(乗り物で)運んでくる, 持ってくる, 連れてくる; 輸入する; 〈知らせを〉もたらす: ~ гру́зы на ста́нцию 駅に貨物を運んでくる | Он *привёз* дете́й в ла́герь на авто́бусе. 彼は子どもたちをバスでキャンプに連れていった **// ~ся** [不完] [受身]
**привозно́й** [形2], **приво́зный** [形1] 運び込まれた, 輸入された
**приво́й** [男6] 〔生〕接穂
**привола́кивать** [不完] **/ приволо́чь** -локу́, -лочёшь, ... -локу́т 命 -локи́ 過 -лок, -локла́ 受過 -ло́ченный (-чен, -чена́)/-ло́ченный [完] [俗] 〈対〉引きずってくる
**приво́лье** [中5] ① 広々とした場所 ② 自由(な生活)
**приво́льный** 短 -лен, -льна [形1] 広々とした, 自由な **// -о** [副]
**привора́живать** [不完] **/ приворожи́ть** -жу́, -жи́шь 受過 -рожённый (-жён, -жена́) [完] 〈対〉妖術でほれさせる, 魅了する **// приворо́т** [男1]

**привора́чивать** [不完] / **привороти́ть** -рочу́, -ро́тишь [完] 寄せる, 引きつける

**привра́тни|к** [男1] / **-ца** [女3] 門番

**привска́кивать** [不完] / **привскочи́ть** -кочу́, -ко́чишь [完] 急に立ち上がる, 跳び上がる

**привстава́ть** -таю́, -таёшь [不完] / **привста́ть** -та́ну, -та́нешь 命 -та́нь [完] 軽く腰を上げる

**приводи́ть** -хо́дит [完] 補足として入る, 紛れ込む

**привыка́ть** [プリヴィカーチ] [不完] / **привы́кнуть** [プリヴィークヌチ] -ну, -нешь 命 -ни 過 -ы́к, -ы́кший 副分 -ув [完] 〔get accustomed〕 ① 〈不定形/不完 к与〉…する/与の〉習慣がつく; 習熟する: Она́ привы́кла ра́но встава́ть. 彼女は早起きの習慣がある. ② 〈к与〉… に慣れる, なじむ, なつく: ~ к но́вой жи́зни 新しい生活に慣れる | ~ к това́рищам по рабо́те 職場の同僚になじむ ◆не привыка́ть 与 慣れっこだ, 今に始まったことじゃない ∥ **-ние** [中5]

**привы́чк|а** [プリヴィーチカ] 複生 -чек [女2] 〔habit〕① 習慣, 癖: 〈不定形を伴う場合は通例不完了体〉: хоро́шая ~ よい習慣 | взять за -у встава́ть ра́но 早起きを習慣にする | Занима́ться гимна́стикой вошло́ у него́ в -у. 体操をするのが彼の習慣になった. ② 〔話〕習慣, 熟練, 慣れ: На вся́кое де́ло нужна́ ~. どんな仕事にも習慣が必要だ

**привы́чн|ый** [プリヴィーチヌィ] 短 -чен, -чна [形1]〔habitual〕① 習慣的な: ~ о́браз жи́зни 生活習慣 ② なじみの, いつもの, 慣れ親しんだ: -ые места́ なじみの場所 ③ 慣れた, 手練の, 習熟した: -*П*~им движе́нием руки́ он наде́л шля́пу. 慣れた手つきで彼は帽子をかぶった ∥ **-ость** [女10]

**привя́занность** [女10] 愛着, 執着

**привяза́ть(ся)** [完] →привя́зывать(ся)

**привязно́й** [形2] 縛ることのできる

**привя́зчив|ый** [ш] 短 -ив [形1] 人なつっこい; しつこい ∥ **-ость** [女10]

**при́вязь** [女10] (つなぐための)ひも

*   **привя́зыва|ть** -жу, -жешь 受過 -язанный [完] / **привяза́ть** 〔fasten, tie〕〈対〉① しばりつける, つなぐ ② 〈к себе́〉…を手なずける ③ 関係づける ∥ **-ние** [中5], **привя́зка** 複生 -зок [女2]

**привя́зываться** [不完] / **привяза́ться** -вяжу́сь, -вя́жешься [完] 〈к与に〉① 自分を縛りつける ② 愛着を覚える ③ 付きまとう ④ 《不完》〔受身〕 〈 привя́зывать

**пригвожда́ть** [不完] / **пригвозди́ть** -гвожу́, -гвозди́шь 受過 -гвождённый (-дён, -дена́) [完] 〈対〉釘づけにする, 突き刺す, 動けなくする

**пригиба́ть** [不完] / **пригну́ть** -гну́, -гнёшь 受過 при́гнутый [完] 〈対〉少し傾ける // **~ся** [不完] / [完] 少し傾く

**прига́лжива|ть** [不完] / **прига́дить** -а́жу, -а́дишь -а́женный [完] 〈対〉平らにする, 〈表現を〉滑らかにする ∥ **-ние** [中5]

**пригласи́тельный** [形1] 招待の

*   **приглаша́|ть** [プリグラシャーチ] [不完] / **пригласи́ть** [プリグラシーチ] -ашу́, -аси́шь, …-ася́т 受過 -ашённый (-шён, -шена́) [完]〔invite〕 〈対〉① 招く, 招待する, 呼ぶ: ~ на конце́рт コンサートに招待する | Она́ пригласи́ла меня́ к себе́ на день рожде́ния. 彼女は自分の誕生日祝いに僕を呼んでくれた ② 誘う, 勧める: ~ на та́нец ダンスに誘う | ~ за сто́л 食卓に着くよう勧める ③ 〈в対〉招く, 頼む, 招聘(^{しょうへい})する: ~ консульта́нта コンサルタントを招く ∥ **-ся** [不完][受身]

*   **приглаше́ние** [中5] [invitation] 招待; 招待状, 招聘状

**приглуша́ть** [不完] / **приглуши́ть** -шу́, -ши́шь 受過 -шённый (-шён, -шена́) [完] 〈対〉抑える, 弱くする; …の音を小さくする, 消す

**приглушённый** 短 -ён, -ённа [形1]〔音が〕低い, 小さい; 〔色が〕抑えられた, 地味な

**пригля́дыва|ть** [不完] / **пригляде́ть** -яжу́, -яди́шь [完] 〈за与〉…を見守る, …の世話をする ∥ **~ся** [不完] / [完] 〈к与を〉よく見る; 見慣れる

**пригляну́ться** -гляну́сь, -гля́нешься [完] 《話》〈与の〉気に入る

**пригна́ть** [完] →пригоня́ть

**пригну́ть(ся)** [完] →пригиба́ть

**пригова́ривать** [不完] / **приговори́ть** -рю́, -ри́шь 受過 -рённый (-рён, -рена́) [完] ① 〈к与という〉判決を下す ②《不完》(何かしながら)話す

*   **пригово́р** [男1] [sentence] ① 判決, 宣告: обвини́тельный [оправда́тельный] ~ 有罪[無罪]判決 | Ему́ вы́несен сме́ртный ~. 彼は死刑判決を下された ② 判定, 裁き: суро́вый ~ исто́рии 歴史の厳しい裁き

**приговори́ть** [完] →пригова́ривать

*   **пригоди́ться** -ожу́сь, -оди́шься [完] 〈useful〉〈与の〉役に立つ: О́пыт пригоди́тся мне в бу́дущем. この経験は将来私の役に立つ

**приго́дн|ый** 短 -ден, -дна [形1] 役に立つ; 適した ∥ **-ость** [女10]

**приго́н** [男1] 追い立てること

**приго́нка** [女2] 合わせること

**пригоня́ть** [不完] / **пригна́ть** -гоню́, -го́нишь 過 -гна́л, -гнала́, -гна́ло 受過 при́гнанный [完] ① 追い立てる ② 〈対 к与に〉合わせる

**пригора́ть** [不完] / **пригоре́ть** -ри́т [完] ① (端・底が)少し焦げる ② 焦げつく

**пригоре́лый** [形1] 焦げた

**при́город** [男1] 郊外 ∥ **~ный** [形1]

**приго́рок** -рка [男2] 小さい丘

**при́горшня** 複生 -ней/-шен, **приго́ршня** 複生 -ней/-шен [女5] (すくう形で) 手のひら; 手のひらの分量

**пригота́вливать(ся)** [不完] = приготовля́ть(ся)

**приготови́тельный** [形1] 準備の, 用意の

**пригото́вить(ся)** [完] →приготовля́ть(ся)

*   **приготовле́ние** [中5] 〔preparation〕① 準備, 用意, 支度: ~ пи́щи 炊事 ② 製造, 調製

*   **приготовля́|ть** [プリガタヴリャーチ] [不完] / **пригото́вить** -влю, -вишь, …-вят 命 -вь 受過 -вленный 〔prepare〕《不完また пригота́вливать》① 用意する, 準備する: 〈対/日〉〈与〉用意しておく: ~ ва́нну 風呂を用意する | ~ ученика́ к экза́мену 生徒に試験の準備をさせる | ~ дров к зиме́ 冬にそなえて薪を用意する ② 作る, 製造する; 調理する: ~ лека́рство 薬を調剤する | Она́ приготовля́ет де́тям у́жин. 彼女は子どもたちに夕飯を作っている ③ (授業などの)準備をする; あらかじめ考えておく: ~ уро́ки 予習する | ~ речь スピーチを考えておく ④ …に心の準備をさせる, 覚悟をさせる: Мы пригото́вили её к тяжёлому изве́стию. 私たちは彼女につらい知らせを覚悟させた

*   **приготовля́ться** [不完] / **пригото́виться** -влюсь, -вишься [完] [不完また пригота́вливаться] ① 〈к与/不定形〉準備をする, 用意する ② 《不完》[受身] 〈 приготовля́ть

**пригреба́ть** [不完] / **пригрести́** -гребу́, -гребёшь 過 -грёб, -гребла́ 受過 -гребённый (-бён, -бена́) [完] ① 掻き寄せる ② 漕ぎ寄る

**пригре́в** [男1] 暖めること; 日なた

**пригрева́ть** 受過 -тый [完] 〈対〉暖める; 面倒を見る // **~ся** [不完] / [完] 《話》暖ま

П

**пригрези́ться** [完] →гре́зиться
**пригрести́** [完] →пригреба́ть
**пригре́ть(ся)** [完] →пригрева́ть
**пригрози́ть** [完] →грози́ть
**пригу́бливать** [不完] / **пригу́бить** -блю, -бишь 受過 -бленный [完] 〈到〉口をつける
**※придава́ть** [придава́т'] -даю́, -даёшь 命 -ва́й 副分 -ва́я [不完] / **прида́ть** [придат'] -да́м, -да́шь, -да́ст, -дади́м, -дади́те, -даду́т 命 -да́й 過 прида́л/-а́л, -а́ли, при́дало/-а́ло 他過 -а́вший 受過 при́данный (-дан, -дана́) 副分 -а́в [完] (add) ① 〈到〉追加する, つけ足す: ~ ты́сячу рубле́й 1000ルーブル追加する ② 〈到〉〈力 などを〉与える, 強める: Сообще́ние *прида́ло* мне хра́брости. その知らせは私を勇気づけた ③ 〈到〉〈形・外見・性質などを〉与える, する: ~ зако́нную фо́рму докуме́нту 文書を規定の形式にする | ~ го́лосу мя́гкость 声にやわらか味をもたせる ④ 〈到〉意義・重要性などを付与する: Мы не прида́ли никако́го значе́ния его́ слова́м. 私たちは彼の発言を全く問題にしなかった | ~ большо́е [серьёзное] значе́ние 図 …に大きな意義を与える **//-ся** [不完] 〈受身〉
**прида́вливать** [不完] / **придави́ть** -авлю́, -а́вишь [完] 〈到〉圧しつける, 圧しつぶす
**прида́ние** [中5] 追加, 付与
**прида́ное** (形1変化) [中名] ① (花嫁の)持参金, 持参品 ② (新生児の)肌着の一揃い
**прида́то|к** -тка [男2] 付加物 **//-чный** [形1]
**прида́ть** [完] →придава́ть
**прида́|ча** [女] 付加(物) ◆**в-у** その上, おまけに
**придвига́ть** [不完] / **придви́нуть** -ну, -нешь 受過 -тый [完] 〈到〉近づける **//-ся** [不完] [完] 近づく
**придво́рный** [形1] ① 宮廷の ② [男名] 廷臣
**приде́л** [男1] 教会の副祭壇; (副祭壇のための)別棟
**приде́лывать** [不完] / **приде́лать** 受過 -ланный [完] 〈到〉к〈到〉取りつける
**приде́рживать** -ержу, -е́ржишь 受過 -е́ржанный [完] 〈到〉軽く支える **//-** 手元に置いておく ◆**- язы́к** 沈黙を守る, 口をつぐむ
**приде́рживаться** [不完] / **придержа́ться** [完] -ержу́сь, -е́ржишься ① 〈за到〉軽くつかまる ② 〈田 の側を〉進む ③ 〈田〉に従う ◆**- мне́ния [при́нципа]** 意見[主義]を堅持する
**придётся** [3単未] < прийти́сь
**приди́ра** (女1変化) [男·女] 〔話〕難癖をつける人
**придира́ться** [不完] / **придра́ться** -деру́сь, -дерёшься 過 -а́лся, -ала́сь [完] ① 〈к到〉に言いがかり[難癖]をつける
**приди́рка** 複生 -рок [女2] 言いがかり, いちゃもん
**приди́рчивый** [形1] 言いがかりをつけたがる
**Приднестро́вье** [中4] 沿ドニエストル(モルドバ共和国 Молдо́ва の中の一地方); 国際的に未承認の共和国
**придоро́жный** [形1] 沿道の
**придра́ться** [完] →придира́ться
**приду́мать** [完] →приду́мывать
**приду́мщик** [男2] 〔話〕思いつく人, ほら吹き
**※※приду́мывать** [придду́умач'иват'] [不完] / **приду́мать** [придду́умач'] 受過 -анный [完] (think of, think up) ① 〈到〉〈不定変〉чтó〉考えつく, 思いつく: ~ отгово́рку 口実を考え出す | Он *приду́мал* сходи́ть в кино́. 彼は映画に行こうと思い立った ② 〈到〉考え出す, 案出する, 作り出す: ~ но́вый спо́соб 新しい方法を考え出す ③ 〈到〉〈чтó〉ありもしないことを考え出す, 思い込む, 想像する: Она́ *приду́мала*, что он в неё

влюблён. 彼女は彼が自分にほれ込んでいると思い込んだ **//-ся** [不完] / [完] 〔話〕 頭に浮かぶ ② 〔受身〕考え出される
**приду́риваться** [不完] 〔俗〕わからないふりをする
**придуркова́тый** [形1] 〔話〕まぬけな
**приду́рок** -рка [男2] 〔俗〕まぬけ
**при́дур|ь** [女10] 〔話〕まぬけなこと ◆**с-ью** まぬけな
**приду́шенный** [形1] (声が)押し殺された, 抑えた
**придуши́ть** -ушу́, -у́шишь 受過 -у́шенный [完] 〈到〉絞め殺す
**придыха́|ние** [中5] 〔音声〕気音 **//-тельный** [形1]
**приеда́ться** [不完] / **прие́сться** -е́стся, -едя́тся 過 -е́лся [完] (食べ)飽きる
**※прие́зд** [男1] (arrival) (乗物による)到着, 来着: ~ делега́ции 代表団の到着 | по ~е 到着後 ◆**С-ом!** ようこそいらっしゃいました; お帰りなさい
**※приезжа́ть** [прийи́жджат'] [不完] / **прие́хать** [прийе́ххат'] -е́ду, -е́дешь 命 -езжа́й [完] (come, arrive) (乗物で)来る, 到着する: ~ на по́езде [авто́бусе, маши́не] 列車[バス, 車]で来る | ~ домо́й с рабо́ты 仕事から帰宅する | Мы *прие́хали* в Москву́ вчера́ ве́чером. 私たちは昨晩モスクワに到着した
**※прие́зжий** [жж] [形6] よそから来た
**※приём** [прийо́м] [男1] (receiving, reception) ① 受け取ること, 受領: ~ де́нег 金の受領 ② 受理, 受け付け: ~ зака́зов 注文の受理 ③ 採用, 受け入れ: усло́вия *-а* на рабо́ту 採用条件 ④ 面会, 応接; 診察: часы́ *-а* 面会(診察)時間 | Он яви́лся на ~ к дире́ктору шко́лы. 彼は校長のところに面会に来た ⑤ 服用, 摂取: ~ лека́рства 薬の服用 ⑥ 受信(無線での応答)了解, はい, どうぞ: ~ радиопереда́чи ラジオ放送の受信 ⑦ レセプション: устро́ить ~ в посо́льстве 大使館でレセプションを催す ⑧ 応対, 待遇: Мы оказа́ли им серде́чный ~. 私たちは彼らを心のこもったもてなした ⑨ 1回の動作: в оди́н ~ 一気に, 1度で | Он вы́пил стака́н воды́ в два *-а*. 彼はコップの水をふた口で飲んだ ⑩ 方法, 手法: ~ рабо́ты 仕事のやり方 | худо́жественный ~ 芸術的な手法 | запрещённый ~ [スポ]禁じ手, 禁じ手
**приёмка** [女2] 受け入れ, 受け取り
**※прие́млем|ый** 短 -ем [形1] (acceptable) 受け入れ可能な; 承認しうる: *-ая* цена́ 妥当な価格 **//-ость** [女10]
**※прие́мник** [男2] (radio set) ① 受信機; ラジオ ② 容器, タンク ③ (一時的な) 受け入れ施設, 収容施設
**※приёмн|ый** [形1] (reception, selection) ① 応接の, 面会の: *-ые дни* 面会日 ② 採用の, 受け入れの: ~ экза́мен 採用[入学]試験 ③ 受信の: *-ая* радиоста́нция 受信局 ④ 養子となった; 養子をとった; 里親の, 養子縁組の: *-ая* до́чь 養女 ⑤ **-ая** [女名] 応接室; 待合室
**приёмочный** [形1] 受け入れの
**приёмщи|к** [男2]/**-ца** [女3] 受け取り人
**приёмыш** [男4] 〔話〕養子
**прие́сться** [完] →приеда́ться
**прие́хать** [完] →приезжа́ть
**прижа́ть(ся)** [完] →прижима́ть(ся)
**приже́чь** [完] →прижига́ть
**прижива́емость** [女10] 適応性
**прижива́ть** [不完] / **прижи́ть** -живу́, -живёшь 過 -жи́л, -жила́, -жи́ло 受過 -жи́тый (-и́т, -ита́, -и́то) / при́житый (-ит, -ита́, -ито) [完] 〔話〕(私生児として)生む
**прижива́ться** [不完] / **прижи́ться** -живу́сь, -живёшься 過 -жи́лся, -жила́сь [完] (住み)慣れる
**прижива́ть** [不完] / **привива́ть** -вью́, -вьёшь 受過 -влённый (-лён, -лена́) [完] 〈到〉植え・組織

**прижива́ть** [不完] / **прижéчь** -жгу, -жжёшь 過 -жёг, -жгла́ 命 -жги 過 -жёг, -жгла́ 能過 -жёгший 受過 -жжённый (-жён, -жена́) [完] 〈В圓〉 やけどさせる; 焦がす

**прижига́ть** [不完] = прижéчь

*прижима́ть [不完] / прижа́ть -жму, -жмёшь 受過 -ты́й [press] [完] ① 押しつける ② 迫害する ◆~ к стенé …を追い詰める

**прижима́ться** [不完] / **прижа́ться** -жму́сь, -жмёшься [完] ① 〈к圓〉しがみつく, 体を寄せる ② ごく近くにある ③ [不完] 〈受身〉＜ прижима́ть

**прижи́мистый** 短-ист [形1] 〈話〉けちな // -ость [女10]

**прижи́ть(ся)** [完] → прижива́ть(ся)

**прижу́чить** -чу, -чишь [完] 〈В圓〉やりこめる

*приз 複-ы́ [男1] [prize] ① 賞, 賞金, 賞品: получи́ть гла́вный ~ 一等賞を獲得する ② 拿捕 (された船), 戦利品

**призаду́мываться** [不完] / **призаду́маться** [完] 〈話〉〈над/о圓〉… について熟考する

**призва́н|ие** [中5] 〈к圓〉に向かった才能: чу́вствовать ~ к 与 …に向いていると思う ② 使命: слéдовать своемý -ию 使命感に従う

**призва́ть(ся)** [完] → призыва́ть

**приземистый** 短-ист [形1] ずんぐりした; 低い

**приземля́ть** [不完] / **приземли́ть** -лю́, -ли́шь 受過 -лённый (-лён, -лена́) [完] 〈В圓〉 ① 着陸させる ② 俗っぽいものにする // **приземлéние** [中5] 着陸

**приземля́ться** [不完] / **приземли́ться** -лю́сь, -ли́шься [完] ① 着陸する ② 〈話〉座る, 腰を下ろす

**призёр** [男1] 〈話〉受賞者: золотóй ~ 金メダリスト

**при́зм|а** [女1] ① 〈数〉角柱 ② 〈理〉プリズム ◆смотре́ть сквозь -у圓 …を通して見る // -ати́ческий [形3]

*признава́ть [прӣзнава́ч'] -наю́, -наёшь 命-ва́й 副分-ва́я [不完] / призна́ть [призна́ч'] 受過 при́знанный [recognize] 〈В圓〉 ① 認める, 承認する: ~ нóвое прави́тельство 新政府を承認する ② 〈за圓〉…と認める, みなす: ~ свою́ оши́бку 自分の誤りを認める | Врач при́знал пациéнта душевнобольны́м. 医師は患者が精神を病んでいると認定した ③〈в圓〉 (外見などで) …だとわかる, 見分ける: Я призна́л в нём когда́-то дрýга дéтства. 私は見知らぬ男が子どもの頃の友達だとわかった ④ 〈不完〉尊重する, 容認する

*признава́ться [прӣзнава́ч'ч'а] -наю́сь, -наёшься 命-ва́йся 副分-ва́ясь [不完] / призна́ться [призна́ч'ч'а] [完] [confess] ① 〈в圓〉認める, 告白する, 白状する: ~ в преступлéнии 罪を告白する | Он призна́лся ей в любви́. 彼は彼女に愛を打ち明けた ② 〈受身〉[不完] ◆признаю́сь = признаю́сь 〈挿入〉実を言うと, 正直なところ

*при́знак [прӣ́знак] [男2] [sign, indication] 兆候, 前兆, 特徴: ~и весны́ 春の兆し | Появи́лись ~и болéзни. 病気の兆候が現れた

*призна́н|ие [прӣзна́нийэ] [中5] [confession] ① 認めること, 承認 ② 告白, 自白: ~ в любви́ 恋の告白 | ~ в преступлéнии 犯人の自供 ③ (良い) 評判, 評価: пóльзоваться всеóбщим -ием 世間の評判がよい

**при́знанн|ый** [形1] 有名な // -ость [女10]

**призна́тельность** [女10] 感謝, 謝意

**призна́тельный** 短-лен, -льна [形1] 感謝している

**призна́ть(ся)** [完] → признава́ть(ся)

**призово́й** [形2] 〈сл〉

**при́зрак** [男1] ① 幻影, 幽霊, 妖怪 ② 幻想, 夢想

**при́зрачн|ый** 短-чен, -чна [形1] 幻影の, 想像上の: -ая надéжда はかない望み // -ость [女10]

**призрéние** [中5] 世話, 慈善事業

*при́зыв [男1] [summoning] ① 呼びかけ; 要求: アピール, スローガン ② 〈軍〉召集 (兵): уклонéние от ~а 徴兵忌避 // **-но́й** [形1]

**призыва́ть** [不完] / **призва́ть** -зову́, -зовёшь 過 -зва́л, -звала́, -зва́ло 受過 при́званный [call, cummon] ① 〈В圓〉呼び寄せる; 呼びかける; 召集する; 使命を課す: ~ людéй прийти́ на демонстра́цию 人々にデモへの参加を呼びかける | 〈В圓〉к 与 ～を求める: ~ собра́вшихся к тишинé 集まった人々に静粛を求める | 〈В圓〉к на圓に〈受身〉[不完] ② 〈В圓〉徴兵する ③ [不完] 〈受身〉

**призывни́к** -а́ [男2] 応召兵, 召集兵

**призывнóй** [形2] 徴兵の

**при́иск** [男2] (貴金属の) 採掘場 // **-óвый** [形1]

**прии́скивать** [不完] / **приискáть** -ищу́, -и́щешь 受過 -и́сканный [完] 〈В圓〉探し出す

**прийти́(сь)** [完] → приходи́ть(ся)

*прика́з [прӣка́с] [男1] [order, command] ① (公的な) 命令, 指令; 命令書, 指令書: отдáть ~ 命令を下す | Мы получи́ли ~ о наступлéнии. 我々は出撃命令を受け取った // **-нóй** [形2]

**приказáние** [中5] 命令, 指令

*прикáзывать [прӣка́звывач'] [不完] / приказа́ть [прӣказа́ч'] -кажу́, -кáжешь 受過 -кáзанный [give orders] ① 〈与〉に〈不定形〉するよう命令する, 指図する: ~ гóтовиться к бóю 戦闘準備を命ずる | Онá приказáла дéтям убра́ть кóмнату. 彼女は子どもたちに部屋の片付けを言いつけた | Нам не прика́зано заходи́ть туда́. 我々はここに立ち寄ってはならない (★禁止の意味なので [不定形] は不完了体) ② 《прикáжешь, прикáжете の形で》〈話〉〈不定形〉… となにのか: Что прикáжешь дéлать! どうしようというのか | Как прикáжете понимáть ва́ши словá? それはどういう意味なのでしょう ◆как прика́жете お好きなように | ~ дóлго жить 死ぬ

**прикáлывать** [不完] / **приколóть** -колю́, -кóлешь 受過 -кóлотый [完] ① 〈В圓〉к 与 (ピンで) 留める ② 刺し殺す ③ 〈隠〉笑い物にする // **~ся** [不完] 〈若者〉〈隠〉〈над圓〉…を笑い物にする

**прикáнчивать** [不完] / **прикончить** -чу, -чишь 命-чи 受過-ченный [完] 〈話・俗〉〈В圓〉① 使い尽くす ② とどめを刺す

**прикáрмливать** [不完] / **прикорми́ть** -ню́, -нишь 受過-ненный [完] 〈В圓〉着服する

**прикáрмливать** [不完] / **прикорми́ть** -ормлю́, -óрмишь 受過-óрмленный [完] 〈В圓〉餌(*)づけする; (栄養補給に) 与える // **-ние** [中5]

**прикасáться** [不完] / **прикоснýться** -нýсь, -нёшься [完] 〈к圓〉に軽く触れる

**прикáтывать** -аю, -áтишь 受過-кáченный [完] ① 〈В圓〉転がして運んで来る ② 〈話〉(乗り物で) やって来る

**прики́д** [男1] 〈若者〉 (奇妙な) 服装; 高くて良質な流行の服: Клёвый ~! その服きまってるね

**прикидывать** [不完] / **прики́нуть** -ну, -нешь 受過 -тый [完] ① (大雑把な値を) 測る ② 〈В圓/且〉加える ③ 〈若者〉想像する // **прики́дка** 複生-док [女2]

**прикидываться** [不完] / **прики́нуться** -нусь, -нешься [完] ① 〈圓〉のふりをする: Не прики́дывайся дурачкóм! わからないふりをしないでよ; ふざけないでよ ② 〈若者〉流行のおしゃれな服を着る

**прикипáть** [不完] / **прикипéть** -плю́, -пи́шь [完] ① (煮つまって) 焦げつく ② 〈話〉〈к圓〉をとても好きになる

**приклáд** [男1] ① 銃床 ② 服 [靴] の付属物 (ボタンな

ど)
**прикладни́к** -á [男2]《話》① 工芸家 ② 応用科学者
**прикладн|о́й** [形2] ① 実用的な、応用の ② 《服・靴の》付属物の
**\*прикла́дыва|ть** [不完] / **приложи́ть**[1] -ожу́, -о́жишь 受過-о́женный [完] [put, hold]〈団を尻に〉つける，押し当てる: ~ па́лец к экра́ну 画面をタッチする ◆~ печа́ть 捺印する | ~ ру́ку к 与 …に手をつける，関与する **∥~ние** [中5] [受過] **∥-ние** [中5]
**прикла́дываться** [不完] / **приложи́ться** -ожу́сь, -о́жишься [完] ①〈圏を к 与に〉寄せつける，押し当てる ②〈к 与に〉キスする ③ 照準する ④《3人称》加わる，付け足される ⑤《俗》(酒を) 飲む ◆Остально́е прило́жится. あとは全部うまくいく
**прикле́ивать** [不完] / **прикле́ить** -е́ю, -е́ишь 受過-е́енный [完] 〈к 与〉糊づけする，貼りつける **∥~ся** [不完] / [完] 〈к 与に〉糊づけし，貼りつく: 貼りつけた物 **∥прикле́йка** 複生-е́ек [女2]
**приклёпывать** [不完] / **приклепа́ть** 受過-лё-панный [完] 〈к 与〉(鋲で) 留める
**приключа́ться** [不完] / **приключи́ться** -чи́тся [完]《話》起こる
**\*приключе́ние** [プリクリュチェーニエ] [中5] [adventure] ① 予想外の出来事: любо́вное ~ 情事 ②《複》冒険: иска́тель -ий 冒険家
**приключе́нческий** [形3] 冒険の，冒険的な: рома́н 冒険小説
**приключи́ться** [完] → приключа́ться
**прико́вывать** [不完] / **прикова́ть** -кую́, -куёшь 命-ку́й 受過-о́ванный [完]〈к 与に〉鎖でしばる: прико́ванный к посте́ли 寝たきりの
**прико́л** [男1] ① (つなぐための) 杭(くい) ②《若者・隠》冗談，ユーモアのある発言 ③《若者》熱中，興味の対象: Это по́лный ~. そりゃすごいぜ ◆для ~a ふざけて | по-~y 気の向くままに
**приколоти́ть** [完] → прика́лывать; -лочу́, -ло́тишь 受過 -ло́ченный [完]〈団〉(釘で) 留める
**приколи́ст** [男1]《話》(冗談好きの) ムードメーカー
**приколо́ть(ся)** [完] → прика́лывать
**прико́льн|ый** [形1] ① < прико́л ②《話》一風変わった，おかしい，すごい **∥-о** [副]
**прикомандиро́вывать** [不完] / **прикомандирова́ть** -ру́ю, -ру́ешь 受過-о́ванный [完]〈団〉出向させる
**прико́нчить** [完] → прика́нчивать
**прико́рм** [男1], **~ка** [女2] ① 餌付け ② (乳児の) 補助食
**прикорми́ть** [完] → прика́рмливать
**прикорну́ть** -ну́, -нёшь [完]《話》もたれかかる
**прикоснове́н|ие** [中5] 触れること: то́чка -ия《数》接触点
**прикосну́ться** [完] → прикаса́ться
**прикра́са** [女1]《通例複》《話》誇張: без прикра́с ありのままに
**прикра́шивать** [不完] / **прикра́сить** -а́шу, -а́сишь 受過-а́шенный [完]《話》〈団〉誇張して言う
**прикрепля́ть** [不完] / **прикрепи́ть** -плю́, -пи́шь 受過-плённый (-лён, лена́) [完]〈団〉① (しっかり) 貼りつける，取りつける ②〈к 与に〉(指導のために) 預ける; 登録する ■ **прикреплённый файл**《IT》添付ファイル **∥~ся** [不完] / [完]〈к 与に〉① 固定される，取りつけられる ② 登録される **∥-ние** [中5]
**прикри́кивать** [不完] / **прикри́кнуть** -ну, -нешь 受-ни [完]〈на 対を〉怒鳴りつける
**прикру́чивать** [不完] / **прикрути́ть** -кручу́, -кру́тишь 受過-кру́ченный [完] ①〈к 与に〉縛りつける ② ひねって小さくする ③《コン》〈団〉セットアップする，設定する
**\*прикрыва́ть** [不完] / **прикры́ть** -кро́ю, -кро́ешь 受過-тый [完] [cover, screen]〈団〉①《話》覆う，隠す ② 隠蔽する ③《軍》防御する ④《話》(不完全に) 閉める ⑤《話》廃業する，店じまいする
**прикрыва́ться** [不完] / **прикры́ться** -кро́юсь, -кро́ешься [完]《話》① 覆う，身を隠す ② 隠蔽する，ごまかす ③《3人称》閉まる; 廃業する ④《不完》《受身》= прикрыва́ть
**\*прикры́тие** [中5] [cover] ① 覆うこと，覆い ②《軍》防御，援護
**прикры́ть(ся)** [完] → прикрыва́ть(ся)
**прику́п** [男1]《トランプ》追加される札
**прикупа́ть** [不完] / **прикупи́ть** -куплю́, -ку́пишь 受過-ку́пленный [完] ①〈団 / 生〉買い足す ②《トランプ》〈団〉〈カードを〉引く
**прику́ривать** [不完] / **прикури́ть** -курю́, -ку́ришь 受過-ку́ренный [完]〈団〉① …に火をつける ②《完》(他の車のバッテリーとつないで)〈エンジンをかける ◆да́ть 与 **прикури́ть** …を懲らしめる **∥-ние** [中5]
**прику́с** [男1] (歯の) 噛み合わせ
**прику́сывать** [不完] / **прикуси́ть** -кушу́, -ку́сишь 受過-ку́шенный [完]〈団〉噛む，噛み切る ◆прикуси́ть язы́к 急に黙る
**\*прила́в|ок** -вка [男2] [counter] (店の) カウンター，スタンド: стоя́ть за -ком 商売する，物を売る **∥прила́вочный** [形1]
**прилага́емый** [形1] 付属する，同封の
**прилага́тельное** (形1変化) [中]《文法》形容詞
**прилага́ть** [不完] / **приложи́ть**[2] -ожу́, -о́жишь 受過-о́женный [完] [attach, apply]〈団〉①〈к 与に〉添える，添付する: ~ файл к сообще́нию ファイルをメッセージに添付する ② 用いる，注ぐ: ~ уси́лие 努力する | ~ все си́лы 全力を尽くす ◆ума́ не приложу́ わからない **∥-ся** [不完]
**прила́живать** [不完] / **прила́дить** -а́жу, -а́дишь 受過-а́женный [完]《話》〈団を к 与に〉取りつける
**прила́живаться** [不完] / **прила́диться** -а́жусь, -а́дишься [完]《話》〈к 与に〉(調子を) 合わせる
**приласка́ть(ся)** [完] → ласка́ть(ся)
**прилега́ть** [不完] / **приле́чь** -ля́гу, -ля́жешь, … -ля́гут 命-ля́г 過-лёг, -легла́ 能過-лёгший 副分-лёгши [完] ①〈к 与に〉ぴったりと付く，隣接する ②《完》しばらく横になる ③《完》もたれる，地面に張りつく
**прилега́ющий** [形6] ① タイトフィットの，体にぴったり合う ②〈к 与に〉隣接した
**прилежа́ние** [中5] 勤勉
**прилежа́ть** -жи́т [不完]《数》〈к 与に〉接する
**прилежа́щий** [形6]《数》隣接する
**приле́жный** 短-жен, -жна [形1] 勤勉な，熱心な
**прилепля́ть** [不完] / **прилепи́ть** -леплю́, -ле́пишь 受過-ле́пленный [完]〈к 与に〉貼りつける **∥~ся** [不完] / [完]《話》〈к 与に〉くっつく，付きまとう
**\*прилета́ть** [不完] / **прилете́ть** -лечу́, -лети́шь [完] 飛んでくる，飛来する
**прилёт** [男1] 飛来: (飛行機の) 到着 (↔ вы́лет)
**прилётный** [形1] (鳥が) 飛来する，渡ってくる
**приле́чь** [完] → прилега́ть
**прили́в** [男1] ① 満ち潮，上げ潮: ~ и отли́в 潮の干満 ② 充満，高揚: ~ эне́ргии エネルギーの充満 **∥~ный** [形1]
**прилива́ть** [不完] / **прили́ть** -льёт 命-ле́й 過-ли́л, -лила́, -ли́ло 受過-тый [完] 流入する
**прили́зывать** [不完] / **прилиза́ть** -лижу́, -ли́-

жешь 受過 -ли́занный [完] 〈它〉① 舐めて滑らかにする ② 髪をなでつけ撫でつける ③《作品を》へたに整えて平板にしてしまう **//-ся** [不完]〈髪を〉撫でつける

**прилипа́ла** [女1] ①〔男・女〕しつこい人; うまく仲間に入った人 ②〔複〕〔魚〕コバンザメ属

**прилипа́ть** [不完] / **прили́пнуть** -ну, -нешь 命 -ни 過 -ли́п, -ли́пла, -ли́пло 〔К它〕〈к他に〉張りつく; 付きまとう

**прили́пчивый** 短 -ив [形1] ① くっつきやすい; 伝染しやすい; しつこい

**прили́стник** [сын] [男2] 〔植〕托葉

**прили́ть** [完] →прилива́ть

**прили́чие** [中5] ① 礼儀 ②〔複〕礼儀作法: соблюда́ть ~ия 作法を守る | наруша́ть ~ия 礼を失する

**прили́чн|ый** [プリリーチヌイ] 短 -чен, -чна [形1] 〔decent, proper〕① 礼儀正しい, 上品な: па́рень из -ой семьи́ きちんとした家庭で育った青年 ②《話》きちんとした, なかなか良い: -ая зарпла́та 悪くない給料 **//-ость** [女10]

**прилови́ться** -влю́сь, -ви́шься [完]《話》うまくやる

*прило́же́ние** [プリジェーニエ] [中5] 〔application, affixing〕① 添付, 付加; 添付されているもの; 〔IT〕(電子メールの) 添付ファイル ②《スマートフォン用》アプリ, アプリケーション ③ 付録 ④ 適用, 傾注 ⑤《文法》同格(関係)

**приложи́ть(ся)** [完] →прикла́дывать(ся), прилага́ть

**прилуня́ться** [不完] / **прилуни́ться** -ню́сь, -ни́шься [完] 〔航究〕月面着陸する **//-е́ние** [中5]

**прильну́ть** -ну́, -нёшь [完] ①〈к他に〉張りつく ② = **приникну́ть**

**прилю́дно** [副]《話》人々の前で, 皆の前で

**при́ма** [女1]〔楽〕① 音階の第1音; 弦楽器の A 弦 ② 音程の1度 ③ リードする声部〔楽器〕;《話》プリマドンナ

**при́ма-балери́на** [女1]〔楽〕プリマバレリーナ

**примадо́нна** [女1] プリマドンナ

**прима́зываться** [不完] / **прима́заться** -ма́жусь, -ма́жешься [完]《話》(集団に) うまく入り込む; (賭け金を足して) ゲームに参加する

**прима́нивать** [不完] / **примани́ть** -маню́, -ма́нишь 受過 -ма́ненный / -манённый (-нён, -нена́) [完]《話》〈它〉おびき寄せる

**прима́нка** 複生 -нок [女2] おびき寄せること; おびき寄せるための餌

**прима́т** [男1]《文》《哲》優位

**прима́ты** -ов [複]〔動〕霊長類

**прима́щивать** [不完] / **примости́ть** -мощу́, -мости́шь 受過 -мощённый (-щён, -щена́) [完]《話》〈它〉(置きにくい場所に) 置く **//-ся** [完]《話》(居づらい場所に) 居場所を得る

**примелька́ться** [完]《話》見慣れる

*примене́н|ие** [中5] 〔application〕適用, 使用, 応用: ~ но́вых ме́тодов лече́ния 治療における新しい方法の利用 **◆в-ии к** 与〈に従って

**примени́мый** 短 -и́м [形1] 適用しうる

**примени́тельно** [副]〈К与に〉従って

*применя́ть** [不完] / **примени́ть** -меню́, -ме́нишь 受過 -менённый (-нён, -нена́) [完]〔apply〕〈它〉を к与に適用する, 使用する, 応用する: ~ си́лу 武力を行使する | ~ зако́н 法律を適用する | ~ табле́тки 錠剤を服用する | ~ но́вый ме́тод к экспериме́нту 実験に新しい方法を使う

*применя́ться** [不完] / **примени́ться** -меню́сь, -ме́нишься [完] ①〔adapt oneself to〕〈к与に〉自分を合わせる, 適応[順応]する: ~ к обстоя́тельствам 環境に順応する ② (不完)〔受身〕< применя́ть

*приме́р** [プリミェール] [男1] 〔example〕① 例, 実例: конкре́тный ~ 具体例 | привести́ ~ 例を引く |

Он пояснил свою мысль ~ом. 彼は自分の考えを例を挙げて説明した ② 手本, 見本, 模範: ~ му́жества 勇気の手本 | показа́ть ~ 手本を示す | брать с ~ 与…を見習う, まねる | сле́довать ~у 与…の手本にならう | по ~у 与…を手本として ③〈数〉例題: реша́ть ~ы 例題を解く ◆для ~а (1)教訓として, 見せしめに: 手本に (2)例えば | за ~ами недалеко́ ходи́ть《話》例はいくらでも挙げられる | к ~у (сказа́ть)《話》例えば | не в ~ 与(1)〈与に…とは違って (2)《比較級と共に》はるかに, ずっと | не в ~ лу́чше него́ 彼よりはるかに

**примерза́ть** [不完] / **приме́рзнуть** -ну, -нешь 命 -ни 過 -ёрз, -ёрзла, -ёрзший 副分 -ший 凍りつく

**приме́рива|ть, примеря́ть** [不完] / **приме́рить** -рю, -ришь 受過 -ренный [完] 試着する, (試着して)寸法を決める **//~ся** [不完] /《話》見当をつける **//-ние** [中5]

**приме́рочн|ый** [形1] ① 試着用の **//-ая** [女名] 試着室

**приме́рить(ся)** [完] →приме́ривать

**приме́рка** 複生 -рок [女2] 試着

*приме́рно** [プリミェールナ] [副]〔in exemplary fashion〕① 模範的に, 立派に: вести́ себя́ ~ 模範的に振る舞う ② およそ, ほぼ: ~ сто ме́тров 約100メートル | Она́ ушла́ в ~ в шесть часо́в. 彼女は6時ごろに行ってしまいました

*приме́рный** 短 -рен, -рна [形1] 〔exemplar〕① 模範的な, 優秀な ② およその, だいたいの

**примеря́ть(ся)** [完] →приме́ривать

**при́месь** [女10] 混合物

*приме́т|а** [女1] 〔mark〕① 特徴: осо́бые -ы (警察による捜索中の人の)特徴 ② 前兆 ③ 迷信, ジンクス: наро́дные -ы (主に天気に関する) 俗信 ◆быть [име́ться] на -е 《話》目をつけられている, 当てにされている | взять на -у 《話》目をつける, 当てにする

**примета́ть** [完] →примётывать

**приме́тить** [完] →примеча́ть

**приме́тливый** [形1]《話》観察力の鋭い

**приме́тн|ый** 短 -тен, -тна [形1]《話》特徴のある, 目につく **//-о** [副] **//-ость** [女10]

**примётывать** [不完] / **примета́ть** 受過 -мётанный [完]〈它〉しつけ糸で縫う **// примётка** [女2]

*примеча́ние** [中5] 〔note, comment〕注, 注釈, 但し書

**примеча́тельн|ый** 短 -лен, -льна [形1] 注目すべき, 目だった **//-ость** [女10]

**примеча́ть** [不完] / **приме́тить** -ме́чу, -ме́тишь 受過 -ме́ченный [完] ①《話》〈它〉気づく, 注目する ②《俗》〈за它〉を監視する

**приме́шивать** [不完] / **примеша́ть** 受過 -е́шанный [完]〈它〉を混ぜる ③〈它〉巻き添えにする

**при́мешь** [2単末], **прими́** [命令] <приня́ть

**примина́ть** [不完] / **примя́ть** -мну́, -мнёшь 受過 -тый [完]〈它〉踏みつける; ぐしゃぐしゃにする

**примире́ние** [中5] 和解, 仲直り; 調停, 仲裁

**примире́нче|ство** [中1] 協調主義 **//-ский** [形3]

**примири́тельный** 短 -лен, -льна [形1] 和解をうながす

*примиря́ть** [不完] / **примири́ть** -рю́, -ри́шь 受過 -рённый (-рён, -рена́) [完]〔reconcile, conciliate〕①〈它 を с造と〉仲直り[和解]させる ②〈它 с造に〉我慢[甘受]させる

*примиря́ться** [不完] / **примири́ться** -рю́сь, -ри́шься [完]〔be reconciled, reconcile oneself〕〈с造〉① …と仲直り[和解]する ② …を我慢[甘受]する: ~ с судьбо́й 運命を甘受する ③《不完》〔受身〕< примиря́ть

**примити́в** [男1] 原始的なもの; 素朴な人

**примитиви́зм** [男1]《芸》プリミティヴィズム, 原始主義;（複雑な問題に対する）単純な態度

\***примити́вн|ый** -вен, -вна [形1]〔primitive〕原始的な, 素朴な: ～ инструме́нт 原始的な道具 | -ые взгля́ды 狭い［乏しい］了見 **∥-ость** [女10]

**примкну́ть** [完] →примыка́ть

**примолка́ть** [不完] / **примо́лкнуть** -ну, -нешь 命-ни 過-мо́лк, -мо́лкла [完]《話》しばらく黙る

**примо́рский** [形3] 海沿いの **∥ П~ край** 沿海地方（首府 Владивосто́к; 極東連邦管区）（★かつては「沿海州」と訳したが, 州 は о́бласть の訳語とされる）

**Примо́рье** [中4] 沿海地方

**примости́ть(ся)** [完] →примо́стить(ся)

**примо́чка** 複生-чек [女2] ①湿布 ②《若者》上質な機器, 複雑な機械

**приму́** [1単未] < приня́ть

**при́мула** [女1]《植》プリムラ, サクラソウ属

**при́мус** [男1] 石油コンロ, プリムスストーブ

**примча́ться** -чу́сь, -чи́шься [完] 急いで来る

**примыка́ние** [中5] 接続, 付加;《文法》連接

**примыка́ть** [不完] / **примкну́ть** -кну́, -кнёшь 受過 примкнутый [完] ①ぴったり付ける ②〈к 与〉に加わる ③隣接する ④《文法》連接する

**примышля́ть** [不完] / **примы́слить** -слю, -слишь 受過-шленный [完]〈対〉思いついて加える

**примя́ть** [完] →примина́ть

\***принадлежа́ть** [プリナドリジャーチ] -жу́, -жи́шь 命-жи́ [不完]〔belong to〕〈与〉の所有である, ものである: Дом *принадлежи́т* мое́й ма́тери. 家は母のものだ | никому́ не *принадлежа́щий* 誰のものでもない ②〈与〉(作品・考えなどが) ... の手になる, ... に発する: Эта карти́на *принадлежи́т* ки́сти Шага́ла. この絵はシャガールの筆になるものだ ③〈与〉に特有なものである, 備わっている: кра́ски, *принадлежа́щие* то́лько э́тому худо́жнику この画家特有の色使い ④〈к 与〉に所属する, 入っている: ～ к вы́сшему о́бществу 上流社会に属する | Он *принадлежи́т* к числу́ лу́чших футболи́стов. 彼はサッカーのトップレーヤーの1人だ

\***принадле́жность** [女10]〔belonging〕①属すること, ... の作であること ②（通例複）（用具の）セット, 一揃い ③特徴,（本来の）特質 ◆**по~и**〈与〉にしかるべきところに

**принаро́дный** 短-ден, -дна [形1]《俗》人前での

**принаряжа́ть** [不完] / **принаряди́ть** -яжу́, -я́дишь 受過-я́женный [完]《話》〈対〉着飾らせる

**приневоли́ть** [完] →нево́лить

**принесе́ние** [中5]（結果として）もたらすこと; ～ ... すること: ～ прися́ги 宣誓

**принести́** [完] →приноси́ть

**принижа́ть** [不完] / **прини́зить** -ни́жу, -ни́зишь 受過-ни́женный [完]〈対〉卑しめる; 低く評価する **∥ прини́жение** [中5]

**прини́женн|ый** 短-ен, -енна [形1] 屈辱的な, 卑屈な **∥-ость** [女10]

**прини́зить** [完] →принижа́ть

**прини́ка́ть** [不完] / **прини́кнуть** -ну, -нешь 命-ни-ник, -ни́кла [完]〈к 与〉に（ぴったりと）もたれかかる

\***принима́ть** [プリニマーチ] [不完] / **приня́ть** [プリニャーチ] -иму́, -и́мешь 命-ими́ 過-и́нял, -иняла́, -и́няло 受過-и́нявший 受過-и́нятый (-ят, -ята́, -ято) 副-я́в [完]〔take, accept〕〈対〉①受け取る, 受領する;〈投げられたものを〉受ける: ～ телегра́мму 電報を受け取る | ～ мяч ボールをキャッチする | ～ уда́р 一撃を受ける | *Прими́те* от меня́ скро́мный пода́рок. つまらないものですが, お受け取り下さい ②受け付ける, 受理する: ～ заявле́ние 願書を受理する | Где *принима́ют* посы́лки? 小包の受け付けはどこですか ③〈任務・職などを〉引き受ける, 就任する; 管理下に置く: ～ дела́ 仕事を引き受ける | ～ пост дире́ктора 所長に就任する ④受け入れる, 採用する; 収容する: ～ на рабо́ту 採用する | Его́ *при́няли* в университе́т. 彼は大学に入学を許可された | ～ к себе́ сироту́ 孤児を引き取る ⑤迎え入れる, 応接する, 面会する; 診察する;（ある意味で）遇する, 受けとめる: ～ госте́й 客を迎える | ～ посла́ 大使を引見する | ～ больны́х 患者を診察する | Их *при́няли* хо́лодно. 彼らは冷淡に扱われた | ～ изве́стие споко́йно 知らせを冷静に受けとめる ⑥〈提案・助言などを〉受け入れる, 容認する; 採択する, 可決する: ～ предложе́ние 提案を受け入れる | *Прими́* его́ сове́т. 彼の忠告を聞きなさい | Законопрое́кт *при́нят* большинство́м голосо́в. 法案は賛成多数で可決された ⑦〈信仰などを〉受容する；〈称号などを〉受け取る, ...になる: ～ христиа́нство キリスト教を受け入れる ⑧（ある種の名詞と共に）行う, 実行する: ～ реше́ние 決定する | ～ уча́стие в ... に参加する | ～ ме́ры措置を講じる | ～ экза́мен 試験を行う ⑨〈対／生〉飲む, 服用する: ～ табле́тку［порошо́к, миксту́ру] 錠剤［粉薬, 水薬]を飲む ⑩〈治療・衛生処置を〉受ける:〈風呂・シャワーに〉入る, 浴びる: ～ душ シャワーを浴びる | ～ грязеву́ю ва́нну 泥浴する ⑪〈様子・性質を〉とる, 帯びる: ～ по́зу ポーズをとる | Её лицо́ *при́няло* гру́стное выраже́ние. 彼女の顔は悲しげな表情を帯びた ⑫受信する,〈電波をキャッチする〉: ～ сигна́лы 信号を受信する ⑬〈за対〉とみなす, 取り違える: Меня́ *при́няли* за мою́ сестру́. 私は姉と間違えられた | За кого́ ты меня́ *принима́ешь*? 私を何だと思っているのか, such は ⑭《無補語》少し動く, 寄る: ～ впра́во 右に寄る ⑮《俗》片付ける, どける: ～ посу́ду со стола́ テーブルの上の食器を片付ける ⑯出産の手助けをする: ～ младе́нца 赤ん坊を取り上げる

◆～〈対〉**бли́зко к се́рдцу** ...に同情する, ひどく気にかける | ～ **бой [сраже́ние]** 応戦する | ～ **на свой счёт**（人の話を）自分に関することだと思い込む | ～ **сто́рону**〈生〉... に味方する

\***принима́ться** [プリニマーッツァ] [不完] / **приня́ться** [プリニャーッツァ] -иму́сь, -и́мешься 命-ими́сь 過-ялся́, -яла́сь 能過-я́вшийся 副分-я́вшись [完]〔begin, start〕①〈за対／不定形〉(不定)...に取りかかる, ...を始める: ～ за рабо́ту 仕事に取りかかる | Она́ *приняла́сь* шить. 彼女は縫物を始めた ②〈за対〉に影響［感化］を与え始める: ～ за лентя́я 怠け者の感化に取り組む ③（植物などが）根づく: Приви́вка *приняла́сь*. 接ぎ木が根づいた ④《受身》← принима́ть

**принора́вливать** [不完] / **принорови́ть** -ровлю́, -рови́шь 受過-ро́вленный/-ро́вленный(-лён, -лена́) [完]《話》〈対〉合わせる **∥ ~ся** [不完／完]《話》〈к 与〉に自分を合わせる, 慣れる

**прино́с** [男1] 持って来ること, 運んでくること

\***приноси́ть** [プリナシーチ] -ошу́, -о́сишь, ...-о́сят 命-си́ [不完] / **принести́** [プリネスチー] -су́, -сёшь 過-нёс, -несла́ 能過-нёсший 受過-сённый(-сён, -сена́) 過分-ся́ [完]〔bring, fetch〕〈対〉①持ってくる, 運んでくる;〈知らせを〉もたらす: ～ письмо́ 手紙を持ってくる | *Принеси́* мне стака́н воды́. 水を１杯持ってきて下さい ②《無補語でも》（風・流れなどが）運んでくる: Ве́тер *принёс* грозовы́е ту́чи. 風が嵐雲を運んできた ③（動物が）〈子を〉産む;（植物が）〈実を〉産出する;《話》（女性が）出産する: Ко́шка *принесла́* трёх котя́т. 猫が3匹子猫を産んだ ④（結果として）もたらす, 与える: ～ при́быль 利益をもたらす | Упо́рный труд *принёс* свои́ результа́ты. たゆまぬ努力がその成果をもたらした ⑤（ある種の抽象名詞と共に）行う, する: ～ благода́рность 感謝する | ～ извине́ние 謝罪する ⑥《人

**приношéние** [中5] 贈物

**при́нтер** [э] [男1] [IT]プリンタ ■**ла́зерный [стру́йный] ~** レーザー[インクジェット]プリンタ

**принудило́вка** 複生 -вок [女2] ①《俗》強制労働 ②《若者》強制参加の行事

**принуди́тельный** 短 -лен, -льна [形1] 強制的な

**принужда́ть** [不完] / **прину́дить** -ну́жу, -ну́дишь 受過 -нуждённый (-дён, -дена́) [完] 〈к与を /不定形することを〉強いる, 強制する

**принужде́ние** [中5] 強制

**принуждённ|ый** 短 -ён, -ённа [形1] 不自然な, 強制的な ∥**—ость** [女10]

*\***принц** [男3] [prince] 王子; насле́дный ~ 皇太子

*\***принце́сса** [女1] [princess] 王女; 皇太子妃

*\***при́нцип** [プリーンツィプ] [男1] [principle] ①原理, 原則, 法則: основны́е ~ы 基本原則 | эстети́ческие ~ы 美学原理 ②信念, 主義, 方針: Э́то про́тив мои́х ~ов. それは私の主義に反する ③（機械装置の）原理: ~ рабо́ты телефо́нного аппара́та 電話機の作動原理 ◆**в -е** 原則的に, おおむね | **из -а** 信念[主義]に従って | **по -у** 甲 …の原理で

**принципиа́льно** [副] 原則的に

*\***принципиа́льный** -лен, -льна [形1] 原則的な; 原則を守る ∥**—ость** [女10]

**приню́хиваться** [不完] / **приню́хаться** [完] 〈к与の〉匂いに慣れる; 匂いをかぎ分ける

*\***приня́тие** [プリニャーチェ] [中5] [taking, acceptance] ①受け取ること, 受領: ~ пода́рков プレゼントを受け取ること ②受理, 受け付け: ~ заявле́ния 願書の受理 ③引き受けること, 受諾: ~ назначе́ния 任務の受諾 ④採用, 受け入れ: ~ в фи́рму 会社への採用 ⑤採択, 可決, 受け入れ: ~ резолю́ции 決議の採択 ⑥（称号・資格などを）取ること, 取得 ⑦行うこと, 実施: ~ уча́стия 参加すること | ~ мер 措置を講ずること ⑧（様子・性質などを）〈帯びる〉こと: ~ по́зы ポーズをとること ⑨摂取, 服用: ~ лека́рства 薬の服用 ⑩（風呂・シャワーなどに）入ること, 浴びること: ~ ду́ша シャワーを浴びること ⑪受信 ⑫みなすこと, 取り違えること

**при́нято** [無人述] 〈不定形(不完) する〉ことになっている, 決まりだ: Так, . そういうことになっている | У нас ~ выбра́сывать устаре́вшую те́хнику. 我々のところでは古くなった機器は廃棄することになっている

**при́нятый** [形1] 一般に認められている, 決まった, 定まった

**приня́ть(ся)** → принима́ть(ся)

**приободря́ть** [不完] / **приободри́ть** -рю́, -ри́шь 受過 -рённый (-рён, -рена́) [完]〈対を〉少し励ます ∥**~ся** [不完] / [完] 少し元気になる

**приобрета́тельство** [中1] もうけ主義

*\***приобрести́** [プリアブリスチー] -ету́, -етёшь 命 -ети́ 過 -рёл, -рела́ 能過 -ётший 受過 -етённый (-тён, -тена́) [完] [acquire, gain] 〈対を〉獲得する, 得る: ~ большо́й о́пыт 様々な経験を積む | ~ а́кции 株式を取得する ∥**~ся** [不完] / [完]

**приобрете́ние** [中5] 獲得 (したもの)

**приобща́ть** [不完] / **приобщи́ть** -щу́, -щи́шь 受過 -щённый (-щён, -щена́) [完]〈対を к与に〉参加させる, 触れさせる; 〈対に〉加える ②〈対に〉聖体を与える ∥**~ся** [不完] / [完]①〈к与に〉参加する ②〈生〉〈聖体を〉受ける ∥**приобще́ние** [中5]

**приоде́ть** -де́ну, -де́нешь 受過 -тый [完]《話》〈対を〉着飾らせる

*\***приорите́т** [男1] [priority] ①（発明・発見などで）他に先んじていること, 優先権 ②優先性, 優位性 ∥**~ный** [形1]

**приоса́ниваться** [不完] / **приоса́ниться** -нюсь, -нишься [完]《話》もったいぶる

**приостана́вливать** [不完] / **приостанови́ть** -новлю́, -но́вишь 受過 -но́вленный [完]〈対を〉（一時的に）停止する ∥**~ся** [不完] / [完]（一時的に）止まる; 横ばいになる

**приостано́вка** 複生 -вок [女2], **приостановле́ние** [中5]（一時的な）停止, 休止, 中断

**приотворя́ть** [不完] / **приотвори́ть** -ворю́, -во́ришь 受過 -во́ренный [完]〈対を〉少し開ける ∥**~ся** [不完] / [完] 少し開く

**приоткрыва́ть** [不完] / **приоткры́ть** -ро́ю, -ро́ешь受過 -тый [完]〈対を〉少し開ける ∥**~ся** [不完] / [完] 少し開く

**приохо́чивать** [不完] / **приохо́тить** -хо́чу, -хо́тишь受過 -хо́ченный [完]《話》〈対を к与への /不定形することへの〉関心を持たせる ∥**~ся** [不完]《話》〈к与を /不定形を〉好きになる, やる気になる

**припада́ть** [不完] / **припа́сть** -паду́, -падёшь過 -па́л [完]①〈к与に〉もたれる, しがみつく ②〈旧・話〉〈к与に〉…したくなる ③〈不完〉足を引きずる

**припа́док** -дка [男2] ①発作 ②（感情の）急激な高まり

**припа́дочный** [形1] 発作の, 発作を起こす

**припа́ивать** [不完] / **припа́ять** 受過 -па́янный [完]〈対を〉はんだ付けする ②〈対に〉罰などを課する

**припа́йка** 複生 -а́ек [女2] はんだ付け; その箇所

**припа́рка** 複生 -рок [女2] [医] 温湿布; 温湿布療法

**припаркова́ть(ся)** → парко́ва́ть(ся)

**припаса́ть** [不完] / **припасти́** -су́, -сёшь 過 -а́с, -асла́ 受過 -сённый (-сён, -сена́) [完]《話》〈対を〉貯える; 用意する

**припа́сть** → припада́ть

**припа́сы** -ов [複]（貯蔵用の）食糧, 物資

**припа́хивать** [不完]《話》〈匈のような〉悪臭を放つ ②[完] **припа́хать** 〈若者・軍隊〉〈対を〉…作業に誘い込む, …に仕事をさせる

**припа́хнуть** [完] → припа́хивать

**припе́в** [男1] [楽] (歌の) 繰り返し

**припе́вка** 複生 -вок [女2] 楽・民俗] （儀礼）歌

**припева́ть** [不完]《話》(何かしながら) 歌う

**припева́ючи** [副] ◆**жить ~**《話》楽しく暮らす

**припёк** -а [男1] 焼けたパンの重量の増加 ⑩ 陽光の熱した場所

**припёка** [女2] ◆**сбо́ку ~**《俗》余計な

**припека́ть** [不完] / **припе́чь** -пеку́, -печёшь, пеку́т 命 -пеки́ 過 -пёк, -пекла́ 能過 -пёкший 受過 -чённый (-чён, -чена́) 副分 -пёкши [完]《話》焦がす; 照りつける

**припеча́тывать** [不完] / **припеча́тать** 受過 -танный [完]〈対を〉封印する; 端的に言う

**припира́ть** [不完] / **припере́ть** -пру́, -прёшь 過 -пёр, -пёрла 受過 -пёртый [完]①〈対を〉押しつける ②〈対を囮に〉閉める ③《俗》〈対を〉追い詰める ④《俗》〈対を〉持ってくる

**припи́ска** 複生 -сок [女2] 書足し, 登録; [複] 水増し

**приписно́й** [形2] ①登録されている ②登録を証明する

*\***припи́сыва|ть** [不完] / **приписа́ть** -пишу́, -пи́шешь 受過 -пи́санный [完] [add, register] ①〈対に〉書き足す ②〈対を〉登録する, 編入する ③〈対を与の〉せいにする: Они́ *приписа́ли* себе́ тера́кт. 彼らはテロ事件の犯行を認めた ∥**~ся** [不完] / [完] ①〈к与/в対に〉登録[加入] する ②〈対に〉〈受身〉 ∥**—ние** [中5]

**припла́та** [女1] 追加の支払い

**приплáчивать** [不完] / **приплатúть** -ачу́, -а́тишь 受過 -а́ченный [完] 〈団〉追加で支払う

**приплестú** [不完] / **приплести́** -лету́, -лете́шь 過 -лёл, -лела́ 能過 -лётший 副分 -летя́ [完] 《話》やっとのことで)到着する

**приплетáть** [不完] / **приплести́** -лету́, -лете́шь 過 -лёл, -лела́ 能過 -лётший 受過 -летённый (-тён, -тена́) 副分 -летя́ [完] 〈団〉編み込む;《話》巻き込む;(余計なことに)言及する

**приплóд** [男1] 家畜の子

**приплывáть** [不完] / **приплы́ть** -ыву́, -ывёшь 過 -ы́л, -ыла́, -ы́ло [完] ① 泳ぎ着く;(船が)着く ② 《俗》出口のない状態に陥る

**приплю́снутый** [形] ぺちゃんこな, 平らな

**приплюсóвывать** [不完] / **приплюсовáть** -сую́, -су́ешь 受過 -óванный [完] 〈団〉プラスする, 足す

**приплю́щивать** [不完] / **приплю́щнуть** -ну, -нешь 命 -ни 受過 -тый [完] 〈団〉(つぶして)平らにする, ぺしゃんこにする

**приплясывать** [不完] (踊るように)足を動かす

**приподнимáть** [不完] / **приподня́ть** -ниму́, -ни́мешь 過 -однял, -одняла́, -одняло 受過 -о́днятый (-ят, -ята́, -ято) [完] 少し持ち上げる

**приподнимáться** [不完] / **приподня́ться** -ниму́сь, -ни́мешься 過 -ня́лся, -няла́сь [完] ① 少し持ちあがる ② 《話》自身の経済状態が向上せる, 稼ぐ

**припо́днятый** [形] 高揚した; 格調高い

**приподня́ть(ся)** [完] = приподнима́ть(ся)

**припозднúться** [зн] -ню́сь, -ни́шься [完] 《話》遅れる; ぐずぐずする

**припо́й** [男6] はんだ

**приползáть** [不完] / **приползти́** -зу́, -зёшь 過 -по́лз, -ползла́ 能過 -по́лзший [完] 這ってくる

**припоминáть** [不完] / **припо́мнить** -ню, -нишь 命 -ни [完] ① 〈団〉思い出す ② 〈団〉…したことを忘れない; (復讐のために)覚えている **//~ся** [不完] / [完] 思い出される

**приправа** [女1] 調味料

**приправля́ть** [不完] / **припра́вить** -влю, -вишь 受過 -вленный [完] 〈団〉味付けする

**припры́гивать** [不完] / **припры́гнуть** -ну, -нешь 命 -ни [完] 《話》ぴょんと跳ぶ

**припря́тывать** [不完] / **припря́тать** -я́чу, -я́чешь 受過 -танный [完] 《話》〈団〉隠して取っておく

**припугивать** [不完] / **припугну́ть** -ну́, -нёшь 受過 -у́гнутый [完] 《話》〈団〉少し脅す

**припу́дривать** [不完] / **припу́дрить** -рю, -ришь 命 -ри -ренный [完] 《話》〈団〉軽く(ファンデーションを)付ける **//~ся** [不完] / [完] 薄化粧する

**при́пуск** [男2] ① 接近, 近寄, 授乳 ② 裁断時の伸び ③ 表面から削られた金属の層 ④ 《技》ゆとり, あそび

**припускáть** [不完] / **припустúть** -ущу́, -у́стишь 受過 -у́щенный [完] ① 《動》〈団〉к 与に〉近づける, 交尾させる, 授乳させる ② 〈団〉駆り立てる ③ (雨が)強まる, 降りだす ④ 〈団〉の寸法を大きくする ⑤ 〈団〉蒸して煮る

**припу́тывать** [不完] / **припу́тать** 受過 -анный [完] 《話》〈団〉巻き込む; (余計なことに)言及する

**припуха́ть** [不完] / **припу́хнуть** -нет -ух, -ухла [完] 少しふくれる

**припу́хлость** [女10] ふくれていること; 小さい腫れ物

**припу́хлый** [形] 少しふくれた

**припу́хнуть** [完] →припуха́ть

**прирабáтывать** [不完] / **прирабóтать** 受過 -бо́танный [完] 《話》〈団/俗〉(アルバイトで)稼ぐ

**при́работок** -тка [男2] 《話》副収入

**прирáвнивать** [不完] / **приравня́ть** 受過 -а́вненный [完] 〈団〉к 与に〉なぞらえる **//~ся** [完] / 〈к 与に〉似る, 類する

**прирастáть** [不完] / **прирасти́** -ту́, -тёшь 過 -рóс, -росла́ 能過 -ро́сший [完] ① 〈к 与に〉同化する, 付く ② 増加する **// прираще́ние** [中5]

**приревновáть** -ную́, -ну́ешь [完] 〈団〉к 与との関係で〉嫉妬し始める

**прирезáть, прире́зать** [不完] / **прире́зать** -е́жу, -е́жешь 受過 -занный [完] 〈団〉 ① (土地の境界を変えて)増やす ② 《話》切り殺す; とどめを刺す **// приреза́** [女2]

**прирезнóй** [形2] (土地が)割譲された

**прирезáть** [不完] = прирезáть

**прирéльсовый** [形1] 線路ぞいの

‡**приро́д|а** [プリローダ] [女1] 【nature】 ① 自然, 自然界; 天のカ: зако́ны -ы 自然の法則 | П-- одари́ла её красото́й. 天は彼女に美しさを与えた | на ло́не -ы 自然の懐に ② 自然環境; (都会を離れた)自然, 自然のある地域: се́верная -- 北方の自然 | охра́на -ы 自然保護 ③ (人間の)本性, 天性: челове́ческая -- 人間の本性 ④ 本質, 性質: -- социа́льных отноше́ний 社会的関係の本質 ◆**в -е веще́й** 当然だ, ものの道理だ | **от -ы** 生まれつき | **по -е** 性格的に, 天性において

‡**приро́дн|ый** [プリロードヌィ] [形1] 【natural, by birth】① 自然の, 天然の: -ые явле́ния 自然現象 | -ые бога́тства 天然資源 ② (民族・階級が)生まれながらの, 生まれた時からの ③ (性質・才能が)生まれつきの, 生来の

**природове́дение** [中5] 自然科学, 博物学 **// -ческий** [形3]

**природоохра́нный** [形1] 《公》自然保護の

**прирождённый** 短 -ён, -ённа [形1] 生来の

**приро́ст** [男1] 増加; (価格の)上昇

**приручáть** [不完] / **приручи́ть** -чу́, -чи́шь 受過 -чённый (-чён, -чена́) [完] 〈団〉手なずける **//~ся** [不完] / (人間に)なつく **// приручéние** [中5]

**приса́живаться** [不完] / **присе́сть**¹ -ся́ду, -ся́дешь 過 -сéл 能過 -сéвший 副分 -сéв [完] 少し座る, ちょっと腰かける

**приса́ливать** [不完] / **присоли́ть** -олю́, -о́лишь/-оли́шь 受過 -о́ленный [完] 《話》〈団〉少し塩を振る

**приса́сывать** [不完] / **присосáть** -сосу́, -сосёшь 受過 -сосáнный [完] 〈団〉吸い込む **//~ся** [不完] / [完] 吸いつく; すがりつく

**присва́ивать** [不完] / **присво́ить** -о́ю, -о́ишь 受過 -о́енный [完] ① 〈団〉横取りする, 横領する, 剽窃する ② 〈団〉を与に〉授与する

**при́свист** [男1] 口笛; シューシューという音

**присви́стывать** [不完] / **присви́стнуть** [сн] -ну, -нешь 命 -ни [完] 口笛を吹く; シューシューと音を立てながら話す

**присвое́ние** [中5] 横領, 着服, 剽窃; 授与

**присвóить** [完] →присва́ивать

**приседá|ть** [不完] / **присéсть**² -ся́ду, -ся́дешь 過 -сéл 能過 -сéвший 副分 -сéв [完] しゃがむ **//~ние** [中5]

**присéст** [男1] ♦**в [за] оди́н ~** 一気に

**присéсть** [完] →приса́живаться, приседа́ть

**Плисéцкая** (形3変化) [女] プリセツカヤ (Ма́йя Миха́йловна ~, 1925- ; バレリーナ)

**приска́зка** 複生 -зок [女2] おとぎ話の前置き, 話の枕; 口癖

**приска́кивать** [不完] / **прискакáть** -скачу́, -ска́чешь [完] ① (馬などが)はねてくる, 駆けてくる; (人が馬に乗って)やって来る ② 急いでやって来る, 飛んで来る

**приско́рбн|ый** 短-бен, -бна [形1] 悔やまれる, 遺憾な: **-***ая* ве́сть 悲報

**прискýчивать** [不完] / **прискýчить** -чу, -чишь [完] 《話》〈与を〉退屈させる, うんざりさせる

**присла́ть** [完] →присыла́ть

**присло́вье** 複生 -ий [中4] 《話》(面白くさせるために挿入する)諺, 慣用表現

**прислоня́ть** [不完] / **прислони́ть** -оню́, -о́нишь/-они́шь 受過-нённый (-нён, -нена́) [完] 〈К与に〉立てかける **//-ся** [不完] / [完] 〈К与に〉よりかかる

**прислýга** [女2] 家政婦, お手伝い, 女中

**прислýживать** [不完] 〈与に〉仕える, 奉仕する

**прислýживаться** [不完] / **прислужи́ться** -служýсь, -слýжишься [完] 《話》〈К与に〉取り入る, 機嫌をとる

**прислýжни|к** [男2] /**-ца** [女3] へつらう人

*прислýшиваться** [不完] / **прислýшаться** [完] ⟨listen, heed⟩ 〈К与に〉① 耳を澄ます, 耳を立てる: ~ к разгово́ру 話に耳を澄ます | Она́ останови́лась и *прислýшалась*. 彼女は立ち止まって聞き耳を立てた ② (感覚・心身の状態に)注意を払う, 聞き入る: ~ к бо́ли 痛みを気にする ③ 耳を傾ける, 耳を貸す: ~ к сове́там дрýга 友人の忠告に耳を貸す ④〈к与に〉聞き慣れる: ~ к ýличному шýму 街の騒音に慣れる

**присма́тривать** [不完] / **присмотре́ть** -отрю́, -о́тришь 受過-о́тренный [完] ①〈за圏を〉監督する ②《話》〈圏を〉見つける **//-ся** [不完] / [完] ①〈К与を〉観察する ② 目が慣れる

**присмире́ть** [完] おとなしくなる

**присмо́тр** [男1] 監督: быть под **-***ом* 囲 …に監督されている

**присмотре́ть(ся)** [完] →присма́тривать

**присни́ться** [完] →сни́ться

**присба́чивать** [不完] / **присба́чить** -чу, -чишь 受過-ченный [完] 《俗》付け加える

**присове́товать** -тую, -туешь [完] 《話》助言する

**присовокупл|я́ть** [不完] / **присовокупи́ть** -плю́, -пи́шь 受過-плённый (-лён, -лена́) [完] 《公》〈к与に〉添付切する **//-е́ние** [中5]

**присоедине́ние** [中5] ① 付加, 追加 ②《政》併合 ③〈к与への〉参加, 加盟, 合流, 賛同 ④〈電〉接続

**присоединя́ть** [不完] / **присоедини́ть** -ню́, -ни́шь 受過-нённый (-нён, -нена́) [完] 〈к与に〉接続する, 一緒にする

*присоединя́ться** [不完] / **присоедини́ться** -ню́сь, -ни́шься [完] ⟨join⟩ ①〈к与に〉合流する, 加わる, 一緒になる: Защи́тник *присоедини́лся* к сбо́рной. ディフェンダーが選抜チームに合流した | Я *присоединю́сь* к вам по́зже. 私も後で皆さんに合流します ②〈不完〉〔受身〕→присоединя́ть

**присоли́ть** [完] →приса́ливать

**присо́с** [男1] 吸い出すこと; 吸盤

**приса́сыва(ся)** [完] →приса́сывать

**присе́диться** -е́жусь, -е́дишься [完] 《話》〈К与の〉隣に座る

**присо́|сок** -ска [男2], **-ска** 複生 -сок [女2] 吸盤

**присо́хнуть** [完] →присыха́ть

**приспева́ть** [不完] / **приспе́ть** [完] (時が)来る

**приспе́шни|к** [男2] /**-ца** [女3] 《文》共犯者

**приспи́чить** -чит [完] 〔無人称〕《俗》〈与に〉〔不定形を〕しなければならない

**приспоса́бливаемость** [女10] 順応性

*приспоса́бливать, приспособля́ть** [不完] / **приспосо́бить** -блю -бишь 受過-бленный [完] ⟨adapt⟩〈圏を〉用いる, 使用する; 適応[順応]させる **//-е́ние** [中5]

**приспоса́бливаться, приспособля́ться** [不完] / **приспосо́биться** -блюсь, -бишься [完] 〈К与に〉適応する, 慣れる

**приспособи́тельный** [形1] 適応の, 順応の

**приспосо́бить(ся)** [完] →приспоса́бливать(ся)

**приспособле́нец** -нца [男3] 迎合主義者

*приспособле́ние** [中5] ⟨adaptation⟩ ① 適応, 順応; 使用 ② 器具, 装置

**приспосо́бленность** [女10] 順応性, 適応性

**приспосо́бленный** [形1] 順応しやすい

**приспособле́нчество** [中1] 迎合主義

**приспособля́емость** [女10] 順応性

**приспособля́ть(ся)** [不完] = приспоса́бливать(ся)

**приспуска́ть** [不完] / **приспусти́ть** -ущý, -ýстишь 受過-ýщенный [完] 少し下ろす

**при́став** 複-ы́/-а́ [男1] ①《露史》(革命前)警察署長 ② 監督官, 監視官

**пристава́ть** -таю́, -таёшь 命 -ва́й 副分 -ва́я [不完] / **приста́ть** -ста́ну, -ста́нешь [完] ⟨stick, adhere⟩ ①〈K与に〉付着する, くっつく ②〈к与に〉伝染する, 移る ③〈к与に〉付きまとう, せがむ: ~ как ба́нный лист う るさく付きまとう ④〈к与に〉合流する, ついて行く ⑤〈к与に〉接岸する ⑥〔3人称〕《通例否定》〈к与に〉似合う, ふさわしい: Не *приста́ло* мне без де́ла сиде́ть. 暇してるなんて私らしくない **//-ние** [中5]

**приста́вка** 複生 -вок [女2] ① 縫い足し ② 付属品 ③《文法》接頭辞 **//приста́вочный** [形1]

**приставля́ть** [不完] / **приста́вить** -влю, -вишь -вленный [完] 〈四〉① ぴったり寄せる ② 縫いつける ③ 監督者を付ける

**приставн|о́й** [形2] 立てかけ式の, 取りつけ式の: **-***ая* ле́стница 立てかけはしご | ~ стýл 補助椅子

**пристаю́щий** [形6] 《話》付きまとう

**при́стально** [副] 集中して, 注意深く, 根気強く

**при́стальный** 短 -лен, -льна [形1] (視線について) 凝らした, じっと見つめる

**пристани́ще** [中2] 避難所

**при́стан|ь** 複 -и, -е́й/-ей [女10] 埠頭, 岸壁 **∼ *ти́хая* ∼** 安楽な生活 **-ный** [形1], **-ский** [形3]

**приста́ть** [完] →пристава́ть

**пристёгивать¹** / **пристегнýть** 受過-стё́ганный [完] 仮縫いする

**пристёгива|ть²** [不完] / **пристегнýть** -нý, -нёшь 受過-тёгнутый [完] 〈四〉① (ボタンやホックで) 留める: ~ реме́нь безопа́сности シートベルトを締める ② 加える **//-ние** [中5]

**пристежно́й** [形2] ボタン[ホック]で留めるタイプの

**присто́йн|ый** 短-о́ен, -о́йна [形1] 上品な **//-ость** [女10] / **присто́йно** [副]: вести́ себя́ ~ 上品に振る舞う

**пристра́ивать** [不完] / **пристро́ить** -о́ю, -о́ишь -о́енный [完] ① 建て増す ② 配属する; 並ばせる **//-ся** [不完] / [完] 《話》場所を占める; 並ぶ

**пристра́стие** [中5] ① 熱愛, 執着 ② 予断, 先入観 ◆ *допроси́ть* с **-ием** 執拗に尋ねる

**пристрасти́ть** -ащý, -асти́шь 受過 -ащённый (-щён, -щена́) [完] 〈K与に対する〉愛着を抱かせる **//-ся** 〈К与に〉夢中になる

**пристра́стный** [сн] 短 -тен, -тна [形1] ①〈К与に〉大好きな ② 不公正な, 予断を持った

**пристра́чивать** [不完] / **пристрочи́ть** -очý, -о́чишь/-очи́шь 受過-о́ченный [完] 〈四〉(ミシンで)縫いつける

**пристре́ливать¹** [不完] / **пристрели́ть** -стрелю́, -стре́лишь 受過 -стре́ленный [完] 〈四〉撃ち

**пристре́ливать²** [不完] / **пристреля́ть** 受過 -éлянный [完] 〈В目〉〈軍〉試射する **// ~ся** [不完] [完]《軍》(試射をして) 照準を決める

**пристре́лка** 複生 -лок [女2] 《軍》試射

**пристреля́ть(ся)** [完] →пристре́ливать²

**пристро́ить(ся)** [完] →пристра́ивать

**пристро́йка** 複生 -о́ек [女2] 増築(した部分)

**пристрочи́ть** [完] →пристра́чивать

**пристру́нивать** [不完] / **пристру́нить** -ню, -нишь 受過 -ненный [完] 〈話〉〈В目〉厳しく教える

**пристука́ивать** [不完] / **пристукнуть** -ну, -нешь 受過 -тый [完] 〈話〉軽く叩く；〈俗〉〈В目〉殴り殺す

*__присту́п__ [男1] ① 着手 ② 突撃 ③ (病気の発作；(感情の)激変：~ а́стмы 喘息の発作 ｜~ я́рости 怒りが込み上げてくること

*__приступа́ть__ [不完] / **приступи́ть** -ступлю́, -сту́пишь 命〈К与〉〔set about〕① 着手する：~ к стройтельству стадио́на スタジアムの建設に着手する ｜ Приступи́м! さあ始めるぞ、それ ② 近づく **// ~ся** [不完] [完] 〈話〉近づく

**присту́пок** [男2], **присту́пка** 複生 -пок [女2] 階段, ステップ

**пристыди́ть** [完] →стыди́ть

**пристыжённый** 短 -жён, -жена́ [形1] 恥じ入った

**присужда́ть** [不完] / **присуди́ть** -ужу́, -у́дишь 受過 -уждённый (-дён, -дена́) [完] ① 〈Д与〉〈К与〉に判決を出す, 宣告する ② 〈В目〉〈Д与〉(引渡すよう) 宣告する ③ 〈В目〉〈Д与〉に授与する **// присужде́ние** [中5]

*__прису́тствие__ [ц] [プリスーツトヴィエ] [中5] 〔presence〕居合わせること, 出席；あること, 存在：~ на уро́ке 授業への出席 ｜ ~ га́за в жи́дкости 液体の中に気体が含まれていること ◆**в** -**ии** [р目]...のいるところで, 面前で：Собы́тие произошло́ *в* моём -*ии*. 事件は私のいるところで起こった ｜ **~ ду́ха** 平気心, 冷静さ

*__прису́тствовать__ [ц] [プリスーツトヴァヴァチ] -твую, -твуешь 命-твуй [不完] 〔present, attend〕出席する, いる, ある：~ на церемо́нии 式典に出席する ｜ На ры́нке *прису́тствует* восходя́щий тренд. 市場は上昇傾向だ

*__прису́тствующий__ [ц] [形6変化] [能過 < прису́тствовать] [男名] / **-ая** [女名] 出席者

**прису́шивать** [不完] / **прису́шить** -сушу́, -су́шишь [完] 〈В目〉① 〈俗〉(魔法で)恋に落とす ② 少し乾かす

*__прису́щий__ 短 -ущ [形6] 〔inherent〕〈Д与〉に特有の：пробле́мы, -ие го́роду 都市特有の問題 ｜ Чу́вство ю́мора -*е* всем. ユーモアのセンスは誰にでもある

**присчи́тывать** [щ] [不完] / **присчита́ть** [щ] 受過 -счи́танный [完] 〈В目〉加算する **// присчёт** [男1]

*__присыла́ть__ [プリスィラーチ] [不完] / **присла́ть** [プリスラーチ] -ишлю́, -ишлёшь 命 -ишли́ [完] 〈В目〉〔send〕〈Д与〉(郵便で・人を介して)届ける, 送ってよこす：~ письмо́ 手紙を送ってくる ｜ Мне *присла́ли* пода́рок. 私にプレゼントが届けられた ②〈В目〉派遣する, つかわす：~ помо́щника 助手を派遣する **// ~ся** [不完] [受身]

**присы́лка** 複生 -лок [女2] 送付；派遣

**присыпа́|ть** [不完] / **присы́пать** -плю, -плешь -пешь, ... -плют/-пят 命 -пь 受過 -анный [完] 〈В目/В目〉в〈В目〉を〈В目〉に〈В目/В目〉薄く撒く；〈В目/В目〉近くに撒く **// -ние** [中5]

**присы́пка** 複生 -пок [女2] 撒いて加えること；薬用パウダー

**присыха́ть** [不完] / **присо́хнуть** -ну, -нешь 命 -ни過-о́х, -о́хла 能過 -хший 副分 -ув [完] 乾いてこびりつく；《俗》〈К与〉に熱愛するようになる

**прися́г|а** [女2] 誓い, 宣誓：принести́ -у 宣誓する

**присяга́ть** [不完] / **присягну́ть** -ну́, -нёшь [完] 〈В目〉в目 を誓う

**прися́дка** 複生 -док [女2] (民族舞踊の)しゃがんで足を交互に出す動き

**прися́ж|ный** [形1] ① 宣誓の ② 《話》いつもの ③ [男名] 陪審員 ■ **суд -ых** 陪審裁判

**прита́иваться** [不完] / **притаи́ться** -таю́сь, -таи́шься 命 -таи́сь [完] 隠れる

**прита́ливать** [不完] / **притали́ть** -лю, -лишь 受過 -ленный [完] 〈В目〉ウェストに合うように詰める

**пританцо́вывать** [不完] 《話》踊るように動く

**прита́птывать¹** [不完] 《話》足で拍子を取る

**прита́птывать²** [不完] / **притопта́ть** -топчу́, -то́пчешь 受過 -то́птанный [完] 〈В目〉踏みにじる

**прита́скивать** [不完] / **притащи́ть** -ащу́, -а́щишь 受過 -а́щенный [完] 〈В目〉引っ張って行く；《話》無理に連れてくる **// ~ся** [不完] [完] 《話》やっとのことでたどり着く；《俗》(来なくていい人が)やって来る

**прита́чивать** [不完] / **притача́ть** 受過 -та́чанный [完] 〈В目〉縫いつける

**притащи́ть(ся)** [完] →прита́скивать

**притво́р** [男1] 教会の入り口部分 (階段の手前)

**притво́ра** (女1変化) [男・女] [話] 偽善者

**притвори́ть(ся)¹** [完] →притворя́ть(ся)¹

**притво́рн|ый** 短 -рен, -рна [形1] 偽りの **// -ость** [女10]

**притво́рство** [中1] 真実らしく見せかけること；偽り

**притво́рщи|к** [男2] / **-ца** [女2] 偽善者

**притворя́ть¹** [不完] / **притвори́ть** -творю́, -тво́ришь 受過 -тво́ренный/-творённый (-рён, -рена́) [完] 〈В目〉そっと閉じる **// ~ся¹** [不完] [完] そっと閉まる

**притворя́ться²** [不完] / **притвори́ться²** -рю́сь, -ри́шься [完] 〈Вой〉...のふりをする, ...を装う

**притека́ть** [不完] / **прите́чь** -еку́, -ечёшь, ...-еку́т 命 -еки́ 過 -тёк, -текла́ 能過 -тёкший 副分 -тёкши [完] 流れてくる；〈旧〉(大量に)やって来る

**притере́ть(ся)** [完] →притира́ть(ся)

**притерпе́ться** -терплю́сь, -те́рпишься [完] 〈К与〉に慣れる

**притёртый** [形1] ぴったりはっている

**притесне́н|ие** [中5] 抑圧を；(不当な)束縛：терпе́ть -*ия* 迫害を受ける

**притесни́тель** [男5] 〔文〕抑圧者

**притесня́ть** [不完] / **притесни́ть** -ню́, -ни́шь 受過 -нённый (-нён, -нена́) [完] 〈В目〉抑圧する；(権利や自由を不当に)制限する

**прите́чь** [完] →притека́ть

**притира́ть** [不完] / **притере́ть** -тру́, -трёшь 過 -тёр, -тёрла 能過 -тёрший 受過 -тёртый 副分 -рёв/-тёрши [完] 〈В目〉(磨きながら)はめ込む **// -ние** [中5]

**притира́ться** [不完] / **притере́ться** -тру́сь, -трёшься 過 -тёрся, -тёрлась 能過 -тёршийся 副分 -тёршись [完] ① (磨られて)ぴったりはまる ② 〈К与〉に慣れる

**прити́рка** [女2] 研磨、ラップ仕上げ

**прити́скивать** [不完] / **прити́снуть** -ну, -нешь 受過 -ни 受過 -тый [完] 〈話〉〈В目〉押しつける

**притиха́ть** [不完] / **прити́хнуть** -ну, -нешь 命 -ни 過 -и́х, -и́хла 能過 -хший 副分 -ув [完] 静まる

**приткну́ть(ся)** [完] →притыка́ть(ся)

**прито́к** [男2] ① (大量の)流入, 加入 ② 支流

**прито́лока** [女2] [建] 鴨居 (扉の上の横木)

*__прито́м__ [接] 〔and besides〕《しばしばи, да,

**приходиться**

**а**と共に)そのうえ、しかも: Это о́чень легко́ скача́ть, ~ беспла́тно. これはダウンロードがとても簡単なうえに無料だ

**притомля́ть** [不完] / **притоми́ть** -млю́, -ми́шь 受過-млённый (-лён, -лена́) [完] 《俗》疲れさせる **//~ся** [不完] / [完] 《俗》疲れる

**прито́н** [男1] 巣窟

**прито́птывать, притопты́вать** [不完] / **прито́пнуть** -ну, -нешь 命 -ни [完] 軽く足を鳴らす、足でリズムを取る

**приторго́вывать** [不完] / **приторгова́ть** -у́ю, -у́ешь 受過 -о́ванный [完] 《話》①(商/品)の値段の交渉をする ②《不完》〈囲〉を(副業で・時々)商う、商売する

**приторма́живать** [不完] / **приторомози́ть** -ожу́, -ози́шь 受過 -ожённый (-жён, -жена́) [完] 《話》〈囲〉に少しブレーキをかける

**прито́рн|ый** 短 -ен, -рна [形1] ①(味・匂いが)甘すぎる、甘ったるい ②愛想よすぎる、感傷的な **//-ость** [女10]

**прито́чный** [形1] 流入する、流入の

**притра́гиваться** [不完] / **притро́нуться** -нусь, -нешься [完] 〈к囲〉に触れる

**притули́ться** -лю́сь, -ли́шься [完] 《話》(何とか)居場所をつける

**притупл|я́ть** [不完] / **притупи́ть** -туплю́, -ту́пишь / -тупи́шь 受過 -ту́пленный / -туплённый (-лён, -лена́) [完] 〈囲〉①切れなくする、鈍らせる ②弱める **//~ся** [不完] / [完] ①切れなくなる、鈍る ②弱る **//-е́ние** [中5]

**притуши́ть** -тушу́, -ту́шишь 受過 -ту́шенный [完] 〈囲〉消す、弱める

**притч|а** [女4] 箴言、寓話、たとえ話;《話》不可解な出来事 ◆ ~ **во язы́цех** 〈女5〉噂の種 **//-е́вый** [形1]

**притыка́ть** [不完] / **приткну́ть** -ну́, -нёшь 受過 при́ткнутый [完] 《話》〈囲〉留める

**притыка́ться** [不完] / **приткну́ться** -ну́сь, -кнёшься [完] 《話》〈囲〉居場所を見つける

**притяга́тельн|ый** 短 -лен, -льна [形1] 《文》魅力的な **//-ость** [女10]

**притя́гивать** [不完] / **притяну́ть** -тяну́, -тя́нешь 受過 -тя́нутый [完] 〈囲〉①引き寄せる ②《話》魅了する ③責任を取らせる

**притяжа́тельн|ый** [形1] 《文法》物主の、所有の: **-ые** прилага́тельные 物主形容詞; **-ые** местоиме́ния 物主[所有]代名詞; ~ паде́ж (英語などの)所有格

**притяже́ние** [中5] 引力

**притяза́ние** [中5] 《文》請求、要求

**притяза́ть** [不完] 〈на囲〉を要求する、欲しがる

**притяну́ть** [完] →притя́гивать

**приударя́ть** -уда́рю, -уда́ришь [完] 《俗》①急いでやり始める ②〈за囲〉を口説き始める

**приукра́шивать** [不完] / **приукра́сить** -а́шу, -а́сишь 受過 -а́шенный [完] 〈囲〉飾る、美化する、誇張する **//~ся** [不完] / [完] 着飾る、美しく見せる

**приуменьш|а́ть** -шу, -ши́шь сов -ши́ -шенный [完] 《文》〈囲〉少し減らす **//-е́ние** [中5]

**приумнож|а́ть** [不完] / **приумно́жить** -жу, -жишь 受過 -женный [完] 〈囲〉さらに増やす **//~ся** [不完] / [完] 《文》さらに増える **//-е́ние** [中5]

**приумолка́ть** [不完] / **приумо́лкнуть** -мо́лкну, -мо́лкнешь 過 -мо́лк/-мо́лкнул, -мо́лкла [完] しばらく黙る

**приуны́ть** [完] 《話》がっかりする

**приуро́чивать** [不完] / **приуро́чить** -чу, -чишь 受過 -ченный [完] 〈囲〉を〈к囲の時期に〉合わせる

**приуса́дебный** [形1] 家に伴う

**приуста́ть** -а́ну, -а́нешь [完] 《話》少し疲れる

**приути́хнуть** [不完] / **приути́хнуть** -ну, -нешь 過 -и́х, -и́хла [完] 静かになる

**приуч|а́ть** [不完] / **приучи́ть** -учу́, -у́чишь 受過 -у́ченный 〈囲〉к囲〉に慣らす **//~ся** [不完] / [完] 〈不定形〉(不完)に慣れる、覚える(научи́ться) **//приуче́ние** [中5]

**прифронтово́й** [形2] 前線近くの

**прихва́рывать** [不完] / **прихворну́ть** -орну́, -орнёшь [完] 《話》(軽い)病気にかかる

**прихва́стывать** [不完] / **прихвастну́ть** [сн] -ну́, -нёшь [完] 《話》(少し)自慢する

**прихва́тывать** [不完] / **прихвати́ть** -хвачу́, -хва́тишь 受過 -хва́ченный [完] 〈囲〉①つかむ、縛りつける ②《話》襲う ③《話》持って行く ④〈囲/日〉を手に入れる

**прихворну́ть** [完] →прихва́рывать

**прихво́стень** -тня [男5] へつらう人

**прихлеба́тель** [男5] へつらう人;居候

**прихлёб|ывать** [不完] / **прихлебну́ть** -ну́, -нёшь 受過 -тый [完] 〈囲〉ちびちび飲む

**прихло́пывать** [不完] / **прихло́пнуть** -ну, -нешь 命 -ни 受過 -тый [完] 〈囲〉①軽く叩く ②《話》〈囲〉ばたりと閉じる;挟む ③《話》〈囲〉殺す

**прихлы́нуть** -нет [完] 押し寄せる

*****прихо́д** [男1] (coming) ①到着、到来 ②収入 ③《正教》教区

*****приходи́ть** [приходи́т'] -ожу́, -о́дишь, ...-о́дят -ди́ [不完] / **прийти́** [приjти́-] приду́, придёшь 命 приди́ 過 пришёл, -шла́ 能過 прише́дший 副分 придя́ [完] (★ 動詞自体は進行中を示すので、反復、到着予定を表す)(come, arrive) ①(歩いて)到着する、来る;(乗物が)着く;(職業などに)入る: ~ в гости́ницу ホテルに着く | Сейча́с я приду́ к вам. ただいま参ります | Вчера́ она́ пришла́ домо́й по́здно. 彼女はきのう帰宅するのが遅かった | По́езд пришёл по расписа́нию. 列車は時刻表通りに到着した | ~ во флот 海軍に入る ②届く、着く: Письмо́ придёт че́рез неде́лю. 手紙は1週間後に届くだろう ③(時間・季節などが)到来する、訪れる: Пришла́ весна́. 春が来た ④(事態・考えなどが)起こる、生じる: Беда́ пришла́. 困ったことになった ⑤〈в囲〉ある状態・状況になる、入る: ~ в я́рость 激怒する | ~ в упа́док 衰退する ⑥〈к囲〉結果・結論などに達する: ~ к соглаше́нию 合意に達する

◆~ **в го́лову [на у́м]** ...の頭に思い浮かぶ、よぎる | ~ **в себя́** (1)意識を回復する (2)平静を取り戻す、我に返る | ~ **на по́мощь** 途方に暮れる | ~ **на вы́ручку** [вы́ручку] 救援に駆けつける

*****приходи́ться** [прихади́цца] -ожу́сь, -о́дишься, ...-о́дятся -ди́сь [不完] / **прийти́сь** [приjти́с'] придусь, придёшься 命 приди́сь, -шла́сь 能過 прише́дшийся [完] ①合う、適合する: Сапоги́ пришли́сь как раз по ноге́. ブーツは足にぴったりだった ②(3人称)当たる;(時間的に)重なる、当たる: Уда́р пришёлся ему́ по плечу́. 打撃は彼の肩に当たった | Пра́здник пришёлся на воскресе́нье. 祝日が日曜日に重なった ③《無人称》〈日〉は〈不定形〉…しなければならない、せざるを得ない: Ему́ пришло́сь отказа́ться от по́мощи. 彼は援助を断らざるを得なかった | Вам э́то придётся до́лго ждать. 長く待たされはしないでしょう ④《無人称》〈日〉は〈不定形〉することになる、めぐり合わせになる: Ей не пришло́сь бо́льше уви́деться с ним. 彼女は2度と彼に会うことはなかった | Им пришло́сь нелегко́ на чужби́не. Они́ 彼らは異郷でつらい思いをした ⑤《ある数量にしろる》. На мою́ до́лю *прихо́дится* ты́сяча рубле́й. 私の分は1000ルーブルになる ⑥《話》(値段が)かかる: Пиджа́к *пришёлся* до́рого. そのジャケットは高かった ⑦《придётся の形で, кто, что, как, где, когда́ などの疑問代名詞・副詞と共に》いい加減に, 適当に, 行き当たりばったりに: что *придётся* 何でも適当なものを | ночева́ть где *придётся* 行き当たりばったりのところに泊まる ⑧《不完》《В の意に》(血縁関係で)にあたる: Она́ мне *прихо́дится* тётей. 彼女は私のおばに当たる ◆ **прийти́сь кста́ти** (1) とんぴしゃだ, うってつけだ (2) 必要な時に現れる, 渡りに船だ | **прийти́сь по вку́су [душе́]** В の…の気に入る, 好みに合う

**прихо́дно-расхо́дн|ый** [形1] 収支の, 出納の: *-ая кни́га* 会計簿

**прихо́дн|ый** [形1] < прихо́д: *-ая кни́га* 領収書帳

**прихо́довать** -дую, -дуешь [不完] / **за~, о~** [完] ⟨В⟩(帳簿の)収入欄に記入する

**прихо́дский** [ц] [形3]《正教》教区の

**прихо́дящий** [形3] 通ってくる

**прихожа́н|ин** 複 -а́не, -а́н [男10] / **-ка** 複 -нок [女2]《正教》教区の(一般)信者

*****прихо́жая** (形2 変化) [女] 《hall, lobby》玄関, 控えの間: *снять шу́бу в -ей* 玄関でコートを脱ぐ

**прихора́шивать** [不完]《話》⟨В⟩美しく飾る

**прихотли́в|ый** 短 -и́в [形1] 気まぐれな; ごてごてした

**при́хоть** [女10] 気まぐれ

**прице́л** [男1] 照準(器) ◆ **взять 図 на ~** …に注意を向ける ∥**~ьный** [形1]

**прице́лива|ться** [不完] / **прице́литься** -люсь, -лишься [完] ⟨в В⟩に照準を定める, 狙う ∥**-ние** [中5]

**прице́ниваться** [不完] / **прицени́ться** -це́нюсь, -це́нишься [完]《話》⟨к В⟩の値段を聞く

**прице́п** [男1] ① 連結 ②《車》連結できる車両, トレーラー ∥**~ной** [形2]

**прице́пка** 複 -пок [女2] ① 連結 ②《俗》言いがかり

**прицепл|я́ть** [不完] / **прицепи́ть** -цеплю́, -це́пишь 受過 -це́пленный [完] ⟨В⟩連結する;《話》⟨バッジなどを⟩留める ∥**~ся** [不完] / [完] ① くっつく ②《俗》言いがかりをつける, 付きまとう

**прича́л** [男1] ① 係留 ② 埠頭, 係留所 ③ (係留用)ロープ

**прича́лива|ть** [不完] / **прича́лить** -лю, -лишь 受過 -ленный [完] ① ⟨В⟩係留する ② (船などが)接近する, 接岸する ∥**-ние** [中5]

**прича́стие** [中5] ①《教会》聖体拝領, 聖体 ②《文法》分詞, 形動詞

**прича́стить(ся)** [完] → причаща́ть

**прича́стн|ый** [сн] 短 -тен, -тна [形1] ①《文》⟨к В⟩に関係(している): ~ *к преступле́нию* 共犯の ②《文法》分詞の, 形動詞の ∥**-ость** [女10] ⟨к В⟩の関与

**причаща́ть** [不完] / **причасти́ть** -ащу́, -асти́шь 受過 -ащённый (-щён, -щена́) [完]《教会》⟨В⟩に聖体を拝領させる ∥**~ся** [不完] / [完]《教会》聖体拝領する

**причаще́ние** [中5]《教会》聖体拝領

*****причём** [プリチョーム] 《in addition》①[接] そのうえ, しかも, さらに, おまけに, 加えて: Бы́ло хо́лодно, ~ *пошёл до́ждь*. 寒かった, おまけに雨まで降りだした | *Она́ краса́вица, ~ у́мная.* 彼女は美人なうえに頭もいい ②[副] なんでまた, どういうわけで: *П— тут я?* 私に何の関係があるというのか | *П— здесь во́зраст?* なんだって年齢の話を持ち出すの

**причеса́ть(ся)** [完] → причёсывать

**причёска** 複さ -сок [女2] ① 調髪 ② 髪型

**приче́сть** [完] → причита́ть²

*****причёсыва|ть** [不完] / **причеса́ть** -чешу́, -че́шешь 受過 -чёсанный [完]⟨comb [brush] hair⟩⟨В の⟩髪をとかす ∥**~ся** [不完] / [完] ① 自分の髪をとかす, 調髪する ②《不完》⟨受身⟩

**приче́тник** [男2]《教会》下級の聖職者

*****причи́н|а** [プリチーナ] [女1] ⟨cause, reason⟩① 原因, 起因: ~ *пожа́ра* 火事の原因 | *вы́яснить -у* 原因を解明する ② 理由, わけ, 根拠: *уважи́тельная ~* もっともな理由 | *По како́й ~?* 何の理由で | *Она́ засмея́лась без -ы*. 彼女はわけもなく笑いだした ◆ **по -е** В …が原因で | **по -е того́, что... = по той (просто́й) -е, что...** …であるために

**причинда́лы** -ов [複]《俗・戯》機器具, 器具

**причини́ть** [完] → причиня́ть

**причи́нность** [女10] 因果関係

**причи́нный** [形1] 因果の, 原因となる

*****причин|я́ть** [不完] / **причини́ть** -ню́, -ни́шь 受過 -нённый (-нён, -нена́) [完]⟨cause⟩⟨В⟩もたらす, 引き起こす, 及ぼす: ~ *уще́рб* 損害を与える | ~ *беспоко́йство* [неудо́бство] ⟨Д⟩…に心配をかける | ~ *неудо́бство* [неудо́бства] ⟨Д⟩…に迷惑をかける ∥**~ся** [不完] / [完] ① (人に)起こる ②《不完》⟨受身⟩

**причита́ние** [中5]《民俗》号泣, (葬式・婚礼の)泣き歌 (плач)

**причита́ть¹** [不完]《民俗》号泣する; (葬式・婚礼の)泣き歌を歌う

**причита́ть²** [不完] / **приче́сть** -чту́, -чтёшь 過 -чёл, -чла́ 受過 -чтённый (-тён, -тена́) [完]《話》⟨к В⟩に加算する

**причита́ться** [不完]《3人称》⟨В⟩に支払うべきだ;《話》⟨с В⟩から支払わなければならない

**причи́тывать** [不完] = причита́ть²

**причмо́кива|ть** [不完] / **причмо́кнуть** -ну, -нешь 完 -ни [完] 唇を鳴らす ∥**-ние** [中5]

**причт** [男1] (同じ教会の)聖職者たち

**причу́да** [女1] 気まぐれ; 不思議な現象

**причу́диться** [完] → чу́диться

**причу́длив|ый** 短 -ив [形1] 風変わりな;《話》気まぐれな ∥**-ость** [女10]

**пришварто́вы|вать** [不完] / **пришвартова́ть** -ту́ю, -ту́ешь 受過 -о́ванный [完] 係留する ∥**~ся** [不完] / [完] 係留される

**пришё́л|ец** -льца [男3] / **-ица** [女3] よそもの; 宇宙人

**пришепётывать** [不完]《話》(с を ш と発音して)舌足らずで話す

**пришёптывать** [不完] ⟨В⟩(何かしながら)ささやく

**пришиба́ть** [不完] / **пришиби́ть** -бу́, -бёшь 過 -ши́б, -ши́бла 受過 -ши́бленный [完] ⟨В⟩殴って傷つける, 殴り殺す (精神的に)まいらせる

**приши́бленный** [形1]《話》打ちひしがれた

**пришива́ть** [不完] / **приши́ть** -шью́, -шьёшь 受過 -ше́й 受過 -тый [完] ⟨В⟩① 縫いつける ② 打ちつける ③ ⟨В⟩を⟨Д⟩のせいにする, 濡れ衣を着せる ④《俗》殺す ◆ **~ к де́лу** 事件に巻き込む ∥**приши́вка** [女2]

**пришивно́й** [形2] 縫いつけられた

**приши́ть** [完] → пришива́ть

**пришли́** ①[過 去・複] < прийти́ ②[命令] < присла́ть

**при́шлый** [形1] よそから来た

**пришпи́ливать** [不完] / **пришпи́лить** -лю, -лишь 受過-ленный [完]〈到〉ピンで留める

**пришпо́ривать** [不完] / **пришпо́рить** -рю, -ришь 受過-ренный [完]〈到〉拍車をかける

**прищёлкивать** [不完] / **прищёлкнуть** -ну, -нешь 受過-тый [完]《話》〈造〉〈指・舌〉を軽く鳴らす

**прищемля́ть** [不完] / **прищеми́ть** -млю, -ми́шь 受過-млённый [лён, -лена́] [完]〈到〉挟む

**прищемля́ть** [不完] → **прищемля́ть**

**прище́пка** 複生-пок [女2] 挟んで固定すること; 洗濯ばさみ

**прищепля́ть** [不完] / **прищепи́ть** -плю́, -пи́шь 受過-плённый [лён, -лена́] [完]〈到〉挟んで固定する;《園芸》接ぎ木する **// прищёп** [男1]

**прищёпок** -пка [男2]《園芸》(接ぎ木用の) 接ぎ穂

**прищу́р** [男1]《話》細めた目

**прищу́ривать** [不完] / **прищу́рить** -рю, -ришь 受過-ренный [完]〈到〉〈目〉を細める **// -ся** [不完] / [完] 目を細める

**прищу́чивать** [不完] / **прищу́чить** -чу, -чишь [完]《俗》〈到〉叱る

*__прию́т__ [男1] [shelter, refuge] ① 避難所, 休息所 ② 養護施設, 介護施設, 保護施設: де́тский ~ 孤児院 ‖ **~ский** [ц] [形3]

**приюти́ть** -ючу́, -юти́шь [完]〈到〉庇護する, 安らげるようにする **// -ся** [完] 身を寄せる, 安らぐ

*__прия́тель__ [プリヤーチェリ] [男5] / **~ница** [女3] [friend] ① 親しい知人, 友人: ста́рый ~ 古くからの友人 ②《男》《話》君, あんた (知らない人への親しげな呼びかけ): Эй, ~, посторони́сь! おい, 君, どいてくれ

**прия́тельский** [形3] 友人の; 親しい, 仲のよい

*__прия́тно__ [プリヤートナ] [1]《副》心地よく, 愉快に:《話》Мы ~ провели́ ве́чер. 私たちは楽しい一晩を過ごした ②《無人述》〈与に〉快い, 愉快だ: Мне ~ гуля́ть в лесу́. 森を散歩するのは気持ちがいい ◆__Очень ~.__《初対面の挨拶》お目にかかれてうれしいです, どうぞよろしく

*__прия́тный__ [プリヤートヌイ] 短-тен, -тна 比-нее [形1] [nice, pleasant] ① 快い, 愉快な, 満足をもたらす: ~ за́пах いい匂い | -ая но́вость 朗報 ② 魅力的な, 感じのいい, 好感を与える: У неё -ая вне́шность. 彼女は感じのいい容姿をしている **// -ость** [女10]

*__про__ [プラ]〔前〕 [about, for] ①…について, …に関して (→о 比較): фи́льм ~ любо́вь 恋愛映画 | разгово́ры ~ пое́здку 旅行とかのおしゃべり ②《旧・俗》…のために, …向けに: Э́то не ~ меня́ пи́сано. よくわからない (← 私のために書かれたのではない) | проду́кты ~ запа́с 非常食, 保存食 ③《旧》《予定期間》…に対して (на) ~ ко́нтра ◆__ни за что́, ни про что́__ 無駄に, いたずらに

**ПРО** [プロー]〔略〕противораке́тная оборо́на ミサイル防衛, MD

**про..**〔接頭〕 I《動詞》①「通す」「貫く」: проби́ть 穴を開ける ②「通過する」「過ぎる」: пройти́ 通り抜ける ③「全体を」「十分に」: протере́ть 十分に暖める ④《ある期間[距離]》を「しばらく」「少し」: прорабо́тать всю́ жи́знь 一生働く ⑤「ある方向に向かって」: провести́ (線を引く) ⑥「尽くす」「費やす」: прома́слить 油をしみ込ませる | пропи́ть 酒代に費やす ⑦「逸する」「…逃す」「…こぼす」: пробусти́ть 通す, 逃す | проли́ть こぼす ⑧《完了体を形成》 II《名詞・形容詞》「…支持の」「…寄り」の: проевропе́йский 欧州寄りの III《名詞》①「間にある」: просте́нок 窓間壁 (まどあいかべ) (窓と窓, 扉と扉の間の壁) ②《色に関して》「…っぽい」: проже́лть 黄色味, 黄ばみ ③「副…」「代理」「予備…」な: проре́ктор 副学長

**проамерика́нский** [形1]《政》親米的な, アメリカ寄りの

**проанализи́ровать** [完] → **анализи́ровать**

*__про́ба__ [女1] [trial, test] ① 試すこと, 試験: на -у 試みに ② 試料, サンプル ③ (貴金属の) 品位, 純分; (それを示す) 刻印 ◆__вы́сшей -ы__ 最高水準

**проба́вляться** [不完]《話》〈造で〉済ます, 我慢する

**проба́лтывать** [不完] / **проболта́ть** 受過-бо́лтанный [完]《話》①〈到〉うっかり漏らす ② おしゃべりをして過ごす **// -ся** [不完] / [完]《話》①〈造で〉口をすべらす ② 何もせずに過ごす

**проба́сить** -ашу́, -аси́шь [完] 低音で言う

**пробе́г** [男2] 走行, 運行; 競争; 走行距離

**пробега́ть** [完] 走り回る

**пробега́ть** [不完] / **пробежа́ть** -егу́, -ежи́шь, … -егу́т 命-еги́ [完] ① 走って通り過ぎる, 走り抜ける: ~ ми́мо до́ма 家のそばを走り過ぎる | Они́ *пробежа́ли* чере́з поля́ну. 彼らは草地を走り抜けた ②〈到〉ある距離を〉走る, 走り通す: Ка́ждый день он *пробега́ет* пять киломе́тров. 彼は毎日5キロ走っている ③ (涙が) 流れる, こぼれる ④ 現れて消える, 通り過ぎる: По те́лу *пробежа́ла* дро́жь. 体に震えが走った | *Пробежа́л* ве́терок. そよ風が吹きぬけて行った ⑤ (しわ・ひびなどが) 急速にできる, 現れる: По льду *пробежа́ла* тре́щина. 氷に亀裂が走った ⑥ (時が) 早く過ぎる: Бы́стро *пробежа́ло* ле́то. またたく間に夏は過ぎ去った ⑦《話》〈到〉走り読みする: ~ глаза́ми письмо́ 手紙にざっと目を通す ⑧《話》〈по に〉〈指・手〉をすべるように走らせる: ~ па́льцами по кла́вишам роя́ля ピアノの鍵盤に指を走らせる

**пробежа́ться** -егу́сь, -ежи́шься, …, -егу́тся命-еги́сь [完] ①《話》〈по 〉(準備運動ために) 少し走る ②《話》《по 与に》〈指・手〉をすべるように走らせる **// пробе́жка** 複生-жек [女3]

**пробе́л** [男1] ① 余白, 字間, 行間; {IT}スペース ② 欠点, 欠陥

**пробива́ть** [不完] / **проби́ть** -бью́, -бьёшь 命-бе́й 受過-тый [完][pierce, punch]〈到〉① 叩いて穴を開けする; 突き抜ける ② 実現する, 出せす ◆__~ себе́ доро́гу__ 前進する, 出せす **// ~ся** [不完] / [完] ① 突き抜ける ②《不完》〔受身〕 **// -ние** [中5]

**пробива́ться** [不完] / **проби́ться** -бью́сь, -бьёшься 命-бе́йся [完] ① 突破する; 現れる ②《話》努力する; 生き延びる

**проби́вка** [女2] 押し抜き, 打ち抜き

**пробивно́й** [形2] 貫通する;《話》粘り強い

**пробира́ть** [不完] / **пробра́ть** -беру́, -берёшь 過-бра́л, -брала́, -бра́ло 受過 пробранный [完]〈到〉①…に浸透する ② 叱る ③ 除草する

**пробира́ться** [不完] / **пробра́ться** -беру́сь, -берёшься 命-бери́сь 過-бра́лся, -брала́сь, -брало́сь/-брало́сь [完] ① (苦労して) 通り抜ける ② こっそり通り抜ける, 忍び込む

**проби́рка** 複生-рок [女2] 試験管 **// -очный** [形1]

**проби́рный** [形1] 試金の, 刻印のための

**проби́ть(ся)** [完] → **пробива́ть(ся)**

*__про́бка__ 複生-бок [女2] [cork, stopper] ① コルク ② 流れを止めるもの, 栓 ③《話》交通渋滞: На шоссе́ стра́шная ~. 街道はひどい渋滞だ ④《電》ヒューズ **// про́бочный** [形1]

**про́бковый** [形1] コルクの

*__пробле́ма__ [プラブリェーマ] [女1] [problem] ① (解決・研究すべき) 問題: экологи́ческие -ы 環境問題 | постано́вка -ы 問題の提起 | реша́ть -у 問題を解決する ② 難題, 難問: Э́то не ~! そんなことは大したことではない ◆__Нет пробле́м!__ 大丈夫だ, ノープ

ロブレム | **без пробле́м** (1)簡単に (2)《話》いいですよ、かまいません **//–ный** [形1]〈①〉

**проблема́тика** [女2]《集合》問題(群)

**проблемати́|чный** 短 -чен, -чна [形1], **–чески** [形3]《文》まだ問題となっている ②疑わしい

**про́блеск** [男2] 閃光;〈田 の〉かすかな出現 **//–овый** [形1]

**проблёскивать** [不完]/**проблесну́ть** -нёт [完] 閃く

**про́бный** [形1] ①試験の ②(貴金属の純度を示す)刻印のある

*проб́овать [プローバヴァチ] -бую, -буешь [不完]/**попро́бовать** [パプローバヴァチ] 受過 -анный [完][test] ①〈砌〉試す, テストする: ～ свои́ си́лы в а́вторучку 万年筆の試し書きをする ②味見する, 試食[試飲]する: ～ суп スープの味見をする ③〈不定形〉しようと試みる, 努める: Он про́бовал объясни́ть свой взгляд. 彼は自分の見解を説明しようと試みた ◆**попро́буй(те) (то́лько)**《俗》《脅し・警告》やれるものならやってみな **//–ся** [不完][受身]〈①②〉

**пробода́ть** [完]〈砌〉角で突く

**проби́на** [女1] 裂け目

**пробо́й** [男6] 貫通; 錠: идти́ на ～ 無理に通る

**пробо́йник** [男2] 穴開け器

**пробо́йный** [形1] 錠前の

**проболе́ть**[1] -е́ю, -е́ешь [完] しばらく病気をする

**проболе́ть**[2] -ли́т [完] しばらく痛む

**проболта́ть(ся)** [完] →проба́лтывать

**пробо́р** [男1] 髪の分け目: де́лать ～ 髪を分ける

**пробормота́ть** [男2] →бормота́ть

**про́бочный** [形1]《俗》栓抜き

**проб́расывать** [不完]/**пробр́осить** -о́шу, -о́сишь 受過 -о́шенный [完]《話》①〈砌〉勘定する ②計算間違いをして払いすぎる

**проб́расываться** [不完]《話》〈胆〉を投げて的を外す

**пробра́ть(ся)** [完] →пробира́ть(ся)

**пробро́сить** [完] →пробра́сывать

**пробуди́ть** [完] →буди́ть

**пробужда́ть** [不完]/**пробуди́ть** -бужу́, -бу́дишь/-буди́шь 受過 -бужде́нный (-ден, -дена́) [完]《雅》起こす, 目覚めさせる, 覚醒させる

**пробужда́ться** [不完]/**пробуди́ться** -бужу́сь, -бу́дишься [完]《文》目を覚ます; やる気が起きる

**пробужде́ние** [中5] 目覚め, 覚醒

**пробуксо́вывать** [不完]/**пробуксова́ть** -су́ет [完]《俗》(仕事などが)停滞する **// пробуксо́вка** [女2]

**пробура́вить** [完] →бура́вить

**пробури́ть** [完] →бури́ть

**пробурча́ть** [完] →бурча́ть

**пробы́ть** -бу́ду, -бу́дешь 過 про́был/-бы́л, -была́, про́было/-бы́ло [完] 滞在する, 過ごす

**провайдер** [э] [男1] 《経営・IT》プロバイダー

*прова́л [男1] ①崩壊(箇所); くぼみ ②(完全な)失敗 ③(意識・記憶などが)不明になること, 喪失: ～ (в) па́мяти 記憶の途切れ, 物忘れ **//–ьный** [形1]

**прова́ливать** [不完]/**провали́ть** -валю́, -ва́лишь 受過 -ва́ленный (-лен, -лена) [完] ①〈砌〉崩壊させる ②《話》駄目にする ③退ける ◆**Прова́ливай(те)!**《俗》消え失せろ!

*прова́ливаться [不完]/**провали́ться** -валю́сь, -ва́лишься [完] [fall through, collapse, fail]
①(穴に)落ちる, 転落する ②(重さで)壊れる, 崩れる, 割れる ③失敗する; (試験に)落ちる(選挙で)落選する ④消える ⑤《不完》〔受身〕 <прова́ливать ◆**Провали́сь!** 消え失せろ

**прованса́ль** [男5] ①プロヴァンス風ソース ②(不変)[形] プロヴァンス風の

**прова́нский** [形3] プロヴァンスの

**прова́ривать** [不完]/**провари́ть** -арю́, -а́ришь 受過 -а́ренный [完]〈砌〉じっくり煮込む **//–ся** [不完] しっかり煮える

**прове́дать** [完] →прове́дывать

‡**проведе́ние** [プラヴィヂェーニエ] [中5] [leading, piloting] ①導いて通すこと, 誘導: ～ ло́дки че́рез поро́ги ボートの早瀬通過誘導 ②線を引くこと, (境界などの)設定: ～ меже́й 境界の設定 ③敷設, 架設: ～ желе́зной доро́ги 鉄道の敷設 ④提起: (決議などを)通過させること ⑤行うこと, 実施, 遂行: ～ пла́на 計画の遂行 | ～ в жизнь 実行 ⑥登録, 作成

**прове́дывать** [不完]/**прове́дать** 受過 -данный [完]《話》①〈砌〉訪ねる ②〈砌/о砌について〉人づてに知る

**провезти́** [完] →провози́ть[1]

**провентили́ровать** [完] →вентили́ровать

**прове́рить** [完] →проверя́ть

‡**прове́рка** [プラヴェールカ] [女2] [checking, examination] ①点検, 検査, チェック: ～ докуме́нтов 書類検査 ②試験, テスト: ～ мото́ра エンジンのテスト

**провер́нуть** [完] →провёртывать, прове́рчивать

**прове́рочн|ый** [形1] 検査の, 点検するための: *-ое* испыта́ние 試験

**проверте́ть** -верчу́, -ве́ртишь 受過 -ве́рченный [完] ①〈砌〉= провернуть ②〈砌〉しばらく回す

**провёртывать** [不完]/**проверну́ть**[1] -верну́, -вернёшь 受過 -вёрнутый [完] ①《話》〈砌に〉(ドリルで)穴を開ける ②〈砌〉回す; [話] 回して投げ(り)

‡**проверя́ть** [プラヴィリャーチ] [不完]/**прове́рить** [プラヴェーリチ] -рю, -ришь 命 -ри 受過 -ренный [完] [check, verify] ①〈砌〉(正しいかどうか)調べる, 点検する, 検査する, チェックする: ～ ка́ссу レジを検査する | ～ биле́ты при вхо́де 入り口で切符を改める | *Прове́рено.* 点検済 ②〈性能・能力などを〉試験する, テストする: ～ зна́ния уча́щихся 生徒の学力をテストする **//–ся** [不完/完] ①検査[試験]を受ける ②(名簿などで)自分の名前を確認する ③《不完》〔受身〕

**провёс** [男1] ①量目不足 ②たるんだ部分

**прове́сить** [完] →прове́шивать

**провести́** [完] →вести́, проводи́ть[1]

**прове́тривать** [不完]/**прове́трить** -рю, -ришь 命 -ри 受過 -ренный [完]〈砌〉換気する; 風に当てる **//–ся** [不完/完] ①換気される; 風に当たる ②リフレッシュする **//прове́тривание** [中5] 換気

**прове́шивать** [不完]/**прове́сить** -е́шу, -е́сишь 受過 -е́шенный [完] ①(真っすぐか)調べる ②干す (量目不足になるよう)計量する

**провеща́ть** [完] →веща́ть

**прови́дение** [中5] 予知

**провиде́ние** [中5]《宗》神意

**прови́зия** [女9] 食糧

**провизор** [男1]/**～ша** [女4] 薬剤師

**провизо́рный** 短 -рен, -рна [形1]《文》仮の

**провини́ться** -ню́сь, -ни́шься [完] 〈в砌 を /с砌 に〉перед砌に〉犯す, 犯罪をする

**прови́нность** [女10] 過失

**провинциа́л** [男1]/**–ка** [女2] 複生 -лок [女2] 粗野な人

**провинциали́зм** [男1] 田舎のやり方

*провинциа́л|ьный 短 -лен, -льна [形1] [provincial] ①地方の ②素朴な

*прови́нция [女9] [province] ①地方, 辺境, 田舎

② (ロシア・日本以外の)州, 県, 省

**провра́ть** [不完] / **провра́ться** -врусь, -врёшься 過 -вра́лся, -врала́сь, -врало́сь/-врало́сь [完] 《俗》法螺を吹く, でたらめを言う

**провиса́ть** [不完] / **прови́снуть** -виснет 過 -ви́с, -ви́сла [完] たわむ

**про́вод** 複 -а́ [男1] 電線, 電話線 **‖ ~но́й** [形2]

**про́вод** [男1] 導いて通すこと, 誘導

**проводи́мость** [女10] 伝導性, 伝導率

*провод|и́ть¹ [プラヴァヂーチ] -ожу́, -во́дишь, ...-во́дят 命 -ди́ 過 -ди́л, -ди́ла, -ди́ло, ...-ди́ли [不完] / провести́ [プラヴィスチー] -еду́, -едёшь 命 -еди́ 過 -вёл, -вела́ 能過 -е́дший 受過 -едённый (-дён, -дена́) 副分 -едя́ [完] [lead, take] ①〈四〉(導いて)通らせる, 案内する: ~ посети́теля к дире́ктору 来訪者を所長のところに通す | Она́ провела́ слепо́го че́рез у́лицу. 彼女は盲人の手を取って通りを渡らせた ②〈四〉〈線を〉引く, 境界を定める: ~ грани́цу 国境線を引く ③〈四〉по〈与〉を撫でる, こする: ~ руко́й по волоса́м 手で髪を撫でる ④〈四〉敷設する, 架設する: ~ водопрово́д [электри́чество, га́з] 水道 [電気, ガス] を引く ⑤〈四〉提起する, 〈決議などを〉通過させる: ~ постановле́ние большинство́м голосо́в 多数決で決議を通過させる | ~ репети́цию リハーサルを行う | ~ иде́ю в жи́зни アイディアを実現する ⑦〈四〉登録する, 作成する: ~ счета́ по ка́ссовой кни́ге 現金出納帳に登録する ⑧〈四〉〈時を〉過ごす: Мы ве́село провели́ пра́здник. 私たちは祝日を楽しく過ごした ⑨〈四〉〈話〉だます, いっぱい食わせる ⑩ [不完]〈四〉〈熱・電気などを〉伝導する

**проводи́ть(ся)** [完] → провожа́ть

*провод|и́ться -во́дится 過 -ди́лся [be held] 行われる, 催される: Там прово́дятся вое́нные уче́ния. そこでは軍事演習が実施されている | Конфере́нция проводи́лась два дня́. 会議は2日間行われた

**прово́дка** 複生 -док [女1] ① 導いて通すこと, 誘導 ② 敷設, 架設 ③ 登録, 作成 ④ 送電網, 配線: телефо́нная ~ 電話線

*проводни́|к -а́ [男2] / -ца [女3] [guide, conductor] ① 案内人, ガイド ② 車掌 ③ 警察犬「捜索犬」を使う人

**про́воды** -ов [複] ① 見送り, 送別 ② П~ [民俗] 冬送りの日 (マースレニツァの日曜日; マースレニツァに呼ばれるわら人形を燃やし冬を送る) | [正教] Проще́ное воскресе́нье

**провожа́т|ый** [形1変化] [男名] / -ая [女名] (道案内・警備のための) 付き添い

*провожа́|ть [プラヴァジャーチ] [不完] / проводи́ть² -вожу́, -во́дишь, ...-во́дят 命 -ди́ [完] [accompany, see off] 〈四〉 ① 見送りのために同行する: Я провожу́ Вас「на вокза́л [до до́ма]. 駅[お宅]までお見送りします ② 向かわせる, 派遣する ③ 送別する: ~ прия́теля на учёбу за грани́цу 留学する友達を送り出す **‖ ~ся** [不完] 互いに見送る ② [受身]

**прово́з** [男1] 運搬, 輸送: пла́та за ~ 運賃 | ~ по су́ше 陸運 | ~ водо́й 水運

**провозве́стни|к** [сын] [男2] / -ца [女3] 《雅》予言者

**провозвеща́ть** [不完] / **провозвести́ть** -вещу́, -ести́шь 受過 -вещённый (-щён, -щена́) [完] 《雅》予言する; 宣言する

**провозглаш|а́ть** [不完] / **провозгласи́ть** -ашу́, -аси́шь 受過 -ашённый (-шён, -шена́) [完] ①〈四〉宣言する, 大声で告げる: ~ мир 平和を宣言する ②〈四〉〈造〉と認める, 評価する **‖ -е́ние** [中5]

**провезти́¹** -везу́, -везёшь 過 -вёз, -везла́ 受過 -везённый (-зён,

-зена́) [完] 〈四〉 ① 運送する; 届ける ② (運びながら) 通過する ③ 持ち込む, 携行する

**провози́ть²** -вожу́, -во́зишь [完] 〈四〉しばらく運ぶ

**провози́ться** -вожу́сь, -во́зишься [完] 《話》 ① 騒いで過ごす ② с〈造〉に忙殺される

**провозно́й** [形2] 輸送の

**провока́тор** [男1] / -ша [女4] 秘密工作員, 煽動者 **‖ ~ский** [形3]

**провокацио́нный** [形1] 挑発的な

**провока́ция** [女9] ① 挑発, 煽動 ② 促進

**прова́лакивать** [不完] / **проволо́чь** -локу́, -лочёшь, ...-локу́т 命 -локи́ 過 -ло́к, -локла́ 能過 -ло́кший 受過 -лочённый (-чён, -чена́) [完] 《話》 ① 引きずって行く; 引き延ばす

**про́волока** [女2] 針金, ワイヤー, 鉄線 **‖ про́волочка** 複生 -чек [女2] [指小] **‖ про́волочный** [形1]: -ая се́тка 金網

**проволо́чка** 複生 -чек [女2] 《話》(仕事などの) 遅れ

**провоня́ть** [完] 《俗》臭う; 悪臭で満ちる

**прове́рачивать** [不完] / **проверну́ть²** -ну́, -нёшь 受過 -ве́рнутый [完] ① = прове́ртывать/проверну́ть¹ ② 《話》手早く済ます

**прово́рн|ый** 短 -рен, -рна [形1] 素早い, 敏捷な **‖ -ость** [女10]

**провора́вываться** [不完] / **проворова́ться** -ру́юсь, -ру́ешься [完] 《話》(長期間) 横領する, 使い込む

**провор́нивать** [不完] / **проворо́нить** -ню, -нишь [完] 《俗》うっかり逃す

**прово́рство** [中1] 機敏さ, 敏捷さ

**проворча́ть** -чу́, -чи́шь [完] 〈四〉(延々と) うなる

**провоци́ровать** -рую, -руешь 受過 -анный [不完・完] / с~ [完] ①〈四〉на〈四〉を /〈不定〉に挑発して駆り立てる ②〈四〉誘発する, うながす

**про́га** 複 про́ги [女2] 《俗》[コン] プログラム

**прога́дывать** [不完] / **прогада́ть** 受過 -га́данный [完] 《話》見込み違いをする

**прога́лина** [女1] 《話》(森の中などの) 空き地

**прогиб** [男1] たわみ

**прогиба́ть** [不完] / **прогну́ть** -ну́, -нёшь 受過 прогну́тый [完] 〈四〉たわませる **‖ ~ся** [不完] / [完] ① たわむ ② 《俗・皮肉》пе́ред〈造〉に卑屈な態度をとる, おべっかを使う

**прогимна́зия** [女9] (4-6年制の) 中学校

**прогла́живать** [不完] / **прогла́дить** -а́жу, -а́дишь 受過 -а́женный [完] 〈四〉に(ある時間) アイロンをかける

**прогла́тывать** [不完] / **проглоти́ть** -очу́, -о́тишь 受過 -о́ченный [完] 〈四〉 ① → глота́ть ② 黙ったままでいる, 怒りを示さずにいる; 〈嫌なことに〉耐える ③ むさぼり読む ◆~ язы́к しゃべらない, しゃべりたくない | язы́к прогло́тишь ほっぺが落ちるほどおいしい, 絶品だ, たまらない

**прогля́дывать¹** [不完] / **прогляде́ть** -яжу́, -яди́шь 受過 -я́женный [完] ①〈四〉ざっと見る ②《話》見逃す ◆все́ глаза́ ~ (目を凝らして) 待つ

**прогля́дывать²** [不完] / **прогляну́ть** -яну́, -я́нешь [完] 姿を見せる

**прогна́ть** [完] → прогоня́ть

**прогнива́ть** [不完] / **прогни́ть** -ниёт 過 -ни́л, -нила́, -ни́ло [完] すっかり腐る

*прогно́з [男1] [prognosis, forecast] 予測, 予報: ~ пого́ды 天気予報 **‖ ~ный** [形1]

**прогнози́ровать** -рую, -руешь 受過 -анный [不完・完] / с~ [完] 〈四〉予測 [予想] する **‖ ~ся** [不完・完] 予測 [予想] される **‖ -ние** [中5]

**прогнози́ст** [男1] 《文》予測者, 予報官

**прогно́стика** [女2] 予測学, 予測法

**прогну́ть(ся)** [完] →прогиба́ть

\*прогова́ривать [不完] / **проговори́ть** -рю́, -ри́шь 受過 -рённый (-рён, -рена́) [完] [say, utter] ① 〈対〉言う, 口に出す: Он ни сло́ва не *проговори́л*. 彼は一言も口にしなかった ②《完》(ある時間) 会話して過ごす: ~ всю ночь це́лую ночь 一晩中語り明かす **‖ ~ся** [不完] [完] ① 口を滑らす ②《完》〈受身〉

**проголода́ть** [完] しばらく絶食する **‖ ~ся** [完] 腹がへる

**проголосова́ть** [完] →голосова́ть

**прого́н** [男1] ① 家畜の通路 ② (演劇の) 通し稽古 ③《建》大梁 **‖ ~ный** [形1]

\*прогоня́ть [不完] / **прогна́ть** -гоню́, -го́нишь 過 -гна́л, -гнала́, -гна́ло 受過 прóгнанный [完] [drive away, banish] ① 〈対〉追い立てる, 追い立てる ②〈対〉の通し稽古をする ③《俗》急いで通過する **‖ ~ся** [不完] 〈受身〉① ②

**прогора́ть** [不完] / **прогоре́ть** -рю́, -ри́шь [完] ① 燃え尽きる ②《完》破産する

**прого́рклый** [形1] (腐って) 悪臭がする

**прого́ркнуть** [完] →го́ркнуть

‡програ́мм|а [プラグラーマ] [女2] [program] ① (作業・活動などの) 計画, 予定, プログラム: производственная ~ 生産計画 ② ~ возрожде́ния се́льского хозя́йства 農業復興計画 ② (政党などの) 綱領, 方針: ~ демократи́ческой па́ртии 民主党の綱領 ③ (会などの) プログラム, 日程: ~ пра́здничного ве́чера 祝日のパーティーのプログラム ④ (コンサート・サーカス・テレビ・ラジオの) プログラム, 番組, 出し物: (テレビ・ラジオの) チャンネル: ~ конце́рта コンサートのプログラム ｜ Радиоста́нция начина́ет свои́ ~ы в пять часо́в утра́. ラジオ局は朝5時に放送を開始する ⑤ (演劇・コンサートなどの) パンフレット, プログラム: купи́ть ~у в антра́кте 幕間にパンフレットを買う ⑥ 科目要綱; カリキュラム: ~ по исто́рии 歴史の科目要綱 ⑦ (音楽・美術作品の) テーマ, 主題 ⑧《コン》プログラム: соста́вить ~у プログラムを作成する **◆по по́лной ~е**《話》大満足させるために, フルコースで

**программи́рование** [中5] [IT] プログラミング

**программи́ровать** -рую, -руешь 受過 -анный [不完] / **за~** [完] [IT] 〈対〉プログラミングする

**программи́ст** [男1] **/ ~ка** [女2] プログラミスト

**програ́ммка** 複生 -мок [女2] = програ́мма ⑤

\*програ́ммный [形1] ① 綱領の ② プログラムの, 番組の ③ 科目要綱の ④ テーマの: *-ая* му́зыка 標題音楽 ⑤《コン》プログラムの: *-ое* обеспе́чение ソフトウェア (略 ПО)

**прогре́в** [男1] 暖機運転, 余熱

**прогрева́ть** [不完] / **прогре́ть** 受過 -тый [完] 〈対〉十分に暖める **‖ ~ся** [不完] [完] 十分に暖かくなる **‖ ~ние** [中5]

**прогреме́ть** [完] →греме́ть

\***прогре́сс** [男1] [progress] 進歩, 発展

**прогресси́в** [男1] 《言》進行相

**прогресси́вка** 複生 -вок [女2] 《話》(ノルマ超過に対する) 歩合制賃金

\***прогресси́вный** 短 -вен, -вна [形1] [progressive] ① 進歩的な ② 累進的な, 進行性の

**прогресси́ровать** -рую, -руешь [不完] 進歩する

**прогре́ссия** [女9] 《数》数列

**прогрести́** -гребу́, -гребёшь 過 -грёб, -гребла́ 受過 -гребённый (-бён, -бена́) [完] 〈対〉漕ぐ

**прогре́ть(ся)** [完] →прогрева́ть

**прогромыха́ть** [完] →громыха́ть

**прогрохота́ть** [完] →грохота́ть

**прогрыза́ть** [不完] / **прогры́зть** -зу́, -зёшь 過 -ры́з, -ры́зла 受過 -зенный [完] 〈対〉にかじって穴を開ける

**прогуде́ть** [完] →гуде́ть

**прогу́л** [男1] ずる休み, サボり, 欠勤

**прогу́ливать** [不完] / **прогуля́ть** 受過 -уля́нный [完] ①《完》しばらく散歩する ②〈対〉サボる ③《話》〈遊んでいて〉過ごす ④《話》〈対〉使い果たす ⑤《不完》《話》散歩に連れて行く **‖ ~ся** [不完] [完] しばらく散歩する; ゆっくり歩く

\***прогу́л|ка** 複生 -лок [女2] [walk] 散歩, ピクニック **‖ ~очный** [形1]

**прогу́льщи|к** [男2] **/ ~ца** [女3] サボりがちな人

**прогуля́ть(ся)** [完] →прогу́ливать

‡продава́ть [プラダヴァーチ] -даю́, -даёшь 命 -ва́й 副分 -ва́я [不完] / **прода́ть** [プラダーチ] -да́м, -да́шь, -да́ст, -дади́м, -дади́те, -даду́т -да́й 過 про́дал/-а́л, -ала́, про́дало/-а́ло 能過 -а́вший 受過 про́данный (-ан, -ана́/-ана, -ано) 副分 -а́в [完] ①〈対〉売る, 販売する: ~ това́р 商品を売る｜~ с рук 中古で [業者を介さず] 所有者から直接売る｜Карти́ну *прода́ли* за сто ты́сяч рубле́й. 絵は10万ルーブルで売れた ② 裏切る, 売り渡す: ~ свои́х друзе́й 自分の友人を売る **◆~ ду́шу дья́волу** 邪道に陥る

\***продава́ться** -даю́сь, -даёшься 命 -ва́йся 副分 -ва́ясь [不完] **/ прода́ться** -да́мся, -да́шься, -да́стся, -дади́мся, -дади́тесь, -даду́тся -да́йся 過 -да́лся, -дала́сь [完] ①《不完》売られる; 売れる: Эта кни́га хорошо́ *продаётся*. この本はよく売れる ②〈与の側に〉寝返る, 裏切る

‡прода|ве́ц [プラダヴェーツ] -вца [男3] **/ ~щи́ца** [女3] [salesperson] 販売員, 店員

**прода́вливать** [不完] / **продави́ть** -давлю́, -да́вишь 受過 -да́вленный [完] 〈対〉押しつぶす

‡прода́ж|а [プラダージャ] [女4] [sale] 販売 (↔ку́пля): опто́вая ~ 卸売り｜~ в ро́зницу = ро́зничная ~ 小売り｜не для ~и 非売品｜нет в ~e 在庫切れ, 売り切れ｜пусти́ть в ~y 発売する, 売りに出す｜поступи́ть в ~y 発売になる

**прода́жный** 短 -жен, -жна [形1] ① 販売の ② 金で左右される

**прода́лбливать** [不完] / **продолби́ть** -блю́, -би́шь [完] 〈対〉…に穴を開ける

**прода́ть(ся)** [完] →продава́ть(ся)

\***продвига́ть** [不完] / **продви́нуть** -ну, -нешь 受過 -тый [完] [move push forward] 〈対〉① (前へ) 動かす; (間を) 通す ② 向かわせる, 移動する ③ 昇進させる, 昇格させる ④〈事業を〉促進 [推進] する, 前進させる

\***продвига́ться** [不完] / **продви́нуться** -ви́нусь, -ви́нешься [完] [advance, move forward] ① 前進する; (間を) 通り抜ける ② 移動する ③ 昇進する ④ (事業が) 進展する, 進歩する, はかどる ⑤《若者》人より一歩先を行く ⑥《不完》〈受身〉→продвига́ть

\***продвиже́ние** [中5] [advancement, progress] 前進; 昇進; 推進

**продви́нутый** [形1] ①《話》他の先を行く, 上級の ② 男名《若者》経済的に生活が保証されている若者

**продви́нуть(ся)** [完] →продвига́ть(ся)

**продева́ть** [不完] / **проде́ть** -де́ну, -де́нешь 受過 -тый [完] 〈対〉(穴などに) 通す

**продезинфици́ровать** [ы] -рую, -руешь 受過 -анный [完] 〈対〉消毒する

**продеклами́ровать** [完] →деклами́ровать

**проде́л** [男1] (そばなどの) ひき割り

**проде́лать** [完] →проде́лывать

**проде́лка** 複生 -лок [女2] 《話》よくない行動; いたずら

**проде́лывать** [不完] / **проде́лать** 受過 -анный [完] ⟨俗⟩ ①⟨穴などを⟩開ける ②成し遂げる

**продемонстри́ровать** [完] →демонстри́ровать

**продёргивать** [不完] / **продёрнуть** -ну, -нешь 受過 -тый [完] ①⟨穴などに⟩通す ②⟨俗⟩⟨新聞などで⟩批判する **// продёргивание** [中5]

**продержа́ть** -держу́, -де́ржишь 受過 -де́ржанный [完] ⟨他⟩ ①しばらく持っている⟨保つ⟩ ②経営する **// ~ся** [完] しばらく状態を保つ⟨しがみつく⟩

**продёрнуть** [完] →продёргивать

**продеть** [完] →продева́ть

**продешеви́ть** [不完] / **продешеви́ть** -влю́, -ви́шь 受過 -влённый [-лён, -лена́] ⟨話⟩安売りする

**продиктова́ть** [完] →диктова́ть

**продира́ть** [不完] / **продра́ть** -деру́, -дерёшь 過 -а́л, -ала́, -а́ло -о́дранный [完] ⟨俗⟩⟨に⟩穴を開ける ◆ ~ **глаза́** ⟨俗⟩目を覚ます

**продира́ться** [不完] / **продра́ться** -деру́сь, -дерёшься 過 -а́лся, -ала́сь, -а́лось/-а́лось [完] ⟨俗⟩ ①穴が開く、破れる ②通り抜ける

**продлева́ть** [不完] / **продли́ть** -лю́, -ли́шь 受過 -лённый [-лён, -лена́] [完] ⟨他⟩延長する **// продле́ние** [中5]

**продлёнка** 複生 -нок [女2] ⟨俗⟩学童保育、下校時間延長制度(продлённый день)

**продли́ться** [完] →дли́ться

**продма́г** [男1] 食糧品店(продово́льственный магази́н)

*продово́льственный [形1] [food] 食品[食糧]の[に関する]: ~ магази́н 食品食料品店 | ~ вопро́с 食糧問題

**продово́льствие** [中5] 食品、食料

**продолби́ть** [完] →долби́ть, прода́лбливать

**продолгова́тый** 短 -а́т [形1] 細長い

**продолжа́тель** [男5] **—ница** [女3] 後継者

*продолжа́ть [プラダルジャーチ] [不完] / **продо́лжить** [プラドールジヅ] -жу, -жишь 受過 -женный [完] [prolong, extend] ①⟨他⟩⟨不定形(不完)⟩続ける、続行する、継続する: продолжа́ть рабо́тать 働き続ける | Он продолжа́л де́ло своего́ учи́теля. 彼は師の事業を継続した ②(完)延長する、延ばす: Она́ продли́ла о́тпуск на два дня. 彼女は休暇を2日延長した | продли́ть срок ви́зы ビザの期限を延長する

*продолжа́ться [プラダルジャーッツァ] [不完] / **продо́лжиться** [プラドールジッツァ] -жится 命 -жись [完] [continue] ①続く、続行する: Дождь продолжа́ется уже́ неде́лю. 雨がもう1週間も降り続いている ②延びる、広がる: Ра́дуга продолжа́лась до са́мой земли́. 虹は地面まで届いていた ③(不完)[受身] ⟨продолжа́ть

*продолже́ние [プラダルジェーニエ] [中5] [continuation] 継続、続き、延長: ~ сле́дует. (連載で)続く | ~ фи́льма бы́ло ску́чным. 映画の続編は つまらなかった ◆ **в** ~ ➁ (1)…の間ずっと: В ~ всей диску́ссии он ничего́ не говори́л. 議論の間彼は何も発言しなかった (2)…の続きとして: В ~ на́шего разгово́ра высыла́ю вам образцы́ това́ров. この前のご相談の続きとして見本をお送りいたします

**продолжи́тельность** [女10] 期間; 長いこと

*продолжи́тельн|ый 短 -лен, -льна [形1] [prolonged, protracted] ずっと続く、長い: на -ое вре́мя 長い間

**продо́лжить(ся)** [完] →продолжа́ть(ся)

**продо́льный** [形1] 縦の

**продохну́ть** -ну́, -нёшь [完] ⟨話⟩深く息を吸う: не ~ (煙などのために) 息もつけない

**продра́ть(ся)** [完] →продира́ть(ся)

**продро́гнуть** -ну, -нешь 命 -ни 過 -о́г, -о́гла 凍えて震える

**продтова́ры** -ов [複] 食料品

**продубли́ровать** [完] →дубли́ровать

**продува́ть** [不完] / **проду́ть** -у́ю, -у́ешь 受過 -тый [完] ⟨他⟩ ①吹いて清掃する ②⟨無人称⟩風で冷やす、風邪をひかせる ③⟨俗⟩⟨賭けに負けて⟩取られる ④⟨不完⟩吹き抜ける **// ~ся** [不完] [完] ⟨俗⟩⟨賭け事に負けて⟩全てを失う **// продува́ние** [中5]

**проду́вка** [女2] 送風

**продувно́й** [形2] ⟨俗⟩ずるい

*проду́кт [プラドゥークト] [男1] [product, produce] ①産物、生産物; 製品: ~ы се́льского хозя́йства 農産物 | побо́чный ~ 副産物 ②⟨通例複⟩食料品、食品 (~ы пита́ния): моло́чные ~ы 乳製品 | Она́ купи́ла ~ы на ры́нке. 彼女は市場から食料品を買った ③(化学的)生成物: ~ы разложе́ния 分解生成物 ④所産、結果: ~ до́лгих размышле́ний 長く考えた末の結果 ⑤原料、材料: ~ для произво́дства вина́ ワイン製造の原料

**продукти́вный** 短 -вен, -вна [形1] ①生産的な ②畜産の

**продукто́вый** [形1] 食料品の

**продуктообме́н** [男1] 物々交換

*проду́кци|я [プラドゥークツィヤ] [女9] [products] ①生産高、総生産量: годова́я ~ заво́да 工場の年間生産高 ②生産物、製品; 知的生産物、作品: ка́чество —ии 製品の品質 | писа́тельская ~ 文学作品

**проду́манный** 短 -ан, -анна [形1] ①よく考えられた ②⟨俗⟩目的意識を持ち精力的な

**проду́мывать** [不完] / **проду́мать** 受過 -анный [完] ⟨他⟩よく考える; しばらく考える

**проду́ть(ся)** [完] →продува́ть

**проду́х** [男2] 通気孔

**продыря́вливать** [不完] / **продыря́вить** -влю, -вишь 受過 -вленный [完] ⟨話⟩⟨に⟩穴を開ける **// ~ся** [不完] [完] 穴が開く

**продыша́ться** -ышу́сь, -ы́шишься [完] ⟨話⟩数回深呼吸する

**продю́сер** [э] [男1] プロデューサー **// ~ский** [形3]

**продюси́рова|ть** -рую, -руешь 受過 -анный [不完・完] ⟨他⟩プロデュースする **// —ние** [中5]

**проеда́ть** [不完] / **прое́сть** -е́м, -е́шь, -е́ст, -еди́м, -еди́те, -едя́т 命 -е́шь 過 -е́л 受過 -е́денный [完] ⟨他⟩ ①かんで穴を開ける ②⟨話⟩食費に使い果たす **// ~ся** [不完] [完] ⟨俗⟩金を食費に使い果たす

*прое́зд [男1] [passage] ①通行で: П~ в метро́ всё вре́мя дорожа́ет. 地下鉄の運賃は高くなる一方だ ②道路 ③路地、横丁

**прое́здить** [完] →проезжа́ть²

**проездно́й** [зн] [形2] 乗車の、通行の: ~ биле́т 乗車券

**прое́здом** [副] 通行中で

*проезжа́ть¹ [жж] [不完] / **прое́хать** -е́ду, -е́дешь 命 -езжа́й [完] [pass] ①⟨他⟩通過する; 乗り過ごす: Ми́мо до́ма прое́хала маши́на. 家の前を車が通った ②⟨に⟩乗る ③やり過ごす ◆ **Прое́хали!** 大目に見よう、見逃そう

**проезжа́ть²** [жж] [不完] / **прое́здить** -зжу, -здишь 命 -зди 受過 -зженный [完] ①⟨話⟩⟨交通費に⟩使い果たす ②⟨俗⟩しばらく乗る

*прое́зжа́ться [жж] [不完] / **прое́хаться** -е́дусь, -е́дешься 命 -езжа́йся [完] ①⟨話⟩しばらく乗る

②《不完》《受身》< проезжа́ть¹ ◆~ на счёт 田 = ~по а́дресу 田 …をからかう

**прое́зж|ий** [жж] [形6] ① 通りすがりの ② (乗り物で) 通行できる: ~ая ча́сть 車道

*прое́кт [э] [プラエークト] [男1] 〔design, draft〕① 設計, 設計図, デザイン: ~ зда́ния ビルの設計図 ② 草案, 原案: ~ зако́на 法案 ③ 計画, 企画, プロジェクト: Каковы́ ~ы на ле́то? 夏にはどんなプロジェクトがありますか

**проекта́нт** [э] [男1] 設計者

**проекти́вный** [形1] 《数》投影の, 射影の

*проекти́рование [中5] 〔designing〕① 設計, デザイン ② 投影, 射影

**проекти́ровать** -рую, -руешь 受過 -анный [不完]
① 《к c~》設計する ②《完 за-》《к》の /不定形を〉計画する ③《数》投影する; 映写する

**проектиро́вка** 複生 -вок [女2] 設計; 計画

**проектиро́вщик** [男2] 設計者

**прое́ктор** [э] [男1] プロジェクター, 映写機

**проекцио́нный** [形1] 映写の

**прое́кция** [女9] 《数》投影, 射影; 映写

**проём** [男1] (扉・窓のために) 壁に開けられた穴

**прое́сть(ся)** [完] →проеда́ть

**прое́хать(ся)** [完] →проезжа́ть¹(ся)

**проеци́ровать** -рую, -руешь 受過 -анный [不完] / с~ [完] 映写する

**прожа́ривать** [不完] / **прожа́рить** -рю, -ришь 受過 -ренный [完] 〈к〉十分に焼く; しばらく焼く //-ся [不完] [完] 十分に焼ける; [完] 熱せられる

**прожда́ть** -жду́, -ждёшь 過 -жда́л, -ждала́, -жда́ло 受過 про́жданный [完] 〈к〉/田/к〉ずっと待つ

**прожёвывать** [不完] / **прожева́ть** -жую́, -жуёшь 命 -жу́й 受過 -жёванный [完] 〈к〉しっかり噛む

**проже́кт** [男1] 非現実的な計画

**прожектёр** [男1] 非現実的な計画の立案者

**прожектёрство** [中1] 非現実的な計画に夢中になること

*проже́ктор 複 -а́/-ы [男1] 〔searchlight〕サーチライト, スポットライト, プロジェクター //-ный [形1]

**прожелте́ть** [女10] 《話》黄ばみ

**проже́чь** [完] →прожига́ть

**прожжёный** [形1] 《話》悪名高い

*прожива́н|ие [中5] 〔residence, stay〕① 居住, 滞在: а́дрес ~ия 住所 ② 生存, 生活 ③ 生活費として使い果たすこと

*прожива́ть [プラジヴァーチ] [不完] / **прожи́ть** [プラジーチ] -живу́, -вёшь 過 про́жил, -ила́/-жи́ло, -жило́/-йло́ 受過 про́житый (-ит, -ита́, -ито) / прожи́тый (-и́т, -ита́, -и́то) [完] 〔live〕① (ある期間) 生きる, 生存する; (何らかの方法で) 生計を立てる, 生きる: Он про́жил девяно́сто лет. 彼は90歳まで生きた ② (ある期間) 生活する, 過ごす: ~ ме́сяц в дере́вне 田舎で1ヶ月暮らす ③〈к〉(生活のために) 使い果たす: ~ все сбереже́ния 貯金を全部使い果たす ④ [不完] 居住する, 滞在する: ~ за грани́цей 海外に居住する ◆~ жизнь 生活を送る, 暮らす //-ся [不完] [完] ① 《話》お金を使い果たす ② [不完] 〔受身〕

**прожига́ть** [不完] / **проже́чь** -жгу́, -жжёшь, -жгут 命 -жги́ 過 -жёг, -жгла́ 能過 -жёгший 受過 -жжённый (-ён, -ена́) 副分 -жёгши [完] ① 〈к〉(火で) 穴を開ける ② [完] (財産を) 使い果たす ◆~ жизнь 道楽する

**прожи́лина** [女10] [完] ① [完] しばらく燃やす ◆~ жизнь 道楽する

**прожи́лина / прожи́лка** 複生 -лок [女2] すじ; (皮膚の上から見える) 血管

**прожи́тие** [中5] 《公》生活

**прожи́точный** [形1] 生活に必要な: ~ ми́нимум 最低生活費

**прожи́ть(ся)** [完] →прожива́ть

**прожорли́в|ый** 短 -ив の **//-ость** [女10]

**прожу́жжа́ть** -жжу́, -жжи́шь [完] ブンブンいって飛ぶ; しばらくブンブンいう ◆~ 田 (все) у́ши 《話》…を長話で閉口させる

*про́за [女1] 〔prose〕① 散文 ② 日常性

**проза́изм** [男1] 散文的な表現

**проза́ик** [男2] 散文家

**проза́ический** [形3] 散文の; 散文的な (↔стихотво́рный)

**проза́ичн|ый** 短 -чен, -чна [形1] 散文的な
**//-ость** [女10]

**проза́падный** [形1] 西側の価値観を志向する, 欧米寄りの, 親欧米派の

**прозва́ть(ся)** [完] →прозыва́ть

**прозвене́ть** [完] →звене́ть

**про́звище** [中2] あだ名

**прозвони́ть** -ню́, -ни́шь [完] ① 鳴る ②《話》鳴らして知らせる ③ しばらく鳴らす ④ 《話》〈к〉電話代に使う

**прозвуча́ть** -чи́т [完] 鳴る, 響く

**прозева́ть** [不完] / **прозева́ть** 受過 -зёванный [完] 〈к〉逸する

**прозе́ктор** [男1] 《医》病理解剖学者 **//-ский** [形3]

**прозе́кторская** (形3変化) [女名] 解剖室

**про́зелень** [女10] 《話》緑がかった色

**познава́ть** -зна́ю, -знаёшь 命 -зна́ва́я [不完] / **позна́ть** [完] 《俗》〈к〉 /о/田/к〉を 知る

**про́зодежда** [女1] 作業着 (произво́дственная оде́жда)

**прозорли́вец** -вца [男3] 《文》洞察力のある人

**прозорли́вый** 短 -ив [形1] 《文》洞察力のある, 先を読める

*прозра́чн|ый [プラズラーチヌイ] 短 -чен, -чна [形1] 〔transparent, clear〕① 透明な, 透き通った: ~ое стекло́ 透明なガラス ② 透けて見える, うすい; (肌が) 透き通るような, 青白い: ~ая ткань 透ける布地 ③ (空気などが) 澄んだ, 澄みわたった, 濁りのない: Сего́дня во́здух прозра́чен. きょうの空気は澄んでいる ④ 平明な, 明瞭な: ~ стиль 平明な文体 ⑤ 見えすいた, あからさまな: ~ намёк 見えすいたほのめかし **//-ость** [女10]

**прозрева́ть** [不完] / **прозре́ть** -рю́, -ре́ю, -ри́шь/-ре́ешь [完] ①《文》視力が回復する ② 《文》理解できるようになる ③ 《若者・戯・皮肉》とても驚く

**прозре́ние** [中5] 視力回復

**прозыва́ть** [不完] / **прозва́ть** -зову́, -зовёшь 過 -зва́л, -звала́, -зва́ло 受過 про́званный [完] 〈к〉/к〉と/田と〉あだ名を付ける **//-ся** [不完] / [完]《俗》あだ名を得る

**прозяба́ть** [不完] つまらない生活を送る

**прозя́бнуть** -ну, -нешь 過 -зя́б, -бла [完] 《俗》ひどく凍える

**проигнори́ровать** -рую, -руешь 受過 -анный [完] 〈к〉無視する

**прои́грыватель** [男5] (CDなどの) プレーヤー

*прои́грыва|ть [プライーグルィヴァチ] [不完] / **проигра́ть** [プライグラーチ] 受過 -и́гранный [完] 〔lose, play〕①〈к〉(↔вы́играть): ~ заключи́тельный матч 最終戦で負ける; ~ кома́нде Кана́ды со счётом два - три カナダチームに2対3で負ける ②〈к〉失う, 損する: Он проигра́л все де́ньги в казино́. 彼はカジノで有り金をはたいてしまった ③〈к〉演奏する; 〈CDを〉かける: ~ мело́дию на роя́ле ピアノで旋律を弾く ④ 長時間ゲームをする: ~ всю ночь в ка́рты 一晩中トランプをする **//-ся** [不完] / [完] ① (賭けで) 大金を失う ② [不完]〔受身〕<①-③ **//-ние** [中5]

**про́игрыш** [男4] ① 負け (↔вы́игрыш): оста́ться

в ~е 負ける ② (勝負事で) 失った金 **//~ный** [形1]

***произве́дение** [プライズヴィヂェーニエ] [中5] 〔work, product〕① 行うこと；生産, 製造, 惹起：~ расчёта 計算を行うこと ② 産物, 所産；創作物, 作品：~ приро́ды 自然の産物 | ~ иску́сства 芸術作品 ③ 〔数〕積

**произвести́** [完] →производи́ть

***производи́тель** [プライズヴァヂーチェリ] [男5] 〔producer〕生産者, メーカー ② 雄, 種馬, 種牡牛 ■~ рабо́т 現場監督 (прораб)

**\*производи́тельность** [女10] 〔productivity〕生産性；生産能力：дневна́я ~ 日産量

**производи́тельн|ый** ко́р. -лен, -льна [形1] 生産的な, 効率的な：-ые си́лы 生産力

**\*производи́ть** [プライズヴァヂーチ] -вожу́, -во́дишь, ... -во́дят 命 -ди́ / **произвести́** [プライズヴィスチー] -еду́, -едёшь 命 -еди́ 過 -вёл, -вела́ 能過 -е́дший 受過 -еденный (-ён, -ена́) 副分 -едя́ [完] 〔make, produce〕① 行うこと, 遂行する：~ ремо́нт 修理する | ~ о́пыт 実験を行う

② 生産する, 製造する：Заво́д *произво́дит* автомоби́ли. この工場は自動車を生産している

③ 引き起こす, 生じさせる：Его́ докла́д *произвёл* си́льное впечатле́ние. 彼の報告は強い印象を与えた

④ 生む：~ пото́мство 子孫を生む〈в 複〉…に任命する (★活動体名詞の場合, 複は複数主格と同形の複数対格)：~ в офице́ры 士官に任命する 〈不完〉〈от 複〉から〉派生したものとする

◆~ 複 на свет 〉 を生む **//~ся** [不完] 〔受身〕

**производн|ый** [形1] ① 派生した ② **-ая** [女名] 〔数〕導関数

**производстве́нник** [ц] [男2] (生産現場の) 作業員

**\*производстве́нн|ый** [ц] [プライズヴォーツトヴィンヌイ] [形1] 〔production〕① 生産の, 製造の：~ план 生産計画 | -ые отноше́ния 生産関係 ② (個々の) 産業の：~ профсою́з 産業別労働組合 ③ 生産作業の, 生産現場の：-ая пра́ктика 現場実習

**\*произво́дств|о** [ц] [プライズヴォーツトヴァ] [中1] 〔manufacture〕① 行うこと, 実行, 実施：~ строи́тельных рабо́т 建設工事の実施 ② 生産, 製造；средства -а 生産手段 | ~ маши́н 機械製造 | Она́ купи́ла ~а япо́нского ~. 彼女は日本製の時計を買った ③ (個々の) 産業：автомоби́льное ~ 自動車産業 ④ 生産作業, 生産現場；生産企業：рабо́тать на -е 生産現場 (工場) で働く ⑤ 任官, 昇進

**произво́дящий** [形6] ①〔経〕生産の ② [男名]〔経〕生産者

**\*произво́л** [男1] 〔arbitrariness〕① 気まま, 勝手, 恣意 ② 専横, 横暴 ③ でたらめ, いい加減 ◆оста́вить [бро́сить, покида́ть] 複 на суды́бу 複 成り行きに任せる, 見殺しにする

**произво́льный** ко́р. -лен, -льна [形1] 束縛されない, 自由な；恣意的な, でたらめな：-ая програ́мма 《フィギュア》フリースケーティング **//-о** [副]

**произнесе́ние** [中5] 発音すること；言うこと

**произноси́тельный** [形1] 発音の

**\*произноси́ть** [プライズナシーチ] -ношу́, -но́сишь, ... -но́сят 命 -си́ / **произнести́** [プライズニスチー] -су́, -сёшь 命 -си́ 過 -нёс, -несла́ 能過 -нёсший 受過 -сённый (-сён, -сена́) 副分 -ся́ [完] 〔pronounce, utter〕① 発音する：пра́вильно ~ сло́во 単語を正しく発音する

② 言う, 述べる：~ речь 演説する | За ве́чер он не *произнёс* ни сло́ва. 彼は一晩中一言も発しなかった ③ 宣言する, 読み上げる：~ пригово́р 判決を言い渡す **//~ся** [不完] 〔受身〕

***произноше́ние** [プライズナシェーニエ] [中5] 〔pronouncing〕発音 (すること)；発音の仕方：пра́вильное ~ 正しい発音 | У вас о́чень хоро́шее ~. あなたはとても発音がいい

**произойти́** [完] →происходи́ть

**произраста́ть** [不完] / **произрасти́** -тёт 過 -ро́с, -росла́ [完] 《文》生える, 芽吹く；(植物が) 育つ

**проиллюстри́ровать** [完] →иллюстри́ровать

**проиндекси́ровать** -рую, -руешь [完] 〔経〕〈団〉〈賃金・年金などを〉物価変動に合わせて改定する

**проинспекти́ровать** [完] →инспекти́ровать

**проинструкти́ровать** [完] →инструкти́ровать

**проинформи́ровать** [完] →информи́ровать

**происка́ть** -ищу́, -и́щешь 受過 -и́сканный [完] 〈団〉しばらく探し続ける

**про́иски** -ов [複] 陰謀

**проистека́ть** [不完] / **происте́чь** -ечёт, -еку́т 過 -тёк, -текла́ [完] 《文》〈из 複/от 複〉…から生じる

**\*происходи́ть** [プライスハヂーチ] / **произойти́** [プライザイチー] -йдёт 過 -зошёл, -зошла́ 能過 -ше́дший/-зоше́дший 副分 -йдя́ [完] 〔happen, occur〕① 起こる, 生じる：Пожа́р *произошёл* но́чью. 火事は夜中に起こった 〈от 複〉から生まれる, 発生する：По Да́рвину, челове́к *произошёл* от обезья́ны. ダーウィンによれば, 人間は猿から生まれた ③ (芝居が) 行われる：Де́йствие пье́сы *происхо́дит* в Сиби́ри. 戯曲の舞台はシベリアである ④《из 複/из 複》…の出身である, 生まれである：Я *происхожу́* из крестья́н. 私は農民の出だ

**происходя́щее** (形6変化に) [中] 出来事, 実情, 事態の推移

**\*происхожде́ние** [プライスハジヂェーニエ] [中5] 〔origin〕① (民族・階級などの) 出身層 ② 発生, 起源 ◆... по ~ию ~系：Он ру́сский по ~ию. 彼はロシア系だ

**\*происше́ствие** [中5] 〔incident〕事件, 出来事：ме́сто -ия 事件現場

**про́йденный** [形1] 〔受過〕< пройти́：~ эта́п 過去のこと, 既に終わったこと

**пройдо́ха** (女名変化) [男・女] 〔話〕悪賢い人

**пройти́(сь)** [完] →проходи́ть¹, проха́живаться

**пройти́сь¹** -йду́сь, -йдёшься 過 прошёлся, -шла́сь 能過 проше́дшийся 副分 пройдя́сь [完] 〔話〕① ぶらつく；踊りなどをしながら通る ②〈по 複〉…の表面に手を加える, 撫でる；〈手・指を〉…にすべらせる 〈по 複〉に少し従事する

**прок** -а/-у [男2] 〔話〕利益, 効用：идти́ в ~ 役に立つ, 利益になる

**прокажённ|ый** (形1変化) [男名] / **-ая** [女名] ハンセン病患者

**прока́за** [女1] ①〔医〕ハンセン病 (ле́пра) ② いたずら, 悪ふざけ

**прока́зить** -а́жу, -а́зишь [不完]/**на-** [完] 〔俗〕いたずらをする

**прока́зни|к** [男2] / **-ца** [女3] 〔話〕いたずら者

**прока́ливать** [不完]/**прокали́ть** -лю́, -ли́шь 受過 -лённый (-лён, -лена́) [完] 〈団〉焼く, 強く熱する **//~ся** [不完/完] 焼かれる, 熱せられる **//~ние** [中5]

**прока́лка** [女2] 焼成

**прока́лывать** / **проколо́ть** -колю́, -ко́лешь 受過 -ко́лотый 〈団〉① …に突き刺す ② 〈完〉しばらく割る **//-ся** [完] ① 穴が開く ② 〈俗〉失敗する **//прока́лывание** [中5]

**прока́пчивать** [不完] / **прокопти́ть** -пчу́, -пти́шь 受過 -пчённый (-чён, -чена́) [完] 〈団〉燻製にする；いぶす ② 〈完〉しばらくいぶす **//~ся** [不完]/

[完] 燻製になる；《話》すっかりいぶされる
**прока́пывать** [不完] / **прокопа́ть** 受過 -ко́панный [完] ①〈团〉掘る；貫通させる ②《完》しばらく掘る **// -ся** [不完] / [完] ①掘り進む ②ぐずぐず過ごす
**прока́т** [男1] ①圧延(材) ②レンタル: взять на ~ 賃借する ③《フィギュア》演技 **// -ный** [形1]
**проката́ть** [完] → прока́тывать[1]
**проката́ться** [完] しばらく乗り回る
**прокати́ть(ся)** [完] → прока́тывать[2]
**прока́тка** [女2]《技》圧延
**прока́тчик** [男2] 圧延工
**прока́тывать**[1] [不完] / **проката́ть** 受過 -ка́танный [完] ①〈团〉…のしわをのばす；圧延する ②《フィギュア》…の演技をする ③《完》しばらく乗せて行く
**прока́тывать**[2] [不完] / **прокати́ть** -качу́, -ка́тишь 受過 -ка́ченный [完] ①〈团〉転がして運ぶ ②《話》(速いスピードで)通過する ③《俗》落選させる, 否決する ④《完》(気晴らしに)乗せて行く ◆ *Прока́тит!* 何でもありだ; 何をしても許される **// -ся** [不完] / [完] ①転がって行く ②《話》轟く(行く) ③《完》しばらく出かける
**прока́шивать** [不完] / **прокоси́ть** -ошу́, -о́сишь 受過 -о́шенный [完] ①〈团〉(刈り取って)作る ②《完》刈り取りをする
**прока́шливать** [不完] / **прока́шлянуть** 受過 -ленный [完], **прока́шлять** -ну, -нешь -тый [完] ①〈团〉(咳をして)出す ②《完》しばらく咳をする **/ ~ся** [不完] / [完] 咳をして喉をすっきりさせる
**прокипа́ть** [不完] / **прокипе́ть** -пи́т [完] きちんと沸騰する；しばらく沸騰する
**прокипяти́ть** -ячу́, -яти́шь 受過 -я́ченный (-чён, -чена́) [完] 〈团〉きちんと沸騰させる
**прокиса́ть** [不完] / **проки́снуть** -ки́снет -ки́с, -ки́сла 能過 -ки́сший [完] すっぱくなる
**прокла́дка** 複生 -док [女2] ①敷設 ②詰め物, パッキン **// -очный** [形1]
**прокла́дывание** [中5] 道路建設, 敷設
**прокла́дывать, пролага́ть** [不完] / **проложи́ть** -ожу́, -о́жишь 受過 -о́женный [完] 〈团〉①〈道を〉作る, 敷設する ②(間に)詰める, 挟む
**проклама́ция** [女9] (政治의)宣伝ビラ
**проклами́ровать** -рую, -руешь 受過 -анный [不完] / [完]《文》布告する: ~ конституцию 憲法を発布する
**проклёвываться** [不完] / **проклю́нуться** -нется [完]《話》①(鳥이)殻を割って出てくる, 孵化する ②(種이)発芽する, (植物의)葉が出る
**прокле́ивать** [不完] / **прокле́ить** -е́ю, -е́ишь 受過 -е́енный [完] ①〈团〉に糊を塗る ②《完》しばらく糊づけする
**проклина́ть** [不完] / **прокля́сть** -яну́, -янёшь 過 про́клял, -яла́, про́кляло 能過 -я́вший 受過 про́клятый (-ят, -ята́, -ято) 副分 -яв [完] ①《雅》呪う ②《話》ののしる **◆ как прокля́тый** 《俗》懸命に
**прокля́тие** [中5] ①呪い, 呪詛 ②破門 ③罵倒 ④[間] いまいましい
**прокля́тый** [形1]《話》忌まわしい
**проковыля́ть** [完]《話》よろめきながら通過する
**проко́л** [男1] 突き通すこと；(針でできた)穴；《俗》失敗
**прокомменти́ровать** [完] → комменти́ровать
**проконопа́чивать** [不完] / **проконопа́тить** -а́чу, -а́тишь 受過 -а́ченный [完] 〈团〉の隙間を詰める
**проконсульти́ровать(ся)** [完] → консульти́ровать
**проконтроли́ровать** [完] → контроли́ровать

**прокопа́ть(ся)** [完] → прока́пывать
**прокопти́ть(ся)** [完] → копти́ть(ся)
**проко́рм** [男1]《話》扶養; 飯の種, 生計
**прокорми́ть(ся)** [完] → корми́ть(ся)
**прокоси́ть** [完] → прока́шивать
**Проко́фьев** [男姓] プロコフィエフ (Серге́й Серге́евич ~, 1891-1953; 作曲家)
**прокра́дываться** [不完] / **прокра́сться** -раду́сь, -раде́шься 過 -ра́лся [完] 忍び込む
**прокра́шивать** [不完] / **прокра́сить** -а́шу, -а́сишь 受過 -а́шенный [完] ①〈团〉塗装する ②《完》しばらく塗装する **// -ра́ска** [女2]
**прокрича́ть** -чу́, -чи́шь [完] ①大声で言う ②しばらく叫ぶ ◆ ~ 团 у́ши о 团 〈人に…について〉騒ぎ立ててうんざりさせる
**прокру́стов** [形10]: ~о ло́же 《文》プロクルステスの寝台(強引に合致させること)
**прокру́тка** 複生 -ток [女2] [IT] スクロール
**прокру́чивать** [不完] / **прокрути́ть** -учу́, -у́тишь 受過 -у́ченный [完] 〈团〉①回して, 回転させる ②《話》(フィルム・レコードなどを)かける, 再生する ③《完》(ある時間)回す ④《話》資金を回転させる
**прокто́лог** [男2]《医》大腸肛門専門医
**проктоло́гия** [女9]《医》大腸肛門病学
**прокурату́ра** [女1] 検察庁; 検察官: Генера́льная ~ 最高検察庁
**прокури́вать** [不完] / **прокури́ть** -урю́, -у́ришь 受過 -у́ренный [完] ①《話》たばこの煙で満たす; たばこ代に使う ②《通例完》しばらくたばこを吸う **// ~ся** [不完] / [完]《話》①たばこの煙で満ちる ②《完》
* **прокуро́р** [男1] [public prosecutor] 検察官, 検事 **// ~ский** [形3]
**проку́с** [男1] 咬み傷
**прокуса́ть** [完] -ку́санный [受過] あちこち咬む
**проку́сывать** [不完] / **прокуси́ть** -ушу́, -у́сишь 受過 -у́шенный [完] 〈团〉咬み切る
**проку́чивать** [不完] / **прокути́ть** -учу́, -у́тишь 命 -ути́ 受過 -у́ченный [完] 〈团〉《話》酒に使い果たす ②しばらく酒盛りをする **// -ся** [不完] / [完]《話》酒で財産を失う
**пролага́ть** [不完] = прокла́дывать
**пролаза** [女1変化][男・女]《俗》ずるい人
**прола́мывать**[1] [不完] / **пролома́ть** 受過 -ло́манный [完] 〈团〉叩き破る：〈穴などを〉開ける
**прола́мывать**[2] [不完] / **проломи́ть** -омлю́, -о́мишь 受過 -о́мленный [完] 〈团〉押しつぶす；〈穴を〉開ける **// -ся** [不完] / [完] 押しつぶされる
**проля́ть** [完] → пя́лить
**пролега́ть** [不完] / **проле́чь** -ля́жет, -ля́гут 命 -ля́г 過 -лёг, -легла́ [完] (道が)通る
**пролёжень** -жня [男5] 床ずれ
**пролёживать** [不完] / **пролежа́ть** -жу́, -жи́шь 受過 -ле́жанный [完] ①しばらく横になる ②(同じ状態で)放っておかれる ③〈团〉床ずれを作る
**пролеза́ть** [不完] / **проле́зть** -зу, -зешь 過 -ез, -е́зла [完] 潜り込む
**пролепета́ть** [完] → лепета́ть
**пролёт** [男1] ①飛行, 通過 ②(間의)空間; 吹き抜け；距離 ◆ *быть [оста́ться] в ~е* 敗北して, 何も得ずに, 空しく
* **пролетариа́т** [男1] [proletariat] プロレタリアート, プロレタリア階級: диктату́ра ~а プロレタリア独裁
**пролетариза́ция** [女9] プロレタリア化
**пролета́р|ий** [男7] / **-ка** 複生 -рок [女2] プロレタリア; 無産者
**пролета́рский** [形3] プロレタリアの

**пролета́ть**[1] [不完] / **пролете́ть** -лечу́, -лети́шь [完] ① 〈countすれば〉 〈ある距離を〉飛んで移動する ② 〈countすれば〉 飛んでよぎる；《話》〈猛スピードで〉過ぎ去る ③ 《話》〈考えが〉浮かぶ

**пролета́ть**[2] [完] しばらく飛ぶ

**пролётный** [形1] ① 飛行の；（鳥の）渡りの ② 〈柱と柱の〉間の

**пролётом** [副] 《話》(飛行機で)通りすがりに

**проле́чь** [完] →пролега́ть

**проли́в** [男1] 海峡: Тата́рский ～ 間宮海峡

**пролива́ть** [不完] / **проли́ть** -лью́, -льёшь 命 -ле́й, зова́ -о́лил/-и́л, -ила́, -и́ло/-и́ло 受過 -о́литый (-ит, -ита́, -ито) /-оли́тый (-ит, -ита́, -ито́) [完] 〈countすれば〉 こぼす ◆ ～ кровь 《雅》殺す, 重傷を負わせる | ～ (свою) кровь за [造] 《雅》…のために命を捨てる | ～ слезу́ 《皮肉》涙を流す **// проли́тие** [中5]

**пролива́ться** [不完] / **проли́ться** -льётся овा -и́лся, -ила́сь, -и́ло́сь/-и́ло́сь [完] こぼれる, 流れ出る

**проливно́й** [形2] どしゃぶりの: ～ дождь 大雨

**пролиста́ть** [完] →листа́ть

**проли́ть(ся)** [完] →пролива́ть

**про́лог** 複 -á [男2] 《史》(古代ロシアで)日付に対応した物語を集めた教会暦

**проло́г** [男2] プロローグ

**проложи́ть** [完] →прокла́дывать

**проло́м** [男1] 叩き破ること；叩き破って開けた穴

**пролома́ть** [完] →прола́мывать[1]

**проломи́ть(ся)** [完] →прола́мывать[2]

**пролонги́ровать** -рую, -руешь 受過 -анный [不完・完] 《公》〈countすれば〉 〈期限を〉延長する **// пролонга́ция** [女9]

**пром..** [語形成] 「工業の」「手工業の」

**прома́зыва|ть** [不完] / **прома́зать** -а́жу, -а́жешь 受過 -занный [完] 〈countすれば〉 塗りつぶす, 塗りこめる **// -ние** [中5], **прома́зка** [女2]

**прома́ргивать** [不完] / **проморга́ть** [完] 《俗》〈countすれば〉 逃す, 〈機会を〉逸する

**промаринова́ть** -ну́ю, -ну́ешь [完] 〈countすれば〉 酢に漬ける, マリネにする；〈問題の解決を〉引き延ばす **// -ся** 酢に漬かる, マリネになる

**промарширова́ть** [完] →марширова́ть

**прома́слива|ть** [不完] / **прома́слить** -лю, -лишь 受過 -ленный [完] 〈countすれば〉 〈…〉に油を浸み込ませる **// -ся** [不完・完] 油が浸み込む

**прома́тыва|ть** [不完] / **промота́ть** -мо́танный [完] 《話》〈countすれば〉 浪費する **// -ся** [不完・完] 《話》財産を使い果たす；零落する

**про́мах** -а/-у [男2] ① 的を外した撃ち, 撃ち損ない: дать [сде́лать] ～ 射損じる, 打ち損じる ② (行動の)誤り: бе́з -а 狙った通りに, 案の定

**прома́хиваться** [不完] / **промахну́ться** -ну́сь, -нёшься [完] ① 的を外す ② 誤る

**прома́чивать** [不完] / **промочи́ть** -очу́, -о́чишь 受過 -о́ченный [完] 〈countすれば〉 濡らす, びしょ濡れにする

**прома́шка** 複生 -шек [女2] 《俗》= про́мах

**промедли́ть** -лю, -лишь [完] 〈造〉引き延ばす；長引かせる **// промедле́ние** [中5]

**проме́жностъ** [女10] 《解》会陰(えいん)

*/*проме́жу́т|ок** -тка [男2] [space, interval] 〈間の〉空間, 時間, スペース, 間隔: с -ками 間を置いて

**промежу́точный** 短 -чен, -чна [形1] 中間の

**промельки́ва|ть** [不完] / **промелькну́ть** -ну́, -нёшь [完] ちらりと現れる

**промена́д** [男1] 《古・戯》散歩, 遊歩

**проме́нивать** [不完] / **променя́ть** 受過 -ме́нянный [完] 《話》〈countすれば〉 交換する

**проме́р** [男1] ① 測量 ② 測り間違い

**промерза́ть** [不完] / **промёрзнуть** -ну, -нешь 過 -ёрз, -ёрзла [完] 凍る；冷え込む

**проме́ривать, проме́рять, проме́рить** -рю, -ришь 受過 -ренный [完] ① 測量する ② 《完》測り間違える

**проме́рный** [形1] 測量の

**промеси́ть** [完] →проме́шивать[1]

**промета́ть** [完] →мета́ть[2]

**промести́** -ету́, -етёшь 過 -мёл, -мела́ 能過 -мётший 受過 -метённый (-тён, -тена́) 副分 -етя́ [完] 〈countすれば〉 さっと掃除する

**Промете́й** [男6] 《ギ神》プロメテウス

**проме́шивать**[1] [不完] / **промеси́ть** -ешу́, -е́сишь -ёшенный [完] 〈countすれば〉 しっかりこねる

**проме́шивать**[2] [不完] / **промеша́ть** 受過 -мешанный [完] よくかきまぜる

**промина́ть** [不完] / **промя́ть** -мну́, -мнёшь 受過 -тый [完] 〈countすれば〉 ① 押しつぶす ② 《話》〈体をほぐす〉 **// -ся** [不完・完] ① へこむ, 潰れる ② 《話》(体をほぐすため)軽く運動する

**промо́зглый** [形1] 湿った；かび臭い

**промо́ина** [女1] (雨でできた)穴

**промока́ть**[1] [不完] / **промо́кнуть** -ну, -нешь 命 -ни, -нила [完] びしょ濡れになる

**промока́|ть**[2] [不完] / **промокну́ть** -ну́, -нёшь [完] 《話》〈countすれば〉 (紙・綿で)吸い取る **// -ние** [中5]

**промока́шка** [女2] 《話》吸い取り紙

**промо́лви́ть** -влю, -вишь 受過 -вленный [完] 《話》〈countすれば〉 言う: не ～ ни сло́ва ひと言も言わない

*/*промолча́ть** -чу́, -чи́шь [完] 〈[keep silent]〉 ① 返事をしない ② 〈ある時間〉黙ったままする

**пром ора́живать** [不完] / **проморо́зить** -о́жу, -о́зишь 受過 -о́женный [完] 〈countすれば〉 凍らせる；《話》凍えさせる

**проморга́ть** [完] →прома́ргивать

**промота́(ся)** [完] →мота́ть, прома́тывать

**промо́утер** [男1] プロモーター **// ~ский** [形3]

**промо́уш(е)н** [男1] プロモーション

**промочи́ть** [完] →прома́чивать

**промтова́р|ы** -ов [複] 日用品(промы́шленные това́ры) **// -ный** [形1]

**прому́чить** -чу, -чишь 受過 -ченный [完] 〈countすれば〉 しばらく苦しめる **// -ся** [完] しばらく苦しむ

**промча́ться** -чу́сь, -чи́шься [完] ① (疾走して)通り過ぎる ② 《話》(あっと言う間に)過ぎる

**промыва́ть** [不完] / **промы́ть** -мо́ю, -мо́ешь 受過 -тый [完] 〈countすれば〉 ① 《医》洗浄する ② 《話》しばらく洗う ③ 洗壊させる **// промыва́ние** [中5]

**промыва́тельный** [形1] 洗浄用の

**промы́вка** [女2] 《医》洗浄

**про́мыс|ел, про́мыс** -сла, -сла́/-слá, -слов/-сло́в [男1] 狩猟(業), 漁(業)；手仕事；《複》採掘業, 採取業: Су́дно вы́шло на ～. 船が漁に出た **// -ловый** [形1]

**про́мысл, про́мысел**[2] -сла [男1] 《教会》《雅》神意, 摂理

**промы́слить** [完] →промышля́ть

**промысл ови́к** -á [男2] 猟師, 漁師；(採掘・採取業の)労働者

**промы́ть** [完] →промыва́ть

**промыча́ть** [完] →мыча́ть

*/*промы́шленник** [男2] [industrialist] 企業主, 企業家

**промы́шленно-произво́дственн|ый** [形1] 工業生産の: -ая зо́на 工業生産型経済特区 (略 ППЗ)

*/*промы́шленност|ь** [女10] [in-

промы́шленный [プラムィーシリンヌィ] [形1] [industrial] 工業の, 産業の ～ райо́н 工業地帯

промышля́ть [不完] / промы́слить -лю, -лишь 受過 -ленный (-лен, -лена) [完] ①〈[造]/[в]〉〈狩猟・漁業に〉従事する ②〈[造]/[в]〉〈狩り・漁で〉得る

промя́млить [完] →мя́млить

промя́ть(ся) [完] →проми́на́ть

пронести́(сь) [完] →проноси́ть

пронза́ть [不完] / пронзи́ть -нжу́, -нзи́шь -нзённый (-зён, -зена́) [完] 〈[文]〉〈[造]〉突き刺す, 貫く

◆～ взгля́дом …を見つめる

пронзи́тельный ≈ -лен, -льна [形1] ① (音が)甲高い ② (風・寒さが)身をきるような ③ (視線が)鋭い

пронзи́ть [完] →пронза́ть

пронизыва́ть [不完] / прониза́ть -ижу́, -и́жешь 受過 -и́занный [完] 〈[造]〉刺し貫く

пронизывающий [形6] ① (寒さ, 風などが)突き刺すような ② 鋭い, 洞察力のある

*проника́ть [不完] / прони́кнуть -кну, -кнешь 命 -ни́к, -и́кла 過 -и́к, -и́кла [完] [penetrate, percolate] ①〈в[対]〉に入り込む; 浸透する ②〈[к造]〉によく知られるようになる ③〈в[対]〉を見抜く, 見通す ④〈[造]〉貫く, 満たす ~ся [不完] 〈[造]〉に満たされる

проникнове́ние [中5] ① 浸透 ②〈[文]〉誠意

проникнове́нный ≈ -енен, -е́нна [形1]〈[文]〉…を心を込めた

прони́кнутый [形1] 〈[造]〉…を吹き込まれた, …で満ちている

прони́кнуть(ся) [完] →проника́ть

пронима́ть [不完] / проня́ть пройму́, -мёшь 過 про́нял, -лá, -ло 受過 про́нятый (-ят, -ята́, -ято) [完] 〈[話]〉〈[対]〉〈に〉染みたる; 強く作用する

проница́емый [形1] 透過する ∥ -ость [女10]

проница́тельный ≈ -лен, -льна [形1] 洞察力のある, よく気づく, 察しのいい ∥ -ость [女10]

проно́с [男1] ① 持ち込み ②〈[スポ]〉(バスケットボールで)ダブル・ドリブル

проноси́ть -ношу́, -но́сишь [不完] / пронести́ -су́, -сёшь 過 -нёс, -несла́ 受過 -сённый (-сён, -сена́) [完]〈[対]〉① 運ぶ, 持って通過する ②〈無人称で〉災難を免れる ③〈無人称〉…に下痢を起こさせる ∥ ~сь [不完] 〈[造]〉さっと通過する; 急速に広まる

пронумерова́ть [完] →нумерова́ть

проны́ра [女1変化] [男・女]〈[話]〉ずるい人

проны́рливый [形1] 〈[話]〉どこにでも潜り込む, ずる賢い

проню́хивать [不完] / проню́хать 受過 -анный [完] 〈[話]〉〈[対]/о[前]〉を嗅ぎつける

проня́ть [完] →пронима́ть

проо́браз [男1] 〈[文]〉見本; 原型

прооперирова́ть [完] →опери́ровать

*пропага́нда [プラパガーンダ] [女1] [propaganda] プロパガンダ, 宣伝

пропаганди́ровать -рую, -руешь [不完] プロパガンダを行う, 宣伝する

пропаганди́ст [男1] / ~ка 複生 -ток [女2] 宣伝者 ∥ -ский [cc] [形3] プロパガンダの, 宣伝(者)の

*пропа́сть [プラパースチ] [不完] / пропа́сть [プラパースチ] -аду́, -адёшь 命 -ади́ 過 -а́л 能過 -а́вший 副分 -а́в [完] [be lost, be missing] 姿を消す, 紛失する: У меня́ пропа́л кошелёк. 私は財布がなくなった

② 姿を見せなくなる, いなくなる: 行方不明になる: ～ без ве́сти 行方不明になる | Она́ пропа́ла на неде́лю. 彼女は1週間姿を見せなかった ③ 聞こえなくなる: Лы́жня пропа́ла за поворо́том. シュプールはカーブの向こうに見えなくなった ④ 失われる, なくなる: Аппети́т пропа́л. 食欲がなくなった ⑤ 破滅する, 死ぬ: Всё пропа́ло! 一番の終わりだ, 万事休す ⑥ 自分の価値[立場]を失う, 駄目になる: Как журнали́ст я уже́ пропа́л! ジャーナリストとして私はもう終わってしまった ⑦ 無駄になる, 徒労に終わる: Весь день пропа́л. まる1日無駄になった ⑧ 〈[不完]〉(どこかに)長い間いる: С утра́ до ве́чера он пропада́ет на рыба́лке. 彼は朝から晩まで魚釣りをしている

◆ Где́ на́ша не пропада́ла! 〈[話]〉一か八かやってみよう | пиши́ пропа́ло もう駄目だ, 万事休す

пропа́дом [副] ◆пропади́ ~ 〈[話]〉消え失せろ

пропа́жа [女4] 紛失(物)

пропа́ливать [不完] / пропали́ть -лю́, -ли́шь 受過 -лённый (-лён, -лена́) [俗] 〈[対]〉焼いて穴を開ける

пропа́лывать [不完] / прополо́ть -полю́, -полешь 受過 -полотый [完] 〈[対]〉除草する 《[完]〉しばらく除草する

пропа́н [男1] 〈[化]〉プロパン(ガス)

пропа́ривать [不完] / пропа́рить -рю, -ришь 受過 -ренный [完] 〈[対]〉よく蒸す ∥ ~ся [不完] / [完] ①よく蒸される ②〈[完]〉しばらく蒸される

пропа́рочный [形1] 蒸すための

пропа́рывать [不完] / пропоро́ть -порю́, -порешь 受過 -поротый [完] 〈[話]〉〈[対]〉裂く, 破る

про́пасть複 -ей, -я́м [女10] ① 断崖, 深淵 ②〈[話]〉多数, 無数 ◆идти́ по кра́ю 非常な危険を冒す, 薄氷を踏む

пропада́ть [不完] →пропада́ть

пропа́хивать [不完] / пропаха́ть -пашу́, -па́шешь 受過 -па́ханный [完] ① 〈[農]〉耕す ②〈[完]〉耕して通路を作る ③〈[完]〉しばらく耕す

пропа́хнуть -ну, -нешь 命 -ни 過 -а́х, -а́хла [完] 〈[造]〉のにおいが染みる

пропа́шка [女2] 耕すこと

пропашно́й [形2] 中耕の; 中耕を要する

пропа́щий [形6] 〈[俗]〉取り戻せない; 望みのない

пропеде́втика [女2] 〈[文]〉予備知識, 初歩

пропека́ть [不完] / пропе́чь -еку́, -ечёшь 命 -еки́ 過 -пёк, -пекла́ 能過 -пёкший 受過 -чённый (-чён, -чена́) 副分 -пёкши [完] ① しっかり焼く ②〈[完]〉しばらく焼く ∥ ~ся [不完] / [完] ① よく焼ける

пропе́ллер [男1] ①プロペラ ②〈[車]〉換気装置 ∥ ~ный [形1]

пропере́ться [完] 通り抜ける

пропе́ть -пою́, -поёшь 命 -пой 受過 -тый [完] ①→пе́ть ②〈[対]〉〈声などを〉からす ③〈[完]〉歌って過ごす

пропеча́тывать [不完] / пропеча́тать 受過 -танный [完] 〈[俗]〉〈[対]〉①〈人の悪い記事を新聞[雑誌]に載せる ②〈[完]〉〈ある時間〉印刷し続ける

пропе́чь(ся) [完] →пропека́ть

пропиа́рить -рю, -ришь [完] 〈[話]〉PR キャンペーンを実施する

пропива́ть [不完] / пропи́ть -пью́, -пьёшь -пе́й 過 про́пил/-и́л, -ила́, про́пило/-и́ло 受過 про́питый (-ит, -ита́, -ито)/пропи́тый (-и́т, -ита́, -и́то) [完] ① 酒代に使い果たす; 〈[話]〉酒で損なう ∥ ~ся [不完] / [完] 酒で財産を失う

про́пил [男1] (のこぎりの)ひき目, 切り口

пропи́лива|ть [不完] / пропили́ть -илю́, -и́лишь 受過 -и́ленный [完] 〈[対]〉①〈ある所まで〉(のこぎりで)ひく ②(のこぎりで)しばらくひく ③〈[話]〉〈絶え間なく〉非難する ∥ -ние [中5]

пропи́сывать(ся) [不完] →прописа́ть

пропи́ска 複生 -сок [女2] 住民登録証, 居住証明書

**прописн|о́й** [形2] ① 大文字の(↔стро́чно́й) ② 査証の, 登記の, 記載の ③ 月並な ◆**-ая и́стина** 絶対の真理, 間違いのない事実

*прописыва|ть [不完] / прописа́ть -ишу́, -и́шешь ※**-и́санный** [完]〔register, prescribe〕① 〈対〉登録する ② 〈対を与に〉処方する ③〈完〉〈対〉〈ある時間〉書く ④《俗》〈完〉〈対〉〈与で〉罰する ◆**то́, что́ до́ктор прописа́л** まさにこれが必要だったんだ, ちょうど欲しいと思ってたんだ //**-ся** [不完] ① 住民登録をする ②《完》[受身]〈с①〉② //**-ние** [中5]

**про́пись** [女10] 習字の手本

**про́пись** 〜ю [副]〈対〉(記す際に算用数字ではなく)文字で(оди́н, два́ など); = ци́фрами (→ци́фра)

**пропита́ние** [中5]〔旧〕養育; 食物

**пропита́ть(ся)** [完] →пропи́тывать

**пропи́тка** 複生-ток [女2]【技】含浸(剤)

**пропито́й** [形2]《話》酔っ払いの

**пропи́тыва|ть** [不完] / **пропита́ть** 受過 -пи́танный [完]〈対〉〈対を造〉浸み込ませる //**-ся** [不完] 浸み込む //**-ние** [中5]

**пропи́ть(ся)** [完] →пропива́ть(ся)

**пропи́хивать** [不完] / **пропихну́ть** -ну́, -нёшь 受過 -и́хнутый [完]〈対〉《話》押し込む //**-ся** [完]《話》かきわけて進む

**пропла́вать** [完] しばらく泳ぐ

**пропла́кать** -лачу, -лачешь [完] しばらく泣き通す

**проплута́ть** [完] しばらく道に迷う

**проплыва́|ть** [不完] / **проплы́ть** -ыву́, -ывёшь 過 -ы́л, -ыла́, -ы́ло [完]〈対〉〈ある距離を〉泳ぎきる;(泳いで・船で・流れるように)通過する ② 次々と浮かんでは消える //**про́плыв** [男1]

**пропове́дни|к** [男2] / **-ца** [女3] ①《宗》説教者, 伝道者, 宣教者 ②(思想・学説などの)唱道者, 普及者 //**-ческий** [形3] 布教の

**пропове́дова|ть** -дую, -дуешь 受過 -анный [不完] ①〔旧〕布教する, 説教する ②《文》〈対〉普及する //**-ние** [中5]

*про́поведь [女10]〔sermon, advocacy〕①《宗》(教会の)説教 ② 普及, 宣伝

**пропози́ция** [女9]〔論・言〕命題

**пропо́й** [男6]《俗》酒を飲ませること

**пропо́йца** (ж3変化) [男・女] 飲んだくれ

**проползать** [不完] / **проползти** -зу́, -зёшь 過 -по́лз, -ползла́ 能過 -по́лзший [完]〈対〉這って進む; 這って通過する

**про́полис** [男1] プロポリス, 蜂蝋

**пропо́лка** [女2] 除草

**прополоска́ть** [完] →полоска́ть

**прополо́ть** [完] →пропа́лывать

**пропоро́ть** [完] →пропа́рывать

**пропорциона́льность** [女10] 均整;【数】比例

**пропорциона́льный** 短 -лен, -льна [形1] ① 均整のとれた ②【数】比例の; 比例的な

**пропо́рция** [女9] 均整;【数】比例

**пропотева́ть** [不完] / **пропоте́ть** [完] ① 汗をたくさんかく ② 汗でぐっしょりになる ③《完》《俗》きつい仕事をやり続ける

**пропоте́лый** [形1]《話》汗でぐっしょりの

**Пропп** [男5] プロップ(Влади́мир Я́ковлевич ~, 1895–1970), 民俗学者, 昔話研究の第一人者

*про́пуск [プロープスク] [男2]〔admission, pass〕① 通すこと ② 逸すること, 欠席, 削除 ③〔複 -á〕入場許可証: Предъяви́те, пожа́луйста, ~. 入場許可証をご提示ください ④〔複 -á〕パスワード

*пропуска́|ть [プラプスカーチ] [不完] / **пропусти́ть** [プラプスチーチ] -ущу́, -ýстишь, ... -ýстят 受過 -ýщенный [完]〔let through〕〈対〉通す, 通過させる: ~ де́вочку вперёд 女の子を先に行かせる | ~ го́стя в ко́мнату 客を部屋に通す | ~ во́ду фи́льтр 水をフィルターに通す ② 受け入れる, 処理する: Коми́ссия пропусти́ла че́рез себя́ со́тни жела́ющих. 委員会は何百人もの希望者を受け付けた | Вокза́л *пропуска́ет* ежедне́вно о́коло трёх миллио́нов пассажи́ров. この駅は1日約300万人の乗降客が利用する ③ 欠席する; 逸する, 逸しる: ~ заня́тия 授業を休む | ~ матч 試合を欠場する ④《俗》酒を飲む: ~ кру́жку пи́ва ジョッキ1杯のビールを飲む

◆ **~ ми́мо уше́й** 関《話》…を聞き流す: Он *ми́мо уше́й* пропусти́л мой сове́т. 彼は私の忠告を聞き流した | **~ ми́мо глаз** 見逃す //**-ся** [不完][受身] //**-ние** [中5]

**пропускни́к** -á [男2] 保健所 ■**санита́рный ~** 衛生消毒所

**пропускн|о́й** [形2] <про́пуск: **-а́я спосо́бность**【コン】通信路容量

**пропусти́ть** [完] →пропуска́ть

**пропылесо́сить** [完] →пылесо́сить

**пропыли́ть** -лю́, -ли́шь 受過 -лённый (-лён, -лена́) [完]〈対〉ほこりまみれにする

**прора́б** [男1] 現場監督(производи́тель рабо́т) //**-ский** [形3]

**прораба́тывать** [不完] / **прорабо́тать** 受過 -бо́танный [完] ①《完》しばらく働く ②《話》〈対〉研究する; 批判する

**прора́н** [男1] (人工的・自然的にできた)水路, 支流

**прораста́ть** [不完] / **прорасти́** -тёт 過 -ро́с, -росла́ [完] 発芽する //**прораста́ние** [中5]

**прора́щива|ть** [不完] / **прорасти́ть** -ащу́, -асти́шь 受過 -ащённый (-щён, -щена́) [完]〈対〉発芽させる

**про́рва** [女1]《俗》大量; 大食い

**прорва́ть(ся)** [完] →прорыва́ть¹

**прореаги́ровать** [完] →реаги́ровать

**прореве́ться** -ву́сь, -вёшься [完]《俗》大泣きする

**прореж́ива|ть** [不完] / **прореди́ть** -режу́, -реди́шь 受過 -режённый (-жён, -жена́) [完]〈対〉間引く //**-ние** [中5]

**проре́з** [男1] 切り抜くこと; 切り抜いた穴

**прореза́ть, проре́зывать** [不完] / **проре́зать** -е́жу, -е́жешь 受過 -е́занный [完]〈対〉① 切り抜く ② 横切る //**-ся** [不完] / [完] ① 生える, 表面に出る ②(動物の子の目が)開く

**прорези́нивать** [不完] / **прорези́нить** -ню, -нишь 受過 -ненный (-нен, -нена) [完]〈対〉ゴムを塗る

**проре́зка** [女2] 切り抜くこと, 切り抜き

**прорезно́й** [形2] 切れ目のある

**прорезы́вание** [中5] ① 切り抜くこと ②(歯が)生えること

**прорезы́вать(ся)** [不完] →прореза́ть

**про́резь** [女10] 切れ目; 透かし彫り

**проре́ктор** [男1] 副学長

**прорепети́ровать** [完] →репети́ровать

**проре́ха** [女2] ①(衣服の)ほころび ② ズボンの前開き部 ③《話》欠陥

**проржа́веть, проржа́веть** [完] さびて駄目になる

**прорисо́вывать** [不完] / **прорисова́ть** -сую, -суешь 受過 -о́ванный [完] ① はっきり描く ②《完》しばらく描く //**прорисо́вка** [女2]

**прорица́ние** [中5]《文》予言

**прорица́тель** [男5] / **~ница** [女3]《文》予言者

**прорица́ть** [不完]《文》〈対〉予言する

*проро́|к [男2] / **-чица** [女3]〔prophet〕予言者; 予言者

**проронить** -роню́, -ро́нишь 受過 -ро́ненный/-проне́нный (-не́н, -нена́) [完] (口に)出す: не ~ ни сло́ва 押し黙る ② 聞き漏らす

**проро́ческий** [形3] 予言(者)の

**проро́чество** [中5] 〖文〗予言

**проро́чествовать** -твую, -твуешь [不完] 〖文〗予言する

**проро́чить** -чу, -чишь 受過 -ченный [不完] /**на-** [完] ⟨団⟩予言する; 予言して悪い結果を招く: ~ до́ждь 雨が降ると予言して実際に雨に見舞われる

**проруба́ть** [不完] /**проруби́ть** -рублю́, -ру́бишь 受過 -ру́бленный [完] ⟨団⟩切り抜く, 掘る, 伐採する **//-ние** [中5], **пору́бка** [女2]

**про́рубь** 複生 -ей/-е́й [女10] 氷に開けた穴

*прорыв** [男1] 〖break, breach〗① 決壊 ② 突破 ③ 遅滞 **//прорывно́й** [形2]

**прорыва́ть¹** [不完] /**прорва́ть** -ву́, -вёшь 過 -ва́л, -вала́, -ва́ло 受過 про́рванный [完] ⟨団⟩ ① ⟨団⟩穴を開ける ② ⟨団⟩堤防を決壊させる ③ [完]突破する ④ [無人称] (感情などが)はじける, ほとばしる

**прорыва́ться** [不完] /**прорва́ться** -ву́сь, -вёшься 過 -а́лся, -ала́сь, -ало́сь/-а́лось [完] ① 穴が開く ② 決壊する ③ 腫れ物がつぶれる ④ 突破する ⑤ (感情が)はじける

**прорыва́ть²** [不完] /**проры́ть** -ро́ю, -ро́ешь 受過 -ты́й [完] ① 掘る; 貫通させる ② [完] しばらく掘る **//проры́тие** [中5]

**проса́дка** [女2] ヘこみ, 陥没

**проса́живать** [不完] /**просади́ть** -сажу́, -са́дишь 受過 -са́женный [完] 〖俗〗⟨団⟩① 突き刺す ② 使い果たす

**проса́ливать¹** [不完] /**просоли́ть** -солю́, -ли́шь/-со́ли́шь 受過 -со́ленный/-солённый (-лён, -лена́) [完] 塩漬けにする **/~ся** [不完] /[完] 塩漬けになる **//просо́л** [男1]

**проса́ливать²** [不完] /**просоли́ть** [完] ⟨団⟩に油を染み込ませる **/~ся²** [不完] 油にまみれる

**просасывать** [不完] /**прососа́ть** -сосу́, -сосёшь 受過 -со́санный [完] ① ⟨団⟩(水などが浸み込んで)穴を開ける ② [完]しばらく吸う

**проса́чиваться** [不完] /**просочи́ться** -со́чится [完] しだいに浸み込む; 広まる

**просверли́ть** [完] →сверли́ть

**просве́т** [男1] ① (差し込んでくる)光 ② 隙間; (窓・扉の)幅 ③ (肩章の)縦線 ◆*жи́знь без ~а* 何の喜びも希望もない生活

**просвети́тель** [男5] /**~ница** [女3] 啓蒙家 **//-ский** [形3]

**просвети́тельный** [形1] 啓蒙的な

**просвети́тельство** [中1] 啓蒙活動

**просвети́ть(ся)** [完] →просве́чивать, просвеща́ть

**просветле́ние** [中5] 明るくなること; (意識が)はっきりすること

**просветлённый** 短 -ён, -ённа [形1] 明るい

**просветле́ть** [完] →светле́ть

**просветля́ть** [不完] /**просветли́ть** -лю́, -ли́шь 受過 -лённый [完] 明るくする; はっきりさせる

**просве́чивать** [不完] /**просвети́ть¹** -ечу́, -е́тишь 受過 -е́ченный [完] ⟨団⟩に光を通す; 光が漏れる; 垣間見える **//~ся** [不完] /[完] 〖話〗照射を受ける

**просвеща́ть** [不完] /**просвети́ть²** -ещу́, -ети́шь 受過 -ещённый (-щён, -щена́) [完] 啓蒙する **/~ся²** [不完] /[完] 啓蒙される

*просвеще́ние** [中5] 〖enlightenment〗啓蒙, 教育: полити́ческое ~ 政治教育 | эпо́ха *-ия* 啓蒙時代

**просвещённый** [形1] 教養のある, 文化的な

**просвира́** 複 про́свиры, -ви́р, -вира́м [女1] 〖キリスト〗聖パン

**просвирня́к** -а́ [男2] 〖植〗ゼニアオイ属 (ма́льва)

**просви́стывать** [不完] /**просвиста́ть** -ищу́, -и́щешь 受過 -и́станный, **просвисте́ть** -ищу́, -исти́шь [完] 口笛で吹く; 音を立てて飛ぶ

**проседа́ть** [不完] /**просе́сть** -ся́дет 過 -се́л [完] へこむ, 沈下する **//-ние** [中5]

**про́седь** [女10] (ちらほら見える)白髪

**просе́ивать** [不完] /**просе́ять** -се́ю, -се́ешь 受過 -се́янный [完] ⟨団⟩① ふるいにかけて不純物を取り除く ② [完]しばらくふるいにかける **/~ся** [不完] ① ふるいにかけられる; (隙間から)こぼれる **//просе́ивание** [中5]

**просе́ка** [女2], **просе́к** [男2] 林道

**просека́ть** [不完] /**просе́чь** -еку́, -ечёшь, ... -еку́т 命 -еки́ 過 -сёк, -секла́ 受過 -сечённый (-чён, -чена́)/-ченный [完] ① 切り裂く, 叩き切る ② 〖若者〗理解する; 気がつく

**просёлок** -лка [男2] (未舗装の)田舎道 **//просё́лочный** [形1] : *-ая доро́га* 村道

**просе́сть** [完] →проседа́ть

**просе́чка** 複生 -чек [女2] 打って穴を開けること; 打って開けた穴

**просе́ять** [完] →просе́ивать

**просигна́лить** [完] →сигна́лить

**проси́живать** [不完] /**просиде́ть** -ижу́, -иди́шь 受過 -си́женный [完] しばらく座っている; (ずっと座って)破損する

**про́синь** [女10] 〖話〗青い色合い; 雲の切れ間の青空

**проси́тель** [男5] /**~ница** [女3] 請願者

**проси́тельный** [形1] 乞うような

*проси́ть** [プラシーチ] -ошу́, -о́сишь 受過 -о́шенный [不完] /**попроси́ть** [プラシーチ] [完] 〖ask, beg〗① ⟨団⟩に o/団の /を /不定形 することを /чтобы節 するように⟩⟨団⟩を⟩頼む, 求める, 乞う: Он *про́сит* нас о по́мощи. 彼は我々に助けを求めている | *Я попроси́л* сове́та у отца́. 私は父にアドバイスを求めた | ~ руки́ у 団 …に結婚の許しを求める | ~ сло́ва 発言の許可を求める ② ⟨団⟩ 〖3人称⟩⟨団⟩を⟩必要とする: До́м *про́сит* ремо́нта. 家は修理が必要だ ③ ⟨団⟩ に *за* 団/о 団について /を⟩求める, 依頼する, 擁護する: ~ *за* дру́га 友人のことをお願いする ④ ⟨団⟩招く, 呼ぶ: *Попроси́те* Анну к телефо́ну. アンナを電話口にお願いします | *не про́шенный* го́сть 押しかけの客 ⑤ 〖俗〗⟨団⟩ ⟨値段を⟩つける: Ско́лько *про́сишь*? 値段はいくらだ ◆*прошу́* (*вас*) お願いします; さあさあ(…して下さい)

**проси́ться** -ошу́сь, -о́сишься [不完] /**по-** [完] ① 許可を願う ② (子どもが)便意を伝える ③ [不完]ふさわしい

**просия́ть** [完] 輝き始める; うれしそうになる

**проска́кивать¹** [不完] /**проскака́ть** -качу́, -ка́чешь [完] ① ⟨団⟩(ある距離を)疾走する; 走って通過する ② しばらく走る 〖跳ぶ〗

**проска́кивать²** [不完] /**проскочи́ть** -кочу́, -ко́чишь [完] ① ⟨団⟩急いで通過する ② 〖話〗入り込む, 落ちる

**проска́льзывать** [不完] /**проскользну́ть** -ну́, -нёшь [完] ① ちらつく ② 〖話〗こっそり入る ③ 滑り落ちる

**просквози́ть** -зи́т [完] 〖話〗⟨団⟩に (隙間風で)風邪をひかせる

**прескло́нять** [完] →скло́ня́ть²

**проскользну́ть** [完] →проска́льзывать

**проскочи́ть** [完] →проска́кивать²

**прославить(ся)** [完] →прославля́ть
**прославле́ние** [中5] 賛美, 称賛; 有名になること
**просла́вленный** [形1]《雅》高名な
**прославля́ть** [不完] / **просла́вить** -влю, -вишь 受過 -вленный [完]〈対〉① 有名にする ② 褒め称える // **-ся** [不完] [完] 有名になる; 悪評が立つ
**прослаи́ва|ть** [不完] / **прослои́ть** -лою́, -лои́шь 命 -лой 受過 -лоённый (-оён, -оена́) [完]〈対〉 (層状に)重ねる
**проследовать** -дую, -дуешь [完]《公》通過する; (後を)ついて行く
**просле́жива|ть** [不完] / **проследи́ть** -ежу́, -еди́шь 受過 -е́женный [完] ①〈対〉見張る ②《文》〈対〉研究する ③《話》〈за対〉追跡調査する
**прослези́ться** -ежу́сь, -ези́шься [完] (感きわまって)泣きだす
**прослои́ть** [完] → прослаи́вать
**просло́йка** 複生 -о́ек [女2] (層状に)重ねること; 層
**прослужи́ть** -ужу́, -у́жишь 受過 -у́женный [完] 勤め続ける
***прослу́шива|ть** [不完] / **прослу́шать** 受過 -анный [完] [hear through, listen to]〈対〉① 聴き通す, 最後まで聴く ②〈対〉聞き漏らす ③《完》話に聴き入る ④ 聴診する: 聴いて判定する // **-ся** [不完] [受身]〈① ②④ **/-ние** [中5]
**прослу́шать** [女2]《俗》盗聴, 盗み聞き
**прослыва́ть** [不完] / **прослы́ть** -ыву́, -ывёшь 過 -слы́л, -ла́, -ло [完]〈として〉知られる
**прослы́шать** -шу, -шишь 受過 -анный [完]《俗》噂で知る
**просма́ливать** [不完] / **просмоли́ть** -лю́, -ли́шь 受過 -лённый (-лён, -лена́) [完]〈対〉樹脂[タール]を塗る
***просма́трива|ть** [不完] / **просмотре́ть** -мотрю́, -мо́тришь 受過 -мо́тренный [完] [look through, view, overlook]〈対〉① よく見る, 観覧する ②ざっと見る, 飛ばし読みする ③ 見落とす ④《不完》(遠くを)見通す ⑤《完》しばらく見る // **-ся** [不完] ① よく見える ② [受身]
**просмоли́ть** [完] → просма́ливать
***просмо́тр** [男1] [survey, viewing] ① 目を通すこと ② 試写; 鑑賞: ~ кинофи́льмов 映画鑑賞 | Прия́тного ~а! (映画館・劇場で)最後までごゆっくりお楽しみください ③ 見落とし **/-овый** [形1]
**просмо́трщик** [男2]《コン》ビューア
**просмотре́ть** [完] → просма́тривать
**просну́ться** [完] → просыпа́ться
**про́со** [中1]《植》キビ属 ■ **маньчжу́рское ~**《植》コーリャン
**проса́ливать** [不完] / **просу́нуть** -ну, -нешь 受過 -тый [完]〈対〉差し込む, 突っ込む // **-ся** [不完] / [完] 突き出てる, やっと通り抜ける
**просо́дия** [女9] ① 韻律(法) ②《言》プロソディー, 韻律(論)
**просоли́ть(ся)** [完] → проса́ливать¹
**прососа́ть** [完] → проса́сывать
**просо́хнуть** [完] → просыха́ть
**просочи́ться** [完] → проса́чиваться
**проспа́ть** [完] → просыпа́ть²
**проспа́ться** -сплю́сь, -спи́шься 過 -спа́лся, -спала́сь, -спа́лось(-спало́сь) [完]《話》長い眠りから覚める; (ひと眠りして)酔いが覚める
***проспе́кт** [男1] [avenue] ① 大通り: гуля́ть по ~у 大通りを散歩する ② (出版物の)企画書; (商品の)カタログ, 宣伝パンフレット
**проспекти́в** [男1]《言》前望相
**проспиртова́ть** -ту́ю, -ту́ешь 受過 -о́ванный [完]〈対〉アルコールに漬ける
**проспо́ривать** [不完] / **проспо́рить** -рю, -ришь 受過 -ренный [完]〈対〉① (口論・賭けに負けて)失う ②〈対〉しばらく言い争う
**проспряга́ть** [完] → спряга́ть
**просро́чивать** [不完] / **просро́чить** -чу, -чишь 受過 -ченный [完]〈対〉期限に遅れる // **просро́чка** 複生 -чек [女2]
**проставля́ть** [不完] / **проста́вить** -влю, -вишь 受過 -вленный [完]《公》〈対〉記入する // **-ся** [不完] / [完]《俗》お祝いの宴を催す
**проста́ивать** [不完] / **простоя́ть** -тою́, -тои́шь [完] しばらく立っている: 動かずにいる
**проста́к** -а́ [男2] まぬけな人; まぬけな役 // **проста́чо́к** -чка́ [男2] [指小・愛称]
**проста́та** [女1]《解》前立腺
**простега́ть** [完] → стега́ть
**просте́йшие** (形6変化) [複]《動》原生動物
**просте́йший** [形6] [最上く простой] 非常に簡単な, 初歩の
**просте́нок** -нка [男2]《建》(扉・窓の間の)壁
**просте́нький** [形3] 極簡単な, 控えめな
**простецкий** [形3]《話》純朴な
**простира́ть** [完] → простира́ть
**простира́ть¹** [不完] / **простере́ть** -тру́, -трёшь 過 -тёр, -тёрла 能過 -тёрший 受過 -тёртый 副分 -тере́в/-тёрши [完]《文》向ける; 《旧》〈対〉差し延ばす
**простира́ться¹** [不完] / **простере́ться** -трётся 過 -тёрся, -тёрлась [完] ① 広がる ② 差し出される ③ 向けられる
**простира́ться²** [完]《話》しっかり洗われる
**простиру́ть** -ну́, -нёшь 受過 -и́рнутый [完]《話》〈対〉急いで少しだけ洗濯する
**простира́ть** [不完] / **простира́ть²** 受過 -и́ранный [完]《話》①〈対〉よく洗濯する ②《完》しばらく洗濯する
**прости́тельный** 短 -лен, -льна [形1] 許される範囲の
**проститу́ировать** -рую, -руешь 受過 -анный [不完・完]《文》①〈対〉売春を強要する ② 売春する ③ 節操のないことをする
**проститу́тка** 複生 -ток [女2] 売春婦
**проститу́ция** [女9] 売春
**прости́ть(ся)** [完] → проща́ть(ся)
***про́сто** [プロースタ] 比 про́ще [simply] **I** [副] ① 簡単に, 単純に, 気軽に: смотре́ть на ве́щи ~ものごとを単純に見る ② 飾らず, 簡素に: Она́ оде́та ~. 彼女はさっぱりとした服装をしている ③ 率直に, 気取らずに: говори́ть пря́мо и ~ 単刀直入に話す ④ たまたま, なんとなく: Я ~ зашёл к ней. 彼女のところに寄ってみた **II** [無人述] ① 簡単だ, 容易だ: Реши́ть э́ту зада́чу ~. この問題を解くのは簡単だ ② 気兼ねがない, 気詰まりでない: С ней мне легко́ и ~. 彼女といるのは気兼ねがなくて気楽だ **III** [助]《話》① 全く, ほんとに: П ~ невероя́тно! 全く信じられない ② ただ…にすぎない, 単に…だけだ: Э́то ~ шу́тка. これは単なる冗談にすぎない ③ 気楽に, 気軽に **IV** [接] (時には ~ の形でも)…でなくて…: У меня́ не просту́да, ~ голова́ боли́т. 私は風邪をひいているのではなく, ほんとうに頭が痛いのだ ◆ **~-на́просто**《話》全く, ほんとに; ただ…にすぎない | **~ так** 特に理由[目的]もなく, なんとなく; そのままで | **всё не так ~** 見かけ以上のものがある, 思ったほど単純ではない
**простова́тый** 短 -а́т [形1]《話》純朴な, 愚かな
**простоволо́сый** 短 -о́с [形1]《俗》(女性が)髪を隠していない
**простоду́шный** 短 -шен, -шна [形1] 純真な, 正直

な ‖ **простоду́шие** [中5] 純真, 正直

‡**прост|о́й**¹ [プラストーイ] 短 прóст, -тá, -то, -ты́/-ты 比 прóще 最上 простéйший [形2] 〔simple, ordinary〕 ① 簡単な, 平易な, 単純な: ～ вопро́с 簡単な質問 | Рабо́та была́ о́чень -á. その仕事はとても簡単だった ②〔長尾〕(構成・組成の)単純な, 単一組成の: -óе вещество́ 単体物質 | 多素の込んでいない, あっさりした, 簡素な: -áя обстано́вка 簡素な家具調度 ④〔長尾〕平凡な, ありふれた: -ы́е лю́ди ごく普通の人々, 一般大衆 ⑤ 普通の, 特別でない: по письмó普通郵便 ⑥《長尾》粗末な, 上等でない: мукá -óго помóла 粗びきの粉《長尾》単なる, それ以下でない: из -óго любопы́тства 単なる好奇心から ⑦ 率直な, 気取りのない, 純朴な: Я человéк ～, всегдá говорю́ то́, что дýмаю. 私はざっくばらんな人間だから, 思っていることをすべてそのまま言います ⑧《話》あまり頭のよくない, 愚かな: Он не так прост, как ка́жется. 彼は見かけほどバカじゃない ◆～ смéртный 普通の人間 | -ы́м гла́зом 肉眼で | прóще -óго 全く簡単だ, 朝飯前だ

**прост|о́й**² [男6] 作業の休止, 停止

**простоква́ша** [女4] 酸乳, 凝乳 (ヨーグルト飲料)

**простонаро́дный** 短 -ден, -дна [形1] 平民の

‡**просто́р** [男1]〔spaciousness, freedom〕① 広大な空間, 広々とした場所: степны́е ~ы́ 広大なステップ ② 自由, 気ままさ: дать ～ мечта́м 空想の翼を広げる

**просторé|чие** [中5]〔言〕俗語 ‖**-ный** [形1]

**просто́рно** [副] ① 広々と; ゆったりと ②〔無人述〕広々としている

‡**просто́рн|ый** 短 -рен, -рна [形1]〔spacious, roomy〕① 広々とした, 広大な (↔те́сный): -ая кварти́ра 広々とした住居 ② (衣服が) ゆったりとした: -ая оде́жда ゆったりした服 ‖**-ость** [女10]

**простосерде́чный** 短 -чен, -чна [形1] 純朴な, 正直な ‖**простосерде́чие** [中5]

‡**простота́** [女1]〔simplicity〕① 簡単さ, 単純さ:свята́я ～ 素朴; お人良し

**простофи́ля** (女5変化)[男・女]《俗》ばか, まぬけ

**простоя́ть** [完] →проста́ивать

**простра́|гивать** [不完] / **прострога́ть** 受過 -ро́ганый [完]〈団〉①…にかんなをかける; 溝を付ける ②《完》しばらく削る

**простра́нный** 短 -а́нен, -а́нна [形1] ①《文》広大な ② (話が) 長い

**простра́нственный** [形1] 空間の

‡**простра́нств|о** [プラストラーンストヴァ] [中1]〔space〕① 空間: косми́ческое ～ 宇宙空間 | сквозь ～ и вре́мя 時空を超えて ② 空いている場所, スペース: свобо́дное ～ ме́жду окно́м и две́рью 窓とドアの間のスペース ③ 広大な地域 ■ **боя́знь -а** [医]広場恐怖症 (агорафо́бия)

**простра́ция** [女9]〔医〕神経衰弱

**простра́чивать** [不完] / **прострочи́ть** -очу́, -очи́шь 受過 -о́ченный [完]〈団〉ミシンで縫う

**простре́л** [男1] ① 撃ち抜くこと ②《話》腰痛 ③〔植〕オキナグサ属

**простре́ливать** [不完] / **прострели́ть** -елю́, -е́лишь 受過 -е́ленный [完]〈団〉① 撃ち抜く ② 射程内に入れる 〈団〉《体》・彼の

**простре́ливаться** [不完] 射程内に位置する

**простре́ливать** [完] しばらく撃つ

**прострога́ть** [完] →простра́гивать

**прострочи́ть** [完] →строчи́ть, простра́чивать

‡**просту́д|а** [女1]〔cold〕風邪; (体の)冷え: заболéть **-ой** 風邪をひく | вы́лечить -у 風邪を治す | лекáрство от -ы ‖**-ный** [形1]

**простуди́ть** [不完] / **простуди́ть** -ужу́, -у́дишь 受過 -у́женный [完]〈団〉に〉風邪をひかせる

‡**простуди́ться** [プラストゥジーッツァ] [不完] / **простуди́ться** [プラストゥジーッツァ] -ужу́сь, -у́дишься, ... -у́дятся 命 -ди́сь [完] 風邪をひく: Я немно́го (си́льно) простуди́лся. 私は弱く[ひどい]風邪をひいた | Она́ ча́сто просту́живается. 彼女はよく風邪をひく | Смотри́, не простуди́сь! 風邪をひかないように気をつけてね

**просту́женный** [形1] 風邪の, 風邪をひいている; (声・様子が) 風邪っぽい

**просту́кивать** [不完] / **просту́кать** 受過 -анный [完]〈団〉①《話》叩いて調べる ②《医》打診する

**проступа́ть** [不完] / **проступи́ть** -у́пит [完] にじみ出る; 現れる

‡**просту́пок** -пка [男2]〔misdeed〕過失;〔法〕微罪

**простыва́ть** [不完] →просты́ть

**простыва́ть** [不完] / **просты́ть** -ы́ну, -ы́нешь 過 -ы́л [完] ①《俗》冷める ② 風邪をひく ◆ **Его́ и след просты́л** …が消え失せる

**простыня́** -ы́ни, -ы́нь/-ынéй, -ыня́м [女5] ① シーツ ② 長い文書

**просты́ть** [完] →простыва́ть

**просу́нуть(ся)** [完] →просо́вывать

**просу́шивать** [不完] / **просуши́ть** -ушу́, -у́шишь 受過 -у́шенный [完]〈団〉(しっかり)乾かす ‖ **~ся** [不完] / [完] ① 乾く ②《話》(服を着たまま)乾かす

**просу́шка** [女2] 乾燥

**просущество́вать** -тву́ю, -тву́ешь [完] 生きていく, 存在していく

**просфора́** 複生 про́сфоры, -óр, -ора́м [女1]〔正教〕聖パン, プロスフォラ

**просце́ниум** [男1] (幕より前の)舞台の前部, エプロンステージ, 張り出し舞台

**просчёт** [щ] [男1] 計算すること; 計算間違い

**просчи́тывать** [щ] [不完] / **просчита́ть** [щ] 受過 счи́танный [完]〈団〉《話》① 計算する ② 計算間違いをする ③《完》(しばらく)計算する ‖ **~ся** [不完] / [完] (計算間違いをして)損をする; 見込み違いをする

**прóсып, прóсыпь** -а/-у [男1] ◆ **без ~у**《話》ぐっすりと; ぐでんぐでんになって

**просыпа́ть**¹ [不完] / **просы́пать** -плю, -плешь/-пешь, ... -плют/-пят 命 -пь 受過 -анный [完]〈団〉うっかりこぼす ‖ **~ся**¹ [不完] / [完] ① こぼれる ②《不完》《受身》

**просыпа́ть**² [不完] / **проспа́ть** -плю́, -пи́шь 過 -па́л, -пала́, -па́ло 受過 -а́нный [完] ① 寝過ごす, 寝坊する ②《完》寝ていて逃す, 乗り越す ③《完》しばらく眠る

‡**просыпа́ться**² [プラスィパーッツァ] [不完] / **просну́ться** [プラスヌーッツァ] -ну́сь, -нёшься 命 -ни́сь [完] (wake up) ① 目覚める: ～ по зву́к[от зву́ка] буди́льника 目覚まし時計の音で目が覚める ② (感情・本能が) 現れる: У неё просну́лась со́весть. 彼女は良心に目覚めた ③ 活気づく, 動きだす: Ры́нок недви́жимости просну́лся. 不動産市場が動き始めた | Вулка́н внеза́пно просну́лся. 火山が突然活動を始めた

**просыха́ть** [不完] / **просо́хнуть** -ну, -нешь 過 -о́х, -о́хла 能過 -хший 副分 -ув [完] ① 乾く ②《完》酔いがさめる

‡**прóсьб|а** [プロージバ] [女1]〔request〕願い, 頼み, 依頼: невыполни́мая ～ 無理な頼み | У меня́ к вам ～. あなたにお願いがあります | по -e …の依頼で | обраща́ться с **-ой** к …に依頼する

**прося́нка** 複生 -нок [女2]〔鳥〕ハタホオジロ

**просяно́й** [形2] キビ (просо) の

**прота́ивать** [不完] / **прота́ять** -та́ет [完] 融け

**прота́лина** [女1] (積雪が解けて)土が露出した場所
**прота́лкивать** [不完] / **протолкну́ть** -ну́, -нёшь 受過 -о́лкнутый [完]〈話〉〈囲〉押し込む; 促進する **//~ся** [不完] / [完]〈話〉人込みを押し分けて進む
**прота́пливать** [不完] / **протопи́ть** -топлю́, -то́пишь 受過 -то́пленный [完]〈囲〉① 十分に暖める: ~ пе́чь 暖炉を焚く ②《不完》 少しずつ焚く ③ しばらく焚く **//~ся** [不完] / [完] (部屋が)暖まる
**прота́птывать** [不完] / **протопта́ть** -опчу́, -о́пчешь 受過 -о́птанный [完]〈囲〉踏み固める; すり減らす
**протара́нивать** [不完] / **протара́нить** -ню, -нишь 受過 -ненный [完]〈囲〉に体当たりする
**протаска́ть** 受過 -та́сканный [完]〈話〉〈囲〉しばらく運ぶ, 着る
**прота́скивать** [不完] / **протащи́ть** -ащу́, -а́щишь 受過 -а́щенный [完]〈囲〉① 引きずっていく ② (無理矢理)引きずり込む ③ 酷評する
**прота́чивать** [不完] / **проточи́ть** -очу́, -о́чишь 受過 -о́ченный [完]〈囲〉① (虫が)喰う, (旋盤で)穴を開ける; (水が)掘る ②《完》 しばらく研ぐ
**протащи́ть** [完] →прота́скивать
**прота́ять** [完] →прота́ивать
**протеже́** [э] (不変)[男·女]《文》保護[庇護]を受けている人, ひいきの人, お気に入り
**протежи́ровать** [э] -рую, -руешь 受過 -анный [不完]《文》〈囲〉を引き立てる
**проте́з** [э] [男1] 人工器官 **//~ный** [形1]
**протези́ровать** [э] -рую, -руешь 受過 -анный [不完·完]〈囲〉人工器官を装着する **//~ние** [中5]
**протеи́н** [男1] 〖化〗プロテイン
*__протека́ть__ [不完] / __проте́чь__ -ечёт, -еку́т 過 -тёк, -текла́ 能過 -тёкший 副分 -тёкши [完] 〖ooze, elapse〗① 流れる ② 浸み込む ③ 漏れる ④ 過ぎる, 経過する
**проте́ктор** [э] [男1] (タイヤの)トレッド
**проектора́т** [э] [男1] 保護統治国; 保護領
**протекциони́зм** [э] [男1]〖政·経〗保護貿易主義 ② 縁故主義 **//~и́стский** [сс] [形3]
**проте́кция** [э] [女9] 保護 ◆**оказа́ть** 囲 -**ию** (に)引き立てる **//~ио́нный** [形1]
**протере́ть(ся)** [完] →протира́ть
**протерозо́й** [男6] 原生代 **//~ский** [形3]
**протерпе́ть** -ерплю́, -е́рпишь [完]〈話〉〈囲〉耐え抜く
**протеса́ть** [完] →протёсывать
*__проте́ст__ [男1] 〖protest〗① 抗議; 抗議デモ: ~**а** 抗議デモ ② 〖公〗異議申し立て ③ (手形などの)引き受け拒絶
**протеста́нт** [男1] **-ка** 複生 -ток [女2]① 〖宗〗プロテスタント, 新教徒 ②《文》抗議者
**протеста́нтизм** [ц] [男1] 〖宗〗新教, プロテスタンティズム
**протеста́нтство** [ц] [中5] 新教, プロテスタンティズム
**протеста́нтский** [ц] [形3] 〖宗〗新教(徒)の, プロテスタントの
**протести́ровать** [э] -рую, -руешь 受過 -анный [完]テストする, きちんと動くかどうかを確認する
*__протестова́ть__ -ту́ю, -ту́ешь 受過 -о́ванный [不完·完] 〖protest〗①《不完》〈про́тив囲に〉抗議する ②《公》〈囲に〉異議を唱え, 拒絶する: *опротестова́ть пригово́р суда́* 判決に異議を申し立てる
**протёсывать** [不完] / **протеса́ть** -тешу́, -те́шешь 受過 -тёсанный [完]〈囲〉削る
**проте́чка** 複生 -чек [女2] 漏ること; 漏れる場所
**проте́чь** [完] →протека́ть
*__про́тив__ [プローチフ] 〖opposite, against〗**I** [前]〈囲〉① …に向かい合って, …の真向かいに: ~ **до́ма** 家の向かいに | **Они́ сиде́ли друг ~ дру́га.** 彼らは向かい合って座っていた ② (風・流れなどに)さからって, 向かって: **плы́ть ~ тече́ния** 流れにさからって泳ぐ ③ …に反して, そむいて: **поступи́ть ~ со́вести** 良心にそむいて行動する ④ …に抗して, 反対して; …に反対する: **выступа́ть ~ войны́** 戦争に反対する | **лека́рство ~ гри́ппа** インフルエンザの薬 ⑤ …に比べて, 対して: **вы́работать проду́кции бо́льше ~ про́шлого го́да** 昨年よりも生産高を増やす ⑥ (名簿などで) …の隣に, …に並べて: **расписа́ться в журна́ле ~ чужо́й фами́лии** 日誌の他の人の名前の隣にサインする **II** [副] 反対して; 〈話〉向かい側に: **голосова́ть ~** 反対投票する | **Я не име́ю ничего́ ~.** 私は差し支えありません **III** [述語] 反対だ, 不賛成である: **Вы согла́сны? — Нет, я ~.**「賛成ですか」「いいえ, 私は反対です」 **IV** (不変) [中] 〈話〉反対(の論拠), マイナス面: **за и ~** 賛否
**про́тивень** -вня [男5] (料理用の)鉄板
**противи́тельный** [形1] 〖言〗反意接続詞
**проти́виться** -влюсь, -вишься / **вос~** [完]〈囲に〉反対する, 抵抗する
*__проти́вни|к__ [プラチーヴニク] [男2] / **-ца** [女3] 〖enemy, opponent〗① 敵対者, 反対者, 敵: ~ **примире́ния** 和解の反対者 | **Э́тот челове́к — мой да́вний ~.** この男は私の昔からの仇敵だ ② (競技などの)相手, 敵手: **победи́ть -ка в соревнова́нии** 試合で相手に勝利する ③ [男] 〖集合〗敵軍: **разби́ть -ка** 敵軍を撃破する
**проти́вно** ① [前]《文》〈囲〉…に反して, 逆らって ② [副] 不快に, 嫌むように ③ [無人述] 嫌だ, 不快だ
**проти́вность** [女10] 嫌なこと[物]
*__проти́вный__ 短 -вен, -вна [形1] 〖opposite, contrary〗① 敵対する, 反対の; 〈囲〉に反する: -**ое мне́ние** 反対意見 | **доказа́тельство от -ого** 逆説による証明 ② (長毛)(旧)向かい合う, 反対側の ③ とても嫌な, 不快な: ~ **вкус** 嫌な味 | **до -ого** ぞっとするほど ◆(**а**) **в -ом слу́чае** そうでない場合には, さもなければ
**противо..** 〖語形成〗「反対の」「逆」の
**противобо́рство** [中5] 抵抗, 敵対
**противобо́рствовать** -твую, -твуешь [不完] 《文》〈囲〉に抵抗する
**противове́с** [男1] 平衡錘; (バランスを取るための)重り ◆**в ~** 〈囲〉…に反して, 対して
**противови́русный** [形1] ①〖医·薬〗抗ウイルス(性)の ②〖コン〗アンチウイルスの
**противовозду́шный** [形1] 防空の, 対空の
**противога́з** [男1] 防毒マスク
**противога́зовый** [形1] 有毒ガスを防ぐための
**противоде́йствие** [中5] 抵抗, 反作用
**противоде́йствовать** -твую, -твуешь [不完]〈囲に〉抵抗する, 妨害する
**противоесте́ственный** 短 -ен, -енна [形1] 不自然な
**противозако́нный** 短 -о́нен, -о́нна [形1]〖法〗違法な
**противозача́точный** [形1] 避妊の
**противолежа́щий** [形6] 反対側の
**противоло́дочный** [形1]〖軍〗対潜水艦の
**противопехо́тный** [形1]: -**ая ми́на** 〖軍〗対人地雷
**противопожа́рный** [形1] 防火の, 耐火の: -**ая дверь** 防火扉 | -**ая слу́жба** 消防, 消防隊
**противопока́зный** [中5] ①〖医〗禁忌症状 ②〖法〗反対根拠, 矛盾する証拠
**противопока́занный** 短 -ан, -ана [形1] (薬·医療行為が)禁忌(きんき)となる
**противо|полага́ть** [不完] / **-положи́ть** -ожу́, -о́жишь 受過 -о́женный [完]《文》〈囲を囲と〉対

確で簡潔な ②《俗・蔑》粗雑な, 無愛想な

**протолка́ться** [完] ① 人込みの中で過ごす ② = протолкну́ться

**протолкну́ть(ся)** [完] →прота́лкивать

**прото́н** [男1]《理》陽子 **//~ный** [形1]

**пропо́тапать** [完]《話》足音を立てて通過する;《俗》しばらく歩く

**протопи́ть(ся)** [完] →прота́пливать

**протопла́зма** [女1]《生》原形質

**протопо́п** [男1]《旧》《宗》長司祭

**протопресви́тер** [男1]《正教》首司祭(妻帯可能な聖職者の最高位)

**протопта́ть** [完] →прота́птывать

**проторго́вывать** [不完] / **проторгова́ть** -гу́ю, -гу́ешь 受過 -о́ванный [完] ①《商》《商売で》損する ②《完》しばらく商売する **//~ся** [不完] ①《話》商売で損をする, 破産する ②《完》しばらく値段を交渉する

**протори́ть** [不完] / **протори́ть** -рю́, -ри́шь 受過 -рённый (-рён, -рена́) [完] 〈対〉道を踏み固める

**прототи́п** [男1] 原型, モデル

**проточи́ть** [完] →прота́чивать

**прото́чка** 複生 -чек [女2] 削って穴を開けること

**прото́чный** 短 -чен, -чна [形1] 流れる; 流水[蒸気]の

**протра́ва** [女1]《化》腐食剤, 媒染剤

**протрави́тель** [男5] (種などの)消毒剤

**протра́вливать, протравля́ть** [不完] / **протрави́ть** -авлю́, -а́вишь 受過 -а́вленный [完] 〈対〉① 腐食加工する; 媒染加工する; 消毒する ②《完》(狩り立てながら) 逃がす **//протра́ва** [女2]

**протра́вливатель** [男5] (種などの)消毒用機械

**прота́ливать** [不完] / **прота́лить** -лю́, -лишь [完]《軍》掃海する

**протрезве́ть** [完]《話》酔いがさめる

**протрезвля́ть** [不完] / **протрезви́ть** -влю́, -ви́шь 受過 -влённый (-лён, -лена́) [完] 〈対〉の酔いをさます **//~ся** [不完] [完] 酔いがさめる

**протуберане́ц** -нца [男3]《天》(太陽の)紅焔(ﾖｳ)

**протуха́ть** [不完] / **проту́хнуть** -нет 過 -у́х, -у́хла [完] (悪臭を発して) 腐る

**протыка́ть** [不完] / **протыкну́ть** -кну́, -кнёшь 受過 прото́ткнутый [完] 〈対〉突き刺す

*\***протя́гивать** [不完] / **протяну́ть** -тяну́, -тя́нешь 受過 -тя́нутый [完] [stretch (out), extend] 〈対〉① 〈綱などを〉張る, 伸ばす; 敷設する, 架設する: ~ верёвку ロープを張る | ~ телефо́нную ли́нию 電話線を引く ②〈対〉〈手・足などを〉伸ばす, 差し伸べる: ~ ру́ки к огню́ 火の方に手を伸ばす ③〈対〉差し出す: Она́ протяну́ла мне одну́ кни́гу. 彼女は私に1冊の本を差し出した ④《話》〈対〉引っ張っていく: Букси́р протяну́л ба́ржу. タグボートが艀(ﾊﾞ)を曳いていった ⑤〈対〉〈音を〉伸ばす; ゆっくりと言う: ~ звук 音を伸ばす ⑥《完》〈対〉〈間を〉延ばす, 繰り延べる: ~ с отве́том 返事を延ばす ⑦《完》持ち過ごす, 《話》(ある期間) 生きる, 生き延びる: Пацие́нт недо́лго протя́нет. 患者は長くはもたないだろう ⑧《俗》〈対〉批判する, 叩く ‐ в газе́те 新聞で批判する ⑨《工》〈対〉ブローチで加工する ⑩〈対〉ぶん殴る, 叩く ◆**~но́ги**《俗》くたばる | **ходи́ть с протя́нутой руко́й** 物乞いをする **//~ние** [中5]

**протя́гиваться** [不完] / **протяну́ться** -ну́сь, -тя́нешься [完] ① 〈対〉延びる; (体を伸ばして)横になる ②《不完》《受身》< протя́гивать ①-⑤ ⑧

*\***протяжённие** [中5] [extend, expanse] 長さ, (縦・横・高さの)寸法: П~ уча́стка в ширину́ — две́сти ме́тров. 地所の幅は200メートル

**прохо́дить**

◆ **на -ии** 〔文〕…の間: Она́ рабо́тала здесь на -ии деся́ти́ лет. 彼女はここで10年間働いた

**протяжённость** [女10] 長さ: Постро́ена доро́га -ью (в) три́дцать киломе́тров. 延長30キロメートルの道路が建設された

**протяжённый** 短 -ён, -ённа [形1] 長さを持つ

**протя́жно** [副] ゆっくりと; 〔楽〕レント

**протя́жн|ый** -жен, -жна [形1] 長く続く, ゆっくりした ■-**ая** (**пе́сня**) 〔楽〕プロチャージナヤ, 延ばし歌 (ロシアの民謡のジャンル)

**протяну́ть(ся)** [完] →протя́гивать(ся)

**проу́лок** -лка [男2] 《俗》横町, 小路

**проурча́ть** [完] うるちる

**проу́чивать** [不完] / **проучи́ть** -учу́, -у́чишь 受過 -у́ченный [完] ① 懲らしめる ② 《完》しばらく勉強する

**проучи́ться** -учу́сь, -у́чишься [完] しばらく勉強する

**проу́шина** [女1] (ロープ・糸を通す) 穴

**проф** [男1] 〔学生〕教授

**проф..** [語形成] 「職業の」「労働組合の」

**профа́н** [男1] 〔文〕素人

**профана́ция** [女9] 歪曲, 冒瀆

**профани́ровать** -рую, -руешь 受過 -анный [不完・完] 〔文〕〔因〕冒瀆(法)する, 卑俗化する

*****профессиона́л** [男1] / 《話》-**ка** 複生 -лок [女2] 〔professional〕 専門家, プロ

**профессионализа́ция** [女9] 職業化, 専門化

**профессионали́зм** [男1] 専門家たりえること; 職業語

*****профессиона́льн|ый** [プラフィシアナーリヌィ] 短 -лен, -льна [形1] 〔professional, occupational〕 ① 職業の ② プロの, 本職の: -**ое** образова́ние 専門教育 | парикма́херское -**ое** учи́лище 美容師 = -**ое** учи́лище = = -**ый** лице́й (高専) 専修学校, 専門学校 (略 ПУ, ПЛ)

*****профе́сси|я** [プラフェーシヤ] [女9] 〔profession〕職業: вы́бор -**ии** 職業の選択 | По -**ии** я учи́тель. 私の職業は教師です

*****профе́ссор** [プラフェーサル] 複 -а́ [男1] 〔professor〕 (大学) 教授: ~ Моско́вского университе́та モスクワ大学教授 ◆ ~ **ки́слых щей** 《俗・蔑》 へぼ教授, レベルの低い専門家 // ~**ский** [形3]

**профе́ссорская** [女2変化] [女名] (大学の) 教員休憩室

**профессу́ра** [女1] 〔文〕教授職; 教授団

**про́фи** (不変) [男・女] 《話》プロのスポーツ選手 = プロ 《俗》専門家

*****профила́ктика** [女2] 〔prophylaxis〕 〔医〕(病気の) 予防; 予防的措置 // **профилакти́ческ|ий** [形1]: = **ое сре́дство** 予防薬

**профилакто́рий** [男7] (保健所・工場などの) 病気・故障などを予防する施設

**профили́р|овать** -рую, -руешь 受過 -анный [不完・完] [因]に正しい断面を与える; 適切な性格を与える // -**о́вка** [女3]

**профили́рующий** [形6]: ~ **предме́т** [教育] 専攻科目

*****про́фил|ь** [男5] 〔profile〕 ① 横顔: рису́нок в ~ 横顔のデッサン ② 断面 ③ (学校・職業の) 型, タイプ: города́ нау́чного -**я** 学術都市, (研究) 学園都市 | Астроно́мия — э́то мой ~. 天文学は私の専攻です // ~**ный** [形1]

**профильтрова́ть** [完] →фильтрова́ть

**профинанси́ровать** [完] →финанси́ровать

**профи́т** -а/-у [男1] 〔旧・俗〕利益

**профици́т** [男1] 〔経〕剰余, 黒字 (↔дефици́т) // ~**ный** [形1]

**профко́м** [男1] 労働組合委員会 (профсою́зный комите́т)

**про́фнепригодность** [女10] 職業不適格

**профо́рг** [男2] 労働組合オルグ (профсою́зный организа́тор)

**профориента́ция** [女9] キャリア教育, 就職指導

**профо́рм|а** [女1] 見た目, 体裁: для -**ы** うわべのために

*****профсою́з** [男1] 〔trade union〕 労働組合 (профессиона́льный сою́з) // ~**ный** [形1]

**профу́кать** [完] 《俗》浪費する, 使い果たす

**проха́живаться** [不完] / **пройти́сь**[2] -йду́сь, -йдёшься 過 прошёлся, -шла́сь 能過 проше́дшийся 副分 -йдя́сь [完] 少し歩く, 散歩する ◆ ~ **насчёт** [по а́дресу] …を悪く言う, からかう

**прохва́тывать** [不完] / **прохвати́ть** -ачу́, -а́тишь 受過 -а́ченный [完] 《俗》 ① …に沁み通る ② 《俗》噛み切る, 切り裂く ③ 批判する

**прохво́ст** [男1] 《話》ろくでなし

**прохинде́й** [男6] 《俗》いかさま師

**прохла́да** [女1] 涼しさ

**прохлади́тельный** 短 -лен, -льна [形1] 涼しくする

**прохлади́ться** [完] →прохлажда́ться

*****прохла́дно** [副] 〔cool〕 ① 冷涼に, ひややかに ② [無人述] 涼しい: К ве́черу ста́ло. ~. 夕方ごろから涼しくなった

*****прохла́дн|ый** 短 -ден, -дна [形1] 〔cool〕 ① 涼しい: -**ая** пого́да 涼しい天候 ② 冷淡な, ひややかな: -**ое** отноше́ние 冷淡な態度

**прохла́дца** [女3] ◆ **с -ей** 《話》 やる気なく

**прохлажда́ться** [不完] / **прохлади́ться** -ажу́сь, -ади́шься [完] 涼しい気分を味わう, 爽やかな気分になる ② [不完] 無為に過ごす; のろのろする

**прохло́пывать** [不完] / **прохло́пать** 受過 -анный [完] 《俗》〈因〉うっかり逃す

*****прохо́д** -а/-у [男1] 〔passage, passageway〕 ① 通過, 通行 ② 通路, 通れる場所 ◆ ~**у не даёт** 因 《話》…に付きまとう

**проходи́мец** -мца [男3] 《話》いかさま師

**проходи́мость** [女10] ① 通行できること ② 透過性 ③ 踏破力

**проходи́мый** [形1] 通行できる

*****проходи́ть**[1] [プラハヂーチ] хожу́, -хо́дишь, … -хо́дят 命 -ди́ [不完] / **пройти́** [プライチー] -йду́, -йдёшь -йди́ 過 -ошёл, -ошла́ 能過 -оше́дший 受過 -о́йденный 副分 -йдя́ [完] 〔pass (by)〕 ① (歩いて・乗物などで) 通る, 通行する, (ある場所へ) 通って行く: ~ по мосту́ 橋を通る | ~ ми́мо магази́на 店のそばを通る | Как пройти́ к вокза́лу? 駅にはどう行ったらいいですか ② 〈因〉くる距離を〉行く, 踏破する: ~ всю доро́гу пешко́м 全行程を歩き通す | ~ де́сять миль 10マイルを通過する ③ 通行, 通ある; 通り過ぎる; 通る; 通る: ~ свой дом по рассе́янности うっかりして自分の家を通り過ぎる | Авто́бус прошёл ми́мо остано́вки. バスが停留所を噛み出して（飛ばして）走り過ぎた ④ (騒音・噂などが)響く, 広まる: Прошёл трево́жный слух. 不安な噂が広まった ⑤ 通り抜ける, 通れる; (液体が) ...から通る: Шкаф не прошёл в дверь. 戸棚は戸口を通らなかった | Черни́ла прошли́ сквозь бума́гу. インクが紙に染み通った ⑥ (雨・雪が) 降る: Вчера́ прошёл го́род. きのう雹(ひょう)が降った ⑦ [по〈因〉に] (表情・感覚などが) 現れて消える, 走る: По всему́ те́лу прошла́ дрожь. 全身が震えが走った ⑧ [пе́редо〈造〉]…の脳裏などに浮かぶ: Пе́редо мной прошли́ ли́ца друзе́й. 友人たちの顔が脳裏に浮かんだ ⑨ 掘し進む; 耕し進む: ~ у́гольный пласт 炭層を掘り進める ⑩ (道路・トンネルなどが) 通じる, 延びる: Газопрово́д прохо́дит че́рез

пусты́ню. ガスパイプは砂漠を横断している ⑪ 貫く, 一貫する: Чу́вство сострада́ния *прохо́дит* чéрез егó тво́рчество. 同情心が彼の創作を貫いている ⑫〈関〉чéрез что〉…を体験する, 耐える: ~ испыта́ния 試練を味わう/~ прове́рку 検査・審査をパスする, 通る: ~ испыта́ния не прошла́. 決議は通らなかった ⑬〈時間・出来事など〉が過ぎる, 経過する; やむ: *Прошло́* ле́то. 夏は過ぎた | Боль *прошла́*. 痛みはおさまった ⑭〈ある様子で・ある結果を伴って〉行われる, 終わる: Опера́ция *прошла́* успе́шно. 手術は成功した ⑮〈関〉採用される, 選任される (★活動耐久詞の場合, 関は複数主格と同形の複数対格) : ~ уравне́ния 方程式を解いて選任される ⑯〈関〉〈義務・任務・課業など〉を果たす, 終了する: ~ вое́нную слу́жбу 兵役を勤め上げる ⑰〈関〉〈学習する; 稽古をする〉: ~ уравне́ния 方程式を習う
◆*Пройдём(те)!* [話] 行こう, 行きましょう | **~ в жи́зни** 実現される | **~ ми́мо** 田 (1)…に気づかない, ~ を見落とす (2)…に言及しない, ~ を無視する | **~ молча́нием** …を黙殺する | **~ чéрез ру́ки** 田 …の手にかかる, 世話になる | **Э́то мы уже́ проходи́ли.** もう経験済みだ, そんなこと先刻承知だ | **Э́то мы и не проходи́ли!** 《話・戯》ちっとも知らなかった; 知らなくてもかまわない | **Э́то (так) не пройдёт!** そうはいくまい, そういう問題がおさまい

**проходи́ть**[2] -хожу́, -хо́дишь [完]《話》しばらく歩く
**прохо́дка**[女2] (鉱山の) 掘削
**проходна́я**[形2変化]《名2》(入り口の) 守衛室
**проходно́й**[形2] 通過の, 通過できる
**прохо́дчик**[男2] 掘削労働者; 洞窟学者
\***прохожде́ние**[中5] [passing, passage] ① 通ること, 通行 ② 走破, 踏破 ③ 越え進むこと ④ 登用, 選任 ⑤ 遂行 ⑥ 学習, 履修
\***прохо́ж|ий**[形6] [passing] ① 通行する ② **~**[男6]/**-ая**[女6] 通行人
**прохрипе́ть**[完] → хрипе́ть
**проходи́ться**-хо́дится [完]《話》ぼろぼろになる
**процвета́ние**[中5] 繁栄
**процвета́ть**[不完] / **процвести́** -вету́, -ветёшь 過 -вёл, -вела́ 能過 -ве́тший [完] 繁栄する
**процеди́ть**[完] → проце́живать
\***процеду́р|а**[プラツィドゥーラ] [女1] [procedure]《文》手続, 治療: ~ банкро́тства 破産手続 **/-ный**[形1]
**процеду́рная**[形1変化]《名2》治療室
\***проце́жива|ть**[不完] / **процеди́ть** -ежу́, -е́дишь 受過 -е́женный [完] ①〈関〉〈液体を〉濾(こ)す ②ぼそぼそと話す **/-ние**[中5]
\***проце́нт**[プラツェーント] [男1] [per cent, percentage] ① パーセント, 100分の1; 百分率, パーセンテージ: три **-а** 3パーセント | повы́сить нало́г до десяти́ ~ов 税率を10%に引き上げる ②《通例複》利子, 利息, 利率: годово́й ~ 年利 | заня́ть де́ньги под больши́е **-ы** 高利で金を借りる ③《通例複》歩合: рабо́тать на **-ах** 歩合で働く ◆*на (всё) сто ~ов* 完全に, 100パーセント
\***проце́нтн|ый**[形1] [percent] ① パーセントの ② 利子の, 利息の: **-ая** ста́вка《金融》金利 ③ 歩合の
\***проце́сс**[プラツェース] [男1] [process] ① 過程, 経過, 進行, プロセス: ~ разви́тия 発展過程 | Происхо́дит ме́дленный ~ отступле́ния мо́ря. 海の後退がゆっくりと進行している ② 工程, 手順: произво́дственный ~ 生産工程 |《医》(病気の) 進行, 病勢: воспали́тельный ~ 炎症の進行 ③ 〈関〉(事件を) 審理, 裁判: уголо́вный [гражда́нский] ~ 刑事 [民事] 訴訟《法》訴訟 ◆*в ~e* 田 …の過程で, 最中に | *~ пошёл*《俗・戯・皮肉》事態は動きだした, 後戻りはできない
**проце́ссия**[女9] 行進

\***проце́ссор**[男1] [processor] 《コン》(コンピュータの) プロセッサー /-ный[形1]
**процессуа́льный**[形1]《法》訴訟(手続き)の
**процити́ровать**[完] → цити́ровать
**про́черк**[男2]《話》(空欄であることを示すために) 線を引いた箇所
**прочёркивать**[不完] / **прочеркну́ть** -ну́, -нёшь 受過 -чёркнутый 〈関〉に線を引く
**проче́рчивать**[不完] / **прочерти́ть** -ерчу́, -е́ртишь 受過 -е́рченный [完]〈関〉①〈線を〉引く ②《完》しばらく製図をする
**прочеса́ть**[完] → прочёсывать
\***прочеста́ть**[完] -чту́, -чтёшь 命 -чти́ 過 -чёл, -чла́ 受過 -чтённый 副分 -чтя́ [話] = прочита́ть
**прочёсыва|ть**[不完] / **прочеса́ть** -ешу́, -е́шешь 受過 -чёсанный [完] ① 十分にとかす [梳(す)く] ② 隅々まで探す **// прочёсывание**[中5]
\***про́ч|ий**[プローチイ] [形6] [other] ① ほかの, 他の: **-ие лю́ди** ほかの人々 ② **-ее**[中名] ほかの物 [こと]: Я куплю́ то́лько компью́тер, а мы́шка и **-ее** у меня́ уже́ есть. マウスや他のものはすでにあるので, パソコンだけ買います ③ **-ие**[複名] ほかの人々: не в приме́р **-им** ほかの人たちとは違って ◆*поми́мо всего́ -его* そのほかに, そのうえ | *и -ее* など, 等々(略 и пр.)
**прочисти́ть**[完] → прочища́ть
**прочита́ть**[完] → чита́ть
**прочи́тывать**[不完]《話》〈関〉読む, 通読する; 読み取る
**про́чить**-чу, -чишь [不完]《話》〈関〉予定する
**прочиха́ться**[完] くしゃみをしてすっきりする
**прочища́ть**[不完] / **прочи́стить** -и́щу, -и́стишь се -чи́сти 受過 -чи́щенный [完]〈関〉① …の内部を掃除する ②《完》しばらく掃除する
**про́чно**[副] 強固に, しっかりと, 頑丈に: Изде́лие сде́лано ~. この製品は丈夫にできている
**про́чность**[女10] 丈夫さ, 堅牢さ, 耐久性
\***про́чн|ый**[プローチヌイ] [形1] 短 -чен, -чна́, -чно, -чны́ / -чны [形1] [firm, solid] ① 丈夫な, 頑丈な, 堅牢な: ~ мост 頑丈な橋 | Э́та ткань *-а́*. この布地は丈夫だ ② しっかりした, 安定した, ゆるぎない: *-ое* сча́стье ゆるぎない幸せ
**прочте́ние**[中5] 読むこと; 解釈
**прочу́вствованный**[сп] -ан, -анна [形1] 心のこもった
**прочу́вствовать**[сп] -твую, -твуешь 受過 -анный [完]〈関〉感情を体験する, 理解する
\***прочь**[プローチ] [away, off] ① [副] わきへ, 向こうへ, 離れて: бро́сить ~ 放り投げる | Пошёл ~ отсю́да! こらから出て行け! ② [間] 立ち去れ, どけ; 消え失せろ: *П~ с доро́ги!* 道を空けろ! | *П~ забо́ты!* 心配事よ, 消えてなくなれ ◆*не ~*〈関〉《話》…するのに異存はない, 喜んで…する | *ру́ки ~ от* 田 …から手を引け
**прошвырну́ться**-ну́сь, -нёшься [完]《俗》ぶらっく, 少し散歩する
\***проше́дш|ий**[形6] [past] 過去の: *-ее* вре́мя《文法》過去時制
**прошепта́ть**-епчу́, -е́пчешь 受過 -шёптанный [完] [whisper]〈関〉ささやく
**проше́ств|ие**[中5]: по *-ии* 田《文》…の後で
**прошиба́ть**[不完] / **прошиби́ть** -бу́, -бёшь 過 -ши́б, -ши́бла 受過 -ши́бленный [完]《話》〈関〉① 叩き壊す ② 捉える ③ 感動させる, く〉に(涙・汗を)流させる: Меня́ пот *проши́б*. 汗でぐっしょりになった
**прошива́|ть**[不完] / **проши́ть** -шью́, -шьёшь 命 -ше́й受過 -тый [完]〈関〉① 縫いつける ②《完》しばらく縫う ③《話》撃ち抜く

**прош́ивка** 複生 -вок [女2] 縫いつけ(ること); (レースの) 縫いめ

**проши́ть** [完] →прошива́ть

**прошлого́дний** [形8] 去年の

*&ast;**про́шл|ый** [プローシルィ] [形1] (past) ① 過ぎ去った, 過去の, この前の, 前回の: ~*ая* неде́ля 先週 | ~ páз 前回 | Его́ оте́ц у́мер в ~*ом* году́. 彼の父は昨年亡くなりました ② -ое [中名] 過去, 過去のこと: далёкое -ое 遠い過去 ◆**в** -ом 以前は, かつて | **отойти́ [уйти́] в** -ое 過去のものになる, すたれる | *Это де́ло* -ое. それはもう過ぎたことだ, 何の意味もないことだ

**прошля́пить** -плю, -пишь [完] 《俗》《話》うっかり逃す

**прошмы́гивать** [不完] / **прошмыгну́ть** -ну́, -нёшь [完] 《話》忍び込む

**прошнуро́вывать** [不完] / **прошнурова́ть** -ру́ю, -ру́ешь 受過 -ова́нный [完] 〔回〕(ひもで)綴じる

**прошпаклёвывать** [不完] / **прошпаклева́ть** -лю́ю, -лю́ешь 受過 -лёванный [完] 〔回〕パテを詰める

**проштра́фиться** -флюсь, -фишься [完] 《俗》罪を犯す

**проштуди́ровать** [完] →штуди́ровать

**прошу́** [1単現] <проси́ть

**проща́льный** 短 -лен, -льна [形1] 別れの

*&ast;**проща́ние** [中5] 別れ: на ~ お別れに

*&ast;**прости́ть** [プラスチーチ] -ощу́, -ости́шь, ...остя́т 命 -сти́ 受過 -щён, -щена́ [完] (forgive, pardon) (-щён, -щена́) [完] 〔回〕許す: ~ грехи́ 罪を許す | *Прости́те меня́ за беспоко́йство.* ご迷惑をおかけしてすみません ②〈回を/回に〉免除する: ~ долг прия́телю 友人の借金を帳消しにする ◆**сказа́ть после́днее прости́** [雅]最後の別れを告げる | **прости́(те)** (1) すみませんが: *Прости́те,* уступи́те ме́сто старику́. すみませんが, 老人に席を譲って下さい (2) とんでもない, 勘弁して下さい | **проща́й(те)** (1) (長い・永遠の別れに際して)さようなら (2) 《話》もうない, おしまいだ: *П*~ наде́жды! 望みはもうない

*&ast;**проща́ть** [プラシチャーチ] [不完] / **прости́ться** [プラスチーッツァ] -ощу́сь, -ости́шься, ...остя́тся 命 -сти́сь [完] ①〈с回〉…と別れの挨拶をかわす, …と別れを告げる: *Он ушёл, не прости́вшись.* 彼は別れも告げずに立ち去った (2)〈с回〉を捨てる, あきらめる, 断念する: ~ с мечто́й 夢を捨てる ③〔3人称〕許される: *Изме́ны не проща́ется.* 浮気は許されない ④《不完》〔受身〕<проща́ть

**про́ще** [比] <просто́й[1], про́сто ◆~ сказа́ть 《挿入》簡単に言えば

**проща́льга** [女2変化] [男・女] 《俗》ずるい人

*&ast;**проще́ние** [中5] (forgiveness, pardon) ① 許すこと ② 免除 ◆**прошу́** ~*ия* 《挿入》すみません

**проще́ный** [形1] 許された 	~*ое воскресе́нье* = *П*~ **день** [正教]赦罪の主日(大斎(たいさい)前日); [民俗]マースレニッツア週の最終の日曜日)

**прощу́пывать** [不完] / **прощу́пать** 受過 -панный [完] ① 手探りで見つける ② …の考えを探る 	**//~ся** [不完] / [完] (手で触れた結果)見つかる

**проэкзаменова́ть** [完] →экзаменова́ть

**прояви́тель** [男5] [写]現像液; 顕色剤

**проя́вка** [女2] 《話》現像

*&ast;**проявле́ние** [プライヴリェーニエ] [中5] (display, development) ① 発揮 (発露) (すること) ② [写]現像 現れ(てくる時), 発現(形態), 現象

**проявля́ть** [プライヴリャーチ] [不完] / **прояви́ть** [プライヴィーチ] -явлю́, -я́вишь, ...-я́вят 受過 -вле́н, -ле́на, [完] 〔回〕(show, develop) ① 外に現す, 発揮する: ~ себя́ 自分の長所[短所]を見せる | ~ интере́с к предложе́нию 提案に興味を示す ②[写]〈フィルムを〉現像する 	**//~ся** [不完] / [完] ① 現れる ②《不完》〔受身〕

**проя́вочный** [形1] [写]現像(用)の

**проясне́ние** [中5] 明確化; [気象]晴れ間

**проясне́ть** [完] (意識が)はっきりする

**проя́сниваться** [不完] / **проя́снеть** [完] 晴れる

**проясня́ть** [不完] / **проясни́ть** -ню́, -ни́шь 受過 -нённый [完] 〔回〕はっきりさせる, 明らかにする 	**//~ся** [不完] / [完] 〔回〕はっきりしてくる

*&ast;**пруд** -а́ 前 о -е́,в -у́ [男1] (pond) 池 	**//~ово́й** [形2]

**пруди́ть** -ужу́, -у́дишь/-у́дишь 受過 -у́женный/-у́женный (-жён, -жена́) [不完] / **за~** [完] 〔回〕せき止める ◆*хоть пруд пруди́* [話]…が無数にある

**пружи́н|а** [女1] ① ばね, スプリング ② 原動力 	**//~ный** [形1]

**пружи́нистый** [形1] 《話》弾力のある

**пружи́нить** -ню, -нишь [不完] / **на~** 受過 -ненный [完] ① 弾む; ②《回》弾ませる ② 緊張させる 	**//~ся** [不完] / [完] 弾む; (筋肉が)緊張する

**пружи́нка** 複生 -нок [女2] ①[指小]<пружи́на ②(時計の)主ぜんまい ③ コイル

**пруса́к** -а́ [男2] [昆]チャバネゴキブリ

**прут** -а́ [男1] ①〈複 -ья〉(葉のない)枝 ②[複 -ы́][技]細い金属棒 	**//~ик** [男2]

**пруто́к** -тка́ [男2] 細い棒 	**//~ко́вый** [形1]

**пры́г** [述副] пры́гнуть の過去形の代用

**пры́галка** 複生 -лок [女2] (縄跳びの)縄

*&ast;**пры́га|ть** [不完] / **пры́гнуть** -ну, -нешь 命 -ни [完] (-回) (jump) ① 跳ぶ, 跳ねる, 跳躍する, ジャンプする: ~ высоко́ 高くジャンプする | ~ че́рез лу́жу 水たまりを跳び越える | ~ с парашю́том スカイダイビングをする | ~ от ра́дости 欣喜雀躍(きんきじゃくやく)する ② とび込む, とび移る: ~ в по́езд 列車に飛び乗る ③《話》急に移る, 落ち着かなく変わる: ~ с одно́й те́мы к друго́й 話題をころころと変える | *Глаза́ пры́гают.* 目がきょろきょろしている ④(ボールなどが)はねる, はずむ: *Мяч хорошо́ пры́гает.* そのボールはよくはずむ ⑤《不完》〔3人称〕(痙攣(けいれん)するように)震える: *Па́льцы пры́гают от волне́ния.* 興奮のあまり指が震えている ◆*Вы́ше головы́ не пры́гнешь.* 自分の能力以上のことはできない 	**//-ние** [中5]

**прыгу́н** -а́ [男1] / **-ья** 複生 -ий [女8] ジャンパー, ジャンプ競技の選手

**прыгу́чий** [形6] ジャンプ力のある

*&ast;**прыжо́к** -жка́ [男2] ① 跳躍, ジャンプ: *Ко́шка очути́лась на столе́ в оди́н* ~. 猫はひと跳びでテーブルに上がった ②[スポ]ジャンプ競技: 飛び込み: ~ в высоту́ [длину́] 走り高[幅]跳び | ~ с шесто́м 棒高跳び 	**//-ко́вый** [形1] <②>

**пры́скать** [不完] / **пры́снуть** -ну, -нешь [完] ①〈回に/回を/回で〉…に振りかける ② 流れだす ③ 笑いだす ④ 駆けだす

**пры́т|кий** -ток, -тка́/-тка, -тко 比 пры́тче [形3] 《話》素早い, 活発な 	**//-ость** [女10]

**прыть** [女10] 《話》すばやさ, 活発さ ◆*во всю* ~ 全速力で

**прыщ** -а́ [男4] 吹き出物, にきび

**прыща́вый** [形1] 《話》吹き出物だらけの

**прыщева́тый** [形1] 《話》少し吹き出物のある

**пря́дать** [不完] 《旧》跳ぶ, 跳びはねる ②(通例動物の耳が)動く 	◆*у́хо* <ухо́м>を動かす

**пряде́ние** [中5] 紡ぐこと, 紡績

**пряди́льный** [形1] 紡績の

**пряди́льщи|к** [男5] / **-ца** [女3] 紡績工

**прядь** [女10] ① 編んだ髪, 髪の房 ② よった糸, 縄

**пря́жа** [女4] 紡ぎ糸
**пря́жка** 複生-жек [女2] 留め金
**пря́лка** 複生-лок [女2] 紡ぎ車
**прямизна́** [女1] 真っすぐなこと
**прямико́м** [副]《話》真っすぐに
***пря́мо** [ブリャーマ] I [副]〔straight, directly〕
① 真っすぐに, 一直線に: Иди́те ~, пото́м сверни́те напра́во. 真っすぐ行って, それから右に曲がりなさい ② 直接に, じかに: сесть ~ на зе́млю 地べたに座る ③ 率直に, はっきりと: Я тебе́ скажу́ ~. 君に率直に言おう ④《数》正… II [助]《話》全く, 本当に, まさに: Он ~ геро́й. 彼はまさしく英雄だ ②《俗》まさか, とんでもない:Ты меня́ ждёшь? — Ну~! 「私を待ってたの」「まさか」
**пря́мо..** [語形成]「真っすぐな」
**прямоду́шие** [中5] 素直さ, 率直さ
**прямоду́шный** 短-шен, -шна [形1] 率直な
***прям|о́й** [プリモーイ] 短-я́м, -яма́, -я́мо, -я́мы/-ямы́比-ми́ее [形2]〔straight, direct, frank〕① 真っすぐな, 直線の:-а́я ли́ния 直線 | -ы́е во́лосы 直毛
② 《長尾》直通の, 直行の: От до́ма до рабо́ты нет -о́го сообще́ния. 家から職場まで直通では行けない | говори́ть по -о́му про́воду 直通電話で話す
③《長尾》直接の:-о́е указа́ние 直接の指示 | -ы́е вы́боры 直接選挙 | -а́я ли́ния ро́дства 直系(親族) | ~ насле́дник 直系相続人
④ 率直な, 正直な: ~ отве́т 率直な答 ⑤ 明らかな, あからさまな: -а́я насме́шка あからさまな嘲笑
⑥《長尾》本当の, 疑いのない, ~ -а́я ложь 真っ赤な嘘 ⑦《長尾》文字通りの: в -о́м смы́сле сло́ва 文字通りに ⑧《数》(比の)正の: -а́я пропорциона́льность 正比例 -а́я [女名]《数》直線: провести́ -у́ю 直線を引く | расстоя́ние по -о́й 直線距離 ◆по-о́й 真っすぐに ■ ~ у́гол《数》直角 | фи́нишная -а́я《スポ》〔陸上競技で〕ゴール前の直線コース
**прямолине́йн|ый** 短-е́ен, -е́йна [形1] 直線の, 真っすぐな **//-ость** [女10]
**прямота́** [女1] 率直さ
**пря́мо-таки** [副]《話》本当に, 実際に
**прямоуго́льник** [男2] 長方形
**прямоуго́льный** 短-чен, -льна [形1] 直角の
**пря́ник** [男2]〔料理〕糖蜜菓子, プリャーニキ(主に祭日, 婚礼, 大斎(<small>おおものいみ</small>)前週の贈り物とされた)
**пря́ничный** 短-чен, -чна [形1] 糖蜜菓子の
**пря́ность** [女10] 辛さ; 香辛料
**пря́ный** 短-я́н [形1] 辛い, 香ばしい
**пря́сть** -яду́, -ядёшь 過-я́л, -яла́/-я́ла, -я́ло 能過-я́вший 受過-я́денный 副分-ядя́ [不完] /с-[完]《他》紡ぐ
**пря́танье** [中4] 隠すこと; 隠れること
**пря́тать** -я́чу, -я́чешь [不完] /с-[完] 受過-анный [不完]《他》① 隠す; かくまう: ~ ключ в шкаф 鍵を戸棚に隠す | ~ шу́бу на ле́то 毛皮のコートを夏の間しまっておく ② 秘める, 表に出さない: ~ свои́ мы́сли 自分の考えを秘める ◆~ глаза́ [взгля́д] 目をそらす, 目を伏せる | ~ концы́ 犯行の跡をかくす
***пря́таться** [プリャータッツァ] -я́чусь, -я́чешься 命-чься [不完] /спря́таться [スプリャータッツァ] [完]〔hide, conceal oneself〕① 隠れる, 身を隠す: ~ за де́ревом 木の陰に隠れる ② 秘められている, 隠されている: За вне́шней красото́й пря́чется холо́дное се́рдце. 外見の美しさの陰に冷たい心が隠されている ③《話》人を避ける: ~ от люде́й 人目を避ける, 人前に出ない ④ 見えなくなる, 視界から消える: Со́лнце пря́чется за ту́чи. 太陽は雨雲の陰に隠れようとしている ⑤《不完》〔受身〕

< пря́тать ◆ ~ за спи́ну 田 (責任を回避して)…のせいにする | ~ за слова́ми 言を左右にしてごまかす
**пря́тки** -ток, -ткам [複] かくれんぼ: игра́ть в ~ かくれんぼをする
**пря́ха** [女2] 紡ぎ女
**псало́м** -лма́ [男1] 聖歌
**псало́мщик** [男2]〔教会〕聖歌を朗詠する聖職者
**псалты́рь, псалты́рь** [女10]〔聖〕詩篇
**пса́рня** 複生-рен [女5] 猟犬の小屋
**пса́рь** -я́ [男5] 猟犬小屋の番人
**псе́вдо-..** [語形成]「偽の」
**псевдони́м** [男1] 偽名, ペンネーム, 芸名
**пси́на** [女1]《話》① 犬の臭い; 犬の肉 ②〔男・女〕犬
**пси́ный** [形1] 犬(псе́с)の
**псих** [男1]《俗》精神異常者
**психану́ть** -ну́, -нёшь [完] →психова́ть
**психасте́ник** [男2]〔医〕精神衰弱症患者
**психастени́я** [女9]〔医〕精神衰弱
**психбольни́ца** [女3]《話》精神科病院
**психиа́тр** [男1] 精神科医
**психиатр|и́я** [女9] 精神医学 **//-и́ческий** [形3]
***пси́хика** [女2] 心理; 精神状態
***психи́ческ|ий** [形3]〔mental, psychic〕心理の, 精神の; 心理的な: -ая боле́знь 精神障がい | -ое расстро́йство 精神神経錯乱 **//-и** [副]
**пси́хо-..** [語形成]「心理の」「精神の」
**психоана́л|из** [男1] 精神分析 **//-ити́ческий** [形3]
**психоанали́тик** [男2] 精神分析医〔学者〕
**психо́ванный** [形1]《俗》精神異常の
**психова́ть** -хую́, -ху́ешь [不完] /психану́ть -ну́, -нёшь [完]《話》気がふれたかのように振る舞う
**психолингви́стика** [女2] 心理言語学
***психо́лог** [男2]〔psychologist〕心理学者
**психологи́зм** [男1] 心理主義
***психологи́ческ|ий** [プシフラギーチェスキイ] [形3]〔psychological〕① 心理の; 心理的な: ~ анáлиз 心理分析 ② 心理描写に重点が置かれた: -ая дрáма 心理ドラマ
***психоло́гия** [女9]〔psychology〕心理学; 心理
**психоневро́з** [男1]〔医〕精神神経症
**психопа́т** [男1]/~ка 複生-ток [女2] 精神障がい者
**психопа́т|ия** [女9]〔医〕精神障がい **//-и́ческий** [形3]
**психопатоло́гия** [女9] 精神病理学
**психосомати́ческий** [形3] 心身(相関)の, 精神的要素によって起こる
**психотерапе́вт** [男1] 精神療法士 **//~и́ческий** [形3]
**психотерапи́я** [女9] 精神療法, サイコセラピー
**психоти́ческий** [形3] 精神疾患の, 精神異常の
**психотро́пный** [形1] 向精神性の
**психу́шка** [女2]《話》精神科病院
**психфа́к** [男2]《話》心理学部 (психологи́ческий факульте́т)
**Псков** [男1] プスコフ(同名州の州都)
**//пско́вский** [形3]: П-ая о́бласть プスコフ州 (北西連邦管区)
**псо́вый** [形1] ① 犬の ② -ые [複名]〔動〕イヌ科
**Пт** [略] пя́тница
**пта́ха** [女2], **пта́шка** 複生-шек [女2]《話》小鳥
**птене́ц** -нца́ [男3] (鳥の)ひな **//-цо́вый** [形1]
**птифу́р** [男1]〔料理〕プチフール(一口ケーキ)
***пти́ца** [プチーッツァ] [女2]〔bird〕① 鳥: На ве́тке сиде́ла ~. 枝に鳥がとまっていた ②〔集合〕(飼育・狩猟の対

象, 食肉としての)鳥: дома́шняя ～ 家禽(ﾎﾝ) ③《話・皮肉》(ある社会的立場・特徴をもった)人, やつ: ва́жная ～ 大物; えらがった人 / Что за ～? 一体何者だ

◆во́льная ～ 鳥のように自由な人, 自主独立の人 | вы́сокого полёта 重要人物, 大物 | си́няя ～ (幸せの)青い鳥

**птицево́д** [男1] 鳥のブリーダー, 繁殖家

**птицево́дство** [ц] [中1] 鳥の繁殖業

**птицело́в** [男1] 鳥刺し, 小鳥の捕獲業者

**птицее́д** [男1] 《複》[虫]オオツチグモ科, タランチュラ

**птицефе́рма** [女1] 鳥の飼育場

*пти́ч|ий [形9] (bird's) 鳥の, 鳥に似た, 鳥のような ◆с (высоты́) –ьего полёта (一望できる)高所から, 鳥瞰して | на –ьих права́х 行き当たりばったりに | –ье молоко́: То́лько –ьего молока́ нет не достаёт, не хвата́ет). ないものはない

**пти́чка** нек-чек [女2] ①《指小》＜пти́ца ②《話》チェックの印(✓)

**пти́чни|к** [男2] ①鳥小屋 ②[-ца 女3]鳥の飼育業者

**ПУ** [ペーウー] (略)профессиона́льное учи́лище (高等)専修学校, 専門学校

**пуа́нт|ы** -ов [女1] ポアント, トゥシューズ ◆на -ax [バレ]つま先立ちで

*пу́блик|а [プーブリカ] [女2] [public, audience]《集合》①観衆, 聴衆, 観客: Теа́тр по́лон -и. 劇場は観客でいっぱいだ ②《話》読者層: чита́ющая ～ 読者層, 読書界 ③《話・戯・非難》連中, やつら: Студе́нты – неблагода́рная ～. 学生は忘恩の徒[輩]だ ◆рабо́тать на -у 見ている人の称賛を求めて外観ばかりを気にする

*публика́ция [プブリカーツィヤ] [女9] [publication] ①公表, 公告; 広告: гото́вить статью́ к –ии 記事の公開準備をする ②出版, 刊行: спи́сок –ий 刊行物リスト

**публикова́|ть** -ку́ю, -ку́ешь 受動 -о́ванный [不完] / о～〈完〉①公表[公布]する; 広告する ②出版[刊行]する **//～ся** [不完] / ～**ние** [中5]

**публици́ст** [男1] / ～ка複-ток [女2] (政治・社会の)評論家

**публицисти́к|а** [女2] (政治・社会の)評論 **//-и́ческий** [形1]

**публицисти́чный** 短-чен, -чна [形1] 社会評論的な, 政治評論的な

*публи́чн|ый 短-чен, -чна [形1] [public] ①公開の; 人目にさらされる ②公共の: –ое пра́во 公法 ■**-ая же́нщина** 娼婦 | **～ -дом** 娼館, 売春宿 [副] **//-ость** [女10]

**пу́гало** [中1] かかし; 怖い人[もの]

**пугану́ть** -ну́, -нёшь [完] [一回] 《俗》＜пуга́ть①

**пу́ганый** [形1] 怯えた

*пуга́|ть [プガーチ] [不完] пу́ганный [不完] / испуга́ть [イスプガーチ], напуга́ть [ナプガーチ] [完] (scare)〈囲〉①驚かす, びっくりさせる, こわがらせる: ～ дете́й 子どもたちをこわがらせる ②不安にさせる, おびえさせる: Неизве́стность пуга́ет. 未知であるために不安になる **//пуга́нье** [中4]

*пуга́|ться [プガーッツァ] [不完] / испуга́ться [イスプガーッツァ], напуга́ться [ナプガーッツァ] [完] (be frightened)〈囲〉①…に驚く, びっくりする, …をこわがる: Мы испуга́лись кри́ка. 私たちは叫び声に驚いた ②…におびえる, 怖気づく: ～ тру́дностей 困難におびえる ③《不完》[受身]＜пуга́ть

**пуга́ч** -а́ [男4] おもちゃのピストル

**Пугачёв** [男性] [男1] プガチョフ (Емелья́н Ива́нович ～, 1742-75; ロシアで反乱(1773-75)を起こしたドン・コサック)

**Пугачёва** [女性] プガチョヴァ (А́лла Бори́совна ～, 1949-; 歌手; Миллио́н а́лых роз 『百万本のバラ』)

**пугли́вый** 短-и́в [形1] 臆病な, おびえがちな

**пугну́ть** -ну́, -нёшь [完] [一回] 《話》＜пуга́ть①

*пу́говиц|а [プーガヴィツァ] [女3] [button] (衣服の)ボタン: застегну́ть [расстегну́ть] -у ボタンをかける[はずす] **//пу́говичный** [形1]

**пу́говка** 複-вок [女2] 〔指小＜пу́говица〕押しボタン

**пуд** 複-ы́ [男1] プード (旧重量単位; 16.38 キログラム)

**пу́дель** 複-я́/-и [男1] 《動》プードル (犬種)

**пу́динг** [男2] プディング, プリン

**пудо́вый** [形1] 1プード (пуд) の重さの; とても重い

**пу́дра** [女1] ファンデーション; 粉: са́харная ～ キャスター糖, 粉糖

**пу́дреница** [女3] コンパクト, ファンデーション入れ

**пу́дреный** [形1] ファンデーションを塗った

**пу́дри|ть** -рю, -ришь 命-ри 受動 -ренный [不完] / на～ [完] 〈囚〉＜пу́дрить＞ファンデーションを塗る **// ～ся** [不完] / [完] 自分にファンデーションを塗る

**пуза́н** -а́ [男1] 《俗》腹の出た[肥満の]人

**пуза́нок** -нка́ [男2] 《魚》アロサ属; ニシンダマシ (黒海, カスピ海に生息する)

**пуза́тый** [形1] 《話》(太って)腹の出た; ずんぐりした

**пу́з|о** [中1] 《俗》腹 ◆от -а 腹一杯

**пузырёк** -рька́ [男2] ①小瓶; 《俗》酒瓶 ②〔指小〕＜пузы́рь

**пузы́риться** -рится, **пузыри́ться** -ри́тся [不完] 《話》泡立つ; (服が)風でふくらむ

**пузырча́тый** [形1] 泡の多い

*пузы́р|ь -я́ [男5] [bubble] ①泡, 気泡, バブル; мы́льный ～ シャボン玉; [経]バブル経済 ②水ぶくれ ③[解] 嚢 ＝ ゴムの袋: ～ со льдо́м 氷嚢 ⑤《話》太った子ども **//-ный, -ько́вый** [形1]

**пук** [男1] 束

**пу́кать** [不完] / **пу́кнуть** -ну, -нешь [完] 《話》ぶっとおならをする

**пулево́й** [形2] 弾丸の

**пулемёт** [男1] 機関銃 **//-ный** [形1]

**пулемётчи|к** [男2] / -ца [女3] 機関銃手

**пуленепробива́емый** [形1] 防弾の

**пуло́вер** [男1] プルオーバーのセーター

**пульвериза́тор** [男1] 噴霧器, 霧吹き

**пульвериза́ция** [女9] 噴霧, 散布

**пульмоно́лог** [男2] [医] 呼吸器専門医

**пульмоноло́гия** [女9] [医] 呼吸器学

**пульну́ть** -ну́, -нёшь [完] →**пуля́ть**

**пу́льпа** [女1] パルプ (水と泥, 水と鉱石の混合物) ②もろもろの (歯髄, 果肉など)

**пульс** [男1] ①脈拍, 脈 ②(生活の)リズム ◆держа́ть ру́ку на ～е …についてよく知っている, …を注視している **//-овый** [形1]

**пульса́р** [男1] [天] パルサー

**пульси́ровать** -рует [不完] 脈を打つ; 脈動する **//-а́ция** [女9]

*пульт [男1] ①譜面台 ②制御盤 **//-овый** [形1]

**пультова́я** (形1変化) [女] 制御盤室

*пу́л|я [プーリャ] [女5] [bullet] 弾丸, 銃弾: крупнокали́берная ～ 大口径弾 | П～попа́ла ему́ в живо́т. 銃弾は彼の腹にあたった ◆ей вы́лететь 《話》まっしぐらに走りだす, 飛びだす **//пу́лька** 複-лек [女2] 〔指小〕

**пуля́рка** 複-рок [女2] 食用に太らせた雌鳥

**пуля́|ть** [不完] / **пульну́ть** -ну́, -нёшь [完] 《俗》投げる, 射る, 撃つ

**пу́ма** [女1] 《動》ピューマ

**пункт** [プーンクト] [男1] [point] ①地点, 場所:нача́льный (коне́чный) ~ 出発 (終) 点 | населённые ~居住地点 ②(何かをするための)場所, 拠点: медици́нский ~ 救護所 ③項目, 条項: Догово́р состои́т из десяти́ ~ов. 条約は10項目からなっている ④問題点, 箇所: ~ы разногла́сий 相違点 ⑤時点, 時期: кульминацио́нный ~ собы́тия 事件のクライマックス ⑥熱中しているもの, 執心 ⑦[印]ポイント ◆по~ам 逐条的に; 順を追って **//-ик** [男2] [指小] <③④⑥

**пу́нктик** [男1] 《言》示相

**пункти́р** [男1] 点線 **//-ный** [形1]

**пунктуа́льный** [形1] -лен, -льна 几帳面な

**пунктуа́ция** [女9] 《言》句読法; 句読点; 約物 **//-ио́нный** [形1]

**пу́нкция** [女9] 《医》穿刺(゚) **//-ио́нный** [形1]

**пу́ночка** 複生-чек [女2] 《鳥》ユキホオジロ

**пунцо́вый** [男1] 真っ赤な, 深紅の

**пунш** [男4] ポンチ(ラム酒に果汁, 砂糖などを加えたもの) **//-евый** [形1]

**пуп** -á [男1] 《話》へそ ◆~ земли́ 世界の中心; 自分が偉いと思っている人

**пупови́на** [女1] へその緒

**пупо́|к** -пка́ [男2] へそ; (鳥の)砂囊(ﾉｳ)部 **//-чек** -чка [男2] **//-чный** [形1]

**пупс** [男1] プップス(プラスチック製の)赤ちゃん人形 **//~ик** [男2] [指小]

**пупы́рчатый** [形1] ぶつぶつした; 吹き出物だらけの

**пупы́рышек** -шка [男2] 《話》ぶつぶつ; 吹き出物

**пупы́рь** -я́ [男5] 《話》こぶ; 吹き出物

**пурга́** [女2] 雪嵐, 猛吹雪

**пурга́ить** -жи́т [不完] [無人称] 激しく吹雪く

**пури́зм** [男1] 《文》(道徳·言葉遣いを巡る)潔癖主義

**пурита́н|ин** 複 -а́не, -а́н, -а́нам [男1] /-ка 複生 -нок [女2] 清教徒; 厳格な人 **//-ский** [形3]

**пу́рпур** [男1] 赤紫色, 真紅

**пурпу́р|ный** [形1], **-овый** [形1] 赤紫の, 真紅の

**Пуса́н** [男1] プサン(釜山; 韓国の都市)

**пуск** [男2] 始動, 運転(操業)開始; (ロケットの)打ち上げ **//-овой** [形1]

*∗**пуска́й** [プスカーィ] [助] [let] = пусть: Ну и ~ (себе́) ухо́дят! 勝手に帰らせておけばいいね

∗**пуска́ть** [プスカーチ] [不完] / **пусти́ть** [プスチーチ] [完] [let go] пущу́, пу́стишь, … пу́стят 命 -сти́ 受過 пу́щенный [完] ①放す, 解放する, 自由にする: ~ пти́цу на во́лю 鳥を放してやる | Пусти́ мою́ ру́ку! 手を放して ②行かせる, 入らせる, 許す; 住まわせる: ~ пассажи́ров в ваго́н 乗客を車内に入れる | Нас не пусти́ли к больно́му. 私たちは病人に会わせてもらえなかった ③(動作を)させる, 動かす: ~ ло́шадь гало́пом 馬をギャロップで走らせる ④始動させる, …の運転(操業, 運行)を開始する; (栓を開いて)出す: ~ заво́д 工場の操業を開始する | ~ но́вую ли́нию метрополите́на 地下鉄の新路線の運行を開始する ⑤(ある状態)にする; (…用に)供する: ~ в прода́жу 発売する | ~ по́ле под ро́жь 畑をライ麦畑にする ⑥《話》色づけする: ~ кра́сную строку́ 赤字で書く ⑦《画》画を投げて当てる: ~ ка́мнем в окно́ 窓に石を投げつける ⑦《液体·蒸気を》出す; 《波を》立てる: Я́годы пусти́ли сок. 実から果汁が出た ⑧《芽・根を》出す: ~ ро́стки 芽を出す ⑨《話》思いがけない・不愉快なことを言う; 言いふらす: ~ слух 噂を振りまく ⑩《話》色つけする, 色合いを出す: ~ по края́м зелёным 縁を緑色にする ◆~ де́ньги на ве́тер 金を浪費する | ~ ко́рни 《話》根を下ろす, 根づく | ~ (себе́) пу́лю в лоб 自分の額に弾丸を撃ち込む, 自殺する | ~ слезу́ 《話·戯》泣きだす, 泣く | ~ по́ ми́ру 乞食にする

**пуска́ться** [不完] / **пусти́ться** пущу́сь, пу́стишься [完] ①《話》<в題に>出かける; <в題を / 不定形

を>始める ②《不完》《受身》< пуска́ть

**пусте́льга́** [女2] ①《鳥》チョウゲンボウ ②《話》何も考えていない人

**пусте́ть** [不完] / **о~** [完] 空になる

**пусти́ть(ся)** [完] → пуска́ть(ся)

∗**пу́сто** [副] [empty] ①うつろに, 無内容に, 無意味に ②[無人称] 空っぽだ, 何もない; 誰もいない, 人けがない: В кошельке́ ~. 財布の中は空っぽだ | ~, ないなし, 寂しい: На душе́ ~. 心がむなしい

**пустобрё|х** [男2] /**-шка** [男2] 《俗》口ばかりで中身のない人, 無駄話の多い人

**пустова́ть** -ту́ет [不完] 空っぽだ

**пустоголо́вый** [形1] 《話》ばかな, 愚かな

**пустозво́н** [男1] 《話》おしゃべりな人

**пустозво́нить** -ню, -нишь [不完] 《話》おしゃべりばかりする, つまらない話をする

**пустозво́нство** [中1] 《話》たわ言, つまらない話

∗**пуст|о́й** [プストーイ] 短 пуст, -та́, -то, -ты/-ты́ 比 -тée 最上 -тéйший [形2] [empty, shallow] ①空の, 何も入っていない: -а́я коро́бка 空箱 ②取るに足らない: ~ разгово́р 無駄話 ③《若者·隠》手持ちのお金がない ◆-о́е ме́сто 死んだスペース; 余白; 役立たず, ぼんくら, お飾り | с -ы́ми рука́ми 手ぶらで | **перелива́ть из -о́го в поро́жнее** ①無駄な骨を折る ②油を売る, 無駄話をする

**пустомеля** 複生 -ь/-ей (女5変化) [男·女] 《話》おしゃべり

**пустопоро́жний** [形8] 《話》空虚な, 無内容な

**пустосло́в** [男1] おしゃべりな人

**пустосло́вие** [中5] 無駄口, くだらない会話

**пустосло́вить** -влю, -вишь [不完] 《話》くだらない話をする

*∗**пустота́** 複-о́ты [女1] [emptiness] ①空っぽ, 空虚 ②むなしさ ③真空

**пустоте́лый** [形1] 中が空っぽの, がらんどうの

**пустоцве́т** [男1] 実のならない花; 役に立たない人

**пу́стошь** [女11] 空き地

∗**пусты́нный** 短 -ы́нен, -ы́нна [形1] [deserted, uninhabited] ①砂漠の, 荒野の ②無人の, 人の住まない ③ひっそりした, 人けのない

**пусты́нь** [女10] 人里離れた修道院; 隠者の住まい

∗**пусты́н|я** [プスティーニャ] [女5] [desert, wilderness] ①砂漠, 荒野; 広野: безбре́жная ~ 果てしない砂漠 | ледяна́я ~ 氷の大原 ②無人の地: Иногда́ мне хо́чется спря́таться в дереве́нской ~е. 時には無人の田舎に逃げたくなる

**пусты́рь** -я́ [男5] 空き地, 荒廃した土地

**пусты́шка** 複生 -шек [女2] 《話》中が空のもの, くだらない人, こと; ゴム製の乳首

∗**пусть** [プースチ] I [let] [助] ①(動詞の1·3人称と共に)(a)(命令·指示)…させよ, …すべきだ: П~ он придёт в шесть. 6時に彼を来させてほしい (b)(許可·同意)…させておけ, かまわない: П~ они́ говоря́т, что́ хотя́т. やつらには言いたいことを言わせておけ (c)《願望·希望》…であれば, しなさい: П~ всегда́ бу́дет со́лнце! いつも太陽がありますように (d)《警告·脅し》…してみるがいい: П~ он то́лько су́нется! あいつめ, 口を出してみろ(ただでは済まさない) ②したながりない, かまわない: Отец меня́ не понима́ет, ну и ~! 父は僕のことをわかってくれないが, しかたがない · でも, かりに…としても: П~ ты не прав, я тебе́ ве́рю. あなたが間違っていても信じているよ ◆~ бы …しても(でも)かまわない; …すればいいのに: П~ бы прошёл, то́лько бы дождя́ не́ было. 風はかまわないが, 雨さえ降らなければいい | ~ его́ (её, их) 《話》彼(彼女, 彼ら)に勝手にさせておけ, しても かまわない: П~ его́ серди́тся. 勝手に怒らせておけばいいのさ

\*пустя́к|а́ [мн2] 〔trifle〕 ① つまらないこと, 些細なこと: серди́ться из-за ~о́в 些細なことで腹を立てる ②〔複〕くだらない物, がらくた: накупи́ть ~о́в くだらない物を買い込む ③〔通常複〕〔話〕ばかげたこと, くだらないこと: говори́ть ~и́ ばかげたことを言う〔通常複〕〔述語〕〔話〕大したことではない, 何でもない: П–и́, всё ула́дится. 何でもないよ, 全てうまく片付く ◆па́ра ~о́в〔話〕簡単に, 朝飯前だ //пустячо́к –чка́ [м2]〔指小〕<①②

пустяко́вина [ж1]〔俗〕= пустя́к

пустяко́вый, пустя́чный [形1]〔話〕くだらない

пута́на [ж1]〔俗・蔑〕売春婦

пу́таник [м2]〔話〕ものを取り違える人, まぬけ

\*пу́таница [ж3]〔muddle, confusion〕もつれ (たもの), 混乱, したもの

пу́таный [形1] もつれた, 支離滅裂な

\*пу́тать [–таю] 受過 -анный [不完]〔confuse, tangle〕〈四〉① [完 за~, пере~, с~]〔別のものと〕ごちゃごちゃにする, 乱す, (別のものと)ごちゃごちゃにさせる: ~ во́лосы 髪をもつれさせる | ~ газе́тные вы́резки в коро́бке 箱の中の新聞の切り抜きをごちゃごちゃにする ② [完 за~, пере~, с~]〔話〕しどろもどろに話す, 支離滅裂に話す: спу́тать 魍 по рука́м и нога́м ～の行動の自由を奪う ③〔話〕混乱させる, あやふやにさせる: ~ аудито́рию противоречи́выми выска́зываниями 矛盾した発言で聴衆を混乱させる ④ [完 в~] 〈四〉 引き込む, 巻き込む: ~ друзе́й в свои́ дела́ 自分の問題に友達を巻き込む ⑤ 〔完 пере~〕取り違える, 勘違いする: ~ пра́во и ле́во 右と左を間違える

пу́таться [不完] ① [完 за~, пере~, с~] もつれる, こんがらがる | [完 за~, пере~, с~]〔話〕 取り乱す, 混乱する ② [完 за~, с~]〔話〕(話が)支離滅裂になる, もつれる ③ [完 в~]〔話〕〈в圉〉干渉する, 邪魔する ④〔話〕さまよう, ぶらぶらする ⑤ [完 с~]〔俗〕〈с圉〉交際する, 付き合う ⑥ [不完]〔受身〕= пу́тать

\*путёв|ка –вок [ж3]〔pass, authorization〕〔出張〕〔派遣〕証明書, (保養施設などの)利用券, クーポン券: ~ в санато́рий サナトリウムの利用券 | отдыха́ть по –е にて ◆ ~ в жизнь 人生への切符

путеводи́тель [м5]〔旅行案内書, ガイドブック〕

путево́дный [形1]〔文〕指導となる

путево́й [形1] 線路の; 旅の

путёвый [形1]〔話〕有能な, 有益な

путе́ец –е́йца [м3] 鉄道員, 鉄道作業員

путе́йский [形1] 鉄道の, 道路の

путём[1] [副]〔話〕しかるべくて

путём[2] [前]〔by means of〕〈固〉... によって, ...を用いて: определи́ть ~ вычисле́ния 計算によって定める | реше́ние конфли́кта ~ перегово́ров 交渉による紛争の解決

путеобхо́дчик [м2] 線路巡回保線作業員

путепрово́д [м1] 陸橋, 地下道

путеукла́дчик [м2] 線路敷設機械

\*путеше́ственни|к [м2] /-ца [ж3]〔traveler〕旅人, 旅行者

\*путеше́ствие [ブチシェーストヴィエ] [中5]〔journey, trip〕 旅, 旅行: ~ по Евро́пе ヨーロッパ旅行 | отпра́виться в ~ 旅行に出る

\*путеше́ствовать [ブチシェーストヴァヴァチ] -твую, -твуешь 命 -твуй [不完]〔travel〕旅する, 旅行する: ~ по всему́ ми́ру 世界中を旅する

Пу́тин (Влади́мир Влади́мирович, – 1952–)プーチン（ロシア連邦第2代および第4代大統領）

пути́н|а [ж1] 漁期 //-ный [形1]

пу́тни|к [м2] /-ца [ж3] 旅人, 遍歴者

пу́тный [形1]〔話〕有能な, 有益な

пу́тч [м4]《政》クーデター

пу́тчист [м1] クーデター参加者, 叛徒

пу́ты пут [複]〔動物・囚人の手足を縛る〕ひも, ベルト;《雅》自由を束縛するもの

\*пу́ть [プーチ] 生・与・前 пути́ 対 путь 造 путём 複 пути́, путе́й, путя́м [м] 〔way, track〕① 道, 道路: изви́листый ~ 曲がりくねった道 | проложи́ть ~ 道をつける ② 交通路: возду́шный ~ 空路 | е́хать во́дным путём 水路を行く ③ 通路, 進路: прегради́ть ~ 進路を遮る ④ 道のり, 道程, コース: Я шёл са́мым коро́тким путём. 私は一番の近道を歩いていた ⑤ 線路, 軌道: запасно́й ~ 待避線 ⑥ 旅, 旅行: во вре́мя пути́ 旅行中に ⑦ 方向, 経路, コース: Они́ держа́ли ~ к бе́регу. 彼らは岸の方に向かっていた ⑧ (活動・発展の)方向, 路線: избра́ть ~ худо́жника 芸術家の道を選ぶ ⑨ 手段, 方法: де́йствовать ми́рным путём 平和的に行動する ⑩〔複〕《解》道, 管: дыха́тельные пути́ 気道 ⑪〔古〕利益, 得, 役立ち

◆ жи́зненный ~ 人生行路 | идти́ свои́м путём わが道を行く, 自分の思い通りに行く | идти́ пря́мым путём 正直に暮らす | на пути́ 田 ...の方向で | на пути́ к 田 ...に向かって, ...の方向に | по пути́ (1)途中に: по пути́ домо́й 家に帰る途中に (2)〈田に-с国⑤〉と行く方向は同じに: 意見［目的, 意向］は同じに: С рабо́ты мы хо́дим вме́сте с И́рой, нам по пути́. 仕事方向が同じだからイーラと一緒に帰っている (3) ついでに | идти́ по ло́жному пути́ 間違った方向に進む | проводи́ть в после́дний ~ 葬送する, 埋葬する | 圉 пути́ не бу́дет〔話〕...には成功の見込みはない | пути́ Госпо́дни неисповеди́мы 神の意志は計り知れない | сбива́ться с пути́ 迷よう, 道を踏みはずす | стоя́ть [стать, встать] 'поперёк пути́ 圉 [на пути́ 田]'...の行く手に立ちはだかる, 邪魔をする | Счастли́вого пути́! = Счастли́вый ~!（旅立つ人に）どうぞ御無事で, よい旅を | таки́м путём〔俗〕このようにして

пуф [м1] (背のない)クッション椅子 //-ик [м2]〔指小〕

пух 前 о -е, в -ý [м2] ①（鳥の羽の下の）綿毛, 羽毛, ダウン;（動物の長毛の下の）にこ毛 ②（人の）うぶ毛 ③（植物の）綿毛 ◆ в ~ (и пра́х)〔話〕完全に, すっかり: разоде́ться в ~ и пра́х〔話〕派手に着飾る | Ни ~ а ни пера́!（試験・コンクール・初デートなどの際に）頑張って, 成功を祈ります（返答は К чёрту! (→чёрт)）| Пусть земля́ бу́дет ~ом 国.（葬儀で）...が安らかに眠らんことを

пухлощёкий [形3] 頬がぷっくりした

пу́хл|ый 短 пу́хл, -ла́, -ло [形1] ぷっくりした, 柔らかい;（筆跡が）太い //-ость [ж10]

пухля́к –а́ [м2]《鳥》コガラ

пу́хнуть -ну, -нешь 過 -ни 過 пу́х/-нул, -хла [不完] | вс~, с~ふくれる, 腫れる ②[完 вы́~] 〔俗〕<目>を見開く, 大きく開く //-ся [不完] ①[完 вс~]ふくれる ②[完 вы́~]〔俗〕目を見張る //пу́чение [中5]

\*пучо́к –чка́ [м2]〔bundle, bunch〕①（小さな）束 ② 一点から放射状に広がるもの（光線など）//пучко́вый [形1] 束[房]の

пу́шечн|ый [形1] 大砲の: –ое мя́со 大砲の餌食

пуши́нка 複生 -нок [女2] 綿毛(のようなもの)

*пуши́стый 短-и́ст [形1] ①(fluffy, downy) ①柔らかい毛で覆われた, ふさふさした ②柔らかい, ふわふわした

пуши́ть -шу́, -ши́шь 受動 -шённый (-шён, -шена́) [不完] / рас~ [完] 〘限〙 ①ふさふさにする ②〘話〙毛羽だてる

*пу́шк|а 複生 -шек [女2] (cannon, gun) ①大砲 ②発射[照射]する装置 ③〘隠・俗〙ピストル ◆стреля́ть из ~и по воробья́м 小さいことに大きな手段を用いる(牛刀をもって鶏をさく) | на-у 騙して, 無料で // ~а́рь [男2] [指小] // ~а́рный [形3]

Пу́шкин [男姓] プーシキン (Алекса́ндр Серге́евич ~, 1799-1837; 詩人;«Евге́ний Оне́гин»『エヴゲニー・オネーギン』) // пу́шкинский [形3] ■ П~день Росси́и ロシアのプーシキンの日(6月6日; День ру́сского язы́ка)

пушни́на [女1] 獣皮, 毛皮

пушно́й [形2] 毛皮の; (獣が)毛皮が高価な

пушо́к -шка́ [男2] [指小] < пух

пушту́ (不変) [男] パシュトー語

пушту́н [男1] / ~ка 複生 -нок [女2] パシュトゥン人

пу́ща [女4] 密林 ■Белове́жская ~ ビャウォヴィェジャ (ベロヴェージ) の森 (ポーランドとベラルーシ国境の原生林; 世界遺産; 1991年ソ連邦崩壊・独立国家共同体創設の合意がなされた会議の場所; ベラルーシを代表する森の題にも)

пу́ще [副] 〘話〙より多く, より強く ◆~ всего́ 何よりも, 最も多く | бере́чь ~ гла́за この上なく大切にする

пу́щий [形6] ◆для ~ей ва́жности さらにもったいぶって見せて

пущу́ [1単未] < пусти́ть

ПФК [ペーエフカー] (略) Профессиона́льный футбо́льный клуб プロサッカークラブ

ПФО [ペエフオー] (略) Приво́лжский федера́льный о́круг ヴォルガ連邦管区

ПФР [ペエフエール] (略) Пенсио́нный фонд Росси́йской Федера́ции ロシア連邦年金基金

ПХВ [ペーハーヴェー] (略) полихлорвини́л

ПХГ [ペーハーゲー] (略) подзе́мное храни́лище га́за 天然ガス地下貯蔵施設

Пхенья́н [男1] ピョンヤン (平壌; 朝鮮民主主義人民共和国の首都)

*пчела́ 複 пчёлы [女1] (bee) 〘昆〙ミツバチ // пчели́ный [形1] // пчёлка 複生 -лок [女2] [指小]

пчелово́д [男1] 養蜂家 // ~ный [形1]

пчелово́д|ство [ц] [中1] 養蜂 // ~ческий [形3] 養蜂(家)の

пче́льник [男1] 養蜂場

*пшени́ца [女3] (wheat) 小麦; 小麦畑

пшени́чный [男1] 小麦の; 小麦色の

пшено́ [中1] (脱穀した) キビ // пшённый [形1]

пши́к [男2] [俗] 無, 空虚

пы́жик [男2] トナカイの子 (の毛皮) // ~овый [形1]

пы́житься -жусь, -жишься [不完] / на~ [完] 〘話〙力む; もったいぶる

пыл -а/-у 前 о-е, в-у́ [男1] 情熱, 激情 ◆ с~у с жа́ру 〘話〙出来たてほやほやの

пыла́ть [不完] ①熱く燃える, あかあかと燃える ②赤くなる, ほてる ③〈圙に〉興奮する, 燃える

пыле- [語形成] 「ちりの」「ちりの」

пылеви́дный 短-ден, -дна [形1] 粉末状の

пылево́й [形2] ほこりの, ちりの

пылезащи́тный [形1] (眼鏡などが) ほこりよけの

*пылесо́с [ピィソース] [男1] 掃除機

пылесо́сить -со́шу, -со́сишь [不完] / про~ 受動 -со́сенный [完] 〘限〙掃除機をかける

пыли́нка 複生 -нок [女2] 細かいほこり

пыли́ть -лю́, -ли́шь [不完] ①[完 на~] ほこりを立てる ②〔完 за~〕-лённый (-лён, -лена́) 〘限〙ほこりにまみれさせる // ~ся [不完] [完 за~] ほこりにまみれる

пы́лкий 短 -лок, -лка́, -лко 比 пы́лче/пы́льче [形3] 情熱的な, 燃えるような, 熱しやすい

*пыль|ь [ピィーリ] 前 о-и́, в-и́ [女10] (dust) ①ほこり, ちり; 粉末: стира́ть ~ ほこりを拭く | Велосипе́д покры́лся ~ью. 自転車はほこりをかぶっていた ②粉状のもの; しぶき: дождева́я ~ 雨のしぶき ③花粉 ◆ пуска́ть ~ в глаза́ 〘話〙だます, 目をくらます // ~и́ща [女4] [指大] 〘話〙(大量の)ほこり

пы́льник [男2] ①〘植〙葯 (雄蕊(おしべ)の花粉の入っている部分) ②ダスターコート

*пы́льн|ый 短 -лен, -льна́ / -льна, -льно [形1] (dusty) ①ほこりだらけの ②ほこり取りの ③大変な, つらい ■ -ая бу́ря 〘気象〙砂嵐 | ази́атские -ые бу́ри 〘気象〙黄砂

пыльца́ [女4] 〘植〙花粉 // ~ево́й [形2]

пыре́й [男5] 〘植〙シバムギ属

пыря́ть [不完] / пырну́ть -ну́, -нёшь [完] 〘話〙〈造を⟩突く, 突き刺す

*пыта́ть 受動 пы́танный [不完] (torture) 〘限〙①拷問する ②〘話〙苦しめる, 悩ます; 問いただす

*пыта́ться [ピィターッツァ] [不完] / попыта́ться [パピィターッツァ] [完] (try) ①〈不定形⟩…しようと試みる, …しようとする: Я попыта́лся уговори́ть её, но не смог. 私は彼女の説得を試みたがだめだった ②〘不定〙〘受身〙 < пыта́ть

*пы́тка 複生 -ток [女2] (turture, torment) ①拷問 ②精神的苦痛

пытли́вый 短 -и́в [形1] 好奇心の強い, 探求心に富む

пы́хать (1人称なし) пы́шешь [不完] / пыхну́ть -ну́, -нёшь [完] ①〈熱気を〉放つ ②〈感情・健康であること⟩を表情で示す

пыхте́ть -хчу́, -хти́шь [不完] ①あえぐ ②(ガス・蒸気を)音を立てて出す ③〘話〙頑張る

пы́шечная [形1変化] [女名] 菓子パンの店

пы́шка 複生 -шек [男2] ①丸々とした赤ちゃん; 豊満な女性 // пы́шечка 複生 -чек [女2] 〘話〙[指小]

*пы́шн|ый 短 -шен, -шна́, -шно, -шны/-шны́ [形1] (fluffy, luxuriant) ①ふわふわした, ふさふさした: -ые во́лосы ふさふさの髪 ②豪華な, 華麗な ③(女性が)太った, 豊満な // ~ость [女10]

пьедеста́л [男1] ①装飾のある台座; 高い地位: вознести́ на ~ 高位に昇進させる | све́ргнуть 圙 с ~а 高い地位を失わせる ②表彰台

*пье́с|а [ピィェーサ] [女1] (play) ①戯曲, 脚本: ~ в четырёх де́йствиях 4幕の戯曲 | поста́вить ~у Че́хова チェーホフの戯曲を上演する ②〘楽〙小曲, ピース

пьёшь [2単現], пью [1単現] < пить

пьяне́ть [不完] / за~, о~ [完] 酔っ払う; 陶酔する

пьяни́ть -ни́т 受動 -нённый (-нён, нена́) [不完] / о~ [完] 〘限〙酔わせる

пья́ница (сж3変化) [男・女] 酔っ払い; アルコール依存の患者

пья́нк|а 複生 -нок [女2] 〘俗〙宴会; 大酒 ◆ по -е 酔っぱらった勢いで, 酔っているうちに

пья́нство [中1] (常習的な) 大酒, アルコール依存

пья́нствовать -твую, -твуешь [不完] 大酒を飲む

пьянчу́г|а (女2変化) [男・女] 〘酔・話〙酒飲み // пьянчу́жка 複生 -жек (女2変化) [男・女] [指小]

*пья́н|ый [ピヤーヌィ] 短 -ян, -яна́, -яно, -яны/-яны́ [形1] (drunk, intoxicated) ①酔った, 酩酊した: -ая же́нщина 酔った女 | Он был вдре́безги [вдры́зг]

пья́н. 彼はへべれけに酔っ払っていた ② [男名] **-ая** [女名] 酔っ払い: *П-ому мо́ре по коле́но*. （諺）酔っ払いに怖いものなし（←酔っ払いには海も膝までしかない） ③ 酔っ払いの: *-ые глаза́* 酔眼 ④ 《話》すぐ酔わせる; アルコール入りの: ~ *напи́ток* アルコール飲料 ⑤ 酔わせるような: *за́пах сире́ни* ライラックの酔わせるような香り ⑥ 《口》[от に] 陶酔した, うっとりした: *Она́ пьяна́ любо́вью*. 彼女は恋に酔っている ◆ *по-о́ой ла́вочке = по-о́му де́лу = с -ых глаз* 《俗》酔っ払って
**пьянь** [女3] 酔っ払いの集団
**ПЭВМ** [ペエヴェーエム] （不変）[IT] パソコン（персона́льная ЭВМ）
**пюпи́тр** [男1] 譜面台; 書見台
**пюре́** [э́] （不変）[中]《料理》ピューレ（野菜などを擦って濾したもの）
**п/я** [ペーヤー] （略）почто́вый я́щик 私書箱, POB
**пяде́ница** [女3]〔複〕《昆》シャクガ科
**пя́д|ь** -и, -ей/-ей [女3]①旧尺（広げた親指と人差し指の間の長さ）◆ *ни -и* 少しも | *семи́ -ей во лбу́* 《話》とても賢い
**пя́лить** -лю, -лишь [不完] / **рас-** 受身 -ленный [完] 引き伸ばす ◆ *~ глаза́ на* 団 《俗》…を見つめる
**пя́литься** -люсь, -лишься [不完]《俗》〈на 団 を〉見つめる ②身を乗り出す
**па́льцы** -льцев/-лец, -льцам [複] 刺繍枠
**пят|а́** [女2]①《雅》かかと ②（旧）踵（ひ），足②《技》基底部 ◆ *идти́ по -а́м за* 団 …のすぐ後に [離れずに] ついて行く | *с* [от] *головы́ до пят* 頭の先から足の先まで
**пята́к** -а́ [男2]①《話》5コペイカ（硬貨）②《俗》5ルーブル ③《話》5千ルーブル ④《学校》（成績の）5, 優 ⑤《俗·蔑》鼻, 顔
**пятачо́к** -чка́ [男2]《話》① = пята́к ②（豚などの）鼻 ③円形の空間, 狭い場所
**пятери́к** -а́ [男2] ①5単位 [個] から成るもの (5プード пуд の小麦粉, 5本セットのペンなど) **// -о́вый** [形1]
*\***пя́терк|а** -рок [女2] (five) ①5 ②（数字の）5 ③（交通機関）の系統番号）の5番: *сесть на -у* 5番のバス [電車] に乗る ④《5段階評価の》5, 優 ◆ *на -у хорошо́* 《参考》: *Я получи́л -у по исто́рии*. 私は歴史で5をもらった | *учи́ться на кру́глые -и* 《話》オール5を取る ⑤（若者）から成る組: *Екатеринбу́рг вхо́дит в -у кру́пнейших городо́в Росси́и*. エカテリンブルグはロシアの大都市トップ5に入っている ⑤《トランプ》の5のカード ⑥5ルーブル札 ◆ *на -у* 見事に, 素晴らしく **// пятёрочный** [形1]
**пятерня́** 複 -ей [女3]《話》手（のひらと指）
*\***па́тер|о** [ピャーテラ] -ры́х, -ры́м, -ро-ры́х, -ры́ми, -ры́х [数]《集合》(five) ①（男性名詞·人称代名詞の複数と共に）5人: *П*- *студе́нтов прие́хали из Владивосто́ка*. 5名の学生がウラジオストクから来た | *Их* ~ . 彼らは5人だ ②（主·対格で; 名詞の複数と共に）5回: *У нас до́ма* ~ *часо́в*. 我が家には時計が5つある ③（主·対格で; ペアを表す名詞と共に）5組: *купи́ть* ~ *носко́в* 靴下を5足買う ◆ *за -ы́х* 5人分で; たくさん
**пяти́..** [語形成]「5の」
**пятибо́рец** -рца [男3] 5種競技の選手
**пятибо́рье** [中4]《スポ》5種競技
**пятигра́нник** [男2]《数》5面体 **// -ый** [形1]
**пятидве́рный** [形1]《車》ハッチバックの
**пятидесятиле́тие** [中5] ①50年 ②50周年
**пятидесятиле́тний** [形8] ①50年の ②50歳の
**пятидеся́тни|к** [男2] **-ца** [女3]《宗》ペンテコステ派の信者
**Пятидеся́тница** [女3]《正教》五旬祭, 聖神降臨祭 (Тро́ица)

**пятидеся́тый** [形1]〔序数〕50番目の: *в -ых года́х* 50年代に
**пятидне́вка** 複 -вок [女2]《話》（週のうち平日となる）5日, 週休2日制
**пятизвёздочный** [形1] 5つ星の, 最高級の
**пятикла́ссни|к** [男2] **-ца** [女3] 5年生
**пятикни́жие** [中5]《教会》（旧約聖書の）モーゼ5書
**пятико́мнатный** [形1] 5部屋から成る
**пятиконе́чный** [形1] 先が5つある, 五芒の, 五光の
**пятикра́тный** [形1] 5回の; 5倍の
**пятиле́тие** [中5] ①5年間 ②5周年
**пятиле́тка** 複 -ток [女2] ①5年計画 ②5年間
**пятиле́тний** [形8] ①5年間の ②5歳の
**пятиме́сячный** [形1] ①5か月間の ②生後5か月の
**пятимину́тка** 複 -ток [女2]《話》短時間のミーティング; 短時間で出来るもの（料理, 写真など）
**пятимину́тный** [形1] 5分間の
**пятипа́лый** [形1] 5本指の
**пятисо́тенный** [形1] 500ルーブルの
**пятисотле́т|ие** [中5] ①500年 ②500周年 **// -ний** [形1]
**пятисо́тый** [形1]〔序数〕500番目の
**пятито́нка** 複 -нок [女2]《話》5トントラック
**пятиты́сячный** [形1] ①〔序数〕5000番目の ②5000から成る ③5000ルーブルの
**пя́тить** пя́чу, пя́тишь [不完] / **по-** 受身 -пя́ченный [完]《話》〈団 を〉後退させる **// ~ся** [不完] / [完]（ゆっくり）後退する
**пятиуго́льник** [男2] 五角形 **// -ный** [形1]
**пятичасово́й** [形1] ①5時間の ②5時発の
**пятиэта́жка** 複 -жек [女2]《話》（標準的な）5階建ての建物
**пятиэта́жный** [形1] 5階建ての
**пя́тк|а** 複 -ток [女2] ①かかと ②底の部分 ◆ *наступа́ть* 団 *на -и* …との差をつめる, 追い越そうとする | *душа́ в -и ушла́* 気が動転した
**пятна́дцатиле́тний** [形8] ①15年間の ②15歳の
**пятна́дцатый** [形1]〔序数〕15番目の
*\***пятна́дцать** [ピトナーツァチ] 生·与·前·н 対-ью 造-ью [数]《個数》(fifteen) 15 ( → пя́ть語法)
**пятна́ть** 受身 па́тнанный [不完] / **за-~** [完] ①〈団 に〉染みを付ける; 汚す ②（鬼ごっこで）タッチする
**пятна́шки** -шек, -шкам [複]《話》鬼ごっこ
**пятни́стый** 短 -и́ст [形1] まだらの, 斑点のある
*\***пя́тниц|а** [ピャートニツァ] [女3] (Friday) 金曜日（略 Пт, пт）: *в -у* 金曜に | *ка́ждую* ~ *= по -ам* 毎週金曜に ◆ *семь пя́тниц на неде́ле у* 団《話·戯》…はしょっちゅう意見を変え, 移り気で | **Вели́кая** [**Страстна́я**] **~** 《正教》聖大金曜日（復活大祭前の金曜日）**// пя́тничный** [形1]
*\***пятн|о́** [ピトノー] 複 пя́тна, пя́тен, пя́тнам [中1] (spot, stain) ①斑点: *световы́е пя́тна* 光の斑点 | *со́лнечные пя́тна* 《天》太陽の黒点 ②染み, 汚れ: *кофе́йное* ~ コーヒーの染み | *Она́ посади́ла* ~ *на пла́тье*. 彼女はドレスに染みを付けた ③汚点, 汚名: *смыть* ~ 汚名をそそぐ ◆ *бе́лое* ~ ⑴未踏査の地域, 空白地点 ⑵未調査の問題 | *И на со́лнце быва́ют пя́тна.* 《諺》欠点のない人間はない（←太陽にも染みがある）**// пя́тнышко** 複 -шки, -шек, -шкам [中1]〔指小〕
**пято́к** -тка́ [男2]《話》5個（セット）
**пя́точный** [形1] かかと（пя́тка）の
*\***пя́т|ый** [ピャーティイ] [形1] (fifth) ①〔序数〕第5の, 5番目の: *-ое ма́я* 5月5日 | *полови́на -ого* 4時半 ② **-ая** [女名] 5分の1 (*-ая ча́сть* [*до́ля*]) ◆ *с -ого*

**десятое** 《話・戯》あちこち抜かして, 支離滅裂に

**пять** [ピャーチ] 生・与・前・чи 対 ～ 造 -ью [数] 〔個数〕〔five〕 ① 5: Два́жды ～ — де́сять. 5×2＝10 | ～ книг 5 冊の本 | Я встре́тился с *пятью́* писа́телями. 私は5人の作家と会った ② (5段階評価の成績)5点: пятёрка, отли́чно; ★ хорошо́〔参考〕 ◆ *Дай* ～! 《俗》ハイタッチしよう

〔語法〕《5以上の数詞と結合する名詞・形容詞の数と格》 ①主・対格の場合——複数生格: *пять* ме́сяцев 5か月 | *пять* же́нщин 5人の女性 | *пять* де́тских садо́в 5つの幼稚園 | *пять* но́вых ста́нций 5つの新駅 ②その他の格の場合——数は複数, 格は数詞の変化に一致: по *пяти́* причи́нам 5つの理由で | на *пяти́* у́лицах 5つの通りで | из *пяти́* больши́х групп 5つの大きなグループから | за *пятью́* высо́кими гора́ми 5つの高い山の向こうで

**пятьдеся́т** [ピッチヂャート] 生・与・前 пяти́десяти 対 пятьдеся́т 造 пятью́десятью [数] 〔個数〕〔fifty〕 50(★ → пять〔語法〕)

**пятьсо́т** [цс] [ピッソート] пятисо́т, пятиста́м, пятьсо́т, пятьюста́ми, пятиста́х [数] 〔個数〕〔five hundred〕 500 (★ → пять〔語法〕)

**пя́тью** [副] 5倍して

# P p

**p.** (略)река́; рубль

*раб -а́ [男1] / раба́ (★ 複は通例 рабы́ни -нь, -ням) [女1] 〔slave〕 ① 奴隷: труд *～о́в* 奴隷労働 ② 農奴 ③ 隷属者, 被抑圧者 ④〈此の〉盲従者, とりこ: ～ страсте́й 情欲のとりこ

**раб..** 《語形成》〔"рабо́чий (者)の"〕

**Раба́т** [男1] ラバト(モロッコの首都)

**рабко́р** [男1] 労働通信員(рабо́чий корреспонде́нт)

**рабовладе́л|ец** -льца [男3] 奴隷所有者 **// ～ческий** [形3] 奴隷所有(者)の; 奴隷制の

**рабовладе́ние** [中5] 奴隷所有

**раболе́пный** 短 -пен, -пна [形1] 奴隷根性の; 卑屈な, 追従的な

**раболе́пствовать** -твую, -твуешь [不完] 〈пе́ред 造〉に対して卑屈に振る舞う, へつらう **// раболе́пство** [中1]

*рабо́т|а [ラボータ] [女1] 〔work〕 ① 働き, 作動, 活動: ～ се́рдца 心臓の働き ② 仕事, 労働: физи́ческая [умственная] ～ 肉体[知的]労働 | быть в *-е* 作業中, 仕事中 | приня́ться за *-у* 仕事に取りかかる ③ 職, 勤め, 勤め先; 職場, 勤め先: постоя́нная ～ 定職 | поступи́ть на *-у* 就職する | сня́ть с *-ы* 解雇する | быть без *-ы* 失業している | Он е́здит на *-у* на маши́не. 彼は車で通勤している ④ 《複》作業, 工事: сельскохозя́йственные *-ы* 農作業 ⑤ やりかけの仕事, 加工中の素材: Бу́дьте с *-ой* на дом 仕事を家に持ち帰る ⑥ 製品, 作品: вы́ставка *рабо́т* худо́жника 画家の作品展 ⑦ 出来栄え, 質, 手法: топо́рная ～ 粗末な出来栄え ⑧《理》仕事量; 仕事量の単位 ⑨《隠》盗み ◆ *взя́ть* 図 *в -у* 《話》…を厳しく叱責する; *Чья́ ～?* 《話》誰がやったのだ | *Моя́* [*Твоя́, Его́*] ～. 《話》私[お前, 彼]がやったんだ | ～ *не пы́льная* 《俗・戯・皮肉》楽な上に十分儲かる仕事

*рабо́тать [ラボータチ] [不完] 〔work〕 ① 働く, 仕事する:〈над 造〉…を研究する, …に従事する: ～ усе́рдно 熱心に働く | ～ в по́ле 畑仕事をする ② 勤務する:〈此の〉にして働く, 勤める: ～ на заво́де 工場で働く | Мой брат *рабо́тает* учи́телем. 私の兄は教師をしています ③〈на 此の〉…のために働く, …を扶養する; …を利する: ～ на свою́ семью́ 自分の家族のために働く ④〈此の〉を動かす, 操作する;〈с 此の〉を(道具として)使う, 利用する: ～ рычаго́м レバーを動かす | ～ с микроско́пом 顕微鏡を使う ⑤〔機械・器官を動かし〕動く, 作動する, 機能する;〈на 此の〉で作動する: Телефо́н не *рабо́тает*. 電話が通じない | ～ на батаре́ях 電池で動く ⑥ 営業している, 開いている: Магази́н *рабо́тает* с десяти́ часо́в утра́ до девяти́ часо́в ве́чера. この店は朝10時から夜9時までやっている ◆ *Кто́ не рабо́тает, тот не е́ст.* 《諺》働かざる者食うべからず | ～ *локтя́ми* 《話》肘で人を押しのける | ～ *над собо́й* 自己完成に努める, 自分を磨く

**рабо́таться** [不完] 〔無人称〕《話》〈此に〉仕事に気が乗る, 働く気がする

**рабо́тка** 複生 -ток [女2] 〔指小〕< рабо́та ② ⑤ ⑥ ⑦

**рабо́тни|к** [ラボートニク] [男2] / *-ца* [女3] 〔worker, employee〕 ① 働き手, 労働者: Он отли́чный ～. 彼は素晴らしい働き手だ ② 従業者, 職員: ～ тяжёлой промы́шленности 重工業の従業員 | нау́чный ～ 科学者, 研究員

**работого́лик** [男2] ワーカホリック

*работода́тель [男5] 〔employer〕 雇い主, 雇用者

**работорго́вец** -вца [男3] 奴隷商人

**работорго́вля** [女5] 奴隷売買

**работоспосо́бн|ый** 短 -бен, -бна [形1] ① 労働能力のある ② 仕事のよくできる **// -ость** [女10]

**работя́га** (女2変化) [男・女] ①《話》働き者 ②《俗》労働者

**работя́щий** 短 -я́щ [形6] 《話》よく働く, 働き者(は)の

*рабо́чий¹ [ラボーチイ] (形6変化) [男2] / рабо́чая [ラボーチャヤ] [女名] 〔worker〕 (現場で働く)労働者: сезо́нный ～ 季節労働者 | квалифици́рованный ～ 熟練労働者 | нанима́ть *-его* 労働者を雇う

*рабо́чий² [ラボーチイ] [形6] 〔work〕 ① 労働者の, 労働者向の: ～ кла́сс 労働者階級 | *-ее* движе́ние 労働運動 ② 自分の労働で生活している: Я челове́к ～. 私は自分で稼いで食っている人間だ ③ (動物の)働く, 有益な仕事をする: скот 役畜 ④〔工〕動かす, 仕事をする: *-ее* колесо́ 動輪 ⑤ 働くための, 仕事のための: *-ее* вре́мя 労働時間, 営業時間 | ～ костю́м 作業服, 仕事着 | *-ее* ме́сто 勤務地, 職場; 雇用 ⑥ 仕事用となる, 作業のための: ～ чертёж 施工図, 設計図 | *-ая* гипо́теза 作業仮説 ◆ *в - ем поря́дке* 仕事中に, 仕事から離れずに | *-ая си́ла* ① 労働力 ② 労働者: *-ие ру́ки* 働き手, 労働者: нехва́тка *-их ру́к* 人手不足 | ～ *де́нь* ①就労日 ②1日の労働時間, 労働日: восьмичасово́й ～ *де́нь* 8時間労働 | ～ *сто́л* [コン] デスクトップ | ～ *по́езд* 建設資材を運ぶ列車 | ～ язы́к (国際会議での) 使用言語

**ра́бский** [形3] ① 奴隷の, 奴隷的な ② 盲従的な, 奴隷根性の

*ра́бств|о [中1] 〔slavery〕 ① 奴隷制度 ② 奴隷の身分, 奴隷状態: обрати́ть 対 в ～ 奴隷にする ③ 隷属状態: бы́ть в *-е у* …に隷属している

**рабы́ня** 複生 -нь [女5] 女奴隷

**равви́н** [男1] 〔ユダヤ〕ラビ(聖職者) **// ～ский** [形3]

*ра́венств|о [中1] 〔equality〕 ① 等しいこと, 同等: ～ очко́в 同点 ② 平等, 対等: ～ наро́дов 諸民族の平等 ③《数》相等, 等式: зна́к *-а* 等号(＝)

**равио́ли** -ей [複] 〔料理〕ラビオリ

**равне́ние** [中2] ① みならうこと, 手本にすること ◆ *~ напра́во*《軍》右へならえ

*равни́н|а [女1] 〔plain〕 ① 平野, 平原: ру́сские *-ы* ロシアの平原 ② 平らな海底 ■ *Восто́чно-Европе́йская* ～ 東ヨーロッパ平原 | *За́падно-Сиби́р*-

ская ~ 西シベリア平原 **∥-ный** [形1]

**рáвно** [ラヴノー] [equal] ①[副] 等しく: P- красúвы гóры и лесá. 山も森も等しく美しい ②〈述語〉〈与に〉等しい, 同じである: Два плюс три — пяти. 2+3 = 5 ③[接] 〈通例 ~ как (и), а ~ и の形で〉《文》同様に, …もまた: Уча́стники конфере́нции, ~ как и го́сти, обсужда́ли докла́ды. 会議の参加者も招待客も同様に報告を検討した ◆ **всё** ~ (1) どちらでもいい (2) いずれにしても (3) 〈否定文で〉絶対に: всё ~ нельзя́ 絶対に駄目だ

**рáвно..** [語成成] [equal]「同等の」

**равнобéдренный** [形1]〈数〉2等辺の

**равновелúк**|**ий** 短-ик [形3] (力・意義などが)同等の ②〈数〉等面積[体積]の

*равновéс|ие [中5] [balance] ①〈理〉平衡, 釣り合い: ~ сил 力の釣り合い ②均衡, 釣り合い, バランス: сохранúть ~ バランスを保つ | установúть ~ 釣り合いをとる | потеря́ть ~ 平衡を失う | то́чка -ия 平衡点 ③安定状態 ④冷静, 落ち着き: вы́вести [вы́йти] из -ия …の平衡をかき乱す[失う] **∥-ный** [形1] <1>

**равнодéйствующ|ий** [形6] 同等に作用する: -ая си́ла 〈理〉合力

**равнодéнствие** [中5] 昼夜平分時 ■ **весéннее ~** 春分 | **осéннее ~** 秋分

**равнодýшие** [中5] 無関心, 無頓着, 冷淡

*равнодýшно [副] [indifferently] 無関心に, 無頓着に

*равнодýш|ный 短-шен, -шна [形1] [indifferent] ①〈к与に〉無関心な, 無頓着な, 冷淡な: -ые лю́ди 無関心な人々 | Он ко всему́ равнодýшен. 彼はあらゆるものに無関心だ ②〈話〉愛情がない, 気がない

**равнознáч|ный** 短-чен, -чна [形1] 同じ意味の, 同意義の **∥-ость** [女10]

*равномéр|ный 短-рен, -рна [形1] [even, uniform] 均等な, むらのない, 一様な: -ая скóрость 等速 **∥-о** [副] **∥-ость** [女10]

*равнопрáвие [中5] [equality] 同権, 権利の平等: ~ мужчи́н и же́нщин 男女平等

*равноправ|ный 短-вен, -вна [形1] [equal] 同権の, 対等の **∥-ость** [女10]

**равносúль|ный** 短-лен, -льна [形1]〈与に〉同等の, …に等しい, 〈с与と〉同じ力がある: -ые борцы́ 力が互角の格闘家; 同じ効力がある **∥-ость** [女10]

**равносторóнний** [形8]〈数〉等辺の

**равноцéн|ный** 短-éнен, -éнна [形1] 同じ価値の, 等価値の **∥-ость** [女10]

*рáв|ный [ラーヴヌィ] 短-вен, -внá [形1] [equal] ①等しい, 同等の: ~ вес 同じ重さ | раздели́ть на -ые дóли 等分する ②平等な, 同権の: Все-ы́ пéред закóном. 法の前に平等である ③〈与〉〈ある数量に〉等しい: расстоя́ние, -ое пятú мéтрам 5 メートルの距離 ④~[男], -ая [女], -ое [中] 対等の人, -ых 対等に | -ым óбразом 同様に | на -ой ногé 対等に | 地位にある

**равня́ть** [不完] 〈与に〉 ①〈完c~〉同じにする, 平等にする ②〈話〉〈c造と〉同等に評価する, 同一視する ③1列に並べる

**равня́ться** [不完] 〈与に〉 ①整列する ②〈на対/по与を〉みならう, 手本にする ③〈話〉〈с造に〉比肩する, 匹敵する: В матема́тике он не мо́жет ~ с тобо́й. 数学においては彼は君にはとうてい及ばない ④〈与に〉等しい, 同じである

**рагý** (不変) [中] [料理] ラグー (煮込み料理)

*рад -да, -до, -ды [述語] [glad] 〈与を/不定形を〉喜んでいる, うれしく思う: Óчень ~ вас ви́деть. お目にかかれてとてもうれしい | Я ~ успéху. 私は成功を喜んでいる | до слёз ~ 涙が出るほどうれしい | Мать -а, что сын верну́лся домо́й. 息子が帰って来て母は喜んでいる ②〈不定形〉…したい, 喜んで…する: Я ~ вам помо́чь. 喜んでお手伝いします ③〈通例(уж) и とともに; 否定文で〉《話》残念だ, 悔やまれる: Я и не ~, что согласи́лся. 賛成してしまって残念だ ◆ **~ра́дёхонек[-радёшенек] | ~ра́дёшенек | ~радёхонек** ともうれしい, うれしくてたまらない | **не ~** 好むと好まざるとに関わらず, いやでも応でも | **~ стара́ться**〈戯〉喜んでやらせていただきます | **Чем бога́т, тем и ~ы.** 何もございませんが, どうぞ〈客をもてなす時の言葉〉 | **Сам не ~.** 申し訳ない気分です

**Рáда** [女1]: Верхо́вная ~ ウクライナ議会

**радáр** [男1] レーダー, 電波探知機: пропа́сть с ~а レーダーから機影が消える **∥-ный** [形1]

**рáджа** 複生-ей, **раджá** 複生-éй [男4] ラージャ (インドの王侯・貴族)

*рáди [ラーヂ] [前][for the sake of]〈生〉(★②-④では名詞・代名詞の後に置かれることもある) ①…のために: ~ óбщей пóльзы 公共の利益のために ②〈話〉…の目的で: ~ нажúвы 金もうけのために ③…の名において, …に免じて: Помогú мне ~ нáшей дрýжбы. 友情のよしみで私を助けてくれ ④〈話〉…の理由で: Чегó ~ он яви́лся? 何のために彼は来たんだ ◆ **чегó ~** なぜに

**радиáльный** [形1]〈数・技〉放射状の

**радиáтор** [男1] ①冷却器, ラジエーター ②暖房装置, ラジエーター **∥-ный** [形1]

**радиацио́нный** [形1] 放射の, 輻射の; 放射線の

*радиáция [女9] [radiation] ①放射, 輻射 ②放射線 ③放射状に広がること

**рáд|ий** [男6] 〈化〉ラジウム (記号 Ra) **∥-евый** [形1]

**радикáл** [男1] ①〈政〉過激論者; 急進主義者, 過激派 ②〈数〉根号; 〈化〉基, 根

**радикализáция** [女9] 過激化, 急進化

**радикалúзм** [男1] 〈政〉過激主義; 急進主義

**радикáль|ный** 短-лен, -льна [形1] ①根本的な, 抜本的な, 徹底的な ②〈政〉急進的な, 過激な; 急進主義の **∥-о** [副] **∥-ость** [女10]

**радикулúт** [男1] [医] 脊椎神経炎; ぎっくり腰

*рáдио [о] [ラーヂオ] [不変][中][radio] ①無線電信, ラジオ: сообщи́ть по ~ 無線で伝える ②ラジオ放送: слу́шать ~ ラジオを聴く | выступа́ть по ~ ラジオに出演する ③ラジオ放送局: Она́ рабо́тает на ~. 彼女はラジオ局で働いている ④ラジオ受信機: включи́ть [вы́ключить] ~ ラジオをつける[消す]

**рáдио..** [a/o] [語成成] ①「ラジオ(放送)の」「無線通信の」「電波の」 ②「放射線の, 放射能の」

**радиоактúвность** [女10] 〈化・理〉放射能

**радиоактúв|ный** 短-вен, -вна [形1] 〈化・理〉放射性の, 放射能を有する: -ые вещества́ [отхо́ды] 放射性物質[廃棄物] | -ая вода́ 汚染水

**радиобиоло́гия** [女9] 放射線生物学

**радиовещá|ние** [中5] ラジオ放送 **∥-тельный** [形1]

**радиоволнá** 複-вóлны, -вóлн, -вóлнам/-волнáм [女1] (無線)電波 **∥-вóй** [形1]

**радиогрáмма** [女1] 無線電報

**радиогрáфия** [女9] X 線撮影(法), 放射線写真(法) **∥-и́ческий** [形1]

**радио́ла** [女1] ラジオ付きレコードプレーヤー

**радиолóг** [男2] 放射線科医

**радиоло́гия** [女9] 放射線医学 **∥-и́ческий** [形3]

**радиолокáтор** [男1] レーダー, 電波探知機

**радиолокацио́нный** [形1] レーダーの: -ая систéма レーダーシステム (略 РЛС)

**радиолокáция** [女9] 電波探知(法), 無線測位

**радиолюбúтель** [男5] アマチュア無線家, ハム **∥**

P

**радиометрия** 670

~**ский** [形3]
**радиомéтрия** [女9] 放射線測定
**радиомая́к** [男2] ラジオビーコン, 無線標識
**радиопередáтчик** [男2] 無線送信機
**радиопередáча** [女4] ①無線通信 ②ラジオ放送
**радиоперехвáт** [男1] ①無線傍受; 無線傍受で得られた情報
**радиопостанóвка** 複生 -вок [女2] ラジオドラマ
*\***радиоприёмник** [a/o] [男2] [receiver] ラジオ(受信機), 無線受信機: транзи́сторный ~ トランジスタラジオ
**радиорýбка** 複生 -бок [女2] [海・航空]無線室
**радиосвя́зь** [女10] 無線連絡, 無線通信
**радиосéть** [女10] ラジオ放送網
**радиосигнáл** [男1] 無線信号
**радиослýшатель** [男5] /~**ница** [女3] ラジオ聴取者, リスナー
**радиоспóрт** [男1] 無線通信競技
*\***радиостáнция** [a/o] [女9] [radio station] ①ラジオ放送局 ②無線局; 無線送受信装置
**радиотелегрáф** [男1] ①無線電信 ②無線電信局 **//~ный** [形1]
**радиотелефóн** [男1] ①無線電話 ②無線電話機 **//~ный** [形1]
**радиотерапи́я** [女9] 放射線療法
**радиотéхник** [男2] ①無線工学者 ②無線ラジオ技術者 **//~ический** [形1]
**радиотéхника** [女2] ①無線工学 ②ラジオ技術 **//~ческий** [形1]
**радиотóчка** 複生 -чек [女2] 有線放送受信設備
**радиотрансля́ция** [女9], **радиотрансли́рование** [中5] 無線中継, ラジオ放送 **//~иóнный** [形1]
**радиоуглерóдный** [形1]: ~ анáлиз 放射性炭素年代測定法
**радиоýзел** -злá [男1] (地域の)有線放送局
**радиоуправля́емый** [形1] 無線操作の, 遠隔操作[制御]式の
**радиофикáция** [女9] ①ラジオ放送[設備]の普及 ②ラジオ[無線装置]の設置
**радиофици́ровать** -рую, -руешь 受過 -анный [不完・完] [図に/o図/чтó節] …を無線放送[設備]で普及させる ②ラジオ[無線装置]を設置する
**радиохи́мия** [女9] 放射化学
**радиоэколóгия** [女9] 放射線生態学
**радиоэлектрóника** [女2] 無線電子工学 **//~ный** [形1]
**ради́ровать** -рую, -руешь 受過 -анный [不完・完] ⟨図に/o図/чтó節⟩…を無線で伝える, ラジオで放送する **//~ние** [中5]
**ради́ст** [男1] /~**ка** 複生 -ток [女2] 無線技士[通信士]
**рáдиус** [男1] ①[数]半径: крýг ~ом в дéсять сантимéтров 半径10センチの円 ②範囲, 圏 **//~ный** [形1]
*\***рáдовать** -дую, -дуешь [不完] / **об**~ 受過 -анный [完] [make happy] ⟨図⟩喜ばせる, うれしがらせる;⟨目・耳など⟩楽しませる: Побéда нас обрáдовала. 勝利が我々を喜ばせた

**#рáдоваться** [ラーダヴァッツァ] -дуюсь, -дуешься 命 -дуйся [不完] / **обрáдоваться** [アブラーダヴァッツァ] [完] [be happy] ⟨図/чтó節⟩…を喜ぶ, うれしく思う: Я рáдуюсь вáшему приéзду. おいで下さってうれしく思います

**радóн** [男1] [化]ラドン **//~овый** [形1]
**рáдоница**, **рáдуница** [女3] [民俗]父祖の日(復活大祭後2週めの火曜日) **//рáдоницкий** [形3]
*\***рáдостно** [сн] [副] [joyfully] ①喜ばしげに, うれしそうに ②[無人述] うれしい, 楽しい: На душé ~. 心がうきうきする
*\***рáдостный** [сн] 短 -тен, -тна [形1] [joyous, cheerful] ①喜んでいる, うれしそうな: ~oe лицó うれしそうな顔 ②喜ばしい, うれしい: ~oe извéстие うれしい知らせ **//~ость** [女10]
*\***рáдость** [ラーダスチ] [女10] [joy, pleasure] ①喜び, 歓喜, うれしさ: большáя ~ 大きな喜び | испы́тывать ~ 喜びを味わう | бы́ть вне себя́ от ~и 喜びのあまり我を忘れる ②喜びをもたらすもの[人]; うれしい出来事 《通例мояを伴って》〔呼びかけ〕いとしい人, 愛する人 ◆**на** ~**ях** ⟨図に⟩喜んで | **с какóй** ~**и** ⟨話⟩何のために, どうして | **с**~**ью** 喜んで, 進んで
*\***рáдуг|а** -и/-ы [rainbow] [気象]虹: семь цветóв ~и 虹の7色 [参考]крáсный, орáнжевый, жёлтый, зелёный, голубóй, си́ний, фиолéтовый) | второ́ичная ~ 副虹, 第2の虹 | о́гненная ~ 水平環
**рáдужный** 短 -жен, -жна [形1] ①虹の; 虹色[7色]の ②希望に満ちた, 幸福を約束する ■-**ая оболóчка** [解]虹彩 **//~о** [副] **//~ость** [女10]
**радýшие** [中5] 心のこもった態度, 愛想のよさ, 厚遇
**радýшный** 短 -шен, -шна [形1] 心のこもった, 手厚い, 愛想のよい **//~о**
**раж** [男4] ⟨話⟩強い興奮, 熱狂, 激昂
**рáз¹** [ラース] -a/-y 複 разы́, раз, разáм [男1] [time, one] ①(通例個数詞・数量を表す語を伴って) …回, 度: пя́ть ~ 5回 | двá ~а в недéлю 週に2度 | Повтори́те ещё ~. もう一度くり返して下さい
②機会, 場合, …のとき: кáждый ~ 毎回, その都度 | вся́кий [кáждый] ~, когдá ... …するたびに, …の都度 | в другóй ~ 別の時に, また今度 | другóй [инóй] ~ 時々 | вся́кий ~ いつでも, その都度 | котóрый ~ や何度となく | ~ за ~ом 何度も何度も | не ~ 幾度となく | ~ за ~ом | ~ за ~ом | ~-другóй 2, 3回 | На э́тот ~ я тебя́ прощáю. 今回は許してやろう | в прóшлый ~ 前回, この前 | Отложи́м разговóр до слéдующего ~а. 話し合いは次の機会まで延期しよう
③ (вに個数詞, 数量を表す語と共に) …倍: …分の1: в двá ~а бóльше 2倍多い[大きい] | в двá ~а мéньше 2分の1だ | Объём капиталовложéний увели́чился в три́ ~а. 投資額は3倍に増加した
④(不変) (数を数える時の)1, ひとつ: Р~, двá, три́ ... 1, 2, 3 ... | Р~! Двá! (Три́!) 1! 2! (3!) (開始のときの掛け声)
◆ **(в) пéрвый** ~ 初めて, 最初に | **в послéдний** ~ 最後に; これを最後にして | **в сáмый** ~ (1)ちょうどよい時に (2) (衣服などが)ぴったりだ | **Вóт тебé [те]** ~! ⟨話⟩おやまあ, いやはや, これは驚いた | **как** ~ ちょうど, ぴったり | **не** ~ 一度ならず, 再三 | **ни** ~**у не** ... 一度も[決して]…ない: Я ни́ ~у нé был в Москвé. 私は一度もモスクワに行ったことがない | **оди́н** ~ あるとき, かつて | ~**-двá и готóво** ⟨話・戯⟩あっという間に出来上がり | ~**-другóй** 数度, 数回 | ~ **за** ~**ом** 何度も繰り返して, 次々に | ~ **(и) навсегдá** ⟨話⟩きっぱりと, これを限りに | ~ **на** ~ **не прихóдится** いつも同じことが起きるとは限らない | ~ **от** ~**у** そのたびごとに | **такóе дéло** ⟨話⟩こうなったからには

**рáз²** [副] [話] 一度, 一回, かつて: ~ пóздно вéчером あるとき夜遅く ◆ **кáк-то** ~ ⟨話⟩あるとき
**рáз³** [接] ⟨話⟩もし…なら, …であるからには (éсли): Р~ обещáл — сдéлал. 約束したからには, やれ
**рáз⁴** -á [男1] ①[単数・主・生格のみ] ⟨俗⟩殴打, びんた ②[述][話] 〔打つ・つかむ素早い動作を示す〕さっと…する
**раз..¹**, (й, 子音+ь, 子音連続の前で) **разо..**, (母音е, ё, ю, я の前で) **разъ..**, (無声子音の前で) **рас..** [接頭] **I** [動詞] ①「細かく」「分けて」「割って」「離して」: раздели́ть 分割する ②「激しく」: разоби́деть ひ

どく怒らせる ③《-ся動詞》「激しく…し始める」: *раздудеться* どしゃぶりとなす ④「色々な方向へ」: *разбросать* 投げ散らす｜*разбежаться* 色々な方向へ走っていく ⑤「…でなくなる[する]」: *разлюбить* 好きでなくなる ⑥「除去・撤去する」: *разбинтовать* 包帯をとる ⑦「一面に」「くまなく」: *разрисовать* 一面に絵を描く《-ся動詞》「ゆっくり」「じっくり」《分岐の》: *раздорожье* 岐路 **II**《名詞》「分岐の」: *раздорожье* 岐路

**раз..²** 《接頭》《名詞・形容詞》《話》「非常に[な]」「とても」: *развесёлый* とても愉快な

**разархиви́ровать** -рую, -руешь 受過-анный [不完・完]《IT》《圧縮ファイルを》解凍する

**разбави́тель** [男5] シンナー, 薄め液, 希釈剤

**разбавл|я́ть** [不完]/**разба́вить** -влю, -вишь 受過-вленный [完] ①薄める, 割る ②《話》《余計なものを》…に付け加える **//-е́ние** [中5]

**разбаза́ривать** [不完]/**разбаза́рить** -рю, -ришь 受過-ренный [完]《俗》投げ売りする; 浪費する; 才能・時間などを無駄遣いする

**разбаланси́рованн|ый** [形1] 不均衡な, アンバランスな **//-ость** ж10]

**разбаланси́ровать** -рую, -руешь 受過-анный [不完・完]《の》均衡を崩す, バランスを破る

**разба́ливаться** [不完]/**разболе́ться** [完]《話》①《完 -е́юсь, -е́ешься》大病にかかる②《完 -ли́тся》《о 身体の部位が》痛みだす, 痛くなる

**разбалова́ться** -лу́ю, -лу́ешь 受過 -о́ванный [完]《話》ひどく甘やかす **//-ся**[不完][完]《話》①甘やかされて駄目になる, やんちゃになる ②《話》ひどくふざけだす, いたずらに夢中になる

**разба́лтыва|ть** [不完]/**разболта́ть** 受-о́лтанный [完]①《話》かき混ぜる, 振って混ぜる②《話》緩める, ぐらぐらにする ③《俗》…に対する厳しさを緩める, 甘やかす④《話・非難》《又о/что》что〉秘密などを漏らす, 口外する; 言い触らす **//-ся** [不完/完] ①かき混ざる ②緩む, ぐらぐらになる ③だらしなくなる, 規律が乱れる ④おしゃべりに夢中になる **//-ние** [中5]

**разбе́г** [男2] 疾走; 助走: ~ при взлёте〔航空〕離陸滑走

**разбега́ться** [完]《話》走り回りだす

**разбега́ться** [不完]/**разбежа́ться** -егу́сь, -ежи́шься, ... -егу́тся 命 -еги́сь [完] ①《多くの人・何人かが》四散する; 《話》(急いで)去る, いなくなる: Де́ти *разбежа́лись* в ра́зные сто́роны. 子どもたちがちりぢりに駆けていった ②《多くのものが》色々な方向へ移動する, 散る; (考えが)散漫になる, 集中しない: Мы́сли *разбега́ются*. 考えがまとまらない ③(道・川が)色々な方向へ走る[延びる] ④疾走する; (跳躍のために)助走する: *разбежа́ться* и пры́гнуть 助走をつけてジャンプする ⑤《話》(要望などをもって)やって来る ◆*глаза́ разбежа́лись* [*разбега́ются*] у 田《話》…は目移りがする

**разберёшь(ся)** 〔2単未〕, **разбери́(сь)** 〔命令〕, **разберу́(сь)** 〔1単未〕<*разобра́ть(ся)*

*разбива́ть* [разбива́ть] [不完]/**разби́ть** [разби́ть] -зобью́, -зобьёшь 命 -збей 受過 -ты́й [完]〔break, devide〕①打ちこわす, 割る: ~ ста́кан コップを割る｜ ~ маши́ну о столб 柱に車をぶつけて壊す②打撃を蒙らせる; (麻痺・卒中が)襲う, 動かなくする: Он *разби́л* себе́ го́лову. 彼は頭を打ってけがをした③《話》(長く・そんざいに使って)駄目にする: ~ сапоги́ 長靴をはきつぶす ④撃破する, …に勝利する: ~ врага́ 敵を撃破する ⑤(夢・実現を)ぶち壊す, 打ち砕く: ~ наде́жду 希望を打ち砕く⑥論破する, その誤りを立証する: ~ до́воды оппоне́нта 相手の論拠を論破する⑦分ける, 分割する; 分配する: Они́ *разби́ли* зе́млю на да́чные уча́стки. 彼らは土地を別荘用地に分割した ⑧(計画して)設ける, つくる, 設置する: ~ клу́мбы 花壇を造る ⑨《印》字間, 行間を空ける ⑩《俗》両替する ⑪《完》《トランプ》負かす

*разбива́ться / разби́ться* -зобью́сь, -зобьёшься 命 -збе́йся [完]〔break, devide〕①割れる, 砕ける: Ча́шка *разби́лась*. カップが割れた ②(打つ・打って)大けがをする, 負傷する: ~ при паде́нии 落ちてけがをする ③《話》(長く・そんざいに使われて)駄目になる ④(実現が)打ち砕かれる: Наде́жда *разби́лась*. 望みが絶たれた ⑤分かれる, 分割される: ~ на три гру́ппы 3つのグループに分かれる ⑥《不完》〔受身〕<*разбива́ть*

**разби́вк|а** 複生 -вок [女2] ①分割 ②設置, 造成③字間[行間]を空けること ④《俗》両替所 ◆в-у ばらばらに, 小口で

**разбинто́вывать** [不完]/**разбинтова́ть** -ту́ю, -ту́ешь 受過-о́ванный [完]《の》包帯をとる

**разбира́тельство** [中1] 審査, 検討, 調査;《法》審理: суде́бное ~ 法廷審理

*разбира́ть* [разбира́ть] [不完]/**разобра́ть** [разобра́ть] -зберу́, -зберёшь 命 -збери́ 過 -а́л, -ала́, -а́ло 受過-о́бранный [完]〔take apart, analyze〕①(多くの人が)1つずつ全部を取る, 持っていく: Рабо́чие *разобра́ли* свои́ инструме́нты. 労働者たちはそれぞれ自分の道具を手にした; 買い尽くす: Все биле́ты *разо́браны*. チケットは全部売り切れた ②分類する, 整理する: ~ бума́ги на столе́ 机の上の書類を整理する ③分解する, 解体する; 寝床を分解する: ~ часы́ 時計を分解する ⑤検討する, 審議する; 分析する: ~ де́ло в суде́ 事件を法廷で審理する ⑥解釈する, 批評する: ~ сбо́рник стихо́в 詩集の批評をする ⑦《言》分析する ⑧識別する, 判別する, 理解する: Я не могу́ *разобра́ть*, что он говори́т. 彼が何を言っているのか理解できない ⑨《話》(強い感情・欲求などが)捉える, 襲う: Её *разобра́ла* за́висть. 彼女にねたみにかられた ⑩《俗》ひどく酔わせる, 酩酊させる ⑪《不完》(よく検討して)選ぶ, えり好みする: брать всё, не *разбира́я* えり好みしないで全部取る ◆*~ по ко́сточкам* 田《話》こと細かに批判する

*разбира́ться* [разбира́ться] [不完]/**разобра́ться** -зберу́сь, -зберёшься 命 -збери́сь 過 -а́лся, -ала́сь, -ало́сь/-а́лось [完]〔sort out, examine〕①《話》身の回りのものを整理する[片付ける]: Она́ *разобра́лась* и легла́ отдохну́ть. 彼女は持ち物を整理すると横になって休んだ ②《в 田を》(よく調べて)理解する, 解明する: ~ в вопро́се 問題を究明する｜ ~ в лю́дях 人柄を見抜く ③《不完》分解できる, 組み立て式である ④《不完》《в 田に》詳しい, 通暁している: ~ в му́зыке 音楽に通じている ⑤《若者・俗》《с 田と》(暴力などによって)関係を清算する, 決着をつける ⑥《不完》〔受身〕<*разбира́ть*

**разбитно́й** [形2]《話》元気のいい, 快活な, 屈託のない

**разби́т|ый** [形1] ①割れた, ひびの入った, 欠けた: -ое стекло́ 割れたガラス ②(使って)駄目になった: -ая доро́га 傷んだ道路 ③(音・声などが)ひび割れたような ④(打撃で)打ちのめされた ⑤打ち負かされた: ~ враг 敗れた敵 ⑥駄目になった, 破れた: -ая жизнь 破たんした人生 ⑦《話》疲れきった: Он чу́вствовал себя́ -ым. 彼は疲れはてていた **//-ость** [女10]

**разби́ть(ся)** [完] →*разбива́ть(ся)*

**разблоки́ровать** -рую, -руешь 受過-анный [完]《の》解除する, 解く

**разбогате́ть** [完] →*богате́ть*

**разбо́й** [男6] ①強盗(行為), 略奪, 《話》暴虐, 強要

\*разбо́йни|к [男2] /-ца [女3] 〔robber, bandit〕 ① 強盗, 追剥 ② 略奪者 ② 圧制者, 暴虐者 ③ 〔話〕〔通例呼びかけで〕腕白小僧, いたずらっ子 **// разбо́йничий** [形9]: ~ья пе́сня 〔楽〕盗賊の歌

разбо́йничать [不完] 強盗〔暴虐〕を働く

разбо́йный [形1] ① 強盗行為の ② 厚かましい, ずうずうしい

разболе́ться [完] → разба́ливаться

разбо́лтанн|ый 短 -ан, -анна [形1] 〔話〕 ① ぐらぐらする, 緩んだ ② きちんとしていない, だらしない ③ 〔足取り・動きなどが〕しっかりしない, だらけた **//-ость** [女10]

разболта́ть(ся) [完] → разба́лтывать

разбомби́ть -блю́, -би́шь 受過 -блённый (-лён, -лена́) [完] 〈衙〉〔爆撃で〕破壊する, 爆破する

\*разбо́р [男1] ① 〔analysis, critique〕 ①(それぞれが〕全部取ること; 買い占め ② 整理, 分類, 除去: ~ зава́лов がれき撤去 ③ 検討, 分析; 批判 ④ 選択, 選別, えり好み: без ~y 無闇に, 無差別に | с ~ом えり好みして, 几帳面に ⑤ 〔俗〕制裁 **◆- полётов** 〔俗·戯〕事情の解明

разбо́рка 複生 -рок [女2] ① 整理, 分類 ② 分解, 解体 ③ 選別 ④ 〔若者・俗〕抗争, けんか; 〔暴力による〕決着, 清算

разбо́рный [形1] ① 分解の, 解体の ② 分解できる, 組み立て式の

разбо́рчив|ый 短 -ив [形1] ①(選択に)きびしい, えり好みする; 気むずかしい, 気まぐれな: ~ покупа́тель 目の肥えた〔違いのわかる〕客 ②(筆跡などが〕わかりやすい, 読みやすい **//-о** [副] **//-ость** [女10]

разбрани́ть -ню́, -ни́шь 受過 -нённый (-нён, -нена́) [完] 〈衙〉こっぴどく叱る, さきおろす

\*разбра́сыва|ть [不完] / разброса́ть 受過 -о́санный [完] 〔throw out, scatter〕〈衙〉① 投げ散らす, まき散らす, ばらまく ②〔手・足を投げ出す; 髪を〕振り乱す ③ ちりぢりにする, 離ればなれにする ④〈金を〉浪費する **//-ние** [中5]

разбра́сываться [不完] / разброса́ться [完] 〔話〕 ① 手足を投げ出す, 大の字に横になる ② ちりぢりにおかれる, 散在する ③ 身の回りを散らかす ④〔不完〕〈衙〉をぞんざいに扱う, 大事にしない ⑤〔不完〕(ひとつのことに集中しないで)あれこれやる ⑥〔不完〕〔受身〕 < разбра́сывать

разбреда́ться [不完] / разбрести́сь -редётся 過 -рёлся, -рела́сь 能過 -бре́дшийся 副分 -редя́сь [完] (多くのものが) 方々に去る, 四散する

разбро́д [男1] 不一致, 不調和

разброни́ровать -рую, -руешь 受過 -анный [完] 〈衙〉<...の契約などを〉解除する

разбро́с [男1] 散布, 分散

разбро́санный 短 -ан, -анна [形1] ① ちりぢりになった, まばらな, 散在する ② 一貫しない, 矛盾した, つじつまの合わない

разброса́ть(ся) [完] → разбра́сывать(ся)

разбреда́ться [不完] / разбры́згаться [完]〔話〕① 手足を投げ出す, 大の字に横になる ②〔液体などが〕はね散る, はね返される

разбрызгива́тель [男5] スプリンクラー

разбры́згивать [不完] / разбры́згать 受過 -ганный [完] ① はねかける, はね散らす; なくなるではね散らす ②〈液体を〉ふりまく, 散布する **//-ся** [不完]/[完] はね散る, はね返される

разбуди́ть [完] → буди́ть

разбу́ха|ть [不完] / разбу́хнуть -ну, -нешь 命 -ни 過 -бу́х, -бу́хла 能過 -хший 副分 -хши [完] ① (湿気で)膨張する; (つぼみなどが)ふくらむ: Ра́мы разбу́хли. 窓枠が湿気で膨らんだ | Бо́чка разбу́хла. 樽が膨張した ②〔話〕腫〔れ〕る ③〔話〕あまりにも膨大になる, 膨れ上がる **//-ние** [中5]

разбушева́|ться -шу́юсь, -шу́ешься 命 -шу́йся [完] ①〔風などが〕ひどく荒れ始める ②〔話〕暴れだす, 騒ぎだす

\*развал [男1] 〔breakdown〕 ① 崩す〔崩れる〕こと, 崩壊 ② 破綻, 衰退: 乱雑, 無秩序 ③ 古物市, がらくた市 **//-ьный** [形1] < ③

разва́лива|ть [不完]/ развали́ть -валю́, -ва́лишь 受過 -ва́ленный [完] 〈衙〉 ① 崩す, 取り壊す ② 衰退させる, めちゃくちゃにする

разва́ливать² [不完] / развалять受過-ва́лянный [完] 〈衙〉(パンなどの生地を)のばす

разва́лива|ться [不完] / развали́ться -валю́сь, -ва́лишься [完] ① 崩れてばらばらになる, 崩壊する ②〔話〕破れる, ほころびる ③〔話〕すっかり弱る, よぼよぼになる ④ 衰退する, 瓦解する ⑤〔話〕手足を投げ出して座る〔横になる〕

разва́лин|а [女1] ①〔通例複〕廃墟, 残骸, がれき: ~ы го́рода 都市の廃墟 ②〔話〕老いぼれ; 廃人

развали́ть(ся) [完] → разва́ливать¹(ся)

разва́л-схожде́ние [男1]-[中5] 〔車〕ホイールアライメント調整

развалю́|ха [女2]〔俗〕おんぼろ, ぼろの建物 **//-шка** 複生 -шек [女2] 〔指小〕

развалять [完] → разва́ливать²

разва́ривать [不完] / развари́ть -варю́, -ва́ришь 受過 -ва́ренный [完] ① 煮て軟らかくする; 軟らかく煮すぎる **//-ся** [不完]/[完] 煮えて軟らかくなる〔煮えすぎる〕

разварно́й [形2] 軟らかく煮えた

\*pa**зве́** [ра́зве] 〔really, perhaps〕 I 〔助〕①〔疑問文で〕(疑念・不審)本当に…か, 果たして…か: P~ он уже́ око́нчил университе́т? 本当に彼はもう大学を卒業したのか ②《修辞的疑問又・感嘆文で》ものか (そうではあるまい): P~ я не понима́ю? 私がわからないとでもいうのか ③〔不定形を述語とする疑問文で〕(ためらい・不決断)…すべきだろうか, …するしかないか: ~ съе́здить к роди́телям за́втра? あす両親のところへ行ったものだろうか ④〔通例то́лько, лишь, вот, чуть, что などと共に〕〔限定〕おそらく…だけ, ただ…だけ: С днём рожде́ния меня́ поздра́вили все, кро́ме ~ лу́чшей подру́ги. みんなが私の誕生日を祝ってくれたが, 親友だけが祝ってくれなかった II [接] ①〔通例то́лько, лишь, что などと共に〕…をのぞいて, …のほかには〔ぉそらく〕…だけ: Он всё тако́й же краси́вый, ~ лишь немно́го посе́л. 彼は相変わらずの美男子だが, ただ髪の毛は少し白くなった ②〔時にто́лько, чуть と共に〕もし …でなければ, …しさえしなければ: В выходны́е пое́ду на да́чу, ~ то́лько дождь пойдёт. 週末, 雨が降らない限りダーチャへ行きます

развева́|ть [不完]〔3人称〕〈衙〉 ① はためかせる, なびかせる ② 吹き散らす, 吹き飛ばす **//-ся** [不完] はためく, なびく

развед.. 〔語形成〕「探査の, 調査の」「偵察の」「諜報機関の」

разве́дать [完] → разве́дывать

разведёнец -нца [男3] /-ёнка 複生 -нок [女2] 〔俗〕離婚者

разведе́ние [中5] ①(左右に)押し開くこと ② 溶解; 希釈 ③ 栽培, 飼育 ④ 惹起 ⑤(蒸気·火を)起こすこと

разведённый [形1] 離婚した, 離婚歴のある

\*pа**зве́дк|а** [ра́зве́тка] 複生 -док [女2] 〔prospecting, reconnaissance〕 ① 探査, 調査: ~ месторожде́ний поле́зных ископа́емых 有用鉱物の調査 ②〔軍〕偵察: вы́слать взвод в ~у 小隊を偵察に送り出す ③〔軍〕偵察隊, 斥候 ④〔政〕諜報機関 **//-разве́дочный** [形1]

разведполёт [男1] 偵察飛行

\*разве́дчи|к [男2] /-ца [女3] 〔spy〕 ①〔軍〕斥候

兵, 偵察隊員: отря́д -ков 斥候隊 ②《政》諜報機関員 ③地下資源探査員, 探鉱の専門家: ~ не́фти 石油探査員 ④《男》探査員［船］, 偵察機［船］

**разве́дывательный** ［形］ 探査の; 偵察の
**разве́дыва|ть** ［不完］ / **разве́дать** 受過 -данный ［完］ ①《話》〈団 о/о団 を〉探り出す, 聞き出す ②〈団〉探査する: 偵察する **//-ние**［中5］
**развезти́** ［完］ → развози́ть
**разве́ивать** ［不完］ / **разве́ять** -е́ю, -е́ешь 受過 -янный ［完］ ①〈風が〉吹き散らす, 吹き払う ②〈気分などを〉吹き飛ばす, 一掃する
**разве́иваться** ［不完］ / **разве́яться** -е́юсь, -е́ешься ［完］ ①〈風で〉吹き散る, 吹き払われる ②〈気分などが〉消える, なくなる: Все опасе́ния разве́ялись. 心配は全く消え去った ③気をまぎらす
**разве́нч|ивать** ［不完］ / **развенча́ть** 受過 -ве́нчанный ［完］〈団〉…の名声を奪う, 失墜させる **//-а́ние**

**развёрнутый** ［形1］ ①組織的な, 大規模な ②完全な, 詳細な **//-о** ［副］ **//-ость**［女10］
**разверну́ться** ［完］ → развёртываться
**развёрстка** 複生 -ток ［女2］ 配分, 割り当て; その指令書
**развёртывать** ［不完］ / **разверста́ть** 受過 -вёрстанный ［完］〈団〉①《公》配分する, 割り当てる ②《印》割りつける
**разверте́ть(ся)** ［完］ → разве́рчивать
**развёртка** 複生 -ток ［女2］ ①広げる［広がる］こと ②展開図 ③回して緩めること (穴などを) 広げること ④《エ》リーマー
**развёртывание** ［中5］ ①広げる［広がる］こと (包みから) 出す［出てくる］こと ③(部隊の) 展開; 改編 ④〈臨時の施設の〉開設 ⑤発揮, 展開 ⑥方向転換
*развёртывать, развора́чивать ［不完］ / разверну́ть, -ну́, -нёшь 受過 -вёрнутый ［完］［unroll, expand］〈団〉①〈巻かれた・畳まれたものを〉広げる, 開く: ~ ковёр 絨毯を広げる ②〈包まれているものから〉出す, 〈…の包みを〉ほどく: ~ конфе́ту キャンディーの包みを開く ③左右に広げる: ~ плéчи 肩を張る ④〈部隊を展開する: ~ полк 連隊を展開する (部隊をより大きな単位に) 改編する ⑤〈臨時の施設を〉開設する: ~ пала́точный городо́к テント村を開設する ⑦十分に発揮する: 繰り広げる, 展開する: свой тала́нт 自分の才能を発揮する | ~ акти́вную де́ятельность 積極的な活動を展開する ⑧〈…の〉向きを変える, 方向転換させる: ~ маши́ну 車の方向を変える

*развёртываться, развора́чиваться ［不完］ / разверну́ться, -ну́сь, -нёшься ［完］［unroll, expand］①〈巻かれた・畳まれたものが〉広がる, 開く: Зна́мя разверну́лось. 旗が広がった ②〈包まれていたものが〉出てくる, 〈包みが〉ほどける: Паке́т разверну́лся. 小包がほどけた ③(部隊が) 展開する (部隊がより大きな単位に) 改編される ④〈臨時の施設が〉開設される ⑤十分に発揮される, 展開される ⑥《話》〈自分の能力・才能を〉発揮する: Éсли бы у меня́ бы́ли де́ньги, я бы разверну́лся. 金があれば, 自分の能力を十分に発揮するのだが ⑦(視界が) 開ける; 広がる: Пе́ред глаза́ми развернулось зелёное по́ле. 目の前に緑の草原が広がった ⑧〈向きを変える, 方向転換する: Грузови́к разверну́лся. トラックが曲がった ⑨《話》(殴るために) 手を振り上げる ⑩《不完》〔受身〕< развёртывать

**разве́с** ［男1］ (重量による) 量り分け
**развесели́ть(ся)** ［完］ → весели́ть(ся)
**разве́систый** 短 -ист ［形1］《話》陽気な, 明るい, 楽しげな
**разве́систый** 短 -ист ［形1］ 枝が生い茂った, 枝の多い垂れ下がった

**разве́сить** ［完］ → разве́шивать
**разве́ска** 複生 -сок ［女2］ ①= разве́с ②〈絵を〉掛ける［吊るす］こと
**развесно́й** ［形2］ 量り売りの
**развести́(сь)** ［完］ → разводи́ть(ся)
**разветви́ть(ся)** ［完］ → разветвля́ть
**разветвле́ние** ［中5］ ①枝分かれ, 分岐 ②分岐点, 分かれ目 ③〈道路・川などの〉分かれた部分, 支流 ④部門, 分野
**разветвлённ|ый** ［形1］ ①枝分かれした, 枝の多い ②分岐した; 多くの部門をもつ **//-ость**［女10］
**разветвля́ть** ［不完］ / **разветви́ть** -влю́, -ви́шь 受過 -влённый (-лён, -лена́) ［完］〈団〉枝分かれさせる, 分岐させる **//-ся** ［不完］［完］ ①枝分かれする, 分岐する ②部門ごとに分かれる, 支部を設けている
**разве́шать** 受過 -шанный ［完］ = разве́сить①
**разве́шивать** ［不完］ / **разве́сить** -е́шу, -е́сишь 受過 -е́шенный ［完］ ①《重さで》量り分ける ②あちこちに掛ける［吊るす］ ③四方に伸ばす, 張る
◆ ~ у́ши (1)夢中になって聞き入る (2)《話・皮肉》真に受けて聞く
**разве́ять(ся)** ［完］ → разве́ивать
**развива́ть**[1] -зовью́, -зовьёшь 命 -зве́й 過 -и́л, -ила́, -и́ло 受過 -и́тый (-и́т, -ита́/-и́та, -и́то) ［完］〈団〉〈なわれた・編まれた・巻かれたものが〉解く, ほどく **//~ся** ［不完］①〈なわれた・編まれた・巻かれたものが〉解ける, ほどける ②［不完］〔受身〕

*развива́ть[2] [развива́ть] -зовью́, -зовьёшь 命 -зве́й 過 -и́л, -ила́, -и́ло 受過 ра́звитый (-и́т, -ита́, -и́то) / разви́тый (-и́т, -ита́/-и́та, -и́то) ［完］［develop］〈団〉①(肉体的に) 発達させる, 強くする: ~ мускулату́ру упражне́ниями 運動で筋肉を強くする ②(精神的に) 成長させる, はぐくむ, つちかう: ~ ребёнка 子どもを育成する ③発達させる, 高める: ~ промы́шленность 産業を発展させる ④展開する, 繰り広げる: ~ де́ятельность 活動を展開する ⑤〈内容などを〉拡大する, 深める, 敷衍〔ふえん〕する: ~ свою́ мы́сль 自分の考えを発展させる

■ра́звитые стра́ны 先進国

*развива́ться[2] [развива́ться] ［不完］ / разви́ться[2] -зовью́сь, -зовьёшься 命 -зве́йся 過 -и́лся, -ила́сь, -ило́сь/-и́лось ［完］［develop］ ①(肉体的に) 発達する, 成長する; 強くなる: Ребёнок развива́ется норма́льно. 赤ちゃんは順調に発育している ②(精神的に) 成長する, 成熟する: ~ духо́вно 精神的に成長する ③発展する, 発達する; 高まる, 強まる: В стране́ развива́ется автомоби́льная промы́шленность. その国では自動車産業が発達した ④成長する, 育つ, 伸びる; 生じる, 形成される: Подозре́ния разви́лись из ничего́. 何から疑惑が生まれた ⑤［不完］進行する, 進展する: Собы́тия развива́лись стреми́тельно. 事件は急激に進展していった ⑥［不完］〈ある状態からより次の状態への〉移行過程にある ⑦［不完］〔受身〕< развива́ть[2]

■развива́ющиеся стра́ны 発展途上国, 新興国
**разви́лина** ［女1］ ①枝 [幹] の分かれ目 ②分岐点
**разви́лок** 複生 -лок ［女2］, **разви́лок** -лка ［男2］ ① = разви́лина① ②(道路の) 分岐点
**развинти́ть(ся)** ［完］ → разви́нчивать
**разви́нченный** 短 -чен, -енна ［形1］《話》落ち着きのない, 不安定な ②だらしのない, しまりのない ③ふらふらした, よろよろした **//-ость**［女10］
**разви́нчивать** ［不完］ / **развинти́ть**[1] -нчу́, -нти́шь/-нти́шь 受過 -и́нченный ［完］〈団〉①〈ねじを〉緩める, 抜く ②〈ねじを抜いて〉分解する ③《話》落ち着かなくさせる, (精神的・肉体的に) まいらせる **//-ся** ［不完］［完］ ①〈ねじが〉緩む, 抜ける ②《話》だらしなく

なる, 心のたがが緩む

**развитие** [ラズヴィーチエ] [中5] [development, progress] ① 発達, 成長, 成熟: ýмственное ~ 知的発達 ② 発展, 発達: Замедлилось экономическое ~. 経済成長が鈍化した ③ 展開, 強化: ~ деятельности 活動の展開 ④ 拡大, 深化, 敷衍: ~ мысли 思想の展開 ⑤ 進展, 発展過程: ~ болезни 病気の経過 ⑥ (知的・精神的)発達の程度, 成熟度 ◆*B*~ 囲 …を拡大して: *в* ~ законоположе́ния 法律を拡大解釈して

**развито́й** 短 *ра́звит, развита́, ра́звито* [形2] ① (肉体的に)著しく発達した: -ые мускулы 発達した筋肉 ② 精神[知的]に成熟した, 教養のある: ~ челове́к 教養人 ③ 高度に発達した: -áя промышленность 発達した産業 ④ [短尾] よく見受けられる, 普及している ∥**ра́звитость**

**разви́ть(ся)** [完] → развива́ть[1,2](ся)

**развлека́ловка** 複生 -вок [女2] 《話》 気晴らし, 娯楽

**развлека́тельн|ый** 短 -лен, -льна [形1] 気晴らしのための, 娯楽用の ∥**-ость** [女10]

*развлека́ть [不完]/развле́чь -еку́, -ечёшь 過 -ёк, -екла́ 能過 -лёкший 受過 -чённый (-чён, -чена́) 副分 -лёкши [entertain] <対> ① 楽しませる, 面白がらせる, 満足させる: ~ госте́й разгово́ром 客を会話でもてなす ② …の気を紛らわせる, …に気分転換させる

*развлека́ться [不完]/развле́чься -еку́сь, -ечёшься, … -еку́тся 命 -еки́сь 過 -ёкся, -екла́сь 能過 -лёкшийся 副分 -лёкшись ① 楽しむ, 遊ぶ ② 気を紛らす, 気晴らしをする: Ты уста́л, на́до тебе́ развле́чься. 君は疲れたんだ, 気分転換が必要だ ③ 《不完》[受身] < развлека́ть

**развлеку́ха** [女2] 《俗》 = развлека́ловка

*развлече́н|ие [中5] [entertainment] ① 楽しませる[楽しむ]こと; 気を紛らわせること ② 娯楽, 遊び: ма́ссовые -ия 大衆娯楽

**развле́чь(ся)** [完] → развлека́ть(ся)

*развод [男1] [divorce] ① (多くの人を様々な場所へ)連れて行くこと, 誘導; 配置 ② 引き離すこと, 分離 ③ (左右に)押し開くこと: ~ мосто́в 開閉橋を開くこと ④ 栽培, 飼育: ~ свине́й 養豚 ⑤ 離婚: Они́ в ~е. 彼らは離婚している | дать ~ 離婚を承知する | получи́ть ~ 離婚の同意を得る ⑥ 《軍》衛兵整列, 点検 ∥**-ный** [形1] < ⑤

*разводи́ть -ожу́, -о́дишь [不完]/развести́ -еду́, -едёшь 過 -вёл, -вела́ 能過 -е́дший 受過 -едённый (-дён, -дена́) 副分 -ведя́ <対> [pull apart] ① (多くの人を様々な場所へ)連れて行く, 送り届ける: 配置する: ~ дете́й по дома́м 子どもたちをそれぞれの家に連れて行く ② 引き離す, 離す: Судьба́ развела́ друзе́й. 運命が友人を引き離した ③ 離婚させる: ~ супру́гов 夫婦を別れさせる ④ (左右に)押し開く, 押し分ける: ~ ве́тви де́рева 木の枝を押し分ける (氷に)亀裂を生じさせる: ~ ве́тви де́рева 木の枝を押し分ける ⑤ 溶かす; 薄める, 割る ⑥ 繁殖させる, 栽培する, 飼育する; 《話》はびこらせる, 増やす ⑦ 《話》引き起こす; 《退屈な・不快なことを》(だらだらと)やり始める ⑧ 蒸気・火を)起こす; 《話》<波>を立てる ⑨ [完] 《若者》<на компl>…の金を払わせる, おごらせる ⑩ [不完]《話》 騒ぎ[衝突]を鎮める ◆ **~ рука́ми** お手上げにする, 手を広げてお手上げのしぐさをする, あきれる

**разводи́ться** -ожу́сь, -о́дишься [不完]/**развести́сь** -еду́сь, -едёшься 過 -вёлся, -вела́сь 能過 -ве́дшийся 副分 -ведя́сь [完] ① <с чем> 妻と離婚する ② 繁殖する, 増殖する ③ 《不完》[受身]< разводи́ть

**разво́дка** 複生 -док [女2] ① (左右に)押し開くこと ② (左右に開いたものの)間隔, 幅 ③ 歯振(セット)出し器 ④

**разводно́й** [形2] ① 左右に開ける, 開閉式の: ~ мост 可動[開閉]橋 ② [男名] 《軍・技》 レンチ(~ ключ)

**разводы** -ов [複] ① 大柄な模様 ② 染み, 汚れ

**разводье** 複生 -дьев/-дий [中4] 氷の間にある水面

**разводя́щий** (形6変化)[男名] 《軍》衛兵兵士官

**разво́з** [男1] 運搬, 配達, 配送

**развози́ть** -ожу́, -о́зишь [不完]/**развезти́** -везу́, -везёшь 過 -вёз, -везла́ 能過 -вёзший 受過 -зённый (-зён, -зена́) 副分 -везя́ [完] ① <対>(多くの人・物を)(乗物で様々な場所へ)運搬する, 配達する, 送り届ける ② [無人称] 《話》<対>がぬかるむ ③ [無人称] 《話》<人>がへとへとになる, 疲労困憊する: От жары́ всех развезло́. 暑さでみんなへとへとになった ④ [無人称]《話》<人>がひどく太る ⑤ 《非》<話>ことを>を長引かせる, だらだらやる ⑥ 《不完》塗りたくる, …だらけにする

**развози́ться** -вожу́сь, -во́зишься [完] 《話》 大騒ぎを始める

**разво́з|ка** 複生 -зок [女2] ① 運搬, 配達, 配送 ② 《話》 (配達用の)荷馬車, 配送車 ∥**-но́й** [形2]

**разволнова́ть** -ну́ю, -ну́ешь 受過 -о́ванный [完]《話》 ひどく興奮[動揺, 心配]させる ∥**~ся** [完]《話》 ひどく興奮[動揺]する ② 激しく波立つ, 荒れだす

**развора́чивать(ся)** [不完] = развёртывать(ся)

**развора́чивать[2]** [不完]/**развороти́ть** -рочу́, -ро́тишь 命 -роти́ 受過 -ро́ченный [完] 《話》① ばらばらに崩す ② 《探して》ひっかき回す, 散らかす ③ 《話》破壊する, 打ち壊す

**разворо́вывать** [不完]/**разворова́ть** -ру́ю, -ру́ешь 受過 -о́ванный [完] 《話》<対> すっかり [ごっそり] 盗み取る

**разворо́т** [男1] ① 左右に広げること ② 発揮, 展開 ③ (視界の)広がり, 展望, パノラマ ④ 見開きのページ ⑤ 方向転換 ∥**-ный** [形1]

**развороти́ть** [完] → развора́чивать[2]

**развороши́ть** -шу́, -ши́шь 受過 -шённый (-шён, -шена́) [完]① かきまわして投げ散らす; 散らかす, 乱す ② 不安にさせる, かき乱す

**разврат** [男1] ① 性的放縦, 淫蕩: предава́ться ~у 淫蕩にふける ② 退廃, 堕落: ~ души́ 心の堕落 ③《話》わがまま, 放縦(ﾎﾞ)

**развратитель** [男5] 《文》堕落させる者, 誘惑者

**разврати́ть(ся)** [完] → развраща́ть

**развра́тни|к** [男2]/**-ца** [女3] 淫蕩にふける人, 色情狂

**развра́тничать** [不完] 淫蕩にふける

**развра́тный** 短 -тен, -тна [形1] ① 淫蕩な, みだらな ② 堕落した

**развраща́ть** [不完]/**разврати́ть** -ращу́, -рати́шь 受過 -ращённый (-щён, -щена́) [完] 《対》① 性的に放縦にする, 淫蕩にする ② 堕落[退廃]させる ③ 甘やかす, 放縦にする ∥**~ся** [不完]/[完] ① 淫蕩になる ② 堕落[退廃]する

**развраще́ние** [中5] 性的放縦, 淫蕩; 堕落, 退廃

**развращённость** [女5] 淫蕩, 堕落していること

**развяза́ть(ся)** [女10] → развя́зывать

**развя́зка** 複生 -зок [女2] ① ほどくこと, 解き放すこと, 解放 ② 結末, 終局;《文学》大詰め, 大団円 ③ 立体交差(施設)

**развя́зн|ый** 短 -зен, -зна [形1] 馴れ馴れしい, 無遠慮な ∥**-о** [副] ∥**-ость** [女10]

**развя́зывание** [中5] ほどく[ほどける]こと; 解放

*развя́зывать [不完]/**развяза́ть** -яжу́, -я́жешь 受過 -я́занный (untied) [完] ① ほどく, 解く: ~ у́зел 結び目をほどく | ~ га́лстук ネクタイをほど

く ② (障害を取り除いて)発展させる, 伸ばす; 開始する: ~ инициати́ву люде́й 人々のイニシアチブを解き放す ③《話》解放する, 自由にする: Ухо́д с рабо́ты меня́ *развяза́л*. 仕事を辞めて私は自由になった ④ (交通の流れを)分ける, 分離する ◆~ ру́ки …を自由にする, 解放する | ~ язы́к [языки́] 《話》(1)ぺらぺらしゃべりだす (2)口を割らせる, 白状させる | ~ войну́ 戦争を勃発させる **‖~ся** [不完] / [完] ①ほどける, 解ける ②《話》《с圀》…から解放される, …と手が切れる ③《不完》〔受身〕

**разга́дка** 複生-док [女2] ①謎解き; 洞察, 解明 ②謎の答え

**разга́дывать** [不完] / **разгада́ть** 受過-га́данный [完] 〈囲〉 ① (謎を)解く, 解明する: ~ зага́дку 謎を解く ② 見抜く, 見破る, 解明する: ~ мы́сли отца́ 父の考えを読み取る

**разга́р** [男1] ① (燃焼・発光の)最盛時 ② 盛り, 最中, たけなわ: во всём ~е 真っ盛りに | в по́лном ~е 最も盛んな時に | Ле́то в ~е. 夏もたけなわだ

**разги́б** [男1] ① 真っすぐにする[なる]こと ② 真っすぐになった箇所

**разгиба́|ть** [不完] / **разогну́ть** -ну́, -нёшь 受過-о́гнутый [完] 〈囲〉真っすぐにする, 伸ばす **‖~ся** [不完] / [完] 真っすぐになる **‖~ние** [中5]

**разгильдя́|й** [男6] / **-ка** 複生-дя́ек [女2] 《話》だらしない人, ぐうたら **‖~ский** [形3]

**разгильдя́йство** [中1] だらしなさ, ぐうたら

**разглаго́льствова|ть** -твую, -твуешь [不完] 《話》無駄口を叩く **‖~ние** [中5]

**разгла́живать** [不完] / **разгла́дить** -ла́жу, -ла́дишь 受過-ла́женный [完] 〈囲〉 ① のしわを伸ばす, 平らにする: ~ во́лосы 髪をなでつける ② …にアイロンをかける **‖~ся** [不完] / [完] ① (しわなどが)伸びる, なくなる ② (しわなどがなくなって)滑らかになる, 平らになる

**разглаша́ть** [不完] / **разгласи́ть** -лашу́, -ласи́шь 受過-глашённый (-шён, -шена́) [完] 〈囲/O圀〉 ①《秘密を》言いふらす, 口外する ② 言い広める, 吹聴する

**разглаше́ние** [中5] 言いふらすこと, 口外, 吹聴

*разгляде́ть* [яжу́, -яди́шь [完] (discern, detect) 〈囲〉 ① 見分ける, 識別する: ~ вдалеке́ кора́бль 遠くに船を見つける ② 《話》見て理解する, 理解する: ~ фотогра́фию 写真をじっくり見る | ~ со всех сторо́н 四方八方から見る **‖~ся** [完] [受身]

**разгля́дывать** [不完] / **разгляде́ть** -яжу́, -яди́шь

**разгне́ванный** 短-ан, -анна [形1] 激怒した

**разгне́ваться** [完] 激怒する

*разгова́ривать* [разгаварʲивать] [不完] 〔speak, talk〕 ① 会話する, 話をする, 《圀》おしゃべりで時を過ごす, おしゃべりをする: ~ по-ру́сски ロシア語で会話する | с други́м по телефо́ну 電話で友人と話す | О чём вы *разгова́риваете?* 何の話をしているのですか | 《圀》と話し合う, 論ずる: Мы с ней давно́ не *разгова́риваем*. 私は彼とは久しく口をきいていない ◆*Не ~!* 黙れ, つべこべ言うな | разгово́ры 《話》おしゃべりする, 無駄話をする

**разгова́ривать²** [不完] / **разговори́ть** -рю, -ри́шь 受過-рённый (-рён, -рена́) [完] 〈囲〉 ① 会話に引き入れる: *разговори́ть* сосе́днюю же́нщину 会話に引き入れる ② 会話で気を紛らせる: ~ печа́ль 悲しみを紛らす ③ …に打ち解けさせる

**разгове́ние** [中5] 〔宗〕斎戒期後の初めての肉食, 精進落とし ② 精進落としの日

**разгове́|ться** [完] ◆ **разгове́ться** [完] 〔宗〕斎戒期後初めて食事をする, 精進落としをする

*разгово́р* [разгаво́р] [男1] 〔talk, conversation〕 ① 会話, 談話, 話; 話題; 通話: предме́т *~а* 話題 | вести́ ~ 会話する | Она́ вступи́ла в ~ с роди́телями. 彼女は両親と話を始めた ②《複》《話》噂, 風評: Пойду́т *~ы*. 噂が立つだろう ③《囲》討議, 論議: серьёзный ~ на страни́цах газе́ты 新聞紙上での真剣な議論 ◆*без (вся́ких) ~ов* つべこべ言わずに | *Вот и весь ~.* これで話は終わりだ, これ以上言うことは何もない | *друго́й ~* 別問題, 別のこと | *кру́пный ~* 激しい言葉のやりとり, 激論 | *О чём ~* [*Како́й*] ~! 自明のことだ, 言うまでもないことだ | *Никаки́х ~ов!* ぐだぐだ言うな; 言う通りにしろ

**разговори́ть** [完] →разгова́ривать²

**разговори́ться** -рю́сь, -ри́шься [完]《話》①話に夢中になる ②《с囲》と話をする

**разгово́рник** [男2] (外国語の)会話集, 会話ハンドブック

**разгово́рн|ый** [形1] ① 会話の, 談話の ② 口語の, 話し言葉に特有の: *-ая* ре́чь 口語, 話し言葉 ③ 話芸の **‖-ость** [女10]

**разгово́рчив|ый** -ив [形1] 話し好きな, おしゃべりな **‖-ость** [女10]

**разгово́рчик** [男2]《話》〔指小〕< разгово́р① ②《複》無駄話, くだらないおしゃべり

**разго́н** -а/-у [男1] ① 追い払うこと, 追い散らすこと; 解雇; 解散, 廃止 ② 加速, スピードアップ; 助走; 大目玉 ◆*в ~е* 《車・馬が》出払って | *с ~а* [*~у*] 速度を上げて **‖-ный** [形1]

**разгон|я́ть** [不完] / **разгна́ть** -згоню́, -зго́нишь 命-згони́ 過-а́л, -ала́, -а́ло 受過-зо́гнанный [完] 〈囲〉 ① 追い払う, 追い散らす: ~ толпу́ зева́к やじ馬を追い払う ② 《全員・多くの人を》追い出す, くびにする ③ 《組織・機関などを》解散させる, 廃止する ④ 吹き散らす, 吹き払う ⑤ 《感情などを》晴らす, なくする ⑥ …の速度を上げる, 疾走させる; 助走する ⑦ 拡大する, 引き伸ばす **‖~ся** [不完] / [完] 速度が上がる, 疾走する; 助走する

**разгораживать** [不完] / **разгороди́ть** -рожу́, -ро́дишь 受過-ро́женный [完] 〈囲〉 ① 仕切る, (仕切りで)分ける ② …の塀などを取り払う

**разгора́ться** [不完] / **разгоре́ться** -рю́сь, -ри́шься [完] ① 勢いよく燃えだす, 燃えさかる ② (明かりが)ともりだす; 輝き始める, 光りだす ③ (興奮で)紅潮する, ほてりだす ④ 真っ赤になる ⑤ 激化する, 燃え上がる

**разгорячи́ть(ся)** [完] →горячи́ть(ся)

**разгосуда́рствление** [中5]〔政〕非国有化

**разгра́бление** [中5] 略奪, 強奪

**разграбля́ть** [不完] / **разгра́бить** -блю, -бишь 受過-бленный [完] 〈囲〉略奪する, 略奪して荒廃させる

**разграниче́ние** [中5] ① 境界画定 ② 区別, 区分け

**разграни́чивать** [不完] / **разграни́чить** -чу, -чишь 受過-ченный [完] 〈囲〉①境界を定める, 区画する ②区別する

**разграфи́ть** [完] →графи́ть

**разгреба́ть** [不完] / **разгрести́** -ребу́, -ребёшь 命-реби́ 過-рёб, -ребла́, -ребло́ 能過-рёбший 受過-ребённый (-бён, -бена́) 副分-ребши [完] 〈囲〉かき散らす, かき分ける; …の雪・ごみなどをかく, 掃く

**разгро́м** [男1] ① 破壊, 壊滅; 粉砕, 撃破 ② 荒廃; 《話》無秩序, ひどく散らかっていること **‖-ный** [形1]

**разгроми́ть** [完] →громи́ть

**разгружа́ть** [不完] / **разгрузи́ть** -ужу́, -у́зишь 受過-у́женный/-ужённый (-жён, -жена́) [完] 〈囲〉 ① …の積み荷をおろす, 荷揚げをする ② 《荷をおろす》 ③ …の負担などを軽くする, …から解放する: ~ рабо́тника 余分な仕事から解放する **‖~ся** [不完] / [完] ① 積み荷がおろされる, 荷揚げがされる ②《話》負担などが軽くなる ③《話》ある期間食餌制限する

**разгру́зка** 複生 -зок [女2] ① 荷おろし, 荷揚げ ② 負担の軽減 // **разгру́зочный** [形1]: ~ день 節食日

**разгрыза́ть** [不完] / **разгры́зть** -зу́, -зёшь 過 -ы́з, -ы́зла 能過 -ы́зший 受過 -ы́зенный 副分 -ы́зши [完] 〈対〉噛み砕く

**разгрыза́ть** [不完] →**грыза́ть, разгрыза́ть**

**разгу́л** [男1] ① (よくないものが) 荒れ狂うこと, 横行; 跳梁跋扈(ちょうりょうばっこ): ~ раси́зма 人種差別の嵐 ② どんちゃん騒ぎ, 大酒盛り ③ ▶~ [民俗] お祭り騒ぎの日 (マースレニツァ週の木曜日; Перело́м とも)

**разгу́ливать¹** [不完] ① のんびりと散歩する, ぶらつく ② (風が) 吹きまわる ③ のびのびと過ごす

**разгу́ливать²** [不完] / **разгуля́ть** 受過 -у́лянный [完] 〈対〉 ① …の眠気をさます ② (感情・気分を) 晴らす, まぎらす

**разгу́ливаться** [不完] / **разгуля́ться** [完] 〔話〕 ① 気ままに振る舞う, 自由に活動し始める ② (自然現象が) 荒れ狂う ③ 眠気がさめる ④ 遊びにふける, どんちゃん騒ぎをする ⑤ (天気が) 回復する, 晴れ上がる ◆у В аппети́т разгуля́лся おなかがすく, おなかがぺこぺこになる

**разгу́лье** [中4] 〔話〕 どんちゃん騒ぎ

**разгу́льный** 短 -лен, -льна [形1] 〔話〕 どんちゃん騒ぎをする; 放埓な

**разгуля́ть(ся)** [完] →**разгу́ливать²(ся)**

*__раздава́ть__ -даю́, -даёшь 命 -ва́й 副分 -вая́ [不完] / **разда́ть** -да́м, -да́шь, -да́ст, -дади́м, -дади́те, -даду́т 命 -да́й раза́л/ро́здал, раздала́, раздало/ро́здало 能過 -да́вший 受過 ро́зданный (ро́здан, раздана́/ро́здана, ро́здано) 副分 -да́в [完] 〈対〉 〔distribute〕 ① (全員・多くの人に) 分け与える, 分配する, 配る: ~ пода́рки де́тям 子どもたちにプレゼントを配る ② 〔話〕 広げる, 大きくする

*__раздава́ться__ [ラズダヴァーッツァ] -даю́сь, -даёшься 命 -ва́йся 副分 -ва́ясь [不完] / **разда́ться** [ラズダーッツァ] -да́мся, -да́шься, -да́стся, -дади́мся, -дади́тесь, -даду́тся 命 -да́йся 過 -да́лся, -дала́сь, -дало́сь/-да́лось [完] 〔be heard〕 ① 聞こえる, 響く, 鳴る: Вдали́ раздаётся его́ го́лос. 遠くで彼の声がした | Раздаётся звоно́к в дверь. 玄関の呼び鈴が鳴っている ② 《3人称》道を空ける, 脇によく; 割れる ③ 《3人称》広くなる, 大きくなる ④ 〔話〕ふとる

**разда́вить** [完] →**дави́ть, разда́вливать**

**разда́вливать** [不完] / **раздави́ть** -авлю́, -а́вишь 受過 -а́вленный [完] ① 押しつぶす, ぎゅっと踏みつぶす ② 〔俗〕 〈酒を〉飲む

**разда́ивать** [不完] / **раздои́ть** -ою́, -о́ишь, -о́ишь 受過 -о́енный [完] 〈対〉 搾乳量を増やす // ~**ся** [不完] / [完] 搾乳量が増える, 十分な乳量を出すようになる

**раздалбливать** [不完] / **раздолби́ть** -блю́, -би́шь 受過 -блённый (-лён, -лена́) [完] 〈対〉 ① (穴を開けて) 広げる ② 穴を開けて駄目にする, 壊す

**разда́ривать** [不完] / **раздари́ть** -дарю́, -да́ришь 受過 -да́ренный [完] 〈対〉 (全部・多くをプレゼントとして) 分け与える, 贈る

**разда́точный** [形1] 配布する, 流通 [配達, 分配] の

**разда́тчи|к** [男2] (/ -ца [女3]) 分配係, 配給係 ② 分配 [配給] 機

**раздава́ть(ся)** [完] →**раздава́ть(ся)**

**разда́ч|а** [女4] 分配, 分与, 配給 ② 《若者》取っ組み合い, 投打: попа́сть под -у 殴られる, 罰される ◆ ~ слоно́в 〔俗・皮肉〕 金〔贈り物, 報奨〕 の大量配布

**раздва́ивать** [不完] / **раздво́ить** -о́ю, -о́ишь 命 -во́й 受過 -во́енный /-воённый (-оён, -оена́) [完] 〈対〉 ① 2つに分ける, 2分する ② 分裂させる //

**~ся** [不完] / [完] ① 2つに分かれる, 分岐する ② 分裂する

**раздвига́ть** [不完] / **раздви́нуть** -ну, -нешь 受過 -тый [完] 〈対〉 ① …を (左右に) 開く, 広げる, 離す; 脇へ寄せる, どかす ② 〈人に〉道を空けさせる, 脇によけさせる ③ 〈領域などを〉広げる, 拡大する // **~ся** [不完] / [完] (1・2単なし) ① (左右に) 開く, 広がる, 分かれる ② 道を空ける, 脇によける ③ (領域などが) 広がる

**раздвиже́ние** [中5], **раздви́жка** [女2] 左右に開くこと, 広げること; 拡大

**раздвижно́й** [形2] 左右に開ける, 繰り出し式の

**раздви́нуть(ся)** [完] →**раздвига́ть**

**раздвое́ние** [中5] 2つに分ける [分かれる] こと, 二分; 分裂 ■ ~ ли́чности 二重人格

**раздвое́нный, раздво́енный** [形1] ① 2つに分かれた ② 分裂した

**раздвои́ть(ся)** [完] →**раздва́ивать**

**раздева́лка** 複生 -лок [女2] クロークルーム; 更衣室, 脱衣室

**раздева́ние** [中5] 衣服を脱ぐ [脱がせる] こと, 脱衣

**раздева́ть** [不完] / **разде́ть** -де́ну, -де́нешь 命 -де́нь 受過 -тый [完] 〈対〉 ① …の衣服を脱がせる ② 〈…の衣服をはぎ取る, 身ぐるみはぐ ③ …の本質を明らかにする ④ 零落させる, 破産させる

**раздева́ться** [ラズデヴァーッツァ] [不完] / **разде́ться** [ラズデーッツァ] -де́нусь, -де́нешься 命 -де́нься [完] 〔take off clothes〕 ① 衣服を脱ぐ; 上着 [コート] を脱ぐ: Разде́йтесь! 上着を脱いで下さい | ~ до́гола すっ裸になる | Он разде́лся и лёг спать. 彼は服を脱いで寝た ② 自分の本当の姿を明らかにする ③《不完》《受身》 〈раздева́ть

*__разде́л__ [ラズデ́ール] [男1] 〔division, section〕 ① 分割, 分配: ~ иму́щества 財産分与 ② (本などの) 編, 部; (雑誌などの) 欄 ③ (学問の) 分野, 領域

**разде́лать(ся)** [完] →**разде́лывать(ся)**

*__разде́лать__ [中5] 〔division〕 分割, 分配; 分離: ~ труда́ 分業 | ~ власте́й 分権

**раздели́тельный** [形1] ① 分割の, 分離の ②《文法》離接的な;〔論〕選言的な

**раздели́ть(ся)** [完] →**дели́ть(ся), разделя́ть(ся)**

**разде́лывать** [不完] / **разде́лать** 受過 -ланный [完] 〈対〉 ① (利用できるように) 仕上げる, 作り上げる ② 〈対…の〉ために外見にする, …風に仕上げる ③ 〔話〕 こらしめる, ぶん殴る, 罵倒する // **разде́лка** [女2]

**разде́лываться** [不完] / **разде́латься** [完] 〔話〕 〈с造〉 ① …を片付ける, …にけりを付ける, …を清算する ② …に仕返しする, 報復する

**разде́льно** [副] 個別的に, 別々に; 分離して, 区切って

**разде́льный** 短 -лен, -льна [形1] ① 個別の, 別々の, 独立した: ~ са́нузел バス・トイレ別 ② 各部分をはっきりと区切った, 分離した: -ое жи́тельство 別居 | -ое обуче́ние 男女別学 ③ (単語を) 分かち書きする (↔ сли́тный)

*__разделя́ть__ [ラズデリャーチ] [不完] / **раздели́ть** [ラズデリ́ーチ] -елю́, -е́лишь 命 -ли́ 受過 -лённый (-лён, -лена́) [完] 〔share〕 ① 分ける, 分割する; 分配する: ~ я́блоко попола́м リンゴを半分に割る ② 引き離す, 疎遠にする ③ …に加わる, 参加する ④ 分かち合う, 共にする: ~ ра́дость с до́черью 娘と喜びを分かち合う ⑤ (意見などに) 同調する, 賛同する: Я разделя́ю ва́ше мне́ние. 私はあなたと同じ意見です ⑥《数》割る ◆ разделя́й и вла́ствуй 分割統治

**разделя́ться** [不完] / **раздели́ться** -елю́сь,

-ёлишься [完] ① 分かれる, 分解する ② 分離する, 別々になる ③ （意見などが）分かれる, 割れる ④ （財産を分配して）独立する ⑤ 《不完》（グループ・カテゴリーなどに）分かれている ⑥ 《完》《数》割り切れる ⑦ 《不完》〔受身〕 < разделя́ть

**раздёргивать¹** [不完] / **раздёргать** 受過 -ганный [完] 《話》《俚》① 引き裂く, 引き破る ② …の落ち着きを失わせる, いらだたせる

**раздёргивать²** [不完] / **раздёрнуть** -ну, -нешь 受過 -тый [完] 《話》《俚》引き離す, 引き開ける

**разде́тый** [形1] ① 裸（同然）の, 服を脱いだ ② 身なりが悪い, 粗末な服装をした

**разде́ть(ся)** [完] → раздева́ть(ся)

**раздира́ть¹** [不完] / **разодра́ть** -здеру́, -здерёшь -здери́ 過 -а́л, -ала́, -а́ло 受過-о́дранный [完] 《話》《俚》① 引き裂く, 引き破る ② 髪などをやっとかす ③ （破いて）穴を開ける ④ 裂傷を負わせる, 引っかき傷をつける ⑤ （閉じたものを）やっと開ける **‖~ся** [不完] / [完] 《話》① 裂ける, 破れる；穴が開く ② 《完》ひどく殴り合う, 大げんかする

**раздира́ть²** [不完] 《俚》① 分裂させる, 崩壊させる ② 苦痛を与える, 苦しませる ③ 鋭い音で静寂を破る, 〔耳を〕つんざく

**раздира́ющий** [形6] 痛ましい, 恐ろしい；耳をつんざくような

**раздобре́ть** [完] → добре́ть

**раздобыва́ть** [不完] / **раздобы́ть** -бу́ду, -бу́дешь -бу́дь 過 -бы́л [完] 《話》《俚》やっと手に入れる

**раздои́ть(ся)** [完] → разда́ивать

**раздо́й** [男6] 搾乳量の増加

**раздолба́й** [男6] 《俗・蔑》分別のない〔物わかりの悪い〕人, 怠け者, ろくでなし **‖~ский** [形3] 《俗・非難》にない加減な, 物わかりの悪い

**раздолби́ть** [完] → разда́лбливать

**раздо́лье** [中4] ① 広々とした空間, 広がり ② 《話》自由気まま, やりたい放題

**раздо́льный** 短 -лен, -льна [形1] ① 広々とした, 広大な ② 自由気ままな ③ 遠くまで伝わる〔広まっている〕

**раздо́р** [男1] 不和, 反目, いがみ

**раздоса́довать** -а́дую, -а́дуешь 受過 -ванный [完] 《話》ひどく悔しがらせる, いらだたせる

***раздража́ть** [ръздражать] [不完] / **раздражи́ть** [раздражить] -жу́, -жи́шь 命 -жи́ 受過 -жённый (-жён, -жена́) [完] (irritate) ① 〔身体組織を〕刺激する, …に悪影響を及ぼす；…に痛み〔炎症〕を起こさせる：~ нерв 神経を刺激する ② いらだたせる, 怒らせる：~ неуме́стными шу́тками 不適切な冗談で怒らせる ③ 強め, 増進させる **‖~ся** [不完] / [完] ①《医》炎症を起こす ② いらだつ, むしゃくしゃする ③ 《不完》〔受身〕

***раздраже́ние** [中5] [irritation] ① 刺激；炎症：~ по́сле бритья́ かみそり負け ② いらだち, 立腹, 憤慨：В его́ го́лосе слы́шится ~. 彼の声にいらだちがにじんでいる ③ 極度の興奮, （興奮のあまりできる）赤み

**раздражённо** [副] いらいらして, 興奮して

**раздражённый** 短 -ён, -ённа [形1] ① いらいらした, 興奮した ② 炎症を起こした

**раздражи́тель** [男5] 《医》刺激物〔剤〕

**раздражи́тельный** 短 -лен, -льна [形1] ① 怒りっぽい, いらだちやすい；いらいらした：~ хара́ктер 怒りっぽい性格 ② 〔生〕刺激性の

**раздражи́ть(ся)** [完] → раздража́ть

**раздразни́ть** [不完] / **раздразни́ть** -азню́, -а́знишь 受過 -нённый (-нён, -нена́) [完] 《話》《俚》① からかって怒らせる ② 欲望・感情をかきたてる, そそる

**раздрако́нивать** [不完] / **раздрако́нить** -ню, -нишь 受過 -ненный [完] 《俗》《俚》① 激しく批判する, こきおろす ② 破壊する；粉砕する

**раздроби́ть(ся)** [完] → дроби́ть, раздробля́ть

**раздробле́ние** [中5] ① 粉砕, 破壊 ② 《数》約分, 通分, 換算

**раздро́бленный, раздроблённый** [形1] 分割された, 分裂した, 零細な **‖-ость** [女10]

**раздробля́ть** [不完] / **раздроби́ть** -блю́, -би́шь 受過 -о́бленный / -облённый (-лён, -лена́) [完] 《数》《в связи с》換算〔通分〕する, 約する

**ра́з-друго́й** [副] 1・2回

**раздружи́ться** -ужу́сь, -у́жишься [完] 《話》《с》…と仲たがいする, 絶交する；…をなおざりにする

**разду́ва́ть** [不完] / **разду́ть** -у́ю, -у́ешь 命 -у́й 受過 -тый [完] 《俚》① 吹き散らす〔飛ばす〕：Ве́тром разду́ло пе́пел. 風で灰が飛び散った ② （火を）吹き起こす, 燃え立たせる ③ （3人称）ふくらます：Ве́тер разду́л паруса́. 風が帆をふくらませた ④ 《無人称》《話》ふくれ上がらせる, 腫らす：Щёку разду́ло. 頬が腫れた ⑤ 《話》誇張する, 大げさに言う；過度に増大させる **‖~ся** [不完] / [完] ① ふくらむ ② ふくれる, 腫れる ③ 《話》尊大になる, 高慢になる **‖-ние** [中5]

***разду́мывать** [不完] / **разду́мать** [完] ① 〔不定形することを〕考え直す, 思いとどまる, 断念する：〔不定形は通例不完了体〕：~ пое́хать 出かけるのをやめにする ② 再考する, 思案する；思いまどう ◆не разду́мывая すぐに **‖~ся** [不完] / [完] 《о+前》について考え込む, 熟考する

**разду́мье** [中5] 熟考, 沈思, 物思い：Он впа́л в глубо́кое ~. 彼は沈思黙考した ② 《複》考え, 思い

**разду́ть(ся)** [完] → раздува́ть

**раздуши́ть** -ушу́, -у́шишь 受過 -у́шенный / -ушён-ный (-шён, -шена́) [完] 《俗》《俚》（香水などを）たっぷりかける **‖~ся** [完] 《俗》（香水などを）自分にたっぷりかける

**разева́ть** [不完] / **рази́нуть** -ну, -нешь 命 -жу́й 受過 -тый [完] 《俚》① 大きく開ける

**разжа́лобить** -блю, -бишь 命 -би / -бь 受過 -бленный [完] 《с+前》…に同情心を起こさせる, …の哀れを誘う

**разжа́ловать** -лую, -луешь 受過 -анный [完] 《俚》降格処分にする **‖-ние** [中5]

**разжа́тие** [中5] 開く〔伸ばす, 伸びる〕こと

**разжа́ть(ся)** [完] → разжима́ть

**разжёвывать** [不完] / **разжева́ть** -жую́, -жуёшь 受過 -жёванный [完] 《俚》① 噛み砕く, 咀嚼 (そしゃく) する ② 《話》かみくだいて説明する **‖-ние** [中5]

**разже́чь(ся)** [完] → разжига́ть

**разжива́ться** [不完] / **разжи́ться** -живу́сь, -живёшься 命 -живи́сь 過 -и́лся, -ила́сь [完] 《話》① 金持ちになる, もうける ② 《俚》をやっと手に入れる

**разжига́ть** [不完] / **разже́чь** -зожгу́, -зожжёшь, -зожгу́т 命 -зожги́ 過 -жёг, -зожгла́ 能過 -зжёгший 受過 -зожжённый (-жён, -жена́) 副分 -зжёгши [完] 《俚》① 燃え立たせる, たきつける ② 〈感情などを〉煽 (あお) る, かき立てる **‖~ся** [不完] / [完] ① 燃え出す, 燃え上がる ② 激化する, 燃え立つ **‖-ние** [中5] 煽ること

**разжижа́ть** [不完] / **разжиди́ть** -жижу́, -жиди́шь 受過 -жиженный (-жён, -жена́) / -жи́женный [完] 《話》《俚》《液体などを》薄める **‖~ся** [不完] / [完] 《話》薄くなる, 薄まる

**разжиже́ние** [中5] 薄める〔薄まる〕こと, 希釈 ■~ гру́нтов 液状化現象

**разжима́ть** [不完] / **разжа́ть** -зожму́, -зожмёшь 命 -зожми́ 受過 -тый [完] 《俚》〈締めた・圧縮したものを〉開く, 伸ばす **‖~ся** [不完] / [完] 《締められた・圧縮されたものが》開く, 伸びる **‖-ние** [中5]

**разжимно́й** [形2], **разжи́мный** [形1] 〔工〕広

**разжире́ть** [完] →жире́ть

**разжи́ться** [完] →разжива́ться

**раззадо́ривать** [不完] / **раззадо́рить** -рю, -ришь 受過 -ренный [話] 〈於〉けしかける, たきつける, あおり立てる *∥* **～ся** [不完] / [完] 〈話〉はやり立つ, 激する

**раззвя́нивать** [不完] / **раззвони́ть** -ню́, -ни́шь 受過 -нённый (-нён, -нена́) [完] 〈話・非難〉〈於〉/o/...のことを言い触らす, 触れ歩く

**разнако́миться** -млюсь, -мишься [完] 〈話〉〈с 造〉絶交する

**раззола́чивать** [不完] / **раззолоти́ть** -лочу́, -ло́тишь 受過 -ло́ченный/-лочённый (-чён, -чена́) [完] 〈話〉〈於〉金めっきする

**раззоло́ченный** [形1] 〈話〉たっぷり金めっきした, 金箔をかぶせた; 金糸で織った

**раззуде́ться** -ди́тся [完] 〈話〉① うずきだす ② (手・足が)…したくて)むずむずする

**разз́я́ва** (女1変化) [男・女] 〈俗・罵〉= рази́ня

**разз́я́вить** -влю, -вишь [完] 〈話〉〈於〉〈口を〉大きく開ける

**ра́зик** [男2] [指小] < раз①②

**Ра́зин** [男姓] ラージン (Степа́н Тимофе́евич ～, 別名 Сте́нька ～, 1630?-71; ロシア・ツァーリ国に対し反乱を起こしたドン・コサック)

**рази́нуть** [完] →разева́ть

**рази́ня** 複性 -нь/-ней (女5変化) [男・女] 〈話・罵〉まぬけ, とんま, うっかり者

**рази́тельн|ый** -лен, -льна [形1] 驚くべき, 顕著な *∥* **～о** [副]

**рази́ть** ражу́, рази́шь [不完] / **по～** 受過 -ражённый (-жён, -жена́) [完] ① 〈於〉〈武器で〉打つ, 撃つ;〈敵を〉撃破する, 打ち破る ② 容赦なく批判する ③ [不完] 〈無人称で〉〈от 属〉のひどい臭いがする

**разлага́ть** [不完] / **разложи́ть**[1] -ожу́, -ожишь 受過 -оженный [完] 〈於〉① 〈化・数〉分解する: ～ во́ду на кислоро́д и водоро́д 水を酸素と水素に分解する ② 堕落させる, 腐敗させる, 崩壊させる *∥* **～ся** [不完] / [完] ① 〈化・数〉分解する, 分かれる ② 腐敗する ③ 堕落する, 退廃する, 崩壊する

**разла́д** [男1] ① 混乱, 不調和, 不統一 ② 不和, 反目

**разла́живать** [不完] / **разла́дить** -ла́жу, -ла́дишь 受過 -ла́женный [完] 〈於〉① 〈機械などの〉調子を狂わせる, 故障させる ② 〈話〉ぶち壊す, 駄目にする *∥* **～ся** [不完] / [完] ① 〈機械などの〉調子が狂う, 故障する ② 〈話〉駄目になる, ぶち壊しになる ③ 〈話〉うまくいかなくなる, 不調になる

**разла́мывать**[1] [不完] / **разлома́ть** 受過 -манный [完] 〈於〉割る, 折る, 砕く; 取り壊す *∥* **～ся**[1] [不完] / [完] 割れる, 折れる; 壊れる

**разла́мывать**[2] [不完] / **разломи́ть** -омлю́, -о́мишь 受過 -о́мленный [完] 〈於〉① 割る, 折る ② (通例無人称)〈俗〉ひどく痛ませる *∥* **～ся**[2] [不完] / [完] ① 割れる, 折れる ② 〈不完〉ひどく痛む

**разла́пистый** 短 -ист [形1] (木・枝・葉が)四方に広がった

**разлёживаться** [不完] / **разлежа́ться** -жу́сь, -жи́шься [完] 〈話〉① 長時間横たわる; もっと寝ていたくなる ② 〈不完〉何もしないで寝こんでいる

**разлеза́ться** [不完] / **разле́зться** -езется, -езутся 過 -е́зся, -е́злась 能過 -зшийся 副過 -зшись [完] 〈俗〉(古くなって)ほころびる, 破れる; 崩れる

**разлени́ваться** / **разлени́ться** -ню́сь, -е́нишься [完] 〈話〉怠け者になる, 怠け癖がつく

**разлепля́ть** [不完] / **разлепи́ть** -леплю́, -ле́пишь 受過 -ле́пленный [完] 〈話〉〈於〉① はがす ② やっと開ける *∥* **～ся** [不完] / [完] 〈話〉① はがれる ② やっと開く

**разлёт** [男1] 様々な方向へ飛び去ること, 飛散

**разлета́йка** 複生 -та́ек [女2] 〈若者〉(裾が風になびく・ひらがうする)トップス, ワンピース, カーディガン

**разлета́ться** [不完] / **разлете́ться** -лечу́сь, -лети́шься [完] ① (様々な方向へ)飛び去る, 飛び散る: Пти́цы разлете́лись. 鳥たちは方々に飛び去った ② 〈話〉消え失せる, なくなる ③ 〈話〉(様々な方向へ)走り去る, 四散する ④ (ニュースなどが)素早く広まる ⑤ [完] 粉々に砕ける ⑥ 〈話〉(飛んで・走って)猛スピードを出す ⑦ [完] 〈話〉用事などをもって)急いで駆けつける ⑧ [完] 〈話〉(多くのものが)さかんに飛び始める

**разле́чься** -ля́гусь, -ля́жешься, ... -ля́гутся 命 -ля́гся 過 -лёгся, -легла́сь 能過 -лёгшийся 副過 -лёгшись [完] 〈話〉① (手足を伸ばして)長々と横になる ② (空間的に)広がる

**разли́в** [男1] ① (小さな容器へ)注ぎ移すこと, 注ぎ分け ② 氾濫, 出水; 流出, 漏れ: ～ реки́ 川の氾濫 | ～ не́фти 原油流出事故 ③ 冠水地, 冠水面 ④ 広大な広がり *∥* **～ный** [形1]

**разливáннн|ый** [形1] ♦ *-ое мо́ре* 〈話〉(1)大量の酒, 大酒盛り (2)大量, たくさんあること

**разлива́тельный** [形1] 注ぎ分けるための

**разлива́ть** [不完] / **разли́ть** -золью́, -зольёшь 命 -злей 過 -и́л, -ила́, -и́ло 受過 -и́тый (-и́т, -ита́, -и́то) [完] 〈於〉① こぼす, はね散らす: ～ ко́фе на ска́терть コーヒーをテーブルクロスにこぼす | ～ во́ду по́ полу 床に水をこぼす ② (小さな容器へ)注ぎ移す, 注ぎ分ける: ～ вино́ по буты́лкам ワインを瓶詰にする ③ ...に水をかけて引き離す ④ 一面に広げる, 行きわたらせる: По лицу́ разлита́ улы́бка. 満面の笑みがあふれている ♦ *водо́й не разольёшь* 〈於〉[国] *не разлей водá* ...はとても仲がいい *∥* **～ся**[1] [不完] / [完] ① こぼれる ② 氾濫する, あふれる ③ 一面に広がる

**разлива́ться**[2] [不完] 〈話〉① 声を震わせて歌う ② 激しく泣く

**разливн|о́й** [形2] ① 注ぎ分け用の ② (樽・缶から)注ぎ分けて売る, 量り売りの: *-о́е пи́во* 生ビール

**разли́вочный** [形1] 注ぎ分け用の

**разлино́вывать** [不完] / **разлинова́ть** -ну́ю, -ну́ешь 受過 -о́ванный [完] 〈於〉に罫(約)線を引く *∥* **разлино́вка** [女2]

**разли́тие** [中5] ① 注ぎ移すこと, 注ぎ分け ② こぼすこと[こぼれること]

**разлито́й** [形2] 〔医〕瀰漫性(約)の

**разли́ть(ся)** [完] →разлива́ть

**различа́ть** [不完] / **различи́ть** -чу́, -чи́шь 受過 -чённый (-чён, -чена́) [完] 〈於〉〈distinguish〉① (感覚器官で)判別する, 見分ける: ～ в темноте́ знако́мое лицо́ 闇の中で見覚えのある顔を見分ける ② 区別する, 識別する: ～ по цве́ту 色で区別する

**различа́ться** [不完] 〈於〉[по/与]の点で]異なる, 違う ② 見分けがつく ③ 〈不完〉[受身] < различа́ть

**различе́ние** [中5] 識別, 区別

**разли́чие** [中5] 〈distinction〉① 識別, 区別 ② 相違, 差異: суще́ственное ～ 本質的な相違 | ～ во взгля́дах 見解の相違 ♦ *без -ия* 区別なしに ■ зна́ки -ия 〔軍〕階級章

**различи́мый** [形1] 知覚[認知]できる, はっきりわかるほどの

**различи́тельный** [形1] 区別する, 他とは異なる: ～ при́знак 特徴

**различи́ть** [完] →различа́ть

**различ|н|ый** 短 -чен, -чна [形1] 〈different〉① 相異なる, 違う: На́ши мне́ния -ы. 私たちの意見は異なる ② 種々の, 様々な, ありとあらゆる: *-ые* дела́ 様々な用事 **‖—ость** [女10]

**разложе́ние** [中5] ①《化・数》分解 ②腐敗 ③堕落, 退廃, 崩壊

**разложи́ть(ся)** [完] →разлага́ть, раскла́дывать

**разло́м** [男1] ①割る[折る, 砕く]こと, 割れる[折れる, 砕ける]こと ②割れ目, 折れ目, 割れている箇所 ;《地質》断層: акти́вный ～ 活断層 ③分裂, 統一

**разлома́ть(ся)** [完] →разла́мывать¹

**разломи́ть(ся)** [完] →разла́мывать²

**разлохма́тить(ся)** [完] →лохма́тить(ся)

**разлу́к|а** [女1] ①別れ, 別離, 決別: ве́чная ～ 永遠の別れ ②(近しい人と)離れて暮らすこと, 別居: жить в -е с роди́телями 両親と離れて暮らす | встре́титься по́сле до́лгой -и 久しぶりに会う

**разлуча́ть** [不完] / **разлучи́ть** -чу́, -чи́шь 受過 -чённый [-чён, -чена́] [完] в с他から引き離す, 別れさせる **‖—ся** [不完] / [完] ⟨с⟨造⟩と⟩別れる, 離ればなれになる

**разлюби́ть** -юблю́, -ю́бишь 受過 -ю́бленный [完]⟨他⟩/⟨不定形⟩…への愛情がさめる, …が好きでなくなる

**размагни́чивать** [不完] / **размагни́тить** -ни́чу, -ни́тишь 受過 -ни́ченный [完]⟨他⟩①…の磁性を失わせる, 減磁する ②⟨話⟩⟨人を⟩だらしなくさせだらけさせる **‖—ся** [不完] / [完] ①磁性を失う ②⟨話⟩だらしなくなる, だらける

**разма́зать(ся)** [完] →разма́зывать

**размазня́** 造複親 -не́й 複生-не́й [女5] ①《話》薄い粥 (から) ②〈男・女〉《蔑》煮えきらない人, ぐず ③《蔑》曖昧なもの, 煮えきらないもの

**разма́зывать** [不完] / **разма́зать** -ма́жу, -ма́жешь 命 -ма́жь 受過 -ма́занный [完]⟨他⟩①一面に塗る, 塗りたくる ②汚す ③《話・非難》長々と話す[書く], ごてごてと描く **‖—ся** [不完]⟨塗料などが⟩広がる, 一面に塗られる

**размалева́ть** [完] →размалёвывать

**размалёвывать** -лю́ю, -лю́ешь 命 -лю́й 受過 -лёванный [不完]⟨他⟩《話》ぞんざいに塗る, 下手に描く

**разма́лывать** [不完] / **размоло́ть** -мелю́, -ме́лешь 命 -мели́ 受過 -мо́лотый [完]⟨他⟩⟨穀物などを⟩ひく, 粉にする

**разма́ривать** [不完] / **размори́ть** -ри́т 命 -ри́ 受過 -рённый (-рён, -рена́) [完]⟨無人動でも⟩《話》⟨他⟩⟨暑さなどが⟩…をぐったりさせる, ヘトヘトにさせる

**разма́тывать** [不完] / **размота́ть** 受過 -о́танный [完]⟨他⟩①⟨巻かれたものを⟩ほどく, 解く ②《話》解明する, 明らかにする **‖—ся** [不完]⟨巻かれたものが⟩ほどける, 解ける

*   **разма́х** -а/-у [男2] [swing, scale] ①振り動かすこと, 大きく広げること ②振幅 ③回転(運動) ④尋(ㄐ), 翼長, 両端間の距離 ⑤(空間的な)広がり ⑥(活動的な)規模, 範囲, 広さ ◆**с ~а [-у] = со всего ~а [-у]** ⟨話⟩(1)手を振り上げて, 力まかせに (2)走ってきた勢いで, 助走して

**разма́хиваться** -ма́шусь/ -маха́юсь, -ма́шешься/ -маха́ешься [不完]《話》⟨自⟩をさかんに振り始める

**разма́хивать** [不完] / **размахну́ть** -ну́, -нёшь 受過 -а́хнутый [完]⟨他⟩①⟨自⟩⟨造⟩(を激しく)振り動かす, 振り上げる ②⟨他⟩⟨手・翼を⟩大きく広げる ③《俗》⟨他⟩ぱっと[大きく]開ける **‖—ся** [完]⟨不完⟩振り回す

**размахну́ться** [完] / **размахну́ться** -ну́сь, -нёшься [完] ①(打つ・投げる・押すために)手を振り上げる, 振る ②《話》思い切ったことをする, 無理をする ③《俗》大きく広がる, 開く ④《不完》揺れる

**разма́хиваться** [不完] / **размочи́ть** -очу́, -о́чишь 受過 -о́ченный [完]⟨他⟩(水などに浸して)柔らかくする ◆**~ счёт** 《話》《スポ》最初の得点をあげる

---

# размётывать

**разма́шистый** 短 -ист [形1] 《話》①⟨手・足の動きが⟩のびのびした ②⟨筆跡・筆致が⟩のびやかな ③自由奔放な, 大胆な ④広大な

**размежева́ние** [中5] 境界を定めること, 区画 ; 範囲を定めること, 区分

**размежёвывать** [不完] / **размежева́ть** -жу́ю, -жу́ешь 命 -жу́й 受過 -жёванный [完]⟨他⟩①…の境界を定める, 区画する ②…の活動[権限, 管轄]の範囲を定める **‖—ся** [不完] / [完] ⟨с造⟩①…との境界を定める, 区画りする ②…と活動[権限, 管轄]の範囲を定める ③…と一線を画す, 離れる

**размельча́ть** [不完] / **размельчи́ть** -чу́, -чи́шь 受過 -чённый (-чён, -чена́) [完]⟨他⟩細かく砕く

**разме́н** [男1] ①お金をくずすこと, 両替 ②交換 ③《チェス》の交換

*   **разме́нивать** [不完] / **разменя́ть** 受過 -е́нянный [完] [change] ⟨他⟩①⟨不完には меня́ть⟩ (小銭に)両替する: ～ сто рубле́й на ме́лочь 100ルーブルを小銭に替える ②《話》(同居者の別居のために)1つの住居を2つ以上の住居と交換する: ～ трёшку на две одну́шки 3間のアパートを1間のアパート2戸と交換する ③⟨捕虜を⟩交換する ④⟨才能・精力などを⟩浪費する: ～ свои́ си́лы на ме́лочи ⟨くだらないことに力を注ぐ⟩ ⑤《話・戯》(年齢が)次の十の位に繰り上がる(20歳, 30歳, 40歳など): Он уже́ седьмо́й деся́ток разменя́л. 彼はもう60代の仲間入りをした. ⑥《チェス》⟨同格の駒同士を⟩交換する

**разме́ниваться** [不完] / **разменя́ться** [完] ①⟨自分の⟩才能[精力]を浪費する: ～ по мелоча́м 才能[精力]をくだらないことに使う ②《話》自分の1つの住居[部屋]を2つ以上の住居[部屋]と交換する ③《チェス》⟨駒を交換する⟩

**разме́нный** [形1] 両替用の

**разменя́ть(ся)** [完] →меня́ть, разме́нивать(ся)

*   **разме́р** [ラズミェール] [男1] [size, rate]
①(長さ・広さ・容積などの)大きさ: ～ уча́стка 用地の広さ | яйцо́ ～ом с кула́к こぶし大の卵
②金額, サラリー, 賃金, 詩節 : зарпла́та в -е ты́сячи рубле́й 1000ルーブルの賃金
③サイズ, 寸法: ～ о́буви 靴のサイズ | Како́го ~а э́та руба́шка? このシャツのサイズは何ですか
④規模, 程度, 度合: ～ землетрясе́ния 地震の規模
⑤《文学》韻律 ⑥《楽》拍子: ～ в три че́тверти 4分の3拍子 **‖—ный** [形1] ①③⑤⑥

**разме́ренн|ый** 短 -рен, -ренна [形1] ①滑らかな, リズミカルな, ゆったりした ②規則正しい, 整然とした **‖—о** [副]

**разме́рить** [不完] / **разме́рить** -рю, -ришь 受過 -ренный [完] ①…の大きさを測定する: 測って分割する ②…の程度[規模]を測る

**размеси́ть** [完] →разме́шивать¹

**размести́** [完] →размета́ть¹

**размести́ть(ся)** [完] →размеща́ть(ся)

**размета́ть¹** [不完] / **размести́** -мету́, -метёшь 命 -мети́ 過 -мёл, -мела́ 能過 -мётший 受過 -метённый (-тён, -тена́) 副分 -метя́ [完]⟨他⟩掃いて[かいて]脇へどける

**размета́ть(ся)** [完] →размётывать(ся)

**разме́тить** [完] →размеча́ть

**разме́т|ка** 複生 -ток [女2] ①記号[しるし]を付けること ②記号, しるし **‖—очный** [形1]

**разме́тчик** [男2] 記号[しるし]を付ける人

**размётывать** [不完] / **размета́ть²** -мечу́, -ме́чешь 受過 -мётанный [完]⟨他⟩①投げ散らす, まき散らす ; 壊す ②⟨敵などを⟩追い散らす ③⟨手・足を⟩投げ出す ④⟨髪などを⟩乱す, 散らす

**размётываться** [不完] / **разметаться** -мечусь, -мечешься [完] ① さかんに寝返りを打ち始める ② 手足を投げ出して横になる ③ 〈髪が〉乱れる，散らばる ④〈広い空間に〉位置する，散在する

**разме́тить** [不完] / **разме́тить** -мечу, -метишь 受過-меченный [完] 〈网〉① …に記号[しるし]を付ける ② 分配する，割り振る

**размечта́ться** [完] 〖話〗空想にふける

**размеша́ть(ся)** [完] →разме́шивать²

**разме́шивать**¹ [不完] / **размеси́ть** -мешу́, -месишь 受過-мешенный [完] 〈网〉こねる

**разме́шивать**² [不完] / **размеша́ть** 受過-ешанный [完] 〈网〉かき混ぜて溶かす，かき混ぜる *∥* **~ся** [不完] / [完] 十分に混ざって溶ける

*\***размеща́ть** [不完] / **размести́ть** -ещу́, -ести́шь 命-сти́ 受過-ещённый (-щён, -щена́) [完] [place] 〈网〉① 配置する，配列する，配置する；〈住居などを〉あてがう，収容する ② 割り当てる，配分する；投資する ③〈記事・動画などを〉掲載する，投稿する

**размести́ться** [不完] / **размести́ться** -мещу́сь, -ести́шься [完] ① (場所を)占める，陣取る，席に着く ②〖不完〗〖身〗< различа́ть

*\***размеще́ние** [中5] [placement] ① 配置，配列，派兵；場所を占めること ② 配分，割り当て；投資 ③ 掲載，投稿 ④ 配置体系 ⑤〖複〗〖数〗順列

**размина́ть** [不完] / **размя́ть** -зомну́, -зомнёшь 命-зомни́ 受過-я́тый [完] 〈网〉①（揉むなどして）柔らかくする；こねる ②〖話〗(体の部位を動かして)もみほぐす *∥* **~ся** [完] ①（揉まれるなどして）柔らかくなる ②〖話〗体を動かして揉みほぐす，ウォーミングアップする

**разминирова́|ть** -ру́ю, -ру́ешь [完不完] 〈网から〉地雷[水雷]を除去する *∥* **~ние** [中5]

**размин|ка** 複生-нок [女2] ① もむなどして柔らかくすること ② 体の部位を動かしてもみほぐすこと；ウォーミングアップ，準備運動 *∥* **~очный** [形1]

**размину́ться** -ну́сь, -нёшься [完] 〖話〗〈с過と〉① 行き違いになる ② すれ違う

**размножа́ть** [不完] / **размно́жить** -жу, -жишь 受過-женный [完] 〈网〉① 増やす，増加させる ② 複写する，コピーする ③〖繁〗繁殖させる *∥* **~ся** [不完] / [完] ① 増える，増加する ②〖繁〗繁殖する

**размноже́ние** [中5] ① 増加；複写 ②〖生〗繁殖，生殖：полово́е [беспо́лое] ~ 有性[無性]生殖

**размно́жить(ся)** [完] →размножа́ть

**размозжи́ть** [жж] -жу́, -жи́шь 受過-жённый (-жён, -жена́) [完] 〖話〗〈网〉打ち砕く，粉々にする

**размо́ина** [女1] (水に洗われてできた)くぼみ

**размока́ть** [不完] / **размо́кнуть** -ну 過 完 命-ни -ок, -о́кла 能過-о́кший 副과 -ув [完] (水・湿気で)ふくむ，ふやける

**размокропого́диться** -дится [完] 〖無人称〗〖話〗雨の多い天気になる

**размо́л** -а/-у [男1] ①（穀物などを）ひくこと，製粉 ②〖話〗穀粉 ③ 粉のひき方 *∥* **~ьный** [形1]

**размо́лвка** 複生-вок [女2] ちょっとしたいさかい，もめごと

**размоло́ть** [完] →разма́лывать

**размора́живание** [中5] 解凍

**размора́живать** [不完] / **разморо́зить** -ро́жу, -ро́зишь 受過-ро́женный [完] 〈网〉① 解凍する ②…の霜[氷]の覆いを取る ③ 〈資金などを〉再び回転させる *∥* **~ся** [完] ① 解凍される ② 霜[氷]の覆いが取れる ③〈資金などが〉再び回転する

**разморить** [完] →размаривать

**разморо́зить(ся)** [完] →размора́живать

**разморо́зка** [女2]〖話〗解凍

**размота́ть(ся)** [完] →разма́тывать

**размо́тка** [女2] (巻かれたものを)ほどくこと

**размоча́ливать** [不完] / **размоча́лить** -лю, -лишь 受過-ленный [完] 〈网〉①（叩いて・すいて）繊維にする，ほぐす ②〖俗〗へとへとにする

**размочи́ть** [完] →разма́чивать

**размусо́ливать** [不完] / **размусо́лить** -лю, -лишь 受過-ленный [完] 〖話〗〈网〉① 唾だらけにする ② くだくだしゃべる，ごてごてと描く

**размы́в** [男1] ①（水流が）洗い[押し]流すこと，侵食，決壊 ②（濡らして）不明瞭にすること ③ 侵食箇所

**размыва́ть** [不完] / **размы́ть** -мо́ю, -мо́ешь 受過-тый [完] 〈网〉①（水流で）洗い[押し]流す；侵食する，決壊させる ②（濡らして）不明瞭にする，くすませる *∥* **~ся** [不完] / [完] ①〈水流に〉洗い流される，侵食される，決壊する ②〖話〗(自分の体・顔を)入念に洗う

**размыка́ние** [中5] 外す[離す]こと；遮断

**размыка́ть**¹ [完] →размы́кивать

**размыка́ть**² [不完] / **разомкну́ть** -ну́, -нёшь 受過-о́мкнутый [完] 〈网〉① 外す，引き離す；押し開く，開け広げる ②〖軍〗散開させる *∥* **~ся** [完] ① 外れる，離れる；押し開かれる ②〖軍〗散開する

**размы́кивать** [不完] / **размы́кать** 受過-канный [完] 〖話〗〈网〉(悲しみなどを)晴らす，紛らす

**размы́слить** [完] →размышля́ть

**размы́тый** [形1] 輪郭のはっきりしない，ぼやけた

**размы́ть(ся)** [完] →размыва́ть

*\***размышле́н|ие** [中5] [thought] ① 熟考，思案，思索：наводи́ть на ~ия ① 思案させる ② 思い，考え，想念：погрузи́ться в ~ия 思いに沈む

*\***размышля́ть** [不完] / **размы́слить** -лю, -лишь 命-ли [think] ① 熟慮する，じっくり考える ②〖完〗思案する

**размягча́ть** [х] [不完] / **размягчи́ть** [х] -чу́, -чи́шь 受過-чённый (-чён, -чена́) [完] 〈网〉① 柔らかくする ②〈心・気持ちを〉和らげる，なごませる *∥* **~ся** [不完] / [完] ① 柔らかくなる ②〈心・気持ちが〉和らぐ，なごむ

**размягче́ние** [х] [中5] ① 軟化 ② 心を和らげること，心が和らぐこと

**размягчи́ть(ся)** [完] →размягча́ть

**размяка́ть** [不完] / **размя́кнуть** -ну, -нешь 過-ни 過-як, -якла 能過-кший 副-ув [完] ① 柔らかくなる ② 弱る，たるむ，ぐったりする；心が和らぐ

**размя́ть(ся)** [完] →размина́ть

**разнаря́дка** 複生-док [女2]〖公〗指令の割り当て[配分]；その命令書

**разна́шивать** [不完] / **разноси́ть**¹ -ошу́, -о́сишь 受過-о́шенный [完] 〈网〉履き慣らす，履いて柔くする *∥* **~ся**¹ [完] 履きやすくなる，履き心地がよくなる

**разне́живать** [不完] / **разне́жить** -жу, -жишь 受過-женный [完] 〖話〗〈网〉① 安逸に慣れさせる，甘やかす；だらけさせる ② 優しい気持ちにする，感動させる

**разне́живаться** [不完] / **разне́житься** -жусь, -жишься [完] 〖話〗① 安逸に慣れる[ふける]，甘やかされる：~ в посте́ли 楽寝する ② 優しい気持ちになる，感動する

**разне́рвничаться** [完] 〖話〗ひどくいらいら[興奮，動揺]する

**разнести́(сь)** [完] →разноси́ть²(ся²)

**разни́ма́ть** [不完] / **разня́ть** -ниму́, -ни́мешь 過-я́л, -яла́, -яло 命-я́т, -яла́, -я́то [完] ① 分ける，離す；分解する ②〖話〗(力ずくで)引き離す：~ дра́ку けんかを仲裁する

**ра́зни́ться** -нюсь, -нишься [不完] 〖文〗異なる，違う

*\***ра́зниц|а** [ラーズニッツァ] [女3] [difference] ① 違い，相

違, 差異: ~ в ве́се 重さの違い | Я не ви́жу никако́й ~ы ме́жду ни́ми 私にはどんな違いがあるというのか, 何の違いも認められない ②《数量の差》, 差額: ~ во вре́мени ме́жду Москво́й и То́кио モスクワと東京の時差 ◆без -ы́ 《俗》どうでもいい, 同じことだ | больша́я ~ = две больши́е -ы《話・戯》大違いに, 全く別物だ | Кака́я ~?《話》どんな違いがあるというのか, 同じことだ

разно..《語形成》「異なる」「別々の」「様々な」「あらゆる」: разномы́слящий 考え方の異なる

разнобо́й [男6] 不一致, 不調和, 不統一: в ~ = вразнобо́й

разнове́с [男1]《集合》(一組の)小分銅

*разнови́дность [女10] [variety] ①《生》異種, 変種: -и цвето́в 草花の変種 ②異形態, 一種, 仲間, 版

разноверме́нный 短 -е́нен, -е́нна [形1] 時を異にする, 時期の異なる **//-ость** [女10]

*разногла́сие [中5] [disagreement] ①意見・見解の不一致, 相違, 対立: ~ по основны́м вопро́сам 基本問題における意見の不一致 ②矛盾, 不一致: ~ в показа́ниях 供述の不一致

разноголо́сица [女3]《話》①調子外れの歌声｜ざわめき ③意見の不一致

разноголо́сый 短 -о́с [形1] ①様々な声[音]の入り混じった ②調子外れの, 調和していない

ра́зное [形1変化][中] ①ありとあらゆること ②(会議の議題としての)雑件, その他

разнокали́берный 短 -рен, -рна [形1]《長尾》①口径[標準寸法]の異なる ②《話》大きさ[形, スタイル]の異なる, 種々雑多な

разноли́кий 短 -и́к [形3]《文》外見の異なる, 雑多な

разнома́стный [сн] 短 -тен, -тна [形1] ①《動物》が毛色の異なる ②《トランプ》組札の異なる ③《話》様々な色[形]の, 雑多な

разномы́слие [中5] 意見の不一致, 信念の相違

*разнообра́зие [中5] [variety] 多種多様, 多様性, 変化に富むこと: внести́ ~ в жизнь 生活に変化をつける ◆для -ия 単調にならないように, 変化をつけるために

разнообра́зить -ра́жу, -ра́зишь 受過 -ра́женный [不完]《впр》多様にする, ... に変化をつける **//~ся** [不完]《文》多様になる, 変化がつく

*разнообра́зный [ラズナアブラーズヌィ] 短 -зен, -зна [形1] [various] 様々な, 多種多様な, バラエティーに富む: ~ые впечатле́ния 様々な印象 | -ые изде́лия 多種多様な製品 **//-ость** [女10]

разноплемённый [形1] 様々種族[民族]から成る

разнопо́лый [形1] ①性の異なる, 異性の ②《植》雌雄異花の

разнорабо́чий (形6変化)[男名]/-ая [女名] 雑役労働者, 雑役夫[婦]

разноречи́вый 短 -и́в [形1] 相反する, 矛盾した **//-ость** [女10]

разноро́дный 短 -ден, -дна [形1] 種類[特質, 構成]の異なる, 様々な **//-ость** [女10]

разно́с [男1] ①配達, 配布; 記入 ②《話》厳しい叱責, 大目玉 ③《鉱》露天掘り ④《工》過回転 ◆торгова́ть в ~ 行商する

разнести́[2] [完] →разноси́ть / разнести́ -су́, -сёшь 過 -нёс, -несла́ 能過 -нёсший 受過 -сённый (-сён, -сена́) 副分 -неся́ [完]《впр》①(多くの人・様々な場所に)運び届ける, 配る: ~ пи́сьма по адреса́м 手紙を宛先に配達する ②(様々な場所に)記入する, 書き込む ③吹き散らす, 吹き払う ④《通例無人称》広める, 拡散させる, まき散らす ⑥《話》(少しずつ)盗む, 持ち去る ⑦壊す, ばらばらにする, 破壊する ⑧叱りつける, 罵倒する, 叱り飛ばす ⑨《無人称》《話》ふくれ上がらせる; 太らせる

разноси́ть(ся) [完] →разна́шивать

разноси́ться[2] -о́сится [不完] / разнести́сь -сётся 過 -нёсся, -несла́сь 能過 -нёсшийся 副分 -неся́сь [完] ①(噂・知らせなどが)広まる, 知れわたる ②(音・匂いが)伝わる, 広まる, 響きわたる ③《話》猛スピードで走る

разно́ска 複生 -сок [女2]《話》①配達, 配布; 記入 ②靴の履き慣らし

разносклоня́ем|ый [形1]《文法》(名詞などが)不規則変化の: -ые имена́ существи́тельные 不規則変化名詞

разно́сный 短 -сен, -сна [形1] ①配達の; 行商の ②《長尾》配達文書を記録するための ③《話》酷評の, 罵倒する

разносо́л [男1] ①薬味入り塩漬[酢漬]; 薬味 ②《複》種類の豊富な凝った食事

разноспряга́ем|ый [形1]《文法》(動詞が)不規則変化の: -ые глаго́лы 不規則変化動詞

разносторо́нн|ий 短 -о́нен, -о́ння [形8] ①多面的な, 多方面の ②多面的な関心を持つ, 多才な, 博識な ③《長尾》《数》不等辺の: ~ треуго́льник 不等辺三角形 **//-ость** [女10]

ра́зность [女10] ①異なっていること, 相違, 違い ②《数》差

разно́счик [щ] [男2]/-ца [女3] ①配達人: ~ пи́сем 郵便配達人 ②行商人 ③広める人, 伝播者

разноти́п|ный 短 -пен, -пна [形1] タイプ[型]の異なる **//-ость** [女10]

разнотра́вье [中4] 同じ場所で生育する草本群

разнохара́ктерн|ый 短 -рен, -рна [形1] ①性格[性質]の異なる ②《劇》様々な性格[タイプ]を具現する ③多種多様な **//-ость** [女10]

*разноцве́тн|ый 短 -тен, -тна [形1] [multicolor] 色とりどりの, 多彩な **//-ость** [女10]

разночи́нец -нца [男2] (18世紀末から19世紀ロシアの)雑階級知識人 **//-ный** [形1], **-ский** [形3]

разночте́ние [中5]《文学》異文

разношёрстный 短 -тен, -тна [形1] ①(動物が)毛色の異なる; (毛色の)様々混じった ②《話》雑多な, 寄せ集めの

разноязы́кий 短 -ы́к [形3]《文》異なる[様々な]言語を話す

разноязы́чный 短 -чен, -чна [形1] ①異なる言語を話す人々から成る; 様々な言語が聞こえる ②様々な言語の, 様々な言語で書かれた

разну́зданный [形1]《話》手に負えきわまりない, したい放題の: ~ о́браз жи́зни 放埓な生活

разнузда́ть [不完] / разнузда́ть 受過 -у́зданный [完]《впр》①《馬から》はみを外す ②《話》自由にする, 勝手気ままにさせる

*ра́зн|ый [ラーズヌィ] [形1] [different, various] ①異なる, 違う: -ые взгля́ды 異なる見解 | Мы с ва́ми -ые лю́ди. 私どもたちは人間が違う ②別々の, 他の: жить в -ых дома́х 別々の家に住む ③様々な, 色々な: буке́т из -ых цвето́в 色々な花でできた花束 ④《話》ありとあらゆる: ~ хлам ありとあらゆるがらくた ◆-ые ра́зности 種々様々なこと

разню́ниться -ююсь, -ю́нишься [完]《俗》すすり泣き始める

разню́хивать [不完] / разню́хать 受過 -ханный [完]《впр》①(動物が)嗅ぎ分ける, 嗅ぎつける ②《俗》《впр/o無》... のことを探り知る, 嗅ぎ出す

разня́ть [完] →разнима́ть

разо..[1]

разоби́деть -и́жу, -и́дишь 受過 -и́женный [完]《впр》ひどく怒らせる[侮辱する] **//~ся** [完]《話》ひどく腹を立てる, かんかんになる

*разоблача́ть [不完] / разоблачи́ть -чу́,

-чишь 受通 -чённый (-чён, -чена́) [完] 〔expose, unmask〕〈人の〉①《教会》人々の祭服を脱がせる ②《話・戯》〈人の〉服を脱がせる ③あばく，明るみに出す，摘発する：~ преда́теля 裏切り者をあばく ‖ **~ся** [不完]/[完] ①《教会》祭服を脱ぐ ②《話・戯》服を脱ぐ ③あばかれる，明るみに出る ④《不完》〔受身〕

**разоблаче́ние** [中5] 暴露, 露見, 摘発
**разоблачи́тель** [男5] 暴露者, 摘発者
**разоблачи́тельный** 短 -лен, -льна [形1] 暴露する

**разоблачи́ть(ся)** [完] →разоблача́ть
**разобра́ть(ся)** [完] →разбира́ть(ся)
**разобща́ть** [不完]/**разобщи́ть** -щу́, -щи́шь 受通 -щённый (-щён, -щена́) [完] 〈対〉①引き離す, 分離する, 隔離する ②疎遠にする, 交際を絶たせる ‖ **~ся** [不完]/[完] ①分離する, 分かれる ②疎遠になる, 交わりを絶つ
**разобще́ние** [中5] 分離, 隔離; 離間, 絶縁
**разобщённый** 短 -ён, -ённа [形1] 断絶した, 関係を絶った, 離ればなれの
**разобщи́ть(ся)** [完] →разобща́ть
**разобьёшь** [2単未], **разобью́** [1単未]＜разби́ть
**ра́зовый** [形1] ①1回だけ有効の ②1回きりの, 1回分の
**разовьёшь** [2単未], **разовью́** [1単未]＜разви́ть
**..ра́зовый** [語形成]「…回の」: пяти*ра́зовый* 5回の
**разогна́ть(ся)** [完] →разгоня́ть
**разогну́ть(ся)** [完] →разгиба́ть
**разогре́в** [男1] ①暖める[暖まる]こと ②暖機運転 ③《楽》〈コンサートの〉前座
**разогрева́ние** [中5] 暖める[暖まる]こと
**разогрева́ть** [不完]/**разогре́ть** 受通 -тый [完]〈対〉①暖める, 熱する；温め直す ②《話》〈物事の〉前座の ③《楽》〈コンサートの〉前座で演奏して観客の気分を盛り上げる：〈客を〉温める ‖ **~ся** [不完]/[完] ①暖まる, 熱くなる ②《話》興がのる
**разогрева́ющий** [形6]《楽》〈コンサートの〉前座の
**разоде́ть** -е́ну, -е́нешь 受通 -тый [完]《話》〈対〉着飾らせる, 盛装させる ‖ **~ся** [完]《話》着飾る, めかしこむ
**разодра́ть(ся)** [完] →дра́ть, раздира́ть¹
**разозли́ть(ся)** [完] →зли́ть(ся)¹
**разойти́сь** [完] →расходи́ться¹
**разо́к** -á [男2] [指小]＜раз①②
*ра́зом [副]〔at once, together〕《話》①一度で, 一気に, 一挙に ②すぐに, たちまち ③同時に
**разомкну́ть(ся)** [完] →размыка́ть
**размлева́ть** [不完]/**размле́ть** [完]《話》ぐったりする, だるくなる；ぼうっとなる
**разонра́виться** -влюсь, -вишься [完]《話》〈与〉に嫌われる, 好まれなくなる
**разо́р** [男1]＝разоре́ние
**разора́ться** -ру́сь, -рёшься [完]《俗》大声で叫びだす, 怒鳴りだす
*разоре́ние* [中5] ①荒廃, 破壊 ②零落, 貧窮
**разори́тель** [男5] 荒廃[零落]させる人, 破壊者
**разори́тельный** 短 -лен, -льна [形1] 損失をもたらす, 零落させる, 破滅的な
**разори́ть(ся)** [完] →разоря́ть
**разоружа́ть** [不完]/**разоружи́ть** -жу́, -жи́шь 受通 -жённый (-жён, -жена́) [完]〈対〉①…の軍備を撤廃[縮小]する：~ Евро́пу ヨーロッパの軍備を撤廃する ③戦闘能力[戦意]を喪失させる ‖ **~ся** [不完]/[完] ①自らの武装を解除する ②自国の軍備を撤廃[縮小]する ③闘争を放棄する, 戦意を失う
*разоруже́ние* [中5]〔disarmament〕①武装解除：~ террори́стов テロリストの武装解除 ②軍備撤廃, 軍備縮小：конфере́нция по *–ию* 軍備会議
**разоружи́ть(ся)** [完] →разоружа́ть
**разоря́ть** [不完]/**разори́ть** -рю́, -ри́шь 受通 -рённый (-рён, -рена́) [完]〈対〉①荒廃させる, 破壊する ②経済的に零落させる, 貧窮させる ‖ **~ся** [不完]/[完] ①裕福でなくなる, 零落する, 貧窮する ②《話・戯》〈на対〉に金を使う ③《不完》《俗》しゃべりたおす, 言い争う, 騒ぐ
**разосла́ть** [完] →рассыла́ть
**разоспа́ться** -плю́сь, -пи́шься 過 -а́лся, -ала́сь, -а́лось/-ало́сь [完]《話》ぐっすり眠り込む
**разостла́ть(ся)** [完] →расстила́ть(ся)
**разоткрове́нничаться** [完]《話》あけすけに話し出す, ひどくあからさまにうちあける
*разочарова́ние* [中5]〔disappointment〕失望, 幻滅, 落胆：~ в *друге* 友人に対する失望
**разочаро́ванный** [形1] 失望した, 幻滅した, がっかりした ‖ **-ость** [女10] 失望, 幻滅
*разочаро́вывать [不完]/разочарова́ть -ру́ю, -ру́ешь 受通 -о́ванный [完]〔disappoint〕〈対〉失望させる, 幻滅させる, がっかりさせる
*разочаро́вываться [不完]/разочарова́ться -ру́юсь, -ру́ешься [完]〔disappointed〕〈в前〉に失望する, 幻滅する, がっかりする：Он *разочарова́лся* в жи́зни. 彼は人生に失望した
*разраба́тывать [不完]/разрабо́тать 受通 -о́танный [完]〔work out, develop〕〈対〉①耕す, 整地する ②入念に作り上げる, 練る, 精査する：~ ме́ры 対策を練る ③〈機械などを〉整備する, ならす ④《鉱》採掘し尽くす ⑤《不完》《鉱》開発する, 採掘する ‖ **~ся** [不完]/[完]①働く意欲がわく ②よく働くようになる ③《不完》《俗》口論する
*разрабо́тк|а* 複生 -ток [女2]〔development〕①耕作, 整地；立案, 策定；精査；整備, ならし：~ зако*но*прое́кта 法案の策定 ②〈нового но́вых месторожде́ний не́фти〔га́за〕新しい石油〔ガス〕産地の開発に乗り出す ②《通例複》もくろみ, 計略 ③採掘法 ④《通例複》採掘場
*разрабо́тчик [男2]〔developer〕(機械・装置の)管理者, 整備係；立案家；〈鉱山の〉開発者
**разра́внивать** [不完]/**разровня́ть** 受通 -о́вненный [完]〈対〉平らにする, ならす
**разража́ться** [不完]/**разрази́ться** -ражу́сь, -рази́шься [完] ①〈悪天候・災厄が〉突然起こる, 突発する ②〈対の状態〉〔源〕になる ③〈造〉突然…しだす
**разрази́ть** -зи́т [完] ◆*Разрази́ меня́ гро́м!*《俗》雷に打たれても構わない(誓いの言葉)
**разрази́ться** [完] →разража́ться
**разраста́ться** [不完]/**разрасти́сь** -тётся -ро́сся, -росла́сь 能過 -ро́сшийся 副分 -ро́сшись [完] ①繁茂する ②拡大する, 増大する ③強まる, 広まる ‖ **разраста́ние** [中5]
**разреве́ться** -ву́сь, -вёшься [完]《話》①大声で泣き出す ②大きく長いうなり声[吠え声]をあげる
**разрежа́ть** [不完]/**разреди́ть** -ежу́, -еди́шь 受通 -ежённый (-ён, -жена́)/-режённый [完] ①まばらにする, 間引く ②希薄にする, 薄くする ‖ **~ся** [不完]/[完] ①まばらになる ②希薄になる, 薄くなる
**разреже́ние** [中5] まばらにする[なる]こと；希薄にする[なる]こと
**разре́з** [男1] ①切ること, 切断；切開；分断 ②切り口, 切れ込み；切り傷：ю́бка с *~ом* スリットの入ったスカート ③断面：попере́чный [продо́льный] ~ 横[縦]断

面 ④【鉱】露天掘り, その採掘場 ◆*в ~е* 田 …の見地から, …に照らして | *в таком ~е* 田 〘話・戯〙かくて, このようにして | *~ глаз* 目の輪郭

**разреза́ние** [中5] 切ること, 切断; 切開; 割

**разреза́ть** [不完] / **разре́зать** -éжу, -éжешь 受過 -занный [完] 〘他〙① 切る, 切断する: ~ хлеб на куски́ パンをいくつかに切り分ける ② 切開する; 手術する ③ 切って傷つける, 切る: ~ па́лец ножо́м ナイフで指を切る ④ 〘空間・水面などを切る〙〘音〙切り裂く, 鋭く響く ⑤ 分断する, 区分けする, 〘敵軍を〙分断する: Tра́сса *разре́зала* село́ попола́м. 道路が村を2つに分断した ⑦ 〘しわ・傷跡が〙覆う, 一面に刻み込まれる

**разрезно́й** [形1] ① 切るための, 切断[切開]用の ② 切り口のある, 切れ込み[スリット]のある ③ 2つ[複数]の部分から成る

**разреклами́ровать** -рую, -руешь 受過 -анный [完] 〘他〙大々的に宣伝していてほめちぎる

***разреша́ть** [разрыша́т'] [不完] / **разреши́ть** [разрыши́т'] -шу́, -ши́шь 命 -ши́ 受過 -шённый (-шён, -шена́) [完] 〘allow, resolve〙〘他〙① 〘+不定形〙許す, 許可する, 認可する: ~ взлёт 離陸を許可する | Нам *разреши́ли* осмотре́ть заво́д. 私たちは工場の見学を許可された ② 解く, 解決する, 解明する: ~ пробле́му 問題を解決する ③ 取り除く, 解消する: ~ сомне́ния 疑惑を解消する ④ 〘命・命令形で〙〘+不定形〙…させて下さい, …させていただきます(相手の許を得たり, 相手に要求する時の丁寧な表現): *Разреши́те* пройти́. ちょっと通して下さい | *Разреши́те* ва́ши докуме́нты. 身分証明書を見せて下さい ◆~ *зре́ние* (*слу́х*) 再び見える[聞こえる]ようになる | ~ *молча́ние* 再び口を開く

***разреша́ться** [不完] / **разреши́ться** -шу́сь, -ши́шься [完] 〘be solved〙① 解ける, 解決する: Зага́дка *разреши́лась*. 謎が解けた ② 〘+圈〙〘ある結果に〙終わる, …になる: Боле́знь *разреши́лась* кри́зисом. 病気は危険な状態になった ③ 〘話・戯〙〘+圈〙(努力の末に)作り出す, 生み出す ④ 〘不完 無人称〙〘+不定形〙…することが許される, …してよい: Кури́ть *не разреша́ется*. 禁煙(★否定語を伴う場合は禁止の意味になるので〘不完 完〙は不完了体) ⑤ 〘他〙→разреши́ть(ся)

***разреше́ние** [разрышэ́ныj] [中5] 〘permission〙① 許可, 承認; 〘書〙許可証: получи́ть ~ 許可を得る | ~ на въезд в страну́ 入国許可証 ② 解決, 解消: ~ конфли́кта 紛争の解決 ③ 解答, 解法 ④ 具現, 具体化: худо́жественное ~ 芸術的具体化 ⑤ 結末, 結果 ⑥ 〘光〙解像度, 分解能 ◆*с ва́шего ~ия* あなたのお許しを得て, 差し支えなければ

**разреши́м**|**ый** -и́м [形1] 解決できる, 解消できる *//~ость* [女10]

**разреши́тельный** [形1] 許可の

**разреши́ть(ся)** [完] →разреша́ть(ся)

**разрисо́в**|**ывать** [不完] / **разрисова́ть** -су́ю, -су́ешь 受過 -о́ванный [完] 〘他〙① 絵[模様]で飾る, 一面に絵[模様]を描く ② 〘話〙大げさに言いたてる, 美化する *//~ка* 強生 -вок [女2]

**разровня́ть** [完] →разра́внивать

**разроди́ться** -ожу́сь, -оди́шься [完] 〘話〙(通例難産の末に)産む

**разро́зненн**|**ый** [形1] ① 不完全な, 全部そろっていない, はんぱな ② 統一のない, 分断された, ばらばらの *//~ость* [女10]

**разро́знивать** [不完] / **разро́знить** -ню, -нишь 命 -нь 受過 -ненный [完] 〘他〙① (セットになったものを)ばらばらにする, はんぱにする ② 引き離す, 分離する, 分裂させる

**разру́б** [男1] ① 切る[割る]こと, 切断 ② 切り口, 切断箇所

**разруба́ть** [不完] / **разруби́ть** -ублю́, -у́бишь

受過 -у́бленный [完] 〘他〙切る, 切断する, 割る

**разруга́ть** 受過 -уга́нный [完] 〘話〙〘с+圈〙罵倒する, こきおろす *//~ся* [完] 〘話〙〘с圈と〙のののしり合いのけんかをする

**разрумя́нивать** [不完] / **разрумя́нить** -ню, -нишь 受過 -ненный [完] 〘他〙① 〘顔を真っ赤にする, 紅潮させる: 〘頬・唇などに〙たっぷり紅をぬる *//~ся* [不完] / [完] (顔が)真っ赤になる, 紅潮する

**разру́ха** [女2] (通例経済上の)崩壊, 荒廃, 混乱

*****разруша́ть** [разруша́т'] [不完] / **разру́шить** [разру́шыт'] -шу, -шишь 命 -шь 受過 -шенный [完] 〘destroy〙① 破壊する, 壊す, 崩壊させる: ~ мост взры́вом 橋を爆破する ② 根絶する, 消滅させる: ~ ста́рое о́бщество 古い社会を一掃する ③ 衰退させる, 害する: ~ здоро́вье 健康を害する ④ 乱す, 損ない, 駄目にする: ~ гармо́нию 調和を乱す | *разру́шенные зу́бы* 虫歯 *//~ся* [不完] / [完] ① 壊れる, 倒壊する, 崩壊する ② 乱れる, 損なわれる, 駄目になる ③ 〘不完〙〘受身〙

*****разруше́ние** [中5] 〘destruction〙① 破壊, 崩壊, (家屋の)全壊, 半壊: ~ го́рода 都市の破壊 | ~ социалисти́ческой систе́мы 社会主義体制の崩壊 ② 破壊の跡, 損害

**разруши́тель** [男5] / **~ница** [女3] 破壊者, 破壊するもの

**разруши́тельн**|**ый** 短 -лен, -льна [形1] 破壊する; 破壊的な, 破滅的な: *-ая си́ла* 破壊力

**разру́шить(ся)** [完] →разруша́ть(ся)

*****разры́в** [男1] 〘rupture, burst〙① 引き裂くこと, 破ること; 分断 ② 断絶, 決裂: ~ дипломати́ческих отноше́ний 国交断絶 ③ 破裂, 炸裂; 爆発(に伴う轟音と閃光): ~ се́рдца 心臓破裂 ④ 裂けた[破れた, 切れた]箇所 ⑤ 切れ目, すきま ⑥ 時間的間隔, へだたり ⑦ 不一致, くい違い, ずれ

**разрыва́ть**[1] [不完] / **разры́ть** -ро́ю, -ро́ешь 命 -ро́й 受過 -ты́й [完] 〘他〙① 掘る, 掘り返す; 発掘する ② 〘話〙(何かを探して)ひっかき回す *//~ся* [不完] 〘受身〙

*****разрыва́ть**[2] [不完] / **разорва́ть** -ву́, -вёшь 過 -а́л, -ала́, -а́ло 受過 -о́рванный [完] 〘tear〙〘他〙① 引き裂く, 引きちぎる, 引き破る: 〘包み・封筒を破いて開ける: ~ газе́ту 新聞を引き裂く ② 破る, 穴を開ける: ~ пла́тье о гвоздь ドレスを釘に引っかけて破る ③ 分ける, 分断する; 〘単語を〙分離する ④ 切る: ~ це́пи 鎖を断ち切る ⑤ 〘鋭い音・強い光が〙〘静寂・闇などを〙急に破る, つんざく: Тишину́ но́чи *разорва́л* вопль. 夜のしじまを号泣する声が破った ⑥ 断つ, 断絶, 破棄する: ~ дипломати́ческие отноше́ния 外交関係を断つ ⑦ 裂き殺す ⑧ 〘無人称で〙破裂させる, 爆裂させる: Котёл *разорва́ло*. ボイラーが破裂した ◆*разрыва́ть на ча́сти* 田 …に息つく暇を与えない, てんてこ舞いさせる

*****разрыва́ться**[2] [不完] / **разорва́ться** -ву́сь, -вёшься 過 -а́лся, -ала́сь, -а́лось/-ало́сь [完] 〘break, be torn〙① 裂ける, 破れる: *разорва́вшееся письмо́* 引き裂かれた手紙 ② (服などが)破れる, 穴が開く: Носо́к *разорва́лся*. 靴下に穴が開いた ③ 分かれる, 分断される, ばらばらになる: Цепь *разорвала́сь*. 鎖がばらばらになった ④ (関係などが)断たれる, 切れる: Знако́мство *разорва́лось*. 付き合いは断たれた ⑤ 破裂する, 炸裂する: Снаря́д *разорва́лся*. 砲弾が炸裂した ⑥ 〘話〙一度に多くのことをやろうと[多くの場所に行こうと]する ⑦ 《*разрыва́ется от* 匣で》胸が張り裂ける思いがする: Се́рдце *разрыва́ется* от раска́яния. 後悔で胸が張り裂けそうだ ⑧ 〘不完〙〘受身〙<разрыва́ть[2] ◆*Хо́ть разорви́сь!* どんなに努力しても無駄だ!

**разрывно́й** [形2] 破裂する, 爆発性の

**разрыда́ться** [完] 号泣しだす
**разры́ть** [完] →разрыва́ть¹
**разрыхли́тель** [男5] ①軟らかくする機械, 攪(ゕく)機 ②軟化剤; (食品用の)膨張剤(ベーキングパウダー, イースト, 重曹など)
**разрыхля́ть** [不完] / **разрыхли́ть** -лю́, -ли́шь 受過 -лённый [完] -лён, -лена́] [完] ⟨対⟩⟨土地を⟩(掘り返して)軟らかくする
*__разря́д__ [男1]〔category, rank〕①部類, 種類, 範疇: Этот учени́к принадлежи́т к ~у лу́чших. この生徒は優秀者の部類に入る ②(職業・スポーツなどの)級, 等級, ランク: то́карь шесто́го ~а 6級配管工｜сдава́ть экза́мен на ~ 等級認定試験を受ける ③【数】(数字の)桁, 位: цифра́ второ́го ~а 2桁目の数字 ④発射, 弾丸を空にすること ⑤【電】放電 **∥～ный** [形1]
**разряди́ть(ся)** [完] →разряжа́ть¹·²
**разря́дка** 複生 -док [女2] ①抽象, 弾丸を空にする[弾丸が空になる]こと ②【電】放電 ③(緊張などの)緩和, 鎮静; (国際関係における)緊張緩和 ④(印)強調のため字間を空けて組むこと
**разря́дник** [男2] 有級のスポーツ選手
**разряжа́ть¹** [不完] / **разряди́ть¹** -яжу́, -я́дишь 受過 -я́женный [完] ⟨対⟩⟨話⟩着飾らせる, 飾り立てる **∥~ся¹** [不完] / [完] ⟨話⟩着飾る, めかし込む
**разряжа́ть²** [不完] / **разряди́ть²** -яжу́, -я́дишь [完]-яди́шь 受過 -я́женный [完]-жён, -жена́) / -я́женный [完] ⟨対⟩①…から弾丸を抜く, 抽弾する; 発砲して弾丸を空にする ②【電】放電させる ③(緊張・雰囲気を)和らげる, 緩和する **∥~ся²** [不完] / [完] ①抽弾される, 弾丸が空になる ②【電】放電する, 電荷を失う ③(緊張・雰囲気が)和らぐ, 緩和する
**разубежда́ть** [不完] / **разубеди́ть** -ежу́, -еди́шь 受過 -еждённый (-дён, -дена́) [完] ⟨対⟩⟨対に対する⟩信念[意図]などを変えさせる **∥~ся** [不完] / [完] ⟨対に対する⟩信念を変える, 自分の考えを改める
**разува́ть** [不完] / **разу́ть** 受過 -тый [完] ⟨対の⟩履物を脱がせる ♦ **Разу́й глаза́!** 〔俗・非難〕よく見やがれ **∥~ся** [不完] / [完] 履物を脱ぐ
**разуверя́ть** [不完] / **разуве́рить** -рю, -ришь 受過 -ренный [完] ⟨対に в対に対する⟩信頼[信念]を失わせる, …を信じないよう説得する **∥～ся** [不完] / [完] ⟨в対⟩…に対する信頼・信念などを失う, …を信じなくなる **∥разуве́рение** [中5]
**разузнава́ть** [不完] -наю́, -наёшь 命 -ва́й 副分 -ва́я [不完] / **разузна́ть** 受過 -у́знанный [完] ⟨話⟩⟨対/о対⟩…のことを探り出し, 調べる, 聞き出す
**разукомплекто́вывать** [不完] / **разукомплектова́ть** -ту́ю, -ту́ешь 受過 -о́ванный [完] ⟨対⟩①⟨設備・装置の⟩(一部を取り去って)操業[運転]不能にする ②⟨そろっているもの・セットを⟩ばらばらにする
**разукра́шивать** [不完] / **разукра́сить** -а́шу, -а́сишь -а́шенный [完] ⟨話⟩⟨対⟩①(たくさんのもので)飾る, 飾り立てる ②美化して話す ③(戯)あざになるほど殴りつける **∥~ся** [不完] / [完] ⟨話⟩(たくさんの物で)飾られる; 自分を飾り立てる
**разукрупне́ние** [中5] 分割, 細分化
*__разукрупня́ть__ [不完] / **разукрупни́ть** -ню́, -ни́шь 受過 -нённый (-нён, -нена́) [完] ⟨対⟩分割する, 小単位化する
*__ра́зум__ [ラーズゥム] [男1]〔mind, intelligence〕①理性, 判断力: све́тлый ~ 明晰な理性 ｜ утра́тить ~ 理性を失う ②知性, 知力, 知能: Челове́ческий ~ беспреде́лен. 人間の知性は無限だ ♦ **входи́ть в ~** 年とともに賢くなる, 分別がつく ｜ **у í ýм за ~ зашёл** 《話》…は途方に暮れた, ほとほと困っている ｜ **В ~е ли ты?** お前気は確かか

**разуме́ние** [中5] 意見, 見解 ♦ **по моему́ -ию** 私の理解する限りでは
**разуме́ть** [不完] ①⟨対⟩理解する, 意味がわかる ②⟨под対⟩⟨対⟩を意味する, 言おうとする
*__разуме́ться__ [ラズゥミェーッツァ] [不完]〔be meant, be understood〕⟨под対で⟩意味される, 了解される: Под э́тим намёком разуме́ется мно́гое. このほのめかしは多くのことを意味している ♦ **(само́ собо́й) разуме́ется** (①当然だ, もちろん, 自明のことだ: Разуме́ется, что́ он придёт. 彼が来るのは自明のことだ ②《挿入》もちろん, 当然, 言うまでもなく: Она́, *само́ собо́й разуме́ется*, бу́дет ра́да. 彼女はもちろん, よろこぶだろう
**разу́мни|к** [男2] **/ -ца** [女3]〔話〕利口な子, 賢い子
**разу́мно** [副] 理性的に, 理にかなって, 合理的に
*__разу́мный__ [ラズゥームヌィイ] 短 -мен, -мна [形1]〔reasonable, wise〕①理性を有する; 理性的な: -ое существо́ 理性ある生き物 (人間のこと) ②分別のある, 道理をわきまえた, 賢明な: Он ю́ноша ~. 彼は道理をわきまえた若者だ ③道理にかなった, 合理的な, もっともな: ~ до́вод もっともな論拠 **∥-ость** [女10]
**разу́ть(ся)** [完] →разува́ть
**разуха́бистый** 短 -ист [形1]〔俗〕①威勢のいい, 勇み肌の ②馴れ馴れしい, 無遠慮な
**разу́чива|ть** [不完] / **разучи́ть** -учу́, -у́чишь 受過 [完] ⟨対⟩(練習して)覚える, 習得する **∥-ние** [中5]
**разу́чиваться** [不完] / **разучи́ться** -учу́сь, -у́чишься [完] ⟨不定形 対で⟩…する人能力を失う, …できなくなる: Я совсе́м *разучи́лся* говори́ть по-англи́йски. 私はすっかり英語を忘れてしまった
**разъ..** →раз..¹

**разъеда́ние** [中5] 腐食
**разъеда́ть** [不完] / **разъе́сть** -е́ст, -едя́т 命 -е́шь 過 -е́л 受過 -е́денный [完] ⟨対⟩①腐食する ②(精神的に)苦しめる, 苛(さいな)む ③むしばむ, 毒する, 損なう ④(蚊などが)あちこち刺す
**разъеда́ться** [不完] / **разъе́сться** -е́мся, -е́шься, -е́стся, -еди́мся, -еди́тесь, -едя́тся 命 -е́шься 過 -е́лся [完] ⟨話⟩たくさん食べる
**разъедине́ние** [中5] 分離, 切断, 分裂; 離散
**разъединя́ть** [不完] / **разъедини́ть** -ню́, -ни́шь 受過 -нённый (-нён, -нена́) [完] ⟨対⟩①分離させる, つながりを断つ,⟨電話などを⟩切る: ~ провода́ 電線をきる ②離ればなれにする, 別れさせる: Судьба́ *разъедини́ла* друзе́й. 運命が友人たちを離ればなれにした **∥~ся** [不完] / [完] ①分離する, (つながっていたものが)切れる ②離ればなれになる

**разъе́зд** [男1] ①(多くの人が様々な方向に乗物で)去ること, 出発; 別れること, 別居; (乗物が)すれ違うこと ②〔複〕旅行, 周遊 ③【軍】騎兵斥候隊 ④【鉄道】待避線, 待避駅 ♦ **быть в ~** 旅行中[外出中]である
**разъе́здить** [完] →разъезжа́ть
**разъе́здиться** -е́зжусь, -е́здишься [完] 《話》(乗物で)さかんに走り始める
**разъездно́й** [зн] [形2] ①旅行の, 出張[派遣]の: ~ аге́нт 出張員 ②【鉄道】待避用の
**разъезжа́ть** [жж] [不完] ①(乗物で)あちこち行く, 方々へ旅行する ②快適に[満足して, 誇らしげに]乗り回す
**разъезжа́ться** [жж] [不完] / **разъе́хаться** -е́дусь, -е́дешься 命 -езжа́йся [完] ①(多くの人が様々な方向に乗物で)去る, 散る: В 10 (де́сять) часо́в все уже́ *разъе́хались*. 10時にはもうみんな帰っていった ②⟨с造⟩と別れる, 別居する ③⟨с造⟩(乗物で)行き違いになる: ~ с това́рищем 同僚と行き違いになる ④⟨с造⟩(乗物が)すれ違う ⑤⟨話⟩(すべって)別々の方向に離れる, (左右に)開く, 広がる: Бы́ло о́чень ско́льзко, у меня́

ня́ вдруг *разъе́хались* но́ги, и я упа́л. とても滑りやすく, 突然足が開いて転んでしまった ⑥《俗》(古くなって)破れる, ぼろぼろする

**разъезжа́ть** [жж] [不完] / **разъе́здить** -е́зжу, -е́здишь 命 -е́зди 受過 -е́зженный [完] 《話》《кн》(絶え間なく乗物で通って道を)踏みならす;(道を)悪くする

**разъём** [男1] ①分解, 分離 ②分解[取り外し]箇所 ③電気回路の開閉装置

**разъёмный** [形1] 分解できる, 取り外し可能

**разъе́сть(ся)** [完] →разъеда́ть(ся)

**разъеха́ться** [完] →разъезжа́ться

**разъяря́ть** [不完] / **разъяри́ть** -рю́, -ри́шь 受過 -рённый (-рён, -рена́) [完] 《кн》激怒させる **// ~ся** [不完] / [完] 激怒する, たけり狂う

**разъясне́ние** [中5] 説明, 解説, 解明

**разъясни́тельный** [形1] 説明の, 解明の

**разъясни́ть**[1] -ни́т [完] 《無人称で》 《話》空が晴れ上がる

**разъясня́ть** [不完] / **разъясни́ть**[2] -ню́, -ни́шь 受過 -нённый (-нён, -нена́) [完] 説明する, 解説する, 明らかにする **// ~ся** [不完] / [完] 明らかになる, 明白になる

**разъя́ть** [完] →размима́ть

**разы́грывать** [不完] / **разыгра́ть** 受過 -ы́гранный [完] ①演奏する; 上演する;〈音楽・劇を〉練習する: ~ кварте́т 4重奏を演奏する ②《スポ》コンビネーションプレーをする ③(ゲームの)勝敗をつける ④(くじ・抽選などで)〈賞を〉与える, 出す ⑤...のふりをする, まねをする ⑥《話》笑いものにする, いっぱい食わせる

**разы́грываться** [不完] / **разыгра́ться** [完] ①遊びに夢中になる ②(演奏・演技などの)調子が出る, 熱が入る ③徐々に強まる, 激しくなる; 波立つ, 荒れ騒ぐ ④起こる, 発生する

**разыма́ть** [不完] / **разъя́ть** -зойму́, -зоймёшь 命 -зойми́ 受過 -зоня́тый [完] 分ける, 分解する

**разыска́ние** [中5] ①探し出すこと, 探索, 発見 ②《通例複》研究, 調査; 学術的著作

*разы́скивать** [不完] / **разыска́ть** -ыщу́, -ы́щешь 受過 -ы́сканный [完] 〔search〕 《кн》探し出す, 見つけ出す; 捜索する, 指名手配する: *разы́скиваемый* поли́цией 警察で捜索中の **// ~ся** [不完] / [完] 見つかる, 発見される: Пропа́вшая вещь *разыска́лась*. 紛失物が発見された **// -ние** [中5]

**Раи́са** [女1] ライサ(女性名); 愛称 **Ра́я**

*рай** [ра́-і] [男1] в ра́е, в раю́ [Ра] 〔paradise〕 ①天国: ~ и ад 天国と地獄 ②楽園, 極楽, 至福: Ле́том на да́че про́сто ~ ! 夏の別荘は本当に天国だ ◆**земно́й** ~ 地上の天国, 地上の楽園 | **отпра́вить в** ~ ~ 殺す

**рай..** 《語形成》「地区の」「区の」: *рай*исполко́м 地区執行委員会

**райко́м** [男1] 地区委員会(*райо́нный* комите́т)

*райо́н** [ё] [ラヨーン] [男1] 〔district, area〕 ①地域, 地帯, 区域: промы́шленный ~ 工業地帯 | торго́вый ~ 商業地区 | спа́льный ~ ベッドタウン ②(行政単位としての)区: Вы́боргский ~ го́рода Санкт-Петербу́рга サンクトペテルブルク市ヴィボルグ区 ③《話》=райце́нтр ◆**в ~ e** ...の近くに, そばで

**райони́ровать** -рую, -руешь 受過 -анный [不完・完] ①(行政上・経済上などの)地区[地域]に分ける ②(特定の区域に)割り当てる, 指定する **// -ние** [中5]

*райо́нный** [ё] [形1] [district] (行政単位としての)地区の, 区の: ~ суд 地方裁判所

**ра́йский** [形3] ①天国の ②素晴らしい, 極楽のよう: ■-ие пти́цы 〔鳥〕ゴクラクチョウ, フウチョウ科〔属〕

**райце́нтр** [男1] 地区中心地[市, 町, 村](*райо́нный* центр)

*рак** [男2] 〔cancer〕 ①〔医〕がん, 〔植〕がん腫病: У него́ ~ желу́дка. 彼は胃がんだ | ~ ше́йки ма́тки 子宮頸がん | ~ предста́тельной желе́зы 前立腺がん | ~ щитови́дной железы́ 甲状腺がん ②〔動〕ザリガニ: лови́ть ~ов ザリガニを捕まえる ③**Р-** 〔天〕かに座; 巨蟹宮 ◆**когда́ ~ на горе́ свисти́т** 《話・戯》いつのことやらわからない, 決してない | **кра́сный как ~** (ゆでたザリガニのように)真っ赤だ | **показа́ть, где ~и зиму́ют** 《話》目にもの見せてやる, ひどい目に遭わせてる

*раке́т|а** [ラキェータ] [女1] 〔rocket〕 ①ロケット: косми́ческая ~ 宇宙ロケット | запусти́ть -у ロケットを打ち上げる ②ミサイル, 〔軍〕ロケット弾: баллисти́ческая ~ 弾道ミサイル | ~ кла́сса «земля́-во́здух» 地対空ミサイル | крыла́тая ~ 巡航ミサイル ③打ち上げ花火, 信号弾: сигна́льная ~ 信号弾 ④水中翼船: плыть на -е 水中翼船で航行する

**раке́та-носи́тель** [男1・男5] [女1] 〔宇宙〕運搬ロケット, 打ち上げロケット, ブースター

**раке́т|ка** 複生-ток [女2] 〔スポ〕ラケット: те́ннисная ~ テニスラケット

**раке́тница** [女2] 信号[照明]弾発射銃

*раке́тн|ый** [形1] ①ロケットの: -ое то́пливо ロケット燃料 ②ミサイルの, ミサイルを装備した: -ое ору́жие ミサイル兵器 ③打ち上げ花火の, 信号弾の

**раке́то..** 《語形成》「ロケットの」「ミサイルの」

**раке́тодро́м** [男1] ロケット[ミサイル]発射場

**раке́тоно́сец** -сца [男3] ミサイル搭載機[艦]

**раке́тоно́сный** [形1] ミサイル装備の

**раке́тчи|к** [男2] / -ца [女3] ①ミサイル部隊員 ②ロケット製造の専門家 ③信号弾発射手

**раки́т|а** [女1] 〔植〕ヤナギの一種 **// -овый** [形1]

**раки́тник** [男2] ヤナギの茂み

*ра́ковин|а** [女1] 〔shell, sink〕 ①(カタツムリなどの)殻; 貝殻: 貝殻状のもの: ушна́я ~ 耳殻 ③洗面台, 流し台 ④(コンクリート・金属の鋳物の)気孔, ブローホール ~ 複生-нок [女2] [指小] **// -ный** [形1]

**ра́ковый** [形1] ①ザリガニの (рак の) ②〔医〕がんの

**ракообра́зные** [形1変化] [複名] ③〔動〕甲殻類

**раку́рс** [男1] ①〔写・映〕短縮法 ②〔美〕遠近短縮法 ③観点, 視点

**раку́шечник** [男2] 〔地質〕貝殻石灰岩

**раку́ш|ка** 複生 -шек [女2] ①小さな貝殻 ②《俗》(金属製の)移動式ガレージ **// -ечный** [形1]

**раку́шник** [男2] = раку́шечник

**ра́лл|и** (不変) [中] 〔スポ〕ラリー(競技) **// -и́йный** [形1]

*ра́м|а** [女1] 〔frame〕 ①枠, フレーム; 額縁: око́нная ~ 窓枠 | вста́вить карти́ну в -у 絵を額縁に入れる ②ガラスのはまった窓枠, 窓: двойны́е -ы 二重窓 ③〔エ〕(機械などの)台, 架台, シャシー ④《若者・戯》マッチョ **// -ный** [形1]

**Рамада́н, Рамаза́н** [男1] 〔イスラム〕ラマダン

**ра́м|ка** [ラームカ] 複生 -мок [女2] 〔frame, limits〕 ①小さな枠[フレーム, 額縁] ②(記事や挿絵を囲む)枠, かこみ: тра́урная ~ 黒枠 ③《複》範囲, 限り: в -ax ... ...の範囲内[枠組み]で | де́йствовать в -ax зако́на 法の枠内で行動する | за —ами ... ...の範囲外で **// -мочка** 複生 -чек [2] [指小・愛称] 《話》 **// -мочный** [形1]

**ра́мпа** [女1] 〔劇〕フットライトカバー; フットライト

**ра́мс** -а [男1] 《若者・犯罪》関係解明, 論争 ◆**попута́ть ~ы** 間違える

**РАН** [ラーン] [男] 〔略〕Росси́йская акаде́мия нау́к ロシア科学アカデミー

**ра́на** [ラーナ] [女1] [wound] ①傷, 外傷, けが: колотая ~ 刺し傷 ~ от поре́за 切り傷 откры́тая ~ まだふさがっていない傷口 | Он перевяза́л ~у на ноге́. 彼は足の傷に包帯を巻いた ②心の傷, 痛み: душе́вная ~ 心の傷 **// ране во́й** [形2], **ра́нный** [形1]

**ранг** [男2] [rank, class] ①(官位などの)等級, 階級 ②種類, 等級, カテゴリー ◆**в**~ ⊞ 〈文〉…として | **в**~**е** ⊞ 〈文〉…の役割[意義]をになって **// ~овый** [形1]

**рангоу́т** [男1] 〈海〉円材・帆桁などの総称

**рандеву́** [э] (不変) [中] ランデヴー, デート

**ра́нее** [ラーニェエ] [副] [earlier] 《文》①[比較]< ра́но ②…より前に ③以前に, かつては

**ране́ние** [中5] ①傷つけること, 負傷 ②傷, けが: ножево́е ~ 刀物による切り傷

**ра́нен|ый** [ラーニヌイ] [形1] [injured] ①傷ついた, 負傷した, けがをした: ~ солда́т 負傷兵 ~-ая рука́ 負傷した手 ②~-ого/-ая [名2], ~-ые [名複] けがをした人: Он ле́чит ~-ых. 彼は負傷者の治療をしている

**ране́т** [男1] レネット (冬リンゴの品種)

**ра́н|ец** -нца [男3] 背嚢 (はいのう) **// -цевый** [形1]

**ранжи́р** [男1] ①身長順の整列 ②規律, 秩序 ◆**по ~у** (1)身長順に (2)重要性の順に, きちんと整理して

**рани́м|ый** 短 -и́м [形1] (肉体的・精神的に)傷つきやすい **// -ость** [女10]

**ра́нить** -ню, -нишь 過 -ненный [不完・完] [injure] [無人称でも] 御 ①傷つける, 負傷させる: Она́ ра́нила его́ в плечо́. 彼女は彼の肩に傷を負わせた | Ра́нило меня́ на рассве́те. 負傷したのは明け方だった ②心を痛ませる: ~ ду́шу 心を傷つける

**ра́нка** 複生 -нок [女2] [指小] < ра́на

**ра́нн|ий** [ラーンニイ] [形8] [early] ①(時間・時期的に)早い, 初期の: ~яя весна́ 早春 ~им у́тром 早朝に | ~ футури́зм 初期未来主義 ②普通よりも早い, 早すぎる, 尚早の: ~яя смерть 夭折(ようせつ) | В э́том году́ зима́ ~яя. 今年は冬が早い ③(植物が)早熟の, 早生(わせ)の, 他より早い: ~ие о́вощи 早生の野菜 ◆**молодо́й да** ~ 《話・しばしば蔑》早くから頭角を現している, 早く似合わず世故に長けた ~**яя пти́чка[пта́шка]** 《話》早起きの人 | **са́мое** ~**ее** 早くても, 最低でも

**ра́но** [ラーナ] 比 ра́ньше の方が多い [副] [early] I ①(時間・時期的に)早い, 初期に; 朝早く: ~ у́тром 朝早く | Сего́дня я встал о́чень ~. きょう私はとても早く起きた ②幼いうちに, 若くて: Он ~ позна́л труд. 彼は幼くして労働を知った ③普通よりも早く, 尚早に: Весна́ наступи́ла ~. 春が早くきた II [無人述] ①早い; 朝早い: Р~ ещё, не светло́. まだ早い, 夜も明けていないんだから ②早すぎる, 尚早だ: Тебе́ ~ чита́ть э́ту кни́гу. この本を読むのはお前にはまだ早い

◆~ **и́ли по́здно** 遅かれ早かれ, いつかは

**рантье́** (不変) [男] 利子[配当, 賃料など]で生活している人

**ра́нчо** (不変) [中] ①(ラテン・アメリカの)屋敷 ②(アメリカの)大牧場

**рань** [女10] 《話》早朝

**ра́ньше** [ラーニシ] [副] [earlier] ①[比較]< ра́но: как мо́жно ~ できるだけ早く | Он вы́шел из до́му ~, чем обы́чно. 彼はふだんより早く家を出た ②〈御〉…より前に, …より先に: ~ сро́ка 期限前に | Она́ пришла́ ~ всех. 彼女は誰よりも先にやって来た ③かつては: Р~ я жил в Хаба́ровске. 以前私はハバロフスクに住んでいた ④最初に, 第一に: Р~ поду́май, а пото́м говори́. まず考えて, それから話しなさい ◆**Где ты** ~ **был?** 《話・非難》どうしてしかるべき時にやらなかった[言ってくれなかった]のか | ~ **вре́мени** 定刻前に, 時期尚早に | ~ **чем** … する前に, …する前に先に

**папи́ра** [女1] フルーレ(フェンシング用の剣)

**папири́ст** [男1] **/ ~ка** 複生 -ток [女2] フルーレの選手

**ра́порт**复 -м/-á [男1] [軍隊で上官に対する]報告(書), 復命; (職務遂行の)報告(書)

**рапорти́чка** -чек [女2] 《話》簡単な報告, 短信

**рапортова́ть** -ту́ю, -ту́ешь [不完・完] 報告する; 〈御〉о 御 を〈上官・上司に〉報告する; 〈職務遂行について〉報告する

**рапс** [男1] 〈植〉セイヨウアブラナ **// ~овый** [形1]

**рапсо́дия** [女1] 〈楽〉ラプソディー, 狂詩曲

**рарите́т** [男1] 《文》珍品, レアもの **// ~ный** [形1]

**рарити́в** [言]稀偶用

**рас..** → раз..[1]

**ра́са** [女1] [race] 人種, 種族: монголо́идная [европео́идная, негро́идная] ~ モンゴロイド[コーカソイド, ネグロイド]人種

**раси́зм** [男1] 人種差別主義

**раси́ст** [男1] **/ ~ка** 複生 -ток [女2] 人種差別主義者

**раси́стский** [сс] [形3] 人種差別主義(者)の

**раска́иваться** [不完] **/ раска́яться** -ка́юсь, -ка́ешься [完] 〈в 御〉を後悔する, 悔いる, 反省する: ~ в свои́х слова́х 自分の言ったことを後悔する

**раскалённ|ый** [形1] 白熱した, 高温の: ~ые ка́мни 火山岩塊, 火山礫

**раскали́(ся)** [完] → раскаля́ть

**раска́лывание** [中5] 割る[割れる]こと; 分裂

**раска́лывать** [不完] **/ расколо́ть** -колю́, -ко́лешь 受過 -ко́лотый [完] 〈御〉①(打って)割る, 砕く ②分裂させる ③《俗》(通例犯罪者に)自白させる, 吐かせる **// ~ся** [不完] / [完] ①(打たれて)割れる, 砕ける ②分裂する ③《俗》(通例犯罪者が)自白する, 吐く ◆**Голова́ раска́лывается.** 《話》頭が割れそうに痛い

**раскали́ть** -лю́, -ли́шь / **раскаля́ть** -лю́, -ли́шь 受過 -лённый [-лён, -лена́] [完] ①高度に熱する, 灼熱させる ②緊張させる, 興奮させる **// ~ся** [不完] / [完] 焼けるように熱くなる, 灼熱する

**раска́пыва|ть** [不完] / **раскопа́ть** 受過 -ко́панный [完] 〈御〉①掘る, 掘り広げる; 発掘する ②(掘って)発見する, 掘り当てる ③《話》探し出す, 見つけ出す **// -ние** [中5]

**раска́рмливать** [不完] / **раскорми́ть** -ормлю́, -о́рмишь 受過 -о́рмленный [完] 〈御〉(餌をたくさん与えて)太らせる, 肥育する

**раска́т** [男1] ①(巻いているものを)広げる[広がる]こと; 平ら[滑らか]にすること ②(道路などで)ならされてつるつるになった箇所 ③(様々な方向に)転がる速度を上げること; (様々な方向に)転がす[転がる]こと ④《通例複》とどろき, うなり, どよめき: ~ гро́ма 雷鳴

**раската́ть(ся)** [完] → раска́тывать[1]

**раска́тистый** 短 -ист [形1] とどろく, 響きわたる

**раската́ть(ся)** [完] → раска́тывать[2]

**раска́тка** [女2] ①(巻いたものが)広がること; 平らにする[なる]こと ②(転がる速度を上げる[速度が上がる]こと; (様々な方向に)転がす[転がる]こと; 響きわたること

**раска́тывать[1]** [不完] / **раската́ть** 受過 -ка́танный [完] 〈御〉①〈巻いた・丸めたものを〉広げる, 伸ばす ②(様々な方向に)転がす; 〈丸太造りの建物を〉解体する ③(ローラーで)しわを伸ばす ④(車やそりなどで走って)〈道を〉滑らかにする, つるつるにする ⑤(パン生地などを)平らにする, 薄くのばす **// ~ся** [不完] / [完] ①(巻いた・丸めたものが)広がる, 伸びる ②平らになる, 薄くのびる ③《話》夢中になって夢み, 夢中になって耽る

**раска́тывать[2]** [不完] / **раскати́ть** -качу́, -ка́тишь 受過 -ка́ченный [完] 〈御〉①(転がる)速度を上げる ②〈御〉(様々な方向に)転がす; 〈丸太造りの建物を〉解体する ③《不完》《話》乗り回す, あちこち旅行する **//**

**раска́чать(ся)** [完] →раска́чивать(ся)

**раска́чивание** [中5] 揺り動かす[揺り動く]こと；(揺さぶって)ぐらぐらにする[になる]こと

**раска́чивать** [不完] / **раскача́ть** 受過 -ка́чанный [完] 〈對〉① 揺り動かす ②〈對〉(動きをつけるため)何回か振る[ゆする] ③〈對〉(揺さぶって)ぐらぐらにする ④《話》無気力の状態からぬけだす, …にやる気を起こさせる ⑤〈對〉《俗》揺り動かす

**раска́чиваться** [不完] / **раскача́ться** [完] ①(激しく)ゆれだす ②揺さぶられて(ぐらぐらと)動きだす ③《話》無気力の状態から抜け出す, やる気を起こす ④《不完》《話》よろよろ歩く

**раска́чка** [女2] 揺り動かす[揺り動く]こと；やる気を起こさせる[起こす]こと

**раска́шивать** [不完] / **раскоси́ть** -ошу́, -оси́шь 受過 -о́шенный(-шён, -шена́)/-о́шенный [完] 〈對〉① (筋交い・斜材で)強化する, 補強する ②《話》(スカートなどを)フレア型に裁つ ③〈對〉横目で見る

**раска́шливаться** [不完] / **раска́шляться** [完] 激しく咳(ॷ)き込みだす

**раска́яние** [中5] 後悔, 悔い

**раска́яться** [完] →раска́иваться

**расквартирова́ть** -ру́ю, -ру́ешь 受過 -о́ванный [完] 〈對〉兵士に)宿舎を割り当てる, 分宿させる

**расква́шивать** [不完] / **расква́сить** -ва́шу, -ва́сишь 受過 -ва́шенный [完] 〈對〉①《俗》〈對〉血が出るほど打つ, 傷つける ②ぬかるみにする

**расквита́ться** [完] 〈с與〉①…と清算する, 勘定を済ませる ②《話》…に仕返しする, 報復する

**раскида́й(ся)** [完] →раски́дывать¹

**раски́дистый** 短 -ист [形1] ①大きく枝を張った, 左右に広がった ②広々とした, ゆったりした

**раски́дывать¹** [不完] / **раскида́ть** 受過 -и́данный [完] 〈對〉① 投げ散らす, まき散らす ②(通例受過)あちこちに置く, 散在させる ③ 離ればなれにする ∥ **~ся¹** [不完] / [完] ①手足を投げ出す, 大の字に横になる ② 散在する, 散らばる

**раски́дывать²** [不完] / **раски́нуть** -ну, -нешь 受過 -тый [完] 〈對〉①大きく広げる, 開く ②(広げて)敷く ③(広い空間に)配置する, 並べる ④(組み立て式のものなどを)広げる, 張る ♦ **~ умо́м [мозга́ми]** よく考える, 頭を働かせる ∥ **~ся²** [不完] / [完] ①《話》大きく広がる；手足を伸ばして横たわる[座る] ②(広い空間に)広がる

**раскипяти́ться** [完] →кипяти́ться

**раскиса́ть** [不完] / **раски́снуть** -ну, -нешь 受過 -ис, -и́сла [完] ①発酵してふくれる, 発酵してすっぱくなる ②べとべとになる, どろどろになる, ぬかるむ ③《話》ぐったりする, 元気がなくなる ④《話・非難》あまりにも感動する, 感傷的になりすぎる

**раскла́д** [男1] ①配置, 配列, 並べること；割り当て, 分配： **~ сил** 勢力分野 ②(通例複)〈若者〉状況, 相互関係 ③〈若者〉(通例複)計画, もくろみ ♦ **Вот тако́й ~**. そういうことになる.

**раскла́дка** 複生 -док [女2] ①配置, 配列 ②広げる[伸ばす], 敷くこと ③配分, 割り当て ④配分率 ⑤分配 ∥ **-очный** [形1]

**расклад́но́й** [形2] 折り畳み式の, 畳みこめる

**расклад́у́шка** 複生 -шек [女2] 簡易折り畳み式ベッド

**раскла́дывать** [不完] / **разложи́ть²** -ожу́, -о́жишь 受過 -о́женный [完] 〈對〉① 並べる： **Она́ разложи́ла свои́ ве́щи по по́лкам**. 彼女は自分の持ち物を棚に分けて並べた. ② 広げる, 伸ばす；〈絨毯などを〉敷く ③ 配分する, 割り当てる： **~ расхо́ды на всех па́йщиков** 経費を全出資者に割り当てる ④火をつける, 燃え上がらせる： **~ костёр** たき火を焚く ∥ **~ся** [不完] / [完] 《話》自分の持ち物を配置する, きちんと並べる

**раскла́ниваться** [不完] / **раскла́няться** [完] 〈с與〉(会った時・別れる時に)お辞儀をして挨拶する (拍手に応えて・敬意を表して)お辞儀をする

**расклассифици́ровать** [完] →классифици́ровать

**расклёвывать** [不完] / расклева́ть -лю́ю, -люёшь 命-лю́й 受過 -лёванный [完] 〈對〉①(くちばしで)砕く, 穴を開ける ②つついみ尽くす

**раскле́ивание** [中5] はがす[はがれる]こと；多くの場所に貼ること

**раскле́ивать** [不完] / **раскле́ить** -е́ю, -е́ишь 受過 -е́енный [完] ①〈對〉(貼り合わせたものを)はがす ②《話》〈くぼんだ・唇を〉やっと開ける ③ 多くの場所に貼る： **~ объявле́ния** 広告を方々に貼る ∥ **~ся** [不完] / [完] ①貼り合わせたのがはがれる ②《話》駄目になる, うまくいかない ③《話》体調が悪くなる, 病気になる

**раскле́йка** 複生 -е́ек [女2] はがす[はがれる]こと；多くの場所に貼ること

**раскле́йщик** [男2] ポスターなどを貼る人

**расклёпыва|ть** [不完] / **расклепа́ть** 受過 -лёпанный [完] 〈對〉①(リベットで留められたものを)分解する, ばらばらにする ②(金属製のものを打って・叩いて)平らにする, つぶす ∥ **-ние** [中5]

**расклёшить** -шу́, -ши́шь 受過 -шённый [完] 〈對〉フレア型に(裾を広く)裁断する

**раскли́нивать** [不完] / **раскли́нить** -ню, -нишь 受過 -ненный, **расклини́ть** -ню́, -ни́шь 受過 -лине́нный (-нён, -нена́) [完] 〈對〉①くさびを抜く ②(くさびを打ち込んで)割る, 裂く ∥ **~ся** [不完] / [完] (くさびが外れる)割れる, 裂ける]

**раско́ванн|ый** 短 -ан, -анна [形1] 気楽な, のびのびした, 自由奔放な ∥ **-о** [副] ∥ **-ость** [女10]

**раско́вывать** [不完] / **раскова́ть** -кую́, -куёшь 命-ку́й 受過 -о́ванный [完] 〈對〉①…の蹄鉄(ॷ)を外す ②…の枷(ॷ)を外す；無所から解放する, 自由にする ③〈金属を〉鍛えて平らに[薄く]する, 鍛圧する

**расковы́ривать** [不完] / **расковыря́ть** 受過 -ы́рянный [完] 〈對〉①ほじくって穴を開ける[大きくする] ②かきむしる, (ほじって)傷つける

**раско́л** [男1] ①割る[割れる]こと；分裂 ②割れた箇所, 割れ目 ③〈史〉分離派運動と分離派, 古儀式派 ④〈政〉分裂主義者, 分裂策動家 ⑤《警察・隠》尋問, 取り調べ： **идти́ в ~** 犯行を認める[自白する]

**раскола́чивать** [不完] / **расколоти́ть** -лочу́, -ло́тишь 受過 -ло́ченный [完] 〈對〉①(釘づけされたものを)打ち壊す, 開ける ②叩いて広げる[のばす] ③《話》割る, 砕く ④(打って)ひどく傷つける ⑤《話》打ち負かす, 撃破する

**расколо́ть(ся)** [完] →раска́лывать, раско́лоть(ся)

**раско́льни|к** [男2] ①〈宗・史〉分離派教徒, 古儀式派教徒 ②〈政〉分裂主義者, 分裂策動家 ∥ **-ческий** [形3], **-чий** [形9] ∥ ①

**раскома́ндоваться** -дуюсь, -дуешься [完] 周囲に指図し始める ♦ **Чего́ раскома́ндовался!** 何様のつもりだ

**раскопа́ть** [完] →раска́пывать

**раско́пка** 複生 -пок [女2] ①掘ること, 掘り当てること ②(複)発掘, 発掘(作業)；発掘現場

**раскорми́ть** [完] →раска́рмливать

**раскорчёвывать** [不完] / **раскорчева́ть**

-чую, -чуешь 受過 -чёванный [完] ⟨接頭⟩⟨根・切り株などを⟩取り除く **raskáшивать** [不完] →раскáшивать вок [女2]

**раскоря́ка** (女2変化) [男・女] 《俗》またに股の人; 不格好なもの

**раскоря́чивать** [不完] / **раскоря́чить** -чу, -чишь 受過 -ченный [完] 《俗》⟨接頭⟩⟨足・手・枝などを⟩ぶかっこうに広げる ∥**~ся** [不完] / [完] 《俗》自分の足 [手, 枝] をぶかっこうに広げる

**раско́с** [男1] 斜めに立てた支柱, 筋交い

**раскоси́ть** [完] →раскáшивать

**раско́сый** [形1] ① 斜視の, やぶにらみの ② 目じりが上がった, つり目の

**раскошéливаться** [不完] / **раскошéлиться** -люсь, -лишься [完] 《話》財布のひもを緩める, 散財しだす

**раскра́ивать** [不完] / **раскро́ить** -ою́, -ои́шь 命 -ой-óенный [完] ⟨接頭⟩ ① 裁断する, 裁断する ② 《話》に重傷を負わせる, 叩き割る [切る]

**раскра́сить** [完] →раскра́шивать

**раскра́ска** 複生 -сок [女2] ① 彩色, 着色 ② 色模様, 色合い ③ 《話》ぬり絵帳

**раскрасне́ться** [完] (顔が) 真っ赤になる, 紅潮する

**раскра́шивать** [不完] / **раскра́сить** -кра́шу, -кра́сишь 受過 -кра́шенный [完] ⟨接頭⟩ ⟨様々な色で⟩塗る, 彩色する ∥**-ние** [中5]

**раскрепля́ть** [不完] / **раскрепи́ть** -плю́, -пи́шь 受過 -плённый (-лён, -лена́) [完] ⟨接頭⟩ ① 固定しているものを⟩外す, 緩める ② 支柱で補強する

**раскрепоща́ть** [不完] / **раскрепости́ть** -ощу, -ости́шь 受過 -ощённый (-щён, -щена́) [完] ⟨接頭⟩ ① 解放する, 自由にする ② 《史》農奴の身分から解放する ∥**~ся** [不完] / [完] ① 解放される, 自由になる ② 《史》農奴の身分から自由になる

**раскрепоще́ние** [中5] ① 農奴の身分からの解放 ② (一般に) 解放

**раскритико́вывать** [不完] / **раскритикова́ть** -кую, -куешь -óванный [完] ⟨接頭⟩ 痛烈に批判する, 酷評する

**раскрича́ть** -чу́, -чи́шь [完] 《話》⟨接頭⟩⟨о что⟩…を喧伝(%)する, 言いふらす

**раскрича́ться** -чу́сь, -чи́шься [完] 《話》① 大声で叫びたてる, 激しく泣きだす ② ⟨на кого⟩に怒鳴りつける, 大声でののしる

**раскро́ить** [完] →раскра́ивать

**раскро́й¹** [男6] ① 裁断, カッティング ② 裁断されたもの ∥**-ный** [形1]

**раскро́й²**〔命令〕<раскры́ть

**раскро́йка** [女2] 裁断, カッティング

**раскроши́ть(ся)** [完] →кроши́ть

**раскрути́ть(ся)** [完] →раскру́чивать(ся)

**раскру́тка** 複生 -ток [女2] ① 《話》(よった・巻いたものを) ほどく [ほぐす] こと ② 《話》展開; 販売促進, プロモーション

*__раскру́чивать__ [不完] / **раскрути́ть** -учу́, -у́тишь -у́ченный [完] ⟨接頭⟩ ① [untwist, spin] ⟨接頭⟩ ① ⟨よった・巻いたものを⟩ほどく, ほぐす, 解く ② ⟨ねじなどを⟩緩める, 抜く ③ 激しく回転させる ④ 《話》解明する, あばく ⑤ 拡大する, 展開する, 育成する; 有名にする ⑥ 《若者》説き伏せる, 口説き落とす ⑦ 《音楽》よい広告を作る ⟨演奏家・グループ⟩を後援する, 人気にする

*__раскру́чиваться__ [不完] / **раскрути́ться** -учу́сь, -у́тишься [完] ① (よった・巻いたものが) ほどける, ほぐれる, 解ける ② (ねじなどが) 緩む, 抜ける ③ 激しく回転し始める ④ 《話》拡大する, 発展する ⑤ 《俗》⟨若者・音楽⟩ビジネスで成功する ⑥ 《若者・音楽》広告 (後援者) のおかげで人気になる ⑦ [不完] ⟨受身⟩<раскру́чивать

*__раскрыва́ть__ [ラスクルィヴァーチ] [不完] / **раскры́ть** [ラスクルィーチ] -ро́ю, -ро́ешь 命 -ро́й 受過 -тый [完] 〔open, expose〕⟨接頭⟩ ① 開ける, 開く: ~ чемода́н スーツケースを開ける | ~ окно́ 窓を開ける | ~ зо́нтик 傘を開く | *Раскро́й* тетра́дь. ノートを開けなさい ② 広げる, 開く ③ (覆いを取って) あらわにする, 見えるようにする: ~ грудь 胸をあらわにする ④ 明らかにする, 暴露する: ~ та́йну 秘密を暴く | Они *раскры́ли* подро́бности происше́ствия. 彼らは事件の詳細を明らかにした

◆ ~ *глаза́* 驚く, びっくりする | ~ *глаза́* 助 на 助 …への目を開かせる, 真実を悟らせる | ~ *объя́тия* 助 …に抱擁の手を広げる, …を抱擁して迎える | ~ *(свою) ду́шу* [*пе́ред* 造] …に胸襟をひらく

**раскрыва́ться** [不完] / **раскры́ться** -ро́юсь, -ро́ешься [完] ① 開く: Дверь *раскры́лась*. ドアが開いた ② (覆っていたものが取れて) あらわになる, むき出しになる ③ 明らかになる, 露見する: Та́йна *раскры́лась*, 秘密が明らかになった ④ 本心を打ち明ける, 本性を示す, 自己を発揮する: ~ пе́ред дру́гом 友人に本心を打ち明ける ⑤ 服を脱ぐ, 肌を出す ⑥ [不完] 〔受身〕<раскрыва́ть

**раскры́тие** [中5] 開けること, 開くこと; あらわにすること; 明らかにすること, 暴露

**раскры́ть(ся)** [完] →раскрыва́ть(ся)

**раскуда́хтаться** -хчусь, -хчешься [完] 《話》① (めんどりが) けたたましく鳴きだす ② 興奮して支離滅裂に話しだす

**раскула́чива|ть** [不完] / **раскула́чить** -чу, -чишь 受過 -ченный [完] 《史》⟨接頭⟩富農から生産手段 [土地, 政治的権利] を奪う, 富農を撲滅する ∥**-ние** [中5]

**раскупа́ть** [不完] / **раскупи́ть** -уплю́, -у́пишь 受過 -у́пленный [完] ⟨接頭⟩ (次々と・少しずつ) 全部買う, 買い尽くす

**раску́поривать** [不完] / **раску́порить** -рю, -ришь 命 -ри/-рь 受過 -ренный [完] ⟨接頭⟩…の栓を抜く [開ける]

**раску́ривать** [不完] / **раскури́ть** -урю́, -у́ришь 受過 -у́ренный [完] ① ⟨接頭⟩⟨たばこなどに⟩火をつける ② [不完] 《話》たばこを吸っている時を過ごす ∥**~ся** [不完] / [完] ① (たばこなどに) 火がつく ② 《話》盛んにたばこを吸い始める

**раску́сывать** [不完] / **раскуси́ть** -ушу́, -у́сишь 受過 -у́шенный [完] ① ⟨接頭⟩噛み砕く, 噛み切る ② [完] 《話》よく理解する, 飲み込む

**ра́совый** [形1] 人種の: ~ предрассу́док 人種的偏見 | *-ая* дискримина́ция 人種差別

*__распа́д__ [男1] [disintegration] 分解, 分裂; 崩壊, 瓦解: ~ семьи́ 家族離散

**распада́ться** / **распа́сться** -паде́тся -па́лся 能過 -па́вшийся 副分 -па́вшись [完] ① ばらばらになる, 崩れる, 分解する, 分裂する ② 崩壊する, 瓦解する ③ [不完]《文》⟨из 助 から⟩成る

**распаде́ние** [中5] 分解, 分裂; 崩壊, 瓦解

**распа́док** -дка [男2] 《方》(東シベリアで) 狭い谷間, 峡谷

**распа́ивать** [不完] / **распая́ть** -па́янный [完] ⟨接頭⟩の⟩はんだ付けをはがす ∥**~ся** [不完] はんだ付けがはがれる ∥**распа́йка** [女2]

**распако́вка** [女2] 包装 [梱包] を解くこと, 荷ほどき

**распако́вывать** [不完] / **распакова́ть** -ку́ю, -ку́ешь -óванный [完] ⟨接頭⟩⟨包装・梱包などを⟩解く, 開ける: …を (包装・梱包などを解いて) 出す ② [完] ⟨コン⟩⟨ファイルを⟩解凍する ∥**~ся** [不完] ① [自分の荷物をほどく ② (包装・梱包などが) ほどける ∥**-ние** [中5]

**распаля́ть** [不完] / **распали́ть** -лю́, -ли́шь 受過

-лённый (-лён, -лена́) [完] 〈団〉 ① 《話》強く熱する ② ひどく刺激する［興奮させる］ **// ~ся** [不完] ／ [完] ① 《話》ひどく熱くなる ② ひどく刺激される［興奮する］;〈на 田〉に激怒する

**распа́рива|ть** [不完] ／ **распа́рить** -рю, -ришь 受過 -ренный [完] 〈団〉 ① 蒸気［熱湯］で柔らかくする, 蒸す, ふかす ②〈湯・風呂で〉よく温める ③《話》汗をかくほど暖める;〈ひどく熱して〉ぐったりさせる **// ~ся** [不完] ／ [完] ① 蒸気［熱湯］で柔らかくなる ②《話》汗をかくほど暖まる, 暑くて汗を出す **// ~ние** [中5]

**распа́рывать** [不完]〈団〉①〈縫い目を切る, ほどく (поро́ть¹) **// ~ся** [不完] 縫い目がほどける, ほころびる (поро́ться)

**распа́сться** [完] → распада́ться

**распа́хивание** [中5] ① 開墾する ② 広く［勢いよく］開ける［開く］こと

**распа́хивать¹** [不完] ／ **распаха́ть** -пашу́, -па́шешь 命 -паши́ 受過 -па́ханный [完]〈団〉未墾の土地を］耕す, 開墾する

**распа́хивать²** [不完] ／ **распахну́ть** -ну́, -нёшь 受過 -а́хнутый [完]〈団〉広く［勢いよく］開ける, 開け放つ ◆ **~ (свою́) ду́шу пе́ред** 團 …に胸襟をひらく, 胸中を打ち明ける **// ~ся** [不完] ／ [完] ①〈広く［勢いよく］開く, 開け放たれる ②〈自分の衣服の裾を開く, まくる ③ 〈眼前に〉広がる

**распа́шка** [女2] 開墾

**распашно́й** [形2] ①〈ボタン・ホックのない〉かき合わせ式の ② 左右に開く, 両開きの ③《スポ》スカルの ④ 開墾用の

**распашо́нка** 複生 -нок [女2] ①〈かき合わせ式の乳児用シャツ ②〈かき合わせ式のシャツ［上着］ ③《話》〈向かい合わせの小部屋と真ん中の部屋から成る〉小型の住居

**распая́ть(ся)** [完] → распа́ивать

**распе́в** [男1] ①〈楽・キリスト〉〈古い聖歌の〉歌唱法;〈それによる〉聖歌: зна́менный ~ ズナメニ聖歌 ②〈楽〉練習［喉慣らし］として歌うこと ③ 朗読・会話での〉歌うような調子の発音

**распева́ть** [不完] ／ **распе́ть** -пою́, -поёшь 命 -пой 受過 -тый [完]〈団〉①〈楽〉(リハーサル・練習として)歌う ② 声の練習をする, 喉をならす ③《不完》《話》大声で楽しそうに歌う **// ~ся** [不完] ／ [完] ①〈歌に夢中になる, 夢中になって歌う ②〈しばらく声を慣らして〉うまく歌えるようになる

**распе́чь** [不完] ／ **распе́чь** -еку́, -ечёшь, -еку́т 命 -еки́ 過 -пёк, -пекла́ 能過 -пёкший 受過 -чён (-чён, -чена́) [完]《話》〈団〉厳しく叱る, 怒鳴りつける

**распелёнывать** [不完] ／ **распелена́ть** 受過 -лёнатый (-лёнутый) [完]〈団〉〈おむつを取る

**распере́ть** [完] → распира́ть

**распетуши́ться** [完] → петуши́ться

**распе́ть(ся)** [完] → распева́ть

**распеча́тать(ся)** [完] → распеча́тывать

**распеча́тка** -ток [女2] ① 複写 ②《コン》プリントアウト ③ 印刷された資料

**распеча́тыва|ть** [不完] ／ **распеча́тать** 受過 -ча́танный [完]〈団〉① …の封を切る, 封印を切り開ける, 開封する: ~ письмо́ 手紙を開封する ｜ бо́чку с вино́м ワイン樽の封を切る ②〈たくさんコピーする, 複写する;〈フィルムなどを〉プリントする: ~ програ́мму конфере́нции 会議のプログラムをコピーする ③《コン》プリントアウトする **// ~ся** [不完] ／ [完]〈団〉封がはがれる, 封印されたものが開く **// ~ние** [中5]

**распе́чь** [完] → распека́ть

**распива́ть** [不完] ／ **распи́ть** разопью́, разопьёшь 過 -пи́л, -пила́, -пи́ло 受過 -пи́тый (-и́т, -ита́/-и́та, -и́то) [完] ①〈団〉一緒に飲み干す ②《不完》何かを飲んで時を過ごす

**распи́ливать** [不完] ／ **распили́ть** -пилю́, -пи́лишь 受過 -пи́ленный [完]〈団〉のこぎりで切り分ける **// распи́лка** [女2]

**распи́вочно** [副]〈酒類の〉店内飲用に, コップ売りで

**распина́ть** [不完] ／ **распя́ть** -пну́, -пнёшь 命 -пни́ 受過 -тый [完]〈団〉十字架にかける, 磔［たく］にする

**распина́ться** [不完]〈за 団/пе́ред 団のために〉骨を折る, 尽力する: 弁難する

**распира́ть** [不完] ／ **распере́ть** разопру́, разопрёшь 命 разопри́ 過 -пёр, -пёрла 能過 -пёрший 受過 -пёртый 副分 -рев [完]〈団〉①《通例無人称》〈内からの圧力で〉おし広げる, 割る, 破裂させる ②《通例無人称》《俗》ふくらます; 大きくする ③《話》〈で補強する, 肋交いを入れる ④《不完》《話》〈感情・気分などが胸を〉いっぱいにする

**※расписа́ние** [ラスピサーニエ] [中5]〈timetable, schedule〉時刻表, 時間割, 日程表: ~ (движе́ния) поездо́в 列車の時刻表 ｜ составля́ть ~ уро́ков 授業の時間割を作成する ■ **шта́тное ~** 職員現員

**расписа́(ся)** [完] → распи́сывать(ся)

**распи́ск|а** 複生 -сок [女2] ①〈書き込むこと, 記入; 描くこと;〈счето́в 計算の記入 ②〈署名, サイン(по́дпись) ③〈受領書, 領収書: да́ть 与 -у …に領収書を出す ｜ сда́ть (получи́ть) под -у 受領書（受取書）と引き換えに渡す［受け取る］｜ письмо́ с обра́тной -ой 配達証明郵便物

**расписно́й** [形2] 絵で飾られた, 模様の付いた

**распи́сыва|ть** [不完] ／ **расписа́ть** -ишу́, -и́шешь 受過 -и́санный [完]〈団〉①（様々な場所に）書き込む, 記入する, 書き抜く: ~ слова́ на ка́рточки 単語をカードに記入する ②〈割り当てる, 配分する, 予定を組む: Все дни распи́саны. どの日も全部予定が入っている ③ …に絵を描く, 模様を付ける: ~ сте́ны 壁に絵を描く ④《話》《通例諷刺して》詳しく描写［描く］する: ~ свои́ приключе́ния 自分の冒険を尾ひれを付けて話す ⑤《話》…の結婚を登録する: Снача́ла нас расписа́ли, а пото́м мы обвенча́лись в це́ркви. 結婚を登録してから, 私たちは教会で結婚式を挙げた **// ~ние** [中5]

**распи́сываться** [不完] ／ **расписа́ться** -ишу́сь, -и́шешься [完] ①〈確認のために〉署名する, サインする: ~ в получе́нии телегра́ммы 電報を受け取ったサインをする ②〈в団〉〈不愉快なことを〉〈自分の行動で〉裏書きする, さらけだす: ~ в со́бственном неве́жестве 自分の無知を裏書きする ③《話》〈с団との〉結婚を登録する: Мы с ней расписа́лись. 僕ら2人は結婚を登録した ④《話》書くことに夢中になる

**распи́ть** [完] → распива́ть

**распи́хивать** [不完] ／ **распиха́ть** 受過 -и́ханный [完]《話》〈団〉①〈押しのける, 押し分ける ②〈どうにか方々へ〉押し込む, 突っ込む

**распла́в** [男1]〈工〉溶解; 溶解物

**распла́вить(ся)} [完] → пла́вить(ся), расплавля́ть

**расплавле́ние** [中5]〈理〉溶解: ~ я́дерного то́плива 炉心溶解

**расплавля́ть** [不完] ／ **распла́вить** -влю, -вишь 受過 -вленный [完]〈団〉溶かす, 溶解する **// ~ся²** [不完] ／ [完] 溶ける, 溶解する

**распла́каться** -а́чусь, -а́чешься [完] 激しく泣きだす

**распланирова́ть** [完] → планирова́ть

**распла́стывать** [不完] ／ **распласта́ть** 受過 -пла́станный [完]〈団〉①〈層状にする, 層に分ける;〈魚を〉おろす ②〈平らにする, のばす ③〈平らに横たえる ④〈翼・手をいっぱいに広げる, 水平に広げる **// ~ся** [不完] ／ [完]〈全身をべったりつけて〉あおむけに［うつぶせ

**распла́та** [女1] ①支払い, 完済, 清算 ②罰, 報い, 報復: ~ за грехи́ 天罰 | Пришёл час ~ы. 年貢の納め時だ

**распла́чиваться** [不完] / **расплати́ться** -ачу́сь, -а́тишься [完] ①⟨с⟩…への支払いを済ませる, …を完済する, 清算する: ~ креди́тной ка́ртой [нали́чными] クレジットカード[現金]で支払う | Мы расплати́лись с кредито́рами. 私たちは債権者との清算を済ませた ②⟨с⟩報復する, 仕返しする: ~ с оби́дчиком 侮辱者に報復する ③⟨за刨⟩罰[報い]を受ける: ~ за преступле́ние 罪の報いを受ける

**расплева́ться** -люю́сь, -люёшься [完] [俗]⟨с刨⟩⟨嫌なものと⟩縁を切る: …と絶交する, けんか別れする

**расплёскивать** [不完] / **расплеска́ть** -лещу́/-ка́ю, -ле́щешь/-ка́ешь 命 -лещи́/-ка́й 受過 -лёсканный [完], **расплесну́ть** -ну́, -нёшь 受過 -лёснутый [完][一回] ⟨刨⟩⟨液体を⟩こぼす, はね散らす **∥ ~ся** [不完]/[完] ①⟨液体が⟩こぼれる, はね散る ②[完][話]激しくはじまる, 激しくはばしり始める

**расплета́ть** [不完] / **расплести́** -ету́, -етёшь -ёл, -ела́, -лела́ 能過 -лётший 受過 -етённый (-тён, -тена́) 副分 -етя́ [完] ⟨刨⟩ほどく, 解く **∥ ~ся** [不完]/[完] ほどける, 解ける

**расплоди́ть(ся)** [完] →плоди́ть

**расплыва́ться** [不完] / **расплы́ться** -лыву́сь, -лывёшься 過 -лы́лся, -ыла́сь, -ыло́сь/-ыло́сь [完] ①⟨液体が⟩流れて広がる, にじむ: Черни́ла расплы́лись на бума́ге. インクが紙ににじんだ ②⟨輪郭が⟩ぼやける, はっきり見えない ③[話]ふくれる, 太る ④⟨喜び・満足感などが顔に⟩現れる: 満面の笑みを浮かべる; ⟨顔・唇が笑みで⟩ほころびる ⑤⟨多くのものが⟩四方に泳ぎ去る, 四散する

**расплы́вчат|ый** 短 -ат [形1] ①⟨輪郭が⟩はっきりしない, ぼやけた: ~ые очерта́ния гор ぼんやりした山々の輪郭 ②不明確な, 曖昧な: ~ ответ 曖昧な答え **∥ -о** [副] **∥ -ость** [女10]

**расплы́ться** [完] →расплыва́ться

**расплю́щивать** [不完] / **расплю́щить** -щу, -щишь 受過 -щенный [完] ⟨刨⟩強く圧して・叩いて平らにする, つぶす **∥ ~ся** [不完]/[完] ⟨強く圧されて・叩かれて⟩平らになる, つぶされる

**распого́диться** -дится [完] [無人称][話]天気がよくなる, 晴れてくる

**расподобле́ние** [中5] [言](音声の)異化(ディスミミラ́ция)

**распознава́ть** -наю́, -наёшь 命 -ва́й 受見 -ва́емый 副分 -ва́я [不完] / **распозна́ть** 受過 -по́знанный [完], ⟨刨⟩を見分ける, 識別する, 見抜く, 判定する ②[話]探る, 調べる, 聞き出す **∥ распознава́ние, распозна́ние** [中5]

*располага́ть[1] [ラスパラガーチ] [不完] / **расположи́ть** [ラスパラジーチ] -ожу́, -о́жишь 命 -жи́ 受過 -о́женный [完] ①⟨刨⟩ [place] 配置する, 並べる, 置く: ~ слова́ по алфави́ту 単語をアルファベット順に並べる ②…の好感を呼び起こす, …の好意を得る, …を引きつける: Чем он расположи́л её к себе́? あいつはどうやって彼女の心を引きつけたのか

**располага́ть[2]** [不完] ⟨刨⟩持っている, 所有している: ~ но́выми све́дениями 新しい情報を持っている | Я не располага́ю "свобо́дным вре́менем [таки́ми сре́дствами]". そんな時間[そんなお金]はありません ②⟨刨⟩自由に使う, 思い通りに処理する: Мо́жете мной ~. 何なりと私にお申しつけ下さい ③⟨刨 к刨⟩…にふさわしい気分を作り出す, …の…を助長する, …に好都合である: Журча́ние реки́ располага́ет ко сну́. 川のせせらぎが眠気をさそう

*располага́ться [不完] / **расположи́ться** -ожу́сь, -о́жишься [完] [be located] ①場所[席]を占める, 陣取る; 位置する: Го́род расположи́лся у подно́жия горы́. 町は山のふもとに位置している ②⟨話⟩⟨к刨⟩に好感[好意]を持つ ③[不完][受身] < располага́ть[1]

**располага́ющий** [形6] 好感のもてる, 感じのよい

**располза́ться** [完] ⟨話⟩そろそろ這(は)い始める

**располза́ться** [不完] / **расползти́сь** -зу́сь, -зёшься 過 -по́лзся, -ползла́сь [完] ①⟨多くのものが⟩あちこちに這って去る; 散らって行く ②⟨3人称⟩[話](輪郭が)ぼやける, にじむ; (雲などが)広がる ③[話](古くなって)破れる, 崩れる ④[俗]太る

*расположе́н|ие [中5] ①配置(すること), 配列; 場所を占めること; 配置の仕方, 並べ方: ~ ко́мнат в до́ме 家の間取り ②[軍](軍隊の)配置地, 陣地: вто́ргнуться в ~ проти́вника 敵陣に侵入する ③好意, 好感, 共感: чу́вствовать ~ к 刨 …に好意を感じる ④気分, 欲求: просну́ться в хоро́шем ~ии 気分よく目覚める ⑤傾向, 性向: У неё ~ к полноте́. 彼女は太りやすいたちだ ◆ **~ ду́ха** 機嫌, 気分: быть в хоро́шем [плохо́м] ~ии ду́ха 機嫌がいい [悪い]

**расположенн|ый** 短 -ен, -ена [形1] ①位置する, 場所を占めている: Екатеринбу́рг располо́жен на Ура́ле. エカチェリンブルクはウラルに位置する ②(通例短尾)⟨к刨⟩に好感[好意]を持っている: Она́ к вам о́чень располо́жена. 彼女はあなたにとても好感を持っている ③(通例短尾)⟨к刨 の/不定形する⟩気分[欲求]がある: Я не располо́жен занима́ться дела́ми. 仕事をする気分にない ④⟨к刨⟩…の傾向[性向]にある: ребёнок, ~ к просту́де 風邪をひきやすい子 **∥ -ость** [女10]

**расположи́ть(ся)** [完] →располага́ть[1](ся)

**располосова́ть** [完] →полосова́ть

**распо́р** [男1] [工]スラスト, 推力, 横圧力

**распо́рка** 複生 -рок [女2] ①筋交い, 支柱 ②広げる [伸ばす]ための装置

**распоро́ть(ся)** [完] →поро́ть[1]

**распоряди́тель** [男5] **/ ~ница** [女3] 管理者, 責任者, 幹事

**распоряди́тельн|ый** 短 -лен, -льна [形1] ①[公]管理の, 運営の ②管理[運営, 経営]の能力がある, 敏腕である **∥ -ость** [女10] **/ -о** [副]

**распоря́док** -дка [男2] ①決まり, 習わし, 秩序: пра́вила вну́треннего -ка 内規 | ~ дня 日課(表)

*распоряжа́ться[1] [不完] / **распоряди́ться** -яжу́сь, -яди́шься [完] [order, make arrangements] ①命令する, 指図する: Дире́ктор распоряди́лся встре́тить госте́й. 所長は客を出迎えるよう命じた ②⟨刨⟩/⟨話⟩⟨刨⟩を使用する, 処理する, 手配する: 取り扱う: ~ насле́дством 遺産を処理する

**распоряжа́ться[2]** [不完] ⟨в刨⟩を切り盛りする, 取りしきる, 管理する ②主人顔をする, わがもの顔に振る舞う: ~ в чужо́м до́ме 他人の家で主人顔をする

*распоряже́н|ие [ラスパリジェーニエ] [中5] [order, direction] ①処理, 処置, 管理: ~ деньга́ми 金銭の管理 ②命令, 指令, 指図: отда́ть ~ 指令を出す | Жди́те сле́дующего -ия. 次の指令を待ちなさい ◆ **в ~** ⟨公⟩…の裁量下に, 配下に(置く) | **в ~ -ии** 刨 …の管理[管轄]下に, 手中に(ある): име́ть 刨 в своём -ии …を自分の物にできる

**распоя́сывать** [不完] / **распоя́сать** -я́шу, -я́шешь 命 -я́шь 受過 -я́санный [完] ⟨刨⟩のベルトを外す, 帯を解く **∥ ~ся** [不完]/[完] ①(自分の)ベルトを外す, 帯を解く ②[話]あつかましくなる, ずうずうしくなる, 抑えがきかなくなる

**распра́в|а** [女1] (通例肉体的な)制裁, 懲罰 ◆ **тво-**

**рить суду́ и -у** 自分の裁量で許したり罰したりする, 独断で処理する

**расправля́ть** [不完] / **распра́вить** -влю, -вишь 受過 -вленный [完] 〈訳〉① 真っすぐにする, 平らにする,〈しわなどを〉伸ばす ②〈体の部位を〉伸ばす, 真っすぐにする ◆ **~ кры́лья** 羽を広げる, 思いっきり活動する **| ~ пле́чи** 元気づく, 力が出てくる

**расправля́ться** [不完] / **распра́виться** -влюсь, -вишься [完] ① 真っすぐになる, 平らになる, (しわなどが) 伸びる ②〈体の部位が〉伸びる, 真っすぐになる ③〈сⓇ〉…に制裁を加える, …を懲罰する ④《話》〈сⓇ〉…を処理する, 片付ける〈食べ物を〉平らげる

*распределе́ние [ラスプリジリェーニエ] [中5] 〔distribution〕① 分配, 配分, 割り当て, 割り振り : ~ рабо́ты ме́жду сотру́дниками 職員間の仕事の分配 ② 分布

**распредели́тель** [男5] ① 分配係, 配分係 ② 分配器, 配電器 ③ 分配を担当する機関

**распредели́тельный** [形1] 分配の, 配分の, 割り当ての

*распределя́ть [不完] / распредели́ть -лю́, -ли́шь 受過 -лённый (-лён, -лена́) [完] 〔distribute〕〈訳〉① 分配する, 配分する, 割り当てる ② 配置する, 割り振る ③〈новичко́в в〉 就職させる, (職場に) 振り向ける ④ 順序を決める **‖ ~ся** [不完] [完] ① (グループなどに) 分かれる ② 割り当てられる, 割り振られる ③《話》(新卒者が職場に) 振り分けられる

**распродава́ть** -даю́, -даёшь 命 -ва́й [不完] / **распрода́ть** -да́м, -да́шь, -да́ст, -дади́м, -дади́те, -даду́т 命 -да́й про́дал/-прода́л, -продала́, про́дало/-прода́ло受過 про́данный [完] 〈訳〉売り尽くす, 売り切る : Все биле́ты распро́даны. チケットは売り切れた

*распрода́жа [女4] 〔sale〕大売出し, バーゲンセール ; 売り尽くすこと **‖ -ный** [形1]

**распрода́ть** [完] → распродава́ть

**распропаганди́ровать** -рую, -руешь 受過 -анный [完]《話》〈訳〉宣伝して信じさせる

**распростере́ть** [完] / **распростира́ть** -тру́, -трёшь 命 -три́ 過 -тёр, -тёрла 能過 -тёрший 受過 -тёртый 副分 -тере́в/-тёрши [不完] 〈訳〉① 大きく広げる 〔伸ばす〕②〈影響・効力〉на〈対〉に及ぼす, 拡大する ◆ **с распростёртыми объя́тиями (встре́тить, приня́ть)** もろ手を挙げて, 喜んで (歓迎する) **‖ ~ся** [不完] / [完] ① 大きく広がる ② 大の字になって横たわる [倒れる] ③〈на〈対〉に〉(影響などが) 及ぶ, 拡大する

**распрости́ться** -ощу́сь, -ости́шься [完]《話》〈сⓇ〉(長い・永遠の) 別れを告げる, 決別する

*распростране́ние [ラスプラストラニェーニエ] [中5] 〔spread〕① 広げる [広がる] こと, 拡大 : ~ хо́лода 寒気の拡大 ② 広める [広まる] こと, 普及, 流布 : ~ просвеще́ния 教育の普及 | Э́тот ме́тод име́ет большо́е ~. この方法は広く普及している ③〈匂いなどが〉広がること, 発散

*распространённ|ый [ラスプラストラニョーンヌイ] 短 -ён, -ённа [形1] 〔widespread〕広く見受けられる, 一般に認められる, 普通の, 見なれた : ~ предрассу́док よく見受けられる偏見 **‖ -ость** [女10]

**распространи́тель** [男5] 広める人, 普及者 〔伝播〕者

**распространи́тельный** 短 -лен, -льна [形1] 《文》本来の意味を拡大する

*распространя́ть [不完] / **распространи́ть** -ню́, -ни́шь 受過 -нённый (-нён, -нена́) [完] 〔spread, promote〕〈訳〉① 広げる, 広める : ~ грани́цы госуда́рства 国の領土を拡大する ②…の (作用・適用の範囲を) 広げる, 拡大する ;〈病気を〉伝染させる, 流行させる : ~ де́йствующий распоря́док на всех сотру́дников 現行の決まりを全職員に適用する ③ 広める, 普及させる : ~ зна́ния 知識を普及させる **| ~ слу́хи** 噂を広める ④〈匂いなどを〉発散させる, まき散らす ⑤ より詳しいものにする

*распространя́ться [不完] / **распространи́ться** -ню́сь, -ни́шься [完] 〔spread, expand〕①《文》拡大される, 広がる ②(作用・適用の範囲が)広がる, 広まる : Э́тот зако́н не распространя́ется на несовершенноле́тних. この法律は未成年者には適用されない ③ 広まる, 普及する : Но́вость бы́стро распространи́лась. そのニュースはすぐに広まった ④(匂いなどが)広がる, 漂う : Ре́зкий за́пах распространи́лся по ко́мнате. きつい匂いが部屋中に広まった ⑤《話》こと細かに〔長々と〕話す : ~ о свои́х успе́хах 自分の成功をくどくどと話す ⑥《不完》《受身》<распространя́ть

**распроща́ться** [完] 《話》= распрости́ться

**распры́скивать** [不完] / **распры́скать** 受過 -канный [完]《話》〈訳〉はねかける, ふりかける

**ра́спря** 複生 -ей [女5] 不和, けんか, いさかい

**распряга́ть** [不完] / **распря́чь** -ягу́, -яжёшь, … -ягу́т 命 -яги́ 過 -я́г, -ягла́ 能過 -я́гший 受過 -яжённый (-жён, -жена́) [完] 〈訳〉…の馬具などを外す ;〈馬などを〉(車・そりから) 外す

**распрямле́ние** [中5] 真っすぐにする [なる] こと

**распрямля́ть** [不完] / **распрями́ть** -млю́, -ми́шь 受過 -млённый (-лён, -лена́) [完] 〈訳〉真っすぐにする, 平らにする, 伸ばす **‖ ~ся** [不完] / [完] 真っすぐになる, 伸びる : 姿勢を真っすぐにする

**распря́чь** [完] → распряга́ть

**расспихова́ться** -ху́юсь, -ху́ешься [完]《俗・非難》いらいらする, 神経質になる

**распу́гивать** [不完] / **распуга́ть** 受過 -у́ганный [完] 《話》〈訳〉(おどかして) 追い散らす, 追い払う

**распуска́ние** [中5] ① 溶かすこと ②(噂などを)広めること ③(花・つぼみが)開くこと

**распуска́ть** [不完] / **распусти́ть** -ущу́, -у́стишь 受過 -у́щенный [完] 〈訳〉①〈多くの人を〉(仕事・義務から) 解放する ;〈組織・団体などを〉解散する : ~ шко́льников на кани́кулы 休暇で生徒たちを解放する **| Коми́ссия распу́щена.** 委員会は解散した ② ほどく, 緩める ; 広げる : ~ реме́нь ベルトを緩める ③ (編んだものを) ほどく ; (縫い目を) ほどく, 切る : ~ ста́рый сви́тер 古いセーターをほどく ④ 甘やかす, わがままにさせる : ~ подчинённых теле́й付 を甘やかす ⑤ 溶かす : ~ кра́ску в воде́ 絵の具を水で溶かす ⑥《話》(噂などを) 広める, 言い触らす : ~ спле́тню デマを広める ◆ **~ язы́к**《話・非難》余計なことをしゃべる

**распуска́ться** / **распусти́ться** -пу́щусь, -пу́стишься [完] ①(花・つぼみが)開く ;(木が)葉に覆われる ② ほどける, 緩む ; 広がる ③(編んだものが)ほどける ④ わがままになる, 規律がたるむ ⑤ 溶ける

**распута́ть(ся)** [完] → распу́тывать(ся)

**Распу́тин** [男姓] ① ラスプーチン (Григо́рий Ефи́мович ~, 1864/65-1916; 帝政ロシア末期の怪人物, 宗教家) ② ラスプーチン (Валенти́н Григо́рьевич ~, 1937-; 作家, 農村派の代表)

**распу́тица** [女3] ①(春の雪解け・秋雨で道が通行困難になる)泥濘 (ぬかるみ)期 ② 泥濘期の悪路, ぬかるみ

**распу́тни|к** [男2] **-ца** [女3] 放蕩者, 淫蕩な人

**распу́тничать** [不完] 淫蕩(わたく)にふける, ふしだらな暮らしを送る

**распу́тный** 短 -тен, -тна [形1] 放蕩な, みだらな, ふしだらな

**распу́тство** [ц] [中1] 淫蕩 (いんとう), ふしだらな生活

**распу́тывать** [不完] / **распу́тать** 受過 -у́танный [完] 〈訳〉① ほどく, 解く ②〈馬の前脚をしばったひもを〉解く ③ 解明する, 明らかにする

**распу́тываться** [不完] / **распу́таться** [完] ① ほどける、解ける ②〈馬が前脚をしばったひもから〉解かれる ③《話》明らかになる、解明される ④《話》〈にやな・厄介なものから〉解放される、脱する

**распу́тье** [複生 -ий] [中4] ① 分かれ道、岐路、十字路 ② 《話》= распу́тица ◆**на**-〈**стоя́ть, быть**〉岐路に立って、思い惑って

**распуха́ть** [不完] / **распу́хнуть** -ну, -нешь 命 -ни 過 -ух, -у́хла 能過 -у́хший 副過 -ув [完] ①〈炎症などで〉腫れる、ふくれる ②(量的に)大きくなる、かさばる ③《話》過度に増大する、ふくれ上がる

**распуши́ть** [完] → пуши́ть

**распу́щенн|ый** 短 -ен, -енна [形1] ① わがままな、勝手気ままな、規律のない ② 淫蕩(いんとう)な、みだらな、堕落した ∥**-ость** [女10]

**распыле́ние** [中5] ① 散布、噴霧 ② 粉塵化 ③ 分散

**распыли́тель** [男5] 散布器、噴霧器、霧吹き

**распыля́ть** [不完] / **распыли́ть** -лю́, -ли́шь 受過 -лённый (-лён, -лена́) [完] 〈<>〉 ①〈粉末・液体を〉散布する、吹き散らす ② 粉塵にする ③ 分散させる、分割する

**распыля́ться** [不完] / **распыли́ться** -ли́тся [完] ①〈粉末・液体が〉散布される、飛び散る ② 粉塵になる ③ 分散する、細かく分かれる ④ [不完]《話》(1つのことに集中しないで)あれこれとする

**распя́ливать** [不完] / **распя́лить** -лю, -лишь 受過 -ленный [完] ① 引き伸ばす、ぴんと張る ②《俗》〈目・口を〉大きく開ける

**распя́тие** [中5] ① 磔(はりつけ) ② キリストの磔像のある十字架

**распя́ть** [完] → распина́ть

**расса́д|а** [女1]《集合》苗、苗木 ∥**-ный** [形1]

**расса́дить** [完] → расса́живать

**расса́дка** [女2] (ある形に)植えること；植え替えによる間引き

**расса́дник** [男2] ① 苗床、苗木園 ②(悪しきものの)源、温床、中心

**расса́живать** [不完] / **рассади́ть** -ажу́, -а́дишь 受過 -а́женный [完] 〈<>〉 ①(それぞれの)席に着かせる、座らせる ② 別々に[離して]座らせる ③(ある形に)植える、植え替えて間引く ④《俗》打ち割る、打ち砕く；ひどく負傷させる

**расса́живаться** [不完] / **рассе́сться** -са́дусь, -са́дишься 命 -са́дься 過 -се́лся [完] ①(全員・多くの人が)それぞれ席に着く、座る ②《話・非難》(多くの席を占めて)どっかと座る、ふんぞり返って座る

**рассверли́вать** [不完] / **рассверли́ть** -лю́, -ли́шь 受過 -лённый (-лён, -лена́) [完] 〈<>〉(きり・ドリルで)穴を広げる

**рассвести́** [完] → рассвета́ть

**рассве́т** [男1] [dawn] ① 夜明け、暁(あかつき)、日の出前；暁の空の色：встать **на** ~ **со́м** 夜明けに起きる | пе́ред ~ом 夜明け前に ②《文》〈田の〉初期：на ~**е** жи́зни 人生の初期に ∥**-ный** [形1] <①>

**рассвета́ть** [不完] / **рассвести́** -ветёт 過 -вело́ [完] [無人称] 夜が明ける

**рассвирепе́ть** [完] → свирепе́ть

**рассе́в** [男1] 種を蒔くこと

**рассева́ть** [不完] / **рассе́ять**[1] -е́ю, -е́ешь 受過 -е́янный [完] 〈<>〉〈種を〉蒔く

**рассе́длывать** [不完] / **расседла́ть** 受過 -сёдланный [完] 〈<>〉から鞍を外す

**рассе́ивание** [中5] ① 種蒔き ② 分散、拡散 ③ 追い散らすこと；潰走 ④ 払拭、一掃

**рассе́ивать** [不完] / **рассе́ять**[2] -е́ю, -е́ешь 受過 -е́янный [完] 〈<>〉(通例受過)散лに した、散らばった：Среди́ лесо́в *рассе́яно* мно́го сёл. 森の中に多くの村がた点在する ② 分散させる、拡散させる、弱める：~ лучи́ 光線を拡散させる ③ 追い散らす、四散させる：~ неприя́тели 敵軍を散らせる ④〈疑いなどを〉一掃する：~ подозре́ния 嫌疑を晴らす ⑤〈嫌な思いを〉忘れさせる、…の気をまぎらす：~ грусть 悲しみをまぎらす

**рассе́иваться** [不完] / **рассе́яться** -е́юсь, -е́ешься [完] ① 散在する、散らばる ② 分散する、拡散する、弱まる ③ 四散する、四方八方に散る ④〈疑いなどが〉晴れる、消える ⑤ 気をまぎらす、気晴らしをする

**рассека́ть** [不完] / **рассе́чь** -еку́, -ечёшь, ... -еку́т 命 -еки́ -сёк, -секла́ 〈секший/-сёкший 受過 -чённый (-чён, -чена́) 副過 -се́кши/-сёкши [完] 〈<>〉 ①切断する、割る、切り割る ②(鋭利なもので)傷つける、けがを負わせる ③〈波・空気などを〉切り裂く、つんざく ④分ける、分割する ⑤〈<>〉敵軍を分断する

**рассекре́чивать** [不完] / **рассекре́тить** -е́чу, -е́тишь 受過 -е́ченный [完] 〈<>〉 ①…の秘密扱いを解除する、公開する ②《話》機密作業の職員リストから外す

**расселе́ние** [中5] あちこちに住まわせる[住む]こと；別々に住まわせる

**рассе́лина** [女1](地面・岩石の)深い裂け目、亀裂；峡谷

**расселя́ть** [不完] / **рассели́ть** -елю́, -ели́шь/ -е́лишь 受過 -лённый (-лён, -лена́) [完] 〈<>〉 ①(あちこちに)住まわせる ②〈一緒に住んでいた者を〉別々に[離ればなれに]住まわせる

**расселя́ться** [不完] / **рассели́ться** (1・2単未なし) -ели́тся/-е́лится [完] ①(あちこちに)居住する ②(一緒に住んでいた者が)別々に[離ればなれに]居住する

**рассерди́ть(ся)** [完] → серди́ть(ся)

**рассерча́ть** [完] → серча́ть

**рассе́сться**[1] [完] → расса́живаться

**рассе́сться**[2] -ся́дется 過 -се́лся [完] (沈下して)ひびが入る、崩れる

**рассече́ние** [中5] 切ること、切断；切って傷つけること；分断

**рассе́чь** [完] → рассека́ть

**рассе́яние** [中5] 分散、拡散 ② 気晴らし

**рассе́янн|ый** 短 -ян, -янна [形1] [absent-mind] ①《長尾》分散した、一点に集中していない：*-ое* населе́ние 散在住民 |~ свет 散乱光 ② 散漫な、不注意な、ぼんやりした：~ челове́к そそっかしい人 ∥**-о** [副] ∥**-ость** [女10]

**рассе́ять(ся)** [完] → рассева́ть, рассе́ивать(ся)

**расси́живаться** [不完] / **рассиде́ться** -жу́сь, -сиди́шься [完]《話・非難》長居する

*\***расска́з** [ラスカース] [男1] [story, short story] ① 語ること、談話、物語：~ очеви́дца 目撃者の話 | Он прерва́л её ~. 彼は彼女の話をさえぎった ② 短編小説：сбо́рник *~ов* Че́хова チェーホフの短編集

**расска́зчи|к** [男2] **-ца** [女3] 話し手、語り手

*\***расска́зывать** [ラスカーズィヴァチ] [不完] / **рассказа́ть** [ラスカザーチ] -кажу́, -ка́жешь 受過 -ка́занный [完] [tell] 〈о/**дат**〉…のことを話す、物語る：~ о де́тстве 子どもの頃のことを話す | Ба́бушка ча́сто *расска́зывала* нам ска́зки. おばあさんはよく私たちにおとぎ話をしてくれた | ~ всем [и ка́ждому [подря́д] 誰彼かまわず話をする ◆*расска́зывай* そんなばかな、まさか | *расска́зывать ска́зки* [*ба́сни*] でたらめ[いい加減なこと]を言う ∥**~ся** [不完] [受身]

**рассла́биться** [完] →расслабля́ть(ся)
**расслабле́ние** [中5] 緩めること, 弛緩
**рассла́бленн|ый** 短-ен, -енна [形1] 力ない, 衰弱した, 弱々しい **‖ -ость** [女10]
**рассла́бля́ть** [不完] / **рассла́бить** -блю, -бишь 受過-бленный [完]〔団〕① 緩める; 弛緩させる ② ひどく弱らせる, 衰弱させる
*рассла́бля́ться [不完] / рассла́биться -блюсь, -бишься [完]〔relax〕① 緊張を解く, リラックスする ② ひどく弱る, ぐったりする ③《不完》[受身] ＜расслабля́ть
**рассла́бнуть** [完] -ну, -нешь 命-ни 過-сла́б, -сла́бла [完]《話》ひどく弱る, ぐったりする
**расслабо́н** [男1]《若者》安堵感, 満足感
**расслабу́ха** [女2]《俗》無気力状態
**рассла́ивать** [不完] / **расслои́ть** -ою, -оишь 命 -ой 受過-оённый (-оён, -оена́)〔団〕①層に分ける, 薄くはがす ② 階層に分化させる **‖ -ся** [不完] / [完] ① 層に分かれる, 薄くはがれる ② 階層分化する **‖ рассла́ивание** [中5]
*рассле́дование [中5]〔investigation〕調査, 研究; 審理, 捜査: предвари́тельное ~〔法〕公判前取り調べ
**рассле́довать** -дую, -дуешь 受過-анный [不完・完]〔団〕① 全面的に調べる, 調査する, 研究する ②〔法〕審理する, 捜査する
**расслое́ние** [中5] ① 剥離 ② 階層分化
**расслои́ть(ся)** [完] →рассла́ивать
**расслы́шать** -шу, -шишь 受過-шанный [完]〔団〕はっきり聞き取る, 聞き分ける: Я не *расслы́шал* его́ слов из-за шу́ма. うるさくて彼の言うことが聞き取れなかった
**рассма́тривание** [中5] よく見ること, 注視; 検討
*рассма́тривать [不完] / рассмотре́ть -ю, -отришь, -о́трит命-ри́受過-о́тренный [完]〔look, consider〕〔団〕① よく見る, じっくり眺める: ~ фотогра́фию 写真をじっと見る | ~ птиц [птиц] в бино́кль 双眼鏡で鳥を観察する ②（熟慮して）識別する: Я с трудо́м *рассмотре́л* но́мер авто́буса. 私はバスの番号がやっとのことで見分けられた ③ 検討する, 吟味する, 審査する: ~ вопро́с 問題を検討する | ~ ходата́йство 請願を審理する ④ [不完]《通例 как, в ка́честве を伴って》…とみなす, …と考える: ~ в ка́честве кандида́та на пост президе́нта 次期大統領候補者として考える **‖ -ся** [不完]《受身》
**рассмеши́ть** [完] →смеши́ть
*рассмея́ться -сме́юсь, -смеёшься [完]〔laugh〕激しく笑い出す, 吹き出す: Он прочёл запи́ску и *рассмея́лся*. 彼はメモを読むとげらげら笑いだした
*рассмотре́ние [中5]〔examination〕検討, 吟味, 審査: предста́вить законопрое́кт на ~ парла́мента 法案を国会の審議に付す
**рассмотре́ть** [完] →рассма́тривать
**рассо́вывать** [不完] / **рассова́ть** -сую́, -суёшь 受過-о́ванный [完]《話》あちこちに押し込む, 突っ込む
**рассо́л** [男1] -а/-у ① 塩漬け用の塩水, 漬け汁 ②（製塩用の）天然塩水 ③〔工〕塩類溶液 **‖ -ьный** [形1]
**рассо́льник** [男2]〔料理〕塩漬けきゅうり入りの肉[魚]スープ
**рассори́ть** -рю, -ришь 受過-ренный [完]〔団〕仲たがいさせる, 大げんかさせる
**рассори́ть** -рю, -ришь 受過-рённый (-рён, -рена́) [完]《話》こぼす, まき散らす
**рассо́риться** -рюсь, -ришься [完]《с-団》仲たがいする, 大げんかする
**рассортирова́ть** [完] →сортирова́ть
**рассоса́ться** [完] →расса́сываться
**рассо́хнуться** [完] →рассыха́ться
*расспра́шивать [不完] / расспроси́ть -ошу́, -о́сишь 受過-о́шенный [完]〔question〕〔団〕に色々と質問する, 問いただす: Он до́лго *расспра́шивал* меня́ о пое́здка. 彼は私に旅行のことを長々と質問した **‖ -ся** [不完]《受身》
**расспро́с** [男1]《通例複》色々と質問すること, 質問攻め
**рассредото́чивать** [不完] / **рассредото́чить** -чу, -чишь 受過-ченный [完]〔団〕分散させる, 散開させる **‖ -ся** [不完] / [完] 分散する, 散開する **‖ рассредото́чение** [中5]
**рассро́чивать** [不完] / **рассро́чить** -чу, -чишь 受過-ченный [完]〔団〕数回に分ける, 分割する: ~ платёж на пять лет 5年分の分割払いにする
**рассро́чк|а** 複生-чек [女2] ① 数回に分けること, 分割 ② 分割払い: купи́ть в -у 分割払いで買う
**расстава́ние** [中5] ① 別れ, 別離, 別れの時 ② 手放すこと, 放棄
*расстава́ться [ラスタヴァーッツァ] -таю́сь, -таёшься 命-ва́йся 副分-ва́ясь [不完] / расста́ться [ラスタッツァ] -ста́нусь, -ста́нешься 命-ста́нься [完]〔part, abandon〕〈с団〉① …と別れる, …を去る, 離れる: ~ навсегда́ 永遠に別れる | ~ с врага́ми [друзья́ми] 敵となって〔仲良く〕別れる | Он *расста́лся* с родны́м го́родом. 彼は故郷の町を離れた ② …を手放す, あきらめる, 放棄する: ~ с маши́ной 車を手放す
**расста́вить(ся)** [完] →расставля́ть
*расставля́ть [不完] / расста́вить -влю, -вишь 受過-вленный [完]〔arrange〕〔団〕①（必要な箇所に）置く, 並べる, 配置する ② …の間隔を広げる〔畳まれたものを〕広げて張る, 設置する〔縫われたものの幅を広げる〕**‖ -ся** [不完] / [完]① 配置される, 並ぶ ②〔間隔・幅が〕広がる, 広くなる ③《不完》〔受身〕
**расстано́вка** 複生-вок [女2] ① 配置すること ② 配列の順序, 並べ方 ③〔朗読・スピーチで〕小休止, 間(*)
**расстара́ться** [完]《話》大変に努力する
**расста́ться** [完] →расстава́ться
**расстега́й** [男6]〔料理〕ラステガイ（上から詰め物が見えるピロシキ）
*расстёгивать [不完] / расстегну́ть -ну́, -нёшь 受過-тёгнутый [完]〔unbutton〕〔団〕の）ボタン〔ホック, シートベルト〕を外す: ~ пальто́ コートのボタンを外す
*расстёгиваться [不完] / расстегну́ться -ну́сь, -нёшься [完]〔unbutton〕① ボタン〔ホック〕が外れる ②（自分の衣服の）ボタン〔ホック〕を外す ③《受身》＜расстёгивать
**расстила́ть** [不完] / **разостла́ть** расстелю́, расстеле́шь受過-о́стланный, **расстели́ть** -елю́, -е́лешь受過-еленный [完]〔団〕敷く, 広げる **‖ расстила́ть** [女2]
**расстила́ться** [不完] / **разостла́ться** расстеле́ться, **расстели́ться** -те́лется [完] ①（表面に）広がる, のびる ②（一面に）広がる ③《不完》《話》〔пе́ред 団〕にこびへつらう
*расстоя́н|ие [ラスタヤーニエ] [中5]〔distance〕① 距離, 間隔: кратча́йшее ~ 最短距離 | ~ от до́ма до шко́лы 家から学校までの距離 | Зоопа́рк нахо́дится на -ии десяти́ киломе́тров от ста́нции. 動物園は駅から10キロほどのところにある ② 時間的なへだたり: на -ии столе́тия от 団 …から1世紀をへだてて ♦*держа́ть* 団 *на почти́тельном -ии* 敬遠する | *держа́ться на -ии* 距離を置く, かかわらない

**\*расстра́ивать** [不完]/**расстро́ить** -ро́ю, -ро́ишь 完 -ро́енный [完][shatter, damage] ①乱す, 混乱させる: ～ ряды́ 隊列を混乱させる ②損なう, 害する: ～ здоро́вье 健康を損なう ③…の実現をはばむ, 邪魔をする, ぶち壊す: ～ пла́н 計画の実現をはばむ ④…の気分を害する, がっかりさせる, 悲しませる: Письмо́ его́ си́льно расстро́ило. その手紙は彼をひどくがっかりさせた ⑤(楽器・受信機の)調子を狂わせる: ～ роя́ль ピアノの調子を狂わせる

**\*расстра́иваться** [不完]/**расстро́иться** -ро́юсь, -ро́ишься [完][fail, collapse] ①乱れる, 混乱する: Коло́нна солда́т расстро́илась. 兵士の列が乱れた ②損なわれる, 悪くなる, 駄目になる: Би́знес расстро́ился. ビジネスが駄目になった ③(邪魔が入って)実現しない, 挫折する: Пикни́к расстро́ился. ピクニックが台無しになった ④悲しむ, がっかりする: ～ из-за неуда́чи 失敗してがっかりする ⑤(楽器・受信機の)調子が狂う ⑥[不完][受身]<расстра́ивать

**расстре́л** [男1] ①銃殺 ②銃殺刑 ③(近距離からの)射撃

**\*расстре́ливать** [不完]/**расстреля́ть** 受 -ля́нный [完][shoot]〈対〉①銃殺する, 銃殺刑に処する: ～ преда́теля 裏切り者を銃殺する ②(近距離から)…に猛射を浴びせる, 殲滅する: ～ вра́жеский кора́бль 敵艦に猛射を浴びせる ③(弾丸を)撃ち尽くす: ～ все снаря́ды 弾丸を全部撃ち尽くす // **-ся** [不完][受身]

**расстри́га** [女2変化][男]〔教会〕破門僧

**расстрига́ть** [不完]/**расстри́чь** -игу́, -ижёшь, ... -игу́т 命 -иги́ 過 -и́г, -и́гла 能過 -и́гший 受過 -и́женный 受過短 -и́жен [完]〈対〉〔教会〕…の聖職位を剥奪する, 破門する ②〔話〕はさみで切る

**растрече́ние** [中5]〔教会〕破門

**расстро́енный** [形1] 乱れている, 不調な; 疲れ果てた; 動揺した, 落胆した, ショックを受けた

**расстро́ить(ся)** [完] →расстра́ивать(ся)

**расстро́йка** [女2] (楽器・受信機の)不調, 変調

**\*расстро́йств|о** [中1][upset, disorder] ①乱すこと, 混乱, 無秩序: ～ поря́дка 秩序の混乱 ②不調, 誤作, 頓挫: Дела́ пришли́ в ～. 事業は不振に陥る ③(身体の)不調, 病気, 疾患: не́рвное ～ 神経障がい ④不機嫌, 落胆, 悲しみ: Она́ сего́дня в -е. 彼女は今日ふさぎ込んでいる ⑤〔話〕下痢

**расступа́ться** [不完]/**расступи́ться** -у́пится [完] ①(多くの人が)脇によって道を空ける ②(地面・岩・水面などが)割れる, ひびが入る ③〔俗・皮肉〕気前がよくなる

**расстыко́вка** [女2] (宇宙船の)分離, 切り離し

**расстыко́вываться** [不完]/**расстыкова́ться** -ку́юсь, -ку́ешься [完](接合したものが)分離する

**рассуди́тельн|ый** 短 -лен, -льна [形1] 思慮深い, 分別のある, 理性的な **//-о** [副] **//-ость** [女10]

**рассуди́ть** -ужу́, -у́дишь [完] 受 -у́женный [完] ①〈対〉裁く, 裁定する ②熟考する, よく考え尽す

**рассу́док** -дка [男2] ①理性, 理知, 判断力 ②分別, 良識, 思慮: поступа́ть с ～ком 分別をもって行動する ♦ люби́ть без ~ка 一心に愛する

**рассу́дочн|ый** 短 -чен, -чна [形1] 〔長冠〕理性の, 理知の; 理知的な, 感情的ではない **//-ость** [女10] <2>

**\*рассужда́ть** [ラッスクジダーチ] [不完][reason] ①考える, 推論する, 論ずる: ～ логи́чески 論理的に考える ②〈o対〉…についての判断[意見]を述べる, ～について論じる, 議論する: ～ об иску́сстве 芸術について論じる│Мы рассужда́ли на ра́зные те́мы. 私たちは様々なテーマで議論した

**\*рассужде́н|ие** [中5]〔reasoning〕①判断, 推論, 考察: пра́вильное ～ 正しい判断 ②〔通例複〕意見の表明, 議論: пусти́ться в -ия 議論を始める ♦ без -ий〔話〕とやかく言わずに, 文句を言わずに

**рассусо́ливать** [不完]〔話〕長々[くどくど]と話す

**рассчи́танный** [щ] [形1] ①意図的な, 故意の, 考え抜かれた ②〈на対〉…用の, …のための, …向けの

**\*рассчи́тывать** [щ] [ラッシシーティヴァチ] [不完] / **рассчита́ть** [щ] [ラッシシター チ] [完][calculate, count] 〈対〉①計算する, 計算する, 見積もる: ～ расхо́ды 出費を計算する│～ констру́кцию 構造データを算出する ②〔不完〕〈на対〉〈и/不定形 することを〉当てにする, 期待する: Я рассчи́тывал заста́ть тебя́ до́ма. 私は家に行けば君に会えると思っていた ③〔不完〕〈на対〉を当てにする, 頼りにする: ～ на ста́рого дру́га 旧友を当てにする ④〔通例受身〕〈на対〉を目当てにする, 予定する: кни́га, рассчи́танная на дете́й 子ども向けの本 ⑤〈что〉затем〉ということを予測する, (熟慮して)決定する: Он рассчита́л, что же́нится че́рез 5 (пять) лет. 彼は5年後に結婚することにした ⑥〔完〕(給料を精算して)解雇する: ～ прогу́льщика ずる休みする者を解雇する ⑦〔対〕(整列した者に)番号をかけさせる

**\*рассчи́тываться** [щ] [不完] / **рассчита́ться** [щ] [完] [pay] ①〈c造〉…との勘定を済ませる, 完済する, 清算する ②〈c造〉に報復する, 仕返しする ③(整列した者が)番号を言う ④〔不完〕[受身]<рассчи́тывать ♦ ~ за …への報いをする, 償いをする

**рассыла́ть** [不完] / **разосла́ть** -ошлю́, -ошлёшь 受 -о́сланный [完] ①あちこちに派遣する, 送る ②(全員)派遣する, (全部を)発送する

**\*рассы́лк|а** 複生-лок [女2][distribution] あちこちに派遣する[送る]こと; (メールなどの)一斉送信: ～ по электро́нной по́чте メーリングリスト│подписа́ться на -у нове́юстей メールマガジンに登録する

**рассы́льн|ый** [形1] ①配達[発送]用の ②～[男名]/**-ая** [女名] 配達人, 使い

**рассыпа́ть** [不完] / **рассы́пать** -плю, -плешь, ... -плют/-пят 命 -пь 受 -анный [完] 〈対〉①こぼす, ばらまく, まき散らす ②盛る, 詰める ③〔軍〕散開する // **рассыпа́ние** [中5]

**рассыпа́ться** [不完] / **рассы́паться** -плюсь, -плешься/-пешься, ... -плются/-пятся 命 -пься [完] ①こぼれる, 散らばる, ばらまかれる ②散らばって位置する; 〔軍〕散開する ③崩れる, 砕ける, ばらばらになる ④〔話〕崩壊する, つぶれる ⑤〈в造〉お世辞などをふりまく, 並べたてる: ～ в похвала́х ほめそやす ⑥〔画〕〈с造〉に変化に富む・断続的な音を発する ♦ ～ пра́хом に帰する

**рассыпно́й** [形2] (包装されていない)ばらの, ばら売り[はかり売り]の

**рассы́пчатый** 短 -ат [形1] ①砕けやすい, もろい ②(音が)小刻みな ③〔話〕でっぷりした

**рассыха́ться** [不完] / **рассо́хнуться** -нется 過 -о́хся, -о́хлась [完] (乾燥して)ひびが入る, ひび割れる

**раста́лкивать** [不完] / **растолка́ть** 受 -о́лканный [完] ①(全員・多くの人を)押しのける, 押し分ける ②揺り起こす

**растамо́жить** -жу, -жишь [完]〔公〕〈対〉通関手続きをする

**растамо́жка** [女2]〔俗〕通関手続き

**растапливать** [不完] / **растопи́ть** -оплю́, -о́пишь 受 -о́пленный [完] ①〈в対〉〔暖炉などを〕たきつける, …の火をおこす ②(熱して)溶かす // **-ся** [不完] / [完] ①(暖炉などが)燃え出す ②(熱せられて)溶ける //

**раста́пливание** [中5]

**раста́птывать** [不完] / **растопта́ть** -опчу́, -о́пчешь 命 -пчи́ 受過 -о́птанный [完] ①踏みつぶす, 踏みにじる; 侮辱する ②〔話〕履きならす, 履いて広げ

る

**растаска́ть** 受過 -та́сканный [完] 《話》= растащи́ть①②

**раста́скивать** [不完] / **растащи́ть** -ащу́, -а́щишь 受過 -а́щенный [完] 〈他〉① (少しずつ·次々に·あちこちに) 運び去る, 引っ張っていく; ばらばらにする ② (少しずつ) 盗む, 持ち去る ③《話》引き離す, 引き分ける

**раста́чивать** [不完] / **расточи́ть¹** -очу́, -о́чишь 受過 -о́ченный [完] 〈工〉〈穴を〉削って広げる, 中ぐりする

**растащи́ть** [完] →раста́скивать

**раста́ять** [完] →та́ять

*\***раство́р** [男1] 〔solution〕①《化》溶液: насы́щенный ~ 飽和溶液 ②モルタル: цеме́нтный ~ セメントモルタル ③ (はさみ·コンパスなどの) 開き, その角度 ④ (両開きの窓·扉·門などが開いた時の) 空間, 開き口 ║ **~ный** [形1]

**растворе́ние** [中5] ① 溶かす[溶ける]こと, 溶解 ② こねること

**раствори́мость** [女10]《化》可溶性; 溶解度

**раствори́мый** 短-и́м [形1]《化》可溶性の, 溶ける: ~ ко́фе インスタントコーヒー

**раствори́тель** [男5]《化》溶剤

**раствори́ть¹** [不完] / **раствори́ть¹** -орю́, -ори́шь 受過 -орённый (-рён, -рена́) / -о́ренный [完] 〈他〉① 開ける, 開け放す ②〈コンパス·はさみなどを〉開く ║ **~ся¹** [不完] / [完] 開く, ひらく: Воро́та *раствори́лись*. 門が開いた

**раствори́ть²** [不完] / **раствори́ть²** -рю́, -ри́шь 受過 -рённый (-рён, -рена́) [完] 〈他〉① 溶かす, 溶解させる ② こねる ║ **~ся²** [不完] / [完] ① 溶ける, 溶解する ② 見えなくなる, 消える

**растека́ться** [不完] / **расте́чься** -течётся, -теку́тся 過 -тёкся, -текла́сь 能過 -тёкшийся 副分 -тёкшись [完] ① 様々な方向に流れる, 広がる ② にじむ, 染みる ③ (ゆっくりと) 広がる ④ (人の群れが) 散る, 分れる ⑤《不完》《話》長々と[こまごまと]話す ◆ **~ мы́слью по дре́ву** 圃 《"言っていること" が支離滅裂だ》

**растени́е** [ラスチェーニエ] [中5] 〔plant〕植物な: ди́кое [культу́рное] ~ 野生[栽培]植物 ‖ сажа́ть -ия 植物を植える ‖ Она́ уха́живает за -иями. 彼女は植物の世話をしている

**растениево́д** [男1] 農芸技師, 農作物栽培家

**растениево́дство** [ц] [中1] 農芸学, 農作物栽培 ‖ **~ческий** [形3]

**растереби́ть** -блю́, -би́шь 受過 -блённый (-лён, -лена́) [完]〈他〉① 引きむしる, 引き裂く ② 引っ張ってくしゃくしゃにする, かきむしる ③ 奮起させる, 活を入れる

**растере́ть(ся)** [完] →растира́ть

**растёрзанный** [形1] ① 乱れた, くしゃくしゃの, だらしない ② 精神的に苦しんでいる

**растерза́ть** [不完] / **растерза́ть** 受過-тёрзанный [完] 〈他〉① 引き裂く, 引き裂いて殺す ②《話》ずたずたにする ③《話》〈心を〉苦しめる, 悩ます

**расте́ривать** [不完] / **растеря́ть** 受過 -е́рянный [完] 〈他〉〈多くの人·ものを〉しだいに失う, なくす

*\***растеря́ться** [不完] / **растеря́ться** [完] 〔be confused〕① 自失する, ろうばいする, 途方にくれる: Он *растеря́лся* от неожи́данности. 彼はあまりのことに度を失った ② (多くの人·ものが) しだいになくなる, 失われる ③《話》互いに見失う ④《不完》〔受身〕= расте́риваться

**растеря́нно** [副] 途方にくれて, 茫然として

**расте́рянность** [女10] 茫然自失, 当惑

\***расте́рянный** 短-ян, -янна [形1] 〔confused〕途方にくれた, 茫然とした, 当惑した: ~ вид 茫然とした様子

**растеря́ть(ся)** [完] →расте́ривать(ся)

**растеря́ха** (女2変化)[男] 《俗》物をよく失くす[忘れる]人, ぼんやりの人

**расте́чься** [完] →растека́ться

*\***расти́** [ラスチー] -ту́, -тёшь 命-ти́ 過 рос, росла́ 能過 ро́сший / **вы́расти** [ヴィーラスチ] -ту, -тешь 命 -ти 過 -рос, -росла 能過 -росший 副分 -росши [完] 〈自〉 〔grow, increase〕① 成長する, 成育する, 大きくなる: ~ ме́дленно 成育がおそい | Как бы́стро де́ти *расту́т*! 子どもちが大きくなるのは何て早いんだろう ②《過·不完》(ある場所·環境で) 幼年時代を送る, 育つ: Он *рос* в дере́вне. 彼は田舎で育った ③ 増加する, 増大する, 発展する: *Растёт* спро́с на това́ры. 商品に対する需要が増えている ④ (感情·性質などが) 強まる, 高まる: Трево́га *растёт*. 不安が高まりつつある ⑤ (能力などが) 進歩する, 伸びる: Худо́жник *растёт* с ка́ждой но́вой рабо́той. その画家は新作ごとに成長している ⑥《不完》(植物がある地域に) 生育する; 生えている: Па́льмы *расту́т* в ю́ге. シュロは南国に生える ◆ **вы́расти в глаза́х** 圃 …の尊敬をますます勝ち得る, …からいっそう評価されるようになる

**растира́ние** [中5] すりつぶすこと; こすりつけること, マッサージ

**растира́ть** [不完] / **растере́ть** разотру́, разотрёшь 命разотри́ 過-тёр, -тёрла 能過-тёрший 受過-тёртый 副分-терёв, -те́рши [完]〈他〉① すりつぶす, 粉にする ② こすりつける, 塗りつける ③ マッサージする, すり込む ④ こすって痛める, 靴ずれをつくる ║ **~ся** [不完] / [完] ① (すりつぶされて) 粉になる ②〈薬を〉自分の体に塗る, すり込む ③ 自分の体をこする

**расти́рка** 複生-рок [女2] すりつぶすこと; こすりつけること; こすること

**расти́тельность** [女10] ① (ある地域の総体としての) 植物, 植物相: бога́тая ~ 豊かな植物相 ②《話》(体毛·毛髪·ひげなどの) 毛

*\***расти́тельный** [形1] 〔vegetable〕① 植物の; 植物性の; 植物に寄生する: ~ мир 植物界 | -ая пи́ща 菜食 | -ое ма́сло 植物油 ② 成長の, 生育に関する: проце́сс -ого разви́тия 生育過程 ◆ **-ая жизнь** 精神的な活動を欠いた生活, 植物的な生活

*\***расти́ть** ращу́, расти́шь 受過 ращённый (-щён, -щена́) [不完]〔bring up, raise〕〈他〉① 育てる, 栽培する, 生やす ② 養育する; 育成する ③ 伸ばす, 発展させる ║ **~ся** [不完] 〔受身〕

**растлева́ть** [不完] / **растли́ть** -лю́, -ли́шь 受過 -лённый (-лён, -лена́) [完] 《文》堕落させる, 退廃させる ║ **растле́ние** [中5] 堕落, 退廃

**растле́нный** 短-е́н, -е́нна [形1] 堕落した, 退廃した

**растли́тель** [男5] 《文》堕落させる人

**растли́ть** [完] →растлева́ть

**растолка́ть** [完] →раста́лкивать

**растолкну́ть** -ну́, -нёшь 受過 -о́лкнутый [完] 《話》(押して, 突いて) 引き離す

**растолко́вывать** [不完] / **растолкова́ть** -ку́ю, -ку́ешь 受過 -о́ванный [完] 〈他〉 (くわしく) 説明する, 解説する

**растоло́чь** →толо́чь

**растолсте́ть** [完] ひどく太る

**растопи́ть(ся)** [完] →раста́пливать, топи́ть

**расто́п|ка** [女2] ①（暖炉などを）たきつけること ②《集合》たきつけ ║ **~очный** [形1]

**расто́птанный** [形1] ① 〔受過〕< растопта́ть ②《話》履きつぶした

**растопта́ть** [完] →раста́птывать

**растопы́ривать** [不完] / **растопы́рить** -рю, -ришь 受過 -ренный [完] 《話》〈他〉〈手·足·翼を〉(ぎ

**расторга́ть** [不完] / **расто́ргнуть** -ну, -нешь 命-ни 過-о́рг, -о́ргла 受過-ну́тый [完] ⟨網⟩ 〈契約などを〉破棄する, 解消する: ~ брак 離婚する | ~ сотру́дничество 協力をやめる

格好に)広げる, 開く **//-ся** [不完] / [完] 《話》 ① 〈手・足・枝が不格好に〉広がる ② 自分の手足を大きく広げる

**расторже́ние** [中5] 破棄, 解消

**растормоши́ть** -шу́, -ши́шь 受過-шённый (-шён, -шена́) [完] 《話》 ⟨網⟩ ① 揺り起こす ② 奮起させる, 鼓舞する

**расторо́пн|ый** 短-пен, -пна [形1] 機敏な, 敏捷 (ชɨ)な **//-ость** [女10] 《話》

**расторо́пша** [女4] 〔植〕オオアザミ属: ~ пятни́стая オオアザミ, マリアアザミ

**расточа́ть** [不完] / **расточи́ть**[2] -чу́, -чи́шь 受過-чённый (-чён, чена́) [完] ⟨網⟩ ① 《文》浪費する, 無駄遣いする ② 《不完》〈お世辞・称賛などを〉過度にふりまく, 惜しまない

**расточе́ние** [中5] 浪費, 無駄遣い; 〈お世辞などを〉過度にふりまくこと

**расточи́тель** [男5] 《文》浪費家, 濫費者

**расточи́тельный** 短-лен, -льна [形1] 浪費する, 無駄遣いする

**расточи́тельство** [中1] 浪費, 無駄遣い

**расточи́ть**[1] → раста́чивать, расточа́ть

**расто́чка** [女2] 〔工〕中ぐり, 穿孔 (せんこう)

**растра́вливать, растравля́ть** [不完] / **растрави́ть** -авлю́, -а́вишь 受過-а́вленный [完] ⟨網⟩ ① 〈傷などを〉刺激する, 痛みを起こさせる ② 《話》〈つらいことなどを〉思い出させる ③ 《俗》からかって怒らせる ④ 〔印〕食刻する

**растранжи́ривать** [不完] 《話》⟨網⟩ 浪費する

**растранжи́рить** [完] → транжи́рить

**растра́та** [女1] ① 浪費, 使いこみ, 横領 ② 使いこまれた金[財産], 使いこみ額

**растра́тить(ся)** [完] → растра́чивать

**растра́тчик** [男2] 使いこみをした人, 横領者

**растра́чивать** [不完] / **растра́тить** -а́чу, -а́тишь 受過-а́ченный [完] ⟨網⟩ ① 浪費する, 無駄などに費やす ② 使い込む, 横領する **//-ся** [不完] / [完] ① 《話》自分の金を浪費する ② 自分の力[エネルギー]をつまらないことに浪費する

**растрево́живать** [不完] / **растрево́жить** -жу, -жишь 受過-женный [完] ⟨網⟩ ① ひどく不安にさせる, 心配させる, …の平安を破る ② 〈傷などに〉触れて刺激する, つつく **//-ся** [不完] / [完] 《話》ひどく不安になる, 心配する

**растрезво́нить** -ню, -нишь 受過-ненный [完] 《話・俗》⟨網⟩ …のことを言い触らす

**растрёпа** [女1変化] [男・女] 《俗》① (服装・髪が)だらしない人 ② ぼんやりした人, まぬけ

**растрёпанн|ый** [形1] ① (髪が)ぼさぼさの, 乱れた ② (身なりが)だらしない, むさくるしい ③ ぼろぼろになった

◆*в -ых чу́вствах* [話]ひどく興奮した [動揺]して

**растрёпывать** [不完] / **растрепа́ть** -еплю́, -е́плешь 受過-рёпанный [完] ⟨網⟩ ① くしゃくしゃにする, かき乱す ② (長く使って・乱暴に扱って)ぼろぼろにする, 駄目にする ③ 《話》引き裂く ④ 《俗・非難》⟨網⟩ …のことを言い触らす ⑤ 《完》梳(す)く **//-ся** [不完] / [完] ① くしゃくしゃになる, 乱れる ② ぼろぼろになる ③ 《話》髪の毛が乱れる

**растре́скиваться** [不完] / **растре́скаться** [完] たくさんひび割れができる

**растро́ганно** [副] 感動して, 感激して

**растро́ганный** 短-ан, -анна [形1] 感動した, 感激した; 感極まった

**растро́гать** 受過-ганный [完] ⟨網⟩ 深く感動させる

**//~ся** [完] 深く感動する, 感激する

**раструб** [男1] じょうご型の広がり; その形のもの **//~ный** [形1]

**раструби́ть** -блю́, -би́шь 受過-у́бленный [完] 《話・非難》⟨網⟩/o⟨網⟩ …のことを言い触らって, 触れ歩く

**растряса́ть** [不完] / **растрясти́** -су́, -сёшь 過-я́с, -ясла́ 能過-я́сший 受過-сённый (-сён, -сена́) -яси́ [完] ⟨網⟩ ① まき散らす, ばらまく; 《話》〈金銭を〉浪費する ② (通例無人称)(乗物の振動で)疲れさせる, 弱らせる: Маши́на была́ ста́рая, и меня́ си́льно *растрясло́*. 車が古かったので, 私はへとへとになった ③ 《完》《俗》揺り起こす

**расту́** 〔1単現〕< расти́

**растушёвка** 複生-вок [女2] 《美》① 陰影をつけること ② 擦筆 (さっぴつ)

**растушёвывать** [不完] / **растушева́ть** -шу́ю, -шу́ешь 受過-шёванный [完] ⟨網⟩に陰影をつける

**растя́гивать** [不完] / **растяну́ть** -яну́, -я́нешь 受過-я́нутый [完] ⟨網⟩ ① 引っ張って伸ばす[広げる] ② 広げる, 敷く ③ (引っ張りすぎて)弾力を失わせる, 駄目にする ④ 長くしすぎる, 長々と配置する ⑤ (強く引っ張って・打って)傷つける, 痛める ⑥ 引き延ばす, 長引かせる; 〈言葉を〉ゆっくり発音する

**растя́гиваться** [不完] / **растяну́ться** -тяну́сь, -тя́нешься [完] ⟨網⟩ ① (引っ張られて)伸びる, 広がる; 弾力がなくなる; 傷む ② 長くなりすぎる, 長々と位置する ③ (手足を伸ばして)長々と横になる ④ 《話》全身で倒れる ⑤ 長引く

**растяже́ние** [中5] ① 引き伸ばすこと ② 〔医〕筋違い, 捻挫

**растяжи́м|ый** 短-и́м [形1] ① 引き伸ばせる, 伸張性のある ② 様々に解釈できる: *-ое поня́тие* どうとでも解釈できうる概念 **//-ость** [女10]

**растя́жка** 複生-жек [女2] ① 引き伸ばすこと ② 長引かせること

**растя́нут|ый** [形1] 長すぎる, 冗長な **//-ость** [女10]

**растяну́ть(ся)** [完] → растя́гивать(ся)

**растя́па** [女1変化] [男・女] 《話》まぬけ, とんま

**расфасова́ть** [完] → фасова́ть

**расфасо́вка** [女2] 量り分けて包装すること

**расформирова́ние** [中5] 解散, 解体

**расформиро́вка** [女2] 《話》解散, 解体

**расформиро́вывать** [不完] / **расформирова́ть** -ру́ю, -ру́ешь 受過-о́ванный [完] ⟨網⟩〈組織体を〉解散する, 解体する

**расфранчённый** 短-чён, -чена́ [形1] 《話》着飾った, おしゃれな服装をした

**расфренди́ть** -нжу́, -нди́шь [完] 《IT》⟨網⟩ (SNS で)友達リストから削除する

**расфуфы́ренный** 短-ен, -ена [形1] 《俗・非難》派手すぎる服装をした, けばけばしく着飾った

**расха́живать** [不完] ① ゆっくりと行ったり来たりする: ぶらつく ② しばしば行く[訪れる]

**расхва́ливать** [不完] / **расхвали́ть** -алю́, -а́лишь 受過-а́ленный [完] ⟨網⟩ ほめちぎる, ほめそやす **//~ся** [不完] / [完] 自慢する

**расхва́рываться** [不完] / **расхвора́ться** [完] 《話》病みつく, 大病になる

**расхва́статься** [完] 《話》さかんに自慢し始める

**расхва́тывать** [不完] / **расхвата́ть** 受過-ва́танный [完] 《話》⟨網⟩残らずひっつかむ, 持ち去る, 買い尽くす

**расхвора́ться** [完] → расхва́рываться

**расхити́тель** [男5] / **~ница** [女3] 横領者, 着服者

**расхища́ть** [不完] / **расхи́тить** -и́щу, -и́тишь

受過 -и́щенный [完] 〈例〉(少しずつ・全て) 盗み取る, 横領する

**расхище́ние** [中5] 窃取, 横領

**расхлёба|ть** 受過 -лёбанный [完] 〈例〉① 〈俗〉〈スープなどを〉残さず食べる, 平らげる ② 〈話〉〈厄介・不快なことを〉解決する, 片付ける

**расхля́ба|нный** 短-ан, -анна [形1] 〈話〉①〈話〉①ぐらぐらする; よろよろした ② だらしない, しまりのない  **//–ость** [女10]

**расхля́бывать** [不完] / **расхля́бать** 受過 -банный [完] 〈例〉① ぐらぐらにする ② 駄目にする: ~ здоро́вье 健康を害する

*расхо́д [ラスホート] [男1] [expense, cost] ① 使うこと, 消費: ~ горю́чего 燃料の消費 ② 消費量, 使用量: сни́зить ~ электроэне́ргии 電力の消費量を減らす ③ (通例複) 費用, 支出, 経費: дохо́ды и ~ы 収入と支出 | ~ы на жизнь 生活費 | сократи́ть произво́дственные ~ы 生産費を削減する ④ (帳簿の) 支出欄: записа́ть в ~ 支出欄に記入する ◆ вы́вести [пусти́ть, списа́ть] в ~ 〈俗〉① 銃殺する, 処刑する ② 台帳から削除する | попа́сть в ~ 〈隠〉犯行現場で殺される [死ぬ]

*расходи́ться¹ [ラスハヂーッツァ] -ожу́сь, -о́дишься, ... -о́дятся 命 -оди́сь [不完] / **разойти́сь** [ラヂイチーシ] -йду́сь, -йдёшься 過 -ошёлся, -ошла́сь 命 -йди́сь ошёдшийся 副分 -йдя́сь [完] 〈diverge, leave, disagree〉① (多くの人が様々な方向に) 去る, 散る, 四散する: Го́сти разоши́сь по дома́м. 客たちはそれぞれの家に帰っていった ② (雲などが) 徐々に消える, 見えなくなる: Ту́чи разоши́сь. 雨雲が消えた ③ 溶ける, 溶解する: Са́хар разошёлся в ча́е. 砂糖はお茶で溶けた ④ 〈с園〉と行き違いになる; すれ違う: ~ со знако́мым в темноте́ 暗闇で知人と行き違う 〈宿・食物などが〉使い果たされる, 消費される: Все де́ньги разошли́сь на пода́рки. お金はプレゼントで使い果たされた ⑥ 売り切れる: Пе́рвое изда́ние кни́ги бы́стро разошло́сь. その本の初版はたちまち売り切れた ⑦ 〈с園〉と縁を切る, 関係を絶つ; 別れる, 離婚する: ~ с родно́й родне́й 親戚と縁を切る | ~ с му́жем 夫と別れる ⑧ 〈с園と в園で〉〈意見などを〉異にする, 一致しない: 〈話〉取引が成立しない: Мы расхо́димся во взгля́дах. 私たちは見解を異にしている ⑨ (いくつかの方向に) 分かれる, 分岐する: Тропа́ разошла́сь на две́. 小道は二股に分かれた ⑩ (左右に) 開かれる, 広がる, 離れる: ~ по швам 縫い目がほころびる ⑪ 広がる, 広まる: За́пах грибо́в разошёлся по ко́мнате. きのこの匂いが部屋中に広がった | Э́та тради́ция разошла́сь по всему́ ми́ру. この伝統は全世界に広まった ⑫ 〈話〉速度を増す, 強まる, 激しくなる; (乗り物が) 調子が上がる: По́езд разошёлся под укло́н. 列車は坂道でスピードが上がった ⑬ 夢中になる, 熱中する ⑭ 〈話〉ひどく興奮する, かっとなる

**расходи́ться²** -ожу́сь, -о́дишься [完] ① しきりに歩きまわり始める ② 足が慣れる, 歩き慣れる ③ 極限に達する; 興奮する, 高ぶる

**расхо́дный** [形1] 支出の, 出費の; 支出欄の

**расхо́дование** [中5] 使うこと, 消費; 金を使うこと

*расхо́довать -дую, -дуешь [不完] / **из~** 受過 -анный [完] 〈spend〉① 費やす, 使う: ~ де́ньги 金を使う ② (機械などが) 消費する: Э́тот дви́гатель расхо́дует мно́го бензи́на. このエンジンはガソリンをたくさん食う  **//–ся** [不完] / [完] ③ 〈不完〉受身

**расхожде́ние** [中5] ① 消散; 溶解; 行き違い; 関係を絶つこと, 絶縁; 分岐; 分離 ② 不一致, 相違, 食い違い: ~ во взгля́дах 見解の相違

**расхо́жий** [形6] ①よく売れる ② 日常的に使う ③ 毎日の出費のための ④ 広く知られた; 月並みな

**расхола́живать** [不完] / **расхолоди́ть** -ожу́, -лоди́шь 受過 -ло́женный (-жён, -жена́) [完] 〈例〉しらけさせる, ...の熱をさます

**расхоте́ть** -очу́, -о́чешь, -о́чет, -оти́м, -оти́те, -отя́т 命 -оти́ [完] 〈例/ 圆/ 不定形(不完)/чтобы節/〉... が欲しくなくなる, ...したくなくなる

**расхоте́ться** -хо́чется [完] 《無人称》〈話〉〈圆/ 不定形(不完)/чтобы節/〉... が欲しくなくなる, ...したくなくなる

**расхохота́ться** -хочу́сь, -хохо́чешься [完] 大声で笑いだす

**расхрабри́ться** -рю́сь, -ри́шься [完] 〈話〉勇気を出す, 意を決する

**расхри́станный** [形1] 〈俗〉だらしない格好をした, ぼろをまとった

**расцара́пывать** [不完] / **расцара́пать** 受過 -панный [完] 〈例〉引っかく, 引っかき傷だらけにする  **//~ся** [不完] / [完] 自分の体を引っかく, 引っかき傷だらけにする

**расцвести́** [完] → расцвета́ть

*расцве́т [bloom] [男1] ① 花が咲くこと, 開花: ~ сире́ни ライラックの開花 ② 盛り, 最盛期: в ~ ле́т 年齢の盛りに | в ~ сил 働き盛りに | эпо́ха ~а культу́ры 文化の黄金時代

**расцвета́ть** [不完] / **расцвести́** -цвету́, -цветёшь 命 -цвети́ 過 -вёл, -вела́ 能過 -вётший 副分 -цветя́ [完] ① 花が咲く, 開花する: Ро́зы расцвели́. バラが咲いた ② よくなる, 美しくなる, はつらつとする: Она́ похуде́ла и расцвела́. 彼女は痩せてきれいになった ③ (顔が) 輝く, うれしそうになる: Лицо́ расцвело́ улы́бкой. 顔が微笑みにほころんだ ④ 栄える, 花開く: Иску́сство расцвело́. 芸術が栄えた

**расцвети́ть** [完] → расцве́чивать

**расцве́тка** 複生-ток [女2] ① 色とりどりに塗る [飾る] こと ② 配色, 色の組み合わせ

**расцве́чивать** [不完] / **расцвети́ть** -ечу́, -ети́шь 受過 -е́ченный [完] 〈例〉色とりどりに塗る, 彩って飾る; 光彩をそえる

**расцелова́ть** -лу́ю, -лу́ешь 受過 -о́ванный [完] 〈例〉強く何回かキスをする  **//–ся** [完] 強く何回かキスし合う

**расце́нивать** [不完] / **расцени́ть** -еню́, -е́нишь, 受過 -нённый (-нён, -нена́) [完] 〈例〉①...の価格 [値段] を決める ② 評価する, みなす  **//–ся** [不完] 〈受身〉

**расце́нка** 複生-нок [女2] ① 価格決定, 値段づけ ② 標準価格, 賃金

**расцепи́ть(ся)** [完] → расцепля́ть

**расце́пка** [女2] 切り離し

**расцепля́ть** [不完] / **расцепи́ть** -еплю́, -е́пишь 受過 -е́пленный [完] 〈例〉〈つながったものを〉切り離す, 引き離す  **//~ся** [不完] / [完] (つながれたものが) 切り離される, 離れる

**расчека́нить** [完] → чека́нить

**расче́рчивать** [ш'] [不完] / **расчерти́ть** [ш'] -ерчу́, -е́ртишь 受過 -е́рченный [完] 〈例〉に線を引く

**расчеса́(ся)** [完] → расчёсывать

*расчёска [ш'ч; ш'] 複生 -сок [女2] ① (髪などを) とかすこと, すくこと ② 櫛 (くし)

**расчёсывание** [ш'] [中5] ① (髪などを) とかすこと ② かき傷をつけること

**расчёсывать** [ш'] [不完] / **расчеса́ть** [ш'] -ешу́, -е́шешь 受過 -е́ший 受過 -чёсанный [完] 〈例〉①〈髪などを〉とかす, すく ② かいて傷つける  **//–ся** [不完] / [完] 〈話〉① 自分の髪をとかす ② 自分にかき傷をつける ③ (3人称) 梳かれる

*расчёт [щ] [ラッショート] [男1] 〔calculation, consideration〕① 計算, 勘定, 算定: то́чный ~ 正確な計算 |

**расчётливый**

Она́ оши́блась в ~е. 彼女は計算間違いをした ③ 支払い, 決済, 清算: за нали́чный ~ 現金払いで ③ 〔給料を精算した上での〕解雇, 退職: да́ть ~ 〔в〕 ... を解雇する ④ 報復, 仕返し ⑤ 予期, 意図; 期待, 見込み, 当て: по моим́ ~ам 私の予想では · Пое́здка не входи́т в его́ ~ы. 旅行は彼の予定にはない ⑥ 打算; 利益, 得: Нет никако́го ~а туда́ е́хать. あそこに行っても何の得にもならない ⑦ 倹約, 節約: во всём соблюда́ть ~ 万事に倹約する ⑧〔整列した者の〕番号かけ ⑨〔軍〕〔砲・機関銃の〕分隊, 班 〔鉄〕〔列車の〕機関車分隊 | пожа́рный ~ 消防隊 ◆ 'в ~е [с ~ом, из ~а] на 〔кого-что〕 ... を当てにして, 期待して | приня́ть в ~ ... を考慮に入れる | под ~ 正確な金額

**расчётлив|ый** [щ] -ив [形1] ① 倹約な, つましい ② 打算的な ③慎重な, 用心深い **//~о** [副]

**расчётный** [щ] [形1] ①計算の, 計算用の ②支払いの, 支払いのための; 支払うべき, 決済の

**расчехля́ть** [ш'; щ] [不完] / **расчехли́ть** [ш'ч; щ] -лю́, -ли́шь 受過 -лённый (-лён, -лена́) [完] 〈что〉の ケース [カバー] を外す

**расчи́слить** [不完] / **расчи́слить** [ш'ч; щ] -лю, -лишь 命 -ли 受過 -ленный [完] 〈что〉計算に基づいて分配する

**расчи́стить(ся)** [完] → расчища́ть

**расчи́стка** [ш'] 複生 -ток [女2] きれいにすること, 清掃

**расчиха́ться** [ш'ч; щ] [完] 〔話〕さかんにくしゃみをしだす

**расчища́ть** [ш'] [不完] / **расчи́стить** [ш'] -и́щу, -и́стишь 命 -сти/-сть 受過 -и́щенный [完] ①きれいにする, 掃除する, 片付ける; 切り開く **// ~ся** [不完] / [完] きれいになる, 片付く; 晴れ上がる

**расчлене́ние** [中5] 分離, 分割

**расчленя́ть** [不完] / **расчлени́ть** -ню́, -ни́шь 受過 -нённый (-нён, -нена́) [完] 〈что〉分ける, 分解する **// ~ся** [不完] / [完] 分かれる, 分解する

**расчу́вствоваться** [ст] -твуюсь, -твуешься [完] 〔話〕深く感動する, 感激する

**расшали́ться** -лю́сь, -ли́шься [完] ①ひどくふざけだす, いたずらしだす ②調子が狂いだす

**расша́ркиваться** [不完] / **расша́ркаться** [完] ①かかとを軽く打ち当てて敬礼する ② 〔話〕〈пе́ред кем〉へつらう, ペコペコする

**раша́тывать** [不完] / **расшата́ть** 受過 -шатанный [完] 〈что〉① 〔ゆすぶって〕ぐらつかせる, ぐらぐらにする ②損なう, 害する, 乱す **// ~ся** [不完] / [完] ① ぐらつく, ぐらぐらになる ②損なわれる, 乱れる

**расшвы́ривать** [不完] / **расшвыря́ть** 受過 -швы́рянный [完] 《話》〈что〉投げ散らす, まき散らす; 無駄遣いする

**расшевели́вать** [不完] / **расшевели́ть** -велю́, -вели́шь/-ве́лишь 受過 -вели́нный (-лён, -лена́) [完] 《話》①揺り動かす, 揺さぶる, 揺り起こす ②活気づける, 発奮させる, かき立てる **// ~ся** [不完] / [完] ①動き出す ②活気づく, 活発になる

**расшиба́ть** [不完] / **расшиби́ть** -бу́, -бёшь -ши́б, -ши́бла 受過 -ши́бленный [完] 〈что〉① 〔打って〕傷つける, 打撲傷を負わせる ② 〔話〕壊す, 叩き割る **// ~ся** [不完] / [完] ① 〔倒れて・打って〕けがをする, 打撲傷を負う ② 〔話〕壊れる, 割れる ③ 〔話〕一生懸命尽くす

**расшива́ть** [不完] / **расши́ть** разошью́, разошьёшь 受過 -тый [完] 〈что〉① ...の縫い目 〔綴じ目〕をほどく ②刺繍する

**расши́вка** 複生 -вок [女2] ① 縫い目をほどくこと ② 刺繍

*расшире́ние [ラッシリェーニエ] [中5] 〔expansion〕① 拡大, 拡張, 増大, 拡充; 〔理〕膨張: ~ междунаро́дного сотру́дничества 国際協力の拡大〔増進〕 ② 拡大した部分 ③〔コン〕拡張子

**расши́ренный** [形1] ①広くなった ② 拡大した, 拡充した

**расши́ритель** [男5] 拡張器

**расши́рительный** 短 -лен, -льна [形1] 広義の, 拡大解釈した

*расши́ря́ть [不完] / **расши́рить** -рю, -ришь 受過 -ренный [完]〔widen, expand〕〈что〉① 広げる, 拡張する: ~ доро́гу 道路を広げる ② 〈...の数・量などを〉拡大する, 増大させる: ~ произво́дство 生産を拡大する ③ 〈範囲を〉広げる, 深める, 充実させる: ~ сфе́ру влия́ния 勢力圏を広げる

**расши́ряться** [不完] / **расши́риться** -рится [完] ①広くなる, 広がる: Отве́рстие расши́рилось. 穴が大きくなった ② 〈数・量などが〉 拡大する, 増大する: Торго́вля с Росси́ей расширя́ется. ロシアとの貿易は拡大している ③ 〈範囲が〉広がる, 深まる, 充実する: Кругозо́р расши́рился. 視野が広まった ④ 〔不完〕〔受身〕 < расширя́ть

**расши́ть** [完] → расшива́ть

**расшифрова́ть** [完] → расшифро́вывать

**расшифро́вка** 複生 -вок [女2] 〔暗号の〕解読, 判読 (↔ шифро́вка)

**расшифро́вщик** [男2] 暗号解読者

**расшифро́вывать** [不完] / **расшифрова́ть** -ру́ю, -ру́ешь 受過 -о́ванный [完] 〈что〉①〈暗号を〉解読する ② 〈隠された・謎めいた意味を〉解く, 推察する

**расшнуро́вывать** [不完] / **расшнурова́ть** -ру́ю, -ру́ешь 受過 -о́ванный [完] 〈что〉ひもをほどく〔緩める〕 **// ~ся** [不完] / [完] ① ひもがほどける〔緩む〕 ② 自分の靴〔服〕のひもをほどく〔緩める〕

**расшуме́ться** -млю́сь, -ми́шься [完] 〔話〕大騒ぎし始める ② わめき出す, ののしり合いを始める

**расщедри́ваться** [不完] / **расщедри́ться** -рюсь, -ришься 命 -рись [完] 〔話〕気前のよいところを見せる

**расще́лина** [女1] ① 峡谷 ② 深い割れ目, 亀裂

**расщеп** [男1] 〈縦の〉割れ目

**расщепи́ть(ся)** [完] → расщепля́ть

**расщепле́ние** [中5] ① 〈縦に〉 割れること ② 細かく裂く〔裂ける〕こと ③ 〔生・化・理〕分解, 分裂: ~ кле́тки 細胞分裂

**расщепля́ть** [不完] / **расщепи́ть** -плю́, -пи́шь 受過 -плённый (-лён, -лена́) [完] 〈что〉① 〈縦に〉割る, 裂く; 破砕する ② 〈繊維などを〉細かく裂く ③ 〔化・理〕分解する, 分裂させる **// ~ся** [不完] / [完] ① 〈縦に〉割れる, 裂ける ② 〈繊維などが〉細かく裂ける ③ 〔化・理〕分解する, 分裂する

**расщепля́ющийся** [形6] 〔理〕核分裂性の

**расщи́пывать** [不完] / **расщипа́ть** -щиплю́, -щи́плешь 受過 -щи́панный [完] 〈что〉むしる, 細かく裂いて繊維状する

**ратифика́ция** [女9] 批准 **// -ио́нный** [形1]

**ратифици́ровать** -рую, -руешь 受過 -анный [不完] / [完] 批准する

**ра́тный** [形1] 〔詩〕軍〔隊〕の, 武人の, 勇武の, 戦闘の

**ра́товать** -тую, -туешь [不完] 〈за кого-что〉...のために戦う; ...を擁護する 〈про́тив кого-чего〉...と闘う; ...を痛烈に非難する

**ра́туша** [女4] ① 〔露史〕(18世紀の)市会 ② (ヨーロッパ諸国の)市役所; 市庁舎

**рать** [女10] ① 軍勢 ② 戦い, 戦闘

**ра́унд** [男1] ① (ボクシングの) ラウンド ② (交渉などの) ラウンド, 回

**ра́ут** [男1] 大夜会会, 大レセプション

**рафина́д** [男1] 固形精糖, 角砂糖 **// ~ный** [形1]

**рафина́ция** [女9] 精製, 精錬

**рафини́рованн|ый** [短-ан, -анна] [形1] ①精製した, 精錬した ②《文》洗練された **‖-ость** [女10] ②

**рафини́ровать** -рую, -руешь 受過 -анный [不完・完] 〈спр〉 ①精製する, 精錬する ②精製して固形砂糖にする

**раха́т-луку́м** [不変]-[男1] ラハトルクム (トルコ由来の砂糖菓子)

**рахи́т** [男1] 〖医〗くる病 **‖-и́ческий** [形3]

**рахити́чный** 短 -чен, -чна [形1] 〖医〗くる病を病む; くる病にかかったような

**Рахма́нинов** [男姓] ラフマニノフ (Серге́й Васи́льевич ~, 1873-1943; 作曲家, ピアニスト)

**рацио́н** [男1] (一定期間分の)食糧, 飼料 **‖-ный** [形1]

**рационализа́тор** [男1] 生産合理化推進者

**рационализа́торский** [形3] 生産合理化推進者の; 生産合理化の

**рационализа́ция** [女9] 合理化, 改善, 改良

**рационализи́ровать** -рую, -руешь 受過 -анный [不完・完] 〈спр〉合理化する

**рационали́зм** [男1] ①〖哲〗理性論, 合理論 ②合理主義的な態度

**рационали́ст** [男1] ①〖哲〗理性論者 ②合理主義者

**рационалисти́ческий** [形3] ①〖哲〗理性論の ②理性的な, 合理的な

**рационалисти́чный** 短 -чен, -чна [形1] 理性的な, 合理的な

\***рациона́льн|ый** 短 -лен, -льна [形1] [rational] ①理にかなった, 理性的な:-ое позна́ние 理性による認識 ②目的にかなった, 合理的な:-ое испо́льзование сре́дств 資金の合理的利用 ③《話》(人が)理性的な, 理知的な:~ ю́ноша 理性的な青年 ④《数》有理の:-ое число́ 有理数 **‖-о** [副] **‖-ость** [女10]

**ра́ция** [女9] (携帯用)無線機

**рацпредложе́ние** [中5] 合理化の提案, 合理化案 (рационализа́торское предложе́ние)

**ра́ч|ий** [形9] (рак) ①ザリガニの ②ザリガニのような: ~ьи глаза́ どんぐり眼, ギョロ目

**рачи́тельный** 短 -лен, -льна [形1] 勤勉な, 熱心な; 細心の, 注意深い **‖-ость** [女10]

**рачо́к** -чка́ [男2] ① 〖指小〗< рак ② [複]小甲殻類の総称

**ра́шпиль** [男5] 〖技〗粗目(鑢)やすり

**раще́ние** [中5] 育てること, 栽培, 飼育

**Ра́я** [女5] 〖愛称〗< Ра́иса

**рвани́на** [女1] 《話》(集合でも)ぼろぼろの服[靴]

\***рвану́ть** -ну́, -нёшь [完] [pull, explode] ①〈спр〉за〉を強く[ぐっと]引っ張る, ばっとつかみとる; 〈不正に〉手に入れる: Он рвану́л меня́ за́ руку. 彼は私の腕をぐいっと引っ張った ②〈спр〉方向を勢いよく変える ③《話》急に動き出す; 勢いよく始まる: Де́вочка рвану́ла на доро́гу. 女の子が道に飛び出した ④《話》勢いよく始動する

**рвану́ться** -ну́сь, -нёшься [完] ①急に動き出す, 突進する: ~ с ме́ста 急に席を離れてとび出す ②《話》爆発する

\***рва́ный** [形1] [torn] ①ちぎれた, ずたずたの ②穴の開いた, ぼろぼろの: ~ую рубаху надеть ぼろを着た ③引き裂かれたような, ぎざぎざの ④荒っぽい, ふぞろいの

**рвань** [女10] ①《話》(集合でも)ぼろぼろの服[靴] ②《集合》《話》(集合でも)人間のくず, やくざ

**рваньё** [中4] ①強く引っ張る[引き抜く, 引き裂く]こと ② = рвань

\***рва́ть[1]** [ルヴァーチ] рву, рвёшь 命 рви 過 -а́л, -ала́, -а́ло [不完] [tear, pick] 〈спр〉 ①引き裂く, 破る, 引きちぎる; (衣服などを)ぼろぼろにする; (音が)震わせる, 破る: ~ письмо́ 手紙を引き裂く | ~ тишину́ 静けさを破る ②強く引っ張る, 奪い取る, もぎ取る; 引き抜く: ~ из ру́к стака́н 手からコップをもぎ取る ③〔со-〕摘む, 摘み取る: ~ цветы́ 花を摘む ④爆破する: ~ ска́лы динами́том ダイナマイトで岩を爆破する ⑤〈спр〉с/с〉…を断ち切る, 絶ち切る: ~ с про́шлым 過去と断絶する ⑥《俗》(不正な手段で)手に入れる: ~ куш 大金を手にする ⑦《無人称》《話》ずきずきと痛ませる: Ра́ну рвёт. 傷がずきずき痛む ⑧《話》(風が)強く吹きつける ◆~ на ча́сти …に急であるいとまを与えない

**рвать** -ну́, -нёшь 過 -а́ло/-а́ло [不完] **/вы́рвать** -рвет [完] 《無人称》《話》〈人が〉吐く

\***рва́ться[1]** рвётся 過 -а́лся, -ала́сь, -ало́сь/-а́лось [不完] ①破れる, 裂ける, ぼろぼろになる, 穴が開く: Бума́га легко́ рвётся. 紙は簡単に破れる ②爆発する, 破裂する: Снаря́ды рву́тся. 砲弾が炸裂する ③(関係などが)断たれる, 切れる: Рвали́сь ста́рые свя́зи. 古い絆が絶たれようとしていた ④(声が)とぎれとぎれになる ⑤(声が)《受身》< рвать①④

**рва́ться[2]** рвусь, рвёшься 過 -а́лся, -ала́сь, -ало́сь/-а́лось [不完] ①突進する, 急行する; 渇望する: ~ к вла́сти 権力にどん欲だ, 強引な権力取りをもつ ②もがく, 逃れようとする: ほとばしり出ようとする ③《話》同時に多くのことをする ◆~ на ча́сти 《話》同時に多くのことをする, てんてこまいする

**рвач** -а́ [男4] ①《話・蔑》強欲者, がりがり亡者 ②《俗》ひったくり

**рва́чество** [中1] 《話・蔑》強欲, がめついこと

**рве́ние** [中5] 熱意, 熱心さ

**рво́та** [女1] 嘔吐, 嘔吐物, へど

**рво́тный** [形1] 嘔吐の, 嘔吐を催させる

**РВСН** [エルヴェエスエーヌ] 〖略〗Раке́тные войска́ стратеги́ческого назначе́ния 戦略ロケット部隊

**РГБ** [エルゲベー] 〖略〗Росси́йская госуда́рственная библиоте́ка ロシア国立図書館

**рдеть** [不完] 〖文〗①赤くなる, 赤らむ ②(赤いものが)くっきり見える, 赤く映える

**рде́ться** [不完] = рдеть

**ре** [不変] [中] 〖楽〗(音階の)レ (→до́[活用])

**ре..** [接頭] [名詞・動詞] ①「再…」: реадапта́ция 再順応 ②「逆…」「反…」: реи́мпорт 逆輸入

**реабилита́ция** [女9] ①名誉回復, 復権 ②〖医〗リハビリテーション **‖-ио́нный** [形1]

**реабилити́ровать** -рую, -руешь 受過 -анный [不完・完] 〈спр〉…の名誉を回復させる, 復権させる **‖ ~ся** [不完・完] 名誉を回復する, 復権する

**реаге́нт** [男1] 〖化〗試薬

\***реаги́рова|ть** [リアギーラヴァチ] -рую, -руешь 命 -руй [不完] [react] ①〈на〉〈外部からの刺激に〉反応する: Глаз реаги́рует на свет. 目は光に反応する ②[完 про-, с-, от-] 〈на〉〈…に〉自分の態度を示す, 反応する: о́стро ~ на несправедли́вость 不正に鋭く反応する ③〖化〗〈с〉 化学反応する **‖-ние** [中5]

**реакти́в** [男1] 〖化〗試薬

**реакти́вный** 短 -вен, -вна [形1] ①〖長用〗〖化〗試薬の, 試薬を含んだ: -ая бума́га 試験紙 ②〖生〗刺激に反応する, 感応性の ③〖長用〗ジェット推進の, ジェット式の: ~ дви́гатель ジェットエンジン | -ое то́пливо ジェット燃料 **‖-ость** [女10] ②

**реа́ктор** [男1] ①〖化〗反応装置, 反応器 ②〖理〗原子炉: я́дерный [а́томный] ~ 原子炉 **‖-ный** [形1]

**реакционе́р** [男1] 〖政〗反動主義者

**реакцио́нн|ый** 短 -о́нен, -о́нна [形1] 〖政〗反動的な, 反動の: ~ режи́м 反動的な体制 **‖-о** [副]

\***реа́кция** [リアークツィヤ] [女9] [reaction] ①反応, 反

響, リアクション: ~ на раздражéние 刺激に対する反応 | ~ слýшателей 聴衆の反応 ②《化》反応: термоя́дерная ~ 熱核反応 ③(高揚・緊張の後の)反動, 無気力 ④反動政治, 反動

‡**реализа́ция** [リアリザーツィヤ] [女9]〔realization〕①実現, 実行: Жела́ю Вам *-ии* Ва́ших пла́нов! 計画の実現を祈っています ②換金, 現金化

**реали́зм** [男1]《芸》リアリズム, 写実主義 ②現実主義, 現実的態度

‡**реализова́ть** [リアリザヴァーチ] -зу́ю, -зу́ешь 命 -зу́й 受過 -о́ванный [不完・完]〔realize〕《円》①実現する, 実行する: ~ но́вый прое́кт 新しいプロジェクトを実現する ②換金する, 現金化する, 売る **//-ся** [不完・完] ①実現する ②(売られて)現金になる ③〔不完〕(受身)

**реализу́емый** [形1] 実現方向きの, よく売れる

**реали́ст** [男1] **/ ~ка** 複生 -ток [女2]《芸》リアリスト, 写実主義者 ②現実主義者, 実際家

**реалисти́ческий** [形3] リアリズムの, 写実主義の ＝ **реалисти́чный**

**реалисти́чн|ый** 短 -чен, -чна [形1] 現実主義的な, 実際的な **//-о** [副] **//-ость** [女10]

**реа́лия** [女9]《通例複》(ある地域・文化に)固有の事物, 現象; 現実;《言》レアリア

‡**реа́льно** [リアーリナ][副]〔actually〕①現実に; 現実的に: ~ произоше́дшие собы́тия 現実に起こった出来事 ②〔若者〕最高に, この上なく ③〔若者〕本当に, 難なく

‡**реа́льность** [リアーリナスチ] [女10]〔reality〕 現実; 現実性: разры́в ме́жду фанта́зией и *-ью* 空想と現実のギャップ

‡**реа́льн|ый** [リアーリヌィ] 短 -лен, -льна [形1]〔real, realizable〕①実際に存在する, 現実の, 実在の: ~ мир 現実世界 ②実現可能な, 現実に即した: *-ая* зада́ча 実現可能な課題 | На́ши пла́ны *-ы*. 私たちの計画は現実的だ ③実際的な, 現実的な: *-ая* поли́тика 現実的な政策 ④〔若者〕質の高い, とてもよい ⑤〔若者〕尊敬に値する **//-ая за́работная пла́та** 実質賃金

**реанима́тор** [男1] 救急蘇生医

**реанима́ц|ия** [女9] ①《医》救急蘇生(法) ②《話》救急蘇生室, 集中治療室 ③再生, 復興 **//-ио́нный** [形1]

**реанимирова́ть** -ру́ю, -ру́ешь 受過 -анный [不完・完] ①蘇生させる ②復活させる

‡**ребён|ок** [リビョーナク] -нка 複 ребя́та, -бя́т〔★複は通例 де́ти で用いる〕[男9]〔child〕幼児, 赤ん坊, 子ども; 幼い息子〔娘〕: гру́дный ~ 乳児 | дошко́льного во́зраста 未就学児 | по́здний ~ (結婚後が)遅く生まれた子 | Он уже́ не ~. 彼はもう子どもではない **//-чек** -чка [男2]〔指小〕

**рёберный** [形1]《解》肋骨の

**ребри́стый** 短 -и́ст [形1] ①肋骨の出た ②平行した突起のある, 肋骨状の

*‡**ребр|о́** 複 рёбра, рёбер, рёбрам [中1]〔rib, edge〕①《解》肋骨, あばら骨 ②縁, へり;《フィギュア》エッジ ③《数》稜(ﾘﾖｳ) ④《工》リブ ◆пересчита́ть рёбра кому́《俗》…をぶちのめす | поста́вить вопро́с *-о́м*《話》はっきりと言明する | Седина́ в бо́роду, бес в ~.《諺》白髪になっても浮気はやまない

**ребры́шко** 複 -шки, -шек, -шкам [中1]〔指小〕< ребро́

**ре́бус** [男1] ①判じ絵, 判じもの ②謎, 謎めいた人

‡**ребя́та** [リビャータ] -я́т [複]〔children〕①《複数: 主格》< ребёнок ②《話》若者たち, 連中, やつら; (呼びかけとして)みんな, 諸君: де́вушки и ~! みんな～若い男の人～ | Ребя́та, вперёд! みんな, 前進だ! ◆свой ~ 自分の仲間 | **ребяти́шки** -шек, -шкам, **ребя́тки** -ток, -ткам [複]《話》[指小・愛称]; **ребя́тушки** -шек, -шкам [複]《俗》[愛称]

**ребятёнок** -нка [男2]《俗》＝ ребёнок

**ребятня́** [女5]《話》《集合》子どもたち

**ребя́ческий** [形3] ①幼児の, 子どもらしい ②幼稚な, 子どもっぽい

**ребя́чество** [中1] 子どもじみた振る舞い

**ребя́чий** [形9]《話》①幼児の, 子どもの ②幼稚な, 子どもっぽい

**ребя́читься** -чусь, -чишься [不完]《話》子どもじみた振る舞いをする, ふざける

**ребя́чливый** 短 -ив [形1]《話》①子どもっぽい; いたずらっぽい ②無邪気な, 幼稚な

*‡**рёв** [男1]〔roar〕①(長く引く)吠え声, 咆哮(ﾎｳｺｳ); 怒号 ②(話)大きな泣き声 ③うなるような音, うなり

**рёва** [男1 変化] [男・女]《話》泣き虫

**ревальва́ция** [女9]《経》平価切上げ **//-ио́нный** [形1]

**рева́нш** [男4] 報復, 復讐; 雪辱戦, リベンジ: взять [дать] ~ 復讐する

**реванши́зм** [男1]《政》報復主義, 報復政策

**реванши́ст** [男1]《政》報復主義者

**реванши́стский** [сс] [形3] 報復主義(者)の

**реве́нь** -я́ [男5]《植》ダイオウ **//-евый** [形1]

**реверáнс** [男1] ①膝をかがめる女性のお辞儀 ②《通例複》(皮肉)ばか丁寧な敬意, おべっか

**реверберáция** [女9]《技》反響, 反射, 残響

**реве́рс** [男1] コイン〔メダル〕の裏面

**реве́ть** -ву́, -вёшь [不完] ①(長く引いた声で)吠える, 咆哮する; うなりを立てる, うなる ②《話》大声で泣く, 泣きわめく

**ревизиони́зм** [男1]《政》修正主義

**ревизиони́ст** [男1]《政》修正主義者

**ревизиони́стский** [сс] [形3] 修正主義(者)の

**ревизио́нный** [形1] 監査の, 審査の

**реви́зия** [女9] 監査, 審査; 《円》検査 ②(学説・理論などの)修正

**ревизова́ть** -зу́ю, -зу́ешь 受過 -о́ванный [不完・完]《円》①完また **об-**》監査する, 審査する, 検査する ②修正する

**ревизо́р** [男1] ①〔/ ~ша [女4]《話》〕監査官, 検査官, 検察官 ②《鉄道》監督官, 検査員 **//-ский** [形3]

**ревмати́зм** [男1]《医》リウマチ **//-и́ческий** [形1]

**ревма́тик** [男2] リウマチ患者

**ревматоидный** [形1] リウマチ(性)の: ~ артри́т リウマチ性関節炎

**ревмато́лог** [男2]《医》リウマチ専門医

**ревматоло́г|ия** [女9]《医》リウマチ学 **//-и́ческий** [形3]

**ревмокарди́т** [男1]《医》リウマチ性心臓炎

**ревни́в|ец** -вца [男3] **/ -ица** [女3]《話》嫉妬深い人, やきもち屋

**ревни́вый** [形1] ①嫉妬深い, やきもちを焼く; 嫉妬に満ちた: *-ая* жена́ 嫉妬深い妻 ②ねたましがる; 用心深い: быть *-ым* к чужо́му сча́стью 人の幸せをねたむ **//-о** [副] 嫉妬に **//-ость** [女10]

**ревни́тель** [男5]《文》熱心な擁護者, 信奉者

**ревнова́ть** -ну́ю, -ну́ешь 命 -ну́й [不完] ①《円に 円(среди́ ...) 》嫉妬する, やきもちをやく ②《к к円》をねたむ, うらやむ

**ре́вностн|ый** [сн] 短 -тен, -тна [形1] 熱心な, 熱意に満ちた **//-о** [副]

*‡**ре́вность** [女10]〔jealousy〕①嫉妬, やきもち: Его́ му́чает ~. 彼は嫉妬に駆られて苦しんでいる ②ねたみ, 羨望

**револьве́р** [男1] 回転式連発拳銃, リボルバー: стреля́ть из *-а* 拳銃を撃つ

**револьве́рный** [形1] ①リボルバーの ②《工》回転

式の: ～ стано́к ターレット旋盤

**револьве́рщик** [男2] ターレット旋盤工

*\***революционе́р** /～**ка** 複生-рок [女2]〔revolutionary〕① 革命家, 革命運動家: о́пытный ～ 老練な革命家 ② 革新者, 変革者: ～ в иску́сстве 芸術における革新者

**революционизи́ровать** -рую, -руешь 受過-анный [不完·完]〔他〕① 革命化する, …に革命思想を広める ② 根本的に変革する, 革新する

**революцио́нность** [女10] 革命的性質, 革新性

*\***революцио́нн|ый** 短 -о́нен, -о́нна [形1]〔revolutionary〕① 革命の, 革命的な, 革命を目指す: -ое движе́ние 革命運動 | ～ класс 革命的階級 ②《長尾》革命によって樹立された: -ое прави́тельство 革命政府 ③ 根本的な変革をもたらす, 革新的な: -ые преобразова́ния 革新的変革 *\*\**-о** [副]

*\***револю́ция** [リヴァリューツィヤ] [女9]〔revolution〕① 革命: Октя́брьская ～ 十月革命(1917年) | соверши́ть -ию 革命を遂行する ② 根本的な変革, 革新: Э́та те́хника произвела́ -ию в произво́дстве. この技術は生産に革命を引き起こした

**ре́вушка** 複生-шек(女2変化)［男·女］［指小］<ре́ва

**ревю́** (不変) [中] [劇] レビュー

**рега́лия** [女9] ① (通例複)王権の表章(王冠·王笏(ジャ)など) ②《複》勲章, メダル

**рега́та** [女9] 《スポ》レガッタ

**ре́гби** [э] (不変) [中] 《スポ》ラグビー

**регбист** [男] 《スポ》ラグビー選手

**ре́гги** (不変) [男] 《楽》レゲエ

**регенерати́вный** [形1] 《技》再生の

**регенера́ция** [女9] ① 《工》再生, 回生 ② 《生》再生 *\*\**-и́онный** [形1]

**ре́гент** [男1] / 《話》～**ша** [女4] ① 摂政 ② 《楽》(教会の)合唱指揮者 / *\*\**～ский** [形3]

**регио́н** [リギオーン] [男1]〔region〕(広範囲にわたる)地域, 隣接地域: за́падные ～ 西部地域 | Азиа́тско-Тихоокеа́нский ～ 環太平洋地域

*\***региона́льн|ый** [リギオナーリヌィ] [形1]〔regional〕地域の, 地方の: оживле́ние -ой эконо́мики 地域経済の活性化 | -ое отделе́ние па́ртии 党の地方支部

**реги́стр** [男1] ① 目録, リスト; 帳簿, 台帳 ② 《楽》音域, 声域 ③ 《楽》(オルガンなどの)ストップ, 音栓, 調音装置 ④ 調整装置; 《コン》レジスター ⑤ (タイプライター·計算機などの)キーの1列 ⑥ 船舶監督局 *\*\**-овый** [形1]

**регистра́тор** [男1] ① (/～**ша** [女4])《話》記録係, 登録係 ② 自動記録装置 ③ 書類ばさみ, ファイル *\*\**～ский** [形3] <(

**регистрату́ра** [女1] 記録課, 登録課

**регистрацио́нный** [形1] 登録の, 登録用の

*\***регистра́ция** [リギストラーツィヤ] [女9]〔registration〕登録, 登記; 記録, 登記; (ホテルなどの)チェックイン: ～ в гости́нице ホテルでのチェックイン | онла́йн-～ на рейс (飛行機の)オンラインチェックイン | ～ рожде́ния 出生届 | пода́ть заявле́ние на -ию бра́ка 婚姻届けを出す

**регистри́рова|ть** -рую, -руешь 受過-анный [不完]/**за**～ [完]〔他〕登録する, 登記する; 記録する, 記入する: ～ брак 結婚を登録する | ～ подзе́мные толчки́ 地下の震動を記録する *\*\**-ние** [中5]

**регистри́роваться** -руюсь, -руешься [不完]/**за**～ [完] ① 自分を登録する; 登録される ② 《話》結婚登録をする

**регла́мент** [男1] ① 規定, 規則, 規約 ② (発言者の)持ち時間, 発言時間 *\*\**-ный** [形1]

**регламента́ция** [女9] 規定に従わせること; 規定すること

**регламенти́ровать** -рую, -руешь 受過-анный [不完·完]〔他〕規定に従わせる, 規定する

**регла́н** [男1] ① ラグランコート ② (不変) [形] ラグラン型の

**регре́сс** [男1] 《文》退歩, 後退, 退行

**регресси́вный** 短-вен, -вна [形1] 《文》退歩する, 退行的な

**регресси́ровать** -рую, -руешь [不完] 《文》退歩する, 後退する, 退化する

*\***регули́рование** [中5]〔regulation〕① (関係などの)整理, 規制: правово́е ～ се́ти Интерне́т インターネットの法的規制 ② 調節: ～ температу́ры 温度調節

*\***регули́ровать** -рую, -руешь 受過-анный [不完]〔regulate, adjust〕〈他〉① [完 **у**～] 調整する, 整える: ～ взаи́мные отноше́ния 相互関係を整備する ② [完 **от**～] (a) (運動などを)整理する, 規制する: ～ у́личное движе́ние 交通整理をする (b) (機械などを)調節する: ～ мото́р モーターを調節する *\*\**-ся** [不完] 〔受身〕

**регулиро́вка** [女1] 調節, 調整

**регулиро́вщик** [男2] 調整係, 整理係

**регули́руемый** [形1] 調節[調整]されるもの

*\***регуля́рно** [副]〔regularly〕規則正しく, 定期的に: Принима́йте лека́рство ～. この薬を定期的に服用してください

*\***регуля́рн|ый** 短 -рен, -рна [形1]〔regular〕① 規則正しく行われる, 定期的な: -ое пита́ние 規則正しい食事 ② 《長尾》(軍などが)正規の, 常備の: -ая а́рмия 正規軍 ③ (植え込みなどが)幾何学的に形の整った *\*\**-ость** [女10]

**регуля́тор** [男1] ① 調節機, 調整装置 ② 調節[調整]するもの

**регуля́торный** [形1] 調節の, 調整用の

**регуля́ция** [女9] 調節, 規制 *\*\**-ио́нный** [形1]

**ред.** (略)реда́ктор; реда́кция

**ред..** 〔語形成〕「編集の」「校閲の」

**редакти́рова|ть** -рую, -руешь 受過-анный [不完] [完 **от**～] 校閲する, 校訂する ② 編集する, 編纂する, 監修する *\*\**-ние** [中5]

*\***реда́ктор** [リダークタル] [男1]〔editor〕① 校閲者, 校訂者: техни́ческий ～ (印刷·出版の)技術主任 ② 編集者, エディター; 編者, 監修者: гла́вный ～ 編集長 | ～ словаря́ 辞書の編者 ③ [男] 《コン》エディター *\*\**～ский** [形3]

**редакту́ра** [女1] 校閲, 校訂; 編集, 編纂

**редакцио́нный** [形1] 校閲の, 校訂の; 編集の, 編纂の, 監修の: 編集部の: -ая колле́гия 編集局[部]

*\***реда́кция** [リダークツィヤ] [女9]〔version, editional board〕① 校閲, 校訂: ～ те́кста テキストの校閲 ② 編集, 編纂, 監修: ～ журна́ла 雑誌の編集 | уче́бник под -ией изве́стного профе́ссора 有名教授監修の教科書 ③ (作品·テクストの)版, 稿: но́вая ～ по́вести 小説の新版 ④ 表現, 言い方, 文案: измени́ть -ию 文章の表現を変える ⑤ 編集部, 編集局; 編集室: Он рабо́тает в -ии газе́ты. 彼は新聞の編集局で働いている

**реде́|ть** [不完] /**по**～ [完] ① まばらになる, 薄くなる ② 少なくなる

**реди́с** [男1] 《集合》《植》ラディッシュ, ハツカダイコン

**реди́ска** 複生-сок [女2] ① = реди́с ② ラディッシュ1本

*\***ре́дк|ий** [リェートキイ] 短 -док, -дка́, -дко, -дки/-дки́ 比 ре́же 最上 редча́йший [形3]〔thin, rare〕① まばらな, 密でない, 薄い, 希薄な: ～ лес 木のまばらな森 | Во́лосы у него́ ста́ли -ими. 彼は髪の毛が薄くなった ② 目の粗い: ～ си́тец 目の粗い更紗 ③ まれな, たまにし

**P**

か起こらない: -ие поезда́ たまにしか来ない列車 ④珍しい, めったに見られない: -ое и́мя 珍しい名前 | Р~ дéнь он не заходи́л к нам. 彼が私たちのところに寄らない日はめったにない ⑤たぐいまれな, まれにみる: -ие спосо́бности まれにみる才能

**ре́дко** [リェートコ] 比ре́же [副] [seldom] ①まばらに ②まれに, めったに(…ない): Она́ ~ опа́здывает. 彼女はめったに遅刻しない | ре́дко кто … な人は稀だ

**редколе́сье** [中4] 木のまばらな森, 疎林

**редколле́гия** [女9] 編集局[部] (редакцио́нная колле́гия)

**ре́дкостный** [сн] [短]-тен, -тна [形1] 珍しい; まれにみる: -ая красота́ 絶世の美

*ре́дкост|ь [女10] [rarity] ①まばらなこと, 密でないこと, 薄いこと: ~ населе́ния 人口が希薄なこと ②まれなこと, 珍しい現象: Снег в То́кио — ~. 東京で雪が降るなんて珍しい ③珍しい物, 珍品, 骨董品: колле́кция -ей 珍品のコレクション ◆на ~ まれにみるほど, とびきり | не ~ 珍しいことではない, よくある

**реду́ктор** [男1] ①[技]減速機 ②[化]還元器

**реду́кция** [女9] ①単純化 ②[生]退化, 縮小, 減少; 弱化 ③[言]弱化: (特に)母音弱化 **//-ио́нный**

**реду́кт|овать** -рую, -руешь 受動 -анный [不完・完] <団> 単純化する; 縮小する; 弱化させる [不完・工] 減圧する **//~ся** [不完・完] 縮小する; 弱化する

**ре́дька** 複生 -дек [女2] [植]ダイコン

**рее́стр** [男1] 目録, リスト; 記録簿 **//-овый** [形1]

**ре́ечный** [形1] 木ずりの; 測量桿の

**ре́же** [比較] < ре́дкий, ре́дко

**ре́жешь** [2単現] < ре́зать

*режи́м [リジーム] [男1] [regime, routine, conditions] ①国家体制, 統治様式, 政体: ца́рский ~ 帝政 ②(生活の)秩序, 規則, 日課; 対策: шко́льный ~ 校則 | соблюда́ть пра́вильный ~ пита́ния 正しい食生活を守る ③(活動・存在などの)条件; 方式: рабо́чий ~ маши́ны 機械の稼働条件 ④[コン]モード

**режи́мный** [形1] ①秩序の, 規則の; (活動・存在などの)条件の ②特別な体制の

*режиссёр [男1] [director] (舞台・映画などの)監督: ~-постано́вщик о́перы オペラの舞台監督 **//~ский** [形3]

**режисси́ровать** -рую, -руешь 受動 -анный [不完] <団> <舞台・映画などを>演出する, 監督する

**режиссу́ра** [女1] ①(舞台・映画などの)監督の仕事 ②演出, 監督 ③[集合](舞台・映画などの)監督

**ре́жу** [1単現] < ре́зать

**ре́жущий** [形6] 鋭い, 鋭利な

**режь** [命令] < ре́зать

**реза́к** -а́ [男2] ①大きな刃物, カッター; (武器・機械などの)刃 ②ガスバーナー ③(CD・DVD・BR の)ディスクレコーダー

**ре́зание** [中5] ①切ること, 切断 ②切り殺すこと ③彫ること, 彫刻

**резану́ть** -ну́, -нёшь [完] [一回] [話] < ре́зать①⑥⑦⑧⑩⑪

**ре́заный** [形1] ①切断された, 切り口のある ②[スポ] (ボールが)カットがかけられた ◆крича́ть [ора́ть] как ~ 切られでもしたかのように大声で叫ぶ

**ре́зательный** [形1] 切断用の

*ре́зать [リェーザチ] ре́жу, ре́жешь 命 режь 受動 -анный [不完] [cut] ①<物を>切る [完 раз~] : ~ хлеб パンを切る | Она́ ре́зала бума́гу но́жницами. 彼女ははさみで紙を切っていた ②[話] 削除する, 手術する: ~ нары́в 腫れ物を切開する ③(刃物が)切る, 切れる: Нож хорошо́ ре́жет. このナイフはよく切れる ④[完 за~] (刃物で)殺す, 切り殺す; 噛み殺す: ~ кур кур 鶏を屠[ほふ]る ⑤彫って作る: <по⊞/на⊞>…に彫刻する, 刻む: ~ ло́жки из де́рева 木でさじを作る | ~ по стеклу́ ガラスに彫る ⑥…に食い込む, 締めつける: Реме́нь ре́жет плечо́. ベルトが肩に食い込む ⑦[無人称でも]…に刺すような痛みを与える: У меня́ ре́жет в животе́. 私はおなかがきりきり痛む ⑧…に不快感を与える, 苦しめる: Эта му́зыка ре́жет слух. その音楽は耳ざわりだ ⑨[完 за~][話]窮地に陥れる, 駄目にする: ~ но́вый прое́кт 新しいプロジェクトを駄目にする ⑩[完 с~] (試験で)落とす, 落第させる ⑪[完 с~] [スポ] <ボールを>カットをかけて打つ ⑫[話]ずばり言う, あけすけに言う: ~ пра́вду в глаза́ 本当のことを面と向かって言う ◆без ножа́ ~ …を窮地に陥れる | ~ по живо́му 近親者を切って断固たる手段をとる

**ре́заться** ре́жусь, ре́жешься [不完] ①切れる ②[完 про~] (歯が)生える ③[話] (刃物で)戦う, 切り合う ④<в団><勝負事を>熱中してやる ⑤[不完](受身) < ре́зать①-⑤⑩⑪

**резви́ться** -влю́сь, -ви́шься [不完] はしゃぎまわる; [話]ふざけた振る舞いをする

**резву́шка** 複生 -шек [女2] [話]おてんば娘

**ре́звый** [短]ре́зв, -ва́, -во, -вы/-вы [形1] ①活発な, わんぱくな ②足の速い; 素早い **//-о́ //-ость** [女10]

**резеда́** [女1] [植]モクセイソウ

**резе́кция** [女9] [医]切除 **//-ио́нный** [形1]

*резе́рв [男1] [reserve] ①貯え, 予備, 補給源: оста́вить в ~е 予備に残しておく | междунаро́дные ~ы 外貨準備高 | золотовалю́тные ~ы 金外貨保有高 (略 ЗВР) | име́ть в ~е 予備として有する ②[通例複] 蓄えられたもの, 備蓄品, 予備資源: произво́дственные ~ы 生産余力 | людски́е ~ы 人的資源 ③[軍] 予備役; мобилиза́ция ~ов и доброво́льцев 予備役と志願兵の動員 ④[軍]予備軍, 予備隊: отвести́ полк в ~ 連隊を予備役に回す | трудовы́е ~ы 労働予備軍

**резерва́ция** [女9] ①予備にとっておくこと; (権利の)保留 ②(アメリカなどで先住民のための)指定保留地 **//-ио́нный** [形1]

**резерви́ровать** -рую, -руешь 受動 -анный [不完・完また за~] <団> 予備にとっておく, 備蓄する; 保留する; 予約する

**резерви́ст** [男1] [軍]予備役軍人

**резе́рвный** [形1] ①予備の: ~ фонд 準備積立金 ②[軍]予備役の, 予備軍の

**резервуа́р** [男1] (液体・気体の)タンク, 貯蔵所 **//~ный** [形1]

**резе́ц** -зца́ [男3] ①バイト(単一刃の切削工具); その刃 ②彫刻の流儀, 彫り ③門歯 **//резцо́вый** [形1]

**резиде́нт** [男1] ①(保護領の)総督 ②弁理公使 ③在留外国人, 居留民; 居住者 ④外国駐在のスパイ組織の代表者 **//~ский** [u] [形3]

**резиде́нция** [女9] 政府所在地; 公邸, 官邸

*рези́н|а [女1] [rubber] ゴム: синтети́ческая ~ 合成ゴム | изде́лия из -ы ゴム製品 ①[話]ゴム製品(タイヤ・ボール・靴など): Р~ износи́лась. ゴムタイヤが擦り切れた ◆тяну́ть -у [俗・非難]ことを長引かせ, たらたらやる

*рези́нк|а 複生 -нок [女2] [eraser, elastic] ①消しゴム: стере́ть бу́кву -ой 消しゴムで1文字消す ②ゴムひも: то́нкая ~ 細いゴムひも ③[単]ゴム編み: ша́пка в -у ゴム編みの帽子 ④ガム: жева́тельная ~ チューインガム ⑤[俗]コンドーム **//рези́ночный** [形1]

*рези́новый [形1] [rubber] ①ゴムの, ゴム製の: мяч ~ ゴムのボール | -ые сапоги́ ゴム長靴 ②[話]様々

な解釈のできる、曖昧な: -ое постановле́ние 曖昧な決議 ④噛み砕けない、ゴムを噛んでるような

**рези́стор** [зы] 〔男1〕〔電〕抵抗器

**ре́зка** [за2] ①切ること、切断; 切り方、切断法 ②刻み飼料

＊**ре́зк|ий** [リェースキイ] 短 -зок, -зка́, -зко, -зки/-зки́ 比 ре́зче [形1] 〔sharp, cutting, harsh〕 ①激しい、鋭い、猛烈な: ～ ве́тер 激しい風 | Он почу́вствовал -ую боль в груди́. 彼は胸に鋭い痛みを感じた ②強烈な、どぎつい: ～ свет 強烈な光 | -ие духи́ 匂いのきつい香水 ③急激な、突然の: -ое похолода́ние 急激な冷え込み | -ое повыше́ние цен 物価の暴騰 ④動作などが突発的な、急激な、ぎくしゃくした: -ое движе́ние 突発的な動作 ⑤はっきりした、くっきりした、きわだった: -ие очерта́ния くっきりした輪郭 | -ая противополо́жность きわだった対立 ⑥荒っぽい、乱暴な; 粗野な、無作法な: Она́ -а́ с подчинёнными. 彼女は部下にきつい態度をとる ⑦辛辣な、手きびしい、辛辣(ﾁﾝ)な: -ая кри́тика 辛辣な批評

＊**ре́зко** [リェースカ] [比 ре́зче] 〔副〕〔sharply〕 ①激しく、猛烈に: Р~ ду́ет ве́тер. 風が激しく吹いている ②強烈に、どぎつく: ～ па́хнуть どぎつく匂う ③急激に、突然: Пого́да ～ измени́лась. 天気が急変した ④くっきりと、はっきりと: На фо́не голубо́го не́ба ～ выри́совываются верши́ны гор. 山々の頂が青空を背景にくっきりと浮び上がっている ⑤荒っぽく、乱暴に; 手きびしく、辛辣に: ～ критикова́ть 手きびしく批判する

**ре́зкость** [сьть] 〔女10〕 ①激しさ、鋭さ; どぎつさ; 急激さ ⑥きっついこと; 荒っぽさ; 辛辣さ ③(カメラの)シャープネス ④乱暴な言葉、辛辣な表現

**резно́й** [形1] ①彫刻の、彫るための ②彫って作られた; 彫刻模様のある ③ぎざぎざの

**резну́ть** -ну́, -нёшь 〔完〕〔一回〕〔話〕<ре́зать

**резня́** [女5] 大量殺戮(ﾘｸ)、虐殺

**резолюти́вный** [形1]〔文〕結論を含む

**резолю́ция** [女9] ①決議、決定: приня́ть -ию 決議を採択する ②〔書面での〕決裁、指令: наложи́ть -ию на заявле́ние 申請書に決裁を下す ∥-**ио́нный** [形1]

**резо́н** [男1]〔話〕理由、道理、わけ

**резона́нс** [男1] ①〔理・工〕共鳴; 共振 ②共鳴性、(音の)反響 ③反応、反響 ∥～**ный** [形1] ①②

**резона́тор** [男1]〔理・工〕共鳴器、共振器 ∥-**ный** [形1]

**резонёр** [男1] ①説教好きな人、理屈屋 ②〔文学・劇〕作者の見解を代弁する登場人物; そうした俳優の役

**резони́ровать** -рует〔不完〕共鳴[共振]する; 反響する

**резо́нный** 短 -о́нен, -о́нна [形1] 道理にかなった、もっともな

＊**результа́т** [リズゥリタート] 〔男1〕〔result〕 ①結果、成果、成績、帰結: ～ы экза́менов 試験の結果 | О́пыт дал неожи́данный ～. 実験は予期せぬ結果をもたらした ②〔スポ〕記録、スコア、タイム: ～ в бе́ге на сто ме́тров 100メートル走の記録 | улу́чшить свои́ ～ы 自己記録を更新する ◆**а** [и] **в** ～**е** そのために、それが原因で | **в** ～**е** 結局 | **в** ～**е** +生 …の結果、ために: Ава́рия произошла́ в ～е неосторо́жности. 事故は不注意のために起こった | **в** ～**е того́, что**... 〔文〕…のために ∥～**ный** [形1]

**результати́в** [男1]〔言〕結果相

**результати́вный** 短 -вен, -вна [形1] よい結果をもたらす、実り多い・効果をあげている

**ре́зус** [男1]〔動〕アカゲザル = ре́зус-фа́ктор

**ре́зус-фа́ктор** [不変]〔男1〕〔医〕Rh 因子

**ре́зче** [щ/щ́ч] [比較] < ре́зкий, ре́зко

**ре́зчик** [щ] [男2] ①切断工、裁断工 ②彫刻家、彫り物師 ③〔男〕切る道具、刃物、カッター

**резь** [ж10] 刺すような痛み、差込み

**резьба́** [女1] ①彫ること、彫刻 ②彫刻模様、彫り ③〔工〕ねじ山 ∥-**ово́й** [形2] <③

**резюме́** [з] 〔不変〕〔男1〕〔女1〕要約、梗概、レジュメ ②履歴書

**резюми́ровать** -рую, -руешь 受過 -анный [不完・完]〔文〕〔圓〕要約する、まとめる、結論付ける

**реинвести́рова|ть** -рую, -руешь 受過 -анный [不完・完]〔圓〕再投資〔追加投資〕する ∥-**ние** [中5]

**реинвести́ция** [女9] 再投資、追加投資

**реинкарна́ция** [女9] 〔文〕転生、リインカネーション

**реинтегра́ция** [女9] 再統合

**рей** [男6]〔海〕帆げた

**рейв** [男1] [男1] ①レイヴ(音楽イベント) ②レイヴ音楽

**ре́йвер** [男1] レイヴ参加者、レイヴァー

**ре́йверский** [э] [形3] レイヴの; レイヴァーの

**рейд** [男1] ①〔海〕停泊地、投錨(ﾁｮｳ)地 ②〔軍〕(敵の後方への)急襲、奇襲 ③抜き打ち検査 ∥～**овый** [形1]

**ре́йдер** [э] [男1] (敵の輸送船を襲う)遊撃艦

**ре́йка** 複生 ре́ек [女2] ①木ずり、木舞(こ) ②製材の切れ端 ③(水深や積雪量を測定するための)測量桿 (かん)

**Рейкья́вик** [е/э] [男2] レイキャビク(アイスランドの首都)

**Рейн** [э] 〔男1〕ライン川(西ヨーロッパを流れる大河)

＊**рейс** [男1] 〔flight, voyage〕(船・飛行機・自動車などの)運行路、路線、ルート; 運行、便(ﾋﾞ): обра́тный ～ 復路 | прямо́й ～ 直行便

**ре́йсовый** [形1] ①運行路の、路線の ②定期路線〔航路〕を運行する

**рейсфе́дер** [э] [男1] からす口

**рейсши́на** [女1] Т 定規

**ре́йтинг** [е] [男2] 〔rating〕ランクづけ、評価、支持率、人気度 ∥～**овый** [形1]

**рейту́зы** -у́з [複] ①乗馬ズボン ②(女性・子ども用の)体にぴったりしたズボン

**рейх** [э] [男2]〔史〕(ドイツ)帝国: Тре́тий ～ 第3帝国、ナチス政権下のドイツ

＊**рек|а́** [リカー] 対 ре́ку/реку́ 複 ре́ки, рек, река́м/рекам (за/на́ реку, за реку́) [女2] 〔river〕 ①川、河: исто́к ～и́ 川の源 | мост че́рез ～у́ 川にかかる橋 | Парохо́д плывёт вниз по -е́ Во́лге. 汽船はヴォルガ川を下っている ②(流れるものの)大量、流れ: проли́ть ～и́ кро́ви 川のように血を流す | Людски́е ～и запо́лнили у́лицы. 人波が通りを埋めつくした ◆-**о́й** 大量に、川のように: ли́ться -о́й 滝のように流れる | слёзы теку́т -о́й 涙を川のように流す ■-**забве́ния** 〔神話〕忘却の川、レーテー

**ре́квием** [е; э] [男1] ①〔カトリ〕死者のためのミサ、レクイエム ②鎮魂歌、レクイエム

**реквизи́ровать** -рую, -руешь 受過 -анный [不完・完]〔圓〕徴発する、徴用する

**реквизи́т** [男1] ①〔劇・映〕舞台道具、小道具 ②〔通例 複〕〔法〕(書類などの)必要条項、要件 ∥～**ный** [形1]

**реквизи́ция** [女9] 徴発、徴用

＊**рекла́м|а** [リクラーマ] 〔女1〕〔advertisement〕 ①〔単〕広告、宣伝: торго́вая ～ 商業広告、コマーシャル ②具体的な広告(ポスター・コマーシャルなど): помести́ть -у в журна́лах 雑誌に広告を掲載する

**реклама́ция** [女9]〔商・経〕損害賠償の請求、クレーム ∥-**ио́нный** [形1]

＊**реклами́рова|ть** -рую, -руешь 受過 -анный [不完・完]〔advertise〕〔圓〕 ①広告する、宣伝する ②〔話〕ほめそやす、ひけらかす ∥-**ние** [中5]

**реклами́ст** [男1] 広告制作者

＊**рекла́мный** [リクラームヌイ] [形1] 〔advertising〕広告

**рекламода́тель** [男1] 広告主

**рекла́мода́тель** [男1] 広告主

**рекогносциро́вка** 複生 -вок [女2] ①〔軍〕偵察 ②(測量のための)下検分, 踏査 **//—очный** [形]

**рекоменда́тельный** -льно, -ованный [不完・完] [recommend] (批) ①〔完また **по~, от~**〕推薦する, 紹介する, 推奨する: ~ о́пытного специали́ста 経験豊かな専門家を推薦する | Мы *рекомендова́ли* его́ на до́лжность дире́ктора шко́лы. 私たちは彼を校長の職に推薦した ②〔完また **по~**〕〈不定形〉するように助言する, 勧める: Врач *рекоменду́ет* тебе́ отдохну́ть. 医者は君に休息を勧めている ③〔完また **от~**〕〈又〉引き合わせる, 紹介する: Разреши́те ~ себя́ — Влади́мир. 自己紹介させて下さい, ウラジーミルと申します

**рекомендова́ться** -ду́юсь, -ду́ешься [不完・完] ①〔完また **от~**〕〈又〉自己紹介する, 名を名乗る ②〔不完〕〈受身〉< рекомендова́ть: Не *рекоменду́ется* создава́ть о́чень коро́ткие сообще́ния. あまりに短いメッセージの作成はお勧めできません (★ 禁止・不必要に準じるので〔不定形〕は不完不定)

**реконструи́ровать** -рую, -руешь 受過 -анный [不完・完] 〔批〕 ①(根本的に)再建する, 復元する **//—ся** [不完・完] 再建がなる, 改組される, 復元される

**реконструкти́вный, реконструкцио́нный** [形1] 再建の, 改組の; 復元の

**\*реконстру́кция** [女9] [reconstruction] ①再建, 改編, 改組 ②復元; 復元物 ③改築 ④〔言〕再建

**Р \*реко́рд** [男1] [record] ①最高記録, レコード: мирово́й ~ 世界記録 | поста́вить [установи́ть] но́вый ~ 新記録を樹立する ②〈話〉最高度: ~ хра́брости このうえない勇気

**рекорди́ст** [男1] /**~ка** 複生 -ток [女2] 〔農〕記録を持つ優れた家畜

**реко́рдный** [形1] 最高記録の, 記録的な, 最高の **//—о** [副]

**рекордсме́н** [ц] [男1] /**~ка** 複生 -нок [女2] (スポーツの)記録樹立[保持]者, レコードホルダー **//—ский** [形3]

**рекреа́ция** [女9] ①レクリエーション, 休養 ②(学校の)レクリエーション室, 休憩室 **//—ио́нный** [形1]

**ре́крут** [男1] 〔史〕新兵, 補充兵 **//—ский** [ц] [形3]

**рекру́тер** [男1] 人材募集会社の代理人 〔動詞形〕

**рекру́тинг** [男2] (人材募集会社を通じての)労働者募集 **//—овый** [形1]

**ректифика́т** [男1] 〔化〕精留物

**ректифика́ция** [女9] 〔化〕精留 **//—ио́нный** [形1]

**ректифици́ровать** -рую, -руешь 受過 -анный [不完・完]〈批〉〔化〕精留する

**ре́ктор** [男1] (大学の)学長, 総長 **//—ский** [形3]

**ректора́т** [男1] ①学長事務局 ②学長執務室

**рела́кс** [男1] 《若者》休暇, 休み

**релакса́ция** [女9] 弛緩, くつろぎ, リラクセーション

**реле́** [э] (不変) [中1] 〔電〕継電器, リレー

**религиове́д** [男1] 宗教学者

**религиове́дение** [中5] 宗教学 **//—ческий** [形3]

**\*религио́зный** [リリギオーズヌィ] 短 -зен, -зна [形1] [religious] 〔長尾〕①宗教の; —ые обря́ды 宗教儀式 ②信心深い, 信仰している: Она́ глубоко́ -а. 彼女はとても信心深い **//—ость** [女10]

**\*рели́гия** [リリーギヤ] [女9] [religion] ①宗教: ве́рить в —ию 宗教を信じる ②特定の宗教, …教: христиа́нская [мусульма́нская, будди́йская] ~ キリスト [イスラム, 仏] 教

**рели́квия** [女9] ①聖遺物, 聖遺骨 ②貴重な思い出の品, 記念物

**рели́кт** [男1] (古代からの)残存生物, 残存種 **//—овый** [形1]

**релье́ф** [男1] ①浮彫り, レリーフ ②(陸地・海底の)起伏

**релье́фный** 短 -фен, -фна [形1] ①浮彫りの, 浮彫り模様の; 突き出た ②鮮明な, 明確な, はっきりした **//—о** [副] **//—ость** [女10]

**\*ре́льс** [男1] [rail, track] ~а も **ре́льса** [女9] 〈話〉レール, 軌条: положи́ть ~ы レールを敷く | По́езд сошёл с —о́в. 列車が脱線した ②(活動の)方向, 軌道 ◆**на—ы** 〈…の方向[路線, 方式]に〉: переводи́ть произво́дство на —ы автоматиза́ции 生産をオートメーションに移行する | **поста́вить** 批 **на —ы** …を軌道に乗せる **//—овый** [形1]

**релятиви́зм** [男1] 〔哲〕相対主義, 相対論

**релятиви́ст** [男1] 〔哲〕相対主義者, 相対論者

**релятиви́стский** [сс] [形3] 相対主義(者)の

**реляти́вный** 短 -вен, -вна [形1] 〈又〉相対的な

**ре́ма** [女1] 〔言〕レーマ

**рема́рка** 複生 -рок [女2] 〔劇〕ト書き

**ре́мез** [男1] 〔鳥〕ツリスガラ

**реме́йк** [э] [男2] リメイク ②復刻版, 再現

**реме́нный, ремённый** [形1] ベルトの; 革ひも製の

**\*реме́нь** -мня́ [男5] [belt] ①ベルト, バンド, 革帯: ко́жаный ~ 革のベルト | привязны́е *ремни́* シートベルト | пристёгиваться *ремнём* безопа́сности シートベルトを締める | наде́ть ~ ベルトをする ②〔工〕ベルト: приводно́й ~ 駆動ベルト ③〈複〉(手荷物用の留め金付きの)革ひも ◆*дать* 与 *ремня́* 〈俗〉…を鞭打つ

**\*реме́сленник** [男1] 〔artisan〕①職人, 手工業者 ②型通りにしか仕事をしない人, 創意のない働き手 **//—еский** [形3]

**реме́сленничество** [中1] ①職人仕事, 手工業 ②型にはまった仕事

**реме́сленный** [形1] ①手仕事の, 手工業の ②手製の, 巧みでない ③型にはまった, 創造性のない

**ремесло́** 複 ремёсла, -сел, -слам [中1] [craft] ①職人仕事, 手仕事, 手工業: портня́жное ~ 裁縫業 | учи́ться —у́ 手仕事を習う ②〈話〉職業, 仕事: та́йны писа́тельского —а́ 作家稼業の秘訣 ③型にはまった仕事

**ремешо́к** -шка́ [男2] [指小] < реме́нь① ②腕時計のバンド

**ремзаво́д** [男1] 修理工場

**реми́з** [男1] ①〔トランプ〕取り札不足; それに対する罰金 ②〔フェンシング〕ミーズ, 突き直し

**реми́кс** [男1] 〔楽〕リミックス

**ремилитариза́ция** [女9] 再軍備, 再武装

**реминисце́нция** [女9] 〈又〉①おぼろげな記憶, 思い出; それを呼び覚ますもの ②(芸術作品における他の作品の)反映, 影響, レミニセンス

**реми́ссия** [女9] 〔医〕寛解; 緩み, 軽減

**\*ремо́нт** [リモーント] [男1] [repair] ①修理, 修繕, 改修: ~ автомоби́ля 自動車の修理 | капита́льный ~ 大修理, オーバーホール | космети́ческий ~ 化粧直し, 内装変え | Магази́н закры́т на ~. その店は改修のため閉店中だ ②〔農〕家畜補充

**\*ремонти́ровать** -рую, -руешь 受過 -анный [不完]

# республика

**/от~** [完] [repair] 〈図〉① 修理する, 修繕する: ~ часы́ 時計を修理する ② 〈戯〉治療する **‖~ся** [不完] [受身]

**ремо́нтник** [男2] 修理工, 修繕工

**ремо́нтно-восстанови́тельный** [形1] 事故復旧の

**ремо́нтн|ый** [形1] 修理の, 修繕の: -ая мастерска́я 修理工場

**ренега́т** [男1] 《文》変節者, 裏切り者

**ренега́тство** [ц] [中1] 《文》変節, 背信, 裏切り

**ренесса́нс** [е/э:е/э] [男1] ① P~ 《史》ルネサンス ② (建築の) ルネサンス様式 ③ 隆盛期, 開花期 **‖~ный** [形1]

**ренкло́д** [男1] セイヨウスモモの一種, グリーンゲージ

**renováция** [女9] 改装, 修復, 改造

**renome** [э] 〈不変〉[中] 《文》評判, 定評

**ре́нт|а** [女1] 《経》(資本・資産・土地から) 定期的に得られる収益 (利子・地代・賃貸料など) **‖~ный** [形1]

**рента́бельн|ый** 短 -лен, -льна [形1] 採算のとれる, 益の ある: ~ое хозя́йство 黒字経営 **‖-о** [副] **‖-ость** [女10]

**рентге́н** [нг] [男1] ① X 線照射, レントゲン検査, X 線撮影: назна́чить больно́го на ~ 患者にレントゲン検査を受けさせる ② X 線治療 ③ 《話》X 線照射機, レントゲン検査機 ④ 〈複生 -ген/ -нов〉《理》レントゲン (放射線量の単位)

**рентгено..** [нг] [語形成] 「X 線の」「レントゲンの」

**рентге́нов** [形10] :~ы лучи́ X 線

**рентге́новск|ий** [形1] X 線の, レントゲンの; X 線を利用した: -ие лучи́ X 線, レントゲン線 | ~ сни́мок レントゲン写真

**рентгѐногра́мма** [нг] [女1] X 線 [レントゲン] 写真

**рентгѐногра́ф|ия** [нг] [女9] X 線撮影 (法) **‖ -и́ческий** [形1]

**рентгено́лог** [нг] [男9] X 線医学者, 放射線科専門医

**рентгеноло́г|ия** [нг] [女9] X 線医学, 放射線医学 **‖ -и́ческий** [形1]

**рентгѐноско́п|ия** [нг] [女9] X 線検査, レントゲン検査 **‖ -и́ческий** [形3]

**рентгѐнотерапи́я** [нг] [女9] X 線治療, 放射線療法

**реорганиза́ция** [女9] 改組, 改造, 再編成 **‖ -ио́нный** [形1]

**реорганизова́ть** -зую, -зуешь 受 過 -о́ванный [不完・完] (★過去は完了体のみ) 〈図〉改組する, 改造する, 再編成する

**реоста́т** [男1] 《電》抵抗器 **‖~ный** [形1]

**ре́п|а** [女1] 《植》カブ 《若者・戯》頭; 顔: да́ть [получи́ть] по ~е 殴る [殴られる] 《若者・戯・皮肉》 ムキムキマン, マッチョ ◆мо́рщить -у 《若者・戯・皮肉》 (1) 不機嫌になる, 顔をしかめる (2) あれこれ考える | про́ще па́реной -ы 《話・戯》 とても簡単に, 朝飯前に | чеса́ть -у 一大事に頭を悩ませる

**репара́ция** [女9] ① (通例複) (戦勝国への) 賠償 ② 《生》 (生体細胞の) 修復能力 **‖ -ио́нный** [形1]

**репатриа́нт** [男1] / **-ка** 複生 -ток [女2] 本国への送還 [帰還] 者, 引き揚げ者

**репатриа́ция** [女9] 本国への送還 [帰還], 引き揚げ

**репатрии́ровать** -рую, -руешь 受 過 -ованный [不完・完] 〈図〉本国に送還する, 帰国させる

**репе́й** -пья́ [男6] 《話》= репе́йник **‖~ный** [形1]

**репе́йник** [男2] 《植》イガのある花 [実] をつける植物 (ゴボウなど); 花や実

**репелле́нт** [男1] 防虫剤

**репе́р** [男1] 水準点

**репертуа́р** [男1] ① レパートリー, 上演目録, 演奏曲 ② 《話》 たくわえ, 持ち合せ ◆ **в своём ~е** 《皮肉》持ち前の調子で **‖~ный** [形1]

**репети́ровать** -рую, -руешь 受 過 -анный [不完] / **от~, про~** [完] 〈図〉① …のリハーサルをする, 舞台稽古をする; 《話》…の予行演習をする ② 《不完》…の勉強をたずねる, 補習してやる

**репети́тор** [男1] ① 家庭教師 ② (俳優に歌・ダンスなどを教える) インストラクター **‖~ский** [形3]

**репетицио́нный** [形1] リハーサルの

* **репети́ция** [女9] [rehearsal] リハーサル, 下稽古, 予行演習: генера́льная ~ 通し稽古, ゲネプロ

**Ре́пин** [男姓] レーピン (Илья́ Ефи́мович ~, 1844 -1930; 画家, 移動派; «Бурлаки́ на Во́лге» 『ヴォルガの舟曳き』)

**ре́пка** 複生 -пок [女2] 〈指小〉< ре́па

* **ре́плика** [女2] [remark, retort] ① 応答; 感想; из за́ла 観客席からの野次 ② 《劇》応答のせりふ; せりふ渡し, キュー:~и персона́жей 登場人物の台詞 [掛け合い] ③ 《法》訴答, 抗弁 ④ 反論記事

**реполо́в** [男1] 《鳥》ムネアカヒワ

**репорта́ж** [男4] ① ルポルタージュ, 現地報告: ~ с ме́ста собы́тия 事件現場からの報告 ② ルポの仕事 **‖~ный** [形1]

**репортёр** [男1] / **~ша** [女4] 報道記者, ルポライター, リポーター **‖~ский** [形3]

**репрезентати́вный** 短 -вен, -вна [形1] 代表的な, 典型的な

**репрезенти́ровать** -рую, -руешь 受 過 -анный [不完] 〈文〉〈図〉提示する; 代表する

**репресси́вный** 短 -вен, -вна [形1] 弾圧の, 抑圧の

**репресси́ровать** -рую, -руешь 受 過 -анный [不完・完] 弾圧する, 抑圧する

**репре́ссия** [女9] 弾圧, 抑圧

**репри́нт** [男1] 再版, リプリント **‖~ный** [形1]

**репроду́ктор** [男1] スピーカー; 拡声器

**репроду́кц|ия** [女9] ① 《印・写》複写, 複製 ② 複製画, 複製写真 ③ 再生 ④ 《生》繁殖, 生殖 **‖-ио́нный** [形1] <①②>

**репс** [男1] うね織りの布, レプス **‖~овый** [形1]

**репти́лия** [女9] 《動》爬虫 (<sub>ちゅう</sub>) 類

**республика́ция** [女9] 《文》(書籍などの) 再版, 復刊, 再発行

* **репута́ция** [女9] [reputation] 評判, 世評; 《話》名声: хоро́шая [плоха́я] ~ よい評判 [悪評] | по́льзоваться хоро́шей **-ией** 評判のよい | испо́ртить **-ию** 評判を悪くする

**ре́пчатый** [形1] カブの形をした: ~ лук タマネギ

**ре́слинг** [男1] プロレス

* **ресни́ц|а** [女3] [eyelash] (通例複) まつげ: дли́нные -ы 長いまつげ | P~ в глаз попа́ла. まつげが目に入った

**ресни́чка** 複生 -чек [女2] (通例複) ① 〈指小〉< ресни́ца ② (生) 繊毛

**ресни́чный** [形1] ① まつげの ② 《生》繊毛の ある

**респекта́бельн|ый** 短 -лен, -льна [形1] ① 尊敬すべき, 立派な, 堂々とした ② 一流の **‖-ость** [女10]

**респира́тор** [男1] 防毒 [防塵] マスク

**респирато́рный** [形1] ① 《医》呼吸器の, 気道の ② 防毒 [防塵] マスクの

* **респонде́нт** [男1] [respondent] アンケート調査の回答者

* **респу́блик|а** [リスプーブリカ] [女9] [republic] ① 共和制, 共和政体: буржуа́зная ~ ブルジョア共和制 ② (独立した国家としての) 共和国: P~ Белару́сь ベラルーシ共和国 ③ (ロシア連邦構成主体としての) 共和国 (現ロ

P

**республика́н|ец** -нца [男3] **/ -ка** 複生 -нок [女2] ①共和主義者, 共和制支持者 ②共和党員

\***республика́нск|ий** [形3] 〔republican〕共和主義の; 共和国の: ~ госуда́рственный строй 共和政体 | -ая па́ртия 共和党

**рессо́р|а** [女1] ばね, スプリング **/ -ный** [形1]

**реставра́тор** [男1] ①（文化財の）修復専門家 ②（旧政体への）復古主義者

**реставра́ци|я** [女9] ①（文化財の）修復, 復元 ②旧政体への復帰, 復古: ~ Мэ́йдзи 明治維新 **/ -ио́нный** [形1]

**реставри́ровать** -рую, -руешь 受過 -анный [不完・完]〈図〉①［完また **от~**］〈文化財を〉修復する, 復元する, 再建する ②復活させる

\***рестора́н** [リスタラーン] [男1] 〔restaurant〕レストラン, 高級料理店: обе́дать в ~е 食事をする | Мы заказа́ли сто́лик в ~е. 私たちはレストランの席を予約した **/ ~ный** [形1]

**рестора́ция** [女9] 食堂, 小さなレストラン

\***ресу́рс** [リスュールス] [男1] 〔resource〕①［複］資源: приро́дные ~ы 天然資源 | фина́нсовые ~ы 財源 | трудовы́е ~ы 労働資源 ②［文］手段, 方策: испро́бовать после́дний ~ 最後の手段を試みる ③［工］（機械などの）耐用年限 ④［コン］リソース **/ -ный** [形1] <①

**ресурсосбереже́ние** [中5] 資源節約, 省資源

**ретивый** 短 -ив [形1] 熱心な, 活発な, 機敏な **/ -о** [副] **/ -ость** [女10]

**рети́на** [女1]〔解〕網膜

**рето́рт|а** [女1]〔化〕レトルト（器具）**/ -ный** [形1]

**ретрансля́ци|я** [女9]〔電〕中継 **/ -ио́нный** [形1]

**ре́тро** [é/э]（不変）①［中］レトロ, 復古調 ②［形］レトロ調の, 復古調の

**ретрогра́д** [男1]〔文〕反動家, 保守主義者

**ретрогра́дн|ый** 短 -ден, -дна [形1]〔文〕反動的な, 時代遅れの **/ -ость** [女10]

**ретроспе́кция** [女1]〔文〕回顧, 追想

**ретроспекти́вн|ый** 短 -вен, -вна [形1]〔文〕回顧的な, 過去を振り返る **/ -о** [副]

**ретушёвка** 複生 -вок [女2]（写真などの）修整

**ретушёр** [男1]（写真などの）修整技師

**ретуши́ровать** -рую, -руешь 受過 -анный [不完] [完また **от~**]〈図〉〈写真などを〉修整[レタッチ]する

**ре́тушь** [女11]（写真などの）修整, レタッチ

**рефера́т** [男1]（書籍・論文などの）要約, 概要; 概要報告, レポート **/ -ный, -ивный** [形1]

\***рефере́ндум** [男1] 〔referendum〕国民投票: национа́льный ~ 国民投票

**рефере́нт** [男1] ①要約作成者, 概要報告者 ②（特定の問題についての）報告担当者, 相談役 ③［言］（語・記号の）指示物, 指示されている対象

**рефере́нция** [女9] ［言］指示（語や記号とそれが指示する外的世界の対象との関係）

**ре́фери** [é/э]（不変）［男］［スポ］レフェリー, 審判

**рефери́ровать** -рую, -руешь 受過 -анный [不完・完]〈図〉〈書籍・論文などを〉要約する, 概要報告する

**рефле́кс** [男1] ①〔生理〕反射, 反射作用[運動]: усло́вный ~ 条件反射 ②〔美〕色調の反射

**рефле́ксия** [女9] ①〔文〕内省, 反省 ②〔理〕反射 **/ рефлекси́вный** [形1]

**рефлексотерапе́вт** [男1] 反射療法士

**рефлексотерапи́я** [女9] 反射療法, リフレクソロジー

**рефлекти́вный** 短 -вен, -вна [形1] 反射的な, 無意識の

**рефле́ктор** [男1] ①反射望遠鏡 ②反射板, リフレクター ③リフレクター式暖房器具

**рефлекто́рный** [形1] ①〔生理〕反射の ②反射的な

\***рефо́рм|а** [リフォールマ] [女1] 〔reform〕改革, 改正, 変革: экономи́ческая ~ 経済改革 | ~ правописа́ния 正書法の改正 | проводи́ть ~у 改革を行う

**реформа́тор** [男1] 改革者, 変革者 **/ ~ский** [形3]

**реформа́ция** [女9]〔史〕宗教改革

**реформ|и́зм** [男1] 改良主義 **/ -и́стский** [сс] [形3]

**реформи́рова|ть** -рую, -руешь 受過 -анный [不完・完]〈図〉改革する, 変革する **/ -ние** [中5]

**рефо́рмист** [男1]〔政〕改良主義者

**рефра́ктор** [男1]〔理・天〕屈折望遠鏡

**рефра́кц|ия** [女9]〔理・天〕屈折 **/ -ио́нный** [形1]

**рефре́н** [男1] ①〔詩〕リフレイン, 畳句(じょうく) ②〔楽〕リフレイン, 繰り返し

**рефрижера́тор** [男1] ①冷却器, 冷凍庫 ②冷凍車, 冷凍船 **/ ~ный** [形1]

**рехну́ться** -ну́сь, -нёшься [完]〔俗〕気が狂う, 頭がおかしくなる

**рецензе́нт** [男1] 批評文の著者, 批評家

**рецензи́ровать** -рую, -руешь 受過 -анный [不完] **/ от~** [完]〈図〉批評する, …の批評文を書く

\***реце́нзи|я** [女9] 〔review〕批評, 評論: написа́ть -ию на но́вый рома́н 新しい小説の批評を書く

\***реце́пт** [リツェープト] [男1] 〔prescription〕①〔医〕処方, 処方せん: вы́писать ~ 処方せんを書く | Препара́т отпуска́ется то́лько по ~у врача́. 薬剤は医師の処方がないと出してもらえない ②作り方, 製法, レシピ: кулина́рные ~ы 料理レシピ ③〔話〕行動の仕方, 指針: В воспита́нии нет гото́вых ~ов. 教育には出来合いの処方せんはない

**реце́птор** [男1]〔生〕感覚受容器[体]

**рецепту́р|а** [女1] ①〔薬〕処方学, 処方論 ②調剤(法), 調合 **/ ~ный** [形1]

**реце́ссия** [女9] リセッション, 景気後退

**рециди́в** [男1] ①〔医〕再発, ぶり返し ②（望ましくないものの）再現, 再発 **/ ~ный** [形1]

**рецидиви́ст** [男1] **/ ~ка** 複生 -ток [女2]〔法〕再犯者, 累犯者

**реципие́нт** [э] [男1]〔医〕受血者, 臓器受容者, 移植患者（↔до́нор）

**рециркуля́ция** [女9] 再循環, リサイクル

**речев|о́й** [形2] 〔speech〕言語の, 言語の: ~ аппара́т 発話器官 | ~ а́кт 言語行為 | -а́я де́ятельность 言語活動, ランガージュ

**рече́ние** [中5]〔文〕成句, 慣用表現; 当を得た言葉

**речи́ст|ый** 短 -и́ст [形1]〔話〕能弁な, おしゃべりな

**речитати́в** [男1]〔楽〕レチタティーボ, 叙唱 ◆**говори́ть** [**чита́ть**] **~ом** 歌うように話す［読む］**/ -ный** [形1]

\***ре́чк|а** 複生 -чек [女2]〔river〕小さな川, 小川: купа́ться в ~е 小川で水浴びする **/ ре́чо́нка** 複生 -нок [卑称], **речу́шка** 複生 -шек [女2]〔指小〕

**речни́к** -á [男2] 河川運輸労働者

**речно́й** [形2]〔川の, 河川の ②河川航行に関する

\***ре́чь** [リェーチ] 複 -и, -е́й [女11]〔speech, matter〕①[単]言語能力, 発話: разви́тие -и 言語能力の発達 | о́рганы -и 音声器官 ②[単]（様々なスタイルの）言語, 言葉: у́стная [пи́сьменная] ~ 話し[書き]言葉

культу́ра -и 正しい言葉遣い ③《単》音声としての言語, 音声言語; 話し方: Ру́сская ~ му́зыка́льна. ロシア語は音楽的だ ④話, 会話: завести́ ~ 話を始める | P~ идёт о ближа́йших вы́борах. 間近に迫った選挙のことが話題になっている ⑤スピーチ, 演説: поздрави́тельная ~ 祝辞 | вы́ступить с -ью演説する ~ не мо́жет о 圕 …は論外[問題外]だ | O чём ~! 《話》言うまでもなく, もちろんだ ■ пряма́я [ко́свенная] ~《文法》直接 [間接] 話法 | ча́сти ~и《文法》品詞

\*реша́|ть [リシャーチ] [不完] / реши́ть [リシーチ] -шу́, -шишь也-ши ́受過-шённый (-шён, -шена) [完] [decide, solve] ① <屋/[不定形] すると>決める, 決心する, 結論に達する: ~ уе́хать 去るのを決める | Она́ реши́ла вы́йти за́муж. 彼女は結婚することにした ② <屋/[不定形] すること>決定する, 決議する, 判決を下す: ~ созва́ть собра́ние 会議の招集を決定する | Суд -и́л де́ло в по́льзу истца́. 裁判所は原告勝訴の判決を下した ③ <屋>問題などを解く, 解決する: ~ пробле́му 問題を解決する | Он реша́л уравне́ние, но не -и́л его́. 彼は方程式を解こうとしたが, 解けなかった ④ (3人称) <屋>決する, 決める, 決定づける: ~ судьбу́ 運命を決する | Пе́рвый гол реши́л исхо́д ма́тча. 最初のゴールが試合の勝敗を決めた ⑤ <屋>勝ちを<屋>奪う: Не реша́й меня́ сна́. 私の睡眠の邪魔をするな ♦ Решено́!《話》決まった! | решено́ и подпи́сано 決定済みだ, 変更はない

\*реша́|ться [リシャーッツァ] [不完] / реши́ться [リシーッツァ] -шу́сь, -шишься也-ши́сь [完] [decide] ① <на屋を/[不定形] することを>(熟慮・ためらいの末に)決意する, 決心する; 思いきって… する: Она́ не -и́лась поки́нуть дом. 彼女は家を捨てる決心がつかなかった ② (3人称) 解決する, 決まる, 決着する: Его́ судьба́ -и́лась в тот день. 彼の運命はその日に決まった ③《俗》<屋>を失う ④ (不完) 〈受身〉~ реша́ть

\*реша́ющий [形6] 最も重要な, 決定的な: ~ моме́нт 決定的瞬間 ♦~ го́лос 表決権

реше́бник [男2]《話》(小中高校生用の数学などの)解法付き参考書

реше́ни|е [リシェーニエ] [中5] [decision, solution] ① 決心すること, 決定すること, 解決すること; 結論: Ничто́ не могло́ измени́ть его́ -ия. 何ものも彼の決心を変えることはできなかった | прийти́ к -ию самому́ 独力で決定する ② 決議, 決定; 判決: приня́ть ~ 決議を採択する ③ 解決, 解決法: найти́ ~ 解決法を見出す ④ 解答: оши́бка в -ии 解答の間違い

решённый [形6] (受過) < реши́ть ① 決定済みの, 解決済みの

реше́тина [女1]《建》木舞

решётк|а [女2]複-ток [女2] ① 格子; 柵 ②《話》監獄, 監房: за -ой 塀の中 ③《理》格子;《数》束 | \решётковый [形]

реше́тник [男2]《集合》《建》木舞

реше́тный [形1] ふるいの; ふるいの付いた

решет|о́ 複решёта [中5] ふるい ①《農機具》(ふるい分け装置 ♦ голова́ как ~《話》忘れっぽい人, ざる頭 | чудеса́ в -е́ 《話》異常なこと, 意外なこと

реше́тчатый, решётчатый [形1] 格子状の; 格子のはまった

реши́мост|ь [女10] 決意, 決心, 覚悟: у 田 -и не хвата́ет …は決心[覚悟]が足りない

\*реши́тельно [リシーチリナ] [副] [resolutely, decidedly] ① 断固として, 毅然, きっぱりと: де́йствовать ~ 毅然と行動する ② 全く, 全然 ③ ~ ничего́ не нача́л. 私は全く何もわからなかった ③ 絶対に, 例外なく: Лека́рство нужно́ ~ всем. その薬は絶対みんなに必要だ ④ 《挿入》言うまでもなく, 疑いもなく, 当然: Ей, ~, без тебя́ ску́чно. 元より, 彼女は君がいなくて寂しい

реши́тельност|ь [女10] 決断力のあること, 毅然としていること ♦ с -ью 断固として, きっぱりと

\*реши́тельн|ый [リシーチリヌィ] 短-лен, -льна [形1] [resolute, decisive] ① 決断力のある, 思い切りのいい, 毅然とした, ~ хара́ктер 果断な性格 | Мы и́щем -ого руководи́теля. 私たちは決断力のあるリーダーを探している ② 最終的な, きっぱりとした: Я получи́л ~ отка́з. 私はきっぱりと断られた ③ 断固とした, 強烈な: приня́ть -ые ме́ры 断固たる措置を講ずる ④ 決定的な, 最も重要な: ~ шаг 決定的な一歩

реши́ть(ся) [完] → реша́ть(ся)

ре́шк|а 複生-шек [女2]《話》硬貨の裏面

ре|й → рея

ре́ять ре́ю, ре́ешь [不完] ① 滑るように飛ぶ, 滑空する ② (旗などが)はためく, ひるがえる

ржаве́ть, ржа́веть [不完] /за~, по~ [完] ① さびる, さびつく ② さび色になる ③《否定文で》失われない, 駄目にならない | \ржа́вление [中5]

ржа́вчина [女1] ① さび: P~ изъеда́ет желе́зо. さびは鉄を腐食する ② 心をむしばむもの, 精神的なさび: В душе́ появи́лась кака́я-то ~. 心のうちに何ものかが胸中に生まれた ③ 沼の水面にできる赤褐色の膜 ④ (脂肪が酸化してできる)黄褐色の斑点 ⑤《植》さび病

ржа́вый [形1] ① さびた, さびついた, さびで覆われた ② (沼の水が)赤褐色になった ③ (脂肪が酸化する)黄褐色の斑点のある ⑤ さび色の, 赤褐色の

ржа́ние [中5] 馬のいななき ②《俗》ばか笑い

ржано́й [形2] ライ麦の; ライ麦製の: ~ хлеб ライ麦パン, 黒パン

ржу, ржёшь [不完] ① (馬が)いななく ②《俗》ばか笑いする

рж|ач [男4], -ка́ [女2]《隠》《大》笑い ②《若者》面白いこと, 機知に富んでいること

РЖД [エルジェーデー] [略] [中] Росси́йские желе́зные доро́ги ロシア鉄道 (ロシアの国鉄)

ржи 〔単数; 生・与・前格形〕< рожь

РИА Но́вости [リーア] [略] [中] Росси́йское информацио́нное аге́нтство Но́вости ロシア通信社・ノーボスチ (< Росси́я)

ри́га [女2] (穀物の乾燥・脱穀用の) 納屋, 小屋

Ри́га [女2] リガ (ラトビアの首都)

ригори́зм [男1]《文》厳格主義, リゴリズム

риелтор [а] [男1] 不動産業者

ри́з|а [女1]《教会》① 祭服, 法衣 ② (顔と手だけを見えるようにした)イコンの金属製飾り枠 ♦ до положе́ния ри́з《話》ぐでんぐでんに酔って | \~-ный [形1]

ри́зница [女3]《教会》祭服[聖器]保管室

ри́йгикогу (不変)[男] (エストニアの)国会, 議会

рикоше́т [男1] (弾丸などの)はね返り, 跳弾

ри́кша (女4変化)[男] 人力車本 ②《女》人力車

Рим [男1] ローマ (イタリアの首都) ♦ тре́тий ~ 第三のローマ (モスクワの比喩的名称)

\*ри́мск|ий [形3] ローマの: -ие ци́фры ローマ数字 | ~ па́па ローマ法王 | -ая це́рковь カトリック教会 | ~ нос ワシ鼻

Ри́мский-Ко́рсаков [男姓] リムスキー・コルサコフ (Никола́й Андре́евич ~, 1844 - 1908; 作曲家)

ри́мско-католи́ческий [形3] ローマカトリックの

ринг [男2] 《スポ》リング

ринит [男1]《医》鼻炎

ринопла́стика [女2]《医》鼻形成術

ри́нуться -нусь, -нешься [完] ① 突進する ② <в屋>に没頭する

Ри́о-де-Жане́йро [э: э] (不変) [男] リオデジャネイロ (ブラジルの都市) ♦ Э́то не ~.《話》憧れていたものはこ

**рис**

рис [リース] -a/-y [男1] [rice] ①〖植〗イネ: выра́щивание ~а 稲作 ②《集合》米, ご飯, ライス(отварно́й ~): очи́щенный ~ 精米した米, 白米 | вари́ть ~ ご飯を炊く | жа́реный ~ с креве́тками エビ入りチャーハン

рис. 《略》рису́нок

*риск [リースク] [男2] [risk] ①危険, リスク: подверга́ть себя́ ~у 自らを危険にさらす | с ~ом для жи́зни 生命の危険を冒して ②冒険, 賭け: Р— ③〖金融〗(投資の)リスク ◆на свой страх и ~ 自分の責任で 《諺》冒険は気高い仕事

рискну́ть [完]→рискова́ть

риско́ванн|ый 短 -ан, -анна [形1] ①危険な, リスクを伴う ②下品な, 無作法な, きわどい **∥–о** [副] **–ость** [女10]

*рискова́ть -ку́ю, -ку́ешь 受過 -о́ванный [不完] / рискну́ть -ну́, -нёшь [完][一回] [run risks] ①危険を冒す; 《不定形》思いきって[あえて]...する: Он не бои́тся рискова́ть. 彼は危険を冒すのを恐れない ②《圏》危険にさらす: ~ жи́знью 命を賭ける ③《不完》《不定形》...するおそれがある, ...しかねない: Риску́ю опозда́ть. 遅刻しかねない

риско́вый [形1] 《俗》①危険な, リスクを伴う ②危険を冒したがる

ри́слинг -a/-y [男2] ①リースリング(ブドウの品種) ②リースリング・ワイン

ри́сов|а плые -лок [女2] 〖コン〗グラフィックエディタ, 画像編集ソフト

рисова́льный [形1] 図画の; 図画用の

рисова́льщик [男2] ①線描画家, デッサン画家 ②線描画[デッサン]を描くのが好きな人

*рисова́ние [中5] [drawing] (鉛筆・ペン・木炭・水彩絵の具などで)描くこと, 図画, デッサン

рисо́ванный [形1] アニメーションの

*рисова́ть [リサヴァーチ] -су́ю, -су́ешь 受過 -о́ванный [不完] / нарисова́ть [ナリサヴァーチ] [完] 《圏》[draw, paint] ①(鉛筆・ペン・木炭・水彩絵の具などで)描く, 絵を描く: с нату́ры写生する | Она́ нарисова́ла пейза́ж акваре́лью. 彼女は水彩で風景画を描いた ②(言葉で)描写する, 叙述する: Поэ́т рису́ет сло́вом мир. 詩人は言葉で世界を描写している ③思い描く, 想像する: Я смотрю́ в окно́ и мы́сленно рису́ю ра́дугу. 私は窓の外を見ながら虹を想像している ④《ся》描き出される, 表している: Эти да́нные рису́ют реа́льную карти́ну. この資料は実情を描き出している

рисова́ться -су́юсь, -су́ешься [不完] ①(輪郭が)見える, 現れる ②心に浮かぶ, 思われる ③気取る, もったいぶる ④《不完》《受身》< рисова́ть

рисо́вка [女2] 気取り, もったいぶること

рисово́д [男1] 稲作専門家, 稲作農

рисово́д|ство [ц] [中1] 稲作, 米作り **∥–ческий** [形3]

ри́совый [形1] 稲(ри́с)の; 米の

*рису́н|ок [リスーナク] -нка [男2] [drawing, picture, design] ①(鉛筆・ペン・木炭・水彩絵の具などで)描いた絵, 図画: каранда́шный ~ 鉛筆画 | ~ углём 木炭画 | выставля́ть ~ки 絵を展示する ②さし絵, イラスト(図表・写真なども含む): кни́га с ~ками さし絵入りの本 ③《美》(色彩に対する)線, 線描 ④デッサン, 素描: Он у́чится ~ку у знамени́того худо́жника. 彼は著名な画家のもとでデッサンを学んでいる ⑤模様, 柄: ткань пёстрого ~ка まだら模様の布地 ⑥輪郭, 外形: ~ гор на горизо́нте 地平線上の山の輪郭 ⑦特徴の総体, 特色 **∥–очный** [形3]

рису́нчатый [形1] 模様のある, 柄のある

**Ри́та** [女1] 〖愛称〗< Маргари́та

*ритм [男1] [rhythm] ①リズム, 律動; 韻律: чу́вство ~а リズム感 ~ стиха́ 詩の韻律 ②順調な進行, リズム: ~ жи́зни 生活のリズム

ритмиза́ция [女9] リズミカルにすること, 律動化

ритмизи́ровать -рую, -руешь 受過 -анный [不完・完] リズミカルにする, 律動化する

ритмизова́ть -зу́ю, -зу́ешь 受過 -о́ванный [不完・完] = ритмизи́ровать

ри́тмика [女2] ①リズムの体系[性質] ②リズム理論; 韻律論 ③リズム体操, リトミック

ритми́ческий [形3] ①リズムの, 律動の ②リズミカルな, リズムの乗った

ритми́чн|ый 短 -чен, -чна [形1] ① = ритми́ческий ②リズム感を持った ③順調な, 調子のよい **∥–о** [副] <①③ **–ость** [女10]

ри́тор [男1] 〖古〗 ①《雄》雄弁家; 雄弁術の教師 ②〖蔑〗

рито́рика [女2] ①雄弁術; 修辞学 ②中身のない大げさな言葉遣い, 空疎な美辞麗句

ритори́ческий [形3] ①雄弁術の; 修辞学の: ~ вопро́с 修辞疑問, 反語 ②無意味な美辞麗句を連ねた

ритори́чн|ый 短 -чен, -чна [形1] 《文》無意味な美辞麗句を連ねた **∥–ость** [女10]

ри́ттбергер [男1] 〖フィギュアループ〗(ジャンプ)

*ритуа́л [男1] [ritual] ①宗教的儀式, 祭式: дре́вний ~ 古代の儀式 ②式典, 典礼; 礼式, 作法: проводи́ть ~ встре́чи ле́та 夏を迎える儀式を行う **∥–ьный** [形1]

риф [男1] ①岩礁 ②〖海〗縮帆部

рифле́ние [中5] 〖工〗溝付け, きざみ付け

рифлёный [形1] 〖工〗溝付けされた; 波形の

ри́фм|а [女1] 〖詩〗韻, 脚韻: подобра́ть ~ы 押韻する **∥–енный** [形1]

рифмова́ть -му́ю, -му́ешь 受過 -о́ванный [不完] ① = рифмова́ться ②《完 с~》《圏》に韻を踏ませる, 押韻する ③《話》詩作する

рифмова́ться -му́ется [不完] 韻が合う, 韻を踏む

рифмо́вка [女2] 〖詩〗①押韻 ②押韻法

рифмоплёт [男1] 《話・蔑》へぼ詩人

рифф [男1] 〖楽〗リフ

рише́лье [不変] [中] 切り抜き刺繍, カットワーク

риэ́лтер [男1] 不動産業者 ◆чёрный ~ 悪徳不動産業者 **∥–ский** [形3]

**РЛС** [エルエルエス] 《略》ра́диолокацио́нная систе́ма レーダーシステム

р-н 《略》райо́н

ро́ба [女1] ①作業着 ②〖隠〗服: 囚人服

ро́ббер [男1] 〖トランプ〗3回勝負

робе́ть / о~ [不完] ①おじける, おびえる, びっくつする

*ро́б|кий 短 -бок, -бка́, -бко, -бки/-бки́ 比 ро́бче [形3] [shy, timid] 臆病な, 小心な, 内気な, おどおどした: ~ хара́ктер 内気な性格 | На её лице́ появи́лась -ая улы́бка. 彼女の顔にはおずおずとした微笑みが浮かんだ

ро́бко 比 ро́бче [副] おどおどと, こわごわと, びくびくして

ро́бость [女10] 臆病, 小心, 内気, 内気, 恐れ

*ро́бот [男1] [robot] ロボット(★活動体として変化する): промы́шленный (косми́ческий) ~ 産業用[宇宙研究用] ロボット | применя́ть на пра́ктике ~ов по ухо́ду [для ухо́да] за престаре́лыми 介護ロボットを活用する

роботиза́ция [女9] ロボット化, 自動化

роботизи́ровать -рую, -руешь 受過 -анный [不完・完] ...にロボットを導入する, ロボット化する

робото.. 《語形成》「ロボットの」

робототе́хн|ика [女2] ロボット工学 **∥–и́ческий** [形3]

ров рва́ 前 о рве́, во рву́ [男1] 堀, 壕; 塹壕 **∥ро́вик**

[男2]〔指小〕

**рове́сни|к** [男2] **/-ца** [女3] 同い年の人, 同年齢の者: Мы с ним ~ки. 私は彼と同い年だ

\***ро́вно** [ローヴナ] 比 ровне́е 〔smoothly, evenly〕 **I** 〔副〕① 平らに；真っすぐに: Доро́га идёт ~. 道は平らに続いている ② 一様に, 均等に: Пульс больно́го би́лся ~. 患者の脈が規則正しく打っていた ③ 平静に, おだやかに, ~ говори́ть … 淡々と話す **II** 〔助〕① ちょうど, きっかり: Па́па верну́лся домо́й ~ в шесть часо́в. お父さんは6時ちょうどに家に帰って来た ② 全く, 完全に: Я ~ ничего́ не по́нял. 全く何もわからなかった ③〔俗〕らしい, …のような気がする **III** 〔接〕〔俗〕まるで…のように: рыча́ть, ~ зверь 野獣のようにうなる

\***ро́вн|ый** [ローヴナィ] 短 -вен, -вна́, -вно, -вны́/-вны́ 比 -не́е〔smooth, steady〕① 平らな, 平坦な, 滑らかな: ~ая доро́га 平らな道 | ~ая ме́стность 平坦な土地 | ~ая су́ша 平地 | ~ая ли́ния 真っすぐな, 曲がっていない: ~ая ли́ния ли́нии まっすぐな線 ② 大きさのそろった, 同じ大きさの: ~ые до́ли 均等な分け前 ③ 一様な, むらのない, おだやかな: ~ое дыха́ние おだやかな呼吸 | ~ая жизнь 平穏な生活 ④ 〔人が〕落ち着いた, 平静な, おだやかな; 公平な: ~ хара́ктер おだやかな性格 | Он ро́вен в обраще́нии со все́ми. 彼はみんなに公平な態度で接する ◆ ~ счёт 端数のない勘定 | -ым счётом ちょうど, きっかり: Пришло́ -ым счётом сто челове́к. ちょうど100人やって来た | -ым счётом ничего́〔話〕何も(…ない) **//** -ость [女10]

**ровня́** [女1] (5 % 変化)〔男・女〕〔話〕同等の人, 同格の人: Он вам не ~. 彼はあなたとは比較にならない

**ровня́ть** [不完] **с~** 受通 сро́вненный [完]〔鉄〕平らにする, ならす, 平らにする **/~ся** [不完] /〔完〕〔軍〕倣う

\***рог** 複 -а́ [男1]〔horn〕① 角（つの): ~ á бы́ка 雄牛の角 ②〔複 также -и〕角製の容器: пить из ~а 角製の杯から飲む ③ 角笛, ホルン: труби́ть в ~ 角笛を吹く ④ 角状に突き出た部分, 角型のもの: ~ молодо́го ме́сяца 新月の尖った端 ⑤〔複〕〔話〕〔通例複の〕不貞の象徴: Он но́сит ~. 彼は妻に浮気されている ◆ как из ~а изоби́лия (из)〔文〕極めて豊富に, 無尽蔵に | облома́ть [слома́ть] ~á …をおとなしくさせる, …の鼻柱を折る | согну́ть [скрути́ть] в бара́ний ~ …を屈服させる, おとなしくさせる

**рога́лик** [男2] クロワッサン

**рога́тина** [女1] 熊狩り用の槍 ② さすまた

**рога́тк|а** 複 -ток [女2] ①〔通例複〕(通行阻止の)防柵 ② 先が二股になった棒 ③ (おもちゃの)パチンコ ④ 撹拌（%）棒 ⑤ (家畜用の)首かせ **//** ста́вить -и《話》…を妨害する, 邪魔する

**рога́тый** 短 -а́т [形1] ① 角(²)のある, 有角の ② 角の形をした, 角状の ③〔話〕妻に裏切られた, 妻を寝取られた

**рога́ч** -á [男4] ① シカなどの有角獣の雄 ②〔昆〕クワガタムシ

**рогови́дный** 短 -ден, -дна [形1] 角（²）状の; 角質状の

**рогови́ца** [女3]〔解〕角膜

**рогов|о́й** [形1] ① 角（²）の; 角製の ② 角笛(ホルン)で演奏される ■ **~а́я оболо́чка**〔解〕角膜 | **~о́е вещество́**〔生〕角質

**рого́жа** [女1] ござ, むしろ, こも **//** -ный [形1]

**рого́жк|а** 複 -жек [女2]〔指小〕< рого́жа ② 平織布地

**рого́з** [男1]〔植〕ガマ属 **// ~овый** [形1]

**рогоно́сец** -сца [男3]〔話・戯〕妻に浮気されている男, 妻を寝取られた男

**рогу́лина** [女1]〔話〕= рогу́ля

**рогу́лька** 複 -лек [女2] ①〔話〕〔指小〕< рогу́ля ② (紡績機の)フライヤー ③〔話〕クロワッサン ④〔話〕鉤(%)状のもの, 鉤形のもの

**рогу́ля** [女5]〔話〕先端が角(²)状に分かれたもの

\***род¹** [ロート] -а/-у 前 о -е, в/на -у́ 複 -ы́ [男1]〔family, genus〕①〔原始社会の〕氏族: старе́йшина -а 族長 ② 一族, 一門; 家系, 家族, 出自; 世代: стари́нный ~ 古い家柄 | Он дворя́нского ~а. 彼は貴族の家系だ | из -а в ~ 代々 ◆ без ~у без пле́мени 素性のわからない, どこの馬の骨とも知れない | вести́ свой ~ от …を先祖としている, …の血を引いている | на ~у́ напи́сано …に運命づけられている | от роду〔話〕生まれてから | с ~у 生まれて以来

\***род²** [ロート] 複 -а́ [男1]〔sort, kind〕①〔通例単〕種類, タイプ, 型: ~ заня́тий 職種, 職業 | Он совсе́м друго́го ~а челове́к. 彼は全く違う種類の人間だ ②〔с -〕 に類するもの, …の一種: ~ оде́жды 衣服の一種 | Эта гости́ница ~ пансиона́та. このホテルはペンションのようなものだ ◆ в не́котором ~е ある程度, いくぶん | в своём ~е ①ある見方からすれば, それなりに ②独特である | в э́том [тако́м] ~е この～のような | в э́том ~е 愛とか何とかそういうもの | вся́кого ~а あらゆる種類の: вся́кого ~а това́ры あらゆる種類の商品 | ра́зного ~а 様々な種類の | своего́ ~а 一種独特な, 一種の | тако́го ~а〔話〕このような, そのような

**род³** 複 -ы, -о́в [男1] ①〔文法〕(動植物分類における)属: челове́ческий ~ 人類 | ~ы расте́ний 植物の属 ②〔文法〕性: имена́ существи́тельные му́жского [же́нского / сре́днего] ~а 男[女, 中]性名詞

**роддо́м** 複 -á, -о́в [男1]〔話〕産院(роди́льный дом) **// ~овский** [形1]

**роде́о** [э] (不変) [中] ロデオ

**роди́льница** [女3] 出産したばかりの女性

**роди́льный** [形1] ① 出産の, 分娩（§）のための: ~ дом 産院 ② 出産の際に起こる

**роди́мчик** [男2]〔話〕(妊産婦・新生児の)引きつけ, 痙攣

**роди́м|ый** [形1] ①〔話〕血のつながった, 生みの; 生まれ故郷の: ~ край 故郷 ② [男/名]〔話〕(親しい人への呼びかけに)あなた, お前 **//** -ое пятно́ (1) (生まれつきの)あざ, ほくろ (2)〔複〕残滓（{}）, 残りかす

\***ро́дин|а** [ローヂナ]〔homeland〕① 祖国, 母国: любо́вь к -е 祖国愛 | защища́ть -y 祖国を防衛する ② 生まれ故郷, ふるさと: верну́ться на -у 帰郷する | Она́ живёт вдали́ от -ы. 彼女は故郷から遠く離れて暮らしている ③ 原産地, 発祥地: ~ футбо́ла サッカー発祥の地

**ро́динка** 複 -нок [女2] ほくろ, あざ

**роди́ны** -и́н [複]〔俗〕出産祝い

**Роди́он** [男1] ロジオン(男性名; 愛称 Ро́дя)

\***роди́тел|и** [ラヂーチリ] -ей [複]〔parents〕両親, 父母: ста́рые ~ 年老いた両親 | оди́нокий ~ ひとり親 | Неда́вно он потеря́л -ей. 最近彼は両親を亡くした

**роди́тельный** [形1]: ~ паде́ж〔文法〕生格, 属格

\***роди́тельск|ий** [形3] 親の, 両親の: -ие права́ 親権 | -ая суббо́та〔正教〕父祖のスボタ

\***роди́ть** [ラヂーチ] рожу́, роди́шь, родя́т 命 -и́ 過 -и́л, (不完) -и́ла /(完) -ила́, -и́ло 受通 рождённый (-дён, -дена́) [不完・完]〔give birth〕① 産む ②〔大地・植物が〕収穫をもたらす: Земля́ хорошо́ роди́т [не роди́т]. この土地は肥沃だ[やせている] ③〔不完は **рожда́ть**〕生む, 生み出す: Ум пра́вду роди́т.〔諺〕知恵は真理の母 ④〔完〕〔俗〕〈創造的なこと〉をする: Он наконе́ц-то роди́л статью́ для журна́ла. 彼はやっと雑誌の記事を書きあげた ◆ в чём мать родила́ 素っ裸で

**роди́ться** [ラヂーッツァ] рожу́сь, роди́шься, ... родя́тся 命 -ди́сь/-ди́ся, -и́тесь, -и́лся, -и́лась/-ила́сь, -ило́сь/-и́лось [不完・完] (be born) ① [不完まは **рожда́ться**] 生まれる: Он роди́лся в Москве́. 彼はモスクワで生まれた | Моя́ дочь родила́сь в ты́сяча девятьсо́т девяно́сто четвёртом году́. 私の娘は1994年に生まれた. 生じる, 起こる: У меня́ родила́сь блестя́щая иде́я. 私に素晴らしいアイディアが浮かんだ ② (作物などが) できる, 実る: На на́шем огоро́де пло́хо роди́тся карто́шка. うちの菜園ではジャガイモが育ちにくい ③ [不完] [受身] ＝ роди́ть

**ро́дич** [男4] [史] 氏族の成員

**ро́денький** [形3] [愛称] < родно́й ③

**родни́к** -á [男2] 泉 **∥ ~о́вый** [形]

**родни́ть** -ню́, -ни́шь [不完] [**по**-] 受動 -нённый (-нён, -нена́) [完] [図] ① 親族にする, 親戚にする ② 親密にする, 親しい間柄にする ③ 似たものにする, 近似させる **∥ -ся** [不完]/[完] ①《<ç圏》親族関係になる ② 似たものになる; 親しむ, なじむ

**роднічо́к** -чка́ [男2] [指小] < родни́к ② [解] 泉門, ひよめき

**родно́й** [ラドノーイ] [形2] [own, home] ① 血のつながった, 肉親の, 実の, 親類の: ~ оте́ц 実の父 | Они́ -ы́е сёстры. 彼女たちは血を分けた姉妹だ ② -ы́е [複名] 親戚, 親類: гости́ть у -ы́х 親戚の家に滞在する ③ 自分の生まれた, 故郷の: ~ го́род 故郷の町 ④ [呼びかけ] 愛すべき (いとしい) 人: -а́я [女名] いとしい人, あなた, お前: Спи, сыно́к ~. かわいい坊や, 眠りなさい 《若者》(部品などが) 正規品の ■ ~ язы́к 母語

**родня́** [女5] [集合] 親戚, 親類 ② [話] 親戚の人

**родови́тый** 短 -и́т [形1] 家柄のよい, 名門の **∥ -ость** [女10]

**родово́й** [形2] ① 氏族の, 氏族制時代の ② 一族の, 父祖伝来の ③ 類の; 属の ④ [文法] 性の ⑤ 出産の, 分娩(常)の: ~ые схва́тки 陣痛 ■ -ы́е поня́тия [論] 類概念 (↔видовы́е поня́тия)

**родовспоможе́ние** [中5] 助産 **∥ ро́довспомога́тельный** [形1]

**рододе́ндрон** [э] [男1] [植] ツツジ属; シャクナゲ, ツツジ: ~ инди́йский アザレア

**ро́дом** [副] 生まれの, 出身は: Я ~ крестья́нин. 私は農民の出だ

**родонача́льни|к** [男2] / **-ца** [女3] ① 祖先, 始祖 ② 創始者, 創建者

**родосло́вие** [中5] [文] 系図, 系譜

**родосло́вный** [形1] 一族の, 系譜の ② **-ая** [女名] 系図, 系譜 (書) ③ **-ое де́рево** [дре́во] 系図樹

**ро́дственни|к** [ц] [ローッヴィンニク] [男2] / **-ца** [女3] [relative] 親戚の人, 親族: да́льний ~ 遠い親戚 | ~ со стороны́ отца́ [ма́тери] 父方[母方]の親戚 | Она́ прихо́дится мне [ро́дственницей]. 彼女は私の親戚にあたる

**ро́дственность** [ц] [女10] ① 親戚関係 ② 親しさ, 親密さ ③ 同系であること, 同種性

**ро́дственный** [ц] [形1] 短 -ен/-енен, -енна [形1] ① [長尾] 親戚の, 親戚関係の: -ые отноше́ния 親戚関係 ② [長尾] 親戚の, 親しみのこもった, 温かい: испы́тывать -ые чу́вства к ~ に親近感を抱く ③ 同系統の, 同類の, 同種の: -ые языки́ 同系の言語 **∥ -о** [副]

**родство́** [ц] [中1] ① 親戚関係, 血縁; 姻戚関係 ② 近親性, 近似性, 同系関係 ◆ **не по́мнящий -á** 過去とのつながりを断ち切った, 自らの民族[祖国]の過去を尊重しない

**ро́ды** -ов [複] 出産, 分娩(祭)

**рое́вня** 複生 -вен [女5] ミツバチの群れを新しい巣箱に移す時に使う籠

**роево́й** [形2] (ミツバチなどの) 群れの, 群れを成す

**рое́ние** [中5] (ミツバチなどの) 巣別れ, 分封

**ро́ж|а¹** [女4] [医] 丹毒 **∥ -истый** [形1]

**ро́ж|а²** [女4] [俗] ① 顔, 面(2) ② 醜い顔; 醜男, ブス ◆ **ни ко́жи ни -и** [俗] 痩せていてみっともない | **стро́ить [ко́рчить] -и** [話] 変顔をする, 滑稽な表情を作る **∥ ро́жица** [女3] [指小] < ①

**рожа́ть** [不完] [話] = роди́ть ①

**рожда́емость** [女10] 出生率; 出生者数

**рожда́ть** [不完] / **роди́ть** рожу́, роди́шь, ... роди́т 過 -и́л, -ила́, -и́ло 過受 рождённый (-дён, -дена́) [完] [図] ① [不完まは **рожа́ть**] 産む, 出産する; (男が) 子どもをつくる, もうける: Она́ никогда́ не рожа́ла. 彼女は子どもを産んだことがない | Она́ роди́ла сы́на [дочь]. 彼女は男の子[女の子]を産んだ ② = роди́ть(ся) ③

**рожда́ться** [不完] = роди́ться ①

**рожде́ни|е** [ラジヂェーニェ] [中5] [birth] ① 産むこと, 出産; 誕生: ~ ребёнка ма́терью 母親による出産, 出生: день -ия 誕生日 | ме́сто -ия 出生地 ③ 出現, 発生, 生成: ~ леге́нды 伝説の誕生 ④ 誕生日: У до́чки за́втра ~. 娘は明日誕生日だ ◆ **от** [**с са́мого**] -**ия** 生まれた時から, 生まれつき ■ **второ́е ~** 更生, 改心

**рожде́ственск|ий** [形3] クリスマスの: **Р-ая ёлка** クリスマスツリー | **-ие моро́зы** クリスマス寒波

**Рождеств|о́** [ラジヂストヴォー] [中1] [Christmas] クリスマス; [正教] 主の降誕祭 (~ **Христо́во**) (1月7日, 旧暦12月25日): **С -о́м (Христо́вым)!** クリスマスおめでとう ◆ **до** [**от**] **-á Христо́ва** 紀元前[後]

**роже́ница, рожени́ца** [女5] 産婦

**роже́чник** [男2] 角 [ロジョーク] 笛 [ロジョーク] 奏者: анса́мбль **-ов** ロジョーク民俗アンサンブル

**рожко́в|ый** [形1] < рожо́к: **-ое де́рево** [植] イナゴマメ

**рожо́к¹** -жка́ 複 ро́жки, -жек [男2] [指小] < рог ④ ① 角(2), 角状のもの

**рожо́к²** -жка́ 複 рожки́, -ко́в [男2] ① [楽] 角(2) 笛, ロジョーク (ロシアの民俗楽器: 白樺の皮を巻いて作る; 牛飼が使う) ② 角 [ラッパ] の形をしたもの ③ (ラッパ型の) 照明器具; その type ④ 哺乳瓶 ⑤ 靴べら ⑥ 半円形の菓子パン; クロワッサン ⑦ 《複》マカロニの一種 ⑧ [しばしば複] イナヅマメの実

**рож|о́н** -жна́ [男1] 《旧》先の尖った棒, 杭(2) ◆ **ле́зть [идти́, пере́ть] на ~** [俗] 無謀なことをする, 危ない橋を渡る | **Како́го -на́ на́до** [**не достаёт, не хвата́ет**] 誤? [俗] …にはこの上まだ何が必要だというのか

**рожу́** [1単現・未] < роди́ть

**рож|ь** 生 -жи, 前 ржи 複 ржи 複 造 ро́жью [女11] [rye] ① ライ麦: ози́мая ~ 秋蒔きのライ麦 | **во ржи** ライ麦畑で | **Мы засе́яли по́ле ро́жью.** 私たちは畑にライ麦をまいた ② ライ麦の穂; ライ麦 1プード

**роз...**, (無声子音の前に) **рос..** [接頭] = раз..¹ (★正しアクセントがあるとき)

**ро́з|а** [ローザ] [女1] [rose] ① [植] バラ; バラの花: **а́лая ~** 真っ赤なバラ | **рождественская ~** クリスマスローズ ② [建] バラ窓の飾り ◆ **Нет -ы без шипо́в.** [諺] 美しいものにはとげがある ■ ~ **ветро́в** [気象] (1) 風配図, ウインドローズ (2) 同時に様々な方向に吹く風

**Ро́за** [女1] ローザ (女性名)

**роза́рий** [男7] バラ園; バラの花壇

**ро́звальни** -ей [複] 幅が広くて低い橇(?)

**ро́зга** 複生 ро́зог [女2] (細枝の) むち

**розгове́нье** [中4] = разгове́ние

**ро́здых** -а/-у [男2] 《俗》短い休息, ひと休み

**розе́тка** 複生 -ток [女2] ①《電》ソケット, コンセント ② (ジャム・蜂蜜などを入れる) 小皿 ③ (燭台などの) ろう受け ④ (リボンなどの) バラ結び; バラ形装飾, ロゼット ⑤《建築・宝飾品の》円花飾り ⑥《植》ロゼット ⑦ 朝顔形の電灯のかさ **// розе́точный** [形1]

**ро́зжиг** [男2] 燃え立たせること, たきつけ

**ро́злив** [男1] 注ぎ分けること

**розмари́н** [男1] ①《植》ローズマリー ② リンゴの一品種 (甘さが特長) **// -овый** [形1]

**ро́зница** [女3] 小売商品 ◆**в -у** 小売りで, ばらで

\***ро́зничный** [形1] [retail] 小売りの, ばら売りの

\***ро́зно** [副]《俗》別々に, ばらばらに

**ро́знь** [女1] 敵意, 反目, いさかい ②《話》《述語として》⑤ とは異なる, 違う

**розова́тый** 短 -а́т [形1] 薄ピンク色の

**розове́ть** [不完] / **по́~** [完] ① バラ色になる, 赤らむ ② バラ色になる, バラ色をしている

**ро́зово-..** [結合形]「バラ色がかった」

\***ро́зовый** [ローザヴィ] 短 -ов [形1] [rosy, pink] ①《長尾》バラの, バラから作られる: -ое ма́сло ローズオイル ② バラ色の, ピンクの; (顔が) 紅潮した: -ые щёки ピンクの頬 | Тебе́ идёт -ое пла́тье. ピンクのドレスが似合うよ ③ 希望に満ちた, 楽天的な, バラ色の: -ые мечты́ 楽天的な夢 ④《俗》レズビアンの ◆**ви́деть в -ом све́те = смотре́ть на скво́зь -ые очки́** (欠点に目をつむり) ...を理想化して見る, 楽天的に見る ■**-ое де́рево** ローズウッド | **-ое вино́** ロゼワイン **// -ость** [女10] ②

**розоцве́тные** -ых (形1変化) [複名]《植》バラ科

**ро́зочка** 複生 -чек [女2] [指小] < **ро́за**

**ро́зыгрыш** [男4] ① 勝敗をつけること, くじ引き, 抽選 ②《ト》からかうこと, いっぱい食わせること ③ 引き分け

**ро́зыск** [男1] ① 探し出すこと, 探索 ②《法》捜索, 指名手配: уголо́вный ~ (民警の) 刑事犯罪捜査 (部) ③《法》予審 **// -но́й** [形2]

**рои́ть** -ою́, -ои́шь [不完]〈胎〉群に集める **// ~ся** [不完] ① (ミツバチなどが) 新しい巣をつくる, 巣別れする ② (虫が) 群れをなして飛ぶ; 空中を舞う ③ 群がる, 寄り集まる ④ (考えなどが) 次々に浮かぶ, わいてくる

**рой** 前 о -е, в -ю́ 複 -и́, -ёв [男6] ① (女王蜂を中心とするミツバチの) 群れ ② (空中を飛ぶ虫の) 群れ ③ 大量, 連続するもの

**рок**[1] [雅] (通例不幸な) 運命, 宿命, 悲運

\***рок**[2] [男2] [rock]《楽》① ロックミュージック ② ロックンロール ③ 《不変》[形] ロックの **// -овый** [形1]

**рока́да** [女1]《軍》戦線に並行する連絡道路

\***ро́кер** [男1] [rocker] ① ロックミュージシャン, ロッカー ② ロックファン ③ 暴走族

**рок-звезда́** 複 -звёзды [不変]-[女1] ロックスター

**рокиро́вка** 複生 -вок [女2] ①《チェス》キャスリング ② 入れ替え, 配置換え

**рок-му́зыка** [不変]-[女2]《楽》ロックミュージック

**рок-н-ро́лл** [男1] ロックンロール

**роково́й** [形2] [fatal] ① 不幸な運命を定められた, 宿命的な, 悲しみを秘めた: -а́я любо́вь 悲恋 ② 運命を決する, 重大な: -и́г мину́та 運命の一瞬; 致命的な, 決定的な: -а́я оши́бка 致命的な誤り

**рококо́** [不変]-[中]《建・美》ロココ様式

**рок-о́пера** [不変]-[女1] ロックオペラ

**ро́кот** [男1] ① 単調な響き, とどろき ② 低く抑えた人声, どよめき ③ 変化に富む心地いい響き

**рокота́ть** -кочу́, -ко́чешь [不完] ① 単調にとどろく, どよめく ② 変化し低い声で話す [歌う] **// -ние** [中5]

**рокфо́р** -а/-у [男1] ロックフォール・チーズ

**рол** [男1] ①《工》回転シリンダー [軸], ローラー ② (紙・布などを) 巻いたもの, ロール **// ~ьный** [形1]

**ролево́й** [形2] ① (演劇・映画などの) 役に; せりふの ② < **роль**

\***ро́лик** [男2] [roller, reel] ①《指小》 < **рол** ② (家具などの) キャスター, 脚輪 ③《電》磁子 ④《複》ローラースケート ⑤《映》リール; 短編映画 **// ро́ликовый** [形1]: -ые коньки́ ローラースケート | -ые лы́жи ローラースケート

**ро́лл** [男1]《料理》巻き寿司: ручно́й ~ 手巻き寿司

**ро́ллер** [男1] ローラースケート [スキー] ②ローラースケーター

\***ро́ль**[ロール] 複 -и, -е́й [女10] [role] ① (演劇・映画などの) 役, 役割: гла́вная ~ 主役 | ~ второ́го пла́на 準主役 | распределе́ние -е́й 配役 | Кто игра́ет ~ Хлестако́ва? フレスタコフの役を演じているのは誰ですか ② (個々の役の) せりふ (全体): учи́ть ~ せりふを覚える ③ 役割, 役目, 任務: истори́ческая ~ 歴史的な役割 | Он взял на себя́ ~ ли́дера. 彼はリーダーの役を引き受けた ◆**быть на вторы́х -я́х** 副次的な役割である, 従属的な役割を果たす | **в ~ и ... как ~** ...として | **войти́ в ~** はまる, 板につく: Она́ вошла́ в ~ домохозя́йки. 彼女は主婦の役が板についた | **вы́держать ~** 役柄から外れない, 演じ続ける | **вы́йти из ~ и** 役柄から外れる, 装うのをやめる | **игра́ть ~** 重要である, 意義 [影響力] をもつ: Его́ отсу́тствие -и не игра́ет. 彼がいないことなど重要ではない | **игра́ть каку́ю-л. ~** [中] ...の役目を演じる; ...のふりをする; 重要性 [意義] を持つ | **поменя́ться ро́лями с** ⑤ ...と役割が変わる, 立場が入れかわる

**ром** -а/-у [男1] ラム酒

**Ро́ма** (女1/女2) [男] 《愛称》< **Рома́н**

\***рома́н** [ラマーン] [男1] [novel, romance] ① 長編小説: истори́ческий ~ 歴史小説 | Вчера́ я прочита́л ~ Достое́вского. きのう私はドストエフスキーの長編小説を読み終えた ②《話》恋愛, ロマンス ◆**крути́ть ~ с** ⑤ ...と恋仲になる, できている **// -ный** [形1] < ①; **-и́ческий** [形3] < ②

**Рома́н** [男1] ロマン (男性名; 愛称 **Ро́ма**)

**романиза́ция** [女9] 古代ローマの文化 [言語] の普及 [摂取], ローマ化

**романизи́ровать** -рую, -руешь 受過 -анный [不完・完]〈胎〉(古代) ローマ化する

**романи́ст** [男1] / **~ка** 複生 -ток [女2] ① 長編作家 ② ロマンス語学者, ロマンス文化研究者

**романи́стика** [女2] ロマンス語 [文化] 研究

**рома́новский** [形3] (羊が) ロマノフ種の

**рома́нс** [男1]《楽》ロマンス, 叙情的小品

**рома́нский** [形3] 古代ローマ文化を基盤とする; ロマンス語の, ロマンス文化の

**романти́зм** [男1] ①《文学》ロマン主義 ② (創作方法としての) ロマンチシズム ③ 現実を理想化する心性, ロマンチックな傾向

**рома́нтик** [男2] ① ロマン主義者, ロマン主義の作家 [芸術家] ② ロマンチスト, 夢想家 ③ 情熱家

**рома́нтика** [女2] ① = **романти́зм** ② ② 気分を高揚させるもの, ロマン: в по́исках -и ロマンを求めて

\***романти́ческий** [形3] [romantic] ① = **романти́зм** ①②の, ロマンチシズムの ② = **романти́чный // -и** [副]

**романти́чн|ый** 短 -чен, -чна [形1] ① ロマンチックな感, 空想的な ② ロマンに満ちた **// -о** [副]

\***рома́шк|а** 複生 -шек [女2] [camomile] ①《植》カミツレ, カモミール ②《集合》乾燥させたカミツレの花 ③ カミツレの花の浸出液 [粉末] **// -овый** [形1]

**рома́ншский** [形3]: ~ язы́к ロマンシュ語

**ромб** [男1]《数》斜方形, ひし形 **// -и́ческий** [形3], **-овый** [形1]

**ро́мовый** [形1] ラム酒の; ラム酒入りの

**ромште́кс** [男1]〖料理〗ランプステーキ(牛の尻肉のステーキ)

**ро́ндо** (不変)[中]〖楽〗ロンド

**рондо́** (不変)[中] ①〖文学〗ロンド体(の詩) ②ロンド体(書体) ③ロンド体用の先の丸いペン

*роня́ть [不完] / урони́ть -оню́, -о́нишь 受詞 -о́ненный [drop] (он) ① (うっかり)落とす: ~ ключ 鍵を落とす ②〔不完〕(葉・羽・毛などを)失う, 落とす: Дере́вья роня́ют после́дние ли́стья. 木々は最後の葉を落とそうとしている ③ 力なく下ろす, だらりと垂らす: ~ го́лову на грудь うなだれる ④ ゆっくりとぞんざいに言う: ~ слова́ 言葉を吐き捨てる ⑤ 貶(きざめる, 卑しめる: ~ своё досто́инство 自分の品位を落とす ∥ **~ся** [不完][受身]

**ро́пот** [男1] ① 不平[不満]のつぶやき, ぶつぶつ言う声 ② 低い音, ざわめき

**ропта́|ть** ропщу́, ро́пщешь [不完] ① ぶつぶつ不平[不満]を言う, ぼやく ② 低い音を立てる, ざわめく ∥ **-ние** [中5]

**рос** (過去)[単]< расти́

**рос..** →роз..

*рос|а́ 複 ро́сы [女1]〖気象〗露: у́тренняя ~ 朝露 | Вы́пала ~. 露が降りた *медвя́ная [медвя́ная] ~ (樹葉から分泌される)甘露 | **по -е́** 露が乾かないうちに

**Роса́том** [男1] ロスアトム(ロシア国営原子力企業)

**роси́нка** 複生-нок [女2] 露の滴

**роси́стый** 短-и́ст [形1] 露に覆われた, 露に濡れた, 露の降りた

**Росгидроме́т** [男1] ロシア水文気象環境監視局(Федера́льная слу́жба по гидрометеороло́гии и монито́рингу окружа́ющей среды́; 日本の気象庁に相当)

**Роско́смос** [男1] 連邦宇宙局(Федера́льное косми́ческое аге́нтство)

**роско́шество** [中] 贅沢好き; 贅沢

**роско́шествовать** -твую, -твуешь [不完] 贅沢に暮らす; 贅沢をする

*роско́шн|ый 短-шен, -шна [形1]〖luxurious〗① 豪華な, 壮麗な: ~ наря́д 豪華な衣装 ② 贅沢な, 華美な, 豪勢な: ~ о́браз жи́зни 贅沢な生活様式 ③ 素晴らしい, 見事な, 華やかな: ~ые во́лосы ふさふさした髪の毛 ∥ **-ость** [女10] ∥ **роско́шно** [副]: ~ жить 贅沢に暮らす

*ро́ско́ш|ь [女11]〖luxury〗① 豪華, 壮麗, 華美: ~ обстано́вки 家具調度の豪華さ ② 贅沢, 奢侈(しゃし): жить в ~и 贅沢に暮らす ③ (自然の)豊かさ: ~ ю́жной приро́ды 南国の自然の豊かさ ④〖述語〗〖話〗素晴らしい, すてきだ: Пого́да - ~! 天気は素晴らしい ◆**позво́лить себе́** ~ 〔不定形〕贅沢なこと思い切ってする, 抑えきれずにやる

**ро́слый** 短 росл, -ло́ и росле́е [形1] 背の高い, 大柄な

**Роснефть** [女10] ロスネフチ(ロシアの国営大手石油会社)

**ро́сный** [形1] 露に濡れた, 露に覆われた ■ **~ ла́дан**〖化〗安息香

**росома́ха** [女2]〖動〗クズリ; その毛皮

**ро́спис|ь** [女10] ① 絵[模様]を描くこと ② 壁画, 天井画; (生活用品の)装飾画 ③ 目録, リスト, 一覧表 ④〖話〗署名, サイン

**Роспотребнадзо́р** [男1] 連邦消費者権利保護・福祉監督庁(Федера́льная слу́жба по надзо́ру в сфе́ре защи́ты прав потреби́телей и благополу́чия челове́ка)

**ро́спуск|и** [仕事・義務からの]解放; 解散, 解体: ~ у́зла 結び目を解くこと; в ~ (髪を)ほどいて

**ро́спуски** -ов [複] 木材運搬用のそり[荷車]

*росси́йск|ий [形3]〖Russian〗ロシア(連邦)の, ロシア国民の: ~ па́спорт ロシア連邦旅券 | ~ парла́мент ロシア議会 ■ **Р-ая импе́рия** ロシア帝国(1721-1917) | **Р-ая Федера́ция** ロシア連邦(首都は Москва́; 略 РФ) | **Р-ая акаде́мия нау́к** ロシア科学アカデミー(略 РАН) | **Р-ая газе́та** ロシア新聞(政府発行日紙; 1990年創刊)

*Росси́|я [ラシーヤ] [女9]〖Russia〗① ロシア: в ~и́ ロシアで | пое́хать учи́ться [в командиро́вку] в ~и́ю ロシアへ留学[出張]しに行く | Умо́м ~ию не поня́ть. ロシアは頭では理解できない ②〖スポ〗ロシア選手権 ■ **День ~и**́ ロシアの日(6月12日) | **Р~ сего́дня** 国際通信社「今日のロシア」(2013年12月9日発足:「ロシア通信社・ノーボスチ РИА Но́вости」と「ロシアの声 Го́лос Росси́и」を基盤とする)

*россия́н|ин [ラシヤー二ン] 複 -я́не, -я́н, -я́нам [男10] / **россия́нка** [ラシヤー́нカ] 複生-нок [女2] ロシア国民, ロシア国籍の人(民族ではない, ロシア国籍を持っている人を指す; 民族としてのロシア人は ру́сский)

**росска́зни** -ей [複] 〖話〗作り話, 法螺

**Росстанда́рт** [男1] 連邦技術規制・計量庁(Федера́льное аге́нтство по техни́ческому регули́рованию и метроло́гии)

**Росста́т** [男1] 連邦国家統計庁(Федера́льная слу́жба госуда́рственной стати́стики)

**ро́ссып|ь** [女10] ① まき散らすこと, (穀粒などを)ぶちまけること ② 大量にまき散らされたもの, 散らばっているもの ③ 小鉱床の断続含〖地〗砂鉱床 ④〖地〗岩屑(がんせつ)層 ⑤〖話〗ばら売りの商品, バラ荷 ∥ **-ный** [形1] ④

**ро́ссыпью** [副] ばらばらに, 包まれずに, 縛られずに

*ро́ст [ローсト] [男1]〖growth〗① 成長, 発育: быстрый ~ 急速な成長 | пери́од ~а кле́ток 細胞の成長期 ② 増加, 増大, 発展: ~ населе́ния 人口の増加 | ~ промы́шленности 工業の発展 ③ 強まる[高まる]こと, 強化: ~ акти́вности 活気の高まり ④ 進歩, 向上: ~ мастерства́ 技量の向上 ⑤ 身長, 背たけ: челове́к высо́кого [сре́днего, ни́зкого] ~а 背の高い[中背の, 背の低い]人 | Како́го вы ~а? あなたは身長はどれくらいですか | Он ~ом с вас. 彼はあなたと同じぐらいの身長だ ◆**во весь [в по́лный]** ~ (1)全身をいっぱいに伸ばして (2)(絵などで)全身の (3)完全に, はっきりと, 遺憾なく ∥ **ро́сточек** -чка [男2][指小] ⑤

**ро́стер** [男1] オーブントースター, ロースター

**Ростехнадзо́р** [男1] 連邦環境・技術・原子力監督庁(Федера́льная слу́жба по экологи́ческому, технологи́ческому и а́томному надзо́ру)

**Росто́в** [男1] ロストフ(~ Вели́кий; ヤロスラヴリ州の都市) ∥ **ро́стовский**[形3]

**Росто́в-на-Дону́** [男1]-[不変] ロストフ・ナ・ドヌー(ロストフ州の州都) ∥ **ростовск|и́й**[2] [形3]: **Р-ая о́бласть** ロストフ州(南部連邦管区)

**росто́вский**[1] [形2] 成長の, 発育の

**ростовщи́к** -а́ [男2] 高利貸し

**ростовщи́ческий** [形1] ① 高利貸しの ② 高利貸しのような, 強欲な, 法外な ∥ **-ство** [中1]

**росто́|к** -тка́ [男2] ① 芽, 新芽 ② さし木用の枝 ③〖通俗語〗萌芽, 兆し ∥ **-ко́вый** [形1] ①②

**ро́стра** [女1]〖建〗船嘴(せんし)装飾

**Ростропо́вич** [男4] ロストロポーヴィチ(Мстисла́в Леопо́льдович ~, 1927-2007; チェロ奏者, 指揮者)

**ро́стры** ростр [複]〖海〗舷側のボートなどを置く場所

**ро́счерк** [щч/щ] [男2] ① さっとした筆の運び, 走り書き ② 飾り文字の飾り[ひげ]; (サインなどの文字の)飾り書き ◆**(одни́м) ~ом пера́** 一気に, よく考えずに

**рося́нка** 複生-нок [女2]〖植〗モウセンゴケ属

**росяно́й** [形2] 露(роса́)の

**\*рот** [ро́т-] рта́ 前о рте́, во рту́ (изо рта́, и́зо рту) [男1][mouth] ①口, 口腔: откры́ть [закры́ть] ～ 口を開ける[閉じる] | Во рту́ су́хо. 口の中かわいてからだ ②唇の輪郭, 口もと: краси́вый ～ 美しい口 ③動物の口, くちばし: ры́бий ～ 魚の口 ④《話》食い手, 扶養される人: Он ко́рмит пять ртов. 彼は5人の口を養っている ◆в ～ не бра́ть …を口にしない, 食べない[飲まない] | Он в ～ не берёт спиртно́го. 彼は酒を飲まない | во весь ～ 《話》①大口を開けて ②声を限りに, 大声で: крича́ть во весь ～ 声を限りに叫ぶ | говори́ть не закрыва́я рта́ 《話》ひっきりなしにしゃべる | зажа́ть [заткну́ть] ～ 《話》…の口をふさぐ, …を黙らせておく | прошло́ ми́мо рта́ 《話》手に入れられた物を, 他人にとられる | не сметь и рта́ раскры́ть 彼の前では, 何も言えない | рази́нуть [откры́ть] ～ (1)口を開く, 語り始める (2) (驚いて)口をあんぐりとあける | смотре́ть [гляде́ть] в ～ 《話》①…の言うことをへらうようにに聞く, …のいいなりになる ■ дыха́ние ～ в ～ マウスツーマウス法[移し式人工呼吸] **ро́тик, рото́к** -тка́ [男2][指小]<①②③

**ро́та** [女1]《軍》中隊 ◆це́лая ～ 多数の…, …の大群

**ротапри́нт** [男1] 小型オフセット印刷機

**рота́тор** [男1] 騰写版輪転印刷機 **//-ный** [形1] 回転式の, ロータリー式の: -ая маши́на 輪転機

**рота́ция** [女9] ①輪転機 ②回転, 交代

**ротве́йлер** [男1]《動》ロットワイラー(犬種)

**ро́тный** [形1] ①中隊(ро́та)の, 中隊の [男名] 中隊長

**ротово́й** [形1] 口(рот)の, 口腔の

**ротозе́й** [男6] ①やじ馬, 眼人 ②まぬけ, とんま

**ротозе́йство** [中1] 眼人ぶり

**рото́нда** [女1]《建》ロトンダ(丸屋根の円形の建築物) ②ロタンダ(女性用マント)

**ро́тор** [男1] ①《工》ローター, 回転子 ②ロータリー式機械 **//-ный** [形1]

**ро́хля** 複生-ей (女5変化) [男・女]《話・蔑》のろま

**\*ро́ща|а** [女2][grove](通例広葉樹の)小さな林, 木立 **//-ица** [女3][指小]

**роялѝ́ст** [男1] 王政主義者, 王党派

**роялѝ́стский** [сс] [形1] 王政主義(者)の, 王党派の

**\*роя́л|ь** [男5] [grand piano] グランドピアノ(→фортепиа́но): клавиату́ра -я ピアノの鍵盤 | Она́ испо́лнила гимн Росси́и на -е. 彼女はピアノでロシア国歌を演奏した | в куста́х《俗・戯・皮肉》思いがけないサプライズ **//-ный** [形1]

**РПГ** [エルペゲー] (略) ручно́й противота́нковый гранатомёт 対戦車擲弾(筒)

**РПЦ** [エルペツェー] (略) Ру́сская правосла́вная це́рковь ロシア正教会

**р-р-р** (擬声語) ウー(犬のうなり声)

**РСПП** (エルエスペーペー) (略) Росси́йский сою́з промы́шленников и предпринима́телей ロシア産業人企業家同盟

**РСФСР** [エルエスエフエスエル] (略) Росси́йская Сове́тская Федерати́вная Социалисти́ческая Респу́блика《歴史》ロシア・ソヴィエト連邦社会主義共和国

**РСЭ** (略) реа́льный се́ктор эконо́мики 実体経済

**рта** (単数): 生格) <рот

**РТС** [エルテーエス] (略) Росси́йская торго́вая систе́ма ロシア取引システム: и́ндекс ～《経》RTS指数(モスクワ証券取引所の代表的な株価指数の一つ)

**ртýтный** [形1] 水銀の, 水銀を含む

**ртýть** [女10]《化》水銀(記号 Hg) ◆живо́й как ～ とても活発な

**руб.** (略) рубль

**руба́ка** (女2変化) [男]《話》剣豪, 勇士

**руба́нок** -нка [男1]《工》かんな

**рубану́ть** -нý, -нёшь [完] [一回]《話》<руби́ть①③④⑤

**руба́ть** [不完]《俗》《罵》(がつがつと)食う

**руба́ха** [女2] = руба́шка① ◆～-па́рень《話》気さくなやつ | оста́ться в одно́й ～ 赤貧になる

**руба́шечный** [形1] シャツの, ワイシャツの: シャツ用の

**\*руба́шк|а** [ルバーシカ] 複生-шек [女2][shirt] ①(男性用)シャツ, ワイシャツ: хлопчатобума́жная ～ 綿のシャツ | ни́жняя ～ 下着, アンダーシャツ | ночна́я ～ 寝間着 | ру́сская ～ ルバシカ(ロシア式上衣) | в одно́й -е シャツ1枚で | Он но́сит си́нюю -у. 彼は青いシャツを着ている ②シュミーズ, スリップ: наде́ть под пла́тье -у ドレスの下にスリップを着る ③トランプの裏側 ④(動物の)毛色: пяти́стая ～ ぶちの毛色 ⑤外被, 膜: ～ плода́ 果実の外被 ⑥《工》カバー, 覆い, ジャケット ◆в -е роди́ться 幸運に生まれつく(幸運児) | снять после́днюю -у с (誰) を貧乏に突き落とす, 丸裸にする | своя́ ～ бли́же к те́лу《諺》愛は家庭から始まる

**руба́шечка** 複生-чек, **руба́шо́нка** 複生-нок [女2][指小]<①②

**\*рубе́ж|ру́ский] -а́ [男4][border line] ①境界線, 境界: есте́ственный ～ 自然の境界線 | охраня́ть -и ро́дины 祖国の国境を守る | Они́ жи́ли на -е двух эпо́х. 彼らは2つの時代の変わり目に生きていた ②《軍》防御線, 陣地 ③限界, 限度: дойти́ до -á 限界に達する ◆вы́йти на но́вые -и 新たな課題に取りかかる | за ～ 外国へ, 国外へ | за -о́м 外国で, 国外で **//-ный** [形1]

**руберо́ид** [男1]《建》アスファルト・ルーフィング(屋根ふき材) **//-ный** [形1]

**рубе́ц** -бца́ [男3] ①傷跡 ②刻み目, 切れ目 ③(重ね縫いの)継ぎ目 ④反芻(動物の第1胃; 《料理》その臓物料理

**руби́льник** [男1]《電》ナイフスイッチ

**руби́льный** [形1] 切るための, 伐採用の

**руби́н** [男1] ルビー **//-овый** [形1]

**\*руби́ть** рублю́, ру́бишь ― 受 過 ру́бленный [不定][cut, chop]《он》 ①叩き切る, 割る; 切り刻む: ～ дрова́ 薪を切る[割る] | Жена́ ру́бит капу́сту сечко́й. 妻が包丁でキャベツをみじん切りにしている ②〈穴を〉開ける: -у́нки во льду́ 氷に穴を開ける ③切り倒す, 切り離す: ～ лес 森林を伐採する 《刀剣で》断つ: ～ го́лову ша́шкой サーベルで首をはねる ④《話》はっきりと言う; 率直に振る舞う: ～ пра́вду в глаза́ 面と向かって真実をはっきりと言う ⑤《鉱》《採》石炭, 石炭を採掘する: ～ у́голь 石炭を採掘する ⑥[完 с-] (木材, 丸太で) 建てる: ～ избу́ 丸太で家を建てる ◆～ сплеча́ よく考えずにする[言う]; 軽率な振る舞いをする

**руби́ться** рублю́сь, ру́бишься [不完] ①〈с (誰)〉(刀剣で) 戦う, 斬り合う ②《話》〈в (誰)〉(ゲームなどを)熱中してやる ③《若者》〈с (誰)〉ケンカ激しい殴り合いをする ④《不完》[受身]<руби́ть

**руби́ще** [中2] ぼろ着

**ру́бк|а** 複生 -бок [女2] ①切ること; 穴を開けること; 伐採; 斬り合い; 採掘; 建造 ②《海》(船の)甲板室, 司令室; 特定の用途の船室

**Рублёв** [男姓] ルブリョフ(Андре́й ～, 1370頃-1430頃; イコン画家)

**рублёвка** 複生 -вок [女2]《俗》1ルーブル硬貨 [紙幣]

**рублёвый** [形1] ①ルーブルの; 1ルーブルの ②《話》安い

**..рублёвый** [語形成]「…ルーブルの」: ты́сячерублёвый 1000ルーブルの

**ру́бленый** [形1] ①〔料理〕細かく切った、刻んだ；ひき肉で作った ②丸太造りの ③（言葉などが）短い、切れ切れの

**рубл|ь** [ルーブリ] -я́ [男5]〔ruble〕①ルーブル（ロシアの通貨単位）；1ルーブル硬貨[紙幣]：официа́льный курс ру́сского ~я́ ロシアルーブルの公定レート | Я заплати́л две ты́сячи ~е́й 私は2000ルーブル払った ②〔集合〕金(ﾎﾟ) ◆ (е́хать) за дли́нным ~ём 〔非難〕楽な仕事でぼろもうけできる | копе́йка ~ бережёт 1円も1銭から **//-ик** [男2] [指小]

**\*ру́брика** [女2]〔rubric, heading〕①（新聞・雑誌などの）表題、見出し ②項目、欄、段 ③（テレビ・ラジオ番組内の）コーナー、(時事)解説

**рубрика́ция** [女9] 項目[段]に分けること

**рубцева́|ться** -цу́ется [不完] **/за-** [完]（傷跡を残して）癒える、癒着(%)する **//-ние** [中5]

**рубцо́вый** [形1] 傷跡の

**рубча́тый** [形1]①（織物が）リブのある、うね織りの ②傷跡に覆われた

**ру́бчик** [男2] [指小]＜рубе́ц ②（織物などの）うね、リブ

**ру́бщик** [男2] 切る仕事に従事する人、きこり、食肉[木材]加工を行う人

**ру́гань** [女10] 悪口、雑言；ののしり合い、口げんか

**руга́тель** [男5]〔話〕①絶えずがみがみ言う人 ②乱暴な批評家

**руга́тельный** 短-лен, -льна [形1] ののしりの、悪口雑言の

**руга́тельский** [形3]《話》①= руга́тельный ②がみがみ言う人の

**руга́тельство** [中1] 悪罵、悪態、悪口雑言

**\*руга́ть** [ルガーチ]〔ルガーチ〕受動 руга́нный [不完]**/вы́ругать** [ヴィールガチ] [完]〔scold〕㉕ [完]ののしる、罵倒する、非難する：~ сы́на 息子を怒鳴りつける | Его́ руга́ют за ложь. 彼は嘘をついたので罵倒されている、さきおろす：~ пье́су 脚本をこきおろす

**\*руга́|ться** [不完]〔swear, argue〕①〔完 вы́-〕悪口雑言を言う、悪態をつく：Он на меня́ руга́лся. 彼は私に罵詈雑言を浴びせた ②〔完 по-〕〔話〕ののしり合う、怒鳴り合う：Он руга́лся с жено́й из-за пустяко́в. 彼は些細なことで妻と怒鳴り合っていた

**ругну́|ть** -ну́, -нёшь [完] [一回] [話] ＜руга́ть
**ругну́|ться** -ну́сь, -нёшься [完] [一回] [話] ＜руга́ться
**ругня́** [女5] [俗] = ру́гань
**руда́** 複ру́ды [女1] 鉱石、鉱：желе́зная ~ 鉄鉱石

**рудиме́нт** [男1]①〔生〕痕跡器官 ②〔文〕残存物、名残り

**рудимента́рный** 短-рен, -рна [形1]①〔生〕痕跡器官の ②〔文〕未発達状態にある

**рудни́к** -а́ [男2] 鉱山、鉱坑

**ру́дный** [形1] 鉱石の；鉱石を含む

**рудово́з** [男1] 鉱石運搬船

**рудоно́сн|ый** 短-сен, -сна [形1] 鉱床を含有する、鉱石のある **//-ость** [女10]

**руже́йник** [男2] 銃職人、銃製造工

**руже́йный** [形1] 銃の、鉄砲の

**\*ружь|ё** 複ру́жья, -жей, -жьям [中4]〔gun〕銃、鉄砲：охо́тничье ~ 猟銃 | стреля́ть из -ья́ 銃を撃つ ◆ быть [находи́ться] под ~ём (1) [軍] 戦闘態勢にある | в ~! [軍][号令] 銃を持って整列！| призва́ть [召] под ~ …を招集する、動員する **//-ецо́** [中1] [指小]

**руи́на** [女1]①（通例複）廃墟、がれき ②老人、老いぼれ

**\*рук|а́** [ルカー] 対 ру́ку 複 ру́ки, рук, рука́м (за́ руку) за ру́ку; на́ руку; на/под руки, на/под ру́ки) [女2]〔arm, hand〕①腕(肩から指先まで)；手(手首から指先まで)：пра́вая [ле́вая] ~ 右[左]手 | гада́ние по -е́ 手相占い | подня́ть ру́ку を挙げる | мыть ру́ки пе́ред едо́й 食事の前に手を洗う | пожа́ть ру́ку …と握手する | Мать взяла́ ребёнка на́ руки. 母親は赤ちゃんを両手でだっこした ②側、方向、…手：по пра́вую [ле́вую] ру́ку 右[左]側に | Она́ сиде́ла по пра́вую [ле́вую] ру́ку от меня́. 彼女は私の右側に座っていた ③筆跡；署名：неразбо́рчивая ~ 読みにくい筆跡 ④（労働・仕事のシンボルとしての）手、腕；手腕、腕前：Па́мятник со́здан тала́нтливой -о́й. この記念碑は才能のある人の手によって作られた ⑤（複）人手、働き手：Не хвата́ет рук. 人手が足りない ⑥（単）[話] 庇護者、後ろ盾：У него́ си́льная ~ в министе́рстве. 彼には省庁に強力な後ろ盾がある ⑦《修飾語と共に単数生格で》[話] 種類、質、等級：това́р сре́дней -и́

◆ [単・主]~ о́б руку 手に手をとって、一緒に、仲良く | идти́ (рука́) о́б руку с … と仲良く[協力して、手に手を取って]行動する；共存する

(単・生)**большо́й -и́** 名うての、札付きの: *большо́й -и́ негодя́й* 札付きの悪党 | **не с -и́** ... には具合が悪い、不便だ；適さない、…すべきでない | **с -и́** (писа́ть, рисова́ть) 手書きで、自分の手で(書く・描く) | **проси́ть -и́** [旧] (男が)…に求婚する | **не дава́ть** [旧] (軽蔑のしるしとして) …に握手の手を差し出さない

(単・与)**по -е́** (サイズが)手にぴったりだ

(単・対)**име́ть ру́ку** 援助[庇護]を受ける | **на́ руку** [旧] …に好都合だ、有利だ | **говори́ть** [旧] **под ру́ку** 〈仕事中の人に〉話しかけて邪魔をする | **идти́ под ру́ку с** … と腕を組んで[…に腕を貸しながら]行く | **попа́сть под ру́ку** [話] たまたま出会う、手に入る: *Под ру́ку попа́ла интере́сная статья́.* 面白い記事に出くわした

(単・造)**как -о́й сня́ло** [**сня́ло**] [話] (痛み・疲れなどが)きれいさっぱりなくなった | **под -о́й** [-а́ми] すぐそばに、手元に: *Словарь всегда́ у меня́ под -о́й.* この辞書はいつも私の手元にある

(複・主)**у золоты́е ру́ки** ...はいい腕をしている、利き だ | **ру́ки не дохо́дят до** [до] ...まで手が回らない、...する暇がない: *До убо́рки ко́мнаты ру́ки не дохо́дят.* 部屋の片付けまで手が回らない | **ру́ки опусти́лись у** ...は やる気がなくなった | **ру́ки че́шутся у** (1) ...は殴り合いがしたくて腕がむずむずする (2) 〈на+対/不定形〉...したくてうずうずする: *Ру́ки че́шутся рабо́тать [порабо́тать].* 仕事がしたくて腕がなる

(複・生)**вы́пустить из рук** (好機を)取り逃す、逸する | **де́ло рук** [旧] ...のしわざだ | **де́ло рук челове́ческих** 人の手で為しうること、可能なこと | **из рук в ру́ки = с рук на́ руки** 直接、手から手へ(渡す、渡る) | **сойти́ с рук** 罰せられずに[嫌な目に遭わずに]済む

(複・与)**бить [уда́рить] по -а́м** 契約を結ぶ、取引を決める | **дава́ть во́лю -а́м** 腕力に訴える、殴る | **дать по -а́м** [話] ...に(悪事をしないように)脅しをかける | **прибра́ть к -а́м** (1) ...を服従させる、意のままにする (2) ...を我がものとする、奪い取る: *прибра́ть к -а́м насле́дство* 遺産を着服する

(複・対)**брать в свои́ ру́ки** ...を自分の管理下に置く、掌握する | **брать себя́ в ру́ки** （怒り・興奮などを）抑える、自制する、落ち着く | **выдать** [旧] [旧] **на́ руки** ...を手で渡す、手交する | **(продáть, отпусти́ть) в одни́ ру́ки** 1人の客に(売る) | **попа́сть [отда́ть] в хоро́шие [чужи́е] ру́ки** よい[他の]人の手に渡る | **потира́ть ру́ки** (満足・満足で)手を擦り合わせる | **распуска́ть ру́ки** (1)殴る、暴力をふるう (2)（相手の意に反して）抱き寄せる、撫でる

《複・造》**го́лыми –а́ми не возьмёшь** 〔話〕…は一筋縄ではいかないもの〔話〕 | **де́лать чужи́ми –а́ми** 〔話〕他人の力を借りて…する | **отбива́ться –а́ми и нога́ми** (1)頑強に抵抗する, 断固拒否する | **с–а́ми и нога́ми** (1)喜んで (2)あますところなく, 全て《複・前》**(быть, находи́ться) в рука́х у** 〔口〕(1)…の手中にある, …に従属している: Вся семья́ у неё в рука́х. 家族全体が彼女の意のままになっている | **держа́ть [име́ть] в (свои́х) –а́х** …を手中にしている | **на –а́х у** 〔口〕**(быть)** (1)…の手元にある, 存在する: У него́ на –а́х сто ты́сяч рубле́й. 彼は手元に10万ルーブリ持っている (2)…の扶助[後見]を受けている | **носи́ть на –а́х** 大事にする, かわいがる

\*рука́в [ルカーフ] -а́ [男1] (sleeve, branch) ① 袖: дли́нные [коро́ткие] –а́ 長[半]袖 | Она́ оде́лась в пла́тье без –о́в. 彼女はノースリーブのワンピースを着た ② 支流, 分流: ~ Во́лги ヴォルガ川の支流 ③ 〔技〕ホース, 管: пожа́рный ~ 消防ホース ◆**засучи́в –а́** 腕まくりをして, 精を出して, 熱心に | **спустя́ –а́** いい加減に, だらだらと // **~ный** [形1] ◇①③

рукави́ц|а [女3] 〔通例複〕ミトン(親指だけ分かれた手袋) ◆**держа́ть в ежо́вых –ах** 厳しく扱う, …に厳しく接する // **рукави́чка** 複-чек [女2] 〔指小〕

рука́вчик [男1] 〔指小〕<рука́в① ② 〔通例複〕カフス, 袖口の折り返し

рука́стый 短-а́ст [形1] 〔俗〕①手の大きな, 腕の長い ②器用な, 腕のたつ, やり手の

рукоби́тье [中4] 〔民俗〕(婚礼前の)婚約の成立

\*руководи́тел|ь [ルカヴヂーチリ] [男5] / **–ница** [女3] (leader) 指導者, リーダー, 長: ~ кружка́ サークルのリーダー | кла́ссный ~ クラス担任 | нау́чный ~ 指導教官 | ~ администра́ции президе́нта 大統領府長官 | Его́ назна́чили –ем отде́ла. 彼は部長に任命された // **~ский** [形3]

\*руководи́ть [ルカヴヂーチ] -вожу́, -води́шь, -во́дят [不完] (lead, motivate) 〈造〉①…を指導する, 指揮する: ~ аспира́нтами 大学院生を指導する | ~ кома́ндой チームを指揮する ②…を管理する, 運営する, …の長を務める: ~ заво́дом 工場を管理する ③…の動機[誘因]となる, …を動かしている: Её де́йствиями руководи́л расчёт. 彼女を突き動かしたのは打算だ

руководи́ться -вожу́сь, -води́шься [不完] 〈造〉…に従う, …を指針とする

\*руково́дств|о [ц] [ルカヴォーツトヴァ] [中1] (leadership, direction) ①指導, 指揮, 管理: ~ борьбо́й 闘争の指揮 | Мы рабо́таем под –ом специали́ста. 我々は専門家の指導のもとで働いている ②方針: ~ к де́йствию 行動の指針 ③参考書, 入門[案内]書: ~ к фотогра́фии 写真入門書 ④〔集合〕指導部, 幹部: ~ компа́нии 経営陣 | избра́ть но́вое ~ 新しい指導部を選出

руково́дствоваться [ц] -твуюсь, -твуешься [不完] 〈造〉…にのっとって行動する, …に従う, …を指針とする

\*руководя́щий [形6] (leading) ①指導的な, 指導する: –ая ро́ль 指導的な役割 ②指針となる: –ие указа́ния 指針

рукоде́ли|е [中5] ①〔裁縫・ししゅう・編み物などの〕手仕事, 手芸 ②手芸品 // **~ьный** [形1]

рукоде́льни|к [男2] / **–ца** [女3] 手芸をする人, 手芸の名人

рукоде́льничать [不完] 〔話〕手芸をする

рукокры́лые -ых [形1変化] [複名] 〔動〕翼手類

рукомо́йник [男2] (つり下げ式の)手洗い器

рукопа́шн|ый [形1] ①素手[刀剣類]で戦われる,

白兵の ②**-ая** [女名] 白兵戦

рукопи́сный [形1] ①原稿の, 手書きの ②古文書の, 写本の

\*ру́копис|ь [女10] 〔manuscript〕①原稿: переда́ть ~ в изда́тельство 原稿を出版社に渡す ②古文書, 写本

рукоплеска́ние [中5] 〔通例複〕拍手

рукоплеска́ть -ещу́, -е́щешь [不完] 〈与〉に拍手する

рукопожа́т|ие [中5] 握手: обменя́ться –иями 握手を交わす

рукополага́ть [不完] / **рукоположи́ть** -ожу́, -о́жишь 受過 -о́женный [完] 〔宗〕按手して叙聖する

рукоположе́ние [中5] 〔宗〕按手, 按手礼

рукоположи́ть [完] → рукополага́ть

рукоприкла́дство [中1] 殴ること, 殴打

рукотво́рный [形1] 人工の, 人造の

рукоя́тка 複-ток [女2] ①柄, 握り, 取っ手 ②ハンドル, 操縦桿

рукоя́ть [女10] = рукоя́тка

рула́да [女1] 〔楽〕ルラード

рулев|о́й [形1] ハンドル[舵, 操縦桿]の ②[男名] 操舵手; 舵取り ◆**–ы́е пе́рья** 尾羽

руле́ние [中5] ①操縦, 操舵 ②(飛行機の)滑走

руле́т [男1] 〔料理〕①(肉などの)ロール巻き ②骨を抜いて長円形にしたもも肉 ③ロールケーキ // **~ный** [形1]

руле́тка 複-ток [女2] ①巻き尺 ②ルーレット; ルーレット賭博 // **руле́точный** [形1]

рули́ть -лю́, -ли́шь [不完] / **вы́рулить** -лю, -лишь 受過 -ленный [完] ①〈対〉操縦する, 操舵する, 運転する ②(飛行機が)滑走する ③〔若者〕責任者[長]を務める 〔若者・戯〕行く, 向かう

руло́н [男1] (紙・布などを)巻いたもの, ロール

\*рул|ь -я́ [男5] 〔wheel〕ハンドル, 舵(ど), 操縦桿(だ): За –ём сиде́л мой знако́мый. ハンドルを握っていたのは私の知り合いだ ◆**без –я́ и без ветри́л** 〔文〕しっかりした方針もなく, 偶然にまかせて | **стоя́ть у –я́** 〔文〕…を指揮する, 舵取りをする, 統治[管理]する

румб [男1] 〔海〕①羅針方位 ②航程線

ру́мба [女1] 〔舞・楽〕ルンバ

румы́н 複-мы́н [男1] / **~ка** 複-нок [女2] ルーマニア人

Румы́ния [女9] ルーマニア(首都は Бухаре́ст)

румы́нский [形3] ルーマニア(人)の

румя́н|а -я́н [複] 頬紅, チーク // **~ный** [形1]

румя́н|ец -нца [男2] (頬・顔の)赤み, 紅潮: покры́ться –цем 顔が赤くなる

румя́нить -ню, -нишь 受過 -ненный [不完] 〈対〉①〔完 **на–**〕…に頬紅をつける, チークをぬる: ~ себе́ щёки 自分の頬に紅をつける ②〔完 **за–**〕(頬・顔を)赤くする, 紅潮させる; 赤く染める: Моро́з румя́нит лицо́. 寒さで顔が赤くなる // **~ся** ①[完 **на–**](自分の頬に)チークをぬる, 頬紅をつける ②[完 **за–**](а)(頬・顔が)赤くなる, 紅潮する; 赤く染まる (b)(こんがり焼けて)きつね色になる

румя́н|ый 短-я́н [形1] ①(頬・顔が)赤い, 紅潮した: –ые щёки ほっぺた ②赤い, 赤みをおびた: –ое я́блоко 真っ赤なリンゴ ③(こんがり焼けて)きつね色になった: ~ пирожо́к こんがり焼けたピロシキ // **~ость** [女10]

ру́на [女1] 〔通例複〕①ルーン文字 ②ルーナ(カレリア・フィン・エストニア人の古代叙事詩)

рунду́к -а́ [男2] (船室の)鉄製の長持

Руне́т [э] [男1] 〔IT〕インターネットロシア語圏, ルネット

(★インターネット上のロシア語によるコンテンツの総称)

**руно́** 複ру́на [中6] 羊毛 **//ру́нный** [形1]

**ру́пия** [女9] ルピー(インドなどの通貨単位)

**ру́пор** 複-ы/-á [男1] ①メガホン, 拡声器 ②《文》(思想などの)伝達者, 代弁者 ◆*сложи́ть ладо́ни ~ом* (メガホンのように)両手を丸めて口にあてる **//~ный** [形1] <

**руса́к** -á [男2]《動》ヤブノウサギ **//руса́чий** [形9]

**руса́лка** 複生 -лок [女2]《スラヴ神》ルサルカ(水の精; 女の姿をした人魚)

**руса́лочий** [形9] ルサルカの(ような): ~-ьи глаза́ 緑色で神秘的な目; ~ взгля́д 冷たく魅惑的な視線; -ья кро́вь 冷血

**руса́лочка** -чек [女2]《愛称》< руса́лка

**руса́льный** [形1] < руса́лка || **-ая неде́ля**《民俗》ルサルカ週間(聖神降臨祭 Тро́ица から始まる週; グリャーニエ гуля́нье が催され春を送る; 正教では тро́ицкая неде́ля)

**руси́зм** [男1]《言》他言語に借用されたロシア語の単語 [語法]

**руси́н** [男1]/~**ка** 複生 -нок [女2] ルシン人(カルパチア山脈周辺に居住するスラヴ系民族)

**руси́ст** [男1]/~**ка** 複生 -ток [女2] ロシアの言語[文学, 文化]の研究者, ロシア学者 ■ **Япо́нская Ассоциа́ция Р~ов** 日本ロシア文学会(略 ЯAP)

**руси́стика** [女2] ロシア学(ロシアの言語・文学・文化を研究する諸学の総体)

**русифика́тор** [男1] ①ロシア化を実行する者, ロシア主義者 ②《コン》ロシア語に対応させるプログラム

**русифи|ци́ровать** -рую, -руешь 受過 -анный [不完; 完]〈от-〉①(言語・習慣などの面で)ロシア化する ②《コン》ロシア語に対応させる **//-ка́ция** [女9]

**Русла́н** [男1] ルスラン(男性名)

*ру́сл|о рýсел/ру́сл [中1]〔riverbed〕①川床, 水路: ста́рое ~ реки́ 古い川床, 旧河床 ②(発展・運動の)方向, 進路, 軌道 **в-е** -に即して, 準拠して, ~を指針にして: **де́йствовать в -е но́вой поли́тики** 新政策に即して行動する **//-во́й** [形2], ~**вый** [形1] <

**русо..**《語形成》①「ロシア(人)の」 ②「亜麻色の, 薄い栗色の」

**русоволо́сый** 短 -óс [形1] 亜麻色の髪をした

**русофи́л** [男1] ロシアびいきの人, 親露家

**русофи́льство** [中1] ロシアびいき

**русофо́б** [男1] ロシア嫌いの人

**русофо́бия** [女9] ロシア嫌い

*ру́сск|ий [ルースキイ] [形3変化中](形1)〔Russian〕ロシアの, ロシア人[民族]の; ロシア(人)的な: ~ язы́к ロシア語(→по-ру́сски比較) | ~ наро́д ロシア民族 | ~ хара́ктер ロシア人の気質 | -ая душа́(寛大で人情味あふれる)ロシア人の心 | -ое гостеприи́мство ロシア人的な手厚いもてなし | -ая литерату́ра ロシア文学 | -ая кýхня ロシア料理 | Он перевёл статью́ с -ого языка́ на япо́нский. 彼は論文をロシア語から日本語に翻訳した | Она́ о́чень пра́вильно и краси́во говори́т на -ом языке́. 彼女はとても正しく美しいロシア語を話す

[比較] на ру́сском языке́ は, по-ру́сски より丁寧な言い方; по-ру́сски は動詞とのみ用いられ, на ру́сском языке́ は名詞とも用いられる;по- の方が日常的, на のみ用いるは: **На како́м языке́ они́ говоря́т?** 彼らは何語で話しているのですか

◆*говори́ть -им языко́м*《話》はっきり[明瞭に]話す ■ **День -ого языка́** ロシア語の日(6月6日)

*ру́сск|ий[2] [ルースキイ](形3変化化)/ру́сская [ルースカヤ] (女)〔Russian〕①(民族としての)ロシア人 (→россия́нин比較): Р-ие составля́ют основно́е населе́ние Росси́и. ロシア人はロシアの主要な住民である ②《女》《舞・楽》ルースカヤ(ロシア農民の古い民謡; ру́сский とも)

**ру́сско-..**《語形成》「ロシア(語)の」: ру́сско-япо́нский слова́рь 露和辞典

**русскоговоря́щий** [形6] ロシア語を話す

**русскоязы́чный** [形1] ①ロシア語を話す, ロシア語で書く ②ロシア語で作られる[発行される] ③ロシア語を話す人々の住む

**ру́сый** 短 рýс [形1](髪が)亜麻色の, 薄い栗色の: ~-ые во́лосы 亜麻色の髪をした

**Русь** [в・у・на] -и́ [女10] ルーシ(ロシアの古名)

**руте́ний** [男7]《化》ルテニウム(記号 Ru)

**рути́на** [女1] ①旧套墨守（きゅうとうぼくしゅ）②紋切り型の仕事, ルーティン; 単調な生活

**рутинёр** [男1] 旧套墨守の人, 保守的な人

**рути́нн|ый** [形1] ①旧套を墨守する ②紋切り型の, 型にはまった **//-ость** [女10]

**ру́хлядь** [女10]《話》《集合》使いものにならなくなった家財道具, がらくた, 古着 ②よぼよぼの人

*ру́хнуть -ну, -нешь 命 -ни [完]〔collapse〕①(音を立てて)崩れる, 倒れる, 倒壊する ②(人が)ばったりと倒れる ③(希望などが)消え失せる, 崩れ去る

**руча́тельство** [中1] 保証(書)

**руча́ться** [不完]/**поручи́ться** -ручу́сь, -чишься [完]〈за 対〉保証する, 請け合う: ~ за то́чность све́дений 情報の確かさを保証する

**ручеёк** -чейка [男2]《愛称》< руче́й

*руч|е́й -чья́-чью́ чьёв [男6]〔brook〕①小川, 水の流れ: го́рный ~ 渓流 ②(液体の)流れ: -ьи́ по́та 滝のような汗 | течь в три -ья́(涙が)止めどなく流れる **// ~ковый** [形1], **-ьево́й** [形2]

**ру́ченька** -нек [女2]《愛称》< рука́①

**ручи́ща** [女4]《指大》< рука́①

*ру́чк|а [ルーチカ] 複生 -чек [女2]〔pen, handle〕①〔指小〕< рука́①小さい手: -и́ де́вочки 女の子の小さな手 ②ペン; ペン軸: автомати́ческая ~ ノック式ボールペン, 万年筆(авторýчка) | ша́риковая ~ ボールペン ③取っ手, 柄, ノブ, ハンドル: дверна́я ~ ドアノブ | Он держа́л чемода́н за -у. 彼はスーツケースの取っ手の部分を持っていた ④(椅子・ソファーの)肘掛け

◆*де́лать -ой* (1)(別れの際に)手を振る (2)《話・戯》いなくなる, 姿を消す | *дойти́ до -и*《話》窮地に陥る | *довести́ до -и* 窮地に陥れる, ひどく苦しめる

**ручни́к** -á [男2]《話》①金づち, ハンマー ②《俗》ハンドブレーキ

**ручни́ст** [男1]/~**ка** 複生 -ток [女2] (手仕事の)職人; 小売人

*ру́чн|ый [形1]〔hand, manual〕①手の, 腕の, 手での: -ы́е мы́шцы 腕の筋肉 ②手[腕]のための, 手に持てる, 携帯用の: -ы́е часы́ 腕時計 | -а́я кла́дь 手荷物 ③手で行う, 手動の; 手作りの, 手細工の: ~ то́рмоз ハンドブレーキ | -ы́м спо́собом 手作業で ④(動物が)飼いならされた, 人になれた;《話》従順な: -а́я бе́лка 飼いならしたリス ◆**-а́я прода́жа**(1)行商 (2)処方せんなしの医薬品販売

**ручо́нка** 複生 -нок [女2]《愛称》< рука́①

**руше́ние** [中5] ①倒壊, 破壊 ②脱穀

**ру́шить** -шу, -шишь 受過 -шенный [不完]〈от-〉①[完 **об~**] 崩す, 倒壊させる ②破壊する, めちゃくちゃにする ③〈от-〉脱穀する

**ру́шиться** -шится [不完] ①[完 **об~**] 崩れる, 崩れ去る, 崩壊する: Ру́шится зда́ние. ビルが倒壊しかかっている ②(計画などが)駄目になる, ついえる

**рушни́к** -á [男2] ロシアの伝統的な刺繍タオル

**РФ** [エールエーフ] (不変) [女] Росси́йская Федера́ция ロシア連邦

**Р.Х.** 〔略〕Рождество́ Христо́во 紀元

**рыб..** 〔語形成〕「魚の」「漁業の」

**\*ры́б|а** [ルィーバ] [女1] 〔fish〕 ① 〖集合でも〗魚：морска́я [речна́я] ~ 海川魚 | уди́ть -y 魚を釣る | чи́стить -y 魚のうろこやはらわたを取る | В после́дние го́ды уло́в -ы уменьша́ется. 近年漁獲高が減少している ②〖単〗魚肉；魚肉食品〔料理〕：сыра́я ~ 生魚 | жа́реная ~ 焼き魚 | вари́ть -y 魚を煮る | пиро́г с -о́й 魚肉入りピロ-グ ③〚話〛活気のない人；冷淡な人 ④〚俗〛準備されたもの，用意；だましものとして，にせもの：Мне подсу́нули -y. 私はまがいものをつかまされた ⑤ Ры́бы [複] うお座 ◆би́ться как ~ об лёд (苦しい状況から抜け出そうとして)必死にあがく，じたばたする | нем как ~ 口が堅い | ни – ни мя́со 〚話〛趣旨がはっきりしない，海のものでも山のものでもわからない | как ~ в воде́ 水を得た魚のように，居心地よく

**\*рыба́к** -а́ [男2] **/-чка** 生-чек [女2] 〔fisherman〕 ① 漁師，漁夫；魚とりが好きな人，釣り人 ②〚古〛経験豊かな漁師 ③〚俗〛(ビーチのバカンス客から盗む)すり ◆Р~ а ви́дит издалека́. 〚諺〛類は友を呼ぶ(←漁師は漁師を遠くにいてもわかる)

**рыба́лить** -лю, -лишь [不完]〚俗〛魚とりをする

**рыба́лка** 複生 -лок [女2] 〚話〛①魚とり，漁，釣り ②〚男・女〛漁場；釣り人

**рыба́цкий** [形3] 漁師の：~ посёлок 漁村

**рыба́чий** [形6]漁師の：-ья ло́дка 漁船，釣り船

**рыба́чить** -чу, -чишь [不完](職業として)魚とりをする，漁師として働く

**рыбачо́к** → рыба́к

**рыбе́ц** -бца́ [男3] 〖魚〗コイ科の魚の一種

**рыбёшка** 生複 -шек [女2] 〚話〛< ры́ба①

**ры́б|ий** [形6] 魚の；魚からとった：~ жир 魚油 | -ья кровь 冷淡な，冷たい(人)

**ры́бина** 生-бок [女2] 〚話〛(通例大きな)魚

**\*ры́б|ка** 生-бок [女2] 〔fish〕 [指小] < ры́ба①② 小さい魚；観賞魚；魚料理 ◼**золота́я** ~ (1)〖魚〗キンギョ (2)金の魚(プーシキンの童話「漁師と魚の物語」に登場)

**рыбнадзо́р** [男1] 漁業監視(機関)

**ры́бник** [男2] ①漁業専門家, 養魚家；漁業労働者 ②魚肉入りピロ-グ

**\*ры́бный** [形1] 〔fish〕 ①魚の；漁業の：-ая кость 魚の骨 | -ая промы́шленность 漁業, 水産業 ②魚で作った, 魚肉入りの：-ые консе́рвы 魚の缶詰 ③魚の豊富な：-ая река́ 魚の豊かな川 | -ые ру́ки 魚くさい手 ◆~ день 木曜日

**рыбо..** 〔語形成〕「魚の」「漁業の」「魚肉(食品)の」

**рыбово́д** [男1] 養魚家

**рыбово́д|ство** [u] [中1] 魚の養殖, 養魚 **//-ческий** [形3], **-ный** [形1]

**рыбово́з** [男1] 活魚輸送船[車]

**рыболо́в** [男1] 魚をとる人, 釣り人

**рыболове́цкий** [形3] 漁業に従事する；漁業用の

**рыболо́вный** [形1] 漁業の, 漁業用の

**рыболо́вство** [中1] 漁業, 漁労

**рыбоохра́на** [女1] 魚類保護

**рыбопроду́кты** -ов [複] 魚肉食品

**ры́бонька** 生複 -нек [女2] 〚俗〛①[指小] < ры́ба ②〚女性・子どもへの呼びかけ〛ハニー, かわいい人

**рыбопромысло́вый** [形1] 漁業の

**рыбохо́д** [男1] (ダムなどの)魚道

**рыбохозя́йство** [中1] 漁業, 水産

**рыво́к** -вка́ [男2] ① (手・体などの)急激な動き ②〖スポ〗(重量挙げで)スナッチ ③突進, ダッシュ, スパート ④ (仕事のペースを乱して)急に力を入れること, ピッチを上げること ⑤〚話〛乱暴に引っ張ること **//-ко́вый** [形1]

**рыга́ть** [不完] **/ рыгну́ть** -ну́, -нёшь [完][一回] 〚話〛げっぷをする

**рыда́ние** [中5] 大声を上げて泣くこと, 号泣, 慟哭

**\*рыда́ть** [不完] 〔weep, cry〕 大声を上げて泣く, 号泣する

**рыжеборо́дый** 短-о́д [形1] 赤ひげの

**рыжева́тый** 短-а́т [形1] 赤茶けた, 赤みを帯びた, さび色の

**рыжеволо́сый** 短-о́с [形1] 赤毛の

**рыже́ть** [不完] ①〖完 по-〗赤茶色になる ②赤茶色に見える

**\*ры́ж|ий** [ルィージイ] 短 рыж, -жа́, -же [形6] 〔red, red-haired〕①赤黄色の, 赤茶色の；赤毛の：-ая бе́лка 赤茶色のリス | У неё -ие во́лосы. 彼女は赤毛だ ② (色あせて)赤茶けた：~ от ста́рости плато́к 古くて色あせたスカーフ ③〖男名〗〚話〛(サーカスの)ピエロ **//-есть** [女10] <①②

**ры́жик** [男2] ①〖菌〗チチタケ属, アカハツタケ ②〖植〗アマナズナ ③〚話〛〚呼びかけ〛赤毛ちゃん, …ちゃん **/ ~овый** [形1] <①②

**рыжина́** [女1] 赤茶色

**рыжьё** [中4] 〚若者・隠〛〖集合的〗金属品, 金貨

**рык** [男2] ①吠え声, 咆哮(⑭) ②叫び声, 怒号

**рыка́ть, ры́кать** [不完] **/ рыкну́ть** -ну́, -нёшь 命 -ни [完][一回] ①吠える, 咆哮する ②乱暴に言う, がなりたてる

**ры́ло** [中1] ① (動物の)鼻面(⁵) ②〚俗・罵〛面(⁵), 醜い顔 ③〚俗〛1人, 1人当たり ◆**вороти́ть ~ от**〖田〗〚俗〛…からそっぽを向く, …に鼻もひっかけない

**ры́льце** 複生 -лец [中2] ①[指小] < ры́ло① ②〖植〗柱頭 ◆**~ в пуху́ [пушку́] у** 〖田〗…は(悪事に)かかわっている

**ры́нда** [女1] ①〖史〗(モスクワ国君主の)親衛兵 ②号鐘, 船内時報

**\*ры́нок** [ルィーナク] -нка [男2] 〔market〕①市場(¹ҙ), マーケット：вну́тренний [вне́шний] ~ 国内海外市場 | фина́нсовый ~ 金融市場 | Фо́рекс 外国為替市場 | ~ сбы́та 販売市場, 販路 | втори́чный ~ 中古市場 | развива́ющийся ~ 新興市場 | расширя́ть ~ マーケットを拡大する ②市場経済：перехо́д к ры́нку 市場経済への移行 | ры́ночный(ҙ¹), 市(ҙ¹)：идти́ на ~ 市場へ行く | чёрный ~ ブラックマーケット | Она́ купи́ла о́вощи на ры́нке. 彼女は市場で野菜を買った

**\*ры́ночн|ый** [ルィーナチヌィ] [形1] 〔market〕①市場(¹ҙ), マーケットの：-ая эконо́мика 市場経済 ②市場(ҙ¹)の

**ры́паться** [不完] 〚話〛動く, 何かしようとする：сиди́ и не ры́пайся そこにじっとしていろ

**рыса́к** -а́ [男2] トロットでよく走る品種の馬, トロット馬

**рысёнок** -нка 複-ся́та, -ся́т [男9] オオヤマネコの子

**ры́сий** [形9] ①オオヤマネコの ②オオヤマネコのような；目が鋭い

**ры́систый** 短-ист [形1] トロットでよく走る, 駿足の

**ры́сить** (単現なし) -си́шь [不完] ①トロットで走る；馬に乗ってトロットで行く ②(人が)走る, 駆け足で行く

**рыска|ть** ры́щу/-аю, ры́щешь/-аешь 命 ры́щи/-ай [不完] ① (探し求めて)走り回る；探し回る ②<⑳><田を>きょろきょろ動かす；(目が)きょろきょろ動く ③(船が)針路がたえ揺れして)針路をそれそうになりながら進む **//-ние** [中5]

**рысца́** [女3] 〚話〛軽いトロット, 小刻みな速歩

**рысь**[1] о-и, на -и́ [女10] (馬の)トロット, 速歩

**рысь**[2] [女10] 〖動〗オオヤマネコ

**ры́сью** [副] ①トロットで, 速歩で ②〚話〛走って, 急い

**рытвина** [女1] わだち, 溝

*\***рыть** ро́ю, ро́ешь 受過-тый [不完] ⟨他⟩ ① ⟨完 вы́~⟩掘る, 掘り起こす; 掘り出す ② ⟨話⟩(何かを捜して)ひっかき回す

**рытьё** [中4] ① 掘ること, 掘削 ② (何かを捜して)ひっかき回すこと

**ры́ться** ро́юсь, ро́ешься [不完] ⟨в他⟩ ① 掘り返す, ほじくる ② (何かを捜して)ひっかき回す

**рыхли́тель** [男5]〔土木〕土砕き機

**рыхли́ть** -лю́, -ли́шь 受過-лённый (-лён, -лена́) [不完] / **вз-, раз-** [完] ⟨他⟩(掘り返して)軟らかくする

**ры́хл|ый** 短ры́хл, -ла́, -ло [形1] ① 軟らかい, もろい, くだけやすい ② きちんと作られていない, ずさんな, しまりのない ③ ⟨話⟩太ってるるんだ, ぶよぶよ太った ④ 意志の弱い, 優柔不断な **∥—ость** [女10]

**ры́царский** [形3] ⟨(中世ヨーロッパの)騎士の, 高潔な, 義侠(ぎきょう)的な

**ры́царство** [中1] ① ⟨(中世ヨーロッパの)騎士階級; ⟨集合⟩騎士 ② 騎士の称号[身分] ③ 騎士道精神, 義侠心

*\***ры́царь** [男5] 〔knight〕 ① ⟨(中世ヨーロッパの)騎士 ② ⟨(雅)義人, 高潔の士 ③ ⟨(雅)(あることに)献身的に尽くす人, …の士 ◆~ без стра́ха и упрёка 勇敢で非の打ちどころのない騎士 | ~ на час 高潔な熱意が長続きしない人(← 一時だけの騎士) | ~ печа́льного о́браза (1)憂い顔の騎士(ドン・キホーテのこと) (2)幼稚な夢想家

*\***рыча́|г** -а́ [男2] [lever] ① てこ, レバー; (電話機の)フック ③ 推進力, 動かすもの **∥—жо́к** -жка́ [男2] 〔指小〕

**рыча́жный** [形1] てこの; レバーの

**рыча́ть** -чу́, -чи́шь [不完] ① (動物が)うなる, うなり声を出す ② ⟨俗⟩⟨на他⟩に怒鳴る, がみがみ言う

**рья́н|ый** 短рья́н [形1] とても熱心な, 熱中した; 熱狂的な **∥—о** [副] **∥—ость** [女10]

**рэйв** [男1] = рейв

**рэ́кет** [男1] (マフィア・暴力団による)ゆすり, 恐喝, ショバ代(しょばだい)[身代金]の要求

**рэкети́р** [男1] ゆすり屋, 恐喝者

**рэкети́ровать** -рую, -руешь [不完] ⟨若者⟩⟨他⟩(マフィア・暴力団などが)ゆする, 恐喝する

**рэп** [男1] 〔楽〕ラップ

**рэ́пер** [男1] ラッパー, ラップミュージシャン

*\***рюкза́|к** [リュグザーク] -а́ [男2] [rucksack] リュックサック: ходи́ть с ~о́м на спине́ リュックを背負って歩く

*\***рю́мк|а** 複生 -мок [女2] 脚付きの小さなグラス, リキュールグラス; その1杯分の量: хруста́льная ~ クリスタルのグラス | вы́пить ~у во́дки ウォッカを1杯飲む **∥ рю́машка** 複生 -шек [女2] ⟨俗⟩〔指小〕

**рю́мочк|а** 複生 -чек [女2] 〔指小〕< рю́мка ◆люби́ть -у 酒好きである

**рю́мочный** [形1] 脚付きのグラス(рю́мка)の **∥—ая** [女名] コップ売りの酒屋; 一杯飲み屋

**Рю́рик** [男1] リューリク(830?-879): キエフ・ルーシを支配したリューリク王朝創始者

**рю́хи** 単рюх [複] = городки

**рюш** [男4], ⟨話⟩**рю́шка** 複生 -шек [女2] ひだ飾り, ルーシュ

**рябе́ть** [不完] ① ⟨完 по~⟩まだらになる, 斑点だらけになる ② まだら色に見える ③ さざ波がたつ ④ ⟨無人称⟩(目が)ちかちかする

*\***ряби́н|а** [女1] ① 〔植〕ナナカマド属; その実: ~ обыкнове́нная セイヨウナナカマド(豊穣のシンボル) ② 〔話〕小さなくぼみ; あばた ◆то́нкая [одино́кая] ~ (民謡で象徴的に)独り身の娘 **∥—ка** 複生 -нок [女2] 〔指小〕

**ряби́нник** [男2] ①⟨集合⟩ナナカマドの茂み ②〔鳥〕ノハラツグミ

**ряби́новка** [女2] ナナカマド酒

**ряби́новый** [形1] ① ナナカマドの[で作った] ② 赤橙色の

**ряби́ть** -би́т [不完] ① ⟨他⟩…にさざ波をたてる ② さざ波がたつ ③ ⟨他⟩まだらにする, 斑点だらけにする ④ まだら色で目立つ; ⟨無人称⟩(目が)ちかちかする: В глаза́х ряби́т. 目がちかちかする

**Рябко́й** (不祝)[男5] リャプコ́й(Михаи́л Васи́льевич ~, 1961- ; 格闘術システム Систе́ма の創始者)

**рябо́й** 短ря́б, -ба́, -бо, -бы́/-бы [形2] ① あばたのある; あばたの顔の ② 斑点のある, まだらの ③ さざ波のたつ

**ря́бчик** [男2] 〔鳥〕エゾライチョウ **∥—овый** [形1]

**ря́бь** [女10] ① さざ波 ② まだらな色合い ③ 目がちかちかすること

**ря́вкать** [不完] / **ря́вкнуть** -ну, -нешь [完][一回] ① (動物が)吠える ② ⟨俗⟩⟨на他⟩に怒鳴る, がなり立てる

*\***ряд** [リャート] -а/(個数詞2, 3, 4と共に) -а́ 前о -е, в -е/-у́ 複-ы́ [男2] 〔row, line〕 ① (т他) 列, 並び: два ~а́ 2列 | ~ домо́в 家並み | Они́ поста́вили ещё оди́н ~ сту́льев. 彼らは椅子をもう1列並べた ② 隊列, 隊伍: постро́иться в ~ 1列に並ぶ | идти́ ~а́ми 隊列を組んで進む ③ 〔前в -у́〕(劇場などの)座席の列: Она́ сиди́т в пя́том ~у́ парте́ра. 彼女は1階席の5列目に座っている ④ 〔前в -у́〕(市場などで同種の商品を売る)店の列, …街: овощно́й ~ 八百屋街 | торго́вые ~ы́ 商店街, アーケード ⑤ 〔前в -у́〕〔連続・時間の〕ひとつながり, ひと続き: ~ поколе́ний 数世代 ⑥ 〔単〕〔前в -е〕〔しばしば цéлый を伴って〕一連, 幾多の, いくつもの: в ~е слу́чаев いくつもの場合に | У меня́ це́лый ~ вопро́сов к вам. あなたに色々と質問があります ⑦ 〔複〕構成員, 成員, メンバー: служи́ть в ~а́х а́рмии 軍に勤務する ⑧ 〔前в -у́〕(軍)階級: ⑨ 〔化〕列, 系 ⑩ (大鎌一振り分の幅の)刈り跡 ◆в пе́рвых ~а́х 先頭に立って, ま っ先に | из ~а [~у] вон ⟨話⟩(1)とてもひどい, とんでもない (2)並外れて, とりわけ | из ~а [~у] вон выходя́щий 他とは全く異なる, 並外れた

**ряди́ть** ряжу́, ря́дишь 受過 ря́женный [不完] ⟨他⟩着飾らせる, 盛装させる; 仮装させる **∥ ~ся** [不完] ⟨俗⟩着飾る, 盛装する; 仮装する

**рядко́м** [副] 〔話〕① すぐそばに, 並んに, 隣に ② 1列に

**рядно́** 複ря́дна, -ден, -днам [中1] 厚手の麻布

**ря́дность** [女10] 列への分割; 車線

*\***рядов|о́й** [形2] 〔ordinary〕 ① ありふれた, 平凡な: ~ слу́чай ありふれた出来事 ② 幹部ではない, 指導層に属さない, 平(ひら)の: ~ член па́ртии 平党員 ③ [男名] 〔軍〕(ロシア軍で)兵, 兵卒(旧軍式階級の最下位); (警察で)巡査: награди́ть -о́го 兵卒を褒賞する ④ 〔農〕きちんと列を成す: ~ посе́в 条播(じょうはん), すじ蒔き

**рядо́к** -дка́ [男2] 〔指小〕① ② ③ < ряд

*\***ря́дом** [リャーダム] [副] [close by] ① すぐそばに, 並んで: идти́ ~ 並んで行く ② 隣に, すぐ近くに: Роди́тели живу́т совсе́м ~. 両親はすぐ隣に住んでいます ◆~ с 〔前〕 (1)…のすぐそばに, …と並んで, …の隣に: Де́вочка сиде́ла ~ с отцо́м. 女の子は父親と並んで座っていた (2)…に比べて, …と比較して: Р-~ с его́ бедо́й мой забо́ты — ничто́. 彼の不幸に比べたら私の心配事など何でもない **∥ —дышко́м** [副] 〔指小〕

**ря́женка** [女2] リャージェンカ(煮沸した牛乳を発酵させた飲むヨーグルトの一種)

**ря́жен|ый** [形1] ① 仮装した ② ~ [男名]/-ая [女名] 仮装者

**Ряза́нь** [女10] リャザン(同名州の州都) **∥ ряза́нск|ий** [形3]: Р-ая о́бласть リャザン州(中

ря́пушка 複ます -шек [女2] 【魚】サケ科コレゴヌス属: сиби́рская ~ サーディンシスコ (淡水魚)

ря́са [女1] 【正教】祭服

ря́ска 複 -сок [女2] 【植】アオウキクサ属の水草

# С с

**с¹** [ス], **со** [サ] (★特定の子音連続の前でсо: со стола́, со вся́ким, со мно́й など) (★特定の結合ではсо́: со́ свету, со́ смеху など) [from, since, with]
I 《生》 ①《場所・表面からの離脱》…から (↔на): упа́сть с ле́стницы 階段から落ちる | уйти́ с рабо́ты 職場から去る (退職、離職) | Она́ убрала́ ча́шки со стола́. 彼女はテーブルからカップを片づけた ②《空間的起点》…から、…に: шум с у́лицы 通りからの騒音 | верну́ться со стадио́на スタジアムから戻る ③《出所・所属》…から、…の: отве́т с ро́дины 故郷からの手紙 | перча́тка с ле́вой руки́ 左手の手袋 ④《方角・方向》…(の方)から: ве́тер с се́вера 北からの風 | стреля́ть с горы́ 山から射撃する ⑤《事の起点》…から: влюби́ться с пе́рвого взгля́да 一目で恋に落ちる | Начнём с вас. あなたから始めましょう ⑥《時間的起点》…から: с де́тства 幼少から | Магази́н рабо́тает с десяти́ часо́в. 店は10時からやっている ⑦《範囲》…から <до…まで>: с головы́ до ног 頭からつまぶき足の先まで | с нача́ла до конца́ 始めから終りまで ⑧《取得・収奪・徴収》…から: 《単位》…あたり: Ско́лько с меня́? 「いくらですか？」「500рубле́й (пяти́сот) рубле́й. 1 ヘクタールあたりの収穫 9 гекта́ра 1ヘクタールあたりの収穫 ⑨《原本・源泉》…から、…に: сде́лать ко́пию с докуме́нта 書類のコピーをとる | перево́д с япо́нского языка́ 日本語からの翻訳 ⑩…に基づいて、従って: с согла́сия а́втора 著者の同意に基づいて | с позволе́ния руководи́теля リーダーの許しを得て ⑪《原因》…から、…のために (匿ﾏﾏ) от… から口頭に: сгоре́ть со стыда́ 恥ずかしくて顔から火が出る | умере́ть с го́лоду 餓死する ⑫《手段》…によって: взять с бо́я (бо́ю) 戦って勝ち取る | корми́ть с ло́жечки スプーンで食べさせる | 持ち出す | 《будет, доста́точно, дово́льно, хва́тит など と共に》…にとって: Бу́дет с меня́! もうたくさんだ！ | Хва́тит с тебя́! いい加減にしろ
II 《対》 ①《概数》約～、およそ～:《量的に通例単数形を作る》:подожда́ть с пять мину́т 5分ほど待つ ②《大きさの比較》…と同じくらいの、～ぐらい: Она́ ро́стом с меня́. 彼女は私くらいの背丈だ
III 《造》 ①…と(一緒に): мы с тобо́й 私と君 (я и ты) | взя́ть с собо́й 持参する | Я живу́ вме́сте с роди́телями. 私は両親と同居しています ②…と並んで(接して): сесть ря́дом с ма́терью 母の隣に座る | грани́ца с Украи́ной ウクライナとの国境 ③…を持って(持った)、…入り(付き)で: де́вочка с коса́ми おさげ髪の少女 | челове́к с тала́нтом 天賦の才のある人 | хлеб с ма́слом バターを塗ったパン ④…を伴って、…と共に: с удово́льствием 喜んで | подня́ться с трудо́м 苦労して登る | Она́ слу́шала меня́ с улы́бкой. 彼女は微笑みながら私の話を聞いていた ⑤《手段》で、…を使って: мыть с мы́лом 石けんで洗う | уе́хать с пе́рвым по́ездом 始発列車で行く ⑥《相手・対象》を: говори́ть с друго́м 友人と話す | сове́товаться с роди́телями 両親と相談する ⑦《主体》で、…には: ава́рия с самолётом 飛行機事故 | Что с ва́ми? どうしました？ | У меня́ пло́хо с се́рдцем. 私は心臓が悪い ⑧…につれて、…と同時に: поумне́ть с во́зрастом 成長するにつれて賢くなる |

встать с зарёй 夜明けとともに起きる ⑨《目的》…のために: прийти́ с отчётом 報告に行く | обрати́ться к кому́ с про́сьбой …に依頼する ⑩《祝賀》…に際して: С «днём рожде́ния [Но́вым го́дом]»! お誕生日[新年]おめでとう

**с²** 《略》секу́нда; страни́ца; санти..

**с.** 《略》се́вер; село́; санти́ца

**с..**, (и, й, о, е́ь, 子音連続の前で)**со..**, (е, ё, ю, я́の前で)**съ..** 《接頭》 I 《動詞》 ①上から下へ》「おりる」: спры́гнуть 飛び下りる ②《離れて・離して》「除去する」:「落とす」: сре́зать 切り取る ③《集める・集める》: сгрести́ かき集める ④《付ける》「合わせる」: связа́ть 結びつける ⑤《-ся動詞》「互いに」: сговори́ться 申し合わせる ⑥《写す》: списа́ть 書き写す ⑦《…になる》: смягчи́ть 柔らかくする ⑧《行って・行って来る》: сбе́гать (走って) 行って来る ⑨《完了体を形成》: сде́лать する、作る II 《副詞を形成》《…から》: сбо́ку 脇から | сто́ря́ча かっとなって

**саа́м** [男1] **~ка** 複 -мок [女2] サーミ人 (スカンジナビア半島北部に居住する民族) **~ский** [形3]

**саа́ми** (不変) [中] = саа́м

**сабанту́й** [男6] ①サバントゥイ (タタール人、バシキール人、チュバシ人の春の祭り) ②《戯》お祭り騒ぎ、騒々しい宴会

**сабж** [男4] 【コン】(電子メールの)件名、タイトル

**сабли́ст** [男1] **~ка** 複 -ток [女2] (フェンシングの)サーベル種目選手

**са́бля** 複 -бель [女5] ①サーベル、軍刀 ②《複》(騎兵隊の兵力数で): 騎 **//са́бельный** [形3]

**са́бля-ры́ба** [女5] -[女1] 【魚】タチウオ

**сабота́ж** [男4] サボタージュ、怠業、妨害

**сабота́жник** [男1] 怠業者、サボタージュする人

**сабота́жничать** [不完] サボタージュする

**саботи́ровать** -рую, -руешь 受過 -анный [不完・完] サボタージュする、怠業する

**са́ван** [男1] ①経帷子 (きょうかたびら) ②《雪・氷の》白い衣

**сава́нна** [女1] 【地理】サバンナ (熱帯地方の大草原)

**савра́ска** 複 -сок [女2] 鹿毛 (かげ)の農耕馬

**савра́сый** [形1] (馬の毛並みが) 鹿毛の

**са́га** [女1] サガ (中世北欧の物語) ②伝説

**сагити́ровать** [完] →агити́ровать

**са́го** (不変) [中] サゴでん粉: (ジャガイモ・トウモロコシ製の)その代用品 **//са́говый** [形1]: **-ая па́льма** 【植】サゴヤシ

**сад** [サート] 前 о- е, в -у́ 複 -ы́ [男1] [garden] ①庭園、果樹園、庭園の木々[植物]: до́мик с ~ом 庭付きの家 | фрукто́вый ~ 果樹園 | Де́ти сажа́ют цветы́ в саду́. 子どもたちは花を植えている ②(動植物の施設名として)園: ботани́ческий [зоологи́ческий] ~ 植物[動物]園 | 《話》幼稚園 (де́тский ~) ■зи́мний ~ (観賞植物用)温室 | Ле́тний ~ 夏の庭園 (サンクトペテルブルグ中心部公園; ピョートル1世の命により造園；1704- ) | С-камне́й 石庭 (京都竜安寺の)

**садану́ть** -ну́, -нёшь [完]《俗》①[他]ぶん殴る、突き刺す ②《対》(銃で)撃つ

**сади́зм** [男1] サディズム、加虐性欲

**сади́к** [男2] 《指小》<сад> [男1] 《話》幼稚園

**сади́ст** [男1] **~ка** 複 -ток [女2] サディスト

**сади́стский** [сс] [形3] サディズム [サディスト]の; サディスティックな

**сади́ть** сажу́, са́дишь 受過 са́женный [不完] 《俗》 ①《対》植える ②(ある動作を)ものすごい勢いでする

**сади́ться** [サジーッツァ] сажу́сь, сади́шься, … сади́ться命 -ди́сь 【完】**сесть** [シェースチ] ся́ду, ся́дешь сел се́ла 能過 се́вший 副分 се́в/се́вши [完] [sit down] ①座る、着席する: ~ на сту́л [в кре́сло] 椅子[肘掛け椅子]に座る | ~ за сто́л 食卓に着く | Сади́тесь, пожа́луйста! どうぞおかけ下さい ②《в/на對》

〈乗り物に〉乗る: ~ в [на] трамва́й [авто́бус, такси́] 路面電車に[バス、タクシーに]乗る | ~ в ли́фте エレベーターに乗り込む 〈за/на阿/不定形〉〈座って〉取りかかる: ~ за уро́ки 課題に取りかかる | Oна́ се́ла рабо́тать. 彼女は仕事に取りかかった | ~ на телефо́н 長電話を始める、色々なところへ電話しまくる ④〈鳥・虫が〉とまる、〈飛行機などが〉着陸する: Стрекоза́ се́ла на ве́тку. とんぼが枝にとまった ⑤〈ほこりなどが〉積もる、〈霧などが〉降りる: На траву́ се́ла роса́. 草に露が降りた ⑥〈太陽が〉沈む: Со́лнце уже́ се́ло. 太陽はすでに沈んだ ⑦ 沈下する: Фунда́мент сел. 土台が沈下した ⑧〈на阿〉…に生活を制限する、…を身に課す: ~ на дие́ту 食事制限[ダイエット]する | ~ на хлеб и во́ду パンと水だけ[食うや食わず]の生活を始める ⑨〈話〉定住する、入獄する: ~ в тюрьму́ 牢獄に入る | ~ за кра́жу 窃盗の罪で服役する ⑩〈布・革が〉縮む: По́сле чи́стки костю́м сел. クリーニングしたらスーツが縮んだ ⑪ 弱くなる、落ちる: У моби́льника батаре́я се́ла. 携帯のバッテリーが切れた ◆~ верхо́м на 回 を従わせる、意のままにする | ~ на ше́ю 回 …の厄介になる、世話になる | Так и сел! 〈話〉びっくり驚いた

**Садко́** 〈不変〉[男] サトコ(ブィリーナ были́на の主人公)

**са́днить** -нит, **садни́ть** -ни́т [不完]〈無人称〉ひりひりする、痛がゆい: Са́днит в го́рле. 喉がひりひりする

*са́довни|к [男2]/-ца [女3]〔gardener〕庭師、植木屋

**садо́вничество** [中1] 庭師の仕事、造園、園芸

**садово́д** [男1] 庭師、園芸家

**садово́дство** [ц] [中1] 園芸学; 園芸、造園

**садо́в|ый** [形1] ①庭の、庭園の ②栽培された: -ые цветы́ 園芸用栽培の花 ◆**головá -áя**〈俗〉ばか、まぬけ

**сад|о́к** -дкá [男2] ① いけす、養殖池 ② 飼育小屋 // **-ко́вый** [形1]

**садомазохи́зм** [男1] サドマゾヒズム // **-и́стский** [cc] [形3]

**садо́р|а** (女2変化) [男]・男・女〈俗・戯〉サディスト、虐待者

**са́жа** [女4]〔煤(す)、煤煙 ②〈化〉カーボンブラック ◆**дела́ как ~ бела́**〈戯〉仕事がおもわしくない

**са́жалка** 複生 -лок [女2] 苗[じゃがいも]の植えつけ機

*сажа́|ть -аю, -аешь [不完] // **посади́ть** -ажу́, -а́дишь 受過 -а́женный [完] 〈阿〉〔plant〕① 植える: 栽培する、植え付ける: ~ цветы́ [карто́фель] 花[じゃがいも]を植える ② 座らせる、席につかせる; 〈乗物に〉乗せる: ~ го́стя за стол 客をテーブルにつかせる | Они́ посади́ли пассажи́ров в ваго́н. 彼らは乗客を車両に乗せた ③〈за阿/不定形〉〈仕事などに〉つかせる、させる: Ма́ма посади́ла сы́на за уро́ки. 母親は息子に宿題をさせた ④〈飛行機などが〉着陸させる: ~ самолёт в тума́не 霧の中で飛行機を着陸させる ⑤ 入獄させる、(養殖のためにある場所に)入れる: ~ крестья́н на зе́мли нечернозёмья 農民を非黒土地帯へ入植させる ⑥ (檻などに)入れる、閉じ込める: ~ в тюрьму́ 投獄する | ~ птиц в кле́тки 鳥を籠に入れる ⑦〈話〉〈規則などに〉従わせる、守らせる: ~ на дие́ту ダイエットさせる ⑧ (窯・炉などに)入れる: ~ хле́бы в печь パンをオーブンに入れる ⑨〈俗〉(みなどを)打ち、(つぎなどを)当てる // **-ся** [不完] // **сажа́ние** [中5]

**са́жен|ец** -нца [男3] 苗、苗木

**са́женый** [形1] 苗木から育った

**са́жен|ь** 複生 -ней, **са́жень** 複生 са́жен/-ней, -ям [女10] サージェン、サジェーニ(昔の長さの単位; 約2.134メートル)

**са́за** [女1]〔植〕ササ属

**саза́н** [男1]〔魚〕コイ [魚9] // **~ий** [形9]

**сайга́** [女2], **сайга́к** [男2]〔動〕サイガ、オオハナレイ

ヨウ

**са́йда** [女1]〔魚〕シロイトダラ、セイス

**са́йка** 複生 са́ек [女2] サイカ(小さい白パンの一種)

**са́йр|а** [女1]〔魚〕サンマ // **-овый** [形1]

‡**сайт** [男1]〔サイト〕[男1]〔site〕〔IT〕〈インターネット〉サイト: найти́ на ~e サイトで見つける | На́ша компа́ния откры́ла но́вый ~. わが社は新しいサイトを開設した

**сак** [男2] (魚の)すくい網、たも網

**саквоя́ж** [男4] 旅行かばん

**саке́, сакэ́** 〈不変〉[中] 日本酒

**са́кля** 複生 -лей [女5] カフカス山地の小屋

**сакрамента́льный** 短 -лен, -льна [形1] ① 宗教儀式の; 神聖な ② 伝統となった、慣習的な

**сакс** [男1] ①〈通例複〉〈史〉サクソン[ザクセン]人 ②〈楽〉= саксофо́н, саксофони́ст ③〈不変〉[形][副]〈コン〉最悪の[に]、ひどい、ひどく

**саксау́л** [男1]〔植〕サクサウール、ハロキシロン(乾燥地または中央アジアのアカザ科の無葉性植物)

**саксофо́н** [男1]〔楽〕サクソフォン、サックス

**саксофони́ст** [男1]/-ка 複生 -ток [女2] サクソフォン奏者

**сакти́ровать** -рую, -руешь 受過 -анный [完]〈阿〉文書により抹消する

**са́кур|а** [女1]〔植〕桜: любова́ние **-ой** 花見

**салабо́н** [男1]〈俗〉① 小さくて弱々しい人 ② 青二才、がき

**сала́га** (女2変化) [男]〈俗〉① 新米船乗り[水兵] ② 未熟者、青二才

**сала́зки** -зок, -зкам [複] ① 小そり、手ぞり ② (機械の)送り台、そり、スライダー、レール

**сала́ка** [女2] タイセイヨウニシンの一種

**салама́ндра** [女1]〔複〕〔動〕サラマンドラ属 // **саламáндров|ый** [形1]: -ые [複名] イモリ科

*сала́т [男1]〔salad, lettuce〕〈サラダ〉: ~ овощно́й ~ 野菜サラダ ②〔植〕レタス、サラダ菜

**сала́тни|к** [男2], **-ца** [女3] サラダボウル

**сала́тный, сала́товый** [形1] ① サラダ用; レタスの ② 薄緑色の、レタス色の

**Салеха́рд** [男1] サレハルド(ヤマロ・ネネツ自治管区の行政中心地; ウラル連邦管区)

**са́лить** -лю, -лишь [不完]〈阿〉① …に油脂を塗る[染み込ませる]; 油脂で汚す ②〈完 о~〉(鬼ごっこなどで)…にタッチする、ボールを当てる

**салици́лка** [女2]〈話〉サリチル酸ナトリウム

**салици́лов|ый** [形1]〈化〉サリチル酸の: **-ая кислотá** サリチル酸

**са́лк|и** -лок, -лкам [複] 鬼ごっこ: игра́ть в ~ 鬼ごっこをする

**са́ло** [中1] ① 脂肪、あぶら身、獣脂、油脂: свино́е ~ ラード ② 潤滑油、グリス ③ (結氷前の)薄氷

*сало́н [男1]〔salon〕① (美術品などの)展示即売場、展示会場: худо́жественный ~ 美術サロン ②(高級服飾・美容などの)店、サロン: ~ -парикма́херская ヘアサロン | космети́ческий ~ コスメティックサロン ③(特定の用途の)部屋、ホール ④ (バス・車・飛行機などの)客席: ~ авто́буса バスの客室 // **~-ваго́н** (列車の)特別車、サロンカー

**салото́пенный** [形1] 獣脂を作る、製脂の

**Салтыко́в-Щедри́н** -á [男姓]・[男姓] サルティコフ・シェドリン (Михаи́л Евгра́фович ~, 1826–89; 風刺作家)

*салфе́тк|а 複生 -ток [女2] ① ナプキン: бума́жные **-и** 紙ナプキン | ウェットティッシュ ② 小さいテーブルクロス、テーブルセンター // **салфе́точка** [女2][指小] // **салфе́точный** [形1]

**сальди́ровать** -рую, -руешь 受過 -анный [完・不完]〈阿〉清算する

**са́льдо** (不変) [中] ① [簿] 差引残高 ② [経] (貿易の) 収支差額

**са́льхов** [男1] [フィギュア] サルコウ (ジャンプ)

**сальмонелле́з** [э] [男1] [医] サルモネラ症

**сальмоне́лла** [э] [女1] [医] サルモネラ菌

**са́льник** [男2] ① [解] 大[小] 網 ② [エ] パッキン箱

**са́льность** [女10] ① 脂肪があること, 脂肪分 ② みだらであること; わいせつ ③ みだらな言葉[表現]

**са́льный** 短 -лен, -льна [形1] ① 脂肪の, 獣脂の ② 脂じみた, 脂で汚れた ③ みだらな, わいせつな

**са́льто, са́льто-мо́ртале** (不変) [中] 宙返り, とんぼ返り

**салю́т** [男1] (敬礼のための) 敬礼, 礼砲; (祭日の) 花火
◆*Салю́т!* 《話》 やあ, こんにちは, さようなら

**салюти́ровать** -тую, -туешь [不完・完] (完は **от~**) 〈与〉…に敬礼する, 礼砲を撃つ; 花火を上げる

**саля́ми** (不変) [女] サラミソーセージ

\***сам** [サーм] [男] *самого́* [ヴォ-], *самому́*, *сам/самого́*, *сами́м*, *само́м*, **сама́** [サマ-] [女] *само́й*, *само́й*, *саму́*, *само́й*, *само́й*, **само́** [サモ-] [中] *самого́*, *самому́*, *само́, самого́*, *сами́м*, *само́м*, **са́ми** [サ-ми] [複] *сами́х, сами́м/сами́х, сами́ми, сами́х* [代] [定]

① 《動作の主体または対象》…自身, 自体: Он э́то сде́лал. Он сам э́то сде́лал. 彼自身がそれをやった | Скажи́те э́то ей *само́й*. 彼女本人に言って下さい ② 自力で, 独力で; ひとりでに: *Сам* спра́вился! 自分でやっています | Побе́да не прихо́дит *сама́*. 勝利はひとりでに来るものではない ③ 《強調》まさにその, ほかならぬ, 当の: *Сам* дире́ктор распоряди́лся. 当の所長が直々に指揮した
④ …自体, …そのもの: *Сам* его́ прие́зд означа́ет примире́ние. 彼がやって来たこと自体が和解を意味している ⑤ 《単》《性質を表す名詞と共に》…の化身, …そのもの: Ты *само́* соверше́нство. 君はまさに完全な人物だ ⑥ **сам** [男2]/**сама́** [女2] 《話》 主人; 女主人; 長 ◆**быть** [**остава́ться**] **сами́м** [**само́й собо́й**] 自分を見失わない, 落ち着いている | **сам не в себе́** = **сама́ не своя́** 我を忘れている, 取り乱している | **сам по себе́** (1) 自力で, 独力で: Она́ живёт *сама́ по себе́*. 彼女は自立している (2) それ自体として: *Сам по себе́* план плох. 計画自体がひどい (3) 別に, 別々だ | **сам [сама́, само́] собо́й** (1) ひとりでに, 自然に: Всё разреши́лось *само́ собо́й*. 全てがひとりでに解決した (2) 自分で, 自力で

**Сама́ра** [女1] サマーラ (同名州の州都) | **сама́рский** [形3] ~*ая о́бласть* サマーラ州 (沿ヴォルガ連邦管区)

**самаритя́нин** 複 -я́не, -я́н [男10]/~**ка** 複生 -нок [女2] [史] (聖書の) サマリア人 /~**ский** [形3]

**Самарка́нд** [男1] サマルカンド (ウズベキスタンの古都)

**са́мба** [女1] [舞・楽] サンバ (ブラジルのダンス)

**самби́ст** [男1]/~**ка** 複生 -ток [女2] サンボ選手

**са́мбо** (不変) [中] [スポ] サンボ (самозащи́та без ору́жия)

**саме́ц** -мца́ [男3] ① 動物の雄 (↔са́мка) ② 性欲の強い男

**самизда́т** [ы] [男1] 《話》 地下出版 (物), サミズダート

**са́мка** 複生 -мок [女2] ① 動物の雌 (↔саме́ц) ② 性欲の強い女

\***са́ммит** [男1] [summit] [政] 首脳会議, サミット: Росси́йско-америка́нский ~ на вы́сшем у́ровне ロシア米国首脳会談 | *С~* G20 в Санкт-Петербу́рге サンクトペテルブルクにおける G20サミット

**само́..** 《語形成》① 「自…」 「自己…」 「自分に向けられた」 「自発的な」: *само*восхвале́ние 自賛 ② 「自力の, 独力の」 「自家製の」: *само*де́лка 手製の品 ③ 「自動的な」: *само*дви́жущийся 自動の ④ 「独裁的な」 ⑤ 《話》《形容詞の最上級式と共に》「最も…」: *само*важне́йший 最も重要な

**самоана́лиз** [男1] 自己分析, 反省

**самобичева́ние** [中5] 自責

**самобра́нка** 複生 -нок [女2] ■ска́терть-~ 《おとぎ話》 (ひとりでにご馳走が出る) 不思議なテーブルクロス

**самобы́тный** 短 -тен, -тна [形1] 独自の, 独創的な, 特異な /~**ость** [女10] 独自性

\***самова́р** [男1] [samovar] (ロシアの湯沸かし器): пить чай из ~а サモワールのお茶を飲む | поста́вить ~ サモワールで湯を沸かす [お茶の用意をする] /~**чик** [男2] 〈指小〉 /~**ный** [形1]

**самовла́стный** [сн] 短 -тен, -тна [形1] 横暴な, 専制的な /~**о** [副]

**самовлюблённый** [形1] うぬぼれた, 思いあがった

**самовнуше́ние** [中5] 自己暗示

**самовозгора́ться** [不完] / **самовозгоре́ться** -ри́тся [完] 自然発火する /~**ние** [中5]

**самово́лие** [中5] 自分勝手 [わがまま] な振る舞い

**самово́лка** 複生 -лок [女2] 《話》[軍] 軍務放棄, 無断外出

**самово́льничать** [不完] 《話》 自分勝手に振る舞う

**самово́льный** 短 -лен, -льна [形1] ① わがままな, 自分勝手な ② 無断の, 勝手な /~**о** [副]

**самово́льщик** [男2] 《俗》 ① 勝手な行動を取る人 ② 無断外出中の人

**самовоспита́ние** [中5] 自己教育

**самовоспламеня́ться** [不完] / **самовоспламени́ться** -ни́тся [完] ① 自然発火する ② 《不完》 自然発火しやすい /~**не́ние** [中5]

**самовосхвале́ние** [中5] 《文》 自画自賛, 手前味噌

**самовыдвиже́ние** [中5] 自己推薦立候補

**самовыража́ться** [不完] / **самовы́разиться** -ажусь, -азишься [完] 自己表現する

**самого́н** [男1], 《話》~**ка** [女2] 自家製酒, 密造酒 /~**ный** [形1]

**самогонова́рение** [中5] 酒の密造

**самого́нщи|к** [男2]/~**ца** [女3] 《俗》 酒を密造する人

**самодви́жущийся** [形6] 自動の, 自走の

**самоде́лка** 複生 -лок [女2] 《話》 手製の品

**самоде́лкин** [男姓] 《俗・皮肉》 発明家, 実験者

**самоде́льный** 短 -лен, -льна [形1] 手製の, 自家製の

**самоде́льщина** [女1] 《話》 出来の悪い手製品, 素人細工

**самодержа́вие** [中5] 専制, 独裁 (制度) /~**ный** [形1]

**самоде́ржец** -жца [男3]/~**ица** [女3] 専制君主

\***самоде́ятельность** [女10] [initiative, amateur performance] ① 自主活動, 自発的活動: ~ населе́ния 住民の自主的活動 ② アマチュア芸術活動 (худо́жественная~): кружо́к ~ アマチュア演芸サークル ③ 《話》 勝手な行動: Э́то что ещё за ~? 何て勝手なことをしたんだ

**самоде́ятельный** 短 -лен, -льна [形1] ① 自発的に活動する, 自主的な ② アマチュア芸術活動の ③ 《話》 勝手な, ひとりよがりな

**самоди́|ец** -и́йца [男3]/~**йка** 複生 -и́ек [女2] サモエード人 (北部のサモディーン諸語を話す少数民族の総称)

**самодисципли́на** [女1] 自己修養, 自律

**самодовле́ющий** [形6] 《文》 それ自体で意義のある, 独立した価値を持つ, 自足的な

**самодово́льный** 短 -лен, -льна [形1] 自己満足した, ひとりよがりの, 得意げな /~**о** [副]

**самодово́льство** [中1] 自己満足, ひとりよがり
**самодоста́точный** 短 -чен, -чна [形1] 自己でき(る; 自立心のある
**самоду́р** [男1] / **~ка** 複生 -рок [女2] わがままな人, 勝手気ままな人
**самоду́рство** [中1] 勝手気ままな振る舞い
**самоду́рствовать** -твую, -твуешь [不完] 勝手気ままに振る舞う
**самое́дство** [ц] [中1] 過剰な自己批判, 自己嫌悪
**самозабве́нно** [中5] 我を忘れること, 無我夢中
**самозабве́нный** [形1] 我を忘れた, 無我夢中の *// -о* [副]
**самозарожде́ние** [中5]《生》自然発生
**самозаря́дный** [形1] 自動装填(𝑓𝑖𝑙𝑙)の
**самозахва́т** [男1]《話》不法占拠
**самозащи́та** [女1] 自己防衛, 自衛
**самозва́н|ец** -нца [男3] /《話》**~ка** 複生 -нок [女2] ① 氏名詐称者, なりすまし ②《史》僭称(𝑠𝑒𝑛𝑘𝑎𝑘𝑢)者
**самозва́нство** [中1] 氏名詐称; 僭称
**самока́т** [男1] キックスクーター
**самоконтро́ль** [男5] 自己統制, 自制
**самокри́тика** [女2] 自己批判, 反省
**самокрити́чный** 短 -чен, -чна [形1] 自己を批判する, 自己批判的な
**самокру́тка** 複生 -ток [女2] 《話》手巻きたばこ
✱**самолёт** [サマリョート] [男1]《airplane》飛行機, 航空機: гражда́нский [вое́нный] ~ 民間 [軍用] 機 | ~-неви́димка 《軍》ステルス機 | ~-разве́дчик 《軍》偵察機 | патру́льный [~] 《軍》哨戒機 | сесть на ~ 飛行機に乗る | захвати́ть [угна́ть] ~ 飛行機を乗っ取る | Они́ прилете́ли в Москву́ ~ом [на ~]. 彼らはモスクワに飛行機でやって来た ■ **ковёр-~** 空飛ぶ絨毯 *//~ный* [形1]
**самолёто..**《語形成》「飛行機の」
**самолётовожде́ние** [中5] 飛行機操縦法
**самолётострое́ние** [中5] 航空機製造
**самоликвида́ция** [女9] 自主閉鎖, 自己清算
**самоли́чн|ый** 短 -чен, -чна [形1] 本人自らの, 自主的な *// -о* [副]
**самоло́в** [男1] 罠
**самолюби́вый** 短 -и́в [形1] 自尊心の強い, プライドの高い
**самолю́бие** [中5] 自尊心, 自負心, プライド: оскорби́ть ~ 田 …の自尊心を傷つける
**самомне́ние** [中5] うぬぼれ, 自負, 自己過信
**самонаде́янный** 短 -ян, -янна [形1] 自己を過信した, 思い上がった *// -о* [副] / *// -ость* [女10]
**самоназва́ние** [中5] (民族の) 自称
**самообеспече́ние** [中5] 自給, 自足
**самооблада́ние** [中5] 自制, 冷静, 落ち着き, 沈着
**самообложе́ние** [中5] 自発的拠金
**самообма́н** [男1] 自己欺瞞
**самообольще́ние** [中5]《文》甘い幻想, 妄想
**самооборо́на** [女1] 自己防衛;《軍》自衛
**самообразова́ние** [中5] 独学
✱**самообслу́живан|ие** [中5] セルフサービス: магази́н *-ия* セルフサービスの店
**самооговор** [男1] 嘘の自己告発, 人の罪を被ること
**самоограниче́ние** [中5] 自己規制
**самооокупа́ем|ость** [女10]《経》独立採算(制) *// -ый* [形1]
**самоопределе́ние** [中5] ① (社会的に) 自己の立場を決定すること, 自己決定 ② 民族自決: пра́во на ~ 民族自決権
**самоопределя́ться** [不完] / **самоопредели́ться** -лю́сь, -ли́шься [完] (社会的に) 自己の立場を決定する; (社会的・階級的・民族的利害に) 自覚する

**самоотве́рженн|ый** 短 -ен, -енна [形1] 自己犠牲的な, 献身的な *// -о* [副] / *// -ость* [女10]
**самоотво́д** [男1] 立候補辞退
**самоотда́ча** [女4] 自己献身
**самоотрече́ние** [中5] 自己利益の放棄, 献身
**самооце́нка** 複生 -нок [女2] 自己評価
**самоочеви́дный** 短 -ден, -дна [形1] 自明の, わかりきった
**самопа́л** [男1]《俗》自家製のもの, 手製のもの
**самопа́льный** [形1]《俗》自家製の, 手製の
**самопи́сец** -сца [男3] 自動記録計, レコーダー: бортово́й ~《航空》フライトレコーダー
**самопоже́ртвование** [中5] 自己犠牲, 献身
**самопозна́ние** [中5] 自己認識
**самопровозглаше́нный** [形1]《政》他国から国家承認を受けていない
**самопроизво́льный** 短 -лен, -льна [形1] 自然発生的な, 自発的な, 勝手な
**самореклама́** [女1] 自己宣伝, 手前味噌
**саморо́дный** 短 -ден, -дна [形1] ① 天然の, 自然の ② 生まれつきの, 天賦の
**саморо́док** -дка [男2] ①《鉱》自然鉱 ② 天賦の才能のある人
**саморо́спуск** [男1] 自発的解散
**самоса́д** [男1] (自分で栽培・製造した) 自家製たばこ
**самосва́л** [男1] ダンプカー
**самосе́в** [男1] ① 種こぼれ, 自然播種 ② こぼれた種から育った植物
**самосе́й** [男6], **~ка** 複生 -е́ек [女2] = самосе́в②
**самосоверше́нствование** [中5]《文》自己鍛錬, 自己完成
**самосожже́ние** [中5] 焼身自殺
**самосозна́ние** [中5] 自覚, 意意識
**самосохране́ние** [中5] 自己保存, 自衛
**самости́йн|ый** 短 -и́ен, -и́йна [形1]《文》(国家・政権などが) 独立した, 自立的な
✱**самостоя́тельно** [サマスタヤーチリナ] [副]〈independently〉① 独立して, 自立して: Её сын живёт ~. 彼女の息子は独立して暮らしている ② 主体的に, 自主的に: ~ вести́ себя́ 主体的に振る舞う ③ 独力で, 自力で: изуча́ть англи́йский язы́к ~ 英語を独学する
**самостоя́тельность** [女10] 独立, 自主, 自立, ひとり立ち
✱**самостоя́тельн|ый** [サマスタヤーチリヌィ] 短 -лен, -льна [形1]〈independent〉① 独立した, 自立した: *-ая* организа́ция 自立した組織 | *-ое* госуда́рство 独立国家 ② 一人前の, 主体的な, 自主的な: ~ хара́ктер 自主的な性格 ③ 自発的な, 独力の, 独自の: *-ые* де́йствия 自発的行動 | ~ взгля́д на ве́щи 独自のものの見方 ④ 別個の: Это вполне́ ~ вопро́с. それは全く別の問題だ
**самостре́л** [男1] ① (軍務逃れのために) わざと負った傷 ②《話》わざと負傷した兵士
**самостро́й** [男6]《話》無許可での住居建築
**самосу́д** [男1] 私刑, リンチ
**самотёк** [男2] ① 自然流動 ② 自然の成り行き, 放任: пусти́ть 𝑘 на ~ …を成り行きに任せる *//-чный* [形1] <①
**самотёком** [副] ① 自然流動で ② ひとりでに: 成り行きまかせで
**самоуби́йственный** 短 -ен, -енна [形1] 自殺の, 自殺的な
✱**самоуби́йств|о** [中1]〈suicide〉自殺: поко́нчить жизнь *-ом* 自殺する | покуше́ние на ~ 自殺未遂
**самоуби́йца** (女3変化) [男・女] 自殺者
**самоуваже́ние** [中5] 自尊(心)

**самоуве́ренн|ый** кратк. -ен, -енна [形1] 自信過剰の, 自信満々の **//-о** [副] **//-ость** [女10]

**самоуниже́ние, самоуничиже́ние** [中5] 自卑下

*самоуправле́ние [中5] [self-government] ①自治, 自治権, 自主管理: студе́нческое ~ 学生自治 | ме́стное ~ 地方自治 ②自治機関: городско́е ~ 市議会 **//-ческий** [形3]

**самоуправля́ющийся** [形6] 自治権を持つ, 自治の

**самоупра́вство** [中1] ①わがまま, 専断, 専横 ②不法行為

**самоупра́вствовать** -твую, -твуешь [不完] 勝手に振る舞う, 自分勝手なことをやる

**самоуспока́иваться** -аюсь / **самоуспоко́иться** -о́юсь, -о́ишься [完] 自己安堵する, のんきに構える

**самоуспокое́ние** [中5], **самоуспоко́енность** [女10] 自己安堵, のんき

**самоустраня́ться** -ню́сь, -ни́шься [完] [от~]〈義務・仕事など〉放棄する

**самоутвержде́ние** [中5]〚文〛自己確立|[肯定]

**самоучи́тель** [男5] 独習書: ~ англи́йского языка́ 英語独習書

**самоучк|а** 複性 -чек (女2変化) [男・女] 独習者, 独学者 ◆**-ой** 独学で

**самохва́л** [男1]〚話〛自慢する人, 自慢家

**самохва́льство** [中1]〚話〛自慢, 自画自賛

**самохо́д** [男1], **~ка** 複生 -док [女2] ①自走機械 ②自走砲 ③〚俗〛軍務放棄, 無断外出

**самохо́дный** [形1] 自走式の

**самохо́дом** [副] ①〚話〛自分の動力で, ひとりでに ②〚俗〛歩いて

**самоцве́т** [男1] 貴石, 準宝石

**самоцве́тный** [形3] 光り輝く, 美しい色彩の

**самоце́ль** [女10] 最終目的, 目的そのもの

**самочи́нный** кратк. -и́нен, -и́нна [形1]〚文〛勝手な, 専断的な, 独断の

**самочу́вствие** [ст] [中5] 気分, 体調: Ка́к ва́ше ~? ご気分いかがですか

**саму́м** [男1]〚気象〛シムーン(アラビア・北アフリカの熱風, 砂嵐)

**самура́|й** [男6] 侍, 武士: «Се́мь -ев» 七人の侍 ②〚複〛〚話〛日本の軍人|軍国主義者 ③〚俗〛日本人

**самура́йский** [形3] 侍の ②〚俗〛日本(製)の

**самши́т** [男1]〚植〛ツゲ属

*са́м|ый [サーム1] (形1変化) [代] 〚定〛①〚指示代名詞 э́тот, то́т と共に〛まさにその, 他ならぬ: в э́том ~ом ме́сте まさにこの場所で | Это то́т ~ челове́к, кото́рый нам ну́жен. これこそ私たちが必要としている人間だ ②〚人称代名詞と共に〛まさにその人: Вы́ това́рищ Ивано́в? — Я. «あなたがイヴァノフさんですね」「私がそうです」③〚場所・時間を表す名詞と共に〛ちょうど, まさに: с ~oго утра́ 朝っぱらから | до ~óй сме́рти 死ぬ間際まで | с ~oго нача́ла 一番初めから | до ~oго конца́ 一番最後まで | До́м стои́т у ~oго мо́ря. 家は海のすぐそばに立っている ④…自体, …その物: Доста́точен ~ фа́кт согла́сия. 同意するという事実そのもので十分だ ⑤〚名詞の性質・分量が強調されることを示して〛本当の, 全くの: ~ые пустяки́ ほんの些細なこと | в ~oм разга́ре борьбы́ 闘いの真っ最中に ⑥〚形容詞と共に; 最上級を形成〛最も, 一番: ~ си́льный 最も強い | ~ ста́рший бра́т 長兄 | С~ая дли́нная река́ в Евро́пе — Во́лга. ヨーロッパで一番長い川はヴォルガ川だ ◆**в ~ ра́з** (1)ちょうどよい時に (2)ちょうど, ぴったりに: Ту́фли в ~ ра́з. 靴がぴったりだ|

**са́мый-са́мый**〚話〛一番いい, 最良の, 最高の

**сан** [男1] ①〚高い地位, 位階 ②〚宗〛聖職位, 僧位

**сан..** 〚語形成〛「衛生の」: санинспе́ктор 衛生検査官

**Сана́** [不変] サナア, サヌア(イエメンの首都)

**санато́р|ий** [男7] サナトリウム, 療養所, 保養所: путёвка в ~ サナトリウムの優待利用券 **//-ный** [形1], **-ский** [形3]

**санга́рский** [形3] ■С~ проли́в 津軽海峡(проли́в Цуга́ру)

**сангви́ник** [男2] 多血質の人

**сангвини́ческий** [形3] 多血質の, 熱しやすい

**санда́л** [男1] ①〚植〛ビャクダン属: ~ бе́лый ビャクダン ②ビャクダンからとった染料

**сандале́т|ы** -ет [複]〚単 -а [女1]〛軽い夏用の靴

**санда́л|ии** -ий [複]〚単 -ия [女9]〛サンダル: соло́менные ~ (日本の)草鞋(わらじ)

**санда́лить** -лю, -лишь [不完] / **на-** 受過 -ленный [完]〚俗〛①ビャクダン染料で染める[を塗る] ②〚俗〛磨いてかがやかにする

**са́ндвич** [男4] = сэ́ндвич

**са́н|и** -е́й [女] そり: е́хать в [на] -я́х そりで行く ②〚スポ〛リュージュ(競技用そり) ◆**Не в свои́ ~ не сади́сь.** 〚諺〛身の程をわきまえよ;人の仕事には手を出すな(=他人のそりに乗るな)

**санинстру́ктор** [ы] [男1] 衛生指導員(санита́рный инстру́ктор)

**сани́ровать** -рую, -руешь 受過 -анный [不完・完] 〈зубы〉衛生的にする, 健康にする

**санита́р** [男1] / **~ка** 複生 -рок [女2] ①(病院の)看護員 ②看護兵, 衛生兵

**санита́рия** [女9] 公衆衛生(学)

**санита́рно-гигиени́ческий** [形3] 衛生上の

*санита́р|ный [形1] [sanitary] ①(公衆)衛生の, 保健衛生の: ~ врач保健医 | -ое просвеще́ние 衛生教育 ②〚軍〛衛生の, 医療の: -ая часть 衛生隊 ③衛生状態をよくする, 衛生的な ■-ая те́хника ①衛生工学 ②(上下水道・ガス・冷暖房・清掃などの)環境衛生設備

*са́нк|и -нок, -нкам [複] ① = са́ни ①小ぞり, 手ぞり: де́тские ~ 子ども用そり | ката́ться с горы́ на -ах 山で橇で滑る

**Санкт-Петербу́рг** [不変]-[男1] サンクトペテルブルク(連邦市;レニングラード州の州都;北西連邦管区) **// санкт-петербу́ргский** [рс/ркс] [形3]

**санкциони́ровать** -рую, -руешь 受過 -анный [不完・完]〚文〛〈В〉裁可[承認, 認可]する

*са́нкц|ия [女9] [sanction, approval] ①〚法〛裁可, 認可, 承認: получи́ть -ию на аре́ст 逮捕の承認を得る ②〚法〛処罰〚政〛制裁: уголо́вная ~ 刑事罰 | примени́ть экономи́ческие -ии про́тив ① …に対して経済制裁措置をとる

**сано́вник** [男2] 高官, 高位の官

**сано́вный** кратк. -вен, -вна [形1] 高位の

**са́ночки** -чек, -чкам [複]〚指小・愛称〛< са́ни, са́нки

**са́ночни|к** [男2] / **-ца** [女3]〚スポ〛リュージュ選手

**санпропускни́к** -а́ [男2] 殺菌消毒室

**санскри́т** [男1] サンスクリット, 梵語 **// ~ский** [ц] [形3]

**Са́нта-Кла́ус** [不変]-[男1] サンタクロース

**санта́л** [男1] = санда́л

**сантехник** [男2] 水道配管工, 水回りの修理人

**сантехника** [女] 衛生工学;環境衛生設備(санита́рная те́хника)

**санти..** 〚語形成〛「100分の1の」「センチ…」: санти-

**сантименты** [-ов] [複] 《話》感傷, センチメント

***сантиме́тр** [男1] [centimetre] ① センチメートル: Я вы́ше её ро́стом на де́сять ～ов. 私は彼女より10センチ背が高い ② 《話》センチメートル目盛の定規 [巻尺] **‖ ～о́вый** [形1]

**санýзел** [男1] 浴室 [シャワー] と洗面台・トイレがある部屋, 3点ユニット (санита́рный у́зел)

**сànэпидемстáнция**, **сànэпидстáнция** [女9] 保健防疫所 (санита́рно-эпидемиологи́ческая ста́нция)

**Са́ня** (女5変化)[男・女][愛称]＜Алекса́ндр, Алекса́ндра

**сап** [男1] ①《獣医》鼻疽 (そ)(馬, ロバ, ラバの病気) ②《話》荒い鼻息, 寝息

**сапёр** [男1]《軍》工兵 **‖ ～ный** [形1]

***сапо́г|и** [サパギー] -о́г, -ога́м 〈単 **сапо́г** -á [男2] 〉長靴, ブーツ: ко́жаные ～ 革のブーツ ｜ Ма́льчик ходи́л в -а́х. 男の子は長靴を履いていた
◆**два́ ～а́ па́ра** [主に欠点などが] 似た者同士, どっちもどっち ｜ **под ～о́м у** … に支配されて, 抑えつけられて **‖ сапо́жки** -жек, -жкам, **сапожки́** -жко́в, -жка́м 〈単 **сапожо́к** -жка́ [男2]〉[指小]

**сапо́жник** [男2] ① 靴職人, 靴屋 ②《俗》下手くそ, ぶきっちょ ◆**～ без сапо́г** 紺屋(こうや)の白袴（←靴屋の靴なし）

**САПР** [サープル] [略] систе́ма автоматизи́рованного проекти́рования CAD (コンピュータ援用設計システム)

**сапса́н** [男1] ①《鳥》ハヤブサ ② С-《鉄道》サプサン (ロシアの高速鉄道列車)

**сапфи́р** [男1] サファイア **‖ ～овый** [形1]

**Сара́ево** [中1] サラエボ (ボスニア・ヘルツェゴビナの首都)

***сара́й** [男6] ① 物置, 納屋: ～ для дров 薪小屋 ｜ се́нной ～ 干草小屋 ②《話》大きく居心地の悪い部屋: Невозмо́жно жить в э́том ～е. こんな物置小屋みたいな部屋には住めない ③《若者》(ピックアップ) トラック; (隠) 観光バス, 大型バス **‖ ～ный** [形1]

**Сара́нск** [男1] サランスク (モルドヴィア共和国の首都; 沿ヴォルガ連邦管区)

**саранча́** [女4] 《昆》〔集合でも〕バッタ, イナゴ: ～ перелётная トノサマバッタ ◆**набро́ситься [налете́ть] на кого́ как ～**《話》…に大群を成してがつがつと襲いかかる

**Сара́тов** [男1] サラトフ (同名州の州都) **‖ сара́товск|ий** [形3]: С-ая о́бласть サラトフ州 (沿ヴォルガ連邦管区)

**сарафа́н** [男1] ① サラファン (ロシア女性の民族衣裳, 袖なしの丈の長いワンピース) ② サラファン型のワンピース **‖ ～ный** [形1]

**сарде́лька** [5] 複生 -лек [女2] 太くて短いソーセージ

**сарди́на** [女1], **сарди́нка** 複生 -нок [女2] 《魚》サーディン, イワシ

**сардони́ческий** [形3]《文》あざけるような, 嘲笑的な

**са́ржа** [女4] サージ (布地)

**са́ри** (不変)[中] サリー (インド女性の民族衣裳)

**сарка́зм** [男1] 嘲笑, 辛辣な皮肉: 当てこすり, 嫌み

**саркасти́ческий** [形3] 嘲笑的な, 皮肉たっぷりの

**сарко́ма** [女1]《医》肉腫

**саркофа́г** [男2] 石棺

**сарма́** [女1]《気象》サルマー (バイカル湖中部に吹く山おろし; バイカル湖で最も激しい)

**сарма́т** 複生 -а́т/-а́тов [男1] / **-ка** 複生 -ток [女2] 《史》サルマタイ人 (紀元前3-紀元4世紀に黒海北岸・ドン川に居住したイラン系民族)

**сары́ч** -а́ [男4] 《鳥》ヨーロッパノスリ (обыкнове́нный каню́к)

***сатана́** (女1変化) [Satan] [男] [女] サタン, 悪魔 ② [男・女]《俗》(人をののしって) 悪魔, 鬼 ◆**Муж и жена́ — одна́ ～**. 夫婦は同じ穴のむじな. 考えることもまた同じようなもの

**сатане́ть** [不完] / **о～** [完]《話》荒れ狂う

**сатани́зм** [男1] 悪魔崇拝, サタニズム

**сатани́нский** [形3] ① 悪魔の ② 悪魔のような, 悪意に満ちた ③ 激しい, 猛烈な

**сателли́т** [е/о] [男1] ①《政》家来, 手先 ②《天》衛星 ③ 衛星国

**сати́н** [男1] サテン, 繻子 (しゅす) **‖ ～овый** [形1]

**Сати́р** [男1] [ギ神] サテュロス

**сати́р|а** [女1] ① 風刺文学 ② 風刺, 嘲笑 **‖ -и́ческий** [形3]

**сати́рик** [男2] 風刺作家, 風刺家

**сатра́п** [男1] ①《史》(古代ペルシャなどの) 太守, 総督 ②《文》暴君, 慎慢な支配者

**сатура́тор** [男1]《工》飽釣機

**Сату́рн** [男1]《天》土星 **‖ ～иа́нский** [形3]

**Сау́довская Ара́вия** [形3]-[女9] サウジアラビア (首都は Эр-Рия́д)

**са́уна** [女1] フィンランド式サウナ (фи́нская ～)

**са́унд** [男1]《楽》サウンド, 音

**саундтре́к** [нтрэ] [男2] サウンドトラック

**сафа́ри** (不変)[中] ① サファリ, 自然動物公園 ② サファリジャケット ③ [衣服が] サファリルックの

**сафья́н** [男1] モロッコ革, 山羊 [羊] 革 **‖ ～ный**, **～овый** [形1]

**саха́** (不変)[男・女] サハ人 ② С～ サハ共和国 (Респу́блика С～; 首都は Яку́тск; 極東連邦管区)

**Сахали́н** [男1] 《地》樺太 ■**～-1** サハリン1 (サハリン沖の油田・ガス田開発事業; 露日米中企業出資の国際コンソーシアムが事業主体; 2005年生産開始) ｜ **～-2** サハリン2 (露英蘭日企業によるサハリン沖油田・ガス田開発事業; 2009年 LNG プラント稼働, 日本などに輸出) **‖ сахали́нск|ий** [形3]: С-ая о́бласть サハリン州 (州都 Южно-Сахали́нск; 極東連邦管区)

***са́ха|р** [サーハル] -а/-у [男1] [sugar] ① 砂糖, シュガー: кусково́й ～ 角砂糖 ｜ ко́фе ～a [《話・旧》～y] 2ス プーン2杯の砂糖 ｜ Она́ пьёт ко́фе с ～ом. 彼女は砂糖を入れてコーヒーを飲む ② 《話》優しい人; 甘美なもの ③ 〔複 -а́〕《化》糖体: виногра́дный ～ ブドウ糖 (глюко́за) ｜ моло́чный ～ 乳糖 (лакто́за)
◆**не ～**《話》甘くない, 面倒だ, 厄介だ

**Саха́ра** [女1] サハラ砂漠

**сахари́н** [男1] サッカリン (人工甘味料)

**са́харист**  短 -ист, **са́харистый** 短 -ист [形1] ① (味わが) 砂糖のような, 甘い ② 糖分を (多く) 含む

**са́харить** -рю, -ришь [不完] / **по～** 受過 -ренный [完] 《飲》に砂糖を入れる [かける]

**са́харница** [女3] 砂糖入れ

**са́харный** [形1] ① 砂糖の, 糖の ② 糖分が多い, 糖分の多い ③ (色・味が) 砂糖のような, 真っ白な, 甘い

**сáхаро..** [語形成]「砂糖の」「糖の」

**Са́харов** [男姓] サハロフ (Андре́й Дми́триевич ～, 1921-89; 核物理学者, ソ連の水爆の父; 民主化運動の旗手)

**сáхаровáр** [男1] 製糖業者

**сáхаровáрение** [中5] 製糖

**сáхарозá** [女1]《化》ショ糖, サッカロース

**сахаро́к** -рка́/-рку́ [男2] [指小] ＜са́хар ①

**сачкова́ть** -ку́ю, -ку́ешь [不完] / **сачкану́ть** -ну́, -нёшь [1回]《俗》さぼる, 仕事を怠ける

**сачо́к** -чка́ [男2] ① (魚・虫を捕るための) すくい網, たも

**Са́ша** (女4変化) [男/女] 〔愛称〕< Алекса́ндр, Алекса́ндра

**Са́ян** [男1] 〔複〕サヤン山脈 ■ **Восто́чный ~** 東サヤン山脈 | **За́падный ~** 西サヤン山脈 複仕-вок [女2]

**сб.** (略) суббо́та

**сб.** (略) сбо́рник; субботa

**СБ** (略) сберега́тельный банк 貯蓄銀行; слу́жба безопа́сности 警備; Сове́т Безопа́сности 安全保障理事会 [会議]

**сбавля́ть** [不完] / **сба́вить** -влю, -вишь 受過 -вленный [完] 〈四/因〉大きさ・重量・値段などを)減らす, 下げる, 引く **// сба́вка** 複仕-вок [女2]

**сба́гривать** [不完] / **сба́грить** -рю, -ришь 受過 -ренный [完] 《俗》〈因〉厄介払いをする

**сбаланси́ровать** [完] → баланси́ровать

**сба́лтывать** [不完] / **сболта́ть** 受過 сбо́лтанный [完] 〈因〉〈B〉を振って混ぜ合わせる

**сба́цать** [完] 《若者》《楽》〈因〉演奏する, 歌う

**сбе́гать** [完] 〔話〕走って行ってくる

*__сбега́ть__ [不完] / __сбежа́ть__ сбегу́, сбежи́шь, ..., сбегу́т 命 сбеги́ [完] ① 〈因〉を走り下りる, 駆け下りる: ~ с ле́стницы 階段を駆け下りる ② 流れ落ちる; (雪が) 溶け落ちる: Слеза́ сбежа́ла по щеке́. 涙が一粒頬を流れ落ちた ③ 逃げる, 逃亡する: ~ из до́ма 家から逃げ出す ④ (表情が) 消える; (塗料が) 剥がれる, あせる: Улы́бка сбежа́ла с его́ лица́. 彼女の顔から微笑が消えた

**сбега́ться** [不完] / **сбежа́ться** -ежи́тся, -егу́тся 命 сбеги́сь [完] 《3人称》① (一か所に) 走って集まる, 殺到する ② (道・川が) 合流する

**сбер..** 〔語形成〕「貯蓄の」「貯金の」

**Сбербанк** [男2] 貯蓄銀行 (сберега́тельный банк); С~ Росси́и ロシア貯蓄銀行

**сберега́тельн|ый** [形1] 貯蓄の, 貯金の: -**ая кни́жка** 預金通帳

**сберега́ть** [不完] / **сбере́чь** -регу́, -режёшь, -регу́т 命 -реги́ 過 -рёг -регла́ 能過 -рёгший 受過 -режённый 〈-жён, -жена́〉 副分 -рёгши [完] ① 保存する, 保管する ② 保護する, 守る ③ 貯える; 節約する: ~ де́ньги 貯蓄する **// ~ся** [不完] / [完] ① 保存 [保管] される ② 使わされて残る

**сбереже́ние** [中5] 保存, 保管; 保護, 節約 ② 〔通例複〕貯金, 貯蓄

**сбере́чь(ся)** [完] → сберега́ть

**сберка́сса** [女1] 貯蓄銀行, 貯金局 (сберега́тельная ка́сса)

**сберкни́жка** 複仕 -жек [女2] 預金 [貯金] 通帳 (сберега́тельная кни́жка)

*__сбива́ть__ [不完] / __сбить__ собью́, собьёшь 命 сбей 受過 -тый [完] 〈因〉① 叩き落す, 打ち落す, 突き倒す; (車が) はねる, ひく: ~ снег с сапо́г 長靴の雪をはたき落す | ~ раке́ту ミサイルを撃ち落とす ② (打って・ぶつけて) 壊す, 駄目にする; (靴などを) すり減らす, つぶす; (皮膚をすりむく): сби́тые ту́фли 履きつぶされた靴 | ~ пя́тку かかとをすりむく ③ (突いて・急激な動作で) ずらす: ~ повя́зку с глаз 目隠しの布をずらす ④ (方向などを) 乱す, 狂わせる: ~ с доро́ги 道に迷わす; 正道を踏みはずさせる ⑤ 間違わせる, 混乱する: ~ студе́нта на экза́мене 試験で学生をまごつかせる ⑥ 減らす, 下げる: ~ це́ну 値段を下げる, 値切る ⑦ (釘などを) 打ちつけ組み立てる: ~ я́щик из досо́к 板を釘で打ちつけ作る ⑧ 〔話〕集める; (集団で) 作る ⑨ かき混ぜる; かき混ぜて作る **// сбива́ние** [中5]

**сбива́ться** [不完] / **сби́ться** собью́сь, собьёшься 命 сбе́йся [完] ① ずれる, はずれる, 曲がる: Га́лстук сби́лся. ネクタイがずれた ② (打撃・摩擦などで) 壊れる, 駄目になる; (靴などが) すり減る, つぶれる; (皮膚がすりむける, はずれる; 道に迷う: ~ с доро́ги [пути́] 道に迷う; 正道を踏みはずす ④ 間違える, 混乱する: ~ в счёте 計算を間違える ⑤ 集まる; (集団が) できる, 固まる ⑥ (攪拌されて) できる, 固まる ⑦ 〈на́ что〉 (いつのまにか) …に移行する, 似てくる ⑧ 〔話〕(髪・毛が) もつれる, ぼさぼさになる ⑨ 〔不完〕〔受身〕< сбива́ть

◆ **~ с ног** (苦労事・多走で) へとへとになる | **~ с ноги́** 歩調を乱す

**сбивно́й** [形1] かき混ぜた, かき混ぜて作られた

**сбивчив|ый** 短 -ив [形1] つじつまの合わない, 支離滅裂な **// -о** [副]

**СБиС** 〔スピース〕 (略) Систе́ма бухга́лтерского и скла́дского учёта 電子会計税務申告システム

**СБИС** 〔スビース〕 (略) сверхбольша́я интегра́льная схе́ма 〔電子〕超大規模集積回路, 超 LSI

**сбить(ся)** [完] → сбива́ть(ся)

**сближа́ть** [不完] / **сбли́зить** -и́жу, -и́зишь 受過 -иженный [完] ① 近づける, 接近させる ② 関係を密にする, 親密にさせる ③ 差をなくす, 近似させる **// -ся** [不完] / [完] ① 近づく, 接近する ② 親しくなる, 親密になる ③ 差がなくなる, 近似する

**сближе́ние** [中5] 近づける [近づく] こと, 接近; 親しくなること, 親交; 近似, 類似

**сбой** [男6] ① (機械などの) 不調, 中断, トラブル ② (乗馬) 歩調の乱れ; トロットにうつる時の跳躍 ③ 食肉処理時の家畜の頭または内臓の肉 ④ 打ちつけて作ること, 組み立て **// -ный** [形1] < ③④

*__сбо́ку__ [副] 横から, 脇から; 横に: смотре́ть ~ 端から眺める ② [前] 〔話〕〈от〉 因〉…の脇に, そばに, 並んで: стоя́ть ~ (от) две́ри ドアのそばに立っている

**сболта́ть** [完] → сба́лтывать

**сболтну́ть** -ну́, -нёшь 受過 -о́лтнутый [完] 〔話〕〈因〉口がすべって言う

*__сбор__ 〔スポール〕 [男1] [collection] ① 集めること, 収集, 回収, 徴収: ~ нало́гов 徴税 | Идёт ~ материа́лов. 資料の集積が行われている ② 集め, 収穫: ~ грибо́в キノコ狩り ③ 集められたもの, 収穫: валово́й ~ зерна́ 穀物の総収量 ④ 徴収金, 税金; (チケットの売上高, あがり): порто́вый ~   入港税 | В теа́тре по́лный ~. 劇場は大入りだ ⑤ 集まること, 集合: ме́сто ~а 集合場所 ⑥ 集まり, 集会, 会合: ~ ветера́нов 退役軍人の集会 ⑦ 〔軍〕短期召集; 〔通例複〕(スポーツの) 合宿, キャンプ: уче́бный ~ 教育召集 ⑧ 〔複〕(旅行の) 用意, 支度: ~ы к путеше́ствию 旅行の用意

◆ **в ~е** (1) 集まっている: Всё в ~е. みんな集まっている (2) 組み立てられた状態で

**сбо́рище** [中2] 〔話〕人だかり, 集まり, 寄り合い

**сбо́рка** 複仕 -рок [女2] ① 組み立てること ② 〔通例複〕(衣服の) ひだ, ギャザー

*__сбо́рная__ (形1変化) [名] 〔スポ〕選抜チーム, 代表チーム (~ кома́нда): ~ Росси́и по футбо́лу サッカーロシア代表チーム

*__сбо́рник__ [男2] [collection] ① (作品・資料などをまとめた) 集, 作品集: ~ му́зыки コンピレーションアルバム: ~ стихо́в 詩集 ② (液体・気体の) 貯蔵容器, タンク

**сбо́рн|ый** [形1] ① 集合の, 集まるための ② 混成の, 選抜の: -**ая кома́нда** 選抜チーム ③ 寄せ集めの, 雑多な ④ 組み立て式の: **Пребрабо.** ~ **дом** プレハブ住宅

**сбо́рочный** [形1] 組み立て (用) の

**сбо́рчатый** [形1] 〔通例ひだ〕「ギャザー」のある

**сбо́рщи|к** [男2] / **-ца** [女3] ① 集める人, 収集 [収, 収穫] 者 ② 組立工

**сбра́живать** [不完] / **сброди́ть** -ожу́, -о́дишь 受過 -о́женный [完] 〈因〉発酵させる

*__сбра́сывать__ [不完] / __сбро́сить__ -о́шу, -о́сишь 受過 -о́шенный [完] [throw down, drop] 〈因〉① 投げ

**сбрасываться** [不完] / **сброситься** -ошусь, -осишься [完] ①飛び下りる ②《俗》金を出し合う 《不完》[受身] ➡ сбрасывать

**сбредаться** [不完] / **сбрестись** -едётся 過 -релся, -релась 能過 -редшийся 副分 -редясь [完] (3人称)《話》のろのろと集まる

**сбрендить** -дю, -дишь 命 -ди [完]《俗》①しり込みする, 怖気づく ②気が狂う

**сбривать** -аю, -аешь 命 -вай 受過 -ваемый, -ваный [不完] / **сбрить** -рею, -реешь 受過 -тый [完] 剃り落とす

**сброд** [男1] 《話》《集合》ならず者, 烏合の衆

**сбродить** [完] → сбраживать

**сброс** [男1] ①投げ落とすこと, 投下 ②減らすこと, 低下 ③放水, 排水 ④放出

**сбросить(ся)** [完] → сбрасывать(ся)

**сброшюровать** [完] → брошюровать

**сбруя** [女6] 馬具

**сбрызгивать** [不完] / **сбрызнуть** -ну, -нешь 命 -ни 受過 -тый [完]〘団〙(液体を吹きつけて)濡らす

**сбывать** [不完] / **сбыть** сбуду, сбудешь 過 сбыл, -ла, -ло 受過 сбытый, сбыт, сбыта, -о [完]〘団〙①売る, 売りさばく ②片付ける, 厄介払いする ③(水が)ひく ◆~ с рук 〘団〙厄介払いする

**сбываться** [不完] / **сбыться** сбудется 過 сбылся, -лась [完] 実現する, 叶う: Моя́ мечта́ *сбыла́сь*. 私の夢が叶った

**сбыт** [男1] ①販路, 売れ行き: име́ть хоро́ший ~ 売れ行きがいい ②闇取引, 密売: кана́лы ~a 販売[密売]ルート ‖ **~овой** [形2]

**сбытчик** [男2] (麻薬の)売人

**сбыть(ся)** [完] → сбывать(ся)

**св** 《略》совершенный вид [言] 完了体

**СВ** [エスヴェー]《略》спа́льный ваго́н (一等) 寝台車; сре́дние во́лны 中波; Сухопу́тные войска́ 陸軍, (ロシア) 地上軍

**св.** 《略》свыше: свыше

**сва́дебный** [形1] 婚礼の, 結婚式の

**сва́дьб|а** [スヴァーデバ] 複生 -деб [女1] 〔wedding〕結婚式, 婚礼; 結婚披露宴: спра́вить ~y 結婚式に招待された ◆до ~ы заживёт 《話》《戯》結婚式までには治るよ (けがをした人への慰めで突き放すような言葉) ‖ **сва́дебка** 複生 -бок [女2] 《話》《愛称》

**сва́йка** 複生 -а́ек [女2] スヴァイカ (地面に置いた輪の中へ釘を投げて突き刺すロシアの遊び); その釘

**сва́йный** [形1] 杭(くい)の; 杭打ちの

**сва́ливать** -аю, -аешь 命 -ай 受過 -аленный [完] ①〘団〙倒す, 押し倒す; 切り倒す: Ве́тер *свали́л* де́рево. 風で木が倒れた ②《話》〘団〙(眠気・病気などが)襲う, 打ち負かす ③〘団〙(重い物を)下ろす ④〘団〙(政権などを)打倒する ⑤〘団〙厄介なものを片付ける ⑥《話》〘団〙 на 団に〙押しつける, 転嫁する: ~ свою́ рабо́ту на други́х 自分の仕事を他人に押しつける ⑦〘団〙(多くは乱暴に)積み上げる, ほうり投げる ⑧《俗》(群れが)去る, 散る; 立ち去る, (国外に)移住する ⑨〘団〙(暑さなどが)弱まる, 下がる

**\*сва́ливаться**[1] [不完] / **свали́ться** -алю́сь, -а́лишься [完] ①倒れる; 落ちる: ~ с кры́ши 屋根から落ちる ②《話》突然に現れる: Отку́да ты *свали́лся*? お前は一体どこからやって来たんだ ③《話》(病気で)倒れる, 寝込む: ~ от просту́ды 風邪で寝込む ④《話》 на 団に》(困難などが)降りかかる 《不完》[受身] ➡ сва́ливать

**\*сва́ливаться**[2] [不完] / **свали́ться** [完] (髪・毛などが)もつれる, からまる

**сва́лка** 複生 -лок [女2] ①倒すこと; 投げ下ろすこと ②ごみ捨て場, はき溜め ③(乱雑に積み上げられた物の)山, 堆積 ④《話》大乱闘 ‖ **сва́лочный** [形1] <②③>

**сва́льный** [形1] 倒すための; 投げ下ろすための

**сваля́ть(ся)** [完] → валя́ть, сва́ливаться[2]

**сван** [男1] / **~ка** 複生 -нок [女2] スヴァン人(ジョージア (グルジア) 北西部スヴァネティ Сване́тия に住む民族)

**сва́ра** [女1] 《話》騒々しい争い, けんか

**сварга́нить** [完] → варга́нить

**сва́ривать** [不完] / **свари́ть** -арю́, -а́ришь 受過 -а́ренный [完] ①〘エ〙(団)溶接する ‖ **~ся** [不完] / [完] 〘エ〙(溶接で)接合する, 溶接される

**свари́ть(ся)** [完] → вари́ть(ся), сва́ривать

**сва́рка** 複生 -рок [女2] 〘エ〙溶接 ‖ **сва́рочный** [形1]

**сварли́вый** 短 -и́в [形1] けんか好きな, 口うるさい

**сварно́й** [形2] 〘エ〙溶接された

**Сваро́г** [男2] 《スラヴ神》スヴァローグ (天の神, 天の火の神)

**сва́рщи|к** [男2] / **-ца** [女3] 溶接工

**сва́стика** [女2] ①卍 ②(ナチスの)鉤十字, ハーケンクロイツ

**сват** [男1] ①結婚の仲人, 媒酌人 ②婿[嫁]の父親 ◆ни ~ ни брат 〘団〙…にとって赤の他人だ

**сва́тать** 受過 -танный / **по-** [完 (完本 со-)〘団〙или/за 団に〙<女性を男性に>紹介して結婚の世話をする: Ему́ *сва́тают* неве́сту. 彼は縁談を持ちかけられている ②〘団〙<女性・その親に>求婚する, <団 у 団>…との結婚の承諾を…に求める ③〔完 со-〕《話》〘団〙推薦する, 斡旋する ‖ **~ся** [不完] / [完] 〘団к 団/за 団に〙<女性に>求婚する

**сватовство́** [中1] (仲介人を通じた)結婚の申し込み

**сва́тья** 複生 -ий [女8] 婿[嫁]の母親

**сва́ха** [女2] ①仲人の女性, 媒酌人 ②結婚の仲立ちを仕事とする女性

**свая** [女6] 杭(くい), パイル

**СВВП** [エスヴェヴェペー]《略》самолёт вертика́льного взлёта и поса́дки〔航空〕垂直離着陸機, VTOL機

**\*све́ден|ие** [スヴェーデニェ] 複生 -ий [中5] 〔information, knowledge〕①(通例複)情報, 報道; 資料, データ: стати́сти́ческие *-ия* 統計資料 | Мы получи́ли ва́жные *-ия* о собы́тии. 我々は事件に関する重要な情報を得た ②(複)知識: элемента́рные *-ия* по фи́зике 物理学の初歩的な知識 ③《単》知ること, 知っている状態: приня́ть к *-ию* 考慮に入れる | довести́ до *-ия* …に知らせる ◆к ва́шему ~ю《挿入》ご参考までにお伝えしますが

**сведе́ние** [中5] ①〈~ сводить〉まとめること, (汚れなどの)除去; 伐採; 縮小, 削減; 転写: ~ пя́тен しみ抜き ②〔医〕痙攣(けいれん)

**сведу́щий** -ущ [形6] 《в 前》精通した, 通暁した

**свежа́к** -а́ [男2] 《若者》新作, 新商品, 新しいもの

**свеже..** [語形成] 「…したばかりの」「新鮮な」

**свежева́ть** -жу́ю, -жу́ешь 受過 -жёванный [不完] / **о-** [完] 〘団〙屠殺した動物の皮と内臓を取り除く

**свежезаморо́женный** [形1] 新鮮なまま冷凍された, 急速冷凍の

**свежеиспечённый** [形1] ① (パンなどが) 焼きたての ② 《話・戯》なりたての、ほやほやの、できたての

**свежемороженый** [形1] = свежезамороженный

**свежепросольный** [形1] 塩漬けしたばかりの、浅漬けの

**свежесть** [女10] ① 新鮮さ、新しさ；はつらつさ、生気、鮮明さ ② 涼しくてさわやかな空気、冷気 ◆ не пе́рвой ~и 《話》あまり新鮮ではない、あまりきれいではない

**свежеть** [不完]/**по~** ① 涼しくなる ② 元気になる

*__свежий__ [スヴェージィ] 短 -éж, -ежа́, -ежо́, -éжи/-ежи́ 比 -же́е 最 -жа́йший [形6] 【fresh】① 新鮮な、とりたての、できたての：-ие фру́кты 新鮮な果物 | ~ хлеб 焼きたてのパン ② 生の、加工していない：-ие и солёные огурцы́ 生と塩漬けのキュウリ ③ 新品の、新しい、きれいな：-ая руба́шка 真新しいシャツ ④ (水・空気が) 新鮮な、きれいな、澄んだ、さわやかな；-ая вода́ 澄んだ水 | на -ем во́здухе 戸外で ⑤ ひんやりする、冷たい: По ноча́м -о́. 夜はひんやりとする ⑥ (休息・睡眠で) 元気を取り戻した、気力のある：взя́ться за де́ло со -ими си́лами 気分を新たにして仕事に取りかかる ⑦ (色などが) 鮮やかさを失っていない、鮮明な；(印象などが) 鮮やかな、生々しい：-ие кра́ски 鮮やかな色 | Собы́тия ещё -и́ в па́мяти. その事件はまだ記憶に新しい、最新の、最新の、最新の：-ие но́вости 最新のニュース ◆ на -ую го́лову (занима́ться, де́лать) 頭がさえている時に (…する)

**свезти́** [完] <В> →**свози́ть**[^1]

**свёкла** 複 -кол [女1] 【植】ビート、フダンソウ: са́харная ~ サトウダイコン、テンサイ

**свеклови..** (語形成) 「ビートの、サトウダイコンの」

**свеклови́|ца** [女3] 【植】サトウダイコン (са́харная свёкла) **//-чный**

**свеклово́д** [男1] ビート [サトウダイコン] 栽培者

**свеклово́д|ство** [ц] [中1] ビート [サトウダイコン] 栽培 **//-ческий**

**свеко́льник** [男2] ビートスープ；ビートの葉や茎

**свеко́льный** [形1] ① ビートの ② ビート色の、赤紫色の

**свёкор** -кра [男1] 夫の父、舅

**свекро́вь** [女10] 夫の母、姑

**свербе́ть** -би́т [不完] [俗] かゆい、むずむずする

**сверга́ть** [不完]/**све́ргнуть** -ну, -нешь 命 -ни過 све́рг/-ул, -е́ргла 能過 -ший/-нувший 受過 -тый 副過 -ув [完] <В> 打倒する、覆す **//-ся** [不完] [口] 落下する

**Свердло́вск** [男2] スヴェルドロフスク (Екатеринбу́рг の旧称) **//свердло́вск|ий** [形3]: *С-ая о́бласть* スヴェルドロフスク州 (州都 Екатеринбу́рг；ウラル連邦管区)

**сверже́ние** [中5] 打倒、転覆

**све́рзиться** -ржусь, -рзишься [完] 《俗》落ちる

**све́рить(ся)** [完] →**сверя́ть**

**све́рка** 複 -рок [女2] 照合、確認

**сверка́ние** [中5] 輝き、きらめき；閃光

*__сверка́ть__ [不完]/**сверкну́ть** -ну́, -нёшь [完] [一回] ① きらきらと光る、輝く、きらめく: *Сверка́ет мо́лния*. 稲妻がさしている ② [完] ひらめく、思い浮かぶ: *Сверкну́ла мысль*. アイディアがひらめいた

**сверка́ющий** [形6] きらきら光る、輝く；まばゆい

**сверли́льный** [形1] 穿孔 (用) の

**сверли́ть** -лю́, -ли́шь 受過 -лённый (-лён, -лена́) [不完]/**про~** [完] <В> ① … に (きり・ドリルなどで) 穴を開ける、穿孔する ② (虫などに) 穴を開ける ③ [不完] 《無人称で》ずきずき痛ませる ④ 《不完》苦しめる、不安にさせる、悩ませる ◆ ~ глаза́ми [взгля́дом] <В> …

を穴のあくほど見つめる

**сверло́** 複 свёрла [中1] 錐 (きり)、ドリル

**сверло́вка** [女2] 穴を開けること、穿孔

**сверля́щий** [形6] (痛みが) 刺すような、きりきり痛む

**свернуть(ся)** [完] →**свёртывать(ся)**

**сверста́ть** [完] →**верста́ть**

**све́рстни|к** [сьн/сн] [男2] **/-ца** [女3] 同年齢の人

**свёртка** [女2] (筒状に) 巻く [畳む] こと

**свёрток** -тка [男2] ① 巻いたもの、束 ② (血液などの) 凝固物、凝血

**свёртываемость** [女10] (血液などの) 凝結性

**свёртывание** [中5] 巻く [巻かれる] こと；丸まること；凝結；凝固；向きを変えること；ねじって壊すこと

*__свёртывать, свора́чивать__[^1] [不完] / **сверну́ть** -ну́, -нёшь 受過 свёрнутый [完] <В> ① (筒状に) 巻く、たたむ: ~ ковёр 絨毯を巻く ② (植物が) 花・葉を) 閉じる、巻く: ~ лепестки́ 花びらを閉じる ③ 小さくする、縮小する ④ 停止する：~ би́знес 事業を縮小する | *Нефтекомпа́ния начина́ет свёртывать добы́чу*. 石油会社は採掘停止作業に着手している ④ 《脇道へ》曲がる、《話》《車などを》(ある方向へ) 向ける：~ напра́во 右に曲がる ⑤ <В> на <В> に 《話題・思考を》向ける、転ずる：~ разгово́р на поли́тику 話を政治に転ずる ⑥ 《話》《ねじる、脱臼させる：~ но́гу 足を脱臼する ⑦ (打って・押して・突いて) ずらす、曲げる、倒す：~ кран на сторону́ サモワールの蛇口を倒す ⑧ (乱暴に・長時間回して) 壊す、駄目にする: ~ резьбу́ га́йки ナットのねじ山をつぶす ⑨ 《俗》(病気が) 衰弱させる ◆ ~ го́лову [ше́ю] <Д> ① (鳥などの) 首をひねって殺す ② 《俗》…の首をへし折る、ぶち殺す (脅し文句で) | ~ себе́ го́лову [ше́ю] 《話》失敗する、駄目になる；死ぬ

**свёртываться, свора́чиваться** [不完] / **сверну́ться** -ну́сь, -нёшься [完] ① (筒状に) 巻かれる、丸まる (花・葉が) 丸まる、しぼむ ③ 丸くなって横になる ④ (血液・牛乳などが) 固まる、凝結する ⑤ 小さくなる、縮小する、(一時的に) 停止する ⑥ 《на<В>》(話題・思考が) …に移る、転ずる ⑦ (打たれて・押されて) ずれる、曲がる ⑧ (乱暴に・長時間回されて) 壊れる、駄目になる 《不完》〔受身〕< свёртывать

*__сверх__ [前] <Р> ① … の上に: наде́ть плащ ~ пиджака́ ジャケットの上にレインコートをはおる ② … 以上に、…を超えて: *Эта тео́рия ~ моего́ понима́ния*. この説は私の理解を超えている ③ … のほかに、… 以外に: получи́ть наба́вку ~ стипе́ндии 奨学金の他に割増金をもらう ④ <Р> に反して: ~ *чьего́ ча́яния* [旧・文] 期待に反して ◆ ~ *всего́* おまけに、かてて加えて | ~ *того́* [挿入] さらに、そのうえ: *Он неве́жествен, а ~ того́, пло́хо воспи́тан*. 彼は無知なうえに行儀が悪い

**сверх..** [語形成] 「超…」「…以上の」「スーパー」

**сверхгоро́д** -а [男2] 超巨大都市

**сверхдержа́ва** [女1] 超大国

**сверхзада́ча** [女4] 〈文〉究極課題；〈劇〉超目標

**сверхзвуково́й** [形1]〈理・航空〉超音速の

**сверхмо́щный** [形1] 超強力な

**сверхно́в|ый** [形1]: *-ая звезда́* 〈天〉超新星

**сверхплано́вый** [形1] 計画以上の

**сверхпри́быль** [女10]〈経〉超過利潤

**сверхпроводи́мость** [女10]〈理〉超伝導性

**сверхпроводни́к** -а́ [男2]〈理〉超伝導体

**сверхскоростно́й** [сн] [形2] 超高速の

**сверхсро́чник** [男2]〈軍〉義務年限を越えて勤務する軍人

**сверхсро́чный** [形1] ① 期限超過の ② 《話》大至急の

*__све́рху__ [スヴェールフ] (↔**сни́зу**) 【from above】
**I** [副] ① 上から: тре́тья строка́ ~ 上から3行目 | *С~ упа́ла коро́бка*. 上から箱が落ちてきた ② 上層部

**сверхуро́чный** / 728

から:рефо́рмы, проводи́мые ～ 国の上層部による改革 ③ 上に, 表面に; 表面は: Поста́вь ва́зу ～. 花瓶を上に置いて | от реки́ (с гор) 川(山)から | ～ по тече́нию 川の水源(上流)から: вверх (вниз) по тече́нию川(上流(下流))から: Парохо́д бежи́т ～. 汽船は上流から走っている II [前] 《田》…の上に: повяза́ть ле́нту ～ ша́пки 帽子の上にリボンを結ぶ
◆ смотре́ть [гляде́ть] на 田 ～ вниз …を見下す, 軽視する, ばかにする | (1) 上から下まで, すっかり: Дождь промочи́л нас ～ до́низу. 雨で私たちは上から下までびしょ濡れになった (2)上位の者から下の者へ ③ 上方から河口まで

**сверхуро́чн|ый** [形1] ① 超過勤務の, 時間外の: ～-ая рабо́та 時間外労働, 残業 ② -ые [複名] 時間外労働手当, 残業料
**сверхчелове́к** 複-и [男2]《哲》超人
**сверхчувстви́тельный** [ст] [形1] 超高感度の; 敏感すぎる
**сверхъесте́ственный** -ен -енна, -енно [形1] ①超自然的な, 不可思議な ②《話》桁はずれの, とてつもない
**сверчо́к** -чка́ [男2]《昆》コオロギ ◆ Вся́к зна́й свой шесто́к. 《諺》身の程を知れ
**сверша́ть** [不完] / **сверши́ть** -шу́, -ши́шь 受過-шённый (-шён, -шена́) [完]《雅》〈団〉〈большое〉成し遂げる, 遂行する ∥ -ся [不完] / [完]《雅》行われる, 起こる
**сверше́ние** [中5]《雅》① 成し遂げること, 遂行; 行われること, 実現 ②偉業
**сверя́|ть** [不完] / **све́рить** -рю, -ришь 受過-ренный [完]〈団〉с〈田〉照らし合わせる, 照合する ∥ -ся [不完] / [完]《話》с〈田〉調べる, 確かめる: ～ со словарём 辞書で確かめる
**све́сить(ся)** [完] → све́шивать
**свести́(сь)** [完] → своди́ть(ся)
**свет¹** [свету]-а/-у ото́/в -е, на -у́ [男1] [light] ①光: со́лнечный ～ 日光 | ско́рость -а 光速 | при -е луны́ 月明りで ② 明るい所, 光源: встать спино́й к ～у 光を背にして立つ | на -у́ 明るい所で, 明りの下で ③ 明かり, 灯火, 電灯; 信号光: заже́чь (погаси́ть) ～ 明かりをつける[消す] | В ко́мнате поту́х ～. 部屋の明かりが消えた | зелёный (жёлтый, кра́сный) ～ 青[黄, 赤]信号 ④《話》夜明け, 日の出: до ～у ～ по ~у 夜明け前に | 〈田・лица́〉の輝き, 色: ～ глаз 目の輝き | (知性などのシンボルとしての)光: ～ и́стины 真理の光 | Уче́нье ～, а неуче́нье тьма. 《諺》学問は光, 無学は闇 ◆ в бе́лый ～ как в копе́ечку 《話・戯》当てずっぽうに, いい加減に | в ～е 田 …の見地から, …に照らして | по после́дних -а́х 田 《話》とても早く, 夜も明けやらぬうちに | проли́ть [бро́сить] ～ на 田《文》…に光を当てる, …を明らかにする | чем чуть ～ 朝早く, 明け方に
**свет²** [све́ту]-а/-у ото́/в -е, на -у́ [男1] [world] ①世界: путеше́ствие вокру́г -а 世界一周旅行 | ча́сти -а 五大州 | на всём -е 世界中で ② 世界, 世の中; この世: Это всему́ ～ изве́стно. それは世間周知のことだ | Его́ уже́ нет на ～. 彼はもうこの世にいない(死んでいる) ③ 上流社会, 社交界: выезжа́ть в ～ 社交界に出る ◆ бе́лый [бо́жий] ～ この世, 世の中 | вы́пустить в ～ 出版する, 発行する | на краю́ -а 地の果てで | на чём ～ стои́т руга́ть, брани́ть]《話》口汚く, 猛烈に(ののしる) | не бли́жний [бли́зкий] ～ 《話》近くない, 遠い | ни за что́ на ～е どんなことがあっても, 決して | сжить со ～а [со све́ту] を滅ぼす, 殺す | э́тот ～ この世, 現世 | тот ～ あの世, 来世 | отпра́вить на тот ～ あの世に送る, 殺す | яви́ться [появи́ться] на ～ (1)生まれる (2)起こる, 生ずる

**Све́та** 〈女1〉変化]〈男·女〉〈愛称〉< Светла́на, Свя́тослав
**света́ть** [不完]《無人称》夜が明ける
**свети́ло** [中1] ① 天体 ② 著名な人, 権威ある人
**свети́льник** [男2] ① 照明器具, 明かり, 電灯 ② 灯明, 灯明皿
**свети́льный** [形1] 照明用の
\***свети́ть** -ечу́, -е́тишь [不完] 《顆》(shine, give light) ① 光る, 輝く, 照らす: Со́лнце све́тит я́рко. 太陽が明るく輝いている ②〔с по〜〕照らす, 明かりを向ける ③〈田〉に〔чем〕〈幸福を〉与える: Её улы́бка све́тит мне. 彼女の微笑は私を幸せにしてくれる ④《俗》魅力的に見える: Это де́ло мне не све́тит. その仕事は私の気をひかない
\***свети́ться** -ечу́сь, -е́тишься [不完]《顆》(shine) ①(穏やかに・弱く)光る, 輝く, 光を放つ: В о́кнах све́тятся огоньки́. 窓に明かりがともっている ②〔光を反射して〕光る, 輝く: Кры́ша хра́ма све́тится на со́лнце. 聖堂の屋根が陽光を浴びてまぶしく光っている ③〈顔·目が〉喜び・幸福に〉輝く: В его́ глаза́х свети́лась ра́дость. 彼の目には喜びが輝いていた ④《俗》顔を出す
**Светла́на** 〈女1〉 スヴェトラーナ (女性名; 愛称 Све́та, 卑称 Све́тка)
**светле́ть** [不完] / **по-** [完] ① 明るくなる, 澄んでくる; 明るい 〔淡い〕色になる: Не́бо посветле́ло. 空が明るくなった ②《無人称》夜が明ける, 明るくなる ③〔表情などが〕明るくなる, 晴れやかになる ④ 《完 **про-**》〈思考·意識が〉はっきりする, 正常になる ⑤《不完》明るいものが見える ∥ -ся [不完] 《話》〈 ⑤〉
**светло́** 比-ле́е I [副] ① 明るく: Ла́мпа гори́т ～. 電灯が明るくともっている ② 晴れやかに, 目を輝かせて II [無人述] ① 明るい: На у́лице уже́ ～. 外はもう明るい ②〈気分が〉明るい: У меня́ на душе́ ～. 私は心が晴ればれしている
**светло-..**, **све́тло-..**〔語形成〕「(色が)明るい」「淡い色の」: све́тловоло́сый 金髪の | све́тло-зелёный うす緑色の
**светлость** 〈女10〉 ① 明るいこと, 明るさ ②〈露党·革命前〉 (Ва́ша, его́, её, их с共に); 階級の高い貴族への呼びかけ)閣下, 殿下
\***све́тл|ый** [свэ́тлый]短-тел, -тла́, -тло́/-тло́ 比-ле́йший [形1] (light, bright) ① 強い光を発する, 明るい: -ая ла́мпочка 明るい電球 ② 光に満ちた, 明るい: -ая ко́мната 明るい部屋 | -ая лу́нная ночь 明るい月夜 ③ 輝く, きらめく: ～ кинжа́л きらきら光る短剣 ④ 明るい色の, 淡い色の: -ое пла́тье 淡い色のワンピース | У неё -ые во́лосы. 彼女は明るい色(ブロンド系)の髪をしている ⑤ 澄んだ, きれいな, 透明な: ～ ручей 澄んだ小川 | -ое стекло́ 透明なガラス ⑥ うれしい, 楽しい, 幸福な: ～ые воспомина́ния 楽しい思い出 | Вас ждёт -ое бу́дущее. 君たちには明るい未来が待っている ⑦高潔な, 気高い, 立派な: -ая ли́чность 高潔な人物 ⑧ 明断な, 冴えた: -ая голова́ 明断な頭脳 ◆ -ая седми́ца [неде́ля]《正教》光明週間(復活大祭後の1週間)
**светля́к** -а́, **светлячо́к** -чка́ [男2]《昆》ホタル
**свето́..** 〔語形成〕「光の」
**светобоя́знь** 〈女10〉《医》羞明, 光線嫌悪
**светово́д** 〔工〕ファイバー, 光導波路 ∥ **-ный** [形1]
**светово́|й** [形2] ① 光の, 光線の: ～ год 光年 | ～ столб 〈気象〉光柱 | -а́я волна́ 〈理〉光波 ② 照らされた, 照明された
**светодио́д** [男1] 発光ダイオード, LED
**светоза́рный** -рен, -рна [形1]《雅》輝く, きらめく; 〔幸せ〕にあふれる
**светозащи́тный** [形1] 光よけの, 遮光の
**светоко́пия** 〈女9〉〔工〕青写真
**светолече́ние** [中5]《医》光線療法

**светолюби́вый** 短-и́в [形1]〔植〕陽性の, 日なたを好む

**светомаскиро́вка** [女2] 灯火管制; 遮光

**светому́зыка** [女2]〔芸〕色彩音楽(光と音楽の融合)

**светонепроница́емый** 短-ем [形1] 光を通さない, 遮光性の

**светопреставле́ние** [中5]《教会》この世の終り, 終末 ②[話・戯]大混乱, 大騒ぎ

**светоси́ла** [女1] ①〔理〕光度, 光力, 開口数 ②〔写〕(レンズの)口径比

**светоте́н**|**ь** [女10]〔美〕明暗, 濃淡 **//-ево́й** [形2]

**светоте́хник** [男2] 照明技師

**светоте́хника** [女1] 照明工学

**светофо́р** [男1] 信号機: запреща́ющий [разреша́ющий] сигна́л ~*а* 赤[青]信号 | На ~*е* зажёгся кра́сный свет. 信号機が赤になった

**све́точ** [男4]〔雅〕道を照らすもの, 指導者

**светочувстви́тельный** [ст] 短-лен, -льна [形1] 感光性の

*****све́тск**|**ий** [ц] [形1] [society, temporal] ①上流社会の, 社交界の: ~ое о́бщество 上流社会 ②(教会・宗教に対して)世俗の, 民間の: -*ая* власть (教権に対して)世俗権 | -*ая* хро́ника 芸能ニュース, ゴシップ記事

**светя́щийся** [形6] 光を発する, 暗闇で光る

*****свеч|а́** 複-е́чи, -е́чей/-е́ч, -еча́м [女4]〔candle〕ろうそく: зажéчь ~*у́* ろうそくをともす ①〔車〕点火プラグ(~ зажига́ния) ②〔医・薬〕座薬: геморроида́льная ~ 痔の座薬 ③〔理〕燭(光度の旧単位) ⑤垂直上昇, 真っすぐに上げること: Самолёт сде́лал ~*у́*. 飛行機が垂直上昇した

**свече́ние** [中5] 光ること, 発光

**све́чка** 複-чек [女2] = свеча́①③⑤

**свечно́й** [形2] ろうそくの

**све́шать(ся)** [完] →ве́шать²

**све́шивать** [不完] / **све́сить** -ешу, -есишь 受過 -е́шенный [完]〈В〉垂らす, 垂らす **//-ся** [不完] / [完] ①垂れ下がる ②身を乗り出す

**свива́ть** [不完] / **свить** совью, совьёшь 命свей 過сви́л, -ла́, -ло 受過 сви́тый (-и́т, -ита́/-ита̀, -и́то)〈В〉①撚(ょ)り合せる, 綯(な)う, 編む ②巻く ③〈巻いたものを〉ほどいて取る **//~ся** [不完]/[完] ①巻い て丸くなる, とぐろを巻く ②絡み合う, もつれ合う

*****свида́н|ие** [中5]〔meeting, date〕①会うこと, 面会, 会見, 面談: делово́е ~ 用談 | назна́чить ~ 会う約束をする ②デート: Она́ опозда́ла на ~. 彼女はデートに遅れた ◆*До (ско́рого) -ия!* さようなら

*****свиде́тел|ь** [スヴィヂェーチリ] [男5] / **~ница** [女3]〔witness〕①目撃者, 証人: ~ происше́ствия 事件の目撃者 ②〔法〕~ обвине́ния [защи́ты] 検察[弁護人]側の証人 | Меня́ вы́звали в су́д в ка́честве -*я*. 私は証人として法廷に召喚された ③立会人: вскрыть завеща́ние при -*ях*. 立会人同席のもとで遺言状を開封する ◆*призва́ть* [*взять*] 図 в -*и* (自分の正当性を証明するために)引き合いに出す **//свиде́тельский** [形3]

*****свиде́тельств|о** [スヴィヂェーチリストヴァ] [中5]〔evidence〕①証言: ~ очеви́дца 目撃者の証言 | Всё -*а* оказа́лись про́тив обвиня́емого. 証言は全て被告に不利であった ②証拠, 証拠: неоспори́мое ~ 動かぬ証拠 ③証明書, 証書: ~ о рожде́нии [бра́ке] 出生[結婚]証明書

**-свиде́тельствовать** [スヴィヂェーチリストヴァヴァチ] -твую, -твуешь 命-твуй [不完]〔testify〕①《公》〈О〉(圖について)証言する: ~ о кра́же 窃盗の証言する | Челове́к не мо́жет и не до́лжен ~ про́тив самого́ себя́. 誰しも自己に不利な証言はできないし, する義務もない ②〈о圖〉…の証拠となる, …を証明する: Э́то свиде́тельствует о том, что самолёт взорва́лся в во́здухе. このことは飛行機が空中で爆発した証拠となっている ③[完 за~]《公》〈В〉…が公的に真正であると証明する: ~ по́дписи サインが本物であることを証明する ④[完 о~]《公》〈В〉検査する, 診断する: ~ больны́х 病人を診断する

**сви́деться** [完] →ви́деться

**свиль** [女10] ①(波状・渦状の)木目, 節目 ②(ガラス・陶器の)縞, 波状

**свина́рник** [男2], **свина́рня** 複生-рен [女5] ①豚小屋 ②〔話〕汚い部屋

**свина́р**|**ь** [男5] / **-ка** 複生-рок [女2] 養豚係

**свине́ц** -нца́ [男3] ①〔化〕鉛(記号Pb) ②弾丸

*****свини́н|а** [女1]〔pork〕豚肉, ポーク: соте́ из -*ы* ポークソテー

**сви́нка** 複生-нок [女2] ①[指小・愛称 < сви́нья] 小豚 ②〔医〕おたふく風邪, 耳下腺炎 ■ морска́я ~ 〔動〕テンジクネズミ, モルモット

**свиново́д** [男1] 養豚家 **//-ческий** [形3] 養豚の

**свиново́дство** [ц] [中1] 養豚(業)

**свино́й** 豚の, 豚肉の; 豚用の

**свинома́тка** 複生-ток [女2] (雌の)種豚

**свинофе́рма** [女1] 養豚場

**свинско́й** [形3]〔話〕①汚い, 粗野な ②卑劣な

**сви́нство** [中1]〔話〕①不潔, 粗野 ②卑劣な行動

**свинти́ть** [完] →сви́нчивать

**сви́нтус** [男1]〔俗・戯〕無作法者

**свину́ха, свину́шка** 複生-шек [女2]〔茸〕ヒダハタケ属: свину́шка то́нкая ヒダハタケ(毒キノコ)

**свинцо́вый** [形1] ①鉛の; 鉛を含む ②鉛色の, 暗灰色の ③重い, 強い; 重苦しい

**свинча́тка** 複生-ток [女2]〔話〕①(ба́бки という遊びに使う)鉛入りの小骨 ②鉛のおもり

**сви́нчивать** [不完] / **свинти́ть** -инчу́, -инти́шь 受過-и́нченный [完]〈В〉①ねじで締める, ねじで留める ②〔話〕(ねじを回して)はずす ③〔話〕(ねじをはずしねじりすぎて)ねじ山をだめにする ④〔俗〕立ち去る, 逃げる

*****свин**|**ья́** [スヴィニヤー] 複сви́ньи, свине́й, свиньям [女1] [pig, sow] ①〔動〕豚(дома́шняя ~); 雌豚; (複)イノシシ科: пасти́ -*е́й* 豚を飼う飼いする | ди́кая ~ и́ли ~ (каба́н)〔話〕不潔な人, だらしない人: Ну и ~ же ты! お前はなんて不潔なやつなんだ！②〔話〕下劣な人間, 低俗な人間 ◆*подложи́ть -ью́* 圖〔話〕…を嫌な目に遭わせる, …に卑劣なことをする | ~ под ду́бом〔俗・蔑〕恩知らずの愚か者 ■морска́я ~〔動〕ネズミイルカ

**свинячий** [形9]〔俗〕豚の(свино́й) ②豚のような, 不潔な

**свиня́чить** -чу, -чишь [不完] / **на~** [完]〔俗〕(豚のように)汚す; 卑劣な行為をする

**свире́ль** [女10]〔楽〕スヴィレーリ(ロシアの民俗楽器; 縦笛)

**свирепе́ть** [不完] / **рас~** [完] 凶暴に[激しく]なる

**свире́пствовать** -твую, -твуешь [不完] ①凶猛に振る舞う, 暴れる ②猛威をふるう, 荒れ狂う

**свире́пый** -е́п [形1] ①獰猛な, 凶暴な, 残忍な ②〔話〕猛烈な, すさまじい **//-о** [副] **//-ость** [女10]

**свиристе́ль** [女10]〔鳥〕レンジャク属; キレンジャク

**свиристе́ть** -рищу́, -ристи́шь [不完] (レンジャクのような)鋭く高い音を出す

**свиса́ть** [不完]/**сви́снуть** -ну, -нешь 命 -ни 過 свис, -сла́ [完]⟨閉⟩ ① 垂れ下がる, ぶら下がる ② 垂れ落ちる

**свист** [男1] ① 口笛[ホイッスル・汽笛など]の音, ピイという高い音 ② (鳥などの)ピイという鳴き声 ③ (風などの)ヒュウという音; (風を切る)ヒュンという音 ④《俗》嘘, デマ ◆*со ~ом* すかさず, 即座に

**свиста́ть** -ищу́, -и́щешь [不完] ① = свисте́ть ②《話》(液体が)勢いよく流れ出る ③ (音が)全く見つからない, 後の祭りだ｜*С ~ всех наве́рх!*《海軍》(号令)総員配置につけ

*****свисте́ть** -ищу́, -исти́шь [不完] / **сви́снуть** [сн] -ну, -нешь 命 -ни [一回] [完]⟨閉⟩ ① 口笛を吹く, ホイッスル[汽笛]を鳴らす; ピイ[ヒュウ, ヒュン]という音を出す: *~ в свисто́к* ホイッスルを鳴らす｜*Ве́тер свисти́т.* 風がヒュウヒュウ吹いている ②⟨閉⟩ 口笛で吹く; ~ *пе́сенку* 口笛で歌を奏でる ③⟨閉⟩ 口笛で呼び寄せる: ~ *соба́ку* 口笛で犬を呼ぶ ④《不完》《俗》嘘をつく, ほらを吹く: *Хва́тит свисте́ть, я тебе́ не ве́рю!* いい加減にしろ, お前なんか信じないぞ! ⑤《完》《俗》⟨閉⟩ひっぱたく, 勢いよく打つ ⑥《完》《俗》⟨閉⟩盗む ◆*свисте́ть в кула́к*《俗・戯》(金を使い果たして)ぴーぴーいっている, 一文無しだ｜*то́лько сви́снуть*《俗》即座に, 一声かけて(実現する)

**свисто́к** -тка́ [男2] ホイッスル, 笛, 警笛, 汽笛; その音

**свистопля́ска** [女2] 大騒ぎ, 大混乱, 手がつけられない状態

**свисту́лька** 複生 -лек [女2]《話》小笛, おもちゃの笛

**свисту́н** -а́ [男1]/~**ья́** 複生 -ий [女8] ①口笛を吹くのが好きな人, 口笛を吹く人 ② ほら吹き, おしゃべり, 口先男

**сви́та** [女1] 《集合》① 従者, 随員 ②《話》取り巻き, 腰ぎんちゃく

*****сви́тер** [э] 複 -ы, -а́ [男1] [sweater] (ハイネックの)セーター: *Он но́сит ~.* 彼はセーターを着ている

**свито́к** -тка [男2] (紙などの)巻物: *горизонта́льный ~* 横に巻く巻物; (日本の)絵巻物｜*вертика́льный ~* 縦に巻く巻物｜*насте́нный ~* 掛け軸

**сви́ть(ся)** [完] →**ви́ть**, **свива́ть**

**сви́хивать** [不完] / **свихну́ть** -ну́, -нёшь 受過 -и́хнутый [完]⟨閉⟩ ① 脱臼させる, ～の関節をはずす ②《俗》気が狂う ◆*~ себе́ ше́ю* 大失敗する, 破滅する // **~ся** [不完]/[完] ① 気が狂う;⟨на前⟩夢中になる ② 正道を踏みはずす, 堕落する

**свищ** -а́ [男4] ① (虫くいの)穴 ② 鋳物の内部の穴 ③《医》瘻, フィステル

**свия́зь** [女10] ①《鳥》ヒドリガモ

*****свобо́д**|**а** [スヴァボーダ] [女1] [freedom, liberty] ① (哲)意志の自由: *во́ля ~ы* 意志の自由; (政治・社会的)自由: ~ *сло́ва [печа́ти, со́вести]* 言論[出版, 信教]の自由｜*завоева́ть ~у* 自由を勝ち取る ③ 拘禁されていない状態, 自由: *лише́ние ~ы* 自由の剥奪｜*Вчера́ его́ вы́пустили на ~у.* 昨日彼が釈放された ④制限[束縛]のないこと, (行動・活動の)自由: ~ *торго́вли* 商業の自由｜*Они́ по́льзуются по́лной ~ой де́йствий.* 彼らは完全な自由を享受している ⑤ 容易さ, 軽快さ, のびやかさ, 抵抗感のないこと: *свобо́дно с ~ой* すらすらと答える ⑥《話》暇, 自由時間 ◆*на ~е* (1)暇なときに (2)逮捕されずに｜*~ рук*《文》自由裁量, 行動の自由

*****свобо́дно** [スヴァボードナ] [副] Ⅰ《副》① 自由に, 随意に, 自分自身に:*де́йствовать ~* 自由に行動する｜*~ проходи́ть* 自由に通行する ② 容易に, 楽に, よどみなく: *Она́ говори́т ~ по-ру́сски.* 彼女はロシア語を流暢に話す ③ 気楽に, のびのびと, くつろいで: *чу́вствовать себя́ ~* 楽な気分でいる ④ ゆったりと, ゆるく: *Пиджа́к сиди́т ~.* ジャケットはゆったりしている ⑤《俗》わけなく[うっかり]…しやすい: *В тако́м лесу́ ~ заблуди́ться.* こんな森ですぐに道に迷いかねない
Ⅱ [無人述] ① ゆったりしている, 広々としている: *В ко́мнате светло́ и ~.* 部屋は明るくて広々としている ② 気が楽だ, くつろいでいる: *Мне легко́ и ~.* 私は心も軽くくつろいだ気分だ ③ 空いている, 使用されていない: *Здесь ~?* ここ空いてますか

*****свобо́дн**|**ый** [スヴァボードヌィ] 短 -ден, -дна [形1] [free, vacant, loose] ① 自由な, フリーな, 圧迫[支配]のない: *-ая страна́* 自由国｜*-ая жизнь* 自由な生活 ② 自由意志による, 束縛されない: *Я свобо́ден в свои́х посту́пках.* 私は行動の自由がある ③ 楽な, 滑らかな, よどみない: *-ое дыха́ние* スムーズな呼吸｜*-ое движе́ние* スムーズな動き ④ 《長尾》禁止されていない, 制限のない, 自由な: *-ая торго́вля* 自由貿易｜*Вход ~.* 入場自由[無料] ⑤ 気楽な, くつろいだ; 無遠慮な: *сли́шком -ое поведе́ние* あまりにも無遠慮な振る舞い ⑥ 空いている, 使用されていない: *-ое ме́сто* 空席｜*У меня́ бу́дет ~ое вре́мя.* 暇な時に｜*Сего́дня вы ~?* 今日暇ですか ⑨《от前》…のない, …をまぬがれた: ~ *от предрассу́дков* 偏見のない｜ ~ *от нало́га* 免税の ⑩ 《短尾》もう用なしの, 行ってもよい: *Я свобо́ден?* — *Мо́жете идти́.*「もう行ってもいいでしょうか」「かまいません」 ■~ *перево́д* 自由訳, 意訳｜ ~ *уда́р*《スポ》(サッカーの)フリーキック

**свободолюби́вый** 短 -и́в [形1] 自由を愛する, 自由を求める

**свободолю́бие** [中5] 自由への愛, 自由を求める心

**свободомы́слие** [中5] 自由思想, 自由なものの考え方

**свободомы́слящий** [形6] 自由な考え方の, 自由思想を抱いた

*****свод** [男1] ① ⟨<**своди́ть**²⟩まとめること; 連れ去ること; 取り除くこと; 伐採 (森林の); ~ *пя́тна* しみ抜き ② まとめられた資料[文書], 全書, 集成, 大全: ~ *зако́нов* 法律大全, 六法全書 ③ 丸天井, ドーム; アーチ状のもの: *ка́менный ~* 石造りの丸天井 ■~ *небе́сный* 天空, 蒼穹

**своди́ть¹** -ожу́, -о́дишь 受過 -ённый [完]⟨閉⟩連れて行って...(?)

*****своди́ть²** [スヴァジーチ] -ожу́, -о́дишь, …-о́дят 命 -ди́ [不完] / **свести́** [スヴィスチー] -еду́, -едёшь 命 -еди́ 過 свёл, свела́ -едшее -ело́ 受過 -едённый (-дён, -дена́) 副分 -едя́ [take down, take away] ⟨閉⟩ ① (手を貸して)下ろす, 下に連れて行く: ~ *по ле́стнице*. Она́ свела́ старика́ с ле́стницы. 彼女は老人の手を取って階段を下ろしてやった ② (完)連れて行き, 送り届ける: ~ *дете́й на конце́рт* 子どもたちをコンサートへ連れて行く ③ (脇へ)移す, どかす;《話》連れ去る: ~ *ло́шадь с доро́ги* 馬を道からどける ④《話題などを》移す, 変える: ~ *бесе́ду на вы́боры* 対談を選挙の話に移す ⑤《く, み, などで》取り除く, 抜く: ~ *пятно́ с брюк* ズボンのしみを抜く ⑥《林》伐採する (森林を)⟨1つに⟩まとめる, 集める: ~ *да́нные в табли́цу* データを表にまとめる ⑦《話》引き合わせる, 紹介する; (友情などを)結ぶ: *Он свёл меня́ со свое́й сестро́й.* 彼は私を自分の妹に紹介した｜ ~ *дру́жбу с* 囲 ~ と親交を結ぶ, 親しくなる ⑧ (両端を)近づける, 寄せる, 結ぶ: ~ *бро́ви* 眉を寄せる ⑩《к 閉/на 閉》…に縮める, 詰める, 簡潔にする: ~ *расхо́ды к ми́нимуму* 支出を最小限に切り詰める ⑪《на 閉》に転写[トレース]する: ~ *рису́нок на ка́льку* 絵をトレーシングペーパーに写す ⑫《無人称でも》ひきつらせる, 痙攣させる: *Су́дорогой свело́ но́гу.* 痙攣で足がひきつった

*****своди́ться** -о́дится [不完] / **свести́сь** -едётся 過 свёлся, свела́сь 能過 -е́дшийся 副分 -едя́сь [完] ① ⟨к閉/на閉⟩(縮小されて・単純化されて)…になる: (話題などが)…に移る: *Всё свело́сь к пустяка́м.* 何もかもつ

まらないものになってしまった ② (しみなどが) 取れる, 消える: Пятно́ сво́дится. しみが消えた ③ 転写される ④ 〔不完〕〈к与〉…に帰する, となる: Де́ло сво́дится к сле́дующему. 問題は次のようなことだ ⑤ 〔不完〕〔受身〕→ своди́ть²

**сво́дка** 複生 -док [女2] ① = сведе́ние① ② (まとまったデータに基づく) 情報, 報告書; 概要

**сво́дни|к** [男2] /**-ца** [女3] 売春を仲介する者

**сво́дничать** [不完] 売春を仲介する

**сво́дничество** [中1] 売春の仲介

**сво́дн|ый** [形1] ①総合した, 集成した; 混成の: *-ая табли́ца* 一覧表; (Excel の) ピボットテーブル ② 異父 [異母] の

**сво́дня** 複生 -ей [女5] 《俗》 = сво́дница

**сво́дчатый** [形1] 丸天井の, アーチ形の

**своево́лие** [中5] わがまま, 気ままさ

**своево́льни|к** [男2] /**-ца** [女3] 《話》 わがままな人, 自分勝手な人

**своево́льничать** [不完] 《話》わがままに振る舞う

**своево́льный** 短 -лен, -льна [形1] わがままな, 自分勝手な, 気ままな, 横暴な

**своевреме́нно** [副] [in good time] タイミングよく, 適時に: прийти́ ~ タイミングよく来る

**своевре́менн|ый** 短 -енен, -енна [形1] ① タイミングのよい, ちょうどよい時の, 適時の

**своекоры́стие** [中5] 利己心, 私欲

**своекоры́стный** [сн] 短 -тен, -тна [形1] 利己的な; 私利私欲に基づく

**своенра́вие** [中5] 強情, わがまま

**своенра́вн|ый** 短 -вен, -вна [形1] 強情な, 頑固な, わがままな **∥-ость**

**своеобра́зие** [中5] 独自性, 特色, 独特さ

**своеобра́зно** [副] 独特に, 自由に, 一風変わって

*****своеобра́зный** [свэуаабра́зныэй] 短 [形1] [peculiar, original] ① 独特な, 独自の, 一風変わった, 個性的な: *-ая красота́* 独特な美 ② 〔長尾〕-ему の, あたかも…のような: Обыкнове́нная аудито́рия преврати́лась в ~ клуб. ありふれた教室がまるでクラブのような空間になった **∥-ость** [女3] <г10> (-и)

**своз** [男1] 運ぶこと, 運搬, 搬出

**свози́ть¹** -ожу́, -о́зишь [不完] → свезти́

**свезти́** -зу́, -зёшь 過 свёз, свезла́ 被過分 свезённый (-зён, -зена́) 副分 -зя́ [完] 〈В対〉① (乗物で) 運ぶ, 運び届ける ② (乗物で) 運び下ろす ③ (乗物で) 運び去る ④ 多くの物・人を運び集める

**свози́ть²** -ожу́, -о́зишь 被過 -о́женный [完] 〈В対〉 (乗物で) 連れて行ってくる

*****свой** [свой] [男] своего́ [ваво́-], своему́, свой/своего́, свои́м, своём, **своя́** [свая́] [女] свое́й, свою́, свое́й, свое́й, свое́й, **своё** [свайо́-] [中] своего́, своему́, своё, свои́м, своём, **свои́** [свайи́-] [複] свои́х, свои́м, свои́х/свои́, свои́ми, свои́х [代] 〔所有〕① (文の主語から見て) 自分の, 自己の; 自ら行う; 自作の: люби́ть *свою́* ро́дину 自分の故郷を愛する | жить *свои́м* трудо́м 自活する | Он сде́лал э́то *свои́ми* рука́ми. 彼はそれを自分の手でやった | *своё* варе́нье 自家製のジャム ② 私有の, 自分の所有の; купи́ть на *свои́* де́ньги 自分の金で買う | У меня́ *свой* дом. 私には持ち家があります ③ 固有の, 特有の, 独自の: В ка́ждом до́ме *свой* ро́дины 自分の故郷の匂いがある ④ ふさわしい, 適切な, しかるべき: продава́ть това́р по *свое́й* цене́ 商品を適正な値段で売る | Всему́ *своё* вре́мя. 何事にも時がある ⑤ 身内の, 仲間の, 親しい: Вы для нас *свой* челове́к. あなたは私たちにとって身内を越えて驚いている ⑥ *свой* [複терь] 身内, 親戚; 近しい人, 仲間たち: в кругу́ *свои́х* 身内の輪の中で, 水入らずで ⑦ *своё*

[中名] 自分のもの (考え, 希望, 仕事, 権利など): стоя́ть на *своём* 自説を固持する | доби́ться *своего́* 自分の目的を達成する ◆ брать *своё* 目的を成し遂げる; 本領を発揮する; 影響する | *Свои́х* не узна́ешь! 《話》 ぶっ飛ばすぞ (脅し) | *Свои́* лю́ди — сочтёмся. 《諺》 身内同士は後勘定

匯法 主語は3人称, 所有代名詞が斜格となる場合, ~ は主語と同一人物を, его́, её, их は主語とは別の人物を指す: Са́ша взял *свою́* ша́пку. サーシャは自分の帽子を手に取った | Са́ша взял *его́* ша́пку. サーシャは彼 (別の人) の帽子を手に取った

**сво́йский** [形3] 《俗》 気さくな, 付き合いのいい

**сво́йственни|к** [男2] /**-ца** [女3] 姻戚, 親類, 親戚

**сво́йственно** [無人述] 〈与に不定形するのが〉 固有である, 当然だ: Челове́ку ~ ошиба́ться. 《諺》過ちは人の常

*****сво́йственн|ый** 短 -ен/-енен, -енна [形1] [characteristic] 〈与に〉 特有の, 固有の: со *-ой* ему́ открове́нностью 彼持ち前の率直さで **∥-ость** [女3] <г10>

*****сво́йство** [свуо́йствуа] [中1] [property] 特質, 特性, 特徴: ~ хара́ктера 性格の特質 | хими́ческие *-а* воды́ 水の化学的性質 | Э́то де́ло делика́тного *-а*. これはデリケートな性質の問題だ

**свойство́** [中1] 姻戚関係

**свола́кивать** [不完] / **своло́чь** -локу́, -лочёшь, ... -локу́т 命 -локи́ 過 -ло́к, -локла́ 被過 -ло́кший 被過受 -лочённый (-чён, -чена́) [完] 〈В対〉① 引っぱり出す, 引きずり下ろす ② 引きずって一か所に集める

**сволота́** [女1] 《俗》 〈集合的〉 ならず者 (сво́лочь)

**сволочи́ть** -очу́, -о́чишь/-о́чи́шь 被過 -ло́ченный [完] 《俗》 = свола́чивать

**сволочно́й** [形1] 《俗》ろくでもない, ならず者の

**сво́лочь** 複 -и, -е́й [女10] 《俗》① ろくでなし / 〔罵〕 畜生 ② 〈集合的〉 ならず者, 悪党

**своло́чь²** [完] → свола́кивать

**свора** [女1] ① 〔狩〕(犬をつなぐ) 綱, 革紐 ② 〔狩〕(1本の綱でつないだ) 1対 [2対] の猟犬 ③ 〈集合的〉1人の飼い主の猟犬全部 ④ 《話》徒党, 一味

**свора́чивать¹(ся)** [不完] = свёртывать(ся)

**свора́чивать²** [不完] / **свороти́ть** -рочу́, -ро́тишь 被過 -ро́ченный [完] 《話》〈В対〉 ① 転がして移動させる ② 《俗》 わきに向ける ③ 《俗》 投げ落とす ④ 《俗》 脱臼させる, ゆがめる ⑤ (向きを) 曲げる, 方向を変える ◆ го́ру ~ (山を動かすほどの) 大仕事をする

**сво́рка** 複生 -рок [女3] = сво́ра①

**свороба́ть** [完] → вороба́ть

**свороти́ть** [完] → свора́чивать²

**свояк** -а́ [男2] ① 妻の姉 [妹] の夫 ② 《話》姻戚

**своя́ченица** [女3] 妻の姉 [妹]

**СВР** [эсвээ́р] 〔略〕Слу́жба вне́шней разве́дки 対外情報庁

**СВУ** [эсвэу́] 〔略〕 самоде́льное взры́вное устро́йство 即席爆発装置, 即製爆弾

**свыка́ться** [不完] / **свы́кнуться** -нусь, -нешься命 -нись, свы́кся, -клась [完] 〈c造〉…に慣れる, …を我慢して受け入れる

**свысока́** [副] 上から目線で, 見下すように, 傲慢に

*****свы́ше** [свы́шэ] [from above] **I** [副] 《文》① 〔神〕から | お伺いされる, お上 〔権力者〕から: по предписа́нию ~ お上からのお達しにより

**II** [前] 〈生〉…を越えて: ~ ста челове́к 100人以上 | Она́ была́ удивлена́ ~ вся́кой ме́ры. 彼女は度を越して驚いていた

*****свя́занн|ый** [свя́занный] 短 -ан, -анна [形1] [constrained] ① ぎこちない, 軽快さを欠く, 不自由な: *-ые* движе́ния ぎこちない動き | *-ая* речь たどたどしい話しぶり ② 〔化〕 化合した, 結合した; 〔理〕潜在的な

**связа́ть(ся)** [完] →вяза́ть, свя́зывать(ся)

**связи́ст** [男1] **/~ка** 複生 -нок [女2] ① 通信関係者, 通信手 ② 《軍》通信兵; 連絡兵

\***свя́зк|а** 複生 -зок [女2] [bunch, bundle] ① 縛ること, 束ねること ② 束: ~ ключе́й 鍵束 ③《解》靭帯: голосовы́е ~и 声帯 ④《スポ》ザイルパーティー, (登山・岩登りで)ザイルで体を結び合う仲間 ⑤《言》連辞, 繋辞(ﾗﾃﾝ)

**связни́к** -á [男2]《話》諜報連絡員

**связн|о́й** (連絡用の, 連絡役の) ② ~ [男名] **/-а́я** [女名] 連絡兵, 伝令; 諜報連絡員

**свя́зн|ый** 短 -зен, -зна [形1] 筋の通った, 理路整然とした **//-о** [副]

**свя́зочный** [形1] ①《解》靭帯の ②《言》連辞の

**свя́зующий** [形1] 結合するための, 結合のための

\***свя́зывать** [スヴィーズィヴァチ] [不完] **/связа́ть** [スヴィザーチ] -яжу́, -я́жешь ⇔ -лжи́ 受過 -я́занный [完] [bind, connect] ① 縛り合わせる, つなぐ: ~ концы́ кана́та ロープの両端を結ぶ; ~ по́рванную ни́ть 切れた糸をつなぐ ② 縛る, くくる, 束ねる: ~ кни́ги в па́чки 本を束ねる ③〈人の〉手足を縛る; 拘束する: ~ престу́пника 犯人を縛る | Она́ связа́ла меня́ обеща́нием. 彼女は私を約束で縛った ④〈с 造〉関係をつけさせる, 結びつける;《通例受過》直接関係している, 親密である: Свяжи́те меня́ с ва́шим дире́ктором. 責任者に引き合わせて下さい | Они́ свя́заны дру́жбой. 彼らは友情で結ばれている ⑤ (交通・通信手段で)つなぐ, 結ぶ: Эти города́ свя́заны авиали́нией. これらの都市は航空路で結ばれている ⑥ ひとまとめにする, 統一する: Все се́рии фи́льма свя́заны о́бщей иде́ей. 映画の全シリーズは共通の理念で統一されている ⑦〈с 造〉関係づける, 関連づける: ~ одно́ явле́ние с други́м ある現象を他の現象と関係づける ⑧《通例受過》伴う: Это де́ло свя́зано с ри́ском. この仕事にはリスクが伴う ⑨《化》化合[結合]させる ⑩《不完》苦味がある, 収斂性がある ◆не уме́ть (мочь) двух слов связа́ть 思っていることがうまく[筋道を立てて]話せない | ~ ру́ки по рука́м и нога́м ～の行動の自由を縛る

\***свя́зываться** [不完] **/связа́ться** -яжу́сь, -я́жешься [完] [get in touch, get involved] ①〈с 造〉結び合わされる; 縛り合う: ~ верёвками 縄で結ばれる ②〈с 造〉連絡をとる, 交信する: Как мо́жно с ни́м связа́ться? 彼と連絡をとるにはどうしたらいいですか ③《話》〈с 造〉〈望ましくない人と〉関わり合う, 親密になる: ~ с подозри́тельными людьми́ 怪しげな人たちとかかわり合う ④《話》〈с 造〉〈困難な・嫌なことに〉取りかかる: И заче́м то́лько я связа́лся с э́тим прое́ктом! いったいどうしてこんな計画に手を出してしまったのだろう ⑤ 結びつく, 連関する ⑥《不完》《受身》← свя́зывать

\***свя́з|ь** [スヴャーシ] 前 о -и, в -и́ [女10] [connection, tie] ① つながり, 関連, 関係; 脈絡, つながり: ~ тео́рии и пра́ктики 理論と実践の結びつき | причи́нная ~ 因果関係 | Эти собы́тия нахо́дятся в те́сной ~и друг с дру́гом. これらの事件は互いに密接に関連している ②(人間的な) 結びつき, つながり, 親密さ; 恋愛関係, 情交: кро́вная ~ 血縁 | беспоря́дочные поло́вые ~и 乱れた性関係 ③ 交流関係, つき合い, 交際: дру́жеская ~ укрепи́ть культу́рные ~и 文化的交流を強化する ④《複》つて, 縁故: име́ть ~и в фина́нсовых круга́х 金融界にコネをもつ ⑤ 通信, 連絡: ли́ния ~и 通信回線 | держа́ть ~ с косми́ческим корабле́м 我々は宇宙船との連絡を保っている ⑥ 通信機関, 通信事業: рабо́тники ~и 通信関係の従業員 ⑦《エ・化》結合, つなぎ ⑧《通例複》《建》つなぎ材, かすがい

◆в ~и́ с 造 …に関連して; …の結果, …のために: Самолёт опозда́л с ~ с плохо́й пого́дой. 飛行機は悪天候のために遅れた | в ~ с тем что ... …という理由で, …のために | вне (вся́кой) ~и с 造 …とは無関係に ◆ обра́тная ~ フィードバック, **~и с обще́ственностью** 広報［宣伝］活動, PR

**свяще́нство** [中1] [ва́ше, его́, и́х と共に] 聖下, 猊下, 台下 (正教会の総主教やローマ教皇の尊称)

**святе́йший** [形6] (正教会総主教, 聖務会院, ローマ教皇に対して) 至聖なる, 尊貴なる

**святи́тель** [男5]《正教》① 主教の敬称 ② 聖人

**святи́ть** -ячу́, -яти́шь 受過 -ячённый (-чён, -чена́) [不完] **/о~** 受過 -ящённый (-щён, -щена́) [完] 《宗》清めの儀式をする, 浄める

**свя́то** [副]〈雅〉気高く; 忠実に

\***свят|о́й** [シヴィトーイ] 短 -я́т, -ята́, -я́то 比 -те́е 最上 -те́йший [形2] ①《宗》神聖な, 聖なる: ~ дух 聖霊 | -а́я вода́ 聖水 | Они́ хо́дят по ~ым места́м. 彼らは聖地めぐりをしている (《長尾》〈宗〉聖人たる, 聖…: ~ Пётр 聖ペテロ ② [男名]**/-а́я** [女名] 聖人; 聖像: ико́ны -ы́х 聖人のイコン | причи́слить к) к ли́ку -ы́х …を聖人の列に加える ③ 崇高な, 気高い, 高潔な: -а́я любо́вь к Ро́дине 祖国への崇高な愛 ④《守る》義務, 果たすべき, ~ая обя́занность ゆるぎない義務 ⑤ 確固たる, ゆるぎない: ~ая и́стина ゆるぎない真実 ◆-а́я -ы́х 《雅》(1)〈宗〉神殿の「最も神聖な」もの (2) 最も貴重な[秘密の]もの | хоть -ы́х вы́носи《話》我慢ならない, 見る[聞く]にたえない ⑤ -а́я неде́ля《宗》復活祭週間 **// свя́тость** [女10]

**Святосла́в** [男1] スヴャトスラフ (男性名; 愛称 Све́та, Сла́ва)

**святота́тец** -тца [男3]《文》(聖物)冒瀆(ﾎﾞｳﾄﾞｸ)者

**святота́тство** [ц] [中1]《文》(聖物)冒瀆(ﾎﾞｳﾄﾞｸ)

**святота́тствовать** [ц] -твую, -твуешь [不完]《文》神聖を汚す, 聖物を冒瀆する

**свя́точный** [形1]《宗》クリスマスに関する

**святоша** (女4変化)[男・女](信心深さを装う)偽善者

**свя́тцы** -ев [複] 教会暦

**святы́ня** [女5] ① 聖物, 聖地 ②《雅》大切なもの, 尊いもの

\***свяще́нни|к** [男2] [priest]《正教》司祭; (一般に) 聖職者: прихо́дский ~ 教区司祭 **//-ческий** [形3]

**свяще́ннодействовать** -твую, -твуешь [不完] ①《宗》(祈禱(ﾄｳ)・儀式などの)聖務を行う ②《戯》(意味ありげに厳粛に) 行う

**свяще́ннослужи́тель** [男5]《正教》(位階をもった)聖務執行者

\***свяще́нн|ый** [スヴィシェンヌィ] 短 -е́нен, -е́нна [形1] [holy, sacred] ①《宗》神聖な; 宗教上の, 祭礼(用)の: -ые кни́ги 聖典 | ~ обря́д 宗教儀式 ② 敬虔な, 畏敬の念に満ちた: ~ страх 敬虔な畏怖の念 ③ 崇高な, 高潔な, 神聖な; 確固たる, ゆるぎない: ~ая обя́занность 崇高な義務 ④ 犯すことのできない, 不可侵の: -ые рубежи́ 犯してはならない境界
■С-ое Писа́ние 聖書

**свяще́нство** [中1] 司祭の位[職務];《正教》神品 (主教, 司祭, 輔祭)

**с.г.**《略》сего́ го́да 本年の

**сгиб** [男2] 曲がっているところ, 折れ目; 関節

\***сгиба́ть** [不完] **/согну́ть** -ну́, -нёшь 受過 со́гнутый [完] [bend, curve]〈対〉① 曲げる, たわめる; 傾ける, 下へ曲げる (гну́ть): Ве́тер согну́л дере́вья. 風で木々がたわんだ ②〈…の〉関節を曲げる;〈背中・胴体を〉曲

**сдавливать**

ра: ～ но́ги в коле́нях 足を膝で曲げる ③屈服させる, 参らせる **//～ся** [不完]/[完] ①体が曲る, たわむ;傾く ②(関節が)曲がる;体を屈める;腰が曲がる ③屈服する 《不完》〔受身〕

**сги́нуть** -ну, -нешь [完] [話]消える, なくなる

**сгла́дить(ся)** [完] →сгла́живать

**сгла́дывать** [不完]/**сглода́ть** -ожу́, -о́жешь 受過-о́данный [完]〈团〉かじって食べる《俗》ひどく苦しめる

**сгла́живать** [不完]/**сгла́дить** -а́жу, -а́дишь 受過 -а́женный [完]〈团〉①平らに(滑らか)にする ②目立たなくする, やわらげる **～ся** [不完]/[完] ①平ら(滑らか)になる ②目立たなくなる, やわらぐ

**сглаз** -а/-у [男1] 邪視, 睨みつけて呪いをかけること

**сгла́зить** -а́жу, -а́зишь 受過 -а́женный [完] ①邪視する, 目で呪う ②《話》(ほめたり良いことを予言することによって)悪い結果を招く: Не хвали́, а то сгла́зишь! ほめるな, 縁起でもない

**сглода́ть** [完] →сгла́дывать

**сглупи́ть** [完] →глупи́ть

**сгна́ивать** [不完]/**сгнои́ть** -ою́, -ои́шь -ои́ 受過 -оённый (-оён, -оена́) [完] 《話》〈团〉①腐らせる, 腐敗させる ②(困難な生活で)破滅させる

**сгнива́ть** [不完]/**сгнить** -ию́, -иёшь 過 -ил, -ила́, -и́ло [完] ①腐る, 腐敗する ②(病気・困難な生活で)衰弱する, 破滅する ③(完) →гнить

**сгнои́ть** [完] →гнои́ть, сгна́ивать

**сгова́риваться** [不完]/**сговори́ться** -рю́сь, -ри́шься [完]〈с кем と〉①〈о чём のことを/不定形 することを〉取り決める, 申し合わせる: ～ о встре́че 会う約束をする ②相互理解に達する, 合意する

**сго́вор** [男1] 協定, 談合, 密約

**сговори́ться** [完] →сгова́риваться

**сгово́рчивый** -ив [形1] 説得しやすい, 我を張らない, 御しやすい

**сгоди́ться** -ожу́сь, -оди́шься [完]《俗》役に立つ

**сгон** [男1] 追い払うこと, 追い立て;浮浪;駆り集め

**сгоня́ть¹** [完] 《俗》①急いで行って来る ②〈团〉使いにやる

**сгоня́ть²** [不完]/**согна́ть** сгоню́, сго́нишь 過 -а́л, -ала́, -а́ло 受過 со́гнанный [完]〈团〉①追い払う, 追い立てる ②取り除く, 消す ③(川下へ)浮流させる ④(一か所に)駆り集める, 追い集める

**сгора́ни|е** [中5] 燃焼: дви́гатель вну́треннего -ия 内燃機関

*****сгора́ть** [不完]/**сгоре́ть** -рю́, -ри́шь [完] ①燃える, 焼ける, 消失する: Да́ча сгоре́ла. 別荘が焼けてしまった ②(照明・暖房などのために)燃やされる, 消費される: За зи́му сгоре́ла то́нна дров. ひと冬で1トンの薪が使われた ③(過度に)駄目にする, 焼き切れる: Ла́мпочка сгоре́ла от коро́ткого замыка́ния. 電球がショートして切れた ④(植物が)日照りで枯れる; [話] ひどく日焼けする: ～ до волды́рей 日焼けして水ぶくれになる ⑤(過労・病気などで)健康を損なう, 死ぬ: ～ от пья́нства 飲みすぎで体を壊す ⑥(衣服などが)ぼろぼろになる, 破れる: Носки́ сгоре́ли за два́ дня. 靴下は2日で穴が開いた ⑦〈от团〉強い感情に〉強く心を動かされる: ～ от [团 сты́да́] 恥ずかしくていたたまれない ⑧《俗》現行犯で捕まる, 逮捕される ⑨〈化〉(有機物が)燃焼する

**сго́рбить(ся)** [完] →го́рбить

**сгоре́ть** [完] →горе́ть, сгора́ть

**сгоряча́** [副] かっとなって, 興奮して

**сгото́вить** [完] →гото́вить

**сгреба́ть** [不完]/**сгрести́** -ебу́, -ебёшь 過 -рёб, -ребла́ 能過 -рёбший 受過 -бённый (-бён, -бена́) 副分 -рёбши [完]〈团〉①かき集める, かき寄せる ②かき除ける, かき下ろす ③《俗》(素早く・強く)つかむ, 抱きかかえる

**сгруди́ть** -ди́тся, **сгру́диться** -дится [完]《話》群がる, ひしめき合う

**сгружа́ть** [不完]/**сгрузи́ть** -ужу́, -у́зишь 過 -у́женный/-ужённый (-жён, -жена́) [完]〈团〉(荷を)下ろす

**сгруппирова́ть(ся)** [完] →группирова́ть

**сгрыза́ть** [不完]/**сгрызть** -зу́, -зёшь 過 сгрыз, -зла 能過 -зший 受過 -зенный 副分 -зши [完] ①かじって食べる ②[話]うんざりさせる, 苛(:ܢܐ)む

**сгуби́ть** [完] →губи́ть

**сгусти́ть(ся)** [完] →сгуща́ть

**сгу́сток** -тка [男2] 凝固物, 凝塊;塊

**сгуща́ть** [不完]/**сгусти́ть** -ущу́, -усти́шь 受過 -ущённый (-щён, -щена́) [完] ①濃くする, 凝縮, 濃縮する ②強調する, 強める;濃くする, 圧搾する, 集中させる ◆～ кра́ски 誇張する, 大げさに言う **//～ся** [不完]/[完] ①濃くなる, 凝縮する;強まる ②集まる, 集中する

**сгущёнка** [女2]《話》練乳, コンデンスミルク(сгущённое молоко́の)

**сгущённ|ый** [形1] 濃縮された: –ое молоко́ コンデンスミルク

**сда́бривать** [不完]/**сдо́брить** -рю, -ришь 命 -ри 受過 -ренный [完]〈团 чем で〉味付けする; 脚色する

*****сдава́ть** [スダヴァーチ] сдаю́, сдаёшь 命 -ва́й 過 -ва́л -ва́ла/**сдать** [ズダーチ] сдам, сдашь, сдаст, сдади́м, сдади́те, сдаду́т бу-дущ -да́й, -а́ла́) [hand over, pass] I 〈团〉①引き渡す, 引き継ぐ;納入(供出)する: ～ де́ло но́вому рабо́тнику 新任者に仕事を引き継ぐ | ～ изде́лие зака́зчику 製品を注文主に納入する ②(ある目的のために)出す, 渡す, 預ける: ～ ве́щи на хране́ние 荷物を預ける | ～ руба́шки в стирку́ シャツをクリーニングに出す ③返却する, 返す: ～ кни́ги в библиоте́ку 本を図書館に返却する ④お釣を渡す, 出す: ～ рубль сда́чи 1ルーブルのお釣を出す ⑤〈住居などを〉貸す, 賃貸しする: ～ ко́мнату 部屋を貸す ⑥(通例不完)〔試験を〕受ける: (通例完)〔試験〕に合格する: Ты́ сдава́л экза́мен по ру́сскому языку́? ロシア語の試験を受けたかい？| Он сдал матема́тику на отли́чно. 彼は優で数学の試験に合格した ⑦〈敵〉に明け渡す: ～ го́род 町を明け渡す ⑧〔トランプ〕〈カードを〉配る ⑨弱める, 緩める: ～ темп テンポを落とす ⑩(自動)〔元〕裏切る, 売り渡す II〈無補語〉①弱まる, 衰える: Она́ си́льно сдала́ за после́дний год. 彼女はこの1年でひどく衰弱した ②壊れる, 動かなくなる: Мото́р сдал. エンジンが動かなくなった ③《話》後ろへ下がる, 脇へ寄る

*****сдава́ться** сдаю́сь, сдаёшься 命 -ва́йся 副分 -ва́ясь [不完]/**сда́ться** сда́мся, сда́шься, сда́стся, сдади́мся, сдади́тесь, сдаду́тся 過 сда́лся, -ла́сь, -лось/-лось [完] ①降伏する, 投降する;負けを認める: ～ в плен 投降する | Я сда́лся. 私の負けだ ②(困難・障害に)ひるむ, 尻込みする: ～ пе́ред тру́дностями 困難を前にしてひるむ ③《俗》(中絶・不快な治療を受けに)病院へ行く ④《俗》〔сда́тьは完〕〈на что〉の必要になる: На что́ мне сдали́сь твои́ сове́ты? あんたの助言なんかいらないよ ⑤[不完] 賃貸に出されている: Да́ча сдаётся. 貸し別荘あり ⑥[完]《無人称》[кому]〈что〉のように思われる: Сдаётся мне́, что он жу́лик. 彼はペテン師のような気がする ⑦[不完]〔受身〕<сдава́ть I

**сда́вленный** [形1]〈声・音が〉低く抑えた, 押し殺したような

**сда́вливать** [不完]/**сдави́ть** -авлю́, -а́вишь 受過 -а́вленный [完] ①押しつける, 締めつける, 圧迫する ②〈胸・喉などを〉圧迫する;〈心〉を締めつける

**сда́точный** [形1] 引き渡しの, 交付の
**сда́тчик** [男2] 引き渡し人, 納入者, 供出者
**сда́ть(ся)** [完] →сдава́ть(ся)
*\***сда́ч|а** [ズダーチャ] [女4] [handing over, change]
① [＜сдава́ть] 引き渡し, 引き継ぎ, 交付; 納入, 供出: ～ дел 事務引き継ぎ ② 返却 ③ 賃貸: ～ кварти́ры в наём 住宅の賃貸 ④ 試験を受けること; 合格: ～ экза́менов 受験 ⑤ 明け渡し, 降伏: ～ кре́пости 要塞の明け渡し ⑥ (トランプを)配ること ⑦ 釣銭, おつり: Я получи́л тридцать пять ～ идя́ –ой. 私はおつりを50ルーブルもらった ♦ **дать ~и** [成] 仕返しする, 殴り返す
**сдва́ивать** [不完] / **сдво́ить** -о́ю, -о́ишь 受過 -о́енный, **сдвою́ть** -ою, -о́ишь 命 -о́й -о́енный [完] ⟨кого⟩ ① 二重にする ② → **сдво́ить** [完] 2列にする
*\***сдвиг** [男2] ① 移動させる[する]こと, ずらす[ずれる]こと: ～ дета́ли 部品のずれ / устрани́ть причи́ны –а изображе́ния 映像のずれの原因を取り除く ② 好転, 前進, 進展: ～ в рабо́те 仕事の進展 ③ 《俗》(行動の)異常さ, 奇妙さ: Он со ～ом. 彼は奇行の持ち主[いかれている] ④ [理] 転位, ずれ, 偏り ⑤ [地] 水平ずれ断層
**сдвига́ть** [不完] / **сдви́нуть** -ну, -нешь ⟨что⟩ ① 脇へ動かす, ずらす ② 近づける, 寄せる **‖ ~ся** [不完] / [完] ① 移動する, ずれる ② 近づく, 寄る ③ 《俗》頭がおかしくなる, 気が狂う
**сдви́нутый** [形1] 頭のおかしな, 異常な
**сдво́ить, сдвои́ть** [完] → сдва́ивать
**сде́лать(ся)** [完] → де́лать(ся)
*\***сде́лк|а** [ズデェールカ] [女4] 複生 -лок [2格] [transaction] ① 協定, 契約, 取引: торго́вая ～ 売買契約, 商取引 / заключи́ть ~у с ... ...と契約を結ぶ / закры́ть ~у 取引をまとめる ② 《悪い意味の》取引, 共謀, 談議: та́йная ～ 密約 ♦ **~ с со́вестью** 良心にもとる行為
**сде́льн|ый** [形1] 出来高払いの **‖ -о** [副]
**сде́льщик** [男2] 出来高払いの労働者
**сде́льщина** [女1] 《話》出来高払い制(の仕事)
**сде́ргивать** [不完] / **сдёрнуть** -ну, -нешь 命 -ни -тый [完] ⟨что⟩ 引っ張って取る, 引き取る
**сде́ржанно** [副] 自制して, 控え目に, つつましく; よろしく, 冷たく
*\***сде́ржанн|ый** 短 -ан, -анна [形1] [restrained] ① 自己を抑制できる, 落ち着いた, つつましい ② 抑えられた, 控え目な, 内気な, おさえた: ～ смех 押し殺した笑い **‖ -ость** [女10]
*\***сде́рживать** [不完] / **сдержа́ть** -ержу́, -ержишь 受過 -е́ржанный [hold, keep back] ⟨что⟩ ① (動きなどを)押しとどめる, 抑える, はばむ: ～ лошаде́й 馬を抑える ② (圧力などに)耐える, 食い止める: ～ наступле́ние проти́вника 敵の進撃を食い止める ③ こらえる, 我慢する: ～ слёзы 涙をこらえる ④《約束などを》果たす, 守る: ～ кля́тву 誓いを果たす ♦ **~ себя́** 自分を抑える, 自制する
*\***сде́рживаться** [不完] / **сдержа́ться** -ержу́сь, -е́ржишься [restrain oneself] ① 自分を抑える, 自制する, 我慢する: Я хоте́л возрази́ть, но сдержа́лся. 私は反論したかったが, 我慢した ② 《不完》[受身] → сде́рживать
**сдёрнуть** [完] → сде́ргивать
**сдира́ть** [不完] / **содра́ть** сдеру́, сдерёшь 過 -а́л, -ала́, -а́ло 受過 со́дранный [完] ⟨что⟩ ① 皮などをはぐ(дра́ть) ② 《法外な金を》むしる, ぼったくる, 巻き上げる ③ 《俗》剽窃する, パクる **‖ ~ся** [不完] / [完] (皮などが)むける, はがれる
**сдо́ба** [女1] ① (パン生地の)味付け材料(牛乳, バター, 砂糖, 卵など) ② [集合] 味付け材料の入ったパン
**сдо́бный** 短 -бен, -бна́, -бно [形1] ① (牛乳・バター・卵などで)味付けした ② 《話》太った, でっぷりした
**сдо́брить** [完] → сдо́бривать

**сдо́хнуть** [完] → до́хнуть, сдыха́ть
**сдре́йфить** [完]
**сдружи́ть** -ужу́, -у́жишь 受過 -у́женный (-жён, -жена́) [完] ⟨кого⟩ 友達にさせる, 親しくさせる **‖ ~ся** [完] ⟨с кем⟩ 友達になる, 親しくなる
**сдубли́ровать** [完] → дубли́ровать
**сдува́ть** [不完] / **сду́нуть** -ну, -нешь 受過 -у́тый [完] ⟨что⟩ ① [完 また **сдуть**] -ну, -нешь] 吹き払う, 吹き飛ばす ② 吹き集める, 吹き寄せる ③ 《俗》カンニングする, パクる ♦ **как ве́тром сду́ло** ... は突如消え失せた
**сду́ру** [副] 《俗》愚かにも
**сду́ть** [完] → сдува́ть
**сду́ться** [完] 《若者》① 人気を失う ② 興ざめする, 幻滅する
**сдыха́ть** [不完] / **сдо́хнуть** -ну, -нешь 命 -ни 過 -о́х, -о́хла 能過 -хший 副分 -хши [完] 《話》① (動物が)死ぬ ② 《俗》(人が)死ぬ, くたばる, おっちぬ
**сдю́жить** -жу, -жишь [完] 《俗》切り抜ける, 打ち勝つ

**се** сего́ [ヴーィ], сему́, сё, сим, сем [代][指示] = э́то ♦ **ни с того́ ни с сего́** 《話》これという理由もなく, だしぬけに | **ни то́ ни ~** 《話》どっちつかずの, はっきりしない, 平凡な | **то́ да = (и) то́ и ~** 《話》あれやこれや, 色々なこと
*\***сеа́нс** [男3] [showing, performance] ① 上演, 上映: пойти́ в кино́ на вече́рний ～ レイトショーの映画を見に行く ② 一回分の仕事(時間): Портре́т напи́сан в за 5 пять ～ов. 肖像画は5回で書き上がった
**себе́** [助] 《話》(通例動詞・代名詞の後に置いて, 動作が自由に・自分の意思で行われることを強調)好きなように, 思い通りに, 勝手に: Ступа́й ～ домо́й. 帰りたけりゃ帰れ ② ⟨与・前置格⟩ ⟨себя́⟩ ♦ **пуска́й (пусть) ~** 《話》放っておけ, させておけ | **та́к ~** 《話》(1)よくも悪くもない, まあまあだ (2)ちょっとだけ, どうということのない
*\***себесто́имост|ь** [女10] [cost] 〔経〕原価, コスト: прода́ть това́р по ~и 商品を原価で売る
*\***себя́** [シビャー] (主格なし) себе́, себе́, себя́, собо́й, собо́й [代] [再帰] (動作が動作主自身に向かうことを示す) ① 自分自身: ви́деть себя́ в зе́ркале 自分自身のことを語る | Она́ ви́дит себя́ в зе́ркале. 彼女は鏡に映る自分を見ている | Возьми́те с собо́й зо́нтик. 傘を持っていきなさい ② (собо́й)で顔立ち[容姿]が...だ: Она́ хоро́ша собо́й. 彼女は美人だ ♦ **быть сами́м собо́й** 自分を失わない, 自分らしく振る舞う | **взять (приня́ть) на себя́** ...を引き受ける | **из себя́** 《俗》顔立ち[容貌]が...だ | **к себе́** (1)自分のところ[家, 部屋, 場所]へ: Они́ ушли́ к себе́ домо́й. 彼らは自分の家に帰った (2)自分の方へ, 手前へ; (ドアの表示で)引く: Дверь отворя́ется к себе́. ドアは手前に引くと開く | **не в себе́** 《話》気が動転している, 落胆している | **не по себе́** 《話》(1)...は気分が[体の具合が]悪い: Ей ста́ло не по себе́. 彼女は気分が悪くなった (2)...は気にすむ, 気まずい | **от себя́** (1)自分から, 自分自身において (2)向こう側へ; (ドアの表示で)押す: Дверь отворя́ется от себя́. ドアは押すと開く | **по себе́** (1)自分の力[好み]に合った: найти́ рабо́ту по себе́ 自分に合った仕事を見つける (2)自分のあとに | **при себе́** 身につけて, 持ち合わせて, 肌身離さず; 胸に秘めて | **про себя́** (1)声に出さずに; 小声で: чита́ть про себя́ 黙読する | говори́ть про себя́ 独り言を言う (2)腹の中で, 心の中で | **у себя́** 自分の家[部屋, 場所]で: у себя́ до́ма 自宅で
**себялю́бец** -бца [男3] 利己主義者, エゴイスト
**себялюби́вый** 短 -и́в [形1] 利己的な, エゴイスティックな
**себялю́бие** [中5] 利己主義, エゴイズム
**сев** [男1] ① 種蒔き, 播種 ② 種蒔きの時期
**Севасто́поль** [男5] セヴァストーポリ(連邦市; クリ

**се́вер** [シェーヴィル] [男1] [north] ①北, 北方: ве́тер с ~a 北風 | Его́ ме́сто рожде́ния нахо́дится к ~у от Москвы́. 彼の生地はモスクワの北方にある ②北部, 北国: на ~е Росси́и ロシア北部で | путеше́ствовать по ~у 北部を旅行する ③寒冷地
■ Кра́йний С- 極北地方, 北極圏

**Се́верная Осе́тия-Ала́ния** [形1]-[女9]-[女9] 北オセチア・アラニヤ共和国(Респу́блика ~; 首都は Владикавка́з); 北カフカス連邦管区

**се́вернее** [1][副] 北方へ ②[前]〈生〉…より北側に

**се́верный** [シェーヴィルヌイ] [形1] [north, northern] ①北の, 北方の: в -ом полуша́рии 北半球 | Они́ шли в -ом направле́нии. 彼らは北の方向に進んでいた ②北部の, 北国特有の: -ая приро́да 北国の自然 | -ый темпера́мент 北国人気質 | -ые [複長][話]寒冷地手当 | С-ое мо́ре 北海 | С-ое о́бщество [史]北方結社 | ~ морско́й путь 北極海航路

**северо(-)..** 《語形成》「北の」

**североамерика́нец** -нца [男3]/**-ка** 複生 -нок [女2] 北アメリカ人

**североамерика́нский** [形3] 北米の

**се́веро-восто́к** [不変]-[男2] 北東 **//-чный** [形1]

**се́веро-за́пад** [不変] [男1] 北西 **//-ный** [形1]

**северомо́рец** -рца [男3] 北方艦隊(Се́верный флот)の乗組員

**северя́н|ин** 複 -я́не, -я́н [男10] **/-ка** 複生 -нок [女2] 北国の人, 北国生まれの人

**севооборо́т** [男1] [農]輪作

**севрю́га** [女1] [魚]セヴリューガ, ホシチョウザメ(チョウザメの一種)

**севрю́жина** [女1] セヴリューガ[ホシチョウザメ]の肉

**сегме́нт** [男1] ①〔数〕線分 ②〔数〕弓形; 弓形のもの ③〔生〕体節, 節 ④[インフラなどの]部門, 分野

**сегмента́ция** [女9] [言]節分

**сего́дня** [в] [シヴォードニャ] [today] I [副] ①きょう, 本日: ~ у́тром きょうの朝 | ~ днём きょうの午後 | ~ ве́чером 今晩 | С- тепло́. 今日は暖かい | Како́е ~ число́? — С- деся́тое сентября́. 「今日は何日ですか」「今日は9月10日です」 ②今, 現在: С- мы живём сча́стливо. 私たちは幸せに暮らしている
II [不変] [中]: биле́ты на ~ 本日分のチケット ②今, 現在, 現在あるもの[こと]: На́ше ~ беспоко́ит мно́гих. 現在の状況は多くの者を不安にさせている ◆не ~ за́втра 1 もうすぐ, 近日中に

**сего́дняшн|ий** [в] [シヴォードニャシニイ] [形8] [today's] ①きょうの, 本日の: -яя газе́та きょうの新聞 | до ~его дня́ 今日まで | на ~ день 今日現在で | Докла́д перенесли́ с -его дня́ на за́втра. 報告は今日から明日へ延期された ②今の: Я не зави́дую -ей молодёжи. 私は今の若者がうらやましいとは思わない ③-ее [中名] 今日あったこと; 現在: Прости́ меня́ за -ее. 今日のことは許してくれ, 今日だけは生きる ◆жи́ть -им днём (未来のことを考えずに)今日だけを生きる

**сеголе́т|ок** [-тка [男2] **/-ка** 複生 -ток [女2] [動]生後1年目の動物[魚, 鳥]

**сегрега́ция** [女9] ①人種差別[隔離] ②[冶]偏析

**седа́лище** [中2] ①[解]臀部(ごう), 尻 ②[戯]座席, 玉座

**седа́лищн|ый** [形1] [解]臀部の; [解]坐骨の: -ая кость [解]坐骨 | ~ нерв [解]坐骨神経

**седёлка** 複 -лок [女2] 鞍敷(ごう), 鞍橋

**седе́льник** [男2] 鞍職人

**седе́льный** [形1] 鞍の; サドルの

**седе́ть** [不完]/**по-** ~ ①白髪になる ②《完》灰白色に[白っぽく]見える

**седина́** 複 -и́ны [女1] ①《単複同義》白髪 ②(毛皮

の)白い斑点 ◆дожи́ть до седи́н 長生きする

**седла́ть** [不完]/**о-** 受動 осёдланный [完] 〈対〉に鞍を置く

**седл|о́** 複 сёдла, сёдел, сёдлам [中1] [saddle] ①鞍(ぐら): сесть в ~ 鞍にまたがる ②(自転車・バイクの)サドル ③(山岳の)鞍部(鞍線(線)) ④[工]鞍, シート ◆вы́бить [вы́шибить] из -а́ 比 意気消沈させる, 落ち着きを失わせる | ходи́ть под ~ом (馬などが)乗用として使われる

**седлови́на** [女1] ①(馬などの)背のくぼみ ②(山岳の)鞍部

**седло́вка** 複 -вок [女2] ①鞍を置くこと ②鞍の置き方

**седми́ца** [女3]《キリスト》= неде́ля

**седо..** 《語形成》「白髪の」「毛の白い」

**седоборо́дый** 短 -о́д [形1] 白いあごひげの

**седоволо́сый** 短 -о́с [形1] 白髪の

**седоголо́вый** 短 -о́в [形1] 白い毛の頭の

**седо́й** [シドーイ] 複 -ы́, да́, -до, -ды/-ды́ [形2] [gray-haired] ①(毛髪が)白い, 白髪の: -а́я борода́ 白いあごひげ | -ы́е во́лосы 白髪 | Он стал совсе́м ~ым. 彼はすっかり白髪になった ②灰白色の, 白っぽい: ~ тума́н 白い霧 ③(毛皮・羽毛が)白い毛の混じった ④大昔の, 太古の ◆до -ы́х воло́с дожи́ть 長生きする

**седо́к** -а́ [男1] ①騎手, 騎乗者 ②(馬車・自動車・オートバイの)乗客

**седьм|о́й** [シヂモーイ] [形2] [seventh] ①[序数]第7の, 7番目の: в ~ час 6時過ぎ | -о́го ноября́ 11月7日に | -а́я [女2] 7分の1: три -ы́х 7分の3

**сеза́м** [男1]《植》ゴマ(кунжу́т)

**сезо́н** [シゾーン] [男1] ①季節; 時期: ле́тний ~ 夏季 | ~ дожде́й 雨期, 梅雨 | одева́ться по ~у 季節に合った服装をする ②適した時期, シーズン, 最盛期: театра́льный ~ 演劇シーズン | Я́блокам сейча́с не ~. リンゴは今は旬ではない

**сезо́нка** 複 -нок [女2]《話》(1シーズンの)定期券, パス

**сезо́нник** [男2] 季節労働者

**сезо́нный** [形1] ①一定の季節[シーズン]の; 季節にふさわしい: ~ това́р 季節商品 ②ある季節に通用する

**сей** [シェーイ] 《代》 сего́ [ヴォ], сему́, сей/сего́, си́м, сём, сия́ [シヤー] [女] сей, сию́, сей/се́й, си́м, си́е [シエー] [中] сего́, сему́, сие́, си́м, сём, сий [シーイ] [複] си́х, си́м, си́/си́х, си́ми, си́х [代][指示][旧・文]この(э́тот) (★現在は特定の表現でのみ使用): пе́рвого а́вгуста сего́ го́да 本年8月1日に | на сей раз 今回は | по сей день 今日まで ◆от сих до сих 1 ここからここまで ②決められた範囲だけ, おざなりに | по сию [сю] по́ру 今まで, これまで

**сейм** [é/э] [男1] (ラトビア・リトアニアの)国会, 議会; (ポーランドの)下院

**се́йнер** 複 -ы/á [男1] 巾着網漁船

**сейсми́ческ|ий** [形3] ①地震の: -ие во́лны 地震波 ②地震測定[研究]の

**сейсмо..** 《語形成》「地震の」「地震観測の」「地震学の」

**сейсмо́граф** [男1] 地震計

**сейсмогра́фия** [女9] ①(地震計による)地震の記録, 地震観測 ②地震学(сейсмоло́гия)

**сейсмо́лог** [男2] 地震学者

**сейсмоло́гия** [女9] 地震学 **//-и́ческий** [形3]

**сейсмоопа́сный** [形1] 地震の危険がある, 地震多発の

**сейсмосто́йкий** [形3] 耐震の, 免震の

**сейф** [é/э] [男1] 金庫; 金庫室

**сейча́с** [сич/щ] [シチャース][話]シチャース [副] ①今, 目下, 現在で: Я ~ за́нят. 私は今忙しい | С- бра́та нет дома. 今兄は家にいません ②《話》たった今, 今しがた: Она́ ～ здесь была́. 彼女はたった今こゝにいました ③《話》今すぐ, すぐに: Я ～ приду́. すぐに行きます | Не́бо потемне́ло, ～ пойдёт дождь. 空が暗くなってきた, 今にも雨が降りだしそうだ ④《話》《通例жеと共に》即刻, すぐさま, ただちに: Ты винова́т, ～ же извини́сь! お前が悪い, すぐに謝れ ⑤《話》《通例жеと共に》すぐ近くに, 並んで: C～ за дере́вней начина́ется лес. 村のすぐ後から森が始まっている

**сейша́н, сейшн** [男1]《若者》飲み会, パーティー
**сек.**（略）секу́нда
**сека́тор** [男1] 枝切りばさみ
**сека́ч** -а́ [男4] ①斧, 切断器具, カッター ②《動》(イノシシ・オットセイなど牙を持つ)雄の成獣
**секве́стр** [男1]《法》差押え, 資産凍結
**секвестрирова́ть** -рую, -руешь 受過 -анный [不完・完]《法》《図》一時差し押えする
**секво́йя** -во́и [女1]《植》セコイア
**секи́ра** [女1]《軍》戦斧(${}^{\ast\bar{}}$)
**секи́р-башка́** [不変]-[女2]（また不変）《若者・戯》罰, 大目玉
**се́конд-хе́нд** [ё;ë], **се́конд-хэ́нд** [ё] [男1] ①中古品 ②中古品店, リサイクルショップ

*****секре́т** [シクリェート] [男1] [secret] ①秘密, 機密, 隠し事: держа́ть в ～e …を秘密にしておく | вы́дать ～ 秘密を洩らす ②秘密の方法, 秘法: произво́дственный ～ 企業秘密 ③秘訣, 秘伝: ～ успе́ха 成功の秘訣 | В чём ～ здоро́вья? 健康の秘訣は何ですか ④秘密の仕掛け: замо́к с ～ом 仕掛け錠 ⑤《軍》潜伏斥候 ⑥《生理》分泌物 ◆е́сли не ～ 差支えなければ[もしよければ]教えてほしいのですが, 隠さない | не ～, что... …は周知の事実だ | по-у = под ～ом こっそり, 内緒で | по-у всему́ све́ту《話》内緒と言いながらみんなに言い触らす

**секретариа́т** [男1] ①事務局, 書記局, 秘書室; 官房 ②《集合》事務局[書記局, 秘書課]の職員
**секрета́рша** [女4] 《話》女性秘書
**секрета́р|ь** [シクリターリ] -я́ [男5] [secretary]
①秘書: ли́чный ～ 個人秘書 | Он рабо́тает -ём президе́нта. 彼は大統領の秘書を勤めている
②（会議などの）書記, 記録係: ～ заседа́ния 会議の書記 ③（党・機関の）書記[記], 書記長: генера́льный ～ 書記長 | пе́рвый ～ 第一書記, 一等書記官 ④指導責任者, 長官: генера́льный ～ ООН 国連事務総長 | госуда́рственный ～ （米国の）国務長官 | ～ генера́льный ～ Кабине́та мини́стров（日本の）内閣官房長官 **//-ский** [形3]
**секретёр** [男1] ライティングビューロー, 書き物机
**секре́тничать** [不完]《話》①隠す, 秘密にする ②内緒話をする
**секре́тно** [副] 秘密に, ひそかに ◆ *соверше́нно ～*「極秘」
*****секре́тный** 短 -тен, -тна [形1] [secret, confidential] ①秘密の, 内密の: 秘密の仕掛けのある: ～ разгово́р ～ого ②機密の, 機密扱いの: ～ фо́нд 機密費 ■ ～ язы́к [言] (仲間内の)隠語, 暗語, 符牒
**секре́ция** [女9]《医・生理》分泌 **//секрето́рный** [形1]
**секс** [男1] セックス, 性交, 性欲
**сексапи́л** [e/э] [男1]《話》性的魅力, セックスアピール, 色気
**сексапи́льный** [e/э] 短 -лен, -льна [形1] セックスアピールのある, セクシーな
**секс-би́знес** [э] [不変] [男1] 売春
**секс-бо́мба** [э] [不変]-[女1]《話・戯》過度にセックスアピールをする女性
**сексизм** [男1] 性差別(主義)

**секс-меньши́нства** [э] [不変 -中1] [複] 性的少数者, 性的マイノリティ(сексуа́льные меньши́нства)
**сексо́лог** [e/э] [男2] 性科学者
**сексоло́г|ия** [e/э] [女9] 性科学 **//-и́ческий** [女3]
**сексо́т** [男1]/**-ка** 複生 -ток [女2]《俗》密告者, チクリ屋
**секст|а́** [э] [女1]《楽》6度 **//-овый** [形1]
**сексте́т** [男1]《楽》六重奏[唱]曲[団]
**сексти́н** [男1]《天》六分儀
*****сексуа́льный** 短 -лен, -льна [形1] [sexual, sexy] ①性の, 性に関する: -ое воспита́ние 性教育 ②肉欲的な, 官能的な: -ая же́нщина セクシャルな女 **//-ость** [女10]
**се́кт|а** [女1]《宗》分派, 宗派, 宗教セクト ②党派, 派閥, セクト
**секта́нт** [男1]/**-ка** 複生 -ток [女2] ①《宗》分派の信徒, 宗教セクトの信者 ②セクト主義者, 狭量な人 **//-ский** [ц] [形3]
**секта́нтство** [ц] [中1] ①《宗》（総称としての）分派, 分派活動 ②セクト主義, 派閥根性
**се́ктор** [男1] [sector, section] ①《数》扇形 ②扇形の地区[区域]: деся́тый ～ ста́диона スタジアムの第10区 ③（機関・組織の）部局, セクション: ～ ка́дров 人事部 ④（国家経済の）部門, セクター: ～ промы́шленный ～ 工業部門 **//-ный** [形1] <①②

**секундаризи́ровать** -рую, -руешь 受過 -анный, **секундаризова́ть** -зую, -зуешь 受過 -о́ванный [不完・完] 世俗化する, 非宗教化する
*****секу́нд|а** [シクーンダ] [女1] [second] ①秒（時間の単位）: отсчи́тывать -ы 秒読みする | Ско́рость враще́ния дви́гателя восемь оборо́тов в -у. エンジンの回転速度は秒速200回転だ ②非常に短い時間: Подожди́ (одну́) -у. ちょっと待ってくれ ③秒（角度の単位） ④《楽》2度: больша́я (ма́лая) ～ [短] 2度（楽）(オーケストラでの) 第2の楽器: скри́пка-～ 第2ヴァイオリン ◆ в (одну́, ту́ же) -у сра́зу, ただちに | (Одну́) -у. 少々お待ち下さい | сию́ -у 即刻, 今すぐ; たった今

**секунда́нт** [男1] ①（決闘の）介添人 ②《スポ》(ボクシングの）セコンド；（チェスの）立会人
**секу́ндный** [形1] ①秒(секу́нда)の, 秒を示す: -ая стре́лка 秒針 ②1秒間の
**..секу́ндный** [語形成]「…秒（間）の」: двухсеку́ндный 2秒の
**секундоме́р** [男1] ストップウォッチ
**секу́ндочка** 複生 -чек [女2] [指小・愛称] <секу́нда①② (★用法は секу́нда に準ずる)
**секу́щая** [形4] 曲線
*****се́кция** [女9] [section] ①（機関・組織の）部, 課, セクション；（会議などの）部会, 分科会: спорти́вная ～ клу́ба クラブのスポーツ部 ②（機械・組織の）部分, ブロック, ユニット: -ии трубопрово́да パイプラインのブロック ③（商業施設の）売場, コーナー **//-ио́нный** [形1]
**секью́рити** [不変] [①] [女] (要人の)警護, 警備 ② [男] 護衛, ボディーガード
**сёл** [過去 -л] <сесть
**селево́й** [形2], **се́левый** [形1] 土石流(сель)の
*****селёд|ка** 複生 -док [女2] [herring]《話》《魚》ニシン（通例調理されたもの）: ～ под шу́бой《料理》ニシンとビーツのポテトサラダ (←毛皮のコートを着たニシン) **//-очка** 複生 -чек [女2] [指小] **//-очный** [形1]
**селёдочница** [女3] ニシンを乗せる皿
**селезён|ка** 複生 -нок [女2]《解》脾臓(${}^{\circ}$) **//-очный** [形1]
**се́лезень** -зня [男5]《鳥》雄ガモ

**селекти́вный** [形1] 選択的な
**селе́ктор** [男1] セレクター, 分離器
**селекционе́р** [男1]《農》品種改良専門家, 育種家
**селе́кц|ия** [女9]《農》育種, 品種改良(学) **//-ио́нный** [形1]
**селе́н** [男1]《化》セレン, セレニウム(記号 Se)
**селе́ние** [中5] 村落
**селено..** [語形成]「月の」
**сели́тр|а** [女1]《化》硝石, 硝酸塩 **//-яный** [形1]
**сели́|ть** селю́, сели́шь/сели́шь [不完] **//по-** ～ 受動 -лённый (-лён, -лена́) [完]〔他〕住まわせる, 入植させる **//~ся** [不完][完] 住みつく, 定住する
**сели́тьба** [女1]〔居住地区で建物・庭・道路が占める〕土地面積
**сели́ще** [中7]《考古》古代集落跡
**сел|о́** [シロー] 複 сёла [中1]〔village〕① (規模の大きな)村: бога́тое ～ 豊かな村 | Мой оте́ц прожи́л всю жизнь в одно́м ~*é*. 父は1つの村で一生を送った ② (単) 農村, 田舎 ③ 《集合》村人, 村民
◆ни к у́ни к го́роду 見当外れに, 場違いに
**се́лфи** (不変) [中] セルフィー, 自撮り(съёмка автопортре́тов)
**сель** [男5]《地》土石流
**сель..** [語形成]「村の」
**сельдере́й** [男6]《植》オランダミツバ属; セロリ(～ паху́чий)
**се́льд|ь** 複 -и, -е́й [女2]〔herring〕《魚》ニシン; 《複》ニシン属: икра́ ～ 数の子 ◆**как ~ей [-и] в бо́чке** [話] すし詰め状態で **//се́льдев|ый** [形1]: -*ые* [種名]《魚》ニシン科; **сельдяно́й** [形2]
**селько́р** [男1] 農村通信員(се́льский корреспонде́нт)
**сельпо́** (不変) [中] 農村消費組合(се́льское потреби́тельское о́бщество); その店
**се́льск|ий** [シェールスキイ] [形3]〔village, rural〕① 村の: -*ое* населе́ние 村民, ② 農村の, 田舎の; 田舎じみた: -*ая* приро́да 田舎の自然 ③ 農業の: -*ое* хозя́йство 農業 | -*ие* рабо́ты 農作業
**\*се́льскохозя́йственный** [形1]〔agricultural〕① 農業の: -*ые* проду́кты 農産物 ② 農業が中心の: ～ райо́н 農業地帯
**сельсове́т** [男1]《史》村ソヴィエト(се́льский сове́т)
**сельхоз..** [語形成]「農業の」
**сельча́н|ин** 複 -а́не, -а́н [男10] **/-ка** 複生 -нок [女2] ① 村の住人, 農民 ② [話] 同じ村の人
**селя́н|ин** 複 -я́не, -я́н [男10] **/-ка** 複生 -нок [女2] 村人, 農民
**сем.** 〔略〕семе́йство
**сем..** [語形成]「種子の」
**сём** (男・中・前置格) <сей
**сёма** [女1]《言》意義素
**сема́нт|ика** [女2]《言》① 意味 ② 意味論 **//-и́ческий** [形3]
**семасиоло́гия** [女9]《言》(語彙の)意味論
**семафо́р** [男1] ①《鉄道》腕木式信号機 ②《海》手旗信号; (沿岸の)船舶用信号
**сёмга** [女2] タイセイヨウサケ(→лосо́сь [活用])
**семе́й** [複数] 生格 <семья́
**Семе́й** [男1] セメイ (カザフスタンの都市; 2007年 Семипала́тинск から改称)
**семе́йка** 複生 -ме́ек [女2]〔指小〕<семья́
**\*семе́йн|ый** [シメーイヌィイ] [形1] ① 家庭を持っている, 家族持ちの: Он челове́к ～. 彼は家族持ちだ ② 家の, 家庭の; 家庭のための, 家庭向けの: -*ая* жизнь 家庭生活 | по -*ым* обстоя́тельствам 家庭の事情により | ～ стол 家庭用テーブル ③ 私的な, 内輪の; 身内の:

-*ые* отноше́ния на рабо́те 仕事での身内びいき ④《非難》コネ重視的, 身内びいきの **//-ость** [女10]
**\*семе́йств|о** [中1]〔family〕① 家族, 家庭(семья́): оте́ц -*а* 家長 ②《生》科: ～ коша́чьих ネコ科 ③系列, 族 ④《楽》(楽器の)属 ⑤《軍》(ミサイルなどの)シリーズ
**семельфакти́в** [男1]《言》単一相
**Семён** [男1] セミョーン(男性名; 愛称 Сёня)
**семена́** [複数; 主格] <се́мя
**семени́|ть** -ню́, -ни́шь [不完] [話] 小刻みにちょこちょこ歩く
**семени́ться** -ни́тся [不完]《農》熟す, 種ができる
**семенни́к** -а́ [男2] ①《植》果実, 果実の種の部分 ② 採種用作物 ③ 採種畑 ④《解》精巣, 睾丸
**семенн|о́й** [形2] 種子の, 種の; ② 播種用の ③ 精液の: -*ая* нить 精子(сперматозо́ид)
**Семён..** [語形成]「種子の」
**Семёнов** [形10] ① セミョーノフ(姓) ② セミョーンの
■ **~ день** [暦] セミョーンの日 (церк. Семён Летопрово́дец; 9月14[旧暦]日; 1492-1699年の正月; 夏を送り, 秋を迎える最初の日)
**семеново́д** [男1] 種子生産者, 育種家
**семеново́дство** [ц] [中1] 種子生産, 育種 **//-ческий** [形3]
**семёрка** -рок [女2] ①(数字の)7 ②[話](バス・路面電車などの系統点を示す)7番 ③[話] 7人組 ④〔トランプ〕7のカード ■ **Больша́я ~** 《政》先進7か国首脳会議, G7
**\*се́меро** [シェーミラ] -ры́х, -ры́м, -ро́/ -ры́х, -ры́ми, -ры́х [集]《集合》〔seven〕7人, 7個, 7組 (★ к двое́ [語源])
◆**С~ одного́ не ждут.** [諺] 1人の遅刻者を多数が待つことはない(←7人は1人を待たない)
**семе́стр** [シェミェーストル] [男1]〔semester〕(大学などの年2学期制の)学期, セメスター: осе́нний [весе́нний] ～ 秋 [春] 学期 **//-о́вый** [形1]
**семе́чко** -чки, -чек, -чкам [中1] ①〔指小〕<се́мя ① ② 果実の種 ③《複》(食用の)ヒマワリ [カボチャ]の種 ④《俗》くだらないこと, たわいもないこと **//~вый** [形1] <②
**семи..** [語形成]「7の」「7番目の」「7つの部分から成る」
**семибо́рье** [中4]《スポ》7種競技
**семидесятиле́тие** [中5] ①70年間 ②70周年
**семидесятиле́тний** [形8] 70年間の; 70歳の
**семидеся́тый** [形1]〔序数〕70番目の: -*ие* го́ды 70年代
**семижи́льный** [形1] [話] 頑丈な, タフな
**семи́к** -а́ [男2]《民俗》セミーク(復活大祭後7週目の木曜日, 五旬祭の前週の木曜日; 夏の始まり)
**семикла́ссни|к** [男2] **/-ца** [女3] 7年生
**семикра́тный** [形1] 7回の, 7倍の
**семиле́тие** [中5] ①7年間 ②7周年
**семиле́тний** [形8] ①7年間の ②7歳の
**семиме́сячный** [形1] 7か月間の; 生後7か月の
**семими́льный** [形1] 7マイルの ◆**-ыми шага́ми идти́** 《文》急速に進歩する
**\*семина́р** [シミナール] [男1]〔seminar〕① (大学の)ゼミナール, 演習: ～ по ру́сской литерату́ре ロシア文学のゼミ ② 講習会, セミナー: ～ библиоте́карей 図書館司書の講習
**семинари́ст** [男1] 神学校生徒
**семина́рия** [女9] 中等神学校
**семина́рский** [形3] ① ゼミナールの; セミナーの ② 神学校の
**семиоло́гия** [女9]《言》記号学, 記号論(семио́тика)
**семио́тика** [女2] 記号学, 記号論

**семисотле́т|ие** [中5] ①700年間 ②700周年 // **~ний** [形8]

**семисо́тый** [形1]〔序数〕700番目の

**семистру́нка** 複生 -нок [女2]《話》《楽》7弦ギター

**семистру́нный** [形1] 7弦の

**семи́т** [男1] / **~ка** 複生 -ток [女2] セム人 // **~и́ческий**, **~ский** [形3]

**семитоло́гия** [女9] セム学

**семиты́сячник** [男2] 7000メートル級の山

**семиты́сячный** [形1]〔序数〕①7000番目の ②7000から成る ③《話》7000ルーブルの

**семичасово́й** [形2] ①7時間の ②7時の

**семна́дцатиле́тний** [形8] 17年間の; 17歳の

**семна́дцатый** [形1]〔序数〕17番目の

\***семна́дцать** [シムナーッツァチ] 対 = 造 -ью [数]《個数》〔seventeen〕17 (★→пять〔語法〕)

**сёмужий** [形9] タイセイヨウサケ (сёмга) の

**сёмужка** 複生 -жек [女2]〔指小・愛称〕< сёмга

\***семь** [シェーミ] 生・与・前 -и́ 対 = 造 -ью〔個数〕〔seven〕7 (★→пять〔語法〕) ■ **Гру́ппа семи́**《政》先進7か国首脳会議, G7 (Больша́я семёрка)

\***се́мьдесят** [シェーミヂシャト] 生・与・前 семи́десяти 対 = семьюдесятью [数]《個数》〔seventy〕70 (★→пять〔語法〕)

\***семьсо́т** [м] [シムソート] семисо́т, семиста́м, семьсо́т, семьюста́ми, семиста́х [数]《個数》〔seven hundred〕700 (★→пять〔語法〕)

**се́мью** [副] 7倍して

\***сем|ья́** [シミヤー] 複 се́мьи, семе́й, се́мьям [女8]〔family〕①家族, 家庭, ファミリー: член -ьи́ 家族の一員 ｜ созда́ть -ью́ 家族を持つ ｜ нукле́арная ~ 核家族 ｜ корми́ть -ью́ 家族を養う ｜ Ско́лько челове́к в ва́шей -ье́? あなたの家は何人家族ですか ②共通の利害で結ばれた人々の集団: студе́нческая ~ 学生グループ ③動物の家族, 一家: (同一種の植物の集団): во́лчья ~ オオカミの一家 ④《言》語族, 語派: индоевропе́йская языкова́я ~ インド = ヨーロッパ語族

**семьяни́н** [男1] 家庭の人

\***се́мя** 生・与・前 се́мени 造 се́менем 複 семена́, семя́н, семена́м [中7] ①種, 種子 ②〔複〕播種用種子: Огу́речные *семена́* уже́ пророcли́. キュウリの種はもう芽が出た ③発酵, もと, 種: *семена́* раздо́ра 不和の種 ④《解》精液

**семядо́ля** [女5]《植》子葉

**семяизверже́ние** [中5]《生理》射精

**семяпо́чка** 複生 -чек [女2]《植》胚珠

**сена́т** [男1] ①(米国・フランスなどの)上院 ②《史》(古代ローマ・帝政ロシアの)元老院 // **~ский** [u]〔cc〕[形3]

**сена́тор** [男1] ①(米国・フランスなどの)上院議員 ②《史》元老院議員 // **~ский** [形3]

**сенберна́р** [е/э] [男1]《動》セントバーナード(犬種)

**се́ни** -е́й〔複〕《農・古い家屋》(農家の)入り口〔玄関〕の間

**сéнкс** [若者]感謝の気持ち), ありがとう

**сенни́к** -á [男2] ①干し草[わら]の布団 ②干し草小屋

**сенно́й** [形2] 干し草の, 干し草用の

\***се́но** [中1]〔hay〕干し草: коси́ть ~ 干し草にする草を刈る

**сенова́л** [男1] 干し草置き場

**сеноко́с** [男1] ①(干し草用の)草刈り; 草刈りの時期 ②草刈り場 // **~ный** [形1]

**сенокоси́лка** 複生 -лок [女2]《農》草刈機

**сенсацио́нный** 短 -о́нен, -о́нна [形1] 世間を驚かす, センセーショナルな

\***сенса́ция** [女9]〔sensation〕①センセーション, 大興奮: вы́звать -ию センセーションを引き起こす ②センセーショナルな事件[報道]: газе́тная ~ センセーショナルな新聞報道

**се́нсор** [э] [男1]《工》センサー / **~ный** [形1]

**сенсо́рный** [э] [形1]《生理》感覚(器官)の, 知覚の

**сенсуали́зм** [э] [男1]《哲》感覚論

**сенсуали́ст** [э] [男1]《哲》感覚論者

**сенсуа́льный** [э] [形1] 感覚的な, 官能的な

**сент.** [略] сентя́брь

**сенте́нц|ия** [э] [女9] 格言, 教訓, 金言 // **-ио́зный** [形1]

**сентиментали́зм** [男1] ①(芸術上の)感傷主義, センチメンタリズム ②《文》感傷癖

**сентиментали́ст** [男1] 感傷主義作家, センチメンタリスト

**сентимента́льничать** [不完]《話》①感傷的になる ②《口》温情ある態度をとる

**сентимента́льность** [女10] ①感傷的であること ②《通例複》《話》センチメンタルな言動

**сентимента́льный** 短 -лен, -льна [形1] ①(長尾)(芸術上の)感傷主義の, センチメンタリズムの ②感傷的な, センチメンタルな, 涙もらい, 情にもろい, 感じやすい, 多感な // **-о** [副]

\***сентя́брь** [シンチャーブリ] -я́ [男5]〔September〕9月 (★用法は→май) // **~ский** [形3]

**сеньо́р** [э] [男1] ①《史》(中世西ヨーロッパの)領主 ②《スペイン語圏で男性の姓と共に》…さん, …様

**сеньо́ра** [ё] [女1]《スペイン語圏で既婚女性の姓と共に》…さん, …様, …夫人

**сеньори́та** [э] [女1]《スペイン語圏で未婚女性に対して》…さん, お嬢さん, セニョリータ

**Сёня** (女5変化) [男1]〔愛称〕< Арсе́ний, Семён

**сепарати́вный** 短 -вен, -вна [形1] 分離主義的な

**сепарати́зм** [男1] 分離主義

**сепарати́ст** [男1] 分離主義者 // **~ский** [cc] [形3]

**сепара́тный** 短 -тен, -тна [形1]《政》分離した, 個別の, 単独の

**сепара́тор** [男1]《農》分離器, セパレーター

**се́пия** [э] [女9] ①《動》コウイカ属 (карака́тица) ②イカ墨 ③(イカ墨から作る)セピア色の絵具 ④セピア画 ⑤セピア色の写真

**се́псис** [э] [男1]《医》敗血症

**септи́ма** [э] [女1]《楽》7度

\***сер|а́** [女1] ①《化》硫黄 (記号 S) ②耳あか: очи́стить от -ы́ у́ши 耳掃除をする // **~ный** [形1]

**сера́ль** [男5] (スルタンの)宮殿; 後宮, ハーレム

**серафи́м** [男1]《宗》セラフィム, 熾天使 (してん) (6つの翼を持つ最高位の天使)

**серб** [男1] / **~ка** 複生 -бок [女2] セルビア人

**Се́рбия** [女9] セルビア (首都は Белгра́д)

**сербохорва́тский** [u] [形3]: ~ язы́к《言》セルビア[セルボ]・クロアチア語

**се́рбский** [形3] セルビアの, セルビア(人)の

**серва́к** [男1]《話》《コン》サーバー (се́рвер)

**серва́нт** [男1] 食器棚, サイドボード

**серввела́т** [男1] セルベラート(豚肉と脂身の燻製ソーセージ)

\***се́рвер** [男1]〔server〕①《コン》サーバー ②《スポ》(球技で)サーバー

\***серви́з** [男1]〔service〕(食器・茶器の)一セット: ча́йный ~ ティーセット

**серви́ровать** -рую, -руешь [不完・完]《スポ》(球技で)サーブする

**сервирова́ть** -ру́ю, -ру́ешь 受過 -о́ванный [不完・完]《口》(食卓の準備をする); (食事を)出す

**сервиро́вка** [女2] ①食卓の準備 ②食器, 茶器, テーブルの飾り付け

\***се́рвис** [男1]〔service〕①サービス; サービス施設[事

業]: автомоби́льный ~ 自動車整備サービス (автосе́рвис) ②《スポ》サーブ **//~ный** [形1]

**Серге́й** [男6] セルゲイ(男性名; 愛称 Серёжа)

**серде́чко** 複 -чки, -чек, -чкам [中1] ①《指小》< се́рдце ②ハート形のもの ③《呼びかけに》愛する人、いとしい人

**серде́чни|к** [рц] [男2] ①《工》心棒、心材、鉄心 ②〔-ца3〕《話》心臓病患者 ③《話》心臓専門医

**серде́чно-сосу́дистый** [形1]《医》心臓血管の

**серде́чно** [副] 心から、心をこめて; 暖かく、心やさしく

**серде́чность** [女10] 心のこもっていること、心やさしいこと、誠実さ、誠意

*__серде́чн|ый__ 短 -чен, -чна [形1] ①《長尾》心臓の: -*ая боле́знь* 心臓病 ②《長尾》心の、感情の: -*ые волне́ния* 心の動揺 | 心からの、心のこもった: ~ *прие́м* 手厚いもてなし | *С-ое* ва́м *спаси́бо!* 心からお礼申し上げます ④心やさしい、思いやりのある ⑤《長尾》~ *жар* 恋の情熱 **5)~** [男名] **-ая** [女名] ⑥《俗》《呼びかけ》かわいい人

**серди́то** [副] 怒って、腹を立てて ②激しく、猛烈に
◆*дёшево и* ~ 安くて安物だが十分役に立つ

*__серди́т|ый__ 短 -и́т [形1] [angry] ①怒りっぽい、すぐに腹を立てる ②立腹した、立腹している、怒った: ~ *го́лос* 怒った声 | *Я о́чень серди́т на тебя́.* 私は君にひどく腹を立てている ③《話》激しい、厳しい; きつい: *моро́з* серди́тый весь зи́мней *~ая горчи́ца* つんとくるからし ④《値段が》高すぎる **//-ость** [女10]

**серди́ть** сержу́, се́рдишь [不完] / __рас-__ 受過 -се́рженный [他] 怒らせる

*__серди́ться__ сержу́сь, се́рдишься [不完] / __рас-__ [完] (be angry) *на кого́-что́, за что́ /3а что* のことで怒る、腹を立てる: *На кого́ ты се́рдишься?* 君は誰に怒っているのか | ~ *из-за пустяко́в* つまらないことで腹を立てる

**сердобо́льный** 短 -лен, -льна [形1]《話》情け深い、思いやりのある

**сердоли́к** [男2] 《鉱》紅玉髄、カーネリアン

**сердца́|м** -дца́, -дец, -дца́м [рц]〔シェールツェ〕複 -дца́, -де́ц, -дца́м [中2] [heart] ①心、心臓;《心のある場所としての》胸: *поро́к -а* 心臓障かい | *С-* бьётся ро́вно. 心臓が規則正しく鼓動している ②心、胸、心情、ハート、愛情: *до́брое* [чи́стое] ~ やさしい[清らかな]心 | *тро́гать -а́ зри́телей* 観客の心を感動させる | *отдава́ть своё* ~ ... に思いを寄せる、好きになる | *У него́ нет -а*. 彼には人の心がわからない ③《話》怒り、いらだち: *с -ем* 腹を立てて ④中心、中央、心臓部: *Москва́* — *на́шей Ро́дины. Москва́* は我々の祖国の心臓部だ ⑤《俗》《車の》エンジン | *бра́ть* [*хвата́ть*] *за се́рдце* 強い印象を与える、胸を動かす | *всем -ем = от всего́* [*чи́стого*] *-а* 心から、表心から: *Благодарю́ ва́с от всего́ -а.* 心より感謝いたします | *в -а́х*, *с -а́*《話》激怒して、むしゃくしゃして | *золото́е ~ у* [*у*] *...* はすばらしい心の持ち主だ | *име́ть* [*держа́ть*] *~ на* ...《俗》... に腹を立てる | *отлегло́ от -а*《話》気が軽くなった、ほっとした | *положа́ ру́ку на се́рдце* 心から、腹蔵なく | *по́ сердцу* [*по -у*] *...*の気に入っている、好みに合っている | *Это ей по́ сердцу.* 彼女にはこれが気に入っている | ~ *кро́вью облива́ется* (苦悩・悲しみなどで)胸が張り裂ける思いだ | *сорва́ть ~ на ком* ... にかんしゃく玉を破裂させる | *С~ не ка́мень.*《諺》心は石にあらず

**сердцебие́ние** [рц] [中5] ①心臓の鼓動 ②動悸 (き）、心悸亢進

**сердцеве́д** [рц] [男1] 人の心をよく知っている人、心の機微がわかる人

**сердцеви́дный** [рц] 短 -ден, -дна [形1] ハート形の

**сердцеви́н|а** [рц] [女1] ①《茎・幹・根の》芯、髄 ②《果実・種子の》芯、仁 ③中心部、中枢、核心 **//-ный** [形1]

**сердцее́д** [рц] [男1] / __-ка__ 複 -док [女2]《話・戯》異性にもてる人、女[男]たらし

**сердчи́шко** [рч] 複 -шки, -шек, -шкам [中1] 《愛称》< се́рдце①②

**сере́бре́ние** [中5] 銀めっき(すること)

**сере́брен|ый** [形1] 銀めっきした

**серебри́ст|ый** 短 -и́ст [形1] ①銀色の、銀色に光る; (毛髪などが)シルバーグレーの ②《声・音が》高い調子でよく響く **■-ые облака́**《気象》夜光雲、極中間圏雲

**серебри́ть** -рю́, -ри́шь 受過 -рённый (-рён, -рена́) [不完] / __по-__ [完]《他》①《完また вы́-》銀めっきする ②銀色がした、銀色にあせる **//-ся** [不完] ①銀色になる(輝く) ②銀色に見える、銀色のものが見える

*__серебр|о́__ 〔シレブロー〕 [中1] [silver] ①銀、シルバー: *чи́стое* ~ 純銀 | *кольцо́ из -а́* 銀の指輪 ②《集合》銀器、銀製品、銀細工、銀糸: *столо́вое* ~ 銀製食器 | *чи́стить* ~ 銀器をみがく | *ши́ть* -*о́м* 銀糸で刺繍する ③《集合》(銀・ニッケル合金の)小銭、銀貨: *получи́ть сда́чу -о́м* 小銭でおつりをもらう ④銀メダル: *Он завоева́л* ~ *на чемпиона́те ми́ра.* 彼は世界選手権で銀メダルを獲得した ⑤銀色(のもの): *~ снего́в* 白銀の雪 ⑥《声・音の》銀のような響き、清らかさ

**серебронос́ный** 短 -сен, -сна [形1] 銀を含む

**сере́бряник** [男2] 銀細工師、銀めっき工

*__сере́брян|ый__ [рбрьяный] [形1] [silver] ①銀の: -*ая жи́ла* 銀鉱の、銀めっきの、シルバーの: 銀糸で縫った: -*ая ло́жка* 銀のスプーン | -*ые изде́лия из серебра́* 銀製品 ③銀色の、銀白色の: -*ые звёзды* 銀色に輝く星々 | -*ые во́лосы* 銀髪 ④銀メダルを獲得した: ~ *медали́ст* 銀メダリスト ⑤《音・声が》高らかで響きのよい: ~ *го́лос* 鈴を振るような声 **■-ая сва́дьба** 銀婚式

**середи́н|а** 〔シレヂーナ〕[女1] [middle, center] ①中央、中心、真ん中: ~ *кру́га* 円の中心 | *Пройди́те в -у ваго́на.* 車両の中ほどへ入って下さい ②《時間的の》中間、中ごろ、半ば: ~ *ию́ля* 7月中旬 | *в -е разгово́ра* 話の途中で ③中間の立場、中道、中間: *Ли́бо за "за", ли́бо про́тив" — -ы бы́ть не мо́жет.* 君は賛成なのか反対なのか、中間はあり得ない
◆*в -е* 2人[2つの物]の中央の、真ん中に | *держа́ться -ы* 中庸を守る; 決定的行動をとらない

**середи́нка** 複 -нок [女1]《指小》< середи́на
◆ ~ *на полови́нку*《俗》どっちつかず、よくも悪くもない

**середи́нный** [形1] ①中央の、真ん中の、中間の ②中途半端な、どっちつかずの

**серёдка** 複 -док [女2]《俗》= середи́на ①内部

**середня́|к** -а́ [男2] ①《話》凡人 ②〔-чка 複 -чек[女2]〕中農 **//-цкий** [形3] < ②

**Серёжа** (女名変化) [男1]《愛称》< Серге́й

**серёжка** 複 -жек [女2] ①《指小・愛称》< серьга́ ②《植》尾状花序

**серена́да** [女1]《楽》セレナーデ

**серенький** 短 -нек, -нька [形3]《愛称・卑称》< се́рый

**сере́ть** [不完] / __по-__ [完] ①灰色になる ②《不完》灰色のものが見える、灰色に見える

**сержа́нт** [男1]《軍》(ロシア軍で)軍曹(下士官); (警察で)巡査長: мла́дший ~ 伍長; 巡査長補 | ста́рший ~ 曹長

**сержу́сь** [1単現] < серди́ться

**сериа́л** [男1]《芸術作品の》連続もの、連続ドラマ

**сери́йный** [形1] 大量生産の、量産型の ■ ~ но́мер シリアルナンバー | ~ уби́йца 連続殺人犯

*__се́ри|я__ 〔セーリヤ〕[女9] [series] ①シリーズ、連続、系列: ひと続き、一連のもの: ~ *расска́зов для дете́й* 子

**се́рна** [女1]《動》シャモア

**серни́стый** [形1]《化》硫黄を含む：～ ráз 亜硫酸ガス

**сернокисло́т** [形1]《化》硫酸の

**се́рн|ый** [形1] 硫黄の；硫黄を含む：-ая кислота́ 硫酸

**се́ро** ①［副］退屈に，単調に ②［無人述］（天候が）曇っている，どんよりしている：（夜明け前で）薄明い

**се́ро..**［語形成］「灰色の」

**се́ро-бу́ро-мали́новый** [形1]《話・戯》色がはっきりしない

**серова́тый** 短 -áт [形1] 灰色がかった，灰色っぽい

**сероводоро́д** [男1]《化》硫化水素 **∥-ный** [形1]

**серогла́зый** 短 -áз [形1] 灰色の目の

**се́рость** [女10] ① 灰色（であること） ② 凡庸であること；つまらないもの［作品］ ③ 無学，無教養；無教養な人

**сероуглеро́д** [男1]《化》二硫化炭素

*****серп** -á [男1]① 鎌：～ и мо́лот 鎌と槌（ソ連の国章） ② 鎌の形をしたもの：лу́нный ～ = лу́на三日月

**серпанти́н** [男1] ①（パーティーなどで投げる）紙テープ；（室内装飾用の）キラキラテープ ②山の曲がりくねった道

**серпента́рий** [男7] 蛇飼育所

**серпови́дный** 短 -ден, -дна [形1] 鎌形の

**серпя́нка** 複生 -нок [女2]（薄く粗い）綿布

**серсо́**（不変）[中] 輪投げ遊び；その道具（輪と棒）

*****сертифика́т** [男1]〔certificate〕①証明書，証書：～ ка́чества 品質証明書 ②（政府発行の）公債，債券 **∥-ный** [形1]

**сертифика́ция** [女9] 品質証明

**сертифици́ровать** -рую, -руешь 受過 -анный [不完・完]《三》品質証明する

**сёрфинг** [男2] ①《スポ》サーフィン ②《IT》ネットサーフィン

**сёрфинги́ст** [男1]／**-ка** 複生 -ток [女2] サーファー

**серча́ть** [不完]／**о-, рас-** 《俗》腹を立てる

*****се́р|ый** [シェールィ]① 短 сер, -рá, -ро 比 -ре́е [形1]〔gray〕① 灰色の，グレーの：-ые глаза́ 灰色の目 ｜ Он был оде́т в ～ костю́м. 彼はグレーのスーツを着ていた ②（顔色の）青い，青ざめた：-ое лицо́ 青白い顔 ③ 平凡な，つまらない：-ые бу́дни 平凡な日常 ｜ -ая кни́га つまらない本 ④《話》無学な，教養のない：Я слы́шал, что ～. 俺はあまりにも無学で ⑤（天候が）曇りの，どんよりした：-ое вещество́ мо́зга《解》脳の灰白質

*****серьг|á** 複 се́рьги, серёг, серьга́м／се́рьгам [女2]〔earring〕① イヤリング，ピアス，耳飾り：брилиа́нтовые се́рьги ダイヤのイヤリング ②（輪状の金具，リング

**серьёз** [男1] ◆ **на по́лном ~е** 《俗》大まじめに，本気で

**серьёзнеть** [不完]／**по-** [完]《話》まじめになる，真剣になる

**серьёзничать** [不完]《話》まじめぶる

**серьёзно** [シリョーズナ]〔seriously〕①［副］まじめに，真剣に；深刻に：Хочу́ поговори́ть с тобо́й ～. 君と真剣に話がしたい ②（挿入）正直なところ，真剣な話では：Нет, ～, ты согла́сен? いや，本当に，君は賛成なのか

**серьёзность** [女10] ① まじめさ，真剣さ ② 重大性，深刻さ

*****серьёзн|ый** [シリョーズヌィ] 短 -зен, -зна [形1]〔serious〕① まじめな，真剣な：-ая студе́нтка まじめな女子学生 ｜ -ое отноше́ние к рабо́те 仕事に対する真剣な態度 ②（顔つきなどが）真剣な，本気の，思いつめた，シリアスな：-ое лицо́ 難しい顔，真顔 ｜ ~ тон シリアスな口調 ③重要な，本質的な：-ая причи́на 重要な原因 ｜ У меня́ к вам ~ разгово́р. 君たちに大事な話がある ④ 重大な，深刻な，ゆゆしい：-ое положе́ние 深刻な事態 ｜ Ничего́ -ого! たいしたことじゃない ⑤ 真の，本物の；本格的な：-ое го́ре 真の悲しみ ｜ -ая му́зыка クラシック音楽

**серя́тина** [女1]《話》平凡な［つまらない］もの［人］

*****се́сс|ия** [シェースィヤ] [女9]〔session〕① 定例会議，会期：очередна́я ~ парла́мента 通常国会 ｜ парла́ментская ~ 国会会期 ②（大学などの）試験（全体）；試験期間：Он заболе́л во вре́мя -ии. 試験期間中に彼は病気になった **∥-ио́нный** [形1]

*****сестра́** [シストラー] 複 сёстры, сестёр, сёстрам [女1]〔sister〕① 姉，妹：ста́ршая [мла́дшая] ~ 姉［妹］｜ двою́родная ~ 従姉妹 ｜ У меня́ нет сестёр. 私に姉妹はいません ② 女性の仲間［同志］；姉妹のような人 ③ 看護師（女性）（медици́нская ~）：хирурги́ческая ~ 外科の看護師 ④ 修道女，シスター ◆ **ва́ша [на́ша]** ~ 《話》あなた方［私たち］女性 ｜ **всем -а́м по серьга́м** それぞれに取り分を用意する（★アクセント注意）

**сестрёнка** 複生 -нок [女2]《話》①《愛称》< cestpá① ② 幼い妹 ③《親しい呼びかけ》おねえさん

**сестри́н** [形11]《話》姉妹の

**сестри́ца** [女3], **сестри́чка** 複生 -чек [女2]〔愛称〕< cestpá①③

**сесть** [完] → сади́ться

*****сетево́й** [シチヴォーイ] [形2]〔net, network〕① 網の，ネットの ②《コン・IT》ネットワークの：~ протоко́л ネットワークプロトコル

**сетеву́ха** [女2]《コン》《俗》ネットワークカード（сетева́я ка́рта）

**сетерату́ра** [女1] ネット文学（сетева́я литерату́ра）

*****се́тка** 複生 -ток [女2]〔net〕① 小さな網，ネット，網状の物：волейбо́льная ~ バレーボールのネット ②（買い物用）網袋 ③《話》（衣類などの）メッシュ製品：~ -безрука́вка メッシュのベスト ④ 地図の目盛り：geoграфи́ческая ~ 経緯度線 ⑤ 表，図表：тари́фная ~ 料金表 ⑥《解》ハチノス胃（反芻動物の第二胃） ⑦《電》グリッド ⑧《コン・IT》コンピュータネットワーク **∥се́точка** 複生 -чек [女2]［指小］< ①②③

**се́товать** -тую, -туешь [不完]／**по-** 〈на что国〉のことで）不平を言う，愚痴をこぼす

**се́ттер** [сэ́; э] [男1]《動》セッター（猟犬）

**сетча́тка** [女2]《解》網膜

**се́тчатокры́лые** [形1変化]［複名］《昆》脈翅（レ゙ッシ）目，アミメカゲロウ目

**се́тчатый** [形1] 網でできた，網状の，メッシュの

*****се́ть** [シェーチ] 前 о -и, в -и́ 複 -и, -е́й [女10]〔net, network〕① 網，ネット：рыболо́вная ~ 漁獲網 ｜ Ма́льчик ло́вит пти́чку -ью. 少年は小鳥を網で捕まえようとしている ② 網状のもの，網のような筋：~ паути́ны クモの巣 ｜ морщи́нок ~ 一面の小じわ ③（単）連絡・通信などの）連絡網，ネットワーク：железнодоро́жная ~ 鉄道網 ｜ телефо́нная ~ 電話網 ｜ лока́льная вычисли́тельная ~《コン》ローカルエリアネットワーク，LAN ④《単》（同種施設の）配置網，ネットワーク：шко́льная ~ 学校網 ｜ аге́нтурная ~ スパイ網 ◆ **плести́ -и** 陰謀をたくらむ ｜ **попа́сть в чьи-л. -и**（1）…に惚れる（2）（悪事などに）引き込まれる，罠にかかる ｜ **расставля́ть -и** 国 …に罠を仕掛ける，…を陥れる

**сетя́нин** 複 -я́не, -я́н [男10]〚IT〛ネット市民, ネチズン

**Сеу́л** [男1] ソウル (大韓民国の首都)

**сече́ние** [中5] ①鞭打つこと ②石を平らに削ること ③断面, 切り口

**се́чка** 複生-чек [女2] ①切る (切り刻む) こと ②(野菜刻み用) 包丁 ③(飼料用) 切りわら ④(穀物の) ひき割り

**сечь** секу́, сечёшь, ..., секу́т ве́к секи́ 過 сёк, секла́ 命 секи́ 受 сечённый/сёкший 受分 сечённый (-чён, -чена́)/ся́ченный [不完] ①〈対〉切る, 切り刻む ②〈対〉切り落とす, 切断する ③〈対〉〈石を〉平らに削る ④〈完 вы́-〉(罰として) 鞭で打つ ⑤(雨・雪・風などが) 打ちつける, 強く降る ⑥〈俗〉理解する, わかる;〈в圧〉に〉通じている ⑦〈俗〉盗み見る, 盗み聞きする

**Сечь** 前 о-и, в-и [女11]〚史〛本営 (16-18 世紀ウクライナのザポロ́жье-コサックの軍営 ко́ш の中心地):Запоро́жская ~ ザポロ́жье-コサック本営 // **сечев|о́й** [形2]:-ы́е каза́ки《話》ザポロ́жье-コサック

**се́чься** сечётся, секу́тся 過 сёкся, секла́сь, секло́сь сёкшийся [不完]〈完 **по-**〉①(髪が)抜ける ②(布が)ほころびる, 裂ける ③〈不完 のみ〉→ сечь

**се́ялка** 複生-лок [女2]〚農〛種蒔き機, 播種機

**се́янец** -нца [男93]〚農〛実生 (みしょう) の植物

**се́яный** [形1] ふるいにかけた, ふるい粉で作った ②人が種をまいた

**се́ятель** [男5]〚雅〛①種蒔く人 ②〚文〛伝播者

*\***се́ять** се́ю, се́ешь, ..., се́ют 受分 се́янный [不完]〔sow〕①〈完 **по-**〉〈対〉の種をまく, 播種する ②〈完 **по-**〉思想・気分などを) 広める, 伝播させる:~ зна́ния 知識をひろめる ③〈完 **по-**〉不和の種をまく ④〈完 **по-**〉〚生〛(微生物を) 培養する ⑤〈対〉ふるいにかける, ふるう:~ пшени́чную муку́ 小麦粉をふるう ⑥(細かい雨・雪が) 降る, 降り続ける: С утра́ се́ет холо́дный дождь. 朝から冷たいこぬか雨が降っている ⑦(機関銃などで) 掃射する // ~**ся** [不完]〈1〉〈4圧〉/ **се́яние** [中5]

**сжа́литься** [жж] [不完] -люсь, -лишься 〈над<造〉〉…に同情する, …を憐れむ

**сжа́тие** [жж] [中5] 〈< сжима́ть〉①圧縮する; 締めつけること, 握りしめる 〔抱きしめる〕こと ②縮小, 収縮:(唇などが) 締めつけられる (胸などが) 締めつけられること

**сжа́то** [жж] [副] 簡潔に, 手短に

*\***сжа́т|ый** [жж] 短 -а́т [形1] 〔compressed〕①圧縮した, 圧搾された; ~ газ 圧縮ガス ②短縮された; 簡潔な: в -ы́е сро́ки 短期間で

**сжа́ть(ся)** [жж] → жа́ть²(ся), сжима́ть(ся)

**сжёвывать** [жж] [不完] / **сжева́ть** сжую́, сжуёшь 命 сжуй 受 сжёванный [完]《話》①噛んで食べる ②噛んで駄目にする

**сжечь** → же́чь(ся), сжига́ть

**сжива́ть** [жж] [不完] / **сжи́ть** [жж] сживу́, сживёшь, сжи́вёт, -ла́, -ло 受 сжи́тый (-и́т, -ита́, -и́то) [完] 〈対〉 с圧〉〉(嫌からむのを) 追い出す, 居られなくする

**сжива́ться** [жж] [不完] / **сжи́ться** [жж] сживу́сь, сживёшься 過 сжи́лся, -ла́сь, -ло́сь -ло́сь [完] ①〈с造〉…と親しくなる, …に慣れ親しむ ②…に慣れる, なじむ

*\***сжига́ть** [жж] [不完] / **сжечь** [жж] сожгу́, сожжёшь 命 сожги́ 過 сжёг, сожгла́ 能過 сжёгший 受分 сожжённый (-жён, -жена́) сдж сжёгши [完] ①〈対〉焼く, 燃やす, 焼却する ②〈対〉書類や手紙を焼却する: Во вре́мя трениро́вки я сжига́ю три́ста кало́рий. トレーニングの際に私は300カロリー消費している ③ (暖房・照明用に) 燃やす, 焚く, 含む: ~ дрова́ 薪を焚く ④ やけどさせる: ~ ру́ку о две́рцу пе́чи ペチカの扉に触って手をやけどする ④ (過熱で) 焦がす; 焼損させる 〈植物や〉を枯らす ④〈通例受造〉(灼熱の太陽が) 〈植物〉を枯らす ⑦ (激情など) 苦しめる, 苛 (さいな) む: Всю

ду́шу мою́ *сожгла́* за́висть. 羨望が私をさいなんだ // **~ся** [不完] / [受分] ①焼身自殺する ②〚話〛ひどく日焼けする / 〈不完〉〉/ 〈受分〉

**сжижа́ть** [жж] [不完] / **сжиди́ть** [жж] сжижу́, сжиди́шь 受分 сжи́женный [完]〈対〉液化する

■ **сжи́женный приро́дный газ** 液化天然ガス, LNG (略 **СПГ**) | **сжи́женные углеводоро́дные га́зы** 液化石油ガス, LP ガス (略 **СУГ**) // **~ся** [жж] [不完] 液状になる // **сжиже́ние** [жж] [中5]

**сжима́емость** [жж] [女10] 圧縮性, 圧縮率

*\***сжима́ть** [жж] [不完] / **сжа́ть** [жж] сожму́, сожмёшь 受 сжа́тый [完] 〈対〉①圧縮する, 押し縮める: ~ горю́чую смесь 混合ガスを圧縮する ②縮小する, 短縮する; 簡潔にする: ~ текст 本文を短縮にする ③締めつける, 押さえつける; 抱きしめる: Он *сжал* мне ру́ку. 彼は私の手を握りしめた ④〈胸・喉などを〉締めつける, 苦しくさせる: Тоска́ *сжима́ет* се́рдце. 憂いが胸を締めつける ⑤ 〈唇・こぶしなどを〉固く結ぶ: ~ ку́лы́ く こぶしを握りしめる // **~ся** [жж] [不完] / [受分] ①縮む, 収縮する ②(唇・指が) 固く結ばれる ③(心・胸が) 締めつけられる ④ 〈不完〉〉/ 〈受分〉

**сжи́ть(ся)** [完] → сжива́ть(ся)

**сжу́льничать** → жу́льничать

*\***сза́ди** [зз̆ди́] [from behind] Ⅰ [副] ①後ろから, 後ろで[に] (↔впереди́): набро́ситься ~ 背後から襲いかかる | Пальто́ разорва́лось ~. 外套は後ろで破れた ②後ろの方 (сле́дом):Их ло́дка плыла́ ~. 彼らの小舟は後ろから走っていた Ⅱ [前]〈生〉~に, 背後に (поза́ди): огоро́д ~ до́ма 家の裏手の菜園 | С ~ нас возвыша́лся утёс. 私達の背後には崖がそびえていた / ~ особня́ка́ был ста́рый пруд. 屋敷の後ろには古い池があった

**СЗФО** [эзэдэфо́] 〔略〕Се́веро-За́падный федера́льный о́круг 北西連邦管区

**сзыва́ть** [不完] = созыва́ть

**си** [不変] (音階の) シ (→до́[活用])

**сиа́мск|ий** [形3] シャム (人) の ■ **-ие близнецы́** 結合〚シャム〛双生児

**сибари́т** [男1] / **~ка** 複生-ток [女2] 贅沢にふけて遊び暮らす人

**сибари́тство** [ц] [中1] 贅沢で遊惰な暮らし

**сибари́тствовать** [ц] -твую, -твуешь [不完] 贅沢に遊び暮らす

**Сиби́р|ь** [女10] シベリア // **~ский** [形3]

**сибиря́к** -а́ [男2] / **~чка** 複生-чек [女2] シベリア人

**си́вка** 複生-вок (女2変化) [男・女] 〚話〛葦毛 (あしげ) の馬; (一般に) 農耕馬 **С~-бу́рка** (おとぎ話) (主人公を助ける) 葦毛の馬

**сиводу́шка** 複生-шек [女2]〚動〛ギンギツネとアカギツネの交配種; その毛皮

**сиву́ха** [女2] 下等なウォッカ, 安酒 // **сиву́шн|ый** [形1]: -oе ма́сло フーゼル油

**сиву́ч** -а́ [男4]〚動〛トド

**си́вый** 短 сив, -ва́/-ва, -во [形1] ①葦毛 (あしげ) の, 青灰色の ②白髪の, 白髪まじりの

**сиг** -а́ [男2]〚魚〛ウスリーシロザケ (аму́рский ~)

**си́га** [女2]〚若者〛たばこ (сигаре́та)

**сига́ну́ть** [完] → сига́ть

**сига́ра** [女1] ①葉巻きたばこ, シガー ②葉巻型〔筒状〕のもの

*\***сигаре́т|а** [сиг̌ара́та] [女1] 〔cigarette〕(両切りの) 紙巻きたばこ, シガレット: па́чка *сигаре́т* たばこ一箱 | Он ку́рит то́лько кре́пкие -ы. 彼は強いたばこしか吸わない // **~ка** 複生-ток [形1] 〚指小〛 // **~ный** [形1]

**сигаре́тница** [女3] シガレットケース

**сигарообра́зный** 短 -зен, -зна [形1] 葉巻型の

**сига́ть** [不完] / **сигану́ть** -ну́, -нёшь [完] [一回]

**сигна́л** [シグナル] [男1] (signal) ①信号, 合図, 警報, シグナル: звуково́й ～ 音響信号｜штормово́й ～ 暴風警報｜Они́ по́дали ～ бе́дствия. 彼らは遭難信号を発した｜Его́ докла́д послужи́л ～ом к диску́ссии. 彼の報告が討論のきっかけとなった ②きっかけ, 口火, 導火線: Его́ докла́д послужи́л ～ом к диску́ссии. 彼の報告が討論のきっかけとなった ③密告, 危険信号: На вас поступи́л ～ из мили́ции. 警察からあなたに警告が届いた

**сигнализа́тор** [男1] 報知器, 信号装置

**сигнализа́ц|ия** [女1] ①信号の発信 ②信号[警報]システム ③信号[警報]装置 //–ио́нный [形1]

**сигнализи́ровать** -рую, -руешь [不完・完] [完まの **про**–〈ロに圏で〉] ①信号を発する; 信号で知らせる, 合図する ②〈の圏を警告する

**сигна́л|ить** -лю, -лишь 受動 -ленный [不完] / **про**～ [完] 〈圏〉 = сигнализи́ровать ①

**сигна́льн|ый** [形1] 信号の, 合図の, シグナルの ■ **пе́рвая [втора́я] ～ая систе́ма** [生理] 第1[2]信号系｜～ **экземпля́р** [印] 見本刷り

**сигна́льщик** [男2] 信号手; 信号兵

**сигнату́ра** [女1] ①[薬]用法注意; [薬局で薬に添える]ラベル, 処方箋の写し ②[印]折記号, 背丁

**сигнифика́т** [男1] [言](語・記号の) 概念内容; 意味

**сиде́лка** 複生-лок [女2] 付添い看護婦(女性)

**сиде́ние** [中5] 座っていること; (鳥などが)とまっていること; ある場所[状態]にいる[ある]こと; 座って何かをしていること; 入獄していること

**си́день** -дня [男5] 《話》出不精の人 ◆**си́днем сиде́ть** 座りっぱなしでいる; 引きこもる

*\*сиде́нье** [中4] (seat) ①座席, 座面, シート: за́днее ～ автомоби́ля 自動車の後部座席 ②《俗》尻

*\*сиде́ть** [シヂェーチ] сижу́, сиди́шь, ..., сидя́т 命-ди́ 能形副 си́дя [不完] (sit, be) ①座っている, 腰かけている: ～ на сту́ле 椅子に座っている｜～ верхо́м на ло́шади 馬に乗っている｜Она́ сиде́ла у окна́, заду́мавшись. 彼女は窓辺に座って物思いに沈んでいた ②(鳥・虫が)とまっている: Пти́ца сиди́т на ве́тке. 鳥が枝にとまっている ③〈за/на/с〈圏〉〉座って)...している, …に従事している: ～ за кни́гой 本を読んでいる｜～ над зада́чей 課題に取り組んでいる ④(ある場所に)いる, ある; 暮らしている: ～ до́ма 家にいる｜～ в гостя́х お客になっている｜Гвоздь кре́пко сиди́т. くぎがしっかりと刺さっている ⑤投獄されている, 服役している: ～ в тюрьме́ 投獄されている｜Он де́сять лет сиде́л. 彼は10年間獄中で過ごした ⑥(ある状態)にある, いる: ～ без де́ла 何もしないでいる ⑦〈на圏〉の制限に従う: ～ на дие́те ダイエットをしている ⑧(船が)ある吃水で(氐)浮かんでいる: Кора́бль сиди́т глубоко́. この船は吃水が深い ⑨(衣服が)体に合う, フィットする: Пла́тье хорошо́ сиди́т на ней. ドレスは彼女の体にぴったり合っている ⑩(考えなどが)秘められている, 深く根づいている: Одна́ мысль сиди́т в голове́. ある考えが頭から離れない ◆**вот где сиди́т** 〈圏〉…にとって悩みの種だ, うんざりだ: Вот где он у меня́ сиди́т! あいつにはつくづく嫌になってしまう｜**～ в де́вках** 《話》長い間嫁に行かずにいる

**сиде́ться** -ди́тся [不完] 《無人称; 否定文で》《話》座って[とどまって]いられる: Мне не сиди́тся до́ма. 私は家にじっとしていられない

**Си́дней** [e/э] [男1] (Sydney) シドニー(オーストラリアの都市)

**си́дор** [男1] (兵隊用) 雑嚢(ǝǔ), かばん

**Си́доров** [男姓] シードロフ(→Ива́нов)

**сидр** [男1] シードル, リンゴ酒

**сидю́к** -а́, **сидю́шник** [男2] 《俗》コンパクトディスク, CD-ROM

**сидя́чий** [形6] ①座っている: засну́ть в ～ем положе́нии 座った姿勢で眠る ②座るための ③座って行う, 座って行う: ～ая рабо́та 座り仕事

**си́живать** (現在形なし) [不完] [интер] < сиде́ть

**сиза́р|ь** -я́ [男5] 《話》[鳥] カワラバト (си́зый го́лубь)

**СИЗО** [сизо́-] (不変) [男]/[中] 《俗》拘置施設 (сле́дственный изоля́тор)

**си́зо-..** 《語形成》「青灰色の」「鳩色の」

**сизокры́лый** [形1] 青灰色の翼を持つ

**си́зый** 短 сиз, -за́, -зо [形1] 青灰色の, 鳩色の

**си́квел** [男1] 続き, 続編

**си́кось-на́кось** [副] ①斜めに, はすに ②いい加減に, ぞんざいに, 下手に: Всё у него́ ～. 彼のやることはすべてなっていない

**сикхи́зм** [男1] [宗] シーク教

*\*си́л|а** [シーラ] [女1] (strength, force) ①(肉体的な)力, 筋力: физи́ческая ～ 体力｜толкну́ть с ～ой力をこめて押す｜У него́ больша́я ～ в рука́х. 彼は腕の力が強い ②(精神的・知的な)力; 能力: духо́вные [душе́вные] ～ы 精神力｜у́мственные ～ы 知力 ③《通例 複》体力, 気力, 精力, 元気; 活力, 能力: упа́док ～ы 体力の衰え｜приня́ться за рабо́ту со све́жими ～ами 元気も新たに仕事に取りかかる｜Это свы́ше мои́х сил. それは私の力に余る ④暴力, 強圧的な力: примени́ть ～у 力を行使する, 暴力に訴える ⑤[理]力, エネルギー: подъёмная ～ 揚力｜～ тя́жести 重力 ⑥強度, 強さ: ～ све́та 光度｜～ ве́тра 風力 ⑦威力, 勢力, 影響力: могу́чая ～ 偉大な力｜～ сло́ва 言葉の持つ偉大な力 ⑧(法・金融的な)効力, 有効性: юриди́ческая ～ 法的効力｜Зако́н вступи́л в ～у. 法律が発効した ⑨原動力: дви́жущие ～ы револю́ции 革命の推進力 ⑩本質, 意義, 肝心な点: Не в года́х ～, а в му́дрости. 肝心なのは年齢ではなく, 賢さだ ⑪《通例 複》(政治の)勢力, 集団; 階層: прогресси́вные ～ы 進歩的勢力 ⑫《複》軍隊, 兵力: Вое́нно-возду́шные ～ы 空軍｜Вое́нно-морски́е ～ы (米国などの)海軍 ⑬《通俗》部隊, 大勢: Наро́ду — ～! ものすごい数の人だ ⑭[間]《俗》すばらしい, すごい ◆**в ～ах** (1)元気である (2)〈不定形〉…できる, …する力がある(★通常否定文で用いる; 不定形は主に完了体): Никто́ не в ～ах сде́лать э́то. 誰もそれをすることができない｜**в ～е** (1)力がある (2)〈不定形〉影響力を持つ: Он сейча́с в большо́й ～е. 彼は今権勢を誇っている｜**в ～у** 〈圏〉…のもとに, …の理由で: в ～у обстоя́тельств 事情により｜**в ～у того́ что ...** 〈文〉…のために, …のために｜**во всех ～ах = изо всей ～ы = что есть ～ы** 全力をあげて, 力いっぱい｜**от ～ы** 《話》せいぜい, 多くても｜**по ～ам** = **под ～у** [圏]能力に相応じて: Это мне не по ～ам. それは私の手に負えない｜**свои́ми ～ами** 自力で, 自前で｜**～ами 〈圏〉**…の助けを借りて, …の力で｜**сил нет, как** = **～ами** 《話》非常に, ひどく: Сил нет, как мне надое́л. あいつにはまったく飽き飽きした｜**～ою в 〈圏〉[до 圏]** [軍] 総勢…名の[ほどの]｜**～ою веще́й** 諸般の事情により｜**со стра́шной ～ой** 《俗》集中して, 猛烈に｜**че́рез ～у** 無理をして, 力以上に ■ **Вооружённые Си́лы Росси́йской Федера́ции** ロシア連邦軍 (ВС Росси́и)｜**Си́лы самооборо́ны Япо́нии** 自衛隊｜**Сухопу́тные [Морски́е, Возду́шные] [Си́лы] самооборо́ны Япо́нии** 陸上[海上, 航空]自衛隊

**сила́ч** -а́ [男4] / **～ка** 複生-чек [女2] 力持ち

**силикаге́ль** [男5] [化] シリカゲル

**силика́т** [男1] 《通例 複》 ①[化] 珪(に)酸塩 ②珪土, シリカ材

**силико́з** [男1] [医] 珪(に)肺症

**силико́н** [男1] [化] シリコン; 《話》シリコーンゴム // **–овый** [形1]

**си́литься** -люсь, -лишься [不完] 《話》〈不定形〉…

しようとする, 努力する

**си́лища** [女4] 〖増大〗< си́ла

**силко́м** [副] 〖俗〗むりやり, 力ずくで (си́лой)

**силлаби́ческий** [形3] 〖詩〗音節数による

**силлоги́зм** [男1] 〖論〗三段論法

**силови́к** -á [男2] 治安・国防関係省庁の幹部とその出身者, シロヴィキ

*__силов|о́й__ [形2] ①〖理〗力の, エネルギーの:—-óe по́ле力の場 ②体力を用いる, 力を必要とする: —-ая трениро́вка 体力トレーニング ③エネルギー〖動力〗を作りだす〖伝達, 変換する〗: —-я́я ста́нция 発電所 ④軍隊を有する, 武力の

**си́лой** [副]〖話〗むりやり, 力ずくで

**сило́к** -лка́ [男2] (捕獲用)罠

**сило́мер** [男1] 測力計, 動力計, 握力計

**си́лос** [男1] ①〖農〗サイレージ(飼料); サイロ ②〖牧〗野菜サラダ **//~ный** [形1]

**силосова́ть** -су́ю, -су́ешь 受過 -óванный [不完・完] [完また за~]〖農〗図サイレージにする

**силуэ́т** [男1] ①シルエット, 影絵 ②(雲の中などの)ぼんやりした輪郭 ③(衣服などの)輪郭, シルエット **//~ный** [形1]

*__си́льно__ [シーリナ] 比 -нéе [副] [strongly, greatly] ①強く, 激しく, 強力に: Он уда́рил кулако́м по столу́. 彼はこぶしでテーブルを強くたたいた ②非常に, ひどく: Я уста́л. 私はひどく疲れた ③〖俗〗うまく, 見事に

**сильно..** [語形成] 「強い」「激しい, 強烈な」「多量の」「大きい」

**сильноде́йствующ|ий** [形6] 効き目の強い: —-ее сре́дство 劇薬

*__си́льн|ый__ [シーリヌィ] 短 -лен/ -лён, -льна́, -льно, -льны́/-льны 比 -нéе 最上 -нéйший [形1] [strong, powerful] ①(体力的に)強い, 力のこもった, 強靱な (↔сла́бый): Он так силён, что мо́жет согну́ть подко́ву. 彼は蹄鉄を曲げられるほど力が強い │ ~уда́р 強打 ②強力な, 強大な: —-ое госуда́рство 強大な国家 ③意志の強固な, 不屈の: челове́к —-ой во́ли 意志の強固な人 ④(大きさ・程度の)激しい, ひどい, 強烈な: —- до́ждь 大降りの雨 │ —-ая боль 激痛 ⑤説得力のある, 人に訴えかける, 有力な: —-ый до́вод 強力な論拠 │ прозви́чное —-ую речь 心に響く演説をする ⑥〖短尾〗能ある, 優秀な, 精通している: Я не силён в поли́тике. 私は政治に疎い ⑦〖短尾〗〖俗〗<на что/不定形>…(するの)が上手だ, 得意だ: Она́ си́льная врать. 彼女はうそがうまい ⑧(小麦粉が)グルテンを多く含む

**Сим** [男1] 〖聖〗(旧約聖書で)セム(ノアの長男)

**си́ма** [女1] 〖魚〗サクラマス(→лосо́сь活用)

**симбио́з** [男1] 〖生〗共生

*__си́мвол__ [シームヴァル] [男1] [symbol] ①象徴, シンボル: Го́лубь — ~ ми́ра. 鳩は平和のシンボルだ ②(科学的な)記号, 符号: хими́ческий ~ 化学記号 ■-ве́ры (1)〖宗〗信仰箇条, 信経 (2)信条, 信念

**символиза́ция** [女9] 象徴化

**символизи́ровать** -рую, -руешь 受過 -анный [不完・完] 図象徴する

**символи́зм** [男1] 〖芸〗象徴主義, シンボリズム

**симво́лика** [女2] ①象徴的意味 ②〖集合的〗シンボル, 象徴

**символи́ст** [男1] / **~ка** 複生 -ток [女2] 〖芸〗象徴主義者, シンボリスト

**символи́стский** [cc] [形3] 象徴主義(者)の

*__символи́ческий__ [形3] [symbolic] ①象徴的な, 象徴する; 記号による; 記号による; 表示の: —-ое значе́ние чисел 数の象徴的な意味 ②(金額などが)ごくわずかの: ~взнос ささいな納入金 **//-и** [副]

**символи́чный** 短 -чен, -чна [形1] 象徴的な, 暗示的な

**си́мка** 複生 -мок [女2] = сим-ка́рта

**сим-ка́рта** [女1] 〖IT〗SIMカード(SIM-ка́рта)

**симметри́ческий** [形3] = симметри́чный

**симметри́чн|ый** [形1] 左右対称の, 均整のとれた, シンメトリックな **//-о** [副] **//-ость** [女10]

**симме́трия, симметри́я** [女9] 左右相称, 均整, シンメトリー

**симпатизи́ровать** -рую, -руешь [不完] <кому/чему>好感を持つ, 共感する

**симпати́ческ|ий** [形3] ①〖医〗交感神経の ②〖薬〗プラシーボ効果を持つ, 気休めの ■-ая нéрвная систе́ма 〖生理〗交感神経系 │ -ие черни́ла あぶり出しインク, 隠顕インク

*__симпати́чн|ый__ [シムパチーチヌイ] 短 -чен, -чна [形1] [likable, attractive] ①好感を与える, 魅力的な, 人を引きつける: ~ челове́к 感じのいい人 │ Ва́ши наме́рения мне о́чень —-ы. 御意向は私にはとても魅力的です **//-о** [副] **//-ость** [女10]

*__симпа́тия__ [女9] ①好感, 共感, 好意: чу́вствовать —-ию к кому́ …に好感を抱く ②〖話〗好きな人, 愛する人

**симпатя́га** [女2変化] [男・女] 〖俗〗感じのよい人

**симпо́зиум** [男1] 〖文〗(国際)学術会議, シンポジウム

**симпто́м** [男1] [symptom] ①〖医〗症状, 症候: —-ы меланхо́лии うつ病の症状 ②徴候, きざし: —-ы приближе́ния кри́зиса 危機接近のきざし

**симптомати́ческий** [形3] 〖医〗対症の ②= симптомати́чный

**симптомати́чный** 短 -чен, -чна [形1] 徴候となる, きざしを示す, 暗示的な

**симули́ровать** -рую, -руешь 受過 -анный [不完・完] 図装う, 見せかける

**симуля́нт** [男1] / **~ка** 複生 -ток [女2] (何かの)ふりをする人, 仮病の人

**симуля́ция** [女9] ふりをすること, 見せかけ, 偽り

**Симферо́поль** [男5] シンフェロポリ(クリミア(自治)共和国の首都; クリミア連邦管区)

*__симфо́ния__ [女9] ①〖楽〗交響曲, シンフォニー: ~ Чайко́вского チャイコフスキーの交響曲 ②(音・色彩などの)調和 **//симфони́ческий** [形3] : ~оркéстр 交響楽団

**синаго́га** [女2] シナゴーグ, ユダヤ教の会堂

**Сингапу́р** [男1] シンガポール共和国; その首都

**сингапу́р|ец** -рца [男3] / **~ка** 複生 -рок [女2] シンガポール人 **/ ~ский** [形3] シンガポール(人)の

**сингармони́зм** [男1] 母音調和

**сингл** [男1] 〖楽〗シングル盤, CD シングル

**синдика́т** [男1] ①〖経〗シンジケート, 企業連合 ②(フランスなどの)労働組合 ③〖史〗(ソ連初期の)トラスト連合

**синдици́ровать** -рую, -руешь 受過 -анный [不完・完] 図シンジケート化する

*__синдро́м__ [男1] [syndrome] 〖医〗症候群, シンドローム: афга́нский ~ アフガン・シンドローム

**сине-..** [語形成] 「青い, 紺色の」

**синева́** [女1] 青さ, 青, 紺 ②(肌などの)青み: ~ под глаза́ми 目のくま

**синева́тый** 短 -ват [形1] 青みがかった, 青みを帯びた

**синегла́зый** 短 -áз [形1] 青い目

**сине́кдоха** [女2] 〖修〗提喩

**синеку́ра** [女1] 〖文〗(収入のよい)閑職, 名誉職

**сине́ль** [女10] シェニール糸, 毛糸糸

**синёный** [形1] 青く染めた

**синерги́я** [女9] 相乗効果, シナジー効果

**сине́ть** [不完] [完 по~] 青くなる ②(青いものが)見える, 青く見える

**сине́ться** [不完] 〖話〗= сине́ть②

*__си́н|ий__ [シーニイ] 短 синь, -ня, -не 比 -нéе [形8] [blue]

**сини́льный** [形1] ■-ая кислота́ 《化》シアン化水素酸, 青酸

**сини́ть** -ню́, -ни́шь 受過 -нённый (-нён, -нена́) [不完]〈綴り〉 ① 青く染める ② 〔完 под~〕(漂白のために) 蛍光染料を溶かした水ですすぐ

**сини́ца** [女3]《鳥》シジュウカラ **//-чка** 複生 -чек [女2]〔指小・愛称〕

**синко́па** [女1]《楽》シンコペーション

**синкопи́ровать** -рую, -руешь 受過 -анный [不完・完]〈綴り〉《楽》シンコペーションする

**синкрети́зм** [男1]《文》未分化の状態, 融合 ②《哲》シンクレティズム, 混合主義 ③《言》融合 **//-и́ческий** [形3]

**сино́д** [男1]《正教》聖務会院, 宗務院, シノド ② (プロテスタントの) 宗教会議 **//-а́льный** [形1], **~ский** [ц] [形3]

**сино́дик** [男2]《宗》過去帳

**синоло́г** [男2] 中国学者, 中国研究者

**синоло́гия** [女9] 中国学

**сино́ним** [男1]《言》類義語, 同義語, シノニム (↔ анто́ним)

**синони́мика** [女1]《言》(ある言語の) 類義語の総体

**синоними́ческий** [形3], **синоними́чный** [形1] 類義語の, シノニムの; 類義的, 同意義の

**синоними́я** [女9]《言》類義(性)

**сино́птик** [男2] 気象予報官[士]

**сино́птика** [女2] 総観気象学, 気象予報学 **//-и́ческий** [形3]

**синта́гма** [女1]《言》シンタグマ

**си́нтаксис** [男1]《言》① 統語論, シンタックス ② 統語法, 統語関係 **//-и́ческий** [形3]

C *си́нтез [э] [男1] [synthesis] ① 統合, 総合: ~ тео́рии и пра́ктики 理論と実践の統合 ②《化》合成

**синтеза́тор** [э] [男1]《楽》シンセサイザー

**синтези́ровать** [э] -рую, -руешь 受過 -анный [不完・完]〈綴り〉① 総合する, 統合する ②《化》合成する ③《楽》合成する

*си́нтетика [э] [女2]《集合》合成物質, 合成素材; それでできた製品

*синтети́ческий [э] [形3] [synthetic] ① 総合的な, 統合的な: ~ ме́тод иссле́дования 総合的研究法 ②《化》合成の, 合成によって得られる; 人工の: ~ каучу́к 合成ゴム ③ 総合[構成, 統合]の: -ие языки́ 総合的言語

**си́нто** (不変), **синтои́зм** [男1]《宗》(日本の) 神道 **//синтои́стск|ий** [сс] [形3]: ~ храм = -ое святи́лище 神社

**си́нус** [男1] ①《数》正弦, サイン ②《解》洞, 腔

**синхрониза́тор** [男1]《技》同期装置, 同調装置

**синхрониза́ция** [男9] 同期, 同調 **//-ио́нный** [形1]

**синхронизи́ровать** -рую, -руешь 受過 -анный [不完・完]《技》〈綴り〉同期させる, 同調させる

**синхрони́зм** [男1] 同時性, 時間的一致, 同期性, シンクロ

**синхрони́стка** 複生 -ток [女2]《スポ》シンクロナイズドスイミング選手

**синхрони́ческий** [形3] ①《文》同時的な, 同期の ②《言》共時的な (↔ диахрони́ческий)

**синхрони́я** [女9] = синхрони́зм ②《言》共時的な, 共時的研究 (↔ диахрони́я)

**синхро́нн|ый** 短 -о́нен, -о́нна [形1] ① 同時の, 同期の: ~ перево́д 同時通訳 | -ое пла́вание シンクロナイズドスイミング ②《工》同期式の

**синхротро́н** [男1]《電子》シンクロトロン

**синхрофазотро́н** [男1]《電子》シンクロファゾトロン

**синь** [女10] ① 青い色, 青, 紺 ②《鉱》藍色鉱

**си́нька** сине-нек [女2] ① 青く染めること; (漂白のために) 蛍光染料を溶かした水ですすぐこと ② 青色[蛍光]染料 ③ 青写真 ④《俗》酒, アルコール; 大酒飲み

**синьо́р** [ё] [男1]《イタリア語圏で男性の姓と共に》… 様, シニョール

**синьо́ра** [ё] [女1]《イタリア語圏で女性の姓と共に》… 様, 奥様, シニョーラ

**синьори́на** [ё] [女1]《イタリア語圏で未婚女性に対して》…さん, お嬢様, シニョリーナ

**Синьхуа́** (不変) [新] 新華社 (中国の国営通信社)

**Синьцзя́н** [男1]: ~-Уйгу́рский автоно́мный райо́н 新疆ウイグル自治区

**сино́ха** [女2]《医》チアノーゼ (циано́з)

**синю́шный** 短 -шен, -шна [形1] チアノーゼになった, (皮膚が) 青紫色の

**синя́к** -а́ [男2] ① (打撲などによる) あざ ②《複》(目の下の) くま ③《俗》大酒飲み, アルコール依存

**сиони́зм** [男1] シオニズム (ユダヤ人の祖国回復運動)

**сиони́ст** [男1] **/ ~ка** 複生 -ток [女2] シオニスト

**сиони́стский** [сс] [形3] シオニズムの, シオニストの

**сип** [男1] ①《鳥》シロエリハゲワシ (белоголо́вый) ②《話》かすれた声を出すこと, しゃがれ声

**сипе́ть** -плю́, -пи́шь [不完] ① かすれた音を出す ② かすれ[しゃがれ]声で話す **//-ние** [中5]

**си́пл|ый** 短 си́пл, -ла́/-ла, -ло [形1] (声・音が) かすれた, しゃがれた, ハスキーな **//-о** [副]

**си́пнуть** -ну, -нешь 命-ни 過сип/-ул, -пла [不完] **/о-** [完] 声がかすれる, しわがれ声になる

**сипота́** [女1] 声のかすれ, かすれた声

**сипу́ха** [女2]《鳥》メンフクロウ (обыкнове́нная ~)

**сире́на** [女1] ① C-《ギ神》セイレーン ②《動》カイギュウ, ジュゴン目 (?) ③《工》音響計, サイレン ④ サイレン, 警報器, 警笛

**сире́невый** [形1] ① ライラックの ② ライラック[薄紫, 藤]色の

**сире́нь** [女10]《植》ハシドイ属: ~ обыкнове́нная ライラック, ムラサキハシドイ

**сири́|ец** -и́йца [男3] **/-йка** 複生 -ек [女2] シリア人 **//сири́йский** [形3] シリア(人)の

**си́рин** [男1]《スラヴ神》シーリン (女性の顔と胸部を持つ怪鳥)

**Си́риус** [男1]《天》シリウス

**Си́рия** [女1] シリア (首都は Дама́ск)

**сиро́кко** (不変) [男1] シロッコ (北アフリカから地中海に向け吹く熱風)

**сиро́п** [男1] シロップ **/ ~чик** [男2] [指小]

*сирота́ 複 -о́ты (女1変化) [男・女] [orphan] 片親[両親]のいない子, 孤児; 身寄りのいない人: кру́глый [кру́глая] ~ 両親のいない子 ♦каза́нская ~《話・皮肉》同情を引くために不幸をよそおう人

**сироте́ть** -е́ю, -е́ешь **/о-** [完] ① 片親[両親]を失う, 孤児になる ② 人がいなくなる, 見捨てられる, 忘れられる

**сиро́тка** 複生 -ток [女2] ①《男・女》[指小・愛称] < сирота́ ② 孤児院

**сиротли́вый** 短 -и́в [形1] 見捨てられた, 孤独な, わびしい, あわれな **//-о** [副]

**сиро́тск|ий** [ц] [形3] 孤児の; あわれな, みすぼらしい ♦-ая зима́《話》暖冬

**сиро́тство** [中5] ① 片親[両親]がいないこと, 孤児の境遇 ② 孤独, ひとりぼっち

**си́рый** 短 сир, -а́/-а, -о [形1]《文》孤児になった;

孤独な、寄る辺のない；打ち捨てられた

**систéм|а** [シスチェーマ] [女1]〘system〙① 秩序, 体系, 規則, 方式, システム: ～ расстанóвки книг в библиотéке 図書館における図書の配列方法 | Он привёл в -у свои наблюдéния. 彼は自分の観察を体系に整理した ② 方式, 制度: избирáтельная ～ 選挙制度 | ～ налогооблoжéния 課税制度 ③ 社会制度, 体制: капиталистическая ～ 資本主義体制 ④ 体系, 系統, 系: граммати́ческая ～ рýсского языка́ ロシア語の文法体系 | нéрвная ～ 神経系 ⑤ 〘思想・学説などの〙体系: философская ～ Фёдорова フョードロフの哲学体系 ⑥ 機構, 機関, 組織網: ～ здравоохранéния 保健機構 | рабóтать в -е Академии наýк 科学アカデミーの機関で働く ⑦〘工〙装置, 系統, システム: тип, тип: автоматическая ～ управлéния 自動制御システム | самолёт нóвой -ы 新型飛行機 ⑧ 〘コン〙システム, OS ⑨ 《話》習慣, 慣行: Зарядка по утрáм преврати́лась в -у. 朝の体操が習慣になった ⑩〘動・植〙分類法 ⑪ С～ システム(ロシアの実践的格闘術; М. Рябкó 創始)

**систематизáция** [女9] 体系化, 組織化

**систематизи́ровать** -рую, -руешь 受 命 -анный [不完・完]〘及〙① 体系化する, 系統立てる, 組織化する ② 分類する

**система́тика** [女2] ① 分類 ②〘動・植〙分類学

**системати́чески** [副] ① 体系的に, 系統立てて ② 絶えず, 規則正しく

**системати́ческ|ий** [形3]〘systematic〙① 体系的な, 系統的な, 組織的な, 秩序だった: ～ое изучéние иностранных языкóв 外国語の系統的な学習 ② 不断の, 絶え間ない, 恒常的な: -ие опоздания 絶えず繰り返される遅刻 ③ 分類学の, 分類学上の

**системати́чн|ый** 短 -чен, -чна [形1] = системати́ческий ①② //-o [副]

*систéмный* [形1] システムの, 体系の: ～ ана́лиз システム解析 ② 体系的な

**систèмотéхник** [男2] システムエンジニア

**систèмотéхн|ика** [女2] システム工学 //-и́ческий [形3]

**си́ська** 複生 -сек [女2], **ся́ся** [女5] 《俗》〘女性の〙乳首, おっぱい

**сиса́стый** [形1] 《俗》〘女性が〙胸の大きな, 巨乳の

**си́тец** -тца [男1] 更紗(カラコ), キャラコ //**си́тцевый** [形1]

**си́течко** -чки, -чек, -чкам [中1]〘指小〙< си́то① ②〘茶こしなど〙こし器, 小型のふるい

**си́тник** [男2]《話》ふるい粉で焼いたパン

**си́тн|ый** [形1] ふるいにかけた ② ふるい粉で作った ◆**дрýг**-а 《話》友よ(気読(ミ)いな呼びかけ) | ～ **дóждь**(ふるいにかけたような)細かい雨; 霧雨

**си́то** [中1] ふるい; ふるい分け器

**ситрó** [不変]〘引〙レモネード, 柑橘系の清涼飲料水

**ситуати́вный** 短 -вен, -вна [形1] 一定の状況で起こる, 状況による

*ситуáция* [シトゥアーツィヤ] [女9]〘situation〙① 事態, 情勢, 状況, シチュエーション: политическая ～ 政治情勢 | У нас безвы́ходная ～. 我々は八方ふさがりの状況にある ②〘地学〙地形表記, 地勢 ◆**Вóт ~!** 《話》なんたることか, 困った //-**иóнный** [形1]

**сифи́лис** [男1]《医》梅毒 //-**ти́ческий** [形3]

**сифилитик** [男2] 梅毒患者

**сифóн** [男1] ① サイフォン, 吸上げ管 ② ソーダサイフォン //-**ный** [形1]

**сифóнить** -нит [不完]《俗》〘すきま風が〙吹く

**сифýд** [男1]《引》シーフード(морепродýкты)

**Си Цзиньпи́н**-[不変]-[男1] 習近平(1953-; 中華人民共和国第7代国家主席)

**сиюминýтный** -тен, -тна [形1] ① 今現在の, 目下の ② 即時の, 迅速な

*сия́ние* [中5]〘radiance〙① 輝き, 光: 光輪: ～ луны́ 月光 ②〘目・顔の〙輝き: ～ рáдости (顔に浮かんだ)喜びの色 ③《雅》偉大さ, 輝かしさ ■**поля́рное [севéрное]** ～ オーロラ

**сия́тельство** [中1]〘ва́ше, егó, её, и́х с共に〙閣下(公爵, 伯爵, その家族に対する尊称)

*сия́ть* [不完]〘shine〙① 光る, 輝く: На груди́ сия́ют ордена́. 胸に勲章が輝いている ②〘目・顔が喜び・幸福などに〙輝く: Глаза́ сия́ют от ра́дости. 目が喜びで輝いている

**СК** [エスカー] [略] Слéдственный комитéт 捜査委員会 (大統領直属)

**СКА** [エスカー, スカー] [略] спорти́вный клуб а́рмии 陸軍スポーツクラブ

**скабрёзность** [女10] ① わいせつ, みだらなこと ② わいせつな言葉［表現］

**скабрёзный** -зен, -зна [形1] わいせつな, みだらな

**сказ** [男1]《文学》① 語り物, 説話(フォークロアのジャンル) ② スカース(登場人物の語り口を有利・模倣する文学技法); その文学作品 ◆**Вóт (тебé) и вéсь ~!**《話》話はこれでおしまい, もう言うことは何もない

**сказáние** [中5]《歴史上の》物語, 伝説

**сказанýть** -нý, -нёшь [完]《俗》〘及〙<とき不適切なこと>を言う, ぬかす

*сказáть* [スカザーチ] скажý, скáжешь 命 скажи́ 受動 скáзанный [完] →говори́ть ◆**и тó ~** 確かに, それもも っともだ, 無理もない | **как** ～ (確信のなさを表して)どうだろう, どうかな | **Ктó сказáл?** (強い不同意・否定)とんでもない, 誰がそんなことを言ったか | **ма́ло** ～ …だけでは足りない | **не скажи́ = не скажу́**《話》《不同意・反駁》まさか, とんでもない, 大間違いだ: Он человéк чéстный. — **Не скажи́те!** 彼は正直者だ「とんでもない」| **Не тó что(чтóбы)** … …とは言えない | **ничегó не скáжешь**《話》まったくだ, そのとおりだ(話法として): Ну, поезжáй, скáжем, зáвтра.  まあ明日にでも出かけようか | **Скáжешь! = Скажéте!**《話》《不同意・不信》とんでもない, まさか | **скажи́(те)**《驚き・怒り》これは驚いた, おやまあ | **Скáзано — сдéлано.**《話》思いついたらすぐに実行: 言行が一致している | ~ **пo сóвести [прáвде, чéсти]** 正直に言えば, 本当のことを言うならば | **Чтó скáжешь [скáжете]?** (部屋などに入ってきた者に対して)何の用で, 何しに来たんだ | **э́тим всё скáзано** それですべてが説明がつく(明らかになる)

**сказáться** [完] → скáзываться

**сказ|и́тель** [男5]/～**ница** [女3] (口承文芸の)語り手, 歌い手

*ска́зк|а* [スカースカ] 複生 -зок [女2]〘fairy tale, story〙①《文学》民話, 昔話, おとぎ話: ру́сские народные -и ロシア民話 | -и Пýшкина プーシキンの童話 ②《通例複》《話》作り話, でたらめ, 嘘: C-и всё э́то! そんなのは全部でたらめだ ③《述語》すばらしい, 驚嘆すべきだ: Костю́м получи́лся ～! スーツが出来上がった, まさに絶品だ ◆**ни в ~е сказáть, ни пeрóм описáть**《民話》書き表すこともできないほど, 筆舌に尽くしがたい(すばらしい, 美しい) //**скáзочка** 複生 -чек [女2] 《指小・愛称》< ~

**скáзочни|к** [男2]/-**ца** [女3] (おとぎ話の)作者, 語り手

*скáзочн|ый* 短 -чен, -чна [形1] ①《長尾》民話の, 童話の ② 民話の中にだけ存在する, おとぎの国の: -ые колдуны́ おとぎの国の魔法使い ③ 驚くべき, 途方もない, 夢のような: -ая красотá 驚くほどの美しさ //-**o** [副]

**сказýемое** [形1変化] [中名]〘文法〙述語

\*ска́зываться [不完] / сказа́ться -ажу́сь, -а́жешься [完] ① 〈на 囲に〉影響を及ぼす, 作用する: Моро́зная зима́ ска́жется на бу́дущем урожа́е. 厳しい冬は次の収穫に影響を及ぼすだろう ② 〈в 囲に〉現れる, 反映する: В э́той рабо́те сказа́лся огро́мный тала́нт. この作品には大きな才能が現れている ③《話》《圏》…と名乗る, …のふりをする: ～ больны́м 病人のふりをする ④《俗》〈囲に〉予告する, 前もって知らせる: уйти́ не сказа́вшись 無断で立ち去る ⑤《完》《話》言われる, 口に出る

скак [男2] ◆на (всём) ~у́ 疾走しながら, 全速力で
скака́лка 複生 -лок [女2] 縄跳び, 縄跳びのなわ
\*скака́ть скачу́, ска́чешь [不完] / скакну́ть -ну́, -нёшь [完] [一回] ① 跳ぶ, 跳躍する, ジャンプする; はねる, はずむ: ～ на одно́й ноге́ 片足で跳ねる ② はねながら移動する, 跳んで行く: За́яц ска́чет че́рез по́ле. ウサギが野原を跳んで行く ③《不完》(馬・馬車で) 疾駆する; 《話》(人が) 急いで走る: ～ верхо́м 馬で疾駆する ④《不完》競馬に出る ⑤《話》激しく変わる; 移り変わる: После́дние дни температу́ра си́льно ска́чет. ここ数日気温が激変している
скаково́й [形2] 競走馬 (の血統) の; 競馬の
скаку́н -а́ [男1] ① 競走馬 ② [/~ья 複生 -ий[女8]]《話》飛び跳ねる人, 落ち着きのない人
\*скала́ 複 ска́лы [女1] (切り立った) 岩, 岩山, 崖; подво́дная ～ 暗礁
скаламбу́рить [完] →каламбу́рить
скали́стый -ист [形1] 岩の多い
скали́ть -лю, -лишь [不完] / о～ 受過 -ленный [完] 〈囲〉 (動物が) 牙をむき出しにする, 牙をむく: ～ зу́бы (動物が) 歯をむき出しにする, 牙をむく; 《俗》笑う ∥~ся [不完] [I] (動物が) 牙をむく ②《俗》笑う
ска́лка 複生 -лок [女2] ①《料理》麵棒, のし棒 ② 棒軸, 紡錘, プランジャー
скалодро́м [男1]《スポ》(訓練用の) 岩場
скалола́з [男1] / ~ка 複生 -зок [女2]《スポ》ロッククライマー
скалола́зание [中5]《スポ》ロッククライミング ∥ скалола́зный [形1]
ска́лочка 複生 -чек [女2]〔指小・愛称〕<ска́лка
ска́лывать [不完] / сколо́ть -олю́, -о́лешь 受過 -о́лотый [完] 〈囲〉 ① (打って) はがす, (割って) 取る ② (ピンなどで) 留め合わせる, とじ合わせる ③ (針で穴を開けて) 模様を写す ∥~ние [中5]
ска́льд [男1] (古代スカンジナビアの) 吟遊詩人
скальки́ровать [完] →кальки́ровать
скалькули́ровать [完] →калькули́ровать
ска́льный [形1] ① 岩の, 岩石の ② 岩石地の, 岩石地用の
скальп [男1] (北米先住民が戦利品としてはぎ取った敵の) 頭皮
ска́льпель [男5]《医》メス, 解剖ナイフ
скальпи́ровать -рую, -руешь 受過 -анный [不完・完]《囲》(敵などを) …の頭皮をはぐ
скаля́р [男1]《数》スカラー ∥ ~ный [形1]
\*скаме́йка [скаме́ика] 複生 -е́ек [女2] [bench] ベンチ, 腰かけ: Мы усе́лись на ～у. 私たちはベンチに腰をおろした ■ ～ штрафнико́в《スポ》ペナルティーボックス ∥ скаме́ечка 複生 -чек [女2]〔指小〕: ～ для ног 足置き, オットマン ∥ скаме́ечный [形1]
\*скам|ья́ 複 -ьи́/-ьи, -е́й, -ья́м/-ья́м [女8] [bench] ベンチ, 腰かけ (скаме́йка): дере́вянная ～ 木のベンチ ◆на шко́льной -ье́ 学校時代に | ～ подсуди́мых 被告人席: сесть [попа́сть] на -ью́ подсуди́мых 被告席につく | со шко́льной -ьи́ (1) 学校時代から: Я по́мню её со шко́льной -ьи́. 私は小学校時代から彼女を覚えている (2) 学校卒業後すぐに

\*сканда́л [男1] [scandal] ① スキャンダル, 醜聞, 不祥事: полити́ческий ～ 政治スキャンダル ② けんか騒ぎ, 騒動
скандализи́ровать -рую, -руешь 受身 -анный [不完・完]《文》〈囲に〉 (失礼なことをして) 嫌な思いをさせる, 困らせる, 迷惑をかける
сканда́лист [男1] / ~ка 複生 -ток [女2] お騒がせな人, トラブルメーカー
сканда́лить -лю, -лишь [不完] / на～ [完] ①騒ぎを起こす ②《話》〈囲と〉 けんかする
сканда́литься -люсь, -лишься [不完] / о～ [完]《話》気まずい立場になる, 恥ずかしい思いをする
сканда́льн|ый 短 -лен, -льна [形1] ① スキャンダラスな, 恥ずべき, 不名誉な ② けんか騒ぎを記事にした ③ けんか騒ぎの, けんか騒ぎについての ④《長尾》《話》いつも騒ぎを起こす, けんかっ早い ∥ ~ость [女10]
скандина́в [男1] / ~ка 複生 -вок [女2] スカンジナビア人 ∥ ~ский [形3] スカンジナビア (人) の
Скандина́вия [女9] スカンジナビア
сканди́рова|ть -рую, -руешь 受過 -анный [不完・完]《囲》(詩の) 韻脚を音節ごとにはっきり発音する ② 言葉を音節ごとにはっきり発音する, シュプレヒコールをする ∥ ~ние [中5]
ска́нер [э] [男1]《医・コン》スキャナ
скани́рова|ть -рую, -руешь 受過 -анный [不完] 〈完はот-〉《医・コン》〈囲〉 スキャンする, 走査する, (画像を) 読み取る ∥ ~ние [中5] スキャニング, 走査
сканогра́мма [女1] スキャン画像
скантова́ться -туюсь, -туешься [完]《若者》〈с 囲〉 と知り合う, 連絡をとるようになる
скань [女10] より糸 (金・銀の) 線細工 (филигра́нь)
ска́пливать [不完] / скопи́ть¹ -оплю́, -о́пишь 受過 -о́пленный [完]《囲》《на 囲》 ① 蓄える (копи́ть) ② 〈у 囲 の所に〉 集める, 集中する ∥ ~ся¹ [不完] / [完] ①《話》 (次第にたくさん) 貯まる, 集まる ②《不完》〔受身〕
ска́пывать [不完] / скопа́ть 受過 -о́панный [完]《囲》 (掘って) 削る, 掘り崩す
скараба́й [男6] ①《昆》スカラベ, ヒジリタマオシコガネ, フンコロガシ ② (古代エジプトで) それを刻印した貨幣 [宝石], 甲虫石
скарб [男1]《話》家財道具
ска́ред [男1], ска́реда (女1変化) [男・女]《話》けちん坊, しみったれ
ска́редн|ый 短 -ден, -дна [形1]《話》けちな, 貧相な ∥ ~ость [女10]
скарлати́н|а [女1]《医》猩紅熱 ∥ ~о́зный [形1]
ска́рмливать [不完] / скорми́ть -ормлю́, -о́рмишь 受過 -о́рмленный [完]《囲》 ① 飼料として使い尽くす ②《話》《к 囲に》 食料として与え尽くす ∥ ~ся [完]〔受身〕
скат¹ [男1] ①〈скати́ться〉落ちること ② (転がして落とすための) 設備 [装置] ③ 斜面, 傾斜 ④ (列車の) 車輪と車軸; (自動車の) タイヤ, 車輪 ⑤《魚》エイ
\*ската́(ся) [完] →ска́тывать¹
\*ска́тер|ть -и, -и́ 複 -и [女10] ① テーブルクロス: На ~и -и́ расста́влены прибо́ры. 白いテーブルクロスの上に食器が並べられている ② 平らな表面 ◆-ью доро́га 囹《話》…なんか好きなとこへ行けばいい, とっとと出て行け ∥ ~ный [形1]
ската́ть(ся) [完] →ска́тывать²
ска́тка 複 -ток [女2] ①〈ската́ть〉巻く [筒状にする] こと ② 巻いたもの ③《軍》(巻いて肩に背負う) 外套
ска́тный [形1] 転がして下ろす [落とす] ための
ска́тывать¹ [不完] / ската́ть 受過 -а́танный [完]

⟨閉⟩ ① (転がして)巻く[筒状にする], 丸める ② 《話》⟨閉⟩〔毛・髪をもつれさせる〕② ⟨閉⟩行って来る ③ ⟨閉⟩書き写す; 丸写しする, 剽窃する: Дай домашку ската́ть. 宿題を写させて **// ~ся¹** [不完] / [完] ① (巻かれて)円柱になる, 丸まる ② もつれる ③ 《不完》〔受身〕

**ска́тывать²** [不完] / **скати́ть** -ачу́, -а́тишь 受動 -а́ченный [完] ⟨閉⟩ ① 転がして下ろす ② 《話》滑り降りる 《落ちる》

**ска́тываться²** [不完] / **скати́ться** -ачу́сь, -а́тишься [完] ① 転がり落ちる, 転げ落ちる: ~ с горы́ на са́нках そりで山から滑り降りる ② ⟨К⟩[На⟨В⟩]〔思想的に〕…に堕落〔転落, 凋落〕する ③ 《不完》〔受身〕

**ското́л** [男1] 《化》スカトール (糞便中の不快臭物質)

**ска́ут** [男1] ボーイスカウト **// ска́утск|ий** [ц形3]: **~ое движе́ние** スカウト活動

**скафа́ндр** [男1] 宇宙服, 潜水服: косми́ческий **~** 宇宙服 | водола́зный **~** 潜水服

**скача́ть** [完] → ска́чивать

**ска́чк|а** 複生 -чек [女2]〔(馬の)疾走; (乗馬での)疾駆〕◆ ―[не] ~ **с препя́тствиями** ①〔障害物競馬〕②〔戯〕難事業, 難問

**скачкообра́зный** 短 -зен, -зна [形1] 飛躍的な

**ска́чивать** [不完] / **скача́ть** 受過 -а́ченный [完]〔コン〕ダウンロードする **// -ние** [中5]

**скачо́к** -чка́ [男2] ① 跳躍, 飛躍 ② 急上昇, 急変; 高騰 ③ 盗み, 窃盗

**ска́шивать¹** [不完] / **скоси́ть¹** -ошу́, -о́сишь 受動 -о́шенный [完] 〔不完また **коси́ть¹**〕⟨閉⟩ ①《農》刈り取る ② 切り[打ち]落とす, 薙ぎ倒す ③ 殺す **// ~ся¹** [不完] 〔受身〕

**ска́шивать²** [不完] / **скоси́ть²** -ошу́, -о́сишь 受動 -о́шенный/-ошённый (-шён, -шена́) [完] 〔不完また **коси́ть²**〕⟨閉⟩ ① 傾ける, 斜めにする, 歪める ②〈目を〉脇に向ける **// ~ся²** [不完] ① 傾く, 斜めになる, 曲がる ②〈на⟨В⟩を横目で見る 《不完》〔受身〕

**ска́шивать** [不完] / **скоси́ть** -ошу́, -ости́шь 受動 -ощённый (-щён, -щена́) [完] 〈金額・期間を〉減額する, 〈金額・期間を〉減らす

**СКВ** [эска-вэ-] (略) свобо́дно конверти́руемая валю́та 〔経〕自由交換可能通貨, 国際決済通貨; систе́мная кра́сная волча́нка〔医〕全身性エリテマトーデス

**сква́жина** [女1] 裂け目, 隙間 ② 井戸, ボーリング孔: бурова́я **~** 掘削孔 | нефтяна́я [га́зовая] **~** 油[ガス]井 ③〔生・地・工〕気孔

**скважи́стый** 短 -ист, **сква́жный** [形1] ① 隙間の多い, 穴だらけの ②〔地・生・地・工〕多孔性の

**сквалы́га** (女2変化) [男・女]《俗》けちん坊

**сквалы́жничать** [不完] 《俗》 けちけちする, けちる

**сква́шивать** [不完] / **сква́сить** -а́шу, -а́сишь 受過 -а́шенный [完] ① すっぱくする, 発酵させる, 酢漬けにする **// ~ся** [不完] / [完] ① すっぱくなる, 発酵する ② 《不完》〔受身〕

**сквер** [男1] 小公園, 辻広場 **// -ик** [男1][指小・愛称]

*****скве́рно** [badly] ① [副] 悪く, 忌まわしく, いやらしく ② [無人述] (口の中が) まずい; いやな気分で; (天候などが) いやで: У меня́ ~ на душе́. 私は気分が悪い

**сквернослов** [男1] 口の悪い人, 口汚く罵る人

**сквернословие** [中5] 汚い言葉, 罵言

**сквернословить** -влю, -вишь [不完] 汚い言葉を使う, 罵る

**скве́рн|ый** 短 -рен, -рна́, -рно, -рны/-рны́ [形1] ① 嫌悪感をもよおさせる, 醜悪で, 忌まわしい; 下品な, みだらな ②《話》悪い, ひどい **// -ость** [女10]

**скви́тывать** [不完] / **сквита́ть** 受動 -и́танный [完]⟨В⟩〈借りなど〉を返す ② 取り返す, 仕返しする

**// ~ся** [不完] / [完] 《話》⟨с⟨Т⟩〉…と清算する, …に借りを返す

**сквози́ть** -ожу́, -ози́шь [不完] ①〔無人称〕隙間風が吹く ② (光が) 透る, (風が隙間から) 吹く ③ 〔旧〕〈素材が〉光を通す ④ (透けて) 見える

**сквозно́й** [形] ① 通り抜ける, 貫通している ② 直通の ③ 一貫した, 全体を通した ④ 透けて見える, 薄い, 目の粗い

**сквозня́к** -а́ [男2] 隙間風, 吹き抜け風

*****сквозь** [сквоз'] [前]〔through〕⟨В⟩ …を通して, 通り抜けて, 貫いて: смотре́ть ~ око́шко 小窓から覗く | Пу́ля прошла́ ~ сте́ну. 弾丸は壁を貫通した | протисну́ться ~ толпу́ 人込みをかき分けて進む (★ че́рез толпу́ より困難さを感じる) ②〈他の動作・状態とともって, …しながら; (転じて)…しつつ: улыбну́ться ~ слёзы 涙を浮かべながらもにっこりする | услы́шать ~ дрёму 夢うつつで聞く

**скворе́ц** -рца́ [男3]〔鳥〕ホシムクドリ (обыкнове́нный ~); 複〕ムクドリ属: се́рый ~ ムクドリ **// -цо́вый** [形1]

**скворе́чник** [ш] [男2] = скворе́чня ②〔話・戯〕みすぼらしい小さな家

**скворе́чня** [女5] ムクドリの巣箱

**скворчи́ха** [女2]《話》(雌の) ムクドリ

**скворчо́нок** -нка 複 -ча́та, -ча́т [男9] ムクドリのひな

**сквош** [男4]《スポ》スカッシュ

**скейтбо́рд** [男1]《スポ》スケートボード (用具)

**скейтбо́рдинг** [男1]《スポ》スケートボード (競技)

**скейтборди́ст** [男1] **/ -ка** 複生 -ок [女2]《若者》スケートボード選手 [愛好者]

**ске́йтер** [э-] [男1] = скейтборди́ст

**скеле́т** [男1]〔解〕骨格, 骸骨 ② 骨組, フレーム ③ 骨子, 概要 ④ 痩せぎすの人 **// -ный** [形1] <①

**скелето́н** [男1] ①《スポ》スケルトン ② スケルトン時計 (часы́ —ы) ③《俗》痩せぎすの人, 骸骨 (скеле́т)

**ске́псис** [男1] = скептици́зм ①

**ске́птик** [男2] ①〔哲〕懐疑主義者 ② 疑い深い人

**скептици́зм** [男1] ①〔哲〕懐疑主義 ② 懐疑の態度, 懐疑

**скепти́ческ|ий** [形3] ① 懐疑主義の, 懐疑主義的な ② 懐疑的な, 疑い深い **// -и** [副]

**скепти́чн|ый** 短 -чен, -чна [形1] = скепти́ческий **// -о -ость** [女10]

**ске́рда** [女1]〔植〕フタマタタンポポ属

**ске́рцо** (不変) [中7]〔楽〕スケルツォ

**скетч** [男4] ①〔劇〕寸劇 ②〔文学・美〕スケッチ, 素描

**скиаскопи́я** [女1]〔医〕 (網膜検査の) 検影法

**скида́ть** [完] → ски́дывать¹

*****ски́дк|а** [スキートカ] 複生 -док [女2]〔reduction, discount〕 ① 値引き, 割引, ディスカウント: де́лать ~/ 割引する | прода́жа това́ров со —ой на 10 (де́сять) проце́нтов 商品の10パーセント割引販売 ②〈на⟨В⟩に対して〉手心を加えること, 斟酌 (いうしく): Он рабо́тал, не де́лая никаки́х ски́док на свою́ боле́знь. 彼は病気だからといって一切手を抜かずに働いた ③ 投げ下ろすこと, 投下

**ски́дывать¹** [不完] / **скида́ть** 受過 -и́данный [完] 《俗》 ① 投げ降ろす ② 投げて寄せ集める **// ~ся¹** [不完]⟨閉⟩〔受身〕

**ски́дывать²** [不完] / **ски́нуть** -ну, -нешь 受過 -тый [完]⟨閉⟩ ① おろす, 落とす ②《話》 (権力の座から) 引きずりおろす, 権力を奪う ③ 脱ぐ ④《話》減らす, 値引きする ⑤〔トランプ〕〈カードを〉捨てる ⑥《俗》早産に[流産]する ⑦〔IT〕〈ファイルを〉保存する, コピーする:〈メール・リンク・添付ファイルを〉送る ⑧〔隠〕(厄介を) 棄てて[片付けて] 解放される[自由になる]

**ски́дываться²** [不完] / **ски́нуться** -нусь,

**-нешься** [完] ①《話》(衣服・履物が)脱げる ②《俗》金を出し合う ③《狩猟》(動物が)足跡を消すために横っ跳びする

**..ский** [語形成]「…の」「…に関する」

**ски́нуть(ся)** [完] →скидывать(ся)

**скинхе́д, ..ски́н** [男1]《若者言葉》スキンヘッド

**скипа́ться** [不完] / **скипе́ться** -пи́тся [完] ① (煮詰まって・溶けて)固まる ② (固められて)固まる

**ски́петр** [男1] 王笏(おうしゃく), 王権

**скипида́р** [男1]《医・化》テレビン油 **//-ный** [形1]

**скирд** -á [男1, 複ы́], **скирда́** 複 -и́рды [女1]《農》(麦長に積んだ)干草[わら]の山

**скирдова́ть** -ду́ю, -ду́ешь 受過 -о́ванный [不完] / **за-~** [完]《農》〈干草・わらを〉積んで山にする **//-ся** [不完] [受身] **//-ние** [中5]

**ски́рр** [男1]《医》スキルス, 硬癌(こうがん)

**скиса́|ть** [不完] / **ски́снуть** -ну, -нешь 命 -ни́ [完] -ки́с, -сла [完] ① すっぱくなる, (発酵して)駄目になる ② 《話》しょげる, 元気がなくなる ③《俗》(機械などが)動かなくなる, ぶっ壊れる, イカれる **//-ние** [中5]

**скит** -á 前 о е́-, в -ý [男1]《正教》① スキート, 小修道院, 隠遁(いんとん)所, 独房 ② (古儀式派がへき地につくった) 修道院 **//-ский** [ц] [形3]

**скита́|лец** -льца [男2] / **-лица** [女3] 放浪者, 流浪者 **//-льческий** [形3]

**скита́льчество** [中1] 放浪生活

**скита́|ться** [不完] ①《話》(長い間)歩きまわる ②《話》放浪する **//-ние** [中5]

**скиф**[1] [男1] / **-ка** 複生 -фок [女2]《史》スキタイ人 **//~ский** [形3]

**скиф**[2] [男1]《海》スキフ, (競漕用の細長い)ボート

**‡склад**[1] [スクラート] [男1] [storehouse, store] ① 倉庫, 保管庫: храни́ть проду́кты на -е 倉庫で食料品を保管する ② (一か所に集積した)ストック, たくわえ: ~ ору́жия 武器のストック

**‡склад**[2] [スクラート] -а/-у [男1] [mold] ① 人格, 外貌, 風格: фигу́ры 体つき ② 性格, 気質, 精神構造: ~ умá 知的性格 | Он - челове́к делово́го ~а. 彼はいかにも実務肌の人間だ ③ しきたり, 秩序: ~ жи́зни 生活様式 ④ (スピーチ・詩・歌などの)構成法, 組立て ⑤《話》(論理的な)脈絡, 調和

**скла́день** -дня [男5]《宗》折り畳み式イコン〔聖像〕

**склади́ровать** -рую, -руешь 受過 -анный [不完] [完]〈倉庫に入れる **//-ся** [不完] [受身]

**скла́дк|а** -док [女2] ① ひだ, 折り目: ю́бка в -у ひだ付き[プリーツ]スカート ② しわ, たるみ ③《地》褶曲(しゅうきょく), 起伏

**скла́дно** [副] うまく, 整然と

**складно́й** [形2] 折り畳み式の: ~ велосипе́д 折り畳み自転車

**скла́дн|ый** 短 -ден, -дна́, -дно [形1] ①《話》スタイルのよい, 均整のとれた ② 理路整然とした, 流暢な ③《話》(音楽・歌い)調子の整った ④《俗》出来のいい, 勝手のいい **//-ость** [女10]

**скла́дочка** 複生 -чек [女2]〔指小〕< скла́дка

**скла́дочный** [形4] 倉庫の

**складско́й** [ц] [形4] 倉庫 (склад)の

**скла́дчат|ый** [形1] ① ひだのある, ひだの多い ②《地》褶伏の多い, 地層が曲がった, 褶曲(しゅうきょく)した **//-ость** [女10]

**скла́дчин|а** [女1] (金品の)持ち寄り, 共同出資, (持ち寄りの)金品: в -у 金を出し合って

**‡скла́дывать** [スクラードィヴァチ] [不完] / **сложи́ть**[1] [スラジーチ] -ожу́, -о́жишь 命 -ожи́ 受過 -о́женный/〔旧〕-жа́-[完] [put together]〈完〉① 置く, 並べる, 積む; (荷物を)まとめる, 詰める: ~ кни́ги сто́пкой 本を山に積む | ~ чемода́н 荷物をまとめる, 出発の支度をする | Она́ сложи́ла бельё в шкаф. 彼女はシーツ類を戸棚にしまった ② 加算する, 足す: ~ три́ и пять 3と5を足す ③ 寄せ集める, 組み立てる: ~ из кирпичо́в письмó 手紙の切れ端を寄せ集める ④ (積み重ねて)作る, 積み上げる: ~ сте́ну из кирпича́ レンガで壁を作る ⑤《詩・歌》創作する: ~ стихи́ 詩をつくる ⑥ 折り畳む, 畳む:〈唇・手足〉を曲げてある形にする: ~ газе́ту 新聞を折り畳む | ~ ру́ки на груди́ 腕組みする ◆ **сложá ру́ки** (сиде́ть) 手をこまぬいて[何もしないで](いる) | **~ го́лову** 戦死する | ~ **ру́ки** 行動をやめる, 手をこまねく

**‡скла́дываться** [スクラーディヴァッツァ] [不完] / **сложи́ться** [スラジーッツァ] -ожу́сь, -о́жишься 命 -ожи́сь [完] [form, take shape] ① できあがる, 形成される; (集団が)できる: Обстоя́тельства сложи́лись благоприя́тно. 事情は好ましいものになった | в сложи́вшейся ситуа́ции 現状で, このような状況下で ② (作品が)できる, 頭に浮かぶ: В голове́ сложи́лся план. あるプランが浮かんだ ③ (肉体的・精神的に)成熟する, 一人前になる: вполне́ сложи́вшийся челове́к 完全に一人前の人間 ④ (唇・手足が曲がって)ある形になる: Её гу́бы сложи́лись в улы́бку. 彼女の唇がほころびた ⑤《話》(金を出し合う, 拠金する: ~ на пода́рок プレゼントに金を出し合う ⑥《話》荷物をまとめる, 旅支度をする ⑦ [不完] [受身] < скла́дывать

**склёвывать** [不完] / **склева́ть** -люю́, -люёшь 命 -люй 受過 -лёванный [完]〈鳥・魚がついばんで〉食べ尽す **//-ся** [不完] [受身]

**скле́ива|ть** [不完] / **скле́ить** -е́ю, -е́ишь 受過 -е́енный [完] ①〔不定式 кле́ить〕貼り合わせる, (糊で)くっつける ② (貼り合わせて)作る, 修復する ③《話》(人間関係を)引き結びつける, 元に戻す **//-ся** [不完] [受身] ①くっつく, 貼りつく ②《話》(人間関係が)元に戻る, うまくいく ③《不完》[受身] **//-ние** [中5] <①

**скле́йка** 複生 -éек [女2] 接着; 接着箇所

**склеп** [男1] 地下納骨所, 地下墓

**склёпка** 複生 -пок [女2] 釘[鋲]留め; 留めた箇所

**склёпыва|ть** [不完] / **склепа́ть** 受過 -лёпанный [完]〔釘・鋲で〕留める

**склеро́з** [男1]《医》硬化症 **//-ти́ческий** [形3]

**склеро́т|ик** [男2] / **-и́чка** 複生 -чек [女2]《話》① 硬化症患者 ② 忘れっぽい人

**склика́|ть** [不完] / **скли́кать** -и́чу, -и́чешь 受過 -и́канный [完]《話》〈大勢の人・動物を〉呼び集める, 呼び集める

**склифосо́вский** (形3変化) [男]《俗》熱心な生徒; 専門家[利口]ぶる人 ◆ **Коро́че, С~!** もっと簡単に話せ; 要するに言いたいことは (映画《Кавка́зская пле́нница, и́ли Но́вые приключе́ния Шу́рика》のせりふから)

**скло́ка** [女2] けんか, いざこざ, もめ事

**‡скло́н** [男1] [slope] 斜面, 斜面, 坂: круто́й ~ 急な斜面 ◆ **на -е ле́т** (дней, жи́зни) 晩年に, 年老いて

**склоне́ние** [中5] ① 傾ける[傾く]こと; 《数・航空》傾き ②《言》曲用; 名詞の格(性・数・格に応じた)語形変化

**склони́ть(ся)** [完] →склоня́ть(ся)

**‡скло́нность** [女10] [inclination]〈к 与〉① …の素質, 才能, 適性, 好み: ~ к му́зыке 楽才, 音楽好き ② …する性向, 傾向, 体質: ~ к полно́те 太りやすい体質 ③ …への好意, 好感: чу́вствовать ~ к 与 …に好感を覚える

**‡скло́нный** 短 -óнен, -oннá/-ó-, -óнно [形1] [inclined]〈к 与/不定形〉①《旧》素質[適性]がある: Он скло́нен к нау́чным заня́тиям. 彼は学問的なことに向いている ② 傾向がある, …しがちな: ребёнок, ~ к просту́де 風邪をひきやすい子 ③《短尾》意向である, …する気である: Я скло́нен ду́мать ина́че. 私は別なふう

**СКОЛЬКО**

に考えたいと思う

**склоня́ть**[1] [不完] / **склони́ть** -оню́, -о́нишь 受過-онённый [-нён, -нена́] [完] 〈対〉 ① 傾ける, 垂らす, 下へ向ける, 伏せる ② 〈к因/на因〉にもたせかける, 傾けて置く ③ 勧誘[説得]する, 口説く ◆~ го́лову пе́ред кем (1)…に降参[降伏]する (2)…に敬服する, 頭を垂れる

**склоня́ть**[2] [不完] / **про~** [完] 〈対〉①〖言〗格変化させる ②たびたび口に[話題]にする

*склоня́ться** [不完] / **склони́ться** -оню́сь, -о́нишься [完] (bend) ① かがむ, 下へ曲がる：~ над больны́м 病人の上にかがみこむ ② 〈на因/к因〉にもたれかかる, 寄りかかる：Она́ склони́лась голово́й к его́ плечу́. 彼女は彼の肩に頭をもたせかけた | ~ пе́ред судьбо́й圖 に服従する, 屈服する：~ пе́ред судьбо́й 運命に従う ④〈к因/на因〉(話題)に移る ⑤〈к因/на因〉に傾く, 同意する, 支持する：~ на сто́рону田 …の側につく ⑥ 〈不完〉〖言〗格変化する: Со́лнце склони́лось к горизо́нту. 太陽は地平線に傾いた

**скло́чник** [男2] / **-ца** [女2] いざこざを起こす人, トラブルメーカー, けんか好き

**скло́чный** [形1] いざこざの, 敵対的の ②けんか好きの **-ость** [女10]

**скля́нк|а** 複-нок [女2] ①〈話〉(細口の小さな)ガラス瓶 ②〖海〗(30分おきの)時鐘, 30分 //〈複〉砂時計 //**скля́ночка** [女2] 指小・愛称〈<〉

**скоба́** 複ско́бы, скоб, скоба́м/ско́бам [女1] ① (半円形・コの字形の)取っ手 ② かすがい ③ (コの字形・С字形の)締め具, クランプ ④〖工〗はさみゲージ

**ско́бель** [男5] (両手の引き削りかんな, ドローナイフ

*ско́бк|а** 複-бок [女2] (bracket) (指小) < скоба́ ② 〈複〉括弧： поста́вить [заключи́ть] в ско́бки … を括弧に入れる ③ おかっぱ刈り ④ 〖フィギュア〗ブラケット(ターン) ◆ **за -и** [複] で (2)ちなみに, 余談だが, ついでに | **вы́нести за -и** 囲 = **оста́вить за -ами** 囲 …を考慮しない

活用 **кру́глые [полукру́глые] -и** 丸括弧(( )) | **квадра́тные -и** 角括弧([ ]) | **фигу́рные -и** 波[中]括弧({ }) | **ло́маные -и** 山括弧(< >)

**скоблёный** [形1] 削られた, 樹皮をはいだ

**скобли́ть** -лю́, -лишь 受過-лённый [-лён, -лена́] [不完] 〈対〉① の表面を削る, 削り取る ② (話) 擦る, 刻る (брить) **-ся** [不完] 〔受身〕

**ско́бка** 複-нок [女2] 《俗》《集合》金具

**скобяно́й** [形2] 金具の

**ско́ванный** [形1] 自由の利かない, 不自由な, ぎこちない **-о**

**скова́ть** [完] → ско́вывать

*сковорода́** (女1変化)[男] スコヴォロダ (Григо́рий Са́ввич ~, 1722-94), ウクライナの哲学者・詩人)

**сковоро́дка** 複-док [女2] 小さなフライパン

**ско́вывать** [不完] / **скова́ть** ску́ю, ску́ёшь受過-о́ванный [完]〈対〉①〔不完はкова́ть〕(金属を)鍛えて…を作る ②接合する, 鍛接する ③かせをはめる, 縛りつける ④身動きの自由を奪う, 拘束する ⑤〖軍〗(敵の動きを)釘付けにする ⑥〖無人称で〗凍らせる

*сковорода́|а** 複-док [女1] フライパン: жа́рить мя́со на -е́ フライパンで肉を炒める

**скок** [男2] ①跳躍, 駆け足；その音 ②《述語》= скака́ть, скакну́ть

**скол** [男1] ① 欠けた所 ② (叩き割って)はがすこと 破片

**скола́чивать** [不完] / **сколоти́ть** -очу́,

-о́тишь 受過-о́ченный [完] 〈対〉①(釘などで打って)接合する[作る] ②〈話〉打ってはがす, 打ち落とす ③〈話〉(集団を)組織する, 集める ④〈話〉(金・資産を)貯める **-ся** [不完] / [完] ①(打って)接合される ②〈話〉(打って)はがれる ③〈話〉(集団が)組織される ④〈俗〉(金が)貯まる, 集まる

**сколио́з** [男1] 〖医〗脊椎側湾症

**ско́лка** [女2] (<ско́лок)割ってはがすこと, 針で刺して模様を写すこと

**ско́лок** -лка [男2] ①破片, 一片 ②類似, 類似物 ③ (針で穴を開けて写した)模様

**сколопе́ндра** [女1] 〖動〗オオムカデ

**сколоти́ть(ся)** [完] → скола́чивать

**сколо́ть** [完] → ска́лывать

**ско́лупывать** [不完] / **сколупну́ть** -ну́, -нёшь 受過-у́пнутый [完] 〈対〉はじり取る

*сколь** [副] (how) 〈文〉 ①〈疑問文で〉いかに, どれほど, なんと：C~ краси́вые го́ры! なんと山の美しいことか | 〈関係〉いかに…だけ, …のかぎり：Он рабо́тал ~ мог. 彼は力の限り働いた ◆ **~..., сто́ль (же)...** …と同じくらい…, …だけど…

**скольже́ние** [中5] 滑ること, 滑走: スリップ

*скользи́ть** -льжу́, -льзи́шь [不完] / **скользну́ть** -ну́, -нёшь [一回] [不完] (slide, slip) ①滑る, 滑走する: ~ на конька́х スケートをする ②(不安定で)滑る, スリップする：滑り落ちる ③(ヘビトカゲが)はう ④滑るように動く, 移動する：Луч луны́ скользи́т по воде́. 月光が水面を滑るように動いていく ⑤(微笑が)現われてすぐ消える ⑥〈完〉(指先で)すばやく触れ, 気づかれないように)通りすぎる, さっと隠れる: ~ в дверь ドアの中に隠れる

**ско́льзк|ий** [スコーリスキイ] 短 -зок, -зка́/-зка, -зко [形3] (slippery) ①滑りやすい, つるつる滑る：Доро́га -ая. 道が滑る ② (つかめないほど)つるつるした: -ое мы́ло つるつるする石鹸 ③ずるい, とらえどころのない ④不安定な, 危なっかしい：Сча́стье -o. 幸せというのは当てにならない ⑤曖昧な, あやふやな；いかがわしい

**ско́льзко** [副] ①滑って, スリップして 〖無人述〗滑る, 滑りやすい：Осторо́жно, здесь ~. 気をつけて, ここは滑るから

**скользну́ть** [完] → скользи́ть

**скользя́щий** [形5] ①滑る, 滑らかな ②変動する, スライドする ■ **-ая шкала́** 計算尺 | **~ у́зел** 引き解け結び

*ско́льк|о** [スコーリка] -ких, -ким, -ко́/ -ких, -кими, -ких (по ско́льку/ско́лько)

語法 〈結合する名詞の格と数〉①主格および主格に等しい対格の場合—可算名詞は複数生格, 不可算名詞は単数生格 ②その他の格の場合—複数複数, 格はско́лькоの含めすべて一致

I [数] (how much, how many) ①〈疑問文で〉いくら, いくつ, どれくらいの: C~ э́то сто́ит? これはいくらですか | C~ тебе́ лет？君は何歳？ | C~ сейча́с вре́мени？ 今何時ですか？ | В ско́льких стра́нах ты́ побыва́л?いくつの国に行ったことがある | C~ прошло́ вре́мени! なんと多くの時間が過ぎたことか II [副] ①〈関係〉…だけの, …ほどの, …する限り：Возьми́те, ~ уго́дно. 好きなだけお取り下さい | ~ мне изве́стно 私の知る限り ②〈感嘆文で〉どれほど：C~ же мо́жно спать! どれだけ寝るつもりなの ◆ **во ~** 〈話〉何時に：Bo ~ встре́тимся за́втра? 何時にお会いしようか | **C~ лет, ~ зим!** 〈話〉久しぶりです, ずいぶん長いこと会っていませんでしたね | **C~ мо́жно!** 〈話〉もうたくさんだ！ | **хоть** | **хоть ~** 〈俗〉ほんの少し, 少しでも: Дай хоть ~! 少しでもいいからくれ | **хоть бы ~** 〈俗〉少しでも (…ない), せめて少しでも…したらいいのに: Хоть бы ~ ты помога́л! ちょっとぐらい手伝ってくれればいいのに

**ско́лько-либо** (★ско́лько の部分のみ変化)〔数〕〔副〕= ско́лько-нибудь

**ско́лько-нибудь** [スコーリカ-ニブヂ] (★ско́лько の部分のみ変化)〔any〕① 〔数〕(いくらでもいい)いくらか、なにがしか、ある数量: Де́нег совсе́м нет, одолжи́ кит ~. 金がないので、いくらかでも貸してくれないか ② 〔副〕いくらか、ある程度、多少なりとも: Он говори́т ~ по-ру́сски? 彼はちょっとはロシア語が話せるんですか

**ско́лько-то** (★ско́лько の部分のみ変化)〔数〕〔副〕《正確には言えないがある特定の》いくらか、ある数量: Я взял у него́ почита́ть ~ книг. 私は何冊か本を借りた

**скома́ндовать** [完] →кома́ндовать
**скомбини́ровать** [完] →комбини́ровать
**ско́мкать** [完] →ко́мкать, ско́мкивать
**ско́мканный** [形1] しわくちゃの
**ско́мкивать** [不完] / **ско́мкать** 受連-анный [完] ①もみくちゃにする, 丸める ②(いい加減に)急いで仕上げる, やっつける

**скоморо́|х** [男2] ①〔史〕(複)放浪芸人 ②〔話・非難〕ひょうきん者, おどけ者 **//–шный** [形1]
**скоморо́шество** [中1] ①放浪芸人の職業 ②《非難》おどけた仕種, ふざけた振る舞い
**скоморо́шничать** [不完] 〔話〕《非難》おどける, ふざける

**скомпили́ровать** [完] →компили́ровать
**скомплектова́ть** [完] →комплектова́ть
**скомпонова́ть** [完] →компонова́ть
**скомпромети́ровать** [完] →компромети́ровать

**конденси́ровать** [完] →конденси́ровать
**сконструи́ровать** [完] →конструи́ровать
**сконфу́женный** [形1] 困惑した, きまり悪い, 狼狽した

**сконфу́зить(ся)** [完] →конфу́зить(ся)
**сконцентри́ровать(ся)** [完] →концентри́ровать

**сконча́н|ие** [中5] 〔話・旧〕①終り ②逝去, 死 ◆**до –ия ве́ка [ми́ра]** 〔文〕世界の終りまで, 永遠に, 生涯

*{**сконча́ться**} [完] 《公》死去する, 逝去する (умере́ть)

**скоопери́ровать(ся)** [完] →коопери́ровать(ся)
**скоордини́ровать** [完] →координи́ровать
**скопа́** [女1] 〔鳥〕ミサゴ
**скопа́ть** [完] →ска́пывать
**скопе́ц** -пца́ [男3] ①去勢された人 ②(複)〔史・イ教〕去勢派
**скопидо́м** [男1]〔話〕極度のけち, 守銭奴 (скря́га)
**скопидо́мство** [中1]〔話〕極度の倹約
**скопи́ровать** [完] →копи́ровать
**скопи́ть(ся)** [完] →ска́пливать
**скопи́ть²** -плю, -пишь [不完] / **о-** 受連-плённый [完] 〈кого́〉去勢をする **//~ся²** [不完] 〔受身〕
**ско́пище** [中2] 《蔑》群衆, 群れ (скопле́ние)
**скопле́ние** [中5] ①<ска́пливать(ся), скопи́ть²  ②(人・物の)山, 群れ, 大量
**скопля́ть(ся)** [不完] →ска́пливать(ся)
**скополами́н** [男1] 〔薬〕スコポラミン(鎮痛剤)
**ско́пом** [副] 〔話〕一緒に, 協同して, 力を合わせて (сообща́)
**ско́пческий** [形3] ①去勢された人のような ②〔史・正教〕去勢派の
**ско́пчество** [中1] ①去勢 ②〔正教〕去勢派の教義
**скопы́титься** -ычусь, -ытишься [完]〔戯・皮肉〕①〔俗〕死ぬ ②〔若者〕病気になる
**Ско́пье** (不変)[男] スコピエ(マケドニアの首都)

**ско́рая** (形1変化) [女名]〔話〕救急車 (~ по́мощь)
**скорбе́ть** -блю, -би́шь [不完]〔文〕〈о圖/по圖〉を思って〉悲しむ, 悼む
**ско́рбный** [形1] 悲しい, 悲しんでいる, 悲しそうな
**скорбу́т** [男1]〔医〕壊血病 (цинга́)
**скорбь** 複 -и, -е́й [女10]〔文〕深い悲しみ, 悲哀, 悲嘆

**скоре́е, скоре́й** ①〔比較〕< ско́рый, ско́ро ②〔副〕より正しく言えば, …よりむしろ: Он не зол, ~ эгоисти́чен. 彼は悪人ではなく, 利己的なのだ ③〔副〕いっそ, むしろ(…の方がいい): Я ~ умру́м, чем согласу́мся. 同意するよりはいっそ死のう ◆**–бы** 〔話〕早く…になればいいのに: С~ бы ле́тние кани́кулы! 早く夏休みにならないかなあ | **~ всего́** きっと, おそらく

**скоре́йший** [形6] 一刻も早い, 素早い: Жела́ю тебе́ **–его** выздоровле́ния! 早く元気になってね
**скорлупа́** 複 -лу́пы, -лу́п [女1] ①外皮, 甲羅, 殻 ◆**уйти́ в свою́ –у́** 自分の殻に閉じこもる **//скорлу́пка** 複生-пок [女2] ①〔指小〕 ②薄い外皮
**скорми́ть** [完] →ска́рмливать
**скорня́к** -а́ [男2] 毛皮製造業者, 毛皮加工職人

*{**ско́ро**} [スコーラ] [副] 比-ре́е/-ре́й [比]〔quickly, soon〕① 速く, すばやく, すみやかに: ~ говори́ть 速く話す | ~ писа́ть 素早く書く, 速記する ②まもなく, もうすぐ: Он ~ вернётся. 彼はもうすぐ帰ってきます ③〔述語〕もうすぐ…だ: С~ весна́. もうすぐ春だ

**ско́ро..** 〔語頭成〕「速い」「高速の」「急いの」
**скоро́бить(ся)** [完] →коро́бить
**скорова́рка** 複生-рок [女2]〔話〕圧力鍋, 圧力釜
**скорогово́рк|а** 複生-рок [女2] ①早口: говори́ть **-ой** 早口でしゃべる ②早口言葉
**скоро́мн|ый** [形1]〔旧〕①精進中に食べてはいけない, 非精進の(↔по́стный) ②**-ое** [中名] 非精進食品 ③下品な, わいせつな
**скоропали́тельн|ый** 短-лен, -льна [形1]〔話〕あわただしい, 性急な, せっかちな **//–о** [副] **//–ость** [女10]
**ско́ропись** [女10] ①(古文書の)草書 ②走り書き
**скоропо́дъёмность** [女10]〔航空〕上昇率
**скоропортя́щийся** [形6] 腐敗しやすい
**скоропости́жн|ый** 短-жен, -жна [形1]〔文〕(通例死が)突然の, 急な: **–ая** смерть 急死 **//–о** [副]
**скоропреходя́щий** [形6]〔文〕長続きしない, つかの間の
**скороспе́лка** 複-лок [女2]〔話〕①早生りの果実〔野菜〕 ②〔蔑〕(必要な準備を経ずに)あまりに早く世に出た人, 早熟な人
**скороспе́л|ый** [形1] ①(動植物が)早熟の, 早生の ②〔話〕あまりにも早く世に出た ③〔話〕急ごしらえの, 拙速な **//–ость** [女10]
**скоростеме́р** [男1] 速度計, スピードメーター
**скоростни́к** [сн] -а́ [男2] ①高速度運転者, スピード作業者 ②〔スポ〕スピード競技選手
**скоростно́й** [сн] [形2] ①速度の, スピードの; 速度を調節する ②高速の; 高速用の ③高速作業の
**скорострельн|ый** [形1] 速射の, 連射の: **-ая** пу́шка 連射砲 **//–ость** [女10] (単位時間あたりの)発射数, 射撃量

*{**ско́рост|ь**} [スコーラスチ] 複 -и, -е́й [女10] 〔speed〕① 速さ, 速度, スピード: дозво́ленная ~ 制限速度 | ~ све́та 光速 | ~ зву́ка 音速 | набира́ть [сба́вить] ~ スピードを上げる [減速する] | Авто́бус идёт со **-ью** (в) 50 (пятьдеся́т) киломе́тров в час. バスは時速50キロで走っている ②〔話〕急ぎ, 迅速さ: **для –и** 急ぐため ③〔鉄道〕貨物輸送の速さ, …便: отпра́вить груз пасса́жирской **-ью** 貨物を旅客便で送る ④〔工〕(自動車などの)変速ギア, …速: включи́ть ~ ギアを入れる ⑤〔理〕速度

**скоросшиватель** [男5] ファイル, 書類とじ
**скоротать** [完] →коротать
**скоротечный** [形1] ①《文》すぐに過ぎる, つかの間の ②《医》(病気が)急速に進行する
**скороход** [男1] ①《話》足の速い人[動物] ②《スポ》スピード競技選手(競歩, スケートなど) ③《史》先触れ, 飛脚, 伝令
**скорпион** [男1] ①《動》サソリ ②**С~**《天》さそり座
**скорректировать** [完] →корректировать
**скорчить(ся)** [完] →корчить(ся)

*__скор|ый__ [スコールイ] 短 -óр, -орá, -óро 比 -рée/-рéй 最上-рéйший [形1] fast, quick) ①速い, 急速な, 急速なの: ~ поезд 急行列車 | Она идёт *–ым* шáгом. 彼女は早足で歩いて行く [男名]《話》(動作が)すばやい, せっかちな. 性急な: ~ в *работе* 仕事の早い | Какой *ты ~!* 君はなんてせっかちなんだ ③短時間の, すみやかな: *-ое* решение вопроса 問題のすみやかな解決 ④まもなくの, 間近の: в *–ом* времени 近いうちに | До *–ого свидания!* 近いうちにまた会いましょう ◆*на-ую рýку* (1)応急手当; 救急医療機関 (2)救急車 ■*-ая помощь* (1)応急手当; 救急医療機関 (2)救急車

**скос** [男1] ①《農》草刈り, 刈り取り ②傾斜地, 斜面 ③斜角, 斜縁
**скосить(ся)** [完] →косить¹⁻², скашивать¹⁻²
**скособочиться** [完] →кособочиться
**скостить** [完] →скащивать

*__скот__ -á [男1] ①《集合》家畜: молочный ~ 搾乳用家畜 | крупный рогатый ~ 牛(総称) ②《俗・蔑》卑劣漢, 畜生
**скотина** [女1] ①《集合》家畜;《話》一頭の家畜 ②[男・女]《俗・蔑》= скот②
**скотни|к** [男2] (/-ца¹ [女3]) 家畜飼育員 ②《話》家畜小屋 (скотный двор)
**скотница²** [女3] = скотник②
**скотный** [形1] 家畜の; 家畜用の
**ското..** [語形成]「家畜の」
**скотобойня** 複生 -óен [女5] 食肉処理場 (бойня)
**скотовод** [男1] 畜産業者 **//~ческий** [形3] 畜産業(者)の
**скотоводство** [ц] [中1] 畜産
**скотоложство** [中1] 獣姦
**скотома** [女1]《医》暗点, 盲点
**скотопромышленник** [男2] 畜産業者, 家畜売買業者
**скотский** [ц] [形3] ①<скот ②《話・蔑》家畜のような, 不潔な, 下劣な, 無知な, 粗野な
**скотство** [ц] [中1]《話・蔑》家畜同然の状態, 粗野, 無知, 卑劣な行い
**скотч** [男4] ①セロハンテープ, 粘着テープ ②スコッチ・ウィスキー
**СКП** [エスカペー]《略》Следственный комитет при прокуратуре РФ ロシア連邦捜査委員会
**СКР** [エスカエール]《略》Следственный комитет России ロシア連邦捜査委員会 (大統領直属); СК РФ
**скрадывать** [不完]《廃》①目立たなくする (声・音を)小さくする, 押し殺す **//~ся** [不完] ①目立たなくなる ②〔受身〕
**скрап** [男1] ①屑鉄, スクラップ
**скрашивать** [不完] / **скрасить** -ашу, -асишь 受過 -ашенный [完]《廃》①美しくする, 魅力的にする ②(欠点を)目立たなくする, (困難・不快なことを)やわらげる **//~ся** [不完] / [完] ①美しくなる ②(悪いところが)目立たなくなる ③〔受身〕
**скребень** -бня [男5]《動》鉤頭(こうとう)虫
**скребница** [女3] 馬櫛
**скребнуть** [完] →скрести
**скреб|óк** -бка́ [男2] 削る[ひっかく]道具, スクレーパー, へら, 靴用の泥落とし, シャベル **//~ковый** [形1]
**скрежет** [男1] きしむ音, 歯ぎしり
**скрежетать** -жещу, -жещешь [不完] ①きしむ, ぎしぎしいう ②<圖>をきしませる
**скрепа** [女1] ①《古》[連結する, 留める]こと ②つなぎ目 ③留め具
**скрепер** [男1]《土木》スクレーパー, 掘削機
**скрепить(ся)** [完] →скреплять
**скрепка** 複生 -пок [女2] ① = скрепа①③ ②(紙用)クリップ
**скрепление** [中5] ①<скреплять ②締め具, 留め金 ③《複》連結部分
**скрепля|ть** [不完] / **скрепить** -плю́, -пишь 受過 -плённая (-лён, -лена) 副分 -ивши/《旧》-пя [完]《圏》①固定[結合, 連結]する, 留める ②しっかりとした構造にする, 固める ③《圏》で〈サイン・判〉で認証する ◆*скрепя сердце* しぶしぶ, 嫌々ながら **//~ся** [不完] / [完] ①繋がる, 締まる, 留まる, 固まる ②<感>を抑える, 自制する (крепиться) ③《不完》〔受身〕
**скрепочный** [形1] 連結する, 留めるための
**скрест|и** -ебу́, -ебёшь 過 -рёб, -ребла 能過 -ребший [不完]〔完・一回 **скребнуть** -ну́, -нёшь〕《圏》を〈圖で〉 ①引っかく, 削る ②〔話 *вы~*〕こする, 磨く, 洗う ③《無人称で》不安にさせる, 苦しめる: На сердце у меня *скребло*. 心が重苦しかった
**скрестись** -ебу́сь, -ебёшься 過 -ребся, -реблась 能過 -ребшийся [不完] 引っかいて音を立てる
**скрестить(ся)** [完] →скрещивать
**скрещение** [中5] ①交差 ②交差点, 十字路
**скрещиваемость** [女10]《植・動・農》交配[交雑]可能性

**скрещива|ть** [不完] / **скрестить** -ещу, -естишь 受過 -ещённый (-щён, -щена) [完]《圏》①十字形に置く, 交差させる: ~ *руки на груди* 胸を組む | ~ *мечи [шпаги, копья]* 剣[槍]を交える 戦闘を開始する ②《植・動・農・生》を<圖>(異種)と交配[交雑]する: ~ *лошадь с ослом* 馬とロバを交配する **//~ние** [中5]
**скрещиваться** / **скреститься** -ещусь, -естишься [完] ①交差する, 交わる, 出会う, 出くわす ②衝突する, 相反する ③《植・動・農・生》(異種)異種[交雑]される ④《言》(言語)が混交[混成]する ⑤《不完》〔受身〕<скрещивать
**скривить(ся)** [完] →кривить(ся)
**скрижаль** [女10]《文》①(神聖な言葉・教義などを記した)石碑, 板 ②《通例複》(歴史上の事件・記念すべき事物などを記した)記録, 碑銘
**скриншот**, **скриншот**, **скрин** [男1]《コン・IT》スクリーンショット (снимок экрана)
**скрип** [男1] ①きしる音, (きしるような)鳥の鳴き声 ②[間]《擬音》キーキー, キシキシ ③《述語》= скрипеть ◆*c-ом* ①しぶしぶ, 辛うじて ②苦労して, 不平を言う ③どうにか生きている
**скрипа́ч** [男4] **/~ка** 複生 -чек [女2] ヴァイオリニスト
*__скрипеть__ -плю́, -пишь [不完] (squeak) ①〔完・一回 **скрипнуть** -ну́, -нешь 命 -ни〕きしる:《圏》できしむ音を出す: ~ *сапогами* 長靴をキュッキュッいわせる ②《話》キーキー声で不平を言う ③《話》どうにか生きていく
**скрипичный** [形1] ヴァイオリンの **■~ключ**《楽》ト音記号
*__скрипк|а__ 複生 -пок [女2] [violine]《楽》ヴァイオリン: *играть на -е* ヴァイオリンを弾く ◆*первая ~* 第1ヴァイオリン; 主導的立場の人 | *играть первую -у* 第1ヴァイオリンのパートを弾く; 人の上に立つ, 重要な役割を果たす | *играть вторую -у* 第2ヴァイオリンのパートを弾く; 脇役を務める, 引き立て役になる
**скрипнуть** [完] →скрипеть

**скрипу́ч|ий** 短-уч [形6]〔話〕きしる音を出す, キーキー［ギーギー］いう **‖-е** [副]

**скро́ить** [完] →крои́ть

**скро́мник** [男2], **-ца** (ж3変化)[男・女]〔話〕控えⅡな人, 謙遜する人

**скро́мничать** [不完]/**по~** [完] 謙遜［遠慮］する

**скро́мно** [副] 謙虚に, 控え目に; つつましく, 質素に

**скро́мность** [女10] [抽] ①謙虚, 控え目であること ②つつましさ, 質素

**скромн|ый** [スクロームヌィ] 短-мен, -мна́, -мно, -мны/-мны́ 比-не́е 最上-не́йший [形1]〔modest〕①謙虚な, 控え目な, 偉ぶらない: ~ челове́к 謙虚な人 ②つつしみ深い, 礼儀正しい: -ое поведе́ние つつしみ深い態度 ③素朴な, 質素な, 地味な, 平凡な: -ое жили́ще 質素な住居 | ~ костю́м 地味な服 ④わずかな, ささいな: ~ за́работок わずかな稼ぎ | -пода́рок ささやかなプレゼント

**скро́мня́га** (ж2変化)[男・女]〔俗〕= скро́мник

**скропа́ть** [完] →кропа́ть

**скругля́ть** [不完]/**скругли́ть** -лю́, -ли́шь 受過-лённый (-лён, -лена́) [完]〔図〕丸くする, 円形にする

**скрупулёзн|ый** 短-зен, -зна [形1] 綿密な, 精緻な, 細心の, 念入りな **‖-о** [副] **‖-ость** [女10]

**скру́чива|ть** [不完]/**скрути́ть** -учу́, -у́тишь 受過-у́ченный [完]〔図〕①巻く, 綯(な)う, 撚(よ)る,（巻いて) 作る;（動けないように) きつく縛る (крути́ть) ②〔話〕服従させる;〔無人称で〕(病気などが) <人を> 苦しめる:死なせる;〔隠・警察〕逮捕する **‖~ся** [不完] /〔3人称〕①巻いて[綯って, 撚って] 合わさる ②《不完》〔受身〕**‖скру́тка** [女2], **-ние** [中5]

**скры|ва́ть** [スクルィヴァーチ] [不完]/**скрыть** [スクルィチ] -ро́ю, -ро́ешь 命-ро́й 受過-тый [完]〔図〕①隠す, かくまう: ~ лицо́ под ма́ской マスクで顔を隠す | ~ беглеца́ 脱走者をかくまう ②覆い隠す, おおい隠す: Густо́й тума́н скрыл не́бо. 濃い霧が空を隠した ③秘密にする,〈感情などを〉隠す: ~ печа́льное изве́стие от до́чери 悲しい知らせを娘に隠している《受過》潜在している: В леге́нде скрыт глубо́кий смысл. 伝説には深い意味が込められている **‖~ся** [不完] /**скры́ться** [完]〔図〕①隠れる, 身を隠す ②こっそり立ち去る, 逃げる, 姿を消す ③見えなくなる ④《不完》〔受身〕

**скры́тник** [男2]〔話〕本心を見せない人, 打ち解けない人

**скры́тничать** [不完]〔話〕心の内を隠す, 打ち解けない

**скры́тно** [副] こっそりと, ひそかに

*скры́т|ный** 短-тен, -тна [形1]〔secretive〕①心の内を見せない, 打ち解けない性格; 秘密主義の: ~ хара́ктер 打ち解けない性格 ②秘められた, 表に現れない: -ая любо́вь 秘められた愛 **‖-ость** [女10]

*скры́т|ый** [形1]①外に現れない, 隠された, ひそかな: -ая вражда́ ひそかな敵意 | -ая ка́мера [съёмка] 隠しカメラ; どっきりカメラ（番組)②潜在的な: -ые возмо́жности 潜在的可能性 **‖-о** [副] ひそかに

**скры́ть(ся)** [完] →скрыва́ть(ся)

**скрючи́ть(ся)** [完] →крючи́ть(ся)

**скря́га** (ж2変化)[男・女]〔話〕けちん坊, 守銭奴, 吝嗇(ッ)家

**скря́жничать** [不完]〔話〕けちけちする

**скря́жничество** [中1]〔話〕けちけちすること

**скуде́ть** [不完]/**о~** [完]〔資源・物産などが〕貧しくなる, 乏しくなる, 減少する

**скуд|ный** 短-ден, -дна́, -дно, -дны/-дны́ [形1] <量がわずかな, 乏しい, 貧しい: -ая земля́ やせた土地 | -ая расти́тельностью степь 植物の乏しいステップ **‖-о** [副] **‖-ость, ску́дость** [女10]

**скудоу́мный** 短-мен, -мна [形1] 愚鈍な, 低能な, 知恵の足りない **‖скудоу́мие** [中5]

**ску́к|а** [女2]〔boredom〕退屈, 倦怠, わびしさ: разгоня́ть **-у** 気晴らしをする ◆**от -и на всё ру́ки**〔話・戯〕何でもできる | **-и ра́ди** 退屈紛れに

**скуко́житься** [完] →куко́житься

**скукота́** (ж1)〔俗〕= ску́ка

**ску́кситься** [完] →ку́кситься

**скул|а́** 複-у́лы [女1] ①頬骨 ②〔海〕船底の湾曲部, ビルジ **‖-ово́й** [形2] <①>

**скулёж** -лежа́ [男1] ①（犬などの) クンクン言う声 ②〔話・俗〕(うんざりさせる) 愚痴, 泣き言

**скули́ла** (ж1変化)[男・女] 愚痴っぽい人

**скул|и́ть** -лю́, -ли́шь [不完] ①（犬が) 悲しげに鳴く ②〔話〕(人が) 悲しげに泣く ③〔話〕泣きごとを言う, 愚痴をこぼす **‖-е́ние** [中5]

*ску́льптор** [男1]〔sculptor〕彫刻家

*скульпту́р|а** 〔sculpture〕[女1]①(芸術としての) 彫刻: занима́ться **-ой** 彫刻をやる ②《集合でも》彫刻作品

**скульпту́рный** 短-рен, -рна [形1] ①〔長尾〕彫刻 (作品) の; 彫刻用の ②彫りの深い, 輪郭のはっきりした

**ску́мбрия** [女9]〔魚〕サバ(макре́ль) **‖ску́мбриевый** [形1]: -ые [複名]〔魚〕サバ科

**скунс** [男1]〔動〕スカンク; その毛皮 **‖~овый** [形1]

**скупа́ть** [不完]/**скупи́ть** -уплю́, -у́пишь 受過-у́пленный [完]〔図〕①買い占める ②《不完》(転売・調達のために) 買い付ける **‖~ся** [不完]〔受身〕

**скуперда́й** [男6]/**~ка** -я́ек (ж2)〔俗〕= скря́га

**скуперда́йство** [中]〔話〕けちけちすること

**скупе́ц** -пца́ [男3] けちな人 (скря́га)

**скупи́ть** [完] →скупа́ть

**скупи́ться** -плю́сь, -пи́шься [不完]/**по~** [完] <на+対/不定形> ①... を惜しむ, けちる,〔否定文で〕... を惜しまない, 気前よく与える: не ~ на де́ньги 金に糸目をつけない

**ску́пка** 複-пок [女2] ①買い占め, 買い付け ②〔話〕委託買取(販売) 店

**ску́по** [副] ①けちけちと, みみっちく ②乏しく, 貧弱に

*скуп|о́й** 短-уп, -упа́, -у́по, -у́пы/-упы́ [形2]〔stingy〕①けちな, 吝嗇(ラマ)な (↔ще́дрый): ~ нача́льник お金に細かい上司 ②~ [男]/**-а́я** [女] けちん坊 ③けちな, しみったれた, みみっちい: ~ пода́рок ちゃちな贈り物 ④乏しい, 貧弱な, 弱々しい: -ая приро́да 貧しい自然 ⑤控え目な, 抑制された; 言葉の少ない,〔話・手紙が〕短い: Он скуп на слова́. 彼は口数が少ない **‖ску́пость** [女10]

**ску́почный** [形1] 買い取りの

**ску́пщик** [男2] 買い付け人

**ску́пщина** [女1]〔セルビア, モンテネグロ, ボスニア・ヘルツェゴビナの〕議会

**скурви́ться** -влюсь, -вишься [完]〔隠・蔑〕①共犯者を裏切る ②〔俗〕悪くなる

**ску́тер** [э] 複-а́/-ы [男1] ①スクーター ②〔スポ〕モーターボート, 水上オートバイ, 水中スクーター

**скуфь|я́** 複生-е́й [女1]〔正教〕スクフィヤ, 球帽子 **‖-е́йка** 複生-е́ек [女2] 〔指小〕

*скуча́ть** [不完]〔be bored, miss〕①退屈する: Де́ти скуча́ли на уро́ке. 子どもたちは授業に退屈していた ②<о/по кому́/по чём>〈いない人・ない物を思って〉寂しがる, 恋しがる, 懐かしく思う: Он по тебе́ скуча́ет. 彼は君がいなくて寂しがっている

**ску́ченный** 短-ен, -енна [形1] 密集した, ぎっしり詰まった

**ску́чива|ть** [不完]/**ску́чить** -чу, -чишь 受過-ченный [完]〔話〕〔図〕堆積させる, 一か所に集める **‖~ся** [不完]〔図〕①堆積する, 一か所に集まる

② 《不完》《受身》 **‖-ние** [中5]

**скучне́ть** [不完] / **по-** [完] 《話》退屈する, 退屈そうになる

\***ску́чно** [ш] [スクーシナ] [bored] ① 《副》退屈に, 退屈そうに, つまらなく: ~ проводи́ть вре́мя 退屈に時を過ごす ② 《無人述》退屈だ, つまらない; 寂しい: С~ на э́том све́те. この世は退屈だ│Без тебя́ мне́. 君がいなくて私は寂しい

\***ску́чн|ый** [ш] 短 -чен, -чна́, -чно, -чны́/-чны [形1] [bored, boring] ① 退屈そうな, 寂しそうな: Оте́ц сиде́л ~. 父は退屈そうに座っていた ② 退屈な, つまらない, 面白くない: -ая ле́кция つまらない講義

**скуша́ть** [完] ① =ку́шать ② 《話・皮肉》《屈辱的・不快なことを》耐えて受け容れる, 忍従する

**СКФО** [エスカエフォー] [男1]《Се́веро-Кавка́зский федера́льный о́круг》北カフカス連邦管区

**сл.** 《略》сло́во; сле́дующий; сленг

**слабе́ть** [不完] / **о-** [完] 弱る, 弱くなる, 弱まる: Больно́й слабе́л с ка́ждым днём. 病人は日ごとに衰弱していった

**слабина́** 複 -и́ны [女1] ① たるみ, 弱い所 ② 《俗》弱点, 欠点

**слаби́тельный** [形1] ①《医》下剤効果のある, 下痢をさせる ② **-ое** [中名] 便秘薬; 下剤

**сла́бить** ① [完 **про~**] 《無人称》《困》下痢をする ② 下剤をかける: Касто́рка хорошо́ сла́бит. ヒマシ油は下剤としてよく効く

**слаб|о́** -ну, -нешь 命 -ни́ 過 слаб/-ул/-ул, а́ слаб/ла 能過 -у́вший [不完] / **о~** [完] = слабе́ть/ослабе́ть

**сла́бо** [副] ① 弱く, 弱々しく; かすかに ② 不十分に, 不完全に ③ 下手に, まずく ④ ゆるく, ゆるゆる

**слабо́** [無人述]《俗》《与》に《不定形》力がない, …できない

**сла́бо..** 《語形成》「弱い」「軽い」「少ない」

**слабоалкого́льный** [形1] アルコール分の少ない, 低アルコールの

**слабово́л|ьный** 短 -лен, -льна [形1] 意志薄弱な **‖-ие** [中5]

**слабоки́слый** [形1] 《化》弱酸性の

**слабоне́рвный** 短 -вен, -вна [形1] 神経の弱い, 神経質な

**слабора́звитый** [形1] 《経》未開発の, 発達が不十分な

**слабоси́л|ьный** 短 -лен, -льна [形1] ① 体力の弱い ② 出力の弱い **‖-ие** [中5] 虚弱

\***сла́бость** [女10] [weakness] ① 弱いこと, 弱さ: ~ зре́ния 弱視 ② 《体力の》衰え, 衰弱; 虚弱: ~ в нога́х 脚力の衰え ③ 《意志の》弱さ, 薄弱さ ④ 弱点, 欠点: Вот в чём ва́ша ~. ここが君たちの弱点だ ⑤ 《話》好きでやめられないもの, 惚れ込み, 泣きどころ: У него́ ~ к спиртно́му. 彼は酒に目がない

**слабото́чный** [形1] 《電》[低電圧] 電流の, 低電圧の

**слабоу́мие** [中5] 《医》認知症 (деме́нция, приобретённое ~) 知的障害

**слабоу́м|ный** 短 -мен, -мна [形1] ① 認知症の, 知的障がいの ② 愚かな ③ **[-ый]** [男名]/**-ая** [女名] 認知症患者, 知的障がい者

**слабохара́ктерн|ый** 短 -рен, -рна [形1] 性格の弱い, 気弱な **‖-ость** [女10]

\***сла́б|ый** [スラーブイ] 短 слаб, -аба́, -а́бо, -а́бы/-а́бы 比 -бе́е 比-бе́йший [形1] [weak, feable] ① 《体力的に》弱い, 弱々しい (↔ си́льный): -ые ру́ки 力の弱い腕│~ уда́р 弱々しい打撃 ② 病弱な, 虚弱な ③ 《病気で》弱い: У него́ -ое се́рдце. 彼は心臓が弱い ④ 《性格・意志が》弱い, 薄弱な: -ая во́ля 薄弱な意志 ⑤ 《戦力・権力などが》弱い: -ая а́рмия 弱い軍隊 ⑥ 《出力・エネルギーなどが》小さい: ~ мото́р 小出力のエンジン ⑥ かすかな, 目立たない: ~ ве́тер 微風│-ая наде́жда かすかな望み ⑦ 《効き目が弱い》《濃度が》薄い: -ое лека́рство 弱い薬│-ое вино́ 弱い酒 ⑧ 不十分な, 不完全な: -ые зна́ния 不十分な知識 ⑨ できの悪い, 下手な, 苦手な: Она́ -а в хи́мии. 彼女は化学が苦手だ ⑩ ゆるい, たるんだ: -ая про́бка ゆるい栓 ⑪ 《短尾》《話》《на⟨与⟩/до⟨生⟩/к⟨与⟩…》に目がない, …大好きな: Он слаб до же́нщин. 彼は女性に弱い ◆ **-ая сторона́** = **-ое ме́сто**《話》弱点, 欠点

\***сла́в|а** [スラーヴァ] [女1] [glory, fame] ① 名誉, 栄光, 栄誉, 名声: неувяда́емая ~ 不朽の栄光 ② 《間投詞的》《古》~ в ~! C~ му́жественным защи́тникам! 勇敢な防衛者たちに栄光あれ ③ 賛歌, 頌歌: петь -у 賛歌を歌う ④ 評判, 世評: За го́родом установи́лась ~ отли́чного куро́рта. その町は最高のリゾート地であるという評判が定着した ⑤ 《話》噂, 風評: Добрая ~ лежи́т, а худа́я бежи́т. 善事千里を走る (←よい噂は動かず, 悪い噂は走る) ◆ **во-у** 《生》の栄誉のために, …を称える│**на -у**《話》見事に, 素晴らしく│~ **бо́гу** 《与》①《順調だ, 平穏無事だ》: Как пожива́ете? — Да всё, ~ бо́гу. 「いかがお暮らしですか」「すべて順調です」②《挿入》おかげさまで, ありがたいことに│**то́лько [одна́] ~, что …**《話》…とは名ばかりの

**Сла́ва** [女1変化] [男・女] [愛称] < Борисла́в, Владисла́в, Вячесла́в, Святосла́в, Станисла́в, Яросла́в

**слави́ст** 複複 -то́к [男1] スラヴ学者

**слави́ст|ика** [女2] スラヴ学 (славянове́дение) **‖-и́ческий** [形3], **-ский** [cc] [形3] スラヴ学(者)の

**сла́вить** -влю, -вишь [不完] 《対》① [完 **про~**]《雅》褒め称える, 賛美する (прославля́ть) ② [完 **про~**]《困》のあることで賛美を与える ③ 《困》《の》の噂[悪口]を広める (ославля́ть) **‖~ся** [不完]《圏/как поэ́т として》有名である, 名が通っている ②《受身》

**сла́вка** 複 -вок [女1] 《鳥》ズグロムシクイ属: черноголо́вая ~ ズグロムシクイ│**сла́вков|ый** [形1]: -ые [複名]《鳥》ムシクイ科

**сла́вненький** [形3] [指小・愛称] < сла́вный ②

**сла́вно** ① [副] すてきに, すばらしく ② [無人述] すてきだ, すばらしい

\***сла́вн|ый** 短 -вен, -вна́, -вно 比 -не́е [形1] [glorious] ① 栄誉ある, 栄えある, 輝かしい 名高い: -ые страни́цы исто́рии 歴史の輝かしい数ページ ② すてきな, 素晴らしい, 感じのよい, 好感のもてる: -ая улы́бка すてきな, 素晴らしい, 感じのよい, 好感のもてる

**славолюби́вый** [形1] 功名心[名誉欲]の強い

**славолю́бие** [中5] 功名心, 名誉欲

**славосло́вие** [中5] ① 賛美 ② (過度の)称賛, べたぼめ

**славосло́вить** -влю, -вишь 受過 -вленный [不完] 《対》① 賛美する ② 褒めそやす

**славяни́зм** [男1] ① (他言語における)スラヴ語的表現, スラヴ語からの借用語 ② (ロシア語の)古代教会スラヴ語的要素

\***славяни́н** 複 -я́не, -я́н, -я́нам [男10] / **славя́нка** 複生 -нок [女2] スラヴびと

**славянове́д** [男1] スラヴ学者 (слави́ст)

**славянове́дение** [中5] スラヴ学 (слави́стика)

**славянофи́л** [男1] スラヴびとを好む人, スラヴ派[主義]の人 **‖-ьский** [形3]

**славянофи́льство** [中5] スラヴびと[主義]

\***славя́нск|ий** [形3] [Slavic] ① スラヴの, スラヴ人[民族]の: -ие языки́ [наро́ды] スラヴ諸語[諸民族] ② 教会スラヴ語の

**славя́нство** [中1]《集合》スラヴ人, スラヴ系民族

**слагáемое** [形1変化] [中名] ①【数】被加数 ②要素、成分

**слагáть** [不完] / **сложи́ть**² -ожу́, -óжишь 受身 -óженный [完] 〈回〉①〈詩・歌を〉創作する ②〈話〉おろす：~ нóшу с плеч 肩から荷をおろす ③〈任務・責任などを〉解除する、解く：~ с себя́ обя́занности 辞任する ④〈на回〉に転嫁する：~ вину́ на подчинённых 罪を部下たちになすりつける

**слад** -а/-у [男1] ♦ **~у нéт с** 〈話〉…は手に負えない

**слáденький** 短-нек, -нька [形3]［指小・愛称＜слáдкий］〈話〉とても甘い、激甘の

**слáдить** [完] ➔ слáживать

*слáдк|ий 短-док, -дкá, -дко 比 слáще 最上 сладчáйший [形3] [sweet] ①甘い：Дитя́ сдéлало -ие я́годы сладкими. 子供が甘いイチゴを作った ②〈話〉おいしい、うまい：Голóдному любóй кусóк сладок. 腹をすかせた人にはどんなのでもうまい ③快い、甘美な：-ая мелóдия 快い旋律 ④〈話〉満ち足りた、幸福な、楽しい：-ая жизнь 甘い生活、満ち足りた人生 ⑤〈話〉甘ったるい、いやらしい、こびるような：-ие рéчи 甘言、おべっか

**слáдко** 比 слáще Ⅰ［形］①甘く、甘くして ②心地よく、楽しく：~ спать 気持ちよく眠る ③甘ったるく、こびるように Ⅱ［無人述］①甘い、甘くする：Во рту́ ~. 口の中が甘い ②〈話〉順調だ、満ち足りている ③快い、楽しい、うれしい

*слáдкое [形1変化] [中5]【dessert】デザート、スイーツ：На ~ пóдано морóженое. デザートにアイスクリームが出た

**сладкоéжка** 複生 -жек (女2変化) [男・女]〈話〉甘党

**сладкозвýчный** 短-чен, -чна [形1]【民詩・詩】美しい音色の、優しい声の

**сладкоречи́вый** 短-и́в [形1]〈文〉（通例皮肉）弁舌さわやかな、言葉巧みな

**сладкоречие** [中5] 能弁、弁舌の才

**слáдостн|ый** [сн] 短-тен, -тна [形1] ①甘美な、快い、心地よい ②優しい、甘ったるい ∥**-о** [副] ∥**-ость** [女10]

**сладострáстие** [中5] ①色欲、情欲 ②大きな喜び、満足

**сладострáстный** [сн] 短-тен, -тна [形1] 好色な、肉欲的な

**слáдость** [女10] ①＜слáдкий〈話〉甘い味、甘さ ③〈複〉甘い菓子、甘味、スイーツ

**слáженн|ый** 短-ен, -енна [形1] 整然とした、調和のとれた ∥**-о** [副] ∥**-ость** [女10]

**слáживать** [不完] / **слáдить** -áжу, -áдишь 受身-óженный [完] 〈回〉①〈話〉作る、まとめる ②〈話〉〈с回〉にうまく対処する、さばく、手なずける ∥ **~ся** [不完] / [完] ①〈話〉出来上がる、整う、片付く 《不完》〈受身〉

**слáзить** -áжу, -áзишь, **слáзать** [完]〈話〉下りて〔戻って〕しばらくでいる

**слайд** [男1]【映写用】スライド：показáть ~-шóу スライドショーを見せる ∥ **~овый** [形]

**слáйдер** [男1]〈スライダー式携帯電話

**слáкс|ы** -ов [複] スラックス

**слáлом** [男1]【スポ】スラローム、回転【蛇行】競技：гигáнтский ~ = -гигáнт ジャイアントスラローム ∥ **~ный** [形] スラローム(用)の

**сламои́ст** [男1] / **-ка** 複生 -ток [女2] スラローム選手

**сламывáть** [不完] / **сломи́ть** -омлю́, -óмишь 受身-óмленный [完]〈回〉①〈無人称でも〉壊す、折る、倒す ②打ち負かす、征服する、弱らせる ∥ **~ся** [不完] / [完] ①折れる、〈話〉折れ曲がる、急転する ②屈服する、弱る 《不完》〈受身〉

**слáнец** -нца [男3] ①【地・鉱】片岩、頁岩、シェール ②〈複〉〈俗〉ビーチサンダル；夏用ゴム底サンダル ∥ **слáнцевый** [形] ♦ ~ газ シェールガス

**сластёна** (女1変化) [男・女]〈話〉甘党 (сладкоéжка)

**сласти́ть** -ащý, -асти́шь 受身 -ащённый (щён, щенá) [不完]〈回〉①［完 **по-**］〈話〉(より一層) 甘くする、甘味をつける：Посласти́ мне чáй. お茶をちょっと甘くしてくれる？ ②［完 **на-**］［完] とても甘くする：Ну ты и насласти́ла чáй! お茶、大分甘くしちゃったね ③甘みがある

**сластолю́бец** -бца [男3]〈文〉好色漢

**сластолюби́вый** 短-и́в [形1]〈文〉好色な (сладострáстный)

**сластолю́бие** [中5] 好色、肉欲

**слáсть**複生 -тéй [女10] ①〈複〉甘い菓子、スイーツ ②〈話〉甘さ、甘い味 ③快感、喜び

**слать** шлю, шлёшь [不完] 送る、派遣する、発送する (посылáть)

**слащáв|ый** 短-áв [形1] ①甘ったるい ②妙に愛想のよい、へつらった ∥**-о** [副] ∥**-ость** [女10]

**слáще** [比較] ＜ слáдкий, слáдко

**слащёный** [形1]〈話〉甘くした

**слéва** [副] [on the left] 左側から、左側に (↔ спрáва)：С~ вы́ехал грузови́к. 左からトラックが出てきた | С~ от дорóги мóй дóм. 道の左に私の家があります ♦ **~ напрáво** 左から右に (↔ спрáва налéво)

**слевачи́ть** [完] ➔ левачи́ть

**слегá**複-éги, -éг, -егáм/-егáм [女2] 長い柱、桁

**слегкá** [х][スリグカー][副]【lightly, slightly】軽く、かすかに、ちょっと：~ кивнýть 軽くうなずく | Я ~ испугáлся. 私はちょっと驚いた

*след¹ [スリェート][スリェート] 前 о-е, в/на-ý [男1]【track, footprint, trace】①足跡、跡：~ ноги́ на пескé 砂の上の足跡 | Поли́ция шлá по лóжному ~у. 警察は誤った足跡を追っていた ②痕跡、形跡、傷跡：~ы́ преступлéния 犯行の痕跡 | замести́ ~ы́ 痕跡を消す | Ни ~á от ожóга не остáлось. やけど跡は全く残らなかった（★アクセント注意）③足跡(ゼッセ)、業績：неизглади́мый ~ 消し去ることのできない足跡 ④名残り、残存物：~ы прéжней красоты́ かつての美しさの名残り ⑤〈話〉足の裏 ♦ **без ~á** 跡形もなく（★アクセント注意）| **идти́ по ~áм** 田 (1)…の後をついて行く、…を追跡する (2)…の教えに従う、実行する：Он идёт по ~áм своегó учи́теля. 彼は自らの師の教えに従っている | **(и)~ прóстыл [пропáл]** 田 …は逃げ去った、消え失せた | **напáсть на ~** 田 …の居場所を突き止める、…を見つけ出す | **по горя́чим [свéжим] ~áм** すぐに、ただちに、跡の消えないうちに | **~á нéт** 田 …は跡形もない（★アクセント注意）

**след²** ♦ **не ~** [不定形]〈俗〉…すべきではない、…してはならない

**след.**〈略〉слéдующий；слéдовательно

**следáк** -á [男1]【警察・隠】取調官 (слéдователь)

*следи́ть¹ [スリディーチ] -ежý, -еди́шь, …едя́т 命-и́ [不完] [watch, follow]〈за回〉①〈動くものを目で追う、見つめる：~ за полётом лáсточки ツバメが飛ぶのを目で追う ②〈進展・過程を〉見守る、注視する、追う：~ за развúтием собы́тий 事件の進展を見守る ③…を監督する、…に気を配る、配慮する：~ за детьми́ 子どもたちを監督する | ~ за собóй 身だしなみ【健康】に気を配る ④監視する、見張る：За вáшей кварти́рой следя́т. あなたの部屋が監視されている

**следи́ть²** -ежý, -еди́шь [不完] / **на-** [完]〈話〉(床に)足跡を残す、汚す

**слéдователь** [男5]【法】取調官；予審判事 (су-

**слéдовательно** [слʼиэдаваʼтʼильна] [consequently, therefore] ①〚挿入〛つまり、だから: Он ～, знáет это. つまり彼はそのことを知っているのだ ②〚接〛〚しばしば, и と共に〛従って, それゆえ, ということは: Он зáнят, а ～ не придёт. 彼は忙しくて来ないよ

**слéдование** [中5]〚за圈の〛追跡, 随行 ②〚圈の〛模倣, 踏襲, 追随 ③運行, 進行

**слéдовать** [слʼиэдаваʼтʼ] -дую, -дуешь 命 -дуй [不完] ①〚完 по-〛〚за圈〛…に続く, ついて行く: ～Слéдуйте за мной. 私の後について来て下さい ②〚完 по-〛…の後に到来する, …に続いて起こる: За выступлéнием послéдовали аплодисмéнты. 演説の後に拍手が起こった ③〚за圈〛…のすぐ向こうにある, …に隣接する: За кýхней слéдует спáльня. 台所の向こうには寝室がある ④〚完 по-〛〚圈に〛従う, ならう, 追随する: ～ совéтам врачá 医師の忠告に従う ⑤行く, 赴く: Пóезд слéдует до стáнции «А» со всéми останóвками. 列車は各駅停車のA駅行きです ⑥〚完 по-〛〚из圈から〛帰結として〛出る, ということになる: Какóй вывод слéдует из этого? ここからどのような結論が出ますか ⑦〚無人称〛〚圈は不定形〛すべきである, しなければならない: Слéдует ещё раз нажáть кнóпку. もう一度ボタンを押す必要がある | Тебé не слéдует так поступáть. 君はそんな振る舞いをすべきではない〚★禁止,不必要の意味に準じるのに不定形は不完了体〛 ⑧〚無人称〛〚с圈から〛支払われるべきである: Скóлько с меня слéдует? 私はいくら払えばよいのですか ◆как ～ しかるべく, きちんと, 十分に

**следовóй** [形2] 足跡の, 痕跡の

*  **слéдом** [副] すぐ後に続いて, 後から: идти́ ～ 後からついて行く ◆～ за 圈 …の後に, …に続いて

**следопы́т** [男1] 足跡を追い掛ける猟師; 追跡者

**слéдственный** [ц] [形1] 取り調べの: ～ изоля́тор《警察》拘置施設, 拘置所（略 СИЗО）| С～ комитéт 連邦捜査委員会

**слéдствие** [ц] [слʼеʼтствʼиэ] [中5] [result] ①結果, 結論: причи́на ― и слéдствие 原因と結果 | Оши́бка была́ ―ем устáлости. ミスは疲労の結果であった ②〚法〛審理, 取調べ: предвари́тельное ～ 予審 | быть [находи́ться] под ―ем 取調べ中である | судéбное ～ 法廷での取調 ◆как ～〚挿入〛結果的に

**слéдуемый** [形1]〚金融〛① 支払われるべき ② -ое [中5] 支払い金

*  **слéдующий** [слʼеʼдуюшʼий] [形6] [following] ① 次の: на ～ день 翌日に | в ～ раз 次回に | Какáя -ая остановка? 次は何という停留所ですか ② [男名] 次の人: Кто ～? 次はどなたですか ③ 次のような, 次のとおり: запи́ска -его содержáния 次のような内容のメモ ―ее [中5] 次のことを: Произошлó ―ее. 次のようなことが起こった

**слёживаться** [不完]/**слежáться** -жи́тся [完] 長い間積まれて固まる, （布・衣類が）長くしまわれたままでしわになる **//-ние** [中5]

**слежéние** [中5] 注視, 監視, 追跡

**слéжка** [女2] 監視, 追跡, 尾行

**слежý** [1単現] <следить

**слезá** [слʼизаʼ] -зы́, слёзы, слёз, слезáм [女1] [tear] ①〚複〛涙: гóрькие слёзы 悲嘆の涙 | вытирáть ―зы 涙をぬぐう | со -áми 涙を流して, 泣きながら | На её глазáх выступи́ли слёзы. 彼女の目に涙が浮かんだ ② 一粒の涙: С～ покати́лась по щекé. 涙滴が頬を流れ落ちた ③ 水滴, 滴: сыр со ―óй 水滴のついたチーズ | довести́ до слёз 泣かせる ④〚単〛〚肉〛涙を誘うもの, お涙頂戴 ◆до слёз 涙が出るほど, 泣きたいくらい: Оби́дно до слёз. 泣きたいくらい悔しい | не проли́ть [проронúть] ни еди́ной -ы́ 平然としている, 一滴も涙を流さない | проли́ть [пусти́ть] -ý〚戯・皮肉〛泣きだす, 涙を流す

*  **слезáть/слезть** -éзу, -éзешь 過 -éза, -éзла能過 -éзший 副分 -éзши [完] ①〚с圈から〛（何かにつかまって）下りる:〚話〛なんとか下りる [立ち上がる]: ～ с дéрева 木から下りる ②〚話〛〚с圈〛下車する: ～ с пóезда 列車を降りる ③〚話〛ずり落ちる: Платóк слез с головы́. スカーフが頭からずり落ちた ④〚話〛はがれ落ちる: Обгорéвшая кóжа слéзла. 日焼けした皮がむけた ⑤〚《不完》〛〚圈が〛（窮屈な服・靴が）脱げる

**слези́нка** 複生 -нок [女2]〚指小〛< слеза

**слези́ться** -и́тся [不完] ①（涙が）出る, しみ出る, 滴る ②（内部から水分が）出てくる, 水滴がつく

**слéзка** 複生 -зок [女2] ①〚指小〛< слеза ② 涙型のアクセサリー

**слезли́вый** [形1] ① 涙もろい ② 感受性の強い ③ 哀れっぽい, 鳴き声の ④〚天候が〛雨模様の **//-о** [副] **//-ость** [女10]

**слéзник** -á [男1]〚解〛涙囊 ($\bar{\text{пр}}$)

**слёзный** [形1] ①〚長尾〛〚解〛涙を分泌する: -ые жéлезы 涙腺 ②〚話〛涙ながらの, 哀れっぽい **//-о** [副] <**ость** [女10]

**слезоотделéние** [中5]〚生理〛涙の分泌

**слезотечéние** [中5]〚医〛流涙（症）

**слезоточи́вый** [形1]〚医〛流涙（症）の; 催涙性の; 涙もろい **//-ость** [女10]

**слезоточи́ть** -и́т [不完] 流涙症を患う, 涙を流す

**слезть** [完] → слезать

**сленг** [э] [男2] 俗語, スラング〚жаргóн〛

**слéпень** -пня́,〚話〛слéпень -пня [男5] アブ

**слепéц** -пцá [男3] ① 目の不自由な人 ② 真実〚嘘〛が見えない人 ③〚動〛メクラネズミ（слепы́ш）

**слепи́ть**[1] -плю́, -пи́шь [不完]〚無人称でも〛〚圈〛目をくらます, 目を利かなくする: Снег [Песóк] слепи́т глазá. 雪のせいで [砂ばこりが] 目に入って] よく見えない | Свет такóй я́ркий, что глазá слепи́т. 光がまぶしくてよく見えない

**слепля́ть** [不完]/**слепи́ть**[2] -еплю́, -éпишь 受過 -éпленный [完]〚圈〛貼り合わせる, くっつける ②〚話〛(貼って) 作る ③〚完〛→ лепи́ть [不完] / [完] くっつく, 貼りつく ④〚不定〛(受身)

**слéпнуть** -ну, -нешь 過 -сля -éп/-пла, -éпла 能過 -увший [不完] **//о**- 過 -éп, -éпла 能過 -увший [完] 目が見えなくなる, 視力を失う

**слéпо** [副] 盲目的に, 無分別に

**слéпоглухонемóй** [形2] 視力・聴力・発話能力のない, 盲聾唖の

*  **слепóй** [слʼипóй] 短 -éп, -епá, -éпо [形2] ① 目の見えない] 視力の弱い: -áя старýха 盲目の老婆 | Он слеп от рождéния. 彼は生まれつき目が不自由だ ② [男名] -áя [女名] 目の見えない人: шкóла для -ы́х 盲学校 ③ 起こっていることが分からない, 鈍い: Онá -á к происходя́щему. 彼女は気づいていない ④ 無分別な, 無思慮の: -ая любóвь 盲目的な愛 | -óе повиновéние 盲従 ⑤ 自然発生的な, 偶然の: -áя судьбá 偶然の運命 ⑥ (文字・活字などが) 不鮮明な, 見分けがつきにくい: -ы́е бýквы 不鮮明な文字 ⑦ 見ないで行う, ブラインドの: ～ мéтод печáтания タッチタイピング, ブラインドタッチ ⑧ 出口のない, 行き止まりの; 窓のない ◆-óe орýдие 圈 …の思い通りになる人, 盲従者

**слепóк** -пка [男2] (石膏などの形の) 模型, 型し鋳

**слепорождённый** [形1] 生まれたときから盲目の

**слеп́отá** [女1] ① 盲目, 失明 ② 無知蒙昧, 無理解 ■ кури́ная ～ (1)〚医〛鳥目, 夜盲症 (2)〚俗〛〚植〛ヒヨス, オオルリソウ, キンポウゲ | снéжная ～〚医〛雪目, 雪

眼炎

**слепушо́нка** 複生 -нок [女2]【動】キタモグラレミング

**слепы́ш** -а́ [男4]【動】メクラネズミ

**слеса́рн|ый** [形1] (金属部品の)修理[取付, 組立]の **-ая** [女名] ①の作業場

**сле́сарь** 複 -и/-я́ [男5] (金属製品の)組立て[取り付け, 修理]工; ~-инструмента́льщик 工具製造工

**слёт** [男1] ① (鳥などが)飛び集まること, 飛来 ②【狩】(飛来した)鳥の群れ ③ 大会, 集会 ④ 飛び立つこと

**слета́нность** [女10] (整った)編隊飛行(の技術)

**слета́ть¹** [完] ① 飛んで[飛行機で]行ってくる ②《話》急いで行ってくる

**слета́ть²** [不完] / **слете́ть** -ечу́, -ети́шь [完] ‹с 囲から на囲へ› ① 降下する, 舞い降りる ②【文・詩】(夜・闇が)やってくる, (不幸・感情が)降りかかる, 襲いかかる ③《話》飛び降りる, 駆け降りる ④《話》落ちる ⑤ 飛び立つ ⑥ (言葉が)口から飛び出る, 口をついて出る ⑦《俗》ある地位・職から飛ばされる, 任を解かれる ⑧ (状態・気分が)吹き飛ぶ, 消える

**слета́ться¹** [完] 編隊飛行の技術を身につける

**слета́ться²** [不完] / **слете́ться** слетя́тся [完] ① (鳥などが)飛んで集まる ②《話》駆け集まる

**слёток** -тка [男2] (巣立つ直前の)ひな鳥

**слечь** сля́гу, сля́жешь ... сля́гут сле́г слегла́ 能過 слёгший 副過 слёгши [完] 病床に就く, 病気で寝込む

**слибера́льничать** [完] → либера́льничать

**слив** [男1] ① 注ぎ集めること, 液体の移し替え ② 排水設備

**сли́в|а** [女1]【植】(セイヨウ)スモモ, プラム (~ дома́шняя); са́ра бу́ка: япо́нская ~ ウメ **-овый** [形1]

**слива́|ть** [不完] / **сли́ть** солью́, сольёшь 命 слей про слил, -ла́, -ло про слитый (-йт, -ита́, -ито) [完] ① ‹囲› 注ぎ集める, 混ぜ合せる ② ‹囲› с ‹囲›‹金属を›溶かし合せる, 融合する ③《完》《話》鋳造する ④ ‹囲› ひとまとめにする, まとめる ⑤ ‹囲› с ‹囲›から ‹囲›へ注ぎ写す, 分離する ⑥《話》(水が)引く, 流れ去る ⑦《若者》‹囲›‹情報を›伝える, 流出させる **-ние** [中5]

*слива́|ться** [不完] / **сли́ться** солью́сь, сольёшься 命 сле́йся про сли́лся, -ла́сь, -ло́сь/-лось (flow together) ① 合流する: Ручьи́ сли́лись в оди́н пото́к. 流れが合流してひとつになる ② ひとつになる, 合体する, 融合する, 一丸となる ③《話》流れ落ちる ④《不完》受身く①

*сли́вк|и** -вок, -вкам [複] (cream) ① クリーム, 乳脂肪: ко́фе со -ами クリーム入りコーヒー ② 最良の部分, 精華: ~ совреме́нной нау́ки 現代科学の粋 ♦ снима́ть ~ いいとこどりをする

**сливно́й** [形1] ① 注ぎ集めた, 混合の ② 排水用の ③ (液体)集配のための

**сли́вочник** [男2] クリーム入れ

**сли́вочный** [形1] クリーム(сли́вки)(入り)の

**сливя́нка** [女2] プラム酒

**слиза́ть** [完] → сли́зывать

**сли́зень** -зня [男5]【生】ナメクジ **//сли́зневый** [形1]

**слизево́й** = сли́зистый①②

**сли́зист|ый** [形1] ① 粘液の, 粘液で覆われた ② 【解】粘液を分泌する **-ая** [女名] 粘膜 (-ая оболо́чка)

**слизну́ть** [完] → сли́зывать

**слизня́к** -а́ [男2] ①【生】ナメクジ (сли́зень) ②《話・貶》意志の弱い人

**сли́зывать** [不完] / **слиза́ть** -ижу́, -и́жешь 受過 -и́занный [完], **слизну́ть** -ну́, -нёшь 受過 -и́знутый [完] [一回] ‹囲› 舐め取る, 舐め尽くす ①《話》(火が)舐め尽くす; (水が)飲み込む ②《俗》パクる, コピーする, まねる

**слизь** [女10]【解】粘液 ② ねばねばした薄い層

**слиня́ть** [完] → линя́ть

**слипа́ть** [不完]《話》‹囲›‹まぶたを›くっつかせる

**слипа́|ться** [不完] / **сли́пнуться** -нется про -пся, -пла́сь能過 -пши́йся 副過 -пши́сь [完] ① くっつく ②《不完》同類のものどうしがくっつく

**сли́тн|ый** 短 -тен, -тна [形1] ① 融合した, くっついた, 一体になった, 合流[合併]した ② (単語を)分かち書きしない (↔ разде́льный) **-о** ‹с ‹囲›› с **-ость** [女10]

**сли́т|ок** -тка [男2] 地金, 鋳塊, インゴット: ~ зо́лота 金塊 **//-ковый** [形1]

**сли́ть(ся)** [完] → слива́ть(ся)

**слича́ть** [不完] / **сличи́ть** -чу́, -чи́шь 受過 -чённый (-чён, -чена́) [完] ‹囲› с ‹囲›‹と›照合する, 対比する, 校合する **//сличе́ние** [中5]

**сли́шком** [スリーシカム] [副] [too, too much] あまりに, 過度に: ~ до́рого (値段が) 高すぎる | Он не ~ уме́н. 彼はあまり利口ではない ◆ э́то (уж) ~ それはひどすぎる, あんまりだ

**слия́ние** [中5] ① 合流, 融合 ② 合流点 ③ 合併, 統合

**слобода́** 複 сло́боды, -бо́д, -да́м [女1]【露史】(11-17世紀の自由農民の)村, 集落, 町, 街区

**слобожа́н|ин** 複 -а́не, -а́н [男10] **/-ка** 複 -нок [女2] слобода́ の住人

**слова́к** 複 -ако́в/-чка** -чек [男2] スロヴァキア人

**Слова́кия** [女2] スロヴァキア (首都はБратисла́ва)

**слова́рик** [男2] [指小<слова́рь①] 小辞典

**слова́рник** [男2]《話》辞書編纂者 (лексико́граф)

*слова́р|ь** [スラヴァーリ] -я́ [男5] [dictionary] ① 辞書, 辞典: толко́вый ~ ру́сского языка́ ロシア語語釈辞典 | ру́сско-япо́нский ~ 露和辞典 | электро́нный ~ 電子辞書 | онла́йн-~ オンライン辞書 | чита́ть со -ём 辞書を使って読む | Смотри́те но́вые слова́ в -е́. 新しい単語を辞書で調べなさい
② 【単】語彙: пасси́вный ~【言】理解語彙, 認知用語彙 | акти́вный ~【言】使用[表現]語彙, 発表用語彙 | обогати́ть свой ~ 自らの語彙を増やす **-ный** [形1]

**слова́цкий** [形1] スロヴァキア(人)の

**слове́н|ец** -нца [男3] **/-ка** 複 -нок [女2] スロヴェニア人

**Слове́ния** [女2] スロヴェニア (首都はЛюбля́на)

**слове́нский** [形1] スロヴェニア(人)の

**словеса́** -е́с, -еса́м [複]【文・皮肉】大げさな[口先だけの]言葉

**слове́сник** [男2] ① (小中学校の)ロシア語[文学]の教師 ②文献学者

**слове́сность** [女10]【文】文学; 《集合》文学作品

*слове́сный** [形1] ① 言葉の, 単語の: -ое сочета́ние 語結合 ② 言葉による, 口頭の: -ая война́ 舌戦 **-о** [副] < ②

**слове́чко** -чки, -чек, -чкам [中1] 《話》 [指小] < сло́во①③ (★用法は сло́во に準ずる)

**слови́ться** -овлю́сь, -о́вишься [完] 《若者》‹с囲と› 会う

**сло́вник** [男2] (辞書・事典の)収録語一覧表

*сло́вно** [スロ―ヴナ] [as if, like] ①如何 ‹как や бы と共に› [接] ...のように; まるで...のように: кра́сться, ~ ко́шка 猫のように忍び寄る | Мото́р урчи́т, ~ се́рдится. エンジンがまるで怒っているかのように唸っている ②[助]《話》どうやら...らしい, ...みたいだ: Меня́ знобит, ~ чего́-то хвати́л. 何かを食らったようにぶるぶる震えているみたいだ

*сло́в|о** [スローヴァ] 複 слова́, слов, слова́м [中1] [word, speech] ① 単語, 語: незнако́мое ~ 知らない単語 |

значе́ние -а 語の意味 | Он не произнёс ни -а. 彼は一言も発しなかった ②〖単〗言語(能力); 言葉: дáр -а 弁舌の才 ③〖通例複〗発言, 発言, 言葉, 表現: оби́д-ные -а 侮辱的な言葉 | Мы с ней понима́ем друг дру́га без слов. 私と彼女は話さなくても分かりあえる ④〖単〗意見, 決定, 結論: сказáть своё ве́ское ~ 重みのある意見を言う ⑤〖複〗無駄話, おしゃべり: перейти́ от слов к де́лу 無駄話から用件に移る ⑥〖単〗約束: дать ~ 約束する | сдержáть ~ 約束を守る ⑦〖単〗(公の席での)言論, 演説; 発言権, 発言: вступи́тельное ~ 開会の辞; свобо́да -а 言論の自由 | Прошу́ ~. 発言させて下さい ⑧〖単〗(演説・説教・書簡体の)文学作品, 物語: «С~ о полку́ И́гореве»『イーゴリ遠征物語』 ⑨〖単〗歌詞: ромáн на -á Пу́шкина プーシキンの詞によるロマンス ⑩〖単〗成果, 達成: но́вое ~ в иску́сстве 芸術の新たな成果
◆брать свои́ -á обрáтно 前言を取り消す | брать с Ø 圖 …から言質をとる, 言葉を取りつける: Я взял с него́ ~ молчáть. 私は黙っていることを彼らからとった | в двух -áх 手短に, 簡潔に | ве́рить на́ сло́во 言葉だけで信用する | в одно́ ~ 〘話〙言うことが一緒だ, 異口同音に | к-у пришло́сь 〘話〙ふと思い出したけど, ついでに言うけど | к ~у (сказáть) ついでに言えば | на -áх (1)口頭で (2)口先で, 言葉の上だけで: Он добр то́лько на -áх. 彼が親切なのは口先だけだ | не обмо́лвиться ~ом 〘話〙一言もにおわさない | не находи́ть слов для ~ …については何も言っていいかわからない, 言葉が見つからない | Не то́ ~. 〘話〙そんなもんじゃない | одни́м -ом 一言で言えば, 要するに | по -áм 圖 …の話によると, По его́ -áм, она́ не придёт. 彼の話によると, 彼女は来ないということだ | пра́во ~ 本当に, 実際 | свои́ми -áми (рассказáть) 自分の言葉で(話す) | -а не доби́ться от Ø …に話に乗ってもらえない, 一語一語正確に | ~ за сло́во 話が進むにつれだんだん; 売り言葉に買い言葉 | слов нет もちろん, 言うまでもない: Слов нет, она́ краси́ва, но не в моём вку́се. もちろん彼女は美人だが, 私の趣味じゃない | со слов Ø …の言ったことから

словоблу́дие [中5] 〖文・蔑〗無駄話, 駄弁, 饒舌
словоизверже́ние [中5] 〖文〗(皮肉)空疎な多弁, 長広舌
словоизмене́ние [中5] 〖言〗語形変化, 屈折 ∥ словоизмени́тельный [形1]
*сло́вом [スローヴァム][in a word]〖挿入〗一言でいえば, 要するに: С~, пое́здкой я дово́лен. 要するに, 旅行には満足している
словообразовáние [中5] 〖言〗語形成(論), 造語法 ∥ -тельный [形1]
словоохо́тливый [形1] 話好きな, 饒舌な⟨разгово́рчивый⟩ ∥ -о [副] ∥ -ость [女10]
словопроизво́д|ство [ц][中1] 〖言〗(語の)派生 ∥ -ственный [ц]
словосложе́ние [中5] 〖言〗(語幹結合による)語形成
словосочетáние [中5] 〖言〗語結合 ■усто́йчивое ~ コロケーション, 連語(関係)
словотво́рчество [中5] 〖言〗造語, 新語の創造
словоупотребле́ние [中5] 語の用法
словофо́рма [女1] 〖言〗(語の文法的)形態
словцо́ 複-вца́, -ве́ц, -вца́м [中1] 〘話〙〖指小・愛称〗< сло́во①③: кра́сное ~ 機知に富んだ言葉, しゃれ | кре́пкое ~ 下品な言葉
словчи́ть [完] → ловчи́ть
слог 複-и, -о́в [男2] ①〖言〗音節: откры́тый ~ 開音節(母音で終わる) | закры́тый ~ 閉音節(子音で終わる) ②文体

слогов|о́й [形2] ①〖言〗音節の ②〖言〗音節を形成する: -о́е письмо́ 音節文字 | ~ согла́сный 成節的な子音
сло́ган [男1] キャッチフレーズ; スローガン
слогообразу́ющий [形6] 〖言〗音節を形成する, 成節的な⟨слогово́й⟩
слогоразде́л, слогоразде́л [男1] 〖言〗(語中の)音節の切れ目, 音節境界
слоево́й [形2] 層の
слоёк -ойка́ [男2] 〘話〙〖指小〗< слой
слое́ние [中5] 層にする[なる]こと
слоёный [形1] (小麦粉の生地が)層になっている, 折り込みパイ生地の: -ое те́сто 折り込みパイ生地 | пирожо́к 折り込みパイ生地で作ったピロシキ
сложе́ние [中5] ①足すこと, 足し算, 加法 ②(詩・歌を作ること ③免除すること, 解除すること ④体格⟨телосложе́ние⟩: кре́пкое [хру́пкое] ~ がっしりした[ひ弱な]体格 ⑤(物質の)構成
сложённый 短-жён, -женá [形1] (ある)体格の: Онá былá прекра́сно сложенá. 彼女は素晴らしい体格をしていた
сложи́ть(ся) [完] → кла́сть, скла́дывать(ся), слагáть
*сло́жно [スロージナ][complicatedly] ①[副] 複雑に, ややこしく, むずかしく: Он ~ объясня́л пра́вила. 彼は規則をややこしく説明している ②[無人述]〖不定形〗複雑に; 難しい: Вы́учить ру́сский язы́к не та́к ~, как ка́жется. ロシア語を覚えるのは意外と難しくない
сложноподчинённ|ый [形1] 〖言〗従属関係を持つ: -ое предложе́ние 従属複文
сложносокращённ|ый [形1] 〖言〗:-ое сло́во 合成略語
сложносочинённ|ый [形1] 並列関係を持つ: -ое предложе́ние 並列複文, 重文
*сло́жност|ь [スロージナスチ][女10][complication, complexity] ①複雑さ, ややこしさ, むずかしさ ~ взаимоотноше́ний 相互関係の複雑さ ②〖通例複〗困難, 難関, 障害: Возни́кли -и с оформле́нием докуме́нтов. 書類作成に困難が生じた ◆в о́бщей -и 全体として, 総じて ③ 結局のところ
сложноцветн|ый [形1] 〖植〗①合弁花冠を持つ ②-ые [複з] キク科
*сло́жн|ый [スロージヌイ] 短-жен, -жнá, -жно, -жны/-жны́ 比-не́е 最上-не́йший [形1][complicated, complex] ①(長尾)いくつかの部分から成る, 複合の, 合成の: -ые веществá 合成物質 | -ое сло́во 〖言〗複合語 ②複雑な, 入り組んだ, 込み入った: -ая обстано́вка 複雑な情勢 | У него́ ~ хара́ктер. 彼は複雑な性格をしている ③手の込んだ, 凝った: ~ узо́р 手の込んだ柄 ④困難な, 難しい, 厄介な: ~ вопро́с 難しい問題 | -ая опера́ция 難しい手術
..сло́жный [形1] (語形成) "…複の"
сло́йсто-дождев|о́й [形2] 〖気象〗:-ы́е облакá 乱層雲
сло́йсто-ку́чев|ый [形2] 〖気象〗:-ые облакá 層積雲
сло́ист|ый [形1] 層から成る, 層状の: -ые облакá 〖気象〗層雲 ∥ -ость [女10]
слои́ть -ою́, -ои́шь 命-о́й 受過-оённый (-оён, -оенá) [不完] 〖図〗層にする, 層状に重ねる ∥ -ся [不完] ①層になる, 層状に重なる, 薄片になる ②[受身]
*сло́|й [スло́й] 複слои́, слоёв [男6] [layer] ①層: ~ льда́ 氷層 | ~ жи́ра 脂肪層 | озо́новый ~ オゾン層 ⑤以前あったものを覆い隠すもの: Тяжёлые воспомина́ния покры́л ~ но́вых впечатле́ний. つらい思い出を新しい印象が覆い隠した ②〖通例複〗社会層, 階層: -и́ интеллиге́нции 知識層

**сло́йк|а** 複生 -оек [女2] ① 層状にすること ② 薄生地を層状に焼いたパン, パフ・ペイストリー, デニッシュ

**..сло́йный** [形] [語形成]「…の層の」

**сло́м** [男1] ① 破壊, 崩壊, 取り壊し ② 破損箇所

**слома́ть(ся)** [完] →лома́ть(ся)

**сломи́ть(ся)** [完] →сла́мывать

**сломя́ ◆ (бежа́ть) ~ го́лову** まっしぐらに, がむしゃらに(走る)

*__сло́н__ -а́ [男1] [elephant] ① [動]ゾウ: африка́нский (инди́йский) ~ アフリカ(インド)ゾウ ②[話]大男, ウドの大木 ③[チェス]ビショップ(→фигу́ра[活用])
◆ **как ~у́ дроби́на** [話]まったく不十分だ, あまりにも少ない | **~а́ не приме́тить** (слеп・皮肉) 一番大事なことを見落とす | **~о́в гоня́ть** = **~ы́ слоня́ть** [話]ぶらつく, ぶらぶらしている / **~о́ник** [男2] [指小・愛称]

**слонёнок** -нка 複 -оня́та, -оня́т [男9] 子象

**слони́ха** [女2] 雌象

**слоно́вость** [女10] [医]象皮病(слоно́вая боле́знь)

**слоно́в|ый** [形] ゾウの: -ая ко́сть 象牙 ■-ая боле́знь [医]象皮病

**слоня́ра** [女1] [軍・戯] 兵役について半年以内の兵士

**слоня́ться** [不完] ぶらつく

**сло́пать** [完] →ло́пать

*__слуг|а́__ 複 слу́ги (女2変化) [男] [servant] ① 使用人, 召使; 給仕: наня́ть ~у́ 召使を雇う ② 奉仕者, 僕(しもべ): ~ Оте́чества 祖国の奉仕者

**служа́ка** (女2変化 化) [男] [話] 通例 хоро́ший, до́брый, ста́рый などと共に) (主に軍人の) 古参兵, ベテラン

**служа́нка** 複生 -нок [女2] 下女, 女中

*__слу́жащ|ий__ [形6] [office worker] ① 勤務している, 勤めを持っている ② ~ [男名] / -ая [女名] (ホワイトカラーの)勤務者, 勤め人, 事務職員, サラリーマン: ~ фи́рмы 会社員 | госуда́рственный ~ 国家公務員 (гослу́жащий)

*__слу́жб|а__ [スルージバ] [女1] [service, work] ① 勤めること, 勤め, 職務; 勤め先, 職場: поступи́ть на -у 就職する | повыше́ние по ~е 昇進 | оста́вить ~у 勤め先を辞める | уво́лить со -ы 解雇する | Он сейча́с на -е. 彼は今勤め先にいます ② 兵役, 軍務: действи́тельная (вое́нная) ~ 現役 | альтернати́вная ~ 代替奉仕 ③ 仕えること; 役に立つこと, 使用できること: ~ наро́ду на́шей Оте́чества 我が国民への奉仕 | срок ~ы аккумуля́тора バッテリーの有効期間 ④ [集]職務, 任務 ⑤ (専門の)部門, 局, 課, 係: медици́нская ~ 医務部門 | ~ путе́й сообще́ния 鉄道保線課 ⑥ [宗]礼拝, 祈祷(きとう)式
◆ **не ~у, а в дру́жбу** [話] 義理ではなく友情から
■ **Федера́льная ~ безопа́сности** 連邦保安庁(略 ФСБ)

**служби́ст** [男1] [話] (まじめで形式主義的な)お役所風人間

**служе́бник** [男2] [正教]奉事経

**служе́бно-розыскн|о́й** [形2] (犬が)警備[捜索]用の: -а́я соба́ка 警備[捜索]犬

*__служе́бн|ый__ [形] ① 職務の, 勤務の, 公用の: ~ долг 職務 | ~ моби́льный телефо́н 公用携帯電話 ② 補助的な, 副次的な: -ая фу́нкция 補助の機能 | -ые слова́ [言]補助語, 機能語

*__служе́ние__ [中5] [service] [文・雅] ① 勤めること, 勤務; 軍務, 兵役 ② 仕えること, 奉仕: ~ о́бществу 社会への奉仕 ③ [宗]礼拝, 祈祷(きとう)

**служи́тель** [男5] / -ница [女3] ① 下級職員 ② [雅][宗]奉仕者: ~ ку́льта 聖職者

*__служи́ть__ [スルジーチ] -ужу́, -у́жишь 命 -ужи́ [不完] [serve] ① 勤める, 勤務する: ~ в ба́нке 銀行に勤める | ~ секрета́ршей で 秘書として勤務する ② 兵役を勤める, 軍務に服する: Он служи́л в та́нковой диви́зии. 彼は戦車師団に勤務していた ③ 使用人として働く, 奉公する ④ [完 по~] ⟨与⟩ に仕える, 奉仕する, 貢献する: ~ хозя́ину 主人に仕える | ~ нау́ке 科学に奉仕する ⑤ [完 по~] 役に立つ, 使用できる: Сапоги́ слу́жат три го́да. このブーツは3年もっている | ~ [完 по~]⟨造⟩ …になる, …である: За́мкнутость слу́жит причи́ной её беспоко́йства. 弟の付合い嫌いが彼女の心配の種になっている ⑦ [宗]⟨対⟩ 礼拝などを執り行う: ~ обе́дню ミサを執り行う ⑧ [完 по~] (犬などが)後ろ足で立つ, ちんちんする ◆ **Чем могу́ ~?** ⟨公⟩ 何のご用でしょうか ∥ **-ся** [不完] [受身]

**слу́жка** 複生 -жек(女2変化) [男] [正教]堂役(どうやく)

**слука́вить** [完] →лука́вить

**слу́пливать** [不完] / **слупи́ть** -уплю́, -у́пишь 受過 -у́пленный ⟨対⟩⟨с+造 か ら⟩ ① ⟨皮・殻を⟩むく, はぐ ② ⟨金を⟩ふんだくる, ぼったくる ∥ **-ся** [不完] [受身]

*__слу́х__ [スルーフ] [男2] [hearing, rumor] ① [単]聴覚, 聴力, 耳(の能力) ② [楽]音感: о́стрый ~ 鋭い聴力 | потеря́ть ~ 聴力を失う ② [楽]音感: абсолю́тный ~ 絶対音感 | игра́ть «по -у» [на ~] 暗譜で演奏する ③ (しばしば複) 噂(うわさ), 風聞, 知らせ: ло́жные ~и デマ | Слу́хи не подтверди́лись. 噂は確認がなかった
◆ **ни ~у ни ду́ху о** ⟨造⟩ …の消息がまったくない, 何の音沙汰もない | **обрати́ться в ~** 全身を耳にして聞く

**слуха́ч** -а́ [男4] ① 無線通信の受け手[傍受者]; [軍]聴音兵 ② [楽]鋭い音感を持った人, 暗譜で音階を再現できる人

**слухово́й** [形] ① 聴覚の[による]: ~ нерв [解]聴神経 ② 聞くための: ~ аппара́т 補聴器

**слу́чаем** [俗] [挿入] 偶然, たまたま ②[挿入]ひょっとして(случа́йно)

*__случа|й__ [スルーチャイ] [男6] [case, event] ① 出来事, 事件: неожи́данный ~ 思いがけない出来事 | несча́стный ~ 不幸な出来事, (犠牲者の出る)事故 ② 場合, 事態, 状況, ケース: в э́том ~е どんな場合にも | в любо́м -е どんな場合にも | в большинстве́ -ев たいていの場合 | В ~е необходи́мости позвони́те мне. 必要な場合には私に電話して下さい ③ 機会, 好機, チャンス: воспо́льзоваться -ем チャンスを利用する | упусти́ть ~ 機会を逃す ④ 偶然: Нельзя́ полага́ться на ~. 偶然を当てにしてはいけない ◆ **в отде́льных -ях** 場合によって, 時々 | **в -е чего́** [話]何か起こったら, もしもの時には | **в тако́м -е** そういうことなら, そういう場合には | **в (то́м) -е, е́сли ...** = **на (то́) ~, е́сли ...** …の場合には: В -е, е́сли я опозда́ю, не жди́те меня́. 私が遅れた場合には待たなくても構いません | **в ху́дшем -е** 最悪の場合に, 悪くても | **во вся́ком ~е** (1) どんな場合でも, いずれにしても: Что бы ни случи́лось, я во вся́ком ~е приду́. 何があっても, 私は必ず行きます (2) [話]それでもやはり | **на вся́кий ~** 万が一の用意に, 念のため | **на ~ ...** …に備えて, …を見越して: взять зо́нтик на ~ дождя́ 雨に備えてかさを持っていく | **ни в ко́ем -е** 決して, どんなことがあろうと(…ない) | **-я к ~у** 時々, 時折 | **по ~ю** (売買につき)たまたま, 偶然 | **по ~ю** ⟨生⟩ …の理由で, …のために | **при ~е** 折を見て, 機会があれば | **тяжёлый ~** [話]やっかいなこと, 不愉快なこと

*__случа́йно__ [スルチャーイナ] [by chance] ① [副] 偶然に, たまたま: Он узна́л об э́том соверше́нно ~. 彼がそれを知ったのはまったく偶然だった ② [挿入] もしかして, ところで: Вы, ~, ему́ не ро́дственник? ひょっとして彼とは親戚ではないのですか ◆ **не ~** 偶然ではない, それなりの理由がある: Она́ не ~ сюда́ пришла́. 彼女がここに来たのは偶然ではない

***случа́йность** [女10] (chance) ①偶然であること, 偶然性: ~ встре́чи 出会いの偶然性 ②偶然, 偶然の出来事, 予期しない状況: проста́я ~ 単なる偶然

**случа́йн|ый** [スルチャーイヌイ] -аен, -айна [形1] (accidental) ①偶然の, 思いがけない: -ая встре́ча 偶然の出会い | -ое обстоя́тельство 不測の事態 ②時たまの, 不定期の: ~ за́работок 不定期収入

**случа́|ть** -чу, -чешь [不完] / **случи́ть** -чу́, -чи́шь (命なし) 受過 -чённый (-чён, чена́) [完] 〈囡 を с 囡と〉〈動物を〉交尾させる, 交配する **// ~ся¹** [不完] / **<с~** [完] 〈с 囡 を〉(動物が)交尾する ②[不完] 〈受身〉

**случа́ться²** [スルチャーッツァ] [不完] / **случи́ться²** [スルチーッツァ] -чи́тся [完] ①起こる, 生じる: Случи́лся пожа́р. 火事が起こった | Что́ с тобо́й случи́лось? どうしたの, 何があったの | 〈無人称〉〈話〉[不定形]たまたま…することになる, …する機会がある, …する巡り合わせになる: Случи́лось мне ка́к-то пое́хать с дру́гом в го́сти к его́ ба́бушке. なぜか友人と彼の祖母のところに厄介することになった ②〈話〉(たまたま)[いる], 居合わせる: У меня́ не случи́лось де́нег. 私は金を持ち合わせていなかった

**слу́чка** 複生 -чек [女2] 交尾 **// случно́й** [形2]

**слу́шание** [中5] ①聞くこと, リスニング; 聴診; 聴講 ②〈法〉審理, 審問; 〈政〉公聴会: предвари́тельные ~ 予備審問

**слу́шатель** [スルーシャチリ] [男5] / **~ница** [女3] (listener) ①聞き手, 聴取者; (複)聴衆: ~ ра́дио ラジオのリスナー ②(ある学校の)学生, 聴講生: ~ вое́нной акаде́мии 軍事アカデミーの学生 | ~ вече́рних ку́рсов 夜間コースの聴講生

**слу́ша|ть** [スルーシャチ] -аю, -аешь -анный [不完] 〈囡〉 ①〈意識して〉聞く, 耳を傾ける: ~ му́зыку 音楽を聴く | Мы внима́тельно слу́шали расска́з очеви́дца. 私たちは目撃者の話を注意深く聞いた ②[完 **вы́~, про~**] 聴診する: ~ больно́го 患者を聴診する ③審問する: (公の席で)聞く: ~ де́ло в суде́ 裁判所で事件を審理する ④聴講する: ~ курс ру́сской исто́рии ロシア史の講義を聴講する ⑤[完 **по~**] …の言うことを聞く, …に従う: Она́ обы́чно слу́шает роди́телей. 彼女は普段親の言うことを聞く ◆ **слу́шай(те)** 〈話〉 (会話の冒頭で相手の注意を促して) ◆ ねえ, ちょっと, いいかい: Слу́шай, оста́нься здесь! ねえ, ここに残ってよ | **слу́шаю** 承知しました, かしこまりました (2) (電話を受けて)はい, もしもし

**слу́шаться** [不完] / **по~** [完] 〈囡〉…の言うことを聞く, …に従う ◆ **слу́шаюсь** 承知しました, かしこまりました

**слушо́к** -шка́ [男2] 〈話〉〈指小・卑称〉< слух ③

**слы|ть** -ыву́, -ывёшь 過 -кы́л, -ыла́, -ы́ло [不完] / **про~** [完] 〈囡〉[как として] 評判である, 知られている

**слыха́|ть** (現 在 形 な し) 過 слыха́нный [不完] (hear) 〈話〉 ①〈囡/о囡/про囡/что̀〉聞こえる, 聞く; 聞き及ぶ, 耳にする (слы́шать): Я э́того никогда́ не слыха́л. そんなの一度も聞いたことはない ②[不定形]〈無人称〉聞こえる: 情報[消息]がある: О ней пока́ ничего́ не ~. 彼女についてはいまのところ何の消息もない ③[不定形]〈挿入〉らしい, …という話だ ◆ **слы́хом не ~ о** [囡]…のことは一度も聞いたことがない; …については何も知られていない, まったく不明だ

**с.м.** (略)сего́ ме́сяца 本月[今月]の

**сма́зать(ся)** [完] →сма́зывать(ся)

**сма́зка** 複生 -зок [女2] ①油を塗る[さす]こと ②潤滑油, 塗布剤, グリス

**смазли́вый** [形1] 〈話・しばしば戯〉かわいい

**смазно́й** [形2] (皮革製品に)油を塗った

**сма́зыва|ть** [不完] / **сма́зать** -а́жу, -а́жешь 受過 -занный [完] 〈囡〉①〈囡 に囡 を〉…に塗る, 油を塗る: ~ ру́ки кре́мом 手にクリームを塗る | ~ тушь マスカラを塗る ②こすり取る ③〈話〉〈写真などを〉ぼかす ④〈話〉曖昧にする, うやむやにする, もみ消す ⑤〈俗〉ぶん殴る ⑥〈囡〉…に賄賂を渡す

---

э́том? このことについて聞きましたか | Слы́шал, что вы бы́ли в Япо́нии. あなたが日本にいらしたことがあると聞きました ④[囡/что̀節]知覚する, 感じる: ~ за́пах 匂いを感じる ⑤〈話〉〈動物が〉嗅ぎつける, 感づく ◆ **слы́шишь = слы́шите** (念を押して)いいか, いいですか: Приходи́ непреме́нно, слы́шишь! いいか, 絶対来いよ

**слы́шаться** -шится [不完] / **по~** [完] ①音がする, 聞こえる ②感じられる, 現れる

**слы́шим|ый** [形1] 聞こえる, 聞き取れる **// -ость** [女10] 聞き取れること, 可聴(度)

***слы́шно** I [副] 聞こえるように II [無人述] ①〈囡/как節〉聞こえる: С~, как пою́т пти́цы. 鳥が歌うのが聞こえる ②〈о囡/про囡〉…について情報[消息]がある: О нём давно́ ничего́ не ~. 彼については長い間何の消息もない III 〈挿入〉らしい, …という話だ: Он, ~, сам придёт. 彼が自ら出向いて来るらしい

**слы́шн|ый** 短 -шен, -шна́, -шно, -шны́[шны́] [形1] (audible) ①聞こえる, 聞き取れる: У него́ был чу́ть ~ го́лос. 彼の声は辛うじて聞き取れるほどだった ②[短尾]感じられる, 現れる: В его́ слова́х -а́ насме́шка. 彼の言葉には嘲りが感じられた

**слышь** [挿入]〈俗〉①ちょっと聞いてよ, あのね, ねぇ ②聞くところによると, …ということらしい

**слюбля́ться** [不完] / **слюби́ться** -юблю́сь, -ю́бишься [完] 〈俗〉〈с囡 と〉愛し合うようになる

**слюда́** 複 слю́ды [女10] 〈鉱〉雲母(うんも)

**слюн|а́** [女1] 唾液, 唾, よだれ: проглоти́ть -у́ 唾を飲み込む | бры́згать -о́й 唾をまき散らす **// слю́нный** [形1] -ые же́лезы 〈解〉唾液腺

**слю́н|и** -е́й [女1] = слюна́ ◆ **теку́т у** 囡 (おいしそうな物を見て)…はよだれが出る | **пуска́ть [распуска́ть] ~**〈俗〉(1)感動[感激]する, 感傷的になる, 涙する (2)意志薄弱になる **// -ки** -нок, -нкам [複] 〈愛称〉

**слюни́|ть** -ню́, -ни́шь 受過 -нённый (-нён, -нена́) [不完] / **по~** [完] **на~** [完] ①唾をつける, 唾で濡らす ②[完 **за~**] 唾[よだれ]で汚す **// ~ся** [不完] 〈受身〉

**слюнооотдели́|ние** [中5] 〈生理〉唾液分泌 **// -тельный** [形1]

**слюнотече́ние** [中5] 〈医〉唾液分泌過多(症)

**слюнтя́й** [男5] 〈軽・蔑〉意志の弱い人, 意気地なし

**слюня́ви|ть** -влю, -вишь [不完] / **об~** [完] 〈話〉 = слюни́ть **// ~ся** [不完] 〈受身〉

**слюня́вый** [形1] ①よだれで濡れた ②よだれを垂らしている

**слюня́вчик** [男2] よだれかけ(нагру́дник)

**сля́котно** [無人述] 〈話〉ぬかるんでいる, みぞれ模様だ

**сля́котный** 短 -тен, -тна [形1] ①ぬかるんだ ②みぞれ模様の, じめじめした

**сля́коть** [女10] ①(地面の)ぬかるみ ②〈話〉じめじめした天気 ③〈話〉ろくでなし[ない]やつ

**см** (略)сантиме́тр

**см.** (略)смотри́ 見よ, 参照せよ(< смотре́ть)

***слы́шать** [スルィーシャチ] -шу, -шишь (命なし) 受過 -анный [hear] ①〈囡〉が聞こえる, 耳に入る, 聞く: ~ стук ノの音がする | Я вас пло́хо слы́шу. あなたの言っていることがよく聞こえません ②[不完]聴力がある, 耳が聞こえる: Я не слы́шу ле́вым у́хом. 私は左耳が聞こえない ③(音楽作品などを)聴く, 観賞する ④〈囡/о囡/про囡/что節〉(聞いて)知る, 耳にする: Вы слы́шали об

**смáзываться** [不完] / **смáзаться** -áжусь, -áжешься [完] ①《圈を》(自分に)塗る ②はがれ[こすれ]落ちる: Лак *смáзался*. ニスがはがれた ③《写真など》ぼける ④《話》曖昧になる、うやむやになる ⑤ [不完]《受身》<смáзывать

**смазь** [女10] = смáзка②

**смáйл** [男1], **смáйлик** [男2] スマイリーフェイス; [IT] 顔文字, スマイリー (эмотикóн)

**смак** -а/-у [男3]《話》①おいしさ, 良い味, 満足, 快感 ②面白味, 醍醐味, 本質, 味わい, 妙味 ◆ *со ~ом* 舌鼓を打って; 心から楽しそうに

**смаковáть** -кýю, -кýешь 受過 -óванный [不完]《話》①味わって食べる[飲む] ②味わう, かみしめる, 楽しむ

**смáлец** -льца [男3] ラード, (精製した)豚脂

**смáлчивать** [不完] / **смолчáть** -чý, -чи́шь [完] (返答・反論をせず) 黙り通す

**смáлывать** [不完] / **смолóть** смелю́, смéлешь 受過 смóлотый [完]〈圈〉①〔不完は **молóть**〕《穀物・肉を》挽く ②〔完〕《俗》たくさんの量をたちまち食べてしまう, 平らげる ③〔完〕〔他の〕(ばかなことを)言う **//-ся** [不完] / [完] ①粉になる, 挽肉になる ②〔不完〕《受身》

**смáльта** [女1]《モザイク用》色ガラス ②《集合》モザイクガラスの立方体, ガラス板 ③コバルトガラス, 花紺青

**сманеври́ровать** [完] →маневри́ровать

**смáнивать** [不完] / **смани́ть** -аню́, -áнишь/-áнишь, -áненный/-áнённый (-нён, -ненá) [完]〈圈〉①おびき寄せる ②唆す, 誘惑する ③(仕事などを変えるように)誘う, スカウトする **//-ся** [不完]《受身》

**смáргивать** [不完] / **сморгнýть** -нý, -нёшь [完][一回] ①まばたきして目から払い落とす ②《話》まばたきをする (моргáть/моргнýть)

**смáривать** [不完] / **смори́ть** -рю́, -ри́шь 受過 -рённый (-рён, -ренá) [完]《無人称でも》疲労困憊させる, 苦しめる, 打ち負かす

**смартфóн** [男1] スマートフォン, スマホ

**смáтывать** [不完] / **смотáть** 受過 -óтанный [完] ①巻きつける, 巻きとる ②巻き戻す, ほどく ◆ *удочки* 逃げ出す, 急いで逃げる **//-ся** [不完] / [完] ①巻かれて玉になる ②ほどける ③《俗》逃げ去る, ずらかる ④〔完〕《俗》急いで行ってくる ⑤〔不完〕《受身》

**смáхивать** [不完] / **смахнýть** -нý, -нёшь 受過 -áхнутый [完]〈圈〉①《無人称でも》払い除ける, 払いのける, 追い払う ②《話》(素早く)切る[刈る, 叩き落とす] ③《不完》《話》<на圈に…に似ている, …を思い起こさせる **//-ся** [不完]《受身》

**смáчивать** [不完] / **смочи́ть** -очý, -óчишь 受過 -óченный [完]〈圈〉(少し)濡らす, しめらせる **//-ся** [不完] / [完] ①(少し)身を濡らす[しめらせる] ②〔不完〕《受身》 **//-ние** [中5]

**смáчно** [副] ①おいしそうに ②たっぷり, 満足して ③《若者》集中して, 全力を注いで

**смáчный** 短 -чен, -чнá [形1]《話》①ジューシーな, よく味付けされた, おいしい, 脂の乗った ②表現力に富んだ, 豊かな, 強い

**смежáть** [不完] / **смежи́ть** -жý, -жи́шь 受過 -жённый (-жён, -женá) [完]〔旧・詩〕〈圈〉《目を》閉じる **//-ся** [不完] / [完]《雅》(瞼が)閉じ合う

**смéжник** [男1] 関連企業[工場] ②関連企業[工場]で働く専門家

**смéжный** 短 -жен, -жна [形1] 隣り合っている, 隣接する, 関連する: ~ угóл [数] 隣接角 **//-о** [副] **//-ость** [女10]

**смéйся** [命令]< смея́ться

**смекáлистый** 短 -ист [形1]《話》機転の利く

**смекáлка** [女2]《話》機転, 察しのよさ

**смекáть** [不完] / **смекнýть** -нý, -нёшь [完] ①《話》〈圈〉わかる, 理解する, 察する ②《俗》考え込む ③《不完》《話》〈圈〉わかっている, 理解力がある: <в圈の>心得がある

**смелéе** ①〔比較〕< смéлый, смéло ②〔間〕やれっ, 遠慮するな

**смелéть** [不完] / **о~** [完] 大胆[勇敢]になる

*смéло [副]〔boldly, easily〕①勇敢に, 大胆に: ~ дéйствовать 大胆に行動する ②《話》たやすく, 難しく: За столóм ~ помéстятся пять человéк. このテーブルには楽に5人が席につけるだろう ③《話》自信を持って, 安心して: Кончáй дéло — гуля́й ~. 《諺》仕事を終えたら思いきり遊べ

*смéлость [女10] 〔boldness〕①勇敢さ, 大胆さ, 勇気: У негó не хвати́ло -*и* отказáться. 彼には断るだけの勇気が足りなかった ②勇敢[大胆な]行動 ◆ *взять нá себя~* 〈不定形〉あえて…する, 思いきって…する

*смéлый 短 -éл, -елá, -éло, -éлы/-елы́ [形1] 〔bold〕①恐れを知らぬ, 勇敢な, 勇ましい; 大胆不敵な: *-ое* лицó 大胆不敵な面がまえ ②思いきった, 大胆な, 斬新な, 革新的な ③度の過ぎた, 厚かましい, 挑戦的な

**смельчáк** -á [男3]《話》大胆[勇敢な人], 向こう見ず, 命知らず

‡**смéн**|**а** [смʲéнə] [女1] 〔replace ment, changing〕①替える[替わる]こと, 取り替え, 入れ替え, 交替; 龍也, 更迭: ~ мотóра エンジンの取り替え ②《話》たやすく, 難しく: - дня и нóчи 昼と夜の交替 ③ ~ кабинéта 内閣の更迭 ④ (勤務・授業などの) 交替制, 番, (交替制の) 勤務時間: рабóтать в двé -*ы* 二交替制で働く | учи́ться во втору́ю -*у* (二部制の) 第二部で学ぶ ⑤ (交替制の) 班, 組, グループ: Пришлá вечéрняя ~. 夜勤組がやって来た ⑥ 取って代わる人, 後進, 後継者: готóвить себé -*у* 後進を育てる ⑤ (衣類の) 替え, 着替え: двé -*ы* бельи́ 替えの下着ふた組 ◆ *на -у* 〈匣〉…に代わって, …の交替に

**смени́ть(ся)** [完] →сменя́ть²(ся)

**смéнка** 複生 -нок [女2]〔学校〕上履き, 上靴

**смéнный** [形1] ①交替(制)の, 交替班の ②交換可能な, 互換性のある

**смéнщи|к** [男1] / **-ца** [女3] ①交代者, 交代作業員 ②〔劇〕代役

**сменя́емый** 受 -ем [形1] 取り換え[交代]が可能な, 互換性のある **//-ость** [女10]

**сменя́ть¹** 受過 -éнянный [完]《話》〈圈を на圈に〉交換する

‡**сменя́ть²** [смʲɪnʲáʨ] [不完] / **смени́ть** [смʲɪnʲíʨ] -ени́́, -éнишь 命 -ни́! 受過 -нённый (-нён, -ненá) [完] 〔change, replace〕①〈圈を〉取り替える, 替える: ~ бельё 下着を取り替える | ~ нóутбук на планшéт ノートPC をタブレットに替える ②罷免する, 更迭する: ~ всё начáльство 全幹部を更迭する ③交替させる, …に交替する: ~ часовы́х 歩哨を交替させる ④ …に取って代わる, …と交代する: Тишинá *смени́ла* грóхот оруди́й. 静けさが銃声に取って代わった

**сменя́ться** [不完] / **смени́ться** -еню́сь, -éнишься [完] ①《話》取り替わる, 替わる: У нас *смени́лось* руковóдство. 私たちのところでは指導部が替わった ②<с圈交代勤務から>解放される: ~ с дежýрства 当直勤務を終わりにする ③〈圈に〉取って代わられる, 変わる: Весéлье *смени́лось* грýстью. 楽しい気分が悲しみに変わった ④〔不完〕《受身》< сменя́ть²

**смердéть** -ржý, -рди́шь [不完]《無人称でも》悪臭を発する, 嫌な臭いがする

**смёрзнуться** [完] / **смёрзнуться** -нется 過 -ёрзся, -ёрзлась 能過 -зши́йся 副分 -зшись [完] 凍ってくっつく, 凍結する, 凍てかちかちになる

**смéрить** [完] →мéрить

**смéриться** -рюсь, -ришься [完] (他人と比べて)身

長[力]を測る

**смерка́ться** [不完] / **сме́ркнуться** -нется 過 -клось [完] 〘無人称でも〙暗くなる, 日が暮れる

**сме́ртно** [副] ①致命的に, 死ぬほどに ②〘話〙極度に, ひどく, 殺人的に

\***смерте́льн|ый** 短 -лен, -льна [形1] 〔mortal〕①致命的な, 致死性のある, 生死にかかわる: -ая ра́на 致命傷｜уда́р ~ 決定的な打撃, とどめの一撃, 命取り ②死に伴う: -ая аго́ния 臨終の苦しみ ③激烈な, 決定的な: ~ бой 決戦｜-ая казнь 死刑 ④不倶戴天の, 猛烈な: ~ враг 不倶戴天の敵 ⑤〘話〙極度の, 死ぬほどの, ひどい: -ая уста́лость 極度の疲労 **‖-ость** [女10]

**сме́ртни|к** [男1] ①死刑囚 ②死ぬ運命の人; 自爆テロ犯 (террори́ст-~)

**сме́ртно** [副] 死ぬほど, ひどく

**сме́ртность** [女10] ①死ぬべき運命にあること ②死亡率; 死亡者数

\***сме́ртн|ый** 短 -тен, -тна [形1] 〔mortal〕①死の, ~ час 死期 ②死ぬ運命にある, 死を免れない: Все лю́ди -ы. 人はみないつかは死ぬ ③~ [男名] / -ая [女名] (死ぬ運命にある人) 凡人, ただの人: просто́й ~, обы́кнове́нный ~ 平凡人 ④〘副〙とても, ひどく, 極度に: -ая ску́ка ひどい退屈 ⑤〘話〙極度の, 死ぬほどの, ひどい: -ая ску́ка ひどい退屈 ■ ~ грех〘キリスト教〙大罪

**смертоно́сн|ый** 短 -сен, -сна [形1] 致命的な, 死をもたらす, 破滅的な **‖-ость** [女10]

‡**смерть** [スミェールチ] 複 -ти, -тéй [女10] 〔death〕①死, 死亡: есте́ственная ~ 自然死｜констати́ровать ~ 死亡を確認する ②破滅, 滅亡, 終焉: полити́ческая ~ 政治生命の終わり ③〘副〙とても, ひどく, 死ぬほど: С~ (как) пить хо́чется. 飲みたくてたまらない ④〘述語〙〘俗〙嫌だ, 困ったことだ: Для меня́ в о́череди стоя́ть ~...! 列に並ばなくちゃ死ぬほど嫌だ ◆**быть при сме́рти** 瀕死の状態だ, 死にかけている｜**до́ сме́рти** 死ぬほど, とても: Я уста́л до́ сме́рти. 私は死ぬほど疲れた｜**как ~ бле́дный** (顔色が) 真っ青な｜**~ как (како́й)** 〘俗〙ひどく, 死ぬほど｜**смотре́ть ~и в глаза́** 〔лицо́〕 死に直面している, 死を冷静に直視する｜**(то́лько) за ~ью посыла́ть кого́** 〘話·戯〙あいつに頼めばいつまで待たされるか, 鉄砲玉の使いだ｜**умере́ть свое́й ~ью** 天寿をまっとうする, 不慮の死を遂げる｜**Двум ~я́м не быва́ть, а одно́й не минова́ть.** 〘諺〙二度目の人生は死ななきゃならぬ, 死ぬ気でやってみよう (←二度の死は免れない)

**смерч** [男4] 〘気象〙竜巻; 水柱

**СМЕРШ** [男4] (略) 〘史〙スメルシ (Смерть шпио́нам. スパイに死を), 国防人民委員部防諜総局

**смеси́тель** [男5] ミキサー, 撹拌装置, (電気信号などの) 混合機 **‖~ный** [形1]

**смеси́ть(ся)** [完] →меси́ть(ся)

**смести́** [完] →смета́ть

**смести́ть(ся)** [完] →смеща́ть

\***смесь** [女1] 〔mixture〕①混合; 混合物: горю́чая ~ (内燃機関の) 混合ガス ②(様々なものの) 結合, 混交, 寄せ集め, 混合物: конфе́ты ~ キャンディーの詰め合わせ ③〘話〙(動植物の) 交雑種

**сме́та** [女1] 〘金融〙予算, 見積もり

‡**смета́на** [スミターナ] [女1] 〔sour cream〕スメタナ, サワークリーム: борщ со ~ой スメタナ入りボルシチ｜грибы́ в ~е きのこのスメタナソテー **‖-ный** [形1]

**смета́ть¹** [不完] / **смести́** смету́, сметёшь 過 смёл, смела́ 能動 смётший 受過 сметённый (-тён, -тена́) 副分 сметя́ [完] ①払いのける, 掃き出す ②掃討する, 根絶する ③掃き集める (寄せる) **‖~ся** 〔受身〕

**смета́ть²** [完] →смётывать¹,²

**смётка** 複生 -ток [女2] ①〘単〙機転, 察しのいいこと

②払う〔掃く〕こと, ブラシ ③仮縫い, しつけ糸 ④〘狩〙(動物が足跡を消すための) 横っ跳び

**смётки** -ток, -ткам [複] 掃き集めたくず

**сметли́вый** 短 -ив [形1] 機転の利く, 察しのいい, 利口な **‖-ость** [女10]

**сме́тный** [形1] 予算の, 見積もりの

**сме́тчи|к** [男2] / -ца [女3] 予算係, 見積係

**смётыва|ть¹** [不完] / **смета́ть¹** -мечу́, -ме́чешь 受過 -ме́танный [完] 〘農〙〈干草などを〉 投げて積み上げる (мета́ть)

**смётыва|ть²** [不完] / **смета́ть³** 受過 смётанный [完] 〘裁〙仮縫いをする (мета́ть)

**сметь** [不完] / **по~** [完] 〈dare〉①〘不定形〙あえて〔思い切って〕…する, …する勇気がある: Как ты сме́ешь так разгова́ривать со ста́ршими! よくも年長者に向かってそんな口の利き方ができるものだ ②〘通例否定文で〙…する権利がある: Никто́ не сме́ет наруша́ть зако́н. 誰にも法を破る権利はない

◆**не сме́й(те)** 〘不定形〙〘強い禁止〙絶対に…してはならない (★〘不定形〙は不完了体)｜**Посме́й то́лько!** 〘話〙やれるもんならやってみろ

‡**смех** [スミェーフ] -а/-у [男2] 〔laughter〕①笑い, 笑い声: гро́мкий ~ 大笑い｜~ сквозь слёзы 泣き笑い｜Мы не могли́ удержа́ться от ~а. 私たちは笑いをこらえきれなかった ②冗談, からかい, 嘲笑, 皮肉: Это не заня́тие, а про́сто ~. これは仕事ではない, 冗談じみたものにすぎない ③〘述語〙おかしい, 滑稽だ: С~ на него́ рассчи́тывать. 彼を当てにするなんてばかみたいだ ◆**(и) ~ и грех** 〘話〙おかしいやら悲しいやら｜**(как) на́ смех** あざ笑うかのように, まるでわざとのように｜**не до ~у [~у]** 〘与〙…にとって笑いどころではない: Мне сейча́с совсе́м не до ~а. 私は今全く笑っている場合じゃないよ｜**подня́ть на́ смех** 〘対〙…を笑いものにする, 嘲笑する｜**покати́ться со́ смеху** 〘話〙笑いころげる｜**~а [~у] ра́ди** 冗談で, ふざけて

**смехота́** 〘述語〙〘俗〙おかしい, 滑稽な (смех)

**смехотво́рн|ый** 短 -рен, -рна [形1] おかしな, 滑稽な, ばかげた **‖-о** [副] **‖-ость** [女10]

\***сме́шанн|ый** 短 -шан, -анна [形1] 〔mixed〕①交配された, 交雑の: -ые поро́ды 交雑種 ②混合の, 混成の: ~ лес 混合林 **‖-ость** [女10]

**смеша́ть(ся)** [完] →ме́шать²(ся²), сме́шивать

**смеше́ние** [中5] ①混合; 混乱; 混同 ②混合物

\***сме́шива|ть** [不完] / **смеша́ть** 受過 сме́шанный [完] 〈mix, confuse〉①〈с 造〉混ぜ合わせる, 混合する: ~ вино́ с водо́й ワインを水で割る ②〘対〙かき混ぜる, ごちゃ混ぜにする: ~ бума́ги на столе́ 机の上の書類をごちゃごちゃにする ③〈с 造〉と混同する, 取り違える: ~ сре́дство с це́лью 手段と目的を混同する **‖~ся** [完] ①混ざる; ごちゃごちゃになる; 溶け合う ②混乱する, 乱れる ③〘不完〙〔受身〕

**смеши́нка** 複生 -нок [女2] 〘話〙(声の) 陽気な〔楽しげな〕様子, いたずらっぽい目つき ◆**~ в рот попа́ла** …は笑いが止まらない, うきうきとした気持ちでいる

**смеши́ть** -шу́, -ши́шь 受過 смешённый (-шён, -шена́) [不完] / **на~, рас~** [完] 〘対〙笑わせる

**смешли́в|ый** 短 -и́в [形1] 笑い上戸の, よく笑う, 笑いはしやすい **‖-ость** [女10]

\***смешно́| I** [副] 面白おかしく, 滑稽に: ~ расска́зывать 面白おかしく話す **II** 〘無人述〙①おかしい, 滑稽だ: Тебе́, а нам не до сме́ха. 君にはおかしいだろうが, 私たちにとっては笑い事じゃない ②ばかげている, 変だ

‡**смешн|о́й** [スミシノーイ] 短 -шо́н, -шна́ 比 -нéе [形2] 〔funny, absurd〕①おかしい, 滑稽な: ~ анекдо́т 滑稽な小話 ②嘲笑を誘うような, おかしな, 変な: ~ наря́д 変てこな服装 ③非常識な: -и́е прете́нзии ばかげたクレーム ◆**до́-ого** おかしいくらい, ひどく

**смешо́к** -шка́ [男2]《話》① くすくす笑い, 短い笑い ② 《複》嘲笑, 冗談

**смеща́ть** / **смести́ть** -ещу́, -ести́шь 受過 -ещённый (-щён, -щена́) [不完] / [完] ① 移す, 位置[向き]を変える ② 《秩序・観念を》破る (наруша́ть) ③ 解雇する, 免職する, 更迭する (увольня́ть) **~ся** [不完] / [完] ① 位置[向き]が変わる, 転移する, ずれる ② 《秩序・意味が》変わる ③ 《不完》[受身]

**смеще́ние** [中5] 移すこと, 位置[向き]の変更 ② 解雇, 免職, 更迭

*__смея́ться__ [スミヤーッツァ] -ею́сь, -еёшься 命 -е́йся [不完][laugh] ① 笑う: ~ от души́ 心の底から笑う ② 《над圖》を嘲笑する, あざ笑う: ~ над глу́постью ばかさ加減をあざ笑う 《над圖》をものともしない, 気にしない: ~ над опа́сностью 危険をものともしない ④ 《話》冗談を言う, ふざけて言う: Не принима́й всерьёз: он смеётся. 真に受けちゃだめだよ, 彼はふざけてるんだから
♦ _Хорошо́ смеётся тот, кто смеётся после́дним._ 《諺》早まって喜ぶな (←最後に笑う者が最もよく笑う)

**СМИ** [スミー]《略》сре́дства ма́ссовой информа́ции マスコミ, マスメディア

**сми́ловаться** -луюсь, -луешься, **сми́лостивиться** -влюсь, -вишься [完] 《над圖》…を哀れむ, …に同情をかける

**смина́ть** / **смять** сомну́, сомнёшь 受過 -тый [不完] / [完] ① しわくちゃにする, しわをつける ② 踏みつける: ~ газо́н 芝生を踏んで荒らす ③《敵を急襲して》追い散らす ④《精神的に》弱らせる, 圧迫する **~ся** [不完] / [完] ① しわくちゃになる ② 《植物等が》踏みつけられる ③ 《不完》[受身]

**смире́ние** [中5] おとなしくさせる[なる]こと ② 従順, 温和

**смире́нн|ый** [形1] 温和な, おとなしい, 従順な **~о** [副] **~ость** [女10]

**смири́тель** [男5]《文》鎮撫者, 鎮圧者 **смири́тельн|ый** [形1]: *-ая руба́шка* [女1] 拘束衣

**сми́рно** [副] ① おとなしく: вести́ себя́ ~ おとなしく振る舞う ②《言い争いなどを》やめる・騒ぎをやめるよう呼びかける《命令》③《軍》気をつけ (↔во́льно)

**сми́рный** 短 -рен, -рён, -рна́, -рно, -рны / -рны́ [形1] おとなしい, 落ち着いた, 従順な, 温和な, (子どもが) いたずらをしない, (動物が) 言うことを聞く

**смиря́ть** [不完] / **смири́ть** -рю́, -ри́шь 受過 -рённый (-рён, -рена́) [完] ①《文》おとなしくさせる, 鎮める ②《感情を》静める, 抑える **~ся** [不完] / [完] ① 意地を張るのをやめる:静まる ②《с圖》を受け入れる, あきらめる ③《不完》[受身]

**смитсони́т** [男1]《鉱》菱亜鉛鉱(ﾘｮｳｱｴﾝｺｳ), スミソナイト

**см. на об.**《略》смотри́ на оборо́те 裏面へ続く, 次頁参照

**смог¹** [男2]《気象》スモッグ

**смог²** [過2・男]＜смочь

**смогу́**〔1単未〕＜смочь

**смо́жешь**〔2単未〕＜смочь

**смоделировать** [完] → модели́ровать

**смо́ква** [女1], **смоко́вница** [女3]《植》イチジク (инжи́р)

**смо́кинг** [男2] タキシード

**смола́** 複 -о́лы [女1] ① 樹脂: сосно́вая ~ 松やに ②《話》しつこく付きまとう人 ③《通例複》合成樹脂, タール: синтети́ческие смо́лы 合成樹脂

**Смоле́нск** [男2] スモレンスク (ロシア西部の州都) // **смоле́нск|ий** [形3]: *С-ая область* スモレンスク州 (中央連邦管区)

**смолёный** [形1] タールを塗った

**смоли́стый** 短 -и́ст [形1] 樹脂を含む, 樹脂の多

い ② やにの匂いのする ③《髪が》漆黒の

**смоли́ть** -лю́, -ли́шь, 過 -лённый (-лён, -лена́) [不完] / **о~, вы~** 受過 -ленный [完] ① タールを塗る[しみこませる] ②《俗》(たくさん)たばこを吸う

**смо́лк|нуть** / **смо́лкнуть** -ну, -нешь 過 -ни 過 -о́лк / -ул, -о́лкла 能過 -ший / -увший 副分 -ув [完] ①（音が）静まる ② 黙る

**смо́лоду** [副]《話》若い時から, 若い時に

**смолокуре́ние** [中5] 樹脂製造, 乾留

**смолоти́ть** [完] → молоти́ть

**смоло́ть(ся)** [完] → моло́ть, сма́лывать

**смолча́ть** [完] → сма́лчивать

**смоль** [女10] ♦ *чёрный как ~*《話》(髪が)漆黒の

**смольн|о́й** [形1] ① = смоляно́й ② **С~** [男名] サンクトペテルブルク市政府 (所在地名から)

**смоляно́й** [形2] ① 樹脂(смола́)の; 樹脂でできた ② = смоли́стый, смолёный

**смонти́ровать** [完] → монти́ровать

**сморгну́ть** [完] → сма́ргивать

**смори́ть** [完] → смаривать

**сморка́ние** [中5] 鼻をかむこと; その音

**сморка́ть** [不完] / **вы́~** [完]《話》《圖》鼻をかむ: ~ нос 鼻をかむ **~ся** [不完] / [完] 鼻をかむ

*__сморо́дин|а__ [女1]《植》スグリ類;《集合名》スグリの実: чёрная ~ クロスグリ, カシス **~ный, -овый** [形1]

**сморо́зить** -о́жу, -о́зишь [完]《俗》《圖》《ばかなことを》言う

**сморчо́к** -чка́ [男2] ①《茸》アミガサタケ属: съедо́бный ~ アミガサタケ | воню́чий ~ スッポンタケ ②《俗・蔑》貧弱な小男, しわしわの老いぼれ **// сморчко́в|ый** [形1]: *-ые* [複名]《茸》アミガサタケ科

**смо́рщенный** 短 -ен, -енна [形1] しわしわの

**смо́рщивать** [不完] / **смо́рщить** -щу, -щишь 命 -щи / -щь 受過 -щенный [不完または **мо́рщить**] 《圖》にしわを寄せる

**смо́рщиваться** [不完] / **смо́рщиться** [完] [不完 また **мо́рщиться**] しわが寄る; 顔をしかめる ②《話》(年をとって) しわだらけになる ③ 歪む, 縮む, しわが寄る

**смота́ть(ся)** [完] → сма́тывать

**смотр** [男1] ① 命令・な・у́ещ -у́; 閲兵式, 観閲式: произвести́ ~ра́ ★副分は時に гля́дя/гля́дя́が代用される〕[不完] / **посмотре́ть** [パストリェーチ] [完] [look, see, match] ① 《на/в圖》に視線を向ける, …を見る, ながめる, のぞく: ~ на у́лицу в окно́ 窓の外を見る | Мы до́лго смотре́ли, но ничего́ не ви́дели. 私たちは長い間見ていたが, 何も見えなかった ② 《圖》注意して見る, 細部にわたる見物する, 見学する: ~ объявле́ние 広告をじっくり見る | ~ вы́ставку 展覧会を見学する ③《圖》観賞する, 観る: ~ фи́льм 映画を見る | Они́ смо́трят футбо́л по телеви́зору. 彼らはテレビでサッカー観戦中だ ④《圖》調べる, 検査する, 診察する: ~ слова́ в словаре́ 辞書で単語を調べる | ~ больно́го 病人を診察する ⑤《за圖》…を見張る, 世話をする: …の世話をする, 面倒を見る: ~ за детьми́ 子どもたちの世話をする | ~ за поря́дком 秩序を守る ⑥《на圖》…に対してある見方[態度]をとる, 評価する, みなす: ~ легко́ на жизнь 人生を軽く見る | На него́ смо́трят, как на ненорма́льного. 彼は異常者のように見られている ⑦《不完》《話》《圖》にちなう, 手本とする; 考慮に入れる: ~ на ста́рших 年長者を見ならう ⑧《不完》《話》《圖》のように見える: ~ победи́телем 勝利者然と[意気揚々と] している ⑨《不完》《на/в圖》(窓などが) …の方向に向いている: Окно́ смо́трит в па́рк. 窓は公園に面している

◆⑬ смотри́ на тебя́ [меня́, него́] 〖話〗(探し物をしている人に)…はここにある, 探し回ることはない | ~ не́ на что 〖話〗みすぼらしい, 魅力のない | смотри́(те) 〖警告・脅し〗気をつけろ, いいか: С~, не опозда́й на уро́к! いいか, うっかり授業に遅れないように | Смотри́ у меня́! 〖威嚇〗いいか, 気をつけろ | смотрю́ (смо́тришь) 〖話〗見たところ, どうやら: Ты́, смотрю́, совсе́м вы́здоровел. 君はどうやら全快したようだね | смотря́ 〖疑問詞と共に〗…次第だ, …によりけりだ: Ты́ лю́бишь гуля́ть? — С~ где́. 「散歩は好きかい」「場所によるね」 | смотря́ по ❹ に応じて, 従って: де́йствовать смотря́ по обстоя́тельствам 状況に応じて行動する

\*смотре́ться -отрю́сь, -о́тришься [不完] 〖完 по~〗 ⟨B~⟩ 鏡に映った自分を見る: ~ в зе́ркало 鏡に映った自分を見る ② (映画・演劇・絵画などが)面白く見られる: Фильм хорошо́ смо́трится. この映画は見て面白い ③ 〖話〗(物が)見栄えがする, よく見える ④ 〖不完〗〖受身〗< смотре́ть②-④

смотри́ны -и́н [複] 〖民俗〗 (婚前の両家親族による)花嫁[花婿]との顔合せと品定め

смотри́тель [男5] / ~ница [女3] 監視人, 見張り人, 管理人

смо́тр-ко́нкурс [男1]-[男1] 公開コンクール

смотрово́й [形1] 検査, 視察のための, のぞき用の, 観覧の: -а́я площа́дка 展望台

смочи́ть(ся) [完] →сма́чивать

смо́чь [完] →мочь²

смоше́нничать [完] →моше́нничать

смра́д [男1] 悪臭 (злово́ние)

смра́дн|ый 短 -ден, -дна [形1] 悪臭を放つ, 臭い ∥ ~о [副]

сму́та [女1] ① 〖話〗不和, いさかい, もめごと ② 〖旧〗騒乱, 騒動 ② 不安, 胸騒ぎ ③ С~ ⟨露史⟩動乱時代 (сму́тное вре́мя)

смути́ть(ся) [完] →смуща́ть(ся)

сму́тно [副] ① ぼんやりと, おぼろに ② 〖無人述〗不安で, 落ち着かない

сму́тн|ый 短 -тен, -тна́ / -тна, -тно [形1] ① 動乱の, 混乱の ② 落ち着かない, 不安 ③ ぼんやりとした, おぼろげな, 不明瞭な ∥ -oe вре́мя 〖露史〗動乱時代 (1598-1613年) ∥ ~ость [女10] 漠然

смутья́н [男1] 〖話・蔑〗騒ぎを起こす人, 扇動者

смухлева́ть [完] →мухлева́ть

сму́шк|а 複生 -шек [女2], сму́шек -шка [男2] 生まれたばかりの子の毛皮 ∥ ~овый [形1]

\*смуща́ть [不完] / смути́ть -ущу́, -ути́шь 受過-ущённый (-щён, -щена́) [完] [embarrass, confuse] ⟨B~⟩ 困惑させる, うろたえさせる: ~ ма́льчика 男の子をどぎまぎさせる ② 〖文〗(平静を)乱す, 不安にさせる: ~ ду́шу 心を騒がす

\*смуща́ться [不完] / смути́ться -ущу́сь, -ути́шься [完] [be embarrassed] ① 困惑する, うろたえる, どぎまぎする: ~ от неожи́данности 思いがけないことにとまどう ② 〖不完〗< смуща́ть

\*смуще́ние [中5] [embarrassment] 困惑, 当惑, とまどい, 気恥ずかしさ: прийти́ в ~ 困惑する

смуще́нно [女10] 困惑, とまどい

смущённ|ый 短 -щён, -щена́ [形1] 困惑した, うろたえた, きまり悪そうな 〖副〗

смыва́ть [不完] / смы́ть смо́ю, смо́ешь 受過 -тый [完] ⟨B~⟩ ①〖無人称でも〗〈汚れなどを〉洗い落とす, 洗い流す ② 〈恥辱・汚名を〉すすぐ ③ 〈水などで〉流し去る, 押し流す: Водо́й смы́ло ло́дку. ボートが大水で押し流された ∥ ~ся [不完] / [完] ① 〈汚れなど〉が洗われて落ちる ② 〈恥辱・汚名が〉消える ③ 〖俗〗素早く〖こっそり〗姿を消す, とんずらする ④ 〖不完〗〖受身〗

смы́вк|а 複生 -вок [女2] ① 洗い落とすこと, 洗浄 ② 洗浄液[剤] ③ 〖俗〗洗い落とされた[洗い残された]もの

смывно́й [形2] 洗浄用の, 洗い流しの, 洗い流される

смы́вочный [形1] 洗浄用の

смы́к [男2] ① 1つに合わせる[合わさる]こと ② つなぎ目, 接合部

смыка́ть [不完] / сомкну́ть -ну́, -нёшь 受過 со́мкнутый [完] ⟨B~⟩ ① 1つに合わせる, 間隙を縮める ② 〖軍・スポ〗〈列を〉詰める, 〈隊形を〉密集させる: со́мкнутый стро́й 〖軍〗密集隊形 ③ 〈目・口・両開きの扉・ふたを〉閉じる ◆ не ~ глаз 一睡もしない, まんじりともせず夜を明かす ∥ -ние [中5]

смыка́ться [不完] / сомкну́ться -ну́сь, -нёшься [完] ① 1つに合わさる, つながる, 合流する ② 集まる, 寄る, ひと固まりになる, 列を詰める, 密集する ③ 〈目・口・両開きの扉・ふたが〉閉じる ④ 〖不完〗〖受身〗< смыка́ть

\*смысл [スムィースル] [男1] [sense, meaning] ① 意味: ~ сло́ва 単語の意味, 語義 | в буква́льном [прямо́м] ~е сло́ва 語の文字通り[本来]の意味で ② 意義, 目的, 価値; 〖話〗利益, 得; ⟨в~⟩ 人生の意義 | В э́том нет ~а. こんなことに意味はない ③ 分別, 道理, 知性: здра́вый ~ 常識, 良識 ◆ в по́лном ~е сло́ва 文字通り, 正真正銘 | в ~е ⑤ ①…に関しては, …の点で: в ~е сро́ков 期間の点で (2)…の意味で, …として | в ~е 〖話〗どういう意味だ?; えっ?

смы́слить -лю, -лишь [不完] 〖話〗 ① 考える[理解する]能力がある ② ⟨в~⟩ …に通じている, 理解している

смыслово́й [形2] 意味(上)の

смы́ть(ся) [完] →смыва́ть(ся)

смы́чк|а 複生 -чек [女2] ① 1つに合わせる[合わさる]こと ② 接合部 ③ 連合, 団結, 連携, 提携 ④ 〖狩〗手

смы́чный [形1] 〖音声〗閉鎖[破裂]音の (взрывно́й)

смыч|о́к -чка́ [男2] 〖楽〗(弦楽器の)弓 ② 〖狩〗猟犬をペアでつなぐ紐 ∥ ~ко́вый [形1]

смышлённый 短 -лён [形1] 〖話〗利口な, のみ込みが早い, 機転の利く, 物わかりがよい ∥ ~ость [女10]

смягча́ть [x] [不完] / смягчи́ть [x] -чу́, -чи́шь 受過 -чённый (-чён, -чена́) [完] ⟨B~⟩ ① 柔らかくする: ~ ко́жу 皮をなめす ② 和らげる, なだめる: ~ се́рдце [ду́шу] 心を和らげる ③ 弱める, 軽減する, 緩和する ④ 〖言〗〈子音を〉口蓋化[軟音]する ∥ ~ся ① ⟨B~⟩ 柔らかくなる ② 穏やかになる; 弱まる ③ 〖言〗口蓋化する, 軟音化する ④ 〖不完〗〖受身〗

смягче́ние [x] [中5] ① 柔らかくする[なる]こと ② 軽減, 緩和, 鎮静 ③ 口蓋化, 軟音化

смягчи́тель [男5] [化]軟化剤, 緩和剤, 柔軟剤

смягчи́ть(ся) [完] →смягча́ть

смяте́ние [中5] ① 強い不安, 興奮, 動揺 ② パニック, 大騒ぎ

смяте́нн|ый 短 -ён, -е́нна [形1] 〖文〗困惑した, 不安

**смять(ся)**

**смя́ть(ся)** [完] →мя́ть(ся), сминáть

**снá** (単数: 生格) < сон

***снабжáть** [不完] / **снабди́ть** -бжу́, -бди́шь 受過 -бжённый (-жён, -женá) [完] 〈что〉 〈чем〉 ① 供給する, 補給する: ~ го́род продово́льствием 都市に食料を供給する ② 取りつける, 添える: ~ текст примеча́ниями 本文に注をつける

**снабжéнец** -нца [男3] 供給[補給]機関職員

***снабжéн|ие** [中5] 供給(supply(ing)) ② 供給, 補給, 配給: о́рганы –ия 供給機関 ② 供給[配給]品
∥ **–ческий** [形3]

**снадо́бье** [中4] ① 民間療法の薬 ②《話・戯》薬 ③《話》香料, 化粧品

**снáйпер** [男1] ①《軍》狙撃手, スナイパー ②《スポ》正確なシュートを打つ選手 ∥ **–ский** [形3]

**снáйперство** [中1] 狙撃術

**снáйпинг** [男2]《軍・スポ》狙撃, 射撃

*снаружи [スナルージ] [on [from] the outside]

Ⅰ [副] ① 外側から (↔изнутри́): Дверь заперта́ ~. 扉は外から閉められた ② 外で, 外側[外面]で (↔внутри́): С~ сгущáлись су́мерки. 外は宵闇が濃くなっていた ③ 外見では

Ⅱ [前]〈⊕〉…の外側から, 外側に: приколо́ть запи́ску ~ две́ри メモをドアの外側にピンで留める

*снаря́д [男1]《軍・スポ》(projectile, machine) ① 弾丸, 砲弾: противота́нковый ~ 対戦車砲弾 ②《スポ》用具, 器具: ~ы для гимнасти́ческих упражнéний 器械体操用器具 ③ 機械設備, 装置: бурово́й ~ 掘削機械
∥ **–ный** [形1] <①②

**снаряжа́ть** [不完] / **снаряди́ть** -яжу́, -яди́шь 受過 -яжённый (-жён, -женá) [完] ① 〈что〉に必需品を供給する, 装備を整える, 旅支度をする ②《話》〈不定号〉させるに[命令を]派遣する, 使いにやる ③《軍》〈что〉に弾薬を装塡する ∥ **–ся** [不完] ① (自分の)必要なものを整える, 旅支度をする ②《話》出発する ③《不完》(受身)

*снаряже́ние [中5] (equipment) ① 装備, 支度, 用意: ~ в путь 旅支度 ②《集合》装備品, 用具一式: лы́жное ~ スキー用具一式 ③《集合》《軍》装備一式

**снасти́ть** -ащу́, -асти́шь [不完] / **О–** 受過 -ащённый (-щён, -щена́) [完] 〈⊕〉…を艤装(ぎ)する, 〈船に〉船具[索具]を積み込む

**снасть** 複-и, -éй [女10] ①《集合》道具一式 ②《通例 複》《海・紡》綱具, 索具, ロープ

*снача́ла [スナチャーラ] [副] [at (the) beginning, all over again] ① 初めに, 最初に, まず, 初めのうちは: С~ поду́май, пото́м отвечáй. まず考え, それから答えなさい | С~ семья́ жилá дру́жно. 初めの家族は仲よく暮らしていた ② 初めから, 新たに, もう一度: Начнём ~! 最初からやり直そう

**сна́шивать** [不完] / **сноси́ть**[1] -ошу́, -осишь 受過 -ошенный [完]〈⊕〉① [副] (衣類・履物を) 使い古す, 着古す, 履きつぶす (изнáшивать/износи́ть) ②《完》《話》連れて[持って]てくる ③ 持ってきて一か所に集める ∥ **–ся** [不完]《話》① 使い古されて駄目になる, (機械・設備などが) 摩耗する, ガタがくる ②《不完》(受身)

**СНВ** [エスヴェー]《略》Догово́р о сокращéнии стратеги́ческих наступа́тельных вооружéний 戦略兵器削減条約, START

**СНГ** [エスゲー]《略》Содру́жество Незави́симых Госуда́рств 独立国家共同体, CIS

*снег [スニェーク] -а/-у род -е, в/на-ý 複-á (по сне́гу, по́ снегу) [男2] (snow)《気象》雪, 降雪, 積雪: Идёт ~. 雪が降っている | ~ с дождём 雪の多い雨 | сугро́бы –á 雪だまり | вéчные –á 万年雪 | Вы́пал пе́рвый ~. 初雪が降った ◆ **как ~ на́ голову** 突然, 不意に | нýжен как прошлого́дний ~《話》まったく必要でない, 無用の長物だ ∥ **снегово́й** [形2]

**снеги́рь** -я́ [男5]《鳥》ウソ

**снего..**《語形成》「雪の」

**снегови́к** -á [男2] 雪だるま

**снегозадержа́ние** [中5]《農》(越冬作物の防霜, 保湿のための)雪の集積作業

**снегозащи́тный** [形1] 防雪用の

**снегоочисти́тель** [男5] 除雪車, 除雪機 ∥ **–ный** [形1] 除雪用の

**снегоочи́стка** [女2] 除雪

**снегопа́д** [男1]《気象》降雪 (снег)

**снегопогру́зчик** [щ] [男2] (トラックへの) 雪積み込み機, スノーローダー

**снегоподо́бный** [形1] 雪のような

**снегоступ** -ов [複] (単 **снегосту́п** [男1]) かんじき;《スポ》スノーシュー

**снеготая́ние** [中5] 雪解け, 融雪

**снегоубо́рка** [女2] 除雪 ∥ **–очный** [形1]

**снегоубо́рщик** [男2] 除雪車, 除雪機

**снегохо́д** [男1] 雪上車, スノーモービル

**снегу́рочка** 複生-чек [女2], **снегу́рка** 複生-рок [女2] ① С~《民話》雪娘 (マロースじいさん Дéд Моро́з の孫娘) ②《複》先端の反ったスケート靴

**снеда́ть** [不完]《文》〈что〉苦しめる, 悩ます, 苛(さいな) む

**снедь** [女10]《話》(集合) 食物

**снежи́нка** 複生 -нок [女2] ひとひらの雪, 切片, 雪の結晶, 雪花, 六花(むつのはな)

**сне́жница** [女3] ① 氷上の雪解け水 ②《医》雪目, 雪盲 (снéжная слепотá)

**сне́жно** [副] 雪のように: ~-бéлый 真っ白な, 純白の ② [無人述]《話》雪が多い

*сне́жн|ый 短 -жен, -жна [形1] (snow, snowy) ① 雪の, 雪でできた: –ая бáба 雪だるま (сневови́к) ② 雪の多い, 雪に覆われた, 雪の積もった, 銀世界の: –ая зимá 雪の多い冬 ③《雪のように》白い, 純白の, 染み一つない ■ **–ая крупа́**《気象》雪あられ | ~ **человéк** 雪男 | С-ая короле́ва 雪の女王 (アンデルセン童話)

*сне́ж|о́к –жкá/-жку́ [男2] ① [指小] · 愛称 > снег ② 雪玉, 雪つぶて: бро́сить (кинýть) ~ 雪玉を投げる ③《複》雪合戦: игрáть в –ки́ 雪合戦をする

**снести́(сь)** [完] →нести́[2](сь), сноси́ть[2](ся)

**снето́к** -ткá [男2]《魚》(淡水性の) ニシキュウリウオの一種 ∥ **–ко́вый** [形1]

**снижа́ть** [スニジャーチ] [不完] / **сни́зить** [スニージチ] -и́жу, -и́зишь, … -и́зят 命 -зь 受過 -и́женный [完] (bring down) 〈что〉 ① 下げる, 低くする, 弱める, 減らす, 落とす: ~ ско́рость スピードを落とす | сни́женные цéны 値下げ価格 | Они́, наконéц, сни́зили трéбования. 彼らはとうとう要求を和らげた ② 低い役職に落とす: ~ в до́лжности 降格する ③ (飛行機などの) 高度を下げる: ~ самолёт над аэродро́мом 飛行場の上空で飛行機を降下させる

*снижа́ться [不完] / сни́зиться -и́жусь, -и́зишься [完] (descend) ① 下がる, 低くなる, 弱まる, 落ちる: Цéны сни́зились на де́сять проце́нтов. 物価が10パーセント下がった ② (飛行機などが) 高度を落とす, 降下する ③《不完》(受身)〜 снижáть

*снижéние [スニジェーニエ] [中5] (lowering) 下げる[下がる]こと, 低下, 降下, 低減, 減少: ~ температу́ры 温度の低下 | ~ себесто́имости コストダウン

**сни́зить(ся)** [完] →снижáть(ся)

**снизойти́** [完] →снисходи́ть

*сни́зу [スニーズゥ] (↔све́рху) [from below]

Ⅰ [前] ① 下から: тре́тий абзáц ~ 下から3段落目 | С~ послы́шался стрáнный звук. 下から奇妙な音

が聞こえた ②下で、下側で：*С*~ кафе́, све́рху о́фисы. 下の階にはカフェで上にはオフィスがある ③一般大衆から、下の階級から：рефо́рма ~ 下からの改革 ④河口に近い方から、下流[川下]から：Ка́тер идёт ~. ランチは川をさかのぼっている

II [前]〈囲〉…の下に、下部に

◆ смотре́ть ~ вверх на 囲 …を仰ぎ見る、敬う | ~ до́верху 下から上まで、全部すっかり

**сника́ть** [不完] / **сни́кнуть** -ну, -нешь 命 -ни 過 -ик, -и́кла 能過-кший 副分-ув [完] ①〈植物が〉しおれる（нѝкнуть） ②《話》気落ちする、意気消沈する ③《話》〈風が〉静まる、〈音が〉消える

*сни**ма́ть** [スニマーチ] / **снять** [スニーチ] сниму́, сни́мешь 命 сними́ 過-я́л, -яла́, -я́ло 受過 сня́тый (-ят, -ята́, -я́то) [take off, remove] 〈対を с囲から〉①取る、取り外す、取り払う、はずす：~ карти́ну со стены́ 壁から絵を取り外す | ~ тру́бку 受話器を取る | *Сними́* кры́шку с кастрю́ли. 鍋のふたを取ってちょうだい ②〈身に着けているものを〉脱ぐ、とる；脱がせる：《話》~ ша́пку 帽子を脱ぐ | ~ руба́шку с ребёнка 子どものシャツを脱がせる ③〈銀行で〉〈金を〉おろす ④収穫する、取り入れる：~ я́блоки リンゴを収穫する ⑤退去させる、退出させる：~ больно́го с по́езда 病人を列車から降ろす | ~ войска́ с фро́нта 前線から軍隊を撤退させる ⑥解消する、取り消す、取りやめる：~ запре́т 禁止を解除する | ~ своё предложе́ние 自己の提案を撤回する ⑦〈職務から〉解く、解任する：Его́ сня́ли с рабо́ты. 彼は解任された ⑧除去する、解消する：~ боль 痛みを取り除く ⑨〈コピー・寸法を〉取る：~ ко́пию с докуме́нта 文書のコピーを取る ⑩撮影する、撮る：~ фильм 映画を撮影する | Я снял её в про́филь. 私は彼女の横顔を撮った ⑪〈部屋などを〉借りる、賃借する ⑫〈証言・供述などを〉取る：~ пока́зания со свиде́теля 目撃者から証言を取る ⑬《俗》〈女を〉ひっかける、買う

*сни**ма́ться** / **сня́ться** сниму́сь, сни́мешься 命 сними́сь 過 сня́лся, -ла́сь, -ло́сь/-лось [come off, move off] ①取れる、外れる、はがれる；脱げる：Кры́шка легко́ сняла́сь с ба́нки. ふたは簡単にビンから外れた ②離れる、引き抜う、出発する：~ с я́коря 錨をあげて出航する ③飛び立つ、離陸する：Пти́ца сняла́сь с гнезда́. 鳥が巣から飛び立った ④自分の写真を〈撮ってもらう〉、写真に写る：~ гру́ппой グループで写真を撮る ⑤《映画・テレビドラマに》出演する：~ в телесериа́ле в гла́вной ро́ли 連ドラで主役を演じる ⑥《不完》〔受身〕<снима́ть

*сни́**мок** -мка [男2] [photograph] ①撮影、複製写真：люби́тельский ~ アマチュア写真 | сде́лать ~ 写真を撮る ②コピー、模型、押し型、模写：ги́псовый ~ 石膏模写 ● **экра́на** [ГТ]スクリーンショット

**сни́скивать** / **сниска́ть** -ищу́, -и́щешь 受過 -и́сканный [完] ①《文》〈対を 囲によって〉得る ②《文》囲を囲に〕〈結果として〉もたらす

**снисходи́тельный** 短 -лен, -льна [形1] ①寛容な〔寛大な〕、優しい、情け深い：Бу́дьте ~ы! 大目に見て下さい ②尊大な、慇懃無礼な、恩着せがましい ∥-**о** [副] ∥-**ость** [女10]

**снисходи́ть** -ожу́, -о́дишь [不完] / **снизойти́** -ойду́, -ойдёшь 過 -ошёл, -ошла́ 能過 -оше́дший 副分 -ойдя́ [完] ①〈до🄸〉〈感情が〉…を捉える、〈考えが〉…にひらめく | ~〈до🄸/к🄸/不定形〉…に寛大な態度で〔慈悲を〕示す、…してやる ②〈к🄸を〉大目に見る

**снисхожде́ние** [中5] ①寛大〔寛容〕な態度、寛容 ②恩着せがましい態度、慇懃無礼、上から目線

*сни́**ться** [不完] / **при**~ [完] 〈与には〉⟨(dream)⟩〈無人称でも〉⟨与⟩の夢に現れる、与は⟨対⟩の夢を見る：Мне ча́сто сни́тся оди́н и тот же сон. 私はよく同じ夢を見る

**сноб** [男1] 《蔑》スノッブ、俗物、気どり屋、嫌味な人

**сноби́зм** [男1] 紳士気どり

*сно́**ва** [スノーヴァ] [副] ⟨(again, anew)⟩ ①再び、また、もう一度（→приб́вить比較） ②新た、初めから：*С*~ пошёл дождь. また雨が降り出した ③新たに、初めから：нача́ть жить ~ 人生をやり直す ● **-здоро́во** [ГТ]やれやれまたか

**снова́льный** [形1] 整経のための

**снова́|ть** -ну́ю, -ну́ешь 命 -ну́й [不完] ①⟨紡績⟩〈対を〉⟨経糸を綜絖（そうこう）に⟩作る、整経する、⟨織機の椀（ひ）のたて糸を張〉 ②忙しく行き来する、動き回る ∥ -**ние** [中5]

**сновиде́ние** [中5] 夢、夢に現れるもの

**сногсшиба́тельный** 短 -лен, -льна [形1]《話・戯》強烈な、見事な

**сноп** -а́ [男1] ①〈穀物などの大きな〉束 ②〈光・炎などの〉束 ∥ -**о́вый** [形1] 束の、束のままの

**снопвяза́лка** 複生-лок [女2]《農》結束機

**снопообра́зный** 短 -зен, -зна [形1] 束状の

**снорови́стый** 短 -ист, -ви́ста **сноро́вистый** 短 -ист, -ви́ста [形1]《話》巧みな、機敏な、コツを心得た ∥ -**о** [副]

**сноро́вка** [女2]〈単〉心得、技能、コツ、熟練

**снос** -а/-у [男1] ①〈衣類・履物の〉擦り切れ：~у нет = ~у не зна́ет〈衣類・履物など〉丈夫である、長持ちする；〈人が〉元気だ ②取り壊し、〈風・水が〉運び去ること；〈空・海〉漂流 ③〈トランプ捨て札〉 ● **на ~я́х**/**-я́х**, **-е**] 《俗》臨月である (★ сно́с の複数形前置格は сноса́х は сно́сях)

**сноси́ть(ся)** [完] → сна́шивать

*сноси́**ть** -ошу́, -о́сишь [不完] / **снести́²** -су́, -сёшь 過 снёс, снесла́ 能過 снёсший 受過 -сённый (-сён, -сена́) 副分 -ся́ [完] ①運び下ろす、下へ持っていく ②《完》持っていく、運び届ける：~ письмо́ на по́чту 手紙を郵便局に持っていく ③〈他所からたくさん〉運んでくる、運び集める：~ чемода́ны в холл гости́ницы 旅行かばんをホテルのホールに集める ④〈無人称でも〉〈風・水などが〉運び去る、吹き飛ばす、流し去る：Бу́рей снесло́ кры́шу.〈無人称〉嵐で屋根が吹き飛ばされた ⑤取り壊す、撤去する：~ ста́рый дом 古い建物を取り壊す ⑥切り落とす、断ち切る ⑦〈下へ書き移す〉：~ примеча́ние под строку́ 行の下に注を書きこむ ⑧〈トランプ〉〈取ったカードと交換で〉捨てる ⑨《完》〈重い物を持ち上げてあるところまで〉持って行く力がある ⑩ 堪える、我慢する：~ оби́ду 侮辱に耐える ∥ -**ся** [不完] / -**сь** [完]〈с🄸〉連絡をとる

**сно́ска** 複生-сок [女2] ①下へ移すこと、取り壊し ②脚注

**сно́сный** 短 -сен, -сна [形1] ①取り壊す予定の ②《話》我慢できる、耐えられる、悪くない、許容可能な ∥ -**о** [副]

**снотво́рный** 短 -рен, -рна [形1] ①《良風》眠気を催す、催眠(性)の ②-**ое** [中名] 催眠剤（-ое сре́дство）③眠くなる、つまらない

**снотолкова́тель** [男5] ①夢占い師 ②《単》夢占い書

**сноубо́рд** [男1]《スポ》スノーボード(競技)；その板

**сноубо́рдинг** [男2]《スポ》スノーボード(競技)

**сноубо́рдер** [男1] スノーボーダー

**сноха́** 複-о́хи [女2] 息子の妻〈嫁〉

**снохожде́ние** [中5]《医》睡眠時遊行症、夢遊病（сомнамбули́зм）

**сноше́ние** [中5]〔通例複〕①交際、関係、間柄 ②《俗・粗》性交、肉体関係

**СНП** [エスェベー]《略》Догово́р о сокраще́нии стратеги́ческих наступа́тельных потенциа́лов 戦略攻撃能力削減に関する条約、「モスクワ条約」、SORT

**сну́лый** [形1] 〈魚が〉死んでいる

**снюхиваться** [不完] / **снюхаться** [完] ① 《話》(互いに)匂いを嗅いで互いを知る ② 《俗・蔑》〈с圉と〉ひそかに関係を結ぶ, 男女の仲になる

\***сня́тие** [中5] 〈снима́ть〉取ること, 取り外すこと, 除去; 収穫; 退去, 撤退; 解消, 解除; 解任; (コピーなど)を取ること; 撮影: ～ паути́ны со стены́ 壁からクモの巣を取り払うこと | ～ суди́мости 前科の抹消

**сня́т|о́й** [形2] ■ -о́е молоко́ スキムミルク, 脱脂乳

**сня́ть(ся)** [完] →снима́ть(ся)

**со** →с'

**со..** [接頭] ① ～с.. ② [動詞]「共同・協力して」「一緒に」: соprovоди́ть 同行[随伴]する ③ [名詞・形容詞]「共同の」「一緒の」: совино́вный 共犯の

**соа́втор** [男1] 共著者 **‖ ~ский** [形3] 共著(者)の

**соа́вторство** [中1] 共同執筆

**соаренда́тор** [男1] 共同賃借人

\***соба́к|а** [サビーカ] [女2] (複 -и) [dog] ①《話》(成)犬 (★ 子犬は щено́к): ма́ленькая ～ 小型犬 | ко́мнатная ～ 室内犬 | сторожева́я [дворо́вая] ～ 番犬 | охо́тничья ～ 猟犬 | сыскна́я ～ 警察犬 (ище́йка) | держа́ть -у 犬を飼う | С～ виля́ет хвосто́м. 犬がしっぽを振っている ② -ой [副] 犬ぞりで移動する ③ 《話》ろくでなし, 畜生: (罵って)くそ, ちくしょう: Вот -и, обману́ли меня́! あのろくでなしども, 私をだましたな | 《話》…の名人/в圉/[不定形]…の名人, 達人, 通(?); (感嘆して)すごい, うまい: Он у нас пляса́ть ～. 俺たちの中では彼はダンスの名人だ |《コン・IT》アットマーク(@) ◆ ве́шать (всех) соба́к на 囲 ~ …に濡れ衣を着せる, …を中傷する | Вот где ～ зары́та. まさにここに問題の本質[原因] がある | ка́ждая [люба́я] ～ 《俗》誰でも, みんな | как ～ 《話》ひどく, 完全に: Уста́л, как ～. へとへとに疲れた | (как) ～ на се́не 自分で使いもしないものを他人にも使わせない | как соба́к нере́заных 《話》…がわんさと, 掃いて捨てるほど | ни одна́ ～ 《俗》誰ひとり(…ない) | ну́жен как -е пя́тая нога́ 《俗》(犬にとっての5本目の足と同じように)まったく不必要だ | -у съесть на 囲 圉 …に精通している, 熟練している | у по́пы была́ ～ 同じことの果てしない繰り返し | С～ла́ет, ве́тер но́сит. 《諺》世間の噂をいちいち気にするな(＝犬は吠え, 風は運ぶもの) | С～е соба́чья ～ смерть. 《諺》自業自得だ(＝犬は犬の死に方がある) ■ еното́видная ～ 《動》タヌキ

**соба́ка-ры́ба** [女2]-[女1] 《魚》フグ

**собаково́д** [男1] 犬の飼育者, 犬種改良の専門家, ブリーダー

**собаково́дство** [ц] [中1] 犬の飼育(業), 犬種改良(業)

\***соба́ч|ий** [形9] ① 犬の; 犬のような: ～ лай 犬の鳴き声 | -ья пре́данность 犬のような忠実さ ②《話》等しい, 耐えがたい: -ья жизнь 苦しい生活 ③《話》ひどい, 激しい: ～ хо́лод ひどい寒さ ④《罵》畜生の, ろくでなしの ⑤ イヌ科の; -ьи [複数] 《動》イヌ科 ◆ Како́е твое́ -ье де́ло? = Не твое́ -ье де́ло, 《俗》お前に何の関係があるんだ, お前に関係ないことじゃないか

**соба́чить** -чу, -чишь 受動 -ченный [不完] 《俗・粗》〈囮/на-圉を〉罵る, こきおろす, 暴言を吐く ‖ **~ся** [不完] 《俗・粗》〈с圉と〉罵り合う

\***соба́чка** 複生 -чек [女2] ①〈指 小・愛 称〈соба́ка①〉わんちゃん, わんこ ②《コン・IT》アットマーク(@; = соба́ка; ★ 特に女性に使用) ③ (銃の)引き金 ④《工》(逆転防止用の)留め歯, つめ

**соба́чни|к** [男2] ① (野良)犬の捕獲者 ② [/-ца[女2]] 愛犬家 ③ 犬舎

**соба́чо́нка** 複生 -нок [女2]《話》〈卑 称〉〈соба́ка①〉

**собезья́нничать** [完] →обезья́нничать

**СОБЕС** [サビェース], **собе́с** [男1] 社会保障(機関) (социа́льное обеспече́ние)

\***собесе́дни|к** [男2] / **-ца** [女3] 話し相手, 対者者: интере́сный ～ 面白い話し相手

**собесе́дование** [中5] (特定の話題での)討論, 対談, 話し合い, 質疑応答

**собира́ние** [中5] 集めること; 招集, 集合; 収集; 採集, 収穫; 支度, 用意

**собира́тель** [男5] / **~ница** [女3] 収集家, 採集者, コレクター **‖ ~ский** [形3]

**собира́тельство** [中1] 収集, 採集

**собира́тельн|ый** [形1] ① 採集[採集]用の ② 総合的な, 普遍的な: ～ о́браз 普遍的形象 ③ [言]集合の: ～ и́мя существи́тельное 集合名詞

\***собира́ть** [サビラーチ] [不完] / **собра́ть** [サブラーチ] -беру́, -берёшь 命 -бери́ 過 -а́л, -ала́, -а́ло 受動 со́бранный [完] [gather, collect, assemble] ① 集合させる, 集める, 招集する: ～ ро́дственников 親戚を集める | ～ съезд 大会を招集する ② 〈物を〉集める, 拾い集める: 《話》〈荷物を〉まとめる: ～ таре́лки со стола́ 食卓の皿を集める | ～ ве́щи в чемода́н スーツケースに荷物をつめる ③ 《話》…に出かける支度をしてやる: Жена́ собира́ет дете́й в шко́лу. 妻は子供たちが学校へ行く用意をしてやっている ④ (方々から)集める, 収集する, 徴収する: ～ чле́нские взно́сы 会費を徴収する | ～ большинство́ голосо́в 多数票を集める ⑤ 採集する, 収穫する: Она́ собрала́ корзи́нку грибо́в. 彼女はかごいっぱいにキノコを採った ⑥《話》(食事の用意をする, (食卓に)出す: ～ на стол 食事の用意する ⑦ 組み立てる: ～ компью́тер из ста́рых дета́лей 古い部品からコンピュータを組み立てる ⑧〈力を〉振り絞る: ～ после́дние си́лы 最後の力を振り絞る ⑨ (ある動作のために)〈体を〉構える, 体勢をとる: ～ те́ло для прыжка́ ジャンプの体勢をとる ⑩ ～ в ги́каре-[ひだ]をつける; しわを寄せる

\***собира́ться** [サビラーッツァ] [不完] / **собра́ться** [サブラーッツァ] -беру́сь, -берёшься 命 -бери́сь 過 -а́лся, -ала́сь, -а́ло́сь/-а́ло́сь [完] [gather, assemble, prepare] ① 集まる, 集合する: Собрали́сь все уча́стники похо́да. ハイキングの参加者全員が集まった ② たまる, 集まる: Собрала́сь хоро́шая колле́кция моне́т. 硬貨の立派なコレクションができた ③ (雨・嵐などが)近づく, 迫る: Собира́ется дождь. 雨が降り出しそうだ ④ (出かけるために)支度をする: ～ в доро́гу 旅行の準備をする ⑤〈不定形〉…することに決める, …するつもりである: Что вы собира́етесь де́лать? 何をなさる予定ですか | Никто́ вас не собира́ется унижа́ть. 誰もあなたのことを貶めるつもりはありません ◆ 否定を伴う[不定形] は多く不完了体) ⑥〈с 圉〉〈力・思考などを〉集中する, 振り絞る: ～ с мы́слями 頭を振り絞る ⑦ (ある動作のために)身構える, 体勢をとる: ～ для прыжка́ ジャンプの体勢をとる ⑧ ひだがつける, しわを寄せる ⑨ [不完] [受身]〈собира́ть ◆ ～ в комо́к〉《話》体を丸める, 縮こまる | ～ с ду́хом 勇気を奮い起こす

**собко́р** [男1] 自社特派員 (со́бственный корреспонде́нт)

\***собла́зн** [男1] [temptation] 誘惑, 誘惑するもの: ввести́ 囲 в ～ …を誘惑する

**собла́знитель** [男5] / **~ница** [女3] 誘惑する人

**собла́знительный** 短 -лен, -льна [形1] 誘惑的な, 魅惑的な **‖ -о** [副]

\***соблазня́ть** [不完] / **соблазни́ть** -ню́, -ни́шь 受動 -нённый (-нён, -нена́) [完] ① 誘惑する, 魅惑する: ～ хоро́шим за́работком よい給料で誘る ②〈不定形〈完〉〉…する気にさせる, 唆す: Това́рищ соблазни́л меня́ съе́здить на охо́ту. 仲間が私を狩りに行く気にさせた **‖ ~ся** [不完] / [完] ①〈圉/на 圉に〉…

の誘惑に屈する, …に心を動かされる ②…する気になる 《不完》《受身》

**соблюда́ть** [サブリュダーチ] [不完] / **соблюсти́** [サブリュスチー] -юду́, -юдёшь 命 -юди́ 過 -ю́л, -юла́ 能動 -ю́дший 受過 -дённый (-дён, -дена́) 副分 -юдя́ [完] [keep, maintain] (圏) ①守る, 遵守する, 従う: ~ дисципли́ну 規律を守る | ~ зако́н 法律を遵守する ②保つ, 保持する: Соблюда́йте тишину́! お静かに願います **‖-ся** [不完] 《受身》

*соблюде́ние** [中5] [observance] 遵守, 履行; 保持: ~ пра́вил 規則遵守

**соблюсти́** [完] →соблюда́ть

**собо́й** (造格) [〜себя́](自)

**соболе́знован|ие** [中5] 同情, 哀悼, 悔み: выража́ть ~ [-ия] 哀悼の意を表する

**соболе́зновать** -ную, -нуешь [不完] 《与》に同情する, お悔やみを言う

**соболёнок** -нка 複 -ля́та, -ля́т [男9] クロテンの子

**собол|и́ный** [形1] クロテンの(毛皮の)

**со́бол|ь** [男5] ①[複 -и/-я́][動]クロテン ②[複 -я́]クロテンの毛皮 **‖-евый** [形9], **собо́лий** [形9]

**собо́р** [サボール] [男1] [cathedral, cоucil] ①大聖堂: C~ Васи́лия Блаже́нного 聖ワシリー大聖堂(モスクワ) | Успе́нский ~ ウスペンスキー[生神女(しょうしんじょ)就寝]大聖堂(ウラジーミル, モスクワのクレムリンなど) ②[古-рии](ロシア史)зе́мский ~ ゼムスキー・ソボル(16-17世紀の身分制議会, 全国会議) ③[キリスト]宗教会議, 公会: вселе́нский ~ 全地公会 **‖-ный** [形1]

**собо́рность** [女10] [文][宗]公同性, 全一性, 連帯感, ソボールノスチ

**собо́рование** [中5] [正教]聖傅(せいふ)機密;[カトリ]病者の塗油(えれおさんくたん)

**собо́ровать** -рую, -руешь [不完・完] [正教]聖傅(せいふ)機密[(カトリ)病者の塗油を行う **‖-ся** [不完・完] 聖傅(せいふ)機密[病者の塗油の秘蹟]を受ける

**СОБР** [ソブル] [略]специа́льный отря́д бы́строго реаги́рования 特殊事態対応課(ロシア内務省組織犯罪対策組織の特殊部隊)

*собра́н|ие** [サブラーニエ] [中5] [meeting, collection] ①集会, 会議; о́бщее ~ 総会 | откры́ть [закры́ть] ~ 開会[閉会]する | Мы прису́тствовали на -ии. 私たちは集会に出ました ②(各種の)議会: законода́тельное ~ 立法議会 ③コレクション, 収集; (作品etcの)集, 集成: ~ карти́н восемна́дцатого ве́ка 18世紀の絵画コレクション | ~ зако́нов 法令集 | по́лное ~ сочине́ний Го́голя ゴーゴリ全集

**со́бранный** [形1] 集中した, 緊張した, 引き締まった, 几帳面な **‖-ость** [女10]

**собра́т** 複 -ья, -ьев [男8] 同僚, (仕事・学業の)仲間

**собра́ть(ся)** →собира́ть(ся)

*со́бственни|к** [男2] -ца [女3] [owner] ①所有者, 持ち主: кру́пный земе́льный ~ 大土地所有者 ②欲張り, 所有欲の強い人 **‖-ческий** [形1]

*со́бственно** [ソープストヴィンナ] **I** [as a matter of fact, proper] [挿入](本来): а в чём, ~, де́ло? それで実際のところ何が問題なんですか? | А что вам, ~, здесь ну́жно? 《不満》, あなたには全くこに何の用があるのです? **II** [助] [in the same sense of, in the proper sense of]まさにその意味で, まさに〜, …そのもの: пло́щадь бассе́йна ~ Невы́ ネヴァ河そのものの流域面積 ②まさに, ほかならぬ, だけ: C~ Андре́й и был еди́нственным дру́гом. アンドレイだけが唯一の友だった ◆~ говоря́ [挿入]本当のところ, 実を言えば: C~ говоря́, я не зна́ю, как её зову́т. 実を言うと, 私は彼女の名前さえ知らないんです

**со́бственнору́чн|ый** [形1] 自筆の **‖-о** [副]

**со́бственность** [ソープストヴィンナスチ] [女10] [property]①所有物, 財産: госуда́рственная [ли́чная]

~ 国有[私有]財産 ②所有, 所有権: пра́во -и 所有権 | Он приобрёл да́чу в ~. 彼は別荘を取得した

*со́бственн|ый** [ソープストヴィンスキ] [形1] ①個人所有の, 個人の: -ая да́ча 個人の別荘 | ~ автомоби́ль 自家用車 ②自分の, 自分自身の: ви́деть -ыми глаза́ми 自分の目で見る | Он ушёл с рабо́ты по -ому жела́нию. 彼は自らの希望で退職した ③専属の, 配下の: ~ корреспонде́нт 専属特派員 ④文字通りの, 本来の: в -ом смы́сле сло́ва その言葉本来の意味で, その言葉の, それ自体の: ~ вес те́ла 物体の自重 ◆-ой персо́ной [皮肉]自分で, 自ら
■и́мя -ое [言]固有名詞

**собу́тыльни|к** [男2] -ца [女3] [話]飲み仲間

**собы́т|ие** [サブィーチエ] [中5] [event, affair] 事件, 出来事: истори́ческое ~ 歴史的事件 | Произошло́ о́чень стра́нное ~. とても奇妙な出来事が起こった | -ия деся́того февраля́ 2月10日の事件

**собы́тийный** 短 -йен, -йна [形1] [文]事件の, 出来事の; 出来事に富んだ

**Соба́нин** [男姓] ソビャーニン(Серге́й Семёнович ~, 1958- ; 政治家)

**сов.** [略]соверше́нный; сове́тский

*сова́** 複 со́вы [ж] [owl] ①[鳥]フクロウ ②夜型人間, 宵っ張り(↔жа́воронок)

**сова́ть** сую́, суёшь 命 суй 受過 со́ванный [不完] / **су́нуть** -ну, -нешь 受過 -нут [完] ①入れる, 突っ込む, 押しこむ: ~ ру́ки в карма́ны ポケットに手を突っ込む ②無造作に[こっそり]渡す: ~ запи́ску в кни́гу メモを本に挟み込む ③(不要な物を)押しつける ④突き出す, 押し出す, 差し出す ⑤(深く考えずに)〈人を〉行かせる, 派遣する ⑥《自》[俗]賄賂をやる ⑦《完》《無人称》[俗](必要もない・望みもしないのに)してしまう
◆~ (свой) нос в 対 …に干渉する, 首を突っ込む | ~ под нос 鼻先に突き出す

**сова́ться** сую́сь, суёшься 命 суйся [不完] / **су́нуться** -нусь, -нешься [完] ①[話](慌てて)突き進む, 飛びつく: ~ вперёд 前に飛び出る, でしゃばる ②(関係もないのに)口を挟む, しつこく付きまとう: ~ в чужи́е дела́ 他人のことに口を挟む | ~ с но́сом ~ 干渉する, 口出しする ③《不完》《受身》

**совдеп** [男1] [俗]ソヴィエト政権, ソ連邦国家体制(ソ連人民代議員ソヴィエト Сове́ты наро́дных депута́тов より) ②ソ連の現実 ③ソ連人

**совде́пия** [女9] = совде́п①②

**совде́повский** [形3] [俗・皮肉]ソ連製の

**совёнок** -нка 複 -вя́та, -вя́т [男9] フクロウの子

**сове́рен** [男1] (英国の)ソブリン金貨

*соверша́ть** [サヴィルシャーチ] [不完] / **соверши́ть** [サヴィルシーチ] -шу́, -ши́шь 命 -ши́ 受過 -шённый (-шён, -шена́) [完] [accomplish, perform] ①行う, 遂行する, 成し遂げる: ~ по́двиг 偉業を成し遂げる | Он соверши́л оши́бку. 彼は間違いを犯した ②[公]締結する: ~ сде́лку 取引[契約]を結ぶ

*соверша́ться** [不完] / **соверши́ться** -ши́тся [完] [happen] ①起こる, 行われる, 実現する: Преступле́ние соверши́лось у них на глаза́х. 犯罪は彼らの目の前で行われた ②《不完》《受身》< соверша́ть

**соверше́ние** [中5] 遂行, 成立, 成就, 実現

**соверше́нно** [サヴィルシェンナ] [副] [perfectly] ①完璧に, 非の打ちどころない: Пиани́ст испо́лнил пье́су ~. ピアニストはその小曲を完璧に演奏した ②《話》全く, 完全に: C~ ве́рно. まったくその通りです | C~ с ва́ми согла́сен. あなたに完全に賛成です

**совершенноле́тие** [中5] 成年(ロシアでは18歳)

**совершенноле́тн|ий** [形8] ①成年の ②~

[男名]/**-я́я** [女名] 成人

**соверше́нн|ый** [サヴィルシェーンヌイ] 短 **-éнен, -éнна** [形1] 〔perfect, absolute〕① 完璧な, 完全無欠の, 非の打ちどころのない: *-ая* красота́ 完璧な美 ② 完全な, 絶対的な, 本物の: *-ая* пра́вда 全くの真実 ■ **- вид** 〔言〕完了体 (↔несоверше́нный вид)

\*соверше́нств|о [中1]〔perfection〕① 完全であること, 完璧, 完成: Она́ в *-е* владе́ет ру́сским языко́м. 彼女はロシア語を完全にマスターしている ② 完璧な[理想の]人[物]: Она́ *-о*. 彼女は理想的な人

соверше́нствование [中5] 完全化, 改良, 改善, 向上

\*соверше́нствовать -твую, -твуешь 受過 -анный [不完]/**у-** [完]〔perfect, improve〕〈圏〉より完全なものにする, 改善する, 向上させる: ~ свой тала́нт 自分の才能に磨きをかける | **-ся** [不完]/[受身] 〈圏〉より完全になる, 向上する ② [不完]/[受身]

соверши́тель [男5] 実行者, 遂行者

соверши́ть(ся) [完] →соверша́ть(ся)

со́вестить -ещу, -естишь 受過 -ещенный [不完]/**у-** [完] 《旧·話》〈囲〉後悔させる, 恥じさせる

со́веститься -ещусь, -естишься [不完] / **по-** [完] 《旧·話》〈囲/[不定形]〉…を後悔する, 恥じる, 慎む, 控える

со́вестливый [сл] 短 **-ив** [形1] 良心的な

со́вестно [сн] [無人述]〈圏/[不定形]/что節 が〉恥ずかしい, 良心がとがめる

\*со́вест|ь [ソーヴィスチ] [女10]〔conscience〕良心: угрызе́ния *-и* 良心の呵責 | поступа́ть по *-и* 良心に従って行動する | У неё *-*и нечиста́. 彼女は心やましいところがある | *для очи́стки -и* 後で後悔しないために, 気休めに | *лежа́ть на -и* 圏 …に責任がある; …の気がとがめる | *на -*и 〈話〉良心的に, まじめに, 立派に | *Пора́ и — знать.* 圏 〈話〉いい加減にしなさい | *по-говоря́* [*сказа́ть*] 率直に言って, 正直に言えば | *со споко́йной -ью* 良心に恥じることなく, 自信を持って | *-и хвати́ло у* 圏 …は恥ずかしがらない, 気がとがめない | *свобо́да -и* 信教の自由

\*сове́т [サヴェート] [男2]〔advice, conference, Soviet〕① 忠告, 助言, アドバイス: поле́зный ~ 有益な助言 | дать ~ ученику́ 生徒にアドバイスする | Она́ не после́довала моему́ *-у*. 彼女は私の忠告に従わなかった ② 相談, 協議, 会議: семе́йный ~ 家族会議 | держа́ть ~ 協議する ③ 協議会, 評議会, 理事会: учёный ~ институ́та 大学の評議会 | ~ директоро́в 取締役会 | Госуда́рственный ~ 国家評議会 | ~ Безопа́сности ООН 国連安全保障理事会 ④〔史〕(旧ソ連の国家機関名としての) 会議, ソヴィエト; **С~** (国家権力機関名としての) ソヴィエト (人民代議員ソヴィエト Сове́ты наро́дных депута́тов の略): Верхо́вный *С~* СССР ソ連邦最高会議 | городско́й ~ 市ソヴィエト | вла́сть *С~ов* ソヴィエト政権

■ **~ Федера́ции** (連邦院 (ロシアの上院)) | **С~ Безопа́сности** (ロシア) 国家安全保障会議 | **страны́ ~ов** 〈話〉(1) ソ連邦 (略 СССР) (2)(有益な情報を提供する) 情報源 (インターネットなど) | **Экономи́ческий и Социа́льный С~** 経済社会理事会 | **С~ по Опе́ке** 信託統治理事会

\*сове́тник [男2]〔adviser, counselor〕① 顧問, 政事官: ~ посо́льства 大使館参事官 | ~ юсти́ции 法律顧問 | ~ премье́р-мини́стра Япо́нии (日本の) 内閣官房参与 ②〈露史〕(革命前) 文官: титуля́рный [надво́рный, та́йный] ~ 9等[7等, 3等] 文官

\*сове́товать [サヴェータヴァチ] -тую, -туешь 命 -туй [不完]/**посове́товать** [パサヴェータヴァチ] [完]〔advise〕〈囲に 囮 を/[不定形]〉ように〉助言する, アドバイスする, 勧める: *Сове́тую* тебе́ отдохну́ть. 一休みしたらどうだい | Не *сове́тую* вам занима́ться самолече́нием. 自家治療はしないほうがいいです

\*сове́товаться [サヴェータヴァッツァ] -туюсь, -туешься 命 -туйся [不完]/**посове́товаться** [パサヴェータヴァッツァ] [完]〔consult, ask advice〕〈с 囮に〉助言を求める, 相談する: ~ с юри́стом 法律家に相談する ②…と意見を交換する, 相談する: Студе́нты ста́ли *сове́товаться*. 学生たちは相談を始めた

совето́лог [男2] ソヴィエト研究者

совето́лог|ия [女9] ソヴィエト学 **//-и́ческий** [形3]

\*сове́тск|ий [ц] [サヴェーツキイ] [形3]〔Soviet〕〔史〕①(国家機関としての) ソヴィエトの; *С-ая* власть ソヴィエト政権 | Сою́з *С-их* Социалисти́ческих Респу́блик ソヴィエト社会主義共和国連邦 (略 СССР) ② ソ連邦の; ソヴィエト的な: *-ое* прави́тельство ソ連政府 | *-ая* литерату́ра ソヴィエト文学

сове́тчи|к [男2]/**-ца** [女3] 助言者

сове́|ть [不完]/**о-** [完]《俗》眠くなる, ぼうっとなる, 呆然とする

\*совеща́н|ие [サヴィッシェーニエ] [中5]〔conference〕① 協議, 審議, 相談: вести́ ~ 協議する ② 会議, 協議会, 評議会, 審議会: ~ глав прави́тельств 政府首脳会議 | Мы уча́ствовали в междунаро́дном *-ии*. 私たちは国際会議に参加した

совеща́тельн|ый [形1] ① 協議[審議, 相談]の ② 協議[審議]権のみを持つ (決定権は持たない): ~ о́рган 諮問機関 | пра́во *-ого* го́лоса 協議権

совеща́ться [不完] 協議[審議, 相談]する: ~ по 圏 …について協議する | ~ с 囮 …と相談する

сови́н|ый [形1] ① フクロウの, フクロウのような (目の) ② **-ые** [複名]〔鳥〕フクロウ科

со́вка 複生 **-вок** [女2]〔複〕① 〔鳥〕コノハズク属 ② 〔虫〕ヤガ科

совко́в|ый [形1] ① スコップ[シャベル, ちりとり]の ②《俗·蔑》ソ連時代に存在した; ソ連製の; ソ連的生活様式[考え方]に合致する **//-ость** [女10] <2>

совлада́|ть [完]〈話〉〈с 囮〉〈感情を〉抑える, 〈人を〉従わせる, 言うことを聞かせる

совладе́л|ец -льца [男3]/**-ица** [女3] 共有者

совладе́ние [中5] 共同所有 (権), 共同名義

совла́дыва|ть [不完]/**совле́чь** -еку́, -ечёшь, ...-еку́т 命 -еки́ 過 -лёк, -лекла́ 受過 -лёкший 受過 -ечённый (-чён, -чена́) 副分 -лёкши [完]〔文〕〈囮〉① 脱ぐ, 脱がせる, はがす ② 離す, 反らせる, 離反させる

совме́стимость [女10] ① 両立性, 並立制 ② 協調性, 適合性 ③〔化〕相容性;〔生〕和合性

совмести́мый 短 -и́м [形1] 〈с 囮と〉共存[両立]できる, 矛盾しない

совмести́тель [男5] 兼任者, 兼務者

совмести́тельств|о [中1] 兼任, 兼務: рабо́тать по *-у* 兼任で働く

совмести́ть(ся) [完] →совмеща́ть

\*совме́стно [сн] [副] 共同で, 一緒に: ~ с друзья́ми 友人たちと共に

\*совме́стн|ый [сн] [サヴミェースヌイ] 短 -тен, -тна [形1] 〔joint〕共同の, 合同の, 一緒の; 合弁の: *-ая* рабо́та 共同作業 | *-ое* заявле́ние 共同声明 | *-ое* обуче́ние ма́льчиков и де́вочек 男女共学 | *-ое* предприя́тие 合弁企業

\*совмеща́|ть [不完]/**совмести́ть** -ещу́, -ести́шь, ещ. -ещённый (-щён, -щена́) [完]〔combine〕〈圏〉① 合わせる, 結合させる: ~ прия́тное с поле́зным 楽しさと有益さを両立させる ②[不完]兼任する, 兼務する: ~ две до́лжности 2つの職を兼務する ③〔数〕〔図形を〕重ね合わせる **//-ся** [不完] [完] ① 両立する, 結びつく, 共存する ②〔数〕(図形が) 重なり合

**совмеще́ние** [中5] ① 両立, 結合, 共存 ②《数》一致, 合同

**Совми́н** [男1] 《略》閣僚会議 (Сове́т мини́стров)

**совнарко́м** [男1] 《露史》人民委員会議 (1917-46; Сове́т наро́дных комисса́ров)

**совнархо́з** [男1] 《露史》国民経済会議 (1917-32, 1957-65; Сове́т наро́дного хозя́йства)

**сово́к** -вка́ [男2] ① スコップ, シャベル, ちりとり ②《俗・戯・皮肉》ソヴィエト連邦《俗・蔑》ソ連のイデオロギーが貫かれているもの[人] (ソ連崩壊後の)熱狂な共産党支持者

**совокупл|я́ть** [不完] / **совокупи́ть** -плю́, -пи́шь 受過-плённый (-лён, -лена́) [完]《文》〘団〙結びつける, 1つにする, まとめる, 連合させる **//-ся** [完] ① 結びつく, ひとつになる ②《с团》性交する ③《数》受身 **//-е́ние** [中5]

***совоку́пность** [女10] 〔aggregate〕総和, 総体, 全体: в -и́ 総体的に

**совоку́пный** [形1] 全体の, 合同の, 共同の, 総体の, 総和の **//-о** [副]

**сово́чек** -чка [男2]《話》〔指小・愛称〕← сово́к

***совпада́ть** [サフパダーチ] [不完] / **совпа́сть** [サフパースチ] -аде́т 命-ади́ 過-а́л -а́ла -а́вший 副分-а́в [サフパーフ] 〔coincide, agree〕①《с团と》同時に起こる[行われる], (時間的に)重なる: Пра́здник совпа́л с воскресе́ньем. 祝日が日曜日と重なった. 合致する: Показа́ния свиде́телей совпа́ли. 証人たちの証言は合致する ③《数》(図形が)一致する, 合同である

***совпаде́ние** [中5] 〔coincidence〕① 同時に起こる[行われる]こと ② 一致, 合致; 偶然の一致, ～ мне́ний 意見の一致 | Како́е ～ : и у меня́, и у Серге́я одно́ и то́ же увлече́ние — рыба́лка. 何という偶然の一致だろう, 僕もセルゲイも釣りに夢中なのだ ③《数》(図形の)一致, 合同

**совпа́сть** [完] → совпада́ть

**соврати́тель** [男5] / **~ница** [女3] 誘惑者

**совраща́ть** [不完] / **соврати́ть** -ащу́, -ати́шь 受過-ащённый (-щён, -щена́) [完] ① 人の道を外させる, 邪道に導く ②《女性を》誘惑する, 辱める **//-ся** [不完] / [完] ① 人の道を外れる, 邪道に陥る ②《不完》受身 **//-е́ние** [中5]

**совра́ть** [完] → вра́ть

***совреме́нни|к** [男2] / **-ца** [女3] 同時代の人

***совреме́нно** [サフリミェーンヌイ] [副] 現代的に, 現代風に

**совреме́нность** [女10] 現代性, 現代的であること ② 現代 (の現象)

***совреме́нн|ый** [サヴリミェーンヌイ] 短 -е́нен, -е́нна [形1]〔contemporary〕①《長尾》〘団〙同時代の: -ые Го́голю кри́тики ゴーゴリと同時代の批評家 ②《長尾》現在の: -ое о́бщество 現代社会 | -ая ру́сская литерату́ра 現代ロシア文学 ③ 現代的な, モダンな, 最新の: -ое обору́дование 近代的な設備, са́мая -ая моде́ль автомоби́ля 自動車の最新モデル ④ (ユダヤ)改革派の

***совсе́м** [サフスェーム] [副]〔entirely, completely〕① 全く, 全然, 完全に: ～ но́вая вещь まったく新しい物 | ～ темно́, ещё темна́ち暗だ《не ～ の形で》それほど[あまり]…ない: Не ～ вас понима́ю. おっしゃることがあまりわかりません ②《話》《не ～ の形で》まったく〔全然〕…ない: C～ не смешно́. 全然おかしくない | Ты шу́тишь? — C～ нет. 「君は冗談を言っているのかい？」「全くそんなことはない」

**совхо́з** [男1] 国営農場, ソフホーズ (сове́тское хозя́йство) **//-ный** [形1]

***согла́с|ие** [サグラーシエ] [中5] 〔consent, agreement〕① 同意, 承諾, 許可: да́ть ～ на 团 …に同意を与える | Молча́ние — знак -ия. 沈黙は同意のしるし ② 意見の一致, 同意, 一致: По взгля́дах их я́сно бы́ло ви́дно -ие. 彼らの眼差しから合意に達するのが明らかだった ③ 仲のよいこと, 和合, 睦まじさ: жи́ть в -ии 睦まじく暮らす ④ 調和, ハーモニー: В орке́стре нет -ия. このオーケストラはハーモニーがなっていない ⑤《正教》(古儀式派の)宗派, セクト

◆**в -ии с** 团《文》…に従って

**согласи́тельный** [形1]《法》調停[和解]の

**согласи́ться** [完] → соглаша́ться

***согла́сно** [サグラースナ] **I** 〔in accord〕[副] ① 同意して, 賛成して, ～ кивну́ть голово́й 同意のしるしうなずく ② 一致して; 仲良く; 調和して: жи́ть ～ 仲良く暮らす **II** [前] 〘与〙 …に従って, …にのっとって: ～ зако́нам приро́ды 自然の法則に従って | Займи́те места́ ～ ку́пленному биле́ту. お買いになったチケットの席に着いて下さい ◆**～ с** 团 …に従って: изгота́вливать проду́кцию ～ с экологи́ческими но́рмами 環境基準に従って製品を製造する

**согла́сность** [女10] ① 調和がとれていること ② 仲がよいこと, 睦まじさ

***согла́сн|ый**[1] [サグラースヌイ] 短 -сен, -сна [形1]〔agreeable〕①《на团/不定形》…に同意している, 承諾している, 賛成している: Он согла́сен на все усло́вия. 彼はすべての条件に同意している | Она́ не -а, что́бы мы е́хали без него́. 彼女は私たちが彼と一緒に行かないことに反対している ②《с团と》同意見の, 賛成の: Я с тобо́й вполне́ согла́сен. 全面的に君に賛成だ ③《с团に》合致した, 相応した, 一致する: посту́пок, ～ с тре́бованиями до́лга 義務の要請にかなう行為, ～ семья́ 仲睦まじい家族 ④ 調和のとれた, 整然とした: ～ хор よくそろったコーラス

**согла́сн|ый**[2] [言] 子音の [男名] 子音: твёрдые [мя́гкие] -ые 硬[軟]子音

***согласова́ние** [中5] 〔coordination, agreement〕① 調整, 一致; 合意, 同意: ～ сро́ков проведе́ния конфере́нции с уча́стниками 会議の開催期間の調整 ②《言》(性・数・格などの)一致: ～ прилага́тельных с существи́тельными в падеже́ 形容詞と名詞の格の一致

**согласо́ванный** 短 -ан, -анна [形1] ① 一致した, 調和した, 合意を得た ②《言》(性・数・格などが)一致した **//-о** [副] **//-ость** [女10]

**согласова́ть** [完] → согласо́вывать

**согласова́ться** -су́ется [完][不完]《с团と》① 一致 [合致, 調和] する: Но́вое постановле́ние не согласу́ется с пре́жним. 新しい決定は以前のものと相容れない ②《不完》《言》(性・数・格などが)一致する

**согласо́вывать** [不完] / **согласова́ть** -су́ю, -су́ешь 受過 -о́ванный [完] 〘団〙с 团と① 一致させる, 合わせる: ～ уси́лия 力を合わせる ② 打ち合わせる, 審議する ③《言》(性・数・格を)一致させる: ～ сказу́емое с подлежа́щим 述語を主語と一致させる **//-ся** [不完] 受身

**соглаша́тель** [男5] 《蔑》《政》協調[妥協]主義者 **//-ский** [形3] 協調[妥協]主義(者)の

**соглаша́тельство** [中1] 協調[妥協]主義

***соглаша́|ться** [サグラシャーッツァ] [不完] / **согласи́ться** -ашу́сь, -аси́шься, -а́сятся 命-си́сь [完] 〔consent to, agree to〕①《на团/不定形》…に同意する, …を承諾する, 承認する | Он согласи́лся не де́лать публи́чного докла́да. 彼は公の場での報告をしないとした (★短 が不定形と直接結びつく場合, 不定形は不完了体である) ②《с团に》…に賛成する, …と意見が一致する: ～ с мне́нием специали́ста 専門家の意見に賛成する | Я никак не могу́ согласи́ться с ва́ми. どうしてもあなたに賛成することはできない ③《話》《на团/

[不定形]…で折り合う, 手を打つ: ~ на ничью 引き分けに応じる

**соглаше́ние** [サグラシェーニエ] [中5] [agreement]
① 合意, 了解, 意見の一致: Дости́чь -ия сторона́м не удало́сь. 双方が合意に達することはできなかった
② 協定, 協約; 協定書: заключи́ть ~ 協定を結ぶ | С~ вступи́ло в си́лу с пе́рвого января́ теку́щего го́да. 協定は本年1月1日から発効した

**согляда́тай** [男6] [旧]スパイ(шпио́н)
**согляда́тайство** [中1] スパイ行為, 偵察
**согляда́тайствовать** [不完] スパイ活動をする
**согна́ть** [完] →сгоня́ть
**согну́ть(ся)** [完] →гну́ть(ся), гиба́ть
**согражд|ани́н** 複 -а́ждане, -а́ждан [男10] / **-а́нка** нки -нок [女2] [〈文〉・〈雅〉・〈公〉同胞], 同国人
**согрева́тельный** [形1] ① 温めるための ② -ое [中名] [話]体を温める飲み物, アルコール飲料
**согрева́ть** [不完] / **согре́ть** [完] 受過 -тый [完] [〈団〉]
① 温める, 加熱する, (湯を)わかす ②〈冷えた体・手・足を〉温める: ~ дыха́нием ру́ки 息で手を温める ③ 慰める, 元気づける //**-ся** [不完] / [完]; 温まる, (湯が)沸く ②自分の体[手, 足]を温める ③心が温まる[安らぐ] ④[不完][受身] < согрева́ть / согрева́ние [中5]
**согреше́ние** [中5] (宗教上・道徳上の)罪
**согреши́ть** [完] →греши́ть
**со́да** [女] ①[化]ソーダ, ナトリウム化合物 ■ **питьева́я ~** 炭酸水素ナトリウム, 重曹 | **кауcти́ческая ~** 水酸化ナトリウム(苛性ソーダ)
**содали́т** [男1] [鉱]方ソーダ石
***соде́йствие** [中5] [assistance] 助力, 援助, 協力: оказа́ть ~ 援助する

**соде́йствовать** -твую, -твуешь [不完・完] [完また по~] [公]に助力[援助, 支援, 協力]する

**содержа́ние** [サヂルジャーニエ] [中5] [maintenance, content] ① 扶養, 養育, 飼育; 維持, 経営: сре́дства на ~ семьй 家族の扶養費 ②内容, 意義, 意味: еди́нство фо́рмы и -ия 形式と内容の一致 ③(本などの)内容, あらすじ, 要点, 目次: ~ о́перы オペラの内容 | С~ нахо́дится в конце́ кни́ги. 目次は巻末にある ④含有, 含有量: ~ витами́нов в чёрной сморо́дине カシスのビタミン含有量 ⑤〈公〉給料: о́тпуск с сохране́нием -ия 有給休暇

**содержа́тельный** 短 -лен, -льна [形1] ① 内容の豊富な, 含蓄のある ② 含有量の多い **//-о** [副] **// -ость** [女10]

**содержа́ть** [サヂルジャーチ] -ержу́, -е́ржишь 命 -ержи́ 受過 -е́ржанный [不完] [keep, contain] ① 養う, 扶養する: ~ семью́ [роди́телей] 家族[両親]を養う ② 経営する, 保持する, 抱える ③: ~ кафе́ カフェを経営する | ~ а́рмию 軍隊を保持する ④〈団〉〈ある状態に〉置き, 維持する: ~ кварти́ру в чистоте́ 部屋を清潔にしておく ④(ある場所・状態に)置いておく, 入れておく; 飼う: ~ под аре́стом 拘留しておく | ~ ове́ц 羊を飼う ⑤含む, 含有する: Лека́рство содержи́т морфи́й. この薬はモルヒネを含んでいる | Слова́рь содержи́т сто ты́сяч слов. その辞書には10万語が収録されている

**содержа́ться** -ержу́сь, -е́ржишься [不完] ① 扶養される: ~「на сре́дства [за счёт] 国〈…の金で〉扶養される ②(ある状態に)ある, 保たれている: Гости́ница содержится в идеа́льной чистоте́. ホテルは非常にきれいに保たれている ③ 収容される, 保存される; 飼われる ④〈団〉中に含まれている, 含有されている: В молоке́ содержится жир. 牛乳には脂肪が含まれている ⑤ [不完] [受身] < содержа́ть①-④

*содержи́мое** (形1変化)[中名] 中身, 内容物: ~ су́мки かばんの中身

**соде́ять** -е́ю, -е́ешь 受過 -е́янный [完] 《通例受過》

《文・公》〈団〉行う: раска́иваться в соде́янном 自分の行いを悔やむ | понести́ наказа́ние за соде́янное 行いに対して罰を受ける

**со́дов|ый** [形1] ①[化]ソーダの ② **-ая** [女名] ソーダ水(-ая вода́); ハイボール(~ой -ой)
**содокла́д** [男1] 補足[副]報告
**содокла́дчик** [男2] 補足[副]報告者
**содо́м** [男1] [話] ① 大混乱, 大騒ぎ ② 不道徳, 堕落, 淫蕩 ◆С~ и Гомо́рра 大混乱, 無状態(←ソドムとゴモラ; 旧約聖書『創世記』で不道徳な行いのため神に滅ぼされた古代パレスチナの都市)

**содра́(ся)** [完] →дра́(ся), сдира́ть
**содрога́|ть** [不完] / **содрогну́ть** -нёт 〈団〉震動させる, 揺り動かす **//-ся** [不完] / [完]; 震動する, 揺れる; 戦慄する, 身震いする **//-ние** [中5]

*сод́ру́жество** [中1] [concord] ① 友好関係, 協力, 結束 ② 友好協会, 共同体; 親しい仲間
■ **С~ Незави́симых Госуда́рств** 独立国家共同体 (略 СНГ)

**со́ев|ый** [形1] 大豆(со́я)の, 大豆から作られた
活用 **~ со́ус** 醤油 | **~ творо́г** 豆腐 | **-ое молоко́** 豆乳 | **-ая па́ста** 味噌 | **порошо́к из -ых бобо́в** きなこ

***соедине́ние** [サイデニェーニエ] [中5] [joining]
① 1つにする[なる]こと, 結合, 統合, 合体; 接続, 連結: ~ си́л 力を合わせること | ~ электри́ческих проводо́в 電線の接続
② つなぎ目, 結合部: -ия ме́жду тру́бами パイプのつなぎ目 ③ 兵団, 編隊: та́нковое ~ 戦車兵団
④ [化]化合物: органи́ческие -ия 有機化合物

***соединённый** [形1] [united] 連合の, 結合した, 合同の С-ые Шта́ты Аме́рики アメリカ合衆国 (略 США; 首都は Вашингто́н)

**соедини́мый** [形1] 結合[連結, 化合]できる
**соедини́тель** [男5] 連結器, コネクター
**соедини́тельный** [形1] 連結[結合, 接続]用の

***соединя́ть** / **соедини́ть** [サイヂニーチ] -ню́, -ни́шь 命 -ни́ 受過 -нённый (-нён, -нена́) [完] [join, connect] ① 1つにする, 統合する, 合体させる: ~ уси́лия 力を合わせる | ~ два уча́стка земли́ в оди́н 2つの土地区画を1つにする ② つなぐ, 連結する: ~ провода́ コードをつなぐ ③ (交通・通信手段などで)連絡をつける, 結ぶ; (電話で)つなぐ: ~ два го́рода автостра́дой 2つの都市を高速道路でつなぐ | Соедини́те меня́ с нача́льником отде́ла. (電話で)部長につないで下さい ④ 結びつける, 両立させる, 兼備する: ~ тео́рию с пра́ктикой 理論と実践を結びつける ⑤ 混ぜ合わせる; [化]化合させる: ~ углеро́д с кислоро́дом 炭素と酸素を化合させる

**соединя́ться** [不完] / **соедини́ться** -ню́сь, -ни́шься [完] ① 1つになる, 統合する, 合体する ② 結ばれる, 連結する ③ (交通・通信手段などで)結ばれる, 連絡する ④ 両立する, 兼ね備わる ⑤ 混ざる; [化]化合する ⑥ [不完] [受身] < соединя́ть

***сожале́ние** [サジャレーニエ] [中5] [regret]
① 〈о ком についての〉遺憾, 残念, 哀惜の念: ~ об уше́дшей мо́лодости 過ぎ去った青春時代への哀惜の念 | Мы расста́лись без -ия. 私たちは惜しげもなく分かれた ② 〈к кому́〉への同情, 哀れみ: смотре́ть на 〈団〉с -ием ~を同情の目で見る

◆к (вели́кому, кра́йнему, глубо́кому) -ию (大変)残念ながら, あいにく: К -ию, я вы́нужден вам отказа́ть. 残念ですが, お断りしなければなりません

***сожале́ть** [不完] [regret]〈о ком/чтó節〉…を遺憾に思う, 惜しむ, 悔やむ, 残念がる: ~ о допу́щенных оши́бках 犯した過ちを悔やむ

**сожги́** [命令], **сожгу́** [1単未] < сжечь

**сожжéние** [中5] 焼却, 火葬, 火刑

**сожи́тель** [男5] / **~ница** [女3] 《話》同居人, 同棲者

**сожи́тельство** [中1] ①同居(生活), 同棲 ②共生, 共存

**сожи́тельствовать** -твую, -твуешь [不完] 〈с 造〉同居する, 同棲する

**сожми́** [命令], **сожму́** [1単未] < сжать

**сожра́ть** [完] → жрáть

**созвáть** [完] → созывáть

**созвáниваться** [不完] / **созвони́ться** -ню́сь, -ни́шься [完] 《話》〈с 造〉電話で連絡する[話し合う, 取り決める]: *Созвони́мся!* 電話で連絡をとり合いましょう；では, またね(★別れの挨拶にしても)

**созвéздие** [中5] ①星座 ②彦々(だく)たる面々

**созвýчие** [中5] ①[楽]和音 ②[文学・詩]韻 ③似たような音[響き, 言葉] ④類似点 ⑤同調, 調和

**созвýчн|ый** 短 -чен, -чна [形1] ①[楽]和音の ②一致した, 調和した, 調子が合う ③類似した ④〈与に〉適応[適合]した **ǁ -ость** [女10]

*__создавáть__ [сʌздʌвáт'] -даю́, -даёшь 命 -вáй 副分 -вáя [不完] / **создáть** [сʌздáт'] -áм, -áшь, -áст, -ади́м, -ади́те, -аду́т 命 -áй создáл, -алá, -áло, -áли / -áло 能 過 -áвший 受過 сóзданный (-ан, -анá/-ана, -ано) 副分 -áв [完] 〔create〕〈対〉①創り出す, 創造[創作, 創設, 創立]する: ~ нóвую теóрию 新しい理論を作り出す | ~ ромáн 長編小説を創作する | ~ госудáрство 国家を樹立する ②(条件・状況を)作り出す, 生み出し, もたらす: ~ ую́т в дóме 家の中に快適さをもたらす | Он *создáл* почву для перегово́ров. 彼は交渉の基盤を作り出した ③〈基本的性質・特徴を〉形成する, 決定づける; 〔受過〕生まれついている, 向いている: Натáша и Макси́м просто *сóзданы* друг для дру́га. ナターシャとマクシムはたてもお似合いだ

*__создавáться__ [сʌздʌвáтцъ] -даётся [不完] / **создáться** [сʌздáтцъ] -áстся, -аду́тся 過 -áлся, -алáсь, -алóсь/-áлось 受過 [完] [不完また **сзывáться**] 〔arise〕①生じる, 起こる, 発生する: *Создалось* слóжное положéние. 複雑な事態になった ②〔受過〕 < создавáть

*__создáние__ [сʌздáн'иъ] [中5] 〔creation〕①創り出すこと, 創造, 創作, 創設, 創立: ~ нау́чной тео́рии 科学理論の構築 | ~ нóвой пáртии 新党結成 | ~ сáйта サイトの立ち上げ ②創り出されたもの, 創造物, 作品: бессмéртные ~ия 不朽の名作 | ~ приро́ды 自然の産物 ③生き物, 人, 動物: преле́стное ~ 《戯》愛くるしい子

*__создáтель__ [男5] ①[/-ница [女3]]創造者, 創作者, 創設者 ②С~ [宗]造物主, 神

**создáть(ся)** [完] → создавáть(ся)

**созерцáтель** [男5] / **~ница** [女3] 《文》思弁家, 瞑想家

**созерцáние** [中5] ①観察 ②[哲]直観

**созерцáтельн|ый** [形1] ①物思いにふけった, 瞑想的な, 消極的な **ǁ -о** [副] **ǁ -ость** [女10]

**созерцáть** [不完] 《雅》〈対〉観察[観照]する, 眺める

**созидáтель** [男5] 《雅》 = создáтель①

**созидáтельный** 短 -лен, -льна [形1] 《雅》創造的な, 建設的な

**созидá|ть** [不完] 《雅》 = создавáть **ǁ -ние** [中5]

*__сознавáть__ -наю́, -наёшь 命 -вáй 副分 -вáя [不完] / **сознáть** 受過 сóзнанный [完] 〔recognize〕〈対〉①認識する, 認める, 自覚する: ~ свою́ оши́бку 自分の誤りを認める ②〔不完〕意識している, 認識[認知]を持っている: Больнóй ничего́ не *сознаёт.* 病人は意識がない

**сознавáться** -наю́сь, -наёшься 命 -вáйся [不完] / **сознáться** [完] ①〈в 前に〉認める, 白状する, 自白する: *Престу́пник* во всём *сознáлся.* 犯人は全て自白した ②〔不完〕[受動] < сознавáться

*__сознáн|ие__ [сʌзнáн'иъ] [中5] 〔recognition〕①意識, 知覚, 正気: поте́ря ~ 失神 | прийти́ в ~ 意識が戻る | Онá упáла без -*ия*. 彼女は気を失って倒れた ②[宗教・心]意識: Быти́е определя́ет ~. 存在が意識を決定する ③認識, 自覚, 気持ち, 感覚: ~ свое́й правоты́ 自分が正しいという認識 | ~ дóлга 義務感 ④в -и, без -я 意識があって[なくて] ⑤в вине́ 罪の告白 ⑤《俗》認識力 ◆*до поте́ри -ия* 意識を失うまで, へとへとになるまで

*__сознáтельно__ [副] ①意識的に, 自覚的に, 良心的に ②意図的に, 故意に, わざと

**сознáтельность** [女10] ①意識, 自覚があること ②認識力, 意識力

*__сознáтельн|ый__ 短 -лен, -льна [形1] 〔conscious〕①意識を持った ②自覚ある, 意識の高い, 分別のある, 理性的な: -*ое* отношéние к трудý 労働に対する自覚的な態度 ③意図的な, 故意の: -*ая* ложь 意図的な嘘

**сознá|ть(ся)** [完] → сознавáть(ся)

**созревáние** [中5] 熟すこと, 成熟, 熟成

*__созревá|ть__ [不完] / **созрéть** [完] 〔ripen, mature〕①熟する: *Я́годы созрéли.* イチゴが熟した ②(人が)成熟する, 成長する ③(計画・時期などが)熟する, 出来上がる; 到来する: *Вре́мя ещё не созре́ло.* 時はまだ熟していない ④(酒などが)熟成する

**созы́в** [男1] 召集, 開催

**созывá|ть** [不完] / **созвáть** -зовý, -зовёшь 過 -áл, -алá, -áло 受過 сóзванный [完] [不完また **сзывáть**] 〈対〉①(多数・全員)呼び集める, 招待する ②招集する, 開催する

**СОИ** [сóи] 《略》стратеги́ческая оборóнная инициати́ва 戦略防衛構想, SDI

**соизволе́ние** [中5] 《皮肉》承諾, 許可, 同意

**соизволя́ть** [不完] / **соизвóлить** -лю, -лишь [完] 《皮肉・雅》〈不定形〉…し給う, …なさる, くださる

**соизмери́м|ый** [形1] ①同一の単位で測定できる ②対比[比較]できる ③《数》約分できる **ǁ -ость** [女10]

**соизмеря́ть** [不完] / **соизме́рить** -рю, -ришь [完] ①同一の尺度で測定[対比, 比較]する ②《数》約分する **ǁ -ся** [完][不完] **ǁ -ние** [中5]

**соискáние** [中5] コンクール; 競争試験; 学位の請求

**соискáтель** [男5] / **~ница** [女3] コンクール参加者, (学位)請求者, 応募者

**соискáтельство** [中1] コンクールへの参加, 応募

**сои́тие** [中5] 〔文〕性交; 交尾[сoвокуплéние]

**сóйка** 複生 -óек [女2] 〔鳥〕カケス

**сойти́(сь)** [完] → сходи́ть(ся)

**сок** [сóк] -а/-у 前о -е, в -е/-ý [男2] 〔juice〕①液, 汁: берёзовый ~ 白樺の樹液 | желу́дочный ~ 胃液 ②ジュース, 果汁: я́блочный [томáтный, апельси́новый] ~ リンゴ[トマト, オレンジ]ジュース ◆*в (сáмом) ~ý* 《話》(肉体的に)最盛期である, みなぎっている | *вари́ться в сóбственном ~ý* 自分の殻に閉じこもって暮らす [働く] | *выжимáть ~ [~и] из* … …をへとへとになるまで苦しめる, 絞り上げる **ǁ -óвый** [形1]

**соковыжимáлка** 複生 -лок [女2], **соковы́жимáтель** [男5] 《話》ジューサー, 果汁絞り器

**сóкол** [男1] ①《複》[鳥]ハヤブサ属(ハヤブサ亜, タカ) ②《詩》美しく勇敢な若者 ◆*~ом* ハヤブサのように, 素早く, 勇敢に | *гол как сóкол* 《話》一文無しだ, 貧乏だ(★アクセント注意) 《**сокóлий** [形9]》

**сокóлик** [男1] 《愛称》 < сóкол

**сокoли́н|ый** [形1] ①ハヤブサ[タカ]の ②ハヤブサのようにうつくしい[勇敢な]: -*ая* охóта 鷹狩 ③-*ые* 〔複名〕[鳥]ハヤブサ科

**соко́льник** [男2]《史》鷹匠
**сокр.**《略》сокраще́ние; сокращённый
**сократи́мый** [形1]《数》約分できる, 約せる;《生理》収縮性の(ある)

*__сокраща́ть__ [不完]/__сократи́ть__ -ащу́, -ати́шь 受遺 -аще́нный (-щён, -щена́) [完] [shorten, reduce]〈⦿〉①短くする, 短縮する, 縮める: ~ рабо́чий день 労働時間を短縮する ②減らす, 縮小する, 削減する: ~ расхо́ды 支出を減らす ③《話》解雇する, 人員整理する ④《俗》おとなしくさせる, 抑える ⑤《数》約分する __~ся__ [不完]/[完] ①短くなる, 縮まる, 短縮される ②《話》自分の話[文章]を短くする ③減る, 減少する ④《生理》収縮する ⑤《数》約分される ⑥《不完》[受身]

*__сокраще́ни|е__ [中5] [shortening, reduction] ①短くする[なる]こと, 短縮: ~ сро́ков строи́тельства 工期の短縮 ②減らす[減る]こと, 縮小, 削減: ~ вооруже́ний 軍備縮小 ③略語, 略号, 略記: слова́рь -ий 略語辞典 ④省略, 削除: Рома́н переведён со значи́тельными -ями. その長編小説は大幅にカットして翻訳された ⑤人員整理, 人員削減 ⑥《生理》収縮 ⑦《数》約分

**сокращённый** [形1] 短縮[削減, 省略]の
**сокрове́нный** 短 -ён/-ёнен, -е́нна [形1] 秘密の, 胸に秘めた

*__сокро́вищ|е__ [中2] [treasure] ①《通例複》宝, 宝物 ②《通例複》文化財: ~ ру́сского зо́дчества ロシア建築の至宝 ③《話》(宝の)大切な人[物] ◆ни за каки́е -а どんなことがあっても(…しない)

**сокро́вищница** [女3] 宝物殿, 宝物庫

**сокруш|а́ть** [不完]/__сокруши́ть__ -шу́, -ши́шь 受遺 -шённый (-шён, -шена́) [完]〈⦿〉①粉砕する, 打ち砕く (кruши́ть) ②悲しませる, 苦しめる, 打ちのめす __~ся__ [不完]/[完] ①壊れる, 壊滅する ②《不完》〈о ⦿〉を悲しむ, 嘆く ③《不完》[受身] __-е́ние__ [中5]

**сокруше́нный** [形1] 悲嘆にくれた __-ость__ [女10]
**сокруши́тельный** 短 -лен, -льна [形1] 破壊的な, 破滅的な
**сокруши́ть(ся)** [完] →сокруша́ть
**сокры́тие** [中5] 隠ぺい, 隠匿
**солга́ть** [完] →лга́ть

*__солда́т__〔サルダート〕複生 -да́т [男1] [soldier] ①兵士, 兵; 軍人: ~ росси́йской а́рмии ロシア軍兵士 | Он служи́т в ~ах. 彼は兵役に服している ②《雅》戦士, 闘士: ~ револю́ции 革命の戦士

**солда́тик** [男2] (愛称)<солда́т ②おもちゃの兵隊 ◆~ом [副]直立不動の姿勢で
**солда́тка** 複生 -ток [女2] 兵士の妻[未亡人]
**солдатн|я́** [女5], **солда́тство** [中4] (蔑)《集合》兵隊ども

*__солда́тск|ий__ [ц] [形3] 兵士の, 兵隊の, 軍人の ■Сою́з комите́тов -их матере́й Росси́и ロシア兵士の母の委員会連合 (1998年ロシア兵士の母の委員会 Комите́т -их матере́й Росси́и から改組)

**солда́тчина** [女1]《俗》兵役 (солда́тская слу́жба)
**солдафо́н** [男1]《話・蔑》粗暴な軍人
**солеваре́ние** [中5] 製塩
*солева́рня* 複生 -рен [女5] 製塩所
**солево́й** [形2] 塩 (соль)の; 製塩の
**солеме́р** [男1] 塩度計, 塩分濃度計
**соле́ние** [中5] ①塩をかける[塩漬けにする]こと ②《通例複》漬物
**соленóид** [男1]《理》ソレノイド
**солёность** [女10] ①塩分を含むこと; 塩辛いこと ②塩分, 塩度

*__солё́ный__ 短 со́лон, -на́, -но, -ны/-ны́ 比 солоне́е [形1] [salt, salty] ①塩を含む, 塩気のある: -ая вода́ 塩水 | -ое о́зеро 塩湖 ②塩味の, しょっぱい, 塩辛い: Суп недоста́точно ~. このスープは塩気が足りない | Колбаса́ сли́шком -ая. このソーセージはしょっぱすぎる ③《長尾》塩漬けの; -ое [中名] 塩辛い食べ物, 漬物: -ые грибы́ 塩漬けのキノコ ④《話》(言葉・表現が)露骨な, 下品な, 卑わいな: ~ анекдо́т わい談 ⑤《短尾》(話)つらい, 骨の折れる; 不愉快な: Солона́ э́та рабо́та. この仕事は骨が折れる

**солесодержа́ние** [中5] 塩分, 含塩量
**солеци́зм** [男1]《文法・修辞》文法違反, 破格
**Солжени́цын** (形11変化)[男] ソルジェニーツィン (Алекса́ндр Иса́евич ~, 1918-2008; 作家, ノーベル文学賞)
**солидаризи́роваться** -руюсь, -руешься [不完・完]《文》〈с ⦿〉と同調[賛同, 連帯]する

*__соли́дарность__ [女10] [solidarity] ①団結, 連帯, 結束: вы́разить свою́ ~ с же́ртвами 被害者への連帯を表明する ②連帯責任

**соли́дарный** 短 -рен, -рна [形1]〈с ⦿と〉①同意見の ②《長尾》《法》連帯の: -ая отве́тственность 連帯債務
**соли́дно** [副] 堅固に[確実に], しっかりと; 堂々と

*__соли́дный__ 短 -ден, -дна [形1] [solid] ①堅固な, 頑丈な: -ая постро́йка 堅牢な建物 ②しっかりした, 確かな: -ое образова́ние しっかりとした教育 ③信頼に値する, 正当である: ~ учёный 権威ある学者 ④堂々とした, 立派な, 風格のある: ~ вид 堂々とした風貌 ⑤《話》恰幅 (がっぷく)のいい, 太った ⑥中年の, 年配の ⑦《話》かなりの, 相当な __-ость__ [女10]

**солидо́л** [男1] 潤滑油, グリス
**солипси́зм** [男1]《哲》独我論
**соли́ровать** -рую, -руешь [不完・完] ソロを演じる
**соли́ст** [男1]/~**ка** 複生 -ток [女2] ソリスト, 独演[独奏, 独唱]者, ソロダンサー
**солите́р** [男1] (単独でアクセサリーにつける)大粒の宝石
**солитёр** [男1]《動》サナダムシ, 条虫

*__соли́ть__ солю́, со́лишь/ соли́шь 受遺 со́ленный [不完]〈⦿〉①〈⦿〉塩をかける[入れる], 塩味をつける ②[完 по-]〈⦿〉塩漬けにする: ~ капу́сту キャベツを塩漬けにする ③[完 на-]〈⦿〉〈⦾に〉嫌がらせをする, いじわるをする __~ся__ [不完] [受身]

**со́ллюкс** [男1] 太陽灯
**со́лнечник** [男2] ①《魚》マトウダイ ②《動》タイヨウチュウ

*__со́лнечн|ый__〔ソールニチヌィ〕短 -чен, -чна [形1] [solar, sunny] ①《長尾》太陽の: ~ая ва́нна 日光浴 ②《長尾》太陽を利用した, 太陽熱の: -ая батаре́я 太陽電池 | -ая пане́ль ソーラーパネル | ~ водонагрева́тель 太陽熱温水器 ③晴天の, 日当たりのよい, 日差しの明るい: -ая ко́мната 日当たりのよい部屋 ④明るい, 陽気な, うれしそうな: -ая улы́бка 明るい微笑み ■-ая систе́ма《天》太陽系 | -ое затме́ние《天》日食 | ~ уда́р《医》日射病, 熱中症 | ~ столб《気象》太陽柱, サンピラー __-о__ [副] __-ость__ [女10]

*__со́лнц|е__ [н]〔ソーンツェ〕[中2] [sun] ①太陽, 日(★天体名としては C~): свет -а 太陽の光 | восхо́д [захо́д] ~а́ 日の出[入り] | С~ све́тит я́рко. 太陽がさんさんと輝いている 太陽の光[熱], 日光, 日差し, 日なた: гре́ться на ~е 日なたぼっこする | В мое́й ко́мнате мно́го -а. 私の部屋は日当たりがいい ③《雅》源泉, 中心; 崇拝[賛美]の対象: ~ пра́вды 真実の源泉 ④《天》恒星 ⑤《スポ》(鉄棒の)大車輪 ⑥《話》サーキュラースカート (ю́бка ~) ◆до -а 日の出前に | по -у (идти́) 時計回りに(行く) | под -ем この世に, 世の中に: найти́ своё ме́сто под -ем この世に生きる場を見出す; 地位を得る

**сòлнцеворо́т** [н] [男1] 《俗》= солнцестоя́ние
**сòлнцезащи́та** [н] [女1] 日よけ
**сòлнцезащи́тный** [形1] 日よけ用の: ~ крем 日焼け止めクリーム
**сòлнцелюби́вый** [н] [形1] 《植》向日性の
**сòлнцепёк** [н] [男2] 炎天下, 日なた
**сòлнцестоя́ние** [н] [中5] 《天》日至: зи́мнее ~ 冬至 | ле́тнее ~ 夏至
**со́лнышко** 複 -шки, -шек, -шкам [中1] ①《愛称》< со́лнце(1) ②《通例моё ~ で》愛する人, 大切な人
**со́ло** (不変) [中]1) (楽の曲, ダンス) ソロ 2) [副] ソロで
*соло́в|ей -вья́ 複 -вьи́, -вьёв, -вья́м [男6] 《鳥》ナイチンゲール, サヨナキドリ, ヨナキウグイス (за́падный ~): тре́ли ~ья́ ナイチンゲールのさえずり 《俗》美声の人 ◆пе́ть [залива́ться, разлива́ться] ~ьём 《肉声》夢中になってしゃべる, とうとうしゃべりまくる | С-ья́ ба́снями не ко́рмят. (客を食卓に案内する際に) お話だけでは腹はふくれません (←話はナイチンゲールは飼わない) **~чик** [男2] 指小
**сòло-ве́ксель** (不変) [男5] 約束手形 (просто́й ве́ксель)
**солове́ть** [不完] /о-, по- [完] 《話》① (目がとんよりする, 眠そうになる ② (人が) 元気がなくなる
**соло́вый** [形1] ① (馬の毛色が) 淡黄色の ② (目が) とんよりした, 眠そうな ③ (人が) 元気のない
**Соловьёв** Соловьёв (Влади́мир Серге́евич ~, 1853-1900): 哲学者, 批評家
**солови́ный** [形1] ナイチンゲール (соловей) の
**Сологу́б** Сологу́б (Фёдор Кузьми́ч ~, 1863-1927): 詩人, 作家; 本名 Тете́рников
**со́лод** [男1] 麦芽 **~о́вый, ~о́венный** [形1]
**соло́д|ка** 複生 -док [女2] 《植》カンゾウ属 **~о́вый** [形1]
**соло́ма** [女1] ①わら: ржана́я [ри́совая] ~ ライ麦 [稲] わら ②(隠) たばこ, マルイフェ
**соло́менный** [形1] ①わらの, わらでできた: -ая кры́ша わらぶき屋根 ②わら色の, 淡黄[黄金]色の ◆-ая вдова́ 夫が一時的にいない [別居中] の妻
**соло́мина** [女1] ①1本のわら ②《植》穀草の茎 **соло́минка** 複生 -нок [女2] ①指小 ②ストロー
**соло́мка** 複生 -мок [女2] ①指小 < соло́ма ②《麻, 亜麻》の茎 ③細い棒状の食品(菓子) ④マッチの軸木 ⑤ = соло́минка (2)
**Соломо́нов** [形10] 《文》ソロモンの ◆-о реше́ние 難問の賢明で単純明快な解決 ■С-ы острова́ ソロモン諸島 (首都は Хониа́ра)
**соло́море́зка** 複生 -зок [女2] わら裁断機
**солони́на** [女1] 塩漬け肉, コンビーフ
**соло́нка** 複生 -нок [女2] 卓上塩入れ
**солонова́тый** 短 -ат [形1] 少し塩気のある, 少し塩分をふくむ
**солонц|ы́** -о́в [複] 《単солоне́ц -нца́ [男2]》《地》ソロネッツ土, 黒色アルカリ土 **~о́вый** [形1]
**солончаќ** -а́ [男1] また **солончак|и́** -о́в [複] 《地》ソロンチャク土, 白色アルカリ土 **~о́вый** [形1]

*соль¹ [ソーリ] 複 -и, -е́й [女10] [salt] ①(単) 塩: столо́вая ~ 食塩 | очища́ть ~ 塩を精製する | Положи́те в суп немно́жко ~и. スープにもう少し塩を入れて下さい ②(話などの) 落ち, みそ, しゃれ: В чём ~ э́того анекдо́та? この小話の落ちはどこですか ③要点, ポイント, 急所: ~ вопро́са 問題の要点 ④最良の人々, 代表的人物, 《華》: ~и земли́ 《文》社会にとって重要な人々 (←地の塩) | гла́уберова ~ グラウバー塩, 芒硝(ハクシヨ) ◆пуд -и съесть с ... とは長年のつき合いだ, ... をよく知っている
**соль²** (不変) [中] 《楽》(音階の) ソ (→ до́ [活用])

**со́льник** [男2] 《楽》ソロコンサート
**со́льный** [形1] ソロの: ~ конце́рт 独奏会, リサイタル
**сольфе́джио** (不変) [中] 《楽》ソルフェージュ, 階名唱法
*соля́нка 複生 -нок [女2] 《料理》ソリャンカ① (香辛料を使った濃厚な肉[魚] スープ ②キャベツと肉[魚, きのこ]の蒸し料理) ◆сбо́рная ~ ごった煮; ごちゃまぜ
**соляно́й** [形1] ①塩の: ~ промысел [塩採掘, 塩輸送]の
**соля́нокислый** [形1] 化《化》塩酸の
**соляно́й** [形1]: -ая кислота́ 《化》塩酸
**соля́р** [男1], **соля́ра** [女1], **соля́рка** [女2] 《話》軽油
**соля́ровый** [形1]: -ое ма́сло 軽油, ディーゼル油
**соля́рий** [男1] 日焼けマシン, 日光浴室
**сом** -а́ [男1] 《魚》ナマズ; (複) ナマズ属: обыкнове́нный ~ ヨーロッパオオナマズ | аму́рский ~ ナマズ, マナマズ
**со́ма** [女1] 《生化》体細胞
**Сомали́** (不変) [女]/[中] ソマリア (首都は Могадишо)
**сомати́ческ|ий** [形3] 体の: -ие кле́тки 体細胞
**сомбре́ро** [s] (不変) [中] 《ソ》ソンブレロ (南米のつばの広い帽子)
**со́мик** [男2] 《話》指小・愛称 < сом
**соми́на** (女1変化) ① [男] 指大 < сом ② [女] ナマズの肉
**сомкну́ть(ся)** [完] = смыка́ть(ся)
**сомна́мбула** (女1変化) [男・女] 《医》睡眠時遊行症[夢遊病]患者
**сомнамбул|и́зм** [男1] 《医》睡眠時遊行症, 夢遊病 **~и́ческий** [形3]

*сомнева́ться [サムニヴァーッツァ] [不完] [doubt] ①《в чём/что́бы》…を疑う, あやぶむ, 不信を抱く: ~ в успе́хе де́ла 仕事の成功をあやぶむ | Не сомнева́юсь, что он бо́льше не придёт. 彼がもう来ないことを確信している ②ためらう, 悩む: Он сомнева́лся, идти́ к вам и́ли нет. 彼はあなたのところへ行こうかどうか迷っていた ◆не сомнева́йся [сомнева́йтесь] 《俗》心配するな, ご安心あれ

*сомне́ние [サムニェーニエ] [中5] [doubt, uncertainty] ①疑い, 疑念, 不信; 危惧, あやぶみ: испы́тывать [вызыва́ть] ~ 疑いを持つ[起こさせる] | В э́том нет никако́го -ия. それはまったく疑いがない ②疑問点, 不審: разреши́ть все ~ия 疑問点をすべて解決する ◆без [вне] (вся́кого) -ия 疑いなく, もちろん | взять под ~ ...を疑う | не подлежи́т-ию [оставля́ет-ия] 疑問の余地なく
**сомни́тельно** ① [副] 疑わしげに; いかがしく; あいまいに ② [述語] 疑わしい
*сомни́тельный 短 -лен, -льна [形1] [doubtful] ①疑わしい, 信用できない; いかがわしい, あやしげな: -ая тео́рия 疑わしい理論 ②あいまいな, どちらともとれる ③《話》(品質などが) 疑わしい, 当てにならない
**сомно́житель** [男5] 《数》因数, 因子
**сомо́, сомо́н** (不変) [形] サーモンピンクの
**сомо́вый** [形1] ①ナマズ (сом) の ②-ые [複] ナマズ科

*сон [ソーン] сна [男1] [sleep, dream] ①眠り, 睡眠: глубо́кий ~ 深い眠り | кре́пкий ~ 熟睡する前に | спать кре́пким сно́м ぐっすり眠る | боро́ться со сном 睡魔と闘う | Он пробуди́лся ото сна. 彼は眠りから覚めた ②夢: во сне ~ 夢の中で ③夢のようなもの, まぼろし: ви́деть ~ 夢を見る | Я иногда́ ви́жу её во сне. 私は時々彼女の夢を見る ◆и во сне не сни́лось 図 ... は ... を予想だにしなかった, 夢にも思わなかった | как во сне́ (1) 無意識に, 夢見心地で (2) ぼんやりと, おぼろげに | ни

**сна́м ни ду́хом** 《話》全然, まったく(…ない): Он ни сно́м ни ду́хом не винова́т в э́том. 彼はそのことでまったく悪くない | **Прия́тного сна́!** おやすみなさい | **сквозь ~** 夢うつつに, 夢見心地で | **со сна́ = со сну** 寝ぼけて | **говори́ть во сне́** 寝言を言う | **~ в ру́ку** 《話》夢が当たった, 正夢になった | **спа́ть 《засну́ть, усну́ть》 ве́чным сно́м** 永眠する | **Что сей ~ зна́чит?** ついたいこれはどういうことか

**сонанима́тель** [男5]《法》共同雇用者 [賃借人]
**сона́нт** [男1]《言・音声》音節主音, 鳴音
**сона́р** [男1]《海》ソナー(гидролока́тор)
**соиасле́дник** [男2]《法》共同相続人
**сона́т|а** [女1]《楽》ソナタ, 奏鳴曲 **‖-ный** [形1]
**сонати́на** [女1]《楽》ソナチネ, 小奏鳴曲
**соне́т** (é/з) [男1]《文》ソネット, 14行詩 **‖-ный** [形1]
**сонли́в|ый** 短-и́в [形1] 眠そうな, 生気のない **‖-о** [副] 眠そうに **‖-ость** [女10] 眠気
**сонм** [男1]《文・旧・戯》大群, 集まり, 多数
**со́нмище** [中2]《蔑》群れ
**со́нник** [男2] 夢占本
**со́нно** [副] 眠たげに, ぼんやりと; けだるそうに, 怠惰に
*_**со́нный**_ 短(男др) со́нна [形1] [sleepy, sleeping]
① 睡眠の; 休眠[冬眠]の: в -ом состоя́нии 睡眠状態で ② 眠っている: разбуди́ть -ых дете́й 眠っている子どもたちを起こす ③ 眠そうな, 寝ぼけた: -ые глаза́ 寝ぼけまなこ ④ 生気のない, 活気のない生活: -ая жизнь 怠惰な生活 ■**-ая арте́рия**《解》頸動脈
**сонбр|ный** [形1]: -ные согла́сные《音声》共鳴音
**со́ня** 複生(男)-ней/(女)-нь(公父など) [男・女] [動] 眠そうな人, 眠り好きの人 [女5]《動》ヤマネ科: япо́нская ~ ヤマネ
**Со́ня** [女5] 【愛称】< Со́фья

*_**сообража́ть**_ [不完] / **сообрази́ть** -ажу́, -ази́шь 受過-ажённый (-жён, -жена́)[完] [understand, consider] ① 《因/что節》理解する, 認識する; 考える: ~, в чём де́ло 何が問題なのかを理解する ② 《因/不定形》作る, 用意する ③ 《俗》酒を飲む ④《不完》《俗/что節》熟慮する, 検討する ⑤《不完》頭の働きがよい, 話がわかる ⑥《不完》《話》в語に通じている

*_**соображе́н|ие**_ [中5] [consideration] ① 熟慮すること, 理解力, 判断力, 分別: поступа́ть без -ия よく考えしないで行動する ② 意見, 考え, 判断 ③《複》考慮, 理由, 配慮: по семе́йным -иям 家庭の事情で ◆приня́ть в ~ 考慮に入れる

**сообрази́тельный** 短-лен, -льна [形1] 利口な, 機転の利く, 飲み込みの早い **‖-ость** [女10]
**сообрази́ть** [完] →сообража́ть
**сообра́зно** ① [副] しかるべく, ふさわしく ② [前]《与/с與》に従って, 応じて
**сообра́з|ный** 短-зен, -зна [形1]《с與》に適合した, 一致した, ふさわしい **‖-ость** [女10]
**сообразова́|ть** -зую, -зуешь 受過-о́ванный [不完/完]《文》《В与を與に》適合させる, 一致させる **‖~ся** [不完/完]《与與》① 合わせる, 応じて行動する ② 一致する, 順応する **‖-ние** [中5]
**сообразо́вывать(ся)** [不完] = сообразова́ть(ся)
**сообща́** [副] 一緒に, 共同[団結]して

*_**сообща́ть**_ [サアブシャーチ] [不完] / **сообщи́ть** [サアブシーチ] -щу́, -щи́шь 命-щи́ 受過-щённый (-щён, -щена́) [完] [inform, report] ①《与に о與/что節》…(であること)を伝える, 知らせる, 通知する, 報道する: ~ о прибы́тии по́езда 列車の到着を知らせる | По телеви́зору сообща́ют сво́дку пого́ды. テレビで天気予報をやっている ②《文》《与に與を》《性質・特性などを》与える, 付与する: ~ материа́лу водонепроница́емость 素材に耐水加工をする

*_**сообща́ться**_ [不完] / **сообщи́ться** -щи́тся [完] ①《不完》《о與/что節》…(であること)を知らされる, 報じられる: как сообща́ется в росси́йских СМИ ロシアのマスメディアが報じているところによると ② 《不完》《с與》とつながっている, 通じている ③《不完》《с與》と連絡をとる, 連絡し合う ④《文》《与に》(感情などが)伝わる ⑤《不完》《受》< сообща́ть

*_**сообще́н|ие**_ [サアブシェーニエ] [中5] [report, information] ① 伝える [知らせる] こと, 伝達, 通知: ~ но́вых све́дений 新しい情報の伝達 ② 報道, 知らせ, ニュース, 情報: экстренное ~ 緊急速報 | по -иям Интерфа́кса インタファクス通信の報道によると ③ 連絡, 接続, 交通, 便: сре́дства -ия 交通手段 | желе́знодоро́жное [возду́шное] ~ 鉄道[航空]の便 | У нас удо́бное ~ с це́нтром го́рода. 私たちのところは都心との交通の便がいい ④ (SMS・メールの)メッセージ

**соо́бществ|о** [中1] 集団, 共同体 ② (動植物の)群集, 群生 ③ 結社, 徒党, 仲間: в -е с與《文》…と一緒に, 協力して
**сообщи́ть(ся)** [完] →сообща́ть(ся)
**соо́бщни|к** [男2] / **-ца** [女3] 共犯者, 共謀者
**соо́бщничество** [中1] 共犯, 共謀

**сооружа́ть** [不完] / **сооруди́ть** -ужу́, -уди́шь 受過-ужённый (-жён, -жена́) [完] ①《В大きく複雑な物を》建設する: ~ собо́р 大聖堂を建設する ②《話》作る, 組む, 組み上げる: ~ плот いかだを組む ③《話》作る; 料理する; 催す

*_**сооруже́н|ие**_ [中5] [building, construction] ① 建設, 建造 ② 建設物, 建造物, 施設: ирригацио́нные -ия 灌漑設備

*_**соотве́тственно**_ [ц] [サアトヴェーッツヴィンナ] [accordingly] Ⅰ [副] しかるべく, 適切に: Е́сли ты́ счита́ешь себя́ воспи́танным, то веди́ себя́ ~. 自分が礼儀正しい人だと思うのであれば, それらしく振る舞いなさい | Держи́ себя́ ~. ちゃんとしていなさい ② 同様に, 同じく: Е́сли он реши́т перее́хать во Фра́нцию, ~ уе́ду и я́. 彼がフランスに引っ越すと決めるのであれば, 私も行きます Ⅱ [前]《与/с與》…にのっとって, 応じて: поступа́ть ~ ва́шим указа́ниям あなたの指示に従って行動する

**соотве́тственн|ый** [ц] 短-ен/-енен, -енна [形1]《与に》合致した, 相応する, しかるべき: успе́х, ~ ожида́ниям 期待通りの成功 **‖-ость** [女10]

*_**соотве́тств|ие**_ [ц] [サアトヴェーッツヴィジ] [中5] [correspondence, conformity] 相応, 一致, 適合, 対応: по́лное ~ интере́сов 利害の完全な一致 | ~ фо́рмы и содержа́ния 形式と内容の一致 | привести́ 完 в ~ с與 …を…と一致させる ◆В -ии с與 …に応じて, 従って

*_**соотве́тствовать**_ [ц] [サアトヴェーッツヴヴァチ] -твую, -твуешь 命-твуй [不完] [correspond]《与に》一致する, 合致する, 相応する: До́воды не соотве́тствуют фа́ктам. 論拠と事実が一致していない

*_**соотве́тствующ|ий**_ [ц] [サアトヴェーッツヴュシチィ] [形6] [corresponding, appropriate] しかるべき, ふさわしい, 適当な: приня́ть -ие ме́ры しかるべき措置をとる | -им о́бразом しかるべく, 適切に

*_**соотеч́ественни|к**_ [男2] / **-ца** [女3] [compatriot] 同国人, 同胞
**соотнесённый** [形1] 相関関係にある **‖-ость** [女10]
**соотнести́(сь)** [完] →соотноси́ть(ся)
**соотноси́тельный** 短-лен, -льна [形1] 相対的な, 相関的の **‖-ость** [女10]
**соотноси́ть** -ошу́, -о́сишь [不完] / **соотнести́**

-сý/, -сёшь 過 -нёс, -несла́ 能過 -нёсший 受過 -сённый (-сён, -сена́) 副分 -еся́ [完] 《В》関係づける, 相関させる, 比較する **// ~ся** [不完] **/~сь** [完] (3人称) 《互》関係する, 相関する ②《不完》《受身》

*соотноше́ние [中5] [correlation] 相関関係, 相互関係: ~ спро́са и предложе́ния 需給関係

сопа́тка [女10]《俗・蔑》鼻

сопе́ль [女10], сопе́лка 複生 -лок [女2]《楽》(東スラブの民族楽器の)木笛

сопережива́ние [中5] 共体験

сопережива́ть [不完] 《文》①《В》に C園/В/と〉共に体験する [悩む・苦しむ] ②役にも与える

*сопе́рни|к [男2] /-ца [女3] [rival] 競争相手, ライバル **// -ческий** [形1]

сопе́рничество [中1] 競争, 競り合い

сопе́рничать [不完] 〈C園と В園で〉①競争する, 張り合う ②引けを取らない, 匹敵する

сопе́ть -плю́, -пи́шь [不完] 鼻息[寝息]をたてる, いびきをかく, (蒸気が)シューシューいう **// -ние** [中5]

со́пка 複生 -пок [女2] ①(極東地方・シベリアの)小さな山, 丘 ②(カムチャツカ半島・千島列島の)火山 ③(クリミア半島・カフカス地方の)泥火山

соплеме́нн|ик [男2] /-ница [女3] 同じ民族[部族, 種族]の人, 同国人, 同胞 **// -ный** [形1]

сопли́в|ый 短 -ив [形1] ①《話》鼻を垂らした ②《俗》未熟な **// -ость** [女10]

сопло́ 複 со́пла, сопел/сопл, со́плам [中1]《技》ノズル, 噴出口 (技術専門家の間ではсопло́の) **// ~во́й** [形2], со́пловый [形1]

сопло́дие [中5]《植》集合果

со́пля 複 со́пли, сопле́й, со́плям [女5]《俗》①《複》鼻水 ②鼻水の一滴 ③鼻たれ小僧 ④くだらないやつ, へなちょこ野郎 ◆ **со́пли жева́ть**《俗・非難》優柔不断に行動する

со́пл|як -á [男2] /-чка 複生 -чек [女2]《俗・蔑》鼻たれ, 青二才; 小娘

соподчин|я́ть [不完] /соподчин|и́ть -ню́, -ни́шь 受過 -нённый (-нён, -нена́) [完] 《В》を《Д》に ①同列に従属させる ②《言》等位従属させる **// -е́ние** [中5]

сопостави́м|ый 短 -и́м [形1] 比較[対比]可能な **// -ость** [女10]

сопостави́тельный [形1] 対比[対照]的な

сопоставле́ние [中5] 対比, 対照, 対応: в -ии с 園 ...と比べて

сопоставл|я́ть [不完] /сопоста́в|ить -авлю, -авишь 受過 -авленный [完] 《В》を C園と対比[比較, 対照]する **// ~ся** [不完] /[完] ①相関する, 関係し合う ②《不完》《受身》

со́почный [形1] < со́пка

сопра́но [不変]《楽》[中] ソプラノ [女] ソプラノ歌手 **// ~вый** [形]

сопреде́льный 短 -лен, -льна [形1] 《文》隣接する, 境を接する, 類似する **// -ость** [女10]

сопредседа́тель [男5] 共同議長

сопре́ть [完] → пре́ть

соприкаса́ться [不完] /соприкосну́ться -ну́сь, -нёшься [完] 〈C園と〉①触れ合う, 境を接する ②相互に関係する, 共通点を持つ ③出会う, 交際する

соприкоснове́ние [中5] ①接触, 関連, 相互関係 ②《軍》衝突

соприкосну́ться [完] → соприкаса́ться

сопри́час́тный [сн] 短 -тен, -тна [形1] 《文》《К》園》に関与する, 関わりを持つ **// -ость** [女10]

сопроводи́тельный [形1] ①同行する[随行]用の ②添付の, 添えてある: -ое письмо́ 添え状 | -ая документа́ция [запи́ска] 添付書類 [メモ]

*сопровожда́ть [саправаждáт'] /сопрово|ди́ть [саправаджди́т'] -вожу́, -води́шь, ... -води́т 命 -ди́ вождённый (-ден, -дена́) [完] [accompany] ①《В》...と同行する, 随伴する, 付き添う; 案内する: ~ делега́цию 代表団に随行する | Иностра́нных госте́й сопровожда́ет перево́дчик. 外国人ゲストには通訳が付いている ②《В》に園を〈去る人に言葉を投げかける, (言葉をかけて)見送る: Сопровожда́емые кри́ками «ура́» мы покида́ли родно́й порт. 「ばんざい」という喚声に送られて私達は故郷の港を後にした ③《В》に園を》伴わせる, 付随する, ...に伴随する, ...と一緒に起こる: ~ речь же́стами 話にジェスチャーをまじえる | Успе́х сопровожда́ет ка́ждое его́ выступле́ние. 彼の出演には信に成功が伴っている ④《В》に園を》添付する, 付け加える: ~ те́кст примеча́ниями テキストに注をつける ⑤《楽》《В》に伴奏する

*сопровожда́ться 〈園〉①...を伴う, ...と同時に起こる: Дождь сопровожда́лся гро́мом. 雨は雷鳴を伴っていた ②...をもたらす, 併発する ③...が付いている, 備わっている ④〔受身〕 < сопровожда́ющий (形6変化) [男名] 随行員, 護衛, 添乗員

*сопровожде́н|ие [中5] [escort, accompaniment] ①同行, 随行, 随伴; 付随, 添付 ②付随するもの ③《楽》伴奏: петь без -ия 伴奏なしで歌う ④《軍》護衛 (隊) ◆ в -ии 園 ...に随伴する, ...を従えた

сопрома́т [男1]《学生・話》(教科の)材料力学 (сопротивле́ние материа́лов)

*сопротивле́н|ие [сапрат'ивл'éн'ие] [中5] [resistance] ①抵抗, 反抗: вооружённое ~ 武力抵抗 | прекрати́ть ~ 抵抗を止める ②《電》抵抗: электри́ческое ~ 電気抵抗 | ~ материа́лов 材料の強度; 材料力学 ③ C~《史》(第2次大戦時の)レジスタンス運動 ◆ идти́ по ли́нии наиме́ньшего -ия 最も抵抗の少ない方法をとる, 安易な道を選ぶ

сопротивля́емость [女10]《園》への抵抗力, 耐性, 免疫力: ~ органи́зма инфе́кциям 感染に対する身体の抵抗力

*сопротивл|я́ться [不完] [resist] 《Д》に抵抗する, 反抗する; 〈病気などと〉闘う: ~ врагу́ 敵に抵抗する

сопря|га́ть [不完] /сопря́|чь -ягу́, -яжёшь, ... -ягу́т 命 -яги́ 過 -я́г, -ягла́ 能過 -я́гший 受過 -яжённый (-жён, -жена́) 副分 -я́гши [文] 《В》①結びつける, 一緒にする ②《理・化・数》共役 ($\text{кё}_2$) させる **// сопряже́ние** [中5]

сопряжённ|ый 短 -жён, -жена́ [形1] 〈C園と〉結びついた, ...を伴う ②《理・化・数》共役 ($\text{кё}_2^{\circ}$) の **// -ость** [女10]《理・化・数》共役性

сопу́тств|овать [ц] -твую, -твуешь [不完] 《園》①同伴[同行]する, 常にそばにいる[ある] ②伴う, 付随する **// -ие** [中5]

сор -a/-y [男1] ごみ, ほこり, くず, がらくた

соразмер|я́ть [不完] → соразмери́ть

соразме́рность [女10] つりあい, バランス ◆ в -и с 園 ...に応じて

соразме́рн|ый 短 -рен, -рна [形1] 《園》/C園と》見合う, つりあう, ふさわしい, バランスのとれた **// -о** ①《副》バランスよく, ほどよく ②《前》《園》 ...に応じて

соразмер|я́ть [不完] /соразме́р|ить -рю, -ришь 受過 -ренный [完] 《В》を C園と》合わせる, つりあわせる, 適切に配分する **// ~ся** [不完] ①見合う, つりあう ②〔受身〕

сора́тни|к [男2]《雅》①戦友 ②〔/-ца [女3]〕同志, 盟友, 仲間

сорби́т [男1]《化》ソルビトール, ソルビット

**сорване́ц** -нца́ [男3] 《話》腕白小僧, 暴れ者 (озорни́к)

**сорва́ть(ся)** [完] →рва́ть¹, срыва́ть²(ся²)

**сорвиголова́** 対 -го́лову/-голову́ 複 -го́ловы, -ло́в, -ва́м (女1 変化) 【男・女】《話》命知らず, 向こう見ず, 無鉄砲》な人

**сорганизова́ть(ся)** [完] →организова́ть(ся)

**со́рго** (不変)[中]《植》モロコシ(属) **∥~вый** [形1]

*  **соревнова́|ние** [サリヴナヴァーニエ][中5]〔competition, contest〕①競争: вы́зваать на ~ 競争を挑む ②《通例複》《スポ》競技会, 大会, 試合: междунаро́дные ~ия 国際試合 ③ Она́ всегда́ в водяны́х ~иях по пла́ванию. 彼女は水泳の競技会に出場した

**соревнова́тельный** [形1] 競争の

* **соревнова́|ться** -нуюсь, -нуешься [不完]〔compete〕<с圃と〉競う, 競争する: ~ в бе́ге на конька́х スケート競走をする

**соригина́льничать** [完] →оригина́льничать

**сориенти́ровать** [完] →ориенти́ровать

**сори́нка** 複生 -нок [女2] ①一粒のごみ ②《単》《話》ごくわずか

**сори́ть** -рю́, -ри́шь [不完] ①〔完 на~〕ごみだらけにする, ごみで汚す: Про́сьба не сори́ть! 汚さないようにお願いします ②《話》《圃》を浪費する: ~ деньга́ми 金を湯水のごとく使う

**со́рн|ый** [形1]①ごみの ②ごみだらけの ③(植物が)作物を荒らす, 雑草の ④(魚が)小さく価値のない, 雑魚の **∥-ость** [女10] 不純物混入度

**сорня́к** -а́ [男2] 《通例複》雑草

**соро́дич** [男4]①親類, 同族, (動植物の)同種 ②同郷人, 同胞

* **со́рок** [ソーラク]生・与・造・前сорока́ 対со́рок [数]〔個数〕〔forty〕40(★→пять[數法]) **∥~о́в** 圃 大量の…, とてもたくさんの…

* **соро́ка** [サローカ][女2]〔magpie〕①〔鳥〕カササギ: ~ -белобо́ка 〔民話・詩〕お腹の白いカササギ ② 《話》おしゃべりな人 **◆С-на хвосте́ принесла́.** 風の便りで聞いている(←カササギが尻尾に乗せて運んできた) | **треща́ть как ~** [як] ぺちゃくちゃしゃべりまくる, まくしたてる **∥соро́чий** [形5] <①

**соро́ка..** 〔語形成〕「40の」

**сорокале́тие** [中5] 40年間: 40周年

**сорокале́тний** [形8] ①40年間の ②40歳の

**сороков|о́й** [形2] 〔序数〕40番目の: -а́я годовщи́на 40周年 | -ы́е го́ды 40年代

**сороконо́жка** 複生 -жек [女2] 《話》〔動〕多足類, ムカデ, ヤスデ

**сорокоу́ст** [男1] 《正教》死後40日間の祈禱

**соро́чк|а** 複生 -чек [女2] ①シャツ, ブラウス, シュミーズ, 肌着: ночна́я ~ 寝間着 ② 被服, カバー, 〔解〕膜 ③トランプの裏面(руба́шка) **◆роди́ться в -e** 幸運に生まれつく **∥соро́чечный** [形1]

* **сорт** 複 -а́ [男1] 〔grade, sort〕①等級, 品質: вы́сший ~ 最高級 ②(栽培植物の)品種 ③《話》種類, タイプ, 性質: Я не обща́юсь с людьми́ э́того ~а. 私はこのタイプの人々とは付き合わない

**сортаме́нт** [男1] (金属製品の)種類, 規格, 等級

**сортиме́нт** [男1] ①(通例材木製品の)種類, 規格, 等級 ②作物の品種 **∥-ный** [形1]

**сорти́р** [男1] 《俗》便所 ◆**мочи́ть в ~е** 〔隠・蔑〕厳しく(容赦なく)懲らしめる **∥-ный** [形1]

**сортирова́|ть** -ру́ю, -ру́ешь [不完] / **рас~** 受動 -о́ванный [完]〔圃〕選別[仕分け]する **∥-ние** [中5]

**сортиро́вка** 複生 -вок [女2] ①選別, 仕分け ②《農》選別機 ③選別場 ④《鉄》操車場

**сортиро́вочн|ый** [形1] ①選別[仕分け]用の ② -ая [女名] 選別場 ③ -ая [女名] 《鉄》操車場 (-ая ста́нция)

**сортиро́вщи|к** [男2] / -ца [女3] 選別作業員

**со́ртный** [形1] (ある品質で)選別された; 上質の

**сортово́й** [形2] ①品質の, 特定品質の; 上質の ②《農》品種の; 優良種の

**соса́тельный** [形1] 吸う(ための)

**соса́|ть** сосу́, сосёшь 受動 со́санный [不完] 〈圃〉①〈液体・乳を〉吸う: ~ грудь ма́тери 母の乳を吸う | ~ сок че́рез соло́минку ストローで液体を飲む ②[完 вы́~](虫・動物が)〈圃〉血・汁などを吸う | 〈水・養分を〉吸い上げる: Кома́р сосёт кровь. 蚊が血を吸っている ③しゃぶる, 〈たばこ・パイプを〉吸う: ~ леденцы́ キャンディを舐める | Медве́дь сосёт свою́ ла́пу. 熊が手をしゃぶる ④[完 на~] 痛む, うずく, 苦しめる: Под ло́жечкой сосёт от го́лода. 空腹でみぞおちがうずく ⑤[完 вы́~] 《俗》搾取する, 巻き上げる: ~ наро́д 人民を搾取する | ~ из 圃 де́ньги …から金を巻き上げる **∥-ние** [中5]

**сосва́тать** [完] →сва́тать

* **сосе́д** [サシェート] 複 -и, -ей, -ям [男1] / **~ка** 複生 -док [女2] 〔neighbor〕①(前後左右の)隣人, 近所の住人: ~ по кварти́ре アパートの隣人 | Мы с ним ~и. 私と彼はおとなりさんだ ②隣席者: ~ по купе́ 同じ車室の人 | ~ по ко́мнате ルームメイト ③《男》隣国; 隣国人 **∥-ский** [ц][形3]

* **сосе́дн|ий** [сашее́днь][形8]〔neighboring〕隣の, 隣接する, 近隣の: ~ дом 隣の家 | -ие стра́ны 近隣諸国

**сосе́дств|о** [ц][中1]隣接, 近隣: 「в -е [по -у] с圃 …と隣り合って

**сосе́дствовать** [ц] -твую, -твуешь [不完] <с圃>…の隣に住む, …と隣接する

**сосе́душка** 複生 -шек (女2変化) [男・女] 〔愛称〕 <сосе́д/сосе́дка

**со́сенка, сосёнка** 複生 -нок [女2] 〔指小〕<сосна́

**сосе́ц** -сца́ [男3] 《通例複》 = сосо́к (★動物の乳首を表す;「人間」の意味では《旧》)

* **соси́ска** 複生 -сок [女2] 〔sausage〕ウィンナーソーセージ; 《通例複》ウィンナーソーセージ料理

**соси́сочн|ый** [形1] ①ウィンナーソーセージの ② -ая [女名] ウィンナーソーセージを出す軽食堂

**со́ска** 複生 -сок [女2] ①(哺乳瓶の)ゴム製乳首 ② (乳首型)おしゃぶり

**соска́блива|ть** [不完] / **соскобли́ть** -облю́, -о́блишь/-обли́шь 受動 -о́бленный 〈圃 с圃から〉はがす, 削り取る **∥~ся** [不完] / [完] (削られて) 落ちる **∥**《不完》〔受身〕 **∥-ние** [中5]

**соска́кива|ть** [不完] / **соскочи́ть** -очу́, -о́чишь [完] <с圃から> ①跳び降りる ②外れる, 落ちる ③《話》(感情などが) 現れる ④《話》 (言葉のつい口から出る) ⑤《隠》麻薬をやめる ⑥《話》《警察・俗》刑罰から逃れる; 逃げる, 姿を消す **∥соско́к** [男2] <①

**соска́льзыва|ть** [不完] / **соскользну́ть** -ну́, -нёшь [完] <с圃から>滑り降りる(落ちる), 素早く降りる[離れる] **∥-ние** [中5]

**соско́б** [男1] 削り取ったもの[場所]

**соскобли́ть(ся)** [完] →соска́бливать

**соскользну́ть** [完] →соска́льзывать

**соскочи́ть** [完] →соска́кивать

**соскреба́ть, соскрёбывать** [不完] / **соскрести́** -ебу́, -ебёшь 過 -рёб, -ребла́ 能過 -рёбший 受動 -ебённый (-бён, -бена́) 副分 -ебя́ [完] 《話》 = соска́бливать/соскобли́ть

* **соску́читься** -чусь, -чишься [完] 〔become bored, miss〕①退屈する: ~ в одино́честве ひとりぼっちで退

# сострадание

屈する ②<по与/по画/о画><…がない・いないことを>寂しく思う, 恋しがる (★по与は人名的および2人称代名詞と共に用いる; по画は・1,2人称の代名詞と共に用いる; о画は現代語では用いない): по отцу́ 父を恋しがる | *Соску́чились по вас*. あんたらがいなくて寂しかった ③<без+生>がいなくて寂しい, 退屈する: *Соску́чился без тебя́!* お前がいなくて寂しかった

**сослага́тельн|ый** [形1]: -*ое* наклоне́ние《言》仮定法, 接続法 (конъюнкти́в, субъюнкти́в)

**со́сланн|ый** (形1変化)[男名] /-ая [女名] 流刑囚

**сосла́ть(ся)** [完] →ссыла́ть(ся)

**со́слепа, со́слепу** [副] 目が見えず, 近視で

**сосло́вие** [中5] ①階級, 身分, 社会階層 ②同業者組合〔団体, 会〕③《語・戯》…仲間

**сосло́вн|ый** [形1] 階級〔身分〕の, 特権階級の, 階級的な *-*ость [女10] 身分制, 階級制

**сослужи́в|ец** -вца [男3] /-ица [女3] 同僚

**сослужи́ть** -ужу́, -ужишь; -ужённый [完]: ~ слу́жбу 《話》какую-л. 力を貸す, 利益をもたらす

**сосна́** 複 со́сен, со́сен, со́снам [女1] 〔pine tree〕①《植》マツ(属): обыкнове́нная ~ ヨーロッパアカマツ ②《話》松材

**сосно́в|ый** [形1] マツの; 松材の: -*ые* ши́шки 松ぼっくり *-ые* [複名]《植》松科

**сосну́ть** -ну́, -нёшь [完]〔話〕ひと眠りする(поспа́ть)

**сосня́к** -а́ [男2] ①松林 ②松材

**сосо́к** -ска́ [男2] ①乳頭, 乳首 ②《解》視神経乳頭 ③〔半〕球状の突起

**сосо́ч|ек** -чка [男2] ①〔指小〕<сосо́к ②《解》(皮膚・粘膜の)乳頭状の突起 *-*ковый [形1]

**сосредото́чение** [中5] 集中, 結集; 専心

**сосредото́ченн|ый** 短 -ен, -енна, -енна [形1] 集中した, 緊張した, ひたむきな, 一心不乱な *-*о [副] *-*ость [女10]

**сосредото́чивать** [不完] / **сосредото́чить** -чу, -чишь 受過 -ченный [完]〔concentrate, focus〕①<対>…に集める, 集中させる: ~ войска́ у грани́цы 軍を国境付近に集結させる ②<対><в+前><考え・注意などを>集中する, 傾注する: ~ любо́вь на ребёнке 子どもに愛情を注ぐ ③<в+前>…に具現化する, 体現する: *Рома́н сосредото́чивает в себе́ основны́е иде́и мысли́телей Возрожде́ния*. この小説にはルネサンスの思想家の主要な考えが具現化されている

**сосредото́чиваться** [不完] / **сосредото́читься** -чусь, -чишься [完]〔concentrate〕①<на+前>…か所に集まる, 集中する ②<на+前>に自分の考え〔注意〕を集中する; (考え・注意などが)向けられる: ~ на рабо́те 仕事に集中する ③<в+前>…に具現化される

**соста́в** [サスタフ] [男1] 〔composition, membership〕①(人的)構成, スタッフ; 構成員, メンバー: социа́льный ~ населе́ния 住民の社会的な構成 | ли́чный ~ 職員(全体), 人員, スタッフ | ~ кабине́та мини́стров 内閣の閣僚; 閣僚名簿 | *Кто вхо́дит в ~ делега́ции?* 代表団のメンバーには誰がいますか ②構成するもの, 成分, 組成: хими́ческий ~ 化学的組成 | слова́рный ~ языка́ 言語の語彙 ③混合物, 化合物: лека́рственные ~*ы* 調合薬 ④列車: пассажи́рский (това́рный) ~ 旅客〔貨物〕列車 ◆*в ~е* 生<…から成る, …で構成される: комите́т *в ~е* пяти́ челове́к 5人から成る委員会 ■акте́р [актри́са] второ́го ~*а* 代役俳優 | ~ преступле́ния《法》犯罪構成要素

**состави́тель** [男5] 編纂者, 作成者, 編集者

**соста́вить(ся)** [完] → составля́ть(ся)

**составле́ние** [中5] 〔composition, compilation〕作成, 編成, 編集: ~ словаря́ 辞書編纂(さん)

**составля́ть** [サスタヴリャーチ] [不完] / **соста́вить** [サスタヴィチ] -влю, -вишь; -вят до́, -вленный [完]〔compose, put together〕①<対>組み立てる, 集めて作る, 組成する: ~ предложе́ние 文を作る | зелёную кра́ску из жёлтой и си́ней 黄色と青で緑の絵具を作る ②<対>文書などを作成する, 編集する: ~ слова́рь 辞書を編纂する | ~ спи́сок уча́стников 参加者名簿を作成する ③<グループなどを>作る, 編成する, 組織する: ~ драмати́ческий кружо́к 演劇サークルを作る ④(並べて…か所に)置く, 並べる: ~ сту́лья в у́гол 椅子を隅に寄せる ⑤(全部で)…となる, …である: *Расхо́д соста́вит пять ты́сяч рубле́й*. 出費は5000ルーブルになる ⑥形成する, …となる, …を成す: ~ исключе́ние 例外をなす | *Это не соста́вит большо́го труда́*. これはたいした労力を要しないだろう ⑦<意見・考えなどを>作り上げる, 出す: ~ определённое мне́ние 明確な意見を作り上げる | ~ себе́ мне́ние о ком-либо …について意見〔考え〕を作り上げる | ~ себе́ и́мя 名を成す ⑧(上から下へ)置き換える, 下ろす: ~ кни́ги с по́лки 棚から本を下ろす

**составля́ться** [不完] / **соста́виться** -ится [完]《文》①(集めて)作られる, 構成〔組織〕される, …から成る, 《話》(ゲームなどが)開催される: *У меня́ соста́вилась небольша́я колле́кция ре́дких камне́й*. 私のところに珍しい石を集めたちょっとしたコレクションができた ②(考え・意見が)得られる, 生まれる: *Состáвилось благоприя́тное мне́ние*. 好意的な意見が得られた ③(合計)…となる *•*《数》合計数

**составля́ющая** (形6変化)[女名] 成分, (構成)要素, 組成物

**составн|о́й** [形2]〔compound〕①いくつかの部分から成る, 組み立て式の, 合成の: -*ая* ле́стница 組み立て式はしご ②構成する, 成分となる *-*ое сказу́емое《言》合成述語 | -*ое число́*《数》合成数

**соста́рить(ся)** [完] →ста́рить(ся)

**состоя́н|ие** [サスタヤーニエ] [中5] 〔condition, state〕①状態, 状況: ~ здоро́вья 健康状態 | экономи́ческое ~ страны́ 国の経済状況 | *О́бе страны́ нахо́дятся в -ии* боевой готовности. 両国は臨戦態勢にある | <身体の状態, 体調, 気分>: ~ больно́го 病人の容体 | восто́рженное ~ 有頂天 ④財産, 資産: нажи́ть ~ 財産を築く ◆*быть в -ии* [不定詞] …できる (状態にある): *Сейча́с он не в -ии* с тобо́й говори́ть. 彼は今君とは話せない

**состоя́тельн|ый** 短 -лен, -льна [形1]〔well-to-do〕①(長尾) 裕福な, 資産のある ②《文》根拠のある, 確実な: *Э́то мне́ние не вполне́ -о*. この意見は十分に根拠があるとは言えない *-*ость [女10]

**состоя́ть** [サスタヤーチ] -ою́, -ои́шь [不完]〔consist〕①<из+生>から成る, 構成される: *На́ша семья́ состои́т из четырёх челове́к*. うちは4人家族です ②<в+前>…となる, …である: *Его́ несча́стье состои́т в том, что он не люби́л люде́й*. 彼の不幸は彼が人間嫌いだったというところにある ③<в/на+前>…の一員である, 《話》…に入っている: ~ в профсою́зе 労働組合に入っている | ~ заве́дующим 主任を務めている ④<в+前/на+前/под+造>…の状態にある: ~ в бра́ке 結婚している | ~ под судо́м 裁判中である

**состоя́ться** [サスタヤーッツァ] -ою́сь, -ои́шься [完]〔take place〕①行われる, 成立する, 実現する: *В ма́е состоя́лись перегово́ры глав двух госуда́рств*. 5月に2国間の首脳会談が行われた ②(何者かに)完全になる, 熟達する: *Как поэ́т он не состоя́лся*. 彼は詩人として完成されることはなかった

**состра́гивать** [不完] / **сострога́ть** 受過 -о́ганный [完] (かんなで)削る, 削り取る

**сострада́ние** [中5] 思いやり, 同情

**сострада́тельн|ый** 短-лен, -льна [形1] 思いやりのある, 慈悲深い, 同情的な **//-ость** [女10]

**сострада́ть** [不完]〔文〕〈与に〉同情する

**сострига́ть** [不完]/**состри́чь** -игу́, -ижёшь, ...-игут́ 命-иги́ 過-и́г, -и́гла 能過-и́гший 受過-и́женный 副分-и́гши [完] 〈対〉 ① (はさみなどで)切る, 刈る ② 《若者》〈金に〉をせしめる

**состри́чь** [完] →**состри́чь**

**состри́чь** [完] →**сострига́ть**

**сострога́ть** [完] →**сострига́ть**

**состро́ить** [完] →**стро́ить**

**состру́гивать** [不完]/**сострога́ть** 受過-у́ганный [完] = сострига́ть/сострога́ть

**состря́пать** [完] →**стря́пать**

**состыко́в|ывать** [不完] / **состыкова́ть** -ку́ю, -ку́ешь 受過-о́ванный [完]〈対〉① 連結[接合, 合体]させる (стыкова́ть) ②〔話〕一致[連携]させる **//~ся** [不完] / [完] ① 連結, 接合, 合体する (стыкова́ться) ②〔話〕一致[連携]する ③〔俗〕会う ④〔不完〕〔受身〕 **//-ка** 複-вок [女2]

**состяза́н|ие** [中5] ①競争, コンテスト, 競い合い: ~ в остроу́мии 知恵比べ ②試合, 競技: ~ в бе́ге 競走 | ша́хматные[баскетбо́льные]-ия チェス[バスケットボール]の試合 **//-тельный** [形1]

**состяза́ться** [不完]〈с誰と в何で〉争う ②〔スポ〈誰の〉の試合をする③〔法〕〈法廷で〉争う

**сосу́д** -a/-y [男1]〔vessel〕① (液体・粒状のもの用)容器: стекля́нный ~ ガラスの容器 ②〔解〕管, 脈管: [植]管, 導管: кровено́сные-ы́ 血管 **//~истый** [形1] <②

**сосудо..** 〔語形成〕「管の」「血管の」

**сосу́лька** 複-лек [女2] ①〔気象〕氷柱 (つらら) ② 氷柱状のもの ③〔俗・皮肉〕弱虫, 意気地なし

**сосу́н** -а́ [男1] ①(授乳期間中の)幼獣;〔話〕乳児, 乳飲み子 ②〔俗・蔑〕青二才, 若僧 **//-о́к** -нка́ [男2]〔指小・愛称〕

**сосуществова́ние** [中5] [co-existence] 共存: ми́рное ~ 平和共存

**сосуществова́ть** -тву́ю, -тву́ешь [不完]〈с誰と〉共存する

**сосчита́ть(ся)** [完] →**счита́ть(ся)**

**сотворе́ние** [中5] 創造: ~ ми́ра 天地創造

**сотвори́ть** [完] →**твори́ть**

**сотво́рчество** [中1] 共同作業, 共同制作

**соте́** [э] (不変) [仏]〔料理〕ソテー

**соте́йник** [男2] ソテーパン, ソテー鍋

**со́тенка** 複-нок [女2]《愛称》< сотня①②

**со́тенный** [形1] < со́тня①②④

**со́тик** [男2]《話》携帯電話 (со́товый телефо́н)

**со́тка** -а́ток [女2]《話》① 100分の1ヘクタール ② (ある尺度の) 100分の1

**со́тник** [男2]〔史〕百人隊長 (ロシア帝国陸軍の) コサック中尉

**со́т|ня** [ソートニャ] 複-тен [女5] [a hundred] ① (単位として) 100, 100個[人]: прода́жа яи́ц -ями 100個単位での卵の販売 ②《話》100ルーブル(紙幣): заплати́ть две ~и 200ルーブル払う ③《話》100の位の数;〔話〕複数の: -и люде́й 何百, ~и люде́й 何百人もの[たくさんの]人々 ④〔史〕百人隊: коза́чья ~ コサック騎兵中隊

**сотова́рищ** [男4]《古》何か での仲間, 同僚: ~ по рабо́те 仕事仲間

**со́товик** [男2]《話》携帯電話 (со́товый телефо́н)

**со́товый** [形1] [comb. cellular] ①蜂房(状)の ② 移動体通信の ③ [男名] 携帯電話 (~ телефо́н, мо-би́льник)

**сотри́** [命令], **сотру́** [1単末] < **стере́ть**

**сотру́дни|к** [サトルードニク] [男2] / **-ца** [女3] [collaborator, employee] 協力者, 助力者: Он вы́полнил э́ту рабо́ту без -ков. 彼は協力者なしでこの仕事をやり遂げた ②職員, 勤務員: ~ ко́нсульства 領事館員 | нау́чный ~ 研究員 ③ (新聞刊行物などの)寄稿者, 執筆者: ~ журна́ла 雑誌記者 **// сотру́днический** [形3]

**сотру́дничать** [不完] [collaborate] ①〈с誰と〉共同して働く[活動する], 協力する, 提携する ②職員[執筆者など]として働く, 勤める: ~ в газе́те 新聞に勤める; 新聞に寄稿する

**сотру́дничеств|о** [中1] [collaboration] ①協力, 共同, 提携: экономи́ческое ~ 経済協力 ②職員[執筆者など]としての勤務 ③寄稿, 執筆 ◆**в – е с** … と協力して

**сотряса́ть** [不完] / **сотрясти́** -су́, -сёшь 過-ря́с, -рясла́ 能過-я́сший 受過-сённый (-сён, -сена́) 副分-я́сши [完]〈対〉激動させる, 震えさせる, 揺り動かす **//~ся** [不完] / **-сь** [完] 激動する, 揺れる

**сотрясе́ние** [中5] 激動, 衝撃 ■~ мо́зга [医] 脳震盪(しんとう)

**со́ты** сот/-ов [複]〔単 сот [男1]〕① 蜂房 ② 移動体通信網

**со́т|ый** [ソーティイ] [形1] [hundredth] ① (序数) 100番目の: ~ юбиле́йный конце́рт 第100回記念コンサート ② 100分の1の, -ая [女2] 100分の1 (-ая ча́сть [до́ля]): -ая до́ля секу́нды 100分の1秒 | Со́тая часть метра равна́ 1 см (одному́ сантиме́тру). 1メートルの100分の1は1センチである ③ごくわずかな ④ 何回もの, 度重なる: В ~ раз я повторя́ю тебе́ одно́ и то́ же! お前には何回も同じことを言っている

**..со́тый**〔語形成〕「…百番目の」

**соударя́ться** [不完] (動いている物体同士が)衝突する **//-е́ние** [中5]

**со́ул** [男1]〔楽〕ソウル・ミュージック

**соумы́шленник** [男2]〔文〕共謀者

*со́ус -a/-у [男1] [sauce]〔料理〕ソース: тома́тный ~ トマトソース | со́евый ~ 醤油 ◆**ни под каки́м ~ом** 決して, どうしても (…から) | **под други́м ~ом**《話》見た目を変えて **//~ный** [形1]

**со́усни|к** [男2], **-ца** [女3] ソース入れ

**соуча́ствовать** -твую, -твуешь [不完]〈в前に〉共同参加する, (悪事に)加担する

**соуча́стие** [中5] 協力, 加担, 共謀

**соуча́стни|к** [сьн] [男2] / **-ца** [女3] 協力者, 共謀者: ~ преступле́ния [в преступле́нии] 共犯者

**соучени́|к** -á [男2] / **-ца** [女3] 同窓生, 学友, 同期生

**софа́** 複 софы, софа, -ам/-ám [女1] ソファー

**софи́зм** [男1] 詭弁

**софи́йский** [形3] ①知妃[睿智]の ②ソフィア (Софи́я②)の

**софи́ст** [男1]〔古ギ哲学[修辞学]〕教師 ②〔複〕ソフィスト, 詭弁学派 ③詭弁家 **//~ский** [cc] [形1]

**софи́стика** [女2]〔古ギ〕詭弁学派の学説[理論] ②詭弁, 屁理屈 **// софисти́ческий** [形1] 詭弁的な

**софи́т** [男1] ①〔建〕下端 (したば), (梁の), アーチなどの下面 ②〔通例複〕〔劇・スポ〕照明装置

**Софи́я** [女9] 知妃;〔宗〕神の知恵;〔正教〕睿智 (えいち)

**со́фия** [女9] ①ソフィア(女性名) ②ソフィア (ブルガリアの首都)

**софт** [男1],《話》**софти́на** [女1]〔コン〕ソフトウェア

**софтбо́л** [男1]〔スポ〕ソフトボール

**Со́фья** [女8] ソフィア (女性名; 愛称 Со́ня)

**соха́** 複 со́хи [女2]〔農〕(旧式の)犁 (すき) ②〔史〕 (13-17世紀の課税単位として) 一定の基準面積の土地

**соха́тый** [形1] ①角(のある, 枝角)を持つ ② [男性][動]ヘラジカ, オオジカ(лось)

**со́хлый** [形1] 〔俗〕① 乾燥した ② 痩せ細った

*__со́хнуть__ -ну, -нешь 命 -ни 過 сох/-ул, -хла 能過 -увший [不完] 〔dry〕 ① [完 вы́~] 乾く, 乾燥する: Бельё со́хнет. 洗濯物が乾く ② [完] 乾燥しすぎる, 干からびる; (乾燥して) 固くなる: Гу́бы со́хли. 唇がかさかさになった ③ [完 вы́~] (水が)かれる, 干上がる ④ [完 вы́~, за~] (植物が)枯れる, しおれる: Цветы́ со́хнут. 花が枯れる ⑤ [完 вы́~] 〔話〕やつれる, やせる ⑥ 〔俗〕[по/по́ 前] に恋い焦がれる

*__сохране́н|ие__ [サフラニェーニエ] [中5] 〔preservation, conservation〕① 保存, 保管, 貯蔵: зако́н -ия эне́ргии エネルギー保存の法則 | отда́ть де́ньги на ~ 金を預ける ② 維持, 存続: ~ та́йны 秘密の保持 | ~ ми́ра 平和の維持

**сохрани́ть(ся)** [完] →сохраня́ть(ся)

**сохра́нность** [女10] 保存, 保存度, 安全, 無事, 無傷

**сохра́нн|ый** 短 -а́нен, -а́нна [形1] ① 保管の ② 保管の安全を保証する ③ 安全な, 無傷の **//-о** [副]

**сохраня́емость** [女10] 貯蔵寿命, 棚持ち

*__сохраня́|ть__ [サフラニャーチ] [不完] **сохрани́ть** [サフラニーチ] -ню́, -ни́шь 命 -ни́ 受過 -нённый (-нён, -нена́) [完] 〔preserve, keep〕 ① [⑤を ⑤に] しまっておく: ~ де́ньги 金を取っておく | ~ фа́йлы на флешке ファイルを USB メモリに保存する ② 守る, 保持する, 持ち続ける: ~ ста́рые обы́чаи 古い習慣を守る ③ 保つ, 維持する: ~ здоро́вье 健康を維持する | Он не мог сохрани́ть споко́йствия. 彼は冷静さを保っていられなかった ④ 記憶にとどめる, 忘れない: ~ воспомина́ние 忘れずにいる ⑤ 〔不完〕 〔話〕貯蔵する, しまっておく: ~ проду́кты в по́гребе 食料を地下室に貯蔵する

*__сохраня́|ться__ [不完] / **сохрани́ться** -ню́сь, -ни́шься [完] 〔remain〕① 保存される, そのまま残る: У меня́ сохрани́лись ста́рые фотогра́фии. 私のところには古い写真がそのまま残っている ② 保持される, 存続する, なくならない: У неё сохрани́лись все пре́жние привы́чки. 彼女以前の習慣をすべて守っている ③ 保たれる, 維持される: Здоро́вье сохрани́лось. 健康が維持された ④ 〔話〕若さを保つ: Ва́ша ба́бушка удиви́тельно сохрани́лась. あなたのおばあさんは驚くほど若々しい ⑤ 〔不完〕[受身] <сохраня́ть

**соц..** [語形成] 「社会主義の」「社会の」

**со́ц-а́рт** [男1] 〔語形成〕ソッツ・アート(社会主義リアリズムをパロディ化した芸術(運動))

**соцве́тие** [中5] 〔植〕花序

**социа́л-..** [語形成] 「社会主義の」

**социа́л-демокра́т** [不変]-[男1] 社会民主主義者, 社会民主党員

**социа́л-демокра́т|ия** [不変]-[女9] 社会民主主義 **//-и́ческий** [形3]

**социализа́ция** [女9] 公有化, 社会化

**социализи́ровать** -рую, -руешь 受身 -ванный [不完・完] 〔⑤を〕公有化[社会化]する **//-ся** [不完・完] ①(人が)社会化する ② 〔不完〕[受身]

*__социали́зм__ [男1] 〔socialism〕社会主義(体制, 理論): страна́ -а 社会主義国

**социали́ст** [男1]/**~ка** 複生-ток [女2] 社会主義者, 社会主義党員

*__социалисти́ческ|ий__ [形3] 〔socialist〕① 社会主義の, 社会主義的な: ~ строй 社会主義体制 ② 社会民主主義の: -ая па́ртия 社会党

**социали́ст-революционе́р** [男1]-[男1] 〔史〕社会革命党員(эсе́р)

*__социа́льно__ [サツィアーリナ] [副] 〔socially〕社会的に:
~ опа́сный челове́к 社会的な危険人物

**социа́льно-бытово́й** [形2] 社会生活の, 風俗の ② 福利厚生の

**социа́льно-экономи́ческий** [形3] 社会経済的な, 社会経済の

*__социа́льн|ый__ [サツィアーリヌィ] [形1] 〔social〕社会の, 社会的な: -ая среда́ 社会環境 | -ое положе́ние 社会的地位 ■-ая рабо́та 社会福祉援助技術, ソーシャルワーク | ~ рабо́тник ソーシャルワーカー | -ая сеть ソーシャルネットワーキングサービス, SNS | -ое обеспе́чение 社会保障 | -ое страхова́ние 社会保険

**со́цио..** [語形成] 「社会の」

**со́циокульту́рный** [а/о] [形1] 社会文化の

**социолингви́стика** [а/о] [女2] 〔言〕社会言語学(социологи́ческая [социа́льная] лингви́стика)

**социо́лог** [男2] 社会学者

**социологи́ческий** [形3] 社会学の, 社会学的な

**социоло́гия** [女9] 社会学

**социоме́тр|ия** [а/о] [女9] 〔社・心〕ソシオメトリー **//-и́ческий** [形3]

**со́циум** [男1] 〔文〕① ある集団のメンバーの共通性 ② 職業・文化活動などの)集団

**со̀цкульту́рный** [男1] 社会の文化・生活的な側面(социа́льная культу́рно-бытова́я сфе́ра)

**со̀цпа́ртия** [女9] 社 会 党(социалисти́ческая па́ртия)

**со̀црабо́тник** [男2] ソーシャルワーカー(социа́льный рабо́тник)

**со̀цреали́зм** [男1] 社会主義リアリズム(социалисти́ческий реали́зм)

**со̀цстрана́** 複-а́ны [女1] 社会主義国(социалисти́ческая страна́)

**со̀цстра́х** [男2] ① 社会保険(социалисти́ческое страхова́ние) ② 社会保険機関

**со̀цфа́к** [男1] 〔話〕社会学部(социологи́ческий факульте́т)

**соч.** (略)сочине́ние

**соче́льник** [男2] 〔宗〕クリスマスイブ(Рожде́ственский ~); 神現祭[主の洗礼祭]の前日(Креще́нский ~)

**со́чень** -чня [男5] 〔料理〕① ソーチェニ(昔クリスマスに食べた; 生地にカッテージチーズなどを挟んで焼いたパン) ② 〔俗〕薄くのばしたペリメニなどの生地

**сочета́емость** [女10] 結合力, 結合可能性

*__сочета́н|ие__ [中5] 〔combination〕結合, 組み合わせ, 組み合わさって ♦**в -ии с** ⑤ …と結合して, 組み合わさって

**сочета́тельный** [形1] 結合の, 結合による: ~ зако́н 〔数〕結合法則 (ассоциати́вность)

**сочета́|ть** [不完・完] 〔⑭を ⑤と〕結合[調和]させる, 結びつける, 組み合わせる, 配合する, 兼ね備える: ~ кра́ски 配色する **//-ся** [不完・完] ① 結合する, 組み合わさる ② 〔不完〕調和する ③ 〔不完〕[受身]

**Со́чи** [男] [不変](クラスノダール地方の市南市, 黒海沿岸保養地; 南部連邦管区; 2014年冬季五輪開催)

*__сочине́н|ие__ [サチニェーニエ] [中5] 〔work, composition〕① 創作すること: ~ стихо́в 詩作 ② (文学・学術・音楽の)作品, 著作物: собра́ние -ий Пу́шкина プーシキン作品集 | музыка́льное ~ 音楽作品 ③ (学校の)作文: Ма́льчик занима́ется дома́шним -ем. 男の子は宿題の作文をやっている ④ 〔文法〕等位接続, 並立(→подчине́ние)

**сочини́тель** [男5] 〔話〕嘘つき, ほら吹き; 〔廃〕作家

**сочини́тельный** [形1] 〔文法〕等位接続の, 並立的な

**сочини́тельство** [中1] 〔話〕嘘, 作り話; 〔廃〕創作

活動

\*сочиня́ть [不完] / сочини́ть -ню́, -ни́шь 受過 -нённый (-нён, -нена́) [完] [write, compose] 〈囲〉 ①〈文学・音楽作品を〉創作する, つくる: ～ о́перу オペラを作る ②〈話〉〈文章を〉書く, 作文する ③〈что/節〉考え出す, 嘘をつく: ～ спле́тню デマをでっち上げる ④《話》催す ⑤《文法》等位接続する **〃~ся** [不完] / [完] ①〈創作される〉生まれる, 出来上がる ②思い浮かぶ《不完》《受身》

сочи́ть -чу́, -чи́шь [不完] 〈囲〉 ①〈液体を〉たらす, 滴らせる ②〈樹液を〉採取する

сочи́ться -чи́тся [不完] ①〈液体が〉たれる, 滴る ②〈囲〉滴らせる: Ра́на сочи́тся кро́вью. 傷口から血が流れている

сочлене́ние [中5] [技]連結[接合] (部) ②[解]関節 ③[植]節

сочленя́ть [不完] / сочлени́ть -ню́, -ни́шь 受過 -нённый (-нён, -нена́) [完] 〈文〉〈囲〉 ①結合[統合]する ②連結[接合]する **〃~ся** [不完] [完] ①結合する, 連結する, 一体となる ②連結する, 繋がる ③《不完》《受身》

со́чник [男2] = со́чень

со́чн|ый 短 -чен, -чна́, -чно, -чны/-чны́ [形1] ①汁気[水分]が多い, みずみずしい, ジューシーな ②色鮮やかな ③表現力に富む: ～ ю́мор 鮮やかなユーモア ④〈声・音が〉よく通る[響く] **〃-о** [副]みずみずしく, 鮮やかに **〃-ость** [女10]

сочтёшь [単末], сочту́ [1単末] ＜ счесть

сочу́вственн|ый 短 -нен, -нен, -енно, -енны [形1] 同情的な ②好意的な, 情のこもった **〃-о** [副]

\*сочу́вств|ие [ст] [中5] [sympathy] ①同情, 同情心: ～ чужо́му го́рю 他人の悲しみへの同情 ②共感, 共鳴, 支持, 賛同: встре́тить ～ у слу́шателей 聴衆の共感を得る

\*сочу́вствовать [ст] -твую, -твуешь [不完] [sympathize] 〈囲〉 ①…に同情する, 思いやる: Мы вам сочу́вствуем. ご同情申し上げます ②…に共感する, 支持する, 賛同する: Я не сочу́вствую твоему́ реше́нию. 私は君の決定に賛同しない

сочу́вствующий [ст] 〔形6変化〕[男名] / -ая [女名] 賛同者, シンパ

сошёл [сошла́] 男[女] 過 ＜ сойти́

сошестви́е [中5] 〈雅〉降臨, 降下

со́шка 複生 -шек [女2] ①〈指小〉＜ соха́ ②[軍]二脚架, 銃架 ◆ме́лкая ～ チンケなやつ, 雑魚, 下っ端

сошни́к -а́ [男2] ①犂の刃 ②[軍]駐鋤(ちゅうじょ) ③[解]鋤骨 **〃-о́вый** [形1]

со́шн|ый [形1] ①犂(すき)の ②〈史〉課税単位の土地の **〃-ое письмо́** [史]土地測量台帳

сощу́ривать [不完] / сощу́рить -рю, -ришь 受過 -ренный [完] 〈囲〉〈目を〉細める **〃~ся** [不完] / [完] ①〈目が〉細くなる ②両目を細める

\*сою́з [サユース] [男1] [union, alliance] ①結合, 結び[つき]: дру́жеский ～ 友人の結び ②同盟, 連盟: вое́нный ～ 軍事同盟 | войти́ [вступи́ть] в ～ 同盟に加わる | заключи́ть ～ 同盟を結ぶ ③連邦: С～ Сове́тских Социалисти́ческих Респу́блик ソヴィエト社会主義共和国連邦 ④団体, 組合, 協会: профессиона́льный ～ 労働組合 (профсою́з) | ～ писа́телей 作家同盟 ⑤〔言〕接続詞: сочини́тельные [подчини́тельные] ~ы 等位[従属]接続詞 ⑥С～ ソユーズ (ソ連およびロシアの有人宇宙船)
■Европе́йский ～ 欧州連合, EU (略 EC)

сою́зка 複生 -зок [女2] 靴軸の甲とつま先を覆う革の縫い付け

\*сою́зни|к [男2] [ally] ①/ -ца [女3] 同盟者, 協力者, 味方 ②同盟国; [史]〔第1次世界大戦の〕連合国 **〃-ческий** [形3]

\*сою́зн|ый [形1] [allied] ①同盟の; 連邦(制)の; 組合の: ～ые стра́ны 同盟国 | ～ бюдже́т 連邦予算 ②[文法]接続詞の, 接続詞で接続された

со́я [女5] ①[植]ダイズ ②[話]醤油

СП [エスペー] [略] совме́стное предприя́тие 合弁企業: совме́стная поку́пка 共同購入; Се́верный по́люс 北極 (漂流基地 дрейфу́ющая ста́нция の名称)

спаге́тти [不変] [複] [料理]スパゲッティ: ～ с гриба́ми в сли́вочном со́усе きのこクリームパスタ

спад [男1] ①減少, 減退, 低下 ②〈水の〉落下地点 ③〈経〉〈物価の〉暴落, 失速, 不況, 不景気

спада́ть [不完] / спасть -аду́, -адёшь 過 -а́л [完] ①落下[脱落]する ②減少[減退]する, 衰える, 収まる: (洪水の)水がひく ③《不完》(衣類などが)垂れている, ずり落ちている **〃~ся** [不完] [完] ①減る, 縮小[収縮]する **〃спада́ние** [中5] = спад①

спаде́ние [中5] 上昇・反〉反転, 委縮

спазм [男1], спа́зма [女1] [医]痙攣(けいれん)

спазмати́ческ|ий [形3] 痙攣(けいれん)的な, 痙攣性の **〃-и** [副]ひきつって

спа́ивать¹ [不完] / спои́ть -ою́, -о́ишь 命 -о́й 受過 -о́енный [完] 〈話〉〈囲を反に〉飲ませる ②〈囲〉酔わせる, 酒飲みにする **〃~ся** [不完] [受身]

спа́ивать² [不完] / спая́ть 受過 -а́янный [完] 〈囲〉 ①はんだ付けする ②結びつける, 団結させる, まとめる **〃~ся²** [不完] [完] ①はんだ付けでくっつく ②結びつく, まとまる ③《不完》《受身》

спай [男6] はんだ付けの(箇所), つなぎ目

спа́йка 複生 -а́ек [女2] ①＝ спай ②[生理・解][器官・組織の]結合(部) ③[医]癒着 ④[単][話]団結, 結束

спайс [男1] 危険ドラッグ

спа́ливать [不完] / спали́ть -лю́, -ли́шь 受過 -лённый (-лён, -лена́) [完] 〈囲〉 ①[無人称でも]焼き払う, 燃やす: (過熱して)駄目にする (пали́ть¹) ②〈話〉(日焼けして)やけどする ③[無人称でも](日照りや酷暑が)〈植物を〉枯らす ④[完]〈隠〉共犯者を引き渡す, 裏切る **〃~ся** [不完] [完] ①焼失する ②(過熱で)駄目になる, やけどする ③[完]〈隠〉現行犯逮捕される; 〈若者〉失敗する; 〈学生〉試験中にカンニングがばれる

спа́лывать [不完] / сполоть -олю́, -о́лешь 受過 -о́лотый [完] 〈農〉〈囲〉除草する

спа́льник [男2] ①〈話〉寝袋, シュラフザック (спа́льный мешо́к) ②〈史〉寝殿官(15-17世紀)

спа́льн|ый [形1] 寝るための: ～ мешо́к 寝袋

\*спа́льня [スパーリニャ] 複生 -лен [女5] [bedroom] ①寝室 ②寝室用家具一式

спам [男1] [コン]スパム, 迷惑メール

спа́мер [男1] [コン]スパマー, スパムを送りつける人[事業者]

спаниéль [э] [男5] [動]スパニエル (犬種)

спанье́ [中4] 〈話〉睡眠

спа́ренн|ый [形1] 対の: ～ая устано́вка [軍]連装砲

спа́рж|а [女4] [植]アスパラガス **〃-евый** [形1]

спа́рива|ть [不完] / спа́рить -рю, -ришь 受過 -ренный [完] 〈囲〉 ①(2つを)ひと組[ペア, 対]にする ②[農]交尾させる **〃~ся** [不完] [完] ①〈話〉(2つで)ひと組[ペア, 対]になる ②[農]交尾する **〃-ние** [中5]

спа́рринг [男2] [スポ]スパーリング

спа́рринг-партнёр [不変] - [男1] スパーリングパートナー

Спарта́к [男1] ①スパルタク (旧ソ連圏のスポーツチーム名) ②[古ロ]スパルタクス (?- 前71; 剣闘士)

спартакиа́д|а [女1] (旧ソ連・共産圏の)総合スポーツ大会 **〃-ный** [形1]

спа́рхива|ть [不完] / спорхну́ть -ну́, -нёшь [完] (小鳥などが)飛び立つ, 舞い降りる, 駆け降りる

**спа́рывать** [不完]/**споро́ть** -орю́, -о́решь 受動 -о́ротый [完] ほどいて外す: ~ карма́ны с пальто́ コートのポケットをとる **‖ ~ся** [不完]/[完] (縫ったものが) ほどけて取れる ②[不完] [受身]

**спас**[1] -а/-у [男1] 《俗》救い、助かる望み ◆**~у нет от** 囲 …から逃れられない、どうしようもない; 我慢ならない

**спас**[2] [過去-ø] <спасти́

**Спас** [男1] 《宗》① 救世主、キリスト ② 救世主教会: ~-на-крови́ 血の上の救世主教会(サンクトペテルブルク) ③ 《正教》救世主祭、スパス: медо́вый [пе́рвый, мо́крый] ~ 蜜の救世主祭(8月14日[旧暦1]日) | я́блочный [второ́й] ~ 林檎の救世主祭(8月19日[旧暦6]日) | хле́бный [тре́тий, оре́ховый] ~ 穀物の救世主祭(8月29日[旧暦16]日)

**спаса́ние** [過去-ø] 救助

**спаса́тель** [男5] ① 救助隊員、救助者 ② 救助船

**спаса́тельн|ый** [形1] 救助用の: -ая шлю́пка 救命艇 | ~ жиле́т [круг] 救命胴衣[浮輪] | -ая кома́нда ~ отря́д レスキュー隊

*****спаса́ть** [スパサーチ] [不完]/**спасти́** [スパスチー] -су́, -сёшь 命 -си́ 過 спас, спасла́ -сший 受動 -сённый (-сён, -сена́) 副分 -сши [完] [save, rescue] 〈対〉
① 救う、助ける: -ра́неных 負傷者を救助する | Они́ *спасли́* мне жизнь. 彼らは私の命を救ってくれた ② 守る、保護する: ~ иму́щество от огня́ 財産を火から守る ③ 《宗》…を救う、救済する
◆ **~ положе́ние** 難局を救う、事態を収拾する

**спаса́ться** [不完]/**спасти́сь** -су́сь, -сёшься 過 спа́сся, спасла́сь 能過 -сшийся 副分 -сши́сь 〈от 囲 от〉① 免れる、助かる、逃れる: ~ от сме́рти 死を免れる | ~ от враго́в 敵から逃れる | ~ бе́гством 逃走 [脱走]する ② 《宗》(魂が)救われる

**спасе́н|ие** [スパセーニエ] [中5] [rescue, salvation]
① 救助、救出、保護; ~ жи́зни 人命救助 | жда́ть -ия 救助を待つ ② 救い、活路、逃れるすべ: C~ пришло́ неожи́данно. 救いは思いがけず来た
③ 《宗》救い、救済 ◆ **ложь во ~** 方便としての嘘 | **-ия нет** どうしようもない、我慢できない ■ **А́рмия -ия** 《宗》救世軍 | **Сою́з -ия** 《露史》救済同盟(デカブリストの乱の原点となった結社)

*****спаси́бо** [スパシーバ] [thank you, thanks] **Ⅰ** [助] 〈囲 に за囲〉ありがとう: Большо́е ~. どうもありがとう | C~ вам за по́мощь. ご協力[お力添え]ありがとうございます | C~ за сове́т. ご忠告ありがとうございます | C~ за внима́ние. ご清聴ありがとうございます | C~ за до́брые слова́. [話]на до́бром сло́ве.] 親切なお言葉をありがとうございます | ~ за угоще́ние. ごちそうさまでした **Ⅱ** [述語] 〈囲〉…はありがたいことだ、…に感謝しなければならない: C~ сосе́ду, что помо́г. お隣さんに助けてもらってありがたい ② [話]幸いにも: И то́ ~, что извести́ли нас во́время. ちょうどよい時に知らせてくれて本当によかった **Ⅲ** [不変] [話] 感謝、感謝の言葉: Пе́рвое вре́мя бы́ло тру́дно, ~, роди́тели помогли́. 最初は大変だったが、ありがたいことに両親が助けてくれた **Ⅳ** [不変] [話]感謝、感謝の言葉: Прими́те моё серде́чное ~. 私の心からの感謝をお受け取り下さい ◆ **за (одно́) ~** ただで、無償で | **~ и на то́м = и на то́м ~** [話]そのだけでもありがたい | *Из спаси́ба шу́бы не сошьёшь.* (ありがとう)礼を言うなら金をよこせ(←ありがとうでは毛皮は縫えない)

*****спаси́тель** [男5] [rescuer, savior] ① [**/~ница** [女3]] 救助者、救済者: ~ Оте́чества 祖国の救国者 ② C~ 救世主、キリスト

**спаси́тельн|ый** [-лен, -льна [形1] 救助の、救いとなる、有益な **‖ -ость** [女10]

**спасо́вать** [完] <пасова́ть

**спа́сск|ий** [形3] 《宗》救世主(Спас)の: С-ая ба́шня Кремля́ クレムリンのスパスカヤ[救世主]塔

**спасти́(сь)** [完] →спаса́ть(ся)

**спасти́ческий** [形3] = спазмати́ческий

**спасть(ся)** [完] →спада́ть(ся)

*****спа|ть** [スパーチ] сплю, спишь, … спят 命 спи 過 спал, -ла́, -ло [不完] [sleep, be asleep] ① 眠る、睡眠する: лечь ~ 就寝する | кре́пко ~ ぐっすり眠る | ~ глубо́ким [мёртвым] сном 熟睡する | Мне хо́чется ~. 私は眠い | C~ пора́. 寝る時間だ ② [話]活動しないで、なにもしないでいる: На́до бы́ло не ~, а де́йствовать. 手をこまねいてないで行動すべきだった ③ 《俗》〈с 囲 と〉性的関係にある、寝る ◆ **не дава́ть ~** 囲 [話]…の心を乱す、いらだたせる | **~ и ви́деть** 囲 [話]夢にまで見る、熱望する: Я сплю и ви́жу себя́ в НБА. 私は NBA 選手になることを夢にみている

**спа́ться** спи́тся 過 -ало́сь [不完] [無人称] 〈囲 に〉眠れる: Как спало́сь? よく眠れた? | Мне не спало́сь. よく眠れなかった

**спа́янн|ый** [形1] 固く結ばれた、団結した **‖ -ость** [女10] 団結、結束、凝結

**спа́ять(ся)** [完] →спа́ивать[2]

**СПб** [略] Санкт-Петербу́рг

**СПГ** [エスペゲー] [略] сжи́женный приро́дный га́з 液化天然ガス、LNG

**спева́ться** [不完]/**спе́ться** спою́сь, споёшься [完] ① (合唱で)調子が合う、声が揃う ② 囲[話・蔑] 〈с 囲 と〉調子を合わせる、なれ合う; 意気が一致する

**спе́вка** 複生-вок [女2] 合唱の練習

**спека́|ть** [不完]/**спе́чь** -еку́, -ечёшь, … еку́т -еки́ 過-пёк, -пекла́ -пёкший -чённый (-чён, -чена́) [完] 〈対〉焼き固める、焼結[焼成、粘結]させる **‖ ~ся** [完] / [完] 焼結 [焼成、粘結] する、凝結する **‖ -ние** [中5]

*****спекта́кль** [スピクターク ль] [男5] [performance, show] ① 芝居、演劇、ショー; люби́тельский ~ アマチュア演劇 | о́перный [бале́тный] ~ オペラ[バレエ]の公演 | поёхать на ~ 芝居を見に行く ② [話]見もの、滑稽な出来事: Они́ разыгра́ли ~ на ку́хне. 彼らは台所でひと騒動起こした

**спектр** [男1] 〈理〉スペクトル **‖ спектра́льный** [形1]: ~ ана́лиз スペクトル分析

**спектрогра́мма** [女1] 〈理〉スペクトログラム

**спектроско́п** [男1] [理]分光器

**спектроскопи́я** [女9] 〈理〉分光法

**спекули́ровать** -рую, -руешь [不完] / 《俗》**спекульну́ть** -ну́, -нёшь [完] 〈囲/на囲〉① 〈商・金融〉…に投機する、相場を張る: ~ а́кциями 株式投機をする | ~ на ра́знице в це́нах 価格の差に乗じて稼ぐ ② 悪用する: ~ на дове́рчивости 人のよさにつけ込む

**спекуля́нт** [男1] **/~ка** 複生-ток [女2] ① 投機家、投機筋、相場師、闇屋 ② (自己の目的のために)他人[状況]を利用する人 **‖ ~ский** [нс] [形3]

**спекуляти́вный** [形1] 投機的な

**спекуля́ция** [女9] 〈商〉〈囲/на囲〉① …への投機; 闇取引 ② …の悪用 ③ 〈文〉[哲]思弁

**спелена́ть** [完] →пелена́ть

**спелео́лог** [男2] 洞窟学者

**спелеоло́г|ия** [女9] 洞窟学 **‖ -и́ческий** [形3]

**спелеотури́зм** [男1] スポケイビング、洞窟探検

**спе́ллер** [男1] [コン]スペルチェッカー

*****спе́л|ый** -пел, -пела́, -пело, -е́лы/-е́лы [形1] [ripe] 熟れた、成熟した: -ое я́блоко 熟したリンゴ **‖ -ость** [女10]

**спе́нсер** [э: ] [男1] スペンサージャケット(丈の短い上着)

*****сперва́** [副] [at first, firstly] [話] 初めは、初めのうちは; まず最初に: С~ поду́май, пото́м отвеча́й! まずは考えて、それから答えなさい

**спервонача́ла, спервонача́лу** [副]《俗》= сперва́, снача́ла

**спе́реди** [副]《話》前方[正面]から, 前で[に](↔сза́ди): Иди́ ~, я за тобо́й. 先を歩いていて, 私は君の後ろからついて行く

**спере́ть** [完] →пере́ть, спира́ть

**спе́рма** [女1]《生理》精液, スペルマ

**спермато́зоид** [男1]《生理》精子

**спермаце́т** [男1]《薬》鯨蝋

**спе́ртый** [形1]《話》息苦しい, (空気の)よどんだ

**спесиве́ц** -вца [男3]《尊大》な人

**спеси́в|ый** 短-и́в [形1] 高慢[尊大]な **∥-о** [副]

**спесь** [女10] 高慢, 尊大, 不遜, 傲慢

**спеть** [不完] /**по~** [完] 熟す, 熟れる ②《話》《料理》が)出来上がる

**спеть(ся)** [完] →пе́ть, спева́ться

**спех** [男2]《話》大急ぎ, 大慌て: Мне не к ~у. 私は急いでいない, ゆっくりでいい

**спец** -а́ [男] ①《話》《на厠/в厠/по厠/不定형》…の名手, 名人 (ма́стер) ②《史》(ソ連時代初期の非プロレタリア出身の)専門家

**спец..** [語形成]「特別な」「専門の」

**спецвы́пуск** [男2] (新聞の)号外, 特別号

**спецгаше́ние** [中5] (行事・出来事を記念する図案の)消印, 特印, 記念章

**специализа́ция** [女9] 専門化

***специализи́рованн|ый** [形1] [specialized] 専門的な, 特殊な, 特別の: ~ магази́н 専門店 /-ая медици́нская по́мощь 高度専門医療

**специализи́ровать** -рую, -руешь 受過-анный [不完・完]《厠》①…に専門教育をする, 専門家として養成する ②専門化する

***специализи́роваться** -руюсь, -руешься [不完・完] (specialize in) ①《в厠/по厠》…の専門的知識を得る, …を専攻する, 専門家になる: ~ по диза́йну デザインを専攻する《в厠/на厠》を専門とする, 専門家: ~ по тёрмину 用語の専門家

***специали́ст** [スピツィアリースト] [男1] /**~ка** 複生-ток [女2] [specialist] ①専門家, スペシャリスト: ~ по акваре́ли 水彩画の専門家 ②《話》名手, 玄人: ~ по засо́лке огурцо́в キュウリ漬けの名人

**специалите́т** [男1] 専門士養成課程

***специа́льно** [スピツィアーリナ] [副] [specially] ①特別に, 専門的に: ~ пригото́вленный ко дню рожде́ния торт 誕生日特製ケーキ ②《話》もっぱら, 特に: Он пришёл ~ для того́, что́бы поговори́ть с ва́ми. 彼はあなたと話をするためだけに来たのです ③《話》わざと (наро́чно, наме́ренно): Ты ~ помеша́л мне? わざと私の邪魔をしたの

***специа́льност|ь** [スピツィアーリナスチ] [女10] [speciality, profession] ①専門(分野): зна́ния по ~и 専門知識 | Кака́я у вас ~? ご専門は何ですか ②職業, 仕事: Кто ваш по ~и? 彼女の職業[専門]は何ですか ③特技, 得意なもの: Спле́тни — э́то их ~. 噂話は彼らが得意とするところだ ④専門であること, 専門性: ~ те́рмина 用語の専門性

***специа́льн|ый** [スピツィアーリヌィ] 短-лен, -льна [形1] [special] ①(長尾)特別の, 特殊な: ~ по́езд 特別列車 | ~ корреспонде́нт 特派員 | сде́лать по ~ому зака́зу 特注で作る /-ое образова́ние 専門教育 /~ те́рмин 専門用語

***специ́фика** [女2] [specificity] 特質, 特徴, 特性: ~ де́тской литерату́ры 児童文学の特質

**спецификация** [女9] ①分類, 目録(作成) ②明細書, 説明書, 仕様書

**специфици́ровать** -рую, -руешь 受過-анный [不完・完] ①分類する ②説明書[仕様書]を作る

***специфи́ческ|ий** [形3] [specific] ①特有の, 固有の, 特徴的な: ~ за́пах больни́цы 病院特有の匂い ②特殊な, 特異な ■-ие сре́дства 特効薬 **∥-и** [副]

**специфи́чн|ый** 短-чен, -чна [形1] = специфи́ческий **∥-ость** [女10]

**спе́ция** [女9]《通例複》スパイス, 香辛料, 薬味, 調味料

**спецко́р** [男1]《話》特派員(специа́льный корреспонде́нт)

**спецку́рс** [男1] 特殊講義

***спецна́з** [男1] [special unit] 特殊任務部隊, スペツナズ (подразделе́ния специа́льного назначе́ния): вы́звать [формирова́ть] ~ 特殊部隊を招集[編成]する **∥~овский** [形3]

**спецна́зовец** -вца [男3] スペツナズ (спецна́з)隊員

**спецоде́жда** [女1], 《話》**спецо́вка** 複生-вок [女2] 作業服 (специа́льная оде́жда)

**спецо́м** [副]《若者》意図的に, わざと, 故意に

**спецопера́ция** [女9] 特殊作戦 (специа́льная опера́ция)

**спецре́йс** [男1] 臨時便, 特別便 (специа́льный рейс)

**спецслу́жба** [女1] 情報機関, 特殊機関, 特務機関

**спецу́ха** [女2]《俗・蔑》①作業服 (спецоде́жда) ②特殊機関 ③特殊講義 (спецку́рс)

**спецшко́ла** [女1] ①(ある科目の)特化型学校 (специализи́рованная шко́ла) ②特別支援学校, 養護学校, (少年犯罪者用)寄宿学校 (специа́льная шко́ла)

**спецэффе́кт** [男1] 特殊効果, 特撮, SFX (специа́льный эффе́кт)

**спечь(ся)** [完] →спека́ть

**спе́шива|ть** [不完] /**спе́шить** -шу, -шишь 受過-шенный [完]《厠》下馬させる, (軍用車両から)降車する **∥-ся** [不完][完] ①下馬する, (軍用車両から)降車する ②《完》[受身] **∥-ние** [中5]

***спеши́ть** [スピシーチ] -шу́, -ши́шь 命-ши́ [不完] /**по-спеши́ть** [パスピシーチ] [完] [hurry] ①《с厠/不定형》を急ぐ, 急いでする: ~ с отве́том. 返事は急がなくてかまいません ②急いで行く: ~ домо́й 家路を急ぐ | Она́ спеши́т на по́езд. 彼女は列車に乗ろうと急いでいる ③《不完》(時計が)進んでいる: Часы́ спеша́т на пять мину́т. 時計が5分進んでいる

◆**Поспеши́шь — люде́й насмеши́шь.**《諺》急いては事を仕損じる(←急ぐと人に笑われる)

**спе́шка** [女2]《話》急ぐこと, あわてること, 大急ぎ

**спе́шно** [副] 急いで, 大急ぎで

**спе́шн|ый** 短-шен, -шна [形1] ①緊急の, 急を要する, 急ぎの: -ое де́ло 急用 ②速い, 急いだ様子の ◆**в -ом поря́дке** 急いで **∥-о** [副] 急いで, 慌てて **∥-ость** [女10] 急用, 緊急, 大急ぎ

**спи** [命令] →спать

**спива́ть** [不完] /**спи́ться** сопью́сь, сопьёшься 命спе́йся 過-и́лся, -ила́сь, -ило́сь/-и́лось [完] 酔っぱらう, 飲んだくれになる

**СПИД, спид** [スピート] [男1]《医》後天性免疫不全症候群, エイズ(синдро́м приобретённого иммуно́много дефици́та [иммунодефици́та]): зарази́ться ~ом エイズに感染する | переда́ча ~а полово́й путём 性行為によるエイズの伝染

**спидве́й** [э] [男6]《スポ》スピードウェイ(オートレースの一種)

**спидо́метр** [男1] スピードメーター, 速度計

***спи́кер** [男1] [speaker] ①(英・米などの)下院議長 ②(ボクシングなどの)リングアナウンサー

**спики́ровать** [完] →пики́ровать

**спил** [男1] のこぎりでひくこと; のこぎりでひいた箇所

## сплетение

**спи́лива|ть** [不完] / **спили́ть** -илю́, -и́лишь 受過-и́ленный [完] ① (のこぎりで)切る ②やすりで滑らかにする **∥-ние** [中5], **-лка** [女2]

*спин|а́ [スピナー] 対 спи́ну 複 спи́ны [女1] 〔back〕背, 背中: широ́кая ~ 広い背中 | лежа́ть на -е́ 仰向けに寝ている | заложи́ть ру́ки за спи́ну 後ろ手を組む | Она́ стоя́ла -о́й к окну́. 彼女は窓に背を向けて立っていた ◆**за -о́й** [у 囲] (1)…に隠れて, ひそかに: говори́ть за -о́й 陰口を言う (2)…の過去に, 背後に | **на со́бственной -е́** (узна́ть, испыта́ть, почу́вствовать) 身をもって (知る, 感じる) | **нож** (уда́р) **в спи́ну** …への裏切り | **поверну́ться -о́й к** 囲 …に背を向ける, (魚の) 背中を向ける: Сча́стье поверну́лось -о́й к нам. 幸福が私たちを見放した | **показа́ть спи́ну** (話) 逃げる, 背を見せる | **пря́таться за спи́ну** …の陰に隠れる…のせいにする | **рабо́тать не разгиба́я -ы́** 一生懸命働く | **распрями́ть спи́ну** 背筋をのばす, 元気づけ, 勇気が出る | **стоя́ть за -о́й** …の背後にある, …の陰で操る [支援する]

*спи́нк|а 複生 -нок [女2] 〔back〕① (指小・愛称) < спина́ ② (椅子などの) 背もたれ, (家具の) 背面: Дива́н с высо́кой -ой. 背もたれの高いソファー ③ (衣服の) 背中側, 後身頃 ④ (魚の) 背肉 ⑤ (細長い物の) 背面

**спи́ннинг** [男2] (釣具で) スピニング; それによる釣り: лови́ть на ~ スピニングで釣りをする

**спи́ннинговый** [形1] スピニングの: -ая кату́шка スピニングリール

**спинно́й** [形2] 背 (спина́) の, 背中の;〔解〕脊髄の

**спинномозгов|о́й** [形2] (脊) (脳) 脊髄の: ~ нерв 脊髄神経 | **-а́я жи́дкость** 髄液

**спиногры́з** [男1] (俗・戯) 子ども

**спира́л|ь** [女5] (巨) 渦巻 (渦) 状, 螺旋 (らせん) の: дви́гаться по -и 螺旋状に動く ② 螺旋状の針金: コイル, ニクロム線; 子宮内器具 (ВМС) ③〔フィギュア〕スパイラル **∥-ка** 複生 -лек [女2] 〔指小〕< ~ **∥-ный** [形1]

**спира́льно** [副] 螺旋形を成して, 渦巻状に

**спира́ть** [不完] / **спере́ть** сопру́, сопрёшь 過 спёр, -рла 過受動 спёртый [完] ① (俗) 引きずれる, 動かす (перёть¹) ② 盗む (перёть¹) ③ (無人称で) 圧迫する, 締めつける

**спирт** [男1] / **-ка** 複生 -ток [女2] 降神 (霊) 者

**спирити́зм** [男1] 降神 (霊) 術

**спироме́тр** [男1]〔医〕肺活量計, スパイロメーター

**спироме́трия** [女9]〔医〕肺活量測定 (法), スパイロメトリー

**спирохе́та** [女1] スピロヘータ

*спирт -а/-у 前 о-е, в-е/-у 複 -ы́ [男1] 〔alcohol〕① (単) (蒸留して作る) アルコール; 蒸留水 ②〔化〕アルコール, 酒精: эти́ловый [мети́ловый] ~ エチル [メチル] アルコール ■ **муравьи́ный** ~ 蟻 (酸) 精 | **наша́тырный** ~ アンモニア水

**спиртн|о́й** [形2] アルコールの, アルコールを含んだ ②**-о́е** [中名] (話) 酒, アルコール飲料 (~ напи́ток)

**спирто́в|ка** 複生 -вок [女2] アルコールランプ (спиртова́я ла́мпа)

**спиртов́о́й** [形2] アルコールの [による]

**списа́ние** [中5]〔会計〕帳消し, 債務削減 ②〔海〕(船員の) 解雇, 退職

**спи́санный** [形1] 退役の

**списа́ть(ся)** [完] →спи́сывать(ся)

*спис|ок [スピーサク] -ска [男1] 〔list〕① リスト, 名簿, 目録: ~ студе́нтов 学生名簿 | соста́вить ~ リストを作る | стои́ть на 10-м (деся́том) ме́сте в -ке リストの10番目にある | попа́сть в ~ бога́тейших люде́й ми́ра 世界長者番付に入る ②〔履歴・経歴書に書かれた〕文書, 書類: послужно́й ~ 勤務経歴書 ③ (手書きの) 写本, 写し: древне́йшие -ки ле́тописи 年代記の最古の写本 ■ **чёрный** ~ ブラックリスト

**спи́сочный** [形1] リスト [名簿] に記載された: ~ соста́в рабо́тников 全従業員 (↔я́вочный)

**спи́сыва|ть** [不完] / **списа́ть** -ишу́, -и́шешь 受過-и́санный [完] 〈囲〉① 書き写す ② 模写する ③〈у 囲〉〈他人の書いたものを〉丸写しする ④〈с 囲〉〈実在の人物を〉(モデルにして) 描く, 象どる ⑤〈с счёта [счето́в]〉; 消却する ⑥〔海〕船員を解雇する, 乗員リストから外す **∥-ние** [中5] <①-④

**спи́сываться** [不完] / **списа́ться** -ишу́сь, -и́шешься [完] ①〈с 囲〉手紙で取り決める ②〔海〕(船員が) 退職する

**спито́й** [形2] (話) (お茶が) 出がらしの

**спи́ться** [完] →спива́ться

**спи́хива|ть** [不完] / **спихну́ть** -ну́, -нёшь 受過-и́хнутый [完] 〈囲〉① (話) (押して) 動かす, 押し退ける ② 突き落とす ③ (俗) 追い払う, 追放する; (話) 〈悪いものを〉: ~ заве́дующего 責任者を辞めさせる **∥-ние** [中5]

**спи́ц|а** [女3] ① 編み棒: вяза́ть на -ах 編み棒で編む ② 車輪の輻 (*), スポーク: колёсные -ы 車の輻 ◆**после́дняя (пя́тая) ~ в колесни́це** いてもいなくてもよい者, 余計者 **∥-евый** [形1], **-ево́й** [形2]

**спич** [男4] 〔文〕テーブルスピーチ: произнести́ ~ テーブルスピーチをする ②〔コン〕(若者) 会話, 発言, 意見を述べる: толкну́ть ~ 発言する, 意見を述べる

**спи́чечница** [女3] マッチ箱入れ

*спи́чк|а 複生 -чек [女2] 〔match〕マッチ; [複] (箱に入った) マッチ: чи́ркнуть -ой マッチを擦る ◆**худо́й как ~** ひどく痩せている, まるでマッチ棒だ **∥спи́чечный** [形1]

**спичра́йтер** [э] [男1]〔政〕スピーチライター

**спла́в** [男1] ①〔冶〕合金; 合金 ~ы 軽合金 ② (異なるものの) 融合, 一体化 ③ (木材の) 浮送

**спла́вать** [完] (話) (泳いで) 行って帰ってくる

**сплавля́|ть** [不完] / **спла́вить** -влю, -вишь 受過-вленный [完] 〈囲〉① (溶解により) 融合させる, 合金にする ② 流送しつける (水路を使って) 浮送する ④ (俗) 厄介払いをする, 嫌なものを他人に押しつける **∥-ся** [不完] ① (溶解により) 融合する, 合金になる ② 固く結びつけられる **∥спла́вле́ние** [中5] <①

**спла́вщик** [男2] いかだ師, いかだで材木を運ぶ人

**сплани́ровать** [完] →плани́ровать¹,²

**спла́чива|ть** [不完] / **сплоти́ть** -очу́, -оти́шь 受過-очённый (-чён, -чена́) [完] 〈囲〉① 板などを接合する, 寄せ合わせる; いかだを組む ② 団結させる, 結束させる **∥~ся** [不完] ① (隙列などが) 詰まる, 密集する ② 団結する, 結集する

**сплёвыва|ть** [不完] / **сплю́нуть** -ну, -нешь 過 -ты́й [完] ① 唾を吐く: ~ в сто́рону 脇のほうへ唾を吐く (不満などの表明) ② (話) 〈囲〉ペっと吐き出す

**сплёскива|ть** [不完] / **сплесну́ть** -ну́, -нёшь 受過-лёснутый [完] 〈囲〉① (水を跳ね飛ばしながら) 注ぎ足す ② 水をかけて洗い流す

**сплета́|ть** [不完] / **сплести́** -лету́, -летёшь 過-лёл, -лела́ 能過 -лётший 受過-летённый (-тён, -тена́) 副分 -летя́ [完] ① 編んで両端をつなぐ: ~ две ле́нты 2本の組の端を結んでつなぐ ② 組む, からませる: ~ па́льцы 指をからませる

**сплета́ться** [不完] / **сплести́сь** -лету́сь, -летёшься 過 -лёлся, -лела́сь 能過 -лётшийся 副分 -летя́сь [完] ① 絡み合う, もつれる: Лиа́ны сплели́сь. 蔓が絡み合った ② 組み合わさる; 取っ組み合う ③ 融合する: Интере́сы сплели́сь. 利害が一致した

**сплете́ние** [中5] ① 編むこと, 絡み合い ② 編み合わさっているもの, 絡み合っているもの ③〔解〕叢 (*):

**сплетник** — 〜 нéрвов 神経叢 | сóлнечное 〜 腹腔神経叢

**сплéтни|к** [男2]/**-ца** [女3] 噂をする人、噂好き

**сплéтничать** [不完] 噂をする、デマを流す

**сплéтн|я** 複生 -тен [女5] (いい加減な[偽りの]情報に基づいた)噂、デマ、ゴシップ、流言；[しばしば複]デマを広めること：распускáть 〜*и* デマを飛ばす | Он распространéл о вáс слýхи и 〜*и*. 彼はあなたについての根も葉もない噂を広めている

**сплечá** [副] ①腕を強く振り下ろして：удáрить 〜 手を振り上げてぶん殴る ②《話》考えもせずに、ぞんざいに

**сплоти́ть(ся)** [完] → сплáчивать

**сплохова́ть** -хýю, -хýешь [完] 《話》へまをやる、しくじる

**сплочéние** [中5] ①団結、結束 ②密集

**сплочённый** 短 -ён, -еннá [形1] 密集した、団結し、結束した

*__сплошн|óй__* [形2] [continuous, solid] ①絶え間なく続く、一面に広がる：-*áя* грязь 一面のぬかるみ ②全面的、全体の及ぶ：-*áя* вакцинáция населéния 住民全員への予防接種 ③《話》まじりけのない、純粋な、まったくの；ものすごい、強烈な：〜 вздор まったくのナンセンス ④[話]強烈[猛烈]な、極端な、すごい ■-*áя* недéля [正教]水・金曜日の斎が解かれる週

*__сплошь__* [副] [completely, entirely] ①途切れなく、絶え間なく、すきまなく、一面に：Нéбо 〜 покры́то сéрыми облакáми. 空は一面灰色の雲に覆われている ②《話》まったく、すっかり、例外なく、…だけ：Вчерá были 〜 одни́ неприя́тности. 昨日は嫌なことばかりだった
◆〜 *и [да] ря́дом* [話]ほとんどいつも、しょっちゅう、どこにでも

**сплутова́ть** [完] → плутовáть

**сплыва́|ть** [不完]/**сплы́ть** -ывёт 過 -ы́л, -ылá, -ы́ло [完] 《話》①流れ去る；(船で)下る ②あふれ出る、吹きこぼれる ◆*Был да сплыл.* 跡形もなくなった

**сплыва́|ться** [不完]/**сплы́ться** -ывёется -ы́лся, -ы́лáсь, -ы́лось, -ы́ли́сь [完] ①泳ぎ集まる、流れて集まる ②混じってひとつになる

**сплю́нуть** [完] → сплёвывать

**сплю́снуть** -ну, -нешь 受過 -тый [完] 《話》= сплю́щить

**сплю́снуться** -нется [完] 《話》= сплю́щиться

**сплю́щива|ть** [不完]/**сплю́щить** -щу, -щишь 命 -щи 受過 -щенный [完] [不完また **плю́щить**] (押して・打って)平らにする、伸ばす **/-ся** [不完]/[完] (押されて・打たれて)平らになる、つぶれる **/-ние** [中5]

**спляса́ть** [完] → пляса́ть

**сподви́жни|к** [男2]/**-ца** [女3] 《文》(困の)戦友、一緒に功績(по́двиг)をあげた人

**сподли́чать** [完] → по́дличать

**сподо́би|ть** [不完] -бит [完] [通例無人称]《話》《戯》[困][否定ある]〈つまらないことを〉そそのかしてやらせる ◆*бог [господь] сподо́бил* 囮 …は類い稀なる幸に恵まれている

**сподо́би|ться** [不完] / **сподо́биться** -блюсь, -бишься [完]《話》《戯》[困][否定ある]〈恵み・名誉などに〉あずかる、授かる：Я *сподо́бился* бесéдовать с вáжным гóстем. 名誉にも私は VIP と話せた

**сподру́чн|ый** 短 -чен, -чна [形1]《俗》便利な、都合のよい：-*ое* дéло 手ごろな仕事 **/-о** [副]

**спозара́нку, спозара́нок** [副] 《話》早朝から：встáть 〜 早起きする

**спознава́ться** -наю́сь, -наёшься [不完]/**спозна́ться** [完] 《俗》〈с困と〉親しく[愛し合うように]なる

**спо́ить** [完] → спáивать[上付き1]

*__споко́йно__* [副] [спако́йна] [quietly, calmly] **I** [述] ①穏やかに、静かに；落ち着いて、安心して：〜 смотрéть 穏やかに眺める | 〜 спать 安眠する | Мы их 〜 обыгрáем. あんなやつらあっさり負かしてやる
**II** [無人述] ①静かだ、落ち着いている：В гóроде 〜：не стреля́ют. 町は落ち着いている。銃声が聞こえない ②(心が)安らかだ、平穏だ：На душé 〜. 気持ちが安らかだ

*__споко́йный__* [спако́йный] 短 -óен, -óйна [形1] [quiet, calm] ①穏やかな、静かな、平穏な：-*ое* мóре 穏やかな海 | гуля́ть по -*ым* у́лицам 落ち着いた通りを散歩する ②落ち着いた、穏やかな、安らかな：-*ая* улы́бка 穏やかな微笑 | Бу́дьте *-ы*. ご安心下さい ③(性格が)落ち着いた、柔和な：〜 ребёнок おとなしい子ども ④平穏無事な、気苦労のない：-*ая* стáрость 安らかな老後 ⑤[困](衣服・家具・住居が)心地のよい、快適な：-*ое* крéсло 座り心地のいい肘掛け椅子 ⑥(色などが)落ち着いた、柔らかい、穏やかな：-*ые* тонá 柔らかな色調 ◆*С-ой нóчи!* おやすみなさい

**споко́йстви|е** [中5] [calmness, tranquility] ①静けさ、静寂：Дóма цари́ло пóлное 〜. 家はひっそりと静まり返っていた ②平穏、安寧、秩序 ③(心の)平穏、落ち着き、冷静沈着：〜 дýха 心の平穏

**споко́н** ◆〜 *вéку [векóв]* [векóв] 昔から (и́спокон вéку [векóв])

**споку́ха** [女2] [困](通常)穏やかで[正常な]状況

**спола́скива|ть** [不完]/**сполосну́ть** -нý, -нёшь 受過 -лóснутый [完] 〈困をざっと洗う、すすぎ洗う：〜 бельё 洗濯物をすすぎ洗いする | 〜 фру́кты 果物をさっと水洗いする **/-ние** [中5]

**сползá|ть** [不完]/**сползти́** -зý, -зёшь 過 -óлз, -олзлá 能現 -зший 副過 -зши [完] ①(這いながら・ゆっくりと・ずるずると)降りる、下りる：Ули́тка *сползáет* с ли́ста. カタツムリが葉を下りている ②[困](ちょっと)ずれる、ずり落ちる：Очки́ *сползли́*. 眼鏡がずり落ちた ③(話)徐々に消えていく ④(蔑)〈к困〉徐々に好ましくない立場に移行する、堕ちる、堕落する：〜 к идеали́зму 観念論に堕ちる **/-ние** [中5]

**сползá|ться** [不完]/**сползти́сь** -зётся 過 -óлзся, -олзлáсь 能過 -óлзшийся 副過 -óлзшись [完] (這いながら)一箇所に集まる、群がる

**сполнá** [副] すっかり(пóлностью)：расплати́ться 〜 完済する

**сполосну́ть** [完] → спола́скивать

**споло́х, сполóх** 複生 -ов [男2]《単複同義》《俗》稲妻、閃光

**спондéй** [э] [男6] [詩] (я́мб または хорéй で)強弱格 **/-и́ческий**

**спондилёз** [男1] [医] 脊椎症

**спонси́ровать** -рую, -руешь 受過 -анный [不完・完] 《文》〈困〉スポンサーになる：〜 предвы́борную кампáнию 選挙運動を資金面で援助する

*__спо́нсор__* [男1] [sponsor] スポンサー、広告主；後援者、出資者：официáльный 〜 公式スポンサー | 〜 телепередáчи テレビ番組のスポンサー | искáть 〜*ов* スポンサーを探す **/-ский** [形3]

**спо́нсорство** [中1] 《文》スポンサー活動

**спонтáнно** [副] 自然に、自然発生的に：〜 дéйствовать 自発的に行動する

**спонтáнн|ый** 短 -áнен, -áнна [形1] 《文》自然発生的な、自発的な：-*ая* речь 自然な話 **/-ость** [女10]

*__спор__* [спо́р] -а/-у [男1] [argument, dispute] ①議論、論争；口論、言い争い：научный 〜 学問上の論争 | вести́ 〜 議論する | С-〜 разреши́лся. 言い争いが解決した ②(裁判上の)争い、係争：судéбный 〜 裁判での争い | имýщественные [земéльные] 〜*ы* 財産[土地]を巡る争い ③[詩]闘い、決闘、一騎打ち；競争、争い ◆*внé 〜а* 疑いない、明白だ | *на* 〜 《話》賭けに、賭けで | *-у нéт* [話]もちろん、議論の余地なく

**спо́ра** [女1]《通例複》《植》胞子, 芽胞;《動》胞子

**сради́ческ|ий** [形3]《文》恒常的でない, 時と場合によって起きる: ~ое явле́ние 偶発的な現象

**сради́чный** 短 -чен, -чна [形1]《文》= спора́дический

**\*спо́рить** [スパーリチ] -рю, -ришь 命 -рь [不完] / **поспо́рить** [完] [argue, dispute] ①議論する, 論争する, 言い争う: ~ о поли́тике 政治について議論する | Дава́йте не бу́дем спо́рить! あれこれ言うのはやめよう ②《話》賭ける こと: Спо́рим, что Са́ша победи́т. サーシャが勝つか, 賭けとしよう ③《不完》〈о 造〉/ за〈対〉のことで奪い争う〉④《不完》闘う, 抗戦する; …にひけをとらない: ~ с судьбо́й 運命と闘う ◆ **О вку́сах не спо́рят.**《諺》蓼（たで）食う虫も好きずき（←好みは議論できない）

**спо́риться** -ится, -ятся / **поспо́риться** [完] [不完]《話》(ことが)うまくいく: У него́ в рука́х всё спо́рится. 彼の手にかかると全てがうまくいく

**\*спо́рн|ый** 短 -рен, -рна [形1] [disputable] 議論の余地ある, 問題となっている; 係争中の: ~ вопро́с 議論の余地ある問題; 係争問題 ‖**-ость** [女10]

**спо́ровый** [形1] < спо́ра: ~ порошо́к 胞子紋

**спо́рок** -рка [男2] (古服をほどいてとった) 表地

**спороть** [完] →спа́рывать

**\*спорт** [スパールト] [男1] [sport] ①スポーツ, 運動競技: профессиона́льный [люби́тельский] ~ プロ[アマチュア]スポーツ | зи́мние ви́ды ~а ウインタースポーツ | большо́й ~ プロスポーツ | Каки́м ви́дом ~а [~ом] вы занима́етесь? あなたはどんなスポーツをやっていますか | Како́й ваш люби́мый вид ~а? 好きなスポーツは何ですか (~ в 種目は вид で表す) ②《話》熱中しているもの, 道楽

**спорт-**〔語形成〕「スポーツの」

**спортза́л** [男1] [gym] 体育館, 屋内競技場 (спорти́вный зал)

**спорти́вно-оздорови́тельный** [形1] ~ ко́мплекс スポーツ健康[フィットネス]センター

**\*спорти́вн|ый** [スパルチーヴヌイ] 短 -вен, -вна [形1] [sports] スポーツの, 運動の: -ая площа́дка 運動競技場, グラウンド | ~ зал 体育館 | ~ костю́м スポーツウェア | -ый клуб スポーツクラブ | -ая су́мка スポーツバッグ | -ая медици́на スポーツ医学 ②スポーツ選手のような: -ая фигу́ра スポーツマンらしい体型 ◆ **из -ого интере́са** (1)自分の試しに (2)興味本位で, なんとなく

**спорткомпле́кс** [男1] 総合スポーツセンター (спорти́вный ко́мплекс)

**спортпло́ща́дка** 複生 -док [女2] 運動場, グラウンド (спорти́вная площа́дка)

**\*спортсме́н** [ц] [スパルツメーン] [男1] / **~ка** 複生 -нок [女2] [athlete] スポーツ選手, アスリート: профессиона́льный ~ プロ選手 | Ру́сский ~ завоева́л пе́рвое ме́сто. ロシアの選手が1位を獲得した ‖ **~ский** [形3]

**спорхну́ть** [完] →спа́рхивать

**спо́рщи|к** [男2] / **-ца** [女3]《話》議論好き; 論客: утихоми́рить ~ов 論客たちを静める

**спо́р|ый** -о́р, -ора́, -о́ро [形1]《俗》①仕事・活動が速い, 成功した: Ско́ро, да не ~о.《諺》速いがかず (雨・雪などが大量に)一気に降る, 押し寄せる: ~ дождь льётся си́льно. ざーざー降りの雨が激しく打ちつけている ③即効性の ④(人が仕事が正確で速い, 腕のいい

**спорынья́** [女8]《植》麦角菌; 麦角病

**\*спо́соб** [スパーサブ] [男1] [way, method] 方法, 方式, やり方, 手段: ~ изготовле́ния 製法式 | найти́ эффекти́вный ~ 効果的な方法を見つける | любы́м ~ом 何としてでも | Существу́ет не́сколько ~ов реше́ния пробле́мы. 問題を解決する方法はいくつかある ■ **~ (глаго́льного) де́йствия**〔文法〕(動詞の)動作様式[様態], アクツィオンサルト

**\*спосо́бность** [スパソーブナスチ] [女10] [ability, talent] ①(何かをする)力, 能力: пропускна́я ~ желе́зных доро́г 鉄道の輸送力 | покупа́тельная ~ 購買力 | ~ к размноже́нию 繁殖力 | ~ дви́гаться 動く力 | ~ понима́ть и люби́ть иску́сство 芸術を理解し愛する能力 (★ 不定形は主に不完了体) ②《複》天賦の才能: челове́к с больши́ми -ями 多大なる才能を持つ人 | у́мственные ~ 知力 | ~ к му́зыке = музыка́льные ~ 音楽の才能

**\*спосо́бн|ый** [スパソーブヌイ] 短 -бен, -бна [形1] [able, capable] ①何か〈к 与/на 対〉に対する能力のある, …きる: ~ к труду́ 働くことができる | Этот челове́к спосо́бен на всё. この人は何でもできる; どんなことでもやりかねない ②才能ある, 有能な: ~ студе́нт 才能ある学生 | Она́ -а к языка́м. 彼女には語学の才能がある

**\*спосо́бствовать** [スパソーブストヴァヴァチ] -твую, -твуешь 命 -твуй [不完] [assist, promote] [完 **по~**]〈与〉に〈与〉において)助力する, 援助する, 協力する: Пусть тебе́ во всём спосо́бствует уда́ча! 全てにおいて幸運があなたに味方しますように ②〈与〉…を促進する, …の原因となる: Побе́де спосо́бствовала хоро́шая подгото́вка. しっかり準備したことが勝利につながった

**споткну́ться** [不完] / **споткну́ться** [完] -ну́сь, -нёшься [完] ①〈о 対〉につまずく, よろける: ~ о ка́мень 石につまずく ②《俗》立ち往生する, 行き詰る: ~ при чте́нии 読むのにつまずく ~ на вопро́се 問題につまずく ③《話》失敗する: Конь (и) о четырёх нога́х, да и ~.《諺》猿も木から落ちる (← 馬は四つ脚だがつまずくこともある)

**спохва́тываться** [不完] / **спохвати́ться** -ачу́сь, -а́тишься [完] (誤り・物忘れなどに)急に気がつく, 思い出す: Спохвати́лся, что забы́л зонт. 傘を忘れたことにふと気づいた

**\*спра́ва** [スプラーヴァ] [副] [to/on the right] 右側から, 右側に (↔сле́ва) ~ от доро́ги 道の右側に | С~, напереве́з автобу́са, вы́ехал грузови́к. バスの前方を横切って右からトラックが出てきた ◆ **~ нале́во** 右から左に (↔сле́ва напра́во)

**справедли́вец** [男3] 公正ロシア党員

**\*справедли́во** [スプラヴィドリーヴァ] [副] 公平に, 公正に, 正当に: ~ реши́ть вопро́с 公正に問題を解決する ②[無人述] 公平な, 当然だ, その通りだ

**\*справедли́вость** [スプラヴィドリーヴァスチ] [女10] [justice, fairness] ①正義; 公正: ~ судьи́ 裁判官の公正 | поступи́ть по ~и 公明正大に振る舞う ②正しさ, 正当性: ~ предложе́ния 提案の正当性 ③正義: чу́вство ~и 正義感 | Нельзя́ нару́шить ~. 正義を犯してはならない ◆ **отда́ть ~** …を正当に評価する, …のよいところを認めてやる

**\*справедли́в|ый** [スプラヴィドリーヴイ] 短 -и́в [形1] [just, fair] ①公平な, 公正な: -ая оце́нка 公正な評価 ②正義の, 正しい; 正当な: -ая война́ 正義の戦い | Ва́ше возмуще́ние вполне́ -о. あなたのお怒りはまったくごもっともです ③真実の, 正しい: Замеча́ния реценце́нта бы́ли -ы. 評論家の指摘は正しかった ■ **С-ая Росси́я**〔政〕公正ロシア(政党名: 略 СР)

**спра́вить(ся)** [完] →справля́ть(ся)

**\*спра́вк|а** [スプラーフカ] 複生 -вок [女10] [information, certificate] ①問い合わせ, 照会: телефо́н для спра́вок お問い合わせ用電話番号 | навести́ ~и о чём …について問い合わせる, 照会する ②(照会して得られる)情報: получи́ть ~у 情報を得る ③(情報の書かれた)書

**справлять**

類, 証明書: ～ с места работы 勤務先の証明書を Врач выписал больному ～у. 医者は患者に診断書を書いた

**справля́ть** [不完] / **спра́вить** -влю, -вишь 受過 -вленный [完] ①〈囲〉(話) (行事として) 祝う ②〈囲〉手に入れる, 買う ③〈俗〉準備する, 整える ④〈完〉〈公文書を〉入手する ◆**спра́вить нужду́** 用を足す, 小便｜大便をする

*‎**справля́ться** [スプラヴリャーッツァ] [不完] / **спра́виться** [スプラーヴィッツァ] -влюсь, -вишься, ... -вятся命 -вься [完]〖соре, ask〗①〈囲〉を処理する, やりこなす, 遂行する: ～ с зада́чей 課題をこなす | Вы справитесь с этой работой? あなたにはこの仕事ができますか ②〈囲〉を負かす, 打ち勝つ; (感情などを) 抑える, 克服する; 扱う, 使いこなす: ～ с противником 敵に勝つ｜～ с боле́знью 病気を克服する ③〈о囲〉問い合わせる, 照会する, 調べる: ～ по телефо́ну о вре́мени прибы́тия по́езда 列車の到着時刻を問い合わせる｜～ в словаре́ о значе́нии сло́ва 辞書で単語の意味を調べる ④〈受身〉＜ справля́ть

**спра́вный** 短 -вен, -вна [形] 〈話〉調子がよい, 健康である, 状態がよい

*‎**спра́вочник** [男2] 〖reference book〗便覧, 案内書, 参考書, ハンドブック: ～ по правописа́нию 正法便覧 ◆**ходя́чий [живо́й]** ～ 生き字引

*‎**спра́вочный** [形1] 〖inquiry〗①情報を提供する, 案内する, 問い合わせの: ～ое изда́ние 参考図書 ②ая [女名] 案内所: ～ое бюро́

*‎**спра́шивать** [スプラーシヴァチ] [不完] / **спроси́ть** [スプラシーチ] -ошу́, -о́сишь, ... -о́сят 命 -си́ 受過 -о́шенный [完]〖ask〗①〈囲〉о圀について｜у囲に尋ねる, 聞く, 質問する: ～ а́дрес 住所を尋ねる｜Он спроси́л нас о пла́нах на ле́то. 彼は私たちに夏の予定を尋ねた｜Це́ны спра́шивайте у прода́вца. 価格は販売員にお尋ね下さい ②〈囲〉（教師に）あてる, 質問する: Сего́дня меня́ спроси́ли по исто́рии. 僕はきょう歴史の授業で先生に指された ③〈囲〉(貸して・与えてくれるよう)求める, 頼む, 乞う: ～ сове́та 助言を求める｜Она́ спроси́ла у меня́ кни́гу. 彼女は私に本を貸してくれといった ④〈囲〉に面会を求める, 呼び出す: Кто меня́ спра́шивает? 誰が私を呼んでるの？｜Спроси́те в囲 …で圀を呼び出して ⑤〈話〉〈囲〉〈с囲から〉金銭などを〉請求する, 取り立てる: С меня́ спроси́ли сто рубле́й за ко́фе. コーヒー代に100ルーブル請求された ⑥〈с囲〉の責任を問う: ～ с неё за нарушение зако́на 彼女に法律違反の責任を問う ◆**Спра́шиваешь!** もちろん, 当たり前だ

**спра́шиваться** [不完] / **спроси́ться** -ошу́сь, -о́сишься [完] ①〈囲〉〈у囲〉に許可を求める: Она́ вы́шла за́муж, не спроси́вшись (у) роди́телей. 彼女は両親の許しを得ずに結婚した ②〈囲〉〔受身〕<спра́шивать①・④⑥ ◆**спра́шивается** [話]〔挿入〕疑問がなく: Спра́шивается, зачем он сюда́ прише́л. 彼はいったい何でここへ来たんだろう｜спро́сится с囲 …は行動の責任を問われる: Кому́ мно́го да́но, с того́ мно́го и спро́сится. 優れた人に多くのものが付随する (→多く得る者に責任は多い)

**спрей** [э] [男6] スプレー

**спрессова́ть** [完] → прессова́ть

**спрессо́вываться** [不完] / **спрессова́ться** -суется [完] ①圧縮されて1つの塊になる ②(重さ・圧力で) 凝結する: (雪などが) 積もって固まる

**спри́нклер** [男1] スプリンクラー

**спринт** [м1] 〈スポ〉短距離走

**спри́нтер** [э] [м1] 短距離走者 [選手] *‎// **～ский** [形3]

**спринцева́|ть** -цу́ю, -цу́ешь 受過 -цо́ванный [不完] 〈囲〉〈傷口を〉(消毒液などで) 洗浄する *‎// **～ся** [不完] [受身] *‎// **–ние** [中5]

**спринцо́вка** 複生 -вок [女2] ①〈囲〉＜спринцева́ть ②洗浄器具

**СПРН** [エスペエルエヌア] (略) систе́ма предупрежде́ния о раке́тном нападе́нии 弾道ミサイル早期警戒システム

**спрова́живать** [不完] / **спрова́дить** -а́жу, -а́дишь 受過 -а́женный [完] 〈話〉〈囲〉追い出す, 出て行くように仕向ける: ～ на тот свет あの世に送る, 殺す

**спровоци́ровать** [完] → провоци́ровать

**спроекти́ровать** [完] → проекти́ровать

**спроеци́ровать** [完] → проеци́ровать

*‎**спрос** [スプロース] -a/-y [男1] 〖demand〗①〈на囲に対する〉需要 (→предложе́ние): В ми́ре растёт ～ на зо́лото. 世界では金の需要が伸びている｜по́льзоваться больши́м ～ом 需要が多い, 大人気である ②〈話〉要求, 責任: С руководи́теля осо́бый ～. リーダーには特別な責任が, 質問, 要請 ③〈俗〉尋ねること, 質問, 要請 ◆**без ～а [～y]** [話] 許可なく, 無断で｜**Попы́тка не пы́тка, а ～ не беда́.** [話]もしが試し, 聞くは一時の恥 (←試みは拷問ではなく, 尋ねるのは不幸ではない)

**спроси́ть(ся)** [完] → спра́шивать(ся)

**спросо́нок, спросо́нья** [副] 〈話〉寝ぼけて

**спроста́** [副] 〈話〉これといった考えなしに, 何の気なしに: ～ спроси́ть ～ ふと尋ねる

**спрут** [м1] 大ダコ, 大イカ

**спры́гива|ть** / **спры́гнуть** -ну, -нешь 命 -ни [完] 飛び降りる *‎// **–ние** [中5]

**спры́скива|ть** / **спры́снуть** -ну, -нешь 命 -ни, -тый [完] 〈話〉〈囲〉濡らす: ～ бельё (アイロンの前に) 衣類に霧吹きで水をかける *‎// **–ние** [中5]

**спряга́емый** [形1] 〖文法〗(動詞の) 活用のある: -ая фо́рма глаго́ла 動詞の活用形

**спряга́|ть¹** [不完] / **про～** [完] 〖文法〗〈囲〉〈動詞を〉(法・時制・人称・数により) 人称変化させる, 活用せる *‎// **～ся** [不完] ①(動詞が) 変化 [活用] する ②〔受身〕

**спряга́ть²** [不完] / **спря́чь** -ягу́, -яжёшь, ... -ягу́т 過 -я́г, -ягла́ [完] 〈囲〉〈馬を〉馬車につなぐ

**спряже́ни|е** [中5] ①(動詞の) 活用: фо́рмы -ия 変化形 ②(動詞の) 変化型: глаго́лы пе́рвого [второ́го] -ия 第一 [第二] 変化動詞

**спрямля́|ть** [不完] / **спрями́ть** -млю́, -ми́шь 受過 -млённый (-лён, -лена́) [完] 〈囲〉真っすぐにする, 曲がりを直す *‎// **спрямле́ние** [中5]

**спрясть** [完] → прясть

**спря́тать(ся)** [完] → пря́тать(ся)

**спря́чь** [完] → спряга́ть²

**спу́гива|ть** / **спугну́ть** -ну́, -нёшь 受過 -у́гнутый [完] 〈囲〉①驚かせて追い払う: ～ пти́ц 鳥を追い払う ②(うかつな言葉で) 警戒心を起こさせる, 自分の殻に閉じこもらせる: боя́ться спугну́ть уда́чу 幸運を逃さないかと恐れる

**спуд** [м1] ◆**из-под ～а извле́чь [вы́нуть]** 圀 (1) (隠しておいた場所, 目につかない場所から) 引っ張り出す (2) (忘却・放置状態にあったものを) 使う｜**под ～ом лежа́ть [держа́ть, остава́ться]** 圀 使わずにおく, しまいこむ

*‎**спуск** [м2] 〖lowering, descent〗①下ろす [下りる] こと, 下へ 〈подъём〉; 進水; 解き放つこと, 外れること; (液体・気体を) 抜くこと, 放出: нажа́ть на кно́пку -а 下りボタンを押す｜～ воды́ 放水, 水抜き ②下り坂, 傾斜: е́хать по -у 下り坂を行く ③ (銃の) 引き金; (カメラの) シャッターボタン, レリーズ ④〔印〕書籍の章・節の最初のページ上部の空白 ◆**не дава́ть ～а [～y]** … を容赦しない, ただではおかない *‎// **–ово́й** [形2]

**спуска́ть** [不完] / **спусти́ть** -ущу́, -у́стишь 受過 -у́щенный [完] ① [lower, pull down] 下げる; (靴下などを) 脱ぐ: ~ но́ги на́ пол 足を床に下ろす | ~ чулки́ ストッキングを脱ぐ ② (下流へ) 浮送する ③ (完) (下部機関に) 通達する, 下ろす: ~ директи́ву 指令をおろす ④ 進水させる (船上から) 水面に下ろす: ~ кора́бль на во́ду 船を進水させる ⑤ (固定した状態から) 動かす, 放す, 解く: ~ соба́ку с це́пи 犬を鎖から放す | ~ куро́к 撃鉄をおろす, 引き金をひく | ~ затво́р фотоаппара́та カメラのシャッターを切る ⑥ (液体・気体を) 放出する, 抜く (液体・気体が抜けて) 空く: ~ во́ду из пруда́ 池の水を抜く | ~ во́здух из ши́ны タイヤの空気を抜く | (空気が抜けている) Пере́днее колесо́ спусти́ло. 前輪の空気が抜けた ⑧ 下げる, 低くする; (話) 体重を減らす, やせる: ~ це́ны 価格を下げる ⑨ (話) 〜のことで大目に見る, 目こぼしする: Э́того я ему́ не спущу́! あいつはただではおかないぞ ⑩ (話) 使い果たす ◆не спуска́ть глаз с … をじっと見つめる, …から目を離さない ~ с ле́стницы (話) 追い出す, 追い払う

**спуска́ться** [不完] / **спусти́ться** [спуска́ться] -ущу́сь, -у́стишься, …-у́стятся 命 -сти́сь [完] [go down, descend] ① 降りる, 下る, 下がる: ~ на ли́фте エレベーターで降りる | Он спусти́лся по ступе́нькам на гла́вную па́лубу. 彼はステップを下りてメインデッキへ出た ② (夜・闇・霧などが) おりる, たちこめる: Спусти́лась ночь. 夜のとばりが下りた ③ 外れる, 解ける: Стру́ны спуска́ются. 弦が緩む ④ (道・坂が) 下り坂になっている, 傾斜している: Ле́стница спуска́ется к реке́. 階段が川へ続いている ⑤ (不完) 垂れる, 垂れ下がる ⑥ (不完) [受身] <спуска́ть

**спустя́** [спуст'а́] [前] [after, later] 〈對〉…を経過して, …後に (★ 団 としても用いられる): ~ час [неде́лю] 1時間 [1週間] 後に | ~ немно́го … しばらくして | Я узна́л о сме́рти дру́га ~ год. 私は1年後に友人の死を知った

**спу́тать(ся)** [完] → пу́тать(ся)

**спу́тник** [спу́тн'ик] [男2] **-ца** [女3] [companion, satellite] ① 〈旅行の〉同行者, 道連れ; 連れ, 伴侶: ~ки в ваго́не 一緒に乗り合わせた人たち | ~ жи́зни 人生の伴侶 ② つきもの, ともにあるもの ③ [男] [天] 衛星: Луна́ — ~ Земли́. 月は地球の衛星である ④ [理] искусственный ~ Земли́) ; метеорологи́ческий ~ 気象衛星 ◆**го́род-**~ 衛星都市

**спу́тников|ый** [形1] 人工衛星の: **-ая связь** 衛星通信

**спья́на, спьяну́** [副] (話) 酔っ払って, 酔った挙句に

**спя́тить** -я́чу, -я́тишь [完] (俗) 気が狂う, 発狂する: Чуть не спя́тил от ра́дости. 嬉しさに気も狂わんばかりだった

**спя́чк|а** [女2] (動物の) 休眠: зи́мняя ~ 冬眠 | зале́чь в ~у 冬眠につく

**спя́щий** [形6] ① 眠っている ② [男名] **-ая** [女名] 眠っている人 ■«С-ая краса́вица» 『眠れる森の美女』(チャイコフスキーのバレエ曲)

**Ср** (略) среда́

**СР** [эсэ́р] (略) Справедли́вая Росси́я 公正ロシア (政党)

**ср.** (略) сравни́ 比較せよ, 参照せよ

**сраба́тывание** [中5] ① (機械などの) 作動, 働き ② (機械などの) 老朽化, 摩耗

**сраба́тывать** [不完] / **срабо́тать** 受過 -анный [完] ① [make, work] 作る, 製作する: добро́тно срабо́танная вещь 良質に作り上げられた物 ② 作動する, 働く ◆**Хорошо́ срабо́тано!** よくやった, 立派なものだ

**сраба́тываться** [不完] / **срабо́таться** [完] ① [工] (機械などが) 老朽化する, 摩滅する ② 〈с團と〉 (仕事で) 協力する, 協調する

**срабо́танность** [女10] ① 老朽度, 摩滅度 ② (仕事における) 協調, チームワーク

**срабо́танный** [形1] [工] 老朽化した, 磨滅した: ~ напи́льник 磨り減ったやすり

**срабо́тать(ся)** [完] → сраба́тывать(ся)

**сравне́ни|е** [сравн'э́н'ийэ] [中5] [comparison] ① 比較, 対比, 対照: ~ словаре́й 辞書の比較 | ~ ко́пии с оригина́лом 写しと原本の対照 ② 比喩, たとえ: остроу́мное ~ 気の利いたたとえ ◆**не идти́ (ни) в (како́е) ~ с** [團] … とは比較にならない | **по ~ию [в ~ии] с** [團] … と比較して: Наш сын вы́рос по ~ию с про́шлым го́дом. 私たちの息子は去年に比べて大きくなった ■**сте́пени ~ия** [言] 比較の等級 (原級, 比較級, 最上級)

**сра́внивать¹** [сра́вн'ивът'] [不完] / **сравни́ть** [сравн'и́т'] -ню́, -ни́шь 命 -ни́ -нённый (-нён, -нена́) [完] [compare] ① 〈кого-что 圝 с 圝と〉 比べる, 比較する, 対比する: ~ два величины́ 2つの値を比べる | ~ ру́сский язы́к с англи́йским ロシア語を英語と比較する ② 同一視する, たとえる, なぞらえる: ~ мо́лодость с весно́й 青春を春にたとえる ~**ся¹** [不完] [完] ① (通例否定文で) 〈с 圝と〉 比べられない, 匹敵しない ② (不完) [受身]

**сра́внивать²** [不完] / **сравня́ть** 受過 -а́вненный [完] 〈что 圝と〉 等しくする, 同等 [均等] にする: ~ расхо́д с дохо́дом 支出を収入に合わせる | ~ счёт [ス] 同点にする ~**ся²** [不完] ① 〈с 圝と〉 同等 [均等] になる ② (俗) (年齢が) 達する ③ (不完) [受身]

**сра́внивать³** [不完] / **сровня́ть** 受過 -о́вненный [完] 〈что 圝〉 平らにする, 均す, 同じ高さにする: ~ доро́жки で道を平らにする ◆**сровня́ть с землёй** 壊滅させる, なぎ倒す ~**ся³** [完] ① 〈с 圝と〉 同じ高さ [レベル] になる ② (不完) [受身]

**сравни́м|ый** [形1] [完] 比較可能な値 (~) ~**-ость** [女10]

**сравни́тельно** [副] [by comparison] ① 〈с 圝と〉 比較して, 比べて, わりと ② ~ небольши́е расхо́ды 比較的少ない出費

**сравни́тельн|ый** 短 -лен, -льна [形1] ① 比較の, 対照の ② 比較的な, 相対的な: ~ ме́тод иссле́дования 比較研究法 ■**-ая сте́пень** [文法] 比較級

**сравни́ть(ся)** [完] → сра́внивать¹

**сравня́ть(ся)** [完] → ра́внивать, сра́внивать²

**сража́ть** [不完] / **срази́ть** -ажу́, -ази́шь 受過 -аённый (-жён, -жена́) [完] [slay, overwhelm] ① 〈團〉 殺す, 倒す; 打ち負かす: Пу́ля срази́ла бойца́. 兵士は銃弾に倒れた ② ひどく驚かせる, 衝撃を与える: ~ конкуре́нтов на́повал ライバルを圧倒する

**сража́ться** [不完] / **срази́ться** -ажу́сь, -ази́шься [完] [fight, battle] ① 〈с團と〉 戦闘する, 闘う: ~ с врага́ми 敵と戦う ② (話・戯) (夢中になってゲームなどを) する, 勝負する: ~ в ка́рты トランプの勝負をする ③ (不完) < сража́ть

**сраже́ние** [中5] [battle] ① (大規模な) 戦闘, 会戦: генера́льное ~ 大会戦, 決戦 ② (話) 激論, 口論

**срази́ть(ся)** [完] → сража́ть(ся)

**сра́зу** [сра́зу] [副] [at once] ① 一気に, 一挙に, 一度に: Он съел всё ~. 彼は一度に全部食べた ② すぐさま, ただちに, 即座に: С ~ по прие́зде на да́чу они́ отпра́вились в лес. 別荘に着くとすぐに彼らは森へ出かけた ③ すぐ近くに, 隣り合って: С ~ за до́мом начина́ются поля́. 家のすぐ後ろは畑になっている

**срам** -а/-у [男1] (話) 恥: Стыд и ~. 何と恥ずかしい | ~ смотре́ть 見るのも恥ずかしい | С-у́ ты оберёшься. 君はとんでもない恥知らずになるぞ

**срами́ть** -млю́, -ми́шь [不完] / **о~** 受過 -млённый (-лён, -лена́) [完] ①《話》〈⃟〉辱める: ~ себя́ свои́м поведе́нием 自分の行動で恥をかく ②《俗》罵倒する: ~ при лю́дях 人前で罵る **‖ ~ся** [不完] / [完] 自分を辱める

**срамни́к** -á [男2] / **-ца** [女3] 《俗》恥知らず

**срамно́й** [形2] 《話》恥知らずな

**срамота́** [女1] 《俗》恥知らずな行動, 恥

**сраста́ться** [不完] / **срасти́сь** -ту́сь, -тёшься 過 сро́сся, срасла́сь 能過 сро́сшийся 副分 сро́сшись [完] ①(成長の過程で)合体する;(治癒して)つながる, 癒着する: Сло́манная кость сросла́сь. 折れた骨がつながった ②固く結びつく, 慣れる: ~ с но́вой обстано́вкой 新しい環境に慣れる ③《3人称》《若者》うまくいく, 良い[好ましい]方に進む **‖сраста́ние** [中5]

**срасти́ть(ся)** [完] →сра́щивать

**срать** сру, срёшь [不完] / **на~** [完] ①汚す, 駄目にする; 《俗》糞をする ②《⃟》〈на誰〉嫌そうに[悪さ]ぶちまける, びくびくする ◆ **~ на** …にとって… はどうでもいい

**сраще́ние** [中5] ①< срасти́сь ②《言》(語の変化・連接辞を伴わない)合成, 複合: фразеологи́ческое ~ 慣用句, イディオム (идио́ма)

**сра́щива|ть** [不完] / **срасти́ть** -ащу́, -асти́шь 受過 -ащённый (-щён, -щена́) [完] ①癒着させる: ~ сло́манные ко́сти 折れた骨をくっつける ②《工》接合する, 結合する, 固く結ぶ: ~ концы́ кана́та ロープの端を組み継ぎする [結合する] **‖-ние** [中5]

**среаги́ровать** [完] →реаги́ровать

**сре́бреник** [男2] (古代の少額の)銀貨 ◆ **за три́дцать ~ов прода́ть [преда́ть]** 〈誰〉〈⃟〉〈俗〉欲のために〈人を〉裏切る(銀貨30枚をユダがイエスを裏切ったときの値)

**сребро́..** [語形成] 「銀の」「銀色の」

**сребро́но́сный** 短 -сен, -сна [形1] 《鉱》銀を含有する

**сред|á¹** [スリダー] 対 сре́ду 複 сре́ды [女1] 〔environment, medium〕 ①媒体, 媒質: преломля́ющая ~ 屈折媒体 | пита́тельная ~ 培養基 ②《単》環境, 自然条件: приро́дная ~ 自然環境 | охра́на окружа́ющей ~ы́ 環境保護 ③《単》社会環境, 階層, 仲間, 界: в -é сту́денчества 学生層では | Он из рабо́чей -ы́. 彼は労働者層の出身だ

**сред|á²** [スリダー] 対 сре́ду 複 сре́ды, сред, среда́м / сре́дам [女1] 〔Wednesday〕 水曜日 (略 Ср, ср): в сре́ду 水曜日に | ка́ждую сре́ду 毎水曜日に ■ **Вели́кая [Страстна́я] ~** 《正教》聖大水曜日(復活大祭前の水曜日)

**среди́** [スリヂー] [前] 〔among, in the middle of〕 〈⃟〉 ①…の中央に, 真ん中に; …の中を, ある範囲内で: ~ толпы́ 人込みの中に | ~ о́зера. 湖の真ん中に島がある ②(ある時間・動作の)間に, 最中に: проснýться ~ но́чи 真夜中に目を覚ます | ~ рабо́ты 仕事の最中に ③…の中に, …の間に, …に囲まれて: воспита́тельная рабо́та ~ молодёжи 若者の中での教育活動 | Его́ не́ было ~ уби́тых. 殺された人の中に彼は入っていなかった ④…の中で, …の状況下で: Он вы́рос ~ нищеты́. 彼は貧困の中で育った

**среди́..** [語形成] 「真ん中の」「中央の」

**Средиземномо́рье** [中4] 地中海圏 **‖средиземномо́рский** [形3]

**средизе́мный** [形1] ■ **С-ое мо́ре** 地中海

**среди́на** [女1] 真ん中, 中間 **‖-ный** [形1]

**сре́дне** [副] 《話》可もなく不可もなく, 平凡に

**средне..** [語形成] 「中央の」「中部の」「中期の」「中世の」「中程度の」「平均の」

**среднеазиа́тский** [ц] [形3] 中央アジアの

*средневеко́вый [形1] 〔medieval〕 中世の: -ая Евро́па 中世ヨーロッパ

**средневеко́вье** [中4] 中世: ра́ннее ~ 中世初期

**средневзве́шенный** [形1] 平均の

**средневи́к** -á [男2] 《話》ミドル級選手, 中距離選手

**средневолно́вый, средневолново́й** [形1], 《専門家》 **средневолново́й** [形2] 中周波の: -ая [-áя] радиоста́нция 中波ラジオ局

**среднегодово́й** [形2] 年平均の

**среднеме́сячный** [形1] 月平均の

**среднесу́точный** [形1] 日平均の

*сре́дн|ий [スリェードニィ] [形8] 〔middle, medium, average〕 ①中間の, 中央の, 真ん中の: ~ ящик стола́ 机の真ん中の引き出し | С-яя А́зия 中央アジア ②(大きさ・重さ・程度などが)中くらいの, 中等の: челове́к -его ро́ста 中背の人 | боксёр -его ве́са ミドル級のボクサー | же́нщина -его во́зраста 中年の女性 ③中の, 普通の, 可もなく不可もない: -ие спосо́бности 月並みな才能 ④平均的な: -яя за́работная пла́та 平均賃金 | -яя продолжи́тельность жи́зни 平均寿命 ⑤ **-ее** [中名] 平均, 平均値: вы́ше [ни́же] -его 平均より上 [以下]の ◆ **в -ем** 平均して | **не́что -ее** 《話》どっちつかずのもの ■ **-ие века́** 中世 | **~ род** 《文法》中性

**средокре́стие** [中5] ①《建築》クロッシング ②《正教》大斎(ネネ)の中日(大斎第4週の水[木]曜日)

**средосте́ние** [中5] ①《解》縦隔(胸腔の正中部) ②《文》障害, 障壁 **‖-ный** [形1]

**средото́чие** [中5] 《文》集中点, 中心

*сре́дство [中5] ①〔means, resources〕 ①手段, 方法: просто́е ~ 単純な手段 | любы́ми -ами 是が非でも ②(通例複)道具, 用具, 手段, 設備: -а свя́зи 通信手段 | -а передвиже́ния 交通機関 ③医薬品; 医療用品: ~ от просту́ды 風邪薬 ④《複》資金, 資本, 資産: ~ к существова́нию 生活資金 ◆ **всё -а хороши́ для ~** …は目的のためには手段を選ばない | **жить не по -ам** 分不相応の生活をする ■ **-а ма́ссовой информа́ции** マスコミ (略 СМИ).

**средь** [前] 《話・詩》= среди́

**срез** [男1] ①< среза́ть ②切断面 ③(進行中の現象・動向の)断面: хронологи́ческий ~ 時系列的な切り分け ④《スポ》スライス

**сре́занный** [形1] (頭・顔が)切られたように平らな, 出っ張りのない, 短い: ~ заты́лок 絶壁頭

**среза́ть** [不完] / **сре́зать** -е́жу, -е́жешь 受過 -анный [完] 〈⃟〉 ①切り落とす, 切り取る ②〈⃟〉切り詰める, 切り下げる, 削減する ③《話》急に話を終わらせる, 急にさえぎる ④《話》〈на 前〉〈試験で〉不合格にする: ~ студе́нта на экза́мене 試験で学生を落とす ◆ **~ у́гол** 近道する **‖~ся** [不完] / [完] 失敗する; (試験・選挙に) 落ちる

**Сре́тен|ие** [中5] 《正教》主の迎接[進堂]祭(聖母が嬰児(ネ)イエスを神殿に伴った日: 2月15[旧暦2]日; 十二大祭の一つ) ～ **Госпо́дне** とも **‖-ский** [形3]

**срисо́выва|ть** [不完] / **срисова́ть** -су́ю, -су́ешь 受過 -о́ванный [完] ①〈⃟〉模写する, 写し取る: ~ карти́нку 絵画を模写する ②〈⃟〉写生する: 〈с〉 с~ моде́лью をモデルにして描き出す, 再現する: Геро́й рома́на срисо́ван с нату́ры. その小説の主人公はあるモデルをもとに描かれている ③《俗》《隠》記憶する; 《若者》見つける, 気づく ⑤《俗・戯》書き写す: Дай срисова́ть зада́чу! 宿題写させて **‖-ние** [中5], **срисо́вка** [女2]

**срифмова́ть** [完] →рифмова́ть

**сровня́ть(ся)** [完] →ровня́ть, сра́внивать³

**сродни́** [副] [述語] ①《口》近親である: Он мне ~.

彼は私の親族である ②〈転〉に)似ている(схо́дно с 圖, похо́же на 圖): Тако́е отноше́ние ~ безотве́тственности. そのような態度は無責任に近い

**сродни́**|ть -ню́, -ни́шь 受過 -нённый (-нён, -нена́) [完]〈転を圖と〉親しくさせる, 近づける

**сродни́ться** -ню́сь, -ни́шься [完]〈圖〉…と親しくなる;…に慣れる: ~ с ро́лью [мо́рем, мы́слью] 役[海, 考え]に慣れる

**сро́дный** 短 -ден, -дна [形1]〈文〉(起源・兆候が)似ている, 同種の, 同属の, 類似の

**сро́дственни|к** [男2] / -**ца** [女3]〈俗〉親族, 親族

**сродство́** [ц] [中1]〈文〉類似性; (起源・兆候の)近似性: ~ явле́ний 現象の類似性

**сро́ду** [副]〈通例否定文で〉〈俗〉一度も…ない: С~ не вида́л. 一度も見たことがない

**срок** [スロ―ク] -а/-у [男2] [time, period, term]
①期間, 期限; 時期: коро́ткий ~ 短期間 | аре́нда ~ом на пять лет 5年間の賃貸借 | продли́ть ~ де́йствия 有効期間を延長する ②(定められた)期日, 期限; 支払い期日: Они́ зако́нчили рабо́ту к ~y. 彼らは期日までに仕事を終えた ③〈隠〉刑期: мота́ть ~ 刑期をくらう ◆без ~**a** [-**y**] 無期限に | в ~ 期日通りに, 遅れずに | Дай(те) ~. (1)もう少し待ってくれ (2)(脅して)今に見ていろ | на ~ 一定期間, しばらくの間 | ни о́тдыха, ни ~**у** не дава́ть 圖〈話〉に息つく暇も与えない

*\***сро́чно** [副]〔urgently〕至急に, ただちに, 緊急に: С~ ну́жны де́ньги для спасе́ния дете́й. 子どもたちを救うために至急金が必要だ

*\***сро́чн**|**ый** 短 -чен, -чна [形1]〔urgent〕①至急の, 至急ぎの, 緊急の: ~**ое** де́ло 急用 ②一定期限の, 期限付きの, 定期の: ~ **вклад** 定期預金 ■~ **ры́нок** 金融派生商品市場 **//-ость** [女10]

**сруб** [男1] ①〈с руба́〉枠組, 骨組み, フレーム: коло́дезный ~ 井桁(かた) **//-ный, -овый** [形1]

**сруба́|ть** [不完] / **сруби́ть** -ублю́, -у́бишь 受過 -убленный [完] ①〈圖を〉切り倒し, 切り落とす: ~ де́рево 木を切り倒す | ~ го́лову 首をはねる ②〈圖切って組み立てる, (木材・丸太で)建てる: ~ избу́ 丸太で家を建てる ③[完](若者が)〈圖〉金を稼ぐ, 工面する

**срыв** [男1] ①〈с рыва́т(ь)(ся)〉…の中止, 阻止: ~ пода́чи га́за ガスの供給停止 | ~ **резьбы́** [кла́пана] [工]ねじ[バルブ]の欠損 | умы́шленное поврежде́ние и́ли печа́ти ~ 故意の破損または開封 | не́рвный ~ 神経衰弱 ②失敗, 挫折: доса́дные ~**ы** 悔しい失敗 | мероприя́тие пе́ред ~**ом** 失敗の瀬戸際の催し物 | ~ **перегово́ров** 交渉の挫折 ③断崖(обры́в)

**срыва́|ть**[1] [不完] / **срыть** сро́ю, сро́ешь 受過 -тый [完] 〈圖〉切り崩す; ~ **холм** 丘陵を掘り崩す **//-ся**[1] [不完]〈受身〉 **//-ние** [中5]

*\***срыва́т**[2] [不完] / **сорва́ть** -ву́, -вёшь, -а́л, -ала́, -а́ло 受過 со́рванный [完]〔tear away〕〈圖〉①もぎ取る, はぎ取る, 引き離す: ~ **я́блоко** リンゴをもぎ取る ②やめさせる, 見捨てさせる: ~ с рабо́ты 退職させる ③(力を加えすぎて)傷める, だめにする: ~ **резьбу́** ねじ山をつぶす ④(のどを)つぶす, 声が出なくなる: ~ **го́лос** [гло́тку, го́рло] 声をつぶす, 発声を痛める: ~ **де́ло** 事業を頓挫させる ⑥(だまして)意に反して得る, 手に入れる: ~ **поцелу́й** 唇を奪う ⑦〈話〉強制的に〈に〉〈怒りなどを〉爆発させる, ぶちまける: ~ **раздраже́ние на дома́шних** 家族にあたる

**срыва́ться**[2] [不完] / **сорва́ться** -ву́сь, -вёшься 過 -а́лся, -ала́сь, -а́лось/-а́лся [完] ①外れて[取れて]落ちる; ころげ[崩れ, 滑り]落ちる ②(動物が鎖・結び紐などから)外れる, 自由になる ③急いで場を離れる, 飛び立つ: ~ **с ме́ста** 駆け出る

④自制心を失う: ~ **на крик** 叫ぶ, 声を荒げる ⑤〈無人称で〉ついに口を滑らす, 口から漏れる, うかつにも言う ⑥ (動揺・緊張)で声の調子が急に変わる ⑦(まずい扱い方で)駄目になる ⑧うまくいかない, 失敗する ⑨〈隠・俗〉逃げる, 走り去る ⑩〈不完〉〈受身〉 <срыва́ть>[2]

**срыгива́|ть** [不完] / **срыгну́ть** -ну́, -нёшь 受過 -ы́гнутый [完] (飲食したものを舌に)もどす, 吐く: Ребёнок *срыгну́л* молоко́. 赤ん坊がミルクをもどした **//-ние** [中5]

**срыть** [完] → срыва́ть[1]

**сса́дина** [女1] 擦り傷, 引っかき傷

**сса́живать** [不完] / **ссади́ть** -ажу́, -а́дишь 受過 -а́женный [完] ①高いところから降りるのを手伝う: ~ **ребёнка со сту́ла** 赤ん坊を椅子から抱きかかえて下ろしてやる ②下車[下船]させる ③〈話〉掻きむしる

**сса́ть** ссу, ссышь, … ссут 命 сси 過 сса́л, -ла́, -ло [不完] / **по-, на-** [完]〈俗・卑〉①小便をする ②〈完 за-〉(卑)怯える, 怖がる <на圖なんて>どうでもいい, 興味ない

**сса́ться** ссусь, ссышься, … ссу́тся 命 ссы́сь 過 сса́лся, -ла́сь, -ло́сь [不完] / **обо~, у~** [完]〈俗・卑〉おもらしする

**сселя́ть** [不完] / **ссели́ть** -елю́, -е́ли́шь受過 -лённый (-лён, -лена́) [完] 〈圖〉(一箇所に)移住させる: ~ **хуторя́н** 小集落群を一箇所に移住させる **//~ся** [不完] / [完] ①(一箇所に)移住する ②〈不完〉〈受身〉

**ссека́|ть** [不完] / **ссечь** -еку́, -ечёшь, … -еку́т 命 … ссёк, ссекла́ 能現 ссёкший 受過 -сечённый (-чён, чена́) 副分 ссёкши [完] 〈圖〉(上から)切り払う: ~ **ве́тви де́рева** 木の枝を切り落とす

**ссо́р|а** [女1] 〔quarrel〕①不和, 仲たがい: быть в ~**е с** 圖 …とけんかしている ②口げんか, 言い争い: шу́мная ~ やかましい口げんか

**ссо́рить** -рю, -ришь [不完] / **по~** [完] 受過 -ренный [完] 〈圖 с圖と〉不和にする, 仲たがいさせる

*\***ссо́риться** -рюсь, -ришься [不完] / **по~** [完] 〈с 圖と〉仲たがいする; 口げんかする, 言い争う: Её роди́тели ча́сто *ссо́рятся*. 彼女の両親はしょっちゅうけんかしている

**ссо́хнуться** [完] → ссыха́ться

**СССР** [エスエスエスエ́р] [略]Сою́з Сове́тских Социалисти́ческих Респу́блик 〈史〉ソ連, ソヴィエト社会主義共和国連邦

**ссу́д|а** [女1] 貸付, 貸付金, ローン: де́нежная ~ 貸付金 | долгосро́чная (кратксро́чная) ~ 長期[短期]貸付 | дать [вы́дать] ~**у** ローンを貸し付ける | погаше́ние ~**ы** 貸付金の返済 | ба́нковская ~ 銀行の貸付 **//-ный** [形1]

**ссужа́ть** [不完] / **ссуди́ть** -ужу́, -у́дишь 受過 -у́женный [完] 〈圖に圖を〉/〈圖に圖を〉〈人に金を〉貸し付ける: ~ его́ деньга́ми 彼にお金を貸す | ~ ему́ небольшу́ю су́мму 彼に少額のお金を貸す

**ссуту́лить(ся)** [完] → суту́лить(ся)

**ссучи́ть** [完] → сучи́ть

**ссыла́|ть** [不完] / **сосла́ть** сошлю́, сошлёшь 受過 со́сланный [完] 〈圖〉流刑にする **//~ся**[1] [不完] 〈受身〉

*\***ссыла́ться**[2] [不完] / **сосла́ться** сошлю́сь, сошлёшься [完] 〔refer, quote〕〈на圖を〉引用する, 援用する; 引き合いに出し, 口実にする: ~ **на письмо́ Достое́вского** ドストエフスキーの手紙を引用する

**ссы́льк|а**[1] 複生 -лок [女2] ①流刑に処すこと: отпра́вить в ~**у** 圖 …を流刑に処す ②流刑, 流刑期間; 流刑地

**ссы́лк|а**[2] 複生 -лок [女2] ①引用, 援用, 引き合いに出すこと ②引用文, 引用句: ~ **на первоисто́чник** 原典

**ссыльный** [形] ① 流刑の ② ~ [男名]/-ая [女名] 流刑囚:политический ~ 政治的(政治犯)の流刑囚

**ссыпа́|ть** [不完] / **ссы́пать** -плю, -плешь, -пешь, ... -плют/-пят 命 -пь 受過 -анный [完] 〈限〉 ① 〈穀物・粉などを〉容器に入れる: ~ муку́ в мешо́к 小麦粉を袋に入れる ② 〈穀物を〉引き渡す: ~ пшени́цу на элева́тор 穀物を貯蔵庫に引き渡す ∥**-ние** [中5], **ссы́пка** 複生 -пок [女2]

**ссыха́ться** [不完] / **ссо́хнуться** -нется 過 ссо́хся, -хлась 能現 -хшийся 副分 -хшись [完] ① (乾燥して)しなびる, 反る ② (乾燥して)固まる ③ (唇・口が)乾いて干からびる: Гу́бы ссо́хлись. 唇が乾いて荒れた | Во рту ссо́хлось. (無人称) 口の中が乾いてからからになった ④ (話) 痩せる

**ст.** (略)статья́; столе́тие

**стабилиза́тор** [男1] 〔工〕 ① 安定装置, スタビライザー: ~ лета́тельного аппара́та 飛行機の安定板 | ~ напряже́ния 電圧安定装置 ② (酸化抑制のためなどの)安定剤 ∥**-ный** [形1]

**стабилиза́ция** [女9] 安定(化)

**стабилизи́ровать** -рую, -руешь 受過 -анный [不完・完] 〈限〉 安定させる: ~ грунт 地盤(土壌)を安定化させる | ~ обстано́вку 状況を安定化させる

**стабилизи́роваться** -руется [不完・完] 安定する: Це́ны стабилизи́ровались. 価格が安定した

**стаби́льность** [女10] [stability] 安定, 安定性, 安定度: ~ ско́рости 速度の安定

*стаби́льный* [形] -лен, -льна [形1] [stable] 安定した, 固定した: -ое положе́ние 安定した状態

**ста́вень** -вня [男5] (窓の)よろい戸, 雨戸 ∥**ста́венка** 複生 -нок [女2] [指小]

*ста́вить* [スタ-ヴィチ] -влю, -вишь, ... -вят 命 -вь [不完] / **поста́вить** [パスタ-ヴィチ] 受過 -вленный [完] [put, set] 〈限〉 ① 立てる, (立てて)置く: ~ анте́нну アンテナを立てる | ~ цветы́ в ва́зу 花を花瓶に入れる ② 置く, 据える, 入れる, 収納する: ~ автомоби́ль в гара́ж 車を車庫に入れる ③ 〈飲食物・食器を〉出す, 〈話〉 〈椅子などを〉すすめる, 〈俗〉 ごちそうする: ~ на сто́л заку́ски テーブルに前菜を出す ④ 立たせる, 立たせておく: ~ на коле́ни ひざまずかせる ⑤ 〈話〉 (仕事・任務)に就かせる, 任命する: ~ на дежу́рство 当直勤務に就かせる ⑥ 賭ける: ~ на пи́ковую да́му スペードのクイーンに賭ける ⑦ 必要な状態に置く, 適切にする: ~ на́чинающему пиани́сту ру́ку ピアノの初心者に正しい手の使い方を教える | ~ существи́тельное в роди́тельном падеже́ 名詞を生格にする ⑧ 設置する, 取りつける; 建設する: ~ телефо́н 電話を設置する ⑨ 貼る, つける, 当てる: ~ ко́мпресс 湿布を貼る ⑩ 〈くみ・しるしなどをつける〉: ~ пятно́ しみをつける ⑪ 書く, 記す: ~ по́дпись 署名する | ~ то́чку ピリオドを打つ ⑫ 行う, 実現する, 組織する; 上演する: ~ о́пыт 実験する | ~ о́перу オペラを上演する ⑬ 提起する, 提案する, 持ち出す: ~ вопро́с на обсужде́ние 問題を審議にかける ⑭ (ある状況に)置く, 陥らせる, する: ~ в затрудне́ние ...を苦境に立たせる | ~ 囲 под контро́ль ...を管理下に置く | ~ 囲 в изве́стность ...に知らせる ⑮ 評価する, 認める: ~ в приме́р 手本とする, みなす: Он ста́вит своего́ отца́ в приме́р. 彼は自分の父親を手本にしている ♦**ни во что́ не ~** 少しの価値も認めない [受身]

*ста́вк|а* [スタ-フカ] 複生 -вок [女2] [rate, headquarters] ① 賃金レート, 給与の額: повыше́ние ста́вок 賃金引き上げ, ベースアップ | 〔経〕 税金などの)率: ~ нало́га 税率 | -и проце́нта 利率 ③ 賭け金: Ва́ша 

~ би́та. あなたの賭けは外れた ④ 〈на囲への〉期待, 当て: де́лать -у на молодёжь 若者に望みをかける ⑤ 〔軍〕総司令部, 作戦本部, 本営: ~ Верхо́вного Главнокома́ндующего 最高総司令部

**ста́вленни|к** [男2] / **-ца** [女3] 他人の力で地位を得た人; 傀儡(<sup>かいらい</sup>)

**ставно́й** [形2] 〔漁業〕 (網などが)定置の: ~ не́вод = -áя се́ть 定置網(<sup>ていちあみ</sup>)

**ста́вня** 複生 -вен [女5] = ста́вень

**таври́да** [女1] 〈複〉〔魚〕マアジ属(スズキ目アジ科)

**Ставропо́ль** [男5] スタヴロポリ (同名地方の首府) ∥**ставропо́льский** [形3]:С~ край スタヴロポリ地方(北カフカス連邦管区)

**стагна́ция** [女9] 〔経〕不況, 不景気, 低迷, 不振

**стагни́ровать** -рую, -руешь [不完] 〔経〕不振が続く, 低迷する

**стадиа́льн|ый** 短 -лен, -льна [形1] 〔文〕段階的な: -ое разви́тие 段階的発展 ∥**-ость** [女10]

*стадио́н* [男1] [stadium] スタジアム, 競技場: футбо́льный [бейсбо́льный] ~ サッカー[野球]場 | пойти́ на ~ スタジアムに行く ∥**-ный** [形1]

*ста́ди|я* [スタ-ヂヤ] [女9] [stage, phase] (発展の)段階, 期, 時期: ~ ро́ста 成長期 | после́дняя ~ боле́зни 病気の末期 ♦**бы́ть(находи́ться)в -ии** 囲 ...の段階にある

**ста́дн|ый** 短 -ден, -дна [形1] ① < ста́до ② (動物が)群生する: ~ инсти́нкт 群居本能 ③ 群集心理的な: -ое чу́вство 群集心理

*ста́д|о* 複 стада́, стад, стада́м [中1] [herd] ① 家畜の群; 動物[鳥, 魚]の群: ~ коро́в 牛の群 ② (単)家畜の総頭数 ③ 〈蔑〉烏合の衆 ♦**отби́ться от (своего́) -а** 仲間外れになる

**стаж** [男4] [length of service] ① 在職(活動)期間, 勤続年数: ~ рабо́ты 勤続年数 ② 〔軍〕研修期間

**стажёр** [男1] / 〈話〉**-ка** 複生 -рок [女2] [trainee, probationer] 実習生, 研修生; 聴講生, 研究生 ∥**-ский** [形3]

**стажирова́ться** -ру́юсь, -ру́ешься [不完] 実習を受ける, 聴講する: ~ в университе́те 大学でインターンをする, 研究生となる

**стажиро́вка** 複生 -вок [女2] 実習, 研修, インターン; 聴講

**ста́ивать** [不完] / **ста́ять** -ает [完] (雪・氷が)解けてなくなる, 水になる

**ста́йер** [男1] 〔スポ〕(陸上・水泳・スケート・自転車などの)長距離選手 ∥**-ский** [形3]

**ста́йка** 複生 -ек [女2] [指小] < ста́я

**ста́йный** [形] 群を成す

*стака́н* [スタカーン] [男1] [glass, tumbler] ① (ガラスの)コップ, グラス; コップ1杯分の量: ~ с молоко́м ミルクの入ったコップ | ~ молока́ 1杯のミルク | Да́йте мне́ ~ воды́. 水を1杯下さい ② 〔工〕中空円筒状の部品 ③ 〔軍〕(砲弾の)薬莢(<sup>やっきょう</sup>) ∥**в ~е во́ды** コップの中の嵐(当事者には重要だが他にはあまり影響のないものごと) ∥**-чик** [男2] ∥**-ный** [形1]

**стакка́то** [楽] [副] (不変) [中] スタッカート(で)

**сталагми́т** [男1] 〔地〕石筍(<sup>せきじゅん</sup>) ∥**-овый** [形1]

**сталакти́т** [男1] 〔地〕鍾乳石 ∥**-овый** [形1]

**сталева́р** [男1] 製鉄工

**сталелите́йный** [形1] 鋳鋼の: ~ цех 鋳鋼所

**сталеплави́льный** [形1] 製鋼の: ~ цех 製鋼所

**Ста́лин** [男姓] スターリン(Ио́сиф Виссарио́нович, ~, 本姓 Джуга́шви́ли, 1878-1953; ロシア革命家, ソ連政治家, ソ連共産党書記長 (1922-52))

**сталини́зм** [男1] 〔政〕スターリン主義, スターリニズム

**сталини́ст** [男1] スターリン主義者(支持者)

*ста́линский* [形3] スターリンの, スターリン式(時代)

**ста́лкер** [男1] 無名の(危険な)場所の探索が好きな人, そのような場所の案内人(同名の SF 小説・映画の主人公の職名から)

**ста́лкивание** [中5] 衝突

**ста́лкивать** [不完] / **столкну́ть** -ну́, -нёшь 受過 -о́лкнутый [完] 〈図〉① 押しやる, 突き落とす: ~ ло́дку в во́ду ボートを水へ押し出す | ~ с ме́ста 地位などから突き落とす; 〈話〉地位から突き落とす | ~ ца́рскую семью́ с тро́на 皇帝一家を玉座から追う ② 突いて当てる, 衝突させて対立させる: ~ билья́рдные шары́ ビリヤードの玉を突き当てる | ~ интере́сы 利害を対立させる ④〈с図〉対面 [直面]させる ⑤〈話〉偶然に我々を引き合わせた ◆~ **лба́ми** 衝突[対決]させる

**ста́лкиваться** [スタルクヴァッツァ] [不完] / **столкну́ться** -ну́сь, -нёшься 命 -ни́сь [完] [collide, clash] 〈с図〉① …と衝突する, ぶつかる: Автомоби́ль *столкну́лся* с трамва́ем. 自動車が路面電車と衝突した ② …に偶然出会う: ~ с да́вним знако́мым 古い知人にばったり出会う ③ …と知り合う; (困難などに)出会う, ぶつかる, 直面する: ~ с людьми́ ре́дкой профе́ссии 珍しい職業の人たちと知り合う | ~ с тру́дностями 困難に直面する ④ ~ с корабле́м 敵艦と切りあいする ⑥[不完][受身]

**ста́л|ь** [女10] [steel] 鋼, 鋼鉄, スチール: нержаве́ющая ~ ステンレス鋼 | дама́сская ~ ダマスカス鋼

**стально́й** [形2] [steel] ①鋼鉄の, 鋼鉄製の ②鋼鉄のような色の, 銀灰色の ③(鋼鉄のように)強い, 強固な; (声が)しっかりした; (眼差しが)冷酷な: ~*ые му́скулы* はがねの筋肉 | ~ *взгляд* 冷酷な眼力

**Стамбу́л** [男1] イスタンブール(トルコの都市)

**стаме́ск|а** 複生 -сок [女2] [木工]のみ: строга́ть -*ой* のみで削る

**стан**[1] [男1] ①人の胴体部分, ボディ: стро́йный ~ 均整の取れたボディ ②[工]圧延機: прока́тный ~ 圧延機 | волочи́льный ~ 引抜台 ③紡績のための機械, 織機 (тка́цкий ~)

**стан**[2] [男1] ①[軍]野営地: располо́житься -*ом* 野営地をはる ②(遠隔地の)臨時宿泊地: полево́й ~ 農作業の野営地 ③(皮肉)敵軍, 敵対する陣営 ④[露史](革命前)軍警察分区(数個の郷 во́лость を統括)

**станда́рт** [スタンダールト] [男1] [standard] ①標準, 規格, 基準, スタンダード: Госуда́рственный ~ 国定規格(略 ГОСТ) | изгото́вить по ~*у* 規格通りに作る ②[経]本位: золото́й ~ 金本位制 ③[単]紋切り型, お決まりのもの

**стандартизи́ровать** -рую, -руешь 受過 -анный, **стандартизова́ть** -зу́ю, -зу́ешь 受過 -о́ванный [不完・完] ①規格化する, 規定に合わせる // **стандартиза́ция** [女9]

**станда́ртн|ый** [スタンダールトヌイ] 短 -тен, -тна [形1] ①規格に合った, 標準的な, スタンダードな: ~ това́р 規格品 | -*ая моде́ль* 標準モデル ②紋切り型の, 月並みな: -*ая те́ма* ありふれたテーマ | ~ *отве́т* 紋切り型の回答 // -**ость** [女10]

**стани́на** [女2] ①(機械で支えとなる)台, 台架, スタンド ②[軍]砲架 (стано́к)

**Стани́слав** [男1] スタニスラフ(男性名); 愛称 Сла́ва

**Станисла́вский** (形2変化)[男] スタニスラフスキー Константи́н Серге́евич, ～, 1863-1938; 舞台監督

**стани́ца** [女3] (行政単位として)コサック村, スタニッツァ // **стани́чный** [形1]

**стани́чни|к** [男3] / -ца [女3] コサック村の住人

**станко́вый** [形1] ①工作機械(стано́к)の ②[軍]銃架[砲架]に載せた ③[美]彫刻台を用いて制作した: -*ое иску́сство* イーゼル芸術

**станкострое́ние** [中5] 工作機械製造, 工作機械製造工業 // -**и́тельный** [形5]

**станкострои́тель** [男5] 工作機械製造業者

**станови́ться**[1] [スタナヴィーッツァ] -овлю́сь, -о́вишься, ...-о́вятся 命 -ви́сь [不完] / **стать**[1] [スターチ] -а́ну, -а́нешь 命 -а́нь [完] [stand, take up position] (完また話) **встать** [完] ①立つ, 立ち上がる: ~ с посте́ли ベッドから立ち上がる | ~ на цы́почки つま先立ちをする | ~ ды́бом (髪の毛が)逆立つ | Не *станови́тесь* у двери́. ドアのところに立たないで下さい ②(ある場所に)立つ: ~ у стены́ 壁ぎわに立つ | *Стань* сюда́. ここへ来て立ちなさい ③〈完〉立ち止まる, 停止する: *Часы́ ста́ли*. 時計が止まった ④〈完〉氷に覆われる: *Река́ ста́ла*. 川が凍結した ⑤位置を占める, 納まる: 布陣する: ~ ла́герем 野営する | ~ на я́корь 投錨する (⅔⁄⁴⁄³)する ⑥(仕事などに)取りかかる, 就く: ~ на пост 歩哨に立つ | ~ за прила́вок 売り場につく ⑦(ある状態・立場に)立つ, 取る: ~ на то́чку зре́ния …の観点に立つ ⑧(問題などが)発生する, 現れる: *Стал вопро́с*. 問題が生じた ⑨(闘争・防衛に)立ち上がる: ~ за свобо́ду 自由のために立ち上がる ⑩(天体が)昇る; (時節などが)やってくる: *Со́лнце ста́ло в зени́те*. 太陽はてっぺんに上がった

**станови́ться**[2] [スタナヴィーッツァ] -овлю́сь, -о́вишься, ...-о́вятся 命 -ви́сь [不完] / **стать**[2] [スターチ] -а́ну, -а́нешь 命 -а́нь [完] [stand, take up position] ①〈完〉[助動詞][不定形(不完)]…し始め, …するようになる: Она́ *ста́ла* рабо́тать в библиоте́ке. 彼女は図書館で働き始めた ②〈完〉[助動詞][不定形(不完)]…するだろう, …するつもりである: Я не *ста́ну* тебя́ угова́ривать. 私は君を説得するつもりはない ③[助動詞][無人称でも]〈造に〉なる: ~ программи́стом プログラマーになる | Мне *ста́ло* стра́шно. 私は怖くなった ④〈に図〉…は(ある事態)になる: Что тако́е с Ма́шей *ста́ло* по́сле боле́зни? 病気の後マーシャは一体どうなったのか ⑤〈完〉[無人称](не ~)で 〈田〉が無くなる, 尽きる: 死ぬ: Ма́тери не *ста́ло*. 母が亡くなった ⑥〈完〉[無人称]十分である, 足りる: Дров *ста́нет* надо́лго *стать*. 薪は長期間もつだろう ⑦〈完〉[話][在]に〈田〉が(金額)がかかる: Поку́пка *ста́ла* мне в 3000 (три ты́сячи) рубле́й. 買い物は3千ルーブルかかった ◆*во что́ бы то ни ста́ло* →бы | *ста́ло быть* [話][挿入]したがって, つまり, だから: Ты, *ста́ло быть*, прав. つまり, 君が正しいのだ | *ста́нет с* 〈話〉…はどんなことでもやりかねない, (いやなことを)やりそうだ

**станови́ще, стано́вище** [中2] ①(一時的な)停留所, 宿営地 ②(川・湾岸などの)集落 ③(鳥・魚などの)越冬地: уходи́ть на -*а* 越冬地に去る

**становле́ние** [中5] [formation] [文]生成, 形成: ~ хара́ктера 性格の形成

**станово́й** [形2] ①<стан[2] [男名] [露史](革命前)軍警察分区署長(の ~ при́став) ②[方・俗]主要な: ~ я́корь [海]主錨 ◆-*а́я жи́ла ~ хребе́т* ①[文]の最重要事項, 根幹 ②~ хребе́т スタノヴォイ山脈, 外興安嶺

**стано́к**, -нка́ [男2] [machine] ①工作機械, 製造機械: тока́рный ~ 旋盤 | печа́тный ~ 印刷機 ②安全カミソリ ③作業台, 台, 装置 ④[軍]銃架, 砲架 ⑤[美]イーゼル, 画架; 彫刻台: ~ для холста́ イーゼル ⑥訓練台, (体操・バレエなどの)バー, 支持具: ~ для заня́тий бале́том バレエ練習用のバー ⑦[劇](舞台装置としての)台 (装器・治療などのために)家畜をつないでおく台 ⑧(馬小屋・牛舎などの)1頭ずつの仕切り

◆**от –ка́** 《話》労働者出身の **//стано́чный** [形1]

**стано́чни|к** [男2] **/–ца** [女3] ① 工作機械工 ② (シベリアで) 小集落住民

**ста́нс** [男1] 《複》《詩》スタンザ (各行が必ず終止符で終わる形式の詩);その形式

**ста́ну** [1単未] < **стать**

**станцева́ть** [完] < **танцева́ть**

\***ста́нц|ия** [スタンツィヤ] [女9] [station] ①駅 (↔вокза́л): железнодоро́жная ～ 鉄道駅 ― отправле́ния [назначе́ния] 始発 [終着] 駅; Ско́рые поезда́ на э́той *–ии* не остана́вливаются. この駅には急行列車は止まらない ② (サービス・研究のための) 施設, 局, 所, ステーション: телефо́нная ～ 電話局, ステーション 'электри́ческая ～ [электроста́нция] 原子力発電所 (略 АЭС) ③宇宙ステーション: Междунаро́дная косми́ческая ～ 国際宇宙ステーション (略 МКС) **//–и́онный** [形1]

**стань** 〔命令〕 < **стать**

**ста́пел|ь** 複 *–и/–и* [男5] 《海》船台, 船架: Кора́бль сошёл со *–ей*. 船は船台を離れた **//–ьный** [形1]

**ста́пливать** [不完] **/стопи́ть** –оплю́, –о́пишь 受過 –о́пленный [完] 《俚》溶融させる **//–ся** [不完] / [完] 溶融する

**ста́птывать** [不完] **/стопта́ть** –опчу́, –о́пчешь 受過 –о́птанный [完] ①《俚》(履物の) 片端をすり減らす ②踏み荒らす, 時代遅れにする **//–ся** [不完] / [完] ① (履物が) 片減りする ②《不完》《受身》

**стара́н|ие** [中5] ① 勤勉, 熱意: с больши́м *–ием* 熱意を持って ②《通例複》努力 ③採金 (砂金のような物を手で採ること)

**стара́тель** [男5] 採金者, 採金業者 **//–ский** [形3]

\***стара́тельно** [副] 一生懸命に, 熱心に: ～ избега́ть встре́чи 《話》会わないように努力する

\***стара́тельн|ый** 短 –лен, –льна [形1] [assiduous, diligent] ①熱心な, 勤勉な, 努力家の: ～ учени́к 勤勉な生徒 ②熱心に行われる, ひたむきな, 丹精込めた **//–ость** [女10]

\***стара́ться** [スタラーッツァ] [不完] **/постара́ться** [パスタラーッツァ] [完] [try, endeavor] ①努力する, 一所懸命やる, 頑張る: ～ из всех сил 全力を尽くす ― напра́сно [впусту́ю] 徒労を折る 《不定形》…しようと努力する: Будь внима́телен, *постара́йся* хорошо́ написа́ть тест. よく注意してテスト頑張ってね

**старе́йшина** (女1変化) [男7] ①《史》(氏族社会の) 族長, 酋長 ② (グループの) 長 ■ **Сове́т старе́йшин** [女7] (1) (フランスの総裁政府時代の) 元老院 (2) 《革命前》国会各党派代表者会議 (3) (ソ連最高会議各院の) 議事運営会議

**старе́ние** [中5] 老化 (現象), 加齢, 高齢化

**старе́ть** [男5] [完 **по–**] ①老いる, 年をとる, 老ける ② [完 **у–**] すたれる, 時代遅れになる, 古くなる

\***ста́р|ец** –рца [男3] **/–ица¹** [女3] ① (敬意をこめて) 老人, 長老 ② 老修道士, 隠者; 教導僧

\***стари́к** [スタリーク] [男1] [old man] ①老人, じいさん: дря́хлый ～ よぼよぼのじいさん | уха́живать за *–о́м* 老人の世話をする ② (男女の) 老人, 《複》(年老いた) 両親 ④《複》《話》(年老いた) 両親 ④経験の長い人, 古株, ベテラン: но́венькие и *–и́* 新入りとベテラン ⑤《話》《友人・男性への呼びかけ》Эй, ～! ちょっとそこのお兄さん

**старика́н** [男1] 《話・戯》< **стари́к**

**старико́вский** [形3] 老人らしい

**старина́** [女1] ブィリーナ (были́на) の別称

\***старин|а́** –ы́ [女2] 〔antiquity〕①昔, 昔から, 往時: по *–е́* 昔は ②旧習, 故事: жить по *–е́* 昔ながらに暮らす ③《集合でも》古物, 骨董品 ④ [男] 《話》《呼びかけ》おじいさん, お前さん ◆**тряхну́ть –о́й** 若い頃のように振舞う

**стари́нк|а** [女2] 《話》《指 小》< **старина́** ◆**по –е** (1) 昔のやり方で, しきたり通りに: рабо́тать *по –е* 昔ながらのやり方で仕事をする (2) 旧式に, 旧態依然として

\***стари́нн|ый** 短 –и́нен, –и́нна [形1] [ancient] ①古い, 昔からの, 古くからある; 昔の, 古いウォッカ: ～ за́мок 古城 | ～ дворя́нский род 由緒ある貴族の家系 ②《長尾》古くからの, 昔なじみの: *–ое* знако́мство 古くからの付き合い

**ста́рить** –рю, –ришь [不完] **/со–** [完] 《話》①老けさせる ②《3人称》老けたように見せる: Борода́ тебя́ *ста́рит*. あごひげがあると君は老けて見える

**ста́риться** –рюсь, –ришься [不完] **/со–** [完] 老ける (старе́ть). Ста́рое *ста́рится*, молодо́е растёт. 《諺》変化は世の常 (←古いものは古びていき, 新しいものは伸びていく)

**стари́ца²** [女3] ①旧川床: пересыха́ющая ～ 干上がった旧川床 ②→ **ста́рец**

\***старич|о́к** –чка́ [男3] [old man] [指小・愛称 < **стари́к**] おじいちゃん, じい様, ご老体

**старичьё** [中4] 《話・蔑》《集合》老人, 老いぼれ

**ста́рка** [女2] スタルカ (昔の強いウォッカ)

**старле́й** [男6] 《軍》上級中尉 (ста́рший лейтена́нт)

**ста́ро..** 〔語形成〕「古い」「旧…」「古代の」

\***старове́р** [男1] **/–ка** 複生 –рок [女2] [Old Believer] ①《宗》古儀式派信者, 旧教徒 (старообря́дец) ②《話・戯》保守的な人, 守旧派 **//–ский**

**старода́вн|ий** [形8] ①遠い過去となった: *–ие* времена́ 遠い昔 ②昔からの

**старожи́л** [男1] **/–ка** 複生 –лок [女2] ①古老: С *–ы* не припо́мнят. 《話》前代未聞だ (←古老にも記憶にない) ②《通例複》先住者 **//–ьческий** [形3]

\***старозаве́тн|ый** 短 –тен, –тна [形1] ①旧約聖書 (Ве́тхий [Ста́рый] Заве́т) の ②昔気質の, 守旧的な: *–ые* нра́вы 守旧的な道徳 ③古い, 昔からの, 昔ながらの, 古めかしい

**старомо́дн|ый** 短 –ден, –дна [形1] 流行遅れの, 旧式の, 昔風の **//–о** [副] **//–ость** [女10]

**старообра́зный** 短 –зен, –зна [形1] 老けて見える

\***старообря́д|ец** –дца [男3] **/–ка** 複生 –док [女2] [Old Believer] 《宗》古儀式派信者, 旧教徒 (старове́р信者) の

**старообря́дческий** [形3] 古儀式派の

**старообря́дчество** [中1] 《宗》古儀式派, 旧教徒, 分離派 (17世紀末ロシア正教の教会改革で生じた分離派の総称; ста́рая ве́ра)

\***старорежи́мн|ый** 短 –мен, –мна [形1] 《露史》《革命前》旧体制の, 帝政の: *–ые* времена́ 帝政時代

**староруе́сский** [形3] 中世ロシアの

**старославя́нский** [形3] 《言》(9–11世紀の) 古代スラヴ (語) の: ～ язы́к 古代スラヴ語

**старослуже́щий** [形6] 古参の; [男名] 古参兵

\***старо́ста** (女1変化) [男7] [head] ① (クラス・サークルなどの) 長: ～ кла́сса 学級委員 | ～ кружка́ 同好会の長, リーダー: арте́льный ～ 組合長 | ～ дере́вни 村長

\***ста́рост|ь** [女10] [old age] ①老年, 老齢, 老年期: умере́ть от *–и* 老衰で亡くなる ②老朽, 古びること ③《雅》《集合》老人 ◆**на –и лет** 年老いて, 老年になって | **С ～ не ра́дость.** 《諺》若いうちが花 (←年をとるのはうれしいことではない)

**старпо́м** [男1] 一等航海士 (ста́рший помо́щник)

\***старт** [スタールト] [男1] [start] ①《スポ》スタート;離陸

да́ть ~ スタートの合図をする | взя́ть ~ スタートを切る ②《スポ》スタート地点、スタートライン:離陸地点. отме́тить ~ и фи́ниш флажка́ми スタートとゴール地点を旗で示す | Уча́стники эстафе́ты вы́шли на ~. リレーの選手がスタートラインについた ③開始, 始まり, スタート ◆На ~! (号令)位置について!

**стартану́ть** -ну́,-нёшь [完][話]始める; 出発する

**ста́ртер, старте́р** [男1] ①《通例ста́ртер》《スポ》スタート係, スターター ②《工》始動装置 // ~ный [形1] ◇

**стартова́ть** -ту́ю, -ту́ешь [不完・完]出発する, スタートを切る;《航空機が》離陸する: 《宇宙船が》打ち上がる: Росси́йско-япо́нские перегово́ры стартова́ли в Токио. 露日交渉が東京で始まった | Косми́ческий кора́бль стартова́л. 宇宙船が発進した

**ста́ртов|ый** [形1] ①スタートの, スタートの合図の; 離陸する ②スタート地点の; 離陸地点の ③開始の, 始まりの ■ ~ые це́ны 《経》始価

*старýх|а* [スタルーハ] [女2] [old woman] ①老婆, おばあさん: дряхла́я ~ よぼよぼの老婆 | заботиться о ~e 老婆の世話をする ②《俗・戯》妻, 恋人 ③《俗・戯》《女性へのくだけた呼びかけ》姉ちゃん // **старýшка** 複生-шек [女2]《愛称》, **старушо́нка** 複生-нок [女2]《卑称》

**ста́рческ|ий** [形3] ①老人らしい, 老人特有の: ~oe слабоу́мие 老人性認知症

**ста́рше**〈比較〉< ста́рый, ста́рший: Она́ ~ меня́ на три [на́ три] го́да. 彼女は私より3歳年上だ

**старшекла́ссни|к** [男2] / -ца [女2] (高校以上で)上級生

**старшеку́рсни|к** [男2] / -ца [女3] (大学で)上級生

*ста́рш|ий* [スターㇽシイ] [形6] [elder, older] ①年上の, 年長の; 最年長の: ~ [男名] /-ая [女名] 年長者 | ~ брат 兄 | -ая сестра́ 姉 ②-ие [複名] 大人: слу́шаться ~их 大人の言うことを聞く ③《古》古い; 最古の: ~ спи́сок ле́тописи 年代記の最古の写本 ④ (地位・階級など) 上の, 上級の, 主任の: ~ нау́чный сотру́дник 主任研究者 ⑤ ~ [男名] / -ая [女名] 長, チーフ, 責任者: Кто у вас здесь ~? ここの責任者はどなたですか ⑥ (程度・価値などが) 上の, 上位の: пойти́ со ~ей ка́рты 《トランプ》強いカードから始める ⑦ (学年が) 上の, 高学年の: студе́нты ~их ку́рсов (大学の)上級生

**старшина́** [男1 (女1変化)] [男1] ①《軍》上級曹長 (下士官の最高位) ②《軍》(ロシア海軍で) 兵曹 (下士官, 陸軍式階級の сержа́нт に相当): ~ второ́й [пе́рвой] статьи́ 二等 [一等] 兵曹 | гла́вный ~ 上等兵曹 | гла́вный корабе́льный ~ 上級艦艇兵曹 ③《露史》《革命前》(選挙による階級的団体・職業団体の長): ~ прися́жных заседа́телей 陪審団長 // **старши́нский** [形3] <①②

**старшинств|о́** [中1] (年齢・勤続年数・地位・称号などの) 優位性, 年功, 上下関係, 序列: соблюда́ть ~ 序列を守る | по ~у́ 序列に従い

**старшо́й** [形7] 《俗》= ста́рший

**ста́р|ый** [スタールイ] 短 -а́р, -ара́, -а́ро/-а́ро́ short -ра́́ ≥ ста́рше/-ре́е 最上 -ре́йший [形1] [old] ①古い, 年老いた, 年寄りの: ~ челове́к 老人 | Я ещё не стар. 私はまだ年寄りではない ②《通例短尾》《для+生》《不定形》(不定 чтобы+不定形)… (するには)年をとりすぎている: Он стар для учёбы. 彼は学ぶには年をとりすぎている ③古い, 昔からの, 古くからの: ~ друг 旧友 | стари́ннейший университе́т страны́ 国内最古の大学 ④経験豊かな, ベテランの, 老練な: ~ солда́т 古参兵 ⑤使い古しの, 期限切れの, 古くなってもはや役に立たない: поку́пка ~-ой ме́бели 古い家具の買い取り | ~ биле́т 期限切れのチケット ⑥ (酒などが) 熟成された, 強い: -oe вино́

年代物のワイン ⑦《長尾》以前の, 前の, もとの: ~ а́дрес 前の住所 | восстанови́ть ~ вариа́нт те́кста テキストのもとの文章を復元する ⑧《長尾》遠い昔の, 古代の: обы́чаи -ых времён 古代の風習 ⑨《長尾》昔から伝わる, いにしえの: -ая моне́та 古銭 | ~ дворя́нский род 古い貴族の家柄 ⑩時代遅れの, 旧式の, すたれた: -ые ме́тоды рабо́ты 古い仕事のやり方 ⑪-oe [中名] 昔あったこと; 古いもの: лома́ть -oe 古いものを打ち破る ⑫старо́ 《述語》《話》前からわかっている, 新しいことではない ◆и стар и млад 老いも若きも

**стар|ьё** [中4]《話》《集合》①古物, 古着: из -ья́ сши́то он б́ыл ~ 古くなって繕った ②《蔑》古くなったもの, 既存の事実 ③《蔑》年寄り

**старьёвщик** [男2] 古物商

**ста́скива|ть**¹ [不完] / **стаска́ть** 受過 -асканный [完]《話》《крат》(多くのものを何回かで引きずって)運び移す ②(穴が開くまで)踏み減らす, 履きつぶす

**ста́скива|ть**² [不完] / **стащи́ть** -ащу́, -а́щишь 受過 -а́щенный [完] [drag off, pull off]《крат》①(引っぱって)取り去る, 脱がす:《強い》服・靴と》引っぱって脱ぐ: ~ е́здока с ло́шади 馬に乗っている人を引きずり下ろす ②引きずり移す;《話》持って行く: ~ мешо́к в подва́л 袋を地下室に引きずって持って行く ③《крат》(多く・多くを)引きずって一ケ所に集める ④《完》《話》(無理やり)行かせる, 引っぱって行くこと; 盗む, かっぱらう

**стате́йка** 複生-е́ек [女2] [指小] < статья́ ①

**ста́тик|а** [女2] ①《理》静力学 (↔ дина́мика) ②静止状態;《理》静態: ~ жи́дкостей [га́зов] 液体[気体]の定常状態 ③《文》不動, 不変なもの, 静態: опи́сывать явле́ние в -e 現象を静態的に捉えて叙述する

**стати́ст** [男1] / -ка [女2] ①《劇》(台詞なしの) 端役 ②下っ端の人間

**стати́стик** [男2] 統計学者

**стати́стик|а** [スタチスチカ] [女2] [statistics] ①統計学: экономи́ческая ~ 経済統計学 ②統計: ~ рожда́емости 出生統計 | вести́ -у 統計をとる ③統計的研究 (法): лингвисти́ческая ~《言》言語統計学

**статисти́ческ|ий** [形3] [statistical] 統計 (学) の, 統計的方法による: -ие да́нные 統計資料 | -ая табли́ца 統計表

**стати́ческ|ий** [形3] ①《理》静力学の: -oe давле́ние 静圧 | -ая нагру́зка на ре́льсы レールへの静荷重 ②《文》静的な

**стати́чн|ый** 短 -чен, -чна [形1]《文》動きのない, 静止した; (画面上の) 静止画の: -ые скульпту́ры 躍動感のない彫像 // -ость [女10]

**ста́тн|ый** 短 -тен, -тна́/-тна, -тно も -тне́е [形1] 均整の取れた, すらっとした // -ость [女10]

**ста́тор** [男1]《電・技》(発電機・電動機などの) 固定子 // ~ный [形1]

**ста́тск|ий** [ц] [形3]《露史》《革命前》文民の, 平民の (штáтский): ~ сове́тник 5等文官

**ста́тс-секрета́р|ь** [ц] [不変]-[男5]《露史》(18-19世紀初めの) 皇帝 [女帝] 付秘書官長; (19世紀中以降の) 参議官; (ソ連で) 国務会議官房長官; (諸外国で) 官房長官, 国務長官

*ста́тус* [スタートゥス] [男1] [status]《公》法的地位, 身分, 資格: правово́й ~ граждани́на 国民の法的身分 ②《文》地位, 状態, ステータス: социа́льный ~ 社会的ステータス ◆в -е 《文》…の身分で, …として ■ ~ наибо́льшего благоприя́тствования 最恵国待遇

**ста́тус-кво́** (不変)[男]/[中]《法》(政治・法的な) 現状, 現状: сохрани́ть [восстанови́ть] ~ 現状維持する, 原状回復する

**стату́т** [男1]《法》規定, 規約, 法規 // ~ный [形1]

**статуэ́тк|а** 複生-ток [女2]（室内装飾用の）小像；фарфо́ровая ～ 小さな陶製の像

**\*ста́ту|я** [女6] [statue] ①（全身の）影像、像：мра́морная ～ 大理石像｜ко́нная ～ 騎馬像 ②感性の無い人間 ◆как ～ (стои́т, сиди́т) 身じろぎもせず（立っている、座っている）■ ～ Свобо́ды 自由の女神像

**стать**[完] →станови́ться[1,2]

**ста́т|ь³** 複-и, -ей/-ей [女1]①《通例複》（動物・特について）体つき ②特徴、気質：мужска́я [же́нская] ～ 男 [女] 気 ◆под ～ …にふさわしい、似合った：Неве́сту нашли́ под ～ жениху́. 新郎にぴったりの新婦を見つけた｜С како́й ～ и? 何のために、何の目的で（зачем）（★不定形を伴う場合は不完了体）

**ста́ться** ста́нется [完]《無人称》《話》起きる（случи́ться）、なる（сде́латься, сбы́ться）◆мо́жет ～ （挿入）恐らく、…かもしれない（мо́жет быть）｜с ∅ста́нется [?]…ならやりかねない

**\*стат|ья́** [スタチヤー] 複生-те́й [女8] [article] ①論文、記事、論説：нау́чная ～ 学術論文｜передова́я ～ 社説、論説 ②条項、条文、条：～ зако́на зако́нов 条文 ③項目：дохо́дная [расхо́дная] ～ 収入 [支出] 項目｜словáрная ～ 辞書の項目 ④種目、品目、部門：ва́жная ～ э́кспорта 重要輸出品目 ⑤（海軍の下士官の）階級：старшина́ пе́рвой -ьи́ 一等兵曹 ⑥《話》仕事、事：Это де́ло — осо́бая ～. そのことはまた別問題だ ⑦《俗》（法律の条文に基づく）処罰 ◆по всем -ья́м = во всех -я́х《話》あらゆる点において

**стафилоко́кк** [男2]《医・生》ブドウ球菌

**стаха́нов|ец** -вца [男3] /-**ка** 複生-вок [女2]《史》(1930-40年代ソ連の) スタハーノフ運動者｜**стахáновск|ий** [形] /- ое движе́ние スタハーノフ運動

**стационáр** [男1] ①（移動式でない）常設の施設 ②（入院設備のある）病院

**стационáрный** [形] ①（移動式でない）常設の：～ телефо́н 固定電話 ②入院の、入院治療中の

**ста́чечни|к** [男2] /-**ца** [女3] スト参加者（забасто́вщик）

**ста́чива|ть** [不完] / **сточи́ть** -очу́, -о́чишь 受過-о́ченный [完]〈即〉①（研いで）落とす：～ неро́вности на мета́лле 金属の凹凸を研ぎ落とす｜～ зу́бы（動物が）歯を研ぐ ②《通例受過》（刃物が）研ぎ減る（切）減った **-ся** [不完] [完] ①すり減る ②《不完》《受身》 *‖* **-ние** [中5]

**ста́чка** 複生-чек [女2] ストライキ（забасто́вка）*‖* **ста́чечный** [形]

**стачко́м** [男1] ストライキ委員会（ста́чечный комите́т）

**стачно́й** [形] 縫い合わせの

**стащи́ть** [完] →ста́скивать², тащи́ть

**\*ста́я** [女6] [flock] ①（同種の動物の）群れ：～ волко́в 狼の群れ ②（人間の）群れ、（物の）塊、大群

**ста́ять** [完] →ста́ивать

**\*ствол** -а́ [男1] [trunk] ①（木の）幹：то́лстый ～ ста́рого де́рева 古木の太い幹 ②《建》（円柱の）胴 ③銃身、砲身：（大砲郡を数える単位）：～ автома́та 自動小銃の銃身 ④《鉱》立坑、斜坑 ⑤《工》管、パイプ：（消火ホースの）ノズル ⑥《解》管；мозгово́й ～ 脳幹

**стволи́ст|ый** 短-и́ст [形] ①幹の多い ②（森林で）高木の幹が立ち並ぶ ③（根菜類が）とうの立った、花茎の伸びた

**стволово́й** [形] ①幹の ②立坑 [斜坑] の

**ство́р** [男1] ①大型の ство́рка ～ шлю́за 水門の閘（こう）門の片方の扉 ②《測量》基準点と2つの側点の高さを合わせること ③《海》（観測者と他2点（ブイ、灯台などの標識）の3点で定めた）方向、航路、進路：«по ～ у [в ～е]» 進路に沿って進む｜лечь на ～ 航路 [進路] をとる ④《海》（難航水域などで標識で示された）水路 ⑤《通例複》その標識（ство́рные зна́ки）⑥《土木》（河川の）水流調査点 *‖* **-ный** [形1]

**створа́жива|ть** [不完] / **створо́жить** -жу, -жишь, 受過〈即〉〈即〉からカッテージチーズを作る：～ молоко́ 牛乳からカッテージチーズを作る *‖* **-ся** [不完] [完] カッテージチーズになる

**ство́рк|а** 複生-рок [女2]（両開きの扉・二枚貝の殻などの）片方：～ двере́й 両開きドアの片方｜-и ра́ковины 二枚貝の殻

**створо́жить(ся)** [完] →створа́живать

**ство́рчат|ый** [形] 両開きの：-ые ста́вни 両開きのよろい戸｜-ая ра́ковина 二枚貝

**стеари́н** -а/-у [男1]《化》ステアリン（ろうそくなどの原料）

**стеари́нов|ый** [形]《化》ステアリンの：-ая свеча́ ステアリンろうそく｜-ая кислота́ ステアリン酸

**стёб** [男1]《若者》①ひやかし、からかい；いたずら ②笑いもの、皮肉的なこと *‖* **-ный** [形1]

**стеба́ть** [不完]《若者》〈即〉①からかう、嘲る ②わざと滑稽に [奇異に] 振る舞って注意を引く

**стеба́ться** [不完]《若者》〈即〉〈над〉からかう ②楽しむ、声を出して笑う

**\*сте́бель** -бля 複-бли, -бле́й/-блей [男5] [stem] 茎、（葉の）柄（つか）：дли́нный ～ травы́ 草の長い茎 *‖* **-ный** [形] /**стебелёк** -лька́ [男2] [指小]

**стебельча́тый** [形] 茎を持つ、茎の形をした
■ ～ шов アウトラインステッチ

**стега́льный** [形] キルティング用の

**стёганка** 複生-нок [女2]《話》①キルティングのショートコート（ва́тник）②《史》ギャンベゾン（布製の鎧下）

**стега́ну|ть** -ну́, -нёшь [完][一回]〈即〉= стега́ть

**стёган|ый** [形] キルティングの、綿を入れて縫いこんだ：-ое оде́яло キルティングの布団

**стега́|ть¹** 受過 стёганный [完] / **стегну́ть** -ну́, -нёшь 受過 стёгнутый [完]《俗》〈即〉（細い・しなやかなもので）打つ：～ кнуто́м кнyто́м 鞭で打つ *‖* **-нье** [中5]

**стега́|ть²** 受過 стёганный / **вы́-** 受過 -анный, **про-** 受過 -тёганный [完]〈即〉キルティングする、表地と裏地の間に綿を挟んで縫い合わせる：～ одея́ло キルティングで毛布を作る

**стёжка** 複生-жек [女2] ①キルティング ②縫い目、縫い合わせた箇所

**стежо́к** -жка́ [男2]（針目の）一針、一縫い；縫い目

**стезя́** 複生-е́й [女5]《詩・雅》道；人生行路

**стек** [男] [9]（乗馬用の）鞭

**стека́|ть** [不完] / **стечь** -ечёт, -еку́т 過стёк, стекла́ 能過 стёкший 副分 -стёкши [完]（液体が）流れ落ちる *‖* **-ние** [中5]

**стека́ться** [不完] / **стечься** -ечётся, -еку́тся 過 стёкся, стекла́сь [完] ①合流する：Два ручейка́ стекли́сь в оди́н. 2つの小川がまとまって1つになった ②（人が）集まる

**стекленéть** [不完] / **о~** [完] ガラスのようになる：Во́здух стекленéет. 空気が凍てつくように冷たい ②（目が）生気を失う、どんよりする

**стекли́|ть** -лю́, -ли́шь 受過 -лённый (-лён, -лена́) [不完] / **о~**, **на~** […]…にガラス板をはめる

**\*стекл|о́** [スチクロー] 複 стёкла, стёкол, стёклам [中1] [glass] ①ガラス：произво́дство -а́ ガラス製造｜закалённое ～ 強化ガラス ②板ガラス、ガラス製品、ガラス；《集合》ガラス食器、ガラス工芸品：око́нное ～ 窓ガラス｜стёкла (для) очко́в メガネのレンズ｜вы́ставка худо́жественного -а́ ガラス工芸品の展覧会｜вста́вить ～ в ра́му フレームにガラスをはめる ③《通例複》《集合》ガラスの破片：На полу́ валя́лось ～. 床の上にガラス片が散らばっていた ④（鏡のような）水面、面 ⑤《複》《俗》眼鏡；眼鏡をかけた人

**стекло..** 《語形成》「ガラス(製)の」

**стеклова́та** [女1] グラスウール, ガラス綿

**стекловѝдный** 短 -ден, -дна [形1] ①ガラス状の: -ое те́ло [解](眼球の)硝子体(ししたい) ②[農](内部が)硝子化した, 透明な: -ые зёрна пшени́цы 小麦の硝子質粒 **//-ость** [女10]

**стекловолокно́** [中1] ガラス繊維, グラスファイバー(стекля́нное волокно́) **//-и́стый** [形1]

**стекло́граф** [男1] コロタイプ印刷機

**стеклоду́в** [男1] ガラス吹き工; 吹きガラス職人

**стеклоду́вный** [形1] 吹きガラスの

**стеклоочисти́тель** [男5] ワイパー

**стеклоре́з** [男1] ガラス切り, ガラスカッター

**стеклота́ра** [女1] ガラス容器

**стёклышко** 複 -шки, -шек, -шкам [中1] ①〈指小〉< стекло́ > ②ガラスの破片[かけら] ◆**как ~** [話・戯]ぴかぴかだ; まったくしらふだ; (道徳的に)潔白だ

*__**стекля́нн|ый**__ [スチェクリャーンヌィ] [形1] 《glass》①ガラスの: ~ оско́лок ガラス片 ②ガラス製の: ガラスをはめた, ガラス張りの: -ая посу́да ガラス食器 | -ое волокно́ ガラス繊維, グラスファイバー ③(輝き・透明度・音など が)ガラスのような: ~ блеск ガラスのような輝き ④(目・視線が)よどんだ, どんよりとした: смотре́ть -ыми глаза́ми うつろな目で見る **//-о** [副] < ③④

**стекля́рус** [男1] 《集合》(首飾り用の)ビーズ: бу́сы из -а ビーズの首飾り **//-ный** [形1]

**стекля́шка** 複 -шек [女2] [話] ①ガラスの欠片, 破片 ②ガラス張りの小さな建物

**стеко́льный** [形1] ガラスの, ガラス製品[製造]の

**стеко́льщик** [男2] ①(窓などに)ガラスをはめる職人 ②ガラス職人

**сте́ла** [з] [女1] 石碑: надгро́бная ~ 墓碑

**стели́ть(ся)** стелю́(сь), сте́лешь(ся) 受過 сте́ленный [不完] [話] = стла́ть(ся)

**стелла́ж** -а́ [男4] ①(段になった)棚 ②(立てて置くための)架, スタンド, 掛け **//-ный** [形1]

**стелс** [з] [男1] [軍]ステルス機(самолёт-невиди́мка)

**сте́лька** 複 -лек [女2] (靴の)敷皮; 靴底: ортопеди́ческая ~ 矯正中敷[インソール] **//-лечный** [形1]

**стемне́ть** [完] → темне́ть

*__**стен|а́**__ [スチナー] 対 сте́ну 複 сте́ны, стен, сте́нам/сте́нам (за/на́ сте́ну, на сте́ну) [女1] 《wall》①壁, 壁面: нару́жная (вну́тренняя) ~ 外[内]壁 | вбить гвоздь в сте́ну 壁に釘を打ち込む | На -е́ виси́т карти́на. 壁に絵が掛かっている | Берли́нская ~ ベルリンの壁 ②防壁, 城壁 ③《複》環境, 周辺, 近郊: кремлёвские ~ы クレムリンの城壁 | Вели́кая кита́йская ~ 万里の長城 ③《複》建物, 部屋, 内部: в -а́х университе́та 大学内で ④障壁, 障害: Ме́жду на́ми вы́росла ~ недове́рия. 私たちの間には不信という名の壁が生じた ⑤(密集したものの)壁, 幕, 垣根: ~ тума́на 霧の幕 ⑥(戦闘・殴り合いで)密集隊形 ◆**как за ка́менной -о́й** まったく安心し, しっかりした庇護のもとに | **как 'об стену [об сте́нку] горо́х [горо́хом]** [話]無益だ, 何にもならない | **лезть на́ сте́ну [на сте́нку]** [話] かんしゃくを起こす | **сиде́ть [жить] в четырёх -а́х** 家に閉じこもって いる, 誰とも交際しない | **~ в сте́ну** 隣り合って, すぐ近くに: **в сосе́дней ко́мнате [кварти́ре]**: Она́ живёт со мно́й в сте́ну. 彼女は私の隣りに住んでいます

**стена́ть** [不完] 《旧》うめく, うめきをまじえて泣き叫ぶ (стона́ть)

**стенгазе́та** [女1] 壁新聞(стенна́я газе́та)

*__**стенд**__ [з] [男1] 《stand》①展示棚, 陳列棚; 展示台, パネル: вы́ставочный ~ 展示台 ②[工]組立台, 試験台, スタンド ③クレー射撃場 **//-овый** [形1]

**стенда́п** [男1] 《テレビ》現地リポート ②ピン芸, 1人コント(разгово́рный жа́нр)

*__**сте́нк|а**__ [スチェーンカ] 複生 -нок [女2] 《wall》①[話] = стена́: пове́сить ка́рту на ~у 壁に地図をかける ②(容器・臓器などの)内壁, 側壁: ~ стака́на コップの内側 | -и́ желу́дка 胃壁 ③《サッカー》(フリーキックの際の)壁: стро́ить -у 壁を作る ④密集隊形: ~ на -у [話] (2チームが)密集隊形に並んで向かい合って ⑤ (壁際に設置する)家具のセット, 壁戸棚 ⑥ 《俗》銃殺刑: поста́вить к -е 銃殺する ◆**разма́зать по -е** 《俗》ぶちのめす | **прижа́ть [припере́ть] к -е** 圀 …を窮地に追い込む

**стенн|о́й** [形2] 壁の ②壁に取り付けられた, 壁にかけるための: -ы́е часы́ 時計, 柱時計 ③壁に施された[描かれた]: -а́я жи́вопись 壁画

**стеноби́тн|ый** [形1] 《史》城壁破壊用の: -ое ору́дие 破城槌

**стенограмма** [女1] 速記録(を書き起こしたもの)

**стено́граф** [男1] 速記者

**стенографи́рова|ть** -рую, -руешь 受過 -анный [不完] **/ за-** [完] 〈対〉速記する, 速記で書きとめる **//-ние** [中5]

**стенографи́ст** [男1] **/ ~ка** 複生 -ток [女2] 速記者

**стеногра́ф|ия** [女9] 速記術 **//-и́ческий** [形3]

**стенокарди́я** [女9] [医]狭心症

**сте́ность** [女10] 壁画

**Степа́н** [男1] ステパン(男性名;愛称 Стёпа)

**степе́нный** 短 -е́нен, -е́нна [形1] ①(人・行動が)わきまえた, 落ち着き払った, きちんとした, 貫禄のある ②まじめな, 礼儀正しい **//-о** [副] **//-ость** [女10]

**степе́нство** [中1] 《Ва́ше, его́, её, и́х などと共に》《露礼》(革命前)旦那様, 奥様(商人やその妻への敬称)

*__**сте́пен|ь**__ [スチェーピニ] 複 -и, -е́й [女10] 《degree, extent》①度合い, 程度, …度: ~ культу́рного ра́звития 文化的発展の度合 | ~ загрязне́ния 汚染度 ②〈単〉(в, до と共に)程度, 限度: в доста́точной -и 十分に | в сла́бой -и 不十分に, 弱く | до изве́стной -и ある程度まで | До како́й -и мо́жно доверя́ть э́тому челове́ку? この人物はどの程度まで信用できるのか ③水準, レベル: ни́зкостей чегове́ка до -и живо́тного 人間を動物のレベルにまで落とす | 《序数詞と共に》等級, …級, 等: о́рден Оте́чественной войны́ пе́рвой -и 祖国戦争1等勲章 ④学位; 称号, 階級: учёная ~ до́ктора нау́к 博士号 ⑥[言](比較の)級: положи́тельная [сравни́тельная, превосхо́дная] ~ 原[比較, 最上]級 ⑦[数]冪(べき), 累乗: возвести́ 10 в пя́тую ~ 10を5乗する ◆**в вы́сшей -и** (1)非常に, 極度に (2)まったく, 完全に | **до тако́й -и, что …** こ れほど, …する程度までに: Он освоился до тако́й -и, что мо́жно бы́ло посту́пать самостоя́тельно. 彼は独立して行動できるほど習熟した ■**~ родства́** 等親

**степно́й** [形2] ステップ(степь)の; ステップ[大草原]に生息する; ステップ特有の ■**~ орёл** [鳥] アフリカソウゲンワシ

**сте́плер** [з] [男1] ホチキス, ホッチキス

**степн|я́к** -а́ 複生 -я́к/-чека [чек] [女2] ①ステップの住人 ②ステップ馬(ло́шадь), ステップ鳥 ③ステップの風

**степу́ха** [女2] [学生・戯]奨学金(стипе́ндия)

*__**степ|ь**__ [スチェービ] -и/-и́ на сте́пи 前 о -и, в -и́ 複 -и, -е́й [女10] 《steppe》ステップ, 大草原: ~ идёт пло́хо по -и́ [-и́] ステップを行く | Ле́том в -и́ краси́во. 夏のステップは美しい ◆**не в ту́ ~** [話]的外れに, とんちんかんに

**стервене́ть** [不完] **/ о-** [完] [話]激昂する, たけり狂う

**стерве́ц** -á [男3]《俗・蔑》(不誠実な人間, 卑劣者を指し)ろくでなし, くず

**стерво́зн|ый** [形1]《俗・蔑》自分本位の, ヒステリックな **∥—ость** [女10] 傲慢, わがまま

**стервя́тник** [男2] ①〔鳥〕エジプトハゲワシ(屍肉を喰う) ②(通例屍肉を喰う)動物 ③《俗・蔑》こうつはり

**стере́о** (不変) [中] ①[ラジオ〔装置〕②ステレオ録音 ③[形] 立体音響(効果)の, ステレオの; 立体的な, 3Dの

**стере́о..** [語形成]「立体的な」「ステレオの」

**стереоаппарату́ра** [女1] ①ステレオ機器 ②立体写真機; 立体映像撮影機

**стереоза́пись** [女10] ①ステレオ録音; (映画の)立体撮影 ②ステレオ録音したテープ; 立体撮影したフィルム

**стереозвуча́ние** [中5] 立体音響

**стереоки́но** (不変) [中] ①3D映画 ②立体映画

**стереоме́трия** [女9]《数》立体幾何学

**стереосисте́ма** [女1] ステレオスピーカー

**стереоско́п** [男1] ステレオスコープ, 実体鏡

**стереоскопи́ческий** [形3] ①立体的な ②立体像をつくる

*  **стереоти́п** [男1]〔stereotype〕①ステレオタイプ, 紋切り型: де́йствовать по ~у 決まりきったやり方に従って行動する ②[印] ステロ版, 鉛版

**стереоти́пия** [女9]①[印] ステロ版作成(法)②[医] 常同症

**стереоти́пн|ый** 短-пен, -пна [形1]①[印] ステロ版作成法による ②[文] ステレオタイプの, 紋切り型の **∥—ость** [女10]

**стереофо́н|ия** [女9] ステレオ音響効果 **∥-и́ческий** [形3]

**стере́ть(ся)** [完] →стира́ть(ся)¹

**стере́чь** -регу́, -режёшь, ... -регу́т 命 -реги́ 過 -рёг, -регла́ -регли́ -рёгший 受動 -реженный (-жён, -жена́) [不完]①見張る, 番をする: ~ ста́до 群れの番をする | ~ ве́щи 持ち物を見てる ②《3人称》待ち構える(подстерега́ть)

**стере́чься** -регу́сь, -режёшься, ... -регу́тся 命 -реги́сь 過 -рёгся, -регла́сь 能動 стерёгшийся [不完]《⽂》<что>用心する, 警戒する <от>避けるのを避ける

*  **сте́ржен|ь** -кня *複* -жни, -жней/-жне́й [男5]〔rod, pivot〕①軸, 棒, バー, ロッド: ~ управле́ния 制御棒 ②カートリッジインク ③軸部, 芯 ④中心部分, 根幹, 核心 **∥-ёк** -нька́ [男2] [指小]<с>

**стержнево́й** [形2] ①軸の; 軸になる, 中心の ②中心的な, 主要な

**стерилиза́тор** [男1] ①滅菌器 ②(食品工場の)滅菌係

**стерилиза́ция** [女9] ①滅菌 ②不妊化, 断種, 去勢 **∥-и́онный** [形1]

**стерилизова́ть** -зу́ю, -зу́ешь 受動 -о́ванный [不完・完]〈что〉①滅菌する: ~ молоко́ 牛乳を滅菌処理する ②〈人・動物に〉不妊[断種, 去勢] 手術をする

**стери́льн|ый** 短 -лен, -льна [形1] ①滅菌した, 除菌した: ~ бинт 滅菌ガーゼ ②〈生〉不妊化の, 生殖不能の **∥—ость** [女10]

**сте́рлинг** [男2]: фунт ~ов 英ポンド **∥сте́рлинговый** [形1]: -ая зо́на ポンド(通用)地域

**стерля́дь** 複 -ей, -е́й [女10]〔魚〕コチョウザメ **∥ стерля́дка** 複生 -док [女2] [指小] **∥ стерля́жий** [形9]

**стерня́** [女5], **стернь** [女10] 刈り入れの済んだ畑; その刈株 **∥стернево́й** [形2]

**стеро́ид** [э] [男1] ステロイド **∥~ный** [形1]

**стерпе́ть** -ерплю́, -е́рпишь [完]①〈что〉〈苦痛に〉堪え通す, 我慢する: ~ оби́ду 侮辱に堪える ②《俗》(通例否定文で)こらえる, 堪えられる: Тако́й на́глости я ~ не смог. そんな生意気な言動に私は我慢できなかった | Она́ е́ле стерпе́ла, чтоб не вы́рвало. 彼女は吐かないように何とかこらえた

**стерпе́ться** -ерплю́сь, -е́рпишься [完]《話》<с中>(我慢するうちに)〈嫌なことに〉慣れる, 順応する ◆*Сте́рпится — слю́бится.*《諺》辛抱するうちに情もわく, 嫌な相手でも慣れるにつれて好きになる

**стёр** [過去-る・男]<с> стере́ть

**стёрт|ый** 短-ёрт [形1] ①(こすれて)はげた, 磨り減った ②使い古された, 言い古された, 陳腐な ③(原型・原義を留めが)はっきりしない, 不明瞭な **∥—ость** [女10]

**стерх** [男2] [鳥] ソデグロヅル

**стесне́ни|е** [中5] ①狭める[ぎっしりと集まっている]こと ②息苦しさ, 呼吸困難 ③(通例複)制限, 束縛 ④遠慮, 気兼ね, 気づまり: без вся́ких —ий 心置きなく

**стеснённ|ый** 短 -ён, -ённа [形1] 窮屈な, 不自由な, 苦しい: в —ых обстоя́тельствах 苦しい状況で | ~ в сре́дствах 資力が乏しい **∥—ость** [女10]

**стесни́тельн|ый** 短 -лен, -льна [形1] おずおずした, 内気な, 遠慮がちな **∥—ость** [女10]

**стесни́ть(ся)** [完] →стесня́ть(ся), тесни́ть(ся)

**стесня́ть** [不完] / **стесни́ть** -ню́, -ни́шь 受動 -нённый (-нён, -нена́) [完]〈что〉①〈が〉…を圧迫する, 狭める, 窮屈にする: Я вас не стесню́? (お宅に泊めていただいて)お邪魔(ご迷惑)ではありませんか ②〈空間自体を〉狭める ③制約する, 制限する: ~ себя́ в расхо́дах 支出を制限する ④気詰まりにさせる: В их компа́нии он чу́вствовал себя́ стеснённым. 彼らと一緒のとき彼は気詰まりだった ⑤《受動・短尾》窮している: Я стеснён в деньга́х. 私はお金に困っている ⑥〔不完はтесни́ть〕(胸を) 締め付け する: Печа́ль стесня́ет грудь. 悲しみが胸を締めつけている ◆*не — себя́ в сре́дствах* [*выраже́ниях*]《蔑》手段[表現]を選ばない

*  **стесня́ться¹** [不完] / **стесни́ться** -ню́сь, -ни́шься [完], ごった返す ①ぎっしりと集まる, 押し合いしい合いする: Толпа́ стесни́лась на мосту́. 橋の上は混雑を極めていた ②《完》(感情・考えが)あふれ出る: Мра́чные мы́сли стесни́лись в его́ голове́. 彼の頭に暗い考えが渦巻いていた ③《話》不自由な思いをする, 切り詰める: ~ в деньга́х 金に不自由する ④(呼吸が)苦しくなる, 圧迫される: (心臓・胸が)締めつけられる

‡**стесня́ться²** [スチェスニャーッツァ] [不完] / **постесня́ться** [パステスニャーッツァ] [完]〔feel shy, be ashamed〕①〈中〉に気後れする, …で気味が悪く思う, …に臆する ~ незнако́мых (люде́й) 人見知りする | ~ пе́ред де́вушками 女の子たちの前で気おくれする ②(否定文で)〈不定形〉…するのをためらう, 遠慮する, …する決心がつかない: ~ проси́ть 頼むのをためらう | Не стесня́йтесь обраща́ться ко мне. 遠慮なく私に言って下さい ◆*не — в сре́дствах* 手段を選ばない | *не — в выраже́ниях* ずけずけと物を言う, 歯に衣を着せない

**стёсыва|ть** [不完] / **стеса́ть** -ешу́, -е́шешь 受動 стёсанный [完]〈что〉(かんな・斧などで)削り取る, 切り取る; 平らにする: ~ кору́ 樹皮をはぐ | ~ су́чки 大枝を切り落とす **∥—ние** [中5]

**стетоско́п** [男1]〔医〕聴診器

**стече́ние** [中5]〈屈〉①合流 ②(人・ものの)集合: ~ наро́да 人出 ③(ことの)一致, 重なり: ~ обстоя́тельств 廻り合わせ, ことの成り行き

**стечь(ся)** [完] →стека́ть(ся)

**стивидо́р** [男1]〈海〉沖仲仕, 港湾労働者: 荷役会社

**стилево́й** [形2] (芸術上の)様式の; 文体の

**стиле́т** [男1] (15-17世紀イタリアで使われた) 三稜の短剣

**стилиза́тор** [男1]《文学・芸》(一定の表現様式を採

**стилиза́ция** [女9]《文学・芸》(作品の)様式化; その作品

**стилизова́ть** -зу́ю, -зу́ешь 過 -о́ванный [不完・完]《文学・芸》〈кого-что под кого-что の〉特徴を持たせて〔の〕様式化する

**стили́ст** [男1] **/~ка** 複生 -ток [女2] 名文家, 美しい文体を用いる人

**стили́стика** [女2]《言》文体論

**стилисти́ческий** [形]文体論の, 文体上の

**стиль**[¹] [スチーリ] [男5] [style] ① (芸術上の)様式, スタイル: архитекту́рный ~ 建築様式 | готи́ческий ~ ゴシック様式 | ~ руково́дства 指導スタイル | бюрократи́ческий ~ рабо́ты 官僚的な仕事ぶり | ~ тáнца ダンスのスタイル, …풍: ~ восьмидеся́тых годо́в 80年代スタイル | Это не в моём ~е. これは私の流儀ではない ④ 文体; 語り口: кни́жный [разгово́рный] ~ 文語[口語]体

◆**в -е** [用…] …風に, …のように

**стиль**[²] [男5] 暦法 ■ **ста́рый ~** 旧暦 (ユリウス暦): юлиа́нский календа́рь): по ста́рому ~ю 旧暦で | **но́вый ~** 新暦 (グレゴリオ暦): григориа́нский календа́рь): по но́вому ~ю 新暦で

**сти́льный** 短 -лен, -льна́ [形] ① 一定の様式を持った ② 《話》流行の最先端を行く: ~ая стри́жка 今どきの髪型

**стиля́га** (女2変化) [男・女] ① 《話》(50年代ソ連で)西側(主に米国)の文化を模倣する若者,《話・皮肉》最新流行ファッションを追いかける人, 派手な格好をする人

**сти́мул** [男1] [stimulus]《文》刺激: ~ к интеллектуа́льному разви́тию 知的発達への刺激

**стимули́рование** [中5] 刺激すること, 促進: бюдже́тное ~ эконо́мики 財政出動による景気刺激

**стимули́ровать** -рую, -руешь 過 -анный [不完・完] [stimulate]《文》刺激する, 促進する: ~ вы́пуск това́ров 商品生産に刺激を与える | ~ секре́цию органов 分泌器官を刺激する, 活性化する **//~ся** [不完] [受身]

**стимуля́тор** [男1] 刺激装置: ~ блужда́ющего не́рва 迷走神経刺激装置 (VNS) 刺激剤, 興奮薬; (植物の)成長促進剤: ~ ро́ста расте́ний 植物成長調節剤 (PGR) | ~ы щитови́дной железы́ 甲状腺刺激剤 ③ 刺激を与えるもの, 起爆剤, 薬: Неуда́ча — хоро́ший ~ для да́льнейших по́исков. 失敗はさらなる探求への薬である

**стимуля́ция** [女9] (生体器官への)刺激, 促進

**стипендиа́т** [男1] **/~ка** 複生 -ток [女2] 奨学生

*стипе́ндия [女9] [scholarship] 奨学金: получа́ть ~ию 奨学金を受ける | пода́ть заявку на получе́ние ~ии 奨学金の申請書を出す **//-иа́льный** [形]

**сти́пль-чез** [不変] [男1] (競馬の)障害レース, 障害競走

**стипу́ха** [女2] 《学生・戯》奨学金 (стипе́ндия)

**стира́лка** 複生 -лок [女2] 《話》洗濯機 (стира́льная маши́на)

**стира́льный** [形] 洗濯用の: -ая маши́на 洗濯機 | ~ порошо́к 粉末洗剤

**стира́ние** [中5] ① 拭き取ること; こすって消えること ② 消去, 除去 ③ 〔すりむける〕こと ④ 粉砕; 摩耗

**сти́ра|ный** 短 -ан, -ана [形] ① 洗濯された: по́лка для -ого белья́ 洗濯済みの服用の棚 ② 洗いぐるしの, 新品でない: Во дворе́ висе́ло -ое бельё. 中庭には洗いざらしのシーツが干してあった ◆**~-перести́раный** [形]

*стира́ть[¹] [不完] **/стере́ть** сотру́, сотрёшь 過 стёр, стёрла 能動 стёрший 受過 стёртый 副過 стёрши [完]〔wipe off, erase〕<что> ① 拭き取る, ぬぐう; こすり除 とす, 消す: ~ пыль с ме́бели 家具のほこりを拭き取る ② 消し去る, 消去する: ~ из па́мяти 記憶から消し去る ③ すりむく, すり傷をつける: ~ но́гу 足をすりむく ④ 独自性[個性]のないものにする ⑤ すりつぶす, 粉にする

◆**~ с лица́ земли́** 跡…を地上から抹殺する

*стира́ть[²] 受過 сти́ранный [不完] **/ вы́~** 受過 -анный [完] [wash] <что> 洗う, 洗濯する (★ ~ — мы́ть 比較): ~ руба́шки в стира́льной маши́не シャツを洗濯機で洗う

**стира́ться**[¹] **/стере́ться** сотрётся 過 стёрся, стёрлась 能動 стёршийся 副過 стёршись [完] ① (擦る・拭うなどされて)消える, 剥げる, 剥げ落ちる ② 消える, 薄れる: Подро́бности стёрлись из па́мяти. 細かいことは記憶が薄れてしまった ③ (長く使うなどで)すり減る: Каблуки́ стёрлись. かかとがすり減ってしまった ④ (人・考えなどの独自性・個性が)なくなる, 消える: 没個性的になる

**стира́ться**[²] [不完] ① 洗濯がきく, (汚れなどが)よく落ちる ② 洗濯中である, 洗濯に出してある ③ 《話》洗濯仕事をする (стира́ть² する)

**сти́рка** 複生 -рок [女2] 洗濯, クリーニング

**сти́скивать** [不完] **/ сти́снуть** -ну, -нешь 命 -ни 受過 -тый [完] ① 押す, 押しつける, しっかりと抱く: ~ ру́ку [ру́ки] (出会いの挨拶)がっちりと握手をする | ~ в объя́тиях (出会い・別れの挨拶) ぎゅっと抱きしめる ② 〈что〉押しつぶす ③ 〈歯・指などを〉固く結ぶ, 押える

**сти́скиваться** [不完] **/ сти́снуться** -нется [完] ① (指・唇などが)固く結ばれる ② 《話》押し合いへし合いする, ぎゅうぎゅう詰めになる

*стих [スチーフ] -á [男2] [verse] ① 詩の1行; 詩, 韻文: тони́ческий ~ 強弱詩 | разме́р -á 詩の韻律 ② 《複》詩作品: лири́ческие -и́ 叙情詩 | сбо́рник -о́в 詩集 ③ (宗教的テーマの)民間の口承・詩・聖書の)節: глава́ пе́рвая, ~ трина́дцатый 1章13節 ◆ **~ нашёл на** 〈кого-что〉 《話》〈人が〉ある気分になる, 考えに取り付かれる: Гру́стный ~ нашёл на меня́. 私は悲しい気持ちになった

**стиха́рь** -я́ [男5]《正教》(輔祭の)祭衣; (主教・司教の)祭服下衣

**стиха́ть** [不完] **/сти́хнуть** -ну, -нешь 命 -ни 過 -их, -и́хла 能動 -хший 副過 -хши [完] ① (音・騒音が)止む, 静かになる: Шум в за́ле сти́х. ホールのざわつきが静まった | На у́лице сти́хло.《無人称》表は静かになった ② (音を出すのを)止める: Пти́цы сти́хли. 鳥がさえずりをやめた ③ (自然現象・人間の感情が)収まる, 沈静化する: Ве́тер сти́х. 風が収まった | Боль стиха́ла. 痛みが治まった

**стихи́йно** [副] 自然の力で; 自然発生的に

**стихи́йный** 短 -и́ен, -и́йна [形] [elemental, spontaneous] ① 自然の力による, 自然現象の: -ое бе́дствие 天災 ② 盲目的な, 無意識の; 抑えがたい: -ая страсть 抑えがたい情熱 ③ 自然発生的な, 無統制の: ~ бунт 無統制の暴動 **//-ость** [女10]

*стихи́|я -и [女9] [element] ① 《詩で》(抗いがたい)自然現象, 自然力 ② (古代ギリシア哲学で)物質の基本要素, 四大元素 (火, 水, 風, 土) の一つ ③ 盲目的な感情, 本能 ④ 自然発生的な・統御できない社会現象, 社会勢力: ~ инфля́ции インフレ現象 ⑤ 慣れた環境, 得意の場, 適所: быть в свое́й -и 自分の得意の場にいる | Его́ ~ — поли́тика. 彼の本領発揮の場は政治だ

**сти́хнуть** [完] →стиха́ть

**стихове́де́|ние** [中5] 詩学, 作詩学 **//-ческий** [形3]

**стихоплёт** [男1] 《話・蔑》へぼ詩人

**стихосложе́ние** [中5]《文学》作詩(法): силлаби́ческое ~ 音節詩法 | метри́ческое ~ — 韻律詩法

**стихотворе́ние** [スチハトヴァリェーニエ] [中5] [poem] (1編の) 詩、(総称) 詩を書くこと・暗記すること；выучить ~ Ле́рмонтова レールモントフの詩を暗記する

**стихотво́рец** -рца [男3] 詩人

**стихотво́рный** [形1] ① 詩の、作詩の：~ разме́р 韻律 ② 詩形式の、韻文の（↔прозаи́ческий）

**стихотво́рчество** [中1] 詩作

**стишо́к** -шка́ [男2] [話] [指小] ＜стих②

**стла́ник** [男1] [植] 葡匐(ふく)性低木 (山岳地帯、ツンドラ地帯等)：кедро́вый ~ ハイマツ

**стлать** стелю́, сте́лешь, [不完] [стели́ть стелю́, сте́лешь] [不完] ＜разг＞ ① [完 по-] 受け посте́ланный] 敷く、広げる：~ ска́терть на стол テーブルクロスをテーブルに広げる｜~ посте́ль 寝床を敷く｜Мя́гко сте́лет, да жёстко спать. （諺）表面は親切だが、真綿に針を包んでいる ② [無人称で] 霧・煙を表面近くに広げる ③ [麻・泥炭を] [雨風にさらして、乾燥のために] 敷き広げる ④ [完 на-] 板・タイルなどを寄せて詰める、張り詰める：~ пол 床を張る

**стла́ться** сте́лется, [不完] [стели́ться сте́лется [不完] ① (表面上・広い空間に) 広がる、覆う：Лино́леум легко́ сте́лется на́ пол. リノリウムが床に楽に広がる ② (枝・葉などが) はびこる ③ (霧・煙・匂いが) 表面に ゆっくりと広がる ④ (動物が) 素早く駆ける、飛ぶ、駆け抜ける ⑤ [完 по-] [話] 自分の寝床を準備する、寝支度をする　◆ ~ пе́ред 圏 …におもねる：Она́ пе́ред ним так и сте́лется. 彼女は彼に取り入ろうとしている

**сто́** 生・与・造・前 ста́ в/на ста́, в сто́ крат, в ста́ кра́т; стами́, стах (во сто́ крат, в сто крат; за/на/по сто, за/на/по сто) [数] [個数] [hundred] ① 100 (★ →пять [語法]); ~ лет 100年｜счита́ть до ста́ 100まで数える ② たくさんの、非常に多くの：Я э́то уже́ сто раз слы́шал. そのことなら何度も聞いたよ ③ [複] [мно́го, не́сколько などと共に] [単位として] 100、100 [人]：мно́го со́т лет тому́ наза́д 何百年も前に　◆ на всё ~ (話) 1) 立派に、2) 完全に、すっかり｜Не име́й ~ рубле́й, а име́й ~ друзе́й. 金をもつより友を持て (←100ルーブリ持つより100人の友を持て)

**сто..** (語形成) 「100の」の非常に多くの」

**стог** 前о́-е, в/на -е́/-у́ 複 -а́ [男2] 干草の山　**∥-ово́й** [形2] ｜ **стожо́к** -жка́ [男2] [指小]

**стогова́ние, стогомета́ние** [中1] [農] 干草 (わら、穀物束など) を積重ねること、干草俵作り

**стогомета́тель** [男1] 干草積重ね機

**стоеро́совый** [形1] [話] [戯] (木が) 真っすぐに成長した　◆ дуби́на -ая [俗・罵] あほ、まぬけ

**сто́ик** [男2] [哲] ストア哲学者 ② 禁欲主義者

**сто́имость** [ストーイマスチ] [女10] [cost, value] ① 価格、値段；費用、コスト；~ то́нны зерна́ 穀物1トンの価格｜рыно́чная ~ 市価｜~ строи́тельных рабо́т 建設工事費 ② [経] 価値：потреби́тельная ~ 使用価値｜приба́вочная ~ 剰余価値　**∥-ный** [СН] [形1] ＜②

**сто́ить** [ストーイチ] сто́ю, сто́ишь [不完] [cost, be worth] ① ＜④＞ (値段が) する、かかる：Ско́лько э́то сто́ит? これはいくらですか｜Пла́тье сто́ит ты́сячу рубле́й. ワンピースは1000ルーブルする ② ＜④＞ …に値する、…の価値がある；…に匹敵する、相当する：Внима́ния сто́ит. 注目に値する｜Она́ его́ не сто́ит. 彼女は彼に釣り合わない ③ ＜④＞ ［値段が］ かかる、要する：~ ремо́нт телеви́зора мне сто́ил до́рого. テレビの修理は高くついた ④ ＜④＞ 労力を要す、要する：Э́то сто́ило мне большо́го труда́. これは多大な労力を要した ⑤ [無人称で] [不定形] 通例 то́лько, лишь と共に にしえすれば十分だ：Об э́том предложе́нии сто́ит поду́мать. この提案は一考の価値がある｜Сто́ит то́лько позвони́ть. 電話をかければいい｜Не сто́ит брать на себя́ сли́шком мно́го. 余りたくさんしょい込み過ぎない方がいい (★不必要の意味なので[不定形は不完了体]) ｜Сто́ит ли покупа́ть да́чу? ダーチャを買う意味があるだろうか (★反語的に不必要が念頭に置かれているので [不定形は不完了体]) [参考] Сто́ит ли купи́ть да́чу? ダーチャを買うべきだろうか) ⑥ [無人称] [従属文の、как, что́бы と呼応して] ＜[不定形]＞…するや否や、…するとたちまち：Сто́ит пойти́ дождю́, как там образу́ется лу́жа. 雨が降るや否やそこに水たまりができる

◆ Не сто́ит. (1) どういたしまして、礼には及びません (2) 気にする必要はない、心配にはいらない｜ничего́ не сто́ит [不定形] …するのは簡単だ｜чего́ сто́ит [話] (1) すばらしい、とても価値がある：Чего́ сто́ят его́ труды́! 彼の業績は実にすばらしい (2) とんでもない、ひどくひどい

**стоици́зм** [男1] ① [哲] ストア哲学［主義、派］ ② 禁欲主義

**сто́йбище** [中2] ① 遊牧民の宿営地 ② 放牧中の畜群の休息場所 ③ アムール川流域とサハリンの定住民族の集落

***сто́йк|а** 複生 -ое́к [女2] [stand, counter] ① 支柱、支材 ② 物を立てておくための用具、…立て、スタンド ③ 作業台、カウンター：~ регистра́ции チェックインカウンター ④ (軽食・飲料を販売する) スタンド、売り台 ⑤ 立ち呑み、スタンドカラー ⑥ [スポ] 直立姿勢 по -е́ сми́рно [во́льно] 気をつけ [休め] の姿勢でいる ⑦ 体操訓練 (~ на рука́х) ⑧ (猟犬が獲物を見つけた時の) 構えの姿勢、セット

**сто́йк|ий** 短 -о́ек, -ойка́/-о́йка, -о́йко 比 -о́йче [形3] ① (素材・色が) しっかりした、(匂い・伝染が) 弱まらない ② (性格が) 不屈の、揺るぎない　**∥-ость** [女10]

**сто́йло** [中1] (牛・馬舎の) 1頭ずつ仕切られた牛床、ストール　**∥-вый** [形2]

**стоймя́** [副] [話] 真っすぐに

**сток** [男2] ① 流れ落ちること ② 排水管、排水溝 ③ 排水 ④ 在庫処分品　**∥-овый** [形1] ＜④

**Стокго́льм** [男1] ストックホルム (スウェーデンの首都)

**стокра́т** [副] [雅] 100回、何度も、何倍も

**стокра́тный** [形1] 100回の、100倍の；[文] 幾度もの　**∥-о** [副]

***стол**-а́ [男1] [table] ① テーブル、卓、机：кру́глый ~ 丸いテーブル、円卓｜пи́сьменный ~ (書き物)机｜сиде́ть за ~о́м テーブルについている｜Она́ поста́вила ва́зу на ~. 彼女はテーブルの上に花瓶を置いた ② (特別な用途の)台：операцио́нный ~ 手術台 ③ (食事に出される)食事、ごちそう：приглаша́ть к ~у́ 食卓に招く｜бога́тый ~ 大変なごちそう ④ 食べ物、食事；料理：диети́ческий ~ ダイエット食｜мясно́й ~ 肉料理 ⑤ 課、係、取扱所、案内所：спра́вочный ~ 案内所｜~ нахо́док 遺失物取扱所 ⑥ [史] (古代ロシアの) 大公位

◆ сесть за ~ перегово́ров 交渉のテーブルにつく｜ходи́ть (пешко́м) под ~ [俗] まだ子どもだ

***столб**-а́ [男1] [post, pillar] ① 柱、くい：телегра́фный ~ 電信柱 ② (水・煙・炎などの)柱：~ огня́ 火柱 ③ = столби́к③　◆ -о́м 柱のように、柱状に；もくもくと：Дым поднима́ется ~о́м. 煙がもうもうと立ち上っている｜стоя́ть ~о́м [話] ぼけっと突っ立っている

■ позвоно́чный ~ = 脊柱

**столбене́ть** [不完] **о-** [完] [話] (精神的ショックで) 立ちすくむ、固まって動けなくなる

**столбе́ц** -бца́ [男3] ① (新聞などの) 段、欄；(数字・言葉の) 縦列 ② (通例複) 巻物

**сто́лбик** [男2] ① [指小] ＜столб①② ② (柱状に積み重ねたものの) 山、束 ③ (温度計などの) 柱 = столбе́ц① ⑤ [植] 花柱

**столбня́|к** -á [男2] ①〖医〗破傷風 ②〖話〗茫然自失の状態 **//-чный** [形1] <①>

**столбово́й** [形1] ①柱の ②〖話〗昔からの、生粋の

*столе́т|ие* [スタリェーチエ] [中5] [century, centenary] ①100年、1世紀: двадцать пе́рвое ～ 21世紀 | Исто́рия го́рода насчи́тывает не́сколько -ий. 町の歴史は数世紀を数える ②100周年、100年祭: ～ университе́та 大学創立100周年 | отпра́здновать ～ де́душки 祖父の100歳の誕生日を祝う

**столе́тний** [形8] ①100年の、100年続いた | 100歳の ③100周年の、100年祭の

**столе́тник** [男2] 〖植〗リュウゼツラン(ага́ва)とアロエ(ало́э)の俗称

**столе́шница** [女3] テーブル天板

*сто́лик* [ストーリク] [男2] [table] ①〖指小・愛称〗 <стол>: ночно́й ～ ナイトテーブル | ～ для ноутбу́ка パソコン台〖テーブル〗 ②(飲食店の)テーブル；席: заказа́ть в рестора́не на двои́х レストランに2人分の席を予約する | Есть свобо́дный ～? 空いているテーブルはありますか

*столи́ц|а* [スタリーッツァ] [女3] [capital] ①首都: Москва́ — ～ Росси́и. モスクワはロシアの首都である | пое́хать в -у 首都へ出かける ②中心都市、主都: ～ Сиби́ри シベリアの中心都市 | экономи́ческая ～ 経済の中心都市

*столи́чный* [形1] [capital, metropolitan] ①首都の: ～ го́род 首都 ②首都特有の、首都らしい

*столкнове́н|ие* [中5] [collision, clash] ①衝突: лобово́е ～ 正面衝突 ②(意見などの)衝突、対立；口論、言い争い: ～ интере́сов 利害の対立 ③思いがけない出会い ④武力衝突、闘争: опа́сность вое́нного -я 軍事衝突の危険性

**столкну́ть(ся)** [完] →ста́лкивать(ся)

**столкова́ться** [不完] / **столкова́ться** -ку́юсь, -ку́ешься [完] 〖話〗<с一同>と話がつく

**столова́ться** -лу́юсь, -лу́ешься [不完] 食事する

*столо́вая* [スタローヴァヤ] (形1変化) [女] [dining room] ①(家庭の)食堂、ダイニングルーム: Вся семья́ собрала́сь в -ой. 家族全員がダイニングに集まった ②食堂用の家具一式、ダイニングセット ③(外部施設の)食堂: студе́нческая ～ 学生食堂 | Обы́чно я обе́даю в э́той -ой. 普段私はこの食堂で昼食をとります

**столоверче́ние** [中5] 降霊術

**столо́вка** 複生-вок [女2] 〖話〗食堂(столо́вая)

**столо́вый** [形1] ①テーブルの、机の ②食卓用の、食事のための: -ая соль 食卓塩 | серви́з 食器セット ③(野菜・果物)が食用の

**столо́чь** -лку́, -лчёшь, ... -лку́т 命 -лки́ 過 -ло́к, -лкла́ -ло́кший →толчённый 受過 -лчённый -чён, -чена́] [完] 〖話〗<кого>とひき混ぜる

**столп** -á [男1] ①〖建〗塔、円柱 ②〖文〗(人に関して)柱石

**столпи́ться** [完] →толпи́ться

**столпни́к** [男2] ①〖宗・史〗柱頭行者 ②〖話〗引きこもり(の人)

**столпообра́зный** [形1] 柱状の、塔のような

**столпотворе́ние** [中5] 大騒動、カオス: вавило́нское ～ 〖話・戯〗騒々しく混乱した様子、混乱

**Столы́пин** [男姓] ストルイピン(Пётр Арка́дьевич ～, 1862-1911；政治家)

*столь* [ストリ] [副] [so] ①〖文〗それほど、かくも: Э́то не ～ ва́жно. それはそれほど重要ではない ②<ско́лько などと連用させて>: Он ～ же краси́в, сколь и тала́нтлив. 彼は有能だし美男子だ

*сто́льк|о* [ストーリカ] -ких, -ким, -кими, -ких, -ких (по сто́льку/сто́льку) [so much, so many] (連語 結合する名詞の数と格は ско́лько と同様) **I** [数] ①(通例 ско́лько などと連用させて)それほどの、それだけの: Он дал мне ～ де́нег, ско́лько я проси́л. 彼は私が頼んだだけの金をくれた ②それほど多くの、なんと多くの: Заче́м тебе́ ～ оде́жды? なんでそんなに衣装持ちなの | За год я познако́мился со -ими людьми́! 私は1年で実に多くの人と知り合った **II** [副] ①(通例 ско́лько などと連用させて)それほど、それだけ: Возьми́ ～, ско́лько хо́чешь. 欲しいだけ取りなさい ②それほど多く、非常にたくさん: Он вчера́ ～ пил!! 彼は昨日こんなに飲んだ!! ③...というよりむしろ...: Фильм **не ～ ..., ско́лько ...** ...の映画だ: Фильм не ～ о любви́, ско́лько о жи́зни. その映画は愛というより人生についての映画だ ④**(-же) ..., ско́лько (и) ...** ...と同じくらい...だ: Росси́я набра́ла ～ же очко́в, ско́лько и Япо́ния. ロシアは日本と同点になった

**сто́лько-то** (★сто́лько の部分のみ変化) ①[副] これこれ(の量)だけ ②[代] これこれ(の量)だけの: сдать по сто́лько-то с челове́ка 一人当たりこれこれの金額です

**стольни́к** [男2] ①〖露史〗(17世紀以前の)廷臣 ②〖俗〗100ルーブル ③〖スポ〗100 m

**сто́льный** [形1] 〖雅〗首都の

**столя́р** -á [男1] 指物師

**столя́рка** 複生-рок [女2] 〖話〗指物工房〖工場〗

**столя́р|ный** [形1] 指物業の、指物師の: -ая мастерска́я 指物工房〖工場〗 | 〖旧〗[女名]

**стомато́лог** [男2] 口腔医師

**стоматоло́г|ия** [女3] 〖歯科〗口腔科学 **//-и́ческий** [形3]

**стометро́вка** 複生-вок [女2] 〖話〗〖スポ〗100メートル、100メートル走

*стон* [男1] [moan] ①うめき声；悲しい声、うなり ②泣き言、嘆き ♦**～ стои́т** (1)うめき声〖泣き声〗がとめどなく聞こえる (2)がやがやしている

**стона́ть** -ону́, -о́нешь [不完] ①うめく、うなる ②〖話〗泣き言をいう、こぼす

*стоп* [ストープ] [stop] ①[間] ストップ、止まれ、止めろ；やめろ、たくさんだ: С～, ни с ме́ста! 止まれ、動くな ②[述] 止まれ、ストップした: Е́хали, е́хали — Вдруг — ～! どんどん車を走らせていたが、突然車が停まった ③(不変)〖車〗(信号)

**стоп|á¹** [女1] ①足(足首から先の部分) ②〖詩〗(全体)の歩み ♦**идти́ (сле́довать) по -а́м** 囲 ...の足跡をたどる、倣う

**стопа́²** 複 сто́пы [女1] ①堆積、山 ②(紙の)1連(紙1000枚分；以前は480枚分) ③〖詩〗詩脚

**стопа́рь** -я́ [男5] 〖俗・軽〗ショットグラス

**стопи́ть(ся)** [完] →ста́пливать

**сто́пка** 複生-пок [女2] ①小型の酒杯、ショットグラス ②小さな山 **//сто́почка** -чек [女2] [指小]

**стоп-ка́др** [不変]-[男1] 静止画像；〖映〗ストップモーション

**стоп-кра́н** [不変]-[男1] (車両・航空機などの緊急)停止レバー；非常ブレーキ

**стоп-ли́ния** [不変]-[女9] 停止線

**стоп-ли́ст** -á [不変]-[男1] ブラックリスト(特に銀行などで)

**сто́пом** [副] 〖俗〗ヒッチハイクして(автосто́пом)

**сто́пор** 複-ы́,-á [男1] ①〖工〗留め金、止め具 ②〖海〗ストッパー、止め索 **//-ный** [形1]

**сто́пори|ть** -рю, -ришь [不完] / **за-** [完] <что> 〖機〗<動きを>止める、ストップさせる ②〖話〗<発展・動きを>遅らせる〖進ませない〗停止する、滞る

**сто́пориться** -рится [不完] / **за～** [完] 〖話〗①(機械的に)停止する、止まる ②遅れる、滞る: Рабо́та застопори́лась. 作業が暗礁に乗り上げた

**стопроце́нтный** [形1] ①100パーセントの ②

**стоп-сигна́л** [不変]-[男1] (車などの)ブレーキランプ, ストップランプ, 制動灯

**стопта́ть(ся)** [完] →ста́птывать

**сто́пудо́во** [副] 《若者》①100%, 絶対に, 間違いなく ②最高に, 素晴らしく

**сто́пудо́вый** [形1]《若者》最高の, 素晴らしい, 大人気の

**сторгова́ть(ся)** [完] →торгова́ть(ся)

**сто́рицей, сто́рицею** [副]《文》何倍も多く, たっぷりと

**сто́рниров|ать** -рую, -руешь 受過 -анный [不完・完]《簿記》逆仕訳する **//~ся** [不完]《受身》

**сто́рно** [不変] [中]《簿記》逆仕訳

*****сто́рож** 複 -а́ [男4] 〔guard, watchman〕① 警備員, 守衛, 監視員, ガードマン: рабо́тать ~ем в магази́не 商店の警備員として働く ② 《話》鍋の底に置いて牛乳のふきこぼれを防ぐ器具

**сторожеви́к** -а́ [男2]《話》警備艦, 巡視船, 哨戒艦

**сторожев|о́й** [形2] ①警備の, 監視の, 見張りの: ~ кора́бль 警備艦 | -а́я соба́ка 番犬 ②[男名]《話》見張り, 警備員

**сторожи́ть** -жу́, -жи́шь 受過 -жённый [-жён, -жена́] [不完]〈対〉①見張る, 警戒する ②《話》待伏せする **//~ся** [不完] ①《話》用心する, 警戒する ②〔受身〕

**сторожи́ха** [女2]《話》女性の警備員

**сторо́жка** 複生 -жек [女2] 番人小屋

**сторо́жкий** [形3]《俗》用心深い, 油断のない; 〔神経をとがらせて〕ぴりぴりした

*****сторон|а́** [スタラナー] 対 сто́рону 複 сто́роны, сторо́н, сторона́м [女1] 〔side, direction〕 ① 方向, 方角, 方面: в сто́рону мо́ря 海の方へ | со ~ы́ ле́са 森の方から | Они́ разошли́сь в ра́зные сто́роны. 彼らは思い思いの方向へ散って行った ②《話》地方, 地域, 国: жи́ть на чужо́й -е́ 異郷に暮らす ③ (右・左)側: пра́вая [ле́вая] ~ 右[左]側 | по о́бе сто́роны доро́ги 道の両側に | Она́ перешла́ на другу́ю сто́рону у́лицы. 彼女は通りの反対側に渡った ④少し離れた所, 脇: сиде́ть в -е́ 少し離れたところに座っている | отойти́(н) в сто́рону 脇にどく | рабо́тать на -е́ よその勤務先で働く | оттолкну́ть в сто́рону 押しのける ⑤(出来事などの)圏外, 局外: в -е́ от борьбы́ 闘いの圏外に | смотре́ть со -ы́ 傍から見る ⑥(物の)面, 表:面の | лицева́я [оборо́тная] ~ 表[裏]面 ⑦《数》図形の辺: ~ квадра́та 正方形の一辺 ⑧側面, 面; 特質, 特徴: экономи́ческая ~ пробле́мы 問題の経済的側面 | си́льные и сла́бые сто́роны докла́да 報告書の長所と短所 ⑨観点, 見地, 視点: рассмотре́ть вопро́с со всех сторо́н あらゆる観点から問題を検討する ⑩当事者の一方, (対立関係にある)一方の側: догова́ривающиеся сто́роны 契約(当事)者;締約国
◆-о́й = -о́ю 脇を通って, 迂回して: пройти́ -о́й 回る | **бы́ть на -е́** … ⓘ …の側にある, …のものである, …を支持する, …の側に立つ: Побе́да на на́шей -е́. 勝利は我らの側にある (相手に聞こえないように) 脇を向いて小声で言う | **взя́ть** [**приня́ть, держа́ть**] **сто́рону** 回 …を支持する, …の味方をする | **в -е́ от** …ⓘ …から離れて, 距離をおいて: держа́ться в -е́ от распре́й いさかいから距離をおいている | **на все четы́ре сто́роны** どこへでも好きな方へ, 好き勝手に | **на́ сторону** よそへ, 他人に | **по ту́ сто́рону** (1)向こう側へ, 向こう側で (2)反して, 逆らって | **с одно́й -ы́… , (а) с друго́й -ы́…** 一方では… 他方では… | **смотре́ть по -а́м** あたりを見回す | **со -ы́** ⓘ (1)《代 со свое́й -ы́》私としては賛成だ (2)(血縁の)…方の: дя́дя со -ы́ отца́ 父方のおじ **// сторо́нка** 複生 -нок [女2]

[指小]<①-⑥

**сторони́ться** -оню́сь, -о́нишься/ -они́шься [不完]/**по-** [完] ①わきに寄る, 道をあける ②〈用〉を避ける

**сторо́нний** [形8] よその, 関係のない, はたからの

*****сторо́нни|к** [男2] **/-ца** [女3] 〔supporter〕支持者, 信奉者, 味方, 擁護者: ~ ры́ночной эконо́мики 市場経済の支持者

**Сто́ртинг** [男2]《政》(ノルウェーの)国会, 議会

**стоскова́ться** -ку́юсь, -ку́ешься [完]〈о 前/по 前/《話》по 前〉を恋しがる, 寂しがる, 切望する

**сто́тысячн|ый** [形1] ①《序数》10万番目の ②10万から成る **/-ая** ~ 10万分の1 **/-ая** ча́сть [до́ля]) ④《話》10万ルーブルの

**стоу́нтерапи́я** [女9] ストーンセラピー

**сто́чка** 複生 -чек [女2] ① 研ぐ[削る]こと ② 研いだ [削った]部分

**сточи́ть(ся)** [完] →ста́чивать

**сто́чн|ый** [形1] 排水の, 流れている: -ые во́ды 排水, 汚水, 下水

**стошни́ть** [完] →тошни́ть

**сто́я** [副] 立って, 立ったままで

**стоя́к** -а́ [男2] ①支柱, 直立材, 直立管, 煙突 ②《俗》警備員 **//-о́вый** [形1]

**стоя́лый** [形1] 古くなった, (水, 空気などが)よどんだ, (馬が)久しく乗られもせぬ

**стоя́ние** [中6] 立っていること; (立てて)あること; 停止, 滞在, 駐留

*****стоя́нка** [スタヤーンカ] 複生 -нок [女2] 〔stop, parking〕 ①(一時的)停止, 停車, 停泊; 駐車: ~ по́езда 列車の停車 | С~ запрещена́! 駐車禁止 ②一時的居住地, 露営地, 宿営地 ③停車場, 乗り場, 停泊地; 駐車場: ~ такси́ タクシー乗り場 | пла́тная ~ 有料駐車場 ④古代の住居跡, 集落跡

*****стоя́ть** [スタヤーチ] стою́, стои́шь 命 сто́й 副分 сто́я [不完] 〔stand〕 ① 立っている (↔ лежа́ть): ~ у окна́ 窓際に立っている | ~ на коле́нях ひざまずいている | Я не могу́ ~ от уста́лости. 私は疲れて立っていられない ② (立てて) ある, 置かれている: 位置する | Цветы́ стоя́т в ва́зе. 花が花瓶に生けてある | Молоко́ стои́т в холоди́льнике. 牛乳は冷蔵庫の中にある ③(地位・任務に)ついている; (立って)仕事をする: ~ у вла́сти 権力の座にある | ~ во главе́ учрежде́ния 機関の長の位にある ④停止している, 休止している, 止まっている: ~ на коне́чной ста́нции 終着駅に止まっている | Часы́ стоя́т. 時計が止まっている ⑤滞在する, とどまる; 駐留する, 布陣する: ~ ла́герем 宿営する | 書いてある, 記載されている: В спи́ске стои́т моё и́мя. リストに私の名前がある ⑦(解決すべき問題などが目前に)ある: Пе́редо мно́й стои́т тру́дный вы́бор. 私は難しい選択を迫られている ⑧(煙・音・においなどが)漂っている, 立ちこめている: На ку́хне стои́т неприя́тный за́пах. 台所で嫌なにおいがする ⑨(天候・自然現象・季節・時などが)…である, 持続している: Стои́т жара́. 暑さが続いている | Стоя́ла середи́на ма́я. 5月の半ばであった ⑩(感覚・感情・記憶などが)現れる, とらえる, 浮かぶ: Слёзы стоя́ли в её глаза́х. 彼女の目には涙が浮かんでいた ⑪(或る水準・状態に)ある: Вода́ стои́т вы́ше коле́на. 水位は膝上までくる ⑫(食品が)もつ, 保存がきく: Смета́на до́лго не стои́т. サワークリームは長もちしない ⑬〈за 前〉を支持する, 擁護する, 味方する: Мы стои́м за свобо́ду. 我々は自由を擁護する ⑭[完 по~]《話》《否定文で》〈за 前〉を惜しまない: не ~ за ценой́ 金に糸目をつけない ⑮〈на 前〉を固守する, 固執する: ~ на своём 自説を譲らない ⑯〈на 前〉〈基礎の上に〉固定されている, 据えられている; 《話》…に支えられている, …のおかげで生きている: ~ на сва́ях 杭に据えつけられている

◆**Сто́й(те)!** (1)止まれ、ストップ (2)待ってくれ、そう急ぐな (3)《話》(驚き・不同意・想起を表して)待て、待てよ、はてな ‖ **~ в о́череди** 行列に並ぶ；順番を待つ ｜ **Хоть сто́й, хоть па́дай.**《話》開いた口がふさがらない、びっくり、八方ふさがりだ

**стоя́чий** [形6] ①垂直の、立った状態の ②流れない、よどんだ 〔水〕

**стоячо́к** -чка́ [男2] [指小] < стоя́к

**стоя́щий** [形6] 《話》価値ある、注目に値する

**стра́вливать** [不完] / **стра́вить** -авлю́, -а́вишь 受過 -а́вленный [完] ①〈囲〉けしかけてけんかさせる ②(家畜が)〈囲〉を踏み荒らす ③(薬品などを使って)取り除く ④毒殺する ⑤《話》〈囲〉(薬品などの作用で)消える ②〔不完〕〔受身〕

**стра́ивать** [不完] / **стро́ить** -ну, -нешь 受過 -тый [完]《話》〈囲〉移動させる、場所を動かす ‖ **~ся** [不完] /《話》〈囲〉①動く、移動する、進む、新たな進展を見せる ②〔不完〕〔受身〕

**страда́** 複 -а́ды [女1] ①夏の収穫期の重労働、農繁期 ②重労働、難仕事 ③《民謡・詩》[女1]

**страда́л|ец** -льца [男2] / **-ица** [女3] 受難者、苦しんでいる人

**страда́льческий** [形3] ①受難者の ②苦しみに満ちた

*страда́н|ие [ストラダーニエ] [中5]〔suffering〕①(身体的・精神的な)苦しみ、苦痛、苦悩：~ от го́лода 飢えの苦しみ｜испы́тывать -ия 苦しみを味わう ②《通例複》《民俗》恋愛歌(часту́шка の一種；速い) ③《通例複》《楽》ゆったりしたテンポの歌

**страда́тельный** [形1]《文》①嫌な目に遭わされた ②消極的な 〔態度〕③《文法》受動の、被動の

*страда́ть [ストラダーチ] [不完]〔suffer〕①〈от囲〉で苦しむ、苦痛を感じる、悩む：~ от зубно́й бо́ли 歯痛で苦しむ｜Она́ страда́ет от любви́. 彼女は恋に悩んでいる ②〈囲〉を病む、患う：~ се́рдцем 心臓を病んでいる ③《話》〈по囲/по囲〉…を恋しがる、…がいなくて寂しがる：~ по ма́тери 母を恋しがる ④〈за囲〉(…に同情して)心を痛める：~ за больно́го дру́га 病気の友人を思って心を痛める ⑤〔完 **по-**〕〈за囲/из-за囲〉のために苦しむ〔迫害〕を受ける：~ за пра́вду 正義のために苦しむ ⑥〔完 **по-**〕〈от囲/из-за囲〉のために損害をこうむる：**пострада́ть** от наводне́ния. 町は洪水の被害を受けた ⑦〔完〕悪い、なっていない、不十分である：У неё́ па́мять страда́ет. 彼女は記憶力が弱い

**стра́дный** [形1] < страда́

**стра́ж** [男4]《雅》①守衛、見張り ②維持者、番人

*стра́ж|а [女4]〔guard, watch〕①〔集〕護衛、守備隊、護衛：пограни́чная ～ 国境警備隊 ◆**быть** [**находи́ться, содержа́ться**] **под -ей** 逮捕〔拘禁〕されている ｜ **быть [стоя́ть] на -е**《文》〈囲〉の守りにつく ｜ **взять под -у** 逮捕〔拘禁〕する ｜ **встать на -у** 《雅》…の守りにつく

**стра́жник** [男2]《露史》(革命前)巡査 ②警備員、見張り

**стра́ивать** [不完] / **стро́ить** -ою, -оишь 命 -о́й 受過 -о́енный (-о́ен, -о́ена) [完] 〈囲〉3倍にする、3重にする

**стра́з** [男1] ラインストーン ‖ **~овый** [形1]

*страна́ [ストラナー] 複 стра́ны [女1]〔country〕①国、国家：европе́йские стра́ны ヨーロッパ諸国｜передовы́е [развива́ющиеся] стра́ны 先進[開発途上]国 ｜ со всех стран ми́ра 世界中の国々から ｜ ~-кредито́р 債権国 ｜ ~-должни́к 債務国 ｜ ~ая援助国 ｜ ~-председа́тель 議長国 ②地方、土地、…の国：го́рная ~ 山岳地方、снежная ~ 雪国 ■**~ све́та** 基本方位(東西南北のうちの一つ)

■**страни́ц|а** [ストラニーツァ] [女3]〔page〕①ページ；(本・ノートの)1枚：перели́стывать **-ы** ページをめくる ｜ Откро́йте уче́бник на двадца́той **-е.** 教科書の20ページを開きなさい。(人生・歴史の)1ページ、時期、段階：~ исто́рии 歴史の1ページ ③《IT》ページ：ста́ртовая [дома́шняя] ~ ホームページ ‖ **страни́чка** 誰生-чек [女2] [指小] ‖ **страни́чный** [形1]

**стра́нни|к** [男2] / **-ца** [女3] ①徒歩の旅人、放浪者、さすらい人 ②旅がらす、風来坊 ③巡礼、遍歴者

*стра́нно [ストランナ]〔strangely, it is strange〕①[副]奇妙に、変に：~ оде́ваться おかしな服装をする ②〔述語〕奇妙だ、変だ：С~, что он об э́том не знал. 彼がそのことを知らなかったなんて変だ

**стра́нность** [女10] ①奇妙なこと、風変わりなこと ②《通例複》奇行、風変わり、奇妙な考え方

*стра́нн|ый [ストランヌィ] 短 -а́нен, -анна́ / -а́нна, -а́нно 比 -нне́е 最上 -ни́нейший [形3]〔strange〕奇妙な、変な、不可解な：~ хара́ктер 変わった性格 ｜ В э́том нет ничего́ **-ого.** それは少しも変ではない ◆**-ое де́ло**〈挿入〉奇妙なことには

**странове́дение** [中5] 地域研究 ‖ **-ческий** [形3]

**стра́нствие** [中5] ①放浪の旅 ②《話》長旅、長期滞在

**стра́нствова|ть** -твую, -твуешь [不完] ①放浪する、旅する ②《話》遠くへ旅する、長く滞在する；点々とする：**стра́нствующий** актёр 旅役者、旅芸人 ③巡礼する ‖ **-ние** [中5]

**страстно́й** [сн] [形2]《正教》キリスト受難の：**С-а́я неде́ля**《正教》受難週、聖週間(復活大祭前の1週間)

**стра́стно** [сн] [副] 熱烈に、情熱的に

*стра́стн|ый [сн] [男1] 短 -тен, -тна, -тно [形1]〔passionate, ardent〕①熱烈な、熱のこもった、激しい：~ спор 激烈な議論 ②熱狂的な、熱烈な、熱心な：~ покло́нник джа́за ジャズの熱狂的なファン ③(恋愛的に)情熱的な、燃えるような：~ поцелу́й 熱い口づけ ‖ **-ость** [女10] <①③>

**страстоцве́т** [男1]《植》トケイソウ

*страст|ь [ストラースチ] 複 -и, -е́й [女10]〔passion〕①激情、情熱、情欲：разжига́ть **-и** 情熱を燃え立たせる ②強い恋情、情欲：воспыла́ть **-ью** к〈囲〉…に恋焦がれる ③熱中、熱意、熱狂：~ к му́зыке 音楽熱 ｜ Он со **-ью** чита́ет. 彼は熱心に読書している ④熱中の対象、大好きなもの：Му́зыка — её́ ~. 彼女は音楽だ ⑤ 〔単〕 стра́сти 《通例複》③苦難、受難：~ Христо́вы《宗》受難 ⑥《通例複》⑦《単独，また、как-, како́й を伴って》《俗》とても、ひどく；〔述語〕非常に多い、ものすごい：Я — так я люблю́ грибы́ собира́ть. 私はキノコ狩りがものすごく大好きだ ｜ ~ ско́лько ひどくたくさん、とても多く ｜ **-и-морда́сти** 《俗・戯》とても恐ろしいもの ■**~ по Матфе́ю**《楽》マタイ受難曲

**стратаге́ма, страте́ма** [э] [女1] 軍略、戦略

**страте́г** [男1] 軍略家、兵法家、戦略家、策士

*стратеги́ческ|ий [ストラチギーチスキイ] [形3]〔strategic〕①戦略の、戦略的の：**-ие** пла́ны 戦略計画 ｜ со **-ой** то́чки зре́ния 戦略的見地から ②戦略的意義を持つ、戦力上重要な：**-ое** сырьё 戦略物資 ｜ ~ бомбардиро́вщик 戦略爆撃機

*страте́гия [ストラチェーギヤ] [女9]〔strategy〕①(軍事の)戦略、戦略論 ② партиза́нской войны́ ゲリラ戦の戦略 ②戦略、戦術、方策：~ президе́нтских вы́боров 大統領選挙の戦略 ｜ ~ игры́ ゲームの戦略

**стратифика́ция** [女9] 階層化、成層化

**стратона́вт** [男1] 成層圏飛行士

**стратоста́т** [男1] 高高度[成層圏]気球

**стратосфе́р|а** [女1]《気象》成層圏 ‖ **-ный** [形1]

**стра́ус** [男1]《鳥》ダチョウ ‖ **~овый, ~и́ный** [形1]

[形1]

**страусёнок** -нка 複 -сята, -сят [男9] ダチョウの子

**※стра́х** [ストラ一フ] -а/-у [男2] [fear] ① 恐怖, 怖れ, 畏怖; 不安: ～ сме́рти 死の恐怖 | вы́звать ～ у 囚 …に恐怖心を起こさせる | Она́ задрожа́ла от ～а. 彼女は恐怖のあまり震えだした ② 《通例複》《話》恐怖を引き起こすもの, 恐ろしい出来事: расска́зывать ра́зные ～и いろんな怖い話をする ③ [副] 《俗》《単独, またはкако́йを伴って》とても, 非常に, おそろしく;《述語》非常に多い, もので: С～ как люблю́ чёрно-бе́лые фи́льмы. 私は白黒映画がものすごく大好き ◆на ～ 囚 …を怖がらせるために | на свой ～ (и риск) 自分の責任で | не за ～, а за со́весть《話》良心的に, 誠実に | под ～ом 囚 …の脅しのもとに, …と脅して | У ～а глаза́ вели́ки.《諺》幽霊の正体見たり枯れ尾花(←恐怖の目は大きい)

**страх..** 《語形成》「保険の」

*страхова́н|ие [中5] [insurance] ① 保険: ～ жи́зни 生命保険 | ～ от огня́ [несча́стных слу́чаев] 火災[傷害]保険 | социа́льное ～ 社会保険 | обяза́тельное ～ автограждáнской отве́тственности 自動車損害賠償責任保険, 自賠責保険 (略 ОСАГО) | догово́р -ия 保険契約 ②(事故・傷害などの)予防

**страхова́тель** [男5] 保険契約者, 被保険者

*страхова́|ть -ху́ю, -ху́ешь [不完]/за~ [完] [insure] 〈囮〉① …に保険をかける: ～ жи́знь 生命保険をかける | ～ иму́щество от пожа́ра 財産に火災保険をかける ②(不都合なことから)守る, 予防する: ～ себя́ от изли́шнего ри́ска 余計な危険から身を守る ③《不完》(体操・高所作業などから)守る, …に安全策を講じる: ～ гимна́ста 体操選手の安全を確保する ∥ ~ся [不完] / за~ [完] ①保険に加入する ②(不都合なことから)自分の身を守る ③《受身》

*страхо́вк|а [ストラホーフカ] 複生 -вок [女2] [insurance] ①保険をかけること; 保険に加入すること: ～ до́ма 家屋に保険をかける | офо́рмить ～у 保険の手続きをする ②《話》保険金: получи́ть три́ста ты́сяч рубле́й -и 30万ループリの保険金を受け取る ③《話》保険料, 保険掛金: заплати́ть [оплати́ть] ～у 保険料を払う ④《話》予防, 保全, 安全措置: Она́ идёт по кана́ту без -и. 彼女は保険なしで綱渡りをしている

*страхово́|й [形2] [insurance] 保険の: -áя компа́ния 保険会社 | ～ проду́кт 保険商品

**страхо́вочный** [形1](体操選手・高所労働者の)安全のための, 危険防止用の

**страхо́вщик** [男2] 保険業者, 保険会社

**страхолю́дина** (女1変化)[男・女]《俗》異形の人, 醜い人, 恐ろしいもの

**страхолю́дный** [形1]《俗》見るも恐ろしい, 容貌の醜悪な

**стра́ше|нный** [形1]《話》ひどく恐ろしい: У нас зимо́й в кварти́ре хо́лод ～. 冬はうちの部屋は極寒だ

**страши́лище** (中2変化)[男]/[中]《話》醜悪な人[もの], ばけもの; 恐ろしい人[もの]

**страши́лка** 複生 -лок [女2]《話・戯》怪談話; ホラー映画

*страши́ла (女1変化)[男・女], страши́ло (中1変化)[男]/[中] ⑲ = страши́лище

**страши́|ть** -шу́, -ши́шь [不完] 〈囮〉〈人〉を怖がらせる, おどかす ∥ ~ся [不完]〈囲〉を怖がる, 恐れる

**※стра́шн|о** [ストラ一シナ][副] ①[terribly] 恐ろしく, こわそうに: ～ вы́глядеть 恐ろしい様子をしている ②《話》ひどく, ものすごく: С～ боли́т голова́. ひどく頭が痛い ③[無人述] 恐ろしい, 怖い: Мне ста́ло ～. 私はこわくなった

**※стра́шн|ый** [ストラ一シヌィ] 短 -шен, -шна́, -шно, -шны́/

-шны́ 比 -не́е 最上 -не́йший [形1] [terrible, dreadful] ①(人に)恐怖, 怖い, ひどい思いを引き起こす; 危険な: ～ сон 怖い夢 | -ая боле́знь 恐ろしい病気 | Мне -а́ жизнь. 私は生きるのが怖い ②つらい, 怖い, 心の痛む, いたましい: узна́ть -ую пра́вду つらい真実を知る | ~ое собы́тие いたましい事件 ③《話》やつれた, やせこけた ④《話》強烈な, ものすごい, ひどい; まれに見る: -ая боль 強烈な痛み ◆Ничего́ -ого. 《話》たいしたことはない, 心配には及ばない

**страща́|ть** [不完]/по~, на~ [完]《俗》〈囮〉おどかす

**стре́жень** -жня [男5] 瀬(芩),(通例川の中央部の)深くて流れのもっとも速いところ

**стрека́ч** -á [男4] ◆**да́ть [зада́ть] -á** 《俗》一目散に逃げる, とっとずらかる

**стрекоза́** 複 -о́зы [女1] ①[昆]トンボ ②《話》落ち着きのない[活発な]女の子 ③《俗・戯》ヘリコプター

**стрекó|т** [男1] ①コツコツ[カタカタ, キーキー]いう音(叩く音, 機械の音, 虫の音など, 鋭く短い連続音) ②《話》ぺらぺらまくし立てること, おしゃべり

**стрекочу́|ть** -очу́, -о́чешь [不完] ①コツコツ[カタカタ, キーキー]いう[鳴く](叩く音, 機械の音, 虫の音など, 鋭く短い連続音を立てる) ②《話》ぺらぺらまくし立てる ∥ **-ние** [中5]

*стрел|á́ 複 -éлы [女1] [arrow] ①矢; 矢状のもの: пусти́ть ～у́ 矢を射る | стрéлы Амýра [Купидóна] キューピッド[愛]の矢 ②《通例複》(毒舌などの)矢, 辛辣な言葉: стрéлы сати́ры 風刺の矢 ③[工](クレーンなどの)アーム, ブーム: ～ экскава́тора 掘削機のアーム ④[工](機械装置の)細長い部分[部品] ⑤ = стрéлка③④ ⑥《俗》特急列車(その名称として): Кра́сная ～ 「赤い矢」号(モスクワ―サンクトペテルブルク間を走る) ◆-óй 矢のように速く; まっすぐに: Врéмя лети́т -óй. 光陰矢のごとし /стрелово́й 形2

**стреле́ц** -льца́ [男3] ①[史]銃兵(16-17世紀ロシアに組織された銃兵隊の隊員) ②С~ [天]射手座 ③《話》射手 ∥ **~кий** [形3]

*стрéлк|а 複生 -лок [女2] [pointer, needle] ①[指小]< стрела́ ②(計器・時計などの)針; [コン]マウスポインタ: часова́я [мину́тная]～(時計の)短[長]針 ③矢印(記号): -и на карте́ 地図上の矢印 ④[植]花柄(⑦), 花梗(⑦) ⑤《話》新芽 ⑥[鉄道]転轍(⑦)機, ポイント: перевести́ -у ポイントを切り替える ⑦[地理](細長い)岬, 砂州(⑦), 州洲(⑦) ⑧《話》会うこと, デート; その場所: забéть ～у с 囚 …と会う[デートの]約束をする ◆перевести́ -у на 囚《俗》…を危険にさらす, (罪・疑いを)…になすりつける

*стрелко́вый [形1] [shooting] ①射撃の: ～ спорт 射撃競技 ②射撃兵の

**стрелови́дный** 短 -ден, -дна [形1] 矢状の, 矢じり(状)の

*стрело́к -лка́ [男2] [shot] ①射撃手, 射手: иску́сный ～ 腕利きの射手 ②狙撃[射撃]兵;(戦車・戦闘機の)射撃手 ③武装警備員 ④《俗》物をねだる人; 物乞い

**стре́лочни|к** [男2] /-**ца** [女3] [鉄道]転轍手 ◆**(Всегда́) ～ винова́т.**《話・皮肉》(いつでも)直接手を下した下っ端の責任

*стрельб|á́ 複 -éльбы [女1] [shooting] ①撃つ[射撃]こと: откры́ть -у́ 射撃を開始する ②《複》射撃訓練; боевы́е -éльбы 実弾発射試験 ③[スポ]射撃, 射的: ～ из лу́ка アーチェリー

**стре́льбище** [中2] 射撃場 ∥ **-ный** [形1]

**стрельну́|ть** -ну́, -нёшь [完] ①< стреля́ть①③⑤⑥⑦ ②《話》すばやく走り去る

**стрельча́тый** [形1] ①[建]ランセットの, 尖頭アーチの ②[植]花梗の出た

**стрелкáлка** 複生 -лок [女2] 《戯・皮肉》①《俗》大ピス

**стре́ляный** [形1] ①(野鳥が)猟銃で撃ち殺された，致命傷を負った ②撃たれたことのある ③《話》戦場で銃弾の雨をくぐり抜けてきた，経験に富んだ ④《話》射撃のために使われた ◆~ **воробе́й**〔戯〕老練家，古だぬき

**стреля́ть** [ストリリャーチ] 受過 -éлянный [不完]〔shoot〕①〈в|по|про に〉射撃する，撃つ，討つ：~ из пистолéта ピストルで撃つ｜~ из лу́ка 弓で射る｜~ в цéль 的を撃つ ②射撃ができる，銃砲を扱える：Он хорошо́ *стреля́ет*. 彼は射撃がうまい ③《銃砲が》発射する：Пистолéт не *стреля́л*. ピストルは弾が出なかった ④《囲》（鉄砲で）しとめる 〈по зáйцам ウサギを〉しとめる ⑤鉄砲を撃つような「パチパチ」音を立てる：Дрова́ *стреля́ют* в печи́. 暖炉の中で薪がパチパチ音を立てている ⑥《無人称》《話》刺すような，ずきずきする：У меня́ *стреля́ет* в боку́. 私はわき腹がずきずき痛む ⑦《俗》〔ねだる，せがむ〕：~ сигарéты у сослужи́вцев 同僚にたばこをねだる ◆~ **глаза́ми**〔話〕(1)ちらちら見る (2)色目を使う

**стреля́ться** [不完] ①《話》(ピストル・銃で)自殺する ②《旧》〈с 囲〉と決闘する

**стрём** [男1], **стрёма** [女1]《俗》①監視，見張り ②《女》〔隠〕監視するもの ◆ **быть** (**стоя́ть**) **на** ~**е**《若者・隠》監視する，警戒している

**стрема́ть** [不完]《隠》《若者・俗》《囲》監視する，見張る ②《若者・俗》《囲》《囲によって》おどかす，怯えさせる ③《若者・若》怖がる，《囲に》不快(不便)に感じさせる ‖ ~**ся** [不完]《若者・若》怯える，驚く；不快(不便)に感じる

**стремгла́в** [副] まっしぐらに，大急ぎで

**стре́мечко** 複 -чки, -чек, -чкам [中1]〔指小・愛称〕< стремя́ ②〔解〕(中耳の)あぶみ骨

*__стреми́тельно__ [副]〔swiftly, headlong〕素早く，速く，急激に，しむけに；急速に；ひたむきに，ひたすらに：По нéбу ~ пронесла́сь па́дающая звезда́. 一筋の流れ星が空をすっとかけぬけた

*__стреми́тельный__ -лен, -льна [形1]〔swift〕①急速な，迅速な，急激な：~ пото́к 急流｜~ -ая инфля́ция 急激なインフレ ②敏捷(びんしょう)な，活発な，活動的な ③情熱的な，ひたむきな ‖ ~**ость** [女10]

**стреми́ть** -млю́, -ми́шь 受過 -млённый (-лён, -лена́) [不完]《文》向ける，向かわせる：~ ло́дку к бéрегу ボートを岸に向かわせる

*__стреми́ться__ [ストリミーッツァ] -млю́сь, -ми́шься, … -мя́тся 命 -ми́сь [不完]〔rush, seek〕①突進する，まっしぐらに向かう：~ к вы́ходу 出口に向かって突進する｜Пото́к *стреми́тся* к мо́рю. 急流が海へ向かって流れている ②志す，目ざす：~ на сце́ну 舞台を志す ③〈к 与に〉心をひかれる，あこがれる：~ к добру́ 善にあこがれる ④〈к 与/不定形〉を獲得しようと努める，目指す，切望する：~ к вла́сти 権力の座を目指す｜Он *стреми́лся* поня́ть собесéдника. 彼は話し相手のことを理解しようと努めた

**стремлéн|ие** [ストリムリェーニエ] [中5]〔aspiration〕①《文》突進，急行 ②志向，切望，意欲，希求：~ к ми́ру 平和の希求｜~ к по́двигу 功業への志向 ③《通例複》願望：ду́шевные *-ия* 心からの願望｜*-ия* вéка 時代の気運

**стремни́на** [女1] 早瀬

**стрёмно** [副]〔無人述〕《若者》①《俗・隠》危険だ，恐ろしい，やばい ②不愉快だ，居心地が悪い ③悪い，質が悪い；批判的だ

**стрёмный** [形1]《若者・俗》①危ない，危険な，恐ろしい ②大胆な，粗暴な ③不愉快〔不安〕にさせる ④最悪の，嫌な

**стре́мя** 生・与・前 -мени，造 -менем 複 -мяна́，-мя́н，-мена́м [中7] ①あぶみ：вложи́ть но́гу в ~ あぶみに足をかける ◇ **стре́мечко** ② 《方》早瀬

**стремя́нка** 複 -нок [女2] ①脚立，折り畳み式梯子，ステップ ②縄梯子 ③《建築現場の足場・鉱山の》足掛け，段

**стреножить** [完] = трено́жить

**стре́пет** [男1]〔鳥〕ヒメノガン

**стрептоко́кк** [男2]〔医〕連鎖球菌(属) ‖ ~**овый** [形1]

**стрептомици́н** [男2]〔医〕ストレプトマイシン(抗生物質)

**стре́сс** [э] [男1]〔stress〕〔医〕ストレス：снима́ть ~ ストレスを解消する ‖ ~**овый** [形1]

**стретч** [男4] (また不変) ストレッチ素材の布地，伸縮性生地

**стреха́** 複 -éхи [女1] ①(木造家屋の)軒，庇 ②《百姓小屋の》屋根

**стреч|о́к** -чка́ [男2] ◆ **да́ть** (**зада́ть**) **-ка́**《俗》一目散に逃げだす，とっとずらかる

**Стрибо́г**, **Стрибо́г** [男2]《スラヴ神》ストリボグ (風神)

**стриг(ся)**〔過去・男〕< стри́чь(ся)

**стрига́ль** [男5] (羊などの)毛刈り職人

**стрига́льный** [形1] 毛刈の，毛刈りの

**стригу́н** -á [男1], **стригуно́к** -нка́ [男2] 1歳馬

**стриж** -á [男4]（複）〔鳥〕アマツバメ属：чёрный ~ ヨーロッパアマツバメ

**стри́женый** [形1] ①短く刈った髪をした ②（髪・毛が）短く刈られた，刈り込まれた ③（枝・草が）剪定された

**стри́жка** 複 -жек [女2] ①散髪；刈り込み，剪毛(せんもう)，剪定 ②髪型，カット

**стри́нгер** [男1] ①〔フリージャーナリスト ②〔建〕縦桁 ③〔船〕梁受材

**стрипти́з** [男1] ストリップショー，ストリップ ②《話》自己暴露，露悪趣味(ちゅみ)（душе́вный [мора́льный] ~)

**стриптизёр** [男1] / ~**ша** [女4], ~**ка** 複 -рок [女2] ストリッパー

**стрит** -a/-á [男1] 通り，ストリート：~ -áрт ストリートアート

**стрихни́н** [男1]〔薬〕ストリキニーネ，ストリキニン

**стричь** -игу́, -ижёшь, ... -игу́т 命 -иги́ 過 -иг, -и́гла 能 -и́гший 受過 -иженный [不完] / **по~**, **об~**, **о~** [完] ①〈囲〉刈り込む，カットする ②〈囲〉《毛》を刈り込む，短くする ③はさみで細かく〔細長く〕切り刻む

*__стри́чься__ -игу́сь, -ижёшься, ... -игу́тся 命 -иги́сь 過 -и́гся, -и́глась [不完] / **по~**, **об~**, **о~** [完]〔cut one's hair〕①散髪する，自分の髪を切る〔切ってもらう〕：~ в парикма́херской 床屋で散髪する ②《不完》髪を短くカットしている；（髪・ひげを）ある型にカットしている

**стробоско́п** [男1]〔理〕ストロボスコープ

**строга́ль** [男5], **строга́льщик** [男2] 平削り工，かんな工

**строга́льный, стро́гальный** [形1] かんな仕上げ用の：~ стано́к〔技〕平削り機

**строганина** [女1]〔料理〕ストロガニーナ，ルイベ(魚・肉の冷凍刺身)

**стро́ганый** [形1] ①かんなをかけて仕上げた ②ごく薄くスライスした

**строга́ть** 受過 -о́ганный [不完] ①／完 **вы́~**〕〈囲〉かんなをかける，削り取る ②ごく薄くスライスする ‖ ~**ся** [不完] ①かんな仕上げができる ②〔受身〕‖ **строга́ние** [中5], **стро́жка** [女2]

**строга́ч** -á [男4]《俗》大目玉，おとがめ

*__стро́г|ий__ [ストローギィ] 短 -óг, -огá, -о́го, -о́ги/-огí 比 стро́же 또는 строжа́йший [形3]〔strict, severe〕①厳しい，厳格な，やかましい，いかめしい：~ нача́льник 厳しい上司｜Отéц стро́г с детьми́. 父は子供に厳しい ②容赦のない，手きびしい，峻厳な：~ -ое наказа́ние 厳罰｜приня́ть *-ие* мéры 厳重な措置をとる ③厳密

**стро́го** な, 正確な, 徹底した: ～ уче́т 厳密な集計 | в ～ом смы́сле сло́ва 語の厳密な意味で ④(道徳的に)厳しい, 厳格な; 忠実な, 徹底した: челове́к ~их пра́вил 規則を厳守する人 ⑤端正な, 整った: ～ про́филь 端正な横顔 ⑥(衣服・調度などが)簡素できちんとした, 趣味のよい: ~áя причёска こざっぱりした髪型

‡**стро́го** [ストロ́ーガ] 比 стро́же 最上 строжа́йше[副][strictly, severely] ①厳しく, 厳格に, 厳密に, きちんと: ～ запреща́ть впить и кýрить | 飲酒・喫煙を厳禁する | Он ведёт себя́ ～. 彼は品行方正だ ②(俗)確かに, 間違いなく ◆～ говоря́[挿入]厳密に言えば

**стро́го-на́строго** [副](話)非常に厳しく, 厳格に
**стро́гость** [女10]①厳しいこと, 厳しさ, 厳格さ ②厳しい態度 ③(通例複)(話)厳しい規則[措置]
**строеви́к** -á [男2]①戦闘部隊の軍人 ②戦闘の知識に長けた者
**строево́й** [形2]①隊列の; 教練の ②実戦(部隊)の ③(木が)(長くまっすぐで)建築に適した; 建築用の
*строе́ние [中5][building, structure]①建物, 建造物: ка́менное ～ 石造りの建物 ②構造, 構成: ～ а́тома 原子の構造
*строи́тель [男5][builder]①建設作業従事者(建築家, 建築技師, 建設作業員など): брига́да ~ей 建設作業班 ②(雅)建設者, 創造者: ～ но́вой жи́зни 新生活の創造者
*строи́тельн|ый [形1][building, construction]建築の, 建設の; 建築用の, 建設関係の: ~ые материа́лы 建築用資材 | ～ факульте́т 建築工学
‡**строи́тельств|о** [ストライーチリストヴァ][中1][building, construction]①建築, 建設, 建造: ～ жилы́х домо́в 住宅建設 | но́вые мéтоды ～a 新しい建設方法 ②建設中の建物, 建設現場; 建設関係の機関: рабо́тать на ~e 建設現場で働く ③創設, 組織: культу́рное ～ 文化建設 ■**зелёное** ～ (都市の)緑化
‡**стро́ить** [ストロ́ーイチ] -о́ю, -о́ишь 命 -о́й[不完] / постро́ить [パストロ́ーイチ] 受過 -о́енный[完] [build, construct] (翻) ①[完также вы́~]建築する, 建設する, 建造する: ～ зда́ние [желе́зную доро́гу] ビル[鉄道]を建設する | Дом постро́ен де́сять лет наза́д. この家は築10年です ②(機械などを)製作する, 製造する: ～ косми́ческий кора́бль 宇宙船を建造する ③創設する, 創建する, 築く: ～ семью́ 家庭を築く ④(数)作図する: ～ треуго́льник 三角形を作図する ⑤(文章などを)構成する, 作成する, 組み立てる: ～ сюже́т расска́за 短編小説のプロットを作る ⑥~(計画・案などを)立てる, 考え出す: ～ пла́ны 計画を立てる <На圆>…に基づいて作る, …に基礎づける: ～ докла́д на то́чных да́нных 正確なデータに基づいて報告書を作成する ⑧[完 с～](顔)する, 作る: ～ ка́верзы 悪だくみをする | ～ грима́су しかめ面をする ⑨(不完)(話)<из囲>…のふりをさせる, …をよそおわせる: Он стро́ил из себя́ дурака́ [дурачка́]. 彼はばかのふりをしていた ⑩[完 вы́~]整列させる, 並ばせる: ～ ученико́в в коло́нну по одному́ 生徒を縦列に並ばせる
**стро́ить** [完] → стра́ивать, трои́ть
*стро́иться -о́юсь, -о́ишься [不完]/по～ [完][be built] ①建築[建設]される, 造られる: Стро́ится заво́д. 工場が建設中だ ②自分の家[建物]を建てる: ～ за́ городом 郊外に別荘[自宅]を建てる ③(機械などが)製造される ④創造される, 築かれる (文章などが)構成される, 作成される ⑤(計画・予想などが)立てられる: Стро́ились ра́зные дома́слы. 様々な憶測が飛びかっていた <На圆>…に基づく ⑥[完 вы́~]整列[隊列]する, 隊列を組む

‡**стро|й¹** [ストロ́й] 前 о -е, в -ю́ 複 -и́, -ёв [男6][formation][軍]①横隊, 隊列, 隊伍: встать в ～ 整列する | идти́ ~ем 隊列を成して進む ②隊形: со́мкнутый [рассыпно́й] ～ 密集[散開]隊形 ③(単)(最前線の)戦闘部隊; 実動の設備[人員], 一列に並んだ物, 列: ～ книг 一列に並んだ本 ◆**ввести́ в** ～ 囮 戦列に加える, 稼働させる | **вступи́ть (войти́) в** ～ 操業[活動]を開始する | **вы́вести из** ~я́ 囮(1)戦列から離脱させる, 落伍させる, 働けなくする (2)故障させる, 使用不能にする | **вы́йти из** ~я́ (1)戦列を離脱する, 落伍する, 働けなくなる (2)故障する, 使用不能になる | **оста́ться в** ~ю́ 戦列にとどまる; 操業[活動]を続ける
*стро|й² [ストロ́ー] [男6][system]①(国家・社会の)制度, 体制, 機構: социа́льный ～ 社会体制 | госуда́рственный ～ 国家機構 | феода́льный ～ 封建制度 ②体系, 構造, 構成: граммати́ческий ～ япо́нского языка́ 日本語の文法構造 ③(楽)音調, ピッチ; мажо́рный [мино́рный] ～ 長[短]調 | ～ орке́стра オーケストラのピッチ ④(単)調和, 協調
**строй..**[語形成]「建設の」
**стройба́т** [男1](軍)建設大隊
*стро́йк|а -о́ек [女2][construction]①建築, 建設, 建設工事: нача́ть ~у заво́да 工場の建設を開始する ②建設中の建物, 建設現場: рабо́тать на ~е 建設現場で働く
*стройматериа́лы -ов[複]建築材料, 建材
*стро́йн|ый 短 -о́ен, -ойна́, -о́йно, -о́йны/-ойны́ [形1]①均整のとれた, すらりとした: ~ая де́вушка スタイルのいい女の子 ②(列などが)整然とした: ~ые ряды́ сту́льев きちんと並んだ椅子の列 ③理路整然とした, 首尾一貫した: ~ая тео́рия 整然たる理論 ④調和のとれた: ~ая гармо́ния よくそろった ∥**-ость** [女10]
*стройотря́д [男1](夏季休暇を利用した)学生建設隊(プロフェッショナルな)建設作業隊
*строк|á [стрóка] 対 -оку́/-óку 複 -óки, -óк, -ока́м [女2][line]①(文字などの)行(ギ₃ウ): пя́тая ～ све́рху [сни́зу] 上[下]から5行目 | писа́ть с но́вой -и́ 改行して書く ②(通例複)文章, 語, 句: пе́рвые стро́ки письма́ 手紙の書き出し ③[テレビの]走査線 ④(わらじなどの)靭皮(ピ゚゚)繊維のひとすじ ◆**кра́сная** ～ (印)(段落の最初の)字下げのある行 | ～ **в** ~ý 一言一句違わずに, 逐語的に | **чита́ть ме́жду строк** ～ 行間を読む, 言外の意味を読み取る | **Не вся́кое лы́ко в стро́ку.** (諺)こまかいことをいちいちあげつらうな, 誤りは人の常(←すべての靭皮がわらじになるわけではない)
**стро́нуть(ся)** [完] → стра́гивать
**стро́нций** [男7](化)ストロンチウム(記号 Sr)
**строп** [男1], **стро́па** [女1](荷物を持ち上げる)吊り索, 吊り網, (パラシュートの)シュラウドライン
**стропи́л|о** [中1](建)たるき/**-ьный** [形1]
**стропти́вец** -вца [男3] / **-ица** [女3] (話)頑固者, 強情っ張り, じゃじゃ馬
**стропти́в|ый** 短 -и́в [形1]頑固な, 強情な, 反抗的な ∥**-ость** [女10]
**строф|а́** 複 -óфы, -óф, -офа́м [女1](詩)①連, 節, スタンザ ②(通例複)詩 ∥**-и́ческий** [形3]
**стро́фика** [女2](詩)詩節構成法
**стровышыитый** [過分]抜きかがりで刺繍された
**строчи́ть** -очу́, -о́чишь/-очи́шь 受過 -о́ченный[不完] / **про-** [完] ①(衣)ミシンで縫う ②[完 на～](話) (衣)(印)(無細)走り書きする, 大急ぎで書く; 矢継ぎ早に言う事; ちょこまかと歩く[走る] ③(話)(自動火器で)撃つ
**стро́чк|а¹** [女2]①ミシンで[手細かで細かく]縫うこと ②細かい針目 ③抜きかがり刺繍（ドロンワーク）
*стро́чк|а² 複生 -чек[女2][line]行(ギ₃ウ)(★用法は строка́に準ずる)
**строчно́й** [形2]①< стро́чка¹ ②小文字の(↔ прописно́й, загла́вный)
**стро́чный** [形1]①= строчно́й ②< строка́
**строчо́к** -чка́[男2]{茸}シャグマアミガサダケ(属)(有

毒だが解毒して食す)

**струбци́на** [女1]〔技〕クランプ, 締め具

**струг** [男2] ①《木工》かんな類の総称 ②《土木》掘削機 ③(昔のロシアの)川船 ∥**-о́вый** [形1]＜①③

**струга́ть** 受動-уганный [不完] = строга́ть

**стру́жк|а** 複生 -жек [女2] ①かんなくず, 削りくず ②《集合》おがくず, 屑, 詰め物, パッキング ◆*сни-ма́ть с* 図《俗・戯》＝をきつくとがめる ∥ **стру́жечный** [形1]

**струи́ть** -уи́т [不完]〔団〕〈液体・光・芳香を〉流す, 放つ ∥ **-ся** [不完]〈液体・空気・匂い・音・光が〉流れる, 漂う, 広がる, 差し込む ②〈長い髪が〉流れる[波打つ]ように垂れかかる

**стру́йка** 複生 -у́ек [女2]〔指小〕＜струя́①②

**стру́йн|ый** [形1]〔團〕細い流れの, 噴射の ■**высо́тное -ое тече́ние**《気象》ジェット気流(略 ВСТ)

***структу́ра** [ストルクトゥーラ] [女1]〔structure〕①構造, 構成, 仕組み：～ языка́ 言語の構造｜～ по́чвы 土壌の構造｜эконо́мическая ～ о́бщества 社会の経済機構｜～ администрати́вного управле́ния 行政機構

**структурали́зм** [男1] 構造主義

**структурали́ст** [男1] 構造主義者

***структу́рн|ый** [形1] 〔structural〕①構造（上)の, 構成（上)の：～ ана́лиз 構造分析 ②一定の構造をもつ ■**-ая лингви́стика** 構造(主義)言語学｜**-ая геоло́гия** 構造地質学

***стру|на́** 複 -у́ны [女1] 〔string〕①(楽器の)弦：*стру́ны гита́ры* ギターの弦 ②感性, 資質, (心の)琴線：*стру́ны се́рдца* 心の琴線 ③(ラケットなどの)ガット, 張り糸 ◆*сла́бая ～* 弱点, 痛いところ｜*держа́ть в -é* [別]《話》…を厳しく扱う, …にだらけるすきを与えない

**стру́нк|а** 複生 -нок [女2]〔指小・愛称〕＜струна́ ◆*вы́тянуться [ста́ть] в -у* 直立不動の姿勢をとる｜*ходи́ть по ~é* [у] *[пе́ред]* 図 (びくびくして)…の言いなりになる, 絶対服従する

**стру́нн|ый** [形1] ①弦の, 弦の響きのような, 弦楽の ②弦で音を出す；弦楽の：～ **инструме́нт** 弦楽器

**стру́нник** [男1]《話》弦楽器奏者

**струп** -ья, -ьев [男8] かさぶた ∥ **-ный** [形1]

**струси́ть** [完] = тру́сить

**струхну́ть** -ну́, -нёшь [完]《話》= струси́ть

**стручо́к** -чка́ [男2]〔植〕さや ∥ **стручко́вый** [形1]: **-ая фасо́ль** サヤインゲン｜～ **горо́шек** サヤエンドウ

***стру|я́** -и́, -ю́й, -ю́ям [女6]〔stream, jet〕①(水・空気・光などの)細い流れ；噴流, ジェット: возду́шная ～ 気流 ②流れ, 流派, 流儀 ③《俗》幸運, つき ◆*внести́ [влить] живу́ю [све́жую] ~ю́ в* 図…に新風を吹き込む｜*попа́сть в -ю́* 《話》時流に乗る

**стря́па|ть [co-** [不完] ①料理する ②《蔑》〈文学作品・絵などを〉でっち上げる, へたなものを(大急ぎで)つくる ∥ **-ся** [不完]《俗》料理される ③《受身》∥ **-ние** [中5]

**стряпня́** [女5] ①料理すること ②《蔑》料理 ③でっち上げ, 駄作

**стряпу́ха** [女2]《俗》女料理人

**стря́пчий** (形6変化)[男名]《露史》①(16-18世紀初頭の)宮廷雑役人 ②(18-19世紀前半の)司法監督官 ③《革命前期》私法弁護士, 代理人

**стряс|ти́** / **стрясти́** -су́, -сёшь 過 -я́с, -ясла́ 受動 -сённый (-ен, -сена́) [完] ①振るい落とす, 振り落とす

**стрясти́сь** -сётся 過 -я́сся, -ясла́сь [完]《話》〈団〉 (悪いことが)起こる: *Стрясла́сь беда́.* 困ったことになった｜*Что с тобо́й стрясло́сь?* どうしたんだい

**стря́хивать** [不完] / **стряхну́ть** -ну́, -нёшь 受動 -я́хнутый [完] ①〈団〉払い落とす ②《眠気, 重苦しい気分を》振り払う, 払いのける ∥ **-ся** [不完] /[完] ①《話》振り落ちる ②《完》《受身》

**ст. ст.**〔略〕ста́рый стиль 旧暦, ユリウス暦

**сту́** 〈生・与・造・前置格〉＜сто́

**студени́стый** [形1] ゼリー状の, にこごりのような

***студе́нт** [ストゥデェーント] [男1] / **студе́нтка** [ストゥデェーントカ] 複生 -ток [女2] 〔(university) student〕学生, 大学生: ～ второ́го ку́рса 大学2年生｜～ филологи́ческого факульте́та 大学部の学生｜В э́том году́ моя́ до́чь ста́ла *студе́нткой*. 今年私の娘は大学生になった｜～ме́дик 医学生｜～юри́ст 法科学生 ∥ ~**ик** [男2] / ~**очка** 複生 -чек [女2]〔指小〕

**студе́нческ|ий** [形1]《集合》学生時代の: ～ кружо́к 学生サークル｜**-ое общежи́тие** 学生寮

**студе́нчество** [中1]《集合》学生；学生時代

**студёный** 短 -ён [形1]《話》ひどく冷たい, 凍てつく

**сту́день** -дня [男5] ①にこごり, ゼリー寄せ ②《教師・戯・皮肉》学生

**студи́ец** -и́йца [男3] / **студи́йка** 複生 -и́ек [女2] (美術・音楽・演劇学校などの)学生；若手劇団の役者

**студи́ть** -ужу́, -у́дишь 受動 -у́женный [不完] / **о-** [完] 〈団〉冷やす ②凍えさせる ∥ **-ся** [不完] / [完] ①《話》冷える, 凍える ②《完》凍える ③《不完》《受身》

***сту́дия** [女9] 〔studio〕 ① (芸術家のアトリエ, 工房 ② (芸術家・俳優の)養成所, 芸術学院: бале́тная ～ バレエスタジオ ③ (俳優の)一団 ④ 映画スタジオ, 映画制作所 ⑤ (テレビ・ラジオの)スタジオ

**сту́жа** [女4]《話》厳寒, 極寒, 凍てつく寒さ: зи́мняя ～ 冬寒

***стук** [男2] 〔knock〕① (コツコツと)たたく音, 硬いものがぶつかる[落ちる]音：～ ножо́м по столу́ ナイフがテーブルにコツコツ当たる音 ②(機械装置の作動音; 心臓の鼓動音) ③ (ドア・窓などのノックの)音: войти́ без ~а́ ノックなしに入る ④ 《間投》《чаще стук-сту́к, сту́к-сту́к-сту́к》で繰り返して《擬音》トントン, コツコツ ⑤ 《述語》《話》сту́кать(ся) / сту́кнуть(ся), стуча́ть(ся) の過去形のかわりに

**сту́ка|ть** [不完] / **сту́кнуть** -ну, -нешь 命 -ни 受動 -тый [完] ①〈団〉《無補語》打つ, 叩く ②〈в 団/по 団〉…をノックする, (ぶつけて・押して)音を立てる ③《俗》〈団〉殺す ④《完》《無人称》《話》(年齢が)満…歳になる ⑤《俗》に密告する, ばらす ◆*сту́кнуть в го́лову [башку́]* 思いつく, ひらめく ∥ **-ся** [不完] / [完] ①〈о 団〉にぶつかる, ぶつかり合う ②《完》《団》ドアをノックする

**стука́ч** -а́ [男4] / **-ка** 複生 -чек [女2]《俗》密告者

**сту́кать(ся)** [不完] = сту́кнуть(ся)

**сту́кнутый** [形1]《俗・戯・皮肉》精神異常の

**стукотня́** [女5]《話》しきりに叩く音, 連続してぶつかり合う音

***стул** [ストゥール] 複 -лья, -льев, -льям [男8]〔chair〕① (背もたれのある1人用の)椅子: складно́й ～ 折り畳み椅子｜се́сть на ～ 椅子に座る｜сиде́ть на ～ 椅子に座っている｜Уви́дев меня́, он вста́л со ~а. 私を見ると, 彼は椅子から立ち上がった ② (機械などの)台, 台座 ③《俳》《医》便通: У больно́го норма́льный ～. 患者のお通じは正常だ ◆*сиде́ть ме́жду двух ~ев* 二股をかける, どっちつかずの態度をとる ∥ **-ьчик** [男2]〔指小〕<①

**стульча́к** -а́ [男2] 便座

**сту́па** [女1] ①臼, 乳鉢, すり鉢 ②《仏教》仏塔, ストゥーパ

***ступа́ть** [不完] / **ступи́ть** -уплю́, -у́пишь [完]〔step〕①歩む, 踏み出す, 歩を進める: ～ че́рез поро́г 敷居をまたぐ ②《話》〈на 団〉に全体重をかけて踏む[立

**ступенчатый**

つ] ③足を踏み入れる, 入る: ~ на лёд 氷上に足を踏み入れる | ме́сто, куда́ ещё не ступа́ла нога́ челове́ка 人跡未踏の地 ◆*Ступа́й(те)!* 去れ, 失せろ; 行け

**ступе́нчат|ый** -ат [形1] ①段のある, 階段状の ②段階的な **‖-ость** [女10]

\***ступе́нь** -и, -ей/-éй [女10] [step] ①[複生-ей] (階段・はしごなどの) 段, ステップ; (斜面・崖などの) 突出した[くぼんだ] 部分, 段: поднима́ться по ~ям ле́стницы 階段を1段1段上る ②[複生-ей] (発達の) 段階, 水準, レベル; 等級, ランク: высо́кая ~ разви́тия 高発展段階 ③[複生-ей]〚楽〛度 ■~ *раке́ты* (多段式) ロケットの段

**ступе́нька** 複生-нек [女2] ①〘話〙(階段・はしごなどの) 段, ステップ ②[指小・愛称] = ступе́нь①②

**ступи́ть** [完] →ступа́ть

**сту́пица** [女3] (車輪の) ハブ, ボス, こしき

**сту́пка** 複生-пок [女2] [指小・愛称] = сту́па

**ступня́** [女5] ①〚解〛足 (足首から先の部分) ②足裏

**сту́пор** [男1] 茫然自失 (状態)

**стусо́ваться** -су́юсь, -су́ешься [完] 《若者・俗》〈с 造〉と無補語 知り合う, 仲良くなる

**стуха́ть** [不完] / **стуxну́ть** -ну, -нешь 命-ни 過-у́х, -у́хла 能過-хший 副過-хши [完]〘俗〙(するのを)やめる, 熱意を失う

\***стуча́ть** [ストゥチャーチ] -чу́, -чи́шь 命-чи́ [不完] / **по~** [バストゥチャーチ] [完] [knock] ①打って [叩いて] 音を出す: ~ таре́лками 皿をガチャガチャいわせる | Дождь *стучи́т* по кры́шам. 雨が屋根を打っている ②(機械・装置などが) カチカチ [コツコツ] 音を立てる, (パソコンのキーボードを) パチパチ打つ: *Стуча́т* часы́. 時計がチクチク音を立てている ③(ドア・窓などをノックする, たたく: ~ *в две́рь* ドアをノックする ④〘不完 無人称で〙脈を打つ, 動悸がする, ずきずきする: В виска́х *стучи́т*. こめかみがずきずきする ⑤〘不完〙〘俗〙〈на 対〉を密告する

**стуча́ться** -чу́сь, -чи́шься [不完] / **по~** [完] ①〘話〙ぶつかる ②ノックする, 叩く ◆~ *в две́рь* (1) (頼って) 訪れる ②近づく, 到来する

**стушёвываться** [不完] / **стушева́ться** -шу́юсь, -шу́ешься [完] ①〘話〙ぼやける, 薄れる ②いつの間にか姿を消す, いなくなる ③〔不完は **тушева́ться**〕〘話〙怖気づく, どぎまぎする

**стуши́ть** [完] →туши́ть

\***стыд** -á [男1] [shame] ①恥ずかしさ, 羞恥(しゅうち)心: испы́тывать ~ 恥ずかしさを感じる | У него́ нет ни ~á, ни со́вести. あいつは恥も外聞もない ②[複]恥, 恥辱, 不名誉: натерпе́ться ~á 恥ずかしい目にさんざん遭う ③〘話〙はじさらし ◆*к ~у своему́* 恥ずかしいことに | *сгоре́ть от* [*со*] ~á 顔から火が出るほど恥ずかしい

**стыди́ть** -ыжу́, -ыди́шь [不完] / **при~** 受過-и́женный/-ыжённый (-жён, -жена́) [完]〈対〉①羞恥心に訴える, 恥入らせる ②〘話〙恥をかかせる

**стыди́ться** -ыжу́сь, -ыди́шься [不完] / **по~** [完]〈造に対して / 不定形するのを / 無補語〉①恥じる, はばかる, 遠慮する

**стыдли́в|ый** 短-и́в [形1] ①恥ずかしがりの, はにかみ屋の, 内気な ②恥ずかしそうな, はにかんだ **‖-о** [副] **‖-ость** [女10]

\***сты́дно** [スティードナ] [無人述]〈与は恥ずかしい: С~ созна́ться в оши́бке. 間違いを認めるのは恥ずかしいのだ | Как тебе́ не ~ [不定形 [...]]! …なんて, よくもまあ恥ずかしくない

**сты́дный** 短-ден, -днá, -дно [形1] 不面目な, 不名誉な

**стыдо́ба** [女1]〘俗〙= стыд

**стык** [男2] ①接合箇所, 接点, 継ぎ目, 合流点 ②境界線, 境界領域 **‖-ово́й** [形2]

**стыкова́ть** -ку́ю, -ку́ешь 受過-о́ванный [不完] / **со~** [完] 〘鉄〙〚工〛接合する ②〘俗〙くっつける ‖ **~ся** [不完] 〚工〛接合する, ドッキングする ②〘俗〙〈с 造〉と会う

**стыко́вка** 複生-вок [女2] 接合; (宇宙船の) ドッキング

**сты́л|ый** [形1] ①〘話〙冷たい, 冷たくなった ②〘方〙嫌な, 嫌悪を催させる

**сты́нуть** -ну, -нешь 過-ы́л/-ул, -ы́ла [不完] = сты́ть

**сты́рить** -рю, -ришь 受過-ренный [完] 〘俗〙〈対〉盗む

**стыть** -ы́ну, -ы́нешь 過-ы́л/-ы́нул, -ы́ла 能過-ы́нувший [不完] ①〘完 о~〙冷める, 冷える ②〘完 за~〙凍える, かじかむ ⓑ固まる, 凍る ◆*Кро́вь сты́нет в жи́лах*. ぞっとする

**сты́чка** 複生-чек [女2] ①小競り合い, 小戦闘 ②〘話〙言い争い, もめごと

**стю́ард, стюа́рд** [男1]〚雅〛[знáмя] ②〘方〙棒, 杖

**стя́г** [男2]〚雅〛[знáмя] ②〘方〙棒, 杖

**стя́гивать** [不完] / **стяну́ть** -ну́, -я́нешь 受過-я́нутый〈対〉①(ベルトなどを) 引き絞る, 締めつける ②くくる, かたく締める, きつく結ぶ, 縛る: ~ ку́ртку по́ясом ジャケットのベルトをきつく締める ③ぴったりと包む, 着用する ④しっかりと接合する ⑤〚無人称〛(弓の両端・上下のまぶたなどが) 両端を引っ張り合わせる, 近づける; ひだ [しわ] を寄せる: 引っ張って両端をつなぐ: ~ концы́ лу́ка 弓に弦を張る ⑥〘通例無人称〛〈対〉痙攣(けいれん)させる, 引きつらせる, すくませる ⑦(多くのものを) 一箇所に集める, 結集する ⑧剥ぎ取る, 引っ張って脱がせる: 苦労して取り外す: やっと脱ぐ: ~ *с себя́ футбо́лку* T シャツを脱ぐように脱ぐ ⑨〘完〛〘俗〙受け取る, もらう: ⑩〘俗〙盗む, ふんだくる: ~ кошелёк 財布を盗む **‖-ние** [中5]

**стя́гиваться** [不完] / **стяну́ться** -ну́сь, -я́нешься [完] ①きつく結ばれる, 締まる ②〘話〙(自分の帯・ベルトなどを) 締める: ~ *реме́нь* ベルトをきつく締める ③〘3人称〛両端が合わさる, しわが寄る, (縮んで) 短くなる ④〘3人称〛(多くのものが) 一箇所に集まる, 結集する ⑤やっとのことで (ゆっくりと) 脱げる, 剥がれる ⑥(体が) 縮こまる, 引きつる

**стяжа́тель** [男5] 儲け主義者, 守銭奴, 金の亡者

**стяжа́тельство** [中1] 儲け主義, 金儲けへの執着

**стяжа́ть** [不完・完] ①〚文〛金をため込む, 貪欲に財を成す ②〚雅〛人気などを得る, 博する

**стяже́ние** [中5] ① < стя́гивать② ②接合, 結び合わせること: ~ зву́ков 〚言〛母音融合

**стя́жка** 複生-жек [女2] ①接合すること [締める, 縛る] こと ②〚建〛(床下に入れる) 緩衝材 ③〚工〛締め具, クランプ ④〚鉄道〛連結器

**стяжно́й** [形2] 固定するための, 締め具の付いた

**су..** [接頭] ①「…のような [状の] もの」: ~песо́к 砂質土壌 ②「…の兆しがある」: суя́гная (羊が) 孕んでいる

**суахи́ли** (不変) [男] スワヒリ語

**суб..** [接頭] ①「副次的」「従属の」「下位の」「副」: ~суб ~ инспе́ктор 副監督官 ②「亜」「下」: ~субклéточный 細胞より小さい, 細胞内部の ③ ~микрóнный ミクロン以下の ④ ~и́нция 副員ロケット ⑤「…の下」「近く」にある: субальпи́йский 亜高山帯の

**субаре́нда** [女1]〚経〛また借り・また貸し

**субарендáтор** [男1]〚経〛また借り人

\***суббо́т|a** [スボータ] [女1] [Saturday] ①土曜日: в Сб, в ~у 土曜日に | ка́ждую ~у = по ~ам 毎週土曜日に | пого́да на ~у 土曜日の天気 ②〚正教〛〚ユダヤ〛安息日 ■*Вели́кая* [*Чи́стая*] ~ 〚正

教)聖大土曜日(復活大祭前の土曜日) | **Дми́триевская помина́льная [роди́тельская] ~** 《正教》聖デメトリオスの土曜日(追悼の日) | **Ла́зарева [Ве́рбная] ~** 《正教》ラザリ〔聖枝(ぜ)〕週のスボタ(大斎(蒜)第6週の土曜日) **‖-ний** [形8]

**суббо́тник** [男2] 《旧》土曜労働; 清掃奉仕

**субве́нция** [女9] 助成金, 補助金, 交付金, 寄付金

**субконтине́нт** [男1] 亜大陸

**субконтрокта́ва** [女1] 《楽》下二点オクターヴ($C_2$-$H_2$)

**субкульту́р|а** [女1] サブカルチャー **‖-ный** [形1]

**сублима́т** [男1] 《化》昇華物

**сублима́ция** [女9] 《化・心理》昇華

**сублими́ровать** -рую, -руешь 受過 -анный [不完・完] 《化・心理・книжн》昇華させる

**субмари́на** [女1] 《海》潜水艦

**субордина́ция** [女9] (上司に対する)服従関係: соблюда́ть [наруша́ть] ~ 従属関係を守る[破る]

**субподря́д** [男1] 《経》下請け

**субподря́дчик** [男2] 下請け業者

**субпроду́кты** -ов [複] (食肉解体で出る)副次物, モツ

**субре́тка** -ток [女2] 《劇》(古代喜劇で)奥方を助ける陽気でずる賢い女性

**субсиди́рова|ть** -рую, -руешь 受過 -анный [不完・完] 《к-му》に補助金[助成金]を与える: ~ строи́тельство 建設に補助金を与える **‖-ние** [中5]

**субси́д|ия** [女9] 補助金, 助成金, 援助物資: прави́тельственные ~ии 政府補助金 | ~ из обще́ственных фо́ндов 社会事業基金からの援助 **‖-иа́льный, -иа́рный** [形1]

**субста́нц|ия** [女9] 《哲》実体, 本質 **‖-иона́льный, -иа́льный** [形1]

**субститу́ция** [女9] 《文》(用途・機能が類似したものの)代用

**субстра́т** [男1] ①基層(何らかの現象・状態の基礎にあるもの): языково́й ~ 言語の基層 ②《生》培養基 **‖-ный** [形1]

**субти́льн|ый** 短 -лен, -льна [形1] 《話》(体格が)華奢な, 弱々しい **‖-ость** [女10]

**субти́тр** [男1] 《通例複》字幕; 字幕付きの映画

**субтро́пики** -ов [複] 亜熱帯地方 **‖субтропи́ческ|ий** [形3]: ~ие по́яса 亜熱帯

**\*субъе́кт** [スブイェークト] [男1] [subject] ①《哲》主体; 主観; ... и объе́кт позна́ния 認識の主体と客体 ②能動的な行為者, 主体: ~ исто́рии 歴史の主体 ③《法》主体: ~ пра́ва 権利の主体 ④(ある特質を持つ)者; 《話》(否定的性質の): подозри́тельный ~ うさんくさいやつ ⑤《論》主辞 ⑥《文》(動作・状況の)主体: ~ фе́дерация (2014年4月1日時点で85; うち共和国22, 地方9, 州46, 連邦市3, 自治州1, 自治管区4) **‖-ный** [形1] <①⑤⑥

**субъективи́зм** [男1] 《哲》主観主義, 主観論 ②個人的[主観的]態度 **‖-и́стский** [сс] [形3]

**\*субъекти́вн|ый** 短 -вен, -вна [形1] [subjective] ①個人的な, 私的な: -ое ощуще́ние 個人的な感覚 ②主観的な, 偏った, 客観性を欠いた: -ая оце́нка 主観的評価 ③《哲》主観の, 主観的な **‖-ость** [女10]

**\*сувени́р** [男1] [souvenir] ①記念の贈り物, 記念品 ②みやげ, みやげ物: магази́н ~ов みやげ物屋 **‖ ~ный** [形1] <②

**суверéн** [男1] 《政・法》主権者, 統治者

**суверените́т** [男1] 《国際法・政・法》主権: соблюда́ть ~ 主権を尊重する | госуда́рственный ~ 国家主権

**суверéнн|ый** 短 -éнен, -éнна [形1] 《文》《政・法》①主権を持つ: -ые госуда́рства 主権国家 | -ые права́ 主権 | -ая демокра́тия 主権民主主義(2005-06年ウラジスラフ・スルコフ大統領府副長官提唱で, ロシア政治の基本的イデオロギーの1つ) ②最高権力を行使する: ~ прави́тель 最高統治者 **‖-ость** [女10] <①

**суво́ровец** -вца [男3] スヴォーロフ陸軍幼年学校生徒 **‖суво́ровск|ий** [形3]: C-ое учи́лище スヴォーロフ陸軍幼年学校

**сугли́н|ок** -нка [男2] (土壌について)ローム, ローム質土壌, 赤土 **‖-истый** [形1]

**сугре́в** -а/-у [男1] 《俗》◆ для ~у 温まるために(酒を飲む)

**сугро́б** [男1] 雪の吹きだまり, 雪だまり; 粒状のものの山: прова́литься в ~ 雪だまりにはまる

**\*сугу́бо** [副] (especially, particularly) 特別に, 特に, ことさら: Это ~ ли́чные пробле́мы. それはとりわけ個人的な問題だ

**сугу́бый** 短 -уб [形1] 多大の, 格別の, 格段の

**\*суд** [スート] -á [男1] (court, trial) ①裁判所, 法廷; 裁判所の建物: зал ~á 法廷 | пода́ть в ~ на кого́ …を訴える, …を相手に訴訟を起こす | Его́ вы́звали в ~. 彼は法廷に召喚された ②裁判官, 裁判員, 判事: Встать, ~ идёт! 起立, 裁判官入廷 ③(ある集団の)社会的な裁判[審判]; 機関: ~ това́рищеский ~ 同志裁判 ④裁判, 審理, 公判: гражда́нский [уголо́вный] ~ 民事[刑事]裁判 | вое́нный ~ 軍事会議 | быть под ~о́м 審理中である, 裁判にかけられている | отда́ть под ~ ~ を予審に付す | предава́ть ~у́ …を裁判にかける, 起訴する ⑤判断, 審判, 裁き: ~ исто́рии 歴史の審判
◆ пока́ ~ да де́ло そうこうしている間に, ことが長引いている間に | На нет и ~á нет. 《諺》無い袖は振れない(~が無いところには裁きもない) | **Верхо́вный ~** 最高裁判所 | **Вы́сший арбитра́жный ~** 最高仲裁裁判所 | **Конституцио́нный ~** 憲法裁判所 | **Междунаро́дный ~** 国際司法裁判所 | **Стра́шный ~** 《宗》最後の審判

**суда́к** -á [男1] 《複》《魚》ザンダー属: обыкнове́нный ~ パイクパーチ, ザンダー | япо́нский морско́й ~ スズキ **‖-о́вый** [形1], **суда́чий** [形9]

**судачо́к** -чка́ [指小] <суда́к

**Суда́н** [男1] スーダン(共和国) ■ **Ю́жный ~** 南スーダン(共和国)

**суда́н|ец** -нца [男3] / **-ка** 複生 -нок [女2] スーダン人 **‖-ский** [形3] スーダン(人)の

**су́дарь** [男5] / **суда́рыня** [女5] (旧・時に皮肉) (丁寧な呼びかけ)だんな, ご主人; 奥さま; マダム, お嬢様

**судачи́ть** -чу, -чишь [不完] 《話》噂話に興じる

**суде́бно-медици́нский** [形3] 法医学の

**\*суде́бн|ый** [スデェーブヌィ] [形1] [judicial] ①裁判所の, 法廷の, 司法の: -ые о́рганы 裁判機関 ②裁判の, 裁判にかかわる, 訴訟の: ~ проце́сс 公判 | -ая процеду́ра 訴訟手続 | -ое реше́ние = ~ пригово́р 判決 | -ая медици́на 法医学 | -ая оши́бка 誤審 | в -ом поря́дке 裁判によって

**суде́йск|ий** [形3] ①裁判官の, 判事の: -ая колле́гия 裁判官会議 ②《スポ》審判員, のレフェリーの

**суде́йство** [中1] 《スポ》審判を務めること

**суде́нышко** 複 -шки, -шек, -шкам [中1] 〔指小〕 <су́дно[1]

**суди́лище** [中2] 不公平な審査[審判, 裁判]: це́лое ~ устро́или над кем …に対して全く不公平な審議が行われた

**суди́мост|ь** [女10] 《法》前科: снять ~ с кого́ 国 …の前科を取り消す | сроки погаше́ния -и 前科抹消までの期間

**\*суди́ть[1]** [スヂーチ] сужу́, су́дишь, ... су́дят 命 суди́

現 суд́ящий/суд́ящий 副分 суд́я [不完]〔judge〕①<о 圖について>判断する, 判断を述べる：о здоро́вье 健康状態を判断する ②<ённ>裁判にかける, 裁く：~ престу́пника 犯人を裁く｜~ за уби́йство 殺人の容疑で裁判にかける ③<ённ>(否定的に)評価する, 非難する, 責める：~ за оши́бки 過ちを責める｜~ стро́го 厳しく評価する ④〔スポ〕<ённ>審判する：~ футбо́льный матч サッカーの試合の審判をする

◆суди́ть и [да] ряди́ть 《話》あれこれ話し合う
 судя́ по […：に基づいて判断すれば, …によれば〔★アクセント注意〕：Судя́ по твоему́ ви́ду, дела́ иду́т непло́хо. 君の様子だとあまりはかばかしくいっていないようだね

суди́ть² суди́т 受поня́ суждённый (-дён, -дена́) [不完][雅]<ёнк>[不定形]を運命づける：Судьба́ суди́ла мне быть одино́ким. 私は孤独であると運命づけられているのだ

суди́ться суж́усь, су́дишься [不完]<с圖>を相手に訴訟を起こす, …と裁判で争う：~ с насле́дниками ́за дом ́из-за до́ма] 家をめぐって裁判で相続人たちと争う 〔受身〕< суди́ть¹

судия́ 複 суди́и, суди́й, судия́м〔女変化〕[男]〔雅〕判官, 審判者：вы́сший ~ 最高審判者としての神

*су́д|но¹ [スゥドナ] 複 суда́, судо́в [中]〔vessel〕船, 船舶, 艦：торго́вое [пассажи́рское] ~ 商［客］船｜вое́нное ~ 軍艦｜рыболо́вное［грузово́е］~ 漁［貨物］船｜нефтеналивно́е ~ 石油タンカー｜краболо́вное ~ 蟹工船（краболо́в）｜С~ потерпе́ло круше́ние. 船が難破した

су́дно² 複 су́дна, су́ден, -дна́м [中] おまる：подкладно́е ~ (病人のための) 差込み便器

су́дно-наруши́тель (中1-男5) [男] 違反船
су́до.. 〔語形成〕①「船の」②「裁判の」
судове́рфь [女10] 造船所
судовладе́лец -льца [男3] 船舶所有者
судоводи́тель [男5] 航海士
судовожде́ние [中5] 航海術, 航海技術
судово́й [形2] 船の; 船内勤務の, 船による
судоговоре́ние [中5] 〔法〕(原告・被告双方の) 陳述
судо́к -дка́ [男2] ①ソース入れ ②〔複〕料理運搬用容器（鍋状容器を重ね, 鍋の取っ手で固定する）
судомеха́ник [男2] 造船技師
судомодели́зм [э] [男1] 模型船の設計［実験］
судомодели́ст [э] [男1] 模型船製作者
судомоде́ль [э] [女10] 模型船
судомо́йка 複生-мо́ек [女2] 皿洗いの女性
судоподъём [男2] 沈没船の引揚げ
судопроизво́дство [ц] [中1] 〔法〕訴訟手続；гражда́нское [уголо́вное] ~ 民事［刑事］訴訟手続
судоремо́нт [男1] 船舶修理 //~ный [形1]
су́дорог|а [女2] 痙攣(れん), ひきつり; ひきつけ：би́ться в -ax 痙攣の発作でもだえ苦しむ｜У меня́ ча́сто быва́ют -и в нога́х. 足がよくつるんだ｜С~ пробега́ет по лицу́. 顔に痙攣が走っている｜Ру́ки свело́ -ой. 両手がひきつった

су́дорожн|ый 短-жен, -жна [形1] ①<с су́дорога ②(動きが)無意識的に激しい ③せわしない, 落ち着きのない //~о [副]
судосбо́рщик [男2] 造船所の船体組み立て労働者
судостро|е́ние [中5] 造船(業) //~и́тельный [形1]
судострои́тель [男5] 造船業者, 造船技師
судоустро́йство [ц] [中1] 〔法〕裁判所構成
судохо́дн|ый 短-ден, -дна [形1] 航行可能の, 船舶航行の：-ые ре́ки 可航河川｜~ кана́л 可航運河｜-ая компа́ния 船会社 //~ость [女10]
судохо́дство [ц] [中1] (船舶) 航行：морско́е

[речно́е] ~ 海上［河川］交通

*судьб|а́ [スゥヂバー] 複 су́дьбы, су́деб, су́дьбам [女1]〔fate, fortune〕①運命, 宿命：уда́ры -ы́ 運命の鉄槌 ②運, めぐり合わせ：счастли́вая ~ 幸運｜жа́ловаться на свою́ -у́ 自らの不運をかこつ ③来歴, たどってきた道筋：интере́сная ~ ру́кописи 原稿の興味深い来歴 ④今後の運命, 将来, 前途, 行く手：~ челове́чества 人類の将来｜Какова́ же дальне́йшая ~ Япо́нии? 日本はこの先どうなるのだろう

◆Каки́ми -а́ми! どうしてこんなところに, 偶然だねぇ (思いがけず出会った時に) 〔★アクセント注意〕｜не ~ [不定形] <圖>…は…しない定めである, …できない運命に：Не ~ нам уви́деться. われわれはもう会えない定めなのだ｜ ~-инде́йка《話・戯》不運, つらい運命

судьби́на [女1] (=судьба́（特に不幸な運命について）：го́рькая ~ 悲運

*суд|ья́ [スゥヂャー] 複 су́дьи, суде́й, су́дьям (女8変化) [男]〔judge, referee〕①裁判官, 判事：вы́борность -е́й 裁判官の選任制 ②〔スポ〕審判員, レフェリー, ジャッジ：гла́вный ~ ма́тча 試合の主審｜~ пе́рвой [междунаро́дной] катего́рии 第一級［国際］審判員｜С~ назна́чил штрафно́й уда́р. レフェリーがペナルティーキックをとった ③ 判定〔評価〕する人, 審判者：Ка́ждый сам себе́ ~. 各人が自らの裁き手である

◆Бог вам ~. (神様がお裁きになるのだから) 私はとやかく言いたくない〔言うことはできない〕 ■наро́дный ~ 人民裁判官

суеве́р [男1] 迷信家
*суеве́р|ие [中5]〔superstition〕迷信：стари́нные -ия 古くからの迷信
суеве́рн|ый 短-рен, -рна [形1] ①迷信深い ②迷信に基づく, 迷信的な //~о [副] //~ость [女10]
суесло́вие [中5]《文》無駄口
*суе|та́ [女1]〔vanity, bustle〕①《文》空虚(なもの), むなしさ, つまらぬもの ②あわただしさ, せわしなさ：рабо́тать без -ы́ あくせくせずに働く｜предотъе́здная ~ 出発前のどたばた ◆~ сует《文》空(́ら)の空, むなしさの極み；日常の些事
суети́ться -чу́сь, -ти́шься [不完] せかせか動き回る：~ с утра́ до но́чи 朝から晩まであくせく動き回る
суетли́в|ый 短 -и́в [形1] せかせかした, せわしない, 落ち着きのない, 気ぜわしい：~ челове́к 落ち着きのない人｜-ая обя́занность 煩わしい職務 //~о [副] //~ость [女10]
су́етн|ый 短 -тен, -тна [形1] 空しい, くだらない：-ая жизнь 空しい人生 //~ость [女10]
суетня́ [女5]〔話〕= суета́②
*сужде́ние [中5]〔judgment〕①意見, 見解, 判断, 考え：выска́зывать своё ~ 自分の意見を述べる ②〔言〕命題；〔論〕定理, 命題
суждено́ [無人述] <圖は[不定形]する>運命だ, 定められている
су́жен|ый (形1変化) [男名] /-ая [女名]《民話》婿［嫁］となると運命づけられている人：найти́ своего́ -ого 自分の婿となるべき人を見つける ◆-ого коне́м не объе́дешь《諺》運命には逆らえない
сужа́ть, су́живать [不完] / су́зить су́жу, су́зишь 受пон су́женный [完] <ёнк>(服の一部を) 詰める：~ круг зада́ч 課題の範囲を狭める //~ся [不完] / су́зиться [完] <ёнк>狭くなる：(服の一部が) 縮まる //суже́ние, су́живание [中5]
сужу́ 〔1単現〕< суди́ть
суици́д [男1] 自殺（самоуби́йство） //~а́льный [形1]
сук -а́ 前 о -е́, в/на -у́, 複 су́чья, -ьев [男2] ①(幹から直接生えている) 大枝, 枝 ◆руби́ть ~, на кото́ром сиди́шь 自分の足の下の穴を掘る ②(丸太・板の) 節

**сýка** [女2]〔bitch〕① 雌犬；(オオカミ・キツネなどの)メス ②《俗》ろくでなし，畜生；あばずれ ③《隠》刑事，警官 ④《若者・隠》密告者，裏切り外

**сýкин** [形11] 雌犬の：～ сын《俗・罵》ろくでなし，畜生

**сукнó** [中5] ①ラシャ：солдáтское ～ (外套用の粗い灰色の)ラシャ ②《劇》幕だけで楽屋を仕分った舞台：Спектáкль идёт в сукнáх. 芝居は舞台装置なしで行われている ◆ *положúть* 団 *под ~* 放っておく│*лежáть под ~ом* 放っておかれる **∥-ный** [形1]〈①〉

**сукóнный** [形1]〈①〉

**сукноделие** [中5] ラシャ製造

**суковáтый** [形1] 大枝の多い，節(ぶし)の多い

**сукóнка** 複生 *-нок* [女2] (掃除・つや出し用)ラシャ布

**сукóнщик** [男2] ラシャ製造工

**сукрóвица** [女3] ①《生理》リンパ液，血清②膿汁 **∥-ичный** [形1]

**сулемá** [女1] 昇汞(しょうこう)，塩化水銀(II) **∥-óвый** [形1]

**сулúть** -лю́, -лúшь 受過 *-лённый (-лён, -лена)* [不完]/**по-** [完]〈与に①の／不定形に②を〉約束する ①〈物事が〉…の見込みがある，…の前触れとなる；〈人が〉予言する ◆ *~ золотые гóры* 大げさな約束をする **∥-ся** [不完]/《俗》= *сулúть*①

**султáн**[1] [男1] スルタン(イスラム教国の君主)；その称号 **∥-ский** [形3]

**султáн**[2] [男1] ①(軍帽などの)羽飾り ②(末広がりに立ち昇る煙などの)柱：～ огня́ 火柱 ③円錐花序 **∥~чик** [男2]〈指小・愛称〉

**султанáт** [男1] スルタンの政権，スルタンの国家

**сулугýни** [不変][男] スルグニ(ジョージア(グルジア)風白チーズ)

**сульфáт** [男1]《化》硫酸塩 **∥-ный** [形1]

**сульфúд** [男1]《化》硫化物 **∥-ный** [形1]

**сумá** [女1]《民謡》袋：вью́чная ～ 荷袋

**сумасбрóд** [男1] **-ка** 複生 *-док* [女2] むちゃくちゃな人，非常識な人 **∥-ский** [ц] [形3]

**сумасбрóдный** *-ден, -дна* [形1] 非常識な，むちゃな，無鉄砲な **∥-о** [副] **∥-ость** [女10]

❊**сумасшéдший** [スクマシェートイ] [形6]〔mad〕①気の狂った，精神を病んだ：狂人のような，狂気の：～ взгляд 狂気の眼差し ②〔精神障がいのための〕病院の，無意慮な：～ план めちゃくちゃな計画 ③《話》途方もない，ものすごい，けた外れの：*-ая скóрость* ものすごいスピード ⑤…[男名][女名] 狂人，精神障がいの人 ◆ *как ~*《話》とても強く［激しく］

**сумасшéствие** [中5] ①精神錯乱，発狂 ②(感情などが)狂ったように燃え盛ること ③《話》無分別，むちゃ ◆ *до -ия*《話》極度に，ひどく

**сумасшéствовать** [ш] -твую, -твуешь [不完]《話》むちゃな振舞いをする

**суматóха** [女2] (上を下への)大騒ぎ，パニック：Подняла́сь ～. てんやわんやの大騒ぎが持ち上がった

**суматóшный** *-шен, -шна* [形1] ①落ち着きのない，せわしない，せっかちな ②気苦労の多い，心配事に満ちた，気ぜわしい **∥-ость** [女10]

**Сумáтра** [女1] スマトラ島

**сумбýр** [男1] 混乱，支離滅裂：～ в головé 頭が混乱すること

**сумбýрный** *-рен, -рна* [形1] 支離滅裂の，まとまりのない，混乱した **∥-ость** [女10]

**сýмеречный** *-чен, -чна* [形1] ①薄暮(はくぼ)の，たそがれの，薄明の，光の弱い・淡い ②薄暗い，陰気な，喜びのない ③《動》薄明に活動する ■ *-ое состоя́ние* 意識朦朧状態 ■ *-ые лучи́*《気象》薄明光線

❊**сýмерк|и** *-рек, -ркам* [複]〔twilight〕①薄暮(はくぼ)，たそがれ，夕闇，薄明：рáнние ～ 早朝の薄明かり│в ～ *-ах*〕 黄昏時に│С ～ *-ами* наступи́ли бы́стро. たちまち薄暗くなった ②薄暗がり

**сýмерничать** [不完]《話》夕暮れ時に明かりを付けずにじっとしている

❊**сумéть** [スクミェーチ] [完]〔be able to〕〈不定形〉①…する能力がある，…することができる：Онá не сумéла реши́ть задáчу. 彼女は問題を解くことができなかった ②《話》…できる状況にある：Завтра я не сумéю вам позвони́ть. 明日は貴方に電話できそうにありません

❊**сýмк|а** [スーмカ] 複生 *-мок* [女2]〔bag〕①バッグ，かばん，手さげ袋：дáмская [жéнская] ～ ハンドバッグ│хозя́йственная ～ 買い物袋│Онá достáла из *-и*. 彼女はかばんからハンカチを取り出した ②《軍》嚢；составна́я ～《軍》背嚢 ③《動》(有袋類の)育児嚢 ④《植》(菌類の)子嚢 ■ *пастýшья* ~《植》ナズナ，ペンペン草

❊**сýмм|а** [スーмマ] [女1]〔sum, amount〕①合計，総数；《数》和：～ четырёх чи́сел 4つの数の和│в *-е* 合計で ②総和，総量，総計 ③(一定の)総額：о́бщая ～ 総額│Затрачены крýпные *-ы*. 大金が支出された

**суммáрный** *-рен, -рна* [形1]《文》①合計の，全体の：*-ое количество* 総量 ②包括的な，全般的な，全体的な：～ обзо́р собы́тий 事件の概要 **∥-о** [副]

**сумми́ровать** -рую, -руешь 受過 *-анный* [不完・完]《文》〈対〉①合計する ②まとめる，一般化する：～ все да́нные 全データをまとめる

**сýмничать** → *сýмерничать*

**сумня́шеся** → *ничтóже*

**сумó** [不変][中]《スポ》相撲

❊**сýмочк|а** 複生 *-чек* [女2]〔handbag〕〈指小< *сýмка*①〉ハンドバッグ，ポシェット

**сýмочный** [形1] ①バッグの，ハンドバッグの ②《解》嚢(のう)の

**сýмрак** [男2] 薄暗がり，薄明かり

**сýмрачный** *-чен, -чна* [形1] ①薄暗い ②(気分が)陰気な **∥-о** [副] **∥-ость** [女10]

**сýмчатый** [形1]《動》有嚢の：*-ые живо́тные* 有袋動物│отря́д *-ых ры́б* 有袋類 ■ *дья́вол* タスマニアデビル ■ *~ медвéдь* コアラ(коáла) ■ *-ые грибы́*《茸》子嚢菌類

**сумяти́ца** [女3]《話》大騒ぎ，てんやわんや，パニック：подня́ть *-у* てんやわんやの大騒ぎを起こす

❊**сундýк** *-á* [男2]〔chest〕①長持，櫃(ひつ)，チェスト：кóванный ～ 鉄わくを張った長持 ②《俗》うすのろ **∥-óк** -чкá [男2]〈指小< ①〉

**Сýнна** [女1]《イスラム教》スンナ

**суннúзм** [男1]《イスラム》スンニ派 (↔шии́зм)

**суннúт** [男1] **/~ка** 複生 *-ток* [女2]《イスラム》スンニ派のイスラム教徒 **∥-ский** [ц] [形3]

**сýнуть(ся)** [完] → *совáть(ся)*

❊**суп** [スープ] *-а/-у* 前о *-е*, в *-ý* 複 *-ы́* [男1]〔soup〕スープ：мясно́й [грибно́й, ры́бный] ～ 肉[キノコ，魚]のスープ│есть ～ スープを飲む

❊**сýпер** [男1]《不変》[形]《俗》〔述語でも〕超最高な，すばらしい：Как делá? — С—!《調子はどうだい》「最高だよ」②《述語》《俗》最高のもの，超すごいもの ③《話》本の表紙カバー (суперобло́жка)

**сýпер..** [語形成] ①「優秀な」「超…」；主要な：*сýпербоеви́к* (映画の)超豪華作品│*сýперэкспрéсс* 超特急│*сýпермодный* 最新流行の│*сýперэластúчный* 超弾力性の ②「再度」：*сýперинфéкция*《医》重複感染 ③「表面」

**сýперарби́тр** [男1]《法》(仲介裁判の)裁判長

**сýпердержáва** [女1] 超大国

**суперзвездá** 複 *-звёзды* [女1] スーパースター, 大スター

**суперма́ркет** [男1] スーパーマーケット(универса́м); 大型専門店: Ма́ма пошла́ в ~ за проду́ктами. お母さんは食料品を買いにスーパーに出かけた

**суперме́н** [э] [男1] スーパーマン;《皮肉》自分のことを他人より上だと思っている人

**супермоде́ль** [э] [女10] スーパーモデル

**суперобло́жка** 複生-жек [女2] 本の表紙カバー

**суперсовреме́нный** [形1] 超現代[近代]的

**суперта́нкер** [男1] マンモスタンカー

**суперфосфа́т** [男1] 《化》過燐酸石灰, 燐酸肥料

**суперхи́т** -á [男1] 《楽》大ヒット曲

**су́песь** [女10] 《地質》ローム, ローム土壌 // **су́песча́ный** [щ] [形1]

**су́пец** -пца, **супе́ц** -пца́ [男3] 〔愛称〕< суп

**супи́н** [男1] 《言》目的分詞, 動詞状名詞, スピーヌム

**супина́тор** [男1] 靴の中敷き, インソール

**су́пить** -плю, -пишь 受過-пленный [不完] / **на~** [完] 《話》〈眉〉眉をひそめる // **~ся** [不完] / [完] 《話》眉をしかめる, (人が)ふくれる, 仏頂面をする

**су́пница** [女3], **су́пник** [男2] スープ皿[ボウル]

**супово́й** [形2] < суп

**супоро́сая** 短-ca, **супоро́сная** 短-сна [形1] (豚・熊などが)孕んでいる

**суппо́рт** [男1] 工作機械固定用の可動式装置

**супремати́зм** [男1] 《美》シュプレマティスム

**супроти́в** [副] 《俗》〈⑫〉…に対して, 向かって ② …に向かい合って ③ 〔前〕…の反対側に

\***супру́г** [男1] 〔husband〕①《公》夫, 男性配偶者 ② 〔複〕夫婦, 夫妻: счастли́вые ~и 幸せな夫婦

\***супру́га** [女2] 〔wife〕《公》妻, 女性配偶者

**супру́жеский** [形3] 夫婦の, 夫妻の

**супру́жество** [中1] 結婚, 結婚生活: счастли́вое ~ 幸せな結婚生活

**супру́жник** [男2] 《俗》= муж

**супру́жница** [女3] 《俗》= жена́

**су́пчик** [男2] 〔指小〕< суп

**су́ра** [女1] 《イスラム》(コーランの)章, スーラ

**Сургу́т** [男1] スルグト(ハンティ・マンシ自治管区の中部市;ウラル連邦管区)

**сургу́ч** -á [男4] 封蝋 // **сургу́чный** [形1]: -ая печа́ть 封蝋

**сурди́на** [女1] = сурди́нка

**сурди́нка** 複生-нок [女2] 《楽》弱音器 ◆ **под -у** 小声で, ひそかに

**су́рдокамера** [女1] 無響室

**сурдопедаго́гика** [女2] 聾唖教育(学)

**сурдоперево́д** [男1] 手話通訳

**суре́пица** [女3] ①《植》アブラナ(科の植物の総称) ② = суре́пка // **суре́пный** [形1]: -ое ма́сло 菜種油

**суре́пка** 複生-пок [女2] 《植》ヤマガラシ属;ハルシカヤマガラシ, フユガラシ

**су́рик** [男2] 《鉱》鉛丹, 赤茶色の染料 // **~овый** [形1]

**сурма́** [女1] 《隠》《集合》金(き)

**суро́веть** [不完] / **по~** [完] 厳しくなる;(表情が)いかめしくなる: Зима́ суро́веет. 冬が厳しくなってきている

**суро́во** [副] 厳しく, 厳格に, きつく, 容赦なく

‡**суро́вый** [スゥローヴィ] 短 -ов 比 -вее 最上-вейший [形1] 〔severe, harsh〕①(人が)厳しい, 厳格な;(法律などが)厳格そうな, いかめしい, 不機嫌な:~ взгля́д けわしい目つき | Он суро́в с детьми́. 彼は子供に厳しい ②(外観・色などが)暗い, 陰気な:~ нéбо 陰気な空 ③ 厳格な, 手きびしい, 容赦のない:~ пригово́р 厳しい判決 ④ 困難な, つらい, 苦しい:-ые дни войны́ つらい戦争の日々(気候などが)過酷な;酷寒の:~ кли́мат 過酷な気候 | -ая зима́ 厳しい冬 ⑥(繊維が)粗

い, 漂白していない // **-ость** [女10] <①-⑤

**суро́вье** [中4] 晒していない紡糸[織物]

**суро́к** -рка́ [男2] 《動》マーモット(属): се́рый ~ ステップマーモット ◆ **спать как ~** 《話》深く眠る // **сурко́вый** [形1]

**суррога́т** [男1] 代用品: ~ ко́фе コーヒーの代用品 // **суррога́тный** [形1] -ая ма́ть 代理母

**сурьма́** [女1] ①《化》アンチモン ② 眉墨, 白髪染 // **сурьмя́ный** [形1] <①: -ые ру́ды アンチモン鉱

**суса́льный** 短-лен, -льна [形1] ①(金・銀・銅・錫などの)箔の, 箔で覆われた: -ое зо́лото 金箔 ② 見かけだけきらびやかな, 甘ったるい

**сусе́к** [男2] 〔旧・俗・方〕(穀倉を仕切った)穀物置き場 (за́кром)

**су́си, су́ши** (不変)[複] 《料理》鮨, 寿司: доста́вка ~ 寿司の出前

**су́слик** [男2] 《動》ハタリス, ジリス // **-овый** [形1]

**су́слить** -лю, -лишь 命-ли 受過-ленный [不完] 《俗》①〈⑬〉舐める, しゃぶる (обса́сывать):~ леде́нéц ドロップを舐める ② 〔完 за-〕よだれ[脂っこいもの]で汚す (му́слить)

**су́сло** [中1] ① 麦芽汁(ビールやクワスの原料) ② ぶどう液 // **~вый** [形1]

**сусо́лить** -лю, -лишь 受過-ленный [不完] 《俗》 = су́слить

**суспе́нз|ия** [女9] 《化》懸濁, 懸濁液 // **-ио́нный** [形1]

**суста́в** [男1] 《生・解》関節: боль в ~ах 関節痛 // **суставно́й** [形2]: ~ ревмати́зм 関節リウマチ

**суста́вчатый** [形1] 体節から成る, 節のある: -ые коне́чности 関節肢

**сута́ж** -á [男4] (婦人服の)飾りひも // **~ный** [形1]

**сута́на** [女1] 《カトリ》(司祭の)長衣

**сутенёр** [男1] 売春婦の情夫, ひも // **~ский** [形3]

‡**су́тк|и** [スートキ] -ток, -ткам [複] 〔twenty-four hours〕 1昼夜, 1日, 24時間: дво́е ~ 1昼夜, 1日 | дво́е су́ток 2昼夜 | Магази́н рабо́тает кру́глые ~. この店は24時間営業です ◆ **День да но́чь — ~ про́чь.** 《諺》十年一日の如し(一昼夜寝るとその日が過ぎる)

**суто́лока** [女1] ① 雑踏, 混雑 ② 気苦労

**су́точный** [形1] ① 1昼夜の, 24時間の ② **-ые** [複名] 日当, 出張手当

**суту́лить** -лю, -лишь [不完] / **с~** 受過-ленный [完] 〈⑬〉〈背を〉かがめる: ~ пле́чи 肩を落とす | **~ спи́ну** 背を丸める

**суту́литься** -люсь, -лишься [不完] / **с~** [完] (人が)背を曲げる, 背中が丸まる: Не суту́лься, сиди́ пря́мо! 前かがみにならず, 背筋を伸ばして座っていなさい

**суту́л|ый** 短-ýл [形1] 猫背の, 少し前かがみの: -ая спина́ 猫背 // **-ость** [女10]

‡**су́ть¹** [スーチ] [女10] 〔essence〕本質, 核心, 要点: ~ де́ла 事の本質 | вни́кнуть в ~ вопро́са 問題の本質を究明する ◆ **по-и (де́ла)** 本質において, 実際は

**суть²** [3複現 < быть] 《文・旧》…である: Ло́шади, соба́ки и ко́шки ~ дома́шние живо́тные. 馬大猫は家畜である ◆ **не ~ ва́жно** 《話》さして重要ではない

**сутя́га** (女2変化)[男・女] 《話》= сутя́жник

**сутя́жник** [男2] 訴訟好きな人

**сутя́жничать** [不完] 《話》私欲のために訴訟を起こす // **сутя́жничество** [中1]

**сутя́жный** [形1] ① 裁判好きの ② 裁判沙汰の

**суфле́** (不変)[中] ①《料理》スフレ: ~ из я́блок リンゴのスフレ | я́годное ~ イチゴのスフレ ② アイスクリームをつくるための砂糖入りクリーム 〔牛乳〕

**суфлёр** [男1] 《劇》プロンプター(俳優に台詞をそっと教える人) // **суфлёрский** [形3]: -ая бу́дка プロンプターボックス

**суфли́ровать** -рую, -руешь [不完]【劇】〈与〉演技への俳優に台詞をそっと教える

**су́ффикс** [男1]【文法】接尾辞: словообразова́тельный ～ 派生[語形成]接尾辞 | словоизмени́тельный ～ 屈折[語形変化]接尾辞 **//-а́льный** [形1]

**суха́рница** [女3] 乾パン入れ

**суха́р|ь** -я́ [男5] ①乾パン, クラッカー, ラスク ②味も素っ気もない人, 冷淡な人 ◆**Суши́ -и́!** 〈俗·戯〉投獄に備えて品物もちにするか **//-ный** [形1]<① **//-ик** [男2]〔指小〕<①

**сух|а́я** (形よ変化[女]【スポ】完封(試合): вы́играть в-у́ю 完封する

**су́хо** 比су́ше ①[副]冷淡に, よそよそしく, ドライに; 無味乾燥に; (音の)かさかさと ②[無人述]乾燥している, 乾いている; 雨が降らない; (口·喉が)渇いている: Во рту́ ～. 口の中がからからだ

**су́хо..** (語形成)「乾いた」「乾燥させた」「枯れた」: *сухоно́гий* 痩せがすねの足の | *сухове́рхий* 梢の枯れた

**сухова́тый** [形1] ちょっと乾いた

**сухове́й** [男6]【気象】高温乾燥状態(気温25度以上, 湿度30％未満); その風 **//-ный** [形1]

**сухогру́з** [男1]〈話〉乾燥糧〈口〉乾貨物船

**сухогру́зный** [形1] 乾燥糧積等を輸送するための

**суходо́л** [男1] 乾燥盆地 **//-ьный** [形1]

**сухожи́л|ие** [中5]【解】腱 **//-ьный** [形1]

‡**сух|о́й** [スゥホーィ] 短 сух, -а́, -о, -хи́/-хи́ 比су́ше [形1]〔dry〕①乾いた, 乾燥した, 濡れていない: ～ дрова́ 乾いた薪 | Он вы́терся -и́м полоте́нцем. 彼は乾いたタオルで顔を拭いた | -и́е ②湿気のない[少ない]; 雨の少ない, 降水のない: -а́я ко́мната 湿気のない部屋 | В э́том году́ ле́то -о́е. 今年の夏は雨が少ない ③水のない, 涸れた, 干上がった: -о́е ру́сло 涸れた川床 ④乾燥してかさかさに[固く]なった, 干からびた, 枯れた: -а́я ве́тка 枯枝 | ～ хлеб 固くなったパン ⑤乾燥させて保存できる: -и́е фру́кты ドライフルーツ ⑥(長尾)水[液体]を用いない, 乾式の: ～ док ドック ⑦(通例長尾)【医】水分[分泌液]を伴わない, 乾性の: ～ ка́шель 空咳 感せき, 筋のばった ⑧〈俗〉やせた老人, 人情味のない, 無愛想な, ドライな: ～ тон 冷淡な口ぶり | ～ челове́к ドライな人 ⑩(音が)乾いた, かさかさした, かさついた: ～ шо́рох かさかさいう音 ⑪面白味のない, そっけない, 無味乾燥な: -а́я статья́ つまらない記事 | [スポ]無得点の, シャットアウトの: -а́я ничья́ スコアレスドロー ⑫(酒が)辛口の: -о́е вино́ ドライワイン ◆**вы́йти -и́м из воды́** 〈話〉まんまと罪を逃れる, うまく切り抜ける | -и́м путём 陸路で **//~ зако́н** 禁酒令 **//су́хость** [女10]

**Сухо́й** (形よ変化)[男6] ソ連スホイ設計局(現スホイ社)製の航空機

**сухолюби́вый** 短 -и́в [形1] (植物が)乾燥に耐え, 湿気を好まる

**сухомя́тк|а** [女2]〈話〉温かい料理や汁気のない食事: сиде́ть на -e 汁気抜きの食事をする

**су́ньконький** 短 -нек, -нька [形1]〔指小〕< сухо́й

**сухопа́рый** 短 -а́р [形1]〈話〉痩せた

**сухопу́тный** [形1] 陸地の, 陸地で活動する

**сухопу́тье** [中4]〈話〉陸路

**сухору́кий** 短 -у́к [形1]〈話〉手の利かない

**сухосто́й** [男1] ①立ち枯れの木, 枯れ木 ②【農】乳牛の乳がとまる出産前の時期 **//-ный** [形1]

**сухота́** [女1] ①〈話〉渇き: ～ в го́рле 喉の渇き ②〈俗〉暑く乾いた天候 ③【民話·詩】悩み, 憂い, 悲しみ

**сухо́т|ка** [女2]〈俗〉病的な痩せ付き ■**～ спинно́го мо́зга** [医]脊髄癆(ろう) **//-очный** [形1]

**сухофру́кты** -ов [複] ドライフルーツ

**сухоща́вый** 短 -а́в [形1] 痩せた

**сухояде́ние** [中5] ①〈話〉汁気なしの食事 ②1日分の食事から汁気を抜くこと

**сучё́н|ый** [形1] 撚りあわせた: -ые ни́тки 撚り糸

**сучи́ть** сучу́, су́чишь/сучи́шь 命сучи́ 受過 су́ченный [不完] (с ～.) < в> 撚り(～)合わせる, 撚り合わせて作る ②<廃>交互に動かす: Ребё́нок су́чит но́жками. 赤ん坊があんよを動かす

**су́чка** 複生-чек [女2] ①[指小]< су́ка ②(戯·蔑)(女性に対して) = су́ка②

**сучкова́т|ый** 短 -а́т [形1] (木が)枝のたくさんついた, 節だらけの: -ая па́лка 節だらけの枝

**сучкору́б** [男1] 切り倒された木の枝切り作業員

**сучо́|к** -чка́ [男2] ①(幹から直接生えている)大枝 ②節: доска́ с -ко́м 節のある板 **//-ко́вый** [形1]

**суш|а** [女4] 乾地, 陸地: на -e и на мо́ре 陸上と海上で | по -e 陸路で

**суше́ние** [中5] < суши́ть

**сушё́н|ый** [形1] 干した, 乾燥した: -ые фру́кты ドライフルーツ | -ая ры́ба 魚の干物

**суши́лка** 複生-лок [女2] ①乾燥機, ドライヤー ②乾燥室

**суши́льн|ый** [形1]【技】乾燥用の, 乾燥させる: -ый шкаф 乾燥棚 | -ая печь 乾燥炉

**суши́льня** 複生-лен [女5] 乾燥室 (суши́лка)

**суши́ть** сушу́, су́шишь 受過 су́шенный [不完] / **вы́~** [完] ①干す, 乾かす: ～ бельё́ シーツを干す ②(食料を)(保存用に)干す, 乾燥させる ③苦しめる, やつれさせる, 衰弱させる ④無味乾燥[冷淡]ならしめる

**суши́ться** сушу́сь, су́шишься [不完] / **вы́~** [完] ①(自分の着ている濡れた服を)乾かす: ～ у костра́ たき火であぶって乾かす ②乾く, 干される

**су́шка** 複生-шек [女2] ①細い輪形の固いパン ②干す[乾かす]こと, 乾燥

**сушня́к** -а́/-у́ [男2]〈話〉枯れた木[灌木], 枯れ枝: топи́ть -о́м 枯れ木で暖炉を焚く ②〈俗〉飲酒後に喉が渇いた状態

**сушь** [女11]〈話〉①日照り ②枯れた木(сушня́к) ③(仕事·本が)無味乾燥[退屈]なもの

‡**суще́ственно** [スゥシシーストヴィンナ][essentially] [副] 本質的に, 根本的に, 著しく: ～ перерабо́тать своё́ выступле́ние 発言内容を根本的に作り直す ②[無人述]本質的だ, 重要だ: Для меня́ не ～, кака́я кома́нда победи́т. どのチームが勝つかは, 私にとって重要ではない

‡**суще́ственн|ый** [スゥシシーストヴィンヌィ] 短 -ен/-енен, -енна [形1][essential] 本質的な, 根本的な, 重大な: ～ вопро́с в постано́вке пробле́мы | сде́лать -ую попра́вку 抜本的な改善を行う **//-ость** [女10]

**существи́тельн|ое** (形よ変化)[中5]【文法】名詞(и́мя): склоне́ние имён -ых 名詞の格変化 | -ые конкре́тные и абстра́ктные 具象名詞と抽象名詞 | ～ со́бственные и нарица́тельные 固有名詞と普通名詞 | -ые одушевлё́нные и неодушевлё́нные 活動体名詞と不活動体名詞

‡**существ|о́**[1] [スゥシストヴォー] [中1][essence] 本質, 核心, 要点(суть, су́щность): ～ де́ла 事の本質 | поня́ть ～ вопро́са 問題の本質を理解する ◆**говори́ть по -у́** 要点をつかんで言う, 核心に触れる | **по -у́ (говоря́)** 本質的には, 事実上, 実際は

‡**существ|о́**[2] [スゥシストヴォー] [中1][being, creature] ①生きもの, 人間, 動物: разу́мное -а́ 理性ある生きもの | Не ви́дно ни одного́ живо́го -а́ вокру́г. あたりには何一つ生き物は見当たらない ②(все́м) -о́м 全身全霊, 全存在: тяну́ться ко 〈与〉всем свои́м -о́м 全身全霊で…に引きつけられる

‡**существова́н|ие** [スゥシストヴァヴァーニエ] [中5] [existence] ①存在(すること): ～ Бо́га 神の存在 |

Журна́л прекрати́л своё ~. 雑誌は廃刊になった ②生存, 生活: борьба́ за ~ 生存競争 | сре́дства к ~ию 生活資金 ③ 無意味な[ただ生きているだけの]生活 ◆отрави́ть ~ы ...の生活をだいなしにする

**существова́ть** [スッシシュヴァヴァーチ] -тву́ю, -тву́ешь 命-тву́й [不完] 〔exist〕① 存在する, 実在する, ある: Существу́ет ли жи́знь на Ма́рсе? 火星に生命は存在するだろうか ② 生存する, 生きる: Без воды́ челове́к не мо́жет ~. 水なしでは人間は生きていけない ③ 〈圏/на 圏で〉生計を立てる, 生活する: ~ свои́м трудо́м 自らの労働で生活する | ~ на сре́дства роди́телей 親のすねをかじっている ④ 無意味[無意義]な生活を送る: Не живу́, а существу́ю. 人生らしい人生も送っていない, ただ生きているだけだ

**существу́ющий** [スッシシストヴーユッシィイ] [形6] 〔existent〕 存在している, 現有の, 現行の: ~ поря́док 現存体制 | -ие обстоя́тельства 現状

*су́щий [形6] 〔話〕本当の, まったくの, 正真正銘の: -ая пра́вда まったくの真実 ② -ее [中名] 〔哲〕実存者

**су́щность** [スーッシノスチ] [女10] 〔essence〕① 本質, 核心, 要点 (суть, существо́): ~ явле́ния 現象の本質 ② 〔哲〕実有 ◆в ~и (говоря́) [挿入] 本質的には, 事実上, 実際は

су́щностный [形1] 本質の, 本質にかかわる

суя́гная 短-ягна [形1] (羊が)孕んでいる

сфабрикова́ть [完] →фабрикова́ть

сфа́гнум [男1] 〔植〕ミズゴケ属

сфантази́ровать [完] →фантази́ровать

**сфе́р|а** [スフェーラ] [女1] 〔sphere〕① 範囲, 領域, 圏, 分野, 部門: ~ де́ятельности 活動範囲 | ~ обслу́живания [услу́г] サービス部門 | IT ~ IT 分野 | расширя́ть ~у влия́ния 勢力範囲を広げる | Э́то не моя́ ~. これは私の領分ではない ② 環境, 状況: Он испыта́л влия́ние свое́й ~ы. 彼は自分がいる環境の影響を受けた ③ 〔複〕〔地位·職業が同じ人々の〕社会, ~界: вы́сшие ~ы 上流社会 | делов́ые ~ы 実業界 ④ (地球などの)球体, 球面: земна́я ~ 地球 | небе́сная ~ 天球 ⑤ 〔数〕球, 球体 //-ный [形1] <①

сфери́ческий [形3] ① 球形の, 球状の ② 〔数〕球面の, 球面の

сфери́чный 短-чен, -чна [形1] 球状の

сферо́ид [男1] 〔数〕回転楕円体

сфигмомано́метр [男1] 〔医〕血圧計

сфинкс [男1] ①（エジプトの）スフィンクス ② C-〔ギ神〕スフィンクス ③ 〔文〕不可解な物[人]

сфи́нктер [男1] 〔解〕括約筋

**СФО** [エスエフオー] 〔略〕Сиби́рский федера́льный о́круг シベリア連邦管区

сфокуси́ровать(ся) [完] →фокуси́ровать(ся)

сформирова́ть(ся) [完] →формирова́ть(ся)

сформова́ть [完] →формова́ть

сформули́ровать [完] →формули́ровать

сфо́ткать [完] 《若者》〈圏〉の写真を撮る

сфо́ткаться [完] 《若者》自分の写真を撮ってもらう, 写真に撮られる

сфотографи́ровать(ся) [完] →фотографи́ровать(ся)

с.-х., с/х 〔略〕сельскохозя́йственный

схалту́рить [完] →халту́рить

**схва́тк|а** 複生-ток [女2] ① 戦闘, 武力衝突, 殴り合い, けんか: 〔格闘技〕試合: вступи́ть в ~у 戦闘に入る ② 闘争, 闘い ③ 〔複〕口論 ④ 〔複〕〔腹部·子宮の〕痙攣 ⑤, さしこみ: родовы́е ~и 陣痛 ⑤ 留め具, 締め具

**схва́тывать** [スフヴァーティヴァチ] [不完] / **схвати́ть**
[スフヴァチーチ] -ачу́, -а́тишь, ... -а́тят 命 -ати́ 受過 -а́ченный [完] 〔catch, grasp〕 ① 〔すばやく〕つかむ, ひっつかむ; くわえる: ~ зо́нт 傘を急いで取る | ~ мать за рука́в 母の袖をつかむ | ~ кость зуба́ми 骨をくわえる ② 捕まえる, 取り押さえる: Террори́сты схва́чены. テロリストたちは捕まった ③ 〔話〕(ついでに·思いがけず) 手に入れる: ~ по доро́ге газе́ту 途中で新聞を入手する ④ 〔話〕(望ましくないものを)もらう; (病気に)かかる: ~ дво́йку по фи́зике 物理で2点をとる | ~ на́сморк 鼻かぜをひく ⑤ 〔話〕〔すばやく強烈〕〔病気·痛みなどが〕~に襲う: Живо́т схвати́ло. 急な腹痛に襲われた ⑥ 縛る, くくる, 結ぶ: ~ во́лосы рези́нкой 髪をゴムひもで縛る ⑦ 締め合せる, つなぐ; 〔無人称〕(粘着物などが)固まる: Бето́н бы́стро схвати́ло. コンクリートはすぐに固まった ⑧ 〔話〕すばやく理解する, とらえる, 飲みこむ: ~ суть пробле́мы 問題の本質をすぐに理解する ⑨ 〔話〕的確に表現する, とらえる: ~ характе́рные черты́ 特色をたくみにとらえる ◆у 圏 всё схва́чено 《俗》はあらゆるところと話がついている, うまくいっている

**схва́тываться** [不完] / **схвати́ться** [сн]-ачу́сь, -а́тишься, ... [完] ① つかみ合を始める; 四つに組む; 口論を始める: ~ врукопа́шную 取っ組み合う; 白兵戦を演じる ② 〔話〕 突然思い出す ③ 〔不完〕〔受身〕 < схва́тывать

**схе́м|а** [スヒェーマ] [女1] 〔diagram, chart〕 ① （装置·機器などの）構造図, 図式, 図面, 設計図; 回路: ~ телефо́нного аппара́та 電話機の図面 ② 図, 図表, 説明図: ~ моско́вского метрополите́на モスクワの地下鉄の路線図 | ~ ро́дственных свя́зей 家系図 ③ 概要, 梗概, 構想: ~ докла́да 報告の概要 | ~ приёма ле́карств 薬の投与方法 ④ 単純化した描写, 紋切り型 //-ный [形1] <①

схематизи́ровать -рую, -руешь 受過 -анный [不完·完] ① 図式化する ② 一般化, 単純化する //-а́ция [女9]

схе́м|а [男1] → схе́ма ① 図式で示した; -ое изображе́ние略図 ② 単純化した, 概略の

схемати́ческий [形3] ① 図式で示した; -ое изображе́ние 略図 ② 単純化した, 概略の

схемати́чн|ый 短-чен, -чна [形1] = схемати́ческий② //-ость [女10]

схи́зма [女1] 〔宗〕シスマ, （教会の）分裂

схиля́ть [完] 〔若者·隠〕去る, 発つ; 身を隠す

схи́м|а [女1] スヒマ (禁欲生活を送る修道士の誓い): приня́ть -у スヒマ修道士になる | ма́лая ~ 小スヒマ | вели́кая ~ 大スヒマ

схи́мни|к [男2] -ца [女3] スヒマ[スキマ]修道士 //-ческий [形3]

схитри́ть [完] →хитри́ть

схлёстываться [不完] / схлестну́ться [сн]-ну́сь, -нёшься [完] ① 〔話〕(枝·縄などが)絡み合う ② 〔俗〕口論を始める

схлопота́ть -очу́, -о́чешь 受過 -о́танный [完] 〔俗〕〈圏〉① (苦労して)取得する, ありつく ② 〈不快なのを〉受け取る, 被る: ~ вы́говор けん責処分をくらう

схлы́нуть -нет [完] ① (大量の水が)さっと退く (恐怖·不安などが)さっと消え去る ② （群集が）さっと消え去る, 四散する, 散り散りになる

сход [男1] ① 下りる[降りる]こと; 脱線; (船·自動車などが)製造されて出てくること ② 〔話〕降り口, 下り坂

**сходи́ть** [スハヂーチ] -ожу́, -о́дишь, ... -о́дят 命 -ди́ [不完] / **сойти́** [サイチー] -йду́, -йдёшь 命 -йди́ 過 сошёл, -ш́ла́ сошёдший [完] 〔go down, leave〕 ① (〈с圏から〉下りる, 下る: ~ с горы́ [ле́стницы] 山[階段]を下りる | ~ на пе́рвый эта́ж 1階に下りる ② 〔話〕〈с圏·乗物から〉降りる, 下車する: ~ с по́езда 列車を降りる | Вы схо́дите на сле́дующей

**остано́вке?** 次の停留所で降りますか ③《夜・闇などが》降りる、やって来る: **Ночь** *сошла́* **на зе́млю.** 大地に夜のとばりが下りた ④《с⊞から》離れる、外れる;脱線する: ~ **с доро́ги** 道をそれる | **По́езд** *сошёл* **с ре́льсов.** 列車が脱線した ⑤《船・自動車などが》製造されて、完成する、送り出される: **Автомоби́ль** *сошёл* **с конве́йера.** 自動車が完成した ⑥《戯曲・映画が》上映［上演］されなくなる、《舞台・スクリーンから》消える: **Фильм** *сошёл* **с экра́на.** 映画は公開終了となった ⑦《с⊞から》消える、はがれる、はげ落ちる;《雪》*Снег* ***сошёл*** **с поле́й.** 野原から雪が消えた ⑧《時期が》過ぎる、終わる: **Грибы́ давно́** *сошли́.* キノコは大分前に時期が終わっていた ⑨《話》うまくいく、無事に終わる:《〜を》罰せられずにすむ: **Все экза́мены** *сошли́* **благополу́чно.** 試験は全部うまくいった ⑩《話》認定できる、役に立つ: **Сойдёт и так.** このままで結構だ |《за⊞》…として通用する、…のように見える: ~ **за иностра́нца** 外国人のように見える ◆**Сойдёт!** それで十分だ、それで間に合う、まずまずだ | **не сходя́ с ме́ста** その場で、たちどころに

**сходи́ть¹** -ожу́, -о́дишь [完] ① 行って来る: **Она́** *сходи́ла* **за молоко́м.** 彼女は牛乳を買いに行ってきた ②《話》用便をする

\***сходи́ться²** -ожу́сь, -о́дишься [不完] / **сойти́сь** -йду́сь, -йдёшься　過 сошёлся -шла́сь 能 соше́дшийся 副動 -йдя́сь [完] [meet, come together] ① 出会う;合流する: **Мы** *сошли́сь* **на перекрёстке.** 私たちは交差点で顔を合わせた | **Ли́нии** *сошли́сь.* 線路が合流した ② 接する、くっつく: **Бро́ви** *сошли́сь* **в одну́ ли́нию.** 眉毛がくっついて1本の線になった ③《全員・多くの人が》集まる: **Лю́ди** *сошли́сь* **в одно́м ме́сте.** 人々は1か所に集まった ④ 相まみえる、対戦する: ~ **на ри́нге** リングの上で相まみえる ⑤《с⊞と》親しくなる、仲良くなる ⑥《話》《с⊞》と同棲する ⑦《в用／用の点で》一致する、合致する、似ている、似合う:《в, на用》 **ниях** で意見が一致する | ~ **хара́ктерами** 性格が合う ⑧《話》《о用で》話がつく;《〜を話し合って値段が折り合う

**схо́дка** 複生 -док [女1] 会合、集会、寄り合い

**схо́дни** -ней [複] 〘単 -я [女5]〙《船から岸へ渡る》タラップ

\***схо́дный** 短 -ден, -дна / -дна́, -дно [形1] [similar] ①《с⊞》と似ている、類似の: ~ **ые хара́ктеры** 似た性格 | ~ **ые по значе́нию слова́** 意味の似通った ②《話》適当な: ~ **ая цена́** 手ごろな値段 ∥-**о** [副]

**схо́д-разва́л** [男1]-[男1] 〘車〙 アライメント調整 (развал-схождение)

\***схо́дство** [ц] [中1] [likeness] 類似、相似、一致: **вне́шнее** ~ 表面的な類似 | ~ **вку́сов** 趣味の一致

**схо́жий** кратk -о́ж [形6] 《話》《с⊞》に似ている: **Он** *схож* **лицо́м с бра́том.** 彼は兄さんと顔が似ている ∥-**есть** [女10]

**схола́ст** [男1] 〘文〙 ① スコラ哲学者 ② 現実から遊離した形式主義者、衒[がく]学者、形式主義者

**схола́стика** [女2] ① スコラ哲学 ② 現実から遊離した形式的知識、衒学、形式主義 ∥-**и́ческий** [形3]

**схрон** [男1] 〘俗〙《武器・薬物・食料》の隠し場所＝ 《隠れ》隠れ家、潜伏場所

**сца́пать** [完] → ца́пать

**сцара́пывать** [不完] / **сцара́пать** 受過 -панный [完] かきとる: ~ **кра́ску** ペンキをはがす

**сце́живать** [不完] / **сцеди́ть** -ежу́, -е́дишь 受過 -е́женный [完] 《с⊞》①《上澄み》を流す、《かき混ぜないで》そっと流す、《濾過しながら》流し移す: ~ **че́рез си́то** ふるいでこして流す | ~ **сы́воротку с творога́** 《творога》カッテージチーズの乳清を流しこむ ②《乳》を絞り出す: ~ **грудно́е молоко́** 母乳を絞り出す ∥-**ние** [中5]

\***сце́на** [сцэна] [女1] [stage, scene] ① 舞台、ステージ: **полукру́глая** ~ 半円形の舞台 | **выступа́ть на** -**е** 舞台に出演する | **Спекта́кль идёт на ма́лой** -**е теа́тра.** その芝居は劇場の小ステージで上演されている ② 演劇、芝居、演劇活動: **де́ятели** ~ **ы** 演劇人 | **попа́сть на** -**у** 演劇の世界に入る ③《戯曲・小説などの》シーン、場面、情景:《小説》~ **наси́лия** 暴行シーン | **де́йствие пе́рвое,** ~ **втора́я** 第1幕第2場 ④ 出来事、事件、情景: **наблюда́ть за у́личной** -**ой** 街頭の出来事を観察する ⑤《話》いさかい、もめごと、悶着: **семе́йная** ~ 家庭のいざこざ ⑥《単》活動舞台: **появи́ться на полити́ческой** -**е** 政治の舞台に登場する ◆**сойти́ со** ~**ы** (1)《俳優が》引退する、舞台を去る:《演目が》上演されなくなる、はずされる (2) 活動の場を去る、引退する | **яви́ться на** ~**у** 登場する

\***сцена́рий** [сцынарий] [男7] [scenario] ① シナリオ、脚本、台本: ~ **фи́льма** 映画のシナリオ 2 筋書き ③《劇場番組《出演俳優の出番表》④《イベントなどの》シナリオ、進行表、筋書き: ~ **спорти́вного пра́здника** 運動会《体育祭》の進行表 ◆**не по** -**ию** シナリオ［計画］通りではなく ∥-**ный** [形1]

**сценари́ст** [男1] / -**ка** 複生 -ток [女2] シナリオライター ∥-**ский** [ц] [形3]

**сцени́ческий** [形3] 舞台の、ステージの; 演劇の

**сцени́чный** 短 -чен, -чна [形1] 芝居向きの: -**ая вне́шность** 芝居向きの風貌

**сце́нка** 複生 -нок [女1] ①《指小》< сце́на ③④ ② 小品戯曲、寸劇; 小さな短編、掌編小説

**сцено́граф** [男1] 舞台装飾家

**сценогра́фия** [女2] 舞台装飾術

**сцеп** [男1], **сце́пка** 複生 -пок [女2] ① < сцепля́ть ② 連結装置、カプラー: **ваго́нные** -**ы** 車両の連結器 ③ 連結された車両［農機具］

**сцепи́ть(ся)** [完] → сцепля́ть

**сцепле́ние** [中5] ①〘鉄道〙《車両の》連結 ②〘技〙連結装置 ③ 凝集、重合、密着 ④〘技〙クラッチ

**сцепля́ть** [不完] / **сцепи́ть** -еплю́, -е́пишь 受過 -е́пленный [完] ①《⊞》《⊞と》車両などを《引っかけて》連結する ②《指・手》を組み合わせる ∥~**ся** [不完]／[完] ①《車両などが》連結される; 引っかかる、絡み合う ②《в用》闘争を始める

**сцепно́й** [形2] 連結用の: -**ое устро́йство** 連結装置

**сце́пщик** [男2] 〘鉄道〙《車両の》連結手

**Сци́лла** [女1] 〘ギ神〙 スキュラ ◆**ме́жду** -**ой и Хари́бдой** 板挟みのため、苦しい立場に立って

**сча́ливать** [ш/ч] [不完] / **сча́лить** [ш/ч] -лю, -лишь 受過 -ленный [完] 〘専〙ロープで連結する

**счастли́вец** [ш; сл] [男2] / -**ица** [女3] 果報者、好運児

\***сча́стливо** [ш; сл] [сэ́сливъ] , **счастли́во** [ш; сл] [сэсливо] [副] [happily] ① 幸福に、幸せに、幸せそうに: **Ка́тя** ~ **улыба́лась.** カーチャは幸せそうに微笑んでいた ② 幸運にも、うまく: ~ **отдела́ться от** ⊞ うまいこと逃れる ③ 《無人述》 幸せで、幸福だ: **Мне здесь** ~. 私はここにいるのが幸せだ ◆**Счастли́во!** 《話》さよなら、元気でね《別れの挨拶》| **Счастли́во остава́ться.** 《話》お先に《失礼するが》、さよなら元気でね《去る人が残に人に対して》(★上の2つの表現はどちらも近い間柄の人間、年長者やビジネス相手には使えない; 後者は特に嫌味を帯びることがあるね)

\***счастли́вый** [ш; сл] [сэсливый] 短 **счастли́в** 比 -**вее** 最上 -**вейший** [形1] [happy, lucky] ① 幸福な、幸福に満ちた、幸せそうな: -**ая жизнь** 幸せな人生 | -**ая улы́бка** 幸せそうな微笑み | **Это я** *с* ~ **тобо́й вас.** 私の方こそお会いできて幸いです ② [男名] / -**ая** [女名] 幸福な人: **С**-**ые часо́в не наблюда́ют.** 時の経つのを気にしない《←幸せな人は時計を見ない》③ 幸せをもたらす、幸運の: -**ое число́** ラッキーナンバー

**сча́стье** [щ] [シャースチエ] [中4]〔happiness, luck〕① 幸せ, 幸福；家庭の幸福｜запла́кать от ~ья 幸せのあまり泣きだす｜Жела́ю вам ~ья! ご多幸をお祈りします｜ощуще́ние ~ья 幸福感 ②成功, 幸運, つき：~ в игре́ ゲームでのつき｜Ему́ во всём ~. 彼は何をやってもうまくいく ③[図]運命：Э́тот челове́к — твоё ~. この人はお前の運命の人だ ④[述語]素晴らしい, 幸せだ；{моё, твоё, его́ и т.д} と共にあって, 運がいい：Моё ~, что ты есть. あなたがいてくれてよかった ◆ к [по] ~ью 《挿入》幸いなことに｜на ~ (1) 幸いにも (2) 幸運[成功]が訪れるように｜име́ть [不定形] 幸運にも …できる：Я име́л ~ познако́миться с Ва́ми. 幸いにも貴方と知り合えました｜попыта́ть [попро́бовать] ~ья (運に任せて何かに)チャレンジする；運試しをする

**сче́рчивать** [щ'ч] [不完]/**счерти́ть** [щ'ч] -ерчу́, -е́ртишь 受身 -е́рченный [完] [話]〈図面などを〉(線描法によって)写し取る

**счёсывать** [щ] [不完]/**счеса́ть** [щ] -ешу́, -е́шешь 受身 счёсанный [完]〈例〉梳き取る

**сче́сть** [щ'ч] [シチェースチ] сочту́, сочтёшь 命 сочти́ сочёл, сочла́ 受身 сочтённый (-тён, -тена́) 副動 сочтя́ [完] ①→счита́ть ②[雅]測る ◆не ~ …は数えきれないほど多い // ~СЯ →счита́ться

**счёт** [щ] [ショート] -а/-у 前 о/в -е, на -е/счету́ о/в -е [男1]〔counting, calculation〕① 数えること, カウント, 計算, 勘定：от одного́ до десяти́ 1から10まで数えること｜вести́ ~ деньга́м お金を計算する｜сби́ться со ~а 計算を間違える ②〔単〕計算結果, 総計, 合計；(試合の)スコア, 得点, 点数：С~ соста́вил 1000 (ты́сячу) рубле́й. 合計1000ルーブルになった｜Матч зако́нчился со ~ом 2:1 (два - оди́н). 試合は2対1のスコアでおわった ③勘定書, 請求書：~ за газ ガス料金請求書｜попроси́ть у официа́нта ~ ウエイターに勘定を頼む｜《会計・簿記》口座, 貸借勘定；会計：откры́ть ~ в ба́нке 銀行に口座を開く｜теку́щий ~ 当座口座｜фина́нсовый ~ 金融口座｜корреспонде́нтский ~ コルレス口座 ⑤《通例複》[複счёты]{金銭・仕事上の}関係, 貸し借り；不満, 恨み：ли́чные ~ 個人的な恨み ◆без ~ [~у] 数えきれないほど, 無数に｜в два ~а 《俗》たちまち, あっというまに；やすやすと｜в коне́чном ~е 結局, つまるところ｜в ~ [在] (1)…を引き当てにして (2)…の割り当て分として｜за ~ [在] (1)…の経費負担で, …のお金で (2)…によって, …の結果として：эконо́мия за ~ сокраще́ния шта́тов 定員削減による経費節約｜за ~ того́(,) что … …のおかげで, …のゆえに｜на ~ [前] (1)…の資金で：жить на чужо́й ~ 他人の金で生活する (2)…について, …に関して｜на э́тот ~ この点に関して｜(быть) на счету́ (1) 貴重に入っている, 計算[考慮]されている：У него́ ка́ждая мину́та на счету́. 彼は1分たりとも無駄にしない (2) (数の中に) 入っている, 行っている, 獲得している｜(быть) на хоро́шем [плохо́м] счету́ 評判がよい [悪い]｜не (идти́) в ~ 勘定に入らない, 物の数ではない｜по большо́му ~у 最大限厳しく, 真剣に, 本格的に｜потеря́ть ~ [与] …は数えきれないほどたくさんだ｜по ~у 順番でいうと, 数えて｜ро́вным ~ом 全く｜ро́вным ~ом ничего́ 全くない｜сбро́сить со счето́в [在] …を勘定に入れない, 無視する｜свести́ ~ы [с 造] (1)…との貸し借りを清算する；…への借りを晴らす, 借りを返す｜свести́ ~ы с жи́знью 自殺する｜~а [~у] нет [与] …は数えきれない, 無数だ｜Что за ~! 《話》そんなことは物の数[重要]ではない

**счетвери́ть** -рю́, -ри́шь 受身 -рённый (-рён, -рена́) [完] [四]4つの部分[物]を組み合わせる

**счётно(-)...** [щ]《語形成》「計算」：счётно-вычисли́тельный 電算の｜счётно-реша́ющий 高速自動演算装置

**счётный** [щ] [形1] ①計算用の：~ая коми́ссия (選挙の)投票集計委員会 ②会計の：С~ая пала́та (ロシア)会計検査院 ■ -ое сло́во [言]助数詞(類)

**счетово́д** [щ] [男1] 会計係

**счетово́дство** [щ; щ] [中5] 会計, 簿記

**счётчик** [щ] ①メーター, カウンター, 計器：электри́ческий [га́зовый] ~ 電気[ガス]メーター｜~ Ге́йгера ガイガー計数管, ガイガーカウンター ②計算係 ~чику → = постави́ть на ~ 《若者・隠》(…を)脅して・ゆすって)支払い期限を指定する

**счёты** [щ] -ов [複] そろばん：счита́ть на -ах そろばんで計算する

**счисле́ние** [щ'ч] [中5]《数》記数法：десяти́чная систе́ма -ия 10進法

**счи́стить(ся)** [щ'ч] →счища́ть

**счита́л|ка** [щ'ч] -лок [女2]《話》数え歌(子供の遊び) // -очка 複生 -чек [指小]

**счи́танный** [щ'ч] [形1]〔数・量が〕ほんのわずかの, 数えるほどの：Оста́лись -ые мину́ты. あと何分かない

**счита́ть¹** [щ'ч] [シターチ] 受身 -и́танный [不完]〔count, consider〕①〔完 со-〕(数を)数える；(数を唱えて)拍子をとる：~ до ста 100まで数える ②数を数える：Мой сын уже́ счита́ет до десяти́. うちの息子はもう10まで数えられる ③〔完 счесть, со-, по-〕(数量を)数える, 勘定する；計算する：~ де́ньги 金を数える｜~ в уме́ 暗算する｜~ на па́льцах 指で数える ④《話》〈数・量を〉有する, 数える(наси́тывать) ⑤[四](ある単位・基準で)測る, 算定する, 表す：~ в килогра́ммах キログラム単位で測る ⑥[四]勘定に入れる, 考慮する：Здесь ти́хо, е́сли не ~ шум дождя́. 雨音を別にすればここは静かだ ⑦〔完счесть, по-〕[完5の3a又は]…であると, みなす, 認める；〈что節〉であると思う, 考える：Она́ счита́ет меня́ че́стным челове́ком. 彼女は私を誠実な人間だと思っている｜Счита́ю, что ты непра́в. 君が間違っていると思うよ ◆не счита́я [話] [前]〔造〕…を除いて, …のほかに：Нас тро́е в семье́, не счита́я соба́чки. うちは犬を除くと3人家族だ｜счита́й(те) 《挿入》…と言ってもいいほど, ほとんど｜счита́ть от [с] …から数えて｜~ дни [часы́, мину́ты] 指折り数えて[首を長くして]待つ｜Цыпля́т по о́сени счита́ют. 《諺》獲らぬ狸の皮算用(←七十は秋に数えるものだ)

**счита́ть** [完] →счи́тывать

**счита́ться** [щ; щ'ч] [シターッツァ, シチターッツァ] [不完]〔settle accounts, be considered〕①〔完 сче́сться, со-〕〔造〕〈сで〉金銭関係を清算する, 勘定を済ます：Плачу́ за всех, пото́м сосчита́емся. 皆の分を払っておくよ, 後で清算しよう ②〔完 сче́сться, со-〕《話》〈с 造〉と[小]争する, 貸し借りを清算する：Что нам ~? о́ба винова́ты. どうやってけりをつけよう, 2人とも悪いんだから ③〔完 по-〕《с造》〈с 造〉の意見を尊重する：~ с чужи́м мне́нием 他人の意見を尊重する ④[四]とみなされる, 認められる；《無人称》〈что節〉であると思われている, 考えられる：Он счита́ется хоро́шим инжене́ром. 彼は腕のいい技師とみなされている｜Счита́лось, что я уме́ю рисова́ть. 私は絵がうまいと思われていた｜《話》ある状態[身分]にある, …とされる：Я счита́юсь в о́тпуске [о́тпуску]. 私は休暇中です ⑥〔受身〕< счита́ть¹ ②④⑦ ◆не счита́ться со вре́менем 時間を惜しまずに｜Э́то не счита́ется. そんなことは物の数に入らない, 重要ではない

**счи́тывать** [щ'ч] [不完]/**счита́ть²** [щ; щ'ч] 受身

-и́танный [完] 〈В⊡〉①〈с⊡〉読み合わせて〈原文と〉照合する、引き合わせる ②マシノピ́сный текст タイプしたテキストを〈原稿と〉照合する ③〖コン〗〈デ́ータを〉読み出す、読み取る **//счи́тка** [щ] 複生-ток [女2]

**счища́ть** [щ'ч] [不完] / **счи́стить** [щ'ч] -и́щу, -и́стишь 受過-ищенный [完]〈В⊡〉〈汚れを〉取り除く [はらう]、落とす、(果実の皮を)むく **//~ся** [不完] [完]〈汚れが〉落ちる、(果実の皮が)むける **//счи́стка** [щ'ч] 複生-ток [女2]

**США** [セシャ́ー、スシャ́ー、セーシェーアー] [不変] [複] アメリカ合衆国、米国、USA (Соединённые Шта́ты Аме́рики; 首都はВашингто́н)

**сшиба́ть** [不完] / **сшиби́ть / сшибу́, -бёшь 過 сшиб, -бла 能過 сши́бший 受過 сши́бленный [完]〈В⊡〉①《話》叩き落す、突き倒す：~ с ног 突き倒す、殴り倒す｜~ с⊡ спе́си ⊡の高慢の鼻をへし折る ②《話》(互いに)衝突させる：~ лба́ми 角突き合わせる、けんかさせる **~ся** [不完] [完]《俗》衝突する、戦闘状態に入る、口論を始める **//сши́бка** 複生-бок [女2]

**сшива́ть** [不完] / **сшить** сошью́, сошьёшь 命 сшей [完]〈В⊡〉縫い合わせる、〖医〗縫合する

**сшивно́й** [形2] 縫い合わせて作った

**съ..** →с..

*****съеда́ть** [不完] / **съе́сть** -е́м, -е́шь, -е́ст, -еди́м, -еди́те, -едя́т 命 -е́шь 過 -е́л 受過 -е́денный [完] [eat (up)] 〈В⊡〉①〈В⊡/Р⊡〉食べる、食う；(食料として)消費する、食べつくす：~ мно́го хле́ба за обе́дом 昼食にパンをたくさん食べる ②〈金・費用などを〉使う、かさむ：Кварти́пла́та съеда́ет полови́ну за́работка. 家賃は給料の半分を食う ③《話》〈Рを〉滅ぼす ④(虫などが)だめにする、食う；(虫に)刺す：Моль съе́ла шу́бу. 毛皮のコートが虫に食われた ⑤ 腐食させる、さびさせる ⑥《話》(非難・陰口などで)苦しめる、悩ます；(強い感情が)さいなむ：За́висть её съе́ла. 彼女は嫉妬にさいなまれた ⑦《話》〈罵り・侮辱をおとなしく聞く、耐え忍ぶ ⑧《話》〈歯を〉すり減らす

**съеде́ние** [中5]〈на~ (отда́ть, оста́вить, оста́ться) (1)…の餌食として(捧げて、残しておく、残る) ②《話》…の好きなように〔意のままに〕(させる、なる)

**съедо́бн|ый** [形1] -бен, -бна [形1] 食べられる：~ гриб 食用キノコ **//-ость** [女10]

**съёживать** [不完] / **съёжить** -жу, -жишь 受過-женный [完]《話》〈В⊡〉〈腎・鼻・顔などを〉しかめる、〈肩を〉すくめる、〈体を〉かがめる

**съёживаться** [不完] / **съёжиться** -жусь, -жишься [完]《話》(肌・顔などが)しわが寄り、すぼまる、(葉が)しなびる、体を縮める：~ в комо́чек 手足を縮めて

*****съезд** [男1] [congress] ①多くの者があちこちから集まること、集合、参集 ②(組織・団体の)代表者会議、大会、総会：~ па́ртии 党大会｜~ учителе́й 教員大会｜выступа́ть на ~e 大会で発言する ③降り口、下り坂

*****съезди́ть** -зжу, -здишь [完]《го and come back》 ①(乗物で)行って来る：~ к ро́дным 親戚のところへ行って来る｜~ за поку́пками 買い物に行って来る ②《話》殴る

**съе́здовский** [形3] 大会(съезд)の

*****съезжа́ть** [不完] / **съе́хать** -еду, -едешь 命 -езжа́й [不完]《go down》①(乗物で・乗物から)下る、降りる：~ со скло́на на лы́жах スキーで坂を下る ②(乗物で)曲がる：~ в сто́рону 脇にそれる ③(移転)引っ越す、退去する：Жильцы́ съе́хали. 住人たちは引っ越した ④《話》ずれる、ずり落ちる：Ша́пка съе́хала на глаза́. 帽子が目までずり落ちた ⑤《話》(価格などが)…から落ちる、それる ⑥《話》〈на⊡/до⊡〉値引きする：~ с ты́сячи рубле́й до девятисо́т 1000ルーブルから900ルーブルにまける ⑦《話》気が狂う；〈на⊡〉熱狂する **//съезжа́ние** [中5]〈①②〉

*****съезжа́ться** [不完] / **съе́хаться** -е́дусь, -е́дешься 命 -езжа́йся [完] [meet, gather] ①(乗物に乗っていて)出会う、行き合う：~ на перекрёстке 交差点で出会う ②(多くの者があちこちから乗物で)集まる、集う：~ со всех концо́в страны́. 全国各地から集まる

**съём** [男1]〈< снять〉[完] ①除去 ②《俗》ナンパ

*****съёмк|а** 複生-ток [女2] ①[removal, shooting]〈< снять〉①取り去る [外す] こと；(コピーを)とること；賃借り：~ карти́ны 絵の取り外し ②(写真・映画の)撮影：портре́тная ~ 人物撮影｜~ фи́льма 映画の撮影 ③〖地〗測量：глазоме́рная ~ 目測

**съёмн|ый** [形1] ①取り外しのできる、②〖農〗もぎ取りの、熟した ③賃貸の：-ая кварти́ра 賃貸のアパート

**съёмочный** [形1] ①撮影(用)の ②〖地〗測量(用)の

**съёмщи|к** [男2] -ца [女3] ①借家人、間借り人 ②測量者

**съестн|о́й** [сн] [形2] ①食用になる：-ы́е припа́сы 食料品 ②-о́е [中名] 食料：запасти́сь -ы́м для себя́ 食料を備蓄する

**съесть** [完] → есть, съеда́ть

**съе́хать(ся)** [完] → съезжа́ть(ся)

**съехи́дничать** [完] → ехи́дничать

**сы́воротка** 複生-ток [女2] ①乳清 ②〖生・医〗血清：противодифтери́йная [противостолбня́чная] ~ 抗ジフテリア [抗破傷風] 血清 **//-очный** [形1]

**сы́гранный** 短 -ан, -анна [形1] (スポーツチーム・楽団などが) 息の合った、チームワークのよい

**сыгра́ть** → игра́ть

**сыгрываться** [不完] / **сыгра́ться** [完] (スポーツチーム・楽団などが) 息が合ってくる

**сыз..** [接頭]《俗》[副詞を形成]「…から」：сы́здавна 昔から

**сы́змала, сы́змалу** [副]《俗》幼時 [幼い頃] から

**сы́змальства, сы́змальства** [副]《俗》= сы́змала

**сы́знова** [副]《俗》新規に、再び：нача́ть всё ~ 新規まき直しをする

**сымити́ровать** [完] → имити́ровать

**сымпровизи́ровать** [完] → импровизи́ровать

*****сын** [スィーン] 複сыновья́, -ве́й, -вья́м [男8] [son] ①息子、せがれ：ста́рший ~ 長男｜сре́дний ~ 真ん中の息子｜мла́дший ~ 下の息子｜еди́нственный ~ ひとり息子｜Че́рез год у них роди́лся ~. 1年して彼らには息子が生まれた ②〈複〉近い子孫、次の世代 ③〈複сыны́, -о́в, -а́м〉(民族・時代・環境などの特質を具えた) 子、申し子：~ своего́ вре́мени 時代の子

**сыни́шка** 複生-шек(女2変化)[男]《指小・愛称》< ~сыно́вний [形1]〈~до́лг 子の義務

**сыно́к** -нка́ [男2] [son, sonny] ①《指小・愛称》< сын①坊や、かわいい息子 ②《俗》若い人、坊主 (年配者から若者・少年への呼びかけ)

*****сы́пать** -плю, -плешь/-пешь, ...-плют/-пят 命 -пь 受過-анный [不完] [pour]〈В⊡〉①〈粒・粉状のものを〉入れる、ふりかける：~ муку́ в мешо́к 小麦粉を袋に入れる ②〈粒・粉状のものを〉投げる、まく、こぼす、散らかす：~ кро́шки на ска́терть テーブルクロスにパンくずをまき散らす ③(細かな雨・雪が)降る ④〈В⊡/Т⊡〉(ふんだんに) 浴びせる、与える、放つ：~ уда́ры 打撃を浴びせる ⑤〈В⊡/Т⊡〉〈言葉を〉連発する、ひっきりなしに並べ立てる：~ цита́тами 早口にしゃべりまくる；~ と引用文をやたらに並べ立てる ⑥《通例命令形で》(急ぐよう)さっさとやれ：Сыпь скоре́е за пи́вом! さっさとビールを買ってこい **◆ deньга́ми を浪費する

**сы́паться** -плется/-петця 命 -пься [不完] ①(粒・粉状のものが) こぼれる、落ちる；飛び散る ②(細かな雨・

**сыпной** [形2]〖医〗発疹性の
**сыпу́чий** [形6] ばらばらした, 粉[粒]状の
**сыпь** [女10]〖医〗発疹, 吹出物

*__сыр__ [スィール] -а/-у о-е, в -у́ 複 сы́-ры [男1] 〔cheese〕チーズ: пла́вленый [голубо́й, копчёный] ~ プロセス[ブルー, スモーク]チーズ | тёртый ~ すりおろした[粉]チーズ | посы́пать спаге́тти ~ом スパゲッティにチーズをかける | кусо́чек ~а チーズ一切れ ◆**как в ма́сле ката́ться** 何不自由なく暮らす

**сыр-бор** [不変]-[男1] ◆*Из-за чего́ ~ загоре́лся [разгоре́лся].* どういうわけでこんなことが起こっているのか
**сыре́ть** [不完]/**от~** [完] 湿る, しける
**сыре́ц** -рца́ [男3] 生[自然のまま]の状態の製品: кирпи́ч-~ 日干しレンガ | хло́пок-~ 原綿
**Сыктывка́р** [男1] シィクティフカル(コミ共和国の首都; 北西連邦管区)
**сы́рник** [男2]〖料理〗シルニキ(ロシア風カッテージチーズパンケーキ)
**сы́рн|ый** [形1] チーズの, 乾酪(ホミネ)の ■ **-ая неде́ля [седми́ца]**〖正教〗乾酪週, マースレニッツァ
**сырова́р** [男1] チーズ製造業者
**сырова́т|ый** 短 -а́т [形1] ① (気候が)湿っぽい ② (果物が)あまり熟していない ③ 生焼けの[生煮えの]
**сыроде́л** [男1] チーズ製造業者 (сырова́р)
**сыроде́л|ие** [中5] チーズ製造 **//** **-ьный** [形1]
**сырое́дение** [中5] ローフード(健康・美容目的での)野菜や果物の生食
**сырое́жка** 複生 -жек [女2]〖茸〗ベニタケ属

*__сыр|о́й__ [スィロー] 短 сыр, -ра́, -ро [形2] 〔damp, raw〕① 湿った, 湿気を含んだ(★→мо́крый 比較): *-ая соль* しけた塩, 湿気を含んだ | じめじめした; 雨の多い, 降水量の多い: ~ во́здух じめじめした空気 | *-ое ле́то* 雨の多い夏 ②〔長尾形〕(食品が)生の, 加熱していない; 生煮えの, 半焼けの: *-ое мя́со* 生肉 | есть ры́бу в *-о́м* ви́де 魚を生で食べる | Карто́шка еще *-а́я.* ジャガイモはまだ生煮えだ ③〔長尾形〕(製品・原料が)半加工, 未完成の, (文章が)仕上げられていない, 推敲不十分の: *-а́я ру́копись* 原稿 ④〔長尾形〕不健康に太った, ぶくぶくした

**сыро́к** -рка́ [男2] ①〔指小・愛称〕< сыр ② (小分け包装された)プロセスチーズ ③ シロック(一口サイズのカッテージレアチーズケーキ; 通例チョコレートでコーティング): глази́рованный ~ チョコーティングのシロック

**сыромя́тн|ый** [形1]: *-ая ко́жа* 生皮
**сы́рость** [女10] ① 湿って[じめじめして]いること, 未完成; ぶくぶく太っていること ② 湿気; 多湿; 湿った箇所
**сырт** [男1]〔ザヴォルジエ地方 Заво́лжье の〕台地 ② (天山山脈の)高原 ■ **Общий Сырт** オプシー・スィルト(ヴォルガ川水系とウラル川水系を分ける)

*__сырьё__ [中4] 〔raw materials〕〖集合〗原料, 資材: промы́шленное ~ 工業原料 **//** **сырьево́й** [形1]
**сырьём** [副]〖話〗生で, 加熱せずに
**сыск** [男2]〔旧〕の捜査 **//** **-но́й** [形1]
**сыска́рь** -я́ [男5] 〔隠・警察・皮肉〕刑事, 捜査官
**сыска́|ть** сыщу́, сы́щешь 過 сы́сканный [完]〖話〗〈ён〉見つける, 探し出す **//** **-ся** [完]〖話〗見つかる
**сы́тно** ①[副] 腹一杯に ②〔無人述〕満ち足りている
*__сы́тн|ый__ -тен, -тна́, -тно [形1] 〔nourishing〕栄養豊富な, たっぷりした: 食物の豊富な, 豊かな: ~ обе́д 栄養豊富な昼食
*__сы́т|ый__ 短 сыт, -та́, -то [形1] 〔satisfied, full〕① 満腹の, 腹の満ちた: Спаси́бо, я *сыт.* ありがとう, もうお腹いっぱいです ② 満足そうな, 満ち足りた: *-ая улы́бка* 満足げな笑み ③〔話〕(動物が)肥え太った, 栄養のいい: ~ скот よく太った家畜 ④〔長尾形〕〖話〗裕福な, 不自由のない: *-ая жизнь* 満ち足りた生活 ⑤ 食物の豊富な ⑥ ~〔男1〕/*-ая* [女3] 満腹な人; 裕福な人, 満ち足りた者 ◆*С~ голо́дного не разуме́ет.*〖諺〗満腹した者には飢えた者の気持ちはわからない **//** **-ость** [女10]

**сыч** -а́ [男1]〈複〉〖鳥〗コキンメフクロウ属: мохноно́гий ~ キンメフクロウ ◆**гляде́ть [смотре́ть, сиде́ть] как ~** 憂鬱である
**сы́щи|к** [男2] -ца [女3] 刑事, 探偵, 捜査員
**СЭВ** [セーフ]〖略〗〔Сове́т эконо́ми́ческой взаимопо́мощи〕〖史〗経済相互援助会議, Comecon
**сэконо́мить** [完] →эконо́мить
**сэ́ндвич** [男4] サンドイッチ: ~ с сы́ром チーズサンド
**сэр** [男1]〔英語圏で男性の姓と共に〕…様; だんな

*__сюда́__ [シュダー] [副] 〔here〕ここへ, こちらへ(↔туда́): Иди́ ~! こっちに来なさい | Заче́м вы ~ пришли́? どうしてあなたはここに来たのですか

*__сюже́т__ [シュジェート] [男1] 〔plot, subject〕①〖文学〗(作品などの)筋, プロット(→фа́була 比較): ~ рома́на 小説の筋 | Вот так развива́ется ~. こんな風に話が展開していくんだ ②〖美・楽〗(作品の)主題, テーマ **//** **~ный** [形1]

**сюзере́н** [男1] (中世西欧などの)封建領主, 藩主
**сюи́та** [女1]〖楽〗組曲
**сюр** [男1] ①〔話〕 = сюрреали́зм ②〔若者〕ばかげかしいこと; 斬新[奇妙]で魅力的なもの

*__сюрпри́з__ [シュルプリース] [男1] 〔surprise〕① 思いがけないプレゼント: преподнести́ ~ ко дню рожде́ния 誕生日にびっくりするようなプレゼントをする ②〔話〕思いがけない出来事[こと], サプライズ: Нас ожида́л о́чень прия́тный ~. 我々を待っていたのはとてもすてきなサプライズだった | Вот так ~! これは驚いた **//** **~ный** [形1]

**сюрреали́зм** [男1]〖美〗シュルレアリスム, 超現実主義 **//** **-исти́ческий** [形1]
**сюрреали́ст** [男1] シュルレアリスト, 超現実主義者
**сюртуќ** -а́ [男2] フロックコート
**сюсю́ка|ть** [不完]〔話〕舌足らずな話し方をする **//** **-нье** [中4]

**сяду** [1単未], **сядь** [命令] < сесть
**сяк** [副] ◆**(и) так и ~** あれやこれや
**сям** [副] ◆**там и ~** あちこち

# Т т

**т** 〔略〕то́нна
**т.** 〔略〕телефо́н; това́рищ; том; то́чка; ты́сяча
**та́** 〔女性; 主格〕< тот

**таба́к** -а́/-у́ [男2] ①〖植〗タバコ ② たばこ: кури́тельный [ню́хательный, жева́тельный] ~ 喫煙用[嗅ぎ, 噛み]たばこ ◆*Де́ло -!*〔話〕まずい, 絶望的だ, もう何ともおさまいだ
**табака́** [不変] ■ **цыплёнок ~**〖料理〗タバカ(ジョージア(グルジア)風若鶏のローストチキン)
**таба́керка** -рок [女3] たばこ入れ
**табаково́дство** [ц] [中1] タバコ栽培
**табакокуре́ние** [中5] 喫煙 (куре́ние)
**таба́чник** [男2] たばこ工場の労働者
**таба́чный** [形1] < таба́к: ~ кисе́т たばこ入れ(の)

**та́бель**[1] -и/-я́ [男5] ①〔旧〕表, 一覧表: ~-календа́рь 年間カレンダー ② 出勤簿 ③ 成績表 **//** **~ный** [形1]
**та́бель**[2] [女10] ■ **Т~ о ра́нгах**〖史〗官等表(18世

**табельщи|к** [男1] **/-ца** [女3] タイムキーパー

**таблет** [男1] ①《旧》= таблетка ②《IT・コン》タブレット

\***таблетк|а** 複生 -ток [女2] 〔pill, tablet〕錠剤、タブレット: ~ аспири́на アスピリン錠 | Принима́йте э́ти ~и три ра́за в день по́сле еды́. この錠剤を1日3回食後に服用してください

\***табли́ц|а** 〔タブリーツァ〕[女3] 〔table, plate〕表: ~ умноже́ния 九九表 | ~ логари́фмов 対数表 | ~ Менделе́ева 《化》(元素の) 周期表 | ~ прили́вов 潮汐(ちょうせき)表 | электро́нная ~ (表計算ソフトの) スプレッドシート | ~ (ро́зыгрыша) пе́рвенства《スポ》対戦表 | внести́ в ~у 表に記入する、まとめる **//табли́чный** [形1]

**табли́чка** 複生 -чек [女2] ①〔指小〕< табли́ца ② 札、ネームプレート

**табло́**¹ (不変)[中] (信号などの) パネル、得点掲示板

**табло́**² [男1]《若者・戯》顔

**табло́ид** [男1] (新聞の) タブロイド版 **//~ный** [形1]

**табльдо́т** [男1] セットメニュー、定食

**та́бор** [男1] ①遊牧民〔狩猟者〕の集まり ②《史》コサックの陣営 ③ロマ (ジプシー) の群れ **//~ный** [形1]

**табу́** (不変)[中] ①タブー ②タブー語 ③禁忌とされた物

**табу́н** -á [男1] ①馬〔鹿、動物〕の群れ ②《話》秩序のない人の群れ

**табу́нщик** [男2] 放牧をする人

**табуре́т** [男1] 背もたれのない腰掛け、スツール **//-ка** 複生 -ток [女2] 〔指小〕

**таве́рна** [女1] (ギリシャ・イタリアなどで) 居酒屋

**та́волга** [女2] 〔植〕シモツケソウ属

**тавот** [男1] 《化》車軸グリース、潤滑グリース (солидо́л)

**таври́ть** -рю́, -ри́шь 受過 -рённый (-рён, -рена́) [不完]**/за-**[完] 烙印をつける

**тавро́** 複тавра, тавр, тавра́м/тавра́м [中1] ①(家畜の) 烙印 ②焼印をつけること **//~вый** [形1]

**тавтоло́г|ия** [女9] ①〔文学・言〕トートロジー、同 (義) 語反復 ②《論》恒真式 ③ (あまり意味のない) 同語反復 **//-и́ческий** [形1]

**тага́н** [男1] 五徳、鉄輪 (鍋を火にかける際に使用)

**таджи́|к** [男2] **/-чка** 複生 -чек [女2] タジク人

**Таджикиста́н** [男1] タジキスタン (首都は Душанбе́) **//таджи́кский** [形1] タジク (人) の

**таёжни|к** [男2] **/-ца** [女3] タイガ (тайга́) に住む人

**таёжный** [形1] タイガ (тайга́) の

**та́ец** та́йца [男3] **/та́йка** 複生 та́ек [女2] タイ人

**таз** 前 о-, в -е/-у́ 複 -ы́ [男1] ①〔гл.тж. тз〕洗面器 ②〔解〕骨盤 ◆**накры́ться (ме́дным) ~ом** (計画・希望が) 実現しない、叶わない **//~ик** [男2] 〔指小〕< ① | **~овый** [形1] < ②

**тазобе́дренный** [形1] 〔解〕臀部の、腰回りの: ~ суста́в 股関節

**Таила́нд** [男1] タイ (首都は Бангко́к)

**таила́нд|ец** -дца [男3] **/-ка** 複生 -док [女2] = та́ец/та́йка

\***таи́нственн|ый** 短 -ен/-енен, -енна [形1] 〔mysterious〕①神秘的な、謎を秘めた ②秘密、秘密めいた **//-ость** [女10]

**та́инство** [中1] ①《旧》= та́йна ②《宗》サクラメント (洗礼、婚姻など上帝が恩恵を与える儀式)

**Таи́ти** (不変)[男1] タヒチ

**таи́ть** таю́, таи́шь 命 тай [不完]〈回〉①隠す、秘密にする ②《通例в себе́と共に》秘めている、含んでいる ◆**~ зло́бу про́тив** ...に恨みをもつ、根に持つ **//~ся** [不完] ①隠す、秘密にする ②ひそむ

**Тайбэ́й** [男6] 台北、タイペイ

**тайва́н|ец** -ньца [男3] **/-ка** 複生 -нок, **-ька** 複生 -нек [女2] 台湾人

**Тайва́нь** [男5] 台湾 **//т~ский** [形3]

\***тайга́** [女2] 〔taiga〕〔地理〕タイガ (シベリアなどの針葉樹の大密林)

**тайко́м** [副] そっと、ひそかに、人知れず

**тайм** [男1] 《スポ》(試合の) 時間、タイム: пе́рвый〔второ́й〕 ~ 前〔後〕半

**тайм-а́ут** (不変)[男1] 《スポ》タイムアウト、試合の一時休止時間

**тайме́нь** [男5]〔魚〕タイメン、アムールイトウ (обыкнове́нный ~);《複》イトウ属: сахали́нский ~ イトウ

**тайме́р** [男1] タイマー

\***та́йн|а** 〔ターイナ〕[女1]〔secret, mystery〕①秘密: серде́чные ~и 心に秘めたもの | храни́ть ~у 秘密を守る | держа́ть в ~е 回 ...を秘密にする | пове́рить ~у 回 秘密を...に明かす ②機密: вое́нная ~ 軍事機密 ③秘訣: ~ успе́ха 成功の秘訣 ④神秘、謎: ~и приро́ды 自然の神秘 | под покро́вом ~ы 神秘のベールに包まれて ◆**не ~, что** ... ...は周知の事実だ

**тайни́к** -á [男2] 〔秘密の〕隠し場所

**та́йно** [副] 秘密裏に、内密に

**та́йнопись** [女10] 暗号文

\***та́йн|ый** [ターイヌィ] [形1] 〔secret〕①秘密の、内密の: -ая мысль 秘めた考え〔思い〕| -ая связь 隠れたつながり | -ое голосова́ние 秘密投票 ②公でない; 地下の: -ая поли́ция 秘密警察 | -ое о́бщество 秘密結社 ■-ые языки́ 隠語 | ~ сове́тник《旧》三等文官 | действи́тельный ~ сове́тник《旧》二等文官 **//-ость** [女10]

**та́йский** [形3] タイ (人、語) の

**тайфу́н** [男1]《気象》台風: Т~ дви́жется на Окина́ву. 台風は沖縄に向かっている

**тайцзицюа́нь** (不変)[女] 太極拳

\***та́к** [ターク] [副] Ⅰ ①そのように、(それと) 同じように: Они́ ду́мали ~. 彼らはそう考えていた | и́менно〔то́лько, то́чно〕 ~ まさにその通りに | когда́ ~《話》そういうことなら、もしそうなら ②《как, что, как бу́дто, то́чно, что́бы などに導かれる節と呼応して》...ほど、...と同じように: ~ бы́стро, как никогда́ кáк не быва́ло тако́й раз早く | На́до игра́ть э́ту роль ~, что́бы она́ понра́вилась зри́телям. その役は観客に気に入られるよう演じなければならない ③まさしく、思った通りに: Я что́-нибудь не ~ сказа́ла? 私何かいうことまちがってたかしら | Всё не ~. 何もかも駄目だ | Что́-то не ~. 何だかおかしい ④そのままで、何もしないで; ただで、無料で: Пусть всё оста́нется ~. 全部そのままにしておきない | Не ~ про́йдет. このままではすまさないぞ ⑤《評価》まあまあだ: Т~, сре́дней руки́. そこそこの腕前だ ⑥《話》《根拠》なんとなく、理由もなく: Про́сто ~. ただなんとなく ⑦本当に: Не ~ ли? そうじゃないかしら、そうでしたね

Ⅱ [接](★無アクセント)①だから、つまり: Т~ я пришёл вас предупреди́ть. そういうわけでお知らせにあがったわけです ②それなら: Т~ заче́м же вы жени́лись на ней? だったら、なぜあなたは彼女と結婚したのか | За де́ло. — За де́ло. 仕事にかかるというならそうしよう ③でも、けれど: Я бы рассказа́ла, ~ вы слу́шать не хоти́те. その話はしたいのにあなたは聞く耳を持たないの

Ⅲ [助](1)(返答で)別に、ただなんとなく: Что́ с ва́ми? — Т~. 「どうしたの」「いえ別に」(2)《1人称複数形の勧誘表現つきて》さあ、さて: Т~ начнём. さあ始めよう (3)(途切れた動作・話を再開するために)さて、ところで ④例えば、例を挙げるなら; おおよそ: ~, наприме́р 例えば ⑤(相手の言葉にうなずいて、相手に発言を促して)なるほ

**та́кать** [不完]《話》機械がブンブンうなる

**такела́ж** [男4]《海》(素具など)船の艤装一式

**такела́жник** [男2] 船の艤装をする人

*__та́кже__ [ターグジェ] [副][接] [also, too] ① 同様に：Я и уста́л. 私も疲れた ② 同時に、またさらに：Он заяви́л, что пробле́ма уже́ решена́. 彼は問題は解決済みだとも述べた ◆~ и ...にも：Попро́буйте и други́е спо́собы. 他の方法も試してみて下さい | и [и, но] ~ ... さらに；にまた：Пригласи́ли дете́й, а и́х роди́телей. 子どもだけでなく両親も招待された

**таки́, ..-таки** [★無アクセント] [助]《代名詞・副詞に付けて》本当に、やはり、しかしながら：всё-таки やはりそれでも | опя́ть-таки-таки たしても

**тако́в** [ТАКО́-] -ва́, -во́, -вы́ [代][定][such]《述語》① この[その、あの]ようだ：Т~ мой обы́чай. これが私のいつものやり方だ ② 《как, как бу́дто, то́чно, что́бы などに導かれる節と呼応して》…の通りだ、…であるほどだ：Он был действи́тельно ~, каки́м изобража́ла его́ жена́. 彼は実際に彼の妻が言うような人柄だった | Си́ла взры́ва была́ –а́, что ру́хнуло всё зда́ние. 爆発の威力は凄まじく、ビル全体が崩壊してしまった ◆ и был ~ あっという間に姿を消した | Кто он ~? 彼は一体何者だ

*__таково́|й__ [ТАКАВО́-Й] [形2変化] [代][指示] [such] ① 《旧》そのような(тако́й) | (он, она́, оно́, они́ の代わりとして) 次の：жи́тели Москвы́ и́ли знако́мые с –ы́ми モスクワ在住者またはそのような知り合いのいる人 | блины́ с начи́нкой и без ~ 具入りと具なしのブリヌィ ③ 《公》次の本来のものとして、他とは無関係に ◆ как ~ = в ка́честве -о́го それ本来のものとして、他とは無関係に

**таково́й** [形3変化][代][指示]《話》そういった

*__так|о́й__ [ТАКО́-Й] [形4変化][代][指示][such] ① この[その、あの]ような、《後続の как, како́й などと呼応して》…の用法として | ~ рома́н, как «Война́ и мир» 『戦争と平和』のような長編小説 | Ко́мната оказа́лась не ~ большо́й, как я ду́мал. 部屋は思ったほど大きくなかった ② 《話》《名詞・形容詞に付いて》とても：Така́я доса́да! 何てしゃくにさわることだ | Вода́ была́ –а́я холо́дная. 水はとても冷たかった ③ 《話》(通例感嘆文で)てもいい、とんでもない：У неё ~ го́лос! 彼女は素晴らしい声の持ち主だ ④ -о́е [中名] この[その、あの]ようなこと、以下のようなこと：《挿入》とても大事なこと、大変なこと、恐ろしいもの ◆ ~ же 同じような | –и́м о́бразом [спо́собом] そのようにして；《挿入》というわけで | в –о́м слу́чае この[その]場合 | и всё –о́е (про́чее) など、等々 | ~, А, что ... とても(ひどい)Аなので…：Был ~ шум, что я не мог спа́ть. とてもひどい騒音だったので眠れなかった | не из -и́х 国 …はそんな人間ではない | что –о́е 《話》一体どんな | что (же [ж]) –о́е [-о́го] 《話》何か特別なことがあるか、別に大したことではない | что –о́е 国 …は一体何か

**тако́й-ся́кой** [形4-形4] [代][定]《話・皮肉》(よくないものに対して)何という、何てひどい

*__тако́й-то__ [形4-不変] [代][不定] [so-and-so, such-and-such] どこそこの、何々の：в –о́м го́роде どこそこの町 | с тако́го-то вре́мени いつついつから

**та́кса** [女1] ① 公定の価格 ② 《動》ダックスフント(犬種)

**такса́ция** [女9] (料率などの)査定

*__такси́__ [タクシー] [不変][中] [taxi] タクシー：е́хать на ~ タクシーで行く | взя́ть ~ タクシーに乗る | вы́звать [пойма́ть] ~ タクシーを呼ぶ [拾う]

**такси́рмист** [э] [男2] 剥製師

**таксидерми́я** [э] [女9] 剥製術(なぎ)

**такси́к** [男2] [指小] < та́кса ⓑ

**такси́ровать** -рую, руешь 受動 -анный [不完・完] 〈圏〉(料率などを)査定する

**та́ксис** [男1] 走性 ②《言》タクシス

**такси́ст** [男1] タクシー運転手

**таксо́метр** [男1] タクシーメーター

**таксомото́р** [男1] タクシー(такси́) // **таксомото́рный** [形1]：~ парк タクシー乗り場 [待機所]

**таксоно́мия** [女9] 分類、範疇、分類体系；分類学

**таксофо́н** [男1] 公衆電話

**та́к-ся́к** [述語]《俗》何とかがまんできる

**такт** [男1] ①《楽》拍子 ② 節度 ③ 臨機応変、機転 ④《技》(エンジンなどの)ストローク、一行程

**та́к-таки** [助]《話》それでもやはり

**та́ктик** [男2] 戦術家

*__та́ктика__ [女2] [tactics] ① 戦術、策略 ② 駆け引き

**такти́льный** [形1]《生》触覚の

**такти́ческий** [形3] 戦術上の

*__такти́чн|ый__ 短 -чен, -чна [形1] [tactful] 如才ない // **-ость** [女10]

**та́к-то** [副]《話》全くのように ◆ ~ (оно́) та́к (, но́ ...) 全くその通りだ(が)、そりゃそうだけど

**та́ктовы|й** [形1]：~ такт [楽] // –ая черта́ 《楽》(楽譜の)小節；小節を分ける縦線；複縦線

*__тала́нт__ [タラーント] [男1] [talent, gift] ① 天賦の才能、天才；〈к甲|на甲〉…の才能：музыка́льный ~ 音楽の才能 | ~ актёра 俳優の才能 | ~ к матема́тике 数学の才 ② 才能のある人、天才 ◆ зары́ть ~ (в зе́млю) 自分の才能を発揮することなく終わらせる

*__тала́нтлив|ый__ [タラーントリヴィ] 短 -ив [形1] [talented] (人・作品が)天才的な、才能にあふれた：-ая нату́ра 才能あるモデル | ~ спекта́кль 優れた演劇作品 // **-о** [副], **-ость** [女10]

**талассотерапи́я** [女9]《医》タラソテラピー、海洋療法

**та́л|и** -ей [複] 滑車装置

**тали́б** [男1] タリバンのメンバー

**Талиба́н** [男1] タリバン

**талидоми́д** [男1]《薬》サリドマイド(鎮静剤)

**талисма́н** [男1] ① お守り、魔よけ ② (イベントなどの)

マスコット

\*та́л|ия¹ [ж9] ①胴体（脇の下から尻までの部分） ②腰, ウエスト；(服の)ウエスト部分: пла́тье без -*ии* ウェストに絞りのないワンピース ③《話》ワイングラスの脚

та́лия² [ж9] 《トランプ》①2セットのカード ②(親のカードがなくなるまでの)ゲームの一巡

Та́ллин(н) [м1] タリン(エストニアの首都)(★1990年から数年およびエストニア国内では Та́ллинн と書く)

талму́д [м1] ① Т～《宗》ユダヤ教の律法, タルムード ②《俗》分厚い本

тало́н [м1] ①切り取った文書の控え ②(入手・利用の権利を示す)券, 配給券, クーポン: ～ на обе́д 食券 | посадо́чный ～ на самолёт 飛行機の搭乗券 // ～чик [м2] [指小]

та́лреп [м1] ターンバックル

та́л|ый [形1] (雪などが)溶けかかった: -*ая* вода́ 雪解け水

тальк [м2] 鉱物, タルク // ～овый [形1]

тальни́к -á [м2] 《方》《植》ヤナギ

\*там [там] (there, later) **I** [副] ①そこで, あそこで: Бу́дем ～ за́втра. 私たちはそこに明日行きます ②(～, где/куда́ ...の形で)…するところで: ～, куда́ сейча́с еду́т 人々が今向かっているところで ③《話》それから, 後で: Т～ ви́дно бу́дет, что де́лать. そのうちどうしたらいいかはっきりします

**II** [助] ①《話》①(力説する時に考えながら)それにそうな(како́й, что, когда́, где, куда́ と共に)どうしてそんなことがあろうか; 全くあり得ない: Трудно служи́ть? — Како́й [Како́е] ～ трудно? 「仕事は大変かしら」「大変なんてことあるわけないだろう」②(кто [что] бы ～ ни などの譲歩をする言葉に)一体, 全く; いずれにせよ | ни было пото́м 後でどんなことになっても ◆～ же 同じところに | ～ ..., ～ ... あるところでは…別のところでは…; やがて；次には… | и та́м то и та́м та́м あちらこちらで, いたるところで | Како́е ～ ！とんでもない, 見当違いだ, 話にならない | ни ～ ни са́м どこにも(…ない) | Хорошо́ ～, где нас нет. ⟨格⟩よそはよく見えるもの(←我々のいないあの場所は素晴らしい) | чего́ [что] ～ [話](1)いけないなどと, 遠慮しないで (2)無意味だ

тамада́ [女1 変化] [男1] 宴会の幹事役

Тама́ра [ж1] タマラ(女性名; 愛称 То́ма)

Тамбо́в [м1] タンボフ(同名の州都) // тамбо́вск|ий [形3]: Т～*ая* о́бласть タンボフ州(中央連邦管区)

тамбу́р [м1] ①《鉄道》デッキ, 乗降口 ②《建》風除室；ドラム(丸屋根の下の円筒形の構造物) ③チェーンステッチ, 鎖縫い(тамбу́рный шов) // ～ный [形1] < ①

тамбу́р [м1] = танбу́р

тамбури́н [м1] タンバリン

Та́мм [м1] タム(И́горь Евге́ньевич ～, 1895-1971; ソ連の物理学者, 素粒子論；58年ノーベル物理学賞)

тамо́женни|к [м1] 税関職員 / -ца [ж3] 税関職員

\*тамо́женн|ый [形1] [customs] 税関の; [男] 税関職員: -*ая* по́шлина ②; [男] 税関職員: -*ая* по́шлина 関税 | ～ *тариф* 関税率 | -*ое* деклари́рование 税関申告 | -*ая* деклара́ция 税関申告書 | -*ая* процеду́ра 通関手続き | ～ сою́з 関税同盟

\*тамо́жн|я 複生 -жен [ж5] [customs] 税関: на -*е* 税関で

тампо́н [м1]《医》タンポン

тампони́ровать -рую, руешь 受動 -анный [不完・完]《医》《医》にタンポンを入れる

та́м-ся́м [副] あちこちに, そこここに

та́м-то [副] まさにその場所で

танбу́р [м1]《楽》タンブール(西・中央アジアの撥弦楽器)

та́нгенс [м1]《数》タンジェント

та́нго [с不変]《舞・楽》タンゴ

та́ндем [э], танде́м [э] [м1]《スポ》タンデム

\*та́нец [ターニェツ] -нца [м3] [dance] (総じて)舞踊, 舞, ダンス；舞踏曲；《複》ダンスパーティー, 舞踏会: ба́льные *та́нцы* 社交ダンス | ～ живота́ ベリーダンス | бе́лый ～《俗》女性が相手を選ぶダンス

тани́н [м1] タンニン

\*танк [м2] [tank, container] ①《軍》戦車, 装甲車両: основно́й боево́й ～ 主力戦車 | ～ -амфи́бия 水陸両用戦車 ②貯水槽, 油槽: ～ для хране́ния сыро́й не́фти 原油貯蔵タンク // ～овый [形1] < ①

та́нкер [м1]《海》タンカー

танке́тка 複生 -ток [ж2] ①《軍》小型戦車 ②《話》ウェッジヒール

танки́ст [м1] 戦車兵

та́нк-парово́з [不変] [м1] タンク機関車

танта́л [м1]《化》タンタル(記号 Ta)

танцева́льный [形1] 舞踊(ダンス)の[に向いた]: ～ ве́чер ダンスパーティー

\*танцева́ть タンツヴァーチ -цу́ю, -цу́ешь 命 -цу́й 受動 -цо́ванный [不完] / станцева́ть スタンツヴァーチ [完] [dance] ①ダンスをする: ～ ва́льс ワルツを踊る | ～ под му́зыку 音楽に合わせて踊る | Он никогда́ не *танцева́л*. 彼は一度も踊ったことがなかった ②上手に踊れる, バレエの舞台に出る；バレエダンサーである: 〈対〉…の役を踊る: ～ Золу́шку (バレエで)シンデレラの役をする | 〈不完〉揺れる, 震える, (昆虫)が舞う ◆～ на одно́м ме́сте (仕事などが)はかどらない | с како́й ноги́ ～ どのように始めたらよいか, どう振る舞うべきか | ～ся [不完]《無人称》(自然に)踊れる, 踊りたくなる //《受身》

танцме́йстер [м1]《旧》ダンス教師

танцо́вщи|к [м1] / -ца [ж3] 舞踊家, (バレエ)ダンサー

танцо́р [м1] ダンスを踊る人, ダンサー

танцплоща́дка 複生 -док [ж2] ダンスをする場所

танцпо́л [м1]《若者》ダンスフロア

танцу́льки -лек [複]《話》ダンスパーティー

Та́ня [ж5] [愛称] < Татья́на

тапёр [м1] / ～ша [ж4] ダンスホールのピアニスト

тапио́ка [ж2] タピオカ

тапи́р [м1] 《複》バク属: чепра́чный ～ マレーバク

та́пки -пок, -пкам [複]《話》スリッパ

\*та́почк|и -чек, -чкам [複][単 та́почка [ж2]] [slipper] スリッパ: в -*ах* スリッパを履いて

та́р|а [ж1] 包装材 // ～ный [形1]

тараба́нить -ню, нишь [不完]《話》①音を立てて叩く ②音を立てて何かを弾く

тараба́рский [形33]《話》意味のない

тараба́рщина [ж1]《話》訳のわからない話

\*тарака́н [м1] [cockroach] 《昆》ゴキブリ: мори́ть ～*ов* ゴキブリを退治する // ～ий [形9]

тарака́шка 複生 -шек (女2変化) [м1・女] [指小] < тарака́н ②小さな昆虫

тара́н [м1] ①破城槌 ②破壊する道具

тара́нить -ню, нишь, -ненный [不完] / про～ [完] 〈対〉①打ち砕く ②《俗》(引きずって)運ぶ

таранта́с [м1] ①4輪馬車 ②《話》ポンコツ車

таранте́лла [э] [ж1]《楽》タランテラ(舞踏曲)

таранти́ть -нчу́, -нти́шь [不完]《話》早口でぺちゃくちゃしゃべる, まくしたてる

таранту́л [м1] 《複》《虫》コモリグモ属: апули́йский ～ タランチュラコモリグモ

тара́нь [ж10]《魚》ローチの一種(コイ科; アゾフ海, 黒海に生息)

**тарара́м** [男1]《話》大騒ぎ

**тара́ба|хать** [不完] / **тара́бахнуть** -ну, -нешь 命 -ни [一回]《話》① 強く大きな音を立てて打つ ② 大きな音で射撃する

**тара́та́йка** 複生 -áек [女2] ギグ (1頭立て2輪馬車)

**таратóра** [女1]《俗》おしゃべりの人

**таратóрить** -рю, -ришь [不完]《話》まくしたてておしゃべりする

**тарахтéть** -хчу́, -хти́т [不完]《話》① ギシギシと音を立てる ②《俗·戲》無駄口を叩く

**тара́щ|ить** -щу, -щишь 命 -щи/-щь [不完] / **вы́-** [完]《話》〈団〉〈目〉を見開く: ~ глаза́ 驚いて見つめる ∥ **~ся** [不完] ① 目が大きく見開かれている ② じっと見る

**тарбага́н** [男1]《動》タルバガン (リス科の一種, トゥヴァ共和国などに生息)

**таргети́рование** [中5] 目標設定, ターゲット化

**таре́лк|a** [タリェールカ] 複生 -лок [女2] 〈dish〉① 皿;《話》一皿分の量: глубóкая ～ 深皿, су́повая ～ スープ皿 | мéлкая ～ 浅い皿 | поста́вить на стóл -у 皿をテーブルに置く ② 円盤状のもの: летáющая ～ 空飛ぶ円盤 | спу́тниковая ～ (衛星放送受信用) パラボラアンテナ ③ 《複》《楽》シンバル (кимва́л) ◆ **быть «чу́вствовать себя́» в своéй -е** 気分《機嫌》がよい; 居心地がいい, 落ち着く ∥ **таре́лочный** [形1]

**тари́ф** [男1]〈rate, tariff〉①《経》税率表 ② 料金表 ∥ **~ный** [形1]

**тарифика́ция** [女9] 税率の決定

**тарифици́ровать** -рую, -руешь 受過 -анный [不完·完]〈団〉の料金 [税率] を定める

**Тарко́вский** [形1] タルコフスキー (Андре́й Арсе́ньевич ～, 1932-86; 映画監督)

**тáро** [不変] [中]《植》タロ芋, 里芋

**тáрт** [男1]《料理》タルト

**тáртар** [男1]《ギ神》タルタロス; 地獄

**тарта́р** [男1]《料理》タルタルソース

**тартарары́** (不変) [男]《戲》地獄: провали́ться в ～ 地獄に落ちる

**тарти́нка** 複生 -нок [女2] バターを塗ったスライスパン; 一口サイズのオープンサンド

**\*таска́ть** 受過 -а́нный [不完] [不定][定 **тащи́ть**] 〈pull, drag〉〈団〉① 引きずって運ぶ, 引きずって, 子どもなどを〉抱えて「担いで」運ぶ: ～ на спине́ мешóк 袋を背負って運ぶ | ～ за́ руки 手で引っぱる | ～ за́ уши 耳を引っぱる | ～ за́ волосы 髪の毛を引っぱる | ～ за́ шивóрот 襟首をつかんで引っぱる | 〈人·動物などを〉連れて行く, 連れ回す; 連れ出す: ～ с собóй 一緒に連れて行く | ～ по магазинам …を買い物に連れ出す ④《話》着ている ⑤《話》持ち歩いている ⑥ 引き出す, 引き抜く, 引っぱり出す ⑦ (罰として髪·耳を) 引っぱる: ～ за́ уши 耳を引っぱる ⑧《話》盗む, くすねる ◆ **кашта́ны из огня́ для** 団 …のために火中の栗を拾う | ～ **по суда́м** 裁判にかける

**таска́ться** -а́юсь, -а́ешься [不完]《話》①（通例長距離·嫌々·用もなく）うろつく ②《俗》〈3а団〉に言い寄る, 付きまとう;《c団》と男女の関係にある ③《話》〈c団〉にいつも持ち歩いている, 身に着けている ④〔受身〕< таска́ть

**тасова́ть** -су́ю, -су́ешь 受過 -óванный [不完]〈団〉〈トランプ〉を切る ∥ **тасóвка** [女2]

**тáта** (女1変化) [男]《方》父さん

**тата́ми** (不変) [中]《方》[男]《スポ》柔道畳 [マット]

**тата́рник** [男2]《植》オオヒレアザミ属: ～ колю́чий ゴロツキアザミ

**тата́р|ин** 複 -а́ры, -а́р [男1] / **-ка¹** 複生 -рок [女2] タタール人

**Тата́рия** [女9] タタルスタン (共和国) (Респу́блика Татарста́н)

**тата́рка²** 複生 -рок [女2] ① → тата́рин ②《戲》《車》カマズ社 (КамА́З) 製の自動車 ③ = тата́рник ④ 鞭 (むち)

**тата́ро-монго́л** [不変]-[男1]《史》(13-15世紀のキプチク·ハン国の) モンゴル人, タタール人 ∥ **-ьский** [形3]

**тата́рский** [形3] タタールの ■ **Т～ проли́в** 間宮海峡; 韃靼 (だったん) 海峡

**Татарста́н** [男1] タタルスタン (Респу́блика ～; 首都は Каза́нь; 沿ヴォルガ連邦管区)

**тату́** (不変) [女]《若者》タトゥー

**тату́аж** [男4] アートメイク (眉, 唇などに針で色素を注入)

**татуи́ровать** -рую, -руешь 受過 -анный [不完·完] [完また **вы́-**~] 〈団〉入れ墨 [タトゥー] をする ∥ **-ся** [不完·完] 自分に入れ墨をする ∥ **татуирóвка** 複生 -вок [女2]

**татуирóвщик** [男2]《若者》刺青師, タトゥーアーティスト

**тату́шка** 複生 -шек [女2]《若者》= тату́

**Татья́на** [女1] タチヤナ (女性名; 愛称 Та́ня; 卑称 Та́нька)

**таунха́ус** [男1] タウンハウス

**тафта́** [女1] タフタ (光沢ある織物)

**тахикарди́я** [女9]《医》頻脈, 心頻拍

**тахóметр** [男1]《車》タコメーター

**тахта́** [女1] 背もたれのない長椅子

**тача́нка** 複生 -нок [女2] 無蓋の4輪馬車

**тача́|ть** [不完] táчанный [不完] / **вы́-~** 受過 -анный [完]〈団〉〈靴〉を刺し縫いする ∥ **-ся** [不完]〔受身〕

**тачи́лка** [女1]《若者》乗用車, クルマ

**та́чк|а** 複生 -чек [女2] ① 手押しカート ②《俗》乗用車, オートバイ; タクシー ③ 刺し縫い ◆ **заряди́ть -у** タクシーを拾う

**Ташке́нт** [男1] ① タシケント (ウズベキスタンの首都) ②[無人述]《俗》暖かい

**\*тащи́ть** [タシシーチ] тащу́, та́щишь 命 -щи́ 受過 та́щенный [不完] [定] [不定 **таска́ть**]〈pull, drag〉〈団〉① (どこかに向かって, 持ち物·機械·乗り物で) 引きずる, 引きずって運ぶ: ～ во́локом по земле́ 地面を引きずって運ぶ | ～ «с трудо́м «едва́, éле»» やっとのことで運ぶ ② (川などの方向に, 人·動物を〉無理やり連れて行く: ～ сы́на к двери 嫌がる息子をドアまで連れて行く | ～ под руки 両腕を抱えて連れて行く | ～ «за вере́вку «на верёвке»» 縄でつないで連れて行く ③ 抜き出す, 引き抜く, 引っぱり出す〈重い物·子どもなどを 抱えて「担いで」抱えて「担いで」運ぶ: ～ на рука́х 両手で抱えて運ぶ | 〔完 **с-**〕《話》盗む, くすねる ⑦《若者》《通例気が進まない仕事》を遂行する ⑧《俗》わかる, 把握する

◆ **едва́ «éле» ～** (どこかに向かって) 引きずりながらやっとのことで歩く | ～ **вниз** 衰退させる, 衰えさせる | ～ **за́ уши** 団 …の尻を叩いて無理やりやらせる

**\*тащи́ться** тащу́сь, та́щишься [不完] [不定] 〈trail along〉《話》① (服の裾などが) 引きずられて行く 「進む」 ②《話》足をを引きずるようにして〔のろのろ〕歩く ③ (乗り物でゆっくり·長時間) 進む, 移動する ④《от団》にメロメロになる, ほれ込む ⑤〔受身〕< тащи́ть | **Я тащу́сь!**《歓喜·驚きまたは《俗》うっとり, ほれぼれしちゃう

**\*та́ять** та́ю, та́ешь 受過 та́янный [不完] / **рас-** [完] 〈melt, thaw〉① (雪などが) とける: Лёд раста́ял. 氷がすっかり解けた | Мя́со та́ет во рту́. 肉が口の中でとろけるよう ② 徐々に消えていく〔なくなる〕: Облака́ та́ют. 雲が消えていく ③ (感動して) 放心状態になる ④《不完》痩せる, (病気·心痛などで) やつれる ∥ **та́яние** [中5]

**Тбили́си** (不変) [男] トビリシ (ジョージア (グルジア) の首都)

**ТВ** [テヴェー] (不変) [中] テレビ放送 (телеви́дение)

**тва́рь** [女10]《集合でも》①《文》生きているもの ②《俗》役に立たない人間

**тверде́|ть** [不完] 硬くなる ∥ **-ние** [中5]

\*тверди́ть -ржу́, -рди́шь 受過 тве́рженный/твержённый (-жён, -жена́) [不完] [repeat] (同じ/同様のことを)繰り返して言う： ~ моли́тву 祈祷(り)文[お経]を繰り返して唱える 〔完 вы́-, за-〕《繰り返し暗唱して覚える》： ~ свою́ роль セリフを覚える

\*твёрдо 比 твёрже [副] [firmly] 固く；しっかりと： ~ уве́ренный 強く確信している | ~ знать しっかりとした知識を持っている | ~ уби́тая земля́ 固く(踏み)固められた地面 | ~ на́тв́рдо 非常に固く

твердока́менный 短 -енен, -енна [形1] 石のように堅固な

твердоло́бый 短 -о́б [形1] 《話》頭の固い；《政》頑固な保守主義者

\*твёрд|ый [トヴォールディイ] 短 твёрд, тверда́, твёрдо, твёрды/тверды́ 比 твёрже [жый] [形1] [hard, firm, solid] ① (長尾)固体の；(⇔жи́дкий 液体の) -ые вещества́ – -ое те́ло 固体 ② 固い(↔мя́гкий)；(皮膚・パンなどが)硬化した, (土地が)固まった, しまった： -ая по́чва, ~ грунт 固い地盤 | ~ хлеб 固くなったパン ③ (人が)意志の強い, (性格・心などが)強い, しっかりとした; (旧)堅固な： ~, как ка́мень (人が)非常にとても強い | ~ хара́ктер しっかりした性格 | ~ в убежде́ниях 確固とした信念を持った | твёрд душо́й 田 …は心が強い ④ (決意などが)確固とした, ぐらつかない： -ое реше́ние 固い決意 | -ое сло́во 決して破られない約束 ⑤ (支えなどが)しっかりした： ~ое основа́ние しっかりとした基礎, 揺るがない根拠 ⑥ 厳格に定められた： -ое расписа́ние 変更不可能な日程 | -ые сро́ки 絶対に守られなければならない期限[締切] | проводи́ть -ую ли́нию 決められたこと[規則, 予定]を厳格に守る ⑦(動作・足どりが)しっかりした： ~ шаг しっかりした足どり | на нога́х 足どりがしっかりしている, しっかりと立っている ⑧(知識などが)しっかりした, (人が)しっかりした知識を持った： -ая па́мять はっきりした記憶, 確かな記憶 ⑨(顔のラインが)くっきりした, (筆跡・筆づかいの)しっかりした ◆ -ая рука́ (強権を発動できるほどの)権力者 ■ ~ знак 硬音記号(ъ)

тверды́ня [女5] 岩, 要塞； 拠点

тве́рже [比較] < твёрдый, твёрдо

Тверь -и́ дат -ью́ [女10] トヴェーリ(同名州の州都) // тверск|о́й [形4]： T -áя о́бласть トヴェーリ州(中央連邦管区)

ТВЗ [тэвэзэ́] 《略》техни́ческо-внедре́нческая зо́на 技術導入[研究開発]型経済特区

твид [男1] ツイード // -о́вый [形1]

твист [男1] ツイスト(ダンス)

Тви́ттер [男1] 《商標》ツイッター, Twitter

т-во 《略》това́рищество

\*тв|ой [твой] (男) твоего́ [твоево́], твоему́, твой/твоего́, твои́м, твоём, твоя́ [твоя́] (女) твоей, твоей, твою́, твоей, твоей, твоё [твойо́] (中) твоего́, твоему́, твоё, твои́м, твоём, твои́ [твои́] (複) твои́х, твои́м, твои́/твои́х, твои́ми, твои́х [代] [所有] (★ты に対応する所有代名詞) (your) ① あなたの, あなたとの関係の, あなたについての： твои́ де́ньги あなたのお金 | твои́ воспомина́ние あなた(について)の思い出 | на твоём ме́сте あなたの立場なら ② あなたに似た, あなたと同じ, あなたのような： ма́льчик твои́х лет あなたと同じ年頃の子 ③ ~ [男2] [女2] 《話》あなたのご主人；奥さん； 恋人 ④ твои́ [複多] 《話》あなたの親類[家族, 身内, 知り合いの人々] ⑤ твоё [中名] 《話》あなたのもの (比較級語尾形+твоего́) ~ тоже たよりも(чем ты)： бо́льше [ме́ньше, лу́чше, ху́же] твоего́ ⑥《話》あなたより大きい[小さい, 良い…] | Я зна́ю лу́чше твоего́. 君より僕の方がよく知っている | ◆ Твоя́ взяла́. 《話》君の勝ちだ | твоя́ пра́вда 《話》《挿入》実際, あなたの言う通り | твоё сча́стье 《話》《挿入》君は運がついている | что твой... まるで…のような, 全く…のようだ：Она́ поёт, что твой солове́й. 彼女がまるでとまるでナイチンゲールのようだ

творе́н|ие [中5] [creation, creature] 《雅》創作, 創造； 作品, 産物： -ия поэ́та 詩人の著作 | ~ Бо́га 神の創造物

творе́ц -рца́ [男3] ① 創造者 ② 創造主

твори́тельный [形1]： ~ паде́ж 《文法》造格, 具格

\*твори́ть -рю́, -ри́шь 受過 -рённый (-рён, -рена́) [不完] / со- 〔完〕 [create, do] ①《雅》創造[創作]する：Бог сотвори́л мир. 神が世界を創造した | ~ исто́рию 歴史をつくる ② 行う： ~ добро́ 善を為す | ~ суд над ... を裁く 〔完 раствори́ть〕 《俗》粉をこねる： ~ те́сто 生地を作る

твори́ться -и́тся [不完] — со- [完] ①《話》(変わったことが)起こる ②[不完][受身] < твори́ть

\*творо́г -а́/-у́, творо́г -а/-у [男2] [curd cheese] カッテージチーズ： со́евый ~ 豆腐 // творо́жный [形1]

творо́жник [男2] 《料理》チーズケーキ(творо́г を使用)

тво́рческ|ий [тво́рческий] [形3] [creative] ① 創造の, 創造的な, 創造力に満ちた： -ое воображе́ние 創造性に満ちた想像力 | -ое насле́дие Ре́пина レーピンの残した創造的産物 ② 創造者の

\*тво́рчество [тво́рчество] [中5] [creation, works] ① 創造： худо́жественное ~ 芸術創作 | нау́чное ~ 科学的創造 ②《集合》創造物, 創造されたもの： наро́дное ~ 民衆による創造[作品] | изуча́ть ~ Го́рького ゴーリキーの(全)作品を研究する ③ 創造性の

ТВЧ [тэвэче́] 《略》телеви́дение высо́кой чёткости 高精細テレビジョン放送, HDTV

т.г. 《略》теку́щего го́да 本年の, 今年の

т.д. 《略》так да́лее など, など

те [代] ① 〔複数； 主格〕< тот (★ 無アクセント) 《俗》 = тебе́ (→ты)

т. е. 《略》то́ есть つまり

..те [助] 《話》 (完了体動詞の1人称複数形に付けて) …しよう： Пойдёмте! さあ, 行きましょう

\*теа́тр [тәа́тр] [男1] [theater, plays] ① 演劇： люби́тельский ~ アマチュア演劇 | увлека́ться ~ом 芝居に熱中する ② 劇場 《話》(劇場の)観客： о́перный ~ オペラ劇場 | идти́ в ~ [из ~а] 劇場へ行く[から帰る] | Весь ~ аплоди́ровал стоя. 劇場全体からスタンディングオベーションが送られた ③ 劇団： ку́кольный ~ 人形劇団 | Большо́й ~ ボリショイ劇場 ④ (旧)舞台； 劇 ⑤ (事件の)舞台； 戦場： ~ войны́ [вое́нных де́йствий] 戦場 ⑥ (作家・国などの)作品， 全戯曲： ~ Че́хова チェーホフの全戯曲

театра́л [男1] —ка [女2] 劇場によく通う人, 劇場ファン

театрализа́ция [女9] 脚色

театрализова́ть -зу́ю, -зу́ешь 受過 -о́ванный [不完・完] 劇場化する, 脚色をする

театра́льность [女10] 演劇性

\*театра́льный 短 -лен, -льна [形1] [theater, theatrical] ① 演劇の, 演劇的な ② 劇場の ③ 芝居じみた, 芝居がかった

театрове́д [男1] 演劇学者

театрове́дение [中5] 演劇研究

тебе́ [与・前置格], тебя́ [生・対格] < ты

тёг -а [男2] 《コンタグ》： поста́вить ~ под фо́то 写真にタグ付けする

Тегера́н [男1] テヘラン(イランの首都)

**тéза** [з] [女1] = тéзис①

**тезáурус** [з] [男1] [複] シソーラス, 類語辞典

**\*тéзис** [з] [男1] 〔thesis〕 ①命題, テーゼ ②〔複〕〔論文・講演・学会発表などの詳細な〕要旨, アブストラクト 〔★概略程度の要旨は резюмé〕: ~ы выступлéния 発表のレジメ

**\*тёзка** 複生 -зок(女2変化) [男・女] 〔話〕同じ名前の人

**тейзм** [э] [男1] 有神論

**тейн** [э] [男1] テイン, カフェイン

**тéйст** [э] [男1] 有神論者 **// ~ и́ческий** [形3]

**тёк** 〔過去・男〕< течь

**текóма** [з] [女1] 〔話〕〔植〕ノウゼンカズラ属

**‡тéкст** 〔チェークスト〕 [男1] [text] ①文章, テキスト: рукопи́сный ~ статьи́ 記事の原稿 | пóдлинный ~ 原文 ②〔文学作品・著作物の〕内容: поясни́ть ~ рису́нками 作品内容をイラストで説明する ③〔美術カタログなどの〕文章の部分: (文学作品などの注釈を除いた)本編, その抜粋 ④歌詞 ◆ *откры́тым ~ом* 〔話〕遠まわしな言い方をせず, 直接的に

**тексти́ль** [男5] 〔集合〕織物, テキスタイル **// ~ный** [形1]

**тексти́льщи|к** [男2] **/-ца** [女3] 織物工

**текстовóй** [形1] ■ ~ процéссор ワードプロセッサー;〔コン〕ワープロソフト

**тéкстовый** [形1] < тéкст: ~ редáктор 〔コン〕テキストエディタ

**текстóлог** [男2] テキスト学者, 本文批評家

**текстолóгия** [女9] テキスト学, 本文批判

**текстуáльный** [形1] ①逐語的に, 一語一句違わずに ②本文[原文]の

**текстýра** [女1] 材質感, きめ, テクスチャー

**тектóника** [女2] ①〔地質〕地殻構造 ~ констру́ктуа 構造地殻学 **// ~ и́ческий** [形3]

**текýт** 〔3複現〕< течь

**текýч|ий** 短 -у́ч [形6] ①〔理〕液体状の ②流動的な **// -есть** [女10]

**текýчка** [女2] 〔単〕〔話〕日常の些事

**‡текýщий** 〔チクーッシィ〕 [形6] [current, routine] ①今の, 目下の: ~ год 今年 | в ~ момéнт 目下 | -ая литератýра 現代文学 ②〔仕事などが〕日常の: ~ие делá 日常業務 | ~ план 年々ее плани́рование 当面の予定 | ~ счёт 当座預金口座

**тел.** 《略》телефóн

**теле..** 〔語形成〕「テレビ」の,「遠距離の」「遠隔の」

**\*телебáшня** -шен [女5] テレビ塔 ■ **Остáнкинская** ~ オスタンキノ・タワー

**телевещáние** [中5] テレビ放送

**‡телеви́ден|ие** [中5] [television] ①テレビ放送: передáть по -ию テレビで放送する | интеракти́вное ~ 双方向テレビ | спýтниковое ~ 衛星放送, зáмкнутое ~ 映像監視システム, CCTV, 防犯[監視]カメラ | кáбельное ~ ケーブルテレビ | цифровóе назéмное ~ 地上デジタルテレビ放送 ②テレビ放送技術研究

**телевизиóнный** [形1] テレビ(放送, 受信)の

**телевизиóнщик** [男1] 〔話〕テレビ業界人

**‡телеви́зор** 〔テリヴィーザル〕 [男1] [television set] ①テレビ(受像機): включи́ть[вы́ключить] ~ テレビをつける[消す] | смотрéть ~ テレビを見る | смотрéть сериáлы по ~у テレビで連続ドラマを見る ②〔コン〕モニター **// ~ный** [形1]

**телевы́шка** 複生 -шек [女2] テレビ塔

**телéг|а** [女2] ①(4輪)荷馬車 ②〔囚人・隠〕控訴, 上訴: накатáть [накати́ть, вы́катить] -у на 団 …を訴える ③〔隠・蔑〕長い話, アイディア: плести́ [прогоня́ть, плести́] -и 〔蔑〕長い(作り)話をする | толкнýть -у 匣 = натолкáть телéг 団 〔蔑〕…をだ

ます, 混乱させる ④〔若者〕乗用車

**теледебáты** -ов [男1] 〔複〕テレビ討論会

**телегени́чный** [形1] テレビ向きの, テレジェニックの

**\*телегрáмма** [女1] [telegram] 電報: дáть [подáть] -у 電報を打つ

**\*телегрáф** [男1] [telegraph] ①電信(技術) ②電信機: беспровóлочный ~ 無線電信機

**телеграфи́ровать** -рую, -руешь 受過-анный [不完・完] 電報を打つ;<団 について>電報で知らせる

**телеграфи́ст** [男1] **/-ка** 複生 -ток [女2] 電信技士

**телегрáфия** [女1] 電信(術)

**телегрáфн|ый** [形1] < телегрáф: ~ стиль 電文体 | -ое агéнтство 通信社 | ~ столб 電柱

**телéжка** -жек [女2] ①手押し車, カート, 台車 ②〔指小〕< телéга

**телéжный** [形1] 荷馬車の (телéга) の

**тележурнáл** [男1] (テレビの)最新情報番組

**телезри́тель** [男5] テレビ視聴者

**телеигрá** 複 -и́гры [女1] (テレビの)クイズ[ゲーム]番組

**тéлек** [男1] = тéлик

**телекáмера** [女1] テレビカメラ

**телекáнал** [男1] テレビチャンネル

**телекинéз** [з] [男1] 念動力, 念力, テレキネシス

**телекоммуникáция** [女9] 電気通信; 遠距離通信; データの伝送 **// -иóнный** [形1]

**телекомпáния** [女9] テレビ会社

**телеконтрóль** [男5] 遠隔操作

**телеконферéнция** [女9] テレビ会議

**тéлекс** [男1] テレックス

**\*телекýрс** [男1] テレビ[ラジオ]通信講座: учи́ться на -ах 通信講座で学ぶ

**телемарафóн** [男1] テレビマラソン(24時間テレビ)

**телеметр́ия** [女9] 遠隔計測法 **// -и́ческий** [形3]

**телемонитóр** [男1] テレビモニター

**телемóст** [男1] テレビ中継

**теленóвости** -éй [女2] テレビニュース

**телёнок** -нка 複 -ля́та, -ля́т [男9] 子牛

**телеобъекти́в** [男1] 〔写真〕望遠レンズ

**телеолóг|ия** [女9] 目的論 **// -и́ческий** [形3]

**телеоперáтор** [男1] (テレビの)カメラマン

**телепáт** [男1] テレパシー能力のある人 **// ~и́ческий** [形3]

**телепáтия** [女9] テレパシー

**телепередáча** [女4] テレビ番組

**телепрогрáмма** [女1] テレビ欄

**телесá** -лéс, -лесáм [複] 〔話・戯〕ぽっちゃりした体つき, デブ

**телесериáл** [男1] テレビドラマ

**телесéть** 複 -и, -éй [女2] テレビネットワーク

**телескóп** [男1] 望遠鏡 **// -и́ческий** [形3]

**\*телéсн|ый** 短 -сен, -сна [形1] [bodily, corporal] ①肉体の: -ое наказáние 体罰 | -ое поврежде́ние 体への怪我, 傷害 | -ого цвéта 肌色の ②物体の **//-ость** [女10]

**телеспýтник** [男2] テレビ衛星

**телестáнция** [女9] テレビ局

**телестýдия** [女9] テレビスタジオ

**телесуфлёр** [男1] テレプロンプター

**телетáйп** [男1] テレタイプ

**телетéкст** [男1] 文字多重放送

**телеуправлéние** [中5] リモコン

**телеуправля́емый** [形1] 遠隔操作で可能な

**телефáкс** [男1] ファックス付き電話機

**телефи́льм** [男1] テレビ映画

**телефо́н** [チリフォーン] [男1] [telephone] ① 電話, 通話: междунаро́дный ～ 国際電話 | [звони́ть] по -у 電話で話す [をかける] ② 電話機: ～-автома́т 公衆電話 ③《話》電話番号: Да́йте, пожа́луйста, ～. 電話番号を教えて下さい

**телефони́ст** [男1] / **-ка** 複生 -ток [女2] 電話交換手

**телефони́я** [女9] 電話サービス

**телефо́нн|ый** [チリフォーンヌイ] [形1] 電話の: ～ звоно́к (электро́н.) 呼び出し音 | ～ разгово́р 電話での通話 | ～ террори́зм (爆弾をしかけたなどと) 電話で脅すこと | ～ моше́нничество 電話詐欺, 「振り込め詐欺」 ■**-ая бу́дка** 電話ボックス | **-ая ка́рта** テレホンカード | -ая кни́га ＝ ～ спра́вочник 電話帳

**телефоногра́мма** [女1] 電話電報

**теле́ц** -льца́ [男3] ①《旧》雄の子牛 ② Т-《天》牡牛座 ◆**золото́й** ～《文》金(な), 財力, 金(な)

**телеце́нтр** [男1] テレビセンター

**телеэкра́н** [男1] テレビ画面

**те́лик** [男2] 〘俗〙テレビ

**тели́ться** тели́тся [不完] / **о-** [完] (牛が)子を産む

**тёлка** 複生 -лок [女2] ① 若い雌牛 ②《若者・俗》(魅力的な)若い女

**теллу́р** [э] [男1]《化》テルル(記号 Te)

**те́л|о** [チェーラ] 複 тела́, тел, тела́м [中1] [body, object] ① 物体: твёрдое ～ 固体 | жи́дкое ～ 液体 | газообра́зное ～ 気体 | небе́сное ～ 天体 ② 体, 肉体 (特に精神に対して); ча́сти -а 体の部位 ③ 死体, 遺体 (мёртвое ～); (часто)身動きせずに横たわっている人々 ④ (人・動物の)胴体, (物の)本体部分 (木の幹, 船・飛行機などの胴体, 大砲の砲身など) ⑤《俗》(骨・皮に対して)肉: быть в -е 太っている | войти́ в ～ 太る | спа́сть с -а 痩せる ⑥ 一体(となっているもの): одно́ [еди́ное] ～ 一つの全体 ⑦《軍経・俗》1年目の新兵

◆**душо́й и -ом** 完全に, 全く | **ни душо́й, ни -ом** 全く[少しも]…ない | **держа́ть в чёрном -е** 厳 …をこき使う, 冷遇する

**телогре́йка** 複生 -е́ек [女2] 綿入れジャンパー

**телодвиже́ние** [中5] (体・手足の)動き; 身振り

**телёк** -лька́ [男2] 〘話〙テレビ

**телосложе́ние** [中5] 体格, 体つき

**телохрани́тель** [男5] ボディーガード, 護衛

**тельня́шка** 複生 -шек [女2], **те́льник** [男2] 〘話〙 (水兵用の)ボーダーシャツ | **Нас ма́ло, но мы в тельня́шках.** 多勢に無勢でも負けない.

**тельце́¹** 複 -а, -лец [中2] 〘指小〙 < те́ло

**тельц|е́²** 複 -а, -ле́ц [中2] ① 小体, 血球: кра́сные [бе́лые] кровяны́е ～ 赤[白]血球

**теля́тина** [女1] 子牛肉

**теля́ч|ий** [形1] ① 子牛 (телёнок) の ②《料理》子牛肉の ◆**～ восто́рг**〘話〙ばかみたいに大喜びすること | **-ьи не́жности**〘話〙甘ったるい愛情表現, 溺愛

**теля́тник** [男2] 子牛舎; 子牛飼育係

**тем¹** [チェーム] [助] (★比較級と共に用いる)

◆**чем** [比較級]**, ～** [比較級] …すればするほど…: Чем скоре́е, ～ лу́чше. 早ければ早いほどよい. | Чем бо́льше я стара́юсь, ～ ху́же получа́ется. 私が努力すればするほど結果が悪くなる | ～ **бо́лее**, **что** …のなおさら: Ей ста́ло ску́чно, ～ бо́лее что́ её сестра́ уе́хала за грани́цу. 姉が外国に行ってしまったのでなおさら彼女は寂しくなった. | ～ **не ме́нее** なおさら…: Мы все япо́нцы. — Т- лу́чше. 「私たちは全員日本人だ」「それならなおさら好都合だ」

**тем²** [男・中性; 造格], [複数; 与格] < тот

**те́ма** [チェーマ] [女1] [subject, theme] ① テーマ, 主題, (会話の)話題; (楽曲の)主題, テーマ, 主旋律: на э́ту

-у このテーマで | на о́бщие -ы 共通[一般的な]テーマで | ～ диссерта́ции 学位論文のテーマ | на -у о …というテーマで | зада́ть ～ …にテーマを課す

②〘旧〙(根本的な)目的, 課題 ③〘言〙テーマ, 主題, 話題 ④《警察・俗》業務, 業務上の会話

◆**быть в -е** 〘若者〙わかる, 把握する | **в -у** 〘若者〙ところで, ついでに | **не в -у** 〘若者・戯〙的外れに, 場違いに

**Те́ма** (女1変化) [男] [愛称] < Артём, Арте́мий, Тимофе́й

**тема́тик|а** [女2] [matter, subject] 題材, 内容, 主題, 構想: фильм на спорти́вную -у [спорти́вной -и] スポーツを題材にした映画 | Наш сайт посвящён -е пе́нсий. このサイトは年金をテーマにしている

**темати́ческий** [形3] 主題の, 件名の, テーマの

**тембр** [э] [男1] 音色

**те́мень** 女10〘話〙暗黒, 暗闇

**Те́мза** [э] [女1] テムズ川(英国の河川)

**те́ми** [造格] < тот

**тёмная** (形1変化) [女]〘俗〙(毛布・袋・コートなどで頭を覆って行う)殴打, 目隠しリンチ

**темне́ть** [不完] ①〘完 по-〙暗くなる, 黒ずむ; 暗くなる; (目が)かすむ: На у́лице потемне́ло. 外は暗くなった | У меня́ ча́сто темне́ет в глаза́х. 私はよく目がかすむ | 〘ふさぎこむ, 活気がなくなる ② 黒く見える: За окно́м темне́ет мо́ре. 窓越しの海が黒ずんで見える ③〘完 с-〙〘無人称〙暗くなる: Совсе́м стемне́ло. すっかり日が暮れた **//~ся** [不完] 黒々と見える

**темни́ть** -ню́, -ни́шь [不完] ①〘画〙ぼやかす, 暗くする ②〘話〙ゆうようにさせる ③〘話〙曖昧な話しをする, だます **//~ся** [不完]〘受身〙< ①

**темно́** [チムノー] [darkly] ①〘無人述〙暗い; 陰気だ, 陰鬱で; 不明だ, わからない: темны́м-～〘話〙真っ暗だ | в глаза́х темно́ сде́лалось | ～ хо́ть глаз вы́коли 真っ暗だ | На у́лице ～. 外は暗い ②〘副〙暗く; 黒く; 不明瞭に: ～ произнести́ はっきり言わない

**темно-..** [語形成] (色が)「深い」「濃い」「暗い」

**темнова́тый** 短 -а́т [形1] 薄暗い, 黒っぽい

**темноволо́сый** 短 -о́с [形1] 黒髪の, 暗い色の髪の

**темноко́жий** 短 -о́ж [形1] 黒い肌の

**тёмно-си́ний** [形8] 紺色の

**темнот|а́** [チムナター] 複 -но́ты [女1] [darkness] ① 闇, 暗闇: Круго́м стоя́ла кроме́шная ～. 辺りは真っ暗だった | в -е́ 暗闇の中で, 夜; 闇夜, 口語調; Кто́-то позва́л из -ы́. 暗闇の中から誰かが呼んだ ② 不明瞭なもの, 不明瞭な箇所: Мно́гие ви́дели в его́ слова́х ～. 多くの人にとって彼の言うことには訳のわからないところがあった ③ 無知, 無学, 蒙昧

**тёмн|ый** [チョームヌイ] 短 тёмен, темна́ 比 темне́е [形1] [dark, obscure] ① 暗い: ～ день 薄暗い日 | -ая ко́мната 暗い部屋 ② (色が)暗い, 黒ずんだ, 黒に近い: -ые, не о́чень чёрные во́лосы 黒に近い色の髪 | же́нщина вся в -ом 全身黒っぽい服装の女性 ③ 陰気な, 喜びのない: -ая грусть 出口の見えない悲しみ ④ 不明な, わからない, 謎に満ちた: де́ло ～ое 〘述語〙わからない ⑤ (言葉・意味・感情・音などが)不明瞭な, はっきりしない: ～ смысл はっきりしない意味 | ～ стиль | [язы́к] 不明瞭な[難しい]言葉 ⑥ 無学な, 教養のないものを知らない: -ое ца́рство 蒙昧な大衆 ⑦へんぴな, 片田舎の ⑧ 悪い; 否定的な; 〘男〙/-ая [女名] 怪しい人 (-ая ли́чность): -ые лю́ди よからぬ輩 ⑨〘旧〙無名の ⑩〘旧〙慎ましい, 重要でない ⑪〘旧〙盲目の ⑫-**ая** [女1] 旧税務所, 留置所 ⑬ 1部屋

◆**от темна́ до темна́** 夜明けから夜暗くなるまで | **тёмная вода́ во о́блацех** 全く意味不明だ, ちんぷんかんぷんだ | **-ое пятно́** 不明瞭なもの; 汚点

**темп** [э] [テームプ] [男1] [tempo, speed, pace] ①〘楽〙

# темпера

速度, テンポ: брáть умéренный ~ 適度なテンポをとる ② 速度, 速さ, リズム: увелúчить [нарастúть, ускóрить], [~ы] スピードを上げる | снúзить [замéдлить], [~ы] スピードを下げる | ~ жúзни 生活のリズム | удáрными ~ами (目標・ノルマ達成のため) 急速に, 大急ぎで | задáть ~ 歩調・ペースを定める ③《旧》(軍隊における回転・銃撃などの)動作 ◆в ~е 素早く, 急いで

**тéмпера** [э] [女1] ① 水性塗料 ② テンペラ画(法)

**темперáмент** [男1] ①《心》気質: холерúческий ~ 胆汁質 | меланхолúческий ~ 憂鬱質 | сангвинúческий ~ 多血質 | флегматúческий ~ 粘液質 ② (天分・職業に関する)気性, 気質(ホネ); 性質: горя́чий ~ すぐ熱くなる気(ネ) ③ 情熱: с ~ом 情熱的に, 熱くなって ④《話》性欲

**темперáментный** 短-тен, -тна [形1] 情熱的な, 生き生きとした //-**о** [女2] //-**ость** [女10]

**температýр|а** [チムピラトゥーラ] [女1] [temperature] ① 温度; 気温: ~ вóздуха 気温 | ~ кипéния 沸点 | ~ плавлéния 融点 | эффектúвная ~ 有効温度, 体感温度 ② 体温:《話》нормáльная ~ 平温 | повы́шенная ~ 高熱 | мéрить -у 国 …の体温を測る | У меня́ температýры нéт -ы. 私は熱はない. | У меня́ нéт -ы. 私は熱はない. //**температýрка** 複-рок [女2] (愛称)〈 〉

**температýрить** -рю, -ришь [不完]《話》熱がある

**температýрный** [形1] 温度の, 気温の, 体温の

**темперáция** [女9] 《楽》(楽器の)調律, 調律法

**темперúровать** -рую, -руешь 受過-анный [不完]《楽》〈国×楽器〉を調律する

**тéмпо** [チェーンパ] [中] [不変] 国[楽] テンポ, 速さ

**тéмя** [女10] 《話》暗黒, 暗闇

**тéмя** тéм-и, -ни, -нем и тéменем [中7] 《解》頭頂部

**тенденциóзный** [э] [тиンヂェンツィィヌィ] [형] 短-зен, -зна [形1] 傾向的な, 偏向的な, 意図がある //-**ость** [女10]

**тендéнц|ия** [э] [女9] [tendency, bias] ① 傾向, 性向, 性質 <к 国/不定形>…の傾向に: ~ к рóсту 成長傾向 ② 《文》(芸術作品・学術研究の)意図, 基本理念: демократúческие [консервативные] -ии 民主的[保守的]の志向 ③ 偏向, 偏見: с -ией 偏見をもって, 偏見を押しつけるような

**тéндер** [э; э] [男1] ① 炭水車, 燃料車; 《海》付属船艇 ②《商》入札

**тендовагинúт** [э] [男1]《医》腱鞘炎

**теневóй** [形1] ① 日陰の ② 好ましくない, 否定的な ◆-ые *сторо́ны* 国 …の裏側, 裏面 ■-**кабинéт** 《政》(野党による)影の内閣 | -**бáнкинг** 《金融》シャドー・バンキング, 影の銀行 | -**ая экономúка** 闇経済

**тенелюбúвый** [形1] 《植》陰を好む性質の

**тенёта** -ёт [女] (小動物の捕獲用)罠

**тенúстый** 短-úст [形1] 陰の多い; 陰になっている; 陰を作る

**тéннис** [э] [男1] [tennis] テニス: игрáть в ~ テニスをする ■ настóльный ~ 卓球

**теннисúст** [э] [男1] /-**ка** 複生-ток [女2] テニスプレーヤー

**теннúска** [э] 複生-сок [女2] 《話》テニスシャツ, ポロシャツ

**тéннисный** [э] [形1]: ~ кóрт テニスコート

**тéнор** [э] -а/-ы [男1] 《楽》テノール ② テノール歌手 //-**óвый** [形1]

**тент** [э] テント, 日よけ

**тéн|ь** [チェーニ] 複о -и, о-и/-и 복-ей [女10] [shade, shadow] ①影: ~ (от) дéрева 木の影 | свéт и ~ 光と影 | ~ пáдает [ложúтся на] 国 …に影がかかる | ~ лежúт на 国 …に影がかかっている ④ (絵画の)暗い部分, 影の部分; (抽象的に)暗部: -и жúзни 生活の暗部 ③ (誰かに)付きまとう人: как ~ ходúть [слéдовать] за 国 …に影のように付きまとう ④ 日陰, 暗がり, ひっそりとした場所: лéчь в ~ 日陰で横になる ⑤ (表情・目に現れる)影, かげり: ~ беспокóйства 不安の影 ⑥ 〈国〉…の名残, 痕跡: ~ улы́бки 微笑みの痕跡 ⑦〈国〉わずかな…: ~ надéжды かすかな希望 | ни -и 国 少しの/-ы (-ей) 国 《複 -и, -ей/-éй》幽霊, 亡霊: странá [цáрство] -éй あの世, 来世 ⑨ (想像の中の), イメージ: ~ прóшлого 過ぎ去ったものの思い出 ⑩ (見る影もなく)痩せ細った人: обратúться в ~ すっかり痩せる ⑪ (暗闇などでよく見えない)人影: жéнские -и 女の人の影 ⑫ (絵)影絵 (芝居の登場人物): китáйские -и 影絵芝居 ⑬ [単] ночнáя ~ 夕闇, 夜の闇

◆ *брóсить [навестú, накинýть] ~ на* 国 …の (名誉などを)汚す; …に悪く影響する, 影を落とす | *навестú ~ (на я́сный дéнь)* 《話》煙(ダ)に巻く, ごまかす | *отойтú [уйтú] в ~* 目立たなくなる, 忘れられる | *держáться [находúться, оставáться, стоя́ть] в -и* 目立たないでいる | *оставля́ть [держáть] в -и* 国 …を目立たない位置に置く | *быть в -и* 国 …を目立たない位置に置く; 注意を払わず放置する

**теодолúт** [э/е] [男1] セオドライト, 経緯儀, トランシット

**теокрáтия** [э/е] [女9] 神政[神権]政治 //-**úческий** [形3]

**теóлог** [男2] 神学者

**теолóг|ия** [э] [女9] 神学 //-**úческий** [形3]

**теорéма** [女1] 《哲・数》定理

**теоретизúровать** -рую, -руешь [不完] ① 理論づける, 理論を立てる ② (実践を伴わず)理屈に走る

**теорéтик** [男2] 理論家

**теоретúчески** [副] 理論的に

**теоретúческ|ий** [チアリチーチェスキイ] [形3] [theoretical] ① 理論の, 理論的な, 理論に関する: -ое обобщéние 理論的一般化 | -ум 理論的形式の ② 抽象的な, 観念的な

**теоретúчный** 短-чен, -чна [形1] 《文》空論の; 観念的な

**теóр|ия** [チオーリヤ] [女9] [theory] ① 理論, (学)説, 論; 仮説: ~ эволю́ции 進化論 | развúть [разрабóтать] -ию 理論を発展させる ② (実践に対する)理論, 原理 〈↔ прáктика〉: ~ мýзыки 音楽理論 ③ (現実から遊離した)抽象的思考 ④ (個人の)意見, 考え: изложúть [разъяснúть] -ию 自説を述べる

**теосóф|ия** [э] [女9] 神智学 //-**úческий** [形3]

**тепéрешний** [形8] 《話》現在の: в -ее врéмя 今, 現在; 今日(沪)

**тепéрь** [チピェーリ] [副] [now, nowadays] ① 今, 目下, (以前と対比して)今は: А ~ жúть хорошó. (以前と異なり)今は暮らしがよくなった | ~ же 今すぐに ② 今度は, その後: Т- бýдь осторóжнее. 今度から気をつけてね

**тёпленький** [形3] 《話》暖かい, ぽかぽか[ぬくぬく]の

**теплéть** [不完] /**по-** [完] [無人称で] 暖かくなる: Вóздух *потеплéл*. 空気が暖かくなった | В кóмнате *потеплéло*. 室内が暖かくなった

**теплúться** -ится [不完] ① かすかに燃える[光る] ② 生命[意識]がかすかにある

**теплúца** [女1] 温室 //**теплúчный** [形1]: -ое растéние 温室育ちの植物

**тепл|ó¹** [チプロー] [中1] [heat, warmth] ① 熱 (теплотá): колúчество -á 熱量 | отводúть лúшнее ~ 余熱を取り除く ② 暖かさ, 温もり, 温かい空気: для -á 暖をとるために ③ 0℃以上の温度 〈↔ мороз〉: двá грáдуса -á プラス2℃ ④《話》暖かい場所[部屋]: сидéть в -é 暖かいところでゆっくりする ⑤ 暖かい季節[時間, 天気]: Стойт ~. 暖かい陽気が続いている ⑥ (心の・内面的な)暖かさ, 親切さ; 心のこもった対応: душéвное [сердéчное] ~ 心からの優しさ

**\*тепло²** 〔warmly〕① [副] 暖かく, 温かく: оде́ться ~ 温かく着込む, 厚着する ② [無人述] （体）にとって暖かい, 暖かくて心地よい,（心が）温かい, うれしい: Сего́дня ~. きょうは暖かい | Мне ста́ло ~ на душе́. 私は温かい気持ちになった

**тепло..** [語形成]「熱の」

**теплово́з** [男1] ディーゼル機関車 **//–ный** [形1]

**теплово́й** [形2] 熱に関係する: ~ дви́гатель 熱機関

**теплоёмкость** [女10]〔理〕熱容量: уде́льная ~ 比熱

**теплоизоля́ция** [女9] 断熱, 保温

**теплокро́вный** [形1]〔動〕恒温, 温血の

**теплолюби́вый** 短 -и́в [形1]〔植・動〕熱を好む

**тепломе́р** [男1] 熱量計

**теплообме́н** [男1] 熱交換

**теплопрово́д** [男1] スチーム管

**теплопрово́дность** [女10]〔理〕熱伝導 **//–ый** [形1]

**теплоснабже́ние** [中5] 熱供給

**теплосто́йкий** 短 -о́ек, -о́йка [形3] 耐熱の

**теплота́** [女1] ①（エネルギーの形態としての）熱 ② 暖かさ, 温かさ ③（心・内面的な）温かさ, 親切さ; 心のこもった対応 (тепло́)

**теплотво́рн|ость** [女10]〔理〕発熱量 (теплотво́рная спосо́бность) **//–ый** [形1]

**теплоте́хник** [男2] 熱工学専門家 [技師]

**теплоте́хника** [女2] 熱工学

**\*теплохо́д** [男1] 汽船, 動力船: плы́ть на ~e 汽船で行く

**теплоцентра́ль** [女10] 集中暖房センター

**тѐплоэлектроста́нция** [女9] 火力発電所 (略 ТЭС)

**тѐплоэлѐктроцентра́ль** [女10] 集中暖房と給湯のための発電所

**теплу́шка** 複生 -шек [女2]〔話〕暖房付きの貨物列車の車両（人や動物の移送用）

**\*тёпл|ый** [チョープルイ] 短 тёпел, тепла́, тепло́ тепло́/тёплы́ 比 тепле́е [形1]〔warm〕①（温度・気候が）暖かい, 温かい: -ая вода́ 温かい湯, ぬるま湯 | -ая рука́ 温かい手 | -ые стра́ны 温暖な国々 ②（衣服・建物が）暖かい, 温かさを逃さない; 暖房設備のある: -ая ша́ль 暖かいショール | -ая кварти́ра 暖かい部屋, 部屋の入った部屋 ③（心・内面が）温かい, 優しそうな, 心のこもった: ~ приём 温かい出迎え［もてなし］| -ая компа́ния 愉快な仲間 ④（視覚・聴覚に）心地よい: ~ тон [отте́нок] 暖色 ◆**~ое ме́сто** [話] 実入りのよいポスト［仕事］| сказа́ть не́сколько -ых слов 温かのこもった演説をする; 辛辣に批判する

**тепны́нь** [女10] 暖かさ, 陽気

**тепля́к** -а́ [男2]（冬の建築作業用に）暖房付き仮設作業所

**тера..** [語形成]「テラ…」「1兆(倍)の」

**\*тера́кт** [男1] テロ行為 (террористи́ческий акт)

**терапе́вт** [男1]〔医〕内科医 **//–и́ческий** [形3]

**терапи́я** [ə/é][女9] 治療, 療法; 内科(学)

**тератоло́гия** [女9]〔生〕奇形学

**те́рбий** [男7]〔化〕テルビウム (記号 Tb)

**тереби́ть** -блю́, -би́шь 受過 -блённый [不完]〔畑〕① [完 вы́~] 根こそぎ引き抜く ② 絶えず［せわしなく］ひっぱる［いじる］ **//–ся** [受身]

**те́рем** 前 o -e, в -e/-ý 複 -á [男1]〔史〕（ロシアの民話に出てくる）塔の形をした城 **//–мо́к** -мка́ [男2]

**\*тере́ть** [チリェーチ] тру, трёшь 命 три 過 тёр, тёрла 能過 тёрший 受過 тёртый [不完]〔畑〕①〔о что〕…をこすって磨く: ~ себе́ ру́ки 自分の手を擦る［摩擦する］| ~ стекло́ сукно́м ガラスをラシャで磨く ② すり砕く,（おろし金などで）おろす;〔что на 圖〕すり砕いたものを…にペースト状にする:〈о 圖〉... хрен わさびをする | тёртые на ма́сле кра́ски 油絵具 ③ こすれて傷める: Сапоги́ тру́т но́ги. ブーツで擦れて足が（傷ついて）痛い ◆**~ ля́мку** きつい仕事を続ける

**тере́ться** тру́сь, трёшься 過 тёрся, тёрлась [不完] ① [完 по~] 自分の体をこする: ~ полоте́нцем タオルで自分の体をこする | Кот тёрся о кре́сло спи́ной. 猫が背中を肘掛け椅子にこすりつけていた ② 擦れられる; 擦れて傷つく ③〔話〕付きまとう: О́коло нас тёрся како́й-то незнако́мец. 私たちの周りを見知らぬ人物がうろうろしていた ④〔受身〕< тере́ть ①②〉

**терза́ть** [不完]〔畑〕① 引破る ② 心を苦(おご)しめる **//–ся** [不完] 苦しむ

**тёрка** 複生 -рок [女2] おろし金, おろし器

**Терме́н** [男1] テルミン (Лев Серге́евич ~; 1896-1993; 物理学者; 世界初の電子楽器テルミンを発明)

**\*те́рмин** [男1]〔term〕① 術語, 専門用語: техни́ческие ~ы 技術用語 ②〔形式論理学で〕名辞

**термина́л** [男1]〔コン〕端末 ②（空港などの）ターミナル

**термина́льн|ый** [形1] ① 末端の, 最終の, 末期の ②**–ое** [中名] 臨終状態 (-ое состоя́ние)

**терминоло́гия** [女9] ある分野の用語全体 **//–и́ческий** [形3]

**терми́т** [男1] ①〔動〕シロアリ ②〔化〕テルミット

**терми́ческий** [形3]〔理・技〕熱的な

**термобигуди́** -éй（また不変）[複] ホットカーラー

**термобума́га** [女2] 感光紙

**термодина́м|ика** [不完]〔理〕熱力学 **//–и́ческий** [形3]

**\*термо́метр** [男1]〔thermometer〕寒暖計, 温度計: поста́вить ~ …の体温を測る

**термомеха́ника** [女2]〔理〕熱力学

**термообрабо́тка** [女2] 熱処理

**термопа́ра** [女2]〔理〕熱電対

**те́рмос** [ə] [男1] 魔法瓶, ポット

**термоста́т** [男1] サーモスタット

**термосто́йк|ий** [形3] 耐熱性の **//–ость** [女10]

**термоэлектри́ческий** [形3] 熱電気の

**термоя́дерный** [形1] 熱核の

**те́рмы** [ə] терм [複]〔史・古〕公衆浴場, 浴場

**тёрн, терно́вник** [男2]〔植〕スピノサスモモ **//тёрно́вый** [形1]

**терпели́во** [副] 辛抱強く, 根気よく

**\*терпели́вый** 短 -и́в [形1]〔patient〕① 忍耐力のある, 辛抱強い, 我慢強い: ~ челове́к 我慢強い人 ② 忍耐を要する: -ая рабо́та 忍耐力がないとできない仕事 **//–ость** [女10]

**\*терпе́ние** [チルピェーニエ] [中5]〔patience〕① 忍耐, 辛抱, 我慢, 忍耐力, 辛抱強さ: испыта́ть ~ …がどれくらい我慢できるかテストする | вы́йти из -ия = потеря́ть ~ 我慢できなくなる | вы́вести из -ия …を怒らせる | а́дское [а́нгельское, дья́вольское] ~〔話〕驚くべき忍耐力 | Т~! ちょっと待って下さい! | перепо́лнить ча́шу ~ия 我慢の限界を越えて怒らせる | Ло́пается [Ло́пнуло] ~. 堪忍袋の緒が切れる［切れた］| Т~ и труд всё перетру́т.〔諺〕辛抱第一 ② (やり抜くための) 覚悟: вооружи́ться [запасти́сь] -ием 辛抱強く事に当たる覚悟をする

**терпенти́н** [男1] テレビン油 **//–ный, ~овый** [形1]

**\*терпе́ть** [チルピェーチ] терплю́, те́рпишь, ... те́рпят 命 -пи́ [不完]〔suffer, endure〕①〔畑〕我慢する, 堪える, 甘受する: ~ хо́лод 寒さに耐える | ~ над собо́й 圖 ...に支配されることを我慢する | ~ жизнь 空虚

**терпе́ться** те́рпится [不完] ①《無人称》《話》《否定文で》《与》は〉我慢ができない: Мне не те́рпится сказа́ть. 私は言いたくて仕方がない ②《受身》= терпе́ть

**терпи́м|а** (女1変化) [男] 《若者・警察・隠》被害者

**терпи́мость** [女10] 忍耐強いこと; 寛容, 寛大

**терпи́мый** 短 -и́м [形1] ①我慢できる ②許容できる ③寛容な

**те́рпк|ий** 短 -пок, -пка́/-пка, -пко 比 -пче [形3] 味が苦い, 渋い, すっぱい: ～ое вино́ 渋いワイン ‖**-ость** [女10] 苦み, 渋み; 収斂(しゅうれん)性

**те́рпуг** -а́ [男2] 《複》《魚》アイナメ属: япо́нский ～ アイナメ | ю́жный однопёрый ～ ホッケ | се́верный однопёрый ～ シマホッケ, キタノホッケ ‖**терпуго́вый** [形1] -ые《複数》〈魚〉アイナメ科

**терракóт|а** [女1] テラコッタ ‖**-овый** [形1]

**терра́ри|й** [男7], **терра́риум** [э] [男1] テラリウム, 陸生飼育器

**терра́с|а** [女1] ①テラス: застеклённая ～ ガラス張りのテラス | сиде́ть на -е テラスに座っている ②《斜面にできた》平坦な部分;《複》河岸[海岸]段丘 ‖**-ка** 複生 -сок [女1] 指小・愛称〈①

**террас́ировать** -рую, -руешь 受過 -анный [不完・完] 《対》壇[台地]にする

**территориа́льн|ый** [形1] ①領土の, 領地の ②《軍隊が》領域内住人で編成された ‖**-о** [副]

***территори|я** [チリトーリャ] [女9] (territory) ①領土, 領域; 国土, 版図; 地方, 地域: Се́верные -ии 北方領土 ②（企業などの）敷地: Ава́рия произошла́ на -ии аэропо́рта. 事故は空港敷地内で起きた ③縄張り

***терро́р** [男1] [terror] テロ（行為）; 恐怖政治: бе́лый ～ 白色テロ | угрожа́ть -ом テロを起こすと脅す

**террориз́ировать** -рую, -руешь 受過 -анный [不完・完]《対》①テロ[暴力]で威嚇する ②…に常に恐怖心を抱かせる

***террори́зм** [チラリーズム] [男1] [terrorism] テロリズム; полити́ческий ～ 過激派テロ | сме́ртников ～ 自爆テロ（行為）| междунаро́дный ～ 国際テロ | война́ про́тив -а 対テロ戦争, テロとの戦い

***террори́ст** [男1] / **-ка** [チラリスートカ] [女2] [terrorist] テロリスト; （誘拐・強盗などを行う）集団の一員: ～-сме́ртников テロネットワーク | -ое подпо́лье 地下テロ組織

***террористи́ческ|ий** [形3] テロの, テロリストの: **акт** テロ行為 | -ая ата́ка テロ攻撃 | -ая группиро́вка テロ組織 | -ая сеть テロネットワーク | -ое подпо́лье 地下テロ組織

**тёртый** [形1] ①（おろし金で）おろした ②老獪な

**те́рция** [э] [女9] 〈楽〉中音: больша́я [ма́лая] ～ 長[短]3度

**терье́р** [э] [男1] 〈動〉テリア（猟犬の種）

***теря́ть** [チリャーチ] [不完] / **потеря́ть** [パチリャーチ] 受過 -е́рянный [完] [lose] ①《対》(うっかり) 失くす, 紛失する; 落とす: ～ па́спорт パスポートを失くす ②《対》見失う: ～ доро́гу [путь] 道に迷う ③《対》失う, 害する, 減損する, 人・人員を亡くす: ～ здоро́вье 健康を害する | ～ слух [зре́ние] 聴力[視力]を失う | ～ вы́держку [терпе́ние] 我慢できなくなる | ～ го́лос（風邪などで）声が出なくなる;（歌手が）声の美しさを失う | ～ но́гу 歩行のリズムを乱す ④《в圆》減ずる, 《与》長所・美点などを失う: ～ в ве́се 痩せる, 体重が減る | ～ в глаза́х [во мне́нии] 回 …による評価を下げる ⑤《в時間》を無駄にする: ～ це́лый день 丸1日無駄にする | ～ жизнь 一生を無駄にする | не теря́я вре́мени すぐに ⑥《対》〈言葉・思考などの〉脈絡をなくす: ～ сло́ва [мысль] 言葉［思考］に脈絡がなくなる ◆～ **дýх** 落胆する | ～ **не́чего** 回 …は失うものがない, 怖いものなし | ～ **по́чву `под нога́ми [из-под ног]`** 足場を失う, 不安になる, 自信をなくす | ～ **своё лицо́** = ～ **себя́** 自分らしさを失う

**теря́ться** [不完] / **по~** [完] ①（物が）なくなる: Зонты́ ча́сто теря́ются. 傘がよくなくなる ②（何かに紛れて）見えなくなる, 目立たなくなる: ～ «из ви́ду [из ви́да]» 視界からなくなる | ～ в толпе́ 人込みに紛れて見えなくなる ③（視力・魅力・長所などが）弱まる, 衰える, なくなる ④（思い・夢などに）浸る ⑤当惑する, どうしたらいかわからなくなる: ～ в дога́дках [предположе́ниях] あれでもないこれでもないと考えすぎて訳がわからなくなる ⑥ 消費される, 使われる ⑦《不完》〔受動〕= теря́ть ◆~ **в дре́вности** （起源・始まりがわからないほど）昔からある

**тёс** -а/-у [男1]《集合》木の板 ‖**тёсовый** [形1]

**теса́к** -а́ [男2] 両刃の短剣; 手斧(ちょうな)

**теса́ть** тешу́, те́шешь 受過 тёсанный [不完] 《対》①（斧などで）削る ②（斧で木・石を加工して）作る ‖**~ся** [不完]《受身》

**тесёмка** 複生 -мок [女2] = тесьма́

**теси́на** [女1] 木の板1枚

**тесло́** 複 тёсла, тёсел, тёслам [中1] 手斧(ちょうな)

**тесни́на** [女1] 峡谷

**тесни́ть** -ню́, -ни́шь 受過 -нённый (-нён, -нена́) [不完] / **с~** [完] ①押しのける ②《по 完》圧迫する ③《無人称》（衣類などが）締め付ける, きつい

**тесни́ться** -ню́сь, -ни́шься [不完]〔完 **по~, с~**〕①ひしめく ②思いが次々と浮かぶ

***те́сно** [closely, tightly] Ⅰ [副] 狭く, ぎゅうぎゅうに; 密接に; 親密に: ～ сиде́ть きゅうきゅうに詰めて座っている | ～ прижа́ться к … …にぎゅっと体を押し付ける | ～ свя́занный 密接に結びついている | ～ дружи́ть с 圆 …ととても仲良くしている | ～ сойти́сь с 圆 …ととても仲良くなる, 親密になる Ⅱ [無人称]《与は》（空間的・精神的に）窮屈な思いをしている; 窮屈だ, (胸・のどが)締めつけられる思いだ: В ваго́не бы́ло ～. 車両の中は人でぎゅうぎゅうだった | В плеча́х ～.（服の）肩のところが狭い

**теснота́** [女1] 狭くて窮屈なこと

***те́сн|ый** [チェースヌイ] 短 те́сен, тесна́, те́сно, те́сны/ те́сны 比 -ée 最上 -не́йший [形1] [narrow, tight, crowded] ①（空間が）狭い（↔просто́рный）, 幅の狭い: -ая ко́мната 狭い部屋 ②（服・靴が）きつい, 窮屈な: -ое пальто́ (小さくて) 窮屈なコート ③密集した: -ые ряды́ 身動きのとれないほどの列 ④（交際範囲・意味・視野・知識などが）狭い: ～ круг учёных 学者たちの狭い世界 | в -ом смы́сле 狭義での, 直接[本来]の意味における ⑤親密な: -ая дру́жба 固い友情 | -ым о́бразом 緊密に ⑥《旧》(量の)少ない ⑦《旧》つらい, きつい: -ые обстоя́тельства 困難な事情
◆**Мир те́сен.** 《諺》世間は狭い

***тест** [э] [テースト] [男1] [test] 能力判定テスト; 試験, 検査: ～ по ру́сскому языку́ ロシア語のテスト | проводи́ть ～ на аллерги́ю アレルギー検査をする ‖**~овый** [形1]

**тестаме́нт** [男1]《旧》遺言

**тести́рова|ть** [э] -рую, -руешь 受過 -анный [不完・完]〔完 **про~**〕《対》試す, 検査する, 検証する ‖**-ние** [中1]

**те́ст|о** [中1] （粉を練った）生地: ста́вить ～ 粉をイーストとこねて発酵させる ◆**из одного́ -а** 似たもの同士

[同類]だ | *из друго́го -а* 別次元の人だ

**тестостеро́н** [э: э] [男1] テストステロン(男性ホルモン剤)

**тесть** [男5] 妻の父

**тесьма́** [女1] 編みひも、さなだひも

**тет-а-те́т** [э́: э́] [副] 差し向かいで、2人だけで向き合って

**тётенька** 複生 -нек [女2] [愛称<тётя] おばちゃん、おばさん

**те́терев** 複 -á [男1] [鳥] クロライチョウ ◆*глух как ~* 全く耳が聞こえない

**тетереви́тник** [男2] [鳥] オオタカ (я́стреб-~)

**тете́рка** 複生 -рок [女2] クロライチョウの雌

**тете́ря** [女5] ①[方] = те́терев ②[男・女] [話・戯] やつ、あいつ、~ глуха́я 耳の聞こえない人; со́нная ~ 寝坊助、眠そうな人

**тетива́** 複生 -и́в [女1] 弦, 弓弦

※**тётка** 複生 -ток [女2] [aunt] ①伯母、叔母 (一般に中年の)婦人、おばさん

**тетра..** [э] [語形成] 「4の」

**тетраго́н** [男1] 4角形 (четырёхуго́льник)

**тетра́дка** 複生 -док [女2] [話] = тетра́дь

※**тетра́дь** [チトラーヂ] [女10] [notebook] ①ノート、帳面: ~ в лине́йку 罫線の入ったノート | ~ для рисова́ния スケッチブック ②[印・製本] 裁断前の印刷済みの一綴じ ③[旧] 小冊子; 楽譜の小冊(*но́тная* ~) // **-ный** [形3]

**тетра́эдр** [э] [男1] [数] 四面体

※**тётя** 複生 тётей/тёть [女5] [aunt] ①伯母、叔母(↔*дя́дя*): ~ *по отцо́вской [матери́нской] ли́нии* 父[母]方のおば ②[話](知り合いの中年女性の名の前に付けて): ~ То́ня トーニャおばさん ③[幼児](女性一般を指して) おばさん、おばちゃん ◆*Здра́вствуйте, я ва́ша ~!* [数](驚き・不同意・嘲笑)まああきれた、そんなばかな // **тётушка** 複生 -шек [女2] [話][愛称]

**тефло́н** [男1] [商標] テフロン(フッ素樹脂の一つ)

**тефло́новый** [形1] テフロン加工の

**те́фтели, тефте́ли** -ей [複] [料理] ミートボール、肉団子

**тех** [複然; 生・対・前置格] < *тот*

**тех..** [語形成] 「技術的の」「工学の」

**теха́сы** -ов [複] (通例色つきのヘムステッチの)ジーンズ

**техми́нимум** [男1] 必要最低限の技術知識(техни́ческий ми́нимум)

**техна́рь** -я́ [男5] [話] ①修理技師、修理工、機械オタク ②中等技術専門学校

**те́хник** [男2] ①(中等技術専門学校を出た)専門技術者、職人、技手: го́рный ~ 鉱山技手 ②[話](中等技術専門学校の)学生 ③技術系労働者(一般) ④高度な技術を備えた人

※**те́хник|а** [チューヌニカ] [女2] [technology, technique] (単) ①技術(一般)、工業技術；工学: *разви́тие -и* 技術の発展 | *маши́нная [а́томная]* ~ 機械[原子力]工学 | ~ *безопа́сности* 安全工学 ②道具、器具、機器、機器類: *строи́тельная* ~ 建築機械 | *вое́нная* ~ 兵器 (=*вое́нная*) ③[話](個々の機械: *пожа́рная* ~ 消防車両 ④技術、テクニック、技: *жи́вописная* ~ 写生技法、写生法

**те́хнико-внедре́нческ|ий** [形3] [経] 技術導入の: *-ая зо́на* 技術導入[研究開発]型経済特区(略 ТВЗ)

※**те́хникум** [男1] 中等技術専門学校; (一般に)中等専門学校

**техни́ческ|ий** [チフニーチェスキィ] [形3] [technical] ①技術の、工業技術の；工学の: ~ *прогре́сс* 技術進歩 | ~ *персона́л [руководи́тель]* 技術部員[部長] | ~ *ми́нимум* 必要最低限の技術や知識 | ~ *университе́т* 工科大学 | *-ие нау́ки* 工学 | *-ое обслу́живание* 整備、メンテナンス | ~ *осмо́тр* (自動車の)点検 | ~ *па́спорт* 権利証 ②(本質的な部分ではなく)形式的、表面的]な部分のみに関わる；補助的役割のみを果たす: *-ие сто́роны рабо́ты* 雑務 | ~ *рабо́тник* 平の職員、平社員 ③工業用の: *-ие культу́ры* 工業用農作物 ④専門的の: *-ие те́рмины* 専門用語 // **-и** [副]

**техни́чка** 複生 -чек [女2] [話] (施設の)掃除婦

**техни́чный** 複 -чна [形] 熟練の、高い技術の

**те́хно** (不変) [中] [楽] テクノ

**технокра́т** [男1] テクノクラート、技術官僚 // **-и́ческий** [形3]

**техно́лог** [男2] 科学技術者、工学者、技師

**технологи́чески** [副] (科学)技術的に、テクノロジーの面で

※**технологи́ческий** [形3] [technological] (科学)技術の: ~ *институ́т* 工業大学、工科大学 | ~ *проце́сс* 製造[加工]工程

※**техноло́ги|я** [チフトローギヤ] [女9] [technology] テクノロジー、科学技術；(生産・加工技術についての)知識[情報]の総体、製造方法: *высо́кие -ии* ハイテク | ~ *изготовле́ния* 製造方法 | ~ *обрабо́тки дета́лей* 部品加工技術

**техно́полис** [男1] テクノポリス

**техобслу́живание** [中5] 整備、メンテナンス(техни́ческое обслу́живание)

**техосмо́тр** [男1] (自動車の)点検 (техни́ческий осмо́тр)

**техпа́спорт** 複 -á [男1] 権利証 (техни́ческий па́спорт)

**техпо́мощь** [女10] [車] ロードサービス(техни́ческая по́мощь)

**техре́д** [男1] (主に入稿業務を行う)編集者 (техни́ческий реда́ктор)

※**тече́ни|е** [チチェーニエ] [中5] [flow, current] ①(液体が)流れること；(時間の)経過 ②川などの流れ；[旧] 水域；海流: ~ *воды́* 水の流れ | *ве́рхнее [ни́жнее]* ~ 上[下]流 | *-ию по* Во́лги ヴォルガ川の流れに乗って | *вверх [вниз] по -ию* 上[下]流に向かって | *тёплое [холо́дное]* ~ 暖[寒]流 | *морско́е* ~ 海流 ③(政治・学問・芸術の分野で) 潮流、傾向: *полити́ческое* ~ 政治の潮流 | *литерату́рное* ~ 文芸思潮 ④(天)(天体の)運行: ~ *звёзд* 星の運行 ◆*-ием вре́мени* 時が経つにつれて; その後、やがて | *плыть по -ию* 時流に従った行動をする | *плыть [идти́] про́тив -ия* (情勢・習慣などに捉われず)独自の行動をとる | *в ~ в* [期間を表す語と共に] …の間(中ずっと): *в ~ всего́ сле́дующего го́да* 次の1年中ずっと

※**течь**[1] [チェーチ] течёт, теку́т 命теки́ 過 тёк, текла́ 能過 тёкший [不完] [flow, stream] ①(川が)流れる、流れ込む: *Река́ текла́ бы́стро.* 川の流れは速かった ②(液体が)流れる、(空気・蒸気・匂いが)漂う、(考えなどが)展開される: *Слёзы всё текли́ и текли́.* 涙が流れ続けていた | *Кровь текла́ реко́й.* 血がどくどくと流れていた ③(人や集団で)移動する、動く；(雲・天体が)ゆっくりと動く；(もの・金が大量に)入ってくる、納入される: *Толпа́ боле́льщиков течёт к стадио́ну.* ファンの群れがスタジアムの方へと流れていく | *Де́ньги теку́т к нам со всех сторо́н.* あらゆる方から我々のところに金が入って来る ④(時間が)過ぎ去る、経過する: *Вре́мя текло́ незаме́тно.* 時間は静かに過ぎてゆく | *Го́ды теку́т напра́сно.* 年月は空しく過ぎてゆく ⑤(物事が)営まれる、行われる、進行する: *Боле́знь течёт ме́дленно.* 病気はゆっくりと進行している ⑥(砂・穀粒が)こぼれ落ちる ⑦漏れる: *Потоло́к течёт.*

天井から雨漏りがする ◆*Всё течёт, всё изменя́ется.* 万物は流転する

**течь**² [女10] ①漏れ: да́ть ~ 水漏れ[漏水]する | Кора́бль дал ~. 船が浸水した ②漏水[漏えい]箇所: заде́лать ~ в трубе́ 管に開いた穴をふさぐ

**те́шить** те́шу, те́шишь [不完]〈関〉①楽しませる ②満足させる **//~ся** [不完] 楽しむ

**тёща** [女4] 妻の母 **//тёщин** [形11]: *Т~ы вече́рки* [民ロシ俗](ミマースレニツァ週の金曜日)の夜会

**тиа́ра** [女1] ティアラ; 冠

**Тибе́т** [男1] チベット (首都は Лха́са)
**//тибе́тский** [ц] [形3]

**тиге́ль** -гля [男5] [技]るつぼ **//~ный** [形1]
**тигр** [男1] [動]トラ, 虎 **//тигри́ный** [形1]
**Тигр** [男1] ティグリス [ティグリス]川
**тигрёнок** -нка 複 -ря́та, -ря́т [男9] トラの子
**тигри́ца** [女3] 雌のトラ
**тигро́вый** [形1] ①トラの ②虎柄の

**тик** [男2] ①[医]ほおの痙攣 ②厚手の綿の生地 ③[植]チーク **//~овый** [形1]〈②③〉

**ти́ка|ть** [不完](時計が)カチカチ音を立てる **//~нье** [中4]

**тик-та́к** [間][擬音]カチカチ(時計の音)
**ти́льда** [女1] [印]チルダ, 波形記号(〜, ~)

**Тимо́р** [男1] ティモール島: *Восто́чный ~* 東ティモール

**тимофе́евка** 複生 -вок [女2] [植]アワガエリ属: *лугова́я* ~ オオアワガエリ
**Тимофе́й** [男6] チモフェイ(男性名; 愛称 Тёма)
**тимпа́н** [男1] ①[史]古代の太鼓(ティンパニーの一種) ②[建]ティンパヌム
**тиму́ровец** -вца [男3] [露史]チムール少年隊の一員 (ソ連で軍人の家族, 孤児, 障がい者, 高齢者を支援した)
**тимья́н** [男1] [植]イブキジャコウソウ属, タイム
**ти́на** [女1] ①泥沼 ②停滞した状態
**тине́йджер** [э] [男1] ティーン(エイジャー), 10代
**ти́нистый** 短-ист [形1] 泥だらけの, 泥で覆われた
**тинкту́ра** [女1] チンキ剤

**Т *тип** [チープ] [男1] [type, model] ①タイプ; 型, 型式, 類型: ~ автомоби́ля 自動車の型 | автомоби́ль ста́рого ~а 旧式の自動車 ②[生]門 ③典型(的人物), 形象: челове́к крестья́нского ~а 農民タイプの人 | ~ ли́шнего челове́ка (19世紀ロシア文学でしばしば現れた)余計者 ④[対~а] [話]変わった人, 奇妙な人: ~ (よい意味でも悪い意味でも): заба́вный [отврати́тельный] ~ 愉快な[嫌な]やつ ⑤(~ом で)[話]ある種の, …みたいな(как бы; 通例特に意味はなく, いわゆる寄生語): *Это что, ~а сейча́с так мо́дно?* これって今のはやりみたいなの？| *Он сказа́л, что ~а он тут ни при чём.* 彼はなんのこともの関係ないんだって
**//ти́пик** [男2] [話](指小・卑称)<④>

**типа́ж** -а́ [男4] ①典型, (芸術的)形象; 典型的人物
**типизи́ровать** -рую, -руешь 受過 -анный [不完・完]〈関〉類型化する, 型で表す **//-а́ция** [女9]
**типи́ческий** [形3] ①(芸術作品その)典型的な ②=типи́чный

*тип́ичный [チピーチヌイ] 短-чен, -чна [形1] [typical] 典型的な, 代表的な(〈для+生〉…に特徴的な): ~ слу́чай 典型的な例 | ~ая для япо́нцев оши́бка 日本人によくある間違い **//~о** [副] **//~ость** [女10]

**типово́й** [形2] ①モデルとなる, 規範となる ②規格にあった, スタンダードの
**типогра́ф|ия** [女9] 印刷所 **//~ский** [形3]
**типоло́гия** [女9] 類型論[学], タイポロジー

**//-и́ческий** [形3]
**тип-то́п** [不変] ①[述] 万事うまく, 順調に ②[無人述][俗]ばっちりだ, うまくいった, 万事順調だ
**типу́н** -а́ [男1] (家禽の)舌病 ◆*~ тебе́ на язы́к* 黙ってろ; 何てこと言うんだ
**тир** [男1] 射的場
**тира́да** [女1] 長い熱弁, 長広舌
**тира́ж** -а́ [男4] ①(宝くじなどの)抽選 ②発行部数
**тиражи́ровать** -рую, -руешь 受過 -анный [不完・完]〈関〉の発行部数を決める **//~ся** [不完]〔受身〕
**тира́н** [男1] 暴君, 専制君主
**тира́нить** -ню, -нишь [不完]〈関〉…に圧制を行う; 苦しめる
**тирани́ческий** [形3] 圧政的な, 専制的な
**тира́ния** [女9] 圧制, 僭主政治
**тира́нство** [中1] ①圧政; 横暴; 暴虐的行為
**тире́** [э] (不変) [中] ダッシュ(—)
**тирова́ть** -ру́ю, -ру́ешь 受過 -о́ванный [不完・完] [海]〈関〉にピッチ[タール]を塗る
**тис** [男1] [植]イチイ: ~ *я́годный* セイヨウ[ヨーロッパ]イチイ **//ти́совый** [形1]: -ые [植]イチイ科
**ти́скать** [不完]/**ти́снуть** -ну, -нешь 命 -ни 受過 -тый [完]〈関〉①[話]締め付ける; 抱きしめる ②[話]押し込む ③[印]印刷する ④[完][俗]くすねる, 盗む
**ти́скаться** [不完] [話](人込みで)押し合いへし合いする
**тиск|и́** -о́в [複] [技]万力(等): *зажа́ть в ~* 万力でつかむ ◆*в ~а́х* …に締めつけられて, さいなまれて
**тисне́ние** [中5] ①印刷, 捺印 ②エンボス **//ти́снёный** [形1]
**ти́снуть** [完] →ти́скать
**тита́н** [男1] ①*Т~* [ギ神]タイタン ②巨人, 大立者 ③ボイラー, 大型湯沸かし器 ④[化]チタン(記号 Ti) **//~и́ческий** [形3]<①②>; **~овый** [形1]<④>
**ти́тло** [中1], **ти́тла** [女1] [言]ティトロ, 略語符
**титр** [男1] 字幕
**титрова́ние** [中5] [化]滴定(法)
**титрова́ть** -ру́ю, -ру́ешь 受過 -о́ванный [不完・完] [化]<関>滴定する
**ти́тул** [男1] ①(職業・役職の)肩書き ②爵位; (帝政時代の)爵位・官位に応じた呼称(Ва́ше Вели́чество, Ва́ше сия́тельство など) ③(本の)題名, (本の)扉 (書名, 著者, 出版年, 出版社などが記されるページ; ти́тульный лист とも) **//~ный** [形1]<③>
**титуло́ванный** [形1] 肩書きを持つ[称号]のある
**титулова́ть** -лу́ю, -лу́ешь 受過 -о́ванный [不完・完] 〈関〉称号で呼ぶ
**тиф** 前 о -е, в -е/-у́ [男1] [医]チフス: *брюшно́й ~* 腸チフス | *сыпно́й ~* 発疹チフス **//~о́зный** [形1]
**тиха́рь** -я́ [男5] (隠) ①刑事犯罪捜査官, 私服警官 ②(軍隊)密告者 ③[俗]心の内を隠している人
**ти́х|ая** [形長женский] [隠]施錠された玄関[ドア]から入る盗み, 空き巣を働く, 乗客の荷物を盗む

*ти́хий [チーヒイ] 短 тих, -ха́, -хо, -хи/-хи́ 比 ти́ше [形3] [quiet, soft] ①静かな, 音の小さい, 無音の(↔шу́мный): *-ая но́чь* 静かな夜 | *-ие шаги́* ほとんど聞こえないほどの足音 | *~ час* (幼稚園などの)昼寝の時間 ②小声の(↔гро́мкий): *-им го́лосом* 小声で ③穏やかな: *-ая у́лица* 交通量の少ない通り | *-ая жизнь* 平穏な暮らし, 起伏のない人生 ④(人・性格が)物静かな: *~ челове́к* 控えめな人 | *~ взгля́д* 穏やかな眼差し ⑤(歩行・流れが)ゆっくりの: *~ ход* ゆっくりした足どり[進行] ⑥(現れ方が)弱々しい: *~ свет* ほの暗い明かり | *~ ве́тер* 微風 ⑦(商売が)活気のない ⑧こっそりと密かに行われる
◆*-ой са́пой* [話]密かに | *по-ти́хому = по-ти́-*

**хой** = **по-ти́ху** 《俗》静かに、こっそりと、密かに

**ти́хо** [チーハ] 比ти́ше [quietly] ①静かに、穏やかに: Ребёнок сиди́т ~. 子どもがおとなしくしている | идти́ ~ 静かに歩く | говори́ть ~ 小声で話す ②[無人述] 静かだ、穏やかだ; 風がない: На у́лице ~. 外は静かだ

**Ти́хон** [男1] チーホン (男性名; 愛称 Ти́ша)

**тихо́нько** [副] 静かに、こっそりと

**тихо́ня** 複-ей (女5変化) [男・女] おとなしい人、控えめな人

**тихоокеа́нский** [形3] 太平洋の

**тихохо́д** [男1]《話》のろま、ぐず

**тихохо́дный** -ден, -дна [形1] ゆっくりとした、スローペースの

**тиху́шник** [男2] 《隠》①空き巣、(施錠されてない家所に入る)泥棒 ②《獄》コソ泥、共犯者[仲間]からこっそりくすねる人 ③密告者、警察関係者

**ти́ше** [比較] <ти́хий, ти́хо: Ти́ше! 静かにしろ!; 気をつけろ ◆ти́ше воды́, ни́же травы́ 圧 …は卑屈にへりくだっている | Т~ е́дешь, да́льше бу́дешь. 《諺》急がば回れ

* **тишина́** [チシナー] [女1] [quiet, silence] ①静寂、静けさ: наруша́ть ~у́ 静寂を破る | соблюда́ть ~у́ 静寂を保つ | мёртвая (гробова́я) ~ 物音ひとつない静寂 ②無言、沈黙 (молча́ние): Т~! 静かにしなさい、おとなしくして ③(心理的・社会的) 穏やかさ、平穏

**тишко́м** [副]《話》静かに、こっそり、そっと

**ти́шь** 前 в-и́ [女10] 静けさ、平穏、落ち着き

**т.к.** 《略》так как …だから

**тка́ный** [形1] 織って作った

* **ткан|ь** [トカーニ] [女10] [fabric, cloth] ①織物、布、生地: шёлковая [шерстяна́я] ~ 絹[毛] 織物 ②《解》組織: мы́шечная [не́рвная] ~ 筋肉[神経]組織 ③《単》《文》(芸術作品の)内容、主旨: ~ собы́тий 事件の経緯 ∥ **-евый** [形1] <①②

**тканьё** [中4] ①織ること ②織物、布 ∥ **~вый** [形1]

**ткать** тку́, ткёшь 過 тка́л, -ла́/-ла, -ло 受過 тка́нный [不定] / **со-** 受過 со́тканный [完]《図》①布を織る: ~ ковёр 絨毯を織る ②(網状のものを作る): Пау́к сотка́л паути́ну. クモが巣を張った

**тка́ч** -á [男4] / **-и́ха** [女2] 機織り、織工 ∥ **тка́цкий** [形1]: ~ стано́к 織り機

**тка́чество** [中1] 製織、機織り

**ткну́ть(ся)** [完] →**ты́кать¹**

**тлен** [男1]《文》腐敗; 腐敗物

**тле́ние** [中5] ①腐敗すること ②くすぶること

**тле́нный** -е́нен, -е́нна [形1] 腐った

**тлетво́рный** 短 -рен, -рна [形1] ①腐敗した ②腐敗の、致命的な

**тле́ть** [不完] ①腐敗する ②くすぶって燃える ③(命・意識が)残っている

**тля** [女5]《昆》アブラムシ; [複] アブラムシ上科

**тмин** [男1] ①《植》ヒメウイキョウ属; キャラウェイ (~ обыкнове́нный) ②《集合》キャラウェイシード ∥ **тми́нный** [形1]: ~ая во́дка キュンメル酒 (キャラウェイシードを漬け込んだリキュール)

**т.н.** 《略》так называ́емый いわゆる

* **то¹** [ト-] [then] ①[接] [если, е́жели, когда́, как, как то́лько, так как で始まる文で、後の始まりを強調]: Е́сли что́-нибудь случи́тся, то позвони́те мне. もし何か起きたら私に電話を下さい | Е́сли не ка́ждый день, то че́рез день непреме́нно 毎日ではないにしても1日おきには必ず | Как то́лько вставля́ется диск, то появля́ется предупрежде́ние. ディスクを入れるとすぐに警告画面が現れる ②[代][文脈で]これは (→**тот**⑥): То́ бы́ло ра́ннее у́тро. それは早朝のことだった ◆а то́ →а² | а то́ и →а² | а то́ как [что́] же もちろん、当たり前だ | (а) не то́ さもなければ (ина́че): Учи́тесь бо́льше, а не то́ они́ перегоня́т вас. もっと学びなさい、そうしないとあの人たちに追い抜かれてしまいますよ | (да, но) и то́ おまけに、それに加えて: Он был то́лько раз за грани́цей, и дово́льно давно́. 彼が外国に行ったのは一度だけで、それもだいぶ昔のことだ | не то́ А, не то́ В АというわけでもなくBというわけでもなく | не то́ что [что́бы] ..., (а, но)《話》...というわけではなく、...ばかりでなく (не то́лько ..., (но́) и): Там бы́ло не то́ что́бы темно́, а как-то па́смурно. そこは暗いというよりは何だか陰鬱な感じだった | не то́ что ... у нас в стране́ 私たちの国とは違い... | не то́ лю́ди, а да́же ло́шади 人間だけでなく馬までも | то́ А, то́ В АであったりBであったり: гляде́ть то́ на ре́ку, то́ на не́бо 川を見たり空を眺めたりする | то́ есть (略 т. е.) 《俗》①つまり ②(疑問を表す): то ли А, то ли В АなのかBなのか: то́ ли сего́дня у́тром, то́ ли вчера́ ве́чером 今朝だったのか昨夜だったのか

**то²** [中代; 主・対格] < тот

**-то** [助]《話》様々な語に付けてその語を強調する; 不定代名詞をつくる: кто́-то 誰か | что́-то 何か

**т.о.** 《略》таки́м о́бразом このようにして、そういうわけで

**тобо́й** [造格] < ты

* **това́р** [タヴァール] [男1] ①《単》《経》商品 ②《集合》商品、品物 (★物を表す時は複数形も): ~ы широ́кого потребле́ния 消費財 | япо́нские ~ы 日本製品 | занима́ться прода́жей [заку́пкой] ~ов 物品の販売[購入]をする ◆показа́ть ~ лицо́м 良い面[いいところ]を見せる

* **това́рищ** [男4]《不》[//(сий)това́рка 複-рок [-рок] ②] 仲間、同僚、仕事仲間; (旅の)道連れ、同乗者; 友人、親友: ~ по ору́жию [рабо́те, шко́ле] 戦友[同僚、学友] | быть в ~ах с кем と仲間だ | взять [приня́ть] в ~и …を仲間に入れる | ста́рший [мла́дший] ~ 先輩[後輩] | ~ де́тства 子どもの頃の友人 ②[史] 同志; (ソヴィエト社会の)人; (ソ連時代では、名字・肩書の前に付けて)...さん、同志...(★呼びかけでは名字や肩書なしで単独でも用いられた): Т~ Ивано́в! 同志イワノフ | Т~и трудя́щиеся! 全ての労働者よ ③《露文》《革命前》(役職で) 補佐、次官 ∥ **Друг не** ~ ... は...と同類ではない、一緒にしてほしくないと思っている | **~ по несча́стью** 不幸な出来事を共有した人

**това́рищеск|ий** [形1] ①友好的な: -ая встре́ча 《スポ》親善試合 ②協力した

**това́рищество** [中1] ①《経》(商工農業の)協同組合 ②《旧》同窓者の集まり ③友情、親交: чу́вство ~а 連帯感、仲間意識 ■ ~ на па́ях 《旧》株式会社 | ~ с ограни́ченной отве́тственностью 有限責任会社 (略 ТОО)

**това́рность** [女10]《経》市場性

* **това́рн|ый** [形1] [goods, freight] ①商品の: ~ знак 商標 | ~ склад 倉庫 ②貨物の、貨物の: (по́езд, соста́в) ~ 貨物列車 ③市場で売られる、商品価値のある: ~ное зерно́ 商品穀物 | -ое произво́дство ~ая проду́кция 商品化(高)

**товарове́д** [男1] 商品管理者; 商品学者

**товарове́дение** [中5] 商品学

**товарообме́н** [男1] 商品交換、物々交換

**товарооборо́т** [男1] 商業取引、商取引、貿易額; ~ 貿易高

* **тогда́** [タグダー] [副] [then, in that case] ①そのとき、その頃、当時の: ~ же その同じ時に | ~ и は その後すぐに | Когда́ решу́сь, ~ напишу́ тебе́. = Напишу́ тебе́ ~, когда́ ре-

**тогдáшний** [形8]《話》当時の

**тогдá** [в]《助》《俗》《述語》いかれてる: Он немнóго ~. 彼はちょっとやばい ②(言いよどんだ時に)あれだ ③《否定文で》気分がよくない、(物が)状態がよくない、酔っている: Мне что́-то не ~. 私はなんだか調子がよくない

**того́¹** [в]《男・中性; 生・対格》<тот

**то́дес** [э][男1]《フィギュア》デススパイラル: ~ вперёд-внутрь フォアイン

**тождéственн|ый** -ен/-енен, -енна [形1] <с[国]図>…と同様の **//-ость** [女10]

**тождество́** [中1] 同等であること

‡**то́же** [トージェ][also, as well, too] Ⅰ [副]① …もまた: Он ~ уéхал. 彼も去った ②同時に、同じように: Я вот ~ хотéла вас спроси́ть. 私の方も同じようにあなたにお伺いしたかったのです Ⅱ [助]《話》《不信感・皮肉》全く、本当に、一体何て、よくまあ: ~ стáршая! よくもまあそんなことが聞けたもんだ | Ну ты спрóсишь ~. お前はよくまあそんなことが聞けたもんだ | Ты ~ хорóш! お前は全く何ていうやつなんだ

**той** [女性; 生・与・造・前置格] <тот

**тойо́та** [女1] トヨタブランドの自動車

*\***ток¹** -а/-у [男2] (current) ①液体の流れ ②《電》電流: ~ высóкого напряжéния 高圧電流 | переменный ~ 交流 | постоянный ~ 直流 ③《通例複》パワー {生-а}トーク形式

**ток²** 前о-е, на-ý или -á [男2] ①鳥の雄が特別な声で雌を呼ぶ場所 ②脱穀場

**токáрный** [形1]《技》①旋盤の: ~ станóк 旋盤 ②旋盤工の

**то́карь** 複-и/-я [男1] 旋盤工

**Токио** (不変) [男] 東京 **//токи́йский** [形3]

**токкáта** [女1]《楽》トッカータ

**токовáть** -ку́ю, -ку́ешь [不完] (鳥が)恋歌を歌う、求愛鳴きをする

**то̀коприёмник** [男2]《電》パンタグラフ

**токсиколо́г|ия** [女9] 毒物学 **//-и́ческий** [形3]

**токсикомáн** [男1] 接着剤などの薬物患者

**токсиманы** [女9] シンナー遊び; 薬物乱用

**токси́н** [男1]《医》毒素

**токси́ческий** [形3] 有毒な、毒性の

**токси́чн|ый** 短-чен, -чна [形1] 有毒な: -ое вещество́ 有害物質 **//-ость** [女10]

**то̀к-шо́у** (不変)《中》トークショー

**толерáнтн|ый** 短-тен, -тна [形1]《文》寛容な、耐久力のある **//-ость** [女10]

**толи́ка** [女2] ◆*мáлая* ~《話》わずかな、少しの

*\***толк** -а/-у [男1] (sense, profit) ①意味; 道理; 分別: взять в ~ 理解する、わかる | доби́ться ~у от [国] …から耳にかなった説明を受ける | понимáть [знáть] ~ в [前] …のことをよく知っている ②利益、得: Мне от э́того никакóго ~у. 私には何の得にもならない ③《複》噂、陰口 ◆*без тóлку = без ~у* 無駄に、甲斐なく | *с ~ом* 理性的に、思慮深く | *сбить с ~у* …を混乱〔当惑〕させる | *что-л. без ~у* 無益だ、何の役にも立たない

*\***толкáть** [不完] / **толкну́ть** -ну́, -нёшь [完]《完1回》(push, shove) ①突く、押す: ~ его в спи́ну 彼の背中を押す | ~ маши́ну вперёд 車を押していく | ~ штáнгу《スポ》バーベルを挙げる | ~ ядро́《スポ》砲丸を投げる ②<на [対]/不定形>するようにしむける、けしかける: ~ на зло 悪事をそそのかす | ~ людéй учáствовать в мероприя́тии 人々に行事への参加を呼びかける ③《隠》<盗品などを>売りさばく

**толкáться** [不完] / **толкну́ться** -ну́сь, -нёшься [完] ①《不完》押し合う、突きあう; 《話》(人込みを)うろつく ②ノックする: ~ в дверь ドアをノックする ③<к[国]>に会おうとする、面会を求める

**толкáч** -á [男4] ①後押し車両; はしけを押す船 ②《話》物事を推進する人、やり手

**толкну́ть(ся)** [完] →толкáть(ся)

**толковáние** [中5] 解釈; 語釈

**толковáтель** [男5] 解説者

**толковáть** -ку́ю, -ку́ешь 受過-óванный [完] / **ис~** [完] ①<対>解釈〔解説〕する ②<対に>よく説明する、わからせる ③<о[前]について>話し合う

**толко́вый** 短-бв [形1] ①賢明な、頭のいい; (人が)良識のある、有能な; 有効な ②明瞭な ■**~ словáрь** 詳解辞典、国語辞典 (露露辞典、英英辞典など)

**то́лком** [男1]《話》賢明に、はっきり: ~ объясни́ть わかるように説明する

**толкотня́** [女5]《話》雑踏、混雑

**толку́н** -á [男1] 《гу》 [虫] ~の群

**толкýчка** 複生-чек [女2]《俗》①雑踏、群衆、押し合い ②ノミの市

**толокно́** [中1] オーツ麦粉 **//толокóнный** [形1] ◆*~ лоб* まぬけ、ばか

**толокня́нка** -нок [女2]《植》クマコケモモ属; クマコケモモ (~ обыкновéнная)

**толо́чь** -лку́, -лчёшь, ... -лку́т прош -лки́ прич -лкла́ прош-лóкший受過-лчённый (-чён, -ченá) [不完] / **рас~** [完] <対>挽き砕く

**толчи́ться** -лку́сь, -лчёшься, ... -лку́тся прош-лóкся, -лкла́сь прош-лóкшийся [不完] ①《話》うろうろする ②(虫が)たかる、群がる

‡**толп|а́** [タルパー][男1] **то́лпы** [女1] [crowd, throng] ①《単複同義》群集、人込み: ~ людéй群衆 | собирáться в ~у [гро́ппу] 群れをなす ②(動物・鳥の)群れ; 次々と湧く感情〔考え〕 ③《集合》[劇] (その他大勢の)端役; (才能のない)普通の人々 ④《話》たくさんの人: Óколо неё ~ мужчи́н. 彼女には大勢の取り巻きがいる

**толпи́ться** -пи́тся [不完] / **с~** [完] 群れを成す、一か所に群れ集まる

**толпо́й** [副] 群れを成して、集団で、一団となって

**толстéнный** [形1]《話》でっぷり太った、分厚い、ぶっとい

**толстéть** [不完] / **по~** [完] ①太る ②厚く〔太く〕なる

**толсти́ть** -ти́т [不完]《話》<対>太らせる、(服が)太って見せる: Это плáтье меня *толсти́т*. このワンピースを着ると私は太って見える

**толстобрю́хий** [形3]《話》腹が出ている

**толсто́вец** 複生-вца [男3] トルストイ主義者

**толсто́вка** 複生-вок [女2] トルストイトレーナー

**толсто́вство** [中1] トルストイ主義

**толстогу́бый** [形1] 唇の厚い

**Толсто́й** (形2変化) [男] トルストイ (Лев Николáевич ~, 1828-1910; 作家、«Войнá и мир»『戦争と平和』, «Áнна Карéнина»『アンナ・カレーニナ』)

**толстоко́жий** 短-ож [形3] ①硬い皮膚の、皮〔革〕の厚い ②《話》面の皮が厚い、鉄面皮の

**толстопу́зый** [形1]《話》太鼓腹の

**толстостéнный** [形1] 壁〔壁面〕が厚い; 《厚》厚肉の

**толсту́ха** [女2]《話》デブ女、ムチムチの女 **//толсту́шка** 複生-шек [女2] ①《指小》②《俗》分厚い雑誌、付録付きの新聞

‡**то́лст|ый** [トールスティイ] 短 то́лст, -та́, -то, -ты́/-ты [形1] [fat, thick, heavy] ①厚い、厚みのある (↔ тóнкий): ~ слóй льда 氷の厚い層 | ~ая кни́га 厚い本 ②(円柱状のものが)太い: ~ ствол дéрева 木の

太い幹 ③(人・動物が)太った、丸々とした、かっぷくのよい(↔**тóщий**); [限定] **тóлстый** よりも程度がはなはだしい; (体の一部が)厚みのある: ~ кот 太った猫 | -ая шéя 太い首 ④[旧](声・音が)低い ◆**журнáл** 月刊総合雑誌 **тóнкий намёк на -ые обстоя́тельства** [皮肉]自明のことに対する暗示[当てこすり] **//-ó** [副]

**толстя́|к** -á [男1] [話]でぶっちょ、デブ男 **//-чóк** 複生-чкá [男1] [指小・愛称]

**толчéние** [中5] 挽き砕くこと

**толчёный** [形1] 挽いて作った

**толчея́** 複生-éй [女6] ①[話]《集合》雑踏、押し合い、人込み(**толкотня́**) ②[技]製粉機、粉砕機

**толчóк** -чкá [男2] ①強く打つこと ②地震; 振動; подзéмный ~ 地下の揺れ ③刺激 ④[スポ](重量挙げの)クリーン&ジャーク(↔ **штáнги**) ⑤[話]ノミの市 ⑥[話](水洗式洋式)便器、⑦[俗]公衆便所

**тóлща** [女] 厚み、深み

**тóлще** [比較] <| **тóлстый**

**толщинá** [女1] [fatness, thickness] ①厚さ、厚み: ~ стены́ 壁の厚さ ②かっぷくのよさ、太り具合

**толь** [男5] (屋根下地用)ルーフィング原紙

**тóлько** [トーリカ] [only, solely, just] Ⅰ [助] ①ただ…のみ、…だけ: Т~ он знáет об этом. このことを知っているのは彼だけだ ②…になってやっと: Егó кни́га вы́шла ~ в 1992 г. (ты́сяча девятьсо́т девяно́сто второ́м году́) 彼の本は1992年になってやっと出た ③[疑問詞、関係代名詞・副詞などの直後に置かれ、それらを強調する; しばしば驚きを伴い反語的意味を生じさせる]一体、全く: Зачéм ~ я э́то сказа́л! 何でこう言ってしまったのだろう | Ктó ~ не бывáл в Эрмитáже! エルミタージュを訪れない人はいるであろうか ④[命令形と共に](脅し)ちょっとでも…してみろ: Т~ трóнь меня́, я тебя́ уда́рю. 俺に触ったらぶん殴るぞ Ⅱ [副] つい今しがた、ちょうど今(…したばかり): Онá, кáжется, ~ институ́т окóнчила. 彼女はどうやら大学を卒業したてのようだ Ⅲ [接] ①[しばしば **как** で始まる主節に先行する従属節の冒頭に置かれて] …するとすぐに: ~ вы́ уéхали, (как) я́ и пошёл 君が発つとすぐに… ②しかし、ただし: Дéньги я́ получи́л, ~ не всé. 金は受け取ったが全額ではないが ◆**да** ~ 間違いない、きっとそうだ | **и** ~ = **-то** ~ **не всегó** こうして全部、ようだけど | **как** ~, **чу́ть** ~ …するとすぐに: Как ~ зако́нчился концéрт, все́ вы́шли из зáла. コンサートが終わるとすぐにホールは空になった ◆**не** ~ **А**, **но и В** Аばかりでなく В も: ~ не в Москвé, но и в други́х городáх モスクワだけでなく他の街でも | **не** ~ **что** … これまでに及ばず: Не сты́дно ль стéн тебé, не ~ что людéй. 人は言うに及ばず、壁の前で(これをするのを)恥ずかしくないのか (И. Крыло́в の寓話より) | А змéй éл, не ~ что́ лягу́шек. 蛙はもちろん蛇だって食べてたのである | ~ **бы** 《不定形または過去形を伴って》[願望]…できたらなあ、…だったらなあ: Т~ бы ты́ ушёл отсю́да! ここから逃れられさえすればなあ | Éсли бы вы́ ~ знáли! もしあなたが知ってさえいてくれたら | ~ **та́к** = **та́к** ~ ただなんとなく、~ **что** やっと…し始めた、…したばかり: Слу́жба ~ **что** ко́нчилась. 礼拝はちょうど終わったばかりだった | ~ (**что**) **А**, **как** (**как** и) **В** Аするとすぐに В: Онá ~ что вошлá, как её позвáли к хозя́ину. 彼女はコートを脱ぐと主人のところに呼ばれた | ~ **что** не **бегóм** ほとんど走らんばかりの急ぎ足で

**тóлько-тóлько** [副] 《話》①やっと、辛うじて、ほんの: Дéнег хватáло ~ на еду́. 食べていくのがやっとだった ②…したばかり: Они́ ~ пожени́лись. 彼らは新婚ほやほやだった

**Толья́тти** [不変] [男] トリヤッチ(サマーラ州の中部; 沿ヴォルガ連邦管区)

**тóм**¹ [トーム] 複-á [男1] [volume] (本の)巻; (合本されて雑誌: 大きくて厚い)本: второ́й ~ ромáна 小説の第2巻 | словáрь в трёх ~áх 全3巻の辞書

**тóмик** [男2] [話] [指小・愛称]

**тóм**² [男・中性; 前置詞] < **тóт**

**томагáвк** [男2] トマホーク(巡航ミサイル; 北米先住民の)

**томáт** [男1] トマト(помидóр); トマトピューレ

**томáтный** [形1] トマトの: ~ сóк トマトジュース

**томи́тельный** 短-лен, -льна [形1] ①疲れさせるような、うんざりする、つらい

**томи́ть** -млю́, -ми́шь 受過-ённый (-ён, -ена́) [不完] / **ис-** [完] <書> ①疲れさせる ②[不完]蒸し煮にする **//-ся** [不完] / [完] ①苦悩する; 弱る、くたびれる ②[不完] 蒸し煮される

**томлéние** [中5] 苦悩, 思い煩い; 無気力、けだるさ

**тóмн|ый** 短-мен, -мнá, -мно [形1] 無気力な、物憂い **//-ость** [女10]

**томогрáмма** [女1] CT 画像

**томóграф** [男1] CT 装置

**томогрáфия** [女9] 断層影像法、トモグラフィー: магни́тно-резонáнсная ~ [医]MRI (略 МРТ) | компью́терная ~ [医]CT スキャン(略 КТ)

**Тóмск** [男2] トムスク(同名州の州都) **//тóмск|ий** [形3]: Т~ая óбласть トムスク州(シベリア連邦管区)

**тому́** [男・中性; 与格] < **тóт**

**тóн** [トーン] 複-ы/-á [男1] [tone] ①[楽]音、楽音、全音程: основнóй ~ 基音、基本音 | -óм вы́ше [ни́же] 一音高く[低く] ②[複-ы́] [医]心音; 聴診音 ③[単]音色; 声色, (声の)調子: измени́ть ~ 声色を変える | в пóлный ~ = в пóлным -ом (全力で)あらゆる声色で | мéнторский ~ (威)お説教調, 上から目線の(口調) ④[単]所作, 振る舞い, 行儀; 性質, 外見: хорóший ~ よい作法: しつけ | дурнóй ~ 無作法, 行儀が悪いこと | в ~е 作法にかなっている ⑤[複-á] 色調: свéтлые -á 明るい色調 | в -е [под] …色の | в -е ⋯は作法にかなっている ⑥[言]声調 ◆**Т~óм ни́же!** もう少し静かに、声を落とせ | **задáть** ~ 《合唱団に》音調を指示する; 指導者の役割を果たす | **попáсть в** ~ ①正しい音程の音を出す ②相手に話を合わせる, 相手が気に入るように行動する | **в** ~ …に調子を合わせて, …と同じ

**тонáльность** [女10] ①[楽]音調 ②色調

**тóнень|кий** [形3] か細い、スリムな、かなり細い[薄い] **//-о** [副]

**тóнер** [男1] トナー

**тóнер-кáртридж** [不変]-[男4] トナーカートリッジ

**тонзилли́т** [男1] [医]扁桃炎

**тонзу́ра** [女1] 剃髪、トンスラ

**тонизи́ровать** -рую, -руешь 受過 -анный [不完] <書> <体などを> 元気にする

**тонизи́рующий** [形6] 強壮作用のある: ~ напи́ток 栄養ドリンク

**тóника** [男2] トニックウォーター

**тóника** [女2] [楽]主音

**тони́рованный** [形1] (ガラスが)スモーク処理を施された

**тони́ческий** [形3] ①[楽]主音の ②[医・生理]強壮[緊張]性の

**тóнк|ий** [トーンキイ] 短-нок, -нкá, -нко, -нки/-нки́й 比 **тóньше** 最上 **тончáйший** [形3] [thin, slim] ①薄い、細い(↔**тóлстый**); 細かい: ~ слóй 薄い層 | -ие пáльцы 細い指 ②(声・音が)高い、甲高い: ~ гóлос かん高い声 ③(顔の線が)すっとして美しい: ~ прóфиль 整った横顔 ④(味・香りが)繊細な、(言葉が)上品な、洗練された; (人が)洗練された; (作品などが)精巧な: ~ аромáт духóв 香水の洗練された香り | -ая иро́ния さりげない

気の利いた皮肉 ⑤ (人・考え・指摘が) 鋭い, 慧眼をもった; 感じやすい, 刺激に敏感な: ～ кри́тик 慧眼をもって鳴る批評家 | ～ слух 微かな音も聞き取る聴力 | ～ сон 浅い眠り | ～ ум 機微のわかる知性 ⑥ 微かな, やっとわかるほどの: ～ая усме́шка 微かな薄笑い ⑦《話》ずる賢い ■— край リプ, リプロース

то́нко [副] 薄く; 細く; 繊細に; 細細に ♦Где́ ～, там и рвётся. [諺] 薄いところは切れる

тонковолокни́стый [形1] 微細繊維の

тонкоко́жий 短-ко́ж, -и [形6] 皮[革, 皮膚]の薄い

то́нкость [女10] ① 薄さ, 細さ ② 微妙さ ③ 洗練されていること ④ 《複》 詳細; 微妙; 気の利いた表現

*то́нн|а [トーンナ] [女1] 〈ton〉 (重さの単位) トン: три́ ～ы воды́ 3トンの水 | цена́ за ～у пшени́цы 小麦1トンの価格 | везти́ пять то́нн карто́фелю 5トンのじゃがいもを運ぶ ② 《俗》1000ルーブル

тонна́ж [男4] 積載[容積] トン数

тонне́ль [э] [男5] →тунне́ль

тоно́метр [男1] [医] 血圧計

то́нус [男1] [生理・医] 正常, 健康な状態, 緊張: жи́зненный ～ 生命力

*тону́ть тону́, то́нешь [不完] / у～, по～ [完] ⟨drown, sink⟩ ① 溺れる, 沈む: Челове́к то́нет в реке́. 人が川で溺れている | Ло́дка утону́ла. ボートが沈んだ ② 《в+前》に埋もれる: ～ в снегу́ 雪に埋もれる | Дома́ то́нут во мра́ке. 家々が暗闇に沈んでいる | ～ в рабо́те 仕事まみれになる

то́ня [女5] ① 漁場 ② (一網分の) 漁獲量

ТОО [то́-о] [略] това́рищество с ограни́ченной отве́тственностью 有限責任会社, Ltd., LLP

топ [男1] ① 《婦人服の》トップス ② 《若者》エリート, トップ ♦попа́сть в ～ = быть в ～е 成功する, 人気になる

топа́з [男1] トパーズ (宝石) ‖—овый [形1]

то́пать [不完] / то́пнуть -ну, -нешь 命-ни [完] ① 足踏みをする: 足音を立てる: ～ нога́ми 地団太を踏む ② 《話》歩いていく

топинамбу́р, топина́мбур [男1] [植] キクイモ

то́пить топлю́, то́пишь受過 то́пленный [不完] ⟨暖⟩ ① 焚く, 火をつける: ～ печь 暖炉を焚く | ～ кварти́ру 部屋を暖める ② 温めて溶かす: ～ воск 蝋を溶かす ｜ у ～》沈める, 溺れさせる ‖ —ся [不完] ① 暖められる ② 溶ける ③ 《完 у～》入水自殺する ④ 《受身》

то́пк|а 生-пок [女2] ① 火を焚くこと; 暖房 (すること) ② (暖炉の) 炉, (機関車の) 火室 ③ 《隠・戯》胃 ④ 《若者》 ♦в-у 《ネット》(コメント・作品・映画の評価について) ごみ, くず

то́пкий 短-пок, -пка́, -пко 比то́пче [形3] ① 燃えやすい ② ぬかるんだ

топлён|ый [形1] 熔かした ■—ое молоко́ 《料理》焼きそ牛乳 (長時間加熱して作られる)

то́плесс (不変) [形] [副] 《若者》トップレスで [の]

*то́плив|о [中1] ⟨fuel⟩ 燃料: жи́дкое ～ 液体燃料 ｜ твёрдое ～ 固体 [固形] 燃料 ｜ газообра́зное ～ 気体燃料 ｜ ди́зельное ～ ディーゼル燃料, 軽油 ｜ мазу́тное ～ 重油, 残渣 (ざんさ) 燃料 ｜ тяжёлое (ди́зельное) ～ 重油 ｜ голубо́е ～ 青い燃料; 天然ガス ｜ отрабо́танное я́дерное ～ 使用済み核燃料 ‖ —ный [形1]: —ая нефть 燃料油

то́пнуть [完] →то́пать

топо́граф [男1] 地形 [地誌] 学者

топогра́фия [女10] 地形学, 地誌学 ‖—и́ческий [形3]

тополо́гия [女9] トポロジー, 位相幾何学 ‖—и́ческий [形3]

*то́пол|ь -я [男5] ⟨poplar⟩ [植] ポプラ; ヤマナラシ属, ハコヤナギ属: ～ чёрный ヨーロッパクロヤマナラシ ‖—евый, —и́ный [形1] ‖—ёк -лька́ [男2] [指小]

топо́ним [男1] (町・山・川などの) 地名, 地理名称

топони́мика [女2] ①地名学 ②《集合》地名

топоними́мия [女9] 《集合》地名

*топо́р -а́ [男1] ⟨ax⟩ 斧: руби́ть дрова́ [де́рево] ～о́м 斧で薪を割る [木を切る]

топо́рик [男2] ①手斧, 鉈 (なた) ② = топоро́к

топо́рище [中2] ①斧の持ち手 ②[指大] <топо́р

топо́рный [形1] 出来の悪い, ぎこちない, 洗練されていない

топоро́к -рка́ [男2] [鳥] エトピリカ

топо́рщить -щу, -щишь 受過-щенный [不完] /вс～ [完]《話》⟨限⟩⟨毛などを⟩逆立てる

топо́рщиться -щусь, -щишься 命-щись/-щься [不完] /вс～ [完]《話》①(髪などが)逆立つ ②(服に)ひだ[しわ]がある ③頑固になる, 片意地を張る

то́пот [男1] 足音, 蹄音

топота́ть -почу́, -по́чешь [不完]《話》大きな足音を立てて [パタパタ, どしどし] 歩く ‖—ся [不完] 足踏みをする ♦на ме́сте 進歩 [前進] しない

то́почный [形1] 暖炉の炉 (то́пка) の

топта́ть топчу́, то́пчешь 受過 то́птанный [不完] ⟨限⟩ ①踏みつける, 踏みつぶす ②(靴などを)履きつぶす ③踏んで汚す ♦～ поро́ги うるさく押しかける

топта́ться топчу́сь, то́пчешься [不完]《話》① 足踏みをする: ～ на ме́сте 足踏みする; もたもた [ぐずぐず] する ② うろうろする, 目的もなく歩き回る

топ-то́п [間] 《幼児》よちよち, たんたん (子どもの足音); たんたんと歩く

топты́гин (形11変化)[男]《話・戯》熊どん; 動きがのっそりしている人

топча́н -а́ [男1] 架台に板をのせたソファベッド

топь [女10] 沼, 沼沢地

То́ра [女1] ⟨宗⟩ トーラー, モーセ五書

то́рб|а [女1] 袋, ナップサック ♦носи́ться как с пи́саной —ой ～のことで必要以上に騒ぎ立てる [興奮する]

торг ли́ о -е, на -у́ [男2] ① [複-и́] 売買; ⟨⟨限⟩の⟩ 取引 ② [複-и́] 《複》 競売, 入札 ③ [複-и́] 《旧・話》貿易機関 (торго́вая организа́ция)

торг.. [語形成] 《商業の》

..торг [語形成] ①《貿易機関》(торг) ② 《商業》《商売》

торга́ш [男4] /—ка [女2] ⟨蔑⟩ ①小売商人 ②守銭奴, 金のためなら何でもする人 ‖—еский [形3]

торга́шество [中1] 報酬目当て, 計算高いこと

*торгова́ть [タルガヴァーチ] -гу́ю, -гу́ешь 命-гу́й 受過 -гованный [不完] ⟨trade, deal, sell⟩ ⟨⟨限⟩を⟩ 商う, 売る: ⟨⟨с+造⟩⟩ 取引をする: ～ хле́бом パンを売る | ～ собо́й = ～ свои́м те́лом 自分の体を売る ② (店などが) 開いている, 営業している: Магази́н торгу́ет до 9 (девяти́) часо́в. 店は9時まででっている ③《完 с～》《旧・俗》《限》値引きさせて買う

торгова́ться -гу́юсь, -гу́ешься [不完] ①《完 с～》《⟨限⟩を相手に⟩値切る ②《話》(自分に有利になるように) 駆け引きする, 言い張る

*торго́в|ец -вца [男3] /—ка 複生 -вок [女2] ⟨merchant, dealer⟩ 業者, 商人, 露天商, とくに小売りの売り手

*торго́вл|я [タルゴーヴリャ] [女5] ⟨commerce, trade⟩ 商売; 商業; 貿易 (вне́шняя ～); ⟨⟨限⟩の⟩ 売買: опто́вая ～ 卸売り | ро́зничная ～ 小売り | посы́лочная ～ 通信販売 | ～ ле́сом [не́фтью] 木材 [石油] 売買 | вести́ ～ю = занима́ться ~ей 商売 [貿易] をする ■— соглаше́ние о свобо́дной ～ 自由貿易協定

торго́во-промы́шленный [形1] 商工業の:

**-ая пала́та** 商工会議所

**торго́в|ый** [タルゴーヴイ] [形1] [commercial, trade] 商業の: **-ая фи́рма** 商事会社 | **~ центр** ショッピングセンター | **аге́нт ~** 営業マン | **~ бала́нс** 貿易収支 | **~ партнёр** 貿易相手国 | **~ дом** 会社，企業，商会 | **-ая па́лата** 商工会議所 | **представи́тель** 通商代表 | **-ая то́чка** 取引先，店 | **-ое су́дно** 商船 | **~ флот** (一国の) 全保有商船 ■ **Всеми́рная -ая организа́ция** 世界貿易機関 (略 ВТО)

**торгпре́д** [男1] 通商代表 (通称 торговый представитель)

**торгпре́дство** [中] 通商代表部

**торе́ц** -рца́ [男3] ① (木材の)木口 ② 木製の舗装用ブロック，木煉瓦 ③ 木製ブロックの歩道 ④〔若者・隠〕顔
◆**да́ть в ~** ④〔若者・隠〕~を殴る，ぶちかます

**торже́ственно** ① [副] おごそかに，荘厳に，厳粛に: **~ произнести́ кля́тву** 厳かに宣誓する ② [無人述] 壮麗だ: **На не́бе бы́ло ~.** 空は壮麗なまでの美しさであった

**торже́ственн|ый** [タルジェーストヴィンヌイ] 短 **-ен**, **-енна** [形1] [ceremonial] ① 祝賀の，祝宴の，式典の: **~ марш** 式典用の行進曲，荘厳なマーチ ② 非常に重要な: **~ моме́нт** 重要で決定的な瞬間 ③ 壮大な，荘厳な; (人が) 厳しい: **-ая речь** 厳粛な演説 ④ 揺るぎない: **-ая кля́тва** 固い誓い **// -ость** [女10]

**торжеств|о́** [中1] [celebration, festivities] ① 祝賀(会)，祝宴，祭典: **семе́йные ~ наши** 一族の内祝い | **~ по слу́чаю побе́ды** 戦勝記念式典 ② 荘厳に厳かな様子 ③〔田 над圏〕〕 に対する〕勝利，揺るぎない優位: **~ добра́ над злом** 悪に対する善の圧倒的な優位 ④〔勝利，成功などによる〕歓喜: **~ любви́** 恋が成就した喜び | **с -о́м** 得意揚々と言う

**торжествова́ть** -тву́ю, -тву́ешь, тву́ющ **-ованный** [不完] ①〔田を〕祝い祭典を行う ②〔над圏〕〕に打ち勝つ

**торжеству́ющий** [形5] 勝ち誇った，意気揚々たる

**тори́ть** -рю́, -ри́шь [不完] [話]〔田〕〜道を踏みならす，踏みながら道を作る

**то́ркать** [不完] [話] ①〔в圏〕を押す，突く ②〔完一回 то́ркнуть -ну, -нешь 〕押し込む，差し込む **// -ся** [不完] [話] 叩く，押し，押し動かす

**торма́шк|и** ◆**(перевора́чивать) вверх -ами** [話] (1) さかさまに (2) めちゃくちゃに

**торможе́ние** [中5] ① [技] 制動，ブレーキをかけること; 妨げること ②〔生/理〕抑制，制止

**то́рмоз** [男1] ①〔複 -а́〕〔車〕ブレーキ ②〔複 -ы〕障害，妨害，邪魔 ③〔複 -а́〕〔若者・俗〕ばかな〔鈍い〕やつ ④〔複 -а́〕〔皮肉・蔑〕ユーモアのセンスがない人

***тормози́ть** -можу́, -мози́шь 受 過 **-можённый** [不完] / **за~** [完] [brake, impede] ①〔田〕〜にブレーキをかける: **ре́зко ~** 急ブレーキをかける | **Не тормози́!** アクセルを踏め，全速力でぶっ飛ばせよ ②〔田〕遅らせる，妨げる: **Э́то тормози́т осуществле́ние пла́нов.** これが計画の実施を妨げている ③〔生/理〕抑制する，制止する ④〔若者・戯〕理解が悪い，不注意で，集中していない ⑤〔蔑〕〔コン〕パソコンの動作が重い **// -ся** [不完] / [受身]

**тормозно́й** [形2]〔技〕ブレーキの，制動の: **~ башма́к** 制輪子，ブレーキシュー | **~ путь** 制動距離

**тормозну́ть** -ну́, -нёшь [完]〔若者・隠〕〔田〕引きとめる，しかるべく反応させる

**тормоши́ть** -шу́, -ши́шь [不完] [話]〔田〕① 引っ張る ② 悩ませる，うんざりさせる

**торна́до** [不変][男1]〔気象〕トルネード

**то́рный** [形1] 滑らかな，平坦な

**торова́тый** 短 **-а́т** [形1] [俗] 寛大な，心の広い

**торопи́ть** -роплю́, -ро́пишь 受 過 **-ро́пленный** [不完] / **по-** [完]〔田を〕急がせる ◆**~ собы́тия** 焦って事を急ぐ

**торопи́ться** [タラピーツァ] -роплю́сь, -ро́пишься, ... -ро́пятся 命 **-пи́сь** [不完] / **потoропи́ться** [パタラピーッツァ] [完] [hurry, be in a hurry] 急ぐ，慌てる; 急いで〔慌てて〕〔<<急ぐ〕〈不定形〉急いで〔慌てて〕…する: **Он торо́пится домо́й.** 彼は急いで家に向かっている | **~ с выполне́нием обяза́тельств** = **~ вы́полнить обяза́тельства** 急いで義務を果たそうとする | **не торопя́сь** 慌てず，ゆっくりと

**торопли́во** [副] 慌しく，急ぎがちに

**торопли́вый** 短 **-и́в** [形1] 慌しい，せっかちな **// -ость** [女10]

**торопы́га** (女2変化) [男・女] いつも急いでいる人，せっかちさん

**торо́с** [男1] 氷塊

**торочи́ть** -чу́, -чи́шь 受 過 **-ро́ченный** [不完]〔軍・狩〕〔田〕獲物を鞍帯に結びつける

**торпе́да** [女1]〔軍〕[魚] 魚雷 / **торпе́дный** [形1]: **~ аппара́т** 魚雷発射管 | **~ ка́тер** 魚雷艇

**торпеди́ровать** -рую, -руешь 受 過 **-анный** [不完・完]〔田〕魚雷で攻撃する

**то́рс** [男1] (人間の)胴体; 〔美〕トルソー

***то́рт** [男1] [cake] [料理] デコレーションケーキ: **~ на день рожде́ния** 誕生日ケーキ | **сва́дебный ~** ウェディングケーキ | **дома́шний ~** 手作りケーキ | **пригото́вить [укра́сить] ~** ケーキを作る〔デコレーションする〕 ■ **Ки́евский ~** キエフケーキ (ヘーゼルナッツ, バタークリームで飾ったメレンゲケーキ) **// -ик** [男2] [指小]

**торф** -а/-у [男1] 泥炭

**то̀рфоразрабо́тки** -ток, -ткам [複] 泥炭採掘地

**торфяни́к** -а́, **торфя́ник** [男2] ① 泥炭湿地 ② 泥炭採掘作業員; 泥炭専門家

**торфяни́стый** [形1] 泥炭質の，泥炭の多い

**торфян|о́й** [形2]: **~ торф**: **-о́е боло́то** 泥炭湿地

**торцева́ть** -цу́ю, -цу́ешь 受 過 **-цо́ванный** [不完] 〔田〕① 削って木口 (торец) を仕上げる ② 木製ブロックで舗装する

**торцо́в|ый** [形1] < **торе́ц**: **-ая мостова́я** 木製ブロックの道

***торча́ть** -чу́, -чи́шь [不完] ① 突き出る: **Бревно́ торчи́т из воды́.** 丸太が水面から突き出ている | **У тебя́ торча́т во́лосы.** 髪が (寝癖で) 立っている ② [話] 突っ立っている: **<у**田**>**〜にまとわりつく: **~ пе́ред глаза́ми** 田 …の目ざわりになる ③ [完 **за~**, **при~**]〔俗〕多幸感を味わう; (麻薬で) 陶酔感を味わう

**торчко́м** [副] [話] 突き出て

**торчо́к** -чка́ [男2] [俗] 麻薬中毒者

**торше́р** [男1] フロアスタンド，床置きの背の高い照明

**то-сё** того́-сего́ [代] [話] あれこれ，何もかも

***тоск|а́** [タスカー] [女2] [melancholy, longing] ① (心の) 鬱々しさ，鬱々とした状態: **<по**国**/о**国**>**…がいなくて…〔<思ってしく〕生じる思い: **~ по ро́дине** ホームシック | **от [с] ~и́** 心が鬱々とする | **~ берёт [грызёт]** 鬱々ぎの虫につかれる | **навести́ -ы́ на** 田 …を憂鬱にさせる | **сме́ртельная ~** = 臨終の苦悶 | **наводи́ть [нагоня́ть] -ы́ на** 田 …を憂鬱にさせる | **~** 鬱ぎいだ表情 [様子]; (音楽・文学作品の中にある) 鬱ぎ ③ [話] 退屈 (な雰囲気)

**тоскли́вый** 短 **-и́в** [形1] 悲しげな，鬱々とした: 鬱鬱させる，湿っぽい，わびしい

**тоскова́ть** -ку́ю, -ку́ешь [不完] ①〔по田/о田/[田]по田〕〜を思って気が滅入る，寂しがる，悲しむ，退屈する ② 懐かしがる，焦がれる

***тост¹** [男1] [toast] 乾杯の挨拶: **подня́ть ~** 乾杯する 〔参考〕 乾杯の音頭にはこの語は用いず, «за田…のために» を用いる: **За дру́жбу!** 友情に乾杯!)

**то́ст²** [男1] トースト: ～ с сы́ром チーズトースト ∥ **~ик** [男2] (指小)

**то́стер** [э] [男1] トースター

*****то́т** [トート] [男] того́ [ヴォー], тому́, тот/того́, тем, о том, та́ [ター] [女] той, той, ту́, той, той, той, то́² [ト-] [中] того́, тому́, то, тем, том, те́ [チェー] [複] тех, тем, те́/тех, те́ми, тех [代] (指示) [that] その (★しばしば э́тот と対比して): Посмотри́ на то́т до́м. あの家をご覧 | Он вошёл не в э́тот до́м, а во́т в то́т. 彼が入ったのはこの建物ではなくあの建物だ ② (対のものについて) あの, (話者から) 離れている方の: то́т бе́рег Во́лги ボルガ川の向こう岸 | то́т свет あの世 ③ (通例否定文で) 適正な, 必要な, 正しい: Врач да́л больно́му не то́ лека́рство. 医者が患者に出した薬は本来出すべきものではなかった ④ 前の, 過去の: на то́й неде́ле その週に, 先週に ⑤ (既出の2人のうち) 後者: Оте́ц спроси́л сы́на, а то́т ничего́ не отве́тил. 父は息子に尋ねたが, 息子は何も答えなかった ⑥ то́ (中) そのこと; 《旧》それは (э́то): Она́ была́ о́чень ми́ла, сама́ того́ не зна́я. 彼女は自分では気がついていなかったが, とてもかわいらしかった ⑦ (関係代名詞, 関係副詞の先行詞に付いて; 強調) 他ならぬその: Он познако́мился с то́й япо́нкой, кото́рая учи́тся в Москве́. 彼はモスクワに留学中の日本人女性と知り合った | (тот, та́, те́で関係代名詞кто, кото́рый の先行詞として, то́で関係代名詞что́ の先行詞として) …であるところの人, …であるところのもの[こと]: то́т, о ком идёт ре́чь 今話題になっている人 | в то́м, в чём она́ спала́ 寝ていたままの服装で ⑧ (что, чтобы節, чтобы不定形の前で)…ということ: то́, что она́ опозда́ла 彼女が遅刻したこと ⑨ (疑問副詞の前で) …ということ: то́, ли и за счёт чего́ …ということ: Все говоря́т о том, ка́к победи́ла на́ша кома́нда. 誰もが私たちのチームがどうやって勝ったか話している ⑩ (сей, друго́й, ино́й などと共に; 列挙して) あれやこれや, 様々な: Он получа́л информа́цию то́ тем, то́ други́м спо́собом. 彼は情報をあれやこれやの方法で手に入れていた ⑪ (～ же で) 同じ; (не ～で) 異なる, 違う: Та́ же жи́знь текла́ и зде́сь. ここでも同じ生活が送られていた | Без него́ жи́знь была́ не та́. 彼のいない生活は全く別物であった | Он сел не в то́т по́езд. 彼は違う電車に乗ってしまった ◆ *(да) и* то́ そでさえ: Ла́сточки, *да и* те́ улете́ли. ツバメさえも飛び去った | *до того́* →до́¹ | [疑問副] *бы то ни бы́ло* どんな…でも: На́до отказа́ться от каки́х *бы то ни́ бы́ло* предложе́ний. どんな提案でも拒否しなければならない | *(и)* то́ и сё = то́ да сё →к тому́ же (それに加えて) | *на то́* и *это, не то́ есе́ …だ*, *не то́, то́* [что́бы] →то́¹ | *ни с того́ ни с сего́* →се́ | *ни то́ ни сё* | *оди́н* и *те́* | *те́м са́мым* まさにそのことにより | *то́ А, а то́ В* AとBでは話が別だ | *то́ ли не те́* これこそ…だ | *то́т же са́мое, что ́…* と同じ | *~же* …と同じようなもの | *~же час* すぐに

**тотализа́тор** [男1] (競馬で) 掛け金を賭ける機械

**тоталитари́зм** [男1] [政] 全体主義

**тоталита́рный** [形1] [政] 全体主義的な

**тота́льн|ый** 短 -лен, -льна [形1] [文] 全体の, 総力的な: -ая война́ (国家) 総力戦

**тоте́м** [э] [男1] トーテム ∥ **~ный** [形1]

**тотеми́зм** [э] [男1] トーテム崇拝

**то́-то¹** [助] ① (通例前にво́тを伴って)  [話] そうそうだ, そこが問題なんだ (то́-то и оно́) ② [話] (相手の言動を認めて) よろしい, その通り ③ 《話》 そういうわけで ④ 全く, 本当に

**то́-то²** (★то́ の部分のみ変化) [代] これこれ, それそれ, 何々

**то́т-то** (★то́т の部分のみ変化) [代] 誰それ: Ма́ма

всё вре́мя мне́ говори́ла: «Не де́лай то́-то. Люби́ того́-то». 母はいつも私に「何々をするな, 誰々を好きになれ」と言いつけた

*****то́тчас** [副] [at once, immediately] ① ただちに, すぐ: Он отве́тил. 彼は即座に返事をした | Я ～ прие́ду. すぐに行きます ② 直に接して, すぐ側に: Т～ за кла́дбищем стои́т це́рковь. 墓地に隣接して教会がある

**ТОФ** [ト-フ] (略) Тихоокеа́нский фло́т 太平洋艦隊

**точёный** [形1] ① とがった, 鋭い ② 彫って作った, 旋盤加工した ③ (顔・容姿が) 輪郭のはっきりした, 彫りの深い

**то́чечн|ый** [形1] 点から成る: -ая ли́ния 点線 | -ая сва́рка [技] スポット溶接

**точи́лка** 複生 -лок [女2] 鉛筆削り

**точи́ло** [中1] 砥石; 研磨装置

**точи́льный** [形1] 研ぐための, 削るための: ка́мень бы́стый ～ материа́л 研磨材

**точи́льщик** [男2] ① (ナイフ) 研ぎ師 ② (複) [昆] シバンムシ科

**точи́ть** точу́, то́чишь 受過 то́ченный [不完] (羅) ① (完 на～) 研ぐ: ～ но́ж 包丁[ナイフ]を研ぐ ② (完 вы́～) (旋盤などで) 削って作る ③ (虫が) 食う, かじり破る ④ (若者が食べる) [軍] 早食いする ◆ ～ *ля́сы* [話・貶] くだらないおしゃべりをする ∥ **~ся** [不完] [受身]

*****то́чк|а** [トーチカ] 複生 -чек [女2] ① 点, 点々模様: га́лстук с бе́лыми -ами 白いドット[水玉模様]のネクタイ | ～ от уко́ла 注射の針の跡 ② [文法] ピリオド, 終止符: поста́вить -у ピリオドを打つ | ～ с запято́й セミコロン ③ [楽] 付点 ④ [数・理] 点: ～ опо́ры (てこ) の支点 ⑤ [軍] 地点: ～ попада́ния 着弾点 | ～ наво́дки [прице́ливания] 照準点 ⑥ (温度について) 点: ～ кипе́ния [пла́вления] 沸点 [融点] | ～ замерза́ния 氷点, 凝固点 ⑦ 点; 地点: ～ зре́ния 観点, ものの見方 | ～ отправле́ния [文] 出発点, 起点 | горя́чая ～ 問題の多い箇所; [政] 紛争多発地域 ⑧ (ナイフの) 研磨 ⑨ (機械による) 旋削 ⑩ [俗] 売店, キオスク ⑪ [俗] (生活・行動の) 基点, 基準 ◆ *би́ть в одну́ -у* (努力, 注意などを) ～に集中する | *до -и* 細部まで, 詳細に | *до (после́дней) -и* 限界まで | *дойти́ до -и* [話] 我慢できなくなる | *и ～* もうこの話はこれで終わりで, ～と言った…だ | *попа́сть в (са́мую) -у* [話] 核心を突く, 図星だ | *поста́вить (всё) -и над «i (и)»* 細部にまで気を配って仕上げる | *поста́вить в [на] (настоя́щую) -у* ～をきちんとした状態に戻す | *поста́вить то́чку «на  (圖)»* …を終わりとする | *с -и зре́ния* = *с како́й-л. -и зре́ния* …の視点からすると | *～ в (са́мую) -у* [話] 正確に, 逐語的に

**точне́е** [比較] <то́чный, то́чно ◆ ～ *(сказа́ть, говоря́)* [挿入] もっと正確に言えば, 正確に

*****то́чно** [ト-チノ] [exactly, precisely] I 比-нее 最上-ней- ше [副] ① 精密に, 正確に, ぴったり: ～ отве́тить на вопро́с 質問に正確に答える ② 本当に, まさに T～ I [接] ①まるで…のような, あたかも…であるかのように: ～ из ка́мня まるで石でできているかのように ② 何だか, どうも: Я вас ～ где́-то ви́дел. 何だかあなたにどこかでお会いしたような気がするのですが III [助] 《肯定・同意》そうだ, その通りだ: Он та́к сказа́л? — Т～. 「やつはそう言ったのか」「その通りだ」 | Хоро́ший фи́льм, ～? よい映画じゃない? (★付加疑問的に用いる) | та́к (と く その通りの [а́к же)うりふたつの, そっくり同じ | *Та́к (же)* [軍] はい, 了解 | *И ～!* やっぱりね, 思った通りだ

*****то́чност|ь** [ト-チノスチ] [exactness, precision] 正確さ, 精度: с -ью до 0,1 (одно́й деся́той) 誤差0.1以下の ◆ *в -и* 正確には

*****то́чн|ый** [ト-チヌィ] 短 -чен, -чна́, -чно, -чны/-чны́ 比 -не́е 最上-не́йший [形1] [exact, precise, punctual] ①

正確な, 精密な: -ые часы́ 正確な時計 | -ые нау́ки (数学や物理などの)精密科学 ② 時間に正確な: ~ челове́к 時間を守る[几帳面な]人

точня́к [不変]《俗》① 正確に, 正しく; 必ず, きっと ② もちろん, その通り

то́чь-в-то́чь [副] 全く正しい ◆~ (то́чно) тако́й (же) 全く同じ(ような)

*тошни́ть -ни́т [不完] /c~ [完]《feel sick》《無人称》《囮に》吐き気を催させる: Меня́ тошни́т. 私は吐き気がする

то́шно ①[副] うんざりするように ②[無人述]《囮に》吐き気がする; うんざりする

тошнота́ 複 -но́ты [女1] ① 吐き気: У меня́ ~. 私は吐き気がする ② 不快感, 嫌悪の情

тошнотво́рный 短 -рен, -рна [形1] 吐き気を起こさせる

то́шный 短 -шен, шна́, -шно [形1] うんざりする, 嫌気のさす

тоща́ [不完] /o~ [完]《話》痩せる

то́щий 短 тощ, -ща́, -ще [形6]① 痩せぎすの; やつれた ② 中身のない, 空っぽの: на ~ желу́док 空きっ腹で(空腹で)(натоща́к) ③ (肉・牛乳などが)栄養分[脂肪分]の少ない, 痩せた

тпру [間](馬に向かって)ドードー, 止まれ

тра́бл [男1], тра́бла [女1]《若者》① 失敗 ② 複雑な問題 ③ 鬱状態, 哀愁

*трава́ [トラヴァー] 複 тра́вы [女1]《grass, herb》① 草, (薬用)ハーブ, 草地; 草地: морска́я ~ 海藻 | со́рная ~ 雑草 | лека́рственная (лече́бная) ~ 薬草 | лежа́ть на -е́ 草地に寝ころんでいる[置いてある] ②《俗》(煙を吸引するタイプの)麻薬
◆как ли́ст пе́ред -о́й вста́ть [ста́ть] いきなり立ちすくむ | как ~ растёт (子どもが)ほったらかしだ | порасти́ ~о́й 時とともに忘れ去られる, 打ち捨てられる | разры́в-~《おとぎ話》どんな鍵でも開けられるという草 | ти́ше воды́, ни́же -ы́ とてもおとなしい, おとなしくしている | ~-траво́й = как ~《述部》味もそっけもない, うまくもまずくもない | хоть ~ не расти́ 囮《話》…にとってはどうでもいい, 知ったことではない, 関係ない

травести́ (不変)《劇》[中] 異性装 [女] ズボン役

трави́нка 複 -нок [女2] 草の茎1本

трави́ть -авлю́, -а́вишь 受過 -а́вленный [不完]《囮に》①〔完 вы́-〕〈虫などを〉毒で駆除する ②《話》…に悪影響を与える, 毒する 〔完 вы́-〕 ③〔完 вы́-〕〈模様を〉エッチングで作[描]く ④〔完 по-〕〈家畜〉〈農作物などを〉踏み荒らす〔完 по-〕⑤〈獲物を〉獣犬に追いやる, …に猟犬をけしかける; (非難・追及して)苦しめる ⑥〔完 по-〕〈海〉〈ロープを〉少しずつ緩める ⑦《俗》《話》でたらめな話をする, ほらをふく //-ся [不完]《話》服毒する

тра́вка 複 -вок [女2]〔指小・愛称〕< трава́ ①《俗》マリファナ; (煙を吸引するタイプの)麻薬

травле́ние [中5] エッチング

тра́вленый [形1] ① エッチングで描かれた ② (獲物が)捕えられた

тра́вля [女5] ① 狩猟 ② いじめ, 迫害

*тра́вма [女1]〔trauma〕[医] 外傷, トラウマ: черепно́-мозгова́я ~ 頭部外傷, 頭部のケガ

травмати́зм [男1][医] 外傷性全身障がい; 《集合》外傷 ■ произво́дственный ~ 労働災害

травмати́ческий [形3][医] 外傷性の

травмато́лог [男2] 外傷外科医

травматоло́гия [女9][医] 外傷学 //травматологи́ческ|ий [形3]: -ое отделе́ние 救急医療室[棟]

травми́ровать -рую, -руешь 受過 -анный [不完/完]《文》《囮に》外傷[トラウマ]を負わせる

травмпу́нкт, травмопу́нкт [男1] 外傷センター (травматологи́ческий пу́нкт)

тра́вник [男2] [/-ца́[女3]]《話》薬草学者[採集者], 漢方医 ②〔鳥〕アカアシシギ

травокоси́лка 複 -лок [女2] 芝刈り機

траволя́тор [男1] 動く歩道

траволе́чение [中5] 薬草療法 (фитотерапи́я)

травосто́й [男6][農]《集合》草, 牧草

травоя́дный 短 -ден, -дна [形1] 草食性の

травяни́ст|ый 短 -ист [形1] ① 草の, 草質の ② 草の多い, 草に覆われた ③[囮] 無味の, 風味のない

травяно́й [形2] ① 草の: -а́я насто́йка 薬草酒 ② 草の多い

трагеди́йный 短 -и́ен, -и́йна [形1][劇] 悲劇の

*траге́дия [トラギェーヂヤ] [女9]〔tragedy〕① [劇] 悲劇; 悲劇脚本: ста́вить -ию 悲劇を上演する ② 惨事, 重大事故, 大災害: предотврати́ть -ию 悲劇を未然に防ぐ | попа́сть в -ию 大惨事に遭う

траги́зм [男1] 悲劇的なこと

траги́к [男2] 悲劇役者; 悲劇作家

трагикоме́дия [女9] 悲喜劇 //-и́ческий [形3]

*траги́ческ|ий [形3]〔tragic〕① 悲劇的の: ~ актёр 悲劇役者 ② 悲劇的な, 悲惨な: -ое зре́лище 目も当てられない光景 | -ая ги́бель 非業の死 | -ие собы́тия 痛ましい事件

траги́чн|ый 短 -чен, -чна [形1] = траги́ческий ② //-ость [女10]

тради́ционно [副] 伝統的に

*традицио́нн|ый [トラヂツィオーンヌイ] 短 -о́нен, -о́нна [形1]〔traditional〕① 伝統的な; 恒例の, 伝統的な: ~ обря́д 伝統の儀礼 | -ая культу́ра 伝統文化 | ~ пра́здник 恒例の祝祭 //-ость [女10]

*тради́ция [トラヂーツィヤ] [女9]〔tradition〕① 伝統, 慣習; 習慣: жить по -ии [-иям] 代々受け継がれた暮らし方をする | по ~ии 伝統的に, 慣例的に | ста́ть -ией → войти́ в -ию 慣例となる ② (伝統的な)規範 ③ 言い伝え, 伝説

траекто́рия [女9] 軌道; 弾道

трак [男2] 無限軌道, カタピラ, 履帯 (※)

тракт [男1] ①〔旧〕幹線道路 ② ルート, 路線, 道筋 ■ желу́дочно-кише́чный [пищевари́тельный] ~ [解] 消化管

тракта́т [男1] ① 論文 ② 条約, 協定

трактова́ть -ту́ю, -ту́ешь 受過 -о́ванный [不完] 《囮を》解釈[説明]する ②〔旧〕〈о囮について〉論じる //-ся [不完]《受身》

тракто́вка 複 -вок [女2] 解釈, 説明, 理解

*тра́ктор 複 -а́ [男1]〔tractor〕トラクター: гу́сеничный ~ カタピラ式トラクター //-ный [形1]

тракори́ст [男1] /-ка 複 -ток [女2] トラクター運転手

трал [男1] ① トロール網 ② (動植物の採取もできる)水底観測器 ③[軍] 機雷除去装置, 掃海具[網] //-овый [形1]

тра́ление, трале́ние [中5] ① トロール漁 ② [軍](機雷の)除去, 掃海作業

тра́ли-ва́ли [複]《俗》たわごとだ, ばかばかしい

тра́лить -лю, -лишь 受過 -ленный [不完]《囮に》① トロール網で捕る ②[軍] 機雷を除去する, 掃海する

тра́льщик [男2] ① トロール船 ②[軍] 掃海艇

трамбова́ть -бу́ю, -бу́ешь 受過 -о́ванный [不完]/у- [完] 突き固める

трамбо́вка 複 -вок [女2] ① 突き固めること ②[機] ランマー

*трамва́|й [トラムヴァーイ] [男6]〔tram〕路面電車: сесть в [на] ~ 路面電車に乗る | е́хать «на -е [-ем]» 路面

電車で行く ■ **речно́й** ~ 水上バス **//~ный** [形1] **//~чик** [男2] 〖指小・愛称〗

**трамва́йщик** [男1] 路面電車の係員

**трампли́н** [男1] (スキーの)ジャンプ台, (水泳の)飛び込み台, (跳馬・跳び板などの)踏み切り板, ロイター板 ■ **прыжки́ на лы́жах с ~а** 〖スポ〗スキージャンプ(競技)

**транжи́р** [男1] **/~a** (女1変化) [男・女] **/~ка** 複生 **-рок** [女2] 〖話〗浪費家, 道楽者

**транжи́рить -рю, -ришь** 受過 **-ренный** [不完] **/рас-** [完] 〖話〗〖*俗*〗浪費する, 無駄使いする

**транзи́стор** [男1] トランジスター

**транзи́т** [男1] トランジット, 通過 **//~ный** [形1]

**транквилиза́тор** [男1] 〖薬〗精神安定剤, トランキライザー

**тра́нс** [男1] 恍惚, 失神, 昏睡状態

**транс..** 〖語形成〗①「…横断の」 ②「…を越えた」 ③「交通の, 運送の」

**тра̀нсаге́нтство** [ц] [中1] 運送会社, 旅客運送会社 (тра́нспортное аге́нтство)

**трансатланти́ческий** [形3] 大西洋横断の

**трансге́ндер** [э] [男1] トランスジェンダー, 性同一性障がい者

**трансге́нный** [形1] 遺伝子組み換えの: **-ые расте́ния** 遺伝子組み換え植物

**трансге́ны -ов** [複] 遺伝子組み換え原料

**тра̀нсконтинента́льный** [形1] 大陸横断の

**транскри́бовать -рую, -руешь** 受過 **-анный** [不完・完] ①〖言〗(音声を)文字で表す, 転写する, 音素表記する ②(他言語・記号に)書き換える, 翻字する

**транскри́пция** [女9] 〖言〗転写, 音声表記

\***трансли́ровать -рую, -руешь** 受過 **-анный** [不完] 〖broadcast〗中継する: **Како́й кана́л бу́дет ~ хокке́йный матч?** アイスホッケーの試合はどのチャンネルで中継しますか

**тра̀нслитера́ция** [女9] 翻字; 転写; 音訳

**трансля́ция** [女9] 中継 **//-ио́нный** [形1]

**трансми́ссия** [女9] 〖車〗トランスミッション **//-ио́нный** [形1]

**транснациона́льный** [形1] 民族を超えた, 多国籍の

**Транснефть** [女10] トランスネフチ(ロシアの石油パイプライン運営会社)

**транспара́нт** [男1] ①トレーシングペーパー ②横断幕

**транспаре́нтность** [女10] 〖文〗(政策・経営などの)透明性 **//-ый** [形1]

**транспланта́ция** [女9] 〖医〗移植

**трансплантѝровать -рую, -руешь** 受過 **-анный** [不完・完] 〖医〗〖医〗移植する

**транспланто́лог** [男2] 移植専門医

**транспланто́логия** [女9] 〖医〗移植医療

**транспози́ция** [女9] 〖楽〗移調

**транспонѝрова́ть -рую, -руешь** 受過 **-анный** [不完・完] 〖楽〗移調する **/-ние** [中5], **транспониро́вка** 複生 **-вок** [女2]

\***тра́нспорт** [トランースパルト] [男1] 〖transport, transportation〗 ①輸送, 運輸 ■ **железнодоро́жный ~** 鉄道輸送 | **трубопрово́дный ~** パイプライン輸送 | **га́зом кро́вью ~** 血液による酸素および二酸化炭素の運搬 ②交通: **обще́ственный ~** 公共交通機関 | **городско́й ~** 市の交通機関 | **вид ~а** 交通手段 ③(一回分の)輸送品: **При́был пе́рвый ~ медикаме́нтов.** 最初の医薬品貨物が着いた ④〖軍〗輸送隊, 輸送船: **ми́нный ~** 機雷輸送船, 水雷母艦 ⑤委託貨物

**транспо́рт** [男1] 〖簿記〗繰り越し

**транспорта́бельный** 短 **-лен, -льна** [形1] 持ち運びする, 携帯用の

**транспортёр** [男1] ①〖技〗コンベア ②〖軍〗装甲兵員輸送車

**транспорти́р** [男1] 分度器

**транспорти́ровать -рую, -руешь** 受過 **-анный** [不完] 〖鉄〗輸送する, 運ぶ **//~ся** [不完] 〖受身〗

**транспортиро́вка** [女2] 輸送, 運送

**тра́нспортник** [男2] ①運送業者 ②〖俗〗(公共交通機関で)盗むもの

\***тра́нспортный** [トランースパルトヌィ] [形1] 輸送[運輸]の; 運搬の: **-ое сре́дство** 交通機関, 乗り物 | **-ая инфраструкту́ра** 交通インフラ | **-ая компа́ния** 運輸会社

**трàнссексуа́л** [男1] **/~ка** 複生 **-лок** [女2] 性転換者 **//-ьный** [形1]

**Трансси́б** [男1] シベリア横断鉄道 (Трансс́иби́рская железнодоро́жная магистра́ль)

**тра̀нссиби́рский** [形3] シベリア横断の: **-ая магистра́ль** シベリア横断鉄道

**Транс-Тихоокеа́нский** [形3]: **-ое партнёрство** 環太平洋戦略的経済連携協定, TPP (略 ТТП)

**трансфе́р** [男1] 移転: 〖スポ〗移籍

**трансфе́рт** [男1] ①〖金融〗国際送金[振替] ②〖法〗(有価証券の)譲渡, 名義書き換え

**трансфи́кс** [男1] 〖言〗貫通接辞

**трансформа́тор** [男1] ①〖電〗変圧器 ②早変わりの俳優 ③手品師, 奇術師

**трансформа́ция** [女9] 変形, 変質, 変態; 変圧 **//-ио́нный** [形1]

**трансформѝровать -рую, -руешь** 受過 **-анный** [不完・完] 変形[変容]させる

**трансцендента́льный** 短 **-лен, -льна** [形1] 〖哲〗超越論的な, 先験的な

**трансценде́нтный** 短 **-тен, -тна** [形1] 〖哲〗超越的な(→ имманентный); 〖数〗(関数が)超越の

**транш** [男4] 〖金融〗分割して支払われる融資[借金]の1回分

**транше́я** [女6] 塹壕; (配管工事用の)溝 **//-йный** [形1]

**трап** [男1] (航空機・船の)タラップ

**тра́пез|а, трапе́з|а** [女1] (修道院の)食卓, 食事 **//-ный** [形1]

**тра́пезная** (形1変化) [女名] (修道院の)食堂

**трапе́ция** [女9] ①〖数〗台形 ②(サーカスの)空中ブランコ

\***тра́сс|а** [女1] ①(道路・鉄道路線の地図上・現場の)建設予定ライン: **~ метрополите́на** 地下鉄敷設予定地 ②幹線道路: **прави́тельственная ~** 政府要人専用道路 ③(弾丸・ミサイルなどの)光跡 ♦ **по -е пойти́ [пое́хать]** 〖俗〗ヒッチハイクで移動する[旅行する]

**тра́ссант** [男1] 〖金融〗手形振出人

**трасса́т** [男1] 〖金融〗手形の名宛人

**трассѝровать -рую, -руешь** 受過 **-анный** [不完・完] ①〖鉄〗(道路の)建設予定ラインを引く ②(弾丸・ミサイルが)光跡を残す

**трассѝрующий** 短 形6 [形1] 〖軍〗曳光(えいこう)する, 光跡を残す: **-ая пу́ля** 曳光弾

**тра́т|а** [女1] 支出: **больши́е -ы** 多額の出費 ♦ **пуста́я ~** 〖俗〗時間の無駄

\***тра́тить** [トラーチチ] **-а́чу, -а́тишь, ... -а́тят** 命 **-а́ть** 受過 **-а́ченный** [不完] **/ истра́тить** [イストラーチチ], **потра́тить** [パトラーチチ] [完] 〖spend, expend〗 ①〜する: **Быть на 〖俗〗<に>〖金・時間・物・エネルギーを〗費やす, 使う: ~ де́ньги на кни́ги** 本にお金を使う | **~ всю жизнь на борьбу́ с 圕** ...との闘いに生涯を費やす | **~ себя́** 自分の力[エネルギー]を使う | **~ да́ром [напра́сно, зря]**

**тра́титься** трачусь, тратишься [不完]/**ис-, по-** [完] [話]〈на何〉に自分の金を使う: ~ на пое́здку 旅行に金を使う ② 使われる, 消費される: Его́ жизнь *тра́тится* впусту́ю. 彼の人生はいたずらに費やされている ③ [不完][受身]＜тра́тить

**тра́тта** [女1][金融]為替手形

**тра́улер** [男1] トロール船

**тра́ур** [男1] ①喪: ходи́ть в ~е = носи́ть ~ 喪に服する | сня́ть ~ 喪が明ける ②葬式 **//-ный** [形]

**трафаре́т** [男1] ①ステンシルプレート, 型板 ②型を抜いて書いた文字 ③紋切り型

**трафаре́тн|ый** 短 -тен, -тна [形] ①型板の; ステンシルで刷った(作った): ~*ая* печа́ть (シルク) スクリーン印刷 (шелкогра́фия) ②紋切り型の, 型にはまった; 陳腐な, ありきたりの **//-ость** [女10]

**тра́фить** -флю, -фишь [不完]/**по-** [完] [話] ①上手くやる ②〈与〉を喜ばせきる気持ちを抱く

**тра́фик** [男2][コン]トラフィック, 通信回線上で送受信される情報量

**трах** ①[間][擬音]バン, ガタン, バタン, ドシン(射撃, 打撃などの音) ②[男2][若者·粗]セックス, 性生活

**тра́хать** [不完]/**тра́хнуть** -ну, -нешь 命 -ни 受過 -тый [完] ①[俗]ドシン[ガタン]と音を立てる ②[俗·粗]〈与〉と性交する **-ся** ①[不完][完] ①大きな音を立てて倒れる[落ちる] ②[俗·粗]〈с何〉と性交する ③[不完][若者]〈с何〉くとも困難なことに〉取り組む

**трахеотоми́я** [女9][医] 気管切開

**трахе́я** [女6][解] 気管

**тра́хнуть(ся)** [完] → тра́хать

**трахо́ма** [女1][医] トラコーマ

**тра́чу** [1単現] ← тра́тить

**тре..** [語形成] 「3の」

**тре́ба** [女1][宗]信者の希望によって行われる宗教儀式 (洗礼, 結婚, 供養など)

**тре́бник** [男2] 祈禱(ﾄｳ)書, 聖事書 (тре́ба で使う)

\***тре́бован|ие** [トリェーバヴァニェ] [中5] [demand, request] ①[不定形] 要求, 請求: ~ вы́полнить зада́ние 課題遂行の要求 | поста́вить [предъяви́ть] ~ …の求めに応じて | остано́вка по -*ию* (バスなどで) 乗降客の求めに応じて停車すること ②呼び出し, 召喚: ~ в суд 法廷への召喚 ③[通例複][К何]への欲求: челове́к с высо́кими -*иями* к еде́ 食への欲求が強い人 ④(満たさなければならない) 条件, 必要条件, 資格: ~ *ия* 「для поступа́ющих [к поступа́ющим]в вузы́ 大学入学資格 ⑤〈на何〉に請求書: ~ на то́пливо 燃料の請求書

\***тре́бова́тельн|ый** 短 -лен, -льна [形] ① [demanding, exacting] 強く自分の要求を課すする, 押しの強い: ~ клие́нт 要求の多い客 ②〈К何〉に対して〉高いレベルを要求する: ~ к себе́ 自分に厳しい ③[長尾] 請求書の **//-о** [副] **//-ость** [女10]

\***тре́бовать** [トリェーバヴァチ] -бую, -буешь 受過 -анный [不完]/**потре́бовать** [パトリェーバヴァチ] [完] [demand, require] ①〈与〉を要求する, 求める: ~ де́нег [де́ньги] 金を要求する | ~ объясне́ний от [у] …に釈明を求める | ~ на во́дку [де́нег] = на чай チップを頼む ②[不完][от/с何]に期待する: ничего́ не ~ от жи́зни 生活[人生]に何も期待しない ③〈事柄が:主語〉[不完][與]を必要とする: ~ внима́ния 注意を要する | Боле́знь *тре́бует* лече́ния. この病気は治療しなければな らない ④[図] 呼び出す, 出頭を求める: Его́ *тре́бует* к себе́ нача́льник. 彼は上司に呼び出されている

\***тре́боваться** [トリェーバヴァッツァ] -буюсь, -буешься 命 -буйся [不完]/**потре́боваться** [パトリェーバヴァッツァ] [完] [be needed, be required] ①〈与〉を必要とする; 〈от他〉に求められる; [無人称][不定形]〈чтобы〉 ...することが求められる: *Тре́буется* прода́вец. 販売員募集 | На заво́ду *тре́буются* рабо́чие. 工場では労働者が不足している | Что от меня́ *тре́буется*? 私は何をしなければならないんだい | *Тре́буется* постро́ить но́вые зда́ния. 新しいビルを建設する必要がある | *Тре́бовалось* то́лько, что́бы он прису́тствовал на заседа́нии. 彼が会議に出席することだけが求められていた ③[不完][受身]＜тре́бовать

**требуха́** [女2] 内臓;[料理] 臓物, あら, 臓腑

**трево́г|а** [トリヴォーガ] [女2] [alarm, anxiety] ①〈за何〉に対する〉不安, 心配, 懸念: ~ за судьбу́ ро́дины 祖国の運命に対する不安 | бы́ть в ~е 不安である, 不安でいる | T~ охвати́ла его́. 彼は不安に駆られた | поднять -у 不安な想いを起こす, 騒ぐ ②[複]騒ぎ, 厄介なこと: жите́йские -*и* 日常のあれこれや面倒なこと ③警報, 警鐘: сигна́л -*и* 非常ベル | возду́шная ~ 空襲警報 | пожа́рная ~ 火災警報 | бить -у 警報を鳴らす (★比喩的にも)

\***трево́жить** -жу, -жишь 受過 -женный [不完] [worry, disturb] ①[完 вс-] に不安を与える, 心配させる: Его́ *трево́жит* здоро́вье сы́на. 彼は息子の健康を心配している ②[完 по-] 煩わす, 困らせる: Вчера́ весь день *трево́жили* телефо́нные звонки́. きのうは一日中電話の呼び出しに悩まされた **//-ся** ①[完 вс-]〈за何/о何〉のことで〉不安になる, 心配する ②[完 по-]気にかける, 配慮する: Не *трево́жьтесь*. どうぞお気遣いなく ③[受身] ＜

\***трево́жн|ый** 短 -жен, -жна [形] [anxious, alarming] ①不安な, 心配そうな; (人が) 心配性な: -*ое* настрое́ние 不安な気持ち | ~ взгля́д 不安げな眼差し | Вы о́чень -ы. あなたは心配性ですね ②不安を呼び起こす: -*ие* све́дения 不安な知らせ ③色々な騒ぎのある: -*ое* вре́мя 騒然とした時代 ④警報の, 非常事態を知らせる; 非常時に活動する: ~ гудо́к 警笛 **//-о** [副]

**треволне́ние** [中5] 動揺, 心配

**тре́звенник** [男2] 禁酒家

**тре́звеннический** [形] 禁酒の

**трезве́ть** -е́ю [不完]/**о-** [完] ①酔いがさめる, 冷静になる

**трезво́н** [男1] ①(教会の全ての鐘の) 響き ②[話]噂話 ③[話] 騒ぎ, 口論: подня́ть ~ 騒ぎを起こす ④[隠]嘘, いんちき

**трезво́нить** -ню, -нишь [不完] ①(教会の全ての鐘の) 音を響かせる ②(電話が) ひっきりなしに鳴る ③[隠·蔑](ほら話を) 吹聴する, 噂の種にする

**тре́звость** [女10] ①しらふの状態 ②禁酒 ③まじめさ

**трезву́чие** [中5][楽] 三和音

\***тре́зв|ый** 短 -езв, -езва́, -е́зво, -е́звы/-езвы́ [形] [sober, teetotal] ①しらふの: в ~*ом* состоя́нии しらふで ②絶対禁酒の, 節制を守る: ~ о́браз жи́зни 酒を飲まない生き方 ③分別ある, 冷静な: ~ взгляд на ве́щи 冷静な物の見方 **//-о** [副] **//-ость** [女10]

**трезубец** -бца [男3] ①三叉(ﾐﾂﾏﾀ)の鉾, トライデント, 三又銃(ﾊﾞﾝ)

**трей** [男6][コン] トレイ: систе́мный ~ システムトレイ, タスクトレイ

**трейд** [э] [男1] 貿易, 商売

**тре́йдер** [э́: э] [男1][経] (株式)トレーダー

**тре́йлер** [е/э] [男1] ①トレーラー: トレーラーハウス, 移動住宅 ②(映画の) 予告編

**трек** [е/э] [男1] ①[スポ] 競争路, トラック ②(CD など

の)トラック ∥ **~овый** [形1]

**трекбол** [男1] 〖コン〗トラックボール

**треклятый** [形1] 〘話〙呪われた, 悲運の

**трель** [女10]〈鳥の〉さえずり

**трельяж** [男4] ① 三面鏡(のドレッサー) ② (つる植物をはわせるための)つる棚, 格子

**трём** [与格]＜три

**трéмоло** [é/ó] (不変) [中0]〖楽〗トレモロ

**трéмор** [男1]〖医〗(手の)ふるえ, 振戦

**тремя** [造格]＜три

**тренаж** [男4] トレーニング

**тренажёр** [男1]〖スポ〗トレーニング器具 [マシーン]: гребной ～ ローイングマシーン(ボートの漕法練習器具) | авиационный ～ 模擬飛行装置, フライトシミュレーター ∥ **тренажёрный** [形1]: ～ зáл スポーツジム

**тренд** [男1] 基調; トレンド

\***тре́нер** [トリェーニェル] [男1] (trainer, coach) 〖スポ〗トレーナー, コーチ, (チームの)監督: главный ～ ヘッドコーチ, 監督 ∥ **~ский** [形3]

**трéнзель** 複-и/-я [男2] (馬の)ハミ

**тре́ние** [中5] ① 摩擦 ② (複)軋轢(ﾚｷ), もめ事, 衝突

**треники** -ов [複]〘話〙スウェットパンツ

**тренинг** [男2] トレーニング, 訓練, 訓練する

**тренирова́ть** -рую, -руешь 受過-ованный [不完]/ **на~** [完]〘於〙鍛える, 訓練する

\***тренирова́ться** -руюсь, -руешься [不完]/ **на~** [完] [train oneself] ①〈в面〉のトレーニングをする, 訓練 [練習]をする: ～ в хо́дьбе [стрельбе́] 歩行[射撃]訓練をする ② (不完)[受身]＜тренировать

\***трениро́вка** 複等-вок [女2] [training] トレーニング: занима́ться -ой мышц 筋力トレーニングをする ∥ **трениро́вочный** [形1]: ～ костю́м 練習着

**трено́га** [女2] 三脚[架]

**трено́гий** [形3] 三脚の, 3つ足[脚]がある

**трено́жить** -жу, -жишь [不完]/ **с~** 受過-женный [完]〘於〙馬などの前足をヒモで縛る

**трено́жник** [男2] 三脚架(ｶ); 三本脚

**тре́нькать** [不完]〘話〙(ギターで)かき鳴らす, つま弾く

**трёп** [男1]〘話〙たわ言, 無駄話

**трепа́к** -á [男2]〖楽·舞〗トレパック(ロシア農民の古い民謡, 踊り)

**трепа́ло** [中1]〖技〗麻(綿)を打つための木製器具

**трепана́ция** [女9]〖医〗穿孔[穿頭](術)

**трепа́нг** [男2]〖生〗ナマコ

**трёпаный** [形1] ① (麻が)打たれた ② (服·本が)ぼろぼろに裂けた ③ (髪が)ぼさぼさの

**трепа́ть** треплю, треплешь 受過трёпанный [不完]/ **по~** [完]〘於〙①〈髪〉をくしゃくしゃにする; 〈за頭·手〉を引っ張る; (風が)吹きつける ②〈完в ис~〉〈本·服などを〉使い古す, ぼろぼろにする ③〈по頭〉をポンと叩く; なでる ④〈完 рас~〉繊維をほぐ(ﾊﾟ) ◆～ и́мя 囲 …の噂をまき散らす, 言いふらす | ～ языко́м〘話〙無駄話をする | тре́плет лихора́дка … は熱がある, 熱っぽい

**трепа́ться** треплюсь, треплешься [不完]/ **по~** [完] ① (不完)(旗·髪が)揺れる, はためく ② (完в ис~)(本·服など)ぼろぼろになる, 使い古される, 駄目になる ③〘話〙無駄話をする; ぺちゃくちゃおしゃべりする ④〘話·蔑〙ぶらつく, うろつく ⑤〘話·蔑〙秘密の話をうっかり漏らす

**трепа́ч** -á [男4]〘話〙おしゃべりな人

**тре́пет** [男1] ① 震え, 揺れ, ゆらめき ② 動揺, 気持ちの高ぶり; 不安, 恐れ, 恐怖 ◆**с ～ом** ドキドキ[ハラハラ]しながら

**трепета́ть** -пещу́, -пещешь [不完] ① (3人称)揺れる, 震える ② 不安で心が動揺する, どきどきする ③〖文〙〈перед 造〉を前にして〉恐れる

**тре́петный** 短-тен, -тна [形1] ① 震える, ゆらめく ② 心配[不安]そうな; 臆病な

**трёпка** 複等-пок [女2] ① (麻を)打つこと ②〘話〙殴打; 叱責

**трепыха́ться** [不完]〘話〙① ひらひらする, はためく, 震える ② やきもきする, から騒ぎする

**треск** [男1] ① 割れる音, 破裂する音, 叩く音 ②〘話〙(大)騒ぎ ◆**с ～ом прова́литься** (1)ドスンと倒れる[落ちる] (2)屈辱的な失敗を経験する

**треска́** [女2] 複〗мадрам: тихоокеа́нская ～ マダラ ∥ **треско́вый** [形1]: -ые [複名] 〖魚〗タラ科

**треска́ть** [不完]/**тре́снуть** -ну, -нешь 命-ни 受過-тый [完] ①(不完)〘俗〙〈無補語〉強く打つ ②ひび割れる ③骨を立てて割れる ◆**хоть тресни** 〘話〙何があっても, どんなに頑張っても, どうしても **//~ся** [不完]/[完] ①〘話〙〈о面 о面〉にドンとぶつける, 叩きつける ②[完 по~] (手·皮などが)ひび割れる

**трескотня́** [女5]〘話〙① (銃の)バーンという発砲音; (火の)パチパチいう音; (キリギリスの)ギーッチョンという鳴き声 ② おしゃべり, 無駄話

**треску́чий** 短-у́ч [形6]〘蔑〙仰々しい, もったいぶった ◆**～ моро́з** 凍り寒さ, 厳寒

**тре́снутый** 短-ут [形1]〘話〙ひびの入った, 砕けた

**тре́снуть(ся)** [完]＞тре́скать

**трест** [男1]〖経〗トラスト

**трете́йский** [形3] 仲裁[調停]の: ～ суд 仲裁裁判所 | ～ судья 仲裁者, 調停者

\***тре́тий** [トリェーチイ] [形9] (third) ① (序数) 第3の, 3番目の: -ье октября́ 10月3日 | ～ день 3日目 | ка́ждый ～ 3人に1人 | в ～ем часу́ 2時過ぎに | полови́на [че́тверть] -ьего 2時半[2時15分] ② **-ье** [中名] →тре́тье ③ **-ья** [女名] 3分の1 (-ья часть [до́ля], треть): две -ьих 3分の2 ④ 部外者の, 第三者の: -ье лицо́ 第三者:〖文法〗3人称 ◆**в -ьем лице́**(自分のことを)3人称で, 他人事のように | -ьего го́да [дня] 2年[日]前に | **из -ьих рук** 人伝えに, 何人も間に入れて | **в -ьи ру́ки** 第三者に | **-ьей руки́** [性名], 月並みな

**трети́ровать** -рую, -руешь 受過-анный [不完]〘於〙軽んじる, なおざりにする

**трети́чный** [形1] 第3期[次]の; 〖地質〗第三紀の

\***треть** [トリェーチ] 複-и́/-ей [女10] (a third) 3分の1; (特に)1年の3分の1, 4か月: две -и 3分の2 | ～ не́ба 空の3分の1

\***тре́тье** [トリェーチエ] [形9変化] [中名] (sweet, dessert) (コース料理の)デザート: На ～ по́дали желе́. デザートにゼリーが出た

**тре́тье..** [語成] 「第3の」「3番目の」

**третьекла́ссни|к** [男2] **/-ца** [女3] (小学校)3年生

**третьекла́ссный** [形1] 三等の

**третьеку́рсни|к** [男2] **/-ца** [女3] (大学)3年生

**третьесо́ртный** [形1] 三流の, 下等な

**третьестепе́нный** 短-е́нен, -е́нна [形1] 些細な; 平凡な, 可もなく不可もない

**Третьяко́вка** [女2]〘話〙＝Третьяко́вская галерея

**Третьяко́вская галере́я** [形3]-[女6] トレチャコフ美術館 (モスクワ)

**треуго́лка** 複等-лок [女2] トリコルヌ, 三角帽子

**треуго́ль|ник** [男2] ① 三角形: равносторо́нний [пра́вильный] ～ 正三角形 | прямоуго́льный ～ 直角三角形 | равнобе́дренный ～ 二等辺三角形 | тупоуго́льный [оступоуго́льный] ～ 鈍角 [鋭角]三角形 ② 三角定規 ③〖楽〗トライアングル ∥ **~ный** [形1]

**тре́ф|а** [女1]〖トランプ〗クラブ(трефо́вая ма́сть) // **-о́вый**

**трёх** [生・対・前置格с] < три

**трёх..** [語形成]「3の」

**трёха** [女2] = трёшка

**трёха́ктный** [形1]〖劇〗三部構成の

**трёхвале́нтный** [形1]〖化〗3価の

**трёхгоди́чный** [形1] 3年(間)の

**трёхгодова́лый** [形1] 3歳(児)の

**трёхголо́сный** [形1]〖楽〗3声(部)の

**трёхгра́нный** [形1] 3面の;〖数〗三面(体)の

**трёхдне́вный** [形1] 3日間の; 3日分の

**трёхзвёздочный** [形1] (ホテルなどが) 3つ星の

**трёхзна́чный** [形1] 3桁の

**трёхколёсный** [形1] 3輪の; ~ велосипе́д 3輪車

**трёхко́мнатный** [形1] (キッチン以外に)3部屋ある; 2LDK の

**трёхкра́тный** [形1] 3回の; 3倍の

**трёхле́тие** [中5] ① 3年間 ② 3周年

**трёхле́тний** [形8] ① 3年間の ② 3歳の

**трёхме́рный** [形1] 3次元の

**трёхме́стный** [сн] [形1] 3人用の, 3座席の

**трёхме́сячный** [形1] 3か月間の; 生後3か月の

**трёхнеде́льный** [形1] 3週間の; 生後3週間の

**трёхпо́л|ье** [中4]〖農〗三毛作, 三圃式農業 // **-ьный** [形1]

**трёхра́зов|ый** [形1] 3回の, 3度の: *-ое* пита́ние 1日3食

**трёхсло́йный** [形1] 3重の, 3層の

**трёхсотле́т|ие** [中5] ① 300周年 ② 300周年 // **-ний** [形8]

**трёхсо́тый** [形1] ①〖序数〗300番目の ②[男名]〖軍〗負傷兵

**трёхсторо́нний** [形8] 3面の; 3者の, 3か国間の

**трёхты́сячный** [形1] ① 3000番目の ②〖話〗3000から成る ③〖話〗3000ルーブルの

**трёхцве́тный** [形1] 3色の

**трёхчасово́й** [形1] ① 3時間の ② 3時の

**трёхъязы́чный** 短 -чен, -чна [形1] ① 3言語併用の, 3言語が話せる ② 3言語で編纂された

**трёхэта́жный** [形1] 3階建ての

**трёшка** 複生 -шек [女2] ①3ルーブル ②〖不動産・俗〗3間〖コムナルカ〗のアパート〖マンション〗

**треща́ть** -щу́, -щи́шь [完1] ① 音を立てて割れる, パチパチ音を立てて燃える ② パチパチひっきりなしに音を立てる; (家具が)ギシギシ〖キーキー〗音を出す; (キリギリスが)ギーッチャンと鳴く ③〖話〗ぺちゃくちゃしゃべる ◆*голова́ трещи́т у* … は頭がガンガンする, 割れるように痛い | *трещи́т моро́з* 厳寒だ, 寒さが非常に厳しい

**тре́щин|а** [女1] 亀裂, ひび; 地割れ: да́ть *-у* 亀裂を入れる

**трещо́тка** 複生 -ток [女2] ①[女] ガチャガチャ鳴る器具, (幼児用)ガラガラ;〖楽〗ささら ②[男・女]〖話〗おしゃべりな人

**ТРЗ**〖テェルゼ〗[略] тури́стско-рекреацио́нная зо́на 観光・レクリエーション型経済特区

***три** [三り] трёх, трём, три / трёх, тремя́, трёх [数]〖個数〗〖three〗3つ(の); 3人(の) ◆3枚(の) | с трёх до пяти́ часо́в 3時から5時まで ② (5段階評価の成績の)3点(тро́йка), по-сре́дственно, удовлетвори́тельно; ★ хорошо́ 参考 ◆*в ~ ше́и прогна́ть [вы́толкать]* 首根っこを持って放り出す | *слёзы лью́тся [теку́т] в ~ ручья́* 涙が止めどなく流れる | *пла́кать [рыда́ть] в ~ ручья́* 号泣する, さめざめと泣く, 滝のような涙を流して泣く

**три..** [語形成]「3の」

**триа́да** [女1] 3つ組, 三幅対

**триангуля́ция** [女9]〖数〗三角形分割;〖測地〗三角測量, 三角網

**триа́совый** [形1]〖地質〗三畳紀の

**триатло́н** [男1]〖スポ〗トライアスロン

**трибу́на** [女1] ① 演台: парла́ментская ~ 議会の演壇 ② (スタジアムの)観客席, スタンド席

**трибуна́л** [男1] 裁判所, 法廷; 判事席: вое́нный ~ 軍事裁判所〖法廷〗

**тривиа́л|ьный** 短 -лен, -льна [形1] 俗っぽい, 陳腐な **-ость** [女10]

**тригономе́тр|ия** [女9] 三角法 // **-и́ческий** [形33]

**тридевя́тый** [形1]〖民謡・民話〗はるかかなたの: в *-ом* ца́рстве 遥か彼方の遠い遠いところで

**три́девять** [数] *~ за~ земе́ль*: 遥か彼方のそのまた向こうへ

**тридеся́тый** [形1]〖民謡・民話〗非常に遠い

**тридцатиле́тие** [中5] ① 30年間 ② 30周年

**тридцатиле́тний** [形8] ① 30年間の ② 30歳の

**тридцати́рник** [男2]〖話〗① 30ルーブル ② 30歳

**тридца́тый** [形1]〖序数〗30番目の

***три́дцать** [トリーッツァチ] 生・与・前・対 -ь 造 -ью [数]〖個数〗〖thirty〗30 (★ →пять 語法): же́нщина в во́зрасте) от *-и́* до сорока́ лет 30代の女性

***три́жды** [副]〖数〗3 回, 3 倍に: Т~ нажми́те кно́пку. ボタンを3回押して下さい | ~ разба́вить водо́й 水で3倍に薄める | Т~ три — де́вять. 3 × 3 = 9

**три́зм** [男1]〖医〗牙関〖ぎかん〗緊急

**три́зна** [女1] (古代スラヴ人の葬儀の際の)酒宴

**трико́** (不変) [中1] ①トリコット地 ②タイツ; レオタード ③ズロース(пантало́ны) // **~вый** [形1] <①

**триколо́р** [男1]〖公〗三色旗

**трикота́ж** [男4] ①ニット地 ②〖集合的〗ニット製品 // **~ный** [形1]

**трикра́к** [男2] バックギャモン, 西洋すごろく(на́рды)

**трили́стник** [сн] [男2]〖植〗三つ葉の植物; クローバー; それを使った記事〖紋章〗

***три́ллер** [男1]〖thriller〗波乱に富んだ文学作品〖映画〗, スリラー: смотре́ть ~ スリラー映画を見る

**триллио́н** [男1 変化なし] [数]〖個数〗1兆 (★ →ты́сяча 語法) // **~ный** [形1]〖序数〗

**трило́гия** [女9] (3学期制の)学期

**трима́ран** [男1] 3胴船

**триме́стр** [男1] (3学期制の)学期

**тринадцатиле́тний** [形8] 13年間の; 13歳の

**трина́дцатый** [形1]〖序数〗13番目の

***трина́дцать** [トリーナッツァチ] 生・与・前・対 -ь 造 -ью [数]〖個数〗〖thirteen〗13 (★ →пять 語法)

**три́о** [o/a] (不変) [中]〖楽〗3重奏〖唱〗(団), トリオ, 3人組

**трио́ль** [女10]〖楽〗3連(音)符

**Три́поли** (不変) [男] トリポリ(リビアの首都)

**три́ппер** [男1]〖医〗淋病(гоноре́я)

**три́птих** [男2]〖美〗(絵画など)3枚続きの作品, 3部作, トリプティック

***три́ста** [トリースタ] трёхсо́т, трёмста́м, три́ста, тремя́ста́ми, трёхста́х [数]〖個数〗〖three hundred〗300 (★ →пять 語法)

**три́тий** [形7]〖理〗トリチウム(記号 T)

**трито́н** [男1] ①〖動〗イモリ;〖複〗クシイモリ属: мра́морный ~ マダライモリ

**триумвира́т** [男1] 3党連立政治, 3者協定; (支配

**триумф** 的地位にある)3人組;【古口】三頭政治

**триу́мф** [男1] 勝利, 成功, 偉業;【古口】凱旋式 ◆*с ~ом* 意気揚々と, 勝ち誇って ∥**~а́льный** [形1]

**триумфа́тор** [男1]〔文〕勝者

**трифто́нг** [男2]〔言〕三重母音

**ТРКИ** [тэеркаи́, тэрки́] 〔略〕(Типово́й) Тест по ру́сскому языку́ как иностра́нному 非母語話者対象のロシア語検定試験 (ロシア連邦教育科学省認定; 1992年より実施; ロシア語版 TOEFL)

\***трога́тельный** [形3変化; -лен, -льна] [形1]〔touching, moving〕感動的な, 感銘を与える, 胸を打つ: ~ расска́з 感動的な物語り | *-ая забо́та* 胸を打つほどの心づかい ∥**~о** [副] ∥**~ость** [女10]

\***тро́гать** [トローガチ] [不完] / **тро́нуть** [トローヌチ] -ну, -нешь 命 -нь 受過 -тый [完] ① ⟨対⟩ …に触れる, 触る; ⟨対 の за[по]/по⟩…に触れる: ~ его́ за плечо́ 彼の肩に触れる | Этот вопро́с мы пока́ не тро́гаем. この件にはまだ触れないでおきましょう |〔通例否定文で〕⟨金などに⟩手をつける, 使う; 着手する: Э́тот файл я ещё не тро́гал. このファイルにはまだ取りかかっていない ③〔通例否定文で〕⟨対⟩に襲いかかる ◆比喩的にも): Соба́ка не тро́нет ребёнка. 犬は子どもを襲わない | Бу́ря не тро́нула его́. 嵐は彼の支障にならなかった ④ ⟨対⟩ (触って)動かす, (平静を)揺さ振る: Ве́тер тро́гал ли́стья. 風が木の葉を揺らしていた | Не на́до тро́гать его́. 彼を怒らせないように ⑤ ⟨対⟩ 感動させる, 胸を打つ, 琴線に触れる: ~ до слёз 涙が出るほど感動させる ⑥ ⟨対⟩ 薄く覆う; 軽く焼け付けする: Зага́р тро́нул её щёки. 彼女の頬は日に焼けていた ⑦ [完] ⟨対⟩ 痕跡をとどめる: Вре́мя тро́нуло его́ о́блик. 年月が彼の外見を変えていった | Не́рвы тро́нуло в после́днее вре́мя. 最近は神経にもさわった ⑧ [完] ⟨対⟩ 動き出させる, 始動させる: ~ ло́шадь 馬を駆って歩き出させる ⑨〔話〕出発する, 歩き出す(тро́гаться) ⑩ [完] ⟨対⟩ ⟨冷気が⟩かすかに傷める: карто́шка, тро́нутая моро́зом 寒さで傷んだジャガイモ ◆**волоса́ не тро́нуть** [⑭] …を全く怒らせない

**тро́гаться** [不完] / **тро́нуться** -нусь, -нешься [完] ① 動き出す, 出発する: По́езд тро́нулся. 列車が動き出した | ~ в доро́гу [путь] 出発する, 旅に出る ② 動揺する; 共鳴する [同情する]: ~ до слёз 同情して涙を流す | ~ упрёками 非難されて気持ちが揺れる ③ [完] ⟨霜⟩で少かすかに覆われる (食物などが) 痛み始める(<*тро́гать*① [受身]) ◆**тро́нуться умо́м** [話] 頭がおかしくなる

**троглоди́т** [男1] ① 〔人類〕穴居人 ② 野蛮人

\***тро́е** [トロー エ] трои́х, трои́м, трое / трои́х, трои́ми, трои́х 〔за/на/до на́/по тро́е, за/на/по тро́е〕〔three〕〔集合数〕3人, 3つ, 3組 (★ → *дво́е* 語法): ~ но́жниц はさみ3丁 | за трои́х 3人分の

**трое..** 〔語形成〕「3の」「三重の」

**трое́борье** [中4]〔スポ〕3種競技, トライアスロン

**троекра́тный** [形3変化] [形1] 3回の, 3度の

**тро́ечник** [ш/ч] [男1] 平凡な学生

**тро́ечный** [ш/ч] [形1] ①(成績が5段階評価の)3の ②3番の

\***Тро́иц**|**а** [女3]〔trinity〕①**T~** [正教](a)三位一体 ⑤ 聖神降臨祭, 五旬祭 (復活大祭後の第8週)[正教]; 正式には **День Свято́й Тро́ицы**;《十二大祭の一つ》②〔話〕いつも一緒にいる3人組 ◆**Бог лю́бит y.** [諺] 神は3を好む (3度め, 3回めのときに言う)∥**Тро́ицын** [形11] <①: *T~ день* 〔正教〕聖神降臨祭; **тро́ицк**|**ий** [形3] <①: *T~ая суббо́та* 〔正教〕父祖のスボタ (聖神降臨祭前);*T~ая неде́ля* 〔正教〕聖神降臨祭週

**тройба́л** [男1]〔学校〕(成績が5段階評価の)3, で可

\***тро́йк**|**а** 複生 -оек [女2]〔three, troika〕①〔話〕3 ②3番のバス (トロリーバス, 路面電車) ③(5段階評価の)3  ④3頭立ての馬, 3頭立てのそり [馬車], トロイカ⑤〔トランプの〕3:〔話〕3人組, 3人ものの (3機編隊の飛行隊, 3つ揃いのスーツ, 指導部の3人の組み合わせ)◆**на -у** [副] よろしい, いまいち, まあまあ

**тро́ить** -ою́, -о́ишь 命 -о́й [不完] ① 3つに分ける ②[完 c~] 3倍 [3重] にする; 3回繰り返す

**тро́йни**|**к** -а́ [男1]〔技〕T 継手, T 型パイプ; 3個口電源タップ

**тройно́й** [形2] 三重の; 3者の; 3倍の

**тройня́** 複生 -о́ен [女5] 三つ子

**тройня́шка** 複生 -шек (女2変化) [男・女]〔話〕三つ子のうちの1人

**тро́йственный** [形1] 3つから成る, (協定などが) 3者間の

\***тролле́йбус** [男1] 〔trolleybus〕トロリーバス: е́хать на [в] *~е* = е́хать *~ом* トロリーバスに乗っていく ∥**~ный** [形1]

**тро́лль** [男5] ①(北欧神話の)トロール ②〔ネット〕荒らし (ブログや掲示板で, 乱暴なメッセージによって参加者を挑発・妨害する人)

**тромб** [男1]〔医〕血栓

**тромбо́з** [男1]〔医〕血栓症: вено́зный ~ 静脈血栓塞栓症, エコノミークラス症候群

**тромбо́н** [男1]〔楽〕トロンボーン

**тромбони́ст** [男1] トロンボーン奏者

**трон** [男1] 王座, 玉座; 王位 ∥**~ный** [形1]

**тро́нуть(ся)** [完] → тро́гать(ся)

**троп** [男1]〔文学〕言葉の比喩的用法

\***троп**|**а́** 複 тро́пы [女1]〔path〕(踏み固められてできた狭い)小道: идти́ по *лесны́м тро́пам* [*ле́сными тропа́ми*] 森の小道を行く | *звери́ная ~* けもの道

**тро́пик** [男1]〔地理〕回帰線: ~ Ра́ка 北回帰線 | ~ Козеро́га 南回帰線

**тро́пики** -ов [複] 熱帯

**тропи́нка** 複生 -нок [女2][指小] < *тропа́*

**тропи́ческий** [形3] 熱帯 (性)の: *~ие стра́ны* 熱帯地方 | *~ая лихора́дка* ジャングル熱

**тропосфе́ра** [女1]〔気象〕対流圏

**трос** [男1] ロープ, ワイヤー

**трости́нка** 複生 -нок [女2] 細い葦の茎

**тростни́к** -а́ [男1]〔植〕アシ: *саха́рный ~* サトウキビ ∥**тростнико́вый** [形1]: ~ са́хар 甘蔗糖 (カンシャ), さとうきび糖

**трост**|**ь** 複 -и, -е́й [女10] ステッキ, 杖 ∥**~о́чка** 複生 -чек [女2][指小]

**троти́л** [男1]〔化・軍〕トリニトロトルエン, TNT 火薬 ∥**~овый** [形1]

**тротуа́р** [男1] 歩道

**трофе́й** [男6] 戦利品; トロフィー ∥**~ный** [形1]

**трофи́ческий** [形3] 栄養の; 栄養性の

**трохе́й** [男6]〔韻律学〕長短格, 強弱格 ∥**~и́ческий** [形3]

**троцки́зм** [男1] トロツキー主義

**Тро́цкий** [形3変化] [男] トロツキー (Лев Дави́дович ~, 本名 Ле́йба Дави́дович Бронште́йн, 1879-1940; ロシア革命家)

**троцки́ст** [男1] トロツキー主義者 ∥**~ский** [сс] [形3]

**трою́родн**|**ый** [形1] 三親等の: ~ *брат* またいとこ, はとこ (男性) | *-ая сестра́* またいとこ, はとこ (女性)

**троя́кий** [形3] 3種の; 3つの形の; 3つの意味がある

**троя́ко** [副] 3つの異なるやり方で, 3通りに

**троя́нск**|**ий** [形3] トロイヤの: *-ая война́* 〔史〕トロイヤ戦争 | ~ конь 〔史〕トロイの木馬; 敵を滅ぼす贈り物 | *-ая програ́мма* 〔コンピュ〕トロイの木馬

\***труб**|**а́** [トルゥバー] 複 тру́бы [女1]〔pipe, chimney, trumpet〕① 管, 筒: водосто́чная ~ 排水管 | ды-

мова́я ～ 煙突 | зри́тельная [подзо́рная] ～ 望遠鏡 ②[解]труба́ Евста́хиева ～ 耳管, エウスタキオ管 | Фалло́пиева ～ 卵管, ファロピウス管 (卵管腔) ③トランペット; 金管楽器: игра́ть на -е́ トランペットを吹く | сигна́льная ～ 信号ラッパ ④(複)携帯電話; (俗)(電話)の受話器 ⑤《述語でも》(話)もう駄目だ, おしまいだ: *Де́ло* ～. とても困ったことだ
◆**вы́лететь в -у́** 破産する; (金が無駄に使われて)なくなる | **вы́пустить [пусти́ть] в -у́** ⑰ …を浪費する;<人を>破産させる | *тру́бы горя́т у* ⑲ …はのどが渇いた (二日酔いの症状として)

**трубаду́р** [男1] ①中世フランスの吟遊詩人, トルバドゥール ②Т-[楽]イル・トロヴァトーレ (ヴェルディのオペラ)

**труба́ч** -а́[男4] ①ラッパ手 ②[貝]ツブガイ; (複)エゾバイ科

**труби́ть** -блю́, -би́шь 受過 тру́бленный [不完] ①⑰⟨в⟩<ラッパを>吹く;<楽器を>吹く ②<音・声やことばなどで>知らせる, 告げる: ～ сбор [軍]招集の合図をする ④(話)⑯について言いふらす ⑤単調なことをする

*тру́бк|а [труpка] 複生 -бок [女2]〔pipe, tube〕(指小<труба́>) ①(喫煙用)パイプ: наби́ть -у パイプにたばこを詰める ②筒, 筒状に巻いたもの; 管: сверну́ть бума́гу в -у 紙を筒状に巻く | дыха́тельная ～ シュノーケル ③受話器: взять [подня́ть] -у 電話に出る | положи́ть -у 電話を切る ◆**вы́курить -у ми́ра** 仲直りする, 和解する

**трубкозу́б** [男1] [動]ツチブタ

**тру́бный** [形] ①トランペットの ～ глас [教会]最後の審判の日の大天使のラッパの音

**трубопрово́д** [男1] パイプライン
**трубопрока́тный** [形] [技]管圧延の
**трубочи́ст** [男1] 煙突掃除夫
**тру́бочка** -чек [女2] ①〔指小〕<тру́бка> ②[料理]コロネ, クリームロールクッキー ③ストロー
**тру́бочный** [形] <труба́, тру́бка: ～ таба́к パイプタバコ
**тру́бчатый** [形] 筒状の

*труд [труут] -а́[男1]〔labor, difficulty〕①労働, 労働力; 仕事; (個人的な)用事, 仕事: у́мственный [физи́ческий] ～ 知的[肉体]労働 | лю́ди -а́ 労働者たち | би́ржа ～ а́ 職業紹介所 | не знать (нема́ло) ～ а́ на ⑯ …に多くの労力を割く | не знать ～ а́ 全く働かない, 働いたことがない | плод ～ а́ 労働の成果 ②労苦, 努力, 骨折り: не без ～ а́ 少ならずの苦労で | взять [приня́ть] на себя́ ～ 不定形 …する労をとる | *да́ть себе́ ～ 不定形* 厭うことなく…する | *Побе́да сто́ила большо́го ～ а́.* 勝利には大きな苦労を要した | *Мне сто́ило большо́го ～а, что́бы не рассмея́ться. Я не ста́л ～ а, что́бы не рассмея́ться.* 私は笑いをこらえるのに苦労した | *не сто́ит ～ а́* ⟨不定形⟩ …することに意味はない ③著作, 作品, 労作; (複)論文集: нау́чные ～ ы́ 学術的著作, 論文 ◆**без (вся́кого) ～а** 簡単に, 楽々と | **сизи́фов ～** (文)骨折り損のくたびれ儲け, 無益な労苦 | **с ～о́м** 苦労して, やっとのことで | *Без ～ а́ не вы́ловишь (и) ры́бку из пруда́.* 諺)楽して得られるものはない

*труди́ться [труди́цца] -ужу́сь, -у́дишься, ⇔-у́дятся 命 -ди́сь [不完] work (on) ①⟨над⟩(⑯のために)働く;⟨над⟩(⑯)に取り組む: неуста́нно ～ на бла́го ро́дины 祖国のために弛まず働く ②(話)⟨不定形しようと努める⟩, 骨を折る: напра́сно ～ 無駄骨を折る ◆**Не труди́сь [труди́тесь]!** 気をもむな

*тру́дно [тру́удна] ①(副) 苦労して; 難しく: Он ～ передвига́л но́ги. 彼はなんとか足を動かした | *До́чери -да́ется матема́тика.* 娘は数学がなかなかできない ②⟨с⟩(⑮は)難しい; (⑰することが)難しい, つらい;⟨с⟩は)難しい: *Нам ～ расста́ться.* 私たちは別れがたい | *У меня́ ～ с деньга́ми.* 私はお金に苦しい

**трудновоспиту́емый** [形1] 教育するのが困難な
**труднодосту́пный** 短 -пен, -пна [形1] 接近しがたい
**труднопроходи́мый** [形1] 通行しがたい
**тру́дност|ь** [тру́уднасть] [女10]〔obstacle〕困難, 障害; (通例複)苦難;⟨с⟩⑮…の苦労で⟨不定形⟩…する苦労: преодоле́ние -ей 困難の克服 | с ды-ха́нием 呼吸の苦しさ | с -ью 苦労して, どうにかどうに
か | не без ⟨-ей⟩ 苦労して, 難儀の末に

**тру́дн|ый** [тру́уднъй] 短 -ден, -дна́, -дно, -дны|-дны́ 比 -не́е 最上 -не́йший [形1]〔difficult, hard〕①難しい, 困難な: ～ вопро́с = -ая пробле́ма 難しい問題 | (話)簡単には屈しない: ～ ребёнок 言うことを聞かない子ども ③大変な, 苦しい: -ое положе́ние 苦境 ④(病人・病人)が重篤な(重傷)な: ～ больно́й 重篤な病人

*трудов|о́й [трудаво́й] [形2]〔labor, working〕①労働の: ～ догово́р 労働契約 | -о́е законода́тельство 労働立法 | -а́я кни́жка 労働手帳 (職歴や賞罰が記載される) | -ы́е отноше́ния 労働関係 | ～ коллекти́в 全従業員 | ～ стаж 勤続年数, 経歴 | -а́я пе́сня [楽]労働歌 (ロシアの民謡のジャンル);「Ду́бинушка дуби́нушка」など) ②労働による: -ы́е де́ньги 働いて得た金 ③自らの労働力で暮している

**трудого́лик** [男2] (話・戯)仕事中毒, ワーカホリック
**трудоёмкий** 短 -мок, -мка [形3] 手間のかかる, 面倒な
*трудолюби́вый 短 -и́в [形1] 仕事好きな, 勤勉な, よく働く: *Он о́чень трудолюби́в.* 彼はすごく働き者だ //**трудолю́бие** [中5]
**трудосберега́ющий** [形6] 労力節約の, 省力化の
**трудоспосо́бн|ый** 短 -бен, -бна [形1] 労働可能な //-**ость** [女10]
**трудотерапи́я** [女9] 作業療法
**трудоустра́ивать** [不完] / **трудоустро́ить** -о́ю, -о́ишь 受過 -о́енный [完] 仕事につけさせる
**трудоустро́йство** [中1] 就労させること, 就職
**трудя́га** (女2変化)[男・女] (俗)働きばち, 仕事の虫 (↔-лю́дырь)
*трудя́щ|ийся (形6変化)[男名] 働き手, 労働者: соблюда́ть права́ -ихся 労働者の権利を守る
**тру́жени|к** [男2] / -**ца** [女3] ①勤労者: -ки тыла 銃後[戦時]の労働者 ②仕事が好きな人, 働き者
**труни́ть** -ню́, -ни́шь [不完]⟨над⟩⑯からかう, ばかにする
*труп [男1]〔dead body, corpse〕遺体, 死体 ◆**то́лько че́рез мой ～** 私の目の黒いうちは(そんなことはさせない), 絶対に駄目 //**тру́пный** [形]: ～ за́пах 死体の臭気, 腐敗臭 | ～ яд プトマイン, 死毒
**тру́ппа** [女1] 劇団, サーカス団
*трус [男1]/-**и́ха** [女2]〔coward〕臆病者, 弱虫 ◆**~а пра́здновать** (話)臆病風を吹かす, 弱音を吐く, 怖気づく
**труселя́** -е́й [複]〔若者〕(主に男性用)パンツ
**тру́сики** -ов [複] (話)⟨тру́сы⟩
**тру́сить** -у́шу, -у́сишь/с~ ～ [完] ①怖気づく ②⟨пе́ред⟩⑤を恐れる
**труси́ть** -у́шу, -у́си́шь [不完] ①⟨в⟩振りまく, 振りかける ②(馬などが)トロットで走る
**труси́шка** 複生 -шек (女2変化)[男・女]〔愛称〕<трус/труси́ха>
**трусли́в|ый** 短 -и́в [形1]〔cowardly〕臆病な, おどおどした: *У меня́ ～ пёс.* うちには気の弱い犬がいる | *спроси́ть -ым го́лосом* おそるおそる尋ねる //-**о** [副] 臆病に
**труси́ца** [女3] (話)(馬などの)ゆっくりした速足: бе́г-о́й [スポ]ジョギング

**тру́с|ы́** [トルфスィー] -о́в [複] ①(女性・子ども用)パンツ, ショーツ, パンティ;(男性用)パンツ, ブリーフ, ボクサーパンツ ②海水パンツ, スポーツ用パンツ

**трут** [男1] 火口(ぐち), たきつけ, 点火しやすいもの

**тру́тень** -тня [男5] [昆] 雄バチ

**трутови́к** -а́ [男2] [茸] サルノコシカケ;《複》多孔菌

**труха́** [女1] ①(腐木などの)くず, かす ②がらくた, 何の役にも立たないもの

**трухля́вый** [形1] 腐って屑になった

**трущо́ба** [女1] ①足を踏み入れるのが困難な場所(密林, 窪地など) ②貧民窟

**трын-трава́** [述詞] 《俗》《与》にとって》どうでもよい

**тру́шер** [男1] 《若者》《楽》スラッシュメタルの演奏者(ファン); スラッシャー

**трэш-мета́л** [男1] 《楽》スラッシュメタル

**трюи́зм** [男1] [文]自明の理, わかりきったこと

**трюк** [男1] トリック: 芸当, 妙技: рекла́мный ~ 広告でよく使うもの, 広告の上手い仕掛け **//~о́вой** [形2], **~о́вый** [形1]

**трюка́ч** -а́ [男4] ①トリック[妙芸]ができる人; スタントマン ②詐欺師

**трюка́чество** [中1] 《蔑》狡猾さ, ずるさ

**трюм** [男1] [海]船倉, ビルジ **//~ный** [形1]

**трюмо́** (不変) [中] 姿見, 全身鏡

**трю́фель** -вя/-я [男5] [1] [茸]トリュフ; セイヨウショウロ属;《複》トリュフ(チョコレート菓子)

**тря́пи́ца** [女3] 《話》ぼろきれ, 雑巾(тря́пка)

**тря́пи́чный** [ч/ш] [形1] ①(人布・マットが)端切れの, 端切れを使った ②《話・蔑》(性格が)軟弱な, めめしい

***тря́п|ка** 複生 -пок [女2] [rag, duster] ①ぼろきれ: ко́врик из тря́пок 端切れで作ったマット ②雑巾; 黒板拭き: вытира́ть мо́крой -ой 塗れぞうきんで拭く ③《複》《話・蔑》(主に女性の)服 ④《話・蔑》軟弱者, 腑抜け **//тря́почка** 複生 -чек [指小・愛称] < ① ② **//тря́почный** [ч/ш] [形1] < ① ②

**тряпьё** [中4] [1] ①ぼろきれ物 ②ぼろの衣類

**тряси́на** [女1] 沼地, 湿地

**тря́ска** [女2] 揺れ, 震動; (乗り物に)揺られること; (ダンスで腰などを)振ること

**тря́ский** [形3] ①(電車が)よく[ガタガタ]揺れる ②(道)でこぼこの

**трясогу́зка** 複生 -зок [女2] 《複》[鳥]セキレイ属: го́рная ~ キセキレイ

***трясти́** -су́, -сёшь 過 тря́с, трясла́ 能過 тря́сший 受過 -сённый (-сён, -сена́) [不完] / **тряхну́ть** -ну́, -нёшь 過 тряхну́тый [完] 〈対〉 [shake] ①〈対〉揺さぶる, 揺する ②тря вы~) 〈対〉払い落とすとき, ふるってごみ[ほこり]を落とす ③《無人称》〈対〉は от〈生〉で震える: Её трясёт от стра́ха. 彼女は恐怖で震えている ④〈対〉激しく振る; ~ голово́й 頭を激しく振る, ヘドバンする | ~ кулако́м (威嚇・怒りの表明として)握りこぶしを振る ⑤《無人称》(乗り物が)ガタガタ揺れる ◆**~ну́ть мо́лодостью** 《話》まるで若者のように振る舞う

**трясти́сь** -су́сь, -сёшься 過 тря́сся, трясла́сь [不完] / **тряхну́ться** -ну́сь, -нёшься [完] ①震える; 揺れる ②《不完》〈за対〉のことで気をもむ ③《不完》〈пе́ред 向〉にひどく怯える ④《不完》(乗り物)に揺られる ⑤《不完》《話》〈над生〉…から目を離さない, …を失うのを恐れる ⑥《不完》《受身》 < трясти́ ①

**трясу́чка** [女2] 興奮, 震え

**тряхну́ть(ся)** [完] → трясти́(сь)

**тсс** [ч] [間] シー(静かにするよう促した)

**ТТ** 《略》 тома́ (本の巻)

**ТТП** [テテペー] 《略》 Транс-Тихоокеа́нское партнёрство 環太平洋戦略的経済連携協定, TPP

**ту́** [女住; 対格] < тот

**Ту** [トゥー] 《略》 Ту́полев ソ連ツポレフ設計局(現ツポレフ社)製の航空機

***туале́т** [トゥアリェート] [男1] [toilet, dress] ①トイレ: сходи́ть в ~ トイレに行って来る | пла́тный ~ 有料トイレ | Где у вас здесь ~? (レストランなどで)トイレはどこですか ②衣服, (特に)婦人服: вече́рний ~ イブニングドレス; タキシード ③身支度: 化粧: соверша́ть ~ = занима́ться ~ом 身支度をする

**туале́т|ный** [形1] < туале́т: -ая бума́га トイレットペーパー | ~ сто́лик 鏡台, ドレッサー | -ые принадле́жности 洗面用具 | -ая вода́ 化粧水; オードワレ

**ту́ба** [女1] ①[楽]チューバ ②チューブ容器(тю́бик)

**туберкулёз** [男1] [医]結核: ~ лёгких 肺結核

**туберкулёз|ный** [形1] ①結核の: 結核にかかった ②~ [男2]/-ая [女2] 結核患者

**туберо́за** [女1] [植]ゲッカコウ, チューベローズ

**Тува́** [女1] トゥヴァ共和国 (Респу́блика ~) (★公式には Тыва́)

**туви́н|ец** -нца [男3]/-ка 複生 -нок [女2] トゥヴァ人

**туви́нский** [形3] トゥヴァ(人, 語)の

**ту́го** [副] ①堅く, きつく ②苦労して ③[無人述] 〈с与〉に〉困っている: У меня́ ~ с деньга́ми. 私は金に困っている

**тугоду́м** [男1] のみこみの遅い人, のろま, まぬけ

**туго́й** 短 туг, -га́, -го, -ги/-ги́ 比 ту́же [形4] ①堅い, きつく締めて[結んで]ある ②ぴんと張った, ぱんぱんに詰まった ③ふくらした, 丸い ④《話》〈на属〉…気が向かない, したがらない ⑤《話》難しい, 大変な ◆**~ на́ ухо** 耳が悪い

**тугопла́вкий** 短 -вок, -вка [形3] [技]耐火製の

**тугри́к** [男2] トゥグルグ, トグログ (モンゴルの通貨単位) **//~овый** 《俗・戯》金銭

***туда́** [トゥダー] [副] [there, this way] ①(手振りで示して, 話題の場所を指して)そこへ, あそこへ (←сюда́); (こちらではなく) тогда́: Мы (сейча́с) идём ~. 私たちは(今)そこへ向かっているところです | Я пое́ду на авто́бусе. 私はそこへバスで行きます | ~ и обра́тно [наза́д] 往復で ②〈где, куда́, откуда 節に先行して〉…へ: Пойдём ~, где река́ впада́ет в о́зеро. 川が湖に流れ込むところに行ってみよう ◆**~-сюда́** 《話》①あちこちに; (行動が)あれやこれや (и) ~ и сюда́) ②《話》まあまあだ | ни ~ ни сюда́ どこに(…にない); 身動きがとれないで, どうすることもできずに | ~ и доро́га 《与》…はそうなっても仕方ない, 当然の報いだ | ~ же 同じところへ | И ты [он, она́, они́] ~ же! 《話・罵》(できもしない・権利もないのに)猿真似しやがって | не ~ попа́сть (気づくと)別のところに出ている | Вы не ~ попа́ли. (電話で)番号が間違っていますよ, 間違い電話です

**ту́евый** [形1] < ту́я

**ту́же** [比較] < туго́й, ту́го

**тужи́ть** тужу́, ту́жишь [不完] 《話》〈по与/ о前/ 《旧》 по前〉を思って深く悲しむ, 悲嘆にくれる, 惜しむ

**ту́житься** -жусь, -жишься [不完] 《話》努力する; 力(ちから)む, (出産時に)いきむ

**тужу́р|ка** 複生 -рок [女2] (男性用)ダブルジャケット

**туз** -а́ 対 -а́ [男1] ①[トランプ]エース (→фигу́ра 活用): взять со стола́ черво́нного ~а́ テーブルからハートのエースを取る ②《話》お偉方, 大物人物

**тузе́м|ец** -мца [男3]/-ка 複生 -мок [女2] 現地人, 土地の人

**тузе́мный** [形1] 《旧》現地の

**туз|и́ть** тужу́, ту́зишь [不完] / **от~** [完] 《話》〈対〉こぶしで殴る, パンチする

**ту́к|ать** [不完] / **~нуть** -ну, -нешь 命 -ни 受過 -тый [完] 《俗》〈対/ в向〉をノックする

**тук-ту́к** [間] 《擬音》トントン

**Тýла** [女1] トゥーラ(同名州の州都) // **тýльский** [形3] : *Т-ая о́бласть* トゥーラ州(中央連邦管区)

**тулба́р** [男1] 〖コン〗ツールバー

**тулза́** [女1] 〖コン〗ツール (< 英 tools)

**тýловище** [中2] (人間・動物の)胴体

**тулýп** [男1] ① 両面毛皮の長い外套 ② 〖フィギュア〗トウループ(ジャンプ)

**тулья́** 複生 -éй [女8] (帽子の)山, クラウン(縁やひさし以外)

**тумáк** -á́ 対-áк/-á́ [男2]〖話〗パンチ

*__тумáн__ [トゥマーン] -а/-у [男1] 〔fog, mist〕霧: густо́й ~ 濃霧 | сухо́й ~ スモッグ, 煙霧, 黄塵 | у́тренний ~ 朝霧 | поземный ~〖気象〗地霧 | ледяно́й ~〖気象〗氷霧 | *Т- стои́т над го́родом.* 街には霧が立ち込めている ② ぼんやりとした状態: ~ в глаза́х у 生 …は (興奮・疲労・体調不良などで)目がかすんでいる ◆напусти́ть ~у [~а]霧を漂わせる

**тумáнить** -ню, -нишь 受動-ненный [不完] / **за-** [完] 〈他〉① 曇らせる ② 見えなくする // **-ся** [不完] / [完] 〈自〉① もうぼんやりする ② 意識がぼんやりする

**тумáнно** [無人述] 霧 [もや] がかかっている

**тумáнность** [女10] ① 霧 [もや] がたちこめている状態 ②〖天〗星雲 ③ 不明瞭, 曖昧

*__тумáнный__ 短-áнен, -áнна [形1] ① 霧 [もや] のかかった: *-ое у́тро* 霧の朝 ② (気分が)沈んでいる, どんよりした: *-ое взгляд* うつろな眼差し ③ 不明瞭な, 曖昧な: *дать ~ отве́т* 曖昧な返事をする

**тýмб|а** [女1] ① = **тýмбочка** ② (円筒形の)広告塔 ③ 係船柱, ボラード ④〖戯〗まぬけ, でくのぼう

**тýмблер** [男1] トグルスイッチ

**тýмбочк|а** 複生 -чек [女2] ① サイドボード, 低めの棚 [台], テレビ台, (台所の)シンクや収納: *убира́ть о́бувь в -у* 靴を下駄箱にしまう | *поста́вить ча́шку на -у* カップをナイトテーブルに置く

**тýмкать** [不完] 〖俗〗〈в他〉を理解する, わかる

**тунгýс** [男1] / **-ка** 複生 -сок [女2] 〖旧〗ツングース人 (エヴェンク人 эве́нк の旧名)

*__тýндр|а__ [女1] 〔tundra〕① ツンドラ(凍土地帯): *жизнь в -е* ツンドラでの暮らし ②[男・女] 〖若者・皮肉〗ばか, まぬけ, 愚鈍なやつ // **-овый** [形1]

**тýндряный** [形1] : *-ая куропа́тка* 〖鳥〗ライチョウ

**туне́ц** -нца́ [男3] 〔複〕〖魚〗マグロ属

活用 **обыкнове́нный [синепёрый] ~** タイセイヨウクロマグロ | **тихоокеа́нский голубо́й ~** クロマグロ | **желтопёрый ~** キハダマグロ | **большегла́зый ~** メバチマグロ | **длиннопёрый ~** ビンナガ(ビンチョウ) ~ | **полоса́тый ~** カツオ

**тунея́дец** -дца [男3] 寄食者

**тунея́дство** [ц] [中1] 寄食すること

**туни́ка** [女2] チュニック

**Туни́с** [男1] チュニジア; (その首都の)チュニス

**тунне́ль** [э] [男5] トンネル(тонне́ль) // **~ный** [形1]

**тупе́ть** [不完] / **о~** [完] (刃が)鈍る, 丸くなる; (思考が)鈍くなる

**тýпик** [男2] 〖鳥〗ニシツノメドリ (atlantíческий ~); 〔複〕ツノメドリ属: *тихоокеа́нский ~* ツノメドリ

**тупи́к** -á [男2] 袋小路 ◆ *зайти́ в ~* 行き詰まる | *поста́вить в ~* …を困らせる | *стать в ~* 途方に暮れる // **-о́вый** [形1]

**тупи́ть** туплю́, тýпишь 受動 тýпленный [不完] / **за~** [完] 〈他〉① 鈍らせる ②〖若者・戯・皮肉〗理解しない, 察しが利かない // **-ся** [不完]

**тупи́ца** (女3変化) [男・女] 〖話〗ばか, 鈍いやつ

**тупоголо́вый** 短-óв [形1] 〖話〗愚かで鈍いやつ

*__тýп|о́й__ [トゥポーイ] 短 тýп, -пá́, -по, -пы/-пы́ 比-пée 最上 тупе́йший [形2] 〔blunt〕① (刃物が)鈍い; 〖幾何〗鈍角の; (痛みが)鈍い (↔о́стрый): *у́гол* ~ 〖数〗鈍角 | *-áя боль* 鈍痛 ② ばかな, 鈍い, (頭が)鈍い: ~ челове́к ぐず, とんま ③ (表情が)ぼーっとした, ぼんやりした: *~ взгляд* うつろな眼差し ④ 盲目的な, 完全な: *-а́я поко́рность* 盲目的服従 // **тýпость** [女10]

**тупоно́сый** 短-óс [形1] 鼻がぺちゃんこの; (靴の)つま先が丸い

**тупоуго́льный** [形1] 〖数〗鈍角の

**тупоу́мный** 短-мен, -мна [形1] のろまで愚かな // **тупоу́мие** [中5]

*__тур__ [男1] 〔turn, round〕① (試合などの)一巡, ラウンド: *вы́играть в пя́том ~е ша́хматного турни́ра* チェストーナメントの第5局で勝つ ② (アーティストによる)コンサートツアー; (旅行の)ツアー: ~ *по Росси́и* ロシア周遊ツアー ③ 段階: *пе́рвый ~ вы́боров* 選挙の第一段階 | *фина́льный ~ ко́нкурса* コンテストの最終審査

**турá** [女1] 〖チェス〗ルーク

**Турге́нев** [男姓] ツルゲーネフ(Ива́н Серге́евич ~, 1818-83; 作家;《Отцы́ и де́ти》『父と子』)

**тураге́нт** [男1] 旅行代理店の従業員

**тураге́нтство** [ц] [中1] 旅行会社[代理店] (тури́стическое аге́нтство)

**турба́за** [女1] 観光用施設, 休暇村, (コテージタイプの)キャンプ場 (тури́стическая ба́за)

**турби́н|а** [女1] 〖技〗タービン // **~ный** [形1]

**турбовинтово́й** [形2] 〖技・航空〗ターボプロップの

**турбогенера́тор** [男1] 〖技〗タービン発電機

**турбореакти́вный** [形1] 〖航空〗ターボジェットの

**турбуле́нтность** [女10] 渦動性; 乱流, 乱気流

**туре́цк|ий** [形3] トルコ(人)の ■ - **бараба́н** 大太鼓 (большо́й бараба́н); **-ие бобы́** 〖植〗ベニバナインゲン(фасо́ль); **~ ко́фе** トルココーヒー | **Т-ое ро́ндо** 変ト短調(モーツァルト)

*__тури́зм__ [男1] 〔tourism, hiking〕観光, ツーリズム; ハイキング: *вну́тренний [междунаро́дный] ~* 国内[海外]旅行 | *медици́нский ~* 医療観光 | *гастрономи́ческий ~* 食い倒れの旅 | *го́рный ~* 登山 | *пешехо́дный ~* トレッキング

*__тури́ст__ [トゥリースト] [男1] / **-ка** 複生 -ток [女2] 〔tourist〕観光客, 旅行者, ツーリスト: *гру́ппа -ов* 観光客グループ | *ди́кий ~* 自由旅行者 | *принима́ть -ов* 観光客を受け入れる

*__туристи́ческий__ [形3] 観光の: *-ое аге́нтство* 旅行代理店 | *~ похо́д* トレッキング, ハイキング | *-ая пое́здка* ツアー(旅行), 観光旅行

*__тури́стский__ [сс] [形3] 観光[旅行]の: *-ая ба́за* 観光地, (コテージタイプの)キャンプ場

**тури́стско-рекреацио́нный** [сс] [形1] 〖経〗観光娯楽の: *-ая зо́на* 観光・レクリエーション型経済特区 (略 ТРЗ)

**тури́ть** -рю́, -ри́шь 受動 -рённый (-рён, -рена́) [不完] 〖話〗〈対〉追っ払う, 追い出す

**тýрка** 複生 -рок [女2] ジェズベ(トルココーヒー用の小鍋; また джéзва): *вари́ть [гото́вить] ко́фе в -е* ジェズベでコーヒーを煮て作る

**туркме́н** [男1] / **-ка** 複生 -нок [女2] トルクメン人 // **-ский** [形3] トルクメン(人)の

**Туркмениста́н** [男1], 〖話〗**Туркме́ния** [女9] トルクメニスタン (首都は Ашхаба́д)

**турне́** [э] [不変] [中] 周遊(旅行), 巡業, 〖政〗歴訪

**турне́пс** [男1] 〖植〗カブ

**турни́к** -á [男2] 〖スポ〗鉄棒

**турнике́т** [男1] 回転式ゲート; 自動改札機

*__турни́р__ [男1] 〔tournament〕トーナメント: ~ *по футбо́лу* サッカートーナメント | *Т- стартова́л [проходи́л, заверши́лся].* トーナメントが始まった [行われている, 終わった] // **~ный** [形1]

**турнюр** [男1] (19世紀のドレスの)バッスル

**тýр|ок** -рка 複生 -рок [男1] **/-чáнка** 複生 -нок [女2] トルコ人

**туроперáтор** [男1] ツアーオペレーター, 主催旅行業者

**турпакéт** [男1] パッケージツアー

**турпáн** [男1] [鳥]ビロードキンクロ；[複]クロガモ属

**турпоéздка** 複生 -док [女2] ツアー(旅行)(туристи́ческая поéздка)

**турусы́** -ов [複] 《話》中身のない会話, おしゃべり ◆ *разводи́ть ~ на колёсах* 無駄なおしゃべりをする，根も葉もないことを言う

**турухтáн** [男1] [鳥]エリマキシギ

**турфи́рма** [女1] 旅行代理店 (туристи́ческая фи́рма)

**Тýрция** [女9] トルコ(首都は Анкара́)

**турчáнка** →тýрок

**тусá** [女1] 《若者》① 仲間 ② パーティー，どんちゃん騒ぎ；その場所

**тýскл|ый** 短 тýскл, -лá, -ло, -лы/-лы́ [形1] ① はっきりしない, ぼんやりした ② 生気のない ③ 不透明な, 濁った **//-ость** [女10]

**тускнéть** [不完] **/по-** [完] ① 薄暗くなる ② <пе́ред圃>を前にして>青ざめる

**туснá** [女5], **туснáк** -á [男2] 《若者》仲間；仲間内で集まる場所

**тусовáться** -сую́сь, -сую́ешься [不完] 《俗》仲間内で集まる：ナイトクラブ [飲み会]で楽しむ

**тусóвка** 複生 -вок [女2] 《俗》① どんちゃん騒ぎ, パーティー：молодёжная ~ 若者の溜まり場 ② 仲間 ③ 人だかり, 群衆, 人込み

**тусóвочка** 複生 -чек [女2] 《若者・戯》仲間, グループ

**тусóвщи|к** [男2] **/-ца** [女3] 《若者・俗》溜まって騒ぐのが好きな人

\***тýт**[1] [トゥート] [副] [here, now] ①(身振りで示して, また話し手のいる場所を指して)ここに [で]：*Где́ тепéрь боли́т? – Т~.*「今はどこが痛むのですか」「ここです」| *Т~ нéт дам.* ここにご婦人方はいません ②そのとき；そのような場合には：~ же すぐに, その場で | *чтó, какóй, где́, кудá, когдá* と共に；否定の意味を強める)何でまた, とんでもない：Какáя ~ любóвь? 愛情だなんてとんでもない ④《話》《文頭・話題転換》ところで，そんなわけで

◆ *~ ещё* それに加えて（к тому́ же）| *бы́ть как ~* 《話》(ちょうどよい時に)ひょっこり姿を現した | *и ~ и та́м = то ~, то та́м* そこらじゅうで, そこここで | *и всё ~* 《話》(結論を示して)そういうわけで, せいぜいそうすることくらいしかできない | *чегó [чтó] (уж) ~* 大したことはない

**тýт**[2] [男1], **тýта, тýтовник** [男2] [植]クワ(тýтовое де́рево)

**тутóвник**, **тутóвники** [男2] [植]クワの木の茂み **//тутóв|ый** [形1]：*-ые* [複名] クワ科

**ту-тý** [間] (幼児語)汽車ぽっぽ；汽車電車に乗る

**тýт-то** [副] 《話》① この場で ◆ *не ~ бы́ло* とんでもない, (期待・予想に対して)そうはいかなかった

**тýф** [男1] [地質・鉱]トゥファ：*вулкани́ческий ~* 凝灰岩

\***тýфл|и** [トゥーフリ] -фель, -флям [複] 〈単 тýфля, 《話》**туфля́** [女5] [shoe] 靴, ハイヒール；スリッパ：*~ без каблука́* ヒールレスシューズ | *мужски́е [жéнские] ~* 紳士 [婦人] 靴 | *надéть ~ на бóсу нóгу* 素足で靴を履く ◆ *попáсть под -ю́* 田 …の尻に敷かれる **//тýфельки** -лек, -лькам [複][指小・愛称]

**туфтá** [女1] 《隠・俗》① 詐欺, 偽造；いかさま ② でたらめ, 作り話, たわ言：*гна́ть -ý* たわ言を言う, だます

**туфтóвый** [形1] ① 《隠》偽物の ②《若者・蔑》粗悪な；反吐が出るほど嫌な；何の役にも立たない

**тýхл|ый** 短 тýхл, -лá, -ло [形1] ① 腐った；(腐ったような)悪臭がする ② 《若者・蔑》すたれた；鬱状態の；信用できない

**тухля́к** -á [男2] 《若者・蔑》退屈な[何の役にも立たない]もの

**тухля́тина** [女1] 《話》腐った食べ物

**тýхнуть** -нет, -нула; тýхнул, -хла [不完] **/по-** 能過 -хший 副過 -ув [完] ① (火が)消える；(眼差しが)ぼーっとなる, 気力が抜ける ②《不完》悪くなる, 腐る

\***тýч|а** [女1] 〈cloud, swarm) ① 雨雲, 黒雲：*Ни́зкие -и нави́сли над гора́ми.* 低い雲が山にかかった ② (雲のように立ち込める) 埃；(虫の)群れ **//-ка** 複生 -чек [女2] [指小]

**тучнéть** [不完] **/по-** [完] ① (人が) ぶくぶく [ぶくぶく] 太る ② (土壌が)肥沃になる

**тýчн|ый** 短 -чен, -чнá, -чно, -чны/-чны́ [形1] ①(人が)肥えた, 肥満の ② (土壌が) 肥沃な **//-ость** [女10]

**тýш** [男4] [楽]ファンファーレ, 装飾楽句

**тýша** [女4] ①(皮・内臓を取り除いた動物の)胴体, 枝肉 ②《話》団体のばかでかい人, でかの大木, 巨漢

**тушé** (不変) [中] ①[楽](ピアノの)タッチ, 打鍵法 ②[スポ](フェンシングの)トゥシェ, 一本；(レスリングの)フォール

**тушевáть** -шу́ю, -шу́ешь 受過 -шёванный [不完] **/за-** [完] 〈殺〉…に陰をつける；めだたなくする **//-ся** [不完] ①〔完 с~〕(気持ちが悪くなる, うろたえる ②〔受身〕

**тушёвка** [女2] 陰影(をつけること)

**тушёнка** [女2] 《話》蒸した肉の缶詰

**тушёный** [形1] 〔料理〕蒸し煮の, 蒸し煮にした

\***туши́ть** тушу́, тýшишь 受過 тýшенный [不完] (extinguish) 〔殺〕[完 **по-**, **за-**〕① 火を消す, 消火する ② костёр тк и кх を消す ③ 〈感情を抑える, 鎮める ③ [完 **с~**] 〔料理〕蒸し煮にする **//-ся** [不完] 〔受身〕**//тушéние** [中5]

**тýшка** [女2] (内臓・皮・頭・尾を取り除いた)肉, 魚 (料理の材料として)：*~ ку́рицы* 丸鶏

**тушкáнчик** [男2] [複][動]トビネズミ科 (тушкáн-чиковые)：*большо́й ~* オオイユビトビネズミ **//~овый** [形1]

**тýшь** [女11] ① 墨, インク ② マスカラ(*~ для ресни́ц*)

**тýя** [女6] [植]クロベ属：*япо́нская ~* ニホンクロベ

**т/ф** [略]турфи́рма；телефи́льм

**т/х** [略]теплохóд

**т. ч.** [略]→в т.ч.

**тчк** [略]тóчка (電文で)ストップ

\***тщáтельно** [чш] [副] [thoroughly] 入念に, 細心に, 注意深く (→тщáтельно比較)：*~ изучáть материáлы* 資料を丹念に読み込む

\***тщáтельн|ый** [чш] [チシャーチリヌイ] 短 -лен, -льна [形1] [thorough, careful] (作業・仕事などが)入念な, 細心な, 注意深い：*-ым óбразом* 入念に, 注意深く **//-ость** [女10]

**тщедýшный** [чш] 短 -шен, -шна [形1] 貧弱な

**тщеслáвие** [чш] [中5] 虚栄心

**тщеслáвный** [чш] 短 -вен, -вна [形1] 虚栄をはった

**тщéтн|ый** [чш] 短 -тен, -тна [形1] 無益な, 無駄な, 不毛な **//-о** [副] **//-ость** [女10]

**тщи́ться** тщу́сь, тщи́шься [不完] 《文》(無駄な)努力をする, 無駄骨を折る

\***ты** [ティー] тебя́, тебé, тебя́, тобóй, тебé [代] 〈人称〉[you] (2人称単数；обыкн вы) ① 君・あなた・子ども・動物などに対して)君, お前；〈雅〉(神・無生物に対して)汝：*Кто ты́?* 君は誰，お前は誰だ | *Я тебя́ люблю́.* 君を愛している | *Какáя му́зыка тебé нрáвится?* どんな音楽が好きなの | *Что с тобóй?* どうしたの？ ②(普通

人称)誰でも，誰もが: На ры́нке *тебя́* мо́гут обману́ть. 市場では誰でもだまされうる ③ 〘*тебе́*, 《俗》те の形で〙いまいましっ·脅し·落胆·驚き》全く，〘対比を含む文·否定文で; 強調〙ほら: Никаки́х *тебе́* забо́т и пробле́м. 心配事も問題も一切ない ◆*быть на «ты» с* 囲 = *говори́ть «ты»* 囲 …とため口で話す, (вы でなく ты で話す) 親しい仲だ | *перейти́ на «ты»* 囲 (вы ではなく) ты で話す間柄になる，ため口で話すようになる | *ах [ух] ты!* 〘驚き·喜び〙ああ, もう, 全く, すごい | *что́бы тебе́ пу́сто [бы́ло]* = *что тебя́* 〘俗·罵〙畜生, くそくらえ，ちくしょう

**Тыва́** [女1] トゥヴァ共和国 (Респу́блика ~; 首都は Кызы́л; シベリア連邦管区)

**ты́кать¹** тычу́/-аю, ты́чешь/-аешь 受 過 -анный [不完] / **ткнуть** -ну́, -нёшь [完]《囲で 旡が》《…に》突く; 《囲を 囲に》突き刺す | 《囲を 囲に》押し込む ◆*(свой) нос в* 囲 …に干渉する, 首を突っ込む | *~ в нос* 囲 〘話〙〖囲〗に…を経験させる（通例嫌な体験); 非難する | *~ па́льцем на* 囲 〘話〙…に指をさす | *~ся* [不完] / **ткну́ться**《в囲に》突き当たる, ぶつかる; 突き刺さる // **тык** [男2]

**ты́кать²** [不完]《俗》《…を ты で〔親しげに〕呼ぶ, …にため口で話す

**ты́ква** [女1]《植》カボチャ属: ~ обыкнове́нная ペポカボチャ ② 〘俗·戯〙脳天 // **ты́квенн|ый** [形1]: -*ые* [複名] ウリ科

**тыл** 前 о-е, в-у́ 複-ы́ [男1] [back, rear] ① 後ろ, 後部 ②《軍》銃後, 国内 (=фронт)
③《軍》《軍》後方支援
(↔фронт) ④国全体, 国内

**тылови́к** -*а́* [男2] 後方支援要員

**тылов|о́й** [形2]《軍》後方の: -*а́я часть* 戦務部隊 | ~ *го́спиталь* 後方基地病院

**ты́льн|ый** [形1] 背面の: -*ая сторона́ ладо́ни* 手の甲

**тын** 複 -ы́/-ы́ [男1] 柵, 矢来

**ты́рить** -рю, -ришь 受過 -ренный [不完] / **с~** [完] 〘俗〙 ① 〘囲〙くすねる, ちょろまかす ② 隠す

**ты́рщик** [男2]《俗》(被害者の気をそらして盗む)すり

**тыс.** 〘略〙 ты́сяча

*\**ты́сяч|а** [ты́-ся-ча] 造 -ей/-ью [女4] [thousand] ① [数]《個数》1000: две́ ~ и 2000 | пя́ть *ты́сяч* 5000 | де́сять *ты́сяч* 1万 | сто́ *ты́сяч* 10万 ② 〘通例複〙《囲》何千もの…, 多くの…: *~и люде́й* 多くの人々 | *~ кни́г* たくさんの本 ③ 〘話〙1000ルーブルの金; 大金

〘語法〙《結合する語》形容詞の数と格》

全ての格で通例複数生格ですが: ~ *рубле́й* 1000ルーブル | о́коло -*и́ экземпля́ров* 約1000部 | по -*е до́лларов* 1000ドルずつ | заплати́ть -*у её* 1000円払う | с деся́тью -*ами жи́телей* 1万人の住民を持つ | в трёх -*ах мест* 3000か所で

**тюр|я́** [女5] 〘料理〙(クワスなどに浸した)パンがゆ

**тюря́га** [女2] 〘俗〙牢屋, 監獄

**тю́телька в -ку** 丹念に, 確実に正確に, 寸分たがわず

**тю-тю́** [間] ① (かくれんぼで隠れ終わった合図で) もういいよ ② 〘述語〙〘話·戯〙なくなった, 消えた

**тютю́н** -*а́* [男1] 〘方〙粗悪なたばこ

**тюфя́к** -*а́* [男2] ① (乾草などを詰めた) マットレス ② 〘話〙意志薄弱の人間, たるんだやつ, くず

**тя́вка** 複生 -*вок* [女2] 〘戯〙犬

**тя́вкать** [不完] / **тя́вкнуть** -ну, -нешь 命 -ни [完] ① (小型犬などが) 鋭く〘キャンキャン〙吠える; それに似た音を出す ② 不平を言う, 毒づく

**тяв-тя́в** 〘擬声語〙キャンキャン (犬の鳴き声)

**тяг** [男2] ◆*дать ~у* 〘俗〙急いで逃げる

**тя́га** [女2] ① 牽引 ② 牽引車 ③ 通風 ④ 《若者》《к 囲》…に引きつけられること，…への渇望, …する傾向: ~ *к зна́ниям* 知識欲

---

**тычо́к** -*чка́* [男2] 〘話〙① 上に突き出た鋭いもの ② (軽い) 打撃, 突き, ジャブ

**ты́ща** [女4] 〘話〙= ты́сяча

\***тьм|а́** [チマー] [女1] [darkness] ① 〘単〙闇, 無知, 蒙昧: во -*е́ -ы́* 闇の中から ②〘話〙〘囲〙多数の…, たくさん…: наде́лать -*у́* оши́бок 多くの間違いをする ◆*~-тьму́щая* 囲 〘話〙とても多くの…, 無数の…: *~ крома́ная* (1) 恐ろしい真っ暗闇 (2) 無学, 無知 | *а́нгел [князь]* -*ы́* 悪魔

\***тьфу** [間] 〘略〙《不満》ちぇっ!; 〘擬音語〙ぺっ (つばを吐く音) ◆*~*, *~*, *что́бы [чтоб] не сгла́зить* 〘くわばら くわばら〙 | *Т~ про́пасть!* ちくしょう

**ТЭК** [テーク] 〘略〙 то́пливно-энергети́ческий ко́мплекс 燃料エネルギー産業〘コンプレクス〙

**ТЭО** [テオー] 〘略〙 те́хнико-экономи́ческое обоснова́ние 実現可能性調査, FS

**ТЭС** [テース] 〘略〙 теплова́я электроста́нция 火力発電所

**тюбете́йка** 複生 -*е́ек* [女2] チュベテイカ, (ウズベク人の) ドッピ, (カザフ人の) タキヤ (チュルク系民族の平たい丸·角帽子)

**тю́бик** [男2] チューブ容器

**ТЮЗ** [チューズ] 〘略〙 теа́тр ю́ного зри́теля 少年劇場

**тюк** -*а́* [男2] 梱包した荷物: ~ *се́на* 乾草の梱 (こり)

**тю́кать** 受過 -анный [不完] / **тю́кнуть** -ну, -нешь 命 -ни 〘話〙= **тю́книть** 〘囲を〙(コツコツ)叩く

**тюле́нь** [男5] 〘動〙アザラシ: обыкнове́нный ~ ゼニガタアザラシ // **-евый** [形1], **-ий** [形9]

**тюль** [男5] チュールレース [男1] // **-евый** [形1]

**тю́лька** 複生 -*лек* [女2] 〘魚〙 チュリカ (ニシン科の小魚)

\***тюльпа́н** [男1] [tulip] 〘植〙チューリップ〘属〙: лу́ковица -*а* チューリップの球根 // **тюльпа́нн|ый** [形1]: -*ое де́рево* 〘植〙ユリノキ

**Тюме́нь** [女5] チュメニ (同名州の州都) // **тюме́нск|ий** [形3]: *Т-ая о́бласть* チュメニ州 (ウラル連邦管区)

**тю́нер** [男1] (ラジオ·テレビなどの) チューナー

**тюрба́н** [男1] ターバン

**тюре́мный** [形1] < тюрьма́

**тюре́мщик** [男2] 〘話〙看守; 迫害者, 暴君

**тю́рки** -рков/-рок, -ркам [複] 〘単 тю́рк, тю́рок -рка〙 チュルク系民族 // **тю́ркский** [形3]

\***тюрьм|а́** [チュリマー] 造 тю́рьмам, тюре́м, тюрьма́м [女1] [prison, jail] ① 刑務所, 拘置所, 監獄, 牢屋; 留置所: заключи́ть [посади́ть] в -*у́* 囲 刑務所に入れる | бро́сить в -*у́* 囲 …を投獄する | сиде́ть в -*е́* 拘置されている，刑務所に入っている | вы́пустить из -*ы́* 刑務所から釈放する | побе́г из -*ы́* 脱獄 ② 拘置 (されている状態); 〘集合〙 拘置されている人々

**тяга́ть**受過 тя́ганный [不完]《俗》〈крв〉引っ張る、引き抜く

**тяга́ться** [不完]／**по~** [完]《話》〈с кем〉競い合う

**тяга́ч** -á [男4] トレーラー

**тя́гло** [中1]①《集合》役畜、荷車を引かせる動物 ‖ **~вый** [形1]

**тя́говый** [形1] 引く、牽引する: ~ крю́к 牽引フック ｜ -ая си́ла 牽引力

**тя́гостный** [cн] 短 -тен, -тна [形1] ①困難な、負担の大きい、厄介な ②心を痛める、不愉快な

**тя́гость** [女10] ①負担、重荷；難儀 ②《話》疲労

**тяготе́н|ие** [中5] ①《理》引力: зако́н (всеми́рного) -ия 万有引力の法則 ②〈к кому〉引きつけられること

**тяготе́ть** [不完] 〈к кому〉引きつけられる；愛着を感じる ｜ 〈над кем〉のしかかる

**тяготи́ть** -ощу́, -оти́шь 受過 -още́нный (-ще́н, -щена́) [不完] 〈крв〉①圧迫する ②悩ます、苦しめる ‖ **-ся** [不完] 〈чем〉〈人・物〉で重圧を感じる

**тя́готы** -от [複] 重荷、負担

**тягу́ч|ий** [形6] 延びる；(金属が)可鍛性の；(液体が)粘性のある ②(スピーチなどが)だらだらと続く ‖ **-есть** [女10]

**тягу́честь** [形6 最上]＜тя́жкий

**тя́ж** -á [男4] ①引き網 ②《スポ》ヘビー級(の選手)

**тя́жб|а** [女1]《旧》訴訟、告訴: завести́ -у с кем に訴訟を起こす ②《話》口論、言い争い

**тяжеле́е** [比較]＜тяжёлый, тяжело́

**тяже́нный** [形1]《話》非常に重い

**тяжеле́ть** [不完]／**о~, по~** [完] ①重くなる: Ве́ки *тяжеле́ют*. (眠くて)瞼が重くなる ②重苦しくなる

**тяжело́** [тʲɪʒɨló] [heavy] Ⅰ [副] ①重く、重々しく: Страх ― навали́лся на него́. 恐怖心が彼に重くのしかかる ②苦しそうに、苦労しながら；やっとの思いで: ~ рабо́тать 大変な思いで働く ｜ ~ подня́ться наве́рх やっとの思いで上る Ⅱ [無人述] 〈句〉は不定形することが大変だ、苦しい、きつい；〈句〉にとって(気分的に・病気などで)きつい、苦しい: Мне ~ встава́ть ра́но. 私は早起きがつらい ｜ ~ на душе́ [се́рдце] 気分が重い

**тяжелоатле́т** [男1] 重量挙げ選手

**тяжелове́с** [男1]《スポ》ヘビー級

**тяжелове́сный** 短 -сен, -сна [形1] ①(重量が)重い ②(文体・表現が)重苦しい

**тяжелово́з** [男1] 重荷を引くための馬；トラック

*****тяжёл|ый** [тʲɪʒól] 短 -жёл, -жела́ 比 -ле́е 最上 -ле́йший [形1] [heavy] ①重い；重そうな、ずっしりとした(↔лёгкий): ~ чемода́н 重いスーツケース ｜ -ая пи́ща 重い(消化の悪い)食事 ｜ ~ желу́док 食べ物でいっぱいになった胃 ｜ ~ в ве́се 体重が重い ②(動きの)鈍い；(歩調の)重々しい(頭の回転が)遅い、鈍重な: ~ на подъём 腰が重い、ものぐさな、出不精の ③つらい、きつい；《話》難しい(困難な): -ые усло́вия つらい条件 ｜ -ая рабо́та ＝ труд きつい仕事 ｜ ~ путь 苦しい旅路 ｜ -ое дыха́ние 苦しげな呼吸 ｜ ~ ребёнок 手の焼ける子ども ④不快感を与える；人付き合いの悪い；~ хара́ктером 性格のひねている ｜ ~ за́пах きつい[息を詰まらせるような]匂い ⑤重苦しい、陰鬱な: -ие мы́сли 暗い考え ｜ с -ым се́рдцем 沈んだ気持ちで ⑥強力な；(機械・兵器などが)重…: ~ танк 戦車 ｜ -ая артилле́рия 重砲 ｜ -ая промы́шленность 重工業 ⑦(病気・怪我が)重い、きわめて重い: кра́йне -ое состоя́ние 重体、危篤 ⑧度を超えた、法外な、あまりにもひどい: -ое преступле́ние 重罪 ⑨(霧などが)濃い ⑩《楽》ハードロックの ◆**~ день** 不運な[ついてない]日 ｜ у ⑪ **-ая голова́** …はひどい頭痛に悩まされている ｜ у ⑪ **-ая рука́** …に殴られるととても痛い ■ **~ вес** ＝ -ая весова́я катего́рия《スポ》(レスリングなどの)重量級

*****тя́жест|ь** [女10] [gravity, weight] ①《理》重力: центр ~и 重心 ②重い物:подня́тие -и 持ち上げること ｜《スポ》重量挙げ ③重量、重さ；重々しさ；鈍さ ④困難さ、深刻さ；厳しさ；負担

*****тя́жк|ий** -жек, -жка́, -жко́ 比 -жче 最上 тягча́йший [形3] [heavy, grave] ①《文》非常につらい、(動き・病気・刑が)ひどく重い、激しい: ~ вред здоро́вью 重傷 ｜ ~ уда́р 大打撃 ｜ -ая му́ка 耐えがたい苦しみ ◆ **пусти́ться во всё -ие**《話》浪費する、不節制に走る

**тя́жко** [無人述] 〈句にとって〉(精神的・肉体的に)つらい、苦しい

**тяжкоду́м** [男1]《話》鈍感な人

**тяжме́т** [男1]《楽》ヘビーメタル(тяжёлый мета́лл)

**тяжу́щийся** [形6] 係争中の；[男6] 訴訟当事者

*****тяну́ть** [тʲɪnútʲ] тяну́, тя́нешь 命 -ни́ 受過 тя́нутый [不完] [pull, draw, drag] ①〈крв〉引く、引っ張る、引きずる: ~ Ми́тю за рука́в ミーチャの袖を引っぱる ｜ Ло́шадь *тяну́ла* теле́гу. 馬が荷馬車を引いていた ②《話》〈крв〉(強引に)連れて行く: ~ в суд 裁判にかける ｜ 〈На ново́м те〉〈крв〉引きつける、(行きたい)気にさせる: Меня́ *тя́нет* ко сну́. 眠い ｜ Меня́ *тя́нет* домо́й. 私は家に帰りたい気分だ ③《話》〈крв〉遅れている人などを〉助けつつ進ませる ⑤〈крв〉引き延ばす、引き延ばしして作る ⑥〈крв〉手・首を伸ばす、差し出す ⑦〈крв〉ロープ・ケーブルなどを〉張る、(パイプラインなどを)敷設する ⑧ (暖房の煙突などで)いい具合に空気を流す: Печь пло́хо *тя́нет*. このかまどは空気の流れがよくない ⑨(風が)吹く、(煙・匂いなどが)漂う: *Тяну́л* ре́зкий ве́тер. 強い風が吹いていた ⑩〈крв〉無補語〉ゆっくりやる；〈句を〉引き延ばす: ~ во́дку ウォッカをちびちび飲む ｜ ~ слова́ 言葉をゆっくり言う ｜ ~ разгово́р 会話を長引かせる ｜ ~ вре́мя 時間を長引かせる、時間を稼ぐ ｜ ~ с отве́том 回答を引き延ばす ⑪〈крв〉金を〉せびる ⑫〈на что〉(体重・値段が)…である: Он *тяну́л* килогра́ммов во́семьдесят. 彼は体重が約80キロある ⑬〈на что〉〈地位などに〉ふさわしい；…という印象を与える: На интеллиге́нта ты не *тя́нешь*. 君はインテリには向いていない ⑭[無人称]〈крв〉無補語〉(肉体的に)すきずきと痛い思いをさせる；(精神的に)なんとなく不安な思いをさせる: *Тя́нет* в животе́. 脇腹がしくしく痛む ◆ **~ ру́ку [сто́рону]** 田 [旧・俗] …の味方に付く、…を支持する ｜ **~ волы́нку [рези́ну, каните́ль]** (仕事などを)ぐずぐずと引き延ばす、思い切って終わらせないでいる

**тяну́ться** тяну́сь, тя́нешься [不完] [stretch (out)] ①(ゴムが)伸びる ②[完 по~] 手足を伸ばす、伸びをする ③(平原が)広がる；長くもたえる、退屈だ ⑤《話》(匂いが)たちこめる ⑥〈к кому /за кем〉を目指して手を伸ばす；やっきになる ⑦〈к кому〉のほうへ向く ⑧次々と動き行く

**тяну́чка** 複生 -чек [女2] タフィー、キャラメル

**тя́нущий** [形6] (痛みなどが) 引っ張るような

**тя́пать** -аньный [不完]／**тя́пнуть** -ну, -нешь 命 -ни 受過 -тый [完]《話》〈крв〉(斧などで)割る、切る

**тя́пка** 複生 -пок [女2] ①鍬(くわ) ②鉈(なた)；肉切り包丁；キャベツ刻み用包丁

**тяп-ля́п** [副]《話》①いい加減に ②[述語] いい加減だ、テキトーだ

**тя́пнуть** [完] → тя́пать

**тя́тя** 複生 -ей (女5多化) [男]《俗》父ちゃん

# У у

*****у¹** [u] [前] [by, at, with] 〈крв〉①…のそばに[で]、…のすぐ近くに: сиде́ть у окна́ 窓辺に座っている ｜ Я бу́ду ждать тебя у входа в театр. 劇場の入り口のところで待ってます ／…のところで[に]、…のもとで：жить у родителей 両親のもとで暮らす ｜ У нас в стране 私どもの国では ｜ Она училась у знаменитого скрипача. 彼女は著名なヴァイオリニストについて学んだ ③《所有》…には（…がある・いる)、…は（…を持っている）：У вас есть братья и сёстры? ご兄弟がいらっしゃいますか ｜ У меня к вам маленькая просьба. ちょっとお願いがあるんですが ④《所属・付属》…の、…のところの：Мать у неё больна. 彼女のお母さんは病気だ ｜ У меня болит зуб. 私は歯が痛い ⑤《取得・入手先》…から、…のところで：Я занял сто рублей у соседа. 私は隣人から100ルーブル借りた

[用法]《付近・近接の意味の前置詞》
у, при, перед ＜ около, близ, подле ＜ близ, вблизи の順に遠くなる：ива при дороге 道端の柳 ｜ Около дома есть кафе. 家の近くにカフェがある ｜ озеро вблизи вулкана 火山の近くの湖；使用頻度は у, при は高く、близ, подле は低い

**у²** -я́ет [不完]《非難・威嚇・驚き・恐怖》わあ、おお、ああ
**y..** (接頭)《動詞》 ① 「遠くへ」「離れて」「わきへ」：улететь 飛び去る ② 「ある範囲に納めて」「ぎっしりと」；уместить 該める ③ 「一面に覆う」；усеять 一面にまく ④ 「取る」「減らす」；убавить 弱める ⑤ 「十分に」「しっかりと」；уговорить 説得する ⑥《完了体を形成》

**УАЗ** [男1] ウリヤノフスク自動車工場、UAZ（社）(Ульяновский автомобильный завод) ② UAZ 社製の自動車 (クロスカントリー車、ピックアップトラック、救急車用ワゴン車)

**уайт-спирит** [不変]-[男1] ミネラルスピリット
**убавление** [中5] 減らす［減る］こと、減少
**убавлять** [不完] / **убавить** -влю, -вишь 受過 -вленный [完] ① [対/生] 減らす、下げる、弱める：～ ход 歩調を緩める ② [対]《衣類の一部を》つめる、短くする ③ (通例 в весе と共に) 体重を減らす、痩せる ◆ни убавить, ни прибавить 《話》ともあれ事実にあっている

**убавляться** [不完] / **убавиться** -влюсь, -вишься [完] ① 少なくなる、減る ② 小さくなる、狭くなる
**убаюкать** [完] → баюкать
**убаюкивать** [不完] = баюкать
*убегать [ウビガーチ] [不完] / убежать [ウビジャーチ] -егу́, -ежи́шь, ...-егу́т -еги́ [完] [run away, escape] ① 走り去る；《話》急いで行く：Собака сорвалась с цепи [цепи] и убежала. 犬は鎖を切って逃げて行った ② 逃げる、逃走する、脱走する：～ из дому 家出する ｜ ～ из тюрьмы 脱獄する ③ [不完] 遠くへ延びている；急速に遠ざかる：Тропинка убегает вдаль. 細い道が遠くへと延びている ④《話》吹きこぼれる：Молоко убежало. 牛乳が吹きこぼれた
**убедительно** [副] ① 納得のいくように ② 切に、折り入って
*убедительный 短-лен, -льна [形1] [convincing, persuasive] ① 説得力のある、納得できる：-ое доказательство 有力な証拠 ② (長尾) 切なる、懇願するような：-ая просьба たっての願い // **-ость** [女10]
**убежать** [完] → убегать
*убеждать [ウビジダーチ] [不完] / **убедить** [ウビヂーチ] (1単未なし) -дишь, ...-дят 命 -ди́ 受過 -еждённый (-дён, -дена) [完] [convince, persuade] ① [対] を納得させる、確信させる：～ в своей правоте 自分の正しさを納得させる ② [対] (不定形/чтобы節 するよう) に説き伏せる、説得する：Надо убедить его лечиться. 治療を受けるよう彼を説得しなければならない
*убеждаться [ウビジダーッツァ] [不完] / **убедиться** [ウビヂーッツァ] (1単未なし) -ди́шься, ... -дя́тся 命 -ди́сь [完] [convince] ① ＜в[前/従属節]＞…を納得する、確信する：Мы убедились в необходимости реформ. 我々は改革の必要性を確信した ｜ Я сама убедилась, какой он плохой человек. 私自身は彼がどんなに悪い人なのかがよくわかった ②《不完》《受身》< убеждать

*убеждение [ウビジヂェーニエ] [中5] [persuasion, conviction] ① 説得：Все -ия были напрасны. 説得は全て無駄だった ② 信念：Это противно моим -ниям. これは私の信念に反する
**убеждённость** [女10] 固く信じていること、確信
*убеждённый 短 -дён, -дена́ [形1] [convinced, persuaded] ① (受過 < убедить) ＜в[前]＞を確信している。信じている：Я в этом совершенно убеждён. 私はそれを100%確信している ② 確信に満ちた、ゆるぎない、自信満々の：～ вегетарианец 徹底したベジタリアン // **-о**

*убежище [中2] [refuge, shelter] ① 隠れ家、避難所、逃げ場；避難、(亡命者への)保護：искать -а 隠れ家を探す ｜ гонение на ～ 政治亡命 ② 防空壕、待避壕

**убелять** [不完] / **убелить** -лю́ -лённый (-лён, -лена́) [完]《文》[対] (白髪・雪で) 白くする

**уберегать** [不完] / **уберечь** -регу́, -режёшь, ... -регу́т 過-рёг, -регла́ 能現 -регу́щий 受過 -режённый (-жён, -жена́) 副分 -рёгши [完] ＜[対] от[生] から＞守る、保護する // **~ся** [不完] / [完] ＜от[生] から＞自分を守る [保護する]

*убивать [ウビヴァーチ] [不完] / **убить** [ウビーチ] убью, убьёшь 命 убе́й 受過 убитый [完] [kill] ① 殺す、殺害する：～ выстрелом 射殺する ｜ Её мужа убил алкоголь. 彼女の夫は酒に殺された ② 滅ぼす、だいなしにする：～ надежду 希望を打ち砕く ③ 絶望させる、落胆させる：Её отказ убил его. 彼女に断られて彼は絶望した ④《話》浪費する、無駄にする：～ много денег 大金を浪費する ｜ ～ время 時間を浪費する；暇をつぶす ⑤ 〔トランプ〕相手のカードを切る ⑥《完》《俗》〔コン〕ファイルを削除する、アンインストールする

◆убей меня бог 神にかけて誓ってもいい ｜ (хоть) убей(те) 《話》(1)全く、さっぱり(…ない) (2)どうしても、死んでも(…ない) // **убивание** [中5] < ①②④⑤
**убиваться** [不完] / **убиться** убьюсь, убьёшься [完]《俗》① (体をぶつけて) 打撲傷を負う；体を強く打って死ぬ ② ＜о[前]/по[与]＞をひどく悲しむ、嘆き悲しむ ③《不完》尽くす、身を粉にする ④《不完》《受身》< убивать ◆Убиться можно! 全く驚いた

**убийственный** 短 -ен, -енен, -енна [形1] ① 死をもたらす、致命的な ② 破滅的な、ひどい、《話》耐えがたい、къюとい ③《話》極端な、異常な；痛烈な、辛辣な
*убийство [ウビーイストヴァ] [中1] [murder] 殺害、殺人；殺人事件；殺人罪：совершить ～ 殺人を犯す ｜ заказное ～ 契約殺人
*убийца [ウビーイッァ] (女3変化) [男・女] [killer] 殺人者、殺人犯：наёмный ～ 殺し屋
*убирать [ウビラーチ] [不完] / **убрать** [ウブラーチ] уберу́, уберёшь 命 убери́ 過 -а́л, -ала́, -а́ло 受過 у́бранный [完] [take away] ① 取り除く、片づける、しまう：～ посу́ду со стола́ テーブルの食器を片づける ｜ ～ книги в шкаф 本を本棚にしまう ② 収穫する、取り入れる：Поля ещё не убраны. 畑はまだ刈り入れが済んでいない ③ 取り去る、除去する：～ строку 1行取り除く ④ [対] 追い払う、追い出す；殺す：～ неспособного начальника 無能な上司を追い出す ⑤ 整頓する、整理する、掃除する：～ комнату 部屋を片付ける ｜ ～ ёлку стеклянными шарами クリスマスツリーをガラス玉で飾る

**убираться** [不完] / **убраться** уберу́сь, уберёшься [完] -а́лся, -ала́сь, -а́лось/-а́лось [完]《話》① 整頓する、片付ける ② 去る、出て行く：Убирайся! 出て

убитый 848

行け, うせろ ③〘不完〙〘受身〙<убирáть
*уби́т|ый [形1] 〔killed〕①〘受遇<уби́ть〙殺された ②[男名]/-ая [女名] 死者: В бою́ мно́го ра́неных и ~ых. 戦闘で多くの死傷者が出た ③打ちひしがれた, 意気消沈した: с ~ым ви́дом 打ちひしがれた様子で ④〘若者〙古くなった, 老朽化した ◆спать как ~ (死んだように)ぐっすり眠る
уби́ть(ся) [完] →убива́ть(ся)
ублажа́ть [不完]/ублажи́ть -жу́, -жи́шь 受遇 -жённый (-жён, -жена́) [完] 〘話〙〘翻〙…を(気に入ることをして)満足させる, 喜ばせる
ублю́док -дка [男2] ①雑種 ②〘話・罵〙私生児 ③〘俗・罵〙ろくでなし, ばかもの, こん畜生
ублю́дочный [形1] 〘俗・罵〙ろくでもない, 歪んだ
убо́г|ий [形3] ①身体的障がいのある ②~ [男名]/-ая [女名] 身体障がい者 ③とても貧しい, 赤貧の ④みすぼらしい, 貧弱な **-ость** [女10]
убо́жество [中1] ①身体的障がい ②貧しいこと, みすぼらしいこと
убо́й [男6] ①屠殺 ②〘若者〙最高のもの, すごいこと ◆корми́ть (как) на ~ 〘話・戯〙…にたらふく食わせる | посла́ть на ~ 〘翻〙犬死させる
убо́йность [女10] (銃砲などの) 殺傷力, 威力
убо́йн|ый [形1] ①屠殺(用)の ②(銃砲などが) 殺傷力のある, 破壊的な ③〘若者〙最高の, スゲー **-о** [副]
уболта́ть [完] 〘俗〙〘翻〙を〔不定形〕するように〕甘い言葉で誘う, おだてて…
убо́ристый 短-ст [形1] 文字間の詰まった
*убо́рка [女2] 〔harvesting〕①収穫, 取り入れ: ~ карто́феля ジャガイモの取り入れ ②片づけ, 整頓, 掃除: ~ помеще́ния 室内の掃除 | генера́льная ~ 大掃除
убо́рная (形1変化)[女名] ①(劇場などの) 楽屋, 化粧部屋 ②トイレ, 化粧室
убо́рочн|ый [形1] ①収穫(用)の ②-ая [女名] 収穫期
убо́рщи|к [男2]/-ца [女3] 掃除夫[婦], 清掃作業員
убра́нство [中1] 家具, 調度品; 装飾, 飾りつけ
убра́ть(ся) [完] →убира́ть(ся)
У убыва́|ть [不完]/убы́ть убу́ду, убу́дешь 過 убы́л, -ла́, -ло 過 убы́вший 副分 убы́в ◆не убу́дет 田 от 田 〘話〙…には…によって貴ずべきことは何も起こらないだろう **-ние** [中5] <② убы́тие [中5] <②
у́быль [女10] ①減少, 低下 ②減少した量, 損失 ③〘軍〙死傷者
убыстря́ть [不完]/убыстри́ть -рю́, -ри́шь 受遇 -рённый (-рён, -рена́) [完] 〘翻〙速める, 速くする **-ся** [完] ②速まる, 速くなる
*убы́ток -тка/-тку [男2] 〔loss〕〘経〙損, 損失, 損害(額): терпе́ть [нести́] ~ 損害を被る
убы́точный 短 -чен, -чна [形1] 損になる, 損害をもたらす **-ость** [女10]
убы́ть [完] →убыва́ть
*уважа́ем|ый 〘ウヴァジャーイムィ〙[形1] 〔respected, dear〕〘手紙の冒頭・呼びかけ〙尊敬する, 親愛なる: У-ые да́мы и господа́! 尊敬すべき紳士淑女のみなさん!
уважа́|ть 〘ウヴァジャーチ〙[不完] 〔respect〕〘翻〙①尊敬する, 敬う: ~ ста́рших 目上の人を敬う | все́ми уважа́емый челове́к 皆から尊敬されている人 | Я его́ о́чень уважа́ю за че́стность. 私は誠実な彼をとても尊敬している ②尊重する, 重んずる: ~ чужо́е мне́ние 他人の意見を尊重する ③〘俗〙好む, 好きだ **-ся** [不完]〘受身〙
*уваже́ние 〘ウヴァジェーニエ〙[中5] 〔respect〕尊敬, 敬意, 尊重: ~ к роди́телям 両親に対する敬意 | Он

по́льзуется всео́бщим ~ием. 彼は広く尊敬されている
◆с ~ием (手紙の末尾で)敬具
уважи́тельн|ый -лен, -льна [形1] ①敬意に満ちた, 丁重な ②正当な, 根拠ある **-о** [副] <① **-ость** [女10]
ува́жить -жу, -жишь 受遇 -женный [完] 〘翻〙① 〘話〙(敬意, 好意から)願いを叶える, 聞き入れる ②〘俗〙(願いを叶えて)…に敬意を表す
уважу́ха [女2] 〘若者〙尊敬
увал [男1] [地] 休暇 ②高地, 高台 ■ Се́верные У-ы: 北方丘陵(東ヨーロッパ平原北部)
у́валень -льня [男5] 〘話〙のろま, ぐず
ува́ривать [不完]/увари́ть -арю́, -а́ришь 受遇 -а́ренный [完] 〘話〙〘翻〙①十分煮る ② **~-ся** [不完] / 〘完〙①煮えてかさが減る, 煮つまる
УВД 〘ウヴェデー〙〘略〙Управле́ние вну́тренних дел 内務局(警察の地域組織)
уведоми́тельный [形1] 通知の, 通告の
уведомле́ние [中5] ①通知, 通告 ②通知状, 通告書
уведомля́ть [不完]/уве́домить -млю, -мишь 受遇 -мленный [完] 〘翻〙に通知する, 通告する
увезти́ [完] →увози́ть
увекове́чивать [不完]/увекове́чить -чу, -чишь 受遇 -ченный [完] 〘文〙〘翻〙①不滅なものにする, 永遠にたたえる ②恒久化する, 永続させる **// увекове́чение** [中5]
увеличе́ние 〘ウヴィリチェーニエ〙[中5] 〔increase, magnification〕増加, 増大: ~ населе́ния 人口増加 | ~ вы́пуска проду́кции 製品の増産 ②拡大, 拡張: ~ разме́ра фотогра́фии 写真の引き伸ばし
увеличи́тельн|ый [形1] 〘楽〙増: -ая те́рция 増3度
*увели́чивать 〘ウヴィリーチヴァチ〙[不完]/увели́чить 〘ウヴィリーチチ〙-чу, -чишь 命令 -чь 受遇 -ченный [完] 〔increase, magnify〕〘翻〙①増加させる, 増やす, 高める: ~ дохо́ды 収入を増やす | ~ те́мпы テンポを速める ②大きくする, 拡大する: ~ разме́р фотогра́фии в два ра́за 写真を2倍に引き伸ばす
*увели́чиваться 〘ウヴィリーチヴァッツァ〙[不完]/увели́читься 〘ウヴィリーチッツァ〙-чится [完] 〔increase, grow〕①増加する, 増える, 高まる: У него́ увели́чилась зарпла́та. 彼には給料が増えた | У́ровень радиа́ции увели́чился. 放射線量が上昇した ②大きくなる, 拡大する: Акти́вы ба́нка заме́тно увели́чились. 銀行の資産が目に見えて拡大した ③〘不完〙〘受身〙<увели́чивать
увеличи́тельн|ый [形1] ①拡大する, 拡大用の: -ое стекло́ 拡大鏡, ルーペ ②〘言〙指大の
увенча́ть [不完]/увенча́ть 受遇 -енчанный [完] 〘文〙〘翻〙①(冠などを)…の頭に戴せる, 戴冠させる ②…の頂上を成す (首尾よく)終える **-ся** [不完] / [完] 〘翻〙よい結果に終わる
увере́ние [中5] 保証, 請け合い, 断言
*уве́ренно [副] 〔confidently〕確信に満ちて, 自信を持って; 確かに, しっかりと: говори́ть ~ 自信をもって話す
*уве́ренност|ь 〘ウヴェーリンナスチ〙[女10] 〔confidence〕①確信, 自信; 信頼: ~ в себе́ 自信 | Я был в по́лной ~и, что он придёт. 私は彼が必ず来ると確信していた ②しっかりしていること, 確実性, 自信に満ちていること: шли́фовый де́йствия しっかりした動作
*уве́ренн|ый 〘ウヴェーリンヌィ〙短 -ен, -ена [形1] 〔confident, sure〕①〘述〙…を確信している, …に自信がある: Он уве́рен в себе́ [свои́х си́лах]. 彼は自分に自信がある ②自信に満ちた, しっかりした, ゆるぎない: ~ отве́т 確信に満ちた答え | -ая похо́дка しっかりした足どり
◆Бу́дьте уве́рены! 〘話〙ご心配なく, 大丈夫ですよ
уве́рить(ся) [完] →уверя́ть

**увернуться** [完] →увёртываться

**уверовать** -рую, -руешь [完]《文》<в+対>を信じて疑わない

**увёртка** 複生 -ток [女2]《話》ずるさ, 巧妙さ

**увёртливый** 短 -ив [形1] ずるい, 抜け目のない

**увёртываться, уворачиваться** [不完]／**увернуться** -нусь, -нёшься [完] ①<от+生>衝突を避ける, よける ②《話》<от+生>を言い逃れる, はぐらかす

**увертюра** 女1 [楽]序曲, 前奏曲

**уверять** [不完]／**уверить** -рю, -ришь 受過 -ренный [完] [assure, convince] <対 в+前/что+節>を信じさせる, 納得させる, 請け合う, 断言する: ～ в своей невиновности 自分が潔白であることを納得させる｜Уверяю тебя, что мы успеем. 大丈夫, 間に合うよ｜**～ся** [不完]／[完] <в+前/что+節>…を確信する, 納得する《不完》/受身》

**увеселение** [中5] ① 楽しませること ②《通例複》娯楽, 遊び, 見世物 ∥**-ительный** [形1]

**увеселять** [不完]／**увеселить** -лю, -лишь 受過 -лённый (-лён, -лена) [完] <対>楽しませる

**увесистый** 短 -ист [形1]《話》①とても重い ②とても強い

**увести** [完] →уводить

**увечить** -чу, -чишь [完] <対>に重傷[身体的障がい]を負わせる ∥**～ся** [不完] 重傷[障がい]を負う

**увечье** -ий [中4] 重傷, 身体障がい

**увешивать** [不完]／**увешать** 受過 -анный [完] <対 対>をぎっしり掛ける, つるす

**увещание** [中5] ① 教えさとすこと ② 訓戒, 説教

**увещать** [不完] <対>教えさとす, 訓戒する

**увивать** [不完]／**увить** увью, увьёшь 命 увей 過 -ил, -ила, -ило 受過 -итый (-ит, -ита, -ито) [完] <対>…の一面に巻きつく

**увиваться** [不完]《話》付きまとう, 追い回す

**увидать(ся)** [完] →видать

**увидеть** [完] →видеть

**увиливать** [不完]／**увильнуть** -ну, -нёшь [完] ①<от+生>を《話》よける, かわす ② うまく逃れる, 回避する

**увинтить** -нчу, -нтишь [完]《若者・隠》去る, 逃げ出す

**увить** [完] →увивать

**УВКБ** [ウヴェカベー] 《略》Управление Верховного комиссара ООН по делам беженцев 国連難民高等弁務官事務所, UNHCR

**увлажнение** [中5] 湿らせること; 湿ること

**увлажнитель** [男5] 加湿器

**увлажнять** [不完]／**увлажнить** -ню, -нишь 受過 -нённый (-нён, -нена) [完] <対>湿らせる, 濡らす ∥**～ся** [不完] 湿る, 濡れる

**увлекательный** 短 -лен, -льна [形1] [fascinating] 興味深い, 面白い, 夢中にさせる ∥**-о** [副]

*****увлекать** [ウヴリカーチ] [不完]／**увлечь** -еку, -ечёшь, … -екут 命 -еки 過 -лёк, -лекла 能過 -лёкший 受過 -лёченный (-чён, -чена) 受過 -лёкши [完] [carry along (away), fascinate] <対>を[持ち, 運び]去る: Толпа увлекла нас на площадь. 人込みに押されて私たちは広場に出た ② 熱中させる, 没頭させる; …の心を奪う, 魅了する: Работа увлекла его. 彼は仕事に夢中になった ③ 好きにならせる, 惚れさせる

*****увлекаться** [ウヴリカーッツァ] [不完]／**увлечься** [ウヴリェーチシャ] -екусь, -ечёшься, … -екутся -лёкся, -леклась 能過 -лёкшийся 受過 -лёкшись [完] ① 熱中する, 夢中になる: футболом <造>… に熱中する｜Чем вы увлекаетесь? ご趣味は何ですか｜Он так увлёкся чтением, что не заметил наступления ночи. 彼は読書に夢中で夜になったのも気づかなかった ② …を好きになる, …に惚れる: ～ красивой студенткой きれいな女子学生を好きになる ③《不完》《受身》→увлекать①

*****увлечение** [中5]《passion, enthusiasm》① 興奮, 熱狂, 熱中: говорить с -ием 夢中になって話す ②《造》への熱中, 没頭; 熱中の対象: ～ спортом スポーツ熱 ③ 惚れこみ, 恋心

**увлечённый** [形1] ① 熱中した, 夢中になっている ② 熱烈な, 激烈な **∥-о** [副] **-ость** [女10]

**увлечь(ся)** [完] →увлекать(ся)

**увод** [男1]①《у》連れて行く[連れ去る]こと ②《話》盗み

**уводить** -ожу, -одишь [不完]／**увести** -еду, -едёшь 過 -вёл, -вела 能過 -едший 受過 -едённый (-дён, -дена) 過副 -едя [完] ①<対>を連れて行く, 連れ去る ②《家畜・乗物》を盗み去る ③《俗》《戯》かっぱらう ③《話》他人の妻・夫を横取りする, 誘惑する

**увоз** [男1] 運び去ること; 連れ去ること

**увозить** -ожу, -озишь [不完]／**увезти** -зу, -зёшь 過 -вёз, -везла 能過 -вёзший 受過 -зённый (-зён, -зена) 副過 -зя [完]《乗物》で運び去る, 連れ去る

**увозиться** -ожусь, -озишься [完]《俗》①引きずってすっかり汚れる

**уволакивать** [不完]／**уволочь** -локу, -лочёшь, … -локут 過 -лок, -локла 能過 -локший 受過 -чённый (-чён, -чена) [完]《俗》① 引きずって運び去る ② 盗み去る

**уволить(ся)** [完] →увольнять

**увольнение** [中5] ① 解雇, 免職, 解任, 退職 ②《軍》(短期間の)休暇

**увольнительный** [形1] 解雇[休暇]を証明する ◆**-ая записка** 外出許可証

*****увольнять** [不完]／**уволить** -лю, -лишь 受過 -ленный [完]《dismiss, discharge》① 解雇する, 免職にする: Его уволили с работы. 彼は解雇された ②《軍》<対>に休暇を与える: …に休暇を与える ③《通例命令形で》嫌なことを免れさせる: Увольте меня от лишних хлопот. 余計な面倒は御免こうむります ∥**～ся** [不完]／[完]① 退職する, 辞職する ②《不完》《受身》

**уворачиваться** [不完] → увёртываться

**уворовывать** [不完]／**уворовать** -рую, -руешь 受過 -рованный [完]《話》盗む

**уврачевать** [完] →врачевать

**увы** [間]《嘆き・後悔》ああ《У～ и ах!》

**увядать** [不完]／**увянуть** -ну, -нешь 過 -ял 能過 -дший／-нувший [完] ① しおれる, 枯れる ②《美しさ・若さ》を失う, 衰える ◆**Увянь!** 黙れ ∥**-ние** [中5]

**увязать**[1] [不完]／**увязать** -яжу, -яжешь 過 -яз, -язла 能過 -зший／-увший 副過 -ув [完] <в+前>ぬかるみなどにはまる

**увязка** 複生 -зок [女2] ① 束ねること, 荷造り ② 一致

**увязывать** [不完]／**увязать** -яжу, -яжешь受過 -язанный [完] ①<対>を束ねる, ひとまとめにする, 荷造りする ② 一致させる, 調整する ∥**～ся** [不完]／[完] ①《俗》荷物をまとめる ②《за+造／с+造》…に付きまとう, …を追いかけ回す ∥**-ние** [中5]

**увянуть** [完] →увядать

**Уг** [ウーク]《略》унылое говно《ネット》くだらないもの, くず

**угадайка** 複生 -аек [女2]《俗》はっきりしない状況

**угадать** [完] →угадывать

**угадчик** [男2]／**-ца** [女3]《話》言い当てる人, 見抜く人

*****угадывать** [ウガーディヴァチ] [不完]／**угадать** [ウガダーチ] 受過 -данный [完] ①<対>言い当てる, 推測する, 見抜く: Угадай, откуда я звоню? 私どこから電話をかけていると思う ②《俗》<対>(誰だか)わかる, 見分ける: Я его сразу угадал по походке. 私は歩き方ですぐに彼だとわかった ③《俗》<в+前>にはまりこむ; 命中させ

**угар** [男1] ①一酸化炭素 ②一酸化炭素中毒 ③熱狂, 無我夢中；前後不覚の状態 ④《若者》素晴らしいもの ⑤《冶》溶かし[焼き]減り ⑥《通例複》(仕上げの際の繊維・金属の)層(ﾂ)

**угáрный** 短-рен, -рна [形1] ①《長尾》一酸化炭素の：～ газ 一酸化炭素 ②熱狂した；前後不覚の ③《若者》素晴らしい **//-о** [副] <③

**угасáть** [不完] / **угáснуть** -нет 過угáс, -сла 能過-сший 副分-ув [完] ①(火・明かりなどが)消える ②尽きる, なくなる **//~ся** [不完] **//угасáние** [中5]

**углá** [単数；生格] < у́гол

**угле..** 《造形成》「石炭の, 木炭の」「炭素の」: углепла́стик カーボンプラスチック

**углевóд** [男1] 《通例複》《化》炭水化物
**углеводорóд** [男1] 《化》炭化水素
**углевóз** [男1] 石炭運搬船
**угледобы́ча** [女4] 石炭採掘
**углежжéние** [中5] 炭焼き
**углежóг** [男2] 炭焼き職人
**углекислотá** [女1] 《化》炭酸；炭酸ガス
**углеки́слый** [形1] 《化》炭酸(塩)の
**углено́сный** [形1] 石炭を含有する
**углепромы́шленность** [女10] 石炭鉱業
**углерóд** [男1] 《化》炭素(記号 C) **//-ный** [形1]
**углероди́стый** [形1] 炭素を含んだ
**угловáтый** 短-áт [形1] ①角ばった, ごつごつした ②(動作が)ぎこちない, 不器用な

**уголовóй** [形2] ①《数》角の, 角度の ②《角》の, コーナーの；角型の：～ удáр (サッカー)コーナーキック ③角にある；すみにある

**уголоворóт** [男1] 《俗》(駅・列車内でスーツケースを盗む)
**углозу́б** [男1] 《複》《動》サンショウウオ科：сиби́рский ～ キタサンショウウオ
**угломéр** [男1] 角度計, 分度器
**углубить(ся)** [完] →углублять(ся)
**углублéние** [中5] ①深くする[なる]こと, 深化 ②くぼみ, へこみ

**углублённый** [形1] ①くぼんだ, へこんだ ②根本的な, 本格的な：шкóла с －ым изучéнием англи́йского языкá 英語特化学校 ③《в圏》没頭した

**углубля́ть** [不完] / **углуби́ть** -блю́, -би́шь -блённый (-лён, -ленá) [完] 《в圏》①深くする, 深める ②深く打ち込む

*__углубля́ться__ [不完] / **углуби́ться** -блю́сь, -би́шься [完] [deepen, become deeper] ①深くなる, 深まる：Дно углуби́лось. 底が深くなった ②《в圏》... の奥へ行く, ...に深く入る：～ в лес 森の奥に入り込む 《в圏》に没頭する, ふける：～ в воспоминáния 思い出にふける ③《不完》《受身》< углубля́ть

**у́гля, углю́** [単数；生格] < у́голь

**угля́дывать** [不完] / **угляде́ть** -яжу́, -яди́шь [完] ①《圏》見てとる, 気づく ②《完》《通例文》《за圏》を見張る, 監視する

**угнáть(ся)** [完] →угоня́ть(ся)

**угнезди́ться** (1単未なし) -и́шься [完] 《話》(狭い場所に)位置をとる；居心地よくおさまる

**угнетáтель** [男5] / **-ница** [女3] 抑圧者, 迫害者, 圧制者

**угнетáтельский** [形3] 抑圧的な, 圧制的な, 虐虐な

**угнетáть** [不完] 《圏》①圧迫する, 抑圧する, 迫害する ②苦しめる, 悩ます, 苛(ｻｲ)む ③《成長・発育などを》抑える

**угнетéние** [中5] ①圧迫, 抑圧, 圧害；抑制 ②ふさぎこんでいる状態

**угнетённый** 短-тён, -тенá [形1] ①抑圧された, 迫害された ②ふさぎこんだ, 意気消沈した

**уговáривать** [不完] / **уговори́ть** -рю́, -ри́шь 受過-рённый (-рён, -ренá) [完] [persuade] ①《圏を不定形》説得する, 説き伏せる：Я уговори́л её поéхать в кинó. 私は彼女を説得して映画に行った｜Ну, лáдно, ты́ меня́ уговори́л. わかったよ[しかたない], じゃあそうしよう(★提案に対する同意；渋々のニュアンスを含むことも) ②《話》《圏》《酒を》飲む ③《俗》食い尽くす **//~ся** [不完] / [完] ①《話》《с圏と不定形》することを取り決める, 合意する ②《不完》《受身》

**уговóр** -a/-y [男1] 《話》①《複》説得, 助言 ②取り決め, 協定, 約束

**угóда** [女1] **♦в -у圏** ...の満足のいくように, 気に入るように

**угоди́ть** [完] →угождáть

**угóдливый** 短-ив [形1] こびへつらう, 追従的な **//-ость** [女10]

**угóдник** [男2] / **-ца** [女3] ①《話》ご機嫌とり, 追従屋 ②《宗》神の僕(ｼﾓﾍﾞ), 聖者

**угóдничать** [不完] 《話》《圏》《пéред圏》... にこびへつらう, ... の機嫌をとる

**угóдничество** [中5] こびへつらい, 追従

*__угóдно__ [ウゴードナ] ①《無人述》《圏にとって》好ましい, 必要だ, 望ましい：как вáм ～ あなたの好きなように ｜ Чтó вáм ～? ご用はなんでしょうか ②《助》《疑問詞の後で》どんな, 任意の～：ктó ～ 誰でも ｜ Тудá мóг входи́ть ～ в любóе врéмя гóда и сýток. そこへは誰でも一年中一日中好きな時に入っていかれた ｜ чтó ～ 何でも ｜ когдá ～ いつでも, 好きな時に ｜ гдé ～ どこでも, 好きなところで ｜ Бери́те скóлько вáм ～. 好きなだけお取り下さい **♦éсли ～** 強いて言えば, おそらく ｜ **не ～ ли** (1к不定形)... してはどうですか: Не ～ ли вáм состáвить мнé компáнию? 私と一緒にいかがですか (2)いませんか, やれやれ: Не ～ ли, приходите вы́ с рабóты домóй, а тáм у жены́ подрýжки сидя́т. いまいましいことに, あなたが仕事からうちへ帰ると, 奥さんのところには友人達が来ている

**угóдный** 短-ден, -дна [形1] 《圏》... の気に入る, ... にとって望ましい

**угóдье** [中4] 《通例複》(農業・狩猟用の)用地

**угождáть** [不完] / **угоди́ть** -ожу́, -оди́шь [完] ①《圏/на圏》を喜ばせる, 満足させる：всéм угождáющий 八方美人の, 優柔不断の ②《完》《話》《в圏》に入り込む, 落ちる；ぶつかる ③《完》《圏に当てる, ぶつける **//угождéние** [中5] < ①

*__угóл__ [ウーガル] углá по́д углé, в/на углу́ (за/на углу́, зá/нá угол) [男1] [angle, corner] ①《前 в углé》《数》角, 角度: прямóй ～ 直角 ｜ под углóм в пятьдеся́т грáдусов 50度の角度で ②角(カド), 隅: ～ столá テーブルの角 ｜ магази́н на углу́ у́лицы 通りの角にある店 ｜ заверну́ть зá угол 角を曲がる ｜ Óн хóдит по кóмнате из углá в ～. 彼は隅から隅へ部屋を歩きまわっている ③(部屋の一部を仕切った)貸間: снимáть ～ 間借りする ④住処(ｶ), 我が家, 居場所: не имéть своегó углá 自分の家がない；居心地が悪い ｜ В глухóм углу́ へんぴな片田舎で, 田舎: в глухóм углу́ へんぴな片田舎で **♦из-за углá** こっそりと, ひそかに：уби́ть и́з-за углá 暗殺する ｜ **загнáть [прижáть, припере́ть] в ～圏** 窮地に追いつめる ｜ **на всéх углáх** いたる所で ｜ **～ зрéния** 観点, 視点, 視角

**уголёк** -лькá/-лькý [男2] [指小] < у́голь

**уголóвка** [女2] 《俗》①刑事部, 犯罪捜査課 ②捜査；犯罪, 事件

**уголóвник** [男2] **/-ца** [女3] 《話》刑事犯, 刑法犯

*__уголóвный__ [ウガローヴヌイ] [形1] [criminal] 刑事上の, 刑事犯罪の, 刑法の：－ое дéло 刑事事件 ｜ ～ престу́пник 刑事犯 | *-ое пра́во* 刑法 | ~ ро́зыск 刑事部 (угрозыск)

*угол-о́к* -лка́ 前 *об -лке́*, *в -лке́/-лку́* [男2] [corner] ①[指小]<уго́л①-⑤> ②片隅, 一隅: *укро́мный ~* ひっそりとした一隅 ③(学校・公共施設などの)特別室, コーナー: *живо́й ~* 動植物コーナー ④L 字形のもの; 山鉄 ⑤[複]山括弧〈 〉

*у́голь* [ウーガリ] *угля́/у́гля* [男5] [coal] ①[複 *у́гли, угле́й*] 石炭; 木炭: *ка́менный ~* 石炭 | *древе́сный ~* 木炭 | *добы́ча ~* 石炭を採掘する ②[複 *угли́, у́гольи, у́гольев/у́гли́, угле́й*] 炭火 (1片), 炭; (デッサン用の)木炭: *перемеша́ть у́гли в костре́* 焚き火の炭をかきまぜる | *рисова́ть углём* 木炭でデッサンする ◆*бе́лый ~* (エネルギー源としての)水力 | *голубо́й ~* (エネルギー源としての)風力 | *как на у́глях [угля́х] (быть, сиде́ть, находи́ться)* 《話》気がひけ, 不安でたまらない

уго́льник [男2] 三角定規, 直角定規

уго́льный [形1] ①石炭の; 石炭[木炭]による **=―ая ры́ба**[魚]ギンダラ

уго́льщик [男2] *-ца* [女3] 《話》①炭坑夫[婦] ②(男]石炭運搬船

угомо́н *-а/-у* [男1] ◆*нет ~у на* 《話》…は落ち着いていられない

угомоня́ть [不完] / угомони́ть -ню́, -ни́шь 受過 -нённый (-нён, -нена́) [完] 《話》〈困〉落ち着かせる, 静かにさせる, なだめる **// ―ся** [完] 落ち着く, 静かになる

уго́н [男1] ①(家畜・乗物を)追い立てること; 追いやること ②(家畜・乗物を)盗むこと: ~ *самолёта* ハイジャック

уго́нщик [男2] *-ца* [女3] (家畜・乗物の)泥棒; 乗っ取り犯

угоня́ть [不完] / угна́ть *угоню́, уго́нишь* 過 *-а́л, -ала́, -а́ло* 受過 *угна́нный* [完] 〈困〉①〈家畜を〉追って行く ②〈困〉〈家畜・乗物を〉盗む, 乗り逃げする ③《俗》追いやる

угоня́ться [不完] / угна́ться *угоню́сь, уго́нишься* 過 *-а́лся, -ала́сь, -а́лось/-а́лось* 《話》(通例否定文で)〈за圏〉①…に追いつく, ついて行く ②…と肩を並べる

угора́здить -дит [完] 《無人称をчёртなどを主語にして》〈困〉[不定形与格]を 《不必要な・軽率なことをするよう》唆す, 思いつかせる: *Как меня́ угора́здило влюби́ться в него́?* 何であんな人を好きになってしまったのだろう

угора́ть [不完] / угоре́ть *-рю́, -ри́шь* [完] ①一酸化炭素中毒にかかる ②《話》ばかのになる, 判断力を失う ③《若者》〈*от*/с圈〉にうっとりする, 満足する: ~ *от францу́зов* フランス人にうっとりする ④[不完]《若者》笑い転げる: ~ *от сме́ха* 大笑いする ⑤[治]燃焼し[焼き]滅びする

угоре́лый [形1] ◆*как ~* 気が狂ったように

у́горь *угря́* [男5] ①[魚]ウナギ, アナゴ: *речны́е у́гри* ウナギ属 | *европе́йский (речно́й) [обыкнове́нный] ~* ヨーロッパウナギ | *япо́нский речно́й ~* ニホンウナギ | *морски́е угри́* アナゴ属 | *белопя́тнистый морско́й ~* マアナゴ | *япо́нский ко́нгер ~* (日本産) | *япо́нский морско́й ~* クロアナゴ ②にきび, 吹き出物

*угоща́ть* [不完] / угости́ть *-ощу́, -ости́шь* 受過 *-ощённый (-щён, -щена́)* [完] [entertain, treat] 〈困〉を圈で〉もてなす, 〈困〉に圈を〉ご馳走する; おごる: ~ *госте́й япо́нским блю́дом* 客を日本料理でもてなす **// ―ся** [完] 〈困〉〈圈を〉ご馳走になる ②思う存分食べる[飲む] ③[不完]〈受身〉

угоще́ние [中5] ①ご馳走すること, もてなし ②もてなしの飲食物, ご馳走

---

угрева́тый 短 *-а́т* [形1] ニキビだらけの

угрево́й [形2] ニキビの

угрё́вый [形1] ①ウナギの ②*-ые* [複] ウナギ科

угре́ться [完] 《話》自分の体を暖める, 暖まる

УГРО, УгРо [ウグロー] (略)*уголо́вный ро́зыск* 刑事部

угро́бить [完] → гро́бить

угро́бище [中2] 《俗》恐ろしい人[もの], 醜い人[もの], 化け物 **// ―ный** [形1]

угрожа́емый [形1] 危険をはらんだ, 危険な

*угрожа́ть* [ウグラジャーチ] [不完] [threaten] ①〈与を圏で〉《かまわないといって》脅す, 脅迫する, おびやかす: *Граби́тель угрожа́л нам пистоле́том.* 強盗は私たちをピストルで脅した | ~ *здоро́вью* 健康をおびやかす ②〈圏の/不定形形で〉脅しをかける, 脅迫する; しそうだ: *Скала́ угрожа́ет обвали́ться.* 崖は今にも崩れ落ちそうだ ③〈与に〉(危険・よくないことが)差し迫っている: *На́шей компа́нии угрожа́ло разоре́ние.* 私たちの会社は倒産の危機に瀕していた

*угро́за* [ウグローザ] [女1] [threat] ①脅し, 脅迫: *я́вная ~* あからさまな脅し | *не поддава́ться -ам* 脅迫に屈しない ②恐れ, 危険, 脅威: ~ *ава́рии* 事故につながる危険性がある | *План под -ой срыва.* 計画は挫折の危機にある

угро́зыск [男2] 刑事部, 犯罪捜査課 (*уголо́вный ро́зыск*)

угро́хать [完] 《俗》〈困〉大量に使う

угрыза́ние [中5] 《古》の呵責(ﾍﾟｷ)

угрю́мо [副] 不機嫌に, むっつりして, 陰気に

угрю́мый 短 *-ю́м* [形1] 不機嫌な, むっつりした, 陰気な, 陰鬱な **// ―ость** [女10]

угу́ [助] 《俗》《同意・確認》うん, そうだ

уд (不変) [中] (成績の可, 5段階評価の)3 (*удовлетвори́тельно*): *получи́ть* ~ 「可」をもらう

уда́в [男1] ①[動]ボア (熱帯の大蛇) ②《俗》大食漢

◆*тащи́ться как ~* 《若者・戯》感激する, 堪能する

*уда́ваться* [ウダヴァーッツァ] *удаётся* [不完] / *уда́ться* [ウダーッツァ] *уда́стся, удаду́тся* 過 *-а́лся, -ала́сь, -а́лось/-а́лось* [完] [succeed] ①うまくいく, 成功する: *Опера́ция удала́сь.* 手術は成功した | *Перегово́ры не уда́лись.* 話し合いは不調に終わった ②《無人称》〈与に/不定形で〉することに〉成功する, …することができる: *Мне не удало́сь написа́ть статью во́время.* 期限内に論文を書き終えることができなかった

удави́ть(ся) [完] → уда́вливать

уда́вка 複生 *-вок* [女2] 《俗》①ネクタイ ②マフラー, スカーフ ③ネックレス

удавле́ние [中5] 絞殺; 首つり, 縊死(ﾂ)

уда́вленик [男2] *-ца* [女3] 《俗》首つり自殺者; 絞殺された人

уда́вливать [不完] / удави́ть *-авлю́, -а́вишь* 受過 *-а́вленный* [完] 絞め殺す **// ―ся** [完] 首つり自殺する ◆*за копе́йку [рубль] уда́вится* しみったれている, けちだ

уда́вчик [男2] → уда́вка

*удале́ние* [中5] [removal] ①遠ざける[遠ざかる]こと: ~ *от го́рода* 町から離れて ②追放; 退出, 退去; 《スポ》退場: ~ *за преде́лы госуда́рства* 国外追放 ③取り除くこと, 除去: ~ *пя́тен* 染み抜き

*удалённый* [形1] 遠く離れた, 遠隔の: ~ *райо́н* 遠く離れた地域

удале́ц *-льца́* [男2] 《話》豪胆な男, 血気盛んな人

удали́ть(ся) [完] → удаля́ть(ся)

удало́й [形2], *уда́лый* 短 *-а́л, -ала́, -а́ло, -а́лы/-а́лы* [形1] 豪胆な, 勇ましい, 血気にはやる

у́даль [女10] 豪胆さ, 勇ましさ, 血気

удальство́ [中1] 《話》 = у́даль

**удаля́ть** [不完] / **удали́ть** -лю́, -ли́шь 受過 -лённый (-лён, -лена́) [完] [remove, take away] ① 遠ざける、離す: Он *удали́л* мише́нь на пять ме́тров. 彼は標的を5メートル遠ざけた ② 去らせる、追い出す; 〈…〉 посторо́нних 部外者を退出させる | ~ игрока́ с по́ля 選手を退場させる ③ 取り除く、引き抜く: ~ зуб 歯を抜く ◆〈コン〉消去する

**удаля́ться** [不完] / **удали́ться** -лю́сь, -ли́шься [完] [move off [away]] ① 遠ざかる、離れる: ~ от до́ма 家から離れる | ~ от те́мы 本題から逸れる ② 去る、退く: ~ к себе́ в ко́мнату 自室に引っ込む ③《不完》 <удаля́ть

**уда́р** [ウダール] [男1] [blow, kick] ① 打つ[殴る、突く、蹴る] こと、パンチ、キック、打撃: си́льный ~ 強烈な一撃 | ~ ного́й в кик | Он нанёс мне ~ по спине́. 彼は私の背中を殴った ②〈スポ〉(球などを)打つ[蹴る]こと、キック、シュート、ヒット、ストローク: свобо́дный [штрафно́й] ~ 〈サッカー〉フリー[ペナルティ]キック ③ 打つ音、響き: ~ ко́локола 鐘の打つ音 | гро́м 雷鳴 ④ 攻撃、襲撃: ~ с во́здуха 空爆 ⑤《精神的な》打撃、衝撃、ショック: Смерть ма́тери была́ тяжёлым ~ом для него́. 母の死は彼にとって大きなショックだった ⑥ 卒中、脳出血: со́лнечный ~ 日射病、熱中症 | теплово́й ~ 熱射病 ⑦《通例複》〈心臓・血管の〉鼓動、拍動: ~ы се́рдца 心臓の鼓動

◆ **быть в ~е** 気分が乗っている | **под ~ом** (1) 攻撃の危険にさらされて (2) 危機的状況に | **ста́вить под ~** 図 危機的状況に陥る

**ударе́н|ие** [中5] [stress, accent] ①〈言〉 アクセント、力点; アクセント記号: основно́е [гла́вное] ~ 主アクセント | побо́чное [второстепе́нное] ~ 副アクセント | знак *-ия* アクセント記号 | У~ па́дает на пе́рвый слог. アクセントは1音節にある | поста́вить ~ アクセントを付ける ② 強調、力点: де́лать ~ на 副 …を強調する

**уда́рить(ся)** [完] → ударя́ть(ся)

**уда́рни|к** [男2] [/-ца[女3]] 打楽器奏者、パーカッショニスト ② 突撃作業班員 ③ 撃鉄、撃針 ④〈ピアノの〉ハンマー

**уда́рн|ый** [形1] [percussive, percussion] ① 打つ、打撃の、衝撃の: музыка́льный инструме́нт 打楽器 | *-ая* волна́ 衝撃波 ② 決定的打撃を与える、突撃の: *-ые* ча́сти 突撃部隊 ③ 緊急で重大な、喫緊の ④〈言〉アクセントのある: ~ гла́сный アクセント母音 ⑤ 突撃作業的な ◆ *-ые* те́мпы ハイテンポ

**ударя́емый** [形1]〈言〉 アクセントのある

**ударя́ть** [ウダリャーチ] [不完] / **уда́рить** [ウダーリチ] -рю, -ришь 命 -рь 受過 -ренный [完] [strike, hit] ①〈по 与/в 対〉を打つ、殴る、突く、蹴る: ~ в дверь ドアを叩く | по мячу́ ボールを足で蹴る | Он *уда́рил* меня́ по голове́. 彼は私の頭を殴った ②〈по 与/в 対〉を打ち鳴らす、打ち鳴らして知らせる; 鳴る、鳴り響く: ~ в ко́локол 鐘を鳴らす | Часы́ *уда́рили* по́лночь. 時計が夜中の12時を打った ③〈на 対/по 与〉襲う、襲撃する: ~ по врагу́ 敵を襲撃する ④〈по 与〉〈否定的なものに〉断固戦う、叩く: ~ по бюрокра́тизму 官僚主義を叩く ⑤〈по 与〉勢いよく始まる: ~ в вёсла 漕ぎだす | Ну что, снача́ла *уда́рим* по бифште́ксу с жа́реной карто́шечкой? じゃあ、まずはビーフステーキをジャガイモ炒めと炒めといっしょにおっぱじめるか ⑥〈自然現象が〉急に[激しく]始まる、到来する: *Уда́рил* моро́з. 急に厳しい寒さがやって来た ⑦〈в 対〉に急に作用する、…を襲う: Вино́ *уда́рило* в го́лову. 酒に酔いがまわった ⑧《話》〈卒中・麻痺などが〉襲う

◆ **по рука́м**《話》取引が成立、手を打つ

**ударя́ться** [不完] / **уда́риться** -рюсь, -ришься [完] [strike against, hit, break] ①〈о 対〉にぶつかる、突き当たる、衝突する: ~ ного́й об у́гол стола́ テーブルの角に足をぶつける | Мяч *уда́рился* об пол. ボールが床に落ちた ②〈в 対〉に陥る、命中する: Пти́ца *уда́рилась* в окно́. 鳥が窓にぶつかった ③《話》〈в 対〉に夢中になる、〈ある状態に〉陥る: ~ в спорт スポーツに夢中になる | ~ в кра́йность 極端に走る ◆ ~ **в бе́гство [бежа́ть]**《話》一目散に走り[逃げ]出す

**уда́ться** [完] → удава́ться

**уда́ч|а** [ウダーチャ] [女4] [success, good luck] 成功、幸運: больша́я ~ 大成功 | Жела́ю вам *-и*. ご成功をお祈りします | *Уда́чи!*《話》幸運を; 頑張ってね

**уда́члив|ый** -ив [形1] [successful, lucky] 幸運な、ついている; 成功した: ~ хи́мик 幸運な化学者 ‖ **-ость** [女10]

**уда́чни|к** [男2] /**-ца** [女3]《話》 ラッキーな人

**уда́чно** [副] [successfully, well] ① 成功裏に、うまく、首尾よく: Всё прошло́ ~. 全てうまくいった ② 適切に、上手に: ~ подобра́ть цвета́ 色を選び出す

**уда́чн|ый** [ウダーチヌイ] 短 -чен, -чна [形1] [successful, felicitous] ① 成功した、うまくいった: *-ая* экспеди́ция 成功した探検 | Её исполне́ние бы́ло *-ым*. 彼女の演奏はうまくいった ② 適切な、うまい: *-ое* выраже́ние うまい表現 ‖ **-ость** [女10]

**удва́ивать** [不完] / **удво́ить** -о́ю, -о́ишь 受過 -о́енный [完] 〈対〉 2倍にする、倍加する ‖ **-ся** [不完] / [完] 2倍になる

**удвое́ние** [中5] 倍加、倍増

**уде́л** [男1] ①《露史》(中世の) 公領、分領地 ②《露史》帝政の皇室領、御料地 ③《文》運命、宿命

**удели́ть** [完] → уделя́ть

**уде́л|ывать** [不完] / **уде́лать** 受過 -анный [完] 《俗》《вульг》 ① ひどく殴る、ぶちのめす; …に勝つ、やっつける ② 汚す ‖ **-ся** [不完] / [完] 《俗》 すっかり汚れる

**уде́льн|ый** [形1] ①《露史》公領の、分領地の; 皇室領の、御料地の ②《理》比の、単位当たりの: ~ вес 比重

**уделя́ть** [不完] / **удели́ть** -лю́, -ли́шь 受過 -лённый (-лён, -лена́) [完] [spare, give] 〈対〉〈与〉に分け与える、〈時間〉を割く、〈注意〉を払う: ~ вре́мя де́тям 子どもたちのために時間を割く ‖ **-ся** [不完] / [完] 受身

**у́держ** -у [男1] [restraint] ◆ **без ~у** とめどなく、抑えられずに | **~у нет** 図 [**на** 対] …は抑えがきかない: *Уде́ржу* нет на шалуно́в. その腕白どもは手に負えない | **не знать ~у в** 副 …の限度を知らない、程をわきまえない

**удержа́ние** [中5] ① 保持、維持; 抑止、阻止 ② 控除額

**уде́рживать** [ウデェールジヴァチ] / **удержа́ть** [ウデルジャーチ] -ержу́, -е́ржишь 命 -жи́ 受過 -е́ржанный [完] [not let, hold] ①〈от 生〉(落ちたり、倒れたりしないように)支える、持つ、保つ: Она́ *удержа́ла* старика́ от паде́ния. 彼女は老人が倒れないように支えてやった ② 保持する、維持する: ~ своё ме́сто в чемпиона́те 選手権大会での順位を保持する | ~ в па́мяти 記憶にとどめる ③ 止める、行かせない、引き留める: ~ го́стя до ве́чера 客を夕方まで引き留める ④〈対〉 от 生〉を思いとどまらせる、阻止する: Мать *удержа́ла* меня́ от необду́манного посту́пка. 母は私の軽率な行動を取るのを思いとどまらせた ⑤ 抑える、こらえる: ~ смех [слёзы] 笑い[涙]をこらえる ⑥ 控除する、差し引く: ~ алиме́нты из зарпла́ты 給料から養育費を差し引く ‖ **уде́рживание** [中5]

**уде́рживаться** [不完] / **удержа́ться** -ержу́сь, -е́ржишься [完] [stand firm, refrain] ①〈倒れないように〉踏みこたえる、身を支える: ~ на нога́х 両足でふんばる ② 踏みとどまる: ~ на посту́ 職にとどまる ③〈от 生〉こらえる、我慢する: Мы не могли́ *удержа́ться* от сме́ха. 私たちはこらえずに笑ってしまった ④《不完》《受身》 < уде́рживать

**удесятери́ть** [不完] / **удесятери́ть** -рю́, -ри́шь 過 -ре́нный (-рён, -рена́) [完]〘他〙10倍にする;何倍にもする **‖ ~ся** [不完] / [完] 10倍になる;何倍にもなる

**удешевле́ние** [中5] 値下げ,値下がり

**удешевля́ть** [不完] / **удешеви́ть** -влю́, -ви́шь 受過 -влённый (-лён, -лена́) [完]〘他〙安くする,値下げする **‖ ~ся** [不完] / [完] 安くなる,値下げする

*__удиви́тельно__ [ウヂヴィーチリナ] 〔astonishingly, marvelously〕**I**〘副〙驚くほど,不思議なくらい:このうえなく,非常に: ~ хоро́шая пого́да 驚くほどよい天気 **II**〘無人述〙驚くべきことだ,不思議だ:У~,что он ещё жив. 彼がまだ生きているなんて驚きだ｜ Не ~, что на́ша кома́нда проигра́ла. 私たちのチームが負けたのも不思議ではない

*__удиви́тельн|ый__ [ウヂヴィーチリヌイ] 短 -лен, -льна [形1] 〔astonishing, surprising〕① 驚くべき,不思議な,奇妙な,異常な: -ое совпаде́ние 不思議な一致｜В э́том нет ничего́ ~ого. そんなことは何も驚くことではない ② 素晴らしい,並外れた,まれに見る: ~ум 異質的な頭脳 **‖ -ость** [女10]

**удиви́ть(ся)** [完] →удивля́ть, удивля́ться

*__удивле́ние__ [ウヂヴレーニエ] [中5] 〔astonishment, surprise〕驚き,驚嘆,不思議な思い: с ~ием 驚いて,不思議そうに｜к моему́ ~ию 私が驚いたことには｜Он вне себя́ от ~ия. 彼は驚きのあまり我を忘れている
**◆на~** 〘話〙素晴らしく,見事に;〘述語〙素晴らしい

*__удивлённо__ [副] 〔surprised〕驚いて,びっくりして: ~ пожа́ть плеча́ми 驚いたように肩をすくめる

**удивлённ|ый** [形1] 〔surprised〕驚いた,びっくりしたような: -ое выраже́ние лица́ 驚いた表情

*__удивля́ть__ [ウヂヴリャーチ] [不完] / **удиви́ть** [ウヂヴィーチ] -влю́, -ви́шь, ... -вя́т 命 -ви́ 受過 -влённый (-лён, -лена́) [完] 〔astonish, surprise〕〘他〙驚かせる,びっくりさせる,不思議に思わせる: ~ дете́й 子どもたちを驚かせる｜Его́ ниче́м не удиви́шь. 何をしても彼を驚かすことはできない

*__удивля́ться__ [ウヂヴリャーッツァ] [不完] / **удиви́ться** [ウヂヴィーッツァ] -влю́сь, -ви́шься, ... -вя́тся 命 -ви́сь [完]〘与〙驚く,びっくりする,不思議に思う: Мы удиви́лись её неожи́данному прие́зду. 私たちは彼女の突然の到着に驚いた

**удила́** -и́л, -ила́м [複]轡(くつわ)

**уди́лище** [中2] 釣りざお

**уди́льный** [形1] 魚釣り用の

**уди́льщи|к** [男2] / **-ца** [女3] ① 釣り人,釣り師 ② 〘俗〙泥棒,空き巣,すり

**удира́ть** удеру́, удерёшь [不完] 過 -а́л, -ала́, -а́ло [完] 〘話〙急いで[こっそり]逃げる,ずらかる

**уди́ть** ужу́, у́дишь [不完] 〘他〙〈魚を〉釣る **‖ ~ся** [不完] 釣れる

**удлине́ние** [中5] 長くする[なる]こと,伸張,延長

**удлинённый** [形1] 長めにされた,細長い

**удлини́тель** [男2] 延長コード

**удлиня́ть** [不完] / **удлини́ть** -ню́, -ни́шь 受過 -нённый (-нён, -нена́) [完]〘他〙① 長くする,伸ばす ② (時間的に) 延ばす,延長する **‖ ~ся** [不完] / [完] 長くなる,延びる

**удму́рт** [男1] / **~ка** 複生 -ток [女2] ウドムルト人 **‖ ~ский** [ц] [形3]

**Удму́ртия** [女9] ウドムルト共和国 (Респу́блика ~; 首都は Иже́вск; 沿ヴォルガ連邦管区)

*__удо́бно__ [ウドーブナ] **I** 〘副〙〔comfortably〕快適に,心地よく;便利に: ~ сиде́ть 具合よく座る **II** 〘無人述〙① 快適だ,心地がよい;便利だ: Мне здесь о́чень ~. 私はここがとても快適だ ② 都合がいい,好都合だ: Е́сли вам ~, я прие́ду к вам в пять часо́в. ご都合がよければ,5時にお伺いします ③ 当を得ている,適切だ: У~ ли зада́ть ей тако́й вопро́с? 彼女にこんな質問をしても構わないでしょうか

*__удо́бн|ый__ [ウドーブヌイ] 短 -бен, -бна [形1] 〔comfortable, convenient〕① 便利な,使いやすい;快適な,心地のいい: -ая ку́хня 使いやすいキッチン｜~ дива́н 座り心地のいいソファー ② 都合のいい,好都合の: по́льзоваться -ым слу́чаем 好機を利用する｜Приходи́те в -ое для вас вре́мя. 都合のいい時にいらして下さい ③ 当を得た,適切な,ふさわしい: вполне́ ~ вопро́с 実に当を得た質問 **‖ -ость** [女10]

**удо́бо..** 〘語形成〙「容易に」「簡単に」: удо́бочита́емый 読みやすい

**удобовари́мый** 短 -и́м [形1] 消化しやすい,消化のよい

**удобопоня́тный** 短 -тен, -тна [形1] 理解しやすい

*__удобре́ние__ [中5] 〔fertilization, fertilizer〕① 施肥 ② 肥料: органи́ческое ~ 有機肥料

**удобри́тельный** [形1] 施肥用の;肥料の

**удобря́ть** [不完] / **удо́брить** -рю, -ришь 受過 -ренный [完] 〘他〙施肥する

*__удо́бств|о__ [中1] 〔comfort, convenience〕① 便利;快適さ: для ~а чита́телей 読者の便をはかって ② (通例複)(生活を快適にする)設備: кварти́ра со все́ми -ами 諸設備完備の家

*__удовлетворе́ние__ [ウダヴレトヴァリェーニエ] [中5] 〔satisfaction, gratification〕①(要求・願望などを)満たすこと,充足;供給,補給: ~ потре́бностей 需要を満たすこと ② 満足(感),喜び: испы́тывать ~ を味わう｜Он нашёл ~ в рабо́те. 彼は仕事に喜びを見出した

**удовлетворённо** 〘副〙満足げに,満足して

*__удовлетворённ|ый__ [形1] 〔satisfied〕満足した,満たされた: -ая улы́бка 満ち足りた微笑 **‖ -ость** [女10]

**удовлетвори́тельно** 〔satisfactorily〕①〘副〙満足に,申し分なく ②〘不変〙[中名](評点の)可(合格最低点; ★ ~хорошо́ 参看): сдать экза́мен на ~ 可で試験に合格する｜получа́ть ~ 「可」をもらう

**удовлетвори́тельн|ый** 短 -лен, -льна [形1] 満足すべき,悪くない;申し分のない: ~ результа́т тести́рования 申し分ない検査結果｜-ая отме́тка 合格点

*__удовлетворя́ть__ [不完] / **удовлетвори́ть** -рю́, -ри́шь 受過 -рённый (-рён, -рена́) [完] 〔satisfy〕①〘対〙〈要求・願望〉を満足させる,満たす,叶える: ~ потре́бности населе́ния 住民の欲求を満たす｜~ тре́нера результа́том 結果でトレーナーを満足させる ②〘与〙適う,応える,合う: ~ра́зным вку́сам покупа́телей 消費者の様々な好みに応える｜Э́тот костю́м не удовлетворя́ет моему́ вку́су. このスーツは私の趣味に合わない ③〘対〙〈需要〉を供給する,補給する **‖ ~ся** [不完] / [完] ①〘造〙に満足する ②〘(受身)〙

*__удово́льств|ие__ [ウダヴォーリストヴィエ] [中5] 〔pleasure〕① 喜び,満足: получи́ть ~ 満足を得る｜Пойдёмте в кино́! — С -ием. 「映画に行きましょう」「喜んで」｜С ва́ми рабо́тать — одно́ ~. 皆さんと一緒に働けてとてもうれしいです ② 娯楽,楽しみ,気晴らし: Для него́ уди́ть ры́бу — большо́е ~. 彼にとって魚釣りは大きな楽しみだ ③ 〘古〙ゆくまで,存分に: ~
**◆в своё ~** ゆくまで,存分に｜**~ни́же сре́днего** 不愉快だ,不便だ

**удово́льствоваться** [完] →дово́льствоваться

**удо́д** [男1] 〘鳥〙ヤツガシラ ② 〘蔑〙まぬけ,とんま; 面白みのないやつ

**удо́й** 男6] ① (1回・一定期間の)搾乳量;搾乳 ② 〘俗〙収入,もうけ

**удо́йность** [女10] ① 乳の出,産乳量 ② 搾乳量

**удо́йный** 短 -о́ен, -о́йна [形1] ① 1回[一定期間]の

搾乳の ②乳をよく出す ③《俗》もうかる, 収益の多い
**удорожа́ние** [中5] 値上がり; 値上げ
**удорожа́|ть** [不完] / **удорожи́ть** -жу́, -жи́шь 受過 -жённый (-жён, -жена́) [完] 〈囲〉…の価格を高くする, 値上げする **∥~ся** [不完]/[完] 値上がりする
**удоста́ивать** [不完] / **удосто́ить** -о́ю, -о́ишь 受過 -о́енный [完] ① 〈囲〉に囲を授与する, 授ける: ~ Нобелевской пре́мии 〈囲〉…にノーベル賞を授与する ② 〈皮肉〉〈囲〉に囲を〉…を注意・好意などを向ける, 与える **∥~ся** [不完]/[完] 〈囲〉 ①…を授与される, 受賞する ② 〈皮肉〉…の光栄に浴する, …にあずかる
*__удостовере́ние__ [中5] [certification] ① (正しい・本物であることの)証明, 確認: ~ по́дписи 署名の検証 ② 証明書: ~ ли́чности 身分証明書, ID カード
**удостоверя́ть** [不完] / **удостове́рить** -рю, -ришь 受過 -ренный [完] (正しい・本物であると)証明する, 確認する **∥~ся** [不完]/[完] 〈в囲〉を確認する: 確信する
**удосто́ить(ся)** [完] →удоста́ивать
**удосу́живаться** [不完] / **удосу́житься** -жусь, -жишься [完] 《話》〈不定形〉…する時間を見つける
**удочеря́ть** [不完] / **удочери́ть** -рю́, -ри́шь 受過 -рённая (-рена́) [完] 〈囲〉養女にする
**у́дочк|а** 複生 -чек [女2] 糸と針をつけた釣りざお, 釣り道具 ◆ **заки́нуть [забро́сить]** ~у 探りを入れる, 打診する | **пойма́ть [попа́сться [пойти́] на** ~у 〈囲〉…をだます, ひっかける | **смота́ть** -и 《話》さっさと立ち去る
**удра́ть** [完] →удира́ть
**удринча́|ться** -чу́сь, -чи́шься [完] 《若者・俗》ぐでんぐでんになるまで飲む
**удружа́ть** [不完] / **удружи́ть** -жу́, -жи́шь [完] 《話》〈囲に〉① 親切にする, 力を貸す ② 《皮肉》迷惑をかける
**удруча́ть** [不完] / **удручи́ть** -чу́, -чи́шь 受過 -чённый (-чён, -чена́) [完] ひどく悲しませる, がっかりさせる
**удручённ|ый** 短 -ён, -ённа [形1] ひどくがっかりした, 意気消沈した **∥-ость** [女10]
**удумывать** [不完] / **уду́мать** [完] 《俗》〈囲〉思いつく, 考え出す
**удуша́ть** [不完] / **удуши́ть** -ушу́, -у́шишь -у́шенный [完] ① 絞め殺す, 窒息死させる ② 抑圧する, 滅ぼす
**удуше́ние** [中5] 窒息(死)させること, 絞殺; 抑圧
**уду́шлив|ый** 短 -ив [形1] ① 息苦しい, 息のつまるような ② 窒息性の, 呼吸困難を引き起こす **∥-ость** [女10]
**уду́шье** [中4] 呼吸困難, 窒息
**удэге́, удэхе́** (不変) [男・女] = удэге́ец/удэге́йка
**удэге́|ец** -е́йца [男3] / **-йка** 複生 -е́ек [女2] ウデヘ人 (沿海およびハバロフスク地方に暮らす民族) **∥-йский** [形1] ウデヘ(人)の
**уеба́нец** -нца [男3] 《若者・俗》悪人, ワル
**уеда́ть** [不完] / **уе́сть** уе́м, уе́шь, уе́ст, уеди́м, уеди́те, уедя́т, ные 過 уе́л 受過 уе́денный [完] 《俗》〈言葉で〉傷つける, 困らせる
**уедине́ние** [中5] ① 引き離す[離れる]こと, 隔離, 隔絶 ② 孤独, 独居
**уединённ|ый** [形1] ① 孤独な, 孤立した ② 人里離れた, へんぴな **∥-о** [副] **∥-ость** [女10]
**уединя́|ть** [不完] / **уедини́ть** -ню́, -ни́шь 受過 -нённый (-нён, -нена́) [完] 〈囲〉引き離す, 孤立させる **∥~ся** [不完]/[完] (他から)離れる, 遠ざかる; ひきこもる

---

**уе́зд** [男1] ①《露史》郡 (1929年までの県の下の行政単位) ②(日本の)郡 **∥~ный** [形1]
**уезжа́|ть** [жж] [ウィッジャーチ] / **уе́хать** [ウイェーハチ] уе́ду, уе́дешь 命 уезжа́й [go away, leave] ① (乗物で)出発する, 去る: ~ на по́езде 列車で発つ | ~ в о́тпуск 休暇に出かける | За́втра мы уезжа́ем в Со́чи. 明日私たちはソチに発ちます ②《俗》(麻薬で)トリップする ◆ **далеко́ не уе́дешь на** 〈囲〉…では大した成果は得られない, うまくいかないだろう
**уёк** [男1] 《魚》カラフトシシャモ (мо́йва)
**УЕФА́** [ウイファー] (不変) [男] UEFA, 欧州サッカー連盟
**уе́хать** [完] →уезжа́ть
**уж¹** -а́ [男4] 《動》ヨーロッパヤマカガシ (無毒のヘビ) ◆ **извива́ться ужо́м** ずるく振る舞う **∥ужи́ный, ужо́вый** [形1]
*__уж²__ [ウージュ] **I** [副] すでに, もう (уже́): Он уж зна́ет. 彼はもう知っている **II** [助] ①《個々の語や文全体の意味を強めて》本当に, 全く, 実に: Это не та́к уж сло́жно. これは複雑すぎるというわけじゃない | Уж вы́ не забу́дьте меня́. 私のことを本当に忘れないで下さい ②《民話・民話の出だし》そら, すると
**ужа́лить** [完] →жа́лить
**ужа́ривать** [不完] / **ужа́рить** -рю, -ришь 受過 -ренный [完] 《話》〈囲〉① 十分に焼く **∥~ся** [不完]/[完] ① 十分に焼ける, 焼き上がる ② 焼けて小さくなる
*__у́жас__ [ウージャス] [男1] [horror, terror] ① 恐怖, 戦慄: крик ~а 恐怖の叫び | Взрыв бо́мбы привёл нас в ~. 爆弾の炸裂は我々を戦慄させた ②《通例複》恐ろしい出来事[状態], 惨事, 惨状: ~ы войны́ 戦争の惨禍 | фильм ~ов ホラー映画 ③ 驚愕, 憤激: прийти́ в ~ от расска́за 話を聞いて驚愕する ④ 悲惨さ, 窮境, 八方ふさがり: ~ одино́чества ひとり暮らしの悲惨さ ⑤《述語》ものすごい, おそろしいほどに: Тоска́ – ~! すごく気がふさぐ ⑥《副》《話》(しばしば как, како́й を伴って) ものすごく, おそろしく: ~ ско́лько ひどく多い, ものすごくたくさん | Здесь ~ как шу́мно. ここはものすごくうるさい ◆ **до** ~а 《話》ものすごく, おそろしく | **Ти́хий** ~! 《話》おそろしいほどだ, びっくりするほどだ
**ужаса́|ть** [不完] / **ужасну́ть** -ну́, -нёшь [完] 〈囲〉怖がらせる, ぞっとさせる **∥~ся** [不完]/[完] 怖がる, ぞっとする
**ужаса́ющий** [形6] 恐ろしい, ぞっとするような
*__ужа́сно__ [ウジャースナ] [horribly, terribly] **I** [副] ①《話》とても悪く: У~ себя́ чу́вствую. ひどく気分が悪い ②《話》ひどく, おそろしく: Я ~ рад вас ви́деть. お会いできてものすごくうれしい **II** [無人述]《話》ひどい, 大変だ: Идти́ пешко́м бы́ло ~. 歩いて行くのは大変だった ② 恐ろしい, つらい: Как э́то ~ – хоте́ть [жела́ть] невозмо́жного. 不可能なことを望まないのは何と恐ろしいことだろう
**ужасну́ть(ся)** [完] →ужаса́ть
*__ужа́сн|ый__ [ウジャースヌイ] 短 -сен, -сна [形1] [awful, terrible] ① 恐ろしい, ぞっとする; 悲惨な: -ое собы́тие 恐ろしい事件 | Она́ ви́дела ~ сон. 彼女は怖い夢を見た ②《話》とても悪い: -ая пого́да ひどい悪天候 ③《話》ひどい, ものすごい: -ая духота́ ものすごい蒸し暑さ
**ужа́стик** [男2] 《話》ホラー映画
**у́же** [比較] < у́зкий, у́зко
*__уже́__ [ウジェー] [副] [already, by now] すでに, もう: Все ~ уе́хали. みんなもう行ってしまった | Ты́ ~ не ребёнок. お前はもう子どもではない ②《強意》本当に, 全く: Это ~ друго́е де́ло. これは完全に別問題だ
**уже́ние** [中5] 魚釣り
**ужесточа́ть** [不完] / **ужесточи́ть** -чу́, -чи́шь 受過 -чённый (-чён, -чена́) [完] 《話》〈囲〉要求・規則

などを》厳しくする

**уживáться** [不完] / **ужи́ться** -ивýсь, -ивёшься 過 -и́лся, -ила́сь [完] ①〈с+造〉仲良く生活する，うまくやっていく ②新しい生活環境に慣れる，住み慣れる ③共存する，結びつく

**ужи́вчивый** 短 -ив [形1] 他人とうまくやれる，協調性のある

**ýжик** [男2] ◆**~a души́ть** (若者・俗) 自慰をする，マスをかく

**ужи́мка** [女2] 不自然な身のこなし; しかめっ面

**※ýжин** [ウージン] [男1] [supper] 夕食，夕飯，夜食: по́здний ~ 遅い夕食 | Что сего́дня на ~? 今日の夕ごはんは何ですか

**※ýжинать** [ウージナチ] [不完] / **поýжинать** [パウージナチ] [完] [have dinner] 夕食[夜食]をとる: ~ до́ма 家で夕食をとる | Обы́чно мы ýжинаем в семь часо́в. 普段私たちは7時に夕食を食べます

**ужира́ться** [不完] / **ужра́ться** -рýсь, -рёшься [完]《俗》酔っ払うまで飲む

**ужиро́н** [男1]《俗》①おいしそうなもの，ごちそう; 食べすぎ，満腹 ②飲み過ぎ，二日酔い

**ужи́ться** [完] → уживáться

**ужо́** (俗) [1] [副] 後で ② [間] (威嚇) 今に見てろ

**ужо́ристый, ужо́рный** [形1]《俗》①おいしい ②大食いの ③素晴らしい，とてもよい

**ýжас** [間] [1]《口》(恐怖・驚き) うえー，ひょえー

**ужра́ться** [完] → ужира́ться

**ужра́тый** [形1]《俗》前後不覚になるほど酩酊した

**узаконе́ние** [中5] 法制化，合法化

**узако́нивать** [不完] / **узако́нить** -ню, -нишь 受過 -ненный [完]〈対〉…に法的効力を与える，法制化する

**узбé|к** [男2] / **-чка** 複生 -чек [女2] ウズベク人

**Узбекистáн** [男1] ウズベキスタン共和国 (Респýблика ~; 首都は Ташкéнт)

**узбéкский** [形3] ウズベク(人，語)の

**узд|á** [女2] (また **узде́чка** 複生 -чек [女2]) 馬勒(ばろく)，頭絡 ② 拘束，束縛 ◆**держа́ть в ~é** 抑えつけ，服従させる

**уздцы́** [сц] [複] ◆**взять ло́шадь под ~** 馬の轡(くつわ) を取る

**※ýзел**[1] [ýーзел] узла́ [男1] [knot, junction] ① 結び目: ~ на верёвке 縄の結び目 | завяза́ть [развяза́ть] ~ 結び目を作る[ほどく] ② 包み: связа́ть ве́щи в ~ 身の回りの物を包む ③ 交差点，合流点; 拠点，中心地: Москвá — сáмый крýпный в Росси́и желéзнодоро́жный и трáнспортный ~ モスクワはロシアで最大の鉄道・交通拠点である | промы́шленный ~ 工業の拠点 | телефóнный ~ 電話局 ④[解剖](ふし); [植]節(ふし): лимфати́ческий ~ リンパ節 ⑤ 組み立て品，ユニット: сбóрка у́зло́в 部品ユニットの組み立て ◆**завяза́ть [связа́ть] узло́м [в ~]** 〈対〉…を結びつける

**ýзел**[2] узла́ [男1] [海] ノット (速度の単位)

**узело́к** -лкá [男2] (指小) < ýзел[1] ② ◆**завяза́ть ~ на па́мять** (大事なことを) 忘れないようにしておく

**ýзенький** [形3] ① とても狭い [細い] ② (衣服などが) きちきちの ③ ごく限られた範囲の

**УЗИ** [ウジー] (略) ýльтразвуково́е иссле́дование [医] 超音波検査[診断]

**узинá** [女2]《口》狭い場所 [空間]

**узи́ть** ýжу, ýзишь [不完]《話》〈対〉狭くする; 細く見せる

**※ýзк|ий** [ウースキイ] 短 -зок, -зкá, -зко, -зки /-зки́ [形3] [narrow, tight] ① 狭い，細い (↔ широ́кий): ~ая у́лица 狭い通り | У негó ~ие глазá. 彼は目が細い ② (衣服などが) 窮屈な，きつい: ~ие тýфли きつい靴 | Рубáшка мне ýзка в плечáх. このシャツは肩のところが窮屈だ ③ 範囲の狭い，限られた: ~ круг знакóмых 狭い範囲の知人 ④ 狭量な，一面的な: ~ кругозóр 狭い視野 ◆**-ое ме́сто** 弱点，難関

**ýзко** 比 ýже [1] [副] 狭く，窮屈に，狭量に ② [無人述] 狭い，窮屈だ，狭量だ

**ýзко-** 《語形成》「狭い」「細い」

**узковáтый** 短 -áт [形1] やや狭い; 少し窮屈な

**узколиней́ка** 複生 -éек [女2] 狭軌鉄道

**узколиней́ный** [形1] 狭軌の (↔ ширококолéйный)

**узколо́б|ый** 短 -óб [形1] ① 額(ひたい)の狭い ② 視野の狭い，狭量な // **-ость** [女10]

**узкоплёночный** [形1] ① 細いフィルムの ② [男名]《俗》アジア人

**узкоплéчий** 短 -éч [形6] 肩幅の狭い

**ýзкость** [女10] ① 狭さ ② 狭い場所

**узловáт|ый** 短 -áт [形1] ① 結び目のある，こぶのある ② 節くれだった，ごつごつした

**узлов|о́й** [形1] ① 結び目の; 合流点の，拠点の: -áя стáнция 連絡駅 ② 枢要な，根本の ③ (機器が) ユニットごとの

**узнавáемый** 短 -ем [形1] 見分けのつく，特徴的な

**※узнавá́ть** [ウズナヴァーチ] -наю́, -наёшь 命 -вáй 副分 -вая [不完] / **узнáть** [完] 受過 **ýзнанный** [完] [recognize] 〈対〉① (見て・聞いて) わかる，気づく，認める: Вы узнаёте меня́? 私が誰かわかりますか | Он так изменился, что я не мог узнáть егó. 彼はあまりに変わってしまったので，私は彼だと気づかなかった ② 知る，情報[知識]を得る，理解する: ~ но́вости ニュースを知る | ~ рáдость матери́нства 母であることの喜びを知る // **~ся** [不完] / [完] ①《話》明らかになる ② (不完) 〈受〉

**ýзни|к** [男2] / **-ца** [女3]《雅》囚(とら)われ人，囚人

**※узóр** [男1] [pattern, design] 模様，柄，デザイン: ~ (на) ткáни 布地の模様

**узóрный** [形1] 模様の; 模様がある

**узóрчатый** 短 -ат [形1] 模様がある

**ýзость** [女10] ① 狭いこと; 狭量 ② 隘路(あいろ)

**узурпа́тор** [男1]《文》篡奪(さんだつ)者，強奪者

**узурпáция** [女2]《文》篡奪(さんだつ)，強奪

**узурпи́ровать** -рую, -руешь 受過 -анный [不完・完]《文》〈対〉篡奪(さんだつ)する，奪取する

**ýзус** [男1]《文》慣例，用法

**ýзы** ýз [複]《雅》絆，結びつき

**УИК** [ウィーク] (略) уголо́вно-исполни́тельный ко́декс 刑事執行法

**уикéнд** [男1]，**уи́к-эн́д** [不変] [男1] ウィークエンド，週末

**уйгý|р** [男1] / **-ка** 複生 -рок [女2] ウイグル人 // **~ский** [形3] ウイグル(人，語)の

**ýйма** [女2]《口》たくさん，山ほど

**уйти́** [完] → уходи́ть[1]

**УК** [ウカー] (略) уголо́вный ко́декс 刑法典

**※укáз** [男1] [decree, edict] 法令，勅令，布告: У~ президéнта 大統領令 | издáть ~ 法令を発布する ② [通] 指図，命令 ◆**не ~ ... -у** …に指図できる立場にはない: Ты мне не ~. お前に指図される筋合いはない

**※указáни|е** [ウカザーニエ] [中5] [indication, instructions] ① 指し示すこと，指示: На недостáтки 欠点の指摘 ② 指示，教示: Я дал им практи́ческие -ия. 私は彼らに具体的な指示を与えた

**※укáзанный** [ウカーザンヌイ] 短 -ан, -ана [形1] [indicated] [受過 < указáть] 指示された，指定の; 上述の: -ое ме́сто 指定の場所 | как вы́ше указано 前述の通り

**указа́тель** [муж5] ① 標識, 表示, 矢印, 指針 ② 表示器, 指示器, インジケーター; 引squser; ~ ско́рости スピードメーター ③ 案内書, 手引; 索引, リスト ④《コン》ポインタ

**указа́тельн|ый** [形1] 指示の, 指し示す: ~ па́лец 人差し指 | ~oe местоиме́ние《文法》指示代名詞

**указа́ть** [完] →ука́зывать

**ука́зка** 複生 -зок [女2] ① 指し棒, 指示棒; ポインター; ла́зерная ~ レーザーポインター ②《話》指図, 命令

**ука́зчи|к** [щ] [男2] /**-ца** [女3]《話》指図する人, 指導者

※**ука́зывать** [ウカーズィヴァチ][不完] /**указа́ть** [ウカザーチ] укажу́, ука́жешь 命 укажи́ 受過 ука́занный [完]《話》[show, indicate] ① 指さす, 指し示す; 指摘する: Она́ указа́ла па́льцем на престу́пника. 彼女は犯人を指差した | ~ на оши́бку 間違いを指摘する
② 《完》知らせる, 教える, 指示する; ~ доро́гу 道を教える | ~, как вести́ рабо́ту 仕事の進め方を指示する | Ты мне не ука́зывай! 私に指図するな
③《完》指定する, 定める: в ука́занный срок 指定された期限内に ④《完》[В]を非難する, 叱責する: [与] стро́гого вы́говора на [⇒] …のことで厳しく叱責された | **~ся** [不完] / [受身]

**ука́киваться** [不完] /**ука́каться** [完]《俗》① (子どもが服[ベッド]に)ひどくおもらしする ② ひどくおびえる ③ へとへとになるほど大笑いする, 抱腹絶倒する

**ука́лывать** [不完] /**уколо́ть** уколю́, уко́лешь 受過 уко́лотый [完]《隅》① 刺す, 刺して傷つける (心を)傷つける, 苦しめる ∥ **~ся** [不完] / [完] 刺し傷を作る

**ука́нывать** [不完] /**уканáть** [完] 《俗》① 去る, 逃げる, ずらかる ②《隅》うんざりさせる, 疲れさせる

**караулвать** [不完] /**укарау́лить** -лю, -лишь 受過 -ленный [完]《俗》見張る; 見逃さない

**ука́т** [男1]《俗》① 面白いもの, 並外れたこと ②《間》《様々な感情》わあ, おっ

**ука́тайка** 複生 -áек [女2]《俗》① 面白い話, 小話, アネクドート ② こらえきれない笑い

**ука́тка** 複生 -ток [女2] 地ならし

**ука́тывать**¹ [不完] /**уката́ть** 受過 ука́танный [完]《隅》① (道などを)ならす, 平らにする ②《俗》苦しめる, へとへとにする ③《俗》追いやる, 追放する ∥ **~ся** [不完] / [完] ①《道などが》平らになる, ならされる ②《俗》笑いをこらえる, 楽しむ, 笑う ③《完》《俗》(麻薬を吸って)気分が悪くなる

**ука́тывать**² [不完] /**укати́ть** -ачу́, -а́тишь -а́ченный [完] ①《В》転がして移動させる ②《В》《物を》去る, 出発する ∥ **~ся** [不完] / [完] 転がり去る

**ука́чивать** [不完] /**укача́ть** 受過 ука́чанный [完]《隅》① 揺すって寝かしつける ②《通例無人称》乗り物で酔わせる: Её укача́ла на парохо́де. 彼女は船に酔ってしまった | Ребёнка ука́чивает в маши́не. 子どもは車酔いしている ∥ **~ся** [不完] 《隅》乗物で酔う

**УКВ** [ウカヴェー] (略) ультракоро́ткие во́лны 超短波, VHF

**укла́д** [男1] (社会生活・日常生活の) 秩序, 体制, 慣習, しきたり

**укла́дка** 複生 -док [女2] ① しまうこと, 収めること; 荷造り; 敷きつめること, 敷設 ② 並べること; 積まれたもの ③ 調髪, ヘアスタイル ◆ **укла́дочный** [形1]

**укла́дчи|к** [男2] /**-ца** [女3] ① 積み上げて[包装, 敷設]作業員 ② [男] 積み上げ[包装, 敷設]機械

※**укла́дывать** [不完] /**уложи́ть** -ожу́, -о́жишь 受過 -о́женный [完] [lay] ①《В》寝かせる, 横にする; 寝かしつける: Она́ уложи́ла больно́го в крова́ть. 彼女は病人をベッドに寝かせた | ~ в [В]完] に入れる, しまう; 収める: ~ кни́ги в шкаф 本を本棚に並べる | ~ расхо́ды в сме́ту 支出を予算内に収める ③ …に物を詰め, 荷造りする: ~ чемода́н スーツケースを詰める ④《隅》を…に敷きつめる, 覆う: ~ пол пли́тками 床にタイルを敷く ⑤ (ある形に)置く; 敷設する: ~ ре́льсы レールを敷設する ⑥《髪を》整える, スタイリングする; ~ло́конами 巻き毛にする ⑦《完》《話》殺す ⑧《完》大笑いさせる: Он уложи́л нас всех но́вым анекдо́том [小話]で大笑いさせた. 彼は私達全員を新しいアネクドート[小話]で大笑いさせた
◆ **~ в гроб** [⇒]《話》…を死なせる, 墓場に送り込む

**укла́дываться**¹ /**уложи́ться** -ожу́сь, -о́жишься [完] ① 荷物をまとめる, 荷造りする ② 入る, 収まる ③ (一定の時間・枠内に)済ませる, 収まる ④《完》[受身]〔укла́дывать ◆ **~ в голове́** [созна́нии] 納得がいく

**укла́дываться**² [不完] /**уле́чься** уля́гусь, уля́жешься, ... уля́гутся 命 уля́гся 過 улёгся, улегла́сь 能過 улёгшийся 副分 улёгшись [完] ① 横になる, 寝る ② (横になった姿勢で)入る, 収まる ③《完》落ち着く, おさまる, 静まる

**укле́йка** 複生 -éек [女2]〔魚〕ブリーク (コイ科の淡水魚)

**укло́н** [男1] ① 傾斜, 勾配, 斜面 ② それること, 逸脱 ③ 傾向, 志向, 専門化 ④ (政治的な)偏り ◆ **кати́ться под ~** 坂を下る, 悪くなる

**уклоне́ние** [中5] よけること; それること, 逸脱; 回避: ~ от вое́нной слу́жбы 兵役忌避

**уклони́ст** [男1]《話》兵役逃れをする人, 徴兵忌避者

**укло́нный** [形1] 勾配の, 傾斜の; 傾斜した

**укло́нчивый** 短 -ив [形1] 回避的な, 率直でない, 言葉を濁した

**уклоня́ться** [不完] /**уклони́ться** -оню́сь, -о́нишься / -о́нишься [完]〈от[⇒]〉① …から身をかわす, よける ② …からそれる, 逸脱する: ~ от те́мы 本題から外れる ③ …を避ける, 回避する

**уклю́чина** [女1] (ボートの)オール受け

**уко́кать** [完]《俗》= **укоко́шить**

**укоко́шить** -шу, -шишь 受過 -шенный [完] 《隅》殺す, バラす

※**уко́л** [男1] [prick, injection] ① 刺すこと: ~ иго́лкой 針で刺すこと ② 注射: сде́лать ~ в ру́ку 腕に注射する ③ 愚弄, 当てこすり

**уколо́ть(ся)** [完] →коло́ть, ука́лывать

**укомплектова́ть** [完] →комплектова́ть

**уко́р** [男1] 非難, 叱責, とがめだて

**укора́чивать** [不完] /**укороти́ть** -рочу́, -роти́шь 受過 -ро́ченный [完]《隅》短くする, 縮める, 短縮する ∥ **~ся** [不完] / [完] 短くなる, 縮まる

**укоренéние** [中5] 根づくこと[根づく]こと, 定着

**укореня́ть** [不完] /**укорени́ть** -ню́, -ни́шь 受過 -нённый (-нён, -нена́) [完]〈В[⇒]〉根づかせる, 定着させる ∥ **~ся** [不完] / [完] 根づく, 定着する

**укори́зна** [女1] = укóр

**укори́зненн|ый** 短 -ен, -енна [形1] 非難するような, 責めるような ∥ **-о** [副]

**укоро́т** [男1] ◆ **дать ~** → [⇒]《俗》…をおとなしくさせる

**укороти́ть(ся)** [完] = **укора́чивать**

**укоро́чение** [中5] 短くする[なる]こと, 短縮

**укоро́ченный** [形1] ① 普通より短い, 短すぎる ② 短縮された

**укоря́ть** [不完] /**укори́ть** -рю́, -ри́шь 受過 -рённый (-рён, -рена́) [完]〈В [в]в[зa][⇒] のことで〉非難する, 叱責する

**уко́с** [男1]〔農〕刈り取り, 刈り入れ; 刈入量

**укра́дкой** [副]《話》こっそり, ひそかに

**Украи́н|а** [女1] ウクライナ (首都は Ки́ев): на [в] ~е ウクライナで (★従来は на をとったが, ウクライナ独立後 в を使う傾向もある)

**украи́н|ец** -нца [男3] /**-ка** 複生 -нок [女2] ウクラ

イナ人

**украини́зм** [男1] ウクライナ語からの借用語, ウクライナ語的な言い回し

**＊украи́нский** [ウクラーインスキイ][形3]〔Ukrainian〕ウクライナ(人, 語)の: ～ язы́к ウクライナ語

**укра́сть** [完] →кра́сть

**＊украша́ть** [不完] / **укра́сить** -а́шу, -а́сишь 受過 -а́шенный [完]〈対を囲で〉飾る, 装飾する: ～ ко́мнату цвета́ми 部屋を花で飾る **∥ ～ся** [不完] / [完] ①〈на+前で〉飾られて美しくなる, 自分を飾る, 豊かになる ②《不完》〔受身〕

**＊украше́н|ие** [中5]〔adorning, decoration〕① 飾ること, 装飾, デコレーション: ～ пло́щади 広場の飾りつけ ② 飾り, 装飾品: носи́ть ～ия 装飾品を身に着ける ③〈属の〉誇り, 華: Э́та спортсме́нка ～ сбо́рной この選手はチームの華だ | Её побе́да ста́ла ～ем турни́ра. 彼女の勝利はトーナメントに華を添えた

**укрепи́ть(ся)** [完] → укрепля́ть(ся)

**укрепле́ние** [中5]〔strengthening〕① 強くする[なる]こと, 強化, 増進: ～ дисципли́ны 規律の強化 ② 防備を固めること; 防御拠点: предмо́стное ～ 橋頭堡

**＊укрепля́ть** [ウクリプリャーチ][不完] / **укрепи́ть** [クリピーチ] -плю́, -пи́шь, -пя́т 命 -пи́ 受過 -плённый (-лён, -лена́) [完]〔strengthen〕① 強化する, 強固にする, 強くする: ～ огра́ду 垣根を補強する | Гимна́стика укрепля́ет здоро́вье. 体操は健康を鍛える ②〈対の〉防備を固める, ～に防御施設を建設する: ～ ме́стность 地域の防備を固める **∥ ～ся** [不完] / [完] ① 強くなる, 強固になる ② 防備を固める, 陣取る ③ 確立する, 定着する ④《不完》〔受身〕

**укро́мный** 短 -мен, -мна [形1] 人目につかない, 孤立した

**укро́п** -a/-y [男1] ①〔植〕イノンド, ディル ②〔隠・皮肉〕農村の人; 愚かな「純真な」人

**укроти́тель** [男5] / **～ница** [女3] 調教師, 猛獣使い

**укроща́ть** [不完] / **укроти́ть** -ощу́, -оти́шь 受過 -още́нный (-щён, -щена́) [完]〈対〉①〈動物を〉調教する, 飼いならす ②〈人を〉おとなしくさせる, 従順にさせる ③ 抑える, 静める **∥ ～ся** [不完] / [完] ①〈動物が〉飼いならされる ②〈人が〉おとなしくなる, 従順になる ③ おさまる, 静まる

**укроще́ние** [中5] ① 調教, 飼いならし ②(感情などの)抑制

**укрупне́ние** [中5] 拡大, 大規模化

**укрупня́ть** [不完] / **укрупни́ть** -ню́, -ни́шь 受過 -нённый (-нён, -нена́) [完]〈対〉大きくする, 拡大する, 大規模化する **∥ ～ся** [不完] / [完] 大きくなる, 大規模になる

**укрыва́тель** [男5] / **～ница** [女3] 隠匿者, 隠蔽者

**укрыва́тельство** [中1] 隠匿, 隠蔽

**укрыва́ть** [不完] / **укры́ть** -ро́ю, -ро́ешь 受過 -тый [完]〈対〉①(すっぽりと)覆う; くるむ ② 隠す, かくまう

**укрыва́ться** [不完] / **укры́ться** -ро́юсь, -ро́ешься [完] ① くるまる, 身を包む ② 隠れる, 避ける, 逃れる: ～ от дожди́ 雨宿りする

**укры́тие** [中5] ① 覆うこと, くるまること; 隠す[隠れる]こと ② 掩蔽(物); 避難所

**＊у́ксус** -a/-y [男1]〔vinegar〕酢: запра́вить сала́т ～ом サラダに酢を加える

**у́ксусник** [男2], **у́ксусница** [女3] 酢入れ

**у́ксуснокислый** [形1]〔化〕酢酸(塩)の

**у́ксусн|ый** [形1] 酢の: ～ая кислота́〔化〕酢酸

**укупо́ривать** [不完] / **укупо́рить** -рю, -ришь 受過 -ренный [完]〈対〉〈容器に〉しっかり栓[ふた]をする

**уку́порка** 複生 -рок [女2] 密栓

**уку́с** [男1] 咬む[刺す]こと; 咬まれた[刺された]箇所

**укуси́ть** -ушу́, -у́сишь 受過 -у́шенный [完]〔bite〕〈対〉〈動物が〉噛む; 〈虫が〉刺す: Соба́ка укуси́ла меня́ за но́гу. 犬が私の足をかんだ | **Кака́я му́ха укуси́ла?**《話》…はどうして不機嫌なのか, は一体どうしたのか

**уку́тывать** [不完] / **уку́тать** 受過 -анный [完]〈対〉すっぽり包む, くるむ **∥ ～ся** [不完] / [完] くるまる

**уку́шиваться** [完]《話》食べすぎる, 酒を飲みすぎる

**ул.** (略) у́лица

**＊ула́вливать** [不完] / **улови́ть** -овлю́, -о́вишь 受過 -о́вленный [完]〈対〉①〈電波などを〉受信する, キャッチする: ～ звуковы́е сигна́лы 音響信号をキャッチする ② 感じ取る, 知覚する, 理解する: ～ насме́шку в слова́х 言葉に込められた嘲りを感じ取る ③〈機会などを〉捉える: ～ подходя́щий моме́нт 好機を捉える **∥ ～ся** [不完]〔受身〕

**ула́живать** [不完] / **ула́дить** -а́жу, -а́дишь 受過 -а́женный [完]〈対〉解決する, 片を付ける **∥ ～ся** [不完] / [完] 解決する, 片が付く

**ула́мывать** [不完] / **улома́ть** 受過 -о́манный [完]〈対〉(やっとのことで)説得する, 説き伏せる

**ула́н** 複生 ула́н/ула́нов [男1] 槍騎兵

**Ула́н-Ба́тор** [不変] [男1] ウランバートル(モンゴルの首都)

**Ула́н-Удэ́** (不変) [中1]〔地〕ウラン・ウデ(ブリヤート共和国の首都; シベリア連邦管区)

**улежа́ть** -жу́, -жи́шь [完]《話》横になっている, 寝そべる **∥ ～ся** [完]《話》(長時間横になっていて)すっかり落ち着く, 納まる

**у́лей** у́лья [男6] ミツバチの巣箱 **∥у́лейный** [形1]

**улепётывать** [不完] / **улепетну́ть** -ну́, -нёшь [完] 急いで去る, 逃げる

**улести́ть** [完] → улеща́ть

**улёт** [男1] ①《俗》最高のもの, ハイにさせるもの ② 恍惚, ハイな状態 ③〔間〕わあ, おぉ

**＊улета́ть** [不完] / **улете́ть** улечу́, улети́шь [完]〔fly (away)〕① 飛び去る, 飛んで行く: Пти́цы улете́ли на юг. 鳥は南へ飛び去った ② 消え去る, 過ぎ去る: Улете́ло счастли́вое вре́мя. 幸せな時間は過ぎ去った ③《俗》びっくりする又は大満足する, 酔いしれる ④《俗》(麻薬や酒で)恍惚状態になる, トブ

**улётный** [形1]《俗》最高の, 素晴らしい

**улету́чиваться** [不完] / **улету́читься** -чусь, -чишься [完] ① 気化する, 蒸発する ②《話・戯》なくなる, いなくなる **∥улету́чивание** [中5]

**уле́чься** [完] → укла́дываться²

**улеща́ть**, **улеща́вать** [不完] / **улести́ть** -ещу́, -ести́шь 受過 -ещённый (-щён, -щена́) [完]《俗》〈対〉(お世辞や甘言で)誘惑する, その気にさせる

**улизну́ть** -ну́, -нёшь [完]《話》こっそり立ち去る

**ули́ка** [女2] (犯罪の)証拠, 証拠物件

**ули́та** [女2] = ули́тка

**ули́тка** 複生 -ток [女2] ①〔生〕カタツムリ ②〔解〕(内耳の)蝸牛(かぎゅう), 渦巻管

**＊у́лиц|а** [ウーリツァ] [女3]〔street〕① 通り, 街路: широ́кая ～ 広い通り | е́хать по ～е 通りを行く | Он живёт на ～е Че́хова. 彼はチェーホフ通りに住んでいる ②《話》戸外, 外: На ～е хо́лодно. 外は寒い ③ (悪い影響を及ぼす)街, 巷: дурно́е влия́ние ～и 街の悪影響 | **Бу́дет и на на́шей ～е пра́здник.**《諺》いつかいい日が巡ってくる(←我らが街にも祭りは来る) | **вы́бросить [вы́кинуть] на ～у**〔対〕…に追い立てをくわせる; 路頭に迷わせる | **оказа́ться на ～е** 宿なしになる, 路頭に迷う | **челове́к с ～ы** 素性のわか

**Ули́цкая** [形3変化] [女] ウリツカヤ(Людми́ла Евге́ньевна, 1943-；作家；中篇 «Со́нечка»『ソーネチカ』)

**улича́ть** [不完] /**уличи́ть** -чу́, -чи́шь 受過-чён-ный -чён, -чена́〉〈囚 の в囲を〉暴露する, 摘発する **// уличе́ние** [中5]

**у́личка** 複生-чек [女2] [指小]< **у́лица**①

***у́личн|ый** [形1] [street] ① 通りの, 街路の: -ое движе́ние 交通, 往来 ② 街にいる, 街を徘徊する: -ая же́нщина 街娼 ③ 巷の; 低俗な

**уло́в** [男1] 捕[漁]高；捕[漁]獲量

**улови́мый** 短-и́м [形1] 知覚できる, わかる

**уло́вистый** 短-ист [形1] 〖話〗(魚が)よくとれる, 大漁をもたらす

**улови́ть** [完] → **ула́вливать**

**уло́вка** 複生-вок [女2] 策略, トリック

**уложи́ть(ся)** [完] → **укла́дывать(ся)**¹

**улома́ть** [完] → **ула́мывать**

**у́лочка** 複生-чек [女2] [指小] < **у́лица**①

**улу́с** [男1] (中央アジア・シベリア)の氏族連合体; 村落

**улуча́ть** [不完] /**улучи́ть** -чу́, -чи́шь 受過-чён-ный -чён, -чена́〉〖話〗〈囚〉〈時間・機会 の〉を見つける, 捉える

***улучша́ть** [т] [ウルトシャーチ] [不完] /**улу́чшить** [т] [ウルートチシ] -шу, -шишь 命-ши 受過-шенный [完] 〖improve〗〈囚〉よくする, 改善する, 向上させる: ~ усло́вия рабо́ты 労働条件を改善する | ~ реко́рд 記録を伸ばす

***улучша́ться** [т] [不完] /**улу́чшиться** [т] -шится [完] 〖improve〗①よくなる, 好転する: Её здоро́вье постепе́нно улучша́ется. 彼女の健康状態は徐々によくなっている ②〈囚受身〉< улучша́ть

**улучше́ние** [т] [中5] 〖improvement〗よくなる[なす]こと, 改善, 向上: ~ ка́чества проду́кции 製品の品質向上 | внести́ ~ в прое́кт 案を改善する

***улыба́ться** [ウルィバーッツァ] [不完] /**улыбну́ться** [ウルィブヌーッツァ] -ну́сь, -нёшься 命-ни́сь [完] 〖smile〗 ① 微笑する, 微笑む, にっこりする: Она́ ра́достно улыбну́лась. 彼女はうれしそうに微笑んだ ②〈囚に〉(幸運が)微笑みかける, 成功[幸福]を約束する: Жи́знь ему́ улыба́ется. 人生は彼に微笑んでいる ③〈主語は 通例否定文で〉〈囚〉…の気を引かない, …は気が進まない: Пое́хать но́чью мне не улыба́ется. 私は夜中に出かけたくなんかない, おじゃjust ご免だ ④〖完〗〖話〗(望んでいたものが)手に入らない, おじゃんになる: Пре́мия, вероя́тно, улыбнётся. 賞はおそらくもらえないだろう

***улы́бка** [ウルィープカ] 複生-бок [女2] 〖smile〗微笑, 微笑み, スマイル: весёлая ~ ほがらかな微笑み | до уше́й 満面の笑い | насме́шливая ~ 嘲笑 | Он слу́шает с ~ой. 彼はにこにこしながら娘の話を聞いている **// улы́бочка** 複生-чек [女2] [指小]

**улыбо́н** [男1] 〖若者・戯〗微笑み, 笑顔

**улы́бчивый** 短-ив [形1] 〖話〗にやかな, 微笑をたたえた

**ультимати́вный** 短-вен, -вна [形1] 最後通牒の, 断固たる, 絶対的な

**ультима́тум** [男1] 最後通牒, 最後通告

**у́льтра** (不変) [男1] 〖通例複〗(政治的な)過激派

**ультра..** 〖語形成〗「超…」「ウルトラ…」「過度の」「極度の」: **у́льтра**совреме́нный 超現代的な

**у́льтразву́к** [男2] 超音波 **// ~ово́й** [形2]

**ультракоро́тк|ий** [形1] : -ие во́лны 超短波

**ультрамари́н** [男1] 群青(クシシ), ウルトラマリン

**ультрафиоле́товый** [形1] : -ые лучи́ 紫外線

**Улья́на** [女1] ウリヤナ(女性名)

**Улья́новск** [男2] ウリヤーノフスク(同名州の州都) **// улья́новск|ий** [形3] : *У-ая о́бласть* ウリヤーノフスク州(沿ヴォルガ連邦管区)

**улюлю́кать** [不完] ①(犬を獲物にけしかけるために)「かかれ」と叫ぶ ②〖話〗騒ぎたてかう, ばかにして叫ぶ

***ум** [ゲーム] -а́ [男1] 〖mind, intellect〗知力, 知能, 知性, 頭脳: о́стрый ум 鋭い頭脳 | челове́к большо́го ума́ 知力の優れた人 | 〚集〛知能, 知恵, 才知: приро́дный ум 天賦の才知 | Он не отлича́ется умо́м. 彼は知性が傑れているとは言えない
③ 理性, 良識, 思慮分別: теря́ть ум 分別を失う
④ 知性の持ち主, 賢者, 識者: лу́чшие умы́ челове́чества 人類最高の知性たち

♦〚主格〛*ум за ра́зум захо́дит у* 囲 〖話〗…は頭が混乱している, 理性的に判断[行動]できない | *Ум хорошо́, а два лу́чше.* 〖諺〗3人寄れば文殊の知恵(← 知恵は1つでは行くと、2つなお良い)
〚生格〛*без ума́ от* 囲 〖話〗…に夢中で, 我を忘れて: Она́ *без ума́ от* бале́та. 彼女はバレエに夢中になっている | *до ума́ довести́* 〖俗〗きちんとやりとげる | *из ума́ вон* 〖話〗すっかり忘れた | *не моего́ [твоего́, на́шего] ума́ де́ло* 私[あなた, 我々]にわかるようなことではない | *не сходи́ с ума́* 〖話〗しっかりしろ, 分別を持ちなさい | *от большо́го ума́* 〖話・皮肉〗愚かにも, 頭が鈍すぎて | *С ума́ сойдёшь [сойти́]!* 〖話〗こいつは驚いた | *свести́ с ума́* 囲 〖話〗①発狂させる, 気を狂わせる (2)夢中にさせる, 魅了する | *сойти́ с ума́* (1)気が狂う, 頭がおかしくなる: Она́ от го́ря *сошла́ с ума́*. 彼女は悲しみのあまり気がふれた (2)<о囲/по/по-/по囲>…に夢中になる | *ума́ не приложу́* 〖話〗わからない, 理解できない | *ума́ пала́та у* 囲 〖話〗賢い, 知恵の固まりだ | *Си́ла есть — ума́ не на́до!* 腕にものを言わせる (←力があれば知恵はいらない) | *Ско́лько голо́в, сто́лько умо́в.* 〖諺〗十人十色(←頭の数だけ考えもある)

〚与格〛*ни уму́ ни се́рдцу не дава́ть ничего́* 何の役にも立たない | *уму́ непостижи́мо* さっぱりわからない

〚対格〛*взя́ться за ум* 気がつき, 心を入れ替える | *наста́вить на ум* 囲 教えさとす, 善導する
〚造格〛*раски́нуть умо́м* 〖話〗よく考える | *с умо́м* 〖話〗思慮深く, 道理にかなって
〚前置格〛*в своём [здра́вом] уме́* 〖話〗頭がちゃんとしている, 正常だ | *в уме́* ①暗算で, そらで (2) 〖話〗正気で: *В уме́ ли ты?* お前は正気なのか | *в уме́ нет* 思ってもみない, 考えもしない | *на уме́* 頭の中に, 考えで | *не в своём уме́* 〖話〗頭がおかしい, 気が狂っている | *себе́ на уме́* 〖話〗抜け目のない, 悪賢い

**ума́ивать** [不完] /**умая́ть** -а́ю, -а́ешь 受過-а́янный [完] 〖俗〗〈囚〉ひどく疲れさせる **// ~ся** [不完]/[完] ひどく疲れる

**умале́ние** [中5] 過小評価, 軽視

**умалишённый** [形1] ①精神を病んだ, 気の狂った ②-[男名]/-ая [女名] 精神病者, 狂人

**умалча́ть** [不完] /**умолча́ть** -чу́, -чи́шь [完] <о囲>を言わずにおく, わざと黙っている

**умаля́ть** [不完] /**умали́ть** -лю́, -ли́шь 受過-лён-ный -лён, -лена́ [完] 〈囚〉〖雅〗過小評価する, 軽視する

**ума́сливать** [不完] /**ума́слить** -лю, -лишь 受過-ленный [完] 〖話〗〈囚〉おだてる, 言いくるめる

**ума́т** [男1] 〖若者〗① 無秩序, 混乱 ② 酩酊状態 ③ 面白いもの, すごいもの ④ 〖間〗(強い喜び・驚き)すげぇ(な~е)

**уматно́й** [形2], **ума́тный** [形1] 〖若者〗おかしい, ウケる; すごくいい, 最高の **// ума́тно** [副]

**ума́тывать** [不完] /**умота́ть** [完] 〖話〗遠ざかる, 離れる: *Ума́тывай отсю́да!* とっととせろ **// ~ся**

[不完] / [完] 《俗》疲れる、くたくたになる

**умая́ть** [完] →ума́ивать

**у́мбра** [女1] アンバー（褐色顔料）

**уме́л|ец** -льца [男3] / **-ица** [女3] 腕利きの職人、名匠、達人

**уме́ло** [副] 巧みに、手際よく

**уме́лый** 短 -éл [形1] 能力の高い、腕利きの、熟練した、巧みな

**＊уме́ние** [ウミェーニエ][中5]〈ability, skill〉能力があること；能力、腕前：~ пла́вать 泳げること｜прояви́ть ~ 能力を発揮する｜В бесе́де ва́жно прояви́ть ~ слу́шать. 会話では聞き上手になることが大切だ

**уменьша́емое** [形1変化][中]〔数〕被減数

**＊уменьша́ть** [ウミェーニシチ] [不完] / **уме́ньшить** [ウミェーニシチ] -шу, -шишь 命 -ши 受過 -шенный [完] 〈reduce, decrease〉〈同〉小さくする、少なくする、減らす、縮小する：~ вес 体重を減らす｜~ кво́ты [су́мму нало́гов] 割り当て[税額]を減らす

**＊уменьша́ться** [不完] / **уме́ньшиться** [完] -шусь, -шишься [完] 〈diminish, decrease〉① 小さくなる、少なくなる、減る：Зарпла́та уме́ньшилась. 給料が減った ② [不完][受身] =уменьша́ть

**＊уменьше́ние** [中5]〈reduction, decrease〉減少、縮小：~ дохо́дов 減収｜~ нало́гов 減税

**уменьшённ|ый** [形1]《楽》-ая те́рция 減3度

**уменьши́тельный** [形1] 縮小用の 〖言〗指小の：-ая фо́рма 指小形

**уме́ньши|ть(ся)** [完] →уменьша́ть(ся)

**у́мер** [過去・男]＜умере́ть

**уме́ренно** [副] ① 適度に、ほどよく、控えめに、穏健に ②《楽》モデラート

**＊уме́ренн|ый** 短 -ен, -енна [形1] 〈moderate〉 ① 適度の、中程度の、ほどほどの：~ аппети́т 適度な食欲 ② 節度ある、控えめな：Тре́бования о́чень -ые. 要求は大変つつましい ③《長尾》(気候が) 温暖な：~ по́яс 温帯 ④《政治的》穏健な、穏健な：-ая газе́та 中道新聞 ■за́падные ве́тры -ого по́яса〔気象〕偏西風 **//-ость** [女10]

**умере́ть** [完] →умира́ть

**уме́рить** [完] →умеря́ть

**умертви́ть** [完] →умерщвля́ть

**уме́рший** [形6] ① 〔能過〕＜умере́ть ② [男名] /-ая [女名] 死人、死者

**умерщвле́ние** [中5] ① 殺すこと、殺害 ② 抑えること、抑制

**умерщвля́ть** [不完] / **умертви́ть** -рщвлю́, -ртви́шь 受過 -рщвлённый (-лён, -лена́) [完] ① 殺す ② 抑える、抑圧する

**умеря́ть** [不完] / **уме́рить** -рю, -ришь 受過 -ренный [完] 〈同〉抑える、制限する

**умести́** умету́, уметёшь 過 умёл, умела́ [完]《俗》盗む、かすめ取る

**умести́ть(ся)** [完] →умеща́ть

**уме́стно** [сн] [述] ① 副] 時宜を得て、適切に ② [無人述] 適切に、適当に：Рассказа́ть сейча́с анекдо́т вполне́ ~. 今は小話をするのに絶妙のタイミングだ

**＊уме́стный** 短 -тен, -тна [形1] 〈appropriate〉時宜を得た、適切な、ふさわしい：~ вопро́с 時を得た質問

**＊уме́ть** [ウミェーチ] [不完] / **по-** [完] 〈be able to〉 (後天的能力を表す)〔不定形〕…する能力がある、…できる；…の仕方がわかっている（★不定形は通例不完了体）：~ чита́ть и писа́ть 読み書きができる｜Гото́вить вку́сные блю́да おいしい料理が作れる｜Молоды́е пти́цы уже́ уме́ют лета́ть. その若い鳥はもう飛ぶことができる｜Она́ уме́ет находи́ть смысл и ра́дость жи́зни в кни́гах. 彼女は本の中に人生の意味や喜びを見出すことができ

る｜Он уме́л пусти́ть пыль в глаза́ — и жене́, и друзья́м. 彼は妻や友人だって欺くことができた（★具体的イメージをもって動作を提示する場合には完了体が用いられる）

**умеща́ть** [不完] / **умести́ть** -ещу́, -ести́шь受過 -ещённый (-щён, -щена́) [完] 〈同〉(すっかり) 入れる、収める **//-ся** [不完] / [完] 収まる

**уме́ючи** [副]《話》うまく、巧みに、手際よく ◆**До́лго ли ~?** 《俗・戯》楽勝だね、ちゃちゃっとできる

**умиле́ние** [中5] 感動、感じ入ること：приити́ в ~ 感動する

**умили́тельн|ый** 短 -лен, -льна [形1] ① かわいらしい、心を打つ ② 媚びるような、へつらいの **//-ость** [女10]

**уми́льный** 短 -лен, -льна [形1] ① かわいらしい、心を打つ ② 媚びるような、へつらいの

**умиля́ть** [不完] / **умили́ть** -лю́, -ли́шь 受過 -лённый (-лён, -лена́) [完]〈同〉感動させる、心を動かす **// ~ся** [不完] / [完] 感動する

**умина́ть** [不完] / **умя́ть** умну́, умнёшь 受過 умя́тый [完] ① こねって軟らかくする ② 押し[踏み]固める ③ 詰め込む、押し込む ④《俗》たくさん食べる、平らげる **//-ся** [不完] / [完] ① 《話》こねられて軟らかくなる ② 押されて[踏まれて]固くなる

**умира́ние** [中5] 死ぬこと、死；消滅

**＊умира́ть** [ウミラーチ] [不完] / **умере́ть** [ウミェーチ] умру́, умрёшь 命 у́мер, у́мерла́, -рло 副分 уме́рший/у́мерши [完] 〈die〉① 死ぬ：~ от боле́зни 病気で死ぬ｜Он умира́ет. 彼は死にかけている｜Ба́бушка умерла́ в девяно́сто лет. 祖母は90歳で亡くなった ② 消滅する、消える、滅びる：У́мерли все воспомина́ния о про́шлом. 過去の思い出は全て消えさった ③《不完》《話》＜от때＞…で死にそう、死ぬほど…だ：~ от ску́ки 死ぬほど退屈だ ④《不完》(現在形のみ；хоте́тьまたは状態を表す語と共に)〔話〕死ぬほど…、…でたまらない：Умира́ю есть хочу́. 腹ペコで死にそうだ ◆**умере́ть мо́жно** 《話》〈感嘆、驚き〉死ぬほど…、死んでもいいぐらい｜~ со́ смеху 死ぬほど笑いそうだ｜хоть умри́ どんなことがあっても、必ず **//-ся** [完][無人完] 死ぬ［否定文で］死なない

**умира́ющий** [形6] ① ～ [男名] /-ая [女名] 瀕死の人 ② (声などが) 消え入りそうな、弱々しい

**умиротворе́ние** [中5] 和解、融和；鎮静、平静

**умиротворённый** 短 -ён, -ённа [形1] 平静な、落ち着いた、なごやかな

**умиротвори́тель** [男5] / **～ница** [女3] 仲裁者、調停者

**умиротворя́ть** [不完] / **умиротвори́ть** -рю́, -ри́шь, -ра́ренный (-рён, -рена́) [完]〈同〉和解させる、仲裁する；落ち着かせる **//~ся** [不完] / [完] 和解する；落ち着く

**уми́шко** 複 -шки, -шек, -шкам [中1]〔指小・卑称〕＜ум

**умла́ут, умля́ут** [男1] ウムラウト；ウムラウト記号

**умне́ть** [不完] / **по-～** [完] 賢くなる、利口になる

**у́мник** [男2]《話》① 賢い人、利口者 ②《皮肉》利口ぶる人 (通例子どもについて) お利口さん、いい子

**у́мница** (女3変化) [男・女]《話》＝у́мник①③

**у́мничать** [不完] / **с-～** [完]《話・非難》① 利口ぶる、賢さをひけらかす ② (利口ぶって) 勝手に振る舞う、かえって事を複雑にする

**умно́** [副] 賢く、利口に

**умножа́ть** [不完] / **умно́жить** -жу, -жишь 受過 -женный [完] ① 増やす、増大させる ②《数》掛け算する (←дели́ть) **//-ся** [不完] / [完] 増える、増大する

**умноже́н|ие** [中5] ① 増加、増大 ②〔数〕掛け算、乗法：табли́ца -ия 九九の表

**＊у́мн|ый** [ウームヌィ] 短 уме́н, умна́, умно́/у́мно [形1]

[clever, intelligent] ① 賢い, 利口な, 聡明な: ~ студе́нт 頭のいい学生 | Он о́чень умён. 彼はとても賢い ② 賢明な, 分別ある; 内容のある: ~ отве́т 賢明な回答 | -ая статья́ 内容のある論文 ③ 熟練した, 巧みな; 精巧な: -ые ру́ки 熟練の手腕 | -ая маши́на 精巧な機械

умозаключа́ть [不完] / умозаключи́ть -чи́шь 受過 -чённый (-чён, -чена́) [完]〈文〉〈кн〉推論する; 結論づける

умозаключе́ние [中5]〈文〉推論; 結論

умозре́ние [中5]〈文〉思弁, 抽象的な考察

умозри́тельный 短 -лен, -льна [形1]〈文〉思弁的な, 抽象的な

у́моисступле́ние [中5]〈文〉精神錯乱, 譫妄(せんもう)状態

у́моисступлённый [形1]〈文〉精神が錯乱した

умоли́ть [完] →умоля́ть

у́молк [男2] ◆без -у〈話〉黙ることなく, ひっきりなしに

умолка́ть [不完] / умо́лкнуть -ну, -нешь 過 умо́лк/-ул, -кла 能過 -кший/-увший 副分 -ув, -кши [完] 黙り込む; (音・声などが)静まる, やむ

умоло́т [男1] 脱穀量

умолча́ние [中5] ① 言わずにおくこと, 黙っていること ②《通例複》言い残し ③《修》暗示的看過法 ◆по -ию コンピデフォルト

умолча́ть [完] →ума́лчивать

*умоли́ть / умоля́ть -лю́, -ли́шь 受過 -лённый (-лён, -лена́) [完]〈кн〉〔entreat〕〈кн〉に懇願する, 頼む: ~ отца́ о поща́де 父に許しを請う ◆Я тебя́ [вас] умоля́ю! 当たり前でしょ; いい加減にしろ; ご心配には及びません

умоля́ющ|ий [形1] 懇願〔哀願〕するような, すがるような //-o [副]

у́монастрое́ние [中5]〈文〉心情, 気分, 知的傾向

у́помешате́льство [中1] 狂気, 精神錯乱

у́мопомраче́н|ие [中5]〔旧〕精神錯乱 ◆до -ия〈話〉(1)非常に, ものすごく (2)たくさん, 大量に

у́мопомрачи́тельный 短 -лен, -льна [形1]〈話〉とてつもない, ものすごい

умо́ра [女1]〈話〉滑稽なこと

умори́тельный 短 -лен, -льна [形1]〈話〉とてもおかしい, ひどく滑稽な

умори́ть -рю́, -ри́шь 受過 -рённый (-рён, -рена́) [完]〈話〉① 殺す, 滅ぼす ② へとへとに疲れさせる ③ ものすごく笑わせて疲れさせる // ~ся [完]〈話〉へとへとに疲れる

умота́ть(ся) [完] →мота́ть, ума́тывать

умощня́ть [不完] / умощни́ть -ню́, -ни́шь 受過 -нённый (-нён, -нена́) [完]〈閉〉〈エンジンなどを〉パワーアップする

умри́〔命令〕, умру́ [1単未] →умере́ть

у́мственн|ый [形1]〔mental, intellectual〕知的な, 知力の, 知的活動の: -ые спосо́бности 知能 | ~ труд 知的労働

у́мствование [中5] 空理空論, 抽象的な議論

у́мствовать -твую, -твуешь [不完] 空理空論にふける

умудря́ть [不完] / умудри́ть -рю́, -ри́шь 受過 -рённый (-рён, -рена́) [完]〈閉〉賢くする, 利口にする // ~ся [不完] / [完] ① 賢くなる ②〈話〉〈否定形〉うまいこと…する;〈へまなことを〉やらかす

умча́ть -чи́шь, -чи́т [完] ① 急速に運び去る ② (時が)またたく間に過ぎる // ~ся [完] ① 急速に走り去る ② (時が)またたく間に過ぎる

умыва́льник [男2] 洗面台; 洗面器

умыва́льн|ый [形1] ① 顔[手]などを洗うための, 洗面用の ② -ая [女名] 洗面所

умыва́ние [中5] (顔・手などを)洗うこと, 洗面

умыва́ть [不完] / умы́ть умо́ю, умо́ешь 受過 умы́тый [完]〈閉〉① …の顔[手などを]洗ってやる;〈自分の顔・手などを〉洗う: ~ ребёнка 子どもの顔を洗う ②〈話〉たしなめる, 諭す ◆~ ру́ки 手を引く, 手を切る, 関係を断つ

*умыва́ться [ウムィヴァーッツァ] [不完] / умы́ться [ウムィーッツァ] умо́юсь, умо́ешься 命 умо́йся [完]〔wash (oneself)〕① 自分の顔・手などを洗う: ~ с мы́лом 石けんで顔や手を洗う | Он умы́лся холо́дной водо́й. 彼は冷たい水で顔を洗った ②〈俗〉敗北する, 期待を裏切る結果になる

умыка́ние [中5] ① (花嫁の)略奪; 略奪結婚 ②〈話〉盗み

умыка́ть [不完] / умы́кнуть -ну́, -нёшь [完]〈閉〉① (略奪結婚のため)〈花嫁を〉さらう, 略奪する ②〈話〉盗む

у́мысел -сла [男1] (通例よからぬ)もくろみ, たくらみ: с у́мыслом 故意に, わざと

умы́ть(ся) [完] →умыва́ть(ся)

умы́шленн|ый 短 -ен, -енна [形1] 意図的な, 故意の //-o [副]

умя́ть(ся) [完] →умина́ть

унава́живать, унаво́живать [不完] / унаво́зить -о́жу, -о́зишь 受過 -о́женный [完]〈閉〉に厩肥(きゅうひ)を与える

унасле́довать [完] →насле́довать

унести́(сь) [完] →уноси́ть(ся)

униа́т [男1] / ~ка 複生 -ток [女2]〈宗〉東方帰一教会信者

униве́р [男1]〈若者〉大学 (университе́т)

*универма́г [ウニヴィルマーク] [男2]〔department store〕デパート, 百貨店 (универса́льный магази́н): Она́ купи́ла су́мку в -е. 彼女はデパートでバッグを買った

универса́л [男1] ①〈その分野の〉万能技術者 ②〈車〉ステーションワゴン

универсализи́ровать -рую, -руешь 受過 -анный [不完]〔完〕普遍化する, 一般化する

универсали́зм [男1]〈文〉(知識・能力などの)多面性, 博識

*универса́льн|ый 短 -лен, -льна [形1]〔universal, versatile〕① 普遍的な, 全般的な, ユニバーサルな: -ые зна́ния 普遍的な知識 ② 多目的な, 万能の: -ое сре́дство 万能薬 | магази́н 百貨店 (универма́г) ③ 多才な, 博識な: ~ челове́к 多芸多才な人 ■-ая грамма́тика [言] 普遍文法 //-ость [女10]

универса́м [男1] スーパーマーケット (суперма́ркет)

универсиа́да [女1] ユニバーシアード

*университе́т [ウニヴィルスィチェート] [男1]〔university〕① (総合)大学 (→вуз): поступи́ть в ~ 大学に入学する | око́нчить ~ 大学を卒業する | Он учи́лся в Моско́вском -e. 彼はモスクワ大学で学んでいる ② 教養講座, 市民大学 ③〈転〉人生について教えてくれるもの: мои́ ~ы 個人的な人生経験 (★ゴーリキーより)

университе́тск|ий [u] [形3] 大学の: -oe образова́ние 大学教育

унижа́ть [不完] / уни́зить -и́жу, -и́зишь 受過 -и́женный [完]〔humiliate〕〈閉〉侮辱する, 辱める; 貶(おとし)める: ~ подчинённого 部下を侮辱する // ~ся [不完] / [完] ①卑下する, 卑屈になる ②〔不完〕〈受身〉

*униже́н|ие [中5]〔humiliation〕① 辱めること; 卑下すること ② 屈辱, 侮辱: терпе́ть -ия 屈辱に耐える

уни́женн|ый 短 -ен, -енна [形1] ① 侮辱された, 辱められた ② 卑屈な //-o [副]

униза́ть [完] →уни́зывать

**унизи́тельн|ый** 短-лен, -льна [形] 屈辱的な, 侮辱的な **‖-о** [副]

**уни́зить(ся)** [完] →унижа́ть

**уни́зывать** [不完] / **униза́ть** -ижу́, -и́жешь 受過 -и́занный [完] 〈囲〉（糸に通して・縫いつけて）…の全面を飾る, …にちりばめる

\***уника́льн|ый** [ウニカーリヌィ] 短-лен, -льна [形][unique] ユニークな, 唯一無二の: ~ экспериме́нт ユニークな実験 **‖-ость** [女10]

**у́никум** [男1] 〈文〉唯一無二の物 [人]

**унима́ть** [不完] / **уня́ть** уйму́, уймёшь 命уйми́ 過-я́л, -яла́, -я́ло 受過-я́тый (-я́т, -ята́, -я́то) [完] 〈話〉〈囲〉① おとなしくさせる, 静める ② 抑える, 止める **‖ ~ся** [不完] [完] ① おとなしくなる, 静まる ② おさまる, やむ

**унисо́н** [男1] 〈楽〉ユニゾン, 斉唱, 斉奏 ◆**в ~ с** …と一致して, 協調して

**унита́з** [男1] 便器

**унифика́ция** [女9] 統一, 一元化

**унифици́ровать** -рую, -руешь 命 過 -анный [不完・完] 統一する, 一元化する

**унифо́рма** [女1] ① ユニフォーム, 制服 ②〈集合〉（サーカスで制服を着た）舞台準備係

**униформи́ст** [男1] （サーカスで制服を着た）舞台準備係

**уничижи́тельный** [形1] 〈文法〉卑称の

\***уничтожа́ть** [ウニチタジャーチ] [不完] / **уничто́жить** [ウニシトージチ] -жу, -жишь 命 -жь 過 -женный [完] [destroy, abolish] ① 滅ぼす, 絶滅する, 根絶する: Война́ уничто́жила всех жи́телей дере́вни. 戦争で村の全住民が亡くなった ② 廃棄する, 廃絶する: ~ я́дерное ору́жие 核兵器を廃絶する ③ 侮辱する, 貶（し）める, 窮地に陥れる: ~ сопе́рника язви́тельным замеча́нием 競争相手を辛辣な言葉で貶（し）める **‖ ~ся** [不完] [完] ① 滅びる, 絶える, 消え失せる ②《不完》[受身]

**уничтожа́ющий** [形6] ① 壊滅的な ② 手厳しい, 容赦のない ③ 侮辱的な, 敵意ある

\***уничтоже́н|ие** [中1] [destruction] ① 絶滅, 根絶, 破壊: ору́жие ма́ссового -ия 大量破壊兵器 ② 廃止, 廃絶: ~ бюрократи́зма 官僚主義の一掃

**уничто́жить(ся)** [完] →уничтожа́ть

**у́ния** [女9] 〈文〉（国家・教会などの）連合, 合同, 統合

**уномри́ровать** [不完・完] →номри́ровать

**уно́с** [男1] 持ち[運び]去ること; 盗むこと

\***уноси́ть** -ошу́, -о́сишь [不完] / **унести́** -су́, -сёшь 過 унёс, унесла́ 能過 унёсший 受過 -сённый (-сён, -сена́) 副分 унеся́ [完] [take away, carry away] 〈囲〉①（~ся）持ち去る, 運び去る; 奪い去る: ~ ключ от рабо́ты домо́й 職場の鍵を家に持ち帰る | Война́ унесла́ мно́го жи́зней. 戦争で多くの命が犠牲になった ② 盗む, こっそり持ち去る: Вор унёс це́нные ве́щи. 泥棒が全部の物を盗んでいった ③（水・風などが）運び去る, 押し流す, 吹き飛ばす: Ло́дку унесло́ тече́нием. [無人称] ボートが流された ④（通例чёрт, нелёгкаなどと共に）連れ去る: Куда́ его́ нелёгкая унесла́ [чёрт унёс]? 彼は一体どこへ消えてしまったんだ

◆**е́ле [едва́] но́ги ~**〈話〉やっとのことで逃げて, 辛うじて逃れる

**уноси́ться** -ошу́сь, -о́сишься [不完] / **унести́сь** -су́сь, -сёшься 過 унёсся, унесла́сь 能過 унёсшийся 副分 унеся́сь [完] ① 急速に遠ざかる, 走り去る ②（時が）またたく間に過ぎる ③《不完》[受身] < уноси́ть

**ун-т** [略] университе́т

**у́нтер-офице́р** [不変]-[男1] 〈軍〉（ロシア帝国陸軍・諸外国の）下士官

**унты́** -о́в [複][単у́нт -а́[男1]], **у́нты** у́нт [複]〔単у́нта[女1]〕（北方民族がはく）毛皮の長靴

**у́нция** [女9] オンス（重量・薬量単位）

**уныва́ть** [不完] 気を落とす, ふさぐ: Не уныва́й! くよくよするな

**уны́л|ый** 短-ы́л [形1] 気落ちした, 陰鬱な, 気の滅入るような **‖-о** [副]

**уны́ние** [中5] 憂愁, 憂鬱, 意気消沈: впасть в ~ 気を落とす, ふさぐ

**уню́хивать** [不完] / **уню́хать** [完] 〈話〉〈囲〉〈重大な秘密を探り出す, 嗅ぎ出す

**уня́ть(ся)** [完] →унима́ть

**упа́вший** [形6] （興奮・恐怖などで声が）力のない, 弱々しい

**упа́д** [男1] 〔若者〕面白いもの, 驚嘆させるもの ◆**до-у[~а]** [口] さもへとになるまで

**упа́док** -дка [男2] [decline] 衰退, 衰微, 没落, 凋落: ~ сил 体力の減退 | прийти́ в ~ 衰える

**упа́дочничество** [中1] 退廃, デカダンス **‖-ский** [形3]

**упа́дочн|ый** 短-чен, -чна [形1] ① 衰退に向かっている ② 退廃的な

**упако́ванный** [形1] 〔俗〕流行の服に身を包んだ, ブランド服をたくさん持っている

**упакова́ть** [完] →упако́вывать

\***упако́вка** 複生-вок [女2] [packing, packaging, package] ① 包装, 梱包, 荷造り: ~ посы́лки 小包の梱包 | пода́рочная ~ ギフト包装 ② 包装［梱包］材料: карто́нная ~ ボール紙の包装材 ③（包装された）包み［箱, 束］④〔俗〕流行の服

**упако́вочн|ый** [形1] 包装［梱包］(用)の: -ая бума́га 包装紙

**упако́вщи|к** [男2] / **-ца** [女3] 包装［梱包］係, 荷造り人

**упако́вывать** [不完] / **упакова́ть** -ку́ю, -ку́ешь 受過 -о́ванный [完] 〈囲〉① 荷造りする, 包装する ②〔ロシ〕（デッキを）圧縮する ③〔俗〕人に高価な［流行の］服を買ってやる ④〔俗〕拘束する, 投獄する **‖ ~ся** [不完] [完] ①（荷物が）おさまる, 入りきる ②（自分の荷物を）荷造りする ③〔俗〕高価な［流行の］服で着飾る

**упасти́** -су́, -сёшь 過 упа́с, -сла́ 能過 упа́сший 受過 -сённый (-сён, -сена́) 副分 упа́сши [完] 〔俗〕〈囲〉救う, 守る ◆**упаси́ бог = бо́же упаси́** (1)…などということがあってはならない (2) とんでもない, そんなことは断じてない

**упа́сть** [完] →па́дать ◆**Упа́л-отжа́лся!** 〔憤慨〕腕立て伏せでもしてろ

**упека́ть** [不完] / **упе́чь** -еку́, -ечёшь, …-еку́т -ёк 過 -пёк, -пекла́ 能過 -пёкший 受過 -чённый (-чён, -чена́) 副分 -пёкши [完] 〈囲〉①〈話〉（パンなどを）十分に焼きあげる ②〔俗〕（遠くに・無理やり）追いやる; (監獄などに) ぶち込む **‖ ~ся** [完]（パンなどが）十分に焼きあがる

**упере́ть(ся)** [完] →упира́ть(ся)

**упёрт|ый** [形1] 〈話〉頑固な, 偏屈な **‖-ость** [女10]

**упе́чь(ся)** [完] →упека́ть

**упива́ться** [不完] / **упи́ться** упью́сь, упьёшься 命 упе́йся 過 упи́лся, -ила́сь, -и́лось/-ило́сь [完] ①〔俗〕へべれけになるまで飲む ②〈文〉〈囲〉…を心ゆくまで楽しむ, …に酔いしれる

**упира́нт** [男1] 〔俗〕頑固者, 強情っ張り

**упира́ть** [不完] / **упере́ть** упру́, упрёшь 過 упёр, -рла́ 能過 упёрший 受過 упёртый (-рт, упере́в) [完] ①〈囲〉в в〈囲〉に立てかける, もたせかける, 押しあてる: ~ ле́стницу в сте́ну はしごを壁に立てかける ②《不完》〈話〉〈на 囲〉を強調する, 言い張る ③ [完] 〔俗〕〈囲〉盗む, かっぱらう

\*упира́ться [不完] / упере́ться упру́сь, упрёшься упёрся, -ла́сь過упёршийся受упёршись/уперши́сь [完] ①〈圏に〉つっぱる, 押しつける: ～ нога́ми в зе́млю 地面に足をふんばる ②〔話〕〈в圏に〉ぶつかる, 突き当たる: Прое́кт упира́ется в недоста́ток де́нег. 計画は資金不足に直面している ③〔話〕〈на圏〉…を頑として譲らない, …に固執する: Ну что ты упёрся, соглаша́йся! 意固地になってるの, 賛成しろよ

упи́саться [完] ①〔俗〕ひどいおもらしをする, おもらしで服が汚れる ②〔俗〕〈от圏〉…を笑い物にする, からかう

упи́сывать [不完] / уписа́ть -ишу́, -и́шешь 受過-и́санный [完] ①〈圏に〉(あるスペースに) 書き収める; ぎっしり書く ②食べ尽くす, がつがつ食う ‖ ～ся [不完] /[完] (あるスペースに) 書き収まる

упи́танн|ый 短-ан, -анна [形1] ほどよく太った, 丸々として健康的な ‖—ость [女10]

упи́ться [完] →упива́ться

УПК 〔略〕уголо́вно-процессуа́льный ко́декс 刑事訴訟法

\*упла́т|а [女1] 〔payment〕支払い: произвести́ -у 支払いをする

упла́чивать [不完] / уплати́ть -ачу́, -а́тишь受過-а́ченный [完] 〈圏〉支払う: ～ по счёту 勘定を清算する

уплета́ть [不完] / уплести́ -ету́, -етёшь過-лёл, -лела́ 能過-лётший 受過-етённый (-тён, -тена́) 副過-етя́ [完] 〈圏〉がつがつ食べる

уплотне́ние [中5] ①密にする[なる]こと, 硬くする[なる]こと; 密度の増加 ②硬化した箇所; しこり ③パッキン, ガスケット

уплотни́тель [男5] ① = уплотне́ние③ ②パッキング材, 密閉材

уплотня́ть [不完] / уплотни́ть -ню́, -ни́шь受過-нённый (-нён, -нена́) [完] 〈圏〉①密にする, 硬くする ②…の居住密度を高める; 居住者数を増やす ③(労働などの)密度を高める, びっしり詰める; 短縮する ‖ ～ся [不完] /[完] ①密になる, 硬くなる ②居住密度が高まる; 居住者数が増える ③(労働などの)密度が高まる, びっしり詰まる

уплоща́ться [不完] / уплощи́ться -и́тся [完] 平らになる, 平べったくなる

уплощённый 短-щён, -щена́ [形1] 平らな, 平べったい

уплыва́ть [不完] / уплы́ть -лыву́, -лывёшь過-ы́л, -ыла́, -ы́ло [完] ①泳ぎ去る; (船が・船で)去る, 出帆する ②過ぎ去る, 消え去る

упова́ние [中5] 〔文・雅〕期待, 希望

упова́ть [不完] 〔文・雅〕〈на圏/不定形〉を期待する, 強く望む

уподобле́ние [中5] たとえる[似てくる]こと; 〔言〕同化 (ассимиля́ция)

уподобля́ть [不完] / уподо́бить -блю, -бишь受過-бленный [完] 〈圏を圏にたとえる, なぞらえる ‖ ～ся [不完] /[完] 〈圏に〉似てくる

упое́ние [中5] 歓喜, 陶酔, 有頂天

упоённый 短-оён, -оена́ [形1] 陶酔している, 有頂天の

упои́тельный 短-лен, -льна [形1] うっとりさせるような, 気持ち良い

упоко́й [男6] ◆за ～ (死者の魂の)安息のために

уполза́ть [不完] / уползти́ -зу́, -зёшь過-о́лз, -олзла́ 能過-о́лзший受過-о́лзши [完] ①這って去る [遠ざかる] ②ゆっくりと去る

уполномо́ченн|ый (形1変化) [男名] / —ая [女名] 全権委員, 全権代表

уполномо́чивать [不完] / уполномо́чить -чу, -чишь受過-ченный [完] 〈圏に нa圏の /不定形〉する全権を与える

уполномо́ч|ие [中5] 全権委任: по —ию 圏 …の委任を受けて

уполо́вник [男2] 〔俗〕しゃくし, 大さじ (поло́вник)

\*упомина́ние [中5] 〔mentioning〕 ①言及すること, 触れること ②言及, 記述: бе́глое ～ о圏 …についての大ざっぱな言及

‡упомина́ть [不完] / упомяну́ть -яну́, -я́нешь命-ни́ 受過-я́нутый [完] 〔mention, refer to〕 ①〈о圏/про圏/что圏〉…に言及する, 触れる: ～ о вчера́шнем собы́тии 昨日の事件に言及する ｜ случай, упомя́нутый вы́ше 上で述べた事例 ②〈圏の名を挙げる: ～ и́мя писа́теля 作家の名を挙げる

упо́мнить -ню, -нишь охранить受過-ненный [完] 〔話〕〈圏〉記憶にとどめる, 覚えておく

\*упо́р [男1] 〔rest, prop〕 ①支えること, もたせかけること: то́чка ～а 支点, 支柱: ～ для ног 足台 ◆в ～ (1)至近距離で ⑵率直に, ずけずけと: сказа́ть в ～ 単刀直入に言う ⑶じっと, 直接に: смотре́ть в ～ 直視する ｜ в ～ не ви́деть 〈圏〉〔話〕無視する, 黙殺する ｜ де́лать ～ на圏 (на圏) …に力点を置く, …を重要視する ｜ до ～а とことん, 行けるところまで

\*упо́рно [副] 〔persistently〕粘り強く, 頑固に; 絶え間なく, しつこく: ～ рабо́тать 根気よく働く

упо́рный¹ [形1] 支え の, 支えるための

\*упо́рн|ый² -рен, -рна [形1] 〔stubborn, persistent〕 ①粘り強い, 頑強な, 不屈の精神をもつ: ～ хара́ктер 粘り強い性格 ｜ Они́ оказа́ли -ое сопротивле́ние. 彼らは頑強に抵抗した ②長く続く, しつこい, 執拗な: ～ ка́шель しつこい咳 ‖—ость [女10]

упо́рство [中1] 粘り強さ, 根気 ②頑固, 強情

упо́рствовать -твую, -твуешь [不完] 粘り強さを発揮する, 意地を張る, 固執する

упорхну́ть -ну́, -нёшь [完] (鳥などが)ぱっと飛び立つ

упоря́дочение [中5] 整理, 整備, 調整

упоря́дочивать [不完] / упоря́дочить -чу, -чишь受過-ченный [完] 〈圏〉整理する, 整備する, 調整する ‖ ～ся [不完] /[完] 整う, 整備される

употреби́тельный 短-лен, -льна [形1] 広く用いられている, 一般的な

употреби́ть [完] →употребля́ть

‡употребле́н|ие [中5] 〔use, application〕使用, 利用: войти́ в ～ 使われるようになる ｜ вы́йти из —ия 使われなくなる, 廃れる ｜ лека́рство для вну́треннего —ия 内服薬

\*употребля́ть [不完] / употреби́ть -блю́, -би́шь, … , -би́т -би́ 受過-блённый (-блён, -блена́) [完] 〈圏〉①使う, 用いる, 使用する, 利用する: ～ все уси́лия 全力を尽くす ②〔俗〕食う, 飲む ③〈女性を〉利用する, (性欲を満たすために)性交する ◆～ во зло 悪用する

употребля́ться [不完] ①用いられる, 使用される ②[不完] 〈с圏〉 ～ употребля́ть

упра́в|а [女1] ①〔話〕制御する手段, 処置 ②〔露史〕(帝政ロシアの)役所, 行政機関

упра́виться [完] →управля́ться

управле́нец -нца [男3] 〔話〕管理部[本部]職員

‡управле́н|ие [中5] 〔management, administration〕 ①〈圏の〉操縦, 運転, 制御: ～ самолётом 飛行機の操縦 ｜ электро́нное ～ 電子制御 ②〈圏の〉管理, 運営, 指揮; 統治, 支配: ～ произво́дством 生産管理 ｜ ～ страно́й 国の統治 ｜ о́рганы ме́стного —ия 地方行政機関 ③ (官営の)局, 管理局; (日本の)庁: центра́льное статисти́ческое ～ 中央統計局 ｜ ～ дела́ми 総務局 ｜ У～ импе́-

ра́торского двора́ 宮内庁 ④操縦[運転]装置: рыча́г ～, опера́тор レバー ⑤《文法》支配: гла́гольное ～ 動詞の支配

\*управле́нческий [形3] 〔administrative〕行政の; 管理局の, 官庁の: ～ аппара́т 行政機関, 官庁

\*управля́емый [形1] 操縦[管理]可能な, 誘導型の: -ая раке́та 誘導ミサイル

\*управля́ть [ウプラヴリャーチ] [不完] 〔manage, control〕〈造圓〉① …を操縦する, 運転する, 動かす: ～ автомоби́лем 自動車を運転する / ～ станко́м на расстоя́нии 工作機械を遠隔操作する ② …を管理する, 運営する, 指揮する; 統治する: ～ заво́дом 工場を経営する / ～ госуда́рством 国家を統治する ③《文法》…を支配する: Э́тот глаго́л управля́ет роди́тельным падежо́м. この動詞は生格を支配する

управля́ться / упра́виться -влюсь, -вишься [完]〈с造圓〉①（仕事などを）終わらせる, 処理する ②〈с造圓〉やっつける, 懲らしめる

\*управля́ющ|ий [形6変化] 〔manager〕[男名] / -ая [女2] 〔manager〕〈造圓の管理人, 支配人, 長: ～ ба́нком 銀行支配人 / ～ дела́ми 総務部長

\*упражне́н|ие [ウプラジニェーニエ] [中5] 〔exercise〕①練習, 訓練, 鍛錬: -ия на скри́пке ヴァイオリンの練習 / гимнасти́ческие -ия 体操 ②練習問題, 練習課題: Он де́лает ～ по ру́сскому языку́. 彼はロシア語の練習問題をやっている

упражня́ть [不完]〈囮〉訓練する, 鍛える

\*упражня́ться [不完]〔practice〕〈в/на圓/с造圓〉自分自身を鍛える: ～ в пла́вании 水泳の練習をする

упразднён|ие [зын] [中5] 廃止, 撤廃
упраздня́ть [зын] [不完] / упраздни́ть [зын] -ню́, -ни́шь 受過 -нённый (-нён, -нена́) [完]〈囮〉廃止する, 撤廃する

упра́шива|ть [不完] / упроси́ть -ошу́, -о́сишь 受過 -о́шенный [完]〈囮〉〈囮不定形するように〉懇願する, 頼みこむ ǁ~ние [中5]

упрежда́ть [不完] / упреди́ть -ежу́, -еди́шь 受過 -еждённый (-ён, -ена́) [完]《話》〈囮〉…に予告する, 警告する; …の先を越す, 先んずる

\*упрёк [男2] 〔reproach〕非難, 叱責, とがめ: бро́сить ～ …を非難[叱責]する ◆без ～а 申し分なく, 完璧に / не в ～ …を非難するわけではない

\*упрека́ть [不完] / упрекну́ть -ну́, -нёшь [完] 〔reproach〕〈囮〉в 圓のことで / за圓 のために〉非難する, 叱責する, 責める: Она́ упрека́ет его́ в ску́пости. 彼女は彼のけちくささを責めている ǁ~ся [不完] 〔受身〕

упре́ть [完] →пре́ть

упроси́ть [完] →упра́шивать

упрости́ть(ся) [完] →упроща́ть(ся)

упро́чение [中5] 強固になる[する]こと; 確立

упро́чива|ть [不完] / упро́чить -чу, -чишь -ченный [完]〈囮〉①強固にする, ゆるぎないものにする ②〈за囮の圓〉確立する ǁ~ся [不完] / [完] ①強固になる, 確固としたものになる ②自分の地位を固める ③〈за囮に対して〉確立する

упрочня́ть [不完] / упрочни́ть -ню́, -ни́шь 受過 -нённый (-нён, -нена́) [完]〈囮〉強化する, 頑丈にする

упроща́ть [不完] / упрости́ть -ощу́, -ости́шь 受過 -ощённый (-щён, -щена́) [完]〈囮〉①簡単にする, 単純化[簡素化]する ②（意義などを）単純化する, 皮相化する ǁ~ся [不完] / [完] 簡単になる, 単純になる

упроще́ние [中5] ①単純化, 簡素化 ②（単純化するための）変更, 改良

упрощённый 短 -ён, -ённа [形1] 過度に単純化した, 皮相的な, 浅薄な

упроще́нство, упроще́нчество [中1] 過度に単純化した問題の解決法, 皮相的なアプローチ

упру́г|ий -уг 比 -у́же [形3] 〔弾力のある, 弾性の〕: ～ мяч よくはずむボール ②ひきしまった ③軽快な, きびきびした ǁ~о [副]

упру́гость [女10] 弾性, 弾力性

упря́жк|а 複生 -жек [女2] ①（1台の車などにつながれた）1組の役畜 ②（役畜を車などにつなぐ）用具一式 ◆～ в одно́й ～е 共同で, 協力して

упряжно́й [形2] ①役畜をつなげる道具の ②車などを引くための

упря́м|ец -мца [男3] / -ица [女3]《話》頑固者, 強情っ張り

упря́миться -млюсь, -мишься [不完] 強情を張る, 頑として折れない

упря́мо [副] ①頑固に, 強情に ②粘り強く, 執拗に

упря́мство [中1] 頑固, 強情, 片意地

\*упря́мый 短 -ям [形1] 〔stubborn, persistent〕①頑固な, 強情な: ～ стари́к 頑固な老人 | Фа́кты ——ая вещь. 事実は争えない ②粘り強い; しつこい, 執拗な: ～ дождь しつこい雨 ③（長尾）頑固そうな, 強情そうな

упря́тывать [不完] / упря́тать -я́чу, -я́чешь 受過 -анный [完]《話》〈囮〉①遠くに・念入りに隠す, しまい込む ②（遠くに・無理やり）追いやる;（監獄などに）ぶち込む

\*упуска́ть [不完] / упусти́ть -ущу́, -у́стишь 受過 -у́щенный [完] 〔let go〕〈囮〉①うっかり放す, 落す: ～ верёвку ロープを放す ②取り逃がす: ～ ры́бу 魚を捕まえそこなう ③（機会などを）逸する, 逃す: ～ слу́чай 機会を逃す | не ～ своего́ 自分の得になるものを逸する ④放置して駄目にする; 大目に見る: ～ костёр たき火を消してしまう ǁ~ся [不完]〔受身〕

упуще́ние [中5] 見落とし, 手落ち

упы́ливать [不完] / упыли́ть -лю́, -ли́шь [完]《俗》立ち去る, いなくなる

упы́рь -я́ [男5]《俗》①吸血鬼 ②《俗》愚かな人, 物わかりの悪い人

\*ура́ [間]〔hurrah〕《突撃・歓喜の叫び声》ウラー, 万歳, わーい, やった~: крича́ть ～ 万歳を叫ぶ ◆на ～ (1)《軍》ウラーと叫びながら突撃して (2)《話》（準備しない）で一か八かで, 運にまかせて (3)《話》熱烈に, 熱狂的に

ураба́тываться [不完] / ураба́тываться [完] 《話》長時間のきつい仕事で疲れ果てる

ураба́тать [完] 〈囮〉《俗》①くすねる, 盗む ②暴行する, ひどいけがを負わせる

\*уравне́ние [中5] 〔equalization, equation〕①等しく[同じに]すること, 平等化: ～ в права́х 権利の平等化 ②《数》方程式: квадра́тное ～ 2次方程式

ура́внивать[1] [不完] / уравня́ть 受過 ура́вненный [完]〈囮〉等しくする, 同じにする, 平等にする

ура́внивать[2] [不完] / уровня́ть 受過 уро́вненный [完]〈囮〉平らにする, 滑らかにする

ура́вниловка [女2]《話》不当な平等化, 悪平等

уравни́тельный [形1] 平等の, 均等の

уравнове́шенн|ый 短 -ен, -енна [形1]（性格・行動の）穏やかな, 落ち着いた ǁ~ость [女10]

уравнове́шива|ть [不完] / уравнове́сить -е́шу, -е́сишь 受過 -е́шенный [完]〈囮〉①…の重さを同じにする ②釣り合わせる, 均衡させる

уравня́ть [完] →ура́внивать[1]

\*урага́н [男1] 〔hurricane〕《気象》猛烈な風, ハリケーン

урага́нный [形1] ①暴風の ②嵐のような, 激烈な

уразумева́ть [不完] / уразуме́ть [完]《話》〈囮〉わかる, 理解する

Ура́л [男1] ①ウラル（ロシア西部, ウラル山脈を中心とす

**уральский**

る地域) ②ウラル川 ③ウラル原油(ロシア原油の代表種)

*\*ура́льск|ий** [形3] ウラルの ■**У-ие го́ры** ウラル山脈

**ура́н** [男1] ①〚化〛ウラン, ウラニウム(記号 U) ②**У~** 〚天〛天王星

**ура́новый** [形1] ウランの, ウランを含む

**ура́-патриоти́зм** [不変-][男1] 狂信的愛国主義

**урбаниза́ция** [女9] 都市集中化；都市化

**урбанизи́ровать** -рую, -руешь 受過-анный [不完・完] 〈文〉〈囮〉都市集中化する

**урбани́зм** [男1] ①(芸術における)都会主義, アーバニズム ②(都市建設における)大都市主義

**урбани́ст** [男1] / **~ка** 複生-ток [女2] 都会主義者, アーバニスト

**урва́ть** [完] →**урыва́ть**[1]

**урду́** (不変)[男1] ウルドゥー語

**урегули́ровать** [完] →**регули́ровать**

**уре́зать** [完] →**уреза́ть**

**урезо́нивать** [不完] / **урезо́нить** -ню, -нишь 受過-ненный [完] 〚話〛〈囮〉説き伏せる, 納得させる

**уреза́ть, уреза́ть** [不完] / **уре́зать** -е́жу, -е́жешь 受過-езанный [完] 〈囮〉①切り取る, 短くする ②減らす, 削減する

**уреми́|я** [女9] 〚医〛尿毒症

**уре́тра** [女1] 〚解〛尿道

**уретри́т** [男1] 〚医〛尿道炎

**ури́на** [女1] 〚医〛尿

**у́рка** 複生у́рок (女2変化) [男], **уркага́н** [男1] 〚俗〛①犯罪者；囚人 ②ならず者, ごろつき

**уркага́нить** -ню, -нишь, **уркова́ть** -ку́ю, -ку́ешь [不完] 〚俗〛①犯罪者である, 犯罪者として生きる ②暴れる, 秩序を乱す // **уркага́нство** [中1]

**уркага́нский** [形3], **урко́вый** [形1] 〚俗〛犯罪者の, 犯罪的な ②ならず者の, 暴力的な

**урла́** [女1] 〚俗〛〚集合的〛ならず者, ちんぴら, 不良

**урло́вый** [形1] 〚俗〛①ならず者の, 不良の ②下種な, 粗野な, 無教養な

**у́рна** [女1] ①骨壷 ②投票箱 ③(街頭の)ゴミ箱, くず入れ

*\*у́ров|ень** [ウーラヴィニ] -вня [男5] 〔level, standard〕 ①水平面, 高さ: ~ воды́ в реке́ 川の水位 | Го́род нахо́дится на высоте́ пяти ме́тров над -нем мо́ря. 町は海抜5メートルの高さにある ②レベル, 水準, 程度: ~ зарпла́ты 給与水準 | повыша́ть ~ жи́зни 生活水準を高める | встре́ча на высо́ком ~е 首脳会談, トップ会談 | ~ исполне́ния〚フィギュア〛出来栄え点, GOE ③水準器 ◆**в ~ с** 圍(1)…と同じ高さの (2)…に合致して, 相応して: жить в ~ с ве́ком 時代にマッチした生活をする | **на -не** (**быть, находи́ться**) 〚話〛一応の水準にある, まあまあだ

**уровня́ть** [完] →**ура́внивать**[2]

*\*уро́д** [男1] / **~ка** 複生-док [女2] 〔monster, freak〕 ①身体障がい者 ②醜い外見の人 ③異常者, 変質者 ④〚話・罵〛できそこない, ろくでなし

**уроди́на** (女1変化) [男・女] =**уро́д**

**уроди́ть** -ожу́, -оди́шь 受過-ождённый (-дён, -дена́) [完] 〈囮〉①(土地が)実らせる, 収穫をもたらす ②〚俗/軽蔑〛**// ~ся** (囮)①(果実・穀物などが)実る ②〚俗〛似て生まれる；〈圍〉似て生まれる

**уроди́ливый** 短 -ив [形1] ①身体の欠陥のある, 奇形の ②醜い, 不格好な ③異常な, 歪んだ **// -о** [副] **// -ость** [女10]

**уро́довать** -дую, -дуешь 受過-анный [из-] [完] 〈囮〉①身体障がい者にする；〈物を〉醜い物になるくする ②…の外見を醜くする ③歪める, 歪曲する ④…の心に悪影響を及ぼす, 駄目にする **// -ся** [不完] [完] 〚話〛①身体障がい者になる ②醜くなる ③〚不完〛懸命に [身を粉にして] 働く

**уро́дский** [ц] [形3] 〚話〛①醜い, みっともない ②異常な, 歪れた

**уро́дство** [ц] [中1] ①(先天的な)身体的欠陥, 奇形 ②醜い外見 ③異常, 欠陥, ゆがみ

‡**урожа́й** [ウラジャーイ] [男2] 〔harvest, crop〕①収穫(高), 作柄: хоро́ший ~ ри́са 米の豊作 | собира́ть ~ 収穫する ②豊作: В э́том году́ ~ на грибы́. 今年はキノコの当たり年だ

**урожа́йность** [女10] (単位面積当たりの)収穫高

**урожа́йный** [形1] ①収穫(高)の ②収穫量の多い；豊作の

**урождённ|ый** [形1] ①生来の, 生まれつきの ②〚女性形で〛(既婚女性が)旧姓…の

**урожё́н|ец** -нца [男3] / **~ка** 複生-нок [女2] …生まれの人, …出身者: ~ Москвы́ モスクワ生まれの人

‡**уро́к** [ウローク] [男2] 〔lesson, homework〕①授業, 授業時間: ~ матема́тики 数学の授業 | расписа́ние ~ов 授業の時間割 | Он опя́ть опозда́л на ~. 彼はまた授業に遅刻した ②(通例複)個人教授, レッスン: брать ~и та́нцев ダンスのレッスンを受ける ③(教科書の)課, レッスン: ~ пе́рвый — Пе́рвый ~ 第1課 | Откро́йте уче́бник на пя́том -е. 教科書の第5課を開きなさい ④(通例複)宿題, 宿題: зада́ть ~и 宿題を出す | де́лать ~и 宿題をする, 予習復習する ⑤教訓: ~ исто́рии 歴史の教訓 | Э́то ему́ хоро́ший ~ на бу́дущее. これは彼にとって今後のよい教訓だ ◆**да́ть ~** 圍…を懲らしめる, …に思い知らせる | **послужи́ть ~ом для** 圍 …にとって教訓[戒め]となる

**уро́лог** [男1] 〚医〛泌尿器科医

**уроло́г|ия** [女9] 〚医〛泌尿器科学 **// ~и́ческий** [形3]

**уро́н** [男1] 損失, 損害

**урони́ть** [完] →**роня́ть**

**уро́чище** [中2] 周囲とは異なる区域(野原の中の森, 森の中の沼など)

**уро́чный** [形1] ①授業の ②決められた, 通常の

**уругва́|ец** -а́йца [男3] / **~йка** 複生 -а́ек [女2] ウルグアイ人

**Уругва́й** [男6] ウルグアイ

**уругва́йский** [形3] ウルグアイ(人)の

**урча́ть** -чу́, -чи́шь [不完] / **про-** [完] ①(動物・鳥が)うなる ②(ごろごろ・ごぼごぼと)低い音を出す **// урча́ние** [中5]

**урыва́ть**[1] [不完] / **урва́ть** -ву́, -вёшь 過-а́л, -ала́, -а́ло 受過урванный [完] 〚話〛〈囮/圍〉①手に入れる, せしめる ②(時間などを)割く

**урыва́ть**[2] / **уры́ть -ро́ю, -ро́ешь** [完] 〚俗〛①殴る, ぶちのめす ②去る, ずらかる

**уры́вками** [副] 〚話〛時々, 合間をみて

**уры́ть** [完] →**урыва́ть**[2]

**урю́к** [男2] ①種つきの干しアンズ ②〚隠・蔑〛中央アジア人

**урю́пинск** [男2] 〚俗〛田舎, へき地(ヴォルゴグラード州の町の名より)；★町の名前としては **У~**

**ус** →**усы́**

**усади́ть** [完] →**уса́живать**

**уса́дка** [女2] (乾燥・冷却などによる)収縮, 縮小

**уса́дьба** -ьбы [男2] ①(付属の建物・庭などを含めた)屋敷, 住居 ②(集団農場)の集落, 居住地 ③(農村で)家屋付属地 **// уса́дебный** [形1]

**уса́живать** [不完] / **усади́ть** -ажу́, -а́дишь 受過-а́женный [完] ①〈囮〉座らせる, 着席させる ②〈囮に за/不定形〉座って仕事[勉強]させる: ~ сы́на за уро́ки 息子を座らせて宿題をさせる ③〈囮に圍〉…を一面に植える

*\*уса́живаться** [不完] / **усе́сться** уся́дусь, уся́дешься 過усе́лся [完] 〔take a seat〕①(ゆったりと・長時間座る, 腰をおろす, 腰をすえる: ~ в кре́сло ひ

と肘掛け椅子に腰をおろす ②<за団/不定形に>座って取りかかる：Он усéлся читáть. 彼は座って読書を始めた ③《不完》〔受身〕<усáживать

усáстый 短 -áст [形1]《話》大きな口ひげをはやした

усáтый 短 -áт [形1] 口ひげのある

усáч -á [男4] ①《話》(濃い・長い)口ひげをはやしている人 ②《複》[魚]カミギバヒメジ科

\*усвáивать [不完] / усвóить -óю, -óишь 受過 -óенный [完]〔adopt, master〕<団> ①自分のものにする，身につける：〜плохýю привы́чку 悪い習慣を身につける ②(よく理解して)覚える，習得する：〜 граммати́ческие прáвила 文法規則を覚える ③<食物などを>消化する，吸収する：〜 пи́щу 食物を消化する //~ся [不完]〔受身〕

усвоéние [中5] 身につけること，習得；消化

усвóить [完] →усвáивать

усвоя́емость [女10] ①わかりやすさ，理解度 ②消化されやすさ，吸収度

усевáть [不完] / усéять -éю, -éешь 受過 -я́нный [完] ①一面に覆う，覆い尽くす //~ся [不完] / [完] 一面が覆われる，覆い尽くされる

усекáть [不完] / усéчь -екý, -ечёшь, ...-екýт 命 -еки́ 過 усёк, усеклá 能過 усéкший/усéкший 受過 -чённый (-чён, -ченá) 副分 усéкши/усéкши <団> ①切って短くする ②《俗》わかる，理解する

усéрдие [中5] 熱意，熱心さ

усéрдн|ый 短 -ден, -дна [形1] 熱心な，勤勉な //~o [副]

усéрдствовать [ц] -твую, -твуешь [不完] <в団> …を熱心にやる，…に励む

усéсть усá́дет [通例中段以後などに]収縮する

усéсться [完] →усáживаться

усечённый [形1]《数》(図形などで)頂点を切り取られた

усéчь [完] →усекáть

усéять(ся) [完] →усевáть(ся)

усидéть¹ -ижý, -иди́шь [完] ①座ったままでいる，座りとおす，座っている ②《話》とどまる，居続ける ③→усиживать

уси́дчивый 短 -ив [形1] 長時間の座業に耐えられる，忍耐強い //-ость [女10]

уси́живать [不完] / усидéть² -ижý, -иди́шь 受過 -и́женный [完] ①《俗》食べ[飲み]尽くす，たらふく食う[飲む]

ýсики -ов [複] (単ýсик[男2])①小さい口ひげ；鼻の下のうぶ毛 ②《動》触毛，触毛 ③《植》巻きひげ，つる

\*усилéни|е [中5]〔strengthening, intensification〕強[強まる]こと，強化，増強：〜 охрáны 警備の強化

уси́ленн|ый [形1] 強化された，増強された ②執拗な //-o [副]

\*уси́ливать [不完] / уси́лить -лю, -лишь 受過 -ленный [完]〔strengthen, intensify〕<団> ①強める，強化する，増強する，補強する：〜 звук 音を大きくする｜〜 наблюдéние 監視を強化する ②(感情などを)強くする，高める：〜 волнéние 動揺を高める

\*уси́ливаться / уси́литься -лится [完]〔become stronger〕①強くなる，高まる，激しくなる：Вéтер уси́лился. 風が強まった ②《不完》〔受身〕<уси́ливать

\*уси́ли|е [中5]〔effort〕努力，頑張り，力の集中：с -ем 努力して，やっと｜Мы приложи́ли все -я к достижéнию свои́й цéли. 私たちは目的達成のために懸命に努力した

усили́тель [男5]《工》ブースター；《電》増幅器，アンプ

усили́тельный [形1]《工》増幅の

уси́лить(ся) [完] →уси́ливать(ся)

усилóк -лкá [男2]《俗》アンプ(электроусили́тель)

ускáкивать [不完] / ускакáть ускачý, ускáчешь [完] かけ去る，さっといなくなる

ускользáть [不完] / ускользнýть -нý, -нёшь [完] ①すべって逃げる，すべり落ちる ②《話》素早く去る，姿をくらます；消え失せる ③<от団>を避ける，逃れる

ускорéние [中5] ①加速，スピードアップ；早める[早まる]こと ②《理》加速度

ускóренный [形1] 速めの，通常より速い，急いだ

ускори́тель [男5] ①加速器，加速装置 ②《化》促進剤

ускори́тельный [形1] 加速の，促進の

ускоря́ть [不完] / ускóрить -рю, -ришь 受過 -ренный [完] <団> ①速める，加速する，スピードアップする ②<時期を>早める //~ся [不完] / [完] ①速くなる，速さを増す ②(時期が)早まる

услáвливаться [不完] = услóвливаться

услáть [完] →усылáть

услéдить -ежý, -еди́шь [完] <за団> ①…の動きを目で追う ②…を見守る，見張る，目を離さない ③<動向などを>見守る，注意する

\*услóви|е [クスローヴィエ] [中5]〔condition〕①条件，要求：〜 успéха 成功の条件｜Нам предложи́ли вы́годные -ия. 私たちは有利な条件を提示された ②条項，条件：вы́полнить -ия сдéлки 取引条件 ③《複》規定，規約：-ия прожива́ния в общежи́тии 寮生活規定 ④《複》状況，事情，環境，条件：приро́дные -ия 自然環境｜На́до улу́чшить жили́щные -ия. 住宅事情を改善しなければならない ⑤《複》前提，前提条件：〜 и́я зада́чи 問題の前提条件 ◆в -иях 団 …の状況[環境]で｜ни при каки́х -иях どんな場合でも決して｜при -ии 団 …という条件が満たされれば：Поéдем при -ии хоро́шей пого́ды. 天気がよかったら出かけよう｜при (то́м) -ии, éсли [что] …という条件付きで

усло́вленный 短 -ен, -ена [形1] あらかじめ決められた，指定の，約束の

\*усло́вливаться [不完] / усло́виться -влюсь, -вишься [完]〔agree, settle on〕<с団> и о団について〕取り決める，合意する，約束する：〜 о мéсте сбóра 集合場所を決める

усло́вно [副]〔conditionally〕①あらかじめ取り決めて ②条件付きで；《法》執行猶予付きで：согласи́ться 〜 条件付きで賛成する｜Его́ приговори́ли 〜. 彼は執行猶予付きの判決を受けた ③仮に，仮定的に

усло́вно-беспла́тный [形1]《IT》シェアウェアの

усло́вность [女10] ①条件付きであること，条件性，仮であること，暫定性 ②因習，慣行，しきたり

\*усло́вн|ый 短 -вен, -вна [形1]〔conditional〕①《長尾》当事者間で取り決められた，約束の：〜 знак 合図，暗号｜〜 стук 合図のノック ②条件付きの：〜 соглаше́ние 条件付き合意｜〜 рефле́кс 条件反射 ③想像上の，仮想の，架空の：провести́ -ую ли́нию 想像上の線を引く ④《長尾》《文法》条件の，仮定の：-ое наклоне́ние 条件法｜〜 -ое換算の基準となる

усложнéние [中5] 複雑にする[なる]こと，複雑化，紛糾化

усложня́ть [不完] / усложни́ть -ню́, -ни́шь 受過 -нённый (-нён, -нена́) [完] <団> 複雑にする，難しくする，難解にする //~ся [不完] / [完] 複雑になる，難解になる

\*услýг|а [クスルーガ] [女2]〔service, favor〕①助力，奉仕，世話，サービス：оказа́ть 団 -y …に力を貸す｜Мы предложи́ли им свои́ -и. 私たちは彼らに助力を申し出た ②《複》(業務としての)サービス：сфéра услу́г サー

## услужить

ビス部門 | коммуна́льные ~и （水道・ガスなどの）公共サービス ◆**к ва́шим ~ам** ご自由に(どうぞ)、あなたのお役に立つように: Я к ва́шим ~ам. 何かあなた申しつけ下さい | **медве́жья ~** ありがた迷惑（= 熊の親切; ★ Крыло́вの寓話から）

**услужи́ть** -ужу́, -у́жишь [完] 〈与に〉奉仕する, 助力する

**услу́жливый** 短 -ив [形1] 世話好きな, 親切な

**услыха́ть** -ы́шу, -ы́шишь [完] [話] = услы́шать

**услы́шать** [完] →слы́шать

**усма́тривать / усмотре́ть** -отрю́, -о́тришь 受過 -о́тренный [完] ①[話]〈В に〉見つける, …に気がつく ②《за图に》見守る, 監視する ③〈В を图の中に〉見てとる, 見破る

*усмеха́ться [不完] / усмехну́ться -ну́сь, -нёшься [完] （grin, smirk）（皮肉・嘲笑的に）軽く笑う, 薄笑いをする: В отве́т он то́лько усмехну́лся. 彼は答えの代わりに薄笑いを浮かべただけだった

**усме́шка** 複生 -шек [女2] （皮肉・嘲笑的な）薄笑い

**усмире́ние** [中5] おとなしくさせる[なる]こと

**усмири́ть / усмири́ть** -рю́, -ри́шь 受過 -рённый (-рён, -рена́) [完] 〈В〉①おとなしくさせる, 静める ②鎮圧する **~ся** [不完] / [完] おとなしくなる, 静まる

**усмотре́ние** [中5] 判断, 裁量, 決定

**усмотре́ть** [完] →усма́тривать

**уснаща́ть / уснасти́ть** -ащу́, -асти́шь 受過 -ащённый (-щён, -щена́) [完] 〈В图で〉〈話〉文章・文を图で〉飾り立てる

*усну́ть -ну́, -нёшь [完] （go to sleep, fall asleep）①寝入る, 眠りこむ: Она́ сра́зу усну́ла. 彼女はすぐに寝入った ②（魚が）死ぬ ◆**наве́ки** [文] 永眠する

**усоверше́нствование** [中5] ①より完全にする[なる]こと ②改良, 改善

**усоверше́нствованный** [形1] 改良された, 改善された

**усоверше́нствовать(ся)** [完] →соверше́нствовать(ся)

**усове́щивать** [不完] / **усо́вестить** -ещу, -естишь 受過 -ещенный [完] 〈話〉〈В〉恥じ入らせる

**усомни́ться** -ню́сь, -ни́шься [完] 〈в图に〉疑いを感じる, 疑い始める

*усо́хнуть [完] →усыха́ть

*успева́емость [女10] （progress）（学業の）成績, 進度: повы́сить ~ 成績を上げる

**успева́ть** [ウスピェヴァーチ] [不完] / **успе́ть** [ウスピェーチ] [完] （have time, manage, succeed）①<不定形と>する間(*)が, 時間がある…できる: Мы не успе́ли пое́сть. 私たちは食事する時間がなかった ②〈к图/на/в图に〉間に合う: ~ к обе́ду ディナーに間に合う / Он едва́ успе́л на заседа́ние. 彼は辛うじて会議に間に合った ③〈不完〉（学業の）よい成績を修める, 勉強がよくできる: Она́ успева́ет по матема́тике. 彼女は数学の成績がよい ◆**не успе́ть ..., как ...** …する間もなく…する, …し終わるか終わらないうちに…する: *Не успе́л я вы́йти из до́ма, как пошёл дождь.* 私が家を出るか出ないうちに雨が降り出した | *Кто не успе́л, тот опозда́л!* 好機は一度しか訪れない, 早い者勝ちだ

**успе́ется** [完] [無人称] [話] 慌てる必要はない, 間に合う

**успе́ние** [中5], **успе́нье** [中4] [正教] 死去, 昇天 ■ У~ (Богоро́дицы) 生神女( しょうしん )就寝祭(8月28[旧暦15]日;[暦]刈り入れ期の終了; 夏を送る日; дожи́нки, обжи́нки とも) ‖ **успе́нский** [形3] 生神女就寝祭の

**Успе́нский** (形3変化) [男] ウスペンスキー (Эдуа́рд Никола́евич, 1937-; 作家, 児童文学; «Кроко-

ди́л Ге́на и его́ друзья́»『ワニのゲーナとその友人たち』（チェブラーシカ）

*успе́х [ウスピェーフ] [男2] （success）①成功, 成果: большо́й ~ 大成功 | доби́ться ~а 成功を収める | Жела́ю вам ~а. 成功をお祈りします ②好評, 人気, 大当たり: Его́ кни́га по́льзуется ~ом среди́ молоды́х чита́телей. 彼の本は若い読者の間で人気を呼んでいる ③《複》（学業・仕事での）進歩, 好成績: де́лать ~и в ру́сском языке́ ロシア語が上達する ◆**Как ва́ши ~и?** （仕事などの）調子はどうですか | **с таки́м [тем] же ~ом** 《皮肉》全く同じように, 肩を並べるぐらい | **с ~ом** 首尾よく, 見事に

*успе́шно [ウスピェーシナ] [副] （successfully）成功裏に, うまく, 首尾よく: Он ~ сдал экза́мены. 彼は見事に試験に合格した

**успе́шный** [ウスピェーシヌィ] 短 -шен, -шна [形1] （successful）成功した, 好結果の, 上首尾の: ~ о́пыт 成功した実験 | ~ ход рабо́ты 仕事の順調な進展

*успока́ивать [ウスパカーイヴァチ] [不完] / **успоко́ить** [ウスパコーイチ] -ко́ю, -ко́ишь сов -ко́енный [完] （calm, reassure）〈В〉①落ち着かせる, 安心させる, 鎮める, なだめる: ~ ребёнка 子どもをなだめる | Письмо́ сы́на успоко́ило мать. 息子の手紙は母親を安心させた ②（痛みなどを）和らげる, 抑える: ~ зубну́ю боль 歯の痛みを緩和する

*успока́иваться [ウスパカーイヴァッツァ] [不完] / **успоко́иться** [ウスパコーイッツァ] -ко́юсь, -ко́ишься сов -ко́ившийся [完] ①落ち着く, 安心する, 静まる: Успоко́йся, не плачь. 落ち着いて, 泣くのはやめなさい ②（痛みなどが）和らぐ, おさまる: Боль успоко́илась. 痛みがおさまった ③[話]（成し遂げられたことに）満足する, 安んじる ④《不完》〈受身〉< успока́ивать

**успока́ивающ|ий** [形6] 静めるような, 鎮静の: **~ее сре́дство** 鎮静剤

**успокое́ние** [中5] 静める[静まる]こと; 安心, 安堵(ど); 鎮静

**успоко́енность** [女10] ①安堵, 安らぎ ②《非難》のんきさ, 油断

**успокои́тельн|ый** [形1] 安心させる, 静める **‖ -о** [副]

**успоко́ить(ся)** [完] →успока́ивать(ся)

**усреднённый** [形1] 平均的な, 標準的な

**усредня́ть** [不完] / **усредни́ть** -ню́, -ни́шь 受過 -нённый (-нён, -нена́) [完] 〈В〉平均化する

*уст|а́ уст, уста́м [複] （mouth, lips）[古・詩] 口, 唇 ◆**ва́шими бы ~а́ми (да) мёд пи́ть** おっしゃる通り上手くいけばいいのですが | **вложи́ть в ~** …に（考え・言葉を）語らせる | **из вторы́х [тре́тьих] уст узна́ть [услы́шать]** 人づてに[第三者から]知る[聞く] | **из пе́рвых уст узна́ть [услы́шать]** 当事者から直接知る[聞く] | **из уст в ~** 口から口へと, 口伝えで: передава́ться из уст в ~ 口から口へと伝わる | **на ~а́х у** 口々で話されて[話題になって] | **на ~а́х у всех [мно́гих]** みんなが話している, もちぎりだ: Её разво́д у всех на ~а́х. 彼女の離婚の話でみんなもちぎりだ

*уста́в [男1] （regulations, rules）①規約, 規則, 定款: ~ па́ртии 党規約 | ~ ООН 国連憲章 ②（古代ギリシャ・スラヴ文字の）楷書体 **‖ ~ный** [形1], **~но́й** [形2]

*устава́ть [ウスタヴァーチ] -таю́, -таёшь сов -ва́й 副分 -ва́я [不完] / **уста́ть** [ウスターチ] -а́ну, -а́нешь сов -а́нь [完] （become tired）疲れる, くたびれる: ~ от ходьбы́ 歩き疲れる | Она́ уста́ла ждать. 彼女は待ちくたびれた | Я уже́ уста́л обсужда́ть литерату́ру. もう文学につい

**устранять**

てあれこれ言うのは疲れました

**уставля́ть** [不完] / **уста́вить** -влю, -вишь 受過 -вленный [完] ①〈回〉並べる,配置する,置く ②〈回〉に圖をぴっしり置く,一面に並べる ③〈回〉を в/на〈回〉に向

*  **уставля́ться** [不完] / **уста́виться** -влюсь, -вишься [完] ①並ぶ,集まる,収まる:Кни́ги *уста́вились* на по́лке. 本は棚に並べられた ②〈回〉でいっぱいになる,ふさがれる:Подоко́нник *уста́вился* цвета́ми. 窓敷居には花がいっぱい置かれていた ③〈на/в回〉をじっと見つめる,見すえる:~ на собесе́дника 話し相手をじっと見つめる

**уста́вший** [形6]〔俗〕新しくない,新鮮でない,使い古しの

**уста́ивать** [不完] / **устоя́ть** -ою́, -ои́шь [完] ①(倒れないで)立っている,立ち続ける ②屈しない,負けない **// ~ся** [不完] / [完] ①(液体が)澄む,分離層ができる ②安定する,定まる

**уста́кивать** [不完] / **уста́канить** -ню, -нишь [完]〔俗〕(事態を)落ち着かせる,正常にする **// ~ся** [不完] / [完]〔俗〕(事態が)落ち着く,正常になる

**уста́ло** [副] 疲れて,疲れた様子で

* **уста́лость** [女10] 〔fatigue, weariness〕①疲れ,疲労:физи́ческая ~ 肉体の疲労 | испы́тывать ~ в рука́х 腕に疲労を覚える ②〔工〕(材料の)疲労:~ мета́лла 金属疲労

* **уста́л|ый** 〔ウスターイ〕[形1]〔tired, weary〕①疲れた,くたびれた,疲れきった:~ рабо́чий 疲れた労働者 | ви́д -ых́ люде́й 疲れた様子!У тебя *-ое* лицо́. 君は疲れた顔をしている ②〔工〕(金属などが)疲労した

**у́сталь** [女10]〔話〕= уста́лость ◆*без -и* 疲れ知らずで,絶え間なく | *не знать -и* 疲れを知らない

* **устана́вливать**〔ウスタナーヴリヴァチ〕[不完] / **установи́ть**〔ウスタナヴィーチ〕-овлю́, -о́вишь, -о́вят 命-ви́ 受過-о́вленный [完]〔place, set up, adjust〕①設置する,据え付ける,取りつける,セットする:~ телефо́н 電話を引く | На кры́ше до́ма *установи́ли* телевизио́нную анте́нну. 屋根の上にテレビのアンテナが設置された ②定める,制定する,施行する:~ це́ну 価格を決める | ~ дни о́тдыха 休日を定める ③確立する,樹立する,実現する:~ дипломати́ческие отноше́ния 外交関係を樹立する ④明らかにする,解明する,立証する:~ факт 事実を究明する ⑤〔コン〕インストールする

* **устана́вливаться** [不完] / **установи́ться** -о́вится [完]〔be established, be formed〕①確立する,定着する,到来する:*Установи́лась* тишина́. 静かになった ②形成される,完全に出来上がる:Хара́ктер этого ю́ноши ещё не *установи́лся*. この青年の性格はまだ出来上がっていない ③〈不完〉〔受身〕< устана́вливать

**уста́нешь** [2単未] < уста́ть

* **устано́вк|а**〔ウスタノーフカ〕複生-вок [女2]〔placing, setting up〕①設置,据えつけ,設定,セッティング:~ телеви́зора [телефо́на] テレビ[電話]の設置 ②装置,機材:заводска́я ~ 工場設備 ③目標,狙い,方針:Основна́я ~ кома́нды — заня́ть пе́рвое ме́сто. チームの主要目標は1位をとることだ ④指令,指示:дать [получи́ть] ~у 指令を出す[受け取る] ⑤〔コン〕インストール

* **установле́ние** [中5]〔establishment〕①定めること,制定,設定:~ цен на това́ры 商品の価格設定 ②確立,樹立:~ мирово́го реко́рда 世界記録の樹立 ③解明,究明,確立:~ и́стины 真相の究明

**устано́вленный** [形1] 定まった,規定の,公定の

**устано́вочный** [形1]①(設置用)の②目標の,原則を与える

**устано́вщи|к** [男2] / **-ца** [女3] ①設置工,取付工 ②〔男〕〔コン〕インストーラー

**уста́ну** [1単未] / **уста́нь** [命令] < уста́ть

**устарева́ть** [不完] / **устаре́ть** [完] すたれる,時代遅れになる

**устаре́вш|ий** [形6] すたれた,古くさい ■ *-ее сло́во* [言] 廃語

**устаре́л|ый** [形1] すたれた,古くさい,時代遅れの **// -ость** [女10]

**устаре́ть** [完] → устарева́ть, старе́ть

**уста́т|ок** -тка,-тку [男2]〔俗〕疲れ:*с-ку* 疲れて

**уста́ть** [完] → устава́ть

**устели́ть** -елю́, -е́лешь 受過 -е́ленный [完]〔話〕= устла́ть

**устерега́ть** [不完] / **устере́чь** -егу́, -ежёшь, ... -егу́т 過-рёг, -регла́ 能過-рёгший 受過-ежённый (-жён, -жена́) 副分-рёгши [完]〔話〕〈回〉守る,見張る **// ~ся** [不完] / [完]〔話〕身を守る

**устила́ть** [不完] / **устла́ть** -телю́, -те́лешь 受過 у́стланный [完]〈回〉…に敷きつめる,…の一面を覆う

**усти́лка** 複生-лок [女2] 敷きつめること,覆い尽くすこと

**Усти́нья** [女8] ウスチニヤ(女性名)

**у́стно** [СН] [副] 口頭で,口述で

* **у́стный** [СН] [形1]〔verbal, oral〕口頭の,口述の:*-ая* речь 話し言葉 | *-ое* обеща́ние 口約束 | ~ перево́д 通訳

**усто́й** [男6] ①支え,支柱 ②橋台,橋脚 ③〔複〕基盤,基礎 ④液体の表面に分離してできる層

* **усто́йчивость** [女10]〔stability〕安定していること,安定性:~ цен 物価の安定

* **усто́йчивый** 短-ив [形1]〔stable, firm〕①ぐらつかない,安定性のある,堅固な:*-ая* ле́стница ぐらつかないはしご ②安定した,ゆるぎない,確固たる:*-ая* валю́та 安定した通貨 | *-ое* мировоззре́ние 確固たる世界観 | *-ое* выраже́ние 定形表現,成句

**устоя́ть(ся)** [完] → уста́ивать

* **устра́ивать**〔ウストラーイヴァチ〕[不完] / **устро́ить**〔ウストロ́ーイチ〕-о́ю, -о́ишь 命-о́й 受過-о́енный [完]〔make, construct, organize〕①作る,設ける,設立する:~ больни́цу для дете́й 子どものための病院を作る ②催す,開催する;(よくないことを)しでかす,引き起こす:~ конце́рт コンサートを開く | Она́ *устро́ила* сканда́л. 彼女はひと騒動起こした ③整える,仕上げる,まとまりをつける:~ дела́ 用事を整理する | ~ свою́ жизнь по-но́вому 自分の生活を一新する ④〈話〉〈回〉のために〉手に入れてやる,実現してやる,手配する:*Устро́йте* мне биле́т в теа́тр. 劇場のチケットを手に入れて下さい ⑤(施設・仕事などに)入れる,就かせる,世話する:~ сы́на в институ́т 息子を大学に入れる | ~ на рабо́ту 仕事を世話する ⑥〈…にとって都合がよい,満足させる:Это вас *устра́ивает*? あなたにとってこれでよろしいですか ◆*устро́ить тёмную* (犯人であることがばれないように)毛布などにくるんで袋叩きにする

* **устра́иваться** [不完] / **устро́иться** -о́юсь, -о́ишься [完]〔work well, settle down〕①まとまる,うまく整う,落着する:Всё *устро́илось* благополу́чно. 何もかもうまくおさまった ②(ある場所に)落ち着く,おさまる,陣取る:~ в но́вой кварти́ре 新居に落ち着く ③就職する:~ на заво́д 工場に就職する ④〈不完〉〔受身〕< устра́ивать ◆*Хорошо́ устро́илась [устро́ился, устро́ились]!* いいご身分だな,大した努力もせずに有利な立場に納まって

* **устране́ние** [中5]〔removal, elimination〕①除去,排除;根絶:~ опа́сности 危険の除去 ②解任,罷免

* **устраня́ть** [不完] / **устрани́ть** -ню́, -ни́шь 受過 -нённый (-нён, -нена́) [完]〔remove, dismiss〕①〈回〉

① 取り除く, 排除する, 除去する;一掃する, 根絶する: ~ препя́тствия 障害を除去する | ~ недоста́тки 欠陥を一掃する | ~ конкуре́нта ライバルを排除する ② 解任する, 罷免する **//~ся** [不完]/[完] ①〈от囲に〉仕事などから身を引く, 退く ②《不完で》[受身]

устраша́ть [不完]/устраши́ть -шу́, -ши́шь 過-шённый (-шён, шена́) [完]〈囲を〉怖がらせる, おびえさせる **//~ся** [不完]/[完]〈囲を〉…を怖がる, …におびえる

устраше́ние [中5] 怖がらせる［おびえさせる］こと;脅し, 威嚇

устремле́ние [中5] ①突進, 急進 ②（視線などにつき)向ける[向かう]こと ③意図, 志向, 欲求

устремлённость [女10]《文》志向, 傾向性

устреми́ть [不完]/устреми́ть -млю́, -ми́шь 受過-млённый (-лён, лена́) [完]〈囲に〉① 突進させる ②向ける;傾注する **//~ся** [不完]/[完] ① 突進する ②向けられる, 集中する

у́стрица [女3]《貝》カキ **//-чный** [形1]

устрожа́ть [不完]/устро́жить -жу, -жишь 過-же́нный (-жён, жена́) [完]〈囲を〉厳しくする

устрои́тель [男5]/-ница [女3] 主催者, 組織者

устро́ить(ся) [完]→устра́ивать(ся)

*устро́йств|о [ウストロイーストヴァ] [中1] 〔arrangement, organization, structure〕①作ること, 設置;開催, 開催すること, 整備;整えること, 整備: ~ плоти́ны ダムの建設 | вы́ставки 展覧会の開催 ②（施設・仕事などに）入れる [就かせる］こと, 就職: ~ на рабо́ту 就職 ③構造, 配置:прибо́р сло́жного ~а 複雑な構造の機器 | удо́бное ~ до́ма [зда́ния] 家［建物］の使利で快適な間取り ④制度, 体制, 機構: федерати́вное ~ 連邦体制 | госуда́рственное ~ 国家機構 ⑤装置, 設備:запомина́ющее ~ 記憶装置 | самоде́льное взрывно́е ~ 簡易爆弾, IED（略 СВУ)

усту́п [男1] 段状になっている部分

*уступа́ть [不完]/уступи́ть -уплю́, -у́пишь 受過-у́пленный (-лен, лена) [完]〔let have, give up〕①〈囲に囲に〉譲る, 譲り渡す: ~ кому-л. ме́сто в ваго́не (感情が)…に変わる | Ма́льчик уступи́л стару́шке ме́сто. 男の子はおばあさんに席を譲った ②〈囲に в囲で〉屈する, 屈服する: ~ наси́лию 暴力に屈する | ~〈囲に в囲で〉劣る, 負ける: Он никому́ не усту́пит в хра́брости. 勇敢さでは彼は誰にも負けないだろう ④《話》〈囲に囲に〉安く売る, 値引きする: ~ дёшево карти́ну 絵を安く譲る **//~ся** [不完] [受身]《①④》

уступи́тельный [形1]《文法》譲歩の

усту́пк|а 複生-пок [女2] ①譲ること, 譲渡; 屈すること, 屈服 ②譲歩, 妥協 ③《話》値引き

усту́пчатый 短-ат [形1] 段状の, 段のある

усту́пчив|ый 短-ив [形1] すぐ譲歩する, 妥協的な, 従順な **//-ость** [女10]

устыжа́ть [不完]/устыди́ть -ыжу́, -ыди́шь 過-ы́женный (-жён, жена́) [完]〈囲に〉恥ずかしいと思わせる, 陥入らせる **//~ся** [不完]/[完]〈囲を〉恥ずかしく思う, 恥じる

у́ст|ье 複生-ьев [中4] ①河口 ②開口部, 口 **//-ьице** [中2]〔指小〕

*усугубля́ть [不完]/усугуби́ть -блю́, -би́шь 過-блённый (-лён, лена́) [完], усугу́бить -блю, -бишь 受過-бленный [完]〔increase, intensify〕①強める, 高める, 増大させる: ~ опа́сность 危険を増大させる **//~ся** [不完]/[完] ①強まる, 高まる, 増大する ②《不完で》[受身]

усу́шка 複生-шек [女2] 乾燥して重量が減ること

*усы́ [ウスィー] -о́в [複]《単ус [男11]》〔moustache〕①口ひげ: бри́ть ~ 口ひげをそる | Он но́сит ~. 彼は口ひ げをたくわえている ②（動物の）ひげ: ~ ко́шки 猫のひげ ③（昆虫の）触覚 ④《植》巻きひげ, つる ◆и в ус (себе́) не дуть《話》気にしない, どこ吹く風だ | мота́ть (себе́) на ус《話》覚えておく, 考慮に入れておく | са́ми с уса́ми《話》こちらもばかではない, 青二才じゃない

усыла́ть [不完]/усла́ть ушлю́, ушлёшь 受過у́сланный [完]〈囲〉派遣する, （遠くへ）送り出す

усынови́тель [男5]/-ница [女3] 養父;養母

усыновля́ть [不完]/усынови́ть -влю́, -ви́шь 受過-влённый (-лён, лена́) [完]〈囲を〉養子にする **//усыновле́ние [中5]

усыпа́льница [女3]（一族・家の)墓所, 廟

усыпа́ть [不完]/усы́пать -плю, -плешь, -плют/-пят 命-пь 受過-анный [完]〈囲で〉（飛び散りやすいもので）一面を覆う, まき散らす

усыпи́тельный 短-лен, -льна [形1] 眠気を催させる, 単調な

усыпля́ть [不完]/усыпи́ть -плю́, -пи́шь -плённый (-лён, лена́) [完] ①眠らせる;眠気を催させる ②弱める, 鈍らせる ③薬殺する

усыха́ть [不完]/усо́хнуть -ну, -нешь 過-о́х, -о́хла 能過-хший 副分-ув [完] ① 乾燥して軽くなる［縮む］②（年老いて）痩せる, 小さくなる ③《俗》恐怖・笑いなどの)強い感情を感じる, ぞっとする ④《俗》黙る: Усо́хни, тебя́ никто́ не спра́шивает! 黙れ, 誰もお前なんかに聞いてない

ута́ива|ть [不完]/утаи́ть -аю, -а́ишь 命-а́й 受過-ённый (-ён, ена́) [完] ①〈囲を〉隠す, 秘密にする ②着服する, くすねる **//-ние** [中5]

ута́йк|а 複生-а́ек [女2]《話》隠すこと, 隠匿;着服: без -и 包み隠さず

ута́птывать [不完]/утопта́ть -опчу́, -о́пчешь 受過-о́птанный [完]〈囲〉踏み固める

ута́скивать [不完]/утащи́ть -ащу́, -а́щишь 受過-а́щенный [完]〈囲〉① 引きずって行く（運び去る） ②（無理に）連れて行く, 連れ去る ③持ち去る, 盗む

у́тварь [女10]《集合》生活に必要な)道具, 用具, 調度

утверди́тель|ный 短-лен, -льна [形1] 肯定的な, 同意を示す: -ое предложе́ние《文法》肯定文 **//-о** [副]

*утвержда́ть [ウトヴィルジダーチ] [不完]/утверди́ть [ウトヴィルヂー́チ] -ржу́, -рди́шь, ..., -рдя́т 命-ди́ 受過-рждённый (-дён, дена́) [完] 〔approve, establish, confirm〕①〈囲〉（公的に）決定する, 承認する, 認可する: ~ законопрое́кт 法案を承認する | ~ пла́н рабо́т 作業計画を承認する, ゆるぎないものにする: ~ госпо́дство 覇権を確立する ③しっかり固定する, 据えつける: ~ сва́и в земле́ 杭を地面に据えつける ④〈囲に〉囲を確信させる, 信じさせる: Это утверди́ло меня́ в мое́й мы́сли. これで私は自分の考えに確信を持った ⑤《口》〈囲/что в囲 と〉主張する, 断言する: Он утвержда́ет, что любви́ нет на земле́. 彼はこの世に愛はないと主張している **//~ся** [不完]/[完] ①確立する ②〈в囲に〉確信する, 信じる ③《不完》[受身]

*утвержде́ние [ウトヴィルジヂェーニエ] [中5] 〔approval, confirmation, assertion〕①決定, 承認, 認可: ~ в до́лжности 任命 | предста́вить прое́кт на ~ 承認を得るために設計計画を提出する ②確立: ~ но́вого поря́дка 新制度の確立 ③確信させる［する］こと ④主張, 断言, 見解: Он вы́сказал оши́бочное ~. 彼は誤った主張を述べた

утека́ть [不完]/уте́чь -еку́, -ечёшь, ..., -еку́т 過утёк, утекла́ 能過утёкший 副分утёкши [完] ①流れ出る, 漏れ出る ②失われる, なくなる ③（時間などが）過ぎ去る ④《俗》逃げ去る

утёнок -нка 複ута́та, утя́т [男9] カモ［アヒル］の子:

**гадкий ~** みにくいアヒルの子

**утепле́ние** [中5] 暖めること, 保温, 防寒

**утепли́тель** [男5] 保温材

**утепля́ть** [不完] / **утепли́ть** -лю́, -ли́шь 受過 -лённый (-лён, -лена́) [完] 〈対〉暖める, 保温する, 防寒する

**утере́ть(ся)** [完] →утира́ть

**утерпе́ть** -плю́, -пишь [完] 〔話〕こらえる, 我慢する

**уте́ря** [女5] ① 失くすこと, 紛失 ② 損失, 喪失

**утеря́ть** [完] →теря́ть

**утёс** [男1] 断崖(だんがい), 切り立った岩

**утёсистый** [形1] 〜ист 断崖の多い, 切り立った

**уте́ха** [女2] 〔話〕① 楽しみ, 娯楽 ② 慰め, 喜び

**уте́чка** 複生 -чек [女2] ① 流出, 漏出; 漏洩(ろうえい): ~ rа́за ガス漏れ \ ~ умо́в [мозго́в] 頭脳流出 ② 流出[漏出]による減少

**уте́чь** [完] →утека́ть

\***утеша́ть** [不完] / **уте́шить** -шу, -шишь 受過 -шенный [完] [comfort, console] 〈対〉慰める, 元気づける; 喜ばす: Её слова́ меня́ уте́шили. 私は彼女の言葉に慰められた. **ǁ ~ся** [不完] / [完] 自分の心を慰める, 気が休まる

**утеше́ние** [中5] ① 慰めること ② 慰めとなるもの[人], 慰め, 喜び

**утеши́тель** [男5] / **~ница** [女3] 慰めてくれる人

**утеши́тельн|ый** -лен, -льна [形1] 慰めになる, ほっとするような **ǁ ~о** [副]

**уте́шить(ся)** [完] →утеша́ть

**утилиза́ц|ия** [女9] 再利用, 有効活用, リサイクル **ǁ ~ио́нный** [形1]

**утилизи́ровать** -рую, -руешь 受過 -анный [不完・完] 〈対〉再利用する, リサイクルする

**утилизи́руемый** [形1] 再利用[リサイクル]可能な

**утили́та** [女1] 〔コン〕ユティリティ(ソフトウェア)

**утилитари́зм** [男1] 功利主義

**утилитари́ст** [男1] / **~ка** 複生 -ток [女2] 功利主義者

**утилита́рн|ый** 短 -рен, -рна [形1] ① 功利的な, 実利的な ② 実用的な, 実際的な **ǁ ~ость** [女10]

**ути́ль** [男5]〖集合〗(再生可能な)廃物, くず

**утильсырьё** [中4]〖集合〗= ути́ль

**ути́ный** [形1] カモの, アヒルの

**утира́льник** [男2]〔俗〕タオル, 手ぬぐい

**утира́ть** [不完] / **утере́ть** утру́, утрёшь 過 утёр, -рла 能過 утёрший 受過 утёртый 副分 утере́в / утёрши [完]〔話〕〈対〉ぬぐう, ふき取る ◆ **~ нос** 〈与〉〔俗〕…を追い抜く, …の鼻をあかす **ǁ ~ся** [不完] / [完] ① 自分の顔などをふく ②〔俗〕侮辱に耐える

**утиска́ть** [完]〔俗〕〈対〉押し込む, 詰め込む

**утиха́ть** [不完] / **ути́хнуть** -ну, -нешь 過 ути́х / -ул, -хла 能過 -хший / -увший 副分 -хнув [完] ① 静かになる, やむ ② 弱まる, おさまる ③ 落ち着く, おとなしくなる

**утихоми́ривать** [不完] / **утихоми́рить** -рю, -ришь 受過 -ренный [完]〔話〕① 落ち着かせる, 静めさせる **ǁ ~ся** [不完] / [完]〔話〕① 落ち着く, 静まる ② 弱まる, おさまる

**у́тк|а** 複生 -ток [女2] ①〔鳥〕カモ, アヒル: дома́шняя ~ アヒル ②(男性用)尿瓶(しびん) ③〔話〕デマ: пусти́ть -у デマを飛ばす ④〔学校〕(5段階評価の)2点(落第点; двойка) ⑤〔俗〕密告者

**уткну́ть(ся)** [完] →утыка́ть¹

**утконо́с** [男1]〔動〕カモノハシ

**у́тлый** 短 у́тл [形1] 壊れそうな, 危なっかしい

**уто́к** утка́ [男2](織物の)横糸

**утоле́ние** [中5] (飢え・渇きなどを)癒やすこと

**утоли́ть(ся)** [完] →утоля́ть

**утолща́ть** [不完] / **утолсти́ть** -лщу́, -лсти́шь 受過 -лщённый (-щён, -щена́) [完] 〈対〉太くする, 厚くする **ǁ ~ся** [不完] / [完] 太くなる, 厚くなる

**утолще́ние** [中5] ① 太く[厚く]すること, 太く[厚く]なること ② 太い[厚い]箇所

**утолщённый** [形1] 太く[厚く]なった, ために, 厚手の

\***утоля́ть** [不完] / **утоли́ть** -лю́, -ли́шь 受過 -лённый (-лён, -лена́) [完] [quench, relieve] 〈対〉①〈飢え・乾きを〉癒やす, 満たす: ~ жа́жду 渇きを癒やす ②〔文〕しずめる, 和らげる **ǁ ~ся** [不完] / [完] ① 癒える, 和らぐ ②〔不完〕〔受身〕

**утоми́тельн|ый** 短 -лен, -льна [形1] 疲れさせる, しんどい; うんざりするような

**утоми́ть(ся)** [完] →утомля́ть

**утомле́ние** [中5] 疲れ, 疲労

**утомлённ|ый** [形1] 疲労した, 疲れた様子の **ǁ ~ость** [女10]

**утомля́емость** [女10] 疲れる性質; 疲労度

**утомля́ть** [不完] / **утоми́ть** -млю́, -ми́шь 受過 -млённый (-лён, -лена́) [完] 〈対〉疲れさせる; うんざりさせる **ǁ ~ся** [不完] / [完] 疲れる; うんざりする

**утону́ть** [完] →тону́ть

**утонча́ть** [不完] / **утончи́ть** -чу́, -чи́шь 受過 -чённый (-чён, -чена́) [完] 〈対〉① 細くする, 薄くする ② 洗練する, 鋭敏にする **ǁ ~ся** [不完] / [完] ① 細くなる, 薄くなる ② 洗練される, 鋭敏になる

**уто́нченный** 短 -ён, -ённа [形1] 洗練された, 上品な; 凝った, 手の込んだ

**уто́пать** [不完]〔俗〕①〈対〉踏み固める ② 去る

**утопа́ть** [不完] [完] ① 沈む; 溺れる ② 埋まる, うずまる ③〈в 前〉過度にふける, 溺れる

**утопа́ющий** (形6変化)[男名] おぼれている人: У~ (и) за соло́минку хвата́ется. 〘諺〙溺れる者は藁(わら)をもつかむ

**утопи́зм** [男1] ユートピア主義, 空想性

**утопи́ст** [男1] / **~ка** 複生 -ток [女2] ① 空想的社会主義者 ② 夢想家, 空想家

**утопи́ть(ся)** [完] →топи́ть²

**утопи́ческий** [形3] ユートピアの ② 空想的な, 実現不可能

**утопи́чный** 短 -чен, -чна [形1] = утопи́ческий

**уто́пия** [女9] ユートピア, 理想郷 ② 空想, 夢想

**уто́пленни|к** [男1] / **~ца** [女3] 溺死者, 水死人 ◆ **везёт как ~ку** 五〔話・戯〕…は全くついていない, 何をやってもうまくいかない

**утопта́ть** [完] →ута́птывать

**у́точк|а** 複生 -чек [女2]〖指小〗к у́тка①②
◆ **ходи́ть -ой** よろよろ[よちよち]歩く

**уточне́ние** [中5] ① 正確にする[なる]こと, 明確化 ② (正確にするための) 修正

\***уточни́ть** -ню́, -ни́шь 受過 -нённый (-нён, -нена́) [完] [make more precise] 〈対〉正確にする; 明確にする; 確かめる: ~ значе́ние 意義を明確にする **ǁ ~ся** [不完] / [完] ① 正確になる, 明確になる ②〔受身〕

**уто́чный** [形1] 横糸(уто́к)の

**утра́ивать** [不完] / **утро́ить** -о́ю, -о́ишь 受過 -о́енный [完] 〈対〉3倍にする **ǁ ~ся** [不完] / [完] 3倍になる

**утрамбо́вывать** [不完] / **утрамбова́ть** -бу́ю, -бу́ешь 受過 -о́ванный [完] 〈対〉突き固める, 踏み固める, ならす **ǁ ~ся** [不完] / [完] ① (突かれて・踏まれて)固まる, 平らになる ②〔話〕ぎっしり詰め込まれる

\***утра́т|а** [女1] [loss] ① 失うこと, 紛失, 喪失: ~ докуме́нтов 書類の紛失 ② 損失, 損害: понести́ большу́ю -y大きな損失をこうむる

\*утра́чивать [不完] / **утра́тить** -а́чу, -а́тишь 受過 -а́ченный [完] [loss] 失う, なくす: ~ дру́га 友人を失う **//~ся** [不完] / [完] 失われる, なくなる

‡у́тренн|ий [ウートリンニィ] [形8] [morning] 朝の, 午前の: -яя заря́ 朝焼け | -яя газе́та 朝刊 | В кото́ром часу́ начина́ется ~ сеа́нс? 午前の上映は何時に始まりますか

у́тренник [男2] ①（春・秋の）朝の冷えこみ, 朝寒 ②（主に子どものための）朝の興行

у́треня [女5] 『正教』朝拝, 早課

у́тречко 複 -чки, -чек, -чкам [中1] [指小] < у́тро①

утри́ровать -рую, -руешь 受過 -анный [不完・完] 〘啞〙誇張する **//утри́рование** [中5]

утриро́вка 複生 -вок [女2] 誇張

‡у́тр|о [ウートラ] у́тра (★ с/до утра́, к/по утру́, по утра́м; 「午前」の場合は утра́) [中1] [morning] ①朝, 午前: ра́ннее ~ 早朝 | с утра́ до ве́чера 朝から晩まで | под ~ 明け方に | по утра́м 毎朝 | Обы́чно я встаю́ в шесть часо́в -а́. ふだん私は午前6時に起床します ②初め, 初期: ~ жи́зни 幼年時代, 青春時代 ◆**в одно́ прекра́сное ~** ある朝 | Доброе ~! = С добрым -ом! おはようございます

утро́ба [女1] ⦅俗⦆腹; 内臓

утро́бный 短 -бен, -бна [形1] ①⦅長尾⦆腹内の, 胎内の ②（音が）低い, 鈍い

утрое́ние [中5] 3倍にする[なる]こと

утро́ить(ся) [完] → утра́ивать

\*у́тром [ウートラム] [副] [in the morning] 朝に, 午前中に: сего́дня ~ 今朝 | Она́ просну́лась ра́но ~. 彼女は朝早く目ざめた

утружда́ть [不完] / **утруди́ть** -ужу́, -уди́шь 受過 -уждённый (-ён, -ена́) [完] ⦅啞⦆わずらわす, 迷惑をかける

утру́ска 複生 -сок [女2]（移し替え・運搬による）目減り

утряса́ть [不完] / **утрясти́** -су́, -сёшь 過 -я́с, -ясла́ 他過 -сший 受過 -сённый (-сён, -сена́) 副分 -сши [完] ①（粒状のものを揺すってかさを減らす ②（用例無人称）⦅話⦆人が（乗物で）酔う ③⦅話⦆話などをまとめる, かたをつける **//~ся** [不完] / **~сь** [完] ①（粒状のものが）揺すられてかさが減る, 密に詰まる ②⦅話⦆片が付く

утыка́ть¹ [不完] / **уткну́ть** -ну́, -нёшь 受過 -ну́тый [完] ⦅話⦆< в 対> に突っ込む, うずめる ◆~ **нос в** 対 …に没頭する

уткну́ться [完] < в 対> ①突っ込む, うずめる ②没頭する
◆~ **но́сом в** 対 …に没頭する

уты́кивать, **утыка́ть²** [完] 受過 -анный [完] ①一面に突き刺す ②詰めてふさぐ

\*утю́г -а́ [男2] [iron] ①アイロン: гла́дить руба́шку ~о́м シャツにアイロンをかける ②⦅俗⦆投機師, 闇屋 ③⦅俗⦆船, 商船 **//утю́жный** [形1] <① **//утюжо́к** -жка́ [男2] [指小]

утю́жить -жу, -жишь 受過 -женный [不完] [完 вы́~] ①アイロンをかける ②ならす, 平らにする ③⦅俗⦆闇商売をする [完 от~] 強く打つ, 激しく叩く

утю́жка 複生 -жек [女2] ①アイロンがけ ②⦅俗⦆闇商売

утя́гивать [不完] / **утяну́ть** -яну́, -я́нешь 受過 -я́нутый [完] <対> ①引きずって運び去る ②引き入れる, 引っ張り込む ③きつく締める ④こっそり持ち去る, 盗む

утяжеля́ть [不完] / **утяжели́ть** -лю́, -ли́шь 受過 -лённый (-лён, -лена́) [完] ①重くする ②困難にする, 難しくする ③苦しくする, つらくする **//~ся** [不完] / [完] ①重くなる ②苦しくなる

утя́тина [女1] ⦅話⦆鴨肉

\*уф [間] [ooh]（疲労・安堵などを表して）ああ, おお, ふう: Уф, жа́рко! ああ, 暑いなあ

Уфа́ [女1] ウファ（バシュコルトスタン共和国の首都; 沿ヴォルガ連邦管区）**//уфи́мский** [形3]

уфалова́ть [完] → фалова́ть

УФМС [ウフェメース] ⦅略⦆Управле́ние Федера́льной миграцио́нной слу́жбы 連邦移民局機関[事務所, 支局]

УФО [ウエフォー] ⦅略⦆Ура́льский федера́льный о́круг ウラル連邦管区

уфо́лог [男2] UFO 研究家

уфоло́гия [女9] UFO 学, UFO 研究

\*ух [間] [ooh]（驚き・感嘆）おお, ああ: Ух, испуга́лся! ああ, びっくりした ②（時に как, како́й と共に）⦅強調⦆非常に, 全く: Па́рень он ух како́й горя́чий! 彼はなんて熱いやつなんだ ◆**Ух ты!**（驚き）えーっ, わあ, へえ～すごい, こりゃ驚いた, いやはや

уха́ [女2] ウハー（魚のスープ）◆**демья́нова ~** ありがた迷惑（←デミヤンのウハー）（★ Крыло́в の寓話から）

уха́б [男1] ⦅話⦆道路のくぼみ, 穴

уха́бистый 短 -ист [形1]（道路が）くぼみの多い, でこぼこの

ухажёр [男1] ⦅俗⦆①女性に言い寄るのが好きな男, 女たらし ②（特定の女性の）崇拝者

ухажёрка 複生 -рок [女2] ⦅俗⦆目当ての女性

\*уха́живать [不完] <nurse, court> <за 造> ①…の世話をする, 面倒を見る: ~ за ребёнком 子どもの面倒を見る | ~ за Цвета́ми 花の世話をする ②（女性の）機嫌をとる, …に言い寄る: Он уха́живает за однокурсницей. 彼は同級生の女の子に言い寄っている
**//уха́живание** [中5]

ухайда́кивать [不完] / **ухайда́кать, ухайдо́кать** [完] ⦅啞⦆①疲れさせる, ぐんざりさせる ②壊す; 殺す **//~ся** [不完] / ⦅俗⦆①疲れる, うんざりする ②壊れる; 殺される

у́харский [形3] ⦅話⦆勇み肌の, 向こう見ずな

у́харство [中1] ⦅話⦆勇み肌, 向こう見ず

у́харь [男5] ⦅話⦆勇み肌[向こう見ず]の男

у́хать [不完] / **у́хнуть** -ну, -нешь -ое -ни 過 -нил [完] ①⦅話⦆（驚き・感嘆）ух (おお, ああ) と叫ぶ ②（フクロウなどが）ホーと鳴く: とどろく, 響く ③⦅啞⦆勢いよく投げる, 注ぎこむ ④⦅啞⦆どすんと落ちる, 倒れる ⑤⦅俗⦆〘啞〙あっという間に使い果たす ⑥⦅俗⦆なくなる, 消え失せる ⑦⦅啞⦆/⦅俗⦆を強く叩く, ぶん殴る **//~ся** [不完] / [完] どさっと落ちる, 倒れる

ухва́т [男1]（ペチカで用いる）鍋つかみ

ухвати́стый [形1] ⦅俗⦆てぎばさした, 器用な, 機敏な ②巧妙さ, 熟練

ухва́тка 複生 -ток [女2] ⦅話⦆①身のこなし, 身振り ②巧妙さ, 熟練

ухва́тывать [不完] / **ухвати́ть** -ачу́, -а́тишь 受過 -а́ченный [完] ⦅話⦆<対> ①つかむ: ~ его́ за́ руку 彼の腕をつかむ ②もぎ取る, つかみ取る ③すぐに理解する **//~ся** [不完] / <за 対> ①…につかまる, をつかむ ②…に熱心に取りかかる;（提案などに）とびつく

ухитря́ться [不完] / **ухитри́ться** -рю́сь, -ри́шься [完] <不定形> うまいこと…する

ухищре́ние [中5] 巧妙な, 手練手管

ухищрённый [形1] 巧妙な, 策を弄した

ухищря́ться [不完] 策略をめぐらす

ухлёстывать [不完] ⦅俗⦆< за 造> <女性に> 言い寄る, 機嫌をとる

ухло́пывать [不完] / **ухло́пать** 受過 -анный [完] ⦅俗⦆<対> ①殺す ②（大量に・無駄に）使い果たす

ухмы́лка 複生 -лок [女2] ⦅話⦆薄笑い

**ухмыля́ться** [不完]/**ухмыльну́ться** -ну́сь, -нёшься [完]〔話〕薄笑いする, ほくそえむ

**у́хнуть(ся)** [完] → у́хать

*\***у́хо** [ウーハ] 複у́ши, ушей́ (з а/по у́хо, за/на у́хо; по́ уху, по у́ху; за ухом; за́/по́ уши) [中1] 〔ear〕 ① 耳; 外耳殻: вну́треннее [сре́днее, нару́жное] ~ 内 [中, 外] 耳 | шум в уша́х 耳鳴り | почеса́ть за у́хом 耳の後ろをかく | Он пло́хо слы́шит ле́вым у́хом. 彼は左耳がよく聞こえない | Он глух на ле́вое у́хо. 彼は左耳が聞こえない ② 〔通例単〕聴覚, 耳: У неё музыка́льное ~. 彼女は鋭敏な耳を持っている ③ 〔器物の〕取っ手, 耳: у́ши котла́ 釜の取っ手 | 〔帽子の耳あて, 耳かけ〕: ша́пка с уша́ми 耳あての付いた帽子 ◆**без ли́шних ушей́** 〔俗〕内密に | **во все́ у́ши слу́шать** 〔話〕耳をそばだてて聞く | **в одно́ у́хо влете́ло [вошло́], в друго́е вы́летело [вы́шло]** 〔話〕話をちゃんと聞かない, 右から左耳へ聞き流す | **в уша́х стои́т** 絶えず聞こえている, 耳に残っている | **драть за́ уши** 〔懲らしめるために〕耳を引っ張る | **е́здить по уша́м** 〔俗〕長々とくだらないことをしゃべって…をうんざりさせる | **за́ уши не оття́щишь от...** …は…をすっかり気に入っている (← 耳を引っ張っても引き離せない) | **и (да́же) у́хом не веде́т** 〔話〕なんの反応も示さない | **(И) у стен есть у́ши.**〔諺〕壁に耳あり | **кра́ем у́ха слу́шать** ちら加減に聞く | **навостри́ть у́ши** 〔話〕聞き耳を立てる | **говори́ть на́ ухо** 耳打ちする | **кре́пок на́ ухо** 耳が遠い | **не вида́ть как свои́х ушей́** 図 〔話〕…は手に入れられない | **ни уха́ ни ры́ла (не смы́слить, не знать)**〔俗〕さっぱり (わからない) | **одни́м у́хом [кра́ем у́ха] слы́шать** 〔話〕小耳にはさむ | **улыба́ться от у́ха до у́ха (до ушей́)** 〔話〕満面の笑みを浮かべる | **покрасне́ть до уше́й**〔話〕耳まで赤くなる | **по́ уши в долга́х** どっぷりと借金に浸かって; **по́ уши влюби́ться в ...** に惚れ込む, 首ったけになる | **прожужжа́ть [протруби́ть] (все) у́ши** 図 〔話〕長話 [同じ話] で…をうんざりさせる | **разве́сить у́ши** 〔話〕（信じてはいけないことを）真に受ける | **туг на́ ухо** 〔話〕耳が遠い, 耳の毒だ | **хлопа́ть уша́ми** 〔話〕(1) 理解せずに [ぼんやりして] | **у́хо ре́жет** 耳ざわりだ, 耳の毒だ | **хло́пать уша́ми** 〔話〕(1) 理解せずに [ぼんやりして] ぽかんとしている

**уховёртка** 複生-ток [女2]〔虫〕ハサミムシ

*\***ухо́д**[1] [男1]〔leaving, retirement〕① 去ること, 出て行くこと: ~ из семьи́ 家出 | Мне позвони́ли пе́ред са́мым ~ом. 出かける直前に電話がかかってきた ② 辞職, 退職: ~ с до́лжности 辞任, 退任 ③ 逃れること, 回避 ④ 死去: ~ из жи́зни 死去 ⑤ 没落, 熱中

*\***ухо́д**[2] [男1]〔care, looking after〕〈за图〉世話, ケア, 看護: ~ за детьми́ 子どもたちの世話 | рабо́тник по ~у за престаре́лыми（お年寄りの）介護士 | Она́ уста́ла от ~а за больны́м му́жем. 彼女は病気の夫の看護で疲れた

*\***уходи́ть**[1] [ウハヂーチ] -ожу́, -о́дишь, ... -о́дят 命-ди́ [不完]/**уйти́** [ウイチー] уйду́, уйдёшь 命уйди́ ушёл, ушла́ 能динуше́дший 副уйдя́ [完]〔go away [off], leave〕①（歩いて）去る, 立ち去る; （乗物が）去る, 出発する: ~ домо́й 家に帰る | ~ на рабо́ту 仕事に行く | По́езд ушёл час наза́д. 列車は1時間前に出てしまった ② （職・地位などを）やめる, 離れる: ~ со сце́ны 舞台から引退する | ~ на пе́нсию （退職して）年金生活に入る ③ 免れる: ~ от пого́ни 追跡を逃れる ④ 過ぎ去る; 消え去る, なくなる: Го́ды ушли́. 歳月は過ぎた ⑤ 記憶から消える ⑥ 死ぬ: Его́ оте́ц ушёл из жи́зни в молоды́е го́ды. 彼の父は若くして亡くなった ⑥〈на图〉消費される, 必要とされる: На́ пол ушло́ мно́го де́рева. 床には大量の木材が使われた | Вся зарпла́та ушла́ на пода́рки. 給料が全部プレゼントに消えた ⑦〈в图〉入り込む, めり込む, はまり込む: Сва́я ушла́ в зе́млю на метр. 杭(たんご)は地中1メートルにめり込んだ ⑧〈в图〉没頭する, 熱中する: ~ в нау́ку 学問に打ち込む ⑨（通例вперёдを伴って）（時計が）進む: Часы́ ушли́ на три мину́ты вперёд. 時計が3分進んだ ⑩〔不完〕伸びる, 広がる: Доро́га ухо́дит в глубь ле́са. 道は森の奥に伸びている ⑪〔話〕売れる ⑫〈в图〉追い出す, くびにする ⑬〔俗〕酔っ払う ◆**в себя́** 自分の殻に閉じこもる

**уходи́ть**[2] -ожу́, -о́дишь [完]〔俗〕①〈в图〉疲れ果てさせる, 苦しめる **//~ся** [完]〔俗〕① 疲れ果てる ② 落ち着く, おとなしくなる

**ухо́женный** [形1]〔話〕手入れの行き届いた, きちんと世話されている

*\***ухудша́ть** [不完]/**уху́дшить** -шу, -шишь 命-ши -шенный [完]〔make worse, worsen〕〔他〕悪くする, 悪化させる: ~ ка́чество изде́лия 製品の質を落とす

*\***ухудша́ться** [不完]/**уху́дшиться** -шится [完]〔become worse, worsen〕① 悪くなる, 悪化する: Состоя́ние здоро́вья уху́дшилось. 健康状態が悪化した ②〔不完〕〔受身〕<ухудшать

**ухудше́ние** [中5] 悪くする [なる] こと, 悪化

*\***уцеле́ть** [完]〔escape destruction, survive〕破壊をまぬがれる, 無事に残る; 生き残る: Все ве́щи уцеле́ли. 物はすべて無事だった

**уце́нивать** [不完]/**уцени́ть** -еню́, -е́нишь 受過-нённый (-нён, -нена́) [完]〔他〕値下げする, 値引きする

**уце́нка** 複生-нок [女2] 値下げ, 値引き

**уцепля́ть** [不完]/**уцепи́ть** -еплю́, -е́пишь 受過-е́пленный [完]〔話〕〔他〕つかむ; 引っかける **// ~ся** [不完]/[完]〔話〕〈за图〉① しっかりつかまる ②（提案などに）とびつく

*\***уча́ствовать** [уча́ствават'] -твую, -твуешь 命-твуй [不完]〔take part, participate〕〈в图〉① …に参加する, 関与する, 加わる: ~ в конце́рте コンサートに参加する | Они́ акти́вно уча́ствовали в диску́ссии. 彼らは積極的に討論に加わった ② …の割り当てを持つ, 分担する, 株を占める: ~ в расхо́дах 費用を分担する | ~ в управле́нии акционе́рным о́бществом [рабо́те акционе́рного о́бщества] 株式会社の株主になる

*\***уча́стие** [ウチャースチエ] [中5]〔participation〕① 参加, 関与: конфере́нция с ~ем Япо́нии 日本の参加する会議 | принима́ть ~ в ... に参加する ② 分担, 割り当て; 株主になること: ~ в при́былях 利益の分け前 | ~ госуда́рства в акционе́рных о́бществах 国が株主になること ③ 同情, 思いやり: Она́ прояви́ла ~ к несча́стной подру́ге. 彼女は不幸な友人に同情した

**участи́ть(ся)** [完] → учаща́ть

**уча́стковый** [形1]〔行政上の〕1区画の, 用地の1部分の, 区域の: ~ (уполномо́ченный поли́ции) 地域担当の警察官

**уча́стковый** [形1]〔行政上の〕地区の, 地域の

**уча́стливый** [сл] 短-ив [形1] 同情のこもった, 思いやりのある **-о**

*\***уча́стни**|**к** [сьн] [ウチャースニク] [男2]**-ца** [女3]〔participant, member〕参加者, 出席者, 関係者: -ки демонстра́ции デモ参加者 | госуда́рства-уча́стники междунаро́дного фо́рума 国際フォーラムの参加国

*\***уча́сток** [ウチャースタк] -тка [男2]〔plot, strip, part〕①（土地の）1区画, 用地, 地所: ~ земли́ 1区画の土地 |

купи́ть ~ для индивидуа́льного жили́щного строи́тельства 個人の住宅建設用地を買う ② 部分, 区域, 区間: ~ тра́ссы 道路の1区間 | поражённый ~ ко́жи 皮膚の病変部 ③ (行政上の)区, 地区: избира́тельный ~ 選挙区 ④ (軍)作戦地区 ⑤ 活動領域, 部門: ва́жный ~ рабо́ты 仕事の重要な部門 ⑥ (露史)(帝政期の)警察分署

\***у́часть** [女10] [lot, fate] 運命, 境遇: го́рькая [счастли́вая] ~ 悲[幸]運

**уща́ть** [不完] / **участи́ть** -ащу́, -асти́шь 受過 -ащённый (-щён, -щена́) [完] …の回数を増やす, 速める, より頻繁にする ∥**-ся** [不完] / [完] 回数が増える, 速まる, より頻繁になる

**учащённый** [形1] 普通より回数の多い, 速くなった

**уча́|ющийся** [ウチャーシシィシャ] (形6変化) [男2] / **уча́щаяся** [ウチャーシシャヤシャ] [女名] [pupil, student] 生徒, 学生, 学習者: -иеся сре́дней шко́лы 中学校の生徒 | оце́нивать успева́емость -ихся 学生の成績を付ける

\***учё́б|а** [女1] [learning, study, training] 学習, 勉強, 訓練: шко́льная ~ 学校の勉強 | взя́ться за -у 勉強に取りかかる

**учё́бка** 複生 -бок [女2] (俗) (新兵用の半年間の)研修期間; そのための教育部隊; 予備役訓練隊

\***учебник** [ウチェーブニク] [男2] [textbook] 教科書, テキスト: ~ ру́сского языка́ [по ру́сскому языку́] ロシア語の教科書 | Он занима́ется фи́зикой по -у. 彼は教科書で物理を勉強している

\***учебн|ый** [ウチェーブヌィ] [形1] [educational, school] ① 学習の, 勉学の, 教育の: -ое заведе́ние 教育施設, 学校 | В Росси́и ~ год начина́ется в сентябре́. ロシアでは学年は9月に始まる ② 練習用の, 訓練の: -ое су́дно 訓練船

\***учен|и́к** [ウチェニーク] -á [男2] / **учени́ца** [ウチニーツァ] [女3] [pupil] ① (初等・中等学校の)生徒, 児童: ~ второ́го кла́сса 2年生 | ~ железнодоро́жного учи́лища 鉄道学校生 ② 徒弟, 弟子, 見習い: ~ то́каря 見習い旋盤工 | поступи́ть в ~и́ к кому́ …に弟子入りする ③ 信奉者, 門下生, 弟子: Он счита́ет себя́ ~о́м Станисла́вского. 彼は自らをスタニスラフスキーの弟子とみなしている

**учени́ческий** [形3] ① 生徒の, 徒弟の ② 未熟な, 稚拙な

**учени́чество** [中1] 生徒[徒弟]であること, 見習い

**учё́ность** [女10] 博識, 博学

\***учё́н|ый** [ウチョーヌィ] 短 -ён [形1] [learned, erudite] ① 学識のある, 博学な: -ая же́нщина 教養のある女性 ② 専門的知識を持つ, プロの; 仕込まれた, 訓練された: ~ садово́д プロの園芸家 | ~ медве́дь 芸を仕込まれた熊 ③ (長尾)学術の, 学問上の: -ая сте́пень 学位 ④ [男名] 学者, 研究者: вы́дающийся ~ 著名な学者 | У-ого учи́ть — то́лько по́ртить. (諺)釈迦に説法. (⇒学者に教えるは害あるのみ)

**учё́нье** [中4] = уче́ние ♦ **У́~ свет, а неуче́нье тьма́.** (諺)学問は光, 無学は闇

**уче́сть** [完] → учи́тывать

\***учё́т** [ウチョート] [男1] [accounting] ① 勘定, 計算, 集計: ~ населе́ния 人口調査 | Магази́н закры́т на ~ [переу́чёт]. 店は棚卸しで閉まっている ② 考慮, 配慮: "при ~е [с ~ом]" всех обстоя́тельств あらゆる事情を考慮に入れて ③ 登録, 登記: вое́нный ~ 軍の登録 | взя́ть 被 на ~ …を登録している | ста́ть на ~ …を登録されている | состоя́ть на ~е 登録されている | состоя́ть на ~е в наркологи́ческом диспансе́ре 薬物中毒療養所に入っている ④ (手形の)割引: ~ ве́кселя 手形割引

**учё́тный** [形1] ① 勘定の, 計算の, 集計の ② 登録の, 記載用の ③ 手形割引の

**учё́тчи|к** [男2] / **-ца** [女3] 計算係, 登録係

\***учи́лище** [ウチーリッシェ] [中2] [school, college] (中等・高等)専門学校: Его́ до́чь поступи́ла в музыка́льное ~. 彼の娘は音楽学校に入学した ∥**-ный** [形1]

**учи́лка** 複生 -лок [女2] (俗)女教師

**учини́ть** [完] → чини́ть²

\***учи́тел|ь** [ウチーチェリ] 複 -я́ [男5] / **учи́тельница** [ウチーチェリニツァ] [女3] [teacher] ① (初等・中等学校の)教師, 先生: шко́льный ~ 学校の先生 | дома́шний ~ 家庭教師 | Он рабо́тает -ем англи́йского языка́. 彼は英語の教師をしている ② [男] (複 -я́) 師, 指導者: превзойти́ своего́ -я́ 自分の師を越える

**учи́тельск|ий** [形1] 教師の; 教師らしい, 説教じみた ② **-ая** [女名] 教員室, 職員室

**учи́тельство** [中1] (集合)教師, 教員

\***учи́тывать** [ウチータィヴァチ] учту́, учтёшь 命 учти́ 過 учёл, учла́ 受過 учтённый (-тён, -тена́) 副分 учтя́ [完] [take account] (対)
① 勘定する, 計算する, 集計する: ~ расхо́ды 支出を計算する | ~ поголо́вье оле́ней トナカイの総頭数を数える ② 考慮に入れる: учи́тывая во́зраст 年に免じて | Учти́те, срок представле́ния рабо́ты подхо́дит к концу́. 作品の提出期限が迫っていることを忘れないで下さい ③ 〈手形を〉割引く: ~ ве́ксель 手形を割り引く ∥**-ся** [不完] (受身)

\***учи́|ть** [ウチーチ] учу́, у́чишь 命 учи́ 過 учи́л учённый [不完] (teach) ① [完 вы́-, на-, об-] (対)に 対/不定形) を教える: ~ гра́моте 読み書きを教える | ~ дете́й ката́ться на конька́х 子どもたちにスケートを教える | Она́ у́чит студе́нтов япо́нскому языку́. 彼女は学生たちに日本語を教えている ② [完 на-] (与) に知識を与える, 教えさとす: Жи́знь у́чит люде́й. 人生は現実から教える ③ 〈что?〉(思想・理論などを)説く, 述べる: Э́та филосо́фская шко́ла у́чит, что мир непозна́ваем. この哲学の流派は世界は認識不能であると説いている ④ [完 вы́-] (対)〈覚える: (話)学ぶ, 勉強する: ~ но́вые слова́ 新しい単語を覚える | Они́ сейча́с у́чат уро́ки. 彼らは今授業の予習[復習]をしている ⑤ (俗) (対)〈(罰として)打つ, 罰する

\***учи́ться** [ウチーッツァ] учу́сь, у́чишься 命 учи́сь [不完] ① [完 вы́-, на-, об-] (与/不定形 に)学ぶ, 習う; 習得する, 身につける: ~ игра́ть на роя́ле ピアノを習う | ~ владе́ть собо́й 自制することを覚える ② 在学している, 学んでいる: Моя́ дочь у́чится на пе́рвом ку́рсе университе́та. 私の娘は大学1年生です | Вы рабо́таете и́ли у́читесь? あなたは社会人ですか, それとも学生ですか ③ [完 вы́-] (話) 〈на 対に〉なるために学ぶ: ~ на врача́ [адвока́та] 医師[弁護士]を目指して学ぶ ④ [不完] (受身) → учи́ть

**учреди́тель** [男5] / **-ница** [女3] 創立者, 設立者

**учреди́тельный** [形1] 設立の, 創立の

**учрежда́ть** [不完] / **учреди́ть** -ежу́, -еди́шь 受過 -еждённый (-дён, -дена́) [完] (対)設立する, 創立する

\***учрежде́ние** [ウチリジデーニエ] [中5] [founding, establishment] ① 設立, 創立 ~ акционе́рного о́бщества 株式会社の設立 ② 施設, 機関: госуда́рственные -ия 国家機関, 官庁 | обще́ственные -ия 公共施設

**учти́в|ый** 短 -ив [形1] 慇懃(いんぎん)な, 丁重な ∥**-о**

[副] **//—ость** [女10]

**учуди́ть** [完] →чуди́ть

**учу́ивать** [不完] / **учу́ять** -у́ю, -у́ешь 過 -ян-ный [完] [話]嗅ぎつける, 感じ取る

**учхо́з** [男1] (農業大学の)実習[実験]農場 (уче́бное хозя́йство)

**уша́н** [男1] [動]ウサギコウモリ

**уша́нка** 複生 -нок [女2] [話]耳あての付いた防寒帽

**уша́стый** 短 -а́ст [形1] [話] ① 耳の大きな ② 耳あてのある

**уша́т** [男1] 耳つきの桶 ◆**вы́лить ~ [~ы] гря́зи на** ⋯を侮辱する

**уша́тый** 短 -а́т [形1] [俗] = уша́стый

**у́ши** [複数; 主格] <у́хо

**ушиба́ть** [不完] / **ушиби́ть** -бу́, -бёшь 過 уши́б, -бла 受過 уши́бленный [完] ① 打って傷める, 打撲する ② 《話》(精神的に)うちのめす, 傷心させる **//~ся** [不完] / [完] (自分の体を)打って傷める, けがをする

**уши́бленный** [形1] [話]一風変わった, いかれた

**ушива́ть** [不完] / **уши́ть** ушью́, ушьёшь 命 ушéй уши́тый [完] [話] <服> ① 縫って縮める[つめる] ② ⋯の一面に縫いつける, 刺繍する ③ 丸く縫い合わす

**ушко́**, **у́шко**[1] [中2] ① 小耳, ýшек, -ýшкам [中1] [親] <у́хо① ◆**за ушко́ да на со́лнышко (вы́вести, вы́тащить)** [話] ⋯の耳をつかんで明るいところに引きずり出す, 責任を問う | *у́шки на маку́шке у* ⋯ は耳をそばだてる, 警戒している

**ушко́**[2] 複 -и́, -о́в [中1] ① (器物の)取っ手, 耳 ② 針穴 ③ 《複》(特殊な形の)マカロニ類

**у́шлый** 短 ушл [形1] [俗]狡猾な, 抜け目ない

**ушни́к** -а́ [男2] [話]耳科の医者

**ушно́й** [形2] 耳 (ýхо)の

**ушу́** (不変) [中] 中国武術

**уще́листый** 短 -ист [形1] 峡谷の多い

**уще́лье** 複生 -ий [中4] 峡谷, 渓谷

**ущемля́ть** [不完] / **ущеми́ть** -млю́, -ми́шь 受過 -млённый (-лён, -лена́) [完] ① 挟む, (挟んで)締めつける: ~ па́лец двéрью ドアに指を挟む ② 制限する, 制約する ③ [話]侮辱する, 傷つける **//ущемле́ние** [中5]

* **уще́рб** [ウッシェールブ] [男1] [detriment, loss] 損害, 損失: ~ от пожа́ра 火災による損害 | Тайфу́н причини́л колосса́льный ~. 台風は莫大な損害をもたらした ◆**в ~е** ⋯を犠牲にして | **на ~е** 衰えて, 弱まって (2) (月が)欠けた: Ме́сяц на ~. 月が欠けている

**ущерблённый** [形1] ① (月が)欠けた ② 侮辱された, 傷つけられた

**уще́рбный** 短 -бен, -бна [形1] ① [長尾] (月の) 欠けた ② 欠陥のある, 普通でない

**ущипну́ть** [完] →щипа́ть

**ущу́чивать** [不完] / **ущу́чить** -чу, -чишь [完] [話]摘発する, 暴露する

* **ую́т** [男1] [comfort, coziness] 快適さ, 居心地のよさ: созда́ть ~ в до́ме 家を住み心地よくする

**ую́тно** [副] 快適で, 居心地よく [無人述] 快適だ, 居心地がいい: Здесь ~. ここは居心地がいい

* **ую́тный** [ウユートヌィ] 短 -тен, -тна [形1] [comfortable, cozy] 快適な, 居心地のよい: *-ая* ко́мната 快適な部屋

**уязви́мый** 短 -и́м [形1] ① 傷つきやすい, もろい ② 弱い, 欠陥のある: *-ое* ме́сто 弱点, 急所 **//—ость** [女10]

**уязвля́ть** [不完] / **уязви́ть** -влю́, -ви́шь 受過 -влённый (-лён, -лена́) [完] 傷つける, 侮辱する

**уясня́ть** [不完] / **уясни́ть** -ню́, -ни́шь 受過 -нён-

ный (-нён, -нена́) [完] 〈対〉理解する, 解明する **//~ся** [不完] / [完] 明らかになる, はっきりする

# Ф ф

**фа** (不変) [中] [楽] (音階の)ファ (→до́[2] 活用)

**фаб..** [語形成] 「工場の」

* **фа́брик|а** [ファーブリカ] [女2] [factory] 工場 (比較 фа́брика は軽工業, заво́д は重工業を指す傾向がある): бума́жная ~ 製紙工場 | конди́терская ~ 製菓工場 | на-е 工場で

**фабри́ка-ку́хня** [女2- [女5] (機械化された)調理場を持つ)大衆食堂

**фабрика́нт** [男1] 《旧》① 工場主 ② (嘘などを)でっち上げる人

**фа́брика-пра́чечная** [ш] (女2-形1) [女名] 大型クリーニング工場

**фабрика́т** [男1] 工場製品, 既製品

**фабрика́ция** [女9] ① 製作, 生産 ② 偽造物

**фабрикова́ть** -ку́ю, -ку́ешь 受過 -о́ванный [不完] **/с~** [完] [皮肉] 〈対〉 ① 粗製濫造する ② 〈嘘などを〉でっち上げる

**фабри́чно-заводско́й** [形4] 工場の

**фабри́чный** [形1] ① <фа́брика ② (手作業ではなく)工場製の (↔куста́рный)

**фа́була** [女1] [文学]作品内の事件[出来事]の内容, 筋; (主人公の行動・事実などで)物語を構成する上で素材となる話 (比較 сюже́т はそれらの出来事, 主人公の行動, 思考, 感情の結びつき, 構成, 表し方)

**фаво́р** [男1] ◆**быть в ~е у** ⋯にかわいがられる

**фавори́т** [男1] **/~ка** 複生 -ток [女2] ① 寵児, お気に入り, 人気者 ② 優勝候補のスポーツ選手[競走馬]

**фавори́тизм** [男1] [文]えこひいき

**фаго́т** [男1] [楽]ファゴット

**фаготи́ст** [男1] ファゴット奏者

* **фа́за**|**а** [女1] [phase] ① (成長・変化の)段階, 局面 ② [理]位相; [天]月の相[満ち欠け] **//—овый, —ный** [形1]

**фаза́н** [男1] [鳥]キジ **/~ий** [形9]

**фазе́нда** [э] [女1] ② [庭] [菜園]付きダーチャ [別荘] (да́ча) ② 《若者》家, 住宅

**фа́зис** [男1] 《文》 = фа́за

**фазотро́н** [男1] [理]シンクロサイクロトロン, 可変周波数

**ФАИП** [ファイープ] (略) Федера́льная а́дресная инвестицио́нная програ́мма 連邦指定投資計画

* **файл** [ファイル] [男1] [file] [コン]ファイル: хране́ние ~а ファイル保存 | те́кстовый ~ テキストファイル | Подро́бная информа́ция во вло́женном ~е. 詳しくは添付ファイルをご覧ください **//—овый** [形1]

**файл-се́рвер** (不変) - [男1] [コン]ファイルサーバー

**фа́к** [男2] ① 《学生》学部 ② 《若者・粗》セックス, ファック ◆**показа́ть ~** 中指を立てて軽蔑を示す; ファックサインをする

* **фа́кел** [男1] [torch] たいまつ; (聖火用)トーチ **//—ел|ьный** [形1] **-ое** ше́ствие たいまつ行列, トーチを手にした行進

**факелоно́сец** -сца [男3] 聖火ランナー

**фа́кельщик** [男2] ① (葬列などで)たいまつを持つ人 ② たいまつで放火する人

**факи́р** [男1] ① 《イスラム》托鉢僧 ② (サーカス・大道の)苦行芸人, 奇術師

* **фа́кс** [男1] [fax] ファックス: посла́ть по ~y [~ом] ファックスで送る **//—овый** [形1]

**факси́миле** (不変) [中] (文書・署名・絵・写真な

**факт** [ファークト] [男1] [fact] ①事実, 実例; 事実資料: изложи́ть ~ 事実を述べる | исказа́ть ~ 事実を歪める | Фа́кты говоря́т сами за себя́. 事実が何よりも物語る | Фа́кты — упря́мая вещь. 事実は曲げられない ②[助] 《俗》本当に, 間違いなく: Он, ~, не придёт. あいつは絶対来ない ③ 《述語》[述語] 本当だ, 間違いない: Ф~, что кома́нда выи́грывает. チームが勝ちそうなのは本当だ ◆ *тот, что* ... 《話》実は…だ: *Ф~, тот, что* вре́мени оста́лось ма́ло. 実は時間がもうないんだ | *по ~у* 《経》事後の | *(ещё) не ~ , что* ... 《話》(…かどうか) よくわからない, 不明だ | *Неверо́ятно, но ~.* 《話・戯》目からうろこだ; 嘘みたいだけど本当だ

**факти́чески** [ファクチーチェスキ] [副] [actually] 事実上, 実際に: Компа́ния ~ обанкро́тилась. 会社は事実上倒産している

*факти́ческ|ий [形3] [actual, real] 事実の, 実際の: ~ брак 事実婚 | -ое банкро́тство 事実上の倒産

**факти́чный** 短 -чен, -чна [形1] 事実に即した

**фа́ктор** [ファークタル] [男1] [factor] ①要因, 要素: ~ вре́мени 時間的要因[制約] | челове́ческий ~ 人的要因, ヒューマンファクター ②《数》係数

**факто́ринг** [男2] 《経》ファクタリング, 債権買取 **//~овый** [形1]

**факту́р|а** [女1] ①《芸》創作手法, 技巧; 《美》美術作品の表面の質感 ②《石・木材・織物》の仕上がり具合, 肌理 ③《商》送り状 **//~ный** [形1]

**факультати́в** [男1] 《話》《教育》選択科目

**факультати́вн|ый** 短 -вен, -вна [形1] ①不規則な, 必然性がない ②選択の, 随意の (необяза́тельный): -ое заня́тие 選択授業 **//~о** [副]

*факульте́т [ファクリチェート] [男1] [faculty, department] (大学の)学部: юриди́ческий ~ 法学部 | филологи́ческий ~ 文学部 | медици́нский ~ 医学部 | физи́ческий ~ 理学部 | политехни́ческий ~ 工学部 | учи́ться на экономи́ческом ~е 経済学部で学ぶ **//~ский** [形3]

**фал** [男1] ①〈帆・信号旗を掲げる〉綱 ②〈落下傘の〉自動開傘索

**фала́нга** [女2] 《解》指骨, 趾骨 ({足})

**фалли́ческий** [形3] 男根(崇拝)の

**фалло́пиев** [形1]: -*а тру́ба* 《解》輸卵管

**фа́ллос** [男1] 男根像, ファルス

**фалова́ть** -лу́ю, -лу́ешь [不完] / **у-** 受過 -о́ванный [完] 《俗》{俗} 説得する口, 口説き落とす; 《若者·俗》ナンパする

**фальсифика́тор** [男1] 偽造者

**фальсифика́ция** [女9] ①偽造, 改ざん (подло́г) ②歪曲 (искаже́ние) ③偽造文書; 贋作

**фальсифици́ровать** -рую, -руешь 受過 -анный [不完·完] [完また с~] {完} 偽造[改ざん, 捏造]する

**фальстарт** [男1] 《スポ》フライング

**фа́льц** [男3] ①《印刷紙の》折り目 ②《金属板の》接合部

**фальцева́ть** -цу́ю, -цу́ешь 受過 -цо́ванный [不完] / **с~** [完] 《印》①《印刷紙を》折り畳む ②《金属板を》畳み接ぎする

**фальце́т** [男1] 《楽》ファルセット, 裏声

**фальцо́вщи|к** [男2] **/-ца** [女3] 折る人, 折り手; (男) 折り機[装置]

**фальшбо́рт** [男1] 《海・船》舷檣 ({ふなべり})

**фальши́вить** -влю, -вишь 受過 -ши́вленный [不完] / **с~** [完] ①偽る, 心にもないことをする[言う] ②《楽》《音を》偽る, 演奏する ③《不完》《動きが》おかしい, 調子外れである

**фальши́вка** 複生 -вок [女2] 《話》偽造文書, 偽造品

**фальшивомоне́тчик** [男2] 貨幣贋造者

*фальши́в|ый [形1] [false, fake] ①偽の, 本物ではない: ~ докуме́нт 偽の証明書 ②模造の: ~ же́мчуг 模造真珠 ③偽りの, 偽善的な; 偽造の ④《音楽・演技が》不自然な, 調子の変な **//~о** [副] **//~ость** [女10]

**фальшь** [女11] ①偽り, ごまかし ②偽り, 見せかけ ③不自然さ, わざとらしさ ④《音》調子外れ

**фами́лия** [ファミーリヤ] [女9] [surname] ①姓, 名字: ~, и́мя, о́тчество 姓・名・父称 (〔参考〕公文書でのフルネーム, 手紙の宛名はこの順序; 手紙では全て与格にする; 略 ФИО) | деви́чья ~ 《女性の》旧姓 | Как ва́ша ~? あなたの姓は何ですか ②一族, 一家, 家門: стари́нная ~ 古い由緒ある一族 ③《話》家族 (семья́)

**фами́льн|ый** [形1] 一族の, 一家の; 先祖譲りの: *-ая черта́* 先祖代々の特徴

**фамилья́рничать** [不完] <c誰に対して>馴れ馴れしく振る舞う, 無遠慮な態度をとる

**фамилья́рность** [女10] 馴れ馴れしさ, 無遠慮; 無遠慮な振舞い

**фамилья́рный** 短 -рен, -рна [形1] 馴れ馴れしい, 無遠慮な

**фан** [男1] 《若者》①《話》(ロック・スポーツなどの) ファン ②(強い)匂い

**фана́т** [男1] / **~ка** 複生 -ток [女2] 《話》(ロック・スポーツなどの)熱狂的なファン; 《宗》熱狂的信者, 狂信者: ~ "Спарта́ка" (サッカーチーム) スパルタクの大ファン

**фанате́ть** [不完] 《若者》①熱狂的なファンである ②<от⊞/на⊞>…に感激[感動]する

**фанати́зм** [男1] 狂信; 熱狂

**фана́т|ик** [男2] 《話》**-и́чка** 複生 -чек [女2] 狂信者; 熱狂家, 熱心家; 夢中な人

**фанати́ческий** [形3] 狂信的な; 熱狂的な

**фанати́чный** 短 -чен, -чна [形1] ①狂信者の ②= фанати́ческий

**фандра́йзинг, фандре́йзинг** [男2] 資金集め[調達], スポンサー探し (сбор [привлече́ние] средств)

**фане́р|а** [女1] ①化粧板 ②合板, ベニヤ板 ③《楽》ギター ④《話・軽・俗》胸, 胸郭 ⑤~ = фоногра́мма ◆ *(пролете́ть), как ~ над Пари́жем* 《俗》大きなチャンスを逃す | *петь под -у* 《話・蔑》口パクで歌う **//~ный** [形1] 《①②⑤》

**фанерова́ть** -ру́ю, -ру́ешь 受過 -о́ванный [不完] /《旧》化粧板を張る

**фанерозо́й** [男6] 《地質》顕生(累)代 **//~ский** [形3]

**фан-клу́б** [不変] 《話》ファンクラブ

**фантазёр** [男1] / **~ка** 複生 -рок [女2] 夢想家

**фантази́ровать** -рую, -руешь 受過 -анный [不完] ①《無補語》空想に耽る ②[完 с~] 《話》《無補語》作り話をする ③《無補語》《楽》即興演奏する

*фанта́з|ия [ファンタージヤ] [女9] [fantasy, imagination] ①想像力: богата́я ~ 豊かな想像力 ②空想, 夢想, 幻想: полёт -*ии* 空想の高揚[高ぶり] ③作り事, 作り話 ④《話》気紛れ ⑤《楽》幻想曲, ファンタジー

**фантасмаго́рия** [女9] 幻影, 幻影

**фанта́ст** [男1] / **~ка** 複生 -ток [女2] ①空想家, 夢想家 ②[SF]小説の作家

*фанта́стика [女9] [fantasy] ①幻想的なもの, 幻想性 ②幻想小説: нау́чная ~ SF 小説 ③《話》ありそうもないこと; 信じ難いこと

*фантасти́ческ|ий [ファンタスチーチェスキイ] [形3] [fan-

**федерация**

tastic, fabulous] ① 幻想的な, 空想的な ② 奇妙な ③ 荒唐無稽な ④ [話]驚くべき, 傑出した ⑤ 幻想小説の: ~ фи́льм ファンタジー映画 **//-и** [副]

**фантасти́ч|ный** -чен, -чна [形1] = фантасти́ческий **//-о** [副]

**фа́нтик** [男1]《話》(子どもが遊びで使う)キャンディの包み紙

**фанто́м** [男1] ① 幻, 幽霊 ② 人体模型

**фанфа́ра** [女1]《楽》ファンファーレ; ファンファーレ用のラッパ

**фанфари́ст** [男1] ファンファーレ吹き

**фанфаро́н** [男1] [話]ほら吹き, 自慢屋

**фанфаро́нить** -ню, -нишь [不完]《話》自慢する

**фанфаро́нство** [中1]《話》ほら, 大言壮語

**ФАПСИ** [ファプスィ]《略》Федера́льное аге́нтство прави́тельственной свя́зи и информа́ции 連邦政府通信情報局

**фа́ра** [女1] (乗り物の)ヘッドライト

**фарао́н** [男1] ①《史》(古代エジプトの)王, ファラオ ②《俗》警官, ポリ公 ③ 賭けトランプの一種

**фарва́тер** [э] [男1]《海》(船の)水路, 航路

**Фаренге́йт** [男1] (温度計の)華氏, 力氏(記号°F; ↔ Це́льсий): 32 (три́дцать два́) гра́дуса по ~у 華氏 32度(= 0 °С)

**фаринглиза́ция** [女9]《言》咽頭化

**фаринги́т** [男1]《医》咽頭炎

**фарисе́й** [男6] ①《史》(ユダヤ教の)パリサイ派教徒 ② 偽善者 **//-ский** [形3] 偽善的な

**фарисе́йство** [中1] ① (ユダヤ教の)パリサイ派の教え ② 偽善, 偽君子の態度

**фармазо́н** [男1]《俗》偽造の宝石を売る詐欺師

**фармако́лог** [男1] 薬理学者

**фармаколо́г|ия** [女9] 薬理学 **//-и́ческий** [形3]

**фармакопе́я** [女6] 薬局方

**фармаце́вт** [男1] 薬剤師

**фармаце́вт|ика** [女2] 薬剤学 **//-и́ческий** [形3]

**фарма́ция** [女9] 薬学

**фарс** [男1] ①《劇》笑劇, 軽喜劇 ② 偽善的なもの, 冒瀆(ぼうとく)的なもの **//-овый** [形1]

**фарт** [男1]《俗》幸運, つき: лови́ть ~ チャンスを活かす

**фарти́ть** -ти́т [不完]《無人称》《俗》<与>うまくいく, 運がいい

**фарто́вый** [形1]《俗》① うまい, 器用な ② 《若者》いいことがある, ラッキーな

**фарту́к** [男2] ① 前掛け, エプロン ② (カヤックの)コーミングカバー

*_**фарфо́р**_ [男1][porcelain, china] ① 白色陶土 ② 《集合》陶磁器 **//-овый** [形1]

**фарц** [男1], **фарца́** [女1]《若者》《商》闇取引

**фарцо́вщик** [男1]《話》(外国人相手の)闇屋, 闇買い

**фарш** [男4]《料理》ひき肉, 細かく刻んだ詰め物

**фарширо́ванный** [形]《料理》<造><ひき肉で>詰めものをした: ~ пе́рец パプリカの肉詰め

**фарширова́ть** -ру́ю, -ру́ешь 受過 -ованный [不完]/**за~** [完]《料理》<造>に詰め物をする: ~ ку́рицу ри́сом 鶏に米を詰める **//-а́ние** [女2]

**фас** [男1] (人・物の)正面, 面: в ~ 正面を向けて, 面と向かって

**ФАС** [ファース]《略》Федера́льная антимонопо́льная слу́жба 連邦独占禁止庁

**фаса́д** [男1] (建物の)正面, ファサード **//-ный** [形1]

**фасе́т|ка** 複生 -ток [女2] (宝石・ガラスの)彫面, 切り子面 **//-очный** [形1]

**фасо́|вать** -су́ю, -су́ешь 受過 -о́ванный [不完] / **рас~** [完]《商》《卸》<食品を>(一定量に計り分けて)包装する, 荷造りする

**фасо́вка** [女10]《商》分包包装 **//-фасо́вочный** [形1]

**фасо́|ль** [女10]《植》インゲンマメ **//-евый** [形1]

**фасо́н** [男1] ① (服の)スタイル, 裁ち方 ② (製品の)外観 ③《俗》気取り: держа́ть ~ 気取る, もったいぶる

**фасо́нистый** [形1]《俗》① しゃれた, 粋な ② 気取った, めかしこんだ

**фасо́нный** [形1] ① 一定の型に作った ② (織物が)浮き彫りのある

**фаст-фу́д** [不変]-[男1] ファストフード(бы́строе пита́ние)

**фата́** [女1] (ウェディングドレスの)ベール

**фатал|и́зм** [男1] 宿命論, 運命論
**~исти́ческий** [形3]

**фатали́ст** [男1] / **~ка** 複生 -ток [女2] 宿命論者, 運命論者

**фата́л|ьный** 短 -лен, -льна [形1] 宿命的な, 避けがたい, 謎めいた **//-ость** [女10]

**фа́тум** [男1] 運命

**ФАТХ** [ファートフ]《不変》[男1] ファタハ(パレスチナ解放運動); PLO 内の最大組織)

**фа́уна** [女1] 動物相; 動物界

*_**фаши́зм**_ [男1] [fascism] ファシズム

**фа́шики** -ов [複]《若者》ファシスト的若者グループ

*_**фаши́ст**_ [男1] / **~ка** 複生 -ток [女2] [fascist] ファシスト **//-ский** [сс] [形3] ファシズムの, ファシストの

**фаши́ствовать** -твую, -твуешь [不完] ファシスト的な行動をする

**фая́нс** [男1] ① 陶土 ②《集合》陶器 **//-овый** [形1]

**ФБР** [フェベエール]《略》Федера́льное бюро́ рассле́дований《米》連邦捜査局, FBI

*_**февра́ль**_ [フィヴラーリ] -я́ [男5] [February] 2月(★用法は→май) **//-ский** [形3]

**федерал|и́зм** [男1] 連邦制, 連邦主義
**~и́стский** [сс] [形3] 連邦制(支持者)の

**федерали́ст** [男1] / **~ка** 複生 -ток [女2] 連邦制支持者

**федера́льн|ый** [フィデラーリヌイ] [形1] [federal]《文》連邦の, 連邦制の: го́род _—ого_ значе́ния 連邦直轄市(Москва́, Санкт-Петербу́рг, Севасто́поль) ■**~-о́круг** (→見出し) | **~-ое Собра́ние** 連邦議会(ロシアの国会; 二院制) | **Ф-ые конституцио́нные зако́ны** 連邦憲法法(憲法に関する事項を規定する法で, 通常の連邦法に優先する) | **Ф-ое казначе́йство**《ロシア》連邦国庫出納員 | **Ф-ая резе́рвная систе́ма**《米》連邦準備制度理事会, FRB (略 ФРС)

**федера́льный о́круг** 複 -á [形1]-[男2] 連邦管区(ロシアの行政区分; 9地域) | (外国の) 連邦直轄地域

活用 《9つの連邦管区》 (→見返し地図参照)
Центра́льный ~ 中央連邦管区 (略 ЦФО)
Се́веро-За́падный ~ 北西連邦管区 (略 СЗФО)
Ю́жный ~ 南部連邦管区 (略 ЮФО)
Се́веро-Кавка́зский ~ 北カフカス連邦管区 (略 СКФО)
Приво́лжский ~ 沿ヴォルガ連邦管区 (略 ПФО)
Ура́льский ~ ウラル連邦管区 (略 УФО)
Сиби́рский ~ シベリア連邦管区 (略 СФО)
Дальневосто́чный ~ 極東連邦管区 (略 ДФО)
Кры́мский ~ クリミア連邦管区 (略 КФО)

**федерати́вный** [形1] 連邦制の

*_**федера́ция**_ [フィデラーツィヤ] [女9] [federation] ① 連邦: Росси́йская Ф~ ロシア連邦(略 РФ) ② 連合, 同

**Фёдор**

盟, 協会: *Ф~ фигу́рного ката́ния на конька́х Росси́и* ロシアフィギュアスケート連盟 | *Ф~ би́знеса Япо́нии* 日本経済同体連合会, 経団連

**Фёдор** [男1] フョードル(男性名; 愛称 Фе́дя)

**Фёдоров** [男姓] フョードロフ(Святосла́в Никола́евич ~, 1927-2000: 眼科医, 社会活動家)

**Федо́т** [男1] フェドート(男性名)

**Фе́дя** (女5変化) 〖愛称〗< Фёдор

**фееpи́ческий** [形3] ①〖劇〗夢幻劇の ②おとぎ話のように美しい; 途方もない, 驚くべき

**фееpи́чный** [形1] = фееpи́ческий

**фее́рия** [э/] [女9] ①〖劇〗夢幻劇 ②〖文〗おとぎ話のような光景

*фейерве́рк* [男2] 〖fireworks〗(打ち上げ)花火: *запусти́ть ~* 花火をあげる | *отме́тить Но́вый год ~ом* 花火で新年を祝う ◆ **фейерве́рочный** [形1]

**фейс** 複-á [男1] 〖若者〗顔

**Фейсбу́к** [男2] 〖商標〗フェイスブック, Facebook

**фека́л|ии** -ий [複] 〖医〗排泄物, 大便 **‖-ьный** [形1]

**фельдма́ршал** [男1] 〖軍〗(ロシア帝国陸軍・諸外国の)元帥

**фе́льдшер** [льш] 複-á [男1]/**-и́ца** [女3] 准医師 **‖-ский** [形3]

**фельето́н** [男1] (新聞などの)風刺的時評 **‖-ный** [形1]

**фельетони́ст** [男1]/**-ка** 複-ток [女2] 時評の筆者, 風刺コラムニスト

**фелю́га** [女2] (黒海・カスピ海などの)無甲板の小型帆船

**Феми́да** [女1] ①〖ギ神〗テミス ②正義の象徴

**фемини́зм** [男1] 男女同権主義, フェミニズム

**фемини́ст** [男1]/**-ка** 複-ток [女2] 男女同権主義者, フェミニスト **‖-ский** [сс] [形3]

**фён** [男1] ヘアドライヤー

**фён** [男1] 〖気象〗フェーン(山から吹き下ろす高温・乾燥の強風): *фено́мен ~а* フェーン現象

**фе́нечка** -чки [女2] 〖通例複〗〖若者〗ビーズ(皮, ひも)のブレスレット ②〖俗〗小ネタ, 小話 ③〖通例複〗〖若者〗冗談, 面白いこと

**фе́никс** [男1] 不死鳥, フェニックス

**фено́лог** [男2] 生物季節学者

**феноло́г|ия** [女9] 生物季節学 **‖-и́ческий** [形3]

*фено́мен* [男1] 〖phenomenon〗〖文〗①現象 ②希有な現象; 傑出した人物

**феноменали́зм** [男1] 〖哲〗現象論

**феномена́льный** 短-лен, -льна [形1] ①〖文〗希有な; 傑出した ②〖哲〗現象の

**феноменоло́гия** [女9] 〖哲〗現象学

**феноти́п** [男1] 〖生〗表現型

**фе́нхель** [男5] 〖植〗ウイキョウ

**фе́нька** [女2] 〖若者〗= фе́нечка①

**фен|я́** [女5] 〖俗〗泥棒(口語)が使う隠語; 若者言葉; スラング: *бо́тать по -е* 泥棒言葉でしゃべる ◆ **ни до -и́** [無] …は…に興味がない, …は…なんてどうでもいい

**фео́д** [男1] 〖史〗封土, 領地

**феода́л** [男1] 〖史〗封建領主, 農奴制地主

**феодали́зм** [男1] 〖史〗封建制 **‖-альный** [形1]

**ферз|ь** -зя́ [男5] 〖チェス〗クイーン(→кopoль活用) **‖-евый** [形1]

*фе́рм|а* [女1] 〖farm〗①農場, 農園; (集団農場などの)畜産農場 ②〖建〗梁, トラス: *мостова́я ~* 橋桁 **‖-енный, -овый** [形1]<②

**ферма́та** [女1] 〖楽〗フェルマータ

**ферме́нт** [男1] 〖生・化〗酵素 **‖-ный** [形1]

**фермента́ция** [女9] 〖生・化〗発酵(броже́ние)

**ферменти́ровать** -рую, -руешь 受過-анный [不完] 〈他〉発酵させる

*фе́рмер* [男1] / **~ша** [女4] 〖farmer〗(主に欧米のфе́рмаの)農場主, 小作農 **‖-ский** [形3]

**фе́рмерство** [中1] 農場経営, 農業

*фестива́ль* [フィスチヴァーリ] [男5] 〖festival〗(芸術の)祭典, フェスティバル: *~ францу́зских фи́льмов* フランス映画祭 | *шко́льный ~* 学園祭 | *студе́нческий ~* 学生祭 | *~ фейерве́рков* 花火大会 **‖ ~ный** [形1]

**фесто́н** [男1] ①〖建〗花綱, 懸花装飾 ②(女性服の裾の)レース装飾

**фе́та** [女1] フェタ(脂肪・塩分の多い羊・山羊乳チーズでбры́нзаに似る: ロシアでは人気; ギリシャ風サラダに使用)

**фети́ш** -а/-á [男4] ①呪物, 物神, フェティッシュ ②盲目的崇拝の対象物

**фетишизи́ровать** -рую, -руешь [不完・完] 〈他〉盲目的に崇拝する **‖-а́ция** [女9] 偶像化

**фетиши́зм** [男1] ①呪物崇拝, フェティシズム ②盲目的崇拝 **‖-и́стский** [сс] [形3] 呪物崇拝(者)の

**фетиши́ст** [男1] 呪物崇拝者

**фетр** [男1] フェルト **‖-овый** [形1]

**фехтова́льщи|к** [男2]/**-ца** [女3] 〖スポ〗フェンシング選手; 剣士

**фехтова́ние** [中5] 〖スポ〗フェンシング; 剣術: *япо́нское ~* 剣道 **‖ фехтова́льный** [形1]

**фехтова́ть** -ту́ю, -ту́ешь [不完] 〖スポ〗フェンシングをする

**фешене́бельный** [é/э] [形1] 〖文〗洒落た, 上品な, 高級な

**фе́я** [女6] (西欧昔話の)妖精

**фи** [間] 〖蔑・嫌悪〗まあ; ちぇっ; 嫌だ

**фиа́лка** 複-лок [女2] 〖植〗スミレ

**фиа́лковый** [形1] スミレの; スミレ色の

**фиани́т** [男1] キュービックジルコニア(宝飾品)

**фиа́ско** [不変] [中] しくじり, 失敗: *потерпе́ть ~* 失敗に終わる

**фи́берглас** [男1] グラスファイバー, 繊維ガラス **‖ ~овый** [形1]

**фи́бр|а** [女1] ①〖通例複で, всем с ~ами души́〗全身全霊: *ненави́деть всеми ~ами души́* 蛇蝎(タダッ)のように嫌う ②模造革 **‖-овый** [形1]<②

**фибро́зный** [形1] 〖解〗繊維の; 〖植〗繊維状の

**фибро́ма** [女1] 〖医〗繊維腫

**фиброско́п** [男1] 〖医〗ファイバースコープ

**фиг** [男1] [фи́г|а -á] = фи́га ② [副] 絶対に…ない, …なんてとんでもない ◆ *на́ фиг = на фига́* 〖俗〗何のために, どうして | *не́ фиг = не фига́* …する必要はない, …してはいけない | *ну ни ~á себе́!* まさか; まあ; これは驚いた | *~ тебе́!* バカ言え; ふざけるな | *Иди́ [Пошёл] на́ фиг!* 〖俗〗うせろ, 邪魔するな | *до ~á* 〖話〗超いっぱい, めっちゃ

**фи́г|а** [女2] ①〖植〗イチジク; その実; その木 ②〖俗・蔑・嘲笑〗親指を人差し指と中指の間に挟んだ握りこぶし, 女握り(ку́киш; 下品だが, ロシアでは時的含意は希薄): *показа́ть -у* (侮辱のしるしに)女握りをして見せる

**фига́се** [間] 〖俗〗〖驚き・不満・不快〗うそっ; まさか; 信じられない, マジで!?(Ничего́ себе́!)

**фига́чить** [不完] 〖若者〗〈他〉〖俗〗非常に集中して行う

**фиге́ть** [不完] 〖若者〗〈от 生〉 ①感激[感動]する ②ひどく驚く, 茫然とする ③ひどく疲れる

**фи́гли-ми́гли** (女5-女5) [複] 〖戯〗トリック, 悪ふざけ

**фигля́р** [男1] 〖話〗気取り屋

**фигля́рство** [中1] 〖話〗気取ること

**фигн|я́** [女5] 〖若者〗くだらないこと; 質の悪い物; あれ(物の名前が思い出せなくて) ◆ *та́ же ~* 全く同じ, そ

っくりの | **-е́й страда́ть** ばかなことをする

**фиго́вина** [女1] 《若者》= фигня́②

**фи́гово** [副] 《若者・蔑》いやらしく, 悪く

**фи́говый** [形] イチジク(фи́га)の ◆ **~ листо́к** (1) イチジクの葉(彫刻や絵画で男性像の陰部を隠す) (2)恥ずべき「不名誉な」ことを偽善的に覆い隠す物[こと]

**фиго́вый** [形] 《俗》くずのような, くだらない

*__фигу́р|а__ [フィグーラ] [女1] 〔figure〕①《数》図形 ②(ダンス・スケート・飛行などの)旋回運動: **-ы вы́сшего пилота́жа** アクロバット飛行 ③ (彫刻・絵画などの)人物像, 動物像; 影像, 画像: **восково́е ~** 蝋人形 | **На пьедеста́ле ~ вса́дника**. 台座には騎士の影像が載っている ④ (人・動物の)容姿, 姿, 体格: 《話》スタイルの いい容姿: **стро́йная ~** すらりとした容姿 | **В темноте́ мелькну́ла чья́-то ~**. 暗闇で誰かの姿がちらっと見えた | **О́блако похо́же на -у верблю́да**. 雲はラクダの姿に似ている ⑤《話》(何らかの性質をもった)人物, 人; 大物: подозри́тельная ~ 怪しい人物 | кру́пная полити́ческая ~ 政界の大物 | **Ра́ньше он был -о́й**. 以前の彼は大立て者だった ⑥《トランプ》絵札とエース ⑦《チェス》ポーン(пе́шка)以外の駒; (一般に)チェスの駒 ⑧《修》修辞的表現, 文彩(рито́рическая ~)

活用 《トランプの絵札とエース》
| **коро́ль** キング | **да́ма** クイーン | **вале́т** ジャック
| **туз** エース | **джо́кер** ジョーカー

活用 《チェスの駒》
| **коро́ль** キング | **фе́рзь** クイーン | **слон** ビショップ | **ладья́** ルーク | **конь** ナイト | **пе́шка** ポーン

**фигура́льный** [形] 比喩的な; 文彩に富んだ, 生彩のある

**фигура́нт** [男1] **/ -ка** 複生 **-ток** [女2] ①刑事事件の被告[容疑者, 証人] ②群舞の一員, 端役 ③(警察犬の訓練の際の)犯人役

**фигури́ровать** -**рую, -руешь** [不完] ①出席する, 登場する: **~ на суде́ в ка́честве свиде́теля** 証人として出廷する ②注目[議論]の対象になる

**фигури́ст** [男1] **/ -ка** 複生 **-ток** [女2] フィギュアスケート選手

**фигури́стый** [形] 《話》①(形が)複雑な, 手の込んだ ②スタイルのいい ③文彩に富んだ

*__фигу́рка__ 複生 **-рок** [女2] 〔figure, statuette〕①[指小] < фигу́ра ② 小像, 小立像

**фигу́рный** [形] < фигу́ра ②幾何学模様の付いた ③(ダンス・スケート・飛行などが)旋回する, フィギュアの: **-ое ката́ние (на конька́х)** フィギュアスケート | **-ые коньки́** フィギュアスケート靴

**фидеи́зм** [男1] 《哲》信仰主義, 唯信主義

**Фи́джи** (不変) [中] [領] フィジー諸島共和国

**фиджи́|ец** [男3] **/ -йка** 複生 **-йек** [女2] フィジー人 **// -йский** [形3] フィジー(人)の

**физ...** 〔語形成〕 ① 「物理の」 ② 「体育の」

**физво́с** [男1] 《学生》①体育(科目名; физи́ческое воспита́ние) ②教育大学の体育学部

**физзаря́дка** 複生 **-док** [女2] 準備体操(физи́ческая заря́дка)

*__фи́зик__ [男2] 〔physicist〕物理学者

*__фи́зика__ [フィージカ] [女1] 〔physics〕物理学, 物理: теорети́ческая ~ 理論物理学 | прикладна́я ~ 応用物理学 | ~ твёрдого те́ла 固体物理学

**физио́лог** [男2] 生理学者

**физиоло́г|ия** [女9] ①生理学; 生理作用 ②《話》 肉欲, 官能 **// -и́ческий** [形3]

**физионо́мия** [女9] 《話》顔; 顔つき

**физиотерапе́вт** [e/э] [男1] 物理療法医

**физиотерап|и́я** [e/э] [女9] 物理療法 **// -евти́ческий** [形3]

**физи́чески** [副] 〔physically〕①身体[肉体]的に ②物理的に: **~ осуществи́мый ме́тод** 物理的に可能な方法

*__физи́ческ|ий__ [フィジーチェスキイ] [形3] 〔physical〕①物理学の, 物理的の; 物理的な: **-ие зако́ны** 物理学上の法則 | **~ факульте́т** 理学部 ②物質の, 材料の: **~ изно́с маши́ны** 機械の物質的摩耗 ③身体的な, 肉体的な, 筋肉の運動に関わる: **-ая си́ла** 体力 | **~ труд** 肉体労働 | **-ое наси́лие над ли́чностью** 個人への暴力 | **-ая культу́ра** 体育 ④性的な, 肉体関係の: **-ая бли́зость** 肉体関係

**физкульту́ра** [女1] 〔physical training〕体育, 健康増進運動(физи́ческая культу́ра): **лече́бная ~** 運動療法

**физкульту́рни|к** [男2] **/ -ца** [女3] ①体育をする人, スポーツ選手 ②《話》体育教師

**физкульту́рный** [形1] 体育の: **~ зал** 体育館

**фи́зра, физра́** [女1] 《学生・生徒》体育

**физру́к** -а́/-а́ [男2] 《話》体育指導員(физкульту́рный руководи́тель)

**физфа́к** [男2] 《話》理学部(физи́ческий факульте́т)

**фикса́ж** [男4] 《写》定着液

**фикса́тив** [男1] [画]フィキサチーフ, 定着液

**фикса́тор** [男1] 《機》①止め具, 定着液 ②定着液, 固定液

**фиксату́ар** [男1] (整髪用の)チック

**фи́ксинг** [男1] 《経》(為替相場・金の)値決め

**фикси́рованн|ый** [形1] 〈固定〉の: **-ые це́ны** 固定価格

*__фикси́ровать__ -**рую, -руешь** 受過 **-анный** [不完・完] 〔keep, fix〕《関》①[完また **за~**]書き留める; 記憶にとめる[完また **за~**]確定する: **~ срок** 期限を決める ③(注意・視線を)向ける, 集中する ④固定する ⑤[完また **за~**](化学的に)定着させる, 固定する ⑥[完また **за~**](計器などが)指示す, 表わす

**// фикси́рование** [中5], **фикса́ция** [女9]

**фи́ксить** -кшу, -ксишь 命 -си [不完] 《コン》《俗》〈バグ〉〈バグなど〉を修正する

**фикти́вн|ый** 短 -**вен, -вна** [形1] 架空の, 虚構の, 虚偽の: **~ брак** 偽装結婚 **// -ость** [女10]

**фи́кус** [男1] 《植》イチジク属: **~ свяще́нный** インドボダイジュ, 菩提樹(この木の下で釈迦が悟りを開いた)

**фи́кция** [女9] 虚構, 嘘, 作り事

**филантро́п** [男1] **/ -ка** 複生 **-пок** [女2] 慈善家, 博愛家

**филантро́п|ия** [女9] 慈善(事業) **// -и́ческий** [形3]

**филармо́н|ия** [女9] ①音楽協会, フィルハーモニー; 交響楽団 ②コンサートホール **// -и́ческий** [形3]

**филатели́ст** [э] [男1] 切手・紙幣の収集家

**филатели́я** [э] [女9] 切手・紙幣の収集

**филе́** (不変) [中] ① (骨を取った肉・魚の)切り身 ② [また **филе́й**] ヒレ肉 ③ [手芸]ドロンワーク(抜きかがり刺繍) **// -йный** [形1]

**филёнка** -нок [女2] ① (扉などの)羽目板, 鏡板 ②(壁などで色を分ける)仕切線

*__филиа́л__ [男1] 〔branch〕支部, 支店, 支社, 支局: **~ музе́я исто́рии** 歴史博物館分館 | **~ университе́та** 大学の分校 **// -ьный** [形1]

**филигра́нный** 短 -**а́нен, -а́нна** [形1] ①(金・銀などの)線条細工の ②精巧な, 手の込んだ

**филигра́нь** [女10] (金・銀などの)線条細工

**фили́н** [男1] 《鳥》ワシミミズク

**фили́ппика** [女1] 激しい攻撃演説

**филиппи́н|ец** -нца [男3] **/ -ка** 複生 -**нок** [女2] フィリピン人 **// -ский** [形3] フィリピン(人)の

**Филиппи́ны** -пи́н [複] フィリピン

**фили́стер** [м1] 俗物 **//~ский** [形3]

**фили́стерство** [中1] 俗物根性, 俗物的な振る舞い

**филокарти́ст** [м1] 絵葉書収集家

**филокарти́я** [女9] 絵葉書収集

**фило́лог** [м2] 文献学者, 言語［文学］研究者

**филоло́г|ия** [女9] 文献学, 言語［文学］研究 **//~и́ческий** [形3]

*‡**фило́соф** [м1] [philosopher] ① 哲学者 ②《話》思慮深く泰然自若としている人

*‡**филосо́фия** [フィラソーフィヤ] [女9] [philosophy] ① 哲学 ② 原理, 哲理 ③《話》空理空論

*‡**филосо́фский** [フィラソーフスキイ] [形3] [philosophical] ① 哲学の; 哲学的な ②《話》哲学者のような, 沈着冷静な ③《話》深遠な, まじめな

**филосо́фствовать** -твую, -твуешь [不完] ① 哲学的思索をする ②《話》空理空論を唱える

**филофони́ст** [м1] レコード収集家

**филофо́ния** [女9] レコード収集

**филумени́ст** [м1] マッチ箱ラベルの収集家

**филумени́я** [女9] マッチ箱ラベルの収集

**филфа́к** [м2]《話》文学部, 語学部, 文献学部(フィロロギーチェスキイ ファクリテート)

*‡**фильм** [フィーリム] [м1] [film, movie] ①(個々の)映画(作品) (★ジャンルとしての映画は кино́): короткометра́жный [полнометра́жный] ~ 短編［長編］映画 | документа́льный ~ ドキュメンタリー映画 | мультипликацио́нный [анимацио́нный] ~ アニメーション映画 | худо́жественный ~ 劇映画 | хроника́льный ~ ニュース映画 | смотре́ть [сня́ть] ~ 映画を見る［撮る］ ②(写真・映画の)フィルム(плёнка)

**фи́льмо..** [語形成]「映画の」「フィルムの」

**фи́льмовый** [形1] 映画の, フィルムの

**фильмопроизво́дство** [ц] [中1] 映画製作

**фильмоско́п** [м1] スライド映写機

**фильмоте́|ка** [ц2] フィルムライブラリー, シネマテーク **//~чный** [形1]

*‡**фильтр** [м1] [filter] ① フィルター, 濾過器 ②《光·理》(光学·電磁学的)フィルター **//~овый** [形1]

**фильтра́ц|ия** [女9] ① 濾過 ② (液体·気体の) 浸透 **//~ио́нный** [形1], **фильтрова́льный** [形1]

**фильтрова́ть** -рую, -руешь [不完] / **от~, про~** [完]〈対〉濾過する **//~ние** [中5]

**фимиа́м** [м1] 香(<ruby>こう<rt></rt></ruby>) ♦ кури́ть [воскуря́ть] ~ 《文》人をほめそやす

**фин..** [語形成]「財務の」「会計の」

*‡**фина́л** [м1] [ending, final] ① 終り, 結末, フィナーレ ②《スポ》決勝戦 **//~ьный** [形1]

**финали́ст** [м1] **//~ка** 複生-ток [女2] 最終候補；《スポ》決勝戦出場者

**финанси́ровать** -рую, -руешь 受過-анный [不完·完] [完また **про~**] 《金融》〈対〉に融資する: ~ предприя́тие 企業に融資する

**финанси́роваться** -руюсь, -руешься [不完](用途指定のある)融資を受け, 資金を受け取る: Програ́мма финанси́руется из бюдже́та. そのプログラムは予算で賄われている

‡**финанси́рование** [フィナンシーラヴァニェ] [中5] [financing]《金融》資金融資［拠出］

**финанси́ст** [м1] **//~ка** 複生-ток [女2] ① 財政家, 財政学者, 金融専門家 ② 金融資本家

*‡**фина́нсов|ый** [フィナンスアヴイ] [形1] [financial] ① 財政の, 財務の, 金融の: ~ год 会計年度 | ~ исто́чник 財源 | ~ кри́зис 金融危機 | **-ая пира́мида** ネズミ講 | ~ ли́зинг ファイナンスリース, 長期賃貸制 | ~ мир 財界, 金融界 | ~ ры́нок 金融市場 ③《話》金の

*‡**фина́нс|ы** -ов [複] [finance, money] ① 財政, 財務, 金融: госуда́рственные ~ 国家財政 | сокраще́ние -ов 金融引き締め | Министе́рство -ов 財務省 ②《話》金, 金回り ♦ Ф~ пою́т рома́нсы. 金欠で困っている

**фи́ник** [м1] ナツメヤシの実 **//~ов|ый** [形1]: **-ая па́льма**《植》ナツメヤシ

**фининспе́ктор** [ы] [м1] 税務調査官

**финифт|ь** [女10] (古代ロシアで金属製品に塗った)エナメル; それを塗った製品

*‡**фи́ниш** [м4] [finish] ①《スポ》(スピード競技·競馬の)終盤, ホームストレート ②《スポ》ゴール, 終着点, フィニッシュ: прийти́ пе́рвым к ~у 1着でゴールする ③ 終了, 終わり **//~ный** [形1]

**финиши́ровать** -рую, -руешь [不完·完] ① ゴールに達する ②(競馬で)ホームストレートを走る

**фи́н|ка**[1] 複生 -нок [ц2] ①《話》厚く短い刃のナイフ (фи́нский но́ж) ② 毛皮の耳当て付きの丸帽 ③ 北方産の小型馬 ④ → фи́нн

**фи́нка**[2] 複生 -нок → фи́нн

**Финля́ндия** [女9] フィンランド (首都は Хе́льсинки) **//ф-ский** [ц] [形3] フィンランド(人, 語)の

**фи́нн** [м1] **//~ка**[2] 複生-нок [女2] フィンランド人

**фи́нно-уго́рский** [形3]《言》フィン·ウゴル語派の

**финотде́л** [м1] 財務部, 経理部

*‡**фи́нск|ий** [形3] [Finnish] フィンランド(人)の: ~ нож 厚く短い刃のナイフ | Ф~ зали́в フィンランド湾

**финт** [м1] ①《話》巧妙なトリック ②《スポ》フェイント, 牽制 ♦ **сде́лать ~ уша́ми**《俗》機敏な［予期できない］行動をとる

**финти́ть** -нчу́, -нти́шь [不完]《話》ずるく振る舞う, ごまかす

**финтифлю́шка** 複生-шек [女2]《話》① つまらない飾り, くだらないもの ② 軽薄な女性

**ФИО** [フィーオ] (略) фами́лия, и́мя, о́тчество 姓·名·父称 (申請書などで)

**фиоле́тово** [無人述]《若·蔑》〈与〉にとって) 全くどうでもいい (глубоко́ ~)

**фиоле́товый** [形1] ① すみれ色の ②《若者·蔑》変なる, おかしな, 普通じゃない ♦ **глубоко́ ~** どうでもいい, 興味がない

**фио́рд** [м1] = фьорд

**фиориту́ра** [女1]《楽》フィオリトゥーラ, 装飾

*‡**фи́рм|а** [フィールマ] [女1] [firm] ①《経》会社, 商会: торго́вая ~ 商社, 貿易会社 | иностра́нная ~ 外国商社 ②《話》口実, 看板, 外観: под **-ой** демокра́тизма 上辺は民主主義を装って ③《俗》高級品, ブランド製品

**фирма́|ч** -á [м4]《話》(主に外国人の)ビジネスマン, 商社マン

*‡**фи́рменн|ый** [形1] [company, brand, specialty] ① 会社(фи́рма)の, ~ знак 商標 | ~ магази́н 会社直営店 ② その企業特製の, ブランドの: **-ое блю́до** 店自慢の料理 ③ その地方特産の ④《話》高級な, 正規品の: **-ые джи́нсы** 高そうなジーンズ ■ **~ по́езд** 豪華(寝台)列車

**фирмо́вый** [形1]《話》(外国)ブランドの; 高級な

**фиска́л** **//~ка** 複生-лок [女2]《話》①《歴》告げ口屋 (元はピョートル大帝が創設した行政監察官を指す) ②《話》密告者, 告げ口する人

**фиска́лить** -лю, -лишь [不完]《話》密告する, 告げ口する **//~ьство** [中1]

**фиска́льный** [形1]《財政·金融》国庫の, 財政の: ~ год 会計年度

**фиста́шк|а** 複生-шек [女2]《植》ピスタチオ; その実 **//~овый** [形1] ① ピスタチオの ② 明るい黄緑色の

**фи́стула** [女1]《医》瘻(<ruby>ろう<rt></rt></ruby>), 瘻管: подко́жная ~《医》皮下瘻

**фистула́** [女1]〖楽〗ファルセット(фальце́т)

**фити́ль** -я́ [男5]① (ろうそく・ランプの)芯 ②(潤滑油・薬液を移すための)麻ひも ③導火線, 火縄 **∥～ный** [形] **∥фитилёк** -лька́ [男2] 〔指小〕

**фи́тнес** [э] [男1]〖商〗フィットネス

**фи́тнес-клу́б** [э] 〔不変〕-[男1]フィットネスクラブ

**фи́то..** 〔語形成〕「植物の」

**фитоба́р** [男1] ハーブティーカフェ〔専門店〕

**фитодиза́йн** [男1] グリーンコーディネート

**фитонци́ды** -ов [複]〖生〗フィトンチッド

**фитопланкто́н** [男1]〖植〗植物プランクトン

**фитотерапе́вт** [е/э][男1] 植物療法士

**фитотерап|и́я** [е/э] [女9] 植物療法 **∥-евти́ческий** [形3]

**фиточа́й** [男6]薬草茶, ハーブティー

**фити́льк|а** 複生 -лек [女2]〔話〕ちっぽけな物;ちび,つまらない人間

**фи́фа** [女1]〔俗〕(自分の外見にしか興味のない)女性, 頭がからっぽの美女

**ФИФА́** [フィファ] 〔不変〕[女] 国際サッカー連盟, FIFA (Междунаро́дная федера́ция футбо́ла (футбо́льных ассоциа́ций))

**фи́фти-фи́фти** 〔不変〕[女][形][副]〔話〕折半の[で], フィフティフィフティ[で](пятьдеся́т на пятьдеся́т)

**фи́ча** [女4]〖コン〗個々の機能; (プログラムの)特徴

**фи́шинг** [男1]〖コン〗フィッシング詐欺

**фи́шк|а** 複生 -шек [女2] ①(トランプなどで点数に使う)チップ, 数取り ②〔俗〕最大のヒット(商品) ③〔俗〕小ネタ ④〔俗〕ポイント, 要点 ⑤機能性 ⑥〔隠〕テーブルゲームの道具; カード; 駒 ⑦〔若者〕出来事 ⑧〔若者〕傾向, 特徴 **◇как ~ ля́жет** 〔若者〕状況に応じて | **про-се́чь -у** [自]機転を利かせる, 瞬時に判断する (2) …がよくわかる, …の根本を理解する

*** фла́|г** [フラーク] [男1]〖flag〗旗:госуда́рственный ～ 国旗 | приспусти́ть госуда́рственный ～ 半旗を掲げる **◆под ~ом** 単 …の旗のもとに,…を旗印に | ～ **тебе́ в ру́ки** 〔話〕思うようにやってみろ; 健闘を祈る **∥ фла́жный** [形]

**фла́гман** [男1]〖海〗①艦隊司令官 ②艦隊指揮艦, 旗艦 ③(民間船団で)中心となる船 **∥～ский** [形3]

**флагшто́к** [男2] 旗ざお

**флажо́к** -жка́ [男2]①〔指小←флаг〕小旗 ②(地図上に留める)紙製の旗 **∥-ко́вый** [形1]

**флажоле́т** [男1]〖楽〗フラジオレット, フラジョレット (楽器および奏法)

**флако́н** [男1](香水用の)小瓶 **◆в одно́м ~** 〔話・戯〕1つで全てを兼ねて, 万能の **∥-ный** [形] **∥-чик** [指小]

**фламе́нко** [э] 〔不変〕[中] フラメンコ

**флами́нго** 〔不変〕[男]〖鳥〗フラミンゴ

**фла́нг** [男2]〖軍〗(戦列などの)翼, 側面 **∥-о́вый** [形1]

**флане́левка** 複生 -вок [女2]〔話〕(フランネル製の水兵服の)上衣

**флане́л|ь** 複生 -лек [女10] フランネル **∥-евый** [形1]

**флане́лька** 複生 -лек [女2] = флане́левка

**фла́нец** -нца [男3] ①〖工〗フランジ; 鍔(つば) ②〖鉄道〗(車輪の)フランジ **∥ фла́нцевый** [形2]

**фланкирова́ть** -рую, -руешь [不完・完]〖軍〗 〈вин〉側面から攻撃する **∥-ние** [中5]

**флатовый** [形1] : ～ая бума́га〖印〗平判, 枚葉紙

**флеболо́гия** [女9] 静脈学

**флебо́лог** [男2] 静脈科医

**фле́гма** [女1] ①粘液質, 鈍重, 無気力 ②〔話〕鈍重な人

**флегмат|и́зм** [男1] 粘液質, 鈍重, 無気力 **∥-и́ческий** [形3]

**флегма́тик** [男2] 粘液質の人, 鈍重な人

**флегмати́ческий** [形3] 粘液質の

**флегмати́чный** 短 -чен, -чна [形1] 鈍重な, 無気力な, 無関心な

*** фле́йт|а** [女1]〖楽〗フルート **∥-овый** [形1]

**флейти́ст** [男1] **∥～ка** [女2] フルート奏者

**фле́ксия** [女9]〖言〗語形変化, 屈折

**флекти́вный** [形1]〖言〗(言語が)屈折的特徴を持つ: ～ язы́к 屈折語

**фле́шка** 複生 -шек [女2]〔話〕USBメモリ

**фли́гель** 複生 -я́ [男5]〖建〗増築部分, 離れ

**флип** [男1]〖フィギュア〗フリップ(ジャンプ)

**флирт** [男1] 恋の戯れ, いちゃついた振る舞い; 軽い、軽いふざけた〔遊び〕の恋, 浮気

**флиртова́ть** -тую, -туешь [不完] 〈с[造]〉(男女が)いちゃつく, ふざける

**флокс** [男1]〖植〗フロックス

*** флома́стер** [男1]〖felt pen〗フェルトペン, サインペン, マジックインク(ペン): ～ для доски́ ホワイトボード用マーカー

**флор|а** [女1]〖植〗植物相; 植物界 **∥-исти́ческий** [形3]

**флоренти́йский** [形3] フィレンツェ風の

**Флоре́нция** [女9] フィレンツェ

**флори́ст** [男1] ①植物相の研究者 ②フラワーデザイナー, フラワーアーティスト

**флори́стика** [女2] 植物生態学

**фло́т** [フロート] [男1] ①艦隊, 船団: торго́вый ～ 商船団 ②〖軍〗艦隊: Балти́йский ～ バルチック艦隊 | Черномо́рский ～ 黒海艦隊 | Се́верный ～ 北方艦隊 | Тихоокеа́нский ～ 太平洋艦隊 (略 ТОФ) ③〔話〕海軍: служи́ть «во ～е [海軍]на ～е» 海軍に務める ■ **возду́шный ～** 空軍と民間航空 | **Вое́нно-Морско́й Ф**~ (ロシア)海軍(略 ВМФ)

**флоти́лия** [女9] ①(河川・湖などの)艦隊: Каспи́йская ～ カスピ海艦隊 ②船団

**флотово́д|ец** -дца [男3] 〖雅〗艦隊司令官, 提督 **∥-ческий** [形3]

**фло́тский** [ц] [形3] ①艦隊の, 船団の; 艦隊所属の ②[男名] 艦隊員, 水兵, 船団員

**флуд** [男1]〖IT〗フラッド, フラッディング(ネットワークシステムに許容量を超えるデータが流入すること)

**флуди́ть** -ужу́, -уди́шь [不完]〖IT〗フラッド攻撃する

**флэт** [男1]〔若者〕(自分の)部屋, 家

**флэ́шка** 複生 -шек [女2]〔俗〕= фле́шка

**флюга́рка** 複生 -рок [女2] ①〖海・船〗(風向計「風見鶏」の)回転部分 ②(帆船・ブイなどの所属を示す)標識, 小旗 ③(煙突上部の)回転式円筒

**флю́гер** 複生 -а́ [男1] ①〖風向計, 風見鶏 ②〔話〕日和見主義者, 風見鶏 **∥-ный** [形1] <①>

**флюоресце́нция** [女9]〖理・化〗蛍光

**флюоресци́ровать** -рует [不完]〖理・化〗蛍光を発する

**флюорогра́фия** [女9] (間接)蛍光撮影法

**флюс¹** [男1]〖医〗歯瘻

**флюс²** 複 -ы́ [男1]〖冶〗(不純物を除去するための)溶剤 **∥-овый** [形1]

**фля́га** [女2] ①水筒 ②(牛乳などの運搬用の)缶

**фля́жка** 複生 -жек [女2]〔指小〕<①>

**ФМС** [フェメエス] 〔略〕Федера́льная миграцио́нная слу́жба 連邦移民局

**фо́бия** [女9] 恐怖症

*** фойе́** [о] 〔不変〕[中] 〖foyer, lobby〗(劇場・映画館などの)ロビー: Дава́йте встре́тимся в ～. ロビーで会いましょう

**фок** [男2]〖海・船〗前檣(しょう)縦帆

**фок..** 〘語形成〙〘海・船〙前部

**фока́льный** [形1] 〘光・理〙焦点の

**фок-ма́чта** [о] [不変] -[女1] 〘海〙前檣(ぜん)

**фокстерье́р** [э] [男1] 〘動〙フォックステリア(狩猟・愛玩用の小型犬)

**фокстро́т** [男1] 〘楽・舞〙フォックストロット(ペアで踊る速いテンポのダンス；その曲)

*__фо́кус__*[1] [男1] 〔focus〕①〘光・理〙焦点 ②〘写〙ピント│〘医〙病巣 ◆ 中心：～ землетрясе́ния 震源地 ‖ ~-гру́ппа (市場調査の)フォーカスグループ ‖ **~ный** [形1]

*__фо́кус__*[2] [男1] 〔trick〕①手品, 奇術 ②〘話〙巧妙なトリック, まやかし ③〘通例複〙〘話〙気紛れ, わがまま ‖ **~ный** [形1]

**фокуси́рова|ть** -рую, -руешь 受過 -анный [不完/с~] [他] ①〘光〙(光線を)焦点に集める ②〘写〙ピントを合わせる ③集中させる：～ мысль на пробле́ме 問題に考えを集中する ‖ **~ся** [不完/完] (光線が)焦点に集まる ‖ **~ние** [中5]

**фо́кусни|к** [男2]/**-ца** [女3] ①手品師, 奇術師, マジシャン ②〘話〙抜け目のない人 ③〘話〙気紛れな人

**фо́кусничать** [不完] 〘話〙①気紛れなことをする：Ешь, что даю́т, не фо́кусничай. 好き嫌いせずに出されたものは食べなさい ②ごまかす ③気取る, もったいぶる

**фол** [男1] ファウル, 反則 ◆ **на гра́ни ~а** ルール違反気味に

**фолиа́нт** [男1] 大型の厚い本(特に古書)

**фолли́кул** [男1] 〘解〙小胞, 濾胞, 卵胞, 毛穴

**фольга́** [女2] 金属箔, ホイル：алюми́ниевая ～ アルミ箔 ‖ **фольго́вый** [形1]

**фолькло́р** [о/ё] [男1] ①口頭伝承 ②民間伝承, フォークロア(民間の慣習, 儀礼, 歌謡などの総称) ‖ **~ный** [形1]

**фольклори́ст** [о/ё] [男1]/**~ка** 複生 -ток [女2] 民俗学者, フォークロア研究者

**фольклори́стика** [о/ё] [女2] 民俗学, フォークロア研究 ‖ **~и́ческий** [形3]

**Фома́** (女1変化) [男] フォマー(男性名) ◆ **~ неве́рующий** 疑い深い人│**~ Фоми́ч** こじ開けるためのバール

**фо́мик** [男2] 〘隠〙こじ開けるための道具

**Фоми́н** [男12] ＜Фома́ ‖ **~ неде́ля** 〘正教〙復活大祭後の第2週(ра́доницкая неде́ля；春の祭り)

**фо́мка** 複生 -мок [女2] 〘隠〙小さいバール

**фон**[1] [フォーン] [男1] 〔background〕①(絵画の)バックの色, 地色 ②(絵画の)背景, バック ③(物事の背景, 状況, 情勢 ◆ **на ~е** の …を背景に：на ～е теку́щих междунаро́дных собы́тий 現在の国際情勢下で ‖ **~овый** [形1]

**фон**[2] 複生 -нов/фо́н [男1] フォン(音の大きさの単位)

**фона́рный** [形1] 灯火の, 電灯の

**фона́р|ь** -я́ [男5] 〔lantern, lamp〕①(ガラスなどで覆った)灯火, ランプ, 電灯：зажечь ～ 灯火を灯す│карма́нный (электри́ческий) ～ 懐中電灯│у́личный ～ 街灯 ②〘建〙(建物などのガラスで覆った)出窓, 張出窓 ③〘話〙青あざ：поста́вить ～ あざになるほど殴る ◆ **до ~я́** 〘俗〙どうでもいい, 関係ない：Этому безде́льнику всё до ~я́. この ろくでなしは何もかもどうでもいいんだ│**от ~я́** 〘話〙当てずっぽうに, いい加減に, 思いつきで│**с ~ём не найти́** 滅多なことでは見つからない ‖ **фона́рик** [男2] 指小

**фона́ция** [女9] 〘言〙発声

*__фонд__* [フォーント] [男1] 〔fund, reserves〕①基金, 資金, 積立金, ストック：запа́сный ～ 積立金│зарабо́тной пла́ты 賃金用の資金│уста́вный ～ 授権資本 ②(社会活動支援の)財団, 基金：Росси́йский ～ культу́ры ロシア文化基金│Ф~ «Ру́сский мир» ロシア平和基金, 「ルースキー・ミール」基金 ③蓄え, 保有量, ストック：музе́йный ～ 博物館の所蔵点数│земе́льный ～ 土地の総保有量│жили́щный ～ 住宅総保有量 ④〘複〙有価証券, 債券, 株券 ⑤〘旧〙成功の見込み, 信用, 評判 ◆ **золото́й ~** 〘経〙正貨準備 (2)貴重な[人物], 宝：Изобрета́тели — золото́й ～ страны́. 発明家は国の宝だ ‖ **Междунаро́дный валю́тный ~** 国際通貨基金, IMF (略 МВФ)

**фонди́рова|ть** -рую, -руешь 受過 -анный [不完] 〘経〙備蓄する, ストックする ‖ **~ние** [中5]

**фо́ндовый** [形1] ①＜фонд①②③ ②証券取引の：**-ая би́ржа** 証券取引所

**фондоёмкость** [女10] 〘経〙資本係数

**фондю́** (不変) [中] 〘料理〙フォンデュ：сы́рное ～ チーズフォンデュ

**фоне́м|а** [э] [女1] 〘言〙音素 ‖ **~ный** [形1], **-ати́ческий** [形3]

**фоне́т|ика** [э] [女2] 〘言〙①音声学 ②(言語の)音声組織 ‖ **~и́ческий** [形3]

**фонети́ст** [э] [男1] 音声学者

**фо́ника** [女2] (韻文の美的)音声組織

**фоно..** 〘語形成〙「音の」「音声学的の」「録音の」

**фоногра́мм|а** [女1] 録音されたディスク[テープ]；その音声 ‖ **~ный** [形1]

**фонологиза́ция** [女9] 〘言〙音素化

**фоноло́г|ия** [女9] 〘言〙音韻論 ‖ **~и́ческий** [形3]

**фоноско́п** [男1] 音声測定器

**фоноте́ка** [女2] (レコード・テープの)録音ライブラリー

*__фонта́н__* [男1] 〔fountain〕①噴水；奔流, 噴流：нефтяно́й ～ 石油の自噴│Кровь бьёт ~ом из ра́ны. 血がどくどくと傷口から流れる ②(設備としての)噴水 ③給水栓 ④際限なく言うもの：～ красноре́чия 雄弁 ⑤〘俗〙失敗 ⑥〘俗・蔑〙嘘, 偽り ◆ **не ~** 〘俗〙あまりよくない, 大したことない│**Заткни́ ~!** 〘粗〙黙れ ‖ **~ный** [形1] ＜①②③ ‖ **~чик** [男2] 指小

**фонтани́рова|ть** -рует [不完] 噴出する；液体を噴き上げる ‖ **~ние** [中5]

**фо́р|а** [女1] 〘スポ〙(弱者に有利な)ハンディキャップ：дать **-y** (弱者に)ハンディを与える

**фо́рвард** [男1] 〘サッカー・ホッケー〙フォワード

**фо́рвардный** [形1] 〘金融〙先物の

**форде́виндb** [男1] 〘海・船〙追い風

**форе́л|ь** [э/ё] [女2] 〘魚〙ブラウントラウト(サケ科；→лосо́сь[活用]) ‖ **~евый, ~ьный** [形1]

**фо́рзац** [男3] (本の)見返し

*__фо́рм|а__* [フォールマ] [女1] 〔form〕①形, 形状：квадра́тная ～ 正方形│Земля́ име́ет **-у** ша́ра. 地球は球形をしている ②形式, 形態：еди́нство **-ы** и содержа́ния 形式と内容の統一 ③(文学・芸術の)表現形式, 様式：повествова́тельная ～ 叙述形式│〘言〙形式, 形態：**-ы** сло́ва 語形│**-ы** спряже́ния (動詞の)活用形│**-ы** склоне́ния (名詞などの)格変化形 うちゅう, 見かけ：Пра́вильно то́лько по **-е**. 見かけは正しそうに見えるだけだ ⑥(書類の)様式, 書式：дать све́дения по **-е** 書式に従ってデータを送る ⑦(成形用の)型：ли́те́йная ～ 鋳型 ⑧制服, ユニフォーム：офице́рская ～ 将校服│пара́дная ～ 礼装 ⑨〘複〙〘話〙容姿：краса́вица с пы́шными **-ами** グラマラスな容姿の美女 ◆ **в -е** コンディションがいい：Спортсме́н сего́дня **в -е**. あの選手はきょうは調子がいい│**по (всей) -е** 適当に, 妥当に, ふさわしく

**формали́зм** [男1] ①形式主義, 杓子定規 ②〘文学〙フォルマリズム；(特に)ロシアフォルマリズム

**формализ|ова́ть** -зу́ю, -зу́ешь 受過 -о́ванный [不完・完] 〘文〙[他] 形式化する, 記号化する, システム化

する **//-áция** [女9]

**формали́н** [男1] 《化》ホルマリン **//-овый** [形1]

**формали́ст** [男1]/**-ка** 複生 -ток [女2] ① 形式主義者, 形式にこだわる人 ② フォルマリズムの信奉者, フォルマリスト **//-ский** [cc] [形3]

**формали́стика** [女2] 《話》形式主義, 形式にこだわる態度

**формальдеги́д** [男1] 《化》ホルムアルデヒド

\***форма́льно** [副] [formally, nominally] ① 正式に, 公式に ② 名目上, うわべだけ ③ 《挿入》厳密[正式]に言うと

**форма́льность** [女10] ① 形式主義, 杓子定規 ② (事務処理・儀礼などの) 形式, 手続き: вы́полнить ~ тре́бования手続きを踏む | соблюсти́ ~и形式を守る; 慣例を踏襲する

\***форма́льн|ый** 短 -лен, льна [形1] [formal] ① 様式の, 形式の: -*ая* грамма́тика《言》形式文法 ② 形式主義的な, 杓子定規な ③ 《長尾》フォルマリズム的な, 形式[形態]上の ④ 《長尾》正式の, 公的な: ~ *разво́д* 正式離婚 ⑤ 形だけの, 名ばかりの: -*ые* права́ 名ばかりの権利

\***форма́т** [ファルマート] [男1] [format, size] ① (本・紙などの) 判型, サイズ: на листа́х ~*a* A4 A4判の紙に ② 《コン》フォーマット **//-ный** [形1]

**формати́ровать** -рую, -руешь 受過 -анный [不完] от-《コン》フォーマットする

**форма́ция** [女9] ① 《文》(社会の) 発展段階; (その段階における) 社会構造 ② 《文》精神構造, 考え方 ③ 《地質》層, 層群 **//-ио́нный** [形1]

**фо́рменка** 複生 -нок [女2] 《話》(紺の襟の付いた) 水兵服の上着

**фо́рменный** [形1] ① 制服 (фо́рма) の; 正式の ② 《話》正真正銘の, 本当の: ~ *сканда́л* 本物のスキャンダル

**формирова́ние** [ファルミラヴァーニェ] [中5] [formation] ① 形成; 編成: ~ *докуме́нтов* 書類の作成 ② 《軍》(新規に編成された) 部隊

\***формирова́ть** -ру́ю, -ру́ешь 受過 -о́ванный [不完] **с-** 〈翻〉[form, organize] ① 〈人格などを〉形成する: *Суро́вая жизнь формиру́ет си́льные хара́ктеры.* 過酷な生活は頑強な性格を形成する ② 組織する: ~ *прави́тельство* 組閣する ③〈軍の部隊や列車などを〉編成する **//формиро́вка** [女2]

\***формирова́ться** -ру́юсь, -ру́ешься [不完] / **с-** [完] [form, mature] ① (人格などが) 形成される ② 編成される, 組織される ③ (身体的に) 成熟する

**формова́ть** -му́ю, -му́ешь 受過 -о́ванный [不完]〈翻〉[完 **от-**, **с-**] ① 型に入れて成形する ② 鋳型を作る **//формо́вка** 複生 -вок [女2] 成形 (用の型)

**формово́й** [形3] 成形用の; 型に入れて作った

**формо́вочный** [形1] 型に入れて成型するための

**формо́вщи|к** [男2]/-**ца** [女3] 型入れ職人, 鋳型工

**формообразова́ние** [中5] 《言》形態形成

\***фо́рмула** [フォールムラ] [女2] [formula] ① 公式, 定則; 決まり文句 ②《数・化》式: *алгебраи́ческая ~* 代数式 | *~ моле́кулы* 分子式 ■ **◐-~1** (оди́н) Фо́рмула-1, F1

**формули́ровать** -рую, -руешь 受過 -анный [不完・完] [完また **с-**] 〈翻〉〈考えなどを〉 簡潔に表す, 公式化する

\***формулиро́вка** 複生 -вок [女2] [formulation, formula] ① 〈考えなどを〉 簡潔に表すこと, 公式化 ② 簡潔にまとめた内容, 要約

**формуля́р** [男1] ① (機械の) 運転記録 ② (本の貸出を記録する) 図書カード **//-ный** [形1]

**форпо́ст** [男1] ①《軍》前哨, 前衛, 先鋒

**форс** -a/-y [男1] ①《俗》気取り; 尊大さ: зада́ть ~*y* 気取る ②《俗》猛スピード, 高速

**форси́рованный** [形1] 強行された, 加速された: ~ *марш* 強行軍

**форси́рова|ть** -рую, -руешь 受過 -анный [不完・完]〈翻〉① 強化する, 加速する, 促進する ②《軍》〈川・隘路 (熱)〉などを〉強行突破する **//-ние** [中5]

**форси́ть** -рщу́, -рси́шь [不完] / **форсну́ть** -ну́, -нёшь ②《俗》気取る; いばる, これ見よがしに見せつける: ~ *пе́ред подру́гой* 女友達の前でかっこうをつける

**форсу́н|ка** 複生 -нок [女2] 《工》(内燃機関などの) 燃料噴射器, ノズル **//-очный** [形1]

**форт** 前 о -е, в -у́ 複 -ы́ [男1] 《軍》堡塁

**фо́рте** [э] 《楽》① [副] フォルテで ② (不変) [中] フォルテ (記号 f): *ме́ццо-~* メゾフォルテ (記号 mf)

**фо́ртель** [男5] 《話》意表をつく策略, トリック

**фортепиа́но, фортепья́н|о** [a/o]《楽》(不変) [中] ピアノ (★ *роя́ль* と *пиани́но* の総称) **//-ный** [形1]

**форти́ссимо** [a/o] 《楽》① [副] フォルティッシモで ② (不変) [中] フォルティッシモ (記号 ff)

**фортифика́ция** [女9] 防備, 要塞化 **//-ио́нный** [形1]

**фо́рто́ч|ка** 複生 -чек [女2] ① 換気用の小窓, 通風窓 ② 《学生》空きコマ ③ 《通例複》《戯》《コン》ウィンドウズ **//-ный** [形1]

**фо́рточник** [男2] 《隠》通風窓 (фо́рточка) から侵入する泥棒

**фо́рум** [フォールム] [男1] [forum] ① 大規模な集会, 大会, フォーラム ■ *Региона́льный ~ АСЕА́Н* ASEAN 地域フォーラム (略 АРФ)

**форшла́г** [男2] 《楽》装飾音

**форшма́к** [男2] 《料理》ひき肉 [ニシン] とジャガイモのパイ

**форште́вень** [о/а; э/е́] -вня [男5] 《海・船》船首

**форе́вер** [副] 《若者》いつも, 永遠に

**фосге́н** [男1] 《化》ホスゲン

**фосфа́т** [男1] 《化》リン酸塩 **//-ный** [形1]

**фо́сфор** [男1] 《化》リン (記号 P) **//-ный** [形1]

**фосфоресце́нция** [女9] 《化》リン光 (性)

**фосфоресци́ровать** -рует [不完] リン光を発する

**фосфори́ческий** [形3] リンのように青白く光る

**фо́сфорноки́слый** [形1] 《化》リン酸塩の, エステル

**фо́тка** 複生 -ток [女2]《話》写真

\***фо́то** (不変) [中] [photo] ①《話》写真 (фотогра́фия) ② 《語形成》① 「写真の」 ② 「光の」

\***фотоальбо́м** [男1] [photograph album] (写真の) アルバム

**фотоаппара́т** [男1] [camera] 写真機, カメラ

**фотоателье́** (不変) [中] 写真館

**фотогени́чный** 短 -чен, -чна [形1] (写真・映画で) 写りがいい, 写真向きの, フォトジェニックな **//-ость** [女10]

\***фото́граф** [男1] [photographer] 写真家, カメラマン

\***фотографи́рование** [中5] 写真撮影

\***фотографи́рова|ть** -рую, -руешь 受過 -анный [不完] / **с-** [完] [photograph] 〈翻〉写真撮影する: *Мо́жно здесь ~?* ここで写真を撮ってもいいですか | *Сфотографи́руйте нас, пожа́луйста.* 私たちを撮って下さい

\***фотографи́роваться** -руюсь, -руешься [不完] / **с-** [完] [be photographed] 写真に撮られる, 撮ってもらう: *Мо́жно с ва́ми сфотографи́роваться?* 一緒に写真を撮ってもいいですか

**фотографи́ческий** [形3] ① 写真の ② 撮影され

た ③写真のような, 写実的な
**фотографи́чный** [形1] = фотографи́ческий③
**фотогра́фи|я** [ファタグラーフィヤ] [女9] [photography] ①写真撮影, 写真術: занима́ться -ией 写真撮影に携わる ②写真: уда́чная ～ うまく撮れた写真 | семе́йная ～ 家族の写真 ③写真スタジオ, 写真館
**фотодокуме́нт** [男1] 記録写真
**фотожа́ба** [女1]《俗》他人の絵や写真をパロディーとして手を加えること; その作品
**фотожурнали́ст** [男1] /~ка 複生 -ток [女2] 報道写真家, フォトジャーナリスト
**фотожурнали́стика** [女2] 報道写真, 報道写真主体の新聞[雑誌]
**фотока́мера** [女1] ①(カメラの)フィルム室 ② = фотоаппара́т
**фотока́рточка** 複生 -чек [女2]《話》(1枚の)写真
**фотокопирова́льный** [形1]: ～ аппара́т 写真複写機
**фотоко́пия** [女9] 写真複写
**фотокорреспонде́нт** [男1] 報道カメラマン
**фотолаборато́рия** [女9] 現像所, 暗室
**фотолюби́тель** [男5] /~ница [女3] アマチュア写真家 //~ский [形3]
**фотомоде́ль** [э] (女10変化) [男・女](商業写真の)モデル
**фотомонта́ж** -á [男4]《美》フォトモンタージュ
**фото́н** [男1]【理】光子, フォトン
**фотонабо́р** [男1] 写真植字機 //~ный [形1]
**фотообъекти́в** [男1](カメラの)レンズ
**фотоохо́та** [女1](望遠レンズでの)野生動物の写真撮影
**фотоохо́тник** [男2] 野生動物写真家
**фотопри́нтер** [э] [男1] フォトプリンタ
**фоторепорта́ж** [男4] フォトルポルタージュ
**фоторепортёр** [男1] 報道カメラマン
**фоторо́бот** [男1]《捜査用》モンタージュ写真合成装置; それで作られた写真
**фоторужьё** 複 -ру́жья, -жей, -жьям [中4] (野生動物などを撮影する)望遠カメラ
**фотоси́нте|з** [э] [男1]【植】光合成 //~ти́ческий [形3]
**фотосни́мок** -мка [男2] 写真
**фотосъёмка** 複生 -мок [女2] 写真撮影
**фототе́ка** [女1] フォトライブラリー
**фототелегра́ф** [男1] ファクシミリ, 写真電送; その装置 //~ный [形1]
**фототи́пия** [女9]【印】写真凸版
**фотоувеличи́тель** [男5] 引き伸ばし機
**фотофи́ниш** [男1]《スポ》写真判定
**фотохими́ческий** [形3]: ～ смог 光化学スモッグ
**фотохро́ника** [女2] 写真ニュース
**фотошо́п** [男1]《商標》フォトショップ, 画像加工編集ソフト
**фотошо́пить** -плю, -пишь 受過 -пленный [不完] / **от~** [完]《話》《⊠》〈写真・画像を〉(フォトショップで)加工[編集]する: Отфотошо́пьте моё фо́то. 私の写真を加工して下さい
**фотоэлеме́нт** [男1]【電】光電池
**фо́фан** [男1]《話》うすのろばか
*фрагме́нт [男1] [fragment]①(文学・芸術作品などの)断片, 断章: (古代の彫刻・建築などの)断片, 破片
**фрагмента́рный** [形1] 断片の, 断章の; 断片的な
**фра́ер** [男1]《俗》やつ, あいつ②《若者》ばか
*фра́з|а [フラーザ] [女1] [sentence, phrase] ①句, フレーズ, 文言: дли́нная ～ 長々しい文言 | Лу́чше избега́ть подо́бных фраз. このような表現は避けた方がよい
②美辞麗句: пусты́е –ы 空々しい美辞麗句 ③【楽】楽句, フレーズ ④ = фра́за ③ = phrase
**фразеологи́зм** [男1]【言】慣用句, イディオム
**фразеоло́гия** [女9] ①慣用句法; 慣用句研究 ②言い回し, 語法 ③ = фра́за② //~и́ческий [形3]
**фразёр** [男1] /~ка 複生 -рок [女2] 美辞麗句を弄する人
**фразёрствовать** -твую, -твуешь [不完] 美辞麗句を弄する //**фразёрство** [中1]
**фрази́р|овать** -рую, -руешь [不完][完]《楽》〈楽句を〉区切って演奏[歌唱]する //~о́вка 複生 -рок [女2]
**фра́зовый** [形1] 句(фра́за) の, 楽句の: -ое ударе́ние 句アクセント
**фрак** [男2] 燕尾服 //**фра́чный** [形1]
*фра́к|ция [女9] [faction] ①《政》(政党内の)分派, 派閥 ②《化》留分, 留出物 //~ио́нный [形1]
**фраму́г|а** [女1] ①〈扉・窓上部の〉明り取り窓 ②(カーテン用の)レール //~жный [形1]
**франк** [男2] フラン(スイスなどの通貨単位) //~овый [形1]
**франкмасо́н** [男1]《文》フリーメーソン
**фра́нко(-)..** 《語形成》「フランス(語)の」
**франкоязы́чный** [形1] フランス語を話す, フランス語話者の
**фра́нкский** [形3]《史》フランク族の, フランク語の
**фра́нт** [男1] /《話》-и́ха [女2] めかし屋, 伊達男
**франти́ть** -нчу́, -нти́шь [不完]《話》めかし込む
**франтова́тый** [形1]《話》気取った, ちょっとダンディな
**франтовско́й** [形4] めかしこんだ, しゃれた
**франтовство́** [中1] おしゃれ
*Фра́нция [女9] [France] フランス(首都はПари́ж)
*францу́з [男1] /францу́женка 複生 -нок [女2] フランス人
**францу́зск|ий** [フランツースキイ] [形3] [French] フランス(人, 語)の: ～ язы́к フランス語 | -ая бу́лка フランスパン | ～ каблу́к フレンチ・ヒール
**франча́йзинг** [男2]《経》フランチャイズ //~овый [形1]
**франши́за** [女1]《経》①フランチャイズ ②(保険の)免責金額
**фра́хт** [男1]《商》①(主に海運貨物の)運賃 ②船荷, 船での運送 //~о́вый [形1]
**фрахтова́тель** [男5]《商》チャーター主, (船の)荷主
**фрахтова́ть** -ту́ю, -ту́ешь 受過 -о́ванный [不完] / **за~** [完]《商》《⊠》〈船などを〉チャーターする //**фрахто́вка**
**фрахто́вщик** [男2]《商》貨物運用業者
**ФРГ** [フェエルゲー, エフエルゲー]《略》Федерати́вная Респу́блика Герма́ния ドイツ連邦共和国
**фрега́т** [男1] ①フリゲート艦 ②【鳥】グンカンドリ //~ный [形1]
**фреза́** 複 фре́зы [女1]①【工】フライス ②(泥炭地などの土地改良用の)耕転機 //**фре́зерный** [形1]
**фрезер|ова́ть** -ру́ю, -ру́ешь 受過 -о́ванный [不完] [完от~] 【工】《⊠》(フライスで)加工する //~о́вка 複生 -вок [女2]
**фрезеро́вщи|к** [男2] /-ца [女3] フライス工
**фрейди́зм** [э] [男1] フロイト主義 //~и́стский [cc] [形3] フロイト主義(者)の
**фрейди́ст** [э] [男1] フロイト主義者
**фрейм** [э] [男1]【IT】フレーム
**френд** [男1]《若者》友人, 友達
**фре́ндить** -нжу, -ндишь [不完] / **за~** [完]《話》【IT】《⊠》(SNSで)友達リストに加える, 承認する
**френдова́ть** -ду́ю, -ду́ешь [不完]《若者》《⊠》と

仲良くする, 友達付き合いをする(дружи́ть)

**френдова́ться** -ду́юсь, -ду́ешься [不完] 《若者》《c圖と》仲良くする: *Френду́юсь со все́ми интере́сными и тво́рческими людьми́.* 私は面白くて創造的な人なら誰とでも親しくしている

**френо́лог** [男2] 骨相学者

**френоло́г|ия** [女9] 骨相学 **‖ -и́ческий** [形3]

**френч** [男4] (4つの大型ポケットの付いた)軍服

**фрео́н|ы** -ов [複]《化》クロロフルオロカーボン, CFC **‖ -овый** [形1]

**фре́ск|а** 複生 -сок [女2]《美》フレスコ画(法) **‖ -овый** [形1]

**фре́тка** -ток [女2]《動》フェレット

**фри** (不変) [形]《料理》揚げた, フライの: *карто́фель* ~ フライドポテト

**фриво́льн|ый** [形1] 軽薄な, 品(ネキ)のよくない **‖ -ость** [女10] 軽薄; 軽薄な言葉(表現)

**фриги́дный** [形1]《医》不感症の, 不感症の

**фриз** [男1]《建》フリーズ, 装飾のある小壁

**фрикаде́л|ька** [э] 複生 -лек [女2]《料理》(ブイヨンで煮た)ミートボール

**фрикасе́** [э] (不変) [中]《料理》フリカッセ(フランス料理の一つ; 鶏肉などの煮込み)

**фрикати́вный** [形1]《音声》摩擦音の

**фрикцио́н** [男1]《機》摩擦クラッチ

**пристайл** [男1]《スポ》フリースタイル

**фритре́дерство** [中1] 自由貿易

**фритю́р** [男1]《料理》揚げ油: *карто́фель во ~е* フライドポテト｜*ку́рица во ~е* 鶏のから揚げ

‡**фронт** [フロント] 複 -ы́ [男1] [front] ①《軍》(敵軍に対して)正面; 前線, 戦線, 第一線(↔後方): *отпра́вка пополне́ния на* ~ 前線への補充部隊派遣｜*находи́ться на* ~е 出征中である ②《軍》横隊《軍》方面軍: *кома́ндующий* ~*ом* 方面軍司令官 ③(集団活動の)方面, 分野: *рабо́та* ~*а* 仕事の範囲 ④(社会勢力の)共同戦線: *еди́ный* ~ *сторо́нников ми́ра* 平和擁護者の統一戦線｜*де́йствовать еди́ным* ~*ом* 統一戦線を作って活動する ⑤《気象》前線: *холо́дный [тёплый] (атмосфе́рный)* ~ 寒冷[温暖]前線 ⑥(物の)正面, 前面 ◆**на два** ~**а** 二方向へ, 二方面へ｜*перемени́ть* ~ 方針を変える

**фронта́льный** [形1] ①正面からの, 正面を向いた ②一斉の: *-ая прове́рка* 一斉検査

**фронтиспи́с** [男1] ①《建》建物の正面 ②(書物の)扉絵

**фронтме́н** [男1]《若者》ロックグループのリーダー(通例ボーカル)

**фронтови́|к** -а́ [男2] **-чка** 複生 -чек [女2] ① 出征軍人 ②出征軍人の妻

**фронтово́й** [形2] ①前線の; 戦地用の; 方面軍の ②(物の)正面の, 前面の

**фронто́н** [男1]《建》ペディメント(建物正面上部の三角形の飾り壁) **‖ -ный** [形1]

**ФРС** [エフエルエース] (略) Федера́льная резе́рвная систе́ма (米) 連邦準備制度理事会, FRB

‡**фрукт** [フルークト] [男1] [fruit] ①(通例複)果実, 果物: *све́жие* ~*ы* 新鮮な果物｜*сушёные* ~*ы* ドライフルーツ ②《俗》嫌なやつ

*фрукто́вый [形1] [fruit] 果実の, 果物の: ~ *сад* 果樹園

**фрукто́за** [女1]《化》果糖

**фря** (女5変化) [男・女]《俗・蔑》お偉いさん

**ФСБ** [フェズベー] (略) Федера́льная слу́жба безопа́сности ロシア連邦保安庁

**ФСИН** [フシーン] (略) Федера́льная слу́жба исполне́ния наказа́ний 連邦刑執行庁

**ФСКН** [フェエスカエーヌ] (略) Федера́льная слу́жба Росси́йской Федера́ции по контро́лю за оборо́том нарко́тиков 連邦麻薬流通監督庁

**ФСО** [フェエスオー] (略) Федера́льная слу́жба охра́ны 連邦警護庁

**фтизиа́тр** [男1] 結核専門医

**фтизиатр|и́я** [女9] 結核病学 **‖ -и́ческий** [形3]

**фто́пку** [副]《ネット・俗》どけ!; うせろ!

**фто́р** [男1]《化》フッ素(記号 F) **‖ -истый** [形1]

**фтори́д** [男1] フッ化物

**фтори́рование** [中5]《医》フッ素添加

**ФТС** [エフテエース] (略) Федера́льная тамо́женная слу́жба 連邦税関庁

**фу** [間]《話・俗・悔しさ・軽蔑》ちぇっ, まあ: *Фу,* надое́л! 全くうんざりだ ◆**фу-ты(, ну-ты)** [話]《驚き・悔しさ・苛立ちいやはや・驚く》: *Фу-ты* како́й ва́жный! いやはや, なんて偉そうな態度だ!

**фу́г|а** [女2]《楽》フーガ, 遁走曲 **‖ -овый** [形1]

**фуга́нок** -нка [男2] (仕上げ用の)長かんな

**фуга́с** [男1]《軍》地雷, 機雷

**фуга́ска** 複生 -сок [女2]《話》フガス投下爆弾, フガス砲弾

**фуга́сн|ый** [形1] ①< *фуга́с* (爆発の際の)ガスの力で作動する: *-ая авиабо́мба* フガス投下爆弾

**фугова́ть** -гу́ю, -гу́ешь 受過 -о́ванный [不完] 〔完〕 ①仕上げ用の長鉋(фуга́нок)で削る 〔完 с~〕 (接合のため)平らに仕上げる **‖ -о́вка** [女2]

**фугу́** (不変) [中] ①フグ料理 ② [女]《魚》フグ(соба́ка-рыба)

**фуже́р** [男1] (シャンパンなどの発泡性飲料用の)大型グラス **‖ -ный** [形1]

**фу́кать** -аю, -аешь 命 -ай [不完] / **фу́кнуть** -ну, -нешь 命 -ни [完]《話》① 〔на/на кого́〕…に息を吹きかける; …を吹き消す; 吹き払う: ~ *свечу́* ロウソクの炎を吹き消す ②《圍》(チェッカーで)反則した駒を取る

**фукси́н** [男1]《化》フクシン, マゼンタ

**фу́ксия** [女1]《植》フクシア(アカバナ科の観賞植物)

**фуля́р** [男1] フラール(柔らかくて軽い薄絹)

**фумига́тор** [男1] 燻蒸消毒装置[器]

*фунда́мент [男1] [foundation, base] ①《建》(建物・機械などの)土台, 基礎: *бето́нный* ~ コンクリートの土台｜*заложи́ть* ~ 土台をすえる, 基礎を置く ②《文》基礎, 基盤, 根拠: ~ *зна́ний* 知識の基盤｜*нау́чный* ~ 科学的根拠 **‖ -ный** [形1]

**фундаментали́зм** [男1]《教》原理主義

**фундаментали́ст** [男1] 原理主義者

*фундамента́льный 短 -лен, -льна [形1] [solid, sound] ①頑丈な, がっしりした: *-ое по́ле зда́ние* 頑丈な建物 ②根本的な, 深く掘り下げた: *-ое иссле́дование* しっかりした研究 ③(長尾)主要な, 基本的の: *-ая библиоте́ка* 中央図書館 **‖ -ость** [女10] <①>

**фунду́к** -а́ [男2]《植》《集合的》セイヨウハシバミ; その実, ヘーゼルナッツ

**фуникулёр** [男1] ケーブルカー, 登山電車

**функциона́льно-семанти́ческ|ий** [形3] 〔言〕機能・意味的な: *-ое по́ле* 機能・意味的場

*функциона́льный [形1] [functional] ①機能[作用]の; 機能面の: *-ое расстро́йство серде́чной де́ятельности* 心臓機能障害｜*-ая кла́виша* [コン] ファンクションキー, 機能キー ②〔言〕機能主義の: *-ая грамма́тика* 機能文法｜*-ая лингви́стика* 機能主義言語学｜~ *стиль* 機能文体 **‖ -ость** [女10]

*функциони́рование [中5] [function] 機能, 作動

*функциони́ровать -рую, -руешь [不完] [function] 機能する, 作動する, 働く

‡**фу́нкция** [フーンクツィヤ] [女9] ① [function] 機能: ~ *обще́ственного бытия́* 社会生活の機能 ②

〖数〗関数: лине́йная ～ 1次関数 ③〖生〗機能,作用: ～ желёз分泌腺の機能 ④役割,機能: ～ роди́тельного падежа́ 生格の用法‖職務: служе́бные ～и職務上の義務 | Э́то не вхо́дит в мои́ ～и. これは私の権限外だ ⑥〖言〗機能

**фу́нт** [男1] ①ポンド(英国などの通貨単位) ②ポンド(英米の重量単位; 約453.6グラム) ③フント(ロシアの旧重量単位; 約409.5グラム, 96 золотнико́в に相当) ◆поня́ть [узна́ть] почём ～ ли́ха つらい[不幸な]目に遭う ⑤〖言〗形1

**фу́нтик** [男2] ①〈指小〉< фунт③ ②《話》じょうご型に巻いた紙袋(飴, ヒマワリの種などを販売する際に使用)

**фу́ра** [女1] 大型トラック

**фура́ж** -а́ [男4] (家畜・家禽用の)飼料, まぐさ, かいば ‖ ～ный [形1]

**фура́жка** 複生 -жек [女2] (制帽などつばのある)帽子: фо́рменная ～ 制帽 | офице́рская ～ 士官帽

**фурго́н** [男1] 有蓋トラック, バン; 有蓋馬車

**фу́рия** [女9] 《話》怒り狂う女, がみがみ言う女

**фурниту́р|а** [女1] (衣料・靴・機械などの実用)付属品, 補助材料: галантере́йная ～ 衣料仕立て用の小物(ボタン, ホックなど) ‖ ～ный [形1]

**фуро́р** [男1] 大評判, センセション

**фуру́нкул** [男1] 〖医〗フルンケル(皮下組織が化膿する炎症)

**фурункулёз** [男1] 〖医〗フルンケル(多)発症 ‖ ～ный [形1]

**фурше́т** [男1] (ビュッフェ式)立食パーティー

**фут** [男1] フィート(英米の長さの単位; 約30.48センチメートル; ロシアでもかつて使われた) ◆семь ～ов под ки́лем 《成功を祈って》がんばって!

*футбо́л [フグドボール] [男1] [soccer, football] サッカー: игра́ть в ～ サッカーをする

*футболи́ст [男1] / ～ка 複生 -ток [女2] [soccer player] サッカー選手

**футбо́лить** -лю, -лишь [不完] 《俗》〈嘲〉押しつける, たらい回しにする

**футбо́лка** 複生 -лок [女2] スポーツシャツ, Tシャツ

*футбо́льный [形1] [soccer] サッカーの: ～ ма́тч = -ое состяза́ние サッカーの試合 | -ая кома́нда サッカーチーム | -ая площа́дка = -ое по́ле サッカー競技場

**футеро́вка** [э] [女2] 〖機〗ライニング, 裏張り

*футля́р [э] [男1] [case] ケース, 入れ物, さや: ～ для очко́в 眼鏡ケース ◆челове́к в ～е 自分の平穏無事だけを望み, 一切の変化を恐れる人(←「箱に入った男」チェーホフの短篇) ‖ ～чик [男2] 〈指小〉 ‖ ～ный [形1]

**фу́товый** [形1] 1フィートの

**футури́зм** [男1] 〖美〗未来派(20世紀初頭の芸術流派); 〖文学〗未来主義

**футури́ст** [男1] 未来主義者, 未来派芸術家[詩人] ‖ ～и́ческий [形3] 未来主義(者)の

**футуро́лог** [男1] 未来学者

**футуроло́г|ия** [女9] 未来学 ‖ ～и́ческий [形1]

**фуфа́йка** -а́ек [女2] ①《俗》(綿を入れた刺し子の)上衣, ジャケット ②厚手のシャツ(下着); セーター

**фуфло́** [中1] 《俗》《蔑》①くず, ごみ ②見え透いた嘘 ③ばか物, 無能な人, 不誠実な人 ◆прогна́ть ～ (кому́-л.) 《俗》〈俗〉…をだます, うそをつく, …にばかな話ばかりする ②約束を守らない

**фуфло́вый** [形1] 《若者》最悪の, 粗悪な

**фуфлы́жник** [男2] 《俗》《蔑》嘘つき, 約束破り

**фуфлы́жный** [形1] 《俗》悪い, 忌まわしい

**фуэте́** [э] (不変)[中] 〖バレエ〗フェッテ

**ФЦП** [フェッツェペー] [略] федера́льная целева́я програ́мма 連邦重点計画

**фы́ркать** [不完] / **фы́ркнуть** -ну, -нешь 今-ни [完] ①(馬が)鼻息をたてる ②《話》(鼻先で)ふふんと笑う ③《話》不平を言う, ぶつぶつ言う

**фырча́ть** -чу́, -чи́шь [不完] 《俗》= фы́ркать①③

**фьорд** [ё] [男1] 〖地〗フィヨルド, 峡湾

**фьюить** [間] ①〖擬音〗ピューッ, ピーッ(ホイッスル, 口笛の音) ②ぱっと消える[なくなる]

**фью́черс** [男1] 〖商〗先物取引: бли́жний ～ 期近(ボが)物 | да́льний ～ 期先(ボが)物 ‖ ～ный [形1]

**фэн** [男1] / ～ша [女4] 《若者》(ロック・スポーツなどの)ファン(фан)

**фэ́нтези** [э] (不変)[男] 〖文学〗ファンタジー(文学ジャンル)

**фэн-шу́й** (不変)[男]/[中] 風水

**фюзеля́ж** [男4] 〖航空〗(飛行機の)胴体, 機体 ‖ ～ный [形1]

# X x

**Ха́** [間] 《不満・不同意》へえ, はあ

**Ха́** (不変)[男] 《俗》ハバ(Хаба́ровск の俗称)

**хаба́р** [男1] 《俗》賄賂 (хаба́ра)

**хаба́ра** [女1] 《俗》①分け前, 取り分 ②盗品 ③賄賂 ④《若者》収入 ⑤《また Х～》= Ха́

**хаба́рник** [男2] 《俗》収賄者

**Хаба́ровск** [男2] ハバロフスク(同名地方の首府) ‖ **хаба́ровский** [形3]: X～ край ハバロフスク地方(首府 Хаба́ровск; 極東連邦管区)

**хабитуа́лис** [男1] 〖言〗習慣相

**Хабома́и** [男2] 《複》[地] 歯舞群島(Пло́ские острова́; 日本式表記は Хабомаи)

**хабэ́** (不変)[中]/[女] = хэбэ́

**ха́вать** [不完] / с～ [完] 《若者・俗》〈嘲〉①食う ②〈苦痛なことに〉耐える ③受け入れる

**ха́вка** [女2] 《俗・戯》①口 ②《隠》食い物

**хавро́нья** 複生 -ий [女8] 《俗・戯》豚(свинья́)

**ха́вчик** [男2] 《若者・俗》食い物, 軽食

**ха́дж** [男4] 〖イスラム〗聖地巡礼

**ха́за** [女1] 《隠》①泥棒の巣窟 ②《若者》部屋, マンション[アパート]の一室

**ха́живать** (現なし)[不完][多回]《話》= ходи́ть

**хай** [間] 《若者》やあ

**хайве́й** [э] [男1] [96] 高速道路, ハイウェー

**хайло́** 複 ха́йла [中1] 《俗》喉, 口

**ха́йр** -а́ [男1] 《若者》髪, ヘア

**хайфа́й** [男6] 《若者》高品質のオーディオ機器

**ха́к** [男1] 〖IT〗(サイト・プログラムなどへの)不正侵入[アクセス], ハッキング

**хака́с** [男1] / ～ка 複生 -сок [女2] ハカス人(中部シベリアのチュルク系民族)

**Хака́сия** [女9] ハカス共和国 (Респу́блика ～; 首都は Абака́н; シベリア連邦管区)

**хака́сский** [形3] ハカス(人)の

**ха́кать** [不完] / 〈хакнуть〉[完] 〖IT〗〈嘲〉ハッキングする: 〈システムを〉破壊する

*ха́кер [男1] [hacker] 〖コン〗①(システムへの)不正侵入者, ハッカー ②高度な技術を持つプログラマー ‖ ～ский [形3]

**ха́ки** (不変)[形]①カーキ色の ②[中] カーキ色の布地, カーキ色の服(特に軍服)

**ха́ла** [女1] (ねじった形の)白パン

*хала́т [ハラート] [男1] [gown, bathrobe] 長い上衣; ガウン, 白衣: дома́шний ～ 室内用ガウン | больни́чный ～ 病院用白衣 | купа́льный [ба́нный] ～ バスローブ, 浴室着 ‖ ～ик [男2] 〈指小〉

**хала́тик** [男2] [指小]

**хала́тн|ый** 短 -тен, -тна [形1] ①< хала́т ②《話》

ぞんざいな、いい加減な態度: -ое отношéние к дéлу 仕事
へのいい加減な態度 // **-ость** [女10] 職務怠慢

**халв|á** [女1] 【料理】ハルヴァ(砕いたクルミ、ヒマワリの種
をカラメルと混ぜ固めた菓子) // **-о́вый** [形1]

**хали́ф** [男1]〈史〉カリフ(封建イスラム世界の支配者の
称号) ◆~ **на чáс** 〈文〉3日天下(の支配者) //
**~ский** [形3]

**халту́ра** [女1]〈話〉①いい加減な仕事、やっつけ仕
事; それにより出来上がった品物[作品] ②副業、片手間
の仕事 ③〈隠〉葬式

**халту́рить** -рю, -ришь [不完] / с~ [完]〈話〉①や
っつけ仕事をする ②副業をする

**халту́рный** 短 -рен, -рна [形1]〈話〉①やっつけ仕
事の、いい加減な ②副業の: ~ зáрaботок 副業で得た
収入

**халту́рщи|к** [男2] / **-ца** [女3]〈話〉やっつけ仕事を
する人

**халу́па** [女1]《昔》みすぼらしい家、あばら屋(元はウクライ
ナ・ベラルーシの貧しい農民の住居を指す)

**Ха́лхин-Го́л** [不変]-[男1] ハルハ河(モンゴル語; 中
国語名は哈勒欣河): Бой на ~е / Номонハン事件(1939)

**халцедо́н** [男1] 〖鉱〗玉髄 // **-о́вый** [形1]

**халя́в|а** [女1]〈若者〉①無料 ②〈隠〉無責任
♦**на -у**〈俗〉ただで、無料で | **на -у и у́ксус слáд-
кий** ただでもらえるなんてうれしいなぁ(←無料なら苦さも
甘い) // **-ный** [形1]

**халя́вно** [副]〈若者〉ただで、無料で

**халя́вщи|к** [男2] / **-ца** [女3]〈隠〉怠け者

**халя́вный** [形1]〈若者〉①簡単に手に入る ②〈蔑〉
質の悪い

**халя́ль** (不変)[中] ハラール(イスラムの戒律に従って
処理された食べ物): мя́со ~ ハラールの肉 // **-ный**
[形1]

**хам** [男1] / **~ка** 複生 -мок [女2]〈俗〉粗野で恥知らず
な人

**Хам** [男1]〈聖〉(旧約聖書で)ハム(ノアの次男)

**ХАМА́С** (不変)[男1] ハマス(パレスチナのイスラム
原理主義組織)

**хамелео́н** [男1] 〖動〗カメレオン ②無節操に態度
や考えを変える人 // **-овый** [形1]<①、**~ский**
[形3]<②

**хаме́ть** [不完] / **о~** [完]〈俗〉恥知らずな振る舞いを
するようになる、下劣になる

**хами́ть** -млю́, -ми́шь [不完]〈俗〉恥知らずな振る舞い
をする

**хамло́** (中1変化)[男・女]〈俗・罵〉恥知らず(хáм/хáм-
ка)

**хамова́т|ый** 短 -а́т [形1]〈話〉下劣な、恥知らずな
// **-ость** [女10]

**хамса́** [女1]〖魚〗アンチョビー(カタクチイワシ科)の一
種 // **-о́вый** [形1]

**ха́мский** [形3]〈話〉下劣な、恥知らずな

**ха́мство** [中1]〈話〉下劣な、恥知らずな振る舞い

*хáн** [男1] (khan) 汗(${}^{\text{ハン}}$)、ハン(チュルク・モンゴル系民族
の君主に与えられた称号) // **~ский** [形3]

**ханá** (不変) [女] 〈述語〉〈俗〉おしまいだ、もう駄目だ

**хандрá** [女1] 憂鬱、気ふさぎ

**хандри́ть** -рю́, -ри́шь [不完] 憂鬱である、気がふさぐ

**ханжá** 複生 -же́й (女4変化)[男・女] 偽善者

**ха́нжеский** [形3], **ха́нжеский** [形4] 偽善的な

**ха́нжество**, **ха́нжество** [中1] 偽善、偽善的な
振る舞い

**ханжи́ть** -жу́, -жи́шь [不完] 偽善的に振る舞う

**Хано́й** [男6] ハノイ(ベトナムの首都)

**хáнство** [中1] 汗(${}^{\text{ハン}}$)国

**хáнты** (不変) [女・男] ハント [男1] (通例複) ハンティ
(西シベリアのフィン・ウゴル系民族) // **ханты́йский**

[形3]

**Ха́нты-Манси́йск** [男2] ハンティ・マンシースク(ハ
ンティ・マンシ自治管区の行政中心地) // **Ха́нты-
Манси́йский** [形3]: ~ автоно́мный о́круг ハ
ンティ・マンシ自治管区(別名 **Югра́**; ウラル連邦管区)

**Ха́нука** [女2]〈宗〉ハヌカー(ユダヤ教の祭の一つ)

*хáос** [男1] (chaos) ①〖ギ神〗カオス、(天地創造以前
の)混沌 ②《また книжн》無秩序、混乱、乱雑: В ко́мна-
те ~、部屋の中はとても乱雑だ

**хаоти́ческий** [形3] 無秩序な、混乱した、乱雑な

**хаоти́чн|ый** 短 -чен, -чна [形1] = **хаоти́ческий**
// **-ость** [女10]

**хáп** [男1]〈話〉**хáпать/хáпнуть** の過去形の代用:
Соба́ка ~ его́ за но́гу. 犬が彼の足に噛みついた

**хáпать** [不完] / **хáпнуть** -ну, -нешь 命 -ни 受通
-тый [完] [一回] <〖圏〗〈俗〉①〔素早く〕つかむ、食いつく
②盗む、ちょろまかす、賄賂を取る

**хапу́га** (女2変化)[男・女]〈俗〉泥棒、かっぱらい、収賄
者

**хараки́ри** (不変)[中](日本の)切腹: сде́лать себе́
~ 切腹する

**хара́ктер** [ハラークチル] [男1] (kharakter, personality)
①(人間の)性格、気質; ある性格を有する人: си́льный
~ 強い性格 | сми́рный ~ おとなしい性格 | У них
соверше́нно противополо́жные -ы. 2人は全く正
反対の性格だ | не сойти́сь ~ами с ке́м ... と性格が合
わない ②強い意志、根性: де́вушка с ~ом 負けん気の
強い娘 | челове́к без -а 意志の弱い人間 ③〖文学・
劇〗典型的な性格 ④(事物の性格、性質、特質、特徴: бе-
се́да делово́го -а 実務的な性質の会議 | ~ ме́ст-
ности 地方の気質、土地柄 | боле́знь хрони́ческо-
го -а 慢性病

*характеризовáть** -зу́ю, -зу́ешь 受通 -ованный
[不完・完] (charakterize) <〖圏〗 [完また **о~**] ①特徴づけ
る、評価する: ~ его́, как де́льного рабо́тника 彼を
腕の立つ職員として評価する ②(事・物が)...の特徴を示
す: Его́ *характеризу́ет* доброта́. 彼は優しい人だ

*характеризова́ться** -зу́юсь, -зу́ешься [不完]
①〈чем〉の特徴をもつ: Степны́е райо́ны *характеризу́-
ются* сухи́м кли́матом. ステップ地方は乾燥した気候
を特徴とする ②〖不完〗〖受身〗 < **характеризова́ть**

*характери́стик|а** [ハラクチェーリスチカ] [女3] (descrip-
tion, reference) ①特徴づけ、性格描写、評価: дать
блестя́щую -у учени́ку 生徒に素晴しい評価を与える
| ~ эпо́хи 時代評、考察書、人物調書:
~ с ме́ста рабо́ты 職場からの性格上の人物調書

**хара́ктерный** [形1]〈話〉頑固な、個性の強い: ~
актёр 個性派俳優

*характе́рн|ый** [ハラクチェールヌイ] 短 -рен, -рна [形1]
(characteristic) ①特徴的な、際立った、独特の: ~
костю́м 独特の服装 | -ое лицо́ 特徴的な顔立ち ②
特有の、固有の、特徴的な: ~ для се́вера кли́мат 北
部特有の気候 | Э́то для него́ -о. それは彼らしい性格
だ ③ 〖長尾〗(舞踊から)民族[時代]に固有の: -ые тáн-
цы 民族舞踊 ④〖長尾〗典型的な性格を表現した // **-о**
[副] **-ость** [女10]

**харассме́нт** [男1](上司による)セクハラ; パワハラ

**Хари́бда** [女1]〖ギ神〗カリュプディス

**Харби́н** -а/-á [男1] ハルビン(哈爾浜; 中国東北部の都
市)

**хард** [男1] ①〖IT〗ハードディスク、HDD (**ви́нт**, **вин-
че́стер**) ②〖楽〗ハードロック

**хари́зма** [女1] カリスマ // **-ти́ческий** [形3]

**хáриус** [男1]《複》〖魚〗カワヒメマス属

**хáркать** [不完] / **хáркнуть** -ну, -нешь 命 -ни
[完] [一回] <〖圏〗/無接語》〈話〉〈唾・痰・血〉を吐く
// **хáрканье** [中4]

**Ха́рмс** [男1] ハルムス(Дании́л Ива́нович ~; 1905-42; 詩人, 散文作家, 劇作家). 本姓 Ювачёв).
**ха́ртия** [女9] ①古代の写本; それが書かれている素材 (パピルス, 羊皮紙など) ②憲章: Олимпи́йская ~ オリンピック憲章
**харчева́ться** -чу́юсь, -чу́ешься [不完] 〔若者〕食う
**харч|и́** -е́й [複]〔単 **харч** -а́[男4]〕〔単複同義〕食い物, 食料, 食事: на свои́х ~а́х 食費自前で, 手弁当で
**харчо́** (不変)[中]〔料理〕ハルチョー(羊肉と香辛料を使ったカフカス地方のスープ)
**Ха́рьков** [男1] ハリコフ, ハルキウ(ウクライナの都市) // **ха́рьковский** [形3]
**харо́** (不変)[無人述]〔俗〕十分だ, もう結構
**ха́ря** [女5]〔俗〕顔, 面〔名〕
**Хаса́н** [男1] ハサン湖 // **хаса́нск|ий** [形3]: *Х-ие бои* 張鼓峰事件(1938年)
**хаски́** (不変)[無人]ハスキー(犬種)
**ха́та** [女1] ①(ウクライナ・ベラルーシ・南ロシアの)農民の住居, 百姓家 ②〔若者〕仲間内で集まる部屋 ◆ *моя́ ~ с кра́ю* それは私には関係ない, 私の知ったことではない // **ха́тка** 複生-ток [女2]〔指小〕
**ха́уз** [男1]〔若者〕家
**ха-ха́, ха-ха́-ха́** [間]〔擬音〕ハハ, ハハハ(笑い声の)
**ха́халь** [男5]〔俗〕女性に言い寄る男, 女たらし, 情夫
**ха́ханьки** →хи́ханьки
**Хачатуря́н** [男1] ハチャトゥリアン(Ара́м Ильи́ч ~, 1903-78; アルメニア出身の作曲家)
**ха́ять** ха́ю, ха́ешь 受過 -янный [不完] / **о~** [完]〔俗〕〔何〕のののしる, けなす
**х/б** [ヘベー][略]хлопчатобума́жный
**хвала́** [女1]〔雅〕称賛, 賛美: *X~ и честь геро́ю!* 英雄に栄光と名誉あれ!
**хвале́бный** [形1] 称賛の, 賛美の
**хвале́ние** [中5] ほめること, 称賛
**хвалёный** [形1]〔皮肉〕ほめすぎの, 評判先行の
*****хвали́ть** -алю́, -а́лишь 受過 -а́ленный [不完] / **по~** [完]〔praise〕ほめる, 讃える: ~ ученика́ за приле́жание 生徒を勤勉だとほめる | *Хвалю́ тебя́ за открове́нность.* お前の率直さは立派だ
**хвали́ться** -алю́сь, -а́лишься [不完] / **по~** [完] ①〈誰〉〈何〉を自慢する, ひけらかす: ~ свои́ми зна́ниями 自分の知識をひけらかす ②(不変)〔受身〕→хвали́ть
**хва́стать** [不完] / **по~** [完], **хвастну́ть** [сн] [完] [一回]〔話〕=хва́статься/похва́статься
*****хва́статься** [不完] / **по~** [完]〔boast〕〈何〉を自慢する, ひけらかす: ~ успе́хами 成功をひけらかす ②〔話〕〔不定形で〕〜つ節 とる, 安請け合いをする, 豪語する: *Он хва́стается, что любо́го побо́рет.* 彼はどんなやつでも打ち負かすと豪語している
**хвастли́в|ый** [стп/сл][形1] ①自慢好きの, 自慢ばかりの ②自慢げな, 高慢な // **-ость** [女10]
**хвасто́вство** [中5] 自慢, 自画自賛
**хвасту́н** -а́ [男1] / **-ья** 複生-ий [女8]〔話〕自慢屋, 自慢好き // **-и́шка** 複生-шек (女2変化)[男・女]〔指小〕
**хват** [男1]〔話〕元気で威勢のいい男
**хвата́ние** [中5] < хвата́ть¹①②④
**хвата́тельный** [形1]〔動物が〕つかむための, 捕捉用の
*****хвата́ть**¹ [フヴァターチ] [不完] / **схвати́ть** [スフヴァチーチ] -ачу́, -а́тишь, ..-а́тят 命-ти́ 受過 -а́ченный [完]〔snatch, seize〕〈誰〉①[完は **хвати́ть**¹ -ачу́, -а́тишь] 素早く つかむ, 捕える, 押さえる: ~ его́ за ру́ку 彼の腕をつかむ | ~ ртом во́здух 口をぱくぱくさせて息をする | ~ па́стью (動物が)口でくわえる, 噛みつく | ~ клю́вом (鳥が)くちばしでついばむ ②〔俗〕捕まえる: ~ во́ра 泥棒を捕まえる ③〔俗〕うまくせしめる ④〔話〕(見境なく)取る, 買う: ~ что попа́ло 手当り次第に取る ⑤〈心〉を捉える, 動かす: *Ру́сская пе́сня хвата́ет за́ ду́шу.* ロシアの歌は心をとりこにする ⑥〔無人称〕届く, 達する: *насколько хвата́ет глаз* 目の届く限り, 見渡す限り | *Здесь не хвата́ет со́лнца.* ここは日が当らない

*****хвата́ть**² [フヴァターチ] [不完] / **хвати́ть**² -а́тит [完]〔suffice, be enough〕〔無人称〕〈匣〉①十分である, 足りる: *У меня́ [мне] хвата́ет де́нег.* 私はお金が十分にある, 資質がある: *Его́ не хвата́ет на э́то де́ло.* 彼にはこの仕事は無理だろう →*хвати́т* 〔話〕〜はもうたくさんだ, やめてほしい(★ 不必要に準じるので〔不定形は不完了体〕: *Хва́тит спо́рить!* 議論はもうたくさんだ! | *Этого ещё не хвата́ло!* なんてこと, あろうことか! | *На сего́дня хва́тит.* きょうはここまでにしましょう

*****хвата́ться** [不完] / **схвати́ться** -ачу́сь, -а́тишься [完]〔snatch, catch〕〈за誰〉①[完は **хвати́ться**]...をつかむ, 捕まえる ②〈匣〉に飛びつく, 手を出す, 急いで取りかかる: ~ за всё 何にでも手を出す
**хвати́ть**¹,² →хвата́ть¹,²
*****хвати́ть**³ -ачу́, -а́тишь 受過 -а́ченный [完] ①〔俗〕〔匣/無〕急いで飲む, たくさん飲む; たくさん煙を吸い込む: ~ стака́нчик グラスを一気に飲み干す ②〔話〕〈匣〉〈苦難を〉体験する: ~ стра́ху 恐怖を味わう | ~ горя́чего до слёз 辛酸をなめる ③〔俗〕〈誰〉に危害を加える; ...を冒す, 襲う: *Старика́ хвати́л парали́ч.* 老人は麻痺してしまった ④〔俗〕〔俗〕ぶん殴る: 〈匣 о 匣〉にぶつける: ~ его́ по плечу́ 彼の肩を殴る | ~ сту́лом о́б пол 椅子を床に叩きつける ⑤〔俗〕度外れのことをしでかす, やりすぎる: 言いすぎる: *Ну, э́то ты хвати́л.* お前, それはやりすぎだ[言い過ぎだ] ⑥〔俗〕突然騒々しく始める; 駆け出す: ~ пля́совую 突然踊りの音楽を始める | ~ песню いきなり歌いだす ⑦〔話〕〔無人称で〕〈匣〉(自然現象などが)急に起きる: *Моро́з хвати́л посе́вы.* 種を蒔いたところを寒波が襲った | *Хвати́ло дождём.* 雨がいっきり降り出した

**хвати́ться** -ачу́сь, -а́тишься [完]〔話〕①〈匣〉(探し始めて)ないのに気がつく: ~ ключа́ 鍵がないことに気づく ②〔忘れていたことを〕急に思い出す: во́время ~ ちょうど良い時に思い出す → хвата́ться
**хва́тка** 複生-ток [女2] ①つかみ方, 捕え方, やり方 ②(行動・仕事の)巧みさ, 手際の良さ
**хва́тк|ий** 短 -ток, -тка́/-тка, -тко [形3]〔話〕①うまくつかむ[捕まえる]ことができる ②すぐに理解する, 飲み込みが早い // **-ость** [女10]
**хвати́ть** [間]〔述語的〕〔話〕①食いついた, 殴った ②(ないことに)急に気づいた; (忘れていたことを)急に思い出した
**хвойи́нка** 複生-нок [女2]〔植〕マオウ属 ■ ~ **двухколоско́вая** (植)フタマタマオウ(南ロシアと西シベリアに植生)
*****хво́йн|ый** [形1]〔needle〕〔植〕針葉(樹)の, 針葉樹の針葉を有する(↔ли́ственный): ~ лес 針葉樹林
**хвора́ть** [不完]〔話〕病気をする, 患う(боле́ть¹)
**хворо́ба** [女1]〔俗〕病気
**хво́рост** [男1]〔集合〕①枯れ枝 ②(手綱型などの)甘いカリカリ揚げ菓子 // **-ный** [形2]
**хворости́н|а** [女1] 長い枯れ枝 // **-ка** 複生-нок [女2]〔指小〕 // **-ный** [形1]
**Хворосто́вский** (形3変化) [男] フヴォロストフスキー (Дми́трий Алекса́ндрович ~, 1962-; バリトン歌手; ロシア人民芸術家; ホロストフスキーとも)
**хво́рый** 短-о́р, -ора́/-о́ра, -о́ро [形1]〔俗〕病気の, 病弱な

**хво́рь, хво́рость** [女10]《俗》病気

**\*хвост** -á [男1]〚tail, line〛①尾, しっぽ; 尾びれ: ко́нский ~ 馬のしっぽ | ры́бий ~ 魚の尾びれ ②(飛行機などの)尾部: ~ раке́ты ロケットの尾部 ③(衣服の)末端, 裾: ~ ю́бки スカートの裾 ④(運動・飛行するものの)後尾で;それが残す帯状の煙: ~ по́езда 列車の後尾 | ~ коме́ты 彗星の尾 | ~ пы́ли за маши́ной 車の後に続く砂ぼこり ⑤(長いものの)末端, 先: ~ реди́ски ハツカダイコンの先っぽ(根の下の部分) | ~ о́череди 行列の最後尾 ⑥(ゴシック建築などの)怪物像 ⑥(人の)列, 行列: ~ за биле́тами 切符を求める行列 ⑦(通例複)〚鉱〛残留物, 屑 ⑧《話・学生》やり残し, 試験期間に受験［合格］しなかった科目: сдава́ть [расчеса́ть] ~ 追試を受ける ⑨《俗》尾行
◆быть [плести́сь], в ~é [男] 尾をとる, 最後尾になる | быть [висе́ть] на ~ý 田 …のすぐ後ろにつく, 追いつきそうになる | (и) в ~ и в гри́ву 《俗》激しくののしる, 責め立てる | верте́ть ~о́м, говоря́ пря́мо. ごまかさないではっきりと言え (2)(女性が)軽率に振る舞う | вожжа́ [шлея́] под ~ попа́ла 精神的に不安定になり不可解な振る舞いをする | держа́ть ~ трубо́й [пистоле́том, морко́вкой, за́мком] 《俗》意気揚々とする, 怖じけない | держа́ть за ~ 國《俗》…を行かせない, 逃げ出せないようにする | задра́ть ~ 《俗》横柄に振る舞う | наступи́ть на ~ (а)《俗》(1)…の尾を踏みつける (2)…を追いかける (3)…を侮辱する | накры́ться ~о́м 《俗》(1)関わりにならないように避ける, 逃げる (2)〚劇〛責任を免れる | подЖа́ть ~ 《話》自信をなくす, 尻尾を巻く | показа́ть ~ 《俗》退散する, 逃げる | прижа́ть ~ 國 《俗》…を服従させる | псу [соба́ке, кобелю́] под ~ 《俗》(1)無益に (2)くらくらだ, どうでもいい | схвати́ть за ~ (1)努力して手に入れる: схвати́ть сла́ву за ~ うまく栄誉を手にする (2)思いつく, ひらめく: схвати́ть иде́ю за ~ いい考えが浮かぶ | ходи́ть ~о́м за 國 《話》しつこく付きまとって…をうんざりさせる

**хвоста́тый** [形1] ①尾の長い ②《学生・戯》不合格の科目が残っている, 追試がある

**хво́стик** [男2] (指小)〈хвост: ма́мин ~ 母親から離れない幼児(ママのしっぽ) ②先端, 突出した部分 ◆с ~ом 《話》(通例年齢で)余り, 余分: Ему́ со́рок с ~ом. 彼は40をちょっと超えたところだ

**хвости́ще** (中2変化)[男]〈指大〉 〈хвост

**хвостов|о́й** [形1] ①尾の, しっぽの ②尾部の, 後部の: ~ое опере́ние 〚航空〛尾翼

**хво́щ** -á [男4] 〚植〛トクサ //-о́вый [形1]

**хво́я** [女5] ①針葉樹の葉 ②〈集合〉針葉樹の枝

**хе́ви-мета́л** [э; э] [不変]-[男1] 〚楽〛ヘビーメタル (тяжёлый металл)

**хедж-фо́нд** [不変]-[男1] 〚証券〛ヘッジファンド

**Хезболла́х** [不変]-[男1], **Хезболла́** [女1] ヒズボラ(イスラム教シーア派組織)

**хе́к** [男2] 〚魚〛メルルーサ

**Хе́льсинки** [不変]-[男1] ヘルシンキ(フィンランドの首都) // **хе́льсинкский** [нкс/нс] [形3]

**хе́ппи-э́нд** [э] [不変]-[男1] = хэ́ппи-э́нд

**хе́рес** -a/-у [男1] シェリー酒 // **-ный** [形1]

**Херсо́н** [不変] [男1] ヘルソン(ウクライナの港湾都市) // **херсо́нский** [形3]

**херуви́м** [男1] 〚聖〛ケルビム, 智天使 // **~ский** [形3]

**хет-три́к** [不変]-[男2] 〚スポ〛ハットトリック

**хе́тчбэк** [эдж°] [男2] 〚車〛ハッチバック

**хэ́-хэ́, хэ́-хэ́-хэ́** [間] へへ, へへへ(低い笑い声)

**хиба́р|а** [女1], **-ка** 複生 -рок [女2]《話》みすぼらしい家, あばら屋

**хи́жина** [女1] 小さく貧相な家, 百姓小屋

**хиле́|ть** [女1]/**за-** [完]《話》弱る, 病弱になる

**хи́л|ый** 短 хил, -ла́/-ла, -ло [形1] 弱い, 病弱の, ひょろひょろした // **-ость** [女10]

**хиля́|к** -á [男3] / **-чка** 複生 -чек [女2]《俗》ひ弱な人, 病弱な人

**хим.** 〈略合成〉「化学の」

**химе́ра** [女1] ①〚文〛実現不可能で奇怪な夢想 ②〚ギ神〛キマイラ(ライオンの頭, ヤギの体, ヘビの尾を持つ怪物) ③(ゴシック建築などの)怪物像

**химери́ческий** [形3], **химери́чный** 短 -чен, -чна [形1]〚文〛空想的な, 実現不可能な

**химзаво́д** [男1] 化学工場(хими́ческий заво́д)

**хи́мик** [男2] 化学者, 化学産業に従事する人

**химика́т|ы** -ов [複], **химика́лии** -ий [複] 化学薬品, 化学製品

**химиотерапи́я** [女9] 化学療法

**\*хими́ческ|ий** [ヒミーチスキイ] [形3] 〚chemical〛 ①化学(хи́мия)の, 化学的な; 化学研究用の, 化学に関わる: ~ ана́лиз 化学分析 | ~ элеме́нт 化学元素 | -ая реа́кция 化学反応 | -ое разложе́ние 化学分解 | -ие препара́ты 化学薬剤 | ~ заво́д 化学工場 ②化学を応用した, 化学による: -ая чи́стка оде́жды 衣服のドライクリーニング | ~ каранда́ш 化学鉛筆(濡らすと紫色の文字が書けるようになる鉛筆) ③(軍事用途での)化学の: -ое ору́жие 化学兵器 ④(色彩が)化学着色の: ледене́ц -о́го цве́та 透き通った色のドロップ | -ая блонди́нка 髪を金髪に染めた女性

**хи́мичить** -чу, -чишь [未]/**с-** [完]《俗》いんちきをする, だます

**\*хи́м|ия** [女9] 〚chemistry〛①化学: органи́ческая ~ 有機化学 | неоргани́ческая ~ 無機化学 | физи́ческая ~ 物理化学 | прикладна́я ~ 応用化学 ②化学組成, 化学成分; 化学物質: ~ не́фти 石油の化学組成 ③化学工業: бытова́я ~ (日用品製品を生産する)当該化学工業 ④《話》化学薬品を使った処理, 治療: сде́лать -ию (髪に)コールドパーマをかける | пройти́ курс -ии 化学治療を受ける

**\*химчи́стк|а** 複生 -ток [女2]〚化〛ドライクリーニング; その店 [工場]: отда́ть пальто́ в -у コートをクリーニングに出す

**хи́на** [女1]《話》= хини́н

**хи́нди** (不変)[男] ヒンディー語(インドの公用語)

**хини́н** [男1] 〚薬〛キニーネ(抗マラリア薬)

**хини́нн|ый** [形1] キニーネの(入った): -ое де́рево キナの木(南米産のキニーネの原料となる木); キナノキ属

**хи́ппи** (不変)[男・女] 〈集合でも〉ヒッピー

**хип-хо́п** [不変]-[男1] 〚楽〛ヒップホップ

**хирага́на** [女1] 〚言〛ひらがな, 平仮名

**хире́|ть** (不変)/**за-** [完] 弱る, 元気をなくす, しおれる

**хирома́нт** [男1] / **-ка** 複生 -ток [女2] 手相占い師, 手相見

**хирома́нтия** [女9] 手相占い, 手相術

**хиропра́ктик** [男2] 脊柱指圧療法師, カイロプラクティック技師

**Хироси́ма** [女1] 広島 // **хироси́мский** [形3]

**\*хиру́рг** [男2] 〚surgeon〛外科医

**хирурги́|я** [女9] 外科 // **-и́ческий** [形3]

**\*хит** -á [男1] ①〚楽〛ヒット曲 ②《若者》最新の流行 // **-о́вый** [形1]<2>

**хит-пара́д** [不変]-[男1] 〚楽〛ヒットチャート

**хитр|е́ц** -á [男3] / **хитру́нья** 複生 -ий [女8] ずるい人, 狡猾な人

**хитреца́** [女3], **хитри́нка** 複生 -нок [女2]《話》ずるさ, 抜け目なさ: взгляд с хитри́нкой 狡猾な目つき

**хитри́|ть** -рю́, -ри́шь / **с-** [完] ①ずるをする, ずるく振る舞う ②《話》巧妙なことを考え出す, うまく工夫

**хи́тро, хитро́** [нареч] ①ずるく、悪賢く ②ずるそうに、いたずらっぽく ③巧みに、うまく: X — приду́мано. うまいと考えたもんだ

**хитросплете́ние** [中5] 《文》①巧妙なトリック ②複雑で手の込んだ叙述

**хитросплетённ|ый** [形1] 《文》ひどく巧妙な、複雑で手の込んだ **‖-ость** [女10]

**хи́тростн|ый** [сн] 短-тен, -тна [形1] 《話》手の込んだ、ややこしい **‖-ость** [女10]

**хи́трост|ь** [女10] ①ずるさ、巧妙さ; 手の込んでいること ②ずるい振る舞い [方法]: пусти́ться на -и 計略を用いる ◆Не велика́ ~! 《話·皮肉》何ともないことだ、簡単だ | ма́ленькие -и コツ、秘訣、ヒント

**хитроу́мие** [中5] 《文》機転が利くこと、巧妙さ

**хитроу́мн|ый** [形1] 《文》①創意工夫に富む、機転が利く ②手の込んだ、精妙な **‖-ость** [女10]

‡**хи́тр|ый** [ヒートルイ] 短-тёр, -тра́, -тро́-тро́ [形1] (cunning, sly) ①ずるい、悪賢い: ~ обма́нщик 悪賢いペテン師 | -ая уло́вка 狡猾な罠 ②ずるそうな、いたずらっぽい: ~ взгля́д ずるそうな目つき | -ая улы́бка いたずらっぽい微笑み ③創意工夫に富んだ、巧みな: ~ у́м 利口頭 | Го́ль на вы́думки -á. 《諺》窮すれば通ずる (←貧乏人は思いつくことが巧みだ) ④巧妙な、巧巧な; 込み入った、複雑な: ~ механи́зм 精巧なメカニズム | ~ вопро́с ややこしい問題

**хитрю́га** [女2変化] [男·女] 《話》ずるい人

**хи́ханьки, ха́ханьки** -нек, -ньками [複] 《話》: = сме́х ◆ха́ханьки да ха́ханьки 《話》くすくす笑い、冗談

**хи-хи́** [間] 《幼児》ふふ、くすくす (笑い声)

**хихи́кать** [不完] / **хихи́кнуть** -ну, -нешь 命-ни [完] [一回] くすくす笑う; (人の不幸を) こっそりあざ笑う **‖хихи́канье** [中5]

**хи́ч** [男4] 《若者》ヒッチハイク (автостоп) ◆~ем ヒッチハイクで

**хище́ние** [中5] (主に公的財産の) 横領、着服

**хи́щни|к** [男2] /-ца [女3] ①猛獣、猛禽、獰猛な肉食魚 ②《男》搾取者、略奪者

**хи́щнический** [形3] ① <хи́щник ② 無計画な利益を追う、貪欲な: ~ ло́в ры́бы 魚の乱獲

**хи́щничество** [中1] ① (猛獣などの) 捕食行為 ② 無計画で貪欲な利益の追求

**хи́щн|ый** 短-щен, -щна [形1] ①肉食の; 獰猛な ②貪欲な **‖-ость** [女10]

**хладнокро́вие** [中5] 冷静さ、落ち着き

**хладнокро́вный** [形1] 冷静な、落ち着いた

**хла́дн|ый** 短-ден, -дна́/-дна, -дно [形1] 《雅·詩》= холо́дный

**хладо..** 《語形成》「冷凍の」「冷蔵の」「寒さの」

**хлàдосто́йкий** [形3] 耐寒性の

**хла́м** [集] (м5) がらくた、くず

‡**хле́б** [フリェープ] 複 -ы [男1] (bread) ①[単] (総称としての) パン: ржано́й (чёрный) ~ ライ麦 [黒] パン | пшени́чный (бе́лый) ~ 小麦 [白] パン | пе́чь ~ パンを焼く | ломо́ть -а パンの (切った) 一片 ② [複-ы] (様々な種類の個々の) パン: кру́глый ~ 丸パン | ста́вить ~ы в пе́чь パンを焼釜の中に入れる ③ [複 -ы] 穀粒; (穀物の) 穀物、穀類: се́ять ~ 穀物の種を蒔く | ④ [複 -á] 穀草; (植物としての) 穀物; урожа́й ~ов 穀物の収穫 | убо́рка ~ов комба́йнами コンバインでの穀物の取り入れ ⑤ [複 -á] 《俗》食物、食い扶持、糧、生活費: зараба́тывать на ~ 生活の糧を得る ⑥ [単] 稼ぎ、収入、糊口: добыва́ть ~ 生活の糧を得る | ве́рный ~ 確実な収入 ◆бы́ть [жи́ть] на ~áх у田 (1) …の所に下宿する (2) …の所に居候になる | да́ром е́сть ~ 無駄飯を食う、無為徒食で暮らす | е́сть сво́й ~ 《話》自活する | е́сть чужо́й ~ 他人に食わせてもらう | и то́ ~ 《話》それがあるだけでもありがたい、ないよりも結構だ | как ~а иска́ть 《話》念入りに探す | кусо́к ~а 食物、食い扶持 | не ~ом еди́ным жи́в челове́к 物質的豊かさだけではなく精神的豊かさを育むべきだ | отби́ть [отня́ть] ~ у 田 …の生活の糧を奪う、…の大事なものを取りあげる | С ~а на ква́с [во́ду] перебива́ться 食うや食わずで暮らす | X— да [и] со́ль! (食事中の人に) たっぷり召し上がれ (→хле́б-со́ль) | Х— да́й [и] со́ль! 《不定形》《話》…は…が三度の飯より好き: Его́ ~ом не корми́, то́лько да́й сходи́ть в теа́тр. 彼は芝居にさえ行ったら他はいらないんだ

**хлеба́ть** [不完] / **хлебну́ть** -ну́, -нёшь [完] [一回] 《прост》/《俗》《話》~ суп スープ・粥などをスプーンですくって食べる; 〈液体を〉ごくごく飲む ◆~ го́ря 《話》辛酸をなめる、つらい目に遭う

**хле́бец** -бца [男1] 小さなパン

**хле́бница** [女3] パン皿、パン入れ

**хлебну́ть** [完] →хлеба́ть

**хле́бн|ый** [形1] ① < хле́б ② 豊作の、穀物の多い: ~ го́д 豊年 | ~ кра́й 穀倉地帯 ③ 《話》利益の上がる、もうかる

**хле́бо..** 《語形成》「パンの」「穀物の」

**хле́бобу́лочный** [ч/ш] [形1] パンの; パン販売 [製造] の

**хле́бово** [中1] 《俗》水っぽくまずいスープ

**хле́бозаво́д** [男1] パン工場

**хле́бозагото́вка** 複生-вок [女2] (通例複) (国家による) 穀物の買い上げ

**хле́бо́к** -бка́ [男2] 《話》 (スープなどの) ひと口

**хле́бопа́шный** [形1] 耕作可能な、耕作に適した

**хле́бопёк** [男2] パン焼き職人

**хле́бопека́рня** 複生-рен [女5] 製パン所

**хле́бопече́ние** [中5] パン焼き、パン製造 **‖хле́бопека́рный** [形1]

**хле́боре́з** [男1] /-ка¹ 複生-зок [女2] パン切り係

**хле́боре́зка²** 複生-зок [女2] パン切り機

**хле́боро́б** [男1] 《雅》農夫、耕作者

**хле́бородн|ый** 短-ден, -дна [形1] 豊作をもたらす、肥沃な **‖-ость** [女10]

**хле́босо́л** [男1] /~ка 複生-лок [女2] もてなし好きの人、客好き

**хле́босо́льн|ый** 短-лен, -льна [形1] もてなしのよい、客好きの

**хле́босо́льство** [中1] もてなし好き、歓待

**хле́боторго́вец** -вца [男3] 穀物商人

**хле́боторго́вля** [女5] 穀物取引

**хле́боубо́рка** [女2] 穀物の収穫

**хле́б-со́ль** (男1・女10) [男1] (★ただし主·対のみ хле́б-со́ль も) ① ごちそう: X— е́шь, а пра́вду ре́жь. 《諺》ごちそうになっても真実はちゃんと言え ② もてなし、歓待; 寄食させること ③ [間] (食事中の人に) たっぷり召し上がれ ◆вме́сте ~ е́сть 同じ釜の飯を食う | води́ть ~ с 田 《話》…と親しく付き合う | встреча́ть хле́бом-со́лью パンと塩で歓迎する (参考) 盆に載せた大型の丸パンと塩で客を歓迎するのは古来よりのロシアの習慣) | забы́ть ~ 恩を忘れる

**хле́бушко** 複-шки, -шек, -шкам [中1] 《話》〔愛称〕< хле́б①②

**хле́в** 前о-е, в -ý [男1] ① (家畜·家禽の) 小屋 ② 《話》汚い部屋

**хлеста́ковщина** [女1] 《話》厚かましい自画自賛、大ぼら (ゴーゴリの戯曲 «Ревизо́р» 『検察官』 の主人公の名 Хлестако́в から)

**хлеста́ть** -ещу́, -е́щешь [不完] / **хлестну́ть** [сн] -ну́, -нёшь, 《俗》**хлестану́ть** -ну́, -нёшь

[完][一回] ①〈/по/を〉(鞭・枝などで)打つ ② (風・雨が)当たる, 打つ 〈雨・波などが〉しぶきを上げる, 波立つ, ざぶんと砕ける ④《俗》(酒などを)がぶがぶ飲む

**хлёстк|ий** 短 -ток, -тка́/-тка, -тко 比 хлёстче/хлёстче [形3] ①《俗》強く当たる, うまく当たる ②《話》痛烈な, 辛辣な *—*ость [女10] ＜②

**хлестну́ть** [完]＞хлеста́ть

**хлёстче** [щ], **хле́стче** [щ][比較] ＜ хлёсткий

**хли́па|ть** [不完] хли́пать-ют, -ют [完] *—*нье [中4]

**хли́пк|ий** -пок, -пка́/-пка, -пко к хли́пче [形3] 《俗》弱い, 虚弱な, ひょろひょろした *—*ость [女10]

**хлобыста́|ть** -ыщу́, -ы́щешь [不完] / **хлобыстну́ть** [сн] -ну́, -нёшь [完][一回]〈/кого/를〉鞭打つ

**хлоп** [間][述語]《話》хло́пать(ся)/хло́пнуть(ся) の過去形の代用

*хло́пать [不完] / хло́пнуть -ну, -нешь 命 -ни [完] [一回][複] flap, clap] ①〈/кого/를〉叩く: ~ дру́га по плечу́ 友の肩を叩く ②〈/кого/를〉(ばたん・ぴしゃりと)叩いて音を立てる: ~ две́рью ドアをばたんと閉める ③《話》拍手する ④ (銃声など) 短い音を立てる ⑤《俗》一気に飲む ◆*—* глаза́ми 《話》(1)ぽかんと見ている (2)返答に困る ｜ *—* уша́ми《話》ぽかんと聞いている

**хло́паться** [不完] **/ хло́пнуться** -нусь, -нешься 命 -нись [完]《話》①音を立てて倒れる: ~ на́ пол 床にどさんと倒れる ②ぶつかる

**хлопе́ц** -пца [男2]《俗》青年, 少年 *— хло́пчик* [男2][指小]

**хло́пко..** [語構成]「綿の」「綿花の」

**хлопково́д** [男1] 綿花栽培者

**хлопково́дство** [中5] 綿花栽培

**хлопково́дческий** [ц][不完] 綿花栽培の

**хлопкокомба́йн** [男1] 綿花収穫用コンバイン

**хло̀пкопряд|е́ние** [中5] 綿紡績 *—*и́льный [形1]

**хлопкоро́б** [男1] 綿花栽培者

**хло̀пкоубо́рка** [女2] 綿花収穫

**хло́пнуть(ся)** [完]＞хло́пать(ся)

*хлоп|о́к -пка́ [男2] [cotton]《植》綿①綿花②綿布 *—*ко́вый [形1]

**хлопо́к** -пка́ [男2] ① 拍手音 ② 断続的な打つ音: хлопки́ вы́стрелов 銃撃音

**хлопота́|ть** -очу́, -о́чешь [不完] ① 忙しく動く, あくせくする: ~ с ужи́ном 夕食の準備に忙しい ②[完 по~]〈о/圓/чтобы節〉(…を得ようと)奔走する: ~ о приёме на слу́жбу 就職に奔走する ③[完 по~]〈о/圓/за/圖〉(…を助けようとして)世話する, 斡旋する: ~ за дру́га 友人のために奔走する

**хлопотли́в|ый** 短 -ив [形1] ① 面倒な, 厄介な: *—*ое де́ло 面倒な仕事 ② せわしない, あくせくした: ~ челове́к せわしない人 *—*ость [女10]

**хлопо́тный** 短 -тен, -тна [形1] 面倒な, 厄介な *—*ость [女10]

**хлопотня́** [女5]《話》面倒な仕事

**хлопоту́н** [男1]/ *—*ья́ 複生 -ий [女8] 《話》せわしない人

**хло́поты** -по́т, хло́потам [複] ① 面倒な仕事 ② 奔走, 斡旋

**хлопу́шка** 複生 -шек [女2] ① (何かを)叩くもの: ~ для мух ハエ叩き ② (パーティー用の)クラッカー ③《植》シラタマソウ

**хлопча́тка** 複生 -ток [女2]《話》綿織物

**хлопча́тник** [男2]《植》ワタ

**хлопчатобума́жный** [形1] 綿紡績の: *—*ая промы́шленность 綿紡績産業 ② 綿製の: *—*ая ткань 綿織物

**хло́пчик** [男2] 少年, 男の子

**хлопьеви́дный** [形1] フレーク状の, 綿状の: Снег идёт *—*ьями. 綿雪が降っている ② 穀物を細かく砕き圧して平たくしたもの, フレーク, シリアル: овся́ные ~ オートミール ｜ кукуру́зные ~ コーンフレーク

**хлор** [男1]《化》塩素 *—*ный [形1]

**хлоре́лл|а** [女2]《植》クロレラ *—*овый [形1]

**хлори́ровать** -рую, -руешь 受過 -анный [不完・完] 〈/圓〉塩素化する, 塩素で処理する

**хлори́стый** [形1]《化》塩化物の: ~ водоро́д 塩化水素

**хло́рка** 複生 -рок [女2]《話》クロル石灰, カルキ(主に殺菌・消毒用)

**хлоро́з** [男1] ①《植》白化(現象), 退緑 ②《医》萎黄(⁹)病

**хлорофи́лл** [男1]《植》葉緑素 *—*овый [形1]

**хлорофо́рм** [男1]《化》クロロフォルム(麻酔剤) *—*ный [形1]

**хлы́нуть** -нет [完] ① (勢いよく)流れ出す, ほとばしる; (雨のように)こみ上げる: Хлы́нул до́ждь. 雨がざあっと降り出した ②《話》押し寄せる, 殺到する: Лю́ди хлы́нули на у́лицы. 人々が通りへ殺到した

**хлыст**[1] -á [男1] ① (しなやかな)鞭; それで作った鞭 ②《林業》(梢を残した)丸太 *—*о́вый [形1] ＜②

**хлыст**[2] -á [男2] / *—*о́вка 複生 -вок [女2]《宗》鞭身派信者

**хлысто́вство** [中1]《宗》鞭身派(17世紀後半のロシアで, 鞭を鞭打つ儀式を行うロシア正教の一宗派)

**хлыщ** -á [男4][形2] きざで軽薄な若者, 気取り屋

**хлю́па|ть** [不完] / **хлю́пнуть** -ну, -нешь 命 -ни [完][一回] ① ぴちゃぴちゃ音を立てる: Хлю́пает грязь под нога́ми. 足下でぬかるみがぴちゃぴちゃ鳴る ② (不完)弱気にぴちゃぴちゃ音を立てながら進む ③ すすり泣く ④ (鼻を)すする: ~ но́сом 鼻をすする *—*нье [中4]

**хлю́пик** [男2]《俗》弱虫, 意気地なし

**хлю́пкий** 短 -пок, -пка́/-пка, -пко 比 хлю́пче [形3] ① びしょ濡れの, ぐしょぐしょの ② ぐらぐらする, がたがたする ③ 虚弱な, ひ弱な

**хлю́пнуться** -нусь, -нешься, 命 -нись [完]《俗》(ぬかるみなどへ)音を立てて倒れる

**хлюст** [男2]《俗》ずうずうしく誰にでも取り入る人間

**хля́бать** [不完] (止めねじなどが)ぐらぐらする

**хля́б|ь** [女10]《詩》深淵, 奈落 ②《話》どろんこ道 ◆*разверзлись —и небе́сные*《皮肉》ばけつをひっくり返したような雨だ

**хля́стик** [男2] (コートに付属した)布ベルト

**хм** [間]《話》いぶかしい, ふーん

**хмелево́д** [男1] ホップ栽培者

**хмелево́дство** [ц][中1] ホップ栽培

**хмелёк** -лька́ [男2][指小]＜ хмель ◆*под хмелько́м*《話》ほろ酔い機嫌で

**хмеле́|ть** [不完] / **о~, за~** [完]《話》酔う

**хмель**|**ь**[1] [男5]《植》ホップ: ホップの実(★実の場合, 前置格は на хмелю́ も) *—*ево́й [形2]

**хмель**[2] о -е, во -ю́ [男5] 酔い

**хмельн|о́й** 短 -лён, -льна́ [形2]《話》① 酔っ払った: *—*а́я речь ろれつの回らない話 ② アルコールの, 酔わせる: *—*ы́е напи́тки アルコール飲料

**хму́рить** -рю, -ришь 受過 -ренный [不完] / **на~** [完]〈圖〉眉を〈しかめる〉: ~ бро́ви 眉をひそめる *—*ся [不完] / [完] ① しかめ面をする ② (空が)曇る

**хму́ро** I [副] 不機嫌そうに, 陰気に; 眉をしかめて: ~ смотре́ть 不機嫌に見る II [無人述] ① 不機嫌だ, 陰気だ ② (天気が)曇った, どんよりした: Бы́ло ~. どんよりした天気だった

*хму́р|ый 短 -у́р, -ура́, -у́ро [形1] [sullen] ① 不機嫌な, 陰気な; 眉をしかめた: ~ стари́к 不機嫌な老人 ② (天気が)曇った, どんよりした: ~ день どんよりした一日 *—*ость [女10]

**хмы́кать** [不完]/**хмы́кнуть** -ну, -нешь 命 -ни [完]/一回[話]《当惑・皮肉・不信》ふーん(хм)と言う

**хмырь** -я́ [男5] [俗]不愉快で奇妙な人間; アル中

**хна** [女1] ①〔植〕ヘナ, ヘンナ ②ヘナ染料(染毛剤)

**хны** [間] ◆[не] **хоть бы** ~ [俗]…は何の注意も払わない, 何とも思わない: Я ему́ говорю́, а он хоть бы ~. 彼に話しかけても知らんぷりだ

**хны́кать** [不完] ①すすり泣く ②泣き言を言う

\***хо́бби** (不変)[中] [hobby] 趣味, ホビー

**хо́бот** [男1] ①〔象・バクなどの哺乳類の〕鼻 ②〔昆虫・ヒルなどの〕吻(ふん), 口 ③〔フライス盤の〕アーム ④〔大砲・機関砲の〕砲架, 銃尾架

**~но́й** [形2] <①②③>

**хобото́к** -тка́ [男2] ①[指小] <хо́бот ②〔昆虫の〕吻(ふん)

\***ход** [ホート] -a/-y, пред е, -ы́ и -a -е́/-а́ нев, [男1] ①〔歩行, 歩み: бы́стрый ~ 速い足どり | ускóрить ~ 歩みを速める | Туда́ два часа́ ~у. そこへは2時間の道のりだ | на ~ý [話]…歩きの立ち入りを許さない ②〔交通機関の〕運行, 進行, 運転; 速力: за́дний ~ 逆行 | Кора́бль потеря́л ~. 船が動かなくなった | По́лный ~! 「号令全速力!」 ⓒ(c, 鳥・魚の群れの)移動, 遡行, 渡り: Сейча́с ~ тре́ски. 今はサケの回遊[産卵]期だ ⓓ(教会儀式などの)行進: кре́стный ~ 十字架行進 ⓔ(機械の)動き, 動作: ~ часо́в 時計の動き | холосто́й ~ (機械の)空転

②〔前 на -е〕進度, 進行, 推移: ~ войны́ 戦争の経過

③〔前 на -е/-у〕(機械の)往復[上下]運動, 一行程: ~ по́ршня ピストンのストローク

④〔前 на -у́ не -а́〕(機械の)動作部分; 車輪; 前後の車輪間の距離: червя́чный ~ ウォーム歯車装置 | на рези́новом ~у́ ゴムタイヤ付きの | гу́сеничный ~ キャタピラー ⑤〔前 в/на -е́ нев -ы́/-ы, -о́в〕(チェス, トランプなどの)一手: ~ пе́шки [пе́шкой] ポーンの一手 | Ваш ~. あなたの番です ⑥〔前 в не -е нев -ы, -ов〕手段, 手だて, 策動: дипломати́ческий ~ 外交的策動 | хи́трый ~ 巧妙なやり口 ⑦〔複 -ы/, -ов〕転調

⑧〔前 в -е, на -е/-у́ нев -ы/, -ов〕出口, 通路, 通路; 人通りの多い所: чёрный ~ 裏口 | подзе́мный ~ 地下通路 | та́йный ~ 秘密の通路 | сообще́ния 〔軍〕交通壕(塹壕間や後方との連絡路〕| на са́мом ~у́ 人通りの最も多い所で

◆**в ~е** 〔前〕…の過程で, の最中に: **в ~е бесе́ды** 対談の際に | **разногла́сия в ~е перегово́ров** 交渉の過程での対立 | **в (большо́м) ~у** はやっている, 売れ行きがいい | **дать ~** 与〔與〕 ⓐ〔кому-чему〕…を始動させる ⓑ〔кому〕…に機会を与える: **дать ~ молоды́м** 若者たちにチャンスを与える | **дать за́дний ~** (1)後退する[させる] (2)[前言を]取り消す; 信念を変える | **дать прибавить, нада́ть/ ~у** [話]歩みを速める | **на ~ý** (1)歩きながら; 走行中に: **спры́гнуть с подно́жки на ~ý** 走行中に昇降ステップから飛び降りる (2)作動中に, 運転中に; 進行中に: **Де́ло на ~ý**. 事態は進行中だ (3)準備が整って; 時間をかけずに; たやすすに, 簡単に; **на всём (по́лном) ~ý** (1)真っ最中に (2)全速力で | **не дать ~ý** …に能力発揮の機会を与えない, …の昇進の道を閉ざす | **нет ~у** …に進むべき道がない, 昇進の道が閉ざされている | **пе́шим ~ом** 徒歩で (пешко́м) | **по ~у** [若者]たぶん | **по ~у** …の成りゆきに訴える; по ~у де́ла 事態の進展と共に | **пойти́ в ~** 使われる, 売れるようになる | **по́лным ~ом** 全速力で, どんどん | **прямы́м ~ом** 真っすぐに, 寄り道せずに | **пусти́ть в ~** 始動させる, 運転を開始する ②行使する: пусти́ть в ~ ору́жие 武力に訴える ③…を使って, 止まらずに: Он с ~у взбежа́л на ле́стницу. 彼はそのまま止まらずに階段を駆け上がった ④突然に; すぐに, 間髪入れずに: отвеча́ть с ~у 即座に答える | **свои́м ~ом** 自力で, 人の助けをかりずに

**хода́тай** [男6] [話]幹旋する人, 取りなす人

**хода́тайство** [中] 請願, 請求

**хода́тайствовать** -твую, -твуешь [不完] (★過去は完了体としても)/**по-** [完] <о[前]/за[前]>請願する; 幹旋する

**хо́дики** -ов [複] (重りで動く)掛け時計

\***ходи́ть** [ハヂーチ] хожу́, хо́дишь, … 命 ходи́ [不完]/[不定] (идти́ [定] [walk, go] [往復・多方向・反復・習慣の運動を示す]) ①〔歩行の行為自体を指して〕歩く, 歩める: Этот ребёнок уже́ хо́дит. この赤ちゃんはもう歩ける | Он бы́стро хо́дит. 彼は足が速い ②歩く, 歩きまわる: ~ в саду́ [по саду́] 庭を散策する | ~ по магази́нам 店から店を回る ③〔乗物が〕動く, 行き来する, 通る; 運行する: Поезда́ хо́дят по расписа́нию. 列車は時刻表通りに運行している ④〔反復して歩いて〕行く, 通う: Мой сын хо́дит в шко́лу. 私の息子は学校へ通っている ⑤〔通例過去形で〕(歩いて)行って来る: 〔経験〕歩いて行ったことがある: Вчера́ мы ходи́ли в теа́тр. きのう私たちは劇場へ行って来た | Я ра́ньше ходи́л в этот рестора́н. そのレストランなら以前行ったことがある ⑥〔船員として〕乗り組む: ~ в подло́дке 潜水艦の乗組員をしている ⑦〔天体が〕動く: Со́лнце хо́дит ни́зко. 太陽の位置は低かった ⑧〔光・空気・雲・水・音・噂が〕流れる, 広がる, 漂う: Слу́хи хо́дят. 噂が広まっている ⑨[圏]波立つ: Озеро хо́дит волна́ми. 湖が波立っている ⑩(魚群などが)移動する ⑪(道具が)素早く動く, 往復する: Пила́ та́к и хо́дит, のこぎりの刃が素早く往復する ⑫(機械が)動く, 作動する: Часы́ хо́дят ве́рно. 時計は正確だ(性能; 観察時点は идти́ III⑤) ⑬[話]ぐらぐらする, 揺れる, 震える: Мостки́ хо́дят под нога́ми. 足下の踏み板がぐらぐらする ⑭(体の部位が)動く, 上下する, 波打つ: Грудь тяжело́ ходи́ла. 胸が苦しそうに上下していた ⑮<в[前]>(身に着けている, 履いている)服装をしている; 生やしている: <с[造]><くぴ>などを生やしている: ~ в пальто́ コートを着ている | ~ в чёрном 黒づくめの格好をしている | ~ в очка́х 眼鏡をかけている | ~ с бородо́й あごひげを生やしている | ~ с неря́хой だらしない格好をしている ⑯[話]<в[前]>(ある役職を)務めている, …で通っている: ~ в ста́ростах 村長を務める | ~ в геро́ях 英雄扱いされる ⑰(ある状態で), …ている: Весь день хожу́ гру́стный. 一日中, 気分が塞いでいる ⑱<за[造]>の面倒を見る, 世話をする: ~ за ребёнком 赤ん坊の世話をする ⑲(動物がある用途に)使われる: Эта ло́шадь хо́дит под седло́м. この馬は乗馬用だ ⑳[完 с-](動いて)動く, (駒が)動く; [トランプ](札を)出す: ~ конём ナイトを動かす | ~ ту́зом [с туза́] エースを出す | Ваш ~. あなたの番です [完 с-] [話]用便する: Этот ребёнок хо́дит на горшо́к. この幼児はおまるで用を足している ㉒<в[前]>(ある時間)…をする: ~ в прися́дку 腰を落として上下に交互に曲げる(日本で俗に「コサックダンス」と呼ばれる踊り方) ㉓(идти́ の代わりとして)[話][不定形で]行く; [命令形で]行け, 来い: Погоди́. ~. 行くのはしばらく待って | Ходи́ сюда́! こっちへ来いよ ◆**ходи́ прочь** [俗]すごい, 素晴らしい | **~ по рука́м** 次々と人手に渡る, 回覧される, ⓑ(女性が)次々と相手を変えて付き合う | **~ к** <女性への>婚約者[恋人]である

**хо́дка** 複生 -док [女2] ①[俗]1 往復 ②〔隠〕前科

**хо́дкий** -док, -дка́/-дка, -дко [形3] [話] ①速度が速い, 快速な: ~ конь 駿馬 ②売れ行きがいい (ходово́й) ‖**-ость** [女10]

**ходово́й** [形2] <ход [話]売れ行きがいい; はやりの: ~ това́р 売れ筋の商品 | -ое сло́во はやり言葉 ③〔機械・器具が〕可動式の, 固定されていない; 作動する: -ое колесо́ 動輪 ④[俗]機敏な, すばしっこい

**ходо́к** -а́ [男2] ①歩行者; 競歩選手 ②[俗]機敏な人, やり手

**хо́дом** [副]《俗》速く, 足早に

**Ходорко́вский** (形ж変化)[男] ホドルコフスキー (Михаи́л Бори́сович), 1963- ; 企業家, 石油会社ユコス社長(98-03), 新興財閥

**ходу́л|и** -ле́й/-ль [複]〚単 -я [女5]〛竹馬

**ходу́льный** [形] ①竹馬の ②わざとらしい; 陳腐な表現

**ходу́нчик** [男] 《複》ベビーウォーカー, 幼児用歩行器

**ходуно́м** ◆~ ходи́ть 《話》ひどく揺れる; 動転する

*__ходьб|а́__ [女1]〚walking〛歩行, 歩き: Ско́лько мину́т ~ы́ до университе́та? 大学までは歩いて何分ですか | Вокза́л нахо́дится в десяти́ мину́тах ~ы́ отсю́да. 駅はここから歩いて10分のところにある ■ **спорти́вная ~** 《スポ》競歩 (★競歩選手は скорохо́д)

**ходя́ч|ий** [形6] ①歩行可能な: ~ больно́й 歩くことができる患者 ②よく使われる: -ее выраже́ние よく使われる表現 ③ (皮肉にも)生きている, (何かの)権化のような: -ая энциклопе́дия 歩く百科事典, 生き字引

**хожде́ние** [中5] ①〈 ходи́ть ②遍歴, 巡礼 ③ (中世ロシア文学の)旅行記 ④ (貨幣の)流通

**хо́жено** [無人述]《話》(何度も・何時間も)歩いた: Нема́ло ~ по зде́шним леса́м. この辺りの森はさんざん歩きまわった

**хожу́** [1単現]< **ходи́ть**

**хоз..** [語形成]「経済の」「経営の」

**хоздогово́р** [男1] 経済契約 **//-ный** [形1]

**хозотде́л** [男1] 経理部 (хозя́йственный отде́л)

**хозрасчёт** [щ] [男1]《経》独立採算制 **//-ный** [形1]

*__хозя́ин__ [ハジャーイン] 複 -я́ева, -я́ев, -я́евам [男1] / **хозя́йка**[1] [ハジャーイカ] 複 -я́ек [女2]〚owner, master〛① 所有者, 持ち主, 飼主: ~ да́чи 別荘の所有者 | ~ ко́шки 猫の飼主 ② 主, 支配者: ~ свое́й судьбы́ 自分の運命の支配者(運命を自分で切り開く者) ③ 経営者, 雇い主: ~ и рабо́тник 雇用者と労働者 ④ (一家の)主人, 家長, 家計のやりくりをする人: X~ ра́д го́стям. 主人はお客が来て喜んでいる | 《хозя́йка》家計のやりくりがうまい家長 《хозя́ин》一家の主人, 旦那 ⑤ [男]《呼びかけ》ご主人 ⑥ [男] (俗)夫, 主人 ⑦[男]《生》宿主, 寄生主

◆*сам себе́* ~ *реши́ть* 自分の思う通りにやって勝手に決定する | *сам себе́ ~* 自分の思う通りにやる人, 独立[自立]している | *~ своего́ сло́ва* 自分の言ったことを守る人 | *~ положе́ния* 事態を切り抜けられる人, 冷静に状況に対処できる人

**хозя́йка**[2] [ハジャイカ] [女2] ①~хозя́ин ②《俗》妻 ③《話》家事が上手な女性 ④《話》(専業)主婦 (домо-хозя́йка) ⑤《俗》(呼びかけ)奥さん **// хозя́юшка** 複 -шек [女2] 〚愛称〛<①②③

**хозя́йничать** [不完] ①家事をする, 家政を切り回す ②我が物顔に振る舞う: ~ в чужо́м до́ме 他人の家で我が物顔に振舞う

**хозя́йск|ий** [形3] ①主人(хозя́ин)の, 所有者の ②主人に[家長]らしい, 注意が行き届いた: ~ глаз 主人の監視の眼 ③命令的な: -им то́ном 命令口調で

◆*де́ло -ое* (話)好きにおやりなさい, どうぞご自由に

**хозя́йственник** [男2] ①経営責任者 ②《話》経理係

*__хозя́йственн|ый__ -ен, -енна [形1]〚economic〛① 経済の, 経営の: -ые организа́ции 経営団体 〚長尾〛日用の, 家事の: ~ магази́н 日用品店 ② 経済的な, やりくりが上手な: ~ челове́к 経済性のわかりしている人 | *-ая су́мка* ショッピングバッグ **//-ость** [女10]<③

*__хозя́йство__ [ハジャーイストヴァ] 〚economy〛[中1] ① 経済; 経済体制: ры́ночное ~ 市場経済 | кре́постническое ~ 農奴制経済 | наро́дное ~ 国民[市民]経済 ③ 生産事業, …業: се́льское [рыбное] ~ 農[漁]業 ③ 生産設備, 施設: фабри́чное ~ 工場施設 ④ 生活用品, 家財道具: обзавести́сь ~ом 生活用品を揃える ⑤ (主に農業の)生産単位, 農場: крестья́нское ~ 農業経営の農業 | кру́пное ~ 大農場 | уче́бное ~ 演習農場 | ~ единоли́чника 〚露史〛(1917-30年代半ばの)個人農業 ⑥ 家事: занима́ться ~ом 家事をする ⑦ 家事, 家計: вести́ ~ 家計を切り回す | хлопота́ть по ~у 家事の切り回しに追われる

**хозя́йствовать** -твую, -твуешь [不完] ① 経営を行う ②[話]家政を切り回す

**хозя́йчик** [男2] 《話・蔑》① 零細企業者 ② (企業や)態度の悪い責任者

**хоккеи́ст** [男1] / **~ка** 複 -ток [女2] ホッケー選手

*__хокке́й__ [男6] 〚hockey〛《スポ》(アイス)ホッケー: игра́ть в ~ ホッケーをする | ~ на травэ́ フィールドホッケー | е́хать[идти́] на ~ ホッケーの試合へ行く

**хокке́йный** [形1]: -ая кома́нда ホッケーチーム

**хо́лдинг** [男2] 〚経〛ホールディング, 持株会社 **//-овый** [形1]

**хо́леный, холёный** [形1] 大事に育てられた; よく手入れされた: -ые во́лосы 手入れの行き届いた髪

**холе́ра** [女1]《医》コレラ

**холе́рик** [男6] 怒りっぽい[短気な]人

**холери́ческий** [形3] (気質などが)怒りっぽい

**холе́рный** [形1] < холе́ра: ~ вибрио́н コレラ菌

**холестери́н** [男1] コレステロール: вре́дный [поле́зный] ~ 悪玉[善玉]~

**хо́лить** -лю, -лишь 受過 -ленный [不完]〈жь〉よく手入れ[世話]をする

**хо́лка** [女2] (牛馬などの首と背の間の)背峰; そこに生えるたてがみ

*__холл__ [男1]〚hall〛ホール, ロビー

*__холм__ [ホールム] -а́ [男1]〚hill〛丘, 小山 **// -ик** [男2][指小]

**холми́стый** 短 -и́ст [形1] 丘の多い, 起伏のある

*__хо́лод__ [ホーラト] -а/-у 前 о -е, на -е/-у́ 複 -а́ [男1]〚cold, coldness〛① 寒さ, 冷たさ: ~ нето́пленого до́ма 暖房のない家の寒さ | дрожа́ть от ~а 寒さに震える | Из-под две́ри тя́нет ~ом. ドアの下から寒さが忍び込む ②《вод》冷気: На у́лице ~. 外は寒い | простуди́ться на ~е 冷気に当たって風邪をひく ③ 零下(моро́з): пять гра́дусов ~а 零下5度 ④ 寒い天候, 冷え込み; [複]寒い季節: О́ттепель смени́лась ~ом. 雪解けの陽気は冷え込みに変わった | Ра́но пришли́ ~а́. 寒期が始まるのは早かった ⑤ 寒い場所, 暖房していない場所: положи́ть молоко́ на ~ 牛乳を寒い場所に置く ⑥ 悪寒, 寒気(さむけ): По всему́ те́лу пробежа́л ~. 全身に悪寒が走った | Меня́ броса́ет в ~. 私は寒気がする ⑦ 冷淡さ, よそよそしさ: В глаза́х ~. 目つきが冷たい | обда́ть 囲 ~ом …に冷たく当たる

**холода́** -да́ [女1] [不完]/ **по-** [完]〚無人称〛寒くなる: К о́сени заме́тно холода́ет. 秋が間近で, めっきり寒くなる ②[話]寒さに苦しむ

**холоде́ть** [不完]/ **по-** [完] ① 寒くなる, 冷たくなる ② ぞっとする

**холоде́ц** -дца́ [男3]《料理》(肉・魚の)煮こごり

**холоди́льник** [ハラヂーリニク] [男2]〚refrigerator〛冷蔵庫, 冷蔵室: храни́ть[сохрани́ть] в ~е 冷蔵庫に保管する

**холоди́льный** [形1] ① 冷却の ② 冷蔵の

**холоди́льщик** [男1] 冷凍[冷却]設備の技術者

**холоди́на** [女1]《話》厳しい寒さ

**холоди́ть** -жу́, -ди́шь [不完]〈ж〉〔完 **на-**〕《話》冷たくする, 冷やす ②〚無人称(無人称)〛寒気を感じさせる: От мя́ты *холоди́т* во рту. はっかで口の中がすーすーする ③ ぞっとさせる **// холожде́ние** (中5)

**холоди́ще** (中2変化) [男1]《話》《指大》< хо́лод

**холодне́ть** [不完]/ **по-** [完]《無人称》寒くなる,

冷たくなる: К вéчеру стáло холоднéть. 夕方近くになって冷たくなった

**хóлодно** [ホーロドヌイ] **I** [副] ① 寒く, 寒そうに, 冷たく: ~ одéтая дéвушка 寒そうな服装をした女の子 ② 冷静に; 無感動に: рассуждáть ~ 冷静に判断する | игрáть свою́ роль ~ 熱のこもらない演技をする | 冷ややかに, 冷淡に: ~ относи́ться к нему́ 彼に冷たい態度をとる | Он ~ посмотрéл на неё. 彼は冷たい目で彼女を見た **II** [無人述] ① 寒い, 冷たい(↔жáрко, горячó): Сегóдня ~. きょうは寒い | На у́лице ~. 外は寒い ② 〈与〉は~を感じる: Тебé не ~? 君は寒くないの | Мне ~ в э́том пальтó. このコートでは私は寒い ③ 〈与〉は寂しい: Сéрдцу ~. 心が寂しい
◆ **от** 〈与〉 **ни жáрко [теплó] ни** ~ …にとって…は痛くもかゆくもない, どうでもいい

**холоднова́тый** 短 -áт [形1] 若干寒い, 肌寒い
**холоднокро́вный** [形1]《動》冷血の, 変温の
**холо́дность** [女10] ① 寒さ, 冷たさ ② 冷淡さ, 無関心; 冷酷さ

**холо́дн|ый** [ハロードヌイ] 短 хóлоден, -днá, хóлодно, хóлодны/хóлодны́ 比 -нéе [形1] [cold] ① 寒い(↔жáркий, горя́чий): Ду́ет ~ вéтер. 冷たい風が吹いている | ~ая зимá 寒い冬 | ~ое блю́до 冷たい料理 (温めないで供される料理) ②《長尾》(気候などが)寒冷な, 北方の: ~ая странá 寒い国 | ~ край 北国 ③《長尾》(建物などが)寒い, 暖かい, 暖房が効かない: ~ая кóмната 寒い部屋 | ~ая дáча 暖房のない夏用の別荘 ④ 寒そうな, 暖かさを与えない: ~ее зи́мнее сóлнце 寒々しい冬の太陽 | ~ая одéжда 寒そうな服 | Э́та ку́ртка для зимы́ холоднá. このジャンパーは冬には寒すぎる ⑤《長尾》(色が)冷たそうな, 寒々した: ~ые крáски 冷たい色調 | ~ые тонá 寒色 ⑥ 冷淡な, 無関心な, 感情のない; 冷酷な: ~ое сéрдце 冷たい心 | ~ая встрéча 冷淡な気質 ⑦ 冷静な, 平然とした: ~ое решéние 冷静沈着な決断 ⑧ 冷やかな, 無愛想な, 悪意ある: ~ взгляд 冷たい視線 | ~ приём そっけない応対 ⑨《長尾》(熱を加えずに)常温・低温で加工した, 冷間の: ~ая обрабóтка металлов 金属の冷間加工 | ~ое копчéние ры́бы 魚の冷薫 ⑩: ~ая зави́вка コールドパーマ ◆ ~ая войнá 冷戦 | ~ое ору́жие (火器以外の)武器, 刀剣類

**холодо́к** [男1] 寒気の, 寒気の
**холодо́к** -дкá/-дку́ [男2] [指小・愛称] < хóлод ② 日陰の涼しい場所
**холодосто́йкий** [形3] 耐寒性の
**холо́п** [男1] ①《蔑史》(古代の)奴隷 ② 奴隷根性の人, 手先 **//~ский** [形3]
**холо́пство** [中1] 奴隷の身分; 奴隷根性
**холо́пствовать** -твую, -твуешь [不完]《пéред 〈造〉に対して》卑屈になる, へつらう

**холостёжь** [女11] [集合]《俗》独身の若者
**холости́ть** -лощу́, -лости́шь 受 -лощённый (-щён, -щенá) [不完] | вы́-, об- [完]〈対〉去勢する

***холост|о́й**[1]* 短 хóлост [形2] [unmarried] ① (男が)独身の(★女性には用いるのはやや古い, 女性には хóлост незаму́жняя を使う) ② 独身者の, 独身者特有の: ~áя жизнь 独身生活 ③ (動物が)妊娠していない

**холостóй**[2] [形2] 空回りの, 空(から)の; 空砲の; 空砲の: ~ ход 空転 | ~ вы́стрел 空砲発射
**холостя́к** -á [男2] (中年以上の)男性独身者
**холостя́цкий** [形3]《話》独身の
**холостя́чка** 複生 -чек [女2]《俗》(中年以上の)女性独身者
**холощéние** [中5] 去勢
**холощёный** [形1] 去勢された
**холст** -á [男1] ① 亜麻布 ② (油絵の)画布, キャンバス; そこに描かれた絵: ~ы́ Рéпина レーピンの油絵

**холсти́н|а** [女1] 亜麻布 **//~ный** [形1]
**холсти́нка** -нок [女2] 亜麻布; 薄手の麻布
**холу́й** -уя́ [男6]《旧・罵》卑屈な人, ごますり
**холу́йство** [中1]《蔑》卑屈な行為, ごますり
**холу́йствовать** -твую, -твуешь [不完]《蔑》卑屈な行為をする, へつらう
**холщо́вый** [形1] 亜麻布(ズック, 帆布)(製)の
**хо́л|я** [女5]《話》世話を受けて, 面倒を見てもらって: жить в ~е 大切にされて暮らす
**холя́ва** [女1] = халя́ва
**хóмо сáпиенс** (不変) [男] = гóмо сáпиенс
**хому́т** -á [男1] ① (馬の)首輪 ②《工》(接合に使う)金輪; かすがい **//~ный** [形1] <①>
**хомута́ть** [不完]《俗》〈対〉無理やり自分の嫁にする, 自分と結婚させる
**хомя́|к** -á [男2]《動》キヌゲネズミ, ハムスター **//~чок** [男2] [指小] **//~чий** [形9]
**хомя́чить** -чу, -чишь [不完]《若者・戯》〈対〉むしゃむしゃほおばる, ばくばく食べる
**Хониа́ра** [女1] ホニアラ (ソロモン諸島の首都)

**хор** [ホール] 複 -ы́/-ы [男1], コーラス: ру́сский наро́дный ~ ロシア民謡合唱団 | церкóвный ~ 聖歌隊 ②《楽》合唱曲: мужскóй ~ 男声合唱 ③ 同調する人たちの集まり; (人々・動物が)一斉に発する声: ~ насмéшек 一斉に沸き起こる嘲笑 | ~ пти́чек 小鳥たちの合唱 ④ 弦楽器の集まり ⑤《詩》(星々の)群れ ⑥《学生》(成績の良(хорошó)) ◆ ~ом 合唱して; 唱和して, 声を合わせて: петь ~ом 合唱する | кричáть ~ом 大声で叫ぶ

**хора́л** [男1]《楽》(合唱の)讃美歌, コラール **//~ьный** [形1]
**хорвáт** [男1]**/~ка** 複生 -ток [女2] クロアチア人
**Хорвáтия** [女9] クロアチア (首都は Зáгреб)
**хорвáтский** [形3] クロアチア(人)の
**хóрда** [女1] ①《数》弦 ②《解》脊索
**хóрдовый** [形1] <хóрдь>
**хорé|й** [з́/е] [男1]《詩》強弱格, 長短格 **//-и́ческий** [形3]
**хорё|к** -рькá [男2]《動》ヨーロッパケナガイタチ (лесно́й); その毛皮; [複] イタチ属: домáшний ~ フェレット (фрéтка)
**хореóграф** [男1] (バレエなどの)振りつけ師
**хореогрáф|ия** [女9] 舞踊; (バレエなどの)演出, 振りつけ **//-и́ческий** [形3]
**хорéя** [女6]《医》舞踏病
**хори́ст** [男1]**/~ка** 複生 -ток [女2] 合唱団員
**хормéйстер** [男1] 合唱団指揮者 (指揮者)
**хоровóд** [男1]《舞》輪舞, 群舞: води́ть ~ 輪舞を踊る **//~ный** [形1]
**хоровóдиться** -вóжусь, -вóдишься [不完]《俗》<с〈造〉>面倒なことに関わる, 手間どる
**хоровóй** [形2] 合唱の
**хорони́ть** -роню́, -рóнишь 受過 -рóненный [不完]/ **по-** [完]《対》① [完また с-《俗》, за-《公》] 葬る, 埋葬する ② 習慣なので捨てる
**хорони́ться** -роню́сь, -рóнишься [不完]/ **с-** [完]《俗》隠れる
**хорохóриться** -рюсь, -ришься [不完]《話》いばる, いきり立つ
**хорошéньк|ий** [形3] ① [指小] < хорóший ② かわいらしい: ~ая дéвушка かわいらしい女の子 ③《話・皮肉》ご立派な, 大変な (★相手の言葉を反復する際に反語的に付け加える; 単語の性を無視し中性形を使うことも): Ты совсéм здорóв. —X-ое здорóв! 「君はとても健康なんだ」「何が健康だよ」
**хорошéнь|ько** [副]《話》十分に, しかるべく: Провéрь ~. よく確かめなさい **//-ечко** [副]《話》[指小]

**хороше́|ть** [不完]/**по~** [完] ①きれいになる、かわいらしくなる ②《文》良くなる、立派になる: Москва́ *хороше́ет* с ка́ждым го́дом. モスクワは年ごとに立派になっている

**хоро́ш|ий** [ハローシイ] 短 -ро́ш, -рошá 比 лу́чший, лу́чше 最上 лу́чший [形6] 〔good, nice〕 ①よい、素晴らしい、良質の、有益な(↔плохо́й): ~ го́лос 良い声 | ~ая кни́га 良書 | ~ сове́т 有益な助言 (天候などが)よい: -ая пого́да いい天気 ③上手な、うまい、優秀な、有能な: ~ рабо́тник 優秀な働き手 | ~ спортсме́н 有能な運動選手 ④善良な、人柄のいい、人柄の良さそうな: -ие лю́ди いい人たち | -ая улы́бка 愛想のいい微笑み ⑤品の良い、立派な、礼儀正しい: -ее о́бщество きちんとした交際仲間 | ~ тон 礼儀正しい物腰 ⑥〔中6〕いいこと、うれしいこと: Что у вас -его? 何かいいことありましたか | У неё мно́го -его. 彼女にはよいところが多い | (Жела́ю) вам) всего́ -его! (別れ際にひどきげんよう 《話》親しい、相当な: съесть -ую по́рцию たっぷり食う ⑧ 《短縮》《話》綺麗な、かわいい(собо́й を伴うことも): Она́ удиви́тельно -á собо́й. あの子ばびっくりするなかわいさだ ⑨ 《通例短縮》《話》立派な、すごい: Хоро́ш учёный! あれが学者なんか | Хоро́ш о́тдых! とんだ休暇だよ ⑩ — [男名]/-ая [女名] 《話》(呼掛け) моя́ と共に) 愛らしい人: Мой ~! ダーリン | Моя́ -ая! ハニー ◆-ее де́ло (1)いいこと [もの] (2) 《皮肉》けっこうなこと

**хороши́ст** [男1]/-ка 複生 -ток [女2] 《話》優等生 (5点満点で4点をとる生徒)

**хорошо́** [ハラショー]
Ⅰ [副] лу́чше 〔well, nicely〕 (↔пло́хо) ①よく、上手に; よい状態で: Он говори́т по-ру́сски. 彼はロシア語を上手に話す | Она́ ~ гото́вит. 彼女は料理がうまい | жить ~ よい暮らしを送る | Я чу́вствую себя́ ~. 私は気分がいい ②立派に、きちんと、しかるべく、うまい具合に: Он был ~ оде́т. 彼はいい身なりをしていた | Всё идёт ~. 全て順調だ ③十分に、たっぷり: Я ~ зна́ю его́. 彼をよく知っている | Я ~ не понима́ю. よくわかりません | ~ пое́сть たらふく食う
Ⅱ [無人述] (★主体を与で表す) ①(環境が)よい、素晴しい: Х~ на мо́ре. 海辺は素晴らしい ②(気分が)いい、快適だ: Х~ гуля́ть здесь. ここを散歩するのは気持ちがいい ③〔不定形〕〜するのは簡単だ: Х~ вам говори́ть. あなたがそう言うのは簡単だ ④〜するのはいうことだ、好都合だ: Х~, что он пришёл. 彼が来てくれてよかった | Х~, е́сли он придёт, а е́сли нет? 《俗》彼が来てくれればいいが、来なかったらどうするよ ⑤《挿入》[話]遂にはそうだろう: Х~, я сде́лаю по-тво́ему, и что да́льше? 俺がお前のようにしてみたとして、その先どうなるんだ
Ⅲ [助] ①いいだろう、OKだ: Х~, я приду́. いいでしょう、行きます ②(通例 же を伴って) 《話》(脅し)よし、見ておれ: Х~ же, э́то тебе́ припо́мнится. よし、このことで今に思い知らせるぞ Ⅳ [不変][中] (学校の5段階評価で)良、4: получи́ть по матема́тике ~ 数学で良をもらう | поста́вить ~ 良を付ける | сдать исто́рию на ~ 歴史の試験に良で合格する

**参考**《шко́льная 5-ступе́нная отме́тка》пятёрка, отли́чно(5); четвёрка, хорошо́(4); тро́йка, удовлетвори́тельно(3); дво́йка, неудовлетвори́тельно(2); едини́ца, пло́хо(1); 5が最高点で、3以上で合格

◆Всё ~, что ~ конча́ется. [諺]終わりよければ全てよし | Там ~, где нас нет. [諺]隣の芝生は青い(←人のもの ところ) | Х~ бы ... 《話》〜すればいいのに: Х~ бы он не заме́тил. あいつが俺たちに

気づかなきゃいいんだが(★ 仮定法のため現在の願望でも過去形になる) | Х~ бы до́ждичек! ひと雨降ればいいんだがなあ ◆~ за + 数[対] を優に超えている: Ей ~ за пятьдеся́т. 彼女は50歳を優に超えている

**Хорс** [男1] 《スラヴ神》ホルス(太陽神)

**хору́гвь** [女10] 《宗》(教会の宗教行進用の)旗

**хо́ры** -ов [復] (大ホール・教会などの)2階桟敷席

**хорь** -я́ [男5] 〔動〕ヨーロッパケナガイタチ(хорёк); 《複》イタチ科 // **хорько́вый** [形1]

**хо́спис** [男1] ホスピス

**хост** [男1] [IT]ホスト

**хот-до́г** [o] [不変]-[男2] ホットドッグ

**хоте́ние** [中5] [古]望み、希望 《желание》

**хоте́|ть** [ハチェーチ] хочу́, хо́чешь, хо́чет, хоти́м, хоти́те, хотя́т [不完] / **захоте́ть** [完] 〔want, desire〕 ①「欲しくなる」「したくなる」は **захоте́ть** 〔完〕 ②〔与/無補語〕〜が欲しい、〜を欲しがる、欲する、望む; 〜が必要だ; 〜するつもりだ(★ 抽象名詞や液体などの不完量は生格、具体的・特定的な事物は対格、《話》ではどちらも対格になる場合がある): Он *хо́чет* по́мощи. 彼は助けを欲している | ~ воды́ (ча́ю) 水[茶]を欲しがる | Я *хочу́* но́вую маши́ну. 私は新車が欲しい | Я *хочу́* твоего́ сча́стья. 私は君の幸せを望んでいる | Я *хочу́* тебя́. ぼくは君が欲しい ②〔不定形〕〜したい、したがる; 〜するつもりだ: Я *хочу́* есть. 私はおなかがすいた(←食べたい) | Я *хочу́* стать учи́телем. 私は教師になりたい | Я *хоте́л* написа́ть статью́, но не успе́л. 私は論文を書き上げたかったが、間に合わなかった | Никто́ не *хо́чет* слу́шать её. 誰も彼女の話を聞きたがらない | Я не *хочу́* встреча́ться с ним. 私は彼に会いたくない | Вчера́ я не *хоте́л* встре́титься [встре́чаться] с ним. きのうは彼に会いたくなかった(★ 否定文は通例動作の完成を考慮に入れないので 不定形 は不完了体だが、「…したくないから…しなかった」と一回性の意志的な動作である場合では完了体になる) ③〔что́бы節〕〜することを欲する、…してもらいたい: Я *хочу́*, что́бы он сде́лал э́то. 私は彼にこれを仕上げてもらいたい | Я *хочу́*, что́бы всё бы́ло в поря́дке. 万事が順調になってほしい | 《話》今にも…しそうだ: Изба́ *хо́чет* завали́ться. この百姓家は今にも倒れそうだ ④〔関係代名詞・副詞を伴って〕どんな…でも: Здесь есть всё, что *хо́чешь*. ここには欲しいものは何でもある | Времени ско́лько хо́чешь. 時間はいくらでもある | Отда́й кому́ хо́чешь. 誰でも与えたい人に渡しなさい | Иди́ куда́ хо́чешь. 行きたいところに行きなさい

◆ (вот) что ты хо́чешь [вы хоти́те] 《話》いくらでも欲しかろうが、どんなに望んでも: Вот что ты хо́чешь, не могу́. 残念だけど無理なんだ | **е́сли хоти́те** [**хо́чешь**] 《挿入》確かに、言うなれば、まあ…かもしれないが: *Е́сли хоти́те*, в э́том слу́чае он прав. まあ確かにこの場合、彼が正しい | **как хо́чешь [хоти́те]** (1)好きなように、ご自由に: Суди́те меня́, как *хоти́те*. 私のことをお好きなように非常にも裁判ください (2) 《挿入》何と言おうと、それにもかかわらず: Как *хоти́те*, а он всё-таки неглу́п. 何と言おうと、彼はそれでもなかなか頭が働きます | **како́й хо́чешь [хоти́те]** どんな…でも | 命令形 **не хочу́** 《話》いくらでも、欲しくないくらい: Ешь — *не хочу́*. さあいくらでも食べろ | **хоте́л бы** 不定形 〔婉曲〕〜したいのだが、できれば〜したい | **хо́чешь не хо́чешь** 《俗》хоти́ не хоти́ いやが応でも: Хо́чешь не хо́чешь, а пойдёшь. いやが応でも行くんだよ | **че́рез не хочу́** 《話》我慢して…する

**хоте́ться** [ハチェーッツァ] хо́чется [不完] (★「欲しくなる」「したくなる」は **захоте́ться** [完]) 〔want〕 (与を主語に 不定形〕〜が欲しい気がする、…したい気がする (★ 与/与 の使い分けは хоте́ть①と同様): *Хо́чется* спать. 眠い | Мне *хо́чется* ча́ю. 私はお茶が欲しいなあ | Мне *хо́чется* на конце́рт. コンサートへ行きたい

| **Хо́чется** хоро́шего дру́га. いい友人が欲しい | **Хо́чется**, что́бы бы́ло ти́хо. 静かにしてほしいね | Ей ужа́сно не *хоте́лось* расстава́ться с Са́шей. 彼女はサーシャとどうしても別れたくなかったのです(★ 否定の場合, 不定形は不完了体)

**хоть¹** [女10] 《旧》欲, 欲望

‡**хоть²** [ホチ] **I** [接] [although, even if] ① …だけれど, …にもかかわらず, …とはいえ: Он всё равно́ придёт, ~ и за́нят. 彼は忙しいけれど, それでも来るだろう ② 〈命令形〉/〈不定形〉たとえ, …しても: Он не понима́ет, ~ сто раз объясня́й. 彼は百回説明しても理解できない | Ничего́ не понима́ю, ~ убе́й. 《話》たとえ殺されても, 理解できないものは理解できない | *X~* умри́, а сде́лай! 死ぬ気でやれ ③ 〈命令形〉/〈不定形〉…してもいいくらいだ, …したいほどだ, …しなければならないほどだ: ~ брось 投げ捨てたくなるくらいにろくでもない | Таку́ю дра́ку подня́ли, ~ водо́й разлива́ть. 水をぶっかけて引き離さなければならないくらいの大げんかが始まった | Темно́, ~ глаз [глаза́] вы́коли. 目玉をくりぬかれてもわからないほど真っ暗だ ④ (*хоть ..., хоть ...*で) …でも…でも, …にせよ…にせよ: Приходи́ ~ сего́дня, ~ за́втра. 今でもいいし あしたでもいいから来てよ

**II** [助] ① 少なくとも, せめて: Дай ~ рубль. 少なくとも1ルーブルはくれ | Приходи́ ~ ты. せめて君は来てくれよ ② …さえ, …でも: Пойдём ~ сейча́с. 今すぐにでも出かけよう | Приходи́ ~ всё. 全員が来てもいいからおいでよ ③ 《話》例えば: Взять ~ тебя́: ра́зве у тебя́ нет недоста́тков? 例えば君だ, 君には本当に欠点がないかね ④ 〈関係代名詞・関係副詞と共に〉どんな…でも: ~ кто 誰でも | ~ куда́ どこへでも ⑤ 〈不定代名詞・不定副詞と共に〉せめてどんな…でも: ~ что́-нибу́дь 何でもいいからせめて何か | ~ како́й-нибу́дь せめてどんな…でもいいから ◆*По́сле нас ~ пото́п.* 《諺》後は野となれ山となれ(一我々の後は洪水が起きても構わない) **/ -бы́** (1)せめて: ~ бы раз в ме́сяц せめて月に1回は | Ну́жно бы́ло ~ бы извини́ться! せめて謝るべきなのに (2)せめて…してくれたら (★ 仮定法のその他の願望形でも過去形になる): *X~ бы* не опозда́ть! せめて遅刻しなければいいのだが | ~ **бы́** он поскоре́й пришёл! 彼がもっと早く来てくれるといいのに ③もし…なら, たとえ…だとしても: Он не успе́ет прийти́, ~ **бы́** и захоте́л. たとえ彼が来たくなっても, もう間に合わないよ (4)例えば: Кто позвони́т? — А ~ **бы́** ты. 「誰が電話するんだ」「例えば君でどうだい」**/ -бы́ и та́к** (1) (相手の言うことを)それならそれでいい, まあいい (2)もしそうだとしても: *X~ бы и та́к*, всё равно́ он не до́лжен был э́того де́лать. たとえそうでも, それでも彼はそれをすべきではなかった **/ -бы́ что** 図 《話》…は全く平気だ, 意に介さぬ: Его́ стыдя́т, ему́ ~ **бы́** что. どんなにたしなめても彼はけろっとしている **/ ~ куда́** 《話》《出しても恥ずかしくない, 立派な: Он па́рень ~ куда́. 彼は立派な男だ **/ ~ пла́чь** どんなに必死になっても **/ ~ ты́ что́** 《俗》手に負えない, どうしようもない

‡**хотя́** [ハチャー] [although, though] **I** [接] ①《譲歩》…だけれど, …とはいえ: Он придёт, ~ и за́нят. 彼は忙しいけれど来るだろう | Он оста́лся недово́лен, ~ и согласи́лся. 同意はしたけれど, 彼は不満だった ②《反意》しかし, けれど: Он учи́лся хорошо́, ~ ча́сто лени́лся. 彼は成績がよかったが, しかしよく怠けた

**II** [助]《俗》せめて, …でも

◆**~ бы ...** (1)たとえ…であっても: *X~ бы* ты́ и захоте́л игра́ть, тебе́ бы э́того не позво́лили. たとえ君が遊びたいと思っても, 許してはもらえない (2)…でも: Выска́зывайтесь поделика́тнее, ~ **бы́** из уваже́ния к друго́му. 例えば他者への敬意からでももう少し丁寧に物を言って下さい (3)《願望》…すればいいのに: *X~ бы́* он позвони́л! 彼から電話があればいいのに | *X~ бы и так*, дождя́ не́ было! 雨が降らなければいいのに (4)せめて: Приходи́ ~ **бы́** за́втра. せめてあしたには来てくれよ **/ ~ бы и та́к** もし似そうだとしても

**хохла́тка** 複生 -ток [女2] とさか[毛冠]を持つ鳥(鶏など): ку́рица-~ (毛冠を持つ)雌鶏

**хохла́тый** [形] とさか[毛冠]を持つ

**хо́хлить** -лю, -лишь [不完] / **на-** 受通 -ленный 〈鳥〉(鳥が)~の羽毛を逆立てる **// -ся** [不完] / [完] ① (鳥が)羽毛を逆立てる ② 《話》元気をなくす, 陰気になる

**хохлома́** [女] 《集合》ホフロマ塗り(木製民芸品)

**хохломско́й** [形4] ホフロマ塗りの: *-а́я* ро́спись ホフロマ塗りの絵 | ~ *-а́я* ло́жка ホフロマ塗りの匙(きじ)

**хо́хма** [女1] 《俗》冗談, からかい, 滑稽なこと

**хохма́ч** -á [男4] / **-ка** 複生 -чек [女2] 《俗》冗談好きな人

**хохми́ть** -млю́, -ми́шь [不完] 《俗》うまい冗談を言う

**хо-хо́, хо-хо́-хо** [間]《擬音》ハハ, ハハハ (笑い声)

**хохо́л¹** -хла́ [男1] とさか, 毛冠 ◆*-о́к* -лка́ [指小]

**хохо́л²** -хла́ [男1] / **хохлу́шка** 複生 -шек [女2]《俗》ウクライナ人 **// хохла́цкий** [形3]

**хо́хот** [男1] 大笑い ◆**гоме́рический ~** こらえ切れないばか笑い

‡**хохота́ть** -хочу́, -хо́чешь [不完] / **хохотну́ть** -ну́, -нёшь [完] ①-回]大笑いする

**хохоту́н** -á [男4] / **-ья** 複生 -ий [女8], **хохоту́шка** 複生 -шек [女2]《話》大笑いする人, 笑い上戸 ◆*напа́л на* 図《話》人には笑いがこみ上げてきた

**хо́чешь** [2単現], **хочу́** [1単現] < хоте́ть

**Хоши́мин** [男1] ホーチミン(ベトナムの都市)

**храбре́ть** -е́ю, -е́ешь [不完] / **по-** [完]《話》勇敢になる

**храбре́ц** -á [男3] 勇者, 大胆な人

**хра́бриться** -рюсь, -ришься [不完]《話》威勢のよいところを見せる, 強がりを言う

**хра́брость** [女10] 勇敢さ, 大胆さ

‡**хра́брый** 短 -áбр, -áбрá, -áбро, -áбры/-áбры́ [形1] [brave, courageous] ①勇敢な, 大胆な; 勇敢そうな: ~ вид 勇姿 | ~ вои́н 勇敢な戦士 ② [男名]/-**ая** [女名] 勇者 **// -о** [副]

‡**храм** [フラーム] [男1] 神殿, 寺院, 教会堂; 殿堂: *X~* Христа́ Спаси́теля 救世主ハリストス大聖堂 (モスクワ) | синто́йский ~ — 神社 | будди́йский ~ — 仏寺 | ~ нау́ки 科学の殿堂 **// хра́мовый** [形2] : ~ ко́мплекс 寺院群

‡**хране́ние** [中5] [custody, storage] 保管, 保存: ка́мера ~*ия* 手荷物預り所 | срок ~*ия* 賞味期限, 品質保持期間

**храни́лище** [中2] 保管所, 貯蔵庫

**храни́тель** [男5] / **~ница** [女3] ① 保管者, 保存者; 擁護者, 守護者 ② (図書館・博物館・文書館などの)館長, 管理者

‡**храни́ть** [フラニーチ] -ню́, -ни́шь 命 -ни́ 受通 -нённый (-нён, -нена́) [不完] / **сохрани́ть** [サフラニーチ] [完] [keep, preserve] 〈図〉①しまっておく, 保存する, 保管する: ~ де́ньги в ба́нке 金銭を銀行に預けておく | ~ докуме́нт на флэ́шке [ди́ске] 文書を USB メモリ[ディスク]に保存する | ~ фа́йлы в Интерне́те ファイルをネット上に保存する ② (心に)留める, 覚えている: ~ 図 в па́мяти ~ を記憶に留める | ~ печа́ль в се́рдце 悲しみを心に留めておく ③ 秘密にしておく, 隠しておく: прошу́ ~ э́то в та́йне このことは秘密にしておいて下さい ④ 守る: ~ обы́чаи 習慣を守る | ~ та́йну 秘密を守る ⑤ 〈名誉を〉守る, 保つ: ~ до́брое и́мя 評判を保つ ⑥ 《文》〈状態を〉保つ: ~ молча́ние 沈黙を守る | ~ го́рдый вид 誇らしげな様子を保つ ⑦ (事物が)所蔵している, 秘めている: Этот дом храни́т

много тайн. この家は多くの謎を秘めている ∥ **~ся** [不完] ①保管されている ②残っている [受身]

**храп** [男1] ①いびき: спать с ~ом いびきをかいて眠る ②(動物の)鼻梁

**храпа́к** -á [男2] ◆*дать* [*зада́ть*] *~á* 《俗》いびきをかいて眠る

**храпе́ть** -плю́, -пи́шь [不完] / **храпну́ть** -ну́, -нёшь [完][一回] ①いびきをかく ②(動物が)鼻息を立てる

**храпови́к** -á [男2] 【技】爪車, ラチェット

**храпови́цк|ий** [形3] ◆*задава́ть* [*зада́ть*] *-ого* 《話》大いびきをかいて眠る

**храпово́й** [形2] 【技】< храпови́к: ~ механи́зм 爪車装置, ラチェット・ギヤ

**храпу́н** -á [男1] **~ья́** 複生 -ий [女8] 《話》いびきをかく人

**хребе́т** -бта́ [男1] ①【解】脊椎, 脊柱 ②《俗》背中 ③山脈, 連山 ∥ **хребто́вый** [形1]

**хрен** -a/-y [男1] ①【植】セイヨウワサビ, ホースラディッシュ; その根 ②《隠・粗》男性器 ◆*на́ хрен = на* *~á* 《俗》何のために, どうして (★アクセント注意) | *не́ хрена = не́ хрен* …する必要はない | *ни оди́н* ~ 誰も…ない | *ни* *~á* (★アクセント注意)(1)全く何もない (2)何もしない (3)全然わからない, 何ら反応もない | *Ни* *себе́!* まあまあ, 結構いいね (★アクセント注意) | *оди́н* ~ 全く同じもの | *ста́рый* ~ 《俗・罵》老いぼれ | *Х~ ре́дьки не сла́ще*. 五十歩百歩 (←ワサビはダイコンより甘くない)

**хре́новый** [形1] ①< хрен ②《俗》ひどい, 役立たずの

**хрестомати́йн|ый** [形1] < хрестома́тия よく知られた, 簡明な, 陳腐な: -*ая и́стина* 一般通念, 疑いようのないこと ∥ **-ость** [女1]

**хрестома́тия** [女9] 選文集, 読本: ~ *по ру́сской литерату́ре* ロシア文学読本

**хризанте́м|а** [女] [植]キク; その花 ∥ **-ный** [形1]

**хризоли́т** [男1] [鉱] 貴かんらん石, クリソライト

**хрип** [男1] ①ぜいぜい言う声[音]: しゃがれ声, かすれ声 ②《通例複》[医](肺の)ラッセル

**хрипа́тый** [形1] 《俗》(声が)少しかすれた, しゃがれ気味の

**хрипе́|ть** -плю́, -пи́шь [不完] / **про-** [完] ①ぜいぜい言う, しゃがれ声を出す ②しゃがれ声で話す[歌う] ∥ **-ние** [中5]

**хрипли́в|ый** 短 -и́в [形1] 《話》(声が)少しかすれた, しゃがれ気味の ∥ **-ость** [女1]

**хри́плый** 短 -и́пл, -ипла́/-и́пла, -и́пло [形1] (音・声が)かすれた, かすれた

**хри́пнуть** -ну, -нешь [不完] / **о-** [完] (声が)しゃがれる, かすれる

**хрипота́** [女1] (声の)かすれ, しゃがれ

**хрипотца́** [女3] 《話》声が少しかすれていること

**хрипу́н** -á [男1] **~ья́** 複生 -ий [女8] 《話》しゃがれ声の人

**хрипу́чий** [形6] 《話》しゃがれ声の

*   **христиани́н** 複 -áне, -áн, -анам [男10] / **христиа́нка** 複生 -нок [女3] [Christian] キリスト教徒
*   **христиа́нский** [形3] [Christian] キリスト教の
*   **христиа́нство** [中1] [Christianity] キリスト教: *приня́ть* ~ キリスト教を受容する
*   **Христо́с** -тá, -ту́, -тá, -то́м, -те́ 呼 -те́ [男] [Christ] キリスト (Иису́с Христо́с) ◆*как у Христа́ за па́зухой* 何の心配もなく, 気楽に | *Христо́м*(*-*) *Бо́гом* (*проси́ть, моли́ться*) しきりに, 切々と(頼む, 祈る) | ~ *воскре́с*(*е́*)*!* キリストは蘇り給えり(→ **воскреса́ть**)

**христо́сик** [男2] 《話・皮肉》外面上は善良で謙虚な人; 世間離れしたお人好し

**христо́соваться** -суюсь, -суешься [不完] / **по-** [完] 《復活大祭に》「主は蘇り給えり」「まことに蘇り給えり」と掛け合いながら3度キスを交わす (→воскреса́ть)

**хром** [男1] ①【化】クロム ②クロム顔料 ③クロム革

**хромати́зм** [男1] ①【理】色収差 ②【楽】半音階(法)

**хрома́тика** [女2] 【楽】半音階(法)

**хромати́ческ|ий** [形3] ①【理】色収差の: -*ая аберра́ция* 色収差 ②【楽】半音階(法)の: -*ая га́мма* = ~ *звукоря́д* 半音階列 | -*ая гармо́нь* 半音階のガルモニ

*   **хрома́ть** [不完] [limp] ①足を引きずって歩く ②《話》満足できる状態ではない, 欠陥がある; (技能・学業が)思わしくない: *Де́ло хрома́ет*. 事がうまく運ばない | *Зна́ния его́ хрома́ют*. 彼は知識が足りない

**хроме́ть** [不完] / **о-** [完] びっこになる

**хроми́р|овать** -рую, -руешь 受過 -анный [不完・完] 〈圏〉クロムでめっきする ∥ **-о́вка** [女2]

**хро́мистый** [形1] 【化】クロムの, クロムを含有する

**хро́мо-** 《語形成》「クロムの」「色の」

**хромо́вый** [形1] < **хром**

**хром|о́й** 短 хром, -мá, -мо [形2] [lame, limping] ① (a)足を引きずって歩く: ~ *на ле́вую но́гу* 左足を引きずって歩く (b) ~ [男1/女2] [名] 足を引きずって歩く人 ②《話》片方の足が短い; (家具の脚が)不揃いの ∥ **хромота́** [女1]

**хромоно́гий** [形3] ①足を引きずって歩く ②(家具の脚の長さが)不揃いの, (脚が)欠けた

**хромоно́жка** 複生 -жек(女2変化) [男・女] [名] 足を引きずって歩く人

**хромосо́м|а** [女1] 《通例複》[生]染色体 ∥ **-ный** [形1]

**хромосфе́ра** [女1] 【天】(太陽の)彩層

**хро́ник** [男2] 《話》慢性の持病がある人

*   **хро́ник|а** [女1] [chronicle] ①年代記 ②記録, 物語 ③(新聞の)雑報欄; (映画・テレビの)ニュース ∥ **-а́льный** [形1] <③

**хроникёр** [男1] (新聞の)雑報記者

**хрони́ческ|ий** [形3] ①(病気が)慢性の, 長期の: ~ *ревмати́зм* 慢性のリウマチ ②慢性の病気にかかっている, 持病持ちの: ~ *больно́й* 慢性病患者 ③慢性の: -*ое безде́нежье* 慢性的な金欠

**хроно-..** 《語形成》「時間の」

**хроно́граф** [男1] ①年代記 ②クロノグラフ(時間間隔などの記録機器) ∥ **-и́ческий** [形3]

**хроно́лог** [男2] 年代学者, 年表研究者

**хронологи|я** [女9] ①年代学 ②年表: ~ *ру́сской исто́рии* ロシア史年表 ③(事件・現象の)時間的な順序[経緯] ∥ **-и́ческий** [形3]

**хроно́метр** [男1] クロノメーター; 精密時計

**хрономета́ж** [男4] 作業(所要)時間測定 ∥ **~ный** [形1]

**хронометра́ж|ист** / **~ка** 複生 -ток [女2] (作業・所要)時間測定者

**хронометри́ровать** -рую, -руешь 受過 -анный [不完・完] 〈また**за~, про~**〉[圏]の時間測定を行う

**хронометри́|ст** / **~ка** 複生 -ток [女2] 計時係, タイムキーパー

**хроноско́п** [男1] クロノスコープ(極めて短い時間を測定する装置) ∥ **-и́ческий** [形3]

**хронотро́п** [男1] 時空間

**хру́пать** [不完] / **хру́пнуть** -ну, -нешь 命 -ни [完][一回] 《話》〈圏〉①ポリポリ[カリカリ]音を立てて食べる ②パリンという音を出す, パリンと割れる

*   **хру́пк|ий** 短 -пок, -пка́, -пко [形3] [fragile] ①もろ

**хруст** 896

и, разрывается; (砕けやすい) サクサクいう ②か弱い, きゃしゃな **//-ость**

**хруст** [男1] 割れる[砕ける]音: ~ снéга под ногáми 足下で雪がザクザクいう音

**хрустáлик** [男2]《解》(眼の)水晶体: ~ глáза 眼の水晶体 | искýсственный ~ глáза 眼内レンズ, 人工水晶体

\***хрустáл|ь** [男5]〔crystal〕①クリスタルガラス;《集合》クリスタルガラス製品: вáза из -я́ クリスタルガラス製の花瓶 ②《鉱》水晶 (горный ~)

**хрустáльн|ый** [形1] ①<хрустáль: -ая тýфелька (золýшки)(シンデレラの)ガラスの靴 ②透明な, 澄んだ: ~ воздух 澄んだ空気 **//-ость**

**хрустáльщик** [男2] クリスタルガラス(製品)製造工

**хрустéть** -ущý, -устúшь [不完]/**хрýстнуть** [сн] -ну, -нешь 命 -ни [完][一回] ①パリン「ザクザク, ポリポリ]と音を立てる ②《噛》を音を立てて食べる: ~ огурцóм キュウリをポリポリ食べる

**хрýсткий** 短 -ток, -ткá/-тка, -тко [形3] ①パリパリ[カリカリ, ポリポリ]音を立てる ②もろい, 割れやすい

**хрустя́щий** [形6] カリカリの, サクサクの, 歯ごたえのよい: ~ картóфель ポテトチップ (чипсы)

**хрущ** -á [男4]《昆》コフキコガネ (хрущ)

**Хрущёв** [男姓] フルシチョフ (Никúта Сергéевич ~, 1894-1971;ソ連の政治家, 党第一書記(1953-64), 首相(1958-64); あだ名は кукурýза)

**хрущёвка** 複生 -вок [女2], **хрущёба** [女1] フルシチョフ時代に建てられた5階建の狭小で安っぽいアパート

**хрущóбы** -óб [複]《俗・蔑》① = хрущёвка ②хрущёвка が建ち並ぶ一角

**хры́ч** -á [男4]/**~óвка** 複生 -вок [女2]《俗・蔑》老いぼれ(婆)

**хрю́кать** [不完]/**про-** [完], **хрю́кнуть** -ну, -нешь 命 -ни [完][一回] (豚が)ブウブウ鳴く **//-нье** [中4]

**хрю-хрю́** [間]《擬声》ブーブー (豚の鳴き声);《幼児》ぶうちゃん, 子ぶたちゃん

**хрю́шка** [女2]《話》ぶうちゃん, 豚

**хря́к** -á [男2]《畜産》①雄豚 ②去勢豚

**хря́стнуть** [сн] -ну, -нешь 命 -ни [完]《俗》①音を立てて割れる[折れる] ②《副》強く打つ **//-ся** [完]《俗》強くぶつかる; 倒れる

**хрящ** -á [男4]《解》軟骨 **/~úк** [男2][指小] **//~евóй** [形2]

**хрящевáтый** 短 -áт [形1] 軟骨の多い;軟骨が張り出した: ~ нос 高々とした鼻

**хрящеви́на** [女1] 軟骨質

**Хуанхэ́** (不変)[女] 黄河 (中国の川)

**худéе**[比較]<худóй[^1]

**хýденький** [形3][指小]悪い気味の, 少し痩せた

**худéть** [不完]/**по~** [完] 痩せる

**худи́ть** -дúт [不完]《話》《衣》(衣服が)〈着ている人を〉スマートに[細く]見せる: Эта ю́бка её худи́т. このスカートをはくと彼女は細く見える

**хýд|о[^1]** [中1]《話》悪いこと, 不愉快なこと ◆ **Нет -а без добрá.**《諺》悪いことにもよい部分がある:ものは考えよう

**хýдо[^2]** 比 хýже ①[副] 悪く, まずく, ひどく: Мне ~ пришлóсь. 私はひどい目に遭った ②[無人述](与に)気分が悪い, 具合が悪い: Больнóму ~. 病人は容態が悪い ◆ **не ~ бы** [不変形] …するのも悪くないだろう, まんざらでもない

**худобá** [女1] 痩せすぎていること, 痩身

**худóба** [女1][隠]家畜(特に牛)

**хýдо-бéдно** [副]《話》少なくとも

**худóжественность** [女10] 芸術性

**худóжественн|ый** [フドージェストヴィンヌイ] 短 -ен, -енна [形1] ①《長尾》芸術の;美術の: -ая литератýра 文学 | -ое произведéние 芸術作品 ②(長尾)芸術に関する: -ое учúлище 美術学校 | ~ руководúтель теáтра 劇場の美術監督 ③美術の; 審美的な: ~ вкус 美的センス | Эта карти́на óчень -а. この絵はたいへん芸術的だ ④《長尾》美的要素のある: ~ая гимнáстика 新体操 | -ое плáвание シンクロナイズドスイミング ◆ **~ беспорядок** (戯)大変な乱雑さ | **-ое конструи́рование** インダストリアル・デザイン | **-ая самодéятельность** アマチュア芸術活動(любúтельские коллекти́вы) | **Москóвский Х~ теáтр** (チェーホフ記念)モスクワ芸術座（略 МХТ) | **Москóвский Х~ академи́ческий теáтр** (ゴーリキー記念)モスクワ芸術座 (略 МХАТ)

**худóжество** [中1]《旧》芸術; 美術 (искýсство) ②(俗)いたずら, 悪ふざけ, 策略

\***худóжник** [フドージニク] [男2]/《話》 **-ца** [女3]〔artist〕①美術家; 画家: ~-баталúст 戦争画家 ②(男)芸術家; (演劇・映画などの美術的分野の)担当: ~ слóва 言葉の芸術家, 文学者 | гениáльный ~ 天才的な芸術家 | ~-постанóвщик 美術担当 | ~ по свéту 照明担当 ③名人: ~ своегó дéла その道の達人 ④(俗)(衣服を切り裂いて盗む)すり

**худóжник-констрýктор** [男2]-[男1] 工業デザイナー

**худóжническ|ий** [形3] 芸術[美術]家の; 芸術家らしい: ~ клуб 芸術家クラブ | -ая богéма ボヘミアンの画家, 放浪画家 | -ое ощущéние 美的な感覚

\***худ|óй[^1]** [フドーイ] 短 худ, -дá, -до, -ды́/-ды 比-дéе 最上 -дéйший [形2]〔thin, lean〕①痩せた, 痩せこけた (↔ тóлстый):-ы́е рýки 痩せこけた手[腕] ②《話》ぼろぼろの, 破れた, 駄目になった: -óе ведрó 穴の開いたバケツ

**худ|óй[^2]** [フドーイ] 短 худ, -дá, -до 比 хýдший, хýже 最上 худший [形2]〔bad〕①悪い; 不吉な ②-óе [中名] 悪いこと: Он никомý -óго не сдéлал. 彼は誰にも悪いことはしなかった | **на ~ конéц** 最悪の場合

**худоскóвие** [中5] 悪液質; (重病による末期的)全身衰弱

**худоскóвчный** [形1] 悪液質の, 全身衰弱の

**худощáвый** 短 -áв [形1] 痩せた, 痩せぎすの

**худрýк** -a/-á [男2][語頭](劇場などの)美術監督 (худóжественный руководи́тель) **//-овский** [形3]

**хýдш|ий** [形6][比較・最上<худóй[^2], плохóй] より悪い; 最悪の: ~ результáт 最悪の結果 | вы́брать -ую дорóгу 一番ひどい道を選ぶ | в -ем слýчае 最悪の場合

**худы́шка** 複生 -шек(女2変化) [男・女]《話》痩せせっぽち(通例子ども・女性)

**худю́щий, худю́щий** [形6]《話》痩せこけた, がりがりの

\***хýже** [フージェ] 〔worse〕I [形] [比較＜худóй[^2], плохóй]より悪い, より劣る: Он ~ меня́. 彼は私より劣る | Он ~ други́х. 彼は他の者とひけをとらない | Сегóдня погóда ~, чем вчерá. きょうは天気がきのうより悪い II [副] [比較＜худо[^2], плóхо]より悪く, より下手に: Он говори́т по-рýсски ~ меня́. 彼は私よりロシア語を話すのが下手だ III [無人述] [比較<худо[^2], плóхо] より悪く, より具合[気分]が悪い: Сегóдня мне ~, чем вчерá. 私はきょうは, きのうより気分が悪い ◆ **ещё ~** 《挿入》さらに悪いことには | **как нельзя́ ~** これ以上にないほど悪い | **неизвéстно, чтó ~** どちらの余地がない(ほどどちらも悪い) | **тéм ~** なおさら悪い | **~ всегó, что ...** 最悪のは…ということだ | **нéкуда ~** 最悪, 最低

**хуй** -я/-я́ [男6]《卑》陰茎, 男性器 (→**мáт**[参考])

**хула́** [女1]《文》非難, 誹謗
***хулига́н** [男1] / **~ка** 複生 -нок [女2] ならず者, よた者, フーリガン **//~ский** [形3] フーリガン[暴力行為]の
**хулига́нить** -ню, -нишь [不完] / **на~** [完] 暴力行為をする, 暴れる
**хулига́нничать** [不完] / **на~** [完]《俗》= хулига́нить
**хулига́нство** [中1] 暴力行為; 違法行為
**хулига́нствовать** -твую, -твуешь [不完] 暴力を振るう, 乱暴する
**хулиганьё** [中4]《話》《集合》ならず者, フーリガン
**хули́тель** [男5] / **~ница** [女3]《文》非難者, 誹謗者
**хули́тельный** [形1]《文》非難の, 誹謗の
**хули́ть** -лю́, -ли́шь [不完] / **о~** [完]《文》<図>非難する, 誹謗する
**ху́нта** [女1]〘政〙(スペイン・中南米の)政治団体; 軍事政権
**хурма́** [女1]〘植〙カキ; その実
**ху́тор** 複 -а́ [男1] ①(集落から独立した個人の)農場 ②(南ロシア・ウクライナの)小村落 **//~о́к** -рка́ [男2]〔指小〕**//~ско́й** [形4]
**хутор́ян|ин** 複 -я́не, -я́н [男10] / **–ка** 複生 -нок [女2] ху́тор の住民[所有者]
**хы́** [間]《不信・嘲笑》へっ
**хэбэ́, хабэ́** (不変)[中]/[女]〘軍〙(木綿の)軍服
**хэбэ́шка, хабэ́шка** 複生 -шек [女2]〘軍〙(木綿の)軍用シャツ
**хэ́ви-ме́тал** [不変]-[男1] = хе́ви-ме́тал
**хэ́ппенинг** [男2] ハプニング
**хэ́ппи-э́нд** [不変]-[男1] ハッピーエンド
**хэтчбе́к** [э́] [男2]〘車〙ハッチバック

# Ц ц

**ц**《略》це́нтнер
**ца́п**《述語》《話》ца́пать/ца́пнуть の過去形の代用
**ца́нга** [女2]〘工・技〙コレット(チャック)
**ЦАП** [ツァープ]《略》ци́фро-ана́логовый преобразова́тель デジタル・アナログ変換器, DAC
**ца́пфа** [女1]〘工・技〙軸頸, ジャーナル
**ца́пать** [不完] / **ца́пнуть** -ну, -нешь 命 -ни 受過 -тый [完][一回]《俗》<図> ①(爪を立てて)つかむ, 引っかく(цара́пать) ②〔完また **с~**〕(素早く乱暴に)つかむ: ～ пирожки́ с таре́лки 皿からピロシキをひっつかむ
**ца́паться** [不完] / **по~** [完]《俗》①<за図を>(爪を立てて)つかむ; 引っかき合う(цара́паться) ②口げんかをする
**ца́пка** 複生 -пок [女2] ①小型の鍬(くわ) ②(消火栓の配管の)おねじ(↔му́фта) ③〘医〙タオル鉗子
**ца́пля** 複生 -пель [女5] ①〘鳥〙サギ;《複》アオサギ属: се́рая ～ アオサギ(ロシアで繁殖し冬は南下; 日本では留鳥) | стоя́ть как ～ (サギのように)1本足で立つ ②《戯》(サギのように)のっぽで足の長い人 **//ца́плев|ый** [形1]: **–ые** [複名] サギ科
**ца́пнуть** [完] →ца́пать
**цап-цара́п**《述語》《話・戯》ひっつかんだ, ひったくった
***цара́па|ть** 受過 -панный [不完] <図> ①〔完 **о~,** 一回 **цара́пнуть** -ну, -нешь 命 -ни 受過 -тый〕引っかく, 引っかかる; 引っかいて傷つける: Ко́т никогда́ не *цара́пал* дете́й. その猫は決して子どもに爪を立てなかった | ～ се́рдце 心をかき乱す | Перо́ *цара́пает* бума́гу. 万年筆が紙に引っかかる | ～ го́рдость プライドを傷つける ②〔完 **на~**〕《話》引っかいて書く(下手な・判読不能な字のこと): ～ в тетра́дке 釘で引っかいたような字でノートに書く **//~ся** [不完] ①(猫などに)引っかく習性がある ②引っかきあう ③(入ろうとして表面を)引っかく ④傷つけ合う, 口論する **//–нье** [中4]
**цара́пин|а** [女1] ①すり傷; 引っかき傷: ру́ки в *–ах* 擦り傷だらけの両腕 ②(心の)傷: ～「в душе́ [на се́рдце] 心の傷
**царе́вич** [男4]〘露史〙ツァーリ(ца́рь)の息子, 皇子
**царе́вна** 複生 -вен [女1]〘露史〙ツァーリ(ца́рь)の娘, 皇女 ■～ **Несмея́на**〘民話〙笑わない王女;《戯》なかなか笑わない気難しい女性 | **Ц~-лягу́шка**〘民話〙蛙の王女
**царёк** -рька́ [男2] ①《皮肉》小国の君主 ②《蔑》親玉, 親分
**цареуби́йство** [中1] ツァーリ(ца́рь)殺し
**цареуби́йца** (女3変化)[男・女] ツァーリ(ца́рь)殺害者
**цари́зм** [男1] ツァーリ(ца́рь)による支配体制, ツァリーズム **//цари́стский** [сс] [形3]
***цари́ть** -рю́, -ри́шь [不完]〔reign〕①君臨する, 上に立つ;《旧》ツァーリ(ца́рь)になる ②《雅》(ある状態が)支配する, 覆う: На ры́нке *цари́т* оптими́зм. 市場では楽観的な空気が広がっている | В го́роде *цари́т* тишина́. 町は静まり返っている
**цари́ца** [女3] ①女帝, 女王: ～ Екатери́на II (втора́я) 女帝エカテリーナ2世 ②ツァーリ(ца́рь)の妻, 皇后 ③(ハチなどの)女王 ■～ **небе́сная** 聖母マリア
***ца́рск|ий** [形3] ①ツァーリ(ца́рь)の, 皇帝の: ～ ука́з 皇帝令 | *–ая* семья́ 皇帝一家 ②帝政の: *–ая* Росси́я 帝政ロシア ③豪華な, 高価な ■**–ая во́дка**〘化〙王水 | **Ц–ие врата́**〘正教〙王門(イコノスタシス中央の門扉)
**ца́рственн|ый** 短 -ен/-енен, -енна [形1] 堂々とした, 誇らしげな **//–ость** [女10]
**ца́рствие** [中5]: ～ небе́сное《雅》天国
***ца́рств|о** [中1]〔kingdom, realm〕①〘史〙ツァーリ(ца́рь)を君主とする国家: Ру́сское ～ ロシア・ツァーリ国 ②ツァーリ(ца́рь)による支配, 治世: венча́ться на ～ 戴冠する | в ～ Ива́на Гро́зного イヴァン雷帝の治世に ③(事物・現象の)王国: ～ приро́ды 自然の王国 ④〘生〙界: ～ живо́тных 動物界 ◆***в тридевя́том –е, в тридеся́том госуда́рстве*** 遥か彼方, それはそれは遠いところで | ***тёмное ～*** 遅れた社会 | ***со́нное ～***《話》眠りの国(よく寝る人に対して) | ***～ небе́сное*** 天国
**ца́рствовать** -твую, -твуешь [不完] ①ツァーリ(ца́рь)となる, 皇帝然とする ②《雅》(ある状態が)支配する, 覆う **//ца́рствование** [中5] 治世
***ца́р|ь** [ツァーリ] -я́ [男5] ①〘史〙ツァーリ, 皇帝(参考 ローマ皇帝を指すラテン語 Caesar がスラヴ語に転じたもの; ピョートル1世 Пётр I 以降のロシア皇帝は正式には Импера́тор の称号を用いたが, Ца́рь も用いられた) ②王, 第一人者, 最も優位なもの: Ле́в — ～ звере́й. ライオンは百獣の王だ | ～ бого́в〘神話〙主神 | лесно́й ～ 魔王 ③《特定の語と結合して》…の皇帝[王様]: *Ца̀рь-*пу́шка 大砲の皇帝[王様](モスクワのクレムリン内にある世界最大級の大砲) | *Ца̀рь-*ко́локол 鐘の皇帝[王様](モスクワのクレムリン内) ◆***при –е́ Горо́хе*** 昔々, 大昔 |「***с –ём*** [***без –я́***] ***в голове́***《話》頭がいい[悪い]
**ца́ца** [女3]《話》①《蔑》もったいぶった人, うぬぼれた人 ②《幼児》おもちゃ, いいもの ③暇つぶし, 娯楽になるもの ④《隠》銀[金]の装飾
**ца́цка** 複生 -цек [女2] ①〔指小〕< ца́ца ②《若者》装飾品, 小物
**ца́цкаться** [不完]《俗・非難》<с圏>…にかまいすぎる
**ЦБ** [ツェベー]《略》центра́льный ба́нк 中央銀行
***цвести́** -ету́, -етёшь 過 цвёл, цвела́ 能過 -е́тший 副分 -етя́ [不完]〔flower, bloom〕①(花が)咲いている, 咲

く: Я́блоня *цвете́т*. りんごの花が咲いている | По́сле сли́вы *цвету́т* ви́шни. 梅の後には桜が咲く ②〖雅〗〈圏から〉花開く, 発展する: 絶頂期にある: ~ красото́й 美の頂点にある ③〘話〙〈水面が〉藻に覆われる

**цвет¹** [ツヴェート] 複 -á [男1] [color] 色, 色彩: све́тлый [тёмный] ~ 明るい[暗い]色 | кра́сный [чёрный] ~ 赤[黒]色 ◆**защища́ть ~а** 图〘スポ〙…の色（チーム・団体に）参加して競技する | **в ~е** (写真・映画で)カラーで

*\***цвет²** -а/-у 複 н -е/-ý 複 -ы́ [男1] [flower] ①(通例複)〖集合でも〗花（単数には通例 цвето́к を用いる） ②〘単〙〖雅〗最良の部分, 精華: ~ интеллиге́нции インテリの中のさらに精鋭 ③〘話〙開花 ◆**в** [**во**] **~е** 图 …の最良の時期, …の盛りに: *во ~е ле́т* 人生の最盛期に, 壮年期に | же́нщина *во ~е ле́т* 女ざかりの女性 | **в ~у́** 图 盛りだ, 満開だ | **да́ть** ~ 图 咲く

**Цвета́ева** [女姓] ツヴェターエワ（Мари́на Ива́новна ~, 1892-1941; 詩人）

**цвета́ст|ый** 短 -а́ст〘話〙[形1] 色彩に富んだ, カラフルな *∥* **-ость** [女10]

**цвете́ние** [中5] 開花, 花盛り: прогно́з *-ия* са́куры 桜の開花予報 | ~ молодо́сти 若い盛り

**цве́тень** -тня [男5] 〘話〙花粉

**цвети́ст|ый** 短 -и́ст [形1] ①〘長尾〙花々に覆われた, 花柄の ② 彩り豊かな模様の ③（文体などが）彩り豊かな, 凝った *∥* **-ость** [女10]

**цветко́в|ый** [形1] <цвето́к: *-ые* расте́ния 〖植〗被子植物

**цветни́к** -а́ [男2] 花壇

*\***цветн|о́й** [ツヴィトノーイ] [形1] [colored] ① 色付きの, カラーの（↔чёрно-бе́лый）: *-о́е* телеви́дение カラーテレビ(放送) | *-а́я* обло́жка カラー表紙 ② 非鉄の: *-ы́е* мета́ллы 非鉄金属 ③（人が）有色の: *-о́е* населе́ние（白人に対して）有色人種の住民

■ *-а́я* ка́пуста カリフラワー

**цветово́д** [男1] 花卉(きき)栽培の専門家[生産家]

**цветово́дство** [中] 花卉(きき)栽培

**цветов|о́й** [形2] 色(< цвет¹)の: *-а́я* га́мма カラースペクトル

**цветовоспроизведе́ние** [中5] 色の再現

*\***цвето́к** [ツヴィトーク] -тка́ [男2] [flower]

①(複 -ты́/-тки́, -то́в/-тко́в)花: ~ я́блони りんごの花 | же́нский [мужско́й] ~ 雌[雄]花 | ва́за на оди́н ~ 一輪挿し（の花瓶） ②(複 -ты́, -то́в)草花〈花の咲く草, 草に咲く花を指す〉: живы́е [иску́сственные] *цветы́* 生[造]花 | ко́мнатные *цветы́* (室内用の)鉢植えの花, 観葉植物 | дари́ть *цветы́* 花を贈る

**цветому́зык|а** [女2]（音楽に合わせて照明が変化する）光彩音楽; その照明装置 (светому́зыка)

*∥* **-а́льный** [形1]

**цветоно́жка** 複生 -жек [女2] 〖植〗花梗, 花柄(くき)

**цветоно́сный** 短 -сен, -сна [形1] 〖植〗花のつく, 花の咲く

**цветоощуще́ние** [中5] 色覚

**цвето́ч|ек** -чка [男2] ①(指小・愛称 < цвето́к)小さな花 ②(複)小さな花の模様: си́тец *-ками* 小さな花の模様の付いた更紗

**цвето́чни|к** [男2] / **-ца¹** [女3] 花売り

**цвето́чница²** [女3] 植木鉢, プランター

**цвето́чный** [形1] ① 花の: ~ мёд 花由来の蜂蜜（通常の蜂蜜; 甘露蜜 па́девый мёд と区別） ② 花柄の

**цвету́щий** [形6] ① 花の咲く ② 花盛りの, 栄えている, 盛んな

**цветы́** [цвиты́] (複数; 主・対格) < цвето́к, цвет²

**цвири́кать** [不完] 〘話〙(コオロギなどが)コロコロ[キリキリ] (цвири́к-цвири́к)と鳴く

**це́вка** 複生 -вок [女2] ①（鳥の）蹠蹠骨(せきしょこつ)（脛骨と足指の間にある） ② 糸巻き, ボビン ③〖工〗ピン歯車(це́вочный механи́зм) *∥* **це́вочный** [形1]

**цевьё** [中4] ①〖軍〗(ライフルなどの)前床, ハンドガード ② 軸

**цеди́лка** 複生 -лок [女2] 〘話〙濾し器, ストレーナー

**цеди́льный** [形1] フィルターの, 濾過の

*\****цеди́ть** цежу́, це́дишь 受過 цежённый [不完] (filter, decant) 〈圏〉 ① 濾す, 濾過する: ~ молоко́ (濾し器で)ミルクを濾す ② …を（口の狭い容器に）注ぐ, 注ぎ入れる: ~ вино́ в буты́ль ワインを瓶に注ぎ入れる ③〘話〙少しずつ飲む, （ストローなどで）吸う ④〘話〙ぼそぼそ話す: ~ слова́ сквозь зу́бы 歯の間から言葉を押し出すように話す *∥* **~ся** [不完] (受動) <① ② */∥ **це́жение*** [中5]

**це́дра** [女1] 柑橘類の果実の皮, それを乾燥させたもの, ピール (香料, 薬味)

**цежёный** [形1] 〘話〙濾した

**це́зий** [男7] 〖化〗セシウム (記号 Cs)

**цезу́ра** [女1] 詩・楽〘カエスーラ, 中間休止

**цейтно́т** [男1] ① (チェスなどの試合で) 持ち時間が足りなくなること ②〘話〙時間不足

**целе́бн|ый** 短 -бен, -бна [形1] 治療に向く, 健康によい *∥* **-ость** [女10]

*\****целев|о́й** [形2] ① 目的のある ② 特定の目的の: -а́я аванс 手付け金, 前渡し金

**целенапра́вленн|ый** 短 -ен, -енна [形1] 明確な目的のある *∥* **-ость** [女10]

*\****целесообра́зн|ый** 短 -зен, -зна [形1] [expedient] 目的にあった, 合理的な, 有意な: ~ спо́соб 合理的な方法 | В слу́чае суде́бного разбира́тельства *-о* найти́ хоро́шего адвока́та. 裁判の審理の際には弁護士を見つけるのが合理的である *∥* **-ость** [女10]

**целеустремлённ|ый** 短 -ён, -енна [形1] [purposeful] 明確な目的を持った, 目的達成をめざす: ~ челове́к 目的を持って行動する人 | *-ая* во́ля 目的を達成しようとする意志 *∥* **-ость** [女10]

**целиба́т** [男1] 〖カトリ〗禁欲の誓い, 妻帯禁止

*\****целико́м** [副] [entirely] ① まるまる, 全部: ~ запе́чь ры́бу 魚を丸焼きする ② 完全に: вы́учить стихотворе́ние ~ 詩を完全に暗記する ◆ *~ **и по́лностью*** 〘話〙〖強調〗全く完全に, 完璧に

**целин|а́** [女1] ① 未開拓地: распаха́ть [подня́ть] -у́ 未開拓地を開墾する ②〖露史〗処女地 (1954-60のフルシチョフの政策で開拓された墾地された) ③ 未踏の場所: сне́жная ~ 新雪の上 *∥* **цели́нный** [形1]

**цели́нни|к** [男2] / **-ца** [女3] 開拓者, 開墾者

**цели́тель** [男5] / **-ница** [女3] 治療する者

**цели́тельн|ый** 短 -лен, -льна [形1]〖文〗= целе́бный *∥* **-ость** [女10]

**це́ли|ть** -лю, -лишь [不完] / **на~** 過 -ленный [完] <в圏> ① 狙いをつける, 狙う: *Це́лил* в воро́ну, а попа́л в коро́ву! 〘諺〙とんだ的外れ ②〘話〙〈地位などを〉狙う *∥* **~ся** [不完] / **на~** [完] ①〈в圏〉(武器などを)狙いをつける, 狙う ②(通例完)〈на圏〉〘話〙…しようとする, …を得ようと狙う */∥ **целе́ние*** [中5]

**целлофа́н** [男1] セロファン *∥* **~овый** [形1]

**целлуло́ид** [男1] セルロイド *∥* **~ный, ~овый** [形1]

**целлюли́т** [男1] 〖医〗セルライト (過剰な皮下脂肪による皮膚の凹凸)

**целлюло́з|а** [女1] セルロース *∥* **-ный** [形1]

**целова́ние** [中5] キス, 口づけ(すること)

*\****целова́ть** [ツィラヴァーチ] -лу́ю, -лу́ешь 受過 命 -лу́й 受過 -о́ванный [不完] / **поцелова́ть** [パツィラヴァーチ] [完] [kiss] 〈圏〉① キスする, 口づけする: ~ дете́й пе́ред сном 就寝前に子どもにキスする | ~ в гу́бы [щёку] 唇[頬]にキスする | ~ ру́ку же́нщине 女性の手にキスす

る | *Целу́ю.* キスを送ります(親しい人への手紙の末尾に書く定型文) ③《俗・戯・皮肉》車をこすす

**целова́ться** -лу́юсь, -лу́ешься [不完] /**по~** [完] ① 互いにキスする、口づけを交わす: *Жени́х и неве́ста целу́ются.* 新郎新婦がキスをしている ②《話》顔にキスする ③《完》<車と>(車で)こする

**це́лое** [形1]変化) [中5] <*це́лый*) ① 全体の: *еди́ное ~* 不可分な総体 ②《数》整数 (*це́лое число́*)

**целому́дренн|ый** 短 -ен, -енна [形1] 純潔な ∥ **-ость** [女10]

**целому́дрие** [中5] ① 純潔、貞節 ② 高徳、清廉

*целостность** [女10] [integrity] ① (内的な)統一性、完全性 ② 一体性: *территориа́льная ~ госуда́рства* 国家の領土的一体性 ③《文法》(動作の全一性)(ロシア語の完了体動詞の定義の一つ): *~ де́йствия* 動作の全一性

**це́лостный** [сн] 短 -тен, -тна [形1]《文》内的統一性のある、一体の

**це́лост|ь** [女10] <*це́лый* ◆ *в -и* и *сохра́нности* 無事に、つつがなく

*це́лый** [ツェールイ] 短 цел, -ла́, -ло [形1] [whole, entire] ①《長尾》(欠けるところのない)全体の、丸々…、全…: *~ день* 丸1日 | *~ю неде́лю* 丸1週間 | *труди́ться по -ым дня́м* 何日も朝から晩まで働く ②《長尾》(多さ・重大さを強調)山のような、膨大な; ただならぬ: *~ ряд вопро́сов* 山積した問題 | *Вы́шла ~ая исто́рия.* 大事件が起こった ③《短尾》傷のない、無事な: *Все́ ве́щи -ы.* 全ての物が無事だ ④ [名文](小数の表現)整数部分を(示す単位): *одна́ -ая пя́ть деся́тых* 1,5 | *нуль -ых одна́ со́тая* 0,01 [参考]ロシア語では小数点にコンマ(,)を用いる ⑤ *-ое* [中名] →*це́лое* ◆ *в -ом* 全体的に(で)

*це́л|ь** [ツェーリ] [女10] [target, aim, object] ① 標的、的: *попа́сть в ~* 的に命中する | *би́ть в ~* 的を射る、中する | *ми́мо -и* 的を外して ② 目的、目標: *-и и зада́чи* 目的と課題 | *дости́чь -и* 目的を遂げる | *Ц~ опра́вдывает сре́дство.* 目的が手段を正当化する | *с -ью настоя́щей рабо́ты явля́ется выяснить* 本論の目的は…を明らかにすることである(論文冒頭の定型文) ◆ *ста́вить себе́ -ью* ⚷ …を自分の目標とする | *име́ть -ью* ⚷ …を目的とする | *с -ью* ⚷ = *в -я́х* [不定形と] …するために、…する目的で

**цельнокро́еный, цельнокро́йный** [形1] 一体裁断の

**цельнометалли́ческий** [形3] 総金属製の

**цельномоло́чный** [形1] 全乳でできた

**це́льн|ый** 短 -лен, -льна́, -льно [形1] ① (1つのものから成る、一体的な) ② 混じり気のない、差し引きのない、元のままの ③ 統一的な (*це́лостный*) ④《俗》完全な、たくましい (*це́лый*) ∥ **-ость** [女10]

**Це́льс|ий** [男7] (温度計の)摂氏、セ氏(記号°C; ↔ *Фаренге́йт*): *два́дцать гра́дусов по -ию* セ氏20度

**цеме́нт** -а/-у [男1] ① セメント ②《解》(歯の)セメント質 ∥ **-ный** [形1]

**цемента́ция** [女9] ①《土木》(a)グラウチング (b)セメンテーション ②《冶》浸炭 ③《地質》膠結(※3) ∥ **-онный** [形1]

**цементи́рова|ть** -рую, -руешь 受過 -анный [不完・完] / [完は *за~*] ①《土木・冶金》グラウトを注入する; 浸炭処理をする ② セメントを敷く [完は *с~*]《雅》結束させる ∥ **-ние** [中5]

*цен|а́** [ツィナー] 対 *це́ну* [女9] [price, cost] ① <на 前>価格、値段: *рост цен* 価格上昇 | *сниже́ние цен* 価格低下 | *Мирово́е це́ны на Проду́кты па́дали.* 石油の国際価格が低下した | *Проду́кты вы́росли в -е́ на 10%* 食料品の値段が10%上昇した | *повы́сить [сни́зить] це́ну* 値段を上げる[下げる] ② 代価、代償 ③《話》…の真価: *дру́жбы* 友情の価値 ◆ *в -е́*《話》高価だ | *дорого́й -о́й* 大きな犠牲を払って、ひどく苦労して | *знать себе́ -у́* 自分の真価を知る、自分を買いかぶる | *знать себе́ це́ну* ⚷ …の真価を心得ている | *любо́й -о́й* 何としても、ぜひとも | *набива́ть себе́ це́ну*《話》自分の評判を上げる | *-ы́ нет* ⚷ …は(値段が付けられないほど)価値がある、大切だ: *Здоро́вью -ы́ нет.* 健康はとても大切だ ■ *потреби́тельские це́ны*《経》消費者物価 ∥ **ценово́й** [形2]

**ценз** [男1] ① (権利行使に必要な)資格、条件: *избира́тельный ~* 選挙資格 ② (英語圏の)センサス、国勢調査 ∥ **-овый** [形1]

**це́нзор** [男1] 検閲官 ∥ **-ский** [形3]

*цензу́ра** [男1] [censorship] 検閲: *Ц~ запрети́ла вы́пуск сбо́рника.* 検閲で作品集の出版が禁止された

**цензу́рн|ый** 短 -рен, -рна [形1] ① 検閲の: *~-комите́т* 検閲委員会 | *находи́ться под -ым запре́том* 検閲の禁止になっている ② (語・話が検閲を通るほど)許容できる、上品な: *вполне́ ~ анекдо́т* 十分許容範囲の小話

**цени́тел|ь** [男5] / **-ница** [女3] 鑑定人、目利き

*цени́ть** [ツィニーチ] *ценю́, це́нишь* 命 -ни́ 能現 *ценя́щий* 受過 -нённый (-нён, -нена́) [不完] <⚷> ① [совр **о~**]《話》値段をつける; ~ *недви́жимость* 不動産を査定する | *Во что́ ты́ це́нишь э́ту карти́ну?* 君はこの絵にいくら の値を付けるかね ②《совр》評価する、評価を与える: ~ *люде́й по и́х заслу́гам* 功績で人を評価する ③ 高く評価する、尊重する: ~ *своё вре́мя* 自分の時間を大事にする | ~ *в челове́ке и́м до́брого* 人の知性と善良さを高く評価する | *Тебя́ на рабо́те це́нят!* 職場で君は評価が高いよ ∥ **-ся** [不完] ① 価値がある ② 高く評価を得る ③《受身》

**це́нник** [男2] 価格表

**це́нностн|ый** [形1]《経》価格の、価値表示の: *-ая систе́ма* 価値体系 | ~ *подхо́д к произведе́ниям иску́сства* 芸術作品への価値判断的アプローチ

*це́нност|ь** [ツェーンナスチ] [女10] [price, value] ①《単》(金銭的な)価値、価格: *карти́на большо́й -и* 高価な絵 ②《常単》ある物の値打、値: *В чём ~ э́того предложе́ния?* この提案の価値はどこにあるのか ③ *тео́рия -ей*《哲》価値論 (*аксиоло́гия*) | *систе́ма -ей* 価値体系 ④《通例複》貴重なもの、財産: *зако́н о вво́зе и вы́возе культу́рных и истори́ческих -ей* 歴史的文化的価値ある物の持ち込みおよび持ち出しに関する法律 | *материа́льные -и* 物質的財貨

*це́нн|ый** 短 -нен, -нна/-нна́, -нно [形1] [valuable, costly] ①《長尾》(金銭的な)価値のある、価格の高いもの: *-ая вещь* 貴重品、価値のある物 | *-ая бума́га*《金融》有価証券 | *-ое почто́вое отправле́ние* 価格表記郵便、書留郵便 ② 価値のある、有意義な: *-ое откры́тие* 価値のある発見 ③ <⚷> 貴重な、有益な: *-ые поро́ды древеси́ны* 高級木材 | *Любо́й о́пыт це́нен.* いかなる経験でも貴重なものだ

**ценообразова́ние** [中5]《経》価格形成

**цент** [男1] セント(米国・ユーロ圏などの補助通貨単位)

**це́нтнер** [男1] ツェントナー(重量の単位: 100キログラム)

*центр** [ツェーントル] [男1] [center] ① 中心、中央; 中心地、中核: ~ *окру́жности* 円の中心 | ~ *внима́ния* 注目の的 | ~ *го́рода* 街の中心、都心 | *областно́й ~* 州の中心地 | *В -е сиди́т де́душка.* 真ん中に座っているのは祖父だ ②《生》中枢: *дви́гательный ~* 運動中枢 ③ (施設などの)センター: *торго́вый ~* ショッピングセンター | *онколо́гический ~* がんセンター ④

《隠》(仲間内の)たまり場 ⑤〖言〗核(イントネーションで音調の変化する箇所)

**централиза́ция** [女9] ①集中(化);中央集権(化) ②〖鉄道〗集中制御

**централи́зм** [男1]〖政〗中央集権制

**централизова́ть** -зу́ю, -зу́ешь 受動 -о́ванный [不完・完]〖政〗集中させる

**центра́льно-азиа́тский** [形3] 中央アジアの

*центра́льный* [ツェントラーリヌィ][形1]〔central〕中心の, 中央の; 中核の: ~ банк 中央銀行; ~ вход по́лный; ~ые газе́ты 全国紙| ~ замо́к〖車〗集中ドアロック| ~ напада́ющий〖サッカー・ホッケー〗センターフォワード| ~ отопле́ние セントラルヒーティング| ~ые райо́ны го́рода 町の中心部, 繁華街| Ц~ая избира́тельная коми́ссия 中央選挙管理委員会| ~ая часть европе́йской Росси́и ヨーロッパロシア中央部

**Центризбирко́м** [男1] 中央選挙管理委員会(略 ЦИК, Центра́льная избира́тельная коми́ссия)

**центри́зм** [男1]〖政〗中道主義, 中道政治 **//-и́стский** [сс][形3]

**центрирова́ть** -ру́ю, -ру́ешь 受動 -анный [不完]〖工〗园の中心を定める[正しく合わせる], 心出しをする **//-ние** [中5]

**центри́ст** [男1]〖政〗中道(穏健)派, 中道主義者

**центрифу́га** [女2] ①遠心分離器 ②(宇宙飛行士・パイロットの訓練用)遠心加重装置 ③遠心式脱水機 **//-а́льный** [形1]

**Центроба́нк** [男2]〖話〗中央銀行(略 ЦБ; центра́льный банк)

**центробе́жный** [形1] 遠心的な(↔центростреми́тельный): ~ая си́ла 遠心力

**центрова́льный, центро́вочный** [形1]〖工〗心出し用の

**центрова́ть** -ру́ю, -ру́ешь 受動 -о́ванный [不完]〖工〗园の中心に穴を開ける; 中心を定める, 心出しをする **//центро́вка** [女2]

**центров|о́й** [形2] ①中心の ②中心[中央]に位置する ③〔若者〕首都の ④ ― [男名]/-а́я [女名]〔若者〕都会っ子, 同 центра́льный ②に住んでいる人

**центростреми́тельный** [短 -лен, -льна] [形1] 求心的な(↔центробе́жный): -ая си́ла 求心力

**цеп** [男1]〖農〗(農具の)殻竿[さお]《武器》のフレイル, ヌンチャク ③〖通例複〗織機の経糸を平行に保つための糸や棒

**цепене́ть** [不完] / о~ [完] 動けなくなる, すくむ **//оцепене́ние** [中5]

**це́пка** 複生 -пок [女2]〔俗〕小さな鎖, チェーン(цепо́чка)

**це́пк|ий** 短 -пок, -пка́/-пка, -пко [形3] ①しっかりつかめる; 絡みつく: -ие ко́гти (鳥獣の)鋭い爪| -ое расте́ние 絡みつく植物(つる植物), 花や葉が吸いつくよう植物(ゴボウなど) ②粘性の高い: -ая гли́на 粘度の高い粘土| -ое боло́то 沼地 ③〖話〗(人が)粘り強い, しつこい; (眼差しなどが)真っすぐな ④〔機械的〕過保性の高い;(タイヤで)グリップ力の高い **//-ость** [女10]

**цепля́ть** [不完]〖口〗~に(指・フックなどを)引っかける(зацепля́ть): ~ прице́п к маши́не 連結装置を車に引っかける| ~ червя́ на крючо́к 餌を釣り針につける ②〔若者〕しつこく付きまとう, 気を引こうとする

**цепля́ться** [不完]〖口〗①〈за園に〉つかまる, 絡まつく(зацепля́ться): ~ за гвоздь 釘に引っかかる|《за園》〈考えなどに〉こだわる, 執着する ③〔俗〕〈к園に〉からむ: Ты це́пляешься к ка́ждому сло́ву. お前はいちいち言葉尻を捉えてからむな. ④〖話〗(物事が)連鎖的に起こる, 生じる

**цепн|о́й** [形2] ①鎖の, チェーンの: -о́е колесо́〖技〗鎖歯車, スプロケット| ~ мост 鎖橋| ~に繋がれた: -а́я соба́ка 番犬 ③連鎖的な: -а́я реа́кция 連鎖反応

*цепо́чка* 複生 -чек [女2] 〔指小<цепь〕小さな鎖, (機械・装置用の)チェーン: ~ для часо́в 時計チェーン

**цепь** [男1]〖軍〗前о-и, в/на-и́ -е́й (по цепи́, по цепи; с цепи́, с це́пи) [女10] 〔chain〕 鎖, チェーン: посади́ть на цепь [на це́пь] 鎖につなぐ| сорва́ться с це́пи [цепи] 鎖をちぎって逃れる ②連鎖, 一連の(出来事など): ~ собы́тий 一連の出来事 ③ 山脈(го́рная ~) ④〖軍〗散兵線 ⑤〖工〗回路: электри́ческая ~ 電気回路

**це́рбер** [男1]〖文〗①Ц~〖ギ神〗ケルベロス(地獄の番犬で三頭蛇尾) ②悪意のある番人; どう猛な番人

**церемониа́л** [男1]〖公〗儀式, 式次第 **//церемониа́льный** [形1] 礼式にのっとった: ~ марш〖軍〗分列行進

**церемо́ниться** -нюсь, -нишься [不完]〖話〗①儀式張る ②〈с園〉<с園>に遠慮する

*церемо́ния* [男10] ⟨ceremony⟩ ①儀式, 式典: ~ приве́тствия 歓迎式典| ~ откры́тия [закры́тия] 開会[閉会]式 ②〖複〗〖話〗堅苦しさ: без вся́ких -ий 堅苦しさ抜きに

**церемо́нн|ый** 短 -о́нен, -о́нна [形1] 儀礼的な, 形式張った **//-ость** [女10]

**це́рковка, церко́вка** 複生 -вок [女2]〔指小 <це́рковь〕小規模な施設としての)教会

**церко́вник** [男2] ①聖職者 ②教会の支持者

**церко́вно...**〘語形成〙 教会の

**церковнославя́нский** [形3] ~ язы́к〖言〗教会スラヴ語(南・東スラヴの教会典礼文語)

**церковнослужи́тель** [男5] (下級の)聖職者

*церко́вный* [形1]〔church〕 教会の, 教会での: -ая колоко́льня 教会の鐘楼| ~ пра́здник 教会が定める祝日| ~ календа́рь 教会暦| ~ ста́роста 教会執事

*це́рков|ь* [ツェールカフィ] 複 ти・・ви・前 -кви 対 -ковь 造 -ковью 複生 -квей, -квам/-квям [女10] 〔church〕 教会(組織と建物両方を指す): Ру́сская правосла́вная ~ ― ロシア正教会(略 РПЦ) | католи́ческая ~ | белока́менная ~ ― 白い石造りの教会| ходи́ть в ~ 教会に通う, 信者である ◆В Москве́ со́рок сороко́в -е́й.〘諺〙モスクワには膨大な数の教会がある(市のモスクワについて)

**цеса́ревич** [男4]〖露史〗皇太子

**цеса́ревна** 複生 -вен [女2]〖露史〗皇太子妃; 皇女

**цеса́рка** 複生 -рок [女2]〖鳥〗ホロホロチョウ

*цех* [ツェーフ] 前о- и в-, в/на-е́ -и/-у́ [男2] 〔section〕 (工場の)作業場, 職場; 部門, 班: струнный ~ фа́брики щипко́вых инструме́нтов 撥弦楽器工場の弦楽器部門| ма́стер ~а 職長, 班長 ②〖複 -и́〗〖史〗ギルド **//-ово́й** [形1]

**цеце́** (不変) [女]〖昆〗ツェツェバエ(アフリカの吸血バエ)

**циа́н** [男1]〖化〗シアン **//-овый** [形1]

**циа́нистый** [形1]〖化〗シアン化した: ~ ка́лий シアン化カリウム, 青酸カリ

**циано́з** [男1]〖医〗チアノーゼ, 紫紺(しこん)症

**циви́л** [男1]〖若者・軍隊〗(軍人に対する)市民; 市民の服装

**цивилиза́тор** [男1]〖皮肉〗文明化論者, 開化論者 **//-ский** [形3]

*цивилиза́ция* [ツィヴィリザーツィヤ] [女9]〔civilization〕 ①文明: Ри́мская ~ ― ローマ文明 ②(発達した)現代文明, ない га́за ни то́ — 電気もガスもない, つまり何の文明もない

*цивилизо́ванн|ый* 短 -ан, -анна [形1]〔civilized〕文明的な, 文化的な **//-ость** [女10]

*цивилизова́ть* -зу́ю, -зу́ешь 受動 -о́ванный

[不完・完]〔civilize〕《団》文明化する, 文明的にする

**цига́рка** 複生 -рок [女2] 《団》紙巻き[手巻き]たばこ

**циге́йк|а** 複生 -ре́ек [女2] 羊皮(帽子, コート, ブーツなどに用いる) **∥-овый** [形]

**циду́ла, циду́лька** 複生 -лек [女2] 《話·滑稽》小さなメモ

**ЦИК** [ツィーク]《略》Центра́льная избира́тельная коми́ссия 中央選挙管理委員会

**цика́да** [女1]《昆》セミ

*__ци́кл__ [男1] 〔cycle〕① 循環, 周期, サイクル: годово́й ~ враще́ния плане́ты 惑星の公転年周期 | ~ трикарбо́новых кисло́т《生化》クエン酸回路, TCA サイクル ②《IT》(プログラムの)ループ ③《文学・楽》(連続性のある)作品群[集]; 連続講演[演奏]会: фортепиа́нный ~ «Времена́ го́да» Чайко́вского チャイコフスキーのピアノ作品集「四季」| ки́евский ~ были́н キエフ圏のブィリーナ | ле́кций по иску́сству 芸術連続講義 | конце́ртный ~ «А» 「А」というテーマ連続演奏会 ④ (学問の)系: истори́ческий ~ 歴史学系 (諸学科)

**цикламе́н** [男1]《植》シクラメン

**цикле|ва́ть** -лю́ю, -лю́ешь 受動 -лёванный [不完] / **от-** [完] 《団》(削りカンナ·スクレーパーなどで)〈木の表面を〉平らに仕上げる **∥цикле́вка** [女2], **цикле-ва́ние** [中5]

**циклиза́ция** [女9] ①《文》作品群化;(起源の異なる)作品の統合 ②《化》環化

**цикли́ческий** [形3] 循環の, 周期の, サイクルの

**цикли́чн|ый** 短 -чен, -чна [形1] 循環的な, 周期的な **∥-ость** [女10]

**цикло́вой** [形2] 循環の, 周期の, サイクルの

**цикло́н** [男1] ①《気象》低気圧, サイクロン: тропи́ческий ~ 熱帯低気圧 ②《工》粉体分離器, サイクロン **∥-ный** [形1]

**цикло́п** [男1] ①《ギ神》キュクロプス(単眼の巨人) ②《生》ケンミジンコ

**циклопи́ческий** [形3] ①《文》(主に建築物が)巨大な ②《建》キュクロプス式の(巨石積みの建築様式)

**циклотро́н** [男1]《理》サイクロトロン **∥-ный** [形1]

**ци́кл|я** 複生 -ей [女5] ①《技》(木工品の表面を平らに)削る刀, スクレーパー

**цико́рий** [男1]《植》チコリ属: ~ обыкнове́нный チコリ, キクニガナ(根と葉は食用, 薬用)

**цику́та** [女1]《植》ドクゼリ(vëх ядови́тый)

**цили́ндр** [男1] ①円柱 ②《工》シリンダー, 気筒 ③シルクハット ④《若者・戯》帽子 **∥-и́ческий** [形3], **-овый** [形1]

**цимбали́ст** [男1] / **~ка** 複生 -ток [女2] ツィンバロム奏者

**цимба́лы** -а́л [複]《楽》ツィンバロム(打弦楽器)

**ци́мус** [男1]《隠》高品質のもの ◆по́лный ~ 万事OK, 順調, 大丈夫

**цинга́** [女2]《病》壊血病

*__цини́зм__ [男2] 〔cynicism〕シニシズム, 皮肉, 厚顔無恥

**ци́ник** [男2] 皮肉な人, 冷笑家, 厚顔無恥な人

**цини́ческий** [形3] = цини́чный

**цини́чн|ый** 短 -чен, -чна [形1] 皮肉な, 冷笑的な, 厚顔無恥な **∥-ость** [女10]

**цинк** [男1]《化》亜鉛 **∥-овый** [形1]

**цинкова́ть** -ку́ю, -ку́ешь 受動 -о́ванный [不完]《団》に亜鉛めっきをする

**цинкогра́фия** [女9] 亜鉛版印刷術, 亜鉛製版

**цинни́ия** [女9] ヒャクニチソウ

**цино́вк|а** 複生 -вок [女2] ① ござ, むしろ; マット ② すし巻き, 巻きす

**Циолко́вский** (形3変化)[男] ツィオルコフスキー (Константи́н Эдуа́рдович ~, 1857-1935; 宇宙ロケット開発の先駆者)

*__цирк__ [男2] 〔circus〕① サーカス, サーカス団, サーカス小屋: пойти́ в ~ サーカスに行く | рабо́тать в ~е жонглёром サーカスでジャグラーとして働く ②《俗》滑稽な状況; 喜劇的な舞台[映画] ③《地》(山の)圏谷, カール; クレーター **∥-ово́й** [形2]

**циркача́** -а́ [男4] / **~ка** 複生 -чек [女2]《話》サーカス芸人; 曲芸的なことをする人

**цирко́ний** [男7]《化》ジルコニウム **∥-иевый** [形1]

**циркули́ровать** -рует [不完]《文》① 循環する ② 広まる, 流布する ③ 行き交う

**ци́ркул|ь** [男5] コンパス, デバイダー: черти́ть -ем コンパスを使って作図する

**ци́ркульный** [形1] ①コンパス[デバイダー]の ②《建》円形の, 扇形の, 弧状の: ~ зал 扇形のホール

**циркуля́р** [男1] 回状, 通達

**циркуля́рн|ый** [形1] ①円盤状の: -ая пила́ 丸鋸 (のこ) ②回状の: -ое письмо́ 回覧板, 回状

**циркуляцио́нный** [形1]《技》循環式の

**циркуля́ция** [女9] ①循環; 流通; 流布 ②《海》(船の)旋回

**циркумфле́кс** [男1]《言》接周辞, 両面接辞

**циркумфле́кс** [男1] サーカムフレックス; ハット記号

**цирро́з** [男1]《医》硬変: ~ пе́чени 肝硬変

**цисте́рна** [é/э] [女1] ①(水・油などの)タンク ②タンク車, タンクローリー

**цисти́т** [男1]《医》膀胱炎

**цитаде́ль** [э] [女10] ①(昔の)要塞, 城塞 ②《雅》砦, 支え

*__цита́т|а__ [ツィターター] [女1] 〔quotation〕引用, 引用句[文]: привести́ в ре́чи -у 話に引用文[句]を入れる | Отку́да ~? どこからの引用ですか | коне́ц -ы 引用ここまで(★発表や演説で長い引用の末尾で) **∥-ный** [形1]

**цита́ция** [女9] 引用すること; 《集合》引用句[文]

**цитва́рн|ый** [形1] ■-ая полы́нь 《植》セメンシナ(回虫駆除薬サントニンの原料) | -ский ко́рень 《植》ガジュツ

*__цити́ровать__ -рую, -руешь 受動 -анный [不完] / __про-__ [完] 〔quote〕《団》引用する: ~ стихи́ Пу́шкина プーシキンの詩を引用する | цити́рованный вы́ше текст 上記に引用されたテクスト | Цити́рую. 引用します(★発表や演説で長い引用の初めに言う) **∥~ся** [不完]《受身》**∥цити́рование** [中5]

**цитоло́гия** [女9]《生》細胞学, 細胞生物学

**ци́тра** [女1]《楽》ツィター

**ци́трус** [男1]《植》ミカン属, シトラス(ミカン, レモンなど) **∥ци́трусов|ый** [形1] ①柑橘類の ②-ые 《複名》ミカン類

**цифербла́т** [男1] (時計の)文字盤, 計器盤 **∥-ный** [形1]

*__ци́фр|а__ [ツィーフラ] [女1] 〔figure, number〕① 数字; 番号: Смотри́ на ~ два. 2番を見なさい ② 数字, 数値: кру́глые -ы 《数》近似値, 端数のない数 ◆ци́фрами 数字で(↔про́писью 文字で) | В деклара́ции -ами ука́зывается о́бщее коли́чество мест багажа́. 税関申告書では荷物の総数を (1, 2 などの)数字で示す

**цифро-ана́логовый** [形1]: ~ преобразова́тель デジタル・アナログ変換器

*__цифров|о́й__ [形1] 〔numerical, digital〕① 数字の, 数字による ②《電子・コン》デジタルの: -а́я ка́мера デジタルカメラ | -а́я за́пись デジタル録音

**ЦК** [ツェカー] 《略》Центра́льный комите́т 中央委員会

**..цкий** [語形成] = ..ский

**цок** [男1] [擬音] (馬の蹄・金槌などがぶつかる) 音

**цо́ка|ть** [不完] / **цо́кнуть** -ну, -нешь 命 -ни [完] [一回] ① 短い [断続的な] 鋭い音を出す (金属《不完》に当たって) 音を出す: ～ языко́м 舌打ちをする ② [言] ц と ч を区別せずに ц で発音する **//-нье** [中4]

**цо́коль** [男5] ① [建] 壁, 柱などの基礎部分 ② [電] 電球の口金 **//-ный** [形1]

**цо́кот** [男1] ① (金属・石に当たった) 短い打撃音 ② (鳥・動物が出す) 鳴き声

**цокота́ть** -кочу́, -ко́чешь [不完] ① (金属・石に当たって) 短い音を出す ② (鳥・動物が ц の音が響くような) 短い鳴き声を出す ③ 早口でぺらぺらしゃべる

**цок-цо́к** [間] 《幼児》ぱっかぱっか (馬の蹄の音)

**ЦП** [ツェペー] 《略》центра́льный проце́ссор 《コン》中央処理装置, CPU

**ЦРУ** [ツェエルー] 《略》Центра́льное разве́дывательное управле́ние アメリカ中央情報局, CIA

**ЦСКА** [ツェエスカー] 《略》Центра́льный спорти́вный клуб а́рмии 陸軍中央スポーツクラブ, CSKA: ПФК ЦСКА Москва́ PFC CSKA モスクワ

**ЦУ** [ツェウー] (不変) [中] [複] 《戯》絶縁 (通告) (це́нное указа́ние)

**цуг** [男2] (左右または前後につないだ馬の) 隊列

**цу́гом** [副] 馬を前後につないで; 行列になって

**цука́т** [男1] (果物・果皮の乾燥) 砂糖漬け

**ЦУМ** [ツーム] [男1] 中央百貨店, ツム (Центра́льный универса́льный магази́н)

**цуна́ми** (不変) [中] 津波: ～-ста́нция 津波観測器

**цу́цик** [男2] 《俗》子犬

**ЦФО** [ツェーフォー] 《略》Центра́льный федера́льный о́круг 中央連邦管区

**цыга́н**[1] 複 -а́не, -а́н [男1] ロマ (女 цыга́нка 複生 -нок [女2] ロマ, ジプシー): осе́длые ～ 定住ロマ

**цыга́ночка** 複生 -чек [女2] ① [指小] < цыга́нка ② 《舞・楽》ツィガーノチカ (ロシアの民俗舞踊);舞の曲名

**цыга́нск|ий** [形3] ロマの, ジプシーの ■**=Ц-ие напе́вы** ツィゴネルワイゼン (サラサーテのヴァイオリン曲)

**цы́ка|ть** [不完] / **цы́кнуть** -ну, -нешь 命 -ни [完] [一回] <на誰> ① しっ (цыц) と怒鳴りつけて脅す: ～ на кота́ 猫をしっと追い払う ② (動物・鳥が ц の音を出して聞こえるような) 音を出す: Цы́кают кузне́чики. キリギリスの仲間の虫がツツツと鳴いている

**цы́пка** 複生 -пок [女2] 《俗》鶏, ひよこ

**цы́пки** -пок, -пкам [複] 《俗》赤, あかぎれ

**цыплёнок** -нка 複 -ля́та, -ля́т [男9] ひよこ, (鶏などキジ類の) ひな **//цыпля́чий** [形9]

**цы́почка** 複生 -чек [女2] 《話》① [指小] < цы́пка ② 《女の子への呼びかけ》ひよこちゃん

**цы́почк|и**: [複] ◆ **встать на ～** つま先立ちになる | **ходи́ть на -ах** つま先立ちで歩く

**цып-цы́п** [間] -と (鶏を呼び寄せる呼び声)

**цыц** [間] 《俗》しっ (禁止, 行為の中止, 沈黙を命じる)

**цэрэу́шник** [男2] 《話》アメリカ中央情報局員, CIA エージェント

**Цю́рих** [男2] チューリッヒ (スイスの都市)

# Ч ч

**ч** 《略》час

**чаба́н** -á [男1] 羊飼い **//~ский** [形3]

**чабре́ц** -á [男3] [植] タイム (тимья́н; 香辛料)

**ча́вка|ть** -аю, -аешь [不完] **~нуть** -ну, -нешь [一回] ① 《俗》《卑》(食べる時に) ぴちゃぴちゃ音を立てる ② ぴちゃぴちゃ音を立てる: Под нога́ми ча́вкает грязь. ぬかるみで靴が音を立てている **//-нье** [中4]

**ЧАВО́, ЧаВо́** [チャボー] 《略》ча́сто задава́емые вопро́сы 《IT》《戯》よくある質問, FAQ

**чавы́ча** [女4], 《話》**чавы́чка** 複生 -чек [女4] 〔魚〕マスノスケ, キング・サーモン (★=ло́сось 活用)

**ча́г|а** [女2] [植] チャガ, カバノアナタケ (シラカバに生える薬用の黒色キノコ) **//-овый** [形1]

**чад** -a/-y 前 о -е, в -ý ① (臭気がある) 煙: угоре́ть от ~а 煙で一酸化炭素中毒になる | быть [ходи́ть] как в ~ý (酸欠などのため頭痛などがして) 体調が悪い ② [文] 意識を朦朧とさせるようなもの, 毒気: в -ý страсте́й 激情に溺れて ③ [動] 意識が朦朧とした状態: находи́ться в -ý 意識が朦朧とした状態にある **//~ный** [形1]

**чади́ть** чажу́, чади́шь [不完] / **на-** [完] 《無人称でも》(臭気のある) 煙を出す: Пе́чь чади́т. 暖炉が煙を出している | Из ку́хни чади́т. 台所から煙が出ている ② 《俗》喫煙する

**чадра́** [女1] 《集合》(イスラム教徒の婦人用の) チャドル

**чае..** 《語形成》「茶の」

**ча́евни|к** [男2] -ца [女3] 《話》お茶好きの人

**ча́евничать** [不完] 《話》お茶会を開く, 集まってお茶を飲む

**чаево́д** [男1] 茶栽培の専門家

**чаево́д|ство** [ц] [中1] 茶栽培 **//-ческий** [形3]

**чаево́й** [形2] 茶っ葉の, 心づけの ■**~ сбор** ブレンドティー

**чаевы́е** (形2変化) [複] 《話》チップ, 心づけ, 茶代

**чаёк** ча́йка/ча́йку [男2] [指小・愛称] < ча́й: Ча́йку? お茶でも (いかが)

**чаепи́тие** [中5] お茶会, 集まってお茶を飲むこと: вече́рнее ～ 夜のお茶会

**ча́|й**[1] ча́я/ча́ю 前 о ча́е, в ча́е/ча́ю 複 чаи́, чаёв [男7] [tea] ① [植] 茶, 茶の木: планта́ция -я 茶園, чай|ни́ | сбор -я 茶摘み ② 茶の葉: кита́йский [инди́йский] ～ 中国 [インド] 茶, чёрный [зелёный] ～ 紅 [緑] 茶 | завари́ть ～ 茶を煎じる, 茶を入れる ③ (飲み物としての) 茶: кре́пкий [жи́дкий] ～ 濃い [薄い] お茶 | стака́н -я | コップ1杯のお茶 | пригласи́ть на ча́шку -я ～をお茶に招待する ④ (茶の葉以外の) 煎じ茶: ли́повый ～ ボダイジュ茶 | мали́новый ～ キイチゴ茶 ⑤ 茶飲み, 茶会; 〔政〕茶会: вече́рний ～ 夜のお茶会 | за -ем お茶の席で | позва́ть ｋ -ю́ ～をお茶に呼ぶ ◆ **гоня́ть ～** 《話》のんびりお茶を楽しむ | **дать [взять] на ～** 《話》チップを出す [もらう] | **Ч-да са́хар!** 《俗》(茶を飲んでいる人へ) おいしく召し上がれ

**чай**[2] [挿入] 《俗》① だって, それでも: Вы́, ～, мы с тобо́й не чужи́е. だって俺とお前は他人じゃないんだし ② おそらく: Ты́, ～, его́ зна́ешь? お前, たぶんあいつを知ってるだろ

**ча́йка** 複生 ча́ек [女2] [鳥] カモメ **//ча́йков|ый** [形1] -ые [複名] カモメ科

**Чайко́вский** [チイコーフスキイ] (形3変化) [男] チャイコフスキー (Пётр Ильи́ч ～, 1840-93; 作曲家)

**ча́йн|ая** (形1変化) [女] 喫茶店, 喫茶室: за́втракать в -ой 喫茶店で朝食をとる

**чайнво́рд** [男1] チェインワード (しりとりで語をつないでいくパズル) **//-ный** [形1]

**ча́йник** [男2] [teapot, kettle] ① 急須, ティーポット; 湯沸かし, やかん: фарфо́ровый [эмали́рованный] ～ 陶磁器の [ほうろうの] ティーポット | электри́ческий ～ 電気湯沸かし ② 《俗》お茶好き ③ 《卑》《貶》しろうと, 未熟者, ぐず: дать [зае́хать] по -у /у 頭を殴る | получи́ть по -у /у 頭を殴られる

**ча́йница** [女3] 《集合》茶筒, 茶缶

**ча́йн|ый** [男2] ① 茶の: ～ ли́ст 茶の葉 | -ая

планта́ция 茶園, 茶畑 | ~ до́мик 茶屋; 茶室 | ~**-ая** церемо́ния 茶道 ②茶を飲むための: ~ серви́з ティーセット | ~**-ая** ло́жка ティースプーン | ~ паке́тик ティーバッグ ③**-ые** [植]ツバキ科 ■~ **гриб** 紅茶キノコ(キノコに見えるゲル状の塊) | ~ **квас** 紅茶キノコ飲料 | ~**-ая ро́за** [植]ティーローズ

**чайхана́** [女1] (中央アジア・イランの)喫茶店, 喫茶室

**чако́на** [女1] [楽]シャコンヌ

**чал** [男1] [海]係留索; [航空]係索: сложи́ть ~ 係留索をつなぐ

**ча́лить** -лю, -лишь 受過 -ленный [不完] / **за~** [完] ①〈何〉船・航空)船を係留する: ~ паро́м к при́стани 桟橋に渡し船を係留する ②《若者》行く

**ча́литься** -люсь, -лишься [不完] / **за~** [完] 《俗》強制的にいさせられる; 《若者》服役する: Я два го́да прочали́лся в а́рмии. 私は2年間兵役を勤めた

**ча́лка** 複生 -лок [女2] ①[海]係留 ② = чал

**чалма́** [女1] (イスラム教徒の)ターバン

**ча́лый** [形1] ①あし毛の ②[男名] あし毛の馬

**чан** [男1] о -е, в/на ~**-у́**/-ы/-**ы́** [男1] 大きい木・金属製の桶, 樽 ②(鉄筋コンクリート・煉瓦製の)角形の大容器, タンク ∥ ~**ово́й** [形2]

**ча́о** [間] 《若者》またね, じゃあね: Уви́димся за́втра, ~! また明日ね, バイバイ! | Чао-како́е! おばよ, また, ばいばーい

**Чапа́ев** [男姓] チャパーエフ(Васи́лий Ива́нович ~, 1887-1919; 内戦期の赤軍指揮官)

**ча́пать** [不完] [口語] 〈俗〉, のろのろ移動する

**ча́ра** [女1] [旧] (中世ロシアの装飾入りの)酒杯

**ча́рдаш, чарда́ш** [男4] [舞・楽]チャールダーシュ, チャルダッシュ(ハンガリーの民族舞踊; その音楽)

**ча́рка** 複生 -рок [女2] [指小] < ча́ра: сере́бряная ~ 銀製の酒杯

**чарльсто́н** [男1] [楽]チャールストン(1920年代に米国で始まったダンス; その曲)

**чарова́ть** -ру́ю, -ру́ешь 受過 -о́ванный [不完] / **о~** [完] 〈何〉①[旧] 魔法にかける ②〈何〉を魅了する, うっとりさせる: Её расска́з чару́ет ду́шу. 彼女の話は心を魅了する | ~ свои́м пе́нием 歌でうっとりさせる

**чарова́ться** -ру́юсь, -ру́ешься [不完] / **о~** [完] 魅了される, 虜になる

**чароде́й** [男6] / ~**ка** 複生 -еек [女2] [文]魔法使い (волше́бник); 魅力ある人 ∥ ~**ский** [形2]

**ча́ртер** [男1] (船舶・航空機・バスの)チャーター: по ~**у** チャーターで | **/ча́ртерный** [形1]: ~ **рейс** チャーター便

**чару́ющий** [形6] 魅惑的な, 心を奪われるような: ~ го́лос 魅惑的な声 | ~ за́пах духо́в うっとりさせる香水の匂い

**ча́ры** чар [複] [文]魅力, 魔力; [廃] 魔法, 妖術

*ч**ас** [チャース] -а/-у/(個数詞2,3,4と共に) часа́ [チサー] 前о -е, в/часу́ [チスー] 複 часы́ [チスィー], часо́в [チソーフ] [男1] 【語法】個数詞と共に用いる際は, 1は通例 оди́н を使うのみ, 2-4は часа́, 5-20は часо́в, 21は час, 22-24は часа́, 25-30は часо́в となる》[hour]

①(単位としての)時間: Прошло́ два ~. 2時間が過ぎた | че́тверть ~**а** 15分 | полтора́ ~**а́** назад 1時間半前に | о́коло двух ~ 約2時間 | рабо́тать семь ~**о́в в день** 1日7時間働く | опозда́ть на ~ 1時間遅れる | со ско́ростью сто киломе́тров в ~ 時速100キロで | До вокза́ла ~ ходьбы́ [езды́]. 駅まで歩いて[乗物で]1時間だ | Уви́димся че́рез ~. 1時間後に会いましょう ②[~у́] 1時まで | к трём ~**ам** 3時までには | с трёх ~**о́в** до семи́ 3時から7時まで ③(序数詞と共に) …時過ぎ, 時: пе́рвый ~ 12時過ぎ | во второ́м ~**у́** 1時過ぎに

【語法】《時刻の表現》

Кото́рый ~? 何時ですか《《話》Ско́лько вре́мени?) ①《公》標準的な言い方は, 時(ч) の個数詞主格 + 分の個数詞主格: два ~**á** два́дцать мину́т (дня, но́чи)(昼・夜の)2時20分 ②《話》30分までは, 分の個数詞主格 + 1 + 1 の序数詞男性単数生格で: че́тверть [пятна́дцать мину́т] тре́тьего 2時15分 | два́дцать мину́т тре́тьего 2時20分 | полови́на [три́дцать мину́т] тре́тьего 2時半 ③《話》30分以降は, без+【60−分】の個数詞生格 + 時(ч) の個数詞主格: この形は副詞的にも使用: без че́тверти [пятна́дцати] пять 4時45分(に) | без пяти́ мину́т три 3時5分前, 2時55分(に)

【語法】《副詞的の「何時に」》

В кото́ром ~**у́** (вы) придёте? 何時に(来ますか)《《話》Во ско́лько?) ①B+時刻の表現対格: в семь ~**о́в** утра́ [ве́чера] 朝[夜]の7時に | в два ~**á** два́дцать мину́т 2時20分に | в де́сять мину́т пя́того 4時10分に | в че́тверть четвёртого 3時15分に ②《半》в+前置格: в полови́не тре́тьего 2時半に ③〈前 на -е〉(教育機関)の授業1時間の; 時限; 《複》授業, 講義: академи́ческий ~ (大学などの)1時間(45-50分間) | уче́бный ~ (義務教育の)1時間(45分間) | на пе́рвом ~**е** 1時限に | получи́ть ~**ы́** в институ́те 大学の講義を担当する ⑤時刻, 時分: вече́рний ~ 夕刻 | по́здний ~ 遅い時刻 | 6時, 時機, 時機: в тяжёлый ~ 苦しい時に | после́дний ~ 最期の時, 終末 | ~ распла́ты 報復の時 ⑦《複》(何かの目的に当たった)時間, 時刻: ~**ы́** досу́га 余暇 | ~**ы́** заня́тий 仕事[勉強]時間 | ~**ы́** о́тдыха 休憩時間 ⑧[複]軍]立哨, 歩哨: стоя́ть на ~**ах́** 歩哨に立つ ⑨《複》[正教] 時課; その時の祈祷(祷);詠歌: чита́ть ~**ы́** 時課の祈祷を行う ◆**в свой** ~ 折よく, ちょうどいい時に | **не в** ~ 折悪しく | **звёздный** ~ (勝利・成功につながる)決定的なとき, 正念場 | **не ро́вен [ро́вен] ~** 《俗》(悪い事態を恐れて)察するに, ひょっとしたら: Не ро́вен ~, опозда́ю. 悪くすると遅刻しそうだ | **по ~**а́**м** 決まった時刻で: | **с ~у на ~** 絶えず; 今か今かと | **в ~ по ~** ぴったりに, きっかり定刻に | **~ от ча́су** 刻一刻と: Беспоко́йство растёт ~ **от ча́су**. 時々刻々と心配事が大きくなる | **Ч~ от ча́су не ле́гче.** 心ますます思いこれが起こる

**часа́ми** [副] 何時間も: Он ~ сиди́т за компью́терной игро́й. 彼は何時間もゲームをしている

**ча́сик** [男2] = часо́к

*ч**асо́вня** 複生 -вен [女5] [chapel] [宗] 小礼拝堂, チャペル | **/часо́венка** 複生 -нок [女2] [指小]

*ч**асов**[**о́й** [形2] ①1時間(分)の; 1時間当たりの: ~**-ая** ле́кция 1時間の講義 | ~**-ая** рабо́та 1時間の仕事 | ~**-ая** но́рма 1時間当たりのノルマ ②~ по́яс 時間帯(地球上を24の時間帯に分けたもの) | ~ у́гол 《地》時角(ч) ③時計(чаcы́)の: ~ механи́зм 時計仕掛け | ~ завод 時計工場 | ~**-ая** стре́лка 時計の短針, 時針 | по ~**-о́й** стре́лке 時計回りに | про́тив ~**-о́й** стре́лки 時計回り逆に | ~ [-ы́х дел] ма́стер 時計職人, 時計修理工 ④[男名] 番人; 番兵, 歩哨: сме́на ~**-ы́х** 歩哨の交代 | ста́вить ~**-ы́х** 歩哨を立てる

**часовщи́к** -а́ [男2] 時計製作者, 時計師

**часо́к** -ска́ [男2] [指小] < час 小1時間, 約1時間

**ча́сом** [副] [口語] ①時に: Он ~ быва́ет серди́т. 彼は時折腹を立てることがある ②(挿入)時に, それはそうと, そういえば(случа́йно): Ты, ~, не меня́ и́щешь? ところで, 君は私を探しているのじゃあるまいね

**часосло́в** [男1] [正教]祈祷(祷)書, 時課経

**часте́нько** [副] 《話》かなり頻繁に, しょっちゅう

**части́ть** чащу́, части́шь [不完] 《話》(動作が)(必要以上に)頻繁に行う, せかせかする; (雨が)降りしきる; (心

臟・脈が)激しく打つ: Колоко́льчик *части́л* под дуго́й. 馬車の頚木につけた鈴がせわしく鳴っていた

**части́ца** [女10] [particle, element] ① 《文法》助詞, 小詞 (бы, ли, не, же など) ② 一部分, 要素 ③ 《理》粒子, 素粒子

**части́чно** [副] [partly, partially] 部分的に, 一部: Рабо́та вы́полнена ~. 仕事は一部出来上がっている

**части́чн|ый** 短 -чен, -чна [形1] 一部の, 部分的な: -ое возмеще́ние уще́рба 損害の一部補償 | -ое лу́нное затме́ние 《天》部分月食

**ча́стни|к** [сьн] [男2] / -ца [女3] 《話》個人商人, 個人経営者, 個人所有者: 《俗》白タク運転手: Мы взя́ли ~а и после́дний домо́й. 私達は白タクを捕まえて家に帰った // **-ческий** [形3]

**частновладе́льческ|ий** [сьн] [形3] 個人所有の [私有の]: ~ капита́л 私的資本 | -ие зе́мли 私有地

**ча́стное** [сн] [形1変化] [中名] 《数》商: ~ от деле́ния шести́ на два́ 6割る2の商

**частнопрактику́ющий** [形6] 私的に開業している: ~ врач 開業医

**частносо́бственнический** [сн] [形3] 私的所有 (制)の: ~ укла́д 私有財産制

**ча́стност|ь** [チャースナスチ] [女10] [detail] ① 特殊性, 個別性: ~ случа́я 事件の特殊性 ② 詳細, 細部, 枝葉末節: вдава́ться в -и 細部に深入りする, 枝葉末節にこだわる ◆**в-и** 特に, とりわけ: Рецензе́нт сде́лал замеча́ния, в -и, каса́ющиеся и сти́ля. 批評家はいくつかコメントしたが, それは特に文体に関するものだった

**ча́стн|ый** [チャースヌイ] [形1] [particular, private, individual] ① 部分的な, 一部の: ~ вы́вод 部分的な結論 ② 個々の, 個別的な: слу́чай 個別のケース ③ -ое [中名] 特殊なこと(↔о́бщее) ④ 私的な, 個人的な: -ая жизнь 私生活 | по -ому де́лу 個人的な用事で | дава́ть -ые уро́ки 個人教授をする ⑤ 私有の, 私設の, 民間の: -ая со́бственность 私有財産 | ~ое предприя́тие 民間企業 | -ая шко́ла 私立学校 | -ые уче́бные ку́рсы (日本の)学習塾 ⑥ 《露史》《革命前》区の, 区警察の; [男2] 区警察署長 ◆**в -ых рука́х** 私有されている | **-ое лицо́** 《法》私人 | **-ое реше́ние** 《数》特殊解

**ча́сто** [チャースタ] 比 *ча́ще* [副] [often, frequently] ① しばしば, 頻繁に, よく: Я ~ хожу́ в теа́тр. 私は劇場によく行く | Э́то ~ случа́ется. こういうことが頻繁に起きる | Ча́ще заходи́те к нам. もっと頻繁に私たちの所へ来て下さい ② ぎっしりと, 密に: Дере́вья поса́жены ~. 樹木がぎっしりと植えられている

**частоко́л** [男1] 柵, 木柵

**частота́** [チスタラー] 複 -то́ты [女1] [frequency] ① 多発, 回数が多いこと ② 回数, 頻度; 周波数, 振動数: ~ электромагни́тных волн 電磁波の周波数 | ~ колеба́ний ма́ятника 振り子の振動数 | ~ пу́льса 脈拍数

**часто́тность** [女10] 《言》頻度: ~ употребле́ния слов 語の使用頻度

**часто́тный** 短 -тен, -тна [形1] ① 《技》振動数の, 周波数の: ~ диапазо́н (電波の)周波数範囲 ② 使用頻度を定める: ~ слова́рь 頻度辞典

**частуше́чни|к** [сьн] [男2] / -ца [女3] チャストゥーシカの詩を作る人; その歌い手

**часту́шк|а** 複生 -шек [女2] [frivol] 《民俗》チャストゥーシカ (テンポの速い, 叙情的・風刺的内容の俗謡): -и под гармо́нь ガルモニ伴奏のチャストゥーシカ

**ча́ст|ый** [チャースティ] [形1] 比 *ча́ще* [形1] [thick, frequent] ① 間隔の詰まった: -ые ста́нции 間の距離が短く配置された駅 ② テンポの速い, 連続的な: ~ ритм [шаг, пульс] 速いリズム [足どり, 脈拍] | ~ ого́нь 《軍》連続射撃 | -ая (пе́сня) 《楽》速歌 (ロシ

アの民謡のジャンル) ③ 頻繁な, たびたびの: ~ гость 常連客 ④ 密な, 密生した, ぎっしりとした; 目の細かい; 絶え間ない: ~ лес 密林 | -ые за́росли 密生した茂み | -ая сеть 目の細かい網 | ~ дождь 降りしきる雨

**ча́ст|ь** [チャースチ] 複 -и, -ей [女10] [part, section] ① 一部, 部分, 箇所: ~ за́работка 稼ぎの一部 | остальна́я ~ 残りの部分 | ~ я́блока 一切れのリンゴ | раздели́ть 囲 на -и (пять -е́й, три ра́вные -и) …を分割する [5つに分ける, 3等分する] ② 部品, 部分: запасны́е -и 予備の部品 | -и те́ла ~ 体の各部分 ③ (書物・映画などの)部, 編; 《楽》楽章: рома́н в трёх -я́х 3部から成る長編小説 | пе́рвая ~ симфо́нии 交響曲の第一楽章 ④ (機関・私設の)部, 課: уче́бная ~ 教務課 ⑤ 《話》分野, 領域, 関係; 分担, 担当: рабо́тать по фина́нсовой ~ 金融関係で働いている ⑥ 《軍》部隊 (во́инская) ⑦ (前 в -и) 《露史》(帝政ロシアの)区; 区警察署 ◆**избра́ть благу́ю ~** 《文》自分に一番都合のよいものに決める | **бо́льшей -ью** = **по бо́льшей -и** 大部分は, 主に, 主として | **в -и** 囲 に関して | **по -и** 囲 (1)…に関して: По ма́стер по -и огоро́дничества. 彼は野菜栽培に関しては名人だ (2) 《通例否定文で》…の専門ではない, 担当じゃない: Это не по моёй -и. これは私には関係ない | **по -я́м** = **-я́ми** 部分的に, 少しずつ: печа́тать по -я́м 連載する | **рвать** [**разрыва́ть**] 囲 **на -и** 息つく暇も与えない, 酷使する | **хоть на -и режь** 八つ裂きにされようと, 何があろうと ■ **-и све́та** 世界の六大洲 (Евро́па, А́зия, А́фрика, Австра́лия, Аме́рика, Анта́рктида) | **~ ре́чи** 《文法》品詞

**ча́стью** [副] 部分的には, 一部分は (части́чно); ある程度で: Ч- он сам де́лал, ~ помога́ли. 一部は彼が自分でやり, 一部は人に手伝ってもらった

**час|ы́** [チスィー] -о́в [複] [clock, watch] 時計: ручны́е [нару́чные] ~ 腕時計 | стенны́е (карма́нные) ~ 壁 [懐中] 時計 | песо́чные (со́лнечные) ~ 砂 [日] 時計 | электро́нные (цифровы́е) ~ 電子 [デジタル] 時計 | бой -о́в 時計の打つ音 | часова́я [мину́тная, секу́ндная] стре́лка -о́в 時計の [分針, 秒針] | завести́ ~ 時計のねじを巻く | поста́вить ~ 時計を合わせる | взгляну́ть [посмотре́ть] на ~ 時計を見る | прове́рить ~ 時計の具合を調べる | Ч- иду́т пра́вильно [непра́вильно]. 時計は正確に動いている [狂っている] | Ч- спеша́т [отстаю́т] на пять мину́т. 時計は5分進んでいる [遅れている] | Ч- ста́ли [останови́лись]. 時計が止まった | По мои́м -а́м [на мои́х -а́х] де́сять. 私の時計では10時だ ◆**как ~** 規則正しく // **ча́сики** -ов [複] [指小]

**чат** [男1] 《IT》チャット: войти́ в ~ チャットにログインする | писа́ть [обща́ться] в ~е チャットで書く [話す]

**ча́титься** чачусь, ти́шься 《不完》《IT》チャットする

**чау-ча́у** (不変) [男·女] 《動》チャウチャウ (犬種)

**ча́хлый** 短 ча́хл [形1] ① 《植物・土地が》枯れそうな, 育ちの悪い, 弱々しい ② 《話》(人が)病気がちの, 弱い, 虚弱な: ~ ребёнок 虚弱体質の子 ③ 《話》(光が)くすんだ, 弱いっきりとしない

**ча́х|нуть** -ну, -нешь 命 -ни 過 чах/-ул, -хла 《不完》 **за-** 能過 зача́хший 《完》① 《植物・土地が》枯れる, 育ちが悪くなる, しなびる: Цвето́к ча́хнет. 花が枯れかけている ② 《話》(人が)やつれる, 弱る: ~ от боле́зни 病気でやつれる | Се́рдце ча́хнет от тоски́. 気が滅入って心が弱っていく ③ 《話》弱くなる, くすむ; 暗くなる: Ого́нь костра́ ча́хнет. たき火の火が弱くなっている ④ 《語》(事業などの)勢いが衰える, 小さくなる

**чахохби́ли** (不変) [中] 《料理》鳥肉の蒸し煮

**ча́ча** (不変) チャチャ (ブドウから作るジョージア(グルジア)の自家製ウォッカ)

**ча́ш|а** [女4] ① 《旧》大きな酒杯 ② 鉢, 椀型の容器

деревя́нная ~ 木の椀 | олимпи́йского огня́ ~ 聖火台・人工あ池)溜池、貯水池：~ озёра 貯水湖 ◆*пить го́рькую ~y* 《文》苦杯[辛酸]をなめる | *испи́ть сме́ртную ~y* 《雅》死の杯を飲み干す、死ぬ | *Ч~ терпе́ния перепо́лнилась.*《雅》堪忍袋の緒が切れた。| ~ *весо́в склоня́ется в 'каку́ю-л. сто́рону* 〔чью́-л. по́льзу〕 ~へ有利に傾く

ча́шечк|а 複生 -чек [女2] ①〖指小〗< ча́шка ②〖植〗蕚(がく) ③膝の皿: коле́нная ~ ④〖解〗膝蓋(しつがい)骨

*ча́шк|а [ча́шечка] 複生 -шек [女2] 〖cup〗①（取っ手の付いた飲用の）カップ、茶碗: ча́йная ~ ティーカップ | ~ с блю́дцем 受皿の付いたカップ ②《俗》鍔、両皿状のもの: ~ весо́в 秤皿 | ~ шпа́ги 剣のつば ③膝蓋(しつがい)骨: коле́нная ~ ④丸太の端の小皿状のほそ穴

ча́шечный [形1]: -ые весы́ 皿秤

ча́щ|а [女4] ①密林、茂み: леса́я ~ 森の茂み | идти́ че́рез ~y 密林を抜けて行く ②《話》密林のように極めて数が多いもの: кни́жная ~ 林立する本

*ча́ще [形][副]〖比較〗< ча́стый, ча́сто: Мы ста́ли ви́деться ~. 私たちは前よりも頻繁に会うようになった

чая́чий [形9] カモメ(ча́йка)の

ча́я́н|ие [中5] 期待、切望、熱望 ◆*па́че -ия* 思いがけず、意外にも

ча́ять ча́ю, ча́ешь [不完]《旧》〔関／不定形〕期待する、望む

чва́н|иться -нюсь, -нишься [不完]《話・貶》〔何ыで〕威張る、もったいぶる、鼻にかける; 高慢に振る舞う: ~ собо́й 高慢になる

чванли́в|ый 短 -и́в [形1]《話》高慢ちきな、威張りたがる //-ость [女10]

чва́нн|ый 短 -а́нен, -а́нна [形1]《話》高慢な、傲慢な、尊大な: ~ хара́ктер 高慢な性質 //-о [副]

чва́нство [中9] 高慢、傲慢、尊大

чё [副]《俗》何で、どうして(чо); 何(= чего́, чё, чего́と同義だがよりぞんざい): *Чё тебе́ здесь на́до?* ここに何の用だ | *Ты чё ненорма́льный?* 気でも狂ったか？

Чеба́ркуль 複5 チェバルクリ(チェリャビンスク州の小都市; 2013年に隕石が落下; ウラル連邦管区)

Чебокса́ры -а́р [複] チェボクサルイ(チュヴァシ共和国の首都; 沿ヴォルガ連邦管区)

чебо́ра|ть -ню, -нешь -ал -нёт -тый [完]《俗》〔関〕音を立てて放る、叩く：~ по́ голове 頭をこつんと小突く //*~ся* [完]《俗》音を立てて落ちる、倒れる、ひっくり返る

Чебура́шка 複生 -шек (女2変化) [男] ①チェブラーシカ(1969年に人形アニメ化された Э. Успе́нский 原作の童話の主人公) ②*ч~* =ва́нька-вста́нька

чебуре́к [男2] 〖料理〗チェブレキ(カフカスやクリミアの料理; 羊のひき肉を薄い生地に詰め揚げたもの)

чебуре́чная [形1変化] [女名] チェブレキ屋台[食堂]

чего́ [в] ①〔生格〕< что¹ ②[副]《俗》何の目的で: *Ч~ с ним разгова́ривать?* 何だってあいつと話さなきゃならんのだ ③《俗》何の理由で: *Ч~ ты загрусти́л?* 何で悲しくなったの

че́ддер [男1] チェダーチーズ

*чей [чей] [男] чьего́ [чьё], чьему́, чей/чьего́, чьим, чьём, чья [чья] [女] чьей, чьёй, чью, чьею/чьёй, чьей, чьё [чё] [中] чьего́, чьему́, чьё, чьим, чьём, чьи [чьи] [複] чьих, чьим, чьи/чьих, чьи́ми, чьих [代] ①〖疑問〗誰の: *Чья́ это кни́га?* これは誰の本ですか | *Не по́мню, ~ э́то выраже́ние.* これは誰の言葉だか思い出せない ②〖疑問〗〘話〙どこの家の、どこの子: *Чей бу́дешь? — Я зде́шний.*「出身はどこ？」「ここの者です」 ③〖関係〗その(人の)(所有されている対象の名詞と性・数・格が一致): *геро́й, чьё и́мя изве́стно всем* その名前が全ての人に知られる英雄 ④〖不定〗〘話〙誰かの(чей-либо, чей-нибудь) ◆*чей бы то ни́ был* 誰のものだろうか | *Чья́ взяла́ [возьмёт]?* 誰が勝ったか[勝つか]

*чей-ли́бо [ЧЕ́Й-ЛИ́БА] (★ чей の部分のみ変化) [代]〖不定〗= чей-нибу́дь

*чей-нибу́дь [ЧЕ́Й-НИ́ БУТ'] (★ чей の部分のみ変化) [代]〖不定〗〔somebody's〕（誰でもいいから）誰かの: ста-ра́ться пойма́ть ~ взгля́д 誰かの視線を引きつけようとする | жда́ть чьего́-нибу́дь сочу́вствия 誰かの同情を当てにする

*чей-то [ЧЕ́Й-ТА] (★ чей の部分のみ変化) [代]〖不定〗〔somebody's〕誰かの(誰のかは不明だが特定の人を指す): *чьё-то кни́га* 誰かの（忘れていた）本 | *услы́шать чьи́-то шаги́* 誰かの足音を聞く

*чек¹ [ЧЭК] [男2] ①〔check, receipt〕レシート、伝票（★旧式の慣習ではレジに代金を支払って чек をもらい、売場に提示して商品を受け取る）: ка́ссовый ~ （レジ機械的に発行されるレシート）| вы́бить ~ 伝票を打つ | приложи́ть к отчёту ~ 支出明細書にレシートを添付する | Да́йте, пожа́луйста, ~. レシートをお願いします ②小切手, 手形: ~ на предъяви́теля 持参人払い小切手 | вы́писать ~ 小切手を振り出す | оплати́ть това́р по ~y 商品の代金を小切手で支払う ■доро́жный ~ トラベラーズチェック

чек² [男2] （畦で区画された）水田 (ри́совые ~и)

чека́ [女2] 〖工〗コッタービン, 割りピン; ヒンボルト

Чека́ [不変] [女] 〘話〙 = ЧК

чека́н [男1] ①〖工〗（貨幣などの金属製品の）型; 型打ちされた形象、文字など; 型打ちすること ②〖工〗冶金用工具, たがね ③〖史〗戦鎚(せんつい), ウォーハンマー ④〖複〗〔鳥〕ノビタキ属(スズメ目ツグミ科)

чека́н|ить -ню, -нишь ве́-нненый [不完]〔関〕①〖完 вы́-, рас-, от-〗〖金属製品を〗打ち出し・型打ちなどで作る; （金属に）〈文字・模様〉を刻印する: ~ на моне́те 貨幣を鋳造する | ~ на́дписи на меда́лях メダルに文字を刻印する ②〖完 рас-〗〖工〗（リベットの継手・隙間などを）コーキングする, かしめる ③〖完 от-〗〈発音・歩みなどを〉念入りに[はっきり、目立たせるように]する ④〖農〗摘心, 芽摘きする

чека́нк|а 複生 -нок [女2] ①（金属製品の）打ち出し, 鍛造, （貨幣の）鋳造, 刻印; その模様: ружьё с -ой 打ち出し模様のある銃 | иску́сство -и 鍛金細工 | купи́ть -y 鍛金細工を買う ②〖工〗コーキング, かしめ ③〖農〗（ブドウなどの）摘心, 芽摘き

чека́нн|ый 短 -а́нен, -а́нна [形1] ①彫金の, 刻印の, 鍛金加工を施された: ~ брасле́т 鍛金模様の入ったブレスレット ②（足どり・言葉が）はっきりした, 明快な, 磨きがかかった: ~ стих 彫琢(ちょうたく)された詩句

чека́ночный [形1] 打ち出し[型打ち]用の

чек-ли́ст -á [не́ск] [男1] チェックリスト

чеки́ст [男1] /-ка 複生 -ток [女2]《露史》ЧК の職員; 国家保安委員会 (КГБ) の職員

че́ковый [形1] 小切手用の: -ая кни́жка 小切手帳

чеку́шка 複生 -шек [女2]《俗》4分の1リットルの酒瓶 (=четверти́нка)

чел [男1] /чела́ [女1]《俗》否定的な印象のない人

челе́ста [女1] 〖楽〗チェレスタ(鍵盤楽器の一種)

чёлк|а 複生 -лок [女2] ①（馬の）前髪（たてがみの耳から額の部分）②（人間の）前髪: носи́ть -y 前髪をおかっぱにしている | подре́зать -y 前髪を切る

чёло́чка 複生 -чек [女2] 〖指小〗< чёлка

челн чёлна [男1] ①丸木舟 ②《詩》舟

челно́к -á [男2] < чёлн ②（ミシンの）ボビン（織物の）杼(ひ) 〖связ〗: снова́ть как ~ 杼のように（群集などが）前後にせかせかと動き回る ③《俗》（外国製品の転

売屋

**челно́чн|ый** [形1] ①<челно́к: ~ би́знес 転売業 ②往復の: ~ маршру́т 往復ルート; ~ые перево́зки 往復[ピストン]輸送

**чел|о́** 複чёла, чёл, чёлам [中1] [雅・詩] 額 ②(ロシア式暖炉の)炉口; [冶] (溶鉱炉の)燃料投入口 ◆*би́ть ~о́м* (1)<旧>և平伏する (2)請願する (3)感謝する

**челоби́тная** [形1変化] [女名] [露史] (15-18世紀ロシアで皇帝または当局宛の)請願書, 嘆願書

\***челове́к** [チラヴェーク] 複лю́ди, люде́й, лю́дям, люде́й, людьми́, лю́дях (数詞と結合のとき, 複生以降 челове́к, челове́ка, челове́ку, челове́ками, челове́ках) ★複数を челове́ки とするのは[旧・戯] [男2] [person, human being] ①人間, (生物種としての)ヒト: Ч~ разу́мный. 人間は理性的である; первобы́тный ~ 原始人 | духо́вный мир ~а 人間の精神世界 | Все́ мы лю́ди, все ~и. [話・戯] どんな人にも弱点はある(= みんな人間だ, 人間なのだ) | Ч~ ~y это звучи́т го́рдо. 人間, この言葉は誇らしい響きがある ②(人)人, 人物, (特に)男: до́брый ~ 善良な人, いい人 | большо́й ~ 大物, 器の大きい人 | ~ с се́рдцем 心の優しい人 | ~ де́ла = делово́й ~ 実務家; 実業家 | ~ нау́ки 学者 | Молодо́й ~! ちょっとすみません (見知らぬ男性に声をかける際に) ③(理想像としての)人間: ~ с большо́й бу́квы 本当の人間, 傑出した人間 | ста́ть ~ом 一人前になる | Из него́ вы́шел ~. 彼も一人前になった | Будь ~ом. お願いだから | Вот ~! [話] これは見上げたものだ(人間の資質・行いを称賛して) ④《人数の単位》…人(に), …名(に): В кла́ссе бы́ло три́дцать два ~а. クラスには32名がいた | Ско́лько ~ живёт в э́том го́роде? この町には何人が住んでいるのですか | Нас бы́ло де́сять ~. 私たちは10人だった ⑤その人; 彼; (一般的な)人, 人々: Ч~ уста́л, а вы пристаёте с пустяка́ми. ひとが疲れているのに, あなたくだらないことでうるさく付きまとう(★челове́к はこの場合 он または я を指す) | Ч~ вас спра́шивает. 誰かがあなたに用があるていますよ ⑥[旧] (奴隷制時代の)召使い, 従僕; (帝政期の)ボーイ, 給仕 ◆*бо́жий ~* <旧>巡礼者, 乞食, 瘋癲(ふてん)行者 (юроди́вый): *Что он за ~?* 彼はどういう人間か *//*челове́чек -чка [男2] [指小]

**челове́чий**. <廃棄後> [話]「人の」「人間の」「人1当たりの」

**челове́ко-де́нь** -дня́ [不変] [男5] [経] 人日(たい) (作業単位; 1人1日分の仕事量)

**человеколюби́вый** 短-и́в [形1] 人間を愛する, 博愛精神に満ちた

**человеколю́бие** [中5] 人間愛, 博愛, 博愛精神

**человеконенави́стни|к** [сьн] [男2] / **-ца** [女3] 人間嫌い(の人)

**человеконенави́стничество** [сьн] [中1] 人間嫌い, 人間憎悪 (мизантро́пия) *//*-**ский** [形3]

**человекообра́зный** 短-зен, -зна [形1] 人に似た: ~ые обезья́ны [動] 類人猿 *//*-**ОСТЬ** [女10]

**челове́ко-ча́с** -ча́ -сы́ [不変] [男1] [経] 人時(とき) (作業単位; 1人1時間分の仕事量)

\***челове́ческ|ий** [チラヴェーチェスキイ] [形3] [human, humane] 人の, 人間的な, 人間特有の: -*ая* рука́ 人間の手 | ~ след 人間の足跡 | ~*ие* сла́бости 人間的な弱さ | катастро́фа с -*ими* же́ртвами 人的犠牲を伴う事故 ②人間らしい, 人道的な, 人道にかなった: -*ое* отноше́ние 人道的態度 *//*-**и** [副] <②>

\***челове́чество** [チラヴェーチストヴァ] [中1] [humanity, mankind] ①人類, 人間社会: су́дьба -*а* 人類の運命 | обраща́ться ко всему́ -*у* 全人類に呼びかける ②[旧] 人間性, 人間

**челове́чина** [女1] ①[話] 人肉 ②[男・女] [戯] 人間

**челове́чность** [女10] 人間性, 人間味

**челове́чн|ый** [チラヴェーチヌイ] 短-чен, -чна [形1] 人間らしい, 人情味のある, 心のこもった: -*ые* слова́ 思いやりのある言葉 *//*-**О** [副] 人道的に振る舞う

**челюски́нцы** -ев [複] チェリューチン号乗組員 (Челюскин 号は1934年に北洋航路開発の航海中に沈没, 乗組員は最初のソ連邦英雄となる)

**челюстно́й** [сн] [形2] 顎(あご)の, 顎骨の

**че́люст|ь** [女10] ①顎(あご); 顎骨: ве́рхняя [ни́жняя] ~ 上[下] 顎 | ~ отви́сла [отвали́лась] (極度に驚いて) 口をあんぐりと開ける ②(上列・下列の)床義歯(ぎば); 総入歯: вста́вные ~и 総入歯 | вста́вить [вы́тащить] ~ 入歯を入れる [取り出す] ③[工] ジョークラッシャー: ジョークラッチ

**челя́бинск** [男2] チェリャビンスク (同名州の州都) *//*челя́бинск|ий [形3] *Ч-ая* о́бласть チェリャビンスク州(ウラル連邦管区)

**че́лядь** [女10] 〖集合〗 ①[露史] (中世ロシアの)封建領主の隷属民; (農奴制下の地主邸の)召使, 僕婢(ぼくひ) ②[蔑]取り巻き, 使い走り; 下級役人

\***чем**[1] [チェーム] [接] 〈than〉 ①[比較級の後で] …よりも: Ива́н ста́рше, ~ Мари́я. イヴァンはマリアより年上だ | Он зна́ет бо́льше, ~ я. 彼は私よりたくさん知っている ②(лу́чше, скоре́е と共に) …するくらいならむしろ, …するというむしろ: Лу́чше по́здно, ~ никогда́. 遅くても何もしない(来ない)よりは | Лу́чше го́рькая пра́вда, ~ сла́дкая ложь. 甘い嘘より苦い真実のほうがよい | Он скоре́е похо́ж на отца́, ~ на ма́ть. 彼は母よりむしろ父の方に似ている ③（*чем*[比較級]で)…すればするほど…: Чем бо́льше, тем лу́чше. 大きければ大きいほど[多ければ多いほど]よい | Чем да́льше в лес, тем бо́льше дров. [諺] 虎穴に入らずんば虎児を得ず(＝森の奥へ行くほど薪が多く採れる) ◆*пре́жде [ра́ньше] ~* …する前に: Поду́май, пре́жде ~ отвеча́ть. 答える前によく考えなさい

**чем**[2] [造格], **чём** [前置格] < что[1]

**чемери́ца** [女3] [植] シュロソウ属 (ユリ科): бе́лая ~ バイケイソウ (有毒植物)

\***чемода́н** [チムダーン] [男1] [suitcase] ①スーツケース, トランク, 旅行カバン: ко́жаный ~ 革のスーツケース | ключ от ~а スーツケースの鍵 | уложи́ть в ~ スーツケースに荷物を詰める | распакова́ть ~ スーツケースから荷物を出す | сиде́ть на ~ах [話] 出発準備が整っている *//*~**ник** [男2] [指小]

**чемода́нн|ый** [形1] スーツケースの: -*ое* настрое́ние [話] 旅行出発直前のそわそわした気分

\***чемпио́н** [チムピオーン] [男1] 〈champion〉 ①(/ ~ка 複 生 -нок) [女3] (スポーツ競技などの)チャンピオン, 優勝者, 選手権保持者: ~ ми́ра 世界チャンピオン ②優勝馬, (競技・品評会で)優勝した動物 *//*-**ский** [形3]

\***чемпиона́т** [男1] 〈championship〉 (スポーツ競技などの)選手権大会; (動物の品評会): ша́хматный ~ チェス選手権大会 | ~ по футбо́лу サッカー選手権大会 *//*~**ный** [形1]

**чемпио́нство** [中1] チャンピオンの称号[タイトル]

**чему́** [与格] < что[1]

**чепе́** [э] [中] [不変] [話] = ЧП: Случи́лось [Произошло́] ~. 非常事態が発生した

**чепе́ц** -пца́ [男3] [史] (18-19世紀の)婦人[子ども]用のずきん風帽子: ночно́й ~ ナイトキャップ

**чепра́к** -а́ [男2] ①(動物の)背中の皮革 (厚くて丈夫) ②(馬の)鞍敷き *//*-**чный** [形1]

\***чепух|а́** [女2] [話] ①ばかげたこと, たわ言: говори́ть [нести́] -у́ たわ言を言う ②つまらないこと, くだらないこと ③わずか, 少し ◆*на по́стном ма́сле* 全くくだらない, 何の価値もない

**чепухо́в|ый** [形1] [話] 無意味な, ばかげた, 取るに足

**чéпчик** -а [男2] 〔指小<чепéц〕子ども用すきん風帽子

**червеобрáзный** 短-зен, -зна [形1] 虫状の, 虫に似た: ~ **отрóсток** 〔解〕虫垂

**чéрв|и** -éй, -ям, **чéрвы** черв, чéрвам [複] 〔単 **чéрва**[女1]〕〔トランプ〕ハート札, ハート: **король** **-éй** ハートのキング **∥червóвый** [形1]

**червивéть** [不完] / **за-, о-** [完] 虫がつく: Ябло́ки **червиве́ют**. リンゴに虫がついている

**червивый** 短-ив [形1] 虫のついた, 虫の食った

**червовóд** [男1] 養蚕家, 養蚕業者

**червовóдня** [女2] 蚕室, 蚕舎, 蚕部屋

**червовóдство** [ц] [中1] 養蚕, 養蚕業

**червóнец** -нца [男3] ①〔露史〕チェルヴォネツ金貨 (5, 10рублéй) ②〔露史〕(1922–47年の)10рублéй紙幣 ③〔俗〕10рублéйの値段のもの;〔スポ〕10キロメートル;〔隠〕10年

**червóнн|ый** [形1] ①〔民話・詩〕赤い, 真紅の ② <червóнец: **-ое** **зóлото** (金貨鋳造に用いられた)高純度の金 ③ < **червы**

**червотóчин|а** [女1] ①虫食いの穴 [跡]: я́блоко с **-ой** 虫食いの跡のあるリンゴ ② (致命的になりかねない)欠陥, 欠点 **∥-ка** [女1] **-чка** [女2] [指小]

**червотóчный** [形1] 虫食いの, 虫のついた

**\*чéрв|ь** -я́ **-ю**, -éм [男5] [虫] 〔worm〕① (芋虫・ミミズのように脚のない)虫; 幼虫, ウジ: **дождевóй** ~ ミミズ / **шелковичный** ~ 蚕(カイコ) ②〔話〕取るに足らない人, 虫けら ③〔文〕ある領域(に)夢中な人: **книжный** ~ 本の虫 ④〔文〕心を苛(サイナ)むもの: ~ **тоски́** ふさぎの虫 / ~ **раскáяния** 後悔の念 / **Егó** **глóжет** ~ **сомнéния**. 彼は疑念に苛まれている

**червя́к** -á [男2] Ⅰ = червь: **лови́ть** **рыбу** **на** **-á** 虫の餌で魚を釣る ②〔蔑〕つまらない人間, 虫けら ③〔工〕ウォーム, 蝸輪(カリン): -чкá [男2] [指小] ◆**заморúть** **-кá** [男2] 空腹を少し癒やす

**червя́чный** [形1] ①〔工〕ウォームの: **-ая** **передáча** ウォームギア / **-ая** **фрéза** ウォームホブ / **-ое** **колесó** ウォーム歯車 ② < **червя́к**

**\*чердáк** -á [男2] ①屋根裏, 屋根裏部屋: **поднáться** **на** ~ 屋根裏に上る / **жить** **на** ~ **-é** 屋根裏部屋に住む ②〔俗・皮肉〕頭: ~ **болит**. 頭が痛い / Ч- **поéхал**. 頭がおかしい, 気が狂っている

**черевики** -ов [複] (ウクライナ・南ロシアで)婦人用ハイヒールのブーツ **∥черевички** [複]

**черёд** череда́ 前 **в очередь, в череду́** [男1] 順序, 順序; 潮時, 時期: **Пришёл** **наш** ~. 私たちの番になった / **Всё** **идёт** **свои́м** **чередóм**. 全てしかるべき順序で進んでいる

**череда́** [女1] ①〔俗〕= óчередь ②行列, 行列: **Облака́ иду́т волнисто́й -óй**. 雲が波のようになって次々と流れていく ③〔植〕センダングサ属(キク科, 民間療法で薬用): ~ **трёхразде́льная** タウコギ

**чередовáние** [中5] 交代;〔言〕交替: ~ **приливов и отли́вов** 潮の干満交代 / ~ **звýков** 音韻交替

**чередовáть** -ду́ю, -ду́ешь [不完] 受身 -óванный [不完] / **от~** [完]〔農〕 [図] 挿し木, 挿し芽 (★接ぎ木は прививка)

**черенковáть** -ку́ю, -ку́ешь 受動 -óванный [不完] / **от~** [完]〔農〕 〈к〉 挿し木[挿し芽]をする

**черен|óк** -нкá [男2] ①取っ手, 柄: **лопáты** スコップの取っ手 ②〔話〕葉柄(チョウヘイ) ③〔農〕挿し穂: **дéлать [брать]** **-ки́** **из побéгов** 若芽から挿し穂を作る **∥-кóвый** [形1]

**чéреп** 複 -á [男1] ①頭蓋, 頭骨, 頭蓋骨: **лы́сый [гóлый]** ~ はげ頭 **∥-нóй** [形2]

**\*черепáх|а** [女2] 〔tortoise, turtle〕①〔動〕カメ: **морскáя** ~ ウミガメ / **тащи́ться [ползти́] как** ~〔話・戯〕のろのろ歩くのろのろする ②亀の甲, べっ甲: **издéлия из -и** べっ甲製品

**черепáховый** [形1] ①〔料理〕亀の肉の: ~ **суп** タートルスープ ② ↑ べっ甲製の

**черепáш|ий** [形9] ①カメの: **-ьи** **я́йца** カメの卵 ②〔話〕**идти́ -ьим шáгом** のろのろ歩く

**черепáшка** 複-шек [女2] ①〔話〕小ガメ ②〔昆〕カメムシ

**черепи́тчатый** [形1] (屋根が)瓦(カワラ)ぶきの

**черепи́ц|а** [女3]〔集合〕①瓦;屋根瓦: **гли́няная (цемéнтная)** ~ 粘土[セメント]瓦 / **мя́гкая** ~ 化粧スレート ②〔旧〕舗道用煉瓦(レンガ) (дорóжный клинкер) **∥-чный** [形1]

**черепно-мозговóй** [形1] 頭蓋の, 頭蓋の

**Череповéц** -вцá [男3] チェレポヴェツ(ヴォログダ州の中部市; 北西連邦管区)

**череп|óк** -пкá [男2] ①割れた陶器の一片: **-ки́** **гли́няного** **сосу́да** 陶器の破片 / **разби́ть в -ки́** 粉々にする ②小さな壺[鉢, 椀]

**черепýш|ка** 複-шек [女2] ①〔俗〕①小さな壺[鉢, 椀] ②〔戯〕頭, 頭蓋 (чéреп)

**черес-..** = через-..

**\*чéрез** 〔чéрезь, чéрезъ〕〔特定の子音連続の前で, 稀に〕 **чéрезо** [前] 〈対〉①...を越えて, ...を横断して: **перейти́** ~ **ýлицу** 通りを横断する / **перепры́гнуть** **через** **ручéй** 小川を跳び越える / **мост** ~ **рéку** 川にかかった橋 ②...を通って, ...を通して, ...を貫いて, ...を抜けて: **ýлица** ~ **весь гóрод** 町全体を貫く通り / **смотрéть** ~ **очки́** 眼鏡を通して見る / **влéзть** ~ **окнó** 窓から入る / **по льдáм** 氷原をぬって ③...の上を越えて: **перелéть** ~ **забóр** 塀を跳び越える / **смотрéть** ~ **плечó** 肩越しに ④ (限度を)越えて: **Молокó перелилóсь** ~ **край**. 牛乳が縁からあふれるほど注がれた / ~ **мéру** 度を超して ⑤ ...を通じて, ...を介して, ...を経由して; ...によって: **сообщи́ть ~ друзéй** 友達を介して連絡する / **говори́ть ~ переводчика** 通訳を介して話す / **писáть ~ чёрточку [дефи́с]** ハイフンでつなげて書く / **éхать ~ Ки́ев в Москву́** キエフを経由してモスクワへ行く / **смéртная казнь ~** **повéшение** 絞首刑 ⑥(時間的経過)...後に: **Я придý ~ час**. 1時間後に到着する / **Ч- мéсяц закáнчивается год.** 後1か月で1年が終わる / **Ч- **день он не выхóдит ~ óдну.** あなたは2番目の駅で降りるのですよ / **Он живёт ~ два дóма.** 彼は3軒先に住んでいる ⑧...おきに: **принимáть лекáрство ~ (кáждые) три часá** 3時間おきに薬を服用する / **Он прихóдит ~ день.** 彼は1日おきにやって来る

**через..** 〔語形成〕「交代で」

**чéрезо** → чéрез

**черемúс** [男1] **/~ка** 複生 -сок [女2] チェレミス人(マリ人, мáри の旧称) **∥-ский** [形3]

**черёмух|а** [女3]〔植〕エゾノウワミズザクラ; その実い~ **обыкновéнная** バラ科サクラ属; 実は食用, 民間療法で薬用; 優しさ, 純潔, 愛の象徴): **любóвь** **без -и**〔話〕淡白な愛 **∥-овый** [形1], **черёмушный** [形1]: **черёмухины** **холодá** エゾノウワミズザクラ冷え (開花期の冷え込み)

**черемшá** [女4]〔植〕ラムソン(生で葉をサラダに用いる)

**черенковáние** [中5] 挿し木, 挿し芽 (★接ぎ木は прививка)

**чересполóсица** [女3] ①〔農〕耕地が他者の耕地と交互に帯状に配置されていること ②錯綜, 混乱

**чересполо́сный** [形1]《史》(農民の耕地が分散されて)混在する、散在する

**чересседе́льник** [男2] ハーネス(馬と荷車をつなぐ革紐): подтяну́ть ~ ハーネスを装着する

*****чересчу́р** [щ][副] あまりに、過度に: ~ жа́рко暑すぎる | Он ~ стро́г. 彼は厳しすぎる | Э́то уж ~. これはあんまりだ

**чере́шн|я** 複生-шен [女5]《植》セイヨウミザクラ;その実(サクランボ,桜桃) **‖-евый** [形1]

**череш|о́к** -шка́ [男2]①《植》葉柄 ②柄、取っ手(черено́к) **‖-ко́вый** [形1]

**черка́ть** 受通 черканный, **чёркать** 受通 чёрканный [不完] / **черкну́ть** -ну́, -нёшь [完] [一回] [口]〈跟〉①《通例完》さっと線を引く、さっと走り書きをする: Черкни́ мне не́сколько стро́к. 私に何行か詩を書いてくれ ②線を引いて消す(зачёркивать)

**черке́с** [男1] / **черке́шенка** 複生-нок [女2] チェルケス人(主に北カフカスに住む民族)

**черке́ска** 複生-сок [女2] チェルケスカ(カフカスの山岳民族とコサックの男性が着用する上着)

**Черке́сск** [男2] チェルケスク(カラチャイ・チェルケス共和国の首都; 北カフカス連邦管区)

**черке́сский** [形3] チェルケス人の、チェルケスクの: ~ кинжа́л チェルケス短剣

**Черне́нко** (不変) [男] チェルネンコ(Константи́н Усти́нович~, 1911-85; ソ連の政治家; 書記長)

**чернёный** [形1] 黒塗りにした;《冶》黒染めの: -ая са́бля 黒染めの剣

**черне́ть** [不完]①黒く見える、黒いものが見える ②[完 по~] 黒くなる、(銀製品などが)黒ずむ **‖~ся** [不完] 黒く見える、黒いものが見える

**черни́ка** [女2]《植》ビルベリー、セイヨウスノキ(ツツジ科スノキ属): от ~ теря́лся, поте́рял видеть обратно (視力回復の薬効)

*****черни́л|а** -и́л [複] インク: кра́сные [си́ние] ~ 赤[青] インク | Ч~ расплы́лись. インクがにじんだ | писа́ть -ами с ятью | вода́ как ~ 黒々とした水

**черни́льница** [女3] インク瓶、インク壺

**черни́льный** [形1] インクの: -ое пятно́ インクの染み ②インクのような色の(黒や紫色); джи́нсы -ого цве́та 黒[紺青色]のジーンズ ③《皮肉》お役人の、-ая служба お役所的働きの

**черни́ть** -ню́, -ни́шь 受通-нённый [不完]〈跟〉①[完 за~, вы~] 黒く染める、塗り消す: ~ бро́ви 眉を黒く引く | ~ серебро́《冶》黒を黒染め(「ブルーイング」する) ②[完 о~] 悪口を言う、中傷する(поро́чить): ~ свои́х пре́жних друзе́й 昔の友達の悪口を言う **‖черне́ние** [中5]

**черни́чник** [男2] ビルベリーの生育場所

**черни́чный** [形1] ビルベリーの

**черно́..** [語形成]「黒の」

**черно-.., чёрно-..** [語形成]「黒みがかった」

**чёрно-бе́лый** 短-бе́л [形1] ① (色が) 白と黒の ② (写真・映像が) 白黒の (↔цветно́й): -ая фотогра́фия 白黒写真 | ~ фильм モノクロ映画

**чернобро́вый** 短-бр [形1] 黒い眉をした

**чернобу́рк|а** 複生-рок [女2]《話》《動》ギンギツネ、その毛皮: пальто́ с ~ой ギンギツネの毛皮の外套

**чё́рно-бу́рый** [形1] 暗褐色の: -ая лиса́《動》ギンギツネ

**чернобы́лец** -льца [男3] チェルノブイリ原発事故被災者 [避難民]

**чернобы́ль** [男5] = чернобы́льник

**Чернобы́ль** [男5] ① チェルノブイリ(ウクライナの都市; 1986年原発事故が起きた): ликвида́торы -я ч チェルノブイリの除染員 ②人災(промы́шленная катастро́фа) **‖чернобы́льск|ий** [形3]: ава́рия на Ч-ой АЭС チェルノブイリ原発事故

**чернобы́л|ьник** [男2]《話》《植》オウシュウヨモギ(полы́нь обыкнове́нная; キク科ヨモギ属; 葉、根は薬用で、食欲増進、鎮静作用などがある) **‖-ный** [形1]

**чернови́к** [男2] 下書き、草稿(~-белови́к, чисто́ви́к): соста́вить ~ докла́да 報告の下書きを作成する | испра́вить в -е́ 下書きの段階で手直しする | изуча́ть ~ Пу́шкина プーシキンの草稿を研究する

**чернов|о́й** [形2] 下書きの、草稿の、大雑把な: -а́я ру́копись 下書き | ~ вариа́нт 草稿 | ~ набро́сок 素描; 草案 ②《話》(仕事が)補助的な; 汚れ仕事の: -а́я рабо́та 下準備; 雑用

**черноволо́сый** 短-ло́с [形1] 黒髪の

**черногла́зый** 短-а́з [形1] 黒い瞳の

**черноголо́в|ый** -о́в [形1] 髪の黒い; (動物が)頭毛が黒い: -ая пти́ца 頭部が黒い鳥

**черного́р|ец** -рца [男2] / **-ка** 複生-рок [女2] モンテネグロ人 **‖-ский** [形3] モンテネグロ(人)の

**Черного́рия** [女9] モンテネグロ(首都はПодго́рица)

**чернозём** -a/-у [男2]《農・地質》黒土 **‖ черно-зёмный** [形1]: -ая по́чва 黒土の土壌

**чернозе́мье** [中4] 黒土地帯: центра́льное ~ ヨーロッパ・ロシア中央部の黒土地帯

**черноќож|ий** 短-о́ж [形6]① 皮膚の黒い ② [男名] / **-ая** [女名] 黒い肌の人

**черноле́с|ье** [中4] 広葉樹林 **‖-ный** [形1]

**чернома́зый** 短-а́з [形1]《俗・蔑》(頭髪・皮膚が) 浅黒い ②《戯》うす汚れた、汚い

**черномо́рец** -рца [男3] 黒海艦隊乗組員

*****черномо́рск|ий** [形3] 黒海の: Ч~ флот 黒海艦隊 | Ч~ие проли́вы《国際法》ボスポラス海峡およびダーダネルス海峡 | -ие казаки́《史》黒海コサック(~1860年;ウクライナ南部)

**Черномы́рдин** [男姓] チェルノムイルジン(Ви́ктор Степа́нович~, 1938-2010; 政治家; エリツィン政権を支えた元首相; 初代ガスプロム社長)

**чернобо́кий** [形3]《旧・詩》黒い瞳の(черногла́зый)

**черноплодный** [形1]《植》黒い実をつける: -ая ря́би́на アロニア・メラノカルパ(バラ科アロニア属)

**чернорабо́ч|ий** [形6] ① 肉体 [雑役] 労働をする、下働きの ② [男名] / **-ая** [女名] 雑役夫、肉体労働者

**черносли́в** [男1]《集合》ドライプルーン(種を抜いたプルーン сли́ва を乾燥させたもの): компо́т из ~a ドライプルーンのコンポート

**черносли́вный** [形1] ドライプルーンの

**черносли́вов|ый** [形1] = черносли́вный: -ые глаза́《詩》つらそな瞳

**чёрносморо́динный** [形1] クロスグリの

**черносо́тен|ец** -нца [男3], **-ник** [男2] / **-ка** 複生-нок [女2]《露史》黒百人組(чёрная со́тня)の組員; 極右君主主義者 **‖-ный** [形1]

**черносо́тенство** [中1]《露史》黒百人組的思想

**чернот|а́** [女1] ① 黒さ、暗さ(↔белизна́): загоре́ть до -ы́ 真っ黒になるまで日焼けする | ~ под глаза́ми 目の下の隈(くま) ② 闇、暗闇(тьма, мрак): — но́чи 夜の真の暗闇

**чернота́л** [男1]《話》《植》セイヨウテリハヤナギ(ヤナギ科ヤナギ属): и́ва пятитычи́нковая)

**чернотро́п** [男1]《狩》晩秋の降雪前の時期; その時期の冷え込み

**чернуха́** [女2] ①《方》《植》= черну́шка② ②《俗・蔑》人生や社会の暗く陰気な側面 ③《俗》デマ、嘘

**черну́шка** 複生-шек [女2]《話》肌が浅黒く髪や瞳が黒色の女[子ども] ②《植》クロタネソウ(キンポウゲ科; 種子を食に入れたり、塩漬けの香辛料にする): ~ посевна́я ニオイクロタネソウ ③《茸》コゲイロハツタケ

(подгру́зок чёрный; её́ный); УГВИСЧАТИЧТАТАКЭ (грузь чёрный)

**чёрн|ый** [チョールヌィ] 短 чёрн, черна́, черно́/чёрно 比 черне́е [形1] ① (a) 黒い, 黒色の; 黒っぽい; (髪の毛の) 黒い: ~ щено́к 黒い子犬 | ~ые те́ни 黒い影 | костю́м -ого цве́та 黒のスーツ | ~ые кла́виши (ピアノ の) 黒鍵 | ко́фе ブラックコーヒー | ~ая, как смоль, борода́ 黒々としたあごひげ | ~ как у́голь, глаза́ 炭のように漆黒の眼 | Он был чёрен. 彼は黒髪だった (b) ~ое [男complements] 黒衣 (喪服): ходи́ть в ~ом 喪服を着る: ~ чай 紅茶 | ~ хлеб 黒パン, ライ麦パン | ~ая от зага́ра спина́ 日焼けで真っ黒になった背中 ③[長尾] (a) 黒い肌の, 黒人の: ~ая ра́са 黒人種 | ~ [男c] /-ая [女2] 黒人 ④[旧] 下層民の, 庶民の, 平民の: ~ая кость 平民出身の人民 | ~ая [形1] 雑用の, 未熟練労働の: ~ая рабо́та 雑役, 人足仕事 | ~ [長尾] 裏の, 裏手の: ~ ход 裏口 ⑥ 悪い, 邪悪な: ~ое де́ло 悪事 | ~ая изме́на 卑劣な裏切り行為 | ~ спи́сок ブラックリスト ⑦ 暗い, 陰気な, つらい; 暗愚の: ~ые мы́сли 暗い考え | ~ые сто́роны жи́зни 人生の暗黒面 ⑧ [長尾] (a) 魔の, 魔術的の, 悪魔の: ~ая ма́гия 黒魔術 | -ая кни́га 魔術書 (b) [男c] (俗) 悪魔 ⑨ (民家が) 煙突がない: ~ая изба́ 煙突のない農家 ◆на [歩] (про) -день まさかの時のために, 万一に備えて | ~ая би́ржа 闇取引, 闇市場 | ~ое сло́во чёрт という語を含んだ (のつ いた) 言葉 | ~ым по бе́лому (напи́сано) 白地に黒ではっきりと (書いている) ● ~ое мо́ре 黒海 | ~ые мета́ллы 鉄合金 | ~ контине́нт アフリカ 大陸 | ~ вто́рник ロシアの急激な崩壊, 大暴落, 為替 相場の大暴落 (1994年10月11日のルーブル大暴落より) | ~ понеде́льник 暗黒の月曜日 (1998年8月17日, ロシアの債務不履行) | ~ая со́тня 《露収》黒百人組 (反ユダヤ的右翼反動団体の総称; 1905-17年)

**Черныше́вский** (形2変化) [男] チェルヌィシェフスキー [Никола́й Гаври́лович ~, 1828-89; 思想家, 革命指導者, 作家]

**чернь** [女10] ① ニエロ, 黒金(ぐろ); ニエロ細工; その細工: ку́бок с ~ью ニエロを施した杯 ②広葉樹の密林 (旧・蔑) 平民 ∥ **-ево́й** [形2], **-евый** [形1]

**черня́вый** 短 -я́в [形1] (俗) 黒髪の

**черня́к** -а́ [男2] (話) (反対を示す投票用) 黒玉

**черпа́к** -а́ [男2] ① (話) 柄杓, 杓子 ②: разлива́ть -о́м суп スープをお玉でつぎ分ける 《土木》(掘削機の) バケット (ко́вш)

**черпа́лка** ножи́-лок [女2] (話) 柄杓, 杓子

**че́рпать** 受過 -анный [不完] 〈別〉 [完・一回 **черпну́ть** -ну́, -нёшь] ①, ②汲む, 汲み取る, すくう: ~ во́ду из ка́дки 桶から水を汲む | (船などが) 水をかぶる: Ло́дка че́рпает но́сом во́ду. ボートがへさきから浸水しそうだ ③ 《文》得る, 汲み取る: ~ си́лы [уве́ренность] 力 [自信] を得る ∥ **че́рпание** [中5]

**черстве́ть** [不完] ①[完 **за-**] (パンなどが) 干からびて硬くなる ②[完 **по-**, **по-**] (人・感情が) 冷淡になる, 無感覚になる: Душа́ черстве́ет. 心が無感覚になる

**чёрствый** 短 чёрств, черства́, чёрство, черствы́/ че́рствы [形1] ① (パンなどが) 干からびて硬くなった ② (思いやりがなく) 冷淡な, 無情な

**чёрт** [チョールト] 単 черте́й, черта́м [男1] ① 悪魔 (角, 尾, ひづめを持った人の姿をしている; ★正教徒の いるところでは使う言葉): ве́рить в ~а 悪魔の存在を信じる ②(俗・罵) 畜生: Ти́ше вы, че́рти. お前ら静かにしろ | Ста́рый ~. 老いぼれめ ③ (話) (才能・能力・力のある人に対して) …の鬼, プロ: Здо́рово рису́ет, ~. 絵がうまく描きやがる ◆-**ом** (俗) 威勢よく | **Всё к ~у пошло́.** (話) 無駄に終わった, 上手くいかなかった | **до ~а́** (話) ひどく, とても; たくさん: Дел до ~а́. 用事が山ほどある | **К ~у!** (Ни пу́ха ни пера́!(→пух)) に対する返答で) ありがとう | **к ~у черта́м (соба́чьим)** = **ко всем черта́м** = **како́го ~а** (俗) (疑問詞を強調) とんだ: Како́й он к ~у черти? профе́ссор. なん だ教授というもんだ | **к ~у на рога́** (話) 遠い所へ, へき地へ | **к ~у [ко всем черта́м] посла́ть (посыла́ть)** (俗) 《要求などを》はねつける, 拒否する: Рума́ть | **на кой** = **на ~а** (俗・罵) 一体どうして | **Не так стра́шен ~, как его́ малю́ют.** (諺) 案ずるより産むが易い; (本当は絵に描かれるほど恐ろしいものではない) | **ни черта́ [~а]** (俗) ① (否定文で) ちっとも…ない: Де́нег ни черта́ [-а] нет. 金がすっからかんだ ② (反語で): Тебе́ влети́т от отца́. — Ни черта́. 「お前, おやじさんから大目玉を食うぞ」「まさか」 | **ни к ~у** (俗) 全く役に立たない; 全くよくない: Здоро́вье ни к ~у. 全くひどい 健康状態 | **ни оди́н** ~ (俗・蔑) 誰も: Ни оди́н ~ не помо́г! 全く誰も助けてくれなかった! | **ну тебя́ к ~у** (俗) 失せろ, 出て行け | **оди́н ~** (俗) 同じこと, 同様: Придёт и́ли не придёт — оди́н ~. あいつが来ようが来まいが同じことだ | **пойти́ к ~у [ко всем черта́м]** (話) 駄目になる, 失敗する | **Сам ~ не разберёт.** (話) 全く意味がわからない | **(сам) ~ но́гу сло́мит** (話) 混乱の極みだ, 何が何だかさっぱりわからない | **у ~а на рога́х** (話) 人っ子一人いない《ところで》 | **хоть бы оди́н ~** (話) 人っ子一人いない | **Чем ~ не шу́тит.** (話) 何が起こるか (やってみないと) わからない | **Ч-возьми́! возьми́ ~ побери́!** (不定疑) ~ де́ри! (感情) ちくしょう | **де́рнул Ч-** = **~ де́рнул за язы́к** 圧 …はつい不適切なことを言ってしまった | **~ его́ зна́ет** こまった にもわからないん: **Ч-** его́ зна́ет, куда́ дева́ются ве́щи. 物がどこへ行ってしまったか当もつかない | **Ч- зна́ет [~ете] кто, како́й, куда́** (俗・蔑) [何, どんな, どこへ] だかわかったものじゃない | **Ч- зна́ет [Ч-ете] что!** (感情) あきれた, ひどいもんだ | こんな時にやって来た | **~ с** (俗) …なんぞどうでもいい: **Ч-** ты хо́чешь разгова́ривать, ну и ~ с ним! 話したくないなら勝手にしろ | Де́ньги пропа́ли, да ~ с ни́ми! 金はなくなったからどうしようもないから知るもんか | **Ч-а лы́сого полу́чишь!** (俗) 何も得られないだろう | **~те где [куда́, отку́да, когда́]** (俗・蔑) どこで [どこへ, どこから, いつ] だかわからない | **~ с два** (俗) とんでもない | **черта́ [~у] тошно́** (俗) ひどく, 度外れて | **Что за ~!** (話) (疑い・不満) 何ということ

**черта́** [チルター] [女1] ① 線; 描線: прямая́ (крива́я, волни́стая) ~ 直線 [曲, 波] 線 | наклонная́ ~ 斜線, スラッシュ | горизонта́льная [вертика́льная] ~ 横 [縦] 線 | провести́ -у́ в тетра́ди ノートに線を書く ② (地理上の) 境, 境界, 線 (で囲まれた) 範囲, 区域: берегова́я ~ 海岸 [河岸] 線 | пограни́чная ~ 国境線 | останови́ться у опа́сной -ы́ 危険ラインのところで止まる | в -е́ го́рода 市内で ③ 限界: до после́дней -ы́ 最後の限界まで | перейти́ [переступи́ть] -у́ 最後の一線を越える ④ (通例 -ы́ 顔の) 顔立ち, 目鼻立ち, 顔つき: пра́вильные [краси́вые, то́нкие] -ы́ лица́ 整った [美しい, 繊細な] 顔つき | улови́ть в толпе́ знако́мые -ы́ 群衆の中に見知った顔を見つける ⑤ 特徴, 特色: име́ть схо́дные -ы́ 似た特徴を有する | неприя́тные -ы́ хара́ктера 性格で不愉快な点 | основны́е -ы́ феода́льного стро́я 封建制度の基本的な特徴 ◆ **в о́бщих (гла́вных, основны́х) ~а́х** 概して, 大ざっぱに | **подвести́ -у́ под** …をしめくくる, 終わらせることだ

**чертёж** -тежа́ [男4] [draft, sketch] 設計図, 図面: прое́ктный ~ 設計図 | рабо́чий ~ 作業 (図) | ~ зда́ния [корабля́] 建物 [船] の設計図 | сде́лать

図面を書く **//-ик** [男2]《話》[指小]
**чертёжни|к** [男2] **/-ца** [女3] 製図工
**чертёжн|ый** [形1] 《旧》: 製図用の: *-ая рабо́та* 製図作業 | *-стол* 製図机 | *-ые принадле́жности* 製図用具 ②*-ая* [女6] 製図室
**чертёнок** -нка 複 *-теня́та, -теня́т* [男9]《話》① [指小・愛称]＜*чёрт* ② 悪がき,腕白小僧
**черти́к** [男2] [指小・愛称]＜*чёрт* 《話》小悪魔 ◆ *до ~ов* 《話》ひどく,極限まで:*надое́ло до ~ов* すっかり飽きた | *до ~ов допи́ться* へべれけになるまで飲む | *Грибо́в в лесу́ до ~ов.* 森はきのこだらけだ | *и в глаза́х бе́гают [пры́гают] у* 囲 …は茶目っ気のある目をしている
*чертн́ть* черчу́, че́ртишь 受過 *че́рченный* [不完]/*на~* [完]〈他/無補語〉① (線を)引く,(線で)描く:*~ окру́жность [многоуго́льник]* 円 [多角形]を描く | *~ каранда́шо́м* 鉛筆で線を引く | *~ па́лкой по земле́* 棒で地面に線を引いて動く,跡を残す:*~ на льду́ восьмёрку* (スケートで) 氷上に八の字を描く ③〈図・図面を〉描く; 製図する; 製図工として働く:*~ план до́ма* 家屋の見取り図を描く ④〈絵画を〉描く,スケッチする:*~ в плане́* 計画書として作成する, 立案する **//-ся** [不完][受身]
*чёртов* [形10] ① 悪魔の: *~ы ро́жки* 悪魔の角 ② 《俗・罵》悪魔のような,いまいましい: *~ сы́н* どら息子,放蕩息子;こん畜生 | *~ дура́к* 大ばか野郎 ③ (質的に)ひどい: *~о жить*ё *ひдо́й ж́изнью* *~-а дыра́* ③ *-о ме́сто* ひどいへき地 ④《俗》(程度・量が) ひどい,ものすごい,途方もない: *~-а бо́ль* ひどい痛み | *~-ы холода́* 酷寒期 | *~-а у́йма рабо́ты* 膨大な量の仕事 | *~-а тоска́* たまらない憂愁さ | *~-а си́ла* 偉大な力とてつもない力 | *Му́х в ко́мнате ~-а про́пасть.* 部屋にハエがわんさといる ◆ *-а дю́жина* 《戯》13 (迷信で不吉な数) | *к ~ой ба́бушке [ма́тери] посла́ть [отпра́вить]* 図 …を追いやる

■ *-о зе́лье* 《俗》たばこ | *-о колесо́*《話》観覧車 | *~а ры́ба* 《俗》《魚》ナマズ(сом)

**чертовски** [副] とてつもなく,ひどく
**чертовский** [形3]《話》① 悪魔の;悪魔のような,邪悪な,陰険な: *~ за́мысел* 何やらおかしなことになった ② ものすごい,途方もない
**чертовщи́на** [女1] 《話》① 《集合》妖怪,妖魔 ②《話》不可解 [不合理] な出来事,ばかげたこと: *Что за ~?* いったいばかげたことが起きているというのだ
**чертополо́х** [男2] 《植》ヒレアザミ (キク科ヒレアザミ属; 俗にアザミ類全般を指す) **//-овый** [形1]
**чёрточк|а** 複生 *-чек* [女2] ①[指小]＜*черта́* ② ハイフン(дефис): *Сло́во «кто́-то» пи́шется че́рез -у.* 「кто́-то」という語はハイフンでつなげて書かれる
**чертыха́ться** [不完] /**чертыхну́ться** -ну́сь, -нёшься [完] [一回] (чёрт という語で)ののしる
**черт́яка** (女2変化) [男・女]《戯・俗》小利口な人, ちゃっかりしてる人
**черче́н|ие** [中5] ① 線を引くこと, 線で描くこと ② (学校の授業科目としての) 作図; 製図: *уро́к ~-ия* 作図の授業
**чёс** [男1]《話》《植物繊維・動物の毛を》梳(*す*)く(чеса́ть)こと, カーディング: *~ льна́* 麻のカーディング ◆ *заздать ~у*《俗・粗》(1)〈与〉厳しく叱り, 罰する (2) 一目散に逃げる
**чеса́лка** 複生 *-лок* [女2]《紡績》ハンドカード器, カード器 (梳綿(*そめん*)にて使う設具)
**чёсаный** [形1] 梳(*す*)かれた, カーディングされた
*чеса́ть* чешу́, че́шешь [不完]〈他/無補語〉① (体を) 掻(*か*)く: *чесану́ть* -ну́, -нёшь, *по-* [完] ① 〈体を〉掻く: *~ спи́ну* 背中を掻く | *одно́й руко́й другу́ю* 片方の手でもう片方の手を掻く ② [完 **при-**] 〈髪を〉梳(*す*)く, とかす, 整える: *~ во́лосы* 髪をとかす ③ [完 **вы́~, рас~**]〈毛・

繊維などを〉梳く, くしけずる: *~ лён [хло́пок]* 亜麻 [綿] を梳く ④ [完 **чесану́ть**] 《俗》《打つ・走る・踊る・読む・話すなどの動詞の代用》がんがんする,勢いよく~ *от страха без оѓлядки* 恐怖のあまり一目散に走る | *по-англи́йски* ぺらぺら英語を話す [操る] ◆ *~ заты́лок [в заты́лке]* (熟考・当惑などで)うなじを掻く | *~ зу́бы [язы́к, языко́м]* 《俗》無駄口をたたく

*чеса́ться* чешу́сь, че́шешься [不完] /**чесну́ться** -ну́сь, -нёшься [完] ① (完 *по~*) (自分の) 体を掻(*か*)く: *Соба́ка чеса́лась.* 犬は体を掻いていた ②《無人称でも》かゆい,むずむずする: *У меня́ голова́ че́шется.* 私は頭がかゆい | *Язы́к че́шется.* (しゃべりたくて)うずうずする ③ [完 **при-**] (自分の) 髪をとかす,整える: *~ гре́бнем* くしで自分の髪をとかす ④《俗》ぐずぐずする, もたつく ⑤ [不完][受身]＜*чеса́ть*①-③
*чесно́к* -а́/-у [男2]《植》ニンニク (ネギ科ネギ属): *доба́вить в бор́щ ~-а́* ボルシチにニンニクを入れる | *сала́т с ~-о́м* ニンニク入りのサラダ ◆ *по-~у* [若者] 正直に **//чесночо́к** -чка́/-чку́ [男2] [指小]
**чесно́чн|ый** [形1] ニンニクの: *-ая голо́вка* ニンニクの一房(*ひとふさ*) | *~ за́пах* ニンニクの匂い
**чесо́тка** 複生 *-ток* [女2]《医》疥癬 (かいせん) (皮膚病)
**чествова|ть** -твую, -твуешь 受過 *-анный* [不完] 〈他を囲で〉祝う,祝賀の意を表す: *~ юбиля́ра* 祝賀会の主役のお祝いをする **//-ние** [中5] 祝賀 (会)
**чести́ть** чещу́, чести́шь [不完] 《俗》ののしる
*че́стно* [сн] [чэ́стнэ] [副] (honestly, fairly) 正直に,誠実に, 良心的に,フェアに:*~ поступа́ть* 正直に振る舞う | *~ игра́ть* フェアにプレイする | *Я ~ говорю́.* 私は嘘を申しておりません ◆ *~ говоря́ [сказа́ть]* 〈挿入〉正直言って | *ес́ли ч́естно* 正直言うと
**честн́ой** [形2] 《旧》聖なる: *~ кре́ст* 聖十字架 ②《旧・民話・詩》尊敬すべき,栄えある,立派な ◆ *-а́я ма́ть* (喜び・驚きを表し) 何ということ | *при всём -о́м наро́де [при всей -о́й компа́нии]* 皆の前で,衆人環視のもと
**че́стность** [сн] [女10] 正直,誠実さ,公正; そのような振る舞い: *прояви́ть [показа́ть] ~* 誠実さを見せる
*че́стн|ый* [сн] [чэ́снэй] [形1] (honest, fair) ① 正直な,誠実な,公正な,フェアな: *~ хара́ктер* 正直な性格 | *~ взгляд* 誠実そうな眼差し | *Он че́стен в любв́и.* 彼は恋愛に誠実だ ② 偽りのない,いんちきでない; まともな: *Наро́д здесь че́стен.* ここでは人々は飾り気がない ③ まじめな, 勤勉な, 熱心な: *~ рабо́тник* まじめな職人 | *~ое отноше́ние к рабо́те* 仕事熱心な態度 ④《長尾》申し分のない, 非の打ち所がない: *-ая семья́* きちんとした家庭 | *-ое имя́* 名声 | *прожи́ть -ую жи́знь* まっとうな人生を送る ⑤《長尾》(女性が) 純潔な ◆ *-ое сло́во* 本当に,確かでない | *дать -ое сло́во* 誓う | *взя́ть -ое сло́во* 言質 (げんち) をとる | *держа́ться на -ом сло́ве* 不安定な, あぶなっかしい | *потре́бовать -ое сло́во* 言質を求める | *положи́ться на -ое сло́во* 囲 (1) …の言葉を信じて,口約束で (2) 言葉だけの,中身のない | *под -ое сло́во [-ым сло́вом]* 言質を信じた上で,しっかりした約束で
**честолю́бец** -бца [男3] 野心家, 功名心の強い人
**честолюб́ивый** ́ы́в -и́в [形1] 功名心に燃えた, 名誉欲の強い ~ *челове́к* 功名心に燃えている人
**честолю́бие** [中5] 野心, 功名心, 名誉欲, 出世欲
*че́сть* (чэ́сть) [女10] 《honor》 ① 名誉, 面目; 尊厳; 栄誉: *де́ло ~-и* 名誉の問題 | *челове́к ~-и* 名誉を重んずる人 | *челове́к без ~-и* 恥知らずな人 | *защи́ща́ть свою́ ~* 自分の名誉を守る | *боро́ться [сража́ться] за ~* 名誉のために戦う | *запятна́ть ~* 囲 …の名誉をけがす | *потеря́ть [уро́нить] свою́ ~* 自分の体面を失う, 面目を失う | *во́инская ~* 軍人としての名誉

Это ~ для меня. これは私にとって光栄です ② 名声, 高い評判: ~ семьи 一家の名声 | торго́вой ма́рки ブランドの高い評判 ③ (肉体的な) 純潔, 貞淑 ④ 敬意, 尊敬: оказа́ть ~ 与 …に敬意を表す | жить [быть] в ~и́ 周囲から尊敬を受けている | Кто уме́ет рабо́тать, тому́ и ~. 仕事のできる人は尊敬されるべきだ | Ч~ и сла́ва геро́ям! 英雄たちに栄光あれ ⑤ 誇り, 誇るべき者: Э́тот писа́тель ~ и сла́ва на́шего го́рода. この作家はわが町の誇りであり栄誉である ◆в ~ 与 …に敬意を表して, 記念して, …のために | до́лг -и 名誉を維持するための責務: (賭事などによる) 負債 | по-и сказа́ть 正直に言えば | -ью (1) 自らすすんで (2) きちんと ③ 〔成句〕 вы́йти с ~ью из 生 〈苦境等から〉うまく抜け出す | де́лать ~ 与 …の名誉となる; 信頼を高める: Тако́й посту́пок де́лает ~ ему́. このような行いは彼への信頼を高める | кля́сться -ью 名誉にかけて誓う | мно́го -и 〔皮肉〕…はわざわざしなくてもよくない | не отказа́ть в ~и́ 〈依頼に応じて〉…してくださる | на́до [по́ра] и ~ знать 応え ぎるしまいにすべき頃合いだ: おいとまするべき頃だ | от-да́ть -ью (1) …に敬意を払う ② …へ敬意を表する; 高く評価する | проси́ть -ью 丁寧に頼む | счита́ть [по-ста́вить] за ~ 与 …を名誉と思う | суд -и́ 社会による道義的な裁き

чёт [男1] 〔話〕偶数(чётное число́; ↔не́чет)
◆~ и не́чет 丁半博打

чета́ [女1] 夫婦, カップル: супру́жеская ~ 夫婦
◆не ~ 与 〔話〕…に釣り合わない

*четве́рг [チトヴェルク] -а́ [男2] 〔Thursday〕木曜日(略 Чт, чт): в ~ 木曜日に | ка́ждый ~ = по -а́м 毎週木曜日に | по́сле дождичка́ в ~ いつのことかはわからない ■Вели́кий [Чи́стый, Страстно́й] [正教] 聖大木曜日 (復活大祭前の木曜日) // ~о́вый [形1]

четвере́ньк|и -нек, -нькам [複] 〔話〕四つんばい: стать на ~ 四つんばいになる | на -ах стоя́ть [ходи́ть] 四つんばいの格好で静止する [進む] | опусти́ть на ~ はいはいさせる, 四つんばいにさせる

четвери́к -а́ [男2] ① 4単位で構成されるもの(ろうそく4本で1フント фунт の包みなど) ② チェトヴェリーク(旧穀物単位; 26.2リットル) ③ = четверня́

*четвёрк|а -и [女3] 〔集合〕[四] 〔four〕 ① (数字の) 4 ② 〔話〕 (バス, 路面電車などの系統の) 4番: сесть на -у 4 番に乗る ③ 4人 [4つ, 4人] で一組のもの: ~ самолётов 4機編隊の航空機 | ~ лы́жников 4人組のスキーヤー ④ (5点満点の成績評価の) 4点 (良 хорошо́ に相当; ★ ~ хорошо́ (参考)): Он у́чится на -и и пятёрки. 彼の成績は4点と5点ばかりだ ⑤ (トランプの) 4 ⑥ 4頭立て; 4頭立てで馬車 ⑦ (ボート競技の) 4本オールのボート: フォア // четверо́чка 複生 -чек [女2] 〔指小〕

четверно́й [形2] 4倍の
четверн|я́ 複生 -е́й [女5] 4頭立て: е́хать -е́й 4頭立てで行く

*че́твер|о [チェ́тヴィラ] -ры́х, -ры́м, -ры-/-ры́х, -ры́ми, -ры́х [數] 〔集合〕 〔four〕 4人, 4つ, 4匹 〔★ →дво́е [語法]〕: У него́ ~ дете́й. 彼には子どもが4人いる | ~ щенко́в 4匹の子犬 | Их бы́ло ~. 彼らは4人だった | ~ сане́й 4台のそり | ~ сапо́г 靴 4足 | ◆за -ы́х 4人分: рабо́тать [есть] за -ы́х 4人の8倍働く [食べる] | по ~ 4人 [個] ずつ: За столо́м сиде́ли по ~. テーブルには4人ずつ座っていた

четверо.. 〔語形成〕「4の」
четверокла́сcни|к [男2] /-ца [女3] (小学校) 4年生
четверокурсни|к [男2] /-ца [女3] (大学) 4年生
четвероно́гий [形3] 4本足の: ~ друг 4本足のお友達 (犬のこと)

четверости́шие [中5] 四行詩
четвёрочни|к [ш] [男2] /-ца [女3] 〔話〕(5段階評価で) 常に4 〔хорошо́〕 をもらう生徒

четвертак [男2] ① 〔俗〕25ルーブル ② 〔スポ〕(水泳の) 25メートル

четверти́на [女2] ① 〔俗〕(物・商品の) 4分の1 ② 四つ割りの木材 ③ 〔旧〕4分の1ヴェドロー(ведро́ = 約3.1リットル) 用の容器

четверти́нк|а -и [女3] 〔話〕① 〔指小〕< четверти́на: разре́зать ды́ню на -и メロンを4等分する ② 〔俗〕4分の1リットルのウォッカ [ワイン]

четверти́чный [形1] 〔地質〕第四紀の
четвёртка 複生 -ток [女2] 〔話〕4分の1
четвертн|о́й [形2] ① ~ четве́рти 〔楽〕4分音符 の: -а́я но́та 四分音符 (че́тверть)

четверту́шк|а 複生 -шек [女2] 〔話〕① 〔指小〕< четверта́я, четвёртая ② (全体の) 4分の1: ~ бу-ха́нки 黒パン4分の1 // -е́чный [形1]

*четвёрт|ый [チトヴォ́ールティ] [形1] 〔fourth〕 ① 〔序数〕第4, 4番目の: Я на -ом ку́рсе. 私は大学4年生です | в -ом часу́ 3時過ぎに | Он роди́лся -ого апре́ля. 彼は4月4日に生まれた | -ого измере́ние 4次元 | -ая 4分の1: -ая часть [до́ли], че́тверть: три ´ых 4分の3

*че́тверт|ь [チェ́тヴィルチ] -и, -ей [女10] 〔quater〕 ① 4分の1: ~ я́блока リンゴの4分の1 | нали́ть ~ стака́на コップの4分の1まで (液体を) 入れる | прожи́ть ~ ве́ка 4半世紀を生きる | Он провёл три -и жи́зни в лесу́. 彼は人生の4分の3を森の中で過ごしてきた ② 15分 (→час [慣用]): без -и шесть 5時45分 (に) | Он пришёл с -ю двена́дцатого. 彼は11時15分に来た | два часа́ с -ю 2時15分 ③ (4学期制の学校での) 学期, 四半期: вы́ставить оце́нки за пе́рвую ~ 1学期の成績をつける ④ 〔楽〕4分音符 ⑤ 〔天〕弦: пе́рвая [после́дняя] ~ луны́ 上弦 [下弦] の月 ⑥ 旧液量単位 (1/4ヴェドロー ведро́; 約3リットル) ⑦ 昔の長さの単位 (1/4アルシン арши́н; 約18センチメートル) ⑧ 旧面積単位 (1.5デシャチーナ десяти́на; 約1.6ヘクタール) ⑨ 旧穀物量単位 (8チェトヴェリーク четверик; 約210リットル) // четверту́шка 複生 -шек [女2] 〔指小〕

четвертьфина́л [男1] 〔スポ〕準々決勝: вы́йти в ~ 準々決勝に進む // ~ный [形1]

чётки -ток, -ткам [複] 数珠, ロザリオ: перебира́ть ~ 数珠をつまぐる

*чётк|ий [チォ́ートキイ] 短 -ток, -тка́/-тка, -тко 比 чётче [形3] 〔precise, clear〕 ① (視覚的に) くっきりした, 明瞭な: -ая панора́ма はっきり見渡せる眺望 | ~ по́черк 読みやすい筆跡 | -ое изображе́ние 鮮明な映像 ② (音声が) 明瞭な, はっきりした, 聞き取りやすい: -ая ди́кция 明瞭な発音 | ~ отве́т 明確な応答 ③ 明確な, 的確な: -ое изложе́ние 明確な叙述 ④ 整った, 的確な: ~ шаг 整然とした足取り | Все движе́ния гимна́стов бы́ли чётки. 体操選手の動きは全て一糸乱れぬものだった ⑤ 〔若者・俗〕最高の, すごくいい: Ч-ие у тебя́ джи́нсы! お前のジーンズ超いいな!

*чётко [チォ́トカ] 比 чётче [副] 〔clearly〕 ① はっきりと; きちんと, きちんと: ~ произноси́ть слова́ 語をはっきり発音する | Диск луны́ ~ ви́днелся среди́ пе́рвых звёзд. 出始めた星々の間にくっきりと月の円盤が見えた ② 〔若者・俗〕最高に: Ч~ пацан танцу́ет! あいつのダンス, マジ最高

чёткост|ь [女10] 明確さ, 的確さ, 明瞭さ; 整然: телеви́дение высо́кой -и 高精細度テレビジョン

чётность [女10] 〔理・数〕偶奇性, パリティ
чётн|ый [形1] 偶数の (↔ нечётный): -ое число́

偶数 | -ые дни 偶数日

\*четы́р|е [チティーリ] -рёх, -рём, -ре/-рёх, -рьмя́, -рёх [数]《偶数》(four) ①4 (★→два[語法]): ~ бра́та 4人の兄弟 | ~ но́вых до́ма 4軒の新築家屋 | ~ но́вые кни́ги 4冊の新刊本 ②(5段階評価の成績の)4点 (четвёрка, хорошо́; ★→хорошо́[参考]) ◆де́лать [団 в ~ руки́ …を2人で力を合わせて行う[作る] | игра́ть [団 в ~ руки́ (ピアノで)連弾する | сиде́ть [жить] в ~ёх стена́х (誰とも会わずに)家に引きこもる

четыредеся́тница [女3]《正教》四旬大斎 (略称) (Вели́кий пост)

четы́режды [副] 4度, 4倍の: ~ звони́ть 4度電話する | ч~ пять — два́дцать. $4 \times 5 = 20$

\*четы́реста [チティーリスタ] четырёхсо́т, четырёмста́м, четырьмя́ста́ми, четырёхста́х [数]《偶数》(four hundred) 400 (★→пять[語法])

четырёх..[品詞形成]「4の」「4つの」

четырёхгодово́й [形1] 4か年の

четырёхголо́сн|ый [形1]《楽》四声の: -ая фу́га 四声のフーガ | ~ хор 四部合唱団

четырёхгра́н|ник [男2]《数》四面体 //-ый [形1]

четырёхдне́в|ный [形1] 4日間の; 4日分の: -ое путеше́ствие 4日間の旅行 | ~ запа́с 4日分の備蓄

четырёхкла́ссный [形1] ①4学年から成る ②4年生の, 4年生程度

четырёхколёсный [形1] 4輪の

четырёхко́мнатный [形1] (キッチン以外に)4部屋ある; 3LDK の

четырёхкра́тный [形1] 4回の; 4倍の

четырёхле́тие [中5] ①4年間 ②4周年

четырёхле́тний [形8] ①4年間の ②4歳の

четырёхме́ст|ный [сн] [形1] 4座席の, 4人乗りの: -ая маши́на 4人乗りの自動車 | -ое купе́ 4座席のコンパートメント

четырёхме́сячный [形1] ①4か月間の ②生後4か月の

четырёхнеде́льный [形1] ①4週間の ②生後4週間の

четырёхпа́л|ый [形1] 4本指の: -ая нога́ пти́цы 4本の趾(あし)のある鳥の足

четырёхра́зов|ый [形1] 4回の, 4度の: -ое пита́ние 4度の食事 (保育園など)

четырёхско́рост|но́й (屋根が)寄棟の, 方形の

четырёхсотле́т|ие [中5] ①400年間 ②400周年 //-ний [形8]

четырёхсторо́нн|ий [形8] ①《数》4面の, 4辺(形)の ②四者の: -ее соглаше́ние 四者協定

четырёхта́кт|ный [形1] ①《楽》4拍(分)の: -ая па́уза 4拍分の休符 ②《工》4サイクルの

четырёхуго́льник [男2] ①四角形 ②《圧》中庭(形)の…: ~ двора́ 四角形の中庭

четырёху́гольн|ый [形1] ①四角形の ②四角い: -ая пло́щадка 四角形の広場 ②四角い

четырёхше́ек [男女2] 複 -шек《不動産・俗》4部屋[3LDK]の部屋

четырнадцатиле́тний [形8] ①14年間の ②14歳の

четырнадцатый [形1]《序数》14番目の

\*четы́рнадцать [チティールナッツチ] 生・与・前 ・на -ью [数]《偶数》(fourteen) 14 (★→пять[語法])

чех [男2] / че́шка¹ 複 -шек [女2] チェコ人

чехарда́ [女1] ①馬飛び遊び ②《比・喩》頻繁な更迭: министе́рская ~ 大臣の頻繁な更迭

Че́хия [女9] チェコ (Че́шская Респу́блика; 首都は Пра́га)

чехли́ть -лю́, -ли́шь 受過 -лённый (-лён, -лена́)

[不完] / за~ [完]《団》カバーをかける, ケースに納める

Че́хов [男姓] Че́хов Анто́н Па́влович ~, 1860-1904: ロシアの小説家・劇作家

\*чехо́л -хла́ [男1] [cover, case] カバー, ケース, 覆い; (シースルの服のパーティの)シャツ, スカート: ~ для скри́пки ヴァイオリンケース | мя́гкий [жёсткий] ~ ソフト[ハード]ケース | ~ для сиде́нья 腰掛けカバー // -ьчик [男2] [指小]

чехослова́|к [男2] / -чка [女2]《史》チェコスロヴァキア人

Чехослова́кия [女9]《史》チェコスロヴァキア (1993年チェコとスロヴァキアに分離) //чехослова́цкий [形3]

чечеви́ца [女3]《植》ヒラマメ, レンズマメ (マメ科ヒラマメ属) //-чный [形1]

чече́н|ец -нца [男3] / -ка [女2] チェチェン人 (北東カフカスの民族) //-ский [形3]

чечёт [男1] 雄のベニヒワ

чечётк|а 複 -ток [女2] ①《鳥》(雌の)ベニヒワ ②タップダンス: отбива́ть -у タップダンスを踊る

Чечня́ [女5] チェチェン共和国 (Чече́нская Респу́блика; 首都は Гро́зный; 北カフカス連邦管区)

че́шка [女3] →чех, че́шки

че́шки -шек, -шкам [複]〔単че́шка² [女2]〕《話》(ひもなし)スポーツシューズ, 運動靴

че́шск|ий [形3] チェコ(人)の: ~ язы́к チェコ語 | -ое стекло́ ボヘミアガラス

чешу́йк|а -у́ек, -у́йкам [女2][指小]<чешуя́ ②鱗片: ры́бьи -и 魚の鱗片 ③(蝶などの)鱗粉

чешу́йчат|ый 短 -ат [形1] 鱗に覆われた: -ые пресмыка́ющиеся《動》爬虫類有鱗目

чешу|я́ 複 生 -у́й [女6] ①(魚などの)鱗(うろこ); 鱗状のもの: Змея́ сбро́сила -ю́. 蛇が脱皮した ②《植》鱗片, 鱗葉

Чжо́у Эньла́й [不変]-[男6] 周恩来 (1898-1976: 中華人民共和国国務院初代総理)

чи́бис [男2]《鳥》タゲリ //~овый [形1]

чиж -а́ [男4]《鳥》マヒワ //чижи́ный [形1]

чи́ж|ик [男2] [指小・愛称]<чиж ②両端が尖った短い棒 (子どもの遊びで, 他の長い棒で打って地面に描いた円の中へ入れる); その遊び: игра́ть в -а [~и́] 棒打ち遊びをする

чиз [男1]《若者》チーズ

чи́збу́ргер [男1]《若者》チーズバーガー

чик [間]《話》《擬音》パチン, チョキン, カチッ (金属など固い物が立てる音): ~ но́жницами はさみでチョキン

чи́кать [不完] / чи́кнуть -ну, -нешь сов -ни [完]《話》①(カチッ・パチンと) 固い音を立てる ②(素早く)切る

чи́ки-пи́ки (不変)[無人述]《隠》最高だ, 素晴らしい

чик-чири́к, чири́к-чири́к [間]《話》《擬音》チュンチュン(小鳥の鳴き声)

Чи́ли (不変)[中] チリ (国名) ■ пе́рец ч~ 唐辛子

\*чин 複 -ы́ [男1] ①(帝政ロシアの役人・軍人の)官位, 位階, 位; 階級; 身分: гражда́нские [вое́нные ~] 文[武] 官 | кла́ссные -ы́ (帝政ロシアの)文吏の官等 | ~ ста́тского сове́тника 五等官の位 | полко́вничий ~ 大佐の位 | ~ офице́рского положе́ния 士官の位 | получи́ть ~ 官位を得る | име́ть высо́кий ~ 高官の位にある | име́ть [получи́ть] два ~а 官等が2つ上がる | дойти́ [дослужи́ться] до ~а полко́вника 大佐の位まで勤め上げる | производи́ть в ~ капита́на …を大尉の位に昇進させる ②《旧》(集合的)(ある官庁の)官吏, 職員: -ы́ дипломати́ческого ко́рпуса 外交団員 ③《話》肩書 ④《旧》儀式: ~ погребе́ния 葬儀 ◆без ~о́в《旧》格式張らずに | по ~у 身分相応に | чин по чи́ну = чин чи́ном

[[話]]**чинарём**} きちんと、しかるべく
**чина́р** [男1], **~а** [女1][植]スズカケノキ、プラタナス（платан）
**чина́рик** [男2], **чина́рь** -я́ [男1][隠]吸殻
**чинёный** [形1] (新品同様の)修理した「繕い」の
*****чини́ть**[1] чиню́, чи́нишь 受過 чи́ненный [不完] (repair, sharpen) [1] [完 **по-**](/他)修理する、修繕する、直す: ~ часы́ 時計を修理する | ~ мо́ст 橋を修理する | ~ оде́жду 服をつくろう [2] [完 **о-**](/他)先端を尖らせる: ~ каранда́ш 鉛筆を削る [3] [不完](/自)[話](自力で自分の物を)修理する [4] [完 **по-**](/他)修理を受ける [5] [話](自力で自分の物を)修理する **/~ся** [不完](受身)
**чини́ть**[2] чиню́, чи́нишь 受過 чинённый (-нён, -нена́) [不完] **/у~** [完] (文)(/他)〈不正なこと〉をする、行う: ~ препя́тствия 妨害行為を行う | ~ су́д 裁判を行う
**чи́нка** 複生 -нок [女2] 先端を尖らせること; 鉛筆削り
**чи́нный** [形1] чи́нен, чинна́/чинна́, чи́нны/чи́нны] 礼儀正しい、きちんとした、かしこまった
*****чино́вник** [チノーヴニク] [男2] (official, functionary) [1] 役人、官吏: ~ тамо́жни 税関職員 | ме́лкий ~ 小役人 | ~ -官僚主義者、役人根性の人: безду́шный ~ 冷酷な官僚主義者 **/чино́вничий** [形9] 〈-ий〉
**чино́внический** [形1] 役人の; 官僚[お役所]の
**чино́вничество** [中1] [集合] 官僚、役人
**чино́вный** [形1] (旧) [1] 官吏の、役人の [2] 官位のある 高官の
**чину́ша** (女4変化) [男] (蔑) 役人
**чип** [男1] [IT](マイクロ)チップ
**чипо́к** -пка́ [男2] [隠](軍人用)喫茶店、軽食店
**чи́псы** -ов [複] ポテトチップス
**чире́й**複 -рья́ [男1] [話]腫れ物
**чи́рик** [男2] [俗] 10ルーブル; 10個のもの
**чири́ка|ть** [不完] -ню, -нешь [1] (鳥が)さえずる [2] [話]甲高い声で早口で話す **/~нье** [中4]
**чирк** [間] [述語] [話] [擬音] シュッ(マッチなどを擦る音): ~ спи́чкой マッチをシュッ
**чи́ркать** [不完] **/чи́ркнуть** -ну, -нешь 命 -ни [完] (マッチなどを)こすって鋭い音を立てる
**чир|о́к** -рка́ [男2] [鳥]マガモ属の数種の総称: ~ -свистуно́к | се́рый ~ ハイイロコガモ **/~ко́вый** [形1]
*****чи́сленность** [女10] (numbers) 数、数量、人数: ~ населе́ния 住民の数、人口
**чи́сленный** [形1] 数の、数的な; 数量的な: -ое превосхо́дство 数的優位
**числи́тель** [男5] (分数の)分子
**числи́тельное** [形1変化] [中名] [文法] 数詞: коли́чественное [поря́дковое, собира́тельное] ~ 量[序、集合]数詞
**чи́сли|ться** -люсь, -лишься [不完] [圖/в如として]登録[記載]されている、みなされる: ~ больны́м 病人とみなされる | ~ в командиро́вке 出張扱いにされる
*****числ|о́** [チスロー] 複 чи́сла, чи́сел, чи́слам [中1] (numbers) [1] це́лое ~ 整数 | дро́бное ~ 分数 | чётное [нечётное] ~ 偶[奇]数 | положи́тельное [отрица́тельное] ~ 正[負]数 | натура́льное ~ 自然数 | просто́е ~ 素数 | астрономи́ческие чи́сла 天文学的数字 [2] 日付 (→ма́й, [項]月5) : Како́е сего́дня ~? 今日は何日ですか | Сего́дня четы́рнадцатое ( ~ ) сентября́. 今日は9月14日です（★序数詞を伴う時は通例 число を省略）| Како́го ~ а́) вы роди́лись? あなたは何日に生まれましたか | Я роди́лся два́дцать тре́тьего (-á) января́. 僕は1月23日に生まれました（★序数詞を伴う時は通例 число́ を省略）| в пе́рвых ([деся́тых, двадца́тых]) ~ ах чи́сла а́вгуста 8月の上旬[中旬、下旬、末] に [3] 数量、人数: ~ студе́нтов 学生数 | в большо́м ~ é городо́в 数多くの町で | семья́ -óм в пять челове́к 5人家族 | получи́ть ра́вное ~ голосо́в 同数の票を得る [4] 数、総数: быть в -é прису́тствующих 出席者の中に入っている | Он принадлежи́т к -ý отли́чных поэ́тов. 彼は優れた詩人の一人である [5] [文法] : еди́нственное [мно́жественное, дво́йственное] ~ 単[複、双]数 ◆**без -á** 無数に | **в том ~ é** …を含めて: Пришли́ все́, в том ~ é и мы. 私達を含めて全員が来た | **входи́ть в ~** …のうちの一つである、…と数えられる | **из -á** …のうちの一つ | **нет [несть] -á** …は無数に | **зада́ть по пе́рвое ~ -á** …をこっぴどく叱る、罰する | **за́дним ~ ом** (1) [話] 実際よりかの日付で(2) 後になって、しばらくして | **кру́глым ~ ом** 端数なしで、四捨五入して | **сре́дним ~ ом** 平均して
**числово́й** [形2] 数の、数で表される
**чи́стил|ище** [中4] (カトリ) 煉獄
**чи́стильщик** [男2] 掃除人、きれいにする(磨く)人: ~ о́буви 靴みがき
*****чи́стить** [チースチチ] чи́щу, чи́стишь, …чи́стят 命 -сти受過 чи́щенный [不完] (clean, peel) [1] [完 **вы́-**] きれいにする、汚れを取り除く: ~ зу́бы 歯を磨く | ~ ковёр пылесо́сом 絨毯を掃除機できれいにする | ~ пла́тье щёткой ドレスにブラシをかける | ~ кастрю́ли 鍋を洗う、磨く [2] [完 **о-**] 〈食材を〉きれいにする、皮をむく、〈魚の〉うろこを取る[はらわたを] 処理する: ~ апельси́н オレンジの皮をむく | ~ о́вощи 野菜の下ごしらえをする | ~ ры́бу 魚のうろこなどを取る [3] [完 **по-**] 〈場所などを〉きれいにする、掃除する: ~ ко́мнату 部屋を掃除する | ~ у́лицу 通りを清掃する | ~ ле́с 森を清掃する(枯枝、落葉を取り除く) | ~ ре́льсы от сне́га レールの除雪をする [4] [話] 〈組織を〉粛清する: ~ па́ртию 党を粛清する [5] [完 **о-**] [俗] 盗む、奪う: ~ карма́н ポケットの中のものを取る | ~ кварти́ру 住居に押し入って奪う [6] [俗] のしる: 殴る **/~ся** [不完] [1] (自分の体・衣服を) きれいにする [2] [受身]
**чи́стка** 複生 -ток [女2] [1] 掃除、クリーニング、(料理の)下ごしらえ: суха́я ~ ドライクリーニング [2] 粛清、追放
*****чи́сто** [チースタ] (cleanly) I [副] [比 чи́ще] [1] きれいに、清潔に; 整って、きちんと; うまく [清潔に、公正に] : ~ вы́мыть ру́ки 手をきれいに洗う | ~ подмести́ по́л 床をきれいにする | ~ одева́ться 身ぎれいな服装をする | ~ написа́ть きちんとした字で書く | Э́то сде́лано ~ . これはよくできている (発音について) きれいに、なまりなく: ~ говори́ть きれいな発音で話す [2] 純粋に、全く: ~ бе́лый 純白の | [話] ぬい、もっぱら: Я встре́тил его́ ~ случа́йно. 彼に全く偶然出会った II [無人述] きれいだ、清潔だ: Ч~ на столе́. 机の上はきれいだ [2] (心が) 清らかだ、すがすがしい: На душе́ ~ . 心がすがすがしい [3] [否定文] あやしい、うさんくさい [4] [隠] 上手い [5] [隠・俗] 大丈夫だ、安全だ、待ち伏せはいない [6] [若者・隠] まるで、ちょうど、まさしく…のよう: Краса́вица, ~ актри́са! 女優みたいに美人だ ◆**-на́чисто** 全くきれいに
**чистови́к** -á [男2] [話] 清書した原稿 (↔чернови́к)
**чистово́й** [形2] 清書した、清書用の [2] [工] 仕上げの: -áя обрабо́тка 仕上げ処理
**чистога́н** [男1] [俗] 現金: получи́ть ~ом 現金で受け取る ◆**ры́цари ~а** [話] もうけ話に目がない人、金の亡者
**чистокро́вн|ый** [形1] [1] 純血種の [2] 正真正銘の、生粋の **/~ость** [女10] <1>
**чистописа́ние** [中5] (小学校の)習字

**чистопло́тн|ый** -тен, -тна [形1] きれい好きの, さっぱりした ②清潔な **//-ость** [女10]

**чистоплю́й** [男6]《話・蔑》①潔癖性の人 ②汚い仕事を嫌う人, 不正を傍観する人

**чистоплю́йство** [中1]①潔癖性の態度；汚い仕事を回避すること, 不正を傍観すること

**чистопоро́дн|ый** -ден, -дна [形1]《家畜》純血種の **//-ость** [女10]

**чистосерде́чн|ый** -чен, -чна [形1] 誠実な, 心からの, 率直な: *-ое призна́ние* 率直な告白
**//чистосерде́чие** [中5], **-ость** [女10]

*чистот|а́ [女1] (cleanliness) ①清潔, きれいなこと：люби́ть *-у́* きれい好きだ | навести́ *-у́* в ко́мнате 部屋の掃除をする | соблюда́ть *-у́* 清潔を守る ②純粋, 清澄, 純度：~ воды́ 水の清らかさ | *-а́* цве́та 色の純度 ③ (言葉の) 純粋さ：охраня́ть *-у́* ру́сского языка́ ロシア語の純粋さを守る ④純潔, 清廉, 潔白：~ души́ 心の清らかさ | мора́льная ~ 道徳的に清廉潔白であること ⑤ (加工品の仕上げの) 見事さ, きちんとしている状態 ♦*говори́ть на -у́* 打ち明けて言う

**чистоте́л** [男1]《植》クサノオウ

*чи́ст|ый [チースティイ] 短 чист, -та́, -то, -ты/-ты́ [比 чи́ще] [形1] ① (clean) 清潔な, 清浄な；片づいている：*-ая оде́жда* 清潔な衣服 | *-ая вода́* きれいな水 | *-ая ко́мната* きちんと片づいた部屋 ② (人が) 身奇麗にしている, 清潔な：Пе́тя всегда́ *а аккура́тный*. ペーチャはいつも身奇麗にしている ③何も書いていない, 白紙の：*-ая бума́га* 白紙 | *-ая кни́жка* まだ何も書きこんでいない手帳 ④ (肌に) 皺の, 染みの, 吹き出物のない, きれいな：*-ая ко́жа* きれいな肌 ⑤ [長尾] [旧] (部屋・空間が綺麗, 客用に) よく整えられた；(階段・客用玄関が) 正面の, 表の：~ вход 表口 | ~ у́гол в избе́ 農家の奥用の席 [旧] 上流階級の (ための), 良家の (ための)：*-ая пу́блика* 良家の人々 | [旧] (仕事などが) 手を汚さずに済む：*-ая рабо́та* (清潔な環境で) 手を汚さずに済む仕事 ⑥ (空・地面・水面などが) 曇っていない, 覆われていない, 遮(さえぎ)るもののない：*-ое не́бо* 晴れわたった空 | *-ое по́ле* 広々とした野原 ⑨ (水・空気などが) 澄んだ, 透明な, きれいな：*-ое о́зеро* 澄み切った湖 | ~ во́здух 澄んだ空気 ⑩ (音声が) 澄んだ, 明瞭(な), はっきりした：~ го́лос 澄んだ声 ⑪ [話] きちんと作られた, 入念に仕上げた；(原稿などが) 清書された, 最終的に確定した：*-ая вы́делка* 入念な仕上がり | *-ая рабо́та* 入念な作業を要する仕事 | ~ текст по́вести 中編小説の最終テクスト ⑫純粋な, 混ざりものない；純金の；(森などが) 同一の樹種から成る：*-ое зо́лото* 純金の | *-ая ше́рсть* 純毛 | ~ цвет 原色, ло́шадь *-ой кро́ви* 純血種の馬 | ~ лес 単一樹種の森 ⑬ [長尾] 正味の；(重量が) 正味の；(金額が) 現金の：~ вес 正味重量 | *-ая при́быль* 純益 ⑭ [男名] **-ые** [複名] (費用などを差し引いた残りの) 現金：*-ыми три́ста рубле́й* 純益で現金300ルーブル ⑮汚染されていない, 環境に悪影響のない, クリーンな：экологи́чески ~ 環境に優しい | экологи́чески *-ые проду́кты* 自然食品 | *-ая нау́ка* | [матема́тика] 純粋科学 [数学] ⑰ (言葉使い・発音が) 正しい, 標準的な, 訛りのない：говори́ть на *-ом ру́сском языке́* 正しいロシア語で話す | говори́ть по-францу́зски с *-ым пари́жским произно́сом* 生粋のパリ式発音でフランス語を話す ⑱ [宗] 清浄な, 汚れない ⑲ (道徳的に) 清い, 高潔な, 潔白の；純潔な, 清純な：*Он чист душо́й*. 彼は心が清らかだ | *Со́весть моя́ чиста́!* 私は良心に恥じるところはない | *от -ого се́рдца* 心の底から, 誠意をもって | *-ая любо́вь* 純愛 | ~ *взор* 清らかに澄んだ眼差し ⑳全くの, 本当の：*-ая случа́йность* 全くの偶然 | *Таки́е краси́вые стихи́!* Ч~ Есе́нин. すごくきれいな詩だ, エ

セーニンそっくりだ ♦*-ая отста́вка* [旧・話] 完全な退職 [引退] | *-ой чисте́йшей воды́* 正真正銘の：обма́нщик *-ой воды́* 正真正銘の詐欺師 | *-ые листы́* [印刷] (印刷所から出版社に送られる) 最終段階の校正刷り | *по -ой* (1) [話] 完全に退職 [引退] して (2) [俗] 率直に, ざっぱと

**чистю́ля** (女5変化) [男・女] [話] 極端なきれい好き

**Чита́** [女1] チタ (ザバイカリエ地方の首府；シベリア連邦管区)

**чита́емый** -ем [形1] 広く読まれている, 人気のある

*чита́льн|ый [形1] 読書用の：~ зал 読書室, 閲覧室 | *-ая* [女名] [旧] 読書室

**чита́льня** 複生-лен [女5] 読書室, 閲覧室

*чита́тел|ь [チターチリ] [男3] (reader) ① (集合的にも) 読者, 愛読者, 購読者：~ журна́ла 雑誌の読者 | *Ч-и бы́ли в восто́рге от его́ стихо́в.* 読者たちは彼の詩に感動した | *Кни́га рассчи́тана на де́тского -я.* 本書は子どもの読者向けである ② [図書] 閲覧者：*-и публи́чной библиоте́ки* 公共図書館の閲覧者

**чита́тельский** [形3] 読者の, 閲覧者の：~ во́зраст 読者年齢 | ~ биле́т 閲覧券

*чита́ть [チター チ] 受過 чи́танный [不完] / **прочита́ть** [プラチター チ] [完] (read) 〈四〉 ①読む, 《不完》 《無補語》 読書する；《不完》 読むことができる：~ кни́гу [журна́л, письмо́, газе́ту] 本 [雑誌, 手紙, 新聞] を読む | ~ вслух 声に出して読む | ~ про себя́ 黙読する | ~ по склада́м たどたどしく読む | ~ по слога́м 字をたどりながら読む | ~ о Се́вере 北極圏に関するものを読む | *Вы чита́ли Пу́шкина?* プーシキンを読んだことがありますか | *Что вы чита́ли из Че́хова?* チェーホフは何を読みましたか | *Она́ лю́бит чита́ть.* 彼女は読書好きだ | *Он не чита́ет по-ру́сски.* 彼はロシア語が読めない ② (記号などを) 読み, 理解する：~ черте́ж [но́ты, ка́рту] 図面 [楽譜, 地図] を読む | ~ с листа́ 楽譜を初見で読み演奏する 〈表情などを〉察知する：~ чужи́е мы́сли 他人の考えを読みとる | ~ настрое́ние по лица́м 顔色を読む | ~ в её глаза́х любо́вь 彼女の目から恋心を知る ④朗読する；唱える：〔若者〕 [楽] ラップを歌う：~ стихи́ 詩を朗読する | ~ наизу́сть [на па́мять] 暗唱する | ~ псалмы́ 聖詩を唱える ⑤ 講義する, 講演する：《不完》《無補語》 [話] (大学など高等教育機関で) 教える：~ ле́кцию 講義を行う | ~ докла́д 講演 [報告] を行う | ~ филосо́фию [матема́тику] 哲学 [数学] を講義する | ~ студе́нтам курс ру́сской литерату́ры [ру́сскую литерату́ру] 学生にロシア文学の講義を行う ⑥ 説く：~ нравоуче́ния [наставле́ния, нота́ции] 説教する ⑦ 《完》〈ある時間〉 読む ♦*~ в сердца́х [душа́х]* 心のうちを読む

**чита́ться** [不完] ①Написа́ние *чита́ется* с трудо́м. 表記が読みにくい | *Этот рома́н легко́ чита́ется*. この小説は読みやすい ②《無人称》《否定文で》読みたくない：*В тако́м шу́ме не чита́ется*. こんな騒音では読む気がしない ③《受身》〈 чита́ть

**чи́тывать** (現なし) [不完] [多回] [話] 〈 чита́ть

**чифи́р** [男1], **чифи́рь** -я́ [男5] [俗] 非常に濃く煎じた茶 (麻薬として用いる)

**чих** [男2] くしゃみ；(くしゃみの) 音

**чиха́ть** [不完] / **чихну́ть** -ну́, -нёшь [完] ①くしゃみをする ② (モーターなどが) 調子の悪い音を出す：*Мото́р чиха́ет*. モーターが変な音をしている 〈*на ~*〉 [俗] 完了形を述語とし 《俗》 軽蔑する, 無視する：*Чиха́л я на его́ кри́тику.* あの人の批判なんて屁でもない
**//чиха́ние** [中5], **чиха́нье** [中4]

**чихуа́хуа** (不変) [中] [動] チワワ (犬種)

**чи́ще** [比較] < чи́сто, чи́стый

**чи́щеный** [形1] きれいにした; クリーニングした; 磨いた; (食材につき) 下ごしらえした

**чи́щу** [1単現] < чи́стить

**ЧК** [チェカー] [略] Чрезвыча́йная коми́ссия по борьбе́ с контрреволю́цией, сабота́жем и спекуля́цией 《露史》反革命・サボタージュおよび投機取締非常委員会 (★ 1918-22 гг. に存在した秘密警察で ГПУ の前身)

*****член** [チレーン] [男1] [member, limb] ① (人・動物の) 体の一部, (特に) 四肢: расслáбить устáвшие ~ы 疲れきった手足を休める ② 構成分子, 成分; [言] 成分: ~ пропóрции 《数》比例項 | ~ логи́ческого сужде́ния 《論》論理的判断の成分 | ~ы предложе́ния 《文》文の成分 ③ 成員, メンバー, 一員, 会員, …員; семьи́ 家族の一員 | ~ кома́нды [кружка́] チーム [サークル] のメンバー | ~ правле́ния 理事会のメンバー, 理事 | почётный ~ 名誉会員 | действи́тельный ~ Акаде́мии нау́к 科学アカデミー正会員 ④ 《文法》冠詞 ⑤ 《雅》(男性の) 陰茎: (полово́й) ~ ∥ **—корреспонде́нт** アカデミー準会員 | постоя́нный [непостоя́нный] ~ Сове́та Безопа́сности 安保理常任 [非常任] 理事国

**члениcтонóгие** (形3変化) [複名] 《動》節足動物

**члени́ть** -ню́, -ни́шь 受過 -нённ (-нён, -нена́) [不完] / **рас~** [完] 《文》部分に分ける, 分節する: ~ сло́во на осно́ву и оконча́ние 単語を語幹と語尾に分ける ∥ **члене́ние** [中5]

**члени́ться** -ни́тся [不完] / **рас~** [完] 《文》部分に分かれる, 分節される: Сло́во чле́нится на ко́рень и аффиксы. 単語は語幹と接辞に分かれる

**членкóр** [男1] 《話》アカデミー準会員 (член-корреспонде́нт)

**членовреди́тельство** [中1] 《文》(兵役だから逃れるための) 自傷行為; (他人への) 障害行為

**членоразде́льный** 短 -лен, -льна [形1] (音声が) 明瞭に区別されている, はっきりと聞き取れる

**чле́нский** [形1] 会員 (член) の: ~ взнос 会費 | ~ биле́т 会員証

**чле́нство** [中1] (団体の) メンバーであること; 会員資格: утеря́ть ~ 会員資格を失う

**ЧМ** [チェーム] [略] часто́тная модуля́ция 《電》周波数変調

**чмо** [中1変化] [男] 《蔑》いけすかない野郎

**чмо́кать** [不完] / **чмо́кнуть** -ну, -нешь [完] ① 唇でぴちゃぴちゃ音を立てる, 唇をちゅっと鳴らす ② 《話》~ (кого́) чмóкっとキスする ③ (ぬかるみなどが) ぴちゃぴちゃ音を立てる ∥ **чмо́канье** [中4]

**чмо́шник** [男2] 《若者・蔑》道徳心に欠ける堕落した野郎

**чóкаться** [不完] / **чокну́ться** -нусь, -нешься 命 -нись [完] ① 《酒を〈飲〉》(乾杯の前に) 杯を触れ合わせる: ~ рю́мками с сосе́дями 隣の人とグラスを触れ合わせる ② [完] 《俗》気が狂う

**чо́кнутый** [形1] 《俗》頭がおかしい, いかれた

**ЧОП** [チョープ] [略] ча́стное охра́нное предприя́тие 警備会社

**чо́ппер** [男1] 《スポ》チョッパー (バイク)

**чо́порный** 短 -рен, -рна [形1] ひどく几帳面な, 堅苦しい **//-ость** [女10] **//чо́порно** [副]: ~ держа́ться 形式ばる

**чо́хом** [副] 《俗》まとめて, ひっくるめて: прода́ть всё пожи́тки ~ 家財道具をまとめて売っぱらう

**ЧП** [チェペー] [略] чрезвыча́йное происше́ствие 非常事態, 異常な出来事

**чрева́тый** 短 -а́т [形1] 《文》《圖》~望ましくない事態をはらむ, 招きうる: собы́тия, ~ые тяжёлыми по-сле́дствиями 深刻な結果をもたらしかねない事件

**чре́в|о** [中1] ① 《旧》腹部: во ~е ма́тери 母親の胎内で ② 《文》(大きなものの) 内部

**чревовеща́ние** [中5] 腹話術

**чревовеща́тель** [男5] 腹話術師

**чревоуго́дие** [中5] 食いしん坊であること, 大食い

**чревоуго́дник** [男2] 大食漢, 食いしん坊

**чрез** [前] 《雅》= че́рез

*****чрезвыча́йно** [チリズヴィチャーイナ] [副] [extremely] 非常に, きわめて: ~ ва́жная информа́ция きわめて重要な情報 | ~ поле́зная кни́га とても有益な本

*****чрезвыча́йный** 短 -а́ен, -а́йна [形1] [extraordinary] ① 異常な, 極度の: -ое происше́ствие 異常な出来事 | де́ло -ой ва́жности きわめて重要な事柄 ② 臨時の, 非常の: объяви́ть [ввести́] -ое положе́ние 非常事態を宣言する | -ые расхо́ды 臨時的損失 ■ ~ и полномо́чный посо́л 特命 (全権) 大使: ~ и полномо́чный посо́л Росси́йской Федера́ции в Япо́нии 駐日ロシア特命全権大使 ∥ **чрезвыча́йность** [女10]: до -и 非常に, きわめて

**чрезме́рный** 短 -рен, -рна [形1] 過度の, 極端な, あまりな, 法外な **//-о** [副] **//-ость** [女10]

**ЧС** [チェエース] [略] чрезвыча́йная ситуа́ция 緊急事態, 非常事態

**Чт** [略] четве́рг

*****чте́н|ие** [チチェーニエ] [中5] [reading] ① 読むこと, 読書: бе́глое [скоростно́е] ~ 走り読み [速読] | вырази́тельное ~ 朗読 | Она́ продо́лжила вслух худо́жественной про́зы. 彼女は詩の朗読を続けた ② 読物: интере́сное ~ おもしろい読物 | взять ~ в пое́здку 旅行に読む物を持っていく ③ 《通例複》《旧》朗読会 ④ 《複》(著明文学者・学者などに関わる) 連続講演, 講座, 定期研究会: Пу́шкинские -ия プーシキンに関する講座 [研究会]

**чтец** -а́ [男3] / **чти́ца** [女3] 朗読者; (文学作品などの) 芸術的朗読家

**чти́во** [中1] 《話・蔑》安っぽい読み物

**чтить** чту, чтишь [不完] 《文》《圖》敬慕する: ~ па́мять 圖 …を追慕する

*****что¹** [ш] [シトー] [él] [Вóт], ничего́, что, чем, чём (★ 疑問代の場合はアクセントをおく) [代] 《疑問》 [what] ① 何; どちら: Ч~ э́то тако́е? これは一体何ですか | Ч~ случи́лось? 何が起きたのですか | Ч~ с Ва́ми? (あなたは) どうしたのですか | Чего́ тебе́: ча́ю и́ли ко́фе? 君はどっちがいい, お茶, それともコーヒー | за чего́ (в том числе́ Р) | Чем вы интересу́етесь? あなたは何に興味がありますか | Он спроси́л меня́, ~ я де́лал вчера́ ве́чером. 彼は私が昨晩何をしていたかと訊いた

② 〈不定形〉 何を…すべきか: Ч~ мне де́лать? 私は何をすべきか ③ 《主格で; 《俗》чего́》 どうか, どんな様子か: Ч~ больно́й? 患者の具合はどうか | Ч~ (чего́) 《問い返す際に》 え, 何; (疑問文の始まりで) どうした: Ва́ня! — Ч~? 「ヴァーニャ」「何?」「どうした」 ④ 《主格で; 《俗》чего́》 なぜ, どうして | Ч~ ты так по́здно пришёл? 何だって来るのがこんなに遅かったんだ ⑥ 《話》いくら, どれくらい: Ч~ сто́ит э́та кни́га? この本はいくらですか ⑦ 《俗》《感嘆文として》 圖 何とたくさんの…: Ч~ наро́ду собрало́сь! すごい人出だな ⑧ 《反語的に》… は何でもない; 何の…があるのか | Ч~ нам снег? 俺たちには雪なんてどうってことない | Ч~ ему́ про́сьба роди́телей? 両親の頼みなんて彼にはどうでもいいんだ | Ч~ по́льзы грусти́ть? 悲しんだって何の得にもならない ⑨ 《代》《不定》《話》何か (что-нибу́дь, что-то): Е́сли ~, сра́зу позвони́. 何かあればすぐ電話してくれ | Ч~ но́вого? 何か新しいことはありますか, 変わりはないですか | Ты бы пое́л чего́, немно́жко. ちょっと何か食べればいいのに ⑩《否定文で; 反語的または不満な意味の文を作る》何でも…しないものはない: Чего́ не быва́ет в жи́зни! 人生ではどんなこともあり得る ⑪《что угóдно; что (ни) попа́ло; что (ни) придётся の形で》何でも; Скажи́те ~ угóдно. 何でも言って下さい | тащи́ть ~ ни попа́ло в дóм 手当り次第に何でも家に持っていく | éсть ~ придётся ありあわせのものを食べる ⑫《Вóт を伴って; вóт にアクセントがある》そのことを, 次のことを: Вóт ~ я предлага́ю. では次のことを提案します | Вóт, ~《[代]《関係》[то, всё と先行詞とする; тó は省略されることも》…する…: Я сказа́л всё, ~ зна́ю об э́том. それについて知っていることは全て言いました | Чегó я боя́лся, тó и случи́лось. 私が怖れていたことが起きた | Ч~ с во́зу упа́ло, тó пропа́ло. 《諺》覆水盆に返らず (←荷馬車から落ちたものはなくなった) ◆А ~? それがどうしたの, どうして | А ~ дéлать! 仕方がない | во ~ бы то ни ста́ло どんなことになっても, 何があっても | до чегó 《話》どこまで, どれほど; とても, すごく: Не могу́ вы́разить, до чегó я рáд. どれほど私がうれしいか言い表せない | к чему́《話》何のために; 何の予兆か, どうなるかの: К чему́ э́ти спóры? 何のためにこんな議論をするのか | К чему́ бы э́то? これからどういうことになるのか | на ~ (уж) = (уж) на ~ (1)いかに…でも: На ~ он упря́м, нó и егó уговори́ли. いくら頑固とはいえ, 彼も説得された (2)《感嘆》なんて: Уж на ~ краси́во! なんて美しい! (3)《比較級と共に》一番…: На ~ лу́чше. 一番いい. 《感嘆への返答として》どういたしまして (★что は無アクセント) | нé чему → нéчего | ни к чему́ → ничтó | ни за ~ → ничтó | ни за что → ничтó | ни при чём → ничтó | оста́ться ни при чём → ничтó《話》…との関係がある: При чём тут я? 私が何をしたというのか | с чегó 《話》なぜ, どんな理由で | чего́-чегó нéт (у кого)《俗》(…のところには)何でも(どっさり)ある | что [тó] та́м = тáм | чегó [что] тут = тут | чéм не … としても通用する, 立派な: Чéм он не учёный! 彼は学者としても立派だ | (бы) ни …いくら…しても: Ч~бы он ни дéлал, ничегó не получа́ется. 彼は何をやってもうまくいかない | ~ бы ни бы́ло что何であっても | ~бы [б] 《動詞の不定形・過去形に》《願望・促しの感嘆文》…してほしいのに, …したらいいのに | Ч~бы дóждик переста́л! 雨が止まないかなあ | Ч~бы вам оста́ться здéсь! あなたにここに残っていてほしいのに | ~ до …に関しては | ~ за дéло до …にとって, …にはどうでもいい | ~ мнé до негó! 私には彼なんかどうでもいい | (ну́) ~ ж《やむを得ない同意・譲歩》まあいい, 仕方がない | Ч~ ж, ты прав. まあいい, お前の方が正しいんだろう | ~ за 《話》(1)《疑問》どんな, 何の: Ч~ за человéк пришёл? やってきたのはどんな人だったのか (2)《感嘆》何という: Ч~ за ерунда́! 何というたわ言だ | ~ и говори́ть 《話》だからどうした, 大したことない | Ч~ из [с] тогó? 《話》だからどうした, 大したことない | ~ к чему́《話》物事の本質, 核心: Он зна́ет, ~ к чему́. 彼は物事の本質がよくわかっている | ~ ли 《自信のなさ・疑い》…かな: Пойдём, ~ ли. そろそろ行こうかな | ~ на́до → на́до | ~ ни éсть → ни | Ч~ ты [вы]!《相手の驚き・反対》何を言いたい, 何をおっしゃいますか; とんでもない | 《やむを得ない同意》仕方がない | чтó-чтó (чегó-чегó, чему́-чему́, …) …はともかく | чýть ~ → чýть

**чтó²** [ш][сьтó][接] ［that］⑴《補語的従属文を導く》: Я ду́маю, ~ он зна́ет вас. 彼はあなたを知っていると思う | Я наде́юсь (на тó), ~ он придёт. 彼は来てくれると期待している | Я рáд (тому́), ~ он пришёл. 彼が来てくれてうれしい

Оби́дно, ~ я опозда́л. 遅刻してしまって悔しい ⑵《主語的従属文を導く》: Мне ка́жется, ~ ты не прáв. 私は君が間違っているような気がする | Её огорчи́ло то, ~ мáть заболе́ла. 母親が病気になったことが彼女を悲しませた ⑶《主文の тóт, такóй, таковá を受ける述語的従属文を導く》: Он уже́ не тóт, ~ прéжде. 彼は以前の彼ではない | Хóлод такóй, ~ нельзя́ вы́йти на у́лицу. 寒さが厳しくて外に出られない | Решéние бы́ло таковó, ~ удовлетвори́ло всéх. その決定はみなを満足させるものだった ⑷《修飾語的従属文を導く; しばしば主文に тóт, такóй を伴う》…という, …するような: Из э́того слéдует вы́вод, ~ егó тео́рия прави́льна. このことから彼の理論は正しいという結論になる ⑸《程度を示す状況副詞従属文を導いて》…するほど…だ: Я до тогó уста́л, ~ éле стоя́л. ひどく疲れて立っているのもやっとだった ⑹《民話・俗》まるで…のように: Ч~ бéлый пушóк, на́чал па́дать снежóк. 白い綿毛のように雪が降り始めた ⑺《что … の形で》…も, また, … на у́лице家の中でも外でも ⑻《通例 ни を伴い》…ごとに, どの…も: ~ ни гóд [дéнь] 年[日]ごとに ⑼《助》《民話》(詩句の冒頭で)それ, ほら: Ч~ из лéсу, из лéсу дрему́чего … それ, 森から, うっそうとした森から… ◆нéт тогó, ~ = нéт ра́зве ~ … かもしれないが: Сего́дня я не приду́, ра́зве ~ за́втра. 今日は行けません, 明日行くかもしれませんが | та́к ~ = та́к (такóй) …, ~ … とても…なので, …なほど: Ка́мень каза́лся тяжёлый, ~ не подня́ть. 石が重くて持ち上げられない | Она́ сказа́ла э́то та́к ти́хо, ~ никтó не услы́шал. 彼女はとても小声で言ったので誰も聞き取れなかった | тóлько и … ~ … ただ…のみ: Она́ тóлько и дéлает, ~ пла́чет. 彼女のすることといえばただ泣くばかりだ | ~ твóй → твóй

**чтóбы** [ш] [сьтó-], **чтóб** [сьтóп] [接] ［so that］⑴《目的を表す不定形・従属文を伴って》…するために, …するように: Я тороплю́сь, ~ успе́ть на по́езд. 列車に間に合うように急いでいる | Здéсь нéт мéста, ~ поста́вить чемода́н. ここにはスーツケースを置くための場所がない | На́до говори́ть я́сно и про́сто, ~ бы́ло поня́тно всéм. 皆にわかってもらえるように, はっきり簡潔に話さなければならない | Она́ не могла́ удержа́ться, ~ не вскри́кнуть. 彼女は叫ばないように自分を抑えることができなかった[抑えられず叫んだ] ⑵《結果を表す不定形・従属文を伴う過去形の従属文で》…するような: Мы расста́лись, ~ никогда́ не встре́титься внóвь. 私たちは別れて二度と会うことはなかった ⑶《願望・必要・要求》…するように, …してほしい: Скажи́те ему́, ~ он доста́л биле́т. 彼にチケットを入手するように言って下さい | Я хочу́, ~ всё зако́нчилось хорошó. 全てがうまく収まるように望むことです ⑷《疑念》…することを: Я сомнева́юсь, ~ он оста́лся дово́лен. 彼が満足したかは疑わしい | Могли́ ли, ~ он та́к поступи́л. 彼がそんな風に振る舞うことはあり得るだろうか ⑸《怖れを表す動詞と共に》…するのではないか: Я бою́сь, ~ он не опозда́л. 彼が遅れてやるのではないかと心配している ⑹《通例主文の такóй, та́к などを受けた不定形・従属文を伴い》…するような, …するように, …するほど: Он не такóй человéк, ~ нести́ ерунду́. 彼はばかげたことを言うような人ではない | Я не та́к глу́п, ~ повéрить ему́. 彼を信用するほど私はばかではない ⑺《助》《命令》…するように, …であるように: Ч~ э́того бóльше не повторя́лось! 二度とこんなことのないように! | Ч~ ты лóпнул!《俗》お前なんか死んでしまえ ⑻《…なんてことがあるものか》~ я победи́л! 俺が勝てるなんてことがあるものか ◆без тогó, ~ не … → без | вмéсто тогó, ~ → вмéсто | для тогó, ~ → для | зате́м ~ → зате́м | в тó

**и** 国. ~ ... は…するためにある | **с тем(,)** ~ ... するし **не так(,)** ~ ... →так

* **что́-либо** [ш] (★что́ の部分のみ変化)[代]《不定》 = что-нибудь

* **что́-нибудь** [ш] [シトー・ニブヂ] (★что́ の部分のみ変化)[代]《不定》[anything] ①(何でもいいから;あるもの-что-о以外-不特定): Сыгра́й ~ весёлое. 何か陽気なのを演奏して下さい | Я всегда́ ~ забыва́ю. いつも何やかんやと忘れてしまう | Я угощу́ тебя́ **чем-нибудь**. 何かごちそうしてあげる ②少し: Мне́ бу́дут плати́ть ~? 私はいくらかもらえるのかな

* **что́-то**[1] [ш] [シトー・タ] (★что́ の部分のみ変化)[代]《不定》[something] ①何か, あるもの, あること(что-нибудь と違い特定): ~ ва́жное 何か大事なこと | На него́ ~ упа́ло. 何か彼の上に落ちてきた | Чего́-то не хвата́ет. 何かが足りない

* **что́-то**[2] [ш] [シトー・タ] [副] [somewhat] ①何か, 少し, なぜか, どうしたわけか。ここは何か居心地が悪い | Ч~ не спи́тся. なぜか眠れない ②おそ-, ばかり; いくら: Сейча́с ~ здесь — нико́го. 今はここはだれもいない ③ほど, ぐらい: Я здесь живу́ уже́ два́дцать часо́в с ~. ここに2時間くらいだ | **две́сти рубле́й с чем-то** 200ルーブルとちょっと

* **чу́** [間] (人が小さな音・遠くの音に注意を促して) ほら, (〈挿入〉) 《俗》…だそうだ

**чуб** 複-ы́ [男1] (男の) 前髪; (昔のウクライナ男性の頭頂部の) 房毛 **//-ик, -чик** [男2] (指小)

**Чуба́йс //** [м] チュバイス (Анато́лий Бори́сович ~, 1955-:企業家, 政治家; エリツィン政権下で大統領府長官などを歴任)

**чуба́рый** [形] (馬などが) 毛並みがまだらの

**чуба́тый** 短 -áт [形1] ①前髪をたらした

**чубу́|к** -á [男2] ①(喫煙パイプ・キセルの) 柄, 雁首 ② (ブドウの) 挿し木

**чубу́шник** [男2] 〔植〕バイカウツギ属

**чува́|к** -á [男4] / **-ка** 複-шек [女2] 《俗》男, やつ, あんちゃん

**чува́ш** [男4] / **-ка** 複-шек [女2] チュヴァシ人 (ヴォルガ流域のチュルク系民族)

**Чува́шия** [女9] チュヴァシ共和国 (Респу́блика ~) **// чува́шск|ий** [形]: Ч~ая Респу́блика チュヴァシ共和国 (首都をチェボクサルィ; 沿ヴォルガ連邦管区)

**чу́вственность** [ст] [女10] ①感覚性, 感受性, 感性, 感覚能力 ②官能性, 肉感性, 色気

**чу́вственный** 短-ен/-енен, -енна [形1] ①感覚(的な); 極度の ②肉体的な, 肉欲的な, 官能的な

**чувстви́тельный** 短-лен, -льна [形1] ①感じやすい, 鋭敏な; 感受性の強い: ~ое ме́сто те́ла 体の敏感な場所 ②(機器が)高感度の; 刺激に弱い ③はっきり感じられる, 顕著な, 著しい: ~ хо́лод 厳しい寒さ | ~ расхо́д 手痛い出費 ④感傷的な, センチメンタルな **// -ость**

* **чу́вств|о** [ст] [チューストヴァ] [中1] [sense] ①感覚: о́рганы чу́вств 感覚器官 | ~ зре́ния (слу́ха) [聴] 覚 ~ обоня́ния (вку́са, осяза́ния) 嗅[味, 触] 覚 | ~ бо́ли 痛みの感じ | ~ го́лода 空腹感 | пять ~ 五感 | шесто́е ~ 第六感 ②(通例複) 意識: лиши́ться чувств 意識を失う, 気絶する | упа́сть без чувств 意識を失って倒れる | прийти́ в ~-а 意識が戻る ③[単または複] 感情, 気持ち, 心, 感じ; 情: ра́достные ~ うれしい気持ち | до́брые ~-а 優しい気持ち | не́жные ~ 恋心 | ~ трево́ги (одино́чества) 不安[孤独]感 | ~ тоски́ 哀愁感, 寂寥[せきりょう]感 | ~ ре́вности 嫉妬心 | откры́ть [скрыть] свои́ ~-а 自分の気持ちを明かす[隠す] | матери́нское ~ 母親らしい愛情 ④感覚, 感覚, センス: ~ красоты́ 美的感覚 | ~ ю́мора ユーモアのセンス ⑤(義務・道徳などに関わる) 意識, 感覚: ~ ро́дины 祖国を思う心 | ~ со́бственного досто́инства 自尊心

♦ ~ **ло́ктя** 隊列で片肘分の間隔を堅持し秩序を守る態度; 連帯感: петь с ~ом 感情を込めて歌う

* **чу́вствовать** [ст] [チューストヴァヴァチ] -твую, -твуешь 命 -твуй [不完] / **почу́вствовать** [パチューストヴァヴァチ] [完] [feel] 〈対〉 ①感じる, 覚える: ~ хо́лод [го́лод] 寒さ[空腹]を感じる | ~ уста́лость (страх, печа́ль) 疲労[恐怖, 悲しみ]を感じる ②(ある種の健康状態を)感じる: Как себя́ чу́вствуете? — Спаси́бо. Уже́ лу́чше. 「気分はどうですか?」「ありがとうございます, もうよくなりました」 | Я пло́хо себя́ чу́вствую. 私は気分が悪い | ~ боль в пра́вом боку́ 右の脇腹に痛みを感じる ③感づく, 気づく; 予感する: ню́хом ~ 嗅ぎつける; 直観で感づく | ~ на себе́ чей-то взгляд 自分に誰かの視線が向けられているのを感じる | Она́ чу́вствовала, что впереди́ её ждёт го́ре. 彼女は自分の先に悲しみが待ち受けていると予感していた ④感じ取る, 理解する: ~ же́нскую красоту́ 女性的な美を感じ取る | то́нко ~ иску́сство 芸術をよく理解する ⑤理解する, 意識する: ~ необходи́мость 必要性を理解する | ~ свои́ недоста́тки 自分の欠点を自覚する ♦ **дава́ть себя́ ~** ひどく感じられる, 体にこたえる | ~ **себя́** 国 自分が…と感じている, 任じる: ~ себя́ **хозя́ином [нача́льником]** 自分が主人[上司]だと自覚している

* **чу́вствоваться** [ст] -твуюсь, -твуешься [不完] / **по~** -ствуется 知覚される, 感じられる: Чу́вствуется за́пах цвето́в. 花の香りが感じられる ②(特徴などが) 感じられる: В ней чу́вствуется му́дрость. 彼女の中には聡明さが現れている ③《不完》[受身] < чу́вствовать

**чугу́|н** -á [男1] ①鋳鉄, 銑鉄 ②鋳物製の鍋[釜]

**чугу́нка** 複-нок [女2] ①《話》鋳鉄製ストーブ ②《旧・話》鉄道

**чугу́нный** [形] ①鋳鉄(製)の ②鉄のように重たい, 重苦しい, ぐったりした

**чугунолите́йный** [形] 鋳鉄鋳造の

**чуда́|к** -á [男2] / **-чка** 複-чек [女2] 変人

**чудакова́тый** 短 -а́т [形1] 《話》(性格の) やや風変わりな, 一風変わった

**чуда́ческий** [形3] 風変わりな, 変人みたいな

**чуда́чество** [中1] ①(行動が) 風変わりなこと ②(通例複) 奇行

**чуда́чить** -чу, -чишь [不完] 《話》奇行を演じる, おかしな振る舞いをする

**чудеса́** 〔複主; 主・対格〕< чу́до

**чудесни|к** [男2] / **-ца** [女3] 魔術師, 奇跡を行う人

**чуде́сно** ① [副] 奇跡的に, 魔法で; 不思議なまでに ②[無人述] 素晴らしい, 見事だ ③[間] 《話》すごいなぁ, それはいい

* **чуде́сн|ый** 短-сен, -сна [チュヂェースヌィ] [形1] [miraculous] ①奇跡的な, 奇跡をもたらす; 超自然的な, 魔法の: ~ое исцеле́ние 奇跡的な治癒 | ~ое превраще́ние 魔法による変身 | ~-ая ико́на 不思議なイコン ②不思議な, 驚異的な: ~ые расска́зы 驚くべき話 ③素晴らしい, 見事な: ~-ая пого́да 素晴らしい天気 | Како́й ~ челове́к! なんて立派な人だ | Её го́лос был ~. 彼女の声はもう素晴らしかった

**чу́дик** [男2] 《俗》変人, 変わり者

**чуди́ла** (女1変化) [男・女], **чуди́ло** (中1変化) [男] 《俗》変人

**чуди́нк|а** [女2] 《話》ちょっと変わっていること: челове́к с ~ой 少し風変わりな人

**чуди́ть** (1単現なし) -ишь [不完] / **у~** [完] 《話》奇行を演じる, ふざける

**чуди́ться** [不完] 〈与〉《話》思える, 気がする: Мне чу́дится стук. (誰かが) ノックしている気がする

**чудно́** [副][人述] <чудно́й>: Он ~ одева́ется. 彼は変てこな服装をしている

**чудно́й** 短 -дён, -дна́ 比 -не́е [形2]《話》奇妙な, 変な, 驚くような

**чу́дный** 短 чу́ден, -дна [形1] ①不思議な, 魔法のような; 魅力的な, 妙なる: -ые зву́ки 妙なる調べ ②《話》素晴らしい, 立派な: ~ обе́д 豪勢な昼食

*чу́до [中2] 複 чудеса́, чуде́с, чудеса́м [中1] [miracle] ①奇跡 ②驚くべきこと, 驚異, 不思議 ③極致, 傑作: ~ красоты́ 絶世の美女 ④《話》《話》驚きだ, 素晴らしい: Пого́да сего́дня – ~! きょうの天気は本当に素晴らしい│Ч~ как хорошо́! 驚くほど素晴らしい

**чудо́вище** 複生 -ищ [中4] ①怪物, 怪獣, 化け物; 醜悪な人間 [動物] ②《文》残忍で不道徳な人間

*чудо́вищн|ый 短 -щен, -щна [形1]《monstrous》①怪物のような, 恐ろしい ②怪物的な, とんでもない: -ое преступле́ние 極悪非道の犯罪 ③《話》ばかでかい: ~ аппети́т ばかでかい食欲 **//-ость** [女10]

**чудоде́йственн|ый** 短 -ен/-енен, -енна [形1]《文》奇跡の, 奇跡をもたらす; 霊験あらたかな, 特別の効果がある: ~ое лека́рство 特効薬

**чу́дом** [副] 奇跡的に

**чудотво́рец** -рца [男3]《宗》奇跡を行う聖者 ②驚くべきことを成し遂げる人

**чудотво́рн|ый** 短 -рен, -рна [形1] ①《宗》奇跡を行う: -ая ико́на 奇跡をもたらすイコン ②《文》驚くような, 奇跡のような **//-ость** [女10] <②>

**Чу́дское о́зеро** [ц] [形3]-[中1] チュード湖(ロシアとエストニア国境の湖, チュード・プスコフ湖 Чу́дско-Пско́вское о́зеро とも; 1242年にアレクサンドル・ネフスキー公が騎士団が破った)

**чужа́|к** -а́ [男2] **/-чка** 複生 -чек [女2] よそもの(鳥獣についても); 他人, 異分子, 仲間はずれ

**чужби́на** [女1]《雅》異国, 異郷の地

**чужда́ться** [不完]《困》①避ける, 関わらない ②…に興味がない: ~ сла́вы 名声を得るのに関心がない

*чу́жд|ый 短 чужд, -да́, -до, -ды/-ды́ [形1]《alien》①異種の, 異質な, 無縁の ②《文》《困》(通例よくないものと)無関係の, 縁遠い: челове́к, ~ ре́вности ねたむことを知らない人間 **//-ость** [女10]

**чужезе́мный** [形1]《文》異国の

**чужеро́дный** 短 -ден, -дна [形1]《文》異種の, 異質の

**чужеяде́ный** [形1]《生》寄生する

*чуж|о́й [чужо́й-] [形7]《someone else's》①他人の, ひとの, 自分のではない: прихвати́ть ~ зо́нтик 他人の傘を持ってきてしまう│заи́мствовать -и́е иде́и ひとのアイデアを借用する ②異郷の, 外国の, 異国の: ~ язы́к 異国の言語│Э́тот го́род мне совсе́м ~. この町は私にとっては全く異国のようだ│Он похоро́нен на -о́й земле́. 彼は異国の地に葬られている ③血縁がない, 身内でない, 他人の: воспи́тывать -о́го ребёнка 他人の子供を育てる│Мы с тобо́й не -и́е. 私たちは身内じゃないか ④疎遠な, 親しくない: Он ~ здесь по скла́ду своего́ хара́ктера. 彼は気質の点で肌に合わない│чу́вствовать себя́ нело́вко среди́ -и́х люде́й 親しくない人たちの中にいて居心地悪く感じる ⑤無関係の, 異質の, 無縁な: よそよそしい, 疎遠な: ~ для фи́рмы челове́к 会社とは全く無関係の人間│смотре́ть -и́м взгля́дом よそよそしい目つきで見る **-о́е** [中名] 他人のもの[こと] ⑦ **~** [男名]/-а́я [女名] 他人: стесня́ться -и́х 人見知りをする ◆ **говори́ть с -и́х слов** (さも自分の意見であるかのように) 他人の意見をそのまま言う│**жить [есть, пить] на [за] ~ счёт** 他人の金で暮らす[食べる, 飲む]│**с -и́х слов** 人づてに聞いて, 人から聞いて

**Чуко́вский** (形3変化) [男3] チュコフスキー(Корне́й Ива́нович ~, 1882-1969; 児童文学者, 詩人, 批評家: 本名 Никола́й Ива́нович Корне́йчуков)

**Чуко́тка** [女2] チュコト半島(シベリアの最東端)

**чуко́тский** [ц] [形3] チュクチ(人)の; チュコト半島の: Ч~ автоно́мный о́круг チュクチ[チュコト]自治管区 (行政中心地 Ана́дырь; 極東連邦管区)

**чу́кча** 複生 -ей [女4変化] [男・女] **/чука́нка** 複生 -нок [女2] チュクチ人(シベリア最東部の少数民族)

**чула́н** [男1] 物置部屋, 納戸 **//-чик** [男2] [指小]

*чуло́к|ий -ло́к, -лка́, -лкам [男1] [чр чуло́к, -лка́] [形2] ストッキング, 長靴下: шерстяны́е [шёлковые, нейло́новые] ~ ウール [シルク, ナイロン]のストッキング│наде́ть [снять] ~ ストッキングをはく[脱ぐ]│ходи́ть без -а́х [без чуло́к] ストッキングをはいている[はいていない]│Спусти́лась пе́тля на -е́. ストッキングが伝線した **//чуло́чек** -чка 複生 -чек [男2] [指小]

**чуло́чно-носо́чн|ый** [形1]: -ые изде́лия 靴下類(ストッキング・タイツ・ソックスなど)

**чуло́чный** [形1] ストッキングの, 長靴下の

**чум** [男1] (北方少数民族の, 毛皮・フェルト・樹皮で覆われた)テント式移動住居 **//-ный** [形1]

**чума́** [女1] ペスト, 疫病: лёгочная ~ 肺ペスト ②《俗》疫病神, ろくでなし ◆ **пир во вре́мя -ы́** 《文》周囲の困窮を顧みだで行われる宴[逸楽]

**чума́зый** [形1]《話》(人の外見が)汚い, よごれた

**чуме́ть** [不完] ①ペストにかかっている ②《完 о-》《俗》気が変になる, 頭がもうろうとなる

**чуми́за** [女1]《植》アワ

**чуми́чка** 複生 -чек [女2] ①(料理用の)杓子, おたま ②[男・女]《俗》服の汚い人, 不潔な人

**чу́мка** [女2] ジステンパー(犬などの急性伝染病)

**чумн|о́й** [形2] ①ペストの(にかかった) ②~[男名]/-а́я [女名] ペスト患者

**чумово́й** [形2]《俗》①気が変になった, 頭がもうろうとなった ②衝撃的な, ものすごい ③すごくいい, すてきな

**чупри́на** [女1]《俗》= чуб

**чур** [間]《話》①(子供の遊びなどで) 触るな, (境界を)越えるな: Ч~ меня́! 僕に触るな ②(取り決めを守るよう念を押す際に) いいかい: Ч~, э́то секре́т! いいかい, これは秘密だぞ

**чура́ться** [不完] ①《俗》чур と言う ②《話》《困》の関わりを避ける

**чурба́|к** -а́ [男2]《話》丸太の切端, 短い丸太 **//-чо́к** -чка́ [男2] [指小]

**чурба́н** [男1] ① = чурба́к ②《話・罵》のろま, まぬけ

**чуре́к** [男2] (カフカスの) 平べったい無発酵のパン

**чу́рка** 複生 -рок [女2] ①木・金属の切端 [男] ②《俗・蔑》あほ, ばか ③[男]《俗・蔑》アジア人, カフカス人 **//чу́рочка** 複生 -чек [女2] [指小]

*чу́тк|ий 短 -ток, -тка́, -тко 比 чу́тче [形3]《sensitive》①敏感な, 感覚の, 感度の高い: -ое у́хо 鋭敏な耳│~ сон 浅い眠り ②感受性の強い; 思いやりのある: -ая душа́ 思いやりのある人 **//-ость** [女10]

**чуто́к** [副]《俗》ちょっと, 少し

**чу́точк|а** [女2]《話》少し ◆ **ни -и** 少しも(…ない): Ни -и не уста́л. 全然疲れていない

**чу́точку** [副]《話》少し, わずか

*чуть [чуть-] [副]《slightly》①ちょっと, 少しだけ; わずかに, かすかに: ~ вы́ше もうちょっと上に│~ бо́льше もうちょっと多く[大きく]│~ ме́ньше もうちょっとだけ少なく[小さく]│говори́ть ~ слы́шно かすかに聞こえるくらいの声で話す│Она́ сказа́ла с заме́тной улы́бкой. 彼女はわずかな微笑みをたたえて言った ②辛うじて, やっとのこと: Он ~ на нога́х стои́т. 彼は立っているのがやっとだ ③《接》(時に то́лько, лишь を伴って) …するやいなや: ~ забре́зжило 空が白み始めると ◆ **~ (бы́ло) не ...** あやうく[ほとんど]…すると

ころだった: Он ~ не упа́л. 彼はあやうく倒れるところだった | Хло́пнул так, ~ ~ бы́ло дверь вы́летела. ドアが吹っ飛ぶほどの勢いでバタンと閉めた | ~ (ли) не ほとんど: Мы собира́лись ~ не ка́ждый день. 私たちはほとんど毎日集まっていたことで | ~ что́, ちょっとしたことで: Ч~ что́, он серди́тся. 彼はちょっとしたことですぐに腹を立てる

чутьё [中4] ① (動物の)感覚, 勘 ; (特に)嗅覚 ② (物を理解する上での)勘, 直観, 感覚, センス

*чу́ть-чу́ть [チュチ-チュチ] [副] ほんの少し, ちょっぴり : доба́вить ~ со́ли 塩をほんの少し加える

чу́чело ① [中4] 剥製 : ~ медве́дя 熊の剥製 ② かかし ; (射撃訓練などで使う)人形 ③ なりの汚い (だらしない)人 ◆~ горо́ховое 《話》なりの滑稽な人 *// чу́чельно* 複生 -лок [中1] [指小]

чу́шка 複生 -шек [女2] ① 《話》豚 ; 《俗》(豚の)鼻面 ② 《冶》(金属の)鋳塊, インゴット, ピッグ

*чушь [女11] (nonsense) 《話》ばかげたこと ; 醜悪なもの : по́лная ~ 全くのたわ言 | Кака́я ~! なんばかげたことだ | нести́ ~ поро́ть, городи́ть, моло́ть) ~ ばかなことを言う [書く]

чу́ять чу́ю, чу́ешь [不完] / по~ [完] 〈文〉 ① 嗅ぎつける : Я сра́зу почу́ял за́пах га́за. 私はすぐにガスの臭いに気づいた ② 《話》感じる, 感づく

чу́яться чу́ется [不完] / по~ [完] 《3人称》《話》感じられる, ~のような気がする

чхи [間] 《擬音》クシュン (くしゃみの音)

чш, чш-ш [間] しっ, 静かに

чьё [中性 ; 主・対格], чьи [複数 ; 主・対格], чья [女性 ; 主格] < чей

# Ш ш

ша [間] 《俗》やめ! ; やめろ! : Пошуме́ли — и ша́! 騒ぎはこれでやめ

ша́баш [男4] 〔ユダヤ〕安息日 ② (迷信で, 騒音を伴う)魔法使い[魔女]の夜の集い ; 乱痴気騒ぎ: подня́ть [устро́ить] ~ 乱痴気騒ぎをする

шаба́ш [男4] ①《話》仕事終わり, 終業 ; 休憩 [間] 終業 [休憩]時間だ : ~, ребя́та, по дома́м. 仕事終わろう, みんな, 帰る時間だ ②《述語》十分だ, もう結構, いい加減だ : Ш~, бо́льше не курю́. もう吸わないよ | ~, ско́лько мо́жно серди́ться. いい加減にしてくれ, いつまで怒っているつもりだ ④《述語》もう死ぬ, 終わりだ : Ш~ холостя́цкой жи́зни! 独身生活も終わりだな

шаба́шить -шу, -шишь [不完] / по~ [完] ①《話·蔑》副業をする : на стро́йке 建設現場で小金稼ぎをする ②《話》仕事を中断する

шаба́шка 複生 -шек [女2] 《話》副業 (で得た金銭)

шаба́шник [男1] 《話·蔑》副業をしている者

ша́бер [男1] 〔工具〕きさげ, 削刀, のみ, スクレーパー

шабло́н [男1] 型, サンプル, 見本, 鋳型, 金型 ; 〔IT〕テンプレート : ~ са́йта ホームページテンプレート | ~ы для Фейсбу́ка Facebook ページ用テンプレート ② ありきたりの [こと], 決まり文句 ; 定型文 *// по-у́* 型通りに, 定められた通りに, 紋切り型に

шабло́нный 短 -о́нен, -о́нна [形1] ① ~ шабло́н ② 型にはまった, 陳腐な : ~ая фра́за 決まり文句 *// -о* [副] *// -ость* [女10]

шаве́рма [女1] 〔サンクトペテルブルクで〕 = шаурма́

ша́вка 複生 -вок [女2] ①《話》小型の室内犬, 番犬 ② 《俗·蔑》口うるさい人 ; 《俗·蔑》尊敬に値しない者

*шаг [シャーク] -а/-у/ (偶数詞 2, 3, 4 と共に) -а́ 前 о-е, на/в複 -и́ [男2] [step, pace] ① 歩み, 歩 ; 歩幅 ; 足音 ; сде́лать ~ [два ~а́] вперёд 一歩 [二歩] 前進する | отме́рить ~ами де́сять ме́тров 10メートルを歩いて測る | ни на ~ не отходи́ть どこにも付きそう | Ни ~у наза́д! ひるむな, 尻ごみするな | удаля́ющиеся [приближа́ющиеся] ~и́ 遠ざかる [近づいてくる] 足音 ② (通例単) (徒歩での)移動 ; заме́длить ~ 歩みを緩める | приба́вить ~ 歩みを加速する | ~а́ми дви́гаться вперёд 速いテンポで進む ③ 《単》歩調, 歩き方 : твёрдый [уве́ренный] ~ しっかりした [堂々とした] 足どり ④ 行動, 振る舞い ; 一段階, 一歩, 前進 : отве́тственный ~ 責任ある行動 | необду́манный ~ 軽率な振る舞い | рекла́мный ~ 販売促進活動, 宣伝活動 | большо́й ~ вперёд 大成功, 大躍進 | ~ наза́д 失敗, 敗北, 後退 ⑤ 《複》(フィギュア) ステップ ; основно́й ~ ストローク ; беговой ~ ラ ◆ в двух [не́скольких] ~а́х от 国 ~の近くに, ~からちょっといった所に | идти́ [дви́гаться] вперёд гига́нтскими [семими́льными] ~а́ми 長足の進歩を遂げる | на ка́ждом ~у́ = что ни ~ 絶えず ; 至る所で | оди́н ~ до 国 [до того́] 国 《話》 極めて近い関係にある | пе́рвые ~и́ 初歩, 第一段階 | сби́ться с ~а (他人と)足並みが乱れる | сде́лать пе́рвый ~ 始める, 率先する, イニシアチブを取る | следи́ть за ка́ждым ~ом 国 …の一挙一投足を監視する | за ~ом ~ом 一歩ずつ | ~у не сде́лать для 国 《話》…のために何も着手 [思い通り] にさせない | ~у ступи́ть не даю́т 国 《話》自由にさせない | ~у ступи́ть не мо́жет без 国 [思い通り] にさせない

Шага́л [男1] シャガール (Марк Заха́рович ~, 1887-1985 ; ベラルーシ出身, フランスの画家, 版画家)

*шага́ть [不完] [step, walk] ① (テンポよく)歩く, 歩む, 進む, 前進する : ~ по доро́ге 道を元気よく歩く | в сле́дующий ~ 次の段階に進む ② [完] 一回

шагну́ть -ну́, -нёшь [完] [一回] чёрез поро́г をまたぐ, 越す : ~ чёрез поро́г 敷居をまたぐ ◆ ~ по тру́пам 〈人を〉踏み付けて目的を達する

ша́гом [副] (走らずに)歩いて : идти́ ~ 歩いて行く | Ш~ марш! (号令) 前へ進め!

шагоме́р [男1] 〔工〕ピッチゲージ

шагре́нь [女10] シャグリン革, 粒起(っぷだち) 革, ヤギ革 ; それに似せた紙 [革] *// -евый* [形1]

шажко́м [副] 〈話〉ゆっくり歩いて

шажо́к -жка́ [男2] [指小] < шаг

шайба [女1] ①〔工〕(ねじの)座金(ざがね), ワッシャ ②〔アイスホッケー〕パック ;《話》ゴール : хокке́й с ~ой アイスホッケー | Ш~у! 打て, 行け (選手への声援)

ша́йка ша́ек [女2] ① 片手・両手持ちの木製・金属製の桶, 手桶, たらい : ба́нная ~ 風呂の洗い桶 ② (犯罪をする)徒党, 悪党 : ~ воро́в 泥棒一味

шайта́н [男1] ①〔イスラム〕〔神話で〕悪魔 ②(北方・シベリア諸民族の)種族神, トーテム ③《俗》人, 奴

Ша́кьямуни [不変] [男] 〔仏教〕釈迦牟尼, 釈尊

шака́л [男1] ①〔動〕ジャッカル ②《俗》貪欲 [強欲] な人 ③《俗》(兵士に辛く当たる)将校, 准尉 *// -ий* [形9]

шала́ва [女1] 《俗》身持ちの悪い女 ; 売春婦

шала́нда [女1] ①〔海〕無動力平底 : 浚渫 (しゅんせつ)・土砂運搬船 ②(黒海で)帆付き平底漁船

шала́ш [男1] (わら・木の枝・草などで覆った)掘っ立て小屋 : рыба́чий ~ 漁師小屋 | Ми́лости прошу́ к на́шему ~у́. 〈話・戯〉私どもの茅屋(ぼうおく)へお出かけ下さい (冗談めいた招待) *// -ик* [男1] [指小]

шале́ть [不完] / о~ [完] 《話》意識が朦朧とする, 気が変になる : ~ от ра́дости [уста́лости] 喜び [疲れ] で頭がぼーっとする

*шали́ть -лю́, -ли́шь [不完] ① ふざける, はしゃいで悪さをする : Де́ти шаля́т. 子どもが悪ふざけしている ② 《話》軽率 [いい加減] に振る舞う, (異性関係で)遊びで付

**шаловли́вый**

き合う: *Шали́шь*, как ребёнок. 赤ん坊みたいなことをして ③《旧・話》強盗である ④《話》(時計などが)調子が狂っている, 不正確なまま動いている: *Часы́ шаля́т.* 時計が狂っている | *Не спи́тся? — Не́рвы шаля́т.*「眠れないの？」「神経が昂ぶっちゃって」 ◆ *Шали́шь! = Шали́те!*《話・不可能》冗談じゃない, とんでもない

**шаловли́в|ый** 短 -и́в [形1]《話》いたずら好きな, 腕白な: ~ ребёнок 腕白な幼児 ②お茶目な, ひょうきんな, ふざけたような: ~ то́н いたずらっぽい調子 **∥ -о** [副]

**шалопа́й** [男6]《話》のらくら者, 怠け者: тридцатиле́тний ~ 30歳の怠け者

**шалопу́т** [男1]《話・俗》= шалопа́й

**ша́лость** [女10] 悪ふざけ, いたずら; 軽率な振る舞い

**шалта́й-болта́й** [副]《話・戯》意味もなく, 無駄に

**шалу́н** 短 -а́ [男1] / ~ья́ 複生 -ний [女8] はしゃいで悪さをする者, いたずらっ子, 腕白者:наказа́ть ~а́ 悪さをした子にお仕置きをする **∥ -и́шка** 複生 -шек (女2変化)[男][指小]

**шалфе́й** [男6] ①《植》アキギリ属 (シソ科): ~ сверка́ющий (блестя́щий) サルビア | ~ лека́рственный セージ ②セージの葉の煎じ薬 (うがい用) **∥ -ный** [形1]

**ша́л|ый** 短 ша́л [形1]《俗》= шально́й

**ша́л|ь** [女10] ショール, 肩掛け: наки́нуть ~ на пле́чи ショールを肩に掛ける | заку́таться в ~ 肩掛けで身をくるむ | воротни́к ~ю́ ショールカラー **∥ -ька** 複生 -лек [女2][指小]

**шально́й** [形2]《俗》①気違いじみた, 無分別な: 茫然自失した: ~ па́рень いかれたやつ ②でたらめな, 偶然の, 一時的な: -а́я стрельба́ (пу́ля) 流れ弾 **∥ -ы́е де́ньги**《貶》(不正な)臨時収入, 泡銭(゜ぜ゛)

**шаля́й-валя́й** [副]《俗》ちゃらんぽらんに, いい加減に: рабо́тать ~ 手を抜いて働く

**шама́н** [男1] / ~ка 複生 -нок [女2] ①シャーマン **∥ ~ский** [形3]

**шамани́зм** [男1] シャーマニズム

**шама́нить** -ню, -нишь [不完] ①(シャーマンが)祈祷 (き゛)[呪術]を行う: ~ над больны́м 病人に祈祷を行う ②《俗》何かをやっておかしなことをする

**шама́нство** [中1] シャーマニズム ②シャーマン (の行う)祈祷(き゛), 呪術

**шама́кать** -аю, -аешь [不完] / **ша́мкнуть** -ну, -нешь [完]

[一回]《話》(歯がないために)もぐもぐ[むにゃむにゃ]言う: ~ беззу́бым рто́м (歯の無い)口でもごもご言う

**шамо́т** [男1]《工》シャモット, 耐火粘土, 耐火煉瓦

**шампа́нск|ое** [シャムパーンスカエ] (形3変化) [中名] [champagne] シャンパン, スパークリングワイン: *Кто́ не риску́ет, то́т не пьёт -ого.* 危険を冒さなければシャンパンの祝杯を手にできない

**шампиньо́н** [男1]《茸》マッシュルーム, ツクリタケ (~ двуспоровый); ハラタケ属

**шампу́нь** [シャムプーニ] [男1] [shampoo] ①シャンプー; 液状洗剤: ~ для воло́с シャンプー | автомоби́льный ~ 洗車用洗剤 ②《俗》シャンパン, スパークリングワイン

**шампу́р** [男1] シャシリィク(шашлы́к)用の金串: жа́рить на -а́х 串に刺して焼く **∥ -ный** [形1]

**шандара́хнуть** -ну, -нешь 命 -ни [完]《俗・戯》強く打つ[殴る]

**шанс** [シャーンス] [男1] [chance] チャンス, 機会, 見込み: больши́е -ы на успе́х 成功の大好機 | упусти́ть ~ 機会を逸する | оди́н из ста́(ты́сячи) 百 [千]に一の可能性

**шансо́н** [男1]《楽》シャンソン

**шансоне́тка** [э] 複生 -ток [女2]《楽》シャンソネット (カフェ・キャバレーなどで歌われる小歌曲); その歌手

**шансонье́** (不変)[男] (自作自演する)シャンソン歌手

**шанта́ж** -а́ [男4] ゆすり, 恐喝; 威嚇, 恫喝: занима́ться -о́м ゆすりをする

**шантажи́ровать** -рую, -руешь 受過 -анный [不完]〈완〉ゆする, 恐喝[恫喝]する

**шантажи́ст** [男1] / ~ка 複生 -ток [女2] ゆすり屋, 恐喝者

**шантрапа́** [女1]《俗・罵》ニート, のらくら者《集合》(人間の)くず, かす

**Шанха́й** [男6] ①シャンハイ, 上海 ②《また ш~》無秩序な違法住居群 **∥ шанха́йский** [形3] ■ **Ш~ская организа́ция сотру́дничества** 上海協力機構 (略 ШОС)

**ша́п|ка** [シャープカ] 複生 -пок [女2] [hat, cap] ①(通例暖かく柔らかい)帽子, ニット帽, 毛皮の帽子: но́рковая ~ ミンク毛皮の帽子 ②《俗》(新聞の)見出し; (報告書・合意書の)冒頭の前置き ◆ *закида́ть -ами*《皮肉》多勢に無勢で難なく勝つ | *по Се́ньке ~* 分相応だ, ふさわしい | *да́ть по -е*《口》〈완〉① ~ を解雇する, 任を解く | *получи́ть по -е*《俗》⑴叩かれる ⑵解雇される, 任を解かれる

**шапкозакида́тельство** [中1]《話》成功を早々に確信して慢心すること **∥ шапкозакида́тельск|ий** [形3] **∥ -ое** настрое́ние 楽勝ムード

**шапокля́к** [男2] ①オペラハット ②Ш~ [女] シャパクリャク(『チェブラーシカ』の敵役のお婆さん)

**ша́почка** [女2] [指小] <шапка
■ **Кра́сная Ш~** 赤ずきんちゃん

**ша́почни|к** [ш] [男3] 帽子職人

**ша́почн|ый** [ш] [形1] <шапка ◆ *прийти́ к -ому разбо́ру*《話》お開きになってやって来る, 遅すぎる

**ша́р** [シャール] -а́ (/ 単前2, 3, 4 と 共に) -а́ 複与 -а́м [男1] [sphere, ball] ①球体 ②球, 玉, ボール: возду́шный ~ 気球 | Земно́й ~ 地球 ②《若者・戯》頭 ③《俗》目 ◆ *вы́пучить -ы́ на*《俗》〈완〉~ に目をむく | *зали́ть -ы́* 酔っ払う | *про́бный ~* ⑴試案, 探り ⑵《旧》観測気球 | *хо́ть -о́м покати́* 何もない, 空っぽだ (★アクセント注意)

**ша́р|а** [女1]《俗》対価なしに偶然得られる結果, 無料, 棚ぼた: *Ш~!* Бери́! ただだ, 持っていきな ◆ *на-у* 無料で; 準備なしで: жи́ть на -у́ (家賃などを)一切払わずに暮らす | сдава́ть [сда́ть] экза́мен на -у́ 準備をせずに試験を受ける[試験に受かる] | игра́ть на -у́ 楽譜なしでぶっつけ本番で, アドリブで演奏する

**шараба́н** [男1] 1頭立て2輪馬車

**шара́га** [女2] 怪しげな施設[会社]

**шара́да** [女1] 文字なぞなぞ (1つの単語をいくつかの単語に分解して, ヒントによって元の単語を当てる遊び; 例 пол(床) + оса́ (スズメバチ) → полоса́ (地帯))

**Шара́пова** [女姓] シャラポワ (Мари́я Ю́рьевна ~, 1987-; テニス選手; 女子シングルスで生涯グランドスラム達成 (2012))

**шара́х** [間] [述 語]《話》шара́хать(ся)/шара́хнуть(ся) の過去形の代用

**шара́хать** [不完] / **шара́хнуть** -ну, -нешь 命 -ни [完][一回]《話》①ぶっ叩く, ぶつける: ~ его́ по спине́ 彼の背中をぶんなぐる

**шара́хаться** [不完] / **шара́хнуться** -нусь, -нешься 命 -нись 《話》① (さっと脇へ飛びのく) ②《俗》強くぶつかる: ~ голово́й о сте́ну 頭を壁に強くぶつける ③《俗》〈от 生〉を避ける, 敬遠する

**шара́шка** 複生 -шек [女2]《俗・蔑》信用できない機関 [企業, 組織] **∥ шара́шкин** [形11]: ~а конто́ра 《俗・蔑》いんちき企業[会社]

**ша́рж** [男4] 戯画, カリカチュア, 誇張による描写: рисова́ть ~и 戯画を描く | де́лать ~ на 〈対〉…の風刺画を描く ◆ *впада́ть в ~*《文》(風刺漫画的に)誇張する, 大げさに言う **∥ -евый** [形1]

**шаржи́ровать** -рую, -руешь 受過 -анный [不完]《文》〈絵〉誇張する「風刺画風に描く

**шариа́т** [男1] イスラム教法典

**ша́рик** [男2] ①〈指小〉<шар ②〈複〉血球(тельце) ③〈話・戯〉地球(земно́й шар) ◆〈~и не рабо́тают [~ов не хвата́ет] у …〉…は頭が働いていない｜〈~ами покрути́ть ~и〉よく考える｜〈крути́ть ~и〉〈俗〉…をだます, 惑わす

**ша́риковый** [形1] 小球の付いた: -ая автору́чка [ру́чка] ボールペン

**ша̀рикоподши́пник** [男2] 〔工〕ボールベアリング (ша́риковый подши́пник) **//~овый** [形1]

**ша́рить** -рю, -ришь [不完] ①手探りする: ~ рука́ми в темноте́ 闇の中で手探りする ~探す, 捜す, 探し回る: ~ глаза́ми в толпе́ 群衆の中を探す ③〈俗〉〈団〉〈□〉<□>を理解する, 頭の回転が速い: ~ в компью́терах パソコンの飲みこみが早い **//~ся** [不完]《若者》①過ごす, ぶらつく ②〈ぶらぶらする, ほっつき歩く

**шарк** [述語]〈団〉ша́ркать/ша́ркнуть の過去形代用

**ша́рка|ть** [不完]/**ша́ркнуть** -ну, -нешь 命 -ни [完][一回] ①〈團〉(歩いて・動いて)擦るような音を立てる: ~ туфля́ми スリッパをずるずる引きずる｜~ метло́й ほうきでしゃっしゃっと掃く ②〈俗〉〈団〉〈□〉で殴る, 叩く ◆~ ного́й (19世紀男性の礼儀として, また軍の敬礼で)靴のかかとをぱっと打ちつける **//~нье**

**шарку́н** -á [男1] ①〈俗〉おべっか使い, ご機嫌取り

**шарлата́н** [男1]/**~ка** 複生 -нок [女2] 医師を装う詐欺師, 知ったかぶり **//~ский** [形3]

**шарлата́нство** [中1] はったり, いかさま, ペテン

**шарло́тка** 複生 -ток [女2]〔料理〕りんごのシャルロット

**шарм** [男1] 魅力, 魅惑

**шарма́нк|а** 複生 -нок [女2] ①(辻音楽師の肩掛け)手回しオルガン ②〈俗・蔑〉同じことの繰り返しとなる話: завести́ [крути́ть] -у 手回しオルガンを弾く; 退屈な話を持ち出す

**шарма́нщик** [男2] 〔旧〕手回しオルガンを弾く辻音楽師

**шарни́р** [男1] 〔工〕継ぎ手, ジョイント, 蝶番(ちょうつがい)

**шарни́рный** [形1] ①継ぎ手[蝶番]の ②〈俗〉厚かましい, けんか好きな

**шарова́ры** -ва́р [複] ゆったりした幅広のズボン(裾を長靴の中に入れる): каза́цкие ~ コサック・ズボン｜тата́рские ~ タタール・ズボン(くるぶしで裾をしぼってある)

**шарови́дный** -ден, -дна [形1] 球形に見える, 丸い: гриб ~ 球状のキノコ

**шарово́й** [形1] ①<шар ②球形をした: -ая мо́лния〔気象〕球電 ③球状の構造, 部品を持った: -ая ме́льница〔工〕ボールミル

**шаромы́жник** (女2変化) [男2]/**~жник** 〈俗・蔑〉たかり屋, ぺてん師 **//~жник** 〈指小〉

**шарообра́зный** -зен, -зна [形1] 球の形の(шарови́дный): ~ предме́т 球形の物体

**ша́рпать** [不完] 引っかく, 引っかき傷をつける

**шарпе́й** [男1]〔動〕シャーペイ(犬種)

**шарф** [シャールフ] [男1] [scarf] マフラー, スカーフ: наде́ть [завяза́ть] ~ スカーフをまとう [巻く]

**шассе́** [э] [不変]〔舞踊〕フィギュアシャッセ(ステップ)

**шасси́** [不変] [中1]〔工〕①(車などの)シャシ, シャーシ ②(飛行機の)ランディングギア

**ша́стать** [不完]〈俗・蔑〉ぶらつく, 歩きまわる

**шасть** [間] [述語]〈俗〉不意に現れた: Ко́шка ~ под но́ги. 猫が足元にひょっこり現れた

**шата́ние** [中5] ①揺れる[揺らぐ]こと ②(行動・信念など基本方針の)揺れ, 欠如

**шата́ться** 受過 ша́танный [不完] / **шатну́ться** -ну́, -нёшь [完][一回] ①揺らす, 揺らぐ, ぐらぐらさせる: ~ столб 木の幹を揺さぶる｜шата́ет от уста́лости 《無人称》人が疲労でふらふらする｜ве́тром шата́ет《無人称》人が風に吹かれてもぐらぐらする(ほど弱い)

**шата́ться** [不完] ①[完][一回] **шатну́ться** -ну́сь, -нёшься揺れる, ぐらぐら揺れる, ぐらつく: Он шёл, шата́ясь от уста́лости. 彼は疲れてふらふらしながら歩いていた｜Зуб шата́ется. 歯がぐらぐらする｜Начала́ шата́ться фунда́мент вла́сти. 権力の基盤が揺らぎ始めた ②〈俗〉当てもなくぶらぶらする, ぶらつく

**шате́н** [э] [男1]/**~ка** [女2] 褐色の髪の人

**шатёр** -тра́ [男1] ①(布・皮・絨毯などで覆われた円錐形の)大きなテント ②〔建〕(16-18世紀ロシアの教会・鐘楼・塔の高い)4[8]面体の屋根 **//~ не́ба = небе́сный //«文»天蓋 //шатро́вый** [形1]

**ша́тк|ий** 短 -ток, -тка́/-тка, -тко [形1] ①ぐらぐらする, 揺れる: ~ стол ぐらぐらする机 ②当てにならない, 安定性のない: -ое положе́ние 頼りない状況｜-ие до́воды あやふやな論拠 **//~ость** [女10]

**ша́тко** [副] **//~ ни ~ ва́лко** [話] 可もなく不可もなく, 平凡に

**шату́н** -а́ [男1] ①〔工〕連接棒, シャフト ②〈俗〉のらくら者, 怠け者 ③群れを離れて生きる野生動物: медве́дь-~ 冬眠しないでうろつくクマ **//~ий** [形1]

**шаурма́** [女1] 〔料理〕シャウルマ, ドネルケバブ

**ша́фер** -а́ [男1] (教会の結婚儀礼で)婚礼介添人(新郎新婦の頭上に冠を支える持つ)

**шафра́н** [男1] 〔植〕クロッカス(属): ~ посевно́й サフラン **//~ный** [形1]

**шафра́новый** [形1] サフラン色の, 橙色の

**шах** [男2] ①(中近東諸国の国王の称号で)シャー ②〔チェス〕王手: ~ королю́ 王手｜объяви́ть ~ 王手をかける **//~ский** [形3] <①

**шахи́д** [男1]/**~ка** 複生 -док [女2] シャヒード, (イスラム教の)殉教テロ犯; 自爆テロ犯: по́яс ~а (殉教テロ犯が持っている)爆発物, 爆弾 **//~ский** [ц] [形3]

**шахи́ня** [女5] シャー(шах)の妻

***шахмати́ст** [男1]/**~ка** 複生 -ток [女2] [chess player] チェスを指す人, チェスの選手

***ша́хматн|ый** [形1] 〔chess〕①チェスの: -ая па́ртия チェスのゲーム[試合]｜-ая доска́ チェス盤 ②市松模様の, ブロックチェック柄の: в -ом поря́дке 千鳥状に, 少しずつずらして置かれる

***ша́хматы** -мат [複] 〔chess〕①チェス: игра́ть в ~ チェスをする ②チェスの駒一式(個々の駒は фигу́ра)

***ша́хт|а** [女1] 〔mine〕①シャフト, 垂直坑, 立て坑; ①, 坑内作業場 ②採鉱業:採掘坑, 鉱山, 炭坑 **//~ный, ~овый** [形1]

**шахтёр** [男1]/**~ка** 複生 -рок [女2] 炭坑作業員, 坑内員, 鉱山労働者 **//~ский** [形3]

**ша́шечка** [女2] 〔指小〕<ша́шка ②〈複〉(タクシーの)市松模様

**шаши́ст** [男1]/**~ка** 複生 -ток [女2] チェッカー[西洋碁]をする人

***ша́шк|а** 複生 -шек [女2] 〔checker, saber〕①木レンガ, 木塊 ②歩道用敷石 ③(反り身の)剣, 軍刀 ④棍(こん)棒[一列]投下弾: дымова́я ~ 発煙筒, 煙幕弾 ⑤(チェッカーの)駒 ⑥〈複〉チェッカー, 西洋碁: игра́ть в ~и チェッカーをする ⑦〈複〉市松模様, ブロックチェック柄 ◆в ~у ─ой 市松模様に **//ша́шечный** [形1] <⑥⑦

***шашлы́к** -а́ [男2] シャシルイク, シシ・ケバブ(中東起源の通例羊肉の串焼き; 野外食の定番): пригласи́ть на ~й 野外のシャシルイク・パーティーに招待する **//шашлы́чный** [形1]

**шашлы́чная** (形1変化) [女] シャシルイクを出す食堂

**шашлы́чница** [女3] シャシルイク用グリル

**ша́шни** -ей [複] 〈俗・蔑〉①陰謀, 悪だくみ: раскры́ть ~ 陰謀を暴く ②情事, 浮気: завести́ [разве́сти́] ~ы́ …と情交関係を持つ

**шва́** [女1] 〖言〗シュワー (中舌中央母音)

**швабр|а** [女1] (磨いたりほこりを取ったりするための清掃用の)モップ; ブラシ: мыть пол ~ой 床をモップで掃除する

**шваль** [女10] 〖俗・蔑〗〖集合〗① がらくた ② がらくたのような人間, くず, ろくでなし

**шва́ркать** [不完] / **шва́ркнуть** -ну, -нешь 命 -ни [完] 〖俗〗<что>ほうる, 投げつける ② 殴る

**швартов** [男1] 〖海〗係索, 大索 ; 〖航空〗係索: отда́ть ~ы 係索を解く | приня́ть ~ 係索を留める

**швартова́ть** -ту́ю, -ту́ешь 受過 -о́ванный [不完] / при~, о~ [完] 〖海・航空〗係留する **~ся** [不完] 〖海・航空〗 (船・飛行船などが)つなぎとめられる **// швартовка** 複生 -вок [女2]

**швах** [述語] 〖話〗 <в哪> …に通じていない, …が苦手だ, …に弱い ② 駄目だ, 危ない

**швед** [男1] / **~ка** 複生 -док [女2] スウェーデン人

**шве́дск|ий** [ц] [形3] スウェーデン(人)の: ~ язы́к スウェーデン語 | ~ стол 〖料理〗バイキング | **~ая сте́нка** 〖スポ〗肋木(除)

**шве́йник** [男2] / **~ца** [女2] 裁縫師

**шве́йный** [形1] 裁縫(用)

**швейца́р** [男1] ドアマン, 門番, 玄関番, 守衛

**швейца́р|ец** [男3] / **-ка** 複生 -рок [女2] スイス人 **~ский** [形3] スイス(人)の

**Швейца́рия** [女9] スイス (首都は Берн)

**швелле́р** [男1] 〖技〗溝形鋼 **/ ~ный** [形1]

**Шве́ция** [女9] スウェーデン (首都は Стокго́льм)

**швея́** 複生 -ве́й [女6] 縫製女工: ~-мотори́стка (縫製工場の)電動ミシン女工

**швырь, швырк** [副] 〖話〗一投げして, 一気に; 一度に丸投げで: Он ~ де́ньги на стол. 彼は机の上にお金をほうり投げた

**швыр|о́к** -рка́ [男2] 〖話〗投げること, ひと投げ (бросо́к): одни́м ~ко́м 一投げで

**швыря́ть** [不完] / **швырну́ть** -ну́, -нёшь [完] [一回] 〖話〗<что> <чем> 投げつける; 放り出す; 強く揺さぶる <что> <кем> <人に>(住所・職業など)頻繁に変えさせる ◆**~ де́ньги [деньга́ми]** 金銭を浪費する **// швыря́ние** [中5]

**швыря́ться** [不完] 〖話〗<чем> ① 投げる, 投げ合う: ~ камня́ми 石を投げ合う ② 粗末にする: ~ деньга́ми 金銭を浪費する | Нельзя́ ~ людьми́. 人をおろしろにしてはいけない

**шебутно́й** [形2] 〖俗〗落ち着きのない, そわそわした

**шевели́|ть** -елю́, -е́ли́шь/-е́лишь [不完] / **по~** [完] ① <что>ひっくり返す, かき回す: ~ догора́ющие у́гли 燃えつきそうな灰をかき回す ② <чем> [一回 **шевельну́ть** -ну́, -нёшь] <что>ちょっと動かす, かすかに震わせる: ~ па́льцами ног 足の指を少し動かす ◆**~ мозга́ми** 頭をフル回転させる, 知恵を絞りだす

\***шевели́|ться** -елю́сь, -е́ли́шься/-е́лишься [不完] / **по~** [完] ① 〖move, stir〗 〖完一回 **шевельну́ться** -ну́сь, -нёшься]ちょっと動く, かすかに震える: Я не мог пошевели́ться от стра́ха. 私は恐怖のあまり身動きできなかった ② 〖感情が〗現れる, 沸き起こる: Шевеля́тся наде́жды [сомне́ния]. 期待 [疑惑] がわく ③ [不完] [受身] <шевели́ть①> ◆**Шевели́(те)сь.** 〖話〗早くしろ, さっさとやれ | у 囲 **шевеля́тся де́ньги** 〖俗〗 …は金を持っている

**шевелю́р|а** [女1] (ふさふさした・長い)頭髪: Постриги́ свою́ ~у! そのぼうぼう頭, 散髪しなさい

**шевро́** (不変) [中] 〖服飾〗キッド (子ヤギの革)

**шеврон** [男1] ① 〖軍〗〖軍服左腕に付けた山 [谷] 形の)袖章: золоты́е [кра́сные] ~ы 金 [赤] 袖章 | ~

за ране́ние 負傷袖章(第2次世界大戦中に負傷兵のしるしとした, 金か赤の袖章) ②〖若者〗腕章

**шеде́вр** [э] [男1] 〖文〗名作, 傑作: литерату́рный ~ 不朽の名作 | ~ы архитекту́ры 建築の傑作

**шедевра́льный** [形1] 〖話〗美しい; 素晴らしい, 類まれな, 並はずれた

**шезлонг** [男2] 寝椅子, デッキチェア: садо́вый [пля́жный] ~ ガーデン [ビーチ] デッキチェア

**шей** 〖命令〗< шить

**шейк** [男1] 〖舞・楽〗シェイク; その音楽

**шейк|а** 複生 ше́ек [女2] [指小<шея] ① 首 ②〖工〗細くくびれた部分: ~ ре́льса レールのウェッブ ③〖楽〗(弦楽器の)ネック, 棹 (★гриф は俗称) : ~ балала́йки バラライカの棹 ④〖料理〗豚の首肉; エビの頭部以外の部分 **// ше́ечный** [形1]

**ше́йкер** [男1] (カクテル用)シェーカー

**ше́йный** [形1] 首(шея)の

**ше́йпинг** [男1] シェイプアップ (エクササイズ)

**шейх** [男1] ① (アラブ諸国で)族長, 長老 ② 〖イスラム〗高位聖職者; その尊称

**шёл** [過去・男] < идти́

**ше́лест** [男1] サラサラ [パラパラ, カサカサ, ガサガサ] いう音: ~ ли́стьев 葉ずれの音 | ~ страни́ц ページをめくる音

**шелесте́ть** -и́шь [不完] サラサラ [カサカサ] と軽い音を立てる: Под нога́ми *шелестя́т* жёлтые ли́стья. 足元で黄色い落ち葉がかさかさ音を立てている

\***шёлк** 前 о-е, на/в шелку́ 複 шелка́ [男2] 〖silk〗① 絹, シルク; 絹糸: ~-сыре́ц 生糸 ② (通例複)絹 [シルク] の服 ◆**в долга́х как в шелка́х** 〖戯〗借金まみれだ, 首まで借金がつかっている | **как ~** 〖話〗シルクのように (素直な, 従順な, 温和な, 柔和な)

**шелкови́на** [女1] ① 〖服飾〗絹繊維 ② = шелкови́нка

**шелкови́нка** 複生 -нок [女2] 絹糸

**шелкови́стый** ший -и́ст [形1] 絹のような, すべすべした, やわらかい, つやのある

**шелкови́ца, 〖方〗шелкови́ца** [女3] 〖植〗クワ (туто́вое де́рево, туто́вник); 〖集合〗クワの実

**шелкови́чный** [形1] クワの, 絹の, 絹を作るための ■ **~ червь** 〖昆〗カイコ | **~ ко́кон** カイコの繭(緩)

**шелково́д** [男1] 養蚕業者

**шелково́дство** [ц] [中1] 養蚕業

**шёлков|ый** [形1] ① 絹の, シルク加工の: *~ая* ни́ть 絹糸 | ~ шарф 絹のスカーフ ② 〖話〗おとなしい, 従順な ■ **Вели́кий ~ путь** 〖史〗シルクロード

**шелкогра́фия** [女9] シルクスクリーン印刷

**шелкопря́д** [男1] 〖昆〗① カイコガ: туто́вый ~ カイコガ ② (樹木に害を与える)蛾: сосно́вый ~ 欧州マツカレハ, 松毛虫

**шёлкопряде́ние** [中5] 絹糸紡績

**шёлкотка́цкий** [形3] 絹織物製造の

**шёлкотка́чество** [中1] 絹織物製造(業)

**шелохн|у́ть** -ну́, -нёшь [完] 〖話〗<что> 軽く動かす, かすかに揺する: Ветеро́к *шелохну́л* ли́ству. そよ風が葉を揺らした ② 〖否定文で〗微動だにしない

**шелохну́ться** -ну́сь, -нёшься [完] 〖話〗かすかに揺れる, 身動きする: Гладь о́зера не *шелохну́лась*. 湖面は波ひとつ立たなかった

**шелуди́вый** 短-и́в [形1] 〖俗〗疥癬(殻)にかかった

\***шелух|а́** [女2] [skin, peel, pod] ① (果物・野菜の)皮, (種の)殻: карто́фельная [лу́ковая] ~ ~ ジャガイモ [タマネギ] の皮 | ~ подсо́лнуха ひまわりの種の殻 ② 〖話〗見せ掛けだけのもの, 不要なもの, 借り物: псевдонау́чная ~ 偽学術的な借り物

**шелуши́льный** [形1] 皮 [殻] をむくための

**шелуши́|ть** -шу́, -ши́шь 受過 -шённый (-шён, -шена́) [不完] (外皮・殻・さやなどを)むく, 取る ∥**~ся** [不完] (外皮・殻・さやなどが)むける, はがれる ∥**шелуше́ние** [中5]

**ше́льма** (女1変化) [男・女] 《話》ペテン師, ろくでなし: **больша́я ~** 大悪党

**шельме́ц** -а́ [男3] 《話》= ше́льма

**шельмова́|ть** -мую, -муешь 受過 -о́ванный [不完] ∥**о~** [完] ①汚名をきせる, 名誉を傷つける, 辱める

**шельф** [男1] 〈地〉陸棚: континента́льный ~ 大陸棚 ∥**~овый** [形1]

**шема́|я** 複生 -а́й [女6] 〈魚〉シェマヤー(黒海, カスピ海, アゾフ海, アラル海産のコイ科の一種)

**Шемя́кин** [形11] ◆**~ суд** (旧・話)不公正な裁判 (17世紀後半の裁判官 Шемя́ка の名から)

**Шемя́кин** (形11変化) [男] シェミャーキン(Михаи́л Миха́йлович), 1943-; ロシアの現代画家, 彫刻家)

**шенке́л|ь** 複生 -е́й [男1] (騎手の膝からくるぶしまでの部分): **да́ть ~я́** 馬の胴を締める

**шепеля́вить** -влю, -вишь [不完] 〔音声〕с, з を ш, ж のように発音する

**шепеля́вый** 短 -я́в [形1] 〔音声〕с, з を ш, ж のように発音する

*__шёпот__ [ショーパト] [男1] 〔whisper〕 ひそひそ声, ささやき声, 小声; 微かな物音: **пони́зить го́лос до ~а** 声を落してひそひそ声にして | **~ ручья́** 小川のせせらぎ

*__шёпотом__ [副] 〔in a whisper〕 ひそひそ声で, ささやき声で

*__шепта́|ть__ шепчу́, ше́пчешь 受過 ше́птанный [不完] ∥**шепну́ть** -ну́, -нёшь [完] 〔一回〕〔whisper〕 小声で話す, ささやく; 微かな音を立てる: **~ в у́хо** 誰かの耳にささやく | **~ спле́тни сосе́дке** 近隣の人達の噂をひそひそ伝える | **Ла́сково шепта́ло мо́ре.** 海が優しく波音を立てていた

*__шепта́ться__ шепчу́сь, ше́пчешься [不完] 互いに小声で話す, ささやき合う: **~ с сосе́дкой** 隣の女性とひそひそ話をする

**шепту́|н** -а́ [男1] **/ ~ья** 複生 -ий [女8] 《話》①ささやき声[ひそひそ声]で話す人 ②《蔑》ゴシップ屋

**шербе́т** [男1] 〔アラ〕 ①(中近東で)果汁で作った清涼飲料 ②クルミ入りミルクキャンディー ③シャーベット, ソルベ

*__шере́нг|а__ [女2] 〔rank, row〕 ①〔軍〕隊 形: постро́иться в две ~и 2列に並ぶ ②〈口〉列: це́лая ~ маши́н 車の列 ∥**~овый** [形1] 〈口〉

**шери́ф** [男1] ①(英国・アイルランドで)州長官, (米国で)郡保安官 ②(イスラム)シャリーフ(マホメットの後裔の栄誉称号)

**шерохова́тый** 短 -а́т [形1] 〔rough〕 ①(表面が)ざらざらした, 滑らかでない: **~ая доска́** ざらざらした板 ②(文章などが)粗い, 洗練されていない: **~ое изложе́ние** 荒削りの叙述 ∥**~ость** [女10]

**шёрп** [男1] **/ ~ка** 複生 -пок [女2] ①〔通例複〕シェルパ族(東ネパール・インドの高地山岳民; ヒマラヤ登山の案内人としても名高い) ②〔男〕(時には) = ше́рпа

**ше́рпа** [男·女不変] 〈政〉シェルパ, G8の首脳の補佐役, G8サミットの準備連絡調整役; G20のロシアの首脳個人代表 (2012年2月に新しい役職)

**шерсти́нка** 複生 -нок [女2] (動物の1本の)毛; (毛織物の1本の)けば

**шерсти́стый** 短 -и́ст [形1] 毛のふさふさした, 毛の多い: **~ые бро́ви** 濃い眉

**шерсти́ть** -ти́т [不完] 〈助/無補語〉①(粗い毛・毛織物が肌を)ちくちくさせる: **Сви́тер шерсти́т.** セーターがちくちくする ②《話》厳しく叱りつける: **~ подчинённых** 部下を叱責する ③《俗》念入りに身体検査をする

**шёрстный** [сн] [形1] ①動物の毛の, 羊毛の ②〔農〕毛が採れる, 産毛量の多い: **-ое козово́дство** 毛用羊やぎの飼育

**шерсто..** 〔語形成〕 「ウールの, 毛の」

**шерстоби́тный** [形1] 毛打ち(用)の: **-ая маши́на** 紡毛機

*__шерсть__ [女10] 〔hair, wool〕 ①(動物の)毛, 毛皮, 羊毛; (人の)体毛: **весь в ~и** …は服が全身毛まみれの ②毛糸: **клубо́к ~и** 毛糸の玉 ③毛織物, 毛糸で編んだもの, ウール製品: **пла́тье из ~и** ウールの服

◆**гла́дить по ~и** 《話》 お世辞を言う, いい気分にさせる | **гла́дить про́тив ~и** 怒らせる, いらいらさせる ∥**шёрстка** -ток [女2] 〔指小・愛称〕

**шерстян|о́й** [形1] 〔woolen〕 毛糸の, ウールの, 毛織物の: **-а́я ткань** 毛織物 | **~ сви́тер** 毛糸のセーター

**шерша́веть** [不完] / **за~** [完] ざらざらになる: **Ру́ки шерша́веют от хо́лода.** 寒さで手がかさかさになる

**шерша́в|ый** 短 -а́в [形1] 〈複〉 **-ые** ざらざらした, 荒れた, 粗い: **-ые ру́ки** 荒れた手 | **-ая пове́рхность** ざらざらした表面 | **~ язы́к** [слог] 生硬な言葉遣い [文体]

**ше́ршень** -шня [男1] 〈複〉 [虫] スズメバチ属

**шест** -а́ [男1] 竿, 長い棒; (測量用)ポール: **прыжо́к с ~о́м** 〔スポ〕棒高跳び

**ше́ствие** [中5] ①行進, 行列, パレード: **костюми́рованное ~** 仮装行列 | **театрализо́ванное ~** 歴史や伝統文化の動向に関する演出しても知られる行列(時代行列など) | **триумфа́льное ~** 凱旋パレード ②〔文〕〈転〉の発展, 進展: **Нейрона́ука начина́ет своё ~.** 神経科学が始動し始めている

**ше́ствовать** -твую, -твуешь [不完] ①行進する, 進む: **Наро́д ше́ствовал по у́лицам.** 民衆はそこら中を行進した ②〔戯〕(気取ってゆうぎょうと)歩く: **Малы́ш ше́ствует ря́дом с па́пой.** 赤ん坊は父親の横を我が物顔で歩いている

**шестерёнка** 複生 -нок [女2] = шестерня́

**шестери́к** -а́ [男2] 6単位[個]から成るもの (小麦6プード, 6インチ釘, 6頭立ての馬車など)

**шестёр|ка** 複生 -рок [女2] ①〔数字・個数の〕6; 〔トランプ〕6のカード: **На двери́ кабине́та — ~.** 研究室のドアには6番とある | **Туда́ идёт ~.** そこには6番のバス[トロリーバス]が通っている | **У него́ ~.** 彼は6気筒エンジンの車がある (VAZ-2106, Audi A 6など)

*__ше́стеро__ [シェーステラ] -рых, -рым, -ро/-рых, -рыми, -рых [数] 〈集合〉 〔six〕 6人, 6個, 6組 (★→двое 語法)

**шести..** 〔語形成〕 「6の」

**шестигра́нник** [男2] ①〔数〕六面体 ②六角棒スパナ用ねじ回し

**шестидесятиле́тие** [中5] ①60年間 ②60周年; 60歳の誕生日

**шестидесятиле́тний** [形8] ①60年間の ②60歳の

**шестидеся́тни|к** [男2] **/ -ца** [女3] (1860年代ロシアの)60年代人(思想, 文学, 芸術分野で活躍した進歩的社会運動家を指す)

**шестидеся́т|ый** [形1] 〈序数〉 60番目の: **в -ых года́х** 60年代に

**шестикла́ссни|к** [男2] **/ -ца** [女3] 6年生

**шестикра́тный** [形1] 6回の, 6倍の

**шестиле́тие** [中5] ①6年間 ②6周年

**шестиле́тка** 複生 -ток (女2変化) [男・女] 《俗》6歳の小学生

**шестиле́тний** [形8] ①6年間の ②6歳の

**шестиме́сячный** [形1] ①6か月間の ②生後6か月の

**шестисотлéт|ие** (ср5) ① 600年間 ② 600周年 //**-ний** [形8]
**шестисóтый** [形1] 〔序数〕600番目の
**шестистóпный** [形1] 〔詩〕6脚の
**шестиугóльн|ик** [男2] 〔数〕六角形 //**-ый** [形1]
**шестичасовóй** [形2] ①6時間の ②6時の
**шестнàдцатилéтний** [сн] [形8] ①16年間の ②16歳の
**шестнáдцат|ый** [形1] 〔序数〕16番目の ②**-ая** [女名] 16分音符 (//**-ая** [楽] 16分音符 //**-ая** нóта)
*__шестнáдцать__ [сн] [シストナーッツァチ] 生・与・前・и 対・ь 造・ью 〔数〕〔偶数〕16 (★ → **пять** 文法)
**шестовúк** -á [男2] 棒高跳び選手
*__шест|óй__ [シストーイ] [形2] (sixth) ①〔序数〕第6の、6番目の **-óе** янваpя 1月6日 **половúна -óго** 5時半 ②**-áя** [女名] 6分の1 (**-áя** часть (дóля)) ■ **-óе чýвство** 第六感、勘
**шестóк** -ткá [男2] ①暖炉の前部の小台 ②鳥のとまり木
*__шесть__ [シェースチ] 生・与・前・и 対・ь 造・ью 〔数〕〔偶数〕(six) 6 (★ → **пять** 文法)
*__шестьдесят__ [зь] [シジヂシャート] 生・与・前・и ше ст ѝдесяти 対・шестьдесят 造 шестью̀десятью [数] 〔偶数〕(sixty) 60 (★ → **пять** 文法)
**шестьсóт** [сс] [シッソート] шестисóт, шестистáм, шестьюстáми, шестистáх [数] 〔偶数〕(six hundred) 600 (★ → **пять** 文法)
**шéстью** [造6] ≪шесть
**шестью́** [副] 6倍の: **Ш~ шесть — трúдцать шесть.** 6×6=36
*__шеф__ [男1] (boss, chief) ①〔話・俗〕〔職場で〕上司、上の人、ボス;〔学生〕〔指導教授を指して〕先生: **Рáдуйся! Ш~ довóлен.** 喜べ、ボスは御機嫌だ ②支援団体、後援団体 ③〔俗〕タクシー運転手: **Ш~, довезú до цéнтра.** 運転手さん、都心まで

**шéф-повáр** 複 -á [男] - [男1] コック長、料理長
**шéфский** [形3] 支援〔後援〕(団体)の: ~ концéрт チャリティ〔支援〕コンサート
**шéфство** [中1] (農業・産業・文化・社会的活動の) 後援、支援 ◆**взять ~ над** 完 〔話〕…を (観察下において) 後援する、支援する: **взять ~ над одинóкими старикáми** ひとり暮らしの老人たちの支援をする
**шéфствовать** -твую, -твуешь [不完] 〈над 造〉後援、支援、協力する: ~ **над дéтским дóмом** 孤児院の後ろ立てになる

**шéя** [シェーヤ] [女6] (neck) 首: **вы́тянуть (втянýть) -ю** 首をのばす[ひっこめる] | **лебедúная ~** (女性の背が長い白鳥のような) 首 | **бы́чья ~** (太くて筋肉質な) 牛のような首、猪首 | **Ш~ затекáет.** (寝違えて、不自然な姿勢で) 首がしびれる ◆**на свою́ -ю** [自分の負担に] | **сидéть на -е у** 属 〔話〕…のすっかりお世話になる、…に扶養されている | **вéшаться на -ю** 属 = **вúснуть на -е у** 属 〔話〕(女が) …にこびを売る、…の気を引こうとする | **сломáть -ю на** 前 〔話〕…で首の骨を折る;身を滅ぼす | **прогнáть в -ю (взáшей)** [完] [-я́м] 〔俗〕追っ払う、つまみ出す | **бить (дать) по -е [-я́м]** 〔俗〕ぶっ叩く、ぶつ | **намы́лить ~ю** [完] 〔俗〕こっぴどく叱る

**шибáть** [不完] / **шибанýть** -нý, -нёшь [完] [一回] 〔俗〕①ぶつ、ぶっ叩く、ぶちのめす ②(в нóс, в гóлову と共に) 強く刺激する: **Рéзкий зáпах** шибáет **в нос.** 鼻を突くツンとした匂いがする
**шúбк|ий** 短 -бок, -бкá, -бко 比 шúбче [形3] 〔俗〕素早い、迅速な: **-ое течéние** 急流 | **-ая езда́** 疾駆
**шúбко** 比 шúбче [副] 〔話〕①速く、素早く: **Шúбче (давáй)!** さっさと行け ②とても、非常に: **Он ~ загрустúл.** 彼は酷く悲しんだ | **Он ~ мнóго дéнег потрá-**

тил. 莫大な金をつぎ込んだ
**шúворот** [男1] 〔〔襟〕襟首;(動物の) 後ろ首: **Снéг насы́палcя за ~.** 雪が襟首の中へ入った | **схватúть котá за ~** 猫の首の後ろをつかんで捕まえる ◆**за** — **взять (схватúть)** 図 〈人に〉強い，~-**на**-**вы́ворот** 〔複〕あべこべに、逆に: **Всё получúлось ~-навы́ворот.** 全てあべこべになってしまった
**шиз** [男1] 〔俗〕頭のおかしい、まともでない人間
**шизá** (女1変化) [男・女] 〔俗〕①統合失調症 ②意識の朦朧とした状態
**шизанýтый** [形1] 〔俗〕頭のおかしい、まともでない
**шúзик** [男1], **шизóид** [男1] 〔俗〕= **шиз**
**шизóидный** [形1] 統合失調症の(気質)の
**шизофрéн|ик** [男2] /**-úчка** 複生-чек [女2]〔医〕統合失調症患者
**шизофренú|я** [女9] 〔医〕統合失調症 //**-úческий** [形3]
**шиúзм** [男1] 〔イスラム〕シーア派 (↔ сунни́зм)
**шиúт** [男1] /**-ка** 複生 -ток [女2] 〔イスラム〕シーア派教徒 //**~ский** [ц] [形3] シーア派 (教徒) の
**шик** -а/-у [男2] 〔話〕①(身のこなし、着こなしなどで) 粋、伊達、おしゃれ、シック: **с -ом** 粋に、しゃれて ②(外見に) 豪華さ、贅沢さ ③〔述語〕すてきだ: **Платье —** ! **Ш~ !** Совсéм как твоя́, стéки ! //**Не óчень ~**, 派手なこと
**шикануть** -нý, -нёшь [完] [一回] ≪ шиковáть
**шикáрно** [副] ①おしゃれに、粋に、シックに ②〔述語〕(外見が) すばらしい、素晴らしい
**шикáрн|ый** 短 -рен, -рна [形1] 〔話〕①豪華な、贅沢な ②粋な、伊達な、おしゃれな、シックな ③〔皮肉〕素晴らしい、これ見よがしな //**-ость** [女10]
**шúкать** [不完] / **шúкнуть** -ну, -нешь 命-ни [完] [一回] 〈на кого́〉①〈動物を〉追い払ってしｋや (ш-ш)と言う: ~ **на собáку** 犬をしっと言って追い払う ②〔図に〕〈静かにさせるために〉しーっ(ш-ш)と言う: **Сáм кричúт, а на меня́** шúкает**.** 自分はわめいているくせに私にはしーっと言う //**шúканье** [中5]
**шик-блéск** [男1] 〔俗〕①最高、素晴らしい ②〔述語〕素敵な、素晴らしい
**шиковáть** -кýю, -кýешь [不完] / **шикнýть** -нёшь, -нёшь [完] 〔俗〕しゃれる、気取る、見栄をはる、贅沢する
**Шикотáн** [男1] 色丹島 (日本式表記は Сикотан)
**шúллинг** [男1] [シリング貨幣
**шúло** 複-лья, -льев [中6] ①錐、千枚通し ②〔若者・蔑〕失敗、不快な出来事
**шилохвóсть** [女10] 〔鳥〕オナガガモ
**шимпанзé** [з] [不変] [男] 〔動〕チンパンジー
**шúна** [女1] ①(ゴム) タイヤ;輪金: **спýщенная ~** 空気の抜けたタイヤ | **Ш~ лóпнула.** タイヤがパンクした ②当て木、添え木、副木 ;〔医〕ギプス //**-ный** [形1]
**шинéль** [女10] (greatcoat) (軍人・官吏の) 外套: **солдáтская ~** 兵学用外套
**шинковáть** -кýю, -кýешь 受過 -óванный [不完] / **на-** [形1] 〔料理〕(キャベツなどを) 細かに刻む: ~ **капýсту [óвощи]** キャベツ〔野菜〕を千切りにする | **шинкóванная капýста** キャベツの千切り
**шинкóвка** 複生 -вок [女2] 千切りにすること;その道具: **ручнáя ~** 手動スライサー
**шúнник** [男2] 〔話〕タイヤ工場従業員
**шиномонтáж** -á [男4] 〔車〕タイヤの装着〔交換〕
**шиншúлл|а** [女1] 〔動〕①チンチラ (ネズミ目) ②チンチラウサギ;その毛皮 //**-овый** [形1]
**шиньóн** [ё] [男1変化] [男] 〔髪型で〕シニヨン
**шип** -á [男1] ①(植物の)とげ、針 ②小さな出っ張り;スパイク、アイゼン: **бýтсы с -áми** スパイク付きサッカーシューズ ③〔魚〕チョウザメの一種 (カスピ海、アラル海などに生息)
**шипéть** -плю́, -пúшь [不完] ①(ヘビが) シューッと言

у; (揚げ物が)ジュージュー言う; (炭酸飲料が)シューシュー言う ②〈隠〉(怒って)シッと言う, 不満をぶつぶつ言う

**шипе́ние** [中5] シュー[ジュージュー, シッ]という音

**шипо́ванн|ый** [形1] とげ[スパイク]のある: *-ая ши́на* [резина] スパイクタイヤ

**шипо́вк|и** -вок, -вкам [複] (単 -а [女2])《話》スパイクシューズ**~'s スパイクないし kроссо́вки**

**шипо́вник** [男2] ①〔植〕バラ属の総称; (一般に)ノバラ, (特に)ロサ・マユリス(ヨーロッパ, シベリアに自生) ② ローズヒップ(①の果実). *суше́ный ~* お茶用に乾燥させたローズヒップ | *зава́ривать ~* ローズヒップのジャムを作る **//-овый** [形1]

**шипу́н** -á [男1] ①〔鳥〕コブハクチョウ(*ле́бедь-~*) ②《話》愚痴っぽい人, がみがみ言う人

**шипу́ч|ий** -у́ч [形] ①シューシュー言う: *-ая змея́* シューシューと威嚇音を出している蛇 ②シューシュー言う, 発泡性の, 炭酸入りの: *~ напи́ток* 発泡性[炭酸]飲料 | *~ ее вино́* スパークリングワイン

**шипу́чка** 複生 -чек [女2] ①発泡飲料; 《俗》シャンパン, スパークリングワイン

**шипя́щий** [形6] 〔言〕歯擦音の

**ши́ре** [比較] < **широ́кий**, **широко́**

\***ширин|а́** [女1] 〔width, breadth〕広さ, 幅, 奥行き: *в оди́н метр -о́й* [в -у́] 幅1メートルの | *в плеча́х* (人の)肩幅

**ширинка** -нок [女2] (ズボンなどの)前あき部分

**ши́рить** -рю, -ришь [不完] 〈固〉広くする, 広げる, 拡大する

**ши́риться** -рится [不完] 広がる, 拡大する, 発展する: *Ши́рится борьба́ за мир.* 平和のための闘争が拡大している | *Ши́рятся дру́жеские свя́зи.* 友達の輪が広がる

**ши́рли-мы́рли** (不変)[中]/[複]《俗》①くだらないこと, ナンセンス, 何でもないこと, 小事 ②《挿入》(他人の発言を引用)…だような, …ということだ, ……って

**ши́рм|а** [女1] ①(家具の)衝立, スクリーン, 間仕切り: *сложи́ть* [*расста́вить*] *~y* 衝立をたたむ[開く] ②〔単〕〔文〕覆い(通例, 都合のよくないものに対して): *за -о́й гро́мких слов* 大言壮語でごまかして **//-очка** 複生 -чек [女2] 〔指小〕

\***широ́к|ий** [シローキイ] 短 -óк, -окá, -óко/-окó, -оки/-окú 比較級 最上 **ши́ре** 最上級 **широча́йший** [形3] 〔wide, broad〕 ①広い (↔ **у́зкий**): *-ая у́лица* 広い道 ②(服・靴が)ゆったりしている, 余裕がある; 〔短尾〕大きすぎる: *-ая ю́бка* ゆったりしたスカート | *Пальто́ широко́ в плеча́х.* 外套は肩のあたりがだぶついている ③広大な, 広々としている: *-ое по́ле* 広々とした野原 ④(範囲が)広い, 一般大衆, 社会全般, 公衆 | *в -ом смы́сле сло́ва* この言葉の広い意味で ⑤壮大な, 果てしない, 限りない: *-ие пла́ны* 壮大な計画 ⑥ためらわない, 寛大な: *-ая нату́ра* 気前のよい人 | *жить на -у́ю но́гу* 贅沢に暮らす ◆ *де́лать ~ жест* 気前のいいところを見せる | *-ая улы́бка* 満面の笑み

\***широко́** [シラコー], **широ́ко** [シロ-カ] 比 **ши́ре** [副] ①〔widely, broadly〕広く; 広々と ②広く; 大きく ③壮大に ④広範に ◆ *раскры́ть глаза́* 目を見開く; びっくりする

**широко́..** [語形成] 「広い」

**широковеща́тельн|ый** 短 -лен, -льна [形1] ①放送の: *-ая радиоста́нция* ラジオ放送局 ②《蔑》誇大な約束をする, 美辞麗句を連ねた: *-ая речь* 仰々しい演説

**широкодосту́пный** [形1] 一般向きの, 大衆が理解[入手]しやすい

**ширококоле́йный** [形1]〔鉄道〕広軌の (↔ **узкоколе́йный**)

**широкопле́чий** 短 -éч [形6] 肩幅の広い

**широкопо́лый** 短 -óл [形1] ①(服が)裾の広い ②(帽子が)つばの広い

**широкополо́сный** [形1]〔通信〕広帯域の, ブロードバンドの

**широкоэкра́нный** [形1]〔映〕ワイドスクリーンの

**широт|а́** -óты [女1] ①広大さ; 広範さ; 広さ; 寛大さ ②〔地〕緯度 (↔ **долгота́**): *се́верная* [*ю́жная*] *~* 北[南]緯 | *на сорокóвом гра́дусе се́верной -ы́* 北緯40度に | *на всех ~ах* = *под всеми широ́тами* 至るところに, 全地球上で || *широ́тный* [形1] 〈マ〉

**широче́нный** [形1]《俗》とても広い, ばかでかい

**ширпотре́б** [男1]《話》《集合》日用品, 量産品; 〘蔑〙安物(широ́кое потребле́ние). **//-ный** [形1]

**ширь** [女10] 広々としていること; その空間: *степна́я ~* ステップの広野 ◆ *(разверну́ться) во всю ~* 幅一杯に, 大々的に(広がる, 展開される)

**шири́ть** [不完] / **ширну́ть** -нý, -нёшь [完] 《俗》〈隠〉(自分に)麻薬を打つ

**ширя́ться** [不完] / **ширну́ться** -нýсь, -нёшься [完] 《隠》(自分に)麻薬を静脈注射する

**ши́то-кры́то** [副]《話》そっと, 密かに, こっそり: *Всё - ~. 全ては隠されている | 秘密にされている*

**ши́тый** [形1] 刺繍をした, はぎ合わせた

\***шить** шью, шьёшь 命 **шей** 受動 **ши́тый** [不完] / **с~** [完] 〔sew〕 ①〈固〉縫う, 縫って作る, 縫いつける: *вручну́ю* 手縫いする | *~ брю́ки* ズボンを縫う | *~ себе́ костю́м у портно́го* 仕立屋にスーツを縫わせる ②〈固〉по ≡ に刺繍する: *~ шёлком* 絹糸で刺繍する ③(板などを)打ち付ける, 縫合せる: *~ тёс* 薄板を打ちつける **//-ся** [不完] 〔受身〕 ◆ -≡ *де́ло* 《俗》…に濡れ衣を着せる | *ши́тый бе́лыми ни́тками* 《話》(嘘・秘密などが)見えている | *не лы́ком шит* 《話》(人が)ばかではない, 人並みにできる

**шитьё** [中4] ①裁縫, 針仕事, 縫い物 ②《話》縫われているもの, 縫いつけられたもの ③刺繍

**ши́фер** [男1] ①〔鉱〕粘板岩 ②(屋根用)スレート **//-ный** [形1]

**шифо́н** [男1] シフォン(薄くて透ける絹・綿織物): *блу́зка из -а* シフォンブラウス **//-овый** [形1]

**шифонье́р** [男1] 服だんす **//-ка** 複生 -рок [女2] (下着・小物用)小型たんす

\***шифр** [男1] ①暗号; 数字[文字]暗号 | *по́льзоваться ~ом* 暗号を使う | *раскры́ть ~* 暗号を解く ②(図書・書類の)請求番号, 整理番号: *проста́вить ~ на коре́шке кни́ги* 本の背に整理番号を書き入れる

**шифрова́льный** [形1] 暗号(化)の

**шифрова́льщик** [男2] 暗号解読[作成]者: *В войну́ он был -ом.* 戦時中彼は暗号解読をやっていた

**шифрова́ть** -ру́ю, -ру́ешь 受動 -ó́ванный [不完] / **за~** [完] 〈固〉暗号で書く, 暗号にする: *~ фа́йлы* ファイルを暗号化する | ◆ *содержи́мое для защи́ты да́нных* データ保護のため内容を暗号化する **//-ся** [不完] 〔若者・戯〕自分のことを人に話さない, 秘密にする

**шифрова́ние** [中6]《話》暗号化 (↔ **расшифро́вка**)

**шифро́вк|а** -вок [女2] ①暗号化 (↔ **расшифро́вка**) ②《話》暗号文

**шифрогра́мма** [女1] 暗号電報

**шиш** -á [男1] ①〔話〕: 親指を中指と薬指の間に入れて握った拳(*ку́киш*); 人を侮辱する下品な仕草: *показа́ть ≡* …を侮辱するポーズをとる ②皆無, ゼロ: *Ш~ он полу́чит!* 彼に何も払うか! | *на каки́е -и* どうやって, どんな金で | *ни -á* 何も(…ない)(*ничего́*) | *~ с ма́слом* 全く(…ない)

**ши́шк|а** 複生 -шек [女2] ①球果, 松かさ ②こぶ, はれもの ③《俗》〈戯〉お偉方, 大物, 重要人物: *больша́я ~* 重鎮, 影響力のある人物 ◆ *на ро́вном ме́сте* 《俗》〈蔑〉大物[有名人]になることを夢見ている人, 夢想家

**шишкова́тый** -ат [形1] でこぼこの、こぶのある: ~aя пове́рхность ごつごつした表面

**шишкови́дный** коротк., -дна [形1] 円錐形の

**шишо́к** -шка́ [男2] 《俗》(迷信で)腕白でずる賢い精霊(森、沼、湖、納屋、屋根裏部屋、バーニャ бáня の中に住む)

**шкала́** 複 шкалы́ [女1] ①目盛り: ~ приёмника 受信機のダイヤル目盛り | ~ термо́метра 温度計の目盛り ②算定率、数値表; 等級、スケール: ~ обложе́ния нало́гом 課税率 | ~ зарпла́ты 賃金表 | ~ твёрдости мета́ллов 金属硬度スケール

**шка́лик** [男2] 《俗》①0.25リットルの酒瓶 ②ショットグラス

**шка́нцы** -ев [複][海]《軍艦の》中央部上甲板

**шкату́л|ка** 複生 -лок [女2] (小物・特に貴重品を入れる、ふた付きの)小箱: деревя́нная ~ 木製の小箱 | ~ для рукоде́лия 裁縫箱 ■ **музыка́льная ~** オルゴール **//-очка** 複生 -чек [女2] [指小]

**шкаф** [シカフ] перед, в -ý на -ý́ на -ý́ [男1] 《cupboard, wardrobe》①(主に蓋・扉付きの)戸棚、ロッカー: зерка́льный ~ ミラー扉のクローゼット | кни́жный ~ 本箱, (扉付き)本棚 | несгора́емый ~ 〈耐火〉金庫 ②箱型器具: духово́й ~ オーブン | суши́льный ~ 乾燥器 ◆**скеле́т в -ý́** (他人に知られたくない)家庭の事情、内輪の恥 **//-но́й** [形2] **//-чик** [男2] [指小]

**шквал** [男1] ①《気象》突風、スコール: Налете́л ~. 突風が吹いた | ~ 〈圃〉砲火のような…: ~ огня́ | 〈圃〉疾風射 | ~ ова́ций 割れんばかりの拍手喝采 **//-ьный** [形1] < ①; **~истый** [形1] < ②

**шква́р|ки** -рок, -ркам [女2][料理]シクヴァールキ(細かく切った豚肉を炒めたウクライナ料理): растопи́ть са́ло до ~ок カリカリになるまで脂肪をあぶる | карто́шка со ~ками カリカリベーコンをトッピングしたゆでじゃがいも

**шкво́рень** -рня [男5][工]ピントル; (自動車などの)キングピン **// шкво́рневой** [形2]

**шке́т** [男1] 《俗・戯》小僧っこ、がき: 背の低い人、チビ

**шкив** -a/-á на -ý/-ý [男1][工]滑車、プーリ

**шки́пер** 複 -á/-ы [男1] ①(他人に属さない)川船の船長 ②〈海船〉甲板長; (軍艦の)掌帆長

**шки́рк|а** 複生 -рок [女2] 襟首 ◆ **взя́ть за -у [схвати́ть] за -у** の襟首を捕まえる: 無理強いする、力ずくでやらせる、捕まえる

**шко́да** [女1] 《俗》①いたずら、悪ふざけ、害 [男・女]悪がき、不良、わんぱく

**шко́дить** (1単現なし) -дишь, **шко́дничать** [不完] / **на~** [完] 《俗》いたずら[悪ふざけ]をする、損害を与える

**шкодли́в|ый** 短 -ив [形1] 《俗》いたずら好きの、損害を与える: ~ щено́к 腕白小僧

**шко́дник** [男2] 《俗》悪がき、不良、わんぱく

*__шко́л|а__ [シコーラ] [女1] 《school》①学校: ходи́ть в -у 学校に通う | око́нчить ~y 学校を卒業する | нача́льная [сре́дняя] ~ 小[中等]学校 | вече́рняя ~ 夜学 | зао́чная ~ 通信制学校 | би́знес- ~ ビジネススクール | музыка́льная [худо́жественная, спорти́вная] ~ 音楽、美術、スポーツ]学校
②教練、修練; 教程: пройти́ хоро́шую -у よい訓練を受ける、よく訓練されている | нача́льная ~ игры́ на гита́ре ギター演奏の初歩教程 ③…派、学派、流派: романти́ческая ~ 〈芸〉ロマン派

**шко́лить** -лю, -лишь 受過 -ленный [不完] / **вы́~** [完] 〈口語〉厳しくしつける、規律正しく教育する

*__шко́льни|к__ [シコーリニク] [男2] **-ца** [女3] 《schoolboy, schoolgirl》(小・中等校の)児童、生徒

**шко́льческ|ий** [形3] 小学生のような、子どもじみた: **-ая вы́ходка** 子どもじみた奇行

*__шко́льн|ый__ [シコーリヌィ] [形1] 《school》学校の、教育課程 | **-oe расписа́ние** 時間割り | **-ые принадле́жности** 学用品 | **со -о́й скаме́й** 学生時代から

**шкваря́рский** [形3] 〈蔑〉一人前でない、浅はかな物知り顔の、浅薄な、創造性を欠く: ~ подхо́д к тео́рии 理論への形式的なアプローチ

**шку́р|а** [女1] ①獣皮、毛皮: медве́жья [оле́нья] ~ 熊[鹿]の毛皮 ②《話》(果実などの)外皮; (人の)皮膚: содра́ть -у на локтя́х 肘の皮をすりむく ③《話・蔑》利己主義者 ◆ **быть [побыва́ть] в -e** 〈圃〉《話》…の立場になる: Я не хоте́л бы оказа́ться в твое́й -e. 私は君の立場にはなりたくないよ | **волк в ове́чьей -e** 偽善者、猫かぶり | **дели́ть -y неуби́того медве́дя** 〈話・皮肉〉とらぬ狸の皮算用 | **чу́вствовать 圃 на свое́й -e** 《話》身を持って体験する | **спаса́ть свою́ -у** 《話》上手く逃れる、身の安全を助かる | **спусти́ть -y с 圃** (罰として)…をさんざんに打つ | **снять -у с 圃** 《俗》…を罰する、痛い目に遭わせる、殴る | ~ **бараба́нная** 《俗》(1) 部下に対して厳しい古参軍人 (2) 〈罵〉畜生 | **-y драть с 圃** 《俗》…をひどく搾取する、ずる利用する

**шку́рка** 複生 -рок [女2] [指小] < шку́ра ②《話》(果実などの)外皮: ~ от апельси́на むいたみかんの皮 ③紙やすり、研磨紙: стекля́нная ~ サンドペーパー

**шку́рник** [男2] 《話・蔑》自分の身だけを案じる人間、利己主義者

**шку́рн|ый** [形1] ① < шку́ра ② 《話・蔑》利己的な、自分本位な: **-oe отноше́ние к рабо́те** 自分本位の勤務態度 | ~ интере́с 自分の利益、私利

**шкуродёр** [男1] 《俗》けちで頑固な人

**шла** (過去・女) < идти́

**шлагба́ум** [男1] (鉄道・ゲートの)遮断機: ручно́й [автомати́ческий] ~ 手動[自動]遮断機

**шлак** [男2] ①[工]鉱滓(スラッグ), スラグ; (固形燃料の)燃え殻: ~ в гра́ницах 粒状スラグ ②〈圃〉(体内に蓄積される)有害物質 | ~ ная го́мля ~ **выдава́ть ~** 《俗》ろくでもないことをする **//-овый** [形1]

**шлакобето́н** [男1][建]スラグセメント

**шлакоблок** [男2] コンクリートブロック

**шланг** [男1] ①ホース、ホース: рези́новый ~ ゴムホース ②《俗》さぼり屋: **-ом прикину́ться** 口実を立てて仕事をさぼる **//-овый** [形1]

**шле́й|ка** 複生 -éек [女2] ①[指小] < шлея́ ②胴輪、ハーネス: вести́ соба́ку на -e ハーネスをつけて犬を連れ歩く

**шлейф** [男1] ①(ロングドレスの)トレーン、引き裾 ②〈圃〉(後を引く・たなびく)跡: ~ ды́ма 煙立つ様子 | ~ воды́ за ка́тером ボートの後に続く航跡 ③〈農〉(トラクターに装着される)耕具 ④《情》《電》(コンピュータ内の幅広の)ケーブル **//-овый** [形1] < ②③

**шлем** [男1] ①(鉄製の)兜 ②ヘルメット; 特殊帽: про́бковый ~ コルク製帽子 | водола́зный [кислоро́дный] ~ 潜水[酸素]ヘルメット ③[スポ]スラム、全勝: Большо́й ~ グランドスラム, 総なめ | Ма́лый ~ スモールスラム

**шлемазл** [男1] 《俗・蔑》ついていない気の毒な人

**шлемофо́н** [男1] (パイロット・宇宙飛行士・戦車兵用の特殊な)ヘルメット

**шле́па** (女1 変化) [男・女] 《俗》遊び好きの人

**шлёп** [間] ①〈述語〉шлёпать(ся), шлёпнуть(ся) の過去形の代用: Ш~ его́ по спине́. 彼の背中をピシャンと打つ | На зе́млю. 地べたにバタリと倒れた ②《擬音》ピシャリ, ピシャ, パシャン: «Шлёп-шлёп», – слы́шались зву́ки неподалёку. ピシャピシャという音が近くから聞こえていた

**шлёпан|цы** -ев [複] [単 -ец -нца [男3]] 《話》サンダル、スリッパ(歩くと шлёп という音がする)

**шлёпать** [不完] / **шлёпнуть** -ну, -нешь 命-ни

受過 -тый [完] [一回] ① (柔らかく平たいもので) 打つ, 叩く, パシャンという音を立てる: ~ туфля́ми по воде́ スリッパで水面を叩く | ~ вёслами по воде́ オールで水面をかく ② 〈俗〉柔らかいもので殴る, 手でぶつ: ~ ладо́нью 平手打ちする ③ 〈俗〉(ふらふら・のろのろと) 歩きまわる: 〖話〗歩く: ~ "по гря́зи [в гря́зи]" ぬかるみをパシャパシャ音を立てて歩く | ~ ва́ленками (歩きにくい) 防寒靴でのろのろ歩く ④ 〖完〗〈俗〉ぶち殺す, 銃殺する

шлёпаться [不完] / шлёпнуться -нусь, -нешься 命 -нись [完] [一回] 〖話〗音を立てて落ちる, 倒れる: ~ в грязь ぬかるみでバシャンとはまる

шлёпки -пок, -пкам [複] 〖話〗サンダル, スリッパ (шлёпанцы)

шлеп|о́к -пка́ [男2] (柔らかい・平たいもので) 打つこと: ~ по́ носу 〈俗〉人にツンパシとをする

шлёп-шлёп —  [擬] 〖俗〗さっさと, ぱっと, あっという間に

шлея́ 複生 -ей [女6] ① (馬の尻帯 (頭絡 (ぎょう)) に2点で固定され, 胸当てを覆う) ② (荷馬車で) 頭絡 (ざ) 代わりとなる幅広の皮帯

шлифова́льный [形1] 研磨用の: ~ стано́к 研磨機

шлифова́ть -фу́ю, -фу́ешь 受過 -о́ванный [不完] / от- 〈俗〉① 磨く, 研磨する, 研磨して表面を澄ます: ~ свой сти́ль 自分のスタイルを磨く ◆ ~ у́ши だます | ~ мозги́ 〈俗〉…の気持ちを自分の望む方向に持って行って, 影響を与える

шлифо́в|ка 複生 -вок [女2] ① 研磨: ~ дета́лей 部品の研磨 ② 磨かれ具合 // -очный [形1]

шлифо́вщик [男1] 研磨工

шлюз [男1] ① (運河などの水位を調節する) 閘門 (こう) (судохо́дный) ~ (ダムなどの) 放水口: опусти́ть [подня́ть] ~ 放水口を開ける ② 減圧室, エアロック: ~ на косми́ческом корабле́ 宇宙船の減圧室 // ~ный [形1] <1>

шлюзова́ть -зу́ю, -зу́ешь 受過 -о́ванный [不完・完] 〈俗〉① 閘門 (こう) を設ける: ~ ре́ку 川に閘門を設ける ② 閘門を操作して船を通過させる: ~ суда́ 閘門を操作して船を通過させる // -ние [中5]

шлюзов|о́й [形1] < шлюз: -а́я ка́мера 減圧室, 気閘室 | ~ отсе́к エアロック

шлю́п|ка 複生 -пок [女2] 端艇, ボート, ランチ: корабе́льная ~ 艦載ボート | спусти́ть ~у на во́ду 海面に搭載ボートを下ろす // -очный [形1]

шлю́ха [女2] 〖俗・罵〗身持ちの悪い女, 自堕落な女

шля́гер [シラーゲル] [男1] ポピュラーソング: ~ про́шлого сезо́на 昨シーズンの流行歌

*шля́п|а [シリャーパ] [女1] [hat] ① (つばのある紳士用) 帽子: соло́менная ~ 麦わら帽 ② 〖俗・蔑〗うすのろ, とんま, ふがいないやつ ◆ де́ло в ~е 〖俗・戯〗うまくいった, うまくおさまった | снима́ть ~у пе́ред 圖 …に脱帽する, 敬意を表する // -ный [形1]

шля́п|ка 複生 -пок [女2] 〔指小〕< шля́па ② 〖話〗小さな婦人帽, 子ども帽 ③ (ものの上部の平らに広がった部分): ~ гвоздя́ 釘の頭 | ~ гриба́ キノコの傘

шляпо́чн|ый [形1]: -ые грибы́ 〖生〗帽菌類

шля́пни|к [男2] -ца [女3] 帽子職人

шля́ться [不完] 〖俗・蔑〗ぶらつく, ほっつき回る

шмакода́вка 複生 -вок (女2変化) [男・女] 〖俗〗背の低い小さな人間, ちび

шма́ли|ть -лю, -лишь [不完] / шмальну́ть -нёшь [完] / шмальну́ть 〖俗〗タバコを吸う

шмат [男1], шмато́к -тка́ [男2] 〖俗〗一片, かけら: ~ мя́са ひときれの肉

шмель -я́ [男5] [複] 〖昆〗マルハナバチ属 ■ «Полёт -я́» 『熊蜂の飛行』(Ри́мский-Ко́рсаков のオペラの中の1曲) // -и́ный [形1]

шмон [男1] 〖俗〗身体検査, 捜索: пова́льный ~ 〖隠〗一斉家宅捜索 ② 〖若者〗積極的に探すこと

шмона́ть [不完] 〖俗〗① 〖軍〗身体検査する, 捜索する ② 〖軍〗調査を行う ③ 〖若者〗探す

шмо́тки -ток, -ткам [複], шмотьё [中4] 〖俗〗衣類, 身の回りもの

шмыг [述語] 〖話〗шмы́гать/шмыгну́ть の過去形の代用: Ш~ в дверь. ドアの陰にさっと隠れた

шмы́га|ть [不完] / шмыгну́ть -ну́, -нёшь [完] [一回] 〖話〗① 足をすりながら歩く: шмы́гающая похо́дка すり足 ② (窓で) (表面を) さっとこする: ~ щёткой ブラシをかける ③ いろんな方向に素早く動く [歩く]: Ми́мо о́кон шмы́гают каки́е-то лю́ди. どこかの人たちがせかせかと窓の外を通り過ぎている ④ [完] 早く姿を消す: Я шмыгну́л в дверь. 私はドアの陰にさっと隠れた ◆ шмы́гать но́сом 〖話〗(風邪で, 息を吸い込む時に) 鼻音を立てる // -нье

шмяк [述語] 〖俗〗шмя́кать(ся)/шмя́кнуть(ся) の過去形の代用: Ш~ те́сто на стол. パン生地をドンとテーブルに叩きつけた | Ш~ всем те́лом на́ пол. 全身丸ごと床にバタンと倒れた

шмя́ка|ть [不完] / шмя́кнуть -ну, -нешь 命 -ни受過 -тый [完] 〖俗〗(шлёп と音を立てて) 壊す, 放り投げる: Шмя́кнул кусо́к те́ста на стол. 生地をバンとテーブルに叩きつけた // -ся [不完] / [完] 〖俗〗(音を立てて) 倒れる, 落ちる

шнапс [男1] 〖俗〗シュナップス (強い蒸留酒の一種)

шнитт-лук [不変] -[男2] 〖植〗チャイブ

шни́цель [男5] 〖料理〗シュニッツェル (カツレツ)

шнур -а́ [男1] ① ひも ② 〖電〗コード, ケーブル: ~ пита́ния 電源コード [ケーブル]

шнурова́|ть -ру́ю, -ру́ешь 受過 -о́ванный [不完] 〈俗〉 / за- ① ひもを締める: ~ боти́нки 靴ひもを締める ② [完] про~] ひもで綴じる: ~ кни́гу 本を綴じる // -ние [中5]

шнуро́в|ка 複生 -вок [女2] ① < шнурова́ть ② 締めひも; ひもで締めた箇所: сапоги́ с высо́кой -ой ひもが多いブーツ | распусти́ть -у ひもで結ばれたものをほどく

*шнур|о́к -ка́ [男1] [lace] ひも, 靴ひも; ケーブル: завяза́ть [развяза́ть] -ки́ на боти́нках 靴ひもを結ぶ [ほどく]

шны́рить -рю, -ришь [不完] 〖俗〗せわしなく動き回る

шны́ря|ть [不完] 〖話〗せわしなく動き回る: ~ в толпе́ 人込みの中をかけずり回る | ~ глаза́ми せわしなく目を動かす

шня́га [女2] 〖若者・蔑〗不愉快な物; 粗悪品

шо́бла [女1] 〖俗・隠〗徒党, 一味, 攻撃的な雰囲気の集団: На́ших бы́ло тро́е, а их це́лая ~! こっちは3人だったのに, やつらはグループ全員だったんだ

*шов шва [男1] 〔seam, stitch〕 ① 縫い目, 継ぎ目: Перча́тки ло́пнули по шва́м. 手袋の縫い目がほどけた ② 縫い方, ステッチ; ひと針 ③ 〖医〗縫合 (術): наложи́ть [снять] швы 縫合 [抜糸] する ④ 〖技〗接合 [接続] 箇所, ジョイント, 継ぎ手: сварно́й ~ 溶接継ぎ手 ◆ ру́ки по швам 脇に垂らした腕, 気をつけ (の姿勢) | треща́ть по (всем) швам 崩壊に瀕する, がたがたになる

шовини́зм [男1] ショーヴィニズム, 排外主義

шовини́ст [男1] -ка -ток [女2] ショーヴィニスト, 排外主義者の // -ский [ц] [形3] 排外主義 (者) の

*шок [男2] 〔shock〕 〖医〗ショック, 衝撃: в состоя́нии -а ショック状態 | вы́йти из -а ショック状態から立ち直る | не́рвный ~ 神経性ショック ◆ в -е 極度の抑圧, 自失状態: От э́того изве́стия все бы́ли в -е. この知らせに皆呆然とした // шо́ков|ый [形1]: -ая терапи́я ショック療法

шоки́ровать -рую, -руешь 受過 -анный [不完・完] 〈文〉〈俗〉(非常識な言動に) 不快にさせる, 当惑させる: ~

окружа́ющих свои́м поведе́нием 自分の行動で周囲を不快にさせる

**\*шокола́д** [男1] 〔chocolate〕 ① チョコレート: чёрный [моло́чный, го́рький] ~ ブラック[ミルク, ビター]チョコレート | в пли́тках = пли́точный ~ 板チョコ | пли́тка ~а 板チョコ1枚 ② ココア、チョコレートドリンク: горя́чий ~ ホットチョコレート ◆быть в ~е 前途洋々だ、絶好調だ、成功するに違いない

**шокола́дка** 複生-док [女2]〔話〕小さな板チョコ

**шокола́дный** [形1] ① <шокола́д ② チョコレート色の、褐色の

**шокотерапи́я** [女9] ショック療法

**шо́мпол** 複-á [男1] 銃の洗い矢、槊杖(さくじょう)(鉄腔内を掃除する棒) **‖~ьный** [形1]

**Шо́лохов** [男姓] ショーロホフ(Михаи́л Алекса́ндрович ~、1905-84; 作家; ノーベル文学賞受賞; 《Ти́хий Дон》『静かなドン』)

**шоп** [男1] 〔話〕(通例высで扱う)大型店

**шопениа́на** [女1] 〔楽〕『レ・シルフィード』(ショパンの作品によるバレエ音楽)

**шо́ппинг, шо́пинг** [男2] 〔話〕(通例外国で大量にする)ショッピング、買い物

**шо́п(п)инг-ту́р, шо́п-ту́р** [男1] 〔話〕ショッピング「お買い物」ツアー

**шо́рник** [男2] 馬具職人、馬具製作者

**шо́рный** [形1] ① 革=革ひも]製の: -ое изде́лие 革製品 | -ая упря́жь 革製の馬具 ② 馬具製の、馬具職人が用いる: -ая игла́ 馬具製用の針 **-ая** [女名] 馬具製作所

**шо́рох** [男2] ① (葉・紙・布が)サラサラ[カサカサ]いう音

**шо́рты** шорт/-ов [複] ショートパンツ、半ズボン

**шо́ртики** -ов [複] [指小]

**шо́р|ы** шор [複] единё -а [女1] ① 遮眼帯、ブリンカー(馬の目隠し): ло́шадь в -ax 遮眼帯をつけた馬 ② 〔文〕色眼鏡、偏見、視野の狭さ:идеологи́ческие ~ イデオロギー的偏見 | Сними́ с глаз ~. 偏見を捨てろ ◆взять в ~ = держа́ть в ~ах …の行動から行動の自由を制限する

**ШОС** [ショース] 〔略〕 Шанха́йская организа́ция сотру́дничества 上海協力機構、SCO

**\*шоссе́** [シャッセー] [中] 〔shosse〕① (舗装された)街道、大通り; 自動車専用道路:скоростно́е ~ 高速道路 | «вы́ехать на [съе́хать с] ~ 高速道路に乗る[下りる] **‖~йный** [形1]

**Шостако́вич** [男4] ショスタコーヴィチ(Дми́трий Дми́триевич ~、1906-75; 作曲家)

**шотла́нд|ец** -дца [男3] /**-ка** 複生-док [女2] ① スコットランド人 ② [女]格子柄[チェック]の織物タータン

**шотла́ндск|ий** [нс] [形3] スコットランド(人)の: -ая волы́нка スコットランド・バグパイプ | -ая овча́рка コリー犬 | -ая ю́бка キルト(民族衣裳)

**\*шо́у** (不変) [中] 〔show〕① ショー、見世物: телевизио́нное ~ テレビのショー番組 | ток-~ トークショー ② 〔蔑〕もっともらしい見世物、演出

**шо́у-би́знес** [э/э] [男1] ショービジネス

**шо́умен** [э] [男1] ショーの司会者、MC

**‡шофёр** [シャフョール] [男1] 〔driver〕(自動車の)運転手 = води́тель(比略): ли́чный [персона́льный] ~ президе́нта 社長の専属運転手 **‖~ский** [形3] **‖шоферю́га** (女2/女6)/[男・女] 〔話〕[卑〕

**шо́ха** [女2] 〔トランプ〕6のカード = шестёрка **◆(隠)**探偵、刑事、告げ口屋

**шпа́г|а** [女2] ① 細長く、真っすぐな]剣: стари́нная ~ 古式ゆかしき剣 ② 〔フェンシング〕エペ: спорти́вная ~ スポーツ用の剣 | фехтова́ться на -ax 剣でたたかう ◆скрести́ть -и 〔文〕決闘する; (衆人環視の中で)論

争する、闘争する

**шпага́т** [男1] ① 細ひも: перевяза́ть посы́лку ~ом 小包を細ひもで巻く ② 〔スポ〕開脚座ストレッチ: де́лать [сесть на] ~ 開脚する

**шпажи́ст** [男1] /**-ка** 複生-ток [女2]〔フェンシング〕エペの選手

**шпаклева́ть** -лю́ю́, -лю́е́шь 受過-лёванный [不完] /**за-** [完] 〈в〉〔塗装・研磨の前に〉〜を削れ目・凸凹をパテで塗り込めて平らにする

**шпаклёв|ка** 複生-вок [女2] ① パテ塗り、パテ詰め: ~ щеле́й 割れ目のパテ塗り ② パテ: ма́сленая ~ 油性パテ **‖-очный** [形1]

**шпа́л|а** [女2] ① 〔鉄道〕枕木:закрепи́ть ре́льсы на -ах 枕木の上にレールを固定する | шага́ть по -ам (枕木に沿って)線路を歩く ② 〔話〕(1924-43年の赤軍の)階級標識 **◆стуча́ть по -ам** 〔話〕自制心を失う

**шпале́р|ы** -ép [複] [単 -а [女1]] ① (風景・場面が描かれた手織りの)壁掛け綴錦、垂張り地: (旧)壁紙 ② (植物を絡ませる)格子垣 ③ (道の両側の)並木、生垣:у́лица со -ами ака́ций アカシアの並木道 **‖-ный** [形1]

**шпангу́т** [男1] [集合][海・航空] (船体の)フレーム材、肋材、助材

**\*шпарга́лк|а** 複生-лок [女2]〔crib〕〔話〕① カンニングペーパー:отвеча́ть по -е カンニングペーパーを見ながら答える ② (通例他人が書いた)演説原稿: говори́ть по -е 演説原稿を見ながら話す | де́йствовать по -е 他人の書いた脚本通りに行動する

**шпа́рить** -рю, -ришь [不完] /**о~** 受過-ренный [完] ① 〈в〉熱湯をかける; 熱湯でやけどさせる: ~ ве́ник в бане 風呂で細枝水束に熱湯をかける | ~ ру́ку 熱湯で手にやけどする ② 〔不完〕(俗)(速く精力的な行動について): ~ по-ру́сски ロシア語でまくしたてる | ~ на гармо́шке ガルモニを景気よくかき鳴らす | Шпарь отсю́да! とっとと出て行け **‖~ся** [不完] /**о́~** [完] 熱湯[蒸気]でやけどする

**шпат** [男1] 〔鉱〕スパー(劈開(へきかい)面が光沢を持つ鉱物につけた旧称): полево́й ~ 長石 | известко́вый ~ 方解石

**шпа́тель** [э] [男5] ① 〔技・美〕スクレーパー ② 〔医〕舌圧子 ③ 製薬用パレットナイフ、スパテル

**шпатлева́ть** -лю́ю, -лю́ешь 受過-лёванный [不完]〔職〕= шпаклева́ть

**шпатлёвка** 複生-вок [女2]〔職〕= шпаклёвка

**шпене́к** -нька́ [男2] ① 小さなくぎ(ши́п)、突起状のもの

**шпигова́ть** -гу́ю, -гу́ешь 受過 -о́ванный [不完] /**на-** [完] ①〈в〉(細かく刻んだ)豚の脂身(шпик)を(切込みを入れて)挟む: ~ ди́чи 野鳥の肉に豚の脂身を挟む | карто́фель, шпиго́ванный са́лом 脂身を挟んだベークドポテト

**шпик¹** [男2] (塩漬けの)豚の脂身(са́ло): бутербро́д со ~ом 豚の脂身を挟んだサンドイッチ

**шпик²** -á [男2] 〔話・蔑〕密偵、スパイ、犬

**шпи́лить** -лю, -лишь [不完]〔話〕コンピュータゲームをする; トランプをする **‖~ся** [不完]〔若〕① コンピュータゲームをする; トランプをする ②〈с〉セックスする

**шпиль** [男5] ① 〔建〕(教会などの)尖塔、尖閣: ~ собо́ра 大聖堂の尖塔 ②〔海〕キャプスタン、ウィンチ: я́корный ~ 揚錨(ようびょう)機 **‖-ево́й** [形2]

**шпи́льк|а** 複生-лек [女2] ① ヘアピン ② (女性の帽子用)ピン ③ (女性靴の)スパイクヒール、ピンヒール: ту́фли на -ах ハイヒール ④ とげのある言葉、毒舌、辛辣な批評 **◆ста́вить -и** 〔話〕…にいやみを言う、意地悪なことを言う

**шпина́т** [男1]〔植〕ホウレンソウ: суп из ~а ホウレンソウのスープ **‖-ный** [形1]

**шпингале́т** [男1] ① (窓・ドア用、把手の回る)掛け

**штибле́ты**

金錠, イスパニア錠: задви́нуть ~ 掛け金錠をかける ② 《俗·戯》腕白小僧, いたずらっ子, ちびっ子

**шпио́н** [男1] / **~ка** 複生 -нок [女2] スパイ, 密偵: вое́нный [промы́шленный] ~ 軍事[産業]スパイ | самолёт [спу́тник] ~ 偵察機[衛星] // **~ский** [形3]

**шпиона́ж** [男4] スパイ行為, 諜報活動, 偵察

**шпио́н|ить** -ню, -нишь [不完] 《話》スパイをする 〈за+造〉密かに…の後をつける, …を監視する // **~ство** [中5]

**шпиц** [男3] 〔動〕スピッツ (犬種)

**шпон** [男1] 〔印〕インテル, スペース ②〔隠〕鉄の棒, 釘

**шпо́нка** 複生 -нок [女2] 〔技〕ダボ

**шпо́р|а** [女1] ①拍車 (馬に推進の合図を伝えるために騎手が靴につける): да́ть ~ы коню́ 馬に拍車をかける (馬のわき腹を拍車で押す) ② (雄鳥に見られる) 蹴爪(けづめ): петуши́ные ~ 雄鳥の蹴爪 ③ グローサー (トラクターなどの車輪の滑り止め用爪) ④《俗》カンニングペーパー (шпарга́лка)

**шприц** [医] 注射器 // **~евый** [形1]

**шпрот** [男1], **шпро́та** [女1] ①〔魚〕ヨーロピアンスプラット (европе́йский) ②〔魚〕スプラット属 (ニシン科の小魚) ③ 〈複〉の缶詰 // **~ный** [形1]

**шпу́л|ька** 複生 -лек [女2] (ミシン·紡績機·織機の)糸巻き, ボビン // **~ечный** [形1]

**шпунт** -á [男1] ①〔建〕(実板(さねいた)の)さね ②〔建〕矢板, シートパイル ③ (発酵中の酒樽の)栓

**шпыня́ть** [不完] 《話》① (尖った物で)つつく, 突く ② …にがみがみ言う, 説教する

**шрам** [男1] 傷あと, あざ: ~ от ожо́га [ножа́, пу́ли] 火傷[ナイフ, 銃弾]の傷あと

**шрапне́ль** [女10] 〔軍〕榴(りゅう)散弾 // **~ный** [形1]

**шре́дер** [р] [男1] 細断機, シュレッダー: уничто́жить докуме́нты на ~ 書類をシュレッダーにかける

**Шри-Ланка́** [不変]-[女2] スリランカ (首都は Шри-Джаяварденепу́ра-Ко́тте)

**шрифт** 複 -ы́/-ы [男1] フォント, 字体, 書体 | 活用 《フォントの種類》 ~ станда́ртный ~ 標準フォント | жи́рный ~ 太字 | курси́вный ~ イタリック体 | кру́пный ~ 大活字 | ме́лкий ~ 小活字 // **~ово́й** [形2]

**шт.** (略)шту́ка; шту́чка

*шта́б [шта́п] [男1] 〔staff, headquarter〕 ①〔軍〕参謀部, 幕僚, 首脳部; 本部, 司令部: Генера́льный ~ 参謀本部 | Гла́вный ~ Вое́нно-морско́го фло́та 海軍総司令部 ② 指導部, 指揮本部: предвы́борный ~ кандида́та 候補者の選挙対策本部

**штабели́ровать** -рую, -руешь 受過 -анный [不完·完] 〔商〕整然と積み重ねる, 山積みにする

**шта́бел|ь** 複 -я́/-и [男5] ① 山積みにされた堆積物, (…の) 山: ~ дров 薪の山 | лежа́ть ~я́ми 山積みになっている ② 《俗》人の集まり // **~ный** [形1]

**штаби́ст** [男1] 〔軍〕《話》参謀将校, 幕僚 (штабно́й офице́р)

**штаб-кварти́ра** [不変]-[女1] ①〔軍〕司令部, 本営, 本部 ② 本部: ~ ООН 国連本部

**штабно́й** [形1] 〈 штаб-: ~ офице́р 参謀将校, 幕僚 (штаби́ст) ② [男名] 司令部員, 司令部職員: собра́ть ~ы́х 司令部員を召集する

**шта́б-офице́р** [不変]-[男1] 《露史》(帝国陸海軍で)佐官

**штабс-капита́н** [不変]-[男1] 〔軍〕(ロシア帝国·諸外国の歩兵·砲兵·工兵で)2等大尉

**штабс-ро́тмистр** [不変]-[男1] 〔軍〕(ロシア帝国·諸外国の騎兵·近衛兵で)2等大尉

**штаке́тник** [男2] ①〔集合〕(柵用の細長い)平板 ② (①で作った)柵, 垣

**штамм** [男1] 〔生〕菌株

**штамп** [男1] ①〔工〕(押し固めるための)枠型, 押し型 ② 印章, 公印, スタンプ (★печа́ть のような証印としての効力はない): ~ сде́лать ~ 枠型を作る | углово́й ~ организа́ции 会社のレターヘッド ④ 型にはまったもの, 紋切り型, 決まり文句: мы́слить ~ами 判で押したような考え方をする | (име́ть) ~ в па́спорте 結婚している

**штампо́ванный** [形1] ①〔工〕押し型で製作された ② 型にはまった, 紋切り型の: ~ жест 型通りの身振り | ~ые фра́зы 決まり文句

**штампова́|ть** -пу́ю, -пу́ешь 受過 -о́ванный [不完] 〈抜〉[完 от-]〔工〕〈部品などを〉型枠を使って製作する ② [完 про-] (a)判を押す, 消印を押す: ~ бума́ги [пи́сьма] 書類[手紙]に判を押す (b)《話》(よく考えずに)型通りにやる // **~ние** [中5]

**штампо́вка** 複生 -вок [女1]〔工〕型枠で製品を作ること, スタンプ; その製品

**штанг|а́** [女1] ①金属の棒: бурова́я ~ ドリルロッド ② (重量挙げの)バーベル: занима́ться ~о́й バーベルで筋力トレーニングをする ③〔サッカー〕(ゴールの)クロスバー // **~овый** [形1]

**штангенци́ркуль** [男5] カリパス, 測径器

**штанги́ст** [男1] / **~ка** 複生 -ток [女2]〔スポ〕重量挙げの選手

**штанда́рт** [男1] ① 大統領旗, (皇帝·国王などの)元首旗 (★宮殿や船舶で, 所在を表すために掲げられる) ② 《露史》《革命前》騎兵連隊旗

**штани́на** [女1] 《話》ズボンの片方: пра́вая [ле́вая] ~ ズボンの右[左]足 | заправля́ть о́бе ~ы в сапоги́ ズボンの両足の端を長靴の中に入れる

*шта́н|ы́ -óв [複] 〔trousers〕《話》ズボン: ко́жаные ~ 皮ズボン, レザーパンツ | наде́ть [снять] ~ ~ をはく[脱ぐ] ◆оста́ться без -óв 《俗》無一文になる, 零落する | проси́живать [протира́ть] ~ 《俗》無為に時を過ごす, のらくらする | наложи́ть (по́лные) ~ 《俗》びっくりした, 腰を抜かす | ра́дости по́лные ~ 《俗》喜び過ぎ (周囲がしらけるほど大げさに喜ぶこと) | Пифаго́ровы ~ 《学生·戯》ピタゴラスの定理

**штани́шки** -шек, -шкам [複] [指小]

**штапел|ь** [男5] 〔服飾〕スフ生地: блу́зка из ~я́ スフ地のブラウス // **~ный** [形1]

*штат [шта́т] [男1] 〔staff〕 ① 人員, スタッフ, 職員, 社員: сокраще́ние ~ов 人員削減 | приня́ть в ~ ~ を正規職員として採用する ② (通例複)〔職務·給与の記載事項を示す〕職員職務規定 ③ (米国などの) ~ 州

**шта́тный** [形1] ~ое расписа́ние 定員職務規定

**штати́в** [男1] ① (カメラなどの)三脚: установи́ть ка́меру на ~ で カメラを三脚に固定する ② 台, スタンド: ~ микроско́па 顕微鏡台 | ~ ручно́й ~ 自撮り棒

**шта́тск|ий** [ц] [形3] ① 民間人の, 軍人でない: челове́к ~ 民間人 ② [男名] 民間人 ③ -ое [中名] 平服, 私服: полице́йский в ~ом 私服警官

**ште́кер** [男1] ジャック用差し込みピン, プラグ

**штемпелева́|ть** [э] -лю́ю, -лю́ешь 受過 -лёванный [不完] / **за-** [完]〔消印〕スタンプ[消印]を押す: ~ пи́сьма 手紙に消印を押す // **~ние** [中5]

**ште́мпель** [э] 複 -я́ [男5] スタンプ, 消印; 印影: почто́вый ~ 郵便物の消印 // **~ный** [形1]

**ште́псел|ь** [э] 複 -я́ [男5]〔電〕① プラグ: вста́вить (воткну́ть) ~ в розе́тку プラグをコンセントに差し込む ②《話》コンセント, ソケット (★誤用; 正しくは розе́тка)

**ште́псельный** [э] [形1] : ~ая ви́лка プラグ | ~ая розе́тка コンセント, ソケット

**штибле́т|ы** -ет [複] 男性用レースアップシューズ (おし

やれたひも靴; 19世紀まで歩兵が装着した編上靴)

**шти́ль** [男5] [気象] 凪(ポ): мёртвый ~ べた凪 | попа́сть в ~ 凪に当たる | Начали́сь -и. 凪が始まった

**шти́рлиц** [男3] ①[話]好奇心旺盛すぎる人 ②スパイ, 諜報部員(★映画『春の十七の瞬間(ポ)』Семна́дцать мгнове́ний весны́』およびアネクドートの主人公より)

**штифт** 前 о -е, на -у́ /在- ю́ [男1] [工]無頭釘

**шток** [男1] [技]連結棒: ~ по́ршня ピストン棒

**штокро́за** [女1] [植]ビロードアオイ属: ~ ро́зовая タチアオイ

**што́льня** 複生 -лен [女5] ①[鉱]水平坑道, 斜坑 ②①を再利用したもの: ~ для вы́держки ви́н ワイン用貯蔵庫

**штопаный** [形1] かがった, 繕った

*штопа|ть 受過 што́панный [不完] /за- [完] [darn] 〈四〉〈穴・ほころびを〉かがる, 繕う: в зашто́панной руба́шке 縫いのあるシャツを着て **//~ся** [不完] [受動]

**што́пка** 複生 -пок [女2] ①かがること, 縫合: худо́жественная ~ かけはぎ ②かがり糸 ③[話]繕われた箇所

**што́пор** [男1] ①(らせん状の)栓抜き: (T字型)コルクスクリュー: рыча́жный ~ ウィング式コルクスクリュー(タブライ) ②[航空]きりもみ降下; その状態: войти́ в ~ きりもみ状態になる | вы́йти из -a きりもみ降下を脱する

**што́пором** らせん状に, きりもみ状態で

**што́р|а** [女1] カーテン, ブラインド, 日よけ: подня́ть [опусти́ть] -y ブラインドを上げる [下ろす] | задёрнуть -y カーテンを引く **//~ный** [形1]

**што́рк|а** 複生 -рок [女2] ①[指小] ~ што́ра ②(光などをさえぎる)カバー: ~ в фотоаппара́те レンズカバー [キャップ] | ~ ка́меры [на ка́мере] (携帯電話のカメラの)レンズカバー

**шторм** 複 -ы/-á [男1] [気象]嵐, 暴風: тропи́ческий ~ 台風

**штормить** -ми́т [不完] [海]〈海が荒れる, しける: [無人称]しける, しけである

**штормо́вка** 複生 -вок [女2] [話](フード付きの, 狩猟・登山用)防水服: го́рная ~ 登山者用の防水服(底ветро́вкаは薄い生地, штормо́вкаは厚い生地(しばしば防水布)で作られている

**штормов|о́й** [形2] 暴風雨(雨)の: -о́е предупрежде́ние [気象]暴風警報 | -о́е мо́ре しけの海 | -а́я пора́ 暴風の季節 | ~ па́рус 荒天用の丈夫な帆

**штоф** [男1] ①シュトーフ(旧酒量単位, 1.23リットル) ②(ウール・綿の)厚地の紋織り(壁やカーテン地に用いる) **//~ный** [形1]

*штраф [シトラーフ] [男1] [fine] ①罰金:взима́ть [наложи́ть] ~ (c 生) (…に)罰金を科す | плати́ть ~ 罰金を支払う ②[スポ]ペナルティー; (複)(フィギュア)減点

**штрафба́т** [男1] 懲罰大隊(штрафно́й батальо́н)

**штрафни́к** -á [男2] [話] ①懲罰部隊へ入れられた軍人 ②[スポ]ペナルティーを受けた選手: скаме́йка ~о́в [話]ペナルティーボックス

**штрафн|о́й** [形2] ①罰金の: -ы́е са́нкции 罰金, 違約金 ②罰則の, 反則の: ~ уда́р ペナルティーキック | -а́я скамья́ ペナルティーボックス ③[軍]軍裁判による懲罰を受けた, 懲罰を受けた人のための: [男名]懲罰部隊へ入れられた軍人: ~ батальо́н 懲罰大隊 | ~ часть [ро́та] 懲罰部隊 [中隊] ④-а́я [女名] 祝宴(パーティーに)遅刻した客に一気飲み用の酒を注ぐ: нали́ть го́стю -у́ю 遅刻してきた客に一気飲み用の酒を注ぐ

**штрафова́ть** -фу́ю, -фу́ешь 受過 -о́ванный [不完] /о~ [完] 〈四〉に罰金を科す: ~ предприя́тие за сброс отхо́дов 廃棄物の投棄で企業に罰金を科す

**штрейкбре́хер** [男1] スト破りする人, (労働者の利益への)裏切り中

**штрек** [男2] [鉱]ひ押し坑道 **//~овый** [形1]

**штри́пка** 複生 -пок [女2] (ズボン・ゲートルの裾の)掛けひも

**штрих** -á [男2] ①(絵・図で)短く細い線, 1本の線, 一筆, タッチ, 筆運び;筆致: сде́лать не́сколько -о́в 何本か線を引く | то́нкие -и́ рису́нка 絵画の繊細な筆運び ②特色, 特徴: любопы́тный ~ в расска́зе 物語の中の興味深い細部 | ~и́ к портре́ту 田 〈人の〉人物点描 ③[楽](擦弦楽器の)ボウイング, 運弓法; (他器で)それを援用した発音法, タンギング, タッチ ④(単位記号の)プライム(´) **//штрихово́й** [形2]: ~ рису́нок 線画

**штрихко́д** [男1] バーコード(штрихово́й код)

**штрихова́|ть** -хую, -хуешь 受過 -о́ванный [不完] /за~ [完] [美]〈四〉に線影を施す(ハッチング): ~ чертёж (線を描速かずに)図面に濃淡をつける | штрихо́ванный шрифт 影付きフォント **//~ние** [中5]

**штуди́рова|ть** -рую, -руешь 受過 -anный [不完] /про~ [完] [文]〈四〉綿密に[入念に]研究する: ~ кла́ссиков 古典を研究する **//~ние** [中5]

*шту́к|а [シトゥーカ] [女2] [thing, item] ①(織物・布地などのひと巻き, 1反: ~ сукна́ ラシャひと巻き ②一個, …個: ты́сяч штук яи́ц 卵1000個 | коли́чество штук 個数 ③[話]物, 事, 出来事: (否定文で)おしえたことではない: Что э́то за ~? それは一体何だ | Опера́ция не ~. 手術は大したことではない ④[話]わるさ, いたずら; たくらみ, しわざ; 巧みな芸当: устро́ить заба́вную -у 滑稽なしくみを仕組む | Это его́ -и. これは彼のしわざだ | приня́ться за ста́рые -и 使い古したやり口をまた始める | Ты свои -и бро́сь. そんなやりならいことやめろ ⑤1000(ルーブル, ドルなど)

◆ Вот так ~! これはおどろいた, 思いもしなかった | В то́м-то и ~! まさにそれだ, 図星だ | сыгра́|ть -y c 田 …をからかう, …に嫌がらせをする **//шту́чка** 複生 -чек [女2] [指小] ◆ Она́ ещё та ~! 彼女は猫かぶりだ, 彼女には気をつけろ

**штукату́р** [男1] 左官

**штукату́рить** -рю, -ришь 受過 -ренный [不完] /о~, от~ [完] 〈四〉〈壁・天井を〉漆喰で塗る

**штукату́рк|а** 複生 -рок [女2] ①漆喰工事, 漆喰塗ること ②漆喰: покры́ть -ой 壁に漆喰を塗る | От стены́ отвали́лась ~. 壁から漆喰がはげ落ちた | суха́я ~ [建]プラスターボード ③[生理]化粧, 塗り壁

**штукату́рн|ый** [形1] ①漆喰工事の ②漆喰で作られた: ~ое покры́тие 漆喰塗装

**штуко́винк|а** [女1] [指小 < шту́ка][俗]物, 事: Ви́дел необыкнове́нную -у. ちょっと普通でないものを見た

**штурва́л** [男1] (船・飛行機の)操舵輪(ポ), 操縦輪(ポ), ハンドル: стоя́ть за ~ом 操舵輪を握って立つ, 操縦する

**штурва́льн|ый** [形1] ①操舵輪[操縦桿]の ②[男名]操舵手, 操縦士, 運転手 ③-ая [女名] 操舵室, 操縦室, 運転室

**штурм** [男1] 襲撃, 突撃, 強撃: идти́ [броса́ться] на ~ 突撃する ②征服, 攻略: ~ го́рной верши́ны 山頂へのアタック

**шту́рман** [男1] [海]航海士, [航空]航空士, 操縦士 **//шту́рманск|ий** [形3]: -ая распи́ска 本船貨物受領書, メイツ・レシート

**штурмова́ть** -му́ю, -му́ешь 受過 -о́ванный [不完] 〈四〉①襲撃する, 突撃する, 強撃する: 押し寄せる, 殺到する, 詰めかける: ~ пози́ции врага́ 敵陣に突撃する | ~ магази́н [戯]店に殺到する ②征服する, 攻略する: ~ косми́ческое простра́нство 宇宙を攻略する

**штурмови́к** -á [男2] ①《軍》攻撃機, 突撃機, 爆撃機; そのパイロット ②《史》(ナチスの)突撃隊員

**штурмов|о́й** [形2] 襲撃の, 突撃の: ~ая авиа́ция 戦闘爆撃飛行隊

**штурмовщи́на** [女1] 《俗》(帳尻合わせの)突貫工事; にわか勉強

**шту́чн|ый** [形1] ①(量り売りでなく)1個売りの ②出来高払いの: ~ая рабо́та 出来高払いの仕事 ∥ **-о** [副]

**штык** -á [男2] 銃剣: иго́льчатый ~ 槍型銃剣, 銃槍(ｿｳ)│клинко́вый ~ 剣型銃剣 ②《農》シャベルの刃先いっぱいの深さ: копа́ть в оди́н ~ シャベルで一掘りする ③《海》結索法: рыба́цкий ~ 錨(ｲｶﾘ)結び(я́корный у́зел) ◆**как ~** 《話》正確に, 定刻きっかりに│**в ~и́ встре́тить** [**приня́ть**] …を銃剣で迎え撃つ; 敵意を持って迎える│**держа́ться на ~а́х = опира́ться на ~и́** 武力に頼る│**идти́** [**броса́ться**] **в ~и́** 銃剣を構えて突撃する; 命をかけて戦う

**штыково́й** [男1] ①銃剣の ②[штык②]: ~а́я лопа́та 浅掘りシャベル ③《海》結索法の

**шты́р|ь** -я́ [男5]《工》(接合部を連結する)ピン, ダボ(dübel)

*__шу́б|а__ [女1] [fur coat] ①毛皮のコート: ли́сья [но́рковая] ~ 狐の[ミンクの]コート│наде́ть [снять] ~у 毛皮のコートを着る[脱ぐ] ②《話》動物の毛[毛皮]: зи́мняя ~ за́йца ウサギの冬毛 ③(冷却できる)薄氷の覆い: (树木にできる)地衣類の覆い; ~ мха́ 苔の覆い ◆**~ы не сошьёшь из [** ! **]** 《話・戲》…は何の役にも立たない, 何の得にもならない ∥ **шу́бка** 複小 -бок [女2] [指小]

**шуга́** [女2]《集合》《気象》(結氷期・解氷時の河川・海の)スポンジ氷, 海綿氷

**шуга́ть** [不完] / **шугну́ть** -ну́, -нёшь [完][一回], **шугану́ть** -ну́, -нёшь [完]《俗》《口》おどして追い払う: ~ кота́ с крова́ти 猫をベッドの上からしっしと追い払う ∥ **-ся** [不完]《若者》怖がる, 恐れる

**шуз** -а [男1]《俗》靴

**шу́лер** 複 -á/-ы [男1] トランプでいかさまをする人; ペテン師 ∥ **-ский** [形3]

**шу́лерство** 複 -в [-男1]《俗》トランプ詐欺, いかさま

*__шум__ [シューム] -а/-у 複 -ы́ [男1] [noise, uproar, sensation] ①ノイズ, 騒音: Из-за ~а спать невозмо́жно. 騒音で眠れない │**~ в уша́х** 耳鳴り│**поднима́ть** [**де́лать**] ~ 騒ぎを立てる; 騒ぎを起こす ②《話》大騒ぎ, 喧嘩, 罵り合い: обсуди́ть сложи́вшееся положе́ние без ~а 現状を騒ぎ起こさずに協議する 大評判, センセーション; 表沙汰, 喧伝: вы́звать мно́го ~[~у] 大評判を呼ぶ│наде́лать мно́го ~а [~у] 世間をにぎわす│без ~а ~а перевести́ де́ньги в иностра́нный банк 表沙汰にならないように外国の銀行に送金する ④《医》(聴診の際に聞こえる)(心)雑音 ◆**без ~а и пы́ли** 簡素に, 騒ぎ立てずに│**в голове́** [**в уша́х**] ~ 頭がガンガンがする│**~ в уша́х** は耳鳴りがする│**мно́го ~а из ничего́** から騒ぎ

**шуме́ть** -млю́, -ми́шь [不完] [make a noise] ①騒音を立てる, 騒ぐ: Берёзы *шумя́т* на ве́тру. 白樺の木が風音を立てている│На пло́щади пе́ред *до́мом шуме́ли* де́ти. 家の前の空き地で子どもたちが騒いでいた ②《話》けんかをする, やかましく口論をする: 大げさに言い立てる: ~ по вся́кому по́воду あらゆることで小言を言う│~ о свои́х успе́хах 自らの成功を言い立てる ③《話》[大評判] する: *Шуми́т* но́вый фильм. 新作の映画が評判を呼んでいる ◆**шуми́т в голове́ у [** ! **]** 《無人称》…は頭がガンガンがする│*шуми́т в уша́х у* ! 

**шуми́х|а** [女2]《話・蔑》大騒ぎ, ばか騒ぎ, センセーション: подня́ть [разду́ть] ~у вокру́г ! …のことで騒ぎ立てる

**шумли́вый** 短 -и́в [形1] 騒々しい, 騒がしい音を立てる

**шу́мно** [副] うるさく, 騒いで, にぎやかに: вести́ себя́ ~ и бу́йно 騒々しく乱暴に振る舞う│~ отме́тить пра́здник 祝日をにぎやかに祝う ②評判となって, 世間を沸かせて ◆**[无人称]** うるさい, 騒がしい: В гости́ной многолю́дно и ~. 客間には混んでにぎやかだ

*__шу́мн|ый__ 短 -мен, -мна́, -мно, -мны/-мны́ 短比 -не́е [形1] [noisy, loud, sensational] ①うるさい, 声[音]が大きい, 騒がしい, にぎやかな(↔ти́хий): ~ пылесо́с 音のうるさい掃除機│~ая толпа́ 騒がしい群集│~ нового́дний пра́здник にぎやかな新年の祭り ②評判の, 人気の, 世間を沸かせる: успе́х ~у́ ценсе́ция, 大評判, 評判の的 ◆**в-у́ю** 《俗》騒いで, 大声で

**шумовик** [男2]《話》(劇場・映画などの)音響効果係 ②《楽》打楽器奏者(уда́рник)

**шумо́вка** 複生 -вок [女2] 穴開きお玉, スキンマー: снима́ть пе́ну -ой お玉でアクを取る

**шумово́й** [形2] ①<いずれ ②騒音などの音を出す: -ы́е музыка́льные инструме́нты 《楽》音高が固定されない楽器(сасаря́, саз, シンバル, カスタネットなど) │ -о́е оформле́ние спекта́кля 芝居の音響効果演出│-ы́е аппара́ты 音響機器

**шумо́к** -мка́ [男2]《話》かすかな音, 話し声 ◆**под ~** 《話》(どさくさに紛れて)こっそりと

**Шумшу́** (不変) [男] 占守島(日本式表記はシュムシュ)

**шунт** -á [男1] ①《医》バイパス ②《電》分流器

**шунти́рование** [中5] 《医》バイパス手術: корона́рное ~ 心臓バイパス手術

**Шу́ра** (女人変化) [男・女] 〈愛称〉<Алекса́ндр, Алекса́ндра

**шу́рин** [男1] 妻の兄弟

**шурова́ть** -ру́ю, -ру́ешь 受過 -о́ванный [不完] ①《口》炉の中をかき回す ②(探しものに)ひっかき回す: ~ в чемода́не 旅行鞄[スーツケース]をひっかき回す ②《俗》精力的に活動する[働く]

**шурпа́** [女1]《料理》シュルパ, チョルパ(羊肉で出しをとった米・野菜入りスープ)

**шу́рум-бу́рум** [男1]《俗》混乱, 騒ぎ

**шуру́п** [男1]《技》木ねじ

**шурф** -á [男1]《鉱》試掘井, 探掘井: проби́ть [проложи́ть] ~ 試掘井を掘る

**шурша́ть** -шу́, -ши́шь [不完] ①かすかにざわめく音を立てる: ~ страни́цами паши́ўт бит をめくる繰る ②《俗》励む, 精を出す: ~ по хозя́йству 家事をする

**шу́ры-му́ры** [複]《俗》情事, 色事(ша́шни); 密事, 密談, 秘密の関係

**шу́стрик** [男2]《話》すばしこい子(通例幼児)

**шу́стр|ый** 短 -тёр, -тра́, -тро, -тры/-тры́ [形1]《話》すばしこい: (皮肉)油断のならない: ~ па́рничик すばしこい少年│~ челове́к 機敏な人, 油断のならない人

*__шут__ -á [男1] [fool, jester] ~ (↔и́ха) [史]《史》(宮廷・貴族お抱えの)道化師 ②(見世物小屋・芝居の)道化役, ピエロ ③《話・蔑》おどけ者, 道化者: разы́грывать [стро́ить из себя́] ~á 道化役を演じる ④《話・蔑》悪魔(чёрт) ◆**Ш~ с ним [ тобо́й, ва́ми ].** 放っておけ [勝手にしろ] │**Ш~ его́ зна́ет!** 誰が知るもんか, 誰にもわからない │~ **горо́ховый** いい笑いもの, 薄汚い身なりの人 ∥ **-овско́й** [形4]

**шуте́йно** [副] ふざけて, 冗談に: Э́то я ~. 私はそれ, 冗談でやったんだ

**шуте́йный** [形1]《俗》ふざけの, 冗談の: ~ разгово́р 冗談の会話

**шу́тер** [男1] シューティングゲーム(стреля́лка; ゲームセンターなどの大型ゲーム機の一種)

*__шути́ть__ шучу́, шу́тишь [不完] / **по-** [完] [joke, jest] ①冗談を言う, ふざける: Мой оте́ц уме́л *пошу́-*

ти́ть. 私の父は冗談が上手かった | Я не шучу́. まじめな話です、冗談で言っているのではありません ②〈с圈〉…で遊ぶ、…をいじくる、いい加減に扱う、軽んじる、あなどる：～ с огнём 火遊びをする | С судьбо́й шути́ть нельзя́. 運命をあなどってはいけない | Нельзя́ шути́ть со свои́м здоро́вьем. 自分の健康をおろそかにしてはいけない ③〈над圈〉笑い物にする、からかう、もてあそぶ：～ над новичко́м 新入りをからかう | ～ над любо́вью бе́дной де́вушки 哀れな娘の恋心をもてあそぶ

◆ Чём чёрт не шу́тит! 〔話〕ことによるとそうかも知れん、ひょっとしたら、先のことはわからない | не люби́ть ～ 囲 …はてごわい、おそろしい | Шу́тишь! = Шути́те! 〔反駁・不同意・驚き〕まさか！；冗談でしょう！

шути́ха² [女2] 囲 →шут ②（ジグザグに飛ぶ、打ち上げ）花火

*шу́тк|а [シュートカ] 複生 -ток [女2] 〔joke, jest〕① 冗談、ジョーク：первоапре́льская ～ エイプリルフール | В ка́ждой ～ е есть до́ля пра́вды. どんなジョークにだって真実が含まれている ② 笑劇、茶番劇

◆ без шу́ток 本気で、まじめに | в ～ = ра́ди -и ふざけて、冗談で | не на -у ひどく、本気の、えらいことに：рассерди́ться не на -у 本気で怒る | не ～ 〈述語〉冗談ではない、えらいことだ | Про́игрыш с таки́м счётом — уже́ не ～. このスコアでの負けは大変なことだ | не до шу́ток 囲 …は冗談どころではない、冗談を言っていられる状況にない | -и в сто́рону = кро́ме шу́ток = -и, -ами, но ... 冗談はさておき、まじめな話 | -(ли) сказа́ть 言うなることだ、生易しいことばかり、考えてみると | -и пло́хи с 圈 …を軽んじる[もてあそぶ]と後で痛い目に遭うぞ | -и́ [-у] шути́ть〔通例皮肉に〕楽しむ、面白がる

*шутли́в|ый 短 -и́в [形1]〔jokey〕①〔話〕冗談好きの：～ хара́ктер ひょうきんな性格 ② = шу́точный：-тон 冗談めいた調子 | -ое замеча́ние おどけた感想 //-ость [女10]

шутни́к|-а́ [男2]/-ца [女3] ひょうきんな、冗談好きの人：большо́й ～ 冗談ばかり言っている人

шуто́вство́ [中1] おどけ、ふざけ

шу́точн|ый -чен, -чна, -чно, -чны [形1] ① 陽気な、冗談の、可笑しい：-ое стихотворе́ние 滑稽詩 | -ая (пе́сня)〔楽〕道化歌、おどけ歌（民俗声楽のジャンルの一つ） ②〔通例否定文で〕〔話〕ほんのちょっとの、深刻な、膨大な：Де́ньги не -ые. 金はしゃれにならないほどある | Ситуа́ция не -ая. 大変な状況だ

шутя́ [副] ① 冗談で、ふざけて：Он обня́л её ～. 彼はふざけて彼女を抱きしめた ② 容易に、たやすく：Учи́лась она́ ～. 彼女は苦もなく勉強した | ～ подняла́ тяжёлую шта́нгу 重いバーベルを軽々と持ち上げる ◆ не ～ 真剣に、とても強く：Она́ полюби́ла его́ не ～. 彼女は彼に本気で惚れ込んだ

шу́хер [男1]〔俗〕① 〈若者〉危険、危険信号 ② 動揺、興奮 ③ 大騒ぎ、大混乱、ごたごた ④ 乱暴、けんか、口論 ◆ стоя́ть на -е ...〈仲間が逮捕されないように〉見張る、監視する

шу́шера [女1]〔俗・蔑〕〈集合〉ろくでなし、くず

шушу́кать(ся) [不完]〔話〕ひそひそ話［噂話］をする：～ по угла́м 隅のほうでひそひそ話をする

шушу́н -а́ [男1]〔民俗〕シュシュン（古ロシアの農婦の前開きの長袖の上着；地方により сарафа́н 同様の形態もある）

шхе́ры -ер [複]〔断崖絶壁に囲まれた〕岩礁列島（島）：Ке́мские ～ （白海の）ケミ岩礁群

шху́на [女1]〔海〕スクーナー（マストが2，3本の軽快な縦帆式帆船）② (主に外国で建造された)漁船(рыболо́вная [рыболове́цкая] ～: краболо́вная ～ かに漁船)

ш-ш(-ш)[間] シーッ、静かに

шьёшь [2単現], шью [1単現] < ши́ть

---

## Щ щ

ща →щас

*щаве́л|ь -я́ [男5]〔sorrel〕〔植〕スイバ属：～ ки́слый スイバ | щи из -я́ ソレルのスープ // щаве́лев|ый [形1]: -ая кислота́〔化〕シュウ酸

щади́ть щажу́, щади́шь 受 щажённый (-жён, -жена́) [不完] /по- [完]〔spare〕〈囲〉

① 容赦する、勘弁する(дава́ть поща́ду)：Не ~ преда́теля. 裏切り者を赦してはならない |́ Го́ды не щадя́т никого́. 歳月は誰も容赦しない；人は老いるもの

② 大切にする、～ окружа́ющую среду́ 環境を大事にする | ～ чу́вства 囲 …の気持ちを傷つけないようにする | Не щадя́ свое́й жи́зни, он вёл себя́ му́жественно. 命を惜しまず、彼は勇敢に振る舞った |́ щадя́щие эколо́гию [экологи́чески щадя́щие] спо́собы произво́дства 環境を損なわない生産手段

щас, ща [副]〔俗〕① 今、すぐに (сейча́с の短縮形)：Щас приду́! 今行くよ | Я ща! 今やるよ ②〈皮肉に〉そんなことない、とんでもない、いやだ

ще́бень -бня [男5] ①（建設用の）砂利、砕石、砕いたレンガ；それを敷いた道 ②〔地〕（風化作用でできる）岩屑(屑) // щебёнка 複生 -нок [女2]〈指小〉
щебнево́й [形2], щебнёвый [形1] <①>
щебни́стый [形1]〔地〕<②>

ще́бет [男1]（ツバメ・ヒワなどの）さえずり、ピーチクパーチクいう声：Слы́шался задо́рный ～. 楽しそうな鳥のおしゃべりが聞こえた | То тут, то там слы́шится ～ сини́ц. あちこちでジュウカラのさえずりが聞こえる

*щебета́|ть -ечу́, -е́чешь [不完]〔twitter〕① 鳥がさえずる：В лесу́ щебе́чут синицы. 森でジュウカラがさえずっている ②〔話〕（子ども・若い女性が）ぺちゃくちゃしゃべる // -ние [中1]

щебету́н -а́ [男1]〔話〕ヒワの雄の幼鳥

щебету́нья 複生 -ий [女8]〔話〕① しゃべるように鳴く鳥（ツバメなど） ②〔戯〕おしゃべりな女性

щего́л -гла́ [男1]〔鳥〕ヒワ属：черноголо́вый ～ ゴシキヒワ |〔俗〕青二才、意気地なし

щегола́́тый -а́т [形1] しゃれた、めかし込んだ、（衣服が）はでな

щёголь [男5]（/щеголи́ха [女2]）めかし込むのが好きな人（фран́т）：большо́й ～ 伊達男 ②〔鳥〕ツルシギ

щегольну́ть [完] →щеголя́ть

щегольско́й [形4] 粋な、あかぬけた (★ щеголева́тый より程度が上)：～ вид 粋な様子 |́ ～ плащ おしゃれなコート

щегольство́ [中1] おしゃれ、粋(ヽ)、伊達好み

*щеголя́|ть [不完] / щегольну́ть -ну́, -нёшь [完]〔一回〕〔旧・皮肉〕めかし込む (вы́рядиться, наряди́ться) ①〔旧・皮肉〕めかし込む (вы́рядиться, наряди́ться) 着飾る；風変りな格好をする。着飾るのが好きだ：～ в но́вом пла́тье 新しいワンピースでめかす | ～ в лаптя́х〔皮肉〕場違いな格好をする(←わらじでめかす) ③〈圈〉をひけらかす："свои́ми зна́ниями [свои́м бога́тством] 知識［富］をひけらかす

ще́дрость [女10] 寛大さ、気前のよさ

щедро́ты -о́т [複]〔話〕施し、気前のよい贈り物：подари́ть [дать, удели́ть] от свои́х щедро́т〔皮肉〕気前よく自分のふところから贈る [与える]

*ще́др|ый 短 щедр, -pá, -pо, -ры/-ры́ ли -pée [形1]〔generous〕① 気前のよい、物惜しみしない (↔ скупо́й)：～ спо́нсор 気前のよいスポンサー | -ая душа́ = -ое се́рдце おうような心 ② 〈на圈〉…が多い、…はたっぷり

**щек|а́** [シカ*к*] 対 щёку/щеку́ 複 щёки, щёк, щека́м (за́ щеку, за щёку) [女2] 〔cheek〕 ①頬, ほっぺた: ~ к ~е́ 頬を頬にくっつけて | уда́рить по ~е́ 横面を張り飛ばす | подста́вить другу́ю щёку (頬を殴られて)もう一方の頬を差し出す | Слёзы теку́т по ~а́м. 頬に涙が流れる | я́мочки на ~а́х えくぼ ②側面: ~ пистоле́та ピストルの側面 ◆наду́ть щёки (頬を膨らませて)いい気にならない, 気取る | упи́сывать за́ о́бе ~и がつがつ食べる, むさぼり食う

**щека́стый** 短 -а́ст [形1] 《話》頬のふっくらした: ~ малы́ш ほっぺたの赤ちゃん

**щеко́лд|а** [女1] (ドアの)掛け金, かんぬき: закры́ть дверь на ~у́ ドアをかんぬきで閉める

**щёкот** [男1] (音色が移り変わる鳥の)さえずり, 歌声: соловьи́ный ~ うぐいすのさえずる歌声

**щекота́ть** -очу́, -о́чешь [不完] /**по-** 受過 -о́ченный [完]〔tickle〕①直くすぐる, むずむずさせる: Сла́дкий арома́т щеко́чет но́здри. 甘い香りが鼻孔をくすぐる ②〘人称〙直/与直くすぐる, むずむずさせる(くちく) する: У меня́ в го́рле щеко́чет. 私は喉がむずがゆい ③直〈虚栄心を〉満足させる, 喜ばせる: ~ самолю́бие 虚栄心をくすぐる | ~ не́рвы 神経を興奮させる, 動揺させる // **щекота́ние** [中5]

**щеко́тка** [女2] <щекота́ть ①くすぐったい感じがすること

**щекотли́в|ый** 短 -и́в [形1] ①微妙な, 慎重な扱いを要する: ~ вопро́с デリケートな問題 | -ое положе́ние 微妙な立場 ②《話》くすぐったがりの

**щеко́тно** [無人述]《話》〈与に〉くすぐったい

**щеко́тный** [形1] くすぐったい

**щелба́н** -а́ [男1]《俗》= щелчо́к: дать (получи́ть) ~ デコピンをくらう(くらう)

**щелево́й** [形1] <щель

**щели́стый** 短 -и́ст [形1]《話》割れ目[隙間]の多い: ~ пол 隙間の多い床

**щёлк** [男2] はじく[打つ]音; (カメラの)シャッター音, (マウスの)クリック音 ②〘述〙 щёлкать, щёлкнуть の過去形の代用

**щёлка** 複生 -лок [女2] <щель

**\*щёлкать** [不完] / **щёлкнуть** -ну, -нешь 命 -ни, 《俗》**щелкану́ть** -ну́, -нёшь [完] 〔click, crack〕 ①直指先ではじく; 打つ: ~ его́ в лоб [по́ лбу] 彼の額をパチンとはじく | 造く短い音を立てる: ~ кнуто́м むちでパシンという音を立てる | языко́м 舌打ちする | ~ па́льцами (親指と中指で)指を鳴らす | ~ выключа́телем パチッとスイッチを入れる[切る] | ~ на счётах《話》珠算勘定をする ② 《不完》直噛んで割る: ~ се́мечки ひまわりの種をポリポリかじる ③ 《話》直カメラのシャッターを切って…の写真を撮る: Щёлкни меня́ на фотоаппара́т! 僕の写真を撮ってちょうだい ⑤造 (マウスで)クリックする: Щёлкните два́жды! ダブルクリックして下さい | ~ по ико́нке アイコンをクリックする ⑥《俗》直射殺する ⑦《不完》(鳥が)声を震わせて鳴く, トリルのような鳴き声で楽しませる ∥ **~ся** [不完]〘受動〙①③⑥ ∥ **щёлканье** [中4]

**щёлкнуться** -нусь, -нешься 命 -нись [完] (自分の)写真を撮る: Щёлкнемся на па́мять! 記念に一緒に写真を撮ろうよ

**щёлок** [男2] 灰汁(*аку*) (強アルカリ; 石鹸・洗剤として)

**щёлочка** -чек [女2] 〘指小〙 <щель

**щелочно́й** [形2]《化》アルカリの: -а́я реа́кция アルカリ反応

**щелочно́сть** [女10] 《化》アルカリ性

**щёлочь** 複 -и, -е́й [女11] 《化》アルカリ

**\*щелчо́к** -чка́ [男2] 〔flick, click〕①指先ではじくこと; その音: ~ы́ па́льцев 指をはじくピチンという音 ②大きくなく短くて鋭い音: ~и́ вы́стрелов (銃の)発砲音 ③《話》侮辱: дать (получи́ть) ~ 侮辱する[される] ④《コン》クリック: двойно́й ~ ダブルクリック | ~ пра́вой кно́пкой мы́ши 右クリック ⑤《アイスホッケー》スラップショット

**щель** 複 -и, -е́й [女10] 〔crack, slit〕 ①裂け目, 割れ目, 隙間: смотре́ть в ~ из-за забо́ра 塀の隙間からのぞきこむ | вентиляцио́нная ~ 通気[換気]口 | смотрова́я ~ та́нка 戦車ののぞき穴 ②《軍》各個掩体(*たいたい*), 細長い塹壕 ■ **голосова́я ~** 声門

**щеми́ть** -млю́, -ми́шь 受過 -млённый (-лён, -лена́) [不完] ①直 締め付ける, 圧迫する: Оцара́панный живо́т щеми́т и сади́нт. おなかの引っかき傷が締めつけられて痛がゆい ②《無人称でも》直 (物理的に)うずくような痛みを引き起こす: Щеми́т в груди́. 胸が痛む | Щеми́т в боку́. わき腹が痛む 《душа́, се́рдце, грудь などと共に》(心が)痛む, 憂鬱になる ∥ **щемле́ние** [中5]

**щени́ться** -ни́тся [不完] /**о-** [完] (犬・狼・狐などが)子を産む ∥ **щене́ние** [中5]

**щённая** щённа [形1]〈犬・狼・狐が〉身ごもっている

**щено́к** -нка́ 複 -нки́/-ня́та, -нко́в/-ня́т [男2] 〔puppy〕 ①子犬; (狼・狐・クロテン・オットセイなどの)子; борзо́й ~ ボルゾイの子犬 | породи́стый ~ 血統のよい子犬 ②《蔑》がき, 小僧, 青二才

**щеп|а́** -ы́ щёпы, щеп, -а́м 《集合》 = щепка́ ②屋根ふき用薄板, 木舞(*こまい*) (дра́нка): Дом кры́т -о́й. 家の屋根は板葺きになっている ∥ **щепно́й** [形2]

**щепа́ть** щеплю́/-а́ю, -лешь/-аешь 受過 щёпанный [不完] 直〈薄板・木片を〉割って[そいで]作る: ~ лучи́ну 木片を作る

**\*щепети́льный** 短 -лен, -льна [形1] ①こうるさい, 細かいことにまで厳しい: Он щепети́лен в де́нежных дела́х. 彼はお金のことにはうるさい ②デリケートな, 慎重を極める: ~ вопро́с デリケートな問題

**\*щёпк|а** 複生 -пок [女2]〔chip, sliver〕木片, 木切れ, 木っ端 ◆в ~и разби́ть [разнести́] 《話》完全に, 決定的に粉砕する | худо́й как ~ とても痩せている, 痩せ細っている | Лес ру́бят — ле́тят ~и. 大事業には多少の犠牲はつきものだ (← 木を切れば木っ端が飛ぶ)

**щепо́ть** [女10] ①親指・中指・人差し指の指先を合わせた形 ②《旧》のひとつまみの量: ~ со́ли 塩ひとつまみ

**щепо́тка** 複生 -ток [女2] 〘指小〙

**щерба́т|ый** 短 -а́т [形1] ①ぎざぎざした, 凸凹で: ~ пол 凸凹の床 | -ое лицо́ あばた面 ②歯の抜け落ちた[欠けてできた]隙間: рот со ~о́й 歯が抜けて隙間のある口 ∥ **щерби́нка** 複生 -нок [女2] 〘指小〙

**щерби́на** [女1] ①ぎざぎざ, 凹凸, へこみ: ~ на доске́ 板の凸凹 ②あばた: ~ на лице́ あばた面 ③歯が抜け落ちた[欠けてできた]隙間: рот со ~о́й 歯が抜けて隙間のある口 ∥ **щерби́нка** 複生 -нок [女2] 〘指小〙

**щёрить** -рю, -ришь 受過 -ренный [不完] /**о-** [完] 《話》〈歯をむき出す〉: ~ зу́бы 歯をむき出す ②(動物が)毛を逆立てる

**щёриться** -рюсь, -ришься [不完] /**о-** [完] ①(動物が)歯をむき出す: Волк щёрится. 狼が歯をむき出している ②《話》にやにやする ③(動物が)毛を逆立てる

**\*щети́н|а** [女1] 〔bristle〕①(動物の)剛毛: свина́я ~ 豚毛 ②ブラシの毛 ③《話》不精ひげ: ~ отросла́ 不精ひげが伸びている ∥ **~ка** 複生 -нок [女2] 〘指小〙

**щети́нистый** 短 -ист [形1] ①剛毛を持った: каба́н 毛もくじゃらのイノシシ ②(毛が)剛毛のように硬い: -ые бро́ви 濃い眉 | -ые во́лосы 剛毛のドアマット ③《話》不精ひげの生えた: ~ стари́к 無精ひげを生や

**щетинить** -ню, -нишь [不完] / **о~** [完]《話》《限》(動物が)〈毛を〉逆立てる: Кóшка щети́нит шерсть. 猫が毛を逆立てている ∥**-ся** [不完] / [完] ①毛が逆立つ ②《話》(動物が)毛を逆立てる ③《話》腹を立てる、はむかう

*__щётка__ 複生 -ток [女2] [brush] ①ブラシ、はけ: ~ для воло́с ヘアブラシ | зубна́я ~ 歯ブラシ | оде́жная [обувна́я] ~ 洋服[靴]ブラシ ②(馬の)球節、距毛 ③《発電機の》ブラシ、刷子 ∥**-очка** 複生 -чек [女2] [指小] ∥**-очный** [形]

**щёчка** 複生 -чек [女2] [指小] < щека́

**щёчный** [形] < щека́

**щи** щей [複] [cabbage soup] 《料理》キャベツスープ: ки́слые щи 発酵キャベツのスープ | зелёные щи ホウレンソウのスープ ◆**ла́птем щи хлеба́ть** 《俗》ただ生きているだけ、空虚な[むない]日々を送る；教養がない | **Щи да ка́ша** ― **пи́ща на́ша!** 好みがシンプル[素朴]だ、要求が控え目だ

**щикóлотка** 複生 -ток [女2] [解] くるぶし (лоды́жка): брю́ки до ―**ок** 長ズボン

*__щипа́ть__ щиплю́/-а́ю, щи́плешь/щипе́шь/-а́ешь, ... щи́плют/-а́ют受身щи́панный [不完] / [完] **щипну́ть, ущипну́ть** -ну́, -нёшь [1回] 《限》① つまむ、つまり: ~ за́ ру́ку [щёку] …の手[頬]をつねる ② ひりひり刺激する: Пе́рец щи́плет язы́к. コショウで舌がひりひりする | Шампу́нь щи́плет глаза́. シャンプーが目にしみる ③かじって食べる、むしゃむしゃ食べる: Коро́ва щи́плет траву́. 雌牛が草をはむ ④ [完 **об-, о~**]〈鳥の羽をむしり取る: ~ ку́рицу 鶏の羽をむしり取る ⑤(隠喩)ひやかす、皮肉る ∥**-ся** [不完] ①(鳥などが)つつく[むしる]習性を持つ ②互いにつねりあう ③《受身》

**щипа́ч** -а́ [男4]《俗》すり

**щипе́ц** -пца́ [男3]《建》切妻(造り)、切妻屋根

**щипко́вый** [形]《楽》撥弦の: ―ые стру́нные инструме́нты 撥弦楽器 (バラライカ、バンドゥーラ、ハープ、ギター、マンドリンなど)

**щипко́м** [副]《楽》(弓鳴楽器で)ピツィカート奏法で (пиццика́то); (バラライカで)親指による下への打奏で(単音を出す)

**щипну́ть** [完] → щипа́ть

**щипо́к** -пка́ [男2] 強くつねること; つまむこと; 《弦楽器で》1本の弦をつまむこと: синяки́ от ―**ко́в** つねってできたあざ | ~ больши́м па́льцем (バラライカで)親指による下への打奏

*__щипцы́__ -о́в [複] [tongs, pincers] トング、やっとこ、ペンチ、ニッパー; ~ для са́хара 砂糖はさみ | ~ для зави́вки воло́с ヘアアイロン | хирурги́ческие [акуше́рские] ~ 外科[産科]鉗子 ∥**щи́пчики** -ов [複][指小]爪切り、シュガートング、眉毛抜き

*__щит__ -а́ [男1] [shield] ①盾; ~ и меч 盾と剣 ②遮蔽物、囲い: снегове́ы́防雪柵, 雪よけ | противоракéтный ~ ミサイル防衛システム ③海岸の砲撃訓練 ④ газе́тный [рекла́мный] ~ 新聞掲示[広告]板 ⑤《技》操作パネル、計器盤: ~ управле́ния 制御盤 | распредели́тельный ~ 配電盤、交換台 ⑥《技》(水門のスルースゲート ⑦《建》(建材の)板、柵、囲い ⑧(トンネル工事で落盤を防ぐ)鋼製円筒、シールド; シールド掘削機 ⑨《スポ》(バスケットボールの)バックボード ◆**на -е́ [со -о́м] верну́ться** 負ける[勝つ] | **подня́ть на -е́** 《文》べた褒めする | **со -о́м и́ли на -е́** 《文》運を天に任せて、成り行き任せで

**щитови́дка** 複生 -док [女2]《話》甲状腺

**щитови́дный** [形] 盾の形をした、甲の: ―ая железа́ [解]甲状腺

**щито́к** -тка́ [男2] ①[指小] < щит②③④ ②《スポ》すねあて、プロテクター

*__щу́ка__ [女2] [pike] 《魚》カワカマス ◆**пусти́ть -у в ре́ку** 《話・非難》人のけしからぬと予測される行為をみすみす見逃す

**щуп** [男1]《工》① 探知[試料採取]に使う道具; 地質調査用小型ドリル, 地層探索棒, ピペット ②装置の細部の間隔を測る道具; 隙間ゲージ

**щу́пальце** 複生 -цев/-лец [中2]《通例複》①(無脊椎動物の)触覚, 触手, 触腕, 感触体: ―а осьмино́га タコの足[触腕] ②《俗》手, 指

*__щу́пать__ [不完] / **по~** 受身 -анный [完] [touch] 〈對〉手探りする, 触って調べる ◆~ **пульс** 脈を取る | ~ **глаза́ми [взо́ром]** …をじろじろ見る

**щу́плый** 短 щупл, -ла́/-ла, -ло [形1] ①《話》ひ弱な, みすぼらしい ②《農》(穀物が)実の入っていない: ―ые семена́ 貧弱な種 ∥**-ость** [女10]

**щур**[1] -а́ [男1]《鳥》ギンザンマシコ属: ~ обыкнове́нный ギンザンマシコ

**щур**[2] [男2]《スラブ神》祖霊, 氏族の守り神

**щурёнок** -нка 複生 -ря́та, -ря́т [男9] カワカマスの稚魚

*__щу́рить__ -рю, -ришь受身 -ренный [不完] / **со~** [完] [squint]〈對〉〈目を細める〉: ~ глаза́ от со́лнца 太陽のまぶしさに目を細める | ~ глаза́ от близору́кости 近視で目を細めて見る

**щу́риться** -рюсь, -ришься [不完] / **со~** [完] [squint] ①目を細める: ~ от со́лнца 太陽のまぶしさに目を細める ②疑わしそうに, 不審そうに目を細める | ~ от удово́льствия 満足そうに目を細める ②(目が)細くなる: Глаза́ щу́рятся от я́ркого све́та. 明るい光で目が細くなる ③《俗》<на 對>…を見る

**щу́рка** 複生 -рок [女2]《鳥》ハチクイ属

**щурóк** -рка́ [男2] ①《話》カワカマスの稚魚 ②[指小] < щур[1]

**щу́чий** [形9] カワカマスの: ―**ьи** зу́бы カワカマスの歯 (非常に鋭い) ◆**по -ьему веле́нию** 「カワカマスの命により」(カワカマスを助けた礼に3つの願いを叶えられたというおとぎ話の題; 願いを叶える呪文) | **как по -ьему веле́нию** 《話・戯》まるで魔法のように, ひとりでに

**щу́чка** 複生 -чек [女2] [指小] < щу́ка

# Э э

*__э́__ [間] [oh, um]《しばしばэ-э-э́と発音されて》①《不同意》え, ええ, ねえ, いや ②《疑惑・驚き・不信》え、…, いや: Э, э́то ты́? えっ, 君なの ③《逡巡》ええっと, あの: Где ты был? ― Э-э-э́. 「どこにいたの?」 「ええっと …」

**эбе́н** [男1] コクタン(の木材) (чёрное де́рево)

**эбе́новый** [形1] コクタン(製)の: ―ое де́рево [植]コクタン | ―ые [複名]《植》カキノキ科

**эбони́т** [男1] エボナイト, 硬質ゴム ∥**-овый** [形1]

**Эбо́ла** [女] エボラ(コンゴの川) ◆**(гемoppaги́-ческая) лихора́дка -ы** エボラ出血熱

**э́ва** [間]《俗》《驚き・不同意・反駁》ええっ

**эвакопу́нкт** [男1] 避難[撤退]活動の拠点

**эвакуа́тор** [男1] ①避難[撤退]活動にあたる人 ②レッカー車

**эвакуа́ция** [女9] 避難, 撤退; (レッカー車による車両の移動, 搬出): ~ населéния при пожáре [наводнéнии] 火災[出水]時の住民避難 | Объя́влена ~. 避難勧告が出ている | Идёт ~. 避難が進められている | Э~ села́ заверши́сь. 村の避難は完了した | **в** —**ии** 避難して, 撤退して; 移動作業で ∥**эвакуацио́нный**

[形1]: ～ пункт 避難所, 被災者救援センター; (負傷兵らの)後送所: ～ выход 非常口

**эвакуи́ровать** -рую, -руешь 受過 -анный [不完・完]〈 ⑱ 〉撤退させる, 避難させる; 移動する, 撤去する: ～ из зо́ны бе́дствия 被災地から避難させる | Эвакуи́рованы жи́тели пятидесяти домо́в. 50戸の住民が避難している | ～ автомоби́ль 車両を撤去する // **～ся** [不完] [受身]

**эве́н** [男1] /**～ка** 複生 -нок [女2] エヴェン人(シベリア北東部に居住) //**～ский** [形3]

**эве́нк** [男2] /**～и́йка** 複生 -йек [女2] エヴェンク人(エヴェンク自治管区を中心に住む; 日本では「エベンキ」で知られる) //**～и́йский** [形3]

**Эве́нкия** [女9] エヴェンキア(エヴェンキ区 Эвенки́йский райо́н の別名; 2007年自治管区から改編; シベリア連邦管区) (★1908年ツングースカ大爆発)

**эвентуа́льный** 短 -лен, -льна [形1] 《文》あり得る, 可能性のある: ～ у́мысел 未必の故意

**Эвере́ст** [男1] エベレスト(ジョモルンマ)

**эвиденциа́льность** [女10] 《言》証言性

**эвкали́пт** [男1] 《植》ユーカリ //**-овый** [形1]

**ЭВМ** [エヴェーエ́ М] [女] コンピュータ(электро́нно-вычисли́тельная маши́на): больша́я ～ メインフレーム, 汎用コンピュータ | су́пер- ～ スーパーコンピュータ | персона́льная ～ パソコン

**эволюциони́зм** [男1] 《文》進化論

**эволюциони́ровать** -рую, -руешь [不完・完] 《文》進化する

**эволюциони́ст** [男1] /**～ка** 複生 -ток [女2] 《文》進化論者 //**～ский** [cc] [形3] 進化論(者)の

*\***эволю́ция** [女9] 《evolution》進化; 発展: тео́рия ～ии 進化論 | **эволюцио́нный** [形1]: -ое уче́ние 《生》進化学説

**э́вон** [助] 《俗》ほら, あそこに; 《数量・程度を表す語と共に》何と: Э-, достиже́ние како́е! その成果のすばらしいこと

**э́врика** [間] わかった, なるほどそうか (★アルキメデスの言葉「ユリイカ」の転訳)

**эври́сти|ка** [女2] ①《IT・心・論》ヒューリスティクス ②《教》発見的教授法, 発見学習 //**-и́ческий** [形3]

**эвтана́зия** [女9] 《医》安楽死(術)

**эвфеми́зм** [男1] 《文》婉曲法 ("妊娠中 бере́менна" を "赤ん坊を待つ ждёт ребёнка" と言い換えるなど) //**-исти́ческий** [形3]

**эге́, э-ге-ге́** [エヘ́; эхэхэ́] [間] 《重大なこと, 意外なことが明らかになった際に》おやおや, こりゃまた, へえー

**эге́йск|ий** [形3] エーゲの: ～ое мо́ре エーゲ海

**эги́д|а** [女9] 保護, 庇護, 後援; 主催, 主宰 ◆под **-ой** 囲 …の庇護のもと, …の後援で; …主催で: под **-ой** ООН 国連主催で

**эгои́зм** [男1] 利己主義, エゴイズム

**эгои́ст** [男1] /**～ка** 複生 -ток [女2] 利己主義者, エゴイスト

**эгоисти́ческий** [形3] 利己主義(者)の

**эгоисти́чный** 短 -чен, -чна [形1] 利己的な, エゴイスティックな

**эгоцентри́зм** [男1] 《文》自己中心主義, 極端な利己主義

**эгоце́нтрик** [男2] 《文》自己中心主義者

**эгоцентри́ст** [男1] /**～ка** 複生 -ток [女2] 《文》＝эгоце́нтрик

**эгоцентри́ческий** [形3] 《文》自己中心主義(者)の

**эгоцентри́чный** 短 -чен, -чна [形1] ＝эгоцентри́ческий

**э́дак** [副] 《話》＝э́так

**э́дакий** (形3変化) [代] 《話》＝э́такий

**эдельве́йс** [э; é/э] [男1] 《植》ウスユキソウ属: ～ альпи́йский エーデルワイス

**Эде́м** [男1] 《聖》エデン(の園) //**эде́мский** [形3]

**Эзо́п** [男1] イソップ (古代ギリシアの寓話作家): ба́сни ～а イソップの寓話 //**эзо́пов** [形10]: ～ [эзо́повский] язы́к 寓意と比喩の多い表現

**эзо́повский** [形3] イソップ風の, 寓意と比喩をちりばめた

**эзоте́рик** [э] [男2] 《宗》秘教(秘儀)に通じた人

**эзотери́ческий** [э] [形3] 秘伝の, 秘教の, 秘儀の

*\***эй** [間] [hey]《呼びかけ》おい, おーい, それ, いいかな: Эй, подходи́, покупа́й! さあいらっしゃい, 寄ってらっしゃい見てらっしゃい

**эйде́т|ик** [男2] 《心》直観像を見る人 //**-и́ческий** [形3]

**Эйзенште́йн** [男1] エイゼンシュテイン (Сергéй Михáйлович ～, 1898-1948; 映画監督; «Броненóсец Потёмкин» 『戦艦ポチョムキン』)

**Э́йфман** [男1] エイフマン (Борис Я́ковлевич ～, 1964- ; モダンバレエ振付け師)

**эйфори́я** [女9] 《文》幸福感, 恍惚感; 《医》多幸感

**эк, э́ка** [助] 《俗》《驚き・いまいましさ》何と, いやはや: Эк замахну́лись! 何と, やる気になったか

**Эквадо́р** [男1] エクアドル (首都は Ки́то)

**эква́йринг** [男2] 《金融》クレジットカード決済

**эква́тор** [男1] ①赤道 ②《学生》学生生活3年の冬季期末試験後の時期, 大学生活の折り返し地点 ◆сиде́ть на ～е ～は全く無為である | пересека́ть ～ ⑴赤道を通過する ⑵限界[境界]を越える

**экваториа́льный** [形1] 赤道の, 赤道直下の; 赤道付近の, 熱帯の

**эквивале́нт** [男1] 《文》〈 ⑮ / 〈 ⑯ の〉等価物, 同等のもの: Англи́йский ～ ру́сского сло́ва «душа́» — э́то «soul». ロシア語の душа́ の英語における等価体は soul である

**эквивале́нтн|ый** 短 -тен, -тна [形1] 〈 ⑮ 〉…と等価の, …相当の: взрыв, ～ двумстáм хиросимским бóмбам ヒロシマ型(原子)爆弾200発相当の爆発 //**-ость** [女10]

**эквилибри́ст** [男1] /**～ка** 複生 -ток [女2] バランス芸人 (サーカスの綱渡り芸人, 玉乗り芸人など)

**эквилибри́стика** [女2] バランス芸 (サーカスの綱渡り, 玉乗りなど)

**ЭКГ** [эка́гé] 《略》Электрокардиогрáмма 《医》心電図

**экз.** 《略》экземпля́р

**экзальта́ция** [女9] 《文》熱狂, 興奮: быть в -**ии** 熱狂している, 興奮状態にある | впасть [прийти́] в -**ию** 熱狂する, 興奮状態となる

**экзальти́рованн|ый** 短 -ан, -анна [形1] 《文》熱狂した, 興奮した //**-ость** [女10]

*\***экза́мен** [эгза́мэн] [男1] [exam] 試験: вступи́тельный ～ 入学試験 | госудáрственный ～ (中等専門学校・大学の)卒業試験 | квалификацио́нный ～ 資格検定試験 | по ру́сскому языку́ [специа́льности] ロシア語[専門科目]の試験 | сдавáть ～ 試験を受ける | сдать [～ выдержать] ～ 試験に合格する | завали́ть ～ 試験に落ちる | пересдавáть ～ на -е 試験で不合格になる //**экзаменацио́нный** [形1]: ～ биле́т 試験問題 | ая сéссия 試験期間

**экзаменáтор** [男1] /**⟨話⟩-ша** [女4] 試験官

**экзаменовáть** -ну́ю, -ну́ешь [不完] /**про-** 受過 -óванный [完] 〈 ⑱ 〉試験する, 試す //**～ся** [不完] [受身]

**экза́рх** [男2] 《正教》エクザルフ (ある独立正教会の総主教庁所在地とは異なる国の内にあるが, その管轄に属する教区の総主教代理)

**экзе́ма** [з] [女1] 【医】湿疹 **//~то́зный** [形1]

*__экземпля́р__ [з] [男1] [copy] (書物・書類の) 1冊, 1部, 1通: заказа́ть два́ а́ кни́ги 同じ本を2部注文する | Тира́ж — три ты́сячи ~ов. 発行部数は3000部だ ②サンプル, 見本: о́пытный ~ самолёта 飛行機の試作機 ③ [話・滑] 変わり者: Муж мо́й — то́т ещё ~! うちの人ったらとんでもない変わり者なのよ

**экзистенциали́зм** [з] [男1] 【哲】実存主義

**экзистенциа́льный** [з] [形1] 【哲】実存主義の

**экзорци́зм** [男1] 悪魔払いの(儀式)

**экзорци́ст** [男1] 悪魔払いの祈禱(ﾄﾞ)師, エクソシスト

**экзо́т** [男1] 〘俗〙 ①変わった趣味の人, 変わり者 ②エキゾチックな動物, (特に猫の)エキゾチックショートヘア

**экзо́тика** [女2] エキゾチック[異国風]なもの, 異国情緒あふれるもの: Кака́я ~! 何ともエキゾチックだ

**экзоти́ческ|ий** [形3] ①エキゾチックな, 異国風の, 異国情緒あふれる: -ая ме́бель 異国趣味の家具 ②珍妙な, 奇抜な (экзоти́чный)

**экзоти́чн|ый** 短 -чен, -чна [形1] = экзоти́ческий [形3] **//~ость** [女10]

**эки́во́к** [男2] 〘通例複〙曖昧な表現; ごまかし, 言い逃れ: без вся́ких ~ов 白黒はっきりと

**э́кий** (形3変化) [代] 〘話〙 = эта́кий

*__экипа́ж__ [エキパージ] [男4] [crew, carriage] ①乗組員, 乗務員, 搭乗員, 船員: ~ косми́ческого корабля́ 宇宙船の乗員 ②陸上海兵団 ③乗用馬車 **//~ный** [形1]

**экипирова́ть** -ру́ю, -ру́ешь 受過 -о́ванный [不完・完] 〘文〙〘軍〙の装備を整える **//~ся** [不完] 〔受身〕

**экипиро́вка** 複生 -вок [女2] (装備・着衣の)整備; 装備品

**эклекти́зм** [男1] 〘文〙 = эклéктика: ~ в архитекту́ре 建築における折衷主義

**эклéктик** [男1] 〘文〙折衷主義者

**эклéктика** [女2] [文] 折衷主義 (эклекти́зм) ②折衷物, 折衷的なもの; 折衷建築(群)

**эклекти́ческий** [形3] = эклекти́чный

**эклекти́чн|ый** 短 -чен, -чна [形1] 折衷主義の, 折衷的な: носи́ть ~ хара́ктер 折衷的な性格を帯びる **//-ость** [女10]

**эклéр** [男1] 〘料理〙エクレア (洋菓子)

**экли́птика** [女2] 〘天〙黄道

**эко..** 〘語形成〙「生態の, エコの」

*__эко́лог__ [男1] [ecologist] 生態学者

**экологи́ст** [男1]/-**ка** 複生 -ток [女2] エコロジスト

*__экологи́ческ|ий__ [エカラギーチスキイ] [形3] [ecological, enviromental] 環境の, エコの: ~ монито́ринг 環境モニタリング **//~и** [副]

*__эколо́ги|я__ [女9] [ecology] ①生態学, エコロジー ②生態系, (自然)環境: хоро́шая [плоха́я] ~ よい[悪い]環境 | защи́та -ии 環境保護

**экомоби́ль** [男5] エコカー

**эконо́м..** 〘語形成〙「経済的な」

**эконо́метрика** [女9] 計量経済学

**эконометри́я** [女9] = эконометрика

*__эконо́мик|а__ [エカノ́ーミカ] [女2] [economy, economics] ①経済: ры́ночная [пла́новая] ~ 市場[計画]経済 | национа́льная (региона́льная) ~ 国家[地域]経済 ②経済学, 経営学: ~ произво́дства 生産経営学 | факульте́т -и 経済[経営]学部

*__эконо́мист__ [エカノミ́ースト] [男1]/〘話〙~ка 複生 -ток [女2] [economist] ①経済学者, 経済分野の専門家: веканси́я « ~ » [~a]. (求人広告で) 経理担当者求む ③э~ 『エコノミスト』 (ロシア・英国などの経済誌)

*__эконо́мить__ -млю, -мишь 受過 -мленный [不完] /

с~ [完] [economize, save] ①〘кого/что〙節約する, 倹約する: ~ электроэне́ргию [вре́мя] 電力[時間]を節約する ②〘на чём〙の出費を切り詰める: ~ на пита́нии 食費を切り詰める **//~ся** [不完] 〔受身〕

*__экономи́ческ|ий__ [エカノミ́ーチスキイ] [形3] [economic] 経済の, 経済的な: ~ рост 経済成長 | ~ райо́н 経済地区 (ロシアを11地域に分けた経済共同体の単位) | -ая держа́ва 経済大国 | -ая блока́да 経済封鎖 | осо́бая -ая зо́на 経済特区 (略 ОЭЗ) | факульте́т [экономи́ческий]учёт 経済[経営]学部 | ~ класс 経済運動 (車・船舶などの)経済速度 | програ́мма -ого сотру́дничества 経済協力プログラム ■ **Организа́ция ~ого сотру́дничества и разви́тия** 経済協力開発機構, OECD (略 ОЭСР) **//~и** [副]

*__экономи́чн|ый__ 短 -чен, -чна [形1] [economical] 経済的な, お得な, 節約的な: са́мый ~ в ми́ре автомоби́ль 燃費世界一の車 **//~о** [副]

*__эконо́ми|я__ [エカノーミヤ] [女9] [economy, saving] 倹約, 節約: ~ вре́мени [де́нег, то́плива] 時間[お金, 燃料]の節約 ■ **полити́ческая ~** 政治経済学 (политэконо́мия)

**эконо́м-кла́сс** [不変] [男1] エコノミークラス (эконо́мический класс)

**эконо́мничать** [不完] 〘話〙けちる, 倹約する

*__эконо́мн|ый__ 短 -мен, -мна [形1] [economical] 質素, つましい; 控え目な; あまり出費を要しない: -ая хозя́йка 倹約家の夫人 | ~ тур 格安ツアー **//~о** [副] **//-ость** [女10]

**экосе́з** [男1] 〘楽〙エコセーズ

**экосисте́м|а** [女1] 生態系 (экологи́ческая систе́ма): сохрани́ть -у 生態系を守る **//~ный** [形1]

*__экра́н__ [エクラ́ーン] [男1] [screen] ①画面, スクリーン: жидкокристалли́ческий ~ 液晶パネル | Появи́лись поло́сы на ~е. (PCの)画面に縞模様が出た ②映写幕, 銀幕: вы́йти на ~ы (映画)が封切られる ③ 【理・技】遮蔽(物): ~ на со́лнечной батаре́е 太陽電池パネル **//~ный** [形1]

*__экраниза́ция__ [女9] [screen version] ①映画化 ②(活字・舞台などから) 映画化された作品

**экранизи́ровать** -рую, -руешь 受過 -анный [不完・完] 〘кого/что〙映画化する, テレビ用に撮る: ~ ко́микс 漫画を映画化する **//~ся** [不完] 〔受身〕

**экрани́ровать** -рую, -руешь 受過 -анный [不完・完] 〘技〙〘кого/что〙遮蔽する

**экра́нка** 複生 -нок [女2] 〘俗〙(映画館で撮影した低品質の海賊版)

**экс-..** 〘語形成〙「前…, 元…, 旧…」

**эксгума́ция** [女9] 【医】(検屍のための) 遺体発掘

**экскава́тор** [男1] 〘技〙掘削機, パワーショベル: гу́сеничный [колёсный] ~ 無限軌道[タイヤ]式パワーショベル **//~ный** [形1]

**экскава́торщик** [男1] 掘削機オペレーター, パワーショベル操縦者

**эксклюзи́в** [男1] 〘話〙独占記事, 独占インタビュー

**эксклюзи́вный** [形1] 〘文〙唯一の, 独占的な: догово́р 専任媒介契約 **//~о** [副] **//-ость** [女10]

**экскреме́нты** -ов [複] 排泄物

**экску́рс** [男1] 〘文〙(通例本題を逸れた分野の)探求, 探訪: истори́ческий ~ 歴史探訪

**экскурса́нт** [男1]/~**ка** 複生 -ток [女2] 見学者, 観光客, 遠足の児童, 修学旅行生

*__экску́рси|я__ [女9] [excursion, tour] ①遠足, 観光: авто́бусная ~ バス旅行 | пешехо́дная ~ 歩いてまわる観光, 散策 | теплохо́дная ~ クルーズ観光 | обзо́рная ~ по Москве́ モスクワ周遊[一周]旅行 | быть в музе́е на -ии = идти́ в музе́й

**экскурсово́д** [男1] [guide] 観光ガイド, 見学施設の案内人：Ната́ша — наш ~. ナターシャは私たちのガイドです

**экслибрис** [男1] 蔵書票, エクス・リブリス

**экспанси́вн|ый** 短-вен, -вна [形1] [文] 直情径行の, 激しやすい **∥~ость** [女3]

**экспансион|и́зм** [男1] [文] [政] 拡張主義, 拡大政策 **∥~и́стский** [сс] [形3]

**экспа́нс|ия** [女9] ① [文] [政] 拡大, 拡張(政策)：территориа́льная — 領土拡張政策 ② 蔓延

**экспатриа́нт** [男1]∥**~ка** 複生-ток [女2] [文] [法] 国外在住者；国籍離脱者

**экспеди́рова|ть** -рую, -руешь 受過-анный [不完・完] [商] 運搬する, 運送する, 発送する **∥~ние** [中5]

**экспеди́тор** [男1] ① 発送受付係；運送業者 ② [露史] (帝政時代の官庁の)課長 **∥~ский** [形3]

*__экспеди́ц|ия__ [エクスピヂーツィヤ] [女9] [expedition] ① 遠征, 探検；遠征隊 — поля́рная — 極地探検(隊) | маршру́т -ии 遠征ルート | нау́чная — 学術調査 | в Ту́льскую о́бласть トゥーラ州での現地調査 | пое́хать на Камча́тку カムチャツカ半島に調査に行く ② 発送, 転送, 特派 ③ 発送係, 事務所, 部署 **∥~ио́нный** [形1]

*__экспериме́нт__ [エクスピリミェント] [男1] [experiment] 〈над/на 間に対する /с 語に関する〉試み；試み：сме́лый — 大胆な試み | на кры́сах ラットを使った実験 (ラットに何かを施す) | с кры́сами ラットを使った実験 (迷路など) | ~ в эконо́мике 経済における試み | приступи́ть к -у на 試みを行う

*__эксперимента́льн|ый__ [形1] [experimental] ① 実験の, 実験的な：тест-фе ~ ме́тод иссле́дования 実験的研究法 | ~ заво́д 実験工場 | -ая фа́брика 実験工場 | -ая му́зыка [楽] 実験音楽 ② 実験に基づく, 実験を伴う：-ая фоне́тика [фи́зика] 実験音声学 [物理学]

**эксперимента́тор** [男1] 実験者 **∥~ский** [形3]

**эксперименти́рова|ть** -рую, -руешь 受過-анный [不完] 〈над/на 間に対して/с 語に関して〉試してみる：~ над живо́тными 動物に実験をする | ~ с но́вой возмо́жностью 新しい可能性を試してみる

*__экспе́рт__ [エクスピェールト] [男1] [expert] 専門家, 鑑定人：~ по всем вопро́сам 何でも屋

*__эксперти́з|а__ [女1] [examination] ① 鑑定；専門家の見解：произвести́ -у 鑑定を行う | психиатри́ческая — 精神鑑定の, 医学的鑑定 | суде́бно-психиатри́ческая 司法精神鑑定 ② [話] 専門家委員会

**экспе́ртн|ый** [形1] 専門家の：-ое заключе́ние по вопро́су [+生] …の件に関する専門家の結論, 鑑定(書) | ~ сове́т 専門家会議

**экспира́ц|ия** [女9] [医・音声] 息を吐くこと, 呼気(作用) **∥~то́рный** [形1]

**экспликáция** [女9] ① (地図・図面などの)凡例, キャプション ② 解説, 説明 (脚本の)下書き

**эксплуата́тор** [男1]∥**~ша** [女4] 搾取者；他人を踏み台にする人間 **∥~ский** [形3]

**эксплуатацио́нник** [男1] [話] (天然資源開発・交通・工事などの)現場作業員

*__эксплуата́ция__ [女9] [exploitation] ① [蔑] [政] 利用, 搾取 ② 〈天然資源の〉開発, 利用；〈機械の〉稼動：~ недр земли́ 地下資源の開発 | руково́дство по -ии автомоби́ля 自動車の運転操作マニュアル | ~ пе́рвого энергобло́ка 1号機の稼動 **∥~ио́нный** [形1]

*__эксплуати́ровать__ -рую, -руешь 受過-анный [不完・完] [экс] ① [蔑] [政] 搾取する, 搾取する ② 〈天然資源を〉開発 [利用] する；〈機械を〉動かす, 稼動させる **∥~ся** [不完] [受身]

**ЭКСПО** [エクスポー] [不変] [中] エクスポ, 万国博覧会

*__экспози́ция__ [女9] [exposition] ① 展示(物), 出品(物)：постоя́нная — 常設展 ② [文学]導入部；[楽] 呈示 [提示] 部 ③ 露出(時間) **∥~ио́нный** [形1]

*__экспона́т__ [男1] [exhibit] 展示品, 所蔵品：гла́вный — 展示品の目玉 | це́нный — 貴重[高価]な展示品 | пятьсо́т -ов 500点の展示[所蔵]品 | реставра́ция -ов 所蔵品の修復

**экспоне́нт** [男1] 出品者

**экспони́рова|ть** -рую, -руешь 受過-анный [不完・完] [экс] ① 展示する, 出品する ② [写] 露出する **∥~ся** [不完] [受身] **∥~ние** [中5]

**экспоно́метр** [男1] [写] 露出計

*__э́кспорт__ [男1] [export] (↔и́мпорт) ① 輸出(品)：Това́р идёт на ~. その商品は輸出用だ ② [コン] (データの)エクスポート, 書き出し, 変換 **∥~ный** [形1]

**экспортёр** [男1] 輸出元；輸出業者

**экспорти́рова|ть** -рую, -руешь 受過-анный [不完・完] (↔импорти́ровать) [экс] 輸出する；[コン] エクスポートする, 変換する：~ из PDF в JPEG PDF を JPEG に変換する **∥~ние** [中5]

**экс-президе́нт** [экс]-[男1] 前大統領, 元大統領

**экс-премье́р** [э/э] [男1] 前首相, 元首相

**экспре́сс** [é/э] [男1] 特急(列車, バス, 船) **∥~ный** [形1]

**экспре́сс-..** [語形成] 「特急…」

**экспресси́вн|ый** [е/э] 短-вен, -вна [形1] [文] 表現(力)豊かな, 表情豊かな：~ диза́йн 表現力あふれるデザイン | ~ спекта́кль 表現力に富む芝居 | -ая стили́стика 表現豊かな文体 **∥~о** [副]

**экспрессион|и́зм** [男1] [芸・文学] 表現主義 **∥~исти́ческий** [形3]

**экспрессиони́ст** [男1]∥**~ка** 複生-ток [女2] 表現主義者, 表現主義の芸術家 **∥~ский** [形3]

**экспре́сс|ия** [é/э] [女9] [文] (感情・心情・体験の)表現, 表現力：говори́ть с -ией 情感あふれんばかりに話す **∥~ный** [形1]

**экспре́сс-по́чта** [é/э] [不変]-[女1] 速達(便)

**экспро́мт** [男1] 即興スピーチ；[即興詩]；[楽] 即興曲

**экспро́мтом** [副] 即興で, 即席に：произнести́ речь ~ 即興でスピーチをする

**экспроприа́тор** [男1] [文] 収用者, 徴発者；収奪者；強奪者

**экспроприа́ция** [女9] [文] 収用, 徴発；収奪, 強奪：~ земли́ [недви́жимости] 土地[不動産]収用

**экспроприи́рова|ть** -рую, -руешь 受過-анный [不完・完] [文] [экс] 収用する, 徴発する；収奪する, 強奪する

**экс-СССР** [エクスэсэсэсэр] [不変] [男] 旧ソ連：стра́ны [госуда́рства] экс-СССР 旧ソ連諸国

**экста́з** [男1] [文] 歓喜の忘我状態, エクスタシー, 恍惚：прийти́ в ~ 恍惚状態になる | говори́ть в -е 我を忘れてうっとりと話す **∥~ти́ческий** [形3]

**э́кстази** [不変] [中] [医] エクスタシー, MDMA (幻覚剤)

**экстенси́вн|ый** [э] 短-вен, -вна [形1] 大規模化傾向の, 量的拡大を目指した (↔интенси́вный)：-ое земледе́лие [農] 粗放農業

**экстенсиона́л** [э] [論] 外延

**экстéрн** [э] [男1]（修了資格の）検定試験受験者
**экстерна́т** [э] [男1]（修了資格の）検定試験制度
**экстерриториа́льность** [女10] 治外法権：~ посо́льств 大使館の治外法権
**экстерриториа́льный** 短 -лен, -льна [形1] 治外法権の, 治外法権を有する
**экстерье́р** [э] [男1]（邸宅・自動車などの）外観, 外装, 外回り ②動物の外見, 体つき **//~ный** [形1]
**э́кстра** [不変] [形]（品質が）最高級の: ма́сло ~ кла́сса 最高級オイル
**э́кстра..** 〘語形成〙「特（上）…」「超…」: экстралега́льный 超法規的な
**экстравага́нтный** 短 -тен, -тна [形1] 〘文〙突飛な, 常識外れの: ~ наря́д 奇抜な服装｜~ интерье́р 風変わりなインテリア
**экстраве́рт** [男1] 〘心〙外向性の人 (↔интрове́рт) **//~ный** [形1]
**экстраги́ровать** -рую, -руешь 受過 -анный [不完・完] 〘化・医〙抽出する
**экстради́ровать** -рую, -руешь 受過 -анный [不完・完] 〘法〙（国外へ）引き渡す, 送還する
**экстради́ция** [女9] 〘法〙（逃亡）犯罪人引き渡し, （本国）送還 **//-ио́нный** [形1]
**экстра́кт** [男1] ①抽出物, エキス；濃縮物: расти́тельный ~ 植物エキス ②〘文〙（論文などの）抜粋 **//~ный** [形1]
**экстра́кция** [女9] 〘化・医〙抽出, 煎じ出し
**экстраордина́рный** 短 -рен, -рна [形1] 〘文〙異常な, 並々ならぬ **//~ость** [女10]
**экстраполи́ровать** -рую, -руешь 受過 -анный [不完・完] 〘図〙既知の事実から推定する；〘数・統計〙外挿 [補外] する
**экстраполя́ция** [女9] 推定；〘数・統計〙外挿, 補外
**экстрасéнс** [э] [男1] 超能力者
**экстрасенсо́рика** [э] [女2] 超能力
**экстрасенсо́рный** [э] [形1] 超能力の
**экстрема́л** [男1] 極端な生活をしている人
**экстрема́льный** 短 -лен, -льна [形1] 〘文〙極限の, 極端な: ~ые усло́вия [ситуа́ции] 極限状況｜~ туризм エクストリーム・ツーリズム｜~ вид спо́рта エクストリーム・スポーツ **//~ость** [女10]
**экстреми́зм** [男1] 〘政〙極論；過激思想, 過激主義
**экстреми́ст** -ка 複生 -ток [男1] 過激論者; 過激思想を奉じる者; 過激思想家, 過激派: пра́вые ~ы 極右主義者 **//экстреми́стск|ий** [cc] [形1]: -ая группиро́вка 過激派集団
**экстре́мум** [男1] 〘数〙極値
**э́кстренно** [副] 緊急に
**э́кстренн|ый** 短 -ен, -енна [形1] 至急の, 緊急の；非常の, 臨時の: ~ креди́т 緊急貸付｜-ая ситуа́ция 非常事態｜-ая по́мощь 緊急援助
**экстри́м** [男1] 〘俗〙（生死に関わる）危険な行動；エクストリームスポーツ
**эксце́нтрик** [男2] ①（サーカス・ショーの）道化役者, 喜劇役者 ②〘技〙カム
**эксце́нтрика** [女2] 奇行，（人目を引くための）パフォーマンス, 喜劇的な演技法
**эксцентрисите́т** [男1] 〘技〙偏心（距離）；〘数〙離心率
**эксцентри́ческий** [形3] ①〘数〙（複数の円が）中心を異にする, 離心の ②奇抜な, 風変わりな, エキセントリックな: ~ но́мер 奇抜な出し物
**эксцентри́чн|ый** 短 -чен, -чна [形1] 〘文〙= эксцентри́ческий②: ~ наря́д 奇抜な衣装 **//~ость** [女10]
**эксцéсс** [男1] 〘文〙①過度, 過剰行為: ~ оборо́ны 〘法〙過剰防衛 ②秩序の侵害, 公序良俗違反

**экумени́зм** [男1] 〘キリスト〙エキュメニズム, 世界教会主義 **//-и́ческий** [形3]
**эла́ст|ик** [男2] ①ストレッチ繊維 ②（不変）[形]〘後置して〙エラスティックの: брю́ки ~ <①
**эласти́чн|ый** 短 -чен, -чна [形1] ①弾力性ある, 伸縮性の: ~ би́нт 伸縮性包帯 ②軽やかな: -ые шаги́ 軽やかな足どり **//~ость** [女10]
**элева́тор** [男1] ①（穀物を船に積み込むまでの）大型倉庫 ②（貨物の）昇降機（★ли́фт の方が一般的）
**элега́нтн|ый** 短 -тен, -тна [形1] 洒落た, エレガントな, 優雅な: ~ костю́м エレガントなスーツ｜~ мужчи́на ダンディーな男性 **//~ость** [女10]
**элеги́ческий** [形3] ①エレジーの, 挽歌の ②哀愁に満ちた, 悲しい
**элеги́чн|ый** 短 -чен, -чна [形1] = элеги́ческий②
**эле́гия** [女9] 〘文学・楽〙エレジー, 挽歌
**электора́т** [男1] 〘文〙〘集合〙〘政〙有権者 **//-льный** [形1]
**электриза́ция** [女9] 〘理〙通電, 充電, 帯電；〘医〙電気治療
**электризова́ть** -зу́ю, -зу́ешь [不完・完]/**на**- 受過 -о́ванный [完] ①〘理〙充電する, 帯電させる；〘医〙電気治療する ②興奮させる **//~ся** [不完・完] 〈自身〉
**электри́к** [男2] 電気技術者, 電気工
**электри́к** (不変) [形] 〘後置して〙エレクトリック・ブルーの: дли́нное пла́тье ~ エレクトリック・ブルーのロングドレス
**электри́ка** [女2] ①〘話〙配線（工事）②〘集合〙電気製品
**электрифика́ция** [女9] 電化: ~ всей страны́ 国内総電化
**электрифици́ровать** -рую, -руешь 受過 -анный [不完・完] 〘図〙電化する
**⁑электри́ческ|ий** 〘エリクトリーチスキイ〙 [形3]〔electric〕電気の: -ая эне́ргия 電力｜~ ток 電流｜-ая ста́нция 発電所｜~ генера́тор 発電機｜~ дви́гатель 電動モーター｜-ая печь 電気炉｜-ая сва́рка 電動溶接｜~ счётчик 電気（使用量測定）メーター ■ ~ у́горь 〘魚〙デンキウナギ｜~ стул 〘米国で〙（死刑用）電気椅子
**⁎электри́честв|о** [中1]〔electricity〕①電気: Эта маши́на рабо́тает на -е. この機械は電気で動いている｜стати́ческое ~ 静電気｜Го́род оста́лся без -а. 町の電気が止まっている｜Отключи́ли ~. 電気を止められた：停電になった ②電気照明: зажéчь [погаси́ть] ~ 電灯をつける [消す]｜у́личное ~ 街灯
**⁎электри́чка** 複生 -чек [女2]〔electric train〕〘話〙（長距離でない）電車
**электро..** 〘語形成〙「電気の」
**электробри́тва** [女1] 電気シェーバー
**электро́бус** [男1] 電気バス
**электробытово́й** [形2] 家電の, 電化製品の
**электрове́ник** [男2] ①電動（コードレス）スイーパー ②〘俗・戯・皮肉〙狡猾なやつ, 抜け目のないやつ, やり手
**электрово́з** [男1] 電気機関車
**электрогита́ра** [女1] 〘楽〙エレキギター
**электро́д** [男1] 〘理〙電極 **//~ный** [形1]
**электродви́гатель** [男5] 電動機, モーター
**электродви́жущ|ий** [形6] 〘理〙電流を発生させる, 電気を起こす: -ая си́ла 起電力, 動電力
**электродина́м|ика** [女2] 電気力学 **//-и́ческий** [形3]
**электродугово́й** [形2] 電弧［アーク放電］の
**электроками́н** [男1] 電気ストーブ
**электрока́р** [男1] 電気自動車

**электрокардиогра́мма** [女1]《医》心電図(略 ЭКГ)
**электрокардио́граф** [男1]《医》心電計
**электрокардиостимуля́тор** [a/o] [男1]《医》ペースメーカー
**электрола́мп|а** [女1] 電灯; 電球 **∥-овый** [形1]
**электролече́ние** [中5]《医》電気療法
**электро́ли|з** [男1]《理》電気分解 **∥-ный** [形1], **-ти́ческий**
**электромагнети́зм** [男1] 電磁気, 電磁気学
**электромагни́т** [男1] 電磁石 **∥электромагни́тный** [形1]: *-ые* во́лны 電磁波
**электромассажёр** [男1] 電気マッサージ器
**электро́метр** [男1] 電位計
**электромоби́ль** [男5] 電気自動車 **∥-ный** [形1]
**электромонтёр** [男1] 電気工
**электромото́р** [男1] 電動機, モーター **∥-ный** [形1]
**электромузыка́льный** [形1]: ~ инструме́нт 電子楽器
**электро́н** [男1]《理》電子, エレクトロン
**электро́ник** [男2] IT専門家
\***электро́ника** [女2]〔electronics〕① 電子工学, エレクトロニクス ② 家電製品
**электро́нно-..**《語形成》「電子の」
**электро́нно-вычисли́тельный** [形1] 電算の, コンピュータの: *-ая* маши́на 電子計算機, コンピュータ (略 ЭВМ)
\***электро́нн|ый** [エリクトローンヌイ] [形1]〔electronic〕①《理》電子(электро́н)の ② 電子による: コンピュータ[ネットワーク]を利用した: *-ая* по́чта 電子メール(システム) | ~ а́дрес メールアドレス | *-ая* кни́га 電子書籍 | *-ая* табли́ца スプレッドシート, 表計算ソフト | *-ая* доска́ объявле́ний 〔IT〕電子掲示板, BBS | Все *-ые* прибо́ры на борту́ должны́ быть вы́ключены. 機内の全ての電子機器の電源はオフになっていなければならない
**электро́нщик** [男2]《話》電子工学者[専門家]
**электрообору́дование** [中5] 電気機器
**электроода́ло** [中5] 電気毛布
**электроорга́н** [男1] 電子オルガン
**электропереда́ч|а** [女4] ①《電》送電; 電力供給: ли́ния *-и*《鉄道》架線 ② 送電設備
**электропе́чь** 複 -и, -е́й [女10] 電気オーブン; 電気炉
**электроплита́** [女1] 電気コンロ, クッキングヒーター
**электропли́тка** 複複 -ток [女2] 卓上電気コンロ, 卓上クッキングヒーター
**электропо́езд** компл -а́ [男1] (長距離)電車
**электрополоте́нце** 複 -нец [中2] エアータオル, ハンドドライヤー
**электроприбо́р** [男1] 電気器具
**электропро́вод** комп -а́ [男1] 電線, ケーブル
**электропрово́дка** 複 -док [女2] 電線網
**электропрово́дн|ый** 短 -ден, -дна [形1] 導電性のある, 電気を通す **∥-ость** [女9] 導電性《能》
**электросва́р|ка** [女2] 電気溶接 **∥-очный** [形1]
**электросва́рщик** [男2] 電気溶接工
**электросе́ть** 複 -и, -е́й [女10] 給電網
**электроснабже́ние** [中5] 電力供給
**электросо́н** -сна́ [男1] 電気催眠法
\***электроста́нция** [女9]〔power plant〕発電所
**электроста́тика** [女2] 静電気学
**электростати́ческ|ий** [形3] 静電(気)の: *-ое*

по́ле 静電場
**электротерап|и́я** [э] [女9] 電気療法
**∥-евти́ческий** [形3]
**электроте́хник** [男1] 電気技術者; 電気工
**электроте́хника** [女2] 電気工学, 電気技術
**электротехни́ческий** [形3] 電気(工学, 技術)の
**электрохи́м|ия** [女9] 電気化学 **∥-и́ческий** [形3]
**электрохо́д** [男1] 電気船
**электроча́йник** [男2] 電気ケトル, 電気ポット
**электрошо́к** [男2] 電気ショック療法 **∥-овый** [形1]
**электроэнерге́тика** [女2] 電気産業
\***электроэне́рг|ия** [女9]〔electric power〕電気エネルギー, 電力: тари́ф на *-ию* 電気料金単価表 | оплати́ть *-ию* 電気代を払う
**электроэнцефалогра́мма** [女1]《医》脳波図, 脳電図(略 ЭЭГ)
\***элеме́нт** [エリミェーント] [男1]〔element〕① 要素, 成分: фантасти́ческий ~ по́вести 小説の幻想的な要素 ②《話》人物, 人: посторо́нний ~ 部外者, よそ者 ③《化》元素 ④《電池: сухо́й ~ 乾電池 ⑤《フィギュア》(演技) 要素, エレメンツ: свя́зующие *-ы* コネクティングエレメント, 要素のつなぎ | очки́ за *-ы* 総要素点, 技術点 ◆*в -е* 《若者》簡単に, 難なく
\***элемента́рн|ый** 短 -рен, -рна [形1]〔elementary〕① (最も)基本の, 初等の, 基礎的な: *-ая* тео́рия му́зыки 音楽の基礎理論 | *-ое* образова́ние 初等教育 ② 極めて簡単な, 初歩的な, 当たり前の: *-ые* пра́вила ве́жливости 初歩的な礼儀作法 ③ 単純化された, 皮相的な: ~ взгляд на ве́щи 皮相的な物の見方《長尾》《化》元素の **∥-о** [副]
**Элеоно́ра** [女1] エレオノーラ(女性名)
**элеро́н** [男1]《航空》補助翼, エルロン
**элеутероко́кк** [э] [男2]《植》ウコギ属: ~ колю́чий エゾウコギ, シベリア人参 (滋養強壮, 抗鬱効果)
**эли́зия** [女9]《言》エリジオン
**эликси́р** [男1] 薬草エキス: зубно́й ~ 植物エキス配合の液体歯磨き ◆*~ жи́зни*《文》元気の源, 活力
**элимина́ция** [女9] ①《文》除去, 排除 ②《生》(生存競争に敗れたものの)死滅
**Элиста́** [女1] エリスタ(カルムイク共和国の首都; 南部連邦管区)
\***эли́т|а** [女1]〔elite〕《集合》①《農》(飼育・栽培される動物の)最優良種 ②《社・政》エリート, 上層部; (皮肉)上層階級, (経済力・権力・知名度の高い)選ばれた人たち: парти́йная ~ 党のエリート | полити́ческая ~ 《政》政治エリート | этни́ческая ~ 《人類》民族エリート | Он представи́тель *-ы*. 彼はエリートだ | Це́ны досту́пны то́лько *-е*. 選ばれた人にしか出せない値段が
**элита́рн|ый** 短 -рен, -рна [形1] < эли́та②: *-ая* культу́ра ハイカルチャー | ~ челове́к 上層階級の人
**эли́т|ный** 短 -тен, -тна [形1]《農》最優良の: *-ая* кукуру́за 優良種のトウモロコシ
**э́лка** 複 -лок, **э́лька** 複 -лек [女2]《話・通例店員の間で》(洋服などのサイズを示す) L
**э́ллин** [男1]/**~ка** 複 -нок [女2] (しばしば古代の)ギリシャ人(彼らの自称から) **∥-ский** [形3]
**э́ллинг** [男2] ①《海》造船場; 造船台, 船架 ②《航空》飛行船格納庫 ③ ヨット置場
**эллини́зм** [男1]《時代》ヘレニズム | эпо́ха *-а* ヘレニズム時代 **∥-исти́ческий** [形3]
**э́ллипс** [男1] ①《数》楕円, 長円 ② = э́ллипсис
**э́ллипсис** [男1]《言》省略
**эллипти́ческий** [形3]《数》楕円[長円]の;《言》省

**эль** [м5] エール(ビールの一種)

**áль** [м5] エール(ビールの一種)

**Эль-Ни́ньо** [(ё) (不変)][中]: фено́мен ~ 〖気象〗エルニーニョ現象

**эльф** [м1] 〖ゲルマン神〗エルフ(精霊, 小妖精)

**эмали́рованный** [形1] ほうろう引きの, エナメルをかけた, エナメルの

**эмалирова́|ть** -рую, -руешь 受過-о́ванный [不完] 〈図〉…にエナメルをかける, ほうろう引きにする **//-ние** [中5]

**эмалиро́в|ка** [女2] ① エナメルかけ, ほうろう引き ② エナメル[ほうろう]層 **//-очный** [形1]

**эма́л|ь** [女10] 〖美〗エマーユ, 七宝, ほうろう **//-евый** [形1]

**эмана́ция** [女9] ①〖文〗発散, 放射, 流出 ②〖哲〗流出説 ③〖化〗エマナチオン **//-и́онный** [形1]

**эмансипа́ция** [女9] 〖文〗解放: крестья́нская ~ 〖旧〗農奴解放 | ~ же́нщин 女性解放運動

**эмансипи́ровать** -рую, -руешь 受過-анный [不完・完] 〈図〉解放する: ~ созна́ние 意識を解放する **//-ся** [不完] [受身]

**эмба́рго** (不変)[中] 〖経〗輸出入禁止, 禁輸: ввести́ ~ на нефть 石油を禁輸にする

**эмбле́ма** [女1] 象徴, 紋章, エンブレム

**эмболи́я** [女9] 〖医〗塞栓症

**эмбрио́лог** [м2] 発生学者, 胎生学者

**эмбриоло́гия** [女9] 発生学, 胎生学

**эмбрио́н** [м1] ①〖生〗胚; 胎児 ②〖文〗萌芽 **//-а́льный** [形1]

**эмигра́нт** [м1]/**-ка** 複生-ток [女2] 亡命者, 移民: ру́сский ~ в Аме́рике 在米ロシア系移民 **//-ский** [ц] [形3]

*эмигра́ция** [女9] 〖emigration〗① 〈в/на 向へ〉国外移住, 亡命: ~ в Кана́ду カナダへの移住 | 移住[亡命]生活: жить в -и́и 亡命生活を送る ③〖集合〗亡命者, 移民: полити́ческая ~ 政治亡命者 **//-ио́нный** [形1]

**эмигри́ровать** -рую, -руешь 受過-анный [不完・完] 〈в/на 向へ〉移住する, 亡命する

**эми́р** [м1] アミール, エミール, 首長 (イスラム教国の王侯の称号)

**эмира́т** [м1] 〖政〗アミール(эми́р)が統治している国, 首長国: Объединённые Ара́бские Э́-ы アラブ首長国連邦

**эмисса́р** [м1] 〖文〗(外国への) 特使 **//-ский** [形3]

**эми́сс|ия** [女9] 〖金融〗(有価証券・紙幣の) 発行 **//-ио́нный** [形1]

**эмите́нт** [м1] 〖金融〗(有価証券の) 発行元, 発行体(国, 企業, 機関, 組織など): Минфи́н явля́ется ~ом госуда́рственных краткосро́чных обяза́тельств. 財務省は短期国債の発行体だ

**эмити́ровать** -рую, -руешь 受過-анный [不完・完] 〈図〉①〖金融〗通貨[債券]を発行する: ЦБ эмити́рует де́нежные зна́ки. 中央銀行は通貨を発行している ②〖理〗<素粒子・イオン>を放出する

**эмити́роваться** -руется [不完] [受身] < эмити́ровать: Облига́ции эмити́руются Федера́льной резе́рвной систе́мой. 国債は連邦準備制度理事会によって発行されている

**э́мка** 複生-мок [女2] 〖話〗①(通例店員の間で)(洋服などのサイズを示す)Ｍ ② ГАЗ-М-1の自動車 ③«М»マークのロック ④ М4カービン銃

**э́мо** (不変) [中]/[女] エモ(若者のサブカルチャーの一種) ◇ **э́мо** (ハードロックの一種)

**эмотико́н** [м1] 〖コン〗エモティコン, 顔文字

**эмоциона́льн|ый** [エモツィアナーリヌィ] 短-лен, -льна [形1] [emotional] ① 感情の, 情緒の: -ая неусто́йчивость 情緒不安定 ② 感情が豊かの, 情緒的な: -ый жест 感情的な仕草 | ~ челове́к 感受性の強い人

**эмо́ци|я** [エモーツィヤ] [女9] [emotion] 感情, 情緒: положи́тельные [отрица́тельные] -и プラス[マイナス]の感情 | ~ ра́дости 歓喜の情, うれしい気持ち | бе́дность -ий 情緒の乏しさ | без -ий 感情抜きで

**эмпире́|й** [м6] 〖古ギ〗(想像上の) 天上界 ◆ **быть в -ях** 空想にふける

**эмпири́зм** [м1] ①〖哲〗経験論 ②〖文·皮肉〗(理論的帰結を持たない) 経験主義; (学術的意義を欠いた) 実践行動

**эмпи́рик** [м2] 〖哲〗経験論者; 経験主義者

**эмпи́рика** [女2] 〖話〗理論的分析を経ない経験知

**эмпири́ческий** [形3] <эмпири́зм, эмпири́я: -ая фо́рмула 〖化〗経験式

**эмпири́чный** 短-чен, -чна [形1] 〖文〗経験論的な, 経験主義の

**эмпи́ри|я** [女9] 〖文〗① 経験, (感覚器官を介しての) 認識: Без -ии нет нау́ки. 経験なしには科学はない ②(実験ではなく自然な条件下での) 観察

**э́му** (不変)[中] 〖鳥〗エミュー

**эмульга́тор** [м1] 〖化〗乳化剤

**эму́льс|ия** [女9] ①乳剤 ②(フィルムの) 感光乳剤; 感光膜 **//-ио́нный** [形1]

**эму́ляция** [女9] ①〖文〗競走, 対抗心, 張り合い ②〖IT〗エミュレーション

**эмфа́за** [女1] 〖言〗(言葉の上での) 強調, 強勢 **//-ти́ческий** [形3]

**эмфизе́ма** [э] [女1] 〖医〗気腫: ~ лёгких 肺気腫 **//-то́зный** [形1]

**энде́мик** [э] [м2] 〖生·動〗固有種[科, 属] **//энде-ми́ческ|ий** [э] [形3]: -ая боле́знь 〖医〗風土病

**эндокри́нный** [形1] 〖生理〗内分泌の: -ые же́лезы 内分泌腺

**эндокрино́лог** [м2] 〖医〗内分泌学者; 内分泌科医

**эндокриноло́г|ия** [э] [女9] 〖医〗内分泌学 **//-и́ческий** [э] [形3]

**эндометри́т** [э] [女1] 〖医〗子宮内膜炎

**эндоско́п** [м1] 〖医〗内視鏡

**эндоскопи́|я** [э] [女9] 〖医〗内視鏡検査 **//-и́ческий** [э] [形3]

**э́ндшпиль** [м5] 〖チェス〗終盤戦

**энерге́тик** [э] [м2] ①エネルギー工学の専門家[専攻生] ②〖話〗栄養ドリンク, エナジードリンク

*энерге́тик|а** [э] [女2] [energy] エネルギー分野; 〖工〗エネルギー工学: со́лнечная ~ 太陽光エネルギー | геотерма́льная ~ [энерги́я] 地熱エネルギー | я́дерная ~ 核エネルギー | поли́тика в сфе́ре -и エネルギー政策 ■ **Министе́рство -и РФ** ロシア連邦エネルギー省

*энергети́ческ|ий** [э] [形3] [energy] エネルギーの(★энерги́чныйエネルギッシュなと区別すること): -ие ресу́рсы エネルギー資源 | -ая систе́ма 〖工〗エネルギーシステム, エネルギー体系 | -ая поли́тика エネルギー政策 | ~ напи́ток 栄養ドリンク, エナジードリンク

*энерги́чный** [э] [形1] [energetic] エネルギッシュな, 活発な; 断固たる: ~ руководи́тель 精力的な指導者 | -ая похо́дка エネルギッシュな歩き方 | -ые ме́ры 断固たる措置 **//-ость** [女10]

*эне́рг|ия** [э] [女9] [energy] ①〖理〗エネルギー, 力, 動力: теплова́я ~ 熱エネルギー | -ия а́тома [я́дерная] ~ 核エネルギー | со́лнечная ~ 太陽エネルギー | альтернати́вная ~ 代替エネルギー | возобновля́-

**эпоха**

ля́емая ~ 再生可能エネルギー | испо́льзовать -ию ве́тра 風力を利用する ② 精力, 活力: физи́ческая [духо́вная] ~ 体力, 精神力

**энерго..** [э] 《語形成》「エネルギーの」「電力の」「動力の」

**энергобло́к** [э] [男2]《工》(汽力・原子力発電所の)プラント: тре́тий ~ АЭС «Фукуси́ма-1» 福島第1原発3号機

**энергоёмкий** [э] [形3] エネルギー大量消費の

**энергонасы́щенный** [э] [形1] 大出力の, 高出力の: ~ тра́ктор 高出力トラクター

**энергоноси́тель** [э] [男5] (地中の)天然エネルギー資源, 資源

**энергопотребле́ни|е** [э] [中5] エネルギー消費: дом с ни́зким -ем 省エネ住宅

**энергосберега́ющий** [э] [形6] 省エネの

**энергосисте́ма** [э] [女1]《工》エネルギーシステム, 電力[パワー, 給電]系統

**энергото́ник** [э] [男2] エナジー[栄養]ドリンク

**энкли́тика** [女2]《言》前接語, 前接辞

**э́нн|ый** [形1] ①任意の, (公式で用いる)n の: -oe число́ 任意の数 ②《話》無限の, 莫大な

**Энск** [男1] (地方の)ある町(★го́род N のように, 隠したい語を N で示したもの)

**э́нский** [形3] 某…, さる…: ~ теа́тр 某劇場

**энтомо́лог** [男2] 昆虫学者

**энтомоло́ги|я** [女9] 昆虫学 **//-и́ческий** [形3]

**энтропи́я** [女9]《理》エントロピー

**\*энтузиа́зм** [男1] [enthusiasm] 熱中, 熱狂, 熱意 ◆с ~ом 熱心に

**энтузиа́ст** [男1] /《話》-ка 複生 -ток [女2] 熱中[熱狂]する人, ファン; 熱心な人: ~ футбо́ла サッカーファン

**энуре́з** [é/э] [男1]《医》夜尿症, 遺尿症

**энцефали́т** [男1]《医》脳炎: япо́нский ~ 日本脳炎 **//~ный** [形1]

**энцефалопа́ти|я** [女9]《医》脳症: гу́бчатая ~ кру́пного рога́того скота́ 牛海綿状脳症, BSE(коро́вье бе́шенство)

**энциклопеди́зм** [男1]《文》百科全書的な博識, 博学

**энциклопеди́ческий** [形3] ①百科事典, 百科全書の: вое́нный ~ слова́рь 軍事用語事典 ②博識の, 博学の

**энциклопеди́чн|ый** 短 -чен, -чна [形1] 極めて博識な **//-ость** [女10]

**\*энциклопе́ди|я** [女9] [encyclopedia] 百科事典, 百科全書: Больша́я сове́тская ~ ソヴィエト大百科事典(略 БСЭ) | Больша́я росси́йская ~ ロシア大百科事典(略 БРЭ) | свобо́дная ~ (通例インターネットの)フリー百科事典 | **хожива́я** 《戯》生き字引

**энциклопеди́ст** [男1] /**-ка** 複生 -ток [女2] ①《哲》百科全書的な知識人, 博識家

**зо́лов** [形10] ■**~а а́рфа**《楽》エオリアン・ハープ

**эоце́н** [男1] 始新世 **//~овый** [形1]

**эпата́ж** [男4] 挑発的な振る舞い, 恥ずべき行為 **//~ный** [形1]

**эпати́ровать** -рую, -руешь 受過 -анный [不完・完]《団》挑発的な[スキャンダラスな]振る舞いで驚かせる, あっと言わせる

**эпенте́за** [女1]《言》音挿入

**эпиго́н** [男1]《文》コピーキャット, 模倣者, 猿まね師 **//~ский** [形3]

**эпиго́нство** [中1]《文》模倣すること, 猿まね

**эпигра́мма** [女1]《文学》短い風刺詩, エピグラム

**эпи́граф** [男1] ①《文学》(主題を冒頭で表現する)題辞, エピグラフ ②碑銘, 碑文

**эпигра́фика** [女2] 碑銘学, 碑銘研究

**эпиграфи́ческий** [形3] エピグラフの; 碑銘(学)の

**эпидемио́лог** [男2] 疫学者, 感染症研究者

**эпидемиоло́ги|я** [女9] 疫学, 感染症研究 **//-и́ческий** [形3]

**эпидеми́ческий** [形3] 感染症の; 感染予防の

**эпиде́ми|я** [女9] ①感染症の蔓延, 流行(★爆発的な流行は панде́мия): ~ гри́ппа インフルエンザの流行 ②《話》《図》の流行: ~ рок-н-ро́лла ロックンロールの流行

**эпиде́рмис** [э] [男1]《生・動・植》表皮, 体表面を覆う細胞層

**\*эпизо́д** [エピゾート] [男1] [episode] ①出来事, 事件, 逸話, エピソード: вспомина́ть оди́н ~ за други́м 起きたことを次々と思い出す ②些細なこと: Это лишь ~ в мое́й жи́зни. こんなの人生においては些細なことに過ぎない ③《文学・劇》挿話(物語や劇中に挟む逸話);《楽》挿入部 ④《医》(病気の)発症, 発作: депресси́вный ~ うつ病の発症

**эпизоди́чески** [副] 時折, たまに; 挿話として

**эпизоди́ческ|ий** [形3] ①偶発的な, 偶然の: -ая прове́рка рабо́ты 仕事の抜けうちのチェック ②あまり重要でない ③《劇》挿話に登場する: -ая роль 友情出演の役

**эпизоди́чный** 短 -чен, -чна [形1] =эпизоди́ческий

**эпизоо́тия** [女9] 動物の疫病の蔓延

**эпикуре́ец** -е́йца [男3] ①《哲》エピクロス学派の人 ②《文》快楽[享楽]主義者

**эпикуреи́зм** [男1], **эпикуре́йство** [中1] ①《哲》エピクロス学派 ②《文》快楽[享楽]主義 **//эпикуре́йский** [形3]

**эпиле́пси|я** [女9]《医》てんかん: при́ступ -ии てんかんの発作 **//эпилепти́ческий** [形3]

**эпиле́пт|ик** [男2] /**-и́чка** 複生 -чек [女2] てんかん患者

**эпило́г** [男2]《文学》終章, エピローグ;《楽》終楽章, 終結部

**эпиля́ция** [女9] (美容目的の)脱毛 **//-ио́нный** [形1]

**эпистемоло́ги|я** [女9]《哲》認識論 **//-и́ческий** [形3]

**эпистоля́рный** [形1]《文学》書簡の; 書簡体の, 書簡形式の: ~ рома́н 書簡体小説 | ~ жанр 書簡体(ジャンルとして)

**эпитала́ма** [女1]《文学》祝婚歌, 婚礼をことほぐ詩

**эпита́фия** [女9]《文学》追悼詩; 墓碑銘

**эпите́л|ий** [э] [男7]《生・動・植》表皮, 上皮, 皮膜組織 **//-иа́льный** [形1]

**эпи́тет** [男1]《文法》形容語, 修飾語 ■**постоя́нный ~**《文学》枕詞(ти́хий Дон, красна де́вица や ти́хий, кра́сна など) | **неле́стный ~**《戯》あだ名

**эпице́нтр** [男1] ①(地震・爆発の)震央, 爆心地: ~ землетрясе́ния 震央 ②(事件などの)震源地

**эпи́ческ|ий** [形3]《文学》叙事詩の: ~ поэ́т 叙事詩人 ②勇壮な; 荘重な

**эпи́чный** 短 -чен, -чна [形1] = эпи́ческий ② **//-ость** [女10]

**эпокси́дка** 複生 -док [女2]《話》エポキシ樹脂

**эпокси́дный** [形1]《化》エポキシの: -ая смола́ エポキシ樹脂

**эполе́та** [女1]《通例複》軍服の肩章

**эпопе́я** [女6] ①《文学》叙事詩 ②歴史上の大事件, 出来事

**э́пос** [男1]《文学》①叙事文学, 叙事詩 ②口承文学, 民族的英雄叙事詩

**\*эпо́х|а** [エポーハ] [女2] [epoch] ①時代, 年代, 時期:

**эпоха́льный** 短-лен, -льна [形] 画期的な, 重大な

**эпю́р** [男1] [工] (三面図の)図面

*__э́ра__ [女1] [era] ①紀元: христиа́нская [но́вая, на́ша] ~ キリスト紀元, 西暦 | второ́й век до на́шей э́ры 紀元前2世紀 (略 до н.э.) | в пе́рвом ве́ке на́шей э́ры 紀元1世紀に (略 н.э.) ②[文] (大きな歴史的)時代: ~ глобали́зма グローバリズムの時代 ③[地質] 年代: палеозо́йская ~ 古生代

**эрг** 複生 эрг/эргов [男2] [理] エルグ (仕事, エネルギーの単位)

**эргати́в** [男1] [言] 能格 **//~ный** [形]

**эргоно́мика** [女2] 人間工学, エルゴノミクス **//эргономи́ческий** [形3], **эргономи́чный** [形]

**эргоно́мист** [男1] 人間工学者

**эрдельтерье́р** [э; э] [男1] [動] エアデールテリア (犬種)

**эре́кция** [é/э] [女9] [生理] 勃起

**Эренбу́рг** [男2] エレンブルグ (Илья́ Григо́рьевич ~, 1891-1967; 作家: «О́ттепель»『雪解け』)

**эрза́ц** [男3] 代用物, 代用品

**э́рзя** [女5] [集合] エルジャ人 (モルドヴィン мордва́ の民族集団の一つ)

**эрзя́н|ин** 複 эрзя́не, эрзя́н [男10] , **-ка** 複生 -нок [女2] エルジャ人 **//-ский** [形3]

**эритроци́т** [男1] [해剖] 赤血球: коли́чество ~ов в кро́ви 血中の赤血球数 (RBC) **//-а́рный**, **-ный** [形]

**э́ркер** [男1] [建] 出窓, 張り出し窓 **//~ный** [形]

**Эрмита́ж** [男4] エルミタージュ美術館 (★サンクトペテルブルクにある; 正式には Госуда́рственный Э~)

**эроге́нный** [形] [医] 性感の

**эро́з|ия** [女9] 侵食: ветрова́я [во́дная] ~ 風[水]食 **//-и́йный, -и́онный** [形]

**э́рос** ①[文] エロス, 性愛 ② **Э~** [ギ神] エロス (愛の神)

**эроти́зм** [男1] [文] 好色, 官能性, エロチシズム

**эро́тика** [女2] ①官能, 肉欲 ②[集合] エロチックな文学[美術]作品 (官能小説など)

**эроти́ческий** [形3] ①官能の, 肉欲の, エロチシズムの ②色っぽい, 艶っぽい, エロチックな

**эроти́чный** 短 -чен, -чна [形] = эроти́ческий ②

**эротома́н** [男1] **/~ка** 複生 -нок [女2] [文] 色情狂

**эротома́ния** [女9] ①[文] 異常性欲, 色情症 ②[医] 恋愛妄想

**Эр-Рия́д** [不変]-[男1] リヤド (サウジアラビアの首都)

**эруди́рованный** 短-ан, -анна [形] 造詣が深い, 博識な, 学識豊かな

**эруди́т** [男1] **/~ка** 複生 -ток [女2] (あることに)造詣が深い人, 博識な人, 学識経験者

**эруди́ция** [女9] 造詣, 博識, 学識

**эсе́р** [男1] [史] [露史] 社会革命党員, エスエル党員 (социали́ст-революционе́р; 1900-23) **//-овский** [形]

**э́ска** 複生 -сок [女2] [話・通例店員の間で] (洋服などのサイズを示す) S

**эска́дра** [女1] [海軍] 艦隊; [空軍] 飛行連隊: Черномо́рская ~ 黒海艦隊 **//эска́дренный** [形1]: ~ миноно́сец 駆逐艦

**эскадри́лья** 複生 -ий [女8] [軍] 飛行中隊

**эскадро́н** [男1] [軍] 騎兵中隊

**эскадро́нный** [形1] ①<эскадро́н ②[男名] [話] 騎兵中隊長

*__эскала́тор__ [男1] [escalator] エスカレーター: подня́ться [спусти́ться] «на ~е [по ~у]» на второ́й эта́ж エスカレーターで2階に上がる [下りる] **//~ный** [形1]

**эскала́ция** [女9] [文] エスカレーション, 増大, 拡大

**эскало́п** [男1] [料理] エスカロープ (肉, 魚の薄切りのソテー)

**эска́рп** [男1] [軍] 対戦車崖

**ЭСКАТО** [эскато́-] [略] Экономи́ческая и социа́льная коми́ссия для А́зии и Ти́хого океа́на (国連の) アジア太平洋経済社会委員会

**эски́з** [男1] [美] エスキース, 下絵, デッサン, 素描

**эски́зный** [形1] エスキースの, 作成途上の, 大まかな

**эскимо́** (不変) [中] チョコレートアイスクリーム

**эскимо́с** [男1] **/~ка** 複生 -сок [女2] エスキモー [イヌイット] (人) **//~ский** [形3]

**эско́рт** [男1] [軍] 護衛隊: почётный ~ 儀仗隊 **//~ный** [形1]

**эскорти́рова|ть** -рую, -руешь [不完·完] [書] [軍] «в» (部隊などが) 護衛する **//-ние** [中5]

**эсми́нец** -нца [男3] [海] 駆逐艦 (эска́дренный миноно́сец)

**эспадро́н** [男1] (訓練・スポーツ用の) 剣, サーベル: на ~а́х 剣で(戦う, 斬り合う)

**эспа́ндер** [э] [男1] エキスパンダー (運動具)

**эспаньо́лка** [é] 複生 -лок [女2] 小ぶりの三角ひげ

**эспарце́т** [男1] [植] イガマメ

**эсперанти́ст** [男1] **/~ка** 複生 -ток [女2] エスペラント語使用者 [学者]

**эспера́нто** (不変) [男] [中] エスペラント語: говори́ть на ~ エスペラント語を話す

**эсплана́да** [女1] ①[軍] (要塞と居住区の間の)空間, 空き地 ②(並木のある)大通り ③[文] (建物の前の)広場

**эспре́ссо** (不変) [男] エスプレッソコーヒー

**эссе́** (不変) [中] エッセー, 随筆; 小論

**эссеи́ст** [э] [男1] エッセイスト, 随筆家, 小論の執筆者

**эссе́нция** [女9] エッセンス; エキス: вани́льная ~ バニラエッセンス

**эстака́да** [女1] ①陸橋, 跨線橋, 高架橋; 桟橋 ②(水中で船の航行などを阻む)防材 **//эстака́дный** [形1] : -ая ста́нция 高架駅

**эста́мп** [男1] [美] エスタンプ, 版画

**эстафе́т|а** [女1] ①[露史] (早馬による) 速達(便) ②[スポ] リレー: ~ олимпи́йского огня́ 五輪聖火リレー ③バトン; [雅] 伝承, 引き継ぎ: передать [за] ~... にバトンを渡す | ~ поколе́ний 世代間の伝承 **//эстафе́тный** [形1]: ~ марафо́н 駅伝

**эсте́т** [э] [男1] **/~ка** 複生 -ток [女2] [文] 耽美主義者, 唯美主義者; 芸術愛好者 **//~ский** [ц] [形3]

**эстети́зм** [э] [男1] 耽美主義, 唯美主義

**эсте́тик** [э] [男2] 美学者

**эсте́тика** [э] [女2] ①美学; 芸術観: музыка́льная ~ [楽] 音楽美学 ②(芸術的な)美, 芸術性: ~ жи́зни 生の美学

**эстети́ческ|ий** [э] [形3] [aesthetic] 美学の, 美的な: ~ вкус 美的センス | -ая хирурги́я 美容外科

**эстети́чный** [э] 短-чен, -чна [形1] 美しい, 優雅な **//-ость** [女10]

**эсте́тство** [эц] [中] [文] 耽美主義, 唯美主義

**эсто́н|ец** -нца [男3] **/~ка** 複生 -нок [女2] エストニア人 **//~ский** [形3] エストニア(人)の

**Эсто́ния** [女9] エストニア (首都 Та́ллин(н))

**эстраго́н** [男1] [植] タラゴン, エストラゴン

*__эстра́д|а__ [女1] [stage, variety show] ①舞台, 立ち位置: вы́йти на -у 舞台に出る | бро́сить цветы́ на -у 舞台に花を投げる ②[芸] (娯楽分野の軽い) 演劇, 音

楽, 舞踊; ショー: арти́ст ~ы 芸人, エンターテイナー, ポップス歌手 / теа́тр ~ы 軽演劇劇場 **// эстра́дный** [形1] : ~ая му́зыка 〔楽〕ポピュラー音楽

**эстра́дни|к** [男2]/**-ца** [女3] 〔話〕芸人, エンターテイナー, ポップス歌手

**эстроге́н** [男1] 〔生〕エストロゲン

**эсхатоло́г|ия** [女9] 〔哲〕終末論 **// -и́ческий** [形3]

**эсэ́совец** -вца [男3] 〔史〕(ナチスドイツの)親衛隊員, SS 隊員

**э́та** [女性; 主格] < э́тот

**э́таж** [エタージ] -á [男4] 〔floor〕(建物の)階; 階層: пе́рвый [второ́й] ~ 1[2]階 | пе́рвый [второ́й] подзе́мный ~ 地下1[2]階 | дом в два ~á 2階建ての家 | Я живу́ на деся́том ~é. 私は10階に住んでいる | Пе́рвый и после́дний ~и не предлага́ть. 1階と最上階はお勧めしてはいけない(★マンションの賃貸・購入時; 1階と最上階は危険だと考えられている)

◆руга́ться в три ~á 〔俗〕下品なののしる **//~ный** [形1]

**этаже́р|ка** 複生 -рок [女2] ① 棚, ラック ② 〔話〕〔航空〕複葉機 **//-очный** [形1]

**эта́жность** [女10] (建物の)階数: зда́ние повы́шенной [ма́лой] ~и 高層[低層]建築

**..эта́жный** [語形成]「…階建ての」: шестиэта́жный 6階建ての

**э́так** [副] 〔話〕① このように ②〔挿入〕だいたい

**\*э́такий** [形3変化] [代] 〔such〕〔話〕(強調して)このような, こんな

**этало́н** [男1] ① 度量衡原器: ~ килогра́мма キログラム原器 ② 標準, 基準, 規範, 模範: ~ красоты́ 美しさの基準 | ~ ка́чества 最高級品質 **//~ный** [形1]

**эта́н** [男1] 〔化〕エタン

**этано́л** [男1] 〔化〕エタノール

**\*эта́п** [エタープ] [男1] 〔stage, period〕① (ある過程における)段階: завершáющий ~ строи́тельства мостá 橋の建設最終段階 | состоя́ние эколо́гии на совреме́нном ~е 現段階における生態系の状態 ② 区間: пробежа́ть ~ на эстафе́те リレー競技の第1区間 ③ (行軍途上の)宿営地 ④ 護送囚人の一団; 囚人の護送行程, 護送行程上の宿営地: по ~у = ~ом 護送されて **//~ы большо́го пути́** 〔ロ〕歴史的に大きな意義がある重要な出来事 **//~ный** [形1]

**э́ти** [複数; 主・対格] < э́тот

**\*э́тика** [女2] 〔ethics〕① 倫理学 ② 倫理, モラル; 常識: медици́нская ~ 医療倫理

**\*этике́т** [男1] [etiquette] エチケット, 礼儀(作法), 礼: моби́льный ~ 携帯電話(を持つ際)のエチケット, ケータイマナー | дипломати́ческий ~ 外交儀礼 | речево́й ~ 言葉遣いのマナー, 言葉のエチケット | делово́й ~ ビジネスマナー | соблюда́ть ~ エチケットを守る **//~ный** [形1]

**этике́т|ка** 複生 -ток [女2] ラベル, レッテル **//-очный** [形1]

**эти́л** [男1] 〔化〕エチル **//эти́ловый** [形1]

**этиле́н** [男1] 〔化〕エチレン: газ ~ エチレンガス **//~овый** [形1]

**этили́рованный** [形1] 〔車〕(ガソリンが)加鉛の

**этимоло́г|ия** [女9] 〔言〕語源学; 語源: установи́ть ~ию сло́ва 語の由来を明らかにする ■ наро́дная ~ 〔言〕通俗語源(★ある語の語源を語源学によらず, 語と語の偶然の相似によって考えること; また外来語を類似の自国語を用いて作り変えること) **//-и́ческий** [形3]

**этимо́н** [男1] 〔言〕(語源に関する)原形

**этиотеропи́я** [女9] 原因療法 **//~и́ческий** [形3]

**эти́ческ|ий** [形3] 倫理的な, 道徳的な: -ие но́рмы 道徳規範

**эти́чн|ый** 短 -чен, -чна [形1] 道徳にかなった, 常識的な: -ое поведе́ние 常識的な振る舞い **//-о** [副] **//-ость** [女10]

**\*этни́ческий** [形3] 〔ethnic〕民族の: ~ соста́в населе́ния 住民の民族構成

**этногене́|з** [з] [男1] 〔人類〕民族の生成; その過程 **//-ти́ческий** [形2]

**этно́граф** [男1] 民族学者, 民族誌研究者

**этнографи́ческ|ий** [形3] 民族学の, 民族誌学の: ~ музе́й 民族学博物館 ■ -ое обозре́ние 『民族学時評』『民族学評論』(ソ連崩壊後に民族学の核となっている季刊誌; 『ソヴィエト民俗学』の後身)

**\*этногра́фия** [女9] 〔ethnology, anthropology〕① 民族学(ロシア, 旧ソ連において), 民族誌 ② (ある民族・土地の)風俗, 民俗 ■ Сове́тская ~ 『ソヴィエト民族学』(ソ連時代に民族学の核となった季刊誌)

**этно́лог**, (旧) **этноло́г** [男1]

**этнолингви́стика** [女2] 〔言〕民族言語学

**этноло́г|ия** [女9] 民族学 (帝政ロシア, 欧米において, また現ロシアでもよばれる) ■ **Институ́т ~ии и антрополо́гии** 民族学人類学研究所(ロシア科学アカデミー所属の一つ)

**этнопсихоло́гия** [女9] 民俗心理学

**э́тнос** [男1] 〔人類〕エトノス, エスニック・グループ, 民族

**этноцентри́зм** [男1] 〔人類〕自民族中心主義

**\*э́то¹** [エータ] [男1] 〔指示〕〔this, that〕① (主格で中性扱い; 連辞быть の過去・未来形で数・性は述語に一致)これ, それ: Э~ электро́нный слова́рь. 「これは何ですか」(これは)電子辞書です | Кто ~ был? - Э~ была́ моя́ дочь. 「今のは誰ですか」あれは私の娘です | Кто там? - Э~ я! | Алло́, ~ Ма́ша. 《電話》もしもし, マーシャです | Алло́, ~ по́чта? 《電話》もしもし, 郵便局ですか

② (е. э́того と э́тому あるいは э́то 造 э́тим 前 э́том)[中] この[その, あの]こと: об э́том このことについて | Я переда́м ~ Влади́миру. 私はそれをヴラジーミルに伝える | Как всё ~ случи́лось? そうしたことは全てどのようにして起こったのか | Я не знал э́того. 私はそのことを知らなかった ◆Вот - да́! 〔話〕全くたいしたものだ, それはすごい | на э́том これをもって, これで | при э́том これと同時に, ともに

**\*э́то²** [エータ] [助] ① (文全体または文の成分を指示し強調)これは, それは: Э~ она́ во всём винова́та. 何もかもこれは彼女のせいだ | Москва́ - ~ столи́ца Росси́и. モスクワ, これはロシアの首都だ ② (疑問詞の意味を強調)いったい, 全く: Что - ты не гото́в? まだ準備できていないって全くどういうことだ | Кто ~ прие́хал? - 一体誰が来たんだ

**э́то³** [中性; 主・対格] < э́тот

**это́лог** [男2] 動物行動学者

**этоло́г|ия** [女9] 動物行動学, エソロジー **//-и́ческий** [形3]

**\*э́тот** [エタート] [男] э́того [ヴァ], э́тому, э́тот/э́того, э́тим, об э́том; **э́та** [エタ] [女] э́той, э́той, э́той/э́ту, э́той, об э́той; **э́то** [エタ] [中] э́того, э́тому, э́то, э́тим, об э́том; **э́ти** [エチ] [複] э́тих, э́тим, э́ти/э́тих, э́тими, об э́тих [指示] [this, that] ① (空間的・時間的に近い事物・人を指して)この, その(★しばしば тот と対比して): Тот и́ли э́тот дом? あのか, この家か | в э́тот раз 今度は | в э́том году́ 今年(に) | э́той весно́й 今年の春に | на э́той у́лице この通りに | на э́той неде́ле 今週(に) | в э́то вре́мя そのとき | э́ти выходны́е 今週の土日に ② (既に述べられた事物・人, 話題となっている事物・人を指して)この, その: Он хорошо́ зна́ет англи́йский и мно́го чита́ет на э́том языке́. 彼は英語をよく知っていて, その言語でたくさん読ん

でいる
**этю́д** [男1] ①《美》(絵画・彫刻の)習作 ②《文学》(比較的短い)評論 ③《楽》練習曲, エチュード: игра́ть ~ Шопе́на ショパンのエチュードを弾く **//-ный** [形1]
**этю́дник** [男2] 《美》イーゼルボックス; 画板
**эфе́дра** [女1] 《植》マオウ属(薬用): ~ двухколо́сковая フタマタマオウ(南ロシアと西シベリアに植生)
**эфедри́н** [男1] 《薬》エフェドリン
**эфеме́р** [男1] 《植》短命草本, エフェメラル(ロシアでは砂漠, ステップ地帯に植生)
**эфемери́да** [女1] ①《虫》カゲロウ(подёнка) ②《天》天体暦
**эфеме́рн|ый** 短 -рен, -рна [形1] 《文》①つかの間の, はかない: -ая любо́вь うたかたの恋 ②架空の, 幻の: -ая мечта́ 叶わぬ夢
**эфе́с** [男1] (サーベル・剣の)柄
**Эфио́пия** [女9] エチオピア(首都は Адди́с-Абе́ба)
\***эфи́р|** [エフィール] [男1] ①《broadcast, ether》①放送電波空間; прямо́й ~ 生放送 | В -е Ра́дио N. お聞きの放送はラジオ N です(ラジオ放送開始時の決まり文句) | сейча́с в ~е ただいま放送中 ②《化》エーテル: эти́ловый ~ エチル・エーテル ③《雅》天空
**эфи́рн|ый** 短 -рен, -рна [形1] ①放送の: -ое вре́мя 放送時間 ②《化》エーテル(性)の, 揮発性の: -ое ма́сло 精油, 芳香油 ③空気のごとく軽い
**эфироно́с** [男1] 《植》精油を産する植物
\***эффе́кт|** [エフェークト] [男1] 《effect》①効果, 影響: экономи́ческие ~ 経済効果 | побо́чные ~ 薬の副作用 ②感銘, 印象: производи́ть ~ на зри́телей 観客に感銘を与える ③《通例複》効果(装置); エフェクト: светово́й ~ 照明効果, 《美》光のエフェクト | звуково́й ~ 効果音 | ~ы грозы́ 雷雨の効果音 | блок ~ов《音響》エフェクター
**~ До́плера** [理・音響] ドップラー効果
\***эффекти́вн|ый** [エフェクチーブヌイ] 短 -вен, -вна [形1] 《effective》有効な, 効率的な, 効果的な, 実効ある: ~ое лека́рство от ка́шля 咳止め効く薬 | -ое испо́льзование энергоресу́рсов エネルギー資源の効率的利用 **//-о** [副] **//-ость** [女10]
\***эффе́ктн|ый** 短 -тен, -тна [形1] 《spectacular》目を引く, 印象深い; 目を奪う, 魅惑的な外見の: ~ жест 印象に残る仕草 | Э~ не зна́чит эффекти́вный. 見栄えの良さは実質を伴うとは限らない **//-о** [副] **//-ость** [女10]
**эх** [間]《話》①《遺憾・非難・驚き・決意》ああ, やい, わい, おい, えい ②《強調》何と, まあ
**эхма́** [間]《俗》= эх [1]
\***э́хо** [中1]《echo》反響, エコー, こだま; 反映, 反応; おうむ返し(をする人): го́рное ~ やまびこ | ~ мину́вших собы́тий 過去の出来事の反映
■ «**Э́хо Москвы́**» モスクワのこだま(ラジオ局の名前)
**эхо́граф** [男1]《医・技》超音波検査機, エコー検査機
**эхогра́фия** [女1]《医・技》超音波検査, エコー検査
**эхоло́т** [男1]《海》(海深を測る)音響探深機; 魚群探知機, ソナー **//-ный** [形1]
**эшафо́т** [男1] 処刑台, 断頭台, 絞首台: взойти́ на ~ 処刑台に上る, 我が身を犠牲にする
**Ю** \***эшело́н|** [男1]《echelons, special train》①《軍》(兵員別)編成; 梯隊; 梯団 ②(鉄道などによる)大量輸送隊 ③(組織の)階層, 段階: вы́сший ~ госаппара́та 国家機関の上層部
**эшелони́ровать** -рую, -руешь 受過 -анный [不完・完]《軍》(梯)体制に編成にする
**э-э́** [間]《幼児語》うんちする
**ЭЭГ** [エゼゲー]《略》электроэнцефалогра́мма
**якуля́т** [男1]《医》精液(спе́рма)
**якуля́ция** [女9]《生理》射精

# Ю ю

**Ю**《略》юг
**юа́нь** [男5] 元(中国の通貨単位)
**ЮАР** [ユアール] 《不変》[女] 南アフリカ共和国(Ю́жно-Африка́нская Респу́блика)
\***юбиле́й** [ユビレーイ] [男1]《anniversary, jubilee》①(0あるいは5のつく年に祝う)記念日, 記念祭: трёхсотле́тний ~ го́рода 市制設300周年 | ~ -ты́сячеле́тний 1000年祭 | У друга́ сего́дня пятидесятиле́тний ~. 今日は親友の50歳の誕生日だ(★50歳は日本での還暦に相当する大きな節目の年齢で, 盛大に祝われる) | отмеча́ть [пра́здновать] ~ 記念日を祝う | пода́рок на ~ 記念日のプレゼント ②記念日の祝典: пригласи́ть на ~ 記念日の祝典に招待する
**//юбиле́йн|ый** [形1]: -ая моне́та 記念貨幣
**юбиля́р** [男1] 記念日を迎えた人[団体, 組織]; 記念日の主役
**ю́бк|а** [ユープカ] 複 -бок [女2]《skirt》①スカート: дли́нная ~ ロングスカート | ми́ни-~ ミニスカート | ~-брю́ки キュロット ②(男性の性欲・崇拝の対象としての)女性: Он от вся́кой -и с ума́ схо́дит. 彼はあらゆる女性に熱をあげる ◆**держа́ться за -у** 田 …の言いなりだ | **лезть [залеза́ть, поле́зть] под -у** 田 性的関係を求めて女性にしつこく付きまとう **//ю́бочка** 複 -чек [女2] [指小] < ю́бка **//ю́бочный** [形1] < ю́
**ю́бочник** [男2] 《俗》女性にすぐ寄り添う男性; 女好き
**ЮВА** [ユーヴァ] 《略》Ю́го-Восто́чная А́зия 東南アジア
**ювели́р** [男1] ①宝石細工職人 ②宝石商
**ювели́рн|ый** [形1] 宝石細工(販売)の: ~ магази́н 宝石店 | -ые изде́лия 宝石細工 ②精巧な
\***юг|** [ユーク] [男2] 《south》①南: О́кна выхо́дят на юг. 窓は南向きだ ②南にある地方, 南国: отдыха́ть на ю́ге 南国で休暇を過ごす ◆**на ю́ге** 田 …の南部に: на ю́ге Росси́и ロシア南部で | **к ю́гу от** 田 …の南方に: к ю́гу от Москвы́ モスクワより南方に | **ю́га** ヨーロッパロシア南部の保養[リゾート]地(★アクセント注意): Опя́ть на юга́ в о́тпуск? また休暇で南部へ行くの
**ю́го-восто́к** [男2] ①東南, 南東 ②東と南の間にある地方 **//ю́го-восто́чный** [形1]: Ю́го-Восто́чная А́зия 東南アジア
**ю́го-за́пад** [男1] ①南西, 西南 ②西と南の間にある地方 **//~ный** [形1]
**Югра́** [女1] ユグラ(ハンティ・マンシ自治管区の別名)
**юдо́ль** [女10] 《文・旧》悩みや苦しみ困難を味わう地, 世界, 浮世: ~ печа́ли [слёз] 悲しみに満ちた世 | земна́я ~ 苦難に満ちたこの世
**южа́н|ин** 複 -я́не, -я́н [男10] **/-ка** 複 -нок [女2] 南方生まれの人, 南方に住んでいる人々
**южне́е** [比較] 南方へ ②[前] 〈田〉…より南側で
**ю́жно(-)..**. [語形成] 「南の」
**южноамерика́н|ец** -нца [男2] **/-ка** [女3] 南アメリカ人 **/-ский** [形3] 南アメリカ人の
**Ю́жно-Африка́нская Респу́блика** [形3] [女2] 南アフリカ共和国(略 ЮАР; 首都は Прето́рия)
**южнокоре́йский** [形3] 韓国の
**Ю́жно-Сахали́нск** [男2] ユジノ・サハリンスク(サハリン州の州都: 極東連邦管区)
\***ю́жн|ый** [ユージヌイ] [形1] 《south, southern》南の; 南方の, 南部の: ~ край 南方の地 ■ **Ю́-ое о́бщество** 《史》南方結社 | **Ю~ Крест** 《天》南十字星

**юз** [男1] スリップ、横滑り

**юзом** [副]《俗》(輪が)スリップして、引きずられて

**ю́зать** [不完]《コン》[図]使う, 使用する, 適用する

**юзве́рь** [男5]《コン・戯・蔑》操作の下手なユーザー

**ю́зер** [男1]《コン》(パソコンの)ユーザー ②《俗》女性を利用する男, ヒモ, ジゴロ // **~ский** [形1]

**ю́кка** [女2] [植]ユッカ

**юко́ла** [女1] (北方・極東の特産の)魚の干物

**юла́** [女1] ①独楽(волчо́к) ②《俗》片ときもじっとしていない子ども, せわしない人 ③[鳥]モリヒバリ ◆ **крути́ться** [**верте́ться**], **как ~** 常に慌ただしくしている

**юлиа́нский** [形3]: ～ календа́рь ユリウス暦

**Ю́лий** [男7] ユーリー (男性名)

**юли́ть** юлю́, юли́шь [不完]《俗》①うろちょろする ②〈пе́ред чем〉こびへつらう ③ずるく立ち回る

**Ю́лия** [女9] ユーリヤ (女性名; 愛称 Ю́ля; 卑称 Ю́лька)

**Ю́ля** [女5][愛称]< Ю́лия

*__ю́мор__* [ю́-мъ р] [男1] [humor] ①ユーモア: чу́вство ~а ユーモアのセンス | расска́зывать с ~ом ユーモアをまじえて話す | то́нкий ～ 微妙なユーモア ②[文学]ユーモア文学, 滑稽: ～ и сати́ра ユーモア・風刺文学 ◆ **ви́сельница** ブラックユーモア, 深刻なことを茶化すこと

**юморе́ска** 複生 -сок [女2] ①[文学]ユーモア文学の小作品 ②[楽]ユーモレスク

**юмори́на** [女1] ユーモアの祭典

**юмори́ст** [男1] / **~ка** 複生 -ток [女2] ①ユーモア文学の作家 ②《話》お笑い芸人 ③ユーモアのある人

**юмори́стика** [女1] ①諧謔的な作品, ユーモアに富む作品全般 ②《話》おかしいもの, 喜劇的なもの

**юмористи́ческий** [形3] ユーモアの, ユーモアのあるさま: ～ расска́з ユーモア短編小説

**юмористи́чн**|**ый** -чен, -чна [形1] ユーモアに富む内容の, おかしい, 諧謔的な // **-ость** [女10]

**юмори́ть** -рю́, -ри́шь [不完] / **юморну́ть** -ну́, -нёшь [完]《話》冗談[しゃれ]を言う, ふざける

**юморно́й** [形1] = юмористи́чный

**юна́к** -а́ [男1] 南スラヴの叙事詩の英雄
// **юна́цкий**, **юна́цкий** [形3]

**ю́нга** (女2変化) [男] 見習い中の若い水夫

**ЮНЕ́СКО** [э] [ю-нэ́-ско] (不変) [女] ユネスコ, UNESCO (Организа́ция Объединённых На́ций по вопро́сам образова́ния, нау́ки и культу́ры)

**юне́ть** [不完] 若くなる, 若返る; 若返った気になる; 気持ちが高揚する

**юне́ц** юнца́ [男2]《話》若造, 青二才, ひよっこ

**юнио́р** [男1] / **~ка** 複生 -рок [女2] 《スポ》スポーツ選手権に出場する青少年の選手, ジュニア // **~ский** [形3]

**ЮНИСЕ́Ф** [э] [ю-ни-сэ́-ф] (不変) [男] ユニセフ, UNICEF (Де́тский фонд Организа́ции Объединённых На́ций)

**ю́нкер** [男1] ①[複 -ы́]《史》(ドイツの)ユンカー ②[複 -а́]《露学》(1917年までのロシア)陸軍士官学校生 // **ю́нкерск**|**ий** [形3] // **~ое учи́лище** 陸軍士官学校

**юнна́т** [男1] / **~ка** 複生 -ток [女2] 少年自然科学研究会員 (ю́ный натурали́ст)

**ю́но** [副] < ю́ный и бо́дро 若々しく活力あふれて

*__ю́ность__* [女10] [youth] ①青春, 青春時代 ②[集合]青年の男女, 若人, 若者

**ю́ноша** [ю́-нъ-шъ] 複生 -шей (女4変化) [男] [youth] 若者, 青年, 大人さしかかった年頃の男性 (молодо́й челове́к): серьёзный ～ まじめな若者

**ю́ношеский** [形3] 若者の, 青年の

**ю́ношество** [中1] = ю́ность

**ю́н**|**ый** [ю́-нъй] 短 юн, юна́, ю́но [形1] [young, youthful] ①若い: ~ые го́ды 若い時代 | ~ая супру́-

---

**945 / ЮТИ́ТЬСЯ**

ги а́ истый ма́лодой куп́е | ～ го́род できて間もない町 | Капита́н был о́чень юн. 船長はしごく若かった ②若さ特有の: старики́ с ~ым задо́ром 青年の情熱をもった老人 ③[長尾]年少の(子ども, 少年少女の年齢)

**Юпи́тер** [男1] ①[ロ神]ユピテル, ジュピター (最高神) ②[天]木星 **ю~** ③[映]強力な照明装置 // **юпитериа́нский** [形3]

**юр** [男1] ◆ **на** (**са́мом**) **юру́** (1) 開けた風通しのよい場所で: Дом стои́т на юру́. 家は見晴らしがよく風通しのいい場所にたっている (2) 人通りの多い場所で

**юра́** [女1] [地質]ジュラ紀 (ю́рский пери́од)

**Ю́ра** (女1変化) [男] [愛称] < Ю́рий

**юриди́ческ**|**ий** [ю-ри-ди́-чес-кий] [形3] [juridical, legal] 法律の, 法に関する, 法律上の: ~ие нау́ки 法学 | ～ факульте́т 法学部 | ~ое лицо́ 法人 | ~ а́дрес 本籍地 ②公的な権利者の: ～ владе́лец 法的所有者 ③法律家の, 法務に関する: ~ая консульта́ция 法律相談

**Ю́рий** ユーリー(男性名; 愛称 Ю́ра, Ю́рик)

**ю́рик** [男2]《俗》(金融機関職員の間で)法人

**юрисди́кция** [女9]《法》司法権, 裁判権, 管轄権

**юрисконсу́льт** [男1] 顧問の弁護士

**юриспруде́нция** [女9]《法》法学, 法律体系

**юри́ст** [юри́ст] [男1] /《話》**~ка** 複生 -ток [女2] [lawyer] 法律家, 法律コンサルタント

**юрк** [述副] юркнуть／юркать の過去形の代用: ～ в но́рку 穴にさっと入る

**ю́ркать** [不完] / **юркну́ть** -ну́, -нёшь [完] -ну́, -нёшь [完] 素早くさっと身を隠す: Пти́чка ю́ркнула в гнездо́. 小鳥は巣に素早く隠れた | ～ за дверь 扉の陰にさっと隠れる

**ю́рк**|**ий** 短 ю́рок, юрка́, ю́рко 比 ю́рче [形3] ①素早い, (動きが)敏捷な: ~ое мальчи́шки すばっしこい男の子たち ②(乗り物が)軽快な, 快速の: ～ автомоби́ль 速い車

**юро́див**|**ый** [形1] ①風変わりな;《俗》正気ではない: Он ～. 彼は風変わりなやつだ ②[男2] / **-ая** [女2] [正教]ユロージヴィ, 聖愚者, 佯狂行者, 聖痴愚, 癩癇行者

**юро́дств**|**о** [ц] [中1] ①聖愚者に特有の振る舞い ②頭のおかしい[普通でない]振る舞い ③無意味な[愚にもつかない]行為: соверша́ть -а 愚行を演じる

**юро́дствовать** [ц] -твую, -твуешь [不完] ①聖愚者である; 聖愚者のような振る舞いをする ②愚かな振る舞いをする

**юро́к** -рка́ [男2] [鳥]アトリ

**ю́рский** [形3] [地質]ジュラ紀の: ～ пери́од ジュラ紀

**юрт** -а́ [男1]《方》(コサックの居住地域における)分与地

**ю́рта** [女1] ユルタ (中央アジア・南シベリアの遊牧民の円錐状の移動住居) // **ю́ртовый** [形1]

**юрфа́к** [男2]《話》法学部 (юриди́ческий факульте́т) // **~о́вский** [形3]

**Ю́рьев** [形10] ユーリー (Ю́рий) の ◆ **Вот тебе́, ба́бушка**, (**и**) **~ день**! くそっ！ ①《戯・蔑》うらやこましさや期待に反することが起きた時に大声で言う時の語句; →Его́рий)

**юстирова́ть** -рую, -руешь 受過 -ованный [不完], **юстиро́вать** -рую, -руешь 受過 пр [不完] [完] ①[図]きちんと合わせる, 正しいかどうかをチェックする, メカニズムなどを調整[調節]する // **~ся** [不完] [受身] // **-ние** [中1]

**юстиро́вка** 複生 -вок [女2] 調整, 調節, 修正

**юсти́ция** [女9]《法》司法制度, 訴訟手続き ②司法制度や訴訟手続きに係わる政府機関の総体
■ **Министе́рство** -ии 法務省

**юти́ться** ючу́сь, юти́шься [不完] ①狭い所に陣取る: В уще́лье юти́лось село́. 村は谷間にあった ②身

**ЮФО** [ЮЭФО́] (略) Ю́жный федера́льный о́круг 南部連邦管区

**ю́фт|ь** [女10] なめし革 **//-евый** [形1]

**ю́шк|а** 複生-шек [女2] ①《俗・方》だし汁, ブイヨン, 煎じ汁, (ジャガイモなどの)野菜スープ ◆*пусти́ть -у* 鼻血が出るほどぶん殴る

# Я я

**я́** [ヤー] меня́, мне, меня́, мной, обо мне́ [代]《人称》〔I〕(1人称単数) ①私: Э́то *я́*. それは私です | *Я́* рабо́таю. 私は働いている | У меня́ есть ⊞. 私は…を持っている, 私には…がある | У меня́ мно́го книг. 私はたくさん本を持っている | *Меня́ боли́т голова́*. 私は頭が痛い | *Мне* четы́рнадцать лет. 私は14歳だ | Да́йте *мне* вре́мя. 私に時間を下さい | *Мне* хо́лодно. 私は寒い | *Ка́к мне* бы́ть? 私はどうなるべきか | *Меня́* зову́т Га́ля. 私はガーリャです | Пойдёмте со *мной*. 私と一緒に行きましょう | Обо *мне́* здесь никто́ не зна́ет. ここでは誰も私のことを知らない
② (不変)《中名》自我: говори́ть о своём «*я*» 自分の自我について話す ◆*я́ не я́* 《私には無関係なことだ, 私は関係ない

**ЯАР** [ヤアル] (略) Япо́нская Ассоциа́ция Руси́стов 日本ロシア文学会

**я́беда** (女1変化) [男・女]《話》中傷する人 ② [女]《話》中傷, 悪口, 告げ口

**я́бедни|к** [男2] **/-ца** [女3]《話》中傷する人; 告げ口屋

**я́беднич|ать** [不完] **/на~** [完]《話》無稽語 /на団告げ口[中傷]する **//-ество** [中1] 告げ口, 中傷

**я́блок** [方] = я́блоко

**я́блок|о** [ヤーブラカ] 複 -и, -лок [中1]〔apple〕①リンゴ:《話》リンゴの木: пирожки́ с *-ами* リンゴ入りピロシキ ②球形のもの, 馬の毛の丸い斑点: в *-ах* まだら[ぶち]模様の ◆*~ раздо́ра* 争いのもと, 不和の種 | *Я́блоку не́где упа́сть.*《諺》ひどく狭苦しい
■ Ада́мово *~* 喉仏 | глазно́е *~*《解》眼球, 目玉 | Росси́йская объединённая демократи́ческая па́ртия Я́БЛОКО《政》ロシア統一民主政党ヤブロコ

**я́блонев|ый** [形1] ①リンゴの木の ②**-ые** [複数]《植》リンゴ属

**я́блонный** [形1] (虫が)リンゴの木にたかる

**я́блоновка** [女2] リンゴ酒

*я́блон|я [女5]〔apple tree〕《植》リンゴ: Расцвета́ли *-и*. リンゴの花が咲き始めていた **// я́блонька** 複生-нек [女2]《指小・愛称》

**я́блочко** 複 -чек, -чек, -чкам [中1] ①《指小・愛称》< я́блоко ②標的の中心: попа́сть в са́мое *~* 的に命中する ③《楽・舞》ヤーブロチコ (ロシア革命の内戦をモチーフにした水兵の踊り, チャストゥーシカ часту́шка および踊り)

**я́блочник** [男2]《俗》《政》ロシア統一民主政党ヤブロコの党員

**Я́** *я́блочный* [形1] リンゴの: *~ сок* リンゴジュース
■ *~ Спа́с* 林檎の救世主祭 (→ Спа́с)

**Я́в|а** (女1変化) [男] ジャワ(島)で: на *-е* ジャワ(島)で

**ява́н|ец** -нца [男3] **/-ка** 複生-нок [女2] ジャワ人 **/-ский** [形1]

**яви́ть(ся)** [完] → явля́ть(ся)

**я́вка** 複生-вок [女2] ①出頭, 出席: на собра́ние *я́~* обяза́тельна.《伝達文で》必ず出席のこと | *~ с пови́нной*《法》自首 ②秘密の会合; その場所

**явле́н|ие** [イヴリェーニエ] [中5]〔phenomenon, scene〕①出現 ②現象: *~ приро́ды* 自然現象 | хими́ческие *-ия* 化学現象 | вре́менное *~* и вре́чное *~* и су́щность《哲》現象と本質 ③《劇》場: *~ пе́рвое [второ́е]* 第1[2]場

**я́вленный** [形1]《旧》《宗》奇跡的に現れた

**явля́ть** [不完] **/яви́ть** явлю́, я́вишь 受過явленный [完]《雅》《文》示す; 見せる: *~ собо́й образе́ц му́жества* 自分に勇気があるところを見せる

*явля́ться [イヴリャーツツァ] [不完] **/яви́ться** [イヴィーツッツ ァ] явлю́сь, я́вишься, я́вятся 命яви́сь [完]〔present oneself, appear〕①《不完》《文》《固》である: Москва́ *явля́ется* столи́цей Росси́и. モスクワはロシアの首都である | С апре́ля дире́ктором шко́лы *явля́ется* Семёнов. 4月からセミョーノフが校長をしている | Кто́ *явля́ется* гла́вным геро́ем э́той по́вести? その小説の主人公は誰なのか ②出席する: Ва́м ну́жно *яви́ться* в су́д. あなたは出廷せねばならない ③現れる, 出現する, 来る, 行く, 生じる: *~ на рабо́ту* 出勤する | *Яви́лось* но́вое поколе́ние. 新しい世代が現れた ④《完》《公》《固》につく
◆*Яви́лся — не запыли́лся*《俗・非難》来やがった

*я́вно [ヤーヴナ]〔evidently〕①〔副〕明らかに, はっきりと, 露骨に: Он не пра́в. 彼は明らかに間違っている ②〔無人述〕明白だ, 明らかだ

**я́вный** [ヤーヴヌィ] 短 -вен, -вна [形1]〔evident, obvious〕①明白な, 明瞭な, はっきりした: *-ая ложь* 真っ赤な嘘 ②公然の, 露骨な: *-ая вражда́* むき出しの敵意

**я́вор** [男1] 《植》セイヨウカジカエデ(бе́лый клён) **// ~овый** [形1]

**я́вочн|ый** [形1] ①< я́вка ②事前の許可なしの: *-ым поря́дком* 事前の許可を受けずに | *~ соста́в рабо́тников* 日amaldumwdworkers (= спи́сочный)

**я́вственный** [形1] 明瞭な, はっきりした: *~ звук* はっきりした音 | На песке́ *-ые* во́лчьи следы́. 土に狼の足跡がはっきりと残っている

**я́вствовать** [不完] -твует, -твуют [3人称のみ], …ということになる: Из де́ла *я́вствует*, что ули́ки недоста́точны. 記録からは証拠不十分であることが明白だ

**я́вь** [女10] 《単》現実: не сон, а *~* 夢ではなく現実

**яга́** [女2] = ба́ба-яга́ ②《コン》グラフィックアダプタ, EGA

**ягдта́ш** [кт] [男4]《狩》ゲームバッグ, (猟の)獲物袋

**я́гель** [男5]《植》トナカイゴケ (оле́ний мо́х)

**ягнёнок** -нка [男9] 子羊

**ягня́тник** [男2]《鳥》ヒゲワシ (борода́ч)

**ягня́чий** [形9] 子羊の

*я́год|а [女1]〔berry〕《集合》ベリー類, 漿果 (しょうか): варе́нье из *я́год* イチゴ[サクランボなど]のジャム | *~ виногра́да* ブドウ1粒 ◆⊞ *одного́ по́ля [-ы]* 《…は同じ穴のムジナだ, Сво́лочь (одни́м ми́ром ма́заны) ■ *ви́нная ~*《植》イチジク(инжи́р)

**я́годи|ца, я́годи́|ца** [女3] (片方の)尻; [複] 臀部 **//-чный** [形1]

**я́годка** 複生-док [女2] ①《指小・愛称》< я́года ②《話》《子ども・女性への呼びかけ》いい子, ベリー

**я́годни|к** [男2] ①ベリーの枝, 茂み; その群生地 ②《/-ца》 [女3]《話》ベリー採りに行く(のが好きな)人

**я́годн|ый** [形1] ベリー類の[から作る]: *-ые места́* ベリーの群生地

**ягуа́р** [男1]《動》ジャガー **// ~овый** [形1]

*я́д -а/-у [男1]〔poison〕①毒, 毒物, 毒薬; そのように作用するもの: смерте́льный *яд* 致死量の毒物 | отра́-

вить я́дом 毒を盛る, 毒殺する | отрави́ться я́дом 服毒する | я́д сомне́ний 毒づいた猜疑心 ◊ **я́д оби́ды** 恨み, 怨恨; письмо́, по́лное я́ду 悪意に満ちた手紙

\*я́**дерн|ый** [ヤーデルヌィイ] [形1] [nuclear]
① [理・生] 核の, 核の | ~oe расщепле́ние 核分裂 | -ая фи́зика 原子核物理学, 核物理 | -ая эне́ргия 原子力エネルギー | ~ peа́ктор 原子炉 | -ая война́ 原子核戦争 ② 核兵器の, 核を保有する | -oe ору́жие 核兵器 | -ая держа́ва 核大国 | провести́ -oe испыта́ние 核実験を行う ③ 核心(ядра́)の, 中心部の

**я́дерщик** [男2] 《話》原子[核]物理学者[専門家], 原子力技術者

\*я**дови́т|ый** 短 -и́т [形1] [poisonous, toxic] ① 毒の, 有毒な; ~ газ 毒ガス | -ая змея́ 毒ヘビ | ~ грибо́к 毒キノコ ② 毒々しい, 悪意のある; -ая улы́бка 毒を含んだ微笑 ③ 《話》(色・匂いが)すごい, 嫌な

**ядохимика́т** [男1] 《複》農薬

**ядрён|ый** 短 -ён [形1] 《話》① (クルミなど)が大粒の ② 実の詰まった: ~ коча́н капу́сты 実がぎっしり詰まったキャベツの玉 ③ (空気の)酸素の多い, 新鮮な ④ (飲料水)が漬けて作る, 濃い: ~ квас 水出しクワス (乾パンを水に漬けて作る) ⑤ (人が)丈夫な: ~ стари́к かくしゃくたる老人 ⑥ (言葉が)荒っぽい, 辛らつな

**я́дрица** [女3] (ソバの実の)ひき割り: ка́ша из -ы 
ソバの実の粥]

\***ядро́** 複 я́дра, я́дер, я́драм [中1] [kernel, nucleus]
① (植) 実の核; (植) 実の核: оре́ха クルミの核(食用部分) ② (物質の)中心部, 核: áтомное ~ 【理】原子核 | ~ кле́тки 【生】細胞核 | ~ Земли́ 【地】地球の中心核 | ~ коме́ты 【天】彗星の核 ③ 本質, 核心; 中心: ~ пробле́мы 問題の核心 ④ (集団・組織の)中核, 中核, コア; 【コン】カーネル ⑤ 【スポ】砲丸: толка́ть ~ 砲丸を投げる ⑥ 《通例複》【軍・旧】爆丸

**я́дрышко** 複 -шки, -шек, -шкам [中1] [指小]
<ядро́ ② 〖生〗核小体

**я́зв|а** [女1] ① 【医】潰瘍, 腫瘍; 腫物; 皮膚炎: ~ желу́дка 胃潰瘍 | Я- откры́лась. 潰瘍からの出血が起きた | гно́йная ~ うっ血性皮膚炎 ② 災い, 害悪; (旧)疫病: моро́вая ~ ペスト ③ 毒舌家 ■ **сиби́рская ~** 〖医〗炭疽(症) | **спо́ры [возбуди́тель] сиби́рской ~ы** 炭疽菌 **||-енный** [形1]

**я́звенник** [男2] ① 〖植〗アンティリス (民間療法に, 皮膚の炎症, 傷の手当等に使用) ② 《話》潰瘍の患者

**язви́тельный** 短 -лен, -льна [形1] 毒々しい, 毒気のある, 辛らつな

**язви́ть** -влю́, -ви́шь [不完] / **съ-** [完] 毒舌を吐く, 毒づく

\***язы́|к** [イズィーク] -а́ [男2] [tongue, language] ① 〖解〗舌; 【料理】タン, 舌肉: лиза́ть 図 ~о́м 舐める | обже́чь себе́ ~ 舌をやけどする ② 言語: славя́нские -и́ スラブ諸語 | официа́льный ~ 公用語 | на ру́сском ~е́ ロシア語で | ~ же́стов 身振り言語(手話など) | мёртвый ~ 〖言〗死語 ③ 言葉; 言い回し; 文体: литерату́рный [разгово́рный] ~ 書き[話し]言葉 | усло́вный ~ 隠語 (арго́) | ~ цвето́в 花言葉 ◊ От удивле́ния он ~ потеря́л – отняла́ся. 彼は驚きのあまり言葉を失った ④ (単)文体, 言葉の調子, 口のきき方: ~ Пу́шкина プーシキンの文体 | о́стрый ~ 辛らつな言葉 ⑤ 舌状のもの: -и́ пла́мени = о́гненные -и́ めらめら燃える炎の舌 | ко́локола 鐘の舌(ぜつ) ⑥ [от -á] (敵情入手のために生け捕りにする)捕虜 ⑦ 〖ブーリング, 言語 ◆ **верти́тся на ~е́** (1) 言いたくて[聞きたくて]たまらない (2) 喉まで出かかっているが, どうしても思い出せない | **держа́ть ~ за зуба́ми** 口をつぐむ, 沈黙を守る | **говори́ть на ра́зных ~а́х** お互いを理解しない;

異なる意見を主張し合う, 合意しない | **найти́ о́бщий ~ с** 図 … と相互理解に達する | **попа́сть [попада́ть] на ~** 〜の話のタネになる, 噂にのぼる | **тяну́ть за ~** 無理に言わせる | **~ мой – враг мой** 〖諺〗 口は禍のもと | **~ на плече́ [плечо́] у** 図 …は疲れ果てて, へとへとだ | **~ непло́хо [хорошо́] подве́шен у** 図 …はしゃべり上手だ, 口が達者だ | **~ сло́маешь** 舌を噛みそうだ, うまく発音できない ■ **морско́й ~** 〖魚〗シタビラメ, ウシノシタ | **язы́к-осно́ва** 〖言〗祖語 (праязы́к)

**языка́стый, языка́тый** [形1] 《話》口の減らない, 口うるさい

**языкове́д** [男1] 言語学者

**языкове́дение** [中1] 言語学 (языкозна́ние) **||-ческий** [形3]

\***языков|о́й** [形1] [linguistic] 言葉[言語]の, 言語(上)の: ~ сою́з 〖言〗言語連合 | -а́я поли́тика [言]言語政策

**языко́вый** [形1] ① 〖解〗舌の, 舌状部分の ② 〖料理〗舌の, タンの

**языкозна́ние** [中5] 言語学 (лингви́стика)

**языкотво́р|чество** [中1] 〖言〗造語, 新表現を創ること **||-ческий** [形3]

**язы́|чество** [中1] 〖宗〗異教, (一神教伝来以前の)多神教 **||-ческий** [形3]

**язычко́вый** [形1] < язычо́к: ~ инструме́нт 〖楽〗リード楽器

**язы́чни|к** [男2] / -ца [女3] 〖宗〗異教を信奉する者 ② 《俗》毒舌家; おしゃべり

**язы́чный** [形1] ① 舌の ② 〖音声〗舌を用いて発音する

**..язы́чный** [形1] 〖語形成〗① 「…語を用いる」: англоязы́чный 英語を用いる | двуязы́чный 2言語併用の ② 〖音声〗「舌の」

**язы́ч|о́к** -чка́ [男2] ① [指小 < язы́к] 小さい舌状のもの ② 〖解〗口蓋垂 (ма́ленький ~) ③ 〖楽〗リード, 簧 (した) ④ (靴の)タン, 舌革

**язь** [男5] 〖魚〗コイ科の淡水魚 (ロシアで広く生息)

**яи́чко** 複 -чки, -чек, -чкам [中1] ① [指小] < яйцо́ ② 〖解〗睾丸

**яи́чник** [男2] 〖解〗卵巣

**яи́чница** [ш] [女3] 〖料理〗玉子焼き, オムレツ: глазу́нья 目玉焼き

**яи́чный** [ч/ш] [形1] 卵の, 卵子の; 卵色(黄色)の

**яйцеви́дный** 短 -ден, -дна [形1] 卵形の, 楕円形の

**яйцево́д** [男1] 〖解〗(輸)卵管

**яйцеживорожде́ние** [中5] 〖生〗卵胎生

**яйцекла́дущий** [形6] 〖生〗卵生の

**яйцекла́дка** 複生 -док [女2] 〖生〗産卵

**яйцекле́тка** 複生 -ток [女2] 〖生〗卵細胞

**яйцено́ский** [形3] よく卵を生む

**яйцере́зка** 複生 -зок [女2] 《話》エッグスライサー

**яйцерожде́ние** [中5] 〖生〗卵生

\***яйц|о́** [イッツォー] 複 я́йца, яи́ц, я́йцам [中1] [egg]
① 卵 《参考》卵は бело́к, 卵黄は желто́к): варёное – ю́ゆで卵 | – всмя́тку 半熟の卵 | круто́е ~ = ~ вкруту́ю 固ゆでの卵 | кла́сть (откла́дывать, нести́) ~ / я́йца 産卵する | разби́ть в ча́шу ~ ボウルに割り入れる | взбить ~ ве́нчиком 卵を泡立て器で解きほぐす | очи́стить ~ от скорлупы́ 卵の殻をむく ② 卵形のもの ③ 〖生〗卵細胞 (яйцекле́тка) ④ 《複》《話》睾丸 ◆ **вы́еденного -а́ не сто́ит** 《話》くだらない, 無価値だ, 三文の値打ちもない | **Я́йца ку́рицу не у́чат.** 〖諺〗釈迦に説法 (←卵は鶏に教えられない)

**як** [男2] 〖動〗ヤク

**ЯК, Як** [ヤーク] 《略》Я́ковлев ソ連[ロシア]ヤコブレフ設

計airplane製の航空機

**я́кать** [不完] ① 《話》軟子音後のアクセントのない a や e を я と発音する ② 《話》得意げに「私が私が」と言う

**‡я́кобы** [ヤーカブィ] (say, allege) [接] 《接続詞чтоの代わりに用いて》(疑念,不信の意味を込めて)…と: Он утвержда́ет, ～ ничего́ не зна́ет. 彼は何も知らないなどと言い張っている ② [助] (任意の語の前で; 不信・疑いのニュアンスを加えて)いわゆる…,…とかいう(かのごとき): Он прочита́л ～ интере́сную кни́гу. 彼は面白いという噂の本を読んだ | Он соблюда́ет ～ са́мую эффекти́вную дие́ту. 彼は最も効果的とかいうダイエット中だ

**Я́ков** [男1] ヤコフ(男性名;愛称 Я́ша)

*\***я́кор|ь** 複 -я́ [男5] [anchor] ① 《海》錨(%)): бро́сить ～ 錨をおろす | стоя́ть на -e 停泊している | сня́ться с -я 錨をあげる ② 《電》電機子, ロータ, 回転子;《工》アンカー ◆*спасе́ния* 頼みの綱 *‖-ный* [形1]

**яку́дза** (不変) ① 《女》 (日本の)ヤクザ(組織), 暴力団 ② 《男》ヤクザ(の構成員), 暴力団員(член якудза)

**яку́т** [男1] / ~**ка** 複生 -ток [女2] ヤクート人(サハ共和国の民族; caxáの別名)

**Яку́тия** [女9] ヤクーチア(サハ共和国 Респу́блика Caxá の別名)

**Яку́тск** [ц] [男2] ヤクーツク(サハ共和国の首都; 極東連邦管区)

**яку́тск|ий** [ц] [形3] サハ(共和国, 人)の, ヤクート人の ■**Яку́тская АССР** ヤクート自治ソヴィエト社会主義共和国(1922-91) / **-ое вре́мя** ヤクーツク時間 (UTC+10)

**якша́ться** [不完] 《俗》《сこと》親しくする

**я́л** [男1] (帆走・2-6対のオールの)小型ボート

**я́лик** [男2] (1-2対オールの渡河用)小型ボート

**я́ловый** [形1] ① (牛・魚などが)不妊の;(植物が)実らない ② 雌牛の革で作った

**Я́лта** [女2] ヤルタ(クリミア半島南部の港町)

**я́лтинск|ий** [形3] *Я-ая конфере́нция* союз́ных держа́в《史》ヤルタ会談(1945)

**ям** [男1] 《古》(駅馬車の)駅, 宿場

*\***я́м|а** [ヤーマ] [女1] [pit, hole] ① 穴, くぼみ: Доро́га вся в -ax. 道は穴だらけだ | водяна́я ～ 淵(ómyт) | вы́рыть ～ 穴を掘る | упа́сть /провали́ться| в ～ -y 穴に落ちる | возду́шная ～ エアポケット

② (穴の形の)貯蔵施設, スペース: мусорная ～ ごみため | помо́йная ～ 汚水溜め | оркестро́вая ～ 《楽》オーケストラピット | смотрова́я ～ 《工》(車の点検用)ピット ③ 《話》(穴のような)くぼ地, 低地

◆*рыть* [копа́ть] -y 図 …を陥れようと謀る | *Не рой друго́му -y, сам в неё попадёшь. 《諺》人を呪わば穴二つ*

**Яма́йка** [女2] ジャマイカ(首都は Ки́нгстон)

*‖ямайский* [形3]

**Яма́л** [男1] ヤマル(半島) (ロシア連邦管区)

**яма́ло-не́нецкий** [形3] : *Я~-Н~ автоно́мный о́круг* ヤマロ・ネネツ自治管区 (行政中心地 Салеха́рд; ウラル連邦管区)

**я́мб** [男1] 《詩》短長格, 古典詩の弱強格
*‖-и́ческий* [形3]

**ямбохоре́й** [男6] 《詩》弱短強弱格, 短長短短格

**я́мина** [女1] (話) я́ма(①); 大きく深い穴

**я́мка** 複生 -мок [女2] [指小<я́ма] 小穴, 小さいこみ

**я́мочка** 複生 -чек [女2] ① [指小] <я́ма(①) ② えくぼ

**ямщи́к** 複生 -ко́в [男2] 駅馬車[荷馬車]の御者
*‖ямщи́цк|ий* [形1] : *-ие пе́сни* 《楽・文学》御者の歌(ロマンス, 民謡の1大ジャンル;「Тро́йка Вот мчи́тся тро́йка почтова́я」など)

**я́н** (不変) [中] (中国哲学で陰陽の)陽(↔и́нь)

*‡**янва́р|ь** [インヴァーリ] -я́ [男5] [January] 1月(★用法は →ма́й) *‖-ский* [形3]

**Я́ндекс** [男1] [IT]ヤンデックス(ロシアのポータル・検索サイト)

**я́нки** (不変) [男・女] 《話》《集合》米国人

*\***янта́р|ь** -я́ [男5] [amber] 琥珀($^{-}_{+}$): кольцо́ с -ём 琥珀のついた指輪 *‖-ный* [形1]

**Я́нус** [男1] 《ロ神》ヤヌス(頭の前後に2つの顔を持つ)
◆*двули́кий ～* 偽善者

**Янцзы́, Янцзыця́н** (不変) [女] 揚子江

**яныча́р** [男1] 《史》(オスマントルコの)親衛兵, イェニチェリ

**япо́нец** [イポーニッ] -нца [男3] / **япо́нка** [イポーンカ] 複生 -нок [女2] [Japanese] ① 日本人 ② 《女》《俗》日本車

**япони́ст** [男1] 日本研究者, 日本学者

**япони́стика** [女2] 日本学

*‡**Япо́н|ия** [イポーニヤ] [女9] [Japan] 日本: в -ии 日本で | прие́хать в -ию 日本にやって来る | Я из -ии. 私は日本から来ました | Са́мая высо́кая гора́ в -ии — «гора́ Фу́дзи [Фуджи́яма]». 日本で一番高い山は富士山だ | Я— — страна́ восходя́щего со́лнца. 日本は日出ずる国である

**япо́нка** →япо́нец

**япо́но-‥** 《語形成》「日本の」

**японове́д** [男1] = япони́ст

**японове́дение** [中5] = япони́стика

**япо́ночка** 複生 -чек [女2] [愛称<япо́нка]《俗》日本車

*‡**япо́нск|ий** [イポーンスキイ] [形3] [Japanese] 日本の: в -ом сти́ле 日本風[和風]に *‖-язы́к* 日本語 | *Вну́треннее Я-ое мо́ре* 瀬戸内海 *‖-ла́к* 漆($^{-}_{+}$) | *Я-ое мо́ре* 日本海 | *-ая ку́хня* 日本料理, 和食 | *-ое пла́тье* 和服

**япо́нско-‥** 《語形成》「日本語の」: *япо́нско-ру́сский слова́рь* 和露辞典

**яр** 前о -е, на/в -у́ 複-ы́/-ы [男1] 断崖, 絶壁;《方》峡谷, くぼ地

**яра́нга** [女2] (北方民族の)移動式円錐型テント

**ярд** [男1] ヤード(長さの単位: 91.44cm)

**яре́мн|ый** [形1] くびきを付けた ■*-ая ве́на* 《解》頸静脈

**Яри́ло** (中1変化) [男] 《スラヴ神》ヤリーロ(春と豊穣の神; 男神)

**яри́ться** ярю́сь, яри́шься [不完] ① 《旧・俗》激怒する ② (自然が)荒れ狂う

**я́рка** 複生 -рок [女2] (まだ仔を産まない)若い雌羊

*\***я́рк|ий** [ヤールキイ] *я́рок, ярка́, я́рко, я́рки/ярки́* 比 *я́рче* 最上 *ярча́йший* [形3] [bright, vivid] ① 明るい, きらきらする, まぶしい: *-ое со́лнце* さんさんと輝く太陽 | ～ ого́нь 煌々とした灯火 | ～ день よく晴れた日 ② (色が)ぱっとした, 鮮明な: ～ цвет 鮮やかな色 ③ 顕著な, 卓越した, 際立った, 明白な: ～ тала́нт 輝かしい才能 | ～ музыка́нт 際立った音楽家 | *-ое исполне́ние* 人目を引く演奏 *‖-ость* [女10]

*\***я́рко** 比 *я́рче* [副] [brightly, vividly] 明るく, 鮮明に, 明白に: ～ *вы́раженный* はっきりと表現された | игра́ть ～ 明るい調子で演奏する

**я́рко-‥** 《語形成》「明るい」「鮮やかな色の」

**ярлы́к** [男2] ① [レッテル(貼紙のこと); ラベル, 荷札; багáжный ～ 荷札 | прикрепи́ть ～ к … …にレッテルを貼る ② (端的な評価でつける)レッテル, 烙印 ③ [IT]ショートカット: ～ для 田 …へのショートカット ④ 《史》キプチャクハン国からの命令書 ◆*накле́ить ~и́* レッテルを貼る *‖ярлычо́к* -чка́ [男2]

*\***я́рмарк|а** 複生 -рок [女2] [fair] (娯楽の催し付きの)定期市, 縁日;見本市: ～ с каруселя́ми и балага́на-

ми 回転木馬と芝居小屋の出る定期市 | Рожде́ственская ~ クリスマス市 | междунаро́дная ~ 国際見本市 **//я́рмарочный** [形1]

**ярм|о́** 複 я́рма, ярм, я́рмам/ярма́м [中1] ① くびき: под -о́м くびきを付けて[に縛られて] ② 《単》《文》重荷, 負担, 抑圧 ③《電》ヨーク

**яровизи́ровать** -рую, -руешь 受過 -анный [不完·完]《農》《園》〈種子などを〉春化処理をほどこす **//-а́ция** [女9]

**ярово́й** [形2] ①春蒔きの; (畑仕事で)春に行う ② **-ы́е** [複名] 春蒔きの穀物

**Яросла́в** [男1] ヤロスラフ(男性名; 愛称 Сла́ва, Я́рик)

**Яросла́вль** [男5] ヤロスラヴリ(同名州の州都) **//яросла́вский** [形3]: *Я-ая* о́бласть ヤロスラヴリ州(中央連邦管区)

*я́ростн|ый [сн] 短 -тен, -тна [形1]〔furious〕① 激怒した, 憤慨とした: ～ крик 怒声 ②〈自然が〉荒れ狂った, すさまじい: ～ пото́к 荒れ狂う奔流 ③ 激しい, 猛烈な, 度外れの: ～ая любо́вь 疯狂的恋 **//я́рость** [女10]〔fury, rage〕① 激怒, 激昂, 憤怒: прийти́ в ~ 激怒する | привести́ 完 в ~ 激怒させる | с -ью ~ в ~ 激怒して ② 猛烈, 狂暴さ: ~ стихи́и 自然の猛威

*я́рус [男1]〔tier, circle〕①(積み重なった)列, 層, 段; (建物の)階; (船の)地層: ко́йки в два ~а 2段の寝台 ②《劇》バルコニー(層の)席: ~ы 多くて3層まである ③《漁》延縄(なわ) **//-ный** [形1]

**я́русник** [男2]《漁》延縄漁船

**я́рче** [比較]<я́рко, я́ркий

**ярыга** [女4変化] [旧] ① (16-18世紀, 労役をする) 貧民, 人足; (下っ端の)警吏 **//ярыжка** 複生-жек (女2変化) [男] [指小] <①

**я́рый** 短 -яр [形1] ① 憤激した ② 熱烈な ③ 猛烈な

**ярь** [女10] ①《俗》憤怒(я́рость) ②《俗》春蒔きの作物; 春の畑 ③《化》酸化銅; 緑青(ろくしょう)

**яса́к** [男1]《露史》現物税(★ヴォルガ沿岸地やシベリアの非ロシア民族が毛皮や家畜で納めた) **//яса́чный** [形1]

**я́сельный** [形1] <я́сли

**я́сень** [男5]《植》トネリコ属

*я́сли -ей [女5-9п], я́сли-сад (男5-9п1), сад-я́сли (男1-9п5) [複]〔nursery〕①託児所, (3歳未満の乳幼児用)保育園 ②まぐさ桶, 飼料桶

**я́сли-сад** (男5-9п1), сад-я́сли (男1-9п5) [複] (7歳までの乳幼児用)保育幼稚園

**ясне́ть** [不完] 明るくなる, 白む, 晴れる, 澄む: На восто́ке ме́дленно ясне́ет. 東方が徐々に白みかけている

*я́сно [ヤースナ] I [副]〔fine, clear〕① 晴れて, 光って, 澄んで: Со́лнце све́тит ~. 太陽が明るく輝いている | Голова́ рабо́тала ~. 頭が好調でいた ② はっきりと, 明瞭に: ~ произноси́ть はっきりと発音する | ~ объясни́ть 明瞭に説明する | С бе́рега ~ ви́ден собо́р на о́строве. 岸から島の寺院ははっきりと見える

II [無人述] ①《口》〈后には что 節 ということが〉明らかだ, 明白だ: Я-о, что они́ поссо́рились. 彼らがけんか別れしたのは明らかだ ②《気象》快晴, 晴れ | わかりました, なるほど

**яснови́дение** [中5]《超心理》千里眼, 透視能力, 超感覚的知覚

**яснови́д|ец** -дца [男3] **/-ица** [女3]《超心理》千里眼能力を持つ人, 透視能力者

**яснови́дящий** [形6]《超心理》千里眼の: ~ [男6] **/-ая** [女6] 千里眼を持つ人, 透視能力者

*я́сность [女10]〔clarity〕① 明るいこと, 鮮明さ, 明るさ ② 晴朗, うららかさ; (心の)落ち着き ③ 明瞭さ, 明快さ ◆ вне́сти $^{⁂}$ ~ в 完 明らかにする

*я́сн|ый [ヤースヌイ] [сн] 短 -сен, ясна́, я́сно, я́сны/ясны́ 比 -не́е 最上 -не́йший [形1]〔clear, fine〕① 光る, 清澄な: ~ ме́сяц 煌々と光る月 | ~ая заря́ 清澄な夜明け ② 晴れた: -ая пого́да《気象》快晴, 晴れ ③ 澄んだ, 冴えた: -ое не́бо 青空 | -ы [-ые] о́чи [глаза́]《民話・詩》澄んだ眼 | Во́здух чист и я́сен. 空気は清く澄んでいる ④ 明らかな, 明瞭な, 明白な, はっきりした: -ое объясне́ние 明白な説明 | ~ отве́т はっきりした答え | Мысль ясна́. 意図は明快だ
◆ясне́е я́сного 疑う余地がない, 言うまでもない

**я́ство** [中1] 《通例複》〔旧〕おいしい豊かな食べ物〔食事〕

**я́стреб** веса́/-ы [男1] ①《複》《鳥》タカ亜科; ハイタカ属: ~-перепеля́тник [ма́лый ~] ハイタカ | ~-тетеревя́тник オオタカ ②《通例複》《政》タカ派

**ястреби́н|ый** -ные [形1] 《鳥》タカ科 ◆ с -ым взгля́дом 鋭い目つきで, 油断ない

**ястребо́к** -бка́ [男2]《話》[指小·愛称]

**астык** -а́ [男2] 膜状に固められた魚: 魚卵の膜; 卵皮

**ятага́н** [男1] ヤタガン(オスマントルコで用いられた小刀)

**я́трышник** [男2]《植》オルキス属

**Яу́нде** [э], **Яу́ндэ** [э] [不変] ヤウンデ(カメルーンの首都)

**яфети́ческ|ий** [形3]: *-ая* тео́рия《言》ヤペテ理論

**я́хонт** [男1] [旧] ルビー, サファイア **//-овый** [形1]

*я́хта [男1]〔yacht〕クルーザー: спорти́вная ~ 競技用ヨット | круи́зная ~ クルーザー | олимпи́йские кла́ссы яхт オリンピック競技用ヨット **/я́хтенный** [形1]

**я́хтинг** [男2]《スポ》セーリング

**яхт-клу́б** [不変] [男1] ヨットクラブ

**яхтсме́н** [ц] [男1] **/-ка** веса́-нок [女2] ヨットマン, ヨット操縦者

*яче́й|ка веса́ ячеек [女2]〔cell〕① 小穴; 網の目 ②《生》細胞; 《理》セル; 胞; 《電子》素子 ③ 蜂巢, 小房 ④ 小部門 ⑤《軍》たこつぼ, 各個掩体 ⑥ 居心地のよいこじんまりした所 ⑦《コン》記憶位置, データ格納アドレス (~ па́мяти) ⑧《露史·政》(1935年までのソ連で, 政党の)細胞: партии́йная ~ 党細胞 **//яче́истый** 短 -ист [形1]

**ячея́** веса́ -е́й [女6] ① 小あな; 網の目, 目合い ②《生》小房

**я́чий** [形9] < як

**ячме́н|ь** -я́ [男2] ①《植》オオムギ属: ~ обыкнове́нный オオムギ ②《医》(目の)ものもらい **//-ный** [形1]

**ячне́вый** [形1] オオムギ製の: -ая ка́ша オオムギのお粥

**Я́ша** (女4変化) [男] (愛称) < Я́ков

**я́шм|а** [女1]《鉱》碧玉 **/-овый** [形1]

**я́щер** [男1] ①《複》《動》センザンコウ目(pangoliny): кита́йский ~ ミミセンザンコウ ②[旧]《動》トカゲ類

**я́щерица** [女3] 《複》《動》トカゲ亜目 (ヤモリ ге́ккон, イモリ трито́н など): прыткая ~ カナヘビ | живородя́щая ~ コモチカナヘビ | ~ ниворна́пэбй カナヘビ

*я́щи|к [ヤーシシク] [男2]〔box, chest〕① 箱, ボックス; ケース, キャビネット: абоне́нтский ~ 貸私書箱 | мусорный ~ ごみ箱 | почто́вый ~ 郵便受け; メールボックス | музыка́льный ~ オルゴール ② 引き出し ③《IT》メールボックス ④《話》(私書箱がある仕事の)秘密の組織 ⑤《俗》棺: в ~ сложи́ться《若者·戯·皮肉》死ぬ ⑥《俗》テレビ(По́ля для дурако́в)
◆ отложи́ть в до́лгий ~ 棚上げにする, 延期する
■ чёрный ~ 《航空》ブラックボックス **//-чек** -чка **//-чный** [形1]

**я́щур** [男1]《獣病理》口蹄疫 **//-ный** [形1]

# 和露編

- 約1万項目を収録しています．
- 名詞の性や数，動詞の不完了体・完了体の別など，詳しい用法については，露和編をご参照ください．

## あ

**あい** 愛 любовь ～する любить

**あいかわらず** 相変わらず〔いつも通り〕как всегда; как обычно; 〔以前通り〕по-прежнему; по-старому

**アイコン** 〔IT〕икóнка; значóк

**あいさつ** 挨拶 приветствие; привéт; поклóн; 〔祝辞〕поздравлéние ～する приветствовать 挨拶状 письменное приветствие

**あいしょう** ①愛称 ласкательное имя [слово] ②相性 ～がいい [悪い] схóдный [несхóдный] по харáктеру; сходиться [не сходиться] харáктерами

**あいじょう** 愛情 любóвь; привязанность ～を豊かに育くむ лелéять; страстить

**あいじん** 愛人 любóвник; 〔女〕любóвница

**アイス** 〔氷〕лёд ～クリーム морóженое ～コーヒー холóдный кóфе ～スケート катáние на конькáх

**あいず** 合図 знак; сигнáл ～する давáть [подавáть] знак [сигнáл]

**あいそう** 愛想 ～のいい приветливый; любéзный; ～のない неприветливый; сухóй; холóдный

**あいだ** 間 川と公園の～に мéжду рекóй и пáрком 木々の～に среди дерéвьев その～に тем врéменем

**あいて** 相手 партнёр; компаньóн; 〔敵・競争者〕противник; сопéрник ～にする имéть дéло с 圏

**アイディア** идéя; мысль

**アイティー** IT информациóнные технолóгии

**アイディーカード** 〔身分証明書〕удостоверéние лично́сти; идентификациóнная кáрта

**アイドル** кумир; любимец; идол

**あいにく** с сожалéнием; к несчастью

**あいまい** 曖昧 ～な неясный; нечёткий; 〔不確定の〕неопределённый; уклóнчивый

**アイロン** утюг ～をかける глáдить (утюгóм)

**あう** ①合う совпадáть с 圏; подходить (к) 圏; 会う встречáться с 圏; видеть; ②〔似合う〕идти 圏; ③遭う〔災難に〕переживáть; испытывать; попадáть в/под 圏; подвергáться 圏

**アウェー** ～のチーム команда гостéй ～の試合 играть/в гостях [на выезде]

**あお** ①青い色 青信号 зелёный свет 青空 голубóе нéбо ②青い〔空の〕,〔明るい青〕голубóй; светлосиний; 〔熟していない〕незрéлый; 未熟な 青い鳥 синяя птица

**あおじろい** 青白い блéдный

**あおむけ** 仰向け ～に нáзничь; вверх лицóм

**あか** ①赤い色 赤信号 крáсный свет 赤の他人 совершéнно чужóй человéк ②赤い крáсный; 〔鮮紅の〕áлый; 〔赤紫〕багрóвый ③垢 грязь ～のついた грязный

**あかじ** 赤字〔経〕дефицит; убыток ～を出す приносить [давать] дефицит

**あかちゃん** 赤ちゃん младéнец; груднóй ребёнок

**アカデミー** акадéмия ～賞 прéмия «Оскар»

**あかり** 明り〔光〕свет; 〔灯火〕огóнь; огонёк; 〔照明〕освещéние ～をつける включáть [зажигáть] свет ～を消す выключáть [гасить] свет

**あがる** 上がる〔上る・上昇〕поднимáться; восходить; повышáться; 〔興奮・のぼせ〕волновáться; смущáться 物価が上がった Цéны на товáры повысились.

**あかるい** 明るい свéтлый; яркий; 〔陽気な〕свéтлый; рáдостный; весёлый ▶明るくなる светлéть

**あき** 秋 óсень ～の осéнний ～に óсенью

**あきらか** 明らか ～な ясный; чёткий; отчётливый; очевидный ～に ясно; чётко; отчётливо; очевидно; 〔あきらかになる〕выявить(ся); разъяснять(ся); выявлять(ся)

**あきらめる** 諦める откáзываться от 国; потерять надéжду; перестáть надéяться на 国; 〔甘受する〕смириться

**あきる** 飽きる надоедáть; наскýчить ～ほど досыта これはもう飽きた Мне это надоéло.

**アキレス** ～腱 ахиллово сухожилие; 〔弱点〕ахиллéсова пята

**あく** ①悪 зло; порóк; злодéйство ～の злой; порóчный; престýпный ②開く〔戸が〕открывáться; раскрывáться; отворяться; не откýпориваться 窓が開かない Окнó не открывáется. ③空く〔空になる〕быть [становиться] пустым; 〔席・場所が〕быть [становиться] вакáнтным 空いている свобóдно

**あくしゅ** 握手 пожáть рýку 圏

**アクセサリー** бижутéрия; аксессуáр

**アクセス** 〔行き方〕дóступ; 〔IT〕дóступ к сéти' нéт(сети) に～する войти в интернéт ～している сидéть в интернéте

**アクセル** акселерáтор ～を踏む акселерировать

**アクセント** ударéние; акцéнт

**あくび** 欠伸 зевóта; зевóк ～をする зевáть

**あくま** 悪魔 чёрт; дьявол; сатáна

**あくむ** 悪夢 кошмáр; стрáшный сон

**あぐら** 胡座 ～をかく сидéть скрестив нóги

**あける** ①開ける〔戸・窓〕открывáть; раскрывáть; отворять, растворять; 〔鍵を〕отпирáть; 〔栓を〕откýпоривать ②空ける〔時間・場所〕освобождáть; дéлать свобóдным; 〔容器を〕опорожнять; очищáть ③明ける〔夜が〕рассветáть

**あげる** 上・揚・挙げる ①〔上に〕поднимáть; ②〔与える〕давáть; дарить; 〔贈答〕преподносить; возлагáть; 〔フライ〕жáрить 手を～ поднимáть рýку [рýки] 旗を～ поднимáть знáмя 花火を～ пускáть фейервéрк 例を～ приводить примéр 結婚式を～ справлять свáдьбу; венчáться ▶揚げた жáреный на мáсле

**あご** 顎 подбородок; чéлюсть 顎ひげ бородá

**あこがれる** 憧れる мечтáть о 圖; стремúться к 与 ▶憧れ мечтá; стремлéние

**あさ** ① 朝 ýтро ～に ýтром — рáно ýтром 毎～ кáждое ýтро ～から晩まで с утрá до вéчера 朝市 ýтренний рýнок 朝日 восхóдящее сóлнце ② 麻 конóпля 麻布 хóлст

**あさい** 浅い [深さ] мéлкий; неглубóкий

**あさがお** 朝顔 [植] вьюнóк

**あさって** 明後日 послезáвтра

**あざやか** 鮮やかな [鮮明な] я́ркий; [見事な] блестя́щий; искýсный

**あざらし** 海豹 [動] тюлéнь; нéрпа

**あさり** [貝] пáфия

**あし** 足・脚 [脚] ногá; [足] ступня́, стопá; [鳥獣] лáпа; [机の] нóжка ～を引っ張る мешáть 与 ② 葦 [植] тростнúк; камы́ш

**あじ** ①味 вкус ～をつける припрáвить 団 味見する прóбовать; дегустúровать ② 鯵 [魚] стáврида

**アジア** Áзия ～人 азиáт

**あじさい** 紫陽花 [植] гортéнзия

**あした** 明日 зáвтра; зáвтрашний день ～の зáвтрашнего дня

**あずき** 小豆 крáсная фасóль ～色の крáсно-корúчневый; тёмно-крáсный

**あずける** 預ける отдавáть [сдавáть] на хранéние お金を銀行に～ сдéлать вклад в банк 子どもを～ оставить ребёнка [детей] на попечéнии ▶預かる [物を] принимáть на хранéние; [金品を] принимáть вклад 子どもを～ принимáть ребёнка [детей] на попечéние

**アスパラガス** [植] спáржа

**あせ** 汗 пот ～をかく потéть ～かきの потлúвый 汗疹 [氵] потнúца

**アゼルバイジャン** Азербайджáн

**あそこ** там ～へ [に] (行く・行け) туда́ ～（所）до тогó мéста; [あれほど] до такóй стéпени

**あそび** 遊び [ゲーム] игрá; [気晴らし] развлечéние; забáва, потéха; óтдых 家に～に行く пойтú в гóсти

**あそぶ** 遊ぶ игрáть, развлекáться 圖; забавля́ться 圖

**あたえる** 与える давáть; дать; дарúть

**あたたかい** 暖・温かい [温暖な] умéренный; мя́гкий; [心のこもった] тёплый, сердéчный; душéвный 今日は～ Сегóдня тепло́.

**あたためる** 暖・温める греть; согревáть; [体を] отогревáть; [料理を] подогревáть; [部屋を] отопля́ть ▶暖・温まる [体が] согревáться; отогревáться

**あだな** あだ名 прóзвище; клúчка

**あたま** 頭 головá; [気・心] умный 頭が悪い глýпый ～を使う дýмать; обдýмывать, сображáть

**あたらしい** 新しい нóвый; [最新] новéйший; [新鮮] свéжий; [未使用] свéжий

**あたり** ① 辺り вокрýг [около] ～の вокрýг 田 この～に売店はありますか? Где здесь киóск? ② 当たり [命中] попадáние ～くじ выйгравший билéт ～! [命中] Впáди! [の通り] Прáвильно! / Тóчно!

**あたる** 当たる [命中する] попадáть в 与; [古いなどに] сбывáться; [くじなどに] вы́играть 彼は宝くじに当たった Он вы́играл в лотерéе. 私に当たらないでよ Не срывáйся на мне.

**あちこち** あちこち там и здесь [тут]; 《話》 там и сям; местáми ～から отовсю́ду ～へ тудá и сюдá

**あつい** ①熱い горя́чий ②暑い жáркий 暑くて死にそうだ Умирáю от жары́. ▶暑さ жарá; жар ③厚い тóлстый; [人情が] сердéчный; глубóкий ▶厚さ толщинá

**あつかう** 扱う [処遇する] обращáться [обходúться, имéть дéло] с 造; [処理する] вестú; управля́ть; [対象とする] занимáться

**あつかましい** 厚かましい нáглый; бесстýдный; нахáльный; дéрзкий

**あっしゅく** 圧縮 сжáтие; [短縮] сокращéние ～する сжимáть; сокращáть ～データを～ (IT) сжать дáнные 圧縮ファイル сжáтый файл

**あっとう** 圧倒 ～的な подавля́ющий ～する подавля́ть; [優越する] превосходúть

**アットホーム** ～な как дóма; домáшний

**アットマーク** [@] собáчка

**あつまる** 集まる собирáться; сходúться ▶集まり собрáние; встрéча; вéчер

**あつめる** 集める [物・金を] собирáть; скáпливать

**あつりょく** 圧力 давлéние; нажúм ～を加える давúть; окáзывать давлéние 圧力計 манóметр 圧力釜 [鍋] (кастрю́ля-)скорóварка

**あて** 当て ～にする надéяться [возлагáть надéжду] на 与; рассчúтывать на 与 ～にならない ненадёжный; нельзя́ положúться на 圖 ～が外れた Ожидáния [Расчёты] не оправдáлись.

**あてな** 宛名 áдрес

**あてる** 当てる [ぶつける] удáрять(ся); [命中] попадáть; [くじ] вы́играть

**あと** 後 ～の слéдующий 後は君に任せるよ Остальнóе я доверя́ю [поручáю] тебé. あとの祭りだ Пóсле дрáки кулакáми не мáшут. ▶後から [時間的] потóм; затéм; пóсле; попóзже; [空間的] сза́ди [позадú] 圖; вслед за 造; за 造 ▶後で чéрез (спустя́) нéкоторое врéмя; потóм; пóсле; пóсле тогó, как じゃあまた～ Увúдимся пóзже. ② 跡・痕 след; отпечáток ～を継ぐ наслéдовать

**アトピー** [医] атопúя ～性皮膚炎 атопúческий дермáтит

**アトリエ** ателье́; стýдия (худóжника)

**アドレス** áдрес

**あな** 穴・孔 отвéрстие; ды́рка; [破れ] дырá; щель; сквáжина; [地面の] я́ма ～を開ける долбúть; прорывáть; просвéрливать; пробивáть ～が開く [破れて] появля́ется [образýется] ды́рка [отвéрстие]

**アナウンサー** дúктор

**あなご** [魚] морскóй ýгорь

**あなた** вы; ты ～の ваш; твой ▶～たち вы ～の ваш;

**あなどる** 侮る презирáть; пренебрегáть 圖; недооцéнивать

**あに** 兄 (стáрший) брат

**アニメ(―ション)** мультфúльм; 《話》 мýльтик; анимé

**あね** 姉 (стáршая) сестрá

**アネモネ** [植] анемóн(а); анемóна

**あの** тот; э́тот ▶あのような такóй ▶あのころ тогдá; в то врéмя ▶あの世 тот свет ～で на том свéте

**アパート** [全体] многоквартúрный дом; [1戸] квартúра

**あばれる** 暴れる буя́нить; бýйствовать

**アピール** ～する призывáть [взывáть] к 与; апеллúровать к 与

**あひる** 家鴨 [動] домáшняя ýтка

**アブ** [昆] óвод; слéпень

**あぶない** 危ない опасный; рискованный ~! Опасно! Береги(те)сь! Осторожно!

**あぶら** 油・脂〔食用〕масло; 〔脂肪〕жир

**アプリ** 〔IT〕 прикладное программное обеспечение

**アフリカ** Африка ～人 африканец

**あふれる** 溢れる〔液体が〕переливаться через край; 〔人・物が〕быть переполненным; 〔感情などが〕быть наполненным [преисполненным]

**アボカド** 〔植〕 авокадо

**あまい** 甘い сладкий; 〔味が薄い〕малосольный 甘く見るを принимать всерьёз 子どもに～ потворствовать [потакать] детям

**あまえる** 甘える ласкаться к 圏; быть избалованным; 《人に》ластиться 「к 圏 (около 圏)〔好意に〕пользоваться 圏

**アマチュア** любитель; непрофессионал ～の любительский; самодеятельный

**あまのがわ** 天の川 Млечный Путь; Галактика

**あまやかす** 甘やかす баловать; потворствовать 圏; 〔話〕потакать

**あまり(に)** 〔過度に〕слишком; очень; чересчур ～の необыкновенный; чрезвычайный; крайний ～…でない не очень; не так; мало

**あまる** 余る〔残る〕оставаться (в излишке); получаться в остатке

**あみ** 網 сеть; сетка; невод

**アミノさん** アミノ酸 аминокислота

**あむ** 編む вязать; плести

**あめ** ①雨 дождь ～が降っている Идёт дождь. ちょうど今～がやんだ Дождь только что перестал [прошёл]. ～降って地固まる Всё перемелется — мука будет. ②飴 леденец; карамель; тянучка

**アメリカ** Америка ～人 американец ～合衆国 США; Соединённые Штаты Америки

**あやうく** 危うく ～寝過ごすところだった Я чуть не проспал.

**あやしい** 怪しい〔不確か〕сомнительный; неправдоподобный; 〔いかがわしい〕подозрительный; странный

**あやまり** 誤り ошибка; оплошность; промах

**あやまる** ①謝る извиняться; просить прощения [извинения] ②誤る ошибаться; делать ошибку; просчитываться ▶誤って по ошибке ▶誤った ошибочный; неправильный

**あやめ** 菖蒲 〔植〕 ирис

**あらい** 粗・荒〔目が粗い〕редкий; крупный; 〔粗雑・乱暴〕грубый; суровый; жёсткий; резкий

**あらう** 洗う мыть; 〔衣服を〕стирать 顔を～ умываться 手を～ мыться

**あらかじめ** 予め предварительно; заранее

**あらし** 嵐 〔海上の〕шторм ～の штормовой

**あらそう** 争う〔口論〕ссориться с 圏; 〔競争〕конкурировать; соперничать ▶争い〔口論〕ссора; 〔不和〕распря; раздор

**あらためて** 改めて〔再度〕снова; опять; ещё раз; в другой раз; 〔新たに〕заново; сначала

**アラビア** Аравия ～数字 арабские цифры

**アラブ** ～の арабский ～人 араб

**あられ** 霰 град

**あらわす** ①表す〔表現・描写〕выражать; показывать; изображать; 〔意味する〕обозначать; выражать ②著す писать; сочинять

**アリ** 〔昆〕 муравей

**ありうる** 有り得る возможный; правдоподобный; вероятный ▶有り得ない невозможный; неправдоподобный; невероятный

**ありがたい** 有り難い ～ことに к счастью …であれば～ Я был бы благодарен, если бы …

**ありがとう** ～(ございます) (Большое) Спасибо. | Благодарю вас. | Я благодарен вам. お世話になり～ございました Спасибо за заботы.

**ありふれた** обычный; обыкновенный; банальный

**ある** ①或る один; некоторый; какой-то; известный; некий ～日 однажды ②ある〔存在〕быть; существовать; 〔場所に〕быть; есть; находиться; быть расположенным; 〔持っている〕у 圏 есть … 私の家には車が2台ある У нас две машины. 午後は会議があります После обеда будет заседание. 10年前ここで大地震があった Десять лет назад здесь произошло крупное землетрясение.

**あるいは** 或は или; либо; может быть; возможно

**アルカリ** 〔化〕 щёлочь ～性の щелочной

**あるく** 歩く идти (пешком); ходить そこまで歩いて行けますか Туда можно дойти пешком?

**アルコール** алкоголь; спирт ～飲料 алкогольные [спиртные] напитки ～依存症 алкоголизм ～依存症患者 алкоголик

**アルバイト** подработка; побочная работа; приработок ～する подрабатывать

**アルバム** альбом

**アルファベット** алфавит; азбука ～順に по алфавиту

**アルミ** 〔アルミニウム〕 алюминий ～ホイル алюминиевая фольга

**あれ** это; то ▶あれこれ то и другое; так или иначе ▶あれほど так; такой; столь(ко); ～настолько; до такой степени ▶あれ以来 с тех пор; с того времени

**あれる** 荒れる〔天気・海〕бушевать; быть бурным; штормить; 〔皮膚〕грубеть

**アレルギー** аллергия ～性の аллергический ～反応 аллергическая реакция 食物～ пищевая аллергия ～性鼻炎 насморк аллергического типа; 〔医〕 аллергический ринит

**アレンジ** 〔楽〕 аранжировка ～する аранжировать

**あわ** 泡 пена; пузырь ～立つ пениться; пузыриться; 〔石鹸が〕мылиться 水の～になる сводиться к нулю; пойти прахом

**あわせる** 合わせる 〔1つに〕соединять; связывать; 〔混合・配合〕смешивать; составлять; сочетать; 〔適応〕приспосабливать; приурочивать ▶合わせて вместе; всего; итого

**あわてて** 慌てて взволнованно; в панике; в большой спешке ▶慌てずに неторопливо; спокойно

**あわび** 鮑 〔貝〕 галиотис; морское ушко

**あん** ①案 идея; проект ②餡 〔小豆〕 сладкая паста из красной фасоли

**あんい** 安易 ～な лёгкий; простой ～な考え легкомысленно; ～に легко; просто; беспечно ～に~ беззаботно

**あんき** 暗記 ～する запоминать [учить] наизусть

**アンケート** опрос; анкета; анкетирование ～に答える заполнять анкету ～する устраивать анкету ～にご協力下さい Примите, пожалуйста, участие в анкетировании. ～用紙 анкета; опросный лист

**あんこう** 鮟鱇 〔魚〕 морской чёрт; удильщик

**あんごう** 暗号 шифр; код ～する шифровáть ～を解読する расшифрóвывать; дешифровáть ～文 зашифрóванный текст

**アンコール** бис ～, ～! Бис, бис!

**あんさつ** 暗殺 убийство 政治家は～された Политик был убит из-за углá.

**あんしょうばんごう** 暗証番号 секрéтный код

**あんしん** 安心 ～な спокóйный, безопáсный; надёжный ～させる успокáивать; утешáть ～する успокáиваться; быть спокóйным

**アンズ** 杏 《植》 абрикóс

**あんぜん** 安全 безопáсность ～な безопáсный; надёжный 安全ピン англи́йская булáвка

**あんぜんほしょう** 安全保障条約 пакт безопáсности (国連) 安全保障理事会 Совéт Безопáсности (ООН)

**あんてい** 安定 ～した усто́йчивый; прóчный; стаби́льный

**アンテナ** антéнна パラボラ～ параболи́ческая антéнна

**あんない** 案内 〔通知・招待〕сообщéние; извещéние; приглашéние 市内を～する проводи́ть экскýрсию в гóрод ご～の通り как вам извéстно パーティーへの～ приглашéние на приём [вéчер] 案内書 спрáвка; путеводи́тель 案内所 спрáвочное бюрó 案内人 проводни́к; гид; провожáтый; сопровождáющий

**あんらくし** 安楽死 эвтанáзия; эйтанáзия

## い

**い** ①胃 желýдок 胃炎 гастри́т; катáр желýдка 胃潰瘍 《医》 я́зва желýдка 胃カメラ гастрокáмера ②亥〔十二支〕свинья́

**いい** 良い хорóший; дóбрый → よい いいねぇ! Здóрово!

**いいあらわす** 言い表す выражáть; выскáзывать

**いいえ** 〔否定の返事〕нет

**いいかえれば** 言い換えれば инáче говоря́; други́ми [ины́ми] словáми

**イースター** 〔復活祭〕Пáсха ～エッグ пасхáльные я́йца

**いいわけ** 言い訳 оправдáние; предлóг; отговóрка ～する оправдываться

**いいん** 委員 член коми́ссии [комитéта] 委員会 комитéт; 〔専門的〕коми́ссия 委員長 председáтель коми́ссии [комитéта]

**いう** 言う говори́ть; сказáть; 〔意見を述べる〕выскáзывать; замечáть 私に言わせれば я бы сказáл ～は易く行うは難し Надéлала сини́ца слáвы, а мóре не зажглá.

**いえ** 家〔マンション〕кварти́ра ～で〔自宅で〕дóма; 〔家屋内で〕в дóме ～にいない Егó нет дóма.

**イエロー** ～カード〔スポ〕жёлтая кáрточка; предупреждéние ～ページ жёлтые страни́цы

**いおう** 硫黄 сéра ～の сéрный

**いか** ①烏賊 《動》 каракáтица; кальмáр ②以下 〔数量〕ни́же; мéньше; мéнее; 〔文章〕дáльше; ни́же ～に含まれる次を参照 ～を含めて 10歳以下の児童 дéти до десяти́ лет これについては～を参照のこと Смотри́ об э́том ни́же.

**いがい** ①意外 ～な неожи́данный; непредви́денный ～に вопреки́ ожидáниям [ожидáнию, предположéнию] ②以外〔…を除いて〕крóме 〜私も помимó 〜; за исключéнием

**いがく** 医学 медици́на; медици́нские нау́ки

**いかり** ①怒り гнев; я́рость; возмущéние; негодовáние ②錨 и́корь ～を上げる[下ろす] поднимáть [бросáть] я́корь

**いき** ①粋 ～な изя́щный; шикáрный ②息 ～を吐く дыша́ть; ～が切れる задыхáться ～を止める задержáть дыхáние ～を引き取る скончáться ③意気 ～投合する сходи́ться харáктерами; находи́ть óбщий язы́к

**いぎ** ①意義 значéние; смысл ～のある значи́тельный ②異議 разногла́сие; возражéние ～を唱える возражáть ～なく единоглáсно

**いきいき** 生き生き ～した живóй; оживлённый ～と жи́во; бóдро

**いきがい** 生き甲斐 смысл [рáдость] жи́зни

**いきのこる** 生き残る остáться в живы́х; вы́жить; пережи́ть

**いきもの** 生き物 живóе существó; живóтное

**イギリス** Англия ～人 англичáнин

**いきる** 生きる жить; 〔生存する〕существовáть 生きている живóй; живу́щий

**いく** 行く〔歩いて〕идти́; ходи́ть; 〔乗り物で〕éхать; éздить; 〔出かける〕пойти́; отправля́ться; 〔…まで行く〕доходи́ть до 田 ロシアに～ поéхать в Росси́ю 買い物に～ пойти́ за поку́пками さあ、行こう! Ну, пошли́! ロシア[モスクワ]に行ったことがある Рáньше я был в Росси́и [Москвé].

**いくじ** 育児 воспитáние детéй [ребёнка] 育児休暇 декрéтный óтпуск

**いくつ** 幾つ скóлько ～かの нéсколько ～もの мнóго

**いくら** 幾ら скóлько ～か нéсколько; немнóго ～でも скóлько угóдно ～考えても скóлько ни ду́май これは～ですか Скóлько э́то стóит?

**イクラ** 《魚卵》 (крáсная) икрá

**いけ** 池 пруд; водохрани́лище; водоём

**いけない** ①〔禁止〕нельзя́ [не нáдо, не слéдует]〔不定形〕 ～しなくては〔必要〕нáдо [нýжно, необходи́мо]〔不定形〕田 дóлжен〔不定形〕

**いけばな** 生け花〔華道〕икэбáна; иску́сство аранжирóвки цветóв

**イケメン** 《話》 красáвчик

**いけん** 意見 мнéние; взгляд; мысль; идéя ～が合う соглашáться ～が合わない расходи́ться во мнéниях ～を交換する обмéниваться мнéниями 私の～では по моему́ мнéнию

**いごこち** 居心地 ～がいい ую́тный; ую́тно; комфортáбельный ～が悪い неую́тный; неую́тно; нелóвкий

**イコン** 《聖像》икóна ～画家 иконопи́сец

**いさん** 遺産 наслéдство; завéщанное иму́щество ～を残す оставля́ть наслéдство ～を相続する наслéдовать иму́щество 遺産相続人 наслéдник

**いし** ①石 кáмень ～の кáменный ②意思 мысль; намéрение 意思の疎通 взаи́мное понимáние 意思表示 волеизъявлéние

**いじ** ①維持 ～を содержáть; подде́рживать 維持費 расхóды на содержáние ②意地 ～の悪い злой; злóбный; ～を張る упря́миться; упóрствовать

**いしき** 意識 сознáние; сознáтельность ～的な сознáтельный ～する сознавáть ～がある в сознáнии ～を失う теря́ть сознáние ～がない без сознáния ～不明の, 無～の бессознáтельный

**いじめる** 苛める издевáться над 田; преслéдовать; му́чить; терзáть ▶苛め издевáтельство

**いしゃ** 医者 врач; 《話》доктор ～にかかる обращаться к врачу

**いしゃりょう** 慰謝料 (денежная) компенсация

**いじゅう** 移住 переселение; [国外へ] эмиграция; [国外から] иммиграция ～する переселяться; эмигрировать; иммигрировать

**いじょう** 異常 ～な ненормальный, необыкновенный 異常気象 ненормальная погода 異常事態 необычайное [необычное] положение

**いしょく** 移植 пересадка; ～する пересаживать 臓器[心臓, 組織]移植 пересадка органов [сердца, тканей]

**いじわるな** 意地悪な злой

**いす** 椅子 стул; [肘掛け～] кресло; [背もたれのない～] табуретка; [地位・ポスト] место

**いずみ** 泉 источник; ключ; родник

**イスラム** ～教 мусульманство; ислам; исламизм ～教徒 мусульманин ～原理主義 исламский фундаментализм

**いせき** 遺跡 [旧跡] (исторические) достопримечательности

**いぜん** 以前 ① [過去] прежнее время; прошлое; [今より前] раньше ② 依然 (として) по-прежнему; всё ещё

**いそがしい** 忙しい [常に] занятой; [今] занят; [女] занята 彼女はなかなか来てくれた Она пришла несмотря на занятость.

**いそぎの** 急ぎの ～の спешный; срочный

**いそぐ** 急ぐ спешить; торопиться 急いで, さもないと遅れる Поспеши, иначе опоздаем. ▶急いでとろぼう; в спешке 急がば回れ Тише едешь, дальше будешь.

**いそん** 依存 ～する зависеть от 囲

**いぞん** 異存 ～ありません У меня нет возражений.

**いた** 板 доска; дощечка

**いたい** 痛い больно; больной; [痛む] болеть ～! Больно! ▶痛み боль

**いだい** 偉大 ～な великий

**いたずら** 悪戯 шутка; шалость ～をする шутить; шалить; проказничать いたずらっ子 проказник; озорник

**いたち** 鼬 [動] японский колонок ～ごっこ заколдованный круг

**いためる** 炒める жарить на масле

**イタリア** Италия ～人 итальянец; [女] итальянка ～料理 итальянская кухня

**いたるところ** 至る所 везде; всюду; повсюду; повсеместно ～から отовсюду ～へ всюду

**いち** ① 一・1 один ～番目の первый ～か八(ば)か 《話》пан или пропал, либо пан, либо пропал ▶1位 первое место; первенство ▶1月 январь ～に в январе ② 位置 расположение; положение; ～する находиться; быть расположенным

**いちご** 苺 [植] земляника; клубника

**いちじ** 一時 [時] час; [短い期間] одно время; некоторое время ～的な временный

**いちどに** 一度に (один) раз; однажды ～に [同時に] одновременно; [1回で] разом; ～も…ない никогда も; ни разу не

**いちにち** 一日 (один) день; [一日中] весь [целый] день; [一昼夜] (одни) сутки; ～おき через день; раз в два дня

**いちねん** 一年 (один) год ～目 первый год 一年生 [小学校] первоклассник; [大学] первокурсник

**いちば** 市場 рынок 青物市場 овощной рынок

**いちばん** 1・一番 [号] первый номер; номер один; [ひと部分] (одна) партия; [最も…] самый

**いちぶ** 一部 [部分] (одна) часть; (одна) доля; [印刷物の1冊] (один) экземпляр

**いちょう** ① 胃腸 胃腸薬 желудочно-кишечные средства 胃腸炎 гастроэнтерит ② 銀杏 [植] гинкго

**いちりゅう** 一流 ～の первоклассный

**いつ** 何時 когда; в какое время ▶いつのまにか неизвестно когда ▶いつまで до какого времени ▶いつまでも навсегда; бесконечно

**いつか** [未来の] когда-нибудь; когда-либо; [過去の] когда-то

**いっかい** ① 1回 (один, первый) раз ～で за/в один раз 週～ (один) раз в неделю ② 1階 первый этаж

**いっけん** 一見 百聞は～にしかず Лучше один раз увидеть, чем сто раз услышать.

**いっしゅ** 一種 (один) вид ～の одного рода

**いっしゅう** 一周 (один) круг; объезд ～する объезжать [обходить] 囲 (вокруг) 囲

**いっしゅう(かん)** 一週(間) (одна) неделя

**いっしゅん** 一瞬 (одно) мгновение ～で в одно мгновение

**いっしょ** 一緒 ～の [同じ] такой же; одинаковый ～に [まとまって] вместе (с 圏); [同時に] одновременно; вместе (с 圏) ～にする соединять; собирать ～に暮らす жить вместе

**いっしょう** 一生 вся [целая] жизнь ～の間 всю жизнь ～懸命 изо всех сил; всеми силами; усердно; старательно ～のお願いです Умоляю вас!

**いったい** 一体 それは～何ですか Что это такое?

**いっち** 一致 ～する совпадать; [合意する] соглашаться ～して согласно; единодушно

**いつでも** いつでも [常時] всегда; всё время; [任意の時] в любое время; когда угодно

**いっぱい** 一杯 [容器の量] стакан [чашка, рюмка, ведро] [一杯の] много; множество; масса; полный 囲 [園] 1杯のお茶 чашка чая ～にする наполнять ～やりましょう Давай подкрепимся [выпьем]. もうお腹が～です Я уже сыт.

**いっぱん** 一般 ～の [普遍的な] общий; [平凡な] обычный, обыкновенный ～に вообще; в общем ～化する обобщать; стать универсальным 一般教養 всеобщее образование

**いっぽ** 一歩 (один) шаг ～一歩 шаг за шагом

**いっぽう** 一方 одна сторона; один из двух; [方向] одно направление ～的な односторонний 一方通行 одностороннее движение

**いつも** всегда; всё время; постоянно ～の通り как всегда [обычно]

**イデオロギー** идеология

**いてざ** 射手座 [天] Стрелец

**いでん** 遺伝 наследственность ～(性)の наследственный ～する наследовать 遺伝学 генетика

**いでんし** 遺伝子 ген ～の генный 遺伝子工学 генная инженерия 遺伝子治療 генотерапия 遺伝子組み替え генная модификация

**いと** ① 糸 нитка; нить; [釣り糸] леса ② 意図 намерение; замысел; цель ～的に нарочно ～する намереваться

**いど** ① 井戸 колодец ～水 колодезная вода ② 緯度 широта; параллель

**いどう** 移動 передвигаться; перемещаться ～する 〜(性)の передвижной

**いとこ** 従兄弟・従姉妹 двоюродный брат; [女]

двою́родная сестра́

**いない** 以内 в преде́лах 田; не бо́льше [свы́ше]

**いなか** 田舎 дере́вня; се́льская ме́стность; прови́нция; 〔郷里〕 родно́й го́род; родно́е ме́сто ～の дереве́нский; провинциа́льный

**イナゴ** 〔昆〕 саранча́

**いなずま** 稲妻 мо́лния

**いにん** 委任 ～する поруча́ть; доверя́ть 委任状 дове́ренность; манда́т

**いぬ** 犬 〔総称〕 соба́ка; 〔雄〕 пёс; 〔雌〕 су́ка; 〔子犬〕 щено́к 犬小屋 конура́ ② 戌 〔十二支〕 соба́ка

**いねむり** 居眠り дремо́та ～をする дрема́ть

**いのち** 命 жизнь ～かけで риску́я жи́знью

**いのる** 〔神仏などに〕 моли́ться; 〔願う〕 жела́ть ▶ моли́тва

**いはん** 違反 наруше́ние ～する наруша́ть

**いびき** 鼾 храп ～をかく храпе́ть

**イベント** 〔催し〕 мероприя́тие

**いほう** 違法 の незако́нный; нелега́льный

**いま** ① 居間 гости́ная ② 今 〔現在〕 сейча́с; тепе́рь; в настоя́щий моме́нт; в настоя́щее вре́мя; 〔目下の〕 настоя́щий; совреме́нный ▶ 今から отны́не; с настоя́щего вре́мени ▶ 今まで до сих пор; по сей день; доны́не; до неда́внего вре́мени ▶ 今まで通り как пре́жде; по-пре́жнему ▶ 今にも вот-вот (и) ▶ 今のところ сейча́с ▶ 今や тепе́рь

**いまだ** 未だ ещё ～かつて…ない никогда́ не; небыва́лый; беспреце́дентный

**いみ** 意味 смысл; значе́ние ～のない бессмы́сленный; 〔深長な〕 многозначи́тельный; вырази́тельный ～する зна́чить; обознача́ть

**イミテーション** имита́ция; подде́лка

**いみん** 移民 пересе́ленец; 〔国外へ〕 эмигра́нт; 〔国外から〕 иммигра́нт

**イメージ** изображе́ние; представле́ние; о́браз; и́мидж ～アップ улучше́ние представле́ния о 囲; повыше́ние репута́ции ～チェンジ измене́ние и́миджа [представле́ния] ～トレーニング вообража́емая трениро́вка

**いも** 芋 〔じゃが芋〕 карто́фель; карто́шка 〔さつま芋〕 бата́т; сла́дкий карто́фель; 〔里芋〕 та́ро ～づる式に оди́н за други́м

**いもうと** 妹 (мла́дшая) сестра́

**いもり** 井守 〔動〕 трито́н

**いやいや** 嫌々 неохо́тно; не́хотя; понево́ле

**イヤホーン** нау́шники

**イヤリング** се́рьги; серёжки

**いらい** 依頼 поруче́ние; дове́рие ～する проси́ть; поруча́ть 依頼人 клие́нт

**いらいら** 苛々 の не́рвный; раздража́ться ～した раздражённый; не́рвный

**イラスト** иллюстра́ция ▶ イラストレーター иллюстра́тор

**いらっしゃい** Здра́вствуйте. | Я рад вас ви́деть. | Добро́ пожа́ловать. こちらへ～ Проходи́те сюда́! | 〔くそばまで〕 Подойди́те!

**いりえ** 入り江 бу́хта; (небольшо́й) зали́в

**いりぐち** 入り口 玄囲; 〔玄関口〕 подъе́зд

**いりょう** 医療 медици́нское учрежде́ние 医療費 расхо́ды на медици́нское обслу́живание 医療ミス лече́бная оши́бка

**いる** ① 要る ну́жный; необходи́мый; тре́бовать; тре́боваться; пона́добиться ② 居る находи́ться; пребыва́ть; 〔居合わせる〕 прису́тствовать

**いるか** 海豚 〔動〕 дельфи́н

**いれずみ** 刺青 татуиро́вка ～を入れる татуи́ровать

**いれる** 入れる 〔場所・容器に〕 класть; вкла́дывать; вставля́ть; 〔人・物を〕 впуска́ть; пуска́ть; вводи́ть; 〔含める〕 включа́ть ▶ 袋に～ класть в мешо́к 衣服をかばんに～ укла́дывать оде́жду в чемода́н 老人ホームに～ помеща́ть в дом престаре́лых

**いろ** 〔色彩〕 цвет 明るい [暗い] ～ све́тлый [тёмный] тон [цвет]

**いろっぽい** 色っぽい сексапи́льный; очарова́тельный; зама́нчивый

**いわ** 岩 скала́ 岩場 скали́стое ме́сто

**いわう** 祝う поздравля́ть с 囲; отмеча́ть ～を祝って в честь [по слу́чаю] 囲; в ознаменова́ние

**いわし** 鰯 〔魚〕 (сарди́на-)иваси́

**いわゆる** 所謂 так называ́емый; как говори́тся

**いんき** 陰気 ～な угрю́мый; мра́чный; меланхоли́ческий

**インク** черни́ла

**インコ** 〔鳥〕 а́ра; мака́о

**インサイダー** ～取引 опера́ция инса́йдеров

**いんさつ** 印刷 печа́тание ～する печа́тать 印刷物 печа́тные материа́лы 印刷所 типогра́фия

**いんしょう** 印象 впечатле́ние ～的な впечатля́ющий 日本に残った～ Како́е впечатле́ние произвела́ на вас Япо́ния?

**インスタント** ～コーヒー раствори́мый ко́фе ～食品 [ラーメン] проду́кты [лапша́] бы́строго приготовле́ния

**インストラクター** инстру́ктор

**インスピレーション** вдохнове́ние; воодушевле́ние ～を得る вдохновля́ться; воодушевля́ться

**いんぜい** 印税 а́вторский гонора́р

**インターネット** Интерне́т

**インタビュー** интервью́ ～する 〔記аにる〕 получа́ть [брать] интервью́ у 囲; интервьюи́ровать 囲; ～に応じる дава́ть интервью́

**インテリア** интерье́р ～デザイナー диза́йнер-интерье́рист

**インド** И́ндия ～人 инди́ец

**インフルエンザ** грипп ～ウイルス ви́рус гри́ппа

**インフレ** 〔経〕 инфля́ция

**いんよう** 引用 цита́та; цити́рование ～する цити́ровать 引用符 кавы́чки

---

## う

**う** ① 鵜 〔鳥〕 бакла́н 鵜飼い 〔人〕 бакла́нщик ② 卯 〔十二支〕 за́яц

**ウイスキー** ви́ски スコッチ～ шотла́ндское ви́ски

**ウイルス** ви́рус ～性肝炎 〔医〕 гепати́т ви́русный

**ウール** шерсть ～の шерстяно́й

**ウーロンちゃ** 烏龍茶 кита́йский чай улу́н

**うえ** 上 〔上方・上部〕 верх; ве́рхняя часть 上の ве́рхний 上に вверху́; наверху́ …の上に на 囲; над 囲 …から наверх …の上へ на 囲 上から све́рху …の上から с 囲 …に на столе́ ～の階に наверху́; на ве́рхнем этаже́

**ウエーター** официа́нт ▶ ウエートレス официа́нтка

**ウエスト** та́лия

**ウエディング** сва́дьба ～ケーキ сва́дебный торт ～ドレス сва́дебное пла́тье

**ウェブ** (IT) всеми́рная паути́на ～サイト веб-са́йт

**うえる** ①植える сади́ть ②飢える голода́ть

**うお** 魚 魚市場 ры́бный ры́нок 魚座〔天〕Ры́бы

**ウォッカ** во́дка

**うがい** 嗽 ～をする полоска́ть го́рло [рот] うがい薬 полоска́ние

**うく** 浮く〔浮かぶ〕пла́вать; плыть

**ウクライナ** Украи́на

**うけおい** 請負 подря́д

**うけつけ** 受付〔受付所〕приёмное око́шко; стол регистра́ции;〔受付業務〕приём 受付時間 часы́ приёма

**うけとりにん** 受取人 получа́тель; адреса́т

**うけとる** 受け取る получа́ть; принима́ть お手紙受け取りました Я получи́л ва́ше письмо́.

**うごかす** 動かす〔移動〕дви́гать 围 图; передвига́ть; переноси́ть; шевели́ть;〔作動・操作〕приводи́ть в движе́ние; управля́ть 围; пуска́ть в ход; опери́ровать

**うごく** 動く〔運動・移動〕дви́гаться; передвига́ться; перемеща́ться;〔作動〕рабо́тать

**うさぎ** 兔〔動〕за́яц; кро́лик

**うし** ①牛〔動〕〔総称・雌〕коро́ва;〔雄〕бык;〔子牛〕телёнок ②丑〔十二支〕коро́ва

**うしなう** 失う теря́ть; утра́чивать; лиша́ться 围

**うしろ** 後ろ 後〔動〕зад; за́дняя сторона́: спина́: конец ～の за́дний; ты́льный ～に сза́ди; позади́ 围 ～へ наза́д

**うず** 渦 водоворо́т; вихрь

**うすい** 薄い〔厚さ〕то́нкий;〔色〕све́тлый; бле́дный;〔濃度〕сла́бый; жи́дкий

**ウズベキスタン** Узбекиста́н

**ウズラ** 〔鳥〕пе́репел

**うそ** 嘘 ложь; непра́вда ～の ло́жный; фальши́вый ～をつく лгать; говори́ть непра́вду ～がばれた Ложь откры́лась [раскры́та]. 嘘つき лгун; лжец

**うた** 歌 песня

**うたう** 歌う петь; воспева́ть 歌を～ петь пе́сню

**うたがい** 疑い ～のある сомни́тельный ～深い недове́рчивый; подози́тельный ～なく несомне́нно; бесспо́рно ～を解く [晴らす] рассе́ивать сомне́ние [подозре́ние]

**うたがう** 疑う〔疑念を抱く〕сомнева́ться в 围;〔嫌疑をかける〕подозрева́ть 围 в 围

**うちあげ** 打ち上げ〔発射〕за́пуск;〔宴会〕ве́чер; вечери́нка ▶打ち上げる〔発射する〕запуска́ть

**うちあわせ** 打ち合わせ (предвари́тельное) совеща́ние [обсужде́ние] ▶打ち合わせる договори́ться [усло́виться] зара́нее; сгова́риваться

**うちき** 内気 ～な засте́нчивый; ро́бкий

**うちゅう** 宇宙 ко́смос; вселе́нная ～の косми́ческий 宇宙人 инопланетя́нин 宇宙船 косми́ческий кора́бль 宇宙飛行士 астрона́вт;〔特にロシアの〕космона́вт 宇宙ステーション косми́ческая ста́нция 宇宙旅行 косми́ческое путеше́ствие 宇宙基地 космодро́м

**うちわ** 団扇 ве́ер; опаха́ло ～で(自分を)扇ぐ обма́хиваться ве́ером

**うつ** 打・撃つ〔叩く〕ударя́ть; бить;〔射撃〕стреля́ть; выстре́ливать

**うつくしい** 美しい краси́вый; прекра́сный

**うつす** 移す〔移動〕переноси́ть; перевози́ть; перемеща́ть;〔病気を〕заража́ть 围 ②写・撮・映す〔書く・描く〕перепи́сывать; копи́ровать; воспроизводи́ть;〔撮影〕фотографи́ровать;〔映写〕проеци́ровать

**うっとり** ～する восхища́ться; приходи́ть в восхище́ние [восто́рг] ～して восхищённо

**うつぶせ** うつ伏せ ～で ничко́м ～になる ложи́ться [па́дать] ничко́м [лицо́м вниз]

**うで** 腕〔手〕рука́ ～が上がる повы́сить своё мастерство́; усоверше́нствоваться в 围 ～を組む скла́дывать [скре́щивать] ру́ки ～を точи́ть соверше́нствовать мастерство́ 腕相撲 армре́стлинг; армспо́рт

**うどん** лапша́ удо́н

**うなぎ** 鰻〔魚〕у́горь 彼の評価は～のぼりだ Ему́ даю́т всё бо́лее и бо́лее высо́кие оце́нки.

**うに**〔動〕морско́й ёж

**うばう** 奪う〔取り上げる〕захва́тывать; отбира́ть; гра́бить;〔失わせる〕лиша́ть 围 围

**うま** ①馬 ло́шадь;〔雄〕конь;〔雌〕кобы́ла ～に乗る сесть на ло́шадь 彼と～が合う ла́дить с ним ②午〔十二支〕конь

**うまい**〔巧みな〕иску́сный; уме́лый;〔味が〕вку́сный ～汁を吸う снима́ть сли́вки 彼は料理が～ Он хорошо́ гото́вит.

**うまれる** 生まれる роди́ться; появля́ться на свет

**うみ** 海 мо́ре; океа́н 海鳴り шум мо́ря

**うみべ** 海辺 бе́рег мо́ря; морско́й бе́рег ～で на берегу́ мо́ря; на морско́м берегу́

**うむ** 生・産む роди́ть;〔動物が〕приноси́ть;〔鳥が卵を〕класть [откла́дывать, нести́] (яйца);〔魚が卵を〕мета́ть (икру́) 子どもを～ роди́ть ребёнка

**うめ** 梅〔植〕япо́нская сли́ва 梅干し солёные сли́-вы

**うめる** 埋める〔土に〕зарыва́ть; зака́пывать;〔穴などを〕зака́пывать; засыпа́ть;〔不足を補う〕пополня́ть; покрыва́ть

**うもう** 羽毛 пух; перо́

**うよく** 右翼 пра́вое крыло́ ～政党 пра́вая па́ртия

**うら** 裏〔裏面〕оборо́тная [друга́я] сторона́; оборо́т;〔裏手〕за́дняя сторона́ 足の～ подо́шва; ступня́ 裏口 за́дний [чёрный] ход 裏庭 сад за до́мом

**うらがえす** 裏返す вывора́чивать наизна́нку; перелицо́вывать 裏返しに наизна́нку

**うらぎる** 裏切る изменя́ть; предава́ть; обма́нывать;〔期待などを〕не оправда́ть 围

**うらない** 占い гада́ние; ворожба́ 占い師 гада́льщик; гада́лка ▶占う гада́ть; ворожи́ть;〔予測〕предполага́ть; предви́деть

**うらみ** 恨み・怨み зло́ба; не́нависть; вражда́ ～を抱く пита́ть зло́бу ～を買う навлека́ть на себя́ зло́бу ～を晴らす мстить

**うらやましい** 羨ましい зави́дный あなたがうらやましい Я вам зави́дую. 羨ましさ с за́вистью

**ウラン** ура́н ～の ура́новый ウラン鉱 ура́новая руда́ 天然ウラン приро́дный ура́н 濃縮ウラン ура́новый концентра́т

**うり** 瓜〔植〕ды́ня; бахчевы́е культу́ры ～二つ похо́жи как две ка́пли воды́

**うりあげ** 売り上げ вы́ручка; вы́рученные де́ньги

**うりきれ** 売り切れ Распро́дано!

**うりだす** 売り出す пуска́ть в прода́жу;〔広く宣伝する〕широко́ реклами́ровать

**うりて** 売り手 продаве́ц

**うる** 売る продава́ть 名を～ приобрета́ть изве́стность けんかを～ нача́ть ссо́ру

**うるうどし** 閏年 високо́сный год

**うるさい**〔騒々しい〕шу́мный;〔口うるさい〕требова́-

うるし 漆 ла́к; япо́нский [кита́йский] ла́к ～塗りの лакиро́ванный 漆製品 лакиро́ванные изде́лия 漆職人 лакиро́вщик

うれしい 嬉しい ра́достный; дово́льный; ра́д ～会いできて Я ра́д вас ви́деть.

うれる 売れる〔よく売れる〕хорошо́ продава́ться; хорошо́ покупа́ют; 〔人気・知名度がある〕по́льзоваться популя́рностью この本はよく売れている Эта кни́га хорошо́ продаётся [идёт].

うろこ 鱗 чешуя́

うわき 浮気 непостоя́нство ～な ве́треный ～をする изменя́ть

うわぎ 上着〔ジャケット〕пиджа́к; жаке́т; ки́тель; 〔外側に着る〕ве́рхняя оде́жда

うわさ 噂 слу́х; молва́ ～をする говори́ть о 前 お～はかねがね伺っています Я наслы́шан о вас. ～をすれば影 Лёгок на помя́не.

うん〔幸運〕уда́ча; 〔かい運〕везёт ～が悪い несча́стный; не везёт 反 ～よく сча́стливо ～悪く к несча́стью; как наро́чно; как назло́ [на́-зло]

うんが 運河 кана́л

うんそうぎょう 運送業 тра́нспорт 運送業者 предпринима́тель тра́нспортного хозя́йства

うんちん 運賃〔乗車・船舶〕пла́та за прое́зд; сто́имость прое́зда; тра́нспортные расхо́ды 運賃表 (тра́нспортный) тари́ф

うんてん 運転 ～する води́ть; управля́ть 図 車を～する маши́ну 運転免許証 води́тельские права́ 運転手 води́тель; 〔自動車の〕шофёр; 〔機関車の〕машини́ст 運転資金 оборо́тные сре́дства

うんどう 運動〔体の〕заря́дка; физкульту́ра; 〔社会・政治的〕движе́ние; кампа́ния; де́ятельность; 〔理〕движе́ние ～する〔体を動かす〕дви́гаться; упражня́ться; занима́ться спо́ртом; де́лать заря́дку; 〔社・会 的〕вести́ движе́ние [кампа́нию] 運動神経 ～がいい спосо́бный к спо́рту 運動会 спорти́вные соревнова́ния

うんめい 運命 судьба́; у́часть; до́ля; уде́л ～的な роково́й ～を共にする раздели́ть судьбу́

## え

え ①絵・図〔絵画〕жи́вопись; карти́на; рису́нок ～のような живопи́сный; карти́нный ～を描く рисова́ть それは絵にかいた餅だ Это «жура́вль в не́бе». ②柄 рукоя́тка; рукоя́ть; ру́чка; 〔刀剣の〕эфе́с

エアコン кондиционе́р

えいえん 永遠 ～に навсегда́; наве́ки; ве́чно

えいが 映画 кинематогра́фия; кино́; фи́льм; кинокарти́на ～に行く идти́ в кино́ ～を見る смотре́ть кинофи́льм [кино́] 映画化 экраниза́ция ～する экранизи́ровать 映画館 кинотеа́тр 映画祭 кинофестива́ль 映画ファン киноню́б

えいきゅう 永久 ～に ве́чно; навсегда́; наве́ки 永久凍土 ве́чная мерзлота́

えいきょう 影響 влия́ние; де́йствие; возде́йствие ～する ока́зывать влия́ние на 前 ～力がある име́ть влия́ние; влия́тельный

えいぎょう 営業 ～する вести́ предприя́тие; рабо́тать 営業時間 вре́мя рабо́ты [заня́тий] 営業所 конто́ра 営業部 торго́вый отде́л 営業部員 сотру́дник торго́вого отде́ла

えいご 英語 англи́йский язы́к ～で по-англи́йски

エイズ〔医〕СПИД ～ウイルス ви́русы СПИДа ～患者 больно́й СПИДом

えいせい ①衛生 гигие́на; санитари́я ～的な гигиени́чный санита́рный врач санита́рное состоя́ние ②衛星 спу́тник; сателли́т ～を上げる запусти́ть спу́тник 衛星中継〔放送〕трансля́ция [переда́ча] че́рез спу́тники 衛星都市 го́род-спу́тник

えいぞう 映像 отраже́ние; изображе́ние; 〔イメージ〕о́браз

えいゆう 英雄 геро́й ～的な герои́ческий

えいよう 栄養 пита́ние ～のある пита́тельный 栄養剤 пита́тельный препара́т 栄養士 диетоло́г 栄養失調 недоеда́ние

えがく 描く〔絵・図を〕рисова́ть; черти́ть; писа́ть; 〔心に〕представля́ть себе́; воображёть

えき ①液 сок; 〔液体〕жи́дкость ～状の жи́дкий ②駅 ста́нция; вокза́л ～で на ста́нции [вокза́ле] 地下鉄の～ ста́нция метро́ 駅員 рабо́тник ста́нции 駅ビル вокза́льное зда́ние

えきしょう 液晶〔理・化〕жи́дкий криста́лл 液晶テレビ жидкокристалли́ческий телеви́зор

えきたい 液体 жи́дкость; жи́дкое те́ло ～の жи́дкий; жи́дкостный

えくぼ 笑窪 я́мочка; я́мка

エコノミークラス экономи́ческий кла́сс; эконо́м-кла́сс ～症候群 вено́зный тромбо́з

エコロジー эколо́гия エコの экологи́ческий; эко.. エコカー эко-автомоби́ль

えさ 餌 корм; 〔おびき寄せる物〕прима́нка; нажи́вка ～をやる корми́ть

エスエフ SF нау́чная фанта́стика SF小説 нау́чно-фантасти́ческий рома́н

エスカレーター эскала́тор

エストニア Эсто́ния

エスニック этни́ческий; национа́льный ～料理 национа́льная [этни́ческая] ку́хня

えだ 枝 ве́твь; 〔大枝〕сук; 〔小枝〕ве́тка; ве́точка 枝分かれする ответвля́ться

エチケット этике́т

エッセイ эссе́ ▶エッセイスト эссеи́ст

エヌジーオー NGO〔非政府組織〕обще́ственная организа́ция

エヌピーオー NPO〔非営利団体〕некомме́рческая организа́ция; НКО

エネルギー эне́ргия; си́ла ～を сберега́ть эне́ргию ～危機 энергети́ческий кри́зис

エネルギッシュ ～な энерги́чный; бо́дрый

えのぐ 絵の具 кра́ска ～を塗る кра́сить 油絵具 ма́сляная кра́ска; ма́сло 水彩絵具 акваре́ль

えはがき 絵葉書 (худо́жественная) откры́тка

えび 海老〔小エビ〕креве́тка; 〔伊勢エビ〕〔япо́нский〕лангу́ст; 〔車エビ〕пильча́тая креве́тка エビフライ креве́тка в паниро́вке [паниро́вочных суха́рях]

エピソード эпизо́д

えほん 絵本 кни́жка с иллюстра́циями

えらぶ 選ぶ〔選択・選出する〕выбира́ть; избира́ть; 〔…の方がより〕предпоче́сть〔他 反〕〔不定形〕

えり 襟 воротни́к; воротничо́к

エリート эли́та

エレベーター ли́фт ～に乗る входи́ть [сади́ться] в ли́фт ～を降りる выходи́ть из ли́фта

**えん** ① 円〔円形〕круг; окру́жность;〔貨幣単位〕иена́ 円建ての по (япо́нски) иене́ 円相場 курс иены́ 円高[安] высо́кий[ни́зкий] курс иены́ ② 縁 слу́чай; судьба́; ～を切る порыва́ть отноше́ния [связь] ～があったら е́сли доведётся

**えんかい** 宴会 банке́т; приём; пир ～を開く дава́ть банке́т

**えんがん** 沿岸 побере́жье 沿岸漁業 прибре́жное рыболо́вство 沿岸警備隊 берегова́я охра́на

**えんき** 延期 отсро́чка; ～する отсро́чивать; откла́дывать

**えんぎ** 演技 игра́; исполне́ние; выступле́ние;〔見せかけ〕притво́рство; ～する игра́ть; исполня́ть роль; выступа́ть; притворя́ться 演技力 акте́рское мастерство́

**えんげい** ① 園芸 садово́дство 園芸植物 садо́вые расте́ния 園芸家 садово́д ② 演芸 эстра́дное иску́сство 演芸場 эстра́дный теа́тр

**えんげき** 演劇 теа́тр; театра́льное иску́сство;〔劇〕спекта́кль; представле́ние

**えんさん** 塩酸(化) соляна́я кислота́

**えんし** 遠視 дальнозо́ркость; ～の дальнозо́ркий

**エンジニア** инжене́р

**えんしゅう** 演習 упражне́ние;〔実戦訓練〕манёвры;〔大学のゼミ〕семина́р 予行演習 репети́ция

**えんしゅつ** 演出〔劇などの〕постано́вка;〔儀式などの〕устро́йство; ～する ста́вить; устра́ивать 演出家 постано́вщик

**えんじょ** 援助 по́мощь; подде́ржка ～する помога́ть 圈; подде́рживать; ока́зывать по́мощь [подде́ржку] ～を受ける получа́ть по́мощь ～を求める обраща́ться к 圈 за по́мощью

**エンジン** мото́р; дви́гатель

**えんぜつ** 演説 речь; выступле́ние; докла́д ～する произноси́ть речь; выступа́ть с ре́чью 演説者 ора́тор; докла́дчик

**えんそう** 演奏 исполне́ние; игра́ ～する исполня́ть; игра́ть на 圐 演奏会 конце́рт 演奏者 исполни́тель

**えんそく** 遠足 экску́рсия; ～に行く идти́ на экску́рсию

**えんちょう** 延長 удлине́ние; продле́ние; ～する удлиня́ть; продлева́ть; протя́гивать; продолжа́ть 延長コード удлини́тель 延長戦 дополни́тельное вре́мя

**えんとつ** 煙突(дымова́я) труба́

**えんぴつ** 鉛筆 каранда́ш

**えんりょ** 遠慮 ～する стесня́ться; скро́мничать; возде́рживаться от 圉 ～なく質問して下さい Не стесня́йтесь задава́ть вопро́сы.

## お

**オアシス** оа́зис

**おい** 甥 племя́нник

**おいこす** 追い越す обгоня́ть; перегоня́ть

**おいしい** 美味しい вку́сный (とても)～!(Очень) вку́сно! おいしそうね、～! Вы́глядит вку́сно! ～なケーキ! Како́й аппети́тный торт!

**おいだす** 追い出す выгоня́ть; прогоня́ть

**おいつく** 追い付く догна́ть; нагна́ть

**おいる** 老いる старе́ть; ста́риться ▶老いた ста́рый

**オイル** ма́сло;〔潤滑油〕сма́зочное ма́сло;〔石油〕нефть; кероси́н ～ショック нефтяно́й кри́зис ～ヒーター ма́сляный обогрева́тель

**おう** ① 王(様) коро́ль; царь; мона́рх ▶王妃 короле́ва ▶王朝 дина́стия ロマノフ～ дина́стия Рома́новых ② 追う〔追跡する〕гна́ться за 圈; догоня́ть; пресле́довать;〔家畜などを〕гнать

**おうえん** 応援 ～する подде́рживать;〔ファンが〕боле́ть за 圈;〔援助する〕помога́ть 応援団 гру́ппа подде́ржки

**おうぎ** 扇 ве́ер ～形の веерообра́зный

**おうきゅう** 応急 応急手当て пе́рвая по́мощь 応急処置 сро́чные ме́ры

**おうごん** 黄金 зо́лото ～の золото́й

**おうし** 牡牛 бык; вол 牡牛座 Теле́ц

**おうじ** 王子 принц ▶王女 принце́сса

**おうじる** 応じる〔答える〕отвеча́ть 圆 [на 圈]; отзыва́ться [откли́каться] на 圈;〔承諾〕принима́ть; соглаша́ться на 圈;〔希望に〕удовлетворя́ть …に応じて в ответ 圆 [на 圈];〔伴って〕в соотве́тствии с 圈; соразме́рно с 圈; в зави́симости от 圉

**おうだん** 横断 ～する переходи́ть; пересека́ть доро́гу ～する переходи́ть доро́гу 横断歩道 (пешехо́дный) перехо́д

**おうふく** 往復 туда́ и обра́тно 往復切符 биле́т туда́ и обра́тно 往復はがき откры́тка с опла́ченным отве́том

**おうぼ** 応募 ～する принима́ть уча́стие в 圈; подпи́сываться на 圈; подава́ть заявле́ние [зая́вку] 応募者 подпи́счик

**おうよう** 応用 примене́ние ～する применя́ть (на пра́ктике)

**おえる** 終える зака́нчивать; ока́нчивать; заверша́ть

**おおい** 多い мно́го; мно́жество 多ければ～ほどよい Чем бо́льше, тем лу́чше.

**おおかみ** 狼(動)〔雄〕волк;〔雌〕волчи́ца

**おおきい** 大きい большо́й;〔巨大な〕кру́пный;〔声が〕гро́мкий ～声では言えないが пусть э́то бу́дет ска́зано ме́жду на́ми, но … ▶大きさ разме́р; величина́; объём

**オークション** публи́чный торг; аукцио́н ～で落札する приобрести́ на аукцио́не ～に出品する прода́ть с аукцио́на ネット～ интерне́т-аукцио́н; онла́йн аукцио́н

**オーケー** хорошо́; ла́дно; о́кей

**おおげさ** 大袈裟 ～な преувели́ченный ～に言う преувели́чивать; раздува́ть

**オーケストラ** орке́стр

**オーストラリア** Австра́лия

**おおどおり** 大通り гла́вная у́лица; проспе́кт

**オートバイ** мотоци́кл

**オードブル** заку́ска

**オーブン** духо́вка ～トースター духо́вка-то́стер

**オープン** ～する открыва́ть ～な откры́тый; гла́сный ～カー откры́тый автомоби́ль ～スペース откры́тое простра́нство ～戦〔プレシーズン・マッチ〕предсезо́нный матч

**おおみそか** 大晦日 кану́н Но́вого го́да

**おか** 丘 холм; возвы́шенность; го́рка

**おかげ** お陰 …の～で благодаря́ 圆 все́ под твои́м нача́лом ～ですべて ва́шего я Я вам всем обя́зан.

**おかしい**〔滑稽〕смешно́й; коми́чный;〔愉快〕заба́вный; юмористи́ческий;〔奇妙〕стра́нный; причу́дливый;〔不審〕сомни́тельный; подозри́тельный

**おかす** ① 侵す〔侵害〕наруша́ть;〔侵略〕захва́тывать; вторга́ться в/на 圈 ② 犯す 誤り[犯罪]を соверши́ть оши́бку [преступле́ние]

**おがわ** 小川 ре́чка; руче́й; ручеёк

**おきる** 起きる〔起床〕встава́ть;〔目覚め〕просыпа́ться;〔生じる〕возника́ть; происходи́ть; случа́ться

**おく** ①奥 вну́тренняя часть; глубина́; глубь ～の深い недостига́емый; недосту́пный ②億〔1億〕сто миллио́нов 10～ миллиа́рд ③置く класть, ста́вить; располага́ть ▶置き忘れる оставля́ть; забыва́ть

**おくがい** 屋外 ～で на откры́том во́здухе; под откры́тым не́бом; на у́лице; на дворе́

**おくじょう** 屋上 кры́ша ～で на кры́ше

**おくない** 屋内 ～で в закры́том помеще́нии ▶プール закры́тый бассе́йн

**おくびょう** 臆病 ～な трусли́вый; ро́бкий 臆病者 трус

**おくやみ** お悔やみ 心より申し上げます Всей душо́й соболе́зную вам.

**おくる** ①送る〔物を〕посыла́ть; отправля́ть;〔人を〕провожа́ть; довози́ть; доводи́ть;〔月日を〕проводи́ть 送っていくよ Я тебя́ провожу́. ②贈る〔贈り物〕дари́ть; дава́ть;〔賞を〕присужда́ть; удоста́ивать; награжда́ть 対同 ▶贈り物 пода́рок ～をする де́лать пода́рок; дари́ть

**おくれる** 遅れる〔遅刻〕опа́здывать;〔時計が〕отстава́ть;〔順調に進まない〕заде́рживаться;〔時代・流行に〕отстава́ть от 圧

**おけ** 桶 бадья́; ка́дка

**おこす** 起こす〔目覚めさせる〕буди́ть;〔起き上がらせる〕поднима́ть;〔引き起こす〕вызыва́ть; возбужда́ть

**おごそか** 厳か ～な торже́ственный; стро́гий

**おこなう** 行う〔する〕де́лать;〔遂行〕соверша́ть;〔具体的行為を〕производи́ть; вести́;〔義務を果す〕выполня́ть;〔挙行する〕проводи́ть; устра́ивать

**おこのみ** お好み ～で по ва́шему вку́су お好み焼き жа́реная лепёшка из сме́си разнообра́зных ингредие́нтов

**おこる** 怒る серди́ться; обижа́ться;〔激怒〕разъяря́ться

**おごる** 奢る〔ご馳走する〕угоща́ть (за свой счёт) 今日は私がおごるよ Сего́дня я плачу́.

**おさえる** ①押さえる нада́вливать; нажима́ть; приде́рживать ②抑える〔抑制・制圧〕сде́рживать; уде́рживать;〔抑圧〕подавля́ть

**おさきに** お先に ～どうぞ Проходи́те, пожа́луйста, вперёд.

**おさない** 幼い малоле́тний ～頃に в де́тстве

**おさななじみ** 幼馴染み друг де́тства

**おさめる** ①収める〔しまう〕класть; вкла́дывать; убира́ть;〔納入〕плати́ть; упла́чивать; вноси́ть ②治める〔統治〕пра́вить 圈〔争いを〕усмиря́ть; ула́живать; разреша́ть

**おじ** 伯父・叔父 дя́дя ▶おじさん дя́дя; дя́денька

**おしい** 惜しい жаль 同〔不定形〕

**おじいさん** 〔祖父〕дед; де́душка;〔老人〕стари́к

**おしえ** 教え〔教育〕обуче́ние; образова́ние;〔教訓〕наставле́ние;〔教義〕уче́ние; доктри́на

**おしえる** 教える〔教育〕учи́ть [обуча́ть]同; преподава́ть 反 同; дрессирова́ть;〔告げる〕ука́зывать; пока́зывать; объясня́ть 地下鉄の駅への行き方を教えて下さい Скажи́те, пожа́луйста, как добра́ться до ста́нции метро́?

**おしっこ** 〔話〕пи-пи́ ～する пи́сать

**おしゃべり** 〔会話〕болтовня́; пустосло́вие;〔人〕болту́н; пустоме́ля ～な болтли́вый; говорли́вый; разгово́рчивый ～する болта́ть 同; пустосло́вить

**おしゃれ** お洒落 ～な мо́дный; щегольско́й; франтовско́й ～をする щеголя́ть; франти́ть

**おしょく** 汚職 корру́пция; взя́точничество

**おす** ①雄 саме́ц ②雄の мужско́й 雄犬 кобе́ль 雄猫 кот ③押す〔押しやる〕толка́ть;〔圧迫〕вытесня́ть ボタンを～ нажа́ть кно́пку 印をここに押して下さい Приложи́те [Поста́вьте] печа́ть сюда́.

**おせじ** お世辞 комплиме́нт; лесть; льсти́вые слова́ ～を言う говори́ть [де́лать] комплиме́нты ～でもうれしい Спаси́бо за комплиме́нт.

**おせっかい** お節介 вмеша́тельство ～を焼く вме́шиваться в 圧

**おせん** 汚染 загрязне́ние; зараже́ние ～する загрязня́ть 汚染物質 загрязня́ющие вещества́

**おそい** 遅い〔速度〕ме́дленный; заме́дленный; медли́тельный;〔時間的〕по́здний 足が～ бе́гать ме́дленно ▶～く〔速度〕ме́дленно;〔時間的〕по́здно ▶遅くとも не по́зже чем ▶遅くまで допоздна́ ▶遅れも早かれ ра́но и́ли по́здно

**おそう** 襲う напада́ть на 圧; атакова́ть; соверша́ть налёт

**おそらく** наве́рное; вероя́тно; возмо́жно ～しないだろう вряд ли; едва́ ли

**おそれ** 恐れ〔恐怖〕страх; боя́знь;〔懸念〕опа́сность; опасе́ние; угро́за

**おそれる** 恐れる боя́ться 圧; страши́ться 圧;〔懸念〕беспоко́иться о 司

**おそろしい** 恐ろしい〔怖い〕стра́шный; ужа́сный;〔危険・凶悪な〕опа́сный ▶恐ろしく стра́шно; ужа́сно;〔ひどく〕кра́йне; чересчу́р ▶恐ろしさ страх; у́жас; боя́знь

**オゾン**〔化〕озо́н ～層 озо́новый слой ～ホール дыра́ в озо́новом сло́е

**おだいじに** お大事に ～! Береги́те себя́! | Выздора́вливайте поскоре́е!

**オタク** фана́тик アニメ～ фана́тик аниме́

**おだやか** 穏やか ～な споко́йный; ти́хий; сми́рный;〔性格〕уме́ренный; разу́мный

**おちつく** 落ち着いた споко́йный; успоко́енный

**おちつく** 落ち着く〔状況が〕стабилизи́роваться; утиха́ть;〔気持ちが〕успока́иваться; взять себя́ в ру́ки;〔居所が定まる〕устра́иваться; обосно́вываться

**おちる** 落ちる〔落下〕па́дать; вали́ться;〔堕落〕приходи́ть в упа́док;〔花・葉が〕опада́ть; осыпа́ться;〔落選・落第〕не проходи́ть; прова́ливаться

**おっと** 夫 муж; супру́г

**オットセイ**〔動〕(морско́й) ко́тик

**おつり** お釣り сда́ча ～を受け取る получа́ть сда́чу

**おと** 音 звук; шум ～を出す производи́ть звук

**おとうと** 弟 (мла́дший) брат

**おとぎばなし** お伽話 ска́зка

**おとこ** 男 мужчи́на; ～の мужско́й 男の子 ма́льчик

**おとしもの** 落とし物 потеря́нная вещь

**おとす** 落とす〔紛失〕роня́ть; теря́ть;〔振って〕стря́хивать;〔こすり〕сбива́ть;〔落選・落第〕прова́ливать; не избира́ть

**おどす** 脅す угрожа́ть [грози́ть] 同 圧; пуга́ть; запу́гивать

**おととい** 一昨日 позавчера́; тре́тьего дня́

**おととし** 一昨年 позапро́шлый год; два го́да наза́д

**おとな** 大人〔成人〕взро́слый;《話》большо́й ～げ

**おとなしい** ない детский; ребяческий

**おとなしい** тихий; спокойный; кроткий

**おとめ** 乙女 девушка; девица 乙女座〔天〕Дева

**おとる** 劣る быть ниже [хуже]; уступать 図 в 図

**おどる** 踊る танцевать; плясать ▶踊り танец; пляска

**おどろく** 驚く пугаться 図; ужасаться 図; поражаться; изумляться ~べき поразительный; изумительный; удивительный 驚いたことに к удивлению

**おなか** お腹 живот ~がすいた Мне хочется есть. | Я проголодался. もう~いっぱいです Я наелся. | Я сыт.

**おなじ** 同じ один; тот же (самый); один и тот же; 〔同様の〕одинаковый; такой же ~穴の狢 (むじな) Одного поля ягода.

**おに** 鬼〔怪物〕чёрт; дьявол; демон;〔鬼ごっこの〕водящий 鬼ごっこ салки; пятнашки

**おにぎり** рисовые колобки

**おば** 伯母・叔母 тётя; тётка

**おばあさん**〔祖母〕бабушка;〔老女〕старуха

**おはよう** ~! Доброе утро!

**おび** 帯 пояс; кушак ~を締める подпоясывать(ся) ~に短したすきに長し Ни рыба, ни мясо. | Ни богу свечка, ни чёрту кочерга.

**おびえる** 怯える пугаться; бояться

**おひつじ** 牡羊 баран 牡羊座〔天〕Овен

**オヒョウ**〔魚〕белокорый палтус

**オフィス** контора; канцелярия; офис ~ビル здание для офисов

**オペラ**〔楽〕опера 劇場 оперный театр ~歌手 оперный певец;〔女〕оперная певица ~グラス театральный бинокль

**おぼえがき** 覚え書き запись;〔外交文書〕нота

**おぼえる** 覚える〔記憶〕запоминать;〔学習〕учить; учиться;〔習得〕усваивать ▶覚えている помнить

**おぼれる** 溺れる тонуть; утопать

**おまけ**〔景品〕премия;〔多めに〕добавление; добавка;〔値引き〕скидка ~に〔その上〕кроме того; к тому же; вдобавок

**おまもり** お守り амулет; талисман

**おみくじ** 御籤 билет с предсказанием судьбы

**おむつ** пелёнки; памперс

**おめでとう** ~! Поздравляю (вас с 図)! 明けまして~! С Новым годом!

**おもい** 重い тяжёлый;〔重大・重要な〕важный; серьёзный

**おもいきって** 思い切って решительно

**おもいだす** 思い出す вспоминать;〔想起〕припоминать;〔急に〕спохватываться

**おもいつく** 思いつく придумывать; приходить 図 в голову ▶思いつき〔その場の〕случайная мысль; внезапная идея;〔着想〕идея; замысел

**おもいで** 思い出 воспоминание ~の памятный ~に на/в память ~話をする вспоминать; делиться воспоминаниями

**おもいやり** 思い遣り〔同情〕сочувствие; сострадание;〔配慮〕забота

**おもう** 思う думать; соображать 私は…だと思う — Я думаю, что ... | Мне кажется, что ... と思われる《挿入》кажется, ... …しようと~ хотеть 不定形; надеяться 不定形

**おもさ** 重さ тяжесть; вес

**おもしろい** 面白い〔滑稽〕смешной; забавный;〔興味深い〕интересный; занимательный;〔愉快〕весёлый; приятный それは~ Это интересно. パーティーはとても面白かった Вечер прошёл весело [интересно]. | На вечере было весело. 面白くなってきた Стало веселее.

**おもちゃ** 玩具 игрушка おもちゃ屋 магазин игрушек; игрушечный магазин

**おもて** 表〔表面〕лицевая [правая, верхняя] сторона; поверхность;〔外 面〕наружность; внешность;〔前面〕передняя сторона; фасад ~で〔通りで〕на улице ~へ на улицу

**おもな** 主な главный; основной; ведущий; центральный ▶主に главным образом; в основном; преимущественно;〔大 部 分〕бо́льшей частью; в большинстве

**おや** 親〔両親〕родители;〔父〕отец;〔母〕мать (ゲームの) банкомёт

**おやしらず** 親知らず зуб мудрости

**おやすみ** お休みなさい! Спокойной ночи!

**およぐ** 泳ぐ плавать; плыть; купаться

**およそ** примерно; приблизительно; около 図; ~2年 примерно два года;〔語順を逆転〕года два

**および** 及び и; а также

**および** 及ぼす 影響を~ оказать влияние на 図 被害を~ причинить ущерб 図

**おり** 折〔時・よい〕вовремя; своевременно; кстати ~あしく к сожалению; не вовремя; некстати

**オリーブ**〔植〕(木・実) маслина; олива; оливка ~油 оливковое масло

**オリオン**〔天〕図 Орион

**おりたたみ** 折り畳み ~式の складной; откидной ▶折り畳む складывать

**おりもの** 織物 ткань; материя; текстиль

**おりる** 下・降りる〔下に〕опускаться; спускаться; сходить; падать;〔乗り物から〕выходить из 図;〔霜が〕выпадать;〔許可〕садиться

**オリンピック** Олимпиада; Олимпийские игры 冬季~ зимняя Олимпиада ~選手 участник Олимпиады

**おる** ①折る〔壊す〕ломать;〔折り畳む〕складывать ②織る ткать

**オルガン**〔楽〕орган ~奏者 органист

**おれる** 折れる〔壊れる〕ломаться;〔取れる〕сломаться; срываться;〔譲歩〕уступать 図

**オレンジ**〔植〕апельсин ~色の оранжевый

**おろか** 愚か ~な глупый; безрассудный; нелепый 愚か者 дурак; глупец; глупый человек

**おろし** 卸し 卸値 оптовая цена 卸売 оптовая торговля 卸売業者 оптовый торговец; оптовик 卸売物価指数 индекс оптовых цен

**おろす** 下ろす опускать; сводить;〔荷物を〕разгружать;〔貯金を〕брать из банка

**おわり** 終わり конец;〔結末・完結〕окончание; заключение; завершение;〔満了〕истечение ~に в конце; в заключение ~よければすべてよし Всё хорошо, что хорошо кончается.

**おわる** 終わる〔終結〕кончаться; заканчиваться; завершаться;〔満了〕истекать

**おんがく** 音楽 музыка 音楽家 музыкант

**おんきょう** 音響 звук 音響効果 акустика; шумовые эффекты

**おんこう** 温厚 ~な мягкий; добрый; спокойный

**おんしつ** 温室 теплица; оранжерея; парник ~栽培の тепличный 温室効果 парниковый эффект 温室効果ガス парниковые газы

**おんすい** 温水 тёплая вода 温水器 водонагреватель 温水プール круглогодичный бассейн

**おんせい** 音声 голос; звук ~の звуковой; фонетический

ти́ческий 音声学 фоне́тика

**おんせん** 温泉 горя́чий исто́чник; спа́ 温泉リゾート куро́рт с горя́чими исто́чниками

**おんだん** 温暖 ～な тёплый 温暖化 потепле́ние

**おんち** 音痴 отсу́тствие музыка́льного слу́ха 外交音痴 профа́н в диплома́тии 彼は方向音痴だ Он пло́хо ориенти́руется в простра́нстве.

**おんど** 温度 температу́ра 温度計 термо́метр

**おんな** 女 же́нщина ～の же́нский ～っぽい же́нственный; же́нский 女の子 де́вочка; де́вушка

**おんぶ** ～する носи́ть на спине́

**おんぷ** 音符 но́та; но́тный знак

**オンライン** (IT) онла́йн ～システム онла́йновая систе́ма

**おんわ** 温和 ～な мя́гкий; уме́ренный

# か

**カ** 蚊 〔昆〕кома́р; моски́т 私は～に刺された Меня́ покуса́ли комары́.

**ガ** 蛾 〔昆〕ночна́я ба́бочка

**ガーゼ** ма́рля

**カーディガン** ко́фта; кардига́н

**カーテン** за́навес; занаве́ска; гарди́на; 〔厚い〕 портье́р; ～を開ける[閉める, 引く] открыва́ть [закрыва́ть, задёргивать] занаве́ску

**カード** ка́рта; ка́рточка クレジット～ креди́тная ка́рточка [ка́рта] キャッシュ～ ба́нковская [де́нежная] ка́рточка

**ガード** 〔護衛〕охра́на; 〔防御〕защи́та; ～する охра́нять; защища́ть; ～マン охра́нник; сто́рож ～レール пери́ла; по́ручни

**カーナビ** автонавига́тор

**カーネーション** 〔植〕гвозди́ка

**かい** ①貝 моллю́ск; 〔貝殻〕ра́ковина ②回 〔回数〕раз; 〔競技の〕тур; ра́унд 2回 два ра́за; два́жды 2回目 второ́й раз ③階 эта́ж; я́рус 2階 второ́й эта́ж 3階建ての家 трёхэта́жный дом

**かいいん** 会員 член, ассоциа́ции) 会員証 чле́нский биле́т 会員名簿 спи́сок чле́нов

**かいおうせい** 海王星 〔天〕Непту́н

**かいが** 絵画 жи́вопись, рису́нок; жи́вопись 絵画展 вы́ставка жи́вописи [карти́н]; карти́нная галере́я

**がいか** 外貨 〔通貨〕иностра́нная валю́та 外貨準備 валю́тный запа́с 外貨保有(高) запа́сы иностра́нной валю́ты

**かいかいしき** 開会式 торже́ственное откры́тие

**かいがい** 海外 ～から из-за грани́цы [рубежа́] ～で[に] за грани́цей; за рубежо́м ～旅行 путеше́ствие за грани́цу 海外市場 вне́шний ры́нок 海外放送 иностра́нное веща́ние

**かいがん** 海岸 морско́й бе́рег; побере́жье; взмо́рье 海岸線 берегова́я ли́ния

**かいぎ** 会議 заседа́ние; совеща́ние; конфере́нция; сове́т; се́ссия ～する вести́ [проводи́ть] заседа́ние; заседа́ть 会議室 зал заседа́ний

**かいきゅう** 階級 〔位・段階〕ранг; зва́ние; чин; сте́пень; разря́д; 〔社会階層〕(обще́ственный) класс; (обще́ственный) слой

**かいきょう** 海峡 проли́в 津軽～ Сонга́рский проли́в

**かいぎょう** 開業 ～する откры́ть (де́ло); 〔医者・弁護士などが〕занима́ться пра́ктикой 開業医 практику́ющий врач

**かいけい** 会計 счёт; расчёт; ～をお願いします〔レストランで〕(Принеси́те мне) счёт, пожа́луйста. 会計係 бухга́лтер 会計監査 реви́зия бухга́лтерских книг; 会計監査官 ауди́тор 会計監査員 бухга́лтер 会計年度 фина́нсовый год 会計報告 фина́нсовый отчёт

**かいけつ** 解決 разреше́ние; реше́ние; ～する разреша́ть; реша́ть; ～される разреши́ться; ула́диться 解決策 реше́ние (вопро́са)

**がいけん** 外見 нару́жность; вне́шность; вне́шний вид

**かいこ** 解雇 увольне́ние; ～する увольня́ть; рассчи́тывать

**かいご** 介護 ухо́д; ～する уха́живать за  介護士〔お年寄りの〕рабо́тник по ухо́ду за престаре́лыми 介護保険 страхова́ние по ухо́ду (за )

**がいこう** 外交 диплома́тия; дипломати́ческие отноше́ния ～の дипломати́ческий 外交員 агéнт 外交官 диплома́т 外交交渉 дипломати́ческие перегово́ры 外交辞令 дипломати́ческий язы́к

**がいこく** 外国 иностра́нное госуда́рство; зарубе́жная [заграни́чная] страна́ ～の иностра́нный; заграни́чный; зарубе́жный ～で за грани́цей ～から из-за грани́цы ～へ за грани́цу 外国人 иностра́нец 外国語 иностра́нный язы́к 外国製品 заграни́чное произво́дство; иностра́нные това́ры

**かいさつ** 改札 〔検札〕прове́рка биле́та 改札口 〔駅の〕вход на платфо́рмы

**かいさん** 解散 〔集会の〕разъе́зд; коне́ц; 〔議会の〕ро́спуск ～する разъезжа́ться; конча́ть(ся); закрыва́ть(ся); распуска́ть(ся) ～! Все [Вы] свобо́дны!

**かいさんぶつ** 海産物 морски́е проду́кты

**かいし** 開始 нача́ло; откры́тие ～する начина́ть(ся); открыва́ть(ся)

**かいしゃ** 会社 компа́ния; фи́рма; предприя́тие ～に勤める рабо́тать в фи́рме 会社員 слу́жащий фи́рмы 親[子]会社 матери́нская [доче́рняя] компа́ния

**がいしゅつ** 外出 ～する выходи́ть из до́ма 彼[彼女]は今外出しています Сейча́с его́ [её] нет до́ма.

**かいじょう** 海上 ～の; ～で [в] мо́ре 海上交通 морско́е сообще́ние 海上保安庁 Управле́ние охра́ны морско́й безопа́сности 海上保険 морско́е страхова́ние 海上輸送 морско́й тра́нспорт

**かいすいよく** 海水浴 ～をする купа́ться в мо́ре 海水浴場 морско́й куро́рт [пляж]

**かいせい** 快晴 прекра́сная пого́да

**かいせつ** 解説 коммента́рий; поясне́ние; разъясне́ние ～する коммент́ировать; поясня́ть; разъясня́ть 解説書 коммента́рий; руково́дство 解説者 коммента́тор; обозрева́тель

**かいぜん** 改善 улучше́ние ～する улучша́ть; соверше́нствовать

**かいそう** 海藻 морски́е во́доросли

**かいぞう** 改造 〔組織などの〕реорганиза́ция; 〔手直し〕переде́лка; 〔改装・改築〕ремо́нт; реконстру́кция; перестро́йка ～する реорганизова́ть; переде́лывать; ремонти́ровать; реконструи́ровать

**かいぞく** 海賊 пира́т 海賊版 незако́нное изда́ние; пира́тское изда́ние

**かいだん** 階段 ①階段 ле́стница; ступе́нь ～を上る[下りる] поднима́ться [спуска́ться] по ле́стнице ②会談 перегово́ры; конфере́нция; бесе́да ～する вести́ перегово́ры ③怪談 стра́шный расска́з

**かいちょう** 会長 председа́тель; президе́нт; 〔会社の〕председа́тель сове́та директоро́в

**かいて** 買い手 покупа́тель

**かいてい** ①改定 измене́ние ～する изменя́ть ②改訂 ～する исправля́ть; пересма́тривать 改訂版 испра́вленное изда́ние ③海底 морско́е дно́ ～の подво́дный

**かいてき** 快適 ～な прия́тный; удо́бный

**かいてん** 回転 враще́ние; поворо́т ～する враща́ться; верте́ться 回転寿司 су́си-конве́йер 回転ドア враща́ющаяся дверь; дверь-верту́шка 回転資金 оборо́тный капита́л ②開店 ～する открыва́ться; рабо́тать 開店時間 часы́ рабо́ты магази́на

**ガイド** 〔人〕гид; проводни́к; экскурсово́д ▶ブック руково́дство; спра́вочник

**かいとう** ①回答 отве́т; 〔クイズの〕отве́т; реше́ние ～する отвеча́ть; дава́ть отве́т 回答者 респонде́нт; опро́шенный; 〔クイズ番組の〕учáстник виктори́ны ②解答 отве́т; реше́ние ～する отвеча́ть; 〔問題に〕реша́ть ③解凍 размора́живание; 〔話〕разморо́зка ～する размора́живать

**がいとう** 該当 ～する 〔当てはまる〕подпада́ть под 図; 〔相当する〕соотве́тствовать 与

**がいねん** 概念 о́бщее поня́тие; представле́ние; конце́пция

**かいはつ** 開発 освое́ние; разрабо́тка ～する осва́ивать; разраба́тывать; развива́ть 開発業者 разрабо́тчик; деве́лопер

**かいひ** 会費 ～を плати́ть членский взнос

**かいふく** 回復 восстановле́ние; реабилита́ция; 〔病気の〕выздоровле́ние; попра́вка ～する восстана́вливать(ся); выздора́вливать; поправля́ться 名誉を ～ реабилити́ровать(ся)

**かいほう** ①開放 ～する открыва́ть; де́лать откры́тым ～的な откры́тый ②解放 ～する освобожда́ть; раскрепоща́ть; 《文》эмансипи́ровать

**かいまく** 開幕 〔演劇などの〕подня́тие за́навеса; нача́ло спекта́кля; 〔開始〕откры́тие; нача́ло 開幕戦 пе́рвый матч турни́ра

**がいむ** 外務 иностра́нные дела́ 外務省 〔大臣〕Министе́рство 〔мини́стр〕иностра́нных дел

**かいめい** 解明 ～する выясня́ть; разга́дывать

**かいもの** 買い物 поку́пка ～に行く идти́ 〔пойти́〕за поку́пками ～をする де́лать поку́пки

**かいよう** ①海洋 океа́н ②潰瘍 〔医〕я́зва

**がいりゃく** 概略 кра́ткое содержа́ние; о́черк; резюме́

**かいりゅう** 海流 морско́е 〔океани́ческое〕тече́ние

**かいりょう** 改良 ～する улучша́ть; реформи́ровать; соверше́нствовать

**かいわ** 会話 разгово́р; диало́г; бесе́да ～する разгова́ривать; бесе́довать 会話集 разгово́рник

**かう** ①買う купи́ть; покупа́ть 現金〔カード〕で買う купи́ть за нали́чные 〔по ка́рточке〕②飼う держа́ть; корми́ть; вска́рмливать; завести́ 彼は犬を飼っている У него́ есть соба́ка

**ガウン** 〔室内着〕хала́т; 〔法服〕ма́нтия

**カウンセラー** 〔心理〕психо́лог ▶カウンセリング консульта́ция

**カウンター** 〔バー・食堂の〕сто́йка; 〔勘定台〕прила́вок

**かえって** 却って 〔反対に〕напро́тив; наоборо́т; 〔むしろ〕скоре́е; да́же

**かえる** ①帰・returns 家へ～ возвраща́ться домо́й 我に～ приходи́ть в себя́ ②変・換える 〔交換〕меня́ть; 〔変容〕изменя́ть; превраща́ть в 図; 考えを～ меня́ть мне́ние; переду́мать

**かえる** 蛙 〔動〕лягу́шка ヒキ～ жа́ба

**かお** 顔 лицо́ うれし〔悲し〕そうな～ ра́достное 〔гру́стное〕лицо́ 顔に書いてある На лице́ напи́сано .... ～が利く име́ть влия́ние

**かおり** 香り за́пах; арома́т ～のいい арома́тный

**がか** 画家 худо́жник; живопи́сец

**かがく** ①科学 нау́ка ～的な нау́чный 非～的な нену́чный 科学者 учёный 科学技術 нау́ка и те́хника ②化学 хи́мия ～的な хими́ческий 化学者 хи́мик 化学繊維 синтети́ческое волокно́ 化学反応 хими́ческая реа́кция 化学薬品 хими́ка́ты; химика́лии

**かかし** 案山子 чу́чело; пу́гало

**かかと** 踵 〔足の〕пя́тка; 〔ヒール〕каблу́к

**かがみ** 鏡 зе́ркало ～を見る смотре́ть(ся) в зе́ркало 手鏡 зе́ркальце

**かがやく** 輝く блесте́ть; блиста́ть; сверка́ть; сия́ть; свети́ть Звёзды ～ звёзды сия́ют

**かかわらず** 拘らず несмотря́ 〔невзира́я〕на 図; при 図 悪天候にも～ несмотря́ на непого́ду

**かかわる** 関わる 〔関係する〕име́ть отноше́ние к 与; име́ть связь с 図; вме́шиваться в 図; 〔触れる・及ぶ〕затра́гивать; каса́ться

**かき** ①柿 хурма́ ②牡蠣 〔貝〕у́стрица ③夏期 ～夏期講習 ле́тние ку́рсы ④下記 ～の通り как ука́зано ни́же

**かぎ** ①鍵 ключ; 〔錠前〕замо́к ～をかける запира́ть 〔закрыва́ть〕на ключ ～のかかった за́пертый ～を開ける отпира́ть 〔открыва́ть〕ключо́м ②鈎 крюк; крючо́к ～形の крючкообра́зный

**かきうつす** 書き写す перепи́сывать с 図

**かきとめ** 書留 заказно́е (письмо́) ～で送る отправля́ть заказны́м

**かきなおす** 書き直す 〔清書〕перепи́сывать; писа́ть за́ново; 〔訂正〕исправля́ть оши́бку

**かぎる** 限る ограни́чивать; ста́вить преде́л ワインは赤の辛口に～ Са́мым лу́чшим счита́ется сухо́е кра́сное вино́. ～とは必ずしも嘘とは限らないのでは Возмо́жно, э́то пра́вда.

**かく** ①核 ядро́ ～の я́дерный; радиоакти́вный ～を保有する име́ть я́дерное ору́жие 核分裂 я́дерное расщепле́ние 核融合 я́дерный си́нтез 核兵器 я́дерное ору́жие 核廃棄物 радиоакти́вные отхо́ды ②書・描く 〔字・文章を〕писа́ть; 〔絵・図・漢字を〕рисова́ть; писа́ть; черти́ть 手紙〔本〕を～ писа́ть письмо́ 〔кни́гу〕 ▶書き留める запи́сывать ③描く 〔爪で〕чеса́ть; скрести́; 〔雪などを〕грести́ 頭を～ чеса́ть затыло́к

**かぐ** ①家具 ме́бель ②嗅ぐ ню́хать

**がく** 額 〔額縁〕ра́ма; ра́мка; 〔金額〕су́мма

**かくう** 架空 ～の фантасти́ческий; вы́мышленный; фикти́вный

**かくげん** 格言 изрече́ние; афори́зм

**かくさ** 格差 ра́зница 格差社会 социа́льное нера́венство

**かくじつ** 確実 ～な 〔正確な〕достове́рный; надёжный; 〔確定した〕определённый; 〔疑いない〕несомне́нный; я́сный

**がくしゃ** 学者 учёный

**がくしゅう** 学習 уче́ние; учёба ～する учи́ться 自; занима́ться 〔～用の〕уче́бный

**がくじゅつ** 学術 нау́ка ～(上)の нау́чный 学術用語

научный термин [терминология]

**かくしん** ① 確信 убеждение; убеждённость; убеждать ～する убеждаться в 前; быть убеждённым [уверенным] в 前 ② 革新 ～的な прогрессивный; реформаторский

**かくす** 隠す прятать; скрывать; таить; утаивать

**がくせい** 学生 студент; студентка 学生証 студенческий билет 学生料金 студенческий тариф 学生割引 скидка для студентов 学年末試験 курсовой экзамен

**がくちょう** 学長 ректор 副学長 проректор

**かくづけ** 格づけ квалификация; рейтинг

**かくてい** 確定 ～する решать; устанавливать; определять; подтверждать 確定申告 годовая налоговая декларация о доходах

**カクテル** коктейль

**かくど** 角度 угол; величина угла

**かくとく** 獲得 ～する получать; достигать 田; завоевать; захватывать

**かくにん** 確認 подтверждение; утверждение ～する подтверждать; утверждать

**がくねん** 学年 [年度] учебный год; [大学] курс; [小・中・高校] класс 学年末試験 курсовой экзамен

**がくひ** 学費 расходы на обучение

**がくふ** 楽譜 ноты

**がくぶ** 学部 факультет 学部長 декан

**かくめい** 革命 революция ～的な революционный 革命家 революционер

**かくりつ** 確率 вероятность; возможность

**がくれき** 学歴 образование; образовательный ценз

**かくれる** 隠れる прятаться; скрываться 隠れた неизвестный; тайный; скрытый

**かくれんぼう** 隠れん坊 (игра в) прятки

**かけ** 賭け пари [賭け事] азартная игра ～をする держать пари ～で勝つ [負ける] выигрывать [проигрывать] пари

**かげ** 陰・影 тень ～が薄い незаметный; унылый ～も形もない и следа нет

**がけ** 崖 обрыв; утёс; крутой берег 崖崩れ обвал; оползень

**かけい** 家計 семейный бюджет; бюджет семьи 家計簿 домашняя бухгалтерия

**かげき** 過激 ～な радикальный; экстремистский; чрезмерный 過激派 экстремист

**かけざん** 掛け算 умножение

**かけつ** 可決 принятие; одобрение; утверждение ～する принимать; одобрять; утверждать

**かける** ①掛ける [吊るす] зацеплять; [覆う] класть; покрывать; накидывать; [水を] поливать; [振りかける] сыпать; [掛け算] множить; умножать 鍋を火に～ ставить кастрюлю на огонь 2×3=6 Дважды три — шесть. ② 賭ける 金を～ ставить деньги 命を～ рисковать жизнью; дать голову на отсечение

**かこ** 過去 прошлое; минувшее; [文法] прошедшее время ～の прошлый; минувший; прежний

**かご** 籠 корзина; [鳥などの] клетка

**かこう** ①加工 加工食品 обработанные продукты 加工品 фабрикат ② 河口 устье (реки)

**かこうがん** 花崗岩 [鉱] гранит

**かごうぶつ** 化合物 химическое соединение

**かさ** 傘 зонтик; зонт ～をさす [聳じ] раскрывать [закрывать] зонтик 日傘 зонтик от солнца

**カザフスタン** Казахстан

**かざる** 飾る украшать; декорировать ▶飾り украшение

**かざん** 火山 вулкан 活[死]～ действующий [потухший] вулкан 火山灰 вулканический пепел

**かし** ① 菓子 сладости; сласти; кондитерские изделия 菓子屋 кондитерская ② 歌詞 слова песни ③ 樫 [橿] дуб остролистный 樫の実 жёлудь ④ カ氏 Фаренгейт

**かじ** ① 火事 пожар; огонь ～にあう страдать от пожара ～を消す тушить пожар ② 家事 домашние дела ③ 舵 руль; [舵輪] рулевое колесо ～を取る управлять; вести; стоять у руля; [操る] руководить 前

**かしかた** 貸し方 [簿記] кредит; актив

**かしきり** 貸し切り 貸切バス заказанный автобус

**かしこい** 賢い умный; разумный; сообразительный

**かしつ** 過失 ошибка; промах; проступок; упущение 過失傷害 [致死] непредумышленное телесное повреждение [убийство]

**かじつ** 果実 [総称] плод; [果物] фрукты; [小さい] ягода 果実酒 наливка

**かしつき** 加湿器 увлажнитель

**カジノ** казино

**かしゅ** 歌手 певец; певица

**かしょ** 箇所・個所 место; пункт; участок

**かしょく** 過食 過食症 [医] булимия

**かじる** 噛る грызть; прогрызать

**かす** ① 貸す давать [напрокат]; давать в аренду [внаём]; одалживать 金を～ давать деньги в долг ② 滓・粕 [絞り粕] выжимки; жмыхи

**かず** 数 число; количество ～多い многий; многочисленный ～限りない бесчисленный

**ガス** газ ～(状)の газовый; газообразный ガスレンジ газовая плита ガス栓 газовый кран ガスボンベ газовая колонка ガス漏れ утечка газа ガスマスク противогаз ガス爆発 взрыв газа

**かぜ** ① 風 ветер; [そよ風] лёгкий ветерок; [つむじ風] вихревой ветер; вихрь ～が吹く [やむ] дуть [утихать] ветер ～に乗って по ветру ② 風邪 простуда; [流感] грипп 鼻～をひく получить [схватить] насморк どうやら～をひいたみたいだ Кажется, я простудился. ～が治った Простуда прошла. 風邪薬 лекарство [средство] от простуды

**かせい** 火星 [天] Марс 火星人 марсианин

**かぜい** 課税 налогообложение; обложение налогом [пошлиной] ～する облагать налогом [пошлиной] 課税率 ставки налогообложения 非課税の необлагаемый налогами

**かせき** 化石 ископаемое; окаменелость ～燃料 ископаемое топливо

**かせぐ** 稼ぐ зарабатывать; [時間・点数] выигрывать; набирать

**かそう** ① 仮装 переодевание ～する переодеваться; маскироваться 仮装行列 костюмированный парад ② 仮想 仮想現実 виртуальная реальность 仮想敵国 воображаемый противник

**がぞう** 画像 [映像] изображение 画像処理 обработка изображений

**かぞえる** 数える считать; подсчитывать; исчислять 数え切れないほどの бесчисленный; неисчислимый ▶数え上げる перечислять

**かぞく** 家族 семья ご～の皆さんはお元気ですか？ Как поживает ваша семья?

**ガソリン** бензин ～スタンド бензоколонка; бензозаправочная

**かた** 肩 плечо́ ～が凝った Пле́чи онеме́ли. …と～を並べる стоя́ть наравне́ с 圏; равня́ться с 圏

**かたい** 堅・固・硬い кре́пкий; твёрдый; туго́й; жёсткий; 〔堅牢な〕 про́чный ～信念 твёрдое [про́чное] убежде́ние 口が～ уме́ть храни́ть та́йну ～表情 напряжённое выраже́ние лица́

**かたがき** 肩書 зва́ние; ти́тул

**かたくりこ** 片栗粉 (карто́фельный) крахма́л

**かたち** 形 фо́рма; вид; фигу́ра; о́блик 姿; вне́шность; нару́жность ～だけの символи́ческий

**かたづける** 片付ける 〔整理・整頓〕 приводи́ть в поря́док; убира́ть; прибира́ть; 〔処理・解決〕 реша́ть; ула́живать 部屋を～ убира́ть ко́мнату

**カタツムリ** 🐌 ули́тка

**かたまり** 塊 глы́ба; ком; 〔群〕 гру́ппа, толпа́

**かたまる** 固まる 〔固くなる〕 твердѣ́ть; черстве́ть; станови́ться твёрдым [чёрствым]; 〔凝結する〕 сгуща́ться; свёртываться; застыва́ть

**かたる** 語る 〔物語る〕 расска́зывать; 〔言う〕 говори́ть; выска́зывать

**カタログ** катало́г ～販売 прода́жа по катало́гу

**かだん** 花壇 клу́мба

**かち** 価値 це́нность; досто́инство; сто́имость ～のある це́нный; досто́йный 価値観 систе́ма це́нностей; воззре́ние

**かちく** 家畜 дома́шний скот

**かちょう** 課長 нача́льник се́ктора [отде́ла]; заве́дующий се́ктором [отде́лом]

**がちょう** 鵞鳥 гусь; 〔食肉〕 гуся́тина

**かつ** 勝つ побежда́ть; выи́грывать; оде́рживать побе́ду [верх] над 圏 試合に～ выи́грывать матч 敵に～ побежда́ть проти́вника

**かつお** 鰹 〔魚〕 полоса́тый туне́ц 鰹節 стру́жка тунца́

**がっか** 学科 〔科目〕 уче́бный предме́т; дисципли́на; 〔専門の〕 отделе́ние; ка́федра

**がっかり** ～する разочаро́вываться; огорча́ться; расстра́иваться; па́дать ду́хом

**かっき** 活気 ～のある оживлённый; живо́й; энерги́чный

**がっき** ① 楽器 〔楽〕 музыка́льный инструме́нт 管～ духово́й инструме́нт 弦～ стру́нный музыка́льный инструме́нт ② 学期 семе́стр 学期末試験 〔大学の〕 семестро́вые экза́мены

**かっきてき** 画期的 ～な эпоха́льный

**かっこ** 括弧 ско́бки

**かっこいい** ～! Кру́то! | Кла́ссно!

**かっこう** ① 格好 вид; фо́рма; о́блик ～のいい симпати́чный; краси́вый ～の悪い некраси́вый ～をつける щеголя́ть; 《話》 франти́ть ② 郭公 〔鳥〕 куку́шка

**がっこう** 学校 уче́бное заведе́ние; 〔小・中・高〕 шко́ла; 〔下・中級専門学校〕 учи́лище; 〔大学・専門学校〕 университе́т; институ́т ～へ ходи́ть в шко́лу; ～を休む пропуска́ть заня́тия

**かつじ** 活字 шрифт; ли́тера

**がっしょう** 合唱 хор; 〔合唱曲〕 пе́ние ～する петь хо́ром 合唱団 хор 合唱曲 хор; хора́л

**がっしりした** кре́пкий; про́чный ～体つき кре́пкое телосложе́ние

**カッター** канцеля́рский нож

**かつて** когда́-то; одна́жды; ра́ньше; пре́жде

**カット** 〔髪型〕 стри́жка; 〔図版〕 иллюстра́ция; 〔映画〕 кадр

**かつどう** 活動 де́ятельность; де́йствие; рабо́та; акти́вность ～的な акти́вный; де́ятельный ～する де́йствовать; вести́ де́ятельность 活動家 де́ятель; активи́ст

**かっぱつ** 活発 ～な оживлённый; живо́й; акти́вный; бо́йкий

**カップ** ча́шка; 〔賞杯〕 ку́бок 計量～ ме́рная кру́жка

**カップル** па́ра; чета́

**がっぺい** 合併 объедине́ние; соедине́ние; слия́ние ～する объединя́ть(ся); соединя́ть(ся); слива́ть(ся) 合併症 〔医〕 осложне́ние

**かつやく** 活躍 今後のご～を期待します Жела́ю вам успе́хов в рабо́те [ва́шей де́ятельности].

**かつよう** 活用 〔有効利用〕 эффекти́вное испо́льзование; практи́ческое примене́ние; 〔動詞の変化〕 спряже́ние ～する испо́льзовать эффекти́вно; применя́ть на пра́ктике ～させる 〔動詞を〕 спряга́ть

**かつら** 鬘 пари́к ～をつけている носи́ть пари́к; ходи́ть в парике́

**かてい** ① 家庭 семья́; семе́йство; дома́шний [семе́йный] оча́г ～の[的な] семе́йный; дома́шний 家庭教師 дома́шний учи́тель 家庭内暴力 наси́лие в семье́ ② 仮定 предположе́ние; допуще́ние ～の предположи́тельный; гипоте́тический ～する предполага́ть; допуска́ть ③ 過程 проце́сс; ход

**かど** 角 у́гол; уголо́к

**カトリック** 〔宗派〕 католи́чество; католици́зм; 〔信者〕 като́лик; католи́чка ～の католи́ческий

**かな** 仮名 япо́нская слогова́я а́збука

**かなう** 適う подходи́ть к 圏; соотве́тствовать 圏; согласова́ться с 圏 叶う Мечта́ сбы́лась. 夢を叶える осуществля́ть мечту́

**かなしい** 悲しい печа́льный; гру́стный; приско́рбный

**かならず** 必ず 〔きっと〕 непреме́нно; обяза́тельно; 〔いつも〕 без исключе́ния; ка́ждый раз ▶必ずしも…ない не всегда́; не обяза́тельно

**カナリア** канаре́йка

**かに** 蟹 краб; 〔タラバガニ〕 камча́тский краб; 〔ズワイガニ〕 краб-стригу́н; 〔アブラガニ〕 си́ний краб; 〔毛ガニ〕 (четырёхуго́льный) волоса́тый краб 蟹座 〔天〕 Рак

**かね** ① 金 (金銭) де́ньги ～を使う тра́тить де́ньги ～を儲ける зараба́тывать де́ньги ～に困る нужда́ться в деньга́х ～のない 《話》 безде́нежный; бе́дный ② 鐘 ко́локол ～を鳴らす звони́ть в ко́локол ～が鳴る Звени́т ко́локол.

**かねん** 可燃 ～の воспламеня́емый; горю́чий 可燃ごみ горю́чий му́сор

**かのう** 可能 ～な возмо́жный; осуществи́мый; потенциа́льный 可能性 возмо́жность; вероя́тность

**かのじょ** 彼女 она́; 〔恋人〕 возлю́бленная; подру́га; де́вушка ～の её

**かば** 河馬 〔動〕 бегемо́т; гиппопота́м

**カバー** 〔被い〕 покры́шка; покрыва́ло; чехо́л; 〔本の〕 《super》 обло́жка

**かばん** 鞄 су́мка; 〔ハンドバッグ〕 су́мочка; 〔書類鞄〕 портфе́ль; 〔アタッシェケース〕 диплома́т; 〔ショルダーバッグ〕 су́мка че́рез плечо́; 〔旅行用〕 саквоя́ж; 〔スーツケース〕 чемода́н

**かはんすう** 過半数 большинство́

**かび** 黴 пле́сень ～が生える пле́сневеть ～臭い па́хнет пле́сенью

**かびん** ① 花瓶 ва́за ② 過敏 ～な чувстви́тельный; не́рвный; нерво́зный

**かぶ** ①[株][株式・株券] áкция; [切株] пень 彼の～が上がったのでEгó репутáция повы́силась. 株式時価総額 стóимость áкций 株価指数 фóндовый и́ндекс ② [蕪][植] рéпа; рéпка

**カフェ** кафé カフェテラス кафé(-)террáса カフェテリア кафетéрий

**かぶしき** 株式 áкция 株式会社 акционéрное óбщество; акционéрная компáния 株式市場 ры́нок áкций 株式相場 курс áкций

**カプセル** кáпсула ～ホテル кáпсульный отéль

**カブトムシ** [昆] жук; жук-носорóг

**かぶぬし** 株主; пáйщик 株主総会 óбщее собрáние акционéров

**かふん** 花粉 пыльцá 花粉症 [医] поллинóз

**かべ** 壁 стенá; стéнка; [障害] барьéр ～に突き当たる зайти́ в тупи́к 壁に耳あり У стен есть ýши. 壁紙 настéнная бумáга 壁新聞 стенгазéта

**かぼちゃ** 南瓜 [植] ты́ква

**かま** 釜・窯 котёл; [工業用・陶磁器の] печь

**かまぼこ** 蒲鉾 ры́бная колбасá

**がまん** 我慢 терпéть; выноси́ть ～できない невыноси́мый; нестерпи́мый ～強い выно́сливый; терпели́вый 我慢 あいで～にならない Я потеря́л с ним вся́кое терпéние.

**かみ** 神 Бог; [多神教の] божествó ▶божий ▶女神 боги́ня ② 紙 бумáга; бумáжка ～のбумáжный 紙コップ бумáжный стакáнчик 紙ナプキン (бумáжная) салфéтка 紙袋 бумáжный пакéт 紙くず макулатýра 紙おむつ пáмперс ③ 髪 вóлосы 硬い[やわらかい]～ жёсткие [мя́гкие] вóлосы ～を切る стри́чься 髪型 причёска; стри́жка

**かみそり** бри́тва 安全かみそり безопáсная бри́тва

**かみなり** 雷 гром; [稲妻] мóлния ～が鳴る Греми́т гром. ～が落ちた Удáрила мóлния.

**かみはんき** 上半期 пéрвая полови́на гóда

**かむ** 噛む кусáть; кусáться; укуси́ть; [ファスナーが] заéдать

**ガム** жевáтельная рези́нка; [話] жвáчка; жевáчка ～を噛む жевáть жвáчку

**かめ** 亀 [生] черепáха

**カメラ** фотоаппарáт; [話] кáмера; [ビデオ～] видеокáмера カメラマン фотóграф; [報道～] фотокорреспондéнт; фоторепортёр

**かめん** 仮面 мáска 仮面舞踏会 маскарáд

**かも** 鴨 [鳥] ýтка; [だまされやすい人] простáк; легковéрный человéк 鴨肉 утя́тина

**かもく** ① 科目・課目 шкóльный [учéбный] предмéт ② 寡黙 молчали́вый

**かもしか** 羚羊 [動] антилóпа

**...かもしれない** [恐らく] может быть; возмóжно

**かもつ** 貨物 груз; товáр; багáж 貨物輸送 грузовы́е перевóзки 貨物船 грузовóе сýдно 貨物列車 грузовóй пóезд 貨物トラック грузови́к

**かもめ** 鴎 [鳥] чáйка

**かゆい** 痒い зудéть; чесáться

**かよう** 火曜(日) втóрник ～にво втóрник

**～通う** ходи́ть; éздить; курси́ровать

**から** ① 空 ～の пустóй; порóжний; свобóдный ～にするопорожни́ть ② 殻 [殻類・種子の] шелухá; [卵・堅果の] скорлупá; [貝殻] рáковина ～を剥く очищáть от шелухи́ ～に閉じこもる замыкáться в себé

**...から** [場所] с [род.]; от [род.]; [原因・理由] из-за [род.]; по [дат.] 3時から с трёх часóв

**カラー** [色] цвет ～のцветнóй

**からあげ** 唐揚げ [鶏の] кýрица во фритю́ре

**からい** 辛い [ピリ辛い] óстрый; [塩辛い] солёный

**カラオケ** карáоке ～に行く ходи́ть в карáоке

**からかう** дразни́ть; подшýчивать над [твор.]

**からくち** 辛口 ～の [味が] крéпкий ～のワин сухóе винó

**からし** 芥子 горчи́ца

**からす** 烏 [鳥] ворóна; вóрон; гáлка

**ガラス** стеклó ～の стекля́нный ～張りの застеклённый

**からだ** 体 тéло ～にいい[悪い] полéзный [врéдный] для здорóвья ～を壊す пóртить здорóвье

**からて** 空手 каратэ́

**カラフル** ～な краси́вый; я́ркий

**かり** ① 仮 ～の [一時的な] врéменный; [仮定の] предвари́тельный; услóвный ～に врéменно; на врéмя; услóвно; допусти́м ～に ... とすれば éсли (бы); допусти́м; предполóжим ～に ... としても дáже éсли; пусть дáже ② [狩] [狩猟] охóта ③ [採集] ～をする охóтиться на [вин.] ④ 借り ～がある быть в долгý ～を返す [借金を返す] возвращáть долг; [仕返しをする] мстить

**カリウム** [化] кáлий

**かりかた** 借り方 [簿記] дéбет; пасси́в

**カリフラワー** [植] цветнáя капýста

**かりょく** 火力 火力発電所 теплоэлектростáнция; ТЭС

**かりる** 借りる [金を] брать взаймы́ [в долг]; [賃借] брать напрокáт [в арéнду]; арендовáть; [一時的利用] заи́мствовать 彼の言葉を借りれば по егó словáм; как он говори́т この場を借りて пóльзуясь слýчаем

**かるい** 軽い лёгкий ～気持ちで с лёгким сéрдцем 口が～ болтли́вый ▶軽く легкó; слегкá; не си́льно; немнóго ▶軽くする облегчáть; уменьшáть; смягчáть

**カルシウム** [化] кáльций

**かれ** 彼 он; [恋人] возлю́бленный; люби́мый; пáрень ～のегó ▶彼ら они́ ～の их

**かれい** 鰈 [魚] кáмбала [ガラスガレイ] синекóрый пáлтус ～の煮付 тушёная кáмбала

**カレー** кáрри ～ライス рис с кáрри

**がれき** 瓦礫 развáлины; рýины ～となる преврати́ться в прах

**かれる** ① 枯れる засыхáть; высыхáть; вя́нуть ▶枯れた сухóй; засóхший ② 涸れる высыхáть; иссякáть ▶涸れた вы́сохший; исся́кший; истощённый

**カレンダー** календáрь

**かろう** 過労 ～で из-за переутомлéния 過労死 смерть от переутомлéния

**カロリー** калóрия 高～の высокалори́йный

**かわ** ① 川 рекá; ручéй; рéчка ～の речнóй ～で [川辺] на берегý реки́ ～が街を流れている Рекá протекáет чéрез гóрод. ② 皮・革 [皮膚] кóжа; кóжица; кожурá; [獣皮] шкýра; [毛皮] мех; [果皮] кóрка ～をむк очищáть от кожуры́; снимáть шелухý リンゴの～をむく чи́стить я́блоко

**かわいい** 可愛い ми́лый; симпати́чный わぁ、これ～! Как э́то ми́ло!

**かわいがる** 可愛がる люби́ть; лáскать; леле́ять

**かわいそう** 可哀そう ～な жáлкий; бéдный; несчáстный ～に! Жаль! Беднягá!

**かわかす** 乾かす высýшивать; суши́ть

**かわく** 乾･渇く сóхнуть; высыхáть; суши́ться ▷ のどが渇いた Мне хóчется пить. | У меня́ пересóхло в гóрле. ▶乾いた сухóй

**かわせ** 為替〔経〕дéнежный перевóд 外国為替 инострáнная валю́та 郵便為替 почтóвый перевóд 為替相場 валю́тный курс 為替市場 валю́тный ры́нок

**かわら** 瓦 черепи́ца 瓦屋根 черепи́чная кры́ша

**かわり** 代･替わり〔代理･代用〕замéна; замести́тель ～に вмéсто 囿; за 囿; взамéн 囿; затó

**かわる** 変わる〔変化する〕изменя́ться; перемeня́ться;〔入れ替わる〕сменя́ться;〔変容する〕превраща́ться в 囿 ▶変わらない неизмéнный; неменя́емый ② 代･替わる заменя́ть; замеща́ть; приходи́ть на смéну; сменя́ться ▶代わる代わる по óчереди; поочерёдно

**かん** ① 缶 бáнка; жестяна́я корóбка 缶切り консéрвный нож 缶ジュース бáночный сок ② 巻 том; кни́га 第1～ пéрвый том ③ 勘〔сущ.〕 интуи́ция ～がいい чу́ткий; догáдливый

**がん** 癌〔医〕рак ～の рáковый 胃〔肺〕～ рак желу́дка〔лёгких〕～にかかる заболéть рáком

**がんか** 眼科 офтальмолóгия 眼科医 глазнóй врач; окули́ст; офтальмóлог

**かんがい** 灌漑 иррига́ция; орошéние 灌漑用水 ороси́тельная водá

**かんがえ** 考え〔思考〕мысль; идéя; мышлéние;〔意見〕взгляд;〔意図〕намéрение; план 私の～では по моему́ мнéнию, на мой взгляд, по-мóему それは面白い～だね Это интерéсная идéя.

**かんがえる** 考える ду́мать; мы́слить; размышля́ть;〔みなす〕счита́ть;〔意図〕намерева́ться;〔予想〕предполага́ть;〔想像〕вообража́ть

**かんかく** ① 間隔 промежу́ток; интервáл 等～で с одинáковыми интервáлами ② 感覚 чу́вство; ощущéние; чувстви́тельность ～的な чу́вственный ～の鋭い чувстви́тельный; чу́ткий 美の～ вкус; чу́вство прекрáсного

**かんき** ① 寒気 хóлод 寒気団〔気象〕холóдная воздýшная мáсса ② 換気 вентиля́ция; провéтривание ～する проветривáть; вентили́ровать 換気扇 вентилятор; воздухоочисти́тель ③ 歓喜 рáдость ～して рáдостно ベートーベンの『～の歌』«Óда к рáдости» Бетхóвена

**かんきゃく** 観客〔集合〕пу́блика;〔個人〕зри́тель 観客席 зри́тельный зал

**かんきょう** 環境 средá; обстанóвка; обстоя́тельства; услóвия ～に優しい экологи́чески чи́стый 家庭環境 семéйные услóвия 環境問題 экологи́ческие проблéмы 環境保全 охрáна окружáющей средь́

**かんけい** 関係〔関連〕отношéние;〔取引･交際･男女関係〕сношéние;〔関与〕учáстие; причáстность ～ない ~と何の関係もない ～の～で в связи́ с 囿 ～する касáться 囿; имéть отношéние с 囿; быть свя́занным с 囿; быть причáстным к 囿

**かんげい** 歓迎 приве́тствие; радýшный приём ～される быть радýшно при́нятым 歓迎会 приём в честь 囿

**かんけつ** 簡潔 ～な крáткий; сжáтый; лакони́чный

**かんご** 看護 ～する ухáживать за больны́м 看護師〔女〕медсестрá;〔男〕медбрáт

**がんこ** 頑固 ～な упря́мый; упóрный; неподáтливый; неусту́пчивый

**かんこう** 観光 тури́зм; осмóтр достопримечáтельностей ～の тури́стский 観光地 туристи́ческие местá 観光名所 туристи́ческая достопримечáтельность 観光客 тури́ст; экскурсáнт 観光ガイド экскурсовóд; гид 観光バス туристи́ческий автóбус

**かんこく** 韓国 Корéя ～(人)の корéйский 韓国人 корéец;〔女〕корея́нка

**かんさ** 監査 инспéкция; реви́зия; надзóр; провéрка 監査役 инспéктор; ауди́тор; ревизóр

**かんさつ** 観察 наблюдéние ～する наблюдáть 囿〔за 囿〕

**かんし** 監視 ～する наблюдáть за 囿; держáть под надзóром 監視カメラ кáмера видеонаблюдéния

**かんじ** 漢字〔総称〕иероглифика;〔個別〕иерóглиф

**かんしゃ** 感謝 благодáрность; признáтельность ～する благодари́ть 感謝状 пи́сьменная благодáрность

**かんじゃ** 患者 больнóй; пациéнт

**かんしゅう** 観衆 зри́тели; пу́блика

**かんしょう** ① 干渉 ～する вмéшиваться в 囿 ② 感傷 ～的な сентиментáльный ～に впадáть в сентиментáльность ③ 鑑賞 ～する оцéнивать; наслаждáться 囿

**かんじょう** ① 勘定〔計算〕счёт; подсчёт; расчёт; исчислéние;〔支払い〕счёт; расчёт; уплáта по счёту お～をお願いします Счёт, пожáлуйста. ② 感情 чу́вство; эмóция; страсть ～的な эмоционáльный; чувстви́тельный

**がんじょう** 頑丈 ～な крéпкий; прóчный; здорóвый

**かんじる** 感じる чу́вствовать; ощущáть; сознавáть; чу́ять ～やすい чувстви́тельный

**かんしん** 関心 интерéс; заинтересóванность ～的 центр внимáния ～を持つ интересовáться

**かんする** 関する〔関係する〕имéть отношéние к 囿; относи́ться к 囿; касáться 囿;〔…についての〕о 囿; насчёт 囿 …に関しては что касáется 囿

**かんせい** ① 完成 завершéние; окончáние ～する заверши́ть; окáнчивать ② 歓声 рáдостный крик ～をаге́ рáдостно кричáть

**かんぜい** 関税 (тамóженная) пóшлина; тамóженный сбор ～のかかる подлежáщий обложéнию пóшлиной ～のかからない беспóшлинный 関税率 тамóженный тари́ф 関税協定 тамóженное соглашéние

**かんせつ** ① 間接 ～的な кóсвенный, непрямóй ～に кóсвенно; непря́мо 間接税 кóсвенный налóг; акци́з ② 関節〔解〕сустáв 関節炎 воспалéние сустáвов;〔медиц.〕артри́т

**かんせん** ① 感染 заражéние; инфéкция ～する заражáться 囿 感染症〔医〕инфекцио́нная болéзнь; эпидéмия ② 観戦 ～する смотрéть; наблюдáть за хóдом бóя

**かんそう** ① 乾燥 ～した сухóй; вы́сушенный ～する высыхáть; сóхнуть; суши́ться;〔させる〕суши́ть; высу́шивать; просу́шивать 乾燥機 суши́лка 乾燥剤 осуши́тельное срéдство ② 感想 впечатлéние ～を述べる дели́ться впечатлéниями

**かんぞう** 肝臓 пéчень;〔разг.〕печёнка

**かんそく** 観測 наблюдéние;〔予測〕предположéние ～する наблюдáть; предполагáть 観測者 наблюдáтель 観測所 обсерватóрия; наблюдáтельный пункт

**かんだい** 寛大 ～な снисходи́тельный; великоду́шный

**かんたん** 簡単 ～な просто́й; упрощённый; кра́ткий; ～に про́сто; ко́ротко; вкра́тце

**がんたん** 元旦 день Но́вого го́да; пе́рвое января́

**かんづめ** 缶詰 консе́рвы 食品を～にする консерви́ровать проду́кты

**かんてい** 鑑定 оце́нка; эксперти́за ～する оце́нивать; производи́ть эксперти́зу 鑑定士 экспе́рт; цени́тель

**かんてん** ①観点 …の～から с то́чки зре́ния ② 寒天 ага́р-ага́р

**かんどう** 感動 ～的な тро́гательный; волну́ющий ～する быть тро́нутым; восхища́ться; восторга́ться

**かんとく** 監督 〔現場の〕надзира́тель; инспе́ктор; надсмо́трщик; контролёр; 〔ヘッドコーチ〕гла́вный тре́нер; 〔映画・舞台の〕(кино)режиссёр; ～する надзира́ть; надсма́тривать; наблюда́ть за 造; инспекти́ровать; контроли́ровать; 〔映画・舞台を〕режисси́ровать

**かんば** 寒波 волна́ хо́лода

**かんぱい** 乾杯 тост ～する поднима́ть тост [бока́л] 健康を祝して～! За здоро́вье!

**かんばつ** 干魃 за́суха

**がんばる** 頑張る 〔努力する〕стара́ться (изо всех сил); Держи́сь! / Уда́чи! / С бо́гом!

**かんばん** 看板 вы́веска

**かんぶ** 幹部 〔集合的〕руково́дство; нача́льство; 〔個人〕руководя́щий рабо́тник

**かんぺき** 完璧 ～な соверше́нный; безупре́чный

**がんぼう** 願望 жела́ние; мечта́

**かんらんしゃ** 観覧車 колесо́ обозре́ния

**かんり** 管理 управле́ние; заве́дование; контро́ль ～する управля́ть [заве́довать] 造 管理職 руководи́тель 管理人 управля́ющий; 〔マンションの〕упра́вдом

**かんりゅう** 寒流 холо́дное тече́ние

**かんりょう** ①官僚 должностно́е лицо́; бюрокра́т ～的な бюрократи́ческий ②完了 [不完了] 体【文法】соверше́нный [несоверше́нный] вид

**かんれん** 関連 связь; отноше́ние; прича́стность ～する име́ть связь с 造; име́ть отноше́ние к 与; каса́ться 生 …に～して в связи́ с 造 関連会社 перифери́йные компа́нии

# き

**き** ①木 〔樹木〕де́рево; 〔木材〕древеси́на; 〔材木〕лес; 〔絵他〕листва́ ～を植える [切る] сажа́ть [руби́ть] де́рево 木の実 〔ナッツ〕оре́х; 〔堅い〕плод; 〔柔らかい〕я́года ②気 ～が合う сходи́ться хара́ктерами с 造 ～が進まない не хо́чется ～のいい до́брый ～のおけない откры́тый; общи́тельный ～が短い торопли́вый; нетерпели́вый ～の強い волево́й ～の弱い слабохара́ктерный; слабово́льный ～の利いた 〔しゃれた〕изя́щный; утончённый; со вку́сом ～の利かない несообрази́тельный; недога́дливый ～にかける беспоко́иться о 前 ～に障る задева́ть за живо́е ～を失う теря́ть созна́ние; па́дать в о́бморок ～をつける быть осторо́жным

**きあつ** 気圧 高気圧 высо́кое атмосфе́рное давле́ние; антицикло́н 低気圧 ни́зкое атмосфе́рное давле́ние; цикло́н 気圧計 баро́метр

**キー** 〔鍵盤〕кла́виш(а); 〔手がかり〕ключ; 【音】тона́льность ～ポイント ключево́й пункт ～ボード клавиату́ра ～ホルダー кольцо́ [брело́к] для ключе́й ～ワード ключево́е сло́во

**きいろ** 黄色 жёлтый цвет ～い жёлтый

**ぎいん** 議員 депута́т; член парла́мента

**キウイ(フルーツ)** 〔植〕ки́ви

**きえる** 消える 〔火・明りが〕га́снуть; ту́хнуть; 〔なくなる〕исчеза́ть; пропада́ть; 〔見えなくなる〕скрыва́ться

**ぎえんきん** 義援金 де́нежное поже́ртвование

**きおく** 記憶 па́мять 私の～では наско́лько я по́мню 記憶力 па́мять 彼は～がいい [плохи́й] У него́ хоро́шая [плоха́я] па́мять. 記憶喪失(症) поте́ря па́мяти; 【医】амнези́я

**キオスク** кио́ск

**きおん** 気温 температу́ра (во́здуха)

**きか** 帰化 натурализа́ция 日本に～する принима́ть япо́нское по́дданство

**きかい** ①機械 маши́на; механи́зм ～の маши́нный ～的な машина́льный ～化する механизи́ровать 機械翻訳 маши́нный перево́д ②機会 これを～に利用して по́льзуясь слу́чаем ～を持つ [име́ть / получа́ть] возмо́жность 機会均等 ра́вные возмо́жности

**ぎかい** 議会 〔ロシアの〕парла́мент; пала́та; 〔日本の〕～ парла́мент ～を解散する распуска́ть парла́мент 議会政治 парламентари́зм 議会制民主主義 парла́ментарная демокра́тия

**きがえ** 着替え 〔衣服〕запасна́я оде́жда; сме́нное бельё 着替える переодева́ться; сменя́ть оде́жду

**きかがく** 幾何学 【数】геоме́трия 幾何学模様 геометри́ческий орна́мент

**きかく** ①企画 план; за́мысел ～する плани́ровать; составля́ть план ②規格 станда́рт; но́рма

**きがる** 気軽 ～に с лёгким се́рдцем; за́просто

**きかん** ①器官 о́рган ～の органи́ческий ②機関 организа́ция; о́рган; учрежде́ние ～紙[誌] о́рган ③帰還 宇宙から～する верну́ться из ко́смоса

**きかんしゃ** 機関車 локомоти́в ディーゼル機関車 теплово́з 電気機関車 электрово́з

**きき** 危機 кри́зис; крити́ческое положе́ние ～的な кри́зисный ～を脱する выходи́ть из кри́зиса 危機一髪 висе́ть на волоске́ 危機管理 управле́ние кри́зисными ситуа́циями

**ききめ** 効き目 де́йствие; эффе́кт ～がある эффекти́вный; де́йственный

**ききゅう** 気球 возду́шный шар; аэроста́т

**きぎょう** ①企業 предприя́тие 大～ кру́пное предприя́тие 企業秘密 произво́дственная та́йна ②起業 ～する создава́ть предприя́тие 起業家 организа́тор предприя́тий

**ききん** 基金 (де́нежный) фонд

**きく** ①聞く・聴く 〔耳を傾ける〕слу́шать; 〔聞こえる〕слы́шать; 〔聞き知る〕узнава́ть; 〔承諾する〕спра́шивать 彼は～耳を持たない Он да́же не хо́чет слу́шать. 親の言うことを～ слу́шаться роди́телей ②利く・効く 〔効果が出る〕де́йствовать; 〔効果が出る〕ока́зывать де́йствие 薬が効いた Лека́рство поде́йствовало. ③菊 〔植〕хризанте́ма

**きぐ** 器具 прибо́р; инструме́нт; аппара́т; 〔集合〕аппарату́ра

**きくばり** 気配り забо́та; забо́тливость

**きげき** 喜劇 коме́дия 喜劇俳優 ко́мик; коми́ческий актёр

**きけん** ①危険 ～な опа́сный ～を冒す подверга́ться опа́сности; рискова́ть 危険物(爆発)опа́сный предме́т 危険ドラッグ спа́йс ②棄権 ～する отка́зываться от пра́ва; [投票] возде́рживаться от голосова́ния; [競技] отказа́ться от уча́стия в соревнова́нии

**きげん** ①機嫌 ～がいい(悪い) быть (не) в ду́хе — をとる льстить; заи́скивать пе́ред 圖 ～を損ねる по́ртить настрое́ние ②期限 срок; преде́л ～付きの ограни́ченный сро́ком ～が切れた Исте́к срок. ▶無期限の бессро́чный

**きこう** 気候 кли́мат; пого́да

**きごう** 記号 знак; сигна́л; ме́тка ～化する коди́ровать

**きこえる** 聞こえる слы́шать(ся); быть слы́шным; доноси́ться それは本当のように～ Это звучи́т правдоподо́бно.

**ぎこちない** неуклю́жий; нело́вкий

**きこん** 既婚 ～の жена́тый; [女] заму́жняя

**きさく** 気さく ～な откры́тый; открове́нный

**きし** 岸 бе́рег

**きじ** ①[布地] мате́рия; ткань; [パンなどの] те́сто ②記事 статья́; заме́тка

**きじ** 雉 [鳥] фаза́н

**ぎじ** 議事 деба́ты; обсужде́ние 議事堂 зда́ние парла́мента 議事録 протоко́л

**ぎしき** 儀式 церемо́ния; обря́д; ритуа́л; [式典] торжество́ ～張ったцеремо́нный; чо́порный

**きしゃ** 記者 журнали́ст; [通信員] корреспонде́нт 記者会見 пресс-конфере́нция ～を дава́ть пресс-конфере́нцию 記者クラブ пресс-клу́б

**ぎじゅつ** 技術 те́хника; мастерство́; иску́сство ～的な техни́ческий 技術革新 техни́ческая иннова́ция 技術者 техно́лог

**きじゅん** 基準 станда́рт; но́рма; крите́рий; этало́н ～の станда́ртный; ба́зисный

**きしょう** 気象 пого́да; метеорологи́ческое явле́ние 気象衛星 метеоспу́тник; метеорологи́ческий спу́тник 気象観測 метеорологи́ческие наблюде́ния 気象情報 метеорологи́ческая сво́дка; метеосво́дка 気象台 метеорологи́ческая обсервато́рия 気象庁 Гла́вное управле́ние гидрометеорологи́ческой слу́жбы 気象予報士 сино́птик

**キス** ①поцелу́й; целова́ние ～する целова́ть キスマーク засо́с ②鱚 [魚] си́хама

**きず** 傷 ра́на; ране́ние ; [切り・擦り傷] поре́з; сса́дина; [物の損傷] поврежде́ние 心の～ душе́вная ра́на ▶傷つきやすい ра́нимый; уязви́мый

**きすう** 奇数 нечётное число́ ～の нечётный

**きずつける** 傷つける [肉体・精神を] ра́нить; уши́бить; повреди́ть; [物を] поврежда́ть; по́ртить

**きずな** 絆 у́зы; связь

**きせい** 規制 ①контро́ль; регули́рование ～する контроли́ровать; регули́ровать 規制緩和 смягче́ние контро́ля; дерегуля́ция ②寄生 паразити́зм ～する паразити́ровать 寄生植物[虫,動物] парази́т

**きせき** 奇跡 чу́до ～的な чуде́сный ～的に чу́дом

**きせつ** 季節 вре́мя го́да; сезо́н ～外れに не по вре́мени [сезо́ну] 季節風 муссо́н 季節労働者 сезо́нный рабо́чий

**きそ** 基礎 осно́ва; осно́вы; основа́ние; фунда́мент; ба́за; ба́зис ～的な основно́й ～として на осно́ве 圃 ～を築く закла́дывать осно́вы 圃 礎知識 основны́е зна́ния 基礎工事 закла́дка фунда́мента 基礎控除 [税] осно́вной вы́чет

**ぎぞう** 偽造 подде́лка; фальсифика́ция ～の подде́льный; фальши́вый; подде́ланный ～する подделывать; фальсифици́ровать

**きそく** 規則 пра́вило ; положе́ние; уста́в ～的な регуля́рный ～を守る[破る] соблюда́ть [наруша́ть] пра́вило

**きぞく** 貴族 аристокра́т ; [ロシア] дворяни́н

**きた** 北 ～の се́верный ～から с се́вера ～で на се́вере ～へ на се́вер モスクワの北に от Москвы́ 北風 се́верный ве́тер; ве́тер с се́вера 北アメリカ Се́верная Аме́рика

**ギター** [楽] гита́ра ～を弾く игра́ть на гита́ре アコースティック～ акусти́ческая гита́ра エレキ～ электрогита́ра エア～ вообража́емая гита́ра ▶ギタリスト гитари́ст

**きたい** ①気体 газ; газообра́зное те́ло ②期待 ожида́ние; наде́жда ～する ожида́ть; наде́яться на 圃 ～外れに разочаро́ванный ～に応えて опра́вдывать наде́жду [ожида́ния] ～に反して вопреки́ ожида́ниям; вопреки́ ожида́нию

**ぎだい** 議題 предме́т обсужде́ния

**きたちょうせん** 北朝鮮 Се́верная Коре́я; КНДР

**きたない** 汚ない [汚れた] гря́зный; нечи́стый; [卑劣な] по́длый; ни́зкий; нече́стный ～手を使う де́йствовать нече́стно

**きたはんきゅう** 北半球 се́верное полуша́рие

**きち** ①基地 ба́за 軍事基地 вое́нная ба́за ②機知 ～に富む остроу́мный ③吉 сча́стье; уда́ча 吉日 счастли́вый день

**きちょう** 貴重 ～な дорого́й; це́нный; драгоце́нный

**ぎちょう** 議長 председа́тель

**きちょうめん** 几帳面 ～な аккура́тный; пунктуа́льный; то́чный

**きつい** [厳しい・つらい] стро́гий; тяжёлый; напряжённый; тру́дный きつい仕事 тяжёлая рабо́та この靴はきつい Эти боти́нки жмут.

**きつえん** 喫煙 ～する кури́ть 喫煙室 кури́тельная ко́мната 喫煙者 куря́щий; кури́льщик 喫煙席 места́ для куря́щих 受動喫煙 пасси́вное куре́ние

**きづく** 気づく замеча́ть; обраща́ть внима́ние на 圖

**ぎっくりごし** ぎっくり腰 [医] радикули́т

**きっさてん** 喫茶店 кафе́

**きって** 切手 (почтова́я) ма́рка 切手収集 филатели́я

**きつね** 狐 [動] лиси́ца; лиса́

**きっぷ** 切符 биле́т; тало́н; купо́н 切符売り場 биле́тная ка́сса

**きてん** 機転 ～の利く сообрази́тельный; нахо́дчивый; изворо́тливый ～を利かす проявля́ть нахо́дчивость

**きどう** 軌道 орби́та ～に乗せる [衛星を] вы́вести на орби́ту ; [物事を] поста́вить на путь ～に乗る [衛星が] вы́йти на орби́ту; [物事が] пойти́ на пути́; войти́ в колею́ ▶軌道修正 人工衛星は～に成功した Иску́сственный спу́тник благополу́чно вы́шел на орби́ту.

**きなこ** порошо́к из калёных со́евых бобо́в

**きにいる** 気に入る понра́виться 圃; [気に入っている] нра́виться 圃

**きねん** 記念 па́мять ～の па́мятный; мемориа́льный ～して в па́мять [о чём]; на па́мять о 圃; в честь 圃 記念切手 юбиле́йная ма́рка 記念写真 фотогра́фия на па́мять 田 記念碑 па́мятник; монуме́нт 記念日 юбиле́й; годовщи́на 記念品 пода́рок на па́мять; па́мятный пода́рок

きのう ① 昨日 вчера́ ～の вчера́шний ② 機能 фу́нкция ～する функциони́ровать ～的な функциона́льный

ぎのう 技能 мастерство́; уме́ние; иску́сство 技能検定試験 экза́мен на квалифика́цию

キノコ 茸 гриб; грибо́к ～狩りをする собира́ть грибы́

きのどく 気の毒 ～なことに к сожале́нию ～に思う жале́ть; сочу́вствовать ～ 彼が～だ Жаль его́!

きばらし 気晴らし развлече́ние; увеселе́ние ～ ため развлече́ния ～をする развлека́ться

きびしい 厳しい стро́гий; суро́вый; жесто́кий; серьёзный; сло́жный ～気候 суро́вый кли́мат

きふ 寄付 поже́ртвование ～する же́ртвовать ～を集める собира́ть поже́ртвование 寄付金 поже́ртвование

ぎふ 義父 〔夫の父〕 свёкор; 〔妻の父〕 тесть; 〔義父・継父〕 приёмный оте́ц

きぶん 気分 ～が悪い быть не в ду́хе; быть в плохо́м настрое́нии ～する～になれない нет настрое́ния 不定形 気分転換 ～する меня́ть настрое́ние

きぼ 規模 масшта́б; разме́р; разма́х 大～ крупномасшта́бный 大[小]～に в кру́пном [небольшо́м] масшта́бе

ぎぼ 義母 〔夫の母〕 свекро́вь; 〔妻の母〕 тёща; 〔義母・継母〕 приёмная мать

きぼう 希望 жела́ние; мечта́; 〔期待〕 наде́жда ～のない безнадёжный ～する жела́ть; мечта́ть; наде́яться на 希望者 жела́ющий 希望的観測 оптимисти́ческое предположе́ние

きほん 基本 осно́ва; ба́за; фунда́мент; станда́рт ～的な основно́й; фундамента́льный; станда́ртный 基本的人権 《法》основны́е права́ челове́ка 基本料金 ба́зовый тари́ф

きまえ 気前 ～のいい ще́дрый ～よく ще́дро; не жале́я

きまぐれ 気紛れ капри́з; причу́да ～な〔わがままな〕капри́зный; причу́дливый; прихотли́вый; 〔変わりやすい〕 переме́нчивый

きまり 決まり реше́ние; поря́док; пра́вило; привы́чка これで～! Решено́!

きみ ① 君 〔君！〕ты ～の твой ▶君たち вы ② 黄身 〔卵の〕 желто́к

きみょう 奇妙 ～な стра́нный; удиви́тельный; необы́чный

ぎむ 義務 долг; обя́занность ～を выполня́ть [исполня́ть] долг 義務教育 обяза́тельное обуче́ние

キムチ кимчи́; 〔樺太で〕 кимча́; чимча́

ぎめい 偽名 псевдони́м; вы́мышленное и́мя

きめる 決める ～する реша́ть; определя́ть; устана́вливать; 〔決心する〕 реша́ться

きもち 気持ち ～がいい прия́тный; ую́тный ～が悪い неприя́тный; неую́тный

きもの 着物 〔和服〕кимоно́; 〔服〕япо́нская оде́жда ～を着る надева́ть кимоно́ ～を着て в кимоно́

ぎもん 疑問 вопро́с; сомне́ние ～の сомни́тельный ～を解く разреши́ть вопро́с 疑問符 вопроси́тельный знак

きゃく 客 гость; 〔訪問者〕 посети́тель; 〔宿泊客〕 гость; 〔顧客〕 клие́нт; 〔乗客〕 пассажи́р

ぎゃく 逆 ～の противополо́жный; обра́тный ～に наоборо́т; напро́тив; 〔反対側に〕 в обра́тную сто́рону …とは～に вопреки́ 図 逆効果 обра́тное де́йствие; обра́тный результа́т

きゃくしつ 客室 〔ホテルの〕 но́мер; ко́мната; 〔船の〕 пассажи́рская каю́та; 〔客置〕 гости́ная 客室乗務員 〔旅客機の〕бортпроводни́к

ぎゃくたい 虐待 жесто́кое обраще́ние; притесне́ние ～する жесто́ко обраща́ться с 図

きゃくほん 脚本 〔芝居の〕 пье́са; 〔シナリオ〕 сцена́рий; 〔オペラの〕либре́тто 脚本家 драмату́рг; сценари́ст; либретти́ст

きゃっかん 客観 ～的な объекти́вный 客観性 объекти́вность

ぎゃっこう 逆光 〔写真の〕 ко́нтровый свет

キャビア чёрная икра́

キャプテン руководи́тель; капита́н (кома́нды)

キャベツ 〔植〕капу́ста

ギャラリー 〔画廊・劇場の〕 галере́я; 〔観客〕 зри́тель

キャリア 〔経験〕о́пыт; карье́ра ～のある о́пытный

キャンセル аннули́рование; отме́на ～する аннули́ровать; отменя́ть

キャンディー конфе́та

キャンプ каза́рма ～をする стоя́ть ла́герем キャンプ場 ла́герь キャンプファイア бива́чный костёр

ギャンブル аза́ртная игра́

キャンペーン кампа́ния

きゅう ① 九・9 ～番目の девя́тый ② 球 〔球体〕шар; сфе́ра ③ 級 〔等級〕 класс; ранг ④ 急 ～な спе́шный; сро́чный; неотло́жный; 〔突然の〕 внеза́пный; 〔けわしい〕 круто́й ～に вдруг; внеза́пно 急カーブ ре́зкий поворо́т 急停車 ре́зкая остано́вка

きゅうか 休暇 кани́кулы; о́тпуск (1か月の)～を取る брать о́тпуск (на ме́сяц)

きゅうきゅう 救急 〔救急処置〕 пе́рвая (ско́рая) по́мощь 救急車 маши́на ско́рой по́мощи 救急病院 больни́ца ско́рой медици́нской по́мощи

きゅうぎょう 休業 прекраще́ние рабо́ты ～する не рабо́тать; закрыва́ться 休業日 выходно́й день

きゅうくつ 窮屈 ～な те́сный; у́зкий; туго́й

きゅうけい 休憩 о́тдых; 〔仕事・授業の〕 переры́в; 〔幕間〕 антра́кт ～する отдыха́ть; де́лать переры́в

きゅうげき 急激 ～な ре́зкий; стреми́тельный; внеза́пный; бы́стрый

きゅうこう 急行 ско́рый по́езд; экспре́сс

きゅうしがい 旧市街 ста́рый райо́н

きゅうしき 旧式 ～の ста́рого ти́па; устаре́вший; старомо́дный

きゅうじつ 休日 выходно́й день; 〔祝日〕 пра́здник

きゅうしゅう 吸収 ～する вса́сывать; впи́тывать 吸収合併 〔経営〕 присоедине́ние

きゅうじゅう 九十・90 девяно́сто ～番目の девяно́стый

きゅうしょ 急所 больно́е [сла́бое] ме́сто ～を突く задева́ть за живо́е

きゅうじょ 救助 ～する спаса́ть; помога́ть; ока́зывать по́мощь 救助隊 спаса́тельный отря́д

きゅうしょく 休職 ① 求職 ～する иска́ть рабо́ту ② 給食 шко́льное пита́ние

きゅうじん 求人 求人広告 объявле́ние о рабо́те 求人情報 информа́ция о вака́нсиях

きゅうせいしゅ 救世主 спаси́тель

きゅうそく 急速 ～な спе́шный; ско́рый; бы́стрый

きゅうち 窮地 ～に追い込まれる зайти́ в тупи́к ～に

追い込む завести́ [загна́ть] в тупи́к
**きゅうでん** 宮殿 дворе́ц
**ぎゅうにく** 牛肉 говя́дина
**ぎゅうにゅう** 牛乳 молоко́; ～の моло́чный
**きゅうめい** 救命 спасе́ние жи́зни; 救命具 спаса́тельные сре́дства 救命ボート спаса́тельная шлю́пка 救命胴衣 спаса́тельный снаря́д
**きゅうゆう** 旧友 ста́рый друг
**きゅうよう** ①休養 о́тдых ～する отдыха́ть ②急用 ～で по сро́чному де́лу
**きゅうり** 胡瓜 〘植〙 огуре́ц
**きゅうりょう** 給料 зарпла́та; за́работная пла́та ～を上げる〔下げる〕повыша́ть [снижа́ть] зарпла́ту 給料日 день (вы́дачи) зарпла́ты
**きよう** 器用 ～な иску́сный; уме́лый
**きょう** 今日 сего́дня; ～の сего́дняшний
**きょうい** ①驚異 чу́до; изумле́ние ～的な чуде́сный; изуми́тельный; порази́тельный ②脅威 угро́за; опа́сность ～を与える угрожа́ть; грози́ть ③胸囲 объём груди́
**きょういく** 教育 воспита́ние; обуче́ние; образова́ние ～的な педагоги́ческий ～する дава́ть образова́ние; воспи́тывать; обуча́ть 教育者 педаго́г 教育学 педаго́гика 教育課程 курс обуче́ния
**きょうかい** ①協会 ассоциа́ция; о́бщество ②教会 〘宗〙 це́рковь ③境界 грани́ца; рубе́ж; преде́л ～を定める устана́вливать грани́цу
**ぎょうかい** 業界 業界団体 организа́ция промы́шленности 業界紙 о́рган делов́ы́х круго́в
**きょうかしょ** 教科書 уче́бник
**きょうかん** 共感 симпа́тия; сочу́вствие ～する сочу́вствовать 〚与〛; соглаша́ться с 〚造〛 ～を覚える [呼ぶ] испы́тывать [вызыва́ть] симпа́тию
**きょうぎ** ①協議 совеща́ние; обсужде́ние ～する совеща́ться; обсужда́ть 協議会 совеща́ние; конфере́нция; сове́т ②競技 состяза́ние; соревнова́ние; матч 競技会 соревнова́ния; турни́р; ко́нкурс 競技場 спорти́вная площа́дка
**きょうきゅう** 供給 снабже́ние; поста́вка ～する снабжа́ть; поставля́ть
**きょうくん** 教訓 наставле́ние; поуче́ние; уро́к ～的な поучи́тельный
**きょうこう** ①強行 ～する форси́ровать 強行軍 форси́рованный марш ②強硬 ～な твёрдый; реши́тельный; упо́рный
**ぎょうざ** 餃子 пельме́ни
**きょうざい** 教材 уче́бные материа́лы; уче́бное посо́бие
**きょうさん** 協賛 сотру́дничество; по́мощь ～する сотру́дничать; помога́ть 〚与〛
**きょうさんしゅぎ** 共産主義 коммуни́зм ～の коммунисти́ческий 共産主義者 коммуни́ст
**きょうさんとう** 共産党 коммунисти́ческая па́ртия 共産党員 член коммунисти́ческой па́ртии; коммуни́ст
**きょうし** 教師 учи́тель; учи́тельница; преподава́тель
**ぎょうじ** 行事 мероприя́тие 年中行事 ежего́дные мероприя́тия
**きょうしつ** 教室 〘小・中・高校〙 класс; 〘大学〙 аудито́рия
**きょうじゅ** 教授 профе́ссор 准教授 доце́нт
**きょうしゅく** 恐縮 ～する смуща́ться; чу́вствовать себя́ нело́вко; 〔感謝する〕 быть глубоко́ благода́рным

**きょうせい** ①強制 ～的な принуди́тельный; наси́льственный; ～する принужда́ть; вынужда́ть; заставля́ть 強制収容所 концентрацио́нный ла́герь 強制送還 депорта́ция 強制労働 принуди́тельная рабо́та ②矯正 исправле́ние ～する исправля́ть
**ぎょうせい** 行政 администра́ция ～の администрати́вный 行政改革 рефо́рма администрати́вного аппара́та 行政機関 администрати́вный о́рган 行政区分 администрати́вное деле́ние
**ぎょうせき** 業績 достиже́ние; успе́хи; 〔学問の〕 нау́чная рабо́та
**きょうそう** ①競争 конкуре́нция; сопе́рничество; соревнова́ние ～する состяза́ться; конкури́ровать; сопе́рничать; соревнова́ться 競争相手 сопе́рник; конкуре́нт 競争率 у́ровень конкуре́нции; ～が高い большо́й ко́нкурс 競争力 конкурентоспосо́бность ～がある конкурентоспосо́бный ②競走 бег ～する соревнова́ться в бе́ге 競走馬 скаков́а́я ло́шадь
**きょうだい** 兄弟・姉妹 [兄弟] 〔1人〕 брат; 〔複〕 бра́тья; [姉妹] 〔1人〕 сестра́; 〔複〕 сёстры 『カラマ́ゾフの兄弟』 «Бра́тья Карама́зовы»
**きょうちょう** ①協調 сотру́дничество; согла́сие ～する сотру́дничать 協調性 согласо́ванность ②強調 ～する подчёркивать; осо́бо отмеча́ть; акценти́ровать
**きょうつう** 共通 ～の о́бщий共喜́ность; о́бщ̇ность 共通語 о́бщий язы́к 共通点 о́бщее
**きょうてい** 協定 соглаше́ние; конве́нция
**きょうと** 京都 Кио́то ～の кио́тский
**きょうどう** 共同 ～の совме́стный; о́бщий; объединённый ～で совме́стно; согласо́ванно 共同事業 совме́стное предприя́тие 共同声明 совме́стная деклара́ция 共同体 соо́бщество
**きょうばい** 競売 аукцио́н ～にかける продава́ть с аукцио́на 競売人 аукциони́ст; аукционе́р
**きょうはく** 脅迫 угро́за ～する угрожа́ть 〚与〛 脅迫状 угрожа́ющее письмо́
**きょうふ** 恐怖 страх; у́жас; боя́знь
**きょうふしょう** 恐怖症 фо́бия 高所恐怖症 акрофо́бия 対人恐怖症 антропофо́бия
**きょうみ** 興味 интере́с ～を持つ интересова́ться 〚造〛; име́ть интере́с в 〚造〛
**きょうよう** 教養 образова́ние; образо́ванность ～のある образо́ванный; культу́рный
**きょうりゅう** 恐竜 диноза́вр
**きょうりょく** 協力 взаимоде́йствие; сотру́дничество; подде́ржка ～的な сотру́днический ～する сотру́дничать; объединя́ть си́лы; подде́рживать ～して сообща́; объединя́ть си́лы
**ぎょうれつ** 行列 〘列〙 верени́ца; о́чередь ～に並ぶ ше́ствовать; стоя́ть в о́череди
**きょうわ** 共和 共和国 респу́блика 共和党 республика́нская па́ртия
**きょか** 許可 разреше́ние; позволе́ние ～する разреша́ть; позволя́ть ～を得て с разреше́ния
**ぎょかい** 魚介 (類) морски́е проду́кты
**ぎょぎょう** 漁業 рыболо́вство; рыбопромы́шленность 漁業権 пра́во рыболо́вства 漁業資源 ры́бные ресу́рсы
**きょく** ①曲 му́зыка; мело́дия ②局 〔телефо́нное・радиовеща́тельное等〕 ста́нция; 〔官庁の〕 управле́ние; департа́мент; бюро́ ③極 [Земли́・ма́гнита の] по́люс
**きょくたん** 極端 ～な кра́йний; чрезме́рный ～に走る впада́ть в кра́йность
**きょくとう** 極東 Да́льний Восто́к ～の дальне-

**ぎょこう** 漁港 рыболове́цкий порт
**きょしゅ** 挙手 подня́тие рук [руки́] 賛成の方は～を願う Поднимите ру́ку те, кто за.
**ぎょじょう** 漁場 рыболо́вный уча́сток
**きょしょくしょう** 拒食症 〔医〕 анорекси́я
**ぎょせん** 漁船 рыболо́вное су́дно
**ぎょそん** 漁村 рыба́цкий посёлок
**きょだい** 巨大 ～な огро́мный; гига́нтский; колосса́льный; грома́дный
**きょねん** 去年 про́шлый год; в про́шлом году́; в том году́ ～の прошлого́днний
**きょひ** 拒否 отка́з; отклоне́ние ～する отка́зывать 与 圓; отка́зываться от 圧; отверга́ть; отклоня́ть 拒否反応 оттopжéние 拒否権 пра́во ве́то
**きょよう** 許容 ～する разреши́ть; позволя́ть; допуска́ть ～できる допусти́мый; допусти́мый преде́л 許容範囲 до́пуск
**きょり** 距離 расстоя́ние; диста́нция
**きらい** 嫌い не люби́ть; не нра́виться; ненави́деть ～になる разлюби́ть; охладева́ть к 与
**きらく** 気楽 ～な беспе́чный; беззабо́тный
**きり** 霧 тума́н; мгла ～のかかった тума́нный ～が晴れた Тума́н рассе́ялся.
**ぎり** 義理 долг; прили́чие ～で ра́ди прили́чия; по необходи́мости ～の息子 приёмный сын ～を立てる выполни́ть ～обяза́тельства 義理人情 чу́вство до́лга и солида́рности
**ギリシャ** Гре́ция
**キリスト** Христо́с ～教 христиа́нство ～教徒 христиани́н и христиа́нка
**きりとる** 切り取る вы́резать
**きりん** 麒麟 〔動〕 жира́ф; 〔想像上の〕 цили́нь
**きる** ① 切る ре́зать; 〔髪・爪を〕 стричь; 〔切り離す〕 отреза́ть; 〔切断〕 разреза́ть; 〔伐採〕 руби́ть ② 着る одева́ться в 圧; надева́ть; носи́ть
**キルギス** Кирги́зия ～人 кирги́з; кирги́зка
**きれい** 綺麗 ～な 〔美しい〕 краси́вый; прекра́сный; 〔清潔〕 чи́стый; опря́тный ～にする 〔清潔〕 чи́стить; 〔整理整頓〕 приводи́ть в поря́док
**きれる** 切れる руба́ться; рва́ться 彼はすぐに～〔怒る〕 Он вспы́льчивый. 彼は～やつだ 〔頭がいい〕 Он спосо́бный [у́мный]. このナイフはよく～ Этот нож хорошо́ ре́жет.
**きろく** 記録 за́пись; 〔文書〕 докуме́нт; протоко́л; 〔競技の〕 рекóрд ～的な рекорди́ный ～する запи́сывать; регистри́ровать ～を破る поби́ть реко́рд 記録保持者 рекордсме́н
**ぎろん** 議論 спор; диску́ссия; деба́ты; пре́ния ～する спо́рить; вести́ диску́ссию ～の余地がない не о чем спо́рить
**きん** ① 金 зо́лото ～の золото́й 24 ～ чи́стое зо́лото ～色 золоти́стый 金細工 [製品] золото́е изде́лие ② 菌 бакте́рия; микро́б
**ぎん** 銀 серебро́ ～の сере́бряный ～色の серебри́стый 銀細工 [製品] сере́бряное изде́лие
**きんえん** 禁煙 〔掲示〕 Не кури́ть! Здесь не ку́рят. ～する броса́ть кури́ть 禁煙席 места́ для неку́рящих
**きんかい** 近海 近海魚 ры́бы прибре́жных морски́х вод 近海漁業 прибре́жное рыболо́вство
**きんきゅう** 緊急 ～の экстре́нный; чрезвыча́йный 緊急着陸 вы́нужденная поса́дка
**きんぎょ** 金魚 золота́я ры́бка 金魚鉢 аква́риум
**きんこ** 金庫 сейф; ка́сса
**きんこう** 近郊 при́город; окре́стности 私はモスク

ワ～に住んでいる Я живу́ в Подмоско́вье.
**ぎんこう** 銀行 банк 銀行員 ба́нковский слу́жащий 銀行家 банки́р 銀行強盗 ограбле́ние ба́нка; 〔人〕 граби́тель ба́нка
**きんし** 禁止 запреще́ние; воспреще́ние ～する запреща́ть; воспреща́ть ② 近視 〔医〕 близору́кость; ～の близору́кий
**きんじつ** 近日 ～中に в ближа́йшие дни; на днях
**きんじょ** 近所 〔近所の人〕 сосе́д ～の сосе́дний ～に住む жить по сосе́дству; по сосе́дству с 圈
**きんせい** 金星 〔天〕 Вене́ра
**きんぞく** 金属 мета́лл 金属探知器 дете́ктор мета́лла 金属疲労 уста́лость мета́лла
**きんだい** 近代 но́вое вре́мя ～的な совреме́нный 近代化 модерниза́ция 近代文学 но́вая литерату́ра
**きんちょう** 緊張 напряже́ние ～する напряга́ться 両国間の～が高まっている Отноше́ния ме́жду обе́ими стра́нами напряжены́. ▶緊張した напряжённый
**きんとう** 均等 ～に по́ровну; на ра́вные ча́сти
**きんにく** 筋肉 мы́шца; му́скул ～質の мускули́стый 筋肉痛 му́скульная боль
**きんべん** 勤勉 ～な трудолюби́вый; усе́рдный; приле́жный; стара́тельный
**きんむ** 勤務 слу́жба; рабо́та 勤務先 ме́сто рабо́ты 勤務時間 часы́ рабо́ты
**きんゆう** 金融 〔融資〕 финанси́рование; де́нежное де́ло; 〔話〕 фина́нсы 金融機関 фина́нсовый о́рган 金融市場 де́нежный [фина́нсовый] ры́нок 金融政策 ме́ры по финанси́рованию
**きんよう** 金曜 (日) пя́тница ～に в пя́тницу

## く

**く** ① 区 〔区域〕 уча́сток; 〔市・都内の〕 райо́н 区長 мэр; глава́ райо́на ② 句 〔フレーズ〕 фра́за; 〔俳句〕 ха́йку; 〔短歌・漢詩の〕 часть
**ぐあい** 具合 ～がいい 〔体調〕 чу́вствовать себя́ хорошо́; 〔都合〕 удо́бно ～が悪い 〔体調〕 чу́вствовать себя́ пло́хо; 〔都合〕 неудо́бно; 〔体裁〕 нело́вко ～はいかがですか Как вы себя́ чу́вствуете?
**くいしんぼう** 食いしん坊 обжо́ра
**クイズ** вопро́с; зага́дка ～番組 виктори́на
**くうき** 空気 во́здух; 〔雰囲気〕 атмосфе́ра ～を入れる нака́чивать во́здух ～を読む чу́вствовать ситуа́цию; понима́ть без слов 空気清浄機 воздухоочисти́тель
**くうこう** 空港 аэропо́рт; аэродро́м
**ぐうすう** 偶数 чётное число́ ～の чётный
**ぐうぜん** 偶然 случа́йность ～の случа́йный ～の一致 случа́йное совпаде́ние ～に случа́йно
**くうそう** 空想 фанта́зия; мечта́; воображе́ние ～する мечта́ть; фантази́ровать ～的な мечта́тельный; фантасти́ческий ～に耽る предава́ться фанта́зиям 空想家 мечта́тель; фанта́зёр; фанта́ст
**ぐうぞう** 偶像 и́дол; куми́р 偶像崇拝 идолопокло́нство
**クーデター** госуда́рственный переворо́т; путч 軍事～ вое́нный переворо́т
**くうゆ** 空輸 ～する перевози́ть по во́здуху
**ぐうわ** 寓話 ба́сня 寓話作家 басноби́сец
**くがつ** 9月 сентя́брь ～に в сентябре́
**くぎ** 釘 гвоздь ～を打つ забива́ть [вбива́ть] гвоздь 釘抜き кле́щи
**くく** 九々 〔九九表〕 табли́ца умноже́ния

**くさ** 草 трава́; 〔雑草〕со́рная трава́

**くさい** 臭い злово́нный; воню́чий; пло́хо па́хнущий ～! Дурно́ па́хнет! | 〔話〕Воня́ет!

**くさり** 鎖 цепь; цепо́чка

**くさる** 腐る гнить; по́ртиться; протуха́ть 腐りやすい скоропо́ртящийся ▶腐った гнило́й; ту́хлый; испо́рченный

**くし** ①串 ве́ртел ～に刺す наса́живать на ве́ртел 串焼き жа́ренье на ве́ртеле ②櫛 гребешо́к; гребёнка; гребе́нь; расчёска

**くじく** 挫く 足を～ вы́вихнуть но́гу

**くじびき** くじ引き броса́ние жре́бия; тира́ж ～で決める выбира́ть по жре́бию ～を引く тяну́ть жре́бий ～に当たる[外れる] вы́игрывать [прои́грывать] в лотере́е

**くじゃく** 孔雀 〔鳥〕павли́н

**くしゃみ** чиха́ние ～をする чиха́ть

**くじょう** 苦情 жа́лоба; прете́нзия; реклама́ция ～を言う жа́ловаться на 囲; выража́ть недово́льство

**くじら** 鯨 〔動〕кит シロナガス～ си́ний [голубо́й] кит; блювал マッコウ～ кашало́т

**くすぐる** щекота́ть ▶くすぐったい щеко́тно

**くすり** 薬 лека́рство; медикаме́нт; сре́дство 薬屋 апте́ка

**くせ** 癖 привы́чка; мане́ра; пова́дка; обыкнове́ние ～がある име́ть привы́чку ～になる войти́ в привы́чку

**ぐたい** 具体 ～的な конкре́тный; предме́тный ～化する конкретизи́ровать; реализова́ть

**ください** これを～ Да́йте, пожа́луйста, вот э́то. | 〔これにします〕Я э́то беру́ [возьму́].

**くだもの** 果物 фру́кты

**くち** 口 〔人・動物の〕рот; уста́; 〔獣・魚の〕пасть; 〔器物の〕отве́рстие ～がうまい язы́к хорошо́ подве́шен у 囲 ～が堅い уме́ть храни́ть та́йну; держа́ть язы́к за зуба́ми ～が悪い име́ть злой язы́к 口は禍の元 Язы́к мой — вра́г мой.

**ぐち** 愚痴 жа́лоба; ро́пот ～を言う жа́ловаться; ворча́ть; брюзжа́ть; 〔話〕ны́ть ～っぽい ворчли́вый; брюзгли́вый

**くちコミ** 口コミ ～で уст в уста́; по слу́хам

**くちびる** 唇 губа́ (複 гу́бы)

**くちぶえ** 口笛 свист ～を吹く свисте́ть

**くちべに** 口紅 губна́я пома́да ～をつけте кра́сить гу́бы

**くつ** 靴 〔総称〕о́бувь; 〔短靴〕полуботи́нки; 〔編み上げ靴〕боти́нки; 〔パンプス〕ту́фли; 〔ハイヒール〕ту́фли на высо́ких каблука́х; 〔スニーカー〕кроссо́вки ～1足 па́ра о́буви ～をはく надева́ть о́бувь; обува́ться ～を脱ぐ снима́ть о́бувь; разува́ться ～ずれができる на́тереть себе́ ного́. 靴屋 магази́н о́буви 靴下 носки́ 靴ひも шнуро́к (для боти́нок) 靴べら рожо́к; 〔話〕язычо́к

**クッキー** пече́нье

**クッション** поду́шка; поду́шечка

**くに** 国 страна́; 〔国家〕госуда́рство; 〔祖国〕ро́дина; оте́чество

**くび** 首 ше́я; 〔物の〕го́рло; го́рлышко; голо́вка 借金で～が回らない быть круго́м в долгу́ 〔解雇〕быть уво́ленным ～を長くして жда́ть с нетерпе́нием 首輪 оше́йник

**くふう** 工夫 соображе́ние; изобрете́ние ～する сообража́ть; изобрета́ть

**くべつ** 区別 разли́чие; ра́зница ～する различа́ть; отлича́ть

**くま** 熊 〔動〕медве́дь; 〔子〕медвежо́нок ヒグマ 〔動〕бу́рый медве́дь

**くみ** 組 〔クラス〕класс; 〔競技の〕па́ртия; кома́нда; 〔セット〕компле́кт; гарниту́р; набо́р; 〔トランプの〕коло́дка

**くみあい** 組合 сою́з; объедине́ние; арте́ль 組合員 член сою́за 組合活動 профсою́зная де́ятельность

**くみたて** 組み立て ～式の сбо́рный; разбо́рный ～る собира́ть; монти́ровать; составля́ть 組立工場 сбо́рочный (мастерска́я); сбо́рочный цех

**くも** 雲 о́блако; 〔雨雲〕ту́ча ～の(多い) о́блачный; ту́чевой

**クモ** 蜘蛛 〔生〕пау́к ～の糸 паути́нная нить ～の巣 паути́на

**くもり** 曇り 〔天候〕о́блачность; 〔不透明〕ту́склость; нея́сность ～だ о́блачно

**くもる** 曇る станови́ться о́блачным [па́смурным]; 〔不透明になる〕тускне́ть; затума́ниваться

**くやしい** 悔しい доса́дно; доса́дный 悔しまぎれに от доса́ды ああ～! Кака́я доса́да!

**くやむ** 悔やむ 〔後悔する〕сожале́ть о 囲; раска́иваться в 囲; 〔死を悼む〕опла́кивать ▶お悔やみを述べる выража́ть соболе́знование

**くらい** ①暗い тёмный; мра́чный; 〔憂鬱な〕уны́лый; пода́вленный 外はもう～ На у́лице уже́ темно́. ②位 〔階級・地位〕ранг; чин; зва́ние; 〔数〕〔桁〕разря́д 百の～ разря́д сот

**グラウンド** спорти́вная площа́дка

**くらげ** 水母 〔動〕меду́за

**クラシック** ～音楽 класси́ческая му́зыка

**くらす** 暮らす жить; существова́ть ▶暮らし жизнь; существова́ние

**クラス** класс; гру́ппа ～メイト однокла́ссник

**グラス** 〔コップ〕стака́н; 〔ワイン〕бока́л

**クラッカー** 〔菓子〕кре́кер; 〔玩具〕хлопу́шка

**クラブ** клуб; 〔ディスコ〕дискоте́ка; клуб ナイトクラブ ночно́й клуб

**グラフ** гра́фик; диагра́мма

**グラフィック** ～デザイン [デザイナー] графи́ческий диза́йн [диза́йнер]

**くらべる** 比べる сра́внивать; сопоставля́ть ...と比べて по сравне́нию с 囲 比べものにならない несравни́мый

**グラム** 〔重さの単位〕грамм (記号 г)

**くり** 栗 〔植〕кашта́н ～色の кашта́новый

**クリーニング** сти́рка; чи́стка; 〔ドライ～〕химчи́стка ～に出す отдава́ть в химчи́стку ～店 пра́чечная; химчи́стка

**クリーム** сли́вки; крем; 〔化粧品〕космети́ческий крем ～をつける ма́зать кре́мом ～色の кре́мовый; кре́мового цве́та

**くりかえす** 繰り返す повторя́ть 繰り返しт повто́рно; ещё раз ▶繰り返し повторе́ние

**クリスマス** Рождество́ ～イブ кану́н Рождества́; ночь по Рождество́ ～カード поздрави́тельная рожде́ственская откры́тка ～ツリー рожде́ственская ёлка ～プレゼント рожде́ственский пода́рок

**クリップ** 〔紙を留める〕скре́пка; 〔ヘアピン〕зако́лка

**くる** 来る 〔着く〕приходи́ть; прибыва́ть; 〔乗物で〕приезжа́ть 春が～ Наступа́ет весна́. ～日も～日も ка́ждый день; изо дня́ в день

**グループ** гру́ппа; кружо́к ～で гру́ппой

**くるしい** 苦しい тяжёлый; тру́дный; 〔困難な〕затрудни́тельный 息が～ тру́дно дыша́ть 胸が～ да́вит грудь 生活が～ нужда́ться

**くるしむ** 苦しむ му́читься; страда́ть; 〔困る〕находи́ть

**диться** в затрудни́тельном положе́нии　理解に～ совсе́м непоня́тно ▶苦しみ　муче́ние; му́ка; страда́ние; затрудне́ние

**くるま**　車　автомоби́ль; маши́на　～で行く е́здить на маши́не　～に乗る сади́ться в маши́ну　車椅子 инвали́дная коля́ска

**くるみ**　胡桃　гре́цкий оре́х　～割り人形 щелку́нчик

**クレープ**　〔菓子〕блины́; бли́нчик

**グレープフルーツ**　грейпфру́т　～ジュース грейпфру́товый сок

**クレジット**　креди́т　～で買う поку́пка в креди́т

**クレムリン**　Кремль

**くろ**　黒　чёрный цвет; черната́　黒い чёрный; 〔浅黒い〕сму́глый; 〔日焼けした〕загоре́лый

**くろう**　苦労　〔心労〕беспоко́йство; забо́та; 〔辛苦〕страда́ние; тру́дность; 〔骨折り〕уси́лие　～する 〔心労〕пережива́ть; 〔辛苦〕испы́тывать тру́дность; 〔骨折り〕прилага́ть уси́лия к

**くろうと**　玄人　специали́ст; профессиона́л; знато́к

**クローク**　гардеро́б

**クローバー**　〔植〕кле́вер

**グローバル**　～な глоба́льный　～化 глобализа́ция

**クローン**　〔生・コン〕клон; клони́рование

**くろじ**　黒字　акти́вный бала́нс　～になる достига́ть акти́вного бала́нса

**くわえる**　加える　добавля́ть; прибавля́ть; 〔加算〕скла́дывать; 〔含める〕включа́ть

**クワガタ**　〔昆〕жук-оле́нь

**くわしい**　詳しい　подро́бный; дета́льный; 〔精通している〕мно́го зна́ющий; хорошо́ осведомлённый

**ぐん**　軍　а́рмия; во́йско　陸軍 (сухопу́тная) а́рмия; сухопу́тные войска́　海軍 военно-морски́е си́лы; вое́нно-морско́й флот　空軍 вое́нная авиа́ция; вое́нно-возду́шные си́лы

**ぐんじ**　軍事　вое́нные дела́　～上の вое́нный　軍事基地 вое́нная ба́за　軍事行動 вое́нные де́йствия　軍事費 вое́нные расхо́ды　軍事同盟 вое́нный сою́з　軍事介入 вооружённое вмеша́тельство

**くんしゅ**　君主　мона́рх　君主国 мона́рхия

**ぐんじん**　軍人　военнослу́жащий

**ぐんせい**　燻製　〔食品〕копчёности　～の копчёный　～にする копти́ть

**ぐんたい**　軍隊　а́рмия; войска́

**ぐんび**　軍備　вооруже́ние; вое́нные приготовле́ния　軍備拡張 разви́тие вооруже́ния　軍備縮小〔軍縮〕сокраще́ние вооруже́ний

**くんれん**　訓練　трениро́вка; обуче́ние; 〔鳥獣の〕дрессиро́вка　～する тренирова́ть(ся); обуча́ть(ся); 〔鳥獣を〕дрессирова́ть　～された трениро́ванный　訓練生 стажёр; практика́нт

## け

**け**　毛　〔毛髪〕во́лосы; 〔毛髪1本〕во́лос　～の多い волоса́тый　薄い～ ре́дкие во́лосы　～のない безволо́сый

**けい**　① 敬意　～を払う выража́ть уваже́ние; ока́зывать почте́ние　② 経緯〔いきさつ〕исто́рия; 〔詳細〕подро́бности

**けいえい**　経営　управле́ние 圖; заве́дование 圖; ме́неджмент　～する управля́ть; 圖　経営者 предпринима́тель; управля́ющий　経営学 ме́неджмент

**けいか**　経過　ход; тече́ние　～する проходи́ть; истека́ть

**けいかい**　① 軽快　～な лёгкий; живо́й; весёлый　② 警戒　〔用心〕предосторо́жность; 〔警備・見張り〕охра́на; охране́ние　～する быть настороже́; остерега́ться 圖　警報警戒 предупрежде́ние

**けいかく**　計画　план; прое́кт; за́мысел　～を составля́ть план; плани́ровать; проекти́ровать　～的な пла́новый; систематический　～通りに по пла́ну　計画経済 пла́новая эконо́мика

**けいき**　景気　экономи́ческое положе́ние; конъюнкту́ра　～がいい〔悪い〕благоприя́тная [неблагоприя́тная] конъюнкту́ра; дела́ иду́т хорошо́ [пло́хо]

**けいぐ**　敬具　с уваже́нием; пре́данный Вам; уважа́ющий Вас

**けいけん**　① 経験　о́пыт; пра́ктика　～する испы́тывать; пережива́ть; узнава́ть по о́пыту　② 敬虔　～な благочести́вый; на́божный

**けいこう**　傾向　〔風潮〕направле́ние; тенде́нция; 〔性向〕скло́нность

**けいこうとう**　蛍光灯 люминесце́нтная ла́мпа

**けいこく**　① 渓谷 уще́лье; доли́на　② 警告 предупрежде́ние; предостереже́ние

**けいざい**　経済　эконо́мика; хозя́йство; 〔財政〕фина́нсы　～の экономи́ческий　～的な эконо́мичный　経済学 эконо́мика; полити́ческая эконо́мия　経済学者 экономи́ст　経済力〔援助〕экономи́ческая мощь [по́мощь]　経済成長 экономи́ческий рост

**けいさつ**　警察　〔ロシア・日本〕поли́ция; 〔旧ソ連諸国〕мили́ция　～を呼ぶ вызыва́ть полице́йских　～に届け出る заявля́ть в поли́цию　警察官 полице́йский　警察署 полице́йский уча́сток

**けいさん**　計算　счёт; подсчёт; расчёт; вычисле́ние　～する счита́ть; рассчи́тывать; вычисля́ть　～に入れる рассчи́тывать на 圖; принима́ть в расчёт　計算器 калькуля́тор

**けいし**　軽視　～する пренебрега́ть 圖; недооце́нивать; игнори́ровать

**けいじ**　刑事　сы́щик; детекти́в　刑事事件 уголо́вное де́ло　刑事訴訟 уголо́вный проце́сс

**けいしき**　形式　фо́рма; форма́льность　～的な форма́льный　形式主義 формали́зм

**げいじゅつ**　芸術　иску́сство　芸術家 де́ятель иску́сства; худо́жник　芸術品 худо́жественное произведе́ние　芸術大学 институ́т иску́сств

**けいじょう**　① 計上 ～する подсчи́тывать; исчисля́ть　② 経常　経常収支 теку́щий платёжный бала́нс　経常利益 теку́щая при́быль

**けいせいげか**　形成外科 пласти́ческая хирурги́я

**けいぞく**　継続　～する продолжа́ть(ся); продлева́ть　～的に продолжа́тельно; дли́тельно

**けいそつ**　軽率　～な легкомы́сленный; необду́манный; 〔不注意〕неосторо́жный

**けいたい**　携帯　～を брать [носи́ть] с собо́й; име́ть [носи́ть] при себе́　～用の порта́тивный; перено́сный　携帯電話 моби́льный [со́товый] телефо́н

**けいど**　経度 долгота́

**げいにん**　芸人 арти́ст; ко́мик

**げいのう**　芸能 популя́рное иску́сство　芸能人 арти́ст　芸能界 мир популя́рного иску́сства

**けいば**　競馬 бега́; ска́чки　競馬場 ипподро́м

**けいはく**　軽薄 〔心〕легкомы́сленный; ве́треный

**けいひ**　経費 изде́ржки; расхо́ды; затра́ты　～を削減する сокраща́ть расхо́ды

**けいび**　警備 охра́на; охране́ние　～する охра-

**けいべつ** 軽蔑 презре́ние ～的な презри́тельный ～する презира́ть ～すべき презре́нный

**けいほう** 警報 трево́га; предупрежде́ние 警報器 сигнализа́ция

**けいむしょ** 刑務所 тюрьма́

**けいやく** 契約 контра́кт; догово́р; соглаше́ние ～する подпи́сывать контра́кт [догово́р] с 国 契約書 контра́кт; догово́р 契約違反 наруше́ние контра́кта [догово́ра]

**けいゆ** 経由 ～する проходи́ть [проезжа́ть] че́рез 国 Москву́ ～で че́рез Москву́

**けいり** 経理 бухгалте́рия 経理課[部] бухгалте́рия 経理係 бухга́лтер

**けいれき** 経歴 о́пыт; биогра́фия

**けいれん** 痙攣〔医〕конву́льсия; спа́зм(а); су́дорога

**ケーキ** пиро́жное; 〔大型〕торт ショート[フルーツ] ケーキ スポンジ～ биски́т

**ケーブル** ка́бель ～カー фуникулёр ～テレビ ка́бельное телеви́дение

**ゲーム** игра́ ～で遊ぶ игра́ть ～セット коне́ц игры́ ～センター игроте́ка; игрово́й центр

**けが** 怪我 ра́на; ране́ние; уши́б ～する быть ра́неным; ушиба́ться; получа́ть ране́ние けが人 ра́неный

**げか** 外科〔医〕хирурги́я 外科医 хиру́рг 外科手術 хирурги́ческая опера́ция

**けがわ** 毛皮 шку́ра; мех 毛皮製品 това́ры из ме́ха

**げき** 劇 дра́ма; спекта́кль;〔戯曲〕пье́са 劇場 теа́тр 劇画 ко́микс 劇団 теа́тр; тру́ппа

**げきてき** 劇的 ～な драмати́чный; драмати́ческий

**けさ** 今朝 сего́дня у́тром

**ケシ** 芥子〔植〕мак ～の花 ма́ковый цвет ～の実 ма́ковка

**げし** 夏至 (в) ле́тнее солнцестоя́ние

**けしき** 景色 вид; пейза́ж ～のいい живопи́сный

**げしゅく** 下宿 ～する жить на кварти́ре; снима́ть ко́мнату 下宿人 квартира́нт 下宿料 пла́та за ко́мнату

**げじゅん** 下旬 двадца́тые чи́сла 6月～に в двадца́тых чи́слах ию́ня

**けしょう** 化粧 косме́тика;〔メイクアップ〕грим ～する пу́дриться; кра́ситься; гримирова́ться ～(用)の космети́ческий; туале́тный 化粧室〔トイレ〕туале́т; убо́рная 化粧品 косме́тика 化粧品店 космети́ческий магази́н

**けす** 消す〔火を〕туши́ть; гаси́ть;〔吹き消す〕задува́ть;〔スイッチで〕выключа́ть;〔音・臭いを〕заглуша́ть

**げすい** 下水 сто́чные во́ды;〔下水道〕водосто́к

**けずる** 削る строга́ть; скобли́ть;〔削除〕вычёркивать; исключа́ть;〔削減〕сокраща́ть

**けち**〔けちん坊〕скупо́й челове́к; жа́дина;《俗》скря́га ～をつける придира́ться к 国

**ケチャップ** ке́тчуп

**けつあつ** 血圧 кровяно́е давле́ние 高[低]血圧 повы́шенное [ни́зкое] кровяно́е давле́ние 血圧計 тоно́метр; сфигмома́нометр

**けつえき** 血液 кровь ～の кровяно́й 血液型 гру́ппа кро́ви 私は～はO[A, B, AB]型です У меня́ кровь пе́рвой [второ́й, тре́тьей, четвёртой] гру́ппы. 血液検査 ана́лиз кро́ви

**けっか** 結果 результа́т; после́дствие; сле́дствие …の～として в результа́те 国 ～は明日わかります Результа́ты бу́дут изве́стны за́втра.

**けっかく** 結核〔医〕туберкулёз

**けっかん** 欠陥 недоста́ток; изъя́н; дефе́кт ～のある недоста́точный; дефе́ктный; с дефе́ктом 欠陥商品 дефе́ктный това́р

**げっかん** 月刊 ～の ежеме́сячный 月刊誌 ежеме́сячник; ежеме́сячный журна́л

**けっきょく** 結局 наконе́ц; в конце́ концо́в

**けっきん** 欠勤 невы́ход; нея́вка на рабо́ту; прогу́л ～する не выходи́ть на рабо́ту

**げっけい** 月経 менструа́ция

**げっけいじゅ** 月桂樹〔植〕лавр

**けっこう** 結構 ①～です〔オーケー〕Хорошо́.〔いいだろう〕Мо́жно.〔賛同します〕Согла́сен.〔足りている〕Доста́точно.〔もういりません〕Бо́льше не на́до. それで～です〔十分〕(Э́того) дово́льно.〔間に合っている〕(Э́того) хва́тит. ②欠航 отме́на ре́йса ～する отменя́ть рейс

**けっこん** 結婚 брак;〔男〕жени́тьба;〔女〕заму́жество ～する вступа́ть в брак;〔2人が〕жени́ться;〔男〕жени́ться на 前;〔女〕выходи́ть на 国 結婚式 сва́дьба; сва́дебный обря́д 結婚指輪 сва́дебное кольцо́ 結婚披露宴 сва́дебный банке́т 結婚記念日 годовщи́на сва́дьбы

**けっさん** 決算 подведе́ние счето́в ～する подводи́ть счета́ 決算日 день подведе́ния счето́в 決算報告 бала́нсовый отчёт

**けっして** 決して〔否定文で〕никогда́; отню́дь; ни в ко́ем слу́чае

**けっしょう** 決勝 決勝戦 фина́л; фина́льный матч; фина́льное соревнова́ние 準決勝 полуфина́л 準々決勝 четвертьфина́л

**げっしょく** 月食〔皆既・部分〕～ (по́лное, непо́лное) лу́нное затме́ние

**けっしん** 決心 ～する реша́ть(ся); принима́ть реше́ние

**けっせき** 欠席 нея́вка; непосеще́ние ～する не явля́ться; не посеща́ть

**けってい** 決定 реше́ние; постановле́ние; определе́ние ～的な реши́тельный; реша́ющий; оконча́тельный ～する реша́ть; постановля́ть; определя́ть 決定事項 реше́ние

**けってん** 欠点 недоста́ток; изъя́н; недочёт; сла́бое ме́сто ～のない безупре́чный; безукори́зненный

**けっとう** ①血統 родосло́вная; 血統書 племенна́я кни́га ②血糖〔医〕са́хар в кро́ви 血糖値が低い[高い] ни́зкий [высо́кий] у́ровень са́хара в кро́ви

**げっぷ** отры́жка ～する отры́гивать; рыга́ть

**げつよう** 月曜(日) понеде́льник ～に в понеде́льник

**けつろん** 結論 вы́вод; заключе́ние ～に達する приходи́ть к заключе́нию ～を出す де́лать вы́вод

**げひん** 下品 ～な вульга́рный; гру́бый;〔みだらな〕непристо́йный

**けむり** 煙 дым ▶煙たい ды́мный

**けやき** 欅〔植〕дзе́лькова япо́нская (пи́льчатая)

**けり** 下痢 расстро́йство; поно́с 私は～です У меня́ поно́с. 下痢止め закрепля́ющие сре́дство

**ゲリラ** партиза́н ～戦 партиза́нская война́

**ける** 蹴る ударя́ть ного́й; пина́ть

**ゲレンデ** лыжедро́м

**けん** ①剣 меч;〔刀〕ша́шка;〔短剣〕кинжа́л ②県

префекту́ра ～の префектура́льный

けんい 権威 авторите́т; 〔権勢〕 власть; 〔влияние〕 ～ある влия́тельный; авторите́тный  **権威主義** авторитари́зм ～的な авторита́рный

げんいん 原因 причи́на …が～で по причи́не 国

けんえき 検疫 каранти́н

けんえつ 検閲 цензу́ра ～する подверга́ть цензу́ре

けんか 喧嘩 〔口論〕 ссо́ра; 〔殴り合い〕 дра́ка ～する ссо́риться; дра́ться ～を売る вызыва́ть на ссо́ру [дра́ку]

げんか 原価 себесто́имость; фабри́чная цена́ **原価計算** калькуля́ция себесто́имости

けんかい 見解 взгляд; мне́ние ～の相違 ра́зница во мне́ниях 私の～では по моему́ мне́нию

けんがい 圏外 ～だ 〔自分の携帯電話が〕 Нет се́ти. 〔相手が〕 Недосту́пен.

げんかい 限界 преде́л; грани́ца ～の преде́льный; максима́льный

けんがく 見学 ～する осма́тривать **見学者** экскурса́нт; посети́тель

げんかしょうきゃく 減価償却 《経》 амортиза́ция

げんかん 玄関 пере́дняя; 〔出入口〕 вход; 〔подъезд〕

げんき 元気 ～な здоро́вый; бо́дрый; энерги́чный ～のない вя́лый; уны́лый ～づけて обод́рить ✧ Как дела́? | Как жи́знь?

けんきゅう 研究 изуче́ние; иссле́дование ～する иссле́довать; изуча́ть **研究者** специали́ст **研究室** лабора́тория **研究論文** нау́чная рабо́та; статья́

げんきゅう 言及 ～する упомина́ть о 前

けんきょ 謙虚 ～な скро́мный ～に скро́мно

げんきん 現金 нали́чные (де́ньги) ～で нали́чными ～な 〔打算的〕 расчётливый **現金自動支払機, ATM** банкома́т

けんけつ 献血 до́норство кро́ви ～する донирова́ть кровь **献血者** до́нор кро́ви

げんご 言語 язы́к; речь **言語学** лингви́стика; языкозна́ние **言語学者** лингви́ст

けんこう 健康 здоро́вье ～な здоро́вый ～を害する вреди́ть здоро́вью ご～を祝して 〔乾杯で〕 За (ва́ше) здоро́вье! **健康診断** медосмо́тр **健康診断書** спра́вка о состоя́нии здоро́вья **健康保険** страхова́ние здоро́вья

げんこう 原稿 ру́копись **原稿料** а́вторский гонора́р ② 現行 ～の (ны́не) де́йствующий; существу́ющий **現行犯** ～で арестова́ть лови́ть 前 на ме́сте преступле́ния

げんこく 原告 《法》《民事の》 исте́ц

けんさ 検査 прове́рка; осмо́тр; досмо́тр ～する проверя́ть; осма́тривать; досма́тривать

げんざい 現在 настоя́щее вре́мя; настоя́щее ～の настоя́щий; тепе́решний ～まで до сих пор きょう～ поны́не 4月1日～ по пе́рвое апре́ля ～...し ～ иска́ть; справля́ться о 前 **検索サイト** поиско́вый сайт **検索エンジン** поиско́вая систе́ма

けんさつかん 検察官 〔検事〕 прокуро́р

げんし ① 原子 《化》 а́том **原子核** а́томное ядро́ **原子爆弾** а́томная бо́мба **原子物理学** я́дерная фи́зика **原子炉** а́томный реа́ктор 〔котёл〕 ② 原始 ～的な первобы́тный; примити́вный

げんじつ 現実 действи́тельность; реа́льность ～的な действи́тельный; реа́льный; 〔現実主義の〕 реалисти́ческий; 〔実際的な〕 практи́ческий ～には в действи́тельности на де́ле ～化する реализова́ть(ся); осуществля́ть(ся); претворя́ть(ся) в жизнь ▶ **非現実的な** нереа́льный

けんじゅう 拳銃 пистоле́т; 〔連発式〕 револьве́р

げんしょう ① 現象 явле́ние; фено́мен ② 減少 ～する уменьша́ться; сокраща́ться; сниж́аться

げんじょう 現状 ста́тус-кво ～を маинти́ровать [изменя́ть] ны́нешнее положе́ние

げんしりょく 原子力 а́томная эне́ргия **原子力潜水艦** а́томная подло́дка **原子力発電所** а́томная электроста́нция

げんぜい 減税 сниже́ние нало́гов

げんせん 源泉 **源泉所得税** подохо́дный нало́г

げんそ 元素 элеме́нт

げんそう 幻想 фанта́зия; иллю́зия ～的な фантасти́ческий

げんそく 原則 при́нцип; о́бщее пра́вило ～として как пра́вило; в при́нципе

げんぞん 現存 ～する существу́ющий

げんだい 現代 на́ше вре́мя; на́ши дни; настоя́щее вре́мя ～の совреме́нный

げんち 現地 ме́сто ～の ме́стный **現地時間** ме́стное вре́мя

けんちく 建築 строи́тельство; стро́йка; сооруже́ние; 〔建築物〕 зда́ние; постро́йка **建築様式** стиль архитекту́ры **建築家** архите́ктор **建築業者** строи́тель

けんとう ① 検討 ～する рассма́тривать; иссле́довать ② 見当 ～もつかない без поня́тия; 《俗》 Поня́тия не име́ю. | Отку́да я зна́ю.

けんばん 鍵盤 《楽》 клавиату́ра **鍵盤楽器** кла́вишный музыка́льный инструме́нт

けんびきょう 顕微鏡 микроско́п

げんぶん 原文 оригина́л; первонача́льный текст

けんぽう 憲法 《法》 конститу́ция ～の конституцио́нный **憲法違反** наруше́ние конститу́ции **憲法改正** попра́вка конститу́ции

げんみつ 厳密 ～に言えば стро́го говоря́

けんもん 検問 контро́ль; прове́рка; инспе́кция **検問所** контро́льно-пропускно́й пункт

げんゆ 原油 сыра́я нефть

けんり 権利 пра́во ～を守る [侵害する] защища́ть [наруша́ть] пра́во

げんり 原理 (осно́вный) при́нцип; основно́е положе́ние **イスラム原理主義** исла́мский фундаментали́зм

げんりょう 原料 сырьё; материа́лы

けんりょく 権力 власть; влия́ние **権力者** влия́тельный челове́к **権力闘争** борьба́ за власть

# こ

こ 故… поко́йный

こ 五・5 пять ～番目の пя́тый

…ご ～後 по́сле 前; че́рез 前

こい ① 恋 любо́вь ～する люби́ть; влюбля́ться в 具 ② 濃い 〔色〕 тёмный; 〔密度〕 густо́й; 〔濃度〕 кре́пкий; 〔塩味〕 пересолёный ③ 故意 ～の умы́шленный; наме́ренный ～に с умы́слом; наме́ренно; наро́чно ④ 鯉 《魚》 карп; саза́н

こいびと 恋人 〔男の〕 возлю́бленный; люби́мый челове́к [мужчи́на]; 〔女の〕 возлю́бленная; люби́мая де́вушка [же́нщина]

**コイン** 〔硬貨〕монéта; 〔硬貨の代用〕жетóн ~ランドリー прáчечные самообслýживания ~ロッカー автоматúческие кáмеры хранéния

**こうい** ① 行為〔行動〕постýпок; дéйствие; áкт; 〔行状〕поведéние ② 好意〔善意〕доброжелáтельство; 〔好ましい気持〕симпáтия ~的な доброжелáтельный

**こうい** 合意 соглáсие; соглашéние ～の上で по обоюдному соглáсию ～する соглашáться

**こういしょう** 後遺症〔医〕послéдствия болéзни

**こういん** 強引 ～な насúльственный; принудúтельный ～に насúльственно; принудúтельно; сúлой

**ごうう** 豪雨 проливнóй [сúльный] дождь; лúвень

**こううん** 幸運 счáстье; удáча ～な счастлúвый; удáчливый ～にも к счáстью ご～を祈ります Желáю вам счáстья.

**こうえい** ① 公営 ～の муниципáльный 公営住宅 муниципáльная квартúра ② 光栄 とても～です Это большáя честь для меня.

**こうえん** ① 公園 парк; 〔小さな〕сквер 児童～ дéтская площáдка ② 公演 выступлéние; представлéние; исполнéние ～する выступáть; представлять; исполнять ③ 講演 лéкция; речь; выступлéние ～する читáть лéкцию; выступáть с рéчью 講演会 лéкция講演者 лéктор ④ 後援 поддéржка; содéйствие; пóмощь 後援会 организáция для поддéржки

**こうか** ① 効果 дéйствие; эффéкт; результáт ～的な эффектúвный; дéйственный ～のない недéйственный; безрезультáтный ② 高価 ～な дорогóй; дорогостóящий ③ 硬貨 (звóнкая) монéта

**ごうか** 豪華 ～な роскóшный; великолéпный

**こうかい** ① 公海 открытое мóре ② 公開 ～する открывáть; дéлать открытым ～の席で публúчно; пéред публúкой 公開講座 открытые лéкции ③ 航海 мореплáвание; навигáция; морскóе путешéствие ～する плáвать; совершáть плáвание ④ 後悔 ～する раскáиваться в 圜

**こうがい** ① 公害 загрязнéние окружáющей среды; загрязнéние среды 公害問題 экологúческие проблéмы ② 郊外 прúгород; предмéстье

**こうがく** ① 工学 технúческие наýки; инженéрное дéло 工学部 технúческий факультéт ② 光学 óптика ～の оптúческий 光学機器 оптúческий прибóр ③ 高額 ～の дорогóй

**こうかく** 合格 〔試験〕сдáча (экзáмена) ～する 〔試験〕выдержать экзáмен; 〔検査〕проходúть провéрку; 〔条件〕отвечáть трéбованиям 合格点 удовлетворúтельная отмéтка

**こうかん** ① 交換 обмéн; размéн ～する обмéниваться 〔обменяться, меняться〕圜 ...と~に взамéн 圜 ...を～を условии взаимообмéна 圜 ② 好感 ～する ...に～を питáть симпáтию к 囜

**こうぎ** ① 抗議 протéст ～する протестовáть прóтив 圜 抗議集会 〔デモ〕мúтинг 〔демонстрáция〕протéста 抗議文 пúсьменный протéст ② 講義 лéкция; курс лéкций ～する читáть лéкцию

**こうきしん** 好奇心 любопытство ～の強い любопытный

**こうきゅう** 高級 ～な высóкий; высший; ...высшего рáнга 〔клáсса〕 高級品 товáр высшего кáчества 〔сóрта〕

**こうきょう** ① 公共 ～の общéственный; коммунáльный 公共施設 общéственные учреждéния 公共事業 коммунáльное хозяйство 公共団体 общéственная организáция ② 交響 交響曲 симфóния 交響楽団 симфонúческий оркéстр

**こうぎょう** ① 工業 промышленность; индустрúя ～化する индустриализúровать 工業地帯 промышленный райóн ② 興行 представлéние ～する организовáть представлéние 興行主 спóнсор 興行収入 дохóд от представлéния спектáкля

**こうくう** 航空 авиáция 航空機 самолёт; летáтельный аппарáт 航空会社 авиакомпáния 航空券 авиабилéт; билéт на самолёт 航空貨物 груз для воздýшной перевóзки 航空便 〔輸送〕воздýшный транспóрт; 〔郵便〕авиапóчта

**こうけいしゃ** 後継者 преéмник

**こうげい** 工芸 приклáдное искýсство 工芸品 издéлия приклáдного искýсства

**こうけい** 合計 итóг; сýмма ～で итогó; всегó ～する подводúть итóг; суммúровать

**こうげき** 攻撃 ～的な наступáтельный; агрессúвный ～する 〔攻める〕атаковáть; нападáть; наступáть; 〔批判〕критиковáть

**こうけん** 貢献 ～する дéлать вклад в 圜

**こうげん** ① 公言 ～する заявлять; открыто выскáзывать ② 高原 плоскогóрье; платó

**こうご** ① 口語 ýстная речь; разговóрный язык ～の ýстный; разговóрный ② 交互 ～に поперемéнно; поочерёдно

**こうこう** 高校 срéдняя шкóла вторóй 〔высшей〕стýпени 高校生 шкóльник; ученúк стáрших клáссов шкóлы

**こうごう** 皇后 императрúца

**こうこがく** 考古学 археолóгия ～の археологúческий 考古学者 археóлог

**こうこく** 広告 объявлéние; реклáма; 〔ポスター〕афúша ～する дéлать объявлéние; реклáмировать 広告代理店 реклáмное агéнтство

**こうさ** ① 交差 ～する скрéщивать(ся); пересекáть(ся) 交差点 перекрёсток ② 黄砂 жёлтый песóк

**こうざ** ① 口座 счёт (в бáнке) ～を開く открывáть счёт 口座番号 нóмер счёта ② 講座 〔大学の〕кáфедра; 〔講習会〕курс

**こうさい** 交際 общéние; знакóмство; отношéния ～する общáться с 囜; поддéрживать знакóмство с 囜 彼は～範囲が広い У негó ширóкий круг знакóмств.

**こうさく** 工作 〔製作〕строúтельство; изготовлéние; инженéрные рабóты; 〔手工〕ручнáя рабóта; 〔策略〕манёвр; махинáция; интрúга ～する 〔策動〕прибегáть к манёврам 工作機械 станóк

**こうざん** ① 鉱山 руднúк ② 高山 高山植物 альпúйская растúтельность 高山病 гóрная болéзнь

**こうし** ① 公使 послáнник 公使館 (дипломатúческая) мúссия ② 講師 лéктор; преподавáтель ③ 格子 решётка ～縞の решéтчатый

**こうじ** 工事 строúтельные рабóты 工事現場 мéсто стрóйки. 工事中 Идёт строúтельство.

**こうしき** 公式 ～の официáльный 公式訪問 официáльный визúт

**こうじつ** 口実 ～を～に под предлóгом 圜

**こうしゅう** ① 公衆 ～の общéственный; публúчный 公衆衛生 общéственное здравоохранéние и санитáрия ② 講習 курс обучéния; об-

**こうじょう** 講習会 ку́рсы (обуче́ния)

**こうじょ** 控除 вычита́ние; вы́чет; удержа́ние; ~する вычита́ть; уде́рживать; отчисля́ть

**こうしょう** 交渉 перегово́ры; ~する вести́ перегово́ры

**こうじょう** 工場 заво́д; фа́брика ~で働く рабо́тать на заво́де 工場長 заводски́е рабо́чие 自動車工場 автозаво́д 食品工場 пищева́я фа́брика

**ごうじょう** 強情 ~な упря́мый; упо́рный

**こうしょうにん** 公証人 нота́риус

**こうしん** ①行進 марш; пара́д; похо́д ~する марширова́ть 行進曲 марш ②更新 обновле́ние; 〔設備の〕 перевооруже́ние ~する обновля́ть

**こうしんりょう** 香辛料 спе́ции; пря́ности

**こうすい** ①香水 духи́ ②硬水 жёсткая вода́ ③降水 оса́дки 降水確率 вероя́тность оса́дков 降水量 коли́чество оса́дков

**こうずい** 洪水 наводне́ние 洪水警報 предупрежде́ние о наводне́нии

**こうせい** ①公正 ~な справедли́вый; беспристра́стный ②厚生 厚生年金 пенсио́нное обеспе́чение; пе́нсия благосостоя́ния ③校正 корректу́ра ~を держа́ть корректу́ру 校正刷り〔ゲラ〕 корректу́ра ④構成 соста́в; структу́ра; констру́кция 構成要素 составна́я ча́сть; компоне́нт

**ごうせい** ①合成 сложе́ние; си́нтез ~の составно́й; синтети́ческий ~する скла́дывать; соединя́ть 合成樹脂 синтети́ческая смола́ 合成写真 фотомонта́ж ②豪勢 ~な роско́шный

**こうせいぶっしつ** 【医】抗生物質 антибио́тик

**こうぜん** 公然 ~と откры́то; публи́чно ~の秘密 секре́т Полишине́ля

**こうそ** ①酵素 ферме́нты; энзи́мы ②控訴 апелля́ция ~を подава́ть апелля́цию; апелли́ровать 控訴審 касса́ция

**こうそう** 高層 ~の высо́тный; многоэта́жный 高層建築 высо́тное зда́ние 超高層ビル небоскрёб ②構想 за́мысел; иде́я; конце́пция ~を練る обраба́тывать план

**こうぞう** 構造 констру́кция; структу́ра

**こうそく** 高速 высокоскоростно́й 高速道路 автостра́да

**こうたい** 交代・交替 сме́на; заме́на; чередова́ние ~する сменя́ть(ся); заменя́ть(ся); чередова́ть(ся) ~で по о́череди; поочерёдно

**こうたいし** 皇太子 насле́дный при́нц 皇太子妃 принце́сса

**こうちゃ** 紅茶 чёрный чай

**こうちょう** 好調 ~な хоро́ший; благоприя́тный; удовлетвори́тельный

**こうつう** 交通 тра́нспорт; сообще́ние; у́личное движе́ние ~の便がいい〔悪い〕 хоро́шее [плохо́е] тра́нспортное сообще́ние 交通機関 тра́нспорт; сре́дство тра́нспорта 交通違反 наруше́ние пра́вил у́личного движе́ния 交通事故 доро́жно-тра́нспортное происше́ствие; ДТП; (тра́нспортная) ава́рия 交通渋滞〔話〕 про́бка 交通費 расхо́ды на тра́нспорт

**こうてい** ①皇帝 импера́тор; [ロシアの] царь ②肯定 ~的な утверди́тельный; положи́тельный ~する утвержда́ть; подтвержда́ть; признава́ть

**こうど** 高度 высота́ ~な высо́кий 高度計 альтиме́тр

**こうとう** ①口頭 ~の у́стный ~で у́стно 口頭試験 у́стный экза́мен ②高等 высшее 高等教育 высшее обра-

зова́ние 高等裁判所 вы́сший суд

**こうどう** ①行動 посту́пок; поведе́ние; де́йствие ~的な акти́вный ~する поступа́ть; де́йствовать 行動力 акти́вность ②講堂 лекцио́нный зал; аудито́рия

**ごうとう** 強盗 грабёж; 〔強盗犯〕 граби́тель; разбо́йник ~する грабить; соверша́ть грабёж

**こうにん** ①公認 ~の официа́льно при́знанный ~する официа́льно признава́ть 公認会計士 дипломи́рованный бухга́лтер ②後任〔人〕 прее́мник

**こうねんき** 更年期 【医】климакте́рий 更年期障害 климактери́ческий синдро́м

**コウノトリ** 【鳥】 а́ист

**こうはん** ①公判 суде́бное разбира́тельство ②後半 втора́я полови́на

**こうばん** 交番 полице́йский пункт; полице́йская бу́дка

**こうひょう** ①公表 ~する публикова́ть; объявля́ть; обнаро́довать ②好評 ~の успе́шный ~を боле́ть получа́ть хоро́шую оце́нку

**こうぶつ** 鉱物 минера́л 鉱物資源 минера́льные бога́тства; поле́зные ископа́емые

**こうふん** 興奮 ~する волнова́ться; возбужда́ться ~した взволно́ванный; возбуждённый

**こうへい** 公平 ~な справедли́вый; беспристра́стный

**ごうべん** 合弁会社 совме́стное предприя́тие

**こうほ** 候補 кандида́т 立候補 кандида́т ...を~に立てる выдвига́ть 因 в кандида́ты

**こうぼ** 酵母 заква́ска; дро́жжи

**こうほう** ①広報 обще́ственная информа́ция; ма́ссовая свя́зь 広報活動 связь с обще́ственностью 広報部 се́ктор информа́ции; отде́л обще́ственных отноше́ний ②後方 ~の за́дний 後方支援 тылова́я подде́ржка

**ごうほう** 合法 ~的な зако́нный; лега́льный; закономе́рный

**こうまん** 高慢 ~な го́рдый; высокоме́рный

**ごうまん** 傲慢 ~な надме́нный; зано́счивый

**こうみょう** 巧妙 ~な иску́сный; уме́лый; хи́трый; ~に хи́тро

**こうむいん** 公務員 слу́жащие госуда́рственных и обще́ственных учрежде́ний

**こうもり** 蝙蝠【動】лету́чая мы́шь

**こうもん** 拷問 пы́тка ~する пыта́ть

**こうよう** ①公用 ~の официа́льный 公用語 официа́льный язы́к ②紅葉 осе́нние ли́стья; 〔葉〕 кра́сные осе́нние ли́стья ~する красне́ть

**こうり** 小売り ро́зничная прода́жа ~する продава́ть в ро́зницу 小売店 ро́зничный магази́н

**ごうり** 合理 ~的な рациона́льный 合理化 рационализа́ция ~化する опра́вдывать; рационализи́ровать 合理主義 рационали́зм

**こうりつ** ①公立 ~の обще́ственный; [市立の] муниципа́льный ②効率 эффекти́вность; коэффицие́нт поле́зного де́йствия ~のいい эффекти́вный

**こうりゅう** ①交流 отноше́ния; обще́ние; обме́н; связь; 【電】переме́нный ток ~する обща́ться; обме́ниваться 因 ②拘留 задержа́ние

**こうりょ** 考慮 обду́мывать; учи́тывать; име́ть в виду́; приня́ть во внима́ние [к све́дению] ...を~して учи́тывая 因

**こうれい** ①恒例 ～の обы́чный ②高齢 ～の преста́релый; преклóнного вóзраста **高齢者** преста́релый человéк **高齢化社会** старéющее óбщество

**こえ** 声 гóлос;〔鳥・虫の〕чири́канье;〔鳥の〕пéние; щебета́ние;〔虫の〕стрекота́ние よく通る～ звóнкий гóлос 大きな～で грóмко; грóмким гóлосом 小さな～で ти́хо; ти́хим гóлосом ～をかける оклика́ть; приглаша́ть

**コース** кýрс; маршрýт

**コーチ** трéнер ～する тренирова́ть

**コーディネーター** координа́тор

**コート** 〔上着〕вéрхняя одéжда; пальтó; плáщ;〔競技場〕площа́дка;〔テニスの〕(тéннисный) кóрт

**コード** 〔電気の〕прóвод; шнýр ～レスの беспроводнóй

**コーナー** 〔隅〕ýгол; уголóк;〔区画〕уголóк; отдéл;〔曲がり角〕поворóт **～キック**〔サッカー〕углово́й удáр

**コーヒー** кóфе ～を入れる вари́ть кóфе **～ブレイク** переры́в на кóфе **～豆** кофéйные бобы́ **～メーカー** кофева́рка **～ミル** кофемóлка **～ポット** кофéйник

**コーラス** хóр ～で хóром **～グループ** хоровáя грýппа

**コーラン** 〔イスラム教の聖典〕корáн

**こおり** 氷 лёд ～の(ような) ледянóй ～が張る покрыва́ться льдóм **氷水** водá со льдóм

**こおる** 凍る замерзáть; покрыва́ться льдóм ▶**凍った** замёрзший

**ゴール** 〔競技の〕фи́ниш;〔最終目的〕цéль;〔サッカーなどの〕ворóта;〔得点〕гóл ～インする приходи́ть к фи́нишу **～キーパー** вратáрь; голки́пер **～キック** удáр с ворóт

**コオロギ** 〔昆〕сверчóк

**コーン** кукурýза **～スープ** кукурýзный сýп **～フレーク** кукурýзные хлóпья

**ごかい** 誤解 недоразумéние; непрáвильное понимáние ～する непрáвильно понимáть; имéть оши́бочное представлéние

**ごがつ** 5月 мáй ～の мáйский ～に в мáе

**こぎって** 小切手 чéк ～を現金にする получáть дéньги по чéку **小切手帳** чéковая кни́жка

**ゴキブリ** 〔昆〕таракáн

**こきゃく** 顧客 клиéнт; покупáтель

**こきょう** 故郷 рóдина; родны́е местá

**こくえい** 国営 ～の госудáрственный ～化 национализáция **国営企業** госудáрственное предприя́тие

**こくえき** 国益 госудáрственные интерéсы

**こくさい** ①国際 ～的な междунарóдный; интернационáльный ～的に в междунарóдном масштáбе **国際化** интернационализáция **国際電話** междунарóдный звонóк **国際結婚** интернационáльный брáк **国際会議** междунарóдная конферéнция **国際紛争** междунарóдный конфли́кт **国際法** междунарóдное прáво ②**国債** *госудáрственный заём*

**こくさん** 国産 ～の отéчественный **国産品** товáры отéчественного произвóдства

**こくじん** 黒人 чернокóжий

**こくせき** 国籍 граждáнство; национáльная принадлéжность; 《旧》пóдданство

**こくそ** 告訴 обвинéние ～する обвиня́ть **告訴人** обвини́тель **告訴状** исковóе заявлéние

**こくない** 国内 ～で в стране́; внутри́ страны́ **国内市場** внýтренний ры́нок **国内総生産**〔GDP〕валовóй внýтренний продýкт; ВВП

**こくはく** 告白 признáние ～する признавáться в 前

**ごくひ** 極秘 стрóгий [большóй] секрéт ～の совершéнно секрéтный ～で под больши́м секрéтом

**こくふく** 克服 ～する преодолевáть

**こくほう** 国宝 национáльное сокрóвище

**こくみん** 国民 нáция; нарóд;〔個人〕граждани́н ～の национáльный; нарóдный **国民健康保険** национáльное страховáние здорóвья **国民性** национáльный харáктер **国民投票** референдум **国民年金** госудáрственная пéнсия

**こくゆうか** 国有化 национализáция ～する национализи́ровать

**こくりつ** 国立 ～の национáльный; госудáрственный **国立大学** госудáрственный университéт **国立劇場** госудáрственный [национáльный] теáтр

**こくれん** 国連〔国際連合〕Организáция Объединённых Нáций; ООН **国連軍** войскá ООН

**こけ** 苔〔植〕мóх ▶**苔むした** моховóй; мши́стый

**こげる** 焦げる подгорáть; обгорáть; пережáриваться

**ごげん** 語源 этимолóгия

**ここ** ～で здéсь; тýт ～へ сюдá ～から отсю́да ～まで до э́того мéста ほら, ～です Вóт здéсь. ～だけの話だが мѐжду нáми говоря́, ...

**ごご** 午後 вторáя полови́на дня́; пòсле полýдня ～の дневнóй

**ココア** какáо

**こごえる** 凍える замерзáть; мёрзнуть; коченéть

**ここち** 心地 ～よい удóбный; ую́тный; комфортáбельный ▶**心地よさ** ую́т; комфóрт

**ココナツ** 〔植〕〔実〕кокóсовый орéх

**こころ** 心〔精神〕душá; дýх;〔感情〕чýвство ～から от души́ ～の中で в душé; про себя́ ～の広い великодýшный ～の狭い с ýзкими взгля́дами ～のこもった сердéчный; задушéвный; радýшный; и́скренний ～に残る оставáться в пáмяти ▶**心強い**〔頼りになる〕надёжный; увéренный; спокóйный ▶**心細い** беспокóйный;〔頼りにならない〕ненадёжный

**こころみる** 試みる испы́тывать; прóбовать; пытáться ▶**試み** испытáние; попы́тка; прóба

**こし** 腰 поясни́ца;〔ウエスト〕тáлия; пóяс ～の低い скрóмный; непритязáтельный ～の曲がった сгóрбленный ～が痛い боли́т поясни́ца ～をおろす опускáться; сади́ться ～を抜かす оцепенéть ～を曲げる нагибáться

**こしつ** 固執 ～する настáивать на 前; упóрствовать

**ゴシック** гóтика ～の готи́ческий **～体**〔印〕готи́ческий шри́фт **～様式** гóтика **～建築** готи́ческая архитектýра

**ゴシップ** сплéтня; слýхи

**ごじゅう** 五十・50 пятьдеся́т **～番目の** пятидеся́тый

**こしょう** ①故障〔機械などの〕авáрия; пóрча; неиспрáвность;〔身体の〕расстрóйство ～する пóртиться ～している не рабóтать; бы́ть не в поря́дке ～が直った Полóмка испрáвлена. ②胡椒〔スパイス〕пéрец

**ごしょく** 誤植 опечáтка

**こじん** 個人 чáстное лицó; индиви́дуум ～の чáстный; индивидуáльный; персонáльный ～的な意見 ли́чное мнéние ～的に ли́чно **個人情報**

**персона́льные да́нные** 個人主義 индивидуали́зм

**こす** ①越・超す〔上を〕переходи́ть; проходи́ть; 〔超過する〕превыша́ть ②漉す проце́живать; фильтрова́ть

**コスト**〔原価〕себесто́имость; 〔費用〕расхо́д

**コスモス** 秋桜〔植〕ко́смея; ко́смос

**こせい** 個性 индивидуа́льность; уника́льность ～的な оригина́льный

**こせき** 戸籍 постоя́нная пропи́ска; кни́га посеме́йной за́писи 戸籍抄本 ко́пия ча́сти семе́йной за́писи 戸籍謄本 метри́ческое свиде́тельство

**こぜに** 小銭 ме́лочь; ме́лкие де́ньги 小銭入れ кошелёк

**ごぜん** 午前 у́тро; пе́рвая полови́на дня ～に у́тром; до полу́дня ～の у́тренний

**こたい** 固体 твёрдое те́ло; ～の твёрдый

**こだい** 古代 дре́вность; дре́вние времена́ ～の дре́вний; анти́чный

**こたえ** 答 отве́т; 〔応答〕о́тклик

**こたえる** 答・応える отвеча́ть 田〔на 田〕; дава́ть отве́т; 〔解答する〕разреша́ть ～; отзыва́ться; откликаться; 〔応じる〕удовлетворя́ть期待に ～ отвеча́ть ожида́ниям

**ごちそう** 御馳走 угоще́ние; ла́комство ～する угоща́ть ごちそうさま Спаси́бо за угоще́ние.

**こちょう** 誇張 ～する преувели́чивать; раздува́ть ～した преувели́ченный; разду́тый

**こちら**〔場所〕здесь ～へ来て下さい Иди́те сюда́.

**こっか** ①国家 госуда́рство ～の госуда́рственный; национа́льный 国家元首 глава́ госуда́рства 国家権力 госуда́рственная власть 国家公務員 госуда́рственный служа́щий 国家試験 госуда́рственный экза́мен ②国歌 госуда́рственный гимн

**こっかい** 国会 парла́мент; национа́льное собра́ние; конгре́сс; 〔ロシアの〕ду́ма 国会議員 депута́т

**こづかい** 小遣い карма́нные де́ньги

**こっき** 国旗 госуда́рственный флаг

**こっきょう** 国境 госуда́рственная грани́ца; рубе́ж 国境線 ли́ния госуда́рственной грани́цы 国境紛争 пограни́чный конфли́кт 国境なき医師団 Врачи́ без грани́ц

**こっけい** 滑稽 ～な смешно́й; коми́чный; юмористи́ческий

**こっこう** 国交 ～を結ぶ〔断絶する〕установи́ть [порва́ть] дипломати́ческие отноше́ния

**こつずい** 骨髄 костный мозг 骨髄炎 остеомиели́т 骨髄バンク банк костного мо́зга

**こづつみ** 小包 посы́лка

**こっとう** 骨董 антиква́рная вещь; антиквариа́т; ре́дкость 骨董店 антиква́рный магази́н

**コップ** стака́н; 〔マグカップ・ジョッキ〕кру́жка コップの中の嵐 бу́ря в стака́не воды́

**こてい** 固定 ～する закрепля́ть; фикси́ровать ～した устано́вленный; фикси́рованный; фикси́рующий 固定観念 иде́я фи́кс; навя́зчивая иде́я

**ことし** 今年 э́тот год

**ことば** 言葉〔言語〕язы́к; 〔発言〕речь; выска́зывание; 〔語・語句〕сло́во; слова́ ～をかける обраща́ться к 与; ～を交わча обме́ниваться слова́ми; бесе́довать

**こども** 子ども ребёнок; де́ти; 〔男〕ма́льчик;〔女〕де́вочка ～の де́тский ～っぽい де́тский; ребя́ческий ～の頃 де́тство; де́тские го́ды

**ことわざ** 諺 посло́вица

**ことわる** 断る〔辞退・拒否する〕отка́зывать 区 区; отка́зываться от 区; 〔許可を求める〕получа́ть разреше́ние кипр́е́что; отка́зываться наоборо́т

**こな** 粉〔穀物類の〕мука́;〔粉末〕порошо́к ～の мучно́й; порошкообра́зный 粉雪 ме́лкий [сухо́й] снег

**コネ** связь; проте́кция ～で по знако́мству; по бла́ту

**この** э́тот; да́нный ▶この間 неда́вно; неда́внее вре́мя ▶このごろ после́днее вре́мя; неда́вно ▶この際 при э́том ▶この先〔今後〕в дальне́йшем; да́льше; 〔前方〕впереди́; да́льше ▶この度 на э́тот ра́з ▶この通り〔вот〕так ▶この辺 побли́зости; в э́том райо́не ▶この前 неда́вно ▶この前の после́дний; предыду́щий ▶このまま так, как есть ▶このような тако́й; тако́го ро́да

**このみ** 好み〔嗜好〕вкус; 〔要望〕тре́бование; жела́ние; зака́з

**このよ** この世 э́тот свет

**こはく** 琥珀 янта́рь ～の янта́рный ～色の янта́рного цве́та янта́рный куло́н

**ごはん** ご飯〔米飯〕отварно́й [варёный] рис; 〔食事〕еда́ ～を食べる есть (рис) 朝ご飯 за́втрак ～を食べる за́втракать 昼ご飯 обе́д; ланч ～を食べる обе́дать 晩ご飯 у́жин ～を食べる у́жинать

**コピー** ко́пия; дублика́т; 〔広告文〕текст рекла́мы ～を копи́ровать; де́лать ко́пию ～機 копи́рующая маши́на ～ライター а́втор те́кстов рекла́мы

**ごぶさた** ご無沙汰 ～しています Прошу́ проще́ния за до́лгое молча́ние. | Давно́ не ви́делись!

**こふん** 古墳 моги́льный курга́н

**ごぼう** 牛蒡〔植〕лопу́х; ко́рень садово́го репе́йника

**こぼす** 零す〔液体を〕пролива́ть;〔溢れる〕разлива́ть;〔粉を〕рассыпа́ть ▶こぼれる〔液体が〕пролива́ться; разлива́ться; перелива́ться че́рез край;〔粉が〕рассыпа́ться

**こま** 独楽 волчо́к; куба́рь ～を回す пуска́ть куба́ря

**ごま** 胡麻〔植〕кунжу́т; сеза́м ～をする толо́чь кунжу́тные семена́; 〔へつらう〕льстить 与; подли́зываться к 与 胡麻油 кунжу́тное ма́сло

**コマーシャル**〔商業の〕комме́рческий; 〔広告〕рекла́ма ～ソング му́зыка из рекла́мы

**こまかい** 細かい ме́лкий; то́нкий

**ごまかす** обма́нывать; плутова́ть; 〔話〕наду́вать; 〔話〕проводи́ть 区; жу́льничать 年を～ скрыва́ть свой во́зраст

**こまる** 困る〔難儀する〕быть в затрудни́тельном положе́нии; испы́тывать тру́дности; 〔悩ма́ться〕страда́ть; му́читься; 〔なくて困る〕нужда́ться в 区 返事に ～ не знать, как отве́тить 金に ～ нужда́ться в деньга́х

**ごみ** му́сор; сор; отбро́сы ごみ箱 му́сорный я́щик; му́сорная у́рна; конте́йнер для му́сора 生ごみ ку́хонные отбро́сы ごみ捨て場 помо́йка ごみ収集 сбор му́сора ごみ収集車 мусорово́з

**コミュニケーション** конта́кт; коммуника́ция

**ゴム** рези́на; каучу́к ゴム印 рези́новая печа́ть ゴムボート рези́новый кора́бль

**こむぎ** 小麦 пшени́ца ～の пшени́чный 小麦粉 пшени́чная мука́

**こめ** 米 рис ～の ри́совый ～をとぐ мыть [про-

**コメディー** коме́дия ▶コメディアン ко́мик
**コメンテーター** коммента́тор; обозрева́тель
**コメント** коммента́рий
**ごめんなさい** Извини́те. | Прости́те. | Прошу́ проще́ния.
**こもり** 子守 ～をする ня́нчить 子守歌 колыбе́льная пе́сня
**こもん** 顧問 сове́тник; консульта́нт 顧問弁護士 юриско́нсульт
**こや** 小屋 до́мик; хи́жина; лачу́га; хиба́рка
**こよう** 雇用 наём; приём на рабо́ту 雇用契約 трудово́й догово́р 雇用主 нанима́тель 雇用条件 усло́вия на́йма 雇用保険 страхова́ние по безрабо́тице
**こよみ** 暦 календа́рь ～の上で по календарю́
**ごらく** 娯楽 развлече́ние
**コラボレーション** коллабора́ция; сотру́дничество
**コラム** коло́нка ▶コラムニスト колумни́ст
**ゴリラ** 〔動〕 гори́лла
**ゴルフ** 〔コルク栓〕 про́бка ～抜き што́пор
**ゴルフ** гольф ～をする игра́ть в гольф ～場 го́льфовое по́ле; по́ле для игры́ в гольф ～クラブ (го́льфовая) клю́шка
**これ** э́то これきりです Вот (и) всё. ▶これから да́льше; вперёд; тепе́рь ▶これくらい тако́в; тако́вой ▶これまで до э́того; до сих пор
**コレクション** колле́кция
**コレステロール** холестери́н
**ころ** 頃 о́коло 6時～ часо́в в шесть
**ごろ** 語呂 ～がいい благозву́чный; эвфони́ческий 語呂合わせ игра́ слов; каламбу́р
**ころがす** 転がす 〔回転〕 ката́ть; кати́ть; 〔転倒〕 опроки́дывать; вали́ть ▶転がる 〔回転〕 кати́ться; перека́тываться; 〔転倒〕 опроки́дываться; вали́ться; 〔横たわる〕 лежа́ть
**ころす** 殺す убива́ть; 〔家畜を〕 забива́ть; ре́зать 息を～ зата́ивать дыха́ние
**こわい** 怖い 〔恐ろしい〕 стра́шный; ужаса́ющий; 〔恐れる〕 боя́ться; страши́ться
**こわす** 壊す разруша́ть; разбива́ть; лома́ть; 〔話〕 слома́ть 体を～ расстра́ивать здоро́вье
**こわれる** 壊れる разруша́ться; разбива́ться; лома́ться; 〔駄目になる〕 прова́ливаться
**こん** 紺 (色) тёмноси́ний цвет
**こんかい** 今回 (на/в) э́тот раз; тепе́рь
**こんき** ①今期 э́тот [ны́нешний] пери́од ②根気 ～よく терпели́во; выно́сливо; насто́йчиво
**コンクール** ко́нкурс ～入賞者 призёр ко́нкурса
**コンクリート** бето́н ～製の бето́нный
**こんげつ** 今月 э́тот ме́сяц; в э́том ме́сяце
**こんご** 今後 впредь; впереди́; в дальне́йшем; в бу́дущем ～の дальне́йший; бу́дущий; предстоя́щий
**コンサート** конце́рт ～の切符 биле́т на конце́рт ～ホール конце́ртный зал ～マスター концертме́йстер
**コンサルタント** консульта́нт 経営～ консульта́нт по вопро́сам управле́ния
**こんしゅう** 今週 э́та неде́ля ～に на э́той неде́ле
**コンセンサス** единомы́слие
**コンセント** 〔電〕 штепсельная розе́тка
**コンタクトレンズ** конта́ктные ли́нзы
**こんだんかい** 懇談会 обсужде́ние
**こんちゅう** 昆虫 насеко́мое
**コンディション** 〔状態〕 состоя́ние; 〔条件〕 усло́вия; 〔選手の〕 фо́рма ～が悪い быть не в фо́рме ベスト～で в отли́чной (свое́й лу́чшей) фо́рме
**コンテナ** конте́йнер ～輸送 конте́йнерная перево́зка ～船 конте́йнерное су́дно
**コンテンツ** содержа́ние
**こんど** 今度 〔今回〕 э́тот раз; 〔この次〕 (в) сле́дующий раз; 〔この次に〕 ско́ро в 〔次の〕 сле́дующий; 〔来るべき〕 предстоя́щий
**コンドーム** презервати́в
**コントロール** контро́ль ～する контроли́ровать
**こんとん** 混沌 ха́ос ～とした хаоти́ческий
**こんな** тако́й; подо́бный ～に так ～風に так; таки́м о́бразом ～わけで поэ́тому; вот почему́
**こんなん** 困難 ～な тру́дный; затрудни́тельный ～に直面する стоя́ть пе́ред тру́дностями ～に打ч прсь преодолева́ть тру́дности
**こんにち** 今日 〔現在〕 настоя́щее вре́мя; тепе́рь ～の сего́дняшний; настоя́щий; ны́нешний こんにちは Здра́вствуйте! | До́брый день!
**こんばん** 今晩 сего́дняшний ве́чер; сего́дня ве́чером こんばんは До́брый ве́чер!
**コンビナート** 石油〔化学〕～ нефтяно́й [хими́ческий] комбина́т
**コンビニ** минима́ркет; круглосу́точный магази́н
**コンピュータ** компью́тер ～ゲーム компью́терная игра́ ～グラフィックス компью́терная гра́фика ～ウイルス компью́терный ви́рус
**こんぶ** 昆布 морска́я капу́ста; ламина́рия
**コンプライアンス** соблюде́ние
**こんや** 今夜 э́тот 〔сего́дняшний〕 ве́чер; сего́дня ве́чером; сего́дняшняя ночь; сего́дня но́чью
**こんやく** 婚約 помо́лвка; обруче́ние ～する обруча́ться 婚約者 жени́х; неве́ста; 〔2人〕 обручённые 婚約指輪 обруча́льный пе́рстень
**こんらん** 混乱 беспоря́док; ха́ос; смяте́ние; расстро́йство ～する приходи́ть в беспоря́док ～した беспоря́дочный; хаоти́ческий

## さ

**さ** 差 〔差異〕 ра́зница; разли́чие; отли́чие; 〔不一致〕 расхожде́ние; 〔数〕 ра́зность ～を縮める [широ́ко] сокраща́ть [увели́чивать] ра́зницу
**サーカス** цирк サーカス団 циркова́я тру́ппа
**サービス** слу́жба; услу́га; обслу́живание; се́рвис ～料 пла́та за обслу́живание ～業 сфе́ра услу́г; се́ктор обслу́живания
**サーフィン** сёрфинг
**さいあい** 最愛 ～の са́мый люби́мый; люби́мейший
**さいあく** 最悪 ～の ху́дший ～の場合 в ху́дшем слу́чае ～! Ужа́с! | Ужа́сно!
**さいかい** 再会 ～する встреча́ться сно́ва ～を喜び合う ра́доваться очередно́й встре́че ～できてうреши́ Я рад сно́ва уви́деться.
**さいがい** 災害 бе́дствие ～に терпе́ть бе́дствие
**ざいかい** 財界 〔金融界〕 фина́нсовый мир; фина́нсовые круги́ 財界人 кру́пный бизнесме́н
**さいきん** ①最近 в после́днее вре́мя; в после́днее дни; неда́вно; ～の неда́вний; после́дний; ～まで до неда́внего вре́мени ②細菌 бакте́рия; микро́б; баци́лла 細菌学者 бактерио́лог 細菌兵器 бактериологи́ческое ору́жие
**さいくつ** 採掘 разрабо́тка; добы́ча ～する разраба́-

...ба́тывать 採掘権 пра́во на разрабо́тку

**さいけつ** 採決 голосова́ние ～する ста́вить на голосова́ние

**さいけん** ①再建 ～する реконструи́ровать; восста́навливать; перестра́ивать ②債券 облига́ция ③債権 креди́т; пра́во кредито́ра 債権者 кредито́р 債権国 страна́-кредито́р

**さいご** 最後 после́дний; коне́чный; ～に в заключе́ние 最後通牒 ультима́тум 最後の審判 стра́шный суд 最後の晩餐 Та́йная ве́черя ②最期 после́дние мину́ты жи́зни; смерть

**ざいこ** 在庫 запа́с; ～がある име́ться в запа́се 在庫品 запа́сы; това́ры на скла́де 在庫目録 о́пись

**さいこう** 最高 ма́ксимум ～の высоча́йший; вы́сший; са́мый высо́кий; са́мый лу́чший; ～の ～！ Отли́чно! 最高裁判所 верхо́вный суд 最高峰 вы́сший пик; вы́сшая верши́на

**さいこん** 再婚 второ́й бра́к ～する вто́рично жени́ться [выходи́ть за́муж, вступа́ть в брак]

**さいさん** 採算(性) рента́бельность ～の取れる рента́бельный ～の取れない нерента́бельный

**ざいさん** 財産 иму́щество; состоя́ние

**さいしゅう** ①採集 сбор; собира́ние; колле́кция ～する собира́ть; коллекциони́ровать ②最終 ～の коне́чный; оконча́тельный; фина́льный

**ざいじゅう** 在住 Москву́ に～の прожива́ющий в Москве́ 在住者 резиде́нт

**さいしゅつ** 歳出 годово́й расхо́д

**さいしょ** 最初 ～の пе́рвый; первонача́льный; нача́льный; ～から с са́мого нача́ла ～に в пе́рвый раз; снача́ла; внача́ле

**さいしょう** 最小 ми́нимум ～の са́мый ма́ленький; минима́льный 最小限 ми́нимум

**さいしん** 最新 ～の нове́йший; после́дний

**サイズ** разме́р; величина́; но́мер; форма́т ～を計る снима́ть ме́рку

**さいせい** 再生 возрожде́ние; восстановле́ние; [音・映像の] воспроизведе́ние ～する возрожда́ться; восстана́вливаться; [音・映像を] воспроизводи́ть 再生紙 утилизи́рованная бума́га

**ざいせい** 財政 фина́нсы; ～の фина́нсовый; бюдже́тный 財政状態 фина́нсовое положе́ние 財政赤字 дефици́т фина́нсов 財政再建 бюдже́тная корректиро́вка

**さいぜん** 最善 са́мое лу́чшее; ～の наилу́чший; ～を尽くす де́лать всё; сде́лать всё возмо́жное

**さいせんたん** 最先端 ～を行く идти́ впереди́ всех 最先端の流行の～ после́дняя мо́да

**さいそく** ①催促 тре́бование ～する тре́бовать ②最速 の наибыстре́йший

**さいだい** 最大 ма́ксимум ～の са́мый большо́й; максима́льный

**ざいたく** 在宅 明日はご在宅ですか Вы за́втра бу́дете до́ма? 在宅介護 ухо́д [по́мощь] на дому́

**さいたん** 最短 ～の кратча́йший

**さいてん** 祭典 алта́рь

**ざいだん** 財団 фонд; ～の фина́нсовая гру́ппа 財団法人 фина́нсовое юриди́ческое лицо́

**さいてい** 最低 ми́нимум ～の са́мый ни́зкий; минима́льный ～！ Подле́ц! 最低賃金 минима́льная зарпла́та

**さいなん** 災難 беда́; бе́дствие; ～に遭う попада́ть в беду́

**さいにゅう** 歳入 годово́й дохо́д

**さいのう** 才能 тала́нт; спосо́бность; ～のある тала́нтливый; спосо́бный

**さいばい** 栽培 ～する выра́щивать; культиви́ровать; разводи́ть

**さいばん** 裁判 суд ～で争う суди́ться с 圖 ～に勝つ [負ける] выи́грывать [прои́грывать] де́ло в суде́ ～を傍聴する прису́тствовать на суде́бном заседа́нии 裁判所 суд 裁判官 судья́

**さいふ** 財布 кошелёк; [札入] бума́жник

**さいへん** 再編 ～する переформирова́ть; переорганизова́ть

**さいぼう** 細胞 кле́тка 細胞組織 клетча́тка 細胞学 цитоло́гия

**さいむ** 債務 долг; задо́лженность; 債務者 должни́к; дебито́р 債務国 страна́-должни́к 債務不履行 неупла́та до́лга

**ざいむ** 財務 фина́нсовые дела́ 財務諸表 фина́нсовый отчёт 財務監査 фина́нсовая реви́зия 財務省 министе́рство фина́нсов

**さいよう** 採用 приня́тие; [雇用] приём; наём ～する принима́ть; нанима́ть

**ざいりゅうかく** 在留資格 ста́тус пребыва́ния

**さいりょう** 最良 ～の са́мый лу́чший; наилу́чший

**ざいりょう** 材料 материа́л; [料理の] ингредие́нты

**サイレン** сире́на; гудо́к

**さいわい** 幸い [運よく] к сча́стью お役に立てば～です Я бу́ду рад, е́сли смогу́ вам помо́чь.

**サイン** [合図] знак; сигна́л; [署名] по́дпись; 《話》 авто́граф ～する подпи́сывать; подпи́сываться ～を下さい Ваш авто́граф, пожа́луйста! │ Мо́жно ваш авто́граф, пожа́луйста? ～ペン флома́стер

**サウナ** [ロシア式] ба́ня; [フィンランド式] са́уна

**さか** 坂 подъём; скат; [上り坂] подъём, [下り坂] спуск ～を上る[下る] идти́ в го́ру [под го́ру]

**さかい** 境 грани́ца; грань; межа́ ～を接する грани́чить с 圖 境界線 грани́чная ли́ния

**さかさ** 逆さ ～の противополо́жный; переве́рнутый; опроки́нутый; [逆の] обра́тный ～にする перевёртывать; опроки́дывать; ста́вить вверх дном [нога́ми]

**さがす** 探す·捜す иска́ть; оты́скивать; разы́скивать ～を探しているんですが Я ищу́ 圖. ▶探し出す найти́; отыска́ть; разыска́ть

**さかな** 魚 ры́ба, ～の ры́бный 魚屋 магази́н 魚料理 ры́бное блю́до 焼き魚 жа́реная ры́ба ②肴 [酒の] заку́ска (к вину́)

**さからう** 逆らう [反抗する] сопротивля́ться 圖 …に逆ла́ться про́тив 圖; вопреки́ 圖

**さがる** 下がる [垂れ下がる] висе́ть; све́шиваться; [下降] спуска́ться; спада́ть; [程度・価値が] сни́жа́ться; понижа́ться; па́дать; спуска́ться; [後ろへ] отходи́ть (наза́д)

**さき** 先 [先端] коне́ц; ко́нчик; остриё; [前方] пере́дняя часть ～に進む идти́ вперёд ～を争って наперебо́й; наперего́нки ～を越す опережа́ть

**さぎ** ①詐欺 обма́н; моше́нничество; надува́тельство ～にあう станови́ться же́ртвой обма́на 詐欺師 обма́нщик; моше́нник; афери́ст 詐欺罪 《法》 моше́нничество ②鷺 [鳥] ца́пля

**さきゅう** 砂丘 дю́на

**さぎょう** 作業 рабо́та ～をする рабо́тать 作業時間 рабо́чее вре́мя; вре́мя рабо́ты 作業着 рабо́чая оде́жда; спецоде́жда; 《話》 спецо́вка

**さく** ① 柵 забо́р; огра́да ② 策 ～を講じる принима́ть ме́ры ③ 咲く цвести́; расцвета́ть; распуска́ться ④ 裂く разрыва́ть; рвать

**さくいん** 索引 указа́тель; и́ндекс

**さくしゃ** 作者 а́втор

**さくしゅ** 搾取 эксплуата́ция ～する эксплуати́ровать 搾取者 эксплуата́тор

**さくじょ** 削除 ～する вычёркивать; исключа́ть

**さくせん** 作戦 (戦術・戦略) та́ктика; страте́гия; [戦闘行動の] опера́ция 作戦本部 операти́вный штаб 作戦タイム тайм-а́ут

**さくひん** 作品 произведе́ние

**さくぶん** 作文 ～を書く писа́ть сочине́ние

**さくや** 昨夜 вчера́шний ве́чер; вчера́ ве́чером

**さくら** 桜 са́кура; ви́шня 桜色 ро́зовый цвет サクランボ ви́шня; чере́шня

**さくりゃく** 策略 уло́вка; хи́трость; махина́ция; интри́га策略家 та́ктик; интрига́н

**さぐる** 探る [手探りする] ша́рить; [探す] иска́ть; [調べる] иссле́довать; [事情などを] выве́дывать

**ざくろ** 柘榴〘植〙 грана́т

**さけ** ① 酒 вино́; [日本酒] саке́; [アルコール飲料] алкого́льные напи́тки ～を飲む пья́неть ～をやめる бро́сить пить 彼は～が強い Он мно́го пьёт и не пьяне́ет. | Его́ не берёт. | У него́ ни в одно́м глазу́. 彼は～が弱い Он бы́стро пьяне́ет. 酒屋 ви́нный магази́н ② 鮭〘魚〙 ке́та; сёмга

**さけぶ** 叫ぶ крича́ть; вскри́кивать

**さける** 避ける избега́ть 田; уклоня́ться от 田; сторони́ться 田 避け難い неизбе́жный; немину́емый ② 裂ける [破れる] рва́ться; разрыва́ться; [2つに割れる] раска́лываться; [破裂する] взрыва́ться; разрыва́ться

**さげる** 下げる снижа́ть; понижа́ть

**ささぎ** 栄螺 〘貝〙 турбо́

**ささえる** 支える подпира́ть; подде́рживать; [維持する] содержа́ть

**ささやく** 囁く шепта́ть

**さざんか** 山茶花〘植〙 каме́лия саса́нква

**さじ** 匙 ло́жка 小さじ ча́йная ло́жка 大さじ столо́вая ло́жка

**さしあたり** 差し当たり пока́ что; тепе́рь; сейча́с; на не́которое вре́мя

**さしえ** 挿絵 иллюстра́ция ～入りの с иллюстра́циями 挿絵画家 иллюстра́тор

**さしおさえ** 差し押え 〘法〙 аре́ст ～る накла́дывать аре́ст на 田

**さしせまる** 差し迫る приближа́ться; надвига́ться ▶差し迫った сро́чный; неотло́жный

**さしだしにん** 差出人 адреса́нт; отправи́тель

**さす** ① 指・差す [指し示す] ука́зывать на 田; пока́зывать ② 刺す коло́ть; вонза́ть; втыка́ть; [虫が] куса́ть; жа́лить ～ような痛み колю́щая боль ▶刺さる вонза́ться; застрева́ть ③ 注・点す налива́ть

**さする** 擦る гла́дить; тере́ть; масси́ровать

**ざせつ** 挫折 ～する терпе́ть неуда́чу; срыва́ться

**さそう** 誘う [招待する] приглаша́ть 映画に～ приглаша́ть в кино́

**さそり** 蠍 скорпио́н さそり座 〘天〙 Скорпио́н

**さだめる** 定める [規定する] устана́вливать; [決定する] определя́ть; реша́ть; назнача́ть

**ざつ** 雑 ～な небре́жный; невнима́тельный; ～に гру́бо; небре́жно; невнима́тельно

**さつえい** 撮影 ～する снима́ть; фотографи́ровать 撮影所 киносту́дия

**ざつおん** 雑音 шум

**さっか** 作家 писа́тель; худо́жник

**サッカー** футбо́л ～選手 футболи́ст ～場 футбо́льное по́ле; футбо́льный стадио́н ～くじ футбо́льное лото́

**さっかく** 錯覚 галлюцина́ция

**さつき** 皐月〘植〙 рододе́ндрон инди́йский

**さっき** неда́вно ～から с неда́вних пор つい～ то́лько что

**さっきゅう** 早急 ～に сро́чно; неме́дленно

**さっきょく** 作曲 (музыка́льная) компози́ция ～する сочиня́ть му́зыку 作曲家 компози́тор

**さっきん** 殺菌 ～する стерилизова́ть; пастеризова́ть ～された стерилизо́ванный; пастеризо́ванный

**ざっし** 雑誌 журна́л

**さつじん** 殺人 уби́йство ～を犯す соверша́ть уби́йство 殺人犯 уби́йца 殺人事件 уби́йство

**ざっそう** 雑草 со́рные тра́вы; сорняки́; бурья́н ～を抜く поло́ть сорняки́

**さっそく** 早速 сейча́с же; неме́дленно; сра́зу

**ざつだん** 雑談 болтовня́ ～する болта́ть

**さっちゅうざい** 殺虫剤 инсектици́д; сре́дство от насеко́мых

**ざっと** [概略] в о́бщих черта́х; вкра́тце; [およそ] приблизи́тельно; приме́рно ～見積もる прики́дывать

**ざっぴ** 雑費 ра́зные расхо́ды

**さてい** 査定 ～する определя́ть査定額 устано́вленная су́мма

**さとう** 砂糖 са́хар

**さば** 鯖〘魚〙 скумбри́я; макре́ль ～の塩焼き жа́реная на гри́ле скумбри́я с со́лью ～を読む обсчи́тывать

**さばく** 砂漠・沙漠 пусты́ня

**さび** 錆 ржа́вчина ▶錆びる ржаве́ть ▶錆びた ржа́вый

**さびしい** 寂しい гру́стный; уны́лый; тоскли́вый; [孤独な] одино́кий; [賑やかでない] глухо́й; забро́шенный

**サファリ** сафа́ри ～パーク сафа́ри-па́рк

**さべつ** 差別 дискримина́ция ～的な дискриминацио́нный ～する дискримини́ровать 差別語 дискримини́рующие слова́

**サポーター** [体の保護] банда́ж; [応援者] боле́льщик

**サボテン** 〘植〙 ка́ктус

**サボる** [怠ける] саботи́ровать; лентя́йничать; [ずる休みする] прогу́ливать

**…さま** …様 [敬称] господи́н; госпожа́; [手紙の書き出し] уважа́емый; дорого́й; ми́лый

**さまざま** 様々 ～な разли́чный; разнообра́зный; ра́зный ～に по-ра́зному

**さます** ① 冷ます охлажда́ть; остужа́ть ② 覚ます [目を] просыпа́ться; [酔いを] протрезвля́ть

**サミット** са́ммит

**さむい** 寒い холо́дный 肌～ прохла́дно; немно́го хо́лодно 今日は～ Сего́дня хо́лодно. 私は～ Мне хо́лодно. 寒くなる Станови́тся хо́лодно. | Холода́ет. ▶寒さ хо́лод; моро́з

**さむけ** 寒気 ～がする Меня́ зноби́т. | У меня́ озно́б.

**さめ** 鮫〘魚〙 аку́ла

**さめる** ① 冷める остыва́ть; охлажда́ться ② 覚める [目が] просыпа́ться; [酔いが] трезве́ть

**さよう** 作用 де́йствие; возде́йствие ～する де́йствовать; ока́зывать де́йствие

**さようなら** До свида́ния. | 〘話〙 Пока́. | Проща́й-

те.
**さよく** 左翼 ле́вое крыло́ ～政党 ле́вая па́ртия
**さら** 皿 таре́лка;〔大皿〕блю́до;〔受け皿〕блю́дце ～に盛る класть на таре́лку
**サラダ** сала́т **～菜**〔植〕сала́т **～オイル** расти́тельное ма́сло **～ボウル** сала́тник; сала́тница
**さらに** 更に〔その上〕кро̀ме того́; к тому́ же; вдоба́вок к э́тому;〔ますます〕ещё 比較級
**サラリーマン** слу́жащий
**さる** ①去る уходи́ть; уезжа́ть ②猿 обезья́на **猿真似**《話》обезья́нничанье ③申〔十二支〕обезья́на
**ざる** 笊 дуршла́г
**サルビア**〔植〕са́львия
**さわぐ** 騒ぐ шуме́ть; поднима́ть шу́м
**さわやか** 爽やか ～な све́жий; прия́тный
**さわる** 触る тро́гать; прикаса́ться к 与
**さん** ①三・3 три́ ～番目の тре́тий ②酸 кислота́
**…さん** господи́н; госпожа́;〔日本人へ〕-сан
**さんか** ①参加 уча́стие ～する уча́ствовать; принима́ть уча́стие в 前 **参加者** уча́стник ②産科 акуше́рство **産科医** акуше́р
**さんかく** 三角 треуго́льник ～の треуго́льный **正三角形** равносторо́нний треуго́льник **三角定規** треуго́льник **三角州**(す) де́льта **三角錐**(すい) трёхгра́нная пирами́да
**さんがつ** 3月 ма́рт ～に в ма́рте
**さんぎいん** 参議院 пала́та сове́тников **参議院議員** депута́т пала́ты сове́тников
**さんぎょう** 産業 промы́шленность; индустри́я **産業界** ми́р индустри́и; промы́шленные круги́ **産業革命** промы́шленная револю́ция **産業スパイ** промы́шленный шпио́н **産業廃棄物** промы́шленные отхо́ды
**ざんぎょう** 残業 сверхуро́чная рабо́та ～する рабо́тать сверхуро́чно **残業手当** сверхуро́чные
**サングラス** солнцезащи́тные очки́
**サンゴ** 珊瑚 кора́лл **珊瑚礁** кора́лловый ри́ф
**さんこう** 参考 спра́вка ～にする по́льзоваться 造 как приме́ром ～になる служи́ть поле́зным приме́ром **参考資料** спра́вочный материа́л **参考書** посо́бие **参考文献** литерату́ра
**ざんこく** 残酷 ～な жесто́кий; безжа́лостный
**さんじゅう** 三十・30 три́дцать **～番目の** тридца́тый
**さんしょう** 参照 спра́вка ～する справля́ться
**ざんしん** 斬新 ～な соверше́нно но́вый; новаторский; оригина́льный
**さんすう** 算数 арифме́тика
**さんせい** ①賛成 согла́сие; одобре́ние ～する *соглаша́ться с* 造; *дава́ть согла́сие на* 対; одобря́ть (私は)～です Я́ согла́сен. | Я́ за́. ②酸性 кисло́тность ～の кисло́тный
**さんそ** 酸素 кислоро́д **酸素マスク** кислоро́дная ма́ска **酸素ボンベ** кислоро́дный балло́н
**ざんだか** 残高 са́льдо; оста́ток
**サンタクロース** Де́д Моро́з; Са́нта Кла́ус
**サンダル** босоно́жки; санда́лии
**さんち** 産地 ме́сто произво́дства
**サンドイッチ** сэ́ндвич; бутербро́д
**ざんにん** 残忍 ～な зве́рский; жесто́кий
**ざんねん** 残念 ～な доса́дный ～だ жа́ль ～に思う сожале́ть ～ながら к сожале́нию; жа́ль, но́ ...
**さんばし** 桟橋 при́стань; прича́л
**さんぱつ** 散髪 ～する стри́чься; подстрига́ться
**さんふじんか** 産婦人科 акуше́рство и гинеколо́гия **産婦人科医** акуше́р-гинеко́лог
**サンプル** образе́ц **～調査** семплирова́ние
**さんぽ** 散歩 прогу́лка ～する гуля́ть 犬を～させる выгу́ливать соба́ку
**さんま** 秋刀魚〔魚〕са́йра
**さんみゃく** 山脈 го́ры; го́рная це́пь; го́рный хребе́т
**さんれつ** 参列 ～する прису́тствовать **参列者** прису́тствующий
**さんろく** 山麓 подно́жие [подо́шва] горы́

# し

**し** ①市 го́род ～の городско́й; муниципа́льный **市議会** муниципа́льное собра́ние **市役所** муниципалите́т ②死 сме́рть ③氏〔敬称〕господи́н ④詩 стихи́; поэ́зия; стихотворе́ние ～的な поэти́ческий ～を作る писа́ть стихи́ ⑤四・4 →よん
**じ** ①字 бу́ква;〔象形文字・漢字〕иеро́глиф;〔筆跡〕по́черк ②時 ча́с 今1～です Сейча́с оди́н ча́с. 8～に в во́семь часо́в
**しあい** 試合 соревнова́ние; состяза́ние; игра́; ма́тч; турни́р ～をする соревнова́ться; состяза́ться; игра́ть; проводи́ть ма́тч ～に勝つ[負ける] выи́грывать [прои́грывать] ма́тч [в соревнова́нии]
**しあげる** 仕上げる заверша́ть; отде́лать ▶**仕上がる** бы́ть зако́нченным [завершённым, отде́ланным]; заверша́ться
**しあわせ** 幸せ сча́стье ～な счастли́вый ～に暮らす жи́ть счастли́во **幸せ者** счастли́вец
**しあん** 思案 соображе́ние; размышле́ние ～する сообража́ть; размышля́ть; обду́мывать ～に暮れる погружа́ться в размышле́ния
**シーイーオー** CEO исполни́тельный Дире́ктор
**シーズン** сезо́н; вре́мя **～オフ** вне́ сезо́на
**シーツ** простыня́ ～を敷く постила́ть простыню́
**シートベルト** реме́нь безопа́сности; ～を締める[はずす] застёгивать [расстёгивать] реме́нь
**シーフード** морски́е проду́кты;《話》сифу́д
**シール** наклейка
**しいれ** 仕入れ заку́пка **仕入価格** заку́почная цена́ ▶**仕入れる** закупа́ть; достава́ть
**しいん** ①子音〔音声〕согла́сный (зву́к) ②試飲 ～する дегусти́ровать; про́бовать
**シェア**〔商〕〔市場占有率〕до́ля 20パーセントの～を持つ име́ть до́лю в два́дцать проце́нтов
**しえい** ①市営 ～の муниципа́льный; городско́й **市営住宅** муниципа́льная кварти́ра ②私営 ～の ча́стный
**じえい** 自衛 самооборо́на **自衛隊** Си́лы самооборо́ны **陸上[海上, 航空]自衛隊** Сухопу́тные [Морски́е, Возду́шные] си́лы самооборо́ны **自衛官** офице́р Си́л самооборо́ны
**ジェスチャー** же́ст; жестикуля́ция
**ジェット**〔噴流〕струя́ **～エンジン** реакти́вный дви́гатель **～機** реакти́вный самолёт **～気流** стру́йное тече́ние **～コースター** америка́нские го́рки
**しお** 塩 со́ль ～(味)の солёный ～辛い пересо́ленный ～味をつける соли́ть **塩入れ** соло́нка
**しおづけ** 塩漬け засо́л ～の солёный ～にする соли́ть
**しおり** 栞 закла́дка
**しおれる** 萎れる〔花・草木が〕вя́нуть; блёкнуть
**しか** ①歯科 стоматоло́гия **歯科医** зубно́й вра́ч; стомато́лог ②鹿〔動〕оле́нь **鹿の角** оле́ний ро́г

**しかい** 司会 ～をする вести; председа́тельствовать 司会者 веду́щий; председа́тель
**しがいせん** 紫外線 ультрафиоле́товые лучи́
**しかく** ① 四角 четырёхуго́льник; [長方形] прямоуго́льник; [正方形] квадра́т ② 視覚 зре́ние ～的な нагля́дный; визуа́льный 視覚化 визуализа́ция ～する визуализи́ровать ③ 資格 права́; лице́нзия; квалифика́ция ～のある квалифици́рованный; компете́нтный
**しかけ** 仕掛け устро́йство; механи́зм; [トリック] трюк
**しかし** но; одна́ко
**じか** 自家 ～の дома́шний
**しかたがない** (どうしようもない) не́чего де́лать; ничего́ не поде́лаешь
**しがつ** 4月 апре́ль ～に в апре́ле
**しかも** (おまけに) к тому́ же; кро́ме того́; вдоба́вок; бо́лее того́
**しかる** 叱る руга́ть; брани́ть; де́лать вы́говор ▶ 叱られる получа́ть вы́говор
**しがん** 志願 ～する подава́ть заявле́ние по свое́й во́ле; ～して по свое́й во́ле; доброво́льно 志願者 жела́ющий 志願兵 доброво́лец
**じかん** 時間 вре́мя; пора́; [1時間] час; [授業の] уро́к; заня́тия 明日 (私は) ～がある За́втра у меня́ бу́дет вре́мя. 今は～がない Сейча́с у меня́ нет вре́мени. | Сейча́с мне не́когда. 寝る～だ Пора́ спать. ～通りに то́чно в назна́ченное вре́мя; по расписа́нию; во́время ～を守る быть пунктуа́льным ～を無駄にする теря́ть вре́мя …の～稼ぎをする муры́жить с… 時間給 часова́я опла́та 時間外労働 сверхуро́чная рабо́та 時間外(労働)手当 сверхуро́чные
**しき** ① 式 [儀式] церемо́ния; ритуа́л; акт; торжество́; обря́д 式次第 поря́док церемо́нии ② 四季 времена́ го́да; четы́ре времени го́да ～を通じて кру́глый год ③ 指揮 ～する кома́ндовать 圖; руководи́ть 圖; управля́ть 圖; [楽] дирижи́ровать 圖 指揮官 кома́ндующий; команди́р 指揮者 [楽] дирижёр
**じき** 磁器 фарфо́р ② 時期 вре́мя; пора́; сезо́н 時期尚早の преждевре́менный
**しききん** 敷金 депози́т; зало́г
**しきゅう** ① 支給 вы́дача; пла́та; упла́та ～する выдава́ть; плати́ть; упла́чивать ② 至急 сро́чный; неме́дленный; неотло́жный ③ 子宮 ма́тка 子宮がん [医] рак ма́тки 子宮筋腫 мио́ма ма́тки 子宮頸がん [医] рак ше́йки ма́тки
**じきゅう** ① 自給 自給自足 экономи́ческая незави́симость; [食料の] самообеспе́чение продово́льствием 自給率 самообеспе́ченность ② 持久 持久力 выно́сливость; сто́йкость 持久戦 затяжна́я война́ ③ 時給 часова́я пла́та 時給一千円で с зарпла́той в ты́сячу иен в час
**しきょう** 司教 [宗] епи́скоп
**じぎょう** 事業 де́ло; предприя́тие; би́знес ～を始める нача́ть своё де́ло 事業家 предпринима́тель; бизнесме́н
**しきょうひん** 試供品 про́ба
**しきん** 資金 капита́л; де́нежный фонд ～がない нет средств ～を調達する добыва́ть сре́дства
**しく** 敷く стели́ть; расстила́ть; [一面に] покрыва́ть; укла́дывать; устила́ть; [敷設] прокла́дывать
**しくみ** 仕組み [構造] констру́кция; [仕掛け] план; механи́зм; устро́йство
**シクラメン** [植] цикламе́н
**しげき** 刺激 сти́мул; толчо́к; побужде́ние ～的な возбужда́ющий; раздража́ющий ～する стимули́ровать; побужда́ть 刺激物 возбуди́тель
**しけん** 試験 экза́мен; испыта́ние ～的に эксперимента́льно; на про́бу ～する проводи́ть экза́мен ～を受ける сдава́ть [держа́ть] экза́мен ～に合格する сдать [вы́держать] экза́мен ～に落ちる прова́ливаться на экза́мене 試験管 проби́рка 試験官 экзамена́тор
**しげん** 資源 ресу́рсы; бога́тства 人的資源 людски́е ресу́рсы 資源ごみ отхо́ды; отбро́сы
**じけん** 事件 инциде́нт; происше́ствие; случа́й
**じこ** 自己 自己紹介 ～をする представля́ться 自己満足 самодово́льство 自己責任 отве́тственность за себя́ 自己破産 инициати́вное банкро́тство 自己中心の эгоисти́чный 自己流で по-сво́ему 自己負担で за свой счёт ② 事故 происше́ствие; несча́стный слу́чай; ава́рия; катастро́фа ～に遭う попа́сть в ава́рию 事故現場 ме́сто происше́ствия 事故死 ги́бель в результа́те несча́стного слу́чая
**しこう** ① 施行 ～する исполня́ть; вводи́ть в де́йствие ② 試行 試行錯誤 про́бы и оши́бки ③ 嗜好 вкус; скло́нность; 嗜好品 предме́ты ро́скоши [для развлече́ния]
**じごうじとく** 自業自得 Поде́лом. | Что посе́ешь, то и пожнёшь.
**じこくひょう** 時刻表 расписа́ние; гра́фик
**じごく** 地獄 ад ～のような а́дский
**しごと** 仕事 рабо́та; заня́тие; труд; де́ло; [職業] профе́ссия ～をする рабо́тать; занима́ться 圖
**しさ** 示唆 намёк ～する намека́ть на 囚
**じさ** 時差 ра́зница во вре́мени 時差ぼけ джетле́г
**しさい** 司祭 [宗] свяще́нник
**しさつ** 視察 осмо́тр; ознакомле́ние; инспекти́рование ～する осма́тривать; ознакомля́ться с 圖; инспекти́ровать 視察旅行 ознакоми́тельная пое́здка
**じさつ** 自殺 самоуби́йство; суици́д ～する поко́нчить с собо́й 自殺者 самоуби́йца 自殺未遂 попы́тка самоуби́йства
**しし** 獅子 [動] лев 獅子座 [天] Лев
**しじ** ① 支持 подде́ржка ～する подде́рживать; ока́зывать подде́ржку ～を得る по́льзоваться подде́ржкой 支持者 сторо́нник 支持率 ре́йтинг подде́ржки ② 指示 [指図] распоряже́ние ～する ука́зывать; управля́ть ～に従う сле́довать указа́ниям
**じじつ** 事実 факт; действи́тельность ～上 факти́чески; де-фа́кто ～上の факти́ческий 事実無根の необосно́ванный
**しじみ** [貝] корбику́ла
**じじもんだい** 時事問題 теку́щие вопро́сы
**ししゃ** ① 支社 филиа́л; отделе́ние ② 使者 по́сланник; посла́нец ③ 死者 поко́йник; поко́йный; уме́рший
**じしゃく** 磁石 магни́т; [コンパス] ко́мпас
**ししゃも** [魚] мо́йва
**ししゅう** ① 刺繍 вышива́ние; вы́шивка ～する вышива́ть ② 詩集 сбо́рник стихотворе́ний
**しじゅう** 四十・40 со́рок ～番目の сороково́й
**ししゅつ** 支出 расхо́ды; ассигнова́ние ～を切り詰める сокраща́ть расхо́ды
**じしょ** 辞書 слова́рь →辞典

**しじょう** 市場 ры́нок ～を拡大する расширя́ть ры́нок 市場経済 ры́ночная эконо́мика 市場価格 ры́ночная цена́ 市場調査 ма́ркетинг

**じじょう** 事情 обстоя́тельства; усло́вия; положе́ние 家庭の～で по семе́йным обстоя́тельствам

**じしょく** 辞職 вы́ход в отста́вку

**じしん** ① 自信 уве́ренность в себе́ ～がある[ない] уве́ренный [неуве́ренный] в себе́ ～ 過剰の слишком самоуве́ренный 自信家 самоуве́ренный челове́к ② 地震 землетрясе́ние けさ～があった Сего́дня у́тром произошло́ землетрясе́ние. 直下地震 лока́льное землетрясе́ние

**しすう** 指数 и́ндекс; показа́тель

**しずか** 静か ～な ти́хий, споко́йный; бесшу́мный ～に! Ти́ше!

**システム** систе́ма ～エンジニア систе́мный инжене́р; системоте́хник ～エンジニアリング системоте́хника

**しずむ** 沈む тону́ть; идти́ ко дну; погружа́ться; опуска́ться; [太陽・月が] сади́ться; заходи́ть

**しずめる** 静・鎮める [気持ちを] успока́ивать; [騒ぎを] усмиря́ть; подавля́ть; [痛みを] ослабля́ть

**しせい** 姿勢 по́за; положе́ние те́ла ～がよい[悪い] хоро́шая [плоха́я] оса́нка

**しせき** 史跡 истори́ческое ме́сто; истори́ческий па́мятник

**しせつ** ① 使節 посла́нец; делега́т 使節団 делега́ция; ми́ссия ② 施設 заведе́ние; [設備] обору́дование; устро́йство

**しぜん** 自然 приро́да; ～の есте́ственный, натура́льный; ～に само́ собо́й; нево́льно; бессозна́тельно 自然科学 есте́ственная нау́ка 自然現象 приро́дные явле́ния 自然災害 стихи́йное бе́дствие 自然淘汰 есте́ственный отбо́р 自然保護 охра́на приро́ды

**じぜん** ① 事前 ～に предвари́тельно; зара́нее ② 慈善 事業 благотвори́тельность ～事業 благотвори́тельные дела́ 慈善家 благотвори́тель 慈善団体 филантропи́ческое о́бщество

**しそう** 思想 мысль; иде́я 思想家 мысли́тель

**じそく** 時速 ско́рость в час ～100キロで со ско́ростью в сто киломе́тров в час

**しそん** 子孫 пото́мок; пото́мки; пото́мство

**した** ① 下 [下部] низ; ни́жняя часть; [階下] ни́жний этаж ～から сни́зу; из-под ⓔ ～に внизу́; под ⓔ ～の ни́жний; [下位の] ни́зший ～へ вниз ～の階に[で] внизу́; на ни́жнем этаже́ A は B より年～だ A моло́же, чем В. ② 舌 язы́к; [蛇の] жа́ло 彼は～が肥えている У него́ разбо́рчивый вкус. 彼は～がよく回る У него́ хорошо́ подве́шен язы́к.

**シダ** [植] па́поротник

**…したい** хоте́ть [хоте́л бы] 不定形; ⓔ хо́чется 不定形

**しだい** 次第 ～に постепе́нно; всё 比較級 ～事と～によっては по обстоя́тельствам

**じだい** 時代 вре́мя; времена́; пери́од; эпо́ха; э́ра; ～の先取りを ～を先取りする опережа́ть вре́мя ～に遅れる отстава́ть от своего́ вре́мени 時代錯誤 анахрони́зм ▶時代遅れの старомо́дный

**したうけ** 下請け ～に出す передава́ть субподря́дчику 下請業者 субподря́дчик 下請業務 ～をする субподря́дный ряд

**したがう** 従う сле́довать за [идти́]; сопровожда́ть; [服従する] подчиня́ться [покоря́ться, повинова́ться] ⓔ

**したがって** сле́довательно, всле́дствие э́того; поэ́тому

**したぎ** 下着 [ни́жнее] бельё

**したしい** 親しい дру́жеский; бли́зкий; инти́мный ～間柄 дру́жеские отноше́ния ▶親しくなる сближа́ться

**したびらめ** 舌平目 [魚] морско́й язы́к

**じだん** 示談 мирова́я ～にする идти́ на мирову́ю

**しち** ① 七・7 семь ～番目の седьмо́й ② 質 зало́г; закла́д ～に入れる закла́дывать; отдава́ть в зало́г 質屋 ломба́рд

**じち** 自治 самоуправле́ние; автоно́мия ～の автоно́мный 自治体 о́рган ме́стного самоуправле́ния 自治会 организа́ция самоуправле́ния; [町内の] организа́ция сосе́дей 自治権 пра́во самоуправле́ния; автоно́мия 自治共和国 автоно́мная респу́блика

**しちがつ** 7月 ию́ль; в ию́ле

**しちじゅう** 七十・70 се́мьдесят ～番目の семидеся́тый

**しちめんちょう** 七面鳥 [鳥] инде́йка; [肉] инде́йка

**しちゃく** 試着 приме́рка ～してみできる Мо́жно приме́рить [поме́рить]? 試着室 приме́рочная

**しちょう** ① 市長 мэр ② 視聴 視聴者 зри́тель и слу́шатель; телезри́тель и радиослу́шатель 視聴率 ре́йтинг популя́рности переда́чи

**しちょうそん** 市町村 мэ́рия; администра́ция

**しつ** 質 ка́чество ～的な ка́чественный ～のいい ка́чественный; хоро́шего ка́чества ～の悪い плохо́го ка́чества

**じっか** 実家 роди́тельский дом; родна́я семья́

**しつぎょう** 失業 безрабо́тица ～する теря́ть рабо́ту ～中だ Он без рабо́ты. 失業率 у́ровень [коэффицие́нт] безрабо́тицы 失業者 безрабо́тный 失業保険 страхова́ние от безрабо́тицы

**じつぎょう** 実業 би́знес 実業家 бизнесме́н; предпринима́тель 実業界 делово́й мир

**しつけ** 躾 воспита́ние; дисципли́на ～のいい хорошо́ воспи́танный ▶躾ける воспи́тывать; [動物を] дрессирова́ть

**しっけ** 湿気 вла́жность; сы́рость ～のある вла́жный; сыро́й ～のない сухо́й

**しつげん** ① 失言 огово́рка ～する обмо́лвиться; огова́риваться ② 湿原 боло́тистая ме́стность

**じっけん** 実験 экспериме́нт; испыта́ние; о́пыт ～的な эксперимента́льный; испыта́тельный ～する производи́ть экспериме́нт [о́пыт, испыта́ние]; эксперименти́ровать 実験室 лаборато́рия 実験台 [対象] предме́т испыта́ния

**じつげん** 実現 ～する осуществля́ться; реализова́ться; ～させる осуществля́ть, реализова́ть

**しっこう** 執行 ～する приводи́ть в исполне́ние; ～する осуществля́ть 執行機関 исполни́тельный о́рган 執行猶予 отсро́чка исполне́ния пригово́ра

**じっさい** 実際 ～に действи́тельно; в са́мом де́ле; практи́чески ～は в са́мом де́ле; на са́мом де́ле ～問題として практи́чески; факти́чески

**じっし** 実施 ～する осуществля́ть; приводи́ть в исполне́ние; вводи́ть в де́йствие ～される вступа́ть в де́йствие [си́лу]

**じっしゅう** 実習 пра́ктика; практи́ческие заня́тия ～する практикова́ться 実習生 практика́нт

**しっしん** 失神 ① 失神 о́бморок ～する теря́ть созна́ние; па́дать в о́бморок ② 湿疹 [医] (мо́кну-

じっせき 実績 результа́ты; достиже́ния

じっせん 実践 ～する применя́ть на пра́ктике; претворя́ть в жизнь ～的な практи́ческий

しっそ 質素 ～な скро́мный; возде́ржанный; просто́й ～に скро́мно

じったい 実態 действи́тельное положе́ние; действи́тельность; reálность

しっと 嫉妬 ре́вность ～深い ревни́вый ～する ревнова́ть 図 к 日; зави́довать 日

しつど 湿度 вла́жность ～が高い высо́кая вла́жность 湿度計 гигро́метр

じっと ～している не дви́гаться; не шевели́ться ～待つ терпели́во ждать ～見つめる при́стально смотре́ть

じつは 実は на са́мом де́ле; в действи́тельности

しっぱい 失敗 неуда́ча; прова́л; про́мах ～する терпе́ть неуда́чу; прова́ливаться; прома́хиваться 大失敗 фиа́ско

しっぽ 尻尾 хвост; [端] хво́стик; ко́нчик

しつぼう 失望 ～する разочаро́вываться 図; теря́ть наде́жду на 図; отча́иваться в 図 ～させる разочаро́вывать ～して в отча́янии

しつもん 質問 вопро́с; запро́с ～する спра́шивать; задава́ть вопро́с ～に отвеча́ть на вопро́с ～はありますか？ У вас есть вопро́сы?

じつよう 実用 ～的な практи́чный; практи́ческий 実用性 практи́чность

しつれい 失礼 ～ですが Извини́те. ǀ Прости́те. ～します [入る時に] Разреши́те войти́. では、～します [去る時] Всего́ до́брого.

じつれい 実例 (живо́й) приме́р; прецеде́нт

しつれん 失恋 несча́стная любо́вь ～する переживать несча́стную любо́вь

してい 指定 ～の назна́ченный; ука́занный; определённый ～する назнача́ть; ука́зывать; определя́ть 指定席 нумеро́ванное ме́сто

してき ①指摘 указа́ние ～する ука́зывать на 図 ②私的 ～な ча́стный; ли́чный

してん ①支店 филиа́л; отделе́ние 支店長 дире́ктор филиа́ла 図 ②視点 [見地] то́чка зре́ния

じてん ①辞典 слова́рь ～を 引く смотре́ть в слова́ре 露和 [和露] 辞典 ру́сско-япо́нский [япо́нско-ру́сский] слова́рь ② 事典 энциклопеди́ческий слова́рь 百科事典 энциклопе́дия

じでん 自伝 автобиогра́фия

じてんしゃ 自転車 велосипе́д 自転車置場 стоя́нка велосипе́дов

しどう 指導 руково́дство ～する руководи́ть 図 ～的な руководя́щий 指導者 руководи́тель; инстру́ктор; [полити́ческий] вождь

じどう 自動 автомати́зм ～の автомати́ческий 自動制御(機) авторегули́рование 自動ドア автомати́ческая дверь 自動改札 автомати́ческий контро́ль биле́тов 自動販売機 автома́т 自動化 автоматиза́ция

じどうしゃ 自動車 автомоби́ль [話] маши́на ～で на автомоби́ле ～を води́ть маши́ну 自動車ショー автошо́у 自動車レース автого́нка 自動車事故 автокатастро́фа 自動車教習所 автошко́ла

しない 市内 в го́роде; в преде́лах го́рода ～の городско́й 市内観光 осмо́тр го́рода

シナモン кори́ца

しぬ 死ぬ умира́ть; умере́ть; сконча́ться; [войне́·事故で] ги́бнуть; погиба́ть; [動物·虫が] до́хнуть ～覚悟で с ри́ском для жи́зни

しはい 支配 ～する [統治] госпо́дствовать; ца́рствовать; цари́ть 支配人 управля́ющий; заве́дующий; дире́ктор 支配者 прави́тель; вла́дыка

しばい 芝居 [演劇] спекта́кль; [演技] игра́ ～がかった театра́льный ～を見に行く пойти́ в теа́тр

しばしば ча́сто; неоднокра́тно; мно́го раз

じはつ 自発 ～的な доброво́льный

しばふ 芝生 газо́н; лужа́йка

しはらい 支払い платёж; упла́та; опла́та 支払日 день выплаты 支払期日 срок платежа́ 支払先 получа́тель 支払人 плате́льщик

しはらう 支払う плати́ть; упла́чивать; опла́чивать 現金 [カード] で～ плати́ть нали́чными [по ка́рточке]

しばらく [暫く] не́которое вре́мя; пока́; [かなりの間] до́лгое вре́мя; до́лго; давно́ ～して че́рез не́которое вре́мя; немно́го спустя́

しばる 縛る вяза́ть; свя́зывать; привя́зывать; [制限·束縛する] ограни́чивать, стесня́ть

しはんき 四半期 кварта́л ～の кварта́льный 毎～の ежекварта́льный

じひょう 辞表 заявле́ние об отста́вке ～を出す пода́ть в отста́вку

しびれる 痺れる неме́ть; затека́ть; цепене́ть; быть парализо́ванным

しぶい 渋い [味が] вя́жущий; те́рпкий

ジプシー [ロマ] цыга́н

じぶん 自分 сам; себя́ ～の свой; со́бственный ～で сам ～から進んで по свое́й во́ле; доброво́льно ～勝手な эгоисти́ческий; своево́льный

じへいしょう 自閉症 [医] аути́зм

シベリア Сиби́рь ～鉄道 Транссиби́рская магистра́ль

しほう 司法 юсти́ция 司法制度 суде́бная систе́ма 司法解剖 суде́бное вскры́тие тру́па 司法試験 квалификацио́нный экза́мен для юри́стов

しぼう ①脂肪 жир; [皮下脂肪] са́ло ～の多い жи́рный ②死亡 смерть ～する умира́ть 死亡事故 несча́стный слу́чай со смерте́льным исхо́дом 死亡率 сме́ртность

しぼる 絞る·搾る выжима́ть; выда́вливать 知恵を～ напряга́ть ум

しほん 資本 капита́л 資本主義 капитали́зм 資本金 (де́нежный) капита́л

しま ①島 о́стров; острово́к ～で на о́строве 島国 островно́е госуда́рство ②縞 полоса́; поло́ска ～の полоса́тый 縞模様 узо́р в поло́ску

しまい 姉妹 сестра́; сёстры 姉妹都市 города́-побрати́мы

しまうま 縞馬 [動] зе́бра; полоса́тая ло́шадь

じまく 字幕 субти́тр

しまる 閉まる закрыва́ться; затворя́ться 店は閉まっています Магази́н закры́т. ǀ Магази́н не рабо́тает. 窓が閉まらない Окно́ не закрыва́ется.

じまん 自慢 хвастовство́ ～する хвастаться 図; хвали́ться 図 ～げに го́рдиться 図

じみ 地味 ～な скро́мный; нея́ркий

シミュレーション симуля́ция; модели́рование ～をする симули́ровать; модели́ровать

しみん 市民 жи́тель [населе́ние] го́рода; горожа́нин モスクワ～ жи́тель Москвы́; москви́ч 市民運動 гражда́нское движе́ние 市民権 гражда́нство; гражда́нские права́

**じむ** 事務 де́ло; администрати́вная [канцеля́рская] рабо́та ～的な делово́й ～по-делово́му 事務員 слу́жащий; канцеля́рский рабо́тник 事務局 секретариа́т 事務所 о́фис; конто́ра 事務次官 постоя́нный замести́тель мини́стра

**ジム** [スポーツ] трениро́вочный зал; спортза́л

**しめい** 氏名 и́мя и фами́лия ②指名 указа́ние на 回 ～する ука́зывать на 回; называ́ть 指名手配 ро́зыск престу́пника ③使命 назначе́ние; ми́ссия

**しめきり** 締め切り прекраще́ние приёма; срок

**しめす** 示す ука́зывать на 回; пока́зывать

**しめる** ①湿る влажне́ть; сыре́ть; отсырева́ть ②閉・締める 回 закрыва́ть; затворя́ть; [締める] сжима́ть; затя́гивать; повя́зывать

**しも** 霜 и́ней ～が降りた Вы́пал и́ней.

**じもと** 地元 ～の

**しもはんき** 下半期 втора́я полови́на го́да

**しもやけ** 霜焼け обмора́живание 手が～になる Ру́ки отморо́зятся.

**しもん** 指紋 отпеча́тки па́льцев

**ジャーナリスト** журнали́ст

**ジャーナリズム** журнали́стика; журнали́зм

**シャープペンシル** автомати́ческий каранда́ш

**シャーベット** щербе́т

**しゃいん** 社員 слу́жащий 社員食堂 служе́бная столо́вая

**しゃか** 釈迦 Ша́кьямуни ～に説法 Учёного учи́ть — то́лько по́ртить.

**しゃかい** 社会 о́бщество; мир; свет ～的な социа́льный; обще́ственный 社会現象 социа́льное явле́ние 社会学 социоло́гия 社会主義 социали́зм ～の социалисти́ческий 社会主義者 социали́ст 社会福祉 социа́льное благополу́чие 社会保険 социа́льное страхова́ние 社会保障 социа́льное обеспе́чение

**しゃがむ** сади́ться [опуска́ться] на ко́рточки し ゃがんで на ко́рточках

**しゃくしょ** 市役所 муниципалите́т

**しゃくめい** 釈明 объясне́ние; оправда́ние

**ジャケット** [上着] жаке́т; ку́ртка

**しゃこ** 車庫 гара́ж

**しゃこう** 社交 ～的な общи́тельный 社交ダンス ба́льные та́нцы 社交辞令 комплиме́нт 社交界 све́тские круги́; о́бщество

**しゃざい** 謝罪 извине́ние; ～する приноси́ть извине́ния; проси́ть извине́ния

**しゃしょう** 車掌 [列車の] проводни́к; [バスなどの] конду́ктор

**しゃしん** 写真 фотогра́фия; фотосни́мок; фотока́ртина ～写りのいい фотогени́чный ～を撮る фотографи́ровать(ся); снима́ть(ся) 写真撮影 фотосъёмка 写真家 фото́граф 写真屋 фотосту́дия; фото́ателье 写真フィルム фотоплёнка/фото́фильм

**ジャズ** джаз ～音楽 джаз-му́зыка; джа́зовая му́зыка ～歌手 джазпе́вец; джазпеви́ца ～バンド джаз-банд; джаз-орке́стр

**ジャスミン** [植] жасми́н ～茶 чай с жасми́ном

**しゃせつ** 社説 передова́я (статья́)

**しゃちょう** 社長 президе́нт; дире́ктор компа́нии

**シャツ** [ワイシャツ] руба́шка, [ランニングシャツ] ма́йка, [ティーシャツ] футбо́лка; [肌着] соро́чка; бельё

**しゃっきん** 借金 долг; заём ～する бра́ть де́ньги в долг; занима́ть де́ньги ～を返す отдава́ть долг

**しゃっくり** ико́та ～をする ика́ть

**シャッター** ста́вень; [カメラの] затво́р ～を切る спуска́ть затво́р

**しゃべる** 喋る говори́ть; [よく喋る] болта́ть

**しゃま** 邪魔 поме́ха; препя́тствие ～する меша́ть 回; препя́тствовать 回; беспоко́ить お～しました Извини́те за беспоко́йство.

**ジャム** джем; [果実をつぶしていない] варе́нье

**シャワー** душ ～を浴びる принима́ть душ シャワー室 душева́я

**ジャンパー** [衣服] ку́ртка; [ジャンプをする人] прыгу́н

**ジャンプ** прыжо́к ～する пры́гать ～台 трампли́н

**シャンプー** шампу́нь ～する мыть го́лову

**しゆう** 私有 ～の ча́стный; частновладе́льческий ～化 приватиза́ция

**じゆう** 自由 свобо́да; во́льность ～な во́льный; свобо́дный ～に свобо́дно 言論の～ свобо́да сло́ва 自由経済[競争] свобо́дная эконо́мика[конкуре́нция] 自由業 свобо́дная профе́ссия 自由時間 свобо́дное вре́мя 自由化 либерализа́ция 自由演技 [体操などの] произво́льная програ́мма 自由形 [水泳] во́льный стиль 自由主義 либерали́зм

**じゅう** ①十・10 де́сять ～番目の деся́тый ②銃 ружьё ～を撃つ стреля́ть из ружья́

**しゅうい** 周囲 окру́жность [付近] окре́стность ～に круго́м; вокру́г; о́коло

**じゅうい** 獣医 ветерина́р; ветвра́ч

**じゅういち** 十一・11 оди́ннадцать ～番目の оди́ннадцатый ▶11月 ноя́брь; ～に в ноябре́

**しゅうかい** 集会 собра́ние; ми́тинг ～を開く организова́ть собра́ние 集会所 ме́сто для собра́ния

**じゅうがつ** 10月 октя́брь; ～に в октябре́

**しゅうかん** ①習慣 обы́чай; привы́чка, обыкнове́ние ～の обы́чный; привы́чный ～で по привы́чке 早起きを～にする взять за привы́чку ра́но встава́ть ра́но ②週刊 ～の еженеде́льный 週刊誌 еженеде́льник; еженеде́льный журна́л

**しゅうぎいん** 衆議院 пала́та представи́телей 衆議院議員 депута́т пала́ты представи́телей

**しゅうきょう** 宗教 рели́гия ～的な религио́зный 宗教画 религио́зная карти́на 宗教家 духо́вное лицо́ 宗教団体 религио́зная организа́ция

**じゅうぎょういん** 従業員 рабо́тник; слу́жащий

**じゅうく** 十九・19 девятна́дцать ～番目の девятна́дцатый

**じゅうご** 15 пятна́дцать ～番目の пятна́дцатый 15分 пятна́дцать мину́т; че́тверть часа́

**しゅうごう** 集合 сбор; собра́ние ～する собира́ться 集合時間[場所] вре́мя [ме́сто] сбо́ра

**じゅうさん** 十三・13 трина́дцать ～番目の трина́дцатый

**しゅうし** ①収支 дохо́д и расхо́д 収支決算 ～する подводи́ть счёты 収支決算書 фина́нсовый отчёт ②修士 ма́стер; маги́стр 修士号 ма́стерская сте́пень

**じゅうし** 十四・14 четы́рнадцать ～番目の четы́рнадцатый

**じゅうじ** ①十字 крест ～の крестообра́зный ～に на́крест ～を切る крести́ть(ся) 十字路 перекрёсток 十字架 крест 十字軍 крестоно́сный похо́д ②従事 ～する занима́ться 回; рабо́тать над 回

**じゅうしち** 十七・17 семна́дцать ～番目の семна́дцатый

**しゅうしゅう** 収集 ～する собира́ть; коллекциони́ровать 収集家 коллекционе́р

**じゅうしょ** 住所 местожи́тельство; [宛名] а́дрес

住所録 áдресная книга
しゅうしょく 就職 ~する поступáть [устрáиваться] на рабóту 就職口 мéсто рабóты 就職活動 пóиски рабóты
ジュース сок
しゅうせい 修正 попрáвка; исправлéние ~する поправля́ть, исправля́ть; регули́ровать, корректи́ровать 修正案 исправи́тельный проéкт
じゅうたい 渋滞 〔交通の〕 прóбка ~する образýется прóбка
じゅうだい 重大 ~な вáжный; 〔重要で大きい〕 большóй; 〔深刻な〕 серьёзный; крити́ческий
じゅうたく 住宅 жилóй дом; жили́ще; жильё 住宅街 жилóй квартáл 住宅ローン жили́щный креди́т
しゅうだん 集団 коллекти́в; мáсса 集団訴訟 〔法〕 совмéстный иск 集団的自衛権 〔軍〕 прáво на коллекти́вную самооборóну
じゅうたん 絨毯 ковёр ~を敷く расстелáть
しゅうちゅう 集中 ~する сосредотá́чивать(ся) на 圃; концентри́ровать(ся) на 圃; централизовá́ть(ся) 集中力 спосóбность сосредотóчиться 集中豪雨 локáльный проливнóй дождь
じゅうでん 充電 зарáдка ~する заряжáть 充電器 зарядное устрóйство
しゅうと 舅 〔夫の父〕 тесть ▶姑 〔夫の母〕 свекрóвь; 〔妻の母〕 тёща
シュート 〔サッカーの〕 удáр (по ворóтам); 〔バスケットの〕 бросóк (в корзи́ну)
じゅうどう 柔道 дзюдó
じゅうなん 柔軟 ~な мя́гкий; ги́бкий; эласти́чный 柔軟性 мя́гкость; ги́бкость;柔軟体操 размя́нка
じゅうに 十二・12 двенáдцать ~番目の двенáдцатый 12月 декáбрь ~に в декабрé ▶十二支 двенáдцать знáков востóчного зодиáка
しゅうにゅう 収入 дохóд; поступлéние ~を得る получáть дохóд 収入源 истóчник дохóдов 収入印紙 гéрбовая мáрка
じゅうはち 十八・18 восемнáдцать ~番目の восемнáдцатый
しゅうぶん 秋分 осéннее равнодéнствие 秋分の日 День осéннего равнодéнствия
じゅうぶん 十分 ~な достáточный; удовлетвори́тельный ~ に достáточно; вполнé; вдóволь
しゅうまつ 週末 конéц недéли; выходны́е
じゅうみん 住民 жи́тели; 〔総称〕 населéние 住民税 налóг с населéния 住民登録 пропи́ска 住民投票 референдум
しゅうよう 収容 ~する помещáть; принимáть; размещáть; подбирáть 収容所 лáгерь; приёмный пункт 収容能力 вмести́мость
じゅうよう 重要 ~な вáжный; серьёзный 重要性 вáжность; серьёзность 重要文化財 вáжные культýрные цéнности
しゅうり 修理 ремóнт; почи́нка; исправлéние ~する ремонти́ровать; чини́ть; исправля́ть 修理工場 ремóнтная мастерскáя
じゅうろく 十六・16 шестнáдцать ~番目の шестнáдцатый
しゅうわい 収賄 взя́точничество
しゅかん 主観 субъéкт; субъекти́вность ~的な субъекти́вный
じゅぎょう 授業 урóк; заня́тие 授業料 плáта за обучéние
しゅくじゅく 〔学習塾〕 чáстные учéбные кýрсы
しゅくじつ 祝日 прáздник
しゅくしょう 縮小 уменьшéние; сокращéние ~する уменьшáть; сокращáть
しゅくだい 宿題 〔学校の〕 домáшнее задáние; урóки ~をやる дéлать урóки
しゅくはく 宿泊 ~する прожавáть; останáвливаться на ночь; ночевáть 宿泊料 плáта за ночёвку
じゅくれん 熟練 ~した квалифици́рованный, óпытный 熟練工 квалифици́рованный рабóчий
じゅけん 受験 ~する держáть экзáмен 受験者 абитуриéнт; экзаменýющийся
しゅざい 取材 ~する собирáть дáнные 取材記者 репортёр
しゅし 趣旨 суть; смысл; 〔目的〕 цель
しゅじゅつ 手術 операция ~を受ける дéлать себé операцию; подвергáться операции ~をする дéлать операцию
しゅしょう 首相 премьéр-мини́стр
じゅしょう ①受賞 ~する получáть приз [прéмию, награ́ду] 受賞者 лауреáт; призёр ②授賞 ~する присуждáть прéмию 授賞式 церемóния по вручéнию прéмии
しゅじん 主人 хозя́ин; 〔夫〕 муж
じゅしん 受信 〔放送・電信の〕 приём; радиоприём; 〔メールの〕 получéние ~する принимáть; получáть 受信機 приёмник
しゅじんこう 主人公 герóй; 〔女の〕 героиня
しゅだん 手段 срéдство; мéра; спóсоб; путь
しゅちょう 主張 настоя́ние; утверждéние ~する настáивать на 圃; утверждáть; отстáивать
しゅっこく 出国 вы́езд из страны́
しゅっさん 出産 рóды; рождéние ~する рожáть 出産休暇 декрéтный óтпуск
しゅっし 出資 финанси́рование; капиталовложéние ~する финанси́ровать 出資金 пай 出資者 инвéстор; вклáдчик капитáла
しゅっしょうりつ 出生率 рождáемость
しゅっしん 出身 Откýда вы рóдом? どちらのご~ですか 出身地 мéсто рождéния
しゅっせ 出世 успéх в жи́зни; карьéра ~する преуспевáть; дéлать карьéру
しゅっせき 出席 прису́тствие; посещéние; я́вка ~する прису́тствовать ~を取る проверя́ть прису́тствующих 出席者 прису́тствующий
しゅっちょう 出張 командирóвка ~する éхать в командирóвку 出張所 отделéние
しゅっぱつ 出発 ~する отправля́ться; отходи́ть; отъезжáть 出発点 старт; стáртовая тóчка 出発時間 врéмя отправлéния
しゅっぱん 出版 издáние; вы́пуск ~する издавáть; выпускáть 出版物 (печáтное) издáние 出版社 издáтельство
しゅと 首都 столи́ца
じゅどう 受動 ~的な пасси́вный 受動態 〔文法〕 страдáтельный залóг
しゅのう 首脳 главá; руководи́тель; ли́дер 首脳会談 совещáние на вы́сшем ýровне
しゅふ 主婦 хозя́йка; домохозя́йка
しゅみ 趣味 хóбби; люби́мое заня́тие; 〔好み〕 вкус; интерéс ~はなんですか Чем вы увлекáетесь? Какóе вáше хóбби?
しゅやく 主役 〔役〕 глáвная роль ~を演じる исполня́ть глáвную роль

**しゅよう** ①主要 〜な гла́вный; основно́й; ва́жный; веду́щий ②腫瘍 悪性[良性]腫瘍 злока́чественная [доброка́чественная] о́пухоль

**じゅよう** 需要 需要と供給 спрос и предложе́ние

**しゅるい** 種類 вид; род; сорт 〜的に мгнове́нно; момента́льно; в миг

**しゅんかん** 瞬間 мгнове́ние; миг; моме́нт 〜的に мгнове́нно; момента́льно; в миг

**じゅんかん** 循環 периоди́ческая сме́на; циркуля́ция 〜する циркули́ровать 血液の〜 кровообраще́ние 循環器〔医〕о́рганы кровообраще́ния

**じゅんすい** 純粋 〜な чи́стый; беспри́месный

**じゅんちょう** 順調 〜な благоприя́тный; благополу́чный; норма́льный 〜に благоприя́тно

**じゅんのう** 順応 приспособля́ться к 国; адапти́роваться 順応性 приспосо́бленность

**じゅんばん** 順番 о́чередь; поря́док 〜に по о́череди 私の〜 Моя́ о́чередь.

**じゅんび** 準備 подгото́вка, приготовле́ние; гото́вность 〜する гото́вить(ся); подгота́вливать(ся); приготовля́ть(ся)

**しゅんぶん** 春分 весе́ннее равноде́нствие 春分の日 День весе́ннего равноде́нствия

**じゅんれい** 巡礼 пало́мничество 〜する пало́мничать 巡礼者 пало́мник

**しよう** ①使用 〜する употребля́ть, испо́льзовать; по́льзоваться 国; применя́ть 〜できる по́льзуемый; испо́льзуемый. 〜済みの испо́льзованный 〜За́нято. 使用者 потреби́тель; 〔雇用主〕нанима́тель ②仕様〔スペック〕специфика́ция

**じょう** ①錠〔錠前〕замо́к 〜を掛ける запира́ть в замо́к 〜を外す отпира́ть [открыва́ть] замо́к ②条〔条項〕статья́ 憲法第9 〜 девя́тая статья́ конститу́ции

**じょうえい** 上映 демонстра́ция 〜する демонстри́ровать; пока́зывать

**しょうエネ** 省エネ сокраще́ние расхо́да эне́ргии

**じょうえん** 上演 постано́вка 〜する ста́вить

**しょうか** ①消化 〔食物を〕перева́ривать; усва́ивать 〜しやすい легкоперева́риваемый 〜にくい трудноперева́риваемый 消化器〔医〕пищевари́тельный о́рган 消化不良 диспепси́я ②消火 туше́ние 〜する туши́ть 消火器 огнетуши́тель 消火栓 пожа́рный кран

**しょうが** 生姜〔植〕имби́рь

**しょうかい** ①紹介 представле́ние; знако́мство; 〔推薦〕рекоменда́ция 〜する познако́мить; представля́ть; 〔推薦する〕рекомендова́ть 紹介状 рекоменда́тельное письмо́ ②照会 запро́с; спра́вка 〜する запра́шивать; справля́ться; наводи́ть спра́вку

**しょうがい** ①渉外 вне́шние свя́зи; междунаро́дные отноше́ния ②傷害 ране́ние ③障害 препя́тствие, поме́ха; затрудне́ние 〜になる меша́ть; препя́тствовать 〜を乗り越える преодолева́ть препя́тствие 障害物 препя́тствие 身体障害者 люде́й с ограни́ченными возмо́жностями; инвали́д

**しょうがく** 奨学 奨学金 стипе́ндия 奨学生 стипендиа́т

**しょうがつ** 正月 янва́рь; Но́вый год

**しょうがっこう** 小学校 нача́льная шко́ла ▶小学生 шко́льник; учени́к нача́льных кла́ссов шко́лы

**じょうき** ①上記 〜の вышеска́занный; вышеука́занный; вышеупомя́нутый ②蒸気 пар 〜の паровой 蒸気機関車 парово́з 蒸気船 парохо́д

**じょうき** 定規 лине́йка

**じょうきゃく** 乗客 пассажи́р 乗客名簿 спи́сок пассажи́ров

**じょうきゅう** 上級 вы́сший класс [разря́д] 上級裁判所 суд вы́сшей инста́нции

**じょうきょう** 状況 положе́ние; состоя́ние; ситуа́ция; 〔環境〕обстоя́тельства

**しょうきょく** 消極 〜的な негати́вный; пасси́вный 〜的に отрица́тельно; пасси́вно

**しょうきん** 賞金 (де́нежная) пре́мия

**しょうけん** 証券 облига́ция 証券会社 фи́рма це́нных бума́г 証券取引所 фо́ндовая би́ржа

**じょうけん** 条件 усло́вие 〜付きで с усло́вием; усло́вно 〜といっても〜の при усло́вии, что ... 〜を出す ста́вить усло́вие 〜を満たす отвеча́ть усло́виям 条件反射〔生理・心理〕усло́вный рефле́кс

**しょうご** 正午 по́лдень 〜に в по́лдень

**しょうこく** 上告 апелля́ция; жа́лоба 〜する апелли́ровать; подава́ть жа́лобу

**しょうさい** 詳細 подро́бность; дета́ль

**じょうざい** 錠剤 табле́тка

**しょうしか** 少子化 уменьше́ние коли́чества дете́й

**じょうし** 上司 ста́рший по чи́ну; нача́льник

**じょうしき** 常識 здра́вый смысл; благоразу́мие 〜のある здравомы́слящий; благоразу́мный

**しょうしゃ** ①商社 торго́вая фи́рма 商社マン служа́щий торго́вой фи́рмы ②勝者 победи́тель

**じょうじゅん** 上旬 пе́рвые чи́сла 5月〜に в пе́рвых чи́слах ма́я

**しょうじょ** 少女 де́вочка; де́вушка

**しょうじょう** 症状 при́знак;〔医〕симпто́м

**じょうしょう** 上昇 подъём; повыше́ние 〜する поднима́ться; повыша́ться

**じょうじょう** 上場〔株式の〕регистра́ция на би́рже 上場株 зарегистри́рованные а́кции 上場企業 коти́руемая компа́ния

**しょうじん** 精進 пост〔努力〕стара́ться; посвяща́ть себя́ 国 精進料理 по́стные блю́да

**じょうず** 上手 〜な иску́сный; уме́лый

**しょうすう** 少数 ме́ньшинство 少数民族 национа́льное меньшинство́

**しょうせつ** 小説〔短編〕расска́з;〔中編〕по́весть;〔長編〕рома́н 〜的な романи́ческий 小説家 писа́тель; романи́ст

**しょうぞう** 肖像 портре́т 肖像画 портре́тная жи́вопись 肖像権 пра́во на портре́т

**しょうたい** 招待 приглаше́ние 〜する приглаша́ть 〜を受ける получа́ть приглаше́ние 〜を断る отка́зываться от приглаше́ния 招待状 приглаше́ние 招待客 приглашённый гость 招待券 пригласи́тельный биле́т

**じょうたい** 状態 положе́ние; ситуа́ция; состоя́ние

**じょうたつ** 上達 успе́хи; прогре́сс 〜する де́лать успе́хи; соверше́нствоваться

**じょうだん** 冗談 шу́тка 〜に в шу́тку; шутя́ 〜半分に полушутя́; полушу́ткой 〜を言う шути́ть 〜はさておき шу́тки в сто́рону 〜じゃない! Ещё чего́! | Что вы [ты]! 〜で言っているのではない У меня́ не шу́тки. 彼女には〜が通じない Она́ не понима́ет шу́ток.

**しょうち** 承知 согла́сие 〜する осведомля́ться; быть в ку́рсе де́ла ご〜のように как вам изве́стно 〜しました Слу́шаюсь.

**しょうちょう** 象徴 си́мвол 〜的な символи́ческий

**しょうてん** 商店 магази́н 商店街 торго́вый кварта́л **商店主** владе́лец магази́на

**しょうどく** 消毒 дезинфе́кция; стерилиза́ция ~する дезинфици́ровать; стерилизова́ть **消毒薬** дезинфици́рующее сре́дство

**しょうとつ** 衝突 столкнове́ние; колли́зия; [不一致] конфли́кт ~する ста́лкиваться с 造; [一致しない] быть в конфли́кте с 造

**しょうに** 小児科 педиатри́я **小児科医** педиа́тр **小児麻痺** де́тский парали́ч; [医] полиомиели́т

**じょうねつ** 情熱 жар; пыл; страсть ~的な стра́стный; горя́чий

**しょうねん** 少年 ма́льчик; подро́сток ~時代に в де́тстве

**しょうばい** 商売 торго́вля; би́знес ~をする занима́ться торго́влей; вести́ де́ло **商売人** торго́вец

**しょうひ** 消費 ~する потребля́ть; расхо́довать **消費税** потреби́тельский нало́г **消費者** потреби́тель **消費者物価** потреби́тельская цена́ **消費者物価指数** и́ндекс потреби́тельских цен

**しょうひょう** 商標 (торго́вая) ма́рка; (торго́вый) знак **登録商標** зарегистри́рованная торго́вая ма́рка **商標登録** регистра́ция торго́вой ма́рки

**しょうひん** ①商品 това́р ②賞品 па́мятный пода́рок **商品券** пода́рочный сертифика́т

**じょうひん** 上品 ~な утончённый; изы́сканный ~に благоро́дно

**じょうぶ** 丈夫 ~な кре́пкий; про́чный; [健康な] здоро́вый

**じょうほ** 譲歩 усту́пка ~する уступа́ть; идти́ на усту́пку

**しょうぼう** 消防 пожа́рная охра́на **消防士** пожа́рник **消防車** пожа́рная маши́на **消防署** пожа́рное подразделе́ние **消防隊** пожа́рная кома́нда подразделе́ния пожа́рной охра́ны

**じょうほう** 情報 информа́ция; сообще́ние; изве́стие **情報化社会** информацио́нное о́бщество **情報技術〔IT〕** информацио́нная техноло́гия; ИТ **情報公開** гла́сность **情報処理** обрабо́тка информа́ции

**じょうみゃく** 静脈 [医] ве́на ~の вено́зный **静脈注射** внутриве́нное впры́скивание

**じょうむいん** 乗務員 [列車の] брига́да; [船・飛行機の] экипа́ж

**しょうめい** 証明 доказа́тельство; свиде́тельство; подтвержде́ние ~する дока́зывать; подтвержда́ть; удостоверя́ть **証明書** докуме́нт; свиде́тельство; удостовере́ние

**しょうめん** 正面 пере́дняя часть; перёд; фронт; фаса́д ~の фронта́льный; фаса́дный ~に пе́ред 造; впереди́ 造

**じょうやく** 条約 догово́р; соглаше́ние; пакт; конве́нция ~を締結する заключа́ть догово́р

**しょうゆ** 醬油 со́евый со́ус

**しょうらい** 将来 бу́дущее ~の бу́дущий **将来性** бу́дущность

**しょうり** 勝利 побе́да ~を収める оде́рживать побе́ду **勝利者** победи́тель

**しょうりゃく** 省略 сокраще́ние; про́пуск ~する сокраща́ть; пропуска́ть ~した сокращённый

**ショー** шо́у; [展覧会] вы́ставка **~ウインドー** витри́на **~ビジネス** шо́у-би́знес **~ルーム** выставочный зал

**じょおう** 女王 короле́ва; цари́ца **女王蜂** [蟻] пчели́ная [мураьви́ная] ма́тка

**ジョージア** [グルジア] Гру́зия

**ショート** [電流の] коро́ткое замыка́ние **~カット** [髪型] коро́ткая стри́жка **~パンツ** шо́рты

**しょきゅう** 初級 нача́льная сте́пень; нача́льный у́ровень **~の** нача́льный **初級者** начина́ющий

**じょきょう** 助教 нау́чный сотру́дник

**ジョギング** джо́гинг; бег трусцо́й **~する** бе́гать трусцо́й

**しょくぎょう** 職業 профе́ссия; рабо́та; заня́тие **~の** профессиона́льный **ご~は？** Кем вы рабо́таете?

**しょくご** 食後 ~に по́сле еды́

**しょくじ** 食事 еда́; пита́ние; обе́д ~中に за едо́й **外で~をする** есть вне до́ма

**しょくどう** 食堂 столо́вая **食堂車** ваго́н-рестора́н

**しょくにん** 職人 реме́сленник; ма́стер

**しょくぶつ** 植物 расте́ние; фло́ра ~(性)の расти́тельный **植物園** ботани́ческий сад **植物油** расти́тельное ма́сло

**しょくもつ** 食物 пи́ща; еда́ **食物アレルギー** пищева́я аллерги́я **食物繊維** пищевы́е воло́кна

**しょくよく** 食欲 аппети́т **~がない** нет аппети́та

**しょくりょう** 食料 пи́ща; проду́кты **食料品** проду́кты пита́ния; продово́льствие **食料品店** продово́льственный магази́н; гастроно́м

**じょさいない** 如才ない такти́чный **如才なく** такти́чно; с та́ктом

**じょしゅ** 助手 помо́щник; ассисте́нт

**しょじゅん** 初旬 нача́ло ме́сяца

**しょじょ** 処女 де́вственница ~の де́вственный

**しょしんしゃ** 初心者 начина́ющий

**じょせい** 女性 же́нщина; же́нский пол **~の** же́нский **~らしい** же́нственный

**じょせつ** 除雪 очи́стка от сне́га **~する** очища́ть от сне́га **除雪車** снегоочисти́тель

**じょせん** 除染 ~する [放射性物質を除去する] дезинфици́ровать; обеззара́зить

**しょっき** 食器 посу́да; столо́вый прибо́р **食器棚** посу́дный шкаф; буфе́т

**ジョッキ** кру́жка

**ショック** уда́р; шок **~を受ける** быть в шо́ке

**ショッピングセンター** торго́вый центр

**しょとく** 所得 дохо́д **所得額** су́мма дохо́дов **所得税** подохо́дный нало́г **不労所得** нетрудово́й дохо́д

**しょひょう** 書評 реце́нзия; обзо́р книг

**しょほ** 初歩 пе́рвые шаги́; пе́рвая сте́пень **~の** пе́рвый; элемента́рный; нача́льный

**しょほうせん** 処方箋 реце́пт

**しょめい** 署名 по́дпись; авто́граф **~する** ста́вить по́дпись; подпи́сывать

**しょゆう** 所有 облада́ние; владе́ние **~する** име́ть; облада́ть 造; владе́ть 造 **所有者** владе́лец; со́бственник **所有権** [法] пра́во со́бственности

**じょゆう** 女優 актри́са

**しょるい** 書類 докуме́нты; бума́ги **書類審査** прове́рка на осно́ве докуме́нтов

**じらい** 地雷 ми́на; [фигу́р.] ~ная **対人~** противопехо́тная ми́на **~を除去する** разминирова́ть **地雷原** ми́нное по́ле **地雷探知機** миноиска́тель

**しらかば** 白樺 [植] берёза

**しらせる** 知らせる сообща́ть; извеща́ть; уведомля́ть; дава́ть 与 знать

**しらべる** 調べる [調査] рассле́довать; иссле́довать; выясня́ть; [検査] проверя́ть; осма́тривать; [照会] справля́ться о 前

**しらみ** 虱 вошь **~つぶしに** дото́шно

しり 尻 зад; я́годицы; [後部] хво́ст ～を喰い〔浮気な〕軽々しい；легкомы́сленный；[敷かれる] держа́ть [находи́ться] под башмако́м ～拭いをする распла́чиваться за чужи́е грехи́

しりあい 知り合い знако́мый ～である быть знако́мым с 圖 ～になる знако́миться с 圖

シリアル хло́пья

シリーズ се́рия ～物 сериа́л

しりつ ①市立 ～の муниципа́льный; городско́й ②私立 ～の ча́стный

しりょう 資料 материа́лы; да́нные

しる 知る знать; [知っている] быть знако́мым с 圖 知らず知らず бессозна́тельно; не замеча́я

しるし 印 знак; отме́тка; ме́тка; [シンボル] си́мвол ～を付ける отмеча́ть; маркирова́ть

ジレンマ диле́мма

しろ ①城 за́мок; [城塞] цитаде́ль ②白 бе́лый цвет; белизна́ ～い бе́лый ▶白くする бели́ть ▶白くなる беле́ть [髪が]

しろうと 素人 неспециали́ст; дилета́нт; люби́тель ～の непрофессиона́льный; самоде́ятельный ～臭い нео́пытный

しわ 皺 морщи́на; морщи́нка; скла́дка ～になる мя́ться ～を伸ばす разгла́живать; сгла́живать

しんあい 親愛 ～なる люби́мый; дорого́й

しんか 進化 эволю́ция; разви́тие ～する развива́ться эволюциони́зм

しんがい 侵害 наруше́ние; посяга́тельство ～する наруша́ть; посяга́ть на 図

しんき 新規 ～の но́вый ～に сно́ва; за́ново

しんきろう 蜃気楼 мира́ж; ма́рево

しんきろく 新記録 но́вый реко́рд 世界～を打ちたてる ста́вить но́вый мирово́й реко́рд

しんきんかん 親近感 симпа́тия ～を抱く чу́вствовать симпа́тию

しんくう 真空 ва́куум 真空パック ва́куумная упако́вка

シングル ～ベッド односпа́льная крова́ть ～マザー ма́ть-одино́чка

しんけい 神経 не́рв ～質な не́рвный; нерво́зный ～を使う напряга́ть не́рвы 神経痛 невралги́я 神経科 психиатри́я; невроло́гия 神経科医 психиа́тр 神経ガス (軍) не́рвный га́з 神経症 невро́з 神経症患者 невропа́т

しんげつ 新月 новолу́ние; но́вый ме́сяц

しんけん 真剣 ～な серьёзный ～に серьёзно; всерьёз 真剣勝負 серьёзная игра́

しんげん 震源 эпице́нтр [оча́г] землетрясе́ния

じんけん 人権 права́ челове́ка; челове́ческие права́ 基本的人権 основны́е права́ челове́ка 人権侵害 наруше́ние прав челове́ка

じんけんひ 人件費 расхо́ды по содержа́нию ли́чного соста́ва

しんこう ①信仰 ве́ра ～の自由 свобо́да со́вести ②進行 ～する дви́гаться вперёд; продвига́ться ③新興 ～の молодо́й 新興国 молодо́е госуда́рство 新興宗教 но́вая рели́гия

しんごう 信号 [信号機] светофо́р ～を出す дава́ть сигна́л; сигнализи́ровать ～を無視する не обраща́ть внима́ние на светофо́р

じんこう 人口 населе́ние; чи́сленность населе́ния; число́ жи́телей ～の多い густонаселённый ～の少ない малонаселённый 人口密度 пло́тность населе́ния ②人工 ～的な иску́сственный 人工知能 иску́сственный интелле́кт 人工衛星 иску́сственный спу́тник Земли́ 人工呼吸 иску́сственное дыха́ние 人工受精 иску́сственное оплодотворе́ние [осемене́ние] 人工透析 (医) иску́сственный диа́лиз

しんこく ①深刻 ～な серьёзный; обострённый ②申告 заявле́ние; докла́д; деклара́ция ～する заявля́ть; подава́ть заявле́ние 申告書 заявле́ние; деклара́ция 確定申告 (оконча́тельная) нало́говая деклара́ция

しんさ 審査 рассмотре́ние; прове́рка; [評価] оце́нка ～する проверя́ть; рассма́тривать 審査員 член жюри́

しんさい 震災 бе́дствие от землетрясе́ния

しんさつ 診察 медици́нский осмо́тр ～する осма́тривать; обраща́ться к врачу́

しんし 紳士 джентльме́н ～的な джентльме́нский 紳士服 мужско́й оде́жда

じんじ 人事 人事課[部] отде́л ка́дров 人事異動 перемеще́ние персона́ла; ка́дровые перестано́вки

しんじつ 真実 и́стина; пра́вда ～の и́стинный; по́длинный ～を言う говори́ть пра́вду

じんじゃ 神社 синто́истский храм

じんしゅ 人種 ра́са 人種差別 ра́совая дискримина́ция

しんじる 信じる ве́рить 囫 ; [信用する] доверя́ть 囫 ; [確信する] убежда́ться в 圖 ; быть убеждённым [уве́ренным] в 圖 神を～ ве́рить в Бо́га 信じられない невероя́тный 信じやすい дове́рчивый; легкове́рный

しんじん 新人 но́вый челове́к; но́вое лицо́; (話) новичо́к

しんすい 浸水 наводне́ние; затопле́ние ～する быть затопле́нным

しんせい ①神聖 ～な свято́й; свяще́нный ②申請 заявле́ние; про́сьба ～する заявля́ть; проси́ть; подава́ть заявле́ние 申請書 пи́сьменное заявле́ние

じんせい 人生 (челове́ческая) жи́знь 人生観 взгля́д на жи́знь; мировоззре́ние

しんせき 親戚 ро́дственники; родня́; родны́е

しんせつ 親切 ～な любе́зный ～にする тепло́ относи́ться к 圖

しんせん 新鮮 ～な све́жий

しんぜん 親善 дру́жба; дру́жеские отноше́ния 親善使節 дру́жественная ми́ссия

しんぞう 心臓 се́рдце 心臓病 серде́чные заболева́ния [боле́зни] 心臓発作 серде́чный при́ступ [припа́док] 心臓マッサージ масса́ж се́рдца 心臓移植 переса́дка се́рдца

じんぞう 腎臓 по́чка 腎臓炎 нефри́т 腎臓結石 по́чечные ка́мни 腎臓移植 переса́дка по́чки

しんだいしゃ 寝台車 спа́льный ваго́н

しんたいそう 新体操 худо́жественная гимна́стика

しんだん 診断 диа́гноз; медици́нское заключе́ние ～する ста́вить диа́гноз 診断書 спра́вка о боле́зни

しんちょう ①身長 рост ②慎重 осторо́жный; осмотри́тельный; внима́тельный

しんど 震度 си́ла землетрясе́ния ～4の地震 землетрясе́ние си́лой 4 ба́лла

しんねん 新年 Но́вый год ～おめでとう (Поздравля́ю вас) с Но́вым го́дом! 新年会 нового́дний вечери́нка

しんぱい 心配 ～する беспоко́иться о 圖 ; опаса́ться 圉 ; волнова́ться 心配事 забо́та

しんぱん 審判 суд; [競技の] суде́йство; [審判員] судья́; арби́тр

**しんぴ** 神秘 та́йна; ми́стика ～な мисти́ческий; тайнственный

**しんぷ** ①神父〘カトリ〙 па́тер ②新婦 новобра́чная; неве́ста

**しんふぜん** 心不全〘医〙серде́чная недоста́точность

**しんぶん** 新聞 газе́та スポーツ新聞 спорти́вная газе́та 新聞記事 газе́тная статья́ 新聞記者 газе́тный журнали́ст; корреспонде́нт газе́ты 新聞広告 объявле́ния в газе́тах 新聞社 ре́дакция газе́тного изда́тельства 新聞配達 (人) разно́счик газе́т

**しんぽ** 進歩 прогре́сс; успе́хи ～する де́лать успе́хи; прогресси́ровать ～的な прогресси́вный

**シンポジウム** симпо́зиум

**シンボル** си́мвол

**じんましん** 蕁麻疹〘医〙крапи́вница

**しんみつ** 親密 ～な бли́зкий; инти́мный

**じんみん** 人民 наро́д ～の наро́дный 人民共和国 наро́дная респу́блика

**しんや** 深夜 ～に в глубо́кую [по́зднюю] ночь 深夜放送 ночна́я переда́ча 深夜料金 ночно́й тари́ф

**しんよう** 信用 дове́рие; 〘経〙креди́т ～する доверя́ть 回 ～がある по́льзоваться дове́рием ～を失う [падать] теря́ть [подрыва́ть] дове́рие 信用取引 сде́лка в креди́т 信用金庫 креди́тная ассоциа́ция 信用組合 креди́тное товари́щество

**しんらい** 信頼 дове́рие ～する полага́ться на 回 ～のおける достове́рный; надёжный

**しんり** 心理 душе́вное состоя́ние; ～(学) психоло́гия; пси́хика ～の психи́ческий; психологи́ческий 心理学 психоло́гия ②真理 и́стина; пра́вда

**しんりゃく** 侵略 агре́ссия; захва́т ～的な агресси́вный; захва́тнический ～する захва́тывать 侵略者 агре́ссор; захва́тчик

**しんりょうじょ** 診療所 кли́ника; поликли́ника

**しんりん** 森林 лес 森林浴 купа́ние в лесу́

**じんるい** 人類 челове́чество 人類学 антрополо́гия

**しんろう** 新郎 новобра́чный; жени́х 新郎新婦 молодожёны; новобра́чные

**しんわ** 神話〘総称〙мифоло́гия; 〘個別〙миф

## す

**す** 酢 у́ксус ～に漬ける маринова́ть

**ず** 図〘絵〙рису́нок; 〘図形〙фигу́ра; 〘略図〙схе́ма; 〘設計図〙план; 〘製図〙чертёж; 〘図表〙гра́фика; диагра́мма 市街～ план го́рода ～に乗る расходи́ться

**スイーツ** сла́дости

**すいえい** 水泳 пла́вание ～をする пла́вать 水泳選手 плове́ц

**すいさつ** 推察 предположе́ние; дога́дка ～する предполага́ть; дога́дываться

**すいさん** 水産 морски́е и речны́е проду́кты 水産業 морско́й и речно́й про́мысел

**すいじゅん** 水準 у́ровень 水準器 ниве́ли́р; ватерпа́с

**すいせい** ①水星〘天〙Мерку́рий ②彗星〘天〙коме́та ハレー彗星 коме́та Галле́я

**すいせん** 推薦 рекоменда́ция ～する рекомендова́ть; дава́ть рекоменда́цию 推薦状 рекоменда́тельное письмо́ 推薦者 рекоменду́ющий

**すいせん** 水仙〘植〙нарци́сс

**すいそ** 水素 водоро́д 水素化合物 гидри́д 水素爆弾 водоро́дная бо́мба 水素ガス[爆発] водоро́дный газ [взрыв]

**すいそうがく** 吹奏楽 духова́я му́зыка 吹奏楽団 духово́й орке́стр

**すいそく** 推測 ～する предполага́ть; уга́дывать それは～にすぎない Это не бо́лее чем предположе́ние.

**すいぞくかん** 水族館 аква́риум

**スイッチ** включа́тель; выключа́тель; переключа́тель ～を入れる включа́ть ～を切る выключа́ть

**すいとう** 水筒 фля́жка; фля́га

**すいどう** 水道 водопрово́д; 〘海峡〙проли́в 水道局 водопрово́дное управле́ние

**すいひつ** 随筆 эссе́ 随筆家 эссеи́ст

**すいへい** 水平 ～の горизонта́льный ～に горизонта́льно 水平線 горизо́нт

**すいみん** 睡眠 сон ～をとる спать 睡眠時間 вре́мя сна́ 睡眠薬 снотво́рные сре́дства; снотво́рное 睡眠不足 недосыпа́ние 〘話〙недосы́п ～だ Я недосыпа́ю.

**すいよう** 水曜 (日) среда́ ～に в сре́ду

**すいり** 推理 рассужде́ние; логи́ческий вы́вод ～する рассужда́ть; заключа́ть 推理小説 детекти́вная пове́сть; детекти́в

**すいりょく** 水力 гидроэне́ргия 水力発電所 гидроэлектроста́нция; ГЭС

**すいれん** 睡蓮〘植〙кувши́нка; водяна́я ли́лия

**すう** 吸う соса́ть; втя́гивать; 〘たばこを〙кури́ть; 〘吸収する〙впи́тывать 空気を～ дыша́ть во́здухом

**すうがく** 数学 матема́тика 数学者 матема́тик

**すうじ** 数字 ци́фра

**ずうずうしい** 図々しい на́глый; наха́льный

**スーツ** костю́м ～ケース чемода́н

**スーパーマーケット** суперма́ркет; универса́м

**スープ** 〘料理〙суп ～を飲む есть суп

**スカーフ** шарф; плато́к

**すがた** 姿 фигу́ра; вид; о́блик ～を見せる появля́ться; показа́ться 後ろ～を鏡で見る Смотре́ть в зе́ркало вид со спины́.

**ずかん** 図鑑 а́тлас 植物[動物] ～ ботани́ческий [зоологи́ческий] а́тлас

**すき** 好き ～だ люби́ть; нра́виться ～な люби́мый; излю́бленный; 〘任意の〙любо́й ～な人 мой возлю́бленный きみが～ Я люблю́ тебя́. ～になる влюбля́ться в 回; полюби́ть ～なだけお取り下さい Возьми́те сто́лько, ско́лько хоти́те.

**...すぎ** ...過ぎ 1時～ второ́й час ～は30過ぎだ Ему́ ещё три́дцать с хво́стиком [небольши́м].

**スキー** лы́жи ～をする ката́ть на лы́жах ～場〘ゲレンデ〙лыжедро́м ～板 лы́жи ～ウェア лы́жный костю́м 水上～ во́дные лы́жи ▶ ские́р

**すききらい** 好き嫌い 食べ物に～がない не привере́дливый в еде́ ～が激しい о́чень привере́дливый

**すきとおる** 透き通る просве́чивать; видне́ться сквозь 回 ▶ 透き通った прозра́чный

**すきま** 隙間 щель; сква́жина; тре́щина ～なく пло́тно; те́сно

**スキャンダル** позо́р; сканда́л

**すぎる** 過ぎる 〘通過する〙проходи́ть; минова́ть; 〘期限が〙истека́ть; 〘過ぎ去る〙конча́ться; 〘超過する〙превыша́ть 暑～ сли́шком жа́рко 期限が～

ぎた Срок истёк.
**すぐ** 直ぐ сра́зу (же); сейча́с (же); ско́ро; неме́дленно; бы́стро
**すくない** 少ない 〔少量・少数〕 ма́ло; немно́го; небольшо́й; 〔話〕 немно́жко; небольшо́е коли́чество, небольшо́й; 〔希有な〕 ре́дкий　少な́ктому по кра́йней ме́ре　少ва́скому ма́ло
**スクランブル** 〔緊急出動〕 экстренный взлёт
**すぐれた** 優れた выдаю́щийся; превосхо́дный; отли́чный
**スケート** ката́ние на конька́х; 〔靴〕 коньки́　～をする ката́ться на конька́х　～選手 〔スピード〕 конькобе́жец; 〔フィギュア〕 фигури́ст　～ボード скейтбо́рд　～リンク като́к
**スケジュール** расписа́ние; пла́н; 〔予定表〕 гра́фик　～にそって по расписа́нию
**スケッチ** эски́з; набро́сок　～をする де́лать набро́сок　～ブック альбо́м (для этю́дов)
**すごい** 凄い ～! Потряса́юще! | Это здо́рово! ▶ずく о́чень; уж́асно; стра́шно
**すこし** 少し ～の ма́ло; немно́го; 《話》 немно́жко; незначи́тельный　～ずつ понемно́гу; 《話》 понемно́жку; 〔次第に〕 постепе́нно; мало-пома́лу　～も...ない совсе́м нет [не] ...　もう～ ещё немно́го
**すし** 鮨・寿司 су́си 巻きずし су́си-ро́ллы; ролл
**すず** 鈴 колоко́льчик; звоно́к　～を наша́ть звони́ть в колоко́льчик
**すずしい** 涼しい прохла́дный ▶涼しさ прохла́да
**すすむ** 進む 〔前進する〕 идти́ [дви́гаться] вперёд; продвига́ться　～ выходи́ть в фина́л ▶進んで охо́тно; с удово́льствием
**すすめる** ① 進める 〔前進させる〕 вести́ [дви́гать] вперёд; 〔促進させる〕 продвига́ть; 〔進行させる〕 спосо́бствовать 国; ускоря́ть　計画を～ проводи́ть пла́н в жи́знь　② 勧・薦める 〔助言する〕 сове́товать; 〔推薦する〕 рекомендова́ть　お茶を～ подава́ть чай　お勧めの料理は何ですか Что вы не попро́буете?
**すずらん** 鈴蘭 〔植〕 ла́ндыш
**スタイル** 〔様式・形式・文体〕 стиль; 〔体つきの〕 фигу́ра; телосложе́ние; 〔服装・髪型の〕 мо́да; 〔書き方〕 стиль; мане́ра; о́браз　ライフ～ о́браз жи́зни 彼女は～抜群だ Она́ о́чень стро́йная.
**スタジアム** стадио́н
**スタジオ** сту́дия; 〔写真〕 фотосту́дия; 〔テレビ〕 телесту́дия; 〔映画〕 киносту́дия
**スタッフ** штат; ли́чный соста́в; 〔映画・テレビの〕 сотру́дники
**スタンド** 〔売店〕 ларёк, кио́ск; 〔競技場の観覧席〕 трибу́на; 〔電気スタンド〕 насто́льная ла́мпа　ガソリン～ бензозаправочная (коло́нка)
**スタンプ** ште́мпель; штамп　～を押す ста́вить ште́мпель
**すっぱい** 酸っぱい ки́слый
**ステーキ** бифште́кс
**すてき** 素敵 ～な о́чень хоро́ший; прекра́сный; замеча́тельный; превосхо́дный
**すでに** 既に уже́
**すてる** 捨てる броса́ть; выбра́сывать; покида́ть
**ステレオ** сте́рео
**ステンドグラス** цветно́е [витра́жное] стекло́
**ストーカー** ста́лкер
**ストーブ** печь; пе́чка　ガス 〔石油〕 ～ га́зовая [кероси́новая] печь　電気～ электри́ческий ками́н; электри́ческая печь
**ストッキング** чулки́　～が伝線した На чулке́ спусти́лась петля́.
**ストライキ** забасто́вка; ста́чка　～をする бастова́ть
**ストレス** стресс; напряже́ние　～の解消 снять стресс; расслабля́ться
**ストロー** соло́минка
**すな** 砂 песо́к　砂浜 песча́ный пля́ж　砂時計 песо́чные часы́　砂嵐 песча́ная бу́ря
**すなお** 素直 ～な 〔従順な〕 послу́шный; поко́рный; 〔飾のない〕 просто́й
**スナック** 〔菓子類〕 снэк; 〔バー〕 заку́сочная-ба́р
**スノー** снег　～タイヤ зи́мние ши́ны　～チェーン цепь противоскольже́ния　～ボード сноубо́рд　～モービル снегохо́д
**スパイ** шпио́н　～活動をする шпио́нить
**すばらしい** 素晴らしい прекра́сный; замеча́тельный; превосхо́дный; великоле́пный　～! Замеча́тельно! | Изуми́тельно! | Восхити́тельно! | Прекра́сно!
**スピーカー** репроду́ктор; громкоговори́тель
**スピーチ** выступле́ние; речь; 〔即興〕 экспро́мт ру́сского～コンテスト ко́нкурс на лу́чшую речь на ру́сском языке́
**スピード** ско́рость　～メーター спидо́метр
**スプーン** ло́жка　スープ～ супова́я ло́жка

**ずぶぬれ** ずぶ濡れ の весь мо́крый; мо́крый до ни́тки　～になる промока́ть до косте́й
**スプレー** пульвериза́тор; аэрозо́ль
**すべて** 全て всё; по́лностью; целико́м　～の весь ～の点で по всему́
**スポーツ** спорт　どんな～をしますか Каки́м ви́дом спо́рта вы занима́етесь?　～選手 спортсме́н ～用品 спорттова́р　～ウェア спорти́вная оде́жда; спорти́вный костю́м　～ニュース спорти́вные но́вости
**ズボン** брю́ки; штаны́
**スポンジ** гу́бка　～ケーキ бискви́тное пиро́жное
**スマート** ～な 〔体形が〕 стро́йный; 〔洗練された〕 изя́щный; утончённый　～フォン смартфо́н
**すみ** ① 炭 〔древе́сный〕 у́голь　② 墨 тушь　③ 隅 у́гол; уголо́к　～に в/на углу́　～から～まで везде́ и всю́ду
**すみません** Извини́те! | Прости́те! | Прошу́ извине́ния! | 〔呼びかけ〕 Бу́дьте добры́!
**すみやか** 速やか ～な бы́стрый; ско́рый; неме́дленный　～に бы́стро; ско́ро; неме́дленно
**すみれ** 菫 〔植〕 фиа́лка
**すむ** 住・棲む жить; прожива́ть; 〔動物・鳥が〕 обита́ть
**スラブ** ～人 славяни́н　～民族 славя́нские наро́ды
**スランプ** Он сейча́с не в фо́рме.
**すり** карма́нный вор; 《俗》 карма́нник
**スリッパ** 《話》 та́почки
**スリル** тре́пет; не́рвная дрожь ▶スリリングな волну́ющий
**する** 〔行動〕 де́лать; 〔従事〕 занима́ться 国
**ずるい** 狡い хи́трый; нече́стный
**するどい** 鋭い о́стрый; ре́зкий; то́нкий; 〔洞察力のある〕 проница́тельный
**すわる** 座る ～ 椅子に сади́ться на сту́л　座っている сиде́ть

# せ

**せ** 背 〔背中〕 спина́; спи́нка　椅子の～ спи́нка сту́ла　～が高い[低い] высо́кий [ни́зкий]; высо́-

кого [ни́зкого] ро́ста

**せい** ①姓 фами́лия ②性〔男女の〕пол;〔文法の〕род 男[女, 中]～ мужско́й [же́нский, сре́дний] род ～的な сексуа́льный 性差別 сексизм 性的虐待 сексуа́льное злоупотребле́ние 性犯罪 половы́е преступле́ния 性同一性障害 ге́ндерная дисфори́я ③所為 …の～で из-за 〔р〕; по причи́не [вине́]〔р〕 …のにする сва́ливать на〔а〕 それは お前の～だ В э́том ты винова́т.

**せいか** ①成果 результа́т; ито́г; достиже́ние; успе́х ～をあげる получа́ть результа́т ②生家 родно́й дом ③聖火〔オリンピックの〕олимпи́йский ого́нь 聖火リレー эстафе́та олимпи́йского огня́

**せいかく** ①正確 な пра́вильный; то́чный; аккура́тный; пунктуа́льный ～に пра́вильно; то́чно ▶不正確な нето́чный ②性格 хара́ктер

**せいかつ** 生活 жизнь; существова́ние ～する жить 生活様式 о́браз жи́зни 生活保護 обеспе́чение жи́зни

**ぜいかん** 税関 тамо́жня 税関手続 тамо́женные форма́льности 税関申告 тамо́женная деклара́ция 税関検査 тамо́женный досмо́тр

**せいき** ①世紀 век; столе́тие ～末 коне́ц ве́ка ②正規 ～の регуля́рный; то́чный; норма́льный 正規軍 регуля́рная а́рмия

**せいきゅう** 請求 тре́бование; взыска́ние ～する тре́бовать; взы́скивать 請求書 пи́сьменное тре́бование; счёт

**ぜいきん** 税金 нало́г ～を納める упла́чивать нало́г ～を課す облага́ть нало́гом ▶税込みで включа́я нало́г

**せいけいげか** 整形外科 ортопе́дия

**せいけつ** 清潔 な чи́стый; чистопло́тный ～にする чи́стить ～にしておく держа́ть в чистоте́

**せいげん** 制限 ограниче́ние; преде́л ～する ограни́чивать 制限速度 преде́льная ско́рость 輸入制限 и́мпортные ограниче́ния

**せいこう** ①成功 успе́х; уда́ча ～する доби́ться успе́ха ～した успе́шный; уда́чный ～を祈ります Уда́чи! ; Жела́ю вам успе́ха! 成功報酬 пла́та за успе́х ②精巧 ～な то́нкий; утончённый

**せいざ** 星座 созве́здие

**せいさい** 制裁 са́нкция 経済～ экономи́ческая са́нкция

**せいさく** ①政策 поли́тика; полити́ческий курс 政策金利 проце́нтная ста́вка ба́нка; учётная ста́вка ба́нка 外交[経済]政策 вне́шняя [экономи́ческая] поли́тика ②製作・制作 произво́дство; изготовле́ние ～する производи́ть; изготовля́ть 製作者 производи́тель 製作所 фа́брика; мастерска́я 製作費 сто́имость произво́дства

**せいさん** ①清算 распла́та; кли́ринг; ликвида́ция ～する распла́чиваться; рассчи́тываться; ликвиди́ровать ②生産 произво́дство ～的な производи́тельный ～する производи́ть 生産性 производи́тельность 生産高 объём проду́кции 生産品 проду́кция; проду́кт 生産者 производи́тель

**せいじ** 政治 поли́тика; госуда́рственное управле́ние ～的な полити́ческий 政治家 поли́тик; полити́ческий де́ятель 政治活動 полити́ческая де́ятельность 政治資金 избира́тельный фонд

**せいしき** 正式 ～の официа́льный; форма́льный

**せいしゅん** 青春 мо́лодость; ю́ность

**せいしょ** 聖書《宗》Би́блия 旧約[新約]聖書 Ве́тхий [Но́вый] заве́т

**せいじょう** 正常 ～な норма́льный ～化する нормализова́ть

**せいしょうねん** 青少年 молодо́е поколе́ние; молодёжь

**せいしん** 精神 дух; душа́;〔心理〕пси́хика;〔道徳〕мора́ль ～的な духо́вный; душе́вный 精神分析 психоана́лиз 精神科医 психиа́тр 精神科医による精神鑑定 психиатри́ческая эксперти́за 精神異常者 психопа́т 精神安定剤 транквилиза́тор

**せいじん** 成人〔人〕взро́слый; совершенноле́тний ～する достига́ть совершенноле́тия

**せいせき** 成績〔学業の〕успева́емость;〔結果〕результа́ты;〔成果〕достиже́ния 成績表 табли́ца успева́емости 成績証明書 вы́писка оце́нок

**せいそ** 清楚 ～な опря́тный; чи́стый

**せいそう** ①正装 по́лная [пара́дная] фо́рма ②清掃 убо́рка; чи́стка ～する убира́ть; де́лать убо́рку; чи́стить 清掃員 убо́рщик

**せいぞう** 製造 произво́дство; изготовле́ние ～する производи́ть; изготовля́ть 製造業者 производи́тель; изготови́тель 製造元 производи́тель 製造年月日 да́та изготовле́ния

**せいぞん** 生存 生存競争 борьба́ за существова́ние 生存者 оста́вшийся в живы́х; уцеле́вший

**ぜいたく** 贅沢 ро́скошь ～な роско́шный

**せいちょう** 成長 разви́тие; рост ～する расти́; выраста́ть; развива́ться

**せいでんき** 静電気 стати́ческое электри́чество

**せいと** 生徒 учени́к; шко́льник

**せいとう** ①正当 справедли́вость ～な справедли́вый; зако́нный; подходя́щий 正当化 оправда́ние 正当防衛《法》необходи́мая оборо́на ②正統 ～な зако́нный; ортодокса́льный 正統派 ортодо́кс 正統性 ортодокса́льность ③政党 (полити́ческая) па́ртия

**せいねん** 生年 год рожде́ния 生年月日 да́та рожде́ния

**せいのう** 性能 спосо́бность; ка́чество ～のいい высокока́чественный

**せいひん** 製品 проду́кт; проду́кция; изде́лие

**せいふ** 政府 прави́тельство

**せいふく** 制服 фо́рма; фо́рменная оде́жда;〔軍など〕мунди́р

**せいぶつ** 生物 живо́е существо́ 生物学 биоло́гия 生物兵器 биологи́ческое ору́жие

**せいほうけい** 正方形 квадра́т ～の квадра́тный

**せいみつ** 精密 ～な то́чный; подро́бный; тща́тельный; дета́льный 精密機械 прецизио́нный стано́к

**ぜいむしょ** 税務署 нало́говое управле́ние

**せいめい** 生命 生命科学 нау́ка о жи́зни 生命保険 страхова́ние жи́зни 生命倫理 биоэ́тика 生命維持装置 систе́ма подде́ржки жи́зни

**せいよう** 西洋 За́пад ～の за́падный

**せいり** ①整理 ～する приводи́ть в поря́док; упоря́дочивать;〔不要なものを〕сокраща́ть 整理券 талончик с но́мером о́череди 整理だんす комо́д ②生理 жи́зненные проце́ссы;〔月経〕менструа́ция (私は)～です У меня́ ме́сячные. 生理学 физиоло́гия

**せいりょく** 勢力 си́ла; могу́щество; влия́ние ～のある си́льный; мо́щный; влия́тельный 勢

**力争い** борьба́ за влия́ние ②精力 эне́ргия ～的な энерги́чный

**せいれつ** 整列 ～する стро́иться; выстра́иваться

**セーター** сви́тер; пуло́вер

**セール**〔特売〕распрода́жа

**せかい** 世界 мир; свет ～的な мирово́й ～中に во всём ми́ре 世界情勢 положе́ние в ми́ре 世界記録 мирово́й реко́рд 世界史 всеми́рная исто́рия 世界遺産 всеми́рное насле́дие 世界選手権 чемпио́н ми́ра 世界一周旅行 кругосве́тное путеше́ствие 世界銀行 Всеми́рный банк 第1[2]次世界大戦 Пе́рвая [Втора́я] мирова́я война́

**セカンドオピニオン** второ́е мне́ние

**せき** ①席 ме́сто ～に着く занима́ть ме́сто; сади́ться ～を立つ встава́ть с ме́ста ②咳 ка́шель ～が出る ка́шлять 咳止め лека́рства [леденцы́] от кашля́

**せきがいせん** 赤外線 инфракра́сные лучи́

**せきたん** 石炭 ка́менный у́голь

**せきどう** 赤道 эква́тор

**せきにん** 責任 отве́тственность ～を負う[取る] нести́ [брать на себя́] отве́тственность 責任者 отве́тственное лицо́

**せきゆ** 石油〔原油〕нефть;〔灯油〕кероси́н 石油化学 нефтехи́мия 石油製品 нефтепроду́кт

**セキュリティー** охране́ние

**セクシー** ～な сексапи́льный

**セクハラ** сексуа́льные домога́тельства

**せけん** 世間 свет; лю́ди; наро́д ～知らずの не знать жи́зни; нео́пытный 世間話 болтовня́

**セし** セ氏 Це́льсий

**セシウム**〔化〕це́зий

**せしゅう** 世襲 переда́ча по насле́дству; унасле́дование ～の насле́дственный

**せたい** 世帯 домохозя́йство; 世帯主 глава́ семьи́

**せだい** 世代 世代交代 сме́на поколе́ний

**せっきょく** 積極 ～的な положи́тельный; позити́вный; акти́вный ～的に акти́вно 積極性 положи́тельность; акти́вность

**せっきん** 接近 ～する〔近寄る〕приближа́ться; 〔考えが〕подходи́ть;

**セックス**〔性交〕полово́й акт ～する занима́ться любо́вью

**せっけい** 設計 прое́кт; план; проекти́ровка ～する проекти́ровать; составля́ть план; плани́ровать 設計図 план; чертёж 設計者 проекти́ровщик

**せっけん** 石鹸 мы́ло 石鹸入れ мы́льница

**せっしょく** 接触 соприкоснове́ние; конта́кт ～する соприкаса́ться с 圖

**せったい** 接待 приём ～する принима́ть

**ぜったい** 絶対 ～的な абсолю́тный; безогово́рочный ～に абсолю́тно 絶対音感 абсолю́тный слух 絶対温度 абсолю́тная температу́ра

**せっちゃく** 接着 ～する прилипа́ть; скле́ивать(ся) 接着剤 клей

**せってい** 設定 ～する устана́вливать

**セット**〔一式〕набо́р; компле́кт; гарниту́р;〔映画などの〕декора́ция,〔テニスなどの〕сет;〔党派〕па́ртия

**せっとく** 説得 ～する убежда́ть; угова́ривать ～力のある убеди́тельный

**せつび** 設備 обору́дование; устано́вка; приспособле́ние; удо́бства 設備投資 капиталовложе́ния в обору́дование

**ぜつぼう** 絶望 отча́яние ～する теря́ть наде́жду; отча́иваться в 圖 ～的な безнадёжный

**せつめい** 説明 объясне́ние ～する объясня́ть; разъясня́ть 説明責任 подотчётность

**せつやく** 節約 эконо́мия ～する сберега́ть; эконо́мить

**せつりつ** 設立 основа́ние; учрежде́ние; организа́ция ～する осно́вывать; учрежда́ть 設立者 основа́тель; организа́тор

**せなか** 背中 спина́ ～合わせに спина́ к спине́

**ぜひ** 是非〔必ず・きっと〕непреме́нно; обяза́тельно; во что бы то ни ста́ло

**せまい** 狭い у́зкий; те́сный;〔小さい〕ма́ленький; небольшо́й ～道 у́зкая доро́га ～部屋 небольша́я ко́мната

**せみ** 蝉 цика́да

**セミナー** семина́р; семина́рий

**せめる** 責める〔非難する〕упрека́ть в 圖

**ゼラニウム**〔植〕пелраго́ния

**セラミック** кера́мика

**ゼリー** желе́; сту́день ～状の студени́стый

**せりふ** 台詞 слова́; ре́плика

**セルフサービス** самообслу́живание

**セロリ**〔植〕сельдере́й

**せわ** 世話 ～する уха́живать за 圖; хлопота́ть「за [о 圖];〔助力〕помога́ть 圓 ～好きの забо́тливый; ～になりました Спаси́бо вам за по́мощь.; Я вам обя́зан. 大きなお～だ Это не твоё де́ло. 世話役 распоряди́тель

**せん** ①千 ты́сяча ②(番目)の ты́сячный ③線 ли́ния; лине́йка; черта́ ～を引く проводи́ть ли́нию

**ぜん** ①禅 дзэн-будди́зм ②前…〔以前の〕бы́вший; пре́жний; экс-... ～大統領 бы́вший президе́нт; экс-президе́нт

**せんい** 繊維 волокно́ 天然[合成] приро́дное [синтети́ческое] волокно́

**ぜんいん** 全員 весь соста́в; все ～一致で единогла́сно

**せんきょ** 選挙 вы́боры ～する выбира́ть; избира́ть 選挙権 избира́тельное пра́во 選挙区 избира́тельный о́круг 総選挙 всео́бщие вы́боры 選挙違反 наруше́ния на вы́борах

**せんきょうし** 宣教師 миссионе́р; пропове́дник

**せんげつ** 先月 про́шлый ме́сяц

**せんこう** 専攻 ～する специализи́роваться

**ぜんこく** 全国 вся страна́

**センサー** да́тчик; се́нсор

**せんさい** 繊細 ～な утончённый; делика́тный

**せんざい** ①洗剤 мо́ющее сре́дство ②潜在 ～的 потенциа́льный; лате́нтный; скры́тый 潜在能力 потенциа́л 潜在意識 подсозна́ние

**ぜんさい** 前菜 заку́ска

**せんじつ** 先日 неда́вно; на днях ～の неда́вний

**ぜんじつ** 前日 (に) (в) предыду́щий день; (в) кану́н; накану́не

**せんしゃ** 戦車〔軍〕танк

**せんしゅ** 選手 игро́к 選手権大会 чемпиона́т

**せんしゅう** 先週 про́шлая неде́ля ～に на про́шлой неде́ле

**せんじゅうみん** 先住民 коренно́е населе́ние

**せんじゅつ** 戦術 ～的 такти́ческий

**せんしょくたい** 染色体〔生〕хромосо́ма

**せんしん** 先進 ～的な прогресси́вный; передово́й 先進国 передова́я [ра́звитая] страна́

**せんす** 扇子 складно́й ве́ер

**せんすい** 潜水 ～する погружа́ться в во́ду; ныря́ть 潜水艦 подво́дная ло́дка 潜水夫 водола́з; подво́дник

**せんせい** ① 先生 〔教師〕 учи́тель; преподава́тель; 〔教授〕 профе́ссор ② 宣誓 присяга́ ~する присяга́ть; дава́ть прися́гу 宣誓書 пи́сьменная прися́га

**せんせいじゅつ** 占星術 астроло́гия

**ぜんせん** 前線 фро́нт; пере́дняя ли́ния 温暖 [寒冷] 前線 фро́нт тёплого [холо́дного] во́здуха; тёплый [холо́дный] атмосфе́рный фро́нт 梅雨前線 фро́нт дожде́й

**せんぞ** 先祖 пре́док

**せんそう** 戦争 война́; 〔戦闘〕 би́тва; сраже́ние ~中に во вре́мя войны́ ~する воева́ть; вести́ войну́ 『～と平和』 «Война́ и мир»

**ぜんそく** 喘息 〔医〕 а́стма

**ぜんたい** 全体 це́лое ~の весь; о́бщий; це́лый ~で всего́; в о́бщей сло́жности; целико́м

**せんたく** ① 洗濯 стирка ~する стира́ть 洗濯物 бельё для стирки 洗濯ばさみ прище́пки 洗濯機 стира́льная маши́на 洗剤 〔粉末〕 стира́льный порошо́к ② 選択 вы́бор; отбо́р ~する выбира́ть; избира́ть; отбира́ть ~を誤る непра́вильно выбира́ть 選択肢 вариа́нт

**せんたん** 先端 коне́ц; ко́нчик; остриё 先端技術 передова́я те́хника

**せんちょう** 船長 капита́н (су́дна [корабля́])

**ぜんちょう** 前兆 предзнамнова́ние; при́знак

**ぜんてい** 前提 предпосы́лка; 〔論〕 посы́лка …を～として на осно́ве 田

**せんでん** 宣伝 рекла́ма; 〔主義などの〕 пропага́нда ~する реклами́ровать; пропаганди́ровать

**ぜんと** 前途 ~有望な многообеща́ющий ~多難に Впереди́ мно́го тру́дностей

**せんとう** 戦闘 бой; би́тва; сраже́ние 戦闘機 истреби́тель 戦闘員 боеви́к; комбата́нт

**せんにゅうかん** 先入観 предубежде́ние; предрассу́док ~のある предубеждённый

**せんのう** 洗脳 промыва́ние мозго́в ~する промыва́ть мозги́

**せんばつ** 選抜 отбо́р 選抜試験 ко́нкурсный экза́мен 選抜チーム сбо́рная кома́нда

**ぜんはん** 前半 пе́рвая полови́на

**ぜんぱん** 全般 ~的な о́бщий; всео́бщий ~的に вообще́; в о́бщем; как пра́вило

**ぜんぶ** 全部 весь; всё; по́лностью; целико́м ~で всего́; в о́бщей сло́жности これで～です Это всё.

**せんぷうき** 扇風機 электри́ческий вентиля́тор

**ぜんぽう** 前方 пере́дняя ча́сть ~に впереди́ ~の пере́дний ~へ вперёд

**せんめい** 鮮明 ~な я́сный; чёткий

**せんもん** 専門 специа́льность ~の специа́льный ~にする специализи́роваться 『в 面 [на 面]』 専門家 специали́ст; 〔鑑定の〕 экспе́рт 専門店 специализи́рованный магази́н 専門用語 терминоло́гия; те́рмин 専門学校 профессиона́льное учи́лище; ПУ

**ぜんや** 前夜 кану́н ~に накану́не 前夜祭 кану́н

**せんゆう** 占有 ~する владе́ть 面 占有率 пропо́рция владе́ния

**せんりゃく** 戦略 страте́гия ~的な стратеги́ческий 戦略兵器 стратеги́ческое ору́жие

**せんりょう** ① 占領 ~する занима́ть; захва́тывать 占領軍 оккупацио́нные войска́ 占領地 оккупи́рованная террито́рия ② 染料 кра́ска; краси́тель

**せんりょく** 戦力 боева́я мощь; боеспосо́бность

**ぜんりょく** 全力 ~で все́ми си́лами; изо все́х сил ~を尽くす прилага́ть все си́лы [уси́лия]

**せんれい** 洗礼 креще́ние ~を受ка крести́ться 洗礼名 и́мя при креще́нии

**ぜんれい** 前例 прецеде́нт ~のない беспрецеде́нтный

**せんれん** 洗練 ~された утончённый

# そ

**そう** ① так ~でないと а то; ина́че ~なの? Пра́вда? / Неуже́ли? 私も～思う Я то́же так ду́маю. ▶そういう тако́й ▶そう言えば кста́ти; ме́жду про́чим ② 層 〔重なり〕 я́рус; 〔地層〕 слой; за́лежь; 〔列〕 ряд ③ 添・沿う 〔道・川などに〕 сле́довать; быть располо́женным вдоль 面; 〔期待などに〕 опра́вдывать …に сле́довать вдоль 面

**そう**– 総– о́бщий; весь; генера́льный; валово́й ～人口 о́бщее населе́ние ～計 о́бщий ито́г ～生産 валова́я проду́кция

**ぞう** ① 像 〔彫像〕 ста́туя; па́мятник 舟 ② 象 〔動〕 слон

**そうい** 相違 ра́зница; разли́чие; расхожде́ние 意見の～ ра́зница во мне́ниях ② 創意 оригина́льность; тво́рческий за́мысел 創意工夫 изобрета́тельность; изобрете́ние

**そうおう** 相応 ~の соотве́тствующий; подходя́щий; надлежа́щий

**そうおん** 騒音 шум

**ぞうか** 増加 увеличе́ние; рост; приро́ст ~する увели́чиваться; расти́; возраста́ть

**そうかん** 相関 соотноше́ние ~的な соотноси́тельный 相関関係 соотноше́ние

**そうがんきょう** 双眼鏡 бино́кль

**ぞうき** 臓器 вну́тренний о́рган 臓器提供 до́норство о́рганов

**そうぎょう** 創業 ~する осно́вывать [учрежда́ть] предприя́тие 創業者 основа́тель

**ぞうきん** 雑巾 тря́пка

**ぞうげ** 象牙 слоно́вая кость

**そうげん** 草原 степь; по́ле; 〔北米の〕 пре́рия; 〔南米の〕 па́мпа́сы

**そうこ** 倉庫 склад

**そうご** 相互 ~の взаи́мный 相互関係 взаимосвя́зь 相互作用 взаимоде́йствие 相互援助 взаимопо́мощь

**そうごう** 総合 ~的な всео́бщий; о́бщий; синтети́ческий 総合病院 поликли́ника

**そうさ** ① 操作 ~する управля́ть; опери́ровать; манипули́ровать ② 捜査 рассле́дование; ро́зыск ~する рассле́довать 捜査本部 штаб рассле́дования

**そうさい** 相殺 взаимопокры́тие; взаимокомпенса́ция ~する взаи́мно компенси́ровать; покрыва́ть

**そうざい** 惣菜 гото́вые блю́да

**そうさく** ① 捜索 ~する производи́ть ро́зыск [по́иски]; обы́скивать 捜索願 заявле́ние о ро́зыске 捜索隊 разве́дывательный отря́д 家宅捜索 дома́шний о́быск ② 創作 тво́рчество ~する создава́ть; твори́ть ~的な тво́рческий; оригина́льный

**そうじ** 掃除 убо́рка; чи́стка ~する убира́ть; де́лать убо́рку; чи́стить 大掃除 генера́льная убо́рка 掃除機 пылесо́с

**そうしき** 葬式 по́хороны をする устра́ивать по́хороны

**そうじゅう** 操縦 управле́ние; вожде́ние ~する управля́ть 回; води́ть 回; ~士 [操縦士] пило́т; води́тель

**そうじゅく** 早熟 ра́но созрева́ющий

**そうじょうこうか** 相乗効果 [シナジー効果] синерги́я

**そうしょく** 装飾 украше́ние ~的な декорати́вный ~する украша́ть 装飾品 украше́ние

**ぞうぜい** 増税 увеличе́ние нало́гов

**そうせん** 造船 судострое́ние 造船所 верфь; судове́рфь

**そうぞう** ① 想像 воображе́ние; представле́ние ~する вообража́ть; представля́ть себе́; предполага́ть ~上の вообража́емый; мни́мый ~できない невообрази́мый; немы́слимый 想像力 воображе́ние; си́ла воображе́ния ② 創造 созда́ние; тво́рчество; [文] творе́ние 創造主 творе́ц 創造性 оригина́льность

**そうぞく** 相続 насле́дование ~する насле́довать 相続財産 насле́дство получа́ть в насле́дство 相続人 насле́дник 相続権 пра́во насле́дования 相続税 нало́г на насле́дство

**そうたい** 相対 относи́тельность ~的な относи́тельный 相対性理論 [理] тео́рия относи́тельности

**そうだい** 壮大 ~な грандио́зный; вели́чественный; великоле́пный

**そうだん** 相談 сове́т; консульта́ция ~する сове́товаться [консульти́роваться] с 回 ~を受ける обраща́ться за сове́том ~に乗る дава́ть сове́т ~の上で посове́товавшись

**そうち** 装置 устано́вка; обору́дование; устро́йство; механи́зм

**そうちょう** 早朝 ра́ннее у́тро ~に ра́но у́тром

**そうてい** 想定 предположе́ние ~内の предполага́емый ~外の непредполага́емый

**そうとう** 相当 ~する [相応] соотве́тствовать 回; ~な [相応な] соотве́тствующий; подходя́щий; [かなりの] значи́тельный; поря́дочный ~に значи́тельно; поря́дочно; дово́льно

**そうなん** 遭難 бе́дствие; ава́рия ~する попада́ть в ава́рию 遭難信号 SOS; сигна́л бе́дствия 遭難者 пострада́вший

**そうば** 相場 [時価] ры́ночная цена́; курс; котиро́вка

**そうべつ** 送別 про́воды 送別会 проща́льный обе́д

**そうむ** 総務 [仕事] о́бщие дела́; [人] дире́ктор 総務部 о́бщий отде́л

**ぞうよ** 贈与 даре́ние 贈与税 нало́г на да́рственную переда́чу иму́щества

**そうりょう** 送料 пла́та за пересы́лку [перево́зку]

**そうりょうじ** 総領事 генера́льный ко́нсул 総領事館 генера́льное ко́нсульство

**ぞうわい** 贈賄 взя́точничество; по́дкуп 贈賄事件 корру́пция

**そえる** 添える прибавля́ть; добавля́ть

**ソース** со́ус ~入れ со́усник

**ソーセージ** колбаса́ ~ ウインナー ~ соси́ски

**ぞくご** 俗語 простоpе́чие; сленг

**そくしん** 促進 способствова́ние 回; ускоре́ние; поощре́ние ~する спосо́бствовать 回; ускоря́ть; поощря́ть

**ぞくぞく** ~する [興奮・恐怖に] дрожа́ть [трепета́ть] от 回; [寒気がする] чу́вствовать от 回; зноби́ть

**そくたつ** 速達 (郵便) ~で спе́шной по́чтой

**そくど** 速度 быстрота́; темп ~を上げる [落とす] прибавля́ть [сбавля́ть] ско́рость 速度計 спидо́метр 速度制限 ограниче́ние ско́рости

**そくりょう** 測量 измере́ние ~する измеря́ть; проме́рять 測量士 землеме́р; топо́граф

**そこ** ① 底 дно回; [靴の] подо́шва ~の зна́ешь́ бездо́нный ~を突く упа́сть до преде́ла ② そこ там ▶そこで [その場所で] там; [そういう訳で] поэ́тому; ита́к

**そこく** 祖国 оте́чество; ро́дина; 《詩》отчи́зна ~の отече́ственный

**そし** 阻止 заде́ржка ~する заде́рживать

**そしき** 組織 организа́ция; [細胞の] ткань ~ 的な системати́ческий; организо́ванный ~する организова́ть; формирова́ть; устра́ивать

**そしつ** 素質 нату́ра; приро́да; предрасположе́ние ~がある одарённый

**そしょう** 訴訟 проце́сс; иск; тя́жба ~を起こсть предъявля́ть иск 回

**そせん** 祖先 пре́док; пре́дки

**そそのかす** 唆す подстрека́ть 「к 回 [不定形]; соблазня́ть 団 [不定形]

**そだてる** 育てる воспи́тывать; вска́рмливать; [植物を] культиви́ровать; [動物を] корми́ть ▶育つ расти́; развива́ться; воспи́тываться

**そっきょう** 即興 экспро́мт ~の импровизи́рованный 即興演奏 импровиза́ция

**そつぎょう** 卒業 ~する ока́нчивать шко́лу [университе́т] 卒業生 выпускни́к 卒業論文 дипло́мная рабо́та; [話] дипло́м 卒業式 выпускна́я церемо́ния; [話] после́дний звоно́к 卒業証書 аттеста́т [大学の] дипло́м

**そっちょく** 率直 ~な открове́нный; прямо́й; прямоду́шный ~に открове́нно; пря́мо; ~に言えば открове́нно говоря́

**ソテー** [調理法] soté

**そで** 袖 рука́в; [舞台の] кули́сы; 袖口 манже́та 袖なし безрука́вка ~の безрука́вный

**そと** 外 ~で на у́лице; на во́здухе ~から снару́жи

**そなえる** 備える [準備する] гото́виться к 回; [設備する] ста́вить; обору́довать 回; [持っている] име́ть; облада́ть 回

**その** тот; э́тот; его́; её; их ▶その上 кро́ме [сверх] того́; к тому́ же; [話] а ещё ▶その代わり зато́ ▶その後 по́сле э́того; пото́м; с тех пор; в дальне́йшем ▶その頃 [話] (в) то вре́мя ▶その他 и други́е; и про́чее; и тому́ подо́бное; и так да́лее ▶その為 [原因] из-за э́того; [目的] для того́ ▶その都度 ка́ждый раз ▶その通り то́чно так; [肯定返事で] Соверше́нно ве́рно [то́чно]. | Вы пра́вы. ▶その時 тогда́; (в) то вре́мя; в тот моме́нт ▶その場限りの вре́менный ~で на ме́сте ▶その場のぎに вре́менно ~する [付近] тут-то там [звать] ▶そのまま так, как есть ~にしておいて Оста́вьте так, как есть. ▶そのような тако́й

**そば** ① [麺] гречи́ха; греча́; гре́чка [麺] гре́чневая лапша́ 手打ちそば гре́чневая лапша́ дома́шнего приготовле́ния ② 側 ~に у [о́коло, во́зле, по́дле, недалеко́ от] 回; ря́дом с 回 ▶すぐそばに совсе́м недалеко́; в двух шага́х

**そふ** 祖父 дед; де́душка

**ソファー** дива́н; софа́ ~ベッド куше́тка; дива́н-крова́ть

**ソフト** ~ウェア (IT) програ́ммное обеспе́чение; 《俗》софт ~クリーム мя́гкое моро́женое ~ドリンク безалкого́льные напи́тки ~ボール софтбо́л

**そぼ** 祖母 бáбушка

**そぼく** 素朴 простотá; наи́вность ～な простóй; наи́вный

**そめる** 染める крáсить

**そもそも** 〔最初から〕с сáмого начáла

**そら** 空 нéбо; небесá

**そらす** отводи́ть (в стóрону) 話を～ уводи́ть разговóр в стóрону 注意を～ отвлекáть внимáние

**そらまめ** 空豆〔植〕кóнские бобы́

**そり** 橇 сáни; сáнки; салáзки

**そる** 剃る брить ひげを～ бри́ться

**それ** э́то; он; онá; онó ～は何ですか Что э́то? それはさておき остáвив э́то в сторонé それはそうとкстáти ▶それから〔その時から〕с тех пор; 〔その後で〕потóм; затéм ▶それくらい стóлько ▶それでも всё-таки; всё же; тем не мéнее ▶それどころか наоборóт; напроти́в ▶それなのに несмотря́ на э́то; всё же ▶それに к тому́ же; крóме свéрх тогó; вдобáвок ▶それにしても но; всё же; однáко ▶それにもかかわらず несмотря́ на э́то; при всём э́том

**それぞれ(の)** кáждый; вся́кий

**それで**〔それだから〕поэ́тому; вот почему́;〔それから〕а;(ну́,) и

**それでは** зна́чит; ита́к; тогдá; в такóм слу́чае ～また Ну, покá. ～今日はここまで Ита́к, на сего́дня всё.

**それほど** насто́лько; стóлько; так ～…でもない не так

**それまで**〔その時まで〕до тех пор; до тогó врéмени;〔それほど多く〕стóлько

**そろう** 揃う〔一様になる〕быть одинáковым [подóбранным];〔一致する〕согласóвываться;〔全部集まる〕собирáться пóлностью みんなが揃った Все собрали́сь. | Все в сбóре.

**そろばん** 算盤 счёты

**そんがい** 損害 потéря; убы́ток; ущéрб; поврежде́ние ～を与える наноси́ть [приноси́ть] убы́ток [ущéрб] ～を受ける нести́ [терпéть] убы́ток [ущéрб] 損害賠償 компенсáция 損害賠償金 дéнежная компенсáция

**そんけい** 尊敬 уважéние; почтéние; почитáние ～する уважáть; почитáть; ～すべき досто́йный; почтéнный; ～される пóльзоваться уважéнием

**そんげんし** 尊厳死 смерть с досто́инством

**そんざい** 存在 существовáние; нахождéние ～する существовáть; находи́ться 存在感 ～がある 〔傑出した〕выдаю́щийся;〔際立つ〕отличáться;〔影響力〕влия́тельный

**そんぞく** 存続 ～する продолжáться; оставáться; сохраня́ться ～させる продолжáть

# た

**た** 田 ри́совое пóле

**ターゲット** цель; мишéнь

**ダース** дю́жина ～の дю́жинный

**ターミナル**〔ターミナル駅〕вокзáл;〔終着駅〕конéчная стáнция;〔空港の〕терминáл

**たい** ①鯛〔魚〕морскóй карáсь ②対〔…に対する〕про́тив 田; с 圏; по отношéнию к 圏 対ロシア貿易 торгóвля с Росси́ей 日本の対ロシア政策 поли́тика Япóнии по отношéнию к Росси́и 日本のロシアの試合 матч япóнской комáнды про́тив росси́йской 3対0でロシアが勝った Матч закóнчился со счётом три - ноль в пóльзу Росси́и.

1対1の割合で水で割る разбавля́ть водóй оди́н к одному́

**たいいく** 体育 физкульту́ра; физи́ческое воспитáние 体育館 спорти́вный зал

**だいいち** 第一 ～の пéрвый ～に во-пéрвых ～幕 пéрвое дéйствие 第一印象 пéрвое впечатлéние 第一人者 ведýщая фигу́ра; авторитéт

**ダイエット** диéта ～をする занимáться диéтой

**ダイオキシン**〔化〕диокси́ны

**たいおん** 体温 температу́ра тéла ～を測る измеря́ть температу́ру 体温計 грáдусник; (медици́нский) термóметр

**たいか** 耐火 ～(性)の огнеупóрный; жаростóйкий; несгорáемый 耐火金庫 несгорáемый шкаф

**たいかい** 大会〔大集会〕мáссовый ми́тинг;〔総会〕съезд; конгрéсс;〔競技会〕соревновáния; турни́р

**だいがく** 大学〔総合〕университéт;〔単科〕институ́т; кóлледж; акадéмия;〔総称〕вуз ～で学ぶ учи́ться в университéте 大学生 студéнт;〔女〕студéнтка 大学時代 студéнческие гóды 国立[私立]大学 госудáрственный [чáстный] университéт 大学院 аспиранту́ра 大学院生 аспирáнт

**たいかくせん** 対角線 диагонáль

**たいき** 大気 атмосфéра ～の атмосфéрный 大気汚染 загрязнéние вóздуха

**だいきち** 大吉 большóе счáстье

**たいきゅう** 耐久 ～性のある прóчный; долговéчный 耐久性 прóчность; стóйкость

**だいきん** 代金 плáта; ценá ～を支払う уплати́ть; оплати́ть ～の…を支払う оплáта за кни́ги 代金引換で〔商〕налóженным платежóм

**たいくつ** 退屈 скýка ～な скýчный ～する скучáть ～させる наводи́ть скýку на кого́ ～だ Скýчно!

**たいけい** ①体系 систéма 体系化 систематизáция ～する систематизи́ровать ②体形・型 фигýра; фóрма; телосложéние

**たいけん** 体験 óпыт ～する испы́тывать

**たいこ** 太鼓 барабáн ～を叩く бить в барабáн

**たいこく** 大国 больша́я странá; (вели́кая) держáва 経済～ экономи́ческая держáва

**だいこん** 大根〔植〕рéдька

**たいざい** 滞在 пребывáние; останóвка ロシアに～する пребывáть [пробы́ть] в Росси́и モсквá中にも～する пробы́ть の пребывáния в Москвé

**たいさく** 対策 мéры; контрмéры ～を立てる разрабáтывать мéры

**だいさん** 第三 ～の трéтий ～に в-трéтьих 第三者 трéтье лицó; посторóнний

**たいし** 大使 посóл 駐日ロシア～ посóл Росси́и в Япóнии 日本[ロシア]大使館 посóльство Япóнии [Росси́и] 大使館員 сотру́дник посóльства

**だいじ** 大事 ～な вáжный; дорогóй; цéнный ～にする дорожи́ть 圏; цени́ть 体を～にする берéчь здорóвье お～に Береги́те себя́. | Выздорáвливайте поскорéе.

**たいしゃ** 退社 ～する〔退職〕уволи́ться; выходи́ть [уходи́ть] в отстáвку;〔退勤〕уходи́ть из компа́нии 彼はもう～[退勤]しました Он уже́ ушёл.

**たいしゃく** 貸借対照表〔会計〕бухгáлтерский балáнс

**たいじゅう** 体重 вес (тéла) ～を計る измеря́ть вес тéла;〔自分の〕взвéшиваться ～が増える[減る] Вес прибавля́ется [убавля́ется]. ～は60キロです Мой вес — шестьдеся́т килогрáммов. 体重計

たいвесьй

たいしょう ①対象 предме́т; объе́кт 若者を～としたアンケート調査 опро́с молодёжи ②対照 ～する сопоставля́ть; сра́внивать ～的な контра́стный ③対称 симме́три́я 左右～ биларальная симме́три́я ～的な симметри́чный ④大将〔陸軍の〕генера́л(-полко́вник); 〔海軍の〕адмира́л; 〔頭領〕глава́; босс ⑤大勝 больша́я [кру́пная] побе́да ～する одержа́ть большу́ю побе́ду

だいじょうぶ 大丈夫 ～な 〔安心な〕безопа́сный; 〔確実な〕надёжный; ～ですか 〔平気か〕Вам хорошо́? ～で Всё в поря́дке. | Ничего́. | 〔ご心配なく〕Не беспоко́йтесь.

たいしょく 退職 ～する уходи́ть [со слу́жбы [с рабо́ты, в отста́вку]] 退職金 единовре́менное выходно́е посо́бие

だいじん 大臣 мини́стр

だいず 大豆〔植〕со́я;〔豆〕со́евые бобы́

だいすき 大好き о́чень люби́ть; о́чень нра́виться ～な са́мый люби́мый; излю́бленный

たいせい ①体制 систе́ма; структу́ра; строй ②大勢〔一般的傾向〕о́бщая тенде́нция;〔情勢〕о́бщее положе́ние ～に〔逆らう〕 сле́довать [идти́ про́тив] о́бщей тенде́нции

たいせいよう 大西洋 Атланти́ческий океа́н

たいせき 体積 объём; кубату́ра

たいせつ 大切 ～な ва́жный; це́нный; дорого́й ～にする доржи́ть 囲;〔大切扱う〕бере́чь 私にとって～な人 дорого́й для меня́ челове́к

たいせん 対戦 ～する сража́ться [боро́ться] с 囲 対戦相手 проти́вник; сопе́рник 対戦成績 резульа́ты сы́гранных ма́тчей

たいそう 体操 гимна́стика; гимнасти́ческие упражне́ния ～をする де́лать заря́дку

たいだん 対談 бесе́да ～する бесе́довать с 囲

たいたん 大胆 отва́га; сме́лость ～な отва́жный; сме́лый; бесстра́шный ～にも… する брать на себя́ сме́лость 不定形; осме́литься 不定形

たいちょう ①体調 состоя́ние здоро́вья 今日は～がいい Сего́дня я хорошо́ себя́ чу́вствую. | 私は～が悪い Я не о́чень здоро́в. | Я пло́хо себя́ чу́вствую. ②隊長 команди́р

タイツ колго́тки ～をはいた в колгот́ках

たいど 態度 пози́ция; отноше́ние; поведе́ние 曖昧な～をとる относи́ться неопределённо к 与 ～を明らかにする занима́ть чёткую пози́цию в отноше́нии 囲

だいとうりょう 大統領 президе́нт 大統領府〔ロシアの〕администра́ция президе́нта 大統領夫人 пе́рвая ле́ди 大統領選挙 президе́нтские вы́боры

だいどころ 台所 ку́хня ～用品 ку́хонный утва́рь

タイトル 〔表題〕загла́вие; назва́ние;〔選手権の〕пе́рвенство; чемпиона́т;〔映画の〕ти́тр; на́дпись ～マッチ чемпиона́т

だいなし 台無し ～にする 〔全て〕испо́ртить; разру́шить ～になる испо́ртиться 雨で旅行が～になった Из-за дождя́ пое́здка сорвала́сь.

だいに 第二 ～の второ́й; друго́й ～に во-вторы́х

たいねつ 耐熱(性) ～の теплосто́йкий; огнесто́йкий; жаросто́йкий

だいひょう 代表 представи́тель; делега́т ～する представля́ть; заменя́ть ～的な представи́тельный; типи́чный 代表団 делега́ция

ダイビング 〔潜水〕ныря́ние;〔飛び込み〕прыжо́к ～する 〔潜水〕ныря́ть;〔スカイ～〕пики́ровать

タイプ 〔型〕тип; 〔人の〕типа́ж どんな女性がタイプですか Како́й тво́й люби́мый тип де́вушек?

たいふう 台風 тайфу́н 台風の目 центр тайфу́на

たいへいよう 太平洋 Ти́хий океа́н

たいへん 大変 ①〔非常に〕о́чень; кра́йне ～な〔並はずれた〕необыкнове́нный;〔重大な〕серьёзный; ва́жный; 〔骨の折れる〕тру́дный; сло́жный ～だ! Ужас! | Беда́!

たいほ 逮捕 аре́ст ～する аресто́вывать; заде́рживать 逮捕状 о́рдер на аре́ст

だいほん 台本 сцена́рий; 〔オペラの〕либре́тто

タイマー тайме́р

タイミング ～よく своевре́менно; во́время ～悪く несвоевре́менно

タイム ①〔時間〕вре́мя;〔試合の中断〕тайм-аут ～を取る брать тайм-а́ут ～カード ка́рточка учёта рабо́чего вре́мени ～マシン маши́на вре́мени ②〔植〕тимья́н

タイヤ колесо́; ши́на; покры́шка スペア～ запасно́е колесо́

ダイヤ〔ダイヤモンド〕алма́з; бриллиа́нт;〔運行表〕диагра́мма; расписа́ние; гра́фик

だいやく 代役〔代わりの俳優〕дубл́ёр;〔代理〕заме́на ～を務める дубли́ровать; заменя́ть …～に立つ переставля́ть 囲

たいよう 太陽 со́лнце ～が昇る Со́лнце восхо́дит [встаёт]. ～が沈む Со́лнце захо́дит [сади́тся]. 太陽熱 со́лнечное тепло́ 太陽電池 со́лнечная батаре́я 太陽系 со́лнечная систе́ма

だいよう 代用 заме́на; замеще́ние ～する заменя́ть; замеща́ть 代用品 замени́тель

たいら 平ら ～な ро́вный; гла́дкий;〔水平な〕горизонта́льный

だいり 代理 замести́тель; представи́тель; ～をする замеща́ть; заменя́ть; представля́ть ～で за 与; от и́мени 与 ～で от и́мени 与; по дове́ренности 代理人 аге́нт 代理店 аге́нтство

たいりく 大陸 контине́нт; матери́к 大陸性気候 континента́льный кли́мат 大陸棚 континента́льный шельф

だいりせき 大理石 мра́мор

たいりつ 対立 противополо́жность; противопоставле́ние; противоре́чие ～する противопоставля́ться; противоре́чить; расходи́ться

たいりょう 大量 большо́е коли́чество ～に в большо́м коли́честве 大量生産 ма́ссовое произво́дство

たいりょく 体力 физи́ческая си́ла ～のある физи́чески си́льный ～を維持する сохраня́ть физи́ческую си́лу

タイル пли́тка; ка́фель; изразе́ц

ダウン〔羽毛〕пух; пушо́к ～ジャケット пухо́вая ку́ртка ～コート дуто́е [пухо́вое] пальто́

ダウンロード 〔IT〕загру́зка; ска́чка

たえず 絶えず постоя́нно; непреры́вно; беспреры́вно

たえる 堪・耐える 〔我慢〕терпе́ть; выноси́ть; переноси́ть;〔持ちこたえる〕выде́рживать; противостоя́ть ▶堪えがたい невыноси́мый; нестерпи́мый

だえん 楕円 ова́л; э́ллипс

たおす 倒す 〔転ばす〕вали́ть; сва́ливать;〔ひっくり返す〕опроки́дывать;〔殴って〕сбива́ть с ног;〔負かす〕побежда́ть

タオル полоте́нце バス～ ва́нное полоте́нце

たおれる 倒れる 〔転ぶ〕па́дать; вали́ться; свали-

**たか** 鷹〘鳥〙со́кол
**たかい** 高い высо́кий; [高価な] дорого́й レベルが~ высо́кий у́ровень 彼は背が~ Он высо́кий. ▶**高さ** высота́; вышина́; [価値・値段] дорогови́зна
**たがい 互い** ~に друг дру́га; взаи́мно; обою́дно ~の взаи́мный
**たかく 多角** ~的な многоотраслево́й; многосторо́нний; многогра́нный ▶**多角形 多角形** многоуго́льник **多角経営** многоотраслево́е предприя́тие
**たかしお 高潮** высо́кие во́лны
**たかだか 高々**〘せいぜい〙всего́ (лишь); то́лько と高くに высоко́ вве́рх
**だがっき 打楽器** уда́рный инструме́нт **打楽器奏者** перкуссиони́ст
**たかめる 高める** повыша́ть; возвыша́ть; поднима́ть; [強くする] уси́ливать ▶**高まる** повыша́ться; поднима́ться
**たから 宝** сокро́вище **宝くじ** лотере́я ~が当たる вы́играть в лотере́е
**だから** [だもの] поэ́тому; вот почему́; так что
**たき 滝** водопа́д; каска́д ~に打たれる стоя́ть под водопа́дом **滝壺** бассе́йн водопа́да
**たきぎ 薪** дрова́
**タキシード** смо́кинг
**たきび 焚火** костёр ~にあたる гре́ться у костра́
**だきょう 妥協** компроми́сс ~する идти́ на компроми́сс ~的な компроми́ссный
**たく 炊く** вари́ть
**だく 抱く** обнима́ть; держа́ть [носи́ть] на рука́х 卵を~ сиде́ть на я́йцах ▶**抱き合う** обнима́ть друг дру́га; обнима́ться ▶**抱き上げる** поднима́ть на рука́х [на ру́ки] ▶**抱き締める** кре́пко обнима́ть; сжима́ть в объя́тиях
**たくさん 沢山**〘多量〙большо́е коли́чество; мно́го 田 もう~だ! Мне надое́ло!
**タクシー** такси́ ~を呼ぶ Я хочу́ заказа́ть такси́. ~乗り場 стоя́нка такси́ ~料金 пла́та за прое́зд на такси́ ~運転手 води́тель [шофёр] такси́;〘話〙такси́ст
**たくじしょ 託児所** де́тские я́сли
**たくはい 宅配** доста́вка на́ дом ~する доставля́ть на́ дом
**たくましい 逞しい** си́льный; кре́пкий; мо́щный
**たくみ 巧み** ~な уме́лый; иску́сный; ло́вкий ~に ло́вко; умело́
**たくらむ 企む** замышля́ть; намерева́ться
**たくわえる 蓄える**〘貯蓄する〙нака́пливать; копи́ть;〘保存する〙запаса́ть; храни́ть; держа́ть ひげを~ отра́щивать бо́роду [усы́]
**たけ 竹** бамбу́к **竹藪** бамбу́ковая ро́ща; за́росли бамбу́ка
**…だけ** [それ以下でない] то́лько; лишь; [それ以下でない] по кра́йней ме́ре, не ме́ньше чем…; [限度] на 田 で́лать ~ … как мо́жно 比較級
**だげき 打撃** уда́р ~を与える [受ける] наноси́ть [получа́ть] уда́р
**たけのこ 筍** молодо́й бамбу́к; побе́ги бамбу́ка
**たこ** ①凧 змей ~を揚げる запуска́ть зме́я ②たこ [手・足にできる] мозо́ль ③蛸 спрут; осьмино́г
**たこくせき 多国籍** ~の транснациона́льный **多国籍企業** транснациона́льная компа́ния [корпора́ция]
**たさい 多彩** ~な пёстрый; разноцве́тный;〘多種の〙разнообра́зный
**だざん 打算** расчёт ~的な расчётливый
**だし** ①出汁 бульо́н ②山車 укра́шенная колесни́ца
**たしか 確か** наве́рно(е); вероя́тно
**たしかめる 確かめる**〘点検する〙проверя́ть;〘確認する〙подтвержда́ть; удостоверя́ться в 前;〘正確を期す〙уточня́ть;〘照合する〙справля́ться о 前
**タジキスタン** Таджикиста́н **タジク人** таджи́к; таджи́чка
**たしざん 足し算** сложе́ние ~をする производи́ть сложе́ние; скла́дывать
**だじゃれ 駄洒落** игра́ слов; каламбу́р; глу́пая [ту́пая] шу́тка ~を言う говори́ть каламбу́р
**たしょう 多少**〘幾らか〙бо́лее и́ли ме́нее; немно́го; не́сколько ~にかかわらず незави́симо от коли́чества
**たす 足す** прибавля́ть; добавля́ть 3+2=5 Три плюс два бу́дет пять.
**だす 出す** [取り出す] достава́ть; вынима́ть; извлека́ть; [突き出す] вытя́гивать; выпя́чивать; [外へ出す] выпуска́ть; отпуска́ть; освобожда́ть; [露出する] обнажа́ть; пока́зывать [発行する] издава́ть; 不満を口に~ выража́ть недово́льство слова́ми 宿題を~ подава́ть заявле́ние 宿題を~ задава́ть дома́шнее зада́ние お客にお茶を~ предлага́ть го́стю чай 店を~ открыва́ть магази́н 手紙を~ отправля́ть [посыла́ть] письмо́ スピードを~ развива́ть ско́рость
**たすう 多数** мно́жество; [大部分] большинство́ ~の многочи́сленный; мно́го ~決で決める реша́ть большинство́м голосо́в
**たすけ 助け** по́мощь; [後援] подде́ржка;〘救助〙спасе́ние;〘救済〙по́мощь;〘助力〙соде́йствие ~を呼ぶ звать на по́мощь
**たすける 助ける** помога́ть 与 不定形 [в 前];〘救助する〙спаса́ть; выруча́ть; [後援する] подде́рживать; [Карау́л! | Помоги́(те)! ▶**助かる** спаса́ться; избавля́ться от 前
**たずねる** ①尋ねる [質問する] спра́шивать 前 ②訪ねる посеща́ть; навеща́ть
**たそがれ 黄昏** су́мерки ~に в су́мерках
**ただ 只** ~の〘普通の〙обы́чный, обыкнове́нный; просто́й;〘無料の〙беспла́тный; ~で (無料で) да́ром; беспла́тно
**ただいま 只今** ①〘現在〙сейча́с; тепе́рь;〘ついさっき〙то́лько что ~! 〘挨拶〙 Я верну́лся! | (すぐに) Сейча́с же!
**たたかい 戦・闘い**〘戦争〙война́;〘戦闘〙сраже́ние, би́тва;〘闘争〙борьба́
**たたかう 戦・闘う** воева́ть; вести́ войну́; боро́ться с 前
**たたく 叩く**〘打つ〙бить, ударя́ть; стуча́ть;〘軽く〙хло́пать; бить ~в ладо́ши
**ただし 但し** но; одна́ко; то́лько **但し書** примеча́ние; огово́рка
**ただしい 正しい**〘真実の〙пра́вильный; ве́рный; пра́вый;〘正確な〙то́чный
**ただちに 直ちに**〘即刻〙неме́дленно; сра́зу (же)
**たたむ 畳む** скла́дывать; закрыва́ть
**ただよう 漂う** плыть; дрейфова́ть; носи́ться
**たたり 祟り** мще́ние; возме́здие
**たち 質**〘性質〙приро́да; нату́ра; хара́ктер ~の悪い плохо́й; ~の良い хоро́ший
**たちあう 立ち会う** прису́тствовать
**たちいりきんし 立ち入り禁止**〘揭示〙Вход запре-

щён.
**たちうお** 太刀魚〔魚〕са́бля-ры́ба
**たちぎき** 立ち聞き ～する подслу́шивать
**たちどまる** 立ち止まる остана́вливаться
**たちなおる** 立ち直る оправля́ться; восстана́вливаться
**たちば** 立場〔境遇〕положе́ние;〔見地〕то́чка зре́ния; пози́ция 苦しい～になる входи́ть в затрудни́тельное положе́ние
**たちむかう** 立ち向かう〔対抗する〕сопротивля́ться 国; боро́ться с 国
**たつ** ① 立つ〔立ち上がる〕встава́ть; поднима́ться〔立っている〕стоя́ть;〔聳える〕возвыша́ться 立って〔立ちながら〕сто́я 木が立っている Стои́т [Растёт] де́рево. 噂が～ Распространя́ются [Хо́дят] слу́хи. ② 発つ〔出発する〕отправля́ться; отбыва́ть; отходи́ть; отъезжа́ть;〔去る〕уходи́ть; уезжа́ю モスクワに～ улета́ть в Москву́ 成田を～ вылета́ть из аэропо́рта Нари́та ③ 経つ проходи́ть; протека́ть あれから3年が経った Прошло́ три го́да с того́ вре́мени. 時の経つのは速い Вре́мя лети́т. ④ 断・絶つ〔切り離す〕ре́зать; обреза́ть; разреза́ть;〔関係〕прерыва́ть; прекраща́ть;〔やめる〕возде́рживаться от 田; перестава́ть ～ прекрати́ть дипломати́ческие отноше́ния 酒を～ прекрати́ть пить ⑤ 辰〔十二支〕драко́н
**たっきゅう** 卓球 насто́льный те́ннис; пинг-по́нг
**だっこ** 抱っこ 赤ちゃんを～ носи́ть [держа́ть] ребёнка на рука́х
**だっしゅう** 脱臭 дезодора́ция 脱臭剤 дезодора́нт
**たつじん** 達人 ма́стер; знато́к
**たっせい** 達成 достиже́ние ～する достига́ть 田
**だつぜい** 脱税 уклоне́ние от упла́ты нало́гов
**だっせん** 脱線〔列車の〕сход с ре́льсов;〔話の〕отступле́ние ～する сходи́ть с ре́льсов;〔話が〕отступа́ть (от те́мы)
**だっそう** 脱走 побе́г; бе́гство ～する бежа́ть;〔軍隊から〕дезерти́ровать
**たつまき** 竜巻 смерч; торна́до
**たて** ① 盾 щит ② 縦〔長さ〕длина́ ～の продо́льный;〔垂直の〕вертика́льный ～に вдоль
**たてかえる** ① 立て替える〔代わって払う〕плати́ть за друго́го ～の代金を～ вноси́ть пла́ту за 国 ② 建て替える перестра́ивать; стро́ить за́ново
**たてまえ** 建て前〔表向きの意見〕официа́льное мне́ние;〔原則〕при́нцип
**たてもの** 建物 зда́ние; сооруже́ние
**たてる** ① 立てる ста́вить; поднима́ть;〔人を〕уважа́ть;〔候補者を〕выдвига́ть ② 建てる стро́ить; воздвига́ть
**だとう** 妥当 ～な подходя́щий; подоба́ющий; уме́стный
**たとえ** е́сли да́же; да́же е́сли; пусть ～雨が降っても е́сли да́же бу́дет дождь ～非難されても е́сли да́же обвиня́т, ...
**たとえば** 例えば наприме́р; ска́жем
**たな** 棚 по́лка; стелла́ж; этаже́рка
**たに** 谷 доли́на;〔峡谷〕уще́лье
**ダニ**〔昆〕клещ
**たにん** 他人 чужо́й; друго́й;〔部外者〕посторо́нний ～行儀にする относи́ться форма́льно; церемо́ниться 他人事 чужо́е де́ло
**たぬき** 狸〔動〕енотови́дная соба́ка
**たね** 種 се́мя;〔果実の〕ко́сточка;〔手品の〕секре́т ～を蒔く се́ять 話の～ те́ма разгово́ра
**たのしい** 楽しい весёлый; ра́достный; прия́тный 今日はとても楽しかった Сего́дня бы́ло о́чень ве́село.
**たのしむ** 楽しむ весели́ться; наслажда́ться 国; развлека́ться 国 人生を～ наслажда́ться жи́знью
**たのむ** 頼む〔依頼〕проси́ть;〔懇願〕умоля́ть;〔委託〕поруча́ть
**たば** 束 свя́зка; вя́занка; пучо́к;〔穀物の〕сноп;〔花の〕буке́т 手紙の～ па́чка пи́сем
**たばこ** 煙草 таба́к; сигаре́та; папиро́са;〔葉巻〕сига́ра ～を吸う кури́ть たばこ屋 таба́чная ла́вка
**たばねる** 束ねる свя́зывать в пучо́к; вяза́ть;〔統率する〕руководи́ть [управля́ть] 国
**たび** 旅 пое́здка; путеше́ствие 旅支度 подгото́вка к путеше́ствию 旅人 пу́тник
**たびたび** 度々 ча́сто; не раз; мно́го раз; неоднокра́тно
**タブレット** ～端末 планше́т
**たぶん** 多分 вероя́тно; наве́рное; возмо́жно ～ない вряд ли
**たべる** 食べる есть; ку́шать; корми́ться; пита́ться 国 ▶食べ物 еда́; пи́ща
**たま** ① 玉 шар; ша́рик;〔丸い塊〕клуб; клубо́к; ком; комо́к;〔ボール〕мяч ② 弾〔弾丸〕пу́ля; заря́д;〔砲弾〕ядро́;〔散弾〕дробь
**たまご** 卵・玉子 яйцо́;〔魚の〕икра́ ～形の яйцеобра́зный; яйцеви́дный, ова́льный 卵の殻 яи́чная скорлупа́ 玉子焼き яи́чница; омле́т
**たましい** 魂〔霊魂〕дух;〔精神〕душа́
**だます** 騙す обма́нывать;《話》проводи́ть;《話》наду́вать
**たまねぎ** 玉葱〔植〕ре́пчатый лук
**たまらない** 堪らない あなたに会いたくて～ Я жа́жду встре́чи с ва́ми. | Мне не те́рпится вас уви́деть. 悲しくて～ Мне так гру́стно! おかしくて～ Умира́ю от сме́ха. 恥ずかしくて～ Я гото́в сквозь зе́млю провали́ться от стыда́. トイレに行きたくて～ Я ужа́сно хочу́ в туале́т.
**たまる** 溜まる〔水などが〕заста́иваться;〔積み重なってたまる〕нака́пливаться; ска́пливаться
**だまる** 黙る〔無言でいる〕молча́ть;〔話や噂などを止める〕замолча́ть; умолка́ть 黙って〔無言で〕мо́лча;〔無許可で〕без разреше́ния 黙れ! Замолчи́! | Заткни́сь!
**ダム** да́мба; плоти́на ～ 湖 иску́сственное о́зеро
**ため** 為〔目的〕для [ра́ди];〔原因・理由〕благодаря́; вот [из-за, из] 国
**だめ** 駄目 ～! Нельзя́! | Не на́до! ～もとで言ってみた Я сме́ло сказа́л, что ....
**ためいき** 溜息 вздох ～をつく вздыха́ть
**ためす** 試す про́бовать 不定形 [対]; испы́тывать ▶試しに на про́бу
**ためる** 溜・貯める〔貯蓄〕храни́ть; сохраня́ть;〔蓄積〕копи́ть; нака́пливать;〔貯蓄〕сберега́ть 金を～ копи́ть де́ньги
**たもくてき** 多目的 ～の многоцелево́й
**たよう** 多様 ～な разнообра́зный; многообра́зный 多様性 разнообра́зия
**たより** 頼り ～になる надёжный ～ない ненадёжный ～にする зави́сеть от 田 ...を～に с по́мощью [на осно́ве]
**たよる** 頼る зави́сеть от 田;〔当てにする〕наде́яться 国;〔利用する〕по́льзоваться 国
**たら** 鱈〔魚〕треска́
**だらく** 堕落 паде́ние; развра́т ～する разлага́ть-

**だらしない** ся; приходи́ть в упа́док

**だらしない** неаккура́тный; неря́шливый; 《話》безала́берный

**ダリア** 《植》георги́н; георги́на

**たりる** 足りる хвата́ть [достава́ть] 国; доста́точно 国 足りない недоста́точно; не хвата́ет

**たる** 樽 бо́чка; бочо́нок 樽出しの све́жий

**だるい** тяжёлый だるそうに вя́ло

**だれ** 誰 кто́ ～でも всё; любо́й ～も…ない никто́; не́кого ～ひとり…ない никто́ не　▶誰か кто́-нибудь

**タレント** тала́нт; 〔芸能人〕арти́ст

**タワー** ба́шня 東京～ Токи́йская телеба́шня

**だん** ①壇 трибу́на; ка́федра; эстра́да; возвыше́ние ②段 ступе́нь

**だんあつ** 弾圧 угнете́ние; притесне́ние; репре́ссия; подавле́ние ～する угнета́ть; притесня́ть; репресси́ровать; подавля́ть

**たんい** 単位 едини́ца; 〔大学の〕креди́т

**たんか** ①単価 цена́ за шту́ку ②担架 (санита́рные) носи́лки

**タンカー** та́нкер

**だんかい** 段階 〔等級〕сте́пень; 〔発展・進行などの〕ста́дия; эта́п ～的に постепе́нно

**たんき** ①短気 ～な нетерпели́вый; вспы́льчивый ～を起こす теря́ть терпе́ние; вспыли́ть ②短期 коро́ткий срок ～の краткосро́чный

**タンク** бак; цисте́рна; резервуа́р; 〔戦車〕танк ～ローリー автоцисте́рна

**タンクトップ** ма́йка без рукаво́в

**だんけつ** 団結 объедине́ние; сплоче́ние; еди́нство ～する объединя́ться; спла́чиваться

**たんけん** 探険 экспеди́ция ～する производи́ть экспеди́цию

**だんげん** 断言 ～する уверя́ть; утвержда́ть; категори́чески выска́зываться

**たんご** 単語 сло́во 単語集〔帳〕слова́рик

**だんごう** 談合 совеща́ние ～する совеща́ться; сове́товаться

**たんさ** 探査 рассле́дование; разве́дка 探査衛星 иссле́довательский спу́тник

**ダンサー** танцо́вщик; танцо́р

**たんさん** 炭酸 ～入りの газиро́ванный ～なしの негазиро́ванный 炭酸ガス углеки́слый га́з 炭酸水 газиро́ванная вода́ 炭酸飲料 газиро́ванный напи́ток

**だんし** 男子 〔男性〕мужчи́на; 〔男の子〕ма́льчик ～の мужско́й 男子トイレ мужско́й туале́т

**たんしゅく** 短縮 сокраще́ние; уменьше́ние ～する сокраща́ть; уменьша́ть

**たんじゅん** 単純 простота́ ～な просто́й; 〔人が〕простоду́шный ～に про́сто

**たんしょ** 短所 недоста́ток; сла́бое ме́сто

**たんじょう** 誕生 рожде́ние ～する роди́ться 誕生日 день рожде́ния 誕生日プレゼント пода́рок на день рожде́ния

**たんす** ко́мод ② 洋服だんす гардеро́б

**ダンス** та́нец ～をする танцева́ть ～シューズ ба́льные ту́фли ～パーティー танцева́льный ве́чер ～ホール танцева́льный зал

**だんすい** 断水 прекраще́ние пода́чи воды́ 今は～中だ Сейча́с вода́ отключена́.

**たんすいかぶつ** 炭水化物 углево́д

**たんすいぎょ** 淡水魚 пресново́дные ры́бы

**だんせい** 男性 мужчи́на; 〔男性の〕мужско́й пол; 〔文法〕мужско́й род ～的な мужско́й; му́жественный

**だんそう** 断層 〔地質〕сброс; сдвиг; дислока́ция 活断層 〔地質〕акти́вный разло́м

**だんぞく** 断続 ～的な преры́вистый

**だんたい** 団体 организа́ция; объедине́ние; гру́ппа 団体競技 кома́ндные соревнова́ния 団体旅行 группова́я пое́здка

**たんたん** 淡々 ～と 〔冷静に〕споко́йно; 〔無関心に〕равноду́шно; безразли́чно

**だんち** 団地 микрорайо́н

**たんちょう** ①単調 однообра́зие; моното́нность ～な однообра́зный; моното́нный ②短調 〔楽〕мино́р ～の曲 мино́рная пье́са

**たんてい** 探偵 〔人〕сы́щик; 〔行為〕рассле́дование 探偵小説 детекти́вная по́весть; детекти́в

**だんてい** 断定 ～する реши́ть оконча́тельно ～的な категори́ческий ～的に категори́чески

**たんとう** 担当 ～する заве́довать 国 担当者 веду́щий; исполни́тель …担当大臣 мини́стр по 国

**たんどく** 単独 ～の одино́чный; отде́льный ～で в одино́чку; отде́льно; самостоя́тельно

**だんねん** 断念 отка́з 国 ～する оставля́ть мысль; отка́зываться от 国

**たんのう** 堪能 彼はロシア語に～だ Он прекра́сно владе́ет ру́сским языко́м.

**たんぱくしつ** 蛋白質 бело́к ～の белко́вый

**ダンプカー** самосва́л

**だんぺん** 断片 отры́вок; фрагме́нт ～的な отры́вочный

**たんぽ** 担保 закла́д; зало́г

**だんぼう** 暖房 отопле́ние; 〔装置〕нагрева́тель; обогрева́тель; радиа́тор ～する ота́пливать

**だんボール** 段ボール гофриро́ванный карто́н 段ボール箱 карто́нный я́щик

**たんぽぽ** 蒲公英 《植》одува́нчик

**たんまつ** 〔コン〕термина́л

**だんめん** 断面 разре́з; сече́ние 断面図 разре́з

**だんらく** 段落 〔文章の〕абза́ц

**だんりゅう** 暖流 тёплое тече́ние

**だんろ** 暖炉 печь; пе́чка; ками́н

## ち

**ち** 血 кровь; 〔血縁〕родство́ ～の кровяно́й ～が出ている Кровь идёт. | Кровоточи́т.

**ちあん** 治安 обще́ственная безопа́сность; обще́ственный поря́док ～がよい безопа́сный ～が悪い опа́сный

**ちい** 地位 пози́ция; ме́сто; пост; положе́ние ～がある занима́ть высо́кое положе́ние

**ちいき** 地域 райо́н; ме́стность; регио́н ～的な райо́нный; ме́стный

**ちいさい** 小さい ма́ленький; ма́лый; небольшо́й; ме́лкий; 〔年齢が〕малоле́тний ～み де́тство 気が～ малоду́шный; ро́бкий ～声で ти́хо

**チーズ** сыр カッテージ～ творо́г パルメザン～ пармеза́н プロセス～ пла́вленый сыр ～！〔撮影時に〕Улыба́йтесь! | Скажи́те «сыр»!

**チーター** 《動》гепа́рд

**チーム** кома́нда ～ワーк сы́гранность; согласо́ванность в игре́

**ちえ** 知恵 ум; ра́зум ～のある у́мный; сообрази́тельный ～をしぼる лома́ть (себе́) го́лову 3人寄れば文殊の～ Ум хорошо́, а два лу́чше. | Одна́ голова́ хорошо́, а две лу́чше.

**チェーン** 〔鎖〕цепь タイヤ～ цепь для ши́ны ～ сеть магази́нов

**チェス** ша́хматы ～をさす игра́ть в ша́хматы

**チェック** [格子縞] кле́тка; [検査] прове́рка; [小切手] чек ～する [確認する] проверя́ть ～イン регистра́ция ～アウト вы́писка из гости́ницы

**ちか** 地下 под землёй ～1階 пе́рвый подва́льный эта́ж ～10メートルで на глубине́ десяти́ ме́тров 地下街 подзе́мный городо́к 地下道 подзе́мный перехо́д; тунне́ль 地下室 подва́л, подва́льное помеще́ние 地下資源 поле́зные ископа́емые; подзе́мные ресу́рсы 地下水 грунтовы́е во́ды; подзе́мная вода́

**ちかい** 近い бли́зкий; недалёкий; [数量的に] почти́; приме́рно; о́коло ～уちに ско́ро; в ближа́йшее вре́мя; в ближа́йшие дни

**ちがい** 違い [差] ра́зница; разли́чие ～違いない нет сомне́ния; несомне́нно

**ちかう** 誓う кля́сться; дава́ть кля́тву

**ちがう** 違う [異なった] друго́й; ра́зный; [正しくない] непра́вильный; оши́бочный; [相違する] отлича́ться; [一致しない] расходи́ться

**ちかく** 近く [空間的に] бли́зко; недалеко́; вблизи́; [時間的に] ско́ро; в, у, под [数量的に] почти́; приблизи́тельно; о́коло ～の бли́зкий この～に здесь побли́зости; недалеко́ отсю́да сугу́ ～に ря́дом

**ちかごろ** 近頃 (в) после́днее вре́мя; после́дние дни; неда́вно ～の неда́вний; после́дний

**ちかぢか** 近々 в ближа́йшее вре́мя; в ближа́йшие дни

**ちかづく** 近づく приближа́ться

**ちかてつ** 地下鉄 метро́; метрополите́н ～で éхать на метро́

**ちかみち** 地下道 коро́ткая [кратча́йшая] доро́га ～をする идти́ кратча́йшим путём それが成功への～だ Э́то — коро́ткий путь к успе́ху.

**ちから** 力 си́ла; мощь ～のある си́льный ～を貸す [助力] помога́ть; оказы́вать по́мощь ～一杯 изо всех сил; все́ми си́лами ～ずく по си́ле

**ちかん** 痴漢 эрото́ман

**ちきゅう** 地球 Земля́; земно́й шар 地球儀 гло́бус 地球温暖化 глоба́льное потепле́ние

**ちく** 地区 райо́н; уча́сток

**ちくさん** 畜産 животново́дство 畜産業者 животново́д

**チケット** биле́т; тало́н; [飛行機の] авиабиле́т; биле́т на самолёт ～を買う покупа́ть биле́т ～を予約する брони́ровать [зака́зывать] биле́т ～売場 ка́сса

**ちこく** 遅刻 опозда́ние ～する опа́здывать

**ちじ** 知事 губерна́тор

**ちしき** 知識 зна́ние 知識人 интеллиге́нт

**ちじょう** 地上 ～の земно́й ～に на земле́; над землёй 地上波 (デジタル) назе́мное цифрово́е телеви́дение

**ちじん** 知人 знако́мый; [女] знако́мая

**ちず** 地図 ка́рта; пла́н; [地図帳] а́тлас 世界地図 ка́рта [а́тлас] ми́ра

**ちせい** 知性 интелле́кт

**ちち** 父 оте́ц; [話] па́па; па́почка ～の отцо́вский 父方の со стороны́ отца́; по отцу́

**ちぢむ** 縮む сжима́ться; съёживаться

**ちちゅうかい** 地中海 Средизе́мное мо́ре

**ちつじょ** 秩序 поря́док ～のない беспоря́дочный ～を乱す наруша́ть поря́док

**ちっそ** 窒素 [化] азо́т 窒素酸化物 окси́д азо́та

**ちっそく** 窒息 удушье ～させる задуши́ть; захвати́ть дыха́ние ～する задыха́ться; удуша́ться

**チップ** [心づけ] чаевы́е

**ちてき** 知的 ～な у́мственный 知的財産 [所有権] интеллектуа́льная со́бственность

**ちねつ** 地熱 геотерми́я; теплота́ Земли́ 地熱発電 геотерми́ческая вы́работка электроэне́ргии

**ちのう** 知能 ум; интелле́кт 知能指数 коэффицие́нт у́мственного разви́тия

**ちへいせん** 地平線 горизо́нт

**ちほう** 地方 [地域] райо́н; ме́стность; прови́нция ～の ме́стный; лока́льный; провинциа́льный 地方自治体 о́рган ме́стного самоуправле́ния 地方公務員 служа́щий ме́стных о́рганов самоуправле́ния 地方税 ме́стный нало́г

**ちめい** 地名 ① географи́ческое назва́ние; назва́ние ме́стности ② 致命 ～的な смерте́льный 致命傷 смерте́льная ра́на

**ちゃ** 茶 чай 濃い [薄い] ～ кре́пкий [сла́бый] чай ～を入れる [沸かして] зава́ривать чай; [注ぐ] налива́ть чай 緑茶 зелёный чай

**ちゃいろ** 茶色 светло-кори́чневый цвет

**ちゃくりく** 着陸 приземле́ние; поса́дка ～する приземля́ться; соверша́ть поса́дку 月面着陸 прилуне́ние

**チャリティー** благотвори́тельность ～コンサート благотвори́тельный конце́рт

**ちゃわん** 茶碗 ча́шка

**チャンス** шанс; возмо́жность ～をつка́ти [逃す] пойма́ть [упусти́ть] слу́чай

**チャンネル** кана́л

**チャンピオン** чемпио́н

**ちゅうい** 注意 внима́ние; [用心] осторо́жность; бе́режность; [警告] предупрежде́ние; [叱責] замеча́ние ～する [警告] предупрежда́ть; [叱責する] де́лать замеча́ние ～深い внима́тельный ～を払う обраща́ть внима́ние

**ちゅうおう** 中央 центр ～の центра́льный 中央集権 централиза́ция вла́сти

**ちゅうがっこう** 中学校 сре́дняя шко́ла пе́рвой ступе́ни 中学生 шко́льник; учени́к сре́дних кла́ссов шко́лы

**ちゅうかん** 中間 промежу́ток; середи́на ～の промежу́точный; сре́дний 中間 (所得) 層 сре́дние кла́ссы

**ちゅうき** 注記 примеча́ние; коммента́рий

**ちゅうきゅう** 中級 сре́дний класс [у́ровень]

**ちゅうきんとう** 中近東 Бли́жний и Сре́дний Восто́к

**ちゅうけい** 中継 [中継放送] трансля́ция; ретрансля́ция ～する транслировать 実況中継 трансля́ция 生中継 прямо́й эфи́р; лайв 試合が～される Матч трансли́руется в прямо́м эфи́ре.

**ちゅうこ** 中古 (品) поде́ржанная вещь ～の поде́ржанный 中古車 поде́ржанная маши́на

**ちゅうこく** 忠告 сове́т; [警告] предупрежде́ние ～する сове́товать; предупрежда́ть

**ちゅうごく** 中国 Кита́й ～の кита́йский 中国料理 кита́йское блю́до; кита́йская ку́хня 中国人 китае́ц 中国語 кита́йский язы́к

**ちゅうし** 中止 прекраще́ние; приостано́вка; отме́на ～する прекраща́ть; прерыва́ть; приостана́вливать; отменя́ть

**ちゅうじつ** 忠実 ～な ве́рный; пре́данный; доброкосо́вестный; [正確な] то́чный

**ちゅうしゃ** 注射 ① инъе́кция; уко́л ～する де́лать уко́л [инъе́кцию] 注射器 шприц ② 駐車 стоя́нка; парко́вка 駐車場 стоя́нка; ме́сто стоя́нки 駐車料金 пла́та за стоя́нку 駐車禁止 [掲示]

**ちゅうじゅん** 中旬 4月~に середи́не апре́ля
**ちゅうしょう** ①抽象 ~的な абстра́ктный; отвлечённый 抽象画 абстра́ктная жи́вопись ②中小 中小企業 сре́дние и ме́лкие предприя́тия
**ちゅうしょく** 昼食 обе́д; ланч ~をとる обе́дать
**ちゅうしん** 中心 центр; середи́на; ~街 центра́льная [са́мая оживлённая] у́лица 中心部 центра́льная часть 中心点 фо́кус
**ちゅうせい** ①中世 сре́дние века́; средневеко́вье ~の средневеко́вый ②中性 〔化・生〕нейтра́льность; 〔文法〕сре́дний род ~の〔化・生〕нейтра́льный 中性脂肪 нейтра́льный жир 中性洗剤 нейтра́льное мо́ющее сре́дство
**ちゅうせん** 抽選 жре́бий; жеребьёвка; тира́ж ~で жеребьёвкой; по жре́бию 抽選番号 лотере́йный но́мер
**ちゅうと** 中途 ~で на полпути́ ~半端な незако́нченный; полови́нчатый
**ちゅうとう** 中東 Сре́дний Восто́к
**ちゅうどく** 中毒 отравле́ние ~性の отравля́ющий; ~になる отрави́ться 中毒症 токси́коз
**ちゅうもく** 注目 внима́ние ~する обраща́ть внима́ние на 囲 ~すべき замеча́тельный ~の的 центр внима́ния
**ちゅうもん** 注文 зака́з ~で по зака́зу ~する зака́зывать; выпи́сывать 注文書 пи́сьменный зака́з 注文主 зака́зчик
**ちゅうりつ** 中立 ~の нейтра́льный 永世中立 постоя́нный нейтралите́т 中立国 нейтра́льное госуда́рство
**チューリップ** 〔植〕тюльпа́н
**ちゅうりゅう** 中流〔中間階級〕сре́днее сосло́вие
**ちょう** ①兆〔数〕триллио́н ②腸〔全体〕кише́чник;〔個別〕кишка́ ③蝶〔昆〕ба́бочка 蝶ネクタイ га́лстук-ба́бочка 〔話〕ба́бочка
**ちょうおんそく** 超音速 ~の сверхзвуково́й
**ちょうおんぱ** 超音波 ультразву́к; ультразвуко́вые во́лны ~の ультразвуково́й
**ちょうか** 超過 ~する превыша́ть 超過料金〔重量の〕пла́та за переве́с
**ちょうき** 長期 ~の долгосро́чный; долговре́менный ~にわたる до́лго дли́ться
**ちょうきょり** 長距離 長距離バス авто́бус да́льнего сле́дования 長距離ランナー ста́йер
**ちょうこう** 兆候 при́знак; симпто́м
**ちょうこく** 彫刻 резьба́; скульпту́ра ~する высека́ть; выреза́ть 彫刻家 ску́льптор
**ちょうさ** 調査 рассле́дование; иссле́дование; изуче́ние; обсле́дование ~する рассле́довать; иссле́довать; изуча́ть; обсле́довать
**チョウザメ** 〔魚〕осётр;〔肉〕осетри́на
**ちょうし** 調子〔状態〕состоя́ние; настрое́ние;〔テンポ〕такт; темп;〔抑揚〕интона́ция ~がいい[悪い] быть в хоро́шем [плохо́м] состоя́нии
**ちょうしゅう** 聴衆 слу́шатели; пу́блика; аудито́рия
**ちょうしょ** 長所 досто́инство; преиму́щество; си́льная сторона́
**ちょうじょ** 長女 ста́ршая дочь
**ちょうしょう** 嘲笑 насме́шка ~する насмеха́ться [смея́ться] над
**ちょうしょく** 朝食 за́втрак ~をとる за́втракать
**ちょうせい** 調整 регули́рование;〔話〕регулиро́вка ~する регули́ровать; нала́живать; настра́ивать 意見を~する согласа́ть мне́ния
**ちょうせん** ①挑戦 вы́зов ~的な вызыва́ющий ~する вызыва́ть挑戦者 претенде́нт ②朝鮮 Коре́я 朝鮮半島 Коре́йский полуо́стров
**ちょうぞう** 彫像 ста́туя
**ちょうちょう** ①町長 мэр го́рода ②長調〔楽〕мажо́р ~の曲 мажо́рная пье́са
**ちょうちん** 提灯 фона́рь
**ちょうてい** 調停 посре́дничество; ула́живание; примире́ние;〔法律的な〕арбитра́ж 調停者 посре́дник; арби́тр
**ちょうど** ~5時だ「как раз [ро́вно] пять часо́в」
**ちょうなん** 長男 ста́рший сын
**ちょうのうりょく** 超能力 сверхъесте́ственная спосо́бность
**ちょうはつ** 挑発 ~的な провока́ция; вызыва́ющий ~する провоци́ровать 囲 на 囲
**ちょうふく** 重複 повторе́ние; удвое́ние ~する повторя́ться; удва́иваться
**ちょうへい** 徴兵 призы́в 徴兵制 обяза́тельная во́инская пови́нность
**ちょうぼ** 帳簿 счётные кни́ги ~をつける вести́ счета́ [кни́ги]
**ちょうみりょう** 調味料 припра́ва
**ちょうわ** 調和 гармо́ния; согла́сие ~のとれた гармони́чный; согласо́ванный
**ちょきん** 貯金〔お金〕сбереже́ния; вклад; сбереже́ние ~する сберега́ть; вкла́дывать 貯金箱 копи́лка
**ちょくご** 直後〔時間的〕непосре́дственно「по́сле 田 [по 前]〕;〔空間的〕за са́мым 囲
**ちょくせつ** 直接 ~の прямо́й; непосре́дственный 直接税 прямо́й нало́г
**ちょくせん** 直線 пряма́я (ли́ния) ~の[的な] прямолине́йный ~距離で500ме́тров расстоя́ние в пятьсо́т ме́тров по прямо́й ли́нии
**ちょくつう** 直通 прямо́е сообще́ние ~の сообще́ние ~で прямо́м 直通電話 прямо́й телефо́н 直通列車 по́езд прямо́го сообще́ния
**ちょくめん** 直面 ~する встреча́ть [ока́зываться] пе́ред лицо́м 囲; ста́лкиваться с 造
**ちょくりつ** 直立 ~の прямо́й ~する стоя́ть пря́мо ~不動の姿勢で立っている стоя́ть в положе́нии смиpно
**ちょくりゅう** 直流〔電〕пото́янный ток
**チョコレート** шокола́д ~(色)の шокола́дный
**ちょさく** 著作〔著作物〕сочине́ние; произведе́ние 著作権 а́вторское пра́во ~を侵害する наруша́ть а́вторские права́
**ちょしゃ** 著者 а́втор
**ちょっかく** 直角 прямо́й у́гол ~に под прямы́м угло́м
**ちょっかん** 直感 чутьё; интуи́ция ~的に чутьём; интуити́вно
**ちょっけい** 直径 диа́метр; попере́чник ~5センチの筒 труба́ пяти́ сантиме́тров в диа́метре
**ちょっと**〔少し〕не́сколько; немно́го;《話》немно́жко; чу́точку ~ずつ понемно́гу ~待って下さい Мину́ту. | Мину́точку.
**ちょめい** 著名 ~な знамени́тый; изве́стный 著名人 знамени́тость; изве́стность
**ちらかす** 散らかす разбра́сывать;〔乱雑にする〕приводи́ть в беспоря́док
**ちらし**〔宣伝用の〕рекла́мная листо́вка
**ちらりと** ~見る взгляну́ть мелько́м
**ちり** ①塵〔ほこり〕пыль; сор;〔汚れ〕грязь ~を払う стира́ть пыль 塵取り сово́к ②地理 геогра́фия;〔地勢〕географи́ческие осо́бенности ~的に恵まれている географи́чески удо́бно

**ちりょう** 治療 лече́ние ～を受ける лечи́ться 病気を～する лечи́ть боле́знь 治療法 ме́тод лече́ния

**ちる** 散る рассыпа́ться; рассе́иваться; осы́паться; [花・葉などが] опада́ть 桜はもう散ってしまった Са́кура уже́ осы́палась [отцвела́]. 木の葉が散る С дере́вьев опада́ют ли́стья.

**ちんぎん** 賃金 зарпла́та; за́работок ～を払う [もらう] выдава́ть [получа́ть] зарпла́ту

**ちんたい** 賃貸 аре́нда ～に出す сдава́ть в аре́нду 賃貸料 аре́ндная пла́та

**チンパンジー** [動] шимпанзе́

**ちんぼつ** 沈没 ～する тону́ть; идти́ ко дну ～させる топи́ть

**ちんもく** 沈黙 молча́ние ～する молча́ть ～を破る наруша́ть молча́ние 沈黙は金、雄弁は銀 Сло́во — серебро́, молча́ние — зо́лото

**ちんれつ** 陳列 вы́ставка; экспози́ция ～する выставля́ть 陳列ケース выставочная витри́на 陳列品 экспона́т

## つ

**ツアー** тури́зм; экску́рсия; пое́здка ～コンダクター экскурсово́д

**つい** 対 па́ра; чета́ ～の па́рный ～にする сочета́ть ～になる сочета́ться

**ついか** 追加 добавле́ние; приба́вка; дополне́ние ～する добавля́ть; прибавля́ть; дополня́ть

**ついきゅう** ① 追及 [責任などの] обвине́ние ～する обвиня́ть ② 追求 пого́ня ～する гна́ться за [圖]; стреми́ться к [圖]; пресле́довать 利益を～する гна́ться за при́былью

**ついじっけ** 追跡 сле́дование ～する сле́довать 圖

**ついせき** 追跡 пресле́дование; пого́ня ～する пресле́довать; гна́ться за 圖

**…ついて** [関して] о 圖; про [対]; относи́тельно [насчёт] …に〜考える ду́мать о 圖

**ついで** 序 (удо́бный) слу́чай; возмо́жность ～に; случа́ться случаем; кста́ти ～の折に при слу́чае 話の～に кста́ти

**ついに** 遂に [やっと] наконе́ц; [結局] в конце́ концо́в

**ついほう** 追放 изгна́ние; вы́сылка ～する изгоня́ть; высыла́ть 国外追放 депорта́ция

**ついらく** 墜落 паде́ние ～する па́дать

**ツイン** па́ра ～ルーム двухме́стный но́мер

**つうか** 通貨 де́ньги; валю́та 通貨単位 валю́тная едини́ца 通貨危機 валю́тный кри́зис 国際通貨基金 [IMF] МВФ ② 通過 прохо́д; прохожде́ние; прое́зд; [審査などの] про́пуск ～する проходи́ть; проезжа́ть ～させる пропуска́ть

**つうがく** 通学 ～する посеща́ть шко́лу

**つうかん** 痛感 ～する о́стро чу́вствовать [ощуща́ть]

**つうきん** 通勤 ～する ходи́ть на рабо́ту

**つうこう** 通行 прохо́д; прое́зд 一方～ односторо́ннее движе́ние ～する проходи́ть; проезжа́ть 通行人 прохо́жий 通行止め [掲示] Прохо́да [Прое́зда] нет. 通行料金 пла́та за прое́зд [прохо́д]

**つうじて** 通じて [仲介] че́рез [対]; посре́дством 圖; […に] по всему́ 圖

**つうしん** 通信 сообще́ние; информа́ция; коммуника́ция ～する сообща́ть 通信衛星 спу́тник свя́зи 通信販売 прода́жа по почто́вым зака́зам 通信教育 зао́чное обуче́ние 通信社 телегра́фное аге́нтство 通信網 сеть свя́зи

**つうせつ** 痛切 ～な мучи́тельный ～に о́стро; си́льно

**つうち** 通知 изве́стие; извеще́ние; сообще́ние ～する извеща́ть; сообща́ть 通知表 та́бель

**つうふう** 痛風 [医] пода́гра

**つうほう** 通報 сообще́ние; изве́стие; имформи́рование ～する сообща́ть; имформи́ровать

**つうやく** 通訳 перево́д; [人] перево́дчик ～する переводи́ть

**つうろ** 通路 прохо́д; прое́зд; доро́га

**つえ** 杖 па́лка ～をついて歩く ходи́ть с па́лкой

**つかいかた** 使い方 спо́соб употребле́ния

**つかう** 使う употребля́ть; по́льзоваться 圖; [応用する] применя́ть; [働かせる] держа́ть на рабо́те; [消費する] тра́тить; расхо́довать ～を無駄に～ напра́сно тра́тить вре́мя, зря теря́ть вре́мя ►使いこなす「умéло по́льзоваться [по́льзоваться] ►使い捨ての ра́зовый ►使い果たす истра́тить всё ►使い古す изна́шивать ►使いやすい удо́бный ►使い道 пригодный

**つかまえる** 捕まえる [捕獲する] лови́ть; [逮捕する] аресто́вывать; заде́рживать

**つかまる** 捕まる [握る] хвата́ться за 対; [逮捕] быть аресто́ванным [заде́ржанным]

**つかむ** 掴む [握る] хвата́ть; схва́тывать; [手に入れる] достава́ть; [引きつける] привлека́ть

**つかれ** 疲れ уста́лость ～がたまる Накопля́ется уста́лость. ～を取る снима́ть уста́лость

**つかれる** 疲れる устава́ть; утомля́ться; переутомля́ться 疲れさせる утомля́ть 疲れ果てる кра́йне устава́ть; переутомля́ться 疲れ果てた переутомлённый ►疲れた уста́лый

**つき** 月 [天体] луна́; [暦の] ме́сяц ～に1回 раз в ме́сяц ～が満ちる [欠ける] Луна́ прибыва́ет [убыва́ет].

**つぎ** 次 ～の сле́дующий; после́дующий ～に зате́м; пото́м; [次回] в сле́дующий раз ～～に оди́н за други́м ～の日 сле́дующий день

**つきあう** 付き合う [親交] обща́ться с 圖; подде́рживать знако́мство [отноше́ния] с 圖; [男女の仲] име́ть инти́мную связь 彼女は彼と付き合っている Она́ встреча́ется с ним.

**つきこむ** 注ぎ込む вкла́дывать; тра́тить …に全財産を～ вкла́дывать весь свой капита́л в [対]

**つきそい** 付き添い сопровожде́ние; [人] сопровожда́ющее лицо́; [病人の] сиде́лка

**つきとめる** 突き止める выясня́ть; устана́вливать; [話] дои́скиваться 圖

**つきよ** 月夜 лу́нная ночь

**つく** ① 着・就・付・く [到着] приходи́ть; приезжа́ть; прибыва́ть; [届く] доходи́ть [достава́ть] до 圖; [地位に] занима́ть ме́сто; вступа́ть в до́лжность; [付着] прилипа́ть [пристава́ть] к 圖; [汚れが] па́чкаться [загрязня́ться]; [跡が] оста́ва́ться 席に～ занима́ть ме́сто 兵役に～ отбыва́ть во́инскую пови́нность 服に染みがついた На оде́жде оста́лась пятна́. 今日はついてない Сего́дня мне не везёт. 着いたらすぐに電話を下さい Позвони́те, сра́зу, как прие́дете. ② 突・衝・く толка́ть; тыка́ть; [鐘を～] ударя́ть в ко́локол (ビリヤードで)玉を～ би́ть шары́

**つぐ** ② 継ぐ насле́довать 家業を～ продолжа́ть семе́йное де́ло

**つくえ** 机 стол; [学校の] па́рта ～の上 [中] に на [в] столе́ ～の上 [中] へ на [в] стол ～に向かう сади́ться за стол

**つぐなう** 償う возмещать; компенсировать; окупать; 〔罪を〕искупать 損害を～ компенсировать [возмещать] убытки ▶償い возмещение; компенсация; 〔罪の〕искупление

**つくね** 〔料理〕фрикадельки

**つくる** 作・創・造る делать; изготовлять; 〔製造・生産〕производить; 〔作成〕составлять; оформлять; 〔創設〕основывать; учреждать; 〔組織〕организовать; формировать

**…づけ** …付 〔日付〕3月3日～の手紙 [契約書][документ] от третьего марта

**つけもの** 漬物 солёные [маринованные] овощи; 《話》соленья; маринады

**つける** ① 付・着・点ける 〔跡を〕оставлять; следить за ☞; 〔地位に〕назначать; 〔くっつける〕присоединять; 〔貼りつける〕приклеивать; наклеивать; 〔付着〕придавать; 〔汚れを〕пачкать [загрязнять] ☞; 〔スイッチを〕включать ☞ ボタンを пришивая пуговицы к одежде ② 漬・浸ける 〔浸す〕вымачивать; 〔塩漬け〕солить; 〔酢漬け〕мариновать

**つごう** 都合 〔事情〕обстоятельство それは好～ Мне это удобно [подходит]. その日は～が悪い В этот день мне неудобно.

**つた** 蔦 〔植〕плющ ～で覆われた покрытый плющом

**つたえる** 伝える 〔知らせる〕сообщать; 〔伝承〕передавать; 〔普及〕распространять; 〔熱・電気を〕проводить

**つち** 土 〔地面〕земля; 〔土壌〕почва; 〔泥〕грязь

**つつ** 筒 труба; трубка; цилиндр; 〔銃身〕дуло ～形の трубчатый; цилиндрический

**つづく** 続く продолжаться; длиться; 〔後続する〕следовать ▶続き продолжение

**つづける** 続ける продолжать ▶続けて 〔間断なく〕беспрерывно; 〔連続して〕подряд; 〔継続して〕продолжительно

**つつじ** 躑躅 〔植〕азалия

**つつむ** 包む заворачивать; завёртывать; обёртывать; окутывать; покрывать

**つづり** 綴り 11枚～の回数券 книжка с одиннадцатью отрывными билетиками 綴り字 орфография; правописание

**つて** 伝手 связи; протекция ～を頼って по протекции

**つとめ** 勤・務め 〔職務〕служба; работа; 〔義務〕долг; обязанность ～を果す выполнять обязанности 勤め先 работа; место работы

**つとめる** ① 勤・務める 〔勤務する〕служить; работать; 〔役を〕исполнять ② 努める стараться; стремиться к ☞ [不定形]

**つな** 綱 〔細い〕верёвка; 〔太い〕канат; трос

**ツナ** ～サラダ салат с тунцом

**つなぐ** 繋ぐ привязывать; 〔連結する〕соединять; связывать 手をつないで рука об руку

**つなみ** 津波 цунами ～が来る надвигается цунами ～の心配はない Опасности цунами нет. ～の恐れがある Может обрушиться цунами.

**つの** 角 рог; 〔昆虫の〕усики; осязание

**つば** 唾 слюна ～を吐く плевать

**つばき** 椿 〔植〕камелия 椿油 масло из плодов камелии

**つばさ** 翼 крыло ～を広げる расправлять крылья

**つばめ** 燕 〔鳥〕ласточка

**つぶやく** 呟く бормотать ▶呟き бормотание

**つぶれる** 潰れる давиться; раздавливаться; 〔壊れる〕разрушаться; ломаться; 〔駄目になる〕портиться 計画が～ План срывается.

**つぼ** ① 壺 горшок; кувшин; 〔鍼灸の〕акупунктурная точка 壺焼き 〔料理〕горшочек

**つぼみ** 蕾 почка; бутон ～がふくらむ Почка набухает.

**つま** 妻 жена; супруга; 〔刺身などの〕гарнир

**つまさき** 爪先 кончики пальцев ног ～で立つ вставать на цыпочки

**つまずく** 躓く спотыкаться; 〔失敗する〕натыкаться на препятствие; терпеть неудачу

**つまみ** 〔器具などの〕головка; 〔酒の肴〕закуска

**つまようじ** 爪楊枝 зубочистка

**つまらない** 〔面白くない〕неинтересный; скучный; 〔価値のない〕ничтожный

**つまり** 〔要するに〕короче говоря; одним словом; 〔言い換えれば〕иначе говоря; другими словами; 〔即ち〕то есть; значит

**つまる** 詰まる トイレが詰まった Туалет засорился. 息が～ задыхаться (感動で)胸が～ Сердце переполнено.

**つみ** 罪 грех; 〔犯罪〕преступление; 〔過失〕вина; проступок ～のある грешный; виноватый; виновный ～のない невинный ～を犯す грешить; совершать преступление

**つみたて** 積み立て накопление 積立金 резервный фонд ▶積み立てる накапливать

**つむ** ① 摘む срывать; рвать ② 積む 〔積み上げる〕нагромождать; наваливать; 〔荷物を〕грузить; 〔蓄積する〕копить; накапливать

**つめ** 爪 ноготь; 〔動物の〕коготь ～を切る подрезать ногти 爪切り щипчики для ногтей

**つめたい** 冷たい холодный; прохладный; 〔氷のように〕ледяной

**つめる** 詰める 〔満たす〕набивать; наполнять; заполнять; 〔ふさぐ〕забивать; заделывать; затыкать; 〔短くする〕укорачивать 間隔を～ сокращать интервал

**つもり** …する～である 〔予定〕собираться [不定形]; думать [不定形]; 〔意図〕намереваться [不定形] そんな～で言ったんじゃない Я не это имел в виду.

**つもる** 積もる 雪が～ Снег ложится. この雪は積もりそうだ Наверное, этот снег не растает.

**つや** 艶 〔光沢〕лоск; глянец; блеск ～のある глянцевый; блестящий ～のない тусклый; матовый ～っぽい сексуальный ～を出す наводить глянец ▶艶消しの матовый

**つゆ** ① 梅雨 сезон дождей 梅雨入り[明け] начало [конец] сезона дождей ② 汁 (そば・うどんなどの)соус; 〔吸物〕суп; отвар ③ 露 роса

**つよい** 強い 〔力が〕сильный; крепкий; 〔強さが〕могучий; могущественный; мощный; 〔揺るぎない〕твёрдый; 〔堅牢な〕прочный 地震に～ сейсмостойкий ▶強くする усиливать; укреплять ▶強くなる усиливаться; укрепляться ▶強さ сила; мощь; крепость; прочность; твёрдость ▶強み 〔長所〕сильная сторона

**つらい** 辛い 〔苦しい〕трудный; тяжёлый ～目に遭う переживать тяжёлые времена 辛く当たる относиться жёстко

**つらら** 氷柱 сосулька

**つり** ① 釣り 〔魚釣り〕уженье; рыбная ловля ～の рыболовный ～をする удить рыбу ここはよく釣れる Здесь хорошо клюёт. 釣り竿 удочка 釣り針 (рыболовный) крючок ② 釣り 〔釣り銭〕сдача

**~を受け取る** получа́ть сда́чу

**つりあい** 釣り合い〔均衡〕равнове́сие; пропо́рция; пропорциона́льность; соразме́рность; 〔調和〕гармо́ния ～の取れた равнове́сный; пропорциона́льный; соразме́рный; 〔調和のとれた〕гармони́чный ▶**釣り合う** быть в гармо́нии; гармони́ровать

**つる** 蔓 лоза́; у́сики; 〔眼鏡の〕ду́жки очко́в 蔓植物 выо́щееся расте́ние ② 釣る уди́ть; лови́ть на у́дочку

**つる** 鶴〔鳥〕жура́вль

**つるす** 吊す свеси́ть; ве́шать

**つれていく** 連れて行く〔一緒に行く〕идти́ вме́сте с 圖; 〔連れ去る〕уноси́ть; увози́ть

**つれてくる** 連れて来る приве́сти с 圖

**ツンドラ** ту́ндра **～地帯** ту́ндровая зо́на

## て

**て** 手 рука́; 〔手のひら〕ладо́нь; 〔手首から指先を指して〕кисть 手の甲 ты́льная сторона́ руки́ 手が空いている быть свобо́дным 手に入れる достава́ть; приобрета́ть; добыва́ть 手に取る брать 手が出ない〔仕事が〕невозмо́жно сосредото́читься на 圖 手を打つ〔手段を講じる〕принима́ть ме́ры 手を叩く хло́пать; рукоплеска́ть 手をつなぐ бра́ться за́ руки 手を貸してもらえますか Вы мо́жете помо́чь мне? 手を尽くす исче́рпывать всё сре́дства **…で**〔場所〕в/на 圖; 〔材料〕из 圖; 〔代価〕за/на 圖; 〔原因・理由〕от 圖; из-за 圖; по 圖

**であい** 出会い〔出会うこと〕встре́ча; 〔知り合うこと〕знако́мство **～系サイト** сайт знако́мств

**であう** 出会う встреча́ть; встреча́ться

**てあて** 手当て〔治療〕медици́нская по́мощь; 〔金銭的補助〕посо́бие 病気のを治しても病を́ лечи́ть боле́знь ～をしてもらう получа́ть посо́бие 応急手当て пе́рвая по́мощь 住宅手当 надба́вка на жильё 失業手当 посо́бие безрабо́тным

**てあん** 提案 предложе́ние; прое́кт **～する** вноси́ть предложе́ние; предлага́ть

**ティー** ロシアンー ру́сский чай **～カップ** (ча́йная) ча́шка **～バッグ** ча́йный паке́тик

**ティーシャツ** футбо́лка

**ディーゼル** ди́зель **～エンジン** ди́зель-мото́р

**ていいん** 定員 штат; по́лный соста́в; 〔収容人数〕вмести́мость **～オーバー** сверх поло́женного числа́ **～割れ** ме́ньше устано́вленного числа́

**ていえん** 庭園 сад; парк

**ていか** 定価 устано́вленная твёрдая цена́

**ていき** 定期 ～の 〔規則的な〕регуля́рный; 〔周期的な〕периоди́ческий **定期**の очередно́й 定期券 проездно́й биле́т 定期預金 сро́чный вклад 定期刊行物 периоди́ческая печа́ть 定期購読 регуля́рная подпи́ска 定期点検 периоди́ческий осмо́тр

**ていぎ** 定義 определе́ние **～する** определя́ть

**ていきゅうび** 定休日 выходно́й день

**ていきょう** 提供 предложе́ние; предоставле́ние **～する** предлага́ть; предоставля́ть 提供者 до́нор

**テイクアウト ～で** на вы́нос; 《話》с собо́й

**ていけい** 提携 сотру́дничество; коопера́ция **～する** сотру́дничать

**ていこう** 抵抗 сопротивле́ние; противоде́йствие **～する** сопротивля́ться; противоде́йствовать ～のない не сопротивля́ющийся 抵抗力 сопротивля́емость ▶**抵抗しがたい** непреодоли́мый

**ていこく** 定刻 **～に** во́время; в назна́ченный час ② 帝国 импе́рия 帝国主義 империали́зм

**ていさい** 体裁〔外見〕вне́шний вид; 〔見せかけ〕прили́чие **～のいい** прили́чный **～を繕う** сохраня́ть прили́чие; прикрыва́ть прили́чу

**ていさつ** 偵察 разве́дка **～する** разве́дывать

**ていし** 停止 остано́вка; 〔中止〕заде́ржка; прекраще́ние **～する** остана́вливать(ся); 〔中止する〕заде́рживать(ся); прекраща́ть(ся)

**ていしゅつ** 提出 предоставле́ние; предъявле́ние 書類を～する предоставля́ть 〔относи́ть〕 докуме́нты レポートを～する сдава́ть докла́д 辞書を～する подава́ть в отста́вку

**ていしょく** 定食 компле́ксный обе́д

**ディスカウント** ски́дка **～する** де́лать ски́дку

**ディスクジョッキー** диск-жоке́й

**ディスプレイ**〔展示〕вы́ставка; пока́з; 〔コンピュータの〕диспле́й

**ていせい** ①訂正 исправле́ние; попра́вка; корректи́рование **～する** исправля́ть; поправля́ть; корректи́ровать 間違いを～する исправля́ть оши́бку ② 帝政 мона́рхия 〔ロシアの〕цари́зм ～ロシア ца́рская Росси́я

**ていせん** 停戦 прекраще́ние огня́; переми́рие **～する** прекраща́ть ого́нь

**ていたい** 停滞 заде́ржка; засто́й **～する** заде́рживаться; находи́ться в засто́е

**ティッシュペーパー** то́нкая бума́жная салфе́тка ▶**ポケットティッシュ** бума́жные плато́чки

**ていでん** 停電 прекраще́ние пода́чи то́ка

**ていど** 程度 сте́пень; ме́ра; у́ровень; 〔限度〕преде́л **ある～** в не́которой сте́пени

**ていとう** 抵当 зало́г; закла́д **～に入れる** отдава́ть в зало́г〔закла́д〕

**ていねい** 丁寧 **～な**〔礼儀正しい〕ве́жливый; учти́вый; 〔念入りな〕тща́тельный **～に** ве́жливо, внима́тельно; тща́тельно

**ていはく** 停泊 **～する** бро́сить я́корь **～している** стоя́ть на я́коре

**ディベート** деба́ты **～をする** дебати́ровать

**ていぼう** 堤防 плоти́на

**ていり** 出入り〔出入口と入口〕вход; 〔支出と収入〕дохо́д и расхо́д 出入り口 вы́ход; вход

**ていりゅうじょ** 停留所 остано́вка

**ていれ** 手入れ〔修理〕ремо́нт; почи́нка; 〔維持〕ухо́д; содержа́ние

**ていれい** 定例 **～の** очередно́й 定例会議 очередно́е заседа́ние

**データ** да́нные **～を収集〔分析〕する** собира́ть〔анализи́ровать〕да́нные **～ベース** ба́за да́нных

**デート** свида́ние; **～する** встреча́ться; быть на свида́нии

**テープ** ле́нта; серпанти́н; 〔録音用〕плёнка

**テーブル** стол **～クロス** ска́терть **～マナー** мане́ры поведе́ния за столо́м

**テーマ** те́ма; предме́т **～ソング**〔映画の〕темати́ческая пе́сня для фи́льма **～パーク** темати́ческий парк

**てがかり** 手掛かり〔糸口〕ключ; нить

**でかける** 出かける〔外出する〕выходи́ть; 〔出発する〕отправля́ться; пое́хать 買い物に～ идти́ за поку́пками 旅行に～ отправля́ться в пое́здку 彼〔母〕は今出かけています Сейча́с его́〔ма́мы〕нет.

**でかせぎ** 出稼ぎ ухо́д на за́работки; 〔労働者〕рабо́чий-мигра́нт

**てがみ** 手紙 письмо́; 〔短い〕 запи́ска ～を出す отправля́ть письмо́ в пи́сьменной фо́рме

**てがる** 手軽 ～な лёгкий; просто́й ～に легко́

**てき** 敵 〔敵対者〕 враг; неприя́тель; 〔対戦相手〕 сопе́рник

**でき** 出来 ～のいい уда́чный ～の悪い неуда́чный 出来レース сго́вор

**てきおう** 適応 приспособле́ние ～する приспособля́ться к 与

**てきかく** 的確 ～な то́чный; ме́ткий ～に то́чно, ме́тко

**てきごう** 適合 соотве́тствие ～する соотве́тствовать; подходи́ть (к) 与

**できごと** 出来事 собы́тие; 〔偶然の〕 слу́чай

**てきざいてきしょ** 適材適所 ну́жный челове́к на ну́жном ме́сте

**テキスト** 〔本文・原文〕 текст; 〔教科書〕 уче́бник ～ファイル 〔IT〕 те́кстовый файл

**てきする** 適する 〔適合する〕 подходи́ть 〔к 与, на 与〕; соотве́тствовать 〔与 [для 与]〕 ▶ **適した** го́дный [приго́дный] 〔к 与 [для 与]〕

**てきせつ** 適切 ～な подходя́щий; уме́стный ～に подходя́ще; уме́стно ▶**不適切な** неподходя́щий; несоотве́тствующий

**できたて** 出来立て но́вый; све́жий; то́лько что сде́ланный

**てきとう** 適当 ～な подходя́щий; соотве́тствующий; 〔いい加減な〕 несерьёзный; безотве́тственный ～に ко́е-как

**てきにん** 適任 ～の подходя́щий; приго́дный 適任者 подходя́щий челове́к

**てきはつ** 摘発 ～する разоблача́ть; раскрыва́ть; обнару́живать

**できもの** 出来物 нары́в; чи́рей; волды́рь; 〔腫瘤〕 о́пухоль

**できる** 〔能力がある〕 уме́ть 不定形; быть спосо́бным 不定形; 〔してもよい〕 мо́жно 不定形; 〔生じる〕 появля́ть; возника́ть; 〔出来上がる〕 быть сде́ланным ▶ **できない** 〔不可能〕 невозмо́жно; 〔してはいけない〕 нельзя́ ▶ **できる限り** как мо́жно, наско́лько возмо́жно ～ 早く [安く] как мо́жно скоре́е [деше́вле] ～のことはいたしますЯ сде́лаю всё, что возмо́жно. ▶ **(もし)できれば** е́сли мо́жно

**でぐち** 出口 вы́ход 出口調査 〔政〕 опро́с на вы́ходе

**てこ** 梃子 рыча́г ～入れする подпира́ть; 〔刺激する〕 стимули́ровать ～でも動かない не уступа́ть ни на йо́ту

**でこぼこ** 凸凹 вы́ступы и впа́дины; неро́вность ～した неро́вный

**てごろ** 手頃 ～な подходя́щий; удо́бный ～な価格 уме́ренная цена́

**デザート** сла́дкое; десе́рт; тре́тье

**デザイナー** дизайнер

**デザイン** диза́йн ～する конструи́ровать

**てさげ** 手提げ су́мка; 〔婦人用の〕 су́мочка; 〔網状の〕 аво́ська; 〔紙・ビニールの〕 паке́т 手提げかばん портфе́ль

**でし** 弟子 учени́к; после́дователь Он поступи́л в ученики́ к изве́стному худо́жнику. 彼は有名画家に～入りした

**デジタル** ～の цифрово́й ～機器 цифрово́й аппара́т ～カメラ цифрова́я ка́мера ～時計 цифровы́е часы́ ～放送 цифрово́е веща́ние

**てじな** 手品 фо́кус; трюк 手品師 фо́кусник

**デスク** 〔机〕 стол; 〔報道機関の〕 отве́тственный реда́ктор ～ワーク канцеля́рская рабо́та ～トップパソコン насто́льный компью́тер

**テスト** 〔学校の〕 экза́мен; рабо́та; тест; 〔小テスト〕 контро́льная рабо́та; 〔検査〕 прове́рка; испыта́ние ～する про́бовать ～を受ける сдава́ть экза́мены

**てすり** 手摺 пери́ла

**てそう** 手相 ли́нии руки́ ～を見てもらう проси́ть гада́ть по руке́ 手相鑑定士 хирома́нт

**でたらめ** ～な 〔いい加減な〕 безала́берный; 〔根拠のない〕 необосно́ванный; ～に наобу́м; наугад; науда́чу ～を言うな! Переста́нь моло́ть чепуху́!

**てちょう** 手帳 записна́я кни́жка

**てつ** 鉄 желе́зо ～の желе́зный Желе́зо куй, пока́ горячо́. 鉄は熱いうちに打て

**てっかい** 撤回 отка́з; отме́на ～する брать обра́тно; отменя́ть

**てつがく** 哲学 филосо́фия ～的な филосо́фский ～人生 жи́зненная филосо́фия 哲学者 фило́соф

**デッキ** 〔甲板〕 па́луба; 〔列車の〕 та́мбур ～チェア шезло́нг

**てっきん** 鉄筋 ～コンクリート製の железобето́нный

**てづくり** 手作り ручна́я рабо́та ～の мануфакту́рный; дома́шний ～する сде́лать рука́ми

**てつけ** 手付 〔金〕 зада́ток; зало́г

**デッサン** эски́з; набро́сок ～する набра́сывать; де́лать эски́з

**てったい** 撤退 отхо́д; отво́д; эвакуа́ция ～する отходи́ть; эвакуи́роваться

**てつだう** 手伝う помога́ть 与 不定形 [в 前] Вы мо́жете мне помо́чь? 手伝ってもらえませんか

**てつづき** 手続き процеду́ра; форма́льности; оформле́ние ～する проходи́ть процеду́ру; выполня́ть форма́льности; оформля́ть

**てってい** 徹底 ～する [させる] доходи́ть [доводи́ть] до конца́ ～的に основа́тельно; доскона́льно; после́довательно

**てつどう** 鉄道 желе́зная доро́га 鉄道網 железнодоро́жная сеть 鉄道ファン люби́тель желе́зных доро́г

**てっぽう** 鉄砲 ружьё ～を撃つ стреля́ть из ружья́ 鉄砲水 〔急激な出水〕 внеза́пный па́водок

**てつや** 徹夜 ～で仕事する просиде́ть всю ночь за рабо́той きのうは～だった Вчера́ не спал всю ночь.

**テナント** аренда́тор

**テニス** те́ннис ～選手 тенниси́ст ～コート те́ннисный корт; те́ннисная площа́дка

**てにもつ** 手荷物 ручно́й бага́ж 手荷物一時預り所 ка́мера хране́ния

**デノミ** 〔経〕 деномина́ция

**デパート** универма́г

**デビュー** дебю́т ～する дебюти́ровать

**てぶくろ** 手袋 перча́тки; 〔ミトン〕 рукави́цы ～をする надева́ть перча́тки

**デフレ** 〔経〕 дефля́ция ～スパイラル спира́ль дефля́ции

**てほん** 手本 образе́ц; приме́р ～にする взять за образе́ц; взять приме́р с 与 ～になる пода́ть [показа́ть] приме́р

**てま** 手間 ～のかかる отнима́ющий мно́го вре́мени 手間賃 пла́та за труд [рабо́ту]

**デマ** дезинформа́ция ～の демагоги́ческий

**てまえみそ** 手前味噌 саморекла́ма

**てみじか** 手短 ～に ко́ротко; вкра́тце ～に言えば коро́че говоря́

**デメリット**〔欠点・短所〕недостáток; дефéкт

**デモ** демонстрáция ~をする демонстрировать ~に参加する участвовать в демонстрáции ~隊 демонстрáнты ~参加者 демонстрáнт

**デュエット**〔二重唱・二重奏〕дуэт ~でпеть дуэтом

**てら** 寺〔寺院〕буддийский храм

**テラス** террáса

**でる** 出る 外に～ выйти на улицу 会議に～ присýтствовать на заседáнии コンテストに～ учáствовать [принимáть учáстие] в кóнкурсе

**テレビ** телевизор ～を見る смотрéть телевизор ～ゲーム видеоигрá ～ショッピング телемагазин ～ドラマ телесериáл ～電話 видеотелефóн

**てれる** 照れる смущáться

**テロ** терроризм ▶テロリスト террорист

**てん**①点 тóчка; пункт;〔評点〕отмéтка; балл;〔得点〕очко; счёт;〔読点〕запятáя ある～で в нéкоторых отношéниях ②貂《動》куница ク ロテン сóболь

**てんいん** 店員 продавéц;（女）продавщица

**でんえん** 田園〔田舎〕дерéвня; сéльская мéстность 田園風景 дерéвенский пейзáж

**てんかぶつ** 添加物 добáвка

**てんき** 天気 погóда;〔晴天〕хорóшая погóда ～がいい［悪い］Погóда хорóшая [плохáя]. ~に恵まれる Погóда нам благоприятствовала. 天気図 синоптическая кáрта 天気予報 прогнóз погóды

**でんき**①電気 электричество;〔明かり〕свет 電気 機器 электроприбóры 電気工学 электротéхника 電気自動車 электромобиль 電気毛布 электроодеяло 電気料金 плáта за электричество ②伝記 биогрáфия

**でんきゅう** 電球 лáмпочка; электролáмпа ～が切れた Лáмпочка перегорéла.

**てんきん** 転勤 перевóд на другóе мéсто рабóты

**てんけん** 点検 провéрка; инспéкция ~する проверя́ть; инспектировать

**でんげん** 電源〔電力源〕истóчник электроэнéргии;〔コンセント〕штéпсельная розéтка

**てんこう**①天候 погóда ②転校 перехóд в другую шкóлу

**でんこう** 電光 電光掲示板 световóе таблó 電光ニュース световáя газéта

**てんごく** 天国 рай; Цáрство небéсное

**でんごん** 伝言 передáча ~する передавáть 伝言板 доскá для сообщéний

**てんさい**①天才〔才能〕гéний;〔人〕гéний; гениáльный человéк ~的 гениáльный ②天災 стихийное бéдствие

**てんし** 天使 áнгел

**てんじ**①展示 выставка; покáз ~する выставля́ть; покáзывать; экспонировать 展示会 выставка; демонстрáция 展示物 экспонáт ②点字 шрифт Брáйля

**でんし** 電子〔物理〕электрóн 電子レンジ микроволнóвая печь;《話》микроволнóвка 電子マネー электрóнные дéньги 電子書籍 электрóнная книга 電子オルガン электроóрган 電子工学 электрóника

**でんじは** 電磁波 электромагнитные вóлны

**でんしゃ** 電車 электричка;〔列車〕пóезд

**てんじょう** 天井 потолóк 天井桟敷《劇》вéрхняя галерéя

**てんじょういん** 添乗員 сопровождáющий; экскурсовóд

**てんしょく**①天職 призвáние ②転職 ～する из-менять профéссию

**でんしん** 電信 телегрáф 電信柱 телегрáфный столб

**でんせつ** 伝説 предáние; легéнда ～的 легендáрный

**でんせん** 伝染 ～性の зарáзный; инфекциóнный ～する заражáться

**てんそう** 転送 пересылка ～する пересылáть

**でんたく** 電卓 микрокалькуля́тор

**でんち** 電池 аккумуля́торная батарéя; батарéйка ～が切れた Батарéя разряди́лась. 乾電池 сухáя батарéя

**てんてき**①天敵《生》естéственный враг ②点滴《話》кáпельное внутривéнное вливáние; кáпельница ～を施す стáвить кáпельницу

**テント** палáтка ～を張る разбивáть [стáвить] палáтку ～を畳む свóрачивать палáтку

**でんとう** 伝統 традиция ～的な традициóнный ～を守る [破る] сохраня́ть [нарушáть] традицию

**でんどう** 電動 ～の электрический 電動自転車 электрический велосипéд 電動歯ブラシ электрóнная зубнáя щётка

**テントウムシ**《昆》бóжья корóвка

**てんねん** 天然 прирóда ～の естéственный; прирóдный 彼女は天然（ボケ）だ Онá ― дубинá стоерóсовая. 天然資源 прирóдные ресýрсы 天然ガス прирóдный [естéственный] газ 天然記念物 естéственный [прирóдный] реликт

**てんのう** 天皇 имперáтор (Япóнии)

**てんのうせい** 天王星《天》Урáн

**でんぱ** 電波 (рáдио)вóлны 電波望遠鏡 радиотелескóп

**でんぴょう** 伝票 распиcка

**てんびん** 天秤 весы́ 天秤座《天》Весы́

**てんぷ** 添付 прибавлéние ～する прибавля́ть;〔メールに〕прикрепля́ть 添付ファイル прикреплённый файл

**でんぷん** крахмáл

**テンポ** темп ～の違いは в быстром тéмпе

**てんぼう** 展望 видимость; обозрéние; наблюдéние;〔見通し〕перспектива 展望台 смотровáя площáдка

**でんぽう** 電報 телегрáмма ～でтелегрáммой ～を打つ давáть телегрáмму

**てんもん** 天文 天文学 астронóмия ～的な数字 астронóмические цифры 天文学者 астронóм 天文台 астрономическая обсерватóрия

**てんらんかい** 展覧会 выставка

**でんりゅう** 電流 (электрический) ток 電流計 ампермéтр

**でんりょく** 電力 электроэнéргия 電力会社 электроэнергетическая компáния

**でんわ** 電話 телефóн ～の телефóнный ～する звонить; набрáть ～でтелефóну ～を切る вéшать трýбку ～が通じない нет свя́зи;〔途中で通じなくなった〕связь прервалáсь;〔話中〕зáнято 長～をする вéсти дóлгий разговóр по телефóну ～で ～に Вам звонят. | Вас прóсят к телефóну. また～します Я перезвоню́. ～下さい Позвоните мне, пожáлуйста. 電話番号 нóмер телефóна;《話》телефóн ～を教えて下さい Какóй Ваш нóмер телефóна? | Ваш нóмер телефóна, пожáлуйста. 電話帳 телефóнный спрáвочник いたずら電話 звонóк-рóзыгрыш 公衆電話 телефóн-автомáт; таксофóн 国際電話 междунарóдный телефóн 電話料金 плáта за телефóн

…と〔並列〕и;〔共に〕с 圈;〔比較の対象〕с 圈
ど 度〔程度〕ме́ра; сте́пень;〔回数〕раз;〔温度・角度の〕гра́дус;〔眼鏡・視力の〕диоптри́я ～を越える выходи́ть за ра́мки ～を越した чрезме́рный; неуме́ренный
ドア дверь ～を開ける[閉める] открыва́ть [закрыва́ть] дверь ～マン швейца́р
といあわせ 問い合わせ спра́вка ～をする справля́ться о 圈; наводи́ть спра́вки
トイレ туале́т トイレットペーパー туале́тная бума́га
とう ① 党 па́ртия ② 塔 ба́шня;〔寺社の〕па́года;〔五重塔〕пятия́русная па́года ③ 問う спра́шивать; обраща́ться к 圉 世論に～ обраща́ться к мне́нию 圉 年齢性別は問いません незави́симо от во́зраста и по́ла
どう ① 銅 медь;〔～製の〕ме́дный 銅メダル бро́нзовая меда́ль ② 〔どのように〕как; каки́м о́бразом ～思いますか Как вы ду́маете? ～しよう Как быть?;〔何しよう〕Что де́лать? ～しようもない Ничего́ не поде́лаешь.〔私は〕～でもいい Мне всё равно́. ～考えても со всех то́чек зре́ния
どうい 同意〔賛成〕согла́сие;〔同じ意味〕тот же смысл ～する соглаша́ться「на 圈 [с 圈]
どういたしまして Пожа́луйста. | Не́ за что.
とういつ 統一 еди́нство; объедине́ние ～する объединя́ть; унифици́ровать
どうが 動画 ви́део, видеофа́йл;〔アニメーション〕мультфи́льм;《話》аниме́
とうがらし 唐辛子 (кра́сный) пе́рец
どうかん 同感 私も～です Я того́ же мне́ния.
とうき ① 陶器 гонча́рные изде́лия;〔磁器〕кера́мика ② 投機 спекуля́ция ～的な спекуля́нтский 投機マネー спекуляти́вный капита́л ③ 登記 регистра́ция ～する регистри́ровать 登記簿 регистрацио́нная кни́га
どうき 動機 побужде́ние; моти́в; по́вод
どうぎご 同義語 сино́ним
とうきょう 東京 То́кио ～の токи́йский 東京駅 Токи́йский вокза́л 東京都庁 Токи́йский муниципалите́т 東京湾 Токи́йский зали́в
どうきょうじん 同郷人 земля́к
どうぐ 道具 инструме́нт; ору́дие; сна́сти
どうくつ 洞窟 пеще́ра; грот
とうげ 峠〔山の〕перева́л;〔頂点〕верши́на; вы́сшая то́чка
どうけ 道化 шутовство́ 道化師 шут; кло́ун
とうけい ① 東経 восто́чная долгота́ ② 統計 стати́стика ～的な статисти́ческий ～をとる собира́ть статисти́ческие да́нные
とうけつ 凍結 ～する замерза́ть; замора́живать(ся) 路面が～した Доро́га замёрзла. 資産を～する заморо́зить иму́щество.
とうごう 統合 объедине́ние ～する объединя́ть
とうさく 盗作 plagiát ～する соверша́ть плагиа́т
とうさん 倒産 банкро́тство ～する терпе́ть банкро́тство
とうし ① 投資 вложе́ние капита́ла; капиталовложе́ние; инвести́ция; инвести́рование ～する вкла́дывать капита́л; инвести́ровать ～する вложи́ть де́ньги в а́кции 投資家 инве́стор 機関投資家 организа́ция-инве́стор ② 凍死 смерть от хо́лода ～する умере́ть от хо́лода; замёрзнуть на́смерть

とうじ ① 冬至 (в) зи́мнее солнцестоя́ние ② 当時 (в) то́ время; тогда́ ～の тогда́шний
どうし ① 同志 това́рищ; единомы́шленник ② 動詞 глаго́л
とうしょう 凍傷 замора́живание
とうじょう ① 搭乗 поса́дка ～する сади́ться 搭乗手続き[口] регистра́ция [вход] на поса́дку 搭乗券 поса́дочный тало́н ② 登場 登場人物 де́йствующие ли́ца
どうじょう 同情 сочу́вствие; сострада́ние ～的な сочу́вственный; сострада́тельный ～する сочу́вствовать [сострада́ть] 圉 ～を буди́ть вызыва́ть сострада́ние
どうせいあいしゃ 同性愛者〔ゲイ〕гомосексуали́ст;〔レズビアン〕лесбия́нка
とうせん 当選 ～する〔懸賞などに〕получа́ть [завоёвывать] приз;〔選挙に〕проходи́ть; быть и́збранным
とうぜん 当然 есте́ственно; само́ собо́й разуме́ется 彼は叱られて～だ Это есте́ственно, что его́ руга́ют.
どうぞ пожа́луйста; прошу́ вас ～お入り下さい Проходи́те, пожа́луйста.
どうそうかい 同窓会 встре́ча выпускнико́в
どうぞう 銅像 бро́нзовая ста́туя;〔胸像〕бюст
とうだい 灯台 мая́к
とうたつ 到達 прибы́тие; достиже́ние ～する прибыва́ть; приходи́ть; достига́ть 圉
とうちゃく 到着 прихо́д; прие́зд; прибы́тие ～する приходи́ть; приезжа́ть; прибыва́ть 到着時刻 вре́мя прибы́тия
とうちょう 盗聴 ～する подслу́шивать
どうてん 同点 ра́вное число́ очко́в;〔スポ〕ра́вный счёт; ничья́
どうどう 堂々 ～と сме́ло ～とした〔威厳のある〕велича́вый;〔立派な〕вели́чественный;〔勇ましい〕сме́лый; бесстра́шный
どうとく 道徳 нра́вственность; мора́ль ～的な нра́вственный; мора́льный
どうどり 頭取〔銀行などの〕президе́нт;〔長〕глава́; руководи́тель
とうなん 盗難 кра́жа 私は～にあった Меня́ огра́били [обокра́ли].
とうなんアジア 東南アジア Юго-Восто́чная А́зия
とうにゅう 豆乳 со́евое молоко́
とうにゅう 導入 введе́ние; внедре́ние ～する вводи́ть; внедря́ть
とうにょうびょう 糖尿病〔医〕диабе́т
とうひょう 投票 голосова́ние; баллотиро́вка ～する голосова́ть ～に行く идти́ на голосова́ние 投票箱 избира́тельный я́щик 投票用紙 избира́тельный бюллете́нь 投票数 число́ голосо́в 投票率 проце́нт голосова́ния
とうふ 豆腐 то́фу; со́евый творо́г
どうぶつ 動物 живо́тное; зверь ～(性)の живо́тный 動物園 зоопа́рк 動物病院 ветерина́рная лече́бница 動物学 зооло́гия
とうほう 東方 восто́к;〔東洋〕Восто́к ～の восто́чный ～に на восто́ке 東方正教会 Восто́чное Правосла́вие
どうみゃく 動脈〔医〕арте́рия 大動脈 ао́рта 動脈硬化 артериоскле́роз
とうめい 透明 ～な прозра́чный

**どうめい** 同盟 сою́з ～を結ぶ заключа́ть сою́з 同盟国 сою́зник; сою́зное госуда́рство

**とうめん** 当面〔目下〕в настоя́щий моме́нт;〔さしあたり〕сейча́с; пока́ ～の сиюмину́тный

**どうも**〔軽い挨拶〕Приве́т! ～うまく行かない Ника́к не ла́дится[получа́ется].

**とうもろこし** 玉蜀黍〔植〕кукуру́за; маи́с

**とうよう** 東洋 Восто́к ～の восто́чный; ориента́льный 東洋人 жи́тель Восто́ка

**どうよう** ①同様 ～の тако́й же; одина́ковый; подо́бный; аналоги́чный ～に так же; одина́ково ②動揺〔不安〕волне́ние ～させる волнова́ть

**どうりょう** 同僚 колле́га; сослужи́вец; сослужи́вица; друг по рабо́те

**どうろ** 道路 доро́га; у́лица 幹線道路 магистра́льные доро́ги 道路網〔地図〕доро́жная сеть [ка́рта] 道路標識 доро́жный знак [указа́тель] 道路工事 ремо́нт доро́г

**とうろく** 登録 регистра́ция; ～する регистри́ровать(ся) 登録商標 фабри́чная ма́рка

**とうろん** 討論 диску́ссия; деба́ты; пре́ния ～する обсужда́ть; дискути́ровать 討論会 откры́тая диску́ссия; фо́рум

**どうわ** 童話 расска́з для дете́й; ска́зка 童話作家 де́тский писа́тель

**とおい** 遠い далёкий; отдалённый; да́льний ～親戚 да́льний ро́дственник

**とおく** 遠く вдали́; вдалеке́ ～から издалека́; и́здали ～及ばない далеко́ до ⌈

**とおす** 通す〔通過させる〕пропуска́ть;〔糸などを〕продева́ть;〔刺し通す〕прони́зывать 自分の意見を～ отста́ивать своё мне́ние 道路を～ прокла́дывать доро́гу

**トースト** то́ст ▶ то́стер то́стер

**ドーナツ** по́нчик

**トーナメント** турни́р

**とおまわり** 遠回り око́льный путь; око́льная доро́га; крюк ～を идти́ око́льным путём; де́лать крюк

**ドーム** ку́пол ～〔形〕の ку́польный

**とおり** 通り〔街路〕у́лица ～で на у́лице

**とおる** 通る〔通過する〕проходи́ть; проезжа́ть;〔通路として〕идти́ по проведённым [проло́женным];〔声などが〕слы́шаться; доноси́ться 公園の中を～ проходи́ть парк よく～声 зву́чный го́лос 筋が～ быть логи́чным

**とかい** 都会 го́род ～の городско́й

**とかげ** 蜥蜴〔動〕я́щерица

**とかす** ①溶かす〔液体に〕растворя́ть; распуска́ть;〔氷を〕раста́пливать;〔バターなどを〕топи́ть;〔金属〕распла́влять ②梳かす〔髪を〕расчёсывать

**とき** 時 вре́мя; пора́;〔時点〕моме́нт;〔場合〕слу́чай ちょうどその時 в э́тот моме́нт それは時と場合による Когда́ как. 時は金なり Вре́мя — де́ньги. ▶ときどき вре́мя от вре́мени; иногда́; времена́ми

**とき** 朱鷺〔鳥〕красноно́гий и́бис

**どきどき** ～する трепета́ть; волнова́ться

**ドキュメンタリー** ～映画 документа́льный фильм

**どきょう** 度胸 ～のある сме́лый

**とく** ①解・梳く〔ほどく〕развя́зывать; распу́тывать; рас·пуска́ть;〔解決する〕разреша́ть;〔髪を〕расчёсывать 結び目を～ развя́зывать у́зел 問題を～ разреша́ть вопро́с ② 得 вы́года; по́льза ～な вы́годный; ～する выи́грывать; получа́ть при́быль ③徳 доброде́тель; нра́вственность ～のある доброде́тельный; нра́вственный

**どく** 毒 яд; токси́н;〔害〕вред ～(性)のある ядови́тый; токси́чный 毒性 ядови́тость; токси́чность 毒物 яд; ядови́тое вещество́; токси́ны 毒ガス ядови́тые га́зы

**とくい** 得意〔上手なこと〕конёк;〔自慢〕го́рдость; самодово́льство ～がる горди́ться 図 ～である料理 быть дово́льным 図 Он хорошо́ гото́вит. 得意先 клие́нт

**とくぎ** 特技 осо́бые спосо́бности

**どくさい** 独裁 ～的な диктаторский 独裁者 дикта́тор 独裁政治 диктату́ра

**どくじ** 独自 ～の оригина́льный; своеобра́зный 独自性 оригина́льность

**どくしゃ** 読者 чита́тель

**とくしゅ** 特殊 ～の осо́бенный; специа́льный ～性 осо́бенность; своеобра́зие

**どくしょ** 読書 чте́ние ～する чита́ть 読書家 начи́танный челове́к

**とくしょく** 特色 характе́рная черта́; осо́бенность

**どくしん** 独身 ～の холосто́й; нежена́тый;〔女〕незаму́жняя 独身者 холостя́к; нежена́тый (мужчи́на);〔女〕незаму́жняя (же́нщина)

**どくせん** 独占 монопо́лия ～的な монополисти́ческий ～する монополизи́ровать 独占企業 монопо́льное предприя́тие; монопо́лия 独占禁止法 антимонопо́льное законода́тельство

**どくだん** 独断 ～的な своево́льный ～で по со́бственному усмотре́нию

**とくちょう** ①特徴 отличи́тельная [характе́рная] черта́; ～のある характе́рный …を～とする отлича́ться 図 ②特長 осо́бое досто́инство

**とくてい** 特定 ～の специа́льный; специа́льно устано́вленный;〔ある一定の〕определённый

**とくてん** 得点 очко́; счёт ～する выи́грывать очко́ 総～ су́мма очко́в

**どくとく** 独特 ～の оригина́льный; специфи́ческий

**とくに** 特に осо́бенно; осо́бо; в осо́бенности; в ча́стности; специа́льно

**とくはいん** 特派員 〔新聞社の〕специа́льный корреспонде́нт

**とくべつ** 特別 ～の осо́бенный; осо́бый; специа́льный;〔臨時の〕внеочередно́й ～に осо́бенно; осо́бо; специа́льно

**とくめい** 匿名 ～の анони́мный ～で анони́мно

**とくゆう** 特有 ～の специфи́ческий; оригина́льный; сво́йственный;〔属性の〕прису́щий

**とげ** 刺・棘 шип; игла́; колю́чка; зано́за ～のある колю́чий ～を抜く выта́скивать зано́зу ～のある言葉 язви́тельные слова́

**とけい** 時計 часы́ 腕時計 нару́чные часы́ 掛け[柱]時計 насте́нные часы́ 置時計 насто́льные часы́ 目覚まし時計 буди́льник ～回りに по часово́й стре́лке ▶ 反時計回りに про́тив часово́й стре́лки

**とける** 解・融・溶ける〔液体に〕растворя́ться; распуска́ться;〔雪・氷などが〕та́ять;〔バターなどが〕топи́ться;〔金属が〕распла́вля́ться;〔ほどる〕развя́зываться; распу́таться;〔疑いが〕рассе́иваться;〔問題が〕быть разрешённым

**どける** 退ける убира́ть; удаля́ть

**どこ** где́ ～に[で] где́ トイレはどこですか Где́ туале́т?

あの人は～の出身ですか Откуда он родом? ここは～ですか Где мы находимся? 彼の～が好き？ Что тебе в нём нравится? ▶どこか где-нибудь; где-то ～に[へ] куда-нибудь; куда-то ▶どこから откуда ▶どことなく как-то; что-то ▶どこへ куда; в какое место; в какую сторону ▶どこでも где угодно ▶どこにでも везде; всюду; в любом месте ▶どこにもない нигде нет ▶どこまで до какого места; [話] докуда ～までыхнет предела

**ところ** 所 [場所] место; [住所・家] местожительство ～変われば品変わる Что город, то норов. ǀ Что деревня, то обычай.

**ところが** однако; между тем

**ところで** кстати; между прочим

**とざん** 登山 восхождение на гору; альпинизм ～する подниматься на гору 登山電車 горная железная дорога 登山家 альпинист

**とし** ①年・歳 [1年] год; [年月] время; годы; [年齢] год; возраст ～と共に с годами ～をとる стареть 年の瀬 конец года ②都市 город 大都市 большой город

**としうえ** 年上 ～の старший 私より5歳～だ Он старше меня на пять лет.

**としこし** 年越し встреча Нового года ～する встречать Новый год

**としした** 年下 ～の младший 私より3歳～だ Он моложе меня на три года.

**…として** как; [...の資格で] в качестве 友達～忠告する посоветовать как друг

**どしゃ** 土砂 земля и песок 土砂降り ливень 土砂崩れ оползень; земной обвал

**としょ** 図書 книга 図書館 библиотека 図書目録 библиотечный каталог

**どじょう** 泥鰌 [魚] вьюн узкохвостый

**とじる** 閉じる закрывать; запирать; затворять; 目を閉じる с закрытыми глазами

**どせい** 土星 [天] Сатурн ～の環 кольца Сатурна

**どだい** 土台 фундамент; основание

**とだな** 戸棚 шкаф

**とち** 土地 [土] земля; [区画] участок земли; земельный участок; [地方] местность 肥沃な [痩せた]～ плодовитая [бесплодная] земля

**とちゅう** 途中 по дороге; в пути; [中途で] на полпути 話の～ в середине беседы ～下車する выходить из поезда на полпути

**どちら** [どれ] который; [だれ] кто ～も и тот и другой; оба ～にしても во всяком случае

**とっきゅう** 特急 экспресс 特急列車 экспресс 特急料金 оплата за скорый поезд 特急券 билет на экспресс 超特急 суперэкспресс

**とっきょ** 特許 патент ～を出願[申請]する сделать [подавать] заявку на патент ～を侵害する нарушить патентные права 特許権 патентное право 特許料 патентный сбор 特許権侵害 нарушение патентного права

**ドッキング** [合体] стыковка ～する стыковаться

**とっさ** ～に в одно мгновение; в один миг ～の мгновенный; моментальный

**とつぜん** 突然 внезапно; вдруг 突然死 скоропостижная смерть 突然変異 [生] мутация

**とって** 取っ手 [ドアの] ручка; [柄] рукоятка

**トッピング** [料理・菓子の] посыпка

**トップ** высшее [первое] место; [先頭] первый; [上部] верхняя часть ～クラス(の) первоклассный ～レベル высший уровень; высшая степень ～会議 переговоры на высшем уровне

**どて** 土手 насыпь; вал

**とても** [非常に] очень; необыкновенно; чрезвычайно; крайне ～...ない никак; ни в коем случае; ни за что

**とどく** 届く [到達する] доставать [доходить] до 国; [到着する] приходить; доходить ～ける доставлять; посылать

**ととのう** 整う быть в порядке; [準備が] быть готовым [приготовленным]; [まとめる] налаживаться 整った顔立ち правильные черты лица

**ととのえる** 整える приводить в порядок; [準備する] готовить; приготовлять; [まとめる] налаживать 身なりを～ приводить себя в порядок

**ドナー** донор ～登録 регистрация донора

**トナカイ** 馴鹿 [動] северный олень

**となり** 隣 [隣の] соседний [人] сосед ～の соседний ～に рядом (с 国); в соседстве (国) ～合う примыкать; находиться рядом

**どの** [どちらの] который; [どのような] какой; [どの(でも)] каждый; любой ▶どのあたり где; в каком районе ▶どのくらい сколько ▶どのような какой; каков ▶どのように как; каким образом

**とばす** 飛ばす [空中に] пускать по воздуху; запускать; [吹き飛ばす] сдувать; [途中を抜かす] пропускать

**とび** 鳶 [動] коршун

**とびうお** 飛魚 [魚] летучая рыба

**とびこえる** 飛び越える перелетать; перепрыгивать

**とびだす** 飛び出す [勢いよく] ринуться вперёд; [空中に] вылетать; [飛び跳ねて] выпрыгивать; [突出する] выступать

**とびたつ** 飛び立つ [飛び去る] улетать; [飛行機が] полететь

**とびのる** 飛び乗る наскакивать на 国

**とびら** 扉 дверь; [本の] титульный лист

**とぶ** ①飛ぶ летать; лететь ～ように売れる быстро распродаваться 白鳥が飛んでいる Лебедь летает. ②跳ぶ прыгать; скакать

**とほ** 徒歩 ～で пешком そこまで～で行けますか Туда можно дойти пешком?

**どぼく** 土木 土木工学 строительная техника 土木工事 строительство; строительные работы

**トマト** помидор; томат ～ジュース[ソース] томатный сок [соус]

**とまる** 止まる [停止] останавливаться; [静止] стоять; [中断] прекращаться 止まれ! Остановись! ǀ Стой! ǀ Стоп. ②泊まる [宿泊] останавливаться (на ночь); ночевать

**とめる** ①止める [停止させる] останавливать; [中断させる] прекращать; [固定する] прикреплять ここで止めて下さい [タクシーで] Остановите здесь, пожалуйста. ②泊める пускать ночевать

**ともだち** 友達 друг; [女] подруга; приятель; [仲間] товарищ ～になる подружиться с 国

**ともなう** 伴う [同行させる] брать с собой; [伴事する] сопровождать; [引き起こす] вызывать 家族を伴って ～вместе с семьёй

**ともに** 共に [両方] оба; [一緒に] вместе (с 国)

**どよう** 土曜 (日) суббота ～に в субботу

**とら** 虎 [動] тигр ②[十二支] тигр

**ドライ** ～な [乾いた・辛口の] сухой ～アイス сухой лёд ～フラワー сухие цветы

**ドライブ** прогулка на машине ～する совершать прогулку на машине ～イン магазин для ав-

**トモビリストов**

**ドライヤー** 〔髪の〕фен; 〔乾燥機〕сушилка

**トラウマ** 〔心的外傷〕психологическая травма

**トラック** 〔貨物自動車〕грузовик; 〔競走路〕беговая дорожка **~競技** бег

**トラブル** беспокойство; неприятность; конфликт; 〔故障〕помеха; **~を起こす** причинять беспокойство

**ドラマ** драма **▶ドラマチックな** драматический

**ドラム** 〔太鼓〕барабан **~セット** ударная установка **~缶** железная бочка

**トランク** 〔カバン〕чемодан; 〔自動車の〕багажник

**トランクス** трусы

**トランプ** карты; 〔一組〕колода карт **~をする** играть в карты **~占い** гадание на картах

**とり** ①鳥 птица; 〔小鳥〕птичка **鳥かご** клетка для птиц; 〔雌〕курица; 〔雌〕курятина; **鶏がら** куриная кость; ②酉〔十二支〕петух

**とりあえず** 取り敢えず 〔すぐに〕немедленно; 〔第一に〕прежде всего; 〔差し当たり〕пока

**とりあつかい** 取り扱い управление 図 **取扱説明書** технологическая инструкция **取扱注意!** обращаться с осторожностью.

**とりあつかう** 取り扱う вести; управлять 図

**とりえ** 取り柄 достоинство

**とりかえる** 取り替える 〔別のものに〕менять; заменять на 四; 〔置換する〕заменять 図; 〔交換する〕меняться 図

**とりかかる** 取りかかる приниматься за 四 [不定形]; начинать

**とりきめ** 取り決め 〔約定〕соглашение; 〔決定〕решение; 〔規定〕определение **▶取り決める** 〔約定する〕договариваться о 圓 [不定形]; 〔決定する〕решать; определять

**とりけす** 取り消す отменять; аннулировать; 〔撤回する〕отказываться от 四 **決定を~** аннулировать постановление **彼は運転免許を取り消された** Его лишили водительских прав.

**とりしまり** 取締り 〔管理〕управление; руководство; 〔監督〕контроль 図 **取締役** директор **代表取締役** директор-представитель **取締役会** совет директоров

**とりしまる** 取り締まる 〔管理する〕управлять 図; 〔監督する〕надзирать 図; 〔統制する〕контролировать

**とりしらべ** 取り調べ расследование; 〔尋問〕допрос **▶取り調べる** расследовать

**トリック** трюк; уловка

**とりつぐ** 取り次ぐ 〔仲介する〕посредничать; 〔伝達する〕передавать; 〔報告する〕докладывать

**とりで** 砦 крепость; цитадель; укрепление; кремль

**とりはだ** 鳥肌 гусиная кожа; мурашки **~が立つ** покрываться гусиной кожей; **мурашки бегают по коже**

**とりひき** 取り引き **~する** вести дела; иметь торговые отношения с 四 **取引先** клиент **取引額** торговый оборот

**トリミング** 〔毛の〕обрезка; 〔写真の〕кадрирование **~する** 〔毛を〕обрезать; 〔写真の〕кадрировать

**どりょうこう** 度量衡 меры и вес

**どりょく** 努力 старание; усилие **~する** стараться; прилагать усилия

**とりよせる** 取り寄せる заказывать; выписывать

**ドリル** 〔錐〕дрель; 〔練習問題〕упражнения

**とる** 取・採・捕・る 〔手に〕брать в руки; 〔定期購入する〕выписывать; 〔入手する〕брать; получать; 〔捕 まえる〕ловить; 〔採集する〕собирать; снимать; 〔記録する〕записывать; 〔取り除く〕устранять **運転免許を~** получать водительские права **悪く~** понимать в дурном смысле **疲れを~** снимать усталость **…に足らない** незначительный ②撮る **写真を~** фотографировать ③盗る красть; воровать

**ドル** доллар **~の** долларовый **~相場** курс доллара **~高[安]** дорогой [дешёвый] доллар **~建てで**〔商〕в долларах

**トルクメニスタン** Туркменистан **~人** туркмен

**トルコ** Турция **~の** турецкий **~人** турок; турчанка **~石**〔鉱〕бирюза

**どれ** 何れ; какой; который **~ぐらい** сколько; в какой степени **~でも** что угодно

**どれい** 奴隷 раб; рабыня

**トレーナー** 〔人〕тренер; 〔服〕тренировочная рубашка

**トレーニング** тренировка **~ウエア** тренировочный костюм

**ドレス** платье; одежда **~アップする** разодеться

**ドレッシング** дрессинг

**とれる** 取・捕・撮れる 〔捕獲される〕ловиться; 〔撮影される〕сниматься; 〔記録される〕записываться; 〔脱落する〕отрываться; отламываться **痛みが~** Боль проходит. **ボタンが取れた** Оторвалась пуговица.

**どろ** 泥 грязь; слякоть **~だらけの** весь покрытый грязью **~を塗る**〔侮辱する〕позорить

**トロイカ** тройка

**トロフィー** кубок; трофей

**どろぼう** 泥棒 вор; 〔行為〕воровство; кража **~する** воровать; красть

**どわすれ** 度忘れ **~する** выскочить из головы

**トン** 〔重さの単位〕тонна (記号 t) **4~の荷物** груз весом 4 (четыре) тонны

**どんかん** 鈍感 **~な** нечувствительный; тупой

**どんな** какой; что за **~風に** как; каким образом **~…でも** любой; всякий

**トンネル** туннель

**トンボ** 〔虫〕стрекоза

**とんや** 問屋 оптовый магазин

## な

**ない** 無い 〔存在しない〕нет 四; отсутствовать; 〔持っていない〕у 四 нет 四; без 四 **それは~物ねだりだ** Ты желаешь невозможного.

**ないか** 内科 терапия **内科医** терапевт

**ないかく** 内閣 кабинет министров **内閣総理大臣** премьер-министр **内閣改造** реорганизация кабинета министров

**ないしきょう** 内視鏡〔医〕эндоскоп **内視鏡手術** эндоскопические операции

**ないじゅ** 内需 внутренний спрос

**ないせん** ①内戦 гражданская война ②内線〔電話〕внутренний телефон

**ないぞう** 内臓 внутренние органы; внутренности **内臓疾患** внутренние болезни

**ナイター** вечерний матч

**ナイフ** нож; 〔話〕ножик

**ないよう** 内容 содержание **手紙の~を手短に話す** кратко рассказать содержание письма

**ないりく** 内陸 внутренние районы

**ナイロン** нейлон **~の** нейлоновый

**なえ** 苗 рассада; саженец **苗木** молодое деревцо [деревце]

**なおす** 直・治す〔正常にする〕оправля́ть;〔修理する〕чини́ть; ремонти́ровать;〔治療する〕лечи́ть

**なおる** 直・治る поправля́ться;〔故障などが〕быть почи́ненным (испра́вленным);〔病気が〕лечи́ться 風邪が治った Просту́да прошла́.

**なか** ①中 ～から из 因; ～へ в 因; ～に[で] в 圓; внутри́;〔の間で〕среди́ 因; ме́жду 圓 机の～に столе́ 部屋の～で в ко́мнате ～3日置いて че́рез три дня́ かばんの～を見せて下さい Покажи́те, пожа́луйста содержи́мое ва́шей су́мки. ②仲 ～がいい(悪い) быть в хоро́ших (плохи́х) отноше́ниях ～よく дружи́ть с 因 私と彼女は仲がいい Мы с ней дружи́м.

**ながい** 長・永い〔距離〕дли́нный;〔時間〕до́лгий ～間 до́лго; давно́

**ながさ** 長さ〔距離的な〕длина́;〔時間的な〕долгота́; продолжи́тельность ～よさ10ме́трのケーブル ка́бель длино́й 10 (де́сять) ме́тров

**なかす** 中州 бар; мель

**ながす** 流す〔液体を〕лить; пролива́ть;〔川などに流す〕пуска́ть по тече́нию [воде́];〔洗う〕смыва́ть 涙を～ лить слёзы 過去を水に～ забыва́ть про́шлое ～を～ распуска́ть слу́хи

**ながそで** 長袖 дли́нные рукава́

**ながねん** 長年 мно́го лет; до́лгое вре́мя ～の многоле́тний

**なかま** 仲間〔個人〕прия́тель;〔集団〕гру́ппа, компа́ния;〔同僚〕това́рищи ～入りする входи́ть в гру́ппу; присоединя́ться к 因 ～外れにな́る быть исключённым [отстранённым]

**なかみ** 中身 содержи́мое;〔話〕содержа́ние;〔具〕начи́нка ～のない бессодержа́тельный

**ながめる** 眺める смотре́ть;〔見とれる〕любова́ться 圓 ▶眺め вид ～のいい живопи́сный

**ながもち** 長持ち ～する до́лго держа́ться; носи́ться; служи́ть

**…ながら**〔同時に〕когда́; пока́;〔にもかかわらず〕несмотря́ на 圓; хотя́ テレビでドラマを見～泣く смотре́ть сериа́л и пла́кать

**ながれる** 流れる течь; ли́ться;〔流れていく〕плыть;〔時間が〕проходи́ть; протека́ть

**なく** ①泣く пла́кать;〔泣き叫ぶ〕крича́ть;〔むせび泣く〕рыда́ть; всхли́пывать 泣く泣く че́рез не хочу́ 泣き出す пла́кса ▶泣きだす запла́кать ②鳴く〔小鳥〕петь; чири́кать;〔雄鶏〕кукаре́кать;〔猫〕мя́укать;〔犬〕ла́ять;〔カラス〕ка́ркать;〔蛙〕ква́кать;〔馬〕ржа́ть;〔牛〕мыча́ть;〔豚〕хрю́кать;〔羊・山羊〕бле́ять

**なぐさめる** 慰める утеша́ть; успока́ивать

**なくす** 無・失・亡くす〔失う〕теря́ть; лиша́ться 因;〔廃止する〕уничтожа́ть; отменя́ть 去年父を亡くした В прошлом году́ я потеря́л отца́.

**なくなる** 無・失・亡くなる〔尽きる〕конча́ться;〔紛失〕теря́ться; пропада́ть;〔消失〕исчеза́ть;〔死ぬ〕сконча́ться ワインがなくなった Вино́ ко́нчилось.

**なぐる** 殴る уда́рить; бить; колоти́ть こぶしで～ уда́рить [бить] кулако́м

**なげく** 嘆く скорбе́ть о 圓 ▶嘆き го́ре; скорбь

**なげる** 投げる броса́ть; кида́ть; мета́ть

**なこうど** 仲人 сват;〔女〕сва́ха

**なごやか** 和やか ～な дру́жный; споко́йный; ми́рный; ～に дру́жно; споко́йно; ми́рно

**なごり** 名残り следы́; оста́тки ～惜しい жаль [гру́стно] расстава́ться ～惜しそうに с сожале́нием, с грустью

**なさけない** 情けない сты́дный; постыдный

**なし** 梨《植》〔西洋梨〕гру́ша;〔日本の〕гру́ша грушелистная

**…なしで** …無しで без 因 ～済ます обойти́сь без 因

**なしとげる** 成し遂げる заверша́ть; выполня́ть;〔実現する〕осуществля́ть;〔到達する〕достига́ть 因

**ナショナリズム** национали́зм

**なす** 茄子《植》баклажа́н 焼きなす баклажа́ны на гри́ле

**なぜ** почему́; отчего́;〔理由〕по како́й причи́не;〔目的〕с како́й це́лью; для чего́

**なぜか** почему́-то

**なぞ** 謎 зага́дка;〔秘密〕та́йна ～の зага́дочный ～を解く разга́дывать зага́дку なぞなぞ зага́дка

**なだれ** 雪崩 лави́на; сне́жный обва́л

**なつ** 夏 ле́то ～の ле́тний ～に ле́том 夏時間 ле́тнее вре́мя 夏休み〔学校〕ле́тние кани́кулы;〔仕事〕ле́тний о́тпуск

**なつかしい** 懐かしい дорого́й; ми́лый ▶懐かしむ тоскова́ть по 因

**なづける** 名づける называ́ть 因; наименова́ть; дава́ть и́мя

**ナッツ**《植》〔実〕оре́х

**なっとく** 納得 ～する понима́ть; соглаша́ться ～させる убежда́ть; угова́ривать

**ナツメグ**《植》〔実〕муска́тный оре́х

**なでる** 撫でる гла́дить

**…など** …等 и так да́лее; и т. д.; и тому́ подо́бное; и други́е

**ナトリウム**《化》на́трий

**なな** 七・7 семь ～番目の седьмо́й

**ナナカマド**《植》ряби́на япо́нская

**ななめ** 斜め ～の косо́й; накло́нный ～に ко́со

**なに** 何 что э́то は～ですか? Что э́то? ▶何もない ничто́; ничего́ ▶何から何まで всё ▶何はともあれ во вся́ком слу́чае ▶何よりもまず пре́жде всего́

**なにか** 何か〔事物〕что́-нибудь; что́-либо; что́-то; кое́-что;〔性質〕како́й-нибудь; како́й-либо; како́й-то ～と言えば как то́лько;〔話〕чуть что ～かと кто́-то

**なにげない** 何気ない неча́янный ▶何気なく без вся́кого у́мысла; случа́йно

**…なので** поэ́тому

**…なのに** несмотря́ на то, что …

**なのはな** 菜の花《植》рапс

**なのる** 名乗る называ́ть себя́; представля́ться

**ナプキン** салфе́тка;〔生理用品〕гигиени́ческая прокла́дка

**なふだ** 名札 табли́чка с и́менем

**ナフタリン**《化》нафтали́н

**なべ** 鍋 кастрю́ля;〔大きな〕котёл;〔深い〕котело́к;〔なべ料理〕суп; похлёбка 鍋つかみ ку́хонные рукави́цы 鍋敷き подста́вка под кастрю́лю

**なま** 生 ～の;〔未熟な〕незре́лый 生もの сыра́я пи́ща 生演奏 лайв; живо́е выступле́ние 生ハム сыра́я ветчина́ 生ビール бо́чковое пи́во 生中継 прямо́й эфи́р; лайв

**なまあたたかい** 生暖・温かい теплова́тый

**なまいき** 生意気 ～な самоуве́ренный; на́глый; наха́льный;〔ませた〕разви́той не по года́м

**なまえ** 名前 и́мя; назва́ние;〔姓〕фами́лия お～は? Как вас зову́т? 私の～は太郎です Меня́ зову́т Таро.

**なまける** 怠ける лени́ться;〔話〕лентя́йничать ▶怠け者 лени́вый челове́к; лени́вец

**なまず** 鯰《魚》сом

**なまなましい** 生々しい све́жий; живо́й

**なまり** ①訛り акце́нт ～がある говори́ть с акце́нтом [го́вором] ②鉛 свине́ц ～の свинцо́вый

**なみ** ① 波 волна́; [大波] вал ② 並 ~の обыкнове́нный; обы́чный, рядово́й; [平均の] сре́дний

**なみきみち** 並木道 бульва́р; [庭内の] алле́я

**なみだ** 涙 слёзы; [一滴の] слеза́ ~が出るほどうれしい Я рад до слёз. ~を浮かべて со слеза́ми; в слеза́х ~を流す[拭う] пролива́ть [вы́тереть] слёзы ~を堪えて сде́рживая слёзы **涙ぐむ** растро́гаться до слёз **涙もろい** слезли́вый

**ナメクジ** слизень; слизня́к

**なめらか** 滑らか ~な гла́дкий ~にする сгла́живать; разгла́живать

**なめる** 舐める [舌で] лиза́ть; обли́зывать; [侮る] презира́ть

**なやます** 悩ます му́чить; ~を ~ лома́ть го́лову [чем-л.] му́читься; **悩む** му́читься; страда́ть **悩み** му́ка; муче́ние; огорче́ние

**ならう** 習う [学ぶ] [不定形] занима́ться ピアノを~ учи́ться игра́ть на фортепиа́но ロシア語を~ учи́ться ру́сскому языку́]

**ならす** 鳴らす 鐘を~ звони́ть в ко́локол

**ならない** ...しなければ~ до́лжен [不定形]; на́до [ну́жно] [不定形] ...しては~ нельзя́ [不定形]

**ならぶ** 並ぶ стоя́ть в ряд; [整列する] стро́иться; выстра́иваться; [同等である] равня́ться с

**ならべる** 並べる [横|縦に] ста́вить в ряд (коло́нну, ли́нию); [整列] стро́ить; выстра́ивать; [配置] расставля́ть; [列挙する] перечисля́ть

**なりすます** 成りすます вы́дать себя́ за [造]

**なりゆき** 成り行き проце́сс; ход; разви́тие ~に任せる пусть всё идёт свои́м чередо́м

**なる** ① 成る [完成・成就] получа́ться; выходи́ть; [成り立つ] состоя́ть из [造]; [別のものに] превраща́ться в [造] 大きくなったら何になりたいの Кем ты хо́чешь стать, когда́ вы́растешь? ② 鳴る звуча́ть; звене́ть ③ 生る [実が] принести́ [дать] плоды́

**なるべく** как мо́жно; [比較的] е́сли мо́жно как мо́жно бо́льше ~多く как мо́жно бо́льше ~早く как мо́жно скоре́е [ра́ньше]

**なるほど** ~! Вы пра́вы. | Поня́тно.

**ナレーション** повествова́ние; ди́кторский текст

**ナレーター** расска́зчик; повествова́тель; ди́ктор

**なれる** 慣れ・馴れる привыка́ть к [造] [不定形]; [適応する] приспособля́ться к [造]; [嫌なことに] свыка́ться с [造]; [動物が] прируча́ться

**なわ** 縄 верёвка; ~とび 縄跳び прыжки́ чéрез скака́лку ~をする пры́гать чéрез скака́лку

**なわばり** 縄張り [領域] террито́рия; [勢力範囲] сфе́ра влия́ния

**なんかい** 何回 ~ですか Ско́лько раз? ~も мно́го раз

**なんがい** 何階 ~ですか На како́м этаже́?

**なんきょく** 南極 Ю́жный по́люс **南極大陸** Анта́рктида **南極海** Ю́жный океа́н **南極圏** Ю́жный поля́рный круг

**なんさい** 何歳 ~ですか Ско́лько вам лет? 始めたのは~からです Со ско́льких лет вы на́чали э́тим занима́ться?

**なんじ** 何時 いま~? | Кото́рый час? | Ско́лько вре́мени? ~に待ち合わせしょうか Во ско́лько мы встре́тимся?

**なんすい** 軟水 мя́гкая вода́

**なんでも** 何でも [すべて] всё; [どれでも] любо́й; (私)~いい Мне всё равно́.

**なんと** 何と [驚嘆・感嘆] что?; как ~しても во что́ бы то ни ста́ло ~言うか Что [Как] ~ сказа́ть? ~素晴らしい Как хорошо́!

**なんど** 何度 [温度・角度] Ско́лько гра́дусов? | [回数] Ско́лько раз? ~も мно́го раз ~となく не раз

**なんとか** 何とか [どうにかこうにか] кое-ка́к; [やっとのこと] е́ле-е́ле 山田へいう нéкий Яма́да

**なんとなく** 何となく как-то; почему́-то; ни с того́ ни с сего́

**なんにち** 何日 今日は~ですか Како́е число́ сего́дня?

**なんのため** 何のため ~にあなたは勉強するのか Для чего́ вы занима́етесь? それは~にもならない От э́того нет никако́й по́льзы.

**ナンパ** ~する [女性を誘う] знако́миться с де́вушками на у́лице

**なんぶ** 南部 ю́жная часть; юг; ~の ю́жный

**なんみん** 難民 бе́женец ~になる стать бе́женцами **難民収容所** убе́жище для бе́женцев **難民キャンプ** ла́герь бе́женцев **難民救済** защи́та и по́мощь бе́женцам **国連高等難民弁務官事務所** Управле́ние верхо́вного коми́ссара ООН по дела́м бе́женцев

**なんようび** 何曜日 今日は~ですか Како́й день сего́дня?

# に

**に** 二・2 два/две ~番目の второ́й ▶**2位** второ́е ме́сто ~を占める занима́ть второ́е ме́сто

**にあう** 似合う [ふさわしい] подходи́ть к [造]; быть подходя́щим; [衣服などが] идти́ [造] к [造] 年に似合わず не по лета́м ~ の帽子よくお似合いです Эта ша́пка вам о́чень идёт.

**にいがた** 新潟 Нии́гата ~の нии́гатинский ~で в Нии́гата

**ニーズ** ну́жды; запро́сы; потре́бность

**におい** 匂い за́пах; [芳香] арома́т; [悪臭] вонь; злово́ние ~がする пахну́ть [造]; [嫌な]~がする хорошо́ [неприя́тно] па́хнуть スープの~がする Па́хнет су́пом. ~を нюхать

**にかい** ①2回 два ра́за; два́жды ~の двукра́тный **2回め** второ́й раз ~の второ́й; втори́чный ② 2階 второ́й эта́ж ~で на второ́м этаже́; наверху́ **2階建** двухэта́жный

**にがい** 苦い го́рький ▶**苦味** го́рький вкус; го́речь

**にがつ** 2月 февра́ль ~に в феврале́

**にがて** 苦手 [不得意な] быть сла́бым в [前]; не име́ть спосо́бностей к [造]

**にきび** пры́щик; у́горь ~のある прыщева́тый ~ができている У меня́ прыщи́. **にきび面** (⁇) лицо́ в угря́х

**にぎやか** 賑やか ~な [人通の多い] оживлённый; (много)лю́дный; [陽気な] весёлый; [騒々しい] шу́мный

**にぎりつぶす** 握り潰す разда́вливать в руке́; [もみ消す] замя́ть

**にぎる** 握る брать в ру́ку; хвата́ть 権力を~ захвати́ть [получи́ть] власть ▶**握り締める** жать [сжима́ть] в руке́

**にぎわう** 賑わう [活気づく] оживля́ться; быть оживлён; [人出が多い] быть (мно́го)лю́дным

**にく** 肉 мя́со; ~の мясно́й **肉屋** мясно́й магази́н; [人] мясни́к **肉料理** мясно́е блю́до

**にくがん** 肉眼 ~で見なくて видно невооружённым гла́зом

**にくたい** 肉体 тело; плоть …と～関係がある быть в интимных отношениях с 囲 **肉体労働** физический труд

**にくむ** 憎む ненавидеть ▶憎らしい ненавистный; противный ▶憎しみ ненависть

**にげる** 逃げる бежать; убегать; сбегать; 〔回避する〕обходить; уклоняться ▶逃げ出す броситься; бежать

**にさんかたんそ** 二酸化炭素〔化〕диоксид углерода

**にし** 西 запад ～の западный ～から с запада ～へ на запад ～に на запад

**にじ** ① 虹 радуга ～の радужный ② 二次 второй; вторичный ～的な второстепенный **第二次産業** вторичная промышленность **二次災害** вторичное бедствие

**にじます** 虹鱒〔魚〕радужная форель

**にじゅう** ① 二十・20 двадцать ～番目の двадцатый ② 二重 ～の двойной ～に вдвойне; вдвое; дважды ～にする удваивать **二重国籍** двойное подданство **二重人格者** человек с раздвоением личности **二重帳簿** двойная бухгалтерия

**にしん** 鰊〔魚〕сельдь ～の酢漬け селёдка

**にせ** 偽 ～の поддельный; подделный; фальшивый; фиктивный **偽札** фальшивые банкноты

**にせもの** ① 偽物 подделка; имитация ② 偽者 самозванец

**にちじ** 日時 дата и время

**にちじょう** 日常 ～の обычный; повседневный; ежедневный **日常茶飯事** обычный случай; мелочи жизни **日常生活** ежедневная [ежедневная] жизнь **日常会話** бытовой разговор

**にちよう** 日曜(日) воскресенье ～に в воскресенье **日曜大工** плотник-любитель **日曜版** воскресный выпуск

**にちようひん** 日用品 обиходные предметы

**…について** о 囲; про

**にっか** 日課 ежедневное занятие

**にっき** 日記 дневник ～をつける вести дневник

**ニックネーム** прозвище; кличка

**にっけい** 日系 ～ブラジル人 бразилец японского происхождения

**ニッケル**〔化〕никель ～の никелевый

**にっこう** 日光 солнце; солнечные лучи **日光浴** солнечная ванна ～を принимать солнечные ванны

**にっし** 日誌 дневник; журнал

**にっしょく** 日食 〔皆既・金環〕～〔天〕(полное, кольцеобразное) солнечное затмение

**にってい** 日程 программа [порядок] дня; 〔予定〕план; программа 旅行の～ расписание экскурсии

**ニット** вязаная одежда ～ウエア трикотажная одежда ～帽 шерстяная шапка

**にどと** …しょまい Больше не буду.

**にとう** 2・二等〔第2位〕второе место, 〔等級〕второй класс [разряд, ранг] **2等車** вагон второго класса ～賞 второй приз

**ににんさんきゃく** 二人三脚 тренога́й бег ～で〔協力して〕в сотрудничестве с 囲

**にばい** 2倍 два раза ～の двойной; удвоенный

**にばん** 2番 второе место ～目の второй ～煎じの повторяющий

**にぶい** 鈍い тупой

**にぶん** 二分 ～する разделять надвое **2分の1** половина; одна вторая

**にほん** 日本 Япония ～製の японский **日本人** (男) японец; (女) японка; 〔全体〕японский народ; японцы **日本語** японский язык ～で по-японски; на японском языке **日本料理** японская кухня **日本酒** сакэ **日本列島** Японские острова **日本海** Японское море **日本時間** Японское время

**にまいめ** 二枚目〔美男子〕красавец

**にもつ** 荷物 ноша; груз ～を доставлять [посылать] вещи

**にもの** 煮物 тушёное [варёное] блюдо かぼちゃの～ тушёная тыква

**ニュアンス** оттенок; нюанс

**にゅういん** 入院 ～する ложиться в больницу ～させる помещать в больницу; госпитализировать **入院費** плата за лечение в больнице

**にゅうかい** 入会 ～する вступать в общество [ассоциацию] **入会金** вступительный взнос

**にゅうがく** 入学 ～する поступать в школу **入学試験** вступительный экзамен **入学金** вступительный взнос **入学式** церемония по случаю поступления в школу [университет]

**にゅうがん** 乳癌〔医〕рак груди

**にゅうこく** 入国 ～する въезжать в страну **入国管理** иммиграционный контроль **入国管理事務所** иммиграционное ведомство **入国審査** проверка въезда в страну **密入国** нелегальный въезд в страну ～する нелегально въезжать в страну

**にゅうさんきん** 乳酸菌 молочнокислые [ацидофильные] бактерии

**にゅうしゃ** 入社 ～する поступать на работу в компанию **入社試験** приёмный экзамен на работу **入社式** церемония по случаю поступления на работу

**にゅうしょう** 入賞 ～する получать премию [приз] **入賞者** призёр

**にゅうじょう** 入場 вход ～する входить **入場料** плата за вход **入場券** (входной) билет **入場者** 〔総称〕публика; 〔個別〕зритель **入場無料** вход бесплатный

**ニュース** новости; последние известия ～解説者 [キャスター] телекомментатор; ведущий новостей ～速報 экстренное сообщение

**にゅうせん** 入選 ～する быть выбранным на конкурсе **入選者** призёр на конкурсе

**にゅうもんしょ** 入門書 введение

**にゅうりょく** 入力 ～する〔データ・文字を〕вводить

**によう** 尿 моча; 〔医〕урина **尿検査** анализ мочи

**にら** 韮〔植〕лук-порей

**にりゅう** 二流 ～の второразрядный; второсортный

**にる** ① 似る быть похожим на 囲 似たような одинаковый; подобный …と似ている быть похожим на 囲; похож на 囲 似ても似つかない совершенно не похожий ② 煮る варить ▶煮込んだ разварённый ▶煮過ぎる переваривать

**にれ** 楡〔植〕вяз

**にわ** 庭 двор; сад ～で на дворе **中庭** (внутренний) двор **庭師** садовник

**にわとり** 鶏〔雄〕петух; 〔雌〕курица; 〔雛〕цыплёнок ～の куриный

**にんい** 任意 ～の добровольный; свободный; 〔どれでも〕какой-либо; какой-нибудь ～に〔で〕по своему желанию [усмотрению]; по своей воле

にんき 人気 популя́рность ～がある популя́рный ～を博する по́льзоваться популя́рностью
にんぎょう 人形 ку́кла 人形劇 ку́кольный теа́тр
にんげん 人間 челове́к; [人類] челове́чество ～的な челове́ческий; гумани́тный; гуманисти́ческий 人間関係 отноше́ния с людьми́ 人間工学 эргоно́мика 人間国宝 живо́е национа́льное достоя́ние 人間ドック по́лное профилакти́ческое обсле́дование
にんしき 認識 созна́ние; позна́ние; [理解] понима́ние ～する сознава́ть; познава́ть; [理解する] понима́ть
にんじょう 人情 челове́ческие чу́вства ～味あふれる челове́чный; гума́нный
にんしん 妊娠 бере́менность ～する забере́менеть ～している бере́менная; быть в интере́сном положе́нии 妊娠中絶 або́рт; прекраще́ние бере́менности
にんじん 人参〚植〛 морко́вь; морко́вка
にんち 認知 призна́ние ～する признава́ть 認知症〚医〛 деме́нция; слабоу́мие
にんにく 大蒜〚植〛 чесно́к
にんむ 任務 назначе́ние; зада́ча; зада́ние; обя́занности; [使命] ми́ссия ～に就く быть назна́ченным 🈁 ～を果たす исполня́ть свой долг; выполня́ть зада́чу
にんめい 任命 назначе́ние ～する назнача́ть

## ぬ

ぬいぐるみ 縫いぐるみ мя́гкая игру́шка
ぬう 縫う шить; зашива́ть
…ぬき …抜き [ … なし] без; [お世辞を] без ле́сти
ぬく 抜く [引っぱり出す] выта́скивать; выдёргивать; [取り除く] удаля́ть 雑草を～ выдёргивать сорняки́ 朝食を～ не за́втракать 染みを～ выводи́ть пятно́
ぬぐ 脱ぐ снима́ть 服を～ снима́ть оде́жду; раздева́ться
ぬけめ 抜け目 ～のない [用心深い] осторо́жный; [狡猾な] хи́трый
ぬすむ 盗む красть; ворова́ть お金を～ красть де́ньги カメラを盗まれた У меня́ укра́ли фотоаппара́т. 盗み кра́жа; воровство́
ぬの 布 ткань; мате́рия
ぬま 沼 боло́то 沼地 боло́тистая ме́стность
ぬらす 濡らす мочи́ть; сма́чивать
ぬる 塗る [薬・油などを] ма́зать; нама́зывать [сма́зывать] 🈁; [ニスを] лакирова́ть; [塗料を] кра́сить ～塗り絵 раскра́ска ～塗り薬 мазь
ぬるい 温い не холо́дный; теплова́тый
ぬれる 濡れる намока́ть; промока́ть

## ね

ね ①根 ко́рень ～を下ろす пусти́ть ко́рень ～に持つ не забыва́ть оби́ду ～も葉もない без вся́ких основа́ний ②子 [十二支] мышь
ねあがり 値上り ～する (цена́) повыша́ется ►値上げ～する повыша́ть це́ны
ネイティブスピーカー носи́тель языка́ ロシア語～ носи́тель ру́сского языка́
ネオン〚化〛 нео́н ～サイン нео́новая рекла́ма
ねがい 願い жела́ние; [依頼] про́сьба; [懇願] мольба́ ～が叶った Жела́ние осуществи́лось. お～です Прошу́ [Умоля́ю] вас. ►願う жела́ть; хоте́ть; [頼む] проси́ть; [懇願する] моли́ть

ねぎ 葱 [長葱] лук-бату́н
ねぎる 値切る торгова́ться
ネクタイ га́лстук ～を締める [解く] завя́зывать [развя́зывать] га́лстук
ねこ 猫 [雄] кот; [雌] ко́шка; [子猫] котёнок ～も杓子も все и ка́ждый ～をかぶる притворя́ться до́брым 猫に小判 Мета́ть би́сер пе́ред сви́ньями. ～猫背の сутуло́й
ねごと 寝言 ～を言う говори́ть во сне; [たわごと] моло́ть [нести́, говори́ть] вздор
ねさげ 値下げ ～する снижа́ть це́ну
ねじ 捻子 винт; [雌ねじ] га́йка; [ボルト] болт ～を締める вви́нчивать ～を外す отви́нчивать ねじくぎ шуру́п ねじ回し отвёртка
ねずみ 鼠〚動〛 кры́са; (ハツカネズミ) мышь ねずみ色 се́рый
ねたむ 妬む зави́довать 🈁 ▶ねたみ за́висть
ねだん 値段 цена́; сто́имость ～をつける назнача́ть це́ну ～が上がる [下がる] Цена́ повыша́ется [снижа́ется].
ねつ 熱 тепло́; теплота́ ～がさめる [関心の] теря́ть интере́с 🈁; увлече́ние прохо́дит 彼は～がある У него́ высо́кая температу́ра. 熱エネルギー теплова́я эне́ргия
ねっきょう 熱狂 ～的な си́льно увлечённый; стра́стный ～する си́льно увлека́ться 🈁; быть охва́ченным энтузиа́змом
ネックレス ожере́лье
ねっしん 熱心 ～な ре́вностный; усе́рдный ～に ре́вностно; усе́рдно
ねつぞう 捏造 вы́думка ～する выду́мывать
ねったい 熱帯 тро́пики ～の тропи́ческий 熱帯魚〚植物〛 тропи́ческая ры́бка [расти́тельность] 熱帯性気候 экваториа́льный кли́мат 熱帯夜 тропи́ческая ночь (ночь, когда́ температу́ра не па́дает ни́же 25 гра́дусов)
ねっちゅう 熱中 увлече́ние; энтузиа́зм ～する увлека́ться 🈁 熱中症〚医〛 гиперте́рмия
ネット [インターネット] интерне́т ～バンク интерне́т-ба́нк ～通販 интерне́т магази́н
ねっとう 熱湯 кипято́к; горя́чая вода́
ネットワーク сеть; сеть радиовеща́ния
ねびき 値引き ски́дка ～して下さい Сде́лайте, пожа́луйста, ски́дку.
ねぶくろ 寝袋 спа́льный мешо́к
ねぶそく 寝不足 (私は)～で眠い Я не вы́спался и хочу́ спать.
ねぼう 寝坊《話》со́ня ～する встава́ть по́здно
ねまわし 根回し [下工作] предвари́тельный секре́тный сго́вор ～する предвари́тельно сгова́риваться
ねむい 眠い со́нный (私は) ～ Мне хо́чется спать.
ねむる 眠る спать; [眠りにつく] засыпа́ть; уснуть гу́сто; спать кре́пким сном нака́нуне не́ было 🈁 Вчера́ я до́лго не мог засну́ть.
ねらい 狙い прице́ливание; [目標] цель; наме́рение ～が外れる промахну́ться
ねらう 狙う це́литься [наце́ливаться] в 🈁 [на 🈁]; (機会をうかがう) улуча́ть вре́мя
ねる ①寝る [横になる] ложи́ться; [眠る] спать; [寝床に入る] ложи́ться в посте́ль; [性交する] спать с 🈁 ②練る [粉を] меси́ть; заме́шивать; [検討する] разраба́тывать; [文章などを] выраба́тывать
ねん ①年 год; [学年] курс ～に一度 раз в году́ ►年々 с ка́ждым го́дом; год от го́да; [毎年] ка́ждый год; ежего́дно ②念

**ねんがじょう** 年賀状 новогоднее поздравление

**ねんきん** 年金 пенсия ～生活に入る уйти на пенсию ～をもらっている получать пенсию ～者 пенсионер 年金制度 пенсионная система

**ねんざ** 捻挫 растяжение связок (自分の)足を～す растянуть себе связки

**ねんしゅう** 年収 годовой доход

**ねんしょう** ①年少 ～の малолетний; юный 年少者 малолетний ②年商 [商] годовой оборот ③燃焼 ～する гореть; сгорать 完全[不完全]燃焼 полное [неполное] сгорание

**ねんちょう** 年長 ～の старший 年長者 старший

**ねんど** ①年度 год; [学校] учебный год 会計年度 финансовый [отчётный] год 年度末 конец года ②粘土 глина; [工作用の] пластилин ～質の глинистый

**ねんぴ** 燃費 ～のよい[悪い]車 экономичный [неэкономичный] автомобиль

**ねんまつ** 年末 конец года 年末調整 налоговое урегулирование за текущий год

**ねんりょう** 燃料 горючее; топливо 固体[液体]～ твёрдое [жидкое] топливо ～を補給する заправить 燃料計 бензомер

**ねんりん** 年輪 годичные слои [кольца]

**ねんれい** 年齢 возраст ～を問わない вне зависимости от возраста 年齢制限 возрастное ограничение

## の

**ノイローゼ** невроз ～の невротический ～になる заболеваться неврозом

**のう** 脳 мозг ～の мозговой 脳外科 мозговая хирургия 脳神経外科 нейрохирургия 脳梗塞 [医] инфаркт мозга 脳死 мозговая смерть ～する диагностировать смерть мозга 脳出血 кровоизлияние в мозг; [俗称] инсульт [医] апоплексический удар 脳震盪 [医] сотрясение мозга 脳波 колебания мозга 脳波計 энцефалограф

**のうぎょう** 農業 сельское хозяйство; земледелие ～の сельскохозяйственный; аграрный

**のうさんぶつ** 農産物 сельскохозяйственные культуры

**のうじょう** 農場 ферма; [大規模の] плантация

**のうぜい** 納税 платёж [уплата] налога ～する платить [уплачивать] налог 納税者 налогоплательщик 納税額 сумма налога

**のうそん** 農村 деревня

**のうどう** 能動 ～的な активный 能動態 [文法] действительный залог

**ノウハウ** умение; метод; ноу-хау

**のうひん** 納品 поставка ～する поставлять 納品書 [商] сообщение о поставке

**のうみん** 農民 [総称] крестьянство; [個人] крестьянин

**のうりつ** 能率 эффективность; производительность; ～的な эффективный

**のうりょく** 能力 способность ～のある способный

**ノート** тетрадь; [覚え書き] запись; запинка; заметка ～する записать ...パソコン ноутбук

**ノーベルしょう** ～賞 Нобелевская премия ～を授賞する получить Нобелевскую премию

**のがす** 逃がす дать убежать; [取り逃がす] упускать

**のがれる** 逃れる убегать; [免れる] избавляться [спасаться] от; избегать 回

**のこす** 残す оставлять; [保存する] сохранять 残さず食べる съесть без остатка ▶残り остаток ～の остальной; оставшийся

**のこる** 残る оставаться チケットがまだ残っている Билеты ещё есть.

**のせる** ①乗・載せる [車・自転車に] сажать; [積載] грузить; [物に置く] ставить; класть ②載せる [掲載] помещать; [記載] записывать; вносить

**のぞく** ①[取りのける] снимать; устранять; [除外する] исключать ～を除いて кроме; за исключением 回 ②覗く заглядывать; выглядывать; [盗み見る] подглядывать 窓を～から заглядывать [выглядывать] в окно

**のぞみ** 望み [希望] желание; стремление; [期待] надежда ～を抱く питать надежду на 回 ～を叶える осуществить [исполнить] желание

**のぞむ** 望む [希望する] хотеть; желать; [期待する] надеяться; [見渡す] смотреть издалека 平和を～ стремиться к миру; желать мира

**ノック** стучать в дверь ～アウト [ボクシング] нокаут ～ダウン [ボクシング] нокдаун

**のど** 喉 горло; глотка ～を潤す утолять жажду ～が渇いた Мне хочется пить. У меня пересохло в горле. 喉仏 кадык; адамово яблоко

**ののしる** 罵る ругать; бранить

**のばす** 伸・延ばす [まっすぐに] выпрямлять; [長く] вытягивать; удлинять; [ひげ・髪の毛を] отпускать; отращивать; [延長する] продлевать; [延期する] откладывать 羽を《話》вырваться на свободу; оторваться 締め切りを延ばしてほしいですが Отложите, пожалуйста, срок.

**のびる** 伸・延びる [まっすぐに] выпрямляться; расправляться; [長く] протягиваться; удлиняться; [ひげ・髪の毛が] отрастать; [延長] продлеваться; [延期] откладываться [成長・発展] расти; развиваться 売上が伸びている Выручка растёт. 爪が伸びた Ногти выросли.

**のべる** 述べる излагать; говорить; высказывать 事実を～ излагать факт

**のぼる** 上・登・昇る [上昇する] подниматься; восходить; всходить; [よじ登る] взбираться; [数量が達する] доходить до; достигать 回 山に～ подниматься на гору 朝日が～ солнце восходит

**ノミ** 蚤 [虫] блоха 蚤の市 блошиный рынок

**のみかい** 飲み会 вечеринка

**のみもの** 飲み物 напиток

**のむ** 飲む пить; выпивать; [スープを] есть; [薬を] принимать (私は)ウォッカは飲めません Мне нельзя пить водку. この薬は食後に飲みます Это лекарство надо принимать после еды.

**のり** ①糊 клей; [衣服用の] крахмал ～で貼る приклеивать ～のきいた крахмаленный ②海苔 [海藻] морской мох

**のりおくれる** 乗り遅れる опаздывать на 回; [時代に] оставаться позади

**のりかえ** 乗り換え пересадка 乗換駅 станция для пересадки ▶乗り換える пересаживаться; делать пересадку

**のりくみいん** 乗組員 [全体] экипаж; команда; [個人] член экипажа [команды]

**のりすごす** 乗り過ごす 降りる駅を乗り過ごしてしまった я проехал станцию.

**のりば** 乗り場 остановка; [船の] причал; [タクシーの] стоянка такси

**のりもの** 乗り物 тра́нспорт; сре́дства передвиже́ния ～に酔う страда́ть от ка́чки; ука́чивать 図

**のる** 乗る〔上に〕влеза́ть на 囮; 〔乗り物に〕сади́ться; е́хать リズムに～ поддава́ться ри́тму ②載る〔掲載される〕помеща́ться; печа́таться; публикова́ться 雑誌に～ быть помещённым в журна́ле

**ノルウェー** Норве́гия ～人 норве́жец

**ノルマ** но́рма ～を達成する выполня́ть но́рму

**ノンアルコール** ～飲料 безалкого́льные напи́тки

**のんびり** ～と беззабо́тно; беспе́чно; споко́йно ～する чу́вствовать себя́ свобо́дно

**ノンフィクション** документа́льный жанр

# は

**は** ①葉 листва́; 〔1枚〕лист; 〔針葉樹の〕хво́я ②歯 зуб 〔複 зу́бы〕; 〔道具の〕зуб 〔複 зу́бья〕; зубе́ц ～を磨く чи́стить зу́бы ～が痛い У меня́ боля́т зу́бы. ～を抜く удали́ть зуб ～が立たない не по зуба́м зубо́в 歯ブラシ зубна́я щётка 歯磨き〔練り〕зубна́я па́ста ③刃 ле́звие; остриё хорошо́ режет［не ре́жет］о́строе［тупо́е］ле́звие

**バー**〔酒場〕бар

**ばあい** 場合 слу́чай; 〔事情〕обстоя́тельства; ситуа́ция ～によって в зави́симости от обстоя́тельств［ситуа́ции］

**バーゲン(セール)** распрода́жа

**バーコード** штрихово́й код; 《話》штрихко́д; штрих-код

**バージョン** ве́рсия ～アップ обновле́ние ве́рсии

**パーセント**〔百分率〕проце́нт 100～ сто проце́нтов

**バーチャルリアリティ** виртуа́льная реа́льность

**パーティー** ве́чер; вечери́нка ～に出席する прису́тствовать на ве́чере［вечери́нке］ ～を開く устра́ивать ве́чер［вечери́нку］

**ハード** ～ウェア〔コン〕ха́рдвер; техни́ческое обеспе́чение ～ディスク〔コン〕жёсткий диск ～ボイルドの жёсткий; круто́й

**パートナー** партнёр ～シップ партнёрство

**ハーブ**〔лека́рственная〕трава́; (лека́рственное) расте́ние ～ティー травяно́й чай;〔ミント〕чай с мя́той;〔ジャスミン〕жасми́н

**バーベキュー** барбекю́

**ハーモニカ** губна́я гармо́ника

**はい** ①灰 пе́пел; зола́ ～になる сгоре́ть дотла́ 灰皿 пе́пельница ②肺 лёгкие 肺活量 ёмкость лёгких 肺炎 воспале́ние лёгких;〔医〕пневмони́я 肺がん рак лёгких ③はい; да!; хорошо́!;〔点呼の返事〕есть!; здесь!

**ばい** ～の двойно́й; удво́енный ～にする удва́ивать 2倍 два ра́за 10倍 де́сять раз

**パイ**〔総称〕пиро́г アップル～ я́блочный пиро́г

**はいいろ** 灰色 се́рый цвет; ～の се́рый; серова́тый; пе́пельный

**バイオ** ～テクノロジー биотехноло́гия ～エタノール биоэтано́л ～リズム биори́тм

**はいき** ①排気 вы́хлоп 排気ガス выхлопно́й газ ②廃棄 ～する выбра́сывать; отбра́сывать 廃棄物 отбро́сы

**はいきょ** 廃墟 разва́лины; руи́ны

**ばいきん** 徽菌 баци́лла,〔細菌〕бакте́рия; микро́б

**ハイキング** похо́д ～に行く идти́ в похо́д

**バイク** мотоци́кл;〔自転車〕велосипе́д

**はいし** 廃止 отме́на; упраздне́ние ～する отменя́ть; упраздня́ть

**はいしゃ** ①歯医者 зубно́й врач ②敗者 побеждённый;〔競技の〕проигра́вший 敗者復活戦〔スポ〕утеши́тельные ма́тчи

**ハイジャック** захва́т［уго́н］самолёта ～する угоня́ть самолёт ～犯 уго́нщик самолёта

**ばいしゅう** 買収 поку́пка; заку́пка;〔贈賄〕по́дкуп ～する покупа́ть;〔贈賄〕подкупа́ть

**ばいしゅん** 売春 проститу́ция ～を занима́ться проститу́цией 売春婦 проститу́тка

**ばいしょう** 賠償 компенса́ция; репара́ции ～する компенси́ровать 賠償金 дене́жная компенса́ция; дене́жные репара́ции

**はいすい** 排水 сток［отка́чка］воды́; дрена́ж ～する отводи́ть［отка́чивать］во́ду; дренажи́ровать 排水量 водоизмеще́ние

**はいた** 排他 ～的な эксклюзи́вный 排他的経済水域〔EEZ〕исключи́тельная экономи́ческая зо́на

**はいたつ** 配達 доста́вка; разно́ска ～する доставля́ть; разноси́ть 郵便配達 разно́с по́чты 配達先 ме́сто доста́вки 配達人 доста́вщик

**ハイテク** высо́кие техноло́гии ～の высокотехнологи́чный

**ばいてん** 売店 кио́ск; ла́вка; павильо́н

**はいとう** 配当 до́ля; распределе́ние;〔株主への〕дивиде́нд

**パイナップル**〔植〕анана́с

**ばいばい** 売買 торго́вля 売買契約 торго́вая сде́лка

**はいひん** 廃品 ути́ль 廃品回収 сбор ути́ля

**はいふ** 配布 разда́ча ～する раздава́ть

**パイプ**〔管〕труба́; тру́бка;〔たばこ用〕кури́тельная тру́бка; мундшту́к ～ライン трубопрово́д ～オルガン духово́й орга́н

**ハイブリッド** гибри́д ～車 гибри́дный автомоби́ль

**はいゆう** 俳優 актёр;〔女〕актри́са

**バイリンガル**〔人〕билингв ～の двуязы́чный

**はいる** 入る〔中に〕входи́ть; вступа́ть;〔学校・企業などに〕поступа́ть;〔加え入る〕запи́сываться;〔中に収まる〕умеща́ться; укла́дываться;〔収容できる〕вмеща́ть ～部屋に～ входи́ть в ко́мнату 大学に～ поступа́ть в университе́т これら全部がかばんに入る В э́ту су́мку всё у нас уме́стится.

**パイロット** лётчик; пило́т

**はう** 這う ползти́; по́лзать;〔蔓などが〕ла́зить

**ハエ**〔昆〕му́ха ハエ叩き мухобо́йка

**はか** 墓 моги́ла ～参りをする посеща́ть моги́лу

**ばか** 馬鹿〔人〕дура́к; ду́ра; глупе́ц;〔愚かさ〕глу́пость ～な глу́пый; неле́пый ～にする издева́ться над 囮; высме́ивать

**はかい** 破壊 ～する разруша́ть; наруша́ть ～的な разруши́тельный 破壊者 разруши́тель

**はがき** 葉書 откры́тка

**はがす** ～す снима́ть; отдира́ть; сдира́ть ▶はがれる снима́ться; отделя́ться; слои́ться

**はがね** 鋼 сталь ～の стально́й

**はかり** 秤 ве́сы; ～にかける взве́шивать

**はかる** 計・測・量る ме́рить; измеря́ть;〔推測〕уга́дывать 計り知れない неизмери́мый

**バカンス** о́тпуск; кани́кулы

**はき 破棄** ～する〔取り消す〕аннули́ровать; отменя́ть

**はきけ 吐き気** тошнота́ ～がする Меня́ тошни́т.

**はく** ① 履く・穿く〔履物を〕обува́ться で; 〔ズボンを〕надева́ть ② 掃く подмета́ть ③ 吐く〔息を〕выдыха́ть; 〔痰を〕плева́ть 〔嘔吐〕рвать 俗

**…はく …泊** ночёвка 3泊4日の旅行 поéздка на четы́ре дня три ночёвки

**ハグ**〔抱擁〕объя́тие ～する обнима́ть

**ばくげき 爆撃** бомбардиро́вка ～する бомби́ть; бомбардирова́ть **爆撃機** бомбардиро́вщик

**はくさい 白菜**〔植〕кита́йская капу́ста

**はくし 博士** до́ктор нау́к **博士号**〔論文〕до́кторская сте́пень〔диссерта́ция〕 **博士課程** докторанту́ра

**はくしゃく 伯爵** граф **伯爵夫人** графи́ня

**はくしゅ 拍手** рукоплеска́ния; аплодисме́нты ～する рукоплеска́ть; аплоди́ровать ～喝采する устра́ивать ова́цию

**はくじょう 薄情** ～な бессерде́чный; чёрствый

**ばくぜん 漠然** ～とした нея́сный; нейопределённый; сму́тный

**ばくだい 莫大** ～な огро́мный; грома́дный

**ばくだん 爆弾** бо́мба

**ハクチョウ 白鳥** ле́бедь **白鳥湖**〔天〕Ле́бедь 《白рьеё озеро》〔バレエ曲目〕«Лебеди́ное о́зеро»

**ばくは 爆破** подры́в; разры́в ～する подрыва́ть

**ばくはつ 爆発** взрыв ～する взрыва́ться ～性の взрывно́й **爆発物** взрывча́тые вещества́; 〔話〕взрывча́тка

**はくぶつかん 博物館** музе́й ～に行く посети́ть музе́й **博物館員** сотру́дник музе́я

**はけ 刷毛**〔ブラシ〕щётка; 〔画筆〕кисть

**はげしい 激しい** си́льный; бу́рный; 〔激烈な〕ожесточённый ～怒り си́льный гнев

**ハゲタカ**〔鳥〕гриф ～ファンド фонд прямы́х инвести́ций

**バケツ 桶** ведро́ ～リレーで из рук в ру́ки

**はげます 励ます** поощря́ть; стимули́ровать; воодушевля́ть

**はげる** ① 剥げる〔取れる〕отделя́ться; слои́ться ② 禿げる〔毛髪が〕лысе́ть; плеши́веть ▶禿げた лы́сый ▶禿げ頭 лы́сая голова́

**はけん 派遣** ～する отправля́ть; посыла́ть **派遣社員** вре́менный рабо́тник

**はこ 箱** я́щик; 〔小さな〕коро́бка

**はこぶ 運ぶ**〔持って〕носи́ть; нести́; 〔乗り物で〕вози́ть; везти́ 万事うまく運んでいる Всё идёт успе́шно.

**バザー** база́р

**はさみ 鋏** но́жницы ～で切る ре́зать [разреза́ть] но́жницами

**はさむ 挟む** зажима́ть; 〔間に〕кла́сть ме́жду ～; закла́дывать 口を～ вставля́ть сло́во

**はさん 破産** банкро́тство ～する терпе́ть банкро́тство **自己破産** инициати́вное банкро́тство

**はし** ① 橋 мост ～の上で на мосту́ ～をかける наводи́ть [стро́ить] мост **吊り橋** вися́чий мост ② 箸 па́лочки (для еды) ～で食べる есть па́лочками ～を上手に使いこなす справля́ться с па́лочками **割り箸** одноразовые па́лочки ③ 端 край; коне́ц

**はじ 恥** стыд; позо́р; срам ～をかく позо́риться;《話》срами́ться ～を知れ! Стыди́сь!

**はしか 麻疹**〔医〕корь

**はしご 梯子** ле́стница

**はじまる 始まる** начина́ться; открыва́ться 学年は4月1日に～ Уче́бный год начина́ется пе́рвого апре́ля.

**はじめ 始・初め**〔始まり〕нача́ло;〔起源〕происхожде́ние ～に внача́ле; снача́ла; ～から снача́ла; с са́мого нача́ла; ～は внача́ле; снача́ла; сперва́

**はじめて 初めて** впервы́е; в пе́рвый раз; 〔やっと〕то́лько 今回は～です Это для меня́ в пе́рвый раз. ウラジオストクに来るのは～です Я впервы́е во Владивосто́ке. 亡くして～母の深い愛情がわかった То́лько по́сле сме́рти ма́тери я на́чал цени́ть её глубо́кую любо́вь.

**はじめまして 初めまして** Óчень прия́тно.

**はじめる 始める** начина́ть;開ыва́ть; стать 不定形

**ばしゃ 馬車** пово́зка; экипа́ж; 〔トロイカ〕тро́йка; 〔幌付きの〕коля́ска; 〔箱型の〕каре́та

**パジャマ** пижа́ма

**ばしょ 場所** ме́сто; ме́стность 自転車を置く～がない Не́куда ста́вить велосипе́д.

**はしら 柱**〔立柱〕 опо́ра;〔円柱〕коло́нна

**はしる 走る** бежа́ть; бе́гать; 〔疾走する〕мча́ться; 〔乗り物が〕идти́; 〔道路などが通る〕идти́; проходи́ть

**はす 蓮** ло́тос

**はず 筈** 彼は5時に来る～です Он до́лжен прийти́ в пять часо́в.

**バス** авто́бус ～停 остано́вка авто́буса

**バス**〔定期券〕проездно́й [сезо́нный] биле́т;〔通行証〕про́пуск;〔競技などの〕пас

**はずかしい 恥ずかしい** стыдли́вый; позо́рный; постыдный ああ、～! Мне сты́дно! ▶恥ずかしがる стесня́ться; стыди́ться ▶恥ずかしがり屋 засте́нчивый челове́к

**バスケットボール** баскетбо́л ～をする игра́ть в баскетбо́л ～選手 баскетболи́ст

**はずす 外す**〔取り外す〕снима́ть;〔留めてあるものを〕отцепля́ть ～ снима́ть очки́ メンバーから～ исключа́ть из соста́ва 彼はいま席を外しています Сейча́с он не на ме́сте.

**パスタ** па́ста; макаро́нные изде́лия

**パステル** пасте́ль ～調の пасте́льный ～カラー пасте́льные цвета́ ～画 пасте́ль

**パスポート**〔旅券〕па́спорт ～番号 но́мер па́спорта ～検査 па́спортный контро́ль

**パズル** головоло́мка; пазл **ジグソー～** составна́я карти́нка-зага́дка **クロスワード～** кроссво́рд

**はずれ 外れ** про́мах; неуда́ча;〔端〕край ～くじ пусто́й биле́т

**はずれる 外れる**〔とれる〕снима́ться; соска́кивать;〔留めてあるものが〕отцепля́ться くじが～ проигра́ть в лотере́е

**パスワード** паро́ль

**パセリ**〔植〕(курча́вая) петру́шка

**パソコン** персона́льный компью́тер; ПК

**はた 旗** зна́мя; флаг ～を揚げる [降ろす] поднима́ть [спуска́ть] флаг

**はだ 肌** ко́жа **肌着** нате́льное бельё

**バター** (сли́вочное) ма́сло

**はだか 裸** нагота́ ～の го́лый; наго́й; обнажённый ～になる раздева́ться догола́; обнажа́ться; наго́й одéжды

**はたけ 畑** по́ле 小麦～ пшени́чное по́ле

**はだし 裸足** босы́е но́ги ～で босико́м

**はたらく 働く** рабо́тать; 〔作用する〕де́йствовать;〔悪事などを〕соверша́ть 働かざる者食うべからず Кто не рабо́тает, тот не ест. ▶働き рабо́та; де́йствие

**はち** ① 八・8 во́семь ～番目の восьмо́й ▶8月

**áвгуст** ～にв áвгусте ② 蜂〔ミツバチ〕пчела́;〔スズメバチ〕оса́;〔クマバチ〕дре́вогры́з 蜂蜜 мёд 蜂の巣 со́ты ～状のсо́товый

**はちじゅう** 八十・80 во́семьдесят ～番目の восьмидеся́тый

**パチンコ** пати́нко;〔小石を飛ばす玩具〕рога́тка

**ばつ** 罰 наказа́ние; взыска́ние; ка́ра ～を与える нака́зывать; подверга́ть наказа́нию ～を受ける быть нака́занным; подверга́ться наказа́нию

**はつおん** 発音 произноше́ние; ～する произноси́ть 発音記号 фонети́ческий алфави́т

**ハッカー**〔IT〕ха́кер

**はっきり**〔明瞭に〕я́сно; чётко; отчётливо;〔明白に〕определённо ～させる выясня́ть

**ばっきん** 罰金 штраф; пе́ня ～を科する налага́ть штраф; штрафова́ть

**バック**〔後方〕за́дняя часть;〔背景〕за́дний план; фон;〔後退〕движе́ние наза́д; за́дний ход ～ナンバー ста́рый но́мер

**バック**〔容器〕пакт; па́чка;〔美容法〕космети́ческая ма́ска ～旅行 компле́ксная тури́стическая пое́здка

**バックアップ**〔IT〕～する дубли́ровать

**ばつぐん** 抜群 ～の выдаю́щийся

**はっけん** 発見 откры́тие; обнаруже́ние; ～する открыва́ть 発見者 открыва́тель

**はつげん** 発言 выска́зывание; сло́во; выступле́ние; ～する выска́зывать; выступа́ть 彼には～権がない Он не име́ет пра́ва го́лоса.

**はつこい** 初恋 пе́рвая любо́вь

**はっこう** ① 発行 изда́ние; вы́пуск; ～する издава́ть; выпуска́ть 発行者 изда́тель 発行部数 тира́ж 発行所 изда́тельство ② 発酵 броже́ние; ква́шение; ～する броди́ть; ква́ситься ～した переброди́вший

**バッジ** значо́к

**はっしゃ** ① 発車 ～する отходи́ть; отправля́ться 発車時刻 вре́мя отправле́ния ② 発射 вы́стрел;〔ロケットの〕за́пуск ～する стреля́ть; запуска́ть

**はっしん** 発信 ～する〔情報を〕дать информа́цию;〔メッセージを〕посла́ть [отпра́вить] донесе́ние [посла́ние];〔流行を〕ввести́ в мо́ду 発信先 адреса́т 発信者 адреса́нт; отправи́тель

**ばっすい** 抜粋 вы́держка; вы́писка; ～する выпи́сывать

**はっそう** 発送 отправле́ние; отпра́вка; экспеди́ция ～する отправля́ть; посыла́ть 発送先 адреса́т 発送者 экспеди́тор

**バッタ**〔昆〕саранча́; кобы́лка

**はったつ** 発達 разви́тие; рост ～する развива́ться; расти́ ～した развито́й

**はつばい** 発売 прода́жа; ～する продава́ть; ～される продава́ться 発売元 аге́нтство прода́жи

**はっぴょう** 発表 объявле́ние;〔刊行〕публика́ция; ～する объявля́ть; публикова́ть

**はっぽう** 発泡 ～性のшипу́чий 発泡酒 шипу́чее; шипу́чие ви́на 発泡スチロール полистиро́льная пе́на

**はつみみ** 初耳 それは～だ Впервы́е слы́шу. | Э́то но́вость для меня́.

**はつめい** 発明 изобрете́ние; ～する изобрета́ть 発明品 изобрете́ние 発明者 изобрета́тель

**はで** 派手 ～な〔明るい〕я́ркий;〔目立つ〕блестя́щий; впечатля́ющий;〔贅沢な〕роско́шный

**はと** 鳩〔鳥〕го́лубь 鳩時計 часы́ с куку́шкой

**はな** ① 花・華 цвето́к ～が咲く цвести́ ～がある име́ть шарм ～を植える [摘む] сажа́ть [срыва́ть] цветы́ ～が枯れる Цветы́ увяда́ют. 花束 буке́т 花屋 цвето́чный магази́н 花見 любова́ние цвета́ми са́куры [са́курой] ② 鼻 нос;〔鼻先〕со́пли;〔動物の〕ры́ло;〔象の〕хо́бот ～をかむ сморка́ть; сморка́ться ～が高い〔自慢である〕горди́ться ; быть го́рдым 

**はなし** 話〔談話〕бесе́да; разгово́р;〔物語〕расска́з; исто́рия ～する говори́ть; разгова́ривать ～が合う найти́ о́бщий язы́к с кем-л. догова́риваться ～をつける разреша́ть вопро́с

**はなしあい** 話し合い бесе́да;〔相談〕сове́т;〔交渉〕перегово́ры 話し合う бесе́довать;〔相談〕сове́товаться;〔交渉〕вести́ перегово́ры

**はなしかける** 話し掛ける обраща́ться к 

**はなす** ① 話す〔言う〕говори́ть;〔談話〕бесе́довать; разгова́ривать;〔物語る〕расска́зывать;〔スピーチ・演説〕произноси́ть речь; ロシア語を～ говори́ть по-ру́сски 外国語で～ говори́ть на иностра́нном языке́ ② 放す пуска́ть; отпуска́ть;〔解き放つ〕выпуска́ть;〔自由にする〕освобожда́ть 犬を鎖から～ отпуска́ть соба́ку с це́пи ③ 離す〔分ける〕разделя́ть; отделя́ть;〔遠ざける〕отдаля́ть; удаля́ть

**バナナ**〔植〕бана́н

**はなび** 花火 фейерве́рк; салю́т ～をあげる пуска́ть фейерве́рк

**はなやか** 華やか ～な блестя́щий; пы́шный

**はなよめ** 花嫁 неве́ста ▶花婿 жени́х

**パニック** па́ника ～になる паникова́ть

**はね**〔羽毛〕перо́;〔翼〕крыло́ 羽布団 пери́на

**ばね** пружи́на; рессо́ра ～仕掛けの пружи́нный; заводно́й

**パノラマ** панора́ма

**はは** 母 мать;〔話〕ма́ма ～方の叔父 дя́дя по ма́тери 母の日 День ма́тери

**はば** 幅 ширина́ ～の広い широ́кий ～の狭い у́зкий ～15センチの ширино́й в 15 сантиме́тров 廊下の～は2メートルだ Коридо́р ширино́й (в) 2 ме́тра.

**パパ** па́па;〔話〕па́пенька

**パフ** 派閥 фра́кция; кли́ка

**パフォーマンス** исполне́ние; представле́ние

**バブル** ～経済 эконо́мика мы́льного пузыря́

**はへん** 破片 обло́мок; оско́лок

**はまち**〔魚〕желтохво́ст

**ハム**〔料理〕ветчина́

**ハムスター**〔動〕хомя́к

**はやい** 早・速い〔時間〕ра́нний;〔速度〕бы́стрый; ско́рый 頭の回転が～ у́мный; бы́стро сообража́ть ▶早めに пора́ньше ▶速さ〔速度〕ско́рость

**はやおき** 早起き ～する ра́но встава́ть 彼は早寝～です Он ра́но ложи́тся спать и ра́но встаёт.

**はやく** 早・速く〔時間〕ра́но;〔速度〕бы́стро; ско́ро 朝早く ра́но у́тром

**はやくちことば** 早口言葉 скорогово́рка

**はやし** 林 лес;〔小さな〕ро́ща

**はやる** 流行る〔流行〕входи́ть в мо́ду; станови́ться мо́дным;〔繁盛〕по́льзоваться успе́хом; преуспева́ть; процвета́ть この店は流行っている Э́тот магази́н по́льзуется успе́хом.

**はら** 腹〔腹部〕живо́т;〔動物の〕брю́хо ～の出た〔話〕пуза́тый ～を立てる серди́ться; обижа́ться〔私は〕～がへった Мне хо́чется есть. | Я го́лоден.〔私は〕～が痛い У меня́ боли́т желу́док.

**ばら** 薔薇〔植〕ро́за ～色の ро́зовый

**はらう** 払う плати́ть; упла́чивать; опла́чивать

**パラドックス** お金を～払う плати́ть де́ньги
**パラドックス** парадо́кс
**はらまき** 腹巻 набрю́шник
**パラリンピック** Паралимпиа́да
**バランス** равнове́сие; бала́нс; ～をとる уравнове́шивать; устана́вливать бала́нс ～が崩れる теря́ть равнове́сие [бала́нс] ～のとれた уравнове́шенный; сбаланси́рованный ～シート〔経〕 бала́нс
**はり** ①針〔縫針〕 игла́; иго́лка; 〔釣針〕 крючо́к; 〔時計・計器の〕 стре́лка ～に糸を通す продева́ть ни́тку в иго́лку 針穴 иго́льное ушко́ ②鍼〔治療〕 иглотерапи́я ③梁〔建〕 ба́лка; брус
**バリア** барье́р ～フリー без барье́ров
**はりがみ** 貼り紙〔掲示〕 объявле́ние; 〔貼った紙〕 накле́йка ～をする кле́ить объявле́ние
**はる** ①春 весна́ ～の весе́нний ～に весно́й ～めいてきた Чу́вствуется весна́. Ве́ет весно́й. ②張る〔伸ばす〕 натя́гивать; распространя́ть; ③貼る накле́ивать 封筒に切手を～ накле́ивать ма́рку на конве́рт
**バルコニー** балко́н
**バルト**〔バルト海沿岸地域〕Прибалти́ка ～海 Балти́йское мо́ре ～3国 балти́йские стра́ны
**はれ** 晴れ хоро́шая [я́сная] пого́да ～の日〔改まった日〕 я́сный день
**バレエ** бале́т クラシック [モダン] ～ класси́ческий [совреме́нный] бале́т ～ダンサー арти́ст [арти́стка] бале́та ～団 бале́тная тру́ппа ▶ バレリーナ балери́на
**パレード** пара́д
**バレーボール** волейбо́л ～選手 волейболи́ст
**はれつ** 破裂 взрыв; разры́в ～する взрыва́ться; разрыва́ться
**はれる** ①晴れる〔天気が〕 проясня́ться; 〔気持ちが〕 весели́ть; 〔疑惑などが〕 рассе́иваться 空が晴れた Не́бо проясни́лось. ～晴れた я́сный ②腫れる〔膨れる〕 пу́хнуть; опуха́ть; вздува́ться ～腫れた вспу́хший; опу́хший; опу́хлый
**バレンタインデー** День свято́го Валенти́на
**バロック** баро́кко ～音楽 баро́чная му́зыка; му́зыка эпо́хи баро́кко ～芸術 баро́чное иску́сство
**パロディー** паро́дия ～の пароди́ческий
**バロメーター**〔晴雨計〕баро́метр; 〔指標〕 показа́тель
**はん** ①判〔判子〕 печа́ть; штамп; ште́мпель ～を押す ста́вить печа́ть ②版〔印刷の版数の〕 изда́ние; вы́пуск ～を重ねる выде́рживать не́сколько изда́ний 改訂～ испра́вленное изда́ние
**ばん** ①晩 ве́чер ～の вече́рний ②番 ～を待つ ждать свое́й о́череди 私の～だ Моя́ о́чередь.
**パン** хлеб ～の хле́бный 黒[白]～ чёрный [бе́лый] хлеб ～を焼く печь хлеб 菓子パン сдо́бная бу́лочка パン粉 паниро́вочные сухари́ パン屋 бу́лочная
**はんい** 範囲 о́бласть; сфе́ра; круг; преде́л 活動～ сфе́ра де́йствия
**ハンガー** ве́шалка; пле́чики
**はんかがい** 繁華街 оживлённая у́лица
**はんがく** 半額 полови́на су́ммы; полцены́ ～の за полцены́ ～で買う купи́ть за полцены́
**はんかくめい** 反革命 контрреволю́ция ～的な контрреволюцио́нный
**ハンカチ** носово́й плато́к
**はんきょう** 反響〔音の〕 э́хо; 〔反応〕 о́тклик; о́тзвук 大きな～があった Это вы́звало большо́й резона́нс.
**パンク**〔タイヤの〕 проко́л ～する ло́паться
**ばんぐみ** 番組 програ́мма; переда́ча スポーツ [報道] ～ спорти́вная [информацио́нная] програ́мма
**はんけい** 半径 ра́диус
**はんけつ** 判決〔刑事の〕 пригово́р; 〔民事の〕 (суде́бное) реше́ние; 〔上級審の〕 определе́ние ～が下される вы́несен пригово́р
**はんこう** 犯行 преступле́ние 犯行現場 ме́сто преступле́ния 犯行声明 заявле́ние о соверше́нии преступле́ния
**ばんごう** 番号 но́мер ～順に по поря́дку номеро́в ～をつける нумерова́ть 番札 номеро́к
**はんざい** 犯罪 преступле́ние ～の престу́пный ～を犯す соверша́ть преступле́ние 犯罪者 престу́пник 犯罪心理学 кримина́льная психоло́гия
**ばんざい** 万歳 ～！ Ура́！ Да здра́вствует ...!
**ばんさんかい** 晩餐会 банке́т; зва́ный обе́д
**はんしゃ** 半射 отраже́ние; рефле́кс; рефле́ксия ～する отража́ть(ся); рефлекси́ровать 反射鏡 рефле́ктор
**はんする** 反する 期待に反して вопреки́ ожида́ниям これに反して напро́тив; наоборо́т
**はんせい** 半省 пересмо́тр; 〔後悔〕 раска́яние в ~ ～する пересма́тривать
**はんせん** 帆船 па́русное су́дно; па́русник
**ばんそう** 伴奏 аккомпанеме́нт ピアノ [ギター] で～する аккомпани́ровать на роя́ле [гита́ре] 伴奏者 аккомпаниа́тор
**はんそで** 半袖 коро́ткий рука́в ～の с коро́тким рукаво́м
**パンダ**〔動〕па́нда
**はんたい** 反対 ～する возража́ть [〰 (про́тив 生)]; протестова́ть про́тив 生; сопротивля́ться [противоде́йствовать] 与 ～に наоборо́т 反対運動 движе́ние [борьба́] про́тив 生 反対語 анто́ним
**はんだん** 判断 сужде́ние; реше́ние; 〔評価〕 оце́нка ～する суди́ть; реша́ть; оце́нивать
**パンツ** тру́сы; штаны́; 《男性用下着》тру́сы; 《話》тру́сики ▶ パンティー (же́нские) тру́сы [тру́сики]
**はんてい** 判定 реше́ние ～する суди́ть ～で勝つ [負ける] выи́грывать [прои́грывать] реше́нием суде́й
**ハンディキャップ**〔競技〕〔優者に負わせる〕 гандика́п; 〔劣者に与える〕фо́ра
**バンド**〔楽団〕 орке́стр
**はんとう** 半島 полуо́стров カムチャツカ [クリミア] ～ Камча́тский [Кры́мский] полуо́стров
**はんどうたい** 半導体〔電子〕 полупроводни́к
**はんとし** 半年 полго́да
**パントマイム** пантоми́ма ～役者 пантоми́м
**ハンドル**〔自動車などの〕руль; рулево́е колесо́; 《俗》бара́нка; 〔取っ手〕 ру́чка; рукоя́тка ～を握る держа́ть руль; 《俗》сиде́ть за бара́нкой
**ハンドルネーム**〔IT〕и́мя по́льзователя
**はんにん** 犯人 престу́пник
**はんのう** 反応 реа́кция ～する реаги́ровать
**ハンバーガー** га́мбургер
**ハンバーグ** ру́бленый бифште́кс
**はんばい** 販売 прода́жа ～する продава́ть 販売価格 отпускна́я цена́ 販売店 магази́н 販売員 продаве́ц; (-жде) продавщи́ца
**ばんぱく** 万博 всеми́рная вы́ставка

パンフレット брошюра
はんぶん 半分 половина ～ずつ分ける делить пополам [надвое]
はんめい 判明 ～する выясняться 事実が～した Факты обнаружились.
はんらん ①氾濫 наводнение; разлив; паводок 川が～する Река разливается. ②反乱 восстание ～する восставать 反乱軍 повстанческий отряд
はんろん 反論 возражение ～する возражать 囲

## ひ

ひ ①日 ～が上る Солнце встаёт [всходит]. ～が沈む Солнце заходит. ～が暮れる День подходит к концу. ～に当たる греться на солнце ②火 огонь; огонёк; [火事] пожар ～の огненный ～のような пламенный ～がつく зажигаться; загораться ～を消す тушить [гасить] огонь ～に油を注ぐ подливать масла в огонь 火のない所に煙は立たぬ Нет дыма без огня.
び 美 красота
ピアス серьги
ひあたり 日当たり ～のいい солнечный ～の悪い сумрачный この部屋は～が悪い В этой комнате почти не бывает света.
ピアノ [グランド] рояль; [アップライト] пианино ～を弾く играть на рояле ～線 струнная проволока ▶ピアニスト пианист
ピーアール PR общественная информация ～する рекламировать
ビーツ [ビート] [植] свёкла
ピーナッツ земляной орех; арахис ～バター арахисовое масло
ビーバー [動] бобр
ビーフ говядина ～シチュー тушёная говядина с овощами ～ステーキ бифштекс ～ストロガノフ бефстроганов
ピーマン [植] (сладкий) перец
ビール пиво 生～ бочковое пиво 缶 [瓶] ～ баночное [бутылочное] пиво ～腹 пивной живот
ヒーロー герой ▶ヒロイン героиня
ひえる 冷える холодать; холодеть; остывать; становиться холоднее 今日はやけに～ Сегодня как-то холодно.
ひがい 被害 потери; убытки; ущерб ～に遭う терпеть ущерб ～者 пострадавший
ひかえ 控え [写し・コピー] копия; дубликат; [予備] резерв 控えの選手 запасной (игрок) 控え室 комната отдыха
ひかえめ 控え目 ～な скромный
ひかえる 控える [待機する] ожидать アルコールを～ воздерживаться от алкоголя
ひかく 比較 сравнение ～する сравнивать 囲 (с 画) ～して по сравнению с 画 ～的 сравнительно; относительно
ひかげ 日陰 тень ～の теневой ～になる попадать в тень
ひがし 東 восток ～の восточный ～から с востока ～に восток へ на восток
ひかり 光 свет; [光線] луч; [閃光] вспышка ～を発する испускать свет 光通信 световая связь 光ファイバー оптическое волокно
ひかる 光る светить(ся); блестеть; сиять
ひかん 悲観 ～する разочаровываться ～的な пессимистический 悲観論者 пессимист
ひがんばな 彼岸花 [植] ликорис

ひきいる 率いる командовать [предводительствовать]
ひきうける 引き受ける [引き取る] принимать; [受諾する] соглашаться на 画; [保証する] гарантировать; ручаться за 画 [в 画] 彼の身元を～ ручаться за него
ひきざん 引き算 вычитание ～する вычитать
ひきしめる 引き締める напрягать; 家計を～ сокращать расходы на жизнь
ひきだし 引き出し [家具の] выдвижной ящик
ひきだす 引き出す вынимать; [預金を] изымать; снимать
ひきつぐ 引き継ぐ [事務などを] принимать; [継承する] наследовать
ビキニ [水着] бикини
ひきょう 卑怯 ～な подлый; низкий 卑怯者 подлец; хитрец
ひきわけ 引き分け ничья 引き分け試合 игра вничью ▶引き分ける сыграть вничью
ひく ①引く [引っ張る] тянуть; дёргать; [引きずる] тащить; волочить; [カード・くじを] отступать; [風邪を] простужаться; [線・図などを] проводить 彼の気を～ привлекать его внимание 辞書を～ пользоваться словарём; смотреть в словаре 10から3を～ вычитать три из десяти ②挽く [白などで] молоть ③弾く играть на 画
ひくい 低い низкий ～声で話す говорить низким голосом
ピクニック пикник ～に行く поехать на пикник
ピクルス пикули; соленья
ひげ 髭 [口ひげ] усы; [あごひげ] борода; [頰ひげ] бакенбарды ～のある бородатый ～のない безбородый ～を生やす отпускать усы ～を剃る бриться [かみそりで] ～剃り бритва 電気ひげそり器 [シェーバー] электробритва
ひげき 悲劇 трагедия ～的な трагический
ひけつ ①秘訣 секрет; ключ к 画 成功の～は何ですか В чём секрет вашего успеха? ②否決 непринятие; отклонение ～する не принимать; отклонять; отвергать
ひこう ①飛行 полёт ～する летать ～用の лётный 飛行場 аэродром 飛行船 дирижабль ②非行 非行少年 малолетний правонарушитель 非行少女 малолетняя правонарушительница
びこう 備考 примечание; заметка
ひこうかい 非公開 ～の закрытый
ひこうき 飛行機 самолёт ～で на самолёте; самолётом
ひこうしき 非公式 ～の неофициальный; неформальный ～に неофициально
ひごうほう 非合法 ～の нелегальный; незаконный
ひこく 被告 [民事の] ответчик; [刑事の] подсудимый; обвиняемый
ひざ 膝 колено ～を崩す сидеть свободно
ビザ виза ～を取る[発給する] получать [выдавать] визу 出国 [入国] ～ выездная [въездная] виза 観光 [就労] ～ туристическая [рабочая] виза
ひさい 被災 ～する страдать от 囲 被災地 зона бедствия ～者 пострадавший от 囲
ひさしぶり 久し振り ～! Сколько лет, сколько зим!! Давно не виделись!
ひじ 肘 локоть テーブルに～を突く облокачиваться на стол 肘掛け椅子 кресло
ひしがた 菱形 ромб ～の ромбовидный
ビジネス бизнес ～ライクに деловито; по-дело-

**びじゅつ** 美術 иску́сство **美術館** музе́й; карти́нная галере́я **美術品** произведе́ние иску́сства **美術監督** худо́жественный дире́ктор

**ひしょ** ① 秘書 секрета́рь **秘書官** секрета́рь **秘書課** секретариа́т ② 避暑 ~に行く уе́хать на ле́тний о́тдых **避暑地** ле́тний куро́рт

**ひじょう** 非常 ~に о́чень; необыча́йно; кра́йне ~の際に в крити́ческий моме́нт **非常口** запасно́й вы́ход **非常階段** запасна́я ле́стница **非常用食料品** авари́йный запа́с проду́ктов **非常事態** чрезвыча́йное положе́ние **非常ベル** сигна́льный звоно́к

**ひじょうきん** 非常勤 ~の внешта́тный; вре́менный **非常勤講師** внешта́тный преподава́тель

**ひじょうしき** 非常識 ~な неблагоразу́мный

**びじん** 美人 краса́вица

**ひすい** 翡翠 [宝石] нефри́т

**ビスケット** сухо́е пече́нье

**ヒステリー** истери́я; истери́ка ~を起す впада́ть в истери́ку ▶ **ヒステリックな** истери́ческий

**ピストル** пистоле́т; [連発式の] револьве́р

**ひそ** 砒素 [化] мышья́к

**ひそか** 密か ~な та́йный; секре́тный ~に та́йно; секре́тно

**ひたい** 額 лоб

**ひたす** 浸す погружа́ть; пропи́тывать; сма́чивать

**ビタミン** витами́н ~の витами́нный ~剤 витами́н ~不足 недоста́ток витами́нов

**ひだり** 左 ле́вая сторона́ ~の ле́вый ~に сле́ва; нале́во ~へ нале́во; вле́во ~曲がる повора́чиваться нале́во **左回り** про́тив часово́й стре́лки **左側通行** левосторо́ннее движе́ние; [揭示] Держи́тесь ле́вой стороны́. **左利き** левша́ **左手** ле́вая рука́; [左側] ле́вая сторона́

**ひつう** 悲痛 ~な душераздира́ющий; го́рестный ~な叫び душераздира́ющий крик

**ひっき** 筆記用具 пи́сьменные принадле́жности **筆記試験** пи́сьменный экза́мен

**ひつぎ** 柩 гроб

**びっくり** ~させる изумля́ть; пуга́ть; поража́ть ~する изумля́ться; пуга́ться; быть поражённым ~して испуга́нно; в испу́ге

**ひづけ** 日付 да́та **日付変更線** ли́ния переме́ны дат

**ひっこし** 引っ越し перее́зд; переселе́ние ▶ **引っ越す** переезжа́ть; (話) перебира́ться (私たち)引っ越しました Мы перее́хали.

**ひつじ** ① 羊 [雄] бара́н; [雌] овца́; [子羊] бара́шек; ягнёнок; [マトン] бара́нина **羊飼い** пасту́х ② [十二支] овца́

**ひっしゅう** 必修 **必修科目** обяза́тельный предме́т

**ひつす** 必須 ~の необходи́мый; обяза́тельный

**ひつぜん** 必然 ~的な неизбе́жный **必然性** неизбе́жность; (哲) необходи́мость

**ひったくり** [人] у́личный вор (выхва́тывающий су́мочки) ▶ **ひったくる** выхва́тывать; вырыва́ть

**ぴったり** [隙間なく] пло́тно, вплотну́ю; [きっかり] как раз; то́чно 彼に～で [似合う] Э́то как раз для него́. この服は私に～だ Э́то пла́тье мне впо́ру.

**ヒッチハイク** ~をする е́хать на попу́тной маши́не

**ヒット** ~ソング хит **~チャート** спи́сок хи́тов

**ひっぱる** 引っ張る тяну́ть; тащи́ть; [引き延ばす] ме́длить с

**ヒップ** бедро́

**ひつよう** 必要 ~な ну́жный; необходи́мый ~とする тре́бовать 田 [доп] нужда́ться в ~経費 необходи́мые расхо́ды **必要条件** обяза́тельное усло́вие

**ひてい** 否定 отрица́ние ~する отрица́ть ~的な отрица́тельный ~できない неоспори́мый

**ビデオ** ви́део ~を撮る снять ви́део **~カメラ** видеока́мера

**ひと** 人 челове́к; [人々] лю́ди; [他人] други́е; чужи́е; [人材] ка́дры あの人は～い Он до́брый челове́к. | У него́ хоро́ший хара́ктер.

**ひどい** [残酷な] жесто́кий; безжа́лостный; [激しい] ужа́сный; стра́шный ~目に遭う терпе́ть беду́; попада́ть в ужа́сное положе́ние ~暑さ ужа́сная [стра́шная] жара́ ▶ **ひどく** [残酷に] жесто́ко; [激しく] си́льно; стра́шно; ужа́сно ~叱る си́льно руга́ть

**ひとがら** 人柄 хара́ктер いい[悪い]~ хоро́ший [плохо́й] хара́ктер

**ひととき** 一時 кусо́к; ломо́ть

**ひとこと** 一言 ~で言えば одни́м сло́вом ~も говоря́ не говоря́

**ひとごと** 人事 それは～ではない Э́то и меня́ каса́ется.

**ひとしい** 等しい [数量が] ра́вный [равня́ться] 田; [状態が] одина́ковый; тако́й же

**ひとじち** 人質 зало́жник

**ひとつ** 1つ [一個] оди́н; одна́ шту́ка ~ずつ по одному́ ~おきに че́рез одну́

**ひとで** 人手 [働き手] рабо́чие ру́ки ~を借りる с чужо́й по́мощью わが社は～が足りない У нас не хвата́ет рабо́чей си́лы.

**ヒトデ** 海星 [動] морска́я звезда́

**ひとまわり** 一回り [一回転] оборо́т; поворо́т; [一周] круг ~[12歳]年上 ста́рше на двена́дцать лет ~大きい на разме́р бо́льше

**ひとみ** 瞳 зрачо́к

**ひとみしり** 人見知り ~する стесня́ться незнако́мых люде́й

**ひとめ** ① 一目 оди́н взгляд ~で с пе́рвого взгля́да **一目惚れ(する)** любо́вь [влюби́ться] с пе́рвого взгля́да ② 人目 внима́ние други́х ~につく привлека́ть внима́ние ~を忍んで тайко́м; укра́дкой ~をはばからず не стесня́ясь людски́х глаз

**ひとり** 1人 оди́н (челове́к) ~で оди́н; одино́ко сам/сама́ **1人部屋** ко́мната на одного́ челове́ка **ひとりっ子** еди́нственный ребёнок **ひとり息子** еди́нственный сын **ひとり娘** еди́нственная дочь ▶ **1人ずつ** по одному́ ▶ **1人当たりの** на одного́ челове́ка [одного́] ▶ **1人分の по́рция** ▶ **ひとりぼっちの** одино́кий ▶ **ひとり言を言う** говори́ть с сами́м собо́й ▶ **ひとり占め** монополиза́ция ~する монополизи́ровать

**ひとりでに** само́ собо́й; автомати́чески

**ひな** 雛 [鳥の] птене́ц; [雞の] цыплёнок **雛人形** ку́кла **雛祭り** пра́здник де́вочек

**ひなぎく** 雛菊 [植] маргари́тка

**ひなん** ① 非難 осужде́ние; упрёк; порица́ние ~する осужда́ть; упрека́ть; порица́ть ~の的になる станови́ться объе́ктом осужде́ния ~を浴びる подверга́ться осужде́нию ② 避難 ~する бежа́ть; эвакуи́роваться **避難所** убе́жище **避難民** бе́женцы

ビニール вини́л ～袋 полиэтиле́новый паке́т [мешо́к] ～ハウス вини́ловая тепли́ца

ひにく 皮肉 иро́ния; ко́лкость ～な ирони́ческий; ко́лкий ～を言う говори́ть ко́лкости; иронизи́ровать 皮肉屋 цы́ник

ひにん ① 否認 непризна́ние; отрица́ние; отклоне́ние ～する не признава́ть; отрица́ть; отклоня́ть ② 避妊 предупрежде́ние бере́менности ～する предупрежда́ть бере́менность (経口)避妊薬 (ора́льные) противозача́точные сре́дства

ひのいり 日の入り захо́д [зака́т] со́лнца

ひのき 檜〔植〕кипари́с

ひので 日の出 восхо́д со́лнца 初日の出 восхо́д со́лнца в пе́рвый день Но́вого го́да

ひばく 被曝・爆 ～する подверга́ться бомбёжке 放射線に～する подве́ргнуться радиоакти́вному излуче́нию 被爆者 пострада́вший от бомбёжки

ひばな 火花 и́скра

ひばり 雲雀〔鳥〕япо́нский жа́воронок

ひはん 批判 кри́тика ～する критикова́ть ～的な крити́ческий ～を受ける подверга́ться кри́тике

ひび 亀裂 тре́щина ～が入る тре́скаться 皿に～が入った Таре́лка тре́снула.

ひびき 響き〔音〕звук; звон;〔反響〕о́тзвук; э́хо;〔振動〕колеба́ние

ひびく 響く звуча́ть;〔反響する〕отража́ться

ひひょう 批評 кри́тика ～する критикова́ть 批評家 кри́тик

ひふ 皮膚 ко́жа 皮膚炎 дермати́т 皮膚病 ко́жная боле́знь;〔医〕дермато́з 皮膚科医 дермато́лог

ひぼん 非凡 ～な незауря́дный, необыкнове́нный; выдаю́щийся

ひま 暇〔空き時間〕свобо́дное вре́мя; досу́г ～になる освобожда́ться ～つぶしに что́бы уби́ть вре́мя ～を持て余している У меня́ сли́шком мно́го свобо́дного вре́мени.

ひまご 曾孫 пра́внук

ヒマラヤ 〜山脈 Гимала́и

ひまわり 向日葵〔植〕подсо́лнечник

ひまん 肥満 полнота́; ту́чность ～の то́лстый; ту́чный

ひみつ 秘密 секре́т; та́йна ～の секре́тный; та́йный ～裏に секре́тно; та́йно ～にする держа́ть в секре́те 〔тайне〕 ～を守る [洩らす] сохрани́ть [выдава́ть] та́йну ～を守る [洩らす] сохрани́ть [выдава́ть] секре́т それは～です Э́то секре́т. 2人だけの～ Э́то на́ша с тобо́й та́йна.

びみょう 微妙 ～な делика́тный; неопределённый

ひめい 悲鳴 крик; вопль ～を上げる крича́ть

ひも 紐 шнуро́к; тесёмка;〔情人〕любо́вник

ひもち 日持ち ～がいい[悪い] храни́ться [не храни́ться]

ひもの 干物 сушёная ры́ба

ひやあせ 冷や汗 ～を浄ひ обива́ться холо́дным по́том

ひやかす 冷やかす насмеха́ться над

ひゃく 百 сто ～(番目)の со́тый 数百 не́сколько сот

びゃくや 白夜 бе́лые но́чи

ヒヤシンス〔植〕гиаци́нт

ひやす 冷やす охлажда́ть; остужа́ть

ひゃっかじてん 百科事典 энциклопе́дия; энциклопеди́ческий слова́рь

ビヤホール пивна́я

ひゆ 比喩〔直喩〕сравне́ние;〔隠喩〕мета́фора;〔諷喩〕аллего́рия ～的な метафори́ческий; аллего́ричный; фигура́льный

ヒューマニズム гумани́зм

ひよう 費用 расхо́ды; (за)тра́ты; изде́ржки ～のかかる дорого́й 費用対効果 отноше́ние цена́; производи́тельность

ひょう ① 表 табли́ца; спи́сок;〔図表〕диагра́мма; гра́фик; ～にする табли́ца; спи́сок ～にする своди́ть в табли́цу ② 票 го́лос ～を投ло́с голосова́ть ③ 雹 град ～が падать Идёт град. ④ 豹〔動〕леопа́рд

びよう 美容 美容院 сало́н красоты́; парикма́херская 美容師 парикма́хер 美容整形 космети́ческая опера́ция 美容整形外科 пласти́ческая хирурги́я

びょう 秒 секу́нда

びょういん 病院 больни́ца;〔外来の〕поликли́ника;〔付属病院〕кли́ника

ひょうか 評価 оце́нка ～する оце́нивать 高い～を受ける получа́ть высо́кую оце́нку

ひょうが 氷河 ледни́к; гле́тчер 氷河期 леднико́вый пери́од

びょうき 病気 боле́знь; заболева́ние ～の больно́й ～になる заболева́ть ～がちの боле́зненный 重い[軽い]～ серьёзная [лёгкая] боле́знь

ひょうけい 表敬 ～訪問をする наноси́ть официа́льный визи́т

ひょうげん 表現 выраже́ние; экспре́ссия ～する выража́ть ～力をもった выраже́нный 表現者 вырази́тель 表現主義 экспрессиони́зм

ひょうご 標語 ло́зунг; деви́з; призы́в

ひょうざん 氷山 а́йсберг ～の一角 верху́шка а́йсберга

ひょうし ① 拍子 такт; ритм 3 ～ трёхдо́льный такт ～を取る отбива́ть такт ～を抜ける разочарова́ться ② 表紙 обло́жка 裏表紙 оборо́тная обло́жка

ひょうじ 表示 указа́ние; обозначе́ние ～する ука́зывать; обознача́ть

びょうしゃ 描写 изображе́ние; описа́ние ～する изобража́ть; опи́сывать

ひょうじゅん 標準 крите́рий; мери́ло; станда́рт ～の станда́ртный; норма́льный 標準時 станда́ртное вре́мя 標準語 станда́ртный язы́к

ひょうしょう 表彰 награжде́ние ～する награжда́ть 表彰式 церемо́ния награжде́ния 表彰状 почётная гра́мота 表彰台 пьедеста́л почёта

ひょうじょう 表情 выраже́ние (лица́) ～豊かな вырази́тельный

ひょうてき 標的 цель; мише́нь

びょうどう 平等 ра́венство ～な ра́вный ～にする ура́внивать 男女～ равнопра́вие же́нщин и мужчи́н

びょうにん 病人 больно́й

ひょうばん 評判〔名声〕репута́ция; сла́ва;〔人気〕популя́рность;〔噂〕слу́хи ～がいい[悪い] име́ть хоро́шую [дурну́ю] репута́цию ～になる стать предме́том разгово́ров

ひょうめい 表明 ～する выявля́ть; объявля́ть

ひょうめん 表面 пове́рхность; вне́шняя [нару́жная] сторона́ ～的な пове́рхностный

ひょうりゅう 漂流 дрейф ～する дрейфова́ть

**ひょうろん** 評論 кри́тика ～する критикова́ть 文芸～ литерату́рная кри́тика 評論家 кри́тик

**ひよりみ** 日和見 ～な оппортунисти́ческий 日和見主義 оппортуни́зм

**ビラ** 〔チラシ〕 листо́вка ～を配る раздава́ть листо́вки

**ひらく** 開く 〔開ける〕 открыва́ть; отворя́ть; раскрыва́ть; 〔広げる〕 развёртывать; 〔開催する〕 открыва́ть; проводи́ть; 〔差などが〕 расширя́ть; увели́чивать 包みを～ развора́чивать свёрток 梅の花が開いた Сли́вы расцвели́.

**ピラミッド** пирами́да ～型の пирамида́льный

**ひらめ** 平目 〔魚〕 ло́жный па́лтус

**ひらめく** 閃く 〔考えなどが〕 набрести́; сверкну́ть; осени́ть

**びり** ～になる занима́ть после́днее ме́сто; 《話》 быть в хвосте́

**ひりひり** ～する жечь; щипа́ть のどが～する щипи́т го́рло

**ビリヤード** билья́рд ～台 билья́рд

**ひりょう** 肥料 удобре́ние 有機［化学］肥料 органи́ческие ［хими́ческие］ удобре́ния

**ひる** 昼 〔昼間〕 день; дневно́е вре́мя ～に днём ～前〔過ぎ〕 пе́рвая (втора́я) полови́на дня ～も夜も днём и но́чью; и днём и но́чью 昼寝 дневно́й сон ～寝する спать днём 昼休み обе́денный переры́в

**ピル** 〔錠剤〕 пилю́ля; 〔経口避妊薬〕 противозача́точная пилю́ля

**ヒレ** 〔肉〕 филе́; филе́й

**ひれい** 比例 пропо́рция; 〔数〕 пропорциона́льность ～する быть пропорциона́льным 正［反］～ пряма́я ［обра́тная］ пропо́рция

**ひろい** 広い широ́кий; просто́рный; обши́рный; 〔幅広い〕 широ́кий; 〔広大な〕 большо́й ～部屋 широ́кая ко́мната 広さ 〔幅〕 ширина́; 《話》 ширь; 〔空間〕 простра́нство; 〔面積〕 пло́щадь

**ひろう** ①拾う подбира́ть; поднима́ть; 〔拾い集める〕 собира́ть タクシーを～ взять такси́ ②疲労 уста́лость; утомле́ние ～困憊する изнемога́ть

**ひろげる** 広げる 〔広くする〕 расширя́ть; 〔行き渡らせる〕 распространя́ть; 〔開く〕 раскрыва́ть 新聞を～ развора́чивать газе́ту

**ピロシキ** 〔料理〕 пирожо́к (複 пирожки́)

**ひろば** 広場 пло́щадь 赤の広場 Кра́сная пло́щадь

**ひろまる** 広まる 〔普及する〕 распространя́ться; 〔流行する〕 входи́ть в мо́ду 噂が～ Слу́хи распространя́ются.

**びわ** 琵琶 〔植〕 му́шмула япо́нская

**ひん** 〔気品〕 изя́щность; 〔品格〕 досто́инство ～がいい изя́щный; ～が悪い вульга́рный; гру́бый

**びん** ①便 〔運送〕 перево́зка; тра́нспорт; 〔飛行機の〕 рейс 次の～ сле́дующий рейс 定期便 регуля́рный рейс ②瓶 буты́лка; 〔大きな〕 буты́ль; 〔小さな〕 флако́н; скля́нка; 〔広口の〕 ба́нка

**ピン** була́вка; 〔ヘアピン〕 шпи́лька; зако́лка; 〔安全ピン〕 англи́йская була́вка ネクタイ～ зажи́м для га́лстука

**びんかん** 敏感 ～な чу́ткий; чувстви́тельный; впечатли́тельный

**ピンク** ро́зовый цвет ～色の ро́зовый

**ひんけつ** 貧血 малокро́вие; 〔医〕 анеми́я

**ひんこん** 貧困 бе́дность 貧困層 ни́зшие слои́ населе́ния

**ひんしつ** 品質 ка́чество 高～の высокока́чественный ～の悪い низкока́чественный 品質管理 контро́ль ка́чества

**ひんしゅ** 品種 сорт; поро́да 品種改良 〔動植物の〕 улучше́ние поро́ды ［сорто́в〕

**びんせん** 便箋 почто́вая бума́га; пи́счая бума́га (для пи́сем)

**ヒント** намёк ～を出す намека́ть

**ピント** фо́кус ～が合って［外れて］いる быть в фо́кусе ［вне фо́куса］ ～を合わせる наводи́ть фо́кус ▸ ピンぼけ～だ Это не в фо́кусе.

**びんぼう** 貧乏 бе́дность ～な бе́дный; убо́гий; ～性の ме́лочный ～な暮らしをする жить бе́дно; бе́дствовать ～揺すりをする испы́тывать не́рвную дрожь

## ふ

**ふ** 腑 ～に落ちない не совсе́м поня́тно

**ぶ** 部 〔部分〕 часть; 〔上演の〕 сеа́нс; 〔部類〕 разря́д; катего́рия; 〔組織などの区分け〕 отде́л; се́ктор; 〔サークル・クラブ〕 кружо́к; се́кция; 〔部数〕 экземпля́р

**ファースト** ～クラス пе́рвый класс ～レディー пе́рвая да́ма; супру́га президе́нта ～ネーム и́мя

**ふあい** 歩合 〔比率〕 проце́нт ～制の仕事 рабо́та за проце́нты

**ファイル** 〔文書〕 де́ло; 〔文具の〕 па́пка; 〔IT〕 файл ～する подшива́ть

**ファストフード** бы́строе пита́ние

**ファスナー** (застёжка-)мо́лния ～を閉める［開ける］ застёгивать [расстёгивать] мо́лнию

**ファックス** факс ～を受け取る получа́ть факс ～で送る отправля́ть  по фа́ксу

**ファッション** мо́да ～ショー пока́з мо́ды ～モデル моде́ль ▸ファッショナブルな мо́дный

**ふあん** 不安 беспоко́йство; трево́га; волне́ние ～な беспоко́йный; трево́жный ～に思う беспоко́иться; трево́житься; волнова́ться

**ファン** покло́нник; 〔スポーツの〕 боле́льщик; 〔愛好家〕 люби́тель ～レター письмо́ (от) покло́нника ～クラブ фан-клу́б

**ふあんてい** 不安定 ～な нестаби́льный; непро́чный; неусто́йчивый

**フィギュアスケート** фигу́рное ката́ние ～選手 фигури́ст

**フィクション** вы́мысел; вы́думка

**フィルター** фи́льтр; 〔カメラの〕 светофи́льтр

**フィルム** плёнка

**フィンランド** Финля́ндия ～人 финн; фи́нка

**ふうけい** 風景 вид; пейза́ж; ландша́фт 風景画 пейза́ж 風景画家 пейза́жист

**ふうし** 風刺 сати́ра ～する писа́ть сати́ру ～的な сатири́ческий 風刺画 карикату́ра

**ふうしゃ** 風車 ветряна́я ме́льница

**ふうしゅう** 風習 обы́чаи; нра́вы

**ふうしん** 風疹 〔医〕 красну́ха

**ふうせん** 風船 возду́шный шар

**ブーツ** сапоги́; 〔半長靴〕 полусапо́жки

**ふうとう** 封筒 конве́рт

**ふうふ** 夫婦 муж и жена́; супру́ги

**ふうみ** 風味 вкус ～のいい прия́тный вкус カニの～ вкус кра́ба

**ふうりょく** 風力 си́ла ве́тра 風力計 анемо́метр 風力発電 ветряна́я вы́работка электроэне́ргии

**ふうりん** 風鈴 ветряно́й колоко́льчик

**プール** 〔水泳の〕 пла́вательный бассе́йн; бассе́йн

для плáвания; [вмещать] запáс ~ する сберегáть; запасáть ~ 場 ~温水~ круглогодúчный бассéйн

**ふえ** 笛 флéйта ~を吹く игрáть на флéйте

**フェア** ~な [公正な] чéстный; справедлúвый ~プレー чéстная игрá

**フェーン** ~現象 [気象 学] фён

**フェミニスト** феминúст ▸**フェミニズム** феминúзм

**フェリー** парóм

**ふえる** 増える увелúчиваться; растú; прибывáть

**フェルト** фетр ~の фéтровый ~ペン фломáстер

**フォーク** ~ソング нарóдная пéсня ~ダンス нарóдный тáнец

**フォーマット** [書式・形式] формáт; [IT] [初期化] форматúрование ~する [IT] форматúровать

**フォーマル** ~な официáльный

**フォーラム** фóрум

**ふか** ① 不可 [駄目] непрáвильный; ненадлежáщий; [成績] несдáча; двойка; едúница ② 付加 付加価値 добáвочная стóимость 付加価値税 налóг на добáвочную стóимость

**ふかい** ① 深い глубóкий; [色が濃い] густóй ▸深さ глубинá ② 不快 ~な неприятный; отвратúтельный 不快感 неприятность

**ふかけつ** 不可欠 ~な необходúмый

**ふかのう** 不可能 невозмóжность ~な невозмóжный; реалъ~な неосуществúмый

**ふかまる** 深まる углублться; [濃くなる] густéть 愛が~ Любóвь станóвится сильнéе. 秋が~ Настаёт [Наступает] глубóкая óсень.

**ふきつ** 不吉 ~な зловéщий

**ふきみ** 不気味 ~な жýткий

**ふきゅう** ① 不朽 ~の名作 бессмéртное произведéние ② 普及 распространéние ~する распространться; ~させる распространять

**ふきょう** 不況 [経] депрéссия

**ふきよう** 不器用 ~な невы́кий; неумéлый

**ふく** 服 [総称] одéжда; [スーツ] костюм; [ワンピース] плáтье ~を着る одевáться; ~を脱ぐ раздевáться ② 副 副社長 вице-президéнт 副首相 замéститель премьéр-минúстра 副大統領 вице-президéнт ③ 吹く дуть ~ [ホイッスル] свистéть в свистóк; [フルート] игрáть на флéйте 強い風が吹いている Дýет сúльный вéтер. ④ 拭く вытирáть; стирáть (мокрой тряпкой); ~ほこりを~ вытирáть пыль со столá

**ふぐ** 河豚 [魚] фýгу; собáка-рыба

**ふくざつ** 複雑 ~な слóжный

**ふくさよう** 副作用 побóчное дéйствие

**ふくし** 福祉 благосостояние 福祉事業 обеспéчивание общéственного благосостояния 福祉施設 благотворúтельное учреждéние

**ふくしゅう** 復讐 месть; мщéние; [文] отмщéние ~する мстить 復~ за 図

**ふくそう** 服装 одéжда; костюм ~はどのようにしたらいい Как я дóлжен одéться?

**ふくめる** 含める 手数料を含めて включáя комиссиóнные

**ふくらます** 膨らます [空気を入れて] надувáть; [増大させる] увелúчивать ▸**膨らむ** [膨張する] вздувáться; раздувáться; [増大する] увелúчиваться

**ふくろ** 袋 мешóк; [買い物用] пакéт; [持ち運び用] сýмка ~入りの в мешкáх 1袋の米 [持ち運び用] мешóк рúса [コーヒー] мешóк 袋小路 тупúк

**ふくろう** 梟 [鳥] совá

**ふけつ** 不潔 ~な нечúстый; грязный

**ふこう** 不幸 несчáстье; [災難] бéдствие; [死] смерть; [死んだ人] несчáстный ~なことに к несчáстью ~な人 несчáстливец

**ふこうへい** 不公平 несправедлúвость; пристрáстие ~な несправедлúвый; пристрáстный

**ブザー** звонóк; зýммер; звуковóй сигнáл ~が鳴る звучúть [звенéть] звонóк

**ふさい** 負債 долг; задóлженность

**ふざい** 不在 ~中に во врéмя отсýтствия 夫はただ今~です Сейчáс мýжа нет дóма.

**ふさぐ** 塞ぐ [蓋をする] закрывáть крышкой; [被い閉じる] закрывáть; [空いた所を] занимáть; [さえぎる] заслонять; загорáживать; преграждáть

**ふざける** [遊び騒ぐ] баловáться; [いたずらをする] шалúть; [冗談を言う] шутúть ふざけて шутлúво ~な! Не шутú!

**ふじ** 藤 [植] глицúния

**ふし** 武士 вóин; самурáй

**ふじ** 無事 ~に благополýчно

**ふしぎ** 不思議 чýдо ~な чудéсный; удивúтельный; стрáнный ~に思う удивляться 図 世界の七不思議 семь чудéс свéта

**ふしぜん** 不自然 ~な неесéственный; [人為的な] искýсственный

**ふちょう** 不死鳥 [ギ神] фéникс

**ふしょう** ① 負傷 рáна; ранéние ~する получúть ранéние; быть рáненным 負傷者 рáненый ② 父称 óтчество

**ぶじょく** 侮辱 оскорблéние; обúда ~的な оскорбúтельный; обúдный ~する оскорблять; обижáть

**ふしん** 不審 ~な сомнúтельный 不審火 подозрúтельный пожáр

**ふじん** ① 夫人 супрýга; госпожá; мадáм ② 婦人 жéнщина ~の жéнский 婦人服 жéнская одéжда 婦人病 жéнские болéзни 婦人科 гинеколóгия 婦人科医 гинекóлог

**ふしんにん** 不信任 недовéрие 不信任決議案 ~を可решáть принять вóтум недовéрия

**ふせい** 不正 несправедлúвость; нечéстность ~な непрáвильный; нечéстный; незакóнный

**ふせぐ** 防ぐ [守る] защищáть(ся) [оборонять(ся)] от 図; [予防する] предотвращáть; предохранять; предупреждáть

**ふせる** 伏せる [うつぶせに] ложúться ничкóм コップを~ стáвить стакáн вверх днóм 目を~ потуплять глазá родéние ~ скрывáть úмя

**ぶそう** 武装 вооружéние ~する вооружáть(ся)

**ふそく** ① 不足 [数量の] недостáток; нехвáтка; дефицúт ~する не хватáть 図 ② 不測 ~の事態 непредвúденные обстоятельства

**ふぞく** 付属 ~する принадлежáть к 図; состоять при 図; 付属品 принадлéжности; арматýра 大学付属病院 клúника при университéте

**ふた** 蓋 крышка; покрышка ~をする накрывáть ~を開ける открывáть; снимáть крышку

**ふだ** 札 дощéчка; [番号] номерóк; [カード・ラベル] кáрточка; ярлы́к; этикéтка; [荷札] бúрка

**ぶた** 豚 [動] свинья; [子豚] поросёнок ~の свинóй 豚に真珠 Метáть бúсер пéред свиньями. 豚肉 свинúна

**ぶたい** 舞台 сцéна; арéна ~に立つ выступáть на

**ふたご** 双子 близнецы; двойня ～の兄弟 [姉妹] бра́тья [сёстры]-близнецы́ 双子座 〔天〕 Близнецы́

**ふたたび** 再び опя́ть; сно́ва; ещё раз; 〔二度目に〕 во второ́й раз

**ふたつ** 2つ два; две; 〔2歳〕 два го́да ～ずつ по два ～とも о́ба; о́бе ～のうち второ́й ～にする разделя́ть на две ча́сти [попола́м]

**ふたり** 2人 два челове́ка; дво́е ～で вдвоём 2人連れ па́ра

**ふたん** 負担 бре́мя ～する брать на себя́; нести́ бре́мя ～で за мой счёт

**ふだん** 普段 ～の обы́чный; повседне́вный; ежедне́вный ～から всегда́ ～通り как обы́чно [всегда́] 普段着 бу́дничная оде́жда

**ふち** 縁 край; 〔帽子の〕 поля́

**ふちゅうい** 不注意 невнима́тельность; небре́жность ～な невнима́тельный; неосторо́жный; небре́жный ～にも беспе́чно

**ぶちょう** 部長 нача́льник отде́ла

**ふつう** 普通 ～の обы́чный; обыкнове́нный; просто́й ～は обы́чно

**ぶっか** 物価 це́ны на това́ры ～が高い [安い] высо́кие [ни́зкие] це́ны ～が上がる [下がる] Це́ны поднима́ются [па́дают]. 物価指数 〔経〕 и́ндекс цен

**ふっかつ** 復活 возрожде́ние; воскресе́ние ～する возрожда́ться; воскреса́ть ～させる восстана́вливать 復活祭 Па́сха

**ふつかよい** 二日酔い похме́лье

**ふっきゅう** 復旧 восстановле́ние ～する восстана́вливать(ся)

**ぶっきょう** 仏教 будди́зм 仏教徒 будди́ст

**ブックマーク** закла́дка

**ふっこう** 復興 восстановле́ние; возрожде́ние ～する восстана́вливать; возрожда́ться 復興計画 план реконстру́кции

**ぶっしつ** 物質 мате́рия ～的な материа́льный

**ぶつぞう** 仏像 ста́туя Бу́дды

**ふっとう** 沸騰 ～する кипе́ть; бурли́ть やかん が～する Вода́ в коте́лке кипи́т.

**ぶつり** 物理 фи́зика ～的に физи́чески 物理学 фи́зика ～の физи́ческий 物理学者 фи́зик

**ふで** 筆 кисть ～不精だ Я ре́дко пишу́. 彼女は～まめだ Она́ ча́сто пи́шет.

**ブティック** бути́к

**ふてぎわ** 不手際 私の～で от мое́й беста́ктности

**ふとい** 太い то́лстый; жи́рный; 〔幅広い〕 широ́кий ～声 густо́й го́лос

**ふとう** 不当 несправедли́вый; 〔違法な〕 неправоме́рный; незако́нный

**ぶどう** 葡萄 〔植〕 виногра́д ブドウ糖 глюко́за; виногра́дный са́хар ぶどう畑 виногра́дник

**ふどうさん** 不動産 〔法〕 недви́жимость; недви́жимое иму́щество 不動産屋 аге́нтство недви́жимости; 〔話〕 риэ́лтер

**ふとる** 太る толсте́ть; полне́ть ▶太った то́лстый; по́лный; жи́рный ▶太めの толстова́тый

**ふとん** 布団 〔寝具〕 одея́ло; матра́ц; 〔寝床〕 посте́ль ～に入る 〔就寝する〕 ложи́ться спать

**ふな** 鮒 〔魚〕 кара́сь

**ぶな** 橅 〔植〕 бук 〔япо́нский〕

**ふなびん** 船便 парохо́дное сообще́ние

**ふなよい** 船酔い морска́я боле́знь ～する боле́ть морско́й боле́знью

**ぶなん** 無難 ～な непло́хой; сно́сный; безопа́сный

**ふにん** 不妊 ～症 беспло́дие 不妊治療 лече́ние беспло́дия

**ふね** 船 су́дно; 〔大型船・軍艦〕 кора́бль; 〔小船〕 ло́дка; 〔汽船〕 парохо́д ～で морски́м путём ～に乗る сади́ться на су́дно ～を漕ぐ идти́ на вёслах; 〔居眠り〕 дрема́ть; 《話》 клева́ть но́сом

**ふねん** 不燃 ～性の несгора́емый; невоспламеня́емый 不燃物 несгора́емое вещество́ 不燃ごみ негорю́чий му́сор

**ぶひん** 部品 запча́сти; дета́ль

**ふぶき** 吹雪 мете́ль; вью́га; пурга́ 外は～だ На у́лице поднима́ется мете́ль.

**ぶぶん** 部分 часть; до́ля ～的な части́чный ～的に части́чно; отча́сти

**ふへい** 不平 недово́льство; 〔苦情〕 жа́лобы ～を言う жа́ловаться на 囮; 《話》 ворча́ть

**ふへん** ①不変 ～の неизме́нный; постоя́нный ②普遍 ～の всео́бщий 普遍性 всео́бщность; универса́льность

**ふべん** 不便 неудо́бство ～な неудо́бный ～を感じる испы́тывать неудо́бство

**ふほう** 不法 ～な незако́нный; негале́гный; неправоме́рный 不法侵入 незако́нное проникнове́ние 不法投棄 незако́нный вы́брос му́сора 不法入国 нелега́льный въезд

**ふほんい** 不本意 ～ながら про́тив свое́й во́ли

**ふまん** 不満 недово́льство; неудовлетворённость ～な недово́льный; неудовлетворённый ～を言う жа́ловаться на 囮; выража́ть недово́льство

**ふみきり** 踏切 〔鉄道の〕 перее́зд

**ふみん** 不眠 〔不休で〕 без сна и о́тдыха 不眠症 бессо́нница

**ふむ** 踏む наступа́ть на 囮; топта́ть ного́й аксель ра́цию ～ нажима́ть на газ; газова́ть бре́кеки ～ нажима́ть на то́рмоз; тормози́ть足を～ наступи́ть 囮 на́ ногу 決められた手続きを～ проходи́ть до́лжную процеду́ру

**ふもと** 麓 山の～に у подно́жия горы́

**ふやす** 増やす увели́чивать; приумножа́ть

**ふゆ** 冬 зима́ ～の зи́мний ～に зимо́й ～用の зи́мний; предназна́ченный для зимы́ 冬景色 зи́мний вид

**ふよう** ①不要・不必要 ～な нену́жный 不用品 нену́жная вещь ②扶養 ～する содержа́ть 扶養家族 иждиве́нцы

**フライ** 〔揚げ物〕 жа́реное; фри フライドチキン жа́реная ку́рица フライドポテト карто́фель-фри; жа́реная карто́шка

**プライド** го́рдость ～の高い го́рдый

**プライバシー** ли́чное де́ло; ли́чная [ча́стная] жизнь ▶プライベートな ча́стный; ли́чный

**フライパン** сковорода́

**ブラインド** што́ра

**ブラウス** блу́зка; ко́фта

**ぶらさげる** ぶら下げる ве́шать; све́шивать

**ブラシ** щётка

**ブラジャー** бюстга́льтер

**プラス** плюс ～アルファ плюс что́-то

**プラスチック** пластма́сса ～の пластма́ссовый ～容器 пластма́ссовая посу́да

**プラタナス** плата́н

**ブラック** ～コーヒー чёрный ко́фе ～ボックス чёрный я́щик ～リスト чёрный спи́сок; 〔特に銀行の〕

**ストップリスト** ～企業 тёмная компа́ния ～ホール 〔天〕 чёрная дыра́
**フラッシュ** 〔写〕 вспы́шка
**プラネタリウム** планета́рий
**プラム** 〔植〕 сли́ва
**プランクトン** 〔生〕 планкто́н
**ブランコ** каче́ли; 空中～ трапе́ция
**ブランデー** бре́нди; конья́к
**ブランド** фабри́чная ма́рка ～品 това́р изве́стной ма́рки
**ふり** 振り ...の～をする сде́лать вид; притворя́ться 図
**ぶり** 鰤 〔魚〕 лакéдра
**フリー** ～サイズの безразмéрный ～ダイヤル беспла́тный звоно́к ～キック 〔サッカー〕 свобо́дный уда́р ～スロー 〔バスケット〕 штрафно́й бросо́к
**ブリーフ** 〔下着〕 тру́сики ～ケース портфе́ль
**フリーランサー** фрила́нсер
**ブリキ** жесть; ～のおもちゃ игру́шка из же́сти
**ふりこみ** 振込み опла́та че́рез банк ▶振り込む 〔銀行に〕 плати́ть 〔де́лать взнос〕 че́рез банк
**プリペイド** ～カード ка́рта предопла́ты ～携帯 припе́йд-телефо́н
**プリマドンナ** примадо́нна
**ふりょう** 不良 〔人〕 хулига́н 不良品 брак; недоброка́чественный това́р 不良債権 безнадёжный долг
**ぶりょく** 武力 вооружённые си́лы; вое́нная си́ла ～を行使する примени́ть вооружённые си́лы
**ふりん** 不倫 (不貞) (супру́жеская) изме́на ～をする изменя́ть [мужу́]
**プリンシパル** 〔バレエ〕 премье́р
**プリンタ** при́нтер ～で на при́нтере
**ふる** 振る маха́ть 図; 〔かける〕 сы́пать; 首を横[縦]に～ кача́ть [кива́ть] голово́й スープに塩を～ сы́пать соль в суп 彼は恋人に振られた От него́ ушла́ де́вушка.
**ふるい** 古い ста́рый; 〔古風な〕 стари́нный; 〔古代の〕 дре́вний; 〔臭い〕 старомо́дный; отста́лый; устаре́вший; устаре́лый ～町 ста́рый го́род ～都 дре́вняя столи́ца
**フルーツ** фру́кты
**フルート** фле́йта ～を吹く игра́ть на фле́йте
**ブルーベリー** 〔植〕 голуби́ка; черни́ка; брусни́ка
**ふるえる** 震える 〔激しく〕 трясти́сь; 〔小刻みに〕 дрожа́ть 寒くて～ дрожа́ть от хо́лода
**ふるさと** 故郷 ро́дина; родна́я дере́вня; родно́й го́род ～の родно́й
**ふるほん** 古本 ста́рые [поде́ржанные] кни́ги 古本屋 буки́стический магази́н
**ふるまい** 振る舞い поведе́ние; посту́пок; 〔もてなし〕 угоще́ние; 〔ご馳走する〕 ▶振る舞う вести́ себя́; поступа́ть; 〔ご馳走する〕 угоща́ть; принима́ть
**ぶれい** 無礼 ～な неве́жливый; гру́бый
**プレイ** 無礼 ガイド театра́льная ка́сса ～ボーイ 〔話〕 пове́са; плейбо́й ～オフ плей-о́фф
**ブレーキ** то́рмоз ～をかける тормози́ть
**フレーム** ра́ма; 〔眼鏡の〕 опра́ва
**ブレザー** 〔上着〕 блéйзер
**ブレスレット** брасле́т
**プレゼンテーション** презента́ция
**プレゼント** пода́рок ～する де́лать пода́рок
**プレッシャー** давле́ние; гнёт ～を感じる чу́вствовать давле́ние
**フレッシュ** ～な све́жий; ～ジュース свежевы́жатый сок ～マン нович́ок; (大学生) первоку́рсник
**ふろ** 風呂 ва́нная; 〔浴槽〕 ва́нна ～に入る принима́ть ва́нну; ～が沸いた Ва́нна гото́ва.
**プロ** 〔本職・専門家〕 профессиона́л; 〔制作会社〕 аге́нтство ～の профессиона́льный
**ブローカー** бро́кер; ма́клер; перекýпщик
**ブローチ** бро́шка; брошь
**ブログ** 〔IT〕 блог
**プログラマー** 〔IT〕 программи́ст
**プログラム** програ́мма
**ブロッコリー** 〔植〕 бро́кколи
**プロテスタント** 〔信者〕 протеста́нт; 〔教義〕 протеста́нтство; протестанти́зм
**プロバイダー** 〔IT〕 прова́йдер
**プロパン** 〔化〕 пропа́н ～ガス пропа́новый газ
**プロフィール** 〔略歴〕 кра́ткая биогра́фия
**プロポーズ** предложе́ние ～する де́лать 図 предложе́ние
**フロンガス** хлорфторуглеро́д
**ブロンズ** бро́нза ～の бро́нзовый
**フロント** 〔ホテルなどの〕 приём ～係 портье́
**ブロンド** ～の беоку́рый ～の髮の же́нщины [мужчи́ны] блонди́нка [блонди́н]
**ふん** ①分 〔時間〕 мину́та ② 糞 испражне́ния; кал; 〔動物の〕 помёт
**ふんいき** 雰囲気 настрое́ние; атмосфе́ра
**ふんか** 噴火 изверже́ние ～する изверга́ться 火山が噴火した Вулка́н изве́ргнул. 噴火口 кра́тер
**ぶんか** 文化 культу́ра 文化遺産 культу́рное насле́дие 文化交流 культу́рный обме́н 文化財 культу́рная це́нность 文化人 культу́рный челове́к 文化人類学 культу́рная антрополо́гия
**ぶんがく** 文学 литерату́ра 文学作品 литерату́рное произведе́ние 文学者 литера́тор; фило́лог 文学部 филологи́ческий факульте́т
**ぶんかつ** 分割 ～する разделя́ть; дели́ть; расчленя́ть ～払いで плате́ж в рассро́чку [частя́ми]
**ぶんけい** 文系 о́трасли гуманита́рных наук
**ぶんし** 分子 〔化〕 моле́кула; 〔数〕 числи́тель 分子量 〔化〕 молекуля́рный вес
**ぶんしょ** 文書 бума́га; докуме́нт ～で в пи́сьменной фо́рме
**ふんすい** 噴水 фонта́н
**ぶんせき** 分析 ана́лиз ～する анализи́ровать ～的 аналити́ческий
**ふんそう** 紛争 конфли́кт 紛争地帯 горя́чая то́чка
**ふんべつ** 分別 ра́зум; благоразу́мие ～のある разу́мный; благоразу́мный
**ぶんべつ** 分別 ～する разделя́ть; группирова́ть ごみを～する классифици́ровать му́сор
**ぶんぼ** 分母 〔数〕 знамена́тель
**ぶんぽう** 文法 грамма́тика ～的に正しい граммати́чески пра́вильный
**ぶんぼうぐ** 文房具 канцеля́рские принадле́жности; канцтова́ры
**ふんまつ** 粉末 порошо́к ～状の порошко́вый; порошкообра́зный
**ぶんみゃく** 文脈 〔конте́кст〕 конте́кст
**ぶんめい** 文明 цивилиза́ция 文明社会 цивилизо́ванное о́бщество 文明の利器 удо́бства цивилиза́ции
**ぶんや** 分野 сфе́ра; аре́на де́йствия; 〔о́бласть〕 о́трасль; о́бласть
**ぶんりょう** 分量 коли́чество; 〔1回分〕 до́за
**ぶんるい** 分類 классифика́ция ～する классифици́ровать
**ぶんれつ** 分裂 ～する дели́ться; распада́ться; расщепля́ться

へ 屁 га́зы ～をこく испуска́ть га́зы

…へ в/на 前; к 前 モスクワ～ в Москву́

ヘア ～スタイル причёска ～バンド повя́зка для воло́с ～ピン шпи́лька ～ブラシ щётка для воло́с

ペア па́ра …と～を組む найти́ партнёра

へい 塀 забо́р; стена́; огра́да

へいおん 平穏 ～な ми́рный; споко́йный ～に ми́рно; споко́йно

へいかいしき 閉会式 торже́ственное закры́тие

へいき ① 平気 (私は)～です〔大丈夫〕(У меня́) всё в поря́дке. ② 兵器 ору́жие; вооруже́ние

へいきん 平均〔平均値〕сре́днее (число́) ～的な сре́дний ～する выводи́ть сре́днее число́ ～して в сре́днем 平均点 сре́дняя отме́тка 平均年齢 сре́дний во́зраст 平均台〔体操〕бревно́

へいこう 平行 параллели́зм ～な паралле́льный ～に паралле́льно 平行線 паралле́ль; паралле́льная ли́ния

へいさ 閉鎖 закры́тие ～的な закры́тый ～する закрыва́ть

へいし 兵士 солда́т ～の солда́тский

へいじつ 平日 бу́дни ～の бу́дничный

へいぜん 平然 ～と споко́йно; хладнокро́вно ～とした споко́йный; хладнокро́вный

へいてん 閉店 ～する закрыва́ть магази́н

へいねつ 平熱 норма́льная температу́ра

へいほう 平方 квадра́т 100～メートル сто квадра́тных ме́тров

へいぼん 平凡 ～な обы́чный; просто́й; зауря́дный ～に обыкнове́нно; про́сто

へいや 平野 равни́на

へいりょく 兵力 вооружённые си́лы; вое́нная мощь

へいわ 平和 мир ～な ми́рный ～に ми́рно 平和主義者 пацифи́ст 平和条約 ми́рный догово́р 国連平和維持活動 миротво́рческая ми́ссия ООН

ベーコン беко́н ～エッグ яи́чница с беко́ном

ページ 頁 страни́ца 10～ деся́тая страни́ца ～をめくる перевора́чивать страни́цу; 〔話〕листа́ть

ベージュ цвет беж ～色の бе́жевый; беж

ペース ско́рость; темп ～を上げる уско́рить темп

ペースメーカー 〔心臓の〕кардиостимуля́тор, 〔中・長距離走の〕пейсме́йкер; 《俗》за́яц

ベール вуа́ль; 〔イスラム教徒の〕чадра́ ～をかぶる[取る] носи́ть [снима́ть] вуа́ль

へき 壁画 стенна́я ро́спись

へこむ 〔凹む〕вгиба́ться; оседа́ть ▶凹んだ во́гнутый

ベジタリアン 〔菜食主義〕вегетариа́нство; 〔人〕вегетариа́нец

ベスト ① ～を尽くす де́лать всё, что возмо́жно ～セラー бестсе́ллер ～テン деся́тка [деся́тка] лу́чших ② 〔チョッキ〕жиле́т; жиле́тка

ペスト 〔医〕чума́

へそ 臍 пуп; пупо́к ～を曲げる серди́ться; зли́ться へその緒 пупови́на

へた 下手 ～な неспосо́бный; неуме́лый; нело́вкий

ペダル педа́ль ～を踏む нажима́ть на педа́ль

ペチカ пе́чка

へちま 糸瓜〔植〕люфа́; лю́ффа

べつ 別 ～の друго́й; отде́льный; осо́бый ～に отде́льно ～にする отделя́ть

べっきょ 別居 ～する жить отде́льно [разде́льно]

べっそう 別荘〔ダーチャ〕да́ча

ベッド крова́ть シングル[ダブル]～ односпа́льная [двуспа́льная] крова́ть ～ルーム спа́льня ～タウン при́городная зо́на

ペット дома́шнее живо́тное ～フード корм для дома́шних живо́тных ～ショップ зоомагази́н

ペットボトル пла́стиковая буты́лка

ヘッドホン нау́шники

ヘッドライト〔車の〕фа́ра, 〔列車の〕головно́й проже́ктор

ベテラン ветера́н; о́пытный челове́к ～の о́пытный

ペナルティー штраф ～キック штрафно́й уда́р

ヘビ 蛇 змея́; 〔大蛇〕уда́в 蛇革 змеи́ная ко́жа

ベビー ～カー де́тская коля́ска ～シッター ня́ня ～フード де́тское пита́ние ～ベッド де́тская крова́ть

へや 部屋 ко́мната, 〔ホテルなどの〕но́мер 部屋着 дома́шнее пла́тье 部屋代 пла́та за ко́мнату

ベラルーシ Белару́сь

ベランダ вера́нда

ペリカン〔鳥〕пелика́н

へりくつ 屁理屈 нелоги́чное рассужде́ние; уве́ртка; софи́зм ～をこねる уверну́ться; придра́ться

ヘリコプター вертолёт

へる 減る уменьша́ться; сокраща́ться 体重が～ убавля́ть в ве́се 腹が減った Мне хо́чется есть. | Я го́лоден/голодна́. ▶減らす уменьша́ть; сокраща́ть

ベル звоно́к ～を鳴らす звони́ть в звоно́к

ヘルシー ～な〔体に良い〕здоро́вый

ペルシャ ～絨毯 перси́дский ковёр ～湾 Перси́дский зали́в

ベルト реме́нь; ремешо́к ～を締める затяну́ть реме́нь по́яса ～コンベア ле́нточный конве́йер

ヘルメット шлем

ヘロイン〔麻薬〕герои́н

へん 変 ～な стра́нный; 〔異常な〕необы́чный ～に стра́нно; необы́чно ～な人 чуда́к

べん ① 〔大便〕испражне́ния; кал; 〔便通〕стул

ペン ру́чка; 〔羽ペン〕перо́ ～で書く писа́ть ру́чкой [перо́м] ボール～ ша́риковая ру́чка

へんか 変化 переме́на; измене́ние; 《文法》〔格変化〕склоне́ние; 〔動詞の〕спряже́ние ～する меня́ться; переменя́ться; изменя́ться; 〔格変化する〕склоня́ться; 〔動詞が〕спряга́ться ～に бога́тый разнообра́зный ～に бе́дный моното́нный

べんかい 弁解 оправда́ние ～する опра́вдываться

へんかん ① 返還 возвраще́ние ～する возвраща́ть ② 変換 ～する превраща́ть

べんき 便器 унита́з; 〔おまる〕горшо́к; су́дно

ペンキ кра́ска ～を塗る кра́сить; наноси́ть кра́ску ～塗装工 маля́р

べんぎ 便宜 ～上 для удо́бства ～を図る создава́ть усло́вия

へんきゃく 返却 возвраще́ние ～する возвраща́ть 要返却 возвра́т обяза́телен

べんきょう 勉強 ～する учи́ться 前; занима́ться 前; изуча́ть 前 勉強会 уче́бный семина́р

へんきょく 編曲〔楽〕аранжиро́вка ～する аранжи́ровать

ペンギン〔鳥〕пингви́н

へんけん 偏見 предубежде́ние; предрассу́док; предвзя́тое мне́ние ～のある предубеждённый

べんご 弁護 защи́та ～する защища́ть 弁護士 адвока́т; защи́тник 当番弁護士 дежу́рный юри́ст 国選弁護士 назна́ченный судо́м адвока́т

へんこう 変更 переме́на; измене́ние ～する меня́ть(ся), изменя́ть(ся) 〔場所・時間を〕переноси́ть

へんさい 返済 возвраще́ние ～する возвраща́ть 返済期日 срок упла́ты [погаше́ния]

へんじ 返事 отве́т ～をする отвеча́ть; дава́ть отве́т

へんしゅう 編集 составле́ние; редакти́рование ～する редакти́ровать 編集者 реда́ктор 編集部 реда́кция 編集長 гла́вный реда́ктор

べんしょう 弁償 возмеще́ние; компенса́ция ～する возмеща́ть; компенси́ровать

へんしん 返信 отве́т ～する отвеча́ть; посыла́ть отве́т メールに～する отвеча́ть на мэйл

へんそう ① 返送 возвраще́ние; отсы́лка ～する отсыла́ть ② 変装 переодева́ние ～する переодева́ться

ペンダント куло́н ～をтящий нося́щий куло́н

ベンチ скаме́йка

べんとう 弁当 упако́ванный за́втрак; ланч-бо́кс 弁当箱 коро́бка для за́втрака [обе́да]

ペンネーム псевдони́м

へんぴ 辺鄙 ～な захолу́стный

べんぴ 便秘 запо́р (私)～です у меня́ запо́р

べんめい 弁明 оправда́ние; объясне́ние ～する опра́вдываться; объясня́ть

べんり 便利 ～な удо́бный

べんろん 弁論〔演説〕речь; выступле́ние 弁論大会 ко́нкурс ора́торов [ора́торского иску́сства]

## ほ

ほいく 保育 воспита́ние 保育園 я́сли 保育士〔保育園の〕ня́ня;〔幼稚園の〕воспита́тель

ボイラー парово́й котёл; бо́йлер

ぼいん 母音〔音声〕гла́сный (звук)

ポインセチア〔植〕пуансе́ттия

ほう 法 зако́н ～的な зако́нный, лега́льный; юриди́ческий ～を守る [破る] соблюда́ть [наруша́ть] зако́н 法案 законопрое́кт

ぼう ① 棒 па́лка;〔棍棒・太い棒〕дуби́нка;〔竿・細長い棒〕шест 棒グラフ столбико́вая диагра́мма ② 某 не́кий ～氏 господи́н N; оди́н челове́к ～所でв како́м-то ме́сте; где́-то

ぼうえい 防衛 защи́та; оборо́на ～する защища́ть(ся); оборо́ня́ть(ся) 必要な оборо́на необходи́мая оборо́на 防衛省 Министе́рство оборо́ны 防衛費 расхо́ды на оборо́ну

ぼうえき 貿易 торго́вля ～する вести́ вне́шнюю торго́влю 貿易会社 торго́вая фи́рма 貿易収支 платёжный бала́нс 貿易赤字 [黒字] пасси́вный [акти́вный] вне́шнеторго́вый бала́нс

ぼうえん 望遠 望遠レンズ телеобъекти́в 望遠鏡 телеско́п 屈折望遠鏡 рефра́ктор 反射型望遠鏡 телеско́п-рефле́ктор

ほうか 放火 поджо́г ～する поджига́ть 放火犯 поджига́тель

ぼうがい 妨害 ～する меша́ть 图; препя́тствовать

ほうがく ① 方角 направле́ние; сторона́ ② 法学 юриспруде́нция 法学者 юри́ст

ほうかご 放課後 по́сле заня́тий

ほうかつ 包括 ～的な охва́тывающий;(всё)о́бщий

ぼうかん ① 防寒 защи́та от хо́лода 防寒具 тёплые ве́щи ② 傍観 наблюде́ние со стороны́ 傍観者 наблюда́тель

ほうき ① 箒 метла́;〔枝などを束ねた〕ве́ник ② 放棄 ～する броса́ть; кида́ть; отка́зываться от + 国; оставля́ть 戦争を～する отказа́ться от войны́

ぼうき 暴君 тира́н; де́спот

ほうけん 封建 ～的な феода́льный 封建制 феодали́зм

ほうげん 方言 диале́кт; го́вор

ぼうけん 冒険 приключе́ния; авантю́ра ～的な риско́ванный; авантю́рный ～する рискова́ть 冒険家 авантюри́ст

ほうこう 方向〔方角〕направле́ние; сторона́

ぼうこう 暴行 наси́лие ～する применя́ть наси́лие;〔女性を〕наси́ловать

ほうこく 報告 докла́д; отчёт; сообще́ние; донесе́ние ～する докла́дывать; отчи́тываться; сообща́ть; доноси́ть 報告書 сообще́ние; докла́д

ほうし 奉仕 служе́ние, услу́га ～する служи́ть; обслу́живать

ぼうし ① 帽子〔総称〕головно́й убо́р;〔ハット〕шля́па;〔キャップ〕ша́пка ～を〔取る〕надева́ть [снима́ть] шля́пку 帽子屋 магази́н головны́х убо́ров ② 防止 предотвраще́ние ～する предотвраща́ть

ほうしゃ 放射〔放出〕вы́пуск;〔光熱・эне́ргии〕излуче́ние ～状の радиа́льный 放射冷却 соля́рный кли́мат; радиацио́нный кли́мат

ほうしゃせい 放射性物質 радиоакти́вные вещества́ 放射性廃棄物 радиоакти́вные отхо́ды

ほうしゃせん 放射線 радиоакти́вные лучи́; излуче́ние ～を浴びる подверга́ться радиоакти́вному облуче́нию 放射線医学 радиоло́гия 放射線測定 радиоме́трия 放射線量 до́за излуче́ния 放射線療法 радиотерапи́я

ほうしゅう 報酬 вознагражде́ние; опла́та; гонора́р

ほうしん 方針 направле́ние; курс;〔主義〕при́нцип ～を決定する определя́ть курс

ほうじん 法人〔法〕юриди́ческое лицо́ 法人税 нало́г на при́быль корпора́ции

ぼうすい 防水 ～の водонепроница́емый; непромока́емый

ほうせき 宝石 драгоце́нный ка́мень 宝石店 ювели́рный магази́н 宝石商 ювели́р

ほうそう ① 放送 переда́ча; широковеща́ние ～する передава́ть 放送局 телеста́нция; радиоста́нция 放送網 телевизио́нная сеть; радиосеть モスクワ放送 веща́ние из Москвы́ ② 包装 упако́вка ～する упако́вывать 包装紙 упако́вочная бума́га

ほうそく 法則 зако́н; пра́вило

ほうたい 包帯 бинт; повя́зка

ほうちょう 包丁〔кухонный〕нож

ぼうちょう 膨張 расшире́ние;〔水分を含んだ〕разбуха́ние ② 傍聴 会議を～する прису́тствовать на заседа́нии 傍聴席 ме́сто для пу́блики 傍聴人 посторо́нний слу́шатель

ほうどう 報道 сообще́ние; информа́ция ～する сообща́ть 報道機関 сре́дства информа́ции; ме́диа 報道写真 репорта́жная фотогра́фия

**ぼうどう** 暴動 мятéж; бунт; восстáние ～を起こす поднимáть мятéж [бунт]; восставáть

**ぼうねんかい** 忘年会 прóводы уходящего гóда

**ぼうはてい** 防波堤 волнорéз; мол

**ほうび** 褒美 награ́да ～をもらう[与える] получáть [давáть] награ́ду

**ぼうふう** 暴風 бýря; урагáн 暴風雨 бýря

**ボウフラ** 〔虫〕 мотылёк

**ほうほう** 方法 〔仕方〕 спóсоб; мéтод; 〔手段〕 срéдство; 〔処置〕 мéра

**ほうぼく** 放牧 пастьбá; выпас ～する пасти́

**ほうむしょう** 法務省 Министéрство юсти́ции

**ぼうめい** 亡命 полити́ческая эмигрáция ～する эмигри́ровать 亡命者 полити́ческий эмигрáнт

**ほうもん** 訪問 посещéние; визи́т ～する посещáть 訪問客 посети́тель

**ほうりつ** 法律 закóн; 〔総体〕 прáво; 〔法典〕 кóдекс ～上の юриди́ческий 法律事務所 юриди́ческое агéнтство

**ぼうりょく** 暴力 наси́лие 暴力団 мафиóзная организáция

**ボウリング** бóулинг

**ほうれんそう** 法蓮草 〔植〕 шпинáт

**ほお** 頬 щекá (複 щёки)

**ホース** шланг; 〔話〕 кишкá

**ポーズ** 〔姿勢〕 пóза ～を取る приня́ть пóзу; стать в пóзу

**ホオズキ** 〔植〕 физáлис

**ポータブル** ～の портати́вный; переноснóй; передвижнóй

**ポーチ** 〔小物入れ〕 космети́чка; сýмочка; 〔玄関〕 подъéзд

**ボート** лóдка; шлю́пка ～を漕ぐ катáться на лóдке ～レース лóдочный спорт

**ボーナス** 〔賞与〕 прéмия; премиáльные

**ホーム** 〔プラットホーム〕 платфóрма; перрóн; 〔本拠地での試合〕 домáшний матч ～メイド 〔手製の〕 домáшний ～ページ 〔IT〕 стáртовая [домáшняя] страни́ца ～グラウンド своё пóле ～ステイ прожива́ние в семьé ～レス бездóмный

**ホームシック** тоскá по рóдине; ностальги́я ～になる тосковáть по рóдине

**ポーランド** Пóльша ～の пóльский

**ホール** 〔広間〕 зал; 〔ロビー〕 фойé; холл

**ボール** 〔玉〕 мяч; 〔容器〕 глубóкая ми́ска

**ほがらか** 朗らか ～な весёлый ～に вéсело

**ほかん** 保管 хранéние ～する храни́ть 保管庫 храни́лище

**ぼき** 簿記 бухгалтéрия; счетовóдство 簿記係 бухгáлтер; счетовóд

**ぼきん** 募金 сбор пожéртвований ～をする[呼びかける] провести́ [проводи́ть] сбор пожéртвований 募金箱 я́щик для сбóра пожéртвований

**ほくい** 北緯 сéверная широтá

**ほくおう** 北欧 Сéверная Еврóпа ～の североеврoпéйский

**ぼくし** 牧師 〔宗〕 пáстор; свящéнник

**ぼくじょう** 牧場 пáстбище; вы́гон

**ボクシング** бокс ～選手 боксёр

**ほくぶ** 北部 сéверная часть; сéвер ～の сéверный

**ぼくめつ** 撲滅 ～する уничтожáть; истреблять; искореня́ть

**ほくろ** 黒子 рóдинка ～のある с рóдинкой

**ほげい** 捕鯨 китобóйный прóмысел 捕鯨船 китобóйное сýдно; китобóец 調査捕鯨 наýчный китобóйный прóмысел

**ポケット** кармáн 内[胸]～ внýтренний [нагрýдный] кармáн ～マネー кармáнные дéньги

**ほけん** ① 保健 здравоохранéние 保健所 медици́нский центр ② 保険 страховáние ～に入る страховáться ～をかける страховáть 保険金 страховáя прéмия 保険会社 страховóе обществo; страховáя компáния

**ほご** 保護 охрáна; сохранéние; защи́та; 〔庇護〕 покрови́тельство ～する храни́ть; сохраня́ть; защищáть; 〔庇護〕 покрови́тельствовать 保護主義 протекциони́зм ～する протекциони́стская торгóвля 保護観察 〔法〕 испытáтельный срок

**ほこうしゃ** 歩行者 пешехóд 歩行者天国 пешехóдная зóна; рай для пешехóдов

**ほこり** ① 埃 пыль; ～っぽい пы́льный ～まみれになる быть в пыли́ ② 誇り гóрдость ～高い人 гóрдый человéк 誇らしく思う испы́тывать гóрдость 圕; горди́ться 圕

**ほし** 星 звездá; 〔惑星〕 планéта; 〔星印〕 звёздочка ～の星 звёздный 星空 звёздное нéбо

**ほしい** 欲しい хотéть; желáть; хотéться

**ほしうらない** 星占い гороскóпия ～の гороскопи́ческий ～をする гадáть по гороскóпу

**ほしゅ** 保守 ～的な консервати́вный 保守主義 консервати́зм 保守主義者 консервáтор 保守点検 провéрка и сохранéние

**ぼしゅう** 募集 сбор ～する собирáть; набирáть 募集広告 объявлéние о приёме на рабóту

**ほじょ** 補助 ～する 〔助ける〕 помогáть; оказывать пóмощь; 〔補う〕 дополня́ть; пополнять ～的な подсóбный 補助金 дотáция; субси́дия

**ほしょう** ① 保証 гарáнтия; обеспéчение; ручáтельство ～する гаранти́ровать; обеспéчивать; ручáться 保証書 гарáнтия 保証人 поручи́тель ② 補償 компенсáция; возмещéние ～する компенси́ровать; возмещáть 補償金 денéжная компенсáция

**ほす** 干す 〔乾かす〕 суши́ть; высýшивать 洗濯物を～ суши́ть бельё

**ボス** босс; 〔上長〕 шеф

**ポスター** афи́ша; плакáт

**ポスト** 〔郵便ポスト〕 почтóвый я́щик; 〔地位〕 мéсто 手紙を～に投函する опускáть письмó в я́щик

**ほせい** 補正 ～する дополня́ть; исправля́ть 補正予算 дополни́тельный бюджéт

**ほそい** 細い тóнкий; 〔狭い〕 ýзкий ～糸 тóнкая ни́тка ～道 ýзкая дорóга ～声 тóнкий гóлос

**ほそながい** 細長い продолговáтый

**ほぞん** 保存 храни́ть; сохраня́ть ～される сохраня́ться 保存食 консерви́рование; консéрвы 合成保存料 консервáнт

**ぼだいじゅ** 菩提樹 〔植〕 ли́па

**ボタン** ① 〔服の〕 пýговица; 〔押しボタン〕 кнóпка ～を掛ける [外す] застёгивать [расстёгивать] пýговицу ～を押す нажимáть (на) кнóпку ② 牡丹 〔植〕 древови́дный пион

**ぼち** 墓地 клáдбище

**ほっかいどう** 北海道 Хоккайдо ～で[へ] на Хоккáйдо

**ほっきょく** 北極 Сéверный пóлюс ～の аркти́ческий 北極海 Аркти́ческий басéйн 北極圏 Арктика; сéверный поляр́ный

круг 北極星 Поля́рная звезда́　北極熊〔動〕поля́рный медве́дь
**ほっけ**〔魚〕однопёрый терпу́г
**ホッケー** хокке́й　アイス～ хокке́й на льду　～選手 хоккеи́ст
**ほっさ** 発作 припа́док;〔医〕пароксизм　～的に внеза́пно
**ほっそく** 発足 нача́ло　～する начина́ться
**ホッチキス** сте́плер
**ぽっちゃり** ～した пу́хлый
**ほっと** この曲を聞くと～する Я успока́иваюсь под эту му́зыку.　あなたと一緒だと～する Мне так хорошо́, когда́ я с тобо́й.
**ホット** ～ケーキ ола́дьи　～ドッグ хотдо́г　～ライン горя́чая ли́ния
**ポット**〔コーヒー・紅茶の〕ча́йник;〔魔法瓶〕те́рмос
**ぼっとう** 没頭　～する с голово́й погружа́ться в 与
**ポップス** поп-му́зыка
**ほっぽう** 北方 се́вер　～の се́верный　北方領土 се́верные террито́рии;　Южные Кури́лы
**ボディー** ～ガード телохрани́тель　～チェック о́быск　～ビル культури́зм; бодиби́лдинг　～ランゲージ язы́к те́ла　～シャンプー гель для ду́ша　～ライン фо́рма те́ла
**ポテト** ～サラダ сала́т столи́чный　～チップス чи́псы
**ホテル** гости́ница; оте́ль
**ほどう** 歩道 тротуа́р, 歩道橋 пешехо́дный мост
**ほどく** ～распу́тывать; распуска́ть; развя́зывать;〔縫目を〕распа́рывать
**ほとけ** 仏 будда;〔死者〕поко́йный
**ホトトギス** 時鳥・子規〔鳥〕ма́лая куку́шка
**ほとんど** 殆ど почти́; чуть не;〔大多数〕большинство́; почти́ всё
**ぼにゅう** 母乳 грудно́е молоко́　～で育てる корми́ть гру́дью
**ほにゅうるい** 哺乳類 млекопита́ющие
**ほね** 骨 кость;〔遺骨〕ко́сти; оста́нки; прах　～の ко́стный　～の多い ко́стистый　～の折れる тру́дный, тяжёлый　～の髄まで冷える замерза́ть до мо́зга косте́й　～を折る〔骨折する〕слома́ть кость;〔尽力する〕прилага́ть уси́лия; стара́ться　骨組み〔建物の〕о́стов; карка́с
**ほのお** 炎 пла́мя
**ポピュラー**〔人気の〕популя́рный; изве́стный　～音楽 популя́рная му́зыка
**ポプラ**〔植〕то́поль
**ほほえむ** 微笑む улыба́ться
**ほめる** 褒める хвали́ть
**ほら** ①〔注意を引く〕вот;〔手渡す際〕на;〔強調〕ведь; ну　～, 言った通りだろう Ведь я тебе́ говори́л. ② 法螺 харо́ния;〔大言〕〔話〕хва́станье　～を吹く хва́стать(ся)
**ホラー** у́жасы　～映画 фи́льм у́жасов
**ボランティア**〔人〕доброво́лец　～で добрво́льно　～に行く пойти́ на по́мощь　～活動 доброво́льная де́ятельность
**ポリエステル**〔化〕полиэ́ст(е)р
**ボリショイ** ～劇場 Большо́й теа́тр　～バレエ Большо́й бале́т　～サーカス Большо́й цирк
**ほりだしもの** 掘り出し物 нахо́дка
**ポリぶくろ** ポリ袋 паке́т; паке́тик
**ほりょ** 捕虜 пле́нный; военнопле́нный;〔旧〕пле́нник　～になる попада́ть в плен　捕虜収容所 ла́герь
**ほる** ① 掘る копа́ть; рыть; выка́пывать　ジャガイモを～ копа́ть карто́фель ② 彫る выреза́ть; гравирова́ть
**ボルシチ**〔料理〕борщ
**ポルノ** порногра́фия　～映画 порнофи́льм
**ホルモン** гормо́н　男性[女性]～ мужско́й [же́нский] полово́й гормо́н　～療法 гормонотерапи́я
**ほれる** 惚れる влюбля́ться в 与　一目惚れ любо́вь с пе́рвого взгля́да
**ポロシャツ** футбо́лка
**ほん** 本 кни́га;〔小さい〕кни́жка　～を読む чита́ть кни́гу　～を出す выпуска́ть кни́гу　本屋 кни́жный магази́н
**ぼん** 盆 подно́с
**ほんかくてき** 本格的　～な настоя́щий　～に по-настоя́щему
**ほんしつ** 本質 суть; су́щность　～的な суще́ственный　～的には в су́щности; по существу́
**ほんしゃ** 本社 гла́вный о́фис
**ほんだな** 本棚 кни́жная по́лка
**ぼんち** 盆地 впа́дина; котлови́на
**ほんてん** 本店 гла́вный магази́н
**ほんとう** 本当　～に〔実際に〕вои́стину; на са́мом де́ле;〔非常に〕о́чень　～は на са́мом де́ле; в действи́тельности　～のことを言えば по пра́вде говоря́; признаться　～? Пра́вда? | Ра́зве?
**ほんのう** 本能 инсти́нкт　～的な инстинкти́вный　～的に инстинкти́вно
**ほんぶ** 本部 гла́вное управле́ние; штаб
**ポンプ** насо́с; по́мпа　～で水をくみ出す выка́чивать во́ду насо́сом
**ほんみょう** 本名 настоя́щее и́мя
**ほんめい** 本命 фавори́т
**ほんもの** 本物 настоя́щая [неподде́льная] вещь; по́длинник　～の настоя́щий
**ほんやく** 翻訳 перево́д　ロシア語を日本語に～する переводи́ть с ру́сского языка́ на япо́нский　翻訳者 перево́дчик　自動翻訳機 электро́нный перево́дчик
**ぼんやり** ～した ту́склый; тума́нный;〔放心状態の〕рассе́янный　～する быть рассе́янным

# ま

**ま** 間〔間隔〕промежу́ток　～を置く де́лать па́узу　休む～がない не́которая передохну́ть　～が悪い в невре́мя;〔決まりが悪い〕нело́вко　～の抜けた бестолко́вый; глу́пый
**マーガリン** маргари́н
**マーク** знак; ме́тка　～する〔印をつける〕ме́тить;〔注意する〕обраща́ть внима́ние на 与　～シート (опти́ческий) бланк отве́тов
**マーケット** ры́нок
**マイク** микрофо́н
**まいご** 迷子　～になる затеря́ться; заблуди́ться
**まいつき** 毎月 ка́ждый ме́сяц; ежеме́сячно
**まいとし** 毎年 ка́ждый год; ежего́дно
**マイナス** ми́нус;〔陰極〕отрица́тельный по́люс　～5度 ми́нус пять гра́дусов
**まいにち** 毎日 ка́ждый день; ежедне́вно
**マウス**〔コン〕мышь　～パッド ко́врик для мы́ши
**まえ** 前〔前方〕пере́дняя сторона́; пере́дняя часть　～に〔以前〕ра́ньше; когда́-то　～へ вперёд　～を見る смотре́ть вперёд　3年～に три го́да наза́д　～の大統領 бы́вший [пре́жний] президе́нт; экс-президе́нт
**まえうり** 前売り　～券 биле́т по предвари́тельной прода́же
**まえばらい** 前払い упла́та ава́нсом　～する пла-

**ти́тте ава́нсом** 前払い金 ава́нс

**まえもって** 前もって предвари́тельно; зара́нее

**まかせる** 任せる поруча́ть; доверя́ть; вверя́ть 任せて下さい Доверьтесь мне.

**まがる** 曲がる〔物が〕гну́ться; сгиба́ться 角を曲がって下さい Поверни́те за у́гол. ▶曲がった изо́гнутый; криво́й; со́гнутый

**まき** 薪〔総称〕дрова́, 〔1本〕поле́но 〜を割る коло́ть [руби́ть] дрова́

**まきつく** 巻きつく обвива́ть(ся) ▶巻きつける обвива́ть

**まぎらわしい** 紛らわしい нея́сный; тума́нный

**まく** ①幕 занаве́ска; заве́са; 〔劇の〕де́йствие 〜を開ける [引く] поднима́ть [заде́рживать] за́навес 幕間(あい) антра́кт; перерыв 第1[2]幕 пе́рвый [второ́й] акт ②膜 перепо́нка; плева́; мембра́на ③巻く〔巻きつける〕обма́тывать; нама́тывать; 〔筒状に〕ска́тывать; свёртывать; 〔ねじなどを〕повора́чивать ④蒔く сéять 種を〜 засева́ть семена́ ⑤撒く разбра́сывать; рассыпа́ть; 〔液体を〕разбры́згивать 道に水を〜 полива́ть у́лицу

**マグニチュード** magnitude 〜7の地震 землетрясе́ние магниту́дой 7 ба́ллов

**まくら** 枕 поду́шка 〜元に в изголо́вье 枕カバー на́волочка

**まぐれ** 〜で случа́йно 〜当たり случа́йная уда́ча

**まぐろ** 鮪〔魚〕туне́ц

**まけおしみ** 負け惜しみ 〜を言う опра́вдывать своё пораже́ние

**まけずぎらい** 負けず嫌い〔性格〕неусту́пчивый хара́ктер

**まける** 負ける прои́грывать; терпе́ть пораже́ние; 〔屈服する・ある〕уступа́ть 試合に〜 прои́грывать матч [в соревнова́ниях]

**まげる** 曲げる гнуть; сгиба́ть

**まご** 孫 внук; 〔女〕вну́чка

**まごころ** 真心 и́скренность; чистосерде́чие 〜こめて от души 〜のこもった и́скренний

**まさか** 〜 вряд ли; едва́ ли 〜の時に備える быть гото́вым к ху́дшему 〜! Не мо́жет быть!

**まさつ** 摩擦 тре́ние; 〔軋轢〕тре́ния; конфли́кты

**まさる** 優る превосходи́ть; быть лу́чше [вы́ше] 〜

**まし** 無いよりは〜だ Лу́чше, чем ничего́. こっちの方が〜 Это лу́чше.

**マジック**〔手品・奇術〕фо́кус; трюк 〜ショー Фо́кус Шо́у 〜ペン флома́стер

**まして** тем бо́лее

**まじめ** 真面目 〜な серьёзный 〜に серьёзно

**まじゅつ** 魔術 волшебство́; ма́гия 魔術師 волше́бник

**まじょ** 魔女 ве́дьма 魔女狩り охо́та за ве́дьмами

**ます** 鱒〔魚〕си́ма

**まず** 先ず〔最初に〕пре́жде всего́; во-пе́рвых, снача́ла

**ますい** 麻酔 нарко́з; анестези́я 全身[局部]〜 о́бщий [ме́стный] нарко́з 〜をかける дава́ть нарко́з; анестизи́ровать 麻酔医 анестезио́лог

**まずい** 〔味が〕невку́сный; 〔不都合な〕неудо́бный

**マスク** ма́ска; 〔防毒・防塵〕респира́тор

**マスコット** си́мвол сча́стья; талисма́н

**マスコミ** ма́ссовая информа́ция [коммуника́ция]; 〔通報機関〕сре́дства ма́ссовой информа́ции; ме́диа

**まずしい** 貧しい бе́дный; убо́гий

**マスター**〔主人〕хозя́ин; 〔修士〕ма́стер; маги́стр 〜する〔熟達する〕владе́ть 圓 〜キー универса́ль-

ная отмы́чка

**ますます** 益々 всё 比較級 (и 比較級); ещё 比較級 〜よくなる станови́ться всё лу́чше и лу́чше

**まぜる** 交ぜる・混ぜる сме́шивать; переме́шивать; 〔含める〕включа́ть

**また** ①〔その上〕и; ещё и; к тому́ же; кро́ме того́; 〔再び〕ещё раз; опя́ть そ́лजे, 〜 Ну, пока́. До встре́чи. ②股〔股間〕пах; 〔枝分かれの所〕разветвле́ние; развили́на; развилка

**まだ** ещё; 〔今なお〕(всё) ещё

**またがる** 跨る〔馬などに〕сади́ться на 四; 〔ある範囲にわたる〕простира́ться; дли́ться; 〔ある時間が続く〕продолжа́ться; дли́ться

**またせる** 待たせる заставля́ть жда́ть; заде́рживать

**またたく** 瞬く мига́ть; морга́ть 〜間に в мгнове́ние (о́ка)

**または** или; ли́бо

**まち** 町・街 го́род; городо́к; 〔街路〕у́лица; 〔街区〕кварта́л 町外れ окра́ина го́рода

**まちがい** 間違い оши́бка 〜なく несомне́нно 〜のない безоши́бочный 〜を正す исправля́ть оши́бку

**まちがえる** 間違える ошиба́ться; 〔取り違える〕пу́тать; принима́ть 団 за 団

**まつ** 待つ жда́ть; ожида́ть; подожда́ть ちょっと待って下さい Подожди́те мину́точку. ▶待ち合わせる встреча́ться с 媒 ▶待ち望む жда́ть с нетерпе́нием ▶待ちくたびれる уста́ть жда́ть

**まつ** 松〔植〕сосна́

**まつげ** 睫毛 ресни́цы

**マッサージ** масса́ж 〜する де́лать масса́ж 〜師 массажи́ст 〜器 массажёр

**まっさお** 真っ青 〜な тёмно-си́ний; 〔顔色が〕ме́ртвенно бле́дный

**まっさき** 真っ先 〜に〔最初に〕пре́жде всего́; в пе́рвую о́чередь; 〔先頭に〕впереди́ всех

**マッシュルーム**〔茸〕шампиньо́н

**まっすぐ** 真っ直ぐ 〜な прямо́й 〜に пря́мо 〜にする выпрямля́ть; выправля́ть

**マッチ**〔発火具〕спи́чка 〜する〔調和〕гармони́ровать 〜を擦る чи́ркать спи́чкой; зажига́ть спи́чку 〜ポイント〔球技の〕матч-бо́л

**まつり** 祭り пра́здник; фестива́ль 後の祭り После дра́ки кулака́ми не ма́шут

**…まで** до 団; по 団; до того́, как; пока́ (не) 彼が来るまで до его́ прие́зда …へ…まで

**まと** 的 мише́нь; цель; 〔対象〕предме́т; объе́кт 〜を射つ стреля́ть в мише́нь 〜を外す попа́сть ми́мо це́ли 〜を射た質問 ме́ткий вопро́с ▶的外れな не каса́ющийся су́ти; неуме́стный

**まど** 窓 окно́ 〜越しに через окно́ 〜を開ける [閉める] открыва́ть [закрыва́ть] окно́ 窓ガラス око́нное стекло́ 窓際 у окна́ 窓枠 око́нная ра́ма

**まとめる** 纏める〔集める〕собира́ть; 〔完成させる〕разраба́тывать; 〔合意させる〕приводи́ть к соглаше́нию; 〔要約する〕резюми́ровать

**まとも** 〜な〔ちゃんとした〕поря́дочный; 〔正直な〕че́стный 〜に〔正面から〕пря́мо; 〔ちゃんと〕поря́дочно; 〔正直に〕че́стно

**マトリョーシカ**〔入れ子の民芸品〕матрёшка

**まどろむ** дрема́ть; задрема́ть

**マナー**〔作法〕мане́ры 彼は〜がいい[悪い] У него́ хоро́шие [плохи́е] мане́ры.

**まなぶ** 学ぶ учи́ться 圓; изуча́ть

**まにあう** 間に合う〔時間に〕успева́ть; 〔無くて済む〕обходи́ться без 圓; 〔足りる〕доста́точно 団 彼は

列車に間に合った Он успе́л на по́езд.
**マニキュア** маникю́р ～をする де́лать маникю́р
**マニフェスト** манифе́ст
**マニュアル** 〔説明書〕 инстру́кция; спра́вочник; указа́тель ～車 маши́на с ручны́м управле́нием
**まぬがれる** 免れる 〔免除される〕 освобожда́ться; 〔逃げる〕 избега́ть; спаса́ться
**マネージャー** ме́неджер
**まねく** 招く 〔手招きする〕 мани́ть; 〔招待する〕 приглаша́ть; 〔引き起こす〕 вызыва́ть
**まねる** 真似る подража́ть 国; имити́ровать 国; 〔見せかける〕 притворя́ться; симули́ровать
**まひ** 麻痺 парали́ч ～する парализова́ться ～させる парализова́ть
**まぶしい** 眩しい ослепи́тельный
**マフラー** 〔襟巻き〕 шарф; кашне́
**まほう** 魔法 колдовство́; волшебство́; ма́гия ～の колдовско́й; волше́бный; маги́ческий 魔法使い волше́бник; колду́н 魔法瓶 те́рмос
**ママ** 〔母親〕 ма́ма; 〔話〕 ма́мочка; 〔店主〕 хозя́йка
**まめ** 豆 боб 〔大豆〕 со́я; 〔インゲン豆〕 фасо́ль; 〔エンドウ豆〕 горо́х 〔まめ〕 〔水ぶくれ〕 мозо́ль 足に～ができる У меня́ мозо́ль натёрла на подо́шве ноги́.
**まもる** 守る 〔防ぐ〕 защища́ть(ся); обороня́ть(ся); охраня́ть; 〔保護する〕 сохраня́ть 約束を～ выполня́ть обеща́ние 公約を～ сдержа́ть官иа́льную кля́тву
**まやく** 麻薬 нарко́тик 麻薬中毒 наркома́ния 麻薬常習者 наркома́н
**まゆ** 眉 брови ～を吊り上げる подводи́ть бро́ви ～をひそめる хму́рить бро́ви
**まよう** 迷う 〔道に〕 заблуди́ться; сбива́ться с доро́ги; 〔決断に〕 колеба́ться; быть в нереши́тельности
**まよなか** 真夜中 по́лночь ～に в по́лночь
**マラソン** марафо́н; марафо́нский бег ～選手 марафо́нец
**まるい** 丸い кру́глый
**まるで** 〔全く〕 соверше́нно; совсе́м; 〔あたかも〕 то́чно; сло́вно; совсе́м как …
**まれ** 稀な ре́дкий ～に ре́дко
**まわす** 回す 〔回転させる〕 верте́ть; враща́ть; кружи́ть; повора́чивать
**まわり** 周・回り 〔円〕 круг; окру́жность; 〔周辺〕 окре́стность; 〔縁〕 край ～に вокру́г; круго́м …の～に о́коло 〔вокру́г〕 国 回り道 крюк; окольная доро́га ～をする де́лать крюк
**まわる** 回る 〔回転する〕 верте́ться; кружи́ться; повора́чиваться; 〔通る〕 объезжа́ть; обходи́ть 目が～ Голова́ кру́жится. 私たちはヨーロッパ諸国を回った Мы объе́хали всю Евро́пу. もう10時を回った Уже́ оди́ннадцатый час. 酔いが回った Я опьяне́л.
**まん** 万 〔1万〕 де́сять ты́сяч 十～ сто ты́сяч 百～ миллио́н 千～ де́сять миллио́нов
**まんいち** 万一 ～に備えて на вся́кий слу́чай ～の場合には в кра́йнем слу́чае
**まんいん** 満員 ～である быть по́лным 満員電車 по́лный по́езд
**まんが** 漫画 карикату́ра; ко́микс ～の карикату́рный 漫画家 карикатури́ст
**まんかい** 満開 桜が～だ Са́кура в по́лном расцве́те 〔цвету́〕.
**まんげつ** 満月 полнолу́ние
**マンゴー** 〔植〕 ма́нго
**まんじょう** 満場 ～一致で единогла́сно

**マンション** кварти́ра
**まんせい** 慢性 ～な хрони́ческий
**まんぞく** 満足 ～な удовлетворённый ～する удовлетворя́ться; быть дово́льным ～させる удовлетворя́ть
**まんなか** 真ん中 центр ～の сре́дний; центра́льный ～に в це́нтре
**まんねんひつ** 万年筆 авто́ручка
**まんびき** 万引き кра́жа в магази́не; 〔人〕 магази́нный вор ～する красть из магази́на
**マンホール** люк
**マンモス** 〔動〕 ма́монт

## み

**み** ① 身 ～に着ける надева́ть; носи́ть ～に付ける 〔会得する〕 усва́ивать ～を任せる отдава́ться 国 身から出た錆 Сам завари́л ка́шу, сам и расхлёбывай. ② 実 〔果実〕 плод; 〔ナッツ類〕 оре́х; 〔ベリー類〕 я́года; 〔種子〕 се́мя ～を結ぶ приноси́ть плоды́ ③ 巳 〔十二支〕 змея́
**ミーティング** ми́тинг; собра́ние
**ミイラ** му́мия
**みうしなう** 見失う теря́ть из ви́ду
**みうち** 身内 〔親戚〕 ро́дственники; родны́е; 〔仲間〕 свои́
**みえ** 見栄 〔虚栄〕 тщесла́вие ～張りの тщесла́вный ～を張る выставля́ть себя́ напока́з
**みえすいた** 見え透いた я́вный
**みえる** 見える ви́деть; быть ви́дным; вы́глядеть ▶目の見えない слепо́й
**みおくる** 見送る провожа́ть; 〔見逃す〕 пропуска́ть; 〔延期する〕 откла́дывать
**みおとす** 見落とす прогля́дывать; не замеча́ть
**みかい** 未開 ～の ди́кий; нецивилизо́ванный
**みかいけつ** 未解決 ～の неразрешённый
**みかいたく** 未開拓 ～の неосво́енный; невозде́ланный ～の分野 ещё не изу́ченная о́бласть
**みかえり** 見返り 〔報酬〕 возмеще́ние ～には в обме́н
**みかく** 味覚 вкус
**みがく** 磨く шлифова́ть; полирова́ть; 〔技術などを〕 шлифова́ть 歯を～ чи́стить зу́бы
**みかくにん** 未確認 ～の неопо́знанный 未確認飛行物体 〔UFO〕 неопо́знанный лета́ющий объе́кт; НЛО
**みかけ** 見掛け нару́жный вид; вне́шность; нару́жность 人は見掛けによらぬもの В ти́хом о́муте че́рти во́дятся. ▶見掛け倒し 〔話〕 мишура́ ～の пока́зный
**みかた** 味方 сторо́нник ～する подде́рживать ～につける привлека́ть на свою́ сто́рону
**みかづき** 三日月 молодо́й ме́сяц; лу́нный серп ～形の серпообра́зный; серпови́дный
**みかん** ① 蜜柑 мандари́н (унсю́) ② 未完 ～の незако́нченный
**みぎ** 右 пра́вая сторона́ ～の пра́вый ～に спра́ва; напра́во; ～へ曲がる повора́чивать напра́во 右回りで по часово́й стре́лке 右腕 彼は右の～だ Он — мо́я пра́вая рука́. 右側 ここは～通行です Здесь правосторо́ннее движе́ние. 右手 пра́вая рука́; 〔右側〕 пра́вая сторона́ ～をご覧下さい Посмотри́те напра́во. 右利き 〔俗〕 пра́вила
**みくだす** 見下す смотре́ть свысока́
**みくびる** 見くびる пренебрега́ть; недооце́нивать ずいぶんと見くびられたものだ Вы меня́ сли́ш-

**みごと** 見事 ～な прекра́сный; превосхо́дный; великоле́пный; иску́сный お～! Бра́во!

**みこみ** 見込み〔予想〕предположе́ние; ожида́ние;〔可能性〕возмо́жность;〔期待〕наде́жда ▶ **見込む**〔予想〕предполага́ть; ожида́ть;〔見積もる〕рассчи́тывать;〔期待〕наде́яться на 圏

**みこん** 未婚 ～の неженатый;〔女〕незаму́жняя ～の母 незаму́жняя мать

**ミサ**〔宗〕ме́сса

**ミサイル** раке́та; снаря́д

**みさき** 岬 мыс

**みじかい** 短い коро́ткий

**みじめ** 惨め ～な жа́лкий

**ミス**〔誤り〕оши́бка ～する де́лать оши́бку; ошиба́ться ミスプリント〔誤植〕опеча́тка

**みず** 水 вода́;〔冷水〕холо́дная вода́ ～に流す〔とがめない〕предава́ть забве́нию ～を差す〔邪魔をする〕меша́ть ～の泡になる своди́ться на нет

**みずうみ** 湖 о́зеро

**みずがめざ** 水瓶座〔天〕Водоле́й

**みずから** 自ら сам; ли́чно;〔自発的に〕охо́тно

**みずぎ** 水着 купа́льный костю́м;《話》купа́льник

**みずたま** 水玉〔水玉模様〕горо́шек

**みずたまり** 水溜まり лу́жа

**ミステリー** та́йна; ми́стика;〔推理小説〕детекти́вный;〔ミスティックな〕рома́н

**みすてる** 見捨てる покида́ть; броса́ть; маха́ть руко́й на 圏

**みずみずしい** 瑞々しい све́жий; живо́й

**みせ** 店〔商店〕магази́н;〔小売店〕ла́вка

**みせいねん** 未成年 несовершенноле́тие 未成年者 несовершенноле́тний

**みせびらかす** 見せびらかす выставля́ть (напока́з); пока́зывать (с го́рдостью); щеголя́ть [в 圃]

**みせる** 見せる пока́зывать;〔提示する〕представля́ть; предъявля́ть;〔展示する〕выставля́ть ～ пока́зываться; появля́ться

**みぜん** 未然 ～に зара́нее 事故を～に防ぐ предотврати́ть ава́рию

**みそ** 味噌 мисо́ そこが～だ Вот в чём де́ло. 味噌汁 со́евый суп

**みぞ** 溝〔下水の〕кана́ва;〔くぼみ〕вы́емка;〔隔たり〕разры́в; тре́щина 我々の間に～ができた Чёрная ко́шка пробежа́ла ме́жду на́ми.

**みぞう** 未曾有 ～の небыва́лый; неслы́ханный

**みぞれ** 霙 дождь со сне́гом

**みだし** 見出し заголо́вок;〔人名〕ша́пка 見出し語〔辞典などの〕загла́вное сло́во

**みだす** 乱す расстра́ивать; приводи́ть в беспоря́док;〔髪などを〕растрёпывать 秩序〔風紀〕を～ наруша́ть поря́док [дисципли́ну] ▶ **乱れる** расстра́иваться; приходи́ть в беспоря́док;〔髪などが〕растрёпываться

**みだら** 淫ら ～な распу́щенный; развра́тный; беспу́тный

**みち** ① 道 доро́га; путь;〔街路〕у́лица;〔横道・路地〕переу́лок;〔大通〕проспе́кт;〔街道〕шоссе́;〔通路〕прохо́д;〔小径〕доро́жка; тропи́нка ～に迷う заблуди́ться 成功への～ путь к успе́ху ② 未知 ～の незнако́мый; неизве́стный 未知数 неизве́стное число́

**みぢか** 身近 ～の бли́зкий ～に迫る приближа́ться к 圏 ～に感じる чу́вствовать бли́зко

**みちづれ** 道連れ попу́тчик; спу́тник

**みちびく** 導く〔連れて行く〕проводи́ть; вести́;〔指導する〕руководи́ть 圏 勝利に～ вести́ к побе́де

**みつける** 見つける находи́ть; обнару́живать; открыва́ть;〔気づく〕замеча́ть ▶ **見つかる** быть на́йденным

**みっこく** 密告 ～する доноси́ть

**みつど** 密度 густота́; пло́тность ～の濃い густо́й; пло́тный

**みっぺい** 密閉 ～する[した] пло́тно закрыва́ть [закры́тый] 密閉容器 гермети́ческий сосу́д

**みつめる** 見つめる при́стально смотре́ть; всма́триваться в 圏

**みつもり** 見積もり сме́та; предвари́тельный расчёт 見積額 предвари́тельная су́мма 見積書 сме́та ▶ **見積もる** составля́ть сме́ту; прики́дывать

**みつゆ** 密輸 контраба́нда ～する занима́ться контраба́ндой 密輸品 контраба́ндный това́р 密輸業者 контрабанди́ст

**みつりょう** ① 密漁 браконье́рство; незако́нный лов ～する браконье́рствовать; занима́ться незако́нным ло́вом 密漁者 рыболо́в-браконье́р ② 密猟 браконье́рство; незако́нная охо́та ～する браконье́рствовать; занима́ться незако́нной охо́той 密猟者 охо́тник-браконье́р

**みてい** 未定 неопределённость ～の неопределённый; нерешённый; неустано́вленный 発売日は～です Да́та нача́ла прода́ж пока́ не определена́.

**みとめる** 認める〔許可する〕позволя́ть; разреша́ть;〔賛成する〕одобря́ть

**みどり** 緑 зелёный цвет; зе́лень ～の зелёный

**みとりず** 見取図 набро́сок;〔略図〕план

**みとれる** 見惚れる засма́триваться [загля́дываться] на 圏

**みなおす** 見直す〔もう一度見る〕смотре́ть ещё раз;〔再検討する〕пересма́тривать

**みなす** 見做す счита́ть 圏

**みなと** 港 порт; га́вань ～の портово́й

**みなみ** 南 юг ～の ю́жный ～で на ю́ге ～へ на юг 南向きの ю́жной стороны́ 南風 ю́жный ве́тер

**みなみはんきゅう** 南半球 ю́жное полуша́рие

**みならい** 見習い〔人〕пра́ктикант; учени́к;〔行為〕обуче́ние на пра́ктике

**みならう** 見習う сле́довать 圃; брать приме́р с 圏

**みなれた** 見慣れた знако́мый

**ミニ** ～スカート ми́ни; мини(-)ю́бка ～カー ми́ни(-)автомоби́ль

**みにくい** 醜い некраси́вый; невзра́чный;《話》непригля́дный; безобра́зный

**ミニチュア** миниатю́ра ～の миниатю́рный

**みぬく** 見抜く ви́деть наскво́зь; проника́ть в 圏

**ミネラルウォーター** минера́льная вода́

**みのうえ** 身の上〔境遇〕усло́вия жи́зни; среда́ ～話をする расска́зывать о свое́й жи́зни 身の上相談 сове́ты по ли́чным дела́м

**みのがす** 見逃す не замеча́ть; упуска́ть;〔黙認する〕молча́ливо признава́ть

**みのしろきん** 身代金 вы́куп

**みのる** 実る〔果実が〕созрева́ть; приноси́ть плоды́; уроди́ться 努力が実った Уcе́рдие принесло́ свои́ плоды́.

**みはらし** 見晴らし ви́димость; перспекти́ва ～がいい хоро́шая ви́димость

**みはり** 見張り〔行為〕карау́л; охра́на;〔人〕карау́льный; охра́нник; сто́рож ▶ **見張る**〔監視する〕

**みぶり** 身振り жест; жестикуляция 〜をする жестикулировать 〜で手振りで жестами

**みぶん** 身分 [階級] класс; сословие; [地位] социальное положение 〜の高い人 человек с положением 身分証明書 удостоверение личности

**みぼうじん** 未亡人 вдова

**みほん** 見本 [サンプル] образец; образчик; [模範] пример 見本市 ярмарка

**みまい** 見舞い [訪問] посещение (больного) больницы に友人の〜に行く навестить друга в больнице

**みまもる** 見守る [気遣う] заботливо следить за 圈; [じっと見る] пристально смотреть; [話] уставиться

**みまわす** 見回す оглядывать; окидывать взором

**みまわる** 見回る патрулировать; обходить

**みまん** 未満 менее; до 圈 18歳〜お断り Лицам не достигшим восемнадцати лет вход воспрещён.

**みみ** 耳 ухо (複 уши); [パンの] корка (хлеба) 彼は〜がいい У него хороший слух. 〜が遠い 《話》 туго́й на ухот 〜にする слы́шать 彼の耳に入れる сообщить ему 〜を澄ます прислушиваться к 圈; 〜を傾ける навострить ухо́; внима́тельно слу́шать

**ミミズ** дождевой червь

**みみずく** 木菟 (鳥) фи́лин

**みもと** 身元 ли́чность; происхожде́ние 〜を明らかにする раскры́ть ли́чность 〜不明の ли́чность неизве́стного происхожде́ния 身元保証人 поручи́тель

**みゃくはく** 脈拍 пульс 脈拍数 частота́ пу́льса

**みやげ** 土産 сувени́р; пода́рок 土産物店 магази́н сувени́ров

**ミュージカル** мю́зикл

**ミュージシャン** музыка́нт

**みょうじ** 名字 фами́лия 〜は何とおっしゃいますか Как ва́ша фами́лия?

**みらい** 未来 бу́дущее; [文法] бу́дущее вре́мя 〜の бу́дущий

**ミリ** 〜メートル миллиме́тр 〜リットル миллили́тр 〜グラм миллигра́мм

**みりょう** 魅了する восхища́ть; плени́ть 〜される попа́сть в плен

**みりょく** 魅力 очарова́ние 〜的な очарова́тельный

**みる** 見る смотре́ть; посмотре́ть; ви́деть; [観察] наблюда́ть; [視察・見学・診察] осма́тривать 見て見ぬふりをする смотре́ть сквозь па́льцы; закрыва́ть глаза́ テレビを〜 смотре́ть телеви́зор

**ミルク** молоко́ моло́ко́; порошко́вое [сухо́е] молоко́ コーヒー[ティー]の коффе [чай] с молоко́м

**みわく** 魅惑 〜的な очарова́тельный; обольсти́тельный

**みわける** 見分ける различа́ть; узнава́ть; распознава́ть

**みわたす** 見渡す смотре́ть вдаль; оки́дывать взгля́дом 〜限り наско́лько хвата́ет глаз; в преде́лах ви́димости

**みんえい** 民営 〜の ча́стный 民営化 приватиза́ция 〜する приватизи́ровать

**みんかん** 民間 〜の ча́стный 民間企業 ча́стное предприя́тие 民間伝承 фолькло́р 民間放送 ча́стное радиовеща́ние [телевеща́ние] 民間療法 наро́дное лече́ние

**ミンク** [動] но́рка 〜のコート но́рковая шу́ба

**みんしゅ** 民主 〜的な демократи́ческий 〜化する демократизи́ровать 民主党 демократи́ческая па́ртия 民主党員 демокра́т

**みんしゅう** 民衆 наро́д; наро́дные ма́ссы

**みんしゅく** 民宿 пансио́н

**みんしゅしゅぎ** 民主主義 демокра́тия; демократи́зм 民主主義者 демокра́т

**みんぞく** 民族 ①民俗 наро́дные обы́чаи 民族音楽 наро́дная му́зыка 民俗学 фолькло́р 民俗学者 фолькло́рист ②民族 на́ция; национа́льность 〜の национа́льный; наро́дный 民族性 национа́льность 民族衣装 национа́льный костю́м スラブ民族 славя́нские наро́ды 民族運動 национа́льное движе́ние 民族主義 национали́зм 民族浄化 этни́ческая чи́стка

**みんぽう** 民法 гражда́нское пра́во; гражда́нский ко́декс

**みんよう** 民謡 наро́дная пе́сня

**みんわ** 民話 наро́дная ска́зка

# む

**む** 無 [虚無] небытие́; [何もない] ничто́; ничего́ 〜に帰する своди́ться к нулю́

**むいしき** 無意識 бессозна́тельность; безотчётность; 〜に бессозна́тельно; нево́льно; [機械的に] машина́льно 〜の бессозна́тельный; нево́льный; машина́льный

**むいちもん** 無一文 [状態] безде́нежье; 〜の безде́нежный

**ムール貝** ムール貝 [貝] (черномо́рская) ми́дия

**むかい** 向かい 〜の напро́тив 〜に напро́тив; на противополо́жной стороне́ 〜の家 дом напро́тив

**むがい** 無害 〜の безвре́дный

**むかいあう** 向かい合う стоя́ть друг про́тив [напро́тив] дру́га 向かい合って座る сади́ться друг напро́тив дру́га

**むかう** 向かう [正面に位置する] стоя́ть пе́ред 圈; [ある方向に進む] направля́ться; идти́ 机に〜 сиде́ть за столо́м

**むかし** 昔 в ста́рые времена́; давно́; в своё вре́мя 〜の ста́рый; стари́нный; да́вний 〜から давно́; в стари́нное вре́мя 昔話 [おとぎ話] ска́зка; [思い出] воспомина́ния 〜話をする расска́зывать ска́зку

**むかで** 百足 [動] сколопе́ндра; 《話》 многоно́жка

**むかむか** 〜する [吐き気がする] тошни́ть 圈; [怒りが込み上げる] раздража́ться

**むがむちゅう** 無我夢中 〜で не по́мня себя́; отча́янно

**むかんけい** 無関係 〜な не име́ющий отноше́ния; неприча́стный それは私には〜だ Э́то меня́ не каса́ется.

**むかんしん** 無関心 равноду́шие; безуча́стие; безразли́чие 〜な равноду́шный [безуча́стный, безразли́чный] к 圈

**ムギ** 麦 [小麦] пшени́ца; [大麦] ячме́нь; [オート麦] овёс; [ライ麦] рожь; 麦畑 пшени́чное по́ле 麦わら帽子 соло́менная шля́па

**むきだし** 剝き出し 〜の откры́тый 敵意を〜にする откры́то пока́зывать вражду́ 〜の го́лый; откры́тый

**むきょか** 無許可 〜の неразрешённый 〜で без разреше́ния

**むきりょく** 無気力 безво́лие; апа́тия 〜な безво́льный

**むきん** 無菌 ～の стери́льный 無菌室 стерилизо́ванная ко́мната

**むく** ① 向く〔ある方向を〕обраща́ться; повора́чиваться; быть обращённым; 〔適する〕подходи́ть (к) 後ろを～ смотре́ть наза́д ② 剝く чи́стить; обдира́ть; сдира́ть ジャガイモの皮を～ чи́стить карто́шку

**むくち** 無口 ～な молчали́вый; неразгово́рчивый

**むくむ** отека́ть むくんだ отёкший 脚が～ У меня́ но́ги отекли́.

**むけいかく** 無計画 ～な беспла́новый; непла́новый

**むける** 向ける〔ある方向に〕обраща́ть; повора́чивать; поверта́ть; направля́ть

**むげん** 無限 ～の безгран́ичный; бесконе́чный; неограни́ченный ～に безграни́чно; бесконе́чно; неограни́ченно 無限大 бесконе́чно больша́я величина́

**むこ** 婿〔婿養子〕зять; ～になる жени́ться и взять фами́лию жены́

**むこう** ① 向こう〔向こう側〕противополо́жная сторона́; 〔あちら〕там; туда́ 道の～に напроти́в че́рез доро́гу ② 無効 ～の недействи́тельный; ～にする аннули́ровать ～になる утра́чивать си́лу; станови́ться недействи́тельный 無効票〔選挙の〕недействи́тельный го́лос

**むこくせき** 無国籍 безграждана́ство ～の без гражда́нства

**むごん** 無言 ～の безмо́лвный

**むざい** 無罪 неви́нность ～の неви́нный ～にする оправда́ть ～になる быть опра́вданным

**むさべつ** 無差別 ～な неразбо́рчивый; без разли́чия 無差別級《レスリング・柔道》неограни́ченный вес

**むし** ① 虫〔昆虫〕насеко́мое; 〔芋虫など〕червь ～の居所が悪い быть не в ду́хе ～の知らせでわかる предчу́вствовать やつはどうも～が好かない Он мне неприя́тен. ② 無視 игнори́рование; пренебреже́ние [К] ～する игнори́ровать; пренебрега́ть [I]

**むじ** 無地 ～の одноцве́тный; без рису́нка [узо́ра]

**むしあつい** 蒸し暑い ду́шный ▶蒸し暑さ духота́

**むじつ** 無実 ло́жное обвине́ние ～の罪を着せる ло́жно обвиня́ть

**むしば** 虫歯 карио́зный зуб; ка́риес; 〔話〕ды́рка ～を抜く вырыва́ть карио́зный зуб

**むじひ** 無慈悲 ～な безжа́лостный; беспоща́дный

**むじゃき** 無邪気 ～な неви́нный; наи́вный

**むじゅうりょく** 無重力 ～の невесо́мый 無重力状態 состоя́ние невесо́мости

**むじゅん** 矛盾 противоре́чие ～する противоре́чить ～しない не противоре́чить

**むしょう** ① 無償 ～の безвозме́здный; ～で безвозме́здно 無償援助 безвозме́здная по́мощь ② 無性 彼女に～に会いたい Мне си́льно хо́чется встре́титься с ней.

**むじょうけん** 無条件 ～の безусло́вный; безогово́рочный; ～で без усло́вий; безогово́рочно 無条件降伏 безогово́рочная капитуля́ция

**むしょく** 無職 безрабо́тица ～の безрабо́тный

**むしろ** 寧ろ скоре́е чем

**むしん** 無心 ～で с увлече́нием ～する〔金をせびる〕выпра́шивать [巴]

**むじん** 無人 ～の необита́емый; безлю́дный 無人島 необита́емый о́стров

**むしんけい** 無神経 ～な〔鈍感な〕нечувстви́тельный; 〔配慮のない〕недел́икатный

**むしんろん** 無神論 атеи́зм ～の атеисти́ческий 無神論者 атеи́ст

**むす** 蒸す па́рить; туши́ть ▶蒸した〔蒸気で〕паровой; 〔蒸し煮に〕тушёный

**むすう** 無数 ～の бесчи́сленный; несме́тный

**むずかしい** 難しい тру́дный; сло́жный; затрудни́тельный; ～性格 сло́жный хара́ктер это ～ Э́то тру́дно〔сло́жно〕. 明日までにこれを仕上げるのは～ Бу́дет сло́жно зако́нчить э́то до за́втра.

**むすこ** 息子 сын

**むすぶ** 結ぶ〔糸などを〕повя́зывать; завя́зывать; свя́зывать 靴のひもを～ завя́зывать шнурки́ 契約を～ заключа́ть контра́кт

**むすめ** 娘 дочь; 〔若い女性〕де́вушка; де́вочка

**むせいげん** 無制限 ～の неограни́ченный; беспреде́льный ～に неограни́ченно; без ограниче́ния

**むせきにん** 無責任 ～な безотве́тственный ～に безотве́тственно

**むせん** 無線 無線LAN ～は使えますか Здесь есть Wi-Fi? 無線機 радиоаппарату́ра

**むだ** 無駄〔余分な〕ли́шнее; 〔余分さ〕беспол́езность; 〔余分な〕ли́шний; 〔無益な〕напра́сный; беспол́езный; ～に напра́сно; 〔話〕зря ～を削る сокраща́ть ли́шние расхо́ды 無駄足を踏む ходи́ть напра́сно 無駄骨 を折ить беспол́езно труди́ться 無駄口を叩く болта́ть вздор 無駄使い напра́сная тра́та

**むだん** 無断 ～で〔断りなく〕без предупрежде́ния; 〔無許可で〕без разреше́ния

**むち** 鞭〔編んだ〕плеть; 〔革・縄の〕кнут

**むちゃ** 無茶 ～な абсу́рдный; неразу́мный; 〔過度の〕неуме́ренный

**むちゅう** 夢中 ～になる не по́мнить себя́; си́льно увлека́ться; погружа́ться в ～ ～である быть вне себя́; быть погружённым в ～

**むてっぽう** 無鉄砲 ～な безрассу́дный ～に безрассу́дно

**むてんか** 無添加 ～の натура́льный; без доба́вок

**むとうは** 無党派 ～の беспарти́йный

**むとんちゃく** 無頓着 ～な〔無関心な〕равноду́шный; 〔意に介さない〕небре́жный

**むね** 胸〔胸部・乳房〕грудь; 〔心臓・心〕се́рдце ～が一杯になる Се́рдце перепо́лнено. ～に秘める бере́чь в се́рдце ～を張って с вы́пяченной гру́дью; 〔誇りを持って〕с го́рдостью

**むのう** 無能 ～な неспосо́бный; безда́рный

**むのうやく** 無農薬 ～で栽培する выра́щивать без ядохимика́тов 無農薬野菜 земледе́лия〔проду́кты〕без ядохимика́тов

**むぼう** 無謀 ～な безрассу́дный; неблагоразу́мный

**むら** 村 село́; дере́вня

**むらさき** 紫〔色〕фиоле́товый [лило́вый] цвет ～色の фиоле́товый; лило́вый

**むり** 無理 ～な тру́дный; невозмо́жный それは～な相談だ Ты про́сишь〔Вы про́сите〕невозмо́жного. ▶無理をする〔過労〕рабо́тать сверх сил ▶無理強いする нево́лить; принужда́ть; заставля́ть

**むれ** 群れ〔人の〕толпа́; гру́ппа; 〔家畜の〕ста́до; 〔鳥の〕ста́я; 〔魚の〕коса́к; 〔虫の〕рой ～をなす ку́читься

## め

**め** ① 目 глаз (複 глаза); 〔目つき・目線〕 глаза; взгляд; взор; 〔台風の〕 центр; 〔さいころの〕 очко́ ～がいい 〔悪い〕 хорошо́ [пло́хо] ви́деть ～がくらむ ослепля́ться ～が覚める [眼から] просыпа́ться ～が迷いから〕 опомни́ться; очну́ться ～の前 пе́ред глаза́ми ～に見えない неви́димый ～を奪う овладе́ть внима́нием ～をつぶる закрыва́ть глаза́; 〔大目に見る〕 смотре́ть сквозь па́льцы ～の見えない(人) слепо́й 目には目を, 歯には歯を Око за о́ко, зуб за зуб. ② 芽 〔発芽した〕 росто́к; побе́г, по́чка; буто́н; 〔幼芽〕 всхо́ды ～が出る Появля́ются ростки́ [всхо́ды].

**めい** 姪 племя́нница
**めいあん** 名案 хоро́шая иде́я; замеча́тельный план
**めいかい** 明快・明解 ～な я́сный; то́чный; поня́тный
**めいぎ** 名義 и́мя ～だけの номина́льный; то́лько по и́мени ～上 по и́мени 名義人 номина́льное лицо́
**めいげん** 名言 прекра́сные слова́
**めいさい** 明細 〔明細書〕 подро́бный отчёт
**めいさく** 名作 шеде́вр
**めいさん** 名産 ме́стный делика́тес; изве́стная вещь
**めいし** ① 名刺 визи́тная ка́рточка; 《話》 визи́тка ② 名詞 〔文法〕 и́мя существи́тельное
**めいしん** 迷信 суеве́рие ～の суеве́рный
**めいじん** 名人 ма́стер; виртуо́з 名人芸 виртуо́зное исполне́ние; мастерска́я рабо́та
**めいそう** 瞑想 медита́ция ～する погружа́ться в медита́цию
**めいちゅう** 命中 ～する попада́ть в цель
**めいぶつ** 名物 ме́стный делика́тес; изве́стная вещь
**めいぼ** 名簿 поимённый спи́сок
**めいよ** 名誉 сла́ва; репута́ция; честь ～教授 почётный профе́ссор ～会長 почётный председа́тель 名誉欲 честолю́бие 名誉職 почётная до́лжность 名誉毀損 〔法〕 диффама́ция
**めいりょう** 明瞭 ～な я́сный; отчётливый; чёткий ～に я́сно; чётко
**めいれい** 命令 прика́з; приказа́ние; распоряже́ние ～する прика́зывать; распоряжа́ться ～に従う сле́довать прика́зу ～を出す отдава́ть прика́з
**めいろ** 迷路 лабири́нт
**めいわく** 迷惑 затрудне́ние; бре́мя; поме́ха ～をかける причиня́ть неприя́тности; беспоко́ить; меша́ть 迷惑メール 〔IT〕 спам
**メーカー** производи́тель; изготови́тель
**メーター** 〔計器〕 счётчик
**メートル** 〔長さの単位〕 метр (記号 м)
**メール** электро́нная по́чта; 《話》 име́йл; 《話》 мы́ло; ～で по электро́нной по́чте; по име́йлу ～を出す 〔受け取る〕 отправля́ть [получа́ть] письмо́ 〔сообще́ние〕 ～ありがとうございます Спаси́бо за Ва́ше письмо́ 〔сообще́ние〕. ～を下さい Напиши́те мне сообще́ние. ～アドレス а́дрес электро́нной по́чты ～マガジン рассы́лка новосте́й ダイレクト～ рекла́ма по по́чте
**めがね** 眼鏡 очки́ ～を掛けている быть в очка́х ～を掛ける [はずす] надева́ть [снима́ть] очки́
**めぐすり** 目薬 глазны́е ка́пли
**めぐる** 巡る объезжа́ть; 〔関連する〕 о 前; про 前; каса́ться 生; вокру́г 生 月日は～ Прохо́дят го́ды.
**めざす** 目指す 〔向かう〕 идти́ к 与; 〔目標とする〕 добива́ться 生; намеча́ть; ста́вить 前 〔不定形〕 це́лью
**めざまし** 目覚まし 〔時計〕 буди́льник ～を6часа́м се́тить ста́вить буди́льник на шесть часо́в
**めざめる** 目覚める просыпа́ться
**めじるし** 目印 отме́тка; ме́тка; знак; 〔道標〕 указа́тель; 〔ランドマーク〕 ориенти́р
**めす** 雌 са́мка ～の же́нский 雌猫 ко́шка 雌犬 су́ка
**めずらしい** 珍しい ре́дкий; 〔独特な〕 уника́льный 珍しそうに с любопы́тством
**メタボ** метаболи́ческий синдро́м
**メダル** меда́ль 金[銀, бро́нзовая] меда́ль ▶メダリスト медали́ст
**メタンガス** 〔化〕 мета́н
**メタンハイドレート** 〔化〕 гидра́т мета́на
**めっき** 鍍金 покры́тие мета́ллом ～をする покрыва́ть мета́ллом 金めっき золоче́ние 銀めっき серебре́ние
**メッセージ** сообще́ние
**めったに** 滅多に ～…ない ре́дко
**メディア** 〔媒体〕 носи́тель; 〔報道機関〕 ме́диа
**めど** 目途 ～がつく открыва́ется перспекти́ва ～がつかない нет перспекти́вы 9月末を～に приме́рно к концу́ сентября́
**メドレー** 〔楽〕 попурри́; 〔水泳〕 компле́ксное пла́вание
**メニュー** меню́
**めまい** 目眩 ～がする У меня́ голова́ кру́жится.
**メモ** запи́ска; за́пись ～を取る запи́сывать ～帳 записна́я кни́жка
**メモリ** 〔IT〕 па́мять ～カード ка́рта па́мяти
**メリット** 〔利点〕 досто́инство; преиму́щество
**メロディー** 〔旋律〕 мело́дия
**メロン** 〔植〕 ды́ня
**めん** ① 綿 хло́пок 綿製品 хлопчатобума́жные изде́лия 綿花 хло́пок-сыре́ц ② 麺 лапша́
**めんえき** 免疫 〔医〕 иммуните́т; иммуниза́ция ～がある име́ть иммуните́т ～がない нет иммуните́та 免疫学 иммуноло́гия 免疫不全 иммунодефици́т
**めんかい** 面会 встре́ча; свида́ние; приём ～する 〔訪問者が〕 встреча́ться; 〔訪問者と〕 принима́ть 面会時間 часы́ встре́чи
**めんきょ** 免許 разреше́ние; лице́нзия; свиде́тельство; права́ ～を取る [даю́т] получа́ть [выдава́ть] права́
**めんじょ** 免除 освобожде́ние от 生 ～する освобожда́ть от 生
**めんぜい** 免税 免税品 беспо́шлинный това́р 免税店 магази́н беспо́шлинной торго́вли; дью́ти-фри
**めんせき** 面積 пло́щадь
**めんせつ** 面接 приём; интервью́ ～する принима́ть 面接試験 у́стный экза́мен
**めんだん** 面談 ли́чная бесе́да ～する ли́чно бесе́довать
**メンテナンス** техни́ческое обслу́живание
**めんどう** 面倒 ～な сло́жный; тру́дный; затрудни́тельный ～臭い неохо́та; лень ～を見る уха́живать за 造
**メンバー** член メンバーズカード чле́нский биле́т
**めんみつ** 綿密 ～な тща́тельный ～に тща́тельно

# も

**も** ①藻〔植〕во́доросль ②喪 тра́ур 〜に服すбыть в тра́уре; носи́ть тра́ур
**…も**〔…もまた〕и; то́же; та́кже;〔…も…も〕и … и …;〔…も…も…でない〕ни … ни …

**もう**〔まもなく〕ско́ро;〔すでに〕уже́;〔さらに〕ещё 〜ない Бо́льше нет. 〜しません Бо́льше не бу́ду. 〜ひとつ оди́н 〜; ещё оди́н 〜一度 ещё раз 〜少し ещё немно́го 彼は〜少しで遅刻するところだった Он чуть не опозда́л.

**もうかる** 儲かる приноси́ть вы́году [при́быль]; быть при́быльным [вы́годным] ▶儲け при́быль; вы́года

**もうける** 儲ける зараба́тывать;〔利益を得る〕получа́ть вы́году;〔得をする〕вы́игрывать

**もうしこみ** 申し込み〔予約〕брони́рование;〔応募〕заявле́ние;〔加入〕за́пись 申込書 (бланк для) заявле́ния ▶申し込む〔予約〕брони́ровать;〔応募〕заявля́ть;〔加入〕запи́сываться

**もうじゅう** 猛獣 хи́щный зверь

**もうしょ** 猛暑 стра́шная жара́; паля́щий зной

**もうしわけ** 申し訳 〜ありません Прошу́ проще́ния.

**もうすぐ** ско́ро

**もうそう** 妄想 фанта́зия 〜する фантази́ровать 〜が膨らむ грези́ться

**モップ** шва́бра

**もうちょう** 盲腸〔解〕слепа́я кишка́ 盲腸炎 аппендици́т 彼は〜で入院した Он попа́л в больни́цу с аппендици́том.

**もうどうけん** 盲導犬 соба́ка-поводы́рь (слепо́го)

**もうふ** 毛布 шерстяно́е одея́ло 〜をかぶる тяну́ть на себя́ одея́ло

**もえる** 燃える горе́ть; пыла́ть;〔焼失する〕сгора́ть, 怒りに〜 пыла́ть гне́вом ▶燃え尽きる догора́ть

**モーター** мото́р 〜バイク мотоци́кл 〜ボート мото́рная ло́дка

**もくげき** 目撃 〜する ви́деть 目撃者 очеви́дец; свиде́тель

**もくざい** 木材 лес; лесоматериа́лы

**もくじ** 目次 оглавле́ние; содержа́ние

**もくせい** 木星〔天〕Юпи́тер

**もくぞう** 木造 〜の деревя́нный 木造建築 деревя́нная архитекту́ра

**もくてき** 目的 цель; назначе́ние; объе́кт 〜を達する достига́ть це́ли 目的地 ме́сто назначе́ния

**もくひょう** 目標 (це́ль) ориенти́р;〔目的〕цель; назначе́ние;〔射撃などの〕мише́нь

**もくよう** 木曜(日) четве́рг 〜に в четве́рг

**もぐら** 土竜〔動〕крот

**もぐる** 潜る〔水中で〕ныря́ть;〔潜り込む〕залеза́ть; забира́ться

**もくれん** 木蓮〔植〕магно́лия

**もくろく** 目録〔カタログ〕катало́г;〔目次〕оглавле́ние;〔一覧〕спи́сок

**もけい** 模型 маке́т; моде́ль

**モザイク** моза́ика 〜の моза́ичный

**もし** е́сли もしかすると мо́жет быть

**もじ** 文字 бу́ква;〔漢字などの〕иеро́глиф;〔キリル文字〕кири́ллица 〜通りに буква́льно メールが〜けていて読めない Не могу́ прочита́ть письмо́ из-за кодиро́вки. 大[小]〜 прописна́я [строчна́я] бу́ква 文字盤 цифербла́т

**もしもし**〔電話で〕Алло́! | Я слу́шаю.

**モスク**〔イスラム教寺院〕мече́ть

**モスクワ** Москва́ 〜の моско́вский モスクワっ子 москви́ч

**もたれる**〔寄り掛かる〕прислоня́ться к 与; отки́дываться на 四 胃に〜 Тяжело́ в желу́дке.

**もちあるく** 持ち歩く носи́ть с собо́й

**もちいる** 用いる употребля́ть; по́льзоваться 造

**もちかえる** 持ち帰る брать с собо́й 持ち帰ります〔テイクアウト〕Я возьму́ с собо́й.

**もちぬし** 持ち主 владе́лец; облада́тель; хозя́ин

**もちはこぶ** 持ち運ぶ носи́ть ▶持ち運べる порта́тивный; переносно́й

**モチベーション**〔動機づけ〕мотива́ция

**もちゅう** 喪中 〜である быть в тра́уре

**もちろん** 勿論 коне́чно; безусло́вно

**もつ**〔手・腕の中に〕держа́ть в рука́х;〔所有する〕име́ть; облада́ть [владе́ть] 造;〔持っている〕у 生 есть …;〔携える〕брать с собо́й; взять с собо́й 費用は私が持ちます Расхо́ды я беру́ на себя́. | За мой счёт. ▶持って行く уноси́ть; увози́ть ▶持って来る приноси́ть; привози́ть

**もったいない**〔惜しい〕жа́лко; жаль;〔多すぎる〕незаслу́женно 残す[捨てる]なんて〜 Жа́лко оставля́ть [выбра́сывать].

**もっとも** ①尤も〔しかし〕но́ 〜らしい правдоподо́бный あなたの言うことは〜だ Вы пра́вы. | Ты прав. ②最も са́мый;〔比較級〕всего́ [всех]

**もっぱら** 専ら исключи́тельно; то́лько

**モップ** шва́бра

**もてなす** угоща́ть 造; развлека́ть 造 ▶もてなし обслу́живание; угоще́ние

**もてる** 彼は若い女性によく〜 Он име́ет успе́х у де́вушек.

**モデル**〔ファッションモデル〕моде́ль; манеке́нщик;〔絵・写真などの〕нату́рщик; моде́ль;〔型・見本〕моде́ль 〜ケース типи́чный приме́р 〜チェンджь сме́на моде́лей

**もと** 元・旧 〜の бы́вший; пре́жний 〜は пре́жде; ра́ньше; когда́-то 〜通り как пре́жде

**もどす** 戻す〔元に〕возвраща́ть;〔嘔吐する〕рвать

**もとづく** 基づく〔根拠とする〕осно́вываться на 造;〔起因する〕быть свя́занным с 造

**もどる** 戻る возвраща́ться; верну́ться

**モニター**〔使用者・視聴者〕монито́р;〔コン〕монито́р

**もの** 物 вещь; предме́т 〜にする〔入手する〕приобрета́ть;〔習得する〕овладева́ть; научи́ться …経験が〜を言う Опыт говори́т сам за себя́. 物事 дела́; ве́щи;〔あらゆる事・物〕всё

**ものがたり** 物語 расска́з; по́весть; ска́зка

**ものまね** 物真似〔模倣〕подража́ние;〔芸〕паро́дия 〜をする подража́ть; пароди́ровать 造

**モノレール** монорельс; монорельсовая доро́га

**もはや**〔すでに〕уже́ 〜彼は私に必要ない Он мне бо́льше не ну́жен. 〜これまで Всё поги́бло!

**もはん** 模範 образе́ц; приме́р 〜となる служи́ть приме́ром 〜的な образцо́вый

**もふく** 喪服 тра́ур 〜を着て в тра́уре

**もみ** 樅 〜の木 ёлка; ель

**もみじ** 紅葉〔植〕клён

**もみけす** 揉み消す замина́ть

**もめん** 木綿 хлопчатобума́жная ткань 〜の хлопчатобума́жный

**もも** ①腿 бедро́;〔話〕ля́жка ②桃〔植〕пе́рсик

**もや** 靄 ды́мка; тума́н

**もやす** 燃やす жечь;〔焚く〕сжига́ть; зажига́ть

**もよう** 模様 узо́р; рису́нок

**もより** 最寄り 〜の ближа́йший

**モラル** мора́ль 〜ハザード мора́льный уще́рб

**もり** 森 лес;〔小さな〕ро́ща

**モルドバ** Молдо́ва

**モルモット** 【動】морска́я сви́нка
**もれなく** 漏れなく без исключе́ния; исче́рпывающе
**もれる** 漏れる 〔液体が〕проса́чиваться; течь; 〔光などが〕сквози́ть; 〔情報・秘密などが〕утека́ть 選抜に〜 оста́ться не вы́бранным ガスが漏れている Газ утека́ет.
**もろい** 脆い хру́пкий; ры́хлый; непро́чный 情に〜 чувстви́тельный
**もん** 門 воро́та
**もんく** 文句 〔不平〕жа́лобы; прете́нзия 〜なく беспрекосло́вно 〜を言う жа́ловаться на 回; возража́ть
**モンゴル** Монго́лия 〜人 монго́л
**もんしょう** 紋章 герб
**もんだい** 問題 вопро́с; пробле́ма; 〔課題〕зада́ние 〜を出す[に答える]задава́ть [отвеча́ть на] вопро́с 〜を起こす причиня́ть неприя́тности; поднима́ть сканда́л 〜は…だ де́ло в том, что … 問題点 ва́жный моме́нт; спо́рный пункт; 問題集 вопро́сник

## や

**や** 矢 стрела́ 〜を射る пуска́ть стрелу́ 〜継ぎ早に один за други́м 光陰〜のごとし Вре́мя лети́т стрело́й.
**やあ**（挨拶）Приве́т!
**やおちょう** 八百長 сго́вор; предвари́тельный угово́р 〜をする сгова́риваться с 回 〜試合 догово́рной матч
**やおや** 八百屋 овощно́й магази́н
**やがて** ско́ро; вско́ре
**やかましい** 喧しい 〔騒がしい〕шу́мный
**や** ①夜間 ночно́е вре́мя 〜の ночно́й 夜間部 〔大学〕вече́рние ку́рсы ②やかん ча́йник
**やぎ** 山羊 〔雄〕козёл; 〔雌〕коза́; 〔子〕козлёнок 山羊座〔天〕Козеро́г
**やきとり** 焼き鳥 кури́ные шашлычки́
**やきにく** 焼き肉 жа́реное мя́со
**やきもち** 焼き餅 〔嫉妬〕ре́вность 〜を焼く ревнова́ть к 回
**やきゅう** 野球 бейсбо́л 野球場 бейсбо́льный стадио́н 野球選手 бейсболи́ст
**やきん** 夜勤 ночна́я рабо́та [сме́на] 〜をする рабо́тать в ночну́ю сме́ну
**やく** ①役 〔任務〕назначе́ние; 〔配役〕роль 〜に立つ поле́зный 〜に立たない бесполе́зный ②約 〜そ о́коло; приме́рно; приблизи́тельно ③訳 〔翻訳〕перево́д 〜する переводи́ть 訳語 эквивале́нтный перево́д 直[意]訳 досло́вный [во́льный] перево́д ④焼く ≠жечь; 〔食べ物を〕жа́рить; печь; 〔日焼けする〕загоре́ть; 〔陶磁器を〕обжига́ть ▶焼ける 〔裂ける〕раска́ливаться; 〔食べ物が〕жа́риться; пе́чься; 〔日焼け〕загора́ть 肉が焼けた Мя́со зажа́рено. 〜た жа́реный
**やくいん** 役員 〔全体〕дире́кция; 〔個人〕дире́ктор
**やくざ** якудза́; га́нгстер
**やくざいし** 薬剤師 фармаце́вт; апте́карь
**やくしゃ** 役者 актёр; 〔女〕актри́са
**やくしょ** 役所 госуда́рственное учрежде́ние
**やくそく** 約束 〜する обеща́ние 〜を守る [破る] сде́рживать [наруша́ть] обеща́ние 約束手形 просто́й ве́ксель
**やくだつ** 役立つ 〔有用・有効に〕быть поле́зным; служи́ть ; годи́ться; быть приго́дным
**やくにん** 役人 чино́вник; бюрокра́т
**やくぶつ** 薬物 〔麻薬〕нарко́тик 薬物依存 наркома́ния
**やくみ** 薬味 спе́ции; пря́ности
**やくわり** 役割 роль 〜を果たす выполня́ть роль
**やけい** 夜景 ночно́й вид
**やけど** 火傷 ожо́г 〜する обжига́ться
**やこう** 夜行 夜行列車 ночно́й по́езд
**やさい** 野菜 о́вощи; зе́лень 野菜サラダ [ジュース] овощно́й сала́т [сок] 野菜畑 огоро́д
**やさしい** ①優しい любе́зный; забо́тливый; до́брый 〜優しく обраща́ться любе́зно ②易しい лёгкий; просто́й 〜問題 просто́й вопро́с
**やじうま** 野次馬 любопы́тный наблюда́тель
**やしなう** 養う 〔扶養〕содержа́ть; 〔養育〕корми́ть; воспи́тывать
**やじゅう** 野獣 ди́кий зверь 〜のような звери́ный
**やじるし** 矢印 стрела́
**やしん** 野心 честолю́бие 〜的な честолюби́вый 野心家 честолюби́вый челове́к
**やすい** 安い дешёвый 〜安っぽい дешёвый, плохо́го ка́чества 〜く обходи́ться дёшево
**やすうり** 安売り распрода́жа 〜する продава́ть по сни́женным це́нам
**やすむ** 休む 〔休息〕отдыха́ть; 〔休業〕не рабо́тать; 〔欠席・欠勤〕отсу́тствовать; 〔就寝〕ложи́ться спать 学校 [会社] を〜 не приходи́ть в шко́лу [на рабо́ту] 休み 〔休息〕о́тдых; 〔休日〕выходно́й день; 〔欠席・欠勤〕отсу́тствие; нея́вка
**やすもの** 安物 дешёвая вещь
**やせい** ①野生 ди́кость 〜の ди́кий 野生植物 [動物] ди́кие расте́ния [живо́тные] ②野性 ди́кость 〜的な ди́кий
**やせる** 痩せる худе́ть 痩せた худо́й
**やたい** 屋台 ларёк; пала́тка
**やちん** 家賃 〔話〕квартпла́та; кварти́рная пла́та
**やつあたり** 八つ当たり 〜する излива́ть гнев на 回
**やっかい** 厄介 〜な 〔面倒な〕сло́жный; тру́дный 〜なことになる возника́ют сло́жности
**やっきょく** 薬局 апте́ка
**やっと** 〔とうとう〕наконе́ц; 〔ぎりぎりで〕с трудо́м; еле-е́ле; ко́е-как
**やとう** ①野党 оппозицио́нная па́ртия ②雇う нанима́ть; принима́ть на рабо́ту
**やぬし** 家主 домовладе́лец
**やね** 屋根 кры́ша; кро́вля 屋根裏部屋 черда́к
**やばん** 野蛮 ди́кость; ва́рварство 〜な ди́кий; ва́рварский 野蛮人 дика́рь; ва́рвар
**やぶる** 破る 〔引き裂く〕разбива́ть; 〔不意をつく〕би́ть; разбива́ть 紙を〜 рвать бума́гу ▶破れる 〔裂ける〕разбива́ться; 〔穴があく〕пробива́ться; 〔負ける・敗れる〕прои́грывать
**やぼう** 野望 честолю́бие
**やま** 山 гора́; 〔山々〕го́рный 〜で в гора́х 〜に登る поднима́ться на го́ру 〜の頂 [ふもと] верши́на [подно́жие] горы́ ごみの〜 ку́ча [гора́] му́сора 山ほどの課題 ку́ча дома́шних зада́ний 山並み го́рная гряда́ 山火事 лесно́й пожа́р 山小屋 го́рная хи́жина
**やまねこ** 山猫 〔動物〕лесна́я ко́шка オオ〜 рысь
**やまば** 山場 крити́ческий моме́нт
**やまびこ** 山彦 э́хо
**やみ** 闇 темнота́; мрак; тьма 〜に紛れて под покро́вом темноты́ 闇金融 ростовщи́к 〜市 чёрный ры́нок
**やむ** 止む перестава́ть; прекраща́ться 〜を得な́и вы́нужденный 雨がやんだ Дождь переста́л.
**やめる** ①止める 〔中止する〕прекраща́ть; 〔断念する〕броса́ть; оставля́ть たばこを〜 броса́ть кури́ть

**やもり** 守宮 [動] геккон
**やりがい** やり甲斐 ～のある плодотво́рный
**やりかた** やり方 мане́ра; о́браз де́йствий
**やりくり** やり繰り ～する (話) перебива́ться
**やりとげる** やり遂げる доводи́ть до конца́; выполня́ть по́лностью
**やりなおす** やり直す де́лать сно́ва; переде́лывать
**やる** 遣る (よく)やった! Молоде́ц! | Бра́во! 一杯やろう Дава́йте вы́пьем.
**やわらかい** 柔らかい мя́гкий; не́жный

## ゆ

**ゆ** 湯 [温湯] тёплая вода́; [熱湯] горя́чая вода́; кипято́к ～を沸かす кипяти́ть во́ду
**ゆいいつ** 唯一 ～の еди́нственный
**ゆいごん** 遺言 завеща́ние ～を残す оставля́ть завеща́ние 遺言状 пи́сьменное завеща́ние
**ゆういぎ** 有意義 ～な значи́тельный
**ゆううつ** 憂鬱 ～な гру́стный; тоскли́вый ～になる впада́ть в меланхо́лию [уны́ние]
**ゆうえき** 有益 ～な поле́зный ～に поле́зно
**ゆうえつかん** 優越感 созна́ние превосхо́дства
**ゆうえんち** 遊園地 парк с аттракцио́нами
**ゆうかい** 誘拐 похище́ние ～する похища́ть 誘拐犯 похити́тель
**ゆうがい** 有害 ～な вре́дный 有害物質 вре́дное вещество́
**ゆうがた** 夕方 ве́чер ～に ве́чером ～の вече́рний
**ゆうき** 有機 有機栽培 органи́ческое выра́щивание 有機野菜 органи́чески вы́ращенные о́вощи 有機肥料 органи́ческие удобре́ния ② 勇気 ～のある сме́лый; му́жественный; хра́брый ～づける ободря́ть ～を出す собира́ться с ду́хом
**ゆうきゅうきゅうか** 有給休暇 опла́чиваемый о́тпуск
**ゆうぐう** 優遇 ～する хорошо́ обраща́ться с кем
**ゆうげんがいしゃ** 有限会社 о́бщество с ограни́ченной отве́тственностью
**ゆうけんしゃ** 有権者 избира́тель
**ゆうこう** 有効 ～な действи́тельный; [証] го́дный; эффекти́вный 有効期限 срок го́дности
**ユーザー** [購買者・使用者] потреби́тель; [IT] по́льзователь
**ゆうし** 融資 креди́т; кредитова́ние; финанси́рование ～する финанси́ровать
**ゆうしゅう** 優秀 ～な спосо́бный; отли́чный
**ゆうじゅうふだん** 優柔不断 ～な нереши́тельный
**ゆうしょう** 優勝 завоева́ние пе́рвенства; побе́да в конте́сте ～する оде́рживать побе́ду в соревнова́нии 優勝者 победи́тель; чемпио́н 準優勝 завоева́ние второ́го ме́ста в соревнова́нии 準優勝者 второ́й призёр 優勝カップ чемпио́нский ку́бок 優勝旗 зна́мя [флаг] победи́теля 優勝決定戦 фина́льный матч; фина́л
**ゆうじょう** 友情 дру́жба
**ゆうしょく** 夕食 у́жин
**ゆうせん** 優先 ～する предпочита́ть ～的に предпочти́тельно; преиму́щественно 優先順位 приорите́т ～権 преиму́щественное пра́во
**ゆうそう** 郵送 посы́лка по по́чте ～する посыла́ть по по́чте 郵送料 почто́вая опла́та; почто́вый тари́ф
**ゆうだい** 雄大 ～な величе́ственный; грандио́зный; великоле́пный
**ゆうどく** 有毒 ～な ядови́тый
**ユートピア** уто́пия ～の утопи́ческий
**ゆうのう** 有能 ～な спосо́бный; тала́нтливый; квалифици́рованный
**ゆうひ** 夕日 заходя́щее со́лнце
**ゆうびん** 郵便 по́чта 郵便物 по́чта 郵便局 по́чта 郵便配達員 почтальо́н 郵便番号 почто́вый и́ндекс 郵便ポスト почто́вый я́щик
**ゆうふく** 裕福 ～な бога́тый; зажи́точный
**ゆうべ** 夕べ [夕方(の集会)] ве́чер; [昨夜] вчера́ ве́чером 文学の～ литерату́рный ве́чер
**ゆうぼう** 有望 ～な многообеща́ющий
**ゆうぼく** 遊牧 коче́вничество 遊牧民 коче́вник
**ゆうめい** 有名 ～な изве́стный; знамени́тый; популя́рный
**ユーモア** ю́мор ～のある юмористи́ческий
**ゆうやけ** 夕焼け вече́рняя заря́
**ユーラシア** Евра́зия ～の еврази́йский
**ゆうらんせん** 遊覧船 экскурсио́нный парохо́д
**ゆうり** 有利 ～な вы́годный ～に в по́льзу
**ゆうりょう** 有料 ～の пла́тный
**ゆうりょく** 有力 ～な влия́тельный; ве́ский; си́льный
**ゆうれい** 幽霊 при́зрак; привиде́ние
**ユーロ** 《Ευρώ》 евро ～建ての по евро
**ゆうわく** 誘惑 собла́зн; искуше́ние ～する соблазня́ть; вводи́ть в собла́зн ～に負ける поддава́ться собла́зну [искуше́нию]
**ゆか** 床 пол ～の上に на полу́
**ゆかい** 愉快 ～な весёлый; прия́тный
**ゆがめる** 歪める [形を] искривля́ть; изгиба́ть; [性質を] искажа́ть
**ゆき** 雪 [全体] снег; [片] снежи́нка; [降雪] снегопа́д ～が降る Идёт снег. 雪解け о́ттепель 雪国 сне́жный райо́н 雪だるま снегови́к
**ゆしゅつ** 輸出 вы́воз; э́кспорт ～する вывози́ть; экспорти́ровать 輸出品 экспорти́руемые това́ры 輸出業者 экспортёр 輸出入 э́кспорт и и́мпорт
**ゆずる** 譲る отдава́ть; передава́ть 道を～ уступа́ть доро́гу
**ゆそう** 輸送 перево́зка; транспортиро́вка ～する перевози́ть; транспорти́ровать 輸送機 тра́нспортный самолёт
**ユダヤ** Иуде́я ～教 иудаи́зм ～教徒 иудаи́ст ～人 евре́й; иуде́й
**ゆだん** 油断 ～する быть неосторо́жным [невнима́тельным] ～大敵 Твоя́ неосторо́жность — твой опа́сный враг.
**ゆっくり** ме́дленно; не спеша́; (慌てず) споко́йно
**ゆでる** 茹でる вари́ть ゆで玉子 круто́е яйцо́; яйцо́ вкруту́ю ▶ 茹でて отварно́й
**ゆでん** 油田 нефтяно́е по́ле
**ユニーク** ～な уника́льный; оригина́льный
**ユニフォーム** фо́рма; фо́рменная оде́жда
**ゆにゅう** 輸入 ввоз; и́мпорт ～する ввози́ть; импорти́ровать 輸入品 и́мпортные това́ры 輸入業者 импортёр
**ゆび** 指 па́лец 親[人差し, 中, 薬]指 большо́й [указа́тельный, сре́дний, безымя́нный] па́лец 小指 мизи́нец 指先 ко́нчик па́льца
**ゆびわ** 指輪 кольцо́ ～をはめる [外す] надева́ть [снима́ть] кольцо́
**ゆみ** 弓 лук 弓矢 лук и стре́лы
**ゆめ** 夢 [睡眠中] сон; [将来・夢想] мечта́ ～を見る ви́деть сон; [夢想する] мечта́ть それは～にも思わな

かった Такое мне даже во сне не снилось. ～が叶った Мечта сбылась. ～うつつで сквозь сон; в полусне

**ゆり** 百合〔植〕ли́лия

**ゆるい**〔締めつけが弱い〕не туго́й; непло́тный;〔ゆったりとした〕свобо́дный По́ясок сла́бо застёгнут. ～坂 отло́гий спуск

**ゆるす** 許す〔許可〕разреша́ть; позволя́ть; допуска́ть;〔容赦〕проща́ть; извиня́ть 気を～доверя́ть 時間の～かぎり в преде́лах дозво́ленного вре́мени

**ゆるめる** 緩・弛める ослабля́ть;〔緊張を〕расслабля́ть;〔速度を〕уменьша́ть

**ゆれる** 揺れる колеба́ться; кача́ться; трясти́сь; шата́ться ▶揺らす кача́ть; трясти́; шата́ть

# よ

**よあけ** 夜明け рассве́т ～に на рассве́те; чуть свет ～前 пе́ред восхо́дом со́лнца ～まで до рассве́та

**よい** 良・善・佳い хоро́ший; до́брый; прекра́сный; замеча́тельный;〔質が〕доброка́чественный;〔よりより〕лу́чший →よかった ～人 до́брый челове́к ～天気 хоро́шая пого́да 体に～поле́зный для здоро́вья …してもよい мо́жно 不定形 もしよければ … е́сли вы не проти́в; е́сли вы хоти́те 彼らが来なければよいのだが Бою́сь, что они́ прие́дут.

**よう** 酔う〔酒に〕пьяне́ть; хмеле́ть;〔乗り物に〕страда́ть от ка́чки 彼はひどく～っている Ка́жется, он уже́ опьяне́л. (私は) 車に[船に]酔ったМеня́ укача́ло в маши́не [на корабле́]. 彼は勝利に酔っている Он опьяне́н побе́дой. 酔っ払い пья́ница ② 用を足す〔用便〕справля́ть большу́ю [ма́лую] нужду́ あなたにちょっと～があるのですが У меня́ к вам ма́ленькое де́ло.

**ようい** 用意 подгото́вка; приготовле́ние; гото́вность ～する гото́вить(ся); подгота́вливать(ся); приготавливать(ся)

**よういくひ** 養育費 расхо́ды на воспита́ние дете́й

**ようがん** 溶岩 ла́ва 溶岩流 пото́к ла́вы

**ようき** 容器 сосу́д; вмести́лище

**ようきゅう** 要求 тре́бование;〔ニーズ〕ну́жды;〔要望〕запро́сы ～する тре́бовать; нужда́ться в ～に応じる удовлетворя́ть тре́бование

**ようご** ① 用語 те́рмин ②〔擁護〕защи́та

**ようこそ**～! Добро́ пожа́ловать!

**ようし** 養子（男女）приёмный ребёнок; приёмные дети;〔男〕приёмный сын;〔女〕приёмная дочь 養子縁組〔男の〕усыновле́ние;〔女の〕удочере́ние

**ようしき** 様式 фо́рма; сти́ль

**ようしょく** 養殖 разведе́ние ～する разводи́ть

**ようじん** 用心〔慎重〕осторо́жность;〔警戒〕предосторо́жность ～する〔慎重にする〕относи́ться осторо́жно;〔警戒する〕предостерега́ть ▶用心深い о́чень осторо́жный

**ようす** 様子〔外見〕вид; вне́шность 彼は疲れた～だ Он вы́глядит уста́лым.

**ようせい** ①〔妖精〕фе́я ②〔要請〕тре́бование ～する тре́бовать ③〔陽性〕～の положи́тельный 陽性反応 положи́тельная реа́кция ④〔養成〕～する воспи́тывать 人材を～する подгота́вливать ка́дры

**ようそ** ① 要素 элеме́нт; фа́ктор ② ヨウ素〔化〕йод

**ようち** 幼稚 ～な ребя́чий; де́тский;〔未熟な〕наи́вный 幼稚園 де́тский сад

**ようてん** 要点 суть;〔主要な〕гла́вные [основны́е] пу́нкты ～をつかむ понима́ть суть ～をまとめる обрисо́вывать [обобща́ть] гла́вные пу́нкты

**ようなし** 洋なし〔植〕гру́ша

**ようぼう** 要望 жела́ние; тре́бование ～を出す выража́ть жела́ние; тре́бовать ～に応える отвеча́ть тре́бованию

**ようもう** 羊毛 шерсть; руно́ ～の шерстяно́й

**ようやく** ① 要約 кра́ткое изложе́ние; резюме́ ～する ко́ротко излага́ть; резюми́ровать ② 漸く наконе́ц;〔やっと〕с трудо́м; е́ле-е́ле

**ヨーグルト** йо́гурт

**ヨーロッパ** Евро́па ～の европе́йский ～人 европе́ец ～連合〔EU〕Европе́йский Сою́з; ЕС

**ヨガ** йо́га

**よかった** 一緒に行ければ ～ Лу́чше бы я пошёл с тобо́й. | На́до бы́ло пойти́ с тобо́й. 傘を持ってきて ～ Хорошо́, что я взял/взяла́ с собо́й зо́нтик.

**よきん** 預金 вклад; депози́т ～する вкла́дывать де́ньги ～を引き出す брать сбереже́ния 預金口座 預金通帳 сберега́тельная кни́жка

**よく** ① 欲〔欲望〕жа́жда ～の深い жа́дный ② 良く хорошо́ ～聞きなさい Слу́шайте внима́тельно! それは～あることだ Это ча́сто быва́ет.

**よくし** 抑止 ～する сде́рживать; уде́рживать 抑止力 сде́рживающая си́ла

**よくじつ** 翌日 (на) сле́дующий день

**よくねん** 翌年 сле́дующий год

**よくぼう** 欲望 жела́ние; жа́жда;〔性欲〕полово́е влече́ние ～を満たす удовлетворя́ть жела́ние

**よけい** 余計 ～な ли́шний; изли́шний;〔不要な〕нену́жный ～な心配 напра́сное беспоко́йство

**よげん** 予言 предсказа́ние; проро́чество ～する предска́зывать; проро́чить ～が当たった Предсказа́ние оправда́лось. 予言者 предсказа́тель

**よげんしゃ** 預言者 проро́к

**よこ** 横〔側面〕бок;〔сторона́ ～の〔水平の〕горизонта́льный ～に〔水平に〕горизонта́льно;〔脇〕по́дле [во́зле] 囲; ря́дом с 圈; сбо́ку 囲 ▶横たえる класть; укла́дывать ▶横たわる ложи́ться 横た́ва́ющий лежа́щий

**よこく** 予告 предупрежде́ние; предвари́тельное извеще́ние ～する предупрежда́ть о 囲 予告編〔映・テレビ〕ано́нс

**よごす** 汚す загрязня́ть; па́чкать

**よこはま** 横浜 Йокога́ма ～で в Йокога́ме

**よごれ** 汚れ гря́зь ～を落とす чи́стить; очища́ть

**よごれる** 汚れる загрязня́ться; па́чкаться ▶汚れた гря́зный; загрязнённый; запа́чканный

**よさん** 予算 бюдже́т; сме́та ～の бюдже́тный ～を組む составля́ть бюдже́т ～内で в ра́мках бюдже́та 予算案 прое́кт бюдже́та 予算委員会 бюдже́тная коми́ссия

**よしゅう** 予習 ～する гото́вить уро́ки

**よせん** 予選 предвари́тельный отбо́р; предвари́тельные соревнова́ния

**よそう** 予想 предположе́ние; ожида́ние ～する предпола́гать; ожида́ть ～外の неожи́данный; непредви́денный ～に反して вопреки́ ожида́ниям ～を上回る превосходи́ть [превыша́ть] ожида́ния

**よだれ** 涎 слюна́ ～が出る Слю́нки теку́т.

**よち** ① 予知 предви́дение ～する предви́деть о. 余地 改善の～がある Оставля́ет жела́ть лу́чшего.

疑問の〜はない Не может быть сомнения.
**ヨット** яхта **〜レース** парусные гонки
**よてい** 予定 планирование; план **〜する** намечать; заранее назначать; планировать **〜通り** по плану **〜を立てる** составлять план
**よとう** 与党 правящая [правительственная] партия
**よなか** 夜中 (поздняя) ночь **〜に** (поздно) ночью
**よび** 予備 запас; резерв **〜の** запасной; запасный; резервный **予備校** подготовительные курсы **予備知識** предварительные знания
**よびかける** 呼びかける 〔呼び出す〕 вызывать ▶呼びかける救急車をを—вызывать скорую помощь ユーコと呼んで下さい Называйте меня Юко.
**よぶ** 呼ぶ звать; 〔呼び出す〕 вызывать ▶救急車を〜 вызывать скорую помощь ユーコと呼んで下さい Называйте меня Юко.
**よぼう** 予防 предупреждение; предотвращение; предохранение; 〔医〕 профилактика **〜の** предупредительный; предохранительный **〜する** предупреждать; предотвращать **予防接種** предохранительная прививка
**よみがえる** 蘇る 〔生き返る〕 оживать; воскресать; 〔回復する〕 восстанавливаться
**よむ** 読む читать; (推測する) угадывать ▶読み通す прочитать **〜を取る** читать и понимать; 〔推測する〕 угадывать ▶読み物 чтение
**よめ** 嫁 〔花嫁〕 невеста; 〔妻〕 жена; 〔息子の妻〕 невестка; сноха
**よやく** 予約 бронирование; предварительный заказ **〜する** бронировать **予約席** забронированное место **予約金** задаток
**よる** ① 夜 〔夜中〕 ночь; 〔晩〕 вечер **〜に** ночью; вечером **〜遅くまで** до поздней ночи ② 寄る 〔近づく〕 подходить; приближаться; 〔立ち寄る〕 заходить; заезжать
**よろこび** 喜び радость **〜の** радостный
**よろこぶ** 喜ぶ радоваться 喜んで с радостью; с удовольствием; охотно ▶喜ばせる обрадовать
**よろしい** 宜しい 〔承知・承認〕 〜 Хорошо! Да! Согласен! よろしかったら… если вы не против [возражаете] если вы хотите
**よろしく** 宜しく 奥様に〜 Передайте привет вашей супруге. 池田です。お願いします Меня зовут Икэда. Прошу любить и жаловать.
**よろん** 世論 общественное мнение **世論調査** опрос общественного мнения
**よわい** 弱い слабый 気が〜 слабохарактерный; слабовольный 数学に〜 неспособный к математике ▶弱く слабо ▶弱さ слабость
**よわき** 弱気 **〜になる** пасть духом
**よわまる** 弱まる слабеть; ослабевать ▶弱める ослаблять; 〔減らす〕 уменьшать
**よわむし** 弱虫 трус; трусишка
**よわる** 弱る 〔衰弱する〕 слабеть; ослабевать; 〔途方に暮れる〕 теряться 渋滞とは弱ったなあ Как некстати эта пробка!
**よん** 四・4 четыре ▶〜番目の четвёртый

# ら

**らいう** 雷雨 гроза
**ライオン** 〔動〕 〔総称・雄の〕 лев; 〔雌〕 львица
**らいげつ** 来月 следующий [будущий] месяц **〜に** в следующем [будущем] месяце
**らいしゅう** 来週 следующая [будущая] неделя **〜に** на следующей [будущей] неделе
**ライセンス** лицензия **〜を与える[得る]** выдать [получить] лицензию **〜生産** лицензионное производство
**らいにち** 来日 **〜する** приезжать в Японию
**らいねん** 来年 следующий [будущий] год **〜に** в следующем [будущем] году
**ライバル** соперник
**ライブ** 〔生演奏〕 представление перед публикой; 〔生放送〕 живое вещание
**らくえん** 楽園 рай
**らくがき** 落書き рисунки на стенах
**らくせん** 落選 **〜する** 〔選挙で〕 проваливаться
**らくだ** 駱駝 〔動〕 верблюд
**らくてん** 楽天 **〜的な** оптимистический **楽天家** оптимист
**らくのう** 酪農 молочное хозяйство **酪農場** молочная ферма **酪農家** владелец молочной фермы
**らくらい** 落雷 удар молнии
**ラジウム** 〔化〕 радий **〜鉱泉** радиевый источник
**ラジオ** радио **〜を聞く** слушать радио **〜で聞く** слышать по радио **〜をつける[切る]** включать [выключать] радио **〜局** радиостанция
**ラズベリー** 〔植〕 малина
**らち** 拉致 похищение **〜する** похищать
**らっかせい** 落花生 земляной орех; арахис
**らっかん** 楽観 **〜的な** оптимистический **〜視する** смотреть оптимистически **楽観主義者** оптимист
**らっこ** 猟虎 〔動〕 морской бобр; калан
**ラッシュアワー** час пик **〜に** в час пик
**ラッパ** труба; горн **〜を吹く** играть на трубе
**ラテン** **〜音楽** латиноамериканская музыка **〜語** латинский язык; 〔話〕 латынь **〜文字** латиница; латинские буквы
**ラトビア** Латвия **〜人** латвиец
**ラベル** ярлык; этикетка **〜を貼る** приклеивать ярлык 「К [на 圓]
**ラベンダー** 〔植〕 лаванда
**らん** 蘭 〔植〕 орхидея
**ランク** 〔投球〕 разряд; ранг
**らんし** 乱視 〔医〕 астигматизм **〜の** астигматический
**ランチ** 〔昼食〕 ланч; второй завтрак
**ランドマーク** ориентир
**ランドリー** прачечная **コイン〜** прачечная самообслуживания
**ランプ** лампа **〜をつける[消す]** включать [выключать] лампу
**らんぼう** 乱暴 **〜な** грубый **〜に** грубо **〜する** буянить; 〔女性に〕 насиловать
**らんよう** 乱用 злоупотребление **〜する** злоупотреблять 圓

# り

**リアル** **〜な** реальный; реалистический ▶リアリズム 〔写実主義〕 реализм
**リーグ** лига **〜戦** соревнования по круговой системе
**リーダー** руководитель; лидер
**リーダーシップ** руководство **〜をとる** исполнять руководящую роль
**リウマチ** ревматизм **〜患者** 〔話〕 ревматик
**りえき** 利益 прибыль; выгода **〜が出る** давать прибыль

**りかい** 理解 понима́ние ～する понима́ть 理解力 поня́тливость; сообрази́тельность

**りく** 陸 су́ша; земля́ ▶陸上の сухопу́тный ▶陸上で на су́ше 陸上競技 лёгкая атле́тика 陸上競技選手 легкоатле́т

**リクエスト** зая́вка ～に応じる отвеча́ть на зая́вки ～曲 пе́сня по зая́вке

**りくつ** 理屈〔道理〕ло́гика

**りけい** 理系 о́трасли есте́ственных нау́к

**りこ** 利己 ～の эгоисти́ческий; эгоисти́чный 利己主義 эгои́зм 利己主義者 эгои́ст

**リコール** 解職 ～する отзыва́ть

**りこん** 離婚 разво́д ～する разводи́ться

**リサイクル** утилиза́ция; рецирку́ляция ～する утилизи́ровать ～可能な утилизи́руемый

**りし** 利子 проце́нт ～がつく приноси́ть проце́нт

**りじ** 理事 дире́ктор 理事会 сове́т директоро́в 理事長 гла́вный дире́ктор

**りす** 栗鼠〔動〕бе́лка

**リスク** риск

**リスト** спи́сок ～アップする вноси́ть в спи́сок

**リストラ**〔人員削減〕сокраще́ние ли́чного соста́ва

**リスニング** слу́шание

**りせい** 理性 ра́зум ～的な разу́мный

**りそう** 理想 идеа́л ～的な идеа́льный ～を抱いて иметь идеа́л 理想主義 идеали́зм 理想郷 уто́пия

**リゾート** куро́рт ～ホテル гости́ница на куро́рте

**りっこうほ** 立候補 ～する выдвига́ть кандидату́ру; баллоти́роваться 立候補者 кандида́т

**りっしょく** 立食パーティー фурше́т

**りったい** 立体 ～的な трёхме́рный; объёмный

**リットル** литр (記号 л)

**りっぽう** 立方 立方体 куб 立方メートル куби́ческий метр

**リトアニア** Литва́

**リニューアル** перестро́йка ～する перестро́ить

**リハーサル** репети́ция ～をする проводи́ть репети́цию; репети́ровать

**リハビリ** реабилита́ция

**リフォーム** ремо́нт ～する де́лать ремо́нт; ремонти́ровать

**リベート**〔割戻金・報奨金〕возвра́т; возвращённая су́мма

**リベラル** な либера́льный

**りまわり** 利回り〔金融〕разме́р проце́нта

**リモコン** ～操作の дистанцио́нный ～操作で пульто́м ДУ (дистанцио́нного управле́ния)

**りゃくご** 略語 сокращённое сло́во

**りゃくしょう** 略称 сокраще́ние; сокращённое назва́ние

**りゃくれき** 略歴 кра́ткая биогра́фия

**りゆう** 理由〔原因〕причи́на;〔根拠〕основа́ние;〔きっかけ〕по́вод;〔口実〕предло́г

**りゅうがく** 留学 обуче́ние за грани́цей; стажиро́вка ロシアに～する учи́ться в Росси́и 留学生 иностра́нный студе́нт

**りゅうこう** 流行 мо́да ～している быть в мо́де [популя́рным] ～を追う сле́довать мо́де ～遅れの старомо́дный 流行語 мо́дное сло́во

**りゅうせい** 流星〔天〕метео́р 流星群 метео́рный пото́к

**りゅうちょう** 流暢 ～な красноречи́вый ～に свобо́дно; пла́вно

**りゅうつう** 流通〔資本・商品の〕товарообраще́ние ～する обраща́ться; циркули́ровать

**リュックサック** рюкза́к

**りよう** ① 利用 по́льзование; испо́льзование; употребле́ние ～する по́льзоваться圖; испо́льзовать; употребля́ть ② 理容 理容室 парикма́херская 理容師 парикма́хер

**りょう** ① 漁 ры́бная ло́вля;(рыб́ный) ло́в ～をする охо́титься ③ 寮 общежи́тие 学生寮 студе́нческое общежи́тие ④ 量 коли́чество

**りょうかい** ① 了解 согла́сие ～する соглаша́ться ～！ Поня́тно.｜〔男〕По́нял.｜〔女〕Поняла́. ② 領海 территориа́льные во́ды

**りょうがえ** 両替〔外貨に〕обме́нивать;〔小額に〕разме́нивать 両替所 обме́нный пу́нкт

**りょうきん** 料金 пла́та 料金所〔有料道路の〕ка́сса

**りょうくう** 領空 возду́шное простра́нство 領空侵犯 наруше́ние возду́шной грани́цы

**りょうし** ① 漁師 рыба́к ② 猟師 охо́тник

**りょうじ** 領事 ко́нсул 領事館 ко́нсульство

**りょうしゅうしょ** 領収書 распи́ска в получе́нии; квита́нция; чек ～を下さい Да́йте, пожа́луйста, квита́нцию.

**りょうしょう** 了承 ～する соглаша́ться; признава́ть

**りょうしん** ①両親 роди́тели ②良心 со́весть ～的な со́вестливый; добросо́вестный 良心の呵責(#) угрызе́ния со́вести

**りょうど** 領土 террито́рия; владе́ние 領土問題 территориа́льный вопро́с

**りょうほう** 両方 о́ба

**りょうり** 料理 ку́хня; блю́до ～する гото́вить ロシア～ ру́сская ку́хня; ру́сские блю́да 料理人 по́вар 料理本 кулина́рная кни́га

**りょこう** 旅行 пое́здка;〔観光旅行〕тури́зм;〔長期間〕путеше́ствие ～する путеше́ствовать 旅行者 путеше́ственник; тури́ст 旅行案内〔ガイドブック〕путеводи́тель 旅行代理店 туристи́ческое аге́нтство;〔話〕тураге́нтство 旅行保険 доро́жное страхова́ние

**リラックス** расслабле́ние ～する расслабля́ться ～させる

**りれきしょ** 履歴書 кра́ткая автобиогра́фия; резюме́

**りろん** 理論 тео́рия ～的な теорети́ческий

**りんかい** 臨界 крити́чность ～に達する достига́ть крити́чности 原発の～事故 крити́ческая ава́рия а́томной электроста́нции 臨界温度［点］крити́ческая температу́ра（то́чка） 臨界実験 крити́ческий экспериме́нт

**りんご** 林檎〔植〕я́блоко ～の я́блочный

**りんじ** 臨時 ～の вре́менный; экстре́нный; чрезвыча́йный; внеочередно́й ～に вре́менно; на вре́мя 臨時ニュース специа́льный вы́пуск новосте́й

**リンス**〔毛髪用〕кондиционе́р; бальза́м-опола́скиватель

**りんどう** 竜胆〔植〕горечáвка

**りんり** 倫理 э́тика; мора́ль ～的な эти́ческий

# る

**るい** 類 род ～のない несравне́нный 類は友を呼ぶ Рыба́к рыбака́ ви́дит издалека́.

**るいけい** 累計 ито́г ～で ито́го

**るいじ** 類似 ～の аналоги́чный 類似品 подде́лка; имита́ция

**るいすい** 類推 анало́гия ～する проводи́ть анало́гию

**ルーズ** ～な〔だらしない〕небре́жный 彼は時間に～だ

Он не пунктуа́льный челове́к.
**ру́бль** [роси́йская дене́жная едини́ца] рубль
**ру́пе** лу́па
**ру́су** 留守 отсу́тствие 夫は今~にしています Сейча́с му́жа нет до́ма. 留守電 телефо́н с автоотве́тчиком
**рупола́йтар** очерки́ст; репортёр

## れ

**рэй** ① 礼 ~をする [お辞儀] де́лать покло́н; кла́няться ~を欠いた неве́жливый; неучти́вый ~を言う благодари́ть ~のしるしに в знак благода́рности [призна́тельности] ② 例 приме́р ~によって как обы́чно; как всегда́ ~のない беспримеры́й; небыва́лый ~を挙げる приводи́ть приме́р ③ 零 [ゼロ] ноль; нуль
**рэйка** 零下 ни́же нуля́; ми́нус 外は~10度だ На у́лице ми́нус де́сять гра́дусов.
**рэйгай** 例外 исключе́ние ~的な исключи́тельный; ~なく без исключе́ния
**рэйги** 礼儀 ~正しい ве́жливый; учти́вый 礼儀作法 пра́вила прили́чия и поведе́ния
**рэйсэй** 冷静 ~な споко́йный; хладнокро́вный
**рэйсэн** 冷戦 холо́дная война́
**рэйдзо́ко** 冷蔵庫 холоди́льник
**рэйто** 冷凍 ~する замора́живать 冷凍食品 моро́женые проду́кты 冷凍庫 моро́зильник
**рэ́йпу** наси́лие; изнаси́лование
**рэйфуку** 礼服 пара́дная фо́рма
**рэ́йнко́то** плащ
**рэ́йдза** [電子] ла́зер ~光線 ла́зерные лучи́ ~プリンタ ла́зерный при́нтер
**рэ́йдзун** [干しぶどう] изю́м
**рэ́йда́** рада́р; радиолока́тор
**рэ́йто** курс 外国為替~ курс валю́ты
**рэкиси** 歴史 исто́рия ~の истори́ческий
**рэ́дзи** ка́сса ~係 касси́рша ~袋 паке́тик
**рэси́то** чек
**рэси́пи** реце́пт
**рэсутора́н** рестора́н
**рэта́су** [植] сала́т; лату́к
**рэцу** 列 ряд; [横列] шере́нга; [行列・縦列] верени́ца ~に並ぶ встать в о́чередь
**рэсша** 列車 по́езд ~で на по́езде; по́ездом 9時発の~ по́езд, отходя́щий в де́вять モスクワ行きの~に乗る сесть на по́езд в Москву́
**рэтто́кан** 劣等感 ко́мплекс неполноце́нности
**рэтори́кку** [修辞学] рито́рика; красноре́чие
**рэторуто** [食品] гермети́рованная гото́вая еда́
**рэ́бэру** у́ровень ~アップ повыше́ние у́ровня
**рэпо́та́** репортёр
**рэпо́то** [報告書] сообще́ние; [小論文] сочине́ние; докла́д ~を提出する сдава́ть сочине́ние
**рэ́мон** лимо́н ~ティー чай с лимо́ном
**рэна́й** 恋愛 любо́вь 恋愛小説 любо́вный рома́н 恋愛結婚 брак по любви́
**рэнга** 煉瓦 кирпи́ч ~[色] кирпи́чный
**рэнго́** 連合 сою́з 連合軍 сою́зная а́рмия 連合国 сою́зные госуда́рства
**рэнкон** 蓮根 [植] ко́рень ло́тоса
**рэнсай** 連載 ~する печа́тать по частя́м ~される публикова́ться частя́ми
**рэнсю́** 練習 упражне́ние; [音楽・演劇] репети́ция; [訓練] трениро́вка ~する упражня́ться; репети́ровать; трениро́ваться 練習試合 трениро́вочный матч 練習問題 упражне́ние
**рэ́ндзу** ли́нза; [カメラの] объекти́в 眼鏡の~ стёкла очко́в 凸[凹]~ вы́пуклая [во́гнутая] ли́нза
**рэнсо́** 連想 ассоциа́ция ~する ассоции́ровать
**рэндзоку** 連続 ~の продолжи́тельный ~する продолжа́ть(ся)
**рэнтака́** маши́на напрока́т
**рэнтару** прока́т ~で напрока́т ~する брать напрока́т ~料 пла́та за 📺
**рэнтоген** рентге́н ~検査を受ける де́лать рентгеноско́пию ~写真 рентгеногра́мма
**рэнпо́** 連邦 федера́ция 連邦政府 федера́льное прави́тельство
**рэнмэй** 連盟 сою́з; объедине́ние; ли́га
**рэнраку** 連絡 связь; сообще́ние ~する сообща́ть ~します Я свяжу́сь с ва́ми по́зже.
**рэнрицу** 連立 коали́ция ~する коалици́ровать 連立内閣 коалицио́нный кабине́т мини́стров

## ろ

**роиярити́** [知的財産権に対する対価] роя́лти
**ро́** 蠟 воск 蠟人形 восковая́ фигу́ра
**ро́эй** 漏洩 уте́чка ~した Произошла́ уте́чка ли́чной информа́ции.
**ро́ка** ① 廊下 коридо́р ② 老化 старе́ние
**ро́ган** 老眼 дальнозо́ркость; [医] пресбио́пия 老眼鏡 очки́ для дальнозо́рких
**ро́си** 労使 労使関係 трудовы́е отноше́ния 労使交渉 перегово́ры ме́жду рабо́чими и работода́телем
**ро́дзин** 老人 [総称] престаре́лые; [個人] прeстаре́лый челове́к; челове́к прeстаре́лого во́зраста 老人ホーム дом прeстаре́лых
**росо́ку** 蠟燭 свеча́ ~をともす [消す] зажига́ть [туши́ть] свечу́ 蠟燭立て [燭台] подсве́чник
**ро́до́** 労働 труд 労働者 рабо́чий 労働力 рабо́чая си́ла 労働条件 усло́вия труда́ 労働時間 рабо́чее вре́мя 労働法 трудово́е пра́во 労働組合 профсою́з; профессиона́льный сою́з
**ро́хи** 浪費 ~する растра́чивать 浪費家 расточи́тель; мот
**ро́кару** ~の ме́стный ~線 ме́стная ли́ния ~列車 при́городный по́езд
**ро́суто** ~チキン жа́реная ку́рица ~ビーフ ро́стбиф
**ро́пу** кана́т ~ウェイ кана́тная доро́га
**ро́ма** ~は一日にして成らず Москва́ не сра́зу стро́илась. ~字 лати́ница ~数字 ри́мские ци́фры ~教皇 [法王] ри́мский па́па
**ро́рукяба́цу** голубцы́
**ро́н** ссу́да; заём; креди́т ~で購入する покупа́ть в креди́т
**року** 六・6 шесть ▶~番目の шесто́й
**рокуон** 録音 звукоза́пись ~する запи́сывать
**рокуга** 録画 [видео]запись ~する записа́ть 録画放送 трансля́ция в за́писи
**рокугацу́** 6月 ию́нь ~に в ию́не
**рокудзю́** 六十・60 шестьдеся́т ~番目の шестидеся́тый
**роке́тто** раке́та; [アクセサリー] медальо́н ~を打ち上げる запуска́ть раке́ту 宇宙~ косми́ческая раке́та
**ро́дзи** 路地 переу́лок
**роси́а** Росси́я; [~連邦] Росси́йская Федера́-

ция; РФ 〜(人)の ру́сский; росси́йский ロシア人 [民族] ру́сский; [女] ру́сская; [国民] россия́нин; [女] россия́нка 〜正教会 ру́сская правосла́вная це́рковь

**ロシアご** ロシア語 ру́сский язы́к 〜で по-ру́сски これを〜で何と言いますか Как э́то по-ру́сски? 彼は〜をよく理解します Он хорошо́ понима́ет по-ру́сски. 彼女は〜を勉強しています Она́ изуча́ет ру́сский язы́к.

**ろじょう** 路上 〜で на у́лице [доро́ге]

**ロッカー** запира́ющийся шка́фчик 〜ルーム раздева́лка

**ロック** [楽] рок; рок-му́зыка 〜バンド рок-гру́ппа ロックンロール рок-н-ро́лл

**ろてん** 露店 ларёк; 露店商 у́личный торго́вец

**ろば** 驢馬 [動] осёл

**ロビー** фойе́; вестибю́ль 〜活動 лобби́зм

**ロブスター** [生] ома́р

**ロボット** ро́бот 〜工学 робототе́хника

**ロマン** романти́ка; ロマン主義 романти́зм ▶ロマンチックな романти́ческий

**ロマンス** рома́нс; [恋愛事] любо́вная исто́рия

**ろめんでんしゃ** 路面電車 трамва́й

**ろんじる** 論じる обсужда́ть; рассужда́ть

**ろんそう** 論争 спор; диску́ссия

**ろんぶん** 論文 статья́; тракта́т; [学位論文] диссерта́ция

**ろんり** 論理 ло́гика 〜的な логи́ческий 非〜的な нелоги́чный 論理学 ло́гика

## わ

**わ** 輪 [円形] круг; кружо́к; [環] кольцо́

**ワールドカップ** мирово́й ку́бок; ку́бок ми́ра サッカーの〜 ку́бок ми́ра по футбо́лу

**わいせつ** 猥褻 〜な непристо́йный

**ワイファイ** Wi-Fi [無線LAN] беспроводно́й (до́ступ в) Интерне́т

**ワイヤレス** 〜の беспроводно́й

**わいろ** 賄賂 взя́тка 〜を贈る [受け取る] дава́ть [брать] взя́тку

**ワイン** 赤 [白] 〜 кра́сное [бе́лое] вино́ 〜レッドの тёмнокра́сный

**わかい** 若い [年下の] мла́дший 〜頃 мо́лодость; молоды́е го́ды 彼は私より3つ〜 Он на три го́да моло́же меня́. ▶若さ мо́лодость 〜を保持する сохраня́ть мо́лодость

**わがまま** 我が儘 своево́лие; своенра́вие; капри́з; 〜なエゴイスト, 〜な своево́льный, капри́зный

**わかもの** 若者 [総称] молодёжь; [個人・男] молодо́й челове́к; ю́ноша

**わかる** [理解する] понима́ть; [知る] знать; [認識する] узнава́ть; [判明する] ока́зываться ▶わかりやすい поня́тный; досту́пный ▶わかりにくい непоня́тный; [判別しにくい] неразбо́рчивый

**わかれる** 別れる разлуча́ться; расстава́ться; [離婚] разводи́ться じゃあ、ここで別れよう Дава́й попроща́емся здесь. ▶別れ разлу́ка; расстава́ние; проща́ние

**わき** 脇 подмы́шка; [傍ら・側面] сторона́ 〜に рядом с 図 バッグを〜に抱える носи́ть су́мку под мы́шкой

**わく** ①枠 ра́ма; ра́мка …の〜内で в ра́мках 田 ②[沸騰する] кипе́ть 〜湧く би́ть ключо́м 泉が〜 Бьёт ключ.

**わくせい** 惑星 [天] плане́та

**ワクチン** вакци́на 〜を打つ вакцини́ровать

**わけまえ** 分け前 до́ля; часть

**わける** 分ける [分割] дели́ть; разделя́ть; разбива́ть; [分類] классифици́ровать, сортирова́ть; [分配] раздава́ть ケーキを5人で〜 подели́ть торт на пять по́рций

**わざ** 技 [技術] иску́сство; мастерство́; [柔道・相撲などの] приём

**わざと** наро́чно; наме́ренно; с у́мыслом

**わさび** 山葵 [植] (япо́нский) хрен; васа́би

**わざわい** 災い беда́; несча́стье; бе́дствие

**わし** 鷲 [鳥] орёл

**わしつ** 和室 ко́мната в япо́нском сти́ле

**わしょく** 和食 япо́нская еда́

**わずらわしい** 煩わしい сло́жный; затрудни́тельный; хлопотли́вый

**わすれる** 忘れる забыва́ть 傘を電車の中に忘れた Я оста́вил зо́нтик в по́езде. ▶忘れられない незабыва́емый

**わた** 綿 [植] хло́пок; [生綿] ва́та 綿毛 пучо́к 綿菓子 са́харная ва́та

**わたし** 私 я 〜の мой ▶私たち мы 〜の наш

**わたす** 渡す [手渡す] передава́ть; вруча́ть; [引き渡す] сдава́ть

**わたりどり** 渡り鳥 перелётная пти́ца

**わたる** ① 渡る переходи́ть; переезжа́ть; [川を] переплыва́ть ② 亘る [ある時間に] продолжа́ться; дли́ться; [ある範囲に] распространя́ться, простира́ться; тяну́ться

**ワックス** воск; парафи́н 床に〜をかける покрыва́ть пол во́ском

**わな** 罠 лову́шка; западня́ 〜を仕掛ける ста́вить лову́шку 〜にかかる попа́сть в лову́шку

**わに** 鰐 [動] крокоди́л; аллига́тор

**わびる** 詫びる проси́ть проще́ния; извиня́ться お詫びに(のしるし)に в знак извине́ния お詫びします Прошу́ у вас извине́ния.

**わふう** 和風 в япо́нском сти́ле; по-япо́нски

**わふく** 和服 япо́нская оде́жда; кимоно́

**わへい** 平和 мир 和平条約 ми́рный догово́р

**わらい** 笑い смех; [微笑] улы́бка; [大笑い] хо́хот; [嘲笑] усме́шка 〜事ではない Э́то не шу́тка. 笑いもの осме́янный

**わらう** 笑う смея́ться; [微笑] улыба́ться; [大笑い] хохота́ть; [嘲笑] усмеха́ться

**わりあい** 割合 пропо́рция; до́ля; соотноше́ние 2対3の〜 в соотноше́нии два к трём

**わりかん** 割り勘 〜にする плати́ть попола́м [по́ровну] 〜にしようよ Дава́йте попола́м.

**わりざん** 割り算 деле́ние 〜をする дели́ть

**わりびき** 割引 〜する дела́ть ски́дку; уступа́ть 割引券 биле́т со ски́дкой 割引価格 сни́женная цена́

**わる** 割る [叩き割る] раска́лывать; [分割] разделя́ть; [液体で薄める] разбавля́ть 10を2で〜 дели́ть де́сять на два

**わるい** 悪い плохо́й; дурно́й; [有害な] вре́дный 〜ことに к несча́стью 天気が〜 Пого́да плоха́я. 彼は体が〜 Он нездоро́в. ▶悪くなる ухудша́ться; по́ртиться

**ワルツ** вальс 〜を踊る танцева́ть вальс

**われもの** 割れ物 〜注意! Остро́жно! Стекло́!

**われる** 割れる [壊れる] разбива́ться; [分裂] раска́лываться コップが割れた Стака́н разби́лся.

**わん** ①湾 зали́в 湾岸 бе́рег зали́ва 湾岸道路 на́бережная зали́ва ②椀 пиа́ла; ча́шка

## プログレッシブ ロシア語辞典

2015年3月3日　　初版　第1刷発行

| | |
|---|---|
| 編集主幹 | 中澤英彦 |
| 編集委員 | 嵐田浩吉 |
| | 加藤　敏 |
| | 北村　充 |
| | 長谷川章 |
| 発 行 者 | 神永　曉 |
| 発 行 所 | 株式会社小学館 |
| | 〒101-8001 東京都千代田区一ツ橋2-3-1 |
| | 電話　編集　03-3230-5169 |
| | 　　　販売　03-5281-3555 |
| 印 刷 所 | 凸版印刷株式会社 |
| 製 本 所 | 牧製本印刷株式会社 |

© Shogakukan 2015　Printed in Japan
ISBN 978-4-09-510271-9

造本には十分注意しておりますが、印刷・製本など製造上の不備がございましたら、「制作局コールセンター」（フリーダイヤル 0120-336-340）にご連絡ください。（電話受付は、土・日・祝休日を除く 9:30〜17:30）

Ⓡ〈公益社団法人日本複製権センター委託出版物〉
本書を無断で複写（コピー）することは、著作権法上の例外を除き、禁じられています。本書をコピーされる場合は、事前に公益社団法人日本複製権センター（JRRC）の許諾を受けてください。
JRRC　http://www.jrrc.or.jp　email: jrrc_info@jrrc.or.jp
　　　電話 03-3401-2382

本書の電子データ化等の無断複製は著作権法上の例外を除き禁じられています。代行業者等の第三者による本書の電子的複製も認められておりません。

小学館外国語辞書編集部のウェブサイト『小学館ランゲージワールド』
http://www.l-world.shogakukan.co.jp/

ロシア連邦と周辺諸国

■ 連邦管区　федеральный округ
❶ Центральный　中央連邦管区
❷ Северо-Западный　北西連邦管区
❸ Южный　南部連邦管区
❹ Северо-Кавказский　北カフカス連邦管区